Exklusiv für Buchkäufer!

Ihr eBook zum Download:

- www.haufe.de/ebook
- Buchcode:

# HAUFE
# HGB BILANZ KOMMENTAR

HAUFE

# HGB BILANZ KOMMENTAR

6. Auflage

herausgegeben von

KLAUS BERTRAM
RALPH BRINKMANN
HARALD KESSLER
STEFAN MÜLLER

Haufe-Lexware GmbH & Co. KG

Zitiervorschlag: *Autoren* in Haufe HGB Bilanz Kommentar § ... Rz ...

> **Bibliografische Information der Deutschen Bibliothek**
> Die Deutsche Bibliothek verzeichnet diese Publikation in der Deutschen National-
> bibliografie; detaillierte bibliografische Daten sind im Internet über http://dnb.ddb.de
> abrufbar.

HAUFE HGB BILANZ KOMMENTAR

ISBN 978-3-648-06799-4
Bestell-Nr. 02001-0006

6. Auflage 2015, © Haufe-Lexware GmbH & Co. KG

Herausgeber: Klaus Bertram, Prof. Ralph Brinkmann, Prof. Dr. Harald Kessler,
Prof. Dr. Stefan Müller

ANSCHRIFT
Haufe-Lexware GmbH & Co. KG
Munzinger Straße 9, 79111 Freiburg
Telefon: 0761 898-0, Fax: 0761 898-3990
E-Mail: finance@haufe.de
Internet: http://www.haufe.de/finance

Kommanditgesellschaft, Sitz und Registergericht Freiburg,
HRA 4408
Komplementäre: Haufe-Lexware Verwaltungs GmbH,
Sitz und Registergericht Freiburg, HRB 5557; Martin Laqua
Beiratsvorsitzende: Andrea Haufe

Geschäftsführung: Isabel Blank, Markus Dränert, Jörg Frey, Birte Hackenjos,
Randolf Jessl, Markus Reithwiesner, Joachim Rotzinger, Dr. Carsten Thies

USt-IdNr.: DE 812398835, St.-Nr. 06392/11008

REDAKTION:
Carla Reckmann (V.i.S.d.P.), Dunja Beck (Assistenz)
Haufe-Lexware GmbH & Co. KG
Munzinger Straße 9, 79111 Freiburg
E-Mail: finance@haufe.de
Internet http://www.haufe.de

Die Angaben entsprechen dem Wissensstand bei Redaktionsschluss 30.9.2015. Alle Angaben/
Daten nach bestem Wissen, jedoch ohne Gewähr für Vollständigkeit und Richtigkeit. Dieses
Werk sowie alle darin enthaltenen einzelnen Beiträge und Abbildungen sind urheberrechtlich
geschützt. Jede Verwertung, die nicht ausdrücklich vom Urheberrechtsschutz zugelassen ist,
bedarf der vorherigen Zustimmung des Verlages. Das gilt insbesondere für Vervielfältigungen,
Bearbeitungen, Übersetzungen, Mikroverfilmungen, Auswertungen durch Datenbanken und
für die Einspeicherung und Verarbeitung in elektronische Systeme.

Druckvorstufe: Reemers Publishing Services GmbH, Krefeld
Druck: Druckerei C.H. Beck, Nördlingen

Zur Herstellung der Bücher wird nur alterungsbeständiges Papier verwendet.

# Geleitwort zur 1. Auflage

Das Bilanzrechtsmodernisierungsgesetz (BilMoG) vom 25.5.2009 hat das Handelsgesetzbuch (HGB) und insbesondere die Rechnungslegung in der Bundesrepublik Deutschland grundlegend novelliert. Damit haben sich die Europäische Union (EU) und die Bundesregierung durch die Deregulierung der HGB-Vorschriften ihrem Ziel einer Internationalisierung der Rechnungslegung genähert. Nach der Beschlussempfehlung und des Berichts des Rechtsausschusses wird mit der deutschen Bilanzrechtsreform insbesondere beabsichtigt,

„das bewährte HGB-Bilanzrecht zu einer dauerhaften und im Verhältnis zu den internationalen Rechnungslegungsstandards vollwertigen, aber kostengünstigeren und einfacheren Alternative weiter zu entwickeln, ohne die Eckpunkte des HGB-Bilanzrechts – die HGB-Bilanz bleibt Grundlage der Ausschüttungsbemessung und der steuerlichen Gewinnermittlung – und das bisherige System der Grundsätze ordnungsmäßiger Buchführung aufzugeben".

Diese Begründung könnte zu der Annahme verleiten, dass mit dem BilMoG keine umfassenden Neuerungen der handelsrechtlichen Rechnungslegungsvorschriften verbunden sind.
Allerdings ist genau das Gegenteil der Fall. Die Gesetzesreform ist in Umfang und Reichweite mit den tiefgreifenden Novellierungen durch das Bilanzrichtlinien-Gesetz im Jahre 1985 zu vergleichen und führt zu elementaren Modifikationen der deutschen Rechnungslegung, die vor allem eine Neufassung zentraler Ansatz-, Bewertungs- und Konsolidierungsvorschriften bewirkt haben.
Darüber hinaus sind von den Regelungen durch das BilMoG auch die Bereiche der Corporate Governance und der Abschlussprüfung betroffen, die von der Umsetzung der novellierten Achten EG-Richtlinie und der sog. EU-Änderungs-Richtlinie ausgelöst wurden.

Vor diesem Hintergrund bietet der Haufe HGB Bilanz Kommentar für Wissenschaft und Praxis eine hervorragende Entscheidungshilfe zur Lösung von Rechnungslegungs- und Prüfungsfragen, die durch die Neuerungen im Dritten Buch des HGB aufgeworfen wurden.
Herausgebern und Verlag ist es zudem gelungen, namhafte Autoren aus der rechnungslegenden und wirtschaftsprüfenden Praxis sowie der Wissenschaft für die Kommentierungen der einzelnen Paragrafen zu gewinnen, die die Informationen mit hoher Fachkompetenz praxisnah und leicht verständlich aufbereiten. Zudem werden dem Benutzer mit Beispielen, Übersichten, Grafiken und Checklisten nicht nur fundierte, sondern auch schnell umsetzbare Lösungen bei unterschiedlichen Fragestellungen angeboten. Die umfassenden Literaturhinweise ermöglichen eine unmittelbare, weiterführende Recherche.

Durch die überzeugende Synthese von Theorie und Praxis sowie die sorgfältige Bearbeitung und hohe Aktualität, verbunden mit einer übersichtlichen Darstellung und den durchdachten Zugriffsmöglichkeiten, gelingt es dem Haufe HGB Bilanz Kommentar eindrucksvoll, eine Lücke im einschlägigen Schrifttum zu schließen. Ich wünsche dem Werk eine weite Verbreitung und viele Neuauflagen.

Hamburg,  
im November 2009

Prof. Dr. habil.  
Carl-Christian Freidank,  
Steuerberater  
Universität Hamburg

## Vorwort zur 6. Auflage

Transparenz – das Zauberwort elektrisiert Theorie und Praxis. Dieser zunehmend an die externe Rechnungslegung herangetragene Anspruch trifft bei seiner Umsetzung auf widerstreitende Interessen. Während die Stakeholder immer differenziertere Informationen einfordern, sind namentlich mittelständische Unternehmen bestrebt, eine breit angelegte Offenlegung ihrer wirtschaftlichen Verhältnisse zu vermeiden. In der Abwägung dieser Anliegen tendiert der Gesetzgeber aktuell zu einer deutlichen Ausweitung der Informationspflichten. Immerhin zeigt er ein Herz für kleinere Unternehmen, denen er großzügigere Erleichterungen zubilligt.

Nur ein kurzer Blick in den jüngsten Maßnahmenkatalog: Mit dem Gesetz für die gleichberechtigte Teilhabe von Frauen und Männern an Führungspositionen (...) vom 24.4.2015 hat er die Angabepflichten im Lagebericht für bestimmte Unternehmen erweitert. Die Umsetzung der Bilanzrichtlinie 2013/34/EU bringt für nach dem 31.12.2015 beginnende Geschäftsjahre insbesondere neue und geänderte Angaben im Anhang. Schon für Geschäftsjahre, die nach dem 22.7.2015 beginnen, sind Unternehmen der Rohstoffindustrie und der Primärforstwirtschaft aufgefordert, einen Zahlungsbericht zu publizieren (die Kommentierung finden Sie als Exkurs in § 264 HGB). Auch materiell ändert sich die Rechnungslegung. Erwähnt seien nur die neue Definition der Umsatzerlöse und die geänderten Abschreibungsregeln für bestimmte immaterielle Vermögensgegenstände. Erleichterungen erfahren dagegen jene Unternehmen, die von der Anhebung der Schwelle zur Buchführungspflicht durch das Bürokratieentlastungsgesetz oder den erhöhten monetären Grenzwerten für die Größeneinteilung von Kapitalgesellschaften durch das Bilanzrichtlinie-Umsetzungsgesetz (BilRUG) vom 17.7.2015 profitieren.

Das alles ist den Nutzern der Online-Version des Kommentars nicht unbekannt. Mehrere Zwischenupdates haben die Kommentierungen seit der letzten Auflage auf aktuellstem Stand gehalten. Nicht ohne Stolz können wir behaupten, Ihnen erneut einen hochaktuellen Bilanzrechtskommentar vorzulegen.

Um das Wichtige für den Jahresabschlusses 2015 nicht mit dem Neuen für das Jahr 2016 zu vermengen, haben wir uns für eine klare Trennung in den Kommentierungen entschieden: Die vorliegende 6. Auflage erläutert alle für den Jahresabschluss 2015 relevanten Vorgaben des HGB. Die im Rechtsstand 30.9.2015 enthaltenen Neuerungen durch das BilRUG sind am Ende der Kommentierungen in einem Ausblickskapitel beschrieben. Sie erlauben Ihnen eine gezielte Vorbereitung auf die notwendigen Umstellungen für das Geschäftsjahr 2016. In den nächsten Zwischenupdates wird das Autorenteam die Änderungen des BilRUG weiter vertiefen und in die Kommentierung einarbeiten. Auf diese Weise geben wir Ihnen mit der Online-Version eine jederzeit aktuelle, kompetente und verlässliche Arbeitshilfe für die kommenden Herausforderungen in der Rechnungslegung und Prüfung an die Hand.

Zu leisten ist all das nur mit einem hochkompetenten Autoren- und Verlagsteam, dem wir erneut unseren besonderen Dank aussprechen. Der Haufe-Verlag hat uns in gewohnter Manier bestmöglich in verlegerischer, redaktioneller und technischer Hinsicht unterstützt. Unser Dank gilt insbesondere Carla Reckmann und Dunja Beck. Der Rückhalt unserer Familien war erneut ein ganz wichtiger

Eckpfeiler, um die zeitlichen und inhaltlichen Anforderungen dieser Auflage zu meistern. Dafür gebührt ihnen unser Dank und Respekt.

Über die sich derzeit abzeichnenden gesetzlichen Entwicklungen in der Rechnungslegungs- und Prüfungswelt hinaus werden wir die Fortentwicklung der handelsrechtlichen GoB im Auge behalten. Hierzu sind Ihre Anregungen und Vorschläge hilfreich, zu denen wir Sie ausdrücklich ermuntern. Ihre Erfahrungen mit den bisherigen Auflagen haben wir gerne aufgenommen und in die Kommentierung einfließen lassen. Wir hoffen auf eine Fortsetzung dieses inspirierenden Dialogs und freuen uns auf einen persönlichen Kontakt über finance-office@haufe.de.

*Mannheim, München, St. Ingbert, Oldenburg*
*im September 2015*

*Klaus Bertram*
*Ralph Brinkmann*
*Harald Kessler*
*Stefan Müller*

## Autorenverzeichnis

WP/StB/CVA Klaus BERTRAM; DELTA Revision GmbH Wirtschaftsprüfungsgesellschaft Steuerberatungsgesellschaft, Mannheim

Dipl.-Kfm./Master M.B.L.T. (jur.)/CPA (IL, USA)/StB, MIBP, CGMA (AICPA/CIMA) Prof. Ralph BRINKMANN, Vice President German CPA Society e. V., Vorstand Bavaria Advisory AG StBG, München, Partner Bayern Treuhand International Auditing & Assurance GmbH WPG, München (Bayern Treuhand Obermeier & Kilger Gruppe), Professur für Internationale Rechnungslegung/Wirtschaftsprüfung SRH Hochschule für Wirtschaft und Medien, Calw, Dozent Akademie für Internationale Rechnungslegung

WP/StB Thomas BUDDE; Budde van Hall Scholten PartG AccountingPartners Wirtschaftsprüfungsgesellschaft, Düsseldorf

CVA Dr. Jochen CASSEL; Zalando GmbH, Berlin

WP/StB Harm DODENHOFF; FIDES Treuhand GmbH & Co. KG Wirtschaftsprüfungsgesellschaft Steuerberatungsgesellschaft, Bremen

WP/StB Dipl.-Kfm. Tobias DREIXLER; Referat Steuern, Rechnungslegung und Prüfungswesen, Audicon GmbH, Stuttgart

WP/StB Carsten ERNST; WirtschaftsTreuhand GmbH Wirtschaftsprüfungsgesellschaft Steuerberatungsgesellschaft, Stuttgart

WP/StB Lukas GRAF; tätig in eigener Praxis, Meißen

WP/StB Klaus HEININGER; FALK GmbH & Co KG Wirtschaftsprüfungsgesellschaft Steuerberatungsgesellschaft, Frankfurt a. M.

WP/StB Prof. Dr. Georg HENI; WirtschaftsTreuhand GmbH Wirtschaftsprüfungsgesellschaft Steuerberatungsgesellschaft, Stuttgart

Prof. Dr. Sabine HEUSINGER-LANGE; FH Bingen

Prof. Dr. Bert KAMINSKI; Helmut-Schmidt-Universität/Universität der Bundeswehr Hamburg, Fakultät für Wirtschafts- und Sozialwissenschaften, Institut für Betriebswirtschaftliche Steuerlehre

CVA Prof. Dr. Harald KESSLER; KLS Accounting & Valuation GmbH, Köln

CPA/CVA Prof. Dr. Axel KIHM; Hochschule Trier – Trier University of Applied Sciences

WP/StB Dr. h.c. Liesel KNORR; Köln

Dr. Markus KREIPL; AME Trade & Development GmbH, Hamburg, Helmut-Schmidt-Universität/Universität der Bundeswehr Hamburg, Institut für Betriebswirtschaftliche Steuerlehre, Professur für Allgemeine Betriebswirtschaftslehre (insb. Rechnungslegung und Wirtschaftsprüfungswesen)

MBA/CPA Andreas KRIMPMANN; Krimpmann MBA – CPA Unternehmensberatung, Berlin

CVA Dr. Markus LEINEN; KLS Accounting & Valuation GmbH, Köln

WP/StB Bernd MACKEDANZ; FIDES Treuhand GmbH & Co. KG Wirtschaftsprüfungsgesellschaft Steuerberatungsgesellschaft, Hamburg

RA/StB Annette MEIER-BEHRINGER; Reisinger, Schlierf und Kollegen Steuerberatungsgesellschaft mbH, Ingolstadt

Prof. Dr. Stefan MÜLLER; Helmut-Schmidt-Universität/Universität der Bundeswehr Hamburg, Institut für Betriebswirtschaftliche Steuerlehre, Professur für Allgemeine Betriebswirtschaftslehre (insb. Rechnungslegung und Wirtschaftsprüfungswesen)

RA/StB Daniel MÜNSTER; SGP Treuhand Gruber Münster Wiemers Gladbach Partnerschaft, Freising

WP/StB Andreas NOODT; FIDES Treuhand GmbH & Co. KG Wirtschaftsprüfungsgesellschaft Steuerberatungsgesellschaft, Bremen

Prof. Dr. Karsten PAETZMANN; BDO AG, Hamburg

Dipl.-Oec. Jürgen Lars, SACKBROOK; Technische Universität Clausthal, Institut für Wirtschaftswissenschaft, Lehrstuhl für Betriebswirtschaftslehre, insb. Unternehmensrechnung, Clausthal-Zellerfeld

WP/StB/RA Dr. Holger SEIDLER; KPMG AG Wirtschaftsprüfungsgesellschaft, Berlin

WP/StB Dr. Michael STRICKMANN; Eidel & Partner mbB Wirtschaftsprüfungsgesellschaft Steuerberatungsgesellschaft, Kehl

WP/StB Prof. Dr. Bettina THORMANN; Deutsche Prüfstelle für Rechnungslegung DPR e. V., Berlin

WP/StB Dr. Stefan TICHY; FALK GmbH & Co. KG Wirtschaftsprüfungsgesellschaft Steuerberatungsgesellschaft, Heidelberg

WP/StB Dipl.-Kfm. Georg VAN HALL; Budde van Hall Scholten PartG mbB AccountingPartners Wirtschaftsprüfungsgesellschaft, Düsseldorf

WP/StB Dipl.-Oec. Dirk VELDKAMP; PKF FASSELT SCHLAGE Partnerschaft Wirtschaftsprüfungsgesellschaft Steuerberatungsgesellschaft Rechtsanwälte, Duisburg

Prof. Dr. Gerd WASCHBUSCH; Universität des Saarlandes, Saarbrücken, Lehrstuhl für Betriebswirtschaftslehre, insb. Bankbetriebslehre

Dr. Niels WELLER; stellv. Referatsleiter, Senatorische Behörde für Finanzen Bremen

Dr. Christian WOBBE; Jade Hochschule Wilhelmshaven/Oldenburg/Elsfleth

Prof. Dr. Inge WULF; Technische Universität Clausthal, Institut für Wirtschaftswissenschaft, Lehrstuhl für Betriebswirtschaftslehre, insb. Unternehmensrechnung, Clausthal-Zellerfeld

WP Prof. Dr. Ingo ZEMPEL; Deutsche Prüfstelle für Rechnungslegung DPR e. V., Berlin

# INHALT

| | | |
|---|---|---:|
| Geleitwort | | 5 |
| Vorwort | | 7 |
| Autorenverzeichnis | | 9 |
| Inhaltsverzeichnis | | 13 |
| Abkürzungsverzeichnis | | 17 |
| Allgemeines Schrifttum | | 31 |
| § 238 | Buchführungspflicht | 47 |
| § 239 | Führung der Handelsbücher | 60 |
| § 240 | Inventar | 75 |
| § 241 | Inventurvereinfachungsverfahren | 95 |
| § 241a | Befreiung von der Pflicht zur Buchführung und Erstellung eines Inventars | 107 |
| § 242 | Pflicht zur Aufstellung | 114 |
| § 243 | Aufstellungsgrundsatz | 119 |
| § 244 | Sprache. Währungseinheit | 130 |
| § 245 | Unterzeichnung | 133 |
| § 246 | Vollständigkeit. Verrechnungsverbot | 139 |
| § 247 | Inhalt der Bilanz | 194 |
| § 248 | Bilanzierungsverbote und -wahlrechte | 224 |
| § 249 | Rückstellungen | 239 |
| § 250 | Rechnungsabgrenzungsposten | 323 |
| § 251 | Haftungsverhältnisse | 334 |
| § 252 | Allgemeine Bewertungsgrundsätze | 356 |
| § 253 | Zugangs- und Folgebewertung | 444 |
| § 254 | Bildung von Bewertungseinheiten | 578 |
| § 255 | Bewertungsmaßstäbe | 620 |
| § 256 | Bewertungsvereinfachungsverfahren | 708 |
| § 256a | Währungsumrechnung | 720 |
| § 257 | Aufbewahrung von Unterlagen. Aufbewahrungsfristen | 740 |
| § 258 | Vorlegung im Rechtsstreit | 763 |
| § 259 | Auszug bei Vorlegung im Rechtsstreit | 766 |
| § 260 | Vorlegung bei Auseinandersetzungen | 768 |
| § 261 | Vorlegung von Unterlagen auf Bild- oder Datenträgern | 770 |
| § 263 | Vorbehalt landesrechtlicher Vorschriften | 772 |
| § 264 | Pflicht zur Aufstellung | 774 |
| § 264a | Anwendung auf bestimmte offene Handelsgesellschaften und Kommanditgesellschaften | 831 |
| § 264b | Befreiung von der Pflicht zur Aufstellung eines Jahresabschlusses nach den für Kapitalgesellschaften geltenden Vorschriften | 839 |
| § 264c | Besondere Bestimmungen für offene Handelsgesegesellschaften und Kommanditgesellschaften im Sinne des § 264a | 852 |
| § 264d | Kapitalmarktorientierte Kapitalgesellschaft | 871 |
| § 265 | Allgemeine Grundsätze für die Gliederung | 877 |

| | | |
|---|---|---|
| § 266 | Gliederung der Bilanz | 889 |
| § 267 | Umschreibung der Größenklassen | 948 |
| § 267a | Kleinstkapitalgesellschaften | 971 |
| § 268 | Vorschriften zu einzelnen Posten der Bilanz. Bilanzvermerke | 981 |
| § 270 | Bildung bestimmter Posten | 1015 |
| § 271 | Beteiligungen. Verbundene Unternehmen | 1021 |
| § 272 | Eigenkapital | 1039 |
| § 274 | Latente Steuern | 1112 |
| § 274a | Größenabhängige Erleichterungen | 1164 |
| § 275 | Gliederung | 1178 |
| § 276 | Größenabhängige Erleichterungen | 1254 |
| § 277 | Vorschriften zu einzelnen Posten der Gewinn- und Verlustrechnung | 1259 |
| § 278 | Steuern | 1282 |
| § 284 | Erläuterung der Bilanz und der Gewinn- und Verlustrechnung | 1284 |
| § 285 | Sonstige Pflichtangaben | 1316 |
| § 286 | Unterlassen von Angaben | 1370 |
| § 288 | Größenabhängige Erleichterungen | 1377 |
| § 289 | Lagebericht | 1383 |
| § 289a | Erklärung zur Unternehmensführung | 1426 |
| § 290 | Pflicht zur Aufstellung | 1436 |
| § 291 | Befreiende Wirkung von EU/EWR-Konzernabschlüssen | 1461 |
| § 292 | Rechtsverordnungsermächtigung für befreiende Konzernabschlüsse und Konzernlageberichte | 1478 |
| § 293 | Größenabhängige Befreiungen | 1491 |
| § 294 | Einzubeziehende Unternehmen. Vorlage- und Auskunftspflichten | 1519 |
| § 296 | Verzicht auf die Einbeziehung | 1531 |
| § 297 | Inhalt | 1548 |
| § 298 | Anzuwendende Vorschriften. Erleichterungen | 1586 |
| § 299 | Stichtag für die Aufstellung | 1611 |
| § 300 | Konsolidierungsgrundsätze. Vollständigkeitsgebot | 1619 |
| § 301 | Kapitalkonsolidierung | 1632 |
| § 303 | Schuldenkonsolidierung | 1723 |
| § 304 | Behandlung der Zwischenergebnisse | 1739 |
| § 305 | Aufwands- und Ertragskonsolidierung | 1759 |
| § 306 | Latente Steuern | 1766 |
| § 307 | Anteile anderer Gesellschafter | 1789 |
| § 308 | Einheitliche Bewertung | 1810 |
| § 308a | Umrechnung von auf fremde Währung lautenden Abschlüssen | 1827 |
| § 309 | Behandlung des Unterschiedsbetrags | 1838 |
| § 310 | Anteilmäßige Konsolidierung | 1857 |
| § 311 | Definition. Befreiung | 1875 |
| § 312 | Wertansatz der Beteiligung und Behandlung des Unterschiedsbetrags | 1886 |
| § 313 | Erläuterung der Konzernbilanz und der Konzern-Gewinn- und Verlustrechnung. Angaben zum Beteiligungsbesitz | 1919 |

| | | |
|---|---|---|
| § 314 | Sonstige Pflichtangaben | 1948 |
| § 315 | Konzernlagebericht | 1981 |
| § 315a | Rechnungslegungsstandards | 2017 |
| § 316 | Pflicht zur Prüfung | 2027 |
| § 317 | Gegenstand und Umfang der Prüfung | 2037 |
| § 318 | Bestellung und Abberufung des Abschlussprüfers | 2082 |
| § 319 | Auswahl der Abschlussprüfer und Ausschlussgründe | 2102 |
| § 319a | Besondere Ausschlussgründe bei Unternehmen von öffentlichem Interesse | 2135 |
| § 319b | Netzwerk | 2147 |
| § 320 | Vorlagepflicht. Auskunftsrecht | 2153 |
| § 321 | Prüfungsbericht | 2169 |
| § 321a | Offenlegung des Prüfungsberichts in besonderen Fällen | 2222 |
| § 322 | Bestätigungsvermerk | 2235 |
| § 323 | Verantwortlichkeit des Abschlussprüfers | 2294 |
| § 324 | Prüfungsausschuss | 2321 |
| § 324a | Anwendung auf den Einzelabschluss nach § 325 Abs. 2a | 2327 |
| § 325 | Offenlegung | 2333 |
| § 325a | Zweigniederlassungen von Kapitalgesellschaften mit Sitz im Ausland | 2385 |
| § 326 | Größenabhängige Erleichterungen für kleine Kapitalgesellschaften und Kleinstkapitalgesellschaften bei der Offenlegung | 2399 |
| § 327 | Größenabhängige Erleichterungen für mittelgroße Kapitalgesellschaften bei der Offenlegung | 2411 |
| § 327a | Erleichterung für bestimmte kapitalmarktorientierte Kapitalgesellschaften | 2418 |
| § 328 | Form und Inhalt der Unterlagen bei der Offenlegung, Veröffentlichung und Vervielfältigung | 2422 |
| § 329 | Prüfungs- und Unterrichtungspflicht des Betreibers des Bundesanzeigers | 2435 |
| § 330 | Verordnungsermächtigung für Formblätter und andere Vorschriften | 2441 |
| § 331 | Unrichtige Darstellung | 2449 |
| § 332 | Verletzung der Berichtpflicht | 2469 |
| § 333 | Verletzung der Geheimhaltungspflicht | 2478 |
| § 334 | Bußgeldvorschriften | 2489 |
| § 335 | Festsetzung von Ordnungsgeld | 2504 |
| § 335a | Beschwerde gegen die Festsetzung von Ordnungsgeld; Rechtsbeschwerde; Verordnungsermächtigung | 2527 |
| § 335b | Anwendung der Straf- und Bußgeld- sowie der Ordnungsgeldvorschriften auf bestimmte offene Handelsgesellschaften und Kommanditgesellschaften | 2534 |
| § 336–341p (nicht kommentiert) | | 2536 |
| § 342 | Privates Rechnungslegungsgremium | 2537 |
| § 342a | Rechnungslegungsbeirat | 2544 |
| § 342b | Prüfstelle für Rechnungslegung | 2547 |
| § 342c | Verschwiegenheitspflicht | 2571 |

§ 342d  Finanzierung der Prüfstelle ................... 2575
§ 342e  Bußgeldvorschriften ....................... 2578

Stichwortverzeichnis ........................... 2581

**Hinweis:**
Kommentierungen der Art. 66 EGHGB und Art. 67 EGHGB finden Sie auf Ihrer Online-Version.

# Abkürzungsverzeichnis

| | |
|---|---|
| a. A. | anderer Auffassung |
| a. a. O. | am angegebenen Ort |
| AAB | Allgemeine Auftragsbedingungen für Wirtschaftsprüfer und Wirtschaftsprüfungsgesellschaften |
| Abb. | Abbildung |
| abl. | ablehnend |
| Abl. EU | Amtsblatt der Europäischen Union |
| Abs. | Absatz |
| Abschn. | Abschnitt |
| abzgl. | abzüglich |
| Acc | Accounting (Zeitschrift) |
| ADS | Adler/Düring/Schmaltz (siehe Schrifttum) |
| a. E. | am Ende |
| aF | alte Fassung |
| AfA | Absetzung für Abnutzung |
| AG | Aktiengesellschaft / Die Aktiengesellschaft (Zeitschrift) / auch Amtsgericht |
| AICPA | American Institute of Certified Public Accountants |
| AHK | Anschaffungs-/Herstellungskosten |
| AK | Anschaffungskosten |
| AktG | Aktiengesetz v. 6.9.1965, BGBl.I 1965, S. 1089, zuletzt geändert am 17.7.2015, BGBl. I 2015, S. 1245 |
| allg. | allgemein |
| Alt. | Alternative |
| AltfahrzeugG | Altfahrzeug-Gesetz v. 21.6.2002, BGBl. I 2002, S. 2199 |
| AltTZG | Altersteilzeitgesetz v. 23.7.1996, BGBl. I 1996, S. 1078, zuletzt geändert am 10.12.2014, BGBl. I 2014, S. 2082 |
| Anm | Anmerkung |
| AO | Abgabenordnung (Neufassung) v. 1.10.2002, BGBl. I 2002, S. 3866, zuletzt geändert am 28.7.2015, BGBl. I 2015, S. 1400 |
| ao | außerordentlich |
| AP | Abschlussprüfer |
| APAG | Abschlussprüferaufsichtsgesetz v. 27.12.2004, BGBl. I 2004, S. 3846 |
| APAK | Abschlussprüferaufsichtskommission |
| Apr. | Abschlussprüfung |
| AR | Aufsichtsrat |
| Arge | Arbeitsgemeinschaft |
| ARUG | Gesetz zur Umsetzung der Aktionärsrechterichtlinie (ARUG) v. 30.7.2009, BGBl I 2009, S. 2479 |
| Art. | Artikel |
| Aufl. | Auflage |
| AufwandsKons | Aufwandskonsolidierung |
| AV | Anlagevermögen |
| AVmG | Altersvermögensgesetz v. 26.6.2001, BGBl. I 2001, S. 1310, zuletzt geändert am 20.12.2001, BGBl. I 2001, S. 3877 |
| Az. | Aktenzeichen |
| BAB | Betriebsabrechnungsbogen |
| BaFin | Bundesanstalt für Finanzdienstleistungsaufsicht |

| | |
|---|---|
| BAG | Bundesarbeitsgericht |
| BAKred | Bundesaufsichtsamt für das Kreditwesen |
| BAnz | Bundesanzeiger |
| BARefG | Berufsaufsichtsreformgesetz v. 3.9.2007, BGBl. I 2007, S. 2178 |
| BB | Betriebs-Berater (Zeitschrift) |
| BBK | Buchführung, Bilanzierung, Kostenrechnung (Zeitschrift) |
| BC | Bilanzbuchhalter und Controller (Zeitschrift) |
| Bd | Band |
| BDI | Bundesverband der Deutschen Industrie |
| BDSG | Bundesdatenschutzgesetz (Neufassung) v. 14.1.2003, BGBl. I. 2003, S. 66, zuletzt geändert durch Gesetz v. 25.2.2015, BGBl. I. 2015, S. 162 |
| Beck Bil-Komm. | Beck'scher Bilanzkommentar (siehe Schrifttum) |
| Beck HdR | Beck'sches Handbuch der Rechnungslegung |
| Begr. | Begründung |
| Beih. | Beihefter |
| Beil. | Beilage |
| BerlinFG | Berlinförderungsgesetz (Neufassung) v. 2.2.1990, BGBl. I 1990, S. 173, zuletzt geändert am 5.12.2006, BGBl. I 2006, S. 2748, 2755 |
| BetrAVG | Gesetz zur Verbesserung der betrieblichen Altersvorsorge (Betriebsrentengesetz) v. 19.12.1974, BGBl. I 1974, S. 3610, zuletzt geändert am 1.4.2015, BGBl. I 2015, S. 434 |
| BetrVG | Betriebsverfassungsgesetz (Neufassung) v. 25.9.2001, BGBl. I 2001, S. 2518, zuletzt geändert am 20.4.2013, BGBl. I 2013, S. 868 |
| BetUnt | Beteiligungsunternehmen |
| BFA | Bankenfachausschuss des IDW |
| BfJ | Bundesamt für Justiz |
| BewG | Bewertungsgesetz (Neufassung) v. 1.2.1991, BGBl. I 1991, S. 230, zuletzt geändert am 18.7.2014, BGBl. I 2014, S. 1042 |
| BFH | Bundesfinanzhof |
| BFHE | Sammlung der Entscheidungen des Bundesfinanzhofs |
| BFH/NV | Sammlung amtlich nicht veröffentlichter Entscheidungen des Bundesfinanzhofs (Zeitschrift) |
| BFuP | Betriebswirtschaftliche Forschung und Praxis (Zeitschrift) |
| BGB | Bürgerliches Gesetzbuch (Neufassung) v. 2.1.2002, BGBl. I, S. 42, zuletzt geändert am 29.6.2015, BGBl. I 2015, S. 1042 |
| BGBl | Bundesgesetzblatt (Zeitschrift) |
| BGH | Bundesgerichtshof |
| BGHZ | Amtliche Sammlung von Entscheidungen des Bundesgerichtshofes in Zivilsachen (Zeitschrift) |
| BHO | Bundeshaushaltsordnung v. 19.8.1969, BGBl. I 1969, S. 1284, zuletzt geändert am 15.7.2013, BGBl. I 2013, S. 2395 |
| BilKoG | Gesetz zur Kontrolle von Unternehmensabschlüssen (Bilanzkontrollgesetz) v. 15.12.2004, BGBl. I 2004, S. 3408 |
| BilKoUmV | Bilanzkontrollkosten-Umlageverordnung v. 9.5.2005, BGBl. I 2005, S. 1259, zuletzt geändert am 7.8.2013, BGBl. I 2013, S. 3154 |
| BilMoG | Gesetz zur Modernisierung des Bilanzrechts (Bilanzrechtsmodernisierungsgesetz) v. 25.5.2009, BGBl I 2009, S. 1102 |
| BilMoG-BgrRegE | Regierungsbegründung: Begründungsteil des RegE (BT-Drs. 16/10067 v. 30.7.2008) |
| BilMoG-BgrRA | Begründung des Rechtsausschusses: Beschlussempfehlung und Bericht des Rechtsausschusses zu dem Gesetzentwurf der Bundesregierung zum Entwurf eines BilMoG (BT-Drs. 16/12407 v. 24.3.2009) |

## Abkürzungsverzeichnis

| | |
|---|---|
| BilReG | Gesetz zur Einführung internationaler Rechnungslegungsstandards und zur Sicherung der Qualität der Abschlussprüfung (Bilanzrechtsreformgesetz) v. 4.12.2004, BGBl. I 2004, S. 3166 |
| BilRUG | Gesetz zur Umsetzung der Richtlinie 2013/34/EU des Europäischen Parlaments und des Rates vom 26.6.2013 über den Jahresabschluss, den konsolidierten Abschluss und damit verbundene Berichte von Unternehmen bestimmter Rechtsformen und zur Änderung der Richtlinie 2006/43/EG des Europäischen Parlaments und des Rates und zur Aufhebung der Richtlinien 78/660/EWG und 83/349/EWG des Rates (Bilanzrichtlinie-Umsetzungsgesetz – BilRUG) vom 17.7.2015 BGBl. I 2015, S. 1245 |
| BilRUG-RefE | RefE abrufbar unter http://www.bmjv.de/SharedDocs/Downloads/ DE/pdfs/Gesetze/RefE_BilanzRichtlinieUmsetzungsGesetz.pdf?__blob=publicationFile |
| BilRUG-BegrRegE | Bilanzrichtlinie-Umsetzungsgesetz-RegE – BR-Drs. 23/15 |
| BilRUG- BgrRA | Begründung des Rechtsausschusses: Beschlussempfehlung und Bericht des Rechtsausschusses zu dem Gesetzentwurf der Bundesregierung zum Entwurf eines BilRUG (Drucksache 18/5256 v. 18.6.2015) |
| BiRiLiG | Bilanzrichtlinien-Gesetz v. 19.12.1985, BGBl. I 1985, S. 2355 |
| BKR | Zeitschrift für das Bank- und Kapitalmarktrecht |
| BMF | Bundesministerium der Finanzen |
| BMJ | Bundesministerium der Justiz |
| BMJV | Bundesministerium der Justiz und für Verbraucherschutz |
| BMWT | Bundesministerium für Wirtschaft und Technologie |
| BoHdR | Bonner Handbuch der Rechnungslegung |
| BörsG | Börsengesetz (Neufassung) v. 16.6.2007, BGBl. I 2007, S. 1330, zuletzt geändert am 15.7.2014, BGBl. I, S. 934 |
| BörsZulV | Börsenzulassungs-Verordnung (Neufassung) v. 9.9.1998, BGBl. I 1998, S. 2832, zuletzt geändert am 22.12.2011, BGBl. I 2011, S. 3044 |
| Bp | Betriebsprüfung |
| BPG | Buchprüfungsgesellschaft |
| bps | Basispunkte |
| BR | Deutscher Bundesrat |
| BR-Drs. | Bundesrats-Drucksache |
| BRg | Business Reporting (Zeitschrift) |
| BRZ | BRZ – Zeitschrift für Bilanzierung und Rechnungswesen |
| bspw. | beispielsweise |
| BS WP/vBP | Satzung der Wirtschaftsprüferkammer über die Rechte und Pflichten bei der Ausübung der Berufe des Wirtschaftsprüfers und des vereidigten Buchprüfers (Berufssatzung für Wirtschaftsprüfer/vereidigte Buchprüfer) |
| BStBl | Bundessteuerblatt (Zeitschrift) |
| BSV | Bestätigungsvermerk |
| BT | Deutscher Bundestag |
| BT-Drs. | Bundestags-Drucksache |
| Buchst. | Buchstabe |
| BuW | Betrieb und Wirtschaft (Zeitschrift) |
| BVerfG | Bundesverfassungsgericht |
| BVerfGE | Amtliche Sammlung von Entscheidungen des Bundesverfassungsgerichts |
| BW | Der Betriebswirt (Zeitschrift) |

| | |
|---|---|
| bzgl. | bezüglich |
| bzw. | beziehungsweise |
| CA | Chartered Accountant |
| CEO | Chief Executice Officer |
| CESR | Committee of European Securities Regulators |
| CFO | Chief Financial Officer |
| CIO | Chief Information Officer |
| CoC | Change-of-Control |
| COO | Chief Operating Officer |
| CorpGov | Corporate Governance |
| COSO | Committee of Sponsoring Organizations of the Treadway Commission |
| CPA | Certified Public Accountant |
| CTA | Contractual Trust Arrangement |
| DAX | Deutscher Aktien Index |
| DB | Der Betrieb (Zeitschrift) |
| DBA | Doppelbesteuerungsabkommen |
| DBW | Die Betriebswirtschaft (Zeitschrift) |
| DCF | Discounted Cash Flow |
| DCGK | Deutscher Corporate Governance Kodex |
| d. h. | das heißt |
| Diss. | Dissertation |
| DK | Der Konzern (Zeitschrift) |
| DM/DEM | Deutsche Mark |
| DMBilG | D-Markbilanzgesetz 1990 v. 3.9.1990, BGBl. I 1994, S. 1842, zuletzt geändert am 10.11.2006, BGBl. I 2006, S. 2553 |
| DMEB | DM-Eröffnungsbilanz |
| DNotZ | Deutsche Notar-Zeitung |
| DPR | Deutsche Prüfstelle für Rechnungslegung |
| DRÄS | Deutscher Rechnungslegungs Änderungsstandard |
| DRS | Deutscher Rechnungslegungs Standard |
| Drs. | Drucksache |
| DRSC | Deutsches Rechnungslegungs Standards Commitee |
| DSR | Deutscher Standardisierungsrat |
| DStR | Deutsches Steuerrecht (Zeitschrift) |
| DStZ | Deutsche Steuer-Zeitung (Zeitschrift) |
| DVFA | Deutsche Vereinigung für Finanzanalyse und Asset Management |
| DZWiR | Deutsche Zeitschrift für Wirtschaftsrecht (Zeitschrift) |
| E | Entwurf |
| EBIT | Earnings Bevor Interest And Taxes |
| ED | Exposure Draft |
| EECS | European Enforcers Coordination Sessions |
| EE-Steuern | Steuern vom Einkommen und Ertrag |
| EG | Europäische Gemeinschaft |
| eG | eingetragene Genossenschaft |
| EGAktG | Einführungsgesetz zum Aktiengesetz v. 6.9.1965, BGBl. I 1965 S. 1185, zuletzt geändert durch Gesetz v. 17.7.2015, BGBl. I 2015, S. 1245 |

| | |
|---|---|
| EGGVG | Einführungsgesetz zum Gerichtsverfassungsgesetz v. 27.1.1877, BGBl. 1877, S. 77, zuletzt geändert am 29.6.2015, BGBl. I. 2015, S. 1042 |
| EGHGB | Einführungsgesetz zum Handelsgesetzbuch v. 31.7.2009, BGBl I 2009, S. 2509, zuletzt geändert am 28.7.2015, BGBl. I 2015, S. 1400 |
| EHUG | Gesetz über elektronische Handelsregister und Genossenschaftsregister sowie das Unternehmensregister v. 10.11.2006, BGBl. I 2006, S. 2553 |
| Einf. | Einführung |
| einschl. | einschließlich |
| EK | Eigenkapital |
| EKfm/EKfl | Einzelkaufmann/Einzelkaufleute |
| EndKons | Endkonsolidierung |
| EnWG | Energiewirtschaftsgesetz v. 7.7.2005, BGBl. I 2005, S. 1970, 3621, zuletzt geändert am 28.7.2015, BGBl. I 2015, S. 1066 |
| EPS | earnings per share |
| ErbStG | Erbschaftsteuer- und Schenkungsteuergesetz (Neufassung) v. 27.2.1997, BGBl. I 1997, S. 378, zuletzt geändert am 29.6.2015, BGBl. I 2015, S. 1400 |
| Erg. | Ergänzung |
| Erl. | Erlass oder Erläuterung |
| ErstKons | Erstkonsolidierung |
| ESMA | European Securities and Markets Authority |
| EStÄR | Einkommensteuer-Änderungs-Richtlinien |
| EStDV | Einkommensteuer-Durchführungsverordnung (Neufassung) v. 10.5.2000, BGBl. I 2000, S. 717, zuletzt geändert am 22.12.2014, BGBl. I 2014, S. 2392 |
| EStG | Einkommensteuergesetz (Neufassung) v. 8.10.2009, BGBl. I 2009, S. 3366, BGBl. I 2009, S. 3862, zuletzt geändert am 28.7.2015, BGBl. I 2015, S. 1400 |
| EStG-KompaktK | EStG KompaktKommentar (siehe Schrifttum) |
| EStH | Hinweise zu den Einkommensteuer-Richtlinien |
| EStR | Einkommensteuer-Richtlinien |
| et al | et alii |
| etc. | et cetera |
| EU | Europäische Union |
| EuGH | Europäischer Gerichtshof |
| EUR | Euro |
| EuroBilG | Euro-Bilanzgesetz vom 10.12.2001, BGBl. I 2001, S. 3414 |
| EuroEG | Euro-Einführungsgesetz (4. Fassung) v. 21.12.2000, BGBl. I 2000, S. 1983 |
| e.V. | eingetragener Verein |
| evtl. | eventuell |
| EWR | Europäischer Wirtschaftsraum |
| EWG | Europäische Wirtschaftsgemeinschaft |
| EWS | Europäisches Wirtschafts- und Steuerrecht (Zeitschrift) |
| F | Framework (Rahmenkonzept) |
| f. | folgend |
| F&E | Forschung und Entwicklung |
| FAIT | Fachausschuss für Informationstechnologie des IDW |
| FAMA | Fachausschuss für moderne Abrechnungssysteme des IDW |
| FAS | Financial Accounting Standards |

| | |
|---|---|
| FASB | Financial Accounting Standards Board |
| FAV | Finanzanlagevermögen |
| FB | Finanzbetrieb (Zeitschrift) |
| ff. | fortfolgende |
| FG | Finanzgericht |
| FGG | Gesetz über die Angelegenheiten der freiwilligen Gerichtsbarkeit v. 20.5.1898, RGBl. 1898, S. 369, außer Kraft getreten am 1.9.2009 durch Gesetz v. 17.12.2008, BGBl. I 2008, S. 2586 |
| FGK | Fertigungsgemeinkosten |
| Fifo | first in – first out |
| FinDAG | Gesetz über die Bundesanstalt für Finanzdienstleistungsaufsicht v. 22.4.2002, BGBl. I 2002, S. 1310, zuletzt geändert am 3.7.2015, BGBl. I 2015, S. 1114 |
| FinMin | Finanzministerium |
| FinVerw | Finanzverwaltung |
| FK | Fremdkapital |
| FMStFG | Finanzmarktstabilisierungsfondsgesetz v. 17.10.2008, BGBl. I 2008, S. 1982, zuletzt geändert am 10.12.2014, BGBl. I 2014, S. 2091 |
| FMStFV | Verordnung zur Durchführung des Finanzmarktstabilisierungsfondsgesetzes v. 20.10.2008, zuletzt geändert am 10.12.2014, BGBl. I 2014, S. 2091 |
| FN-IDW | Fachnachrichten des Instituts der Wirtschaftsprüfer (Zeitschrift) |
| FörderGG | Fördergebietsgesetz (Neufassung) v. 23.9.1993, BGBl. I 1993, S. 1654, zuletzt geändert am 29.10.2001, BGBl. I 2001, S. 2785 |
| FRUG | Finanzmarktrichtlinieumsetzungsgesetz v. 16.7.2007, BGBl. I 2007, S. 1330, zuletzt geändert an 21.12.2007, BGBl. I 2007, S. 3089 |
| FührposGleichberG | Gesetz für die gleichberechtigte Teilhabe von Frauen und Männern an Führungspositionen in der Privatwirtschaft und im öffentlichen Dienst v. 24.4.2015, BGBl. 2015 I S. 642 |
| FS | Festschrift |
| FTD | Financial Times Deutschland (Tageszeitung) |
| GbR | Gesellschaft bürgerlichen Rechts |
| GE | Geldeinheit |
| gem. | gemäß |
| GDPdU | Grundsätze zum Datenzugriff und zur Prüfbarkeit digitaler Unterlagen |
| GemeinschaftsUnt | Gemeinschaftsunternehmen |
| GenG | Gesetz betreffend die Erwerbs- und Wirtschaftsgenossenschaften (Genossenschaftsgesetz) (Neufassung) v. 16.10.2006, BGBl. I 2006, S. 2230, zuletzt geändert am 24.4.2015, BGBl. I 2015, S. 642 |
| Ges. | Gesellschaft(en) |
| GesellschafterUnt | Gesellschafterunternehmen |
| GesV | Gesellschafterversammlung |
| GewSt | Gewerbesteuer |
| GewStG | Gewerbesteuergesetz (Neufassung) v. 15.10.2002, BGBl. I 2002, S. 4167, zuletzt geändert am 1.4.2015, BGBl. I 2015, S. 434 |
| GG | Grundgesetz vom 23.5.1949, zuletzt geändert am 23.12.2014, BGBl. I 2014, S. 2438 |
| ggf. | gegebenenfalls |
| Gj | Geschäftsjahr |
| glA | gleicher Auffassung |
| GK-HGB | Gemeinschaftskommentar zum Handelsgesetzbuch (siehe Schrifttum) |
| GKV | Gesamtkostenverfahren |

| | |
|---|---|
| GKZ | Gemeinkostenzuschlag |
| GmbH | Gesellschaft mit beschränkter Haftung |
| GmbHG | Gesetz betreffend die Gesellschaften mit beschränkter Haftung v. 20.4.1892, zuletzt geändert am 17.7.2015, BGBl. I 2015, S. 1245 |
| GmbHR | GmbH-Rundschau (Zeitschrift) |
| GoA | Grundsätze ordnungsmäßiger Abschlussprüfung |
| GoB | Grundsätze ordnungsmäßiger Buchführung |
| GoBS | Grundsätze ordnungsmäßiger DV-gestützter Buchführungssysteme |
| GoF | Geschäfts- oder Firmenwert |
| GoI | Grundsätze ordnungsmäßiger Inventur |
| GoK | Grundsätze ordnungsmäßiger Konzernrechnungslegung |
| GoL | Grundsätze ordnungsmäßiger Lageberichterstattung |
| GoS | Grundsätze ordnungsmäßiger Speicherbuchführung |
| grds. | grundsätzlich |
| GrESt | Grunderwerbsteuer |
| GrEStG | Grunderwerbsteuergesetz (Neufassung) v. 26.2.1997, BGBl. I 1997, S. 417, 418, zuletzt geändert am 25.7.2014, BGBl. I 2014, S. 1266 |
| Großkomm. HGB | Großkommentar Handelsgesetzbuch (siehe Schrifttum) |
| GrS | Großer Senat |
| GuV | Gewinn- und Verlustrechnung |
| GWG | geringwertige Wirtschaftsgüter |
| GwG | Geldwäschegesetz v. 13.8.2008, BGBl. I 2008, S. 1690, zuletzt geändert am 12.6.2015, BGBl. I 2015, S. 926 |
| | |
| H | Hinweis EStH |
| HB | Handelsbilanz |
| HBeglG | Haushaltsbegleitgesetz v. 9.12.2010, BGBl. I 2010, S. 1885 |
| HdB | Handbuch der Bilanzierung (siehe Schrifttum) |
| HdJ | Handbuch des Jahresabschlusses (siehe Schrifttum) |
| HdK | Handbuch der Konzernrechnungslegung (siehe Schrifttum) |
| HdR | Handbuch der Rechnungslegung (siehe Schrifttum) |
| HFA | Hauptfachausschuss des IDW |
| HFA 1/19.. | Stellungnahmen des HFA (Nummer, Jahrgang) bis 1998 |
| HGB | Handelsgesetzbuch v. 10.5.1897, zuletzt geändert am 28.7.2015, BGBl. I 2015, S. 1400 |
| HGrG | Haushaltsgrundsätzegesetz v. 19.8.1969, BGBl. I 1969, S. 1273, zuletzt geändert am 15.7.2013, BGBl. I 2013, S. 2398 |
| Hifo | highest in – first out |
| HK | Herstellungskosten |
| HK-HGB | Heidelberger Kommentar zum Handelsgesetzbuch (siehe Schrifttum) |
| hM | herrschende Meinung |
| HR | Handelsregister |
| Hrsg. | Herausgeber |
| Hs. | Halbsatz |
| HURB | Handwörterbuch unbestimmter Rechtsbegriffe im Bilanzrecht des HGB, hrsg. von Leffson/Rückle/Großfeld, Köln 1986 |
| HV | Hauptversammlung |
| HWB | Handwörterbuch der Betriebswirtschaftslehre (siehe Schrifttum) |
| HWRP | Handwörterbuch der Rechnungslegung und Prüfung (siehe Schrifttum) |
| HwR | Handwörterbuch des Rechnungswesens (siehe Schrifttum) |
| HwRev | Handwörterbuch der Revision (siehe Schrifttum) |

| | |
|---|---|
| IAASB | International Auditing and Assurance Standards Board |
| IAS | International Accounting Standards |
| IASB | International Accounting Standards Board |
| IAV | Immaterielles Anlagevermögen |
| IDW | Institut der Wirtschaftsprüfer in Deutschland e. V. |
| IDW EPH | IDW Prüfungshinweis Entwurf (Nummer) |
| IDW EPS | IDW Prüfungsstandard Entwurf (Nummer) |
| IDW-FN | IDW Fachnachrichten (Zeitschrift) |
| IDW PH | IDW Prüfungshinweis (Nummer) |
| IDW PS | IDW Prüfungsstandard (Nummer) |
| IDW RH HFA | IDW Rechnungslegungshinweis (Fachausschuss, Nummer) |
| IDW RS HFA | IDW Rechnungslegungsstandard (Fachausschuss, Nummer) |
| IDW VFA | IDW Versicherungsfachausschuss |
| IFAC | International Federation of Accountants |
| IFRIC | International Financial Reporting Interpretations Committee |
| IFRS | International Financial Reporting Standards |
| IFRS-EA | IFRS-Einzelabschluss gem. § 325 Abs. 2a HGB |
| IFTs | Schriften des Institut „Finanzen und Steuern" e. V. |
| i. H. | in Höhe |
| IHK | Industrie- und Handelskammer |
| i. H. v. | in Höhe von |
| IKS | Internes Kontrollsystem |
| iL | in Liquidation |
| inkl. | inklusive |
| insb. | insbesondere |
| InsO | Insolvenzordnung v. 5.10.1994, BGBl. I 1994, S. 2866, zuletzt geändert am 17.7.2015, BGBl. I 2015, S. 1245 |
| InvG | Investmentgesetz v. 15.12.2003, BGBl. I 2003, S. 2676, aufgehoben mit Gesetz v. 4.7.2013, BGBl. I 2013, 1981 |
| IR | Interne Revision (Zeitschrift) |
| IRZ | Zeitschrift für internationale Rechnungslegung |
| ISA | International Standards on Auditing |
| IT | Informationstechnologie |
| IÜS | Internes Überwachungssystem |
| i. d. F. | in der Fassung |
| i. d. R. | i. d. R. |
| i. e. S. | im engeren Sinne |
| i. S. | im Sinne |
| i. S. d. | i. S. d. |
| i. S. v. | i. S. v. |
| i. V. m. | in Verbindung mit |
| i. w. S. | im weiteren Sinne |
| | |
| JA | Jahresabschluss |
| JAP | Jahresabschlussprüfung |
| Jg | Jahrgang |
| JW | Juristische Wochenschrift (Zeitschrift) |
| JZ | Juristenzeitung (Zeitschrift) |

## Abkürzungsverzeichnis

| | |
|---|---|
| KA | Konzernabschluss |
| KAGB | Kapitalanlagegesetzbuch; eingeführt mit AIFM-UmsG v. 4.7.2013, BGBl. I 2013, S. 1981, zuletzt geändert am 17.7.2015, BGBl. I 2015, S. 1245 |
| KAP | Konzernabschlussprüfung |
| Kap. | Kapitel |
| KapAEG | Kapitalaufnahmeerleichterungsgesetz v. 20.4.1998, BGBl. I 1994, S. 707 |
| KapCoGes | Personenhandelsgesellschaften i. S. v. § 264a HGB (Kapitalgesellschaften & Co.) |
| KapCoRiLiG | Kapitalgesellschaften- und Co-Richtlinie-Gesetz v. 24.2.2000, BGBl. I 2000, S. 154 |
| KapG | Kapitalgesellschaft |
| KapKons | Kapitalkonsolidierung |
| KapSt | Kapitalertragsteuer |
| Kfl. | Kaufleute |
| Kfm. | Kaufmann |
| KFR | Kapitalflussrechnung |
| KG | Kommanditgesellschaft |
| KGaA | Kommanditgesellschaft auf Aktien |
| KHFA | Krankenhausfachausschuss des IDW |
| KHG NRW | Krankenhausgesetz des Landes Nordrhein-Westfalen |
| Kifo | Konzern in – first out |
| Kilo | Konzern in – last out |
| Kj. | Kalenderjahr |
| KLB | Konzernlagebericht |
| KleinstKapG | Kleinstkapitalgesellschaft |
| Kl. Einzel-Kfl. | Kleine Einzelkaufleute |
| KM | Kapitalmarkt |
| KM-orientiert | kapitalmarktorientiert |
| KölnKomm. WpHG | Kölner Kommentar zum Wertpapierhandelsgesetz |
| KonBefrV | Konzernabschlussbefreiungsverordnung v. 15.11.1991, BGBl. I 1991, S. 2122, zuletzt geändert am 17.7.2015, BGBL. I 2015, S. 1245 |
| Kons. | Konsolidierung |
| KonsKreis | Konsolidierungskreis |
| KonTraG | Gesetz zur Kontrolle und Transparenz im Unternehmensbereich v. 27.04.1998, BGBl. I 1998, S. 786 |
| KoR | Zeitschrift für kapitalmarktorientierte Rechnungslegung |
| KSt | Körperschaftsteuer |
| KStG | Körperschaftsteuergesetz (Neufassung) v. 15.10.2002, BGBl. I 2002, S. 4144, zuletzt geändert am 1.4.2015, BGBl. I 2015, S. 434 |
| KWG | Kreditwesengesetz (Neufassung) v. 10.7.1961, BGBl. I 1961, S. 2776, zuletzt geändert am 12.6.2015, BGBl. I 2015, S. 926 |
| LB | Lagebericht |
| Lfg. | Lieferung |
| LG | Landgericht |
| Lifo | last in – first out |
| lit. | Buchstabe |
| LLP | Limited Liability Partnership |
| Lofo | lowest in – first out |

| | |
|---|---|
| lt. | laut |
| L&L | Lieferungen und Leistungen |
| mwN | mit weiteren Nachweisen |
| MaBV | Makler- und Bauträgerverordnung (Neufassung) v. 7.11.1990, BGBl. I 1990, S. 2479, zuletzt geändert am 2.5.2012, BGBl. I 2012, S. 1006 |
| maN | mit anderen Nachweisen |
| MaRisk | Mindestanforderungen an das Risikomanagement |
| mbH | mit beschränkter Haftung |
| MD&A | Management Discussion & Analysis |
| ME | Mengeneinheit |
| MEK | Materialeinzelkosten |
| MGK | Materialgemeinkosten |
| MicroBilG | Kleinstkapitalgesellschaften-Bilanzrechtsänderungsgesetz (MicroBilG) v. 20.12.2012, BGBl. I 2012, S. 2751 |
| Mio. | Million |
| MitBestG | Mitbestimmungsgesetz v. 4.5.1976, BGBl. I 1976, S. 1153, zuletzt geändert am 24.4.2015, BGBl. I 2015, S. 642 |
| MU | Mutterunternehmen |
| MünchKomm. AktG | Münchener Kommentar zum Aktiengesetz (siehe Schrifttum) |
| MünchKomm. HGB | Münchener Kommentar zum Handelsgesetzbuch (siehe Schrifttum) |
| m. E. | meines Erachtens |
| nF | neue Fassung |
| NJW | Neue Juristische Wochenschrift (Zeitschrift) |
| No. | Number |
| Nr. | Nummer |
| NStZ | Neue Zeitschrift für Strafrecht (Zeitschrift) |
| nv | nicht veröffentlicht |
| NWB | Neue Wirtschaftsbriefe (Zeitschrift) |
| NZG | Neue Zeitschrift für Gesellschaftsrecht (Zeitschrift) |
| o. a. | oben angegebenen |
| o. Ä. | oder Ähnliche(s) |
| o. g. | oben genannten |
| OHG | Offene Handelsgesellschaft |
| OLG | Oberlandesgericht |
| OTC-market | over-the-counter-market |
| o. V. | ohne Verfasser |
| OWiG | Ordnungswidrigkeitengesetz (Neufassung) v. 19.2.1987, BGBl. I 1987, S. 602, zuletzt geändert am 13.5.2015, BGBl. I 2015, S. 706 |
| pa | per annum |
| PartGmbB | Partnerschaftsgesellschaft mit beschränkter Berufshaftung |
| PartUnt | Partnerunternehmen |
| PartnerschaftsUnt | Partnerschaftsunternehmen |
| pdf | Portable Document Format |
| PCAOB | Public Company Accounting Oversight Board |
| PersG | Personenhandelsgesellschaft |
| PH | Prüfungshinweis |
| phG | persönlich haftender Gesellschafter |
| PIR | Praxis der internationalen Rechnungslegung (Zeitschrift) |
| Pkw | Personenkraftwagen |

# Abkürzungsverzeichnis

| | |
|---|---|
| prt | pro rata temporis |
| PrüfbV | Prüfungsberichtsverordnung für Kreditinstitute v. 11.6.2015, BGBl. I 2015, S. 930 |
| PrüfV | Prüfungsberichteverordnung für Versicherungsunternehmen v. 3.6.1998, BGBl. I 1998, S. 1209, zuletzt geändert am 17.7.2015, BGBl. I 2015, S. 1245 |
| PS | Prüfungsstandard |
| PSV | Pensionssicherungsverein aG |
| PublG | Publizitätsgesetz v. 15.8.1969, BGBl. I 1969, S. 1189, zuletzt geändert am 17.7.2015, BGBl. I 2015, S. 1245 |
| QuotenKons | Quotenkonsolidierung |
| R | Richtlinie EStR |
| RA | Rechtsanwalt |
| RAP | Rechnungsabgrenzungsposten |
| RechKredV | Verordnung über die Rechnungslegung der Kreditinstitute und Finanzdienstleistungsinstitute (Neufassung) v. 11.12.1998, BGBl. I 1998, S. 3658, zuletzt geändert am 17.7.2015, BGBl. I 2015, S. 1245 |
| RechVersV | Verordnung über die Rechnungslegung von Versicherungsunternehmen v. 8.11.1994, BGBl. I 1994, S. 3378, zuletzt geändert am 17.7.2015, BGBl. I 2015, S. 1245 |
| RefE BilMoG | Referentenentwurf eines Gesetzes zur Modernisierung des Bilanzrechts (Bilanzrechtsmodernisierungsgesetz – BilMoG) vom 8.11.2007, BT-Drs. 344/08 |
| RefE | Referentenentwurf |
| RegBegr | Regierungsbegründung |
| RegE BilMoG | Regierungsentwurf eines Gesetzes zur Modernisierung des Bilanzrechts (Bilanzrechtsmodernisierungsgesetz – BilMoG) vom 21.5.2008, BT-Drs. 16/10067 |
| RegE | Regierungsentwurf |
| rev | revised |
| RH | Rechnungslegungshinweis |
| RHB | Roh-, Hilfs- und Betriebsstoffe |
| RIC | Rechnungslegungs Interpretations Committee / Rechnungslegungsinterpretation |
| RL | Richtlinie |
| Rn | Randnummer |
| ROCE | Return on Capital Employed |
| ROI | Return on Investment |
| RS | Rechnungslegungsstandard |
| RST | Rückstellung |
| RückAbzinsV | Rückstellungsabzinsungsverordnung v. 18.11.2009, BGBl. I 2009, S. 3790, zuletzt geändert mit Gesetz v. 1.8.2014 BGBl. I S. 1330 |
| Rz | Randziffer |
| s. | siehe |
| S. | Seite |
| SABI | Sonderausschuss Bilanzrichtlinien-Gesetz des IDW |
| S.a.r.l. | Société à Responsabilité Limitée |
| SAV | Sachanlagevermögen |

| | |
|---|---|
| SCEAG | Gesetz zur Ausführung der Verordnung (EG) Nr. 1435/2003 des Rates vom 22. Juli 2003 über das Statut der Europäischen Genossenschaft (SCE) (SCE-Ausführungsgesetz – SCEAG) v. 14.8.2006, BGBl. I 2006, S. 1911, zuletzt geändert am 24.4.2015, BGBl. I 2015, S. 642 |
| SchuldenKons | Schuldenkonsolidierung |
| SE | Societas Europaea (Europäische (Aktien-) Gesellschaft) |
| SEAG | Ausführungsgesetz zur Societas Europaea (Europäischen (Aktien-) Gesellschaft) v. 22.12.2004, BGBl. I 2004, S. 3675, zuletzt geändert am 24.4.2015, BGBl. I 2015, S. 642 |
| SEC | Securities and Exchange Commission |
| SEEG | Gesetz zur Einführung der Europäischen Gesellschaft v. 22.12.2004, BGBl. I 2004, S. 3675 |
| SegmBer | Segmentberichterstattung |
| SEPA | „Single Euro Payments Area" = Einheitlicher Euro-Zahlungsverkehrsraum |
| SFAS | Statement of Financial Accounting Standards |
| SG | Schmalenbach-Gesellschaft für Betriebswirtschaft e. V. |
| SIC | Standing Interpretations Commitee |
| sog. | so genannt(er) |
| SolZ | Solidaritätszuschlag |
| SOX | Sarbanes-Oxley Act |
| Sp. | Spalte |
| SPE | special purpose entity |
| StB | Steuerberater |
| Stb | Der Steuerberater (Zeitschrift) |
| Stbg | Die Steuerberatung (Zeitschrift) |
| StGB | Strafgesetzbuch (Neufassung) v. 13.11.1998, BGBl. I 1998, S. 3322, zuletzt geändert am 12.6.2015, BGBl. I 2015, S. 926 |
| StuB | Steuern und Bilanzen (Zeitschrift) |
| TEUR | Tausend Euro |
| TransPuG | Gesetz zur weiteren Reform des Aktien- und Bilanzrechts, zu Transparenz und Publizität (Transparenz- und Publizitätsgesetz) v. 19.7.2002, BGBl. I 2002, S. 2681 |
| Tsd. | Tausend |
| TSFR | Tausend Schweizer Franken |
| TU | Tochterunternehmen |
| TUG | Transparenzrichtlinie-Umsetzungsgesetz v. 5.1.2007, BGBl. I 2007, S. 10 |
| TUSD | Tausend United States Dollar |
| Tz | Textziffer |
| u. | und |
| u. a. | und andere/unter anderem |
| u. Ä. | und Ähnliche(s) |
| ÜbernRUmsG | Übernahmerichtlinie-Umsetzungsgesetz v. 8.7.2006, BGBl. I 2006, S. 1426 |
| UBG | Unternehmensbeteiligungsgesellschaft |
| Ubg | Die Unternehmensbesteuerung (Zeitschrift) |
| UBGG | Gesetz über Unternehmensbeteiligungsgesellschaften (Neufassung) v. 9.9.1998, BGBl. I 1998, S. 2765, zuletzt geändert am 28.8.2013, BGBl. I 2013, S. 3395 |

| | |
|---|---|
| u. E. | unseres Erachtens |
| u. g. | unten genannten |
| UG | Unternehmergesellschaft |
| UKV | Umsatzkostenverfahren |
| UmwG | Umwandlungsgesetz v. 28.10.1994, BGBl. I 1994, S. 3210, BGBl. I 1995, S. 428, zuletzt geändert am 24.4.2015, BGBl. I 2015, S. 642 |
| Unt | Unternehmen |
| u. U. | unter Umständen |
| US | United States |
| US GAAP | United States Generally Accepted Accounting Principles |
| USt | Umsatzsteuer |
| UV | Umlaufvermögen |
| u. v. m. | und vieles mehr |
| | |
| v. | vom |
| VAG | Versicherungsaufsichtsgesetz v. 17.12.1992, BGBl. I 1993 S. 2, zuletzt geändert am 28.8.2013, BGBl. I 2013, S. 3395 aufgehoben durch Gesetz v. 1.4.2015, BGBl. I S. 434 – ersetzt durch Gesetz vom 1.4.2015, BGBl. I S. 434 (VAG 2016) |
| vBP | vereidigter Buchprüfer |
| Verf. | Verfasser |
| VollKons | Vollkonsolidierung |
| VwVfG | Verwaltungsverfahrensgesetz (Neufassung) v. 23.1.2003, BGBl. I. 2003, 102, zuletzt geändert durch am. 25.7.2013, BGBl. I. 2013, 2749 |
| VFE-Lage | Vermögens-, Finanz- und Ertragslage |
| VG | Vermögensgegenstand |
| vgl. | vergleiche |
| Vj. | Vorjahr |
| VO | Verordnung(en) |
| VollKonsKreis | Vollkonsolidierungskreis |
| VorstAG | Gesetz zur Angemessenheit der Vorstandsvergütung v. 31.7.2009, BGBl. I 2009, S. 2509 |
| VorstOG | Vorstandsvergütungs-Offenlegungsgesetz vom 3.8.2005, BGBl. I 2005, S. 2267 |
| | |
| wistra | Zeitschrift für Wirtschafts- und Steuerstrafrecht |
| Wj | Wirtschaftsjahr |
| WM | Wertpapiermitteilungen (Zeitschrift) |
| WP | Wirtschaftsprüfer |
| WPg | Die Wirtschaftsprüfung (Zeitschrift) |
| WPG | Wirtschaftsprüfungsgesellschaft |
| WpHG | Gesetz über den Wertpapierhandel (Wertpapierhandelsgesetz) (Neufassung) v. 9.9.1998, BGBl. I 1998, S. 2708, zuletzt geändert am 3.7.2015, BGBl. I 2015, S. 1114 |
| WPK | Wirtschaftsprüferkammer |
| WPKM | WPK Magazin (Zeitschrift) |
| WPO (WiPrO) | Wirtschaftsprüferordnung (Neufassung) v. 5.11.1975, BGBl. I 1975, S. 2803, zuletzt geändert am 31.8.2013, BGBl. I 2013, S. 3533 |
| WpÜG | Wertpapiererwerbs- und Übernahmegesetz v. 20.12.2001, BGBl. I 2001, S. 2850, zuletzt geändert am 3.7.2015, BGBl. I 2015, S. 1114 |
| | |
| XBRL | eXtensible Business Reporting Language |

| | |
|---|---|
| ZASt | Zinsabschlagsteuer |
| z. B. | zum Beispiel |
| ZBB | Zeitschrift für Bankrecht und Bankwirtschaft |
| ZCG | Zeitschrift für Corporate Governance |
| ZfB | Zeitschrift für Betriebswirtschaft |
| ZfbF | Zeitschrift für betriebswirtschaftliche Forschung |
| ZGR | Zeitschrift für Unternehmens- und Gesellschaftsrecht |
| ZHR | Zeitschrift für das gesamte Handelsrecht und Wirtschaftsrecht |
| Ziff. | Ziffer |
| ZInsO | Zeitschrift für das gesamte Insolvenzrecht |
| ZIP | Zeitschrift für Wirtschaftsrecht |
| ZP | Zeitschrift für Planung |
| ZPO | Zivilprozessordnung (Neufassung) v. 5.12.2005, BGBl. I 2005, S. 3202, zuletzt geändert am 8.7.2014, BGBl. I 2014, S. 890 |
| z. T. | zum Teil |
| ZVK | Zusatzversorgungskasse |
| zzgl. | zuzüglich |

# Allgemeines Schrifttum

*Adler/Düring/Schmaltz*, Rechnungslegung nach Internationalen Standards, Loseblatt, 2007 ff.;
zitiert als: *ADS* International, Abschn. ..., Rz ... (Datum);

*Adler/Düring/Schmaltz*, Rechnungslegung und Prüfung der Unternehmen, 6. Aufl. 1995-2001;
zitiert als: *ADS*, 6. Aufl. § ... HGB, Rz ...;

*Aigner*, Das neue Bilanzrecht nach HGB auf der Grundlage des Bilanzrechtsmodernisierungsgesetzes (BilMoG), 2009;

*AKEIÜ, der Schmalenbach-Gesellschaft für Betriebswirtschaft*, Anforderungen an die Überwachungsaufgaben von Aufsichtsrat und Prüfungsausschuss nach § 107 Abs. 3 Satz 2 AktG i.d.F. des Bilanzrechtsmodernisierungsgesetzes, in: DB 2009, S. 1279;

*Alsheimer*, Das den tatsächlichen Verhältnissen entsprechende Bild der Vermögens-, Finanz- und Ertragslage, in: RIW 1992, S. 645;

*Ammann/Müller*, Konzernbilanzierung, 2005;

*Ammann/Müller, IFRS*: International Financial Reporting Standards – Bilanzierungs-, Steuerungs- und Analysemöglichkeiten, 2. Aufl., 2006;

*Amshoff/Pellens/Schmidt*, Konzernsichtweisen in der Rechnungslegung und im Gesellschaftsrecht: Zur Übertragbarkeit des betriebswirtschaftlichen Konzernverständnisses auf Ausschüttungsregulierungen, in: ZGR 2009, S. 231;

*Arbeitskreis Bilanzrecht der Hochschullehrer Rechtswissenschaft*, Stellungnahme zu dem Entwurf eines BilMoG: Grundkonzept und Aktivierungsfragen, in: Betriebs-Berater 2008, S. 152;

*Arbeitskreis Bilanzrecht der Hochschullehrer Rechtswissenschaft*, Stellungnahme zu dem Entwurf eines BilMoG: Einzelfragen zum materiellen Bilanzrecht, in: Betriebs-Berater 2008, S. 209;

*Arbeitskreis Externe und Interne Überwachung der Unternehmung der Schmalenbach-Gesellschaft für Betriebswirtschaft e. V.*, Best Practice des Aufsichtsrats der AG – Empfehlungen zur Verbesserung der Effektivität und Effizienz der Aufsichtsratstätigkeit, in: DB 2006, S. 1625;

*Arbeitskreis Externe Unternehmensrechnung der Schmalenbach-Gesellschaft für Betriebswirtschaft*, Stellungnahme zu dem Referentenentwurf eines Bilanzrechtsmodernisierungsgesetzes, in: Betriebs-Berater 2008, S. 994;

*Arbeitskreis Rechnungslegung von Bundessteuerberaterkammer und Steuerberaterverband*, Stellungnahme zum Regierungsentwurf eines Gesetzes zur Modernisierung des Bilanzrechts (Bilanzrechtsmodernisierungsgesetz – BilMoG), in: Deutsches Steuerrecht 2008, S. 2182;

*Avella/Krudewig*, BilMoG: Leitfaden für kleine und mittlere Unternehmen, 2010;

*Baetge/Dörner/Kleekämper /Wollmert* (Hrsg.), Rechnungslegung nach International Accounting Standards (IAS), Loseblatt, 2. Aufl., 2004 ff.;

*Baetge/Kirsch/Thiele* (Hrsg.), Bilanzrecht-Kommentar, Loseblatt, 2002 ff.;
zitiert als: *Autor* in *Baetge/Kirsch/Thiele*, Bilanzrecht, § ... HGB Rz ...;

*Baetge/Kirsch/Thiele*, Konzernbilanzen, 10. Aufl. 2013;

*Baetge/Kirsch/Thiele*, Bilanzanalyse, 2. Aufl. 2004;

*Baetge/Kirsch/Thiele*, Bilanzen, 13. Aufl. 2014;

*Ballwieser*, Das BilMoG zwischen Entrümpelung und Neugestaltung des HGB, in: Berichterstattung für den Kapitalmarkt 2009, S. 593;

*Ballwieser/Coenenberg/von Wysocki* (Hrsg.), Handwörterbuch der Rechnungslegung und Prüfung (HWRP), Loseblatt, 3. Aufl., 2002 ff.;

*Bantleon/Gottmann*, Bankrechnungslegung: Bilanzierung, Aufsicht und Prüfung der Kreditinstitute, 2009;

*Baumbach/Hopt/Merkt* (Hrsg.), Handelsgesetzbuch, 36. Aufl.. 2014;
zitiert als: *Baumbach/Hopt/Merkt/Bearbeiter*, HGB, Aufl. Jahr § ... Rn ...
Anh § ... Rn ...
Einl ... vor § ...

*Baumbach/Hueck* (Hrsg.); GmbH-Gesetz, 20. Aufl. 2013;
zitiert als: *Baumbach/Hueck/Bearbeiter*, GmbHG, ... Aufl. § ... Rn ...
Anh § ... Rn ...
Einl ... vor § ...

*Baumbach/Lauterbach/Albers/Hartmann* (Hrsg.), Zivilprozessordnung und Ergänzungsband, 73. Aufl., 2015;

*Becker/Mock*, Finanzmarktstabilisierung in Permanenz, in: DB 2009, S. 1055;

Beck'scher Bilanzkommentar, 9. Aufl. 2014;
zitiert als: *Autoren* in Beck Bil-Komm. 9. Aufl., § ... HGB, Rz ...;

*Beisse*, Die Generalnorm des neuen Bilanzrechts, in: *Klein/Knobbe-Keuk/Moxter* (Hrsg.), Handelsrecht und Steuerrecht, FS Döllerer, 1988, S. 25;

*Beisse*, Die Generalnorm des neuen Bilanzrechts und ihre steuerliche Bedeutung, in: *Mellwig/Moxter/Ordelheide* (Hrsg.), Handels- und Steuerbilanz, Bd. 2, 1989, S. 15;

*Beisse*, Gläubigerschutz – Grundprinzip des deutschen Bilanzrechts, in: *Beisse/Lutter/Närger* (Hrsg.), FS Beusch, 1993, S. 77;

*Beisse*, Zehn Jahre „True and fair view", in: *Ballwieser/Moxter/Nonnenmacher* (Hrsg.), Rechnungslegung – Warum und wie, FS Clemm, 1996, S. 27;

*Bertram/Brinkmann/Kessler/Müller*, Überblick und unternehmerischer Anpassungsbedarf: BilMoG verabschiedet, in: Accounting 2009, S. 2;

*Beyer*, Auswirkungen des BilMoG auf die Steuerbilanz, in: BBK 2008, S. 247;

*Bieg/Kußmaul/Waschbusch*, Externes Rechnungswesen, 6. Aufl., 2012;

*Bieg/Kußmaul/Petersen/Waschbusch/Zwirner*, Bilanzrechtsmodernisierungsgesetz: Bilanzierung, Berichterstattung und Prüfung nach dem BilMoG, 2009;

*Bieg/Hossfeld/Kußmaul/Waschbusch*, Handbuch der Rechnungslegung nach IFRS, 2. Aufl., 2009;

*Bieker*, HGB Reloaded: Die Bewertungskonzeption des BilMoG – fine tuning oder Paradigmawechsel, in: PiR 2008, S. 365;

*Biener/Berneke*, Bilanzrichtlinien-Gesetz, 1986;

*Biener/Schatzmann*, Konzernrechnungslegung, 1983;

*Binger*, Der Ansatz von Rückstellungen nach HGB und IFRS im Vergleich: Regelungsschärfe, Zweckadäquanz sowie Eignung für die Steuerbilanz, 2009;

*Bischoff*, Latente Steuern auf Derivate nach IFRS aus Basis des deutschen Steuerrechts, 2009;

*Bittmann/Schwarz*, Offenlegung von „Change of Control-Klauseln", in: BB 2009, S. 1014;

*Böcking/Flick*, Die Saarbrücker Initiative gegen den Fair Value, in: DB 2009, S. 185;

*Böcking/Sitmann-Haury*, Forderungsbewertung: Anschaffungskosten versus Fair Value, in: BB 2003, S. 195;

*Bolik/Ortmann-Babel/Gageur*, Ausgewählte steuerliche Chancen und Risiken des BilMoG, in: DStR 2009, S. 934;

*Born*, Rechnungslegung international – IAS/IFRS im Vergleich mit HGB und US-GAAP, 5. Aufl., 2007;

*Brösel*, Bilanzanalyse: Unternehmensbeurteilung auf der Basis von HGB- und IFRS-Abschlüssen, 15. Aufl., 2014;

*Brösel/Müller/Homburg*, Freiwillige Umstellung der Rechnungslegung von HGB auf IFRS – ein Weg auch für KMU?: Eine Analyse unter Berücksichtigung der zu erwartenden Änderungen durch das BilMoG, in: Controlling für kleine und mittlere Unternehmen 2009, S. 129;

*Budde*, Grundsätze ordnungsmäßiger Rechenschaftslegung, in: *Bierich/Hommelhoff/Kropff* (Hrsg.), Unternehmen und Unternehmensführung im Recht, FS Semler, 1993, S. 789;

*Budde/Förschle*, Das Verhältnis des „True and Fair View" zu den Grundsätzen ordnungsmäßiger Buchführung und zu den Einzelvorschriften, in: *Mellwig/Moxter/Ordelheide* (Hrsg.), Handels- und Steuerbilanz, Bd. 1, 1989, S. 27;

*Budde/Steuber*, Rechnungslegung im Spannungsfeld zwischen Gläubigerschutz und Information der Gesellschafter, in: AG 1996, S. 542;

*Bungartz*, Einflüsse des BilMoG auf die Arbeit der Internen Revision, in: Freidank (Hrsg.), Das Gesetz zur Modernisierung des Bilanzrechts (BilMoG): Neue Herausforderungen für Rechnungslegung und Corporate Governance, 2009, S. 377;

*Busse von Colbe/Ordelheide/Gebhardt/Pellens*, Konzernabschlüsse: Rechnungslegung nach betriebswirtschaftlichen Grundsätzen sowie nach Vorschriften des HGB und der IAS/IFRS, 9. Aufl., 2010;

*Busse von Colbe/Schurbohm-Ebneth*, Neue Vorschriften für den Konzernabschluss nach dem Entwurf für ein BilMoG, in: BB 2008, S. 98;

*Büchel/von Rechenberg* (Hrsg.), Handbuch des Fachanwalts, 2. Aufl., 2011;

*Canaris/Schilling/Ulmer* (Hrsg.), Staub, Großkommentar Handelsgesetzbuch, Loseblatt, 4. Aufl., 1983 ff.;
zitiert als: *Autor* in Großkomm. HGB, § ... Rn ...;

*Clemm*, Zur Problematik einer wahren Rechnungslegung, in: *Crezelius/Hirte/Vieweg* (Hrsg.), FS Röhricht, 2005, S. 767;

*Coenenberg/von Wysocki* (Hrsg.), Handwörterbuch der Revision, 2. Aufl., 1992;

*Coenenberg/Haller/Schulze*, Jahresabschluß und Jahresabschlußanalyse, 23. Aufl., 2014;

*Coenenberg/Haller/Mattner/Schultze*, Einführung in das Rechnungswesen: Grundlagen der Buchführung und Bilanzierung, 5. Aufl., 2014;

*Deubert*, Auflösung der „Eigenkapitaldifferenz aus Währungsumrechnung" nach § 308a Satz 4 HGB i.d.F. des RegE BilMoG, in: DStR 2009, S. 340;

*Deutsches Rechnungslegungs Standards Commitee*, BilMoG-Synopse: Mit vollständigen Vorschriften der HGB-Rechnungslegung, Berlin, 2009;

*Dobler/Kurz*, Aktivierungspflicht für immaterielle Vermögensgegenstände in der Entstehung nach dem RegE eines BilMoG, in: KoR 2008, S. 485;

*Dörfler/Adrian*, Zur Umsetzung der HGB-Modernisierung durch das BilMoG: Steuerbilanzrechtliche Auswirkungen, in: DB 2009, Beil. 5, S. 58;

*Dusemond*, Zur Aufstellungspflicht von Konzernabschlüssen und Konzernlageberichten, in: BB 1994, S. 2034;

*Ebenroth/Boujong/Joost* (Hrsg.), Handelsgesetzbuch, Band 1, 3. Aufl., 2014;

*Egger/Samer/Bertl*, Der Konzernabschluss unter Einbeziehung der International Accounting Standards bzw. International Financial Reporting Standards, 7. Aufl., 2013;

*Eha/Rossmanith/Funk*, ED-IFRS for NPAEs – Kritische Analyse und Gestaltungsvorschläge zur Bilanzierung von Forschungs- und Entwicklungskosten, in: IRZ 2009, S. 159;

*Engel-Ciric*, Bilanzierung des Geschäfts- oder Firmenwerts nach BilMoG, in: BRZ 2009, S. 445;

*Engel-Ciric*, Konzernrechnungslegung für mittelständische Unternehmen nach BilMoG: Anwendungsfälle, in: BRZ 2009, S. 549;

*Ensthaler* (Hrsg.), Gemeinschaftskommentar zum Handelsgesetzbuch, 8. Aufl. 2014;
zitiert als: *Ensthaler/Bearbeiter*, GK-HGB § ... Rz ...;

*Erchinger/Melcher*, Zur Umsetzung der HGB-Modernisierung durch das BilMoG: Neuerungen im Hinblick auf die Abschlussprüfung und die Einrichtung eines Prüfungsausschusses, in: DB 2009, Beilage 5, S. 91;

*Ernst/Naumann*, Das neue Bilanzrecht: Materialien und Anwendungshilfen zum BilMoG, 2009;

*Ernst/Seidler*, Kernpunkte des Referentenentwurfs eines Bilanzrechtsmodernisierungsgesetzes, in: BB 2007, S. 2557;

*Ernst/Seidler*, Der Regierungsentwurf eines Gesetzes zur Modernisierung des Bilanzrechts, in: ZGR 2008, S. 631;

*Ernst/Seidler*, Gesetz zur Modernisierung des Bilanzrechts nach Verabschiedung durch den Bundestag, in: BB 2009, S. 766;

*Ernsting*, Auswirkungen des SEStEG auf die Bilanzierung von Körperschaftsteuerguthaben in Jahresabschlüssen nach HGB und IFRS, in: DB 2007, S. 180;

*Federmann/Kußmaul/Müller* (Hrsg.), Handbuch der Bilanzierung, Loseblatt, 1960 ff.;
zitiert als: *Autor* in *Federmann/Kußmaul/Müller*, HdB, Beitrag, Rz …;

*Fink/Schultze/Winkeljohann*, Bilanzpolitik und Bilanzanalyse nach neuem Handelsrecht, 2010;

*Fischer/Günkel/Neubeck/Pannen/Deloitte (Hrsg.)*, Die Bilanzrechtsreform 2009/2010, 2. Aufl., 2010;

*Fleischer*, Das Gesetz zur Angemessenheit der Vorstandsvergütung (VorstAG), in: NZG 2009, S. 801;

*Förster/Schmidtmann*, Steuerliche Gewinnermittlung nach dem BilMoG, in: BB 2009 S. 1342;

*Freiberg/Lüdenbach*, Mutter-Tochter-Verhältnisse durch beherrschenden Einfluss nach dem BilMoG, in: BB 2009, S. 1230;

*Freidank*, Das Gesetz zur Modernisierung des Bilanzrechts (BilMoG): Neue Herausforderungen für Rechnungslegung und Corporate Governance, 2009;

*Freidank/Altes* (Hrsg.), Gesetz zur Modernisierung des Bilanzrechts, 2009;

*Freidank/Bockmann*, Rechnungslegung, Steuerung und Überwachung von Unternehmen: Aktuelle Entwicklungen, Krisenbewältigungen und Reformbestrebungen, 2010;

*Freidank/Lachnit/Tesch* (Hrsg.), Vahlens großes Auditing Lexikon, 2007;

*Freidank/Velte*, Rechnungslegung und Rechnungslegungspolitik, 2. Aufl., 2013;

*Fülbier/Kuschel/Maier*, BilMoG (Bilanzrechtsmodernisierungsgesetz): Internationalisierung des HGB und Auswirkungen auf das Controlling, 2009;

*Geisel*, in: Deloitte (Hrsg.), Rechnungslegung nach IFRS: Grundlagen und wesentliche Unterschiede zum deutschen Bilanzrecht; Ein Leitfaden für die Praxis, 3. Aufl., 2010;

*Gelhausen/Althoff*, Die Bilanzierung ausschüttungs- und abführungsgesperrter Beträge im handelsrechtlichen Jahresabschluss nach dem BilMoG, in: WPg 2009, S. 584 (Teil 1) und S. 629 (Teil 2);

*Gelhausen/Fey/Kämpfer*, Rechnungslegung und Prüfung nach dem Bilanzrechtsmodernisierungsgesetz, 2009;

*Gesellschaftsrechtliche Vereinigung* (Hrsg.), Gesellschaftsrecht in der Diskussion 2012, 18. Aufl., 2013;

*Geßler/Hefermehl/Eckardt/Kropff*, Aktiengesetz, Loseblatt, 1973 ff.;

*Glade*, Praxishandbuch der Rechnungslegung und Prüfung, 2. Aufl., 1995;

*Glanegger u.a.* (Hrsg.), Heidelberger Kommentar zum Handelsgesetzbuch, 7. Aufl., 2007;

*Goette/Habersack* (Hrsg.), Münchener Kommentar zum Aktiengesetz, 4. Aufl., 2014 ff.;
zitiert als: *Bearbeiter* in MünchKomm AktG;

*Gräfer/Scheld*, Grundzüge der Konzernrechnungslegung, 12. Aufl., 2012;

*Graser/Peter*, Zu kurz gegriffen: Due Diligence-Kosten als Anschaffungsnebenkosten beim Beteiligungserwerb, in: DStR 2009, S. 2032;

*Grashoff*, Die geplante Offenlegung von Jahres- und Konzernabschlüssen nach Einführung des digitalen Unternehmensregisters ab 2007, in: DB 2006, S. 513;

*Graumann*, Wirtschaftliches Prüfungswesen: Integrierende Darstellung von Berufsrecht und Berufspraxis, Prozessschritte der Abschlussprüfung, Prüfung wesentlicher Jahresabschlusspositionen, Kontrollfragen und Übungsaufgaben, 3. Aufl., 2012;

*Großfeld/Luttermann*, Bilanzrecht, 4. Aufl., 2005;

*Gschrei*, Beteiligungen im Jahresabschluss und Konzernabschluss, 1990;

*Hagedorn*, Bilanzstrafrecht im Lichte bilanzrechtlicher Reformen, 2009;

*Hahn* (Hrsg.), BilMoG Kompakt, 2009;

*Haller*, Rechnungslegung für den Mittelstand: BilMoG versus Exposure Draft „IFRS for Small and Medium-sized Entities", in: Freidank (Hrsg.), Das Gesetz zur Modernisierung des Bilanzrechts (BilMoG): Neue Herausforderungen für Rechnungslegung und Corporate Governance, 2009, S. 223;

*Haller/Löffelmann/Etzel*, BilMoG und Adressatenbedürfnisse: empirische Erkenntnisse über die Einschätzungen von Kreditinstituten, in: KoR 2009, S. 216;

*Haritz/Menner* (Hrsg.), Umwandlungssteuergesetz, 4. Aufl., 2014;

*Hayn/Waldersee*, IFRS, HGB, HGB-BilMoG im Vergleich – Synoptische Darstellung mit Bilanzrechtsmodernisierungsgesetz, 2009;

*Hayn/Waldersee/Benzel*, HGB/HGB-BilMoG/Steuerbilanz im Vergleich: Synoptische Darstellung von Handels- und Steuerbilanzrecht, 2009;

*Heininger*, Neue Herausforderungen für den Abschlussprüfer, in: BB 2009, S. 1;

*Hennrichs*, Haftung für falsche Ad-hoc-Mitteilungen und Bilanzen, in: *Bork/Hoeren/Pohlmann* (Hrsg.), FS Kollhosser, 2004, S. 201;

*Hennrichs*, Immaterielle Vermögensgegenstände nach dem Entwurf des Bilanzrechtsmodernisierungsgesetzes (BilMoG) – Gemeinsamkeiten und verbleibende Unterschiede zwischen modernisiertem HGB-Bilanzrecht und IFRS (IAS 38, IFRS 3), in: DB 2008, S. 537;

*Herzig*, Modernisierung des Bilanzrechts und Besteuerung, in: DB 2008, S. 1;

*Herzig*, Neue Ära im Zusammenwirken von Handels- und Steuerbilanz, in: BB 2009, S. 1;

*Herrmann/Heuer/Raupach*, Einkommensteuer- und Körperschaftsteuergesetz – Kommentar, Loseblatt, 2010 ff.;
zitiert als: AUTOR in *Herrmann/Heuer/Raupach*, § 4h EStG Anm. J 07-3, Jahr;

*Heuermann* (Hrsg.), *Blümich*, EStG, KStG, GewStG, Loseblatt, 15. Aufl., 1995 ff.;

*Heyd*, BilMoG – das Bilanzrechtsmodernisierungsgesetz: Neuregelungen und ihre Auswirkungen auf Bilanzpolitik und Bilanzanalyse, 2010;

*Hipp*, Bilanzanalyse nach BilMoG: Grundlagen und Auswirkungen auf typische Bilanzkennzahlen, 2010;

*Hofbauer/Kupsch* (Hrsg.), Rechnungslegung – Aufstellung, Prüfung und Offenlegung des Jahresabschlusses Kommentar (vormals Bonner Handbuch der Rechnungslegung), Loseblatt, 1988 ff.; zitiert als Autor in *Hofbauer/Kupsch*, Rechnungslegung, § ... HGB Rz ...;

*Hoffmann*, Die Dreifachbilanzierer vor und nach BilMoG, in: StuB 2009, S. 367;

*Hoffmann/Lüdenbach*, NWB-Kommentar Bilanzierung, 6. Aufl., 2015;

*Hoffmann/Zülch*, Die sachverständigen BilMoG-Elfmänner, in: DB 2009, S. 1;

*Hohenstatt/Kuhnke*, Vergütungsstruktur und variable Vergütungsmodelle für Vorstandsmitglieder, in: ZIP 2009, S. 1981;

*Hohenstatt/Wagner*, Zur Transparenz der Vorstandsvergütung – 10 Fragen aus der Unternehmenspraxis, in: ZIP 2008, S. 945;

*Horn* (Hrsg.), Heymann-Handelsgesetzbuch, 2. Aufl., 2005;

*Hüffer*, Aktiengesetz, 11. Aufl., 2014;
zitiert als: *Hüffer/Bearbeiter*, AktG, Aufl. Jahr § ... Rn ...;
Anh § ... Rn ...;
Einl ... vor § ...;

*Hüttche*, Neue bilanzpolitische Wahlrechte und Spielräume im modernisierten Bilanzrecht, in: StuB 2009, S. 409;

*Hüttche*, Modernisierte Bilanzpolitik: Weichenstellungen mit Blick auf das BilMoG, in: BB 2009, S. 1346;

*ICV-Facharbeitskreis „Controlling und IFRS"* (Hrsg.), BilMoG und Controlling, 2009;

*IDW* (Hrsg.), Das neue Bilanzrecht – Materialien und Anwendungshilfen zum BilMoG, 2009;

*IDW* (Hrsg.), Wirtschaftsprüfer-Handbuch 2012, Bd. I, 14. Aufl., 2012;
zitiert als: WP-Handbuch, Bd. I, 14. Aufl., Abschn. ..., Rz ...;

*Jackstein*, Entwicklungslinien der Rechnungslegung nach HGB und IFRS: Unter besonderer Berücksichtigung der Aktivierung originärer Forschungs- und Entwicklungskosten, 2009;

*Jagosch/Wenk*, Die neue Lageberichterstattung nach § 289 Abs. 5 HGB – Würdigung des E-DRÄS 5 mit Blick auf die europäischen Nachbarn, in: IRZ 2009, S. 539;

*Janssen*, Rechnungslegung im Mittelstand: Eignung der nationalen und internationalen Rechnungslegungsvorschriften unter Berücksichtigung der Veränderungen durch den IFRS for Private Entities und das Bilanzrechtsmodernisierungsgesetz, 2009;

*Jung*, Zum Konzept der Wesentlichkeit bei Jahresabschlußerstellung und -prüfung, 1997;

*Karrenbrock*, Von der Steuerabgrenzung zur Bilanzierung latenter Steuern – die Neuregelung zur Bilanzierung latenter Steuerzahlungen nach dem Entwurf des Bilanzrechtsmodernisierungsgesetzes (BilMoG), in: WPg 2008, S. 328;

*Keller*, Bilanzrechtsmodernisierungsgesetz – Reform ohne Mut, in: IRZ 2009, S. 229;

*Kessler/Leinen/Paulus*, Stolpersteine beim Übergang auf die Vorschriften des BilMoG – macht IDW ERS HFA 28 den Weg frei? in: BB 2009, S. 1910;

*Kessler/Leinen/Strickmann*, Bilanzrechtsmodernisierungsgesetz-Regierungsentwurf (BilMoG-RegE), 2008;
zitiert als: Autor in *Kessler/Leinen/Strickmann*, BilMoG-RegE, 2008;

*Kessler/Leinen/Strickmann*, Bilanzrechtsmodernisierungsgesetz (BilMoG), 2. Aufl. 2010;
zitiert als: Autor in Kessler/Leinen/Strickmann, BilMoG, 2010;

*Kirchhof* (Hrsg.), EStG KompaktKommentar, Heidelberg, 8. Aufl., 2008;
zitiert als: Autor in *Kirchhof*, EStG KompaktK § ... Rn ...;

*Kirchhof/Söhn/Mellinghoff* (Hrsg.), Einkommensteuergesetz, Loseblatt;
zitiert als: Autor in *Kirchhof/Söhn/Mellinghoff*, EStG § ... Rn ...;

*Kirsch*, Positionierung des Regierungsentwurfes des Bilanzrechtsmodernisierungsgesetzes zu den IFRS, in: PiR 2008, S. 224;

*Kirsch*, Übergangsvorschriften zum Jahresabschluss nach dem Bilanzrechtsmodernisierungsgesetz, in: DStR 2009, S. 1048;

*Kirsch*, Moderate Annäherung des HGB-Konzernabschlusses i.d.F. des BilMoG an den IFRS-Konzernabschluss? in: IRZ 2009, S. 237;

*Kirsch*, Übergang auf das BilMoG im handelsrechtlichen Jahresabschluss: Strategien – Fallstudie, in: BRZ 2009, S. 410;

*Kirsch*, Bilanzpolitik im Jahresabschluss nach den Vorschriften des Bilanzrechtsmodernisierungsgesetzes, in: BRZ 2009, S. 254;

*Klaholz/Stibi*, Kapitalkonsolidierung; Rechnungslegung; Konzern; Kaufpreisverteilung, in: BB 2009, S. 2582;

*Knebel*, Gestaltungen zur Eigenkapital-Optimierung vor dem Hintergrund der Finanzkrise, in: BB 2009, S. 430;

*Kolvenbach*, Bilanzielle Auslagerung von Pensionsverpflichtungen: Praxishandbuch unter Berücksichtigung arbeits- und steuerrechtlicher sowie bilanzieller und betriebswirtschaftlicher Aspekte, 2. Aufl., 2009;

*Krain*, Der Konzernbegriff der Zinsschranke nach dem BilMoG, in: StuB 2009, S. 486;

*Kranz*, Die Fair-Value-Bewertung von Finanzinstrumenten (HGB, IFRS): Eine kritische Analyse unter Berücksichtigung ausgewählter Aspekte der Finanzkrise, 2010;

*Krasberg*, Der Prüfungsausschuss des Aufsichtsrats einer Aktiengesellschaft nach dem BilMoG: Eine Darstellung der Aufgaben des Ausschusses unter besonderer Berücksichtigung der Innenhaftung seiner Mitglieder, 2010;

*Kreipl*, Die Deregulierung der HGB-Rechnungslegung als Herausforderung für die Unternehmensüberwachung: Chancen und Risiken des Bilanzrechtsmodernisierungsgesetzes (BilMoG), in: ZCG 2009, S. 135;

*Krimpmann*, Konsolidierung nach IFRS/HGB, 2009;

*Krimpmann/Müller*, Auswirkungen des Bilanzrechtsmodernisierungsgesetzes (BilMoG) auf das Controlling, in: Controller-Magazin 2009, S. 43;

*Kropff/Semler* (Hrsg.), Münchener Kommentar zum Aktiengesetz, Bd. 1–7, 3. Aufl., 2008-2012;

*Kropff*, Vorsichtsprinzip und Wahlrechte, in: *Fischer/Hömberg* (Hrsg.), Jahresabschluß und Jahresabschlußprüfung, FS Baetge, 1997, S. 65;

*Kübler*, Vorsichtsprinzip versus Kapitalmarktinformation, in: *Förschle/Kaiser/Moxter* (Hrsg.), Rechenschaftslegung im Wandel, FS Budde, 1995, S. 361;

*Kümpel/Piel*, Die Konsolidierung von Zweckgesellschaften vor dem Hintergrund der Subprimekrise – Was ändert sich im Rahmen des BilMoG? DStR, 2009, S. 1222;

*Küpper/Wagenhofer* (Hrsg.), Handwörterbuch Unternehmensrechnung und Controlling, 4. Aufl., 2002;

*Küting*, Das Spannungsverhältnis zwischen Bilanzpolitik und Bilanzanalyse – Zur Interdependenz von Jahresabschlußgestaltung und Jahresabschlußbeurteilung, in: DStR 1996, S. 934;

*Küting*, Der Stellenwert der Bilanzanalyse und Bilanzpolitik im HGB- und IFRS-Bilanzrecht, in: DB 2006, S. 2753;

*Küting*, Das deutsche Bilanzrecht im Spiegel der Zeiten – Zugleich eine Einordnung des Bilanzrechtsmodernisierungsgesetzes in das aktuelle und historische Bilanzrecht, in: DStR 2009, S. 288;

*Küting/Kessler/Keßler*, Der Regierungsentwurf des Bilanzrechtsmodernisierungsgesetzes (BilMoG-RegE): Zwei Schritte vor, ein Schritt zurück bei der bilanziellen Abbildung der betrieblichen Altersversorgung, in: WPg 2008, S. 748;

*Küting/Pfitzer/Weber* (Hrsg.), Das neue deutsche Bilanzrecht: Handbuch zur Anwendung des Bilanzrechtsmodernisierungsgesetzes (BilMoG), 2. Aufl., 2009; zitiert als: *Bearbeiter* in *Küting/Pfitzer/Weber*, Das neue deutsche Bilanzrecht, 2009, S ...;

*Küting/Weber*, Der Konzernabschluss, 13. Aufl., 2012;

*Küting/Weber* (Hrsg.), Handbuch der Konzernrechnungslegung, Bd. II, 2. Aufl., 1998;
zitiert als: *Bearbeiter* in *Küting/Weber*, HdK, Gesetz § ..., Rn ...;

*Küting/Pfitzer/Weber* (Hrsg.), Handbuch der Rechnungslegung – Einzelabschluss, Loseblatt, 5. Aufl., 2002 ff.;
zitiert als: *Bearbeiter*, in *Küting/Pfitzer/Weber*, HdR, Gesetz § ..., Rn ..., Stand MM/JJJJ;

*Küting/Seel*, Das neue deutsche Konzernbilanzrecht – Änderungen der Konzernrechnungslegung durch das Bilanzrechtsmodernisierungsgesetz (BilMoG), in: DStR 2009, Beilage 26, S. 37;

*Kuhner*, Das Spannungsverhältnis zwischen Einzelfallgerechtigkeit und Willkürfreiheit – im Recht und in der Rechnungslegung, in: BFuP 2001, S. 523;

*Lachnit*, Bilanzanalyse, 2004;

*Lachnit/Müller*, Unternehmenscontrolling, 2. Aufl., 2012;

*Lanfermann/Röhricht*, Pflichten des Prüfungsausschusses nach dem BilMoG, in: Betriebs-Berater 2009, S. 887;

*Lange/Regnier*, Die Verlagerung der elektronischen Buchführung in das Ausland – zur Auslegung von § 146 Abs. 2a und 2b AO, in: DB 2009, S. 1256;

*Leffson*, Die Grundsätze ordnungsmäßiger Buchführung, 7. Aufl., 1987;

*Leffson/Rückle/Großfeld* (Hrsg.), Handwörterbuch unbestimmter Rechtsbegriffe im Bilanzrecht des HGB, 1986;

*Littmann/Bitz/Pust*, Das Einkommensteuerrecht, Loseblatt, 1992 ff.;

*Liebscher/Scharff*, Das Gesetz über elektronische Handelsregister und Genossenschaftsregister sowie das Unternehmensregister, in: NJW 2006, S. 3745;

*Lorson/Toebe*, Konsequenzen des BilMog für die Einheitsbilanz, in: BBK – Betrieb und Rechnungswesen 2009, S. 453;

*Lutter/Hommelhoff* (Hrsg.), GmbH-Gesetz, 18. Aufl., 2012;
zitiert als: *Bearbeiter*, in *Lutter/Hommelhoff*, GmbH-Gesetz, 18. Aufl. 2012, § ..., Rn ...;

*Lutter/Winter* (Hrsg.), Umwandlungsgesetz, 5. Aufl., 2014;
zitiert als: *Bearbeiter*, in *Lutter/Winter*, UmwG;

*Lück*, Rechnungslegung im Konzern, 1994;

*Lüdenbach*, Konsolidierungspflicht wegen Präsenzmehrheit, in: StuB 2009, S. 581;

*Lüdenbach/Freiberg*, Mutter-Tochter-Verhältnisse durch beherrschenden Einfluss nach dem BilMoG, in: BB 2009, S. 1220;

*Lüdenbach/Hoffmann*, Die wichtigsten Änderungen der HGB-Rechnungslegung durch das BilMoG, in: StuB 2009, S. 287;

*Lüdenbach/Hoffmann/Freiberg*, Haufe IFRS-Kommentar, 13. Aufl., 2015; zitiert als: *Autor* in *Lüdenbach/Hoffmann/Freiberg*, Haufe IFRS-Kommentar, 13. Aufl., 2015, § ... Rz ...;

*Mäscher*, Teilwertabschreibungen auf Aktien: Zugleich ein Beitrag zum Einfluss der Internationalen Rechnungslegungsstandards auf das deutsche Bilanzsteuerrecht, 2009;

*Marten/Quick/Ruhnke*, Wirtschaftsprüfung, 4. Aufl., 2011;

*Meinert*, Die Bildung objektübergreifender Bewertungseinheiten nach Handels- und Steuerrecht, Köln, 2010;

*Melcher*, Neuerungen des BilMoG für die handelsrechtliche Abschlussprüfung, in: Freidank (Hrsg.), Das Gesetz zur Modernisierung des Bilanzrechts (BilMoG): Neue Herausforderungen für Rechnungslegung und Corporate Governance, 2009, S. 359;

*Melcher/Schaier*, Zur Umsetzung der HGB-Modernisierung durch das BilMoG: Einführung und Überblick, in: DB 2009, Beilage 5, S. 4;

*Merkener/Schmidt-Versteyl*, Völliger Verzicht auf Prognoseberichterstattung im (Konzern-)Lagebericht als im Enforcementverfahren zu beanstandender Fehler, in: NZG 2010, S. 175;

*Meyer*, Aktuelle Entwicklungen des Enforcement in Deutschland, in: IRZ 2010, S. 153;

*Meyer/Loitz/Lindner/Zerwas*, Latente Steuern: Bewertung, Bilanzierung, Beratung, 2. Aufl., 2010;

*Meyer-Landrut/Miller/Niehus* (Hrsg.), Gesetz betreffend die Gesellschaften mit beschränkter Haftung (GmbHG), 1987;

*Meyer/Naumann*, Enforcement der Rechnungslegung – aktuelle Entwicklungen, in: WPg 2009, S. 807;

*Moxter*, Betriebswirtschaftliche Gewinnermittlung, 1982;

*Moxter*, Bilanzlehre, Bd. I: Einführung in die Bilanztheorie, 3. Aufl., 1984;

*Moxter*, Bilanzlehre, Bd. II: Einführung in das neue Bilanzrecht, 3. Aufl., 1986;

*Moxter*, Rechnungslegungsmythen, in: BB 2000, S. 2143;

*Moxter*, Grundsätze ordnungsgemäßer Rechnungslegung, 2003;

*Moxter*, Bilanzrechtsprechung, 6. Aufl., 2007;

*Müller*, Gestaltungsüberlegungen im Rahmen der Erstanwendung der modernisierten handelsrechtlichen Regelungen: Übergangsvorschriften im BilMoG, in: Accounting 2009, S. 12;

*Müller*, Die Modernisierung der Rechnungslegung nach HGB und deren Auswirkungen auf die Corporate Governance: Wie verändert das Bilanzrechtsmodernisierungsgesetz (BilMoG) die Aussagekraft von Bilanzen? in: ZCG 2009 S. 126;

*Müller*, Bilanzrechtsmodernisierungsgesetz – Auswirkungen auf die betriebliche Altersversorgung aus der Sicht der Wissenschaft, in: BetrAV 4/2009, S. 301;

*Müller/Kreipl*, Die Veränderung des abschlusspolitischen Potenzials durch das BilMoG im Lichte der Entscheidungsnützlichkeit der Rechnungslegung, in: Zeitschrift für Planung und Unternehmenssteuerung, Sonderheft BilMoG 2010, S. 313;

*Müller/Lange*, Die Lageberichterstattung als Teil der Corporate Governance deutscher Unternehmen – Eine empirische Analyse der Risikoberichterstattung von Unternehmen mit Rechnungslegung nach IFRS, in ZCG 2009, S. 235 und S. 281;

*Mujkanovic*, Zweckgesellschaften nach BilMoG, in: StuB 2009, S. 374;

*Noak*, Neue Publizitätspflichten und Publizitätsmedien für Unternehmen: Eine Bestandsaufnahme nach EHUG und TUG, in: WM 2007, S. 377;

*Oser*, Absage an den Impairment-Only-Approach im HGB nach BilMoG, in: DB 2008, S. 361;

*Oser*, Der Konzernabschluss nach dem BilMoG mit internationalem Antlitz, in: Praxis der internationalen Rechnungslegung 2009, S. 121;

*Oser u.a.*, Eckpunkte des Regierungsentwurfs zum Bilanzrechtsmodernisierungsgesetz (BilMoG), in: WPg 2008, S. 675;

*Oser/Roß/Wader/Drögemüller*, Eckpunkte des Regierungsentwurfs zum Bilanzrechtsmodernisierungsgesetz (BilMoG), in: WPg 2008, S. 675;

*Oser/Roß/Wader/Drögemüller*, Änderungen des Bilanzrechts durch das Bilanzrechtsmodernisierungsgesetz (BilMoG), in: WPg 2009 S. 573;

*Padberg/Padberg/Werner*, Das neue HGB: Bilanzrechtsmodernisierungsgesetz (BilMoG) – Kurzkommentierung, 2. Aufl., 2010;

*Patek*, Bewertungseinheiten nach dem Referentenentwurf des Bilanzrechtsmodernisierungsgesetzes, in: KoR 2008, S. 364;

*Peemöller*, Bilanzanalyse und Bilanzpolitik, 3. Aufl., 2003;

*Pellens/Fülbier/Gassen*, Internationale Rechnungslegung, 9. Aufl., 2014;
zitiert als: *Pellens/Fülbier/Gassen*, Internationale Rechnungslegung, 2014, S. ...;

*Petersen/Zwirner*, Annäherung der Konzernrechnungslegung an internationale Standards: Gemeinsamkeiten und Abweichungen zwischen IFRS und HGB nach der Verabschiedung des BilMoG, in: IRZ 2009, S. 179;

*Petersen/Zwirner*, Rechnungslegung und Prüfung im Umbruch: Überblick über das neue deutsche Bilanzrecht; veränderte Rahmenbedingungen durch das Bilanzrechtsmodernisierungsgesetzes (BilMoG), 2009;

*Petersen/Zwirner*, Die Konzernrechnungslegung im Lichte des BilMoG – Auswirkungen der verabschiedeten Änderungen, in: StuB 2009, S. 335;

*Petersen/Zwirner*, Bilanzrechtsmodernisierungsgesetz verabschiedet: Die zentralen Änderungen, 2009;

*Petersen/Zwirner*, BilMoG: Kurzhinweise zur Umsetzung wesentlicher Änderungen der HGB-Reform, in: BRZ 2009, S. 251;

*Petersen/Zwirner* (Hrsg.), Bilanzrechtsmodernisierungsgesetz (BilMoG), 2009;

*Petersen/Zwirner*, Konzernrechnungslegung nach HGB, 2009;

*Petersen/Zwirner/Froschhammer*, Die vorzeitige Änderung der geänderten Regelungen des BilMoG, in: DB 2009, S. 2277;

*Petersen/Zwirner/Künkele*, Bilanzanalyse und Bilanzpolitik nach BilMoG: Einzelabschluss, Konzernabschluss und Steuerbilanz, 2. Aufl., 2010;

*Pfitzer/Oser/Orth*, Offene Fragen und Systemwidrigkeiten des Bilanzrechtsreformgesetzes (BilReG), in: DB 2004, S. 2593;

*Pfitzer/Oser/Orth*, Reform des Aktien-, Bilanz- und Aufsichtsrechts: BilMoG, MoMiG, TUG, EHUG und weitere Reformgesetze, 2009;

*Philipps*, Rechnungslegung nach BilMoG: Jahresabschluss und Lagebericht nach neuem Bilanzrecht, 2009;

*Plagens/Wolter/Henke*, Neuausrichtung der Bilanzpolitik im Lichte des EHUG?, in: DStR 2007, S. 1413;

*Preißer/Pung* (Hrsg.), Die Besteuerung der Personen- und Kapitalgesellschaften Kommentar, 2. Aufl., 2012;

*Rammert/Thies*, Mit dem Bilanzrechtsmodernisierungsgesetz zurück in die Zukunft – was wird aus Kapitalerhaltung und Besteuerung? in: WPg 2009, S. 34;

*Riebell*, Die Praxis der Bilanzauswertung, 9. Aufl., 2009;

*Rößler/Hommel*, Komponentenansatz des IDW RH HFA 1.016 – eine GoB-konforme Konkretisierung der planmäßigen Abschreibungen, in: BB 2009, S. 2526;

*Roß/Drögemüller*, Verschmelzungen und Abspaltungen bei Schwestergesellschaften nach der Reform des UmwG, in: DB 2009, S. 580;

*Ruhnke*, Konzernbuchführung, 1995;

*Ruhnke/Sanyang/Schmiele*, Rechnungslegung; Darlehen; Selbst erstellte Vermögenswerte Hinweis zum Aufsatz, in: DB 2009, S. 2725;

*Scherrer*, Konzernrechnungslegung nach HGB, 3. Aufl., 2012;

*Schiffer/Kreten-Lenz/Binias*, Sechs Thesen zum BilMoG – Erstes Wissenschaftliches Symposium der BVBC-Stiftung: „Das BilMoG in der praktischen Anwendung", in: BRZ 2010, S. 81;

*Schildbach/Stobbe/Brösel*, Der handelsrechtliche Jahresabschluss, 10. Aufl., 2013;

*Schildbach*, Der handelsrechtliche Konzernabschluss, 4. Aufl., 1997;

*Schildbach*, Der Konzernabschluss nach HGB, IFRS und US-GAAP, 7. Aufl., 2008;

*Schlegelberger*, Handelsgesetzbuch, Loseblatt, 5. Aufl., 1973 ff.;

*Schmidt* (Hrsg.), Gesellschaftsrecht, 4. Aufl., 2002;

*Schmidt*, Befreiung von der Buchführungspflicht nach BilMoG, in: BBK 2009, S. 535;

*Schmidt* (Hrsg.), Münchener Kommentar Handelsgesetzbuch, 3. Aufl., 2013; zitiert als: *Bearbeiter*, in MünchKomm. HGB, 3. Aufl.„ § … Rn …;

*Schmidt* (Hrsg.), Einkommensteuergesetz, München, 33. Aufl., 2014; zitiert als: *Schmidt/Autor* EStG § … Rz …;

*Scholz*, Kommentar zum GmbH-Gesetz, 10. Aufl., 2006-2009; zitiert als: *Scholz/Emmerich*, GmbHG, 10. Aufl. 2006-2009, § … Rn …;

*Schruff*, Umsetzung der HGB-Modernisierung: Einführung, Überblick und ausgewählte kritische Diskussionsbeiträge zum Bilanzrechtsmodernisierungsgesetz (BilMoG), 2009;

*Schruff/Busse*, Das Bilanzrechtmodernisierungsgesetz (BilMoG): Synoptische Darstellung des HGB nach altem und neuem Recht, 2009;

*Schulze-Osterloh*, Ausgewählte Änderungen des Jahresabschlusses nach dem Referentenentwurf eines Bilanzrechtsmodernisierungsgesetzes, in: DStR 2008, S. 63;

*Schurbohm-Ebneth/Zoeger*, Zum Referentenentwurf des Bilanzrechtsmodernisierungsgesetzes (BilMoG): Internationalisierung des handelsrechtlichen Konzernabschlusses, in: DB 2008, S. 40;

*Seibert/Decker*, Das Gesetz über elektronische HR, Genossenschaftsregister sowie das Unternehmensregister (EHUG) – Der „Big Bang" im Recht der Unternehmenspublizität, in: DB 2006, S. 2446;

*Seidel/Grieger/Muske*, Bilanzierung von Entwicklungskosten nach dem BilMoG, in: BB 2009, S. 1286;

*Solmecke*, Auswirkungen des Bilanzrechtsmodernisierungsgesetzes (BilMoG) auf die handelsrechtlichen Grundsätze ordnungsmäßiger Buchführung, 2009;

*Stibi/Fuchs*, Zum Referentenentwurf des Bilanzrechtsmodernisierungsgesetzes (BilMoG): Erste Würdigung ausgewählter konzeptioneller Fragen, in: DB 2008, Teil. 1, S. 6;

*Stibi/Klaholz*, Kaufpreisverteilung im Rahmen der Kapitalkonsolidierung nach BilMoG: Neue Herausforderungen für die Praxis, in: BB 2009, S. 2582;

*Strieder*, Erweiterung der Lageberichterstattung nach dem BilMoG, in: BB 2009, S. 1002;

*Tanski*, Bilanzrechtsmodernisierung und IFRS: Distanz und Nähe, in: IRZ 2010, S. 15;

*Theile*, Die Auswirkungen des Referentenentwurfs zum Bilanzrechtsmodernisierungsgesetz auf die Rechnungslegung der GmbH: Übersicht der wesentlichen Änderungen für den Jahres- und den Konzernabschluss, in: GmbHR 2007, S. 1296;

*Theile*, Der neue Jahresabschluss nach dem BilMoG, in: DStR 2009, Beilage 18, S. 21;

*Theile*, Übergang auf BilMoG im Konzernabschluss, in: StuB 2010, S. 211;

*Theile/Stahnke*, Bilanzierung sonstiger Rückstellungen nach dem BilMoG-Regierungsentwurf, in: DB 2008, S. 1757;

*Theisen*, Stärkung der Corporate Governance durch das BilMoG? in: Freidank (Hrsg.), Das Gesetz zur Modernisierung des Bilanzrechts (BilMoG): Neue Herausforderungen für Rechnungslegung und Corporate Governance, 2009, S. 341;

*Thiere*, Chancen- und Risikoberichterstattung, 2009;

*Tipke/Kruse*, Abgabenordnung Finanzgerichtsordnung – Kommentar, Stand 2007 ff.;

*Uckermann*, Betriebliche Altersversorgung und Zeitwertkonten: Arbeits- und Sozialrecht, Steuer- und Bilanzrecht, 2009;

*Velte*, Auswirkungen des BilMoG-RefE auf die Informations- und Zahlungsbemessungsfunktion des handelsrechtlichen Jahresabschlusses: Würdigung ausgewählter novellierter Ansatz- und Bewertungsvorschriften unter besonderer Berücksichtigung kleiner und mittelständischer Unternehmen, in: KoR 2008, S. 61;

*Velte*, Zur Reform des Prüfungsausschusses post BilMoG, in: StuB 2009, S. 342;

*Vinken/Seewald/Korth/Dehler*, in: Bundessteuerberaterkammer/Deutscher Steuerberaterverband (Hrsg.), BilMoG: Bilanzrechtsmodernisierungsgesetz; Praxiskommentar für Steuerberater, 2. Aufl., 2011;

*Volk*, Möglichkeiten zur erfolgsneutralen Beeinflussung des Betriebsgrößenmerkmals „Bilanzsumme", in: DStR 1988, S. 380;

*Vossel/Herzig*, Paradigmenwechsel bei latenten Steuern nach dem BilMoG, in: BB 2009, S. 1174;

*Weigl/Weber/Costa*, Bilanzierung von Rückstellungen nach dem BilMoG, in: BB 2009, S. 1062;

*Weis*, IFRS/HGB/BilMoG im Vergleich: Probleme und Lösungsansätze zum Bilanzrechtsmodernisierungsgesetz, 2009;

*Wiedmann* (Hrsg.), Bilanzrecht, 3. Aufl., 2012;
zitiert als: *Autoren* in Beck Bilanzrecht-Komm., 3. Aufl., § ... Rz ...;

*Willeke*, Aktivierung von Herstellungskosten, in: StuB 2010, S. 88;

*Winkeljohann*, Zukunft des Bilanzrechts in Familienunternehmen: Perspektiven und Modernisierungsansätze nach HGB und IFRS, 2009;

*Winnefeld*, Bilanz-Handbuch – Handels- und Steuerbilanz, Rechtsformspezifisches Bilanzrecht, Bilanzielle Sonderfragen, Sonderbilanzen, IAS/IFRS/US-GAAP, 5. Aufl., 2015;

*Winter/Habersack/Ulmer* (Hrsg.), GmbHG – Gesetz betreffend die Gesellschaften mit beschränkter Haftung: Großkommentar-Ergänzungsband zum MoMiG, 2. Aufl., 2010;

*Wittmann/Kern/Köhler/Küpper/von Wysocki* (Hrsg.), Handwörterbuch der Betriebswirtschaft (HWB), 6. Aufl., 2007;

*Wolf*, Zur Anforderung eines internen Kontroll- und Risikomanagementsystems im Hinblick auf den (Konzern-)Rechnungslegungsprozess gem. BilMoG, in: DStR 2009, S. 920;

*Wolz/Janssen*, Selbst erstellte immaterielle Vermögenswerte im Mittelstand: Zielkonforme BilMoG-Neuerung oder am Bedarf vorbei reformiert?, in: ZCG 2009, S. 87;

*von Wysocki/Schulze-Osterloh/Hennrichs* (Hrsg.), Handbuch des Jahresabschlusses in Einzeldarstellungen (HdJ), Loseblatt, 1984 ff.;
zitiert als: *Bearbeiter* Titel des Stichworts, HdJ, Abt. V/2 (1998), Rn ...;

*Zöllner/Noack* (Hrsg.), Kölner Kommentar zum Aktiengesetz, Bd. 1-9, 3. Aufl., 2008-2013;
zitiert als: *Bearbeiter* in Kölner Kommentar zum AktG, Jahr, § ..., Rn ...;

*Zülch*, Die Modernisierung des deutschen Handelsbilanzrechts durch das BilMoG: Wesentliche Alt- und Neuregelungen im Überblick, in: DB 2009, S. 745;

*Zülch*, Verschärfung der Anforderungen an den Aufsichtsrat durch das BilMoG? Unabhängigkeits- und Sachverstandspostulat in der Diskussion, in: ZCG 2009, S. 35;

*Zwirner/Künkele*, Übergangsvorschriften zur Anwendung der geänderten Regelungen des BilMoG: Bilanzpolitische Implikationen des Übergangs auf das neue Bilanzrecht, in: DB 2009, S. 1081;

*Zwirner/Künkele*, Kein Raum für die Anwendung der IFRS for SMEs in Deutschland, in: IRZ 2009, S. 463;

*Zwirner/Petersen*, Annäherung der Konzernrechnungslegung an internationale Standards – Gemeinsamkeiten und Abweichungen zwischen IFRS und HGB nach der Verabschiedung des BilMoG, in: IRZ 2009, S. 179.

# § 238 BUCHFÜHRUNGSPFLICHT

(1) ¹Jeder Kaufmann ist verpflichtet, Bücher zu führen und in diesen seine Handelsgeschäfte und die Lage seines Vermögens nach den Grundsätzen ordnungsmäßiger Buchführung ersichtlich zu machen. ²Die Buchführung muß so beschaffen sein, daß sie einem sachverständigen Dritten innerhalb angemessener Zeit einen Überblick über die Geschäftsvorfälle und über die Lage des Unternehmens vermitteln kann. ³Die Geschäftsvorfälle müssen sich in ihrer Entstehung und Abwicklung verfolgen lassen.
(2) Der Kaufmann ist verpflichtet, eine mit der Urschrift übereinstimmende Wiedergabe der abgesandten Handelsbriefe (Kopie, Abdruck, Abschrift oder sonstige Wiedergabe des Wortlauts auf einem Schrift-, Bild- oder anderen Datenträger) zurückzubehalten.

WP STB LUKAS GRAF

### Inhaltsübersicht

| | | Rz |
|---|---|---|
| 1 | Überblick | 1–15 |
| 1.1 | Inhalt | 1–5 |
| 1.2 | Normenzusammenhang | 6–10 |
| 1.3 | Verletzung der Buchführungspflicht | 11–15 |
| 2 | Buchführungspflicht des Kaufmanns | 16–29 |
| 2.1 | Gewerbebetrieb | 19–24 |
| 2.2 | In kaufmännischer Weise eingerichteter Geschäftsbetrieb | 25–26 |
| 2.3 | Handelsgesellschaft als Kaufmann | 27–28 |
| 2.4 | Keine Buchführungspflicht für Scheinkaufleute | 29 |
| 3 | Beginn und Ende der Buchführungspflicht | 30–33 |
| 3.1 | Beginn der Buchführungspflicht | 30–31 |
| 3.2 | Ende der Buchführungspflicht | 32–33 |
| 4 | Einzelheiten der handelsrechtlichen Buchführung | 34–53 |
| 4.1 | Grundsätze ordnungsmäßiger Buchführung | 34 |
| 4.2 | Handelsgeschäft und Geschäftsvorfall | 35–38 |
| 4.3 | Überblick über die Geschäftsvorfälle und die Lage des Unternehmens | 39 |
| 4.4 | Nachvollziehbarkeit der Geschäftsvorfälle von ihrer Entstehung bis zur Abwicklung | 40 |
| 4.5 | Sachverständiger Dritter | 41–42 |
| 4.6 | Handelsbücher des Kaufmanns | 43–53 |
| 5 | Persönlicher Anwendungsbereich und Ort der Buchführung | 54–59 |
| 5.1 | Zur Buchführung verpflichtete Person | 54–57 |
| 5.2 | Ort der Buchführung | 58–59 |
| 6 | Grundsätze ordnungsmäßiger Konzernbuchführung | 60–64 |
| 7 | Aufbewahrungspflicht einer Kopie der abgesandten Handelsbriefe (Abs. 2) | 65 |

**Ergänzendes Schrifttum**
*BMF*, Schreiben v. 16.7.2001, Grundsätze zum Datenzugriff und zur Prüfbarkeit digitaler Unterlagen (GDPdU), IV D 2 – S 0316–136/01, BStBl 2001 I S. 415; *Bundesverband der Deutschen Industrie e. V.*, Industriekontenrahmen IKR – Neufassung 1986 in Anpassung an das Bilanzrichtlinien-Gesetz (BiRiLiG), 3. Aufl. 1990; HFA, Buchführung nach IFRS, IDW-FN 2004, S. 38; *Lange/Regnier*, Die Verlagerung der elektronischen Buchführung in das Ausland – zur Auslegung von § 146 Abs. 2a und 2b AO, DB 2009, S. 1256; *Moxter*, Bilanzlehre, Band II, 3. Aufl. 1986; *Tipke/Kruse*, Abgabenordnung/Finanzgerichtsordnung – Kommentar, Stand Juni 2015.

## 1 Überblick

### 1.1 Inhalt

1 § 238 Abs. 1 Satz 1 HGB regelt die **Buchführungspflicht**; mit Buchführung meint das Gesetz die **kaufmännische Buchführung**. Keine kaufmännische Buchführung ist bspw. die über § 241a HGB zugelassene Einnahmenüberschussrechnung.

2 Buchführungspflichtig ist nur der **Kaufmann**; Kfm. ist, wer nach den §§ 1 ff. HGB Kfm. ist oder als Kfm. gilt (vgl. Rz 16).

3 Mit der Buchführungspflicht nach § 238 Abs. 1 Satz 1 HGB ist grds. die Pflicht zur Einhaltung der gesamten Vorschriften der §§ 238–241 HGB sowie der nichtkodifizierten GoB verbunden. An die Buchführungspflicht knüpft auch die Bilanzierungspflicht nach §§ 242 ff. HGB an sowie die damit verbundenen weiteren Rechnungslegungspflichten. Dies gilt nicht, wenn der Kfm. nach § 241a HGB auf die kaufmännische Buchführung verzichtet (vgl. dazu § 241a Rz 6).

4 § 238 Abs. 1 Sätze 2 und 3 HGB formulieren **grundlegende Anforderungen** an eine ordnungsmäßige Buchführung; die Buchführung muss für einen sachverständigen Dritten in angemessener Zeit nachvollziehbar sein und die Geschäftsvorfälle müssen sich in ihrer Entstehung und Abwicklung nachverfolgen lassen.

5 § 238 Abs. 2 HGB regelt die **Aufbewahrungspflicht einer Kopie aller Handelsbriefe**. Diese Vorschrift hat nur klarstellenden Charakter, da sich eine Aufbewahrungspflicht bereits aus der Nachvollziehbarkeitsforderung des § 238 Abs. 1 Satz 3 HGB ergibt. Detaillierte Vorschriften zu Aufbewahrung und Vorlage der Buchführung enthalten die §§ 257–261 HGB.

### 1.2 Normenzusammenhang

6 Die Vorschriften der §§ 238–241a HGB bilden den ersten Unterabschnitt des ersten Abschnitts des Dritten Buchs des HGB und enthalten die Vorschriften zu den Handelsbüchern. Die folgenden Vorschriften bauen auf § 238 HGB auf und beinhalten im Einzelnen:

7 § 239 HGB regelt die Art und Weise der **Führung der Handelsbücher** und enthält die kodifizierten Teile der **Grundsätze ordnungsmäßiger Buchführung**.

8 In § 240 HGB werden die **Inventurpflicht des Kaufmanns** sowie die Inventurerleichterungs- und Bewertungsvereinfachungsvorschriften zum **Festwert** und zur **Gruppenbewertung** geregelt. Die Inventur ist das Bindeglied zwischen Buchführung und JA-Erstellung, die in den Vorschriften der §§ 242 ff. HGB geregelt ist.

§ 241 HGB regelt **Inventurerleichterungsvorschriften** wie die Stichprobeninventur und die anderen Inventurverfahren (wie bspw. die permanente Inventur) sowie zur vor- bzw. nachverlegten Inventur. 9

Der § 241a HGB regelt für kleingewerbetreibenden EKfl das Wahlrecht auf den **Verzicht auf die kaufmännische Buchführung**. Im Falle eines Verzichts entfällt über § 242 Abs. 4 HGB auch die Pflicht zur JA-Erstellung. Stattdessen muss der EKfm eine Einnahmenüberschussrechnung erstellen. 10

## 1.3 Verletzung der Buchführungspflicht

Die Verletzung der **öffentlich-rechtlichen Verpflichtung** zur Buchführung ist im Insolvenzfall strafbewehrt nach § 283 Abs. 1 Nr. 5 StGB (ordnungswidrige Führung oder Nichtführung von Handelsbüchern bei Überschuldung, drohender oder eingetretener Insolvenz) und § 283b StGB (Verletzung der Buchführungspflicht). Die Strafe kann bei besonders schweren Fällen bis zu zehn Jahre Haft betragen. 11

Ist das Unt **prüfungspflichtig**, so führt eine ordnungswidrige Buchführung bei wesentlichen inhaltlichen Buchführungsmängeln zur Versagung des BSV, da der Fehler den gesamten JA oder KA beeinträchtigt, also nicht eingrenzbar ist. Bei wesentlichen eingrenzbaren oder formalen Buchführungsmängeln ist der BSV einzuschränken (§ 322 Rz 60).[1] 12

Die Verletzung der handelsrechtlichen Buchführungspflicht stellt wegen der gleichlautenden steuerlichen Vorschriften auch eine **Verletzung steuerlicher Pflichten** dar. Bei fehlender Beweiskraft der Buchführung können nach § 162 Abs. 2 Satz 2 AO die Steuern nach § 158 AO geschätzt werden. Die FinVerw kann zur Erzwingung der Erledigung der Buchführungspflicht nach §§ 328, 329 AO ein Zwangsgeld von bis zu 25.000 EUR androhen und festsetzen. Sind im Einzelfall die Buchführungsmängel als Steuergefährdung anzusehen, kann nach § 379 Abs. 1 Satz 1 Nr. 3 AO ein Bußgeld von bis zu 5.000 EUR verhängt werden; bei leichtfertiger Steuerverkürzung nach § 378 Abs. 1 Satz 1 AO i.V.m. § 370 Abs. 1 AO ist eine Geldbuße von bis zu 50.000 EUR möglich. Soweit Buchführungsverstöße ausländische Niederlassungen oder Betriebsstätten betreffen, kann dies eine Verletzung ausländischer, steuerlicher Buchführungspflichten darstellen. 13

Weiter kann die fehlende Beweiskraft der Buchführung wegen Buchführungsmängeln zum Verlust eines **Rechtsstreits** führen, wenn der Kfm berechtigte Ansprüche nicht nachweisen kann.[2] 14

Die Buchführung liegt in der **Verantwortung des Kaufmanns**; soweit er seinen Pflichten nicht nachkommt oder diese nicht mit der Sorgfalt eines ordentlichen Kfm. erfüllt, kann er schadenersatzpflichtig werden (bspw. § 43 GmbHG; § 93 AktG). 15

## 2 Buchführungspflicht des Kaufmanns

§ 238 Abs. 1 HGB verpflichtet **jeden Kaufmann** zur Buchführung. Kfm. i.S.d. § 1 HGB ist, wer ein **Handelsgewerbe** gem. § 1 Abs. 1 HGB betreibt. Nach § 1 16

---

1 Vgl. WP-Handbuch, Bd. I, 14. Aufl., Abschn. Q, Rz 510.
2 Vgl. *ADS*, 6. Aufl., § 238 HGB, Rz 61.

Abs. 2 HGB ist ein Handelsgewerbe jeder **Gewerbebetrieb**, der einen **in kaufmännischer Weise eingerichteten Geschäftsbetrieb** erfordert.[3]

17 Als Kfm. gilt auch, wer kein Kfm. i. S. d. § 1 HGB ist, aber sein gewerbliches Kleinunternehmen nach § 2 HGB im HR eintragen lässt (**im Handelsregister eingetragenes Kleingewerbe**).

18 Zur Frage der **Handelsgesellschaft** als Kfm. vgl. Rz 27 f.

### 2.1 Gewerbebetrieb

19 Ein **Gewerbebetrieb** aufgrund einer gewerblichen Tätigkeit liegt vor, wenn der Kfm.
- eine selbstständige Tätigkeit nachhaltig ausübt,
- in Gewinnerzielungsabsicht handelt und
- sich am allgemeinen wirtschaftlichen Verkehr beteiligt.

20 Eine **selbstständige Tätigkeit** setzt voraus, dass der Kfm. im Außenverhältnis ungebunden ist, er also rechtlich selbstständig ist. Wirtschaftliche Abhängigkeit oder interne Bindung des Kfm. an Weisungen oder Zustimmungen sind nicht schädlich für eine selbstständige Tätigkeit.

21 Eine Tätigkeit ist **nachhaltig**, wenn sie auf Dauer angelegt und auf eine Vielzahl von Geschäften ausgerichtet ist. Eine Tätigkeit gilt auch dann als nachhaltig, wenn sie nur für eine bestimmte Zeitdauer geplant, als Nebentätigkeit ausgeübt oder unterbrochen wird.

22 Nach hM ist für einen Gewerbebetrieb **Gewinnerzielungsabsicht** erforderlich.

23 Die **Teilnahme am allgemeinen wirtschaftlichen Verkehr** erfordert, dass der Kfm. seine Leistungen der Allgemeinheit – also einer unbestimmten Anzahl von Personen – anbietet.

24 **Kein Gewerbebetrieb** liegt vor bei Ausübung eines freien Berufs oder bestimmten land- und forstwirtschaftlichen Tätigkeiten.

### 2.2 In kaufmännischer Weise eingerichteter Geschäftsbetrieb

25 Ein Handelsgewerbe begründet nur dann die Kaufmannseigenschaft, wenn es **einen in kaufmännischer Weise eingerichteten Geschäftsbetrieb** erfordert. Der Begriff „in kaufmännischer Weise", der das Handelsgewerbe vom Kleingewerbe abgrenzt, ist zunächst an der Größe orientiert – man spricht von einem „Klein"gewerbe, wenn die Unternehmensstrukturen nicht „in kaufmännischer Weise" angelegt sind. Entscheidend ist aber nicht die Größe allein, sondern der Begriff „eingerichtet": Maßgeblich sind also – unabhängig von der Größe – die **„eingerichteten"** Strukturen. Ob die eingerichteten Strukturen einem in kaufmännischer Weise eingerichteten Geschäftsbetrieb entsprechen, entscheidet sich nach dem **Gesamtbild von Art und Umfang des Geschäftsbetriebs**.[4]
Dieses Gesamtbild bestimmt sich bspw. nach Art und Umfang
- der laufenden Geschäfte,
- der angebotenen Leistungen und Waren,
- der Kapitaleinlagen,
- des Geschäftslokals,

---

[3] Vgl. *Winkeljohann/Henckel*, in Beck Bil-Komm. 9. Aufl., § 238 HGB, Rz 6 f.
[4] Vgl. *ADS*, 6. Aufl., § 238 HGB, Rz 5 f.; *Aigner*, 2009, S. 32.

- des Sach- und FAVs,
- der Anzahl der Mitarbeiter,
- der Inanspruchnahme von Dienstleistungen,
- der übrigen Geschäftsbeziehungen sowie
- der Höhe der Umsätze und
- der Anzahl der Betriebsstätten.[5]

Feste Größengrenzen gibt es nicht; das Gesamtbild ist also eine Frage des Einzelfalls.[6]

> **Beispiel 1**
> Der EKfm. befindet sich in der Gründungsphase und einziger Geschäftszweck ist die Entwicklung einer neuen Software. Er erzielt noch keine Umsätze – erwirtschaftet aber große Verluste, da er 100 Mitarbeiter beschäftigt. Für die Zukunft plant er Millionenumsätze. Er ist Kfm. nach § 1 Abs. 1 HGB, da er einen in kaufmännischer Weise eingerichteten Geschäftsbetrieb unterhält.

> **Beispiel 2**
> Ein Kleingewerbetreibender programmiert in seiner Garage im Nebenerwerb Software. Er hat keine Angestellten, durchschnittlicher Jahresumsatz 10.000 EUR bzw. Einnahmenüberschuss 2.500 EUR. Er ist nicht Kfm., da er keinen in kaufmännischer Weise eingerichteten Geschäftsbetrieb hat und damit § 1 HGB nicht erfüllt ist. Damit ist das HGB insgesamt nicht anwendbar; es besteht keine Buchführungspflicht nach §§ 238 ff. HGB.

Liegt kein in kaufmännischer Weise eingerichteter Geschäftsbetrieb vor, so ist der Gewerbetreibende ein **Kleingewerbetreibender** und nicht Kfm. Kleingewerbetreibende sind nicht nach §§ 238 ff. HGB buchführungspflichtig.[7]  26

## 2.3 Handelsgesellschaft als Kaufmann

Die Vorschriften für Kfl. sind nach § 6 Abs. 1 HGB auch auf **Handelsgesellschaften** anzuwenden. Zu den Handelsgesellschaften gehören die PersG (OHG, KG, KapCoGes, wie bspw. die typische GmbH & Co. KG) und die KapG (SE, AG, KGaA, GmbH, UG). Die EWIV (Europäische wirtschaftliche Interessenvereinigung) ist wie eine OHG zu behandeln.[8]  27

**Keine Handelsgesellschaften** sind die (typische und atypische) stille Gesellschaft gem. §§ 230 ff. HGB, die eG und der VVaG. Die Partnerschaftsgesellschaft ist nach § 1 Abs. 1 PartG nur den freien Berufen zugänglich, betreibt also kein Handelsgewerbe und ist nicht Kfm. Dies gilt auch für den Fall einer beschränkten Berufshaftung.  28

---

5   Vgl. *ADS*, 6. Auf., § 238 HGB, Rz 5 f.
6   Vgl. *Winkeljohann/Henckel*, in Beck Bil-Komm. 9. Aufl., § 238 HGB, Rz 8.
7   Vgl. *Winkeljohann/Henckel*, in Beck Bil-Komm. 9. Aufl., § 238 HGB, Rz 7.
8   Vgl. EWIV-Ausführungsgesetz v. 14.4.1988, BGBl 1988 I S. 514, geändert am 23.10.2008, BGBl 2008 I S. 2026, 2041.

## 2.4 Keine Buchführungspflicht für Scheinkaufleute

29 **Scheinkaufleute** sind keine Kfl., werden aber in analoger Anwendung des § 5 HGB in bestimmten Fällen wie solche behandelt. Scheinkaufleute sind handelsrechtlich nicht buchführungspflichtig.

## 3 Beginn und Ende der Buchführungspflicht

### 3.1 Beginn der Buchführungspflicht

30 Die Buchführungspflicht der §§ 238 ff. HGB beginnt mit der **Aufnahme eines Handelsgewerbes** i.S.d. § 1 HGB und bei einem Kleingewerbetreibenden mit der Einrichtung eines **in kaufmännischer Weise eingerichteten Geschäftsbetriebs** bzw. der früheren freiwilligen **Eintragung im Handelsregister** nach § 2 HGB.

31 Bei Handelsgesellschaften beginnt die Buchführungspflicht mit der Gründung (Abschluss des Gesellschaftsvertrags). Bei einem Tätigwerden vor der Gründung kann eine Buchführungspflicht nach §§ 238 ff. HGB dann bestehen, wenn der Handelnde Kfm. i.S.d. § 1 HGB ist oder eine Handelsgesellschaft i.S.d. § 6 Abs. 1 HGB vorliegt.[9]

### 3.2 Ende der Buchführungspflicht

32 Die Buchführungspflicht endet, wenn die Kaufmannseigenschaft endet. Bei einem **Handelsgewerbe** endet die Buchführungspflicht, wenn der Kfm. sein Handelsgewerbe tatsächlich einstellt. Fraglich ist, was als **tatsächliche Einstellung des Handelsgewerbes** anzusehen ist. Eine zeitweilige Stilllegung, ein Liquidations- oder Abwicklungsbeschluss, Vermögenslosigkeit, Löschung im HR (bei fortbestehendem Handelsgewerbe) oder Insolvenzeröffnung reichen für eine tatsächliche Einstellung nicht aus. Für den **Kaufmann** ist die endgültige Einstellung des Geschäftsbetriebs maßgebend. Bei **Handelsgesellschaften** endet die werbende Tätigkeit mit der Auflösung der Handelsgesellschaft; die Kaufmannseigenschaft erlischt jedoch erst mit dem Ende der Abwicklung der Gesellschaft. Damit besteht auch für den Abwicklungszeitraum Buchführungspflicht.[10]

33 Bei einem **Kleingewerbetreibenden**, der sich freiwillig nach § 2 HGB im HR hat eintragen lassen, endet die Kaufmannseigenschaft mit der Löschung aus dem HR; dies gilt entsprechend, wenn ein einstmaliges Handelsgewerbe zum Kleingewerbe herabsinkt.[11]

## 4 Einzelheiten der handelsrechtlichen Buchführung

### 4.1 Grundsätze ordnungsmäßiger Buchführung

34 Die Vorschriften des § 238 Abs. 1 HGB verpflichten den Kfm., bei der Führung seiner Bücher die **Grundsätze ordnungsmäßiger Buchführung** einzuhalten.

---

[9] Vgl. *ADS*, 6. Aufl., § 238 HGB, Rz 17, 21, 22.
[10] Dies gilt auch in Insolvenzfällen, vgl. IDW RH HFA 1.1012, Tz 4.
[11] Vgl. *Winkeljohann/Henckel*, in Beck Bil-Komm. 9. Aufl., § 238 HGB, Rz 29; *ADS*, 6. Aufl., § 238 HGB, Rz 23 f., 28.

Die Anordnung in § 238 Abs. 1 HGB, dass die GoB einzuhalten sind, hat klarstellenden Charakter (zu Einzelheiten zu den GoB s. § 239 Rz 5 ff.).

## 4.2 Handelsgeschäft und Geschäftsvorfall

Die Buchführungspflicht betrifft nur „seine" Handelsgeschäfte. 35
„Seine" Handelsgeschäfte sind die Geschäfte, die seinem kaufmännischen Geschäftsbetrieb zuzuordnen sind. Nicht von der Buchführungspflicht erfasst sind die Privatgeschäfte des Kfm. 36
Zum Begriff der **Handelsgeschäfte** vgl. Viertes Buch des HGB (§§ 343 ff. HGB). 37
Die Buchführungspflicht erstreckt sich weiter nur auf **Geschäftsvorfälle**; Umstände oder Gegebenheiten, die die wirtschaftliche Lage des Kfm. beeinflussen, aber zu keinem Geschäftsvorfall geführt haben, können in der Buchführung dagegen nicht verzeichnet werden.[12] 38

> **Beispiel**
> Der einzige Konkurrent des Kfm. geht in Insolvenz, wodurch der Kfm. Monopolstellung erlangt, womit sich seine Ertragslage in Zukunft wesentlich verbessern wird. Es liegt kein Geschäftsvorfall vor, der gebucht werden kann.

## 4.3 Überblick über die Geschäftsvorfälle und die Lage des Unternehmens

Nach § 238 Abs. 1 Satz 2 HGB müssen die Handelsbücher einen Überblick über die Geschäftsvorfälle und die Lage des Unt ermöglichen. Dies setzt eine richtige, zeitgerechte, vollständige und geordnete Buchführung voraus (vgl. § 239 Rz 15 ff.). 39

## 4.4 Nachvollziehbarkeit der Geschäftsvorfälle von ihrer Entstehung bis zur Abwicklung

Nach § 238 Abs. 1 Satz 3 HGB müssen sich alle Geschäftsvorfälle in ihrer Entstehung und Abwicklung nachverfolgen lassen. Dazu muss die Buchführung ihre **Belegfunktion** erfüllen (vgl. § 239 Rz 38). 40

## 4.5 Sachverständiger Dritter

Die Bücher müssen nach § 238 Abs. 1 Satz 2 HGB für einen **sachverständigen Dritten** nachvollziehbar sein. Das Gesetz bestimmt nicht, welches Maß an Sachkunde erforderlich ist, um sachverständiger Dritter zu sein. Ausreichende Sachkunde erfordert, Bilanzen vollständig lesen und beurteilen zu können. Als sachkundige Personen sind bspw. entsprechend erfahrene Buchhalter, Betriebsprüfer des Finanzamts, StB und WP sowie die DPR anzusehen. Die Stellung als sachverständiger Dritter setzt also hinreichende Kenntnisse im Bereich der Buchführung und Rechnungslegung voraus, wobei der erforderliche Sachverstand abhängig von der Art, Größe und Komplexität der Buchführung ist. So können für bestimmte Sachverhalte bspw. Branchenkenntnisse, technische Kenntnisse 41

---

[12] Vgl. *Moxter*, 1986, S. 9.

oder Programmierungskenntnisse erforderlich sein (bspw. komplexes EDV-basiertes Warenwirtschaftssystem).[13]

42 Die Nachvollziehbarkeit muss in **angemessener Zeit** möglich sein; das Gesetz bestimmt nicht, was als angemessener Zeitraum gilt. Die Bestimmung der angemessenen Zeit ist deshalb eine Frage des Einzelfalls und abhängig von Art, Umfang und Komplexität der Buchführung.

### 4.6 Handelsbücher des Kaufmanns

43 Das Gesetz schreibt nicht vor, welches **Buchführungssystem** der Kfm. für seine Handelsbücher zu verwenden hat. Es kommen folgende Buchführungssysteme infrage[14]:
- kameralistische Buchführung,
- einfache Buchführung,
- doppelte Buchführung.

44 Die **kameralistische Buchführung** wird in der Praxis durch öffentliche Haushalte und öffentliche Betriebe angewandt, aber mit den Initiativen zur Umstellung der Rechnungslegung der öffentlichen Haushalte auf die doppelte Buchführung zunehmend verdrängt und hat für die kaufmännische Rechnungslegung keine Bedeutung.

45 Die **einfache Buchführung** ermittelt die Bestände auf den Bilanzkonten durch Inventur und den Periodenerfolg über den Weg des Vermögensvergleichs; eine GuV entsteht dabei nicht. Eine solche Buchführung erlaubt nur sehr eingeschränkt die Verschaffung eines Überblicks über die Lage des Unt. Sie ist deshalb nur bei Handwerkerbuchführungen und Kleinstunternehmen zulässig und genügt dort für steuerliche Zwecke.

46 Die **doppelte Buchführung** ist das vorherrschende Buchführungssystem. Sämtliche Geschäftsvorfälle werden im Soll und im Haben erfasst, wodurch ein (geschlossenes) Buchführungssystem entsteht, das systemimmanent rechnerische und buchungstechnische Kontrollen enthält. Bei kaufmännischen EDV-Buchführungsprogrammen ist die doppelte Buchführung durch die Programmierung vorgegeben und damit alternativlos.

47 Kein zulässiges Buchführungssystem ist die **Einnahmenüberschussrechnung**. Dies ergibt sich daraus, dass sie für den Kfm. erst zulässig wird, wenn er nach § 241a HGB auf die Buchführung verzichtet (§ 241a Rz 6).

48 Das Gesetz macht keine Vorschriften zur **Art der Buchführung**, ob bspw. die Bücher manuell oder mithilfe der EDV geführt werden. In der Praxis kommen heute weitgehend nur noch EDV-Buchführungen vor.

49 Das Gesetz bestimmt auch nicht, welche **Handelsbücher** im Rahmen der Buchführungspflicht zu führen sind. Dies ist auch sachgerecht, da der Kfm. im Einzelfall entsprechend der GoB entscheiden muss, welche Nebenbücher er in welcher Form benötigt, um den Überblick über die Lage des Unt wahren zu können. Folgende Handelsbücher können unterschieden werden:
- Grundbuch (oder Journal),
- Hauptbuch und
- Nebenbuch (oder Hilfsbuch).

---

[13] Vgl. *ADS*, 6. Aufl., § 238 HGB, Rz 44, 45.
[14] Vgl. IDW RS ÖFA 1, Tz 7; *Winkeljohann/Henckel*, in Beck Bil-Komm. 9. Aufl., § 238 HGB, Rz 111–121; *Drüen*, in *Tipke/Kruse*, AO FGO, § 141 AO, Rz 26.

Unter einem **Grundbuch (oder Journal)** wird die zeitlich geordnete Aufzeichnung von Geschäftsvorfällen verstanden. Durch das Grundbuch kann die Zeitgerechtigkeit der Buchführung (vgl. § 239 Rz 20) nachgewiesen werden.

50

Als **Hauptbuch** wird die sachlich geordnete Zusammenstellung der Geschäftsvorfälle bezeichnet. Die sachlich geordnete Zusammenstellung erfolgt über die Zuordnung auf Sachkonten. Der Kfm. legt dazu einen Kontenplan (auch Kontenrahmen genannt) an, in dem alle Sachkonten des Unt verzeichnet sind und hinreichend untergliedert sein müssen. Ein Untergliederungserfordernis oder -interesse kann sich bspw. aus betriebswirtschaftlichen Informationsinteressen, gesetzlichen Ausweis- und Gliederungsvorschriften oder aufgrund steuerrechtlicher Vorschriften ergeben. Insb. der neu eingefügte § 5b EStG (E-Bilanz) erfordert eine sehr detaillierte Gliederung des Sachkontenplans in der Buchführung, wenn die für das Besteuerungsverfahren erforderlichen Positionen bereits mit der Buchführung erfasst werden sollen. In EDV-Buchführungsprogrammen sind meist ein oder mehrere Musterkontenrahmen hinterlegt, die an die individuellen Bedürfnisse des Kfm. angepasst werden können. Die modernen Kontenrahmen orientieren sich am Industrie-Kontenrahmen,[15] der dem Abschlussgliederungsprinzip folgt, sich also an den Gliederungsvorschriften der §§ 266, 275 HGB orientiert. Aber es sind auch branchenbezogene Kontenrahmen üblich. Zur Mindestgliederung der Bilanz vgl. § 247 Rz 11.

51

Als **Nebenbuch** wird ein gesondert geführtes Buch für ein bestimmtes Hauptbuchkonto (Sachkonto) bezeichnet. Mit der Führung eines Nebenbuchs vermeidet der Kfm., dass bei vielbebuchten Sachkonten Klarheit und Übersichtlichkeit der Kontenführung verloren gehen. Nebenbücher werden häufig für das AV, für die Lagerwirtschaft (bspw. im Rahmen einer permanenten Inventur), für Kunden (Debitoren), Lieferanten (Kreditoren), die Kasse und die Lohn- und Gehaltsabrechnung geführt. Im Nebenbuch werden die Geschäftsvorfälle dabei in übersichtlicher Weise verzeichnet, während im Hauptbuch z. T. nur die Bestandsveränderung des Kontos in Summe gebucht wird.

52

Keine Einigkeit besteht, ob auch das **Wareneingangsbuch** nach § 143 AO bzw. das **Warenausgangsbuch** nach § 144 AO Handelsbücher sind.[16] Jedoch sind Aufzeichnungen zum Wareneingang bzw. Warenausgang i. d. R. Unterlagen, die nach § 238 Abs. 1 Satz 3 HGB zum Nachvollziehen der zugrunde liegenden Geschäftsvorfälle erforderlich sind. Darüber hinaus werden im Rahmen des IKS insb. bei großen Buchführungen stets Aufzeichnungen zu den Warenbewegungen erforderlich sein (bspw. Lieferschein/Liefermeldung für die Prüfung der inhaltlichen Richtigkeit einer Lieferantenrechnung), sodass die Frage, ob hier Handelsbücher vorliegen oder nicht, anhand der jeweiligen Umstände entschieden werden muss. Die Frage hat aber für die Praxis nahezu keine materielle Bedeutung, da die Führung der Wareneingangs- und Warenausgangsbücher steuerlich vorgeschrieben ist.

53

---

15 Vgl. beispielhaft für einen Kontenrahmen: *Bundesverband der Deutschen Industrie e. V.*, Industriekontenrahmen IKR, 3. Aufl. 1990; *Winkeljohann/Henckel*, in Beck Bil-Komm. 9. Aufl., § 238 HGB, Rz 112.

16 Zustimmend: *Pfitzer/Oser*, in *Küting/Pfitzer/Weber*, HdR, § 238 HGB, Rz 13; ablehnend: *Winkeljohann/Henckel*, in Beck Bil-Komm. 9. Aufl., § 238 HGB, Rz 114.

## 5 Persönlicher Anwendungsbereich und Ort der Buchführung

### 5.1 Zur Buchführung verpflichtete Person

54 Die zur Buchführung **verpflichtete Person ist der Kaufmann**, der auch die Verantwortung für eine den GoB entsprechende Erledigung dieser Pflicht trägt. Es handelt sich dabei nicht um eine höchstpersönliche Pflicht, weshalb der Kfm. für die Erledigung seiner Pflicht auch Hilfspersonen bzw. Dritte einsetzen darf bzw. innerhalb des Kreises der verpflichteten Personen die Pflicht einzelnen Personen zuweisen darf (bspw. Finanzvorstand).

55 Der Kfm. hat beim Einsatz von **Hilfspersonen** oder von **Dritten** Folgendes zu beachten:
- Der Kfm. muss sich bei der Zusammenstellung des Kreises der Verpflichteten bzw. bei der Auswahl von Hilfspersonen oder Dritten von deren **persönlicher Eignung** überzeugen. Eine Person ist i.d.S. geeignet, wenn an ihrer Zuverlässigkeit, Gesetzestreue und Verschwiegenheit kein Zweifel besteht.
- Der Kfm. muss sich von der **fachlichen Eignung** der mit der Buchführung beauftragten Person überzeugen. Dazu gehört, dass er sich von der Fachkompetenz und – bei der Übertragung von Leitungsaufgaben – auch von den Führungsqualitäten der beauftragten Person überzeugt. Erworbene Berufsabschlüsse (bspw. Bilanzbuchhalter) zusammen mit entsprechender Berufserfahrung können ein Hinweis für eine ausreichende fachliche Eignung sein.
- Er muss sich davon überzeugen, dass ein sachgerecht aufgebautes und funktionsfähiges **internes Kontrollsystem** eingerichtet ist, das die Einhaltung der GoB und die Aufbewahrung der Buchführung sicherstellt. Dazu gehören mit Bezug auf Hilfspersonen insb. eine sachgerechte Organisation der Arbeitsabläufe und die Erteilung von Arbeitsanweisungen sowie die Einrichtung von Kontrollen.
- Der Kfm. muss seinen **Aufsichtspflichten** nachkommen. Dazu sind uneingeschränkte **Kontrollrechte** erforderlich; der Kfm. muss sich stets das uneingeschränkte **Weisungsrecht** vorbehalten. Weiter muss er in angemessenem Umfang eigene Kontrollen vornehmen. Dazu gehören zumindest eine **regelmäßige Durchsicht auf Plausibilität** und die Nachverfolgung und Beseitigung **festgestellter Fehler**.[17]

56 Bei **StB, vBp und WP** kann die persönliche Eignung wegen entsprechender Berufspflichten vorausgesetzt werden, ebenso wie die fachliche Eignung. Weiter ist davon auszugehen, dass durch eine adäquate Kanzleiorganisation ein sachgerecht aufgebautes und funktionierendes buchführungsbezogenes IKS gegeben ist.

57 Bei **Handelsgesellschaften** ist die Geschäftsführung der Ges. das für die Buchführung verantwortliche Organ (§ 114 HGB – ggf. i.V.m. § 161 Abs. 2 HGB –, § 91 AktG, § 41 GmbHG, § 6 EWIV-Ausführungsgesetz); bei **juristischen Personen, die Vollhafter einer Personengesellschaft sind** (bspw. GmbH & Co. KG), liegt die Verantwortung für die Buchführung beim geschäftsführenden Organ der juristischen Person.

---

[17] Vgl. *ADS*, 6. Aufl., § 238 HGB, Rz 48, 49.

## 5.2 Ort der Buchführung

Das HGB trifft keine Regelung, an welchem **Ort** die nach §§ 238 ff. HGB vorgeschriebene Buchführung erfolgen muss. Deshalb bestehen handelsrechtlich keine Bedenken, die Buchführung bei Dritten oder im Ausland vornehmen zu lassen, wenn dort die handelsrechtlichen und sonstigen deutschen gesetzlichen Vorschriften sowie die GoB eingehalten werden.

58

Zur **Sicherung der Besteuerung** hat jedoch der Steuergesetzgeber in § 146 Abs. 2 Satz 1 AO vorgeschrieben, dass die Handelsbücher grds. in Deutschland zu führen und aufzubewahren sind. Dies gilt nach § 146 Abs. 2 Satz 2 AO nicht für ausländische Betriebsstätten, wenn nach ausländischem Recht Bücher zu führen sind und der Kfm. dieser Pflicht nachkommt.[18] Mit dem Jahressteuergesetz 2009 hatte der Gesetzgeber diese Vorschrift gelockert und § 146 Abs. 2a AO eingefügt, nach dem – auf Antrag – die elektronischen Bücher und sonstigen elektronischen Aufzeichnungen in einem anderen EU-/EWR-Staat geführt werden dürfen, wenn mit diesem Staat eine Amtshilfevereinbarung besteht und der Zugriff der FinVerw auf die Buchführungsdaten sichergestellt ist.[19] Mit dem Jahressteuergesetz 2010 hat der Gesetzgeber nun auch die **Verlagerung der elektronischen Bücher und sonstigen elektronischen Aufzeichnungen in Länder außerhalb der EU/EWR** zugelassen und die Zustimmung der ausländischen Stelle zum Datenzugriff gestrichen.

59

Die Vorschrift erlaubte und erlaubt nur die **Verlagerung der elektronischen Bücher und der sonstigen elektronischen Aufzeichnungen**, nicht jedoch die Verlagerung der Papierdokumentation. Immerhin ermöglicht die Vorschrift es damit bspw. internationalen Konzernen, ihre weltweite Buchführung auf einem ausländischen Server zu speichern.

## 6 Grundsätze ordnungsmäßiger Konzernbuchführung

In der Praxis wird zum Teil von **Konzernbuchführung** gesprochen. Es handelt sich hierbei jedoch nicht um eine Buchführung, sondern um die Bilanzierung von Konzernsachverhalten. Diese befasst sich mit

60

- der Festlegung der einzubeziehenden JA (Konsolidierungskreis),
- der Anpassung der einbezogenen JA an die konzerneinheitlichen Ansatz- und Bewertungsvorschriften (HB II) und Fortschreibung der Anpassungsbuchungen,
- der Umrechnung von Fremdwährungsabschlüssen,
- der Kapitalkonsolidierung,
- der Schuldenkonsolidierung,
- der Zwischengewinneliminierung,
- der Aufwands- und Ertragskonsolidierung,
- der Ermittlung der im KA anzusetzenden latenten Steuern,
- der Ermittlung und Fortschreibung von konsolidierungsbedingten Anpassungen und
- der Erfassung und Fortschreibung von originären Konzerngeschäftsvorfällen.

---

[18] Vgl. *Winkeljohann/Henckel*, in Beck Bil-Komm. 9. Aufl., § 238 HGB, Rz 132 ff.
[19] Vgl. *Lange/Regnier*, DB 2009, S. 1256 f.

61 Die Vorschriften zur Konzernrechnungslegung selbst nehmen keinen Bezug auf die **Buchführungspflichten** der §§ 238 ff. HGB und schreiben damit zunächst keine Konzernbuchführung vor.

62 Jedoch verlangt § 297 Abs. 2 Satz 2 HGB, dass der KA unter Beachtung der GoB ein den tatsächlichen Verhältnissen entsprechendes Bild der VFE-Lage vermittelt. In Art. 27 Abs. 1 EGHGB spricht der Gesetzgeber von einer Einbeziehung in den KA entsprechend der **Grundsätze ordnungsmäßiger Konzernbuchführung**; in § 342 Abs. 2 HGB hat der Gesetzgeber für die Verlautbarungen des DRSC die Vermutung formuliert, dass es sich um Grundsätze ordnungsmäßiger Konzernbuchführung handelt, wenn die Verlautbarungen vom BMJ bekannt gemacht worden sind.

63 Der Auffassung,[20] die **GoB für die Buchführung seien auf den KA analog anzuwenden, kann nicht uneingeschränkt zugestimmt werden**. Der Gesetzgeber bezeichnet mit dem Begriff Buchführung die laufende Aufzeichnung von Geschäftsvorfällen bzw. die Inventur – in Abgrenzung zu Aufzeichnungen, die für die Erstellung eines JA anzufertigen sind, also nicht laufend, sondern nur innerhalb der Aufstellungsfristen erfolgen. Der KA nach HGB erfordert jedoch keine laufenden Aufzeichnungen und auch keine Inventur konzernspezifischer VG oder Schulden, da es sich hier um rechnerische Posten handelt, die keiner Inventurpflicht unterliegen. Lediglich nach IFRS ist als seltener Ausnahmefall bspw. eine zeitnahe Designation für das Hedge Accounting (die Bilanzierung von Sicherungsbeziehungen) auf Konzernebene vorgeschrieben, wobei sich nur bei abweichender Behandlung der Sicherungsbeziehung in IFRS-EA und IFRS-KA ein originärer Konzerngeschäftsvorfall ergibt.[21] Für solche originären Konzerngeschäftsvorfälle gelten die in den §§ 238–241 HGB kodifizierten GoB analog.

Deshalb formuliert der Gesetzgeber nicht präzise, wenn er von Grundsätzen ordnungsmäßiger Konzernbuchführung spricht – gemeint sind **Grundsätze ordnungsmäßiger Konzernbilanzierung**.

64 Die GoB sind wie folgt in eingeschränktem Umfang auf die Konzernbilanzierung übertragbar: Auch Abschlussbuchungen für den KA müssen die Anforderung der **Nachvollziehbarkeit** erfüllen (vgl. § 239 Rz 15 ff.), weswegen sie dem Grundsatz der **Geordnetheit** (§ 239 Rz 24) entsprechen müssen. **Abkürzungen** müssen erläutert und eine **lebende Sprache** verwendet werden (vgl. § 239 Rz 5 ff.). Diese formalen Grundsätze gelten in gleicher Weise für die laufende Buchführung wie für die Bilanzierung. Unterschiede zeigen sich jedoch beim Grundsatz der **Zeitgerechtigkeit** nach § 239 Abs. 2 HGB (§ 239 Rz 20). Dieser gilt für die laufende Buchführung, nicht jedoch für die Inventur und die Bilanzierung. Die 30-Tage-Frist (vgl. § 239 Rz 23) ist für die Abschlussbuchungen für den KA gar nicht umsetzbar. Für die Abschlussbuchungen ist lediglich zu fordern, dass sie **vor der Aufstellung des KA** vorgenommen wurden. Für das **Vollständigkeitserfordernis** des § 239 Abs. 2 HGB gelten für die Konzernbuchführung großzügigere Regeln wie für die Buchführung: § 296 Abs. 2 HGB erlaubt die Nichteinbeziehung unwesentlicher TU, ebenso gelten für die Schuldenkonsolidierung in § 303 Abs. 2 HGB, für die Zwischengewinneliminierung in § 304 Abs. 2 HGB, für die Aufwands- und Ertragskonsolidierung in § 305 Abs. 2

---

[20] Vgl. *ADS*, 6. Aufl., § 238 HGB, Rz 54 f.
[21] Vgl. *IAS* 39.88.

HGB und für die einheitliche Bewertung in § 308 Abs. 2 Satz 3 HGB Wesentlichkeitshürden, während in der Buchführung alle – auch unbedeutende Geschäftsvorfälle – zu erfassen sind. Für die **Richtigkeit** der Konzernbuchführung kann ebenfalls nur ein am Wesentlichkeitsgrundsatz angelehnter Maßstab gelten. IDW RS HFA FAIT 4 befasst sich mit der Ordnungsmäßigkeit der **IT-gestützten Konzernbuchführung**. An die Ordnungsmäßigkeit eines IT-Prozesses sind andere Anforderungen zu stellen als an die Konzernbilanzierung, da die Ordnungsmäßigkeit eines Systems, nicht die Ordnungsmäßigkeit eines KA zu beurteilen ist. Die an ein IT-System zu stellenden, strengeren Anforderungen können nicht auf die Konzernbilanzierung übertragen werden. Der begrifflichen Gleichsetzung von Zeitgerechtigkeit und Periodengerechtigkeit kann auch aus IT-Sicht nicht gefolgt werden.

## 7 Aufbewahrungspflicht einer Kopie der abgesandten Handelsbriefe (Abs. 2)

§ 238 Abs. 2 HGB schreibt die **Zurückbehaltung einer Kopie der abgesandten Handelsbriefe** vor. An diese Vorschrift zur Zurückbehaltung knüpfen die Aufbewahrungsfristen des § 257 HGB an (§ 257 Rz 8). Zum Begriff **Handelsbrief** vgl. § 257 Rz 13. Zum Begriff **vollständige Kopie** bzw. zur **Aufbewahrung auf Datenträgern** vgl. § 257 Rz 17 ff.

# § 239 FÜHRUNG DER HANDELSBÜCHER

(1) ¹Bei der Führung der Handelsbücher und bei den sonst erforderlichen Aufzeichnungen hat sich der Kaufmann einer lebenden Sprache zu bedienen. ²Werden Abkürzungen, Ziffern, Buchstaben oder Symbole verwendet, muß im Einzelfall deren Bedeutung eindeutig festliegen.
(2) Die Eintragungen in Büchern und die sonst erforderlichen Aufzeichnungen müssen vollständig, richtig, zeitgerecht und geordnet vorgenommen werden.
(3) ¹Eine Eintragung oder eine Aufzeichnung darf nicht in einer Weise verändert werden, daß der ursprüngliche Inhalt nicht mehr feststellbar ist. ²Auch solche Veränderungen dürfen nicht vorgenommen werden, deren Beschaffenheit es ungewiß läßt, ob sie ursprünglich oder erst später gemacht worden sind.
(4) ¹Die Handelsbücher und die sonst erforderlichen Aufzeichnungen können auch in der geordneten Ablage von Belegen bestehen oder auf Datenträgern geführt werden, soweit diese Formen der Buchführung einschließlich des dabei angewandten Verfahrens den Grundsätzen ordnungsmäßiger Buchführung entsprechen. ²Bei der Führung der Handelsbücher und der sonst erforderlichen Aufzeichnungen auf Datenträgern muß insbesondere sichergestellt sein, daß die Daten während der Dauer der Aufbewahrungsfrist verfügbar sind und jederzeit innerhalb angemessener Frist lesbar gemacht werden können. ³Absätze 1 bis 3 gelten sinngemäß.

WP StB Lukas Graf

| Inhaltsübersicht | Rz |
|---|---|
| 1 Überblick | 1–4 |
| 2 Die kodifizierten Grundsätze ordnungsmäßiger Buchführung | 5–27 |
|    2.1 Lebende Sprache (Abs. 1 Satz 1) | 5–13 |
|    2.2 Abkürzungen, Ziffern, Buchstaben und Symbole (Abs. 1 Satz 2) | 14 |
|    2.3 Vollständigkeit (Abs. 2) | 15–17 |
|    2.4 Richtigkeit (Abs. 2) | 18–19 |
|    2.5 Zeitgerechte Erfassung (Abs. 2) | 20–26 |
|    2.6 Geordnetheit (Abs. 2) | 27 |
| 3 Unveränderlichkeit (Abs. 3) | 28–31 |
| 4 Führung der Handelsbücher (Abs. 4 Satz 1) | 32–45 |
|    4.1 Einführung | 32 |
|    4.2 Belegbuchführung | 33 |
|    4.3 Datenträger-/EDV-Buchführung | 34–45 |
| 5 Verfügbarkeit und Lesbarmachung (Abs. 4 Satz 2) | 46–50 |

Führung der Handelsbücher § 239

**Ergänzendes Schrifttum**
*BMF,* Schreiben vom 14.11.2014, IV A 4, S 0316/13/10003.; *Bundesverband der Deutschen Industrie e. V.,* Industriekontenrahmen IKR – Neufassung 1986 in Anpassung an das Bilanzrichtlinien-Gesetz (BiRiLiG), 3. Aufl. 1990; *HFA,* Buchführung nach IFRS, IDW-FN 2004, S. 38; *Lange/Regnier,* Die Verlagerung der elektronischen Buchführung in das Ausland – zur Auslegung von § 146 Abs. 2a und 2b AO, DB 2009, S. 1256; *Moxter,* Bilanzlehre, Band II, 3. Aufl., 1986; *Tipke/Kruse,* Abgabenordnung Finanzgerichtsordnung – Kommentar, Stand Juni 2015.

## 1 Überblick

§ 239 HGB regelt für Kfl. Einzelheiten zur Führung der Handelsbücher; für Nichtkaufleute enthält § 146 AO nahezu inhaltsgleiche Anforderungen. § 239 HGB enthält folgende Regelungen: 1

- Abs. 1 regelt die **Sprache,** in der die Bücher zu führen sind (Rz 5 f.), und benennt Voraussetzungen für die Verwendung von **Abkürzungen** u. a. (Rz 14),
- Abs. 2 enthält Vorschriften zu den **formalen Anforderungen an die Eintragungen** in den Handelsbüchern (Rz 15 f.),
- Abs. 3 verlangt die **Unveränderlichkeit der Eintragungen** in den Handelsbüchern (Rz 28 f.) und
- Abs. 4 erlaubt die Führung von Handelsbüchern als **geordnete Ablage** (Rz 33) oder **auf Datenträgern** (Rz 34 f.).

Die Vorschrift des § 239 HGB enthält also Vorgaben zur **äußeren Form** der Handelsbücher. 2

Zum Normenzusammenhang der Vorschrift zu den §§ 238, 240–241a HGB vgl. § 238 Rz 6. 3

Zum **Anwendungsbereich** der Vorschrift vgl. § 238 Rz 1. Betreffend **Wegfall der Pflicht zur Führung von Handelsbüchern** vgl. § 241a Rz 4. 4

## 2 Die kodifizierten Grundsätze ordnungsmäßiger Buchführung

### 2.1 Lebende Sprache (Abs. 1 Satz 1)

§ 239 Abs. 1 Satz 1 HGB schreibt vor, dass der Kfm. seine Handelsbücher in einer **lebenden Sprache** führen muss. Im Normalfall wird ein nach HGB buchführungspflichtiger Kfm. seine Handelsbücher allein schon aus praktischen Erwägungen heraus in **deutscher Sprache** führen. Die Vorschrift lässt aber auch zu, dass der Kfm. seine Handelsbücher in einer Fremdsprache führt. Soweit er sich einer **Fremdsprache** bedient, kann die FinVerw nach § 146 Abs. 3 Satz 2 AO auf Kosten des Kfm. die Vorlage von Übersetzungen verlangen. 5

Sinn und Zweck dieser Vorschrift ist es, dem Kfm. die Benutzung seiner **Muttersprache** zu erlauben, um ihm die Führung der Handelsbücher und die Selbstinformation über die Lage seines Unt. zu erleichtern.[1] 6

Die **sorbische (wendische) Sprache** ist in den sorbischen Heimatkreisen in Sachsen (Landkreise Bautzen und Görlitz) bzw. dem angestammten Siedlungs-

---

[1] Vgl. *Drüen,* in *Tipke/Kruse,* AO FGO, § 146 AO, Rz 53.

gebiet in Brandenburg (Cottbus, Landkreise Dahme-Spreewald, Oberspreewald-Lausitz und Spree-Neiße) der deutschen Sprache gleichgestellt und darf ohne Kosten- und sonstige Nachteile vor deutschen Behörden verwendet werden (§ 8 SächsSorbG, § 9 SWG). Dies muss auch für die Buchführung gelten. Als lebende Sprache ist ihre Verwendung stets auch außerhalb der genannten Gebiete zulässig, es greift jedoch dann keine Regelung zum Kostenschutz mehr. Für den Jahresabschluss darf die sorbische Sprache nicht verwendet werden (vgl. Rz 13).

> **Beispiel**
> Der japanische Kfm. J kommt nach Düsseldorf und eröffnet ein Reisebüro, das sich auf Reiseangebote für die dort ansässigen Japaner spezialisiert. Der Kfm. J spricht nur japanisch. Er darf seine Handelsbücher in japanischer Sprache führen.

7   Der Kfm. darf aber auch eine **andere Fremdsprache** wählen;[2] dies kann zweckmäßig sein, um bspw. die Kontrolle durch ein ausländisches MU durch eine konzernweit einheitliche Sprache in der Buchführung zu erleichtern.

> **Beispiel**
> Die D-GmbH ist eine Vertriebstochter der UK Ltd. in London, hat nur im Vertrieb tätige Geschäftsführer und Angestellte und lässt die Buchführung durch einen deutschen StB erledigen. Damit der Beteiligungscontroller in England die Eintragungen in der Buchführung durch den StB nachvollziehen kann, hat er ihm nach § 239 Abs. 1 Satz 1 HGB zulässigerweise den Auftrag erteilt, für die Buchführung die englische Sprache zu verwenden.

8   Bei der Wahl der Sprache gelten **grds. keine Beschränkungen**. Es besteht auch keine Bindung an die Sprache eines MU oder TU bzw. einer ausländischen Zweigniederlassung.[3]

> **Beispiel**
> Eine in Deutschland neu gegründete GmbH führt ihre Handelsbücher in englischer Sprache, obwohl sie keine ausländischen Zweigniederlassungen hat und keine Geschäftsaktivitäten mit dem Ausland unterhält. Der Gesellschaftszweck sieht jedoch eine Expansion des Geschäfts ins Ausland vor, weshalb sich die Ges. von vornherein entschieden hat, die gesamten Bücher der Ges. in einer Weltsprache zu führen.

9   Es ist zulässig und in vielen Fällen sogar unvermeidbar, die Buchführung eines Unt in **mehreren lebenden Sprachen** zu führen – die Formulierung in § 239 Abs. 1 HGB „eine (…) lebende Sprache" ist nicht so auszulegen, dass nur eine unternehmenseinheitliche Sprache für die gesamte Buchführung zulässig ist. Es

---

2   Vgl. *Winkeljohann/Henckel*, in Beck Bil-Komm. 9. Aufl., § 239 HGB, Rz 5; a.A. *Kußmaul*, in *Küting/Pfitzer/Weber*, HdR, § 239 HGB, Rz 2.
3   Vgl. *ADS*, 6. Aufl., § 239 HGB, Rz 14; a.A. *Kußmaul*, in *Küting/Pfitzer/Weber*, HdR § 239 HGB, Rz 2.

ist stets zulässig, eine **Niederlassungsbuchführung** in der jeweiligen Landessprache zu führen.

> **Beispiel**
> Die deutsche M-GmbH hat ihren Sitz in Meißen. Daneben hat die M-GmbH eine Zweigniederlassung in Arita (Japan).
> Die Buchführung in Meißen erfolgt in deutscher Sprache, für die Niederlassungsbuchführung in Arita verwendet die Ges. die dortige Landessprache – also das Japanische –, da die Buchhalter vor Ort nur japanisch sprechen. Die Führung der Handelsbücher der Ges. in deutscher und japanischer Sprache ist nach § 239 Abs. 1 HGB zulässig, da es sich um lebende Sprachen handelt.
> Der JA der M-GmbH muss dagegen nach § 244 HGB in deutscher Sprache aufgestellt werden.

Die Verwendung unterschiedlicher Sprachen in einer Buchführung darf jedoch nicht die **Nachvollziehbarkeit** (§ 238 Rz 40) der Buchführung beeinträchtigen; nach der hier vertretenen Auffassung ist aus der Gesetzesformulierung („einer lebenden Sprache") abzuleiten, dass die Verwendung unterschiedlicher Sprachen für sachlich abgegrenzte Teilbereiche der Buchführung (bspw. Niederlassung, Geschäftsbereich, Vertriebsgebiet, laufende Buchführung/Abschlussbuchungen) einheitlich erfolgen soll. 10

Abzulehnen ist eine **willkürliche Wahl** einer Sprache. Willkürlich ist die Wahl einer Sprache, wenn es für die Wahl keine sachlichen Gründe gibt oder die Wahl der Sprache treuwidrig ist. Nach der hier vertretenen Auffassung ist es unzulässig, dass der Kfm. eine Fremdsprache für die Buchführung verwendet, um bspw. einem Kommanditisten die Einsichtsrechte in die Buchführung nach § 166 Abs. 1 HGB zu erschweren. Es ist auch nicht mit der Sorgfaltspflicht eines Kfm. vereinbar, wenn durch Verwendung einer Fremdsprache hohe Übersetzungskosten bspw. bei Betriebsprüfungen anfallen. Die Auffassung, ein deutscher Kfm. dürfe für seine deutsche Buchführung nur die deutsche Sprache verwenden,[4] ist zu restriktiv und übersieht, dass der Kfm. ein berechtigtes Interesse an der Verwendung einer Fremdsprache haben kann (vgl. Rz 8). 11

Nicht zulässig ist die Verwendung einer „**toten**" **Sprache**. Der Gesetzgeber hat nicht bestimmt, was er als „tote" Sprache versteht. Dazu gehören nach allgemeiner Auffassung Latein, Altgriechisch und sonstige historische, nicht mehr gesprochene Sprachen; dazu gehören auch Kunstsprachen wie Esperanto, Kurzschrift oder Programmiersprachen.[5] Die neuerdings geäußerte Auffassung, die Bücher einer deutschen Niederlassung eines „vatikanischen Unternehmens" dürften in Latein geführt werden, denn man dürfe in dieser Frage nicht „unpäpstlicher als der Papst" sein,[6] wird nicht geteilt. Keine tote Sprache ist das Hebräische.[7] Ob auch Dialekte, sterbende Sprachen oder exotische Sprachen dem 12

---

[4] Vgl. *Kußmaul*, in *Küting/Pfitzer/Weber*, HdR, § 239 HGB, Rz 2.
[5] Vgl. *Winkeljohann/Henckel*, in Beck Bil-Komm 9. Aufl., § 239 HGB, Rz 5; *Drüen*, in *Tipke/Kruse*, AO FGO, § 146 AO, Rz 52.
[6] Vgl. *Hoffmann/Lüdenbach*, NWB-Kommentar Bilanzierung, 5. Aufl., 2014, § 239 HGB Rz 2.
[7] Vgl. *Drüen*, in *Tipke/Kruse*, AO FGO, § 146 AO, Rz 52.

Gedanken der lebenden Sprache noch entsprechen, ist in der Literatur nicht abschließend geklärt.[8]

Jedoch spricht vieles dafür, eine (noch) lebende Sprache dann wie eine „tote" Sprache zu behandeln, wenn es faktisch unmöglich ist, innerhalb angemessener Zeit eine Übersetzung oder einen Dolmetscher (bspw. wegen § 146 Abs. 3 Satz 2 AO) zu beschaffen, da ein solcher Umstand der Beweiskraft der Buchführung nach § 258 HGB entgegensteht.[9] Die Forderung einer jederzeitigen Verfügbarkeit eines Dolmetschers oder Übersetzers ist jedoch zu restriktiv. Eine (noch) lebende Sprache ist nach der hier vertretenen Auffassung dann einer toten Sprache gleichzustellen, wenn die Sprache für die Dinge des täglichen Geschäftslebens keine Begriffe vorhält, also **keine allgemeine Sprachfortentwicklung** (bspw. auch mittels Lehnwörter) mehr stattfindet. Nach diesem Maßstab sind Dialekte i. d. R. als lebende Sprachen einzustufen, exotische oder sehr seltene Sprachen dann als tote Sprachen einzustufen, wenn die allgemeine Sprachfortentwicklung beendet ist. Latein ist zwar offizielle Landessprache im Vatikan – aber selbst ein mit Segen des Papstes für einen „vatikanischen Supermarkt" festgelegtes lateinisches Kunstwort für ein Kardinalspurpur-Waschmittel kann das Fehlen einer allgemeinen lateinischen Sprachfortentwicklung nicht ausgleichen. Die Verwendung einer Sprache, die keine Schriftsprache hat, scheidet schon aus praktischen Gründen aus – sie ist den toten Sprachen zuzurechnen.

13 Keine freie Sprachwahl hat der Kfm. dagegen beim gesetzlichen **Jahres- und Konzernabschluss** nach HGB bzw. **Einzel- und Konzernabschluss** nach IFRS; diese sind stets in deutscher Sprache aufzustellen (§ 244 Rz 4, § 298 Rz 7, § 315a Rz 16, § 325 Rz 61 und Rz 205). Bei der **Offenlegung** des JA einer ausländischen KapG mit Zweigniederlassung in Deutschland ist nach § 325a HGB eine Offenlegung in **englischer Sprache** zulässig (§ 325a Rz 161).

## 2.2 Abkürzungen, Ziffern, Buchstaben und Symbole (Abs. 1 Satz 2)

14 Die Verwendung von **Abkürzungen, Ziffern, Buchstaben und Symbolen** ist grds. zulässig;[10] soweit diese allgemein verständlich sind, unterliegt deren Anwendung keinen Einschränkungen. Soweit diese nicht allgemein verständlich sind, ist ein Abkürzungsverzeichnis anzulegen. Dieses unterliegt dann als Teil der Buchführung den Aufbewahrungs- und Beweissicherungsvorschriften der §§ 257–261 HGB. Nicht zulässig ist es jedoch, die gesamte Buchführung in Kurzschrift zu führen. Insbesondere moderne, komplexe Buchführungsprogramme kennzeichnen Buchungsvorgänge durch Abkürzungen, Buchungsschlüssel, Buchstaben oder Zahlen, die in der Programmdokumentation vollständig erläutert sein müssen.

---

[8] Bejahend: vgl. *Drüen*, in *Tipke/Kruse*, AO FGO, § 146 AO, Rz 52, der in diesem Zusammenhang ausführt, dass eine Sprache nicht so weit verbreitet sein müsse, dass jederzeit ein Dolmetscher kurzfristig erreichbar sei, es aber offenlässt, wie der Fall zu behandeln ist, wenn ein Dolmetscher nur schwer oder überhaupt nicht erreichbar ist; kritisch dagegen ADS, 6. Aufl., § 239 HGB, Rz 14; a. A. *Winkeljohann/Henckel*, in Beck Bil-Komm. 9. Aufl., § 239 HGB, Rz 5.

[9] Vgl. *Winkeljohann/Henckel*, in Beck Bil-Komm. 9. Aufl., § 239 HGB, Rz 5; *Kußmaul*, in *Küting/Pfitzer/Weber*, HdR, § 239 HGB, Rz 2.

[10] Vgl. ADS, 6. Aufl., § 239 HGB, Rz 12, 15; *Winkeljohann/Henckel*, in Beck Bil-Komm. 9. Aufl., § 239 HGB, Rz 8; *Drüen*, in *Tipke/Kruse*, AO FGO, § 146 AO, Rz 56; IDW RS FAIT 1, Tz 39.

> **Beispiel**
> Der Kfm. hat sein Buchführungsprogramm so programmieren lassen, dass offene Forderungen aus L&L, die älter als sechs Monate sind, automatisch um 50 % einzelwertberichtigt werden. Das Programm vermerkt dabei als Buchungstext die Abkürzung „EWB6M50 %". Diese Abkürzung muss in der Programmdokumentation erläutert werden.

## 2.3 Vollständigkeit (Abs. 2)

Die Buchführung muss **vollständig** sein; es gilt der Grundsatz „kein Beleg ohne Buchung", also die Verpflichtung zur lückenlosen Erfassung aller Geschäftsvorfälle. An die erfassten Geschäftsvorfälle knüpfen dann die Aufbewahrungsvorschriften der §§ 257f. HGB an (§ 257 Rz 10). 15

> **Beispiel**
> Der Kfm. betreibt eine Gaststätte. Einen Teil der Umsätze bucht er ein, den Rest steckt er „schwarz" ein. Die Buchführung des Kfm. ist unvollständig, da seine Umsätze nicht lückenlos in seinen Handelsbüchern verzeichnet sind.

Zur Sicherung der Vollständigkeit muss der Kfm. ein **internes Kontrollsystem** einrichten, das für die vollständige Erfassung aller Geschäftsvorfälle sorgt.[11] 16

Die Vollständigkeit der Buchführung ist jedoch dadurch begrenzt, dass **nur Geschäftsvorfälle** gebucht werden müssen.[12] Chancen, Risiken, Möglichkeiten oder Umstände, die zwar den Wert eines Unt wesentlich beeinflussen können, aber zu keinem Geschäftsvorfall geführt haben (und auch keine Rückstellung oder Abschreibung erfordern), werden durch die Buchführung nicht erfasst. 17

## 2.4 Richtigkeit (Abs. 2)

Die Forderung nach **Richtigkeit der Buchführung** bezieht sich auf Dokumente, Belege, Geschäftsvorfälle, Buchungen und Konten. Richtig bedeutet, dass der Gegenstand der Geschäftsvorfälle zutreffend abgebildet und die Buchung der Technik nach richtig vorgenommen wird.[13] Es ist nicht zulässig, fiktive Buchungen vorzunehmen. 18

> **Beispiel**
> Der Kfm. lässt sich zum Jahresende eine Rechnung über eine nicht empfangene Leistung ausstellen. In der Rechnung ist der Vorgang so dargestellt, als sei die Leistung bereits empfangen worden. Der Kfm. bucht sofort Aufwand – dies ist eine fiktive Buchung, da kein Geschäftsvorfall vorliegt. Im Folgejahr empfängt er die Leistung; eine Buchung nimmt er nicht mehr vor. Der Vorgang ist in beiden Gj nicht richtig dargestellt.

---

11 Vgl. *ADS*, 6. Aufl., § 239 HGB, Rz 18; *Quick/Wolz*, in *Baetge/Kirsch/Thiele*, Bilanzrecht, § 239 HGB, Rz 22.
12 Vgl. *Moxter*, 1986, S. 9.
13 Vgl. *Quick/Wolz*, in *Baetge/Kirsch/Thiele*, Bilanzrecht, § 239 HGB, Rz 25.

19  Auch zur Sicherung der Richtigkeit muss der Kfm. ein angemessenes **internes Kontrollsystem** einrichten.

## 2.5 Zeitgerechte Erfassung (Abs. 2)

20  Der Kfm. muss die Eintragungen in seinen Büchern und die sonst erforderlichen Aufzeichnungen **zeitgerecht** vornehmen.[14]

21  Was noch zeitgerecht ist, schreibt das Gesetz nicht ausdrücklich vor; § 146 Abs. 1 Satz 2 AO schreibt für die Besteuerung dagegen ausdrücklich für die Kassenbuchführung vor, dass **Kassenvorgänge täglich** festgehalten werden sollen (es genügt aber der tägliche Eintrag ins Kassenbuch – die zusätzliche EDV-mäßige Erfassung kann später erfolgen). Bei der Auslegung des Begriffs „zeitgerecht" ist deshalb auf den Sinn und Zweck der Vorschrift abzustellen. Die zeitgerechte Buchführung soll sicherstellen,
- dass der Kfm. sich kurzfristig einen Überblick über seine wirtschaftlichen Verhältnisse verschaffen kann,
- dass eine nachträgliche Verfälschung der Bücher verhindert wird und
- dass die Buchführung nicht in Unordnung gerät.

Die Frage der Zeitgerechtigkeit ist deshalb eine Frage des Einzelfalls und hängt wesentlich von der **Manipulations- und Verlustanfälligkeit, dem Umfang und der Komplexität der Buchführung** sowie der **wirtschaftlichen Lage** des Unternehmens ab.

> **Beispiel**
> Der Kfm. hat bisher seine Buchführung für den gesamten Monat am Monatsende erledigt. Dies war wegen der guten Wirtschaftslage und der Größe des Geschäfts bisher als zeitgerecht anzusehen.
> Aufgrund des Ausfalls einer großen Forderung gerät der Kfm. in Zahlungsschwierigkeiten; die Banken drohen mit Kreditkündigung. Es ist nun nicht mehr sachgerecht, dass der Kfm. solange zuwartet, da er die geltenden Fristen für die Insolvenzanmeldung nicht mehr rechtzeitig einhalten könnte.

22  Die Buchführung muss also stets so zeitgerecht sein, dass der Kfm. solche Vorschriften erfüllen kann, die an die Zeitgerechtigkeit der Buchführung anknüpfen. Dies sind bspw. die Vorschriften zur **Insolvenzanmeldung** (§§ 17, 18 InsO), zur Anzeige des **hälftigen Verzehrs des Stammkapitals** (z. B. § 49 Abs. 3 GmbHG) und zur rechtzeitigen Anmeldung von **Sozialabgaben** sowie der **Lohn- und Umsatzsteuer**.

23  Die Erfassung von Geschäftsvorfällen in der laufenden Buchführung muss **nicht unmittelbar** erfolgen; die Zeitgerechtigkeit ist dabei in Abhängigkeit von der Größe des Unt zu beurteilen – bei großen Unternehmen ist normalerweise eine Erfassung innerhalb weniger Tage erforderlich (im Normalfall max. zehn Tage), bei kleineren, wirtschaftlich soliden Unt kann die Erfassung bis **höchstens einen Monat** aufgeschoben werden; bei einem Buchungsrückstand von mehr als einem Monat ist im Regelfall von einer nicht mehr zeitgerechten, also nicht mehr ordnungsmäßigen Buchführung auszugehen. Bei einer **Buchführung**

---

[14] Vgl. *ADS*, 6. Aufl., § 239 HGB, Rz 24f.

durch Dritte – bspw. durch einen StB – erfolgt eine Erfassung im Buchführungssystem oft erst später; dies ist kein Verstoß gegen den Grundsatz der zeitgerechten Erfassung, wenn der Kfm. seinen Buchführungspflichten (in der Zwischenzeit) durch geordnete Ablage nachkommt.[15]
Im Einzelfall kann aber auch eine **kürzere Erfassungsfrist geboten** sein.

> **Beispiel**
> Ein Ekfm unterhält ein Day-Trading-Konto, auf dem er betriebliche und private Spekulationsgeschäfte ausführt. Ein gemeinsames Konto kann hier nur geführt werden, wenn vor der Ausführung des Geschäfts eine eindeutige und unveränderliche Zuordnung getroffen wird. Selbst eine Erfassung noch am gleichen Tag (wie bei Bargeschäften) würde nicht ausreichen, um eine nachträgliche, willkürliche Zuordnung zum Privat- oder Betriebsvermögen auszuschließen.

Die Frage der Zeitgerechtigkeit wird aktuell durch die Stellungnahme des BMF zu den „Grundsätzen zur ordnungsmäßigen Führung von Büchern, Aufzeichnungen und Unterlagen in elektronischer Form sowie zum Datenzugriff (GoBD)" aufgegriffen.[16] Die GoB sind im Handelsrecht geregelt bzw. als handelsrechtliche Übung nicht kodifizierte GoB und gelten – soweit in Steuergesetzen nichts Abweichendes geregelt ist – über die Maßgeblichkeit auch für das Steuerrecht. Die Stellungnahme des BMF ist als Darstellung des geltenden Rechts zu verstehen, eine über die Steuergesetze hinausgehende abweichende Auslegung entgegen Handelsrecht oder höchstrichterlicher Rechtsprechung wäre deshalb rechtswidrig. Die in der Praxis zum Teil verbreitete Auffassung, aufgrund der GoBD ergäben sich neue Anforderungen für die laufende Buchführung, ist deshalb abzulehnen.

Das BMF vertritt zu Recht die Auffassung, dass Geschäftsvorfälle zeitgerecht zu erfassen sind. Eine Zeitspanne von zehn Tagen für unbare Geschäftsvorfälle entspricht der höchstrichterlichen Rechtsprechung, war schon immer auch handelsrechtlich geboten und wird in Übereinstimmung mit der hM hier schon immer vertreten. Dies gilt in gleicher Weise für die Auffassung des BMF, dass eine geordnete Ablage (vgl. Rz 30) die Zeitgerechtigkeit der Buchführung i.d.R. dauerhaft sicherstellen kann. Solange die Buchführung rechtzeitig in einer geordneten Ablage geführt wird, liegt deshalb kein Verstoß gegen die Zeitgerechtigkeit vor, wenn eine Monatsbuchhaltung erst nach Ablauf der zehn Tage in der EDV gebucht (oder festgeschrieben) wird[17] oder eine sog. Quartals- bzw. Jahresbuchhaltung geführt wird. Es handelt sich bei der späteren Buchung um eine zusätzlich zur Belegbuchführung in der Form einer geordneten Ablage geführten EDV-Buchführung. Ein Sicherungsbedürfnis gegen Manipulationen besteht hier nicht, da beide Buchführungen übereinstimmen müssen und miteinander abgeglichen werden können. Die teilweise in der Praxis diskutierten Handlungs-

---

15 Vgl. *ADS*, 6. Aufl., § 239 HGB, Rz 30, 31f.; *Drüen*, in *Tipke/Kruse*, AO FGO, § 146 AO, Rz 12 mwN.
16 Vgl. *BMF*, Schreiben vom 14.11.2014, IV A 4, S 0316/13/10003.
17 Vgl. *ADS*, 6. Aufl., § 239 HGB, Rz 53.

notwendigkeiten bei verzögerter Buchung entsprechen weder der gültigen Rechtslage – noch dem BMF-Schreiben.

25 Die Anforderungen an die Zeitgerechtigkeit der laufenden Buchführung lassen sich nicht auf die Inventur bzw. Jahresabschlusserstellung übertragen. Die Buchung von Inventuren ist nur in sofern zeitgerecht erforderlich, als im Rahmen einer Buchinventur oder einer sonstigen permanenten Erfassung Geschäftsvorfälle die Grundlage bilden. Die Buchung der Inventur sollte zeitnah zu der Auswertung der Inventare vorgenommen werden, die Abschlussbuchungen zeitnah zur Abschlusserstellung. Die Nichtanwendbarkeit der Zeitgerechtigkeit auf die Inventur ergibt sich bereits daraus, dass im Falle einer nachverlegten Inventur eine Bestandaufnahme bis zwei Monate nach dem Abschlussstichtag zulässig ist. Dies gilt in gleicher Weise für die Jahresabschlussbuchungen. Im Übrigen gibt es für diese Buchungen kein vordringliches Schutzbedürfnis gegen Manipulationen. Dies ergibt sich daraus, dass Bilanzierungswahlrechte im Laufe der Abschlusserstellung unterschiedlich ausgeübt werden dürfen. Ebenso sind für Bewertungsbzw. Ermessensentscheidungen wertaufhellende Tatsachen oder bessere Kenntnis zu berücksichtigen. Wenn schon die Grundsätze ordnungsmäßiger Bilanzierung fordern, dass diese Buchungssätze an die aktuellen Gegebenheiten angepasst werden müssen, so entfällt damit auch die Notwendigkeit einer zeitgerechten Erfassung zum Schutz vor Manipulationen. Daraus folgt, dass nur die laufende Buchführung zeitgerecht erfasst werden muss, nicht aber die Inventur und die Abschlussbuchungen.

26 Bei der Zeitgerechtigkeit ist zu bedenken, dass diese heute im Vergleich zu früher für die Manipulationsabwehr und die Beweissicherung durch die technische Entwicklung einen großen Teil ihrer Bedeutung verloren hat. Barzahlungen, nicht adressierte Quittungen, Abschriften statt Kopien, Eigenbelege und mündliche Abreden haben heute im Geschäftsleben keine so zentrale Bedeutung mehr wie früher. Heute werden Bestellvorgängen elektronisch vorgenommen und dokumentiert, adressierte und detaillierte Rechnungen selbst bei Kleinstbeträgen ausgestellt, Rechnungen auf Webseiten zur Einsicht bzw. zum Abruf bereitgehalten, selbst kleinste Zahlungen durch Kontenüberweisung oder Kreditkartenbuchung eindeutig identifiziert. Diese vielfältigen elektronischen Spuren erlauben heute auch bei einer ordnungswidrigen, nicht zeitgerechten Erfassung in der Buchführung eine spätere manipulationsfreie Zuordnung. Nicht heilbar bleibt auch heute eine fehlenden Zeitgerechtigkeit bspw. bei nicht aufgezeichneten Bargeschäften, ohne Willkür nicht mehr der Betriebs- oder Privatsphäre zuordenbare Geschäfte, eine verspätete Insolvenzanmeldung oder eine unrettbar chaotische Buchhaltung – wenn also nicht behebbare oder nicht abgrenzbare Fehler vorliegen. Für die Schwere eines Buchführungsverstoßes kommt es wesentlich auf dessen formale bzw. materielle Bedeutung an. Eine nicht mehr zeitgerechte und damit ordnungswidrige Buchführung liegt im Rahmen einer Abschlussprüfung nur dann vor, wenn ein schwerer, nicht behebbarer Fehler verbleibt oder der Fehler nicht abgrenzbar ist. Kleinere Verstöße gegen die Zeitgerechtigkeit beeinträchtigen die Ordnungsmäßigkeit der Buchführung insgesamt nicht.

## 2.6 Geordnetheit (Abs. 2)

Die Eintragungen in der Buchführung sind **geordnet** vorzunehmen;[18] geordnet bedeutet, dass der gesamte Buchungsstoff in journal- und kontenmäßiger Ordnung verfügbar ist. Dies erfordert:

- die Einrichtung eines sachgerecht aufgebauten und funktionsfähigen IKS, das die geordnete Erfassung, Kontierung und Buchung der Geschäftsvorfälle sicherstellt,
- die Anlage eines den Bedürfnissen des Kfm. entsprechenden Kontenplans (Kontenrahmens),
- die tatsächlich geordnete Erfassung der Geschäftsvorfälle unter Vergabe von Belegnummern.

27

## 3 Unveränderlichkeit (Abs. 3)

Die Eintragung in den Büchern muss nach § 239 Abs. 3 Satz 1 HGB in einer unveränderlichen Form erfolgen. Die Eintragungen dürfen nicht wegradiert und überschrieben werden; ihr ursprünglicher Inhalt muss feststellbar bleiben. Soweit fehlerhafte Eintragungen in den Büchern vorgenommen wurden, müssen diese offen korrigiert werden – bspw. durch Stornobuchungen.

28

Zur Unveränderlichkeit gehört auch, dass der Kfm. nach § 239 Abs. 3 Satz 2 HGB keine unvollständigen Eintragungen macht oder Platzhalter lässt, denn solche Eintragungen können bzw. müssen später verändert werden. Solche Eintragungen lassen ungewiss, ob sie ursprünglich und zeitgerecht oder erst später gemacht wurden.

29

Unveränderlichkeit bedeutet heute insb. auch die Unveränderlichkeit von Buchungen in den EDV-Buchführungsprogrammen. Diese sind nur unveränderlich und damit ordnungsgemäß, wenn Buchungen nicht einfach gelöscht oder später verändert werden können. Dazu muss das EDV-Buchführungsprogramm seiner Programmierung nach den GoB entsprechen und ordnungsgemäß angewandt werden.[19] Soweit Buchungen nicht unmittelbar festgeschrieben und damit unveränderlich werden, muss eine Festschreibung sehr zeitnah erfolgen (siehe dazu im Einzelnen Rz 28). Bei automatischen und/oder elektronischen Buchungsbelegen ist eine andere als unmittelbare Festschreibung nur im Ausnahmefall ordnungsgemäß.

30

In einigen EDV-Buchführungssystemen ist eine Vorerfassung von Buchungen möglich; diese Buchungen können später geändert werden, ohne dass die Änderung in der Buchführung erkennbar ist (bspw. als Stornobuchung). Erst durch eine spätere Festschreibung wird die Buchführung dann unveränderlich. Es wird in der Literatur[20] die Auffassung vertreten, dies sei zulässig und kein Verstoß gegen die Unveränderbarkeit der Buchführung. Dieser Auffassung ist grds. zuzustimmen, solange die vorerfassten Buchungen innerhalb angemessener Zeit im EDV-System festgeschrieben werden. Hierbei ist eine Orientierung an den

31

---

[18] Vgl. *ADS*, 6. Aufl., § 239 HGB, Rz 31 f.; *Winkeljohann/Henckel*, in Beck Bil-Komm. 9. Aufl., § 239 HGB, Rz 13, als Beispiel für einen Kontenrahmen: vgl. *Bundesverband der Deutschen Industrie e. V.*, Industriekontenrahmen IKR, 3. Aufl. 1990.
[19] Vgl. *Winkeljohann/Henckel*, in Beck Bil-Komm. 9. Aufl., § 239 HGB, Rz 16.
[20] Vgl. *ADS*, 6. Aufl., § 239 HGB, Rz 37, 44, 70.

Grundsätzen zur Zeitgerechtigkeit (vgl. Rz 20ff.) geboten; das Festschreibungsintervall ist dabei entsprechend Art, Umfang, Organisation der Buchführung und der Manipulationsanfälligkeit sachgerecht festzulegen. Bei großen Einheiten wird eine nicht tägliche Festschreibung nur im Ausnahmefall noch als ordnungsgemäß anzusehen sein. Eine nicht unmittelbar erfolgende Festschreibung wird auch von der Finanzverwaltung als möglich angesehen.[21]

Der Grundsatz der Unveränderlichkeit der Buchführung soll verhindern, dass die Buchführung manipuliert wird. Es besteht jedoch keine Notwendigkeit, jeden Tippfehler, Zahlendreher oder die Fehleinspielungen von Daten („Datenmüll") im Einzelnen zu dokumentieren, da es sich hier nicht um eine Manipulation, sondern einen fehlgeschlagenen Buchungsvorgang handelt. Eine Vielzahl von Stornobuchungen würde im Übrigen die Nachvollziehbarkeit der Buchführung beeinträchtigen. Das IKS des Kfm. muss allerdings sicherstellen, dass solche dokumentationslose Korrekturen nur in einem engen zeitlichen Rahmen möglich sind und dass die Festschreibung und Vollständigkeit der Buchführung angemessen überwacht wird.

Soweit die Buchführung in der Form einer geordneten Ablage geführt wird, wird die Unveränderlichkeit durch die geordnete Ablage hergestellt, nicht durch eine nachgelagerte Erfassung in einer zusätzlichen EDV-Buchführung. Es liegt deshalb kein Verstoß gegen die Unveränderlichkeit vor, wenn ein mit der Buchführung beauftragter StB, WP oder vBP die Festschreibung nicht innerhalb der Fristen für die Zeitgerechtigkeit vornimmt und bis zur Jahresabschlusserstellung offen hält. Dem steht auch nicht entgegen, dass das BMF das offenhalten von Stapelbuchungen bis zur Jahresabschlusserstellung und darüber hinaus – zutreffend – grundsätzlich für ordnungswidrig hält.[22] Entscheidend ist, dass hier keine Manipulationsmöglichkeit besteht, wenn die Buchführung in Form der geordneten Ablage mit der zusätzlichen EDV-Buchführung (abgesehen von Buchungsirrtümern) übereinstimmen muss und beide miteinander abstimmbar sind. Zu den Besonderheiten betreffend Unveränderlichkeit der Buchungen für Inventur und Abschluss wird auf die Ausführungen in Rz 20ff. zur Zeitgerechtigkeit verwiesen; in analoger Anwendung folgt für die Unveränderlichkeit, dass hier weniger strenge Anforderungen wie für die laufende Buchführung gelten. Nachbuchungen müssen nur zeitnah zur Abschlusserstellung festgeschrieben werden. Eine Buchhaltungssoftware für Berufsträger (WP, StB, vBP) verstößt deshalb nicht per se gegen die Anforderungen der GoB, wenn eine Festschreibung der Buchführung erst bei bspw. der Offenlegung bzw. der Übermittlung der E-Bilanz erzwungen wird.

## 4 Führung der Handelsbücher (Abs. 4 Satz 1)

### 4.1 Einführung

32 Grundsätzlich ist der Kfm. in der Wahl seiner Buchführungsform frei. Abs. 4 der Vorschrift lässt explizit eine Belegbuchführung wie auch eine EDV- bzw. Datenträger-Buchführung zu; daneben sind auch klassische Buchführungsformen wie

---

21 Vgl. *BMF*, a.a.O., Rz. 85, 110.
22 Vgl. *BMF*, a.a.O., Rz. 109.

gebundene Bücher oder Loseblatt-Buchführungen zulässig. Es ist möglich, für abgeschlossene Teilbereiche der Buchführung unterschiedliche Buchführungsformen zu wählen. Die gewählten Buchführungsformen müssen gem. Abs. 4 Satz 3 den Grundsätzen ordnungsmäßiger Buchführung entsprechen; diese Anforderung hat jedoch nur klarstellenden Charakter.

### 4.2 Belegbuchführung

Bei der Belegbuchführung handelt es sich meist um eine Sammlung von Belegdoppeln, die so geordnet werden, dass die Belegsammlung zum einen die Journalfunktion und zum andern auch die Kontenfunktion erfüllt. Dazu wird der Beleg einmal nach der zeitlichen Ordnung (Journal) und das Doppel nach einer sachlichen Ordnung (Sachkonto, Kontenfunktion) abgelegt. Die Belegbuchführung hat in ihrer Reinform heute nur noch geringe Bedeutung. Die Belegbuchführung ist heute insoweit noch von Bedeutung, als die Erfassung der Buchführung in der EDV durch Dritte erfolgt – bspw. durch einen StB – und während der Zeit der Bearbeitung durch den Dritten der Kfm. die Buchführung durch geordnete Belegsammlung fortführt.[23] Wegen der Bedeutung der **geordneten Ablage** für die GoBD der Finanzverwaltung wird insbesondere auf Rz 23f., 27 verwiesen.

33

### 4.3 Datenträger-/EDV-Buchführung

Die Buchführung auf **Datenträgern** ist nach § 239 Abs. 4 HGB zulässig; als Datenträger kommen infrage:
- Mikrofilm oder andere Bildträger und
- EDV-Datenträger.

34

Bei der **Mikrofilm**-Buchführung erfolgt die Dokumentation der Buchführung nicht in Papierform, sondern auf Mikrofilm; diese Form der Buchführung spielt in der heutigen Praxis keine wesentliche Rolle mehr.

35

Bei der **EDV-Buchführung** handelt es sich um eine Buchführung, die auf Computern geführt und gespeichert wird. Bei einer EDV-Buchführung, die der Kfm. auch für Zwecke der Besteuerung in Deutschland führt, kann die FinVerw heute nach § 147 Abs. 6 AO die Einsicht in bzw. die Übergabe der in der Buchführung gespeicherten Daten verlangen; damit ist bei EDV-Buchführungen eine Datenarchivierung entsprechend der Grundsätze der §§ 257f. HGB praktisch vorgeschrieben.

36

Grundlegend für die Zulässigkeit der EDV-Buchführung ist, dass sie folgende Funktionen erfüllt:
- Belegfunktion (Rz 38),
- Journalfunktion (Rz 43) und
- Kontenfunktion (Rz 44).

37

Die Erfüllung dieser Funktionen sichert die **Nachvollziehbarkeit** der Buchführung (§ 238 Rz 40); es ist weiter erforderlich, dass der Kfm. eine aussagekräftige Verfahrensdokumentation besitzt und nachweisen kann, dass er die darin enthaltenen Verfahrensvorschriften eingehalten hat. Dazu muss der Kfm. ein sachgerecht aufgebautes und funktionsfähiges **IKS** vorweisen können.

---

[23] Vgl. *ADS*, 6. Aufl., § 239 HGB, Rz 51f., 53.

38 Eine Buchführung ist nur nachvollziehbar i. S. v. Abs. 1, wenn sich von jedem Beleg ausgehend sein Aufgehen in einem Posten der Bilanz oder GuV nachvollziehen lässt und wenn von jedem Posten der Bilanz und der GuV ausgehend sich die darin aufgegangenen Belege ermitteln lassen. Deshalb verlangt die **Belegfunktion**[24] der Buchführung für jede Buchung, dass sie durch Beleg nachgewiesen ist, also der Grundsatz „keine Buchung ohne Beleg" eingehalten ist. Im Rahmen einer EDV-Buchführung erfordert dies für konventionelle Belege (bspw. Papierbelege) deren sachgerechte Erstellung und Eingabe und für elektronische Belege eine sachgerechte Programmierung und Speicherung der Belege, also einen vorschriftsgemäßen Betrieb des Programms.

39 Grundsätzlich ist **jeder Geschäftsvorfall einzeln** zu berücksichtigen; es ist jedoch zulässig, Geschäftsvorfälle verdichtet zu berücksichtigen, wenn über die Verdichtung ein Beleg erstellt wird, aus dem sich die Einzelvorgänge nachvollziehen lassen (bspw. detaillierte Lohnbuchführung im Nebenbuch, Buchung im Hauptbuch nur in verdichteter Form).

Grundsätzlich sind ein Kreditgeschäft und der zugehörige Tilgungsvorfall als unterschiedliche Geschäftsvorfälle gesondert zu erfassen. Lediglich bei sehr einfachen, übersichtlichen Buchführungen ist es nach R 5.2 Abs. 1 EStR 2008 zulässig, beide Geschäftsvorfälle in einen zusammenzufassen, also bspw. Aufwand direkt an Bank oder Bank direkt an Ertrag zu buchen. Voraussetzung dafür ist, dass die Übersichtlichkeit der Buchführung gewahrt bleibt. Zulässig ist eine solche Buchführung bspw. bei Kleinhandwerkern, Vorratsgesellschaften, einer Komplementär-GmbH, Holdinggesellschaften ohne Geschäftsbetrieb etc.

40 Für die **Anlagenbuchführung** vertritt das BMF die Auffassung[25], dass auch für langlebige VG (bspw. Gebäude) eine Aufbewahrungspflicht für den Ursprungsbeleg greift, um laufende Abschreibungen nachvollziehen zu können. Dieser Auffassung ist folgendes entgegenzuhalten:
- Die Buchführung der vorangegangenen Jahre muss mit ihrer Beweiskraft einen verlorengegangenen Beleg ersetzen können. Es geht bspw. nicht an, dass bei einer im Betriebsvermögen gehaltenen Wohnimmobilie, deren AK und laufenden Abschreibung mehreren Betriebsprüfungen unterlagen, im 50. Abschreibungsjahr die Anerkennung versagt wird, nur weil in Verkennung der Aufbewahrungsanforderungen der Finanzverwaltung der Beleg bereits vor Jahren geschreddert wurde.
- Die Berechnung der Abschreibung ist ein mechanischer Rechenvorgang, der sich aus den historischen AK und der damals festgelegten Nutzungsdauer ergibt und sich damit auch noch in vielen Jahren mechanisch fortführen lässt. Dazu bedarf es keines Ursprungsbelegs.
- Auch die in den vorangegangenen Jahren erstellten Inventare sind Buchführungsunterlagen, die Beweiskraft haben müssen. Das BMF stellt dies entgegen dem Gesetzeswortlaut ohne Begründung faktisch in Frage. Es kann noch weitergehender eingewandt werden, dass in vielen Fällen die Beweiskraft des Ursprungsbelegs für den Nachweis der laufenden Abschreibung verbraucht ist: Bei handels- oder steuerlichen Bewertungswahlrechten (bspw. § 6b EStG, § 7g EStG), beim Übergang zwischen Abschreibungsmethoden

---

[24] Vgl. IDW RS FAIT 1, Tz 33, 36, 37, 40, 41; *ADS*, 6. Aufl., § 239 HGB, Rz 67, 68.
[25] Vgl. *BMF*, a. a. O, Rz. 81.

sowie bei außerplanmäßigen Abschreibungen bzw. späteren Wertaufholungen lassen sich die zutreffenden Bilanzansätze und laufenden Abschreibungen nicht anhand des Ursprungsbelegs nachvollziehen. Vielmehr ergibt sich die laufende Abschreibung ausschließlich aus den in den vorangegangenen Jahren erstellten Inventaren des Kfm., die hier alleine die Beweiskraft der Buchführung sicherstellen.
- Weiter sind die Vorschriften des § 257 Abs. 1, 4 und 5 HGB eindeutig: Weder ist erkennbar, dass eine Nutzungsdauer von AV über die gesetzliche Aufbewahrungsfrist hinaus die Frist nach § 257 Abs. 5 HGB hemmt, noch ist erkennbar, dass aufgrund einer planwidrigen Regelungslücke der Gesetzgeber eine Verlängerung der Aufbewahrungsfrist für Ursprungsbelege des AV gewollt haben könnte. Da an einen Verstoß gegen die Aufbewahrungspflicht ggf. strafrechtliche Konsequenzen anknüpfen, ist die Vorschrift auch nicht auslegungsfähig.

Die Auffassung des BMF ist also nach hier vertretener Auffassung rechtswidrig. Die Aufbewahrung ist dennoch zur Vermeidung von Auffassungsunterschieden mit der Finanzverwaltung zu empfehlen.

Für jeden Beleg muss der Kfm. eine Buchung erstellen, die folgende Informationen enthält: **41**
- Konto,
- Gegenkonto,
- Betrag (oder Mengenangaben bei automatischer Berechnung),
- Belegnummer bzw. ein Ordnungskriterium,
- Belegdatum,
- Buchungsdatum,
- Buchungstext bzw. Buchungsschlüssel und
- ggf. einen Steuerschlüssel bei Umsatzsteuerpflicht bzw. Vorsteuerabzugsberechtigung.

Jede Buchung muss zudem autorisiert sein (bspw. durch ein Handzeichen, ggf. auch über eine Benutzerkennung bei EDV-Programmen). **42**

Unter der **Journalfunktion** der Buchführung versteht man, dass alle Buchungen in ihrer zeitlichen Abfolge dokumentiert sind. Dadurch wird der Nachweis der Zeitgerechtigkeit der Buchführung nach Abs. 2 geführt. Bei einer EDV-Buchführung erfordert dies eine ordnungsgemäße Protokollierung aller Eingaben und Vorgänge durch das Programm. **43**

Die **Kontenfunktion**[26] der Buchführung verlangt, dass alle Geschäftsvorfälle in eine sachliche Ordnung gebracht, also zu inhaltlich gleichartigen, aussagekräftigen Einheiten verdichtet werden. Dazu legt der Kfm. einen Kontenrahmen an; dieser enthält die Sachkonten des Hauptbuchs und die Personenkonten der Nebenbücher (§ 238 Rz 52). Die Nebenbücher werden vom EDV-Buchführungsprogramm nur als Saldo ins Hauptbuch übernommen (bei manuellen Buchführungen per Hand), weswegen hier die Kontenfunktion auch für das Nebenbuch erfüllt sein und der Nachweis der Abstimmung von Neben- zu Hauptbuch geführt werden muss. Die Sachkonten werden dann zu den Posten der Bilanz und GuV bspw. entsprechend den Bilanz- und GuV-Gliederungsvorschriften verdichtet. Für die EDV-Buchführung bedeutet dies, dass die Programmfunktionen **44**

---

[26] Vgl. IDW RS FAIT 1, Tz 46; IDW PS 880.

eine solche Verdichtung des Buchungsstoffs vorsehen müssen und dass diese Funktionen auch ordnungsgemäß arbeiten.

45 Im Ergebnis ist es erforderlich, dass der Kfm. die Ordnungsmäßigkeit des EDV-Buchführungsprogramms nachweisen kann; dies kann durch ein **Softwaretestat** erfolgen, aber auch durch die Prüfung der Ordnungsmäßigkeit durch einen WP.

## 5 Verfügbarkeit und Lesbarmachung (Abs. 4 Satz 2)

46 Abs. 4 Satz 2 schreibt **für auf Datenträgern geführten Büchern** (Rz 34f.) vor, dass die geführten Handelsbücher während der Dauer der Aufbewahrungsfrist
- **verfügbar** sind und
- innerhalb einer **angemessenen Frist**
- **lesbar** gemacht werden können.

47 Eine gleichlautende Vorschrift enthält § 257 Abs. 3 Satz 1 Nr. 2 HGB, der eine Archivierung auf Bild- oder Datenträgern nur dann erlaubt, wenn die Daten für die Dauer der Aufbewahrungsfrist verfügbar und innerhalb angemessener Frist lesbar gemacht werden können (§ 257 Rz 19).

48 **Verfügbar** bedeutet in diesem Zusammenhang, dass der Kfm. über diese Unterlagen verfügen können muss; soweit sich die Unterlagen nicht in seinem Verfügungsbereich befinden, muss er sich vertragliche Zugriffsrechte zusichern lassen (bspw. bei Rechenzentren, Buchführung durch Dritte).

49 Die Lesbarmachung in **angemessener Frist** ist Voraussetzung für die Beweisfunktion der Buchführung nach § 258 HGB; zur Frage der angemessenen Frist vgl. § 238 Rz 42.

50 **Lesbarmachung** bedeutet, dass die gespeicherten Daten nicht nur als gespeicherte Datensätze vorhanden sind, sondern in lesbarer Form dargestellt werden können.[27] Die steuerrechtlichen Vorschriften des § 147 Abs. 6 AO sehen in diesem Zusammenhang vor, dass die Daten der Buchführung der FinVerw auf deren Wunsch hin überlassen werden; damit setzt Lesbarmachung auch Maschinenlesbarkeit voraus. Dies gilt auch für „Altdaten" beim Wechsel von Buchführungsprogrammen oder Softwareversionen.

---

[27] Vgl. *ADS*, 6. Aufl., § 239 HGB, Rz 91.

# § 240 INVENTAR

(1) Jeder Kaufmann hat zu Beginn seines Handelsgewerbes seine Grundstücke, seine Forderungen und Schulden, den Betrag seines baren Geldes sowie seine sonstigen Vermögensgegenstände genau zu verzeichnen und dabei den Wert der einzelnen Vermögensgegenstände und Schulden anzugeben.
(2) ¹Er hat demnächst für den Schluß eines jeden Geschäftsjahrs ein solches Inventar aufzustellen. ²Die Dauer des Geschäftsjahrs darf zwölf Monate nicht überschreiten. ³Die Aufstellung des Inventars ist innerhalb der einem ordnungsmäßigen Geschäftsgang entsprechenden Zeit zu bewirken.
(3) ¹Vermögensgegenstände des Sachanlagevermögens sowie Roh-, Hilfs- und Betriebsstoffe können, wenn sie regelmäßig ersetzt werden und ihr Gesamtwert für das Unternehmen von nachrangiger Bedeutung ist, mit einer gleichbleibenden Menge und einem gleichbleibenden Wert angesetzt werden, sofern ihr Bestand in seiner Größe, seinem Wert und seiner Zusammensetzung nur geringen Veränderungen unterliegt. ²Jedoch ist i.d.R. alle drei Jahre eine körperliche Bestandsaufnahme durchzuführen.
(4) Gleichartige Vermögensgegenstände des Vorratsvermögens sowie andere gleichartige oder annähernd gleichwertige bewegliche Vermögensgegenstände und Schulden können jeweils zu einer Gruppe zusammengefaßt und mit dem gewogenen Durchschnittswert angesetzt werden.

WP StB Lukas Graf

**Inhaltsübersicht** Rz
1 Überblick ............................................. 1–2
2 Inventur und Inventar (Abs. 1 und 2).................. 3–41
   2.1 Inventurpflicht (Abs. 1 und Abs. 2 Sätze 1 und 3) ....... 3–17
      2.1.1 Eröffnungsinventur ...................... 3–4
      2.1.2 Schlussinventur ......................... 5–8
      2.1.3 Inventurgrundsätze ...................... 9–15
      2.1.4 Inventurstichtag ......................... 16–17
   2.2 Inventurverfahren............................... 18–22
   2.3 Inventurdurchführung .......................... 23–33
      2.3.1 Inventurplanung ........................ 23
      2.3.2 Inventurvorbereitung .................... 24
      2.3.3 Zählen, Messen, Wiegen ................. 25
      2.3.4 Inventurüberwachung ................... 26–29
      2.3.5 Inventurauswertung ..................... 30–33
   2.4 Inventar ....................................... 34–41
3 Dauer des Geschäftsjahrs und Abschlussstichtag............ 42–49
4 Festwert- und Gruppenbewertungsverfahren (Abs. 3 und 4)... 50–79
   4.1 Vorbemerkung ................................. 50–51
   4.2 Festwertverfahren (Abs. 3) ....................... 52–66
   4.3 Gruppenbewertungsverfahren (Abs. 4) .............. 67–79

**Ergänzendes Schrifttum**
*AWV – Arbeitsgemeinschaft für wirtschaftliche Verwaltung E. V.*, Übersicht über die Inventurverfahren – Kostenreduzierung durch Einsatz geeigneter Inventurverfahren, 2002; *Gans/Quick*, Planung und Organisation der Inventurdurchführung, DStR 1998, S. 2027.

# 1 Überblick

1　Zum Anwendungsbereich und Normenzusammenhang vgl. § 238 Rz 2 ff.
§ 240 HGB enthält in Abs. 1 und 2 die Pflicht zur Aufstellung des **Inventars** (Rz 34 f.). Daraus leitet sich die **Inventurpflicht** (Rz 3 f.) ab. In Abs. 3 und 4 sind mit dem Festwertverfahren und dem Gruppenbewertungsverfahren **Inventur- und Bewertungserleichterungsverfahren** (Rz 50 f.) geregelt.

2　Das Inventar und die dafür erforderliche Inventur gem. §§ 240, 241 HGB sind Bindeglied zwischen der laufenden kaufmännischen Buchführung nach §§ 238, 239 HGB und der Aufstellung des JA nach §§ 242 ff. HGB. Dabei sind Inventur und Inventar Teil der Buchführung und das Inventar als **Handelsbuch** nach § 257 HGB aufbewahrungspflichtig. Inventur und Inventar haben folgende Funktionen:
- Sie dienen dem **Abschluss der Buchführung** für das jeweilige Gj (bzw. der Vorbereitung der Buchführung beim Eröffnungsinventar).
- Die Inventur dient der **Korrektur der Buchführung**; durch Vergleich der Buchbestände mit den tatsächlich erfassten Beständen kann der Kfm. Fehler in seiner Buchführung feststellen und berichtigen.
- Sie dient damit der dauerhaften Erhaltung der **Richtigkeit** und der **Vollständigkeit** der Buchführung (§ 239 Abs. 2 HGB).
- Dadurch sichert sie die **Selbstinformationsfunktion** nach § 238 Abs. 1 HGB und ist **für Dritte nachvollziehbar**.
- Sie führt den Nachweis über das Vorhandensein von VG und Schulden; dient also der Sicherung der **Beweiskraft** der Buchführung nach § 258 HGB.

# 2 Inventur und Inventar (Abs. 1 und 2)

## 2.1 Inventurpflicht (Abs. 1 und Abs. 2 Sätze 1 und 3)

### 2.1.1 Eröffnungsinventur

3　§ 240 Abs. 1 HGB schreibt dem Kfm. vor, zu Beginn seines Handelsgewerbes ein **Eröffnungsinventar** aufzustellen; das Eröffnungsinventar ist Grundlage für die nach § 242 Abs. 1 HGB aufzustellende Eröffnungsbilanz (§ 242 Rz 3).

4　Nach dem Gesetzeswortlaut sind darin Grundstücke, Forderungen, Bargeld, sonstige VG und Schulden des Kfm. mit ihrem Wert zu verzeichnen. Der Gesetzeswortlaut ist unvollständig und die Aufzählung nur beispielhaft (bspw. Sachanlagen fehlen). Aufzuzeichnen sind sämtliche VG und sämtliche Schulden, also alles, was **der Kaufmann in sein Betriebsvermögen bei Eröffnung eingelegt** hat.

### 2.1.2 Schlussinventur

5　Nach § 240 Abs. 2 Satz 1 HGB hat der Kfm. ein Inventar auch **am Ende eines jeden Gj** aufzustellen. Das **Schlussinventar** muss ebenfalls sämtliche vorhandenen VG und Schulden verzeichnen. Zur Frage des Endes des Gj vgl. Rz 44 f. Auch für **Zwischenabschlüsse** ist grds. eine **Zwischeninventur** erforderlich, wobei hier mangels Bedeutung der Inventur für die Besteuerung bzw. dem Zweck der Rechnungslegung nach hM großzügiger als bei Inventuren auf den Abschlussstichtag mit Schätz- und Vereinfachungsverfahren gearbeitet werden darf.[1]

Für einige VG bzw. Schulden besteht **keine Inventurpflicht** bzw. deren Inventurpflicht ist strittig. Dies betrifft

- den Geschäfts- und Firmenwert,
- vor Einführung des BilMoG gebildete Sonderposten mit Rücklageanteil,
- die RAP,
- vor Einführung des BilMoG gebildete Bilanzierungshilfen und
- vor Einführung des BilMoG gebildete Aufwandsrückstellungen.

Die fehlende Inventurpflicht begründet die Literatur damit, dass es sich um **rein rechnerische Posten** handelt.[2] Damit ergibt sich auch keine Inventurpflicht für die **latenten Steuern**, da es hier keine laufende Erfassungspflicht und auch keine Aufstellungspflicht für die Steuerbilanz innerhalb von zwei Monaten gibt. Die Dokumentation von **Bewertungseinheiten** (vgl. § 254 Rz 35) fällt dagegen nicht in den Bereich der Inventur, da im Regelfall eine Erfassung bereits in der laufenden Buchführung erforderlich ist, soweit nicht eine Zuordnung zur Bewertungseinheit offensichtlich ist und noch bei Aufstellung des JA erfolgen darf.

Für **selbst geschaffene immaterielle VG des AV** lässt § 248 Abs. 2 HGB (§ 248 Rz 10) ein Aktivierungswahlrecht zu. Da es sich nicht um rein rechnerisch ermittelte Posten handelt, besteht bei Aktivierung wegen des Grundsatzes der Ansatzstetigkeit (§ 246 Rz 131) dauerhaft Inventurpflicht; bei Nichtaktivierung entfällt die Inventurpflicht.

Die Frage, ob eine Inventurpflicht besteht oder nicht, ist nicht etwa nur akademischer Natur; besteht eine Inventur- bzw. Inventarpflicht für einen Posten, sind die **engen Fristen** (grds. Stichtagsinventur vgl. Rz 16f., bei Erfüllung der Voraussetzungen vor- oder nachverlegte Stichtagsinventur, § 241 Rz 28) für ihre Erfassung einzuhalten, nicht jedoch die **längeren Aufstellungsfristen** für den JA bspw. nach §§ 243 Abs. 3, 264 HGB.

### 2.1.3 Inventurgrundsätze

§ 240 HGB enthält selbst keine Inventurgrundsätze; die Vorschrift verweist auch nicht ausdrücklich auf die GoB. In der Literatur haben sich jedoch **Grundsätze ordnungsmäßiger Inventur** (GoI) herausgebildet.[3]

Diese GoI fordern:

- die **Vollständigkeit** der Inventur,
- die **Richtigkeit** der Inventur,
- die **Einzelerfassung** der Bestände,
- die **Nachprüfbarkeit** der Inventur.
- Erleichternd gilt auch für Inventur und Inventar der **Wirtschaftlichkeitsgrundsatz**.

Der Grundsatz der **Vollständigkeit** ergibt sich zum einen aus dem Vollständigkeitsgrundsatz der GoB in § 239 Abs. 2 HGB – aber auch nach § 246 Abs. 1 HGB

---

[1] Vgl. WP-Handbuch, Bd. I, 14. Aufl., Abschn. M, Rz 160.
[2] Vgl. *ADS*, 6. Aufl., § 240 HGB, Rz 8.
[3] Vgl. St HFA 1/1990.

sind sämtliche VG in den JA aufzunehmen. Der Grundsatz der Vollständigkeit verlangt, dass alle inventurpflichtigen VG und Schulden im Rahmen der Inventur erfasst werden. Der Kfm. muss deshalb sein IKS so ausgestalten, dass durch die Inventur eine vollständige Erfassung aller VG und Schulden sichergestellt.

12 Die **Richtigkeit** der Inventur erfordert, dass
- der VG seiner **Art** nach zutreffend erfasst wird,
- die **Menge** durch Zählen, Messen und Wiegen ggf. unter Anwendung von Schätz- und Stichprobenverfahren zuverlässig erfasst wird; dabei sind insb. **Doppelzählungen** zu vermeiden,
- **bewertungsrelevante Umstände** vollständig und zutreffend erfasst werden (bspw. Schäden, Qualitätsstufe, nutzlose Überbestände, technisch überholte Bestände oder unbrauchbare Bestände etc.).

13 Der Grundsatz der **Einzelerfassung** erfordert grds. die Erfassung jedes einzelnen vorhandenen VG bzw. jeder einzelnen vorhandenen Schuld. Dies ergibt sich aus dem Einzelbewertungsgrundsatz des § 252 Abs. 1 Nr. 3 HGB. Das Gesetz lässt folgende Ausnahmen vom Grundsatz der Einzelerfassung zu:
- Ansatz zum Festwert (Rz 52 ff.),
- die Gruppenbewertung (Rz 67 ff.),
- die Stichprobeninventur (§ 241 Rz 2).

14 Die Inventur und das Inventar müssen **nachprüfbar** sein. Dies ergibt sich aus dem Nachprüfbarkeitserfordernis für einen Dritten in § 238 Abs. 1 Satz 2 HGB. Dazu muss die Inventur dokumentiert werden; dies erfordert, dass
- eine **Inventurrichtlinie** erstellt wird, die entsprechend der Größe des Unt, dem Umfang der Inventur sowie deren Bedeutung für den JA angemessene Inventurmaßnahmen vorsieht,
- die Inventur anhand von **Aufnahmelisten** dokumentiert wird,
- der **Abschluss der Inventur** dokumentiert ist (bspw. Überprüfung der Vollständigkeit der Erfassungslisten, Verdichtung der Bestände etc.).

15 Der **Wirtschaftlichkeitsgrundsatz** ist eng auszulegen. Der Grundsatz der Vollständigkeit nach § 239 Abs. 2 HGB hat für Inventur und Inventar Vorrang. Die zulässigen Vereinfachungsregeln sind weitgehend gesetzlich geregelt. Zulässig sind:
- Ansatz zum Festwert (Rz 52 ff.),
- Gruppenbewertung (Rz 67 ff.),
- Buchinventur (Rz 22),
- Stichprobeninventur (§ 241 Rz 2) und
- Vor- oder Nachverlegung der Inventur (§ 241 Rz 28).

Die Nichtaufnahme von Beständen darüber hinaus ist regelmäßig unzulässig. Vereinfachend dürfen Wertmerkmale (bspw. regelmäßig auftretende Beschädigungen) bspw. durch pauschale Abschläge berücksichtigt werden. Die Nichtaufnahme von **schwer erfassbaren, unbedeutenden Beständen** ist aber nicht zu beanstanden.

> **Beispiel**
> Der Kfm. unterhält einen EDV-Handel (Hardware) mit zehn Angestellten. In geringem Umfang repariert er auch defekte Geräte; dafür hat er Werkzeuge und eine Sammlung von Spezialschrauben beschafft. Der Wert der Werkzeuge bzw. Schraubenbestände ist unbedeutend. Es ist nicht zu beanstanden, wenn solche Kleinstbestände nicht inventarisiert werden.

### 2.1.4 Inventurstichtag

§ 240 HGB schreibt keinen **Inventurstichtag** vor, sondern regelt lediglich, dass „zu Beginn" des Handelsgewerbes und „für den Schluss" eines Gj ein Inventar erstellt werden muss. Damit bleibt offen, ob die Inventur am jeweiligen Abschlussstichtag erfolgen muss oder auch an einem anderen Tag erfolgen darf. In § 241 Abs. 2 HGB heißt es, dass es bei Anwendung von anderen Inventurverfahren (bspw. der permanenten Inventur) „für diesen Zeitpunkt" keiner Inventur bedarf, wenn durch andere Verfahren die Bestände an diesem Tag ermittelt werden können. § 241 Abs. 3 HGB erlaubt die vor- und die nachverlegte Inventur. Daraus ergibt sich, dass der Gesetzgeber in § 240 Abs. 1 und 2 HGB von einer **Stichtagsinventur**, also einer Inventur am Abschlussstichtag, als Normalfall ausgeht.[4] Als Stichtagsinventur gilt auch eine **ausgeweitete Stichtagsinventur**. Hierbei handelt es sich um eine Inventur, die wenige Tage vor oder nach dem Abschlussstichtag stattfindet.[5] Steuerlich ist nach R 5.3 Abs. 1 EStR 2008 im Normalfall ein Zeitraum von zehn Tage vor bzw. nach dem Abschlussstichtag zugelassen.

16

> **Beispiel**
> Der Abschlussstichtag ist der 31.12., aber vom 24.12. bis 6.1. sind Betriebsferien. Lediglich in der Warenannahme arbeitet ein Notdienst, der eilige Ersatzteile dem Lager entnimmt und versendet. Die Inventur findet erst am 7.1. statt. Die nach dem 1.1. vom Notdienst entnommenen Ersatzteile müssen gesondert erfasst werden, damit der Bestand nach Menge und Wert auf den 31.12. zurückgerechnet werden kann.

Die Stichtagsinventur ist die einzig zulässige Form der Inventur bei **nicht bestandszuverlässigen Beständen**; hierbei handelt es sich um Bestände, bei denen das IKS keine zuverlässige buchmäßige Fortschreibung gewährleisten kann. Welche Bestände darunter fallen, ist eine Frage des Einzelfalls. Für folgende Bestände wird dies vermutet:[6]

17

- besonders wertvolle Stoffe/Bestände (bspw. Edelmetalle, medizinische Wirkstoffe),
- verderbliche Bestände,
- Bestände, die bspw. verdunsten oder versickern können oder die schlecht gelagert sind,
- zerbrechliche Bestände,
- Bestände mit hohen Ausschussquoten,
- Posten mit negativem oder unplausiblem Buchbestand,
- im Gj nicht bewegte Bestände und
- schwund- oder diebstahlgefährdete Bestände.

### 2.2 Inventurverfahren

§ 240 HGB schreibt kein bestimmtes Inventurverfahren vor. Das Gesetz geht jedoch vom Normalfall einer **körperlichen Bestandsaufnahme** aus. Darunter

18

---

[4] A. A. *ADS*, 6. Aufl., § 240 HGB, Rz 5.
[5] Vgl. *ADS*, 6. Aufl., § 240 HGB, Rz 38.
[6] Vgl. St HFA 1/1981 i.d.F. 1990.

versteht man die Inaugenscheinnahme der Bestände, also deren Zählen, Messen und Wiegen. Bei der körperlichen Bestandsaufnahme erfasst der Kfm. sämtliche vorhandenen VG und Schulden in Inventurlisten und verzeichnet dort Menge und Art der Bestände sowie wertrelevante Umstände (bspw. Schäden). Durch Hinzufügen des Stichtagswerts entsteht aus der Inventarliste das Inventar.[7]

19 Von der körperlichen Bestandsaufnahme sind Inventurverfahren zu unterscheiden, bei denen nicht die Bestände selbst aufgenommen werden, sondern das Bestandserfassungs- und -fortschreibungssystem auf seine Ordnungsmäßigkeit bzw. Bestandszuverlässigkeit untersucht wird. Eine solche Systemprüfung setzt voraus, dass ein sachgerechtes und funktionsfähiges IKS eingerichtet ist. Die Untersuchung des Systems ist dabei darauf ausgerichtet, mit einem risikoorientierten Ansatz Schwächen im IKS zu entdecken und zu beseitigen sowie dadurch verursachte Bestandsabweichungen oder Bewertungsfehler zu ermitteln und zu berichtigen.

20 Diese Systemprüfung richtet sich auf eine Aussage zur Bestandszuverlässigkeit des Bestandserfassungs- und -fortschreibungssystems. Bestätigt diese Untersuchung die Bestandszuverlässigkeit, werden die vom System ermittelten Bestände bzw. Bestandswerte angesetzt. Ist dies nicht der Fall, muss der Kfm. (insoweit) die Bestände durch körperliche Bestandsaufnahme erfassen. Ist dies nicht (mehr) möglich, ist die Inventur (insoweit) ordnungswidrig.

21 Die Systemprüfung eines Bestandserfassungs- und -fortschreibungssystems hat folgende **Anwendungsbereiche**:
- **Buchinventur,** soweit sie sich auf ordnungsgemäß geführte Handelsbücher stützt (z. B. Inventur von nicht-körperlichen VG und Schulden, vgl. Rz 22),
- **Stichprobeninventur** (§ 241 Rz 2) bei Testverfahren,
- **Permanente Inventur** (§ 241 Rz 18),
- **Einlagerungsinventur** (§ 241 Rz 20),
- **Systemgestützte Werkstattinventur** (§ 241 Rz 27) bei Einsatz eines Bestandsfortschreibungssystems und
- **Bestandsfortschreibung bzw. -rückrechnung bei der vor- bzw. nachverlegten Stichtagsinventur** (§ 241 Rz 28).

22 Bei der **Buchinventur** handelt es sich um eine Inventur auf der Grundlage der vom Kfm. laufend geführten Bücher und der darin fortgeschriebenen Bestände. Eine Buchinventur ist u. U. unverzichtbar bei VG und Schulden ohne physische Substanz wie bspw.:
- Immaterielle VG des AV oder des UV,
- Girosammelverwahrte Wertpapiere,
- Forderungen,
- unfertige Leistungen,
- Anzahlungen,
- Rückstellungen und
- Verbindlichkeiten.

---

[7] Vgl. *ADS*, 6. Aufl., § 240 HGB, Rz 4.

## 2.3 Inventurdurchführung

### 2.3.1 Inventurplanung

Der Kfm. muss die Inventur planen. Diese Planung hält er in einer **Inventur-** 23
**richtlinie** fest. Sie enthält grundlegenden Regelungen zur Inventur.[8] Erfordernis und Umfang einer Inventurrichtlinie ist abhängig von der Größe des Unt, dem Umfang der Bestände und deren Bedeutung für den JA. Die Inventurrichtlinie muss bspw. enthalten:
- Inventurorte,
- Inventurzeitpunkte,
- Regelungen zu den Inventurabläufen,
- anzuwendende Inventur- und ggf. Stichprobenverfahren,
- Verantwortlichkeiten (Inventurleitung und -überwachung, Zähler, Schreiber),
- Regelungen zum Personaleinsatz (Anzahl der erforderlichen Personen, deren Mindestqualifikation, Sicherstellung der Unabhängigkeit von Zähler und Schreiber),
- Arbeitsanweisungen für die mit der Inventur betrauten Personen,
- Vorschriften zur Kennzeichnung erfasster Bestände.

### 2.3.2 Inventurvorbereitung

Für einen ordnungsmäßigen und reibungslosen Ablauf einer Inventur sind 24
**Inventurvorbereitungen** erforderlich. Dazu gehören insb.:
- Vorkehrungen zur **Ermöglichung der Inventur** (bspw. Zutritt, Ruhen des Betriebs bzw. Absprachen zur Inventur bei laufendem Betrieb, Einweisung der mit der Inventur betrauten Mitarbeiter, Abgrenzung der Aufnahmebereiche, Bereitstellung der erforderlichen Arbeitsmittel wie bspw. Aufnahmebögen, Waagen, Zollstöcke etc.).
- Maßnahmen zur Sicherstellung der **Vollständigkeit** der Inventur (bspw. Ermittlung von Fremdlägern bei Dritten, Abgrenzung von für Dritte gelagerte Bestände (Fremdbestände), Maßnahmen zur Erfassung von unterwegs befindlichen Beständen, Abgrenzung und Einbeziehung von versandfertigen Beständen etc.).
- Maßnahmen zur **Richtigkeit** der Inventur (bspw. Aufnahme von bereits erkennbaren, wertbeeinflussenden Faktoren wie bspw. Schäden, Staub etc.; Aufräumen des Lagers; Ausgrenzung wertloser oder unbrauchbarer Bestände).

### 2.3.3 Zählen, Messen, Wiegen

Für die Inventurdurchführung ist Folgendes erforderlich:[9] 25
- Im Regelfall ist die Inventur von einem **Team** aus Zähler und Schreiber, die zur Sicherstellung des Vier-Augenprinzips nicht voneinander weisungsabhängig sind und nicht in einem engen beruflichen Verhältnis stehen.
- Die Inventur muss systematisch vorgenommen werden, damit sichergestellt ist, dass sie vollständig ist. **Sprunginventuren**, bei denen Bestände in unsystematischer Weise aufgenommen werden, sind im Regelfall unzulässig.

---

[8] Vgl. *ADS*, 6. Aufl., § 240 HGB, Rz 48, 49.
[9] Vgl. WP-Handbuch, Bd. I, 14. Aufl., Abschn. R, Rz 435 f.

- Die erfassten Bestände sind zu **kennzeichnen**, damit eine Doppelerfassung vermieden wird.
- Bei der Inventur müssen **Menge, Art und wertbeeinflussende Faktoren** (wie bspw. Beschädigungen) erfasst werden.
- Die Inventur muss feststellen, ob die VG dem Kfm. **wirtschaftlich zugehörig** – also zuzurechnen – sind (bspw. Abgrenzung von Fremdlägern).
- Bei der Inventur muss auch die zutreffende **Periodenabgrenzung** sichergestellt werden (bspw. Bestände mit Annahmeverzug des Kunden, die als geliefert gelten und damit Forderungen aus L&L darstellen, dürfen nicht doppelt erfasst werden).

### 2.3.4 Inventurüberwachung

26 Der Kfm. hat Maßnahmen zur Inventurüberwachung zu treffen. Diese betreffen sowohl die Überwachung der körperlichen Bestandsaufnahme wie auch die anschließende Auswertung der Inventurergebnisse.

27 Die Bedeutung der Inventurüberwachung besteht darin, dass die Überwachungshandlungen die **Ordnungsmäßigkeit der Inventur** sicherstellen müssen. Ergeben die Überwachungshandlungen, dass die Inventur ordnungswidrig ist, muss der Kfm. die Inventur wiederholen.

28 Welchen **Umfang** diese Überwachungsmaßnahmen haben müssen, ist eine Frage des Einzelfalls in Abhängigkeit von der Art der Inventur und des Inventurfehlerrisikos; i.d.R. wird aber eine stichprobenweise Überwachung ausreichen.

29 Soweit das Unt nach §§ 316f. HGB prüfungspflichtig ist, findet bei wesentlichen Beständen zusätzlich zur Überwachung durch den Kfm. eine **Inventurbeobachtung** durch den AP statt. Die Inventurbeobachtung kann dabei die Inventurüberwachung durch den Kfm. nicht ersetzen; vielmehr befasst sich die Inventurbeobachtung durch den AP mit der Überprüfung der Inventurvorschriften, der Inventurmaßnahmen sowie den Überwachungshandlungen des Kfm.

### 2.3.5 Inventurauswertung

30 Bei der Inventurauswertung ist zwischen einer körperlichen Bestandsaufnahme und einer Systemprüfung des Bestandsfortschreibungssystems zu unterscheiden. Bei einer **körperlichen Bestandsaufnahme** ist eine Inventurauswertung als Soll-Ist-Vergleich möglich, wenn der Kfm. ein Bestandsfortschreibungssystem eingerichtet hat. Andernfalls ist mangels einer Bestandsfortschreibung ein Soll-Ist-Vergleich nicht möglich. Soll-Ist-Abweichungen geben Hinweise auf Erfassungsfehler oder Schwund.

31 Bei der Überprüfung des Bestandsfortschreibungssystems findet eine Inventurauswertung im eigentlichen Sinne nicht statt. Die Auswertung der Inventurergebnisse dient hier dem **Nachweis der Ordnungsmäßigkeit** von Inventur und Fortschreibungssystem.[10] Soweit eine solche Inventurauswertung die Bestandszuverlässigkeit des Fortschreibungssystems bestätigt, ist der durch die Bestandsfortschreibung ermittelte Buchbestand anzusetzen (ggf. gemindert um Abwertungen).

32 Soweit die Ordnungsmäßigkeit der Inventur nicht gegeben ist, muss der Kfm. die **Inventur wiederholen;** bei einer fehlgeschlagenen Bestätigung der Bestandsfort-

---

[10] Vgl. im Ergebnis so *ADS*, 6. Aufl., § 240 HGB, Rz 54.

schreibung durch eine Untersuchung des Bestandsfortschreibungssystems bedeutet dies, dass eine Bestandsermittlung nur noch durch körperliche Bestandsaufnahme möglich ist, da die Bestandszuverlässigkeit des Fortschreibungssystems nicht gegeben ist. Bei Buchinventuren können wesentliche Inventurdifferenzen ein Hinweis auf Buchführungsmängel sein.

Die Inventurauswertung muss der Kfm. **zeitnah** vornehmen, um die Gründe von Inventurdifferenzen noch ermitteln zu können bzw. bei Nichtordnungsmäßigkeit der Inventur diese fristgerecht nachholen zu können.[11] Deshalb bedeutet zeitnah i.d.R., dass die Inventurauswertung unmittelbar im Anschluss an die Bestandsaufnahme erfolgen muss, wobei der verbleibende Zeitrahmen eine Frage des Einzelfalls ist. 33

## 2.4 Inventar

Das Inventar ist das Bindeglied zwischen Buchführung und Inventur einerseits und dem JA andererseits. Das Inventar fasst die Bestände geordnet nach Posten zusammen und weist die Werte der jeweiligen Posten aus. 34

Zu den Bewertungsvereinfachungsverfahren in diesem Zusammenhang vgl. § 256 Rz 10. 35

§ 240 Abs. 2 Satz 3 HGB schreibt die Aufstellung des Inventars „**innerhalb der einem ordnungsmäßigen Geschäftsgang entsprechenden Zeit**" vor. Der Wortlaut entspricht dem Wortlaut des § 243 Abs. 3 HGB, der die Aufstellung des JA ebenfalls „innerhalb der einem ordnungsmäßigen Geschäftsgang entsprechenden Zeit" anordnet. Eine ähnliche Vorschrift enthält § 264 Abs. 1 Satz 3 HGB für kleine KapGes. Für die Buchführung schreibt § 239 Abs. 2 HGB dagegen eine „zeitgerechte" Buchführung vor (§ 239 Rz 20f.). Die Regelungen zur Inventur in §§ 240, 241 HGB lassen besondere Fristen für eine ausgeweitete Stichtagsinventur (Rz 16) bzw. eine vor- oder nachverlegte Inventur zu (§ 241 Rz 28). 36

Zunächst ist festzuhalten, dass eine nicht zeitgerechte Buchführung bzw. eine Inventur außerhalb der zugelassenen Fristen ordnungswidrig ist und die Ordnungswidrigkeit von Buchführung und JA auslösen kann. 37

Ein solch enges Schutzbedürfnis ist für das Inventar – wie auch für den JA – nicht erkennbar. Das Inventar ist lediglich die Zusammenfassung und Bewertung der bei der Inventur ermittelten Bestände. Die dafür notwendigen Informationen müssen in einer ordnungsmäßigen Buchführung erfasst sein (bspw. Bewertungsgrundlagen) bzw. waren bei der Inventur zu ermitteln (bspw. Art, Mengen und bewertungsrelevante Umstände). Die Erstellung des Inventars ist deshalb zunächst ein rein **mechanischer Vorgang**. Allerdings besteht auch ein Bedürfnis, dass der Kfm. die Inventur für Zwecke der Beweissicherung abschließt; deshalb ist im Insolvenzfall die Nichterstellung von Inventar (oder Bilanz) nach § 283b Abs. 1 Nr. 3b StGB ein Straftatbestand. 38

Der Begriff „innerhalb der einem ordnungsmäßigen Geschäftsgang entsprechenden Zeit" ist **für Inventar und JA-Aufstellung grds. gleich auszulegen**. Allerdings zu beachten ist, dass die Inventaraufstellung der Aufstellung des JA vorausgeht, weswegen die JA-Aufstellungsfristen nicht voll ausgeschöpft werden können.[12] 39

---

[11] Vgl. *ADS*, 6. Aufl., § 240 HGB, Rz 56.
[12] Vgl. *Winkeljohann/Philipps*, in Beck Bil-Komm. 9. Aufl., § 240 HGB, Rz 67, 68; a.A. aber im Ergebnis kein Unterschied: *ADS*, 6. Aufl., § 240 HGB, Rz 61.

40 Der BFH[13] hat für den JA entschieden, dass der Zeitraum „innerhalb der einem ordnungsmäßigen Geschäftsgang entsprechenden Zeit" **längstens zwölf Monate** dauern darf. Der zulässige Zeitraum ist allerdings eine Frage des Einzelfalls. Zum einen sind die ggf. kürzeren, gesetzlichen Abschlussaufstellungsfristen zu beachten (bspw. § 264 Abs. 1 Sätze 2 und 3 HGB, § 290 Abs. 1 HGB, § 37v Abs. 1 Satz 1 WpHG, § 37w Abs. 1 Satz 1 WpHG, § 37x Abs. 3 WpHG, § 37y WpHG), zum anderen entspricht es insb. bei **Unternehmenskrisen** nicht einem ordnungsmäßigen Geschäftsgang, die Aufstellung des Inventars und des JA unter Ausschöpfung aller Fristen zu verschleppen.[14]

41 Der Kfm. muss das Inventar **nicht unterzeichnen**; unterzeichnen muss der Kfm. nur den JA nach § 245 HGB. Es kann allerdings zu einem sachgerecht aufgebauten IKS gehören, dass wesentliche Vorgänge autorisiert werden. Deshalb ist in größeren Unt oder im Rahmen einer AP i. d. R. eine Unterzeichnung des Inventars durch die dafür verantwortliche Person erforderlich.

## 3 Dauer des Geschäftsjahrs und Abschlussstichtag

42 Das Gesetz regelt die **Dauer des Geschäftsjahrs** nicht – das Gesetz spricht von „Geschäftsjahr", nicht von einem Jahr i. S. eines Zwölf-Monats-Zeitraums; lediglich § 240 Abs. 2 Satz 2 HGB begrenzt die Dauer des Gj auf höchstens zwölf Monate. Bereits die Überschreitung um nur einen Tag ist unzulässig.

43 Damit hat der Gesetzgeber keine Mindestdauer festgeschrieben und auch keine Normaldauer bestimmt. Daraus könnte man schließen, dass der Kfm. die Dauer eines Gj frei bestimmen kann. Dies ist indes nicht der Fall: Das Gesetz spricht in § 242 Abs. 1 HGB von einem „Jahresabschluss" für den Zeitraum von Beginn bis zum Ende des Gj. Weiter hat der Gesetzgeber in den §§ 37w, 37x Abs. 3 WpHG den für bestimmte Unt zu beachtenden Halbjahres- bzw. Quartalsfinanzbericht geregelt. Der Gesetzgeber lässt dadurch nach hM keinen Zweifel, dass er von einer **normalen Geschäftsjahresdauer** von genau zwölf Monaten ausgeht.

44 Der Gesetzgeber wollte jedoch auch **Rumpfgeschäftsjahre** zulassen. Rumpfgeschäftsjahre sind Gj, die kürzer dauern als zwölf Monate. Dies erlaubt dem Kfm., das Geschäftsjahresende frei nach den Erfordernissen seines Betriebs zu bestimmen bzw. an geänderte Erfordernisse anzupassen.

45 Der Kfm. bestimmt sein Gj durch eigenes Handeln. Bei PersG und KapG ist die Bestimmung des Gj im Gesellschaftsvertrag oder in der Satzung erforderlich, wenn ein vom Kj abweichendes Gj gelten soll. Enthält der Gesellschaftsvertrag oder die Satzung keine Bestimmung zum Gj, so gilt das Kj als Gj vereinbart.

46 Der **Abschlussstichtag** ist bei Gründung des Unt frei wählbar. Damit kann der Kfm. bei der Wahl des Abschlussstichtags seinen betrieblichen und bestehenden gesetzlichen Anforderungen Rechnung tragen.

---

[13] Vgl. BFH Urteil v. 6.12.1983, BStBl 1984 II S. 227; der Auffassung des BFH, dass eine verspätete Bilanzaufstellung ein Buchführungsmangel sei, kann nicht gefolgt werden – zurecht aber hat der BFH eine Schätzung anstatt der verspätet erstellten Bilanz nur dann zugelassen, wenn die Verspätung mit einer Infragestellung der sachlichen Richtigkeit einhergeht. Im Urteilsfall war im Übrigen nicht nur die Bilanz verspätet aufgestellt worden, sondern es waren auch erhebliche inhaltliche Korrekturen vorgenommen worden, die auch als erhebliche Buchführungsmängel anzusehen waren.

[14] Vgl. *Förschle/Usinger*, in Beck Bil-Komm. 9. Aufl., § 243 HGB, Rz 95.

> **Beispiel**
> Der Kfm. betreibt einen Skilift. Da er im Winter Hochsaison hat, wählt er den 30.6. als Abschlussstichtag, da im Sommer sein Geschäft ruht und er Zeit für Verwaltungsarbeiten hat.
> Für einen Kfm., der ein Freibad betreibt, ist der 30.6. als Abschlussstichtag dagegen ungelegen. Für ihn ist ein Abschlussstichtag nach dem Ende der Badesaison viel sinnvoller, bspw. der 31.10.

> **Beispiel**
> Ein konzernrechnungslegungspflichtiges MU gründet am 24.4. ein TU. Es wählt als Abschlussstichtag den 31.12., da dies auch der KA-Stichtag ist. Somit vermeidet die Ges., dass zusätzlich zum JA ein Zwischenabschluss auf den 31.12. erstellt werden muss, damit das TU in den KA einbezogen werden kann.

§ 240 Abs. 2 HGB enthält keine Anordnung, die den **späteren Wechsel des Abschlussstichtags** beschränkt. Jedoch ist der freie Wechsel aus folgenden Gründen unzulässig:

- JA müssen nach § 265 Abs. 2 HGB die Vorjahresvergleichszahlen enthalten und zusätzliche Angaben, wenn ein Vergleich mit dem Vj nicht möglich ist. Die **Vergleichbarkeit** ist bei Rumpfgeschäftsjahren jedoch erheblich gestört; ein dauernder Wechsel des Gj vermindert die Informationsfunktion des JA und ist deshalb unzulässig.
- Mit der Änderung des Gj ist ein **Eingriff in das Gewinnbezugsrecht** des Gesellschafters verbunden. Zum einen kann es zu einer zeitlichen Verschiebung von Gewinnbezugsrechten kommen, zum anderen kann es – insb. bei Saisonbetrieben – zu einer Beschneidung oder Überhöhung des Gewinnbezugsrechts durch Rumpfgeschäftsjahre kommen. Der Schutz der Gesellschafter bzw. der Schutz der Ges. und der Gläubiger erfordert deshalb eine Beschränkung des Wechsels des Gj.
- Schutzwürdig ist in gleicher Weise der **Fiskus**, wenn durch den Wechsel des Gj Steueransprüche gemindert oder zeitlich verschoben werden.
- Der Wechsel des Abschlussstichtags führt zudem zu **vermehrten Kosten** für bspw. die Erstellung von JA, Steuererklärungen, HV und Apr.

In sachlich begründeten Ausnahmefällen überwiegt der Nutzen eines Wechsels die damit verbundenen Nachteile und ist deshalb in folgenden Fällen zulässig:

- Anpassung des Abschlussstichtags an den **KA-Stichtag**.
- Herausbildung eines **saisonalen Geschäfts** oder Verschiebung der Saison und Verlegung des Abschlussstichtags auf einen Tag außerhalb der Saison.
- **Gesellschaftsrechtliche Vorgänge** wie bspw. Einbringung eines Unt, Umwandlungen, Verschmelzungen, etc.
- Besondere betriebliche Umstände wie bspw. die Anmeldung einer Liquidation oder Insolvenz.

Von dieser handelsrechtlichen Betrachtungsweise sind die Beschränkungen des Wechsels des Abschlussstichtags im **Steuerrecht** zu unterscheiden. Danach ist der Wechsel auf den 31.12. stets zulässig, während der Wechsel auf einen anderen Stichtag als den 31.12. der Zustimmung des Finanzamts bedarf (§ 4a Abs. 1 Satz 1 Nr. 2 Satz 2 EStG; § 8b EStDV). Stets auch steuerrechtlich zugelassen ist der Wechsel auf den KA-Stichtag.

## 4 Festwert- und Gruppenbewertungsverfahren (Abs. 3 und 4)

### 4.1 Vorbemerkung

50 Die Absätze 3 und 4 des § 240 HGB enthalten **Inventurerleichterungsverfahren**.
- § 240 Abs. 3 HGB regelt das **Festwertverfahren**,
- § 240 Abs. 4 HGB die **Gruppenbewertung**.

Die beiden Inventurerleichterungsverfahren des § 240 HGB unterscheiden sich grds. von den **Inventurvereinfachungsverfahren** des § 241 HGB. Die **Inventurerleichterungsverfahren** des § 240 HGB beinhalten nicht nur eine Vereinfachung der körperlichen Bestandsaufnahme, sondern stellen zugleich auch ein Bewertungserleichterungsverfahren dar, während die Inventurvereinfachungsverfahren des § 241 HGB nur Inventurvereinfachungen, nicht aber Bewertungsvereinfachungen enthalten.

51 Deshalb können die **Bewertungsvereinfachungsverfahren des § 256 HGB** (Verbrauchsfolgeverfahren) im Regelfall bei Inventurvereinfachungsverfahren nach § 241 HGB genutzt werden – nicht aber bei den Inventurerleichterungsverfahren des § 240 Abs. 3 und 4 HGB.

### 4.2 Festwertverfahren (Abs. 3)

52 Das **Festwertverfahren** erlaubt statt dem Ansatz einzelner VG den zusammengefassten Ansatz in einem gleich bleibenden Festwert.

53 Das Festwertverfahren ist nur bei kumulativer Einhaltung folgender **Anwendungsvoraussetzungen** zulässig:
- Es handelt sich um **VG des SAV** oder um **RHB**.
- Der gesamte Festwert muss für das Unt einen Gesamtwert **von nachrangiger Bedeutung** haben.
- Der Bestand unterliegt in seiner Größe, seinem Wert und seiner Zusammensetzung nur **geringen Veränderungen**.
- Die in den Festwert einbezogenen VG müssen **regelmäßig** ersetzt werden.
- In der Regel **ist alle drei Jahre eine körperliche Bestandsaufnahme** vorzunehmen.

Zum Begriff des SAV vgl. § 266 Rz 37; zum Begriff RHB vgl. § 266 Rz 66. Auf andere VG und auch auf Schulden darf das Festwertverfahren nicht angewandt werden.

54 Diese Beschränkung auf RHB und SAV hat **eher klarstellenden, als einschränkenden Charakter**, da in der Praxis nur wenige Fälle denkbar sind, in denen andere Arten von VG oder Schulden „festwertgeeignet" sind. Festwertgeeignet sind nur solche Bilanzposten, die viele kleinteilige Einzelposten umfassen, die für den laufenden Geschäftsbetrieb dauerhaft in weitgehend unverändertem Umfang benötigt werden. Andere VG und die Schulden unter-

liegen oft starken Schwankungen, womit die Anwendung des Festwertverfahrens schon an den Anwendungsvoraussetzungen scheitern würde.
Der Festwert muss für den Kfm. von **nachrangiger Bedeutung** sein. Fraglich ist, ob die nachrangige Bedeutung für jeden einzelnen Festwert oder für alle Festwerte zusammen zu prüfen ist. Nach hM kommt es darauf an, dass ein Festwert allein von nachrangiger Bedeutung ist.[15] Dies soll sich aus dem Gesetzeswortlaut ergeben, der verlangt, „dass der Gesamtwert" der so bewerteten VG „für das Unternehmen von nachrangiger Bedeutung" ist und sich dabei auf „seinen Wert", also einen Einzelfestwert, bezieht. Zu Recht werden Zweifel an dieser Auffassung geäußert.[16] Das Festwertverfahren ist ein sehr grobes Vereinfachungsverfahren, bei dem der Gesetzgeber geringe Fehlbewertungen in Kauf genommen hat, weil der Vereinfachungs- und Erleichterungsgedanke im Vordergrund steht. Nur dann kann davon ausgegangen werden, dass wegen der nachrangigen Bedeutung insgesamt kein wesentlicher Bilanzierungs- und Bewertungsfehler auftreten kann. Es ist nicht mit den GoI vereinbar, wenn mehrere Festwerte zusammen zu Bewertungsfehlern in wesentlicher Höhe führen.

55

Was nachrangig i. S. d. Gesetzes bedeutet, gibt das Gesetz nicht vor. Als Orientierungswert wird 5 % der Bilanzsumme als zulässige Obergrenze für die Summe aller Festwerte vorgeschlagen; jedoch wird zu Recht darauf verwiesen, dass dies eine Frage des Einzelfalls bleiben muss[17] (bspw. bei Gründung eines Unt. und vorrangiger Beschaffung der in den Festwert einbezogenen VG).

56

> **Beispiel**
> Ein Hotel betreibt eine Gaststätte mit 120 Sitzplätzen, für die eine große Anzahl von Tellern, Gläsern, Bestecken und Stoffservietten benötigt wird und aufgrund ihrer Zweckbestimmung SAV darstellen. Der wesentliche Posten in der Bilanz des Hotels sind jedoch die Hotelimmobilie, die Möbel und die zum Betrieb erforderlichen Geräte (bspw. in der Küche oder Wäscherei), die Teller, Gläser, Bestecke und Stoffservietten sind dagegen gemessen an der Bilanzsumme von nachrangiger Bedeutung und dürfen deshalb zu einem Festwert zusammengefasst werden.

Der Festwert darf hinsichtlich Größe, Wert oder Zusammensetzung **nur geringen Veränderungen** unterliegen. Ein Festhalten an einem bereits angesetzten Festwert ist unzulässig, wenn wesentliche Veränderungen eintreten.

57

> **Beispiel**
> **Veränderung der Größe**
> Die Gaststätte wird um einen Biergarten mit 240 Sitzplätzen erweitert. Dafür werden zusätzliche Gläser, Teller und Besteckteile benötigt. Die Fortführung des bisherigen Festwerts ist unzulässig, da sich die Größe des Bestands wesentlich verändert hat. Es ist nicht zulässig, die Zukäufe im Jahr der

---

15 Vgl. *ADS*, 6. Aufl., § 240 HGB, Rz 79; *Winkeljohann/Philipps*, in Beck Bil-Komm. 9. Aufl., § 240 HGB, Rz 86, 87.
16 Vgl. *Winkeljohann/Philipps*, in Beck Bil-Komm. 9. Aufl., § 240 HGB, Rz 86 f.
17 Vgl. *ADS*, 6. Aufl., § 240 HGB, Rz 81.

Anschaffung in voller Höhe als Aufwand zu buchen. Der Kfm. muss deshalb eine Inventur vornehmen und einen neuen Festwert ermitteln.

> **Beispiel**
> **Veränderung Wert**
> Der Kfm. hat bisher Edelstahlbesteck beschafft. Er bekommt von einem Restaurantführer einen Stern verliehen. Er ersetzt sein Edelstahlbesteck Stück für Stück durch Silberbesteck. Der Kfm. darf den Festwert für die Bestecke nicht unverändert fortführen, da Silberbesteck ein Vielfaches des Edelstahlbestecks kostet.

> **Beispiel**
> **Veränderung Zusammensetzung**
> Der Kfm. betreibt eine Gastwirtschaft und ändert aus Altersgründen im Gj das Konzept; das Angebot an Speisen stellt er ein und richtet sich auf den Ausschank von Getränken aus. Deshalb kauft er keine Teller und Bestecke mehr nach, benötigt aber mehr Gläser, von denen er reichlich neue beschafft. Er darf den Festwertposten, in dem er Teller, Gläser und Bestecke zusammengefasst hat, nicht unverändert fortführen, da sich die Zusammensetzung des Postens wesentlich verändert hat.

**58** Die in den Festwert einbezogenen VG müssen **regelmäßig ersetzt** werden. In diesem Fall entsprechen die Aufwendungen für den Ersatz der VG in etwa den Abschreibungen, die sich ergeben hätten, wären die VG aktiviert und abgeschrieben worden. Deshalb ist ein Festwert bei **nicht abnutzbarem Vermögen** nicht zulässig, auch wenn das nicht abnutzbare Vermögen zum SAV gehört. Im Ergebnis sind so faktisch auch **besonders langlebige** und **nur in geringer Zahl vorhandene VG** ausgeschlossen, da hier nur ab und zu ein VG ersetzt werden muss. Ein unmittelbarer Ersatz ist nicht erforderlich; es genügt, wenn in regelmäßigen Abständen die Bestände aufgefüllt werden. Nach einer geäußerten Auffassung sei der Verbrauch des Jahres grds. bis zum Abschlussstichtag zu ersetzen, da sonst die Voraussetzung nicht erfüllt sei, dass der Bestand nur geringen Veränderungen unterliege.[18] Eine solch enge Auslegung entspricht jedoch nicht dem Gedanken des Festwerts; eine Auffüllung ist nur regelmäßig, nicht jedoch vor jedem Abschlussstichtag erforderlich. Entscheidend ist, dass der nicht ersetzte Teil der VG nicht soweit ins Gewicht fällt, dass nicht mehr von einer geringfügigen Veränderung ausgegangen werden kann.[19]

> **Beispiel**
> Der Kfm. betreibt eine Gaststätte; im lebhaften Betrieb über Weihnachten und bei der Silvesterveranstaltung der Gaststätte geht das eine oder andere Glas zu Bruch. Für die Gläser hat der Kfm. zulässigerweise einen Festwert bilanziert. Abschlussstichtag ist der 31.12. Der Kfm. ersetzt aus Zeitmangel

---

[18] Vgl. *ADS*, 6. Aufl., § 240 HGB, Rz 78.
[19] Vgl. *Winkeljohann/Philipps*, in Beck Bil-Komm. 9. Aufl., § 240 HGB, Rz 84, 87.

> die zerbrochenen Gläser erst Mitte Januar. Der Wert und der Anteil der zerbrochenen Gläser soll hier unwesentlich sein. Deshalb ist die Beibehaltung des Festwerts zum 31.12. zulässig.

Liegt keine kurzfristige, geringfügige Bestandsschwankung vor, ist die Fortführung des Festwerts unzulässig. 59

> **Beispiel**
> Die Silvesterveranstaltung in der Gaststätte endet noch vor dem Silvesterfeuerwerk in einer handgreiflichen Auseinandersetzung; fast alle Gläser gehen zu Bruch. Der Kfm. beschafft bereits am 2.1. Ersatz. Eine Fortführung des Festwerts ist unzulässig, da es sich hier nicht um eine geringfügige Bestandsschwankung handelt.

Für die im Festwert zusammengefassten VG schreibt § 240 HGB vor, dass i. d. R. eine **Inventur alle drei Jahre** vorgenommen werden muss. Das **Steuerrecht** schreibt dagegen vor, dass für den Festwert i. d. R. alle drei Jahre, spätestens alle fünf Jahre eine Inventur erforderlich ist.[20] Das Steuerrecht erscheint somit weniger streng als das Handelsrecht; in der Praxis sind die Unterschiede jedoch eher theoretischer Natur. Zunächst bedeutet „i. d. R.", dass der Kaufmann **jedes Jahr** prüfen muss, ob er den Festwert des Vj beibehalten darf. Dazu muss er sich versichern, dass die Anwendungsvoraussetzungen weiter erfüllt sind (Rz 53). Sind diese Anwendungsvoraussetzungen erfüllt, so kann er insgesamt für drei Jahre auf eine Inventur verzichten. Ergibt sich aber bereits vorher eine wesentliche Änderung des Festwerts seiner Größe, Art oder Zusammensetzung nach, so ist eine Inventur bereits zum nächsten Abschlussstichtag erforderlich. Am Ende des dritten Jahrs ist dann i. d. R. eine Inventur vorzunehmen, jedoch kann der Kfm. darauf verzichten, wenn dies **sachlich gerechtfertigt** ist. Abzulehnen ist die Auffassung, dass die Verlängerung der Drei-Jahres-Frist dann zulässig sei, wenn der Festwert anhand plausibler Schlüsselgrößen angepasst wird;[21] dies entspricht nicht dem Gedanken des Festwerts, der ein Festhalten am Vorjahreswert erlaubt, nicht jedoch laufende Anpassungen anhand plausibler Verhältniszahlen zulässt. Es kommt deshalb vielmehr darauf an, dass der Festwert **in hohem Maße nur geringen Veränderungen** unterliegt. Ob dies der Fall ist, kann nur im Einzelfall beurteilt werden. 60

Die Fünf-Jahres-Frist des Steuerrechts wird auch für das Handelsrecht als Obergrenze gelten müssen. Zwar schreibt das Handelsrecht eine solche Obergrenze nicht ausdrücklich vor, jedoch widerspricht es dem Vorsichtsprinzip, wenn der Kfm. einen Wert ungeprüft und nur auf der Grundlage von Plausibilitätsüberlegungen dauerhaft in unveränderter Höhe ansetzt. 61

Eine Besonderheit ergibt sich bei der **erstmaligen Bildung** des Festwerts. Der Festwert geht davon aus, dass die darin enthaltenen VG im Durchschnitt die Hälfte der betrieblichen Nutzungsdauer bereits durchlaufen haben und deshalb die Ersatzbeschaffungen des Gj in etwa den laufenden Abschreibungen ent- 62

---

20 Vgl. R 5.4 Abs. 3 Satz 1 EStR 2012.
21 Vgl. ADS, 6. Aufl., § 240 HGB, Rz 96.

sprechen. Dies gilt nicht, wenn sämtliche im Festwert zusammengefassten VG neu beschafft wurden, denn im Jahr der Anschaffung sind zunächst die vollen AK anzusetzen. Deshalb sind hier Abschreibungen vom Festwert solange erforderlich, bis der Restbuchwert den **Anhaltewert** erreicht hat. Der Kfm. darf als Anhaltewert einen vorsichtigen Wert wählen, sodass ein Bereich von 40–50 % der AK als zulässiger Bereich anzusehen ist.[22]

> **Beispiel**
> Der Kfm. gründet eine Gaststätte. Dazu beschafft er 1.000 neue Besteckteile zu 5 EUR/Stück, für die er zulässigerweise einen Festwert ansetzen darf. Die AK im Jahr der Gründung betragen damit 5.000 EUR. Die Nutzungsdauer der Besteckteile sei zehn Jahre; zerstörte oder verloren gegangene Besteckteile werden regelmäßig ersetzt. Der Kfm. wählt als Anhaltewert 2.500 EUR (50 % der AK). Er schreibt deshalb den Festwert zunächst für fünf Jahre mit 500 EUR/Jahr ab, bis der Anhaltewert von 2.500 EUR erreicht ist. Ersatzbeschaffungen bucht er sofort als Aufwand.

**63** Besonderheiten ergeben sich auch bei einer **späteren Anpassung** des Festwerts. Ergibt die Inventur des Festwerts **Mindermengen**, muss der Kfm. den Festwert grds. herabsetzen, wobei unterschiedliche Auffassungen über die zulässige Toleranz bestehen. Einerseits wird die Auffassung vertreten, dass „immer" eine Anpassung erforderlich sei, eine andere Auffassung verlangt nur „grds." eine Abwertung, ohne auszuführen, welche Ausnahmen zugelassen sind. Das Steuerrecht formuliert die Abwertung ebenfalls nur als „Kann"-Vorschrift.[23] Eine Überbewertung eines Aktivpostens ist mit dem Vorsichtsprinzip unvereinbar und kann nur hingenommen werden, wenn sie unbedeutend ist. Jedoch entspricht es der Vereinfachungs- und Erleichterungsfunktion des Festwerts, dass kleine Schwankungen hingenommen werden. Deshalb ist es zulässig, wenn der Kfm. eine Herabsetzung des Festwerts unterlässt, wenn die festgestellte Unterschreitung des Festwerts auf einer **kurzfristigen, geringfügigen Schwankung** beruht (Rz 60), also wertmäßig unbedeutend ist und eine Wiederauffüllung der Bestände geplant ist.

**64** Bei der Feststellung von **Mehrmengen** fordern Kommentierung[24] und Steuerrecht[25] übereinstimmend, dass eine Erhöhung des Festwerts erst erforderlich ist, wenn der im Rahmen der Inventur festgestellte Wert 10 % über dem bisherigen Anhaltewert liegt. Eine Erhöhung des Festwerts bei einer Überschreitung von weniger als 10 % ist zwar zulässig, aber entbehrlich.

**65** Die **Aufgabe des Festwerts** ist erforderlich, wenn die Voraussetzungen für dessen Bildung entfallen sind. Es gilt der Grundsatz der **Bewertungsstetigkeit**, der die freiwillige Aufgabe nur in begründeten Ausnahmefällen zulässt (§ 252 Rz 132f.).

**66** Das Steuerrecht erlaubt derzeit nach § 6 Abs. 2a EStG die Bildung eines **Sammelpostens für GWG**, deren AK mehr als 150 EUR betragen, aber 1.000 EUR nicht übersteigen, alternativ dazu kann der Kfm. auch die Sofortabschreibung von GWG mit AK über 150 EUR aber unter 410 EUR wählen. Der Kfm könnte deshalb

---

[22] Vgl. *ADS*, 6. Aufl., § 240 HGB, Rz 101.
[23] Vgl. R 5.4 Abs. 3 Satz 4 EStR 2012.
[24] Vgl. *ADS*, 6. Aufl., § 240 HGB, Rz 102.
[25] Vgl. R 5.4 Abs. 3 Satz 2 EStR 2012.

daran denken, handelsrechtlich einen Festwert und steuerlich GWG anzusetzen. Eine solche abweichende Behandlungsmöglichkeit in HB und Steuerbilanz besteht jedoch nicht, da die FinVerw sich dafür entschieden hat, für den Festwert die uneingeschränkte Maßgeblichkeit der Handels- für die Steuerbilanz anzunehmen; unter Vereinfachungsgesichtspunkten ist dies zu begrüßen. Somit ist ein handelsrechtlicher Festwert in gleicher Höhe in der Steuerbilanz anzusetzen.[26]

### 4.3 Gruppenbewertungsverfahren (Abs. 4)

Nach § 240 Abs. 4 HGB kann der Kfm. verschiedene VG oder Schulden zu einer Gruppe zusammenfassen und als Gruppe bewerten (**Gruppenbewertungsverfahren**). Die Gruppenbewertung ist ein Vereinfachungsverfahren für Inventur und Bewertung.[27]

67

Für die Anwendung müssen folgende Voraussetzungen erfüllt sein:

68

- Zugelassen sind VG des **Vorratsvermögens**, sonstige **bewegliche VG** und **Schulden**.
- Es muss sich beim **Vorratsvermögen** zusätzlich um **gleichartige VG** handeln.
- Bei den sonstigen beweglichen VG und den Schulden sind dagegen **gleichartige** oder **annähernd gleichwertige** VG oder Schulden zugelassen.

Die zu einer Gruppe zusammengefassten VG oder Schulden dürfen mit dem gewogenen **Durchschnittswert** bewertet werden. Auch bei einer Durchschnittsbewertung muss das **Niederstwertprinzip** (§ 253 Rz 281) eingehalten werden.

69

Zum Begriff **Vorratsvermögen** vgl. § 266 Rz 64. Der Begriff **bewegliche Vermögensgegenstände** umfasst sowohl bewegliche VG des AV (§ 266 Rz 37) wie auch des UV (§ 266 Rz 64); ausgeschlossen sind unbewegliche VG (wie bspw. Grundstücke, Immobilien; vgl. § 266 Rz 38). Einige bewegliche VG sind einer Gruppenbewertung nicht zugänglich (wie bspw. Forderungen aus L&L). Die Gruppenbewertung darf auch für **Schulden** (zum Begriff der Schulden vgl. § 247 Rz 111) angewandt werden (bspw. Urlaubsrückstellung, Mehrarbeitsrückstellung, Garantierückstellung etc.).

70

Nach § 253 Abs. 2 HGB sind Rückstellungen mit einer Laufzeit von mehr als einem Jahr abzuzinsen. Es ist fraglich, ob eine **Abzinsung von Rückstellungen im Rahmen der Gruppenbewertung** möglich ist. § 240 Abs. 4 HGB erlaubt keinen Verzicht auf eine Abzinsung. Deshalb sind auch in eine Gruppenbewertung einbezogene Rückstellungen abzuzinsen.

71

Für **eine den Altersvorsorgeverpflichtungen vergleichbare langfristige Verpflichtung** (bspw. eine Altersteilzeitverpflichtung) ergibt sich eine zusätzliche Fragestellung: Solche Rückstellungen dürfen entweder nach § 253 Abs. 2 Satz 1 HGB bei individueller Bewertung mit dem laufzeitgerechten Zins oder bei pauschaler Bewertung alternativ nach § 253 Abs. 2 Satz 2 HGB mit dem durchschnittlichen Marktzins für eine Restlaufzeit von 15 Jahren abgezinst werden. Da die Gruppenbewertung nie ein Einzelbewertungsverfahren ist, könnte somit nur noch eine Bewertung mit dem durchschnittlichen Marktzins für eine Restlaufzeit von 15 Jahren zulässig sein. Die Gruppenbewertung von Altersvorsorgeverpflichtungen ist grds. zulässig. Soweit Gruppen nach Restlaufzeiten zusammen-

72

---

26 Vgl. BMF, Schreiben v. 12.3.2010, IV C 6 – S-2133/09/10001, Rz 7.
27 Vgl. *Winkeljohann/Philipps*, in Beck Bil-Komm. 9. Aufl., § 240 HGB, Rz 130f.

gefasst werden, ist eine Abzinsung nach Jahresscheiben sachgerecht. Bei einer Gruppenzusammenfassung nach Periodenscheiben, die mehrere Jahre umfassen, kann vereinfachend mit einer durchschnittlichen Restlaufzeit gearbeitet werden, soweit damit kein wesentlicher Bewertungsfehler verbunden ist.[28]

73 Beim Gruppenbewertungsverfahren handelt es sich um ein **Inventurerleichterungs- und Bewertungsvereinfachungsverfahren**. Die Inventurerleichterung ergibt sich daraus, dass nur der Gruppenbestand erfasst werden muss. Die Bewertungsvereinfachung besteht in der Bewertung mit dem gewogenen Durchschnittswert. Der gewogene Durchschnitt wird dabei aus dem Gewicht der Zugangswerte der einzelnen VG oder Schulden ermittelt.

74 Zulässig ist nur der **gewogene Durchschnitt**, nicht jedoch der arithmetische Mittelwert, denn der arithmetische Mittelwert berücksichtigt nicht die Zusammensetzung des Bestands und führt nicht zu zutreffenden Werten. Zulässig ist die freie Wahl zwischen
- dem **einfachen gewogenen Durchschnitt** und
- dem **gleitendem gewogenen Durchschnitt**.

> **Beispiel**
> Der Kfm. fasst die Gruppen von VG A und B im Rahmen einer Gruppenbewertung zusammen. Dabei sollen die in der folgenden Tabelle aufgeführten Geschäftsvorfälle zu verzeichnen sein. Die nachfolgende Darstellung zeigt die Unterschiede zwischen einfachem und gleitendem gewogenen Durchschnitt.
> Beim gleitend gewogenen Durchschnitt wird nach jedem Bestandszu- bzw. -abgang ein neuer Durchschnittswert errechnet, beim einfach gewogenen Durchschnitt werden zunächst alle Zugänge erfasst, dann ein Durchschnittswert ermittelt und die Abgänge zu dem daraus ermittelten Durchschnittswert angesetzt. Die beiden Verfahren führen deshalb zu unterschiedlichen Ergebnissen.
>
> **Gleitender gewogener Durchschnitt**
>
> | Tag | Vorfall | Menge | Preis | Wert gesamt | Wert gesamt | Bestand | Durchschnitt |
> |---|---|---|---|---|---|---|---|
> | 1.1. | Bestand A | | | | 100,- | 100 | 1,0000 |
> | 15.1. | Zugang B | 100 | 1,10 | 110,- | 210,- | 200 | 1,0500 |
> | 31.3. | Abgang A | –50 | –1,05 | –52,50 | 157,50 | 150 | 1,0500 |
> | 20.6. | Zugang A | 150 | 1,15 | 172,50 | 330,- | 300 | 1,1000 |
> | 15.7. | Abgang A | –200 | –1,10 | –220,- | 110,- | 100 | 1,1000 |
> | 10.9. | Zugang A | 100 | 1,20 | 120,- | 230,- | 200 | 1,1500 |
> | 19.11. | Zugang B | 200 | 1,25 | 250,- | 480,- | 400 | 1,2000 |
> | 6.12. | Abgang B | –300 | –1,20 | –360,- | 120,- | 100 | 1,2000 |
> | 27.12. | Zugang B | 100 | 1,30 | 130,- | 250,- | 200 | 1,2500 |
> | 31.12. | Bestand A + B | | | | 250,- | 200 | 1,2500 |

---

[28] Vgl. *IDW RS HFA 34, Rz 7 und 39*.

| Einfacher gewogener Durchschnitt | | | | | | | |
|---|---|---|---|---|---|---|---|
| Tag | Vorfall | Menge | Preis | Wert | Wert gesamt | Bestand gesamt | Durchschnitt |
| 1.1. | Bestand A | | | | 100,- | 100 | 1,0000 |
| 15.1. | Zugang B | 100 | 1,10 | 110,- | | | |
| 20.6 | Zugang A | 150 | 1,15 | 172,50 | | | |
| 10.9. | Zugang A | 100 | 1,20 | 120,- | | | |
| 19.11. | Zugang B | 200 | 1,25 | 250,- | | | |
| 27.12. | Zugang B | 100 | 1,30 | 130,- | | | |
| | Summe | 650 | | 782,50 | 882,50 | 750 | 1,1767 |
| 31.3. | Abgang A | –50 | | | | | |
| 15.7. | Abgang A | –200 | | | | | |
| 6.12. | Abgang B | –300 | | | | | |
| | Summe | –550 | | | –647,19 | –550 | –1,1767 |
| 31.12. | Bestand A + B | | | | 235,31 | 200 | 1,1767 |

Grundsätzlich ist das gewählte Verfahren wegen des **Grundsatzes der Bewertungsstetigkeit** beizubehalten (§ 252 Rz 123), sofern nicht ein Ausnahmetatbestand erfüllt ist (siehe § 252 Rz 132 ff.). **75**

Bei **Vorratsvermögen** ist die **Gleichartigkeit** der einbezogenen VG erforderlich. Gleichartigkeit setzt nach hM nicht voraus, dass es sich um gleiche VG handelt – vielmehr genügt **76**
- Gattungszugehörigkeit oder
- Funktionsgleichheit.

Bei **sonstigen beweglichen VG oder Schulden** fordert das Gesetz **Gleichartigkeit** oder eine **annähernde Gleichwertigkeit** (Rz 75). Bei der annähernden Gleichwertigkeit bestehen unterschiedliche Auffassungen in der Literatur: Eine Auffassung[29] geht davon aus, dass die annähernde Gleichwertigkeit entgegen dem Gesetzeswortlaut stets – ungeschriebene – Anwendungsvoraussetzung ist, also auch beim Vorratsvermögen. Nach aktueller hM wird diese Auffassung nicht geteilt.[30] Für die erste Auffassung spricht jedoch, dass erhebliche Wertunterschiede zu einer Überbewertung führen können, wenn die Gewichtung der einbezogenen VG oder Schulden in den Durchschnittsbewertungssatz wesentlich von ihrer Gewichtung im Bestand abweichen. Eine Preisabweichung von höchstens 20 % sei gerade noch zulässig. Da das Gruppenbewertungsverfahren nicht wie beim Festwertverfahren nur bei „nachrangiger Bedeutung" angewandt werden darf, wird man der Auffassung zustimmen müssen, dass die Gruppenbewertung nicht zu einer bedeutsamen Über- oder Unterbewertung führen darf (vgl. Rz 56). Deshalb ist eine annähernde Gleichwertigkeit stets Anwendungsvoraussetzung bei bedeutsamen Beständen, nicht aber bei Gruppen von **nachrangiger Bedeutung**. **77**

Die **Aufgabe des Gruppenbewertungsverfahrens** ist stets erforderlich, wenn die Voraussetzungen für dessen Anwendung entfallen sind; in diesem Fall ist eine **78**

---

[29] Vgl. *ADS*, 6. Aufl., § 240 HGB, Rz 126, 128.
[30] Vgl. *Winkeljohann/Philipps*, in Beck Bil-Komm. 9. Aufl., § 240 HGB, Rz 136.

Einzelbewertung erforderlich.[31] Ansonsten gilt der Grundsatz der **Bewertungsstetigkeit**, der die freiwillige Aufgabe der Gruppenbewertung nur in begründeten Ausnahmefällen zulässt (§ 252 Rz 32).

79 Zur Anwendung der **Bewertungsvereinfachungsverfahren** bei Anwendung des Festwert- oder Gruppenbewertungsverfahrens siehe § 256 Rz 8.

---

[31] Vgl. *ADS*, 6. Aufl., § 240 HGB, Rz 118.

# § 241 INVENTURVEREINFACHUNGSVERFAHREN

(1) ¹Bei der Aufstellung des Inventars darf der Bestand der Vermögensgegenstände nach Art, Menge und Wert auch mit Hilfe anerkannter mathematisch-statistischer Methoden auf Grund von Stichproben ermittelt werden. ²Das Verfahren muß den Grundsätzen ordnungsmäßiger Buchführung entsprechen. ³Der Aussagewert des auf diese Weise aufgestellten Inventars muß dem Aussagewert eines auf Grund einer körperlichen Bestandsaufnahme aufgestellten Inventars gleichkommen.

(2) Bei der Aufstellung des Inventars für den Schluß eines Geschäftsjahrs bedarf es einer körperlichen Bestandsaufnahme der Vermögensgegenstände für diesen Zeitpunkt nicht, soweit durch Anwendung eines den Grundsätzen ordnungsmäßiger Buchführung entsprechenden anderen Verfahrens gesichert ist, daß der Bestand der Vermögensgegenstände nach Art, Menge und Wert auch ohne die körperliche Bestandsaufnahme für diesen Zeitpunkt festgestellt werden kann.

(3) In dem Inventar für den Schluß eines Geschäftsjahrs brauchen Vermögensgegenstände nicht verzeichnet zu werden, wenn

1. der Kaufmann ihren Bestand auf Grund einer körperlichen Bestandsaufnahme oder auf Grund eines nach Absatz 2 zulässigen anderen Verfahrens nach Art, Menge und Wert in einem besonderen Inventar verzeichnet hat, das für einen Tag innerhalb der letzten drei Monate vor oder der ersten beiden Monate nach dem Schluß des Geschäftsjahrs aufgestellt ist, und
2. auf Grund des besonderen Inventars durch Anwendung eines den Grundsätzen ordnungsmäßiger Buchführung entsprechenden Fortschreibungs- oder Rückrechnungsverfahrens gesichert ist, daß der am Schluß des Geschäftsjahrs vorhandene Bestand der Vermögensgegenstände für diesen Zeitpunkt ordnungsgemäß bewertet werden kann.

WP StB Lukas Graf

| Inhaltsübersicht | Rz |
|---|---|
| 1 Überblick | 1 |
| 2 Stichprobeninventur (Abs. 1) | 2–15 |
|   2.1 Anwendungsvoraussetzungen | 2 |
|   2.2 Anerkanntes mathematisch-statistisches Verfahren | 3–6 |
|   2.3 Einhaltung der GoB | 7–9 |
|   2.4 Bestandszuverlässigkeit der Lagerbuchführung | 10–13 |
|   2.5 Gleichwertiger Aussagewert wie eine körperliche Bestandsaufnahme | 14–15 |
| 3 Andere Inventurverfahren (Abs. 2) | 16–27 |
|   3.1 Anwendungsvoraussetzungen | 16–17 |
|   3.2 Permanente Inventur | 18–19 |
|   3.3 Einlagerungsinventur | 20–26 |
|   3.4 Systemgestützte Werkstattinventur | 27 |

| | | |
|---|---|---|
| 4 | Vor- oder nachverlegte Inventur (Abs. 3) | 28–42 |
| | 4.1 Überblick | 28–30 |
| | 4.2 Anwendungsvoraussetzungen | 31 |
| | 4.3 Anwendung eines anderen Inventurverfahrens | 32 |
| | 4.4 Frist | 33 |
| | 4.5 Besonderes Inventar | 34–35 |
| | 4.6 Zeitweilige Bestandszuverlässigkeit | 36–38 |
| | 4.7 Zugelassene Bestände | 39 |
| | 4.8 Probleme der vor- bzw. nachverlegten Inventur | 40–42 |
| 5 | Kombination und Wechsel zwischen Inventurverfahren | 43–45 |

**Ergänzendes Schrifttum**
AWV – *Arbeitsgemeinschaft für wirtschaftliche Verwaltung e. V.*, Permanente Inventur mit Stichproben, 1982; AWV – *Arbeitsgemeinschaft für wirtschaftliche Verwaltung e. V.*, Stichprobeninventur in Vertriebseinrichtungen des Handels, 1984; AWV – *Arbeitsgemeinschaft für wirtschaftliche Verwaltung e. V.*, Warenwirtschaftssystemgestützte Inventur im Handel, 1996; *BMF*, Schreiben vom 12.5.2015, IV C 6, S2174/07/10001; *Graf*, Neue Entwicklung bei der LIFO-Methode in der Steuerbilanz, MBP 2015, S. 8; *Westhoff/Graf*, BMF nimmt zur Zulässigkeit der LIFO-Methode Stellung, BPP 2015, S. 147.

## 1 Überblick

1 Zum Anwendungsbereich und Normenzusammenhang vgl. § 238 Rz 2 ff.
§ 241 HGB erlaubt die Anwendung von **Inventurvereinfachungsverfahren**. Dazu gehören:
- die **Stichprobeninventur** mithilfe von mathematisch-statistischen Verfahren gem. § 241 Abs. 1 HGB,
- die **anderen Inventurverfahren** gem. § 241 Abs. 2 HGB auf der Grundlage der geführten Handelsbücher und
- die **vor- und nachverlegte Stichtagsinventur**, bei der die Inventur an einem abweichenden Inventurstichtag stattfindet und auf den Abschlussstichtag fortgeschrieben bzw. zurückgerechnet wird.

## 2 Stichprobeninventur (Abs. 1)

### 2.1 Anwendungsvoraussetzungen

2 Die **Stichprobeninventur** ist unter folgenden Voraussetzungen anwendbar:[1]
- Verwendung einer anerkannten mathematisch-statistischen Methode (Rz 3),
- das angewandte Verfahren entspricht den GoB (Rz 7),
- der Aussagewert des Inventars ist dem einer Stichtagsinventur gleichwertig (Rz 14) und
- es liegt eine bestandszuverlässige Lagerbuchführung vor (Rz 10).

---

[1] Vgl. *Winkeljohann/Philipps*, in Beck Bil-Komm. 9. Aufl., § 241 HGB, Rz 5, 7, 8, 9 f., St/HFA 1/1990.

## 2.2 Anerkanntes mathematisch-statistisches Verfahren

Es dürfen nur **anerkannte** mathematisch-statistisches Verfahren verwendet werden. Der Gesetzgeber definiert nicht, was als anerkannt gilt. Anerkannt sind Verfahren, für die die Mathematik beweisen kann, dass sie bei sachgerechter Anwendung mit hinreichend großer Wahrscheinlichkeit eine zutreffende Aussage erlauben.

Anerkannte **mathematisch-statistische Verfahren** sind Schätzverfahren oder Testverfahren, die sich folgendermaßen unterscheiden:
- **Schätzverfahren** ermitteln auf der Grundlage einer Stichprobe eine unbekannte Größe des Gesamtbestands (bspw. Fehleranteil, Fehleranzahl, durchschnittlicher Wert etc.).
- **Testverfahren** untersuchen auf Grundlage einer Stichprobe, ob der Buchbestand bestandszuverlässig ist. Dazu darf die festgestellte Bestandsabweichung in der Stichprobe einen bestimmten Wert nicht überschreiten. Trifft dies zu, ist der Buchbestand mit einer hinreichend großen Wahrscheinlichkeit richtig.

Zu den **zugelassenen Verfahren** gehören auch die freie und gebundene Hochrechnung, die einfache und geschichtete Mittelwertschätzung, die Differenzen-, Verhältnis- und Regressionsschätzung und der Sequenzialtest. **Nicht zugelassen** ist das *Monetary-Unit-Sampling*-Verfahren, da es eine Tendenz zur Über- oder Unterschätzung aufweist.

Mathematisch-statistische Verfahren sind stets mit einer **Fehlerwahrscheinlichkeit** behaftet; dies bedeutet, dass die getroffene Aussage (bspw. tatsächlicher Bestand entspricht dem Buchbestand) mit einer gewissen Wahrscheinlichkeit falsch ist. Der Kfm. muss deshalb die Stichprobe so wählen, dass diese Fehlerwahrscheinlichkeit hinreichend klein ist. In der Literatur werden ein Sicherheitsgrad von 95 % bzw. ein (relativer) Stichprobenfehler von 1 % als noch hinnehmbar genannt.

## 2.3 Einhaltung der GoB

Das mathematisch-statistische Verfahren muss den **Grundsätzen ordnungsmäßiger Buchführung** entsprechen. Die Vorschrift hat klarstellenden Charakter, da der Einsatz ordnungswidriger Verfahren ohnehin unzulässig ist.

Zu den Anforderungen an ein Inventurverfahren betreffend Einhaltung der GoB siehe § 240 Rz 9 ff.

Die Anwendung von Stichprobenverfahren ist kein Verstoß gegen den Grundsatz der **Einzelerfassung**, der **Vollständigkeit** oder der **Einzelbewertung** (§ 252 Rz 52). Bei der Anwendung der Stichprobenverfahren ergibt sich die Einzelerfassung nicht durch die körperliche Bestandsaufnahme der einzelnen Bestände. Vielmehr kommt es entweder zu einer sachgerechten Hochrechnung der Bestände oder aber das Stichprobenverfahren bestätigt die Bestandszuverlässigkeit der Lagerbuchführung, die die Bestände einzeln erfasst.[2]

## 2.4 Bestandszuverlässigkeit der Lagerbuchführung

Anwendungsvoraussetzung für die Inventurvereinfachungsverfahren des § 241 HGB ist die **dauerhafte Bestandszuverlässigkeit**. Für die vor- bzw. nachverlegte

---

[2] Vgl. *ADS*, 6. Aufl., § 241 HGB, Rz 12.

Stichtagsinventur muss Bestandszuverlässigkeit **nur für den Fortschreibungszeitraum** gegeben sein. Dazu muss das Bestandsführungssystem permanent die Bestände so erfassen, fortschreiben und korrigieren, dass die Buchbestände zu jedem Zeitpunkt nicht mehr als unwesentlich von den tatsächlichen Beständen im Lager abweichen. Dazu ist die Einrichtung eines sachgerecht aufgebauten und funktionsfähigen **internen Kontrollsystems** erforderlich; dies erfordert, dass der Kfm. auf der Grundlage einer Analyse der Bestandszuverlässigkeitsrisiken ein System von **Sicherungsmaßnahmen** und **Kontrollen** einrichtet.

11 Zu den **Sicherungsmaßnahmen** gehören bspw. physische und logische Zugangskontrollen sowie bauliche Sicherungsmaßnahmen (bspw. Tresor, Mauer, Alarmanlage, Behälter etc.) oder auch organisatorische Sicherungsmaßnahmen (bspw. Verfahrensabläufe, Werkschutz etc.). Auf der Grundlage der eingerichteten Sicherungsmaßnahmen und einer Einschätzung der verbleibenden Risiken für die Bestandszuverlässigkeit unter Berücksichtigung von in der Vergangenheit ermittelten Bestandsabweichungen muss der Kfm. entscheiden, welche Kontrollen erforderlich sind, um die Bestandszuverlässigkeit dauerhaft zu gewährleisten.

12 Die erforderlichen **Kontrollen** beziehen sich dabei sowohl auf die eingerichteten Sicherungsmaßnahmen als auch auf die in den Büchern verzeichneten Bestände. Das Gesetz enthält keine Vorschrift, wie häufig die Kontrollen vorzunehmen sind. Die gesetzliche Regelung muss deshalb in Abhängigkeit vom Niveau der Bestandszuverlässigkeit ausgelegt werden. Trotzdem wird übereinstimmend die Auffassung vertreten, alle Bestände seien zumindest einmal pro Jahr zu erfassen. Bei einer solchen Orientierung an der Dauer des Gj von normalerweise zwölf - Monaten bleibt allerdings unklar, warum bei Halbjahrs- bzw. Quartalsfinanzberichten nach §§ 37w, 37x Abs. 3 WpHG keine Verkürzung des Erfassungsintervalls gefordert wird. Dies legt den Schluss nahe, dass die Forderung nach einmal jährlicher Erfassung anhand der üblichen Geschäftsjahresdauer gegriffen und aus den GoB nicht unmittelbar herleitbar ist. Bei einer Systemprüfung eines Bestandsfortschreibungssystems (vgl. § 240 Rz 19) ergibt sich die erforderliche Erfassungshäufigkeit nicht aus der Geschäftsjahresdauer, sondern aus den Bestandszuverlässigkeitsrisiken. Deshalb ist bei geringen Bestandszuverlässigkeitsrisiken auch eine seltenere Erfassung denkbar, wird aber von der hM abgelehnt.

13 Führen die Ergebnisse aus der Anwendung des Stichprobenverfahrens (bspw. bei einem Sequenzialtest) zu einer **Ablehnung der Bestandszuverlässigkeit**, ist eine ordnungsmäßige Inventur auf der Grundlage einer Systemprüfung des Bestandsfortschreibungssystems (§ 240 Rz 19) nicht mehr möglich. Eine ordnungsmäßige Inventur ist dann nur noch durch körperliche Bestandsaufnahme möglich.

### 2.5 Gleichwertiger Aussagewert wie eine körperliche Bestandsaufnahme

14 Die Forderung nach einem **gleichwertigen Aussagewert wie die körperliche Bestandsaufnahme** wird auch als Grundsatz der **Aussageäquivalenz** bezeichnet.[3]

15 Die Forderung nach einem gleichwertigen Aussagewert steht in engem Zusammenhang mit der Forderung nach Einhaltung der GoB. Diese Anforderung hat

---

[3] Vgl. *Winkeljohann/Philipps*, in Beck Bil-Komm. 9. Aufl., § 241 HGB, Rz 22f.; *ADS*, 6. Aufl., § 241 HGB, Rz 15.

klarstellenden Charakter, da eine Methode mit nicht gleichwertigem Aussagegehalt weder GoB noch GoI entspricht noch ein geeignetes Stichprobenverfahren ist (Rz 3 f.).

## 3 Andere Inventurverfahren (Abs. 2)

### 3.1 Anwendungsvoraussetzungen

Nach § 240 Abs. 2 HGB darf der Kfm. auf eine Stichtagsinventur verzichten, wenn durch **andere Verfahren** eine ordnungsmäßige Bestandsermittlung möglich ist. Dabei muss der Kfm. folgende Anwendungsvoraussetzungen erfüllen: **16**
- Das angewandte Verfahren muss den **Grundsätzen ordnungsmäßiger Buchführung** entsprechen.
- Es muss Bestandszuverlässigkeit gegeben sein.
- Der Bestand muss sich nach **Art, Menge und Wert** ohne körperliche Bestandsaufnahme feststellen lassen können.

**Andere Inventurverfahren** i. S. d. § 241 Abs. 2 HGB sind bspw. **17**
- die permanente Inventur (Rz 18),
- die Einlagerungsinventur (Rz 20) und
- die systemgestützte Werkstattinventur (Rz 27).

### 3.2 Permanente Inventur

Bei der **permanenten Inventur** handelt es sich um ein Bestandsfortschreibungsverfahren, bei dem sämtliche Bestandsbewegungen unmittelbar erfasst und die jeweiligen Bestände nach Art, Menge und Wert fortgeschrieben werden. Bei ordnungsmäßiger Bestandsbuchführung ist es dann jederzeit möglich, aus den geführten Aufzeichnungen die aktuellen Bestände zu ermitteln. Soweit die Buchbestände von den tatsächlichen Beständen auf Lager nicht wesentlich abweichen – das System also bestandszuverlässig ist –, bedarf es keiner Stichtagsinventur zur Feststellung der Bestände. **18**

Das Gesetz fordert, dass bei einer permanenten Inventur **Art, Menge und Wert** der Bestände aufgezeichnet werden. In der Praxis führt die Fortschreibung der Werte zu Problemen. Dies liegt daran, dass bei Zugängen (bspw. Lagereingang) meist nur Art und Menge an der Erfassungsstelle bekannt sind, während der Wert der Bestände an anderer Stelle bekannt ist (bspw. Einkaufsabteilung, Rechnungswesen). Weiter ändern sich zum Zeitpunkt des Zugangs bekannte Werte später noch durch bspw. Skonti, Rabatte, nachträgliche Preisnachlässe (Boni). Die Zu- und Abgänge müssen laufend bewertet werden, um sie weiterverrechnen zu können (bspw. für laufende Einrechnung von Bestandsentnahmen in die HK von unfertigen Erzeugnissen). Deshalb erfordert eine permanente Inventur einen schnellen betriebsinternen Belegfluss und eine umgehende Buchung von Belegen. Soweit zur Umgehung dieses Problems mit festen Verrechnungspreisen gearbeitet wird, müssen bei der Inventaraufstellung entsprechende Wertanpassungen vorgenommen werden. **19**

### 3.3 Einlagerungsinventur

20 § 241 Abs. 2 HGB lässt eine **Einlagerungsinventur** zu. Hier werden Art, Menge und Wert nur bei der Einlagerung erfasst. Die Bestände werden dann ohne Inventur bis zur Auslagerung fortgeführt. Bei der Auslagerung wird der gesamte Bestand als Abgang behandelt, Teilabgänge werden als Gesamtauslagerung und Einlagerung des nicht verbrauchten Restbestands abgebildet.

21 Anwendungsgebiet der Einlagerungsinventur sind **vollautomatische Lagersysteme** (bspw. Hochregallager). Ein Hochregallager ist ein zugangsgesperrter Lagerraum mit einem automatischen Einlagerungs- bzw. Auslagerungssystem, bei dem jeder gelagerten Einheit ein bestimmter Lagerplatz zugewiesen ist. Dadurch kann der gelagerte Bestand jederzeit nach Art, Menge und Wert identifiziert werden. Deshalb können Ein- und Auslagerungsvorgänge für die Inventur genutzt werden.

22 Dazu muss das IKS sicherstellen, dass **räumliche Sicherungsmaßnahmen** eingerichtet sind. Die Einlagerungsinventur baut darauf, dass das Lager ein sicherer, im Normalfall für Personen unzugänglicher Lagerplatz ist. Dies ist für die Annahme der Bestandszuverlässigkeit von zentraler Bedeutung, da Schwund, unzulässige Teilauslagerungen und Beschädigungen nahezu ausgeschlossen sind.

23 Besonderheiten ergeben sich bei der **Bewertung der Bestände**; da es prinzipiell möglich ist, jedem eingelagerten Bestand individuelle AHK zuzuweisen, stellt sich die Frage, ob die Bestandsbewertung stets **individuell** erfolgen muss oder ob ein **Verbrauchsfolgeverfahren** nach § 256 HGB angewandt werden kann. Beide Bewertungsverfahren sind handelsrechtlich zulässig, müssen aber stetig angewandt werden.

Das BMF lehnt dagegen die Anwendung des LIFO-Verfahrens nach § 6 Abs. 1 Nr. 2a EStG ab, wenn ohne zusätzlichen Aufwand die individuellen AK zugeordnet werden können.[4] Diese Auffassung wird in der Literatur kritisiert.[5] Dass durch geschickte Bestandsführung die LIFO-Methode nachgebildet werden kann und darüber hinaus eigentlich nicht zugelassene Verbrauchsfolgen (wie bspw. HIFO) hergestellt und steuerlich anerkannt werden müssen (vgl. Rz 24), scheint der Finanzverwaltung entgangen zu sein.

24 Bei einer **individuellen Bewertung** der Bestände stellt sich die Frage, ob das Unt durch Steuerung der Entnahmen auch Verbrauchsfolgen herstellen darf, die als Verbrauchsfolgeverfahren nicht anerkannt sind (bspw. Hifo, Lofo, Kifo, Kilo etc.), sich aber durch tatsächliche Entnahmen ergeben. Zunächst ist festzuhalten, dass die Verbrauchsfolgeverfahren eine Verbrauchsfiktion aufstellen, die nicht der tatsächlichen Verbrauchsfolge entsprechen muss. Bei der Einlagerungsinventur handelt es sich jedoch bei individueller Bewertung um eine tatsächliche Verbrauchsfolge. Eine nachgewiesene, tatsächliche Verbrauchsfolge ist deshalb stets anzuerkennen. Dies gilt auch steuerlich (vgl. Rz 23).

25 Werden bei der Einlagerungsinventur **Verbrauchsfolgeverfahren** gem. § 256 HGB angewandt, gelten für die Wahl des angewandten Verfahrens die allgemeinen Grundsätze (§ 256 Rz 17) und damit eine Beschränkung auf die handelsrechtlich zulässigen Verbrauchsfolgeverfahren.

---

[4] Vgl. *BMF,* Schreiben vom 12.5.2015, IV C 6, S2174/07/10001.
[5] Vgl. *Westhoff/Graf,* BMF nimmt zur Zulässigkeit der LIFO-Methode Stellung, BPP 2015, S. 147; *Graf,* Neue Entwicklung bei der LIFO-Methode in der Steuerbilanz, MBP 2015, S. 8.

In der Literatur wird laut hM gefordert, dass innerhalb des Gj **unbewegte** 26
**Bestände** zumindest einmal im Jahr aufzunehmen sind (zur Kritik daran vgl.
Rz 10 f.). Die Kombination von Einlagerungsinventur und Stichprobeninventur
ist zulässig (vgl. Rz 43 f.).

### 3.4 Systemgestützte Werkstattinventur

Die **systemgestützte Werkstattinventur** ist ein Inventurverfahren, mit dem 27
Bestände unterschiedlichen Fertigungsstands entsprechend der erreichten Fertigungsstufe erfasst und bewertet werden. Die Erfassung kann durch körperliche
Bestandsaufnahme oder durch Produktionssteuerungsdaten erfolgen und ist
auch bei laufendem Betrieb möglich, wenn der Fertigungsstand aufgezeichnet
wird und diese Aufzeichnungen für die Inventur herangezogen werden können.[6]

**Beispiel**
Die Fertigung in einem Betrieb erfolge nach Fertigungsstationen. Dabei
werden für jede Fertigungsstation Standardherstellungskosten ermittelt und
nach Passieren der Fertigungsstation den HK des Halbfertigprodukts zugeschlagen.

| Fertigungs-stand | HK/Stk | kumulierte HK über passierte Stationen | Anzahl | Bestand je Station |
|---|---|---|---|---|
| Station 1 | 150,00 EUR | 150,00 EUR | 150 | 22.500 EUR |
| Station 2 | 300,00 EUR | 450,00 EUR | 310 | 157.500 EUR |
| Station 3 | 75,00 EUR | 525,00 EUR | 420 | 220.500 EUR |
| ... | ... | ... | ... | ... |
| etc. | ... | ... | ... | ... |
| Summe | | | | ... EUR |

## 4 Vor- oder nachverlegte Inventur (Abs. 3)

### 4.1 Überblick

§ 241 Abs. 3 HGB erlaubt dem Kfm. eine **vor- oder nachverlegte Stichtags-** 28
**inventur**. Die vor- oder nachverlegte Stichtagsinventur ist zunächst ihrer Art
nach eine Stichtagsinventur, die an einem (oder mehreren) Tag(en) vor bzw. nach
dem Abschlussstichtag stattfindet. Die dabei ermittelten Bestände werden in
einem **besonderen Inventar** festgehalten und bewertet und dann bis zum Abschlussstichtag **dem Wert nach** fortgeschrieben bzw. auf den Abschlussstichtag

---

[6] Vgl. *ADS*, 6. Aufl., § 241 HGB, Rz 31.

zurückgerechnet; eine Fortschreibung bzw. Rückrechnung von Art und Menge ist nicht erforderlich.[7]

29 Die **Wertfortschreibung** wird wie folgt vorgenommen:

| Bestände am nachverlegten Inventurstichtag (Art, Menge, Wert) |
| --- |
| + Wert Abgänge seit dem Abschlussstichtag |
| – Wert Zugänge seit dem Abschlussstichtag |
| = Wert der Bestände am Abschlussstichtag |

30 Die **Wertrückrechnung** wird wie folgt vorgenommen:

| Bestände am vorverlegten Inventurstichtag (Art, Menge, Wert) |
| --- |
| + Wert Zugänge bis zum Abschlussstichtag |
| – Wert Abgänge bis zum Abschlussstichtag |
| = Wert der Bestände am Abschlussstichtag |

### 4.2 Anwendungsvoraussetzungen

31 Der Kfm. darf die vor- bzw. nachverlegte Stichtagsinventur nach dem Gesetzeswortlaut unter folgenden Voraussetzungen anwenden:
- Der Kfm. nimmt eine **körperliche Bestandsaufnahme** vor oder er schreibt seine Bestände durch ein **anderes Inventurverfahren** i.S.d. § 241 Abs. 2 HGB fort und
- die körperliche Bestandsaufnahme findet **innerhalb von drei Monaten vor bzw. innerhalb von zwei Monaten nach dem Abschlussstichtag** statt und
- das Ergebnis der Bestandaufnahme wird in einem **besonderen Inventar** verzeichnet und
- der Kfm. nimmt eine **wertmäßige Bestandsfortschreibung bzw. Rückrechnung** vor, die den **GoB** entspricht.
- Darüber hinaus muss für die Bestandsfortschreibung bzw. -rückrechnung **Bestandszuverlässigkeit** für den Fortschreibungs- bzw. Rückrechnungszeitraum gegeben sein.
- Nach dem Gesetzeswortlaut ist die Anwendung nur für **VG** zulässig, jedoch ist die Anwendung nach hM auch für **Rückstellungen** zulässig.

### 4.3 Anwendung eines anderen Inventurverfahrens

32 **Beispiel**
Der Kfm. führt seine Bestände im Rahmen einer permanenten Inventur (= anderes Inventurverfahren i.S.d. § 241 Abs. 2 HGB). Statt regelmäßig einzelne Teilbestände zu zählen, nimmt er für den gesamten Bestand am 15.11. eine vorverlegte Inventur vor und schreibt den Bestand mithilfe der permanenten Inventur auf den Abschlussstichtag am 31.12. fort.

---

[7] Vgl. *ADS*, 6. Aufl., § 241 HGB, Rz 32f., 40.

## 4.4 Frist

Die Bestandsaufnahme darf nur innerhalb des Zeitraums von **drei Monaten vor** bzw. **zwei Monaten nach dem Abschlussstichtag** vorgenommen werden, wobei der Kfm. – für jedes Gj neu – den Tag frei wählen kann (wobei auch eine Verteilung auf mehrere Tage zulässig ist). Es ist auch zulässig, die Grundsätze der ausgeweiteten Stichtagsinventur auf den ersten möglichen bzw. letzten zulässigen Termin der vor- bzw. nachverlegten Inventur anzuwenden, wenn die Anwendungsvoraussetzungen für eine ausgeweitete Stichtagsinventur erfüllt sind, also auch eine mengen- und wertmäßige Fortschreibung der Bestände erfolgt. 33

## 4.5 Besonderes Inventar

Beim **besonderen Inventar** handelt es sich um ein Inventar, das auf den vor oder nach dem Abschlussstichtag liegenden Erfassungsstichtag (bzw. mehrere Erfassungsstichtage) aufgestellt wird. 34

Das besondere Inventar ist die Ausgangsbasis für die wertmäßige Fortschreibung bzw. Rückrechnung der Bestände auf den Abschlussstichtag. 35

## 4.6 Zeitweilige Bestandszuverlässigkeit

Zum Begriff **Bestandszuverlässigkeit** s. Rz 10f. 36

Anders als bei den übrigen Inventurvereinfachungsverfahren des § 241 HGB ist hier Bestandszuverlässigkeit **nur für den Rückrechnungs- bzw. Fortschreibungszeitraum** erforderlich. 37

Die vor- bzw. nachverlegte Inventur ist deshalb i.d.R. nicht für Bestände zulässig, die **nicht die Vermutung der Bestandszuverlässigkeit** in sich tragen (vgl. § 240 Rz 17). 38

## 4.7 Zugelassene Bestände

Dem Gesetzeswortlaut nach darf die vor- oder nachverlegte Stichtagsinventur nur auf **VG** angewandt werden. Nach hM ist aber die Anwendung auf die Inventur **bestimmter Rückstellungen** zulässig (insb. Personalbestand für Pensionsrückstellung). Für die Inventur der Pensionsverpflichtungen können die Personaldaten, die Bewertungsparameter und der maßgebliche Zinssatz in Übereinstimmung mit den Fristen für die vorverlegte Stichtagsinventur bis zu drei Monate vor dem Abschlussstichtag erhoben werden, sofern nicht bis zum (oder seit dem) Abschlussstichtag wesentliche Änderungen eingetreten sind.[8] 39

## 4.8 Probleme der vor- bzw. nachverlegten Inventur

Ein wesentliches Problem stellt die Anwendung des **Niederstwerttests** auf die Bestände (vgl. § 253 Rz 281) dar. Bei der **vorverlegten Stichtagsinventur** werden 40

---

[8] Vgl. *IDW RS HFA* 30, Tz 14, 65.

die Bestände an einem Tag vor dem Abschlussstichtag aufgezeichnet, zum Durchschnittswert bewertet und zu Bestandsgruppen zusammengefasst. Abgänge nach dem Inventurstichtag werden zu den ermittelten Durchschnittswerten ausgebucht. Zugänge nach dem vorverlegten Inventurstichtag werden jedoch nicht der Menge nach, sondern nur mit ihrem Zugangswert erfasst. Soweit sich dann Preisminderungen bis zum Abschlussstichtag ergeben, verfügt der Kfm. nicht über eine Bestandsmenge, die er auf den niedrigeren beizulegenden Wert abwerten kann. Deshalb birgt die vorverlegte Stichtagsinventur die **Gefahr der Überbewertung** der Bestände zum Abschlussstichtag. Bei der Gruppenbildung muss der Kfm. deshalb darauf achten, dass die in der Gruppe zusammengefassten Bestände der gleichen Wertentwicklung unterliegen. Die Abwertung einer Gruppe von Beständen kann dann bspw. mithilfe von Preisindizes erfolgen.[9]

> **Beispiel**
> Der Abschlussstichtag des Kfm. ist der 31.12.; er nimmt am 15.11. eine vorverlegte Stichtagsinventur vor.
> In seinem Bestand befindet sich eine große Zahl Schraubensorten. Die Schrauben werden nach Gewicht abgepackt. Die Wertentwicklung der Schrauben sei stark vom Weltmarktpreis von Metallen abhängig.
> Im Rahmen der vorverlegten Stichtagsinventur am 15.11. erfasst und bewertet der Kfm. seine gesamten Bestände und erstellt ein besonderes Inventar. Für die Schraubenbestände bildet er Bestandsgruppen nach dem Gewicht der Schraubenpäckchen.
> Für die Schraubenpäckchen mit 500 Gramm Gewicht soll sich dabei folgendes besonderes Inventar ergeben haben:
>
> | Art | Menge | Wert |
> |---|---|---|
> | Sorte 1 | X Stück | X EUR |
> | Sorte 2 | Y Stück | Y EUR |
> | ... | ... | ... |
> | Sorte N | N Stück | N EUR |
> | Schrauben 500 Gramm | 2 175 Stück | 4.350 EUR |
>
> Damit ergibt sich ein Durchschnittswert von 2 EUR je Päckchen Schrauben zu 500 Gramm.
> Nach dem Inventurstichtag entnimmt der Kfm. insgesamt 450 Päckchen und erwirbt 300 Päckchen zu 1,50 EUR neu hinzu. Dadurch ergibt sich folgende Wertfortschreibung:
>
> | | |
> |---|---|
> | Bestand 15.11. | 4.350 EUR |
> | Abgänge (450 Päckchen zu 2,00 EUR) | −900 EUR |
> | Zugänge (300 Päckchen zu 1,50 EUR) | 450 EUR |
> | **Bestand 31.12.** | **3.900 EUR** |

---

[9] Vgl. *ADS*, 6. Aufl., § 241 HGB, Rz 38.

Vom 15.11. bis 31.12. soll sich der Wert eines Päckchens Schrauben aufgrund des gesunkenen Weltmarktpreises für Metalle im Durchschnitt von 2,00 EUR auf 1,50 EUR vermindert haben, er ist also um 25 % gesunken. Der Kfm. muss deshalb den Bestand aufgrund des Niederstwertprinzips abwerten. Da bei der vorverlegten Stichtagsinventur die Bestandsmengen normalerweise nicht fortgeschrieben werden, ist es vertretbar, die allgemeine Preisentwicklung für Schrauben auf den fortgeschriebenen Bestandswert anzuwenden:

| Fortgeschriebener Bestand 31.12. | 3.900 EUR |
|---|---|
| Wertminderung 25 % | –975 EUR |
| **Bilanzansatz 31.12.** | **2.925 EUR** |

Bei einer mengenmäßigen Bestandsfortschreibung wäre ein Bestand von 2.025 Päckchen Schrauben ermittelt worden, der bei einem Wert am Abschlussstichtag von 1,50 EUR zu einem Bilanzansatz nach Wertberichtigung von 3.037,50 EUR geführt hätte. Der Bewertungsfehler durch die Indizierung des Endbestands statt der Abwertung anhand der tatsächlichen Bestandsmenge ist bei der vorverlegten Stichtagsinventur i.d.R. hinnehmbar klein (hier im Beispiel ca. 3,5 % Unterbewertung des Bestands); im Übrigen führen konstant sinkende Preise nach dem Erfassungsstichtag bei diesem Verfahren regelmäßig zu Unterbewertungen, wenn Zugänge zu geminderten Preisen zu verzeichnen sind. Überbewertungen sind nur bei schwankenden Preisen nach dem Erfassungsstichtag denkbar.

Ein weiteres Problem stellt die Anwendung des **Lifo-Verfahrens** dar (§ 256 Rz 25). Das Lifo-Verfahren geht davon aus, dass die zuletzt erworbenen Bestände zuerst wieder entnommen werden. Da die Bestandsfortschreibung nur dem Wert, nicht aber der Menge nach erfolgt, ist die Ermittlung des Lifo-Abgangswerts von Abgängen nach dem Inventurstichtag nicht möglich; deshalb ist bei Anwendung des Lifo-Verfahrens zusätzlich eine art- und mengenmäßige Fortschreibung erforderlich.[10]

Ein grundlegendes Problem der **nachverlegten Stichtagsinventur** ist, dass bei Problemen mit der Bestandsrückrechnung die Inventur nicht den GoI entspricht. In der Praxis ist eine nachverlegte Stichtagsinventur deshalb nur zu empfehlen, wenn der Kfm. Probleme mit der Bestandsrückrechnung mit an Sicherheit grenzender Wahrscheinlichkeit ausschließen kann. Es ist empfehlenswert, die Bestandsfortschreibung zunächst im Rahmen einer vorverlegten Stichtagsinventur zu testen und erst in späteren Jahren zur nachverlegten Stichtagsinventur überzugehen.

## 5 Kombination und Wechsel zwischen Inventurverfahren

Eine Kombination verschiedener Inventurverfahren ist zulässig.

---

10 Vgl. *Winkeljohann/Philipps*, in Beck Bil-Komm. 9. Aufl., § 241 HGB, Rz 55.

> **Beispiel**
> Der Kfm. führt sein Warenlager teilweise im Rahmen einer permanenten Inventur, teilweise nimmt er die Bestände durch Stichprobeninventur auf. Dabei hat er klar festgelegt, welche Bestandsgruppen nach welchem Verfahren aufzunehmen sind. Diese Kombination von Inventurverfahren ist zulässig.

44  Für die **Wahl der Inventurverfahren** gilt kein Stetigkeitsgebot; daran hat sich auch durch die Einführung des **Ansatzstetigkeitsprinzips** im Rahmen des BilMoG nichts geändert.

45  Ein solches Stetigkeitsgebot wäre im Übrigen auch nicht sachgerecht. Da alle zulässigen Inventurverfahren die GoB und GoI einhalten müssen, führen sie bei sachgerechter Anwendung zu einem ordnungsgemäßen Ergebnis.

## § 241a BEFREIUNG VON DER PFLICHT ZUR BUCHFÜHRUNG UND ERSTELLUNG EINES INVENTARS

[1]Einzelkaufleute, die an den Abschlussstichtagen von zwei aufeinander folgenden Geschäftsjahren nicht mehr als 500.000 Euro Umsatzerlöse und 50.000 Euro Jahresüberschuss aufweisen, brauchen die §§ 238 bis 241 nicht anzuwenden. [2]Im Fall der Neugründung treten die Rechtsfolgen schon ein, wenn die Werte des Satzes 1 am ersten Abschlussstichtag nach der Neugründung nicht überschritten werden.

WP STB LUKAS GRAF

### Inhaltsübersicht

| | | Rz |
|---|---|---|
| 1 | Überblick | 1–5 |
| | 1.1 Normenzusammenhang | 1–3 |
| | 1.2 Inhalt, Zweck und Grenzen der Vorschrift | 4–5 |
| 2 | Verzicht auf die kaufmännische Buchführung (Satz 1) | 6–20 |
| | 2.1 Persönlicher Anwendungsbereich | 6–10 |
| | 2.1.1 Anwendungsvoraussetzungen | 6–7 |
| | 2.1.2 In kaufmännischer Weise eingerichteter Geschäftsbetrieb | 8 |
| | 2.1.3 Anwendung des § 241a HGB bei freiwilliger Eintragung im Handelsregister | 9 |
| | 2.1.4 Vereinfachtes Prüfungsschema | 10 |
| | 2.2 Rechnungslegung bei Befreiung von der Buchführungspflicht | 11–12 |
| | 2.3 Zeitlicher Anwendungsbereich | 13–17 |
| | 2.4 Wahlrechtsausübung und Dauer des Wegfalls der kaufmännischen Buchführungspflicht | 18–20 |
| | 2.4.1 Erklärung der Wahlrechtsausübung | 18–19 |
| | 2.4.2 Dauer des Wegfalls | 20 |
| 3 | Besonderheiten bei der Neugründung (Satz 2) | 21–24 |

### Ergänzendes Schrifttum

*Aigner*, Das neue Bilanzrecht nach HGB auf der Grundlage des Bilanzrechtsmodernisierungsgesetzes (BilMoG), Münster, 2009; *Dörfler/Adrian*, Zur Umsetzung der HGB-Modernisierung durch das BilMoG: Steuerbilanzrechtliche Auswirkungen, DB 2009, Beil. 5, S. 58; *Ebner*, Insolvenzstrafrechtliche Konsequenzen der §§ 241a, 242 Abs. 4 HGB zum 29.5.2009, WISTRA 2010, S. 92; *Herzig*, Modernisierung des Bilanzrechts und Besteuerung, DB 2008, S. 1; *Kersting*, Handels- und gesellschaftsrechtliche Auswirkung der Befreiung „kleiner"

Kaufleute von der Buchführungs- und Bilanzierungspflicht – Eine Kritik an §§ 120, 241a, 242 Abs. 4 HGB-E i.d.F. des BilMoG, BB 2008, S. 790; *Kußmaul/ Meyering*, BilMoG-Regierungsentwurf: Wen entlastet § 241a HGB-E?, DB 2008, S. 1445; *Neufang*, Wechsel der Gewinnermittlungsart vor dem Hintergrund des § 241a HGB, STBP 2009, S. 206; *Richter*, BilMoG: Befreiung von der handelsrechtlichen Buchführungspflicht gem. § 241a HGB – Eine kritische Bestandsaufnahme der Auswirkungen auf die steuerliche Gewinnermittlung, FR 2009, S. 804; *Schmidt*, Buchführungspflicht nach BilMoG – Abgrenzungen zur steuerrechtlichen Buchführungspflicht, BBK 2008, Fach 4, S. 2173; *Schmidt*, Befreiung von der Buchführungspflicht nach BilMoG, BBK 2009, S. 535; *Schulze-Osterloh*, Ausgewählte Änderungen des Jahresabschlusses nach dem Referentenentwurf eines Bilanzrechtsmodernisierungsgesetzes, DStR 2008, S. 63; *Tanski*, Bilanzrechtsmodernisierungsgesetz – Erste Überlegungen, SteuerConsultant 2007, S. 2; *Tipke/Kruse*, Abgabenordnung Finanzgerichtsordnung – Kommentar, Juni 2015.

# 1 Überblick

## 1.1 Normenzusammenhang

1 Die §§ 238–241 HGB regeln die Buchführungspflichten und die Vorschriften zum Inventar. **§ 241a HGB** ist eine im Zuge des BilMoG geschaffene Ausnahmeregelung, die **kleine EKfl von der kaufmännischen Buchführung der §§ 238–241 HGB ausnimmt.**

2 Bei Verzicht auf die kaufmännische Buchführung lässt die Folgevorschrift des **§ 242 Abs. 4 HGB** auch die Bilanzierungspflicht nach §§ 242 ff. HGB entfallen (§ 242 Rz 12).

3 **§ 141 Abs. 1 AO** schreibt unter Bezugnahme auf die §§ 238, 240, 241, 242 Abs. 1 HGB und §§ 243–256 HGB eine **steuerliche Rechnungslegung** vor. Damit hat der Gesetzgeber bei steuerlicher Buchführungspflicht nach § 141 AO eine Verzichtsmöglichkeit nach § 241a HGB ausgeschlossen. Ansonsten wäre bei Unterschreitung der Grenzen des § 241a HGB auch die steuerliche Buchführungs- und Bilanzierungspflicht weggefallen.

## 1.2 Inhalt, Zweck und Grenzen der Vorschrift

4 § 241a HGB befreit **Einzelkaufleute** (Rz 6) von den Buchführungspflichten der §§ 238–241 HGB. Dadurch können EKfl statt der kaufmännischen Buchführung und der Erstellung eines JA nach §§ 242 ff. HGB eine Einnahmenüberschussrechnung erstellen. Diese Vorschrift ist nicht auf PersG, Genossenschaften oder die KleinstKapG (vgl. § 267a Rz 1 ff.) übertragbar.

5 Die Vorschrift sollte einen wesentlichen Beitrag zum **Bürokratieabbau** leisten.[1] In der Praxis hat die Vorschrift keine Bedeutung erlangt. Folgender, begrenzter Anwenderkreis kommt in Betracht:
- EKfl, die sich freiwillig nach § 2 HGB im HR haben eintragen lassen und die bisher die Grenzen des § 141 AO nicht überschritten haben.

---

[1] Vgl. BilMoG-BgrRegE, S. 46.

- EKfl, die Kfm i. S. d. § 1 HGB sind, aber die Grenzen des § 241a HGB (noch) nicht überschreiten (bspw. in Gründungs- oder Verlustphase).

## 2 Verzicht auf die kaufmännische Buchführung (Satz 1)

### 2.1 Persönlicher Anwendungsbereich

#### 2.1.1 Anwendungsvoraussetzungen

§ 241a HGB kann jeder **EKfm** anwenden. Dies setzt voraus, dass Kaufmannseigenschaft (§ 238 Rz 16) gegeben ist, also ein Handelsgewerbe (§ 238 Rz 16) vorliegt, das einen in kaufmännischer Weise eingerichteten Geschäftsbetrieb erfordert (§ 238 Rz 25 f.). 6

**Einzelkaufmann** ist, wer sein Handelsgewerbe alleine und nicht zusammen mit anderen Kfl. in einer Handelsgesellschaft (§ 6 HGB) betreibt. Unschädlich ist eine stille Gesellschaft i. S. d. §§ 230 f. HGB. 7

#### 2.1.2 In kaufmännischer Weise eingerichteter Geschäftsbetrieb

Zum Begriff „in kaufmännischer Weise eingerichteter Geschäftsbetrieb" s. § 238 Rz 25 f. 8

#### 2.1.3 Anwendung des § 241a HGB bei freiwilliger Eintragung im Handelsregister

Soweit für einen Gewerbebetrieb kein in kaufmännischer Weise eingerichteter Geschäftsbetrieb vorliegt, gilt dieser als Handelsgewerbe, wenn er gem. § 2 HGB **freiwillig im Handelsregister eingetragen** ist (§ 238 Rz 17). Durch eine freiwillige Eintragung entsteht Buchführungspflicht nach §§ 238 f. HGB. 9

## 2.1.4 Vereinfachtes Prüfungsschema

Abb. 1: Schema zur Prüfung der Buchführungspflicht

## 2.2 Rechnungslegung bei Befreiung von der Buchführungspflicht

§ 241a HGB enthält keine Bestimmung, welche Form der Rechnungslegung anstatt der kaufmännischen Buchführung nach §§ 238–241 HGB anzuwenden ist. Der Gesetzgeber hat jedoch in den Gesetzesmaterialien[2] klargestellt, dass nur eine **Einnahmenüberschussrechnung** i. S. d. § 4 Abs. 3 EStG zugelassen ist.[3] Es kommt dabei nur eine **inhaltsgleiche Anwendung des** § 4 Abs. 3 EStG infrage.

### 2.3 Zeitlicher Anwendungsbereich

Das Gesetz regelt in § 241a HGB: „Einzelkaufleute, die an den Abschlussstichtagen von **zwei** aufeinander folgenden Geschäftsjahren nicht mehr als 500.000 EUR Umsatzerlöse und 50.000 EUR Jahresüberschuss aufweisen, brauchen die §§ 238 bis 241 HGB nicht anzuwenden". Damit ist für die Anwendung der Befreiungsvorschrift des § 241a HGB ein **zweimaliges Unterschreiten** der Größenkriterien erforderlich. Ein Überschreiten bereits im laufenden Gj steht einer Fortführung der Anwendung des § 241a HGB unmittelbar entgegen.
Mit dem Bürokratieentlastungsgesetz wurden die Grenzen des § 241a HGB um 20 % wie folgt angehoben:

|  | Geschäftsjahresbeginn bis zum 31.12.2015 | Geschäftsjahresbeginn nach dem 31.12.2015 |
|---|---|---|
| Umsatzerlöse | 500.000 EUR | 600.000 EUR |
| Jahresüberschuss | 50.000 EUR | 60.000 EUR |

Die neuen Grenzen sind erstmals auf Gj anzuwenden, die nach dem 31.12.2015 beginnen.
Mit dem Bürokratieentlastungsgesetz wurden im Gleichlauf auch die Grenzen des § 141 AO wie folgt angehoben:

|  | Wirtschaftsjahresbeginn bis zum 31.12.2015 | Wirtschaftsjahresbeginn nach dem 31.12.2015 |
|---|---|---|
| Umsätze | 500.000 EUR | 600.000 EUR |
| Gewinn aus Gewerbebetrieb | 50.000 EUR | 60.000 EUR |

Die neuen Grenzen sind erstmals auf Wj anzuwenden, die nach dem 31.12.2015 beginnen. Auf die weiteren Anwendungsvorschriften wird hier nicht eingegangen.
Maßgeblich ist das Unterschreiten am **Abschlussstichtag**. Nach der hier vertretenen Auffassung gilt dies auch für den Abschlussstichtag eines **Rumpfgeschäftsjahres**, andere Auffassungen gehen von einer zeitanteiligen Berechnung aus, die sich aber – anders als bei § 267 HGB – nicht aus dem Wortlaut des § 241a HGB herleiten lässt.[4]
Eine Einnahmenüberschussrechnung sieht kein abweichendes Wj vor; sie ist auf das Kj ausgerichtet.

---

2  Vgl. BilMoG-BgrRegE, S. 46.
3  Zu Einzelheiten betreffend die Einnahmenüberschussrechnung: *Neufang* STBP 2009, S. 260.
4  Für eine zeitanteilige Berechnung: *Gelhausen/Fey/Kämpfer*, Rechnungslegung und Prüfung nach dem Bilanzrechtsmodernisierungsgesetz, Abschn. A, Rz 16; betreffend Schwellenwerte: vgl. *Winkeljohann/Lawall*, in Beck Bil-Komm, 9. Aufl., § 241a HGB, Rz 5.

**17** Da es sich bei § 241a HGB um ein Wahlrecht handelt, ist eine **Ausübung des Wahlrechts auch in einem späteren als dem erstmöglichen Gj zulässig,** solange die Anwendungsvoraussetzungen weiter erfüllt sind.

## 2.4 Wahlrechtsausübung und Dauer des Wegfalls der kaufmännischen Buchführungspflicht

### 2.4.1 Erklärung der Wahlrechtsausübung

**18** § 241a HGB enthält **keine Vorschriften**, wie und ob die Ausübung des Wahlrechts zu erklären ist. Mangels Formvorschriften bestehen deshalb keine Bedenken, wenn der EKfm, statt eine Erklärung abzugeben, einfach eine Einnahmenüberschussrechnung erstellt oder die kaufmännische Buchführung einstellt (**faktische Wahlrechtsausübung**).
Steuerlich gilt i.d.R. die Einreichung der Einnahmenüberschussrechnung beim Finanzamt als Zeitpunkt der Wahlrechtsausübung.

**19** Mit der **Unterzeichnung (Aufstellung) des JA nach § 245 HGB** endet das Wahlrecht, da der EKfm mit der Unterzeichnung des JA sein Einverständnis mit dem Inhalt des JA erklärt. Unschädlich ist dagegen, dass im folgenden Gj bereits mit einer kaufmännischen Buchführung begonnen wurde. Dies gilt auch steuerlich.

### 2.4.2 Dauer des Wegfalls

**20** Art und Umfang der „laufenden" Prüfung hat der Gesetzgeber nicht geregelt; mangels vergleichbarer Vorschriften bleiben Art und Umfang einer solchen Prüfung weitgehend unbestimmt. Zu den Widersprüchen in diesem Zusammenhang s. 2. Auflage.

## 3 Besonderheiten bei der Neugründung (Satz 2)

**21** Nach § 241a Satz 2 HGB muss eine kaufmännische Buchführung nach §§ 238–241 HGB bereits dann eingerichtet werden, wenn die Umsatz- und Jahresüberschussgrenzen bereits **am ersten Abschlussstichtag** überschritten werden.

**22** Die **Vorschrift** stellt **ausdrücklich auf den Jahresüberschuss – nicht** auf den **Einnahmenüberschuss** – ab. Der Gesetzgeber lässt jedoch einen überschlägigen Nachweis zu.[5]

**23** Wie dieser **überschlägige Nachweis** zu erfolgen hat, ist im Gesetz **nicht** geregelt und in der Gesetzesbegründung **nicht näher** erläutert. Es wird aber ein **zweifacher Nachweis** erforderlich sein: In zeitlicher Nähe zur Gründung muss der EKfm auf der Grundlage einer Grobplanung abschätzen, ob er die Grenzen des § 241a HGB voraussichtlich unterschreiten wird. **Soweit sich während des Gründungsjahrs** kein Anlass ergibt, zur **kaufmännischen Buchführung** überzugehen, muss der EKfm nach dem Ende des Gj seine **Endeinschätzung** dokumentieren, dass die Grenzen des § 241a HGB endgültig unterschritten wurden; damit wird dem in der Gesetzesbegründung geforderten überschlägigen Nachweis der berechtigten Inan-

---

[5] Vgl. BilMoG-BegrRegE, S. 46.

spruchnahme Genüge getan. Soweit die berechtigte Inanspruchnahme offensichtlich ist, wird man an Art und Umfang der Endeinschätzung keine großen Anforderungen stellen müssen. **Soweit** jedoch die **Grenzen** nur sehr **knapp unterschritten** sind, kann in Extremfällen die **Erstellung einer fast vollständigen Bilanz und GuV** erforderlich sein.

Soweit wider Erwarten die Grenzen des § 241a HGB überschritten sind, muss der EKfm seine kaufmännischen Buchführungs- und Rechnungslegungspflichten unverzüglich nachholen. Soweit dies innerhalb angemessener Zeit erfolgt, spricht einiges dafür, die Buchführung insofern als zeitgerecht gelten zu lassen; abschließend geklärt ist dies aber nicht.

Mit der Anwendung des § 241a HGB entfällt auch die Pflicht zur **Eröffnungsinventur** nach § 240 Abs. 1 HGB. Aber auch bei unmittelbarer Erstellung einer Einnahmenüberschussrechnung ist eine Abgrenzung von privater und betrieblicher Vermögenssphäre notwendig. Deshalb besteht auch hier das Erfordernis, getätigte Einlagen in das Betriebsvermögen zum Zeitpunkt der Eröffnung aufzuzeichnen und zu bewerten.

# § 242 PFLICHT ZUR AUFSTELLUNG

(1) ¹Der Kaufmann hat zu Beginn seines Handelsgewerbes und für den Schluß eines jeden Geschäftsjahrs einen das Verhältnis seines Vermögens und seiner Schulden darstellenden Abschluß (Eröffnungsbilanz, Bilanz) aufzustellen. ²Auf die Eröffnungsbilanz sind die für den Jahresabschluß geltenden Vorschriften entsprechend anzuwenden, soweit sie sich auf die Bilanz beziehen.
(2) Er hat für den Schluß eines jeden Geschäftsjahrs eine Gegenüberstellung der Aufwendungen und Erträge des Geschäftsjahrs (Gewinn- und Verlustrechnung) aufzustellen.
(3) Die Bilanz und die Gewinn- und Verlustrechnung bilden den Jahresabschluß.
(4) ¹Die Absätze 1 bis 3 sind auf Einzelkaufleute im Sinn des § 241a nicht anzuwenden. ²Im Fall der Neugründung treten die Rechtsfolgen nach Satz 1 schon ein, wenn die Werte des § 241a Satz 1 am ersten Abschlussstichtag nach der Neugründung nicht überschritten werden.

WP StB Andreas Noodt

| Inhaltsübersicht | Rz |
|---|---|
| 1 Überblick | 1–2 |
| 2 Eröffnungsbilanz | 3–6 |
| 3 Jahresabschluss | 7–13 |
|    3.1 Jahresabschluss | 7–11 |
|    3.2 Erleichterungen | 12–13 |

### Ergänzendes Schrifttum

*Budde/Förschle/Winkeljohann*, Sonderbilanzen: Von der Gründungsbilanz bis zur Liquidationsbilanz, 4. Aufl. 2008; *Kersting*, Handels- und gesellschaftsrechtliche Auswirkungen der Befreiung „kleiner" Kaufleute und Personenhandelsgesellschaften von der Buchführungs- und Bilanzierungspflicht, BB 2008, S. 790.

## 1 Überblick

1    § 242 HGB enthält für alle Kfl. die öffentlich-rechtliche **Verpflichtung zur Aufstellung** einer Eröffnungsbilanz zu Beginn ihres Handelsgewerbes und eines JA zum Schluss eines jeden Gj, bestehend aus Bilanz und GuV. Die Norm des § 242 HGB stellt somit ergänzend zu den Vorschriften über die Buchführungspflicht in den §§ 238 und 241a HGB die **Grundnorm zur Aufstellung eines handelsrechtlichen JA** dar. Begrifflich ist die Aufstellung, die durch den Kfm. vorzunehmen ist, von der Erstellung zu unterscheiden, bei der es sich um die

technische Durchführung der Aufstellung handelt, soweit sie von einem externen Sachverständigen übernommen wird.¹

Der erste Abschnitt des dritten Buchs des HGB (§§ 238–263 HGB) betrifft alle Kfl. Dort sind im zweiten Unterabschnitt in den §§ 242–256a HGB die für alle Kfl. geltenden Vorschriften zum JA geregelt. Sie sind insb. von EKfl, Gesellschaftern der OHG und Komplementären der KG zu beachten. Diese grundsätzlichen Regelungen werden in den §§ 264 ff. HGB für KapG und KapCoGes ergänzt, die diese Bestimmungen zusätzlich beachten müssen. Hierbei sind allerdings die §§ 264 Abs. 3 und 4, 264b HGB zu berücksichtigen, wonach unter bestimmten Voraussetzungen für Töchter von KapG und KapCoGes Ausnahmen von der Anwendung der zusätzlichen Vorschriften der §§ 264 ff. HGB gestattet sind. Der vierte Abschnitt des dritten Buchs (§§ 340 ff., §§ 341 ff. HGB) enthält zusätzliche, von den allgemeinen Regelungen zum Teil abweichende Bestimmungen für Genossenschaften, Kreditinstitute und Versicherungen. Die gesetzlichen Vorschriften zur Aufstellung des JA sind nicht durch gesellschaftsvertragliche Regelungen einschränkbar. Der handelsrechtliche Grundsatz zur Aufstellung des JA gilt gem. § 140 AO auch für steuerliche Zwecke.

## 2 Eröffnungsbilanz

Die Eröffnungsbilanz ist von jedem Kfm zu **Beginn seines Handelsgewerbes** aufzustellen. Als Handelsgewerbe gilt dabei jeder Gewerbebetrieb unter der Voraussetzung, dass er i. S. d. § 1 Abs. 2 HGB einen nach Art oder Umfang in kaufmännischer Weise eingerichteten Geschäftsbetrieb erfordert.² Der Zeitpunkt, wann eine Eröffnungsbilanz im Falle einer Neugründung aufzustellen ist, ist vom Gesetzgeber nicht festgelegt. Der Gewerbetreibende hat einen **Ermessensspielraum** für die Festlegung des Zeitpunkts zwischen dem Abschluss der Vorbereitungsphase und der Erfüllung der Voraussetzung des § 1 Abs. 2 HGB.³ In der Vorbereitungsphase kann sich dennoch bereits eine Buchführungspflicht ergeben. Diese allein hat jedoch keine Auswirkung auf den maßgeblichen Zeitpunkt für die Eröffnungsbilanz. Ferner kann sich ebenso nach § 141 AO bereits eine steuerliche Buchführungspflicht ergeben. Die Eröffnungsbilanz ist jedenfalls spätestens dann aufzustellen, wenn sich das erste Gj auf die GuV auswirkt.⁴ Aus praktischen Gründen empfiehlt es sich, die Eröffnungsbilanz auf den Stichtag des Beginns der Buchführung aufzustellen.

Bei der Gründung einer **KapG** ist es nicht sachgerecht, nach Abschluss der notariellen Gründung die Eröffnungsbilanz erst auf den Zeitpunkt der Eintragung in das HR aufzustellen, wenn die Geschäftstätigkeit bereits aufgenommen wurde (Vorgesellschaft).⁵

Außer bei Neugründungen ist bei der Entstehung einer **PersG** durch Eintritt einer weiteren Person in eine bereits existierende Einzelunternehmung eine

---

1 Vgl. WP-Handbuch, Bd I, 14. Aufl., Abschn. Q, Rz 1376 f.
2 Zum Verhältnis zwischen § 1 Abs. 2 HGB und § 241a HGB vgl. § 241a Rz 6 ff.
3 Vgl. *Förschle/Kropp*, in Sonderbilanzen: Von der Gründungsbilanz bis zur Liquidationsbilanz, 4. Aufl. 2008, B Anm 41.
4 Vgl. *ADS*, 6. Aufl., § 242 HGB, Rz 19.
5 Vgl. *Förschle/Kropp/Schellhorn*, in Sonderbilanzen: Von der Gründungsbilanz bis zur Liquidationsbilanz, 4. Aufl. 2008, D Anm 68 ff., sowie *Winkeljohann/Phillips*, in Beck Bil-Komm. 9. Aufl., § 242 HGB, Rz 3.

Eröffnungsbilanz aufzustellen. Dies folgt bereits der Notwendigkeit der Gewinnermittlung bei den Mitunternehmern. Anders verhält es sich bei Gesellschafterwechseln einer PersG. Hier ist keine Eröffnungsbilanz anzufertigen.[6]

6 Weitere Zeitpunkte, zu denen eine Eröffnungsbilanz zu erstellen ist, sind neben der bereits erwähnten Ausweitung eines bestehenden Betriebs zu einem kaufmännischen Betrieb auch **Sonderfälle** wie Aufspaltungen, Insolvenzen, Liquidationen und Abwicklungen.[7] Des Weiteren ergibt sich aus § 242 Abs. 4 HGB i. V. m. § 241a HGB, dass bei einmaliger Nichterfüllung der Voraussetzungen die Pflicht zur Erstellung einer Eröffnungsbilanz besteht.[8] Stichtag für die dann zu erstellende Eröffnungsbilanz ist der erste Tag des folgenden Gj.

## 3 Jahresabschluss

### 3.1 Jahresabschluss

7 Gem. der Legaldefinition des § 242 Abs. 3 HGB setzt sich der JA aus Bilanz und GuV zusammen. Für KapG und KapCoGes wird diese Definition gem. § 264 Abs. 1 Satz 1 HGB um den Anhang erweitert. Durch Änderungen infolge des BilMoG wird der JA für KM-orientierte Unt i. S. d. § 264d HGB, die nicht zur Aufstellung eines KA verpflichtet sind, um eine KFR und einen Eigenkapitalspiegel sowie – auf freiwilliger Basis – um eine SegmBer erweitert (§ 246 Abs. 1 Satz 2 HGB).

8 Die **Bilanz**, in diesem Fall die Jahresbilanz, ist gem. § 242 Abs. 1 Satz 1 HGB zum Schluss eines jeden Gj aufzustellen.[9] Das Gj darf den Zeitraum von zwölf Monaten nicht überschreiten. Gj mit einem geringeren Zeitraum (Rumpfgeschäftsjahr) sind in dem ersten Gj nach Gründung, bei einer Unternehmensveräußerung oder -insolvenz oder bei einer Umstellung auf einen anderen regelmäßigen Abschlussstichtag möglich.[10]
Bei der Aufstellung sind alle Geschäftsvorfälle zu berücksichtigen, die bis zum Bilanzstichtag stattgefunden haben. Die Bilanz stellt als Teil des JA eine zeitpunktbezogene Gegenüberstellung der VG und Schulden zum Bilanzstichtag dar. Für die Bewertung sind die Verhältnisse am Abschlussstichtag maßgeblich. Die Berücksichtigung der Geschäftsvorfälle bis zum Abschlussstichtag wird als **Stichtagsprinzip** bezeichnet, vgl. § 252 Rz 53. Ereignisse, die nach dem Bilanzstichtag bekannt werden, sind insoweit zu berücksichtigen, als ihre Verursachung vor dem Bilanzstichtag liegt. Hierbei handelt es sich um **wertaufhellende** Tatsachen, die bei der Erstellung des JA Berücksichtigung finden müssen.[11] Demgegenüber sind **wertbegründende** Tatsachen, die wertverändernde Verhältnisse nach dem Ab-

---

[6] Vgl. *ADS*, 6. Aufl., § 242 HGB, Rz 22.
[7] Vgl. *ADS*, 6. Aufl., § 242 HGB, Rz 21 ff.; detailliert *Budde/Förschle/Winkeljohann*, in Sonderbilanzen, Von der Gründungsbilanz bis zur Liquidationsbilanz, 4. Aufl. 2008, Kapitel I, R, S, T.
[8] Vgl. *Kersting*, BB 2008, S. 791. Nach Sinn und Zweck der Regelung wird man es genügen lassen müssen, dass ein Überschreiten der Schwellenwerte nicht zu erwarten ist; vgl. AEAO zu § 141 Nr. 4 S. 5: Danach soll bei einmaligem Überschreiten der Buchführungsgrenze auf Antrag Befreiung von der Buchführungspflicht bewilligt werden, wenn nicht zu erwarten ist, dass die Grenze auch später überschritten wird. Dies sollte für die handelsrechtliche Rechnungslegung analog gelten.
[9] Zum steuerlichen Wj. vgl. *Frotscher*, in *Frotscher*, EStG, § 4a EStG, Rz 9.
[10] Vgl. *Ellerich/Swart*, in *Küting/Pfitzer/Weber*, HdR, HGB § 242, Rn 13, Stand 7/2003; zur Umstellung des steuerlichen Wj. vgl. *Frotscher*, in *Frotscher*, EStG, § 4a EStG, Rz 29.
[11] Vgl. WP-Handbuch, Bd I, 14. Aufl., Abschn. E, Rz 303; *Winkeljohann/Phillips*, in Beck Bil-Komm. 9. Aufl., § 242 HGB, Rz 6.

schlussstichtag begründen, in der Rechnungslegung des folgenden Gj abzubilden.¹² Über den Maßgeblichkeitsgrundsatz des § 5 Abs. 1 Satz 1 EStG gewinnen die handelsrechtlichen Bilanzansätze zusätzlich an Bedeutung, da sie die Grundlage für die steuerliche Gewinnermittlung bilden.¹³

Als weiterer Teil des JA ist zum Schluss des Gj eine **GuV** aufzustellen. Die GuV wird in § 242 Abs. 2 HGB als Gegenüberstellung der Aufwendungen und Erträge des Gj definiert. Sie stellt somit ein zeitraumbezogenes Informationsinstrument dar.¹⁴ Im Gegensatz zur Bilanz, welche den Status zum Abschlussstichtag abbildet, enthält die GuV die Erträge und Aufwendungen, die seit dem letzten Abschlussstichtag zu verzeichnen waren.

9

Die **Gliederung** des JA für KapG und PersG i.S.d. § 264a HGB ist durch die ausführlichen Gliederungsvorschriften in den §§ 264c i.V.m. §§ 265 ff. HGB vorgeschrieben. EKfl und PersG mit einer natürlichen Person als Vollhafter sind bei Aufstellung der Bilanz mit Ausnahme der Mindestgliederung (§ 247 Rz 10 ff.) gem. § 247 Abs. 1 HGB an keine bestimmte Gliederungsvorschrift gebunden, soweit sie nicht besondere branchenbezogene Vorschriften zu beachten haben.¹⁵ Eine detaillierte Gliederung der GuV nach dem GKV oder UKV, wie sie § 275 Abs. 2 und 3 HGB verlangt, ist nicht zwingend vorgeschrieben, die freiwillige Übernahme dieser Gliederungskriterien ist aber üblich (§ 275 Rz 2). Die Aufstellung des JA hat unter Beachtung der GoB und insb. unter Beachtung des Grundsatzes der Klarheit und Übersichtlichkeit gem. § 243 Abs. 2 HGB zu erfolgen. I. d. R. stellt eine Anlehnung an die für PersG gem. § 264a HGB geltenden größenabhängigen Gliederungsvorschriften des HGB eine Basis für die Bestimmung der notwendigen Gliederungstiefe sowie die Postenbezeichnungen für EKfl und PersG, die nicht dem § 264a HGB unterliegen, dar.¹⁶

10

**Unrichtige Darstellungen** in der Eröffnungsbilanz sowie im JA können bei KapG und KapCoGes zu Freiheitsstrafen, Geldstrafen oder Ordnungswidrigkeiten mit Geldbuße führen. Für steuerliche Zwecke kann eine Nichterstellung der Bilanz zu einer Schätzung der Besteuerungsgrundlagen durch das Finanzamt gem. § 162 AO führen.¹⁷

11

### 3.2 Erleichterungen

Die Erleichterungen des Abs. 4 gelten nur für EKfl i.S.d. § 241a HGB. Für EKfl, die die Erleichterungen des § 241a HGB in Anspruch nehmen wollen, besteht mangels Buchführungspflicht auch keine Aufstellungspflicht für eine Eröffnungsbilanz bzw. einen JA. § 242 Abs. 4 HGB folgt somit unmittelbar den Überlegungen zur Inanspruchnahme des § 241a HGB. Für die steuerliche Aufstellungspflicht ist gleichwohl § 141 AO einschlägig.¹⁸ Auch wenn keine Auf-

12

---

12  Vgl. IDW PS 203 Tz 8, sowie IDW PS 910 Tz 41.
13  Vgl. *ADS*, 6. Aufl., § 242 HGB, Rz 30.
14  Vgl. *ADS*, 6. Aufl., § 242 HGB, Rz 36.
15  Vgl. WP-Handbuch, Bd 1, 14. Aufl., Abschn. E, Rz 594.
16  Vgl. IDW RS HFA 7, Tz 41; zu weiteren Gliederungsvorschriften für Personenhandelsgesellschaften vgl. IDW RS HFA 7, Tz 42–58.
17  Vgl. *Winkeljohann/Philipps*, in Beck Bil-Komm. 9. Aufl., § 242 HGB, Rz 12.
18  Vgl. *Oser/Roß/Wader/Drögemüller*, WPg 2008, S. 675.

stellungspflicht für eine Bilanz besteht, ist für steuerliche Zwecke eine Abgrenzung zwischen Privat- und Betriebsvermögen erforderlich.[19]

13 Es ist nicht erforderlich, dass eine Eröffnungsbilanz oder ein JA nach Maßgabe der handelsrechtlichen Vorschriften aufgestellt werden muss, um zu beurteilen und festzustellen, dass eine gesetzliche Verpflichtung dazu nicht besteht. Es ist vielmehr ausreichend, wenn nach überschlägiger Ermittlung unter Berücksichtigung der handelsrechtlichen Vorschriften zum JA ein Überschreiten der Schwellenwerte nicht zu erwarten ist. Diese Überwachungsverpflichtung, ob die Befreiungsvorschriften weiterhin vorliegen, besteht fort.[20]

---

[19] Vgl. *Frotscher*, in *Frotscher*, EStG, § 4 EStG Rz 36.
[20] Vgl. BilMoG-BgrRegE, S. 46f.

# § 243 AUFSTELLUNGSGRUNDSATZ

(1) Der Jahresabschluß ist nach den Grundsätzen ordnungsmäßiger Buchführung aufzustellen.
(2) Er muß klar und übersichtlich sein.
(3) Der Jahresabschluß ist innerhalb der einem ordnungsmäßigen Geschäftsgang entsprechenden Zeit aufzustellen.

WP StB Andreas Noodt

### Inhaltsübersicht

| | | Rz |
|---|---|---|
| 1 | Überblick | 1–2 |
| 2 | Grundsätze ordnungsmäßiger Buchführung (Abs. 1) | 3–19 |
| 2.1 | Begriff und Rechtsnatur der GoB | 3–7 |
| 2.2 | Systematisierungsansätze zur Einteilung der GoB | 8–19 |
| 3 | Grundsatz der Klarheit und Übersichtlichkeit (Abs. 2) | 20–33 |
| 3.1 | Geltungsbereich | 20 |
| 3.2 | Konkretisierung des Grundsatzes der Klarheit und Übersichtlichkeit | 21–31 |
| 3.3 | Rechtsfolgen bei Verstößen gegen Abs. 2 | 32 |
| 3.4 | Maßgeblichkeit (§ 5 Abs. 1 Satz 1 EStG) | 33 |
| 4 | Frist zur Aufstellung des Jahresabschlusses (Abs. 3) | 34–39 |
| 4.1 | Bedeutung | 34 |
| 4.2 | Handelsrechtliche Auslegung | 35–36 |
| 4.3 | Steuerliche Auslegung | 37 |
| 4.4 | Rechtsfolgen bei Versäumen der Frist | 38–39 |

**Ergänzendes Schrifttum**
*Kirsch*, Neuinterpretation der Grundsätze ordnungsmäßiger Buchführung durch das Bilanzrechtsmodernisierungsgesetz, StuB 2008, S. 453; *Moxter*, IFRS als Auslegungshilfe für handelsrechtliche GoB?, WPg 1/2009, S. 7.

## 1 Überblick

§ 243 Abs. 1 HGB verpflichtet den Kfm., seinen JA nach den Grundsätzen ordnungsmäßiger Buchführung aufzustellen. Der Begriff der „Grundsätze ordnungsmäßiger Buchführung" ist von zentraler Bedeutung, da diese den übergeordneten Maßstab für die Ordnungsmäßigkeit von JA darstellen.[1] Im Folgenden werden die handelsrechtlichen GoB kommentiert; Ausführungen zur Maßgeblichkeit der HB für die Steuerbilanz, zum Wegfall der umgekehrten Maßgeblichkeit sowie zu Steuerlatenzen im Fall möglicher Abweichungen

1

---

[1] Vgl. *Baetge/Fey/Fey/Klönne*, in *Küting/Pfitzer/Weber*, HdR, § 243 HGB, Rn 2, Stand 12/2011.

zwischen Handels- und Steuerbilanz erfolgen in der Kommentierung zu § 274 HGB (§ 274 Rz 131).

§ 243 Abs. 2 HGB normiert den Grundsatz der Klarheit und Übersichtlichkeit, damit wirtschaftliche Sachverhalte, die im JA abgebildet werden, eindeutig, verständlich und nachvollziehbar sind. Gegenstand des § 243 Abs. 3 HGB ist die Frist zur Aufstellung des JA.

2 Die Vorschriften des § 243 HGB gelten für alle Kfl. Sie gelten für Einzelabschlüsse und über die ausdrückliche Erwähnung der GoB sowie der Klarheit und Übersichtlichkeit in § 297 Abs. 2 Sätze 1 und 2 HGB auch für KA. § 243 Abs. 3 HGB wird für KapG und KapCoGes in § 264 Abs. 1 HGB konkretisiert, s. § 264 Rz 42.

## 2 Grundsätze ordnungsmäßiger Buchführung (Abs. 1)

### 2.1 Begriff und Rechtsnatur der GoB

3 Nach § 243 Abs. 1 HGB ist der JA nach den Grundsätzen ordnungsmäßiger Buchführung aufzustellen. Mit dem Begriff der GoB werden sämtliche handelsrechtliche Buchführungs- und Bilanzierungsgrundsätze bezeichnet. Diese haben die Aufgabe, eine Leitlinie für die Behandlung aller Sachverhalte in Buchführung und JA zu bieten, selbst wenn keine kodifizierten Rechnungslegungsvorschriften existieren. Der Begriff der GoB wird vom Gesetzgeber mehrfach gebraucht, aber nicht definiert. Es handelt sich um einen **unbestimmten Rechtsbegriff**,[2] der im Zusammenwirken von Rechtsprechung, fachkundigen Praktikern und Vertretern der Betriebswirtschaftslehre auszulegen ist.

4 Die GoB umfassen den obersten Beurteilungsmaßstab der prinzipienbasierten deutschen Rechnungslegung, die im Gegensatz zu der eher regelbasierten Rechnungslegung anglo-amerikanischer Prägung steht. Sie beinhalten sowohl die kodifizierten gesetzlichen Vorschriften als auch nicht kodifizierte Rechnungslegungsnormen. Wegen der umfassenden Kodifizierung von GoB durch das BiRiLiG 1985 haben nicht kodifizierte Grundsätze seither deutlich an Bedeutung verloren.[3] Diese Tendenz hat sich im Zuge des **BilMoG** insb. durch die tendenzielle Einschränkung von Bilanzierungs- und Bewertungswahlrechten fortgesetzt. Trotz umfassender Änderungen der handelsrechtlichen Rechnungslegungsvorschriften erfordert das BilMoG jedoch keine Neuinterpretation einzelner GoB, das bisherige System der GoB wird vielmehr gestärkt.[4]

5 Bei der Ermittlung der GoB werden die induktive, die deduktive sowie die hermeneutische Methode unterschieden.[5] Bei der **induktiven** Methode wird das Verhalten eines durchschnittlichen ehrbaren Kfm. empirisch festgestellt und daraus die GoB abgeleitet. Diese Methode wird im Schrifttum einhellig abgelehnt.[6] Die Auffassung, dass die GoB nicht durch statistische Erhebungen, sondern durch Nachdenken ermittelt werden sollten, führte zu der **deduktiven**-Methode. Diese Methode versucht, aus den Zwecken des handelsrechtlichen

---

[2] Vgl. *Leffson*, Die Grundsätze ordnungsmäßiger Buchführung, 7. Aufl. 1987, S. 18f.
[3] Vgl. *ADS*, 6. Aufl., § 243 HGB, Rz 10.
[4] Vgl. *Solmecke*, Auswirkungen des Bilanzrechtsmodernisierungsgesetzes auf die handelsrechtlichen Grundsätze ordnungsmäßiger Buchführung, 2009, S. 263.
[5] Zu den folgenden Ausführungen vgl. z.B. *Kirsch*, StuB 2008, S. 453f.; *ADS*, 6. Aufl., § 243 HGB, Rz 13ff.
[6] Vgl. z.B. *Kirsch*, StuB 2008, S. 453; *ADS*, 6. Aufl., § 243 HGB, Rz 13.

Abschlusses ein System von GoB zu entwickeln, wobei Entscheidungshilfen[7] zu beachten sind. Auch die deduktive Methode wird in der Literatur kritisiert. Zunehmende Bedeutung erlangt deshalb die **hermeneutische** Methode, die durch eine ganzheitliche Betrachtungsweise charakterisiert ist. Diese Methode baut darauf auf, dass nach der nunmehr weitgehenden Kodifizierung von GoB nicht nur eine Ableitung von GoB erforderlich, sondern auch eine Auslegung der im Gesetz niedergelegten GoB vorzunehmen ist. Die hermeneutische Methode verlangt zur Ableitung der GoB die Berücksichtigung folgender Kriterien in der dargestellten Rangfolge:[8]

- Wortlaut und Wortsinn der gesetzlichen Vorschriften,
- Bedeutungszusammenhang der gesetzlichen Vorschriften,
- Entstehungsgeschichte der gesetzlichen Vorschriften sowie Gesetzesmaterialien und Ansichten des Gesetzgebers,
- teleologische Auslegung sowie betriebswirtschaftliche Kriterien,
- Konventionen und
- Konformität mit höherrangigem Recht.

Auch die hermeneutische Methode ist in der Literatur nicht unumstritten. Eine allseits akzeptierte Lehre zur Ermittlung der GoB hat sich in der Literatur bislang noch nicht herausgebildet.

Bereits seit Längerem wird ein zunehmender Einfluss der **IFRS** auf die deutsche Rechnungslegung sowie deren mögliche Anerkennung als GoB diskutiert.[9] Die Vermutung des zunehmenden Einflusses der IFRS auf die deutsche Rechnungslegung wurde durch die Umsetzung des BilMoG bestätigt. Insbesondere die stärkere Betonung der Informationsfunktion sowie die Kodifizierung der wirtschaftlichen Betrachtungsweise in Anlehnung an die IFRS-Terminologie zum wirtschaftlichen Eigentum zeigen eine Annäherung an die IFRS.[10] Nach Auffassung des Gesetzgebers erfordert die Umsetzung des BilMoG eine maßvolle Annäherung der handelsrechtlichen Vorschriften an die IFRS.[11] Daneben weist der Gesetzgeber ausdrücklich auf das Fortbestehen der bisherigen handelsrechtlichen GoB hin: „Insbesondere behalten das Vorsichtsprinzip, das Realisationsprinzip und das Stichtagsprinzip ihre bisherige Bedeutung. Einige der im Gesetzentwurf enthaltenen Vorschriften wurden lediglich punktuell anders gewichtet, d.h. die Informationsfunktion des handelsrechtlichen Jahresabschlusses wird insoweit stärker betont."[12] Handelsrechtliche GoB i.S.d. § 243 Abs. 1 HGB sind Rechtsnormen[13] und „bilden ein selbständiges Regelungswerk, das nicht etwa die IFRS einschließt oder von diesen verdrängt wird".[14] Da die IFRS ausschließlich auf Informationsvermittlung abzielen und das HGB darüber hinaus vor allem auch eine Gewinnausschüttungsbegrenzungsfunktion hat, bestehen insoweit grundlegende Unterschiede zwischen den Regelwerken. Es erscheint unwahrscheinlich, dass Gerichte einer Auslegung der Rechtsnormen der handelsrechtlichen GoB

---

7 Vgl. WP-Handbuch, Bd I, 14. Aufl., Abschn. E, Rz 8.
8 Vgl. z.B. *Kirsch*, StuB 2008, S. 453f.; *ADS*, 6. Aufl., § 243 HGB, Rz 18.
9 Vgl. *ADS*, 6. Aufl., § 243 HGB, Rz 23a.
10 Vgl. *Kirsch*, StuB 2008, S. 459.
11 Vgl. BilMoG-BgrRegE, S. 34.
12 Vgl. BilMoG-BgrRegE, S. 35.
13 Vgl. *Moxter*, WPg 2009, S. 12.
14 *Moxter*, WPg 2009, S. 7.

durch die IFRS folgen würden.[15, 16] Soweit dennoch bei Fehlen detaillierter und eigenständiger HGB-Rechnungslegungsnormen Auslegungshinweise in den IFRS gesehen werden,[17] sind diesen enge Grenzen gesetzt und auf die vom Gesetzgeber selektiv und kasuistisch aufgegriffenen und aus den IFRS in das HGB übernommenen Vorschriften beschränkt. IFRS können bei der Anwendung des HGB-Bilanzrechts lediglich als Erkenntnisquelle des Rechtsvergleichs, aber nicht als Rechtsquelle im juristischen Sinn berücksichtigt werden.[18]

7 Die Klärung bedeutender (steuerlicher) Streitfälle erfolgt durch die gerichtliche Letzt-Instanz, den **BFH**. Trotz der häufigen Befassung mit grundsätzlichen Fragen der GoB ist der BFH kein GoB-Standardsetzer, seine Rechtsprechung gilt vielmehr als eine von mehreren Erkenntnisquellen für die Ableitung der GoB. Im Zuge der durch das BilMoG erkennbaren zunehmenden Abkopplung der HB von der Steuerbilanz dürfte der Einfluss der BFH-Rechtsprechung auf die handelsrechtlichen GoB tendenziell abnehmen.

## 2.2 Systematisierungsansätze zur Einteilung der GoB

8 Die GoB werden im Schrifttum nicht einheitlich systematisiert. Mehrere Systematisierungen verwenden die Einteilung in Grundsätze der Informationsvermittlung und materielle Grundsätze. Letztere lassen sich wiederum in übergeordnete Systemgrundsätze und in Periodisierungsgrundsätze unterteilen. Die nachfolgende Abbildung stellt die einzelnen Grundsätze im Überblick dar:[19]

9

| Grundsätze der Informations-vermittlung | Materielle Grundsätze | |
|---|---|---|
| | Systemgrundsätze | Periodisierungs-grundsätze |
| • Bilanzklarheit und Übersichtlichkeit (§ 243 Abs. 2 HGB)<br>• Richtigkeit und Willkürfreiheit (§§ 243 Abs. 1, 264 Abs. 2 HGB)<br>• Vollständigkeit (§ 246 Abs. 1 HGB)<br>• Bilanzkontinuität (§ 252 Abs. 1 Nrn. 1 und 6 HGB)<br>• Vergleichbarkeit (§ 252 Abs. 1 Nr. 6 HGB)<br>• Wirtschaftlichkeit und Wesentlichkeit | • Einzelbewertung (§ 252 Abs. 1 Nr. 3 HGB)<br>• Unternehmensfortführung (§ 252 Abs. 1 Nr. 2 HGB)<br>• Pagatorik (§ 252 Abs. 1 Nr. 5 HGB) | • Vorsichts-, Realisations- und Imparitätsprinzip (§ 252 Abs. 1 Nr. 4 HGB)<br>• Anschaffungskostenprinzip (§ 253 Abs. 1 HGB)<br>• Grundsatz der Periodenabgrenzung |

---

15 Vgl. *Moxter*, WPg 2009, S. 10, 12.
16 Für die steuerliche Gewinnermittlung hat der IV. Senat des BFH der Anwendung des sog. Komponentenansatzes gem. IFRS abgelehnt, BFH, Urteil v. 14.4.2011, IV R 52/10 und I R 46/09, DStR 2011 S. 1024.
17 Siehe Kommentierung zu § 246 Rz 18.
18 Vgl. Hennrichs, WPg 2011, S. 867.
19 Vgl. *Kirsch*, StuB 2008, S. 455 ff.

Die Grundsätze der Informationsvermittlung haben durch das BilMoG – trotz z.T. unveränderter Formulierungen im HGB – deutlich an Gewicht gewonnen.[20] Hierfür seien als Beispiele die Stärkung des Grundsatzes der Bilanzklarheit und Übersichtlichkeit durch ausgeweitete Anhangangaben sowie die Stärkung des Grundsatzes der Willkürfreiheit durch Abschaffung ehemaliger Bilanzierungs- und Bewertungswahlrechte genannt. Auch die ggf. vorzunehmende Verrechnung von VG mit Verbindlichkeiten oder Rückstellungen dient neben der Betonung der wirtschaftlichen Betrachtungsweise dem Ziel der Informationsvermittlung.

Der **Grundsatz der Bilanzklarheit und Übersichtlichkeit** (§ 243 Abs. 2 HGB) wird in Abschnitt 3 (Rz 20 ff.) behandelt. 10

Nach dem **Grundsatz der Richtigkeit und Willkürfreiheit** (§§ 243 Abs. 1, 264 Abs. 2 HGB) ist ein JA nur dann richtig, wenn er entsprechend den gesetzlichen Vorschriften aufgestellt worden ist. Da ein JA aber niemals absolut richtig sein kann, müssen die Anforderungen an die Richtigkeit relativiert werden. Ansätze und Werte im JA müssen in nachprüfbarer, objektiver Form aus ordnungsgemäßen Belegen und aus ordentlichen Büchern nach den gültigen Vorschriften hergeleitet sein. Die Positionen müssen zutreffend bezeichnet sein und das umfassen, was in der jeweiligen Position auszuweisen ist. Schätzwerte können nur nach subjektivem Ermessen im Rahmen einer zulässigen Bandbreite willkürfrei und vertretbar festgelegt werden. 11

Zu Ausführungen zum **Grundsatz der Vollständigkeit** (§ 246 Abs. 1 HGB) wird auf § 246 Rz 5 ff. verwiesen. 12

Hinter den **Grundsätzen der Bilanzkontinuität** und der **Vergleichbarkeit** (§ 252 Abs. 1 Nrn. 1 und 6 HGB, s. § 252 Rz 12 ff. bzw. 161 ff.) steht der Grundgedanke der besseren Vergleichbarkeit. Die bisher schon strengen Stetigkeitsvorgaben für KapG i.w.S. hinsichtlich der Gliederung in § 265 Abs. 1 HGB und das Gebot der Bewertungsstetigkeit in § 252 Abs. 1 Nr. 6 HGB wurden durch das BilMoG um das Gebot der Stetigkeit für den Bilanzansatz in § 246 Abs. 3 HGB (§ 246 Rz 131 ff.) ergänzt. 13

Der **Grundsatz der Wesentlichkeit und der Wirtschaftlichkeit** ist im HGB nicht explizit geregelt. An verschiedenen Stellen verlangt das Gesetz nur Angaben, wenn es sich um „erhebliche Beträge" handelt, sie „von Bedeutung" sind, „erhebliche Unterschiede" bestehen oder Beträge „einen nicht unerheblichen Umfang" haben.[21] Ab wann eine Abweichung oder ein Fehler als unwesentlich anzusehen ist, richtet sich danach, welche Bedeutung das Weglassen einer Angabe oder eine fehlerhafte Darstellung für Entscheidungen der Adressaten des JA hat. Dieses lässt sich naturgemäß nicht verallgemeinern oder in allgemein gültigen Schwellen- oder Grenzwerten ausdrücken. Eine Entscheidung ist grds. unter Berücksichtigung aller Umstände des Einzelfalls zu treffen. In der internationalen Praxis haben sich dennoch unterschiedliche Prozentsätze als Anhaltspunkte herausgebildet. Als pragmatisch ist u.E. ein Ansatz zu bezeichnen, nach dem ein Betrag i.H.v. 10 % und mehr von einem Grundbetrag als wesentlich, i.H.v. weniger als 5 % als unwesentlich angesehen werden sollte; zwischen den beiden Prozentsätzen soll die Entscheidung von den Umständen des Einzelfalls abhängen. 14

Der Grundsatz der Wesentlichkeit und Wirtschaftlichkeit wird trotz der mit verschiedenen Posten (u.a. latente Steuern) verbundenen Mehrarbeit für den

---

20 Vgl. *Kirsch*, StuB 2008, S. 455 ff.
21 Vgl. WP-Handbuch, Bd I, 14. Aufl., Abschn. F, Rz 682.

Bilanzierenden durch die Änderungen im Zuge des BilMoG tendenziell gestärkt. Hierzu zählen u. a. die Verwendung von pauschalen Restlaufzeiten im Rahmen der Bewertung von Pensionsrückstellungen (s. § 253 Rz 139) und Bewertungsvereinfachungen bei der Währungsumrechnung (§ 256a Rz 16 und 18).
Die Bildung eines steuerlich motivierten Sammelpostens i. S. d. § 6 Abs. 2a EStG (AHK über 150 bis 1.000 EUR) wird vom Gesetzgeber vor dem Hintergrund der damit verbundenen wirtschaftlichen Vereinfachung für Zwecke der handelsrechtlichen Rechnungslegung als ausnahmsweise zulässig angesehen; eine handelsrechtliche Verankerung der steuerlichen Vorschrift wird für nicht erforderlich gehalten, da davon auszugehen sein dürfte, dass sich die Praxis zu einem GoB entwickeln dürfte.[22] Dieses dürfte auch nach der Wiedereinführung der GWG-Grenze von 410 EUR zum 1.1.2010[23] gelten, wobei im Einzelfall handelsrechtliche Grenzen zu beachten sind.[24]

15 Der **Grundsatz der Einzelbewertung** (§ 252 Abs. 1 Nr. 3 HGB) wird eingeschränkt durch die Bildung von Bewertungseinheiten nach § 254 HGB gem. BilMoG. Für weitere Ausführungen zum Grundsatz der Einzelbewertung wird auf § 252 Rz 52 ff. verwiesen.

16 Der Grundsatz **der Fortführung der Unternehmenstätigkeit (Going-concern-Prinzip) wird unter § 252 Rz 30 ff. kommentiert.**

17 Hinsichtlich des Grundsatzes der Pagatorik sowie des Grundsatzes der Periodenabgrenzung **wird auf die Kommentierung** unter § 252 Rz 151 ff. verwiesen.

18 Das Vorsichts-, das **Realisations- und das Imparitätsprinzip** (§ 252 Abs. 1 Nr. 4 HGB) werden unter § 252 Rz 79 ff. ausführlich kommentiert.

19 Für den **KA** umfassen die GoB auch die **Grundsätze ordnungsmäßiger Konsolidierung**. Zusätzlich werden die Konzern-GoB durch § 342 Abs. 1 Satz 1 Nr. 1 HGB, der die Entwicklung von Empfehlungen zur Anwendung der Grundsätze über die Konzernrechnungslegung an ein privates Rechnungslegungsgremium überträgt, erweitert (§ 342 Rz 1 ff.). Diese Aufgabe wird in Deutschland durch das DRSC wahrgenommen. Die vom DRSC herausgegebenen Standards (DRS) haben gem. § 342 Abs. 2 HGB Gültigkeit, sobald sie vom BMJ bekannt gemacht werden.

## 3 Grundsatz der Klarheit und Übersichtlichkeit (Abs. 2)

### 3.1 Geltungsbereich

20 Laut § 243 Abs. 2 HGB muss der JA klar und übersichtlich sein. Der Grundsatz der Klarheit und Übersichtlichkeit gilt für **alle Kfl.**, also auch für KapG und KapCoGes sowie für Unt, die unter das PublG fallen.[25] Der Grundsatz ist demnach **rechtsformunabhängig**. Er gilt für den JA (§ 243 Abs. 2 HGB) und ausdrücklich auch für den KA (§ 297 Abs. 2 Satz 1 HGB).[26] Wird für Zwecke der Offenlegung ein IFRS-EA gem. § 325 Abs. 2a HGB verwendet, gilt das Gebot der Klarheit und Übersichtlichkeit auch für diesen.

---

[22] Vgl. RegBegr BilMoG, S. 38.
[23] Wachstumsbeschleunigungsgesetz v. 22.12.2009, BGBl I S. 3950.
[24] Z.B. im Fall von Hotels mit AV, das zahlreiche VG bis 410 EUR umfasst.
[25] Vgl. *Förschle/Usinger*, in Beck Bil-Komm. 9. Aufl., § 243 HGB, Rz 51.
[26] Vgl. *Luttermann*, in MünchKomm AktG, §§ 243, 342 HGB, Rn 74.

Der Grundsatz der Klarheit und Übersichtlichkeit bezieht sich auf den **gesamten JA**, also auf Bilanz und GuV sowie bei KapG und KapCoGes auch auf den Anhang und darüber hinaus auch auf den Lagebericht (§ 289 Rz 19).[27] Er gilt zudem für KM-orientierte Unt (§ 264d HGB) auch hinsichtlich der KFR, des Eigenkapitalspiegels sowie ggf. der SegmBer.

### 3.2 Konkretisierung des Grundsatzes der Klarheit und Übersichtlichkeit

Die Forderung nach Klarheit und Übersichtlichkeit bezieht sich auf eine möglichst weitgehende Erkennbarkeit des **formellen Inhalts** des JA. Hierzu sind eine klare und übersichtliche Gliederung, aber auch eine klare Bezeichnung von Posten und Angaben sowie eine klare Darstellung und Erläuterung von Angaben und Inhalten im Anhang zu zählen. 21

Der Grundsatz der Klarheit und Übersichtlichkeit für JA von EKfl und KapCoGes ist neben § 243 Abs. 2 HGB nur in den §§ 246 Abs. 2 (Verrechnungsverbot sowie Einschränkungen dieses Verbots, vgl. § 246 Rz 100ff.) und 247 Abs. 1HGB (gesonderter Ausweis und hinreichende Aufgliederung von AV und UV, EK, Schulden und RAP, vgl. § 247 Rz 2ff.) enthalten. Für KapG und KapCoGes ist der Grundsatz in den §§ 264–288 HGB präzisiert. Sehr viel konkretere **Gliederungsvorschriften** für Bilanz und GuV sind für KapG und KapCoGes in § 266 HGB (Gliederung der Bilanz, vgl. § 266 Rz 7ff.), § 275 HGB (Gliederung der GuV, vgl. § 275 Rz 28ff.), § 264c HGB (besondere Bestimmungen, vgl. § 264c Rz 7ff.) sowie § 265 HGB (allgemeine Grundsätze, vgl. § 265 Rz 20ff.) vorgegeben. Weitergehende Gliederungsvorschriften bestehen im HGB für Genossenschaften (§§ 336ff. HGB), Kredit- und Finanzdienstleistungsinstitute (§§ 340ff. HGB) sowie VersicherungsUnt und Pensionsfonds (§§ 341ff. HGB). Außerhalb des HGB gibt es weitere Gliederungsvorschriften.[28] Diese Einzelvorschriften gehen dem subsidiär geltenden allgemeinen Grundsatz des § 243 Abs. 2 HGB vor. 22

Für **EKfl** und **PersG**, die diesen strengeren Gliederungsvorschriften des Zweiten Abschnitts des Dritten Buchs nicht unterliegen, stellt sich die Frage, inwieweit diese Gliederungsvorgaben dennoch beachtet werden müssen, um dem allgemeinen Grundsatz der Klarheit und Übersichtlichkeit zu genügen. Hierzu gibt IDW RS HFA 7 die Leitlinie, nach der im Regelfall eine Anlehnung an die für KapCoGes geltenden größenabhängigen Gliederungsvorschriften des HGB eine Grundlage für die Bestimmung der notwendigen Gliederungstiefe sowie für die Postenbezeichnung der übrigen PersG darstellen.[29] In der **Praxis** hat sich durch die starke Verbreitung von EDV-Standardbilanzierungssoftware eine weitgehend freiwillige Verwendung der für KapG und KapCoGes vorgeschriebenen Gliederungsvorschriften und Postenbezeichnungen bei den übrigen Kfl. durchgesetzt. Dies ist sinnvoll, da dadurch der JA für einen Dritten (z. B. Kreditinstitute) in der gewohnten Form lesbar ist und etwaige Unklarheiten vermieden werden. Des Weiteren ist der JA mit denen anderer Unt besser vergleichbar. In Einzelfällen ist der Kfm. 23

---

[27] Vgl. ADS, 6. Aufl., § 243, Rz 25.
[28] Z.B. Verordnungen über die Gliederung von JA von Wohnungsunternehmen, Krankenhäusern und Pflegeeinrichtungen sowie die für KA zusätzlich als GoB vermuteten DRS, aber auch im GmbHG und AktG.
[29] Vgl. IDW RS HFA 7, Rz 41.

dessen ungeachtet nicht daran gehindert, den ihm durch die gesetzlichen Vorschriften eingeräumten Gestaltungsspielraum bei der Gliederung auszunutzen.

An grundlegenden Rahmenbedingungen für diese Gestaltungsspielräume sind zu nennen:

24 • Die Bilanz und die GuV können sowohl in **Konten- als auch in Staffelform** aufgestellt werden. Dagegen müssen KapG und KapCoGes nach § 266 Abs. 1 Satz 1 HGB die Bilanz in Kontoform und nach § 275 Abs. 1 Satz 1 HGB die GuV in Staffelform aufstellen.

25 • Die im ersten Jahr gewählte Form und Gliederung des JA sowie die Bezeichnungen für die Posten der Bilanz und GuV sind in den darauffolgenden Jahren **beizubehalten**. Abweichungen sind nur in Ausnahmefällen zulässig. Diese in § 265 Abs. 1 HGB für KapG und KapCoGes geregelte Vorschrift gilt aufgrund des Gebots der Klarheit und Übersichtlichkeit auch für EKfl und andere PersG.[30]

26 • Der Grundsatz der Klarheit und Übersichtlichkeit wurde vom Gesetzgeber weiterhin im **Verrechnungsverbot** des § 246 Abs. 2 HGB präzisiert. Gem. § 246 Abs. 2 Satz 1 HGB dürfen Posten der Aktivseite nicht mit Posten der Passivseite, Aufwendungen nicht mit Erträgen und Grundstücksrechte nicht mit Grundstückslasten verrechnet werden, vgl. § 246 Rz 101 ff. Es gibt mehrere **Ausnahmen** von diesem allgemeinen Saldierungsverbot, vor allem das die Klarheit und Übersichtlichkeit des JA fördernde Verrechnungsgebot von Altersvorsorgeverpflichtungen mit Deckungsvermögen sowie der entsprechenden Aufwendungen mit Erträgen (§ 246 Abs. 2 Satz 2 HGB); zu Einzelheiten vgl. § 246 Rz 101.

27 • Nach § 265 Abs. 8 HGB brauchen Posten der Bilanz und der GuV, die sowohl im aktuellen JA wie auch im Vorjahresabschluss **keinen Betrag** aufweisen, nicht aufgeführt zu werden, vgl. § 265 Rz 29.

28 • Entsprechend den Größenverhältnissen der Unt können die Zahlen des JA auf volle EUR, TEUR oder auf Mio. EUR **gerundet** werden. Sofern die Aussagefähigkeit der Zahlenangaben erhalten bleibt, kann so die Übersichtlichkeit verbessert werden,[31] so dass dem Grundsatz der Klarheit und Übersichtlichkeit unter Verzicht auf größtmögliche Genauigkeit besser entsprochen werden kann.

29 • Nach § 265 Abs. 5 HGB dürfen **neue Posten** hinzugefügt werden, wenn ihr Inhalt nicht bereits von einem der vorgeschriebenen Posten abgedeckt wird, vgl. § 265 Rz 22 f. Bei neu eingefügten Posten nach § 265 Abs. 5 HGB sollte darauf geachtet werden, dass die gewählte Bezeichnung dem Grundsatz der Klarheit entspricht. Dieser ist erfüllt, wenn der Posten so bezeichnet ist, dass aus der Bezeichnung eindeutig hervorgeht, was er beinhaltet.[32] Bei Einfügen neuer Posten ist zu berücksichtigen, dass Bilanz und GuV nicht unübersichtlich werden. Eine zu weitgehende Untergliederung sollte daher vermieden werden.

---

[30] Vgl. *Baetge/Fey/Fey/Klönne*, in *Küting/Pfitzer/Weber*, HdR, HGB § 243, Rn 45, Stand 12/2011 mwN, sowie *Förschle/Usinger*, in Beck Bil-Komm. 9. Aufl., § 243 HGB, Rz 55.

[31] Vgl. *Förschle/Usinger*, in Beck Bil-Komm. 9. Aufl., § 243 HGB, Rz 64, sowie WP-Handbuch, Bd I, 14. Aufl., Abschn. E, Rz 5.

[32] Vgl. *Baetge/Fey/Fey/Klönne*, in *Küting/Pfitzer/Weber*, HdR, HGB § 243, Rn 45, Stand 12/2011 mwN.

- **Anhang** und **Lagebericht**[33] – auch sofern sie freiwillig aufgestellt werden – unterliegen ebenfalls dem Grundsatz der Klarheit und Übersichtlichkeit. Beide müssen klar gegliedert, verständlich geschrieben sowie eindeutig formuliert sein und sich auf wesentliche Inhalte beschränken. Es empfiehlt sich z. B., die Aussagen im Anhang entsprechend ihrer Reihenfolge in der Bilanz und der GuV zu erläutern[34] – mit dem BilRUG wird dies zur Pflicht werden. Die gleichen Grundsätze gelten für die durch das BilMoG ergänzten Bestandteile des JA von KapG und KapCoGes, KFR, Eigenkapitalspiegel sowie ggf. SegmBer. Zur Verwendung von englischen Begriffen in Anhang und LB vgl. die Kommentierung zu § 244 Rz 4.   30

§ 243 Abs. 2 HGB ist im Zuge des **BilMoG** zwar unverändert geblieben, dennoch wurde der Grundsatz der Klarheit und Übersichtlichkeit gestärkt. Besonders zu erwähnen sind neben dem oben (Rz 7) angeführten Verrechnungsgebot von bestimmten Rückstellungen mit Deckungsvermögen die deutlich ausgeweiteten Anhangangaben zum JA, insb.   31
- über die Beziehungen zu nahe stehenden Personen (§ 285 Nr. 21 HGB, vgl. § 285 Rz 135 ff.),
- zu den Bewertungseinheiten nach § 254 HGB (§ 285 Nr. 23 HGB, vgl. § 285 Rz 149 ff.) und
- zum angewandten Bewertungsverfahren für Pensionsrückstellungen (§ 285 Nr. 24 HGB, vgl. § 285 Rz 159).[35]

### 3.3 Rechtsfolgen bei Verstößen gegen Abs. 2

Ein Verstoß gegen § 243 Abs. 2 HGB kann verschiedene Sanktionen nach sich ziehen. Die Folgen führen von der Einschränkung des BSV (im Falle der Prüfungspflicht gem. § 316 HGB) bis hin zur Nichtigkeit des JA nach § 256 Abs. 4 AktG. Darüber hinaus kann ein Verstoß in besonders gravierenden Fällen Freiheits- und Geldstrafen (§ 331 Nr. 1 HGB) oder Bußgelder (§ 334 Abs. 1 Nr. 1a HGB) zur Folge haben. Für Unt, die dem PublG unterliegen, ergeben sich die strafrechtlichen Konsequenzen und die Bußgelder aus den §§ 17 Abs. 1 Nr. 1 und 20 Abs. 1 Nr. 1a PublG.[36]   32

### 3.4 Maßgeblichkeit (§ 5 Abs. 1 Satz 1 EStG)

Das Steuerrecht enthält keine Formvorschriften für die Steuerbilanz.[37] Der in § 243 Abs. 2 HGB geregelte Grundsatz der Klarheit und Übersichtlichkeit gilt über die Maßgeblichkeit nach § 5 Abs. 1 Satz 1 EStG gleichermaßen auch für die Steuerbilanz.[38]   33

---

[33] Der LB ist nicht Teil des JA. Im Hinblick auf den Grundsatz der Klarheit und Übersichtlichkeit gilt hier jedoch nichts anderes. Vgl. für den KLB DRS 20 (§ 289 Rz 19).
[34] Vgl. Baetge/Fey/Fey/Klönne, in Küting/Pfitzer/Weber, HdR, HGB § 243, Rn 73, Stand 12/2011 mwN, sowie Förschle/Usinger, in Beck Bil-Komm. 9. Aufl., § 243 HGB, Rz 67.
[35] Vgl. Kirsch, StuB 2008, S. 455.
[36] Vgl. Förschle/Usinger, in Beck Bil-Komm. 9. Aufl., § 243 HGB, Rz 68 f. und 71.
[37] Vgl. Frotscher, in Frotscher, EStG, § 5 EStG, Rz 37.
[38] Vgl. Baetge/Fey/Fey/Klönne, in Küting/Pfitzer/Weber, HdR, HGB § 243, Rn 43, Stand 12/2011, sowie Leffson/Rückle/Großfeld, 1986, S. 271 f. mwN.

## 4 Frist zur Aufstellung des Jahresabschlusses (Abs. 3)

### 4.1 Bedeutung

**34** Dieser Vorschrift kommt nur eingeschränkte Bedeutung zu, sie gilt als Zeitrahmen nur für EKfl und PersG, da in zahlreichen Einzelbestimmungen konkrete Fristen zur Aufstellung des JA vorgeschrieben sind.[39] So ist für AG, KGaA, GmbH und SE nach § 264 Abs. 1 HGB und für die unter das PublG fallenden Unt nach § 5 Abs. 1 PublG eine dreimonatige Frist nach Beendigung des Gj für die Aufstellung des JA vorgesehen. Für kleine KapG und KapCoGes beträgt die Frist bis zu sechs Monate (§ 264 Abs. 1 Satz 3 HGB), für Genossenschaften fünf Monate (§ 336 Abs. 1 Satz 2 HGB), für Kreditinstitute drei Monate (§ 26 Abs. 1 KWG) und für VersicherungsUnt vier Monate (§ 341a Abs. 1 HGB; für Rückversicherungsunternehmen mit Bilanzstichtag 31.12. kommt eine Frist von zehn Monaten in Betracht, § 341a Abs. 5 HGB).[40]

### 4.2 Handelsrechtliche Auslegung

**35** Nach dem Wortlaut des § 243 Abs. 3 HGB, wonach der „JA innerhalb der einem ordnungsmäßigen Geschäftsgang entsprechenden Zeit aufzustellen" ist, wird für alle Kfl., für die keine spezialgesetzliche Regelung gilt, keine eindeutig festgelegte Frist zur Aufstellung des handelsrechtlichen JA kodifiziert.[41] Deswegen handelt es sich um einen unbestimmten Rechtsbegriff, der einer Auslegung bedarf.[42] Bei der Auslegung ist auf die Verhältnisse des betreffenden Unt und die billigerweise zu stellenden Anforderungen abzustellen.[43]

Im Schrifttum wird einerseits die Auffassung vertreten, dass die Frist bis zu sechs Monate betragen sollte.[44] Andere Autoren halten einen längeren Zeitraum für angebracht, da nur die EKfl und PersG, bei denen die Gesellschafter größere Mitspracherechte haben, von dieser Vorschrift betroffen seien.[45] Die hM im Schrifttum sieht in Übereinstimmung mit dem BFH[46] auch handelsrechtlich eine maximale Frist von zwölf Monaten als ausreichend an.

**36** Für Unt, die sich in der Krise befinden, erhalten die Aufstellungsfristen ein elementares Gewicht, da dort Gläubigerschutzinteressen in besonderem Maße betroffen sind. Sobald Anhaltspunkte für eine Krise vorliegen, ist der JA zeitnah und ohne schuldhaftes Zögern aufzustellen. Hierzu wird eine Frist von zwei bis drei Monaten genannt.[47]

---

[39] Vgl. *ADS*, 6. Aufl., § 243 HGB, Rz 37.
[40] Vgl. *ADS*, 6. Aufl., § 243 HGB, Rz 37.
[41] Vgl. *Baetge/Fey/Fey/Klönne*, in *Küting/Pfitzer/Weber*, HdR, HGB § 243, Rn 85, Stand 12/2011.
[42] Vgl. *ADS*, 6. Aufl., § 243 HGB, Rz 40.
[43] Vgl. *Förschle/Usinger*, in Beck Bil-Komm. 9. Aufl., § 243 HGB, Rz 92.
[44] Vgl. *Baumbach/Hopt/Merkt/Merkt*, HGB, 33. Aufl. 2008, § 243 Rn 10.
[45] Vgl. *ADS*, 6. Aufl., § 243 HGB, Rz 42, sowie *Förschle/Usinger*, in Beck Bil-Komm. 9. Aufl., § 243 HGB, Rz 93.
[46] Vgl. BFH, Urteil v. 6.12.1983, VIII R 110/79, BStBl 1984 II S. 227.
[47] Vgl. *Baetge/Fey/Fey/Klönne*, in *Küting/Pfitzer/Weber*, HdR, HGB § 243, Rz 94, Stand 12/2011 mwN.

## 4.3 Steuerliche Auslegung

Für die Aufstellung der Steuerbilanz gibt es keine explizit normierten Fristen. Die für die Abgabe der Steuererklärungen geltenden Fristen (§ 149 Abs. 2 AO) greifen nur in eingeschränktem Maße für die Steuerbilanz.[48] Diese wird nur als „Unterlage" nach § 150 Abs. 4 Satz 1 AO den Steuererklärungen beigefügt. Die Steuerbilanz ist jedoch keine Steuererklärung i.S.d. § 152 AO. Aus diesem Grund ist ein Verspätungszuschlag bei nicht fristgerechter Steuerbilanzaufstellung nicht zulässig.[49]

Allerdings wird die Buchführung als nicht mehr ordnungsgemäß betrachtet, wenn die Steuerbilanz zu spät aufgestellt wird. Dies bedeutet, dass auch steuerlich die Frist gem. § 243 Abs. 3 HGB einzuhalten ist.[50] In der Literatur wird von einer steuerlich akzeptierten Frist von einem Jahr für die Aufstellung des JA ausgegangen.[51]

37

## 4.4 Rechtsfolgen bei Versäumen der Frist

Die Frist zur Aufstellung des JA ist durch keine Sanktionen gesichert. Die Buchführung wird aber bei Überschreiten der Frist für die Abschlusserstellung nicht mehr als ordnungsgemäß angesehen und damit liegt eine Verletzung des Abs. 1 der Vorschrift vor. Diese Verletzung wiederum stellt eine Ordnungswidrigkeit gem. § 334 Abs. 1 Nr. 1a HGB dar.[52]

38

Wird der Anforderung an Unt, die sich in der Krise befinden, ihren JA zeitnah und ohne schuldhaftes Zögern aufzustellen (vgl. Rz 36), nicht nachgekommen, sind gem. §§ 283, 283b StGB sowohl Geld- als auch Freiheitsstrafen vorgesehen.[53] Überdies können weitere strafrechtliche Folgen für die Handelnden aus einer Insolvenz des Unt herrühren.

39

---

[48] Zum Begriff Steuerbilanz vgl. *Frotscher*, in Frotscher, EStG, § 5 EStG, Rz 35.
[49] Vgl. *ADS*, 6. Aufl., § 243 HGB, Rz 46 mwN.
[50] Vgl. *Förschle/Usinger*, in Beck Bil-Komm. 9. Aufl., § 243 HGB, Rz 94 mwN.
[51] Vgl. *Baetge/Fey/Fey/Klönne*, in *Küting/Pfitzer/Weber*, HdR, HGB § 243, Rz 89, Stand 12/2011.
[52] Vgl. *ADS*, 6. Aufl., § 243 HGB, Rz 45, sowie *Förschle/Usinger*, in Beck Bil-Komm. 9. Aufl., § 243 HGB, Rz 95.
[53] Vgl. *Förschle/Usinger*, in Beck Bil-Komm. 9. Aufl., § 243 HGB, Rz 95.

# § 244 SPRACHE. WÄHRUNGSEINHEIT

Der Jahresabschluß ist in deutscher Sprache und in Euro aufzustellen.

WP StB ANDREAS NOODT

**Inhaltsübersicht** | Rz
--- | ---
1 Überblick | 1–3
2 Sprache | 4
3 Währung | 5–7
4 Folgen bei Nichtbeachtung | 8–10
5 Anwendung im Konzernabschluss | 11–12

## 1 Überblick

1 § 244 HGB regelt die Verpflichtung zur Aufstellung des JA in **deutscher Sprache** und in **Euro**. Die Vorschrift ist gem. § 325 Abs. 2a Satz 3 HGB auch auf den **IFRS-EA** anzuwenden. § 244 HGB ist nicht nur von sämtlichen inländischen Unt, sondern auch von Niederlassungen ausländischer Unt zu beachten, soweit sie die Kaufmannseigenschaft besitzen.

2 Der JA setzt sich zusammen aus **Bilanz** und **GuV** (§ 242 Abs. 3 HGB) und ist ggf. um einen Anhang zu erweitern (§§ 264 Abs. 1 Satz 1, 264a Abs. 1, 336 Abs. 1 HGB). Im Falle KM-orientierter Unt (§ 264d HGB) besteht der JA zudem aus einer **Kapitalflussrechnung** und einem **Eigenkapitalspiegel** sowie auf freiwilliger Basis aus einer Segmentberichterstattung. Obwohl keine gesetzliche Verpflichtung dazu besteht, ist auch ein ggf. aufgestellter **Lagebericht** in deutscher Sprache zu verfassen.[1] Dies gilt ebenso für **Sonderbilanzen** (z. B. Liquidationsbilanz).[2]

3 Mangels eigener Definition richtet sich § 244 HGB an jeden, der verpflichtet ist, einen JA aufzustellen, somit nach § 242 HGB an Kfl.[3] Ausnahmen für Kfl. i.S.d. § 241a HGB regelt § 242 Abs. 4 HGB. § 244 HGB ist auf JA von inländischen Unt sowie auf inländische Niederlassungen ausländischer Unt anzuwenden, wenn letztere die Kaufmannseigenschaft besitzen.[4] Auch für ausländische Zweigniederlassungen eines inländischen Kfm. gelten die Regelungen des § 244 HGB, auf ausländische Tochtergesellschaften inländischer Unt sind diese hingegen in deren Einzelabschluss nicht anzuwenden.[5]

---

[1] Vgl. *Wiedmann*, in *Ebenroth/Boujong/Joost/Strohn, HGB*, 2. Aufl., § 244 Rz 1.
[2] Vgl. *Förschle*, in Beck Bil-Komm. 9. Aufl., § 244 HGB, Rz 2.
[3] Vgl. *Hüffer*, in Großkomm. HGB, 4. Aufl., § 244 Rn 3.
[4] Vgl. *Förschle*, in Beck Bil-Komm. 9. Aufl., § 244 HGB, Rz 7.
[5] Vgl. *ADS*, 6. Aufl., § 244 HGB, Rz 4.

## 2 Sprache

Während § 239 Abs. 1 Satz 1 HGB den Kfm. lediglich verpflichtet, die **Handels-** **bücher** und sonstigen Aufzeichnungen in einer lebenden Sprache zu führen, bestimmt § 244 HGB, dass der JA für handelsrechtliche Zwecke nur in deutscher Sprache aufgestellt werden darf. Es ist also möglich, die Bücher in einer fremden Sprache zu führen, z. B. bei Tochtergesellschaften oder Zweigniederlassungen ausländischer Muttergesellschaften, solange sichergestellt ist, dass der JA in deutscher Sprache aufgestellt wird. Zu den möglichen Konsequenzen der Führung der Bücher in fremder Sprache vgl. § 239 Rz 5. 4

Nicht ausdrücklich erwähnt ist die Sprache, in der der **Lagebericht** aufgestellt werden muss. Einen Hinweis liefert § 291 Abs. 1 Satz 1 HGB, wonach neben dem KA ein KLB in deutscher Sprache verfasst sein muss, um die befreiende Wirkung i. S. v. § 291 HGB zu erlangen. Dem Sinn und Zweck der Regelung nach gilt dies auch für den JA. Mangelnde Kenntnisse der deutschen Sprache setzen diese Regelung nicht außer Kraft.[6]

In der Praxis ist eine verbreitete Verwendung englischer Begriffe in Geschäftsberichten zu beobachten.[7] Um dem Deutschgebot des § 244 HGB als Ausprägung des Klarheitsgebots (§§ 243 Abs. 2, 297 Abs. 2 Satz 1 HGB) zu entsprechen, sind fremdsprachige Begriffe zumindest angemessen, z. B. im Text oder in einem Glossar, zu erläutern oder zu definieren, soweit sie nicht aus dem Kontext verständlich sind.

## 3 Währung

Die Pflicht zur Aufstellung des JA in Euro[8] bezieht sich auf den **JA** und den **LB**. Zum Bilanzstichtag sind daher in Fremdwährung erfasste VG und Schulden in Euro umzurechnen.[9] Dies gilt auch dann, wenn nur einzelne VG oder Verbindlichkeiten (z. B. Wertpapiere an ausländischen Börsen) in fremder Währung erfasst und bewertet sind.[10] Zur Umrechnung zum Bilanzstichtag ist der durch das BilMoG eingefügte § 256a HGB für den JA anzuwenden. Zu beachten ist, dass bei KapG und KapCoGes gem. § 284 Abs. 2 Nr. 2 HGB die Grundlagen für die Währungsumrechnung im Anhang anzugeben sind. 5

Die Führung von Handelsbüchern in ausländischer Währung (z. B. bei inländischen Niederlassungen ausländischer Unt bzw. bei ausländischen Niederlassungen inländischer Unt) ist zulässig.[11] 6

---

[6] Vgl. *Hüffer*, in Großkomm. HGB, 4. Aufl., § 244 Rn 7.
[7] Vgl. Empirische Untersuchung von DAX 30-Geschäftsberichten 2009, *Olbrich/Fuhrmann*, in Die Aktiengesellschaft 9/2011, S. 328; die Autoren legen bei zu häufiger Verwendung englischer Begriffe den Verdacht eines Verstoßes gegen § 244 HGB und einer Verschleierung i. S. d. § 400 Abs. 1 Nr. 1 AktG nahe.
[8] Zur steuerlichen Behandlung von Umstellungseffekten beim Übergang von DM auf EUR vgl. *Siewert*, in *Frotscher*, EStG, § 6d EStG, Rz 20.
[9] Vgl. *Wiedmann*, in *Ebenroth/Boujong/Joost/Strohn*, HGB, 2. Aufl., § 244 Rz 3.
[10] Vgl. *Förschle*, in Beck Bil-Komm. 9. Aufl., § 244 HGB, Rz 7. Zur Währungsumrechnung von VG und Verbindlichkeiten vgl. die Kommentierung zu § 256a HGB.
[11] Vgl. *Ellerich/Swart*, in *Küting/Pfitzer/Weber*, HdR, HGB § 244, Rn 5, Stand 12/2010.

7 Eine **Rundung** der Angabe im JA auf volle EUR, TEUR oder Mio. EUR zur übersichtlicheren Darstellung ist abhängig von der Größe des Unt zulässig.[12]

## 4 Folgen bei Nichtbeachtung

8 Die Nichtbeachtung des § 244 HGB stellt bei KapG und KapCoGes eine **Ordnungswidrigkeit** gem. § 334 Abs. 1 Nr. 1a HGB dar und kann gem. § 334 Abs. 3 HGB mit einer Geldbuße belegt werden.
9 Sofern der JA der Prüfung durch einen WP bzw. vBP unterliegt, kann ein Verstoß gegen § 244 HGB eine **Einschränkung bzw. im Extremfall eine Versagung des Bestätigungsvermerks** zur Folge haben. Dabei richten sich Einschränkung oder Versagung des BSV nach der Art der Beanstandung. Ist demnach eine eingeschränkt positive Gesamtaussage zu JA und LB noch möglich, kann die Einschränkung des BSV ausreichen. Sofern der Verstoß den gesamten JA betrifft und die Beeinträchtigung der Lesbarkeit wesentlich ist, wird eine Einschränkung des BSV nicht mehr angemessen sein. In diesem Fall ist es erforderlich, einen Versagungsvermerk zu erteilen.[13]
10 Darüber hinaus kann u. U. auch ein **Insolvenzstraftatbestand** i. S. v. §§ 283 ff. StGB vorliegen, wenn die Übersicht über den Stand des Vermögens durch den Mangel erschwert wird.[14]

## 5 Anwendung im Konzernabschluss

11 Die Regelungen des § 244 HGB sind gem. § 298 Abs. 1 HGB auf den **KA** bzw. gem. § 315a Abs. 1 HGB auf den **IFRS-KA** anzuwenden. Die Umrechnung und Darstellung in Euro ist hier von besonderer praktischer Relevanz, da gem. § 294 Abs. 1 HGB auch ausländische TU eines inländischen MU in den KA einzubeziehen sind.[15] Die gesetzlichen Regelungsnormen der §§ 290–315 HGB enthielten bis zum Inkrafttreten des § 308a HGB keine expliziten Vorgaben zur Währungsumrechnung. Mit der Einfügung von § 308a HGB durch das BilMoG liegen nunmehr erstmalig gesetzliche Vorschriften zur Umrechnung von Fremdwährungsabschlüssen vor (vgl. Kommentierung zu § 308a HGB).
12 Für **befreiende Konzernabschlüsse** i. S. v. §§ 291 f. HGB i. V. m. der KonBefrV ergibt sich keine Aufstellungspflicht in Euro, da Befreiungsvoraussetzung hier nur die Offenlegung in deutscher Sprache ist.[16]

---

[12] Vgl. WP-Handbuch, Bd I, 14. Aufl., Abschn. E, Rz 5.
[13] Vgl. *Ellerich/Swart*, in *Küting/Pfitzer/Weber*, HdR, HGB § 244, Rn 12, Stand 12/2010, sowie IDW PS 400 Tz 50, 65, 68a.
[14] Vgl. *Hüffer*, in Großkomm. HGB, 4. Aufl., § 244 Rn 20.
[15] Vgl. *Ellerich/Swart*, in *Küting/Pfitzer/Weber*, HdR, HGB § 244, Rn 1, Stand 12/2010.
[16] Vgl. *Förschle*, in Beck Bil-Komm. 9. Aufl., § 244 HGB, Rz 5.

# § 245 UNTERZEICHNUNG

¹Der Jahresabschluß ist vom Kaufmann unter Angabe des Datums zu unterzeichnen. ²Sind mehrere persönlich haftende Gesellschafter vorhanden, so haben sie alle zu unterzeichnen.

WP StB Andreas Noodt

| Inhaltsübersicht | Rz |
|---|---|
| 1 Überblick | 1–2 |
| 2 Unterzeichnungspflichtige | 3–10 |
| 2.1 Einzelkaufmann | 3 |
| 2.2 Personengesellschaften | 4–5 |
| 2.3 Kapitalgesellschaften | 6–7 |
| 2.4 Sonstige Rechtsformen | 8–10 |
| 3 Unterzeichnung | 11–14 |
| 3.1 Ort und Name | 11–12 |
| 3.2 Zeitpunkt | 13–14 |
| 4 Rechtsfolgen | 15–17 |
| 5 Anwendung im Konzernabschluss | 18 |

### Ergänzendes Schrifttum

*Küting/Kaiser*, Aufstellung oder Feststellung: Wann endet der Wertaufhellungszeitraum?, WPg 2000, S. 577; BGH, Urteil v. 28.1.1985, II ZR 79/84, BB 1985, S. 567; OLG Frankfurt, Urteil v. 10.5.1988, BB 1989, S. 395.

## 1 Überblick

§ 245 HGB regelt die **Verpflichtung des Kfm. zur Unterzeichnung** des datierten JA. Dieser setzt sich zusammen aus Bilanz und GuV (§ 242 Abs. 3 HGB) bzw. im Falle von KapG und KapCoGes aus Bilanz, GuV und Anhang (§§ 264 Abs. 1 Satz 1, 264a Abs. 1, 336 Abs. 1 HGB). Kapitalmarktorientierte Unt (§ 264d HGB) haben den JA um eine KFR und einen Eigenkapitalspiegel zu erweitern. Der JA kann zudem durch eine SegmBer erweitert werden (§ 264 Abs. 1 Satz 2 HGB). Darüber hinaus verpflichtet § 264 Abs. 2 Satz 3 HGB die gesetzlichen Vertreter einer KapG/KapCoGes, die Inlandsemittent i.S.v. § 2 Abs. 7 WpHG ist, schriftlich zu versichern, dass – verkürzt dargestellt – der JA nach bestem Wissen ein den tatsächlichen Verhältnissen entsprechendes Bild i.S.v. § 264 Abs. 2 Satz 1 HGB vermittelt. Dieser sog. Bilanzeid ist nicht Teil des JA und LB und ist auch nicht vom AP zu prüfen (§ 264 Rz 88ff.). 1

Eine gesetzliche Pflicht zur Unterzeichnung des **Lageberichts** besteht nicht. Gleichwohl wird in der Literatur eine Unterzeichnung diskutiert und ist – insb. 2

zur Erfüllung der Beweisfunktion – wünschenswert.[1] Teilweise wird davon ausgegangen, dass die Unterzeichnung des JA auch den LB abdeckt.[2] Darüber hinaus ergibt sich aus § 242 Abs. 1 Satz 2 HGB die Pflicht zur Unterzeichnung der Eröffnungsbilanz. Weiterhin findet § 245 HGB auch auf **Sonderbilanzen** (z.B. Liquidationsbilanz gem. §§ 270 Abs. 2 Satz 2 AktG, 71 Abs. 2 Satz 2 GmbHG oder Verschmelzungsbilanz gem. § 17 Abs. 2 Satz 2 UmwG) Anwendung, soweit die Jahresabschlussvorschriften für diese gelten.[3] Sofern ein IFRS-EA anstelle eines HGB-JA gem. § 325 Abs. 2 HGB offengelegt wird, ergibt sich nach § 325 Abs. 2a Satz 3 HGB ebenfalls eine Unterzeichnungspflicht.[4] Zwischenberichte börsenorientierter Unt unterliegen dagegen keiner Unterzeichnungspflicht i.S.d. § 245 HGB.[5] Soweit EKfl gem. § 241a HGB von der Buchführung befreit sind, betrifft die Unterschriftspflicht die den JA ersetzende Rechnungslegung, wie z.B. eine Einnahmenüberschussrechnung.

## 2 Unterzeichnungspflichtige

### 2.1 Einzelkaufmann

3   Der JA ist vom EKfm zu unterzeichnen. Es handelt sich dabei um eine **höchstpersönliche Rechtshandlung**, eine Vertretung durch Bevollmächtigte ist nicht zulässig.[6] Die Unterzeichnungspflicht wird auch nicht durch eine fehlende kaufmännische Ausbildung oder mangelnde Kenntnisse in Buchführung und Bilanzierung des Kfm. eingeschränkt. Er muss sich geeigneten fremden Sachverstand organisieren oder sich die entsprechenden Fachkenntnisse aneignen. Gleichwohl sind **Sonderfälle** möglich:[7] Die Unterzeichnungspflicht für Minderjährige beschränkt sich auf den oder die gesetzlichen Vertreter. Für eine Erbengemeinschaft sind alle Mitglieder unterzeichnungspflichtig. Ist eine inländische Zweigniederlassung eines ausländischen Unt verpflichtet, selbstständig Rechnung zu legen (bspw. Versicherungsunternehmen, Kreditinstitute), so ist der Geschäftsleiter oder Hauptbevollmächtigte dieser Zweigstelle unterzeichnungspflichtig. Im Fall der Insolvenz unterzeichnet der Insolvenzverwalter auch bei Fortführung des Geschäftsbetriebs.

### 2.2 Personengesellschaften

4   Gem. § 245 Satz 2 HGB haben **alle phG** den JA zu unterzeichnen. Dies gilt auch dann, wenn einzelne phG von der Geschäftsführung ausgeschlossen sind.[8] Somit sind bspw. alle Gesellschafter einer OHG oder alle Komplementäre einer KG unterzeichnungspflichtig.

---

[1] Vgl. *ADS*, 6. Aufl., § 245 HGB, Rz 3 mwN; *Ellerich/Swart*, in *Küting/Pfitzer/Weber*, HdR, HGB § 245, Rn 7, Stand 12/2010; *Ballwieser*, in MünchKomm AktG, § 245 HGB, Rn 4.
[2] Vgl. WP-Handbuch Bd. I, 14. Aufl., Abschn. F, Rz 1085.
[3] Vgl. *ADS*, 6. Aufl., § 245 HGB, Rz 3.
[4] Vgl. *Winkeljohann/Schellhorn*, in Beck Bil-Komm. 9. Aufl., § 245 HGB, Rz 1.
[5] Vgl. *Rosen/Gebauer*, in *Küting/Pfitzer/Weber*, HdR, BörsG § 44b, Rn 14ff., Stand 9/2002.
[6] Vgl. *Ellerich/Swart*, in *Küting/Pfitzer/Weber*, HdR, HGB § 245, Rn 5, Stand 12/2010 mwN.
[7] Vgl. *Hüffer*, in Großkomm. HGB, 4. Aufl., § 245 Rn 9, sowie *Wiedmann*, in *Ebenroth/Boujong/Joost/Strohn*, HGB, 2. Aufl., § 245, Rz 6 mwN sowie *ADS*, 6. Aufl., § 245 HGB, Rn 9 mwN.
[8] Vgl. *ADS*, 6. Aufl., § 245 HGB, Rz 10.

Für die **GmbH & Co. KG** als Sonderform der Personenhandelsgesellschaft ist nach hM in sinngemäßer Anwendung des § 41 GmbHG der JA von sämtlichen Geschäftsführern der GmbH zu unterzeichnen.[9] Diese Regelungen sind auch für die GmbH & Co. OHG anzuwenden.

## 2.3 Kapitalgesellschaften

Der JA ist von **sämtlichen Geschäftsführern** einer GmbH bzw. von **sämtlichen Vorstandsmitgliedern** einer AG zu unterzeichnen. Die Unterzeichnungspflicht gilt auch dann, wenn einzelne Unterzeichnungspflichtige nicht mit dem JA einverstanden sind.[10] Wenn Meinungsverschiedenheiten zwischen den Unterzeichnungspflichtigen allerdings daraus resultieren, dass der JA nicht im Einklang mit den gesetzlichen Vorschriften und den GoB steht, kann oder ggf. muss ein Geschäftsführer oder Vorstandsmitglied allerdings seine Unterschrift verweigern.[11]

Für Personen, die zum Zeitpunkt der Unterzeichnung (Rz 11) keine Stellung mehr innehaben, die ansonsten zur Unterzeichnung verpflichtet sind (z.B. ehemalige Vorstandsmitglieder), besteht keine Unterzeichnungspflicht. Dagegen besteht für die gesetzlichen Vertreter einer KapG, die zwischen Abschlussstichtag und Unterzeichnungszeitpunkt bestellt werden, Unterzeichnungspflicht.

Sind mehrere Personen unterzeichnungspflichtig, so besteht die Unterzeichnungspflicht sämtlicher Personen auch dann, wenn eine oder mehrere Personen aus wichtigem Grund (z.B. Reise oder Krankheit) abwesend sind. Eine Vertretung durch einen Mitunterzeichnungspflichtigen ist nicht zulässig (höchstpersönliche Rechtshandlung).[12] Nur wenn die Mitwirkung einer unterzeichnungspflichtigen Person durch **höhere Gewalt** (z.B. lebensgefährliche Krankheit o.ä. langfristige Verhinderung) unmöglich ist, kann eine Mitwirkungspflicht nicht gefordert werden. Bei der KGaA als weitere Form der KapG haben ebenfalls alle phG zu unterzeichnen. Für eine KapG in Abwicklung unterzeichnet der Abwickler.[13] Bei der SE haben sämtliche Leitungsmitglieder den JA zu unterzeichnen.[14]

## 2.4 Sonstige Rechtsformen

Für die eG sind sämtliche Mitglieder eines Vorstands unterzeichnungspflichtig.[15] Dies gilt auch für ehrenamtliche Vorstandsmitglieder.

Unternehmensverbundene Stiftungen haben im unternehmerischen Bereich die handelsrechtlichen Rechnungslegungspflichten einzuhalten. Damit ist von sämtlichen Vorständen einer Stiftung eine Unterzeichnung zu fordern. Das gilt auch

---

[9] Vgl. *Winkeljohann/Schellhorn*, in Beck Bil-Komm. 9. Aufl., § 245 HGB, Rz 2, sowie *Ellerich/Swart*, in *Küting/Pfitzer/Weber*, HdR, HGB § 245, Rn 3, Stand 12/2010; a.A. bspw. *ADS*, 6. Aufl., § 245 HGB, Rz 11 mwN: unterzeichnungspflichtig sind nur so viele GF, wie zur Vertretung notwendig sind.

[10] Vgl. *Ellerich/Swart*, in *Küting/Pfitzer/Weber*, HdR, HGB § 245, Rn 3, Stand 12/2010 mwN.

[11] Vgl. *Oser*, in Der Betrieb 2011, S. 717 ff.

[12] Vgl. *Winkeljohann/Schellhorn*, in Beck Bil-Komm. 9. Aufl., § 245 HGB, Rz 2, sowie *ADS*, 6. Aufl., § 245 HGB, Rz 13a; a.A. *Ellerich/Swart*, in *Küting/Pfitzer/Weber*, HdR, HGB § 245, Rn 5, Stand 12/2010.

[13] Vgl. *ADS*, 6. Aufl., § 245 HGB, Rz 11 ff.

[14] Nach Art. 61 EG Verordnung 2157/2001 unterliegt die SE hinsichtlich der Aufstellung ihres JA, des Lageberichts, seiner Prüfung sowie der Offenlegung den Vorschriften, die für AG in dem Sitzstaat der SE gelten. Für Kreditinstitute oder Finanzinstitute regelt Art. 62 der Verordnung Besonderheiten.

[15] Vgl. *Winkeljohann/Schellhorn*, in Beck Bil-Komm. 9. Aufl., § 245 HGB, Rz 2.

für steuerbegünstigte Stiftungen, die einen steuerpflichtigen oder steuerbefreiten Geschäftsbetrieb führen, der nach Art und Umfang ein kaufmännisches Gewerbe darstellt.[16]

10 Sofern ein Verein auch ein Handelsgewerbe betreibt, gelten ebenfalls die handelsrechtlichen Rechnungslegungsvorschriften. Ferner kann sich die Verpflichtung zur Anwendung dieser Vorschriften aus Spezialgesetzen ergeben (Krankenhausbuchführungsverordnung, Pflegebuchführungsverordnung, Werkstättenverordnung, Heimgesetz, Rettungsdienstgesetz, Kindergartengesetz).[17] Somit ist auch hier eine Unterzeichnung durch sämtliche Vorstände gefordert.

## 3 Unterzeichnung

### 3.1 Ort und Name

11 Eine gesetzliche Vorschrift zur Platzierung der Unterschrift liegt nicht vor. Sie ist so zu platzieren, dass sie den **gesamten JA abdeckt**,[18] damit die Übernahme der Verantwortung für alle Teile des JA deutlich wird.[19] Grundsätzlich erfolgt die Unterschrift auf der letzten Seite des JA, d. h. regelmäßig unter der GuV bzw. am Ende des Anhangs, soweit dieser aufzustellen ist oder freiwillig aufgestellt wird.[20] Eine grundsätzliche Reihenfolge der Bestandteile des JA ist nicht gesetzlich vorgeschrieben.[21] Sie sind in der Form miteinander zu verbinden, dass sie eine Urkundeneinheit bilden und eine nachträgliche Trennung der Bestandteile ersichtlich wird. Soweit eine solche Urkundeneinheit besteht, genügt eine Unterschrift auf der letzten Seite der Urkunde. Falls eine Urkundeneinheit nicht gewährleistet wird, muss jedes Blatt des JA unterschrieben werden.[22]

12 Die Unterschrift hat mit dem Namen zu erfolgen (ungenügend z. B. Faksimile). Eine Unterzeichnung entsprechend der beim Registergericht aufbewahrten Unterschrift inkl. Firmenzusatz ist nicht erforderlich.[23]

### 3.2 Zeitpunkt

13 Gem. § 245 Satz 1 HGB ist der JA unter Angabe des Datums zu unterzeichnen. Bei Ges., für die keine Feststellung des JA vorgesehen ist, bezieht sich die Unterzeichnungspflicht auf den aufgestellten JA.

In der Literatur ist strittig, ob sich die **Unterzeichnungspflicht** auf den aufgestellten oder festgestellten JA bezieht. So wird z. T. bereits die Unterzeichnung des aufgestellten JA verlangt.[24] Nach hM[25] bezieht sich die Unterzeichnungspflicht jedoch auf den festgestellten JA. Entscheidende Funktion der Unterzeich-

---

[16] Vgl. IDW RS HFA 5 Tz 23.
[17] Vgl. IDW RS HFA 14 Tz 8 f.
[18] Vgl. *ADS*, 6. Aufl., § 245 HGB, Rz 6.
[19] Vgl. *Hüffer*, in Großkomm. HGB, 4. Aufl., § 245 Rn 11.
[20] Vgl. *Ellerich/Swart*, in *Küting/Pfitzer/Weber*, HdR, GmbH § 245, Rn 10, Stand 12/2010 mwN, sowie *ADS*, 6. Aufl., § 245 HGB, Rz 6 mwN.
[21] Vgl. *Winkeljohann/Schellhorn*, in Beck Bil-Komm. 9. Aufl., § 245 HGB, Rz 1.
[22] Vgl. *Hüffer*, in Großkomm. HGB, 4. Aufl., § 245 Rn 11.
[23] Vgl. *ADS*, 6. Aufl., § 245 HGB, Rz 5; a. A. *Hüffer*, in Großkomm. HGB, 4. Aufl., § 245 Rn 11.
[24] Vgl. *Küting/Kaiser*, WPg 2000, S. 585 ff.
[25] Vgl. BGH, Urteil v. 28.1.1985 II ZR 79/84, BB 1985, S. 567; *Ellerich/Swart*, in *Küting/Pfitzer/Weber*, HdR, HGB § 245, Rn 13, Stand 12/2010.

nung ist die Dokumentation der Verantwortlichkeit und Vollständigkeit des JA. Da der aufgestellte JA oftmals z. B. durch wertaufhellende Ereignisse oder auch durch die JAP noch Änderungen unterliegt, bezieht sich die gesetzliche Unterzeichnungspflicht u. E. auf den **festgestellten JA (endgültige Fassung)**.[26] Dessen ungeachtet ist gleichwohl für Zwecke der Dokumentation (z. B. der rechtzeitigen Aufstellung des JA) eine Unterzeichnung bereits des aufgestellten JA allein aus praktischen Gründen zu empfehlen. Sofern in diesem Fall der aufgestellte JA dem später festgestellten JA entspricht, genügt die Unterzeichnung des aufgestellten JA.[27] In diesem Fall stellt die Unterschrift unter den aufgestellten JA gleichzeitig das Ende des Wertaufhellungszeitraums und damit das Ende der Jahresabschlussarbeiten dar.

Die Angabe des Datums sollte in der Form Tag, Monat und Jahr erfolgen, da so die **Nachweisfunktion** der Unterzeichnung eindeutig erfüllt wird.   14

## 4 Rechtsfolgen

Durch die Unterzeichnung dokumentieren die Unterzeichnenden die Richtigkeit   15
und Vollständigkeit des JA. Sie hat eine **Beweisfunktion** i. S. d. § 416 ZPO, sodass an ihr bspw. die Einhaltung der Aufstellungsfrist geprüft werden kann.[28] Bei KM-orientierten Unt wird dies durch den Bilanzeid des Vorstands noch verstärkt.
In der Literatur werden darüber hinaus **zivilrechtliche Folgen** aus der Unter-   16
zeichnung diskutiert. So wird die Ableitung schuldrechtlicher Ansprüche von Gläubigern verneint. Die in Anwendung des Vorsichtsprinzips erfolgte Passivierung einer nicht anerkannten Schuld führt demnach nicht zum Schuldanerkenntnis. Demgegenüber wird die Ableitung gesellschaftsrechtlicher Ansprüche der Mitgesellschafter oder Gewinnbeteiligten in Betracht gezogen. Der Eintritt solcher gesellschaftsrechtlicher Wirkungen ist jedoch stets Auslegungssache.[29] Teilweise wird eine zivilrechtliche Seite der Unterzeichnungspflicht auch verneint, da die Unterzeichnung lediglich als äußerer Tatbestand des Vertragskonsenses zwischen Gesellschaftern einer OHG oder KG hinsichtlich der bilanzmäßigen Ermittlung des Gewinns einzustufen ist.[30]

Ist der JA nicht unterzeichnet, entspricht er aber im Übrigen den gesetzlichen   17
Anforderungen, hat dies keine strafrechtlichen Konsequenzen. Vielmehr handelt es sich bei Unt in der Rechtsform der KapG und KapCoGes bei **fehlender Unterzeichnung** um eine Ordnungswidrigkeit i. S. v. § 334 Abs. 1 Nr. 1a HGB.[31] Eine fehlende Unterzeichnung zieht insb. keine Nichtigkeit des JA nach sich.[32]

---

26 Vgl. *Ellerich/Swart*, in *Küting/Pfitzer/Weber*, HdR, HGB § 245, Rn 13, Stand 12/2010.
27 Vgl. *ADS*, 6. Aufl., § 245 HGB, Rz 8.
28 Vgl. *Winkeljohann/Schellhorn*, in Beck Bil-Komm. 9. Aufl., § 245 HGB, Rz 6, sowie OLG Frankfurt, Urteil v. 10.5.1988, U 285/86, BB 1989 S. 395.
29 Vgl. *Ellerich/Swart*, in *Küting/Pfitzer/Weber*, HdR, HGB § 245, Rn 1, Stand 12/2010 mwN, sowie *ADS*, 6. Aufl., § 245 HGB, Rz 15 mwN; a. A. *Hüffer*, in Großkomm. HGB, 4. Aufl., § 245 Rz 3.
30 Vgl. *Hüffner*, in Großkomm. HGB, 4. Aufl., § 245 Rn. 2.
31 Vgl. *Ellerich/Swart*, in *Küting/Pfitzer/Weber*, HdR, HGB § 245, Rn 14, Stand 12/2010 mwN.
32 Vgl. OLG Frankfurt, Urteil v. 10.5.1988, 5 U 285/86, BB 1989 S. 395.

## 5 Anwendung im Konzernabschluss

18 Die Regelungen des § 245 HGB sind gem. § 298 Abs. 1 Satz 1 HGB auf den **KA** bzw. gem. § 315a Abs. 1 HGB auf den **IFRS-KA** anzuwenden. Die Unterzeichnungspflicht bezieht sich in diesem Fall auf die gesetzlichen Vertreter des MU. Bei Zusammenfassung von Konzernanhang und Anhang des JA des MU gem. § 298 Abs. 3 HGB ist es ausreichend, wenn die Unterschrift nur einmal erfolgt.[33]

---

[33] Vgl. *Winkeljohann/Schellhorn*, in Beck Bil-Komm 9. Aufl., § 245 HGB Rz 4.

# § 246 VOLLSTÄNDIGKEIT. VERRECHNUNGSVERBOT

(1) ¹Der Jahresabschluss hat sämtliche Vermögensgegenstände, Schulden, Rechnungsabgrenzungsposten sowie Aufwendungen und Erträge zu enthalten, soweit gesetzlich nichts anderes bestimmt ist. ²Vermögensgegenstände sind in der Bilanz des Eigentümers aufzunehmen; ist ein Vermögensgegenstand nicht dem Eigentümer, sondern einem anderen wirtschaftlich zuzurechnen, hat dieser ihn in seiner Bilanz auszuweisen. ³Schulden sind in die Bilanz des Schuldners aufzunehmen. ⁴Der Unterschiedsbetrag, um den die für die Übernahme eines Unternehmens bewirkte Gegenleistung den Wert der einzelnen Vermögensgegenstände des Unternehmens abzüglich der Schulden im Zeitpunkt der Übernahme übersteigt (entgeltlich erworbener Geschäfts- oder Firmenwert), gilt als zeitlich begrenzt nutzbarer Vermögensgegenstand.
(2) ¹Posten der Aktivseite dürfen nicht mit Posten der Passivseite, Aufwendungen nicht mit Erträgen, Grundstücksrechte nicht mit Grundstückslasten verrechnet werden. ²Vermögensgegenstände, die dem Zugriff aller übrigen Gläubiger entzogen sind und ausschließlich der Erfüllung von Schulden aus Altersversorgungsverpflichtungen oder vergleichbaren langfristig fälligen Verpflichtungen dienen, sind mit diesen Schulden zu verrechnen; entsprechend ist mit den zugehörigen Aufwendungen und Erträgen aus der Abzinsung und aus dem zu verrechnenden Vermögen zu verfahren. ³Übersteigt der beizulegende Zeitwert der Vermögensgegenstände den Betrag der Schulden, ist der übersteigende Betrag unter einem gesonderten Posten zu aktivieren.
(3) ¹Die auf den vorhergehenden Jahresabschluss angewandten Ansatzmethoden sind beizubehalten. ²§ 252 Abs. 2 ist entsprechend anzuwenden.

WP StB Andreas Noodt

| Inhaltsübersicht | | | | Rz |
|---|---|---|---|---|
| 1 Überblick | | | | 1–4 |
| 2 Vollständigkeit der Bilanz | | | | 5–94 |
| 2.1 | Begriffsabgrenzung | | | 5–10 |
| 2.2 | Personelle, sachliche und zeitliche Zurechnung | | | 11–15 |
| 2.3 | Zurechnung von Vermögensgegenständen | | | 16–81 |
| | 2.3.1 | Allgemeines zum wirtschaftlichen Eigentum | | 16–18 |
| | 2.3.2 | Treuhandverhältnisse | | 19–27 |
| | 2.3.3 | Leasing | | 28–48 |
| | | 2.3.3.1 | Begriff | 28–30 |
| | | 2.3.3.2 | Operating-Leasing | 31 |
| | | 2.3.3.3 | Finanzierungs-Leasing | 32–33 |
| | | 2.3.3.4 | Zurechnung von Leasinggegenständen | 34–46 |
| | | 2.3.3.5 | Bilanzierung von Leasingverträgen | 47–48 |
| | 2.3.4 | Factoring | | 49–53 |
| | 2.3.5 | Dingliche Sicherungsrechte | | 54 |

|  |  |  |  |
|---|---|---|---|
|  | 2.3.6 | Kommissionsgeschäfte | 55–58 |
|  | 2.3.7 | Pensionsgeschäfte | 59–62 |
|  | 2.3.8 | Asset Backed Securities | 63–68 |
|  | 2.3.9 | Derivatgeschäfte | 69–75 |
|  | 2.3.10 | Strukturierte Finanzinstrumente – eingebettete Derivate | 76–78 |
|  | 2.3.11 | Wertgarantien bei Veräußerungsgeschäften | 79–80 |
|  | 2.3.12 | Nießbrauch | 81 |
| 2.4 | Zurechnung von Schulden | | 82–85 |
| 2.5 | Geschäfts- oder Firmenwert | | 86–94 |
|  | 2.5.1 | Überblick | 86–88 |
|  | 2.5.2 | Ansatz des Geschäfts- oder Firmenwerts | 89–91 |
|  | 2.5.3 | Ermittlung des Geschäfts- oder Firmenwerts | 92–93 |
|  | 2.5.4 | Negativer Geschäfts- oder Firmenwert | 94 |
| 3 Vollständigkeit der Gewinn- und Verlustrechnung | | | 95–99 |
| 4 Verrechnungsverbot/-gebot | | | 100–130 |
| 4.1 | Grundsätzliches Verrechnungsverbot | | 100 |
| 4.2 | Verrechnungsgebot von Vermögensgegenständen und Schulden nach § 246 Abs. 2 Satz 2 HGB | | 101–123 |
|  | 4.2.1 | Gesetzliche Regelung | 101–103 |
|  | 4.2.2 | Deckungsvermögen | 104–110 |
|  |  | 4.2.2.1 Anforderungen an das Deckungsvermögen | 104 |
|  |  | 4.2.2.2 Insolvenzsicherheit | 105 |
|  |  | 4.2.2.3 Zweckexklusivität | 106 |
|  |  | 4.2.2.4 Praxisfälle | 107–110 |
|  | 4.2.3 | Erfasste Altersversorgungsverpflichtungen | 111–114 |
|  | 4.2.4 | Saldierung | 115–119 |
|  | 4.2.5 | Steuerliche Auswirkungen | 120 |
|  | 4.2.6 | Sonstige Auswirkungen | 121–123 |
| 4.3 | Weitere Einschränkungen des Verrechnungsverbots in der Bilanz | | 124–129 |
| 4.4 | Einschränkungen des Verrechnungsverbots in der Gewinn- und Verlustrechnung | | 130 |
| 5 Stetigkeit, Ansatzmethoden, Beibehaltungsgebot | | | 131–136 |

**Ergänzendes Schrifttum**
*Bätzel,* Die überbetriebliche Treuhand als flexible Lösung für den Mittelstand, DB 2008, S. 1761; *Bertram/Johannleweling/Roß/Weiser,* Handelsrechtliche Bilanzierung von Altersversorgungsverpflichtungen nach IDW RS HFA 30, *WPg 2011, S. 60*; *Büschgen,* Praxishandbuch Leasing, 1998; *Eckstein/Feinen* (Hrsg.), Leasing-Handbuch für die betriebliche Praxis, 7. Aufl. 2000; *Gelhausen/Fey/ Kämpfer,* Rechnungslegung und Prüfung nach dem Bilanzrechtsmodernisierungsgesetz, Düsseldorf 2009; *Goertzen,* Die Zurechnung von Wirtschaftsgütern beim Kommunal-Leasing, FR 1996, S. 549; *Höfer/Rhiel/Veit,* Die Rechnungslegung für betriebliche Altersversorgung im Bilanzrechtsmodernisierungsgesetz

(BilMoG), DB 2009, S. 1605; *Kirsch,* Neuinterpretation der Grundsätze ordnungsmäßiger Buchführung durch das Bilanzrechtsmodernisierungsgesetz, StuB 2008, S. 453; *Krumnow/Sprißler* et al (Hrsg.), Rechnungslegung der Kreditinstitute, 2. Aufl. 2004; *Kühne/Keller,* Zum Referentenentwurf des Bilanzrechtsmodernisierungsgesetzes (BilMoG): Wirtschaftliche Zurechnung von Vermögensgegenständen und Schulden sowie Erträgen und Aufwendungen, DB 2008, S. 13; *Küting/Hellen/Brakensiek,* Leasing in der nationalen und internationalen Bilanzierung, BB 1998, S. 1465; *Küting/Seel,* Die Ungereimtheiten der Regelungen zu latenten Steuern im neuen Bilanzrecht, DB 2009, S. 922.; *Lüdenbach/Hoffmann,* Die langen Schatten der IFRS über der HGB-Rechnungslegung, DStR Beihefter zu 50/2007, S. 3; *Mellwig/Weinstock,* Die Zurechnung von mobilen Leasingobjekten nach deutschem Handelsrecht und den Vorschriften des IASC, DB 1997, S. 2345; *Palandt,* Bürgerliches Gesetzbuch, 67. Aufl. 2008; *Rhiel/Veit,* Auswirkungen des Gesetzes zur Modernisierung des Bilanzrechts (BilMoG) auf Pensionsverpflichtungen, DB 2008, S. 1509; *Schwarz,* Factoring, 4. Aufl. 2002; *Spanier,* Rechnungslegung von Derivaten – Grundlagen und Besonderheiten ausgewählter Instrumente, Bankinformation, November 2000, S. 58; *Toth,* Die steuerliche Zurechnung des Leasingobjektes beim Immobilien-Leasing, BB 1994, S. 263.

# 1 Überblick

In § 246 Abs. 1 HGB wird der Grundsatz der **Vollständigkeit** geregelt. Gem. § 246 Abs. 1 Satz 1 HGB hat der Kfm. sämtliche VG, Schulden, RAP sowie Aufwendungen und Erträge in seinen JA aufzunehmen, soweit gesetzlich nichts anderes bestimmt ist. VG sind in die Bilanz des Eigentümers aufzunehmen; ist ein VG einem anderen als dem Eigentümer wirtschaftlich zuzurechnen, hat dieser ihn in seiner Bilanz auszuweisen. VG sind nach § 246 Abs. 1 Satz 2 HGB in die Bilanz des Eigentümers aufzunehmen, es sei denn, sie sind wirtschaftlich einem anderen zuzurechnen und dann bei diesem zu bilanzieren. Dieser in der Vergangenheit bereits angewandte Grundsatz der **wirtschaftlichen Zurechnung** von VG wurde durch das BilMoG zur Klarstellung im HGB verankert. Inhaltlich entspricht die Vorschrift § 39 AO.

Auch bei der Zurechnung von **Schulden** gibt es keine veränderte Rechtslage. Hier ist weiterhin grds. die rechtliche Zuordnung maßgeblich: § 246 Abs. 1 Satz 3 HGB schreibt vor, dass Schulden in der Bilanz des Schuldners auszuweisen sind. Mit § 246 Abs. 1 Satz 4 HGB wird der entgeltlich erworbene **Geschäfts- oder Firmenwert** im Weg einer Fiktion zum zeitlich begrenzt nutzbaren VG erhoben. Hieraus folgt, dass der entgeltlich erworbene GoF aktivierungspflichtig ist und den allgemeinen handelsrechtlichen Bewertungsvorschriften unterliegt. Das bisherige Aktivierungswahlrecht ist entfallen.

Das allgemeine **Verrechnungsverbot** des § 246 Abs. 2 Satz 1 HGB besagt, dass Posten der Aktivseite nicht mit Posten der Passivseite, Aufwendungen nicht mit Erträgen und Grundstücksrechte nicht mit Grundstückslasten verrechnet werden dürfen. Dieses Verbot der Verrechnung wird durch die in § 246 Abs. 2 Satz 2 HGB neu geregelte **Verrechnungspflicht** für bestimmte VG und Schulden bzw. Aufwendungen und Erträge eingeschränkt. Danach sind VG, die dem Zugriff aller übrigen Gläubiger entzogen sind und ausschließlich der Erfüllung von

Schulden aus Altersversorgungsverpflichtungen oder vergleichbaren langfristig fälligen Verpflichtungen dienen, mit diesen Schulden zu verrechnen. Entsprechendes gilt für die zugehörigen Aufwendungen und Erträge aus der Abzinsung und aus dem zu verrechnenden Vermögen. Soweit die Verrechnung von VG und Schulden zu einem Aktivüberhang führt, ist dieser gesondert als letzter Posten der Aktivseite auszuweisen.

3 Durch § 246 Abs. 3 HGB wird die Bewertungsstetigkeit des § 252 Abs. 1 Nr. 6 HGB um das Gebot der **Ansatzstetigkeit** ergänzt. Die auf den vorhergehenden JA angewandten Ansatzmethoden sind demnach beizubehalten.

4 Als Vorschrift des Ersten Abschnitts im Dritten Buch des HGB gilt § 246 HGB für alle Kfl. Die Vorschrift ist auf JA und gem. § 298 Abs. 1 HGB auch auf KA anzuwenden.

## 2 Vollständigkeit der Bilanz

### 2.1 Begriffsabgrenzung

5 Das Vollständigkeitsgebot des § 246 Abs. 1 Satz 1 HGB bezieht sich auf VG, Schulden, RAP, Aufwendungen und Erträge. Die Begriffe VG und Schulden werden im Gesetz nicht definiert, sondern sind aus den GoB abzuleiten.
Der Begriff des **Vermögensgegenstands** umfasst körperliche Gegenstände, also Sachen i. S. d. § 90 BGB, und immaterielle Werte, soweit denen eine rechtliche oder tatsächliche Position von wirtschaftlichem Wert im Geschäftsverkehr beizumessen ist. Maßgebende Kriterien für das Vorliegen eines VG sind die selbstständige Bewertbarkeit und die selbstständige Verkehrsfähigkeit. Der handelsrechtliche Begriff des VG entspricht grds. dem bilanzsteuerlichen Begriff des (aktiven, nicht des passiven bzw. negativen) Wirtschaftsguts. Allerdings stellt die Rechtsprechung des BFH stärker auf die selbstständige Bewertbarkeit ab und misst der selbstständigen Verkehrsfähigkeit nur insoweit Bedeutung zu, wie Wirtschaftsgüter im Zusammenhang mit der Veräußerung des Betriebs übertragen werden können. Der Gesetzgeber hält in seiner Begründung zum Entwurf des BilMoG ausdrücklich an der bisherigen Definition des VG fest.[1] Gleichwohl schafft das BilMoG mehrere neue Varianten von Aktivposten: den derivativen GoF als zeitlich begrenzt nutzbaren VG (Rz 86 ff.), die optionalen aktiven latenten Steuern als „Sonderposten eigener Art" (§ 266 Rz 100) sowie die optionalen selbst geschaffenen immateriellen VG des AV (§ 248 Rz 9 ff.).[2]

6 Der Begriff der **Schulden** umfasst Verbindlichkeiten, Rückstellungen und sog. Eventualschulden, die als Haftungsverhältnisse unter der Bilanz zu vermerken sind. Zu Einzelheiten s. § 247 Rz 111 ff. sowie § 251 Rz 5 ff.

7 § 250 HGB definiert **Rechnungsabgrenzungsposten** als Ausgaben vor dem Abschlussstichtag, soweit sie Aufwand für eine bestimmte Zeit nach diesem Tag darstellen, bzw. Einnahmen vor dem Abschlussstichtag, soweit sie Ertrag für eine bestimmte Zeit nach diesem Tag darstellen. Ausgaben bzw. Einnahmen nach dem Abschlussstichtag, die Aufwand bzw. Ertrag der abgelaufenen Rechnungsperi-

---

[1] Vgl. BilMoG-BgrRegE, S. 35.
[2] Vgl. *Stibi/Fuchs*, DB 2009, Beilage 5, S. 13 f.

ode betreffen, sind als VG oder Schulden unter den Forderungen bzw. Verbindlichkeiten/Rückstellungen auszuweisen (§ 250 Rz 1).

Neben der Vollständigkeit der Bilanz regelt § 246 Abs. 1 Satz 1 HGB, dass die GuV sämtliche Aufwendungen und Erträge zu enthalten hat. Die Begriffe Aufwendungen und Erträge werden gesetzlich nicht definiert. Das Handelsrecht versteht unter **Aufwendungen** den einer Rechnungslegungsperiode zuzurechnenden bewerteten Verbrauch von Gütern und Dienstleistungen, während **Erträge** alle bewerteten Vermögensmehrungen einer Abrechnungsperiode beinhalten.[3]

Das Vollständigkeitsgebot wird durch gesetzlich geregelte Ansatzverbote sowie Ansatzwahlrechte durchbrochen. **Ansatzverbote** schließen die Einbeziehung von VG und Schulden in die Bilanz aus. § 248 HGB zählt eine Reihe von Ansatzverboten auf. Beispielhaft sei hier zum einen das in § 248 Abs. 2 Satz 2 HGB normierte Verbot der Aktivierung von selbst geschaffenen Marken, Drucktiteln, Verlagsrechten, Kundenlisten oder vergleichbaren immateriellen VG des AV genannt (§ 248 Rz 47).

Zum anderen regelt § 249 Abs. 2 HGB, dass für andere als in Abs. 1 genannte Zwecke (wie bspw. Rückstellungen für ungewisse Verbindlichkeiten oder Drohverlustrückstellungen) Rückstellungen nicht gebildet werden dürfen.

**Ansatzwahlrechte**, bei denen sich der Kfm für oder gegen die Einbeziehung von VG und Schulden in die Bilanz entscheiden kann, wurden durch das BilMoG, wie bspw. im Fall der Ingangsetzungs- und Erweiterungsaufwendungen oder der Aufwandsrückstellungen, erheblich eingeschränkt, mit dem Aktivierungswahlrecht für selbst geschaffene immaterielle VG des AV jedoch auch erweitert. Verblieben sind lediglich das Aktivierungswahlrecht für den positiven Saldo aus aktiven und passiven latenten Steuern (§ 266 Rz 100), das Disagio (§ 268 Rz 71) sowie das Passivierungswahlrecht für bestimmte Pensionsverpflichtungen nach Art. 28 Abs. 1 EGHGB (§ 249 Rz 77).

## 2.2 Personelle, sachliche und zeitliche Zurechnung

Voraussetzung für die Aufnahme von VG, Schulden, RAP sowie Aufwendungen und Erträgen in den JA ist, dass diese in personeller Hinsicht einem bestimmten Kfm sowie in sachlicher Hinsicht seinem Betriebs- und nicht seinem Privatvermögen zuzurechnen sind. Die **personelle Zurechnung** ist in § 246 Abs. 1 Satz 2 und Satz 3 HGB geregelt. Nach dieser ist bei VG beim Auseinanderfallen von rechtlichem und wirtschaftlichem Eigentum die wirtschaftliche Zurechnung maßgebend. Bei Schulden ist die rechtliche Zurechnung maßgebend. Angesichts der hohen Bedeutung der personellen Zurechnung von VG und Schulden für die Bilanzierung wird diese in den nachfolgenden Abschnitten (ab Kap. 2.3 Zurechnung von Vermögensgegenständen) ausführlich erläutert.

Die **sachliche Zurechnung** von VG zum Betriebsvermögen eines **Ekfm** bestimmt sich primär nach ihrer tatsächlichen Verwendung und damit insb. nach dem Willen des Kfm, der in der Eröffnungsbilanz sowie in der Buchführung dokumentiert wird. Verbindlichkeiten des Kfm rechnen zum Betriebsvermögen, wenn sie durch den Gewerbebetrieb verursacht sind, d. h. ihre Gegenleistung für

---

[3] Vgl. *Förschle/Peun*, in Beck Bil-Komm. 9. Aufl., § 247 HGB, Rz 610ff.

das Unt bestimmt ist.[4] Steuerschulden des Kfm, die durch das Unt verursacht sind, dürfen in der Bilanz ausgewiesen werden.[5] In Zweifelsfällen gelten von einem Kfm vorgenommene Rechtsgeschäfte gem. § 344 Abs. 1 HGB als zum Betrieb seines Handelsgewerbes gehörig.

13 VG sind einer **PersG** sachlich zuzurechnen, wenn sie Gesellschaftsvermögen (Gesamthandsvermögen) sind. Dabei macht es keinen Unterschied, ob die VG betrieblich genutzt werden oder nicht. VG, die der Ges. auf der Grundlage einer gesellschaftsvertraglichen Einbringung zwar nicht zivilrechtlich, sondern zur Nutzung und dem Wert nach (*quoad sortem*), überlassen worden sind, gehören wirtschaftlich zum Gesellschaftsvermögen und sind zu bilanzieren.[6] VG, die einzelnen Gesellschaftern gehören, dürfen handelsrechtlich auch dann nicht von der Ges. bilanziert werden, wenn sie ihrem Geschäftsbetrieb dienen (sog. Sonderbetriebsvermögen).[7] Als Schulden sind in der Bilanz einer PersG nur Gesamthandsverbindlichkeiten auszuweisen.[8]

14 Einer **KapG** sind alle eingegangenen Rechtsgeschäfte und die daraus resultierenden VG sachlich zuzurechnen. Dabei sind die allgemeinen Vertretungsvorschriften, insb. der §§ 164 ff. BGB, §§ 78 ff. AktG, §§ 35 ff. GmbHG, maßgeblich. Auf den wirtschaftlichen Zusammenhang mit dem Betrieb des Unt kommt es nicht an, da eine KapG nicht über Privatvermögen verfügt. Zudem sind KapG sämtliche in ihrem Namen begründete Schulden unabhängig von deren Veranlassung zuzurechnen. Für diese Zurechnung sind ebenfalls die allgemeinen Vertretungsvorschriften maßgeblich. Von den Anteilseignern im eigenen Namen eingegangene Schulden können nicht bei der KapG bilanziert werden, auch wenn sie in wirtschaftlichem Zusammenhang mit dem Betrieb des Unt stehen.[9]

15 Die Komponente der **zeitlichen Zurechnung** bei der Aufnahme von VG und Schulden in die Bilanz geht, auch was den Zeitpunkt ihres Zu- bzw. Abgangs betrifft, grds. von der zivilrechtlichen Rechtslage aus (Entstehen, Erwerb, Übertragung, Erlöschen von VG und Verbindlichkeiten). In vielen Fällen ist die Behandlung in der Bilanz jedoch nicht an die formalrechtliche Entstehung eines Rechts oder einer Verbindlichkeit geknüpft. Stattdessen ist die wirtschaftliche Betrachtungsweise maßgebend, die z.B. bei folgenden Fallkonstellationen zu beachten ist:[10]

- Zeitpunkt der Umsatzrealisation (Verfügungsmacht, Risikotragung),
- Abgrenzung schwebender Geschäfte,
- Aktivierung von Gewinnansprüchen,
- bedingte, befristete und gestundete Forderungen,
- Erfüllung, Aufrechnung und Erlass einer Forderung,
- bedingte Verbindlichkeiten.[11]

---

[4] Vgl. *ADS*, 6. Aufl., § 246 HGB, Rz 428 f.
[5] Vgl. *Förschle/Ries*, in Beck Bil-Komm. 9. Aufl., § 246 HGB, Rz 70.
[6] Vgl. IDW RS HFA 7, Tz 11.
[7] Vgl. IDW RS HFA 7, Tz 12.
[8] Vgl. IDW RS HFA 7, Tz 23.
[9] Vgl. *Förschle/Ries*, in Beck Bil-Komm. 9. Aufl., § 246 HGB, Rz 66 ff.
[10] Vgl. zu Einzelheiten *ADS*, 6. Aufl., § 246 HGB, Rz 168 f.
[11] Vgl. zur zeitlichen Erfassung bzw. Auflösung von aufschiebend bedingten bzw. auflösend bedingten Verbindlichkeiten, § 247, Rz 120 und Rz 121.

## 2.3 Zurechnung von Vermögensgegenständen

### 2.3.1 Allgemeines zum wirtschaftlichen Eigentum

Nach § 246 Abs. 1 Satz 2 HGB sind VG in der Bilanz des Eigentümers aufzunehmen. Nur wenn ein VG nicht dem zivilrechtlichen Eigentümer, sondern einem anderen zuzurechnen ist, hat ihn der andere – der wirtschaftliche Eigentümer – in seiner Bilanz aufzunehmen. Der Grundsatz der **wirtschaftlichen Zurechnung** ist mit dem BilMoG im HGB verankert worden. Er ist immer dann von Bedeutung, wenn rechtliches und wirtschaftliches Eigentum auseinanderfallen. Die explizite Aufnahme des Grundsatzes der wirtschaftlichen Zurechnung durch das BilMoG erfolgte, damit die bis dahin angewandte Rechtslage[12] – die auf langjähriger Entwicklung und Anwendung entsprechender Grundsätze beruht – besser als im zuvor geltenden Gesetzeswortlaut zum Ausdruck gebracht wird. Inhaltlich entspricht § 246 Abs. 1 Satz 2 HGB der Regelung des § 39 AO.[13]

16

Nach § 39 AO ist wirtschaftlicher Eigentümer grds. derjenige, der – ohne das rechtliche Eigentum haben zu müssen – die **tatsächliche Sachherrschaft** über einen VG in einer Weise ausübt, dass dadurch der nach bürgerlichem Recht Berechtigte wirtschaftlich auf Dauer von der Einwirkung ausgeschlossen ist. Die tatsächliche Sachherrschaft über einen VG hat i.d.R. derjenige, bei dem Besitz, Gefahr, Nutzen und Lasten des betreffenden VG liegen. Diese Elemente müssen jedoch nicht kumulativ gegeben sein und sind nicht als gleichrangig zu verstehen; ihre wirtschaftliche Bedeutung ist von der Art des jeweiligen Gegenstands abhängig. Das wirtschaftliche Eigentum umfasst hiernach regelmäßig das Verwertungsrecht durch Nutzung oder Veräußerung des Gegenstands, die Chancen und Risiken aus der laufenden Nutzung und die Chance der Wertsteigerung sowie das Risiko der Wertminderung bzw. des Verlusts einschl. des Risikos des zufälligen Untergangs.[14] Der Ausschluss des zivilrechtlichen Eigentümers von der Sachherrschaft muss für die gewöhnliche Nutzungsdauer des betreffenden VG gegeben sein. Maßgebend für den Zeitpunkt der Erlangung des wirtschaftlichen Eigentums ist der vereinbarte Übergang der Chancen und Risiken.

17

> **Beispiel**
> Ein Unternehmer (U) hat am 23.12.01 bei der X-GmbH Ware erworben. Die Lieferung erfolgte unter Eigentumsvorbehalt (§ 449 BGB) am 30.12.01. Am gleichen Tag erhielt U eine Rechnung, die er am 12.1.02 beglichen hat. Wem ist die Ware am 31.12.01 bilanziell zuzurechnen?
> Beim Eigentumsvorbehalt besitzt U zwar nicht das zivilrechtliche Eigentum an der Ware, er kann aber im Rahmen des normalen Geschäftsbetriebs frei über sie verfügen. U besitzt die tatsächliche Sachherrschaft über die Ware und trägt das Risiko ihres Untergangs. Er ist als wirtschaftlicher Eigentümer der Ware zu betrachten und muss sie in seine Bilanz aufnehmen.

---

12 Zur BFH-Rechtsprechung zum wirtschaftlichen Eigentum vgl. z.B. BFH, Urteil v. 22.7.2008, IX R 74/06, BStBl 2009 II S. 124; BFH, Urteil v. 12.12.2007, X R 17/05, BStBl 2008 II S. 579; BFH, Urteil v. 4.7.2007, VIII R 68/05, BStBl 2007 II S. 937; BFH, Urteil v. 11.7.2006, VIII R 32/04, BStBl 2007 II S. 296.
13 Vgl. BilMoG-BgrRA, S. 109.
14 Vgl. IDW ERS HFA 13 nF, Tz 7.

**18**  Im Einzelfall richtet sich die Frage nach dem Übergang des wirtschaftlichen Eigentums nach dem **Gesamtbild der Verhältnisse**. Danach kann wirtschaftliches Eigentum unter Umständen auch dann anzunehmen sein, wenn einzelne seiner Merkmale nicht in vollem Umfang vorliegen.[15] Es ist nicht zwingend ausgeschlossen, dass es Einzelfälle gibt, in denen sowohl der rechtliche als auch der wirtschaftliche Eigentümer einen VG bilanzieren.[16] Bei Zweifelsfragen zum Übergang des wirtschaftlichen Eigentums könnten sich nach der durch das BilMoG verfolgten stärkeren Annäherung an die IFRS-Rechnungslegungsvorschriften bei Fehlen detaillierter und eigenständiger HGB-Rechnungslegungsnormen Auslegungshinweise in den IFRS ergeben.[17] Der Auslegung des HGB durch die IFRS sind jedoch enge Grenzen gesetzt (§ 243 Rz 6).

### 2.3.2 Treuhandverhältnisse

**19**  Der Begriff der **Treuhand** ist gesetzlich nicht geregelt. Allgemein wird unter einer Treuhand eine anvertraute Verfügung von Sachen und Rechten, die im Interesse einer anderen Person ausgeübt werden soll, verstanden. Neben der Übertragung des rechtlichen Eigentums vereinbaren die Parteien hierbei, dass der Treuhänder über den VG (Treugut) zwar im eigenen Namen, aber nur für Rechnung des Treugebers verfügen darf. Bei einem Treuhandverhältnis verwaltet der Treuhänder das Treugut im Interesse und für Rechnung des Treugebers.[18] Der Treuhänder erhält für seine Tätigkeit i. d. R. lediglich eine Vergütung.[19]

Bei einer rechtsgeschäftlichen Treuhand fallen im Ergebnis das rechtliche und wirtschaftliche Eigentum i. d. R. auseinander. Die **bilanzielle Behandlung** des Treuguts richtet sich nach dem wirtschaftlichen Eigentum (§ 246 Abs. 1 Satz 2 HGB). Eine Ausnahme stellt die ausdrückliche Regelung für Institute (Kreditinstitute und Finanzdienstleistungsinstitute) sowie Zweigstellen i. S. d. § 1 RechKredV[20] in § 6 RechKredV dar, wonach das Treugut immer in der Bilanz eines Instituts, allerdings unter gesonderter Bezeichnung bzw. unter der Bilanz einer Kapitalanlagegesellschaft auszuweisen ist.

Grundsätzlich wird das Treugut in der Bilanz des **Treugebers** aktiviert. Das gilt auch dann, wenn der Treuhänder das Treugut zu treuen Händen für den Treugeber **selbst hergestellt oder erworben** hat.[21] Im Wesentlichen lassen sich drei Formen der Treuhand unterscheiden:

**20**  Eine **Vollrechtstreuhand** (auch als fiduziarische bzw. echte Treuhand bekannt) liegt vor, wenn der Treuhänder das zivilrechtliche Eigentum an dem Treugut erwirbt. Trotz des rechtlichen Eigentumsübergangs sehen die vertraglichen Regelungen vor, dass die Risiken des Untergangs sowie die Nutzungen und Lasten beim Treugeber verbleiben. Darüber hinaus hat der Treugeber gegenüber

---

15  Vgl. BFH, Urteil v. 12.12.2007, X R 17/05, BStBl 2008 II S. 579.
16  Vgl. IDW ERS HFA 13 nF, Tz 6. Zu einem Beispiel im Zusammenhang mit Pensionsgeschäften vgl. IDW ERS HFA 13 nF, Tz 20.
17  Ebenso Kirsch, StuB 2008, S. 458, und *Lüdenbach/Hoffmann*, DStR, Beihefter zu Heft 50/2007 S. 3ff. Beachte aber die zurückhaltendere Formulierung des *BMJ*, BilMoG-BgrRegE, S. 34.
18  Vgl. *ADS*, 6. Aufl., § 246 HGB, Rz 279.
19  Vgl. IDW ERS HFA 13 nF, Tz 50.
20  Vgl. Verordnung über die Rechnungslegung der Kreditinstitute und Finanzdienstleistungsinstitute v. 11.12.1998, BGBl 1998 I S. 3659.
21  Vgl. WP-Handbuch, Bd I, 14. Aufl., Abschn. E, Rz 49.

dem Treuhänder einen Anspruch auf Rückübertragung des treuhänderisch gehaltenen Vermögens. Damit tritt zwar der Treuhänder im Rechtsverkehr nach außen als Eigentümer auf, im Innenverhältnis ist jedoch allein der Treugeber weiterhin berechtigt und verpflichtet.[22] Der Treugeber verfügt somit wirtschaftlich auch weiterhin über das Treugut. In diesem Fall sind die übertragenen VG dem Treugeber zuzurechnen und in seiner Bilanz zu aktivieren.

Dagegen bleibt im Rahmen der **Ermächtigungstreuhand** (unechte Treuhand) der Treugeber Vollrechtsinhaber. Er ermächtigt lediglich den Treuhänder im Rahmen des § 185 BGB, das Treugut zu verwalten. Somit liegt im Unterschied zur Vollrechtstreuhand neben dem wirtschaftlichen auch das rechtliche Eigentum bei dem Treugeber. Der Treuhänder wird weder zivilrechtlich noch wirtschaftlich zum Eigentümer.[23] In diesem Fall ist das Treugut (erst recht) bei dem Treugeber zu aktivieren. 21

Bei einer **doppelseitigen Treuhand** wird das Treugut vom Gläubiger und Schuldner (beide sind Treugeber) auf einen Dritten (Treuhänder) übertragen. Dieser verwaltet das Treugut im Interesse beider Treugeber. Diese Art der Treuhand kommt insb. im gerichtlichen Vergleichsverfahren oder im außergerichtlichen Liquidationsvergleich vor. Wachsende Bedeutung haben in diesem Zusammenhang auch die sog. Contractual Trust Arrangements (CTA) zur bilanziellen Auslagerung von Pensionsverpflichtungen.[24] Bei der doppelseitigen Treuhand ist regelmäßig von den Parteien gewünscht, das wirtschaftliche Eigentum an dem Treugut aufrechtzuerhalten, sodass es bei einem Treugeber zu bilanzieren ist. Wer von den beiden Treugebern bilanzieren muss, hängt innerhalb dieser Beziehung ebenfalls vom wirtschaftlichen Eigentum ab. Da sich das Interesse des Gläubigers weitgehend auf die Befriedigung seiner Forderungen beschränkt, wird dies i. d. R. der Schuldner sein, der weiterhin Nutzen und Lasten aus dem übertragenen Treugut behalten will.[25] 22

Umstritten ist die Frage, ob das Treugut in Anlehnung an § 6 Abs. 1 RechKredV trotz der Zurechnung zum Treugeber ebenfalls in der **Bilanz des Treuhänders** zu erfassen ist. Nach dieser Vorschrift haben die betroffenen Institute das Treugut in der Bilanz zu aktivieren und eine Herausgabeverpflichtung gegenüber dem Treugeber als Treuhandverbindlichkeit zu passivieren. Mangels gesetzlicher Regelung bleibt für alle anderen Fälle unklar, ob der offene Ausweis analog § 6 Abs. 1 RechKredV ebenfalls auf die anderen Treuhänder Anwendung findet. Dies könnte noch am ehesten auf die Vollrechtstreuhand zutreffen, da der Treuhänder hier juristisch zum Eigentümer wird. Die h. M. geht jedoch weiterhin davon aus, dass der Treuhänder das Treugut nicht in der eigenen Bilanz zu aktivieren hat, jedoch zumindest ein Hinweis im JA, bspw. als Vermerk im Anhang einer KapG, erfolgen muss.[26] 23

---

22 Vgl. IDW ERS HFA 13 n. F., Tz 50.
23 Vgl. *ADS*, 6. Aufl., § 246 HGB, Rz 276.
24 Vgl. *Küting/Keßler*, DB 2009, S. 1717 ff.
25 Vgl. *Förschle/Ries*, in Beck Bil-Komm. 9. Aufl., § 246 HGB, Rz 14.
26 Vgl. *ADS*, 6. Aufl., § 246 HGB, Rz 291 f. Eine völlige Nichtberücksichtigung der Treuhand ließe die tatsächlich bestehenden Rechtsbeziehungen des Treuhänders außer Acht (z. B. die Eintragung im Grundbuch). Es wird jedoch auch die Auffassung vertreten, auf einen Ausweis könne gänzlich verzichtet werden (vgl. *Winnefeld*, Bilanz-Handbuch, 4. Aufl. 2006, D Rn 170). Teile des Schrifttums raten zu einem Ausweis auf der Aktivseite der Bilanz „unter dem Strich". Vgl. WP-Handbuch, Bd I, 14. Aufl., Abschn. E, Rz 48.

> **Beispiel**
> Ein Unternehmer (U) möchte sich an einer PersG beteiligen. Aus wirtschaftlichen Gründen möchte er dabei gegenüber seinen Konkurrenten und Abnehmern geheim bleiben. Das kann U (Treugeber) durch die Einschaltung eines T (Treuhänders) erreichen. Im Auftrag des U beteiligt sich T an der PersG. Formal ist T somit der Inhaber der Beteiligung. Nach der zusätzlich im Innenverhältnis U-T getroffenen Treuhandabrede stehen aber die laufenden Erträge bzw. Aufwendungen dem U zu. Er trägt auch das Risiko der Wertschwankungen bei dem Verkauf der Beteiligung. T ist an Weisungen des U gebunden. Für seine Tätigkeit erhält T eine Treuhandvergütung.
> **Ergebnis**: Zivilrechtliches und wirtschaftliches Eigentum fallen auseinander. Die Beteiligung ist in der Bilanz des U zu aktivieren. Auch die Gewinne aus der Beteiligung sind bei U zu erfassen und zu versteuern.
> Die treuhänderisch gehaltenen Gesellschaftsanteile sowie daraus resultierende Gewinne sind bei U unter „Beteiligungen" bzw. „Erträgen aus Beteiligungen" auszuweisen. Verpflichtungen des Treugebers auf Aufwendungsersatz gegenüber dem Treuhänder sind unter den „Sonstigen Verbindlichkeiten" auszuweisen. Im Fall umfangreicher Verbindlichkeiten aus Treuhandgeschäften kann ein gesonderter Posten gebildet werden, der als „Verbindlichkeiten aus Treuhandgeschäften" bezeichnet wird.

24 Die **Bewertung** des Treuguts ist von der Gestaltung des Treuhandverhältnisses abhängig. Wird das Treugut unmittelbar durch den Treuhänder erworben oder hergestellt, so wird das Treugut durch den Treugeber mit den **AK/HK** aktiviert und – je nach Gestaltung – entweder der Aufwendungsersatzanspruch gegenüber dem Treuhänder oder eine Drittverbindlichkeit passiviert.[27] Ist dagegen das Treugut vom Treugeber erworben oder hergestellt, so findet eine Änderung der wirtschaftlichen Zugehörigkeit nicht statt. In diesem Fall ist der **Buchwert** des Treuguts in der Bilanz des Treugebers unverändert fortzuführen.

25 Die **Verbindlichkeiten** gegenüber Dritten, die der Treuhänder im Rahmen des Treuhandverhältnisses im eigenen Namen laufend eingeht, sind von diesem gleichwohl zu passivieren, da der Treuhänder ungeachtet des Treuhandverhältnisses das Risiko der Inanspruchnahme durch den Dritten trägt. Da er jedoch aus dem Treuhandverhältnis wirtschaftlich letztlich nicht belastet sein soll, ist im Gegenzug ein Freistellungs- bzw. Erstattungsanspruch gegenüber dem Treugeber zu aktivieren.[28] Die Bewertung dieses Erstattungsanspruchs richtet sich nach allgemeinen Grundsätzen und somit insb. nach der Beurteilung der Werthaltigkeit dieses Anspruchs.

26 Zwar ist der Treuhänder allein aufgrund seiner Eigenschaft als Treuhänder nicht grds. buchführungspflichtig. Wenn der Umfang des Treuhandauftrags jedoch eine eigene Rechnungslegung erfordert, hat der Treuhänder entweder eine Treuhandbuchführung einzurichten oder einen besonderen Kontenkreis (**Treuhandkreis**) in seiner eigenen Buchführung einzufügen.[29] Im letztgenannten Fall muss

---

[27] Vgl. *ADS*, 6. Aufl., § 246 HGB, Rz 285.
[28] Vgl. *ADS*, 6. Aufl., § 246 HGB, Rz 294.
[29] Vgl. *Wöhe/Richter*, in *Küting/Pfitzer/Weber*, HdR, Kap. 6, Rn 331, Stand 6/2010.

er die Trennung des Treuguts und der dazugehörigen Einnahmen und Ausgaben von seinem eigenen Vermögen strikt beachten. In der eigenen Buchführung hat der Treuhänder neben den vorgenannten Verbindlichkeiten und Forderungen dagegen lediglich seinen Anspruch aus der Treuhandvergütung auszuweisen.
In der **Steuerbilanz** ist gem. § 39 Abs. 2 Nr. 1 AO wie nach HGB die wirtschaftliche Zugehörigkeit für die Zuordnung entscheidend. Auch danach ist das Treugut stets beim Treugeber zu aktivieren, wenn er wirtschaftlicher Eigentümer ist.

### 2.3.3 Leasing

#### 2.3.3.1 Begriff

Im deutschen Recht existiert keine Legaldefinition zum Begriff Leasing. Im wirtschaftlichen Sprachgebrauch bezeichnet Leasing die gewerbsmäßige Überlassung von Anlagegegenständen gegen Zahlung eines Nutzungsentgelts, ohne dass dafür (sofort) der volle Kaufpreis zu zahlen ist. Wirtschaftlich stellt Leasing somit eine Sonderform dar, um den Bedarf nach Anlagegegenständen zu decken. Die Vertragsformen reichen von einem Mietvertrag bis zu einem versteckten Ratenkauf. Von einem **Mietvertrag** grenzt sich Leasing dadurch ab, dass i.d.R. sowohl die Haftung für Untergang und Beschädigung, für Sachmängel sowie für die Instandhaltung auf den Leasingnehmer übertragen werden. Bei sog. **Mietkaufverträgen** haftet hingegen der Vermieter. Darüber hinaus beinhaltet der Mietkaufvertrag im Gegensatz zum Leasingvertrag immer eine Kaufoption des Mieters.[30]
Charakteristisch für **Leasingverträge** ist, dass der Leasinggeber als zivilrechtlicher Eigentümer in einem von Vertrag zu Vertrag unterschiedlichen Ausmaß sowohl das ökonomische Nutzenpotenzial als auch Risiken und Verpflichtungen aus dem Leasinggegenstand auf den Leasingnehmer überträgt.[31]
Bei der Vertragsgestaltung von Leasingverträgen ist zwischen Operating-Leasing und Finanzierungs-Leasing zu unterscheiden.[32]

#### 2.3.3.2 Operating-Leasing

Leasingverträge mit unbestimmter oder kurzer Laufzeit, die von beiden Vertragspartnern unter Einhaltung bestimmter Fristen ohne weitere Verpflichtungen jederzeit gekündigt werden können, werden als **Operating-Leasing** bezeichnet. Bei dieser Vertragsgestaltung bleiben die Gefahren einer wirtschaftlichen Entwertung durch technischen Fortschritt sowie weitere typische Eigentümerrisiken beim Leasinggeber. Um seine AHK sowie etwaige Neben- und Vorfinanzierungskosten (Gesamtinvestitionskosten) zu amortisieren, muss es dem Leasinggeber gelingen, den Leasinggegenstand entweder mehrfach an verschiedene Leasingnehmer zu verleasen oder mindestens i.H.d. nicht amortisierten Kosten zu verwerten. Damit trägt ausschließlich der Leasinggeber das Sach- und Investitionsrisiko. Der Leasingnehmer wird bei dieser Vertragsgestaltung in eine Stellung versetzt, die wirtschaftlich einem Mietvertrag entspricht.

---

30  Vgl. *Weidenkaff*, in *Palandt*, Einf. v. § 535, Rn 30 ff.
31  Vgl. *Küting/Hellen/Brakensiek*, BB 1998, S. 1465.
32  Vgl. u.a. *ADS*, 6. Aufl., § 246 HGB, Rz 386.

> **Beispiel**
> Die Gesamtinvestitionskosten des Leasinggebers (LG) für einen Leasinggegenstand betragen 100 TEUR. Davon decken die vom Leasingnehmer (LN) an den LG während der Vertragslaufzeit zu zahlenden abdiskontierten Leasingraten 50 TEUR. Bei einer Vertragslaufzeit von 60 Monaten besteht für den LN nach 30 Monaten die Möglichkeit einer Austauschoption, um auf dem neuesten Stand der Technik zu bleiben.
> **Ergebnis**: Nimmt der LN seine Option in Anspruch und beträgt der Marktpreis zu diesem Zeitpunkt 60 TEUR, dann hat der LG die Chance der Wertsteigerung. Beträgt der Marktpreis hingegen nur 40 TEUR, dann trifft den LG das Risiko der Wertminderung. Der LG trägt das Investitionsrisiko.

#### 2.3.3.3 Finanzierungs-Leasing

32 Beim **Finanzierungs-Leasing** werden Verträge über eine i. d. R. unkündbare Laufzeit, die regelmäßig einen Großteil der Nutzungsdauer des Leasinggegenstands abdeckt, geschlossen. Die typischen Eigentümerrisiken des Leasinggegenstands trägt der Leasingnehmer. Eine volle Amortisation der Gesamtinvestitionskosten des Leasinggebers erfolgt regelmäßig bereits durch die Leasingzahlungen des Leasingnehmers. Das Sach- und Investitionsrisiko liegt somit beim Leasingnehmer. Der Leasingnehmer wird in eine Stellung versetzt, die wirtschaftlich einem kreditfinanzierten Kauf entspricht.

33
> **Beispiel**
> Die Gesamtinvestitionskosten des LG für einen Leasinggegenstand betragen 100 TEUR. Die vom LN an den LG während der Vertragslaufzeit zu zahlenden abdiskontierten Leasingraten decken diesen Betrag vollständig. Für den LN besteht die Option, den Vertrag vorzeitig zu kündigen. In diesem Fall ist der LN verpflichtet, die noch ausstehende Amortisation an den LG zu zahlen.
> **Ergebnis**: Der LG wird immer seine Gesamtinvestitionskosten von 100 TEUR amortisieren. Der LN trägt das Risiko der Wertminderung. Der LN trägt somit das Investitionsrisiko.

#### 2.3.3.4 Zurechnung von Leasinggegenständen

34 Entscheidendes Kriterium für die handelsrechtliche Bilanzierung von Leasingverträgen ist die Zurechnung des Leasinggegenstands. Handelsrechtlich existieren keine konkreten Zurechnungskriterien. Grundsätzlich erfolgt handelsrechtlich die Zurechnung zum zivilrechtlichen Eigentümer. Stimmen zivilrechtliche Gestaltung und wirtschaftlicher Gehalt eines Leasingvertrags jedoch nicht überein, erfolgt die Zurechnung nach dem allgemeinen **Grundsatz der wirtschaftlichen Betrachtungsweise**. Danach ist der Leasinggegenstand dem wirtschaftlichen Eigentümer (vgl. Tz 16 ff.) zuzurechnen. Der zivilrechtliche Eigentümer gibt wirtschaftliches Eigentum ab, wenn ein anderer ihn auf Dauer von der

Entscheidungsbefugnis über die Art der Ertragserzielung sowie über die Verwendung der Substanz ausschließen kann.[33]

> **Beispiel**[34]
> 1. Sachverhalt
> Ein LG überlässt einen Leasinggegenstand dem LN über die gesamte wirtschaftliche Nutzungsdauer. Darüber hinaus erhält der LN eine günstige Kaufoption zum Ende der Vertragslaufzeit eingeräumt.
> 2. Sachverhalt
> Ein LG überlässt einen Leasinggegenstand dem LN über die Hälfte der wirtschaftlichen Nutzungsdauer. Nach Ablauf dieses Leasingvertrags wird ein Anschlussvertrag geschlossen, der die zweite Hälfte der wirtschaftlichen Nutzungsdauer sowie eine günstige Kaufoption umfasst.
> **Ergebnis:**
> 1. Sachverhalt
> Der LG ist erkennbar von Ertrag und Substanz ausgeschlossen. Darüber hinaus ist der LG auch von der Entscheidungsbefugnis über die Ertragserzielung ausgeschlossen. Ebenso ist der LG von der Entscheidungsbefugnis über die Verwendung der Substanz ausgeschlossen, da der Leasinggegenstand zum Zeitpunkt einer evtl. Nichtausübung der Option durch den LN bereits wirtschaftlich verbraucht ist. Es erfolgt eine Zurechnung zum LN.
> 2. Sachverhalt
> Der LG ist auch hier während der wirtschaftlichen Nutzungsdauer von Ertrag und Substanz ausgeschlossen. Jedoch steht dieses zum Beginn der wirtschaftlichen Nutzungsdauer nicht fest. Vielmehr hält sich der LG die Möglichkeit einer anderweitigen Verwendung offen. Es erfolgt zunächst eine Zurechnung zum LG. Mit Abschluss des zweiten Vertrags steht dagegen der Ausschluss des LG hinsichtlich Ertrag und Substanz fest. Fortan erfolgt die Zurechnung des Leasinggegenstands beim LN.

Aufgrund der Vielzahl an Möglichkeiten der Vertragsgestaltung ist keine allgemeingültige Aussage über die Zurechnung des Leasinggegenstands zu treffen. Vielmehr ist unter Zugrundelegung des jeweiligen Einzelfalls die Zurechnung des Leasingobjekts zu würdigen.[35]

Die **Zurechnung bei Operating-Leasingverträgen** ist unstrittig. Der Leasinggegenstand wird dem Leasinggeber zugerechnet, da die Entscheidungsbefugnis über die Art der Ertragserzielung sowie über die Verwendung der Substanz dem Leasinggeber definitionsgemäß nicht dauerhaft entzogen werden kann und folglich der Leasinggeber ein echtes Restwertrisiko eingeht.

Ungleich komplexer ist die **Zurechnung bei Finanzierungs-Leasingverträgen**, da diese oftmals eine Mehrerlösbeteiligung oder eine Kauf- oder Mietverlängerungsoption des Leasingnehmers oder ein Andienungsrecht des Leasinggebers aufweisen.

---

33 Vgl. *Mellwig/Weinstock*, DB 1996, S. 2347.
34 Vgl. *Mellwig/Weinstock*, DB 1996, S. 2347.
35 Vgl. *Küting/Hellen/Brakensiek*, BB 1998, S. 1467.

In der handelsrechtlichen Praxis erfolgt die Zurechnung bei Finanzierungs-Leasingverhältnissen regelmäßig durch Rückgriff auf die **steuerlichen Leasingerlasse**, da diese auch dem allgemeinen handelsrechtlichen Grundsatz der wirtschaftlichen Betrachtungsweise Rechnung tragen.[36] Das BMF systematisiert Leasingverträge in den steuerlichen Leasingerlassen nach der Art des Leasinggegenstands in **Mobilienleasing** (bewegliche Leasinggegenstände, Rz 39) und **Immobilienleasing** (unbewegliche Leasinggegenstände, Rz 44) sowie nach der Amortisation der Gesamtinvestitionskosten des Leasinggebers. Wird eine Amortisation der Gesamtinvestitionskosten nicht bis zum Ende der unkündbaren Vertragslaufzeit (Grundmietzeit) erreicht, handelt es sich um **Teilamortisationsverträge**.[37] Wird die volle Amortisation bereits während der unkündbaren Grundmietzeit erreicht, handelt es sich hingegen um **Vollamortisationsverträge**.[38] In den steuerlichen Leasingerlassen ist typisierend dargestellt, in welchen Fällen das wirtschaftliche Eigentum dem Leasinggeber bzw. dem Leasingnehmer zuzurechnen ist. Je nach Einzelfall kann jedoch eine andere Würdigung der Zurechnungsfrage sachgerecht sein.[39] Die Kriterien der steuerlichen Leasingerlasse stellen somit lediglich Anhaltspunkte für die Zurechnungsfrage dar.

37 Durch das **BilMoG** hat das HGB **keine Änderung** im Hinblick auf die **Zurechnung von Leasingverträgen** erfahren. In der Gesetzesbegründung wird darauf verwiesen, dass die von der Rechtsprechung erarbeiteten Beurteilungskriterien sowie die steuerlichen Leasingerlasse weiterhin ihre Bedeutung behalten,[40] sodass sich bei der Zurechnung des Leasinggegenstands keine Veränderung zu der bisherigen Praxis ergibt.

#### 2.3.3.4.1 Spezialleasing

38 Beim **Spezialleasing** erfolgt immer eine Zurechnung beim Leasingnehmer. Spezialleasing ist anzunehmen, wenn der Leasinggegenstand den Bedürfnissen des Leasingnehmers derart angepasst wurde, dass dieser ausschließlich von dem Leasingnehmer wirtschaftlich sinnvoll eingesetzt werden kann.[41]

> **Beispiel**
> Der LN hat einen Leasingvertrag (Laufzeit 90 Monate) über einen Spezialtransporter (betriebswirtschaftliche Nutzungsdauer 120 Monate) mit dem LG abgeschlossen. Der Spezialtransporter wurde mit besonderen Spezifikationen für die Beförderung eines von dem LN produzierten Industrieanlagenbauteils entsprechend den Bedürfnissen des LN gefertigt. Folglich sind die AK deutlich höher als für einen „normalen" Transporter. Grundsätzlich könnten auch andere Güter mit dem Spezialtransporter befördert werden.

---

[36] Vgl. stellvertretend *Mellwig/Weinstock*, DB 1996, S. 2347; *ADS*, 6. Aufl., § 246 HGB, Rz 392; *Förschle/Kroner*, in Beck Bil-Komm, 9. Aufl., § 246 HGB, Rz 37; vgl. kritisch zur Anwendung der Leasingerlasse für Zwecke der handelsrechtlichen Zurechnung etwa *Baetge/Ballwieser*, DBW 1978, S. 8 ff.
[37] Vgl. BMF, Schreiben v. 22.12.1975, IV B 2 – S. 2170–161/75, DB 1975 S. 175; BMF, Schreiben v. 23.12.1991, IV B 2 – S. 2170–115/91, DB 1992 S. 112.
[38] Vgl. BMF, Schreiben v. 19.4.1971, IV B/2 – S. 2170–31/71, DB 1971 S. 795; BMF, Schreiben v. 21.3.1972, F/IV B 2 – S 2170–11/72, DB 1972 S. 651.
[39] Vgl. *ADS*, 6. Aufl., § 246 HGB, Rz 392.
[40] Vgl. BilMoG-BgrRegE, S. 47.
[41] Vgl. *Goertzen*, FR 1996, S. 551.

> Die vom LN an den LG während der Grundmietzeit zu zahlenden abdiskontierten Leasingraten decken lediglich 75 % der Gesamtinvestitionskosten des LG. Darüber hinaus besteht im Anschluss an die Grundmietzeit die Option des LG, den Spezialtransporter i. H. d. Restamortisation dem LN anzudienen oder an einen Dritten D zu veräußern.
> **Ergebnis:** Der Spezialtransporter kann grds. von einem Dritten D genutzt werden, sodass eine Verwertung am Ende der Vertragslaufzeit grds. möglich erscheint. Ein Dritter D würde einen solchen Leasingvertrag bzw. einen Anschlussvertrag allerdings nur abschließen, wenn die Leasingraten nicht höher wären als für einen „normalen" Transporter. Damit ist nach Ablauf der Grundmietzeit faktisch nicht von einer Veräußerung bzw. Vermietung an einen Dritten D auszugehen, da dieser den Spezialtransporter wirtschaftlich nicht sinnvoll nutzen kann. Der Spezialtransporter ist daher dem LN zuzurechnen. Läge kein Spezialleasing vor, wäre der Transporter entsprechend der wirtschaftlichen Betrachtungsweise dem LG zuzuordnen.

### 2.3.3.4.2 Mobilienleasing

Die Zurechnung von beweglichen Leasinggegenständen erfolgt sowohl nach dem steuerlichen **Voll-** als auch nach dem **Teilamortisationserlass für Mobilien** in einem zweistufigen Verfahren.[42] In einer **ersten Stufe** ist der Übergang der Entscheidungsbefugnis über die Art der Ertragserzielung zu würdigen. Hierbei wird auf das Verhältnis von unkündbarer Grundmietzeit und der betriebsgewöhnlichen Nutzungsdauer[43] abgestellt. Die Grundmietzeit muss für Zwecke der Zurechnung beim Leasinggeber mindestens 40 % und darf höchstens 90 % der betriebsgewöhnlichen Nutzungsdauer betragen.[44] Die Wahrung der 40 %-/90 %-Grenze ist allerdings kein hinreichendes Kriterium für die Zurechnung zum Leasinggeber. In einer **zweiten Stufe** ist zusätzlich die Übertragung der Entscheidungsbefugnis über die Verwendung der Substanz zu würdigen. Somit sind die Vereinbarungen im Anschluss an die Grundmietzeit zu beurteilen, um eine endgültige Zurechnung zum Leasinggeber oder zum Leasingnehmer vornehmen zu können.[45]

Im **Vollamortisationserlass** sind Verträge ohne Kauf- und Mietverlängerungsoption im Anschluss an die Grundmietzeit sowie Verträge mit Kauf- oder Mietverlängerungsoption geregelt. Bei Verträgen ohne Kauf- oder Mietverlänge-

---

42 Vgl. *Mellwig*, in *Eckstein/Feinen*, Leasinghandbuch für die betriebliche Praxis, 7. Aufl. 2000, S. 70.
43 Gemeint ist die wirtschaftliche Nutzungsdauer. Aus Objektivierungsgründen wird in einer typisierenden Betrachtungsweise die wirtschaftliche Nutzungsdauer mit der in den amtlichen AfA-Tabellen festgelegten betriebsgewöhnlichen Nutzungsdauer gleichgesetzt; vgl. *Mellwig/Weinstock*, DB 1996, S. 2348.
44 Die wirtschaftliche Interpretation 40 %-/90 %-Grenze bedeutet, dass ein potenzieller Leasingnehmer nur bereit wäre, die volle Amortisation der Gesamtinvestition des Leasinggebers innerhalb eines Zeitraums von weniger als 40 % der betriebsgewöhnlichen Nutzungsdauer zu leisten, wenn er anschließend von der Überlassung des Leasinggegenstands ausgehen kann. Bei einer Grundmietzeit von mehr als 90 % der betriebsgewöhnlichen Nutzungsdauer ist der zivilrechtliche Herausgabeanspruch wirtschaftlich wertlos. Es erfolgt jeweils eine Zurechnung zum Leasingnehmer. Vgl. *Buhl*, BB 1992, S. 1758.
45 Vgl. *Mellwig*, in *Eckstein/Feinen*, Leasing-Handbuch für die betriebliche Praxis, 7. Aufl. 2000, S. 70.

rungsoption erfolgt eine Zurechnung zum Leasinggeber, da dieser eine Einwirkungsmöglichkeit auf den Leasinggegenstand während der wirtschaftlichen Nutzungsdauer hat.[46] Um bei Verträgen mit einer Kauf- oder Mietverlängerungsoption eine Zurechnung zum Leasinggeber zu erreichen, ist der Kaufpreis bzw. die Anschlussmiete so zu bemessen, dass keine günstige Kauf- oder Mietverlängerungsoption für den Leasingnehmer besteht. D. h., der etwaige Kaufpreis des Leasingnehmers muss mindestens den Restbuchwert oder den niedrigeren gemeinen Wert decken. In diesem Fall geht der BFH ebenfalls davon aus, dass der Leasinggeber eine Einwirkungsmöglichkeit auf den Leasinggegenstand während der wirtschaftlichen Nutzungsdauer hat.[47]

41 Bei den **Teilamortisationsverträgen** wird eine volle Amortisation der Gesamtinvestitionskosten des Leasinggebers hingegen erst durch besondere Restamortisationsvereinbarungen im Anschluss an die i.d.R. unkündbare Grundmietzeit erreicht. Um eine Zurechnung zum Leasinggeber zu erreichen, sind folgende Restamortisationsvereinbarungen zu treffen:

- Nach Ablauf der Grundmietzeit hat der Leasinggeber die Option, den Leasinggegenstand dem Leasingnehmer anzudienen (Andienungsrecht) oder am Markt zu verwerten. Damit hat der Leasinggeber die Chance der Wertsteigerung.
- Erzielt der Leasinggeber im Rahmen der Verwertung des Leasinggegenstands im Anschluss an die Grundmietzeit einen Erlös, der die dem Leasinggeber entstandenen oder noch entstehenden Kosten übersteigt (kalkulierter Restwert), so wird der übersteigende Mehrerlös zwischen dem Leasinggeber (mindestens 25 %) und dem Leasingnehmer aufgeteilt. Unterschreitet der Verwertungserlös den kalkulierten Restwert, so hat der Leasingnehmer den Differenzbetrag auszugleichen (Mehrerlösbeteiligung).

> **Beispiel**
> Die Gesamtinvestitionskosten des LG für einen Leasinggegenstand (betriebsgewöhnliche Nutzungsdauer 60 Monate) betragen 100 TEUR. Davon decken die vom LN an den LG während der Grundmietzeit von 30 Monaten zu zahlenden Leasingraten 50 TEUR. Darüber hinaus besteht im Anschluss an die Grundmietzeit für den LN die Verpflichtung, eine Differenz zwischen der Restamortisation von 50 TEUR und einem geringeren Verwertungserlös des LG auszugleichen. Übersteigt der Verwertungserlös die Restamortisation, erhält der LG einen Anteil von 25 %.
> **Ergebnis**: Die Grundmietzeit liegt zwischen 40 % und 90 % der betriebsgewöhnlichen Nutzungsdauer. Beträgt der Marktpreis im Anschluss an die Grundmietzeit 60 TEUR, erhält der LG 2,5 TEUR. Der LG hat die Chance der Wertsteigerung. Beträgt der Marktpreis hingegen nur 40 TEUR, ist dem LN das Risiko der Wertminderung zuzurechnen, da der LN 10 TEUR an den LG zu zahlen hat. Der Leasinggegenstand ist dem LG zuzurechnen.
> Würde der LG einen Anteil von weniger als 25 % erhalten, hätte der LN die Chance der Wertsteigerung. Der Leasinggegenstand wäre dem LN zuzurechnen.

---

[46] Vgl. Leasing, Urteil des BFH v. 26.1.1970, IV R 144/66, BStBl 1970 II S. 264.
[47] Vgl. Leasing, Urteil des BFH v. 26.1.1970, IV R 144/66, BStBl 1970 II S. 264.

- Der Leasingnehmer hat nach Ablauf der Grundmietzeit ein ordentliches Kündigungsrecht, bei dessen Ausübung er eine Abschlusszahlung i. H. d. durch die bis dahin gezahlten Leasingraten nicht gedeckten Gesamtinvestitionskosten des Leasinggebers erbringen muss. Auf die Abschlusszahlung werden 90 % des erzielten Veräußerungserlöses angerechnet (kündbarer Vertrag).

Die Zurechnung zum Leasingnehmer erfolgt, wenn im Anschluss an die Grundmietzeit vom Übergang des zivilrechtlichen Eigentums auszugehen ist oder dem Leasinggegenstand aus Sicht des Leasinggebers kein wirtschaftlicher Wert mehr beizumessen ist.[48]

Folgende Tabelle fasst die Zurechnung von beweglichen Leasinggegenständen bei Voll- und Teilamortisationsverträgen zusammen:

|  |  | Grundmietzeit $\geq 40\ \%$ und $\leq 90\ \%$ der gewöhnlichen ND | |
|---|---|---|---|
|  |  | Ja | Nein |
| **Vollamortisationsverträge** | | | |
| Ohne Option |  | LG | |
| Günstige Kaufoption | Ja | LN | LN |
|  | Nein | LG | |
| Günstige Mietverlängerungsoption | Ja | LN | |
|  | Nein | LG | |
| Spezialleasing |  | LN | |
| **Teilamortisationsverträge** | | | |
| Andienungsrecht |  | LG | |
| Mehrerlösbeteiligung | Verwertungserlös geht zu mindestens 25 % an LG | LG | LN |
|  | Verwertungserlös geht zu weniger als 25 % an LG | LN | |
| Kündbarer Leasingvertrag |  | LG | |

Tab. 1: Zurechnung von Leasinggegenständen bei Voll- und Teilamortisationsverträgen beweglicher Leasinggegenstände

Bei einem **Vertrag mit Doppelfunktion**, d. h. der Vertrag kombiniert ein Andienungsrecht des Leasinggebers und eine Kaufoption des Leasingnehmers, liegen grds. sowohl das Risiko der Wertminderung als auch die Chance auf Wertsteigerung beim Leasingnehmer. Der Leasinggegenstand ist somit dem Leasingnehmer zuzurechnen.[49]

---

[48] Vgl. *Küting/Hellen/Brakensiek*, BB 1998, S. 1467.
[49] Vgl. *Christen*, in *Eckstein/Feinen*, Leasing-Handbuch für die betriebliche Praxis, 7. Aufl. 2000, S. 110.

#### 2.3.3.4.3 Immobilienleasing[50]

44 Die Zurechnung von Gebäuden erfolgt beim **steuerlichen Vollamortisationserlass für Immobilien** entsprechend der Zurechnung beim oben dargestellten Vollamortisationserlass für Mobilien, da die geregelten Vertragsvarianten identisch sind. Der Grund und Boden wird, bis auf bei Verträgen mit einer günstigen Kaufoption und beim Spezialleasing, dem Leasinggeber zugerechnet.
Folgende Tabelle fasst die Zurechnung von Gebäuden sowie Grund und Boden beim Immobilien-Leasingerlass zusammen:

|  |  | Gebäude | | Grund und Boden |
|---|---|---|---|---|
|  |  | Grundmietzeit ≥ 40 % und ≤ 90 % der gewöhnlichen ND | | |
|  |  | Ja | Nein | |
| Ohne Option |  | LG |  | LG |
| Günstige Kaufoption | Ja | LN | LN | gemäß Gebäude |
|  | Nein | LG |  |  |
| Günstige Mietverlängerungsoption | Ja | LN |  | LG |
|  | Nein | LG |  | LG |
| Spezialleasing |  | LN |  | LN |

Tab. 2: Zurechnung von Leasinggegenständen bei Vollamortisationsverträgen unbeweglicher Leasinggegenstände

Der Vollamortisationsvertrag für Immobilien hat sich in der Praxis allerdings nicht durchgesetzt. Ein potenzieller Leasingnehmer wäre regelmäßig bei einem Anschlusserwerb der Immobilie nicht bereit, neben der vollen Amortisation der Gesamtinvestitionskosten des Leasinggebers während der Grundmietzeit, zusätzlich einen Optionspreis zu zahlen, der mindestens dem linearen steuerlichen Restbuchwert oder dem niedrigeren gemeinen Wert entspricht, bzw. eine Mietverlängerungsoption abzuschließen, bei der die Anschlussmiete mehr als 75 % einer marktüblichen Vergleichsmiete ausmacht.[51]

45 Beim **Teilamortisationserlass für Immobilien** erfolgt die Würdigung der Zurechnung der Gebäude in einem dreistufigen Verfahren. Grund und Boden folgen dem Gebäude. In einer **ersten Stufe** wird auf das Verhältnis von unkündbarer Grundmietzeit und der betriebsgewöhnlichen Nutzungsdauer abgestellt. Die Grundmietzeit darf für Zwecke der Zurechnung beim Leasinggeber höchstens 90 % der betriebsgewöhnlichen Nutzungsdauer betragen. In einer **zweiten Stufe** sind die Vereinbarungen im Anschluss an die Grundmietzeit zu würdigen.

---

50 Unter dem Begriff Immobilienleasing werden auch solche Leasingverträge erfasst, die über Maschinen abgeschlossen werden, welche fest mit dem Gebäude verbunden sind sowie als Sachgesamtheit anzusehen sind, vgl. *Büschgen*, Praxishandbuch Leasing, 1998, § 1 Rz 31.
51 Vgl. *Gabele/Kroll*, DB 1991, S. 243; *Toth*, BB 1994, S. 263 f.

Eine Zurechnung zum Leasinggeber erfolgt nur bei Verträgen mit einer Kaufoption, in denen der Optionspreis nicht niedriger ist als der steuerliche Restbuchwert unter Berücksichtigung der AfA nach § 7 Abs. 4 EStG, oder bei Verträgen mit einer Mietverlängerungsoption die Anschlussmiete mehr als 75 % der ortsüblichen Miete beträgt. Um eine endgültige Zurechnung des Leasinggegenstands beim Leasinggeber zu erreichen, sind bei Verträgen mit Optionsrechten darüber hinaus in einer **dritten Stufe** 6 materielle Zurechnungskriterien zu würdigen, welche die Eigentümerposition des Leasinggebers betreffen. Schon die Abwälzung eines Kriteriums auf den Leasingnehmer führt zwingend zu einer Zurechnung zum Leasingnehmer.[52] Damit wird der Charakter des Teilamortisationsvertrags als Mietvertrag verdeutlicht, denn die steuerliche Abschreibungsdauer bei Immobilien ist i. d. R. geringer als die wirtschaftliche Nutzungsdauer.[53]

> **Beispiel**
> Die Gesamtinvestitionskosten des LG für einen Leasinggegenstand (betriebsgewöhnliche Nutzungsdauer 400 Monate) betragen 100 Mio. EUR. Davon decken die vom LN an den LG während der Grundmietzeit zu zahlenden Leasingraten 55 Mio. EUR. Darüber hinaus besteht im Anschluss an die unkündbare Grundmietzeit von 240 Monaten für den LN die Möglichkeit einer Kaufoption zu einem Kaufpreis von 45 Mio. EUR. Zu diesem Zeitpunkt beträgt der steuerliche Restbuchwert 40 Mio. EUR. Sämtliche Eigentümerrisiken verbleiben beim LG.
> **Ergebnis**: Die Grundmietzeit beträgt weniger als 90 % der betriebsgewöhnlichen Nutzungsdauer. Eine günstige Kaufoption besteht nicht, da der steuerliche Restbuchwert geringer ist als der Optionspreis. Somit trägt der LG ein echtes Restwert- und somit Investitionsrisiko, da der LN das Recht, nicht aber die Pflicht hat, den Leasinggegenstand für 45 Mio. EUR zu erwerben. Darüber hinaus wurden auch keine Eigentümerrisiken vom LN übernommen. Der Leasinggegenstand ist dem LG zuzurechnen.
> Hätte der LN keine günstige Kaufoption, aber der LG Eigentümerrisiken auf ihn abgewälzt, wäre der Leasinggegenstand dem LN zuzurechnen.

Folgende Tabelle fasst die Zurechnung von Gebäuden sowie Grund und Boden beim Teilamortisationsvertrag für Immobilien zusammen:

---

[52] So der Wortlaut des Teilamortisationserlasses für Immobilien, vgl. Ziffer II 2 b, dd, BMF, Schreiben v. 23.12.1991, IV B 2 – S 2170–115/91, DB 1992 S. 112; *Sobotka*, BB 1992, S. 828.
[53] Vgl. *vor dem Esche*, BB 1992 Beilage 9, S. 16; *Christen*, in *Eckstein/Feinen*, Leasing-Handbuch für die betriebliche Praxis, 7. Aufl. 2000, S. 108.

| | | | | Gebäude sowie Grund und Boden | |
| --- | --- | --- | --- | --- | --- |
| | | | | Grundmietzeit ≤ 90 % der gewöhnlichen ND | |
| | | | | Ja | Nein |
| Ohne Option und ohne oder mit zusätzlichen Verpflichtungen des LN | | | | LG | |
| Günstige Kaufoption | | Ja | | LN | LN |
| | Nein | zusätzliche Verpflichtung des LN | Ja | LN | |
| | | | Nein | LG | |
| Günstige Mietverlängerungsoption | | Ja | | LN | |
| | Nein | zusätzliche Verpflichtung des LN | Ja | LN | |
| | | | Nein | LG | |
| Spezialleasing | | | | LN | |

Tab. 3: Zurechnung von Leasinggegenständen bei Teilamortisationsverträgen unbeweglicher Leasinggegenstände

#### 2.3.3.4.4 Sale and lease back

46 Beim **sale and lease back** wird im ersten Schritt der Leasinggegenstand vom zukünftigen Leasingnehmer/Verkäufer an den Leasinggeber/Käufer verkauft. Im nächsten Schritt wird ein Leasingvertrag abgeschlossen, nach welchem der Leasingnehmer/Verkäufer den Leasinggegenstand zurückleast. Auch bei solchen Sale-and-lease-back-Transaktionen erfolgt die Zurechnung nach dem allgemeinen Grundsatz der wirtschaftlichen Betrachtungsweise, d. h., der Leasinggegenstand ist auf Grundlage der oben dargestellten Kriterien dem wirtschaftlichen Eigentümer zuzurechnen. Liegt das wirtschaftliche Eigentum beim Leasinggeber, geht der Leasinggegenstand bei einer Sale-and-lease-back-Transaktion beim Leasingnehmer ab und es kommt zu einer **Gewinnrealisierung**.[54] Verbleibt das wirtschaftliche Eigentum hingegen beim Leasingnehmer, kommt eine Gewinnrealisierung nicht in Betracht.[55] Bei Zweifelsfragen hinsichtlich Sale-and-lease-back-Geschäften sowie Sale-and-buy-back-Gestaltungen wird auf IDW ERS HFA 13 n. F. verwiesen.

#### 2.3.3.5 Bilanzierung von Leasingverträgen

47 Bleibt der **Leasinggeber** wirtschaftlicher Eigentümer, hat er den Leasinggegenstand weiterhin in seiner Bilanz auszuweisen und nach allgemeinen Bewertungsregeln fortzuführen. Der Leasingnehmer erfasst die Leasingraten, wie bei einem Mietvertrag, als Aufwand.

---

[54] Zur Gewinnrealisierung bei Sale-and-lease-back-Transaktionen vgl. *Gelhausen/Weiblen*, in *v. Wysocki/Schulze-Osterloh/Henrichs/Kuhner*, HdJ I/5, Rz 180ff., Stand 5/2003.
[55] Vgl. *ADS*, 6. Aufl., § 246 HGB, Rz 395.

Bei einem nicht sachgerechten Ausgleich von Nutzungswert und Leasingraten hat eine Abgrenzung der Leasingraten zu erfolgen. Wenn bspw. degressive Leasingraten vereinbart sind und diese nicht der tatsächlichen Nutzungsinanspruchnahme entsprechen, hat der Leasingnehmer einen Differenzbetrag aktivisch abzugrenzen.[56] Darüber hinaus ergibt sich ein Abgrenzungsbedarf bei erhöhten Leasingraten (Sonderzahlungen) sowie mietfreien Zeiten.

**Beispiel**
Die Gesamtinvestitionskosten des LG für einen Leasinggegenstand (betriebsgewöhnliche Nutzungsdauer 96 Monate) betragen 90 TEUR. Für die ersten 3 Jahre sind Leasingraten von 25 TEUR und für die restlichen 3 Jahre von 10 TEUR (insgesamt 105 TEUR) vereinbart. Der Zinssatz beträgt 5,7 %. Es besteht weder eine Kauf- noch eine Mietverlängerungsoption. Der kalkulierte Restwert am Ende der Grundmietzeit beträgt 6 TEUR.[57] Der Leasinggegenstand wird wirtschaftlich dem LG zugerechnet.
Der Nutzen des Leasinggegenstands ist linear über die Grundmietzeit verteilt.

| in TEUR | degressive Leasingraten | Abgrenzung | lineare Nutzungsüberlassung | Umsatzerlös bzw. Aufwand |
|---|---|---|---|---|
| 1.1.01 | 105,0 | | 105,0 | |
| Rate 01 | – 25,0 | 7,5 | – 17,5 | – 17,5 |
| 31.12.01 | 80,0 | | 87,5 | |
| Rate 02 | – 25,0 | 7,5 | – 17,5 | – 17,5 |
| 31.12.02 | 55,0 | | 70,0 | |
| Rate 03 | – 25,0 | 7,5 | – 17,5 | – 17,5 |
| 31.12.03 | 30,0 | | 52,5 | |
| Rate 04 | – 10,0 | – 7,5 | – 17,5 | – 17,5 |
| 31.12.04 | 20,0 | | 35,0 | |
| Rate 05 | – 10,0 | – 7,5 | – 17,5 | – 17,5 |
| 31.12.05 | 10,0 | | 17,5 | |
| Rate 06 | – 10,0 | – 7,5 | – 17,5 | – 17,5 |
| 31.12.06 | 0,0 | | 0,0 | |

**Ergebnis:**
Der LG hat den Leasinggegenstand i. H. d. AK zu aktivieren und handelsrechtlich jährlich linear sowie unter Berücksichtigung des Restwerts von 6 TEUR i. H. v. 14 TEUR über die Grundmietzeit abzuschreiben.[58] Somit wird ein buchhalterisches Restwertrisiko i. H. v. 16,5 TEUR zum Ende der Grundmietzeit vermieden, welches entstehen würde, wenn der Leasinggegen-

---

[56] Vgl. BFH, Urteil v. 28.2.2001, I R 51/00, BStBl 2001 II S. 645.
[57] Ungeachtet des kalkulierten Restwerts trägt der LG nicht das Investitionsrisiko, da bereits während der Grundmietzeit eine volle Amortisation der Gesamtinvestitionskosten des LG erfolgt.
[58] Vgl. St/HFA 1/1989: Zur Bilanzierung beim Leasinggeber, WPg 1989, S. 625.

stand unter Berücksichtigung der steuerlichen betriebsgewöhnlichen Nutzungsdauer von 96 Monaten abgeschrieben wird.

| in TEUR | Handelsrecht | | Steuerrecht | |
|---|---|---|---|---|
| | Abschreibung | Restbuchwert | Abschreibung | Restbuchwert |
| 1.1.01 | | 90,00 | | 90,00 |
| 31.12.01 | 14,00 | 76,00 | 11,25 | 78,75 |
| 31.12.02 | 14,00 | 62,00 | 11,25 | 67,50 |
| 31.12.03 | 14,00 | 48,00 | 11,25 | 56,25 |
| 31.12.04 | 14,00 | 30,00 | 11,25 | 45,00 |
| 31.12.05 | 14,00 | 20,00 | 11,25 | 33,75 |
| 31.12.06 | 14,00 | 6,00 | 11,25 | 22,50 |
| 31.12.07 | | | 11,25 | 11,25 |
| 31.12.08 | | | 11,25 | 0,00 |

Darüber hinaus hat der LG die Leasingraten grds. als Umsatzerlöse zu erfassen; fraglich ist die Höhe. Da ein nicht sachgerechter Ausgleich von Leasingraten und Nutzungsüberlassung gegeben ist, hat eine Abgrenzung zu erfolgen.[59]
Im 1. Jahr hat der LG wie folgt zu buchen:

| Datum | Konto | Soll | Haben |
|---|---|---|---|
| 1.1.01 | SAV | 90,0 | |
| | Bank | | 90,0 |
| 31.12.01 | Abschreibungen | 14,0 | |
| | SAV | | 14,0 |
| | Bank | 25,0 | |
| | Umsatzerlöse | | 17,5 |
| | Passiver RAP | | 7,5 |

Im 2. und 3. Jahr hat der LG wie folgt zu buchen:
Jeweils am 31.12.

| Datum | Konto | Soll | Haben |
|---|---|---|---|
| | Abschreibungen | 14,0 | |
| | SAV | | 14,0 |
| | Bank | 25,0 | |
| | Umsatzerlöse | | 17,5 |
| | Passiver RAP | | 7,5 |

Im 4. bis 6. Jahr hat der LG wie folgt zu buchen:
Jeweils am 31.12.

| Datum | Konto | Soll | Haben |
|---|---|---|---|
| | Abschreibungen | 14,0 | |
| | SAV | | 14,0 |
| | Bank | 10,0 | |
| | Umsatzerlöse | | 17,5 |
| | Passiver RAP | 7,5 | |

---

[59] Maßstab für die passive Abgrenzung der fälligen Leasingraten ist der Aufwandsverlauf; vgl. St/HFA 1/1989: Zur Bilanzierung beim Leasinggeber, WPg 1989, S. 626.

Darüber hinaus ist im 6. Jahr die Verwertung des Leasinggegenstands zu buchen.
Der LN hat die Leasingraten grds. als Aufwand zu erfassen; fraglich ist auch hier die Höhe. Da ein nicht sachgerechter Ausgleich von Leasingraten und Nutzen gegeben ist, hat wie beim LG eine Abgrenzung zu erfolgen.
Im 1. bis 3. Jahr hat der LN wie folgt zu buchen:
Jeweils am 31.12.

| Datum | Konto | Soll | Haben |
|---|---|---|---|
| | Sonstiger betrieblicher Aufwand | 17,5 | |
| | Aktiver RAP | 7,5 | |
| | Bank | | 25,0 |

Im 4. bis 6. Jahr hat der LN wie folgt zu buchen:
Jeweils am 31.12.

| Datum | Konto | Soll | Haben |
|---|---|---|---|
| | Sonstiger betrieblicher Aufwand | 17,5 | |
| | Aktiver RAP | | 7,5 |
| | Bank | | 10,0 |

Wird dagegen der **Leasingnehmer** wirtschaftlicher Eigentümer, hat er den Leasinggegenstand i. H. d. Anschaffungskosten zzgl. etwaiger Nebenkosten zu aktivieren. Die Verpflichtung aus dem Leasingverhältnis hat er i. H. d. Barwerts der vertraglichen Leasingraten zu passivieren und unter den Verbindlichkeiten aus L&L auszuweisen. Während der Vertragslaufzeit hat der Leasingnehmer den Zinsanteil der Leasingraten als Zinsaufwand zu erfassen. Der Tilgungsanteil reduziert hingegen die passivierte Verpflichtung aus dem Leasingvertrag.[60]

**48**

Der Leasinggeber hat den Übergang des wirtschaftlichen Eigentums als Umsatzrealisation auszuweisen und als Forderungen aus L&L an den Leasingnehmer i. H. d. abgezinsten zukünftigen Leasingraten zu aktivieren. Die laufenden Leasingraten sind in einen erfolgswirksamen Zinsanteil sowie in einen erfolgsneutralen Tilgungsanteil aufzuteilen. Der Tilgungsanteil dient der Rückführung der aktivierten Forderungen aus L&L.[61]

> **Beispiel**
> Die Gesamtinvestitionskosten des LG für einen Leasinggegenstand (betriebsgewöhnliche und wirtschaftliche Nutzungsdauer 96 Monate) betragen 90 TEUR. Es besteht im Anschluss an die Grundmietzeit von 72 Monaten die Option, den Leasinggegenstand für 6 TEUR zu kaufen. Der gemeine Wert beträgt am Ende der Grundmietzeit voraussichtlich 20 TEUR, der steuerliche Restbuchwert 22,5 TEUR. Es besteht eine am Anfang der Vertragslaufzeit als günstig einzustufende Kaufoption für den LN, womit die wirtschaftliche Zurechnung beim LN erfolgt. Der LN hat bei einem Zinssatz von 6,6 % jährliche Leasingraten i. H. v. 17,5 TEUR und zum Ende der Grundmietzeit einen Kaufpreis von 6 TEUR zu zahlen.

---

[60] Vgl. BMF, Schreiben v. 19.4.1971, IV B/2 – S. 2170–31/71, DB 1971 S. 795.
[61] Vgl. BMF, Schreiben v. 19.4.1971, IV B/2 – S. 2170–31/71, DB 1971 S. 795.

| in TEUR | Ford./Verb. L&L | Leasing-raten | Zins-aufwand | Tilgung |
|---|---|---|---|---|
| 1.1.01 | 90,0 | | | |
| 31.12.01 | 78,1 | 17,5 | 5,6 | 11,9 |
| 31.12.02 | 65,4 | 17,5 | 4,8 | 12,7 |
| 31.12.03 | 51,9 | 17,5 | 4,0 | 13,5 |
| 31.12.04 | 37,4 | 17,5 | 3,1 | 14,4 |
| 31.12.05 | 22,0 | 17,5 | 2,1 | 15,4 |
| 31.12.06 | 0,0 | 23,5 | 1,5 | 22,0 |

**Ergebnis:** Der LN hat den Leasinggegenstand i.H.d. AK zu aktivieren und jährlich abzuschreiben. I.H.d. Barwerts der zukünftigen Leasingraten und der Kaufpreiszahlung ist eine korrespondierende Verbindlichkeit aus L&L gegenüber dem LG zu passivieren.
Im 1. Jahr hat der LN wie folgt zu buchen:

| Datum | Konto | Soll | Haben |
|---|---|---|---|
| 1.1.01 | SAV | 90,0 | |
| | Verbindlichkeiten aus L&L | | 90,0 |
| 31.12.01 | Abschreibungen | 11,25 | |
| | SAV | | 11,25 |
| | Verbindlichkeiten aus L&L | 11,9 | |
| | Zinsaufwand | 5,6 | |
| | Bank | | 17,5 |

Im 6. Jahr hat der LN wie folgt zu buchen:

| Datum | Konto | Soll | Haben |
|---|---|---|---|
| 31.12.06 | Abschreibungen | 11,25 | |
| | SAV | | 11,25 |
| | Verbindlichkeiten aus L&L | 22,0 | |
| | Zinsaufwand | 1,5 | |
| | Bank | | 23,5 |

Im 7. und 8 Jahr hat der LN wie folgt zu buchen:
Jeweils am 31.12.

| Datum | Konto | Soll | Haben |
|---|---|---|---|
| 31.12. | Abschreibungen | 11,25 | |
| | SAV | | 11,25 |

Der LG hat den Leasinggegenstand auszubuchen, da die wirtschaftliche Zurechnung beim LN erfolgt. Die Ausbuchung führt beim LG zu Umsatzerlösen und zu Forderungen aus L&L an den LN i.H.d. abgezinsten Leasingraten und der abgezinsten Kaufpreiszahlung i.H.v. 90 TEUR.
Im 1. Jahr hat der LG wie folgt zu buchen:

| Datum | Konto | Soll | Haben |
|---|---|---|---|
| 1.1.01 | Forderungen aus L&L | 90,0 | |
| | Umsatzerlöse | | 90,0 |
| | Wareneinsatz | 90,0 | |
| | Vorräte | | 90,0 |

| Datum | Konto | Soll | Haben |
|---|---|---|---|
| 31.12.01 | Bank | 17,5 | |
| | Forderungen aus L&L | | 11,9 |
| | Zinsertrag | | 5,6 |

Im 6. Jahr hat der LG wie folgt zu buchen:

| Datum | Konto | Soll | Haben |
|---|---|---|---|
| 31.12.06 | Bank | 23,5 | |
| | Forderungen aus L&L | | 22,0 |
| | Zinsertrag | | 1,5 |

Im 7. und 8. Jahr erfolgen keine Buchungen.

### 2.3.4 Factoring

Unter dem Begriff **Factoring** wird der Forderungsverkauf durch Abtretung an einen Dritten (Factor) – hauptsächlich mit dem Ziel einer Liquiditätsverbesserung des Forderungsverkäufers (Factoring-Kunde) – verstanden. Je nach Vertragsgestaltung übernimmt der Faktor eine Finanzierungsfunktion, eine Delkrederefunktion (Übernahme des Ausfallrisikos) und/oder eine Dienstleistungsfunktion (Debitorenbuchhaltung, Mahn- und Inkassowesen und andere Serviceleistungen).

Für die Bilanzierung ist zwischen echtem Factoring (Forderungsverkauf) und unechtem Factoring (Zessionskredit) zu unterscheiden. Zudem kann, abhängig von der Anzeige des Forderungsverkaufs an die Debitoren, eine stille oder eine offene Abtretung unterschieden werden.

Bei **echtem Factoring** geht das Ausfallrisiko auf den Factor über.[62] Der Factoring-Kunde haftet lediglich für das rechtliche Bestehen der Forderungen. Es handelt sich rechtlich um einen Forderungsverkauf.[63] Da mit Wirksamkeit des Kaufgeschäfts Chancen und Risiken von Wertänderungen fortan beim Factor liegen, scheiden die an den Factor verkauften Forderungen aus dem Vermögen und der Bilanz des Factoring-Kunden aus. Sie sind sodann in der Bilanz des Factors anzusetzen. Bis zum Geldeingang des Betrags auf dem Konto des Forderungsverkäufers ist in der Bilanz des Factoring-Kunden nunmehr eine Forderung gegen den Factor, d.h. nicht mehr die zugrunde liegende Original-Forderung, auszuweisen.[64]

Bei dem in der Praxis eher selten auftretenden **unechten Factoring** gehen Chancen und Risiken von Wertänderungen nicht auf den Factor über. Nach hM liegt daher ein Kreditgeschäft vor,[65] bei der die Forderung (lediglich) zur Sicherung eines Kredits abgetreten wird. Das Forderungsausfallrisiko verbleibt bei dieser Gestaltung hingegen beim Factoring-Kunden, da dieser bei mangelnder Bonität der Debitoren wiederum durch den Factor in Anspruch genommen

---

[62] Zur Frage des Übergangs des Adressenausfallrisikos vgl. IDW RS HFA 8, Tz 16ff.
[63] Vgl. *ADS*, 6. Aufl., § 246 HGB, Rz 312.
[64] Eine umfassende Zusammenstellung höchstrichterlicher Rechtsprechung insbesondere zur Kollisionsthematik mit z.B. Eigentumsvorbehalten und Vorausabtretungen findet sich in *Schwarz*, Factoring, 4. Aufl. 2002, S. 100ff.
[65] Vgl. *Strickmann*, in *Küting/Pfitzer/Weber*, HdR, Kap. 6 Rn 403, Stand 7/2011.

**52** wird.⁶⁶ Die buchhalterische Behandlung ist für den Fall des unechten Factorings umstritten und von der Form der Abtretung (offen oder still) abhängig.⁶⁷
Beim **stillen** Verfahren wird die Forderungsabtretung dem Debitor nicht angezeigt. Die Debitoren zahlen somit mangels Kenntnis weiterhin an den Factoring-Kunden, der die vereinnahmten Beträge an den Factor weiterzuleiten hat. Bei einer **offenen** Abtretung zeigt der Factoring-Kunde die Forderungsabtretung seinen Kunden durch einen Abtretungsvermerk auf der Rechnung an.

**53**
> **Beispiel**
> Unternehmer (U) entscheidet sich für Factoring als ein Mittel der Unternehmensfinanzierung. Er tritt die Forderungen aus L&L an die Factoring-Bank (F) ab. Die Kunden von U werden schriftlich von ihm aufgefordert, künftig an F zu zahlen. F überweist daraufhin den Forderungskaufpreis unter Abzug einer Provision i. H. v. 2,5 %, Bevorschussungszinsen i. H. von 7 % p. a. und eines Einbehalts i. H. von 10 %. Dieser Einbehalt dient F zur Absicherung von Veritätsrisiken, d. h. den Risiken, dass Forderungen ganz oder teilweise nicht existent, bestritten oder mit Rechten Dritter belastet sind oder dass die gelieferten Waren mit Mängeln behaftet sind. Der Einbehalt wird von F auf ein Sperrkonto eingezahlt. Nach Fälligkeit der Rechnung erfolgt eine Anpassung über eine monatliche Abrechnung: Zahlt der Kunde, erhält U eine Gutschrift auf sein laufendes Konto. Die Führung der Debitorenbuchhaltung bleibt bei U, um die Factoringkosten zu senken.
> **Ergebnis**: Die Forderung ist wirtschaftlich dem F zuzurechnen.⁶⁸

In der Praxis findet das sog. **Eigenservice-Verfahren** (insb. in Verbindung mit dem stillen Verfahren) zunehmende Verbreitung. Hierbei verbleibt die Debitorenbuchhaltung einschl. des Mahn- und Inkassowesens beim Factoring-Kunden, der diese Aufgaben treuhänderisch für den Factor ausübt. Der Factoring-Kunde berichtet dem Factor in geeigneter Form (Auflistungen, Datenträger) laufend über die Höhe und die Spezifikation der Außenstände.⁶⁹ Auf die Bilanzierung der Forderungen in der Bilanz des Factors (im Regelfall des echten Factorings) hat das Eigenservice-Verfahren keine Auswirkung.

In der **Steuerbilanz** ist aufgrund des Zurechnungsgrundsatzes nach § 39 AO ebenfalls zwischen echtem und unechtem Factoring zu unterscheiden und entsprechend den oben dargestellten handelsrechtlichen Grundsätzen zu bilanzieren.⁷⁰

### 2.3.5 Dingliche Sicherungsrechte

**54** Bei der Bestellung dinglicher Sicherungsrechte an VG verbleibt das wirtschaftliche Eigentum beim Sicherungsgeber, wenn es sich um Rechte wie **Eigentumsvorbehalte, Sicherungsübereignungen** oder **Sicherungsabtretungen** handelt.

---

66 Vgl. *ADS*, 6. Aufl., § 246 HGB, Rz 312.
67 Vgl. WP-Handbuch Bd I, 14. Aufl., Abschn. E Rz 56. Nach a. A. wird die Forderung ohne Unterscheidung immer beim Factoring-Kunden aktiviert. Vgl. *Winnefeld*, Bilanz-Handbuch, 4. Aufl. 2006, D 202.
68 Vgl. *Strickmann*, in *Küting/Pfitzer/Weber*, HdR, Kap. 6 Rn 426, Stand 7/2011.
69 Vgl. *Schwarz*, Factoring, 4. Aufl. 2002, S. 4.
70 Vgl. *Winnefeld*, Bilanz-Handbuch, 4. Aufl. 2006, D 204.

Daher werden die betroffenen VG weiterhin in der Bilanz des Sicherungsgebers aktiviert. Dies ergibt sich bereits aus dem Grundsatz der wirtschaftlichen Zurechnung von VG. Eine explizite gesetzliche Regelung, wie sie § 246 Abs. 1 Satz 2 HGB i.d.F. des BiRiLiG vorsah, ist durch das BilMoG entfallen. Inhaltlich ergibt sich durch die Streichung dieser Regelung kein Unterschied zur alten Rechtslage. Dies gilt nach § 39 Abs. 2 Nr. 1 Satz 2 AO auch für die Steuerbilanz. Nur falls die vereinbarten Verfügungsbefugnisse des Sicherungsnehmers über den Sicherungszweck hinausgehen, kann es zu einer Bilanzierung beim Sicherungsnehmer kommen.[71]

Eine Kennzeichnung der als Sicherheit dienenden VG ist in der Bilanz nicht notwendig und wird in der Praxis auch nicht vorgenommen.[72] Daher ist anhand der Bilanz für einen fremden Dritten nicht erkennbar, an welchen VG Sicherungsrechte bestehen. Im Anhang hat gem. § 285 Satz 1 Nr. 1 b HGB lediglich die Angabe des Gesamtbetrags der Verbindlichkeiten, die durch Pfandrechte oder ähnliche Rechte gesichert sind, unter Angabe von Art und Form der Sicherheiten zu erfolgen (§ 285 Rz 7 ff.).

### 2.3.6 Kommissionsgeschäfte

Ein Kommissionsgeschäft ist dadurch gekennzeichnet, dass es ein Kommissionär gewerbsmäßig übernimmt, Waren oder Wertpapiere für Rechnung eines anderen, des Kommittenten, in eigenem Namen zu kaufen oder zu verkaufen (§ 383 HGB). Vom Kommissionär in Kommission genommene Waren dürfen von diesem nicht aktiviert werden, da er zu keinem Zeitpunkt wirtschaftlicher Eigentümer dieser Waren wird. Von dem Kommittenten in Kommission gegebene Waren sind folglich mangels Realisierung eines Umsatzes bei dem Kommittenten unter den Waren und nicht unter den Forderungen auszuweisen.

55

Bei der **Verkaufskommission** verbleiben bis zum Verkauf sowohl das zivilrechtliche als auch das wirtschaftliche Eigentum an den dem Kommissionär übergebenen Kommissionsgütern beim Kommittenten.[73] Daher muss der Kommittent den VG weiterhin in seiner Bilanz aktivieren.[74] Der Kommissionär aktiviert nichts.

56

> **Beispiel**
> Ein Möbelhersteller (H) liefert Küchen an eine Möbelkette (Verkaufskommissionär). Die Möbelkette (M) verkauft die Küchen in ihren Filialen in eigenem Namen. Die Ware lagert M in ihrem Zentrallager und liefert sie von dort direkt an die Kunden. Den Kunden ist nicht bekannt, dass die Küchen nicht im Eigentum von M stehen und sie im Innenverhältnis zum Kommittenten H lediglich den Auftrag hat, die Ware zu veräußern. Für ihre Tätigkeit bekommt M eine Provision. Im Gegenzug leitet sie den Kaufpreis nach Abzug der Provision an H weiter.

---

71 Vgl. *Förschle/Ries*, in Beck Bil-Komm. 9. Aufl., § 246 HGB, Rz 19 mwN sowie *ADS*, 6. Aufl., § 246 HGB, Rz 270. Insoweit ergäbe sich eine Abweichung bereits bei der Frage, wem das wirtschaftliche Eigentum zuzurechnen ist.
72 Vgl. *Förschle/Ries*, in Beck Bil-Komm. 9. Aufl., § 246 HGB, Rz 20 sowie *ADS*, 6. Aufl., § 246 HGB, Rz 271.
73 Vgl. *Förschle/Ries*, in Beck Bil-Komm. 9. Aufl., § 246 HGB, Rz 22.
74 Vgl. *Ballwieser*, in MünchKomm. HGB, 3. Aufl., § 246 Rn 55.

> **Ergebnis**: Das Risiko des Nichtverkaufs der Küchen trägt H, denn M kann die Ware an H zurückgeben. Sowohl das zivilrechtliche als auch das wirtschaftliche Eigentum verbleiben somit bei H. Er muss die Küchen in seiner Bilanz unter Ansatz der HK aktivieren. Mit der Lieferung an M erfolgen keine Ausbuchung und Gewinnrealisierung, sondern erst zum Zeitpunkt des Verkaufs der Küchen von M an seine Kunden. Erst dann aktiviert H eine „Forderung aus L&L", die der Höhe nach dem Kaufpreis der Küchen abzgl. einer Verkaufsprovision entspricht. In der Praxis werden die Buchungen i.d.R. monatlich anhand der Abrechnungen/Gutschriften von M vorgenommen (Anzeigepflicht des Kommissionärs, § 384 Abs. 2 HGB).

57 Bei der **Einkaufskommission** wird der Kommissionär in dem Zeitpunkt zwar rechtlicher Eigentümer, in dem er die von ihm für Rechnung des Kommittenten erworbene Kommissionsware bezieht. Dabei geht das wirtschaftliche Eigentum jedoch nach h.M. sofort auf den Kommittenten über. Dementsprechend aktiviert der Kommissionär nur die Forderung gegen den Kommittenten und passiviert gleichzeitig die Verbindlichkeit aus dem abgeschlossenen Kaufvertrag mit dem Dritten. Damit erfolgt die Bilanzierung der Ware sofort beim Kommittenten nach Anzeige durch den Kommissionär (§ 384 Abs. 2 HGB). So verhält es sich auch mit der Passivierung der entsprechenden Verbindlichkeit gegenüber dem Kommissionär.[75]

58 Da sowohl die Forderung (im Fall der Einkaufskommission gegen den Kommissionär) als auch die Verbindlichkeit (gegen den Dritten) im JA des Kommissionärs gegenüber unterschiedlichen Parteien bestehen, ist eine **Saldierung nicht möglich**. Dies gilt jedoch nicht für den mit dem Verkauf gegenüber dem Kommittenten entstandenen Provisionsanspruch des Kommissionärs und dessen Verbindlichkeit gegenüber dem Kommittenten. In diesem Fall kann eine Saldierung vorgenommen werden, sofern sowohl die Forderung als auch die Verbindlichkeit am Bilanzstichtag fällig sind.[76] Insoweit gelten die Grundsätze der Aufrechnung gem. §§ 387 ff. BGB.

### 2.3.7 Pensionsgeschäfte

59 Pensionsgeschäfte sind nach § 340b Abs. 1 HGB Verträge, durch die der Eigentümer (Pensionsgeber) ihm gehörende VG einem anderen (Pensionsnehmer) gegen Zahlung eines Betrags überträgt und in denen gleichzeitig vereinbart wird, dass die VG später gegen Entrichtung des empfangenen oder eines im Voraus vereinbarten anderen Betrags an den Pensionsgeber zurückübertragen werden müssen oder können. Diese i.e.S. speziell für Kreditinstitute und Finanzdienstleistungsinstitute geltende Vorschrift wird aufgrund fehlender anderweitiger Definition auf Pensionsgeschäfte im Allgemeinen angewandt.[77] Es wird zwischen „echten" (§ 340b Abs. 2 HGB) und „unechten" (§ 340b Abs. 3 HGB) Pensionsgeschäften unterschieden. In der Praxis können Mischformen vorkommen.

---

[75] Vgl. *Förschle/Ries,* in Beck Bil-Komm. 9. Aufl., § 246 HGB, Rz 23.
[76] Vgl. *Förschle/Ries,* in Beck Bil-Komm. 9. Aufl., § 246 HGB, Rz 22.
[77] Vgl. *ADS,* 6. Aufl., § 246 HGB, Rz 331.

Gem. § 340b Abs. 2 HGB handelt es sich um ein **echtes Pensionsgeschäft,** wenn der Pensionsnehmer verpflichtet ist, den VG zu einem bestimmten oder vom Pensionsgeber zu bestimmenden Zeitpunkt zurückzuübertragen. Anstelle der Verpflichtung des Pensionsnehmers zur Rückübertragung reicht auch eine diesbezügliche Option aus, die aller Erwartung nach ausgeübt wird, um das Pensionsgeschäft als ein echtes zu klassifizieren.[78] Bei einem echten Pensionsgeschäft sind die übertragenen VG gem. § 340b Abs. 4 HGB weiterhin in der Bilanz des Pensionsgebers auszuweisen. Er hat in der Höhe des für die Übertragung erhaltenen Betrags eine Verbindlichkeit gegenüber dem Pensionsnehmer zu passivieren. Wenn der Pensionsnehmer lediglich berechtigt ist, die VG zu einem vorher bestimmten oder von ihm noch zu bestimmenden Zeitpunkt zurückzuübertragen und der Pensionsgeber kein Recht auf Rückübertragung hat, so handelt es sich gem. § 340b Abs. 3 HGB um ein **unechtes Pensionsgeschäft.** In diesem Fall kann der Pensionsgeber nicht mit Sicherheit von der Wiedererlangung der Verfügungsgewalt ausgehen, sodass das Pensionsgut bei dem Pensionsnehmer zu bilanzieren ist.[79] Gem. § 340b Abs. 5 Satz 2 HGB hat der Pensionsgeber in diesem Fall unter der Bilanz oder im Anhang die Höhe seiner Verpflichtung für den Fall der Rückübertragung anzugeben. Für evtl. drohende Verluste aus der Rücknahmepflicht ist gem. § 249 Abs. 1 Satz 1 HGB eine Rückstellung zu bilden.[80]

60

61

Bei einem **gemischten Pensionsgeschäft** liegen sowohl die Merkmale des echten als auch des unechten Pensionsgeschäfts vor, d. h., der Pensionsgeber hat eine Kauf- und der Pensionsnehmer hat zeitgleich eine Verkaufsoption. In diesem Fall ist zu prüfen, wer aufgrund der Gegebenheiten des Einzelfalls als wirtschaftlicher Eigentümer anzusehen ist. Dies wird im Regelfall der Pensionsgeber sein, da er sowohl die Chance der Wertsteigerung als auch das Risiko des Wertverfalls hat. Der Eigentumsübergang auf den Pensionsnehmer ist bei einem gemischten Pensionsgeschäft dann anzunehmen, wenn die beiderseitigen Optionen auf den Zeitwert lauten, was dazu führen würde, dass die Risiken aus dem Pensionsgut auf den Pensionsnehmer übergehen.[81]

62

### 2.3.8 Asset Backed Securities

Bei *Asset Backed Securities* (ABS) handelt es sich um Finanzierungsmodelle, bei denen eine nach bestimmten Kriterien ausgewählte Mehrzahl von VG (z. B. ein Portfolio von Forderungen aus L&L bzw. Darlehensforderungen) an eine **Zweckgesellschaft** (sog. *Special Purpose Entity*, SPE) verkauft und sachenrechtlich übertragen wird. Diese ZweckGes. refinanziert sich durch Ausgabe von Schuldtiteln am KM. Der Erlös aus der Refinanzierung wird zur Tilgung der Kaufpreisverbindlichkeit gegenüber dem Veräußerer verwendet.[82] Mit ABS können, ähnlich wie beim Factoring, langfristige Forderungen kurzfristig in liquide Mittel umgewandelt werden.[83] Bilanzielles Hauptziel der Gestaltungen ist es, die veräußerten Forderungen aus der HB ausbuchen zu können und eine

63

---

[78] Vgl. *Förschle/Ries,* in Beck Bil-Komm. 9. Aufl., § 246 HGB, Rz 25.
[79] Vgl. *Förschle/Ries,* in Beck Bil-Komm. 9. Aufl., § 246 HGB, Rz 26 sowie IDW ERS HFA 13, Tz 17.
[80] Vgl. WP-Handbuch, Bd I, 14. Aufl., Abschn. E, Rz 62.
[81] Vgl. *Förschle/Ries,* in Beck Bil-Komm. 9. Aufl., § 246 HGB, Rz 27.
[82] Vgl. IDW RS HFA 8, Tz 4.
[83] Vgl. *ADS,* 6. Aufl., § 246 HGB, Rz 324.

Bilanzierung als gesichertes Darlehensgeschäft, bei der neben den als Kaufpreis zufließenden liquiden Mitteln eine korrespondierende Verbindlichkeit auszuweisen ist, zu vermeiden.[84]

**64** Für den Abgang der Forderungen beim Veräußerer kommt es wesentlich auf den Übergang des wirtschaftlichen Eigentums auf die ZweckGes. an, insb. darf der Veräußerer keinerlei **Bonitätsrisiken** aus den verkauften Forderungen mehr ausgesetzt sein. Diese müssen vollständig auf die ZweckGes. übergegangen sein. Allein die Übernahme des Bonitätsrisikos etwa durch einen Kreditversicherer reicht nicht aus. Vielmehr bedarf es insb. der **Verfügungsbefugnis**, die Forderungen verwerten zu dürfen.[85] Die ZweckGes. muss daher eigentümertypische Rechte wie Veräußerung und Verpfändung ausüben können.[86]
Notwendig für den Eigentumsübergang ist also zunächst die **zivilrechtlich wirksame und endgültige Veräußerung**. Ist die wirksame dingliche Übertragung wegen eines Abtretungsverbots nicht möglich, so kann ausnahmsweise darauf verzichtet werden, wenn der Übergang des wirtschaftlichen Eigentums an den VG stattdessen z. B. durch eine Treuhandabrede erreicht wird. Eine Übertragung mit der Möglichkeit der Rückübertragung bei Unwirtschaftlichkeit der ABS-Gestaltung steht dem Übergang des wirtschaftlichen Eigentums zwar nicht grds. entgegen.[87] Eine Rückübertragung, wie bei den Pensionsgeschäften, darf allerdings nicht von vornherein vereinbart sein.[88] Insbesondere darf eine Rückübertragung[89] nicht dazu führen, dass im Vergleich zu dem veräußerten Forderungsbestand in überdurchschnittlichem Umfang nicht realisierte notleidende oder in erheblichem Maß risikobehaftete Forderungen zurückübertragen werden, es sei denn die Rückübertragung erfolgt zum dann aktuellen Zeitwert.[90]

**65** Die Belassung des **Bonitätsrisikos** beim Veräußerer kann durch verschiedene Gestaltungen gegeben sein. Indizien, die gegen den Risikoübergang auf die ZweckGes. sprechen, können die Beteiligung des Veräußerers an der ZweckGes., die Vereinbarung einer Ausfallgarantie oder die Möglichkeit, den Kaufpreis rückwirkend anzupassen, sein.[91] All diese Gestaltungen führen im Ergebnis dazu, dass der Veräußerer trotz des Verkaufs nach wie vor das Bonitätsrisiko aus den Forderungen trägt.
Für die Übernahme aller Risiken durch die ZweckGes. wird der Veräußerer i. d. R. einen Kaufpreisabschlag hinnehmen. Dieser kann in seiner Höhe grds. frei vereinbart werden. Die Höhe des Kaufpreisabschlags ist für den Übergang des wirtschaftlichen Eigentums an die ZweckGes. ohne Relevanz. Bei einem von vornherein festgelegten Kaufpreisabschlag ist der Übergang des wirtschaftlichen Eigentums

---

[84] Vgl. IDW RS HFA 8, Tz 5.
[85] Vgl. IDW RS HFA 8, Tz 7 ff.
[86] Vgl. *Förschle/Ries*, in Beck Bil-Komm. 9. Aufl., § 246 HGB, Rz 31.
[87] Vgl. IDW RS HFA 8, Tz 12 ff.
[88] Vgl. *Förschle/Ries*, in Beck Bil-Komm. 9. Aufl., § 246 HGB, Rz 31.
[89] Vgl. IDW RS HFA 8, Tz 12: Etwa im Rahmen eines sog. *Clean-up-call* für den Fall, dass der Bestand der Forderungen der SPE einen Umfang unterschreitet, der eine Fortführung der ABS-Gestaltung unwirtschaftlich werden lässt, z. B. nachdem der weit überwiegende Teil der veräußerten Forderungen getilgt ist.
[90] Vgl. IDW RS HFA 8, Tz 12: Bei einer Rückübertragung einer notleidenden Forderung erfolgt die wirtschaftliche Belastung der SPE gerade, indem der anzusetzende Kaufpreis die Bonität berücksichtigt und ein entsprechend hoher Abschlag daher in Kauf genommen wird.
[91] Vgl. IDW RS HFA 8, Tz 16 sowie WP-Handbuch, Bd. I, 14. Aufl., Abschn. E, Rz 59.

unabhängig von seiner Höhe zu bejahen.[92] Ist der Kaufpreisabschlag hingegen nicht endgültig vereinbart, so kommt es auf die Angemessenheit des Kaufpreisabschlags an. Indiz für die **Angemessenheit** ist z. B., dass der Kaufpreisabschlag den marktüblichen Delkrederesätzen (außerhalb von ABS-Transaktionen, wie etwa bei einem Factoring) oder den historischen Ausfallquoten entspricht.[93] Ist der Abschlag insofern angemessen, geht das wirtschaftliche Eigentum auf die ZweckGes. über. Wird dagegen ein überhöhter Kaufpreisabschlag vereinbart, so trägt der Forderungsverkäufer weiterhin die mit der Einziehung der Forderungen verbundenen Risiken[94] und behält damit das wirtschaftliche Eigentum.

Verbleiben bei Vereinbarung eines **Total Return Swap**[95] im Rahmen der ABS-Transaktion sowohl das Marktpreisrisiko als auch das Bonitätsrisiko beim Forderungsveräußerer, so behält dieser ebenfalls das wirtschaftliche Eigentum, unabhängig von der Höhe des Kaufpreisabschlags.[96] 66

Muss der Forderungsverkäufer nicht mehr für die Bonität seiner Kunden einstehen, ist die Forderung grds. **der Zweckgesellschaft zuzurechnen** und bei ihr zu aktivieren. Der Forderungsverkäufer hat die Forderung auszubuchen. Davon ausgenommen ist der Fall, dass die ZweckGes. dem Forderungsverkäufer nahesteht. In solch einem Fall ist zu prüfen, ob der Forderungsverkäufer die Einziehung der Forderung nur zum Schein ausgelagert hat. Dieses kann als treuhänderische Verwaltung durch die ZweckGes. anzusehen sein, mit der Folge, dass die Forderung weiterhin bei dem Forderungsverkäufer als Treugeber bilanziell zu berücksichtigen ist.[97] 67

Sofern eine Forderung nach den erläuterten Kriterien weiterhin **dem Forderungsverkäufer zuzurechnen ist**, ist sie bei ihm zu bilanzieren. Korrespondierend werden die zugeflossenen liquiden Mittel ausgewiesen sowie eine Verbindlichkeit gegenüber der ZweckGes. passiviert.[98] KapG und KapCoGes haben die besicherte Verbindlichkeit gem. § 285 Satz 1 Nr. 1b) und Nr. 2 HGB im Anhang anzugeben. Die ZweckGes. hat in diesem Fall eine Forderung gegen den Forderungsverkäufer zu aktivieren. 68

---

**Beispiel**
Ein Unternehmen (U) schließt mit einer Finanzierungsgesellschaft (F) einen Rahmenvertrag ab, nach dem F in monatlichen Abständen die Forderungen aus L&L des U mit einer Laufzeit von über einem Jahr abkauft. Für das rechtliche Bestehen der Forderungen haftet U. Der Verkauf der Forderungen wird dem Kunden gegenüber nicht offengelegt.
Bei der Veräußerung wird folgendermaßen abgerechnet: Von dem Buchwert der Forderungen werden vom Käufer zuerst alle Rabatte, Boni und Skonti abgezogen. Danach wird ein Abschlag zur Abdeckung des Ausfallrisikos festgesetzt, der in ein sog. Reservekonto fließt und der Besicherung dient.

---

[92] Vgl. IDW RS HFA 8, Tz 19 sowie *Förschle/Ries*, in Beck Bil-Komm. 9. Aufl., § 246 HGB, Rz 32.
[93] Vgl. IDW RS HFA 8, Tz 22.
[94] Dies ist der Fall, wenn dieser Kaufpreisabschlag derart hoch ist, dass für den Erwerber aufgrund des unangemessen niedrigen Kaufpreises keinerlei Risiko mehr besteht.
[95] Vgl. IDW ERS HFA 13 nF, Tz 52 ff.
[96] Vgl. IDW RS HFA 8, Tz 16.
[97] Vgl. *ADS*, 6. Aufl., § 246 HGB, Rz 326.
[98] Vgl. IDW RS HFA 8, Tz 41.

> Der verbleibende Betrag wird an U überwiesen. Bei Zahlung der Debitoren wird der Abschlag voll erstattet.
> Der Abschlag wird anhand der tatsächlichen Ausfälle in der Vergangenheit zzgl. 3 % Risikozuschlag für die Unsicherheit einer künftigen Veränderung der Zahlungsfähigkeit der Kunden bemessen. Für die Ermittlung der Ausfallquote gelten die einen Monat nach der Fälligkeit nicht ausgeglichenen Forderungen als ausgefallen. Zum Zeitpunkt des Vertragsabschlusses wird die Ausfallquote auf 25 % geschätzt.
> **Ergebnis**: Für die wirtschaftliche Zuordnung der Forderungen ist es unerheblich, wer diese verwaltet und einzieht und wer für das rechtliche Bestehen haftet.[99] Der Kaufpreisabschlag hat aufgrund der möglichen Rückerstattung nur einen vorläufigen Charakter. Das entscheidende Kriterium ist daher die Angemessenheit des Kaufpreisabschlags. Die zu erwartenden Preisminderungen, wie Rabatte etc., stehen nicht zur Abdeckung des Forderungsausfalls bereit, daher sind sie bei der Angemessenheitsprüfung nicht zu berücksichtigen.[100] Generell spricht die tatsächliche Ausfallquote mit einem angemessenen Risikozuschlag für die Angemessenheit des Abschlags. Jedoch darf die hier vorgenommene Ausfallfiktion (pauschal nach Ablauf eines Monats nach Fälligkeit) nach den handelsrechtlichen Grundsätzen bei der Ermittlung der Ausfallquote nicht berücksichtigt werden.[101] Der Kaufpreisabschlag ist damit vorliegend als überhöht und unangemessen anzusehen, weil er über den üblicherweise vergleichbaren Abschlägen bei Forderungsverkauf liegt. Die Forderung ist weiterhin U zuzurechnen und weiterhin in seiner Bilanz zu aktivieren. Die auf dem Reservekonto der Zweckgesellschaft angesammelten Beträge dürfen in diesem Fall nicht aktiviert werden.[102]

Zur **Konsolidierung von Zweckgesellschaften** siehe § 290 Rz 45 ff. Soweit ZweckGes. nicht konsolidiert werden, kommen die Anhangangaben nach § 285 Nr. 3 bzw. § 314 Abs. 1 Nr. 3 HGB in Betracht.

### 2.3.9 Derivatgeschäfte

69 Derivate sind **Finanzkontrakte**, deren Wert sich vom Wert eines oder mehrerer zugrunde liegender Vermögenswerte (z. B. Aktien, Anleihen, Edelmetalle, Rohstoffe) oder Referenzsätze (z. B. Indizes, Währungen, Zinsen) ableitet. Es gibt **drei Grundtypen**: Optionen, Terminkontrakte und Swaps. In der Unternehmenspraxis werden Derivate zur Absicherung gegen spezielle Risiken oder zu Handelszwecken (Spekulation) eingesetzt.

---

[99] Vgl. IDW RS HFA 8, Tz 10, 20. Es handelt sich hierbei um Gewährleistungspflichten außerhalb des Bonitätsrisikos.
[100] Vgl. IDW RS HFA 8, Tz 24. Derlei sog. „*dilution*-Abschläge" berühren den Bestand der veräußerten Forderungen dem Grund nach, nicht jedoch die Bonitätsrisiken. Gleiches gilt für sog. „*yield*-Abschläge", aus denen sich der Erwerber zur Abdeckung des Zinsänderungsrisikos bedient.
[101] Vgl. IDW RS HFA 8, Tz 23.
[102] Vgl. IDW RS HFA 8, Tz 37. Eine Aktivierung eines Anspruchs aus dem Reservekonto kommt nicht in Betracht, da die Forderung selbst weiterhin bei U zu aktivieren ist. U passiviert die von F zugeflossenen liquiden Mittel als Verbindlichkeit.

Bis zur Einführung des BilMoG gab es für Derivatgeschäfte, abgesehen von bestimmten Angabe- und Berichtspflichten im Anhang des JA und im LB, **keine speziellen Rechnungslegungsvorschriften**. Bilanzierung und Bewertung dieser Geschäfte wurden aus den allgemeinen Rechnungslegungsgrundsätzen abgeleitet, die im Dritten Buch des HGB (§§ 238–263 HGB) kodifiziert sind. Für die Erfassung in der Bilanz sind insb. der Vermögensgegenstandsbegriff, der Verbindlichkeitsbegriff sowie der Grundsatz der Nichtbilanzierung von schwebenden Geschäften maßgeblich.

**Optionen** sind Vereinbarungen, die den Optionskäufer gegen Zahlung eines Entgelts (Optionsprämie) berechtigen, bestimmte VG zu vorab festgelegten Bedingungen innerhalb einer bestimmten Frist oder zu einem bestimmten Zeitpunkt vom Optionsverkäufer (Stillhalter) zu erwerben (Kaufoption, Call) oder an diesen zu veräußern (Verkaufsoption, Put). Dementsprechend handelt es sich bei erworbenen Optionsrechten um aktivierungspflichtige **VG**, bei geschriebenen Stillhalterverpflichtungen um passivierungspflichtige **Verbindlichkeiten**, wobei die vereinbarte Optionsprämie die AK bildet. In den Folgeabschlüssen sind die Optionen nach allgemeinen Grundsätzen zu bewerten. Wie Optionen behandelt werden auch **Zinsbegrenzungsvereinbarungen**, bei denen der Aussteller gegen eine Prämie die Verpflichtung übernimmt, dem Berechtigten bei Überschreiten (**Cap**) oder Unterschreiten (**Floor**) einer bestimmten Zinsgrenze eine Ausgleichszahlung zu leisten. Bei Optionen handelt es sich um finanzielle, nicht um immaterielle VG. 70

Bei **Terminkontrakten** (Forwards, Futures)[103] handelt es sich um Vereinbarungen über die Lieferung eines bestimmten Gegenstands zu einem bestimmten späteren Zeitpunkt gegen ein vorab festgelegtes, bestimmtes oder bestimmbares Entgelt. Im Gegensatz zu den Optionen ist beim Abschluss von Termingeschäften von keiner Vertragspartei eine Prämie zu leisten; demzufolge gibt es auch keine AK. Nach den Grundsätzen für **schwebende Geschäfte** werden Termingeschäfte vor ihrer Erfüllung grds. nicht bilanziert. Für **drohende Verluste** sind ggf. Rückstellungen zu bilden (§ 249 Rz 119); dies gilt auch für nicht marktkonform kontrahierte Termingeschäfte. 71

**Swaps** sind Vereinbarungen über den Tausch von bestimmten Gegenständen, z.B. verschiedenen Währungen oder Zinszahlungsströmen, für einen bestimmten Zeitraum. Wie Terminkontrakte haben auch Swaps keine AK. Als **schwebende Geschäfte** werden sie grds. nicht bilanziert. Ist von einer Vertragspartei bei Laufzeitbeginn eine Ausgleichszahlung (**Upfront Payment**) zu leisten, so handelt es sich insoweit um vorausbezahlte Zinsen, die zunächst als RAP zu aktivieren und anschließend zeitanteilig zulasten des Zinsaufwands aufzulösen sind.[104] Am Bilanzstichtag aufgelaufene, noch nicht fällige **Zinsansprüche und -verpflichtungen** sind ggf. als RAP zu aktivieren bzw. zu passivieren. Für **drohende Verluste** sind ggf. Rückstellungen zu bilden (§ 249 Rz 119); dies gilt auch für nicht marktkonform kontrahierte Swapgeschäfte. 72

Eine Sonderform stellen **Credit Default Swaps** dar. Hierbei übernimmt eine Vertragspartei (Sicherungsgeber) gegen Erhalt einer Prämie von der anderen Vertragspartei (Sicherungsnehmer) das Risiko, dass ein vertraglich vereinbartes 73

---

[103] Im Unterschied zu den *Forwards* handelt es ich bei *Futures* um börsengehandelte Termingeschäfte.
[104] Vgl. *Spanier*, Bankinformation 11/2000, S. 61.

Kreditereignis (*Credit Event*) bzgl. einer bestimmten Adresse oder eines Referenzaktivums (z.B. Schuldtitel oder Kreditportfolio) eintritt. Bei Eintritt des Kreditereignisses hat der Sicherungsgeber dem Sicherungsnehmer eine Ausgleichszahlung (*Credit Event Payment*) zu leisten. Die vom Sicherungsgeber übernommenen Eventualrisiken sind unter dem Bilanzstrich als Eventualverbindlichkeiten (Verbindlichkeiten aus Bürgschaften und Gewährleistungsverträgen) zu zeigen. Droht für den Sicherungsgeber ernstlich die Inanspruchnahme aus einem *Credit Default Swap* in Form einer Ausgleichszahlung, ist in entsprechender Höhe eine Rückstellung für drohende Verluste aus schwebenden Geschäften zu bilden.[105]

74 Für die Bilanzierung von Derivaten, die **Sicherungszwecken** dienen, gelten abweichende Grundsätze; siehe § 254 HGB. Danach sind Sicherungsderivat und abgesichertes Grundgeschäft bei Vorliegen einer Bewertungseinheit kompensatorisch zu bilanzieren (zu Einzelheiten s. § 254 Rz 40ff.). Für **Macro-Hedge-Geschäfte** der Banken zur Absicherung gegen das allgemeine Zinsänderungsrisiko haben sich besondere Grundsätze herausgebildet.[106]

75 Mit dem **BilMoG** sind neue Regelungen für die Bilanzierung von Finanzinstrumenten in das Dritte Buch aufgenommen worden. Sie betreffen auch die Derivate, da auch sie zu den Finanzinstrumenten zählen.[107] § 254 HGB enthält Regelungen für die bilanzielle Abbildung von **Bewertungseinheiten** (zu Einzelheiten s. § 254 Rz 40ff.). Kreditinstitute haben zudem die Spezialvorschriften des § 340e Abs. 3 HGB zu beachten. Danach sind Finanzinstrumente des Handelsbestands zum beizulegenden Zeitwert abzgl. eines Risikoabschlags zu bewerten. Für derartige Finanzinstrumente gelten damit die AK nicht mehr als Wertobergrenze.

### 2.3.10 Strukturierte Finanzinstrumente – eingebettete Derivate

76 Strukturierte Finanzinstrumente (*Compound Instruments*) haben in der Praxis weite Verbreitung gefunden. Hierbei handelt es sich um Finanzinstrumente, die aus einem Basisinstrument, i.d.R. eine Forderung oder Schuldverschreibung, und einem oder mehreren Derivaten vertraglich zu einer Einheit zusammengesetzt sind. Aufgrund des eingebetteten Derivats werden die Zahlungsströme des strukturierten Finanzinstruments insgesamt oder teilweise ähnlichen Risiken in Abhängigkeit von einer Basisvariablen ausgesetzt wie durch ein freistehendes Derivat, z.B. der Entwicklung eines bestimmten Zinssatzes, der Preisentwicklung von bestimmten Aktien, Anleihen, Edelmetallen oder Rohstoffen, einer Indexentwicklung, einem Bonitätsrating oder einer anderen Variablen wie Wetter- oder Katastrophenereignisse. Zur Bilanzierung dieser Instrumente hat sich das IDW geäußert.[108] Danach sind diese Instrumente grds. als einheitlicher VG bzw. einheitliche Verbindlichkeit zu bilanzieren. Wenn sie jedoch durch das eingebettete Derivat im Vergleich zum Basisinstrument wesentlich erhöhte oder

---

[105] Vgl. IDW RS BFA 1.24.
[106] Hinsichtlich weitergehender Erläuterungen hierzu wird auf die einschlägige Kommentarliteratur verwiesen; s. etwa bei *Krumnow/Sprißler* et al, Rechnungslegung der Kreditinstitute, 2. Aufl. 2004, HGB § 340e, Rz 151ff.
[107] Vgl. BilMoG-BgrRegE, S. 53.
[108] Vgl. IDW RS HFA 22.

zusätzliche (andersartige) Risiken oder Chancen aufweisen, handelt es sich bei wirtschaftlicher Betrachtungsweise um zwei Instrumente, die im Interesse einer zutreffenden Darstellung der VFE-Lage grds. getrennt voneinander zu bilanzieren sind;[109] Beispiele hierfür sind im Folgenden beschrieben.

Eine **Equity Linked Note** oder auch Aktienanleihe ist eine Anleihe mit Rückzahlungswahlrecht in Aktien. Sie setzt sich bei wirtschaftlicher Betrachtung aus einer Festzinsanleihe und einer dem Emittenten eingeräumten Aktienverkaufsoption zusammen. Durch das Optionsrecht des Emittenten wird die mit einer Festzinsanleihe üblicherweise verbundene Kapitalgarantie (Rückzahlung zu 100 %) aufgehoben. Sinkt der Kurs der Aktien unter den Basispreis der Verkaufsoption, wird der Emittent von seinem Recht auf Rückzahlung in Aktien Gebrauch machen. Je tiefer der Aktienkurs sinkt, desto geringer fällt die Rückzahlung aus. Für die Übernahme dieses Risikos erhält der Erwerber einer *Equity Linked Note* eine Prämie in Form eines Zinsaufschlags. Da bei einer *Equity Linked Note* neben dem Zinsrisiko mit dem Aktienkursrisiko ein wesentliches zusätzliches Risiko besteht, ist sowohl beim Emittenten als auch beim Erwerber grds. die eingebettete Option von der Anleihe getrennt zu bilanzieren.[110] 77

Eine **Credit Linked Note** ist eine Schuldverschreibung, die bei Fälligkeit nur dann zum Nennwert getilgt wird, wenn ein vertraglich definiertes Kreditereignis (*Credit Event*) bez. eines Referenzaktivums nicht eintritt. Die Emittenten des Referenzaktivums und der *Credit Linked Note* sind nicht identisch. Bei Eintritt des Kreditereignisses wird die *Credit Linked Note* nur i.H.d. Restwerts des Referenzaktivums getilgt. Wirtschaftlich betrachtet handelt es sich bei diesem Finanzinstrument somit um die Kombination einer Schuldverschreibung des Emittenten der *Credit Linked Note* mit einem *Credit Default Swap* in Bezug auf das Referenzaktivum. Die Prämie, die der Erwerber einer *Credit Linked Note* für die Übernahme des Ausfallrisikos erhält, ist als Zuschlag in den Zinscoupon der *Credit Linked Note* integriert. Das Ausfallrisiko aus dem eingebetteten *Credit Default Swap* ist sowohl beim Emittenten als auch beim Erwerber grds. von der *Credit Linked Note* abzuspalten und getrennt zu bilanzieren.[111] 78

### 2.3.11 Wertgarantien bei Veräußerungsgeschäften

Kaufverträge sehen oft vor, dass einzelne mit einem VG verbundene Chancen oder Risiken beim Verkäufer verbleiben. Für die bilanzielle Abbildung dieser Vereinbarungen und die Zuordnung des VG zum Käufer oder Verkäufer ist die Gestaltung dieser Nebenabreden entscheidend. Ist das beim Veräußerer verbleibende Risiko wesentlich, wie insb. das **Bonitätsrisiko bei Forderungen**, so verbleibt das wirtschaftliche Eigentum beim Verkäufer. In der Folge hat dieser auch weiterhin die Forderungen zu bilanzieren. Im Fall von **Gewährleistungsgarantien** aufgrund von Mängeln der gelieferten Sache, wie es üblicherweise in 79

---

[109] Zu den Kriterien für eine getrennte Bilanzierung im Einzelnen vgl. IDW RS HFA 22 Tz 15 ff.
[110] Für weitergehende Erläuterungen, insb. zur Aufteilung der AK, zur Folgebewertung und zum Ausweis der Erfolgsbeiträge, wird auf *Spanier*, Rechnungslegung, S. 63 f. verwiesen.
[111] Nach IDW RS BFA 1 kann der gesonderte Ausweis der zusätzlichen Sicherungsgeberposition aus dem *Credit Default Swap* unterbleiben, sofern der Grundsatz der Wesentlichkeit nicht verletzt wird.

Kaufverträgen vereinbart ist, geht das wirtschaftliche Eigentum dagegen auf den Käufer über.[112]

80 Von besonderer Relevanz ist das Zurückbehalten des Wertminderungsrisikos beim Verkäufer oder eine Wertgarantie für den Käufer im Rahmen des **Unternehmensverkaufs**.

> **Beispiel**
> Ein Großhandelsunternehmen (G) möchte eine börsennotierte AG übernehmen. Bei den Kaufvertragsverhandlungen setzt G durch, dass der bisherige Mehrheitsaktionär der AG (E) bei Unterschreiten eines bestimmten Börsenkurses von mehr als 20 % ein Jahr nach der Veräußerung zum Wertausgleich verpflichtet ist. Der Wertausgleich ist auf 15 % des Kaufpreises beschränkt.
> **Ergebnis**: Das Wertminderungsrisiko bleibt zum Teil bei E. Ob E das wirtschaftliche Eigentum behält, hängt von der Dauer der Garantiefrist oder von der Erheblichkeit der Wertgarantie ab. Dabei sind die Umstände des Einzelfalls zu würdigen. Ist die Garantiefrist mehr als zwei bis drei Jahre[113] oder überschreitet die mögliche Kaufpreisanpassung 25 % des Kaufpreises,[114] so kann es sich nicht um übliche Risikoübernahme handeln. Die AG wäre weiterhin dem E zuzurechnen. In dem Beispiel ist der Verbleib des Risikos beim Verkäufer der Höhe und der Dauer nach derart beschränkt, dass ein wirtschaftlicher Eigentumsübergang stattgefunden hat. Der Verkauf führt dementsprechend zum Abgang der Beteiligung bei E und zur Aktivierung bei G. E hat seinerseits je nach Grad der Wahrscheinlichkeit der künftigen Inanspruchnahme wegen zurückbehaltener Risiken eine Rückstellung für ungewisse Verbindlichkeiten zu bilden oder einen Haftungsvermerk (Verbindlichkeiten aus Gewährleistungsverträgen) gem. § 251 HGB unter der Bilanz auszuweisen.

### 2.3.12 Nießbrauch

81 Das Eigentum an einer Sache verleiht dem Eigentümer im Wesentlichen drei Rechte: Nutzung, Fruchtziehung und Verfügung. Durch die Begründung eines Nießbrauchs überträgt der Eigentümer einer Sache das **Recht zur Nutzung und Fruchtziehung** an einen Dritten und behält nur das Verfügungsrecht für sich. VG, die mit einem Nießbrauchsrecht belastet sind, sind bilanziell grds. dem zivilrechtlichen Eigentümer zuzuordnen.[115] Regelmäßig wird Nießbrauch an einem VG begründet, um bestimmte Verbindlichkeiten zu sichern. Am (wirtschaftlichen) Eigentum an dem VG ändert dies jedoch nichts, sodass sich auch die bilanzielle Zuordnung des VG durch die Begründung des Nießbrauchs nicht ändert.
Davon abweichend ist der VG jedoch dann dem Nießbrauchsberechtigten zuzuordnen, wenn dessen Rechte an dem Gegenstand derart stark ausgestaltet sind,

---

112 Vgl. IDW ERS HFA 13 nF, Tz 57 ff.
113 Vgl. IDW ERS HFA 13 nF, Tz 56.
114 Vgl. *Förschle/Ries*, in Beck Bil-Komm. 9 Aufl., § 246 HGB, Rz 35.
115 Vgl. *ADS*, 6. Aufl., § 246 HGB, Rz 396.

dass sie ein wirtschaftliches Eigentum daran begründen.[116] Dabei kommt es für die Beurteilung, ob wirtschaftliches Eigentum eines anderen als des zivilrechtlichen Eigentümers gegeben ist, nicht darauf an, welchen Gebrauch der andere von der ihm überlassenen Sache macht. Entscheidend ist allein, dass der Herausgabeanspruch des zivilrechtlichen Eigentümers wirtschaftlich wertlos ist, da bspw. der Nießbrauchsberechtigte die Sache aufgrund einer Vertragsgestaltung bis zu ihrer vollständigen technischen oder wirtschaftlichen Abnutzung nicht herauszugeben braucht.[117]

### 2.4 Zurechnung von Schulden

Gem. § 246 Abs. 1 Satz 3 HGB sind Schulden in die Bilanz des Schuldners aufzunehmen. Danach sind grds. alle im eigenen Namen eingegangenen Schulden zu passivieren. Das kaufmännische Vorsichtsprinzip erfordert, dass der rechtlich Verpflichtete Verbindlichkeiten stets zu bilanzieren hat, auch wenn wirtschaftlich ein Dritter die Belastung zu tragen hat. Eventuelle Ersatzansprüche an einen Dritten sind zu aktivieren, eine Saldierung ist gem. § 246 Abs. 2 Satz 1 HGB unzulässig.[118] **Treuhänderisch** eingegangene Verbindlichkeiten sind dann beim Treuhänder auszuweisen, wenn er die Verpflichtungen Dritten gegenüber im eigenen Namen eingegangen ist, denn er trägt das Risiko der Inanspruchnahme durch den Dritten auch für den Fall, dass kein Ausgleich zu erlangen ist. Der ihm aus dem Treuhandvertrag zustehende Anspruch gegen den Treugeber auf Freistellung von der Verbindlichkeit oder auf Erstattung seiner Auslagen ist dann zu aktivieren. Dabei ist eine Kenntlichmachung, dass es sich um Ansprüche und Verbindlichkeiten aus Treuhandgeschäften handelt, zweckmäßig. Der Treugeber hat unabhängig von der Bilanzierung beim Treuhänder aufgrund der wirtschaftlichen Zurechnung ebenfalls die primäre Verbindlichkeit zu bilanzieren.[119]

Bei einer **Erfüllungsübernahme** hat ein Dritter für den Schuldner die Erfüllung einer Verbindlichkeit übernommen. Sofern im Innenverhältnis eine endgültige Entlastung des Schuldners beabsichtigt ist und der Schuldner gegenüber dem Übernehmer eine Gegenleistung erbringt, hat der Übernehmer die Verbindlichkeit als seine eigene zu passivieren. Der Schuldner hat die Verbindlichkeit bis zu ihrer Erfüllung durch den Dritten weiter zu bilanzieren. Der aus der Übernahme folgende Freistellungsanspruch gegen den Dritten ist auf der Aktivseite der Bilanz auszuweisen, da der Gläubiger den Schuldner persönlich in Anspruch nehmen kann.[120] Die Auswirkungen eines Betriebsübergangs nach § 613a BGB auf die Bilanzierung von Altersversorgungsverpflichtungen und vergleichbaren langfristig fälligen Verpflichtungen hängt von der konkreten Ausgestaltung im Einzelfall (z.B. Erfüllungsübernahme nur im Innenverhältnis, entgeltliche Übertragung) ab.[121]

---

[116] Vgl. *Förschle/Ries*, in Beck Bil-Komm. 9. Aufl., § 246 HGB, Rz 48.
[117] Vgl. BFH, Urteil v. 2.6.1978, III R 4/76, BStBl 1978 II S. 508.
[118] Vgl. *Lutz/Schlag*, in *v. Wysocki/Schulze-Osterloh/Henrichs/Kuhner*, HdJ I/4, Rz 176, Stand 5/2010.
[119] Vgl. *ADS*, 6. Aufl., § 246 HGB, Rz 414f.
[120] Alternativ wird auch eine Absetzung des Freistellungsanspruchs von der Verbindlichkeit in der Vorspalte der Passivseite für zulässig gehalten, vgl. *ADS*, 6. Aufl., § 246 HGB, Rz 417f.
[121] Vgl. IDW RS HFA 30, Tz 96ff.

84 Bei Vorliegen einer **Gesamtschuld** kann der Gläubiger gem. § 421 BGB von jedem der Schuldner die Leistung ganz oder zum Teil verlangen. Daher hat jeder Schuldner die Verbindlichkeit in voller Höhe in seiner Bilanz auszuweisen. Soweit ein Schuldner die Gesamtschuld beglichen hat, geht die Forderung des Gläubigers gegen die übrigen Schuldner nach § 426 BGB auf ihn über. Die wirtschaftliche Belastung des Bilanzierenden kann durch den Rückgriffsanspruch reduziert werden. Eine Saldierung ist unter dem Gesichtspunkt des Verrechnungsverbots grds. nicht vorzunehmen. Besteht jedoch im Innenverhältnis eine ausdrückliche Vereinbarung zwischen den Schuldnern, dass jeder die Schuld anteilig zu erbringen hat, genügt es, wenn jeder von ihnen die Verbindlichkeit i. H. seines Anteils ausweist, sofern zu erwarten ist, dass jeder Schuldner seinen Anteil bei Fälligkeit begleichen wird. Der die anteilige Schuld übersteigende Betrag ist als Haftungsverhältnis gem. § 251 HGB zu vermerken. Ist dagegen wahrscheinlich, dass der Bilanzierende mit dem vollen Betrag in Anspruch genommen wird, ist die Verbindlichkeit in vollem Umfang zu passivieren. Die gegen die Mitschuldner bestehenden Ausgleichsansprüche sind zu aktivieren.[122]

85 Im Fall einer **Schuldmitübernahme bzw. eines Schuldbeitritts** ist nach deren Zweck zu unterscheiden. Bietet diese dem Gläubiger nur eine zusätzliche Sicherheit, ohne dass der der Verbindlichkeit Beitretende wirtschaftlich belastet werden soll, ist solange ein Haftungsverhältnis anzunehmen, wie eine Inanspruchnahme durch den Gläubiger nicht droht. Soll der Beitretende dagegen die Schuld auch wirtschaftlich ganz oder teilweise übernehmen, hat er die Schuld wie bei einer Erfüllungsübernahme zu passivieren. Beim ersten Schuldner, der rechtlich zur gesamten Leistung verpflichtet bleibt, darf auf die Bilanzierung der Verbindlichkeit nur verzichtet werden, wenn seine Inanspruchnahme so gut wie ausgeschlossen ist. Ist dies nicht der Fall, sind die Verbindlichkeiten sowie ein Freistellungsanspruch gegen den Übernehmer zu bilanzieren.[123]

## 2.5 Geschäfts- oder Firmenwert

### 2.5.1 Überblick

86 Mit dem durch das BilMoG eingeführten § 246 Abs. 1 Satz 4 HGB wird der entgeltlich erworbene GoF im Wege einer **Fiktion** zum zeitlich begrenzt nutzbaren VG erhoben. Eine Änderung des handelsrechtlichen VG-Begriffs geht nach der Regierungsbegründung damit nicht einher.[124] Die Gesetzesformulierung in § 246 Abs. 1 Satz 4 HGB, nach der der GoF als VG gilt, bringt somit zum Ausdruck, dass der GoF nach der Systematik des Gesetzes zwar kein VG, durch seine Behandlung wie ein VG aber zwingend zu aktivieren ist.[125] Das bis zur Änderung durch das BilMoG in § 255 Abs. 4 HGB a. F. vorgesehene Wahlrecht für die Bilanzierung des GoF ist entfallen und eine **Aktivierungspflicht** eingeführt worden.

87 Flankiert wird die Regelung durch die Pflicht, den GoF nach § 253 Abs. 3 Satz 1 HGB planmäßig über seine betriebliche Nutzungsdauer abzuschreiben. Bei einer voraussichtlich dauernden Wertminderung sind gem. § 253 Abs. 3 Satz 3 HGB

---

[122] Vgl. *ADS*, 6. Aufl., § 246 HGB, Rz 419 f.
[123] Vgl. *ADS*, 6. Aufl., § 246 HGB, Rz 421 f.
[124] Vgl. BilMoG-BgrRegE, S. 47 f.
[125] Vgl. *Arbeitskreis Bilanzrecht der Hochschullehrer Rechtswissenschaft*, BB 2008, S. 256.

außerplanmäßige Abschreibungen auf den niedrigeren beizulegenden Wert vorzunehmen. Ein niedrigerer Wertansatz eines GoF ist gem. § 253 Abs. 5 Satz 2 HGB beizubehalten (§ 253 Rz 319). Die Annahme einer betrieblichen Nutzungsdauer von mehr als fünf Jahren ist nach § 285 Nr. 13 HGB im Anhang zu begründen.

Der **Zweck** der nunmehr verpflichtenden Aktivierung des GoF ist eine Verbesserung der Vergleichbarkeit des handelsrechtlichen JA. Darüber hinaus wird angestrebt, die Darstellung der Vermögens-, Finanz- und Ertragslage stärker als bislang an die tatsächlichen Verhältnisse bzw. den tatsächlichen Werteverzehr anzunähern.[126]

88

Unabhängig davon wird in diesem Punkt eine Annäherung an die **steuerrechtliche Regelung** des § 7 Abs. 1 Satz 3 EStG erreicht, wonach der GoF zu aktivieren und über einen Zeitraum von 15 Jahren abzuschreiben ist,[127] gleichwohl ohne eine Identität zwischen handels- und steuerrechtlichen Regelungen herzustellen, da die Nutzungsdauer nach wie vor unterschiedlich angesetzt werden kann oder muss (§ 253 Rz 200).

### 2.5.2 Ansatz des Geschäfts- oder Firmenwerts

Der GoF besteht gem. § 246 Abs. 1 Satz 4 HGB aus dem Unterschiedsbetrag, um den die für die Übernahme eines Unt bewirkte Gegenleistung den Wert der einzelnen VG abzüglich der Schulden des Unt im Zeitpunkt der Übernahme übersteigt. Die Grundlage für die Ermittlung des GoF bildet somit ein **Unternehmenserwerb**. Der Ansatz eines originären, d. h. selbst geschaffenen Firmenwerts bleibt dagegen analog § 248 Abs. 2 HGB weiterhin ausgeschlossen.

89

§ 246 Abs. 1 Satz 4 HGB spricht von der Übernahme eines Unt, ohne diesen **Begriff** gesetzlich zu definieren. Als Unt i. S. d. Vorschrift sind neben Einzelunternehmen, PersG oder KapG auch einzelne Betriebe oder Teilbetriebe zu verstehen, wenn sie im Zeitpunkt der Übernahme die Fähigkeit besitzen, als selbstständige Einheit am Wirtschaftsverkehr teilzunehmen, auch wenn ihnen die rechtliche Selbstständigkeit fehlt. Entscheidend ist lediglich, dass der einzelne Teil auch für sich allein als Unt geführt werden und selbstständig am Wirtschaftsleben teilnehmen könnte.[128]

90

Die Übernahme eines Unt kann durch den Erwerb einer Beteiligung, dem sog. **share deal**, oder im Rahmen eines **asset deals** durch den Einzelerwerb von VG und Schulden erfolgen. Bei einem *share deal* kann in der Bilanz des Erwerbers kein derivativer GoF entstehen, da die Beteiligung als solche aktiviert und ein etwaiger GoF folglich als Bestandteil des Beteiligungsbuchwerts ausgewiesen wird. Ein GoF kann somit i. d. R. nur aus einem *asset deal*, bei dem sich regelmäßig ein Unterschiedsbetrag ergibt, resultieren.[129] Ein GoF kann jedoch auch bei einem Erwerb von Anteilen an einer PersG, wenn nicht sämtliche Anteile übernommen werden (sog. **Eintritt**), oder bei einem **Austritt**, wenn die ausscheidenden Gesellschafter Abfindungen von der PersG erhalten, anzusetzen sein. Beim letzteren Fall liegt bei wirtschaftlicher Betrachtung eine Teil-Liquidation der Personenhandelsgesellschaft vor, die in Bezug auf ihre bilanziellen

91

---

[126] Vgl. BilMoG-BgrRegE, S. 48.
[127] Vgl. BilMoG-BgrRegE, S. 48.
[128] Vgl. *ADS*, 6. Aufl., § 255 HGB, Rz 260.
[129] Vgl. *Reiner/Heußer*, in MünchKomm. HGB, 3. Aufl., § 266 Rz 28.

Auswirkungen einem Anschaffungsvorgang gleichkommt. Die hierbei angesetzten immateriellen VG des AV sind insoweit entgeltlich erworben.[130] Bei Veräußerung von Anteilen an PersG durch Gesellschafter (Sonderrechtsnachfolge) sind derartige Aktivierungen allerdings nicht zulässig.

> **Beispiel**
> A, B und C sind Kommanditisten der X GmbH & Co. KG mit je 20 TEUR Kommanditkapital; die GmbH ist Komplementärin ohne Einlage. A scheidet aus der Ges. aus. Nach den gesellschaftsvertraglichen Regelungen hat A neben der Auszahlung des Guthabens auf sein Kapitalkonto auch Anspruch auf die Abgeltung von stillen Reserven in der Bilanz (hier: stille Reserven in angearbeiteten Aufträgen) und darüber hinaus von einem bestimmten Anteil an dem Firmenwert.
> **Ergebnis:** Die aufgedeckten stillen Reserven sind von der von B und C fortgeführten Ges. als entgeltlich erworben zu aktivieren. Das Auseinandersetzungsguthaben errechnet sich i. H. v. 100 TEUR, das wie folgt gebucht wird (fiktive Zahlen):
>
> | Datum | Konto | Soll | Haben |
> |---|---|---|---|
> | | Kommanditkapital A | 20 | |
> | | Unfertige Erzeugnisse | 35 | |
> | | GoF | 45 | |
> | | Verbindlichkeit A | | 100 |

### 2.5.3 Ermittlung des Geschäfts- oder Firmenwerts

**92** Der GoF wird als **Differenzgröße** zwischen dem Betrag, den der Erwerber eines Unt aufwendet, und der Summe der Zeitwerte aller vorhandenen VG abzgl. der Schulden sowie ggf. RAP ermittelt.

| | Kaufpreis für das Unt |
|---|---|
| ./. | Summe der Zeitwerte aller zu aktivierenden VG |
| +/./. | RAP |
| + | Summe der Zeitwerte aller zu passivierenden Schulden |
| = | **Derivativer GoF** |

Die bisherigen Buchwerte oder bei der Übernahme vereinbarten Preise spielen für die Bewertung der übernommenen VG keine Rolle. Für die Ermittlung des derivativen GoF sind allein die Zeitwerte im Übernahmezeitpunkt entscheidend.

**93** Zur **Ermittlung** des derivativen GoF sind die einzeln erworbenen VG sowie Schulden vollständig zu erheben und mit dem im Erwerbszeitpunkt geltenden Zeitwert anzusetzen. Hierbei sind sämtliche VG zu erfassen, selbst wenn es sich um vom Veräußerer selbst geschaffene immaterielle VG handelt, wie z.B. selbst geschaffene Markennamen, ein Kundenstamm etc. Insoweit bestehen

---

[130] Vgl. IDW RS HFA 7, Tz. 59.

Parallelen zur Anwendung der Erwerbsmethode als Konsolidierungsmethode (vgl. § 301 Rz 49f.).

Zu den einzubeziehenden Schuldposten gehören neben den Verbindlichkeiten auch die Rückstellungen, soweit es sich um Verbindlichkeitsrückstellungen handelt. Eine Bewertung zum Zeitwert hat insb. auch die in Anwendung von Art. 28 Abs. 1 EGHGB beim zu übernehmenden Unt bisher nicht angesetzten Pensionsrückstellungen zu berücksichtigen (§ 249 Rz 78). Nicht anzusetzen sind Aufwandsrückstellungen und von übernommenen Unt in Anspruch genommene Bilanzierungshilfen,[131] soweit diese für eine Übergangszeit nach deren Abschaffung durch das BilMoG noch fortgeführt werden. Aufwandsrückstellungen sind, soweit sie fortgeführt werden dürfen, bei der Ermittlung der Zeitwerte der Gegenstände zu berücksichtigen, auf die sie sich beziehen.[132]

Die Bewertung der übernommenen VG und Schulden ist – unabhängig vom Buchwert – zum Zeitwert vorzunehmen. Dabei sind die einzelnen Zeitwerte grds. unter Berücksichtigung des vorgesehenen Verwendungszwecks zu ermitteln. Das Vorsichtsprinzip ist bei der Wertermittlung zu beachten. Die Bestimmung der Zeitwerte aller VG und Schulden wird i.d.R. lediglich anhand von Schätzungen vorgenommen werden können.[133] Dies gilt auch für die Zeitbewertung von Rückstellungen. Zwar wird in der Regierungsbegründung darauf hingewiesen, dass mit der Verwendung des Begriffs Erfüllungsbetrag eine Über- bzw. Unterdotierung der Rückstellungen eingeschränkt und die Darstellung der VFE-Lage deutlicher an die tatsächlichen wirtschaftlichen Verhältnisse angepasst werden soll. Der Erfüllungsbetrag ist dabei nach vernünftiger kaufmännischer Beurteilung anzusetzen. Aus den unterschiedlichen Beurteilungen vernünftig urteilender Kfl kann sich gleichwohl eine Bandbreite möglicher Inanspruchnahmen für einen einzelnen Bilanzansatz ergeben.[134]

Aus einer gegenüber den steuerrechtlichen Vorschriften kürzeren handelsrechtlichen Abschreibungsdauer können aktive latente Steuern entstehen. Darüber hinaus können Abweichungen zwischen dem erstmaligen Ansatz des GoF in Handels- und Steuerbilanz bestehen. Auf die hieraus resultierende Differenz ist grds. eine latente Steuer zu ermitteln. § 274 HGB enthält anders als der für latente Steuern im KA geltende § 306 Satz 3 HGB keine Vorschrift, nach der auf dem verbleibenden Unterschiedsbetrag keine latenten Steuern anzusetzen sind. Da der GoF jedoch eine Restgröße darstellt, die sich aufgrund der Abgrenzung latenter Steuern wieder verändert, wäre eine Ermittlung nur im Rahmen eines Iterationsverfahrens möglich.[135] Wegen der damit einhergehenden Komplexität wurde im KA auf diese Abgrenzung verzichtet.[136]

Nachfolgendes Beispiel soll die Ermittlung des GoF in vereinfachter Form darstellen:

---

131 Vgl. *Kußmaul*, in *Küting/Pfitzer/Weber*, HdR, HGB 246 Rn 19, Stand 11/2009.
132 Vgl. *ADS*, 6. Aufl., § 255 HGB, Rz 268.
133 Vgl. *Kußmaul*, in *Küting/Pfitzer/Weber*, HdR, HGB 246 Rn 19, Stand 11/2009.
134 Vgl. *ADS*, 6. Aufl., § 253 HGB, Rz 190.
135 Vgl. *Küting/Seel*, DB 2009, S. 923.
136 Vgl. BilMoG-BgrRegE, S. 83.

§ 246  Vollständigkeit. Verrechnungsverbot

**Beispiel**

Ein Unt übernimmt am 31.12.01 ein anderes Unt zu einem Preis i. H. v. 8,5 Mio. EUR. In diesem Unt liegen per 31.12.01 folgende Aktiva und Passiva vor:

|  | Bilanzwert in Mio. EUR 31.12.01 | Zeitwert in Mio. EUR 31.12.01 |
|---:|:---:|:---:|
| Grundstücke und Gebäude | 2,5 | 3,0 |
| Wertpapiere | 0,3 | 0,6 |
| Maschinen | 1,5 | 1,5 |
| BGA | 0,5 | 0,8 |
| Forderungen | 2,2 | 2,3 |
| Sonstige Aktiva | 4,0 | 4,0 |
| **Summe Aktiva** | **11,0** | **12,2** |
| ./. Verbindlichkeiten | 3,8 | 3,8 |
| ./. Rückstellungen | 0,5 | 0,9 |
| ./. Sonstige Passiva | 0,3 | 0,2 |
| **Summe Passiva** | **4,6** | **4,9** |

|  |  |
|---|---|
|  | 8,5 Mio. EUR (Kaufpreis für das Unt) |
| ./. | 12,2 Mio. EUR (Summe der Zeitwerte aller zu aktivierenden VG) |
| + | 4,9 Mio. EUR (Summe der Zeitwerte aller zu passivierenden Schulden) |
| = | **1,2 Mio. EUR (Derivativer GoF)** |

### 2.5.4 Negativer Geschäfts- oder Firmenwert

94 Aus dem obigen Ermittlungsschema kann sich ausnahmsweise auch ein **negativer Betrag** ergeben.

Sofern der für ein erworbenes Unt geleistete Gesamtkaufpreis der Höhe nach nicht den Saldo der Zeitwerte der einzelnen bewertbaren VG und Schulden erreicht, sind in einem ersten Schritt die Zeitwerte der übernommenen Aktiva aufgrund des Anschaffungskostenprinzips im Rahmen einer sog. **Abstockung** so weit zu kürzen, dass der Saldo der übernommenen Aktiva und Passiva der Höhe des gezahlten Kaufpreises entspricht.[137] Die Höhe der Abstockungsbeträge kann im Rahmen einer **Schätzung** bezogen auf die entsprechenden VG ermittelt werden. Eine proportionale Abstockung ist möglich, wenn auch nicht erforderlich, allerdings darf sie auch nicht willkürlich erfolgen.[138] Posten mit unmittelbarem Liquiditätsbezug wie liquide Mittel oder werthaltige Forderungen sind nicht abzustocken.

---

[137] Vgl. *Baetge/Kirsch/Thiele*, Bilanzen, 12. Aufl. 2012, S. 250 m.w.N. sowie ADS, 6. Aufl., § 255 HGB, Rz 107 und 295.
[138] Vgl. ADS, 6. Aufl., § 255 HGB, Rz 107.

Wenn nach der Einzelbewertung der VG und Schulden ein negativer GoF verbleibt, weil bspw. nicht ausreichend abstockbare Aktiva (z.B. Geldposten) oder aufstockbare Passiva vorhanden sind[139], stellt sich in einem weiteren Schritt die Frage, wie dieser zu behandeln ist. Die sich aus dem Vergleich des Kaufpreises mit dem Saldo der Zeitwerte der VG und Schulden ergebende Differenz darf gem. § 246 Abs. 1 Satz 4 HGB nur bilanziert werden, wenn sie positiv ist. Diese Vorgehensweise entspricht auch dem Anschaffungskostenprinzip des § 255 HGB.[140] Ein negativer GoF ist – anders als im KA – vom Grundsatz her nicht bilanzierungsfähig.[141] Diese Auffassung wird auch hier vertreten, sodass ein negativer GoF erfolgswirksam über die GuV aufzulösen ist.

Nach a.A. ist ein negativer GoF gesondert in der Bilanz auszuweisen, z.B. zur Abdeckung von zu erwartenden Verlusten (bad-will). Eine gewinnerhöhende Auflösung des Postens kommt erst dann in Betracht, wenn die zugrunde liegenden negativen Erwartungen eingetreten oder aber entfallen sind.[142] Im Fall eines „lucky buy" ist dennoch eine sofortige Vereinnahmung über die GuV vorzunehmen.

## 3 Vollständigkeit der Gewinn- und Verlustrechnung

Das Vollständigkeitsgebot bewirkt in der GuV den grds. **unsaldierten Ausweis** sämtlicher Erfolgsgrößen (Aufwendungen und Erträge) und stellt damit das Pendant zu der vollständigen Erfassung aller Bestandsgrößen (VG, Schulden, RAP) in der Bilanz dar. Die **Begriffe** Aufwendungen und Erträge werden gesetzlich nicht definiert. Unter Aufwendungen wird nach hM der gesamte Werteverzehr an Gütern und Dienstleistungen verstanden.[143] Ertrag stellt jede Erhöhung des Netto- oder Reinvermögens durch Güter und Dienstleistungen, die einer Geschäftsperiode zuzurechnen sind, dar.[144]

95

Bilanz und GuV stehen aufgrund der buchhalterischen **Systematik der Doppik** in einer unmittelbaren wechselseitigen Beziehung. So ist etwa die Aktivierung eines VG bei Vorliegen der Voraussetzungen geboten. Im Umkehrschluss erfolgt im Fall des Nichtvorliegens der Voraussetzungen eine Erfassung als Aufwand. Auf den Zeitpunkt der Zahlung kommt es weder für die Aufwendungen noch für die Erträge an (§ 252 Abs. 1 Nr. 5 HGB).

96

**Einlagen** und **Entnahmen** sind grds. erfolgsneutral zu behandeln. Dies gilt insb. für offene Einlagen in eine KapG oder PersG bzw. bei Maßnahmen zulasten des EK. Bei der Durchführung eines Reinvermögensvergleichs auf Basis der Bilanz sind derartige Vorgänge gleichwohl zu berücksichtigen. Bei EKfl ist die Abgrenzung von Privat- und Unternehmenssphäre aufgrund der juristischen Identität des Rechtsträgers besonders zu beachten, da etwa Aufwendungen des Handelsgewerbes aus privaten Mitteln gezahlt werden könnten. Tatsächlich handelt es sich hingegen um originäre Aufwendungen des Unt, auch wenn diese durch die (gedanklich zuvor erfolgte) Einlage des Unt finanziert wurden.

97

---

[139] Vgl. *ADS*, 6. Aufl., § 255 HGB Rz 295; *Heurung*, DB 1995, S. 390.
[140] Vgl. *Siegel/Bareis*, BB 1993, S. 1479 u. BB 1994, S. 318.
[141] Vgl. *Baetge/Kirsch/Thiele*, Bilanzen, 12. Aufl. 2012, S. 250.
[142] Vgl. *ADS*, 6. Aufl., § 255 HGB Rz 295.
[143] Vgl. *Ebenroth/Boujong/Joost/Strohn* (Hrsg.), HGB, § 246, Rz 11.
[144] Vgl. *ADS*, 6. Aufl., § 246 HGB, Rz 167 mwN.

98 Davon abweichend werden **verdeckte Einlagen und Entnahmen** bei PersG und KapG handelsrechtlich nicht eliminiert. Eine Ergebniskorrektur findet lediglich für steuerliche Zwecke außerhalb der handelsrechtlichen GuV statt. So ist ein (steuerlich) überhöhtes Gehalt für einen Gesellschafter in der GuV ungeachtet dessen als Personalaufwand auszuweisen, auch wenn es sich um eine verdeckte Gewinnausschüttung gehandelt hat. Ebenso wenig werden nicht fremdübliche Vorteile z.B. in Form einer marktunüblich niedrigen Miete, die etwa in der Absicht geleistet wurden, die Gewinnströme innerhalb eines Konzerns zu lenken, handelsrechtlich korrigiert.

99 Aufwendungen und Erträge sind in der GuV von KapG und KapCoGes unter den gem. § 275 HGB dafür vorgesehenen Posten auszuweisen (§ 275 Rz 6). Zulässig sind hierbei das i.d.R. verwendete GKV (§ 275 Abs. 2 HGB) und das UKV (§ 275 Abs. 3 HGB), auch wenn bei diesem nicht sämtliche Aufwendungen und Erträge erfasst werden und das Vollständigkeitsprinzip somit eingeschränkt wird.[145]

## 4 Verrechnungsverbot/-gebot

### 4.1 Grundsätzliches Verrechnungsverbot

100 Aus der Gesetzesformulierung des § 246 Abs. 2 Satz 1 HGB ist ein grds. Verrechnungs- bzw. Saldierungsverbot zu entnehmen. Dieses Verbot folgt dem allgemeinen Gebot der Klarheit und Übersichtlichkeit des JA (§ 243 Abs. 2 HGB) als auch dem Vollständigkeitsgebot des § 246 Abs. 1 HGB. Das Verrechnungsverbot wird jedoch sowohl bzgl. der Bilanz als auch der GuV von zahlreichen Ausnahmen durchbrochen, auf die in den nachfolgenden Abschnitten eingegangen wird.

### 4.2 Verrechnungsgebot von Vermögensgegenständen und Schulden nach § 246 Abs. 2 Satz 2 HGB

#### 4.2.1 Gesetzliche Regelung

101 § 246 Abs. 2 Satz 2 HGB i.d.F. des BilMoG schreibt vor, dass „Vermögensgegenstände, die dem Zugriff aller übrigen Gläubiger entzogen sind und ausschließlich der Erfüllung von Schulden aus Altersversorgungsverpflichtungen oder vergleichbaren langfristig fälligen Verpflichtungen dienen, […] mit diesen Schulden zu verrechnen" sind. Die zugehörigen Aufwendungen und Erträge aus der Abzinsung und aus dem zu verrechnenden Vermögen sind ebenfalls zu verrechnen. Da es in der Disposition des Unt liegt, das sog. Zweckvermögen oder auch Deckungsvermögen zu deklarieren oder nicht, kann in dem Saldierungsgebot trotz der gesetzlich klaren Verrechnungsvorschrift („… sind … zu verrechnen") praktisch ein Gestaltungswahlrecht gesehen werden.[146]

102 Flankiert wird die Regelung durch die Pflicht, dass die zu verrechnenden **Vermögensgegenstände mit Zeitwerten zu bewerten** sind (§ 253 Abs. 1 Satz 4 HGB). Zur Vermeidung des Ausweises und der Ausschüttung unrealisierter Gewinne wurde durch das BilMoG eine Ausschüttungs- und Abführungssperre

---

[145] Vgl. *ADS*, 6. Aufl., § 246 HGB, Rz 163.
[146] Vgl. *Küting/Kessler/Keßler*, in *Küting/Pfitzer/Weber*, Das neue deutsche Bilanzrecht, 2. Aufl. 2009, S. 354.

in § 268 Abs. 8 HGB eingeführt (§ 268 Rz 81 ff.). Zu den gem. § 285 Nr. 25 HGB und § 314 Nr. 17 HGB erforderlichen Anhangangaben vgl. Rz 122.

Die Einführung des § 246 Abs. 2 Satz 2 HGB trägt einer Forderung der Praxis nach einer Vorschrift Rechnung, die es – vergleichbar der Berücksichtigung von Planvermögen (sog. *plan assets*) beim Ausweis der Pensionsrückstellungen nach den internationalen Rechnungslegungsstandards[147] – erlaubt, VG (als sog. Deckungsvermögen[148]) mit Schulden zu verrechnen.[149] 103
Zunächst widerspricht die Verrechnung zwar dem Verrechnungsverbot nach Art. 7 der 4. Bilanzrichtlinie. Gleichzeitig wird jedoch die durch die Bilanzrichtlinie verfolgte **Zwecksetzung**, den Abschlussadressaten ein den tatsächlichen Verhältnissen entsprechendes Bild der VFE-Lage zu vermitteln, besser erreicht. Soweit die VG ausschließlich der Erfüllung bestimmter Verpflichtungen dienen, stellen die aus den Verpflichtungen resultierenden Schulden letztlich keine wirtschaftliche Belastung des Unt mehr dar. Im Effekt soll somit nur noch diejenige Verpflichtung ausgewiesen werden, die das Unt noch wirtschaftlich trifft. Die gleichen Überlegungen gelten für die Verpflichtung zur Verrechnung der zugehörigen Aufwendungen und Erträge.

### 4.2.2 Deckungsvermögen

#### 4.2.2.1 Anforderungen an das Deckungsvermögen

Vermögensgegenstände, die als Deckungsvermögen fungieren sollen, müssen zwei kumulative Voraussetzungen erfüllen: 104
(1) sie müssen dem Zugriff aller übrigen Gläubiger – also mit Ausnahme des Versorgungsberechtigten selbst – entzogen sein (Insolvenzsicherheit), und
(2) sie dienen ausschließlich der Erfüllung der zu deckenden Altersversorgungsverpflichtungen (Zweckexklusivität).
Die beiden folgenden Abschnitte enthalten weitere Ausführungen zur Insolvenzsicherheit und zur Zweckexklusivität. Praxisfälle werden in Abschn. 4.2.2.4 erörtert.

#### 4.2.2.2 Insolvenzsicherheit

Das Kriterium der Insolvenzsicherheit ist stets erfüllt, wenn dem Versorgungsberechtigten im Fall der Insolvenz in Bezug auf den VG ein **Aussonderungsrecht** (§ 47 InsO) zusteht. Steht den Versorgungsberechtigten ein in der Praxis häufiger vorkommendes **Absonderungsrecht** (§ 49 InsO) zu, ist auch ein solches für das Vorliegen der Insolvenzsicherheit hinreichend.[150] Dieses kann bspw. bei speziellen Treuhandmodellen oder bei der Verpfändung von Wertpapierdepots oder Rückdeckungsversicherungsansprüchen der Fall sein. Bezüglich weiterer Ausführungen wird auf die in Abschn. 4.2.2.4 dargestellten Praxisfälle verwiesen. Dem Zugriff aller übrigen Gläubiger sind im Übrigen nur VG entzogen, die (im Verhältnis zu anderen als dem Versorgungsberechtigten) **unbelastet** sind. Bleibt 105

---

[147] Vgl. etwa IAS 19.54.
[148] Der vom HFA des IDW verwendete Begriff „Deckungsvermögen" grenzt sich sprachlich von dem international verbreiteten Ausdruck *„plan assets"* ab, was angesichts inhaltlicher Unterschiede geboten ist; vgl. *Bertram/Johnnleweling/Roß/Weiser,* WPg 2011, S. 59.
[149] Vgl. BilMoG-BgrRegE, S. 48.
[150] Vgl. IDW RS HFA 30, Tz. 23.

dem Unt die Verwertung vorbehalten, muss sich das Pfandrecht auch auf das Surrogat (z. B. den Verwertungserlös) erstrecken (Surrogatsklausel).[151]
Nach der Begründung zum BilMoG kann für Zwecke des § 246 Abs. 2 Satz 2 HGB auf jeden Fall davon ausgegangen werden, dass die VG dem Zugriff der übrigen Gläubiger entzogen sind, soweit die Voraussetzungen des § 7e Abs. 2 SGB IV (zur Insolvenzsicherung der Wertguthaben von Zeitwertkonten) vorliegen.[152]

#### 4.2.2.3 Zweckexklusivität

106 Die neben der Insolvenzsicherheit geforderte Zweckexklusivität des Deckungsvermögens bedingt, dass die VG jederzeit zur Verwertung zur Erfüllung der gedeckten Verpflichtungen zur Verfügung stehen und dass auch etwaige laufende Erträge sowie Erträge aus der Realisierung von stillen Reserven der VG der Erfüllung der Verpflichtungen dienen. Im Falle einer Verpfändung von Wertpapieren müssen z.B. auch die Zins-, Dividenden- oder sonstigen Erträge aus diesen Wertpapieren an den Versorgungsberechtigten verpfändet sein.[153]
Zudem ist die Zweckexklusivität von Deckungsvermögen bei Treuhandverhältnissen (z. B. bei sog. CTA-Strukturen) nur dann gewahrt, wenn die Rückgewähr des Vermögens an den Treugeber ausgeschlossen ist. Davon ausgenommen sind Erstattungen durch den Treuhänder an das Unt für von diesem bereits an den Versorgungsberechtigten geleisteten Zahlungen sowie Rückgewährungen im Fall einer Überdotierung des Treuhandvermögens.[154]

#### 4.2.2.4 Praxisfälle

107 Zur Absicherung von Pensionszusagen an Gesellschafter-Geschäftsführer von KapG oder KapCoGes sind in der Praxis Sicherstellungen der Begünstigten durch **Verpfändungen** von VG, bspw. **Wertpapierdepots**, anzutreffen. In den Fällen weniger oder relativ hoher Einzelzusagen werden auch **Rückdeckungsversicherungen** zur Finanzierung und zur Risikovorsorge zur Vermeidung unerwünschter Ergebnisauswirkungen bei vorzeitigem Eintritt von Versorgungsfällen abgeschlossen. Hierbei ist i.d.R. das Unt Versicherungsnehmer, Prämienzahler und Bezugsberechtigter und der Begünstigte Versicherter. Soweit die Rückdeckungsversicherungen an den Bezugsberechtigten verpfändet wurden, gilt das Verrechnungsgebot der Pensionsrückstellung mit dem Versicherungsaktivwert auch in diesem Fall.[155] Verpfändete Wertpapierdepots und Rückdeckungsversicherungen unterliegen der Verrechnungspflicht nach § 246 Abs. 2 Satz 2 HGB. Dieses gilt bei Rückdeckungsversicherungen jedoch nicht, soweit dem Unt ein einseitiges Verwertungsrecht (z.L. der Begünstigten) zusteht; hat sich das Unt die Verfügung über einen verpfändeten VG vorbehalten, ist dieses nur dann unschädlich, wenn durch eine Surrogatsklausel die Verpflichtung besteht, das Deckungsvermögen ungeschmälert zu lassen. Übt das Unt bspw. bei einer Rückdeckungsversicherung

---

[151] Vgl. IDW RS HFA 30, Tz. 24.
[152] Vgl. BilMoG-BgrRA, S. 110.
[153] Vgl. IDW RS HFA 30, Tz. 25.
[154] Vg. *Bertram/Johannleweling/Roß/Weiser*, WPg 2011, S. 60.
[155] GlA *Höfer/Rhiel/Veit*, DB 2009, S. 1609.

das vertragliche Rückkaufsrecht aus, muss es verpflichtet sein, entsprechenden Ersatz für das Deckungsvermögen zu schaffen.¹⁵⁶

In den letzten Jahren ist eine steigende Tendenz zur Hinterlegung der **Pensionsverpflichtungen** durch sog. plan assets festzustellen, um auf diese Weise nicht nur Liquiditätsvorsorge für zukünftige Versorgungszahlungen zu treffen, sondern auch den internationalen Bilanzierungsgewohnheiten verstärkt zu entsprechen.¹⁵⁷ Zunehmend werden damit Treuhandlösungen, sog. **Contractual Trust Arrangements** (CTA), zur Absicherung und Finanzierung langfristig fälliger Pensionsverpflichtungen wahrgenommen. Dies ist offenbar auch die vom Gesetzgeber präferierte Form der Besicherung, wie durch § 7e Abs. 2 SGB IV deutlich wird. In einer solchen Konstruktion werden VG auf einen von dem Unt unabhängigen Rechtsträger (z.B. Pensionsfonds, Treuhänder) übertragen und von diesem treuhänderisch verwaltet (Verwaltungstreuhand, einseitige Treuhand). Soweit der Treuhänder zudem noch die Stellung eines Sicherungstreuhänders innehat, gegen den die Begünstigten bei Eintritt des Sicherungsfalls eigenständige, gegen den Treuhänder gerichtete Leistungsrechte erwerben, spricht man von doppelseitiger Treuhand.¹⁵⁸ 108

Wenn eine Rückübertragung des Deckungsvermögens an das Unt ausgeschlossen ist, ist der Insolvenzschutz für den Arbeitnehmer in diesem Fall gewährleistet, sodass eine Verrechnung des vom Treuhänder gehaltenen Vermögens mit der zugrunde liegenden Rückstellung demzufolge nach § 246 Abs. 2 Satz 2 HGB grds. vorgenommen werden muss; wegen der Vielzahl der in der Praxis vorkommenden Modelle ist eine Prüfung im Einzelfall erforderlich. CTA kommen auch als Sicherung für Altersteilzeit- und Zeitwertkonten infrage.¹⁵⁹ Zur Entwidmung von Deckungsvermögen aus einem CTA vgl. § 253 Rz 120.

**Betriebsnotwendiges Anlagevermögen** eignet sich – anders als bei der Bilanzierung nach IFRS – grds. nicht als Deckungsvermögen, da es nicht frei veräußert werden kann, ohne dass die eigentliche Unternehmensaufgabe hiervon berührt wird (funktionales Abgrenzungskriterium).¹⁶⁰ Ein Bürogebäude kann im Einzelfall dagegen als Deckungsvermögen infrage kommen.¹⁶¹ 109

Im Fall von Ausfinanzierungen von Altersvorsorgeverpflichtungen über **externe Versorgungsträger** (Unterstützungskassen, Pensionsfonds, Pensionskassen, Direktversicherungen) verfügt das bilanzierende Unt über keine VG, die für eine Verrechnung zur Verfügung stehen. Deshalb entfallen weitere Überlegungen hinsichtlich einer Saldierung nach § 246 Abs. 2 Satz 2 HGB. 110

### 4.2.3 Erfasste Altersversorgungsverpflichtungen

In der Begründung zum BilMoG wird ausgeführt, dass das Verrechnungsgebot auf 111

- Pensionsverpflichtungen,
- Altersteilzeitverpflichtungen,

---

156 Vg. *Bertram/Johannleweling/Roß/Weiser*, WPg 2011, S. 60.
157 Vgl. *Bätzel*, DB 2008, S. 1761.
158 Vgl. *Gelhausen/Fey/Kämpfer*, S. 27.
159 Vgl. *Bätzel*, DB 2008, S. 1762f.
160 Vgl. IDW RS HFA 30, Tz. 29.
161 Vg. *Bertram/Johannleweling/Roß/Weiser*, WPg 2011, S. 60.

- **Verpflichtungen aus Lebensarbeitszeitmodellen** und
- **andere vergleichbare langfristig fällige Verpflichtungen**

beschränkt ist. Für alle übrigen bestehenden Verpflichtungen bleibt es bei dem bereits bisher bestehenden Verrechnungsverbot.[162]

Damit sind alle Arten von **kurzfristig fälligen Verpflichtungen** gegenüber Arbeitnehmern von einer Saldierung in jedem Fall ausgenommen, wobei in diesem Fall regelmäßig ohnehin kein Deckungsvermögen existiert, sodass eine Saldierung schon deshalb nicht infrage kommt. Zu denken ist insb. an Rückstellungen etwa für Urlaubsverpflichtungen, Überstunden, kurzfristig fällige Erfolgsbeteiligungen, Abfindungszahlungen für ausscheidende Mitarbeiter und ähnliche kurzfristig fällige Verpflichtungen.

Demgegenüber werden in der Regierungsbegründung zwar Verpflichtungen aus **Jubiläumsgeldzahlungen** nicht ausdrücklich genannt, jedoch sind diese als sonstige langfristige Verpflichtungen mit erfasst.[163]

112 Zwar lautet die Gesetzesformulierung, dass **langfristige** Rückstellungen zu saldieren sind. Ein Teil der benannten Rückstellungen ist jedoch regelmäßig **auch kurzfristiger** Natur (z. B. die laufende Auszahlung von Pensionen), sodass eine Aufteilung in einen lang- und einen kurzfristigen Teil denkbar wäre. Solch eine Aufteilung in einen lang- und einen kurzfristigen Teil ist jedoch nicht erforderlich. Dies würde dem Ziel des Gesetzes einer Darstellung der letztlich noch vorhandenen wirtschaftlichen Verpflichtung des Unt zuwiderlaufen und dem Abschlussleser insofern keinen Mehrwert an Informationen über die VFE-Lage liefern.

113 Regelmäßig zählen **unmittelbare Pensionsverpflichtungen** zu den ausgewiesenen Pensionsrückstellungen. Nach wie vor stellt die zugrunde liegende Direktzusage in Deutschland den vorherrschenden Durchführungsweg der betrieblichen Altersvorsorge dar.[164] Neben diesen unstrittig für eine Verrechnung mit VG infrage kommenden Verpflichtungen kommen in der Praxis **mittelbare Pensionsverpflichtungen**[165] und **sog. Altzusagen**[166] vor, die aufgrund von Wahlrechten nicht passiviert werden brauchen.[167] Soweit diese Pensionsverpflichtungen nicht passiviert werden, stehen sie für eine Verrechnung mit VG nicht zur Verfügung.

114 Personell bezieht sich das Verrechnungsgebot auf Verpflichtungen gegenüber **Mitarbeitern**, unabhängig davon, ob sie Arbeitnehmer im engen arbeitsrechtlichen Sinn sind oder nicht.[168] Eingeschlossen sind damit auch Verpflichtungen gegenüber **gesetzlichen Vertretern** einer KapG oder gegenüber **Mitgliedern eines gesellschaftsrechtlich zu bildenden AR**, die nicht als Arbeitnehmer, sondern in ihrer Eigenschaft als Organ der Gesellschaft tätig werden.[169] Auch

---

162 Vgl. BilMoG-BgrRegE, S. 48.
163 Vgl. *Rhiel/Veit*, DB 2008, S. 1511.
164 Vgl. *Bätzel*, DB 2008, S. 1761 m. w. N, danach liegt der Anteil der Direktzusage an den Deckungsmitteln bei etwa 56 %.
165 Pensionen oder Anwartschaften, die über besondere Rechtsträger, insb. Unterstützungskassen, gewährt werden, vgl. WP-Handbuch Bd I, 14. Aufl. Abschn. E, Rz 225.
166 Rechtsanspruch wurde vor dem 1.1.1987 erworben oder ein vor diesem Zeitpunkt erworbener Rechtsanspruch hat sich nach dem 31.12.1986 erhöht, vgl. WP-Handbuch, Bd I, 14. Aufl., Abschn. E, Rz 222.
167 Passivierungswahlrechte gem. Art. 28 Abs. 1 EGHGB.
168 Vgl. BilMoG-BgrRA, S. 110.
169 Vgl. *Winkeljohann/Lawall*, in Beck Bil-Komm. 9. Aufl., § 267 HGB Rz 11.

Verpflichtungen gegenüber ehemaligen Mitarbeitern und Rentnern sind von diesem Verrechnungsgebot erfasst.

### 4.2.4 Saldierung

Mit der Verrechnung der VG des **Deckungsvermögens** mit den zugehörigen Rückstellungen gem. § 246 Abs. 2 Satz 2 HGB wird beabsichtigt, nur diejenige Belastung auszuweisen, die das Unt tatsächlich noch wirtschaftlich trifft.[170] 115
Die tatsächlich bestehende **wirtschaftliche Belastung** ergibt sich durch Saldierung der bestehenden Verpflichtungen mit den zu deren Erfüllung bestimmten VG. Dazu werden zunächst die Verpflichtungen gem. § 253 Abs. 1 Satz 2 HGB i. H. d. nach vernünftiger kaufmännischer Beurteilung notwendigen **Erfüllungsbetrags** ermittelt. Diese Ermittlung unterscheidet sich von der vor dem BilMoG vorherrschenden Ermittlung, die auch für die HB regelmäßig unter Anlehnung an die steuerrechtlichen Vorschriften stattgefunden hat (§ 253 Rz 77).

Die zu verrechnenden VG werden nach § 253 Abs. 1 Satz 4 HGB grds. mit ihrem **beizulegenden Zeitwert** (§ 253 Rz 112) bewertet. Dabei können Pensionsverpflichtungen grds. auch überdeckt sein, wenn sich die VG oder die Verpflichtungen aus Sicht des Arbeitgebers günstig entwickeln. Somit ist es durchaus möglich, dass zur Sicherung bestehende VG letztlich nicht vollständig zur Finanzierung der Pensionsverpflichtungen benötigt werden und dann an das Unt zurückfallen können.[171] 116
Im Fall einer positiven Wertentwicklung der VG wird es somit zu einer Aufdeckung stiller Reserven auch über die AK oder HK hinaus kommen. Im Fall einer negativen Wertentwicklung der VG ergibt sich durch die erforderliche Abschreibung auf die VG ein Unterschied zur alten Rechtslage, da ein Absinken des beizulegenden Zeitwerts nicht immer Ausdruck einer dauernden Wertminderung sein muss.

Soweit der beizulegende Zeitwert des zur Verrechnung vorgesehenen Vermögens die Altersversorgungsverpflichtungen übersteigt, ist der übersteigende Betrag (Aktivüberhang) unter einem gesonderten Posten in der Bilanz zu aktivieren (§ 246 Abs. 2 Satz 3 HGB). Bei dem im Gliederungsschema der Bilanz hierfür vorgesehenen Posten „**Aktiver Unterschiedsbetrag aus der Vermögensverrechnung**" handelt es sich nicht um einen VG im handelsrechtlichen Sinn, sondern um einen Verrechnungsposten (§ 266 Rz 102).[172] 117

Durch die Bewertung der VG zu einem die AK oder HK übersteigenden Betrag kommt es im JA des Unt zum Ausweis **noch nicht realisierter Gewinne**. Um eine Auszehrung des Kapitals durch eine Ausschüttung dieser noch nicht realisierten Gewinne zu unterbinden, regelt § 268 Abs. 8 HGB eine **Ausschüttungs- bzw. Abführungssperre**. Werden VG i. S. d. § 246 Abs. 2 Satz 2 HGB in der Bilanz ausgewiesen, so dürfen Gewinne nur ausgeschüttet werden, wenn die nach der Ausschüttung verbleibenden frei verfügbaren Rücklagen zzgl. eines Gewinnvortrags und abzgl. eines Verlustvortrags mindestens dem insgesamt angesetzten Betrag abzgl. der hierfür gebildeten passiven latenten Steuern, der die AK übersteigt, entsprechen (Beispiel vgl. § 268 Rz 86). Auch eine Ausschüttung durch 118

---

[170] Vgl. BilMoG-BgrRegE, S. 49.
[171] Vgl. *Rhiel/Veit*, DB 2008, S. 1510f.
[172] Vgl. BilMoG-BgrRA, S 110.

einen Ergebnisabführungsvertrag ist nach § 301 AktG über den in § 268 Abs. 8 HGB ermittelten Betrag hinaus ausgeschlossen.[173]

119 Die **Verrechnung von Aufwendungen und Erträgen** aus der Abzinsung von Altersversorgungsverpflichtungen und aus dem zu verrechnenden Vermögen erfolgt innerhalb des Finanzergebnisses.[174] Dieses resultiert aus der durch das BilMoG vorgenommenen Einfügung des neuen Abs. 5 in den § 277 HGB, nachdem Aufwendungen und Erträge aus der Abzinsung in der GuV gesondert unter den Posten Zinsaufwand bzw. Zinsertrag auszuweisen sind (§ 277 Rz 36).

### 4.2.5 Steuerliche Auswirkungen

120 Das handelsrechtliche Verrechnungsgebot wird steuerrechtlich durch § 5 Abs. 1a Satz 1 EStG unterbunden. Die steuerliche Bewertung der zu verrechnenden VG und Schulden erfolgt gem. §§ 6 und 6a EStG. Zum Ansatz latenter Steuern aus abweichenden handelsrechtlichen und steuerlichen Wertansätzen vgl. § 274 Rz 25 ff.

### 4.2.6 Sonstige Auswirkungen

121 Durch die Saldierung reduziert sich die Bilanzsumme; bilanzorientierte Kennzahlen zum JA werden sich abhängig von der Höhe des bestehenden Deckungsvermögens teilweise gravierend verändern. Dies betrifft auch die sich erhöhende Eigenkapitalquote.

122 Gem. § 285 Nr. 25 HGB und § 314 Nr. 17 HGB sind die AK und die beizulegenden Zeitwerte der verrechneten VG, der Erfüllungsbetrag der verrechneten Schulden sowie die verrechneten Aufwendungen und Erträge im Anhang anzugeben. Für mit dem Zeitwert bewertete Finanzinstrumente sind im Fall der Verwendung von Bewertungsmethoden die zugrunde gelegten Annahmen anzugeben. Zu Einzelheiten vgl. § 285 Rz 160 f. und § 314 Rz 91 f.

123
> **Beispiel im Jahr 01**[175]
> Die B AG hat für an ihre Mitarbeiter erteilte Pensionszusagen zum 31.12.X1 eine Rückstellung i. H. v. 4,5 Mio. EUR ermittelt. Um die Finanzierbarkeit des künftigen Mittelbedarfs sicherzustellen, hat sich das Unt für eine Treuhandlösung entschieden. Diese weist folgende Merkmale auf:
> Die B AG wendet einem Treuhänder auf freiwilliger Basis zum 31.12.X1 VG zu, die unwiderruflich und ausschließlich zur Finanzierung der Pensionsverpflichtungen der Ges. dienen.
> Fällige Pensionszahlungen leistet die B AG an die Berechtigten. Soweit die gezahlten Betriebsrenten ausfinanziert sind, leistet der Treuhänder eine Erstattung.
> Im Fall der Insolvenz haben die Pensionsberechtigten einen unmittelbaren Anspruch auf Zahlung von Betriebsrenten durch den Treuhänder.

---

[173] Vgl. *Oser/Roß/Wader/Drögemüller*, WPg 2008, S. 687.
[174] Vgl. BilMoG-BgrRA, S. 110.
[175] Beispiel ist angelehnt an *Kessler/Leinen/Strickmann*, BilMoG-RegE, 2008, S. 73.

Der Buchwert der auf den Treuhänder übertragenen VG beträgt 2,7 Mio. EUR. Die VG haben einen Marktwert von 3,0 Mio. EUR. Latente Steuern bleiben in diesem Beispiel unberücksichtigt.

**Ergebnis:** Es liegt ein Fall des § 246 Abs. 2 Satz 2 HGB vor. Das auf den Treuhänder übertragene Vermögen dient ausschließlich der Erfüllung von Pensionsverpflichtungen der B AG. Der Zugriff der übrigen Gläubiger auf das Deckungsvermögen ist ausgeschlossen. Im Fall einer Insolvenz der B AG leistet der Treuhänder die Betriebsrenten. Das Unt ist daher nicht mehr wirtschaftlich belastet. In der Bilanz ist folglich das Deckungsvermögen von den Pensionsverpflichtungen abzuziehen. In der Bilanz erfolgt daher lediglich ein Ausweis von Pensionsverpflichtungen i. H. v. 1,5 Mio. EUR. (4,5 Mio. EUR Pensionsverpflichtungen ./. 3,0 Mio. EUR VG). In der GuV sind Pensionsaufwendungen sowie Erträge aus der Zeitbewertung des Deckungsvermögens auszuweisen.

Aus der folgenden Tabelle leiten sich die Angaben ab, die u. a.[176] im Anhang zu machen sind. Angaben zur Saldierung von Aufwendungen und Erträgen entfallen dabei, da das Deckungsvermögen erst zum 31.12.01 gebildet wurde.

| Bilanz | 31.12.01 | | |
|---|---|---|---|
| | vor Saldierung | Saldierung | Ausweis |
| Pensionsverpflichtung | 4,5 | 3,0 | 1,5 |
| Deckungsvermögen<br>– beizulegender Zeitwert<br>– Anschaffungskosten | 3,0<br>2,7 | 3,0 | 0,0 |

**Beispiel im Jahr 02**
Die Pensionsverpflichtung hat sich auf 5,0 Mio. EUR erhöht. Ein Betrag i. H. v. 0,3 Mio. EUR wurde ergebnisneutral zulasten des Bankguthabens dem Deckungsvermögen zugeführt. Die VG haben nunmehr einen Buchwert von 3,0 Mio. EUR bei einem Marktwert von 3,7 Mio. EUR.

**Ergebnis:**[177] Zum 31.12.02 ergeben sich folgende Konsequenzen: Die Pensionsverpflichtungen werden mit dem Marktwert des Treuhandvermögens verrechnet (5,0 Mio. EUR ./. 3,7 Mio. EUR). In der Bilanz werden die Pensionsverpflichtungen mit 1,3 Mio. EUR ausgewiesen. Das Deckungsvermögen wird nicht in der Bilanz ausgewiesen, da es mit den Pensionsverpflichtungen vollständig saldiert wird.

---

[176] Im Fall von Finanzinstrumenten sind noch Angaben über grundlegende Annahmen, die der Bestimmung des beizulegenden Zeitwerts von Finanzinstrumenten mithilfe allgemein anerkannter Bewertungsmethoden zugrunde gelegt wurden, erforderlich, § 85 Nr. 25 i. V. m. Nr. 20a HGB sowie § 314 Nr. 17 i. V. m. Nr. 12a HGB.
[177] Latente Steuern blieben in diesem Beispiel unberücksichtigt. Vgl. § 274 Rz 45.

| Bilanz | 31.12.02 vor Saldierung | Saldierung | Ausweis |
|---|---|---|---|
| Pensionsverpflichtung | 5,0 | 3,7 | 1,3 |
| Deckungsvermögen<br>– beizulegender Zeitwert<br>– Anschaffungskosten | 3,7<br>3,0 | 3,7 | 0,0 |
| | | | |
| **GuV** | | | |
| Aufwand aus der Abzinsung (unter Zinsaufwand) | 0,5 | 0,5 | 0,0 |
| Ertrag aus Deckungsvermögen | 0,7 | 0,5 | 0,2 |

### 4.3 Weitere Einschränkungen des Verrechnungsverbots in der Bilanz

**124** Neben den durch das BilMoG aufgenommenen Ausnahmetatbeständen einer zwingenden Verrechnung von Aktiv- und Passivposten in der Bilanz war das Verrechnungsverbot des HGB i.d.F. d. BiRiLiG bereits von zahlreichen Ausnahmen durchbrochen. Eine der bedeutsamsten Ausnahmen war und bleibt das Vorliegen einer **Aufrechnungslage** (§§ 387 ff. BGB).

**Forderungen und Verbindlichkeiten** dürfen danach gegeneinander aufgerechnet werden, sofern sie zwischen denselben Personen am Bilanzstichtag bestehen und insb. sowohl gleichartig als auch fällig sind. Nach hM werden durch den saldierten Ausweis von Forderungen und Verbindlichkeiten das haftende Vermögen sowie die tatsächliche Liquiditätslage klarer dargestellt, da die betreffenden Forderungen und Verbindlichkeiten so ausgewiesen werden, wie sie sich nach einer jederzeit möglichen Aufrechnung darstellen würden.[178] Dabei kommt es nicht auf den tatsächlichen Willen einer Aufrechnung an, die rechtlich bestehende Möglichkeit dazu ist für Bilanzierungszwecke für die Vornahme der Aufrechnung ausreichend. Daher entspricht die Aufrechnung von Forderungen und Verbindlichkeiten in der Bilanz auch der Intention des Gesetzgebers, die Forderungen bzw. Verbindlichkeiten nur in der Höhe auszuweisen, wie das Unt noch tatsächlich einen wirtschaftlichen Vorteil hat bzw. belastet ist. Insofern ist eine bilanzielle Aufrechnung der zu bevorzugende bilanzielle Ausweis.

**125** Eine Aufrechnung ist bereits dann möglich, wenn zwar die Forderung am Bilanzstichtag fällig, die dieser Forderung gegenüberstehende Verbindlichkeit jedoch noch nicht fällig, allerdings bereits erfüllbar ist.[179] In diesem Fall könnte

---

[178] Vgl. *Förschle/Ries*, in Beck Bil-Komm. 9. Aufl., § 246 HGB, Rz 106, sowie WP-Handbuch, Bd I, 14. Aufl., Abschn. E, Rz 75.
[179] Vgl. *Förschle/Ries*, in Beck Bil-Komm. 9. Aufl., § 246 HGB, Rz 107.

das bilanzierende Unt durch die einseitige Erklärung der Aufrechnung die Forderung bzw. Verbindlichkeit eliminieren.[180]

Als nicht sachgerecht wird nach h.M. die Verrechnung beiderseits noch nicht fälliger Forderungen und Verbindlichkeiten angesehen, selbst wenn sich die Fälligkeiten nicht bzw. nur in geringem Maß unterscheiden.[181] In einem solchen Fall wäre ein ausreichender Gläubigerschutz nicht gewährleistet, da die Forderungen z.B. im Rahmen einer Insolvenz des Schuldners nicht mehr als vollwertig angesehen werden können.

126

Im Fall von **Gesamtschuldverhältnissen** (§ 241 BGB) kann der Gläubiger von jedem der Schuldner die volle Leistung verlangen. Im Innenverhältnis wird die wirtschaftliche Belastung des Bilanzierenden zwar ggf. bis auf null reduziert, dieser Rückgriffsanspruch ist jedoch von der Bonität des Rückgriffsschuldners abhängig. Aus diesem Grund sollte jeder Schuldner die gesamtschuldnerische Verpflichtung in voller Höhe passivieren. Soweit jedoch im Innenverhältnis die ausdrückliche Vereinbarung zwischen den Schuldnern besteht, dass jeder die Schuld anteilig zu erbringen hat, wird eine lediglich anteilmäßige Bilanzierung für zulässig erachtet.[182] Hinsichtlich des überschießenden Teils ist dessen ungeachtet ein Haftungsvermerk nach § 251 HGB erforderlich (§ 251 Rz 28).

127

Hat der Gläubiger allerdings bereits das bilanzierende Unt als Gesamtschuldner in Anspruch genommen, so ist eine Verrechnung nicht mehr zulässig, vielmehr sind die gegen die Mitschuldner bestehenden Rückgriffsansprüche als solche zu aktivieren und unter Vorsichtsgesichtspunkten zu bewerten – also ggf. wertzuberichtigen.[183]

**Kontokorrentkonten** bedürfen keiner Verrechnung, da eine Forderung oder Verbindlichkeit nur i.H.d. Abrechnungssaldos besteht. Dieser Abrechnungssaldo muss laufend oder in periodischen Abständen ermittelt werden.[184]

128

Neben den Forderungen und Verbindlichkeiten bestehen insb. folgende weitere Saldierungsmöglichkeiten bzw. -verpflichtungen in der Bilanz:

129

Hinsichtlich des Postens **erhaltene Anzahlungen auf Bestellungen** besteht gem. § 268 Abs. 5 Satz 2 HGB die Möglichkeit, diesen Posten offen, anstelle einer Passivierung, vom Posten Vorräte abzusetzen (§ 268 Rz 65ff.). Gem. § 272 Abs. 1 Satz 3 HGB sind nicht eingeforderte ausstehende Einlagen offen vom gezeichneten Kapital abzusetzen; eingeforderte, aber noch nicht gezahlte Einlagen sind unter den Forderungen gesondert auszuweisen (§ 272 Rz 76). Schließlich ist im Anlagenspiegel eine Verrechnung der Zuschreibungen mit den kumulierten Abschreibungen aus Vorjahren vorzunehmen (§ 268 Rz 24).[185]

---

[180] Vgl. *ADS*, 6. Aufl., § 246 HGB, Rz 467.
[181] Vgl. WP-Handbuch, Bd I, 14. Aufl., Abschn. E, Rz 75; a.A.: *Kußmaul*, in *Küting/Pfitzer/Weber*, HdR, HGB § 246, Rn 22, Stand 11/2009.
[182] *ADS*, 6. Aufl., § 246 HGB, Rz 419f.
[183] Vgl. *Förschle/Ries*, in Beck Bil-Komm. 9. Aufl., § 246 HGB, Rz 109.
[184] Vgl. *ADS*, 6. Aufl., § 246 HGB, Rz 463 m.w.N.
[185] Vgl. *Kußmaul*, in *Küting/Pfitzer/Weber*, HdR, HGB § 246, Rn 25, Stand 11/2009.

## 4.4 Einschränkungen des Verrechnungsverbots in der Gewinn- und Verlustrechnung

130 Auch in der GuV dürfen Erträge und Aufwendungen grds. nicht saldiert werden. Vom Bruttoprinzip gibt es, abgesehen von dem durch das BilMoG eingeführten Verrechnungsgebot bestimmter Erträge und Aufwendungen im Zusammenhang mit Altersvorsorgeverpflichtungen, folgende wesentliche Ausnahmen:

Eine Saldierung der Bestandserhöhungen mit Bestandsminderungen an fertigen und unfertigen Erzeugnissen ist unter der Position **„Bestandsveränderungen"** bei Anwendung des GKV vorzunehmen.[186] Weiterhin dürfen gem. § 276 HGB die Umsatzerlöse bei kleinen und mittelgroßen KapG mit bestimmten Aufwendungen verrechnet und in einem Posten **„Rohergebnis"** ausgewiesen werden; kleine KapG brauchen zudem Erläuterungen zu den Posten der außerordentlichen Erträge und Aufwendungen nicht zu machen[187] (§ 276 Rz 11).

Bei **Pauschalrückstellungen** ist es zulässig, den Differenzbetrag zwischen dem Vorjahreswert und dem Wert am Abschlussstichtag auszuweisen.[188] Gleiches gilt für den Ausweis von Pauschalwertberichtigungen.

**Steuererstattungen** dürfen mit Steuernachzahlungen verrechnet werden.[189]

Beim **Abgang von VG des AV** wird nach Saldierung des Erlöses mit dem noch vorhandenen Buchwert ein Gewinn oder Verlust ausgewiesen. Streng genommen handelt es sich bei dieser Saldierung nicht um eine Einschränkung des Verrechnungsverbots, sondern um einen einzigen Geschäftsvorfall „Abgang VG".

## 5 Stetigkeit, Ansatzmethoden, Beibehaltungsgebot

131 Mit dem durch das BilMoG neu eingefügten Abs. 3 des § 246 HGB wurde die bislang schon durch § 252 Abs. 1 Nr. 6 HGB vorgeschriebene Bewertungsstetigkeit um das **Gebot der Ansatzstetigkeit** mit dem Ziel einer verbesserten Transparenz bzw. intertemporalen Vergleichbarkeit von JA erweitert. Damit ist es grds. geboten, auch beim Ansatz stetig zu verfahren.[190] Die Vorschrift verlangt die Beibehaltung einer Ansatzmethode immer dann, wenn gleichartige Sachverhalte zu beurteilen sind, d.h. wenn die anzusetzenden VG, Schulden, RAP und Sonderposten vergleichbaren Nutzungs- und Risikobedingungen unterworfen sind.[191] Abweichungen von diesem Gebot sind nur bei Vorliegen der Tatbestandsvoraussetzungen des § 252 Abs. 2 HGB bzw. der in DRS 13 genannten Tatbestände möglich.[192]

---

[186] Vgl. *Förschle/Ries,* in Beck Bil-Komm. 9. Aufl., § 246 HGB, Rz 115.
[187] Für kleine und mittlere KapCoGes sowie die Nicht-KapG, die nicht den Sonderregelungen des PublG unterliegen, gelten die Grundsätze analog. Vgl. *Kußmaul*, in *Küting/Pfitzer/Weber*, HdR, HGB 246, Rn 26, Stand 11/2009.
[188] Vgl. *ADS*, 6. Aufl., § 246 HGB, Rz 477.
[189] Vgl. *Förschle/Peun*, in Beck Bil-Komm. 9. Aufl., § 275 HGB, Rz 254.
[190] Vgl. *Kessler/Leinen/Strickmann*, BilMoG-RegE, 2008, S. 76.
[191] Vgl. IDW RS HFA 38, Tz 4.
[192] Vgl. BilMoG-BgrRegE, S. 49. Dies sind nach allgemeinem Verständnis Änderungen der Konzernzugehörigkeit, wesentliche Änderungen der Gesellschafter- oder Unternehmensstruktur, der Einschränkung der Unternehmensentwicklung oder wesentlichen technischen Neuerungen. DRS 13 nimmt darüber hinaus Änderungen der rechtlichen Gegebenheiten (Gesetze, Richtlinien, Rechtsprechung) und eine Verbesserung der Darstellung der Vermögens-, Finanz- und Ertragslage als Gründe für eine Abweichung vom Stetigkeitsgebot. Vgl. hierzu auch IDW RS HFA 38, Tz 14f.

Unter **Ansatzmethoden** ist das planvolle Vorgehen bei der Ausübung von explizten Ansatzwahlrechten einerseits und bei der Ausübung von Ermessensspielräumen im Rahmen der Entscheidung über den Ansatz von VG, Schulden, RAP und Sonderposten andererseits zu verstehen, sofern der Ausübung ein bestimmtes Verfahren bzw. eine Systematik zugrunde liegt. Der Begriff der „Ansatzmethode" i.S.d. § 246 Abs. 3 Satz 1 HGB wird von dem Begriff „Bilanzierungsmethode" i.S.d. § 284 Abs. 2 Nr. 1 und 3 HGB mit umfasst.[193] Zum Begriff der Bewertungsmethode vgl. § 252 Abs. 1 Nr. 6 HGB.

**132**

Die Bedeutung der Ansatzstetigkeit wird in Bezug auf die **Ansatzwahlrechte** aufgrund der Abschaffung der meisten bisherigen Ansatzwahlrechte zwar geringer, aber nicht zu vernachlässigen sein. Nach der Anpassung des HGB durch das BilMoG verbleiben von den bisherigen Ansatzwahlrechten

**133**

- das Aktivierungswahlrecht für selbst geschaffene immaterielle VG (§ 248 Abs. 2 HGB),
- das Disagio gem. § 250 Abs. 3 HGB,
- den Aktivüberhang an latenten Steuern gem. § 274 Abs. 1 Satz 2 HGB sowie
- das Passivierungswahlrecht von Pensionsverpflichtungen i.S.d. Art. 28 Abs. 1 EGHGB.

Die Ansatzstetigkeit fordert auch Stetigkeit bei der Ausübung von **Ermessensspielräumen**. Diese entstehen immer dann, wenn der Ansatz zwar durch ein gesetzliches Ansatzgebot, Ansatzwahlrecht oder Ansatzverbot geregelt ist, die Voraussetzungen oder Methoden zur Bestimmung des Ansatzes jedoch subjektiv interpretierbar bleiben. So darf etwa

**134**

- der Begriff der „geringen" oder „unwesentlichen" Bedeutung nicht mit unterschiedlichen Prozentsätzen einer Teilmenge im Verhältnis zur Gesamtmenge,
- der Begriff „wahrscheinlich" nicht mit unterschiedlichen Wahrscheinlichkeitsprozentsätzen oder
- der „erwartete Nutzenzufluss" nicht mit unterschiedlichen absoluten oder relativen Zahlen belegt werden.[194]

Bilanzpolitische Möglichkeiten der **Sachverhaltsgestaltung** – hierunter werden geschäftspolitische Maßnahmen verstanden, die sich auf die Gestaltung der Bilanz beziehen – werden nicht durch den Grundsatz der Ansatzstetigkeit erfasst.[195]

**135**

Abweichungen von Bilanzierungsmethoden sind im Anhang anzugeben und zu begründen und deren Einfluss auf die Vermögens-, Finanz- und Ertragslage gesondert darzustellen (vgl. § 284 Abs. 2 Nr. 3 HGB).

**136**

---

[193] Vgl. IDW RS HFA 38, Tz. 7.
[194] Vgl. *Küting/Tesche*, in *Küting/Pfitzer/Weber*, Das neue deutsche Bilanzrecht, 2. Aufl. 2009, S. 46.
[195] Vgl. *Küting/Tesche*, in *Küting/Pfitzer/Weber*, Das neue deutsche Bilanzrecht, 2. Aufl. 2009, S. 52.

# § 247 INHALT DER BILANZ

(1) In der Bilanz sind das Anlage- und das Umlaufvermögen, das Eigenkapital, die Schulden sowie die Rechnungsabgrenzungsposten gesondert auszuweisen und hinreichend aufzugliedern.
(2) Beim Anlagevermögen sind nur die Gegenstände auszuweisen, die bestimmt sind, dauernd dem Geschäftsbetrieb zu dienen.
(3) *(weggefallen)*

WP StB CVA Klaus Bertram

### Inhaltsübersicht

| | Rz |
|---|---|
| 1 Überblick | 1–16 |
| 1.1 Inhalt | 1–3 |
| 1.2 Normenzusammenhang und Zweck | 4–16 |
| 2 Anlagevermögen (Abs. 2) | 17–51 |
| 2.1 Abgrenzung Anlage- und Umlaufvermögen | 17–39 |
| 2.2 Umgliederungen | 40–49 |
| 2.3 Gliederung des Anlagevermögens | 50–51 |
| 3 Umlaufvermögen | 52–77 |
| 3.1 Vorräte | 52–58 |
| 3.2 Forderungen und sonstige Vermögensgegenstände | 59–68 |
| 3.2.1 Forderungen aus Lieferungen und Leistungen | 59–65 |
| 3.2.2 Sonstige Vermögensgegenstände | 66–68 |
| 3.3 Wertpapiere des Umlaufvermögens | 69–70 |
| 3.4 Flüssige Mittel | 71–77 |
| 4 Rechnungsabgrenzungsposten | 78 |
| 5 Eigenkapital | 79–110 |
| 5.1 Grundsätzliches | 79–82 |
| 5.2 Eigenkapital des Einzelkaufmanns | 83–85 |
| 5.3 Eigenkapital der Personenhandelsgesellschaft | 86–110 |
| 6 Schulden | 111–131 |
| 6.1 Grundsätzliches | 111–116 |
| 6.2 Rückstellungen | 117 |
| 6.3 Verbindlichkeiten | 118–131 |
| 7 Mindestgliederung der Gewinn- und Verlustrechnung | 132–140 |

### Ergänzendes Schrifttum

*Bundessteuerberaterkammer*, Empfehlungen der Bundessteuerberaterkammer zur Gliederung des Jahresabschlusses von Kaufleuten, die ihr Unternehmen nicht in der Rechtsform einer Kapitalgesellschaft betreiben und die auch nicht unter die Vorschriften des Publizitätsgesetzes fallen, StB 1988, S. 46; *Emmerich/Naumann*, Zur Behandlung von Genussrechten im Jahresabschluss von Kapitalgesellschaften, WPg 1994, S. 677; *Fink/Heidbreder/Schäfer*, Informationsbedürfnisse der Gesellschafter von Familienunternehmen, KoR 2008, S. 601; *Fischer/ Neubeck*, Umsatzrealisationszeitpunkt bei Werklieferungsverträgen nach der Schuldrechtsreform, BB 2004, S. 657; *Förschle/Kropp*, Mindestinhalt der GuV für Einzelkaufleute und Personenhandelsgesellschaften, DB 1989, S. 1037 (Teil I), S. 1096 (Teil II); *Groh*, Bauten auf fremdem Grundstück: BGH versus BFH, BB 1996, S. 1487; *Gross/Fink*, Besserungsscheine im Jahresabschluss der GmbH, BB 1991, S. 1379; *Häuselmann*, Der Forderungsverkauf im Rahmen des Asset Backed-Financing in der Steuerbilanz, DStR 1998, S. 826; *Hoffmann*, Die Zuordnung von Grundbesitz zum Anlage- oder Umlaufvermögen, StuB 2008, S. 285; *Kanitz, Graf von*, Rechnungslegung bei Personenhandelsgesellschaften – Anmerkungen zu IDW RS HFA 7, WPg 2003, S. 324; *Kanitz, Graf von*, Die Bedeutung der Rückstellungpflicht nach § 249 Abs. 1 Satz 1 HGB für den Ausweis passiver latenter Steuern WPg 2011, S. 895; *Köhler*, Aktuelle Fragen im Zusammenhang mit der Buchung und Bilanzierung von „Pfandgeldern" beim Mehrwegleergut der Getränkeindustrie, DB 2014, S. 2555; *Küting/Kessler*, Eigenkapitalähnliche Mittel in der HB und im Überschuldungsstatus, BB 1994, S. 2103; *Küting/Kessler/Harth*, Genussrechtskapital in der Bilanzierungspraxis, BB 1996, Beil. 4; *Küting/Tesche*, Änderungen der bilanziellen Zurechnung von Vermögensgegenständen nach dem BilMoG i.d.F. des Regierungsentwurfs, GmbHR 2008, S. 953; *Kußmaul/Huwen*, Die Widerspruchslosigkeit der bilanziellen Differenzierung zwischen Anlage- und Umlaufvermögen, DStR 2010, S. 2471; *Kußmaul/Huwen*, Die Bedeutung der Abgrenzung von Anlage- und Umlaufvermögen, StuB 2011, S. 290; *Lüdenbach*, Realisationsprinzip, BilMoG und langfristige Auftragsfertigung, Accounting 2009, Heft 3 S. 8; *Lüdenbach*, Ansatz und Bewertung von Gold, StuB 2011, S. 545; *Müller*, Rückstellungen für passive Steuerlatenzen gem. § 249 Abs. 1 Satz 1 HGB, DStR 2011, S. 1046; *Müller/Kreipl*, Passive latente Steuern und kleine Kapitalgesellschaften, DB 2011, S. 1701; *Oser*, Bilanzierung und Entnahmen aus einer GmbH beim Gesellschafter, WPg 2014, S. 555; *Rogler/Jacobs*, Bilanzierung unfertiger Bauten bei Bauunternehmen, BB 2000, S. 2407; *Roß/Zilch*, Handelsrechtliche Bilanzierung von Großmutterzuschüssen, BB 2014, S. 1579; *Rückle*, Jahresabschlussaufstellung und -feststellung, in *Budde/Moxter/Offerhaus*, Handelsbilanzen und Steuerbilanzen, FS Beisse, Düsseldorf 1997, S. 433; *Schweitzer/Volpert*, Behandlung von Genussrechten im Jahresabschluss von Industrieemittenten, BB 1994, S. 821; *Spanier*, Rechnungslegung von Derivaten – Grundlagen und Besonderheiten ausgewählter Instrumente, Bankinformation, November 2000, S. 58; *Vereinigung zur Mitwirkung an der Entwicklung des Bilanzrechts für Familiengesellschaften* (VMEBF e.V.), Kritische Auseinandersetzung mit dem Reg-E eines BilMoG aus der Sicht von Familienunternehmen, KoR 2008, S. 357; *Windmöller*, Bilanzierung von Optionsgeschäften, WPg 1995, S. 389; *Woerner*, Die Gewinnrealisierung bei schwebenden Geschäften, BB 1988, S. 769; *Wohlgemuth*, Abgrenzung von Anlage- und Umlaufvermögen in Handels- und Steuerbilanz, WPg 2008, S. 1168.

# 1 Überblick

## 1.1 Inhalt

1 § 247 HGB ist eine für alle nach HGB rechnungslegungspflichtige Kfl gültige Vorschrift. Neben dem JA ist die Vorschrift über § 298 Abs. 1 HGB auch für den KA anzuwenden.

2 § 247 Abs. 1 HGB schreibt eine **Mindestgliederung** der Bilanz vor. Danach sind auf der Aktivseite der Bilanz AV und UV sowie RAP auszuweisen. Auf der Passivseite sind EK, Schulden und RAP voneinander abzugrenzen. Unter dem Begriff Schulden werden neben Verbindlichkeiten auch Rückstellungen erfasst. Abs. 2 der Vorschrift konkretisiert die Abgrenzung zwischen AV und UV (Rz 17). Die Posten sind außerdem hinreichend aufzugliedern.

3 Der vor einigen Jahren abgeschaffte Abs. 3 regelte das frühere Wahlrecht, auf der Passivseite einen Sonderposten mit Rücklageanteil bilden zu dürfen. Art. 67 Abs. 3 EGHGB enthält ein Beibehaltungswahlrecht für nach dem früheren § 247 Abs. 3 HGB gebildete Sonderposten mit Rücklageanteil (Art. 67 EGHGB Rz 57).
Auch nach dem Wegfall des Sonderpostens mit Rücklageanteil sind in der HB andere Sonderposten gleichwohl zulässig, z. B.
- Sonderposten für Investitionszuschüsse zum Anlagevermögen,[1]
- Sonderposten für unentgeltlich ausgegebene Emissionsberechtigungen.[2]

## 1.2 Normenzusammenhang und Zweck

4 § 247 HGB gehört zum Bereich der Ansatzvorschriften. Die Vorschrift ergänzt das in § 246 Abs. 1 HGB enthaltene Vollständigkeitsgebot hinsichtlich des Ausweises der Aktiva und Passiva.[3] § 248 HGB begrenzt das grundsätzliche Ansatzgebot des § 246 Abs. 1 HGB, indem für selbst geschaffene immaterielle VG des AV ein Aktivierungswahlrecht, für bestimmte selbst geschaffene immaterielle VG des AV ein Aktivierungsverbot kodifiziert wird. § 249 HGB regelt Ansatzvorschriften für Rückstellungen. Gleiches erfolgt mit § 250 HGB für die RAP. § 251 HGB ergänzt den Inhalt der Bilanz insoweit, als unter der Bilanz Haftungsverhältnisse auszuweisen sind (sog. Unterstrich-Vermerke).

5 Die in Abs. 1 enthaltene Mindestgliederung der Bilanz wird für eine Vielzahl von Bilanzierenden durch strengere Spezialregelungen überlagert. **KapG/KapCoGes** haben die Gliederungsvorschrift von § 266 Abs. 2 und 3 HGB zu beachten. Gleiches gilt für **nach dem PublG rechnungslegungspflichtige Unternehmen** (§ 5 Abs. 1 Satz 2 PublG) sowie **Genossenschaften** (§ 336 Abs. 2 Satz 1 HGB), die aufgrund der spezialgesetzlichen Verweise ebenfalls § 266 HGB zu beachten haben. Für **Kredit- und Finanzdienstleistungsinstitute** ist unabhängig von ihrer Rechtsform gem. § 340a Abs. 2 HGB die RechKredV zu beachten, die die Anwendung von Formblättern regelt. Gleiches gilt für **Versicherungsunternehmen** gem. § 341a Abs. 2 HGB, für die die Formblätter der RechVersV verbindlich sind.

---

[1] Vgl. St/HFA 1/1984 i. d. F. 1990, Abschn. 2dI.
[2] Vgl. IDW RS HFA 15, Tz 13.
[3] Vgl. *ADS*, 6. Aufl., § 247 HGB, Rz 2.

Die in § 247 Abs. 1 HGB enthaltene Gliederung ist bei Bedarf um für alle Kfl anwendbare Posten zu erweitern. § 246 Abs. 2 Satz 3 HGB schreibt den Ausweis eines Aktivüberhangs des Zeitwerts des Deckungsvermögens über die saldierten Verpflichtungen in einem gesonderten Posten vor (§ 246 Rz 117). Für KapG/KapCoGes hat der Gesetzgeber hierfür den Posten mit „Aktiver Unterschiedsbetrag aus der Vermögensverrechnung" bezeichnet (§ 266 Abs. 2 Buchst. E HGB). Die für KapG/KapCoGes anzuwendende Vorschrift zur Bilanzierung von latenten Steuern (§ 274 HGB) darf auch von Nichtkapitalgesellschaften angewendet werden.[4]

§ 247 Abs. 1 HGB enthält keine allgemein verbindliche Mindestgliederung, sondern verlangt die genannten Posten „**hinreichend aufzugliedern**". Diese Forderung ergibt sich auch schon aus den GoB (§ 243 Abs. 1 HGB) und dem Grundsatz der Klarheit und Übersichtlichkeit (§ 243 Abs. 2 HGB); sie hat somit lediglich klarstellenden Charakter.[5]

Wie weit das hinreichende Aufgliedern zu gehen hat, definiert der Gesetzgeber nicht und hat sich somit an dem Zweck der Bilanzgliederung zu orientieren. Auch wenn Nichtkapitalgesellschaften nicht offenlegungspflichtig sind, dient die Bilanzgliederung den **Informationsbedürfnissen der Adressaten**. Dieser Adressatenkreis ist bei Nichtkapitalgesellschaften beschränkt. Als **interne Adressaten** kommen danach der Einzelunternehmer, die Gesellschafter einer Personenhandelsgesellschaft sowie andere Organe mit Kontroll- oder Aufsichtsfunktion (Aufsichtsrat, Beirat) sowie stille Gesellschafter in Betracht.[6] **Externe Adressaten** können Gläubiger (in erster Linie Fremdkapitalgeber), Finanzbehörden und Arbeitnehmer sein.[7] Bzgl. der Finanzbehörden ist darauf hinzuweisen, dass aufgrund der Vorschriften zur E-Bilanz (§ 5b EStG) diese eine an den Vorschriften für große KapG bzw. KapCoGes orientierte Gliederungstiefe ohnehin erhalten. Im Regelfall verfügen die internen Adressaten über umfassende Informations- und Kontrollrechte (z.B. für Kommanditisten gem. § 166 Abs. 1 HGB, stille Gesellschafter § 233 Abs. 1 HGB). Sofern jedoch einzelnen Gesellschaftern – z.B. im Fall einer Publikums-KG – nur beschränkte Informationsrechte zustehen, muss dies die Bilanzgliederung angemessen berücksichtigen. Sofern sich die Kontrollbefugnisse von Gesellschaftern auf die Vorlage des JA beschränken und darüber hinaus keine Einsichtsrechte bestehen, sind an die Gliederung im Hinblick auf die Aussagekraft des JA hohe Anforderungen zu stellen.[8] Wegen der fehlenden Offenlegungsverpflichtung des JA bei Nichtkapitalgesellschaften kommt dem Informationsbedürfnis der externen Adressaten keine gesetzliche Bedeutung zu. Oftmals gibt es aber vertragliche Vereinbarungen (z.B. in Kreditverträgen), die eine Mindestgliederung vorsehen.

In der Praxis existieren häufig auch Regelungen in Gesellschaftsverträgen von PersG, die eine Mindestgliederung – z.B. nach den für kleine KapG geltenden Vorschriften – vorsehen. Für **PersG** wird sich die Mindestgliederung an die für KapCoGes geltenden größenabhängigen Gliederungsvorschriften des HGB an-

---

[4] Vgl. IDW RS HFA 7, Tz 18.
[5] Vgl. *ADS*, 6. Aufl., § 247 HGB, Rz 11.
[6] Zu den Informationsbedürfnissen der Gesellschafter von Familienunternehmen vgl. *Fink/Heidbreder/Schäfer*, KoR 2008, S. 601.
[7] Vgl. *Förschle/Kropp*, DB 1989, S. 1096.
[8] Vgl. *ADS*, 6. Aufl., § 247 HGB, Rz 17.

10  Die Bilanz nach § 247 HGB kann entweder in **Konto-** oder in **Staffelform** aufgestellt werden; beide Darstellungsvarianten sind zulässig. Da die Staffelform der Bilanz ohne größere praktische Bedeutung ist, wird sich im Folgenden ausschließlich auf die nach der Kontoform aufgestellte Bilanz bezogen. Die Mindestgliederung nach dem Gesetzeswortlaut von § 247 Abs. 1 HGB weist somit folgende Form auf:

lehnen und eine Grundlage für die Bestimmung der notwendigen Gliederungstiefe sowie die Postenbezeichnungen darstellen.[9]

| Aktiva | Bilanz | Passiva |
|---|---|---|
| AV | | EK |
| UV | | Schulden |
| RAP | | RAP |

11  Aufgrund der o.g. hinreichenden Aufgliederung ist die Mindestgliederung der Bilanz für EKfl und PersG, die nicht unter das PublG fallen bzw. KapCoGes darstellen, wie folgt darzustellen:[10]

| Aktiva | Bilanz | Passiva |
|---|---|---|
| AV | | EK |
|   Imm VG | | Rückstellungen |
|   Sachanlagen | | Verbindlichkeiten |
|   Finanzanlagen | | RAP |
| UV | | |
|   Vorräte | | |
|   Forderungen / | | |
|   Sonst. VG | | |
|   Wertpapiere | | |
|   Flüssige Mittel | | |
| RAP | | |

In Einzelfällen mag auch eine hinreichende Aufgliederung dann gegeben sein, wenn die für KleinstKapG vorgegebene Mindestgliederung (§ 266 Rz 13) gewählt wird.[11] Dies setzt aber voraus, dass ähnlich einfache und überschaubare Verhältnisse vorliegen, wie sie bei Kleinstkapitalgesellschaften auftreten. Zu den Besonderheiten der Detaillierung bei KapG s. § 266 Rz 11 ff. und bei KapCoGes § 264c Rz 6 ff.

12  Für Nichtkapitalgesellschaften besteht kein gesetzliches Erfordernis zur Angabe von **Vorjahreszahlen**, wie dies für KapG/KapCoGes in § 265 Abs. 2 Satz 1 HGB

---

[9] Vgl. IDW RS HFA 7, Tz 41.
[10] Vgl. *Breithaupt*, in *Baetge/Kirsch/Thiele*, Bilanzrecht, § 247 HGB, Rz 36.
[11] Vg. *Fey/Deubert/Lewe/Roland*, BB 2013, S. 110.

vorgegeben wird. Gleichwohl entspricht es weitverbreiteter Praxis, sodass dies nach hier vertretener Auffassung als GoB anzusehen ist (§ 243 Rz 23). Gleiches gilt für das Weglassen von **Leerposten**, das für KapG/KapCoGes in § 265 Abs. 8 HGB geregelt ist. Auch hier ist es GoB, dass ein Bilanzierender, der z. B. über kein AV verfügt, auch keinen Null-Ausweis nach § 247 HGB vornehmen muss.

Der in § 265 Abs. 1 HGB für KapG/KapCoGes kodifizierte Grundsatz der **Darstellungsstetigkeit** gilt für Nichtkapitalgesellschaften als GoB gleichermaßen (§ 243 Rz 25). 13

Für die **GuV** existiert keine gesetzliche Mindestgliederung. § 246 Abs. 1 HGB sieht lediglich vor, dass Aufwendungen und Erträge im JA enthalten sind. § 246 Abs. 2 Satz 1 HGB sieht darüber hinaus ein Saldierungsverbot von Aufwendungen und Erträgen vor (Ausnahme: Aufwendungen und Erträge aus Deckungsvermögen und Altersversorgungsverpflichtungen oder vergleichbaren langfristig fälligen Verpflichtungen, § 246 Rz 119). Zu einer aus den GoB abgeleiteten Mindestgliederung für die GuV s. Rz 132. 14

Die in Abs. 2 der Vorschrift vorgenommene **Definition des AV** gilt auch für KapG/KapCoGes, die ihre Bilanz nach § 266 HGB gliedern müssen. 15

**Sanktionen** bei Nichtbeachtung der Vorschrift sieht das HGB nicht vor. Die Strafgeld- und Bußgeldvorschriften der §§ 331–335 gelten nur für KapG/KapCoGes. 16

## 2 Anlagevermögen (Abs. 2)

### 2.1 Abgrenzung Anlage- und Umlaufvermögen

Der durch die Vorschrift bewirkten Abgrenzung zwischen AV und UV kommt nicht nur Ausweischarakter zu. Vielmehr hat die Zuordnung zum Anlage- bzw. Umlaufvermögen Auswirkungen auf die Bewertung. Für AV gilt das sog. gemilderte Niederstwertprinzip (§ 253 Abs. 3 Satz 3 HGB), für UV entsprechend das strenge Niederstwertprinzip (§ 253 Abs. 4 HGB). Zu Einzelheiten s. § 253 Rz 266. Darüber hinaus hat die Abgrenzung auch steuerliche Bedeutung, da sich aufgrund des Maßgeblichkeitsprinzips der HB für die Steuerbilanz (§ 5 Abs. 1 EStG) Folgewirkungen ergeben können, z. B. für § 6b-EStG-Rücklagen oder erhöhte AfA.[12] 17

Abs. 2 der Vorschrift bestimmt, dass dem AV solche Gegenstände zuzurechnen sind, die dauerhaft dem Geschäftsbetrieb dienen. Im Umkehrschluss bedeutet dies, dass alle VG, die diese Definition nicht erfüllen, UV darstellen. Gesetzliche Ausnahmen hiervon bestehen nur bzgl. RAP, nach Art. 67 Abs. 5 EGHGB fortgeführte Bilanzierungshilfen für Ingangsetzungs- und Erweiterungsaufwendungen (Art. 67 Rz 119) sowie für den Aktiven Unterschiedsbetrag aus der Vermögensverrechnung (§ 246 Rz 117). 18

Da für die Bilanz das Stichtagsprinzip gilt, ist für den **Beurteilungszeitpunkt** auf den Abschlussstichtag abzustellen. Eine erst nach dem Abschlussstichtag eintretende Zweckänderung (wertbegründendes Ereignis) ist daher unbeachtlich.[13] Umgekehrt sind Zweckänderungen im laufenden Gj für den Bilanzausweis am Abschlussstichtag zu berücksichtigen. 19

---

12 Vgl. *Hütten/Lorson*, in *Küting/Pfitzer/Weber*, HdR, § 247 HGB, Rz 44, Stand 08/2010.
13 Vgl. ADS, 6. Aufl., § 247 HGB, Rz 106; a. A.: *Breithaupt*, in *Baetge/Kirsch/Thiele*, Bilanzrecht, § 247 HGB, Rz 282.

> **Beispiel**
> Im März 01 erwirbt der Bilanzierende ein Grundstück im Gewerbegebiet eines Nachbarorts mit der Absicht, dort eine Zweigniederlassung zu errichten. Er ordnet das Grundstück dem AV zu.
> Im August 01 erhält er die Möglichkeit in dem Nachbarort ein für seine Zwecke deutlich geeigneteres Grundstück langfristig anzumieten. Er entschließt sich, die Anmietung vorzunehmen und das im März 01 erworbene Grundstück wieder zu veräußern. Am Abschlussstichtag 31.12.01 ist das Grundstück noch nicht veräußert, obwohl inzwischen zwei Grundstücksmakler mit der Veräußerung beauftragt sind.
> Das Grundstück ist am Abschlussstichtag 31.12.01 als UV auszuweisen, da es nicht dazu bestimmt ist, dauerhaft dem Geschäftsbetrieb zu dienen.

20 Die Abgrenzung zwischen den beiden Vermögensarten AV und UV ist nach dem Gesetzeswortlaut mittels der Begriffe „Geschäftsbetrieb" und „dauernd" vorzunehmen.
Demnach können AV nur solche VG darstellen, die dem **Geschäftsbetrieb** des Unt dienen. Der Begriff Geschäftsbetrieb ist enger gefasst als der Begriff des unternehmerischen Zwecks schlechthin.[14] Es kommt somit auf die Zweckbestimmung des VG an, die aber auch für das zweite Kriterium wesentlich ist (vgl. nachfolgend).

21 Wann ein VG dem Geschäftsbetrieb eines Unt **dauernd** dient, ist nicht eindeutig zeitlich bestimmbar, sondern richtet sich neben der objektiv-sachlichen Komponente auch nach dem subjektiven Willen des Kaufmanns.[15] Die **objektiv-sachliche Komponente** ergibt sich danach aus der Art des VG bzw. dessen typischer Nutzung in einer Branche.

> **Beispiel**
> Betreibt der Kaufmann ein Immobiliengeschäft, wird ein Teil der Grundstücke regelmäßig zur Weiterveräußerung gehalten. Genauso verhält es sich mit Pkw bei Autohändlern.

22 Der subjektive Willen des Kaufmanns beinhaltet die **Widmung** des VG durch den Kaufmann, wie er den VG im Unt einsetzt.

23 Demgegenüber ist die **tatsächliche Dauer** der Verwendung allenfalls ein Anhaltspunkt dafür, dass eine dauerhafte Verwendung bezweckt ist (so z.B. bei der Abgrenzung zwischen Ausleihungen und Forderungen). Damit ein VG als AV zu qualifizieren ist, muss er in die Betriebsabläufe so eingegliedert sein, dass er dauerhaft zur wiederholten betrieblichen Nutzung zur Verfügung steht.[16]

24 In Anlehnung an die steuerliche Rechtsprechung[17] kann zwischen Gebrauchsgütern und Verbrauchsgütern unterschieden werden. Erstere rechnen zum AV, Zweitere dagegen zum UV. **Gebrauchsgüter** sind Nutzungs- und Abnutzungs-

---

[14] Vgl. *ADS*, 6. Aufl., § 247 HGB, Rz 107.
[15] Vgl. *Hütten/Lorson*, in *Küting/Pfitzer/Weber*, HdR, § 247 HGB, Rz 45, Stand 08/2010.
[16] Vgl. *Schubert/F. Huber*, in Beck Bil-Komm. 9. Aufl., § 247 HGB, Rz 354.
[17] Vgl. BFH, Urteil v. 9.4.1981, IV R 24/78, BStBl 1981 II S. 481.

güter, deren Existenz die Aufrechterhaltung der Produktionsbereitschaft sichert. Im Gegensatz dazu stehen **Verbrauchsgüter** lediglich einmal für einen Nutzungsvorgang zur Verfügung. Diese zunächst recht eindeutig erscheinende Abgrenzung kann im konkreten Fall dennoch schwierig sein, wenn etwa an Formen, Werkzeuge, Modelle und andere Vorrichtungen, die bei der Durchführung eines Kundenauftrags innerhalb kurzer Zeit technisch oder wirtschaftlich verbraucht werden, gedacht wird. Nachfolgend sind einige Einzelfälle angeführt:[18]

- Bei **Werkzeugen** ist die Abgrenzung zwischen AV und UV zweckmäßigerweise danach vorzunehmen, ob die Werkzeuge dem Betrieb zu mehrmaligem Einsatz zur Verfügung stehen (AV) oder sich während der Ausführung eines Auftrags verbrauchen bzw. aufgrund ihrer Beschaffenheit nur für einen speziellen Auftrag Verwendung finden können (UV).[19]   25
- **Kundengebundene Werkzeuge**, die für mehrere Aufträge eines Kunden (oder eines Konzerns, einer Unternehmensgruppe als Kunden) eingesetzt werden sollen, sind AV. Zum Ausweis von Zuschüssen des Kunden s. § 255 Rz 68.   26
- Sog. **fremde Werkzeuge** sind auftragsbezogen und zur Veräußerung an den Besteller bestimmt. Sie rechnen zum Vorratsvermögen und sind damit dem UV zuzurechnen.   27
- **Ersatzteile und Reparaturmaterialien**, die nur zum Einbau in im AV ausgewiesenen Maschinen oder technischen Anlagen vorgesehen sind, können als AV ausgewiesen werden.[20] **Spezialreserveteile**, die nur bei bestimmten Maschinen oder technischen Anlagen verwendet werden können, sowie die sog. **Erstausstattung an Ersatzteilen** sind im AV auszuweisen.   28
- **Musterküchen und Musterelektrogeräte**, die ein Groß- und Einzelhändler zum Zweck der Werbung von Kaufinteressenten aufgestellt hat, sind AV.[21]   29
- **Ausstellungsmöbel** eines Möbeleinzelhändlers rechnen zum UV, da sie nicht nur Ausstellungszwecken dienen, sondern auch zur Veräußerung bestimmt sind.[22]   30
- **Vorführwagen** eines Kfz-Händlers sind solange AV, bis sie zum Verkauf bestimmt sind (Umwidmung).[23]   31
- **Musterhäuser** eines Fertighausherstellers sind als AV auszuweisen.[24]   32
- vom Leasinggeber aktivierte **Leasinggegenstände** sind AV, da sie dem Betriebszweck des Leasingunternehmens dienen.   33
- **Leasinggegenstände**, die vom Leasingnehmer zu aktivieren sind, stellen ebenfalls AV dar. Zum wirtschaftlichen Eigentum bei Leasinggegenständen s. § 246 Rz 34.   34
- **Grundstücke** eines Grundstückshändlers, die zur Veräußerung bestimmt sind, stellen UV dar.[25]   35
- **Lithografien** im Druckereigewerbe rechnen zum AV.[26]   36

---

18 Vgl. auch *Schmidt/Glanegger*, EStG, § 6 EStG, Rz 23.
19 Vgl. *Schubert/F. Huber,* in Beck Bil-Komm. 9. Aufl., § 247 HGB, Rz 352.
20 A.A. BFH, Urteil v. 2.12.1987, X R 19/81, BStBl 1988 II S. 502.
21 Vgl. FG München, Urteil v. 28.9.1979, VII (V) 231/76, EFG 1980 S. 142.
22 Vgl. FG Berlin, Urteil v. 11.5.1975, IV 167/75, EFG 1977 S. 2.
23 Vgl. BFH, Urteil v. 17.11.1981, VIII R 86/78, BStBl 1982 II S. 344.
24 Vgl. BFH, Urteil v. 31.3.1977, V R 44/73, BStBl 1977 II S. 684.
25 Vgl. BFH, Urteil v. 18.4.1991, IV R 6/90, BStBl 1991 II S. 584.
26 Vgl. BFH, Urteil v. 15.3.1991, III R 57/86, BStBl 1991 II S. 682.

37 • Bei **Anteilen und Wertpapieren** ergibt sich aus der Natur des VG keine typische Bindungsdauer.[27] Sie dienen dem Geschäftsbetrieb nur mittelbar. Hier kommt es bei der Abgrenzung zwischen AV (dauerhafte Anlage) und UV (spekulative Anlage) auf die Zweckbestimmung des Kaufmanns an. Den Regelfall stellt allerdings die dauerhafte Anlage (AV) dar. Bei einem gewerblichen Beteiligungshandel liegt dagegen UV vor.[28]

38 • Bei **Ausleihungen** orientiert sich die Abgrenzung an der Gesamtlaufzeit, nicht der Restlaufzeit am Abschlussstichtag. Eine Gesamtlaufzeit von einem Jahr wird als ausreichend für die Zuordnung zum AV angesehen.[29]

39 Im Einzelfall entscheidet die **Zweckbestimmung des Kaufmanns** über die Zuordnung zu AV oder UV. In der folgenden Übersicht sind Kriterien der Zuordnung von VG zum AV oder UV zusammengefasst:[30]

|  | AV | UV |
|---|---|---|
| Art, Eigenschaft | • Grundstücke,<br>• Bauten,<br>• technische Anlagen und Maschinen,<br>• Betriebs- und Geschäftsausstattung,<br>• immaterielle Anlagen (z.B. Konzessionen, Patente, gewerbliche Schutzrechte) | • Vorräte (z.B. Roh-, Hilfs- und Betriebsstoffe, unfertige und fertige Erzeugnisse und Waren)<br>• Forderungen aus L&L,<br>• Kassenbestand,<br>• Guthaben bei Kreditinstituten |
| Funktion im Geschäftsbetrieb | Nicht zur Verarbeitung oder zum Verkauf, sondern zur dauernden Nutzung bestimmt | Zum Verkauf oder zur Verarbeitung im Fertigungsprozess bestimmt |
| Subjektives Ermessen | Absicht zur dauerhaften Nutzung | Absicht zur Weiterverarbeitung oder zum Verkauf |
| Hilfskategorien | Zeitdauer von mehr als einem Jahr | Zeitdauer von weniger als einem Jahr |

Tab. 1: Entscheidungskriterien für die Abgrenzung AV/UV

## 2.2 Umgliederungen

40 Soweit sich die Zweckbestimmung eines VG ändert, ist auch die Zuordnung zu AV bzw. UV zu überprüfen und dem ggf. geänderten Zweck anzupassen. Maßgeblicher Beurteilungszeitpunkt für die Zuordnung in der Bilanz ist der Abschluss-

---

[27] Zum Übergang des wirtschaftlichen Eigentums an KapG-Anteilen vgl. *Kleinheisterkamp/Schell*, DStR 2010, S. 833.
[28] Vgl. BFH, Urteil v. 25.7.2001, X R 55/97, BStBl 2001 II, S. 809.
[29] Vgl. WP-Handbuch, Bd I, 14. Aufl., Abschn. F, Rz 256.
[30] Vgl. *Hütten/Lorson*, in *Küting/Pfitzer/Weber*, HdR, § 247 HGB, Rz 50, Stand 08/2010.

stichtag (Rz 19).³¹ Ein Wechsel der Vermögensart zwischen AV und UV ist im Regelfall nicht im JA einer KapG/KapCoGes berichtspflichtig, es sei denn, dass zugleich eine Abweichung von Bilanzierungs- und Bewertungsmethoden vorliegt (§ 284 Rz 41).³²

Innerhalb des AV werden Veränderungen von Bilanzpostenzuordnungen im Anlagespiegel bei KapG/KapCoGes.als **Umbuchung** dargestellt (§ 268 Rz 22). 41

> **Beispiel**
> Ein Unternehmen möchte auf einem Betriebsgrundstück ein Gebäude (Lagerhalle) errichten. Die im Jahr 01 angefallenen Aufwendungen werden als „Geleistete Anzahlungen und Anlagen im Bau" im JA zum 31.12.01 ausgewiesen. In 02 fallen weitere Aufwendungen an, bis die Lagerhalle im Mai 02 fertiggestellt ist und in Gebrauch genommen wird.
> Die im Vorjahresabschluss als „Geleistete Anzahlungen und Anlagen im Bau" ausgewiesenen Anschaffungs- und Herstellungskosten der Lagerhalle sind in der Bilanz zum 31.12.02 als „Grundstücke, grundstücksgleiche Rechte und Bauten einschließlich der Bauten auf fremden Grundstücken" auszuweisen. Im Anlagespiegel erfolgt eine entsprechende Umbuchung.

Demgegenüber werden geänderte Postenzuordnungen zwischen AV und UV als **Umgliederung** bezeichnet. Dies gilt gleichermaßen für Anzahlungen, die auf VG geleistet worden sind.³³ Beispiele für derartige Umgliederungen zwischen AV und UV sind nachfolgend exemplarisch genannt: 42

- Ein bislang zum Verkauf bestimmter **Pkw eines Autohändlers** wird nunmehr als **Dienstwagen** eines Mitarbeiters dem AV zugeordnet.³⁴ 43
- Eine im Vorratsbestand befindliche **Maschine** eines Serienmaschinenherstellers wird nunmehr **für die eigene Produktion eingesetzt**. 44
- Eine zuvor betrieblich genutzte Anlage wird **stillgelegt**, um sie zu veräußern.³⁵ Wird die Anlage aber lediglich stillgelegt und ist eine spätere Wiederinbetriebnahme vorgesehen, verbleibt die Anlage im AV.³⁶ 45
- Eine im UV ausgewiesene Forderung wird durch **Novation** in eine langfristige Ausleihung umgewandelt.³⁷ 46
- Eine **Parzellierung** unbebauter Grundstücke zieht noch keinen Wechsel der Vermögensart nach sich. Soweit im Rahmen der Parzellierung aber die spätere Bebauung durch Beantragung eines Bebauungsplans aktiv vorbereitet wird, ist eine Umgliederung in das AV vorzunehmen.³⁸ 47

Ein VG des AV, der noch betrieblich genutzt wird, dessen **Veräußerung** am Abschlussstichtag aber **absehbar** ist, ist am Abschlussstichtag gleichwohl noch im 48

---

31 Vgl. *Breithaupt*, in Baetge/Kirsch/Thiele, Bilanzrecht, § 247 HGB, Rz 301.
32 Vgl. *Schubert/F.Huber*, in Beck Bil-Komm. 9. Aufl., § 247 HGB, Rz 360.
33 Vgl. *ADS*, 6. Aufl., § 247 HGB, Rz 122.
34 Vgl. *Breithaupt*, in Baetge/Kirsch/Thiele, Bilanzrecht, § 247 HGB, Rz 302.
35 Vgl. *Hütten/Lorson*, in Küting/Pfitzer/Weber, HdR, 5. Aufl. § 247 HGB, Rz 53, Stand 08/2010.
36 Vgl. *Breithaupt*, in Baetge/Kirsch/Thiele, Bilanzrecht, § 247 HGB, Rz 304.
37 Vgl. WP-Handbuch. Bd I, 14. Aufl., Abschn. F, Rz 268.
38 Vgl. BFH, Urteil v. 31.5.2001, IV R 73/00, BFH/NV 2001 S. 1485; BFH, Urteil v. 25.10.2001, IV R 47, 48/00, BStBl 2002 II S. 289.

AV auszuweisen, da es sich um keine Änderung der Zweckbestimmung handelt; vielmehr endet die ursprüngliche Zweckbestimmung mit der Veräußerung.[39]

> **Beispiel**
> Ein betrieblich genutzter Pkw ist im JA zum 31.12.01 als AV ausgewiesen, obwohl bekannt ist, dass er voraussichtlich im Frühjahr 02 durch ein neues Ersatzfahrzeug ausgetauscht und dann veräußert wird.

49 Die Zuordnungsgrundsätze gelten auch bei **Insolvenz** des Betriebs. Erst wenn der VG im Rahmen der Abwicklung erkennbar zum Verkauf bestimmt wird, ist er von AV in UV umzugliedern.[40] Auch wenn VG des AV in derartigen Fällen ggf. unter Veräußerungsgesichtspunkten zu bewerten sind, sind sie in der Bilanz weiterhin als AV auszuweisen.[41]

### 2.3 Gliederung des Anlagevermögens

50 Abs. 1 der Vorschrift sieht lediglich den gesonderten Ausweis des AV sowie eine hinreichende Aufgliederung vor (Rz 7). Da sich insb. durch die weitgehende Verbreitung von Standardsoftware die für KapG/KapCoGes gültigen Gliederungsvorschriften des § 266 Abs. 2 HGB zum AV auch bei nicht dieser Vorschrift unterliegenden Kfl durchgesetzt haben, wird auf die Kommentierung zu § 266 HGB verwiesen (§ 266 Rz 19 ff.). Zur Mindestgliederung s. Rz 11.

51 Soweit das Gliederungsschema des § 266 Abs. 2 HGB sowie ggf. weitergehende Untergliederungen genutzt werden, ist es aus Gründen der Klarheit und Übersichtlichkeit (§ 243 Abs. 2 HGB, § 265 Abs. 6 HGB) empfehlenswert, die Postenbezeichnungen an den tatsächlichen Posteninhalt ggf. einzuschränken.

## 3 Umlaufvermögen

### 3.1 Vorräte

52 Unter Vorräte sind VG zu verstehen, die zum Verbrauch oder zur Weiterveräußerung angeschafft oder hergestellt worden sind. Bei **ProduktionsUnt** sind hier Roh-, Hilfs- und Betriebsstoffe sowie unfertige und fertige Erzeugnisse auszuweisen. **HandelsUnt** weisen hier Handelswaren sowie Hilfsstoffe aus. **DienstleistungsUnt** weisen demgegenüber unfertige Leistungen im Vorratsvermögen aus. Darüber hinaus werden hier geleistete Anzahlungen ausgewiesen, die in unmittelbarem Bezug zum Vorratsvermögen stehen. Zu der Möglichkeit der aktivischen Absetzung von erhaltenen Anzahlungen von den Vorräten s. § 268 Rz 65. Auch wenn § 268 HGB nur für KapG/KapCoGes anzuwenden ist, ist eine freiwillige Anwendung für sonstige nach HGB rechnungslegende Kaufleute zulässig.

53 **Roh-, Hilfs- und Betriebsstoffe** sind fremdbezogene Stoffe, die (vom bilanzierenden Unt) noch unverarbeitet oder nicht verbraucht sind.[42] Emissionsberechtigungen i.S.d. Treibhausgas-Emissionshandelsgesetzes (TEHG), die für den

---

[39] Vgl. *Wohlgemuth*, WPg 2008, S. 1170.
[40] Vgl. *Breithaupt*, in *Baetge/Kirsch/Thiele*, Bilanzrecht, § 247 HGB, Rz 305.
[41] Vgl. IDW RS HFA 17, Tz 33.
[42] Vgl. WP-Handbuch. Bd I, 14. Aufl., Abschn. F, Rz 273.

Produktionsprozess des Unternehmens verwendet werden, sind unter den Vorräten auszuweisen. Bei wesentlichen Beträgen ist in diesen Fällen eine Anpassung der Postenbezeichnung bzw. Erweiterung des Gliederungsschemas der Vorräte vorzunehmen, um die von § 247 Abs. 1 HGB geforderte hinreichende Aufgliederung zu gewährleisten.[43]

**Leihemballagen** (Pfandgut, Paletten, Transportkisten, Fässer etc.) sind grds. im AV unter Betriebs- und Geschäftsausstattung auszuweisen. Haben die Abnehmer allerdings ein Wahlrecht zwischen Erwerb und Rückgabe, ist ein Ausweis unter den Vorräten zulässig.[44]  54

Eine Bilanzierung von Roh-, Hilfs- und Betriebsstoffen im Vorratsvermögen ist erst dann zulässig, wenn der Kaufmann (zumindest) **wirtschaftlicher Eigentümer** geworden ist. Dies ist im Regelfall dann anzunehmen, wenn die Gefahr des zufälligen Untergangs der Stoffe auf den Kaufmann übergegangen ist. In der Praxis anzutreffende Fälle von Konsignationslagern, just-in-time-Lieferungen, Materialbeistellung oder Veredelungsprozessen sind daher auf ihren rechtlichen Gehalt zu untersuchen, um den Übergang des wirtschaftlichen Eigentums beurteilen zu können (zu Einzelheiten zum wirtschaftlichen Eigentum s. § 246 Rz 16).  55

**Unfertige Erzeugnisse** sind regelmäßig die technische und zeitliche Vorstufe der **fertigen Erzeugnisse**. Zur Definition von unfertigen und fertigen Erzeugnissen s. § 266 Rz 69ff.  56

**Handelswaren** sind fremdbezogene VG, die ohne wesentliche Be- oder Verarbeitung zum Verkauf bestimmt sind. Auch von dritter Seite angeschafftes Zubehör zu selbst hergestellten Gütern rechnet hierzu.[45]  57

Im Bereich der Leistungen erfolgt eine Unterscheidung zwischen unfertigen und fertigen Leistungen insoweit, als fertige Leistungen als Forderungen auszuweisen sind (§ 266 Rz 72). **Unfertige Leistungen** sind nicht nur bei DienstleistungsUnt anzutreffen, sondern bspw. auch bei BauUnt, die halbfertige Arbeiten auf fremdem Grund und Boden bilanzieren.[46]  58

### 3.2 Forderungen und sonstige Vermögensgegenstände

#### 3.2.1 Forderungen aus Lieferungen und Leistungen

Unter Forderungen aus L&L werden Forderungen aus den Vertriebsaktivitäten des Bilanzierenden gezeigt; der Gegenposten in der GuV stellt regelmäßig Umsatzerlöse dar (§ 266 Rz 78). Demgegenüber sind Forderungen aus nicht dem Hauptzweck der Geschäftstätigkeit dienenden L&L (z. B. Mietforderungen eines Industrieunternehmens, Forderungen aus Anlagenverkäufen) unter den Sonstigen VG auszuweisen. Zu beachten sind hier aber die durch das BilRUG (Stand RegE) beschlossenen, im Regelfall zukünftig anzuwendenden Definitionen der Umsatzerlöse vgl. § 277 Rz 46.  59

Bei **Lieferungen mit Rückgaberecht** ist zwar eine Forderung auszuweisen, allerdings darf noch keine Gewinnrealisation erfolgen. Die Forderung ist somit zu den AHK der gelieferten Waren oder Produkte abzgl. voraussichtlicher Rücknahme-  60

---

[43] Vgl. IDW RS HFA 15, Tz 7.
[44] Vgl. WP-Handbuch. Bd I, 13. Aufl., Abschn. F, Rz 201.
[45] Vgl. *Breithaupt*, in Baetge/Kirsch/Thiele, Bilanzrecht, § 247 HGB, Rz 155.
[46] Vgl. *Schubert/Roscher*, in Beck Bil-Komm. 9. Aufl., § 247 HGB, Rz 65; *Rogler/Jacobs*, BB 2000, S. 2408.

kosten und abzgl. Wertminderungen infolge Beschädigungen zurückzunehmender Waren zu bewerten.[47] Bei **VersandhandelsUnt** wird aus praktischen Erwägungen heraus die Forderung zum Nennbetrag eingebucht und i. H. d. Differenzbetrags zu dem an sich zu aktivierenden Betrag zzgl. der Rücknahmekosten und evtl. Wertminderungen wegen Beschädigung eine Rückstellung gebildet.[48]
Zu Einzelheiten zur **Gewinnrealisierung** s. § 252 Rz 99.

61 Der **Abgang** von Forderungen erfolgt im Regelfall durch Bezahlung. Bei Barzahlungen wird bei Eingang des Geldes in der Kasse die Forderung getilgt und ist auszubuchen. Gleiches gilt für erhaltene Schecks bzw. erhaltene Überweisungen, die beim Eingang beim Empfänger (Erhalt des Schecks bzw. Gutschrift auf dem Empfängerkonto) die Tilgung der Forderung bewirken.[49] Beim Gläubiger zahlungshalber eingehende Wechsel sind ebenfalls unter Forderungen auszuweisen. Erst bei Vorlage zum Inkasso oder im Fall des Indossaments bei Erhalt des um den Diskont geminderten Wechselbetrags erlischt die Forderung. Eine Abtretung der Forderung führt ebenfalls zum Abgang; dies gilt allerdings nicht bei sicherungshalber abgetretenen Forderungen, die weiterhin beim Zedenten auszuweisen sind. Eine Aufrechnung führt ebenfalls zum Erlöschen der Forderung. Hierbei sind die Regelungen von § 387 BGB zu beachten, wonach eine Aufrechnungslage gegeben sein muss (gleiche Fristigkeit, unbestrittene Forderungen).
Zu Forderungsabgängen infolge echtem oder unechtem **Factoring** und bei **Asset-backed-securities**-Gestaltungen s. § 246 Rz 50, 63.[50]

62 Eine Aktivierung von **aufschiebend bedingten Forderungen** ist unzulässig.[51] Die Auffassung, dass eine Aktivierung im Ausnahmefall dann zulässig sei, wenn eine so hohe Wahrscheinlichkeit besteht, dass ein Bedingungseintritt so gut wie sicher sei,[52] wird hier nicht geteilt. Ein aufschiebend bedingtes Rechtsgeschäft erfüllt gerade nicht den Tatbestand der Gewinnrealisierung (§ 252 Abs. 1 Nr. 4 HGB) und widerspricht somit dem Stichtagsprinzip.

63 **Auflösend bedingte Forderungen** sind aktivierungspflichtig, allerdings nur bis zum Bedingungseintritt. Art und Wahrscheinlichkeit des Bedingungseintritts können die Bewertung beeinflussen.

64 Zur **Stundung** von Forderungen bzw. Novation s. § 266 Rz 79. Soweit Forderungen über das branchenübliche Zahlungsziel hinaus längerfristig fällig sind, sind sie gleichwohl unter Forderungen auszuweisen. Die für KapG/KapCoGes vorgeschriebene Angabe von Restlaufzeiten von mehr als 1 Jahr ist für Nichtkapitalgesellschaften und Einzelkfl nicht verbindlich, obwohl sie sich natürlich empfiehlt. Auch zweifelhafte Forderungen sind anzusetzen.[53] Die Zweifel an der Werthaltigkeit sind bei der Forderungsbewertung zu berücksichtigen.

65 Bei Forderungen aus **Unternehmensverflechtungen** erfordert die „hinreichende Aufgliederung" i. S. v. Abs. 1 im Regelfall einen gesonderten Ausweis, es sei denn, die Beträge sind von unwesentlicher Bedeutung.

---

[47] Vgl. WP-Handbuch. Bd I, 14. Aufl., Abschn. E, Rz 572.
[48] Vgl. *ADS*, 6. Aufl., § 246 HGB, Rz 57, § 277 HGB, Rz 28.
[49] Vgl. *Schubert/Roscher*, in Beck Bil-Komm. 9. Aufl., § 247 HGB, Rz 110.
[50] Vgl. IDW RS HFA 8, Tz 7.
[51] Vgl. BFH, Urteil v. 26.4.1995, I R 92/94, BStBl 1995 II S. 594.
[52] Vgl. *ADS*, 6. Aufl., § 246 HGB, Rz 53.
[53] Vgl. *Breithaupt*, in *Baetge/Kirsch/Thiele*, Bilanzrecht, § 247 HGB, Rz 195.

### 3.2.2 Sonstige Vermögensgegenstände

Die Position stellt einen Sammelposten für alle nicht gesondert ausgewiesenen Posten des UV dar. Zu Einzelheiten und umfänglichen Beispielen s. § 266 Rz 83. 66

Kurzfristig gehaltene **Genossenschaftsanteile** sind hier ebenfalls auszuweisen (Rz 70). 67

Hierunter fallen auch geleistete **Anzahlungen**, die nicht im Anlagevermögen (§ 266 Rz 48) oder unter den Vorräten (Rz 52) auszuweisen sind. 68

## 3.3 Wertpapiere des Umlaufvermögens

Es kommen sämtliche Wertpapiere in Betracht, die auch grds. AV sein können. Die Entscheidung, ob es sich um AV oder UV handelt, bestimmt sich ausschließlich nach dem am Abschlussstichtag mit dem Wertpapier verfolgten Zweck (Rz 19). 69

Kurzfristig gehaltene Anteile an PersG, GmbH-Anteile sowie Genossenschaftsanteile sind nicht hier, sondern unter den Sonstigen VG auszuweisen.[54] Allerdings ist es nicht zu beanstanden, wenn Anteile an PersG und GmbH-Anteile, obwohl sie nicht die für Wertpapiere charakteristische Verbriefung aufweisen, ebenfalls hier ausgewiesen werden.[55] 70

## 3.4 Flüssige Mittel

Flüssige Mittel umfassen 71
- Kassenbestand,
- Bundesbankguthaben,
- Guthaben bei Kreditinstituten und
- Schecks.

Zum **Kassenbestand** rechnen in- und ausländische Devisen sowie Wertzeichen (z. B. Briefmarken) oder auch Guthaben auf Frankiergeräten (zu Einzelheiten s. § 266 Rz 95). 72

**Bundesbankguthaben** und **Guthaben bei Kreditinstituten** umfassen alle Sichteinlagen (Kontokorrentguthaben, Fest- und Termingelder) sowie auch Bausparguthaben. Soweit die Guthaben nicht „flüssig" sind, da das Kreditinstitut sie bspw. gesperrt hat, ist ein Ausweis unter Sonstige VG vorzunehmen (zu Einzelheiten sowie zum grundsätzlichen Saldierungsverbot s. § 266 Rz 96 f.). Zinsansprüche bis zum Abschlussstichtag rechnen ebenfalls dazu, wobei auch ein Ausweis unter sonstige VG in Betracht kommt. Gleichermaßen sind hier am Abschlussstichtag „unterwegs befindliche Guthaben bei Kreditinstituten" auszuweisen. 73

> **Beispiel**
> Der Kaufmann unterhält Bankkonten bei verschiedenen Kreditinstituten. Am 30.12.01 tätigt er eine Überweisung von seinem Konto bei der Bank A auf sein Konto bei der Bank B. Die Bank A belastet am 30.12.01 seinem Bankkonto den Überweisungsbetrag, die Gutschrift bei der Bank B erfolgt erst am 2.1.02.

---

[54] Vgl. *Schubert/Roscher*, in Beck Bil-Komm. 9. Aufl., § 247 HGB, Rz 125.
[55] Vgl. WP-Handbuch. Bd I, 14. Aufl., Abschn. F, Rz 295.

> Am Abschlussstichtag 31.12.01 wird das Guthaben weder von der Bank A noch der Bank B ausgewiesen. In der Bilanz zum 31.12.01 ist der Überweisungsbetrag gleichwohl unter flüssige Mittel zu erfassen.

**74** Soweit von mehreren Unt (z. B. in einem Konzernverbund) ein **Cash Pool** unterhalten wird, stellen die in den Cash Pool eingebrachten Guthaben des Kaufmanns keine flüssigen Mittel, sondern Forderungen gegen den Cash-Pool-Führer dar.

**75** In der Praxis werden in der Buchhaltung oftmals sog. **Bankzwischenkonten** verwendet, auf denen zur zutreffenden Periodenabgrenzung Gutschriften bzw. Belastungen des Kreditinstituts erfasst werden, die dem abgelaufenen Gj zuzurechnen sind, vom Kreditinstitut aber erst nach dem Abschlussstichtag (ggf. mit abweichender Valuta-Stellung) belastet bzw. gutgeschrieben wurden.

> **Beispiel**
> Der Rechnungsabschluss für das 4. Quartal 01 wird am 2.1.02 dem Bankkonto des Kaufmanns mit Valuta 31.12.01 belastet. In seiner Buchhaltung erfasst er den Rechnungsabschluss auf einem Bankzwischenkonto, das er in der Bilanz – auch wenn es einen Verbindlichkeitssaldo ausweist – unter den flüssigen Mitteln ausweist.

**76** Soweit auf einem derartigen Bankzwischenkonto am Abschlussstichtag zur Bank eingereichte Überweisungen gebucht werden, stellt dieses noch keine Verminderung der Verbindlichkeiten dar, da noch keine Belastung auf dem Bankkonto erfolgt und somit die Verbindlichkeit noch nicht beglichen ist.

> **Beispiel**
> Der Kaufmann gibt am 31.12.01 einen Überweisungsauftrag zur Begleichung einer Kreditorenverbindlichkeit i. H. v. 100 an seine Hausbank. Diese führt die Überweisung am 2.1.02 aus und belastet an diesem Tag das Bankkonto des Kaufmanns.
> Der Kaufmann, der die Überweisung mittels sog. electronic banking vorgenommen hat, bucht am 31.12.01 bzw. 2.1.02 wie folgt:
>
> | Datum | Konto | Soll | Haben |
> |---|---|---|---|
> | 31.12.01 | Kreditor | 100 | |
> | | Bankzwischenkonto | | 100 |
> | 2.1.02 | Bankzwischenkonto | 100 | |
> | | Bankguthaben | | 100 |
>
> Das Bankzwischenkonto ist am Abschlussstichtag 31.12.01 unter den Verbindlichkeiten aus L&L auszuweisen, da von der Bank noch keine Überweisung ausgeführt wurde.

**77** Unter **Schecks** werden Inhaber- und Orderschecks, Bar- und Verrechnungsschecks, Reise- und Tankschecks, über die der Kaufmann verfügen kann, ausgewiesen.⁵⁶ Hierzu zählen auch auf einen nach dem Abschlussstichtag liegenden Tag vordatierte Schecks, die nach Art. 28 Abs. 2 SchG am Tag der Vorlage fällig werden.

## 4 Rechnungsabgrenzungsposten

Nicht in § 247 HGB erwähnt sind die RAP, die sowohl auf Aktiv- als auch auf Passivseite auftreten können. § 246 Abs. 1 HGB stellt klar, dass auch die RAP in die Bilanz aufzunehmen sind (§ 246 Rz 7). Zu Einzelheiten zu RAP s. § 250 Rz 4ff. 78

## 5 Eigenkapital

### 5.1 Grundsätzliches

Das EK wird in Abs. 1 der Vorschrift als separat auszuweisender Posten explizit angesprochen. Im Unterschied zu KapG und KapCoGes, für die in §§ 264c, 266, 268 und 272 HGB detaillierte Regelungen zum EK-Ausweis existieren, belässt es der erste Abschnitt des Dritten Buchs des HGB bei der Forderung nach separatem Ausweis. 79

Das bilanzielle EK (**Reinvermögen**) ergibt sich als Differenz zwischen den übrigen Positionen der Aktiva und Passiva; es stellt eine Residualgröße dar, der als Kennzahl erhebliche Bedeutung zukommt. Die Bedeutung dieser Kennzahl resultiert vor allem aus der Tatsache, dass EK als Verlustdeckungspotenzial zur Verfügung steht. Im Unterschied zu EK bei KapG braucht zur Qualifikation als EK das Kriterium der Dauerhaftigkeit der Mittelüberlassung bei Ekfl nicht erfüllt zu sein, da dieser jederzeit Entnahmen vornehmen kann. Gleiches gilt für Personenhandelsgesellschaften, da Entnahmen zulasten des EK jederzeit von den Gesellschaftern beschlossen werden können.⁵⁷ 80

**Genussrechtskapital** ist je nach Ausgestaltung entweder als EK oder als FK anzusetzen. Eine Qualifikation als EK ist dann geboten, wenn nachfolgende Kriterien kumulativ erfüllt sind:⁵⁸ 81
- Nachrangigkeit,
- Erfolgsabhängigkeit der Vergütung sowie Teilnahme am Verlust bis zur vollen Höhe und
- Längerfristigkeit der Kapitalüberlassung.

Da das letztgenannte Kriterium im Zeitablauf bei in Vorjahren als EK qualifizierten Genussrechten nicht mehr zutrifft, sind derartige Genussrechte bei Näherrücken des Rückzahlungstermins in das FK umzugliedern.

Darüber hinaus bestehen Sonderfragen bei Genussrechten, wie z.B. Agio-Emissionen, Wandel- oder Optionsgenussrechten.⁵⁹

Der Ausweis von **Einlagen stiller Gesellschafter** ist mangels gesetzlicher Regelung sowie der in der Praxis anzutreffenden Vielzahl von Ausgestaltungsvarianten nicht eindeutig geregelt. Die im steuerlichen Verständnis als atypisch stille Gesellschaft qualifizierten Einlagen werden in der Praxis häufig in einem Sonder- 82

---

56 Vgl. *Breithaupt*, in Baetge/Kirsch/Thiele, Bilanzrecht, § 247 HGB, Rz 186.
57 Vgl. IDW RS HFA 7, Tz 14.
58 Vgl. zu Einzelheiten St/HFA 1/1994, Abschn. 2.1.1.
59 Vgl. *Emmerich/Naumann*, WPg 1994, S. 685.

posten nach dem EK (Einlagen stiller Gesellschafter) ausgewiesen. Aber auch ein (gesonderter) Ausweis innerhalb des EK ist denkbar. Für die Zulässigkeit eines derartigen Ausweises ist entscheidend, ob die Einlagen des stillen Gesellschafters den für Genussrechtskapital entwickelten Tatbestandsvoraussetzungen für EK entsprechen (Rz 81).[60] Bei den nach dem gesetzlichen Regelstatut von §§ 230ff. HGB errichteten stillen Gesellschaften, die steuerlich als sog. typische stille Gesellschaft qualifiziert werden, kommt nur ein Ausweis als Verbindlichkeit in Betracht. Zu weiteren Einzelheiten s. § 266 Rz 130.

Aufgrund der erheblichen Rechtsformunterschiede wird im Folgenden zunächst das EK für Ekfl und anschließend für PersG betrachtet.

### 5.2 Eigenkapital des Einzelkaufmanns

83 Im Unterschied zu PersG besteht das EK des Ekfm ausschließlich aus einem variablen Kapitalanteil. Der Ekfm kann auch keine Forderungen bzw. Verbindlichkeiten gegen sich selbst ausweisen.

84 Eine weitergehende hinreichende Aufgliederung i.S.v. Abs. 1 der Vorschrift ist bei Ekfl nicht erforderlich. Eine Entwicklung des EK innerhalb der Bilanz wird aber oftmals vorgenommen, um die Veränderungen gegenüber dem Vorjahr darzustellen. Da der Ekfm keine schuldrechtlichen Verträge (z. B. Dienstvertrag, Mietvertrag) mit sich selbst schließen kann, muss er die Kosten seiner privaten Lebensführung regelmäßig aus dem EinzelUnt entnehmen. Das EK des Ekfm wird daher zum einen von dem Ergebnis der GuV des Gj, zum anderen von den Entnahmen sowie ggf. erfolgenden Einlagen beeinflusst. Eine Bildung von Gewinnrücklagen wird als zulässig erachtet,[61] hat aber mangels der Existenz von Schutzvorschriften für derartige Rücklagen nahezu keine praktische Bedeutung. Nachfolgende Entwicklung des EK eines Ekfm kann in der Bilanz dargestellt werden:[62]

| Aktiva | Bilanz Ekfm | Passiva |
|---|---|---|
| | Eigenkapital<br>Stand 1.1.<br>Entnahmen<br>Einlagen<br>Ergebnis lt. GuV<br>Stand 31.12. | |

85 Soweit das EK negativ wird, ist analog zur Vorgehensweise bei PersG ein aktivischer Ausweis geboten, der als „Nicht durch Vermögenseinlage gedeckte Verluste/Entnahmen des Geschäftsinhabers" bezeichnet und als letzter Posten auf der Aktivseite auszuweisen ist.[63]

---

[60] Vgl. *Küting/Kessler*, BB 1994, S. 2114.
[61] Vgl. *Hütten/Lorson*, in *Küting/Pfitzer/Weber*, HdR, § 247 HGB, Rz 31, Stand 08/2010.
[62] Vgl. *ADS*, 6. Aufl., § 247 HGB, Rz 75.
[63] Vgl. *Förschle/K. Hoffmann*, in Beck Bil-Komm. 9. Aufl., § 247 HGB, Rz 155.

## 5.3 Eigenkapital der Personenhandelsgesellschaft

Im Unterschied zu Ekfl können bei PersG neben dem EK auch Forderungen und Verbindlichkeiten gegen Gesellschafter bestehen, sodass eine eindeutige Trennung zwischen EK und FK von Gesellschaftern vorzunehmen ist.[64] EK liegt bei PersG nur dann vor, wenn die bereitgestellten Mittel der Gesellschaft als **Verlustdeckungspotenzial** zur Verfügung stehen. Dies ist dann gegeben, wenn[65]

- künftige Verluste mit den Mitteln bis zur vollen Höhe – auch mit Wirkung gegenüber den Gesellschaftsgläubigern – zu verrechnen sind und wenn
- im Fall der Insolvenz der Gesellschaft eine Insolvenzforderung nicht geltend gemacht werden kann oder wenn bei einer Liquidation der Gesellschaft Ansprüche erst nach Befriedigung aller Gesellschaftsgläubiger mit dem sonstigen EK auszugleichen sind.

Die gesetzlichen Regelungen sehen für jeden Gesellschafter einer PersG nur einen einzigen Kapitalanteil vor (für die OHG: § 120 Abs. 1 HGB). § 120 Abs. 2 HGB sieht die Veränderung des Kapitalanteils durch den jährlich erzielten, auf den jeweiligen Gesellschafter entfallenden Verlust vor. Für Kommanditisten bestimmt § 167 Abs. 2 HGB, dass Gewinne dem Kapitalanteil des Kommanditisten nur so lange gutgeschrieben werden, bis dieser den Betrag der sog. bedungenen Einlage erreicht. Unter **bedungene Einlage** ist die im Innenverhältnis der Gesellschafter im Gesellschaftsvertrag vereinbarte Einlage des Kommanditisten zu verstehen. Sie ist zu unterscheiden von der im Handelsregister eingetragenen **Haftsumme** des Kommanditisten (§ 171 Abs. 1 HGB). Diese kann mit der bedungenen Einlage (im Sprachgebrauch oftmals auch als Kommanditeinlage bezeichnet) identisch, aber auch abweichend davon sein.[66]

**Entnahmen** zulasten des Kapitalanteils sind für Gesellschafter einer OHG und Komplementäre einer KG innerhalb der Restriktionen des § 122 Abs. 1 HGB, für Kommanditisten einer KG nur nach § 169 Abs. 1 HGB gesetzlich geregelt.

Da Gesellschaftsverträge von PersG die dispositiven Regelungen des HGB zu den Kapitalanteilen und Entnahmen zumeist durch eigenständige Regelungen ersetzen, ist in der Praxis bez. der Abgrenzung von EK und FK bei PersG regelmäßig auf die Umstände des Einzelfalls abzustellen.

Sehr häufig werden in Gesellschaftsverträgen von PersG für jeden Gesellschafter mehrere Konten definiert. Für die Beurteilung der Qualifikation als EK ist dabei jedes dieser Konten separat zu beurteilen. Die Tatsache, dass die Gesellschafterkonten im Gesellschaftsvertrag als „Kapitalkonto" bezeichnet werden, ist für den Ausweis in der Bilanz grds. unbeachtlich.

Weit verbreitet ist die Bestimmung **fester Kapitalkonten** für jeden Gesellschafter, die zumeist Basis für die Gewinnverteilung darstellen.

Soweit die **Einlagen** auf diese festen Kapitalkonten am Abschlussstichtag ganz oder teilweise **nicht geleistet** und auch nicht eingefordert sind, sind diese in entsprechender Anwendung von § 272 Abs. 1 Satz 3 HGB passivisch offen von

---

[64] Vgl. WP-Handbuch. Bd I, 14. Aufl., Abschn. E, Rz 602.
[65] Vgl. IDW RS HFA 7, Tz 13.
[66] Eine gegenüber dem Kommanditkapital erhöhte im Handelsregister eingetragene Haftsumme wird zumeist aus steuerlichen Gründen gewählt, da der Kommanditist Verlustzuweisungen aus der PersG steuerlich bis zur Höhe dieser Haftsumme gem. § 15a Abs. 1 Satz 2 EStG geltend machen kann.

den Kapitalanteilen abzusetzen. Zwar gelten für Nicht-KapCoGes die Vorschriften des Zweiten Abschnitts des Dritten Buchs des HGB nicht unmittelbar; sie sind jedoch als GoB i. S. d. von § 247 Abs. 1 HGB geforderten hinreichenden Aufgliederung (weitgehend) analog anzuwenden (Rz 9).

> **Beispiel**
> Im Gesellschaftsvertrag der OHG ist für die beiden Gesellschafter ein Kapitalanteil von jeweils 100 EUR, insgesamt also 200 EUR, vereinbart. Am Abschlussstichtag 31.12.01 sind jeweils 10 EUR von den Gesellschaftern geleistet; der Restbetrag von jeweils 90 EUR ist nicht eingefordert.
>
> | Aktiva | Bilanz 31.12.01 (OHG) | Passiva |
> |---|---|---|
> | ... | Eigenkapital<br>– Kapitalanteile<br>... | 20 |

93 Für **eingeforderte ausstehende Einlagen** scheint dementsprechend ein aktivischer Ausweis unter den Forderungen in analoger Anwendung von § 272 Abs. 1 Satz 3 3. Hs. HGB sachgerecht.

> **Beispiel**
> Im Gesellschaftsvertrag der OHG ist für die beiden Gesellschafter ein Kapitalanteil von jeweils 100 EUR, insgesamt also 200 EUR, vereinbart. Am Abschlussstichtag 31.12.02 sind jeweils 20 EUR von den Gesellschaftern geleistet; der Restbetrag von jeweils 80 EUR ist eingefordert.
>
> | Aktiva | | Bilanz 31.12.02 (OHG) | Passiva |
> |---|---|---|---|
> | ...<br>Forderungen<br>gegen phG | 160 | Eigenkapital<br>– Kapitalanteile<br>... | 200 |

94 Während für KapCoGes gem. § 264c Abs. 2 Satz 2 HGB die **Saldierung von positiven und negativen Kapitalanteilen** einzelner Gesellschafter (auch innerhalb derselben Gesellschaftergruppe) unzulässig ist, ist dies für nicht unter § 264a HGB fallende PersG möglich. Das Gebot der Klarheit und Übersichtlichkeit von § 243 Abs. 2 HGB erfordert in JA von KGs, die nicht unter § 264a HGB fallen, allerdings eine Trennung der Kapitalanteile von pHG und Kommanditisten.[67]

95 In Gesellschaftsverträgen von PersG finden sich häufig Regelungen zu Rücklagen. Für den bilanziellen Ausweis ist danach zu differenzieren, ob es sich um einzelnen Gesellschaftern zustehende **individuelle Rücklagen** handelt, die als Teil des Kapitalanteils des Gesellschafters zu behandeln sind, oder um **gesamt-**

---

[67] Vgl. IDW RS HFA 7, Tz 43.

**händerisch gebundene Rücklagen**, die separat von den Kapitalanteilen der Gesellschafter als weiteres Bestandteil des EK zu bilanzieren sind.

**Beispiel**
Eine OHG hat zwei Gesellschafter (A+B), die gem. Gesellschaftsvertrag Einlagen i.H. von jeweils 50 EUR geleistet haben. Darüber hinaus hat der Gesellschafter A eine Rücklage i.H. von 30 EUR, die gem. dem maßgeblichen Gesellschafterbeschluss ihm alleine zustehen. Die Bilanz der OHG weist folgendes EK-Bild aus:

| Aktiva | Bilanz 31.12.01 | | Passiva |
|---|---|---|---|
| | Eigenkapital | | |
| | Kapitalanteil A | | |
| | – Einlage | 50 | |
| | – Rücklage | 30 | |
| | | 80 | |
| | | | |
| | Kapitalanteil B | | |
| | – Einlage | 50 | |
| | | 130 | |

**Beispiel**
Eine OHG hat zwei Gesellschafter (A+B), die gem. Gesellschaftsvertrag Einlagen i.H. von jeweils 50 EUR geleistet haben. Der Gesellschaftsvertrag sieht vor, dass im Fall eines Gewinns dieser i.H. von 50 % in eine gesamthänderisch gebundene Rücklage einzustellen ist. Der Restgewinn ist als entnahmefähiger Gewinn dem Verrechnungskonto des jeweiligen Gesellschafters gutzuschreiben; Verlustsonderkonten bestehen nicht. Im Geschäftsjahr 02 wird ein Gewinn i.H. von 30 EUR erzielt. Die Bilanz der OHG weist folgendes EK-Bild aus:[68]

| Aktiva | Bilanz 31.12.02 | | Passiva |
|---|---|---|---|
| | Eigenkapital | | |
| | – Kapitalanteile | 100 | |
| | – Rücklage | 15 | |
| | | 115 | |

Eine Differenzierung der Rücklagen nach Kapital- und Gewinnrücklagen, wie dies für KapG in §§ 266 Abs. 3, 272 Abs. 2 und 3 HGB vorgeschrieben ist, ist weder für KapCoGes noch für andere PersG gesetzlich vorgesehen.[69] Eine derartige Differenzierung der Rücklagen ist aber auch bei PersG zulässig.

---

[68] Der entnahmefähige Gewinn auf den Verrechnungskonten der Gesellschafter ist innerhalb der Verbindlichkeiten auszuweisen.
[69] Vgl. IDW RS HFA 7, Tz 46.

97 Bei der Bilanzierung von **Gewinnanteilen** sind neben den gesetzlichen Regelungen auch die häufig vorhandenen abweichenden Regelungen des Gesellschaftsvertrags zu beachten. Soweit keine abweichenden gesellschaftsvertraglichen Regelungen bestehen, sind die Gewinnanteile von phG deren Kapitalanteilen zuzuschreiben (§§ 120 Abs. 2, 167 Abs. 1 HGB). Gewinnanteile von Kommanditisten werden gem. § 167 Abs. 2 HGB nur solange dem Kapitalanteil zugeschrieben, bis die (in Vorjahren durch Verluste oder Entnahmen geminderte) bedungene Einlage wieder erreicht ist. Ein darüber hinausgehender Gewinn ist als entnahmefähiger Gewinn einem **Verrechnungs- oder Privatkonto** des Kommanditisten zuzuschreiben, das Fremdkapitalcharakter hat und demgemäß unter den Verbindlichkeiten auszuweisen ist. In diesen Fällen wird in der Bilanz kein Jahresüberschuss ausgewiesen.[70]

98 Oftmals bestehen abweichende gesellschaftsvertragliche Regelungen, die auch für persönlich haftende Gesellschafter (nach Ausgleich etwaiger Verlustsonderkonten) eine Gutschrift des Gewinnanteils auf einem Verrechnungs- oder Privatkonto vorsehen, das als FK auszuweisen ist.

99 In Fällen, in denen im Gesellschaftsvertrag die vollständige oder teilweise Disposition eines Jahresüberschusses der GesV (oder ggf. einem Aufsichts- oder Beirat) obliegt, die über die Ergebnisverwendung im Rahmen der Feststellung des JA zu entscheiden hat,[71] ist in der Bilanz der **Jahresüberschuss** unverteilt als eigenständiger Posten im EK auszuweisen.[72]

**Beispiel**
Der Gesellschaftsvertrag der Kommanditgesellschaft enthält eine Regelung, wonach die Feststellung des JA und Ergebnisverwendung nach Vorlage des JA durch den Komplementär durch die GesV zu erfolgen hat. Der Kapitalanteil des Komplementärs beläuft sich auf 70 EUR, der des Kommanditisten auf 30 EUR. Im abgelaufenen Gj wurde ein Jahresüberschuss von 20 EUR erzielt; Verlustsonderkonten bestehen nicht. Der EK-Ausweis in der Bilanz sieht folgendermaßen aus:

| Aktiva | Bilanz 31.12.01 | | Passiva |
|---|---|---|---|
| ... | Eigenkapital | | |
| | – Kapitalanteil phG | 70 | |
| | – Kapitalanteil Komm. | 30 | |
| | – Jahresüberschuss | 20 | |
| | | | 120 |
| | ... | | |

---

[70] Vgl. IDW RS HFA 7, Tz 47.
[71] Vgl. *Schulze-Osterloh*, BB 1995, S. 2519.
[72] Vgl. WP-Handbuch. Bd I, 14. Aufl., Abschn. E, Rz 602.

Eine teilweise Disposition des Jahresüberschusses durch die GesV liegt dann vor, wenn z. B. eine gesellschaftsvertragliche Regelung die Bildung von Rücklagen bei Aufstellung des JA erlaubt. In derartigen Fällen ist in der Bilanz ein Bilanzgewinn auszuweisen.[73]

100

> **Beispiel**
> Der Gesellschaftsvertrag der Kommanditgesellschaft enthält eine Regelung, wonach die Feststellung des JA und Ergebnisverwendung nach Vorlage des JA durch den Komplementär durch die GesV zu erfolgen hat. Weiterhin dürfen gem. gesellschaftsvertraglicher Regelung bei Aufstellung des JA bis zu 20 % eines sich laut GuV ergebenden Jahresüberschusses in Rücklagen eingestellt werden. Der Kapitalanteil des Komplementärs beläuft sich auf 70 EUR, der des Kommanditisten auf 30 EUR. Im abgelaufenen Gj wurde ein Jahresüberschuss von 20 EUR erzielt; Verlustsonderkonten oder Rücklagen bestehen bisher nicht. Bei Aufstellung des JA nimmt der Komplementär eine Rücklagendotierung von 4 EUR (20 % des Jahresüberschusses) vor. Der EK-Ausweis in der Bilanz sieht folgendermaßen aus:
>
> | Aktiva | Bilanz 31.12.01 | | Passiva |
> |---|---|---|---|
> | ... | Eigenkapital | | |
> | | – Kapitalanteil phG | 70 | |
> | | – Kapitalanteil Komm. | 30 | |
> | | – Rücklage | 4 | |
> | | – Bilanzgewinn | 16 | |
> | | | | 120 |
> | | ... | | |

Nicht nur die Verwendung des Jahresergebnisses, sondern auch die Verteilung eines Gewinns auf die einzelnen Gesellschafter wird regelmäßig abweichend von den gesetzlichen Regelungen (§ 121 Abs. 1 HGB, § 168 Abs. 1 HGB) vorgenommen. Sehr häufig finden sich Bestimmungen, wonach die Gewinnverteilung nach den Festkapitalanteilen erfolgt. Z. T. werden Zinsen auf sämtliche oder bestimmte Gesellschafterkonten gem. den gesellschaftsvertraglichen Regelungen ermittelt, die im Rahmen der Gewinnverteilung als **Gewinnvorab** zu behandeln sind. Hiervon zu unterscheiden sind Zinsen auf Gesellschafterkonten, die als Aufwand der Gesellschaft in der GuV bereits im Rahmen der Gewinnentstehung zu erfassen sind.

101

Soweit im Geschäftsjahr ein Jahresfehlbetrag anfällt, sind gem. den gesetzlichen Regelungen bei PersG die **Verlustanteile** von den Kapitalanteilen der Gesellschafter abzuschreiben (§ 120 Abs. 2 HGB), wobei Kommanditisten nur bis zur Höhe ihres Kommanditkapitals teilnehmen (§ 167 Abs. 3 HGB). Bestehen ge-

102

---

[73] Vgl. IDW RS HFA 7, Tz 48.

103 samthänderisch gebundene Rücklagen, können diese – soweit dem keine gesellschaftsvertraglichen Regelungen entgegenstehen – zunächst mit dem Verlust verrechnet werden, sodass nur ein darüber hinausgehender Verlust von den Kapitalanteilen der Gesellschafter abzuschreiben ist.[74]

103 Die gesetzlichen Regelungen werden ebenfalls sehr häufig durch gesellschaftsvertragliche Regelungen ersetzt. Dabei werden zumeist für jeden Gesellschafter separate **Verlustsonderkonten** (ggf. auch als Verlustvortragskonten bezeichnet) geführt. Derartige Regelungen sehen zumeist auch die Teilnahme der Kommanditisten an über die Höhe des Kapitalanteils hinausgehenden Verlusten vor. Die Verlustanteile stellen – wie die Festkapitalanteile auch – Teil des in der Bilanz ausweisenden Kapitalanteils dar.

104 Soweit in einem JA Verlustsonderkonten ausgewiesen werden und im darauffolgenden Gj ein Jahresüberschuss erzielt wird, ist nach den gesellschaftsvertraglichen Regelungen zu entscheiden, wie dieser in der Bilanz auszuweisen ist. Sehr häufig sehen Gesellschaftsverträge vor, dass Gewinne zunächst mit bestehenden Verlusten zu verrechnen sind und nur ein darüber hinausgehender Gewinn entnahmefähig ist bzw. zur Disposition der GesV steht. Aus Gesellschaftssicht ist es auch sinnvoll, dass zunächst das Festkapital wieder hergestellt wird, bevor Gewinne entnahmefähig werden. Es ist aber durchaus auch zu beobachten, dass Gesellschaftsverträge auch bei Bestehen von Verlustsonderkonten einen im Folgejahr entstehenden Gewinn sofort als entnahmefähig den Gesellschafterverrechnungskonten zuweisen. In derartigen Fällen ist eine Wiederherstellung des in Vorjahren durch Verluste aufgezehrten EK nur möglich, indem die Gesellschafter den Ausgleich der Verlustsonderkonten durch Mittelzufuhr (z.B. Bareinlagen oder durch Einlage ihrer Guthaben auf den Verrechnungskonten) beschließen.

105 Soweit der Kapitalanteil durch Verluste oder Entnahmen negativ wird, ist **der den Kapitalanteil übersteigende Verlust** am Schluss der Bilanz auf der Aktivseite analog § 264 Abs. 1 Satz 5 i.V.m. § 268 Abs. 3 HGB auszuweisen. Der Posten ist als „Nicht durch Vermögenseinlagen gedeckter Verlustanteil persönlich haftender Gesellschafter" bzw. „Nicht durch Vermögenseinlagen gedeckter Verlustanteil Kommanditisten" zu bezeichnen. Bezüglich der für Nicht-KapCoGes zulässigen Saldierung positiver und negativer Kapitalanteile s. Rz 94. Soweit der Gesellschaftsvertrag nichts Abweichendes vorsieht, führt auch bei phG ein negativer Kapitalanteil nicht zu einer Forderung der Ges.[75] Soweit im Gj der Kapitalanteil sowohl durch Verluste als auch durch Entnahmen (Rz 106) negativ wird, sind „zuerst die Entnahmen zu buchen, weil die Verluste erst mit Ablauf des Gj die Kapitalkonten der Gesellschafter belasten, während Entnahmen vorher erfolgt sind".[76]

106 Auch bei PersG sind wie bei EKfl Entnahmen und Einlagen möglich. Während die gesetzlichen Regelungen **Entnahmen** regelmäßig zulasten des Kapitalanteils vorsehen (§§ 122 Abs. 1, 169 Abs. 1 HGB), werden in der Praxis häufig auch schuldrechtliche Vereinbarungen zwischen Gesellschafter und Ges. als Entnahme bezeichnet. Eine Entnahme ist begrifflich jede Art von Leistung (Geld- oder Sachleistung), die die Gesellschaft gegenüber dem Gesellschafter erbringt, insb. natürlich Geld-

---

[74] Vgl. IDW RS HFA 7, Tz 50.
[75] Vgl. IDW RS HFA 7, Tz. 49.
[76] Vgl. IDW RS HFA 7, Tz. 41.

leistungen.[77] Häufig werden in Gesellschaftsverträgen von PersG den Gesellschaftern Entnahmerechte zugestanden, die auf einem Verrechnungs- oder Privatkonto mit Fremdkapitalcharakter auszuweisen sind. Dies gilt für die regelmäßig anzutreffenden Entnahmerechte für **Steuervorauszahlungen** im Zusammenhang mit der Gesellschaft genauso wie für die der PersG belasteten Steuerabzugsbeträge (ZASt, KapSt sowie darauf entfallender SolZ), die – da die PersG selbst kein Steuersubjekt bei der ESt ist – als Entnahme der Gesellschafter zu berücksichtigen sind.

**Beispiel**
Gesellschafter einer KG sind ein Komplementär mit einem Festkapital von 60 EUR sowie zwei Kommanditisten mit einem Kommanditkapital von jeweils 20 EUR. Die Gewinnverteilung erfolgt nach Kapitalanteilen. Im Gj 01 wurde ein Gewinn i.H. von 50 erzielt, der nach den gesellschaftsvertraglichen Regelungen auf Verrechnungskonten der Gesellschafter gebucht und in der Bilanz zum 31.12.01 als FK ausgewiesen wurde.
Im Geschäftsjahr 02 wird der entnahmefähige Gewinn des Vorjahrs von den Gesellschaftern entnommen. Aufgrund der gesellschaftsvertraglichen Regelungen haben die Gesellschafter das Recht, Entnahmen für Steuervorauszahlungen im Zusammenhang mit ihrer Beteiligung zulasten ihres Verrechnungskontos zu entnehmen. Im Gj 02 hat der Komplementär Steuervorauszahlungen i.H. von 11 EUR vorgenommen, die beiden Kommanditisten i.H.v. jeweils 5 EUR. Im Gj 02 wird ein Gewinn i.H. von 40 EUR erzielt, der dem Komplementär mit 24 EUR (60 % von 40 EUR) und den beiden Kommanditisten mit jeweils 8 EUR (jeweils 20 % von 40 EUR) entsprechend den gesellschaftsvertraglichen Bestimmungen auf ihren Verrechnungskonten gutgeschrieben wird. Die als FK auszuweisenden Verrechnungskonten weisen zum 31.12.02 einen Stand von 13 EUR (24 ./. 11) für den Komplementär und jeweils 3 EUR (8 ./. 5) für die beiden Kommanditisten aus. Die Bilanz zeigt folgendes Bild:

| Aktiva | Bilanz 31.12.02 | | Passiva |
|---|---|---|---|
| ... | Eigenkapital | | |
| | Kapitalanteil phG | 60 | |
| | Kapitalanteile Komm. | 40 | 100 |
| | Verbindlichkeiten | | |
| | Verbindlk. phG | 13 | |
| | Verbindlk. Komm. | 6 | 19 |
| | ... | | |

---

[77] Vgl. *Baumbach/Hopt/Merkt/Hopt, HGB*, 35. Aufl., § 122 HGB, Rn 1 mwN.

107 **Einlagen** von Gesellschaftern sind nach den gesetzlichen Regelungen als Erhöhung des Kapitalanteils zu behandeln (§ 121 Abs. 2 HGB) und demzufolge als EK in der Bilanz auszuweisen. Gesellschaftsvertragliche Regelungen präzisieren zumeist die Verwendung von Einlagen, indem bestimmt wird, auf welchem Konto des Gesellschafters diese erfasst werden. Der Ausweis in der Bilanz richtet sich dann nach der Qualifikation des betreffenden Kontos (Rz 90).

108 Bei PersG erfolgen neben gesellschaftsvertraglichen Verbindungen sehr häufig auch **schuldrechtliche Vereinbarungen** mit Gesellschaftern. Beispiele hierfür sind:
- Dienstverträge,
- Darlehensverträge,
- Miet- und Pachtverträge oder
- Sonstiger Lieferungs- und Leistungsverkehr.

109 Derartige Vertragsverhältnisse werden zwar steuerlich wie EK des Gesellschafters behandelt, stellen handelsrechtlich aber Forderungen und Verbindlichkeiten dar. Dies gilt auch für Darlehen eines Gesellschafters, für die er zur Vermeidung der Überschuldung der PersG einen Rangrücktritt ausgesprochen hat.[78]

110 Bei PersG besteht ein gesetzliches Kündigungsrecht des Gesellschafters, das auch nicht durch gesellschaftsvertragliche Regelung abbedungen werden kann (§ 133 Abs. 3 HGB). Soweit ein kündigender Gesellschafter einen Abfindungsanspruch gegen die PersG hat, ist diese **Abfindungsverpflichtung** als FK auszuweisen.

## 6 Schulden

### 6.1 Grundsätzliches

111 Schulden ist ein vom Gesetzgeber gewählter Oberbegriff, ohne dass dieser vom Gesetzgeber definiert wird. § 246 Abs. 1 HB bestimmt lediglich, dass der JA sämtliche Schulden des Kaufmanns zu enthalten hat. Bilanziell wird üblicherweise – in Anlehnung an die für KapG/KapCoGes vorgeschriebene Gliederung in § 266 Abs. 3 HGB – zwischen Rückstellungen und Verbindlichkeiten unterschieden.

112 Daneben existieren noch sog. Eventualschulden, die als Haftungsverhältnisse unter der Bilanz zu vermerken sind. Zu Einzelheiten s. § 251 Rz 5 ff.

113 **Verbindlichkeiten** stellen Außenverpflichtungen des Kaufmanns dar, die rechtlich bestehen und am Abschlussstichtag noch nicht erfüllt sind und deren Entstehung vor dem Ende des Geschäftsjahrs wirtschaftlich verursacht ist.

114 Bei **Rückstellungen** wird gem. § 249 Abs. 1 HGB unterschieden zwischen
- Rückstellungen für ungewisse Verbindlichkeiten,
- Rückstellungen für drohende Verluste und
- Aufwandsrückstellungen.

115 Nur bei der ersten Rückstellungskategorie ergeben sich Abgrenzungsschwierigkeiten zu den Verbindlichkeiten. Bei der dritten Kategorie, den Aufwandsrückstellungen, handelt es sich um Innenverpflichtungen des Kaufmanns (§ 249 Rz 9), die den Schuldbegriff nicht erfüllen. Dennoch werden unter dem Obergriff Schulden zumeist auch diese Rückstellungen mit erfasst.

---

[78] Vgl. *Hütten/Lorson*, in *Küting/Pfitzer/Weber*, HdR, § 247 HGB, Rz 36, Stand 08/2010.

Die **Abgrenzung** zwischen Rückstellungen für ungewisse Verbindlichkeiten und Verbindlichkeiten erfolgt nach dem Grad der Sicherheit betreffend Bestand und Höhe der Verpflichtung. Verbindlichkeiten liegen vor, wenn am Abschlussstichtag die Verpflichtung dem **Grunde**, der **Höhe** und der **Fälligkeit** nach bestimmt werden kann. Demgegenüber liegen Rückstellungen für ungewisse Verbindlichkeiten dann vor, wenn Bestand, Höhe oder Fälligkeit der Verpflichtung ungewiss ist.[79]

## 6.2 Rückstellungen

Das HGB enthält zum Ansatz von Rückstellungen eine Spezialvorschrift in § 249 HGB. Auf die dortigen Ausführungen wird hier verwiesen (§ 249 Rz 7ff.). Zum Ausweis ist anzumerken, dass Ekfl und Nicht-KapCoGes zumindest den gesonderten Ausweis der Pensionsrückstellungen vorzunehmen haben, soweit es sich hierbei um wesentliche Beträge handelt, da diesen wegen ihres langfristigen Charakters besondere Bedeutung zukommt.[80] Im Regelfall werden sich aber auch diese Kfl am Gliederungsschema des § 266 Abs. 3 HGB orientieren und entsprechend separat ausweisen:
- Pensionsrückstellungen,
- Steuerrückstellungen und
- sonstige Rückstellungen.

Auch für EKfl und Nicht-KapCoGes stellt sich ggf. das Erfordernis, Rückstellungen für passive latente Steuern zu bilden.[81] Zu Einzelheiten s. § 249 Rz 42.

## 6.3 Verbindlichkeiten

Für KapG und KapCoGes existieren detaillierte Gliederungsvorschriften (§ 266 Rz 142ff.). Für nicht diesen Vorschriften unterliegende Kfl. ist eine entsprechende Aufgliederung zwar empfehlenswert und in der Praxis auch üblich, allerdings nicht zwingend. Die hinreichende Aufgliederung i.S.v. Abs. 1 der Vorschrift erfordert zumindest die Angabe von Verbindlichkeiten gegenüber Gesellschaftern[82] bzw. sonstigen Unternehmensverflechtungen.

Sehr häufig halten diese Kfl aber eine an § 266 Abs. 3 HGB orientierte weitergehende Mindestgliederung ein, die unterscheidet zwischen:[83]
- Verbindlichkeiten gegenüber Kreditinstituten,
- Wechselverbindlichkeiten,
- Erhaltenen Anzahlungen,
- Verbindlichkeiten aus L&L sowie
- Sonstigen Verbindlichkeiten.

Zur grundlegenden Abgrenzung von Verbindlichkeiten zu EK.[84]

**Aufschiebend bedingte Verbindlichkeiten** sind erst mit Bedingungseintritt zu passivieren.[85] Vor Bedingungseintritt kann sich gleichwohl das Erfordernis der

---

[79] Vgl. *Breithaupt*, in *Baetge/Kirsch/Thiele*, Bilanzrecht, § 247 HGB, Rz 262, 263.
[80] Vgl. *ADS*, 6. Aufl., § 247 HGB, Rz 50.
[81] Vgl. IDW RS HFA 7, Tz 26.
[82] Vgl. IDW RS HFA 7, Tz 55.
[83] Vgl. *Breithaupt*, in *Baetge/Kirsch/Thiele*, Bilanzrecht, § 247 HGB, Rz 268.
[84] Vgl. St/HFA 1/1994, Abschn. 2.1.1 und IDW RS HFA 7, Tz 13ff.
[85] Vgl. BFH, Urteil v. 4.2.1999, IV R 54/87, BStBl 2000 II S. 139.

Bildung einer Rückstellung für ungewisse Verbindlichkeiten stellen, wenn mit dem Bedingungseintritt ernsthaft zu rechnen ist und die künftigen Ausgaben wirtschaftlich in der Vergangenheit verursacht sind. Hierunter fallen auch **Besserungsscheine**[86] für von Gläubigern erlassene Verbindlichkeiten.[87]

121 **Auflösend bedingte Verbindlichkeiten** sind demgemäß solange zu passivieren, bis der Bedingungseintritt erfolgt. Ist allerdings der Bedingungseintritt nach den Verhältnissen am Abschlussstichtag u. U. zu erwarten, so handelt es sich um eine ungewisse Verbindlichkeit, die demgemäß als Rückstellung zu erfassen ist.

122 Soweit der Kaufmann eine bereits verjährte Verbindlichkeit nicht mehr begleichen will und er die Einrede der **Verjährung** nach § 214 Abs. 1 BGB erhebt, ist die Verbindlichkeit auszubuchen.[88]

123 Verbindlichkeiten sind auch dann zu passivieren, wenn der Gläubiger einen **Rangrücktritt** ausgesprochen hat.[89] Erst ein Erlass der Forderung durch den Gläubiger (§ 397 Abs. 1 BGB) bewirkt ein Erlöschen der Verbindlichkeit, sodass eine erfolgswirksame Ausbuchung vorzunehmen ist.

124 **Genussrechte**, die als FK auszuweisen sind (Rz 81), sollten als gesonderter Posten unter den Verbindlichkeiten ausgewiesen werden (§ 266 Rz 147). Bei Bilanzierenden, die den JA um einen Anhang erweitern (KapG/KapCoGes), kann auch eine separate Aufgliederung im Anhang erfolgen.

125 **Bestrittene Verbindlichkeiten** sind solange als Verbindlichkeiten auszuweisen, bis der Streit beglichen ist und im Fall des Obsiegens des Kaufmanns eine (ganz oder teilweise) Ausbuchung erfolgen kann. Es muss allerdings vom Bestehen eines Rechtsverhältnisses ausgegangen werden können, sodass offenkundig unbegründete Ansprüche (z.B. Forderung auf Bezahlung einer nicht bestellten Leistung) nicht passivierungspflichtig sind. Es kann aber ggf. eine Rückstellung für ungewisse Verbindlichkeiten in Betracht kommen.
Zum FK-Ausweis von Einlagen **stiller Gesellschafter** s. Rz 82.

126 Verbindlichkeiten **erlöschen** durch
- Erfüllung (§ 362 BGB),
- Aufrechnung (§§ 387–399 BGB oder aus einem vereinbarten Kontokorrentverhältnis gem. § 355 HGB),
- Novation (Schuldumwandlung in bspw. ein Darlehen),
- Erlass (§ 397 BGB),
- befreiende Schuldübernahme (§§ 414 ff. BGB).[90]

127 **Erfüllung** beinhaltet die Begleichung der Verbindlichkeit durch die vereinbarte Gegenleistung (i.d.R. Barmittel, aber auch Sachleistungen möglich). Eine Leistung an einen Dritten kann Erfüllungswirkung haben, wenn dieser vom Gläubiger zur Entgegennahme berechtigt wurde (§ 362 Abs. 2 BGB).

128 Eine **Aufrechnung** i.S.v. § 387 BGB ist nur möglich, wenn eine Aufrechnungslage gegeben ist, d.h. Gläubiger und Schuldner gegenseitig gleichartige Forderungen haben.[91] Die gesetzliche Möglichkeit der Aufrechnung kann durch Vertrag ausgeschlossen werden. Daneben gibt es gesetzliche Aufrechnungsverbote

---

86 Zum Begriff des Besserungsscheins vgl. *Gross/Fink*, BB 1991, S. 1379.
87 Vgl. WP-Handbuch. Bd I, 14. Aufl., Abschn. F, Rz 343.
88 Vgl. *Breithaupt*, in *Baetge/Kirsch/Thiele*, Bilanzrecht, § 247 HGB, Rz 272.
89 Zum Begriff des Rangrücktritts: *Loitz/Schulze*, DB 2004, S. 769.
90 Vgl. zur Schuldübernahme auch St/WFA 1/1994, Abschn. B.
91 Zu Einzelheiten vgl. *Palandt/Grüneberg*, BGB, 67. Aufl., 2008, § 387 BGB, Rz 3 ff.

(z. B. §§ 390–395 BGB, § 17 Abs. 3 StromGVV/GasGVV, §§ 66 Abs. 1 Satz 2, 114 Abs. 2 Satz 2 AktG, § 19 Abs. 2 GmbHG).

Unter einer **Novation** (Schuldersetzung) ist die Aufhebung eines Schuldverhältnisses mit gleichzeitiger Begründung eines neuen Schuldverhältnisses zu verstehen.[92]

**129**

**Erlass** ist ein Vertrag zwischen Gläubiger und Schuldner, der den Forderungsverzicht des Gläubigers beinhaltet. Zu den in diesem Zusammenhang oftmals vereinbarten Besserungsscheinen s. Rz 120. Der Forderungsverzicht löst beim Schuldner eine erfolgswirksame Ausbuchung der Verbindlichkeit aus, die häufig als ao Ertrag erfasst wird (§ 277 Rz 16). Ist der verzichtende Gläubiger Gesellschafter des Schuldners, kommt bei PersG die Gutschrift auf einem Kapitalkonto (Einlage) in Betracht; bei KapG ist in derartigen Fällen auch die Einstellung in die Kapitalrücklage nach § 272 Abs. 2 Nr. 4 HGB denkbar, wenn eine Leistung in das EK beabsichtigt war (§ 272 Rz 144).

**130**

Bei einer **befreienden Schuldübernahme** erlischt das Schuldverhältnis erst, wenn die Voraussetzungen der Schuldübernahme erfüllt sind (Vertrag zwischen Gläubiger und Schuldübernehmer oder vom Gläubiger genehmigter Vertrag zwischen Alt- und Neuschuldner).[93] Von der befreienden Schuldübernahme zu unterscheiden ist der Schuldbeitritt (oder auch Schuldmitübernahme). Hierdurch entsteht zivilrechtlich keine Schuldbefreiung; der Gläubiger hat vielmehr zwei Gesamtschuldner. Der Schuldbeitritt wird zumeist so ausgestaltet, dass aus der Verbindlichkeit eine ungewisse Verbindlichkeit wird, für die eine Rückstellung mangels Wahrscheinlichkeit der Inanspruchnahme nicht zu bilden ist. Häufiger Anwendungsfall für derartige Schuldbeitritte ist die Übernahme von Pensionsverpflichtungen innerhalb eines Konzerns.[94]

**131**

> **Beispiel**
> Die Muttergesellschaft übernimmt durch Schuldbeitritt die Pensionsverpflichtungen der Tochtergesellschaft. Die Tochtergesellschaft leistet hierzu eine Abstandszahlung i. H. der passivierten Pensionsrückstellungen an die Muttergesellschaft. Die Pensionsberechtigten werden von der Muttergesellschaft über den erfolgten Schuldbeitritt informiert.
> Die Tochtergesellschaft ist durch den Schuldbeitritt der Muttergesellschaft zivilrechtlich nicht entlastet, d. h., sie steht den Pensionsberechtigten als Gesamtschuldner unverändert zur Verfügung. Solange keine Anhaltspunkte bestehen, dass die Muttergesellschaft die Pensionsverpflichtungen nicht mehr bedienen kann, hat die Tochtergesellschaft die Pensionsverpflichtungen gegen die geleistete Abstandszahlung auszubuchen. Sie hat allerdings ein Haftungsverhältnis für Gewährleistungsverpflichtungen auszuweisen (§ 251 Rz 28).
> Die Muttergesellschaft ist durch den erklärten Schuldbeitritt wirtschaftlich belastet und hat die Pensionsverpflichtungen als Pensionsrückstellungen zu passivieren.

---

[92] Vgl. *Palandt/Grüneberg*, BGB, 71. Aufl., 2012, § 311 BGB, Rz 8.
[93] Vgl. *Schubert*, in Beck Bil-Komm. 9. Aufl., § 247 HGB, Rz 239.
[94] Vgl. IDW RS HFA 30, Tz 101.

## 7 Mindestgliederung der Gewinn- und Verlustrechnung

132 § 247 HGB regelt den Inhalt der Bilanz für Kaufleute. Eine Regelung zum Inhalt der GuV, die gem. § 242 Abs. 3 HGB Teil des Jahresabschlusses ist, enthält lediglich § 246 Abs. 1 HGB, wonach der JA sämtliche Aufwendungen und Erträge zu enthalten hat. Eine Anlage zur Bilanz, wie dies § 5 Abs. 5 Satz 3 PublG für Offenlegungszwecke ermöglicht, würde damit den Anforderungen der Gegenüberstellung von Aufwendungen und Erträgen nach § 242 Abs. 2 HGB nicht genügen.[95] Weitergehende Gliederungs- und Ausweispflichten bestehen für KapG/KapCoGes, für die § 275 HGB die Staffelform nach dem GKV (Abs. 2) bzw. dem UKV (Abs. 3) vorschreibt.

133 Für Ekfl. und PersG, die keine KapCoGes sind, ergeben sich aus dem ersten Abschnitt des Dritten Buchs des HGB folgende Anforderungen, die an eine GuV zu stellen sind:[96]
- Gegenüberstellung von Aufwendungen und Erträgen (§ 242 Abs. 2 HGB),
- Klarheit und Übersichtlichkeit (§ 243 Abs. 2 HGB),
- Vollständigkeit der Aufwendungen und Erträge (§ 246 Abs. 1 HGB),
- grundsätzliches Saldierungsverbot für Aufwendungen und Erträge (§ 246 Abs. 2 Satz 1 HGB, Ausnahme für Aufwendungen/Erträge aus Deckungsvermögen gem. § 246 Abs. 2 Satz 2 HGB).

134 Die für KapG/KapCoGes geforderte Staffelform für die GuV kann mangels gesetzlicher Vorschrift nicht gefordert werden, sodass auch die Kontoform zulässig wäre. Da die Kontoform für die GuV ohne größere praktische Bedeutung ist, wird im Folgenden ausschließlich auf die Staffelform eingegangen.

135 Unter Berücksichtigung der Zwecke der GuV, wonach sie Erfolgsquellen aufzeigen und die Aufwands- und Ertragsstruktur darstellen soll,[97] empfiehlt sich folgende Grundstruktur:

| Praxis-Beispiel[98] | |
|---|---|
| | Betriebliches Ergebnis |
| + | Finanzergebnis |
| = | Ergebnis der gewöhnlichen Geschäftstätigkeit |
| +/− | außerordentliches Ergebnis |
| − | ergebnisabhängige Steuern |
| = | Jahresergebnis |

136 Diese Grundstruktur ist analog Abs. 1 der Vorschrift **hinreichend aufzugliedern**. Bei PersG wird wie bei der Gliederung der Bilanz (Rz 9) zumeist eine Anlehnung an die für KapCoGes geltenden größenabhängigen Bestimmungen

---

[95] Vgl. *ADS*, 6. Aufl., § 247 HGB, Rz 77.
[96] Vgl. WP-Handbuch. Bd I, 14. Aufl., Abschn. E, Rz 606.
[97] Vgl. *ADS*, 6. Aufl., § 247 HGB, Rz 79.
[98] Der durch das BilRUG (Stand RegE) künftig zu beachtende Wegfall des ao Ergebnisses bei KapG/KapCoGes wird auch hier zukünftig zu einer entsprechenden Anpassung führen.

erfolgen (§ 288 Rz 3).⁹⁹ Aber auch Ekfl werden sich allein schon aufgrund der bestehenden Kontenrahmen von gängiger Standardsoftware (vgl. z.B. DATEV-Kontenrahmen oder Industriekontenrahmen) an diesen Vorgaben orientieren. Als Mindestgliederung des betrieblichen Ergebnisses werden wohl das **Rohergebnis** sowie innerhalb der betrieblichen Aufwendungen der gesonderte Ausweis von **Personalaufwand** und **Abschreibungen** zu fordern sein.¹⁰⁰

**Steuern** sind in ergebnisabhängige und sonstige Steuern zu trennen. Für Letztere ist ein Ausweis innerhalb des betrieblichen Ergebnisses analog der zu beobachtenden Praxis bei KapG/KapCoGes (§ 275 Rz 149) ebenfalls möglich.

Als ergebnisabhängige Steuern kommen sowohl bei Ekfl wie auch bei PersG für inländische Einkünfte derzeit nur die GewSt in Betracht, da die ESt des Ekfm und der Gesellschafter der PersG (sofern diese juristische Personen sind, deren KSt) keine betrieblichen Steuern sind. Eine analoge Anwendung von § 264a Abs. 3 Satz 2 HGB, wonach bei PersG nach dem Jahresüberschuss ein fiktiver ESt- bzw. KSt-Aufwand gezeigt wird, erscheint nach der hier vertretenen Auffassung zwar vertretbar, wird aber abgelehnt, zumal § 264a Abs. 3 Satz 2 HGB für KapCoGes ohne größere praktische Relevanz ist. Da § 5 Abs. 5 Satz 2 PublG publizitätspflichtigen Ekfl und PersG gestattet, auch die ergebnisabhängigen Steuern unter den sonstigen betrieblichen Aufwendungen zu erfassen, dürfte dies auch kleineren Ekfl und PersG nicht zu verwehren sein.

Bei PersG ist das Jahresergebnis in der Bilanz i.d.R. nicht ersichtlich (Rz 97). Aus Gründen der Klarheit und Übersichtlichkeit empfiehlt sich daher die Fortführung der GuV nach dem Jahresergebnis in Form einer **Verwendungsrechnung** wie folgt:¹⁰¹

| **Beispiel** | | |
|---|---|---|
| | Jahresüberschuss/Jahresfehlbetrag | ... |
| –/+ | Gutschrift/Belastung auf Rücklagenkonten | ... |
| –/+ | Gutschrift/Belastung auf Kapitalkonten | ... |
| –/+ | Gutschrift/Belastung auf Verbindlichkeitenkonten | ... |
| = | Ergebnis nach Verwendungsrechnung/Bilanzgewinn | |

Zur Unterscheidung zwischen schuldrechtlichen Vergütungen an Gesellschafter, die aufwands- und ertragswirksam in der GuV zu erfassen sind, und gesellschaftsrechtlichen Vergütungen, die als Teil der Ergebnisverwendung das handelsrechtliche GuV-Ergebnis nicht mindern dürfen s. Rz 101.

---

⁹⁹ Vgl. IDW RS HFA 7, Tz 41.
¹⁰⁰ Vgl. *ADS*, 6. Aufl., § 247 HGB, Rz 93.
¹⁰¹ Vgl. IDW RS HFA 7, Tz 56 f.; WP-Handbuch. Bd I, 14. Aufl., Abschn. E, Rz 607.

# § 248 BILANZIERUNGSVERBOTE UND -WAHLRECHTE

(1) In die Bilanz dürfen nicht als Aktivposten aufgenommen werden:
1. Aufwendungen für die Gründung eines Unternehmens,
2. Aufwendungen für die Beschaffung des Eigenkapitals und
3. Aufwendungen für den Abschluss von Versicherungsverträgen.

(2) ¹Selbst geschaffene immaterielle Vermögensgegenstände des Anlagevermögens können als Aktivposten in die Bilanz aufgenommen werden. ²Nicht aufgenommen werden dürfen selbst geschaffene Marken, Drucktitel, Verlagsrechte, Kundenlisten oder vergleichbare immaterielle Vermögensgegenstände des Anlagevermögens.

WP StB CVA Klaus Bertram

## Inhaltsübersicht

| | Rz |
|---|---|
| 1 Überblick | 1–9 |
| 1.1 Inhalt | 1–3 |
| 1.2 Normenzusammenhang und Zweck | 4–9 |
| 2 Selbst geschaffene immaterielle Vermögensgegenstände des Anlagevermögens | 10–36 |
| 2.1 Immateriell | 10–12 |
| 2.2 Vermögensgegenstand | 13 |
| 2.3 Anlagevermögen | 14–17 |
| 2.4 Immaterielle Vermögensgegenstände in der Entstehung | 18–23 |
| 2.5 Nachträgliche Herstellungskosten | 24–25 |
| 2.6 Einzelfälle selbst geschaffener immaterieller Vermögensgegenstände | 26–36 |
| 2.6.1 Entwicklungskosten | 26–27 |
| 2.6.2 Selbst erstellte Software | 28–29 |
| 2.6.3 ABC selbst geschaffener immaterieller Vermögensgegenstände des AV | 30–36 |
| 3 Aktivierungswahlrecht (Abs. 2 Satz 1) | 37–41 |
| 4 Explizite Ansatzverbote | 42–53 |
| 4.1 Aufwendungen für die Gründung eines Unternehmens (Abs. 1 Nr. 1) | 42–44 |
| 4.2 Aufwendungen für die Beschaffung des Eigenkapitals (Abs. 1 Nr. 2) | 45 |
| 4.3 Aufwendungen für den Abschluss von Versicherungsverträgen (Abs. 1 Nr. 3) | 46 |
| 4.4 Selbst geschaffene Marken, Drucktitel, Verlagsrechte, Kundenlisten oder vergleichbare immaterielle Vermögensgegenstände des Anlagevermögens (Abs. 2 Satz 2) | 47–53 |

## Ergänzendes Schrifttum

*Arbeitskreis Bilanzrecht der Hochschullehrer Rechtswissenschaft*, Stellungnahme zu dem Entwurf eines BilMoG: Grundkonzept und Aktivierungsfragen, BB 2008, S. 152; *Arbeitskreis "Immaterielle Werte im Rechnungswesen" der Schmalenbach-Gesellschaft für Betriebswirtschaft e. V.*, Leitlinien zur Bilanzierung selbstgeschaffener immaterieller Vermögensgegenstände des Anlagevermögens nach dem Regierungsentwurf des BilMoG, DB 2008, S. 1813; *Boecker/Künkele*, Forschung und Entwicklung im Fokus – Gemeinsamkeiten und Unterschiede zwischen IFRS und HGB i. d. F. des BilMoG, IRZ 2010, S. 484; *Castedello/Beyer*, Steuerung immaterieller Werte und IFRS, BFuP 2009, S. 152; *Dörner/Neubert*, Praktische Bilanzierung von Entwicklungskosten nach dem Regierungsentwurf zum BilMoG, IRZ 2008, S. 449; *Froschhammer/Haller*, IFRS-Konvergenz im Rahmen der BilMoG-Erstanwendung, KoR 2012, S. 17; *Fülbier/Gassen*, Das Bilanzrechtsmodernisierungsgesetz (BilMoG): Handelsrechtliche GoB vor der Neuinterpretation, DB 2007, S. 2605; *Haller*, Immaterielle Vermögenswerte – Wesentliche Herausforderungen für die Zukunft der Unternehmensrechnung, in *Möller* et. al. (Hrsg.), Rechnungswesen als Instrument für Führungsentscheidungen, Festschrift für Adolf G. Coenenberg zum 60. Geburtstag, 1998; *Henckel/Ludwig/Lüdke*, Behandlung von Forschungs- und Entwicklungskosten nach HGB und IFRS unter Berücksichtigung der durch das BilMoG geplanten Änderungen, DB 2008, S. 196; *Hennrichs*, Immaterielle Vermögensgegenstände nach dem Entwurf des Bilanzrechtsmodernisierungsgesetzes (BilMoG), DB 2008, S. 537; *Herzig*, Modernisierung des Bilanzrechts und Besteuerung., DB 2008, S. 5; *Kahle/Haas*, Herstellungskosten selbst geschaffener immaterieller Vermögensgegenstände des Anlagevermögens, WPg 2010, S. 34; *Keitz/Wenk/Jagosch*, HGB-Bilanzierungspraxis nach BilMoG, DB 2011, S. 2445 (Teil 1) und S. 2503 (Teil 2); *Keitz*, Immaterielle Güter in der Rechnungslegung, Düsseldorf 1997; *Kirsch/Weber*, Handelsrechtliche Bilanzierung von Nachwuchsspielern im deutschen Profifußball, DStR 2012, S. 1716; *Kreide*, Das Nicht-Aktivierungswahlrecht für selbst geschaffene immaterielle Vermögensgegenstände – Anwendungsfragen rund um die „ewigen Sorgenkinder des Bilanzrechts" –, KoR 2015, S. 148; *Küting/Ellmann*, Die Herstellungskosten von selbst geschaffenen immateriellen Vermögensgegenständen des Anlagevermögens, DStR 2010, S. 1300; *Laubach/Kraus/Bonhofen*, Die Bilanzierung selbst geschaffener immaterieller Vermögensgegenstände, DB 2009, Beil. Nr. 5, S. 19; *Lüdenbach/Freiberg*, Zweifelsfragen der abstrakten und konkreten Bilanzierungsfähigkeit immaterieller Anlagen, BFuP 2009, S. 131; *Madeja/Roos*, Zur Bilanzierung immaterieller Vermögenswerte des Anlagevermögens nach BilMoG – Fallbeispiele zur Anwendung geplanter Neuregelungen, KoR 2008, S. 342; *Mindermann*, Zum Aktivierungsverbot von Weiterbildungsaufwendungen nach IFRS, BFuP 2009, S. 172; *Mindermann*, Zur Aktivierung selbst erstellter immaterieller Vermögensgegenstände nach dem Entwurf eines Bilanzrechtsmodernisierungsgesetzes (BilMoG), WPg 2008, S. 273; *Moxter*, Aktivierungspflicht für selbst erstellte immaterielle Anlagewerte?, DB 2008, S. 1514; *Quitmann/Jaenecke*, Bilanzierung von E-Books in der Verlagsbranche nach IFRS, KoR 2010, S. 88; *Radel/Stobbe*, Auswirkungen des Bilanzrechtsmodernisierungsgesetzes auf die Bilanzierung von Fußballspielerwerten in der HB, DStR 2009, S. 1109; *Schmidtbauer*, Immaterielle Vermögenswerte in der Unternehmensrechnung: Abbildung im Jahresabschluss und Ansätze zur Steuerung, DStR 2004, S. 1442; *Schruff/Haker*, Immaterielle Vermögenswerte, in *Ballwieser* et. al., Wiley Kommentar zur internationalen Rechnungslegung nach IFRS 2007, 3. Aufl., 2007; *Schülke*, Zur Aktivierbarkeit selbstgeschaffener immaterieller Vermögensgegenstände, DStR 2010, S. 992; *Schütte*, Aktivierungskonzepte immaterieller Vermögenswerte, 2006; *Schüttler/Berthold*, Bilanzierung ungeschützter Erfindungen am Beispiel von Arzneimitteln – Ungeahnte Aktivierungsmöglichkeiten dank BilMoG, DStR 2011, S. 932; *Seidel/Grieger/Muske*, Bilanzierung von Entwicklungskosten nach dem BilMoG, BB 2009, S. 1286; *Tran*, Die Bilanzierung immaterieller Vermögensgegenstände nach BilMoG – Normative Erkenntnisse empirischer Befunde, KoR 2011, S. 538; *Velte/Sepetauz*, Ansatzwahlrecht für selbst geschaffene immaterielle Anlagegüter, BC 2010, S. 349; *Weinanc/Wolz*, Forschungs- und Entwicklungskosten im Mittelstand, KoR 2010, S. 130; *Wiechers*, Aktivierung immaterieller Vermögensgegenstände nach BilMoG, BBK Nr. 5 vom 7.3.2008 Fach 20, S. 2223; *Wolz/Janssen*, Selbst erstellte immaterielle Vermögenswerte im Mittelstand – Zielkonforme BilMoG-Neuerung oder am Bedarf vorbei? ZCG 2009, S. 87; *Wulf*, Eingeschränktes Aktivierungsverbot bei selbst geschaffenen immateriellen Vermögensgegenständen des Anlagevermögens nach dem BilMoG, Accounting 2008, S. 8; *Wulf*, Immaterielle Vermögenswerte nach IFRS – Ansatz, Bewertung, Goodwill-Bilanzierung, Berlin 2008.

# 1 Überblick

## 1.1 Inhalt

1 § 248 HGB regelt in Abs. 1 ein Bilanzierungsverbot für bestimmte Posten. Abs. 2 der Vorschrift enthält ein Aktivierungsverbot für bestimmte selbst geschaffene immaterielle VG des AV sowie ein Aktivierungswahlrecht für alle übrigen selbst geschaffenen immateriellen VG des AV.

2 Der Gesetzgeber wollte mit der Gewährung eines Aktivierungswahlrechts für selbst geschaffene immaterielle VG des AV der zunehmenden Bedeutung der immateriellen VG im Wirtschaftsleben Rechnung tragen und insb. Start-up-Unt die Möglichkeit der **verbesserten Außendarstellung** eröffnen.[1] Empirische Befunde zu den Jahresabschlüssen seit Einführung dieses Wahlrechts zeigen, dass von dem Aktivierungswahlrecht nur in sehr geringem Umfang von den Unt Gebrauch gemacht wird.[2]

Für Bilanzierende, deren Abschluss in einen IFRS-KA einbezogen wird, kann die Ausübung des Aktivierungswahlrechts nach § 248 Abs. 2 HGB ein Mittel zur Herstellung von weitgehender Konvergenz zwischen HGB-JA und IFRS-KA sein.[3]

3 Mangels ausdrücklicher gesetzlicher Regelung erscheint die Anwendung des Aktivierungswahlrechts des § 248 Abs. 2 Satz 1 HGB auch auf **unentgeltlich erworbene immaterielle VG des AV** zweckmäßig.[4]

---

[1] Vgl. BilMoG-BgrRegE, S. 49.
[2] Vgl. *Keitz/Wenk/Jagosch*, DB 2011, S. 2448.
[3] Vgl. *Froschhammer/Haller*, KoR 2012, S. 20.
[4] Vgl. VP-Handbuch, Bd. I, 14. Aufl., Rz E 100.

## 1.2 Normenzusammenhang und Zweck

§ 248 HGB stellt eine für alle Kaufleute gültige Regelung dar, die neben der Aufstellung des JA auch für die Aufstellung des KA zu berücksichtigen ist (§ 298 Rz 13). Die Vorschrift regelt ein Bilanzierungsverbot für bestimmte Posten sowie den Ansatz von selbst geschaffenen immateriellen VG des AV. Die Bewertung dieser VG richtet sich nach § 255 Abs. 2a HGB.

Die Vorschrift des § 248 HGB ist ergänzend zu § 246 HGB zu verstehen, der die Vollständigkeit des JA regelt (abstrakte Bilanzierungsfähigkeit von VG). § 248 HGB schränkt die Vollständigkeit des JA insoweit ein, als bestimmte selbst geschaffene immaterielle Vermögensgegenstände des AV von der Bilanzierung ausgeschlossen werden und für andere ein Aktivierungswahlrecht eröffnet wird (konkrete Bilanzierungsfähigkeit).[5]

Bei einem selbst geschaffenen **Geschäfts- oder Firmenwert** handelt es sich nicht um einen VG,[6] sodass dieser nicht unter das Bilanzierungsverbot von § 248 HGB fällt, sondern vielmehr der speziellen Regelung des § 246 Abs. 1 Satz 4 HGB unterliegt.

Das Bilanz-Gliederungsschema des für KapG/KapCoGes maßgeblichen § 266 Abs. 2 HGB enthält einen separaten Bilanzposten (selbst geschaffene gewerbliche Schutzrechte und ähnliche Rechte und Werte, § 266 Rz 25).

Im Zuge der Aktivierung selbst geschaffener immaterieller Vermögensgegenstände ist für KapG eine **Ausschüttungs- und Abführungssperre** zu beachten (§ 268 Rz 81).

§ 285 Nr. 22 HGB schreibt für KapG bestimmte Anhangangabepflichten im Zusammenhang mit selbst geschaffenen immateriellen VG des AV vor (§ 285 Rz 147).

## 2 Selbst geschaffene immaterielle Vermögensgegenstände des Anlagevermögens

### 2.1 Immateriell

Der Begriff „immateriell" ist nicht gesetzlich definiert. Für Zwecke der bilanzrechtlichen Abgrenzung wird sowohl im deutschen, als auch im anglo-amerikanischen Schrifttum zwischen immateriellen, materiellen und finanziellen Gütern unterschieden.[7] Auf dieser Grundlage können immaterielle Vermögensgegenstände „als Güter" [i.S.v. wirtschaftlicher Vorteil bzw. Nutzen] definiert werden, die keine [wesentliche] gegenständliche Substanz, d.h. keine Körperlichkeit bzw. Greifbarkeit aufweisen und im Unterschied zu finanziellen Gütern [Forderungen, Verbindlichkeiten etc.] nicht monetär sind.[8]

Soweit ein zusammengesetztes Gut aus einer materiellen und einer immateriellen Komponente besteht, sind die Komponenten grundsätzlich getrennt zu bilanzieren, sofern die einzelnen Komponenten jeweils die VG-Eigenschaft erfüllen. Hat eine Komponente jedoch nur untergeordnete Bedeutung oder lassen sich die Komponenten nicht funktions- oder wertgemäß trennen, handelt es sich um ein

---

5  Vgl. *Kreide*, KoR 2015, S. 148, der die Regelung als „Nicht-Aktivierungswahlrecht" bezeichnet.
6  Vgl. BilMoG-BgrRegE, S. 47.
7  Vgl. *Keitz*, 1997, S. 5.
8  Vgl. *Haller* 1998, S. 564.

zusammengesetztes Gut, das entweder den materiellen oder den immateriellen VG zuzuordnen ist. Diese Zuordnung wird durch die jeweilige Hauptkomponente bestimmt, die sich aus dem wirtschaftlichen Interesse des Bilanzierenden an dem Gut ableitet.[9]

11 Eine **Kategorisierung** von immateriellen Gütern nach der Verlässlichkeit bez. Identifikation und Bewertung kann wie folgt vorgenommen werden:[10]

| Identifizierbare, in ihrer Eigenart individuell bestimmbare und abgrenzbare immaterielle Vermögenswerte | | Nicht identifizierbare Vermögenswerte |
|---|---|---|
| Rechte | Wirtschaftliche Werte | Rein wirtschaftliche Vorteile |
| Vertraglich oder rechtlich geschützt | Nicht rechtlich geschützt, aber können Gegenstand eines Rechtsgeschäfts sein | Weder isoliert im Rechtsverkehr übertragbar noch rechtlich zu schützen |

Tab. 1: Kategorisierung immaterieller Güter

12 Allerdings erfüllen nicht alle Kategorien immaterieller Güter die Voraussetzungen für einen Vermögensgegenstand i.S.v. § 246 HGB, sodass hier weitere Konkretisierungen vorzunehmen sind.

## 2.2 Vermögensgegenstand

13 Voraussetzung einer Aktivierung eines selbst geschaffenen immateriellen VG ist die Erfüllung des Vermögensgegenstandsbegriffs (§ 246 Rz 5).
Da der Vermögensgegenstandsbegriff von dem Vermögenswertbegriff (**asset**) der IFRS abweicht, kann die Asset-Definition von IAS 38.8 nicht 1:1 in das deutsche Handelsrecht übertragen werden.[11] Das deutsche Handelsrecht stellt insb. auf die **selbstständige Verwertbarkeit** ab,[12] die von IAS 38.8 nicht angesprochen wird. Für die praktische Anwendung bleibt aber zu konstatieren, dass es im Regelfall keine Abweichungen zwischen den nach § 248 HGB aktivierungsfähigen VG und den nach IAS 38.8 aktivierungspflichtigen Vermögenswerten geben wird.[13] Zu den konkreten Aktivierungsvoraussetzungen vgl. Rz 17ff..

## 2.3 Anlagevermögen

14 Das Aktivierungswahlrecht betrifft VG des AV, d. h., sie müssen dem bilanzierenden Unternehmen dauerhaft zur Nutzung zur Verfügung stehen (§ 247 Rz 21). Für selbst geschaffene immaterielle VG des UV besteht seit jeher Aktivierungspflicht. Insofern kommt der Abgrenzung von AV und UV große Bedeutung zu.

---

[9] Vgl. E-DRS 32.8f.
[10] Vgl. *Küting/Ellmann*, in *Küting/Pfitzer/Weber*, Das neue deutsche Bilanzrecht, 2009, S. 266.
[11] Vgl. *Arbeitskreis „Immaterielle Werte im Rechnungswesen" der Schmalenbach-Gesellschaft für Betriebswirtschaft e.V.*, DB 2008, S. 1814.
[12] Vgl. *Schülke*, DStR 2010, S. 994; E-DRS 32.16.
[13] GlA: *Gelhausen/Fey/Kämpfer*, BilMoG, 2009, Abschn. E, Rz 47.

> **Beispiel**
> Das bilanzierende Unternehmen (Maschinenbauer) hat mit einem Kunden (Autohersteller) einen Rahmenvertrag über die Lieferung von mehreren Maschinen mit einer neu zu entwickelnden Technologie geschlossen. Gemäß den Regelungen des Rahmenvertrags darf das Unternehmen die neu zu entwickelnde Technologie ausschließlich für die Herstellung von Maschinen für diesen Kunden verwenden. Im Zuge der Entwicklung der neuen Technologie fallen Aufwendungen (im Wesentlichen Personal- und Materialaufwendungen) i. H. v. 400 TEUR an.
> Die Aufwendungen sind im Rahmen des Vorratsvermögens (unfertige Erzeugnisse, unfertige Leistungen) zu aktivieren.

§ 248 Abs. 2 HGB erfasst nur Fälle der **Herstellung** („selbst geschaffen") von immateriellen VG des AV. Anschaffungsfälle sind von der Vorschrift nicht erfasst; für diese besteht Aktivierungspflicht nach § 246 Abs. 1 HGB. Zur Abgrenzung zwischen Anschaffung und Herstellung vgl. § 255 Rz 80.

Selbst geschaffene immaterielle VG werden regelmäßig durch den Anfall einer Vielzahl von Aufwendungen geprägt. So fallen Personalaufwendungen, Materialaufwendungen, Abschreibungen und verschiedene sonstige betriebliche Aufwendungen an, die im Zusammenhang mit der Schaffung der immateriellen VG stehen. Diese bleiben als Primäraufwendungen in der Gewinn- und Verlustrechnung enthalten. Die Einbuchung von selbst geschaffenen immateriellen Vermögensgegenständen in das AV (§ 266 Rz 25) erfolgt durch folgenden Buchungssatz:

| Datum | Konto | Soll | Haben |
|---|---|---|---|
| | Selbst geschaffene gewerbliche Schutzrechte und ähnliche Rechte und Werte | 10.000 | |
| | Andere aktivierte Eigenleistungen | | 10.000 |

Ähnlich wie bei Sachanlagen ist auch bei immateriellen VG die Aktivierung in der GuV nach dem **Gesamtkostenverfahren** „brutto" darzustellen. Bei Anwendung des **Umsatzkostenverfahrens** in der GuV erfolgt ebenfalls ein „brutto"-Ausweis, indem in die sonstigen betrieblichen Erträge dieser Ertragsposten mit aufgenommen wird. Die korrespondierenden Aufwendungen werden in den Funktionsbereichen ausgewiesen (zu Einzelheiten: § 275 Rz 77).

## 2.4 Immaterielle Vermögensgegenstände in der Entstehung

Die unter Abschnitt 2.2 beschriebene Vermögensgegenstandseigenschaft ist für immaterielle VG in der Entstehung besonders problematisch, da es sich noch nicht um „fertige" VG handelt. Gleichwohl verlangt der Gesetzgeber bei Ausübung des Aktivierungswahlrechts eine Aktivierung bereits in der Entstehungsphase, soweit die Vermögensgegenstandseigenschaft bereits bejaht werden kann.[14] Wann diese Aktivierung in diesen Fällen zu erfolgen hat, kann anhand der folgenden kumulativ vorliegenden Kriterien geprüft werden:[15]

---

[14] Vgl. BegrRA, S. 110.
[15] Vgl. Arbeitskreis „Immaterielle Werte im Rechnungswesen" der Schmalenbach-Gesellschaft für Betriebswirtschaft e. V., DB 2008, S. 1817.

| Kriterium | Konkretisierung |
|---|---|
| Projektinitiierung | Geschäftsführungsbeschluss, Budgetfreigabe durch Aufsichtsrat |
| Projektabgrenzung und -beschreibung | Das Projekt kann hinsichtlich seiner sachlichen, zeitlichen und finanziellen Dimension hinreichend präzise abgegrenzt werden. Zur Erfüllung des Grundsatzes der Einzelverwertbarkeit müssen die projektbezogenen Ausgaben dem Projekt zurechenbar sein. |
| Projektnutzen ist darstellbar | Der mögliche Projektnutzen ist darstellbar und hinreichend dokumentiert. Hinreichende Dokumentation setzt insb. eine nachvollziehbare Abgrenzung zwischen Forschungs- und Entwicklungskosten sowie eine verlässliche Kostenrechnung bzw. F&E-Controlling voraus. |
| Aktive weitere Projektverfolgung ist sichergestellt | Es bestehen keine internen (z. B. Ausgabenstopp) oder externen (z. B. patentrechtliche Beschränkungen) Hinderungsgründe, die die weitere Projektverfolgung ungewiss erscheinen lassen. |
| Hohe Wahrscheinlichkeit | Die geforderte hohe Wahrscheinlichkeit für die Entstehung eines immateriellen Vermögensgegenstands ist im frühen Stadium von Entwicklungsprojekten zumeist nicht gegeben. Es ist davon auszugehen, dass die Wahrscheinlichkeit deutlich über 50 % liegen muss, auch wenn kein Erfordernis besteht, eine Quantifizierung der Wahrscheinlichkeit vorzunehmen. |

Tab. 2: Ansatzkriterien für immaterielle Vermögensgegenstände in der Entstehung

Der unlängst veröffentlichte E-DRS 32 stellt auf folgende, ebenfalls kumulativ zu erfüllende Kriterien ab:[16]
- das zu aktivierende Gut befindet sich in der Entwicklung,
- das zu aktivierende Gut erfüllt die VG-Eigenschaften,
- mit hoher Wahrscheinlichkeit entsteht der angestrebte immaterielle VG,
- die Entwicklungskosten können dem zu aktivierenden immateriellen VG verlässlich zugerechnet werden,
- für den angestrebten immateriellen VG besteht kein Aktivierungsverbot.

19  Von besonderer Bedeutung ist insb. der Gesichtspunkt der **Einzelverwertbarkeit**. Die Einzelverwertbarkeit kann sich auf interne Verwertung (**Eigennutzung**) oder externe Verwertung (**Verkauf**) richten. Externe Verwertbarkeit muss nicht zwingend auf das fertige Endprodukt gerichtet sein, sondern kann auch bei verwertbaren Zwischenprodukten vorliegen.

---
[16] Vgl. E-DRS 32.46.

> **Beispiel**
> Softwaremodule sind für sich alleine nicht nutzbar. Gleichwohl gibt es externe Nutzer (Käufer), die bereit sind, für Softwaremodule etwas zu bezahlen.

Der nach den oben dargestellten Ansatzkriterien ermittelte Aktivierungszeitpunkt wird auch als **point of return** bezeichnet, womit der Zeitpunkt beschrieben wird, zu dem es in hohem Maße wahrscheinlich ist, dass aus der Entwicklung Nutzen gezogen werden kann. Erst Herstellungskosten, die nach dem point of return anfallen, dürfen aktiviert werden. Eine Nachaktivierung von vor dem point of return liegenden Aufwendungen ist unzulässig (vgl. zu im Aktivierungsjahr angefallenen Aufwendungen § 255 Rz 189). Dies gilt in jedem Fall für solche Aufwendungen, die in vor dem Zeitpunkt der erstmaligen Aktivierung liegenden Gj angefallen sind. In der Praxis wird es regelmäßig gewisse Unsicherheiten in der Bestimmung des maßgeblichen Zeitpunkts geben. Branchenabhängig liegt der **point of return** zu unterschiedlichen Zeitpunkten innerhalb des Entwicklungsprozesses, wie nachfolgende Abbildung verdeutlicht:[17]

20

Abb. 1: point of return

Soweit die Aufwendungen noch nicht in einem Abschluss (JA, KA oder auch Halbjahresfinanzbericht) als Aufwand erfasst worden sind, sind sie in die Herstellungskosten des immateriellen VG einzubeziehen, auch wenn der point of return zeitlich nach dem Anfall der Aufwendungen, aber noch innerhalb der jeweiligen Berichtsperiode erreicht wird.[18]

Immaterielle VG in der Entstehung sind bei Vorliegen der Aktivierungsvoraussetzungen und Ausübung des Aktivierungswahlrechts (Rz 37) in der Bilanz zu aktivieren. Anders als bei den Sachanlagen, für die das Gliederungsschema von § 266 Abs. 2 HGB einen separaten Posten vorsieht (Geleistete Anzahlungen und Anlagen im Bau) ist dies für immaterielle VG nicht der Fall. Immaterielle VG in der Entstehung sind zusammen mit den „fertig gestellten", selbst geschaffenen immateriellen VG in dem Posten „Selbst geschaffene gewerbliche Schutzrechte und ähnliche Rechte und Werte" auszuweisen (zu Einzelheiten: § 266 Rz 25). Es wäre aber auch zulässig, entsprechend § 265 Abs. 5 Satz 2 HGB einen neuen Posten in das Bilanzschema aufzunehmen oder einen Davon-Vermerk einzufügen.

21

---

17 Vgl. *Hüttche*, StuB 2008, S. 167.
18 Vgl. E-DRS 32.85.

22 Ändern sich bei immateriellen VG in der Entstehung nach dem Aktivierungszeitpunkt, aber vor Fertigstellung des immateriellen Vermögensgegenstands die für die ursprüngliche Aktivierung erforderlichen Nachweise, ist ggf. eine **Ausbuchung** oder eine **Abschreibung** der aktivierten Aufwendungen vorzunehmen. Hierbei ist insb. auf das Kriterium „hohe Wahrscheinlichkeit" abzustellen. Ändert sich die ursprünglich angenommene hohe Wahrscheinlichkeit aufgrund geänderter Erkenntnisse hinsichtlich der **technischen Realisierbarkeit**, ist eine Ausbuchung vorzunehmen. Ändert sich die Wahrscheinlichkeit demgegenüber wegen fehlender oder **eingeschränkter Finanzierbarkeit**, dürfte ggf. eine Abschreibung des betreffenden Postens angezeigt sein (§ 255 Rz 201).[19]

23 Die erforderliche Trennung zwischen Forschungs- und Entwicklungskosten (§ 255 Abs. 2a HGB) eröffnet dem Bilanzierenden neben dem ohnehin bestehenden Abs. 2 Satz 1 (Rz 37) ggf. ein fallweise ausübbares faktisches Ansatzwahlrecht.[20] Beispiele, die auf Entwicklungsaktivitäten hindeuten, sind:[21]
- der Entwurf, die Konstruktion und das Testen von **Prototypen** und **Modellen** vor Aufnahme der eigentlichen Produktion oder Nutzung,
- der Entwurf von **Werkzeugen, Spannvorrichtungen, Prägestempeln** und **Gussformen** unter Verwendung neuer Technologien,
- der Entwurf, die Konstruktion und der Betrieb einer **Pilotanlage**, die von ihrer Größe her für eine wirtschaftliche Produktion ungeeignet ist,
- der Entwurf, die Konstruktion und das Testen einer gewählten **Alternative** für neue oder verbesserte Materialien, Vorrichtungen, Produkte, Verfahren oder Dienstleistungen,
- häufige **Schutzrechtsanmeldungen** (z. B. Patente, Gebrauchsmuster).

### 2.5 Nachträgliche Herstellungskosten

24 Nicht explizit im Gesetz geregelt ist der Problemkreis der Aktivierung **nachträglicher Herstellungskosten** bei selbst geschaffenen immateriellen VG des AV.[22] Die Abgrenzungsproblematik zwischen nachträglichen Herstellungskosten und sofort aufwandswirksamen Erhaltungsaufwendungen ist auch in diesen Fällen nach den allgemeinen Grundsätzen zu lösen (§ 255 Rz 89). Allerdings dürfte diese Problematik bei selbst geschaffenen immateriellen VG des AV mit erhöhter Schärfe auftreten, da neu entwickelte Technologien häufig einer ständigen Weiterentwicklung und Verbesserung unterliegen.[23]

> **Beispiel**
> Für selbst erstellte Software könnte z. B. eine praxisgerechte Abgrenzung dergestalt vorgenommen werden, dass Aufwendungen für einen Release-Wechsel (tiefgreifende Überarbeitung i. S. eines Generationenwechsels) als nachträgliche Herstellungskosten zu behandeln sind, während Aufwendungen für ein einfaches Update als Erhaltungsaufwendungen erfasst werden.[24]

---

[19] Vgl. *Gelhausen/Fey/Kämpfer*, BilMoG 2009, Abschn. E, Rz 112, 113.
[20] Vgl. *Wiechers*, BBK 2008, Fach 20, S. 2227.
[21] Vgl. *Küting/Ellmann*, in *Küting/Pfitzer/Weber*, Das neue deutsche Bilanzrecht, 2009, S. 271.
[22] Vgl. *Lüdenbach*, StuB 2010, S. 361.
[23] Vgl. *Hennrichs*, DB 2008, S. 540.
[24] Vgl. IDW RS HFA 11, Tz 21.

Wichtig ist in diesem Zusammenhang die Unterscheidung zwischen Modifikation und Wesensänderung des immateriellen VG. Von einer **Modifikation** ist auszugehen, wenn der immaterielle VG erweitert oder über seinen ursprünglichen Zustand hinaus wesentlich verbessert wird. Bei einer **Wesensänderung** wandelt sich dagegen die Funktion und damit die Zweckbestimmung des immateriellen VG, sodass ein neuer immaterieller VG entsteht.[25]

Zu beachten ist bei nachträglichen Herstellungskosten die Ansatzstetigkeit nach § 246 Abs. 3 HGB. Soweit für den ursprünglichen VG das Ansatzwahlrecht des § 248 Abs. 2 HGB ausgeübt wurde, ist bei Anfall von nachträglichen HK aufgrund des Stetigkeitsgebots eine Ansatzpflicht zu beachten. Ausnahmen hiervon sind nur in begründeten Ausnahmefällen zulässig.[26]

25

## 2.6 Einzelfälle selbst geschaffener immaterieller Vermögensgegenstände

### 2.6.1 Entwicklungskosten

Entwicklungskosten sind einer der Hauptanwendungsfälle für selbst geschaffene immaterielle VG des AV. Es gelten die unter Abschnitt 2.1–2.5 genannten Ansatzkriterien entsprechend.

26

Darüber hinaus hat der Gesetzgeber über § 248 HGB hinaus ein weiteres, wesentliches Ansatzkriterium in eine Bewertungsvorschrift „ausgelagert", nämlich das Erfordernis, die Entwicklungs- von den Forschungskosten zuverlässig und nachvollziehbar abzugrenzen (vgl. hierzu ausführlich § 255 Rz 180).

27

### 2.6.2 Selbst erstellte Software

Hinsichtlich der Abgrenzung von Anschaffungs- und Herstellungsvorgängen kann auf die bestehenden GoB zurückgegriffen werden.[27] Danach ist das entscheidende Abgrenzungskriterium das sog. **Herstellungsrisiko**. Hierunter wird das wirtschaftliche Risiko einer nicht erfolgreichen Projektrealisierung verstanden.[28]

28

> **Beispiel**
> Ein Unt erwirbt Standardsoftware von einem Softwarehersteller. Das Unt modifiziert die Standardsoftware umfangreich (Einfügung neuer Funktionen, Veränderung bestehender Funktionen), um es an die betrieblichen Belange anzupassen.
> Lösung: Es handelt sich insgesamt um einen Herstellungsvorgang für die selbst erstellte Software,[29] d.h., auch der Kaufpreis für die erworbene Standardsoftware geht in die Herstellungskosten ein. Das Aktivierungswahlrecht nach § 248 Abs. 2 HGB kann für die selbst erstellte Software (unter Beachtung der Ansatzstetigkeit) ausgeübt werden.

---

[25] Vgl. E-DRS 32.30 ff.
[26] Vgl. IDW RS HFA 38, Tz 14.
[27] Vgl. IDW RS HFA 11, Abschn. 4.
[28] Vgl. IDW RS HFA 11, Tz 9.
[29] Vgl. IDW RS HFA 11, Tz 14.

29  Auch bei der Herstellung von Software ist eine Abgrenzung zwischen Forschungs- und Entwicklungsphase vorzunehmen, ansonsten greift das oben angesprochene Aktivierungsverbot (§ 255 Rz 182).

### 2.6.3 ABC selbst geschaffener immaterieller Vermögensgegenstände des AV

30 • **Entwicklungskosten** (Rz 25).
31 • **Kundengewinnungskosten:** Die bei Abgabe eines verbilligten Mobiltelefons bei gleichzeitigem Abschluss eines zweijährigen Nutzungsvertrags i.H.d. durch den Abgabepreis nicht gedeckten Aufwendungen des Mobiltelefons entstehenden Aufwendungen stellen nach hier vertretener Auffassung keinen immaterieller VG des AV, sondern eine Forderung aus Lieferungen und Leistungen dar.[30]
32 • **Profisportler:** Aufwendungen eines Fußballprofliclubs für die spezielle Ausbildung eines besonders talentierten Nachwuchsprofis erfüllen die Ansatzkriterien von Entwicklungskosten.[31]
33 • **Rezepturen:** Aufwendungen zur Entwicklung einer speziellen Rezeptur für Lebensmittel, Parfüm etc. können die Ansatzkriterien für Entwicklungskosten erfüllen, soweit eine nachvollziehbare Trennung von Forschung und Entwicklung möglich ist.
34 • **Selbst erstellte Software** (Rz 28).
35 • **Website:** Während die Planungsaufwendungen für die Erstellung einer Website (Machbarkeitsstudie, Definition Hard-/Softwareanforderungen) den nicht aktivierungsfähigen Forschungskosten zuzurechnen sind, stellen Aufwendungen zur Entwicklung und Test der Software, zum Grafikdesign und zur Schaffung von Funktionalitäten für Direktbestellungen Entwicklungskosten dar. Demgegenüber stellen Werbeaufwendungen (Darstellung von Produkten, Fotos) nicht aktivierungsfähige Vertriebskosten dar. Aufwendungen zur Bereitstellung allgemeiner Informationen über das Unternehmen kann kein identifizierbarer Nutzen zugerechnet werden, sodass diese ebenfalls nicht aktivierungsfähig sind.[32]
36 **Emissionsberechtigungen** stellen demgegenüber immaterielle VG des UV dar.[33] **Werbekataloge** stellen Vertriebsaufwendungen dar, die keine Herstellungskosten i.S.v. § 255 Abs. 2 HGB sind. Demzufolge liegen keine aktivierungsfähigen immateriellen VG des AV vor.

## 3 Aktivierungswahlrecht (Abs. 2 Satz 1)

37 Abs. 2 Satz 1 eröffnet dem Bilanzierenden ein Wahlrecht, **selbst geschaffene immaterielle VG des AV** zu aktivieren.

---

[30] Vgl. hierzu auch IDW, IDW-FN 2014, S. 196; A. a.. *Hoffmann*, in *Lüdenbach/Hoffmann/Freiberg*, Haufe IFRS-Kommentar, 13. Aufl. 2015, § 13, Rz 55.
[31] Vgl. *Hoffmann*, in *Lüdenbach/Hoffmann/Freiberg*, Haufe IFRS-Kommentar, 13. Aufl. 2015, § 13, Rz 44; *Kirsch/Weber*, DStR 2012, S. 1721; *Rade/Stobbe*, DStR 2009, S. 1113.
[32] Vgl. *Hoffmann*, in *Lüdenbach/Hoffmann/Freiberg*, Haufe IFRS-Kommentar, 12. Aufl. 2014, § 13, Rz 43.
[33] Zur Bilanzierung vgl. IDW RS HFA 15, WPg 2006, S. 574.

Das Aktivierungswahlrecht ist vom Wortlaut der Vorschrift her weit gefasst, d.h., es könnte demnach für jeden selbst geschaffenen VG des AV einzeln ausgeübt werden. Zu beachten ist jedoch das in § 246 Abs. 3 HGB bestehende **Stetigkeitsgebot für Ansatzmethoden** (§ 246 Rz 131).

Die Anwendung dieses Stetigkeitsgebots führt im Zusammenspiel mit dem Aktivierungswahlrecht nach § 248 Abs. 2 Satz 1 HGB dazu, dass gleiche Sachverhalte stetig zu beurteilen sind. D.h., entscheidet sich der Bilanzierende, z.B. Entwicklungskosten zu aktivieren, ist diese Entscheidung aufgrund des Stetigkeitsgebots auch für nachfolgende Aktivierungsentscheidungen bindend. Der Grundsatz der Stetigkeit wurde auch schon vor dem BilMoG von DRS 13 betont,[34] der zwar nur für den Bereich der Konzernrechnungslegung GoB definiert, dem aber auch eine Ausstrahlungswirkung für die einzelgesellschaftliche Rechnungslegung zugesprochen werden konnte.[35]

38

§ 246 Abs. 3 HGB sieht die entsprechende Anwendung von § 252 Abs. 2 HGB vor. Danach darf von dem Stetigkeitsgrundsatz nur in **begründeten Ausnahmefällen** abgewichen werden. Eine Abweichung ist nicht deshalb allein schon begründet, wenn sie im Anhang angegeben wird. Derartige sachlich begründete Ausnahmefälle liegen nur in Fällen vor, wenn[36]

39

1. die Abweichung unter Beachtung der Grundsätze ordnungsmäßiger Buchführung eine Verbesserung des Einblicks in die VFE-Lage der Gesellschaft vermittelt;
2. die Abweichung im JA zur Anpassung an konzerneinheitliche Bilanzierungs- und Bewertungsregelungen erfolgt;
3. die Abweichung durch eine Änderung der rechtlichen Gegebenheiten (insb. Änderung von Gesetz und Gesellschaftsvertrag/Satzung, Änderung der Rechtsprechung) veranlasst ist;
4. die Abweichung dazu dient, Ansatz- oder Bewertungsvereinfachungsverfahren in Anspruch zu nehmen;
5. die Abweichung erforderlich ist, um steuerliche Ziele zu verfolgen.

Insbesondere der 1. Durchbrechungsgrund – verbesserter Einblick in die VFE-Lage – lässt nur eine Durchbrechung der Stetigkeit dergestalt zu, dass ein Bilanzierender von „Nichtaktivierung" zu „Aktivierung" wechselt. Der umgekehrte Weg, von „Aktivierung" zu „Nichtaktivierung" zu wechseln, wird regelmäßig scheitern, da die Aktivierung von selbst geschaffenen immateriellen VG des AV gerade einen verbesserten Einblick in die VFE-Lage des Unternehmens gewährt.[37]

40

Gelingt es auch nicht, einen der anderen begründeten Ausnahmefälle für einen Wechsel von der „Aktivierung" zur „Nichtaktivierung" in Anspruch nehmen zu können, verbleiben als einzige Auswege aus der „**Ansatzfalle**" umwandlungsrechtliche Gestaltungen, z.B. Verschmelzung auf einen anderen Rechtsträger, der keine Aktivierung von selbst geschaffenen immateriellen VG des AV vornimmt.

41

---

[34] Vgl. DRS 13.7.
[35] So auch der Anspruch von DRS 13, vgl. DRS 13.3.
[36] Vgl. IDW RS HFA 38, Tz 14.
[37] Vgl. BilMoG-BgrRegE, S. 49, wonach „insbesondere innovative mittelständische Unternehmen sowie Unternehmen, die erst am Beginn ihrer wirtschaftlichen Entwicklung stehen („start up's") ... die Möglichkeit erhalten, ihre Außendarstellung zu verbessern".

> **Beispiel**
> Die gerade gegründete Start-up GmbH aktiviert in ihrem ersten JA zum 31.12.01 Entwicklungskosten nach § 248 Abs. 2 Satz 1 HGB. Die Aktivierung wird insb. vor dem Hintergrund der Außendarstellung gegenüber der finanzierenden Hausbank gewählt.
> Die Start-up GmbH ist gem. § 246 Abs. 3 HGB an die Ausübung des Aktivierungswahlrechts für Entwicklungskosten gebunden, d. h., sofern auch in Folgejahren aktivierungsfähige Entwicklungskosten anfallen, sind diese zu aktivieren. Die anfangs getroffene Entscheidung ist faktisch irreversibel. Nachdem im Zuge der Erstellung und Prüfung des JA zum 31.12.01 die Geschäftsführung die Anforderungen an internes und externes Rechnungswesen als sehr aufwendig empfunden haben, wird überlegt, wie aus der „Ansatzfalle" wieder herauszukommen ist.
> Die Gesellschafter der Start-up GmbH gründen eine beteiligungsidentische neue GmbH und verschmelzen anschließend die Start-up GmbH auf die neue GmbH. Maßgeblich für die Bilanzierung bei der neuen GmbH sind deren Bilanzierungsgrundsätze. Somit könnte über diese umwandlungsrechtliche Gestaltung faktisch von der Aktivierungspflicht aufgrund des Stetigkeitsgebots wieder zur Nichtausübung des Aktivierungswahlrechts gewechselt werden.

## 4 Explizite Ansatzverbote

### 4.1 Aufwendungen für die Gründung eines Unternehmens (Abs. 1 Nr. 1)

**42** Unter Aufwendungen für die Gründung eines Unt sind solche Aufwendungen zu verstehen, die für das **rechtliche Entstehen** des Unt erforderlich sind.
Unter das Ansatzverbot fallen somit insb. folgende Aufwendungen:[38]
- Notar- und Gerichtsgebühren,
- Kosten der Handelsregisteranmeldung und -eintragung,
- Genehmigungskosten,
- Aufwendungen für eine Gründungsprüfung,
- Gutachterkosten für die Bewertung von Sacheinlagen,
- Beratungskosten im Zusammenhang mit der Gründung (z.B. rechtliche Beratung für die Abfassung des Gesellschaftsvertrags),
- Vermittlungsprovisionen,
- Veröffentlichungskosten,
- Umgründungskosten,
- Kosten eines Formwechsels.

**43** Das Ansatzverbot bezieht sich nach dem Wortlaut des Gesetzestextes auf die gesamte Bilanz, d.h. Aktiva und Passiva. Die Aufnahme von **Gründungsaufwendungen** als Passivposten in die Bilanz (z.B. als Rückstellung oder Verbindlichkeiten aus L&L) ist gleichwohl nach den allgemeinen Grundsätzen geboten.

---

[38] Vgl. *ADS*, 6. Aufl., § 248 HGB, Rz 5.

Eine Berücksichtigung von **Gründungsaufwendungen in der Eröffnungsbilanz** einer Ges. ist dann erforderlich, wenn die Ges. nach Satzung oder Gesellschaftsvertrag bestimmte Gründungsaufwendungen zu tragen hat und diese bereits vor der Gründung von den Gründern beglichen sind.[39] Nach der hier vertretenen Auffassung sind diese Beträge als aktiver Rechnungsabgrenzungsposten in der Eröffnungsbilanz auszuweisen und im ersten Geschäftsjahr aufwandswirksam auszubuchen.[40]

44

### 4.2 Aufwendungen für die Beschaffung des Eigenkapitals (Abs. 1 Nr. 2)

Die Vorschrift bezieht sich sowohl auf die erstmalige Kapitalaufbringung bei der Gründung als auch alle späteren Maßnahmen im Rahmen von Kapitalerhöhungen.[41] Hierzu gehören insb. die Aufwendungen im Zusammenhang mit der Ausgabe von Gesellschaftsanteilen (**Emissionskosten**), **Kosten der Börseneinführung** (z. B. Bankgebühren, Kosten des Börsenprospekts) und Kosten der **Bewertung von Sacheinlagen**.

45

### 4.3 Aufwendungen für den Abschluss von Versicherungsverträgen (Abs. 1 Nr. 3)

Von dem Aktivierungsverbot werden nicht nur zugelassene Versicherungsunternehmen (§ 341 HGB) erfasst, sondern auch sonstige Personenunternehmen, die Versicherungsverträge abschließen.[42] Von dem Aktivierungsverbot unberührt bleibt das sog. **Zillmer-Verfahren**, das keine Aktivierung von Abschlusskosten, sondern eine Kürzung der Zuweisung zur Deckungsrückstellung betrifft.[43]

46

### 4.4 Selbst geschaffene Marken, Drucktitel, Verlagsrechte, Kundenlisten oder vergleichbare immaterielle Vermögensgegenstände des Anlagevermögens (Abs. 2 Satz 2)

Der Gesetzgeber wollte mit dieser Regelung eine bewusste Grenze des Aktivierungswahlrechts für selbstgeschaffene immaterielle VG des AV einziehen. Bei den diesem Ansatzverbot unterliegenden VG ist eine zweifelsfreie Zurechnung von Herstellungskosten nicht möglich, da sich regelmäßig **Abgrenzungsprobleme zum selbst geschaffenen Geschäfts- und Firmenwert** ergeben.[44]

47

Die in der Vorschrift geregelten Ansatzverbote entsprechen den Regelungen von IAS 38.63.[45]

48

---

[39] Vgl. *Hachenburg-Goerdeler,* in GmbHG, § 41 GmbHG, Anm 19.
[40] a. A.: *Förschle/Kropp/Schellhorn,* in *Budde/Förschle/Winkeljohann,* Sonderbilanzen, 4. Aufl., Abschn. D, Anm 147; WP-Handbuch, Bd. I., 14. Aufl., Rz E103.
[41] Vgl. *ADS,* 6. Aufl., § 248 HGB, Rz 8.
[42] Vgl. *Förschle/Usinger,* in Beck Bil-Komm. 9. Aufl., § 248 HGB, Rz 7.
[43] Vgl. *ADS,* 6. Aufl., § 248 HGB, Rz 27 mwN.
[44] Vgl. BilMoG-BgrRegE, S. 50; glA *Arbeitskreis „Immaterielle Werte im Rechnungswesen"* der Schmalenbach-Gesellschaft für Betriebswirtschaft e. V., DB 2008, S. 1816.
[45] Vgl. *Hoffmann,* in *Lüdenbach/Hoffmann/Freiberg,* Haufe IFRS-Kommentar, 13. Aufl., 2015, § 13, Rz 33.

49  Unter das Ansatzverbot für selbst geschaffene **Marken** fallen die Aufwendungen zur Herstellung solcher Marken. Damit sind insb. Vertriebskosten erfasst, für die ohnehin schon ein Aktivierungsverbot besteht, da diese nicht zu den Herstellungskosten rechnen (§ 255 Rz 148). Kosten für die Registrierung von Marken sind ebenfalls nicht aktivierungsfähig.

50  Selbst erstellte **Drucktitel** umfassen z. B. Aufwendungen zur Schaffung von Titeln für Zeitungen oder Zeitschriften.

51  Unter **Verlagsrechten** sind die Aufwendungen zur Schaffung derartiger Rechte (z. B. alleiniges Verwertungsrecht) zu verstehen.

52  Selbst geschaffene **Kundenlisten** unterliegen ebenfalls dem Bilanzierungsverbot. Bei diesen wird die Nähe zum selbst geschaffenen Geschäfts- oder Firmenwert besonders deutlich.

53  Der Begriff **vergleichbare immaterielle Vermögensgegenstände, die nicht entgeltlich erworben wurden**, umfasst nicht sämtliche gewerbliche Schutzrechte. Hierfür spricht insb., dass die selbst geschaffenen gewerblichen Schutzrechte ausdrücklich im Bilanzgliederungsschema erwähnt werden (§ 266 Abs. 2 A.I.1. HGB). Unter das Bilanzierungsverbot sollen vielmehr solche VG fallen, deren Ausgaben überwiegend Vertriebskostencharakter haben bzw. von diesen nicht zuverlässig abgegrenzt werden können. Als derartige vergleichbare immaterielle VG können bspw. Ausgaben für die Verbesserung vorhandener oder Schaffung neuer Kundenbeziehungen oder für die Generierung von neuen Kundenverträgen ohne Mindestabnahmeverpflichtungen genannt werden.[46]

---

[46] Vgl. *ADS International*, Abschn. 8, Rz 117.

# § 249 RÜCKSTELLUNGEN

(1) ¹Rückstellungen sind für ungewisse Verbindlichkeiten und für drohende Verluste aus schwebenden Geschäften zu bilden. ²Ferner sind Rückstellungen zu bilden für
1. im Geschäftsjahr unterlassene Aufwendungen für Instandhaltung, die im folgenden Geschäftsjahr innerhalb von drei Monaten, oder für Abraumbeseitigung, die im folgenden Geschäftsjahr nachgeholt werden,
2. Gewährleistungen, die ohne rechtliche Verpflichtung erbracht werden.

(2) ¹Für andere als die in Absatz 1 bezeichneten Zwecke dürfen Rückstellungen nicht gebildet werden. ²Rückstellungen dürfen nur aufgelöst werden, soweit der Grund hierfür entfallen ist.

WP StB CVA Klaus Bertram

| Inhaltsübersicht | Rz |
|---|---|
| 1 Überblick | 1–22 |
|   1.1 Inhalt | 1–6 |
|   1.2 Begriff und Merkmale von Rückstellungen | 7–9 |
|   1.3 Bildung und Auflösung von Rückstellungen | 10–22 |
|     1.3.1 Zeitpunkt der Rückstellungsbildung | 13–18 |
|     1.3.2 Verbrauch und Auflösung von Rückstellungen | 19–22 |
| 2 Rückstellungen für ungewisse Verbindlichkeiten (Abs. 1 Satz 1 1. Alt.) | 23–118 |
|   2.1 Ansatzvoraussetzungen | 23–47 |
|     2.1.1 Außenverpflichtung | 24–34 |
|       2.1.1.1 Grundsatz | 24–27 |
|       2.1.1.2 Privatrechtliche und öffentlich-rechtliche Verpflichtungen | 28–29 |
|       2.1.1.3 Faktische Verpflichtungen | 30–31 |
|       2.1.1.4 Nebenpflichten und Nebenleistungen | 32 |
|       2.1.1.5 Erfüllungsrückstand | 33–34 |
|     2.1.2 Rechtliche Entstehung bzw. wirtschaftliche Verursachung | 35–42 |
|     2.1.3 Wahrscheinlichkeit der Inanspruchnahme | 43–47 |
|   2.2 Pensionen und ähnliche Verpflichtungen | 48–110 |
|     2.2.1 Unmittelbare Verpflichtungen | 48–62 |
|       2.2.1.1 Arten von unmittelbaren Verpflichtungen | 48–52 |
|       2.2.1.2 Entstehung von Verpflichtungen | 53–62 |
|     2.2.2 Mittelbare Verpflichtungen | 63–72 |
|       2.2.2.1 Direktversicherungen | 65–66 |
|       2.2.2.2 Pensionskassen, Pensionsfonds, Zusatzversorgungskassen | 67–70 |
|       2.2.2.3 Unterstützungskassen | 71–72 |
|     2.2.3 Wechsel des Durchführungswegs | 73–76 |
|     2.2.4 Sonderfälle | 77–104 |

|  |  |  |  |
|---|---|---|---|
|  |  | 2.2.4.1 Passivierungswahlrecht für Altzusagen (Art. 28 EGHGB)................ | 77–94 |
|  |  | 2.2.4.2 Pensionszusagen an Nichtarbeitnehmer . | 95–97 |
|  |  | 2.2.4.3 Pensionszusagen an Gesellschafter-Geschäftsführer von Kapitalgesellschaften und Gesellschafter von Personengesellschaften...................... | 98–99 |
|  |  | 2.2.4.4 Verpflichtungen aus Insolvenzsicherung und Verwaltungskosten............. | 100–104 |
|  | 2.2.5 | Auflösung und Verbrauch von Pensionsrückstellungen..................................... | 105–110 |
| 2.3 | Umweltschutzverpflichtungen..................... | | 111–118 |
| 3 | Rückstellungen für drohende Verluste aus schwebenden Geschäften (Abs. 1 Satz 1 2. Alt.)....................... | | 119–174 |
| 3.1 | Vorbemerkung................................. | | 119 |
| 3.2 | Schwebende Geschäfte......................... | | 120–128 |
|  | 3.2.1 | Begriff...................................... | 120–122 |
|  | 3.2.2 | Beginn und Ende............................ | 123–128 |
| 3.3 | Drohende Verluste............................ | | 129–174 |
|  | 3.3.1 | Begriffsabgrenzung.......................... | 129–131 |
|  | 3.3.2 | Abgrenzung zu Verbindlichkeitsrückstellungen... | 132–134 |
|  | 3.3.3 | Vorrang von Abschreibungen................. | 135–138 |
|  | 3.3.4 | Kompensationsbereich....................... | 139–146 |
|  | 3.3.5 | Auf einmalige Leistung gerichtete Schuldverhältnisse......................................... | 147–157 |
|  |  | 3.3.5.1 Beschaffungsgeschäfte über aktivierungsfähige Vermögensgegenstände oder Leistungen............................ | 147–151 |
|  |  | 3.3.5.2 Beschaffungsgeschäfte über nicht aktivierungsfähige Leistungen................ | 152–153 |
|  |  | 3.3.5.3 Absatzgeschäfte...................... | 154–157 |
|  | 3.3.6 | Dauerschuldverhältnisse...................... | 158–171 |
|  |  | 3.3.6.1 Grundlagen.......................... | 158–160 |
|  |  | 3.3.6.2 Beschaffungsgeschäfte................. | 161–169 |
|  |  | 3.3.6.3 Absatzgeschäfte...................... | 170–171 |
|  | 3.3.7 | Ausweis in der Gewinn- und Verlustrechnung.... | 172–174 |
| 4 | Weitere Ansatzgebote (Abs. 1 Satz 2)..................... | | 175–192 |
| 4.1 | Rückstellungen für unterlassene Instandhaltung (Abs. 1 Satz 2 Nr. 1 1. Alt.)............................. | | 175–185 |
| 4.2 | Rückstellungen für Abraumbeseitigung (Abs. 1 Satz 2 Nr. 1 2. Alt.)............................................ | | 186–190 |
| 4.3 | Rückstellungen für Gewährleistungen, die ohne rechtliche Verpflichtung erbracht werden (Abs. 1 Satz 2 Nr. 2)...... | | 191–192 |
| 5 | ABC der Rückstellungen............................. | | 193–337 |
| 6 | Rückstellungsverbot für andere Zwecke (Abs. 2 Satz 1)....... | | 338 |
| 7 | Auflösung bei Wegfall des Grundes (Abs. 2 Satz 2).......... | | 339–343 |

**Ergänzendes Schrifttum**

Arbeitskreis „Steuern und Revision" im BDVB, Bilanzierungsfragen bei Urlaubsrückständen im Baugewerbe DStR 1993, S. 661; Arbeitskreis „Steuern und Revision" im Bund der Wirtschaftsakademiker e. V. (BWA): Ansatzpflicht für Rückstellungen künftiger Prüfungskosten, DStR 2013, S. 373; *Bertram/Johannleweling/Roß/Weiser,* Handelsrechtliche Bilanzierung von Altersversorgungsverpflichtungen nach IDW RS HFA 30, WPg 2011, S. 57; *Bertram/Kessler,* IDW ERS HFA 34: Mehr Sicherheit bei der Bewertung unsicherer Schulden, DB 2012, S. 985; *Bode/Hainz,* Rückstellungen für Altersteilzeitverpflichtungen in der Steuerbilanz, DB 2004, S. 2436; *Böhm/Ulbrich,* Versorgungszusagen mit gespaltener Rentenformel auf dem Prüfstand, BB 2010, S. 1341; *Breker,* Rückstellungen für latente Steuern nach § 249 HGB, WPg 2012, Heft 7, S. 1; *Briese,* Auslagerung von Pensionsanwartschaften auf Pensionsfonds, BB 2009, S. 2733; *Buettner/Lorson/Melcher,* Bilanzierung von Pensionsverpflichtungen und Planvermögen nach BilMoG, KoR 2009, S. 461; *Dernberger/Matthias,* Pensionsrückstellungen nach dem BilMoG: Diskussion der möglichen Bewertungsverfahren und Prämissen, BetrAV 2008, S. 571; *Dziadkowski,* Passivierung von Rückstellungen für Verrechnungspreisdokumentationen, FR 2013, S. 777; *Endert,* Branchenspezifische Rückstellungen von Anlageberatern und Versicherungsmaklern, DB 2011, S. 2164; *Endert,* Bildung einer Rückstellung für Bestandspflege bei Versicherungsverträgen, DStR 2011, S. 2280; *Engel-Civic/Moxter,* Das umstrittene Rückstellungskriterium der wirtschaftlichen Verursachung in der jüngeren Rechtsprechung, BB 2012, S. 1143; *Eppinger,* Zur Bilanzierung von Urlaubsrückstellungen im Lichte der aktuellen arbeitsrechtlichen Rechtsprechung, DB 2010, S. 9; *Eppinger/Frick,* Bilanzierung von Urlaubsrückstellungen – Geltendmachung akkumulierter Ansprüche langzeiterkrankter Arbeitnehmer zeitlich begrenzt, DB 2012, S. 132; *Euler,* Passivierungszeitpunkt von Rückstellungen – neuere Entwicklungen in der BFH-Rechtsprechung, BB 2014, S. 2475; *Feldmann,* Rückstellungen für Urlaubsverpflichtungen in der Bauwirtschaft FR 1993, S. 190; *Fey/Ries/Lewe,* Ansatzstetigkeit nach BilMoG für Pensionsverpflichtungen i. S. d. Art. 28 EGHGB, BB 2010, S. 1011; *Fey/Ries/Lewe,* Handelsrechtliche Bilanzierung von Pensionsverpflichtungen – Erfahrungen mit der BilMoG-Umstellung, BB 2012, S. 823; *Funk/Müller,* Produzenten- und Produkthaftungsrückstellungen nach HGB und IFRS, BB 2010, S. 2163; *Geilenkothen/Krönung/Lucius,* HGB-Bilanzierung von Altersteilzeitverpflichtungen nach IDW RS HFA 3 n. F. – Update zu BB 2012, S. 2103, BB 2013, S. 1899; *Gohdes,* BilMoG und Pensionen: Können Unstimmigkeiten noch beseitigt werden?, KoR 2009, S. 187; *Groh:* Verbindlichkeitsrückstellung und Verlustrückstellung: Gemeinsamkeiten und Unterschiede, BB 1988, S. 27; *Groß/Matheis/Lindgens,* Rückstellung für Kosten des Datenzugriffs der Finanzverwaltung, DStR 2003, S. 921; *Hageböke,* Rückstellungen für „Mehrerlösabschöpfungen" bei Energieversorgungsnetzbetreibern, DB 2011, S. 1480 (Teil 1), S. 1543 (Teil 2); *Hagermann/Oecking/Wunsch,* Pensionsverpflichtungen nach dem BilMoG – und was das IDW dazu zu sagen hat, DB 2010, S. 1021; *Happe,* Urlaubsrückstellungen (nicht nur) bei abweichendem Wirtschaftsjahr, BBK 5/2010, S. 225; *Hausen,* Die Bilanzierung von Versorgungsverpflichtungen aus Sicht des Wirtschaftsprüfers, BetrAV 2010, S. 36; *Heger/Weppler,* Anmerkungen zur Bilanzierung betrieblicher Altersversorgung nach dem BilMoG-Gesetzentwurf, DStR 2009, S. 239; *Heger/*

*Weppler,* Pensionsverpflichtungen bei Mitgliedschaft in einer Zusatzversorgungskasse: Bilanzierung nach HGB, IFRS und BilMoG-Entwürfen, BB 2008, S. 1383; *Hennrichs,* Rückstellung für eine ausschließlich gesellschaftsvertraglich begründete Pflicht zur Jahresabschlussprüfung, StuW 2015, S. 65; *Herzig/Köster,* Die Rückstellungsrelevanz des neuen Umwelthaftungsgesetzes, DB 1991, S. 58; *Herzig/Lieckenbrock,* Bilanzierung von Steuerrückstellungen nach BilMoG und IDW RS HFA 34, DB 2013, S. 409; HFA, Bilanzielle Behandlung von Defiziten auf Arbeitszeitkonten, IDW-FN 2009, S. 322; HFA, Bilanzielle Konsequenzen des Tarifvertrags zum flexiblen Übergang in die Rente (TV FlexÜ), IDW-FN 2009, S. 62; HFA, Pensionssicherungsverein: Auswirkungen des geänderten Betriebsrentengesetzes (BetrAVG) auf die Rechnungslegung nach HGB und IFRS, IDW-FN 2007, S. 108; HFA, Rückstellungspflicht für den ERA-Anpassungsfonds, IDW-FN 2004, S. 38, 305; HFA, Zur bilanziellen Behandlung von Leistungsverpflichtungen aus Vorruhestandsregelungen, WPg 1984, S. 331; HFA, Zur Bilanzierung von Rückstellungen für Jubiläumszuwendungen, WPg 1994, S. 27; *Höfer/Rhiel/Veit,* Die Rechnungslegung für betriebliche Altersversorgung im Bilanzrechtsmodernisierungsgesetz (BilMoG), DB 2009, S. 1605; *Hruby,* Ansatz von Rückstellungen für Mehrerlösabschöpfung in der Handels- und Steuerbilanz, DStR 2010, S. 127; *Hütz,* Rückstellung für drohende Verluste aufgrund mangelnder Nutzungsmöglichkeiten eines Erbbaurechts in Steuerbilanz und Vermögensaufstellung? StBP 1983, S. 5; IDW, Bilanzsteuerliche Behandlung der Verpflichtung zur Gewährung von Jahresurlaub, WPg 1992, S. 330; IDW, Ertragsteuerliche Fragen im Zusammenhang mit der Sanierung schadstoffverunreinigter Wirtschaftsgüter, WPg 1992; *Johannleweling,* BilMoG aus Sicht der betrieblichen Altersversorgung, BetrAV 2008, S. 769; *Kanitz, Graf von,* Die Bedeutung der Rückstellungspflicht nach § 249 Abs. 1 Satz 1 HGB für den Ausweis passiver latenter Steuern – eine Bestandsaufnahme, WPg 2011, S. 895; *Karrenbrock,* Passive latente Steuern als Verbindlichkeitsrückstellungen – Diskussion der BStBK-Verlautbarung zum Ausweis passiver latenter Steuern in der Handelsbilanz, BB 2013, S. 235; *Kessler/Leinen,* Bestrittene Steuerschulden in der Bilanz nach IFRS und HGB, WPg 2013, S. 67; *Kompenhans/Devlin/Roß,* Erhöhung der Pensionsrückstellungen durch die Zinsschmelze, DB 2013, S. 297; *Klemm,* Contractual Trust Arrangements: Neue bilanzielle und lohnsteuerliche Entwicklungen, DStR 2005, S. 1291; *Korfmann,* Handelsbilanzielle Behandlung von betrieblicher Altersversorgung nach dem BilMoG, Steuerjournal 16–17/2009, S. 28; *Kossow,* Neuentwicklung bei der Bilanzierung von Rücknahmeverpflichtungen im Automobilhandel, StuB 2010, S. 174; *Küppers/Louven,* Outsourcing und Insolvenzsicherung von Pensionsverpflichtungen durch Contractual „Trust" Arrangements (CTA's), BB 2004, S. 337; *Küting/Kessler,* Bilanzielle Auslagerung von Pensionsverpflichtungen nach HGB und den IFRS durch ein Contractual Trust Arrangement, DB 2009, S. 1717; *Küting/Kessler,* Rückbauverpflichtungen im Spiegel der nationalen und internationalen Bilanzierung, PiR 2007, S. 308; *Küting/Kessler/Cassel/Metz,* Die bilanzelle Würdigung bestandsunsicherer Schadenersatzverpflichtungen nach IFRS und HGB, WPg 2010, S. 315; *Küting/Kessler/Keßler,* Das Bilanzrechtsmodernisierungsgesetz (BilMoG): Moderne Bilanzierungsvorschriften für die betriebliche Altersversorgung? – Auswirkungen auf die bilanzielle Abbildung von Pensionsverpflichtungen deutscher Unternehmen, WPg 2008, S. 494; *Küting/Kessler/Keßler,* Der

Regierungsentwurf des Bilanzrechtsmodernisierungsgesetzes (BilMoG-RegE): Zwei Schritte vor, ein Schritt zurück bei der bilanziellen Abbildung der betrieblichen Altersversorgung, WPg 2008, S. 748; *Löcher/Sartoris*, Entwurf einer IDW_Stellungnahme zur handelsrechtlichen Bilanzierung von Altersversorgungsverpflichtungen – Klarheit und neue Fragen, BetrAV 2010, S. 45; *Löcher/Sartoris*: Die Auswirkungen des Bilanzrechtsmodernisierungsgesetzes (BilMoG) auf die Bilanzierung von Pensionsverpflichtungen, BetrAV 2008, S. 641; *Lucius/Thurnes*, Bilanzierung von Altersversorgungsverpflichtungen in der HB nach IDW RS HFA 30 – Update zu BB 2010, 235, BB 2010, S. 3014; *Lüdeke*, Bildung von Rückstellungen für EU-Geldbußen, BB 2004, S. 1436; *Meyer-Schell/Zimmermann*, Die Neuregelung der Rückstellungsbilanzierung im Spiegel der betrieblichen Altersversorgung, StuB 2008, S. 18; *Moxter*, Die BFH-Rechtsprechung zu den Wahrscheinlichkeitsschwellen bei Schulden, BB 1998, S. 2464; *Moxter*, Neue Ansatzkriterien für Verbindlichkeitsrückstellungen?; DStR 2004, S. 1057 (Teil I), S. 1098 (Teil II); *Münstermann/Gnädinger*, Drohverlustrückstellungen bei Serienaufträgen in der Automobilzulieferindustrie, PiR 2012, S. 110; *Münstermann/Gnädinger*, Fallstudie zu Drohverlustrückstellungen in der Automobilzuliefererindustrie, PiR 2012, S. 137; *Oser*, Keine Rückstellung für eine ausschließlich durch den Gesellschaftsvertrag begründete Pflicht zur Prüfung des Jahresabschlusses, DStR 2014, S. 2309; *Oser/Wirtz*, Rückstellungsreport 2014, StuB 2015, S. 3; *Osterloh-Konrad*, Rückstellungen für Prozessrisiken in Handels- und Steuerbilanz – Kriterien der Risikokonkretisierung und ihre Anwendung auf die Prozesssituation, DStR 2003, S. 1631 (Teil I), S. 1675 (Teil II); *Passarge*, Aktuelle Fragen zur Auslagerung von Pensionsverpflichtungen mittels Contractual Trust Agreements, DB 2005, S. 2746; *Prinz*, Akzentverschiebung bei umweltbezogenen Anpassungsrückstellungen in der BFH-Rechtsprechung, DB 2013, S. 1815; *Prinz*, Abschied vom subjektiven Fehlerbegriff für steuerbilanzielle Rechtsfragen – Anmerkungen zum BFH-Beschluss vom 31.1.2013, WPg 2013, S. 650; *Reinhard/Luchtenberg*, Gut oder schlecht gezillmert – Die Anforderung des Betriebsrentengesetzes an gezillmerte Versicherungstarife, BB 2010, S. 1277; *Riewe*, Der privatrechtliche Insolvenzschutz in der betrieblichen Altersversorgung, DB 2010, S. 784; *Rößler*, Contractual Trust Arrangements – eine rechtliche Bestandsaufnahme, BB 2010, S. 1405; *Schmidtmeier/Oser/Zajontz*, Sonstige Rückstellungen in der Bilanzierungspraxis mittelständischer Konzerne, IStR 2012, S. 1467; *Schönherr/Krüger*, Passivierung angeschaffter Rückstellungen und Verbindlichkeiten: Realisationsprinzip als oberstes Gebot, DStR 2012, S. 829; *Schüttler/Berthold*, Rückstellungen für Zulassungskosten eines Pflanzenschutzmittels, DStR 2011, S. 2485; *Schustek*, Rückstellung für Nachbetreuungsleistungen bei Versicherungsvertretern / -maklern, DB 2015, S. 882; *Sick/Lukaschek/Binding*, Rückstellung für die Jahresabschlussprüfung – Auswirkung der ergangenen BFH-Rechtsprechung auf „Konzernfälle", DStR 2015, S. 712; *Skoluda/Meyer-Hollatz*, Einzelfragen zur handelsrechtlichen Bilanzierung von Verbindlichkeitsrückstellungen, StuB 2012, S. 343; *Thaut*, Die Bilanzierung von Aufstockungsleistungen bei Altersteilzeit nach IFRS und HGB, DB 2013, S. 241; *Venrooy*, HB-Rückstellungen wegen Patentverletzungen, StuW 1991, S. 28; *Vollmer/Nick*, Die Zulässigkeit von Pauschalrückstellungen für Produkthaftpflichtrisiken, DB 1985, S. 53; *Waldmüller/Karwe*, Pensionsverpflichtungen bei Betriebsübergang nach Insolvenz: Berechnung der Verpflichtung, BB 2010,

S. 879; *Weber*, Bilanzierung von Rückstellungen für Erfolgsprämien im Fußball, StuB 2013, S. 778; *Wehrheim/Rupp*, Die Passivierung von Rückstellungen für Innenverpflichtungen nach Inkrafttreten des BilMoG, DStR 2010, S. 821; *Weigl/ Weber/Costa*: Die Bilanzierung von Rückstellungen nach dem BilMoG, BB 2009, S. 1062; *Weinand/Oldewartel/Wolz*, Rückstellungen nach BilMoG, KoR 2011, S. 161; *Wellisch/Gellrich/Quiring*, Besteuerung, Bilanzierung und Finanzierung der Auslagerung von Direktzusagen auf Pensionsfonds, BB 2010, S. 623; *Wellisch/Machill*, Bilanzierung von Wertkonten nach dem BilMoG, BB 2009, S. 1351; *Welter/Ballwieser*, BFH zu Rückstellungen für Kostenüberdeckung – Auswirkungen auf Mehrerlösabschöpfung, periodenübergreifende Saldierung und Regulierungskonto?, DStR 2013, S. 1492; *Wenk/Jagosch*, Personalmaßnahmen in der Krise – Bilanzielle Abbildung nach HGB und IFRS, DStR 2009, S. 1712; *Wulf*, Ansatz von sonstigen Rückstellungen nach HGB und IFRS, PiR 2012, S. 77; *Zimmermann*, Der Entwurf des Bilanzrechtsmodernisierungsgesetzes – Auswirkungen auf die betriebliche Altersversorgung – aus Sicht der Wissenschaft, BetrAV 2008, S. 578; *Zwirner*, Besonderheiten der Behandlung von Altersteilzeitvereinbarungen nach BilMoG, BB 2011, S. 619; *Zwirner*, Bilanzielle Behandlung von Beihilferückstellungen nach BilMoG, WPg 2012, S. 198; *Zwirner/Künkele*, Rückstellungen für Betriebsprüfungen im Zusammenhang mit GDPdU, BRZ 2009, S. 113.

# 1 Überblick

## 1.1 Inhalt

1 § 249 HGB ist eine für alle nach HGB rechnungslegungspflichtige Kfl. gültige Vorschrift. Neben dem JA ist die Vorschrift über § 298 Abs. 1 HGB auch für den KA anzuwenden.

2 § 247 Abs. 1 HGB schreibt vor, dass in der Bilanz Schulden auszuweisen sind. Unter dem Begriff Schulden werden neben Verbindlichkeiten auch Rückstellungen erfasst (§ 247 Rz 111). Zur Abgrenzung von Verbindlichkeiten und Rückstellungen vgl. § 247 Rz 116.

3 § 249 HGB regelt die Vorschriften für den **Ansatz** von Rückstellungen. Darüber hinaus existieren spezielle Ansatzvorschriften in §§ 341e–h HGB (sog. versicherungstechnische Rückstellungen), in § 56a VAG (Rückstellungen zur Berücksichtigung der Überschussbeteiligung der Versicherten), in § 17 DMBilG sowie in den Übergangsregelungen gem. Art. 28, Art. 66 Abs. 3, 5, 7, Art. 67 Abs. 1, 3, 5 EGHGB.

4 Die **Bewertung** von Rückstellungen beruht auf § 253 Abs. 1, 2 HGB unter Berücksichtigung der Übergangsregelungen gem. Art. 66 Abs. 3, 5, 7, Art. 67 Abs. 1, 4, 5, 6 EGHGB.

5 § 266 Abs. 3 HGB enthält Regelungen zum **Ausweis** von Rückstellungen in der Bilanz von KapG und KapCoGes. § 277 Abs. 5 HGB enthält Regelungen zum GuV-Ausweis von Erträgen bzw. Aufwendungen aus der Abzinsung von Rückstellungen. Die für Rückstellungen erforderlichen Anhangangaben finden sich in §§ 284 Abs. 2 Nr. 1, 285 Nrn. 12, 24 HGB sowie Art. 28 Abs. 2, Art. 66 Abs. 2, 3, 5, Art. 67 Abs. 1, 2, 8 EGHGB.

6 Die in § 251 HGB geregelten **Haftungsverhältnisse** können bei entsprechender Konkretisierung zur Bildung von Rückstellungen führen (§ 251 Rz 47).

## 1.2 Begriff und Merkmale von Rückstellungen

Aus betriebswirtschaftlicher Sicht sind die statische und die dynamische Bilanzauffassung zu unterscheiden. Die **statische** Bilanzauffassung stellt die vollständige Abbildung der Verpflichtungen des Unt in den Vordergrund. Der Ausweis von Verbindlichkeitsrückstellungen ist nach dieser Sichtweise dann geboten, wenn zwar noch keine Verbindlichkeit vorliegt, am Abschlussstichtag aber bereits eine Verpflichtung gegenüber Dritten besteht oder zumindest nach den Grundsätzen einer vorsichtigen Bilanzierung (§ 252 Abs. 1 Nr. 4 HGB) von dem Bestehen einer Verpflichtung ausgegangen werden muss. Dieses Abstellen auf den Schuldcharakter der Rückstellung zeigt sich auch darin, dass eine Schuld nach dieser Sichtweise bereits dann vorliegt, wenn sie wirtschaftlich begründet ist, ohne dass dem Gläubiger ein Anspruch zustehen muss.

Die **dynamische** Bilanzauffassung stellt demgegenüber auf den zutreffenden Erfolgsausweis ab, d.h., die zutreffende Periodisierung nach dem Verursachungsprinzip steht hier im Vordergrund. Der dynamische Rückstellungsbegriff ist demzufolge weiter gefasst als der statische. Er beinhaltet nicht nur Verbindlichkeitsrückstellungen, sondern auch die Periodisierung von stoßweise anfallenden Ausgaben (z.B. Großreparaturen). Seit dem BilMoG hat der dynamische Rückstellungsbegriff deutlich an Bedeutung verloren, was sich insb. an dem Wegfall der sog. Aufwandsrückstellung (§ 249 Abs. 2 HGB aF) zeigte. Gleichwohl hat die dynamische Bilanzauffassung unverändert Einfluss in das deutsche Bilanzrecht, wie sich z.B. bei der Periodisierung von Rückstellungen für Rückbauverpflichtungen zeigt (§ 253 Rz 61).

Der Ansatz von Rückstellungen nach § 249 HGB kann entsprechend in Außen- und Innenverpflichtungen[1] unterschieden werden, wie Tab. 1 verdeutlicht.

| Ansatz von Rückstellungen nach § 249 HGB ||
|---|---|
| Außenverpflichtungen | Innenverpflichtungen |
| – Ungewisse Verbindlichkeiten (Abs. 1 Satz 1 1. Alt.) | – Unterlassene Instandhaltungsaufwendungen, die im folgenden Geschäftsjahr innerhalb von drei Monaten nachgeholt werden (Abs. 1 Satz 2 Nr. 1 1. Alt.) |
| – Drohende Verluste aus schwebenden Geschäften (Abs. 1 Satz 1 2. Alt.) | – Unterlassende Abraumbeseitigung, die im folgenden Geschäftsjahr nachgeholt wird (Abs. 1 Satz 2 Nr. 1 2. Alt.) |
| – Gewährleistungen, die ohne rechtliche Verpflichtung erbracht werden (Abs. 1 Satz 2 Nr. 2) | |

Tab. 1: Ansatz von Rückstellungen

---

[1] Zur Passivierung von Innenverpflichtungen nach Inkrafttreten des BilMoG vgl. *Wehrheim/Rupp*, DStR 2010, S. 821.

## 1.3 Bildung und Auflösung von Rückstellungen

**10** Auch für Rückstellungen gelten die Grundsätze der Inventur (§ 240 Rz 5), da der JA sämtliche Schulden und damit auch Rückstellungen enthalten muss (§ 246 Abs. 1 HGB). Es ist daher zu jedem Abschlussstichtag eine **Inventur der Risiken** vorzunehmen, was je nach Unternehmensgröße entsprechende organisatorische Voraussetzungen erfordert. Gerade bei Rückstellungen besteht nämlich die Gefahr, dass die Vollständigkeit nicht alleine durch den für die Aufstellung des JA Verantwortlichen (z. B. kfm. Leiter) gewährleistet werden kann.

**11** Vielmehr sind unternehmensweit Untersuchungen betreffend rückstellungsrelevanter Sachverhalte anzustellen, die in allen Funktionsbereichen des Unt (z. B. Einkauf, Produktion, Verkauf) sowie den sonstigen Unternehmensabteilungen (z. B. F&E, Personalabteilung, Rechtsabteilung, Immobilienverwaltung) auftreten können. Derartige Untersuchungen können z. B. hinsichtlich folgender möglicher Rückstellungsgründe geboten sein (Aufzählung nicht abschließend):
- ausstehende Rechnungen für erhaltene L&L,
- Rechtsstreitigkeiten,
- behördliche Auflagen,
- drohende Verluste aus Beschaffungs- und Absatzgeschäften oder aus Dauerschuldverhältnissen,
- Personalaufwendungen (Urlaubsrückstände, Tantieme, Altersteilzeit, Pensionszusagen).

**12** Zur organisatorischen Verankerung der Risikoinventur kann es sinnvoll sein, sich an einem Rückstellungskatalog zu orientieren (Rz 193 ff.).

### 1.3.1 Zeitpunkt der Rückstellungsbildung

**13** Eine Rückstellung ist immer dann im JA zu berücksichtigen, wenn eines der in § 249 HGB genannten Ansatzgebote vorliegt (vgl. hierzu Abschnitte 2–4). Die Höhe der Rückstellung ist unbeachtlich, d. h., es gibt (derzeit) keinen **Wesentlichkeitsgrundsatz**. Ein Weglassen einer der Höhe nach für die VFE-Lage unbedeutenden Rückstellung ist somit ein Verstoß gegen § 246 HGB, unabhängig davon, ob dies zu einer Einschränkung des BSV des AP führt.[2] Durch die neugefasste EU-Bilanzrichtlinie[3] wird auch im Bereich der Rechnungslegung ein Wesentlichkeitsgrundsatz kodifiziert werden (Art. 6 Abs. 1 lit. j) EU-Bilanzrichtlinie). Die Umsetzung in deutsches Recht ist allerdings bislang nicht erfolgt.

**14** Der Abgrenzung zwischen **werterhellenden** und **wertbegründenden Tatsachen** (§ 252 Rz 55) kommt beim Ansatz von Rückstellungen oftmals besondere Bedeutung zu.

**15** Der Kaufmann hat in seiner Bilanz Rückstellungen nur für solche Gründe aufzunehmen, von denen er bis zum Tag der Aufstellung der Bilanz Kenntnis

---

[2] GlA: *ADS*, 6. Aufl., § 249 HGB, Rz 46, a. A.: BFH, Urteil v. 18.1.1995, I R 44/94, BStBl 1995 II S. 743.

[3] RL 2013/34/EU des Europäischen Parlaments und des Rates vom 26.6.2013 über den Jahresabschluss, den konsolidierten Abschluss und damit verbundene Berichte von Unternehmen bestimmter Rechtsformen und zur Änderung der RL 2006/43/EG des Europäischen Parlaments und des Rates und zur Aufhebung der RL 78/660/EWG und 83/349/EWG des Rates, Abl. EU v. 29.6.2013, L 182/19.

hat. Dabei umfasst der Begriff Kaufmann in diesem Sinne auch den Kenntnisstand der Mitarbeiter des Kaufmanns, nicht allein des für die Aufstellung des JA Verantwortlichen (GF, Vorstand).

> **Beispiel**
> Im November 01 hat ein Kunde gegenüber dem Vertriebsmitarbeiter eines Generatorenherstellers eine Schadensersatzforderung wegen eines mangelhaft gelieferten Produkts geltend gemacht. Der Vertriebsmitarbeiter informiert seinen Vorgesetzten. Aufgrund vorgelegter Unterlagen und diverser geführter Telefonate erkennt das Unt P im März 02 eine Schadensersatzzahlung i. H. v. 100 EUR an. Der für die Aufstellung des JA 01 verantwortliche GF des Generatorenherstellers hat von dem Vorgang bis zum Tag der Aufstellung des JA zum 31.12.01 (15.2.02) keine Kenntnis von dem Vorgang und im JA 01 auch keine Rückstellung berücksichtigt.
> **Lösung**
> Der den JA aufstellende Kfm. ist der Generatorenhersteller P. Die Nichtkenntnis des GF von dem Vorgang ist unbeachtlich. Es liegt bis zum Tag der Aufstellung des JA (15.2.02) ein rückstellungsrelevanter Sachverhalt vor, der im JA zu berücksichtigen ist.

Der bei Aufstellung des JA maßgebende Kenntnisstand des Kfm. kann sich im Nachhinein als objektiv falsch herausstellen, ohne dass dadurch die Ordnungsmäßigkeit des JA beeinträchtigt ist. **16**

> **Beispiel**
> Im März 02 meldet sich ein Kunde bei dem Vertriebsmitarbeiter eines Generatorenherstellers und teilt ihm mit, dass aufgrund eines im Dezember 01 gelieferten schadhaften Generators ein Schadensersatz geltend gemacht wird. Es handele sich um einen versteckten Mangel, der erst nach mehreren Testläufen entdeckt wurde, weshalb der Mangel erst im März angezeigt werden konnte. Der JA zum 31.12.01 des Generatorenherstellers wurde am 15.2.02 aufgestellt, ohne dass eine Berücksichtigung einer Rückstellung für den Sachverhalt erfolgte. Bei Auslieferung des Generators im Dezember 01 hatten die Mitarbeiter des Generatorenherstellers keinen Mangel an dem Generator festgestellt. Nach Prüfung des Vorgangs wird im April 02 der Mangel zugestanden und dem Kunden ein Schadensersatzanspruch i. H. v. 100 EUR zugesprochen.
> **Lösung**
> Der Kfm. konnte bei Aufstellung der Bilanz nicht wissen, dass der ausgelieferte Generator mangelhaft war. Der JA zum 31.12.01 ist nicht zu beanstanden.

17 Die vom Großen Senat des BFH jüngst erfolgte Aufgabe des subjektiven Fehlerbegriffs[4] bezieht sich nur auf die Anwendung von Rechtsfragen, nicht aber auf die Ausübung von Ermessensentscheidungen.[5] Sachverhaltsfragen betreffen gerade im Bereich der Rückstellungen häufig die Vornahme von Schätzungen und Prognosen, die naturgemäß mit Unsicherheit behaftet sind. Wenn der Bilanzierende somit im Zeitpunkt der Feststellung des JA eine vertretbare Auffassung seiner Bilanzierung zugrunde legt, so kann dies nicht im Nachhinein z.B. wegen einer ergangenen Gerichtsentscheidung zu einem fehlerhaften JA führen. Dieses Verständnis trägt auch dem Vertrauen der Öffentlichkeit in die Bestandskraft des festgestellten JA Rechnung.[6]

Ändern sich dagegen durch Gerichtsurteile objektiv die Anwendung von Rechtsfragen, muss dies prospektiv vom Bilanzierenden berücksichtigt werden, d.h. am nächsten Abschlussstichtag muss diese neue Rechtsauffassung der Bilanzierung der Rückstellungen zugrunde gelegt werden.

> **Beispiel**
> Eine GmbH bildet im JA zum 31.12.01 eine Rückstellung für drohende Verluste aus einem Dauerschuldverhältnis (noch fünf Jahre laufender Mietvertrag, die Räumlichkeiten werden vom Kfm. nicht mehr benötigt). In die Bewertung der Rückstellung bezieht die GmbH entsprechend der h.M. Vollkosten, d.h. auch zurechenbare Gemeinkostenanteile, ein.
> Der JA zum 31.12.01 wird am 25.3.02 aufgestellt und am 30.3.02 von der GesV festgestellt. Im Mai 02 fällt der BGH die Entscheidung, dass im Rahmen der Bewertung von Drohverlustrückstellungen nur direkt zurechenbare Einzelkosten zu berücksichtigen seien (Anm: Es handelt sich um ein fiktives Beispiel!). Der festgestellte JA zum 31.12.01 ist nicht fehlerhaft und es besteht keine Notwendigkeit der Korrektur des JA. Bei Aufstellung des JA 02 ist allerdings die neue Rechtsprechung des BGH zu berücksichtigen und die Rückstellung nunmehr ausschließlich unter Rückgriff auf die zurechenbaren Einzelkosten zu bewerten.

18 In der HB sind Rückstellungen, für die ein Ansatzgebot existiert, im letzten noch nicht festgestellten JA ergebnismindernd nachzuholen. Soweit eine Rückstellung fehlerhaft im Vorjahresabschluss nicht berücksichtigt wurde, ist ggf. zu prüfen, ob Nichtigkeit vorliegt.[7] In diesem Fall muss eine Rückwärtsberichtigung aller betroffenen JA erfolgen, in denen die Rückstellung fehlerhaft nicht enthalten ist.[8] Liegt dagegen keine Nichtigkeit vor, genügt eine Berichtigung in laufender Rechnung.

---

[4] Vgl. BFH, Beschluss v. 13.1.2013, BStBl 2013 II S. 317.
[5] Vgl. zur Auswirkung des vom Großen Senat des BFH am 31.1.2013 getroffenen Beschlusses zur Aufgabe des subjektiven Fehlerbegriffs hinsichtlich der Anwendung von Rechtsfragen auf die HB: *HFA*, IDW-FN 2013, S. 358 sowie *Prinz*, WPg 2013, S. 650.A.A.: *Weber-Grellet*, DStR 2013, S. 729, 732–733.
[6] Vgl. HFA, IDW-FN 2013, S. 359.
[7] Vgl. hierzu *Hommel*, in *Baetge/Kirsch/Thiele*, Bilanzrecht, § 249 HGB, Rz 331 ff.
[8] Vgl. IDW RS HFA 6, Tz 15 ff.

## 1.3.2 Verbrauch und Auflösung von Rückstellungen

Im Vorjahr ausgewiesene Rückstellungen sind im Folgejahr bei Anfall der durch die Rückstellung antizipierten Aufwendungen zu verbrauchen. **Verbrauch** einer Rückstellung bedeutet, dass die im Vorjahr gebildete Rückstellung in Anspruch genommen wird. Die im Folgejahr anfallenden Aufwendungen werden demgemäß nicht aufwandswirksam in die GuV, sondern direkt gegen die Rückstellung gebucht.

> **Beispiel**
> In Jahr 01 wird eine sonstige Rückstellung für ausstehende Gerichtsgebühren aus einem Klageverfahren i. H. v. 100 EUR gebildet. Tatsächlich fallen im Jahr 02 Kosten i. H. v. 90 EUR an. Der nicht benötigte Teil der Rückstellung von 10 EUR wird als Ertrag aus der Auflösung von Rückstellungen in den sonstigen betrieblichen Erträgen erfasst.
>
> | Datum | Konto | Soll | Haben |
> |---|---|---|---|
> | | Sonstige Rückstellungen | 100 | |
> | | Sonstige Verbindlichkeiten | | 90 |
> | | Sonstige betriebliche Erträge | | 10 |

In der Praxis wird von dieser „idealtypischen" Vorgehensweise vielfach abgewichen, indem trotz Bestehens einer im Vorjahr gebildeten Rückstellung der anfallende Aufwand (zunächst) erfolgswirksam als Aufwand gegen Kreditor gebucht wird. Die Neutralisierung dieses (nochmaligen) Aufwands erfolgt erst bei Aufstellung des JA bei Vornahme der Abschlussbuchungen, bei denen der unterjährig gebuchte Aufwand gegen die Rückstellung neutralisiert wird.

> **Beispiel**
> Im Jahr 01 wird für eine ausstehende Rechnung für im Dezember 01 durchgeführte Wartungsarbeiten eine Verbindlichkeitsrückstellung gebildet. Im März 02 – nachdem der JA 31.12.01 bereits aufgestellt und geprüft ist – geht die Rechnung in der Buchhaltung ein und wird vom Kreditorenbuchhalter wie eine laufende Rechnung des aktuellen Jahres kreditorisch gebucht. Bei Aufstellung des JA zum 31.12.02 korrigiert der Leiter Rechnungswesen diesen Aufwand des Jahres 02 und bucht den Verbrauch der Rückstellung.
>
> | Datum | Konto | Soll | Haben |
> |---|---|---|---|
> | Jahr 01 | Sonstige betriebliche Aufwendungen | 100 | |
> | | Sonstige Rückstellungen | | 100 |
> | Jahr 02 | Sonstige betriebliche Aufwendungen | 100 | |
> | | Sonstige Vermögensgegenstände (Vorsteuer) | 19 | |
> | | Sonstige Rückstellungen | 100 | |
> | | Verbindlichkeiten aus L&L | | 119 |
> | | Sonstige betriebliche Aufwendungen | | 100 |

21  Lassen sich für eine im Vorjahr gebildete Rückstellung die im Folgejahr angefallenen Aufwendungen nicht im Detail identifizieren, weil z.B. eine Vielzahl von Aufwandskonten betroffen ist, kann anstelle der dargestellten Buchung ohne Berührung der GuV auch ein Bruttoausweis in der GuV in Betracht kommen, indem die Aufwendungen ergebnismindernd in der GuV enthalten sind, aber durch einen korrespondierenden Ertragsposten (**Erträge aus dem Verbrauch von Rückstellungen**) neutralisiert werden (§ 275 Rz 84).

22  Die **Auflösung** einer Rückstellung bedeutet demgegenüber, dass die im Vorjahr gebildete Rückstellung mangels Anfall entsprechender Aufwendungen ganz oder teilweise nicht mehr benötigt wird. Zur Zulässigkeit der Auflösung von Rückstellungen vgl. Rz 339.

> **Beispiel**
>
> Im JA für Jahr 01 wird eine Rückstellung für einen Rechtsstreit gebildet, die nach Rücksprache mit dem beauftragten Rechtsanwalt i.H.v. 100 EUR bewertet wird. Im Jahr 02 wird der Rechtsstreit gerichtlich entschieden. Das Unt wird zur Zahlung von 70 EUR verurteilt, daneben fallen Gerichts- und Beratungskosten i.H.v. 10 EUR an.
>
> I. H. v. 80 EUR wird die Vorjahresrückstellung verbraucht, der nicht benötigte Teil von 20 EUR wird aufgelöst.
>
> | Datum | Konto | Soll | Haben |
> |---|---|---|---|
> | Jahr 01 | Sonstige betriebliche Aufwendungen | 100 | |
> | | Sonstige Rückstellungen | | 100 |
> | Jahr 02 | Sonstige Rückstellungen | 100 | |
> | | Sonstige Verbindlichkeiten | | 80 |
> | | Sonstige betriebliche Erträge | | 20 |

## 2 Rückstellungen für ungewisse Verbindlichkeiten (Abs. 1 Satz 1 1. Alt.)

### 2.1 Ansatzvoraussetzungen

23  Eine Rückstellung für **ungewisse Verbindlichkeiten** ist für am Abschlussstichtag bestehende Außenverpflichtungen des Bilanzierenden anzusetzen, bei denen **das Bestehen und/oder die Höhe** der Verpflichtung ungewiss ist.[9]

#### 2.1.1 Außenverpflichtung

##### 2.1.1.1 Grundsatz

24  Die Verpflichtung muss gegenüber einem Dritten bestehen. Reine Innenverpflichtungen, die sich der Bilanzierende selbst auferlegt, fallen nicht hierunter. Jedoch werden oftmals Kombinationen aus Drittverpflichtung und Eigeninteresse des

---

[9] Vgl. *ADS*, 6. Aufl., § 249 HGB, Rz 42.

Kaufmanns auftreten. In diesen Fällen reicht die Außenverpflichtung aus, die Rückstellungsverpflichtung als ungewisse Verbindlichkeit zu begründen.[10]

> **Beispiel**
> Ein Maschinenbauunternehmen ist wegen Korruptionsverdachts bei Auftragsvergaben von einer Behörde verklagt worden. Der Fall ist in der Öffentlichkeit durch mehrere Zeitungsartikel bekannt gemacht worden.
> Durch das eingeleitete Klageverfahren besteht eine Außenverpflichtung des Maschinenbauunternehmens. Das Eigeninteresse des Maschinenbauunternehmens, den Fall möglichst rasch und „geräuschlos" zu beenden, um die negativen Folgen für die Außendarstellung des Unt zu minimieren, dürfte mindestens genauso schwerwiegend sein, wie die Außenverpflichtung. Es ist gleichwohl eine Rückstellung für ungewisse Verbindlichkeiten im JA zu berücksichtigen.

Derartige Fallkonstellationen des Zusammentreffens von Außenverpflichtung und Eigeninteresse des Bilanzierenden gibt es in vielfältiger Weise, wie nachfolgende exemplarische Aufzählung zeigt: 25
- **Garantieverpflichtungen**: Aus dem Auftragsverhältnis mit dem Kunden besteht eine vertragliche Verpflichtung. Darüber hinaus hat das Unt ein Eigeninteresse an der Erfüllung derartiger Ansprüche, da eine kulante Garantiepolitik als Werbeargument verwendet werden kann.
- Alle Arten von **Kundenbindungsprogrammen**, die (derzeitigen oder potenziellen) Abnehmern gewährt werden, um diese an das Unt zu binden.
- Tarifvertraglich vereinbarte **Lohn- und Gehaltssteigerungen**, die neben den gewerkschaftlich organisierten Arbeitnehmern auch den nicht organisierten Mitarbeitern gewährt werden, um die Motivationswirkung über alle Mitarbeiter gleichermaßen zu verteilen.
- **Drohende Inanspruchnahmen aus Patronatserklärungen oder Bürgschaften**, die das MU für das TU abgibt, wenn die Geschäftstätigkeit des TU im Interesse des MU liegt.

Die Person des Gläubigers muss allerdings nicht notwendigerweise bekannt sein. 26
Genauso wenig ist es erforderlich, dass der Gläubiger Kenntnis von seinem Anspruch hat.[11] Auch Verpflichtungen, die sich nicht aus einem konkreten Vertrag ergeben (z.B. Verpflichtungen aus Produzentenhaftung), aus unerlaubter Handlung oder aus der Verletzung fremder Schutzrechte sind Außenverpflichtungen (zu faktischen Verpflichtungen vgl. Rz 30).

Zivilrechtlich verjährte Ansprüche sind auch dann rückstellungsfähig, wenn der 27
Schuldner davon ausgeht, von der Einrede der Verjährung keinen Gebrauch zu machen.

---

10 A. A. BFH, Urteil v. 8.11.2000, I R 6/96, BStBl 2001 II S. 570. Der BFH sah im Urteilsfall trotz Vorliegens einer gesetzlichen Regelung keine hinreichende Konkretisierung der Außenverpflichtung gegeben.
11 Vgl. WP-Handbuch, Bd. I, 14. Aufl., Abschn. E, Rz 149; IDW, WPg 1994, S. 547.

## 2.1.1.2 Privatrechtliche und öffentlich-rechtliche Verpflichtungen

28 Unter Außenverpflichtungen sind sowohl privatrechtliche als auch öffentlich-rechtliche Verpflichtungen zu verstehen. **Privatrechtliche Verpflichtungen** entstehen regelmäßig aufgrund vertraglicher Grundlagen (z. B. Kaufvertrag, Gesellschaftsvertrag). Öffentlich-rechtliche Verpflichtungen entstehen auch aus vertraglichen Regelungen (z. B. im Rahmen eines öffentlich-rechtlichen Vertrags), zumeist aber aus Verwaltungsakten oder aus direkt aus dem Gesetz ableitbaren Verpflichtungen.

29 Der BFH hat bez. der Berücksichtigung von Rückstellungen für **öffentlich-rechtliche Verpflichtungen** eine zurückhaltende Auffassung, die nach der hier vertretenen Auffassung nur schwer mit dem Gedanken des § 249 HGB in Einklang zu bringen ist. Danach liegt eine rückstellungspflichtige Außenverpflichtung erst dann vor, wenn die maßgebliche Rechtsnorm eine Frist für deren Erfüllung enthält, die am Abschlussstichtag abgelaufen ist.[12] Handelsrechtlich kann diese Sichtweise nicht überzeugen. Wenn eine Rechtsnorm existiert, aus der dem Bilanzierenden Aufwendungen zur Umsetzung dieser rechtlichen Vorgaben erwachsen (z. B. Erfüllung von Umweltschutzauflagen), hat er diese als Verbindlichkeitsrückstellung auszuweisen.

## 2.1.1.3 Faktische Verpflichtungen

30 Auch solche Verpflichtungen, bei denen kein rechtlich durchsetzbarer Leistungszwang besteht, sind rückstellungspflichtig. Voraussetzung hierfür ist, dass ein faktischer Leistungszwang für den Bilanzierenden besteht, d. h., er sich der Erfüllung nicht entziehen kann oder will.[13] Die Ursache des faktischen Leistungszwangs besteht zumeist in geschäftlichen, moralischen oder sittlichen Erwägungen.

> **Beispiel**
> Ein Unt kommt wegen Umweltverunreinigungen (Abwasserverschmutzung) in die öffentliche Diskussion, da sich Anwohner belästigt fühlen. Obwohl das Unt die maßgeblichen Grenzwerte einhält und rechtlich nicht belangt werden kann, führt der öffentliche Druck dazu, dass entsprechende Umweltschutzmaßnahmen zur Verminderung der Verschmutzung durchgeführt werden.

Weitere Fälle faktischer Verpflichtungen sind z. B.
- Verpflichtungen aus fehlerhafter Ges. oder
- Verpflichtungen aus nichtigen, aber durchgeführten Verträgen.[14]

31 Zu den faktischen Verpflichtungen zählen insbesondere auch die **Kulanzrückstellungen** (Rz 191), die explizit gesetzlich geregelt sind.
Eine allzu extensive Interpretation der Rückstellungspflicht für faktische Verpflichtungen ist allerdings abzulehnen.

## 2.1.1.4 Nebenpflichten und Nebenleistungen

32 Nebenpflichten und Nebenleistungen im Zusammenhang mit der eigentlichen Außenverpflichtung sind ebenfalls passivierungspflichtig. Der Bilanzierende hat

---

[12] Vgl. BFH, Urteil v. 6.2.2013, I R 8/12, DB 2013, S. 1087 mit Anm *Oser*; BFH, Urteil v. 13.12.2007, IV R 85/05, BFH/NV 2008, S. 1029.
[13] Vgl. BGH, Urteil v. 28.1.1991, II ZR 20/90, BB 1991, S. 507.
[14] Vgl. *Madauß*, DB 1996, S. 637.

alle Aufwendungen zurückzustellen, die zur Erfüllung einer Außenverpflichtung erforderlich sind. Maßgeblich ist die Sichtweise des Schuldners (Verpflichteten), nicht die des Gläubigers. Damit sind auch interne Aufwendungen in die Rückstellung mit einzubeziehen. Beispiele für rückstellungspflichtige Nebenpflichten und Nebenleistungen sind:
- interne Kosten der JA-Erstellung (im Wesentlichen Personalkosten der mit der JA-Erstellung betrauten Personen),
- Schadensbearbeitungskosten zur Erfüllung von versicherungsvertraglichen Verpflichtungen.[15]

### 2.1.1.5 Erfüllungsrückstand

Bei schwebenden Dauerschuldverhältnissen kann einer der beiden Vertragspartner mit seiner Leistung bzw. Gegenleistung im Rückstand sein. Dieser Leistungs- oder Erfüllungsrückstand ist bilanziell zu erfassen. Bei einer Vielzahl von Sachverhalten (z. B. Miet-, Pacht- oder Leasingverträge) wird diese bilanzielle Erfassung als Verbindlichkeit erfolgen. Soweit aber Grund oder Höhe der Verpflichtung unsicher sind, ist eine Verbindlichkeitsrückstellung zu passivieren. 33

Dies ist nicht zu verwechseln damit, dass Leistung und Gegenleistung (aus Sicht des Bilanzierenden) nicht ausgeglichen sind, womit sich das Erfordernis der Bildung einer Drohverlustrückstellung stellen kann (Rz 119 ff.). 34

Rückstellungen für Erfüllungsrückstände treten insb. auf bei Arbeitsverhältnissen, z. B. wegen:
- ausstehenden Urlaubs,[16]
- Zeitguthaben von Arbeitnehmern,
- Tantiemen und Gewinnbeteiligungen,
- Jubiläumszuwendungen,
- Pensionsverpflichtungen (Rz 48 ff.).

Weitere Anwendungsfälle sind
- Pachterneuerungsrückstellung,[17]
- Verpflichtung eines Leasinggebers, den Leasingnehmer nach Beendigung der Mietzeit am Verwertungserlös zu beteiligen.[18]

### 2.1.2 Rechtliche Entstehung bzw. wirtschaftliche Verursachung

Eine Verbindlichkeitsrückstellung erfordert weiterhin, dass sie am Abschlussstichtag rechtlich entstanden oder wirtschaftlich verursacht ist. Bei Auseinanderfallen der beiden Zeitpunkte ist für die Passivierungspflicht der jeweils frühere maßgeblich.[19] Der Zeitpunkt der Fälligkeit der Verpflichtung ist demgegenüber für die Passivierung ohne Bedeutung. Er spielt aber bei der Bewertung der Rückstellung eine gewichtige Rolle, da Abzinsungen vorzunehmen sind, wenn die Restlaufzeit am Abschlussstichtag mehr als ein Jahr beträgt (§ 253 Rz 122). 35

---

15  Vgl. ADS, 6. Aufl., § 249 HGB, Rz 57; a. A. BFH, Urteil v. 10.5.1972, III R 76/66, BStBl 1972 II S. 827.
16  Vgl. WP-Handbuch, Bd. I, 14. Aufl., Abschn. E, Rz 214.
17  Vgl. BFH, Urteil v. 3.12.1991, VIII R 88/87, BStBl 1993 II S. 89.
18  Vgl. BFH, Urteil v. 15.4.1993, IV R 75/91, BB 1993, S. 1912.
19  Vgl. BFH, Urteil v. 27.6.2001, I R 45/97, BStBl 2003 II S. 121; BFH, Urteil v. 8.9.2011, IV R 5/09, BStBl 2011 II S. 122.

36 Eine Verbindlichkeit ist **rechtlich entstanden**, wenn sämtliche die Leistungspflicht auslösende Tatbestandsmerkmale erfüllt sind.[20] Dieser Zeitpunkt ist bei Vorliegen von Rechtsgeschäften (z. B. Verträgen), öffentlich-rechtlichen Verpflichtungen (z. B. durch Verwaltungsakt) oder aufgrund von Gesetzesvorschriften (z. B. gesetzliche Schadensersatzansprüche) zumeist exakt bestimmbar.

37 Zu beachten ist weiterhin, dass die Rückstellungspflicht nicht per se für jede rechtliche Verbindlichkeit besteht. Gerade im Falle schwebender Geschäfte geht das Handelsrecht grds. von der Nichtbilanzierung aus, da den Verbindlichkeiten mindestens gleichwertige Ansprüche gegenüberstehen. Erst wenn dies nicht der Fall sein sollte, ergibt sich eine Passivierungspflicht wegen drohender Verluste (Rz 129).

38 Die **wirtschaftliche Verursachung** einer Verbindlichkeit ist demgegenüber zumeist nicht eindeutig bestimmbar. Der Begriff gründet sich auf der dynamischen Bilanztheorie und stellt auf das Verursachungsprinzip ab. Rückstellungen sind in dem Geschäftsjahr zu bilden, in dem die Ursache gelegt wurde, d. h., die Tatsachen geschaffen wurden, die spätere Ausgaben auslösen werden.[21]

39 In der Literatur finden sich vielfältige Stimmen zum Grad der Auslegung des Prinzips der wirtschaftlichen Verursachung. Der BFH spricht sich für eine enge Auslegung aus. Danach müsse der Tatbestand der Verpflichtung im Wesentlichen in dem betreffenden Geschäftsjahr verwirklicht sein und das Entstehen der Verbindlichkeit nur noch von unwesentlichen Tatschen abhängen.[22] Demgegenüber steht die Auffassung des Realisationsprinzips, wonach die Erfüllung der jeweiligen Verpflichtung nicht an Vergangenes anknüpft, sondern auch Vergangenes abgelten muss. Im Kern geht es bei diesen unterschiedlichen Auffassungen darum, ob die durch die Rückstellungsbildung verursachten Aufwendungen im Zusammenhang mit zukünftigen Erträgen stehen (dann keine Passivierung) oder ob ein Zusammenhang mit bereits vereinnahmten Erträgen gesehen wird (dann Passivierung).

40 Für den Praktiker sind die verschiedenen Literaturmeinungen zur wirtschaftlichen Verursachung schwierig zu fassen, da die konkrete Beurteilung zumeist im Rahmen von steuerlichen Außenprüfungen und anschließenden Finanzgerichtsverfahren kasuistisch vorgenommen wird. Allerdings wird unabhängig von der wirtschaftlichen Verursachung bereits eine rechtliche Entstehung gegeben sein, womit die Rückstellungspflicht oftmals ausgelöst wird. Dies wird auch von den AP der prüfungspflichtigen Unt gefordert, die mit Verweis auf das Vollständigkeitsgebot (§ 246 HGB) m. E. zu Recht Rückstellungen einfordern, für die eine eindeutige rechtliche Verursachung vorliegt.[23] Dem Praktiker ist zu raten, **im Zweifel** eine **Rückstellung** zu bilden. Das Unsicherheitsmoment muss sich notwendigerweise in der Bewertung der Rückstellung widerspiegeln (§ 253 Rz 55).

41 Einen Sonderfall wirtschaftlicher Verursachung stellen die sog. Ansammlungs- oder Verteilungsrückstellungen dar (§ 253 Rz 61).

---

20 Vgl. *Kupsch*, BB 1992, S. 2324.
21 Vgl. *Mayer-Wegelin*, in *Küting/Pfitzer/Weber*, HdR, HGB § 249, Rn 38, Stand 11/2012.
22 Vgl. BFH, Urteil v. 27.6.2001, I R 45/97, BStBl 2003 II S. 121; vgl. zu „Rückstellungsdivergenzen" zwischen den verschiedenen BFH-Senaten: *Prinz*, DB 2013, S. 1816.
23 GlA: *Schubert*, in Beck Bil-Komm. 9. Aufl., § 249 HGB, Rz 34.

Die Thematik der wirtschaftlichen Verursachung ist in jüngster Zeit im Zusammenhang mit dem Ansatz von Rückstellungen für **latente Steuern** bei kleinen KapG/KapCoGes und PersG intensiv diskutiert worden.[24] Da diese Bilanzierenden – soweit sie § 274 HGB nicht freiwillig anwenden – keine latenten Steuern nach § 274 HGB ausweisen müssen, ist die Bildung einer Verbindlichkeitsrückstellung dann geboten, wenn im abgelaufenen Gj Maßnahmen erfolgt sind, die voraussichtlich zu späteren Steuerzahlungen führen werden. Beispiele hierfür sind die Bildung einer Rücklage nach § 6b EStG in der Steuerbilanz oder unterschiedliche Abschreibungsverläufe bei planmäßigen Abschreibungen von VG des AV zwischen Handels- und Steuerbilanz.

42

Dass für derartige Fälle Rückstellungen für passive latente Steuern nach § 249 Abs. 1 Satz 1 HGB zu bilden sind, hatte der BilMoG-Gesetzgeber beabsichtigt,[25] sodass die Schärfe der geführten Diskussion überrascht.

Nach der hier vertretenen Auffassung sind bei Differenzen zwischen den handelsrechtlichen Wertansätzen von VG, Schulden und RAP und den korrespondierenden steuerlichen Wertansätzen Rückstellungen für latente Steuern zu bilden, wenn sich diese Differenzen künftig „automatisch" abbauen und somit zu der voraussichtlichen Steuerbelastung führen. Sog. quasi-permanente Differenzen führen entsprechend nicht zu einer Rückstellung für latente Steuern.

Da bei der Beurteilung des Bestehens einer Passivierungspflicht auch aktive Aufrechnungsdifferenzen und Vorteile aus steuerlichen Verlustvorträgen mit einzubeziehen sind,[26] wird sich häufig keine Rückstellungsnotwendigkeit ergeben.

### 2.1.3 Wahrscheinlichkeit der Inanspruchnahme

Eine Rückstellung ist dann zu bilden, wenn der Bilanzierende ernsthaft mit der Inanspruchnahme rechnen muss.[27] Diese Voraussetzung findet sich zwar nicht im Gesetzestext von § 249 HGB, ist aber in Literatur und Praxis unstrittig. Die Unsicherheit bez. der Rückstellungsbildung kann bezogen werden auf die

43

- Wahrscheinlichkeit über das Be- oder Entstehen einer Verbindlichkeit (Rz 35) oder
- Wahrscheinlichkeit der Inanspruchnahme.

Es handelt sich um zwei unterschiedliche Risiken, wie folgendes Beispiel illustriert.

44

> **Beispiel**
> Ein produzierendes Unt hat bei Aufstellung des JA zu entscheiden, ob wegen möglicher Verletzung von Emissionswerten eine Rückstellung für ein Bußgeld der zuständigen Behörde zu bilden ist.
> Hier besteht zum einen die Unsicherheit, ob überhaupt eine rechtlich belangbare Verletzung von Emissionswerten vorliegt. Zum anderen besteht die Unsicherheit, ob die zuständige Behörde den Fall aufgreifen und ein Bußgeldverfahren einleiten wird.

---

24 Vgl. für eine Rückstellungspflicht: IDW RS HFA 7, Tz 26; IDW RS HFA 34, Tz 2; *Graf von Kanitz*, WPg 2011, S. 895; *Breker*, WPg 2012, Heft 7, Seite I; Karrenbrock, BB 2013, S. 239. Gegen eine Rückstellungspflicht: *Müller*, DStR 2011, S. 1046; *Hoffmann*, DB 2012, Heft 18, S. M 1.
25 Vgl. BilMoG-BgrRegE, S. 68.
26 Vgl. IDW RS HFA 7, Tz 27; a. A. BStBK: Verlautbarung der Bundessteuerberaterkammer zum Ausweis passiver latenter Steuern als Rückstellungen in der Handelsbilanz, DStR 2012, S. 2296.
27 Vgl. BFH, Urteil v. 17.12.1998, IV R 21/97, BStBl 2000 II S. 116.

45  Wenn es um Wahrscheinlichkeiten geht, stellt sich die Frage nach möglicher Objektivierung, genauer **Quantifizierung** von Wahrscheinlichkeiten. Wahrscheinlichkeiten für Inanspruchnahmen lassen sich häufig nicht genau berechnen. Es ist zumeist lediglich die Bestimmung einer Größenordnung (z. B. 0 %, 25 %, 50 %, 75 %, 100 %) möglich. Der BFH hat in seiner Rechtsprechung eine Wahrscheinlichkeit von mehr als 50 % gefordert.[28] Diese „BFH-Formel" ist als zu hohe Objektivierungshürde z. T. kritisiert worden.[29] Außerdem wird vorgebracht, dass das dem deutschen Handelsrecht zugrunde liegende Vorsichtsprinzip (§ 252 Abs. 1 Nr. 4 HGB) eine Rückstellungsbildung auch dann erfordert, wenn die Wahrscheinlichkeit in einer Größenordnung von 25 % liegt.[30]

Die Bestimmung von exakten Eintrittswahrscheinlichkeiten ist häufig nicht möglich, sodass hier das Gesamtbild der Verhältnisse des Einzelfalls zu würdigen ist. Die BFH-Formel erinnert stark an Ansatzregelungen, wie sie die IFRS für Außenverpflichtungen in IAS 37.15 vorsieht (more likely than not). Daher wird sich in der Praxis regelmäßig an dieser Formel zu orientieren sein. Wenn der Bilanzierende den Rückstellungsansatz mit Hinweis auf eine geschätzte Wahrscheinlichkeit von z. B. 45 % verneint, wird er dies entsprechend zu belegen und zu dokumentieren haben. Auch die EU-Bilanzrichtlinie legt sich hier nicht explizit fest, sondern verweist auf den besten Schätzwert von Aufwendungen, die wahrscheinlich eintreten werden.[31]

46  Wie die Wahrscheinlichkeit zu bestimmen ist, bleibt dem Bilanzierenden überlassen. Objektivierungsmaßstäbe hierzu können sein[32]
- Vergangenheitserfahrungen des Bilanzierenden und/oder
- Branchenerfahrungswerte.

Derartige Erfahrungswerte werden insb. Anwendung finden können bei häufig wiederkehrenden gleichartigen Sachverhalten (Gesetz der großen Zahl), bei denen ausreichend große Grundgesamtheiten zur Ableitung von Eintrittswahrscheinlichkeiten bestehen. Beispiele hierfür sind:
- Ableitung von Sterbetafeln für Pensionsrückstellungen,
- Schadensquoten bei industrieller Massenfertigung zur Bestimmung von Gewährleistungsverpflichtungen,
- Schadensquoten bei VersicherungsUnt,
- Rückgabequoten im Versandhandel.

47  Darüber hinaus ist es in typisierender Betrachtungsweise naheliegend, die Beurteilung der Wahrscheinlichkeit der Inanspruchnahme an dem begründenden Rechtsverhältnis zu orientieren. Ein Anhaltspunkt wird regelmäßig sein, ob der Anspruchsberechtigte überhaupt Kenntnis von seinem Anspruch hat. Der BFH hat hierzu Typisierungen vorgenommen.[33] Danach ist bei **vertraglichen Verpflichtungen** zu unterstellen, dass der Anspruchsberechtigte seine Rechte kennt und sie auch

---

[28] Vgl. BFH, Urteil v. 19.10.2005, XI R 64/04, BStBl 2006 II S. 373 mwN.
[29] Vgl. *Küting/Kessler/Cassel/Metz*, WPg 2010, S. 325.
[30] Vgl. *Moxter*, DStR 2004, S. 1058.
[31] Vgl. RL 2013/34/EU des Europäischen Parlaments und des Rates vom 26.6.2013 über den Jahresabschluss, den konsolidierten Abschluss und damit verbundene Berichte von Unternehmen bestimmter Rechtsformen und zur Änderung der RL 2006/43/EG des Europäischen Parlaments und des Rates und zur Aufhebung der RL 78/660/EWG und 83/349/EWG des Rates, Abl. EU, v. 29.6.2013, L 182/19, Art. 12 Abs. 12.
[32] Vgl. *Hommel*, in *Baetge/Kirsch/Thiele*, Bilanzrecht, § 249 HGB, Rz 47.
[33] Vgl. BFH, Urteil v. 19.10.1993, VIII R 14/92, BStBl 1993 II S. 891.

durchsetzt. Demgegenüber stellt der BFH bei **einseitigen Verpflichtungen** darauf ab, dass die für die Passivierung erforderliche Wahrscheinlichkeit erst dann gegeben sei, wenn die Kenntnisnahme der Gläubiger unmittelbar bevorstehe. Dieser Sichtweise ist nicht zuzustimmen, da dies dem Vorsichtsprinzip entgegensteht. Vielmehr ist bei einseitigen Verpflichtungen nach dem sog. **Unentziehbarkeitstheorem** die Wahrscheinlichkeit der Inanspruchnahme dann für eine Passivierung hinreichend, wenn sich der Bilanzierende den Verpflichtungen nicht mehr sanktionslos entziehen kann und nach objektiver Sicht eine Inanspruchnahme jederzeit droht.

> **Beispiel**
> Ein Unt begeht im abgelaufenen Geschäftsjahr eine Patentrechtsverletzung. Bis zum Tag der Bilanzaufstellung hat der Patentrechtsinhaber noch keine Ansprüche geltend gemacht. Bei dem Patentrechtsinhaber handelt es sich um ein multinational operierendes Unt, sodass davon auszugehen ist, dass dieses die Patentrechtsverletzung rechtlich verfolgen wird. Die Wahrscheinlichkeit der Inanspruchnahme droht, sodass eine Rückstellung zu bilden ist.

## 2.2 Pensionen und ähnliche Verpflichtungen

### 2.2.1 Unmittelbare Verpflichtungen

#### 2.2.1.1 Arten von unmittelbaren Verpflichtungen

Der Gesetzgeber verwendet in § 246 Abs. 2 Satz 2 sowie in § 253 Abs. 1 und 2 HGB den Begriff „Altersversorgungsverpflichtungen". Demgegenüber wird in § 266 Abs. 3 B 1. von „Rückstellungen für Pensionen" gesprochen. Die Begriffe „Altersversorgungsverpflichtungen" und „Pensionsverpflichtungen" werden als deckungsgleich behandelt (zur Abgrenzung der Begrifflichkeiten vgl. § 253 Rz 65).[34] Unter unmittelbaren Verpflichtungen sind solche Verpflichtungen des Bilanzierenden zu verstehen, bei denen der Bilanzierende unmittelbar die Leistungen (Zahlungen) an den Berechtigten erbringt. Diese Leistungen können als laufend zu zahlenden Pensionen oder als Einmalzahlungen (Kapitalzusagen[35]) ausgestaltet sein, wobei Ersteres der Regelfall ist.

Nach der Art der Verpflichtung können weiter unterschieden werden:
- **Leistungsorientierte Zusage**: Zusage einer festen Pension, z.B. 100 EUR p. M. oder 10 % des letzten Bruttogehalts. Hierunter fallen aber auch laufende Sachleistungen (Deputate) oder auch Beihilfen zu Krankenversicherungsbeiträgen bzw. Krankheitskosten der Betriebsrentner.[36]
- **Beitragsorientierte Zusage**: Es wird vom Arbeitgeber die Umwandlung eines regelmäßigen Beitrags in eine Anwartschaft auf Alters-, Invaliden- oder Hinterbliebenenversorgung zugesagt.[37]
- **Beitragszusage mit Mindestleistung**: Der Arbeitgeber verpflichtet sich, an einen Pensionsfonds, eine Pensionskasse oder eine Direktversicherung zu zahlen und garantiert eine bestimmte Mindestleistung.

---

[34] Vgl. IDW RS HFA 30, Tz 6.
[35] Kapitalzusagen unterliegen im Gegensatz zu laufenden Pensionen nicht der alle drei Jahre nach § 16 BetrAVG vorzunehmenden Anpassungsprüfung.
[36] Vgl. HFA, WPg 1994, S. 26; *Zwirner*, WPg 2012, S. 199.
[37] Vgl. § 1 Abs. 2 Nrn. 1–4 BetrAVG.

- **Entgeltumwandlung:** Künftige Entgeltansprüche des Arbeitnehmers werden in eine wertgleiche Anwartschaft auf Versorgungsleistungen umgewandelt (sog. **deferred compensation**).
- Der Arbeitnehmer leistet Beiträge aus seinem Arbeitsentgelt zur Finanzierung von Leistungen der betrieblichen Altersversorgung an einen Pensionsfonds, eine Pensionskasse oder eine Direktversicherung und die Zusage des Arbeitgebers umfasst auch die Leistungen aus diesen Beiträgen; die Regelungen für Entgeltumwandlung sind hierbei entsprechend anzuwenden, soweit die zugesagten Leistungen aus diesen Beiträgen im Wege der Kapitaldeckung finanziert werden.

49 Der **Beginn der Pensionszahlung** erfolgt bei Eintritt vorher definierter Ereignisse (z. B. Erreichen einer Altersgrenze, Invalidität i. S. v. Erwerbs- oder Berufsunfähigkeit).

50 Das **Leistungsende** von Versorgungsleistungen wird ebenfalls fest vereinbart. Bei **lebenslangen Pensionszahlungen** knüpfen diese an den Tod des Leistungsempfängers oder der hinterbliebenen Witwen, Witwer oder Waisen. Es existieren aber auch zeitlich begrenzte Versorgungsleistungen in Form **befristeter Leistungszusagen**.

> **Beispiel**
> Ein Unt gewährt langjährigen Mitarbeitern Pensionszusagen. Das betriebliche Versorgungswerk sieht vor, dass die Mitarbeiter bei Erreichen der gesetzlichen Altersgrenze nach ihrem Ausscheiden eine monatliche Pension i. H. v. 100 EUR erhalten. Um das biometrische Risiko für das Unt auszuschalten, sind die Pensionszahlungen auf (längstens) 15 Jahre begrenzt.

51 Das wesentliche Merkmal von laufenden Pensionen ist, dass die Leistung **versorgungshalber** erfolgt, d. h., eine Gegenleistung ist vom Empfänger nicht mehr zu erbringen.[38] Somit werden unter Pensionen auch solche Leistungen erfasst, die bei Eintritt biologischer Ereignisse fällig werden, auch wenn sie nicht als Pension bezeichnet werden.[39] Hierunter fallen z. B. Übergangsgelder, Treuegelder, Abfindungen oder Auslandszuschläge zur Pension. Voraussetzung der Qualifikation als Pension muss jedoch die rechtliche Beendigung des Arbeitsverhältnisses sein. Demzufolge stellen folgende Leistungen keine Pensionen dar:
- Vorruhestandsbezüge[40],
- Altersteilzeitregelungen (Rz 200).[41]

52 Bei unmittelbaren Verpflichtungen ist weiter zu differenzieren zwischen den Verpflichtungen, die bereits zu erbringen sind (**laufende Pensionen**), und den noch in der sog. Erdienungsphase befindlichen Verpflichtungen (**Anwartschaften**), bei denen der Berechtigte noch Gegenleistungen (i. d. R. Arbeitsleistung) zu erbringen hat.

---

[38] Vgl. *Grottel/Rhiel*, in Beck Bil-Komm. 9. Aufl., § 249 HGB, Rz 154.
[39] Vgl. BAG, Urteil v. 18.3.2003, 3 AZR 315/02, DB 2004, S. 1624.
[40] Vgl. HFA, WPg 1984, S. 331; a. A. BMF, Schreiben v. 16.10.1984, S – 2176–104/84 BStBl 1984 I S. 518.
[41] Vgl. IDW RS HFA 3 n. F., Tz 1.

## 2.2.1.2 Entstehung von Verpflichtungen

Pensionsverpflichtungen entstehen i.d.R. durch vertragliche Vereinbarungen. Diese sog. Direktzusagen können entstanden sein durch:
- Einzelzusage (Pensionszusage),
- Gesamtzusage (Pensions- oder Versorgungsordnung),
- Betriebsvereinbarung (§ 87 BetrVG),
- Tarifvertrag,
- Besoldungsordnung (unmittelbare Versorgungszusage durch den Arbeitgeber),
- Gesetz (z. B. Beamtenversorgungsgesetz, BeamtVG),
- betriebliche Übung (§ 1b Abs. 1 Satz 4 BetrAVG),
- Grundsatz der Gleichbehandlung (§ 1b Abs. 1 Satz 4 BetrAVG),
- gerichtliche Entscheidung.

Mündliche Zusagen sind handelsrechtlich genauso passivierungspflichtig, wie schriftliche Zusagen. Da das Steuerrecht (§ 6a EStG) das Schriftformerfordernis für die steuerrechtliche Anerkennung voraussetzt, werden in der Praxis regelmäßig schriftliche Zusagen erteilt. Ausnahmen hiervon sind bspw. möglich im Bereich von Übergangsgeldern, die allein aufgrund betrieblicher Übung an in den Ruhestand tretende Mitarbeiter gezahlt werden.[42] Hier besteht handelsrechtlich Passivierungspflicht, wenn die Voraussetzungen des § 1b Abs. 1 Satz 4 BetrAVG erfüllt sind.

**Änderungen von Pensionszusagen** bedürfen im Regelfall der Zustimmung der beteiligten Vertragspartner.

Mit der Abgabe der Willenserklärung des Arbeitgebers an den Arbeitnehmer ist grds. der **Zeitpunkt der Entstehung der Pensionsverpflichtung** gegeben. Bei einseitigen, begünstigenden Erklärungen des Arbeitsgebers (z. B. Einzel- oder Gesamtpensionszusage) wird die Annahme ohne Zugang einer Erklärung an den Antragenden unterstellt (§ 151 BGB).

In der Pensionszusage werden regelmäßig auch **Höhe und Umfang** der Pensionsverpflichtung vereinbart. Zu beachten sind die Auswirkungen des BAG-Urteils vom 15.5.2012[43], mit dem das BAG eine in betrieblichen Versorgungsregelungen vor dem Rentenversicherungs-Altersgrenzenanpassungsgesetz vereinbarte Altersgrenze, die auf Vollendung des 65. Lebensjahrs abstellt, regelmäßig dahingehend auszulegen sei, „dass damit auf die Regelaltersgrenze in der gesetzlichen Rentenversicherung nach §§ 35, 235 Abs. 2 Satz 2 SGB VI Bezug genommen wird." Ob dieses Urteil generell auf vor dem Rentenversicherungs-Altersgrenzenanpassungsgesetz geschlossene betriebliche Versorgungsregelungen übertragbar ist, ist im jeweiligen Einzelfall unter Hinzuziehung arbeitsrechtlicher Experten zu beurteilen. Wurde bislang bei der Bewertung von Altersversorgungsverpflichtungen von einem Eintritt des Versorgungsfalls mit der Vollendung des 65. Lebensjahrs ausgegangen, sind vor dem Hintergrund der angesprochenen Rechtsprechung des BAG davon abweichende Regelungen der Bewertung der Rückstellungen zugrunde zu legen und die Rückstellung entsprechend ergebniswirksam anzupassen.[44]

Sog. **Blankettzusagen**, bei denen der Arbeitgeber die Einzelheiten über Höhe und Umfang einseitig bestimmen kann, sind die Ausnahme, zumal der Arbeit-

---

[42] Vgl. *Grottel/Rhiel*, in Beck Bil-Komm. 9. Aufl., § 249 HGB, Rz 158.
[43] Vgl. BAG, Urteil v. 15.5.2012, Az. 3 AZR 11/10, DB 2012, S. 1756.
[44] Vgl. HFA, IDW-FN 2013, S. 63.

geber gem. § 315 BGB einer gerichtlichen Billigkeitskontrolle unterworfen ist. Bleibt der Arbeitgeber in solchen Fällen untätig, wird die Blankettzusage durch Gerichtsurteil ausgefüllt.[45]

57 In Fällen eines **Betriebsübergangs** können entweder im Wege der Gesamtrechtsnachfolge (umwandlungsrechtliche Gestaltungen) oder im Wege der Einzelrechtsnachfolge nach § 613a BGB (z.B. Betriebsveräußerung, Betriebsverpachtung, Einbringung, Realteilung) Pensionsverpflichtungen auf einen anderen Bilanzierenden übergehen. Während bei einer Gesamtrechtsnachfolge sämtliche Pensionsverpflichtungen mit übergehen, erfolgt dies bei der Einzelrechtsnachfolge ausschließlich für tätige Arbeitnehmer, nicht für die laufenden Pensionen von Betriebsrentnern sowie unverfallbare Anwartschaften ausgeschiedener Mitarbeiter.[46] Bei Letzteren ist ein (wirtschaftlicher) Übergang nur durch Schuldbeitritt durch den Erwerber möglich.

58 Werden Pensionsverpflichtungen durch **Schuldbeitritt mit Erfüllungsübernahme**, d.h. ohne schuldbefreiende Wirkung, wirtschaftlich auf ein anderes Unt übertragen, wird das übertragende Unt von seiner Pensionsverpflichtung befreit. Da derartige Übertragungen i.d.R. entgeltlich erfolgen (gegen Kaufpreis oder Gewährung von Anteilen) ist die Pensionsverpflichtung beim übertragenden Unt. dementsprechend gegen die Kaufpreisverbindlichkeit zu verbrauchen (zur Angabe eines Haftungsverhältnisses aus Gewährleistungsverpflichtung vgl. § 251 Rz 28). Soweit eine Inanspruchnahme aus der gesamtschuldnerischen Haftung droht, ist in entsprechender Höhe eine Rückstellung zu bilden.
Erfolgt die Erfüllungsübernahme lediglich im Innenverhältnis, d.h. ohne Schuldbeitritt, hat das übertragende Unt unverändert die Pensionsverpflichtungen auszuweisen. In Höhe des Freistellungsanspruchs durch das übernehmende Unt ist eine Forderung zu aktivieren. Die vom übernehmenden Unt eingegangene Freistellungsverpflichtung ist als Verbindlichkeitsrückstellung gem. § 249 Abs. 1 Satz 1 HGB zu passivieren; es handelt sich nicht um eine Altersversorgungsverpflichtung.[47] Zur Bewertungsproblematik bei derartigen **angeschafften Rückstellungen** vgl. § 253 Rz 58.

59 Auch für Pensionsverpflichtungen sind die Grundsätze der **Inventur** (§ 240 Abs. 2 HGB) analog zu beachten.[48] Da für die Bilanzierung und insb. Bewertung von Pensionsverpflichtungen regelmäßig Sachverständigengutachten eingeholt werden, scheidet eine Inventur auf den Abschlussstichtag allein aus zeitlichen Gründen vielfach aus. In der Praxis wird daher regelmäßig das Mengengerüst zeitlich vor dem Abschlussstichtag ermittelt. Es handelt sich hierbei aber nicht um eine vorverlagerte Inventur i.S.v. § 241 Abs. 3 HGB, da diese nur für VG, nicht aber für Schulden vorgesehen ist. Sie würde auch daran scheitern, dass eine ordnungsgemäße Fortschreibung auf den Abschlussstichtag gegeben sein muss. Vielmehr wird auf einen ausreichend zeitlich vor dem Abschlussstichtag liegenden Inventurstichtag das Mengengerüst ermittelt, sodass genügend Zeit zur Verfügung steht, die Sachverständigengutachten einzuholen.

---

[45] Vgl. BAG, Urteil v. 23.11.1978, 3 AZR 708/77, DB 1979, S. 364.
[46] Vgl. IDW RS HFA 30, Tz 96.
[47] Vgl. IDW RS HFA 30, Tz 101, 103.
[48] IDW RS HFA 30, Tz 14.

Übliche Veränderungen des Bestands zwischen Inventurstichtag und Abschlussstichtag können bei der Berechnung der Pensionsrückstellung aus Wesentlichkeitsüberlegungen unberücksichtigt bleiben (§ 253 Rz 71). Demgegenüber sind außergewöhnliche Veränderungen in Bezug auf Bestand und Höhe der Verpflichtungen zu berücksichtigen.

60

> **Beispiel**
> Die Inventur der Pensionsverpflichtungen einer mittelständischen GmbH ergibt Mitte Oktober des Jahres 01 einen Bestand von zehn Anwärtern und fünf Rentnern. Die erforderlichen Daten werden an einen Versicherungsmathematiker weitergeleitet, der Ende November ein Gutachten über die Bewertung der Pensionsverpflichtungen zum 31.12.01 vorlegt. Im Dezember 01 versterben drei Anwärter infolge eines tragischen Verkehrsunfalls.
> Es handelt sich um eine außergewöhnliche Veränderung, die eine wesentliche Veränderung der Bewertung der Pensionsrückstellung bewirkt. Zum 31.12.01 ist daher die Pensionsrückstellung auf Basis der Verhältnisse am Abschlussstichtag für die sieben verbliebenen Anwärter, fünf Rentner sowie ggf. bestehender Witwen-/Witweransprüche der drei Verstorbenen anzusetzen.

Zu einer ordnungsgemäßen Inventur der Pensionsverpflichtungen gehört die Erfassung der vertraglichen Grundlagen der Pensionsverpflichtungen. Hierzu zählen die in Rz 53 genannten Vereinbarungen sowie zwischenzeitlich vorgenommene Veränderungen. Insbesondere in Fällen der Übertragung von Pensionsverpflichtungen von einem Unt auf ein anderes können sich hier in der Praxis Probleme bei der Aufstellung des Inventars ergeben, da bspw. Personalakten nicht mehr im Zugriff sind. Weitere mögliche **Problemfälle bei der Inventarisierung der Pensionsverpflichtungen** können sein:

61

- ausgeschiedene Mitarbeiter, die über unverfallbare Ansprüche verfügen, aber noch nicht die vertragliche Altersgrenze erreicht haben;
- an ausländische Konzerngesellschaften entsandte Arbeitnehmer mit fortbestehender Anwartschaft;
- Anrechnung von Vordienstzeiten oder Ermittlung von Betriebszugehörigkeitsdauern bei Arbeitnehmern, die innerhalb eines Konzerns den Arbeitgeber wechseln;
- Abgrenzung von unmittelbaren und mittelbaren Pensionsverpflichtungen gegenüber Beamten und deren Hinterbliebenen.[49]

Da neben der handelsrechtlichen Passivierung von Pensionsrückstellungen regelmäßig auch eine Passivierung in der Steuerbilanz zu berücksichtigen ist, sollte die Einhaltung der steuerrechtlichen Vorschriften in § 6a EStG sowie der hierzu erlassenen Richtlinien der Finanzverwaltung (vgl. R 6a EStR 2012 sowie diverse BMF-Schreiben) zweckmäßigerweise bei der Inventur der Pensionsverpflichtungen mit beachtet werden. Durch die unterschiedlichen Bewertungsvorschriften treten regelmäßig unterschiedliche Wertansätze der Pensionsverpflichtungen in Handels- und Steuerbilanz auf. Gleichwohl stellt die Basis beider Bewertungen

62

---

[49] Vgl. IDW RS HFA 23, Tz 3.

der Bestand an zu berücksichtigenden Pensionsverpflichtungen dar, der im Regelfall zwischen Handels- und Steuerbilanz nicht auseinanderfällt.
Zur Bewertung von Pensionsverpflichtungen vgl. § 253 Rz 65 ff.

### 2.2.2 Mittelbare Verpflichtungen

63 Mittelbare Pensionsverpflichtungen sind solche, bei denen die Erfüllung der Verpflichtungen nicht durch das Trägerunternehmen, sondern von einem anderen Rechtsträger vorgenommen wird. Die Verpflichtung des Trägerunternehmens besteht in der nach § 1 Abs. 1 Satz 3 BetrAVG gebotenen Einstandspflicht für die zugesagten Leistungen. Derartige mittelbare Verpflichtungen betreffen folgende Durchführungswege (vgl. § 1b Abs. 2–4 BetrAVG):
- Direktversicherungen,
- Pensionskasse,
- Pensionsfonds,
- Unterstützungskasse.

64 Für sämtliche mittelbaren Verpflichtungen gilt ein Passivierungswahlrecht gem. Art. 28 EGHGB (Rz 76 ff.), sodass im Regelfall derartige Verpflichtungen nicht bilanziert werden, sondern lediglich im Anhang darüber berichtet wird.

#### 2.2.2.1 Direktversicherungen

65 Direktversicherungen erfüllen die gleiche Funktion wie Pensionszusagen, da in beiden Fällen dem berechtigten Arbeitnehmer Leistungen für dessen Alters-, Invaliditäts- oder Hinterbliebenenversorgung zugesagt werden. Das bilanzierende Unt entledigt sich im Regelfall durch Beitragszahlung seiner Verpflichtung. Da die Beitragskalkulation der VersicherungsUnt aufsichtsrechtlich überwacht wird, kann bei Erfüllung der Beitragsverpflichtungen durch das TrägerUnt davon ausgegangen werden, dass die Pensionsverpflichtungen ausreichend abgesichert sind.

66 Rückstellungen für Pensionsverpflichtungen aus Direktversicherungen können sich beim TrägerUnt somit nur in solchen Fällen ergeben, in denen keine Leistungsverpflichtung des VersicherungsUnt besteht. Dies kann im Falle des § 2 Abs. 2 BetrAVG dann auftreten, wenn der Arbeitnehmer ausscheidet und eine **Deckungslücke** besteht, weil die dann beitragsfreie Versicherungsleistung nicht zur Erfüllung der Direktversicherungszusage ausreicht.[50] Derartige Deckungslücken stellen dann unmittelbare Verpflichtungen des Arbeitgebers dar, für die Passivierungspflicht besteht.

#### 2.2.2.2 Pensionskassen, Pensionsfonds, Zusatzversorgungskassen

67 **Pensionskassen** sind rechtlich selbstständige Lebensversicherungsunternehmen, deren Zweck die Absicherung wegfallender Erwerbseinkommen wegen Alters, Invalidität oder Tod ist (§ 118a VAG). Die Finanzierung erfolgt über Beiträge des Arbeitgebers und ggf. der Versorgungsberechtigten. Die Versorgungsberechtigten haben einen eigenen Anspruch gegen die Pensionskasse.[51]

---

[50] Vgl. Grottel/Rhiel, in Beck Bil-Komm. 9. Aufl., § 249 HGB, Rz 255.
[51] Vgl. IDW RS HFA 30, Tz 40.

Ein **Pensionsfonds** stellt eine rechtsfähige Versorgungseinrichtung dar, die im Wege des Kapitaldeckungsverfahrens Leistungen der betrieblichen Altersversorgung für einen oder mehrere Arbeitgeber zugunsten von Versorgungsberechtigten erbringt. Die Versorgungsberechtigten haben auch hier einen direkten Rechtsanspruch auf Leistung gegen den Pensionsfonds (§ 112 Abs. 1 Satz 1 VAG). Die Finanzierung des Pensionsfonds erfolgt durch Beitragszahlungen des Arbeitgebers sowie ggf. der Versorgungsberechtigten.[52] 68

Auf der Subsidiärhaftung des Arbeitgebers beruhende mittelbare Verpflichtungen durch Unterdeckungen können bei Pensionskassen aufgrund der vollständigen Anwartschaftsfinanzierung i. d. R. nicht entstehen. Bei Pensionsfonds ist dies aber denkbar. 69

**Zusatzversorgungskassen** (ZVK) gibt es insb. im öffentlichen Bereich (z. B. VBL). ZVK ähneln in ihrer Funktionsweise den Pensionskassen und finanzieren sich durch Beiträge im Umlageverfahren. Auch hierbei handelt es sich um mittelbare Verpflichtungen des MitgliedsUnt. Die gem. Art. 28 Abs. 2 EGHGB gebotene Angabe der Unterdeckung der ZVK in Form der Differenz zwischen den von der Einstandspflicht erfassten Versorgungsansprüchen (bewertet nach der für die Berechnung der Pensionsrückstellungen angewandten Methode) und dem anteiligen auf den Arbeitgeber entfallenden und zu Tageswerten bewerteten Vermögen der ZVK ist in der Praxis regelmäßig nicht möglich, weil die Angaben dem Bilanzierenden zumeist gar nicht bekannt sind. Daher werden in diesen Fällen mangels Quantifizierung der Unterdeckung **qualitative Angaben im Anhang** erforderlich, nämlich[53] 70

- die Art und die Ausgestaltung der Versorgungszusage,
- bei welcher ZVK der Arbeitgeber Mitglied ist,
- die Höhe der derzeitigen Beiträge oder Umlagen sowie deren voraussichtliche Entwicklung,
- die Summe der umlagepflichtigen Gehälter sowie
- die geschätzte Verteilung der Versorgungsverpflichtungen auf anspruchsberechtigte Arbeitnehmer, ehemalige Arbeitnehmer und Rentenbezieher (soweit ermittelbar).

### 2.2.2.3 Unterstützungskassen

Unterstützungskassen sind rechtlich selbstständige Versorgungseinrichtungen, die sich aus Zuwendungen eines oder mehrerer Trägerunternehmen sowie aus Erträgen der Vermögensanlage finanzieren. Die gem. § 4d Abs. 2 EStG steuerrechtlich zulässige Bildung von Rückstellungen für innerhalb eines Monats nach Aufstellung oder Feststellung der Bilanz des Trägerunternehmens geleistete Zuwendungen ist handelsrechtlich unzulässig. 71

Handelsrechtliche Rückstellungen sind geboten i.H. der am Abschlussstichtag bestehenden Unterdeckung zwischen dem Kassenvermögen und den Unterstützungskassenverpflichtungen. 72

---

52 Vgl. IDW RS HFA 30, Tz 41.
53 Vgl. IDW RS HFA 30, Tz 94; *Heger/Weppler*, DStR 2009, S. 241.

## 2.2.3 Wechsel des Durchführungswegs

**73** Der Übergang von einer mittelbaren in eine unmittelbare Zusage ist als Neuzusage zu beurteilen. Wurden im Zusammenhang mit dem Übergang auf das TrägerUnt VG von der Versorgungseinrichtung (z.B. Unterstützungskasse) übertragen, liegt insoweit eine Kaufpreisverbindlichkeit vor. Unbeschadet des Passivierungswahlrechts für Altzusagen (Rz 77) besteht für die übernommenen Pensionsverpflichtungen i.H. des zurechenbaren Werts der übernommenen VG eine Passivierungspflicht.[54]

**74** Praktisch bedeutsamer sind die Fälle des Wechsels von einer unmittelbaren in eine mittelbare Zusage.[55] Beim Übergang von einer unmittelbaren in eine mittelbare Zusage darf die bislang gebildete Pensionsrückstellung nur in der Höhe aufgelöst werden, in der sie von der Versorgungseinrichtung (z.B. Unterstützungskasse, Pensionsfonds) auch übernommen wird. Zu beachten ist außerdem die unverändert verbleibende Subsidiärhaftung des Bilanzierenden.[56]

> **Beispiel**
> Die GmbH hat Altersversorgungsverpflichtungen in Form von Direktzusagen zum 31.12.01 zutreffend mit dem notwendigen Erfüllungsbetrag i.H.v. 850 TEUR passiviert. Zum 1.1.02 werden diese Verpflichtungen insgesamt auf einen Pensionsfonds übertragen. Um die Liquiditätsbelastung für die GmbH im verträglichen Rahmen zu halten, garantiert der Pensionsfonds lediglich 75 % der Verpflichtungen zu erfüllen; hierfür zahlt die GmbH einen Einmalbeitrag von 900 TEUR. Der Pensionsfonds rechnet aufgrund seiner aufsichtsrechtlichen Vorgaben[57] mit einer Gesamtverpflichtung von 1.200 TEUR. Da der Pensionsfonds nur 75 % der Verpflichtung garantiert (900 TEUR), verbleibt zum 1.1.02 eine Unterdeckung auf Ebene des Pensionsfonds i.H.v. 300 TEUR.
> Zum 1.1.02 sind folgende Bilanzierungsalternativen denkbar:
> 1. Da die GmbH 900 TEUR bezahlt hat, wird die Rückstellung von 850 TEUR in voller Höhe verbraucht, der darüber hinausgehende Betrag von 50 TEUR als Aufwand berücksichtigt.
> 2. Die GmbH verbraucht 75 % der Rückstellung (= 637,5 TEUR) und verbucht demzufolge einen Aufwand i.H.v. 262,5 TEUR. Soweit in künftigen Jahren der Überschuss des Pensionsfonds sukzessive zur Deckung des nicht garantierten Teils von 25 % verwendet wird, kann die fortzuführende Rückstellung (1.1.02: 212,5 TEUR) entsprechend aufgelöst werden.
> 3. Die GmbH passiviert eine Rückstellung i.H.d. beim Pensionsfonds bestehenden Unterdeckung von 300 TEUR, sodass im Gj 02 ein Aufwand von 350 TEUR anfällt. Da die Pensionsverpflichtungen insgesamt auf den Pensionsfonds übertragen worden sind (auch wenn dieser nur 75 % der Verpflichtungs-

---

[54] Vgl. IDW RS HFA 30, Tz 49.
[55] Vgl. *Briese*, BB 2010, S. 2733; *Wellisch/Gellrich/Quiring*, BB 2010, S. 623.
[56] Vgl. IDW RS HFA 30, Tz 46, 47.
[57] Der Pensionsfonds unterliegt den Regelungen des VAG und hat nicht die Bewertungsvorgaben des § 253 Abs. 2 HGB zu beachten, sondern die sog. Deckungsrückstellung entsprechend den Regelungen von § 341f HGB zu berechnen. Der hierbei anzuwendende Zinssatz liegt unter dem nach § 253 Abs. 2 HGB i.V.m. RückAbzinsV anzuwendenden Zinssatz, wodurch sich der im Beispiel unterstellte Verpflichtungswert von 1.200 TEUR erklärt.

Rückstellungen § 249

höhe garantiert), ist es konsequent, sich an den Rechnungsgrundlagen des Pensionsfonds zu orientieren. Da dieser eine Unterdeckung von 300 TEUR ausweist, ist diese von der GmbH zu passivieren.

Nach der hier vertretenen Auffassung ist die dritte Alternative die vorzugswürdige. Gegen die erste Alternative spricht § 249 Abs. 2 HGB, wonach eine Rückstellung nur aufgelöst werden darf, wenn der Grund hierfür weggefallen ist (Rz 331 ff.). Die zweite Alternative bildet eher den Fall ab, dass nur 75 % der Verpflichtung übertragen werden und 25 % als unmittelbare Verpflichtung bei der GmbH verbleiben. Das wäre aber ein anderer Sachverhalt. Zu konstatieren bleibt allerdings, dass in derartigen Fällen noch keine gesicherte Rechtsprechung oder hM vorliegt, sodass die weitere Praxis hier beobachtet werden muss.

Schwieriger stellt sich die Beurteilung dar, wenn ein sog. Mischbestand übertragen wird, wie nachfolgendes Beispiel illustriert: 75

**Beispiel**
Ein Unt. beabsichtigt, hinsichtlich bislang unmittelbar zugesagter Leistungen der betrieblichen Altersversorgung den Durchführungsweg zu wechseln. Danach sollen die bestehenden Altersversorgungsverpflichtungen künftig nicht durch das Unt selbst, sondern unter Einschaltung eines sog. nicht-versicherungsförmigen Pensionsfonds erfüllt werden.
Ein Pensionsfonds erbringt Leistungen der betrieblichen Altersversorgung im Wege des Ka-pitaldeckungsverfahrens. Für nicht-versicherungsförmige Pensionsfonds ist aufsichtsrechtlich die Deckungsrückstellung in der Rentenbezugszeit prospektiv als Barwert der Leistungen zu bilden. Die prospektive Berechnung der Barwerte muss mit einem vorsichtigen Rechnungszins erfolgen, der sich an der Rendite des im Bestand des Pensionsfonds befindlichen Vermögens orientiert. Aus aufsichtsrechtlicher Sicht dürfte insofern der derzeitige Zinssatz gem. § 253 Abs. 2 HGB grundsätzlich zu hoch sein. Für Rentnerbestände ist aufsichtsrechtlich eine Bedeckung des Barwerts der laufenden Rentenleistungen mit Vermögen erforderlich. Demgegenüber ist für Anwärterbestände aufsichtsrechtlich keine Bedeckung mit Vermögen erforderlich. Etwaiges, tatsächlich vorhandenes Vermögen bestimmt in diesem Fall die zu passivierende Verpflichtung im Sinne einer retrospektiven Deckungsrückstellung.
Der abgezinste, nach vernünftiger kaufmännischer Beurteilung notwendige Erfüllungsbetrag nach § 253 Abs. 1 Satz 2, Abs. 2 HGB (im Folgenden verkürzt: notwendiger Erfüllungsbetrag) der Altersversorgungsverpflichtungen gegenüber Rentnern und aktiven Mitarbeitern aus Sicht des Unt betrage 100 GE für den Rentnerbestand sowie 50 GE für den Anwärterbestand. Die aufsichtsrechtlich benötigte Vermögensausstattung des Pensionsfonds belaufe sich im vorliegenden Beispielsfall für den Rentnerbestand auf 120 GE. Obwohl der Anwärterbestand aufsichtsrechtlich nicht erfasst wird, beabsichtigt das Unt 30 GE zusätzlich an den Pensionsfonds zu zahlen.

> Insgesamt beabsichtigt das Unt also, seine unmittelbaren Altersversorgungsverpflichtungen (Rentner- und Anwärterbestand) gegen Zahlung eines Einmalbeitrags von 150 GE auf den Pensionsfonds zu übertragen, sodass auch der Zeitwert dessen Vermögens zum Zeitpunkt des Verpflichtungstransfers 150 GE beträgt und damit dem bisherigen notwendigen Erfüllungsbetrag der Verpflichtung (Rentner- und Anwärterbestand) nach § 253 Abs. 1 Satz 2, Abs. 2 HGB entspricht.
> 
> Lösung:
> Handelsbilanzrechtlich setzt die Ausbuchung der Pensionsverpflichtung voraus, dass sich der Verpflichtete seiner unmittelbaren Verpflichtung entledigt und das Vermögen der Versorgungseinrichtung dem notwendigen Erfüllungsbetrag der Altersversorgungsverpflichtungen mindestens entspricht.[58]
> Nach der hier vertretenen Auffassung hat sich das Unt bei der Übertragung des Rentner- und des Anwärterbestands in einem einheitlichen Vorgang gegen einen Gesamtbetrag seiner unmittelbaren Altersversorgungsverpflichtungen in vollem Umfang entledigt, sodass die Pensionsrückstellung daher vollständig aufzulösen ist.

**76** Die in den letzten Jahren praktisch bedeutsamen Fälle im Zusammenhang mit der Errichtung eines **CTA**[59] stellen keinen Wechsel des Durchführungswegs dar, da in diesen Fällen die unmittelbare Verpflichtung des Bilanzierenden bestehen bleibt. Ziel dieser primär bilanziell motivierten Gestaltungen war die – bis zum Inkrafttreten des BilMoG nur nach IFRS mögliche – Saldierung der Pensionsrückstellungen mit Deckungsvermögen. Aufgrund der bestehenden Saldierungspflicht nach HGB (§ 246 Rz 101) haben derartige Gestaltungen in Deutschland zunehmend an Bedeutung gewonnen.

### 2.2.4 Sonderfälle

#### 2.2.4.1 Passivierungswahlrecht für Altzusagen (Art. 28 EGHGB)

**Art. 28 EGHGB**
1 ¹Für eine laufende Pension oder eine Anwartschaft auf eine Pension auf Grund einer unmittelbaren Zusage braucht eine Rückstellung nach § 249 Abs. 1 Satz 1 des Handelsgesetzbuchs nicht gebildet zu werden, wenn der Pensionsberechtigte seinen Rechtsanspruch vor dem 1. Januar 1987 erworben hat oder sich ein vor diesem Zeitpunkt erworbener Rechtsanspruch nach dem 31. Dezember 1986 erhöht. ²Für eine mittelbare Verpflichtung aus einer Zusage für eine laufende Pension oder eine Anwartschaft auf eine Pension sowie für eine ähnliche unmittelbare oder mittelbare Verpflichtung braucht eine Rückstellung in keinem Fall gebildet zu werden.
2 ¹Bei Anwendung des Absatzes 1 müssen Kapitalgesellschaften die in der Bilanz nicht ausgewiesenen Rückstellungen für laufende Pensionen, Anwartschaften auf Pensionen und ähnliche Verpflichtungen jeweils im Anhang und im Konzernanhang in einem Betrag angeben.

---

[58] Vgl. IDW RS HFA 30, Tz 46–48.
[59] Zum Überblick zu CTA vgl. *Küppers/Louven*, BB 2004, S. 337; *Klemm*, DStR 2005, S. 1291; *Passarge*; DB 2005, S. 2746; *Rößler*, BB 2010, S. 1405.

## 2.2.4.1.1 Unmittelbare Pensionsverpflichtungen (Abs. 1 Satz 1)

Die im Zuge der Einführung des BiRiLiG geschaffene Vorschrift schränkt das grundsätzliche Passivierungsgebot von § 249 Abs. 1 Satz 1 HGB für sog. Altzusagen ein. Altzusagen i. S. d. Art. 28 Abs. 1 EGHGB sind solche Pensionszusagen, die entweder 77

- vor dem 1.1.1987 entstanden sind oder
- bei denen sich nach dem 31.12.1986 Erhöhungen einer Zusage ergeben haben.

Der **Abgrenzung zwischen Alt- und Neuzusagen** kommt daher Bedeutung zu und ist im Einzelfall auch problematisch, wie folgende Fallkonstellationen zeigen: 78
- Beinhaltet die Pensionszusage eine sog. **Vorschaltzeit**, so bestimmt sich der maßgebliche Zeitpunkt zur Abgrenzung zwischen Alt- und Neuzusage mit dem Beginn der Vorschaltzeit.[60]
- Eine am 31.12.1986 bestehende Pensionszusage auf Basis einer Betriebsvereinbarung wird später durch eine Einzelzusage „ausgetauscht". Es handelt sich lediglich um eine Präzisierung der vormals bestehenden Verbindlichkeit, sodass auch die spätere Einzelzusage als Altzusage einzustufen ist. Gleiches gilt auch, wenn eine mittelbare Altzusage in eine unmittelbare umgewandelt wird.[61]
- Wenn ein Unt Pensionsverpflichtungen eines anderen Unt übernimmt (z. B. durch umwandlungsrechtliche Gestaltungen im Wege der Gesamtrechtsnachfolge, wie z. B. Verschmelzung, aber auch durch Erwerb im Rahmen eines asset deal), handelt es sich gleichwohl um eine Altzusage. Allerdings ist die Verpflichtung mindestens i. H. d. für die Übernahme gezahlten Entgelts zu passivieren.[62]

Mit diesem Bilanzierungswahlrecht hat der Gesetzgeber eine zeitlich unbegrenzte Übergangsregelung geschaffen. Die Übergangsregelung bleibt daher so lange noch wirksam, bis die Altzusagen hinfällig geworden sind („biologische Lösung"). 79

Das Wahlrecht stellt eine planmäßige Durchbrechung der einheitlichen Bilanzierungsgrundsätze dar, d. h., eine nach dem 31.12.1986 entstandene Pensionsverpflichtung (Neuzusage) führt nicht zu einem „Wahlrechtszwang" für Altzusagen. 80

Faktisch kann das Wahlrecht nur ein einziges Mal ausgeübt werden. Wenn Altzusagen passiviert werden, kann die Rückstellung mangels Wegfalls des Grundes gem. § 249 Abs. 2 Satz 2 nicht aufgelöst werden (Rz 339). Eine erneute spätere Ausübung des Wahlrechts mit dem Ziel, die im Vorjahr ausgewiesene Rückstellung rückgängig zu machen, scheitert auch an dem Grundsatz der Stetigkeit (§ 252 Abs. 1 Nr. 6 HGB). Eine sachliche Rechtfertigung liegt in solchen Fällen regelmäßig nicht vor, insb. würde die Rückgängigmachung der Vorjahresrückstellung nicht zu einem besseren Bild der VFE-Lage der Ges. führen.[63] 81

Die Ausübung des Wahlrechts sollte nach der hier vertretenen Auffassung nur einheitlich für sämtliche Altzusagen vorgenommen werden, da ansonsten der Bilanzierende ein unzulässiges Mittel zur Ergebnisglättung durch Wahlrechts- 82

---

60 Vgl. *ADS*, 6. Aufl., § 249 HGB, Rz 87.
61 Vgl. WP-Handbuch, Bd. I, 14. Aufl., Abschn. E, Rz 222.
62 Vgl. *Höfer*, in *Küting/ Pfitzer/Weber*, HdR, HGB § 249, Rn 648, Stand 06/2010; zur Anwendbarkeit der 15-jährigen Ansammlungsfrist gem. Art. 67 Abs. 1 Satz 1 EGHGB in derartigen Fällen vgl. *Fey/Riese/Lewe*, BB 2012; S. 824.
63 Vgl. IDW RS HFA 38, Tz 15; IDW RS HFA 30, Tz 79a.

ausübung hätte. Das Abstellen auf den Einzelbewertungsgrundsatz von § 252 Abs. 1 Nr. 3 HGB ist hier nicht zielführend, da gem. § 246 Abs. 3 HGB gleiche Sachverhalte gleich zu bilanzieren sind (§ 246 Rz 131).

Da die Ansatzstetigkeit des § 246 Abs. 3 HGB erst mit dem BilMoG eingeführt wurde, kann sie keine Rückwirkung für die Vergangenheit entfalten, d.h., wurden diese Altzusagen vor Übergang auf dem BilMoG nicht passiviert, darf an dieser Vorgehensweise festgehalten werden. Entscheidet sich der Bilanzierende bei Übergang auf das BilMoG, auch neue Ansprüche aus Altzusagen nicht zu passivieren, ist dies nach Art. 28 EGHGB unverändert zulässig. Entscheidet er sich aber in einem späteren Gj für eine Passivierung, sind nach der hier vertretenen Auffassung auch die seit Inkrafttreten des § 246 Abs. 3 HGB erworbenen Ansprüche passivierungspflichtig.[64]

#### 2.2.4.1.2 Mittelbare und ähnliche Verpflichtungen (Abs. 1 Satz 2)

83 Die Regelung für mittelbare und ähnliche Verpflichtungen betrifft nicht nur Altfälle, sondern gilt unabhängig vom Zeitpunkt des Entstehens für sämtliche mittelbare Verpflichtungen. Dem Passivierungswahlrecht unterliegt nicht die gesamte Pensionsverpflichtung, denn diese ist auf das TrägerUnt übertragen worden. Dem Passivierungswahlrecht unterliegen vielmehr Unterdeckungen des TrägerUnt, d.h. die das Vermögen des externen Versorgungsträgers übersteigenden Pensionsverpflichtungen.

84 Mittelbare Pensionsverpflichtungen (Rz 63) kommen im Regelfall nur bei Zwischenschaltung von Unterstützungskassen (§ 1b Abs. 4 BetrAVG) und Pensionsfonds in Betracht, nicht jedoch bei Direktversicherungen (§ 1b Abs. 2 BetrAVG) oder Pensionskassen (§ 1b Abs. 3 BetrAVG).[65] Darüber hinaus betreffen mittelbare Pensionsverpflichtungen auch Zusatzversorgungskassen (Rz 70).

85 Bei den im Gesetz genannten **ähnlichen Verpflichtungen** handelt es sich um einen Auffangtatbestand ohne praktische Relevanz.[66]

86 Auch für mittelbare Altersversorgungsverpflichtungen gelten nach der hier vertretenen Auffassung die **einheitliche Wahlrechtsausübung** (Rz 82) sowie das Verbot der Auflösung gebildeter Rückstellungen, soweit der Grund dafür nicht entfallen ist (Rz 339).

87 Auch für mittelbare Altersversorgungsverpflichtungen kommt eine Anwendung des Passivierungswahlrechts nach der hier vertretenen Auffassung allerdings dann nicht in Betracht, wenn derartige Verpflichtungen entgeltlich (z.B. im Rahmen eines asset deals) erworben werden. In derartigen Fällen ist die Rückstellung angeschafft und damit passivierungspflichtig. Eine auf das Aktivierungswahlrecht gestützte erfolgswirksame Vereinnahmung des erhaltenen Entgelts würde demgegenüber dem Realisationsprinzip (§ 252 Abs. 1 Nr. 2 HGB) widersprechen.

---

[64] A. A. *Fey/Ries/Lewe*, BB 2010, S. 1014, die lediglich für eine vom Bilanzierenden frei gewählte „zusammenhängende Kette" von Gj eine Nachholpflicht sehen.
[65] Vgl. *Lucius/Thurnes*, BB 2010, S. 3016.
[66] Vgl. IDW RS HFA 30, Tz 9; *Harth*, in *Kessler/Leinen/Strickmann*, BilMoG, 2009, S. 271; a.A. *Höfer*, in *Küting/Pfitzer/Weber*, HdR, HGB § 249, Rn 605 ff., Stand 06/2010.

### 2.2.4.1.3 Anhangangabe des Fehlbetrags (Abs. 2)

Die Angabepflicht beschränkt sich auf KapG sowie KapCoGes.[67] Die Ausweitung der Angabepflicht auch auf solche Unt, die gem. PublG einen Anhang aufstellen müssen, erscheint sachgerecht.[68] 88

Die Aufstellungserleichterungen für **kleine KapG** ermöglichen diesen, die Pensionsrückstellungen nicht gesondert, sondern innerhalb des Postens Rückstellungen auszuweisen (§ 266 Rz 10). Die Angabepflicht von Abs. 2 gilt auch für kleine KapG. Da aber der Betrag der bilanzierten Pensionsrückstellungen nicht ersichtlich ist, kann der JA-Leser den Gesamtbetrag aller Pensionsverpflichtungen nicht ermitteln. Die gleiche Problematik ergibt sich für **mittelgroße Gesellschaften** bei der Ausübung der Offenlegungserleichterungen (§ 327 Rz 13). 89

Durch das MicroBilG sind **Kleinstkapitalgesellschaften** (§ 267a HGB) von der Aufstellung eines Anhangs befreit. Damit entfällt auch die Angabepflicht des Fehlbetrags nach Art. 28 Abs. 2 EGHGB, da § 264 Abs. 1 Satz 5 HGB abschließend die nach HGB unter der Bilanz zu machenden Angaben benennt. Dort wird Art. 28 Abs. 2 EGHGB nicht erwähnt.[69] 90

Die Ermittlung des Fehlbetrags erfolgt in der Praxis analog zu der Berechnung der Pensionsrückstellungen durch ein versicherungsmathematisches Gutachten (Altzusagen) oder durch entsprechende Berechnungen des externen Versorgungsträgers (mittelbare Verpflichtungen). Der Fehlbetrag berechnet sich aus dem Erfüllungsbetrag der Altersversorgungsverpflichtungen, abzgl. der am Abschlussstichtag vorhandenen Vermögensmittel (beizulegender Zeitwert) des externen Trägers (bei mittelbaren Verpflichtungen). Eine Berechnung des Fehlbetrags anhand des Barwerts erwarteter zukünftiger Beitrags- oder Nachschusszahlungen erscheint dagegen unzulässig.[70] 91

Die Angabepflicht der Fehlbeträge im Konzernanhang ergibt sich explizit aus Abs. 2 sowie aus den Verweisen in § 298 Abs. 1 HGB auf § 249 HGB bzw. in § 13 Abs. 2 PublG auf § 298 HGB. Der in einem Betrag anzugebende Fehlbetrag des Konzerns beinhaltet die Fehlbeträge sämtlicher **vollkonsolidierter Tochtergesellschaften**. Fehlbeträge von gem. § 296 HGB nicht einbezogenen Tochtergesellschaften brauchen demgemäß nicht angegeben zu werden. In Einzelfällen kann die Höhe des Fehlbetrags der Tochtergesellschaft Einfluss auf die Frage haben, ob die untergeordnete Bedeutung für die VFE-Lage des Konzerns gem. § 296 Abs. 2 HGB gegeben ist. 92

Für Fehlbeträge gem. Abs. 2 von **assoziierten Unt** i. S. v. § 311 HGB, die nach der Equity-Methode in den KA einbezogen werden, ist die Einbeziehung in die Angabepflicht nicht geboten, da auch in den im KA ausgewiesenen Pensionsrückstellungen Verpflichtungen aus assoziierten Unt nicht enthalten sind. 93

Bei Anwendung der **Quotenkonsolidierung** gem. § 310 HGB ist in die Angabe im Konzernanhang der anteilige Fehlbetrag des Gemeinschaftsunternehmens einzubeziehen. 94

---

67 Vgl. WP-Handbuch, Bd. I, 14. Aufl., Abschn. E, Rz 120.
68 Vgl. St/HFA 2/1988, Tz 6.
69 Vgl. auch HFA, IDW-FN 2013, S. 360, der Angabepflichten unter der Bilanz nur für solche Posten fordert, die in der Bilanz der KleinstKapG als separater Posten erscheinen.
70 A. A. *Lucius/Veit*, BB 2010, S. 239.

### 2.2.4.2 Pensionszusagen an Nichtarbeitnehmer

95 Pensionszusagen von Unt an Personen, die keine Arbeitnehmer der Ges. sind, sind ebenfalls rückstellungspflichtig. Denkbar sind solche Fälle bei Zusagen an arbeitnehmerähnliche Personen (z.B. Handelsvertreter, Hausgewerbetreibende, externe Berater).[71]

96 Erbringen die Nichtarbeitnehmer **laufende Tätigkeiten** für das Unt, die sich auf die Höhe der Pension auswirken, handelt es sich wie bei Arbeitnehmern um erdiente Pensionen, sodass der Pensionsaufwand über die voraussichtliche Anwartschaftsphase zu verteilen ist. In diesen Fällen ergeben sich regelmäßig keine Besonderheiten.

97 Anders verhält es sich mit Zusagen, die für eine **einmalige Tätigkeit** gewährt werden. Hier ist die gesamte Anwartschaft als Einmalrückstellung in der Bilanz zu berücksichtigen, wobei die allgemeinen Regelungen zur Rückstellungsbewertung (insb. Abzinsung) zur Anwendung kommen (§ 253 Rz 70, Rz 137).

### 2.2.4.3 Pensionszusagen an Gesellschafter-Geschäftsführer von Kapitalgesellschaften und Gesellschafter von Personengesellschaften

98 Handelsrechtlich bestehen hier keine Besonderheiten zu Arbeitnehmern. Allerdings gibt es umfangreiche steuerrechtliche Besonderheiten zu beachten, z.B. in der Abgrenzung zwischen beherrschenden Gesellschafter-Geschäftsführern und Nichtbeherrschenden.

99 Das handelsrechtliche Ansatzwahlrecht für Altzusagen gem. Art. 28 Abs. 1 EGHGB gilt hier ebenfalls (Rz 76 ff.).

### 2.2.4.4 Verpflichtungen aus Insolvenzsicherung und Verwaltungskosten

100 Verpflichtungen aus der Insolvenzsicherung betreffen Beiträge an den PSV, der gem. §§ 7–15 BetrAVG für die Insolvenzsicherung unverfallbarer Versorgungsansprüche zuständig ist.

101 Bis 2005 finanzierte sich der PSV im sog. Rentenwertumlageverfahren. Seit 2006 erfolgt die Finanzierung über ein Kapitaldeckungsverfahren, das auch solche Fälle berücksichtigt, in denen die Insolvenz des TrägerUnt zwar eingetreten ist, die eigentlichen Pensionsfälle aber noch nicht eingetreten waren. Diese waren handelsrechtlich auch schon vor 2006 zurückzustellen, wurden allerdings steuerrechtlich nicht anerkannt.[72] Für Altfälle, d.h. die Nachfinanzierung der bis zum 31.12.2005 zu sichernden unverfallbaren Anwartschaften, hat der PSV für die betroffenen Unt **Einmalbeiträge** ermittelt, die von den Unt in 15 gleichen Jahresraten jeweils zum 31.3. eines Jahres, letztmals zum 31.3.2021, zu zahlen sind. Alternativ ist auch eine vorfällig diskontierte Gesamtzahlung der Jahresraten möglich. Dieser Einmalbeitrag ist als sonstige Verbindlichkeit zu passivieren und in den Davon-Vermerk „davon im Rahmen der sozialen Sicherheit" einzubeziehen.[73] Die Bewertung hat zum Barwert gem. § 253 Abs. 2 Satz 3 HGB zu erfolgen (zu Einzelheiten vgl. § 253 Rz 147).

---

[71] Vgl. IDW RS HFA 30, Tz 7.
[72] Vgl. BFH, Urteil v. 13.11.1991, I R 102/88, DB 1992, S. 867.
[73] Vgl. HFA, IDW-FN 2007, S. 108.

Im Zuge der Durchführung der betrieblichen Altersversorgung entstehen regelmäßig (zumeist ungefähr gleichbleibend hohe) **Verwaltungskosten** durch
- Einholung von versicherungsmathematischen Gutachten,
- Erteilung von Rentenbescheiden,
- Auszahlung der Pensionszahlungen,
- Verwaltung und Betreuung der Pensionsbestände.

102

Soweit Verwaltungskosten auf ausgeschiedene Berechtigte mit unverfallbarer Anwartschaft entfallen, erscheint ihre Einbeziehung in die Bewertung dieser Pensionsverpflichtungen geboten.[74] Sie ist allerdings bislang nicht üblich, zumal sie steuerrechtlich auch nicht anerkannt wird.[75]

103

Für Lebensversicherungsunternehmen ist allerdings die Einbeziehung von Verwaltungskosten in die **Deckungsrückstellung** im Falle beitragsfreier Versicherungsjahre aufgrund aufsichtsrechtlicher Vorgaben vorgeschrieben.

104

### 2.2.5 Auflösung und Verbrauch von Pensionsrückstellungen

Für Pensionsrückstellungen gilt der Grundsatz von Abs. 2 Satz 2, wonach Rückstellungen nur aufgelöst werden dürfen, soweit der Grund dafür entfallen ist (Rz 339). Dies gilt auch für Rückstellungen, die aufgrund eines Passivierungswahlrechts gebildet wurden (z.B. Altzusagen nach Art. 28 Abs. 1 EGHGB).

105

Eine **Auflösung** einer Pensionsrückstellung ist dann geboten, wenn der Versorgungsberechtigte verstirbt oder wenn die zugesagten Versorgungsleistungen rechtswirksam herabgesetzt werden.

106

> **Beispiel**
> Im JA 31.12.01 ist eine Pensionsrückstellung für einen Rentner i.H.v. 100 EUR gebildet. Ende Dezember 02 verstirbt der Mitarbeiter infolge einer Krankheit. Die Versorgungsverpflichtung gegenüber dem Mitarbeiter ist hierdurch erloschen, es besteht aber eine Hinterbliebenenversorgung für die Witwenrente, die sich zum Jahresende 02 auf 60 EUR beläuft (zum Jahresende 02 sind noch keine Zahlungen an die Witwe erfolgt). Die Aufzinsung der Pensionsrückstellung von 100 EUR bis zum Todestag beläuft sich auf 5 EUR. Die Pensionsrückstellung ist im JA 31.12.02 teilweise aufzulösen. Unter Beachtung des Aufzinsungseffekts ergibt sich eine Auflösung i.H.v. 45 EUR.

Werden Pensionsverpflichtungen unter Bezugnahme auf Art. 28 EGHGB nur teilweise passiviert, darf eine Auflösung erst erfolgen, nachdem der nicht passivierte Fehlbetrag berücksichtigt worden ist.

107

Die erforderliche Reduzierung der Pensionsrückstellung nach Eintritt des Versicherungsfalls stellt demgegenüber keine Auflösung, sondern einen **Verbrauch der Pensionsrückstellung** dar (zur Abgrenzung zwischen Auflösung und Verbrauch vgl. Rz 19). Dieser Verbrauch hat nach der **versicherungsmathematischen Methode** zu erfolgen. Dies bedeutet, dass sich der Verbrauch aus der

108

---

[74] A. A. *Höfer*, in *Küting/Pfitzer/Weber*, HdR, HGB § 249, Rn 609, Stand 06/2010, der sie als ähnliche Verpflichtung einstuft, für die ein Passivierungswahlrecht besteht.
[75] Vgl. BMF, Schreiben v. 13.3.1987, IV B 1–2176–12/87, DB 1987, S. 716.

Differenz zwischen den mit gewichteten Sterbewahrscheinlichkeiten abgezinsten zukünftigen Rentenzahlungen zu Beginn und zum Ende des Gj berechnet.[76]

109 Die **buchhalterische Methode**, nach der die laufenden Pensionszahlungen gegen die Pensionsrückstellung gebucht werden, bis diese aufgebraucht ist und weitergehende Pensionszahlungen aufwandswirksam erfasst werden, ist handels- und auch steuerrechtlich[77] unzulässig.

110 Werden rechtsverbindlich Pensionszusagen auf eine Unterstützungskasse, eine Pensionskasse, einen Pensionsfonds oder eine Versicherungsgesellschaft gegen laufende künftige Beitragszahlungen übertragen, ist eine Auflösung der Pensionsrückstellung unzulässig,[78] da der Rückstellungsgrund nicht weggefallen ist. Bei der Bewertung der Rückstellung ist die voraussichtlich vom Versorgungsträger zu erbringende Leistung (auf Basis der diesem als Einmalzahlung oder laufende Zahlung zur Verfügung gestellten Vermögenswerte) mindernd zu berücksichtigen.

## 2.3 Umweltschutzverpflichtungen

111 Umweltschutzverpflichtungen sind Verbindlichkeitsrückstellungen. Die dortigen Grundsätze gelten analog (Rz 23 ff.). Soweit es sich um Umweltschutzverpflichtungen (z. B. Sanierungsverpflichtungen) auf privatrechtlicher Grundlage (z. B. Nachbarrecht, Deliktrecht[79], Umwelthaftungsgesetz[80]) handelt, ergeben sich keine Besonderheiten. Handelt es sich aber um öffentlich-rechtliche Verpflichtungen, sind nachfolgende Besonderheiten zu beachten.

112 Umweltschutzverpflichtungen beruhen zumeist auf **öffentlich-rechtlichen Verpflichtungen**. Derartige Verpflichtungen ergeben sich z. B aus:
- Gesetz (z. B. Bundes-Immissionsschutzgesetz),
- Verordnung (z. B. TA Luft),
- Verwaltungsanordnung (durch eine Behörde).

113 Für Rückstellungen aufgrund öffentlich-rechtlicher Verpflichtungen gelten grds. keine strengeren Voraussetzungen als für sonstige Verbindlichkeitsrückstellungen.[81] Demnach ist es grds. nicht erforderlich, dass der Gläubiger (hier: die zuständige Behörde) Kenntnis von der Verpflichtung hat. Um jedoch dem sog. **Unentziehbarkeitstheorem** (Rz 46) Rechnung zu tragen, nimmt die nunmehr (zumindest weitgehend) einheitliche Rechtsprechung des BFH die erforderliche Konkretisierung der Verpflichtung erst dann an:[82]
- bei einer **Verfügung** der zuständigen Behörde, wenn diese ein bestimmtes Handeln vorschreibt,
- bei einer gesetzlichen Grundlage,
  - wenn diese ein inhaltlich **genau bestimmtes Handeln** vorsieht,
  - das innerhalb eines **bestimmten Zeitraums** erfüllt sein muss und
  - dieses Handlungsgebot **sanktionsbewehrt** und damit durchsetzbar ist.

---

76 Vgl. *Grottel/Rhiel*, in Beck Bil-Komm. 9. Aufl., § 249 HGB, Rz 235.
77 Vgl. BFH, Urteil v. 30.3.1999, VIII R 8/97, NV, DStRE 1999, S. 900.
78 Vgl. IDW RS HFA 30, Tz 47.
79 Vgl. *Eilers*, DStR 1991, S. 103.
80 Vgl. *Herzig/Köster*, DB 1991, S. 53.
81 Vgl. WP-Handbuch, Bd. I, 14. Aufl., Abschn. E, Rz 149.
82 Vgl. BFH, Urteil v. 6.2.2013, I R 8/12, BStBl.2013 II, S. 686.

Eine Rückstellung ist nach der BFH-Rechtsprechung erst zulässig, wenn der behördlichen Anordnung bis zum Abschlussstichtag nachzukommen war, diese gleichwohl nicht erfüllt wurde. Im Ergebnis kommt somit eine Rückstellungspassivierung nach der BFH-Rechtsprechung nur dann in Betracht, wenn entgegen der behördlichen Auflage die gesetzte Frist zur Umsetzung der Auflage nicht eingehalten wurde (verspätete oder verweigerte Umsetzung).

Die o. g. Kriterien mögen auf bestimmte Umweltschutzverpflichtungen (z. B. Altlasten) zutreffen, aber längst nicht auf alle. Das Kriterium eines bestimmten Zeitraums wird nicht den Besonderheiten dieser Verpflichtungen gerecht. Sachverhaltsfeststellungen und Durchführung von Maßnahmen dauern oftmals Jahre.[83] Durch die Einbeziehung der zeitlichen Komponente in die Rückstellungsbewertung (Abzinsung, Berücksichtigung von Preis- und Kostensteigerungen) wird zudem dem zeitlichen Moment ausreichend Rechnung getragen. **114**

Rückstellungen für Umweltschutzverpflichtungen auf öffentlich-rechtlicher Grundlage sind nach den gleichen Grundsätzen zu bilden, wie dies für andere Verbindlichkeitsrückstellungen auch gilt. Es reicht somit aus, wenn eine aufgrund Gesetzes oder Verfügung bestehende Handlungspflicht des Bilanzierenden besteht und diese auch von der zuständigen Behörde durchgesetzt werden kann.[84] Hieraus mögen sich durchaus Unterschiede zwischen Handels- und Steuerbilanz ergeben, da die BFH-Rechtsprechung zur Passivierung von Rückstellungen für Umweltrisiken restriktiv ist.[85] **115**

Dies gilt im Übrigen auch für **faktische Verpflichtungen** im Bereich des Umweltschutzes, denen sich der Bilanzierende nicht entziehen kann (Rz 30). **116**

> **Beispiel**
> Ein Unt kommt wegen Umweltverunreinigungen (Abwasserverschmutzung) in die öffentliche Diskussion, da sich Anwohner belästigt fühlen. Obwohl das Unt die maßgeblichen Grenzwerte einhält und rechtlich nicht belangt werden kann, führt der öffentliche Druck dazu, dass entsprechende Umweltschutzmaßnahmen zur Verminderung der Verschmutzung durchgeführt werden.

Bei **Altlastensanierungspflichten** kann außerdem eine **außerplanmäßige Abschreibung** auf das betreffende Grundstück gem. § 253 Abs. 3 Satz 3 HGB erforderlich sein. Dabei sind die Vornahme einer außerplanmäßigen Abschreibung und die Bildung einer Rückstellung für Altlastensanierung grds. unabhängig voneinander zu beurteilen; in der Summe sollten beide die erwarteten zukünftigen Sanierungsaufwendungen abdecken.[86] Zu beachten ist allerdings der Vorrang der außerplanmäßigen Abschreibung (Rz 135). **117**

Eine dauerhafte Wertminderung infolge **Kontamination** kann z. B. darin begründet liegen, dass entgegen ursprünglicher Ansicht das Grundstück nicht mehr bebaut, sondern lediglich als Abstellfläche genutzt werden kann. Das Erfordernis der außerplanmäßigen Abschreibung ist insb. in solchen Fällen erforderlich, in denen bei Anschaffung des Grundstücks eine bestehende Kontamination (mangels Kennt- **118**

---

83 GlA: *Meyer-Wegelin*, in *KütingPfitzer/Weber*, HdR, HGB § 249, Rn 95, Stand 03/2010.
84 Vgl. *Schubert*, in Beck Bil-Komm. 9. Aufl., § 249 HGB, Rz 100 Altlastensanierung mwN.
85 Vgl. zum Überblick der Rechtsprechung: *Prinz*, DB 2013, S. 1815; *Oser/Wirtz*, StuB 2015, S. 3.
86 Zum Konkurrenzverhältnis vgl. IDW, WPg 1992, S. 326.

nis) nicht kaufpreismindernd berücksichtigt worden ist oder wenn ein zuvor lastenfreies Grundstück während der Zugehörigkeit zum Betriebsvermögen kontaminiert wird. Ist dagegen bei Grundstückserwerb die Kontamination bekannt und wird sie kaufpreismindernd berücksichtigt, sind die Sanierungsaufwendungen im Regelfall als nachträgliche HK des Grundstücks zu behandeln, da hiermit eine wesentliche Verbesserung des Nutzenpotenzials des Grundstücks verbunden sein wird. Eine Abschreibung wegen eingeschränkter Nutzbarkeit mindert eine wegen der Sanierungsverpflichtung erforderliche Rückstellung, soweit die Sanierungsmaßnahmen zu nachträglichen HK führen, weil insoweit eine kompensierte Verpflichtung vorliegt.[87]

## 3 Rückstellungen für drohende Verluste aus schwebenden Geschäften (Abs. 1 Satz 1 2. Alt.)

### 3.1 Vorbemerkung

119 **Drohverlustrückstellungen** dienen der bilanziellen Erfassung von Verpflichtungsüberschüssen, indem Aufwandsüberschüsse aus schwebenden Geschäften zu passivieren sind. Sie sind somit Ausfluss des Imparitätsprinzips (§ 252 Abs. 1 Nr. 4 HGB).

### 3.2 Schwebende Geschäfte

#### 3.2.1 Begriff

120 **Schwebende Geschäfte** stellen zweiseitig verpflichtende Verträge dar, die auf Leistungsaustausch i. S. v. § 320 BGB gerichtet sind und aus Sicht jedes Vertragspartners einen Anspruch und eine Gegenleistung begründen.[88]

121 Demnach stellen mangels Gegenleistung keine schwebenden Verträge dar:
- gesetzliche Haftung,
- Schenkung,
- Verlustübernahmeverpflichtung aufgrund eines Beherrschungs- und Gewinnabführungsvertrags nach § 302 Abs. 1 i. V. m. § 291 Abs. 1 AktG[89],
- Gesellschaftsvertrag.[90]

Für derartige Sachverhalte sind ggf. Rückstellungen für ungewisse Verbindlichkeiten zu bilden (Rz 23).

122 Schwebende Geschäfte sind als Ausfluss des **Realisationsprinzips** (§ 252 Abs. 1 Nr. 4 HGB) handelsrechtlich grds. nicht zu bilanzieren, da sich Leistung und Gegenleistung regelmäßig ausgleichen. Ausnahmen hiervon ergeben sich aus dem **Imparitätsprinzip**, wonach Verluste zu berücksichtigen sind, sobald sie bekannt, d. h. absehbar sind (§ 252 Rz 84 ff.).

---

87 Vgl. *Förschle/Scheffels*, DB 1993, S. 1201.
88 Vgl. IDW RS HFA 4, Tz 2.
89 A. A. *Meyer-Wegelin*, in *Küting/Pfitzer/Weber*, HdR, HGB § 249, Rn 63, Stand 03/2010.
90 Vgl. IDW RS HFA 4, Tz 2.

### 3.2.2 Beginn und Ende

Der **Beginn des Schwebezustands** erfolgt regelmäßig bei Vertragsabschluss. Ist der Vertrag unter einer **aufschiebenden Bedingung**, z.B. Gremienvorbehalt, geschlossen, ist wie folgt zu differenzieren:[91]

- Liegt die aufschiebende Bedingung im **Einflussbereich des Bilanzierenden**, ist dieser im Regelfall nicht an sein Angebot gebunden. Liegt allerdings ein faktischer Zwang vor, der den Gremienvorbehalt dominiert, ist, auch wenn zivilrechtlich noch kein schwebendes Geschäft vorliegt, bilanzrechtlich von einem schwebendem Geschäft auszugehen.

> **Beispiel**
> Ein Unt schließt mit einem Architekten einen Vertrag zur Planung eines aufwendigen Bürohauses. Der Architekt hat sich zuvor in einem Architektenwettbewerb gegen mehrere Konkurrenten durchgesetzt. Der Vertrag unterliegt der Zustimmung des AR des Unt; diese wird im Januar 02 erteilt.
> Zum 31.12.01 besteht zivilrechtlich zwar noch kein schwebendes Geschäft. Da sich das Unt für den Fall der Nichtzustimmung durch den AR einer Schadensersatzklage des Architekten aufgrund des gewonnenen Architektenwettbewerbs ausgesetzt sehen würde, ist bilanzrechtlich bereits zum 31.12.01 von einem schwebenden Geschäft auszugehen und bei Vorliegen eines Verpflichtungsüberhangs eine Rückstellung für drohende Verluste zu bilden.

- Liegt die aufschiebende Bedingung **im Einflussbereich des Vertragspartners**, so hat der Bilanzierende aufgrund des Vorsichtsprinzips davon auszugehen, dass es sich bei einem für ihn nachteiligen Geschäft bereits um ein schwebendes Geschäft handelt.

> **Beispiel**
> Ein Unt bestellt im Dezember 01 bei seinem Lieferanten dringend benötigte Ersatzteile für eine Maschine. Der Lieferant hat den Vertrag unter die aufschiebende Bedingung der Lieferbereitschaft eines Vorlieferanten gestellt. Der Vorlieferant erklärt im Januar 02 dem Lieferanten seine Lieferbereitschaft.
> Das Unt hat im JA 01 diesen Vorgang wie ein schwebendes Geschäft zu behandeln, da die aufschiebende Bedingung nicht in seinem Einflussbereich liegt. Soweit aus dem schwebenden Geschäft ein Verpflichtungsüberhang droht, ist demzufolge eine Rückstellung für drohende Verluste zu passivieren.

Im Einzelfall kann die Abgrenzung zwischen einem zu berücksichtigenden bindenden Angebot des Bilanzierenden (aufschiebende Bedingung im Einflussbereich des Vertragspartners), mit dessen Annahme unter den Umständen des Sachverhalts zu rechnen ist, und bloßen Absichtserklärungen schwierig sein. Die in der Praxis häufig zu beobachtenden **letter of intent** bzw. **memorandum of understanding** stellen zumeist bloße Absichtserklärungen dar, die keine Bindungswirkung entfalten.[92] Hiermit werden zumeist Rahmenbedingungen von Verhandlungen (Exklusivität,

---

[91] Vgl. IDW RS HFA 4, Tz 8, 9.
[92] Vgl. IDW RS HFA 4, Tz 10.

Verschwiegenheit, zeitliche Restriktionen) und grundsätzliches Verständnis vom Kaufgegenstand und erwarteter Preisspanne zwischen Anbieter und Interessent vereinbart.[93] Allerdings sind mit diesen Begriffen z. T. recht unterschiedliche Vereinbarungen verknüpft, sodass im Einzelfall auf die jeweiligen Absprachen abgestellt werden muss.

127 Das **Ende des Schwebezustands** wird durch die Erfüllung der Sachleistung bestimmt, d. h. die Lieferung der Ware, die Erbringung der vereinbarten Dienstleistung etc.

128 Ohne Auswirkung auf die Beendigung des Schwebezustands sind zwischenzeitlich erfolgte Zahlungen. Hierbei handelt es sich um **Anzahlungen** (= teilweise Erfüllung der Gegenleistung vor der Sachleistung) oder **Vorauszahlungen** (= vollständige Erfüllung der Gegenleistung vor der Sachleistung), die bilanziell als geleistete bzw. erhaltene Anzahlungen zu erfassen sind.[94]

### 3.3 Drohende Verluste

#### 3.3.1 Begriffsabgrenzung

129 Der Begriff der drohenden Verluste wird durch zwei Voraussetzungen charakterisiert. Erstens muss es sich um einen Verlust handeln, zweitens muss dieser drohen.

130 Aus einem schwebenden Geschäft ergibt sich dann ein **Verlust**, wenn der Wert der vom Bilanzierenden zu erbringenden Leistung den Wert der zu empfangenden Gegenleistung übersteigt. Es handelt sich hierbei um einen sog. **Verpflichtungsüberschuss**.

> **Beispiel**
> Ein Autohändler schließt mit einem Kunden einen Kaufvertrag zur Lieferung eines Pkw mit genau spezifizierter Ausstattung. Der Kaufpreis wird mit 100 GE vereinbart. Für die Beschaffung und Auslieferung des Pkw muss der Autohändler Aufwendungen von 110 GE tragen.
> Es ergibt sich ein Verlust i. H. v. 10 GE.

131 Damit ein Verlust **droht**, müssen konkrete Anzeichen gegeben sein, denn die bloße Möglichkeit für einen Verlust ist nahezu bei jedem schwebenden Geschäft gegeben. Derartige konkrete Anzeichen sind regelmäßig aus den individuellen vertraglichen Vereinbarungen und den Umständen der Vertragsabwicklung (z. B. Marktverhältnisse) abzuleiten.[95] Es müssen sich hieraus konkrete Anhaltspunkte ableiten lassen, die bei normaler Abwicklung des Geschäfts und vernünftiger kaufmännischer Beurteilung die Entstehung eines Verlusts erwarten lassen. Während bei sog. Einmalgeschäften (vgl. Rz 147 ff.) dies i. d. R. eindeutig festgestellt werden kann, ergeben sich bei Dauerschuldverhältnissen (vgl. Rz 158 ff.) besondere Schwierigkeiten, da der Beitrag der Gegenleistung zum Unternehmenserfolg i. d. R. nicht hinreichend objektiv bestimmt werden kann.

---

[93] Vgl. *Schubert*, in Beck Bil-Komm. 9. Aufl., § 249 HGB, Rz 55.
[94] Vgl. IDW RS HFA 4, Tz 12.
[95] Vgl. IDW RS HFA 4, Tz 15.

> **Beispiel**
> Ein Maschinenbauunternehmen schließt mit einem Kunden im September 01 einen Vertrag über die Lieferung, Installation und Inbetriebnahme einer Spezialmaschine. Als Kaufpreis werden 100 GE vereinbart. Zum Zeitpunkt des Abschlusses des Kaufvertrags rechnet das Maschinenbauunternehmen mit Gesamtaufwendungen von 80 GE. Zum Jahresende 01 sind die Konstruktionsarbeiten vorangeschritten. Danach wird der Bau der Maschine deutlich komplexer als bei Vertragsabschluss erwartet. Bei Aufstellung des JA zum 31.12.01 kalkuliert das Maschinenbauunternehmen nunmehr mit Gesamtaufwendungen von 120 GE.
> **Fazit:** Es droht ein Verlust von 20 GE.

### 3.3.2 Abgrenzung zu Verbindlichkeitsrückstellungen

Sowohl Rückstellungen für drohende Verluste aus schwebenden Geschäften als auch Verbindlichkeitsrückstellungen betreffen Außenverpflichtungen des Bilanzierenden.[96]

Verbindlichkeitsrückstellungen erfassen zukünftige Aufwendungen, denen keine zukünftigen Erträge gegenüberstehen. Hierunter fällt der sog. Erfüllungsrückstand, bei dem Aufwendungen anfallen, denen in der Vergangenheit zuordenbare Erträge gegenüberstehen, aber auch solche Aufwendungen, aus denen aus der Eigenart des Sachverhalts weder vergangene noch zukünftige Erträge zuzurechnen sind. Verbindlichkeitsrückstellungen betreffen somit regelmäßig den bereits abgewickelten Teil eines (vormals) schwebenden Geschäfts. Drohverlustrückstellungen erfassen demgegenüber zukünftige Aufwendungen, die mit zukünftigen Erträgen in Zusammenhang stehen.[97]

Bei Verbindlichkeitsrückstellungen wird die gesamte Außenverpflichtung passiviert, während bei Drohverlustrückstellungen lediglich der Verpflichtungsüberschuss ausgewiesen wird.[98] Abb. 1 zeigt das Zusammenspiel von Verbindlichkeitsrückstellung und Drohverlustrückstellung am Beispiel eines Dauerschuldverhältnisses.

Abb. 1: Abgrenzung Verbindlichkeitsrückstellung von Drohverlustrückstellung bei Dauerschuldverhältnissen

---

[96] Vgl. IDW RS HFA 4, Tz 17.
[97] Vgl. *Groh*, BB 1988, S. 27.
[98] Vgl. IDW RS HFA 4, Tz 19.

### 3.3.3 Vorrang von Abschreibungen

**135** Soweit bei Bilanzaufstellung im Zusammenhang mit dem schwebenden Geschäft stehende VG aktiviert werden (z. B. unfertige Leistungen im Vorratsvermögen), sind diese zunächst um den erwarteten Verlust abzuschreiben, da eine außerplanmäßige Abschreibung Vorrang vor einer Drohverlustrückstellung hat. Der Vorrang der aktivischen Abschreibung begründet sich aus Art. 20 Abs. 3 der 4. EU-RL, da Rückstellungen „keine Wertberichtigungen zu Aktivposten darstellen".[99] Erst nach Vollabschreibung von aktivierten VG darf ein darüber hinaus bestehender Verlust als Drohverlustrückstellung berücksichtigt werden.[100]

> **Beispiel**
> Eine Werbeagentur hat mit einem Kunden einen Vertrag über die Durchführung einer Werbekampagne geschlossen. Die Vergütung für die Werbekampagne ist mit 100 GE vereinbart. Zum Abschlussstichtag hat die Werbeagentur unter den Vorräten unfertige Leistungen i. H. v. 30 GE aktiviert. Bei Aufstellung des JA rechnet die Werbeagentur mit Gesamtaufwendungen für die Durchführung der Werbekampagne von 150 GE.
> Zunächst sind die aktivierten unfertigen Leistungen i. H. v. 30 GE bis auf 0 GE abzuschreiben. Der darüber hinausgehende Verlust von 20 GE ist als Drohverlustrückstellung zu passivieren.

**136** Soweit ein Drohverlustauftrag **über mehrere Geschäftsjahre abgewickelt** wird, stellt sich wegen des Abschreibungsvorrangs das Erfordernis, zunächst als Drohverlustrückstellungen berücksichtigte Verluste in Wertberichtigungen auf Vorräte umzuqualifizieren, wie nachfolgendes Beispiel illustriert.

> **Beispiel**
> Ein Maschinenbauunternehmen schließt im September 01 einen Vertrag über die Herstellung, Lieferung und Inbetriebnahme einer Großanlage. Als Kaufpreis wird 100 GE vereinbart, die Inbetriebnahme ist für Frühjahr 03 vorgesehen. Bei Aufstellung des JA zum 31.12.01 wird aufgrund der zwischenzeitlichen Projektplanung erkennbar, dass ein Verlust i. H. v. 40 GE bei dem Auftrag droht. Die zum 31.12.01 aufgelaufenen aktivierungspflichtigen Aufwendungen belaufen sich auf 10 GE.
> Zum 31.12.01 sind die unfertigen Leistungen i. H. v. 10 GE in voller Höhe wertzuberichtigen. Der darüber hinausgehende Verlust von 30 GE ist als Rückstellung für drohende Verluste auszuweisen.
> Zum 31.12.02 belaufen sich die aktivierungspflichtigen Aufwendungen auf 90 GE. Bei Aufstellung des JA zum 31.12.02 wird unverändert mit einem Auftragsverlust von 40 GE gerechnet.

---

[99] Dieser Grundsatz ist auch in der EU-Bilanzrichtlinie enthalten, Vgl. RL 2013/34/EU des Europäischen Parlaments und des Rates vom 26.6.2013 über den Jahresabschluss, den konsolidierten Abschluss und damit verbundene Berichte von Unternehmen bestimmter Rechtsformen und zur Änderung der RL 2006/43/EG des Europäischen Parlaments und des Rates und zur Aufhebung der RL 78/660/EWG und 83/349/EWG des Rates, Abl. EU, v. 29.6.2013, L 182/19, Art. 12 Abs. 12.
[100] Vgl. *Hommel*, in *Baetge/Kirsch/Thiele*, Bilanzrecht, § 249 HGB, Rz 145.

> Zum 31.12.02 ist die im Vorjahr gebildete Drohverlustrückstellung von 30 GE gegen die Wertberichtigung auf die unfertigen Leistungen zu verbrauchen. Der Bilanzansatz der unfertigen Leistungen beträgt zum 31.12.02 50 (90 GE ./. 40 GE), die Rückstellung für drohende Verluste beträgt 0 GE.
> Der Buchungssatz für den Verbrauch der Drohverlustrückstellung zum 31.12.02 im vorigen Beispiel lautet:
>
> | Datum | Konto | Soll | Haben |
> |---|---|---|---|
> | | Sonstige Rückstellungen | 30 | |
> | | Unfertige Leistungen | | 30 |

Im Unterschied zum Steuerrecht sind handelsrechtlich **sämtliche aus dem Auftrag drohenden Verluste** von den aktivierten Vorräten abzuschreiben. Das Steuerrecht lässt demgegenüber nur eine entsprechend dem Auftragsfortschritt ratierliche Erfassung der Abschreibung zu.[101]

137

Der Vorrang von Abschreibungen vor Drohverlustrückstellungen kommt insb. bei Absatzgeschäften zum Tragen, da hier regelmäßig aktivierungspflichtige VG vorliegen.[102] Im Regelfall wird es sich dabei um VG des UV handeln, für die das strenge Niederstwertprinzip (§ 253 Abs. 4 HGB) gilt (§ 253 Rz 266). Soweit es sich bei den dem Absatzgeschäft zugrunde liegenden VG um AV handelt, ist eine Abschreibung nur in Fällen dauerhafter Wertminderung (§ 253 Abs. 3 Satz 3 HGB) geboten. Derartige Fälle treten zumeist im Bereich von Dauerschuldverhältnissen auf (z. B. Vermietung eines Gebäudes), in denen der VG nur mittelbar Gegenstand des verlustträchtigen Absatzgeschäfts ist.[103]

138

> **Beispiel**
> Ein Unt passt infolge rückläufiger Auftragseingänge seine Kapazitäten an. In diesem Zusammenhang wird ein bislang selbst genutztes Bürogebäude ab dem 1.1.02 fremdvermietet. Der im Oktober 01 abgeschlossene Mietvertrag hat eine Laufzeit von 5 Jahren. Dem Unt entstehen aus dem Gebäude nicht an den Mieter weiterbelastbare Aufwendungen (Abschreibungen, Finanzierungszinsen) von jährlich 100 GE. Die vereinbarte Miete beträgt jährlich 80 GE. Der Buchwert des Gebäudes beläuft sich zum 31.12.01 auf 300 GE.
> Zum 31.12.01 droht aus dem Mietvertrag ein Verlust i. H. v. 100 GE (5 Jahre × 20 GE). Ob eine vorrangig zu berücksichtigende Notwendigkeit zur Vornahme einer außerplanmäßigen Abschreibung auf das Gebäude besteht, kann dem Sachverhalt so nicht entnommen werden, da das Gebäude nur mittelbar Gegenstand des Absatzgeschäfts ist. Bei der Beurteilung, ob eine außerplan-

---

101 Vgl. BMF, Schreiben v. 14.11.2000, BStBl 2000 I S. 1541; BMF, Schreiben v. 27.4.2001, DStR 2001, S. 1527.
102 A. A. OLG Düsseldorf, Beschl. v. 19.5.2010, 26 W 4/08, DB 2010, S. 1454. Im Urteilsfall wird für Restwertrisiken aus Leasingverträgen konstatiert, dass eine Drohverlustrückstellung diese Risiken besser abbilde als eine außerplanmäßige Abschreibung der Leasingfahrzeuge. Diese Rechtsauslegung steht nach der hier vertretenen Auffassung im Widerspruch zu Art. 20 Abs. 3 der 4. EU-RL, die den Vorrang der außerplanmäßigen Abschreibung vor der Drohverlustrückstellung vorgibt. Dieser Grundsatz ist auch in der neugefassten EU-Bilanzrichtlinie beibehalten worden.
103 Vgl. IDW RS HFA 4, Tz 23.

> mäßige Abschreibung wegen voraussichtlich dauerhafter Wertminderung gegeben ist, sind weitere Gesichtspunkte einzubeziehen (Gesamtrestnutzungsdauer des Gebäudes, Kündigungsmöglichkeiten des Mietvertrags, ggf. bestehendes einseitiges Optionsrecht des Mieters auf Verlängerung des Mietvertrags zu unveränderten Konditionen).

### 3.3.4 Kompensationsbereich

139 Eine Drohverlustrückstellung ist dann zu bilden, wenn ein Verlust droht. Rückstellungspflichtig ist nur der sog. Verpflichtungsüberschuss, der eine Saldogröße darstellt (Rz 130). Da das Gesetz die Ermittlung einer Saldogröße erfordert, liegt bei deren Bilanzierung auch kein Verstoß gegen das Saldierungsverbot (§ 246 Abs. 2 Satz 1 HGB) vor. Die Abgrenzung der Ansprüche und Verpflichtungen aus dem schwebenden Geschäft betrifft nicht nur die vertraglich vereinbarten Haupt- und Nebenleistungspflichten (**schuldrechtliches Synallagma**), sondern darüber hinausgehende, durch das schwebende Geschäft verursachte konkrete wirtschaftliche Vorteile (**wirtschaftliches Synallagma**).[104] Ein alleiniges Abstellen auf die vertraglichen Hauptleistungspflichten würde dagegen zu einer ungerechtfertigten Einengung der Drohverlustrückstellung führen und ist daher unzulässig.

140 Wirtschaftliche Vorteile sind dann hinreichend konkretisiert, wenn sie dem Grunde und der Höhe nach zu bestimmen sind. In den Kompensationsbereich dürfen daher nur solche wirtschaftlichen Vorteile einbezogen werden, die in ursächlichem wirtschaftlichem Zusammenhang mit dem dem schwebenden Geschäft zugrunde liegenden Vertrag stehen und z. B. durch Planungsrechnungen oder Erfahrungen der Vergangenheit bewertbar und in dieser Höhe hinreichend realisierbar sind.[105]

141 Zu unterscheiden sind hierbei Vorteile **aus Anlass** des Vertragsschlusses von solchen, die sich **bei Gelegenheit** des Vertrags ergeben haben. Nur erstere beruhen kausal auf dem Vertragsschluss und sind in den Kompensationsbereich einzubeziehen, da nur diese ohne den Vertrag nicht erzielt werden könnten.

> **Beispiel**[106]
> Ein Apotheker mietet Geschäftsräume für den Betrieb seiner Apotheke an. In demselben Gebäude mietet er außerdem Räumlichkeiten an mit dem Ziel, diese an einen Arzt unterzuvermieten. Es gelingt ihm, einen Allgemeinmediziner zur Eröffnung einer Arztpraxis zu bewegen. Dieser mietet die Räume von dem Apotheker zu einem niedrigeren Mietzins an, als der Apotheker seinerseits an den Vermieter zahlt. Der Apotheker schließt den Untermietvertrag mit dem Arzt gleichwohl ab, da er sich aus dem Standortvorteil erhöhte Kundenfrequenz und damit höhere Umsätze erwartet.
> Der Abschluss des (isoliert betrachtet) nachteiligen Untermietvertrags stellt für den Apotheker aus rein schuldrechtlicher Sicht einen nachteiligen Vertrag dar. Dem Nachteil (Verlust) aus dem Untermietverhältnis stehen jedoch die

---

[104] Vgl. *Schubert,* in Beck Bil-Komm. 9. Aufl., § 249 HGB, Rz 64.
[105] Vgl. IDW RS HFA 4, Tz 25.
[106] Vgl. BFH, Beschluss v. 23.6.1997, GrS 2/93, BStBl II 1997 S. 735.

aus Anlass der Begründung des Untermietverhältnisses entstandenen größeren Geschäftschancen infolge der zu erwartenden Kundenfrequenz gegenüber. Diese Vorteile sind **aus Anlass** des Abschlusses des Untermietvertrags entstanden; ohne den Untermietvertrag hätte der Arzt in dem Gebäude keine Arztpraxis eröffnet und die konkrete Aussicht auf Erhöhung der Kundenfrequenz wäre nicht gegeben.
Bei der Beurteilung, ob der Apotheker eine Rückstellung für drohende Verluste aus dem Untermietvertrag mit dem Arzt zu bilden hat, sind die zu erwartenden wirtschaftlichen Standortvorteile durch die erhöhte Kundenfrequenz kompensatorisch zu berücksichtigen.

**Abwandlung des Beispiels**
Beispiel wie zuvor. Ein dem Allgemeinmediziner bekannter Augenarzt mietet in dem Gebäude eine Augenarztpraxis an, da er sich eine erhöhte Patientenfrequenz aufgrund des Vorhandenseins der Apotheke erhofft.
Unzweifelhaft erwächst dem Apotheker mit der Eröffnung der Augenarztpraxis ein weiterer wirtschaftlicher Vorteil. Dieser Vorteil steht aber in keinem kausalen Zusammenhang mit dem Abschluss des Untermietvertrags, den der Apotheker mit dem Allgemeinmediziner geschlossen hat. Er ist dem Apotheker **bei Gelegenheit** des Abschlusses des Untermietvertrags erwachsen. Auch ohne das Bestehen des Untermietvertrags mit dem Allgemeinmediziner hätte dem Apotheker dieser wirtschaftliche Vorteil entstehen können, da der Augenarzt auch in diesem Fall seine Praxis hätte eröffnen können. Da kein kausaler Zusammenhang zu dem Untermietvertrag mit dem Allgemeinmediziner besteht, darf dieser wirtschaftliche Vorteil bei der Beurteilung, ob eine Drohverlustrückstellung bei dem Apotheker zu bilden ist, nicht kompensatorisch berücksichtigt werden.

Zum Kompensationsbereich zählen bspw. auch Zinserträge aus der zwischenzeitlich erfolgten Anlage von Einzahlungsüberschüssen aus An- und Vorauszahlungen.[107]

Der Kompensationsbereich ist allerdings dann überschritten, wenn der drohende Verlust aus einem Geschäft mit **Hoffnungen oder Erwartungen auf zukünftige Erträge** saldiert werden soll.

**Beispiel**[108]
Ein Unt bietet seine Produkte in einem neuen regionalen Markt, der bislang nicht von dem Unt besetzt ist, zu Preisen an, die unter den Selbstkosten des Unt liegen. Dieses „Kampfangebot" wird von dem Unt mit der Absicht der Markterschließung eingegangen, in deren Folge sich das Unt zukünftige Erträge aus diesem Markt erwartet.
Das Unt hat für die am Abschlussstichtag abgeschlossenen, aber noch nicht erfüllten Kaufverträge (schwebende Geschäfte) eine Rückstellung für drohende Verluste zu bilden. Die Erwartung zukünftiger Erträge aus diesem

142

143

---

[107] Vgl. IDW RS HFA 4, Tz 26.
[108] Vgl. IDW RS HFA 4, Tz 27.

> Markt ist nicht hinreichend konkretisiert und darf nicht in den Kompensationsbereich einbezogen werden.

**144** Ebenfalls nicht zum Kompensationsbereich rechnet eine **Verlustausgleichsverpflichtung** des MU gem. § 302 Abs. 1 AktG aufgrund eines Beherrschungs- und Ergebnisabführungsvertrags, da es hier an dem kausalen Zusammenhang zwischen dem verlustbringenden Geschäft und der Verlustübernahmeverpflichtung des MU mangelt (vgl. zur Verbindlichkeitsrückstellung Rz 327).

**145** Bei der Abgrenzung des Kompensationsbereichs sind weiterhin **Bewertungseinheiten** zu berücksichtigen. Der auch für Drohverlustrückstellungen geltende Grundsatz der Einzelbewertung wird in Bezug auf Bewertungseinheiten (§ 254 HGB) durchbrochen. § 254 HGB stellt explizit klar, dass § 249 Abs. 1 HGB „in dem Umfang und für den Zeitraum nicht anzuwenden ist, in dem die gegenläufigen Wertänderungen und Zahlungsströme sich ausgleichen". Zu Einzelheiten zum Vorliegen von Bewertungseinheiten vgl. § 254 Rz 10 ff.

> **Beispiel**
> Ein Unt schließt im Juli 01 einen Kaufvertrag über die Lieferung einer Maschine an einen Abnehmer in den USA. Die Fakturierung erfolgt in USD. Es wird ein Kaufpreis i. H. v. 120 USD vereinbart. Zum Zeitpunkt des Abschlusses des Kaufvertrags lag der Kurs EUR/USD bei 1,20. Das Unt kalkuliert mit Aufwendungen zur Herstellung und Lieferung der Maschine von 90 EUR. Die Lieferung der Maschine ist für April 02, die Bezahlung der Rechnung für Mai 02 geplant. Das Unt schließt zeitnah zum Abschluss des Kaufvertrags über die Maschine ein Devisentermingeschäft zur Absicherung des Wechselkursrisikos dergestalt, dass es sich gegenüber einem Kreditinstitut verpflichtet, im Mai 02 120 USD zum Kurs EUR/USD 1,20 zu verkaufen.
> Bei Aufstellung des JA zum 31.12.01 hat sich der Wechselkurs EUR/USD auf 1,50 erhöht. Aus dem eigentlichen Maschinenkaufvertrag droht somit ein Verlust, da den Aufwendungen von 90 EUR Zahlungszuflüsse i. H. v. 80 EUR gegenüberstehen (120 USD entsprechen im Mai 02 80 EUR).
> Es ist keine Rückstellung für drohende Verluste zu bilden, da eine Bewertungseinheit zwischen dem Maschinenkaufvertrag und dem Devisentermingeschäft besteht. Werden die Zahlungsströme beider Geschäfte zusammen betrachtet, fließen dem Unt 100 EUR zu (80 EUR aus der Maschinenlieferung, 20 EUR aus dem Devisentermingeschäft), denen Aufwendungen i. H. v. 90 EUR gegenüberstehen. Somit droht kein Verlust.

**146** Bewertungseinheiten führen in einer Vielzahl von praktischen Fällen zu Anwendungsfällen der Einbeziehung in den Kompensationsbereich bei Drohverlustrückstellungen. Diese betreffen insb. Sicherungsgeschäfte (Devisen, Zinsen, Warenterminkontrakte). Zu Einzelheiten vgl. § 254 Rz 18 ff.[109]

---

[109] Vgl. hierzu auch IDW RS HFA 35, Abschn. 2.4 und 4.2.

### 3.3.5 Auf einmalige Leistung gerichtete Schuldverhältnisse

### 3.3.5.1 Beschaffungsgeschäfte über aktivierungsfähige Vermögensgegenstände oder Leistungen

Bei derartigen Beschaffungsgeschäften ist der Vorrang etwaig vorzunehmender Abschreibungen zu beachten (Rz 136). Hierzu ist zwischen VG des AV (außerplanmäßige Abschreibung bei voraussichtlich dauerhafter Wertminderung) und VG des UV (strenges Niederstwertprinzip) zu differenzieren. **147**

> **Beispiel**
> Ein Unt hat im November 01 einen Kaufvertrag für einen Pkw abgeschlossen. Der Pkw soll einem Vertriebsmitarbeiter als Firmen-Pkw überlassen werden. Aufgrund der Erfahrungswerte des Unt kann der Pkw bei vergleichbarer durchschnittlicher Fahrleistung voraussichtlich vier Jahre wirtschaftlich genutzt werden. Die Lieferung des Pkw soll im April 02 erfolgen. Der Kaufpreis ist mit 100 GE vereinbart worden.
> Zum Zeitpunkt der Aufstellung des JA zum 31.12.01 sind die Marktpreise für derartige Pkw aufgrund massiver Nachfragerückgänge gesunken; der Pkw könnte nunmehr für einen Kaufpreis von 90 GE erworben werden. Nach den bei Bilanzaufstellung verfügbaren Informationen wird diese „Rabattschlacht" bei den Autohändlern voraussichtlich noch bis Jahresende 02 andauern; für das Frühjahr 03 werden aber wieder steigende Absatzzahlen der Pkw-Hersteller und sinkende Rabatte der Autohändler erwartet.
> Gegenstand der Drohverlustrückstellung ist die Verlustantizipation. Nur für den Fall, dass für den im April 02 zu liefernden Pkw, der dem AV zuzuordnen ist, vom Unt eine Wertberichtigung wegen voraussichtlich dauerhafter Wertminderung vorzunehmen wäre, wäre diese im Wege einer Drohverlustrückstellung zu berücksichtigen. Zwar ist der Marktpreis im Zeitpunkt der Lieferung des Pkw noch für ca. ein Jahr unterhalb der AK. Da für den Pkw eine Nutzungsdauer von vier Jahren angenommen wird, ist dieses nicht als voraussichtlich dauerhaft anzusehen. Eine Drohverlustrückstellung ist in der Bilanz zum 31.12.01 nicht zu bilden.

Die Drohverlustrückstellung dient der Erfassung drohender Verluste aus dem Beschaffungsgeschäft, nicht aber entgehender Gewinne aufgrund kurzfristig günstiger Beschaffungspreise.[110] Eine Drohverlustrückstellung für VG des AV auf Basis einer nicht dauerhaften Wertminderung ist unzulässig.[111] **148**

Bei Beschaffungsgeschäften über VG des UV sind aufgrund des strengen Niederstwertprinzips Drohverlustrückstellungen geboten. **149**

> **Beispiel**
> Ein Unt hat am Abschlussstichtag Modeartikel als Handelsware bestellt, die aber noch nicht geliefert worden sind. Bei Bilanzaufstellung ist erkennbar, dass aufgrund der Schnelllebigkeit bei Modeartikeln der Beschaffungspreis für diese Artikel bereits am Abschlussstichtag signifikant gesunken ist. Gleiches

---

110 Vgl. WP-Handbuch, Bd. I, 14. Aufl., Abschn. E, Rz 154.
111 Vgl. IDW RS HFA 4, Tz 30.

> gilt für die zu erwartenden Absatzpreise der Handelswaren, die aufgrund eines neuen „trendigeren" Konkurrenzprodukts ebenfalls stark rückläufig sind.
> Es ist im JA 01 eine Rückstellung für drohende Verluste zu bilden. Die Höhe bestimmt sich mit dem voraussichtlichen Abschreibungsbedarf, der im Zeitpunkt des Bezugs der Waren zu berücksichtigen ist.

150 Die Ermittlung des erwarteten Verlusts richtet sich bei VG des UV nach der Ermittlung des zu erwartenden Abschreibungsbedarfs bei Lieferung der VG gem. § 253 Abs. 4 HGB. Danach ist die Höhe der Drohverlustrückstellung anhand eines Börsen- oder Marktpreises oder – falls diese nicht vorhanden sind – des beizulegenden Werts zu bestimmen. Der beizulegende Wert kann sich grds. nach dem Absatz- oder Beschaffungsmarkt bestimmen, wobei nach der hier vertretenen Auffassung grds. auf den Absatzmarkt abzustellen ist (§ 253 Rz 281).[112]

151 Da Drohverlustrückstellungen lediglich drohende Verluste, nicht aber entgehende Gewinne erfassen, ist bei der Bemessung des Verpflichtungsüberschusses ein **Gewinnaufschlag** des bilanzierenden Unt nicht zu berücksichtigen.[113] Gleiches gilt für **kalkulatorische Kosten**, da diese nicht zu bilanziellen Verlusten führen dürfen.[114]

### 3.3.5.2 Beschaffungsgeschäfte über nicht aktivierungsfähige Leistungen

152 Beschaffungsgeschäfte über nicht aktivierungsfähige Leistungen stellen z.B. Werkverträge für Dienstleistungen (z.B. Reparaturen, Beratungsleistungen) dar. Zur Ermittlung eines drohenden Verlusts aus einem derartigen Geschäft ist auf den wirtschaftlichen Wert der Leistung abzustellen. Eine Drohverlustrückstellung ist nur dann zu bilden, wenn der wirtschaftliche Wert der Leistung hinter dem Wert der vom Bilanzierenden zu erbringenden Gegenleistung (Vergütungsanspruch) zurückbleibt. Dies ist in der Praxis zumeist schwer zu ermitteln, da der Beitrag der Leistung zum Unternehmenserfolg des Bilanzierenden objektiv regelmäßig nicht zu bestimmen ist.[115] Nicht zulässig wäre es, die Bestimmung eines drohenden Verlusts ausschließlich an den Wiederbeschaffungskosten vorzunehmen.

> **Beispiel**
> Ein Busunternehmen beauftragt im Dezember 01 ein Reinigungsunternehmen mit der Außen- und Innenreinigung seiner Busse. Die Reinigung soll im Januar und Februar 02 vorgenommen werden. Die vereinbarte Vergütung beläuft sich auf 100 GE. Bei Bilanzaufstellung wird bekannt, dass ein Konkurrenz-Reinigungsunternehmen dieselbe Leistung für 90 GE durchgeführt hätte.
> Es ist keine Rückstellung für drohende Verluste zu bilden. Das billigere Konkurrenzangebot stellt keinen drohenden Verlust, sondern einen entgangenen Gewinn dar.

---

[112] Vgl. WP-Handbuch, Bd. I, 14. Aufl., Abschn. E, Rz 153.
[113] A. A. *Mayer-Wegelin*, in *Küting/Pfitzer/Weber*, HdR, HGB § 249, Rn 68, Stand 11/2012.
[114] Vgl. WP-Handbuch, Bd. I, 14. Aufl., Abschn. E, Rz 155.
[115] Vgl. IDW RS HFA 4, Tz 32.

Anwendungsfälle ergeben sich häufig beim Abschluss von Energielieferungsverträgen. Hierbei handelt es sich um nicht aktivierungsfähige Leistungen (Strom ist nicht speicherbar), sodass eine opportunitätskosten-orientierte Betrachtung zu kurz greift. Eine Rückstellungsbildung allein aufgrund gesunkener Wiederbeschaffungskosten ist somit nicht zulässig.

In Fällen, in denen die **Leistung** für das bilanzierende Unt **objektiv wertlos** ist (**Fehlmaßnahme**), ist eine Rückstellung für drohende Verluste zu bilden.

153

> **Beispiel**
> Ein Unt benötigt im Rahmen der Erstellung des JA für die Bewertung der Pensionsrückstellungen ein Sachverständigengutachten. Versehentlich werden im Dezember 01 zwei Aktuare mit derselben Leistung beauftragt; die Durchführung ist für Januar 02 vorgesehen. Das vereinbarte Honorar beträgt jeweils 100 GE.
> Zwei Sachverständigengutachten auf denselben Bewertungsstichtag sind für das Unt objektiv wertlos. Für eines der beiden schwebenden Geschäfte ist eine Rückstellung für drohende Verluste zu bilden.

> **Abwandlung des Beispiels**
> Sachverhalt wie vor. Allerdings wird die doppelte Beauftragung noch im Dezember 01 bemerkt und einer der beiden Aufträge gekündigt. Der betroffene Sachverständige macht im Zuge der Kündigung des Vertrags einen Schaden für entgangenen Gewinn i. H. v. 10 GE geltend.
> Im JA zum 31.12.01 hat das Unt keine Rückstellung für drohende Verluste auszuweisen, da am Abschlussstichtag nur ein Geschäft schwebend ist. Bei diesem Geschäft ist die wirtschaftliche Leistung für das Unt nicht zu bestimmen; es gilt der Grundsatz der Ausgeglichenheit von Leistung und Gegenleistung.
> Für den gekündigten Gutachtervertrag ist eine Verbindlichkeitsrückstellung i. H. v. 10 GE oder – soweit keine Zweifel über Höhe und/oder Zeitpunkt der Schadensersatzleistung bestehen – eine sonstige Verbindlichkeit in der Bilanz zum 31.12.01 zu erfassen.

### 3.3.5.3 Absatzgeschäfte

Bei der Beurteilung, ob ein Verlust aus einem schwebenden Absatzgeschäft droht, ist auf Basis der am Abschlussstichtag aktivierten AHK zuzüglich der nach dem Abschlussstichtag noch anfallenden Aufwendungen zu ermitteln, ob diese den Wert der Gegenleistung (i. d. R. der Kaufpreis) übersteigen.

154

Bei der Bemessung der nach dem Abschlussstichtag anfallenden Aufwendungen sind sämtliche durch das Absatzgeschäft verursachten Aufwendungen einzubeziehen, unabhängig davon, ob diese beim Bilanzierenden ggf. aktivierungsfähig wären. Daher sind auch Aufwendungen für Auftragsfinanzierungen (z. B. Ak-

155

kreditive) und erwarteter Gewährleistungsaufwand mit einzubeziehen.[116] Nicht einzubeziehen sind kalkulatorische Kosten (Rz 151).

156 Auch für vom Bilanzierenden **bewusst eingegangene Verlustgeschäfte** sind Drohverlustrückstellungen anzusetzen, da es sich hierbei um passivierungspflichtige Außenverpflichtungen des Kaufmanns handelt.[117]

> **Beispiel**
> Ein Möbelhersteller schließt im November 01 mit einem Möbelhändler einen Kaufvertrag über die Lieferung eines Schlafzimmers ab, das an einem bestimmten Platz der Ausstellungsflächen des Möbelhändlers für Verkaufszwecke platziert werden soll. Der Möbelhersteller gewährt dem Möbelhändler einen Rabatt i. H. v. 80 % (sog. Kojenrabatt), da er sich mit der Platzierung des Schlafzimmers an attraktiver Stelle im Möbelhaus Folgeaufträge erhofft. Die Lieferung des Schlafzimmers ist für Januar 02 vereinbart. Die Herstellungskosten des Möbelherstellers belaufen sich auf 100 GE, der vereinbarte Kaufpreis (unter Einbeziehung des Kojenrabatts) auf 70 GE.
> Es ist vom Möbelhersteller zum 31.12.01 eine Drohverlustrückstellung i. H. v. 30 GE zu bilden. Die bloße Hoffnung auf Folgeaufträge ist nicht so konkretisiert, damit sie in den Kompensationsbereich einbezogen werden kann.

> **Fortführung des Beispiels**
> Gleicher Sachverhalt wie voriges Beispiel. Im Januar 02 wird das Schlafzimmer im Möbelhaus aufgebaut. Die positive Kundenresonanz führt im Februar 02 dazu, dass drei weitere Schlafzimmer vom Möbelhaus geordert werden, diesmal aber zur Lieferung an Endabnehmer (private Kunden), weshalb kein Kojenrabatt anfällt. Für die Lieferung der drei Schlafzimmer rechnet der Möbelhersteller mit Gesamtaufwendungen von 300 GE bei Erträgen von 350 GE. Im März 02 stellt der Möbelhersteller den JA zum 31.12.01 auf.
> Die nunmehr konkretisierten Folgeaufträge können nicht in den Kompensationsbereich für die Drohverlustrückstellung zum 31.12.01 einbezogen werden. Die Ausstellung des Schlafzimmers im Möbelhaus im Januar 01 und die darauf zurückzuführende positive Kundenresonanz, die zu den drei Folgeaufträgen geführt hat, sind wertbegründende Ereignisse, die bei der Bewertung der Drohverlustrückstellung zum 31.12.01 nicht berücksichtigt werden dürfen. Es ist wie im Ausgangsfall eine Drohverlustrückstellung i. H. v. 30 GE zum 31.12.01 zu passivieren.

157 Schwierigkeiten in der Abgrenzung des Kompensationsbereichs können dann auftreten, wenn **mehrere Absatzgeschäfte** mit einem Kunden **in engem zeitlichen Zusammenhang** geschlossen werden.

---

[116] Vgl. IDW RS HFA 4, Tz 35.
[117] Vgl. *Hommel*, in *Baetge/Kirsch/Thiele*, Bilanzrecht, § 249 HGB, Rz 121; Zur Niederstbewertung von bewussten Verlustprodukten vgl. *Weindel*, DB 2013, S. 353..

> **Beispiel**
> Ein Hersteller von Sondermaschinen verhandelt mit einem Kunden über die Lieferung von drei verschiedenen Maschinen. Beide werden sich schließlich einig. Es werden im Dezember 01 zeitgleich drei Kaufverträge abgeschlossen. Für alle drei Aufträge sind am Abschlussstichtag 31.12.01 keine aktivierungspflichtigen Aufwendungen angefallen. Bei Aufstellung des JA zum 31.12.01 ermittelt der Sondermaschinenhersteller für den ersten Auftrag eine Unterdeckung von 20 GE, für die anderen beiden Aufträge eine Überdeckung von insgesamt 30 GE.
> Es ist keine Rückstellung für drohende Verluste aus schwebenden Geschäften auszuweisen, da die beiden gewinnbringenden Aufträge zeitgleich und **bei Gelegenheit** des Abschlusses des verlustträchtigen Auftrags abgeschlossen werden.

> **Abwandlung des vorigen Beispiels**
> Der Hersteller von Sondermaschinen schließt im November 01 zwei gewinnbringende Aufträge mit dem Kunden ab. Im Dezember 01 wird ein weiterer Auftrag mit dem Kunden abgeschlossen, der diesmal aber verlustträchtig ist. Bei der Beurteilung, ob eine Rückstellung für drohende Verluste für den dritten Auftrag zu bilden ist, kommt es darauf an, ob die beiden ersten Aufträge in den Kompensationsbereich einbezogen werden können. Allein die Tatsache, dass bereits zwei gewinnbringende Aufträge abgeschlossen worden sind, ist hierfür nicht ausreichend. Es muss vielmehr untersucht werden, ob ein kausaler Zusammenhang zwischen den drei Aufträgen besteht. Wenn bspw. alle drei Verträge gleichzeitig verhandelt wurden und lediglich aus formalen Gründen (z.B. verzögert sich die Rücksendung des dritten Kaufvertrags deshalb, weil der zuständige Einkaufsleiter des Kunden wegen einer zweiwöchigen Auslandsreise die Unterschrift nur verspätet leisten konnte) die zeitliche Verzögerung eingetreten ist, ist eine kompensatorische Wirkung der drei Verträge wohl sachgerecht. Es kommt aber in solchen Fällen auf die Umstände des jeweiligen Sachverhalts an. Der Nachweis der Kausalität (Dokumentation) ist vom Bilanzierenden zu führen. Im Zweifel greift hier das Vorsichtsprinzip (§ 252 Abs. 1 Nr. 4 HGB), sodass eine Rückstellung für drohende Verluste zu passivieren ist.

### 3.3.6 Dauerschuldverhältnisse

#### 3.3.6.1 Grundlagen

Zur Abgrenzung der Verbindlichkeitsrückstellung aus Erfüllungsrückstand von den Drohverlustrückstellungen bei Dauerschuldverhältnissen vgl. Rz 131. Als Dauerschuldverhältnisse werden solche Vertragsverhältnisse bezeichnet, bei denen die Leistung über einen längeren Zeitraum erbracht und auch realisiert wird (zeitraumbezogene Leistungserbringung). Beispiele hierfür sind:
- Miet-, Pacht- und Leasingverträge,
- Verleihverträge,
- Kredit- und Darlehensverträge,
- Arbeitsverträge.

159 Zu den Dauerschuldverhältnissen rechnen auch **Sukzessivlieferverträge**. Hierunter sind solche Verträge zu verstehen, bei denen der Abnehmer nach Bedarf Leistungen zu fest vereinbarten Konditionen abnehmen kann (z. B. Wasser, Gas, Strom, Abrufverträge für Rohstoffe und Waren).[118] Kennzeichen derartiger Sukzessivlieferverträge ist, dass es sich um Rahmenkaufverträge handelt, bei denen die abzunehmende Menge bei Vertragsschluss unbekannt ist, im Extremfall sogar 0 betragen kann. Die eigentliche Leistungserbringung erfolgt durch Teillieferungen, die auf Abruf bzw. durch konkludentes Handeln (z. B. Verbrauch von Strom) des Abnehmers erfolgen.

160 Bei teilweiser Erbringung einer einzelnen Sachleistung ist danach zu differenzieren, ob eine abschnittsweise Abrechnung (z. B. monatlich) vorgesehen ist oder nicht. Ist eine solche abschnittsweise Abrechnung vorgesehen, endet der Schwebezustand für den erbrachten Leistungsaustausch mit der Teilleistung. Sieht der Vertrag hingegen eine abschnittsweise Abrechnung nicht vor und kann eine derartige auch im Auslegungswege nicht ermittelt werden, ist der gesamte Vertrag im Schwebezustand.

### 3.3.6.2 Beschaffungsgeschäfte

161 Eine Rückstellung für drohende Verluste kommt nur für den Teil eines Dauerschuldverhältnisses in Betracht, der am Abschlussstichtag noch nicht erfüllt ist.[119]

162 Eine Drohverlustrückstellung ist für den schwebenden Teil des Dauerbeschaffungsgeschäfts nur dann zu bilden, wenn ein Verlust droht. Eine Rückstellung wegen entgangener Gewinne kommt demgegenüber nicht in Betracht (Rz 151).

> **Beispiel**
> Ein Unt schließt im März 01 einen Darlehensvertrag mit einer Bank zu einem zu diesem Zeitpunkt marktüblichen Festzinssatz von 7,5 %. Bei Aufstellung des Jahresabschlusses auf den 31.12.01 ist der Marktzinssatz infolge einer im vierten Quartal 01 einsetzenden Finanz- und Wirtschaftskrise auf 6,0 % gesunken.
> Die Absenkung des Zinsniveaus bedeutet nicht automatisch, dass dem Unt in Zukunft Verluste drohen, da nicht ausgeschlossen werden kann, dass nicht zukünftig entgehende Gewinne vorliegen. Vielmehr ist der zukünftige Beitrag des Kreditvertrags zum Unternehmenserfolg mit den zukünftig noch zu zahlenden Aufwendungen zu vergleichen. Die Tatsache, dass der Kreditgeber das Darlehen voraussichtlich bis Laufzeitende im Unt belässt, kann dabei auch einen nicht zu unterschätzenden Erfolgsbeitrag für das Unt bedeuten. Eine Rückstellung für drohende Verluste ist nicht zu bilden.

163 In den Fällen, in denen die Gegenleistung für das Unt objektiv wertlos ist (**Fehlmaßnahmen**), ist eine Drohverlustrückstellung zu bilden. Ein Ansatz von Drohverlustrückstellungen bei Dauerschuldverhältnissen erfordert somit die Widerlegung der für schwebende Geschäfte geltenden Ausgeglichenheitsvermutung.

> **Beispiel**
> Ein norddeutsches Unt beabsichtigt, eine neue Zweigniederlassung in München zu errichten. Zu diesem Zweck wird im Oktober 01 ein Mietvertrag über

---

[118] Vgl. *Schubert*, in Beck Bil-Komm. 9. Aufl., § 249 HGB, Rz 54.
[119] Vgl. IDW RS HFA 4, Tz 14.

> Büroräumlichkeiten in München mit einer 5-jährigen Laufzeit, beginnend ab dem 1.1.02, abgeschlossen. Im Dezember 01 entscheidet die Geschäftsführung des Unt wegen eingetrübter Konjunkturaussichten, die Zweigniederlassung nun doch nicht zu errichten, da man sich auf den norddeutschen Kernmarkt konzentrieren möchte.
> Im JA zum 31.12.01 ist eine Rückstellung für drohende Verluste zu bilden.

Aber nicht nur für Fehlmaßnahmen kommt eine Drohverlustrückstellung in Betracht. Für den schwebenden Teil eines Dauerschuldverhältnisses ist dann eine Drohverlustrückstellung erforderlich, wenn die eigene Leistungsverpflichtung die zu empfangenden Leistungen übersteigt (**Verpflichtungsüberschuss**), auch wenn über die gesamte Laufzeit des Dauerschuldverhältnisses Leistung und Gegenleistung ausgeglichen sein mögen.[120] Es ist alleinig auf den noch schwebenden Teil des Geschäfts abzustellen.

**164**

> **Beispiel**
> Ein Unt hat am 1.7.01 ein Swapgeschäft mit einer Laufzeit von 5 Jahren abgeschlossen. Das Swapgeschäft stellt annahmegemäß kein Sicherungsgeschäft i. S. e. Bewertungseinheit nach § 254 HGB dar. In den Jahren 01 und 02 hat das Swapgeschäft gute Erträge für das Unt abgeworfen, da der Referenzzins (EURIBOR) ständig gestiegen ist. Gegen Ende des Jahrs 03 sinkt das Marktzinsniveau dramatisch. Zwar weist die GuV für das Jahr 03 insgesamt noch einen positiven Ergebnisbeitrag aus dem Swapgeschäft aus; am Abschlussstichtag 31.12.01 (und annahmegemäß auch im Zeitpunkt der Bilanzaufstellung) ist der Marktwert (ermittelt nach der Mark-to-market-Methode) des Swapgeschäfts jedoch negativ i. H. v. 100 GE.
> Es ist eine Rückstellung für drohende Verluste i. H. v. 100 GE zu bilden. Die Tatsache, dass das Swapgeschäft seit Abschluss positive Ergebnisbeiträge abgeworfen hat, ist unbeachtlich, selbst wenn diese die zu erwartenden Verluste von 100 GE überstiegen hätten. Da bei der Berechnung von Marktwerten nach der Mark-to-market-Methode der unterschiedliche zeitliche Anfall von Zahlungen durch Abzinsung bereits berücksichtigt ist, braucht keine (weitere) Abzinsung nach § 253 Abs. 2 HGB vorgenommen werden.[121]

Schwierig wird die Ermittlung eines drohenden Verlusts bei Dauerschuldverhältnissen dann, wenn die Gegenleistung (Sachleistung) nicht einfach in Geldeinheiten zu beziffern ist, wie das in dem Beispiel zu Swapgeschäften der Fall ist. Während für Dauerschaffungsgeschäfte über aktivierungsfähige VG die für Einmalgeschäfte entwickelten Grundsätze übertragen werden können (Rz 147), ist dies bei Dauerbeschaffungsgeschäften über nicht aktivierungsfähige Leistungen besonders virulent. Eine an den **Wiederbeschaffungskosten orientierte Bewertung** würde die Anzahl der Anwendungsfälle sehr stark erhöhen, wie folgendes Beispiel illustriert:

**165**

---

[120] Vgl. *Kessler*, in *Küting/PfitzerWeber*, HdR, HGB § 249, Rn 185, Stand 05/2014.
[121] Vgl. IDW RS HFA 4, Tz 44.

> **Beispiel**
> Ein Unt mietet Büroräumlichkeiten zu einem Preis von 20 EUR/qm. Am Abschlussstichtag beläuft sich die Vergleichsmiete auf 18 EUR/qm.
> Eine rein an gesunkenen Wiederbeschaffungskosten orientierte Vorgehensweise würde auf Basis der Mietdifferenz von 2 EUR/qm für die Restlaufzeit des Mietvertrags eine Drohverlustrückstellung indizieren. Hierbei blieben qualitative Vorzüge des Mietobjekts (z. B. Erreichbarkeit, Lärmbelästigung, Gebäudeabnutzung) außer Betracht. Eine Drohverlustrückstellung kommt nicht in Betracht, da hiermit zukünftig entgehende Gewinne zurückgestellt würden.[122]

**166** Eine Bemessung der Drohverlustrückstellung anhand einer **absatzorientierten Vorgehensweise** erfordert, den Beitrag der Gegenleistung zum Unternehmenserfolg des Bilanzierenden zu ermitteln. Dies ist bei einer nicht aktivierungsfähigen Leistung (z. B. einem Arbeitsvertrag) zumeist ausgesprochen schwierig, da die Ertragszurechenbarkeit von Leistung zumeist nicht hinreichend objektiv vorgenommen werden kann. Neben in Geldeinheiten auszudrückenden Erfolgsbeiträgen bereitet insb. die Bewertung qualitativer Leistungskomponenten, wie z. B. Verlässlichkeit, Pünktlichkeit, Genauigkeit, Gründlichkeit, Erfahrung besondere Schwierigkeiten.

> **Beispiel**
> Ein Unt beschäftigt seit dem 1.7.01 einen Mitarbeiter, der Waren mit dem Pkw an Kunden ausliefert. Der Mitarbeiter erhält ein monatliches Gehalt von 100 GE. Bei Aufstellung des JA zum 31.12.05 wird bekannt, dass gleichwertige Mitarbeiter (gleiches Qualifikations- und Erfahrungsniveau) bereits für ein monatliches Gehalt von 70 GE eingestellt werden könnten.
> Eine Drohverlustrückstellung für das Arbeitsverhältnis wäre dann zu bilden, wenn ein offensichtliches Missverhältnis zwischen Leistung und Gegenleistung besteht. Hierzu sind die Erfolgsbeiträge des Mitarbeiters zum Unternehmenserfolg der dafür gewährten Gegenleistung (Gehalt, bezahlter Urlaub etc.) gegenüberzustellen, womit auch qualitative Aspekte wie Erfahrung, Zuverlässigkeit, Kundenakzeptanz mit zu bewerten wären. Selbst wenn man zum Ergebnis käme, dass der Erfolgsbeitrag des Mitarbeiters (tendenziell) niedriger als die eines am Arbeitsmarkt verfügbaren Alternativ-Mitarbeiters wäre, müsste immer noch untersucht werden, ob der Erfolgsbeitrag dieses Mitarbeiters niedriger ist als das, was das Unt dafür aufwenden muss.
> Es ist keine Drohverlustrückstellung zu bilden, da nicht hinreichend objektiv ersichtlich ist, dass die Gegenleistung des Mitarbeiters hinter der vom Unt gewährten Leistung zurückbleibt.

**167** Da für schwebende Geschäfte aber der Grundsatz der Ausgeglichenheit von Leistung und Gegenleistung gilt, kann erst bei Vorliegen eines offensichtlichen Missverhältnisses zwischen Leistung und Gegenleistung davon ausgegangen werden, dass ein rückstellungsrelevanter Sachverhalt vorliegt. Dies ist gerade bei **Arbeitsverhältnissen** problematisch weil es eine Bewertung menschlicher Ar-

---

[122] Vgl. IDW RS HFA 4, Tz 32.

beit erfordert, was zum Teil auch aus ethischen Gründen abgelehnt wird. Allerdings gelten auch bei Arbeitsverhältnissen keine speziellen Bilanzierungsvorschriften, sodass die Bildung von Drohverlustrückstellungen hier auch in Betracht kommt.

Erst bei Vorliegen von **Fehlmaßnahmen**, bei denen kein oder so gut wie kein Beitrag mehr zum Unternehmenserfolg ermittelt werden kann, liegt ausreichend Objektivierung vor, sodass eine Drohverlustrückstellung zu bilden ist. Ein Indiz für eine Fehlmaßnahme ist dann gegeben, wenn bei einem Dauerschuldverhältnis der wirtschaftliche Wert der Dauerleistung nachprüfbar gegenüber dem Zustand bei Vertragsabschluss erheblich und dauerhaft gesunken ist, ohne dass die zu entrichtende Gegenleistung entsprechend angepasst worden ist.[123] 168

Bei **Sukzessivlieferverträgen** über nicht aktivierungsfähige Leistungen (z.B. Stromlieferungsverträge) gelten die vorstehenden Grundsätze analog. Die Tatsache, dass zum Abschlussstichtag dieselbe Leistung von einem Konkurrenten ggf. günstiger beschafft werden kann, reicht für die Bildung einer Drohverlustrückstellung regelmäßig nicht aus. Bei Sukzessivlieferungsverträgen über aktivierungsfähige Vermögensgegenstände gelten die für auf einzelne Leistung gerichtete Schuldverhältnisse dargestellten Grundsätze analog (Rz 147). 169

### 3.3.6.3 Absatzgeschäfte

Die für Dauerbeschaffungsgeschäfte dargestellten Grundsätze gelten analog. Eine Drohverlustrückstellung ist dann zu bilden, wenn und soweit der Wert der (noch) zu erbringenden Sach- oder Dienstleistung den Wert des Anspruchs auf die Gegenleistung übersteigt.[124] Die Bewertung der voraussichtlich noch anfallenden Aufwendungen hat auf Vollkostenbasis zu erfolgen. Zu Vollkosten gehören:[125] 170

- Einzel- und Gemeinkosten des Produktionsbereichs,
- direkt zurechenbare Sondereinzelkosten des Vertriebs,
- sonstige, direkt zurechenbare Kosten (z.B. Lagerkosten).

> **Beispiel**
> Ein Automobilzulieferer schließt einen Rahmenvertrag mit einem Automobilhersteller für einen Zeitraum von drei Jahren ab dem 1.7.01 ab. Danach hat der Zulieferer bei Bedarf des Automobilherstellers diesem Teile zu einem festen Preis von 10 EUR/Stück zu liefern. Beide Vertragspartner gehen bei Vertragsabschluss davon aus, dass jährlich ca. 50.000 Stück abgenommen werden. Bei Vertragsabschluss kalkuliert der Zulieferer mit Stückkosten von 9 EUR/Stück. Bei Aufstellung des JA zum 31.12.01 zeigt sich, dass sich die geplanten Stückkosten aufgrund unvorhersehbar gestiegener Materialkostensteigerungen auf 11 EUR/Stück entwickelt haben und auf diesem Niveau auf absehbare Zeit bleiben werden. Verhandlungen mit dem Automobilhersteller über eine Anpassung der Abnahmepreise führen zu keinen Ergebnissen. Für die Jahre 02 und 03 wird unverändert die Abnahme von jeweils 50.000 Stück erwartet.

---

[123] Vgl. *Kessler*, in *Küting/Pfitzer/Weber*, HdR, HGB § 249, Rn 213, Stand 05/2014.
[124] Vgl. IDW RS HFA 4, Tz 33.
[125] Vgl. IDW RS HFA 4, Tz 35.

> Es ist eine Drohverlustrückstellung i. H. v. 100.000 EUR zu bilden (50.000 × 2 × 1 EUR Unterdeckung je Stück), die gem. § 253 Abs. 2 HGB mit einem laufzeitäquivalenten Zinssatz abzuzinsen ist.

171 Bei der Ermittlung der zurechenbaren Gemeinkosten ist die normale Kapazitätsauslastung oder ein höherer zu erwartender Beschäftigungsgrad zugrunde zu legen. Nicht einzubeziehen sind sog. **Leerkosten** (Kosten der Unterbeschäftigung). Die hierzu erforderliche Bestimmung der **Normalbeschäftigung** ist in der Praxis häufig schwierig, zumal sie sich im Zeitablauf ändern kann. Soweit jedoch Produktionsbereiche zeitweilig oder dauerhaft stillgelegt oder deutlich weniger als normal ausgelastet werden, sind die betreffenden Gemeinkosten als nicht produktionsnotwendige Leerkosten zu eliminieren.[126]

### 3.3.7 Ausweis in der Gewinn- und Verlustrechnung

172 Die Bildung von Rückstellungen für drohende Verluste ist in der GuV als **sonstiger betrieblicher Aufwand** im GKV zu erfassen. Im UKV ist ebenfalls ein Ausweis als sonstiger betrieblicher Aufwand oder aber im jeweilig betroffenen Funktionsbereich zulässig.

173 Ein Ausweis als außerordentlicher Aufwand kommt regelmäßig nicht in Betracht, da die betreffenden schwebenden Geschäfte nicht außerhalb der gewöhnlichen Geschäftstätigkeit abgeschlossen werden.

174 Soweit bei der Bildung von Drohverlustrückstellungen eine Abzinsung vorzunehmen ist, wird lediglich der Barwert der Rückstellungszuführung in der GuV ausgewiesen (sog. Nettomethode, vgl. § 253 Rz 132). Die in späteren JA vorzunehmende Aufzinsung stellt demgegenüber Zinsaufwand dar.

## 4 Weitere Ansatzgebote (Abs. 1 Satz 2)

### 4.1 Rückstellungen für unterlassene Instandhaltung (Abs. 1 Satz 2 Nr. 1 1. Alt.)

175 Es handelt sich um Aufwandsrückstellungen, da ihnen keine Außenverpflichtung des Kfm. zugrunde liegt (Rz 9). Die Rückstellung stellt eine Pflichtrückstellung dar, die auch steuerlich zu berücksichtigen ist (vgl. § 5 Abs. 1 EStG).

176 **Instandhaltung** umfasst alle Maßnahmen zur Erhaltung der Funktionsfähigkeit der betrieblichen VG. Darunter fallen
- Wartungsarbeiten,
- Inspektionen,
- Reparaturen,
- Generalüberholung.

177 Negativ abzugrenzen sind die Instandhaltungen von im Einzelfall aktivierungspflichtigem nachträglichem Herstellungsaufwand, für den keine Rückstellung gebildet werden darf.

178 Unterlassene Instandhaltung kann auch ein Indiz für eine ggf. erforderliche außerplanmäßige Abschreibung auf das AV sein (§ 253 Rz 230).

---

[126] Vgl. IDW RS HFA 31, Tz 21.

Instandhaltungsmaßnahmen fallen regelmäßig bei abnutzbaren Gegenständen des AV an, sodass der Hauptanwendungsfall bei Sachanlagen liegt. Es sind aber auch Instandhaltungsmaßnahmen bei immateriellen VG möglich.

> **Beispiel**
> Ein Unt hat die laufende Pflege (Kontenbereinigungen, Stammdatenpflege) einer aktivierten Anwendersoftware unterlassen. Im Februar 02 werden durch einen externen Dienstleister diese Maßnahmen nachgeholt.
> Im JA zum 31.12.01 ist eine Rückstellung für unterlassene Instandhaltung zu bilden.

Die Rückstellung ist für solche Instandhaltungen zu bilden, die
- im **Geschäftsjahr unterlassen** wurden und
- **innerhalb von drei Monaten** nach Ablauf des Gj **nachgeholt werden**.

Eine Instandhaltung ist dann **unterlassen**, wenn die Vornahme der Maßnahme aus betriebswirtschaftlicher Sicht notwendig gewesen wäre, d. h., der Bilanzierende hätte die Arbeiten unter normalen Umständen durchführen lassen. Anhaltspunkte hierfür können Instandhaltungspläne, die von Anlagenherstellern oder vom Bilanzierenden selbst erstellt werden, sowie Erfahrungswerte aus früheren Instandhaltungsmaßnahmen liefern. Außerdem kann bei Bilanzaufstellung geprüft werden, ob die in dem Dreimonatszeitraum nach dem Abschlussstichtag tatsächlich durchgeführten Instandhaltungsmaßnahmen dem vergangenen Gj zuzurechnen sind.[127]

Die Instandhaltung muss außerdem **im laufenden Geschäftsjahr** unterlassen worden sein, d. h., es dürfen nach dem Gesetzeswortlaut nicht in früheren Geschäftsjahren unterlassene Instandhaltungen nachgeholt werden. Im Vorjahr gebildete Rückstellungen, die nicht verbraucht worden sind, sind damit erfolgswirksam aufzulösen (**Fortführungsverbot**). Da für diese Rückstellungen, wie für Verbindlichkeitsrückstellungen auch, das Realisationsprinzip (§ 252 Abs. 1 Nr. 4 HGB) gilt, dürfen sie nicht zukünftigen Erträgen aus der Nutzung der VG zugerechnet werden. Eine Nachholung von in früheren Gj nicht gebildeten Instandhaltungsrückstellungen ist demzufolge nicht zulässig.[128]

Die **Nachholung** muss **innerhalb der ersten drei Monate** des folgenden Gj erfolgen. Dabei ist es unerheblich, ob die Arbeiten durch das Unt selbst oder durch Dritte erbracht werden. Zur Einhaltung der Dreimonatsfrist ist es erforderlich, dass die Arbeiten bis zum 31. März des Folgejahrs abgeschlossen wurden.

> **Beispiel**
> Ein Unt lässt im Februar und März 02 Wartungsarbeiten an einer Maschine des AV von einem Dienstleister durchführen. Die Arbeiten werden Ende März abgeschlossen. Die Abrechnung des Dienstleisters für seine Arbeiten geht im April 02 in der Kreditorenbuchhaltung ein.
> Es ist im JA 01 eine Rückstellung für unterlassene Instandhaltung zu bilden. Der nach dem Dreimonatszeitraum erfolgte Rechnungseingang ist unbeachtlich, da es auf den Abschluss der Instandhaltung ankommt.

---

[127] Vgl. *Eifler*, 1976, S. 200.
[128] GlA: *Claussen/Korth*, in Kölner Kommentar zum AktG, 2. Aufl., § 249 HGB, Rn 19.

184 Ist bei Aufstellung des JA der Dreimonatszeitraum noch nicht abgelaufen, kommt es für die Rückstellungsbildung darauf an, dass der Abschluss der Maßnahme innerhalb der drei Monate noch möglich sein muss.

185 Bei Rumpfgeschäftsjahren gilt der Dreimonatszeitraum unabhängig von der Länge des Rumpfgeschäftsjahrs.

> **Beispiel**
> Ein Unt hat ein abweichendes Gj, das auf den 30.11. endet. Das Gj wird im Jahr 01 auf das Kj umgestellt, sodass im Kj 01 zwei JA aufzustellen sind, nämlich auf den 30.11.01 sowie den 31.12.01. Es ergibt sich ein Rumpfgeschäftsjahr vom 1.12.–31.12.01.
> Im JA zum 30.11.01 sind solche Instandhaltungsmaßnahmen als Rückstellung zu erfassen, die innerhalb der ersten drei Monate nach Abschluss des Gj nachgeholt werden, d.h. bis zum 28.2.02. Dass innerhalb des Dreimonatszeitraums ein (weiterer) Abschlussstichtag liegt, ist für die Rückstellungsbildung unbeachtlich.

### 4.2 Rückstellungen für Abraumbeseitigung (Abs. 1 Satz 2 Nr. 1 2. Alt.)

186 Es handelt sich um Innenverpflichtungen des Bilanzierenden (Rz 9). Soweit aber gesetzliche oder vertragliche Verpflichtungen bestehen, kann es sich auch um Verbindlichkeitsrückstellungen handeln.

187 Abraumrückstände entstehen, wenn das über den Bodenschätzen befindliche Deckgebirge nicht in dem Ausmaß entfernt worden ist, wie es der ungehinderte Zugang zu den Bodenschätzen oder die Sicherheit erfordert. Die Rückstellung dient dem Zweck, der Förderung von Bodenschätzen im abgelaufenen Gj (Betriebsleistung) die zugehörigen Abraumaufwendungen zuzurechnen.

188 Die Rückstellungspflicht entsteht, wenn Aufwendungen für Abraumbeseitigung
- im Gj **unterlassen** wurden und
- im folgenden Gj **nachgeholt** werden.

189 Soweit die Abraumbeseitigung aufgrund gesetzlicher oder vertraglicher Verpflichtung von einem Dritten eingefordert werden kann, ist die Nachholung im folgenden Gj unbeachtlich, da es sich um eine Verbindlichkeitsrückstellung i.S.v. Abs. 1 Satz 1 handelt.[129]

190 Die Ausführungen zu in früheren Jahren unterlassener Instandhaltung (Rz 181) gelten analog.

### 4.3 Rückstellungen für Gewährleistungen, die ohne rechtliche Verpflichtung erbracht werden (Abs. 1 Satz 2 Nr. 2)

191 Unter die Vorschrift fallen nur Rückstellungen für Gewährleistungen, die ohne rechtliche Verpflichtung erbracht werden.[130] Die Regelung von Abs. 1 Satz 2 Nr. 2 ist eigentlich überflüssig, da faktische Verpflichtungen ohnehin als Verbindlichkeitsrückstellung nach Abs. 1 Satz 1 in der HB ausgewiesen werden. Die

---

[129] Vgl. *Mayer-Wegelin*, in *Küting/Pfitzer/Weber*, HdR, HGB § 249, Rn 87, Stand 03/2010.
[130] Vgl. WP-Handbuch, Bd. I, 14. Aufl., Abschn. E, Rz 263.

in der Praxis oftmals zu beobachtenden Fälle, in denen bei Unklarheit über das Bestehen einer Gewährleistungsverpflichtung **Kulanzleistungen** erbracht werden, um Rechtsstreitigkeiten zu vermeiden, fallen somit nicht unter Abs. 1 Satz 2 Nr. 2, sondern unter Verbindlichkeitsrückstellungen für faktische Verpflichtungen (Rz 30). Die Regelung wurde seinerzeit zur Sicherstellung der steuerlichen Anerkennung in das HGB aufgenommen.

Die Rückstellung stellt keinen Auffangposten für alle denkbaren Kulanzleistungen des Unt dar. Vielmehr muss ein Zusammenhang mit einer vorangegangenen Lieferung oder Leistung des Bilanzierenden bestehen. Voraussetzung für den Ansatz ist demnach

- die Behebung von Mängeln an eigenen L&L und
- dass die Mängel dem Bilanzierenden zuzurechnen (z.B. Material- und Funktionsfehler) und nicht auf natürlichen Verschleiß oder unsachgemäße Behandlung zurückzuführen sind.[131]

Hierunter fallen also nur solche Kulanzleistungen, die nach Ablauf der vereinbarten oder gesetzlichen Gewährleistungsfrist erbracht werden müssen.

192

## 5 ABC der Rückstellungen

**Abbruchkosten:** Für vertragliche Verpflichtungen zum Abbruch von Gebäuden auf fremdem Grund und Boden besteht Rückstellungspflicht.[132] Die Rückstellungsbildung erfolgt als sog. unechte Ansammlungsrückstellung bzw. Verteilungsrückstellung.[133] Für öffentlich-rechtliche Verpflichtungen ist analog zu verfahren, soweit mit einer hinreichenden Wahrscheinlichkeit der Inanspruchnahme zu rechnen ist.[134] Vgl. „Entfernungsverpflichtungen".

193

**Beispiel**
Ein Unt hat eine vertragliche Abbruchverpflichtung ab dem 1.1.01. Das Unt schätzt die nach zehn Jahren anfallenden Abbruchkosten unter Einbeziehung erwarteter Kostensteigerungen mit 50.000 EUR. Der nach § 253 Abs. 2 HGB anzuwendende Zinssatz beläuft sich annahmegemäß auf 6,0 %.[135] Der Rückstellungsbetrag ist linear auf die Laufzeit zu verteilen und abzuzinsen. Hieraus ergibt sich folgender Rückstellungsverlauf:

| Jahr | Sonstiger betrieblicher Aufwand | Zinsen und ähnliche Aufwendungen | Gesamtaufwand | Rückstellung |
|---|---|---|---|---|
| 01 | 2.959 | 0 | 2.959 | 2.959 |
| 02 | 3.137 | 178 | 3.315 | 6.274 |
| 03 | 3.325 | 376 | 3.701 | 9.975 |
| 04 | 3.525 | 599 | 4.124 | 14.099 |

---

131 Vgl. *Schubert*, in Beck-Bil-Komm. 9. Aufl., § 249 HGB, Rz 113.
132 Vgl. BFH, Urteil v. 19.2.1975, I R 28/73, BStBl 1975 II S. 480.
133 Vgl. *Küting/Kessler*, DStR 1998, S. 1941.
134 Vgl. BFH, Urteil v. 12.12.1991, IV R 28/91, BStBl 1992 II S. 600.
135 In der praktischen Handhabung wird der Zinssatz nicht gleichbleibend sein, sondern es ist jährlich der gem. RückAbzinsV zur Restlaufzeit passende Zinssatz zu verwenden.

| Jahr | Sonstiger betrieblicher Aufwand | Zinsen und ähnliche Aufwendungen | Gesamt-aufwand | Rückstellung |
|---|---|---|---|---|
| 05 | 3.736 | 846 | 4.582 | 18.681 |
| 06 | 3.961 | 1.121 | 5.082 | 23.763 |
| 07 | 4.198 | 1.426 | 5.624 | 29.387 |
| 08 | 4.450 | 1.763 | 6.213 | 35.600 |
| 09 | 4.717 | 2.136 | 6.853 | 42.453 |
| 10 | 5.000 | 2.547 | 7.547 | 50.000 |
|  | 39.008 | 10.992 | 50.000 |  |

194 **Abfallbeseitigung und -recycling:** Hierunter zählen alle laufenden Verpflichtungen zur Beseitigung von Abfällen, Verwertung von Reststoffen, Entsorgung radioaktiver Abfälle, Rücknahme von Verpackungen u. Ä. auf gesetzlicher oder behördlicher Grundlage. Sobald eine Außenverpflichtung besteht, einen bestimmten Erfolg herbeizuführen, ist Rückstellungspflicht gegeben. Die konkrete öffentlich-rechtliche Verpflichtung ergibt sich aus Verordnungen,[136] die Einzelheiten zu den Verpflichtungen, den Erzeugnissen und der Ausführung der erforderlichen Maßnahmen bestimmen.[137] Vgl. „Entfernungsverpflichtungen", „Produktverantwortung".

195 **Abfindung:** Für zukünftige Abfindungszahlungen an langjährige Mitarbeiter ist mangels hinreichender Konkretisierung keine Rückstellung zulässig.[138] Für am Abschlussstichtag noch nicht ausgesprochene, aber konkret absehbare Abfindungszahlungen für Mitarbeiter bzw. vertraglich bereits konkretisierte Verpflichtungen sind demgegenüber Rückstellungen zu passivieren.[139]

196 **Abrechnungsverpflichtung en:** Soweit am Abschlussstichtag Bauleistungen bereits abgenommen (§ 640 BGB), aber noch nicht abgerechnet sind (§ 14 VOB/B), so ist für die Abrechnungskosten eine Rückstellung zu bilden. Hierbei handelt es sich um eine Nebenleistungsverpflichtung zum Bauvertrag, die über die übliche Rechnungsstellung hinaus besondere Berechnungs- und Abrechnungsmodalitäten umfasst.[140] Gleiches gilt für Abrechnungen nach den allgemeinen Bedingungen für Gas- und Elektrizitätsversorgungsunternehmen.[141]

197 **Abschlussgebühren für Bausparverträge:** Bausparkassen haben eine Verbindlichkeitsrückstellung zu passivieren für die ungewisse Verpflichtung, an Bausparer, die nach Zuteilung auf das Bauspardarlehen verzichten, bei Vertragsabschluss erhobene unverzinsliche Einlagen zurückzuzahlen.[142] Der Rückstellungsbetrag ist anhand von Erfahrungswerten der Vergangenheit zu

---

[136] Z.B. BattV, VerpackV, AltölV, Lösemittel (HKWAbfV), AltautoV.
[137] Vgl. WP-Handbuch, Bd. I, 14. Aufl., Abschn. E, Rz 160.
[138] Vgl. BFH, Urteil v. 9.5.1995, IV B 97/94, BFH/NV 1995, S. 970.
[139] Zur Rückstellungsbildung bei Personalmaßnahmen vgl. *Wenk/Jagosch*, DStR 2009, S. 1715.
[140] Vgl. H 31c Abs. 3 EStH.
[141] Vgl. BFH, Urteil v. 18.1.1995, I R 44/94, BStBl 1995 II S. 742.
[142] Vgl. BFH, Urteil v. 12.12.1990, I R 153/86, BStBl 1991 II S. 479; BFH, Urteil v. 12.12.1990, I R 18/89, BStBl 1990 II S. 485; BFH, Urteil v. 12.12.1990, I R 27/88, BFH/NV 1992, S. 8.

schätzen. Zum Ausweis einer zweckgebundenen Rücklage im „Fonds zur bauspartechnischen Absicherung" vgl. weitergehende Literatur.[143]

**Aktionorientierte Vergütung:** Bei Aktienoptionen war vor Inkrafttreten des BilMoG danach zu unterscheiden, ob das Unt im Zeitpunkt der Optionsgewährung die (eigenen) Aktien noch nicht besitzt oder ob die Aktien vor oder im Zuge der Optionsgewährung bereits erworben wurden. Im ersteren Fall ist nach hM eine Verbindlichkeitsrückstellung zu bilden, da der Mitarbeiter bis zum Zeitpunkt der Optionsausübung in Vorleistung (durch Erbringung der Arbeitsleistung) geht und somit für das Unt ein Erfüllungsrückstand besteht.[144] Auch für den zweiten Fall ist eine Verbindlichkeitsrückstellung zu bilden, wobei zu berücksichtigen ist, dass bzgl. der eigenen Anteile eine Bewertungseinheit vorliegt. Durch die seit Inkrafttreten des BilMoG geänderte Abbildung von eigenen Aktien (§ 272 Rz 79ff.) hat sich bislang noch keine hM zur weiteren Bildung herausgebildet. Es gibt grds. die Möglichkeit, unverändert eine Verbindlichkeitsrückstellung zu bilden,[145] i. H. d. zu erfassenden Personalaufwands die Kapitalrücklage zu dotieren[146] oder bis zur Ausübung der Option gar keinen Personalaufwand zu erfassen.[147] Nach der hier vertretenen Auffassung ist die zweite Alternative (Buchungssatz: Personalaufwand an Kapitalrücklage), die im Übrigen im Wesentlichen IFRS 2 entspricht, zu präferieren.

**Altauto/Altbatterie:** Vgl. „Abfallbeseitigung".

**Altersfreizeit bzw. -mehrurlaub:** Für ältere Arbeitnehmer, die neben ihrem arbeitsvertraglichen Jahresurlaub zusätzlichen Altersmehrurlaub erhalten (z. B. aufgrund Betriebsvereinbarung, Tarifvertrag), ist keine Drohverlustrückstellung zu bilden.[148]

**Altersteilzeitverpflichtungen:** Altersteilzeitvereinbarungen können nach dem AltTZG in zwei Varianten vorkommen: Modell 1: Der Arbeitnehmer arbeitet während der gesamten Laufzeit mit einer reduzierten Arbeitszeit gegen reduziertes Entgelt. Modell 2 (sog. **Blockmodell**): Der Arbeitnehmer arbeitet in der ersten Phase (**Beschäftigungsphase**) der Laufzeit des Altersteilzeitvertrags mit unverminderter Arbeitszeit bei reduziertem Entgelt. In der zweiten Phase (**Freistellungsphase**) arbeitet der Arbeitnehmer gar nicht mehr, erhält aber unverändert das reduzierte Entgelt. In der Praxis ist das Blockmodell vorherrschend. Da sich der Charakter der Altersteilzeitverträge im Zeitablauf geändert hat[149], ist zwischen solchen Verträgen zu differenzieren, die Abfindungscharakter haben und solchen, die den Charakter einer zusätzlichen Entlohnung haben. Bei **Verträgen mit Abfindungscharakter** sind die Aufstockungsbeträge bei Vertragsabschluss in voller Höhe (abgezinst) zurückzustellen, während bei **Verträgen mit Entlohnungscharakter** eine ratierliche Ansammlung über den Zeitraum vom Inkrafttreten der Altersteilzeitvereinbarung (Wirksamwerden eines Tarifvertrags oder einer Betriebsvereinbarung oder Abschluss eines Einzelvertrags) bis zum Ende der Beschäftigungsphase vorzunehmen ist. Rückstellungen sind

198

199
200

201

---

[143] Vgl. St/BFA 1/1995, WPg 1995, S. 374.
[144] Zu Einzelheiten vgl. *Herzig*, DB 1999, S. 9.
[145] Vgl. *Kreher/Sailer/Rothenburger/Spang*, DB 2009, Beil 5, S. 103.
[146] Vgl. E-DRS 11.15 Anhang A (E-DRS 11 wird vom DRSC nicht weiter verfolgt, das Projekt ist eingestellt.); *Baetge/Kirsch/Thiele*, Bilanzen, 10. Aufl., S. 663.
[147] Vgl. *Roß/Baumunk*, in *Kessler/Sauter*: Handbuch Stock Options, 2003, Rn. 178–201 mwN.
[148] Vgl. Niedersächsisches FG, Urteil v. 15.10.1987, VI 59/85, DB 1988, S. 1976.
[149] Vgl. IDW RS HFA 3 n. F., Tz 7ff.

nicht nur für solche Mitarbeiter zu bilden, die bereits einen Altersteilzeitvertrag abgeschlossen haben, sondern auch für die am Abschlussstichtag erwartete Inanspruchnahme von Berechtigten (unter Beachtung von Belastungsgrenzen und rechtlicher Verpflichtung des Arbeitgebers[150]). Die Rückstellung darf nicht um etwaige Erstattungsansprüche der Bundesagentur für Arbeit gekürzt werden; diese sind – soweit die Ansatzkriterien erfüllt sind – als Sonstige VG zu aktivieren. Steuerlich wird die Rückstellung i. d. R. abweichend zur HB passiviert.[151]

202 **Altlasten:** Eine Verpflichtung zur Beseitigung von Altlasten ergibt sich i. d. R. nicht aus gesetzlichen Regelungen, sondern aus behördlichen Verfügungen. Derartige Verfügungen fordern den Bilanzierenden zu einem bestimmten Handeln auf. Der Zeitpunkt der erstmaligen Bilanzierung dieser Verpflichtung richtet sich nach dem Grad der Wahrscheinlichkeit der Inanspruchnahme, d. h. der Wahrscheinlichkeit, dass eine Verfügung erlassen wird. Bei den heutigen Verhältnissen ist davon auszugehen, dass bekannte oder neu entdeckte Altlasten zwangsläufig früher oder später den Behörden bekannt werden und eine Verfügung ergeht. Andererseits reicht das schlichte Vorliegen einer Verdachtsfläche für die Rückstellungsbildung noch nicht aus.[152] Es müssen ausreichend objektive Hinweise für das Vorhandensein von Altlasten (z. B. Schadstoffe im Boden) vorliegen; ein Gutachten kann nicht zwingend für eine Rückstellungsbildung gefordert werden. Ausreichend können auch betriebsinterne Untersuchungen (Bodenproben, chemische Untersuchungen) sein.[153]

203 **Angeschaffte Rückstellungen:** Soweit Verpflichtungen im Wege eines Veräußerungsgeschäfts (*asset deal*) auf einen anderen übertragen werden, sind bei diesem die angeschafften Rückstellungen zu passivieren. Dies gilt für Verbindlichkeitsrückstellungen gleichermaßen wie für Drohverlustrückstellungen. Angeschaffte Drohverlustrückstellungen sind – entgegen § 5 Abs. 4a EStG – auch in der Steuerbilanz anzusetzen.[154] Übernimmt ein Bilanzierender von einem anderen eine ungewisse Verbindlichkeit, die die Rückstellungskriterien erfüllt, und erhält er für diese Übernahme ein über dem nach § 253 Abs. 2 HGB zu ermittelnden Wert liegendes Entgelt, so wäre bei strikt wortgetreuer Auslegung der Bewertungsvorgaben des § 253 Abs. 2 HGB am nächsten Abschlussstichtag die ungewisse Verbindlichkeit mit dem niedrigeren Wert nach § 253 Abs. 2 HGB anzusetzen. Nach der hier vertretenen Auffassung ist dies unzulässig, da ansonsten ein nicht realisierter Gewinn ausgewiesen würde. Diese Auffassung teilt auch der BFH, der dies mit der Geltung des erfolgsneutralen Anschaffungskostenprinzips auch für Rückstellungen begründet (vgl. § 253 Rz 59). Eine sofortige Vereinnahmung dieses „Erwerbsgewinns" scheitert nach der hier vertretenen Auffassung auch daran, dass der Bilanzierende die ungewisse Verpflichtung noch erfüllen muss, er also noch Leistungen erbringen muss. Entsprechend kann aufgrund des

---

[150] Vgl. zum TV FlexÜ: HFA, IDW-FN 2009, S. 62; IDW-FN 2013, S. 356.
[151] Vgl. zur Behandlung in der Steuerbilanz: LfSt Bayern, Schreiben v. 20.3.2008, 10 St 32/St 33; Haufe-Index: 1968260; BMF, Schreiben v. 11.11.1999, IV C 2 – S 2176–102/99, BStBl 1999 I S. 959; *Bode/Hainz*: DB 2004, S. 2436.
[152] Zur steuerlichen Beurteilung vgl. BMF-Schreiben v. 11.5.2010, IV C 6 – S 2137/07/10004, Haufe-Index 2337643.
[153] Zum Stand der BFH-Rechtsprechung vgl. Prinz, DB 2013, S. 1815.
[154] Vgl. BFH, Urteil v. 12.12.2012, I R 69/11, DStR 2013, S. 575; BFH, Urteil v. 14.12.2011, I R 72/10, DStR 2012, S. 452; weiterführend: *Schönherr/Krüger*, DStR 2012, S. 829.

Realisationsprinzips die Gewinnrealisierung erst erfolgen, wenn die Leistungserbringung erfolgt ist. Im Ergebnis ist der „Einbringungsgewinn" somit ratierlich zur Leistungserbringung (Bedienung der Verpflichtung) zu vereinnahmen. Die vorstehenden Grundsätze gelten auch für angeschaffte Rückstellungen, für die eigentlich Art. 28 Abs. 1 EGHGB ein Passivierungswahlrecht eröffnet, d. h. bei entgeltlicher Anschaffung sind derartige Altzusagen bzw. mittelbare Pensionsverpflichtungen passivierungspflichtig (Rz 87).

**Ansammlungsrückstellung:** Vgl. „Verteilungsrückstellung". 204

**Anpassungsverpflichtungen:** Hierbei handelt es sich um Verpflichtungen, nach 205 denen der Bilanzierende Vorsorge zu treffen hat, dass eine genehmigungspflichtige Anlage im Hinblick auf die Emissions- oder Sicherheitsstandards dem jeweiligen Stand der Technik entspricht. Derartige Anpassungsverpflichtungen sind dann hinreichend konkretisiert, sobald für eine Anlage feststeht, dass die Grenzwerte überschritten werden und eine Nachrüstung erforderlich ist oder dass die Voraussetzungen für die Erstellung einer Sicherheitsanalyse bzw. daraus hervorgehend weitere Sicherheitsvorkehrungen gegeben sind.[155] Etwaige Übergangsfristen müssen allerdings abgelaufen sein, d. h., die Verpflichtung zur Einhaltung der Grenzwerte muss rechtlich bestehen.[156] Eines gesonderten Verwaltungsakts einer Behörde bedarf es für die Rückstellungspflicht nicht.[157] Eine Rückstellung ist nicht zu bilden, wenn der Aufwand zu HK führt. Vgl. „Anschaffungs- und Herstellungskosten".

**Anschaffungs- und Herstellungskosten:** Eine Rückstellung für künftige AHK 206 kann nur im Einzelfall in Betracht kommen, wenn die AHK eines VG dessen Zeitwert überschreiten. Gewichtigster Anwendungsfall sind von den Energieversorgungsunternehmen gebildete Rückstellungen für die Kosten bestrahlter Brennelemente.[158] Die Herstellung von Brennelementen aus wiederaufbereiteten Brennelementen ist teurer als die Beschaffung neuer Brennelemente. Gleichwohl sind die Energieversorgungsunternehmen im Rahmen der Betriebsgenehmigungen regelmäßig verpflichtet, wiederaufbereitete Brennelemente einzusetzen. Aus diesem Grund ist i. H. der Differenz zwischen den für die schadlose Verwertung der radioaktiven Abfälle insgesamt aufzuwendenden Entsorgungskosten und dem Marktpreis eines neuen Brennelements eine Verbindlichkeitsrückstellung zu bilden. Gleiches gilt für bei Versandhandelsunternehmen üblichen Rückstellungen für Absatzgeschäfte, die am Abschlussstichtag vor einer Rückabwicklung stehen. Der aus diesen realisierte Veräußerungsgewinn ist durch eine Verbindlichkeitsrückstellung zu neutralisieren, die i. H. des zurückzuerstattenden Kaufpreises, abzgl. des bei Veräußerung abgegangenen Buchwerts des VG, zu berechnen ist.[159] Vgl. „Rücknahmeverpflichtung".

**Arbeitnehmer:** Aus Arbeitsverhältnissen können sich vielfältige Verpflichtungen 207 ergeben, die rückstellungsrelevant sind. Diese begründen regelmäßig Verbindlichkeitsrückstellungen. Ein Ansatz von Drohverlustrückstellungen ist mangels

---

[155] Vgl. *Meyer-Wegelin*, in Küting/Weber, HdR, HGB § 249, Rn 105, Stand 03/2010.
[156] Vgl. BFH, Urteil v. 13.12.2007, IV R 85/05, BFH/NV 2008, S. 1029.
[157] GlA: *Schubert*, in Beck Bil-Komm. 9. Aufl., § 249 HGB, Rz 100 Anpassungspflichtungen mit Hinweis auf abweichende BFH-Auffassung.
[158] Vgl. Küting/Kessler, DStR 1998, S. 1942.
[159] Vgl. BFH, Urteil v. 25.1.1996, IV R 114/94, BStBl 1997 II S. 382; Niedersächsisches FG, Urteil v. 4.9.1996, II 97/95, DStRE 1997, S. 534.

objektivierter Bewertung des Beitrags zum Unternehmenserfolg häufig nicht möglich (Rz 166). Vgl. auch „Abfindung", „Altersfreizeit und -mehrurlaub", „Altersteilzeit", „Arbeitslosengeld nach § 147a SGB III", „Beihilfe", „Berufsausbildung", „Gratifikationen", „Jubiläumsaufwendungen", „Lohnfortzahlung", „Mutterschutz", „Schwerbehinderte", „Sozialasten", „Sozialplan", „Tantieme", „Verdienstsicherung".

208 **Arbeitslosengeld nach § 147a SGB III:** Unter bestimmten Voraussetzungen muss der Arbeitgeber an ältere ehemalige Arbeitnehmer gezahltes Arbeitslosengeld der Bundesagentur für Arbeit erstatten. Diese öffentlich-rechtliche Verpflichtung ist rückstellungspflichtig.

209 **Arzneimittelhersteller:** Keine Rückstellungspflicht für die Verpflichtung zur Analyse und Registrierung bislang zulassungsfreier Arzneimittel.[160] Gleiches gilt für in Werbeprospekten zugesagte unentgeltliche Abgabe von Ärztemustern.[161] Für sog. Nachprämienverpflichtungen aus Haftpflichtversicherungsverträgen besteht Rückstellungspflicht.[162]

210 **Aufbewahrungspflichten:** Künftige Aufwendungen aus der Erfüllung gesetzlicher Aufbewahrungspflichten für Geschäftsunterlagen (§ 257 HGB, § 147 AO) führen zur Rückstellungspflicht. Die Bewertungsvorgaben (künftige Kosten- und Preisverhältnisse, Abzinsung) sind zu beachten.[163] Steuerlich besteht ebenfalls Rückstellungspflicht, allerdings gelten hier andere Bewertungsvorgaben.[164]

> **Praxis-Beispiel**[165]
> Die GmbH ermittelt für die Kosten der Aufbewahrungspflichten einen jährlich gleichbleibenden Aufwand von 100. Eine exakte Berechnung der Rückstellung muss zum einen den degressiven Verlauf der Aufwendungen[166] und zum anderen die sich im Zeitablauf ändernden Zinssätze berücksichtigen. Anstelle dieser aufwendigen, tranchenweisen Berechnung kann aus Wesentlichkeitsüberlegungen[167] eine vereinfachte Berechnung erfolgen: Der Verpflichtungsumfang bestimmt sich mit dem 5,5-fachen der jährlichen Kosten (5,5 × 100 = 550), denn im Durchschnitt sind die archivierungspflichtigen Unterlagen 5,5 Jahre aufzubewahren (10 Jahre + 1 Jahr). Da die Aufbewahrungskosten gleichmäßig innerhalb dieses Zeitraums anfallen, kann der mittlere Zeitpunkt mit 2,75 Jahren nach dem Abschlussstichtag angenommen werden. Bei einem angenommenen (durch Interpolation bestimmten) Zinssatz für 2,75 Jahre Restlaufzeit von 4,1 % ergibt sich bei einer Abzinsung über 2,75 Jahre ein Rückstellungsbetrag von 492.

---

160 Vgl. BFH, Urteil v. 25.8.1989, II R 95/87, BStBl 1989 II S. 893.
161 Vgl. BFH, Urteil v. 20.10.1976, I R 112/76, BStBl 1977 II S. 278.
162 Zu Einzelheiten vgl. *Renz*, StBP 1984, S. 16 und 110; *Killinger*, StBP 1984, S. 108.
163 Vgl. IDW RH HFA 1.009 n. F.
164 Vgl. *Endert/Sepetauz*, DStR 2011, S. 2060.
165 Vgl. *Bertram/Kessler*, DB 2012, S. 988.
166 Der degressive Verlauf resultiert aus den unterschiedlichen Aufbewahrungsdauern für die im Laufe der Zeit angesammelten Unterlagen. Alle zu Beginn eines Gj der Aufbewahrungspflicht unterliegenden Dokumente sind mindestens ein Jahr aufzubewahren. Nur für die aus dem letzten Jahr stammenden Unterlagen beträgt die Aufbewahrungsfrist zehn Jahre.
167 Vgl. IDW RS HFA 34, Tz 39.

**Aufsichtsratsvergütung:** Soweit Aufsichtsratsmitglieder ihre Tätigkeit entgeltlich erbringen, ist die Vergütung am Abschlussstichtag rechtlich entstanden, sodass eine Verpflichtung des Unt besteht. Soweit die Höhe der Vergütung noch nicht feststeht (§ 113 Abs. 1 Satz 2 2. Alt. AktG), ist eine Verbindlichkeitsrückstellung zu bilden. Steht dagegen die Höhe der Vergütung aufgrund Satzungsregelung fest (Regelfall), ist eine Verbindlichkeit auszuweisen. 211

**Ausgleichsanspruch des Handelsvertreters:** Für gem. § 89b HGB künftige Ausgleichsansprüche ist eine Rückstellung zu bilden, wenn die Zahlung der Abgeltung der ehemals erbrachten Tätigkeit dient, d. h. keine wirtschaftlichen Vorteile der Zeit nach Vertragsende abgegolten werden.[168] Wird während der Vertragslaufzeit des Handelsvertretervertrags dem Handelsvertreter eine auf den Ausgleichsanspruch anrechenbare Pensionszusage gegeben, ist diese in voller Höhe rückstellungspflichtig.[169] 212

**Ausgleichspflicht bei Kostenüberdeckungen:** Kommunale Zweckverbände, die in einer Preiskalkulationsperiode erzielte Kostenüberdeckungen in der nächten Kalkulationsperiode entgeltmindernd einzupreisen haben, haben für eine derartige periodenübergreifende Ausgleichspflicht eine Rückstellung für ungewisse Verbindlichkeiten zu bilden.[170] 213

**Aussetzungszinsen:** Rückstellungspflicht für ungewisse Verbindlichkeiten. Da der Ausgang eines Rechtsbehelfs regelmäßig unsicher ist, ist die für die Passivierung gebotene Wahrscheinlichkeit der Inanspruchnahme hinreichend konkretisiert.[171] 214

**Ausstehende Rechnungen:** Für bis zum Abschlussstichtag empfangene L&L, für die bis zur Bilanzaufstellung noch keine Rechnungen vorliegen, ist eine Rückstellung zu bilden; ansonsten besteht die Pflicht zur Passivierung einer Verbindlichkeit. 215

> **Beispiel**
> Bei einem Unt ist 14 Tage nach dem Abschlussstichtag Buchungsschluss für die Kreditorenbuchhaltung, um den engen Zeitplan für die Aufstellung von JA einhalten zu können. Die zwischen Buchungsschluss Kreditorenbuchhaltung und der endgültigen Aufstellung des JA eingehenden, das abgelaufene Gj betreffenden Rechnungen werden als Rückstellung für ausstehende Rechnungen unter den Sonstigen Rückstellungen erfasst.
> Die Rechnungen sind als Verbindlichkeiten aus L&L auszuweisen. Aus Wesentlichkeitsgründen wird der Ausweis unter Sonstige Rückstellungen aber häufig nicht zu beanstanden sein.

**Avalprovisionen:** Für auf zukünftige Zeiträume der Kreditgewährung entfallende Avalprovisionen kann weder eine Verbindlichkeits- noch eine Drohverlustrückstellung gebildet werden.[172] 216

---

[168] Vgl. BFH, Urteil v. 24.1.2001, DB 2001, S. 1227.
[169] Vgl. FinMin NRW, Schreiben v. 28.2.1967. BStBl 1967 II S. 91.
[170] Vgl. BFH, Urteil v. 6.2.2013, I R 62/11, BStBl 2013 II, S. 954.
[171] Vgl. BFH, Urteil v. 8.11.2000, I R 10/98, BStBl 2001 II S. 349.
[172] Vgl. BFH, Urteil v. 12.12.1991, IB R 28/91, BStBl 1992 II S. 600.

217 **Baulast:** Die gegen Entgelt übernommene öffentlich-rechtliche Verpflichtung eines Parkhausunternehmens, eine bestimmte Anzahl von Pkw-Stellplätzen zur Vermietung zum üblichen Mietzins bereitzuhalten, ist in zeitlicher Hinsicht nicht hinreichend konkretisiert, sodass keine Rückstellung auszuweisen ist.[173]

218 **Bausparkassenabschlussgebühr:** Vgl. „Abschlussgebühren für Bausparverträge".

219 **Beihilfe:** Bilanzierende, die Pensionären und Mitarbeitern während der Zeit ihres Ruhestands Beihilfen für Krankheits-, Geburts- und Todesfälle gewähren, haben eine Verbindlichkeitsrückstellung zu bilden. Der Grundsatz der Nichtbilanzierung schwebender Geschäfte ist nicht anwendbar, weil die Verpflichtung nach Beendigung des Schwebezustands zu erfüllen ist und insoweit keine Leistungserbringung dem Unt zugute kommt.[174]

220 **Bergschäden:** Aufgrund der §§ 114 ff. BBergG besteht eine Haftung für Bergbauunternehmen für an der Erdoberfläche unmittelbar oder mittelbar entstehende Sachschäden. Zu unterscheiden sind Rückstellungen für Bergschäden, die bereits entstanden sind, der Höhe nach aber noch nicht feststehen, und Rückstellungen für künftige Bergschäden, die bereits durch Abbaumaßnahmen verursacht, aber noch nicht entstanden oder erkannt sind.[175] Zu den rückstellungspflichtigen Aufwendungen zählen auch die Aufwendungen für die Ermittlung der Schadensursache, Schadenshöhe und der Person des Schädigers.[176]

221 **Berufsausbildung:** Eine Drohverlustrückstellung ist zu bilden, wenn Unt über ihren eigenen Bedarf hinaus aus politischer und sozialer Verantwortung Auszubildende beschäftigen und der Wert des Anspruchs auf die Arbeitsleistung der Auszubildenden deutlich hinter den Aufwendungen für die Ausbildungsverpflichtung zurückbleibt.[177] Die Bewertung der Arbeitsleistung, die im Rahmen des Ausbildungsverhältnisses von dem Auszubildenden erbracht wird, erfolgt anhand der insoweit ersparten Aufwendungen für ausgebildete Arbeitnehmer. Für die Ausbildungsverhältnisse des eigenen Bedarfs ist im Regelfall die Ausgeglichenheitsvermutung des schwebenden Arbeitsverhältnisses anzunehmen.[178]

222 **Berufsgenossenschaftsbeiträge:** Für die zu leistenden Beiträge des abgelaufenen Gj ist eine Rückstellung zu bilden. Zu den Berufsgenossenschaftsbeiträgen zählt auch die Umlage für das Insolvenzgeld.

> **Beispiel**
> Ein Unt stellt im Februar 03 den JA zum 31.12.02 auf. Die Meldung der beitragsrelevanten Arbeitslöhne für das Jahr 02 an die Berufsgenossenschaft liegt vor; ein Bescheid der Berufsgenossenschaft für das Jahr 02 existiert zu diesem Zeitpunkt noch nicht.
> Die Rückstellung wird zweckmäßigerweise auf Basis des Beitragsbescheids der Berufsgenossenschaft für das Jahr 01 mit den dortigen Parametern (Bei-

---

[173] Vgl. BFH, Urteil v. 3.5.1983, VIII R 100/81, BStBl 1983 II S. 572.
[174] Vgl. BFH, Urteil v. 30.1.2002, I R 71/00, BStBl 2003 II S. 279; zur bilanziellen Einordnung vgl. *Zwirner*, WPg 2012, S. 198.
[175] Vgl. WP-Handbuch, Bd. I, 14. Aufl., Abschn. E, Rz 169.
[176] Vgl. *Schülen*, WPg 1983, S. 663.
[177] Vgl. *Kessler*; DStR 1994, S. 1291.
[178] Vgl. BFH, Urteil v. 3.2.1993, I R 37/91, BStBl 1993 II S. 441; BFH, Urteil v. 25.1.1984, I R 7/80, BStBl 1984 II S. 344.

> tragsfüße) berechnet, es sei denn, es liegen begründete Erkenntnisse vor, dass sich die Parameter wesentlich ändern werden. Soweit im Bescheid für 01 ein Rabatt für Schadensfreiheit gewährt worden ist, kann dieser nur bei der Rückstellungsberechnung 02 angewendet werden, wenn in 02 keine Schadensfälle aufgetreten sind.

**Besserungsschein:** Soweit Gläubiger auf ihre Forderungen verzichten unter der Voraussetzung, dass das Unt bei besserem Geschäftsgang in späteren Jahren einen Teil seines Gewinns den Gläubigern zur Verfügung stellt, ist bei Eintritt des besseren Geschäftsgangs (der im Regelfall im Besserungsschein spezifiziert ist, z.B. Ausweis eines Bilanzgewinns ohne Berücksichtigung des Besserungsscheins) eine Verbindlichkeit im JA zu passivieren.[179] Eine Rückstellung kommt nur in Betracht, wenn wegen Unsicherheiten über Höhe oder Grund keine Verbindlichkeit gebildet werden kann. 223

**Bestandspflege:** Rückstellungen für Bestandspflege bei Versicherungsverträgen sind für sog. Nachbetreuungskosten zu bilden.[180] 224

**Betriebsprüfung:** Rückstellungen sind nicht allein deshalb zulässig, weil erfahrungsgemäß bei einer steuerlichen Außenprüfung mit Steuernachforderungen zu rechnen ist.[181] Soweit aber voraussichtlich strittige Einzelsachverhalte bestehen, ist eine Rückstellung zu bilden, auch wenn den Finanzbehörden der Sachverhalt noch nicht bekannt ist. Es ist für die Rückstellungsbildung nicht erforderlich, dass mit der Bp bereits begonnen wurde und der Prüfer Sachverhalte beanstandet hat bzw. mit der konkreten Überprüfung befasst ist.[182] 225

> **Beispiel**
> Das Unt hat im Gj 01 einen Sachverhalt nach einer vertretbaren steuerlichen Beurteilung durch den Steuerberater des Unt bilanziert. Das Finanzamt hat im Rahmen der Veranlagung für 01 den Sachverhalt nicht aufgegriffen und wie in der Steuererklärung beantragt veranlagt. Bei Aufstellung des JA zum 31.12.02 wird bekannt, dass für derartige Fälle ein Musterverfahren beim BFH anhängig ist, dessen Ausgang ggf. zu einer für das Unt nachteiligen steuerlichen Beurteilung des Sachverhalts kommen kann.
> Das Unt hat eine Verbindlichkeitsrückstellung für das Steuerrisiko zu bilden, da durch das anhängige Musterverfahren hinreichende Konkretisierung gegeben ist.

Für Aufwendungen künftiger Betriebsprüfungen (z.B. interne Personalkosten, Kosten des StB, Bereitstellung von Räumlichkeiten und Hilfsmitteln) haben als Großbetriebe eingestufte Ges. Rückstellungen zu bilden, soweit diese am Abschlussstichtag bereits abgelaufene Wirtschaftsjahre betreffen.[183]

---

[179] Vgl. WP-Handbuch, Bd. I, 14. Aufl., Abschn. F, Rz 343, 446.
[180] Vgl. BFH, Urteil v. 19.7.2011, X R 26/10, DStR 2011, S. 1990; *Endert*, DStR 2011, S. 2280; *Endert*, DB 2011, S. 2164.
[181] Vgl. *Schubert*, in Beck Bil-Komm. 9. Aufl., § 249 HGB, Rz 100 Betriebsprüfungsrisiko; a. A. *ADS*, 6. Aufl., § 253 HGB, Rz 216.
[182] A. A. BFH, Urteil v. 16.2.1996, I R 73/95, BStBl 1996 II S. 592.
[183] Vgl. BFH, Urteil v. 6.6.2012, I R 99/10, BFH/NV 2012, S. 1715.

226 **Bewertungseinheit:** Soweit sich aus den erwarteten Zahlungsströmen aus dem Grundgeschäft und dem Sicherungsgeschäft ein Überhang der negativen Wertänderungen ergibt, ist für diese noch nicht realisierten Verluste eine Rückstellung für Bewertungseinheiten zu bilden.[184] Hierbei handelt es sich um eine Rückstellung für drohende Verluste i. S. d. § 249 Abs. 1 Satz 1 HGB.

227 **Buchführung:** Für das abgelaufene Gj betreffende laufende Buchführungsarbeiten, die nach dem Abschlussstichtag vorgenommen werden (z. B. Buchführung für Monat Dezember), ist eine Verbindlichkeitsrückstellung zu bilden, da es sich um eine öffentlich-rechtliche Verpflichtung nach § 238 HGB handelt.[185]

228 **Bürgschaft:** Eine Verbindlichkeitsrückstellung ist dann zu bilden, wenn eine Inanspruchnahme des Bürgen droht. Es ist nicht erforderlich, dass bis zur Bilanzaufstellung die Inanspruchnahme bereits erfolgt ist.[186] Verwertbare Sicherheiten sind bei der Rückstellungsbewertung zu berücksichtigen. Demgegenüber ist bei Passivierung der Bürgschaftsverpflichtung eine Rückgriffsforderung gegen den Hauptschuldner zu aktivieren, die zumeist wertzuberichtigen ist.

229 **Bußgeld:** Für Rechtsverstöße, die bis zum Abschlussstichtag begangen wurden, ist eine Verbindlichkeitsrückstellung zu bilden, soweit mit der Verhängung von Bußgeldern (z. B. Sanktionen des Kartell- oder Umweltrechts, EU-Geldbußen[187]) zu rechnen ist.[188]

230 **Chartervertrag:** Eine Drohverlustrückstellung ist für Zeitcharterverträge zu bilden, wenn aus dem Vertrag – unter Berücksichtigung der für die Fremdfinanzierung des Schiffs zu zahlenden Darlehenszinsen – ein Verlust droht.[189]

231 **Datenbereinigung:** Soweit aufgrund von Bestimmungen des Bundesdatenschutzgesetzes oder privatrechtlichen Vereinbarungen Verpflichtungen zum Löschen von gespeicherten Daten entstehen (z. B. Löschung personenbezogener Daten nach einer bestimmten Zeitperiode), sind die dadurch entstehenden Aufwendungen im Gj der Speicherung der Daten rückstellungspflichtig.[190]

232 **Datenschutz:** Soweit vor dem Abschlussstichtag begangene Verstöße gegen das Bundesdatenschutzgesetz oder andere Rechtsgrundlagen, die Ansprüche Dritter begründen, bei Bilanzaufstellung bekannt sind, sind für die daraus entstehenden Aufwendungen (z. B. zur Berichtigung oder Löschung von Daten) Rückstellungen zu bilden. Ggf. ist darüber hinaus auf Basis von Erfahrungswerten eine Pauschalrückstellung für noch nicht bekannte Verstöße zu bilden.

233 **Datenzugriff der Finanzverwaltung:** Aufgrund der Verpflichtungen aus §§ 146, 147 AO, ergänzt durch die Grundsätze zum Datenzugriff für die Finanzverwaltung,[191] ist für die gem. § 147 Abs. 6 Satz 3 AO erforderlichen Aufwendungen eine Verbindlichkeitsrückstellung zu bilden.[192]

234 **Dekontaminationsverpflichtungen:** Vgl. „Altlasten" Rz 202.

---

184 Vgl. IDW RS HFA 35, Tz 66.
185 Vgl. BFH, Urteil v. 25.3.1992, I R 69/91, BStBl 1992 II S. 1010.
186 Vgl. BFH, Urteil v. 15.10.1998, IV R 8/98, BStBl 1999 II S. 333 mwN.
187 Vgl. *Lüdeke*, BB 2004, S. 1436.
188 Vgl. WP-Handbuch, Bd. I, 14. Aufl., Abschn. E, Rz 120.
189 Vgl. BFH, Urteil v. 11.2.1988, IV R 191/85, BStBl 1988 II S. 661.
190 Vgl. *Blenkers/Czisz/Gerl*, 1994, S. 261 ff.; WP-Handbuch, Bd. I, 14. Aufl., Abschn. E, Rz 121.
191 Vgl. BMF, Schreiben v. 16.7.2001, Grundsätze zum Datenzugriff und zur Prüfbarkeit digitaler Unterlagen (GDPdU), IV D 2 – S 0316–136/01, BStBl 2001 I S. 401.
192 Vgl. *Groß/Matheis/Lindgens*, DStR 2003, S. 921; *Zwirner/Künkele*, BRZ 2009, S. 113; a. A.: OFD-Rheinland, Schreiben v. 5.11.2008, S 2137 – St 141–02/2008, DB 2008, S. 2730.

**Deputatverpflichtungen:** Eine Verbindlichkeitsrückstellung für der Höhe nach  235
ungewisse Verpflichtungen ist zu bilden, wenn ähnliche wiederkehrende Leistungspflichten bestehen.[193] Oftmals wird die Höhe der Deputatverpflichtung feststehen, sodass eine Verbindlichkeit auszuweisen ist. Soweit es sich um Verpflichtungen im Rahmen von Pensionsverpflichtungen handelt, besteht für Altzusagen (Rz 76) das Passivierungswahlrecht gem. Art. 28 EGHGB.

**Devisentermingeschäfte:** Zum Begriff vgl. § 246 Rz 71. Zu Bewertungseinheiten  236
vgl. § 254 Rz 18. Soweit keine Bewertungseinheit vorliegt, sind bei negativen Marktwerten zum Abschlussstichtag Drohverlustrückstellungen zu bilden.[194] Neben dem Währungsrisiko besteht bei Devisentermingeschäften auch ein von der Bonität des Geschäftspartners abhängiges Erfüllungsrisiko, das ebenfalls eine Rückstellungsbildung erforderlich machen kann.[195]

**Druckbeihilfen:** Für die bedingte Verpflichtung eines Verlags zur Rückzahlung  237
der von Autoren erhaltenen Druckbeihilfen bei Erreichen bestimmter Absatzzahlen ist eine Rückstellung zu bilden,[196] soweit das Erreichen der Absatzzahlen am Abschlussstichtag erwartet wird.

**Einkaufskontrakte:** Soweit für am Abschlussstichtag bestellte, aber noch nicht  238
gelieferte VG, wenn sie bereits im Bestand wären, nach § 253 Abs. 4 Satz 2 HGB eine außerplanmäßige Abschreibung erforderlich wäre, ist eine Drohverlustrückstellung zu bilden.[197]

**Entfernungsverpflichtungen:** Soweit öffentlich-rechtliche oder privatrechtliche Verpflichtungen (z.B. nach Ablauf eines Konzessions- oder Gestattungsvertrags) bestehen, Einrichtungen oder Anlagen von einem Grundstück zu entfernen, ist hierfür eine Verbindlichkeitsrückstellung zu bilden.[198] Sieht allerdings ein Bewilligungsbescheid zwar vor, dass der Bilanzierende die Anlage zu entfernen hat, besteht aber gleichzeitig ein Recht der Behörde, die Anlage auf staatliche Kosten beizubehalten, fehlt es an der hinreichenden Konkretisierung, sodass keine Rückstellung gebildet werden darf.[199] Die Rückstellung ist als sog. Verteilungsrückstellung über die Laufzeit des Vertrags anzusammeln.[200] Vgl. „Abbruchkosten" Rz 193.  239

**Entsorgungsverpflichtungen:** Hierzu zählen Rücknahmeverpflichtungen für  240
Altbatterien, Altautos, Elektroaltgeräte. Gleichermaßen sind hier Entsorgungsverpflichtungen für Abfälle des Unt als Verbindlichkeitsrückstellung zu passivieren, da durch die Vorschriften des Abfallrechts eine sanktionsbewehrte Außenverpflichtung des Unt besteht.[201]

**ERA-Anpassungsfonds:** Für Lohn-/Gehalts-Anpassungsverpflichtungen aufgrund  241
eines Entgeltrahmentarifvertrags (ERA-TV) der Metall- und Elektroindustrie sind nicht ausgezahlte Tariferhöhungen, die in einem Anpassungsfonds

---

[193] Vgl. WP-Handbuch, Bd. I, 14. Aufl., Abschn. E, Rz 123.
[194] Vgl. zur Bewertung *Gebhardt/Breker*, DB 1991, S. 1534.
[195] Vgl. IDW, IDW-FN 2009, S. 16.
[196] Vgl. BFH, Urteil v. 3.7.1997, IV R 49/96, BStBl 1996 II S. 244; *Moxter*, BB 1998, S. 2466; a.A.: *Schubert*, in Beck Bil-Komm. 9. Aufl., § 249 HGB, Rz 100 Druckbeihilfen.
[197] Vgl. IDW RS HFA 4, Tz 30.
[198] Vgl. BFH, Urteil v. 28.3.2000, VIII R 13/99, BStBl 2000 II S. 612.
[199] Vgl. BFH, Urteil v. 12.12.1991, IV R 28/91, BStBl 1992 II S. 600.
[200] Vgl. *Wulf*, KoR 2010, S. 342; zum Unterschied zwischen handels- und steuerrechtlicher Bewertung vgl. *Marx*, BB 2012, S. 563.
[201] Vgl. *Mayr*, DB 2003, S. 742; a.A.: BFH, Urteil v. 8.11.2000, I R 6/96, BStBl 2001 II S. 570.

gesammelt werden, als Verbindlichkeitsrückstellung zu behandeln. Bei der Bewertung der Rückstellung sind die Arbeitgeberanteile zur Sozialversicherung mit einzubeziehen.[202]

242 **Erbbaurecht:** Für ein bestehendes Erbbaurecht kann beim Erbbauberechtigten ggf. eine Rückstellung für drohende Verluste zu bilden sein, z.B. aufgrund mangelnder Nutzungsmöglichkeit.[203]

243 **Erfolgsprämien:** Werden Arbeitnehmern Erfolgsprämien, Tantiemen, Gratifikationen oder andere gewinnabhängige Vergütungen vor dem Abschlussstichtag zugesagt, so sind hierfür Verbindlichkeitsrückstellungen in dem Gj zu bilden, an deren Erfolg (z.B. Jahresüberschuss, EBIT) die Erfolgsprämie geknüpft ist. Dies gilt auch, wenn die Erfolgsprämie an die Arbeitnehmer erst nach Ablauf mehrerer Jahre und unter der Bedingung weiterer Betriebszugehörigkeit ausgezahlt wird, allerdings der Höhe nach in bis zum Abschlussstichtag verwirklichten Merkmalen bemessen wird.[204]

244 **Erneuerungsverpflichtung:** Soweit ein Mieter oder Pächter verpflichtet ist, durch bestimmungsgemäße Nutzung im Zeitablauf unbrauchbar werdende Anlagen, die wirtschaftlich verbraucht sind, durch neue zu ersetzen, ist eine Verbindlichkeitsrückstellung zu bilden. Der Miet- bzw. Pachtvertrag stellt ein schwebendes Geschäft dar. Durch die in der Vergangenheit erfolgte Nutzung der Anlagen ist jedoch ein Erfüllungsrückstand entstanden, der ratierlich als sog. echte Ansammlungsrückstellung zu passivieren ist.[205] Berechnungsbeispiel vgl. „Abbruchkosten", Rz 193.

245 **Garantie:** Soweit bei vom Bilanzierenden abgegebenen Garantien eine Inanspruchnahme droht, ist eine Rückstellung zu passivieren. Regelmäßig erfolgt dies bei sog. „Garantien auf erstes Anfordern", bei denen alle Einwendungsmöglichkeiten des Garanten ausgeschlossen sind. Wirtschaftlich betrachtet ist der Übergang zwischen einer Bürgschaft und einer Garantie fließend. Zu Garantien im weiteren Sinne rechnen auch sog. harte Patronatserklärungen[206] (§ 251 Rz 33). Die Höhe der Inanspruchnahme kann ggf. mittels Schätzverfahren ermittelt werden.[207] Vgl. „Bürgschaft", Rz 228, „Gewährleistung", Rz 249.

246 **Geschäftsbericht:** Eine Verpflichtung zur Erstellung eines Geschäftsberichts ist rückstellungspflichtig.[208] Eine derartige Verpflichtung kann auch aufgrund langjähriger Übung entstehen (zu faktischen Verpflichtungen s. Rz 30).

247 **Geschäftsrisiko:** Ein Ansatz einer Rückstellung für allgemeine Geschäftsrisiken, die sich etwa aus einer zukünftig notwendigen Geschäftsverlegung oder der Gefahr der Verschlechterung der künftigen Ertragslage ergeben, ist nicht zulässig.[209]

248 **Geschäftsunterlagen:** Vgl. „Aufbewahrungspflichten", Rz 210.

249 **Gewährleistung:** Rückstellungen für Gewährleistungsverpflichtungen bestehen regelmäßig gegenüber Vertragspartnern. Gewährleistungsverpflichtungen können auf vertraglicher (Zusicherung von Eigenschaften) oder gesetzlicher (z.B.

---

202 Vgl. HFA, IDW-FN 2004, S. 38, 305.
203 Vgl. *Hütz*, StBP 1983, S. 6.
204 Vgl. BFH, Urteil v. 7.7.1983, IV R 47/80, BStBl 1983 II S. 753.
205 Vgl. BFH, Urteil v. 3.12.1991, VIII R 88/87, BStBl 1993 II S. 89.
206 Vgl. IDW RH HFA 1.013.
207 Vgl. *Hommel/Schulte*, BB 2004, S. 1674.
208 Vgl. BFH, Urteil v. 23.7.1980, I R 28/77, BStBl 1981 II S. 62.
209 Vgl. BFH, Urteil v. 24.8.1972, VIII R 31/70, BStBl 1972 II S. 943.

§ 477 BGB) Grundlage entstehen. Die Verpflichtungen betreffen z. B. kostenlose Nacharbeiten, Ersatzlieferungen, Minderungen, Rückgewährungen nach Rücktritt vom Vertrag, Schadensersatzleistungen. Die Rückstellung kann entweder als Einzelrückstellung für konkrete Einzelfälle oder als Pauschalrückstellung (z. B. ein anhand von Erfahrungswerten ermittelter Prozentsatz vom garantiebehafteten Umsatz) berechnet werden. Die Höhe der Inanspruchnahme kann ggf. mittels Schätzverfahren ermittelt werden.[210] Die Bewertung erfolgt i. H. d. zu erwartenden Aufwendungen für die Erfüllung der Verpflichtung, d. h., es sind sämtliche Aufwendungen einzubeziehen (Vollkosten). Eine vom Käufer nach dem Abschlussstichtag bis zum Tag der Bilanzaufstellung erfolgte Erklärung des Rücktritts vom Kaufvertrag ist wertbegründend und nicht in der Rückstellung zu berücksichtigen, soweit am Abschlussstichtag der Rücktritt nicht wahrscheinlich war.[211] Wurden allerdings am Abschlussstichtag bereits Verhandlungen über einen möglichen Rücktritt geführt und war die Ausübung des Rücktritts am Abschlussstichtag wahrscheinlich, ist dies der Rückstellungsbewertung zugrunde zu legen. Eine Verpflichtung zur Rücknahme einer mangelhaften Lieferung ist mit dem zurückzuzahlenden Kaufpreis abzüglich des Zeitwerts der mangelhaften Ware zu bewerten.[212] Soweit Automobilhersteller Gewährleistungsverpflichtungen gegenüber ihren Vertragshändlern durch die Erteilung von Gutschriften für die vom Hersteller gelieferten und vom Händler verwendeten Ersatzteile erfüllen, sind der Rückstellung die Nettopreise der Vertragshändler und nicht die eigenen Aufwendungen (Selbstkosten) zugrunde zu legen.[213] Bestehen am Abschlussstichtag Rückgriffsansprüche gegen Dritte, ist deren Aktivierung zu prüfen. Zur Berücksichtigung nicht aktivierbarer Rückgriffsansprüche bei der Rückstellungsbewertung vgl. § 253 Rz 34. Wegen Gewährleistungsverpflichtungen, die ohne rechtliche Verpflichtung erbracht werden (§ 249 Abs. 1 Satz 2 Nr. 2 HGB), vgl. Rz 191.

**Gewerbesteuer:** Die für das laufende Gj anfallende voraussichtliche Gewerbesteuerabschlusszahlung ist als Verbindlichkeitsrückstellung (Steuerrückstellung) zu passivieren. Gleiches gilt für auf vorangegangene Gj zu erwartende Nachzahlungen aufgrund geänderter Veranlagung (z. B. infolge einer Bp). Bis zum Abschlussstichtag aufgelaufene bzw. zu erwartende Zinsen (§§ 233a–237 AO), Säumniszuschläge (§ 240 AO) oder Verspätungszuschläge (§ 152 AO) sind ebenfalls zu passivieren (Ausweis unter Verbindlichkeiten oder – soweit die Höhe unsicher ist – unter sonstige Rückstellungen).

**Gewinnabhängige Vergütung:** Vgl. „Erfolgsprämien", Rz 243.

**Gleitzeitguthaben:** Haben Arbeitnehmer (z. B. aufgrund Betriebsvereinbarung) bis zum Abschlussstichtag Gleitzeitguthaben erworben, ist hierfür eine Verbindlichkeitsrückstellung zu bilden. Es handelt sich um einen Erfüllungsrückstand, der vom Arbeitgeber im neuen Gj auszugleichen ist. Die Bewertung hat unter Einbeziehung der Sozialversicherungsanteile des Arbeitgebers zu erfolgen. Berechnungsbeispiel vgl. „Urlaub". Bestehen sowohl Verpflichtungen des Arbeitgebers aus Gleitzeitguthaben als auch Ansprüche gegen Arbeitnehmer, die am

---
[210] Vgl. *Hommel/Schulte*, BB 2004, S. 1674.
[211] Vgl. BFH, Urteil v. 28.3.2000, VIII R 77/96, DStR 2000, S. 1176.
[212] A. A. BMF, Schreiben v. 21.1.2002, IV A 6 – S 2137–1402, WPg 2002, S. 390.
[213] Vgl. BFH, Urteil v. 13.11.1991, I R 129/90, BStBl 1992 II S. 519.

Abschlussstichtag gegenüber der Normalarbeitszeit Minderzeiten erbracht haben, sind diese separat zu bilanzieren. Die Verpflichtungen sind als Verbindlichkeitsrückstellung zu passivieren. Die Ansprüche des Arbeitgebers sind im Regelfall als Sonstige Vermögensgegenstände zu aktivieren; Voraussetzung hierfür ist allerdings, dass der Arbeitnehmer allein darüber entscheiden kann, ob überhaupt ein Minussaldo auf dem Gleitzeitkonto entsteht und wie dieser ausgeglichen werden soll. Hat allerdings der Arbeitgeber einseitig das Entstehen eines Minussaldos angeordnet (z.B. im Falle wesentlicher Auftragsrückgänge), scheidet ein Ansatz eines VG aus.[214]

253 **Gratifikationen:** Vgl. „Erfolgsprämien".

254 **Gruben- und Schachtversatz:** Vgl. „Bergschäden".

255 **Haftpflicht:** Derartige Ansprüche können aus positiver Vertragsverletzung gegenüber Vertragspartnern oder unerlaubter Handlung (§§ 823 ff. BGB), anderen gesetzlichen Vorschriften aus Gefährdungshaftung (z.B. ProdHaftG, UmweltHG) entstehen. Haftpflichtverbindlichkeiten gegenüber Vertragspartnern werden regelmäßig durch Gewährleistungsrückstellungen abgedeckt (vgl. „Gewährleistung"). Haftungsinanspruchnahmen durch Dritte sind dann rückstellungspflichtig, wenn bis zur Bilanzaufstellung Schadensersatzansprüche geltend gemacht werden bzw. konkrete Tatsachen über das Vorliegen eines anspruchsbegründenden Sachverhalts bekannt sind; pauschale Rückstellungen sind unzulässig.[215] Bestrittene Rückgriffsansprüche (z.B. gegen Versicherungen) dürfen nicht aktiviert und auch nicht rückstellungsmindernd berücksichtigt werden. Unbestrittene Rückgriffsansprüche können dagegen rückstellungsmindernd berücksichtigt werden, ohne dass hierin ein Verstoß gegen den Einzelbewertungsgrundsatz gesehen wird.[216] Soweit aber die Voraussetzungen für die Aktivierung des Rückgriffsanspruchs vorliegen (z.B. Schadensmeldung an den Versicherer), ist dieser als VG zu aktivieren und die Rückstellung in voller Verpflichtungshöhe auszuweisen.

256 **Handelsvertreter:** Vgl. „Ausgleichsanspruch des Handelsvertreters".

257 **Hauptversammlung:** Die gesetzliche Verpflichtung (§ 120 Abs. 1 Satz 1 AktG), in den ersten acht Monaten nach Ablauf des Gj eine HV abzuhalten, begründet eine Außenverpflichtung des Unt, sodass für die erwarteten Aufwendungen eine Verbindlichkeitsrückstellung zu bilden ist.[217] Zwar werden auf einer HV auch häufig nicht das abgelaufene Gj betreffende Tagesordnungspunkte behandelt (z.B. Durchführung von Kapitalmaßnahmen, Wahl von Mitgliedern des AR, Wahl des AP). Es werden aber regelmäßig die gesetzlichen Verpflichtungen, das abgelaufene Gj betreffend (Entlastung von Vorstand und AR, Vorlage von JA/KA), erfüllt, sodass Rückstellungspflicht besteht. Es sind die gesamten, mit der Einladung und Durchführung der HV erwarteten Aufwendungen in die Rückstellung mit einzubeziehen.

258 **Heimfall:** Soweit eine Verpflichtung eines Mieters, Pächters oder Erbbauberechtigten besteht, eigene Anlagen unter bestimmten Voraussetzungen entschädigungslos zu übereignen, ist dies bei der Bemessung der planmäßigen Abschreibungen auf die Anlage und nicht durch Rückstellungsbildung zu berücksichtigen.

---

[214] Vgl. zu Einzelheiten: HFA, IDW-FN 2009, S. 322.
[215] Vgl. BFH, Urteil v. 30.6.1983, IV R 41/81, BStBl 1984 II S. 263.
[216] Vgl. BFH, Urteil v. 17.2.1993, X R 60/89, BStBl 1993 II S. 437.
[217] A. A. BFH, Urteil v. 23.7.1980, I R 28/77, BStBl 1981 II S. 62.

Eine Rückstellungspflicht besteht nur insoweit, als bei der Übergabe der Anlagen noch bestimmte Ausgaben erforderlich sind.²¹⁸

**Herstellungskosten:** Vgl. „Anschaffungs- und Herstellungskosten". 259

**Herstellungskostenbeiträge:** Soweit ein Unt HK-Zuschüsse von Kunden erhält, 260
die verkaufspreismindernd zu berücksichtigen sind, sind diese gewinnerhöhend zu berücksichtigen. In derselben Höhe ist gleichzeitig eine Verbindlichkeitsrückstellung zu bilden, die über die voraussichtliche Dauer der Lieferverpflichtung aufzulösen ist. Dies gilt auch, wenn am Abschlussstichtag keine schwebenden Geschäfte bestehen, soweit ein faktischer Leistungszwang besteht.²¹⁹

**Hinterzogene Steuern:** Der BFH lässt steuerlich eine Rückstellung für hin- 261
terzogene Mehrsteuern erst an dem Abschlussstichtag zu, an dem der Steuerpflichtige mit der Aufdeckung der Steuerhinterziehung rechnen musste.²²⁰ Handelsbilanziell ist die Rückstellung in voller Höhe in den JA zu berücksichtigen, in denen sie entstanden sind. Eine unterschiedliche Behandlung von Mehrsteuern infolge von Steuerhinterziehungen gegenüber solchen aus einer Bp ist nach der hier vertretenen Auffassung nicht gerechtfertigt.

**IFRS-Umstellung:** Aufwendungen für eine IFRS-Umstellung sind rückstel- 262
lungspflichtig, soweit eine Außenverpflichtung besteht. Dies trifft aber nur für die gem. § 315a HGB verpflichteten Mutterunternehmen zu, die geregelte Kapitalmärkte i.S.d. EU-Rechts in Anspruch nehmen bzw. einen Antrag auf Zulassung zu einem organisierten Markt i.S.v. § 2 Abs. 1 Satz 1 WpHG gestellt haben. Hieraus ergibt sich eine öffentlich-rechtliche Verpflichtung, die im Jahr des Erfüllens der Voraussetzungen (Antragstellung auf Zulassung zu einem organisierten Markt) rückstellungspflichtig ist. Liegt demgegenüber am Abschlussstichtag lediglich die begründete Absicht vor, einen derartigen Antrag zu stellen, liegt noch keine rechtliche Verbindlichkeit vor. In die Rückstellungsbewertung sind die erwarteten internen und externen Aufwendungen (nicht: AHK für aktivierungspflichtige VG) für die Umstellung einzubeziehen.

> **Beispiel**
> Die AG hat im Freiverkehr gehandelte Aktien begeben und veröffentlicht ausschließlich JA und KA nach HGB. Im Juni 01 stimmt die HV dem Antrag von Vorstand und AR zu, zur Stärkung der Kapitalbasis eine Kapitalerhöhung verbunden mit einem Segmentwechsel in den geregelten Markt durchzuführen. Der Antrag auf Zulassung zum geregelten Markt wird im Dezember 01 gestellt. Aufgrund der anstehenden Umstellung der Rechnungslegung auf IFRS werden (neben nicht rückstellungsfähigen Investitionen in Hard- und Software) folgende Aufwendungen erwartet:
>
> | | |
> |---|---|
> | Externe Beratungskosten zur Umstellung der IT | 300 TEUR |
> | Interne Personalkosten zur Durchführung der IFRS-Umstellung | 200 TEUR |

---

218 Vgl. WP-Handbuch, Bd. I, 14. Aufl., Abschn. E, Rz 130.
219 Vgl. BFH, Urteil v. 29.11.2000, I R 87/99, BStBl 2002 II S. 655.
220 Vgl. BFH, Urteil v. 22.8.2012, X R 23/10, BStBl 2013 II S. 76.

> Darüber hinaus werden zwei weitere Mitarbeiter im Rechnungswesen benötigt, für die Personalkosten von jährlich 80 TEUR erwartet werden.
> Es ist eine Rückstellung i. H. v. 500 TEUR zu bilden, da eine Außenverpflichtung des Unt am Abschlussstichtag begründet ist. Die Personalkosten der beiden einzustellenden Mitarbeiter sind nicht zurückzustellen, da hier die Ausgeglichenheitsvermutung bei Dauerschuldverhältnissen gilt (vgl. Rz 166).

263 **Instandhaltung:** Zur unterlassenen Instandhaltung vgl. Rz 174. Aufwendungen für Großreparaturen sind mangels Außenverpflichtung nicht rückstellungsfähig.
264 **Insolvenzsicherung:** Vgl. Rz 100.
265 **Inspektionsverpflichtung:** Vgl. „Sicherheitsinspektionen".
266 **Jahresabschluss:** Kosten für die Erstellung, Prüfung und Offenlegung des JA und LB sind rückstellungspflichtig. Für die Erstellung und Offenlegung bestehen öffentlich-rechtliche Verpflichtungen in Form der handelsrechtlichen Vorschriften. Auch Aufwendungen für die freiwillige Prüfung des JA sind rückstellungspflichtig, soweit eine auf privatrechtlicher Grundlage bestehende Verpflichtung des Unt (z. B. in Satzung/Gesellschaftsvertrag, Kreditverträgen) vorliegt.[221] Die vom BFH vorgetragene Auffassung, eine sich alleinig aus dem Gesellschaftsvertrag ergebende Prüfungspflicht sei keine Außenverpflichtung,[222] überzeugt nicht und wird nach der hier vertretenen Auffassung abgelehnt.[223] Weiterhin sind die voraussichtlichen Aufwendungen für die Erstellung der betrieblichen Steuererklärungen für das abgelaufene Geschäftsjahr rückstellungspflichtig.[224] Unter dem Aspekt der wirtschaftlichen Verursachung ist es unerheblich, ob die JA-Kosten Verpflichtungen gegenüber Dritten begründen oder als interne Aufwendungen anfallen.[225]
267 **Jubiläum:** Erhalten Mitarbeiter aus Anlass von Dienstjubiläen (z. B. 10, 25, 40 Dienstjahre) zugesagte oder aufgrund betrieblicher Übung Zuwendungen (Bar- und/oder Sachzuwendungen), sind diese grds. als nachträgliche Vergütung für die Arbeitsleistungen anzusehen und dementsprechend in den einzelnen Perioden anteilig in der HB zurückzustellen.[226] Steuerlich bestehen spezielle Anforderungen an die Konkretisierung (u. a. Schriftformerfordernis, Mindestzugehörigkeit).[227]
268 **Körperschaftsteuer:** Vgl. „Gewerbesteuer".
269 **Konzernhaftung:** Vgl. „Verlustausgleichsverpflichtung", „Verlustübernahmeverpflichtung".
270 **Kulanz:** Vgl. Rz 191.
271 **Latente Steuern:** Vgl. Rz 41, Ekfl., PersG, die nicht unter § 264a HGB fallen, sowie kleine KapG/KapCoGes i. S. v. § 267 HGB, die nicht freiwillig § 274 HGB anwenden, haben gleichwohl nach § 249 Abs. 1 HGB Rückstellungen für latente Steuern auszuweisen[228] (§ 274a Rz 12).

---

[221] Vgl. St/HFA 2/1973, WPg 1973 S. 503.
[222] Vgl. BFH, Urteil v. 5.6.2014, IV R 26/11, BStBl. 2014 II, S. 886.
[223] Vgl. IDW, IDW-FN 2015, S. 54 unter Verweis auf IDW RH HFA 1.009.
[224] Vgl. BFH, Urteil v. 19.3.1998, IV R 1/93, BStBl 1993 II S. 352.
[225] Vgl. WP-Handbuch, Bd. I, 14. Aufl., Abschn. E, Rz 132.
[226] Vgl. HFA, WPg 1994, S. 27.
[227] Vgl. § 5 Abs. 4 EStG; BFH, Urteil v. 18.1.2007, IV R 42/04, BB 2007, S. 539; FG Düsseldorf, Urteil v. 29.6.2010, 6 K 7287/00, BB 2010, S. 2232.
[228] Vgl. IDW RS HFA 7, Tz 26.

**Leasingvertrag:** Rückstellungen für drohende Verluste aus schwebenden Leasingverhältnissen kommen sowohl beim Leasinggeber als auch beim Leasingnehmer in Betracht. Im Falle der Bilanzierung des Leasinggegenstands beim Leasinggeber ist beim Leasingnehmer eine Drohverlustrückstellung dann zu bilden, wenn die noch zu erbringenden Leasingraten den quantifizierbaren Beitrag der Nutzung des Leasinggegenstands für den Unternehmenserfolg übersteigen. Dies ist oftmals dann geboten, wenn die Leasingraten progressiv verlaufen, wobei es sich dann nicht um eine Drohverlustrückstellung, sondern um eine Verbindlichkeitsrückstellung wegen Erfüllungsrückstands handelt.[229] Beim Leasinggeber kommt eine Drohverlustrückstellung dann zum Ansatz, wenn die zukünftigen Aufwendungen aus dem Leasingvertrag (Abschreibungen, Zinsen Verwaltungskosten) die zukünftigen Leasingraten übersteigen. Weiterhin hat der Leasinggeber Bonitäts- und Restwertrisiken zurückzustellen, wobei allerdings der Vorrang der außerplanmäßigen Abschreibung aktivierter VG zu beachten ist (Rz 133).[230] Vgl. „Chartervertrag", „Mietvertrag". 272

**Leergut:** Vgl. „Leihemballagen". 273

**Leihemballagen:** Werden vom Bilanzierenden sowohl die Leihemballagen des Lieferanten (Pfandgut, Säcke etc.) als auch die Pfandgeldforderungen für unterwegs befindliches Leergut aktiviert bzw. Pfandgelder vereinnahmt, so sind i.H. der Pfandgeldforderungen bzw. der vereinnahmten Beträge Rückstellungen für die Rückzahlungsverpflichtungen an den Lieferanten zu bilden.[231] 274

**Lohnfortzahlung:** Der Lohnfortzahlungsanspruch des Arbeitnehmers im Krankheitsfall ist in die Ausgeglichenheitsvermutung des Arbeitsverhältnisses einzubeziehen.[232] Der Ausweis einer Drohverlustrückstellung ist somit regelmäßig nicht zulässig (Rz 165).[233] 275

**Lohnsteuer:** Eine Rückstellung wegen Lohnsteuerhaftung ist dann geboten, wenn mit dem Erlass eines Haftungsbescheids ernsthaft zu rechnen ist.[234] 276

**Mehrerlösabschöpfung:** Betreiber von Energieversorgungsnetzen haben für bestimmte Mehrerlöse, die periodenübergreifend an die Kunden wieder auszugleichen sind, eine Verbindlichkeitsrückstellung zu bilden.[235] 277

**Mietvertrag:** Für den Vermieter kommt die Bildung einer Drohverlustrückstellung erst dann in Betracht, wenn er den erwarteten Verlust aus dem Mietverhältnis nicht vollständig durch Abschreibungen auf das Mietobjekt berücksichtigen kann. Bei Untermietverhältnissen tritt – da keine aktivierten VG vorliegen – die Notwendigkeit der Bildung einer Drohverlustrückstellung entsprechend eher auf. Für den Mieter sind Drohverlustrückstellungen nicht allein deshalb schon zu bilden, weil gleichwertige Miettäume zu günstigeren Konditionen beschafft werden können, da nicht ausgeschlossen werden kann, dass statt zukünftig drohender Verluste zu- 278

---

[229] Zu Einzelheiten: Vgl. WP-Handbuch, Bd. I, 14. Aufl., Abschn. E, Rz 137 mwN; vgl. auch BFH, Urteil v. 21.9.2011, I R 50/10, BB 2012, S. 184.
[230] A. A. OLG Düsseldorf, Beschluss v. 19.5.2010, 26 W 4/08, DB 2010, S. 1454.
[231] Vgl. BMF, Schreiben v. 13.6.2005, IV B 2 – S 2137–30/05, BStBl 2005 I S. 715; BFH, Urteil v. 25.4.2006, VIII R 40/04, BStBl 2006 II S. 749.
[232] Vgl. *Hommel*, in *Baetge/Kirsch/Thiele*, Bilanzrecht, § 249 HGB Rz 298.
[233] Zur Lohnfortzahlung im Todesfall vgl. *Ollbrich*, WPg 1989, S. 390.
[234] Vgl. BFH, Urteil v. 16.2.1996, I R 73/95, BStBl 1996 II S. 592.
[235] Vgl. *Hruby*, DStR 2010, S. 127; *Hageböke*, DB 2011, S. 1480 und S. 1543.

künftig entgehende Gewinne zurückgestellt würden.[236] Der Mieter hat eine Drohverlustrückstellung zu bilden, wenn zurechenbare Erträge (z. B. aus einer Weitervermietung an einen Untermieter) den Mietaufwand nicht decken oder wenn eine Zurechnung von Erträgen nicht möglich ist, sofern der Mietgegenstand nicht oder nicht mehr in nennenswertem Umfang zu nutzen und auch nicht anderweitig verwertet werden kann. Vgl. Rz 163. Vgl. auch „Chartervertrag", „Leasingvertrag".

279 **Minderung:** Vgl. „Gewährleistung".

280 **Mutterschutz:** Soweit am Abschlussstichtag eine Meldung nach § 5 des Mutterschutzgesetzes vorliegt, ist eine Rückstellung für drohende Verluste zu bilden.[237] Zuschüsse für die Tage der Schutzfristen sind bei der Rückstellungsbewertung zu berücksichtigen.

281 **Nachbetreuungsleistungen:** Künftige Nachbetreuungsleistungen an Hör- und Sehhilfen von Hörgeräte-Akustikern und Optikern sind zurückzustellen, da es sich entweder um Garantieleistungen oder zumindest aber um faktische Verpflichtungen handelt.[238]
Bei Versicherungsvertretern und Versicherungsmaklern kommen für Nachbetreuungsleistungen ebenfalls Rückstellungen in Betracht.[239]

282 **Nachlaufkosten:** Soweit für realisierte Umsätze noch Nacharbeiten erforderlich sind, die nicht gesondert berechnet werden, sondern im vereinnahmten Entgelt enthalten sind, sind hierfür Verbindlichkeitsrückstellungen zu bilden.

> **Beispiel**
> Ein Maschinenbauunternehmen schließt am 1.2.01 einen Vertrag mit einem Kunden über den Bau, die Installation und Inbetriebnahme einer Spezialmaschine. In dem Vertrag ist darüber hinaus vereinbart, dass das Maschinenbauunternehmen die Mitarbeiter des Kunden in der Bedienung der Anlage zu schulen hat, ohne dass es sich hierbei um eine separat zu berechnende Teilleistung handelt. Am 31.12.01 ist die Maschine beim Kunden aufgestellt und von ihm abgenommen. Das Maschinenbauunternehmen hat den gesamten Umsatz im Gj 01 fakturiert. Die Schulung der Mitarbeiter des Kunden ist im Januar 02 erfolgt.
> Im JA zum 31.12.01 ist eine Verbindlichkeitsrückstellung für die Nachlaufkosten (hier: Schulungskosten) zu bilden, da die entsprechenden Erträge bereits vereinnahmt wurden.

283 **Offenlegung:** Vgl. „Jahresabschluss".

284 **Optionsgeschäfte:**[240] Der Verkäufer einer Kaufoption (Stillhalter) hat eine Rückstellung für drohende Verluste zu bilden, soweit der Basispreis der Optionsgegenstände zzgl. der erhaltenen Optionsprämie den Börsenkurs am Abschlussstichtag bzw. bei Aufstellung des JA unterschreitet. Gleiches gilt für den Stillhalter einer Verkaufsoption, bei der ein Verlust droht, soweit der vereinbarte

---

[236] Vgl. IDW RS HFA 4, Tz 32.
[237] Vgl. *Schubert*, in Beck Bil-Komm. 9. Aufl., § 249 HGB, Rz 100 Mutterschutz; a. A.: BFH, Urteil v. 2.10.1997, IV R 82/96, BStBl 1998 II S. 205.
[238] A. A. BFH, Urteil v. 10.12.1992, XI R 34/91, BStBl 1994 II S. 158.
[239] Vgl. *Schustek*, DB 2015, S. 882.
[240] Zur Bilanzierung von Optionsgeschäften vgl. IDW, St/BFA 2/1995, WPg 1995, S. 421.

Basispreis abzüglich der Optionsprämie über dem Börsenkurs liegt.[241] Bei erwarteter Erfüllung des Geschäfts erfolgt die Bewertung nach der sog. Ausübungsmethode, ansonsten – wie in der Praxis vorherrschend – nach der Glattstellungsmethode.[242] Einer Drohverlustrückstellung bedarf es jedoch nur, soweit es sich um offene Positionen handelt (vgl. „Bewertungseinheiten", § 254 Rz 2).

**Pachterneuerungsverpflichtung:** Vgl. „Erneuerungsverpflichtung". 285

**Patentverletzung:** Konkrete, dem Unt bekannte Verletzungen von Patent-, Urheber- oder ähnlichen Schutzrechten sind rückstellungspflichtig, wenn die Inanspruchnahme erfolgt ist. Darüber hinaus sind Rückstellungen für mögliche, aber noch nicht bekannt gewordene Verletzungen zu bilden,[243] ggf. als Pauschalrückstellung. Die Bewertung der Rückstellung erfolgt auf Basis der zu § 139 Abs. 2 Satz 1 PatG anerkannten Schadensberechnungsarten.[244] Vgl. auch Rz 47. 286

**Pensionssicherungsverein:** Vgl. Rz 100. 287

**Pensionsverpflichtungen:** Vgl. Rz 48 ff. 288

**Pfand:** Vgl. „Leihemballagen". 289

**Prämiensparvertrag:** Prämiensparverträge (Bonus- oder Zuwachssparverträge) sehen am Ende der Vertragslaufzeit als zusätzliche Verzinsung des angesparten Kapitals die Leistung einer Sparprämie vor. Hierfür ist wegen Erfüllungsrückstands eine Verbindlichkeitsrückstellung zu bilden.[245] 290

**Preisnachlass:** Veräußert ein Unt kundenbezogene Formen oder Werkzeuge, die dem Unt dann vom Kunden überlassen werden und in der Folge zur Herstellung von Produkten für den Kunden verwendet werden, bei denen dem Kunden Preisnachlässe gewährt werden, darf es im Jahr der Veräußerung der Formen und Werkzeuge keine Rückstellung bilden.[246] 291

**Produkthaftung:** Vgl. „Produzentenhaftung". 292

**Produktverantwortung:** Für öffentlich-rechtliche Verpflichtungen zur Rücknahme und Entsorgung von Verpackungen, gebrauchten Geräten und Materialien und anderem sind Rückstellungen zu passivieren, soweit die künftigen Ausgaben durch Lieferungen im abgelaufenen Gj verursacht worden sind. Für Altfahrzeuge besteht mit Art. 53 Abs. 1 EGHGB eine explizite Regelung, wonach ab dem ersten Gj, das nach dem 26.4.2002 endet, Verbindlichkeitsrückstellungen für die Rücknahmeverpflichtung von in Verkehr gebrachten Kfz zu bilden sind. Die Notwendigkeit zur Bildung von Rückstellungen kann nicht nur aufgrund öffentlich-rechtlicher Verpflichtung, sondern auch durch faktische Verpflichtungen entstehen (Rz 30). Vgl. „Abfallbeseitigung und -recycling". 293

**Produzentenhaftung:** Ein Hersteller haftet nach dem ProdHafG für Folgeschäden aus der Benutzung seiner Produkte. Folgeschäden können entstehen aus der Benutzung eines fehlerbehafteten Produkts durch den bestimmungsgemäßen Verbraucher oder sonstige Personen. Rückstellungen sind zu bilden für konkrete Einzelfälle, bei denen Schadensersatz geltend gemacht worden ist oder mindestens bis zur Bilanzaufstellung ernsthaft mit der Geltendmachung gerechnet werden muss. Darüber hinaus sind ggf. Pauschalrückstellungen zu bilden, wenn auf Basis 294

---

[241] Vgl. WP-Handbuch, Bd. I, 14. Aufl., Abschn. E, Rz 140.
[242] Vgl. *Windmöller/Breker*, WPg 1995, S. 398.
[243] Vgl. BFH, Urteil v. 9.2.2006, IV R 33/05, BStBl 2006 II S. 517.
[244] Vgl. *Venrooy*, StuW 1991, S. 31.
[245] Vgl. BFH, Urteil v. 15.7.1998, I R 24/96, BStBl 1998 II S. 728.
[246] Vgl. BFH, Urteil v. 31.1.1973, I R 205/69, BStBl 1973 II S. 305.

von Erfahrungswerten davon ausgegangen werden muss, dass nachträglich Schadensfälle noch geltend gemacht werden. Schadensersatz kann nicht nur von Vertragspartnern, sondern auch von Dritten geltend gemacht werden. Die Bewertung der Rückstellung ist anhand von Erfahrungswerten des Unt, der Branche oder von Versicherungsunternehmen abzuschätzen.[247] Vgl. „Haftpflicht".

295 **Provisionen:** Provisionsverpflichtungen sind i.d.R. mit Ausführung des vermittelten Geschäfts rechtlich entstanden (§ 87a Abs. 1 Satz 2 HGB) und passivierungspflichtig. Wirtschaftlich sind Provisionsverpflichtungen spätestens passivierungspflichtig, wenn der Ertrag aus dem vermittelten Geschäft realisiert wird. In Fällen, in denen der Zeitpunkt der rechtlichen Entstehung zeitlich nach der wirtschaftlichen Entstehung liegt, ist er bereits bei Ausführung des vermittelten Geschäfts aufgrund wirtschaftlicher Verursachung zu passivieren.

> **Beispiel**
> Ein Unt hat für ein bestimmtes regionales Absatzgebiet einen Vertrag mit einem Handelsvertreter. Der Vertrag sieht vor, dass Provisionsansprüche des Handelsvertreters erst dann entstehen, wenn die aus den vermittelten Geschäften resultierenden Forderungen des Unt durch dessen Kunden bezahlt werden. Am Abschlussstichtag 31.12.01 weist das Unt Forderungen aus im Gj realisierten Umsätzen aus, die auf Vermittlung des Handelsvertreters entstanden sind. Auch wenn mangels Bezahlung der Forderungen durch die Kunden die Provision des Handelsvertreters rechtlich noch nicht entstanden ist, ist sie in der Bilanz auf den 31.12.01 als Rückstellung zu passivieren.

296 **Prozessrisiko:** Für in Aussicht stehende oder bereits schwebende[248] Prozesse sind Rückstellungen zu bilden. Bei Passivprozessen (Unt wird beklagt) sind neben den Prozesskosten die wahrscheinlichen Schadensersatzleistungen und Bußgelder zu berücksichtigen. Bei Aktivprozessen sind lediglich die Prozesskosten anzusetzen. Kosten höherer Instanzen sind mangels hinreichender Konkretisierung nicht zurückzustellen.[249] In die Rückstellung sind sämtliche Aufwendungen einzubeziehen, die durch die Prozessvorbereitung und -führung voraussichtlich entstehen, d. h. Aufwendungen für Anwälte, Gericht, Gutachter, Zeugen, Fahrten, Personal und Beschaffung von Beweismaterial.

297 **Prüfungskosten:** Vgl. „Jahresabschluss"

298 **Rechtsstreit:** Erwartete Kosten eines Rechtsstreits mit einem Vertragspartner oder einem sonstigen Dritten sind zu passivieren. In die Bewertung sind alle die mit der Vorbereitung und Durchführung des Rechtsstreits verbundenen Aufwendungen (Rechtsanwalt, Gutachten, Zeugenbeschaffung, Beweissicherung) einzubeziehen. Kosten eines etwaig späteren Prozesses sind nicht hinreichend konkretisiert und damit nicht einzubeziehen.[250] Vgl. „Prozessrisiko".

299 **Rekultivierungsverpflichtungen:** Abbau-, Wiederanlage-, Wiederaufforstungs- und Entfernungsverpflichtungen z.B. für Kiesgruben, Deponien oder im

---

[247] Vgl. *Vollmer/Nick*, DB 1985, S. 58; *Funk/Müller*, BB 2010, S. 2164.
[248] Vgl. *Stängel*, BB 1993, S. 1403.
[249] Vgl. zur Konkretisierung: *Osterloh-Konrad*, DStR 2003, S. 1631 und 1675; *Küting/Kessler/Cassel/Metz*, WPg 2010, S. 315.
[250] Zu Einzelheiten vgl. *Stängel*, BB 1993, S. 1403.

Tagebau oder Gruben- und Schachtversatz im Bergbau. Die Verpflichtung ist in dem Maße verursacht, in dem der Abbau erfolgt oder die sonstige Nutzung fortgeschritten ist. Entsprechend wird die Verpflichtung ratierlich als sog. Verteilungsrückstellung[251] zurückgestellt, d. h., es wird nicht die gesamte Rückbauverpflichtung, sondern nur der auf das jeweilige Jahr entfallende Anteil (gemessen an dem im Gj erfolgten Abbau). Berechnungsbeispiel vgl. „Abbruchkosten".

**Rückbauverpflichtung:** Vgl. „Entfernungsverpflichtungen". 300

**Rücknahmeverpflichtung:** Soweit der Abnehmer ein Rückgaberecht hat (z.B. im Versandhandel), kann trotz Lieferung der Produkte noch keine Umsatzrealisierung vorgenommen werden. Die Realisierung erfolgt erst durch Zeitablauf bzw. durch Erklärung des Abnehmers. Besteht eine derartige Rücknahmeverpflichtung und ist der Marktpreis für die Produkte zwischenzeitlich gesunken, ist eine Drohverlustrückstellung zu passivieren.[252] Soweit bei Massengeschäften bereits bei Lieferung eine Forderung realisiert und der Gewinnausweis durch eine Rückstellung für Rücknahmeverpflichtung kompensiert wird, ist dem allenfalls aus praktischen Erwägungen zuzustimmen.[253] 301

**Rückverkaufsoption:** Ein Kfz-Händler, der sich in Rahmenverträgen mit Autovermietungsgesellschaften verpflichtet hat, die Kfz zu einem vorab festgelegten verbindlichen Preis zurückzukaufen sowie in bestimmten Fällen einen sog. „No-Return-Bonus" für die Nichtausübung dieser Option durch die Autovermietungsgesellschaft zu zahlen, hat hierfür eine Rückstellung zu bilden.[254] Fraglich ist allerdings, ob bzgl. der verkauften Fahrzeuge bereits eine Gewinnrealisierung erfolgen darf. 302

**Sachleistungsverpflichtungen:** Es handelt sich um Verpflichtungen zur Sach- oder Dienstleistung, die zu Vollkosten zu passivieren sind.[255] Soweit der Bilanzierende die zur Erfüllung der Sachleistungsverpflichtung erforderlichen RHB hält, kommt eine kompensatorische Bewertung der VG und der Sachleistungsverpflichtung in Betracht, auch wenn es sich um keine Bewertungseinheit nach § 254 HGB handelt. Die Rückstellung ist in diesem Fall mit dem Buchwert des VG zu bewerten; eine Abzinsung kommt in diesen Fällen nicht in Betracht. 303

**Schadensersatz:** Vgl. „Gewährleistung", „Haftpflicht", „Patentverletzung", „Produzentenhaftung". 304

**Schadensrückstellungen:** § 341g Abs. 1 Satz 1 HGB verpflichtet Versicherungsunternehmen zur Bildung einer Schadensrückstellung. Die Bewertung erfolgt i. H. d. Nettobetrags, wobei in der Bilanz der Bruttobetrag sowie der Rückversicherungsanteil in der Vorspalte anzugeben sind.[256] 305

**Schutzrechtsverletzung:** Vgl. „Patentverletzung". 306

**Schwerbehinderte:** Eine Drohverlustrückstellung kommt dann in Betracht, wenn der Wert der zukünftigen Leistung des schwerbehinderten Arbeitnehmers hinter den vom Unt zukünftig aufzuwendenden Gegenleistungen (Arbeitsentgelt 307

---

[251] Vgl. *Küting/Kessler*, DStR 1998, S. 1941; vgl. auch BFH, Urteil v. 5.5.2011, IV R 32/07, BStBl 2012 II S. 98.
[252] Vgl. BFH, Urteil v. 15.10.1997, I R 16/97, BFH/NV 1998, S. 773; zu Rücknahmeverpflichtungen im Automobilhandel vgl. *Kossow*, StuB 5/2010, S. 174.
[253] Vgl. *Piltz*, BB 1985, S. 1368.
[254] Vgl. BFH, Urteil v. 17.11.2010, I R 83/09, BStBl 2011 II S. 812.
[255] Vgl. IDW ERS HFA 34, Tz 20.
[256] Zu Einzelheiten vgl. WP-Handbuch, Bd. I, 14. Aufl., Abschn. K, Rz 402 ff.

und Nebenleistungen) liegt. I. d. R. wird der Wert der zukünftigen Arbeitsleistung nicht zuverlässig zu bestimmen sein, sodass die Ausgeglichenheitsvermutung für schwebende Arbeitsverhältnisse gilt (Rz 166) und keine Drohverlustrückstellung anzusetzen ist.

308 **Schwerbehinderten-Ausgleichsabgabe:** I. d. R. wird es sich um eine Verbindlichkeit handeln, da Höhe und zeitlicher Anfall der Ausgleichsabgabe zuverlässig ermittelt werden können. Eine Rückstellung kommt in Betracht, wenn Unsicherheit bez. der Anzahl der besetzten Pflichtplätze und damit der Rückstellungshöhe besteht.

309 **SEPA-Umstellung:** Die Bildung einer Verbindlichkeitsrückstellung zur Vorwegnahme zukünftig anfallender Anpassungsaufwendungen zur Umstellung der IT auf die SEPA-Anforderungen kommt nicht in Betracht, da die wirtschaftliche Verursachung der Umstellungsaufwendungen nicht in den bis zum Inkrafttreten der SEPA-Verordnung[257] endenden, sondern erst in künftigen Gj erfolgt.[258]

310 **Serienaufträge:** Bei langfristigen Serienaufträgen (z. B. in der Automobilzulieferindustrie) können bei der Bewertung von hierfür zu bildenden Drohverlustrückstellungen u. U. Erfahrungskurveneffekte und Prozessverbesserungen des Lieferers zu berücksichtigen sein, wenn sie hinreichend bewertbar und realisierbar sind und in klarem wirtschaftlichem Zusammenhang mit dem Seriengeschäft stehen.[259]

311 **Sicherheitsinspektionen:** Für öffentlich-rechtliche Verpflichtungen zu regelmäßigen Sicherheitsinspektionen an technischen Anlagen, von denen Gefährdungen ausgehen können, ist keine Verbindlichkeitsrückstellung zu bilden, da die Aufwendungen dazu dienen, künftige Erträge zu ermöglichen.[260] Werden aber turnusgemäße Inspektionstermine überschritten, ist eine Verbindlichkeitsrückstellung zu passivieren, da der öffentlich-rechtlichen Verpflichtung nicht nachgekommen wurde.

312 **Soziallasten:** Nach Ansicht der Rechtsprechung ist für Soziallasten keine Rückstellung für drohende Verluste zulässig, da hier die Ausgeglichenheitsvermutung des Arbeitsverhältnisses greift.[261] Allerdings sind auch bei Arbeitsverhältnissen in Einzelfällen Drohverlustrückstellungen möglich. Einzelheiten vgl. Rz 166 ff. Vgl. „Altersteilzeit", „Arbeitnehmer", „Beihilfe", „Mutterschutz", „Schwerbehinderte", „Sozialplan".

313 **Sozialplan:** Gem. §§ 111, 112, 112a BetrVerfG sind bei Stilllegungen, Betriebseinschränkungen und anderen Betriebsänderungen Sozialpläne aufzustellen. Sozialpläne sehen regelmäßig Abfindungszahlungen an ausscheidende Arbeitnehmer vor, für die Rückstellungen zu bilden sind. Rückstellungen kommen bereits dann in Betracht, wenn ernsthaft mit Stilllegungen oder Betriebseinschränkungen zu rechnen ist. Rückstellungen sind spätestens zu bilden, wenn die entspre-

---

[257] Vgl. Verordnung (EU) Nr. 260/2012 des Europäischen Parlaments und des Rates vom 14.3.2012 zur Festlegung der technischen Vorschriften und der Geschäftsanforderungen für Überweisungen und Lastschriften in Euro und zur Änderung der Verordnung (EG) Nr. 924/2009, Abl. EU v. 30.3.2012, Nr. L 94, S. 22.
[258] Vgl. HFA, IDW-FN 2013, S. 237.
[259] Vgl. *Münstermann/Gnädinger*, PiR 2012, S. 113.
[260] Vgl. *Gelhausen/Fey*, DB 1993, S. 595; *Förschle/Scheffels*, DB 1993, S. 1199; a. A. *Klein*, DStR 1992, S. 1776.
[261] Vgl. BFH, Urteil v. 2.10.1997, IV R 82/96, BStBl 1998 II S. 205.

chenden Beschlüsse seitens der zuständigen Organe des Unt gefasst sind und die Unterrichtung des Betriebsrats bevorsteht.[262]

> **Beispiel**
> Die Geschäftsführung einer GmbH fasst im Oktober 01 den Entschluss, einen Betriebsteil zu schließen und in diesem Zusammenhang 70 Arbeitnehmern betriebsbedingt zu kündigen. Die gem. Gesellschaftsvertrag erforderliche Zustimmung der GesV der GmbH wird Ende Dezember 01 erteilt. Im Januar 02 wird der Betriebsrat unterrichtet und Verhandlungen über den Abschluss eines Sozialplans werden begonnen. Zum Zeitpunkt der Aufstellung des JA zum 31.12.01 (Februar 02) sind diese Verhandlungen noch nicht beendet. Die Geschäftsführung rechnet mit Abfindungen i. H. v. 20.000 EUR je Mitarbeiter. Es ist eine Verbindlichkeitsrückstellung i. H. v. 1,4 Mio. EUR im JA zum 31.12.01 zu berücksichtigen. Soweit im Zuge der teilweisen Betriebsschließung die Arbeitnehmer innerhalb der Kündigungsfristen von der Arbeitspflicht freigestellt werden sollen, ist dies ebenfalls in die Rückstellung mit einzubeziehen.

**Steuererklärungen:** Vgl. „Jahresabschluss". 314

**Strafe:** Rückstellung für strafrechtliche Anordnung des Verfalls von Gewinnen nach §§ 73, 73a StGB ist zulässig.[263] 315

**Strafverteidiger:** Eine Rückstellung ist nur zulässig, soweit betriebliche Veranlassung gegeben ist. Diese liegt nur vor, wenn die Straftat ausschließlich und unmittelbar in Ausübung der beruflichen Tätigkeit begangen wird.[264] Soweit aber z. B. arbeitsvertragliche Regelungen existieren, wonach das Unt dem Mitarbeiter Kosten der Strafverteidigung erstattet, ist zwingend eine Verbindlichkeitsrückstellung anzusetzen. 316

**Substanzerhaltung:** Vgl. „Erneuerungsverpflichtung". 317

**Swapgeschäfte:** Soweit geschlossene Positionen vorliegen, kommt eine Drohverlustrückstellung nicht in Betracht (Rz 145). Zu Bewertungseinheiten vgl. § 254 Rz 2. Bei offenen Positionen kommen demgegenüber Drohverlustrückstellungen nach allgemeinen Grundsätzen in Betracht (vgl. Rz 164). 318

**Tantieme:** Vgl. „Erfolgsprämien". 319

**Termingeschäft:** Vgl. „Devisentermingeschäfte". 320

**Treuegelder:** Vgl. „Jubiläum". 321

**Überstunden:** Vgl. „Gleitzeitguthaben", „Urlaub". 322

**Umweltschutzverpflichtungen:** Vgl. „Abfallbeseitigung und -recycling", „Altlasten", „Anpassungsverpflichtungen", „Bergschäden", „Entsorgung", „Leihemballagen", „Rekultivierungsverpflichtungen". 323

**Urlaub:** Für am Abschlussstichtag noch nicht genommenen Urlaub von Arbeitnehmern ist eine Rückstellung wegen Erfüllungsrückstand zu bilden, soweit der Urlaub im nachfolgenden Gj nachgeholt oder abgegolten werden muss.[265] Es bleibt abzuwarten, wie sich das BAG-Urteil vom 29.9.2011 auf die Urlaubs- 324

---

[262] Vgl. WP-Handbuch, Bd. I, 14. Aufl., Abschn. E, Rz 204.
[263] Vgl. BFH, Urteil v. 6.4.2000, IV R 31/99, BStBl 2001 II S. 536.
[264] Vgl. BFH, Urteil v. 12.6.2002, XI R 35/01, BFH/NV 2002, S. 1441.
[265] Vgl. BFH, Urteil v. 6.12.1995, I R 14/95, BStBl 1996 II S. 406.

ansprüche von jüngeren Beschäftigten auswirkt,²⁶⁶ während für die Urlaubsansprüche von langzeiterkrankten Arbeitnehmern aufgrund der BAG-Rechtsprechung Klarheit herrscht, dass eine Geltendmachung eine grundsätzliche Akkumulation in Übereinstimmung mit der EuGH-Rechtsprechung ermöglicht, allerdings begrenzt auf den gesetzlichen Urlaub, nicht den aufgrund Tarif- oder Arbeitsvertrag weitergehenden Urlaub.²⁶⁷ Bei abweichendem Gj ist die Rückstellung entsprechend zeitanteilig zu bilden.²⁶⁸ Nach denselben Grundsätzen sind auch Rückstellungen für Arbeitszeitguthaben von Arbeitnehmern (Arbeitszeitkonten) zu bilden.²⁶⁹ Die Bewertung der Rückstellung erfolgt i. H. d. bei Nachholung bzw. Abgeltung erwarteten Aufwendungen. Neben dem Grundlohn bzw. Grundgehalt sind einzubeziehen fest zugesagte Sonder- bzw. Einmalvergütungen (z. B. 13. Gehalt, umsatzabhängige Tantieme), periodisierte Anteile von Aufwendungen, die erst später ausgezahlt werden (z. B. Zuführungen zu Pensions- und Jubiläumsrückstellungen), Urlaubsgeld, Arbeitgeberanteile zur Sozialversicherung und anteilige Gemeinkosten.²⁷⁰ Die Berechnung der Personalkosten je nachzugewährenden Urlaubstag kann auf individueller oder durchschnittlicher Basis (ggf. getrennt für bestimmte Mitarbeitergruppen) vorgenommen werden. Bei dieser Berechnung ist der Jahresaufwand zu den tatsächlichen Arbeitstagen, d. h. den regulären Arbeitstagen, abzgl. neuen Urlaubsanspruchs und zu erwartender Ausfallzeiten (z. B. Krankheit), in Beziehung zu setzen.²⁷¹

> **Beispiel**
> Ein Unt hat für einen Mitarbeiter eine Urlaubsrückstellung zum 31.12.01 zu bilden. Sämtliche übrigen Mitarbeiter haben aufgrund entsprechender Betriebsvereinbarung bis zum Abschlussstichtag ihren Jahresurlaub 01 vollständig genommen. Der eine Mitarbeiter konnte aufgrund betrieblicher Erfordernisse 5 Urlaubstage nicht nehmen und kann diese gem. Vereinbarung mit der Personalabteilung bis zum 31.3.02 nachholen. Der Mitarbeiter hat in 01 ein monatliches Gehalt i. H. v. 3.000 EUR erhalten. Er hat arbeitsvertraglich Anspruch auf 13 Monatsgehälter. Für Jubiläen werden jährlich 20 EUR je Mitarbeiter der Jubiläumsrückstellung zugeführt. Ab dem 1.1.02 ist tarifvertraglich eine Gehaltserhöhung von 3 % sowie ab dem 1.7.02 i. H. weiterer 2 % vorgesehen. Die Arbeitgeberanteile zur Sozialversicherung belaufen sich (inkl. Berufsgenossenschaftsbeiträge) auf 22 %. Das Gj 02 hat 365 Kalendertage abzgl. 104 Wochenendtage und 10 Feiertage, sodass 251 Arbeitstage zur Verfügung stehen. Der Mitarbeiter hat für 02 einen Urlaubsanspruch von 30 Tagen. Im Durchschnitt der letzten 3 Jahre war er jährlich 6 Arbeitstage krank.
> Die Berechnung der Urlaubsrückstellung erfolgt wie folgt:
> Personalaufwand

---

266 Vgl. BAG, Urteil v. 29.9.2011, 2 AZR 177/10, DB 2012, S. 807.
267 Zu Einzelheiten vgl. *Eppinger/Frik*, DB 2012, S. 132.
268 Vgl. *Happe*, BBK 5/2010, S. 225.
269 Vgl. WP-Handbuch, Bd. I, 14. Aufl., Abschn. E, Rz 214.
270 Vgl. IDW, WPg 1992, S. 330; *Eppinger*, DB 2010, S. 9.
271 Vgl. IDW, WPg 1992, S. 330; *Müller*, DB 1993, S. 1582; *Tonner*, DB 1992, S. 1594, a. A.: BFH, Urteil v. 8.7.1992, XI R 50/89, BStBl II S. 910.

| | |
|---|---|
| – Gehalt (13 × 3.000 × 1,03[272]) | = 40.170 |
| – Sozialversicherungsaufwand 22 % | = 8.837 |
| – Zuführung Jubiläumsrückstellung | = 20 |
| | = 49.027 |
| Anzahl effektiver Arbeitstage in 02 | |
| – Tage Gesamtjahr | = 365 |
| – abzgl. Wochenenden | = 104 |
| – abzgl. Feiertage | = 10 |
| – abzgl. Urlaub 02 | = 30 |
| – abzgl. erwartete Krankheitstage 02 | = 6 |
| | = 215 |

Die Personalkosten je Tag belaufen sich auf 49.027 / 215 = 228 EUR. Bei 5 ausstehenden Urlaubstagen beläuft sich die Urlaubsrückstellung auf 5 × 228 = 1.140 EUR.

Soweit einzelne Arbeitnehmer bereits im Vorgriff auf den Urlaub des neuen Gj ein **negatives Urlaubskonto** ausweisen, darf dieses nicht rückstellungsmindernd berücksichtigt werden, sondern es ist im Regelfall ein sonstiger VG auszuweisen.[273] Zu den Besonderheiten in der Bauwirtschaft vgl. weiterführende Literatur.[274] Vgl. „Gleitzeitguthaben".

**Urheberrechtverletzung:** Vgl. „Patentverletzung". 325

**Verdienstsicherung:** Soweit Vereinbarungen mit Arbeitnehmern bestehen, nach 326 denen diese nach Umsetzung auf Arbeitsplätze mit geringerem Vergleichsentgelt ihre bisherige (höhere) Vergütung behalten, kann eine Rückstellung für den Betrag der Mehrentlohnung in Betracht kommen, da die Mehrentlohnung wie eine zusätzliche Vergütung für früher geleistete Tätigkeiten beurteilt werden kann.[275] Dies gilt insb. dann, wenn die höhere Entlohnung an die Dauer der bisherigen Zugehörigkeit zum Unt geknüpft ist. Eine höhere Entlohnung kann auch in bezahlter Altersfreizeit zu sehen sein.[276] Vgl. „Altersfreizeit und -mehrurlaub".

**Verlustausgleichsverpflichtung:** Eine Rückstellung wegen Verlustausgleichs- 327 verpflichtung kommt bei einem Mutterunternehmen, das nicht über einen Beherrschungs- und Ergebnisabführungsvertrag zum Verlustausgleich verpflichtet ist, nur in Betracht aufgrund einer Konzernhaftung nach analoger Anwendung von § 302 AktG im sog. qualifiziert faktischen Konzern. Die Bildung einer

---

272 Da der Urlaub bis zum 31.3.02 nachzuholen ist, kommt lediglich die zum 1.1.02 anfallende Tariferhöhung, nicht jedoch die zum 1.7.02 erfolgende zum Ansatz.
273 Vgl. HFA, IDW-FN 2009, S. 322.
274 Vgl. Arbeitskreis „Steuern und Revision" im BDVB, DStR 1993, S. 661; *Feldmann*, FR 1993, S. 190.
275 A. A. BFH, Urteil v. 25.2.1986, VIII R 377/83, BStBl 1986 II S. 465; BFH, Urteil v. 16.12.1987, I R 68/87, BStBl 1988 II S. 328;
276 Vgl. WP-Handbuch, Bd. I, 14. Aufl., Abschn. E, Rz 215.

Rückstellung ist aber nur dann zulässig, wenn die vom BGH aufgestellten Grundsätze zur Konzernhaftung mit überwiegender Wahrscheinlichkeit erfüllt sind; dies wird regelmäßig nur schwer feststellbar sein.[277]

328 **Verlustübernahmeverpflichtung:** Bei Beherrschungs- und/oder Ergebnisabführungsverträgen hat das MU gem. § 302 AktG für den beim TU entstandenen Verlust eine Rückstellung für ungewisse Verbindlichkeiten oder (Regelfall) eine Verbindlichkeit zu bilden. Liegt bei unterschiedlichen Abschlussstichtagen kein Zwischenabschluss des TU vor, ist der auf die Zeit bis zum Abschlussstichtag des MU anfallende Verlust zu schätzen. Die Rückstellung braucht sich grds. nur auf ein Jahr zu erstrecken; bei nachhaltiger Ertragslosigkeit des TU ist jedoch der Barwert der voraussichtlichen Zahlungen für den Zeitraum bis zur frühestmöglichen Kündigung des Unternehmensvertrags zurückzustellen,[278] soweit nicht zuvor die Beteiligung an dem TU abzuschreiben ist.[279] Ein Nichtansatz der Rückstellung erscheint dann zulässig, wenn das MU fest damit rechnen kann, dass die aufgrund der Verlustübernahme entstehenden Fehlbeträge jeweils von ihren Anteilseignern ausgeglichen werden.[280] Weiterhin kommen Drohverlustrückstellungen für Verpflichtungen aus **Ausgleichszahlungen** (Garantiedividenden nach § 304 Abs. 2 AktG) insoweit in Betracht, als die Belastung durch die Ausgleichszahlung die Vorteile des Unternehmensvertrags übersteigt.[281]

329 **Verteilungsrückstellung:** Verteilungsrückstellungen sind Rückstellungen für Verpflichtungen, die zwar rechtlich unmittelbar mit Verwirklichung des die Verpflichtung auslösenden Ereignisses in voller Höhe entstehen (z. B. Rückbauverpflichtungen), deren wirtschaftliche Verursachung sich jedoch über nachfolgende Gj erstreckt.[282] In diesen Fällen erfolgt eine ratierliche Verteilung der Aufwendungen (vgl. § 253 Rz 61). Verlängert sich der Verteilungszeitraum durch Prolongation eines bestehenden oder durch Abschluss eines neuen Vertrags mit dem Vertragspartner ist die Rückstellung am nächsten Abschlussstichtag entsprechend über den neuen Verteilungszeitraum zu verteilen, sodass sich im Ergebnis eine teilweise Auflösung der Rückstellung ergibt.[283]

330 **Wandlung:** Seit SchuModG: Rücktritt nach § 437 Nr. 2 BGB, Vgl. „Gewährleistung".

331 **Wechselobligo:** Am Abschlussstichtag noch bestehende, weitergegebene Wechselverbindlichkeiten bergen das Risiko, hieraus in Anspruch genommen zu werden. Dieses Risiko kann eine Rückstellung erfordern. Soweit bei Bilanzaufstellung Ereignisse eingetreten oder bekannt geworden sind, die darauf schließen

---

[277] Vgl. *Oser*, WPg 1994, S. 317.
[278] Vgl. *ADS*, 6. Aufl., § 249 HGB, Rz 133, § 253 HGB, Rz 268; teilw. a. A. *Schubert*, in Beck Bil-Komm. 9. Aufl., § 249 HGB, Rz 100 Verlustübernahme; *Kropff*, in FS Döllerer, 1988, S. 349; *Oser*, WPg 1994, S. 312 und S. 319.
[279] Art. 20 Abs. 3 der 4. EU-RL stellt den Vorrang der aktivischen Abschreibung gegenüber der Rückstellung klar, da Rückstellungen „keine Wertberichtigungen von Passivposten darstellen". Auch die neugefasste EU-Bilanzrichtlinie v. 29.6.2013 behält diesen Grundsatz in Art. 12 Abs. 12 bei.
[280] Vgl. *ADS*, 6. Aufl., § 253 HGB, Rz 267.
[281] Vgl. *ADS*, 6. Aufl., § 277 HGB, Rz 67; *Scharpf*, DB 1990, S. 296.
[282] Vgl. IDW RS HFA 34, Tz 18.
[283] Vgl. BFH, Urteil v. 2.7.2014, I R 46/12, BStBl. 2014 II, S. 979.

lassen, dass am Abschlussstichtag kein Risiko einer Inanspruchnahme bestand, ist eine Rückstellung unzulässig.[284]

**Weihnachtsgeld:** Die Verpflichtung zur Zahlung von Weihnachtsgeld ist zu passivieren. Soweit Grund, Höhe und zeitlicher Anfall feststehen, ist eine Sonstige Verbindlichkeit auszuweisen. Bei vom Kj abweichendem Gj ist der bei zeitproportionaler Aufteilung auf die Zeit bis zum Abschlussstichtag entfallende Betrag abzugrenzen.[285]

**Werkzeugkostenzuschüsse:** Vgl. „Herstellungskostenbeiträge". 332

**Zinsen auf Steuern:** Vgl. „Gewerbesteuer". 333

**Zinsswap:** Vgl. „Swapgeschäfte". 334

**Zulassungskosten:** Verfahrenskosten zur Zulassung von Pflanzenschutzmitteln 335
(Rezepturen) durch die zuständige Behörde sind mit Stellung des Antrags wirtschaftlich verursacht und somit rückstellungspflichtig.[286]

**Zuweisungen an Unterstützungskassen:** Vgl. Rz 72. 336

**Zuwendungen, bedingt rückzahlbare:** Soweit Zuwendungen aus künftigen 337
Gewinnen zurückzuzahlen sind (z.B. Sanierungsgewinne, Besserungsscheine), ist im Jahr der Gewinnerzielung eine Verbindlichkeit anzusetzen.[287] Ist die Rückzahlung an einen Erlös bzw. Erfolg aus dem geförderten Vorhaben geknüpft, ist die Rückzahlungsverpflichtung erst dann zu passivieren, wenn der maßgebliche Erfolg eingetreten ist.

## 6 Rückstellungsverbot für andere Zwecke (Abs. 2 Satz 1)

Die Vorschrift hat lediglich klarstellenden Charakter, da Abs. 1 abschließend die 338
Ansatzvoraussetzungen für Rückstellungen regelt.

## 7 Auflösung bei Wegfall des Grundes (Abs. 2 Satz 2)

Die Vorschrift hatte ursprünglich besondere Relevanz für die sog. Aufwands- 339
rückstellungen (§ 249 Abs. 2 HGB aF), deren Bildung nicht mehr zulässig ist. In der jetzigen Gesetzesfassung hat die Vorschrift lediglich klarstellenden Charakter, da die Auflösung einer passivierungspflichtigen Rückstellung schon dem **Ansatzgebot** gem. Abs. 1 Satz 1 widerspricht.

Der Wegfall eines Grunds ist im Regelfall **wertbegründend**, nicht werterhellend 340
(zur Abgrenzung vgl. § 252 Rz 54). Eine Rückstellung für einen Rechtsstreit darf erst dann aufgelöst werden, wenn die Klage rechtskräftig abgewiesen ist. Dies gilt auch dann, wenn der Bilanzierende erstinstanzlich gesiegt hat, der Prozessgegner aber gegen die Entscheidung noch Rechtsmittel einlegen kann. Ein nach dem Abschlussstichtag erfolgter Verzicht des Prozessgegners auf ein Rechtsmittel ist wertbegründend.[288] Soweit Unt Altzusagen nach Art. 28 EGHGB vor Inkrafttreten des BilMoG passiviert haben, kommen aufgrund der durch die geänderten

---

[284] Vgl. BFH, Urteil v. 19.12.1972, VIII R 18/70, BStBl 1973 II S. 218.
[285] Vgl. BFH, Urteil v. 26.6.1980, IV R 35/74, BStBl 1980 II S. 506.
[286] Vgl. BFH, Urteil v. 8.9.2011, IV R 5/09, DStR 2011, S. 2186; ergänzend: *Christiansen*, DStR 2011, S. 2483; *Schüttler/Berthold*, DStR 2011, S. 2485.
[287] Vgl. IDW, St/HFA 1/1984, WPg 1984, S. 614.
[288] Vgl. BFH, Urteil v. 30.1.2002, I R 68/00, DB 2002, S. 871.

Bewertungsregeln nach Inkrafttreten des BilMoG zu erwartenden deutlichen Rückstellungserhöhungen keine Auflösung der Rückstellung und Nichtansatz gem. Art. 28 EGHGB in Betracht, da der Grund für die einmal vorgenommene Passivierung nicht weggefallen ist.[289]

341 Abs. 2 Satz 2 stellt eine Ansatzvorschrift dar. Auflösungen von Rückstellungen aufgrund geänderter Bewertungsannahmen (z. B. hinsichtlich des Verpflichtungsumfangs) sind davon nicht betroffen (vgl. § 253 Rz 50).

342 Die Vorschrift regelt nicht nur das Verbot, Rückstellungen bei Fortbestehen des Grunds aufzulösen, sondern darüber hinaus das Gebot Rückstellungen aufzulösen, soweit der Grund entfallen ist. Das „dürfen" in der Vorschrift ist als „müssen" zu interpretieren, wenn der Grund weggefallen ist.[290]

343 Soweit lediglich die Unsicherheit bez. des zeitlichen Anfalls weggefallen ist, ist die Rückstellung erfolgsneutral in die Verbindlichkeiten umzubuchen.

---

[289] Vgl. *Löcher/Sartoris*, BetrAV 2008, S. 642.
[290] GlA: *Schubert*, in Beck Bil-Komm. 9. Aufl., § 249 HGB, Rz 327.

# § 250 RECHNUNGSABGRENZUNGS-POSTEN

(1) Als Rechnungsabgrenzungsposten sind auf der Aktivseite Ausgaben vor dem Abschlußstichtag auszuweisen, soweit sie Aufwand für eine bestimmte Zeit nach diesem Tag darstellen.
(2) Auf der Passivseite sind als Rechnungsabgrenzungsposten Einnahmen vor dem Abschlußstichtag auszuweisen, soweit sie Ertrag für eine bestimmte Zeit nach diesem Tag darstellen.
(3) [1]Ist der Erfüllungsbetrag einer Verbindlichkeit höher als der Ausgabebetrag, so darf der Unterschiedsbetrag in den Rechnungsabgrenzungsposten auf der Aktivseite aufgenommen werden.[2] Der Unterschiedsbetrag ist durch planmäßige jährliche Abschreibungen zu tilgen, die auf die gesamte Laufzeit der Verbindlichkeit verteilt werden können.

WP StB CVA Klaus Bertram

### Inhaltsübersicht

| | Rz |
|---|---|
| 1 Überblick | 1–5 |
| 1.1 Inhalt | 1–2 |
| 1.2 Normenzusammenhang und Zweck | 3 |
| 1.3 Auflösung und Bildung von Rechnungsabgrenzungsposten | 4–5 |
| 2 Transitorische Abgrenzung (Abs. 1 und 2) | 6–17 |
| 2.1 Ausgabe vor dem Abschlussstichtag | 6–11 |
| 2.2 Aufwand für eine bestimmte Zeit | 12 |
| 2.3 Besonderheiten passiver Rechnungsabgrenzung | 13–17 |
| 3 Disagio (Abs. 3) | 18–25 |
| 3.1 Wahlrecht | 18 |
| 3.2 Unterschiedsbetrag | 19–21 |
| 3.3 Abschreibung | 22–25 |

### Ergänzendes Schrifttum

*Arbeitskreis „Steuern und Revision"*, Gesetzeskonforme Definition des Rechnungsabgrenzungspostens, DStR 1999, S. 2135; *Arbeitskreis „Steuern und Revision"*, Bilanzierung von Kreditbearbeitungsgebühren, DStR 2011, S. 2211; *Babel*, Zur Bewertbarkeit von aktiven Rechnungsabgrenzungsposten, ZfbF 1998, S. 778; *Bachem*, Das Auszahlungsdisagio in Bilanz und Vermögensaufstellung des Darlehensnehmers, BB 1991, S. 1671; *Balmes/Graessner*, Passive Rechnungsabgrenzung bei der Finanzierung von Autokäufen durch zinsgünstige Darlehen, FR 2011, S. 885; *Balmes/Graessner*, Rechnungsabgrenzung bei Darlehen mit fallenden Zinssätzen, DB 2011, S. 2410; *Crezelius*, Bestimmte Zeit und passive Rechnungsabgrenzung, DB 1998, S. 633; *Dreixler/Ernst*, Aktive Rechnungsabgrenzungsposten bei Step-Down-Geldern, StuB 2012, S. 220; *Grewe*, Grundfragen der Bilanzierung beim Leasinggeber – Zur Stellungnahme HFA 1/1989,

WPg 1990, S. 161; *Hahne*, Behandlung des Emissionsdisagios in der Handels- und Steuerbilanz des Emittenten, DB 2003, S. 1397; *Hechner*, Kriterium der Wesentlichkeit bei Bildung von Rechnungsabgrenzungsposten, BBK 2011, S. 1143; *Heinhold/Coenenberg*, Aktivierung von Werbeaufwand – Kritische Fragen zum BMF-Schreiben vom 20.6.2005, DB 2005, S. 2033; *Herzig/Joisten*, Bilanzierung von Abschlussgebühren für Darlehensverträge als Rechnungsabgrenzungsposten, DB 2011, S. 1014; *Herzig/Söffing*, Rechnungsabgrenzungsposten und die Lehre vom Mindestzeitraum, BB 1993, S. 465; *Küting/Strauß*, Der passive Rechnungsabgrenzungsposten: ein „Schlüsselspieler" in der Fußballbundesliga, DB 2010, S. 1189; *Lissmann*, Passive Rechnungsabgrenzung durch Leasinggesellschaften, DB 1991, S. 1479; *Meyer-Scharenberg*, Zweifelsfragen bei der Bilanzierung transitorischer Rechnungsabgrenzungsposten, DStR 1991, S. 754; *Ritzrow*, Rechnungsabgrenzungsposten, StBp 1998, S. 10 u. 39; *Tiedchen*, Rechnungsabgrenzung und „bestimmte Zeit", BB 1997, S. 2471.

# 1 Überblick

## 1.1 Inhalt

1 § 250 HGB regelt die Bilanzierung **transitorischer Rechnungsabgrenzungsposten**, d.h., Ausgaben (Einnahmen), die Aufwand (Ertrag) für eine bestimmte Zeit nach dem Abschlussstichtag darstellen, sind aktiv (passiv) abzugrenzen. Demgegenüber dienen **antizipative Rechnungsabgrenzungsposten** der zutreffenden Periodisierung von erst später anfallenden Zahlungen. Antizipative RAP stellen bilanziell regelmäßig Forderungen bzw. Verbindlichkeiten dar und sind daher nicht vom Regelungsbereich des § 250 HGB erfasst. RAP sind keine VG oder Schulden; ihr Bilanzansatz ist Ausfluss der dynamischen Bilanztheorie von Schmalenbach.

**Abb. 1:** Arten von Rechnungsabgrenzungsposten

2 Bei **Anzahlungen** (geleistete oder erhaltene) handelt es sich nicht um nach § 250 HGB zu bilanzierende RAP,[1] auch wenn eine Unterscheidbarkeit von Anzahlungen und RAP nur schwierig ist und zumeist nur kasuistisch vorgenommen werden kann: RAP beziehen sich regelmäßig auf Dauersachverhalte, während Anzahlungen zumeist Einmalvorgänge betreffen.

---

[1] Vgl. BFH, Urteil v. 16.5.1973, I R 186/71, BStBl 1974 II S. 25; ADS, 6. Aufl., § 250 HGB, Rz 14.

Bei **Werkzeugkostenzuschüssen** richtet sich die Beurteilung nach der Art des Vertrags:[2]
- Beruht der Zuschuss auf einer **zeitbezogenen Gegenleistung** (Lieferung der mit dem Werkzeug produzierten Teile über eine bestimmte, mindestens aber schätzbare Zeitdauer), hat der Zuschussgeber einen aktiven RAP, der Zuschussempfänger einen passiven RAP zu bilden.
- Beruht der Zuschuss auf einer **mengenmäßigen Gegenleistung** (Lieferung einer bestimmten Mindestmenge an Teilen), sind diese – mangels Zeitbezug – nicht als RAP, sondern als geleistete (Zuschussgeber) bzw. erhaltene (Zuschussempfänger) Anzahlung zu bilanzieren.
- Bei in der Praxis sehr häufig anzutreffenden **Kombinationen beider Gegenleistungen** ist ein Ansatz als RAP mangels ausschließlicher Zeitbestimmtheit nicht zulässig, d.h. auch hier hat ein Ausweis als geleistete bzw. erhaltene Anzahlung zu erfolgen.

## 1.2 Normenzusammenhang und Zweck

Bei § 250 HGB handelt es sich um eine für alle Kaufleute gültige Regelung, die gleichermaßen auf den KA anzuwenden ist (vgl. § 298 Abs. 1 HGB). § 246 HGB stellt klar, dass es sich bei RAP nicht um VG oder Schulden handelt. Damit gelten für RAP die Bewertungsvorschriften der §§ 252 ff. HGB nicht; insb. sind keine außerplanmäßigen Abschreibungen zulässig. Die Rechnungsabgrenzung hat für eine Vorleistung in dem Umfang zu erfolgen, in dem die noch ausstehende Gegenleistung zur gesamten Gegenleistung steht.[3] Hat die zukünftige Gegenleistung keinen oder einen nur geringen Wert, so muss der RAP in entsprechend geringerem Umfang gebildet bzw. (teilweise) aufgelöst werden.[4]

RAP finden regelmäßig auf **gegenseitige Verträge** Anwendung, bei denen Leistungen für eine bestimmte Zeit zu erbringen sind, Leistung und Gegenleistung aber zeitlich auseinander fallen. Dabei ist nicht erforderlich, dass der Vertrag bereits geschlossen ist; es genügt, dass die Vorleistung in Erwartung eines Zustandekommens erbracht wurde.[5] Gleichermaßen fallen bestimmte öffentlich-rechtliche Verpflichtungen (z.B. Kfz-Steuer, Grundsteuer) in den Anwendungsbereich.

Werden im Zusammenhang mit zeitraumbezogenen Verträgen **Leistungen an Dritte** erbracht (z.B. Maklerprovision beim Mietvertrag) so ist hierfür kein RAP zu bilden,[6] es sei denn, die Leistung durch den Dritten selbst ist ebenfalls zeitraumbezogen.

## 1.3 Auflösung und Bildung von Rechnungsabgrenzungsposten

Dem in § 246 Satz 1 1. Hs. HGB kodifizierten Vollständigkeitsgebot der Bilanz unterliegen auch die RAP. Für KapG/KapCoGes schreibt § 264 HGB überdies vor, dass der JA ein den tatsächlichen Verhältnissen entsprechendes Bild vermitteln soll.

---

[2] Vgl. St-HFA 2/1996 i.d.F. 2010, Abschn. 2111.
[3] BFH, Urteil v. 17.7.1974, I R 195/72, BStBl 1974 II S. 684.
[4] Vgl. *Schubert/Krämer*, in Beck Bil-Komm. 9. Aufl., § 250 HGB, Rz 30.
[5] Vgl. *Schubert/Krämer*, in Beck Bil-Komm. 9. Aufl., § 250 HGB, Rz 7.
[6] BFH, Urteil v. 11.2.1998, I R 23/96, BStBl 1998 II S. 381; BFH, Urteil v. 3.5.1983, BStBl 1983 II S. 572.

5   Die Höhe des zu bildenden **Abgrenzungsbetrags** richtet sich nach dem Zahlungsbetrag und dem Verhältnis von bis zum Abschlussstichtag erbrachter Leistung und noch ausstehender Gegenleistung.
Die **Auflösung** von RAP erfolgt im Umfang des wirtschaftlichen Anfalls des Aufwands (Ertrags). Bei Dauerschuldverhältnissen mindert sich der RAP jeweils um die zeitanteilig erbrachte Gegenleistung. Bei Leasingverträgen können sich besondere Abgrenzungsfragen stellen.[7] Dem Periodisierungsgedanken ist auch bei der sachgerechten Auflösung zu folgen, wie das nachfolgende Beispiel zeigt.

> **Beispiel**
> Eine GmbH erbringt Schulungsleistungen für Handwerker, die die Meisterprüfung ablegen wollen. Die GmbH vereinnahmt nach Vertragsschluss mit einem Schüler im Dezember 01 das vollständige Entgelt i. H. v. 100 für eine in den Jahren 02–04 zu erbringende Schulungsleistung. Die entsprechenden Kursleistungen erbringt die GmbH planmäßig im Jahr 02 mit 40 %, im Jahr 03 mit 40 % und im Jahr 04 mit 20 %.
> Lösung: Im Jahr 01 ist ein passiver RAP i. H. v. 100 zu bilden, da von der GmbH zwar bereits ein Entgelt vereinnahmt (Einnahme vor dem Abschlussstichtag), aber noch keine Leistung erbracht wurde. In den Jahren 02–04 ist das Entgelt über die Vertragslaufzeit aufzulösen. Der Periodisierungsgedanke erfordert hierbei eine Auflösung des passiven RAP im Jahr 02 i. H. v. 40, da in dieser Höhe bei der GmbH auch die entsprechenden Aufwendungen angefallen sind. Eine lineare Auflösung über die Gesamtlaufzeit von drei Jahren würde nach der hier vertretenen Auffassung nicht dem Periodisierungsprinzip des § 252 Abs. 1 Nr. 5 HGB entsprechen.

## 2 Transitorische Abgrenzung (Abs. 1 und 2)

### 2.1 Ausgabe vor dem Abschlussstichtag

6   Die Aktivierung eines RAP setzt einen **Zahlungsvorgang** voraus. Unter Zahlungsvorgang sind neben baren (Kasse) und unbaren (Bank) Zahlungsvorgängen sowie der Hergabe und Entgegennahme von Schecks, Wechseln u. dgl. auch Einbuchungen von Forderungen und ähnlichen Ansprüchen bzw. Verbindlichkeiten oder Rückstellungen zu verstehen.

> **Beispiel**
> Der Kfm. mietet eine Maschine für den Zeitraum 1.10.01–31.3.02. Die Miete für den Sechsmonatszeitraum i. H. v. 60 EUR ist zum 31.12.01 fällig, wird aber erst am 2.1.02 durch den Kfm. beglichen.
> Der Kfm. hat am Abschlussstichtag 31.12.01 einen aktiven RAP i. H. v. 30 EUR, in der GuV 01 einen Aufwand (Aufwendungen für bezogene Leistungen bzw. Sonstige betriebliche Aufwendungen) i. H. v. 30 EUR sowie eine Verbindlichkeit (aus L&L) i. H. v. 60 EUR auszuweisen.

---

[7] Vgl. ADS, 6. Aufl., § 250 HGB, Tz 119 ff., sowie St/HFA 1/1989.

Die Formulierung im Gesetzestext, dass die Ausgaben „vor dem Abschlussstichtag" zu leisten sind, ist so zu verstehen, dass hiermit das Ende des Gj, also 24.00 Uhr am Abschlussstichtag, gemeint ist. **Zahlungen am Abschlussstichtag** selbst reichen somit zur Erfüllung der Voraussetzungen zur Bildung eines RAP aus.[8]

7

Die **Nichtbilanzierung von geringfügigen RAP** ist nach dem Grundsatz der Wesentlichkeit zulässig.[9] Der BFH hat für Kfz-Steuern gleichlautend entschieden.[10] Als Grenze für diese Kleinbeträge hat der BFH die für GWG bestehende Grenze von 410 EUR herangezogen. Zumeist wird diese Betrachtung auch handelsrechtlich zulässig sein.

8

**Verwaltungs- oder Bearbeitungsgebühren** bei Aufnahme eines Bankdarlehens stellen wirtschaftlich betrachtet Teil des Entgelts für die Darlehensüberlassung dar und sind somit als aktiver RAP abzugrenzen.[11] Gleiches gilt auch für im Voraus zu bezahlende Bearbeitungsgebühren, die der Bürgschaftsschuldner für die Übernahme der Bürgschaft an ein Kreditinstitut zu zahlen hat.[12] Bearbeitungsentgelte, die bei vorzeitiger Vertragsbeendigung nicht anteilig zurückzuzahlen sind, sind sofort als Aufwand zu berücksichtigen (keine Zeitraumbezogenheit). Dies gilt allerdings nicht, wenn das Bankdarlehen für mehrere Jahre zu festen Konditionen abgeschlossen wurde und eine vorzeitige Beendigung nur aus wichtigem Grund möglich ist.[13] Da dies häufig gegeben ist, werden Bearbeitungsgebühren i.d.R. als aktiver RAP abzugrenzen sein. Folgende Indikatoren können allerdings für eine laufzeitunabhängige Behandlung sprechen:[14]

9

- Die Höhe der Bearbeitungsgebühr ist unabhängig von der Laufzeit des Kredits. Verlangt die Bank die gleichen (angemessenen) Gebühren für Kredite mit unterschiedlichen Laufzeiten, dann handelt es sich folgerichtig nicht um ein laufzeitabhängiges Entgelt,
- Der Zinssatz für das Darlehen liegt im marktüblichen Bereich. Entsprechend kann die Bearbeitungsgebühr keinen versteckten Zinsanteil enthalten.
- Die Bearbeitungsgebühr wird neben einem Disagio verlangt. Dies zeigt, dass von den Vertragspartnern zwischen Zins- und anderen Kosten- bzw. Entgeltkomponenten unterschieden wird.
- Während der Darlehenslaufzeit werden weitere Bearbeitungsgebühren belastet. Dies lässt annehmen, dass die Bearbeitungsgebühr ausschließlich Kosten des Vertragsabschlusses und dessen Vorarbeiten betrifft.
- Die Bearbeitungsgebühr wird von einem externen Dritten verlangt, z.B. einem Kreditvermittler oder Finanzberater. Hier lässt sich ein eindeutiger Bezug zum Vertragsabschluss nachweisen, sodass es sich um keine laufzeitabhängige Vergütung handelt.

Auch bei Darlehen mit im Zeitablauf **fallenden Zinssätzen** sieht der BFH eine Ansatzpflicht für einen aktiven RAP dann geboten, wenn der Darlehensnehmer im Falle einer vorzeitigen Vertragsbeendigung die anteilige Erstattung der bereits

10

---

[8] Vgl. *Trützschler*, in *Küting/Pfitzer/Weber*, HdR, 5. Aufl., § 250 HGB, Rz 35, Stand 03/2010.
[9] Vgl. WP-Handbuch, Bd. I, 14. Aufl., Abschn. E Rz 271.
[10] BFH, Urteil v. 18.3.2010, X R 20/09, BFH/NV 2010, S. 1796.
[11] A. A. *Herzig/Joisten*, DB 2011, S. 2014.
[12] Vgl. BFH, Urteil v. 19.1.1978, IV R 153/72, BStBl 1978 II, S. 262.
[13] Vgl. BFH, Urteil v. 22.6.2011, I R 7/10, BStBl 2011 II S. 870.
[14] Vgl. *Arbeitskreis „Steuern und Revision" im Bund der Wirtschaftsakademiker (BWA) e. V.*, DStR 2011, S. 2213.

gezahlten (höheren) Zinsen nicht verlangen kann.[15] Wirtschaftlich wird somit ein gleichbleibender Zinsaufwand für das Darlehen – unabhängig von den tatsächlichen Zahlungen – bewirkt. Diese Beurteilung ist dann kritisch zu sehen, wenn bei Vertragsabschluss wirtschaftlich nachvollziehbare Gründe für die Vereinbarung von fallenden Zinsen bestehen. Ein denkbarer Grund für die Vereinbarung von fallenden Zinsen kann bspw. in dem aufgrund laufender Tilgungsleistungen reduziertem Ausfallbetrag des Kreditinstituts liegen.

**11** Die verbilligte Abgabe von Mobilfunktelefonen stellt nach Auffassung des BFH[16] einen Anwendungsfall für die Bildung eines aktiven RAP dar. Handelsrechtlich war bis dahin davon ausgegangen worden, derartige Verluste aus dem Verkauf der Mobilfunktelefone zu einem unter ihrem Buchwert liegenden Preis sofort aufwandswirksam zu erfassen. Dies wird vom BFH nicht für zwingend gehalten, sondern vielmehr sei aufgrund des unmittelbaren Zusammenhangs mit dem Abschluss eines zeitraumbezogenen Nutzungsvertrags ein Zeitbezug anzuerkennen.[17] Allerdings handelt es sich nach der hier vertretenen Auffassung bei diesem Aktivposten eher um eine Forderung aus Lieferung und Leistung als um einen aktiven RAP, da die Voraussetzungen für einen aktiven RAP nicht vorliegen, denn nicht der zur Geldleistung Verpflichtete tritt in Vorleistung, sondern das Mobilfunkunternehmen. Vielmehr erbringt das Mobilfunkunternehmen mit der Lieferung des Mobilfunkgeräts eine Leistung, für die es aufgrund der erhöhten Grundgebühr einen künftigen Anspruch auf Zahlung hat. Es handelt sich daher um eine aufschiebend bedingte Forderung, die bei hinreichend wahrscheinlichem Bedingungseintritt (Bereitstellung des Netzes) so gut wie sicher und damit anzusetzen ist. Zu beachten ist, dass entgegen der BFH-Lösung hierbei der Ertrag aus dem Gesamtgeschäft über die Grundlaufzeit verteilt wird, während der BFH lediglich den Aufwand aus der verbilligten Abgabe des Mobilfunkgeräts verteilt.

## 2.2 Aufwand für eine bestimmte Zeit

**12** Hinsichtlich des Kriteriums der bestimmten Zeit sind bei kalendermäßig exakt bestimmbaren Zeiträumen die zutreffende Bildung und Auflösung von RAP unproblematisch. Das Kriterium gilt aber auch als erfüllt, wenn zwar nicht die Gesamtlaufzeit eines Vertragsverhältnisses, wohl aber ein Mindestzeitraum exakt festgelegt werden kann.[18] Die bestimmte Zeit nach dem Abschlussstichtag ist nicht auf das folgende Gj beschränkt, sondern kann auch mehrere Gj umfassen.[19] Die Abgrenzung zwischen zulässiger Berechenbarkeit und unzulässiger Schätzung des Zeitraums der bestimmten Zeit ist z.T. fließend, wie die umfängliche BFH-Rechtsprechung hierzu zeigt. Gem. dem Objektivierungsgrundsatz ist zur Vermeidung weiter Ermessensspielräume das Merkmal der zeitlichen Bestimmbarkeit eng auszulegen. Die z.T. in der Literatur vertretene Auffassung,[20] auch eine weite Begriffsauslegung sei zulässig, wird hier abgelehnt, da dies aus dem

---

[15] Vgl. BFH, Urteil v. 27.7.2011, I R 77/10, BFH/NV 2011 S. 2152.
[16] Vgl. BFH, Urteil v. 15.5.2013, I R 77/08, DStR 2013, S. 1774.
[17] Vgl. IDW, IDW-FN 2014, S. 196.
[18] Vgl. *Tiedchen*, BB 1997, S. 2471.
[19] Vgl. WP-Handbuch, Bd. I, 14. Aufl., Abschn. E, Rz 269.
[20] Vgl. *Trützschler*, in *Küting/Pfitzer/Weber*, HdR, 5. Aufl., § 250 HGB, Rz 44, Stand 03/2010, mwN.

Gesetzeswortlaut nur schwer abzuleiten ist und darüber hinaus zu einem Verlust an Rechtssicherheit führt. Der Gesetzgeber wollte gerade durch das Erfordernis der bestimmten Zeit die Bildung von transitorischen RAP im weiteren Sinne, insb. Reklameaufwendungen (z.B. Aufwendungen zur Erstellung eines Katalogs) und Entwicklungskosten (hier aber Aktivierungswahlrecht als immaterieller VG des AV, vgl. § 248 HGB), verhindern.[21]

### 2.3 Besonderheiten passiver Rechnungsabgrenzung

Die passive Rechnungsabgrenzung entspricht der aktiven, allerdings mit umgekehrten Vorzeichen. Daher gelten die Ausführungen gem. Abschnitten 2.1 und 2.2 (Rz 7–12) spiegelbildlich. Das in § 252 Nr. 4 HGB geregelte **Vorsichtsprinzip** führt allerdings dazu, dass bei passiven RAP im Zweifel eher eine Ansatzpflicht anzunehmen ist, während bei aktiven RAP eher kein Ansatz geboten ist. Voraussetzung für die Bildung eines passiven RAP ist das Vorliegen einer **Einnahme vor dem Abschlussstichtag**. Unter Einnahme ist dabei der Zufluss von Zahlungsmitteln sowie die Einbuchung von Forderungen bzw. die Ausbuchung von Verbindlichkeiten zu verstehen.[22]

Weitere Bedingung für den Ansatz eines passiven RAP ist das Vorliegen eines Ertrags nach dem Abschlussstichtag. Ertrag setzt eine Gegenleistung des Bilanzierenden voraus, die nach dem Abschlussstichtag realisiert wird (z.B. Mietraumgestaltung durch Vermieter).

13

**Beispiel**
Die Immobilien GmbH ist Eigentümer eines bebauten Grundstücks in der Fußgängerzone von München. Das aufstehende Gebäude ist an verschiedene Einzelhandelsgeschäfte vermietet. Das bislang unbebaute Nachbargrundstück wird von einem Investor erworben, der hierauf ein Einzelhandelskaufhaus errichten und betreiben möchte. Aus baurechtlichen Gründen ist eine Entfluchtung des Einzelhandelskaufhauses nur über das Grundstück der Immobilien GmbH möglich. Der Investor verhandelt daher mit der Immobilien GmbH über die Einräumung einer Baulast auf dem Grundstück der Immobilien GmbH, die diese Entfluchtung dauerhaft gewährleisten soll.
Nach den Regelungen des Vertrags muss die Immobilien GmbH die Entfluchtung des Einzelhandelskaufhauses des Nachbargrundstücks gewährleisten, indem es eine Freifläche auf ihrem eigenen Grundstück als Fluchtweg bereithält. Für die Einräumung dieses Entfluchtungsrechts zahlt der Investor der Immobilien GmbH eine einmalige Pauschalzahlung von 300 TEUR. Die Höhe der Pauschalzahlung ist von beiden Vertragspartnern aufgrund einer geschätzten wirtschaftlichen Nutzungsdauer des Entfluchtungsrechts von 30 Jahren bestimmt worden.
Die Immobilien GmbH hat die erhaltene Pauschalzahlung als passiven Rechnungsabgrenzungsposten über die geschätzte Dauer von 30 Jahren zu bilanzieren. Die Auflösung erfolgt prt, d.h. in jedem Jahr sind 10 TEUR ertragswirksam zu vereinnahmen. Eine sofortige Ertragsvereinnahmung scheidet aus, da den

---

[21] Vgl. *Tiedchen*, BB 1997, S. 2475; *Schubert/Krämer*, in Beck Bil-Komm. 9. Aufl., § 250 HGB, Rz 23.
[22] Zu Einzelheiten vgl. *ADS*, 6. Aufl., § 250 HGB, Rz 112.

> Erträgen noch zukünftig zu erbringende Leistungen (Duldung der Entfluchtung) der Immobilien GmbH gegenüberstehen.

14 In diesem Zusammenhang ist verschiedentlich über einen etwaigen Schuldcharakter des passiven RAP diskutiert worden.[23] Konkreter Anlass ist die Bilanzierung von signing fees, die insb. bei Fußballprofivereinen erhebliche Bedeutung haben. Eine signing fee wird bei Abschluss eines zeitlich befristeten Vertrags – i.d.R. eine Nutzungsrechtüberlassung – gezahlt. Die Gegenleistung des Zahlungsempfängers liegt in der Duldung des (regelmäßig exklusiven) Nutzungsrechts. Insofern handelt es sich um ein schwebendes Geschäft; das vereinnahmte Entgelt ist auf die Laufzeit als passiver RAP zu verteilen.[24]

15 Das Kriterium der bestimmten Zeit findet auch bei passiven RAP Anwendung. Insoweit gelten auch hier die Ausführungen zu aktiven RAP analog (vgl. Rz 9). Bezüglich der Ermittlung der bestimmten Zeit ergeben sich durch das Vorsichtsprinzip und das Realisationsprinzip (§ 252 Abs. 1 Nr. 4 HGB) bei passiven RAP jedoch zum Teil abweichende Ergebnisse. So ist der für die aktiven RAP hier befürworteten engen Auslegung der Objektivierung der bestimmten Zeit bez. der passiven RAP nicht zu folgen. Diese Auffassung ist letztlich Analogieschluss aus dem Imparitätsprinzip (§ 252 Abs. 1 Nr. 4 2. Hs. HGB), da der Nichtansatz eines passiven RAP automatisch zu einem höheren Gewinnausweis in der laufenden Periode führen würde.

Diese Sichtweise wird auch durch verschiedene Urteile des BFH gestützt,[25] wobei dieser die Zulässigkeit von Schätzungen z.T. unterschiedlich behandelt hat. So hat der BFH in diesem Zusammenhang die Nutzungsdauerschätzung für eine Maschine[26] sowie die Laufzeit eines Bausparvertrags[27] als nicht hinreichend objektiviert in Bezug auf das Kriterium der bestimmten Zeit interpretiert und folglich den Ansatz eines passiven RAP verneint.

Eine **Vergütung**, die der Kreditgeber **für** seine Bereitschaft zu einer für ihn nachteiligen **Änderung der Vertragskonditionen** vom Kreditnehmer vereinnahmt hat, ist in der Bilanz des Kreditgebers nicht passiv abzugrenzen, da es an einer zeitraumbezogenen Gegenleistung fehlt.[28]

16 Im Gegensatz dazu hat der Verkäufer eines Optionsscheins im Rahmen von **Optionsgeschäften** einen passiven RAP i.H.d. Optionsprämie zu bilden.[29]

17 Besonderheiten gelten auch hinsichtlich der Abgrenzung realisierter Erfolgsbeiträge bei rollierend abgeschlossenen Sicherungsgeschäften.[30]

---

23 Vgl. *Küting/Strauß*, DB 2010, S. 1189; *Kudert/Marquart*, WPg 2010, S. 39.
24 *Hoffmann*, StuB 2010, S. 450.
25 BFH, Urteil v. 24.3.1982, BStBl 1982 II S. 643; BFH, Urteil v. 17.7.1980, BStBl 1981 II S. 669ff.; BFH, Urteil v. 23.2.1977, BStBl 1977 II S. 392.
26 BFH, Urteil v. 22.1.1992, BStBl 1992 II S. 488.
27 BFH, Urteil v. 3.11.1982, BStBl 1983 II S. 132.
28 BFH, Urteil v. 7.3.2007, BStBl 2007 II S. 697.
29 Vgl. *Schubert/Krämer*, in Beck Bil-Komm. 9. Aufl., § 250 HGB, Rz 26.
30 Vgl. *Göttgens/Prahl*, in WPg 1993, S. 503.

# 3 Disagio (Abs. 3)

## 3.1 Wahlrecht

§ 250 Abs. 3 HGB gibt dem Bilanzierenden ein Wahlrecht, den Unterschiedsbetrag zwischen dem Ausgabebetrag und dem höheren Erfüllungsbetrag von Verbindlichkeiten (Disagio) als aktiven RAP auszuweisen und in der Folge planmäßig aufzulösen. Bei Nichtausübung des Wahlrechts ist das Disagio sofort in voller Höhe aufwandswirksam zu erfassen. 18

Aufgrund des Gebots der Ansatzstetigkeit (§ 246 Abs. 3 HGB) ist die früher zulässige sachverhaltsbezogene oder auch nur für einen Teilbetrag des Disagios vorgenommene Wahlrechtsausübung nicht mehr zulässig.[31] Ohnehin ist die Ausübung nur im Zeitpunkt der Darlehensausgabe möglich; eine Nachaktivierung von ursprünglich nicht aktivierten Disagien in Folgejahren ist unzulässig.

Das Wahlrecht gilt nicht nur für die im Fall von Darlehens- oder Anleiheaufnahmen vereinbarten Disagien, sondern für alle Arten von Verbindlichkeiten. Bei **Zero-Bonds** ist allerdings eine abweichende Bilanzierungsweise zu beachten, nämlich die Passivierung des Ausgabebetrags und ratierliche „Zuschreibung" der Zinsverpflichtung.[32] Die Anwendung dieser Effektivzinsmethode soll nach der hiner vertretenen Auffassung nicht nur für Zero-Bonds, sondern auch für andere bei Zugang bzw. Begebung in wesentlichem Umfang nominell unterverzinslichen Fremdkapitaltitel gelten.[33]

## 3.2 Unterschiedsbetrag

Der Gesetzeswortlaut spricht von einem Unterschiedsbetrag zwischen Ausgabe- und (höherem) Erfüllungsbetrag. Hierunter fällt das sog. **Ausgabedisagio** sowie ein **Rückzahlungsagio**.[34] 19

Unter **Erfüllungsbetrag** ist der Betrag zu verstehen, der gem. den Vertragsvereinbarungen am Ende der Laufzeit oder zu bestimmten, vertraglich im Voraus definierten Zeitpunkten vom Schuldner zu leisten ist (§ 253 Abs. 1 Satz 2 HGB). **Ausgabebetrag** ist der Betrag, der dem Schuldner gem. der Kapitalüberlassungsvereinbarung zu Beginn der Laufzeit oder – eher ungewöhnlich, aber nicht unmöglich – zu im Voraus bestimmten Zeitpunkten vom Gläubiger zufließt.[35]

Die **Einbeziehung weiterer Aufwendungen**, die an den Gläubiger geleistet werden, wie z. B. Bearbeitungsgebühren, Verwaltungsgebühren, Gebühren aus der Ausgabe von Anleihen in den Unterschiedsbetrag, ist umstritten.[36] Zu beachten ist hierbei allerdings die Konkurrenz zu Abs. 1, d. h., eine Nichteinbeziehung von Bearbeitungsgebühren in den Unterschiedsbetrag befreit nicht von der ggf. 20

---

[31] GlA *Hömberg/König*, in *Baetge/Kirsch/Thiele*, Bilanzrecht, § 250 HGB, Rz. 86.1; *Schubert/Krämer*, in Beck Bil-Komm. 9. Aufl., § 250 HGB, Rz 38.
[32] Vgl. St-HFA 1/1986; WP-Handbuch, Bd. I, 14. Aufl. Abschn. E, Rz 274.
[33] Vgl. hierzu auch IDW, IDW-FN 2014, S. 595.
[34] A.A.: *ADS*, 6. Aufl., § 250 HGB, Rz 87.
[35] Vgl. *Hömberg/König*, in *Baetge/Kirsch/Thiele*, Bilanzrecht, § 250 HGB, Rz 91.
[36] Ablehnend: *Herzig/Joisten*, DB 2011, S. 1014; *ADS*, 6. Aufl., § 250 HGB, Rz 89; *Trützschler*, in *Küting/Pfitzer/Weber*, HdR, 5. Aufl., § 250 HGB, Rz 76, Stand 03/2010; zustimmend: *Schubert/Krämer*, in Beck Bil-Komm. 9. Aufl., § 250 HGB (mit Hinweis auf abweichende BFH-Auffassung), Rz 43; *Kupsch*, in BoHdR, § 250 HGB, Anm 72 sowie FG Köln, Urteil v. 12.11.2009, 13 K 3803/06, BB 2010 S. 565 (nrkr).

bestehenden Aktivierungspflicht, diese nach Abs. 1 als transitorischen RAP abzugrenzen (vgl. Rz 6 ff.).

21 Unstrittig ist, dass **Geldbeschaffungskosten**, die im Zuge der Darlehensaufnahme **durch Zahlungen an Dritte** entstehen (z. B. Vermittlungsprovisionen), nicht in den Unterschiedsbetrag einzubeziehen sind.[37]

### 3.3 Abschreibung

22 Der Unterschiedsbetrag ist nach Satz 2 der Vorschrift **planmäßig abzuschreiben**, wobei die Verteilung auch auf kürzere Laufzeiten als auf die Gesamtlaufzeit vorgenommen werden kann.[38]

Ist ein gegenüber der Kreditlaufzeit **kürzerer Zinsbindungszeitraum** vereinbart und wird das Disagio als vorausgezahlter Zinsaufwand interpretiert, dann stellt der Zeitraum, für den die Zinskonditionen festgeschrieben sind, die für die Abschreibungsberechnung maßgebliche Zeitspanne dar.[39]

Fehlt es an einer konkreten Darlehenslaufzeit, darf die Abschreibung auf die voraussichtliche Tilgungszeit verteilt werden; aus Gründen der Vorsicht sollte dies der Zeitpunkt sein, zu dem eine Kündigung frühestens möglich ist.[40] Entschädigungszahlungen für eine vor Ablauf der Zinsbindung erfolgte Zinsanpassung erfüllen ebenfalls den Charakter eines Disagios.[41]

23 Das Gebot planmäßiger Abschreibung erfordert, dass zu Beginn des Abschreibungszeitraums ein Plan aufgestellt wird, von dem im Regelfall nicht abgewichen werden darf. Wird während des Abschreibungszeitraums die Darlehensdauer verkürzt, ist eine **Planberichtigung** erforderlich. Bei einer Verlängerung des Darlehenszeitraums ist eine Planberichtigung möglich, aber nicht erforderlich.[42] Es gibt keine vorgeschriebenen Abschreibungsmethoden. In jedem Fall muss aber jährlich eine Abschreibung erfolgen, d. h., es darf nicht mit der Abschreibung planmäßig ausgesetzt werden.

Der Abschreibungsplan sollte sich an dem Umfang der Kapitalnutzung orientieren und hat sich somit an den Rückzahlungsvereinbarungen zu orientieren. Bei **Fälligkeitsdarlehen** (Tilgung in einer Summe am Ende der Laufzeit) ist der Unterschiedsbetrag linear auf die Kreditlaufzeit zu verteilen. Bei **Tilgungs- und Annuitätsdarlehen** sinkt der Zinsaufwand im Zeitablauf, sodass hier eine entsprechend höhere Abschreibung des Unterschiedsbetrags in den ersten Jahren der Laufzeit sachgerecht ist.[43]

24 **Außerplanmäßige Abschreibungen** auf das Disagio sind in Fällen denkbar, in denen **außerplanmäßige Tilgungen** (von Teilen oder des Gesamtbetrags) der Verbindlichkeit erfolgen, die eine vorzeitige erfolgswirksame Auflösung des Disagios erforderlich machen.[44] Eine **wesentliche Ermäßigung des Zinsniveaus**

---

[37] Vgl. *BFH*, Urteil v. 4.5.1977, I R 27/74, BStBl *1977 II* S. 802.
[38] GlA *Trützschler*, in *KütingPfitzer/Weber*, HdR, 5. Aufl., § 250 HGB, Rz 84.
[39] Vgl. *Kupsch*, in BoHdR, § 250 HGB, Anm 79.
[40] Vgl. *Schubert/Krämer*, in Beck Bil-Komm. 9. Aufl., § 250 HGB, Rz 48.
[41] Vgl. *Lüdenbach*, StuB 2010, S. 194.
[42] Vgl. *ADS*, 6. Aufl., § 250 HGB, Rz 95.
[43] Zu Berechnungsformeln vgl. *Kupsch*, in BoHdR, § 250 HGB, Anm 77, 78.
[44] Vgl. *Hömberg/König*, in *Baetge/Kirsch/Thiele*, Bilanzrecht, § 250 HGB, Rz 100; *Weber-Grellet*, BB 2010, S. 47.

kann eine außerplanmäßige Abschreibung ebenfalls rechtfertigen. Auch eine freiwillige außerplanmäßige Abschreibung wird für zulässig erachtet.[45] Hinsichtlich der für KapG/KapCoGes geltenden Ausweis- und Angabepflichten vgl. § 268 Rz 71.

25

---

[45] Vgl. WP-Handbuch, Bd. I, 14. Aufl. Abschn. E, Rz 275 mwN.

# § 251 HAFTUNGSVERHÄLTNISSE

¹Unter der Bilanz sind, sofern sie nicht auf der Passivseite auszuweisen sind, Verbindlichkeiten aus der Begebung und Übertragung von Wechseln, aus Bürgschaften, Wechsel- und Scheckbürgschaften und aus Gewährleistungsverträgen sowie Haftungsverhältnisse aus der Bestellung von Sicherheiten für fremde Verbindlichkeiten zu vermerken; sie dürfen in einem Betrag angegeben werden. ²Haftungsverhältnisse sind auch anzugeben, wenn ihnen gleichwertige Rückgriffsforderungen gegenüberstehen.

WP StB Klaus Heininger

## Inhaltsübersicht

| | | Rz |
|---|---|---|
| 1 | Überblick | 1–4 |
| | 1.1 Inhalt | 1–3 |
| | 1.2 Anwendungsbereich, Normenzusammenhang | 4 |
| 2 | Informationsfunktion des Bilanzvermerks | 5–11 |
| 3 | Verbindlichkeiten aus der Begebung und Übertragung von Wechseln | 12–14 |
| 4 | Verbindlichkeiten aus Bürgschaften, Wechsel und Scheckbürgschaften | 15–20 |
| 5 | Verbindlichkeiten aus Gewährleistungsverträgen | 21–38 |
| | 5.1 Arten von Gewährleistungsverpflichtungen | 21–24 |
| | 5.2 Gewährleistungen für eigene Leistungen | 25–26 |
| | 5.3 Gewährleistungen für fremde Leistungen | 27–31 |
| | 5.4 Sonderform Patronatserklärung | 32–36 |
| | 5.5 Sonstige Gewährleistungen | 37–38 |
| 6 | Haftungsverhältnisse aus der Bestellung von Sicherheiten für fremde Verbindlichkeiten | 39–42 |
| 7 | Bewertung der vermerkpflichtigen Haftungsverhältnisse | 43–48 |
| 8 | Ausweis der vermerkpflichtigen Haftungsverhältnisse | 49–52 |

## Ergänzendes Schrifttum

*Fey,* Probleme bei der Rechnungslegung von Haftungsverhältnissen, WPg 1992, S. 1; *Förschle/Kroner/Heddäus,* Ungewisse Verpflichtungen nach IAS 37 im Vergleich zu HGB, WPg 1999, S. 41; *Gerth,* Rechnungslegung bei Eventualverbindlichkeiten nach geltendem und künftigem Recht, BB 1981, S. 1611; *Heni,* Haftungsverhältnisse in der künftigen Rechnungslegung – Erfassung und vorsorgliche organisatorische Maßnahmen, DStR 1986, S. 821; *Kortmann,* Zur Darlegung von Haftungsverhältnissen im Jahresabschluss, DB 1987, S. 2577; *Küffner,* Patronatserklärungen im Bilanzrecht, DStR 1996, S. 146; *Küting/Pfuhl,* „In-substance-defeasance" – Vorzeitige Eliminierung von Verbindlichkeiten über einen derivativen Schuldner als neues Instrument der Bilanzpolitik?, DB 1989, S. 1245; *Möller,* in *Ensthaler,* HGB Gemeinschaftskommentar zum HGB mit UN-Kaufrecht, 7. Aufl., § 251 HGB; *Roß,* Angabepflicht gesetzlicher Haftungen als Haftungsverhältnis i. S. der §§ 251, 268 Abs. 7 HGB, DB 2011, S. 2219; *Schnoor,* Ist § 251 HGB (Bestellung von Sicherheiten für fremde Verbindlichkeiten) nicht auf Leasinggesellschaften anzuwenden?, DB 1988, S. 2421; *Wiedmann,* in *Ebenroth/Boujong/Joost/Strohn,* HGB, 2. Aufl., § 251 HGB; *Wiehn,* in *Castan/Böcking/Heymann/Pfitzer/Scheffler,* Handbuch des Rechnungswesens, B 250 Haftungsverhältnisse, Stand 12/2011.

# 1 Überblick

## 1.1 Inhalt

§ 251 HGB regelt die Angabe zu möglichen künftigen Vermögensbelastungen, die sich aus zum Bilanzstichtag bestehenden **Haftungsverhältnissen** ergeben können. Diese Angaben stellen eine Zusatzinformation zu den aus der Bilanz ersichtlichen passivierten Rückstellungen oder Verbindlichkeiten dar. Die „unter der Bilanz" anzugebenden Haftungsverhältnisse betreffen im Einzelnen:
- Verbindlichkeiten aus der Begebung und Übertragung von Wechseln,
- Verbindlichkeiten aus Bürgschaften, Wechsel- und Scheckbürgschaften,
- Verbindlichkeiten aus Gewährleistungsverträgen,
- Haftungsverhältnisse aus der Bestellung von Sicherheiten für fremde Verbindlichkeiten.

Diese Aufzählung ist vollständig und abschließend, sonstige eventuelle Haftungsverhältnisse sind nicht anzugeben. Allerdings ist zu beachten, dass der Begriff der „**Gewährleistungsverträge**" gesetzlich nicht definiert ist und daher eine Vielfalt möglicher Haftungsverhältnisse umfasst, sodass der Umfang der Vermerkpflicht mit der weiteren Gestaltung und Entwicklung möglicher Haftungskonstruktionen „mit wachsen kann".

Die Gemeinsamkeit der in § 251 HGB aufgelisteten Haftungsverhältnisse besteht darin, dass eine Inanspruchnahme des Kfm. aufgrund einer rechtlichen Verpflichtung, der er sich nicht mehr entziehen kann, rechtlich möglich ist, am Bilanzstichtag jedoch nicht konkret erwartet wird und deshalb eine Passivierung (ganz oder teilweise) in der Bilanz nicht erfolgt. Es handelt sich um auf vertraglicher Grundlage beruhende einseitige rechtliche Verpflichtungen, die beim künftigen Eintritt eines Ereignisses oder einer Bedingung zu einer Vermögensbelastung führen können. Da die Inanspruchnahme vom Eintritt einer Bedingung abhängig ist, werden die aus den Haftungsverhältnissen resultierenden Eventualverbindlichkeiten auch als **bedingte Verbindlichkeiten** bezeichnet.

Der Vermerk unter der Bilanz umfasst grds. die mögliche Vermögensbelastung in voller Höhe. Eventuell bestehende **Rückgriffsforderungen** sind nicht zu berücksichtigen. Die Angabe der möglichen Vermögensbelastung darf allerdings nur einmal erfolgen, Doppelangaben sind zu vermeiden. Lt. Gesetzestext erfolgt der Vermerk nur, „sofern" entsprechende Verbindlichkeiten nicht auf der Passivseite auszuweisen sind. Nach übereinstimmender Literaturmeinung[1] ist dieses „sofern" des Gesetzestextes in ein „soweit" umzudeuten. Ein Vermerk entfällt nur dann, wenn eine Rückstellung oder Verbindlichkeit mit dem vollen Betrag

---

[1] Vgl. z. B. *ADS,* 6. Aufl., § 251 HGB, Rz 6.

der möglichen Haftung passiviert ist; erfasst die Passivierung nur einen Teilbetrag der Gesamtverpflichtung, so ist der Restbetrag der rechtlich möglichen Verpflichtung gem. § 251 HGB zu vermerken.

### 1.2 Anwendungsbereich, Normenzusammenhang

4 § 251 HGB ist eine für alle Kfl. gültige Regelung, die darüber hinaus über den Verweis in § 298 Abs. 1 HGB auch auf den KA anzuwenden ist.

Für KapG/KapCoGes sind in § 268 Abs. 7 HGB ergänzende Anforderungen geregelt: Die in § 251 HGB bezeichneten Haftungsverhältnisse sind jeweils gesondert unter der Bilanz oder im Anhang unter Angabe der gewährten Pfandrechte und sonstigen Sicherheiten anzugeben; bestehen solche Verpflichtungen gegenüber verbundenen Unternehmen, so sind sie gesondert anzugeben. Darüber hinaus ist für diese Ges. die Regelung des § 285 Nr. 9 HGB zu beachten, der zufolge die zugunsten der Organmitglieder eingegangenen Haftungsverhältnisse im Anhang anzugeben sind. Schließlich ist auf die mit dem BilMoG neu eingeführte Vorschrift des § 285 Nr. 27 HGB hinzuweisen: KapG / KapCoGes haben im Anhang für die nach § 251 HGB unter der Bilanz ausgewiesenen Verbindlichkeiten und Haftungsverhältnisse die Gründe der Einschätzung des Risikos der Inanspruchnahme anzugeben.

## 2 Informationsfunktion des Bilanzvermerks

5 Die Funktionen des handelsrechtlichen Jahresabschlusses sind insb. in den folgenden Bereichen zu sehen:
- Gläubigerschutz,
- Kapitalerhaltung,
- Ausschüttungsbemessung.

Dagegen dient die internationale Rechnungslegung (IFRS) insb. der **Informationsfunktion**. Mit der Umsetzung des BilMoG wurde erstmals auch die „Informationsfunktion des handelsrechtlichen Jahres- und Konzernabschlusses" in der Gesetzesbegründung als eigenständiges Ziel definiert.[2] Während also die Informationsfunktion für die Rechnungslegungsregelungen im Allgemeinen erstmals mit dem BilMoG besondere Betonung findet, gilt dies für den Bilanzvermerk gem. § 251 HGB schon immer und ist auch gleichzeitig das einzige Ziel dieser Vorschrift. Die Vermerkpflicht dient zunächst der „Selbstinformation des Kaufmanns" und darüber hinaus selbstverständlich allen externen Adressaten des JA als Zusatzinformation über nicht bilanzierungsfähige zusätzliche Risiken. Da der Bilanzvermerk der Gläubigerschutzfunktion des handelsrechtlichen JA lediglich indirekt – i.S.v. zusätzlichen Informationen – und den Funktionen Kapitalerhaltung, Ausschüttungsbemessung sowie steuerliche Maßgeblichkeit überhaupt nicht dient, sind auch die hieraus abgeleiteten allgemeinen Grundsätze wie Realisationsprinzip, Vorsichtsprinzip und Stichtagsprinzip nicht bzw. nur in modifizierter Form zu beachten.

6 Die Unbeachtlichkeit des **Realisationsprinzips** zeigt sich bspw. darin, dass Haftungsverhältnisse, die in fremder Währung zu erfüllen sind, unabhängig von der

---

[2] Vgl. BegrReg, S. 1.

Fristigkeit jeweils mit dem Geldkurs am Abschlussstichtag umzurechnen sind, auch wenn dieser Kurs unter dem Kurs zum Zeitpunkt des Entstehens des Haftungsverhältnisses liegt.³ Soweit in der Kommentierung für diesen Fall lediglich auf die Regelungen für die Umrechnung von Währungsverbindlichkeiten hingewiesen wird,⁴ ist dem in dieser allgemeinen Form nicht zuzustimmen, da eine Bindung an das Realisationsprinzip bei Angaben über Haftungsverhältnisse außerhalb der Bilanz mangels Konsequenzen für Entnahmen bzw. Ausschüttungen nicht sinnvoll ist. Die Anwendung des Stichtagskurses führt zu einer zutreffenderen Angabe möglicher künftiger Belastungen als die Verwendung eines historischen Anschaffungskurses.⁵

Das dem Niederstwertprinzip für Aktiva entsprechende Höchstwertprinzip für Rückstellungen gilt in diesem Fall nicht.

> **Beispiel**
> Die X-AG hat die Bürgschaft für eine langfristige Fremdwährungsverbindlichkeit von 1 Mio GBP ihrer Tochtergesellschaft T übernommen. Zum Bilanzstichtag 01 beträgt der Kurs GBP/EUR 1,30; unter der Bilanz ist ein Betrag von 1,3 Mio EUR anzugeben. Zum Bilanzstichtag 02 beträgt der Kurs GBP/EUR 1,15; die Angabe gem. § 251 HGB reduziert sich auf 1,15 Mio EUR.

Das **Vorsichtsprinzip** findet insoweit Anwendung, als den Bilanzadressaten durch den Bilanzvermerk ein umfassendes und zutreffendes Bild aller möglichen künftigen Vermögensbelastungen, die zum Stichtag nicht zu bilanzieren sind, gegeben wird. Hierbei ist grds. nicht ein erwarteter oder wahrscheinlicher Wert anzugeben, wie dies z.B. für die Bemessung von Rückstellungen grds. geboten ist, sondern es ist stets die maximal mögliche Belastung, der sich der Kfm. nicht mehr entziehen kann, anzugeben. Allerdings ist es in Fällen, in denen eine verlässliche Schätzung nicht möglich ist, zulässig, lediglich einen **Merkposten** anzugeben und darüber hinaus **verbale Erläuterungen** zu geben, eine Vorgehensweise, die für Bewertungsentscheidungen in der Bilanz aufgrund des Vorsichtsprinzips nicht zulässig wäre.

Das **Stichtagsprinzip** ist in einer der Informationsfunktion des Bilanzvermerks entsprechenden Auslegung anzuwenden. Anzugeben sind grds. alle am Bilanzstichtag bestehenden Haftungsverhältnisse, die zu künftigen Vermögensbelastungen führen können. Die Inanspruchnahme muss von Bedingungen abhängen, die der Kfm. am Bilanzstichtag nicht oder jedenfalls nicht mehr wesentlich selbst beeinflussen kann. Soweit die eingegangenen Haftungsverhältnisse die Absicherung von Verpflichtungen eines Dritten betreffen, bedeutet das Stichtagsprinzip jedoch nicht, dass stets nur die zum Bilanzstichtag bestehende gesicherte **Hauptverbindlichkeit** im Bilanzvermerk anzugeben ist. So sind bspw. auch bei **Höchstbetragsbürgschaften**, die streng akzessorisch sind, d.h. sich unmittelbar nach der Höhe der Hauptverbindlichkeit richten, stets die möglichen Höchst-

---

3 Vgl. *Fey*, in *Küting/Pfitzer/Weber*, HdR, HGB § 251, Rz 75, Stand 02/2012.
4 Vgl. *Karrenbrock*, in *Baetge/Kirsch/Thiele*, Bilanzrecht § 251 HGB, Rz 53.
5 Vgl. *Fey*, in *Küting/Pfitzer/Weber*, HdR, HGB § 251, Rz 75, Stand 02/2012; *ADS*, 6. Aufl., § 251 HGB, Rz 102.

beträge der Belastungen anzugeben, nicht dagegen ein am Bilanzstichtag gegebener eventuell niedrigerer Betrag der Hauptschuld.[6]

Eine Vermerkpflicht besteht auch dann, wenn Haftungsverhältnisse für **künftige** oder **bedingte Hauptschulden** eingegangen worden sind. Die Entstehung der Haftungsverbindlichkeit hängt in diesem Fall von einer weiteren, zum Bilanzstichtag noch nicht eingetretenen Bedingung (Entstehung der Hauptschuld) ab. Gleichwohl besteht die Vermerkpflicht, da für den Bilanzierenden ein vertraglich konkretisiertes Haftungsrisiko vorliegt, dem er sich bei Eintritt der Voraussetzungen nicht mehr entziehen kann. Dies gilt auch dann, wenn das Entstehen der Hauptschuld nach den Verhältnissen des Bilanzstichtags als unwahrscheinlich anzusehen ist.[7]

9 Anwendung findet selbstverständlich das **Vollständigkeitsgebot**.[8] Der umfassenden Informationsfunktion des Bilanzvermerks entsprechend sind daher auch evtl. **strittige Haftungsverhältnisse** anzugeben. Bestehen Zweifel an der rechtlichen Wirksamkeit einer Vereinbarung, so ist das Haftungsverhältnis gleichwohl einzubeziehen, denn eine umfassende Information beinhaltet auch solche Risiken, deren Eintritt am Bilanzstichtag als unwahrscheinlich gilt. Solange eine künftige Vermögensbelastung nicht definitiv auszuschließen ist, ist deshalb von einer Vermerkpflicht auszugehen. Es ist zu beachten, dass das Vollständigkeitsprinzip selbstverständlich nur für die vier Arten von Haftungsverhältnissen gilt, die im Gesetzestext ausdrücklich erwähnt sind.

10 **Aufschiebend bedingte** oder **zukünftige Haftungsverhältnisse** sind dadurch gekennzeichnet, dass nicht der Eintritt der gesicherten Hauptverbindlichkeit von einem künftigen Ereignis abhängt, sondern die Wirksamkeit des Haftungsverhältnisses selbst, wie z. B. die Übernahme einer aufschiebend bedingten Bürgschaft. Die Vermerkpflicht richtet sich auch in diesem Fall ausschließlich danach, ob der Eintritt der Haftung unabhängig vom Willen des Bilanzierenden möglich ist. In diesem Fall ist eine Vermerkpflicht stets gegeben. Ein Anwendungsfall liegt z. B. dann vor, wenn Gegenstand der Bedingung eine Vertragsverletzung durch den Hauptschuldner ist.[9] Auch die vertragliche Verpflichtung zu künftiger Sicherheitsleistung, wie z. B. die Erklärung, auf erstes Anfordern des Gläubigers eine Bürgschaft oder Garantie zu übernehmen oder Grundschulden zu bestellen, führt zur Vermerkpflicht einer als **Vorvertrag** einzuordnenden Verpflichtung zu künftiger Sicherheitsleistung. Sie ist anzugeben, weil der Verpflichtete zur Sicherheitenbestellung notfalls im Klageweg gezwungen werden kann.[10] Schließlich ist zu beachten, dass grds. neben **direkten** auch **indirekte**, d. h. durch einen Dritten übernommene **Verpflichtungen** vermerkpflichtig sein können.[11]

11 Die beschriebene besondere Informationsfunktion führt aber auch zu einer Einschränkung des Vollständigkeitsgebots. Die anzugebenden Haftungsverhältnisse beruhen grds. auf einer vertraglichen Grundlage, deren Zweck entweder unmittelbar oder zumindest mittelbar auf die Übernahme eines besonderen, über

---

[6] Vgl. *Wiehn*, in *Castan/Böcking/Heymann/Pfitzer/Scheffler*, Handbuch des Rechnungswesens, B 250 Haftungsverhältnisse, Rz 92, Stand 12/2011.
[7] Vgl. *Karrenbrock*, in *Baetge/Kirsch/Thiele, Bilanzrecht*, § 251 HGB, Rz 34.
[8] Vgl. *Kortmann*, DB 1987, S. 2579.
[9] Vgl. *Grottel/Haußer*, in Beck Bil-Komm. 9. Aufl., § 251 HGB, Rz 6.
[10] Vgl. *Gerth*, BB 1981, S. 1617; *ADS*, 6. Aufl., § 251 HGB, Rz 12.
[11] Vgl. *Grottel/Haußer*, in Beck Bil-Komm. 9. Aufl., § 251 HGB, Rz 29.

die betriebs- oder branchenüblichen Haftungstatbestände hinausgehenden Haftungsrisikos gerichtet ist. Als üblich können im Regelfall vertragliche Vereinbarungen angesehen werden, soweit deren Verpflichtungen mit gesetzlichen Vorschriften übereinstimmen oder in allgemeinen Geschäftsbedingungen festgelegt sind. Auch **gesetzliche Haftungen** führen nicht zu einem Bilanzvermerk.[12] Eine Vermerkpflicht ist in diesen Fällen nicht gegeben, da die Jahresabschlussadressaten mit derartigen Haftungstatbeständen auch ohne besonderen Hinweis ganz allgemein rechnen können, während es der besonderen Informationsfunktion des § 251 HGB entspricht, die Adressaten über alle über die allgemeinen rechtlichen und wirtschaftlichen sowie branchenüblichen Verpflichtungen hinausgehenden potenziellen Vermögensbelastungen ins Bild zu setzen. In diesem Sinne wurde im Jahr 2014 durch Änderung des IDW Standards zur Bilanzierung von Anteilen an Personenhandelsgesellschaften klargestellt, dass im Falle einer die Pflichteinlage des Kommanditisten übersteigenden Hafteinlage keine Pflicht besteht, den Differenzbetrag anzugeben.[13]

## 3 Verbindlichkeiten aus der Begebung und Übertragung von Wechseln

Die Vermerkpflicht bezieht sich auf das sog. **Wechselobligo**, d.h. die Haftung aus der Begebung und Übertragung von Wechseln i.S.v. § 1 Wechselgesetz (WG). Angabepflichtig sind alle Wechsel, für die der Kfm. entweder **als Aussteller** (§ 9 Abs. 1 WG, Begebung von Wechseln) oder als sog. **Indossant** (§ 15 Abs. 1 WG, Übertragung von Wechseln) haftet. Die Vermerkpflicht umfasst den Gesamtbetrag aller Wechsel, die am Bilanzstichtag noch nicht fällig oder noch nicht eingelöst waren, sodass der Bilanzadressat über den Gesamtumfang der auf den Kfm. möglicherweise zukommenden Haftungsverpflichtungen zum Stichtag informiert wird. Die **Bonität** des Akzeptanten oder sonstiger in der Kette vorrangig Verpflichteter ist unbeachtlich. Allein das Vorliegen des wechselrechtlichen Obligos löst die Angabepflicht aus. Hieraus ergibt sich, dass bspw. auch Wechsel, die auf die öffentliche Hand gezogen sind, stets in den Vermerk einzubeziehen sind.[14] Die Bonität der übrigen Verpflichteten hat allerdings eine erhebliche Bedeutung für die Frage, ob mit einer wechselrechtlichen Inanspruchnahme tatsächlich zu rechnen ist und dementsprechend anstelle eines Bilanzvermerks die Bilanzierung einer Rückstellung geboten ist.

12

> **Beispiel**
> Unternehmer U hat von seinen Kunden K1 und K2 Wechsel über 500 TEUR (K1) und 300 TEUR (K2) hereingenommen und kurz vor dem Bilanzstichtag seiner Hausbank zur Gutschrift eingereicht. K1 ist bereits seit einiger Zeit aufgrund von Auftragsrückgängen in einer finanziell sehr schwierigen Lage; zu K2 bestehen keine besonderen, insb. keine negativen Erkenntnisse. Für die

---

[12] Vgl. *Karrenbrock*, in *Baetge/Kirsch/Thiele*, Bilanzrecht, § 251 HGB, Rz 22; *Kortmann*, DB 1987, S. 2579.
[13] Vgl. IDW RS HFA 18, Tz. 40.
[14] Vgl. *Grottel/Haußer*, in Beck Bil-Komm. 9. Aufl., § 251 HGB, Rz 15; *ADS*, 6. Aufl., § 251 HGB, Rz 37.

> Verpflichtung aus dem Wechsel von K1 wird mit einer Inanspruchnahme i. H. v. 350 TEUR gerechnet. Es ist eine Rückstellung für ungewisse Verbindlichkeiten i. H. v. 350 TEUR zu bilden. Unter der Bilanz ist ein Vermerk für Verbindlichkeiten aus der Begebung und Übertragung von Wechseln i. H. v. 150 TEUR (K1) + 300 TEUR (K2) = 450 TEUR zu machen.

Eine Angabepflicht entfällt in den Fällen, in denen aus rechtlichen oder tatsächlichen Gründen kein Obligo besteht. Dies gilt für die Wechsel im eigenen Bestand sowie für die zum Inkasso weitergegebenen Wechsel. Dies gilt weiterhin für die Fälle, in denen die wechselrechtliche Haftung aus übertragenen Wechseln durch eine besondere Form des Indossaments ausgeschlossen ist. Ausgenommen sind daher Wechsel, die mit einem offenen Vollmachtsindossament (Art. 18 Abs. 1 WG), einem offenen Pfandindossament (Art. 19 Abs. 1 WG) oder mit einer sog. „Angstklausel" („ohne Obligo", Art. 15 WG) übertragen werden.[15]

13 Das wechselrechtliche Obligo erlischt an dem Tag, an dem der Wechsel durch den Bezogenen, den Aussteller oder einen Vorgiranten eingelöst wird. Der **Einlösetag** ist nicht automatisch der **Verfalltag**. Der Einlösetag kann grds. auch nach dem Verfalltag liegen. Allerdings ist dem Bilanzierenden, der den Wechsel weitergegeben hat, der Einlösetag i. d. R. nicht bekannt. In der Bilanzierungspraxis wird allgemein davon ausgegangen, dass das Obligo spätestens fünf Tage nach dem Verfall des Wechsels erlischt, sofern dem Wechselverpflichteten kein Protest, der einen Rückgriff erlauben würde, bekannt gemacht worden ist.[16] Damit sind alle Wechsel angabepflichtig, bei denen am Bilanzstichtag die **Fünf-Tagefrist** noch nicht abgelaufen sowie nicht bekannt ist, dass der Wechsel vor dem Abschlussstichtag tatsächlich eingelöst wurde.[17] Erlangt das Unt bis zum Zeitpunkt der Bilanzaufstellung Kenntnis davon, dass der Wechsel bereits zum Bilanzstichtag eingelöst war, entfällt die Vermerkpflicht. Wird dagegen im Wertaufhellungszeitraum bis zur Bilanzaufstellung bekannt, dass ein Wechsel zum Protest gegeben wurde und der bilanzierende Kfm. demzufolge mit einer konkreten Inanspruchnahme zu rechnen hat, so ist eine entsprechende Passivierung und gleichzeitige Reduzierung des Bilanzvermerks vorzunehmen.

Die tatsächliche Inanspruchnahme wird aufgrund der relativ kurzen Fristen im Regelfall bis zur Bilanzerstellung bekannt sein. Neben der damit gebotenen Passivierung für den jeweiligen Einzelfall wird – sofern ein Wechselobligo aus einer größeren Anzahl von Wechseln resultiert – darüber hinaus eine **pauschale Rückstellung** für mögliche Inanspruchnahmen auch dann zu bilden sein, wenn konkrete Regressansprüche nicht geltend gemacht worden sind. Der entsprechende Betrag ist bei der Ermittlung des in den Vermerk aufzunehmenden Postens in Abzug zu bringen.

---

[15] Vgl. *Karrenbrock*, in *Baetge/Kirsch/Thiele*, Bilanzrecht § 251 HGB, Rz 73.
[16] Vgl. *ADS*, 6. Aufl., § 251 HGB, Rz 39.
[17] Vgl. *Wiehn*, in *Castan/Böcking/Heymann/Pfitzer/Scheffler*, Handbuch des Rechnungswesens, B 250 Haftungsverhältnisse, Rz 78, Stand 12/2011.

> **Beispiel**
> Der Gesamtbetrag der im Bilanzvermerk zu berücksichtigenden Wechsel beträgt zum Bilanzstichtag 800 TEUR. Aufgrund von Erfahrungen der Vergangenheit beträgt die durchschnittliche Inanspruchnahme für nicht im Einzelfall im Rahmen von Rückstellungen berücksichtigte Wechsel 4,0 %. Es wird eine pauschal ermittelte Rückstellung für drohende Wechselinanspruchnahme i. H. v. 32 TEUR gebildet sowie ein Bilanzvermerk i. H. v. 800 TEUR – 32 TEUR = 768 TEUR angegeben.

Die wechselrechtliche Haftung umfasst nicht nur den Nominalbetrag der Wechselsumme, sondern bezieht sich auch auf **Nebenkosten** wie Zinsen, Kosten des Protests und andere Auslagen. Nach hM soll es zulässig sein, diese Nebenkosten nicht in den Bilanzvermerk mit aufzunehmen, sondern sie im Rahmen der erwähnten Pauschalrückstellung zu berücksichtigen;[18] abweichende Auffassungen, denen hier nicht gefolgt wird, gehen davon aus, dass Nebenkosten überhaupt nicht von der Vermerkpflicht erfasst werden und somit auch nicht in eine eventuelle Pauschalrückstellung einzubeziehen sind.[19]

Nicht ausweispflichtig sind **Mobilisierungs- und Kautionswechsel** sowie **Depotwechsel** für eigene Verbindlichkeiten und **Gefälligkeitsakzepte**. In diesen Fällen liegen regelmäßig passivierungspflichtige Verbindlichkeiten vor, die durch ergänzende Ausstellung von Wechseln abgesichert werden. Nur wenn Kautionswechsel für eine bestimmte, nicht als Verbindlichkeit zu interpretierende Leistung (Unterlassung) hinterlegt werden, sind sie im Wechselobligo anzugeben.[20] Im Gegensatz zu Gefälligkeitsakzepten lösen Gefälligkeitsindossamente eine Vermerkpflicht aus. Nicht eindeutig geklärt ist allerdings, ob der Ausweis unter den Wechselverpflichtungen oder unter den Bürgschaften (i. S. e. Wechselbürgschaft) zu erfolgen hat.[21] Auch im sog. **Scheck-Wechselverfahren** gegebene Wechsel sind im Rahmen des Wechselobligos zu vermerken. Bei diesem Verfahren werden die Warenforderungen des bilanzierenden Kfm. vom Kunden zur Ausnutzung der Skontofrist mittels Scheck bezahlt und vom Kfm. wird in gleicher Höhe ein Finanzwechsel ausgestellt und auf den Kunden gezogen, der sich wiederum bei der Bank hiermit refinanziert.[22]

## 4 Verbindlichkeiten aus Bürgschaften, Wechsel und Scheckbürgschaften

Mit einer **Bürgschaft** geht der Bürge die vertragliche Verpflichtung ein, gegenüber dem Gläubiger eines Dritten für die Erfüllung der Verbindlichkeit dieses Dritten einzustehen (§ 765 Abs. 1 BGB). Es kann sich hierbei um bereits bestehende Verbindlichkeiten oder auch um künftige oder bedingte Verbindlichkeiten

---

[18] Vgl. *Karrenbrock,* in Baetge/Kirsch/Thiele, Bilanzrecht, § 251 HGB, Rz 79.
[19] Vgl. *ADS*, 6. Aufl., § 251 HGB, Rz 41.
[20] Vgl. *Grottel/Haußer*, in Beck Bil-Komm. 9. Aufl., § 251 HGB, Rz 17.
[21] Vgl. *ADS*, 6. Aufl., § 251 HGB, Rz 43; *Grottel/Haußer*, in Beck Bil-Komm. 9. Aufl., § 251 HGB, Rz 17.
[22] Vgl. *Wiehn*, in *Castan/Böcking/Heymann/Pfitzer/Scheffler*, Handbuch des Rechnungswesens, B 250 Haftungsverhältnisse, Rz 72, Stand 12/2011.

des Dritten handeln (§ 765 Abs. 2 BGB). Für die Bürgschaftserklärung ist grds. die Schriftform erforderlich (§ 766 Abs. 1 BGB); die Schriftform ist allerdings dann nicht erforderlich, wenn die Bürgschaft auf Seiten des Bürgen ein Handelsgeschäft ist (§ 350 HGB).

16 Die Vermerkpflicht umfasst neben der Bürgschaft i.e.S. gem. § 765 BGB auch die besonderen Formen der Bürgschaft, für die die §§ 765ff. BGB gelten. Dies sind die **Nachbürgschaft**, die **Rückbürgschaft**, die **Ausfallbürgschaft**, die **Mitbürgschaft**, die **Kreditbürgschaft** u.a.[23] Selbstschuldnerische Bürgschaften sind ebenso anzugeben wie Bürgschaften, bei denen der Bürge nicht auf die Einrede der Vorausklage verzichtet hat. Ebenso ist hier die Haftung aus dem der Bürgschaft ähnlichen **Kreditauftrag** anzugeben. Derjenige, der einen anderen beauftragt, im eigenen Namen und auf eigene Rechnung einem Dritten Kredit zu geben, haftet dem Beauftragten für die aus der Kreditgewährung entstehende Verbindlichkeit als Bürge (§ 778 BGB).[24]

> **Beispiel**
> Das MU M beabsichtigt, eine steuerlich optimale Fremdfinanzierung der Unternehmensgruppe zu realisieren und beauftragt in diesem Zusammenhang seine Hausbank, dem Konzernunternehmen A einen Bankkredit i.H.v. 40 Mio. EUR mit einem Zinssatz von 6,0 % zu gewähren, sodass die Freigrenze der steuerlichen Zinsschrankenregelung nicht erreicht wird. M haftet für das Bankdarlehen an A als Bürge und hat dies dementsprechend unter der Bilanz zu vermerken.

Anzugeben an dieser Stelle sind allerdings nur „**Bürgschaften im Rechtssinne**". Bürgschaftsähnliche Rechtsverhältnisse können als Verbindlichkeiten aus Gewährleistungsverträgen vermerkpflichtig sein, wobei sich gelegentlich Abgrenzungsprobleme ergeben können. Jedenfalls ist immer dann, wenn ein bestimmtes Risiko selbstständig, d.h. ohne unmittelbare Anknüpfung an die Verpflichtung des Dritten, übernommen wird, von einer selbstständigen Garantie auszugehen.

17 Ob auch Eventualverbindlichkeiten aus **Bürgschaften nach ausländischem Recht** unter den „Verbindlichkeiten aus Bürgschaften" anzugeben sind oder ob sie den „Verbindlichkeiten aus Gewährleistungsverträgen" zuzuordnen sind, wird in der Literatur nicht einheitlich beurteilt. Für einen Vermerk im Rahmen der zuletzt genannten Kategorie spricht das formale Argument, dass für derartige Verpflichtungen § 765 BGB nicht anwendbar ist.[25] Ausschlaggebend für die Zuordnung des Vermerks sollte nach hier vertretener Auffassung allerdings die materielle Betrachtung sein, d.h. die Frage, ob die entsprechenden Auslandsbürgschaften denjenigen nach deutschem Recht direkt vergleichbar sind. Bejahendenfalls sollte der Ausweis unter den „Verbindlichkeiten aus Bürgschaften" erfolgen.[26]

---

[23] Vgl. *Palandt*, 71. Aufl. Einf v, § 765 BGB, Rz 6ff.
[24] Vgl. *Fey*, in *Küting/Pfitzer/Weber*, HdR, HGB § 251, Rz 45, Stand 02/2012.
[25] Vgl. *Fey*, in *Küting/Pfitzer/Weber*, HdR, HGB § 251, Rz 43, Stand 02/2012; aA: *Grottel/Haußer*, in Beck Bil.-Komm. 9. Aufl., § 251 HGB, Rz 21.
[26] Vgl. *Karrenbrock*, in *Baetge/Kirsch/Thiele*, Bilanzrecht, § 251 HGB, Rz 85; ADS, 6. Aufl., § 251 HGB, Rz 48.

Da die angabepflichtigen Vermerke stets das Einstehen des Kfm. für eine fremde  18
Verpflichtung betreffen, sind selbstverständlich Bürgschaften, die Dritte (auch
verbundene Unt) zugunsten des Kfm. übernommen haben, nicht anzugeben.

**Wechselbürgschaften** sind wechselmäßige Verpflichtungen i.S.d. Art. 30–32 WG.  19
Die Bürgschaftserklärung wird jeweils auf den Wechsel selbst oder auf einen
Anhang gesetzt. Sofern dies auf der Rückseite des Wechsels erfolgt, ist ein ausdrücklicher Zusatz, dass die wechselmäßige Verpflichtung als Bürge übernommen wird, notwendig. Dagegen gilt die auf die Vorderseite des Wechsels gesetzte Unterschrift stets als Bürgschaftserklärung, soweit es sich nicht um die Unterschrift des Bezogenen oder des Ausstellers handelt. Die Vermerkpflicht umfasst auch das sog. Gefälligkeitsgiro.[27] Die Vermerkpflicht umfasst weiterhin auch **Scheckbürgschaften**, die in Art. 25–27 Scheckgesetz geregelt sind. Die Bestimmungen entsprechen denjenigen des WG über die Wechselbürgschaften.

Die Höhe der Bürgschaftsverpflichtung entspricht grds. derjenigen der jeweiligen  20
**Hauptschuld**. Sofern die Hauptschuld endgültig erloschen ist, entfallen somit
auch die Bürgschaftsschuld und die Vermerkpflicht. Die zu vermerkende Bürgschaftsverpflichtung ist grds. unabhängig von der Bilanzierung beim Hauptschuldner. Hat sich der Kfm. bis zu einem Höchstbetrag verbürgt und liegt es beim Hauptschuldner, wann und in welcher Höhe er das Limit in Anspruch nimmt, ist der jeweilige Höchstbetrag zu vermerken, auch wenn am Abschlussstichtag keine oder eine geringere Hauptschuld vorliegt, da sich der Kfm. dieser ggf. höheren Verpflichtung nicht mehr entziehen kann.[28] Zum Teil wird auch eine stärkere Orientierung am Stand der Hauptverbindlichkeit als zulässig erachtet.[29] Bezieht sich die Bürgschaft auf eine Verbindlichkeit, die der regelmäßigen **Tilgung** unterliegt, so ist in diesem Fall nicht der Höchstbetrag anzugeben, sondern der Stand der Hauptschuld am Bilanzstichtag, sofern aufgrund der Tilgungsregelung keine über diesen Stand hinausgehende Inanspruchnahme des Bürgen mehr droht. Zur Höhe der Vermerkpflicht im Fall von Bürgschaften für Verpflichtungen aus Dauerschuldverhältnissen vgl. Rz 45 f.

## 5 Verbindlichkeiten aus Gewährleistungsverträgen

### 5.1 Arten von Gewährleistungsverpflichtungen

Die Vermerkpflicht betrifft Verbindlichkeiten aus „Gewährleistungsverträ-  21
gen". Dieser Begriff ist gesetzlich nicht definiert. Als Gewährleistungsvertrag
i.S.d. § 251 HGB ist jede vertragliche Verpflichtung zu verstehen, „die das
Einstehen für einen geschuldeten oder sonstigen Erfolg oder eine Leistung bzw.
den Nichteintritt eines Erfolgs, eines bestimmten Nachteils oder Schadens zum
Gegenstand hat und nicht schon unter Verbindlichkeiten aus der Begebung und
Übertragung von Wechseln oder Verbindlichkeiten aus Bürgschaften, Wechsel-
und Scheckbürgschaften fällt."[30] Die Gewährleistung kann für eigene Leistungen

---

27 Vgl. *ADS*, 6. Aufl., § 251 HGB, Rz 49.
28 Vgl. *Fey*, in *Küting/Pfitzer/Weber*, HdR, HGB § 251, Rz 48, Stand 02/2012; *ADS*, 6. Aufl., § 251 HGB, Rz 52.
29 Vgl. *Grottel/Haußer*, in Beck Bil.-Komm. 9. Aufl., § 251 HBG, Rz 23; *ADS*, 6. Aufl., § 251 HGB, Rz 52; *Möller*, in *Ensthaler*, HGB Gemeinschaftskommentar zum HGB mit UN-Kaufrecht, § 251 HGB, Rz 12, Stand 2007.
30 Vgl. *Grottel/Haußer*, in Beck Bil-Komm. 9. Aufl., § 251 HGB, Rz 25.

oder für Leistungen eines Dritten bestehen oder aber eine sonstige Leistung oder einen sonstigen Erfolg betreffen.

22 Nach dem Wortlaut des Gesetzes muss es sich stets um einen Vertrag handeln. Hieraus ergibt sich, dass **gesetzliche Gewährleistungen** sowie die Haftung für fremde Verbindlichkeiten aufgrund gesetzlicher Bestimmungen nicht unter die Vermerkpflicht fallen. Vermerkpflichtig sind nur Gewährleistungsverträge, die eine Eventualverbindlichkeit oder ein Haftungsverhältnis über das Ausmaß der gesetzlichen Haftung hinaus begründen. Bestehen besondere Haftungsverhältnisse, die auf gesetzlichen Bestimmungen aufgrund von Verträgen beruhen, so hat eine Vermerkpflicht zu unterbleiben, da der Adressat des JA mit diesen Risiken auch ohne gesonderten Vermerk zu rechnen hat.[31] Dies gilt auch für vertragsbedingte Haftungen, die ihrer Natur nach ungewöhnlich sind[32], da eine sinnvolle Abgrenzung für solche Fälle nicht möglich ist und darüber hinaus nicht dem Gesetzeswortlaut entspricht.

23 Die Vermerkpflicht ist unabhängig davon, ob eine Gewährleistung für fremde Verbindlichkeiten vom Kfm. unmittelbar übernommen wird oder ob der Kfm. einen Dritten beauftragt, eine solche Gewährleistung an seiner Stelle zu übernehmen und er aus diesem Auftrag haftet, d. h., auch eine **indirekte Garantie** ist entsprechend zu berücksichtigen.[33] Sofern die indirekte Garantie fremde Leistungen betrifft, ergibt sich stets eine Vermerkpflicht i. H. des möglichen Rückgriffsanspruchs desjenigen, der die Garantie erklärt hat. Betrifft diese Garantie dagegen eigene Leistungsverpflichtungen des Kfm. gegenüber Vertragspartnern, so ist i. d. R. kein Vermerk vorzunehmen, da die eigenen Leistungsverpflichtungen des Kfm. entweder bereits passiviert (Gewährleistungsrückstellung) oder als schwebendes Geschäft nicht zu bilanzieren sind.

24 Nicht unter die Vermerkpflicht fallen die sog. **Negativerklärungen**, in denen der Kfm. seinem Kreditgeber zusagt, bestimmte VG nicht zu veräußern oder über bestehende Belastungen hinaus nicht weiter zu belasten oder aber Dritten keine weiteren Sicherheiten zu gewähren o. Ä., da es sich hierbei lediglich um Zusatzvereinbarungen im Zusammenhang mit bereits passivierten Verbindlichkeiten handelt.[34]

### 5.2 Gewährleistungen für eigene Leistungen

25 Gewährleistungen für eigene Leistungen des Kfm. können **unselbstständige Garantien** sein, z. B. Zusicherungen bestimmter Eigenschaften des Gegenstands von Lieferungen oder Leistungen. Es handelt sich hierbei um unselbstständige Elemente eines Kauf-, Werk-, Dienst- oder sonstigen Vertrags, die aber nur dann vermerkpflichtig sind, wenn die gewährte Garantie über gewöhnliche Gewährleistung hinausgeht. Mit Gewährleistungsverpflichtungen aus üblichen Liefer- und Leistungsbedingungen oder allgemeinen Geschäftsbedingungen muss der

---

[31] Vgl. *Grottel/Haußer*, in Beck Bil-Komm. 9. Aufl., § 251 HGB, Rz 25; *Karrenbrock*, in *Baetge/Kirsch/Thiele*, Bilanzrecht, § 251 HGB, Rz 23; a. A. *Fey*, in *Küting/Pfitzer/Weber*, HdR, HGB § 251, Rz 21, Stand 02/2012.
[32] Vgl. *Roß*, DB 2011, S. 2219.
[33] Vgl. *Wiehn*, in *Castan/Böcking/Heymann/Pfitzer/Scheffler*, Handbuch des Rechnungswesens, B 250 Haftungsverhältnisse, Rz 96, Stand 12/2011.
[34] Vgl. *Grottel/Haußer*, in Beck Bil-Komm. 9. Aufl., § 251 HGB, Rz 28.

Abschlussadressat grds. rechnen, sodass ein Vermerk keine Zusatzinformation bedeuten würde.[35]

Für **selbstständige Gewährleistungsverpflichtungen**, die sich auf eine eigene Leistungspflicht beziehen, besteht demgegenüber eine Vermerkpflicht, da sie ja gerade selbstständig, d. h. zusätzlich zu dem Grundgeschäft, vereinbart werden. In derartigen Fällen übernimmt der Kfm. regelmäßig ein über den branchenüblichen Rahmen hinausgehendes Risiko. Beispielsweise haftet der Kfm. für zugesicherte Eigenschaften auch in den Fällen, in denen er nach Kauf- oder Werkvertragsrecht nicht verpflichtet wäre oder wenn er Gewähr für einen Erfolg oder Zustand übernimmt, der weitgehend oder völlig unabhängig von der Beschaffenheit der eigenen Leistungen ist und dementsprechend seiner Einflussnahme entzogen ist. Typisches Beispiel hierfür ist die Garantie eines bestimmten wirtschaftlichen Erfolgs für veräußerte Vermögensgegenstände, z. B. **Mietgarantien** oder **Hotelbelegungsgarantien** bei Immobilienveräußerungen oder **Kursgarantien** im Fall der Veräußerung von Wertpapieren.[36] Zu prüfen ist bei derartigen Konstellationen aber stets, ob die Übernahme, d. h. Zurückbehaltung von Risiken, in Verkaufsfällen so wesentlich ist, dass möglicherweise ein Abgang des entsprechenden VG (bzw. eine Gewinnrealisierung hieraus) überhaupt nicht zulässig ist.[37]

26

Solche Verpflichtungen können auch im Zusammenhang mit Dienstleistungsverträgen stehen, z. B. die Garantie eines bestimmten Betriebsergebnisses im Rahmen von Hotelmanagementverträgen (sog. GOP-Garantie). Schwierigkeiten bestehen bei dieser Art von Verpflichtungen oft bei der Ermittlung des anzugebenden Betrags (Rz 45–47).

### 5.3 Gewährleistungen für fremde Leistungen

Die Vermerkpflicht betrifft Eventualverpflichtungen, die zugunsten des Gläubigers eines Dritten eingegangen werden, aber keine Bürgschaft sind. Derartige **bürgschaftsähnliche Verpflichtungen** gibt es in sehr unterschiedlichen Ausprägungen. Auch die Verpflichtung des Kfm., dem Gläubiger eines Dritten auf erste Anforderung eine Bürgschaft zu bestellen oder sonstige Sicherheiten zu gewähren oder Zahlungen zu leisten, ist im Rahmen der Verbindlichkeiten aus Gewährleistungsverträgen vermerkpflichtig, jedenfalls dann, wenn die Hauptschuld zum Bilanzstichtag bereits besteht.[38]

27

Durch eine **Schuldübernahme**, einen **Schuldbeitritt** oder eine **kumulative Schuldübernahme** geht der Kfm. eine rechtlich selbstständige Verpflichtung ein, die Verbindlichkeit eines Dritten zusätzlich zu diesem Dritten als eigene Verbindlichkeit zu übernehmen. Der übernehmende Kfm. und der Dritte werden Gesamtschuldner i. S. d. § 421 BGB. Der Kfm. wird selbst zum Schuldner, sodass er grds. eine Eigenverbindlichkeit zu passivieren hat. Allerdings kann die hier gebotene wirtschaftliche Betrachtung zu einem abweichenden Ergebnis führen. Immer dann, wenn die Schuldmitübernahme lediglich der Absicherung des

28

---

[35] Vgl. *ADS*, 6. Aufl., § 251 HGB, Rz 62.
[36] Vgl. *Grottel/Haußer*, in Beck Bil-Komm. 9. Aufl., § 251 HGB, Rz 27.
[37] Vgl. *IDW RS HFA* 13 , Tz 55–64.
[38] Vgl. *ADS*, 6. Aufl., § 251 HGB, Rz 64; zu sehr speziellen Angabepflichten bei Kreditderivaten im Nichthandelsbestand von Kreditinstituten, die hier nicht weiter vertieft werden können s. IDW ERS BFA 1 n. F. v. 22.08.2014.

Gläubigers dient, sodass sie sich wirtschaftlich als ein bürgschaftsähnliches Rechtsverhältnis darstellt, ist sie als Gewährleistung zu qualifizieren und damit nicht passivierungspflichtig, sondern vermerkpflichtig gem. § 251 HGB. Dies ist regelmäßig auch dann gegeben, wenn im Innenverhältnis weiterhin der ursprüngliche Schuldner die Leistung zu erbringen hat und dem Übernehmer im Fall der Inanspruchnahme ein Regressanspruch in voller Höhe gegen den ursprünglichen Schuldner zusteht.[39] Dies ist regelmäßig auch dann gegeben, wenn der Kfm. zur Absicherung von Zahlungsansprüchen des Gläubigers einem Dauerschuldverhältnis beitritt (z. B. Miet-, Pacht- oder Leasingvertrag).

Im Zusammenhang mit der Veräußerung von Betrieben oder Betriebsteilen können sich Haftungsverhältnisse aufgrund der Übertragung von Pensionsverpflichtungen ergeben.[40] Werden von dem Erwerber laufende Pensionsverpflichtungen gegenüber Rentnern oder unverfallbare Anwartschaften gegenüber ausgeschiedenen Mitarbeitern übernommen, so sind diese als Bestandteile der Kaufpreisschuld zu passivieren. Aufgrund der besonderen Regelung gem. § 4 BetrAVG liegt i. d. R. keine befreiende Schuldübernahme vor, sodass der frühere Betriebsinhaber rechtlich verpflichtet bleibt, während die vertraglichen Regelungen eine Erfüllung der Verpflichtung durch den Erwerber vorsehen. In diesem Fall sind die entsprechenden Verpflichtungen beim Erwerber zu passivieren, beim Veräußerer dagegen mit dem versicherungsmathematischen Wert als Verbindlichkeit aus Gewährleistungsverträgen zu vermerken.[41]

29 Vermerkpflichtig ist auch ein **Delkredere-Risiko**, das der Kfm. übernimmt. Anwendungsbereich hierfür ist das sog. „unechte" Factoring, bei dem das Risiko des Forderungsausfalls beim Verkäufer der Forderung verbleibt. Diese Factoring-Gestaltung kann wirtschaftlich als eine besondere Finanzierungsvereinbarung verstanden werden, bei der die Abtretung der Forderung zur Sicherung des Kreditanspruchs dient. Soweit aufgrund der Ausgestaltung und unter Berücksichtigung der Grundsätze für die Übertragung wirtschaftlichen Eigentums ein Abgang der Forderung zulässig ist, ist die verbleibende Haftung des Kfm. vermerkpflichtig. Eine Vermerkpflicht besteht auch für die Delkredere-Haftung des **Kommissionärs**, sofern dieser diese Haftung ausdrücklich übernommen hat oder dies dem maßgebenden Handelsbrauch entspricht (§ 394 Abs. 1 HGB). Er hat in diesem Fall für die Erfüllung der Verbindlichkeit des Kunden einzustehen. Obwohl Grundlage für diese Verpflichtung die entsprechende gesetzliche Regelung ist, handelt es sich nach hM um eine vertraglich begründete und damit vermerkpflichtige Haftung.[42] Diese Vermerkpflicht steht in Übereinstimmung mit der Informationsfunktion, da die Haftung nicht bei jedem Kommissionsgeschäft besteht und der Bilanzadressat insoweit nicht automatisch mit diesem Risiko zu rechnen hat. Eine Vermerkpflicht besteht weiterhin, wenn eine Einkaufsgesellschaft gegenüber den Lieferanten die Delkredere-Haftung für Verbindlichkeiten der Abnehmer übernimmt.[43]

---

[39] Vgl. *Wiehn*, in *Castan/Böcking/Heymann/Pfitzer/Scheffler*, Handbuch des Rechnungswesens, B 250 Haftungsverhältnisse, Rz 108, Stand 12/2011.
[40] Vgl. IDW RS HFA 30, Tz 99.
[41] Vgl. *ADS*, 6. Aufl., § 251 HGB, Rz 66; *Grottel/Haußer*, in Beck-Bil-Komm. 9. Aufl., § 251 HGB, Rz 37.
[42] Vgl. *Karrenbrock*, in *Baetge/Kirsch/Thiele*, Bilanzrecht, § 251 HGB, Rz 70.
[43] Vgl. *ADS*, 6. Aufl., § 251 HGB, Rz 70.

Im Fall von **Erwerbs- oder Abkaufverpflichtungen** kann sich eine Vermerkpflicht ergeben, je nach Art des VG, auf den sich die Verpflichtung bezieht. Verpflichtet sich der Kfm. auf erstes Anfordern oder bei Vorliegen bestimmter Bedingungen zum Kauf von Forderungen eines Kreditgebers gegenüber einem Dritten, so ist das daraus entstehende bürgschaftsähnliche Rechtsverhältnis vermerkpflichtig. Die Unterschiede zu einer Bürgschaft sind i.d.R. rein formaler Art. Die „Gegenleistung", die der Kfm. in Form der Forderung erwirbt, unterscheidet sich wirtschaftlich nicht von einem Rückgriffsanspruch eines Bürgen.[44] Eine Vermerkpflicht besteht dagegen nicht, wenn sich die Abkaufverpflichtung auf andere VG bezieht, auch wenn der Kfm. das mit dem VG verbundene Risiko zu tragen hat. Für den Verpflichteten liegt ein bedingtes Erwerbsgeschäft vor, das nach den für schwebende Geschäfte geltenden Grundsätzen zu beurteilen ist. Ggf. sind drohende Verluste nach § 249 Abs. 1 Satz 1 HGB zu passivieren.[45]

30

> **Beispiel**
> Di X-Holding AG ist zu 100 % an der X-GmbH beteiligt. Die X-GmbH verpflichtet sich gegenüber dem Autohaus A zum Kauf von mindestens fünf Dienst-Pkw im laufenden Jahr; sie erhält hierdurch besonders hohe Firmenrabatte. Die X-Holding AG verpflichtet sich gegenüber dem Autohaus A, dessen Kaufpreisforderungen an die X-GmbH zu kaufen, sofern diese nicht spätestens vier Wochen nach Fälligkeit ausgeglichen sind. Für die Verpflichtung der X-GmbH zum Erwerb von fünf Pkw ist keine Angabe gem. § 251 HGB vorzunehmen; dagegen hat die X-Holding AG eine Angabe für die der Forderungsbesicherung dienende Verpflichtung i.H. der zum Bilanzstichtag noch offenen Kaufpreisforderungen zu machen.

Im Fall der Kreditgewährung an mehrere Konzernunternehmen oder bei bestimmten Arten von Cash-Management-Systemen unter Einschaltung von Kreditinstituten wird mit dem Kreditgeber oftmals eine sog. **Konzernverrechnungsklausel** vereinbart. Danach ist es dem Kreditgeber gestattet, unter bestimmten Voraussetzungen Verbindlichkeiten eines Konzernunternehmens mit Guthaben anderer Konzernunternehmen zu verrechnen. Für Konzernunternehmen mit Guthaben bei dem Kreditinstitut ist insoweit eine Inanspruchnahme für Verbindlichkeiten anderer Konzernunternehmen möglich. Wirtschaftlich ist das hiermit verbundene Risiko dem einer Bestellung von Sicherheiten für fremde Verbindlichkeiten ähnlich; gleichwohl wird gem. hM eine Vermerkpflicht unter den Gewährleistungsverträgen gesehen. Die Höhe der Vermerkpflicht ist auf die Höhe des Bankguthabens des bilanzierenden Kaufmanns begrenzt, auch wenn die mit der Konzernverrechnungsklausel abgesicherten Verbindlichkeiten höher sind.[46]

31

---

[44] Vgl. *Karrenbrock*, in *Baetge/Kirsch/Thiele*, Bilanzrecht, § 251 HGB, Rz 100; *Gerth*, BB 1981, S. 1617.
[45] Vgl. *Fey*, in *Küting/Pfitzer/Weber*, HdR, HGB § 251, Rz 23, Stand 02/2012.
[46] Vgl. *Wiehn*, in *Castan/Böcking/Heymann/Pfitzer/Scheffler*, Handbuch des Rechnungswesens, B 250 Haftungsverhältnisse, Rz 117, Stand 12/2011.

## 5.4 Sonderform Patronatserklärung

32 Der Begriff „Patronatserklärung" ist gesetzlich nicht geregelt. In der Praxis wird der Begriff für eine Vielzahl unterschiedlicher Erklärungen verwendet, deren Gemeinsamkeit darin besteht, dass eine Muttergesellschaft dem Gläubiger einer Tochtergesellschaft oder einer anderen Konzerngesellschaft Maßnahmen oder Unterlassungen in Aussicht stellt oder zusagt, um die Kreditwürdigkeit der Konzerngesellschaft zu erhalten oder zu verbessern. Die Patronatserklärung kann unmittelbar dem oder den betroffenen Gläubigern gegenüber abgegeben werden; sie kann aber auch zunächst gegenüber der Konzerngesellschaft abgegeben werden mit anschließender Begründung von Rechten der Gläubiger durch Abtretung von Ansprüchen oder Vereinbarung eines Vertrags zugunsten Dritter. Schließlich sind in der Praxis auch Patronatserklärungen gebräuchlich, die von der Muttergesellschaft pauschal gegenüber **allen Gläubigern** oder gar gegenüber der **Allgemeinheit** abgegeben werden.[47] Der Verpflichtungsgehalt muss sich nicht unbedingt aus einer expliziten Erklärung ergeben; er kann auch aus allgemeinen Aussagen über die geschäftspolitischen Absichten der Muttergesellschaft abzuleiten sein.

33 Je nach der Konkretisierung des Verpflichtungsgehalts werden die Patronatserklärungen üblicherweise eingeteilt in sog. **harte** und **weiche Patronatserklärungen**. Eine Vermerkpflicht besteht nur für harte Patronatserklärungen. IDW RH HFA 1.013 unterscheidet fünf Grundformen von Patronatserklärungen:[48]
Die Muttergesellschaft sagt dem Gläubiger der Tochtergesellschaft zu, für die Dauer des Kreditverhältnisses
1. das Gesellschaftsverhältnis mit der Tochtergesellschaft beizubehalten,
2. den Unternehmensvertrag mit der Tochtergesellschaft nicht zu ändern, aufzuheben oder zu kündigen,
3. die Tochtergesellschaft dahingehend zu beeinflussen, dass sie ihren Verbindlichkeiten (gegenüber dem Gläubiger) nachkommt,
4. die Tochtergesellschaft finanziell so ausgestattet zu halten, dass sie ihren Verbindlichkeiten (gegenüber dem Gläubiger) nachkommen kann,
5. eine bestimmte Kapitalausstattung bei der Tochtergesellschaft aufrechtzuerhalten.

34 Die Grundformen 1 bis 3 werden als sog. **weiche Patronatserklärungen** qualifiziert. Sie sind nicht auf Zahlung, sondern auf sonstige Handlungen gerichtet. Die Grundformen 1 und 2 sind reine Verhaltensverpflichtungen, deren Befolgung in der alleinigen Entscheidungskompetenz der Muttergesellschaft liegen. Sollten sich aus Nichtbeachtung Schadensersatzverpflichtungen ergeben, so wären diese nach allgemeinen Bilanzierungsregeln zu behandeln. Auch für den Fall, dass bei Nichteinhaltung Sicherheitsleistungen zu stellen wären, würde keine Vermerkpflicht ausgelöst, da der Eintritt der Bedingungen für die Stellung von Sicherheiten allein in der Entscheidungsbefugnis der Muttergesellschaft liegt.[49] Auch die Grundform 3 ist noch als weiche Patronatserklärung zu qualifizieren, da keine direkte Verpflichtung zur Bedienung von Verbindlichkeiten der Tochtergesellschaft, sondern lediglich eine „indirekte" Verpflichtung übernom-

---

[47] Vgl. *Karrenbrock*, in *Baetge/Kirsch/Thiele*, Bilanzrecht, § 251 HGB, Rz 104; *IDW RH HFA* 1.013, Tz 2, 3.
[48] Vgl. IDW RH HFA 1.013, Tz 8.
[49] Vgl. IDW RH HFA 1.013, Tz 11–15; *ADS*, 6. Aufl., § 251 HGB, Rz 80, 81.

men wird, die Tochtergesellschaft dahingehend zu beeinflussen, dass sie ihre Geschäfte diesbezüglich mit der Sorgfalt eines ordentlichen Kfm. führt. Ein bestimmter Erfolg wird dem Kreditgeber gegenüber jedoch nicht versprochen. Mögliche Schadensersatzverpflichtungen, die aus einer Verletzung der Handlungspflichten der Muttergesellschaft entstehen können, sind nach allgemeinen Bilanzierungsregeln zu behandeln.[50] Sollte die Muttergesellschaft über den Kerngehalt der Grundform 3 hinaus ergänzende Erklärungen abgeben, so kann dies u. U. eine Vermerkpflicht auslösen. Die Abgrenzung zwischen den Grundformen 3 und 4 kann durchaus fließend sein.[51]

> **Beispiel**
> Die Muttergesellschaft M erklärt im Zusammenhang mit einem Bankdarlehen ihrer Tochter T gegenüber der Bank B: „Wir haben zur Kenntnis genommen, dass Sie unserer Tochtergesellschaft T ein Darlehen i. H. v. 1.000 TEUR gewährt haben. Wir werden während der gesamten Laufzeit des Darlehens unsere Tochtergesellschaft T dahingehend beeinflussen, dass sie ihren Verbindlichkeiten aus dem Darlehensvertrag nachkommt und werden dafür sorgen, dass unsere Tochtergesellschaft T ihre Verbindlichkeiten erfüllt."
> M hat die Einstandspflicht für einen zugesagten Erfolg, hier die Befriedigung der Bank B, übernommen und muss erforderlichenfalls die benötigten Mittel zur Verfügung stellen. Eine Vermerkpflicht ist gegeben.

Die Grundformen 4 und 5 sind **harte Patronatserklärungen** und somit vermerkpflichtig, da in beiden Fällen ein bestimmter Erfolg garantiert wird; die Muttergesellschaft muss möglicherweise zur Bewirkung des Erfolgs eigene Mittel einsetzen, ohne dass ihr ein entsprechender Gegenwert zuwächst. Zwar steht dem Gläubiger i. d. R. kein unmittelbarer Anspruch auf Zahlung zu, da er nur verlangen kann, dass die Muttergesellschaft ihre Tochtergesellschaft entsprechend ausstattet. Hierbei unterscheidet sich die Grundform 5 gegenüber der Grundform 4 insb. dadurch, dass nicht nur die Schuldendeckung, sondern darüber hinaus ein bestimmtes Eigenkapital zugesichert wird. Allerdings steht dem Gläubiger ein Schadensersatzanspruch gegen die Mutter zu, wenn diese die Ausstattungsverpflichtung nicht erfüllt.[52]

35

Für die Höhe des anzugebenden Betrags ist zu unterscheiden zwischen Erklärungen, die gegenüber **einzelnen Gläubigern** abgegeben werden, und solchen, die pauschal gegenüber der **Gesamtheit der Gläubiger** oder gegenüber der **Allgemeinheit** abgegeben werden. Bei der Abgabe gegenüber bestimmten Gläubigern und Bezugnahme auf konkrete Verbindlichkeiten der Tochtergesellschaft diesen gegenüber ist i. d. R. die entsprechende Stichtagsverbindlichkeit anzugeben. Umfasst die Erklärung dagegen nicht nur eine bestimmte Verbindlichkeit zu einem Stichtag, sondern weitere Verpflichtungen (z. B. bei einer Kreditlinie), so ist – ähnlich einer Höchstbetragsbürgschaft – die Angabe der höchstmöglichen Belastung geboten. Lässt sich diese nicht bestimmen, so ist der Stichtagsbetrag anzugeben und durch verbale Erläuterungen zu ergänzen.

36

---

50 Vgl. IDW RH HFA 1.013, Tz 16; Gerth, BB 1981, S. 1614.
51 Vgl. IDW RH HFA 1.013, Tz 17.
52 Vgl. IDW RH HFA 1.013, Tz 18, 22; Gerth, BB 1981, S. 1614.

Gelegentlich werden gegenüber bestimmten Gläubigern die Verpflichtungen der Muttergesellschaft allgemein formuliert, d. h., die Tochtergesellschaft ist so auszustatten, dass sie alle ihre Verbindlichkeiten erfüllen kann. Obwohl die Verpflichtung dem Wortlaut nach über die den Erklärungsempfängern gegenüber geschuldeten Beträge hinausgeht, beschränkt sich die Vermerkpflicht i. d. R. auf die Höhe der Schuld gegenüber den konkreten Erklärungsempfängern. Wird die Erklärung allerdings pauschal gegenüber allen Gläubigern oder gegenüber der Allgemeinheit abgegeben, muss das gesamte Haftungsrisiko, soweit es bestimmbar ist, angegeben werden; ggf. ist eine verbale Erläuterung erforderlich.[53]

### 5.5 Sonstige Gewährleistungen

37 **Ausbietungsgarantien** können vermerkpflichtig sein, je nach dem Umfang der durch den Kfm. eingegangenen Verpflichtung. Bei der Ausbietungsgarantie verpflichtet sich der Kfm. zu einem bestimmten Verhalten im Rahmen des Zwangsversteigerungsverfahrens, um den Grundpfandgläubiger in diesem Fall abzusichern. Handelt es sich um eine umfassende Garantie derart, dass der Grundpfandrechtsgläubiger bei der Zwangsversteigerung nicht ausfallen wird, so besteht eine Vermerkpflicht, da ein bestimmter Erfolg bzw. der Nichteintritt eines Schadens garantiert wird. Verpflichtet sich der Kfm. dagegen „nur", im Zwangsversteigerungsfall ein Gebot in bestimmter Höhe abzugeben, so wird lediglich ein bestimmtes Verhalten, nicht jedoch der Eintritt eines Erfolgs bzw. der Nichteintritt eines Schadens garantiert (**Ausbietungsgarantie mit Bietungspflicht**). Es besteht lediglich eine Verpflichtung zum Erwerb eines Grundstücks zu bestimmten Konditionen. Sofern hieraus ein Verlust droht, ist eine Drohverlustrückstellung zu bilden. Eine Vermerkpflicht besteht nicht.[54]

38 Bei Dividendengarantien ist zwischen sog. Rentengarantien und Rentabilitätsgarantien zu unterscheiden. Bei der **Rentengarantie** verpflichtet sich i. d. R. die Muttergesellschaft, an andere Gesellschafter der Tochtergesellschaft selbst eine Dividende in bestimmter Höhe zu zahlen. Diese vertragliche Verpflichtung ist nach hM grds. als schwebendes Geschäft zu behandeln; drohen für die Zukunft Verluste, auf die sich die Dividendengarantie bezieht, so ist ggf. eine Drohverlustrückstellung zu bilden.[55] Verpflichtet sich die Muttergesellschaft dagegen, im Rahmen einer sog. **Rentabilitätsgarantie** die Tochtergesellschaft so zu stellen, dass sie in der Lage ist, bestimmte Mindestdividenden auszuschütten, so liegt eine vermerkpflichtige Verbindlichkeit aus einem Gewährleistungsvertrag vor, die ihrem Charakter nach den Patronatserklärungen gem. Grundformen 4 und 5 verwandt ist. Auch hier stellt sich die Frage des anzugebenden Betrags; ggf. sind Annahmen zu treffen und Schätzungen vorzunehmen. Oftmals werden verbale Erläuterungen erforderlich sein.

---

53 Vgl. IDW RH HFA 1.013, Tz 20, 21; *ADS*, 6. Aufl., § 251 HGB, Rz 55.
54 Vgl. *Grottel/Haußer*, in Beck Bil-Komm 9. Aufl., § 251 HBG, Rz 44.
55 Vgl. *ADS*, 6. Aufl., § 251 HGB, Rz 92, 93.

## 6 Haftungsverhältnisse aus der Bestellung von Sicherheiten für fremde Verbindlichkeiten

Die Vermerkpflicht umfasst grds. Haftungsverhältnisse, bei denen der Kfm. eigene VG zur Besicherung fremder Verbindlichkeiten zur Verfügung stellt. Als vermerkpflichtige Haftungsverhältnisse kommen **dingliche Sicherheiten** wie Sicherungsübereignung von VG (z.B. Warenlager, Sachanlagen), Sicherungsabtretungen von Forderungen (z.B. auch Globalabtretungen und Mantelzessionen), Pfandrechte an beweglichen Sachen sowie Grundpfandrechte in Betracht. Sicherungsbestellungen für eigene Verbindlichkeiten gehören nicht zu den hier vermerkpflichtigen Angaben; vermerkpflichtig sind allerdings solche Sicherheiten, die zunächst für eigene Verbindlichkeiten bestellt wurden, aber aufgrund von **Konzernklauseln** auch für Verbindlichkeiten verbundener Unternehmen haften.[56]

39

Unter der Bilanz eines Einzelunternehmens besteht eine Vermerkpflicht auch, wenn VG des Betriebsvermögens als Sicherheit für private Schulden dienen. Die mit § 251 HGB verbundene Informationsfunktion gebietet eine Angabe, auch wenn die **Privatschulden** im Rechtssinne keine fremden Verbindlichkeiten sind. Da die Privatschulden nicht in der Bilanz passiviert werden dürfen, müssen sie insoweit wie fremde Verbindlichkeiten behandelt werden. Der Bilanzadressat ist auf dieses zusätzliche Risiko durch den Bilanzvermerk hinzuweisen.

40

Eine Sicherheitenbestellung für fremde Verbindlichkeiten ist formal auch gegeben, wenn eine **Leasinggesellschaft** ihre künftigen Leasingforderungen an ein Kreditinstitut verkauft und zur Sicherstellung die in ihrem Eigentum stehenden Leasinggegenstände an das Kreditinstitut übereignet. Ein Bilanzvermerk würde allerdings zu einem zweifachen Ausweis führen, da die vom Kreditinstitut erhaltenen Finanzmittel i.d.R. als passiver RAP zu bilanzieren sind. Der überwiegende Teil der Literatur lehnt daher für diesen Fall einen Bilanzvermerk mit guten Gründen ab.[57]

41

Vermerkpflichtig ist grds. der Betrag, in dessen Höhe am Bilanzstichtag eine Haftung für **Fremdverbindlichkeiten** besteht. Dieser wird sich i.d.R. an dem Betrag orientieren, zu dem die fremde Verbindlichkeit zum Bilanzstichtag valutiert. Die Angabe eines höheren Betrags kann verpflichtend sein, wenn Sicherungsabreden bestehen, die in der Höhe denen einer Höchstbetragsbürgschaft vergleichbar sind (Rz 20). Der Wert des zur Sicherheit zur Verfügung gestellten VG ist grds. nicht maßgeblich. Allerdings ist zu beachten, dass das Risiko des sicherheitsstellenden Kfm. auf den **Zeitwert des Sicherungsgegenstands** begrenzt ist. Dieser Wert stellt daher grds. den Höchstbetrag des Bilanzvermerks dar, wenn die gesicherte Verbindlichkeit den Zeitwert übersteigt.[58]

42

---

[56] Vgl. *Fey*, in *Küting/Pfitzer/Weber*, HdR, HGB § 251, Rz 60, Stand 02/2012.
[57] Vgl. *Fey*, in *Küting/Pfitzer/Weber*, HdR, HGB § 251, Rz 61, Stand 02/2012; *Wiehn*, in *Castan/Böcking/Heymann/Pfitzer/Scheffler*, Handbuch des Rechnungswesens, B 250 Haftungsverhältnisse, Rz 132, Stand 12/2011; a.A. *Schnoor*, DB 1988, S. 2421.
[58] Vgl. *ADS*, 6. Aufl., § 251 HGB, Rz 95.

## 7 Bewertung der vermerkpflichtigen Haftungsverhältnisse

43 Die Vermerkpflicht besteht grds. i. H. der vertraglich übernommenen Gewährleistung bzw. i. H. des Schuldbetrags eines Dritten, für den der Kfm. am Bilanzstichtag eine Sicherheit gewährt oder vertragliche Verpflichtung übernommen hat. Im letzteren Fall kann die Höhe des anzugebenden Betrags, wie bereits dargestellt, über die Höhe der zum Bilanzstichtag bestehenden Schuld eines Dritten hinausgehen, z. B. im Fall der Höchstbetragsbürgschaft (Rz 8, 22). Gleichzeitig ist zu beachten, dass keine Doppelberücksichtigung stattfinden darf, d. h. im Rahmen des Bilanzvermerks sind Beträge nur insoweit anzugeben, als nicht bereits aufgrund einer zum Bilanzstichtag drohenden Konkretisierung der Inanspruchnahme eine Passivierung vorzunehmen ist.[59] Weiterhin ist zu beachten, dass **Rückgriffsforderungen**, die die tatsächliche Belastung möglicherweise mindern können, bei der Bewertung nicht zu berücksichtigen sind. Dies gilt unabhängig davon, ob die Rückgriffsforderung als werthaltig eingeschätzt wird. Das **Saldierungsverbot** ist einzuhalten.[60] Daher ist z. B. auch bei gesamtschuldnerischer Haftung für nicht passivierte Verbindlichkeiten oder im Fall von Gesamtbürgschaften stets der volle Betrag anzugeben, da die im Fall überproportionaler Inanspruchnahme entstehende Rückgriffsforderung den Betrag des Bilanzvermerks nicht reduzieren darf.[61] Ob ggf. auch eine Angabe der Rückgriffsforderung vorgenommen werden kann, ist gesondert zu beurteilen (Rz 52).

44 Nur in den Fällen, in denen eine künftige wirtschaftliche Belastung ausnahmsweise völlig ausgeschlossen ist oder alleine vom Willen des Bilanzierenden abhängt, entfällt die Angabepflicht. Eine Deckung des Haftungsverhältnisses durch andere, d. h. **nachrangig Haftende** oder auch **Versicherungen**, schließt das Risiko einer tatsächlichen Belastung i. d. R. nicht völlig aus, sodass die Angabepflicht auch in diesen Fällen weiterhin besteht.[62]

45 Besondere Probleme kann die Ermittlung des zu vermerkenden Betrags ergeben, wenn die zugrunde liegenden Verpflichtungen aus **Dauerschuldverhältnissen** resultieren. Hierzu gehören die Fälle, in denen Gewährleistungen für Verpflichtungen eines Dritten aus dessen Dauerschuldverhältnissen übernommen werden, z. B. durch Mietbürgschaften, Schuldbeitritte zu Miet- oder Leasingverträgen o. Ä. Hierzu gehören aber auch Fälle, in denen vertragliche Gewährleistungen übernommen werden, die dauerhaften oder zumindest mehrperiodigen Bestand haben, wie z. B. Mietgarantien oder Betriebsergebnisgarantien im Hotelbereich (GOP-Garantien). Diese Gewährleistungen können sowohl im Zusammenhang mit der Veräußerung von Immobilien oder Betrieben stehen, aber auch eine Gewährleistung aus einem sonstigen Vertrag betreffen, z. B. eine GOP-Garantie im Zusammenhang mit einem Hotelmanagementvertrag.

46 Im Fall der Gewährleistung für **Dauerschuldverpflichtungen eines Dritten** (z. B. aus einem Mietvertrag) ist nicht nur ein Betrag i. H. der bis zum Abschluss-

---

[59] Vgl. *Karrenbrock*, in *Baetge/Kirsch/Thiele*, Bilanzrecht § 251 HGB, Rz 31.
[60] Vgl. *Fey*, in *Küting/Pfitzer/Weber*, HdR, HGB § 251, Rz 73, Stand 02/2012.
[61] Vgl. *ADS*, 6. Aufl., § 251 HGB, Rz 99; *Wiehn*, in *Castan/Böcking/Heymann/Pfitzer/Scheffler* Handbuch des Rechnungswesens, B 250 Haftungsverhältnisse, Rz 22, Stand 12/2011.
[62] Vgl. *Fey*, in *Küting/Pfitzer//Weber*, HdR, HGB § 251, Rz 34, Stand 02/2012.

stichtag entstandenen, noch nicht beglichenen Schuld des Dritten anzugeben, sondern es sind auch die nach dem Abschlussstichtag entstehenden Verpflichtungen, für die der Kfm. ggf. einstehen muss, anzugeben. In der Kommentierung wird diskutiert, ob in diesem Fall der volle mögliche Haftungsumfang, soweit er nachvollziehbar ermittelt werden kann, anzugeben ist oder ob es ausreicht, die maximale Belastung des Folgejahrs zu vermerken.[63] Für die Begrenzung auf die Angabe eines **Jahresbetrags** wird argumentiert, dass bei weit in die Zukunft reichenden Gewährleistungen für sukzessiv entstehende Verpflichtungen eines Dritten die Informationsfunktion des § 251 HGB in Konflikt mit dem Stichtagsprinzip geraten könne, da die Kumulation zukünftiger Risiken zur Angabe eines Betrags führen könne, der auf den Stichtag bezogen als unzutreffend angesehen werden müsste bzw. zu Fehlinterpretationen führen könne. Die hM neigt in diesen Fällen wohl zu der Angabe eines Jahresbetrags.[64] Hier ist jedoch zu beachten, dass die Angabe eines Jahresbetrags im Fall einer mehrjährigen Verpflichtung zunächst willkürlich erscheint und isoliert gesehen ebenso zu Fehlinterpretationen führen kann. Die Reduzierung auf einen Jahresbetrag kann vor dem Hintergrund der Informationsfunktion des § 251 HGB aber dann akzeptiert werden, wenn zusätzlich **verbale Erläuterungen**, insb. zur Gesamtlaufzeit der Verpflichtung, unter der Bilanz gemacht werden.[65] In diesem Fall erhält der Bilanzleser ein umfassendes Bild der möglichen Haftungsrisiken.

Soweit selbstständige **Gewährleistungsverpflichtungen für eigene Leistungen mit Dauerschuldcharakter** übernommen werden (z. B. Betriebsergebnisgarantie) ist zu beachten, dass bei drohender Inanspruchnahme zunächst eine Rückstellung für drohende Verluste aus Dauerschuldverhältnissen zu bilden ist. Diese Rückstellung muss grds. den Gesamtverlust, der über die gesamte Laufzeit des Dauerschuldverhältnisses zu erwarten ist, abbilden. Soweit am Bilanzstichtag keine Inanspruchnahme droht, jedoch aufgrund der erteilten Gewährleistung möglich ist, tritt eine Vermerkpflicht gem. § 251 HGB ein. Auch hier sollte, soweit die Beträge nachvollziehbar ermittelt werden können, die mögliche **Gesamtbelastung** oder zumindest eine Jahresrate mit entsprechender **verbaler Erläuterung** unter der Bilanz angegeben werden.[66]

47

In zahlreichen Fällen wird eine nachvollziehbare Ermittlung der drohenden Vermögensbelastung nicht möglich sein. Dies betrifft im besonderen Maß zwar Dauerschuldverpflichtungen, ist aber auch in sonstigen Fällen möglich. Auch im Zusammenhang mit angabepflichtigen harten Patronatserklärungen können sich erhebliche Probleme bei der Ermittlung des anzugebenden Werts ergeben.[67] In diesen Fällen ist der zu vermerkende Betrag nach vernünftiger kaufmännischer Beurteilung zu schätzen und dieser **Schätzbetrag** in den Vermerk einzubeziehen. Sofern eine Bezifferung in begründbarer nachvollziehbarer Weise überhaupt

48

---

[63] Vgl. *ADS*, 6. Aufl., § 251 HGB, Rz 105; *Wiehn*, in *Castan/Böcking/Heymann/Pfitzer/Scheffler*, Handbuch des Rechnungswesens, B 250 Haftungsverhältnisse, Rz 198, Stand 12/2011; *Fey*, in *Küting/Pfitzer/Weber*, HdR, HGB § 251, Rz78, Stand 02/2012.

[64] Vgl. *ADS*, 6. Aufl., § 251 HGB, Rz 106.

[65] Vgl. *ADS*, 6. Aufl., § 251 HGB, Rz 106; *Fey*, in *Küting/Pfitzer/Weber*, HdR, HGB § 251, Rz78, Stand 02/2012; *Wiedmann*, in *Ebenroth/Boujong/Joost/Strohn*, HGB 2. Aufl., § 251 HGB, Rz 3.

[66] Vgl. *ADS*, 6. Aufl., § 251 HGB, Rz 106; *Fey*, in *Küting/Pfitzer/Weber*, HdR, HGB § 251, Rz 78, Stand 02/2012.

[67] Vgl. *IDW RH HFA* 1.013, Tz 19–21; *ADS*, 6. Aufl., § 251 HGB, Rz 108.

nicht möglich ist, ist zur Berücksichtigung des Vollständigkeitsgebots ein **Merkposten** von 1 EUR anzugeben.[68] Darüber hinaus ist es nach der hM auch in diesem Fall erforderlich, zusätzliche **verbale Erläuterungen** oder Hinweise unter der Bilanz zu geben.[69] Der abweichenden Auffassung, zusätzliche verbale Erläuterungen oder Hinweise könnten nach § 251 HGB für den Kfm. nicht gefordert werden,[70] kann nicht gefolgt werden, da ein Merkposten von 1 EUR ohne weitere Erläuterungen weitgehend ohne Aussage ist bzw. – bei Vorliegen mehrerer vermerkpflichtiger Tatbestände am Bilanzstichtag – gewissermaßen im Rahmen der übrigen Haftungsverhältnisse „untergeht" und somit für den Jahresabschlussadressaten keinerlei Informationsgehalt hat.

## 8 Ausweis der vermerkpflichtigen Haftungsverhältnisse

49 Nach dem eindeutigen Wortlaut des § 251 HGB sind die Angaben **unter der Bilanz** zu machen; ein Ausweis an anderer Stelle, etwa die Aufnahme in die Bilanz (z.B. in Form nicht mit addierter Vorspalten oder eines gleich hohen Ausweises von Aktiv- und Passivposten) ist damit nicht zulässig. Zulässig erscheint allerdings, die Angaben in einen **freiwilligen Anhang** aufzunehmen, sofern unter der Bilanz darauf hingewiesen wird. In diesem Fall ist in analoger Anwendung der Regelung in § 268 Abs. 7 HGB eine inhaltliche Angabe unter der Bilanz nicht erforderlich. Für den Vermerk ist grds. die Formulierung aus dem Gesetzestext zu übernehmen: „Verbindlichkeiten aus der Begebung und Übertragung von Wechseln, aus Bürgschaften, Wechsel- und Scheckbürgschaften und aus Gewährleistungsverträgen sowie Haftungsverhältnisse aus der Bestellung von Sicherheiten für fremde Verbindlichkeiten"; hier darf eine entsprechende **Kürzung des Textes** vorgenommen werden, wenn ein Haftungsverhältnis keinen Betrag ausweist. Es wird als zulässig angesehen, eine Kurzbezeichnung „**Haftungsverhältnisse**", möglichst unter Hinweis auf § 251 HBG, zu verwenden. Es besteht ein Wahlrecht, die Angabe für alle Arten von Haftungsverhältnissen in einem Betrag vorzunehmen oder darüber hinausgehend Beträge für die einzelnen Arten von Haftungsverhältnissen anzugeben. Für den Fall, dass keine Haftungsverhältnisse vorliegen, ist ein Negativvermerk nicht erforderlich.

50 Umstritten ist die Frage, ob die Angabe von **Vorjahresbeträgen** erforderlich ist. Dies wird offenbar überwiegend mit der formalen Begründung verneint, dass sich die entsprechende Verpflichtung zur Angabe von Vorjahresbeträgen gem. § 265 Abs. 2 und 8 HGB auf die Posten der Bilanz, nicht jedoch auf unter der Bilanz zu vermerkende Haftungsverhältnisse bezieht.[71] Nach abweichender Auffassung, der i.S.d. Informationsfunktion gefolgt werden sollte, ist die Vorschrift des § 265 Abs. 2 und 8 HGB auch unter Einbeziehung des Grundsatzes

---

[68] Vgl. *ADS*, 6. Aufl., § 251 HGB, Rz 109; *Grottel/Haußer*, in Beck Bil-Komm. 9. Aufl., § 251 HBG, Rz 11.
[69] Vgl. *ADS*, 6. Aufl., § 251 HGB, Rz 109; *Fey*, in *Küting/Pfitzer/Weber*, HdR, HGB § 251, Rz78, Stand 02/2012; *IDW RH HFA*, 1.013, Tz 21.
[70] Vgl. *Ellrott*, in Beck Bil-Komm. 8. Aufl., § 251 HBG, Rz 11, Auffassung in 9. Aufl. nunmehr aufgegeben.
[71] Vgl. *Karrenbrock*, in *Baetge/Kirsch/Thiele*, Bilanzrecht, § 251 HGB, Rz 43; *ADS*, 6. Aufl., § 251 HGB, Rz 30.

der Darstellungsstetigkeit auf die Angaben „unter der Bilanz", d.h. nach der Bilanzsumme, analog anzuwenden.

Sofern eine Verbindlichkeit durch **mehrere Haftungsverhältnisse** gesichert wird, darf das Haftungsrisiko nur einmal vermerkt werden. Im Fall einer Angabe aller Haftungsverhältnisse in einem Gesamtbetrag darf der entsprechende Teilbetrag daher nur einmal einbezogen werden. Im Fall einer getrennten Angabe unter unterschiedlichen Kategorien der Haftungsverhältnisse darf das Risiko nur unter einer Kategorie angegeben werden. Dies macht eine Zuordnung zu einer der Kategorien erforderlich. Hierbei sollte der Ausweis stets unter dem jeweils stärkeren Haftungsverhältnis erfolgen. Weiterhin ist die Mit-Zugehörigkeit zu einer anderen Gruppe von Haftungsverhältnissen zu vermerken.[72]

51

Haftungsverhältnisse sind sowohl dem Grunde als auch der Höhe nach unabhängig davon zu vermerken, ob eventuelle **Rückgriffsforderungen** bestehen. Es ist allerdings zulässig, Rückgriffsforderungen unter der Bilanz auf der Aktivseite zu vermerken oder, alternativ, einen Zusatz beim Vermerk der Haftungsverhältnisse auf der Passivseite anzubringen: „davon durch Rückgriffsforderungen gesichert".[73] Die Ermittlung eines Werts von Rückgriffsforderungen sollte äußerst vorsichtig vorgenommen werden; ist die Werthaltigkeit zweifelhaft, sollte der Vermerk der Rückgriffsforderung unterbleiben.[74] Insbesondere bei Rückgriffsforderungen gegen den Schuldner, für den ein Haftungsverhältnis eingegangen worden ist, dürfte die Werthaltigkeit der Rückgriffsforderung i.d.R. zu bezweifeln sein. Anders kann sich dies für Rückgriffsforderungen gegenüber Dritten bzw. für besicherte Rückgriffsforderungen darstellen.

52

---

[72] Vgl. *Wiehn*, in *Castan/Böcking/Heymann/Pfitzer/Scheffler*, Handbuch des Rechnungswesens, B 250 Haftungsverhältnisse, Rz 33, Stand 12/2011.
[73] Vgl. *ADS*, 6. Aufl., § 251 HGB, Rz 34, 35.
[74] Vgl. *Wiehn*, in *Castan/Böcking/Heymann/Pfitzer/Scheffler*, Handbuch des Rechnungswesens, B 250 Haftungsverhältnisse, Rz 22, Stand 12/2011.

# § 252 ALLGEMEINE BEWERTUNGSGRUNDSÄTZE

(1) Bei der Bewertung der im Jahresabschluß ausgewiesenen Vermögensgegenstände und Schulden gilt insbesondere folgendes:
1. Die Wertansätze in der Eröffnungsbilanz des Geschäftsjahrs müssen mit denen der Schlußbilanz des vorhergehenden Geschäftsjahrs übereinstimmen.
2. Bei der Bewertung ist von der Fortführung der Unternehmenstätigkeit auszugehen, sofern dem nicht tatsächliche oder rechtliche Gegebenheiten entgegenstehen.
3. Die Vermögensgegenstände und Schulden sind zum Abschlußstichtag einzeln zu bewerten.
4. Es ist vorsichtig zu bewerten, namentlich sind alle vorhersehbaren Risiken und Verluste, die bis zum Abschlußstichtag entstanden sind, zu berücksichtigen, selbst wenn diese erst zwischen dem Abschlußstichtag und dem Tag der Aufstellung des Jahresabschlusses bekanntgeworden sind; Gewinne sind nur zu berücksichtigen, wenn sie am Abschlußstichtag realisiert sind.
5. Aufwendungen und Erträge des Geschäftsjahrs sind unabhängig von den Zeitpunkten der entsprechenden Zahlungen im Jahresabschluß zu berücksichtigen.
6. Die auf den vorhergehenden Jahresabschluss angewandten Bewertungsmethoden sind beizubehalten.

(2) Von den Grundsätzen des Absatzes 1 darf nur in begründeten Ausnahmefällen abgewichen werden.

Dr. Markus Kreipl/Prof. Dr. Stefan Müller

## Inhaltsübersicht

| | Rz |
|---|---|
| 1 Überblick | 1–18 |
|    1.1 Inhalt und Regelungszweck | 1–6 |
|    1.2 Anwendungsbereich | 7–11 |
|    1.3 Normenzusammenhänge | 12–18 |
| 2 Explizit normierte Bewertungsgrundsätze (Abs. 1) | 19–136 |
|    2.1 Grundsatz der Bilanzidentität (Nr. 1) | 19–29 |
|    2.2 Grundsatz der Unternehmensfortführung (Nr. 2) | 30–51 |
|       2.2.1 Regelungsinhalt | 30–31 |
|       2.2.2 Fortführungszeitraum | 32–33 |
|       2.2.3 Prüfung auf Fortführung | 34 |
|       2.2.4 Entgegenstehende Gegebenheiten | 35–41 |
|          2.2.4.1 Tatsächliche Gegebenheiten | 36–38 |
|          2.2.4.2 Rechtliche Gegebenheiten | 39–41 |
|       2.2.5 Bewertung (und Ansatz) bei Unternehmensfortführung | 42 |
|       2.2.6 Bewertung (und Ansatz) bei Wegfall der going-concern-Prämisse | 43–48 |
|       2.2.7 Anhang und Lagebericht | 49–51 |

|   |   |   |   |
|---|---|---|---|
| 2.3 | Grundsatz der Einzelbewertung und Stichtagsprinzip (Nr. 3, Nr. 4 Hs. 1) | | 52–78 |
| | 2.3.1 | Stichtagsprinzip | 53–66 |
| | | 2.3.1.1 Regelungsinhalt | 53–54 |
| | | 2.3.1.2 Wertaufhellende und wertbegründende Tatsachen | 55–61 |
| | | 2.3.1.3 Wertaufhellungszeitraum | 62–64 |
| | | 2.3.1.4 Spezialvorschriften und Ausnahmen vom Stichtagsprinzip | 65–66 |
| | 2.3.2 | Einzelbewertungsgrundsatz | 67–78 |
| | | 2.3.2.1 Regelungsinhalt | 67 |
| | | 2.3.2.2 Abgrenzung von Bewertungsobjekten | 68–76 |
| | | 2.3.2.3 Spezialvorschriften und Ausnahmen vom Einzelbewertungsgrundsatz | 77–78 |
| 2.4 | Vorsichts-, Imparitäts- und Realisationsprinzip (Nr. 4) | | 79–115 |
| | 2.4.1 | Vorsichtsprinzip (Nr. 4 Hs. 1) | 79–83 |
| | | 2.4.1.1 Regelungsinhalt | 79–82 |
| | | 2.4.1.2 Ausnahmen vom Vorsichtsprinzip | 83 |
| | 2.4.2 | Imparitätsprinzip (Nr. 4 Hs. 1) | 84–90 |
| | | 2.4.2.1 Regelungsinhalt | 84–88 |
| | | 2.4.2.2 Wertaufhellungsprinzip | 89 |
| | | 2.4.2.3 Ausnahmen vom Imparitätsprinzip | 90 |
| | 2.4.3 | Realisationsprinzip (Nr. 4 Hs. 2) | 91–115 |
| | | 2.4.3.1 Regelungsinhalt | 91–92 |
| | | 2.4.3.2 Gewinnrealisation | 93–113 |
| | | 2.4.3.3 Ausnahmen vom Realisationsprinzip | 114–115 |
| 2.5 | Grundsatz der Pagatorik und Periodenabgrenzung (Nr. 5) | | 116–122 |
| | 2.5.1 | Regelungsinhalt | 116–120 |
| | 2.5.2 | Spezialvorschriften und Ausnahmen vom Periodisierungsgrundsatz | 121–122 |
| 2.6 | Grundsatz der Bewertungsstetigkeit (Nr. 6) | | 123–136 |
| | 2.6.1 | Regelungsinhalt | 123–131 |
| | 2.6.2 | Spezialvorschriften und Ausnahmen vom Stetigkeitsprinzip | 132–136 |
| 3 | Abweichungen von den allgemeinen Bewertungsgrundsätzen (Abs. 2) | | 137–142 |
| | 3.1 | Regelungsinhalt und Anwendungsbereich | 137–138 |
| | 3.2 | Ausnahmefälle | 139–141 |
| | 3.3 | Anhangangabepflichten | 142 |
| 4 | Implizite Bewertungsgrundsätze | | 143–155 |
| | 4.1 | Aus anderen Vorschriften ableitbare Grundsätze | 143 |
| | 4.2 | Grundsatz der Methodenbestimmtheit | 144 |
| | 4.3 | Grundsatz des Willkürverbots | 145–146 |
| | 4.4 | Grundsatz der Wirtschaftlichkeit | 147–151 |
| | 4.5 | Grundsatz der Wesentlichkeit | 152–155 |
| 5 | Grundsätze ordnungsmäßiger Buchführung im Steuerrecht | | 156–163 |
| 6 | Rechtsfolgen bei Pflichtverletzung | | 164 |
| 7 | Änderungen durch das BilRUG | | 165 |

8   (Implizite) Änderungen durch die EU-Bilanzrichtlinie . . . . . . .   166–168
    8.1   Abweichung von den allgemeinen Bewertungsgrundsätzen
          (Abs. 2). . . . . . . . . . . . . . . . . . . . . . . . . . . . . . . . . . . . . .   166
    8.2   Grundsatz der Wirtschaftlichkeit . . . . . . . . . . . . . . . . . .   167
    8.3   Grundsatz der Wesentlichkeit. . . . . . . . . . . . . . . . . . . . .   168

**Ergänzendes Schrifttum**
*Bieg/Kußmaul/Petersen/Waschbusch/Zwirner,* Bilanzrechtsmodernisierungsgesetz, 2009; *Biener,* Auswirkungen der Vierten Richtlinie der EG auf den Informationsgehalt der Rechnungslegung deutscher Unternehmen, BFuP 1979, S. 1; *Brösel/Mindermann,* in *Petersen/Zwirner,* Bilanzrechtsmodernisierungsgesetz BilMoG, 2009; *Claussen/Korth,* Zum Grundsatz der Bewertungsstetigkeit im Handels- und Steuerrecht, DB 1988, S. 921; *DRSC (Hrsg.),* Umsetzung der Richtlinie 2013/34/EU, http://www.drsc.de/docs/press_releases/2014/140211_DRSC_Empfehlungen_HGB-Reform.pdf, letzter Abruf 14.07.2015; *Ehlers,* Anforderungen an die Fortführungsprognose, NZI 2011, S. 161; *Euler,* Grundsätze ordnungsmäßiger Gewinnrealisation, 1989; *Faller,* Der Grundsatz der Einzelbewertung und die Notwendigkeit zu seiner Durchbrechung unter Berücksichtigung des Bilanzrichtlinien-Gesetzentwurfs, BB 1985, S. 2017; *Finne,* Bilanzielle Berücksichtigung von Kurssicherungen, BB 1991, S. 1295; *Freidank,* Erfolgsrealisierung bei langfristigen Fertigungsprozessen, DB 1989, S. 1197; *Freidank/Velte,* Rechnungslegung nach dem Bilanzrechtsmodernisierungsgesetz (BilMoG), Steuer und Studium 2009, S. 318; *Frystatzki,* Die insolvenzrechtliche Fortführungsprognose – Zahlungsunfähigkeits- oder Ertragsfähigkeitsprognose?, NZI 2011, S. 173; *Füllbier/Gassen,* Das Bilanzrechtsmodernisierungsgesetz (BilMoG): Handelsrechtliche GoB vor der Neuinterpretation, DB 2007, S. 2605; *Göllert,* Auswirkungen des Bilanzrechtsmodernisierungsgesetzes (BilMoG) auf die Bilanzpolitik, DB 2008, S. 1165; *Gross,* Die Unternehmensfortführungsannahme als Bewertungskriterium, FS *Budde,* 1995, S. 243; *Groß/Amen,* Going-Concern-Prämisse im Insolvenz- und im Bilanzrecht, DB 2005, S. 1861; *Hennrichs,* Der steuerrechtliche sog. Maßgeblichkeitsgrundsatz gem. § 5 EStG – Stand und Perspektiven –, StuW 1999, S. 138; *Hense,* Rechtsfolgen nichtiger Jahresabschlüsse und Konsequenzen für Folgeabschlüsse, WPg 1993, S. 716; *Herzig,* Steuerliche Konsequenzen des Regierungsentwurfes zum BilMoG, DB 2008, S. 1339; *Husemann/Hofer,* Die Abschaffung der Aufwandsrückstellungen nach dem BilMoG RegE, DB 2008, S. 2661; *Hütz,* Rückstellung für drohende Verluste aufgrund mangelnder Nutzungsmöglichkeiten eines Erbbaurechts in Steuerbilanz und Vermögensaufstellung?, StBP 1983, S. 5; *Janssen,* Überlegungen zum „Going concern concept", WPg 1984, S. 341; *Kammann,* Stichtagsprinzip und zukunftsorientierte Bilanzierung, 1988; *Kessler/Suchan,* Das „Lifo-Urteil" des BFH und seine Bedeutung für das Handelsrecht, DStR 2003, S. 345; *Kessler/Veldkamp,* Umrechnung von Fremdwährungsgeschäften, KoR 2009, S. 245; *Kleindiek,* in: Staub, Großkommentar HGB, Band 3/1, 4. Aufl. 2002, § 252; *Knobbe-Keuk,* Bilanz- und Unternehmensteuerrecht, 9. Aufl. 1993; *Kreipl/Müller,* Rechnungslegungsgrundsätze im Kontext der konsolidierten EU-Bilanzrichtlinie –

Nationalisierungsnotwendigkeiten und Probleminhärenzen, in: *Seicht* (Hrsg.), Jahrbuch für Controlling und Rechnungswesen, Wien, 2014, S. 269–286; *Kuhlewind*, Grundlagen einer Bilanzrechtstheorie in den USA, in *Ballwieser/Ordelheide* (Hrsg.), Betriebswirtschaftliche Studien – Rechnungs- und Finanzwesen, Organisation und Institution, Bd. 37 1997; *Kupsch*, Einheitlichkeit und Stetigkeit der Bewertung gem. § 252 HGB Abs. 1 Nr. 6 HGB, DB 1987, S. 1101, 1157; *Küting/Cassel*, Bilanzierung von Bewertungseinheiten nach dem Entwurf des BilMoG, KoR 2008, S. 769; *Küting/Lauer*, Die Bedeutung des Anschaffungskostenprinzips und die Folgen seiner Durchbrechung – eine vergleichende Würdigung des HGB und der IFRS, DB 2013, S. 1185; *Leffson*, Die Going-Concern Prämisse bei Unsicherheit über den Fortbestand der Unternehmung, WPg 1984, S. 604; *Leffson*, Die Grundsätze ordnungsmäßiger Buchführung, 7. Aufl. 1987; *Lück*, Materiality in der internationalen Rechnungslegung – Das pflichtgemäße Ermessen des Abschlußprüfers und der Grundsatz der Wesentlichkeit, 1. Aufl. 1975; *Moxter*, Das System der handelsrechtlichen Grundsätze ordnungsmäßiger Bilanzierung, in FS *v. Wysocki*, 1985; *Moxter*, Bilanzrechtsprechung, 1993; *Moxter*, Das Realisationsprinzip – 1884 und heute, BB 1984, S. 1780; *Moxter*, Rückstellungen für ungewisse Verbindlichkeiten und Höchstwertprinzip, BB 1989, S. 945; *Niehus*, "Materiality" ("Wesentlichkeit") – Ein Grundsatz der Rechnungslegung auch im deutschen Handelsrecht?, WPg 1981, S. 1; *Niemann*, Zur handelsrechtlichen und steuerrechtlichen Bewertung des Vorratsvermögens – insb. zum Vereinfachungsverfahren nach § 256 HGB/§ 6 Abs. 1 Nr. 2a EStG, IFSt-Schrift Nr. 401, 2002; *Ortmann-Babel/Bolik/Gageur*, Ausgewählte steuerliche Chancen und Risiken durch das BilMoG, DStR 2009, S. 934; *Petersen/Zwirner/Künkele*, Umstellung auf das neue deutsche Bilanzrecht: Übergangsregelungen des BilMoG nach IDW RS HFA 28, DB 2010, Beilage Nr. 4; *Pock*, Grundsätze ordnungsmäßiger Verbindlichkeitsbilanzierung für Arbeitsverhältnisse, 2012; Quick/Adam, Das Going-Concern-Prinzip – Konzeption und praktische Implikationen, BFuP 2010, S. 243; *Rhiel/Veit*, Auswirkungen des Gesetzes zur Modernisierung des Bilanzrechts (BilMoG) auf Pensionsverpflichtungen, DB 2008, S. 1509; *Scharpf*, in *Küting/Pfitzer/Weber*, Das neue deutsche Bilanzrecht, 2. Aufl. 2009, S. 197; *Scheffler*, Bilanzrechtsmodernisierungsgesetz und steuerliche Gewinnermittlung, StuB 2009, S. 45; *Schmidt*, in: *Schmidt*, Hamburger Kommentar zum Insolvenzrecht, 3. Aufl. 2009, § 66; *Schneeloch*, Bewertungsstetigkeit in Handels- und Steuerbilanz, WPg 1987, S. 405; *Schülen*, Die Aufstellung des Anhangs, WPg 1987, S. 223; *Schulte*, Inhalt und Gliederung des Anhangs, BB 1986, S. 1468; *Schulze-Osterloh*, Fortführungsprinzip und Stichtagsprinzip, DStR 2007, S. 1006; *Semler/Goldschmidt*, Zur Anwendung des Grundsatzes der Unternehmensfortführung bei Zweifeln an der Überlebensfähigkeit des Unternehmens, ZIP 2005, S. 3; *Siegel*, Grundsatzprobleme der Lifo-Methode und des Indexverfahrens, DB 1991, S. 1941; *Siemon*, Das ESUG und § 270b InsO in der Anwendung, ZInsO 2012, S. 1045; *Söffing*, Der Stetigkeitsgrundsatz in steuerrechtlicher Sicht, DB 1987, S. 2598; *Uhlenbruck*, InsO: Insolvenzordnung, Kommentar, 13. Aufl. 2010; *Walz*, in: *Heymann*, Handelsgesetzbuch, Kommentar, Band 3, 2. Aufl. 1999, § 252.

# 1 Überblick

## 1.1 Inhalt und Regelungszweck

1 § 252 Abs. 1 HGB enthält zunächst die folgenden explizite Bewertungsgrundsätze bzw. -prinzipien:
- Grundsatz der Bilanzidentität, Nr. 1 (Rz 19 ff.)
- Grundsatz der Unternehmensfortführung, Nr. 2 (Rz 30 ff.)
- Grundsatz der Einzelbewertung und Stichtagsprinzip, Nr. 3 (Rz 52 ff.)
- Vorsichtsprinzip, Nr. 4 Hs. 1 (Rz 79 ff.)
- Imparitätsprinzip, Nr. 4 Hs. 2 (Rz 84 ff.)
- Realisationsprinzip, Nr. 4 Hs. 2 (Rz 91 ff.)
- Grundsatz der Pagatorik und Periodenabgrenzung, Nr. 5 (Rz 116 ff.)
- Grundsatz der Bewertungsstetigkeit, Nr. 6 (Rz 123 ff.)

2 § 252 Abs. 2 HGB beinhaltet darüber hinaus Vorschriften bzgl. einer Abweichung von den Bewertungsgrundsätzen bzw. -prinzipien in begründeten Ausnahmefällen (Rz 137 ff.).

3 Neben den explizit aufgeführten allgemeinen Bewertungsgrundsätzen enthält § 252 HGB weitere implizite Bewertungsgrundsätze, die sich einerseits aus der nicht abschließenden Aufzählung des Abs. 1 („insbesondere") und andererseits aus der Ausnahmeregelung des Abs. 2 ergeben.[1] Aus § 252 HGB folgt zunächst keine Pflicht zur Anwendung der nicht explizit geregelten Grundsätze im Rahmen der JA-Erstellung. Da es sich bei den in Abs. 1 normierten Grundsätzen aber um kodifizierte **Grundsätze ordnungsmäßiger Buchführung** (zum Begriff und der Rechtsnatur der GoB s. § 243 Rz 3 ff.) handelt, ergibt sich die Vorgabe zu deren Beachtung aus § 243 Abs. 1 HGB, der jeden Kfm. zur Aufstellung seines JA nach den GoB verpflichtet (§ 243 Rz 1 ff.).

4 Die in den Nr. 1–6 normierten Grundsätze sind ihrem **GoB**-Charakter geschuldet entsprechend als ergänzende und konkretisierende Generalklauseln zu verstehen, die insb. dann greifen, wenn Sachverhalte in den Einzelvorschriften nicht oder nur unzureichend geregelt sind[2], was sich etwa infolge der Markteinführung neuer Finanzprodukte ergeben kann. Auch hier greift insofern der auch über das Handelsrecht hinaus gültige Rechtsgrundsatz „lex specialis derogat legi generali".

5 Die Vorschriften wirken sich mitunter auch auf den handelsrechtlichen **Ansatz** aus. Als Grundsätze mit ansatzrelevantem Charakter sind dabei der Grundsatz der Periodenabgrenzung (Nr. 5), das Imparitätsprinzip (Nr. 4 Hs. 2) sowie das Realisationsprinzip zu verstehen.[3] Darüber hinaus ergeben sich infolge des weiterhin bestehenden Maßgeblichkeitsprinzips gem. § 5 Abs. 1 EStG direkte Auswirkungen auf die **steuerrechtliche Abbildung**, solange der Anwendung dieser Grundsätze keine einschränkenden steuerrechtlichen Regelungen gegenüberstehen. Gleichzeitig sind die Regelungen des § 252 HGB häufig Gegenstand der steuerrechtlichen Rechtsprechung, was zu GoB-setzenden bzw. -konkretisierenden Auswirkungen führt.

---

[1] Vgl. *Winkeljohann/Büssow*, in Beck Bil-Komm. 9. Aufl., § 252 HGB, Rz 1.
[2] Vgl. dazu *Ballwieser*, in MünchKomm. HGB, 3. Aufl., § 252. Rn 2.
[3] Vgl. anstatt vieler *Baetge/Ziesemer/Schmidt*, in *Baetge/Kirsch/Thiele*, Bilanzrecht, § 252 HGB, Rz 3, Stand 10/2011.

Die Grundsätze sind von **Gleichrangigkeit** gekennzeichnet, sodass ihre Anwendung unabhängig von der Anwendung der jeweils anderen Prinzipien erfolgt[4], was sich bereits daraus ergibt, dass den GoB Vorrang- oder Nachrangverhältnisse grds. nicht inhärent sind.[5] Dies bleibt auch von der Klassifizierung der Grundsätze der Unternehmensfortführung, Einzelbewertung und Pagatorik als Systemgrundsätze unberührt.

6

Wenngleich in der Praxis wohl eher selten vorzufinden, kann sich daraus ein **Anwendungsdilemma** ergeben, wenn sich zwei Grundsätze in einem konkreten Fall entgegenstehen, d.h. die Anwendung eines Grundsatzes zwangsläufig zur Missachtung eines anderen führt. Abhilfe kann in einem solchen Fall einzig die Regelung des Abs. 2 schaffen, die eine Abweichung eben in begründeten Ausnahmefällen gestattet, wobei ein solcher in dieser Situation wohl stets vorliegen dürfte.

## 1.2 Anwendungsbereich

Die Vorschriften des § 252 HGB gelten für **alle Kfl.** und sind sowohl im Einzel- als auch im Konzernabschluss zu beachten. Die Pflicht zur Beachtung der GoB auch im KA ergibt sich dabei bereits aus § 297 Abs. 1 Satz 1 und 2 HGB, der vorschreibt, dass der KA klar und übersichtlich aufzustellen ist und unter Beachtung der Grundsätze ordnungsmäßiger Buchführung ein den tatsächlichen Verhältnissen entsprechendes Bild der VFE-Lage zu vermitteln hat (§ 297 Rz 83 ff.), wobei der gesonderte Hinweis auf den Grundsatz der Klarheit und der Übersichtlichkeit redundant ist. Der in § 298 HGB explizit normierte Verweis u. a. auf die Vorschriften des § 252 HGB verdeutlicht die Pflicht zur Beachtung der Grundsätze im Rahmen der KA-Erstellung nochmals, wobei der Verweis analog zu der Vorgabe zur klaren und übersichtlichen Ausgestaltung des KA aus § 297 Abs. 1 Satz 1 HGB als redundant zu bezeichnen ist.

7

Die Vorschriften des § 252 HGB gelten für den Einzelabschluss von Unt in Gestalt eines **Kreditinstituts** analog, wobei spezielle Bewertungsregelungen insb. in § 340e HGB Vorrang haben. Da der § 297 Abs. 1 Satz 1 und 2 HGB in den Vorschriften der §§ 340 ff. HGB nicht als „nicht-anzuwenden" i. S. v. § 340i Abs. 1 HGB bestimmt wird, gilt § 252 HGB auch für den KA eines Kreditinstituts analog, wenngleich § 340i Abs. 2 Satz 2 HGB implizit durch die nicht-Anwendung des § 298 Abs. 1 HGB den § 252 HGB ausschließt. Durch dieses Vorgehen – Ausschluss der Anwendung von § 298 Abs. 1 HGB und damit des expliziten Verweises auf § 252 HGB ohne Ausschluss der generellen Vorgabe zur Beachtung der GoB auch im KA aus § 297 Abs. 1 HGB – ergibt sich entsprechend eine auslegungsbedürftige Inkonsistenz, die der Gesetzgeber künftig beheben sollte.

8

---

[4] Vgl. *Winkeljohann/Büssow*, in Beck Bil-Komm. 9. Aufl., § 252 HGB, Rz 2; *ADS*, 6. Aufl. § 252 HGB, Rz 6.

[5] So etwa auch *Baetge/Ziesemer/Schmidt*, in *Baetge/Kirsch/Thiele*, Bilanzrecht, § 252 HGB, Rz 5, Stand 10/2011, wobei diese m.w.N. auch auf die im Schrifttum mitunter geäußerte Nachrangigkeit des Stetigkeitsgrundsatzes vor der Einführung des BilMoG infolge seiner Ausprägung als Sollvorschrift eingehen.

9  Die unter Rz 8 gemachten Ausführungen zu Kreditinstituten gelten – auch hinsichtlich der Inkonsistenz der nicht-Anwendungsvorgaben – für **Versicherungsunt** analog, wobei hier die Vorschriften der §§ 341 ff. HGB maßgeblich sind.

10  Ist ein Unt zur Rechnungslegung nach dem **PublG** verpflichtet, sind die Vorschriften des § 252 HGB ebenfalls anzuwenden.[6]

11  Infolge der Implementierung des **Maßgeblichkeitsprinzips** in § 5 Abs. 1 EStG entfaltet § 252 HGB auch Ausstrahlungswirkung auf die Steuerbilanz. Entsprechend ist der Ansatz des Betriebsvermögens geboten, das sich nach den handelsrechtlichen Normen und GoB ergibt, wobei steuerrechtliche Spezialvorschriften ebenfalls Vorrang besitzen und alle steuerlichen Wahlrechte unabhängig von der Handelsbilanz ausgeübt werden können (§ 5 Abs. 1 Satz 1 2. Hs. EStG: „es sei denn, im Rahmen der Ausübung eines steuerlichen Wahlrechts wird oder wurde ein anderer Ansatz gewählt"). Ausführlicher zur aktuellen Maßgeblichkeitsdefinition s. § 274 Rz 130 ff.

### 1.3 Normenzusammenhänge

12  Da § 252 HGB nicht von abschließendem **Charakter** ist, was sich bereits aus der Verwendung der Formulierung „insbesondere" in Abs. 1 ergibt, stehen alle anderen Normen des Handelsgesetzbuches mit § 252 HGB zumindest in indirekter Beziehung, die GoB-Bezug aufweisen respektive GoB konkretisieren. Dies betrifft sowohl § 238 Abs. 1 HGB für die Buchführung, die §§ 243 Abs. 1 und 264 Abs. 2 HGB für den JA wie etwa auch die §§ 240 Abs. 3, 285 Nr. 3, 286 Abs. 3 Nr. 1 und 289 Abs. 1 Satz 3 HGB, die explizit auf den Wesentlichkeitsgrundsatz zurückgreifen.

Die Vorgabe zur Beachtung der nicht explizit in § 252 HGB kodifizierten Grundsätze ergibt sich dabei aus der in § 243 Abs. 1 HGB festgeschriebenen Pflicht zur Aufstellung des JA unter Berücksichtigung der GoB.

13  Dieser Zusammenhang gilt für die handelsrechtlichen **Spezialvorschriften**, insb. die bewertungsbezogenen Regelungen der §§ 253 ff. HGB, die stets vorrangig anzuwenden sind, entsprechend.

Das in § 252 Abs. 1 Nr. 4 Hs. 2 HGB kodifizierte Realisationsprinzip wird durch die Vorgabe zur Zeitwertbewertung für VG, die dem Zugriff aller übrigen Gläubiger entzogen sind und ausschließlich der Erfüllung von Schulden aus Altersversorgungsverpflichtungen oder vergleichbaren langfristig fälligen Verpflichtungen dienen, gem. § 253 Abs. 1 Satz 4 i.V.m. § 246 Abs. 2 Satz 2 HGB durchbrochen. In diesen Fällen greift dann die Ausschüttungssperre des § 268 Abs. 8 HGB bzw. für Aktiengesellschaften die Abführungssperre des § 301 AktG. Ebenfalls GoB-durchbrechend bzw. zumindest mit diesen in Konflikt stehend sind zudem die Vorschriften des § 256a Satz 2 HGB zur Währungsumrechnung sowie jene zur Bewertung von Rückstellungen zum Erfüllungsbetrag nach § 253 Abs. 1 Satz 2 HGB.

---

[6] Vgl. *Baetge/Ziesemer/Schmidt*, in *Baetge/Kirsch/Thiele*, Bilanzrecht, § 252 HGB, Rz 10, Stand 10/2011.

Mit § 254 HGB betreffend der Behandlung von Bewertungseinheiten ergibt sich zumindest eine Durchbrechung des in § 252 Abs. 1 Nr. 3 HGB normierten Grundsatzes der Einzelbewertung.[7]
Mit den Vorschriften des § 253 Abs. 3, 4 HGB hinsichtlich der Niederstwertbewertung sowie jenen des § 249 Abs. 1 Satz 1 HGB zur Rückstellungsbildung für Drohverluste aus schwebenden Geschäften erfolgt zudem eine Konkretisierung des Imparitätsprinzips (§ 252 Abs. 1 Nr. 4 Hs. 2 HGB).

Die im Schrifttum mitunter vereinzelt skizzierten weitreichenden (wohl als negativ aufzufassenden) **Folgen**[8] **der Durchbrechungen** sind u. E. nach nicht zu befürchten[9], was sich bereits aus dem Rechtsgrundsatz „lex specialis derogat legi generali" und aus dem von gleicher Stelle aufgeführten Sinn und Zweck der Grundsätze – nämlich der Konkretisierung offen formulierter oder spielraumbehafteter Spezialvorschriften sowie der Ergänzung dieser in Fällen fehlender Regelungen[10] – ergibt. Da in den Durchbrechungsfällen weder Ergänzungen noch Konkretisierungen und damit im Umkehrschluss keine Grundsätze erforderlich sind, ist kaum begründbar, warum es hier zu einer Erschütterung des Grundsatzgefüges kommen soll.  **14**

Aus dem **Anwendungsvorrang** der Spezialvorschriften ergibt sich folgende Normen-Rangfolge handels- und gesellschaftsrechtlicher Regelungen (§ 264 Rz 53):  **15**
- Branchenbezogene Spezialnormen (z. B. Formblattverordnungen)
- Rechtsform-spezifische Spezialnormen (z. B. §§ 150 ff. AktG)
- Ergänzende Vorschriften für KapG und ihnen gleichgestellte KapCoGes (§§ 264–289a HGB, ohne § 264 Abs. 2 HGB)
- Vorschriften für alle Kfl. (§§ 242–256 HGB)
- Grundsätze ordnungsgemäßer Buchführung
- Generalnorm des § 264 Abs. 2 Satz 1 HGB

Hinsichtlich des **Anhangs** sind einerseits Angabepflichten, konkret des § 284 Abs. 2 Nr. 1, 3 HGB, betreffend die Regelungen des § 252 HGB und andererseits mit den in § 252 HGB festgeschriebenen Grundsätzen in Verbindung stehende Anhangvorschriften, wie die der §§ 285 Nr. 3, 286 Abs. 3 Nr. 1 HGB (diese greifen auf den in § 252 HGB implizit enthaltenen Wesentlichkeitsgrundsatz zurück) zu berücksichtigen.  **16**

Gleiches gilt für den **Lagebericht**. Konkret fordert § 289 Abs. 2 Nr. 1 HGB Angaben über Vorgänge von besonderer Bedeutung, die nach dem Schluss des Gj eintreten. § 289 Abs. 1 Satz 3 HGB greift explizit auf den Wesentlichkeitsgrundsatz zurück.  **17**

Durch die in § 297 Abs. 1 Satz 1 und 2 HGB implementierte Pflicht zur Beachtung der GoB auch im **KA** und den Verweis auf die Anwendung des § 252 HGB in § 298 HGB steht die Regelung des § 252 HGB darüber hinaus in direkter Verbindung mit den aufgeführten Normen betreffend den KA.  **18**

---

[7] Vgl. *Baetge/Ziesemer/Schmidt,* in *Baetge/Kirsch/Thiele,* Bilanzrecht, § 252 HGB, Rz 13, Stand 10/2011.
[8] So *Fülbier/Kuschel/Selchert,* in *Küting/Pfitzer/Weber,* HdR, HGB § 252, Rn 16, Stand 12/2010.
[9] Im Ergebnis ebenso *Hoffmann/Lüdenbach,* NWB-Kommentar Bilanzierung, 6. Aufl. 2015, § 252 HGB Rz 8.
[10] Vgl. *Fülbier/Kuschel/Selchert,* in *Küting/Pfitzer/Weber,* HdR, HGB § 252, Rn 15, Stand 12/2010.

## 2 Explizit normierte Bewertungsgrundsätze (Abs. 1)
### 2.1 Grundsatz der Bilanzidentität (Nr. 1)

19  Die Wertansätze der Eröffnungsbilanz haben nach § 252 Abs. 1 Nr. 1 HGB den Wertansätzen in der Schlussbilanz des vorherigen Gj zu entsprechen. Mittels Normierung des Grundsatzes der **Bilanzidentität**[11] – der im Steuerrecht primär als Grundsatz des Bilanzzusammenhangs bezeichnet wird[12] – soll sichergestellt werden, dass sämtliche Geschäftsvorfälle in das neue Gj übertragen werden, ohne dass Erfolgsbeiträge aus der GuV eliminiert und damit den Anteilseignern vorenthalten werden können.[13] Die Regelung ist dabei Ausdruck des Stetigkeitsgebots sowie der Willkürfreiheit und dient einer periodengerechten Gewinnermittlung. Darüber hinaus wird argumentiert, dass nur so eine korrekte Darstellung des zumindest gedanklichen Totalgewinns der Unternehmung, der der Summe der Jahresüberschüsse und -fehlbeträge über alle Gj der gesamten Lebensdauer eines Unt entspricht, erreicht werden kann und sich die Schwankungen der Wertansätze im Zeitverlauf ausgleichen.[14] Allerdings handelt es sich bei dem Konstrukt des Totalgewinns lediglich um ein theoretisches Gebilde und etwa in den Übergangsvorschriften zum BilMoG wurde eine erfolgsneutrale Erfassungen von Erträgen aus der Umstellung bei bestimmten Sachverhalten im Widerspruch zu dem Grundsatz der Bilanzidentität gefordert bzw. erlaubt (z. B. Art. 67 EGHGB Rz 36).

20  Da weder dem HGB noch den GoB eine Pflicht zur Aufstellung einer **Eröffnungsbilanz** für jedes Gj inhärent ist, ist unter der in § 252 HGB irreführenderweise verwendeten Formulierung „Eröffnungsbilanz" die Übereinstimmung der Saldenvorträge auf den Bestandskonten mit den Schlusssalden der entsprechenden Konten aus dem vorangegangenen (Rumpf-)Gj zu verstehen. Auch aus der Regelung des § 252 HGB ergibt sich eine Pflicht zur Aufstellung einer Eröffnungsbilanz nicht. Die Pflicht zur Aufstellung einer solchen liegt nur im Falle des Beginns eines Handelsgewerbes (§ 242 Abs. 1 Satz 1 HGB) oder etwa gem. § 71 Abs. 1 GmbHG im Falle einer Liquidation vor, wobei die Liquidationseröffnungsbilanz – vorbehaltlich abweichender Vorgaben – bei GmbH sachlich der Eröffnungsbilanz des § 242 Abs. 1 Satz 1 HGB und inhaltlich der Schlussbilanz entspricht.[15] Ebenfalls folgt aus der Regelung kein Gebot zur **Gliederungsstetigkeit**.[16] Es ist entsprechend nicht erforderlich, die Kontengliederung des vorangegangenen Gj für das neue Gj zu verwenden. Allerdings ergibt sich i. S. d. Bilanzidentität bei Änderungen die Anforderung zur Vorlage von Überleitungen und der Beibehaltung der Kontengliederungen für ein Gj.[17]

---

11  *Winkeljohann/Büssow*, in Beck Bil-Komm. 9. Aufl., § 252 HGB, Rz 3. etwa verwenden die Bezeichnung „formelle Bilanzkontinuität".
12  Vgl. *Selchert*, in *Küting/Weber*, HdR, HGB § 252, Rn 34, Stand 11/2002; BFH v. 29.11.1965, GrS 1/65, BStBl 1966 III S. 142.
13  Vgl. *Baetge/Ziesemer/Schmidt*, in *Baetge/Kirsch/Thiele*, Bilanzrecht, § 252 HGB, Rz 21, Stand 10/2011; *Winkeljohann/Büssow*, in Beck Bil-Komm. 9. Aufl., § 252 HGB, Rz 4.
14  So etwa *Winkeljohann/Büssow*, in Beck Bil-Komm. 9. Aufl., § 252 HGB, Rz 4; *Ballwieser*, in MünchKomm. HGB, 3. Aufl., § 252. Rn 5; *Baetge/Ziesemer/Schmidt*, in *Baetge/Kirsch/Thiele*, Bilanzrecht, § 252 HGB, Rz 21, Stand 10/2011.
15  Vgl. *Roth/Altmeppen*, in Beck'scher GmbHG Kommentar, 7. Aufl., § GmbHG § 71 Rz. 15.
16  Vgl. *ADS*, 6. Aufl., § 252 HGB, Rz 11.
17  Vgl. *Baetge/Ziesemer/Schmidt*, in *Baetge/Kirsch/Thiele*, Bilanzrecht, § 252 HGB, Rz 26, Stand 10/2011.

Während § 252 Abs. 1 Nr. 1 HGB zunächst nur allgemein von der Übernahme der Wertansätze spricht, ergibt sich aus § 252 Abs. 1 Satz 1 HGB die Spezifizierung, dass darunter die **Wertansätze** der im JA ausgewiesenen VG und Schulden zu verstehen ist. Allerdings umfasst der Grundsatz der Bilanzidentität darüber hinaus nicht nur den Wertansatz sämtlicher Aktiva und Passiva und damit auch der Posten des EK, sondern vielmehr auch den übereinstimmenden **Ansatz** dieser.[18] Daraus folgt neben der Vorgabe zur unveränderten Übernahme der Wertansätze der ausgewiesenen Posten unter Ausschluss von Weglassungen oder Ergänzungen auch die Pflicht zur Beibehaltung der Zuordnung zu den Aktiv- und Passivpositionen genauso wie das Erfordernis zur Übernahme der Wertansätze zusammengefasster und nicht gesondert ausgewiesener (Unter-)Positionen in den Fällen unveränderter Gesamtwerte.[19] Darüber hinaus ergibt sich in Konsequenz der Grundsatzanwendung auch das **Verbot** zur Anpassung infolge einer **abweichenden Steuerbilanz**.[20]

21

> **Beispiel**
> Die X GmbH hat im am 31.12.X1 endenden Gj im Rahmen der Zugangsbewertung gem. § 255 Abs. 2 Satz 2 HGB sämtliche dem einzelnen Erzeugnis unmittelbar zurechenbare Aufwendungen und damit Pflichtbestandteile der HK i. H. v. insgesamt 550.000 EUR sowie nach § 255 Abs. 2 Satz 3 HGB alle wahlrechtsgemäßen Gemeinkosten, die unabhängig von der Produktionsmenge angefallen sind (allgemeine Verwaltungskosten, Kosten für soziale Einrichtungen des Betriebs und freiwillige soziale Leistungen, sowie Kosten der betrieblichen Altersvorsorge), i. H. v. insgesamt 150.000 EUR in die aktivierten HK einbezogen.
> Infolge des Grundsatzes der Bilanzidentität ist es der X GmbH nicht gestattet, im Rahmen der Eröffnungsbuchungen nur die Pflichtbestandteile der HK i. H. v. insgesamt 550.000 EUR für das Gj X2 vorzutragen. Der Schlusssaldo von insgesamt 700.000 EUR ist zu übernehmen.

Die Praxis der **Berücksichtigung von** bereits vorhandenen **Gewinnveränderungsbeschlüssen** und den damit etwaig verbundenen Änderungen der Eigenkapital- und Verbindlichkeitskonten bzw. Umbuchungen von Gewinnen/Verlusten oder Gewinn-/Verlustvorträgen bereits im Zuge der Eröffnungsbuchungen als Alternative zur Erfassung erst im Laufe des neuen Gj soll keine Durchbrechung des Grundsatzes darstellen.[21] U.E. nach kann dies so nicht gelten und widerspricht dem mitunter von gleicher Seite vorgebrachten Argument hinsichtlich eines Verbots zur Änderung der Zuordnung von Aktiv- und Passivposten.[22] Warum eine Änderung der Zuordnung bei VG nicht, bei Positionen des EK dagegen gestattet

22

---

[18] Vgl. anstatt vieler *Baetge/Ziesemer/Schmidt*, in *Baetge/Kirsch/Thiele*, Bilanzrecht, § 252 HGB, Rz 25, Stand 10/2011.
[19] Ebenso etwa *Winkeljohann/Büssow*, in Beck Bil-Komm. 9. Aufl., § 252 HGB, Rz 4 ff.
[20] Vgl. *Winkeljohann/Büssow*, in Beck Bil-Komm. 9. Aufl., § 252 HGB, Rz 6.
[21] So *Baetge/Ziesemer/Schmidt*, in *Baetge/Kirsch/Thiele*, Bilanzrecht, § 252 HGB, Rz 27, Stand 10/2011; *ADS*, 6. Aufl., § 252 HGB, Rz 16; im Ergebnis ebenso *Winkeljohann/Büssow*, in Beck Bil-Komm. 9. Aufl., § 252 HGB, Rz 8; aA *Fülbier/Kuschel/Selchert*, in *Küting/Pfitzer/Weber*, HdR, HGB § 252, Rn 29, Stand 12/2010.
[22] So etwa *Winkeljohann/Büssow*, in Beck Bil-Komm. 9. Aufl., § 252 HGB, Rz 7.

sein soll, erschließt sich nicht, da der Anwendungsbereich des Grundsatzes Positionen des EK nach hM umfasst. Auch der vereinzelt aufgebrachte Hinweis auf die Vereinbarkeit dieser Vorgehensweise mit dem Inhalt bzw. Zweck des Grundsatzes[23] trotz formeller Durchbrechung heilt diesen Fehler nicht. Insbesondere als kritisch zu erachten sind aufwands- oder ertragsbezogene Konsequenzen, wie etwa Steuern, die u.E. klar zu einer nicht nur formellen Durchbrechung führen.[24] Das ebenfalls vorgebrachte Argument, es handle sich bei dem JA und dem Gewinnverwendungsbeschluss um eine Einheit, mag ebenfalls nicht überzeugen, da einerseits § 252 Abs. 1 Nr. 1 HGB auf den unmittelbaren Zusammenhang der Wertansätze und nicht die Regelwerke als Ganzes abstellt[25] und der Gewinnverwendungsbeschluss mit dem JA eben gerade keine Einheit bildet sondern als selbständige Ergänzung zu betrachten ist.

Im Ergebnis ergibt sich die Konsequenz, dass Gewinnverwendungsbeschlüsse und die damit verbundenen Folgen nicht bereits im Zuge der Saldenvorträge umgesetzt werden dürfen.[26]

23 Umstritten hinsichtlich des Zeitpunkts der Veränderungsberücksichtigung, d.h. konkret der Umsetzung von Sachverhalten bereits im Zuge der Eröffnungsbuchungen, ist auch der Fall von **Umwandlungen** – insb. mit Übertragung von Aktiva und Passiva. Diese umfassen gem. § 1 Abs. 1 UmwG die umwandlungsrechtlichen Vorgänge der Verschmelzung (§§ 2–121l UmwG),[27] der Spaltung (§§ 123–173 UmwG)[28] als auch von Vermögensübertragungen (§§ 174–189 UmwG).[29]

24 Der **Zugangszeitpunkt** von Sachanlagen sowie entgeltlich erworbenen immateriellen VG des AV richtet sich im Wege von Umwandlungen grds. nach der Übertragung der Verfügungsmacht, nicht nach dem rechtlichen Wirksamwerden der Übertragung.[30] Abweichend davon ist im Zuge von Verschmelzungen und Spaltungen der Verschmelzungsstichtag[31] für den Zugangszeitpunkt maßgebend.[32] Der Stichtag der Schlussbilanz i.S.d. UmwG, der dem Verschmelzungsstichtag entspricht, muss dabei nicht dem Stichtag des JA entsprechen. Allerdings entfällt bei gleichem Stichtag die Pflicht zur Aufstellung einer gesonderten Schlussbilanz i.S.d. UmwG. Der steuerliche Übertragungsstichtag entspricht wiederum zwingend dem Stichtag der Schlussbilanz i.S.d. UmwG. Der mitunter vertretenen Auffassung, dass der Umwandlungsstichtag nicht mit dem Stichtag der Schlussbilanz i.S.d. UmwG und damit auch dem steuerlichen Übertragungsstichtag übereinstimmen kann, sondern dem Tag entspricht, der diesem folgt, entbehrt jedweder Grundlage, sodass u.E. diese, auch von der FinVerw vertretene Auffassung nicht geteilt werden kann.

---

23 So *Winkeljohann/Büssow*, in Beck Bil-Komm. 9. Aufl., § 252 HGB, Rz 8.
24 GlA *Fülbier/Kuschel/Selchert*, in *Küting/Pfitzer/Weber*, HdR, HGB § 252, Rn 35, Stand 12/2010.
25 Zurecht so *Fülbier/Kuschel/Selchert*, in *Küting/Pfitzer/Weber*, HdR, HGB § 252, Rn 35, Stand 12/2010.
26 GlA *Fülbier/Kuschel/Selchert*, in *Küting/Pfitzer/Weber*, HdR, HGB § 252, Rn 35, Stand 12/2010.
27 Vgl. *Kreipl/Müller*, in *Federmann/Kußmaul/Müller*, HdB, Beitrag Verschmelzung, Rz. 1 ff.
28 Vgl. *Kreipl/Müller*, in *Federmann/Kußmaul/Müller*, HdB, Beitrag Spaltung, Rz. 1 ff.
29 Vgl. *Kreipl/Müller*, in *Federmann/Kußmaul/Müller*, HdB, Beitrag Vermögensübertragung, Rz. 1 ff.
30 Vgl. *Dörner/Hayn/Knop/Lorson/Wirth*, HdR, 2010, § 268 HGB, Rz. 131; *ADS*, 6. Aufl., § 268 HGB, Rz. 74.
31 Zeitpunkt, von dem an die Handlungen der übertragenden Ges. als für Rechnung der übernehmenden oder neuen Ges. vorgenommen gelten.
32 Vgl. *Kozikowski/Huber*, in Beck Bil-Komm, 9. Aufl., § 268 HGB, Rz. 39.

Fraglich ist dabei nun, wann die **Verfügungsmacht** übergeht bzw. wie der 25
Stichtag terminiert ist. Auch wenn grds. alle umwandlungsrelevanten Tatbestände
Berücksichtigung finden müssen,[33] dürfte sich die vertragliche Ausgestaltung als
maßgebend zeichnen. Wird der Stichtag des regulären JA als Umwandlungsstichtag gewählt bzw. wird die Übertragung zu diesem festgelegt, so sind die
Auswirkungen noch in diesem Gj zu berücksichtigen. Dies gilt auch bei Verwendung der Formulierung „zum 31.12.20XX, 24 Uhr". Ebenfalls unkritisch ist die
Festlegung des Umwandlungsstichtags auf den 1.1.20XX+1 oder die Verwendung
der Formulierung „zum 1.1.20XX+1, 0 Uhr". Problematisch dagegen ist etwa eine
Vermögensübertragung mit wirksamem Übergang der Verfügungsmacht zum
„31.12.20XX, 24 Uhr/1.1.20XX+1, 0 Uhr", da eine eindeutige Zuordnung hier
nicht möglich ist. Ergeben sich hier nicht aus der Würdigung der Gesamtumstände
Anhaltspunkte für eine Zuordnung zu einem der beiden Gj, was nach Auffassung
des BFH in Ausnahmefällen möglich ist[34], besteht insofern ein Zuordnungswahlrecht.[35] Die aus den Ausführungen des BFH abzuleitende Auffassung, dass dann
auch eine Berücksichtigung im Zuge der Eröffnungsbuchungen gestattet ist, ist
handelsrechtlich nach hM **zunächst** abzulehnen.[36]

Allerdings wird es Fälle geben, in denen eine Abweichung von der Pflicht zur
Übernahme der Wertansätze der Schlussbilanz des vorherigen Gj für die Wertansätze der Eröffnungsbilanz unter Rückgriff auf die Ausnahmeregelung des
§ 252 Abs. 2 HGB gestattet sein muss. Da grds. von begründeten **Ausnahmefällen** in diesem Sinne gesprochen werden kann, wenn sich grundlegende Änderungen der rechtlichen, wirtschaftlichen und organisatorischen Verhältnisse
ergeben,[37] die weder dem einen noch dem anderen Gj zuzuordnen sind, ist eine
Durchbrechung des Grundsatzes der Bilanzidentität insb. in Fällen einer Verschmelzung oder Spaltung unter Berufung auf § 252 Abs. 2 HGB möglich,[38]
wenn diese zeitlich zwischen zwei Gj zu verorten ist – anderenfalls dürfte kein
begründeter Ausnahmefall i.S.v. § 252 Abs. 2 HGB vorliegen.

Erforderliche **Korrekturen** fehlerfreier[39] oder fehlerbehafteter[40] JA begründen 26
**handelsrechtlich** kein Abweichen vom Grundsatz der Bilanzidentität. Ist der
Mangel durch Zeitablauf geheilt und kann die Nichtigkeit nicht mehr geltend
gemacht werden bzw. gestatten Art und Schwere des Fehlers dies, kommt neben
der rückwärtsgerichteten Korrektur auch die Korrektur in dem nächsten aufzustellenden JA in Betracht.[41] Anderenfalls hat eine Rückwärtsänderung zu
erfolgen. Sofern als Alternative zu einer Korrektur in dem nächsten aufzustellen-

---

33 So FG Köln, Urteil v. 28.4.1981, EFG 1982, S. 81; *Fülbier/Kuschel/Selchert*, in *Küting/Pfitzer/Weber*, HdR, HGB § 252, Rn 42, Stand 12/2010.
34 Vgl. BFH, Urteil v. 2.5.1974, BStBl 1974 II S. 709.
35 Vgl. *Baetge/Ziesemer/Schmidt*, in *Baetge/Kirsch/Thiele*, Bilanzrecht, § 252 HGB, Rz 28, Stand 10/2011.
36 GlA *Fülbier/Kuschel/Selchert*, in *Küting/Pfitzer/Weber*, HdR, HGB § 252, Rn 40–42, Stand 12/2010; *Baetge/Ziesemer/Schmidt*, in *Baetge/Kirsch/Thiele*, Bilanzrecht, § 252 HGB, Rz 28, Stand 10/2011; nach der Pflicht zur Erstellung eines Anlagegitters differenzierend *Winkeljohann/Büssow*, in Beck Bil-Komm. 9. Aufl., § 252 HGB, Rz 8; *Hoffmann/Lüdenbach*, NWB-Kommentar Bilanzierung, 6. Aufl. 2015, § 252 HGB Rz 20.
37 Vgl. *Fülbier/Kuschel/Selchert*, in *Küting/Pfitzer/Weber*, HdR, HGB § 252, Rn 43.
38 M.w.N. *Fülbier/Kuschel/Selchert*, in *Küting/Pfitzer/Weber*, HdR, HGB § 252, Rn 44.
39 Zu den möglichen Fällen einer Korrektur fehlerfreier JA s. IDW RS HFA 6, Rz. 9–13.
40 Zu den möglichen Fällen einer Korrektur fehlerhafter JA s. IDW RS HFA 6, Rz. 14.
41 Vgl. IDW RS HFA 6, Rz. 15 f.

den JA die Option der rückwärtsgerichteten Korrektur gewählt wird oder ohnehin einzig diese zulässig ist, müssen alle JA zurück bis zu dem korrekturbedürftigen Abschluss korrigiert werden.[42] Die Änderung nur des fehlerhaften JA ist infolge der Vorgabe zur Einhaltung des Grundsatzes der Bilanzidentität gem. § 252 Abs. 1 Nr. 1 HGB nicht gestattet.

27

**Beispiel**[43]
Das Unt U erwirbt zum 31.12.X1 ein neues Verwaltungsgebäude samt Grundstück für 1.000 TEUR. Die gesamten AK verteilt U zu 900 TEUR auf das Gebäude und zu 100 TEUR auf das Grundstück. Das Gebäude schreibt U linear über 33 Jahre erfolgswirksam ab. Eine steuerliche Außenprüfung im Jahr X5 beanstandet die von U vorgenommene Kaufpreisallokation der Verwaltungsimmobilie und stellt die Fehlerhaftigkeit der bereits festgestellten JA X1 bis X4 fest. U hätte die gesamten AK zu 600 TEUR auf den Gebäudekomplex und zu 400 TEUR auf das Grundstück aufteilen müssen. Die folgende Übersicht stellt die Buchwerte der Immobilie bei fehlerhafter und bei berichtigter Kaufpreisaufteilung im Zeitablauf gegenüber.

| Bilanzausweis | Gebäude | | Grundstück | | Verwaltungsimmobilie gesamt | |
|---|---|---|---|---|---|---|
| | fehlerhaft (EUR) | berichtigt (EUR) | fehlerhaft (EUR) | berichtigt (EUR) | fehlerhaft (EUR) | berichtigt (EUR) |
| 31.12.X1 | 900.000 | 600.000 | 100.000 | 400.000 | 1.000.000 | 1.000.000 |
| 31.12.X2 | 872.727 | 581.818 | 100.000 | 400.000 | 972.727 | 981.818 |
| 31.12.X3 | 845.455 | 563.636 | 100.000 | 400.000 | 945.455 | 963.636 |
| 31.12.X4 | 818.182 | 545.455 | 100.000 | 400.000 | 918.182 | 945.455 |

Unter Berücksichtigung eines Steuersatzes von 30 % ergeben sich in Abhängigkeit von der gewählten AK-Aufteilung nachstehende Ergebnisauswirkungen für die Perioden X1–X4.

| Erfolgsauswirkungen in | Vor Steuern | | Steuern | | Nach Steuern | |
|---|---|---|---|---|---|---|
| | fehlerhaft (EUR) | berichtigt (EUR) | fehlerhaft (EUR) | berichtigt (EUR) | fehlerhaft (EUR) | berichtigt (EUR) |
| X1 | 0 | 0 | 0 | 0 | 0 | 0 |
| X1 bis X4 je | −27.273 | −18.182 | 8.182 | 5.455 | −19.091 | −12.727 |

Es wird unterstellt, dass in diesem Fall beide Arten der Fehlerkorrektur zulässig sind.
**Variante 1**
U kann die Fehlerkorrektur rückwärtsgerichtet vornehmen. Alle JA bis zur Fehlerquelle im Jahr X1 sind lückenlos zu berichten. U hat so zu bilanzie-

---

[42] Vgl. IDW RS HFA 6, Rz. 27.
[43] Leicht modifiziert entnommen aus § 252 Rz 21–23, 3. Aufl.

ren, als ob die Kaufpreisaufteilung von Beginn an richtig, also im Verhältnis 60 % zu 40 % (Gebäude zu Grundstück), vorgenommen worden wäre. Der kumulierte Korrekturbedarf der Vj.-JA stellt sich wie folgt dar:

| Kumulierter Korrekturbedarf | Periodenerfolg (+) = Ertrag/(-) = Aufwand | | | Bilanzposten | | |
|---|---|---|---|---|---|---|
| | Vor Steuern (EUR) | Steuern (EUR) | Nach Steuern (EUR) | Gebäude (EUR) | Grundstück (EUR) | Verbindlichkeiten ggü. Finanzamt (EUR) |
| 31.12.X1 | 0 | 0 | 0 | –300.000 | 300.000 | 0 |
| 31.12.X2 | 9.091 | –2.727 | 6.364 | –290.909 | 300.000 | 2.727 |
| 31.12.X3 | 18.182 | –5.455 | 12.727 | –281.818 | 300.000 | 5.455 |
| 31.12.X4 | 27.273 | –8.182 | 19.091 | –272.727 | 300.000 | 8.182 |

Die jeweiligen Buchungssätze zur Rückwärtsänderung in den Gj X1 bis X4 ergeben sich betragsmäßig aus den Differenzen der jeweiligen Gj im Vergleich zum jeweiligen Vj.

**Variante 2**

U kann die Fehlerkorrektur auch in dem letzten offenen (noch nicht festgestellten) JA berichtigen. Eine solche Korrektur vermeidet die Anpassung der Vj.-JA X1-X4. Sie beseitigt die Fehler lediglich in laufender Rechnung des Gj X5. Hiernach erfolgt in X5 folgende Korrekturbuchung:

| Datum | Konto | Soll | Haben |
|---|---|---|---|
| | Grundstück | 300.000 | |
| | Steueraufwand | 8.182 | |
| | Gebäude | | 272.727 |
| | Abschreibung Gebäude | | 27.273 |
| | Verbindlichkeiten aus Steuern | | 8.182 |

Die BFH-Rechtsprechung favorisiert für **Steuerbilanzkorrekturen** ebenfalls die Rückwärtsänderung aller Abschlüsse zurück bis zum fehlerhaften JA.[44] Ist diese nicht möglich,[45] ist der Fehler im ersten änderbaren JA zu korrigieren. Eine Durchbrechung des Grundsatzes der Bilanzidentität ist dabei nur gestattet, sofern der Fehler ohne Auswirkungen oder bedingt durch bewusste Falschansätze entstanden ist.[46]    **28**

Ergibt sich infolge einer **Sonderprüfung** gem. den §§ 258 ff. AktG und der in diesem Zuge ermittelten nicht unwesentlichen Unterbewertung in einem festgestellten JA ein höherbewertungsbedingter Ertrag, hat eine Korrektur in dem nächsten aufzustellenden JA zu erfolgen[47] – eine rückwärtsgerichtete Korrektur aller auf jenen mit wesentlich unterbewerteten Posten folgenden JA ist nicht    **29**

---

44 Vgl. BFH, Urteil v. 30.11.1967, BStBl 1968 II S. 144.
45 Als möglicher Fall gilt hier etwa die Rechtskräftigkeit von Veranlagungen. Vgl. m.w.N. *Fülbier/Kuschel/Selchert*, in *Küting/Pfitzer/Weber*, HdR, HGB § 252, Rn 37.
46 Vgl. *Fülbier/Kuschel/Selchert*, in *Küting/Pfitzer/Weber*, HdR, HGB § 252, Rn 37.
47 Vgl. *ADS*, 6. Aufl., § 252 HGB, Rz. 22.

erforderlich. Eine Korrektur einzig des Abschlusses mit unterbewerteten Posten unter Durchbrechung des Grundsatzes der Bilanzidentität kommt nicht in Betracht.

## 2.2 Grundsatz der Unternehmensfortführung (Nr. 2)

### 2.2.1 Regelungsinhalt

30 Nach § 252 Abs. 1 Nr. 2 HGB ist bei der Bewertung von der Fortführung der Unternehmenstätigkeit auszugehen, sofern dem nicht tatsächliche oder rechtliche Gegebenheiten entgegenstehen. Der vom Gesetz damit **unterstellte Regelfall** wird auch als going-concern-Prämisse/Prinzip bezeichnet. Dem Prinzip zufolge sind die VG und Schulden gem. ihrer tatsächlich beabsichtigten bzw. planmäßigen Verwertung abzubilden, die sich bei normaler Geschäftstätigkeit ergibt, solange die Annahme der Fortführung der Unternehmenstätigkeit nicht aufgegeben werden muss.[48] Maßgebend für die Beurteilung, ob (weiter) von einer Fortführung auszugehen ist, ist dabei die Frage, ob nach vernünftiger kaufmännischer Beurteilung für einen überschaubaren, hinreichend sicheren Zeitraum (Rz 32) mit einer Fortführung zu rechnen ist.[49] Stehen dem keine tatsächlichen oder rechtlichen Gegebenheiten entgegen, so hat die Bewertung unter Anwendung der Vorschriften der §§ 253 bis 256a HGB zu erfolgen (zu den darüber hinaus zu beachtenden Vorschriften s. Rz 42).

Unter Fortführung ist dabei nicht lediglich uneingeschränkte unternehmerische Aktivität sondern vielmehr – mitunter eingeschränkte oder ausgesetzte – Aktivität i.S.d. Unternehmenszwecks zu verstehen. Insofern gilt die Vermutung der Unternehmensfortführung – vorbehaltlich entgegenstehender rechtlicher oder tatsächlicher Gegebenheiten – auch für Mantelges., ruhende Unt und Vermögensverwaltungsges.

Eine Unterscheidung bei der Bewertung von VG und Schulden in Abhängigkeit einer etwaigen Fortführung der Unternehmenstätigkeit ist insofern erforderlich, als das sich der Wert dieser regelmäßig in Abhängigkeit des Fortbestehens bemisst bzw. in Abhängigkeit davon variiert. Im Umkehrschluss ergibt sich bei Vorliegen entgegenstehender Gegebenheiten die Vorgabe zur Berücksichtigung der gegebenen Situation im Rahmen der Bewertung (Rz 43 ff.).

Über den Verweis auf § 252 HGB in § 298 Abs. 1 HGB ist der Grundsatz der Unternehmensfortführung auch im **KA** anzuwenden. Er gilt infolge einer ähnlichen Regelung in IAS 1.25 auch für nach den **IFRS** aufgestellte KA und JA. IAS 1.25 sieht dabei vor, dass ein Abschluss auf der Grundlage der Annahme der Unternehmensfortführung aufzustellen ist, bis das Management beabsichtigt, das Unt aufzulösen oder das Geschäft einzustellen bzw. es keine realistische Alternative mehr zu einer Aufgabe/Einstellung gibt.

31 Die going-concern-Prämisse ist über das Handelsrecht hinaus auch im **Steuer-, Insolvenz- und Gesellschaftsrecht** verankert. § 6 Abs. 1 Nr. 1 Satz 3 EStG etwa verlangt im Rahmen der Bewertung der als Betriebsvermögen anzusetzenden Wirtschaftsgüter – konkret beim Teilwertansatz – die Berücksichtigung der

---

[48] Vgl. anstatt vieler *Baetge/Ziesemer/Schmidt*, in *Baetge/Kirsch/Thiele*, Bilanzrecht, § 252 HGB, Rz 41, Stand 10/2011.
[49] Vgl. *ADS*, 6. Aufl., § 252 HGB, Rz. 24.

Annahme der Fortführung des Betriebs. Im Insolvenzrecht, das seiner Logik folgend den Umkehrfall regelt, liegt etwa gem. § 19 InsO dann eine Überschuldung[50] vor, wenn das Vermögen des Schuldners die bestehenden Verbindlichkeiten nicht mehr deckt, es sei denn, die Fortführung des Unternehmens ist überwiegend wahrscheinlich. In diesem Kontext ist jedoch zu beachten, dass der insolvenzrechtliche Fortführungsbegriff von jenem des HGB abweicht.[51] Im Aktienrecht sieht § 91 Abs. 2 AktG vor, dass der Vorstand Maßnahmen zu treffen hat, um Entwicklungen früh erkennen zu können, die den Fortbestand der Ges. gefährden.

### 2.2.2 Fortführungszeitraum

Der Gesetzgeber hat eine **Konkretisierung des Zeitraums** unterlassen, für den die Annahme der Fortführung der Unternehmenstätigkeit zutreffen muss, damit der gesetzlich unterstellte Regelfall eintritt. Dies ist kaum verwunderlich, da es infolge unternehmensindividueller Gegebenheiten kaum eine allgemeingültige Bestimmung geben kann. Dies wird bspw. deutlich, wenn man volatile Branchen (etwa IT, Mobile Applications und im Lichte politischer Unbeständigkeit mittlerweile u. U. sogar Energieversorgung) im Vergleich zu weniger von externen Einflüssen beinflussbaren Branchen betrachtet. Auch die Fertigungsdauer (etwa sekundenschnelle Fertigung von Kleinteilen im Vergleich zur ggf. jahrelangen Fertigung von Kreuzfahrtschiffen) und Saisonabhängigkeit beeinflussen die Zeitraumerwägungen. Insofern ist auf einen unternehmensspezifischen, überschaubaren und hinreichend konkreten Zeitraum abzustellen. Da eine derart offene Definition in der Praxis aber nur bedingt praktikabel ist und die Pflicht zur jährlich revolvierenden Aufstellung die Bedeutung der Angaben in einem JA zumindest betreffend die Unternehmensfortführung begrenzt, kann u. E. bei einem **Zwölf-Monats-Zeitfenster** ab dem Abschlussstichtag im Regelfall von einem entsprechenden Zeitraum gesprochen werden,[52] wobei für die Beurteilung der Abschlussstichtag bzw. letztlich der Zeitpunkt der Aufstellung unter Berücksichtigung wertaufhellender Sachverhalte maßgeblich ist.[53] Dies heißt aber keinesfalls, dass von diesem Zeitfenster nicht abgewichen werden darf. In Abhängigkeit der Situation des Unt sind jederzeit Abweichungen möglich und mitunter auch geboten. Die verbreitet vertretene Auffassung, dass Abweichungen nach oben unkritisch, jene nach unten dagegen – wenn überhaupt – nur in extremen Ausnahmefällen gestattet sind,[54] ist letztlich trotz der höheren Unsicherheiten langfristiger Prognosen durch die klaren Vorgaben in IDW PS 270 zumindest für prüfungspflichtige Unt zu übernehmen, wenn ein Versagensvermerk verhindert

32

---

50 Die Überschuldung stellt neben der Zahlungsunfähigkeit und der drohenden Zahlungsunfähigkeit einen der drei Gründe für die Eröffnung eines Insolvenzverfahrens dar.
51 Mit einer Synopse zur going-concern-Prämisse im Handels- und Insolvenzrecht *Groß/Amen*, DB 2005, S. 1861 ff.
52 GlA *Winkeljohann/Büssow*, in Beck Bil-Komm. 9. Aufl., § 252 HGB, Rz 11; *Fülbier/Kuschel/Selchert*, in *Küting/Pfitzer/Weber*, HdR, HGB § 252, Rn 48, Stand 12/2010; keinen Regelzeitraum bzw. Richtwert akzeptierend dagegen *ADS*, 6. Aufl. § 252 HGB, Rz 24.
53 Ebenso IDW PS 270, Tz. 8; *ADS*, 6. Aufl. § 252 HGB, Rz 24; *Winkeljohann/Büssow*, in Beck Bil-Komm. 9. Aufl., § 252 HGB, Rz 12; *Baetge/Ziesemer/Schmidt*, in *Baetge/Kirsch/Thiele*, Bilanzrecht, § 252 HGB, Rz 60 f., Stand 10/2011.
54 So *Fülbier/Kuschel/Selchert*, in *Küting/Pfitzer/Weber*, HdR, HGB § 252, Rn 48, Stand 12/2010. Mindestens zwölf Monate fordernd IDW PS 270, Tz. 8.

werden soll. Unternehmerisches Risiko ist stets gegeben und Prognosen sind regelmäßig nur für Monate (hinreichend) sicher.[55] Dennoch kann bei einem Unt, welches nur für einen Sechs-Monats-Zeitraum eine hinreichend sichere Prognose erstellen kann, nicht von einer Unternehmensfortführung ausgegangen werden. Ein AP wird nach IDW PS 270, Tz. 20a die Unternehmensführung zu einer Ausweitung des Zeitraums auf zwölf Monate auffordern müssen, was analog auch von der Geschäftsführung nichtprüfungspflichtiger Unt zu fordern wäre. Ggf. ist dann über die dabei bestehenden Unsicherheiten dieser Ausweitung zu berichten.

33 Unter **hinreichend sicher** bzw. überschaubar ist im Kontext des Prognosezeitraums eine Prognose auf Basis gesicherter Erkenntnisse losgelöst von bloßen Vermutungen zu verstehen.

### 2.2.3 Prüfung auf Fortführung

34 Bereits aus dem Charakter als gesetzlich unterstellter Regelfall ergibt sich, dass eine Prüfung auf Nichtbestehen der Fortführungsprämisse bzw. auf das Vorliegen entgegenstehender rechtlicher oder wirtschaftlicher Gegebenheiten nur dann zu erfolgen hat, sofern Anhaltspunkte für die Abweichung vom Regelfall vorliegen.[56] Eine Pflicht zur indizienlosen jährlich revolvierenden Überprüfung der Einhaltung der Fortbestehungsvermutung ist nicht ableitbar. Vielmehr kann in offenkundigen Fällen, das IDW unterstellt dies, wenn das Unt in der Vergangenheit nachhaltig Gewinne erzielt hat, in denen das Unt leicht auf finanzielle Mittel zurückgreifen kann und keine bilanzielle Überschuldung droht, eine explizite Prüfung unterbleiben.[57] Als Indizien für ein Nichtbestehen der Fortführungsprämisse, die eine genauere Prüfung bedingen, können etwa folgende Gegebenheiten gewertet werden:[58]
- Massive Verluste
- Knappe Eigenkapitalausstattung
- Schlechte Auslastung/leere Auftragsbücher (insb. bei Unt mit sonst üblicher langer Vorbestellungsfrist)
- Knappe Liquiditätslage

Möglich sind in diesem Zusammenhang etwa die Verwendung von Kennzahlenanalysen und die Einordnung in Gefährdungsklasse.[59] Dabei handelt es sich nicht um eine Prüfung auf tatsächliches Vorliegen entgegenstehender rechtlicher oder wirtschaftlicher Gegebenheiten, sondern lediglich um eine Art Vorprüfung. Zur Prüfung auf Vorliegen entgegenstehender Gegebenheiten s. Rz 35.

---

[55] Ähnlich *Baetge/Ziesemer/Schmidt*, in *Baetge/Kirsch/Thiele*, Bilanzrecht, § 252 HGB, Rz 59, Stand 10/2011; *ADS*, 6. Aufl. § 252 HGB, Rz 24.
[56] Ebenso *Claussen*, in Kölner Kommentar zum HGB, 2011, § 252 HGB, Rz. 21; *ADS*, 6. Aufl. § 252 HGB, Rz 25; im Ergebnis ähnlich IDW PS 270, Tz. 9; a. A. *Baetge/Ziesemer/Schmidt*, in *Baetge/Kirsch/Thiele*, Bilanzrecht, § 252 HGB, Rz 51, Stand 10/2011, die zumindest eine jährliche „grundlose" Grobprüfung verlangen.
[57] So auch IDW PS 270, Tz. 44.
[58] Teilweise in Anlehnung an *ADS*, 6. Aufl. § 252 HGB, Rz 25.
[59] Dies vorschlagend *Baetge/Ziesemer/Schmidt*, in *Baetge/Kirsch/Thiele*, Bilanzrecht, § 252 HGB, Rz 53, Stand 10/2011.

## 2.2.4 Entgegenstehende Gegebenheiten

Liegen Anhaltspunkte für eine mögliche Durchbrechung der Fortführungsprämisse (Rz 34) vor oder ergibt sich eine solche ohne entsprechende Indizien, so ist **eingehend zu prüfen**, ob der Fortführung der Unternehmenstätigkeit tatsächliche (Rz 36f.) oder rechtliche (Rz 39f.) Gegebenheiten entgegenstehen und diese in der Gesamtschau der Fortführung entgegenstehen. 35

Dies gilt **auch für den Wegfall** der going-concern-Prämisse **bei selbständigen Betriebsteilen**.[60] Rechtliche Gegebenheiten gehen dabei mit einem hohen Grad an Endgültigkeit einher. Die Prüfung sollte so objektiv wie möglich erfolgen. Die mitunter geäußerten Forderungen nach uneingeschränkter Objektivität[61] – teils unter Verweis auf den Wortlaut „tatsächliche oder rechtliche" – muss insofern akademischer Natur sein, als dass es Objektivität grds. und insb. in diesem Bereich kaum geben dürfte.

Die Objektivitätsanforderung spricht in Bezug auf tatsächlich entgegenstehende – also primär wirtschaftliche – Gegebenheiten zunächst für die Verwendung von Kennzahlen. Allerdings sind weder einheitliche bzw. eindeutige Grenzwerte existent, noch ergibt sich aus einigen schlechten Kennzahlenausprägungen zwangsläufig eine Durchbrechung der Fortführungsprämisse, was regelmäßig zu erheblichen Ermessensspielräumen führen dürfte. Da letztlich nicht auf Basis einzelner Kennzahlen, sondern der Gesamtsituation eines Unt über die Beibehaltung der Unternehmensfortführung zu entscheiden ist[62], spielen neben Kennzahlen insb. auch eingeleitete oder zumindest mögliche Rettungsmaßnahmen eine große Rolle. Diese können etwaig negativen bzw. bedrohlichen Kennzahlen entgegenwirken und so eine Fortführung sicherstellen. Zu diesen Rettungsmaßnahmen zählen etwa:

- Tilgungsaussetzungen
- Sanierungszuschüsse
- Rangrücktrittserklärungen
- Forderungsverzicht/Verbindlichkeitserlass bzw. -verringerung
- Lohn-/Gehaltsverzicht
- Patronatserklärungen
- Steuerstundung

Auch ist zu bedenken, dass ein **berechtigtes Interesse** der Unt vorliegt, eine Nicht-Fortführung infolge tatsächlicher Gegebenheiten zumindest solange nicht umzusetzen und damit letztlich auch offenzulegen, wie diese durch Sanierungsmaßnahmen zumindest noch mit niedriger Wahrscheinlichkeit abzuwenden ist. Wird der JA oder KA unter Durchbrechung der Fortführungsprämisse aufgestellt und trägt er damit den Stempel „nicht mehr zu retten", dürften Sanierungsmaßnahmen erheblich erschwert werden. Liegen Anhaltspunkte für eine Durchbrechung vor, wird das Management im Rahmen der einhegenden Prüfung also weniger versuchen, Argumente gegen ein Fortbestehen zu finden als viel-

---

60 Vgl. *Winkeljohann/Büssow*, in Beck Bil-Komm. 9. Aufl., § 252 HGB, Rz 21; *ADS*, 6. Aufl. § 252 HGB, Rz 36.
61 So *Winkeljohann/Büssow*, in Beck Bil-Komm. 9. Aufl., § 252 HGB, Rz 14; *Baetge/Ziesemer/Schmidt*, in *Baetge/Kirsch/Thiele*, Bilanzrecht, § 252 HGB, Rz 54, Stand 10/2011.
62 Vgl. *Fülbier/Kuschel/Selchert*, in *Küting/Pfitzer/Weber*, HdR, HGB § 252, Rn 50, Stand 12/2010.

mehr zu begründen, warum das Unt trotz vorliegend kritischer Situation unter der Annahme der Unternehmensfortführung steht.[63]

> **Beispiel**
> **Konsequenzen einer Durchbrechung(soffenlegung) für eine Sanierung**
> Als Beispiel kann in diesem Kontext der Prozess des ehemaligen Medienunternehmers Kirch bzw. seiner Erben gegen die Deutsche Bank AG aufgeführt werden. Die Kläger werfen der Deutschen Bank AG vor, durch die Aussage des ehemaligen Vorstandsvorsitzenden Rolf E. Breuer betreffend die Lage der KirchGruppe erst die tatsächliche Zahlungsunfähigkeit ausgelöst bzw. eine Sanierung unmöglich gemacht zu haben. Ähnlich einem Stempel „nicht mehr zu retten" infolge der Aufstellung des JA/KA unter Durchbrechung der Fortführungsprämisse wurden Sanierungsversuche so im Keim erstickt. Das OLG München folgte mit seiner Entscheidung[64] letztlich der Auffassung der Kläger, ließ die Schadenssumme aber noch offen.

### 2.2.4.1 Tatsächliche Gegebenheiten

36 Unter tatsächlichen Gegebenheiten, die zur Aufgabe der Fortführungsprämisse führen, sind primär **wirtschaftliche** Umstände bzw. Probleme zu verstehen, die bereits eingetreten sind oder mit hoher Wahrscheinlichkeit eintreten werden und infolge ihrer schwerwiegenden Auswirkungen einem Fortbestehen des Unt entgegenstehen. Darüber hinaus können auch **nicht-wirtschaftliche** Tatbestände zu einer Durchbrechung des Grundsatzes der Unternehmensfortführung führen. Zu den (möglichen) tatsächlichen Gegebenheiten zählen etwa[65]:
- Eingetretene oder erwartete negative Zahlungssalden
- Schulden übersteigen das Vermögen
- Kredite ohne realistische Aussichten auf Verlängerung oder Rückzahlung
- Übermäßige kurzfristige Finanzierung langfristiger Vermögenswerte
- Erhebliche Betriebsverluste oder erhebliche Wertminderungen bei betriebsnotwendigem Vermögen
- Ausschüttungsrückstände oder Aussetzung der Ausschüttung
- Notwendigkeit zum Verzicht auf Skonto
- Wegfall von Lieferantenkrediten
- Fehlende Finanzmittel für wichtige Entwicklungen/Investitionen
- Angespannte finanzielle Situation im Konzernverbund
- Ersatzloses Ausscheiden von Schlüsselpositionen
- Verlust eines Hauptabsatzmarkts
- Verlust von Hauptlieferanten
- Verlust von wesentlichen Kunden
- Kündigung von bedeutenden Franchise-Verträgen
- Gravierende Personalprobleme
- Unerfüllbare zu erwartende Schadensersatzverpflichtungen

---

[63] Vgl. *Hoffmann/Lüdenbach*, NWB-Kommentar Bilanzierung, 6. Aufl. 2015, § 252 HGB Rz 21.
[64] OLG München, Urteil v. 14.12.2012–5 U 2472/09.
[65] In Anlehnung an IDW PS 270, Tz. 11.

- Änderungen in der Gesetzgebung oder Politik mit entsprechend negativen wirtschaftlichen Konsequenzen (z. B. Atomausstieg)
- Fehlende Unternehmernachfolge

Die tatsächlichen Gegebenheiten sind dabei stets **im gesamtwirtschaftlichen Kontext eines Unt** unter Berücksichtigung des unternehmerischen Ziels (geplante Liquidation/Fortführungswille) sowie etwaiger Sanierungsmaßnahmen zu betrachten. Infolge der Konsequenzen einer Durchbrechung(soffenlegung) für eine Sanierung (Rz 35) und mangels objektiver Kriterien bzw. Schwellenwerte für tatsächliche Gegebenheiten dürfte eine Aufgabe der Fortführungsprämisse in der Praxis unter Berufung auf tatsächliche Gegebenheiten zumindest dann kaum vorzufinden sein, wenn der Unternehmer bzw. das Management das Unt fortführen/retten will.[66]

37

Die tatsächlichen Gegebenheiten sind dabei gewissermaßen als **Vorstufe zu den rechtlichen Gegebenheiten** zu betrachten. Werden sie nicht erkannt oder scheinen geplante Sanierungsmaßnahmen geeignet, diese Umstände zu beseitigen, erzielen dann aber letztlich nicht die geplanten Effekte, so führen schlussendlich stets rechtliche Gegebenheiten zur Aufgabe der Fortführung.

38

### 2.2.4.2 Rechtliche Gegebenheiten

Zu rechtlichen Gegebenheiten, die einer Fortführung der Unternehmstätigkeit entgegenstehen können, zählen insb. die Eröffnung eines Insolvenzverfahrens, die Verfassung eines Auflösungsbeschlusses – i. d. R. zur Einleitung der Liquidation oder Einleitung bestimmter Umwandlungsmaßnahmen i. S. d. UmwG (bei der Auflösung vermögensloser Ges. erfolgt eine Löschung) – sowie sonstige gesetzliche oder behördliche Vorschriften oder Auflagen, die eine Fortführung verhindern.

39

Als rechtliche Gegebenheiten i. S. eines Auflösungsbeschlusses sind dabei die (freiwilligen) nicht insolvenzbedingten Auflösungsgründe relevant, da die Einleitung eines Insolvenzverfahrens, die zeitlich vor dem Auflösungsbeschluss erfolgt, bereits eine rechtliche Gegebenheit begründet und diese nicht erst mit dem Auflösungsbeschluss vorliegt. Gründe für eine Auflösung und damit die mögliche Durchbrechung der Fortführung in diesem Kontext sind etwa folgende:

40

- GmbHG (§ 60 Abs. 1 GmbHG):
  - Gesellschafterbeschluss;
  - Gerichtliches Urteil oder Entscheidung des Verwaltungsgerichts oder der Verwaltungsbehörde;
  - Eröffnung des Insolvenzverfahrens;
  - Rechtskraft des Beschlusses, durch den die Eröffnung des Insolvenzverfahrens mangels Masse abgelehnt worden ist;
  - Rechtskraft einer Verfügung des Registergerichts, durch welche nach § 399 des Gesetzes über das Verfahren in Familiensachen und in den Angelegenheiten der freiwilligen Gerichtsbarkeit ein Mangel des Gesellschaftsvertrags festgestellt worden ist;
  - Löschung der Ges. wegen Vermögenslosigkeit nach § 394 des Gesetzes über das Verfahren in Familiensachen und in den Angelegenheiten der freiwilligen Gerichtsbarkeit.

---

[66] Ähnlich *Hoffmann/Lüdenbach*, NWB-Kommentar Bilanzierung, 6. Aufl. 2015, § 252 HGB Rz 23.

- AG (§ 262 Abs. 1 AktG):
  - Ablauf der in der Satzung bestimmten Zeit;
  - Hauptversammlungsbeschluss;
  - Eröffnung des Insolvenzverfahrens;
  - Rechtskraft des Beschlusses, durch den die Eröffnung des Insolvenzverfahrens mangels Masse abgelehnt wird;
  - Rechtskraft einer Verfügung des Registergerichts, durch welche nach § 399 des Gesetzes über das Verfahren in Familiensachen und in den Angelegenheiten der freiwilligen Gerichtsbarkeit ein Mangel der Satzung festgestellt worden ist;
  - Löschung der Ges. wegen Vermögenslosigkeit nach § 394 des Gesetzes über das Verfahren in Familiensachen und in den Angelegenheiten der freiwilligen Gerichtsbarkeit.

41  **Allerdings ist zu bedenken**, dass trotz bzw. nach gefasstem Auflösungsbeschluss während der Liquidation ggf. auch (wieder) eine Fortführung beschlossen werden kann. Daraus ergibt sich die Anforderung, dass die Auflösung auch **tatsächlich beabsichtigt sein muss**, um von einer Durchbrechung der Prämisse der Unternehmensfortführung auszugehen.[67] Auch die Eröffnung eines Insolvenzverfahrens schließt nicht sofort die Prämisse der Unternehmensfortführung aus. Dies wäre nur der Fall, wenn keine Anhaltspunkte dafür bestehen, dass das Unt fortgeführt werden kann.[68] Als **Eröffnungsgründe für eine Insolvenz** sehen die §§ 17-19 InsO die Zahlungsunfähigkeit, die drohende Zahlungsunfähigkeit und für juristische Personen auch die Überschuldung vor. Da eine Überschuldung nur vorliegt, wenn das Vermögen des Schuldners die bestehenden Verbindlichkeiten nicht mehr deckt, es sei denn, die Fortführung des Unt ist nach den Umständen überwiegend wahrscheinlich,[69] kommen somit nur die drohende u. die eingetretene Zahlungsunfähigkeit als Möglichkeiten in Betracht, in denen eine Fortführung zumindest denkbar erscheinen kann und für die Sanierungskonzepte vorzulegen sind (IDW S6, Tz. 10.).

> **Beispiel**
> Beispiele für sonstige gesetzliche oder behördliche Vorschriften oder Auflagen, die eine Fortführung verhindern können, sind – entsprechende Konsequenzen für das Unt vorausgesetzt – etwa folgende:
> - Unternehmensindividuelle Auflage zur Investition z. B. in technische Anlagen etwa zur Verringerung der Umweltbelastungen;
> - Änderung gesetzlicher Grenzwerte für Emissionen;
> - gesetzliche Verbote bestimmter Technologien oder Chemikalien, die
>   - vom Unt hergestellt oder
>   - benötigt werden;
> - Entzug von Konzessionen z. B. für
>   - den Ausschank von Alkohol oder
>   - den Betrieb bestimmter genehmigungspflichtiger Einrichtungen;

---

[67] Ebenso etwa *Baetge/Ziesemer/Schmidt*, in *Baetge/Kirsch/Thiele*, Bilanzrecht, § 252 HGB, Rz 57.1, Stand 10/2011.
[68] Vgl. IDW RH HFA 1.012, Tz. 36.
[69] Vgl. zur Überschuldungsprüfung und der Unterscheidung zur Fortführungsprognose z. B. *Weller*, in *Federmann/Kußmaul/Müller*, HdB, Beitrag Überschuldung, Rz. 18 ff.

- Aussetzen von Einzelgenehmigungen trotz Gesetzeskonformität infolge politischen Drucks, wie etwa beim sog. Fracking.

Darüber hinaus können **satzungs- oder gesellschaftsvertragsbegründete** Auflösungen zu rechtlichen Gegebenheiten führen, die einer Fortführung des Unt entgegenstehen. Dies liegt bereits darin begründet, dass die gesellschaftsrechtlichen Vorschriften des § 60 Abs. 2 GmbHG als auch des § 262 Abs. 2 AktG die Festlegung weiterer Auflösungsgründe gestatten.

### 2.2.5 Bewertung (und Ansatz) bei Unternehmensfortführung

Sofern einer Unternehmensfortführung keine Gegebenheiten entgegenstehen hat die Bewertung unter Anwendung etwaiger branchenbezogener Spezialnormen (z.B. Formblattverordnungen), etwaiger rechtsform-spezifischer Spezialnormen, der Vorschriften der §§ 253 bis 256a HGB sowie unter Berücksichtigung der GoB und der Generalnorm des § 264 Abs. 2 Satz 1 HGB zu erfolgen. 42

Obwohl sich § 252 Abs. 1 Nr. 2 HGB explizit nur auf die Bewertung bezieht, ergeben sich aus einer Aufgabe der Fortführung der Unternehmenstätigkeit auch Konsequenzen für den Ansatz (Rz 48) – bei bestehender Annahme der Unternehmensfortführung bleiben die Ansatzvorschriften insofern unberührt.

### 2.2.6 Bewertung (und Ansatz) bei Wegfall der going-concern-Prämisse

Im Umkehrschluss ergibt sich aus der Vorschrift des § 252 Abs. 1 Nr. 2 HGB bei Vorliegen entgegenstehender Gegebenheiten die Vorgabe zur **Berücksichtigung der gegebenen Situation** im Rahmen der Bewertung und entsprechend i.d.R. das Erfordernis zur abweichenden Bewertung. Wie genau aber eine derartige, abweichende Bewertung zu erfolgen hat, ist gesetzlich nicht geregelt. Das IDW sieht dann nicht mehr die nutzbringende Verwendung der VG im Rahmen der bislang üblichen Unternehmenstätigkeit, sondern die Zerschlagung des Unt mit einer Orientierung der Bewertung der VG am Absatzmarkt für gegeben an.[70] In Konsequenz ergibt sich, dass die handelsrechtlichen Bewertungsvorschriften der §§ 253 bis 256a HGB (insb. das AHK-Prinzip) sowie allen voran das Vorsichts-Realisations- und Imparitätsprinzip bis auf wenige Ausnahmen grds. weiterhin gültig bleiben (müssen).[71] Allerdings hat eine Auslegung der handelsrechtlichen Bewertungsvorschriften unter Berücksichtigung des Wegfalls der Unternehmensfortführung und insofern ein Abweichen von den Wertansätzen in Richtung von Zerschlagungswerten zu erfolgen.[72] Bereits das Erfordernis zur Berücksichtigung der Aufgabe der Unternehmensfortführung macht dabei deutlich, dass der Grundsatz der Bewertungsstetigkeit in diesen Fällen nicht gelten kann. Mit den §§ 71 Abs. 2 Satz 3 GmbHG und § 270 Abs. 2 Satz 3 AktG gibt es – zunächst beschränkt auf GmbH und AG – für **Liquidationsbilanzen** Vorschrif- 43

44

---

[70] Vgl. IDW RS HFA 17, Tz. 18.
[71] Vgl. *Baetge/Ziesemer/Schmidt*, in *Baetge/Kirsch/Thiele*, Bilanzrecht, § 252 HGB, Rz 65, Stand 10/2011; *Hoffmann/Lüdenbach*, NWB-Kommentar Bilanzierung, 6. Aufl. 2015, § 252 HGB Rz 34; *ADS*, 6. Aufl. § 252 HGB, Rz 33; *Fülbier/Kuschel/Selchert*, in *Küting/Pfitzer/Weber*, HdR, HGB § 252, Rn 55, Stand 12/2010; IDW RS HFA 17, Tz. 19.
[72] Vgl. *Baetge/Ziesemer/Schmidt*, in *Baetge/Kirsch/Thiele*, Bilanzrecht, § 252 HGB, Rz 65, Stand 10/2011.

ten zur abweichenden Bewertung. Diese sind nach hM auch auf andere Rechtsformen anzuwenden.[73] Die Vorschriften über den JA sind demnach grds. auf die (Liquidations-)Eröffnungsbilanz, den erläuternden Bericht und auch auf den (Liquidations-)JA anzuwenden.

Dies **untermauert** die grundsätzliche Anwendung der handelsrechtlichen Bewertungsvorschriften, etwa des AHK-Prinzips und des Aktivierungsverbots für bestimmte selbst geschaffene immaterielle VG des AV (§ 248 Abs. 2 HGB), sowie der GoB auch in der Handelsbilanz bei Durchbrechung der Fortführungsprämisse. Dies liegt darin begründet, dass eine Liquidation bei tatsächlich beabsichtigter Beendigung als rechtliche Gegebenheit i.S. einer Aufgabe der going-concern-Prämisse gewertet werden muss, was die Analogien zwischen einer Liquidationsbilanz und einer vorgelagerten Handelsbilanz unter Durchbrechung der Unternehmensfortführung verdeutlicht. Entsprechend kann kaum argumentiert werden, dass bspw. das AHK-Prinzip in der (vorgelagerten) Handelsbilanz ohne Fortführung nicht, in der Liquidationsbilanz dagegen schon Beachtung zu finden hat.[74]

Für Liquidationsbilanzen ist zudem eine explizite Ausnahme von den handelsrechtlichen Bewertungsvorschriften vorgesehen. Unter der Voraussetzung, dass die Veräußerung von VG des AV innerhalb eines übersehbaren Zeitraums beabsichtigt ist oder diese VG nicht mehr dem Geschäftsbetrieb dienen, hat eine Bewertung unter Anwendung der Vorschriften für UV zu erfolgen. Dies entspricht letztlich einer Ausrichtung der Bewertung an Veräußerungs- bzw. Auflösungsgesichtspunkten, wie sie auch für die Handelsbilanz bei Wegfall der going-concern-Prämisse gefordert wird (Rz 45).

**45** Aus der Notwendigkeit zur Berücksichtigung der aktuellen Unternehmenslage mit Beendigung der Unternehmensfortführung ergibt sich nach hM – in den Grenzen der handelsrechtlichen Bewertungsvorschriften – entsprechend das Erfordernis zur **Ausrichtung** der Bewertung **an Veräußerungs- bzw. Auflösungsgesichtspunkten**[75], wobei dann ggf. zwischen folgenden Optionen zu unterscheiden ist:
- Auslaufende Produktion
- Umwandlungsrechtliche Vorgänge
- Veräußerung
  - des gesamten Betriebs
  - eines Teilbetriebs
  - der einzelnen VG

Dabei ist auch zu berücksichtigen, ob das Unt bereits nach der Satzung für einen bestimmten Zeitraum (Rz 40) oder etwa auch projektbezogen gegründet wurde. Mit der Festschreibung einer zeitlich begrenzten Lebensdauer etwa in der Satzung steht der Unternehmensfortführung bereits von Anfang an eine rechtliche Gegebenheit entgegen. Kommt dazu zudem der tatsächliche Wille zur Auflösung

---

[73] Vgl. anstatt vieler *Winkeljohann/Büssow*, in Beck Bil-Komm. 9. Aufl., § 252 HGB, Rz 19; *ADS*, 6. Aufl. § 252 HGB, Rz 35.

[74] Ebenso *Baetge/Ziesemer/Schmidt*, in *Baetge/Kirsch/Thiele*, Bilanzrecht, § 252 HGB, Rz 66, Stand 10/2011.

[75] Vgl. IDW RS HFA 17, Tz. 4; *ADS*, 6. Aufl. § 252 HGB, Rz 33; *Claussen*, in Kölner Kommentar zum HGB, 2011, vor § 252 HGB, Rz. 22. Eine Bewertung unter Veräußerungsgesichtspunkten dagegen nur bei Einzelveräußerung gestattend *Fülbier/Kuschel/Selchert*, in *Küting/Pfitzer/Weber*, HdR, HGB § 252, Rn 56 f., Stand 12/2010.

nach Ablauf des Zeitraums, erfolgt die Bilanzierung grds. bereits im ersten Gj unter Durchbrechung der Fortführungsprämisse. Während z. B. bei einem auf vier Jahre limitierten Bestehen des Unt im letzten Jahr ein Ausrichten der Bewertung an der Veräußerungs- bzw. Auflösungsabsicht zu erfolgen hat, ließe sich etwa ein Ansatz von Nettoveräußerungspreisen bereits im ersten Jahr nicht begründen.[76] Etwa hinsichtlich der Nutzungsdauer kommt eine Berücksichtigung der zeitlich begrenzten Lebensdauer des Unt bereits im ersten Gj aber durchaus in Betracht.[77]

Unter Berücksichtigung der bisherigen Ausführungen zur Bewertung bei Wegfall der going-concern-Prämisse ergeben sich folgende **Bewertungskonsequenzen:**[78]   46
- Bei der Bewertung von Schulden mit ihrem Erfüllungsbetrag ist die ggf. infolge der wirtschaftlich kritischen Situation mögliche vorzeitige Fälligkeit zu beachten. Dies gilt insb. auch bei der Ermittlung des Erfüllungsbetrags von Rückstellungen sowie der Bestimmung des Abzinsungszinssatzes.
- Bewertung der VG und Schulden unter Berücksichtigung des allgemeinen handelsrechtlichen Rahmens, insb. des Vorsichts-, Realisations- und Imparitätsprinzips.
- Berücksichtigung von Veräußerungs- bzw. Auflösungsgesichtspunkten nur gedeckelt bei den AHK.
- Berücksichtigung von Abbruch-, Entsorgungs- u.ä. Kosten sofern möglich im Rahmen der Bewertung.
- Berücksichtigung der voraussichtlichen Dauer der Abwicklung/Liquidation bei der Ermittlung der Zeitwerte der VG.
- Beachtung des Grundsatzes der Bilanzidentität, d. h. Erfassung von etwaigen Vermögensänderungen infolge des Wegfalls der Fortführungsprämisse als laufende Geschäftsvorfälle im JA.
- Beachtung des Einzelbewertungsgrundsatzes in den Grenzen der §§ 252 Abs. 2, 254 Satz 1 HGB.
- Keine Berücksichtigung von Mehrerlösen bei einem (geplanten) Verkauf des gesamten Betriebs oder von Betriebsteilen. Gewinnrealisierung vorbehaltlich der besonderen Bewertungsvorgaben der §§ 253 Abs. 1 Satz 4, 340e Abs. 3 Satz 1 HGB erst beim Abgang.
- Keine Saldierung dieser (geplanten) Erlöse mit Rückstellungen für Einstellungsaufwendungen
- Keine Beachtung des Stichtagsprinzips.[79]
- Abweichung von den Grundsätzen der Ansatz- und der Bewertungsstetigkeit.

Für den **Ausweis** ergibt sich bei Wegfall der going-concern-Prämisse Folgendes:[80]   47
- Beibehaltung der allgemeinen ausweisbezogenen Vorschriften des HGB für Posten der Bilanz und GuV.

---

[76] Vgl. *Baetge/Ziesemer/Schmidt,* in *Baetge/Kirsch/Thiele,* Bilanzrecht, § 252 HGB, Rz 64, Stand 10/2011.
[77] Vgl. *Baetge/Ziesemer/Schmidt,* in *Baetge/Kirsch/Thiele,* Bilanzrecht, § 252 HGB, Rz 64, Stand 10/2011.
[78] Vgl. zum vierten Punkt *Fülbier/Kuschel/Selchert,* in *Küting/Pfitzer/Weber,* HdR, HGB § 252, Rn 56, Stand 12/2010; im Übrigen vgl. IDW RS HFA 17, Tz. 18 ff.
[79] So IDW RS HFA 17, Tz. 25; a. A. *Hoffmann/Lüdenbach,* NWB-Kommentar Bilanzierung, 6. Aufl. 2015, § 252 HGB Rz 32.
[80] Vgl. dazu IDW RS HFA 17, Tz. 33 ff.

- Ausweis von VG das AV trotz Bewertung dieser unter Veräußerungsgesichtspunkten bzw. unter Anwendung der UV-bezogenen Bewertungsvorschriften im AV.
- Ausweis außerplanmäßiger Abschreibungen auf VG des AV im Anlagenspiegel in einer gesonderten Spalte auszuweisen.
- Beibehaltung der Darstellung des EK.
- Gesonderter Ausweis von mit Sonderkündigungsrechten belegter Verbindlichkeiten mit einer Restlaufzeit von mehr als einem Jahr im Verbindlichkeitenspiegel.
- Berücksichtigung etwaig gekürzter Verbindlichkeitslaufzeiten bei der Zuordnung zu den jeweiligen Restlaufzeitenkategorien.
- Ausweis von Erfolgsänderungen infolge der Änderungen der Bilanzierung und Bewertung unter den Posten „außerordentliche Erträge" und „außerordentliche Aufwendungen" – ggf. weiter untergliedert und im Anhang ausgeführt.

**48** Aus einer Aufgabe der Fortführung der Unternehmenstätigkeit ergeben sich zudem folgende Konsequenzen für den **Ansatz:**[81]
- Ansatz nur der bis zum Zeitpunkt der Beendigung des Geschäftsbetriebs verwertbaren VG.
- Ansatz von Rückstellungen für Vertragsstrafen und Abfindungen sowie Abbruch-, Entsorgungs- u.ä. Kosten, sofern eine Berücksichtigung dieser im Rahmen der Bewertung (Abwertung von VG) nicht möglich ist.
- Berücksichtigung von Sonderkündigungsrechten beim Ansatz von VG, d.h. gfg. Berücksichtigung des Verlustes des wirtschaftlichen Eigentums.
- Ausbuchung von nach § 248 Abs. 2 Satz 1 HGB aktivierten selbst geschaffenen VG des AV.
- Weiterhin kein Ansatz eines originären Geschäfts- oder Firmenwerts.
- Auflösung von RAP für Vorleistungen, sofern der Vertrag infolge der beabsichtigten Einstellung des Geschäftsbetriebs nicht erfüllt wird.
- Bilanzierung von etwaigen Rückforderungsansprüchen bzw. Rückzahlungsverpflichtungen oder Vertragsstrafen wegen Nichterfüllung von Verträgen im Zusammenhang mit Vorleistungen unter den sonstigen VG bzw. sonstigen Verbindlichkeiten oder Rückstellungen.
- Ausbuchung eines aktivierten Disagios, soweit die korrespondierende Verbindlichkeit vorzeitig zurückgezahlt wird.
- Bilanzierung von etwaigen Rückforderungsansprüchen im Zusammenhang mit einem aktivierten Disagio unter den sonstigen VG.
- Grundsätzlich nicht rückzahlungspflichtige öffentliche Zuwendungen sehen oft eine Rückzahlungsverpflichtung des Empfängers vor, wenn dieser bestimmte Bindungsfristen nicht einhält. Eine Passivierung der Rückzahlungsverpflichtung während der Bindungsfrist ist dann geboten, wenn die Nichteinhaltung der Bindungsfrist (z.B. durch Veräußerung des bezuschussten VG innerhalb der Bindungsfrist) feststeht, beabsichtigt oder zu erwarten ist.
- Auflösung eines passivierten Sonderpostens für erhaltene öffentliche Zuschüsse bei feststehender, beabsichtigter oder zu erwarteter Nichteinhaltung

---

[81] Vgl. zum ersten Punkt *Fülbier/Kuschel/Selchert*, in *Küting/Pfitzer/Weber*, HdR, HGB § 252, Rn 56, Stand 12/2010; zum vorletzten Punkt *Hoffmann/Lüdenbach*, NWB-Kommentar Bilanzierung, 6. Aufl. 2015, § 252 HGB Rz 33; im Übrigen vgl. IDW RS HFA 17, Tz. 6 ff.

der Bindungsfrist und erfolgswirksame Berücksichtigung des den Buchwert des bisher bilanzierten Sonderpostens übersteigenden Anteils der Rückzahlungsverpflichtung.
- Passivierung von Pensionsrückstellungen auch für mittelbare Pensionsverpflichtungen und Altzusagen i.S.v. Art. 28 Abs. 1 EGHGB.
- Kritische Überprüfung angesetzter aktiver und/oder passiver latenter Steuern.
- Ausbuchung latenter Steuern auf Verlustvorträge.
- Weiterhin Passivierung von Gesellschafterdarlehen.

### 2.2.7 Anhang und Lagebericht

Mitunter wird unter Verweis auf § 264 Abs. 2 Satz 2 HGB, der für den Fall, dass besondere Umstände dazu führen, dass der JA ein den tatsächlichen Verhältnissen entsprechendes Bild der VFE-Lage der KapG nicht vermittelt, zusätzliche Angaben im Anhang fordert, ein Pflicht zur Begründung der weiteren Anwendung der Fortführungsprämisse für KapG in **Zweifelsfällen** gesehen.[82] Andernfalls solle der JA kein den tatsächlichen Verhältnissen entsprechendes Bild vermitteln. Dem ist eindeutig zu widersprechen.[83] **Anhangangaben** sind auch in diesen Fällen **nicht erforderlich**. Sind die einer Fortführung ggf. entgegenstehenden tatsächlichen und rechtlichen Gegebenheiten nicht hinreichend konkret, um von einer Durchbrechung der Prämisse auszugehen, besteht die Vermutung der Fortführung fort. Eine Verletzung der Generalnorm des § 264 HGB kann dann keinesfalls attestiert werden und eine entsprechende Angabe ist nicht begründbar. An dieser Stelle sei angemerkt, dass nicht einmal Erleichterungen, die die Darstellung eines den tatsächlichen Verhältnissen entsprechenden Bildes der VFE-Lage einschränken, zu einer Angabepflicht unter Berufung auf § 264 Abs. 2 Satz 2 HGB führen (§ 264 Rz 67).[84]

**Wird die Fortführungsprämisse aufgegeben** und führen besondere Umstände dazu, dass der JA ein den tatsächlichen Verhältnissen entsprechendes Bild der VFE-Lage der KapG nicht vermittelt, **sind dagegen** zusätzliche **Angaben** im Anhang i.S.d. § 264 Abs. 2 Satz 2 HGB zu machen. Zudem sind dann Anhangangaben nebst Begründung i.S.d. § 284 Abs. 2 Nr. 3 Hs. 1 HGB erforderlich, wenn aufgrund des Wegfalls der going-concern-Prämisse der Grundsatz der Ansatz- und/oder Bewertungsstetigkeit durchbrochen wird.[85] Nach § 284 Abs. 2 Nr. 3 Hs. 2 HGB ist zudem der Einfluss auf die VFE-Lage darzustellen. Aus § 284 Abs. 2 Nr. 1 HGB ergibt sich dann die Anforderung zur Angabe der auf die Posten der Bilanz und GuV angewandten (neuen/abweichenden) Bilanzierungs- und Bewertungsmethoden (§ 284 Rz 23 ff.).

Wird der Grundsatz der Unternehmensfortführung durchbrochen, ist dies zudem im **Lagebericht** zu berücksichtigen.[86] Neben der Nennung der Gründe ist zu erläutern, welcher Zeitraum vermutlich zur Liquidation der VG bzw. Begleichung der Schulden erforderlich ist, wie die Beendigung der Geschäftsaktivitäten

---

[82] So *Winkeljohann/Büssow,* in Beck Bil-Komm. 9. Aufl., § 252 HGB, Rz 15.
[83] Ebenso *ADS,* 6. Aufl. § 264 HGB, Rz 118.
[84] Ebenso auch WP-Handbuch, Bd. I, 14. Aufl., Abschn. F, Rz 1057.
[85] Dazu und zum Folgenden ebenso IDW RS HFA 17, Tz. 40.
[86] Vgl. dazu und im Folgenden IDW RS HFA 17, Tz. 41.

erfolgen soll und mit welchen finanziellen Auswirkungen voraussichtlich zu rechnen ist.

## 2.3 Grundsatz der Einzelbewertung und Stichtagsprinzip (Nr. 3, Nr. 4 Hs. 1)

52 § 252 Abs. 1 Nr. 3 HGB enthält mit der Vorgabe zur einzelnen Bewertung von VG und Schulden zum Abschlussstichtag **zwei unabhängige GoB**. Einerseits ist so das Stichtagsprinzip, d. h. der Grundsatz der Bewertung nach Maßgabe der am Abschlussstichtag herrschenden Verhältnisse, sowie andererseits der Einzelbewertungsgrundsatz, der – außerhalb der Ausnahmetatbestände des HGB – eine Bewertung losgelöst von anderen VG und Schulden bzw. jenseits einer Gesamtbetrachtung oder einer Teilaggregation selbständiger Posten sicher stellen soll, kodifiziert.

### 2.3.1 Stichtagsprinzip

#### 2.3.1.1 Regelungsinhalt

53 Bei der Bewertung der im JA ausgewiesenen VG und Schulden ist als logische Konsequenz einer periodengerechten Rechnungslegung[87] auf die **Verhältnisse am Abschlussstichtag** (s. zum Abschlussstichtag § 242 Rz 7 ff.) abzustellen. Über die Kodifizierung als GoB in § 252 Abs. 1 Nr. 3 HGB hinaus findet das Stichtagsprinzip auch in zahlreichen weiteren Normen des Handelsrechts Erwähnung. So ist etwa gem. § 253 Abs. 3 Satz 3 HGB bei VG des AV bei voraussichtlich dauernder Wertminderung der Wert anzusetzen, der ihnen am Abschlussstichtag beizulegen ist. Gleiches gilt in Bezug auf den Bemessungszeitpunkt mit § 253 Abs. 4 Satz 1 HGB auch für VG des UV. Es ergibt sich zudem bereits aus dem in § 252 Abs. 1 Nr. 4 HGB implementierten Vorsichtsprinzip und letztlich dem Imparitätsprinzip (Rz 84).

54 Da es auf die Verhältnisse und nicht den Wissensstand am Abschlussstichtag ankommt[88], sind über die ohnehin selbstverständliche Berücksichtigung aller vor dem Abschlussstichtag entstandenen und zu diesem Zeitpunkt bereits bekanntgewordenen Ereignisse hinaus **wertaufhellende Tatsachen** bei der Erstellung des JA bzw. hier konkret der Bewertung von VG und Schulden zu berücksichtigen. Entsprechend sind Ereignisse, die vor dem Bilanzstichtag verursacht aber erst bis zum Aufstellungsstichtag bekanntgeworden sind (Rz 55 ff.), zu beachten. Tatsachen, die im Zeitraum während dem Abschluss- und dem Aufstellungsstichtag bekanntwerden, jedoch erst nach dem Abschlussstichtag verursacht wurden, sog. wertbegründende Tatsachen, sind dagegen nicht zu berücksichtigen (Rz 55 ff.). Die mitunter vertretene Auffassung, dass es richtig erscheint, negative **wertbegründende Ereignisse** mit wesentlichen Auswirkungen auf die VFE-Lage eines Unt zu

---

[87] So *Baetge/Ziesemer/Schmidt*, in *Baetge/Kirsch/Thiele*, Bilanzrecht, § 252 HGB, Rz 92, Stand 10/2011.
[88] Vgl. *Winkeljohann/Büssow*, in Beck Bil-Komm. 9. Aufl., § 252 HGB, Rz 38; ADS, 6. Aufl. § 252 HGB, Rz 76.

berücksichtigen[89], ist eindeutig abzulehnen.[90] Das Vorsichtsprinzip (Rz 79) ist keinesfalls als Durchbrechung des Stichtagsprinzips zu interpretieren.[91]

### 2.3.1.2 Wertaufhellende und wertbegründende Tatsachen

Das **Wertaufhellungsprinzip** und die entsprechende Unterscheidung zwischen wertaufhellenden und wertbegründenden Tatsachen folgt aus der Systematik der Trennung von Abschlussstichtag (s. zum Abschlussstichtag § 242 Rz 7ff.) und dem Stichtag der Bilanzaufstellung (§ 243 Rz 34, § 264 Rz 44) i. V. m. § 252 Abs. 1 Nr. 3 HGB sowie § 252 Nr. 4 Hs. 1 HGB. Wenngleich es bei kleineren Ges. in Einzelfällen zu einer zeitlichen Deckung der beiden Zeitpunkte kommen kann, weichen Abschlussstichtag und Erstellungstag i. d. R. voneinander ab. Basierend auf dieser (zumindest möglichen) Trennung und bereits aus der Vorgabe des § 252 Abs. 1 Nr. 3 HGB zur Abstellung auf die Verhältnisse am Abschlussstichtag folgt die Pflicht zur etwaigen Berücksichtigung wertaufhellender Ereignisse, die zwischen diesen beiden Zeitpunkten bekannt geworden sind jedoch bereits vor dem Bilanzstichtag verursacht wurden. Die gem. § 252 Abs. 1 Nr. 4 HGB vorgeschriebene Berücksichtigung von vorhersehbaren Risiken und Verlusten, die bis zum Abschlussstichtag entstanden sind, selbst wenn sie erst zwischen dem Abschlussstichtag und dem Tag der Aufstellung bekannt geworden sind (Imparitätsprinzip), konkretisiert/untermauert die Pflicht zur Berücksichtigung wertaufhellender Tatsachen. Für die Gewinnrealisierung gilt dagegen mit § 252 Nr. 4 Hs. 2 HGB das Realisationsprinzip. Allerdings hat der BFH unter Einschränkung des Realisationsprinzips entschieden, dass die Reduktion von Verlustrisiken oder deren Wegfall durchaus zu berücksichtigen ist.[92] Und auch im Schrifttum wird die Auffassung vertreten, dass nicht nur Risiken und Verluste sondern auch positive Ereignisse als wertaufhellende Tatsachen zu berücksichtigen sind.[93] Dem ist zuzustimmen.

55

Da der Unterschied zwischen der Verringerung von Verlustrisiken und Gewinnen in letzter Instanz gering ist, lässt sich allerdings bereits erkennen, dass die Grenzen zwischen wertaufhellenden und wertbegründenden Tatsachen wie auch jene zwischen dem Imparitäts- und dem Realisationsprinzip fließend sind.

Die Abgrenzung zwischen wertaufhellenden und wertbegründenden Ereignissen hat dabei zwei Dimensionen: den **Merkmalsbereich der zeitlichen Verursachung** vor dem Abschlussstichtag und den **Merkmalsbereich des Bekanntwerdens**. Der BFH hat im Kontext der Abgrenzung bereits ein passendes, wenn auch überzeichnetes und stark vereinfachtes Beispiel zur Abgrenzung wertaufhellender und wertbegründender Ereignisse skizziert, auf dem aufbauend auch die Auslegungsschwierigkeiten innerhalb der zwei Dimensionen veranschaulicht werden können.

56

---

[89] So *ADS*, 6. Aufl. § 252 HGB, Rz 44.
[90] GlA *Winkeljohann/Büssow*, in Beck Bil-Komm. 9. Aufl., § 252 HGB, Rz 38; *Baetge/Ziesemer/Schmidt*, in *Baetge/Kirsch/Thiele*, Bilanzrecht, § 252 HGB, Rz 100, Stand 10/2011.
[91] Vgl. *Baetge/Ziesemer/Schmidt*, in *Baetge/Kirsch/Thiele*, Bilanzrecht, § 252 HGB, Rz 100, Stand 10/2011.
[92] Vgl. BFH, Urteil v. 15.9.2004, I R 216/19, BStBl 2009 II S. 100.
[93] Vgl. *Winkeljohann/Büssow*, in Beck Bil-Komm. 9. Aufl., § 252 HGB, Rz 38; *Baetge/Ziesemer/Schmidt*, in *Baetge/Kirsch/Thiele*, Bilanzrecht, § 252 HGB, Rz 99, Stand 10/2011.

> **Beispiel**[94]
> **Abgrenzung zwischen wertaufhellenden und wertbegründenden Ereignissen I**
> Sachverhalt
> Der Kunde A zahlt seine Rechnungen bis zum Bilanzstichtag zunehmend schleppend und der Forderungsbestand nimmt korrespondierend immer weiter zu.
> Fall 1
> Kurz nach dem Bilanzstichtag meldet der Kunde Insolvenz an.
> Fall 2
> Der Kunde erbt kurz nach dem Bilanzstichtag oder macht einen Lottogewinn. Der Vermögenszuwachs deckt die Forderung voll ab und Kunde A begleicht sogleich alle offenen Forderungen.
> Beurteilung
> In Fall 1 ist dem Gläubiger zwischen Abschlussstichtag und Aufstellung des Abschlusses bekannt geworden, dass die Forderungen gegenüber dem Schuldner A nicht oder zumindest nur teilweise einbringlich sind. Da Kunde A die Rechnungen bis zum Bilanzstichtag bereits zunehmend schleppend gezahlt hat, ist zudem von einer Entstehung bereits bis zum Abschlussstichtag auszugehen. Entsprechend handelt es sich um eine wertaufhellende Tatsache, die bereits im JA des abgelaufenen Gj Berücksichtigung finden muss.
> In Fall 2 ist zwar das Tatbestandsmerkmal des Bekanntwerdens zwischen Abschlussstichtag und Aufstellung, nicht jedoch jenes der zeitlichen Verursachung vor dem Abschlussstichtag erfüllt. Der Lottogewinn bzw. die Erbschaft sind erst nach dem Abschlussstichtag eingetreten. Insofern handelt es sich um eine wertbegründende Tatsache, die erst im laufenden Gj zu erfassen ist.

57  Anders als im skizzierten Beispielfall können jedoch sowohl im Merkmalsbereich der zeitlichen Verursachung vor dem Abschlussstichtag als auch im Merkmalsbereich des Bekanntwerdens Unklarheiten auftreten, die die Abgrenzung zwischen wertaufhellenden und wertbegründenden Tatsachen erschweren und regelmäßig zu **Ermessensspielräumen** führen.

58  Hinsichtlich des Tatbestandsmerkmals der zeitlichen **Entstehung vor dem Abschlussstichtag** kann insb. unklar sein, ob Forderungen trotz bekanntgewordener Insolvenz zwischen Abschlussstichtag und Aufstellung bereits nicht mehr werthaltig waren und damit die Entstehung des Ereignisses bereits vor dem Abschlussstichtag gegeben ist. Daraus ergeben sich zwangsläufig Ermessensspielräume, wie folgendes Beispiel zeigt.

> **Beispiel**
> **Abgrenzung des Tatbestandsmerkmals der zeitlichen Entstehung I**
> Sachverhalt

---

[94] Erweitert in Anlehnung an BFH, Urteil v. 4.4.1973, I R 130/71, BStBl 1974 II S. 485.

> Abweichend vom letzten Beispiel zahlt Kunde A erstmals im Dezember Rechnungen verspätet. Eine feiertagsbedingte Schließung des Betriebs über die Festtage ist nicht erfolgt. Lange nach dem Bilanzstichtag und erst kurz vor der Aufstellung der Bilanz meldet der Kunde Insolvenz an. Genaue Insolvenzgründe sind nicht bekannt.
> Beurteilung
> Das Tatbestandsmerkmal des Bekanntwerdens zwischen Abschlussstichtag und Aufstellung ist erfüllt. Unklar dagegen ist, ob das Risiko des (teilweisen) Forderungsausfalls bis zum Abschlussstichtag entstanden ist. Eine eindeutige Lösung ist in diesem Fall nicht möglich, sodass sich mehrere Lösungsansätze skizzieren lassen. Dies liegt insb. daran, dass das Kriterium des sorgfältigen Kfm. bzw. der sorgfältigen kaufmännischen Beurteilung keinesfalls von Präzision sondern vielmehr durch Unklarheit gezeichnet ist. Ein sorgfältiger Kfm. könnte die verspätete Zahlung als vorhersehbares Risiko werten und von einer reduzierten Werthaltigkeit der Forderungen ausgehen, ein anderer mag unter sorgfältiger kaufmännischen Beurteilung zu dem Ergebnis kommen, dass verspätete Rechnungen im Dezember festtags- bzw. urlaubsbedingt durchaus vorkommen und dies keinesfalls als vorhersehbares Risiko einstufen oder die Wahrscheinlichkeit eines Forderungsausfalls zumindest für vernachlässigbar[95] halten. Die mitunter geäußerten Forderungen nach Objektivität[96] müssen insofern akademischer Natur sein, als dass es Objektivität grds. und insb. in diesem Bereich kaum geben dürfte. Zu Recht wird im Schrifttum mitunter aufgeführt, dass der Kfm. in diesem Kontext nichts wissen, sondern lediglich vermuten kann und bei Vermutungen grds. nicht von Objektivität gesprochen werden kann.[97]

Abweichend von den bisherigen Beispielen ist jedoch auch der Fall denkbar, dass das Tatbestandsmerkmal der zeitlichen Entstehung vor dem Abschlussstichtag trotz Insolvenz zwischen dem Stichtag des Abschlusses und seiner Aufstellung eindeutig nicht erfüllt ist.

**59**

> **Beispiel**
> **Abgrenzung des Tatbestandsmerkmals der zeitlichen Entstehung II**
> Sachverhalt
> Kunde A zahlt wie im letzten Beispiel erstmals im Dezember Rechnungen verspätet. Eine feiertagsbedingte Schließung des Betriebs über die Festtage ist nicht erfolgt. Lange nach dem Bilanzstichtag und erst kurz vor der Aufstellung der Bilanz meldet der Kunde Insolvenz an. Allerdings wird im Zuge der Insolvenzanmeldung bekannt, dass die Insolvenz auf einen insolventen Großkunden von A zurückzuführen ist, der im Februar fällige Forderungen nicht mehr begleichen konnte.
> Beurteilung

---

[95] Bei der Abgrenzung auf das Kriterium der vernachlässigbaren Wahrscheinlichkeit abstellend *Baetge/Ziesemer/Schmidt*, in *Baetge/Kirsch/Thiele*, Bilanzrecht, § 252 HGB, Rz 97, Stand 10/2011.
[96] So etwa BFH, Urteil v. 30.1.2002, I R 68/00, BStBl 2002 II S. 688.
[97] So *Hoffmann/Lüdenbach*, NWB-Kommentar Bilanzierung, 6. Aufl. 2015, § 252 HGB Rz 78.

> Zwar ist die Insolvenz zwischen Abschlussstichtag und Aufstellung bekannt geworden, ihre Entstehung ist infolge der Mitteilung über den Insolvenzgrund von Kunde A aber nicht zeitlich vor den Abschlussstichtag zu verorten. Die verspätete Zahlung der Rechnungen aus dem Dezember hängt nicht mit der Insolvenz zusammen, sodass keine wertaufhellende Tatsache vorliegt.

60 Über das **Tatbestandsmerkmal** der zeitlichen Entstehung hinaus ist auch jenes **des Bekanntwerdens** zwischen dem Abschlussstichtag und dem Tag der Aufstellung des JA problembehaftet. Im Schrifttum und der Rechtspraxis sind in diesem Kontext **zwei** verschiedene **Wertaufhellungskonzeptionen** einschlägig.[98] Einerseits wird die Auffassung vertreten, dass die Bilanzierung so vorzunehmen ist, als ob sie zum Bilanzstichtag erstellt worden wäre (subjektive Wertaufhellungskonzeption).[99] Dabei wird unterstellt, dass „ein – fiktiver vorsichtiger und ordentlicher – Kaufmann unter verständiger Würdigung aller Umstände und Verhältnisse am Bilanzstichtag aufgestellt hätte".[100] Ohne diese Unterstellung bestünde ansonsten kein Unterschied zur Außerachtlassung auch wertaufhellender Ereignisse. Andererseits und mittlerweile nach hM ist im Rahmen der Bilanzierung der Sachstand der Verhältnisse zum Bilanzstichtag am Tag der Aufstellung der Bilanz zu berücksichtigen (objektive Wertaufhellungskonzeption).[101] Entsprechend ist nicht maßgeblich, was selbst ein fiktiver vorsichtiger und ordentlicher Kfm. unter größter Sorgfalt am Bilanzstichtag hätte wissen können, sondern was dem Kfm. unter möglichst objektiven Gesichtspunkten bis zum Tag der Aufstellung bekannt geworden ist bzw. bekannt hätte sein müssen.[102] Die Anwendung der objektiven Wertaufhellungskonzeption ergibt sich u.E. bereits aus dem Wortlaut des § 252 Abs. 1 Nr. 4 Hs. 1 HGB, spätestens jedoch aus der Unsinnigkeit der Nichtberücksichtigung vor dem Abschlussstichtag entstandener Ereignisse, die definitiv erst nach dem Abschlussstichtag erkennbar waren. Im Schrifttum wird daher im Zusammenhang mit der subjektiven Konzeption – zurecht ablehnend – davon gesprochen, sich künstlich dümmer zu machen, als man ist.[103] Die Unterschiede der beiden Konzeptionen werden anhand des folgenden Beispiels deutlich.

---

[98] Vgl. anstatt vieler *Winkeljohann/Büssow*, in Beck Bil-Komm. 9. Aufl., § 252 HGB, Rz 38.
[99] So etwa RFH, Urteil v. 17.10.1934, VI A 749/33, StuW 1935 II Nr. 16 Sp. 35; a.A. *Winkeljohann/Büssow*, in Beck Bil-Komm. 9. Aufl., § 252 HGB, Rz 38; *Hoffmann/Lüdenbach*, NWB-Kommentar Bilanzierung, 6. Aufl. 2015, § 252 HGB Rz 73 ff.; *Baetge/Ziesemer/Schmidt*, in *Baetge/Kirsch/Thiele*, Bilanzrecht, § 252 HGB, Rz 97, Stand 10/2011.
[100] *Hoffmann/Lüdenbach*, NWB-Kommentar Bilanzierung, 6. Aufl. 2015, § 252 HGB Rz 73.
[101] Vgl. *Winkeljohann/Büssow*, in Beck Bil-Komm. 9. Aufl., § 252 HGB, Rz 38; *Hoffmann/Lüdenbach*, NWB-Kommentar Bilanzierung, 6. Aufl. 2015, § 252 HGB Rz 73 ff.; *Baetge/Ziesemer/Schmidt*, in *Baetge/Kirsch/Thiele*, Bilanzrecht, § 252 HGB, Rz 97, Stand 10/2011.
[102] Ebenso *Winkeljohann/Büssow*, in Beck Bil-Komm. 9. Aufl., § 252 HGB, Rz 38; *Hoffmann/Lüdenbach*, NWB-Kommentar Bilanzierung, 6. Aufl. 2015, § 252 HGB Rz 73 ff.; *Baetge/Ziesemer/Schmidt*, in *Baetge/Kirsch/Thiele*, Bilanzrecht, § 252 HGB, Rz 97, Stand 10/2011.
[103] So *Hoffmann/Lüdenbach*, NWB-Kommentar Bilanzierung, 6. Aufl. 2015, § 252 HGB Rz 73.

> **Beispiel**
> **Unterschiede zwischen subjektiver und objektiver Wertaufhellungskonzeption**
> Sachverhalt
> Lebensmittelproduzent B produziert kurz vor Ablauf eines Gj am 29.12. eine Charge Dosenravioli, die noch am gleichen Tag in den Handel geht. Stiftung Warentest beginnt am folgenden Tag unabhängig und geheim eine Untersuchung über Verunreinigungen in Lebensmittelkonserven und kauft dazu – auch von Lebensmittelproduzent B – 20 entsprechende Produkte, die noch am gleichen Tag in ein Labor zur Analyse gegeben werden. Dieser Test dauert immer mindestens vier Tage. Obwohl in der gesamten Firmengeschichte von Lebensmittelproduzent B noch nie auch nur eine Dose verunreinigt war, wird am Anfang des folgenden Gj nach Veröffentlichung durch Stiftung Warentest noch vor dem Tag der Aufstellung des JA von B bekannt, das seine Konserven verunreinigt waren. Lebensmittelproduzent B wird entsprechend zu einer teuren Rückrufaktion gezwungen.
> Beurteilung bei Anwendung der subjektiven Wertaufhellungskonzeption
> Bereits die Labortests durch Stiftung Warentest waren auch unter verständiger Würdigung aller Umstände und Verhältnisse am Bilanzstichtag durch einen – fiktiven vorsichtigen und ordentlichen – Kfm. nicht zu erahnen. Darüber hinaus hätte das Ergebnis zweifelsfrei erst im neuen Gj bekannt werden können. Die Anwendung der subjektiven Wertaufhellungskonzeption, d.h. die Durchführung der Bilanzierung als ob sie zum Bilanzstichtag erstellt worden wäre, kann in diesem Fall nur eine Nichtberücksichtigung der noch im Gj verursachten (verunreinigte Produktion am 29.12) Verunreinigung zur Folge haben.
> Beurteilung bei Anwendung der objektiven Wertaufhellungskonzeption
> Bei einer Anwendung dieser Konzeption ist abweichend von der subjektiven Konzeption als wertaufhellende Tatsache zu berücksichtigen, was dem Kfm. unter möglichst objektiven Gesichtspunkten bis zum Tag der Aufstellung bekannt geworden ist. Es spielt also keine Rolle, dass Lebensmittelproduzent B zum Abschlussstichtag unter keinen Umständen etwas von einer (möglichen) Verunreinigung hätte wissen können. Da die Verunreinigung zudem im abgelaufenen Gj verursacht wurde, ist diese entsprechend im Zuge der JA-Aufstellung zu berücksichtigen.

Allerdings führt **auch die Anwendung der objektiven Wertaufhellungskonzeption** zu **Abgrenzungsproblemen**. Hier stellt sich die Frage, was dem Kfm. unter möglichst objektiven Gesichtspunkten bis zum Tag der Aufstellung bekannt geworden ist bzw. hätte werden müssen. Wie bereits betreffend des Tatbestandsmerkmals der zeitlichen Entstehung vor dem Abschlussstichtag diskutiert (Rz 58), erwachsen daraus entsprechend Ermessensspielräume, da Objektivität hinsichtlich des Kenntnisstands des sorgfältigen Kfm. nicht existiert. Das nachfolgende Beispiel verdeutlicht diese Problematik.

61

> **Beispiel**
> **Abgrenzung des Tatbestandsmerkmals des Bekanntwerdens – Ermessensspielräume bei der Anwendung der objektiven Wertaufhellungskonzeption**
> Sachverhalt
> Der große mittelständische Hersteller von Eisenwaren und Handwerkerbedarf, die Dübel GmbH, mit einem Direktvertriebsmodell für gewerbliche Kunden vertreibt seine Produkte an über 50.000 Handwerksbetriebe in Deutschland. Die Zahlung erfolgt stets auf Rechnung. Der kleine Kunde X zahlt seine Rechnungen i. H. v. maximal 100 EUR im letzten Quartal bis zum Bilanzstichtag zunehmend verzögert und der Forderungsbestand nimmt korrespondierend immer weiter zu. Die Dübel GmbH erstellt ihre Bilanz am 20.3. des folgenden Gj. Indes hat Kunde X einen Insolvenzantrag gestellt und das Insolvenzgericht hat die Eröffnung des Insolvenzverfahrens am 19.3. auf der Plattform www.insolvenzbekanntmachungen.de bekannt gemacht. Die gem. § 30 InsO vorgeschriebene besondere Zustellung des Beschlusses über die Eröffnung geht der Dübel GmbH jedoch erst am 21.3. zu.
> Beurteilung
> Eine eindeutige Beurteilung kann es in diesem Fall nicht geben, wenngleich das Kriterium der Entstehung bis zum Abschlussstichtag erfüllt und die Insolvenz einen Tag vor Aufstellung der Bilanz veröffentlicht wurde. Einerseits lässt sich argumentieren, dass die Insolvenz einem sorgfältigen Kfm. unter möglichst objektiven Gesichtspunkten bis zum Tag der Aufstellung bekannt hätte werden müssen, da das Insolvenzgericht die Eröffnung des Verfahrens einen Tag vor Aufstellung des JA auf dem Justizportal veröffentlicht hat. Andererseits und u. E. nach kann von einem Unt mit 50.000 Kunden nicht verlangt werden, einen Tag vor Aufstellung eine aktive Überprüfung von jedem einzelnen – mitunter kleinem – Kunden über das Justizportal vorzunehmen. Auch ein sorgfältiger Kfm. hätte dieser Argumentation zufolge unter möglichst objektiven Gesichtspunkten nicht vor der Aufstellung von dieser Insolvenz Kenntnis erlangen müssen. Erst infolge der besonderen Zustellung durch das Insolvenzgericht, die jedoch erst nah der Aufstellung erfolgte, könnte dieser Argumentation nach sicher von einem Bekanntwerden gesprochen werden.
> Anders bzw. eindeutiger stellt sich die Situation dar, wenn Kunde X von größerer Bedeutung für die Dübel GmbH ist und zu den 50 Großkunden mit aktuell erheblichen laufenden Bestellungsvolumina bzw. Verbindlichkeiten zählt. Hier wird man wohl zu Recht davon sprechen müssen, dass ein sorgfältiger Kfm. unter möglichst objektiven Gesichtspunkten darüber hätte Kenntnis durch die Überprüfung hätte erlangen müssen. Dies verdeutlicht jedoch auch das Dilemma der Abgrenzung: Wo verläuft die Grenze?

### 2.3.1.3 Wertaufhellungszeitraum

62  Unklar ist über die bisher diskutierten Abgrenzungsprobleme zwischen wertaufhellenden und wertbegründenden Ereignissen hinaus im Kontext des Tat-

bestandsmerkmals des Bekanntwerdens zwischen dem Abschlussstichtag und der Aufstellung auch die Frage, was bzw. **welcher Zeitpunkt unter der Aufstellung genau zu verstehen ist**. Diese Frage wird dabei von der Gegebenheit getragen, dass es sich in der Praxis i.d.R. nicht um einen zeitpunktbezogenen Vorgang etwa innerhalb eines Tags sondern einen ggf. mehrmonatigen Prozess handelt.[104]

Weder § 252 Abs. 1 Nr. 3 HGB noch § 252 Abs. 1 Nr. 4 Hs. 1 HGB bieten hier eine Lösung. Im Zuge der Normierung des Stichtagsprinzips in § 252 Abs. 1 Nr. 3 HGB ist lediglich von einer (einzelnen) Bewertung „zum Abschlussstichtag" die Rede. § 252 Abs. 1 Nr. 4 Hs. 1 HGB formuliert ebenfalls unklar „...und dem Tag der Aufstellung...". Infolge der fehlenden Normierung haben sich hinsichtlich des Einzelabschlusses in Schrifttum und Rechtspraxis **folgende mögliche Zeitpunkte** herauskristallisiert:[105]

- Abschluss des vom wertaufhellenden Ereignis betroffenen Postens.
- Im Falle der Prüfung durch den AP: Abschluss und Prüfung des vom wertaufhellenden Ereignis betroffenen Postens.
- Abschluss aller Posten bzw. des Abschlusses als Ganzes.
- Unterzeichnung des Abschlusses durch die Geschäftsführung.
- Prüfung des Abschlusses durch den WP bzw. Erteilung des BSV.
- Im Falle von KapG der Tag der Feststellung.

Im KA kommt anstatt der Feststellung die Billigung des KA durch den AR i.S.d. § 171 Abs. 1 Satz 2 AktG in Betracht.[106]

Mittlerweile unstritten ist dabei, dass **in Abhängigkeit der Bedeutung** der wertaufhellenden Sachverhalte, d.h. deren Wesentlichkeit, unterschiedlich verfahren werden kann.[107] Ist die Bedeutung eines Postens unwesentlich bzw. ohne Bedeutung, spricht entsprechend nichts dagegen, bereits den Abschluss des vom wertaufhellenden Ereignis betroffenen Postens als Aufstellungszeitpunkt zu betrachten. **Jenseits einer unwesentlichen Bedeutung** herrscht indes weiterhin Uneinigkeit. Dies ist insb. durch die Auffassungen geprägt, dass der Wertaufhellungszeitraum im Interesse der Rechenschaft,[108] der Kapitalerhaltung[109] sowie der Richtigkeit[110] möglichst lang sein sollte, die Feststellungsorgane nicht wissentlich einen „falschen" Abschluss feststellen dürften und der gegenläufigen limitierenden Auf-

63

64

---

104 Vgl. *Winkeljohann/Büssow*, in Beck Bil-Komm. 9. Aufl., § 252 HGB, Rz 39; *Baetge/Ziesemer/Schmidt*, in *Baetge/Kirsch/Thiele*, Bilanzrecht, § 252 HGB, Rz 106, Stand 10/2011.
105 Zusammenführung aus *ADS*, 6. Aufl. § 252 HGB, Rz 77; *Hoffmann/Lüdenbach*, NWB-Kommentar Bilanzierung, 6. Aufl. 2015, § 252 HGB Rz 94f.; *Fülbier/Kuschel/Selchert*, in *Küting/Pfitzer/Weber*, HdR, HGB § 252, Rn 16, Stand 12/2010; BFH, Urteil v. 15.9.2004, I R 5/04, BFH/NV 2005 S. 421.
106 So *Baetge/Ziesemer/Schmidt*, in *Baetge/Kirsch/Thiele*, Bilanzrecht, § 252 HGB, Rz 111, Stand 10/2011.
107 So etwa BFH, Urteil v. 15.9.2004, I R 5/04, BFH/NV 2005 S. 421; *Hoffmann/Lüdenbach*, NWB-Kommentar Bilanzierung, 6. Aufl. 2015, § 252 HGB Rz 95; *Baetge/Ziesemer/Schmidt*, in *Baetge/Kirsch/Thiele*, Bilanzrecht, § 252 HGB, Rz 110, Stand 10/2011; Dies lediglich als Ausnahme im Notfall für zulässig erachtend *Winkeljohann/Büssow*, in Beck Bil-Komm. 9. Aufl., § 252 HGB, Rz 39.
108 So etwa *Baetge/Ziesemer/Schmidt*, in *Baetge/Kirsch/Thiele*, Bilanzrecht, § 252 HGB, Rz 108, Stand 10/2011.
109 So etwa *Fülbier/Kuschel/Selchert*, in *Küting/Pfitzer/Weber*, HdR, HGB § 252, Rn 87, Stand 12/2010.
110 So etwa *Hoffmann/Lüdenbach*, NWB-Kommentar Bilanzierung, 6. Aufl. 2015, § 252 HGB Rz 94.

fassung, dass unter dem Begriff Aufstellung nicht auch die Feststellung subsumiert werden kann[111] (wobei dann noch die Prüfung umstritten ist).
**Bei gebotener Feststellung und (ggf. pflichtgemäß) erfolgter Prüfung**
Sowohl dem AP als auch den Feststellungsorganen kommt eine überprüfende Funktion im Interesse der Darstellung eines den tatsächlichen Verhältnissen entsprechenden Bildes der VFE-Lage zu. Erstreckt sich der Wertaufhellungszeitraum nicht auch auf diese, könnte es zur Feststellung eines nicht der tatsächlichen Lage entsprechenden Bildes kommen.[112] Abschlussprüfung und Feststellung wären zumindest eines Teils ihrer Funktion beraubt. Insofern hat bei gebotener Feststellung u. E. – losgelöst von formalen Spitzfindigkeiten – eine Berücksichtigung wertaufhellender Tatsachen bis zur Feststellung zu erfolgen. Ist keine Feststellung erforderlich, wird jedoch freiwillig eine Prüfung vorgenommen, so ist diese maßgeblich für die Wertaufhellung.
**Ohne Feststellung und Prüfung**
Sofern weder eine Feststellungs- noch ein Prüfungspflicht bestehen und auch keine freiwillige Prüfung erfolgt, ist der formale Akt der Bilanzaufstellung[113], d. h. die Unterzeichnung des Abschlusses durch die Geschäftsführung (§ 245 Rz 1), und nicht der Abschluss aller Posten bzw. des Abschlusses als Ganzes[114] maßgeblich.

### 2.3.1.4 Spezialvorschriften und Ausnahmen vom Stichtagsprinzip

65 Mit den **Spezialvorschriften** zur Bewertung von Verbindlichkeiten und Rückstellungen zum (nach kaufmännischer Beurteilung notwendigen) Erfüllungsbetrag und damit zur Berücksichtigung künftiger Gegebenheiten (§ 253 Rz 26 ff.) sowie dem Wahlrecht für außerplanmäßige Abschreibungen auch bei voraussichtlich nicht dauernder Wertminderung von VG des FAV bzw. dem im Umkehrschluss möglichen Verzicht auf eine Einhaltung des Stichtagsprinzips (§ 253 Rz 254 ff.) kennt das HGB explizite „Abweichungen" vom Stichtagsprinzip, wobei es sich dabei nicht um Ausnahmen im eigentlichen Sinne handelt, da die Grundsätze nur beim Nichtbestehen von Spezialvorschriften zum Tragen kommen (Rz 14 ff. und Rz 137 ff.).

66 In Fällen des **Wegfalls der going-concern-Prämisse** kommen Abweichungen vom Stichtagsprinzip in Betracht (Rz 46).[115] **Weitere Ausnahmefälle** unter Rückgriff auf § 252 Abs. 2 HGB sind ebenfalls denkbar. Dazu zählen etwa **Sanierungsfälle** (die nicht zwingend unter Wegfall der Prämisse der Unternehmensfortführung durchgeführt werden). Hier kommt ein Rückbezug von Sanierungsgewinnen auf die Vorperiode innerhalb des Wertaufhellungszeitraums in Frage, sofern diese ihren Ursprung in vorperiodischen Maßnahmen haben.[116]

---

[111] So *ADS*, 6. Aufl. § 252 HGB, Rz 77, die deshalb den Abschluss der Aufstellung im Ganzen für maßgeblich halten.
[112] Vgl. *Baetge/Ziesemer/Schmidt*, in *Baetge/Kirsch/Thiele*, Bilanzrecht, § 252 HGB, Rz 108 f., Stand 10/2011.
[113] So BFH, Urteil v. 15.9.2004, I R 5/04, BFH/NV 2005 S. 421 und wohl auch *Hoffmann/Lüdenbach*, NWB-Kommentar Bilanzierung, 6. Aufl. 2015, § 252 HGB Rz 95.
[114] Dies forderrnd *ADS*, 6. Aufl. § 252 HGB, Rz 77 f.
[115] Vgl. IDW RS HFA 17, Tz. 25; a. A. *Hoffmann/Lüdenbach*, NWB-Kommentar Bilanzierung, 6. Aufl. 2015, § 252 HGB Rz 32.
[116] Vgl. *Baetge/Ziesemer/Schmidt*, in *Baetge/Kirsch/Thiele*, Bilanzrecht, § 252 HGB, Rz 113, Stand 10/2011.

## 2.3.2 Einzelbewertungsgrundsatz
### 2.3.2.1 Regelungsinhalt

§ 252 Abs. 1 Nr. 3 HGB verlangt neben einer Bewertung auf Grundlage der Verhältnisse zum Abschlussstichtag (Rz 53 ff.) die einzelne Bewertung der im JA ausgewiesenen (selbständigen) VG und Schulden. Die bereits in § 240 Abs. 1 HGB geforderte **Einzelbewertung** entspringt dem Vorsichtsprinzip[117] (Rz 79) und soll – jenseits der bestehenden Ausnahmeregelungen infolge von handelsrechtlichen Spezialvorschriften oder Ausnahmen i.S.d. § 252 Abs. 2 HGB (Rz 131 ff.) – eine Zusammenfassung bzw. abhängige Bewertung und/oder Saldierung (i.S.d. Bewertung) von VG und Schulden – mitunter auch zwecks Objektivierung des JA – ausschließen. Eine von anderen VG und Schulden bzw. deren Wertverhältnissen beeinflusste Bewertung ist dabei ebenfalls unter einer Zusammenfassung zu subsummieren. Entsprechend dürfen weder VG mit anderen VG oder Schulden mit anderen Schulden zusammengefasst noch VG mit Schulden saldiert werden, solange sie voneinander abzugrenzen sind. Darin spiegelt sich letztlich auch der Grundgedanke des HGB wider, das Vermögen am Abschlussstichtag und nicht einen Unternehmenswert zu ermitteln.[118]

Grundlage der Einzelbewertung bildet die Identifizierung und Abgrenzung von/zwischen einzelnen VG und Schulden und damit die Frage nach der Selbstständigkeit dieser. Nicht selbständige bzw. nicht voneinander abgrenzbare VG und Schulden sind dann korrespondierend von einer getrennten Bewertung ausgeschlossen.

67

### 2.3.2.2 Abgrenzung von Bewertungsobjekten

Mangels einer gesetzlichen Vorgabe zur Abgrenzung zwischen Bewertungsobjekten im Handelsrecht obliegt dem Kfm. dabei die Verantwortung zur – im Zweifelsfall einzelfallbezogenen – sachgerechten Trennung dieser.[119] Anders als bei der Frage nach der Zurechnung von VG (§ 246 Rz 5 ff.), die derzeit (noch[120]) neben dem Kriterium des wirtschaftlichen Eigentümers auch den Aspekt des rechtlichen Eigentums zu beachten hat, beschränkt sich die Abgrenzung zwi-

68

---

[117] Mit einer Darlegung der Verknüpfung des Einzelbewertungsgrundsatzes mit dem Vorsichts- bzw. dem Realisations- und Imparitätsprinzip als Ausprägung dieses *Fülbier/Kuschel/Selchert*, in *Küting/Pfitzer/Weber*, HdR, HGB § 252, Rn 63, Stand 12/2010.

[118] Vgl. *Hoffmann/Lüdenbach*, NWB-Kommentar Bilanzierung, 6. Aufl. 2015, § 252 HGB Rz 44.

[119] Ebenso anstatt vieler *Hoffmann/Lüdenbach*, NWB-Kommentar Bilanzierung, 6. Aufl. 2015, § 252 HGB Rz 46.

[120] Mit der neuen EU-Bilanzrichtlinie wird die EU-weite Einführung der wirtschaftlichen Betrachtungsweise in den JA und den konsolidierten Abschlüssen kodifiziert. Sowohl im Rahmen der Bilanzierung als auch des Ausweises der Posten der Bilanz sowie der GuV ist entsprechend der wirtschaftliche Gehalt des/der zu Grunde liegenden Geschäftsvorfalls/Vereinbarung zu berücksichtigen. Wenngleich der Grundsatz im Wesentlichen dem seit der Einführung des BilMoG im HGB explizit normierten Grundsatz der Wirtschaftlichkeit entspricht, ergeben sich Änderungsnotwendigkeiten hinsichtlich der Praxis der Zuordnung von VG. Nach Nationalisierung der EU-Vorgaben ist einzig auf die wirtschaftliche Betrachtungsweise abzustellen. Die rechtliche Sichtweise entfällt. Das Deutsche Rechnungslegungs Standards Committee (DRSC) geht in einer Stellungnahme zur Umsetzung der RL 2013/34/EU allerdings davon aus, dass die neue EU-Bilanzrichtlinie diesbezüglich keine HGB-Änderung erfordert (vgl. dazu DRSC (Hrsg.), Umsetzung der Richtlinie 2013/34/EU). Diese Auffassung ist zumindest umstritten. Mit anderer Auffassung etwa *Kreipl/Müller*, Rechnungslegungsgrundsätze, in *Seicht* (Hrsg.), Jahrbuch für Controlling und Rechnungswesen, S. 269–286.

**69** schen einzelnen VG und Schulden auf die Klärung wirtschaftlicher Aspekte.[121] Allerdings kommt den rechtlichen Abgrenzungskriterien durchaus eine Indikatorfunktion zu, die Anhaltspunkte für wirtschaftliche Trennungskriterien liefern kann.[122]

**69** Unter wirtschaftlichen Aspekten ist dabei die wirtschaftlich einheitliche Verfügung, d. h. letztlich die **wirtschaftlich selbstständige Nutzbarkeit** oder anders gesagt die Einzelverwertbarkeit, zu verstehen. Infolge eines BHF-Urteils[123] hat sich in diesem Kontext auch der Begriff des „**betrieblichen Nutzungs- und Funktionszusammenhangs**" herausgeprägt.[124] In Abhängigkeit vom Kontext können zwei identische VG entsprechend sowohl als einzelner VG als auch als Teil einer Einheit mit anderen VG betrachtet und entsprechend sowohl getrennt voneinander sowie zusammengefast bewertet werden. Relevant sind dabei die wirtschaftlichen Gegebenheiten auf Ebene des Kfm. bzw. Unt. Häufig wird bei der Abgrenzung von einzelnen Bewertungsobjekten auch auf etwaig bestehende technische Verbindungen bzw. Einheiten abgestellt.

> **Beispiel**
> **Technische Verbindungen/Einheiten als Abgrenzungskriterium**
> Als Beispiel der Nutzung technischer Verbindungen als Abgrenzungskriterium – bzw. im Umkehrschluss als Kriterium für eine wirtschaftliche unselbstständige Nutzung – von VG können etwa Pkw dienen.
> Werden Pkw-Teile aus dem Lager entnommen oder just-in-time geliefert und mit den weiteren benötigten Teilen zur technischen Einheit Pkw verbunden, ist infolge der technischen Verbindung von einer wirtschaftlichen Einheit auszugehen.
> Auf Ebene der Lagerhaltung, d. h. vor der Herstellung der technischen Verbindung, scheidet ein analoges Vorgehen dagegen aus (dazu detaillierter Rz 72). Gleiches gilt etwa auch, wenn die Geschäftsleitung Sitze, die sonst in einem Pkw des Unt verbaut werden, als Empfangsstühle nutzt.

**70** **Unproblematisch** sind aber auch die **Definitionen** der wirtschaftlich selbständigen Nutzbarkeit oder des betrieblichen Nutzungs- und Funktionszusammenhangs oder der Rückgriff auf technische Verbindungen in deren Kontext freilich nicht. Die in (Steuer-)Rechtspraxis und Schrifttum mitunter verwendeten Unterkriterien, gemeinsame Zweckbestimmung, Festigkeit und Zeitraum etwaiger Verbindungen sowie äußeres Erscheinungsbild[125], lösen dieses Dilemma nicht.[126] Unterschiede hinsichtlich der Abgrenzungsergebnisse sind **auch in Abhängig-**

---

[121] Vgl. etwa *ADS*, 6. Aufl. § 252 HGB, Rz 23; *Fülbier/Kuschel/Selchert*, in *Küting/Pfitzer/Weber*, HdR, HGB § 252, Rn 64, Stand 12/2010; *Baetge/Ziesemer/Schmidt*, in *Baetge/Kirsch/Thiele*, Bilanzrecht, § 252 HGB, Rz 119, Stand 10/2011.
[122] Vgl. etwa *Fülbier/Kuschel/Selchert*, in *Küting/Pfitzer/Weber*, HdR, HGB § 252, Rn 64, Stand 12/2010; *Baetge/Ziesemer/Schmidt*, in *Baetge/Kirsch/Thiele*, Bilanzrecht, § 252 HGB, Rz 119, Stand 10/2011.
[123] BFH, Urteil v. 26.11.1973, BStBl 1974 II S. 132.
[124] Vgl. *Fülbier/Kuschel/Selchert*, in *Küting/Pfitzer/Weber*, HdR, HGB § 252, Rn 65, Stand 12/2010.
[125] Zur Liste vgl. *Hoffmann/Lüdenbach*, NWB-Kommentar Bilanzierung, 6. Aufl. 2015, § 246 HGB Rz 66.
[126] Ähnlich *Hoffmann/Lüdenbach*, NWB-Kommentar Bilanzierung, 6. Aufl. 2015, § 246 HGB Rz 66.

keit der verwendeten Abgrenzungsdefinition, also etwa „wirtschaftlich selbständige Nutzbarkeit" oder „betrieblicher Nutzungs- und Funktionszusammenhang" zu erwarten. Ebenfalls ist unklar, ob bereits die Erfüllung eines Unterkriteriums (wohl kaum) ausreicht, um einen entsprechenden Zusammenhang als gegeben zu erachten oder es dazu einer Erfüllung zweier, dreier oder aller Kriterien bedarf. Dazu im Folgenden zunächst einige Beispiele.

> **Beispiel**
> **Unterkriterien der wirtschaftlich selbständigen Nutzbarkeit/des betrieblichen Nutzungs- und Funktionszusammenhangs**
> Sachverhalt I
> Eine Transportfluggesellschaft hat jedes ihrer zehn Transportflugzeuge (zehn verschiedene Modelle) mit zehn Transportcontainern ausgestattet, die nur für diesen Flugzeugtyp verwendet werden können. Die Verbindung zwischen den Flugzeugen und Containern kann jederzeit (wohl besser nur am Boden) elektronisch/mechanisch getrennt werden[127] und diese Verbindungen werden nach (jedem) erfolgtem Transportauftrag in Abhängigkeit etwaiger Zwischenlagerungszeiten auf bestimmte Zeit unterbrochen. Darüber hinaus weichen Lebensdauer von Flugzeug und Container voneinander ab. Vom (äußeren) Erscheinungsbild mag man wohl auch eher nicht von einer Einheit ausgehen.
> Beurteilung I
> Beide Bewertungsobjekte dienen zweifelsfrei einem gemeinsamen Zweck. Von einer festen Verbindung kann allerdings genau wie von einem (ausreichenden) Zeitraum der Verbindung wohl nicht ausgegangen werden.
> Während man in diesem Fall bei Rückgriff auf den betrieblichen Nutzungs- und Funktionszusammenhang daher wohl dazu tendieren wird, nicht von einem solchen auszugehen (Konsequenz: getrennte Bewertung), da wohl weder von Festigkeit und einem ausreichenden Zeitraum einer etwaigen Verbindung noch einheitlichem äußerem Erscheinungsbild ausgegangen werden kann, ist die Antwort aus der Perspektive der wirtschaftlich selbständigen Nutzbarkeit bereits unklarer. Da der Container in keinem anderen Flugzeug des Unt verwendet werden kann, ließe sich argumentieren, dass eine selbständige Nutzbarkeit nicht gegeben ist, sofern es keine andere Verwendungsmöglichkeit (etwa die Zwischenlagerung von Gütern am Boden) gibt. Einzeln verwertbar im Sinne eines Verkaufs sind die Container dagegen durchaus.
> Sachverhalt II
> Abweichend von Sachverhalt I findet jeweils nur eine extrem kurze Zwischenlagerung der Container statt und diese werden bei jedem Flug mit entsprechenden Halterungen im Flugzeug verschweißt.
> Beurteilung II
> Abweichend zu Sachverhalt I könnte in diesem Beispiel durchaus von einer festen Verbindung ausgegangen werden, was dazu führen würde, dass zumindest ein weiteres Unterkriterium erfüllt ist. Die Verbindungen müssen allerdings natürlich nach jedem Einsatz wieder gelöst werden. Der Unterschied

---

[127] Eine feste Verbindung liegt laut BFH entsprechend nicht vor: BFH, Urteil v. 9.8.2001, III R 30/00, BStBl 2001 II S. 842.

> liegt hier dann vor allem im Werkzeug – zentrale Steuerung, Schraubwerkzeug oder Schweißbrenner – und unter Umständen in der für die Trennung benötigten Zeit. Nun mag ein extrem feingewindiger langer Bolzen allerdings bei der Demontage auch durchaus mehr Zeit als eine Schweißverbindung erfordern.
> In diesem Kontext ebenfalls unklar ist, ob nun von einem ausreichenden Zeitraum der ggf. festen Verbindung ausgegangen werden kann, der die Bewertungsobjekte „verbindet". Es kann hinsichtlich des Zeitraums nicht darauf ankommen, dass diese permanent und auf Lebenszeit der Bewertungsobjekte besteht. Anderenfalls dürften Komponenten mit kurzer Lebensdauer oder jene, die zu Wartungszwecken regelmäßig „entfernt" werden müssen, nur getrennt bewertet werden.

71 **Mangels einer greifbaren Auslegung** der Abgrenzungskriterien bzw. -prinzipien (wirtschaftlich selbständige Nutzbarkeit, betrieblicher Nutzungs- und Funktionszusammenhang etc.) werden daher **in der Praxis** häufig **zwei Wege** verfolgt. Es handelt sich dabei einerseits um den Rückgriff auf die (Ab-)Nutzungsdauern der Bewertungsobjekte nebst entsprechender Abgrenzung (auch) auf dieser Basis sowie andererseits die Verwendung steuerrechtlicher Entscheidungen[128], sofern solche vorhanden sind. Von Zweifels- oder Ermessensspielraumfreiheit kann dabei allerdings ebenfalls nicht gesprochen werden und die Anwendung steuerrechtlicher Vorgaben/Entscheidungen ist seit dem Wegfall der umgekehrten Maßgeblichkeit zumindest kritisch zu sehen, wenngleich wir sie in Ermangelung adäquater Alternativen für zulässig und aus Wirtschaftlichkeitsgründen mitunter sogar für angebracht halten.

72 Korrespondierende Zweckbestimmungen und Abnutzungsdauern alleine rechtfertigen i.d.R. aber noch keine Unterstellung eines Nutzungs- und Funktionszusammenhangs bzw. keine Klassifizierung als unselbständiger VG. Andernfalls wäre im Beispiel unter Rz 70 stets von einer zusammengefassten Bewertung auszugehen, wenn die Abnutzungsdauern von Transportflugzeug und Containern identisch wären – ungeachtet davon, ob überhaupt eine Verbindung besteht. Im **Umkehrschluss** kann aus einem abweichenden **Abnutzungszeitraum** nicht auf das Nichtbestehen einer wirtschaftlich selbständigen Nutzbarkeit oder eines betrieblichen Nutzungs- und Funktionszusammenhangs geschlossen werden. Ein Rückgriff auf die Abnutzungszeiträume ist in diesem Kontext daher wohl auch mehr als Teil des Entscheidungsprozesses oder als Entscheidungshilfe zu verstehen, was nachfolgendes Beispiel verdeutlicht.

> **Beispiel**
> **Der Abnutzungszeitraum als Abgrenzungskriterium der wirtschaftlich selbständigen Nutzbarkeit/des betrieblichen Nutzungs- und Funktionszusammenhangs**
> Sachverhalt I
> Aufbauend auf dem Beispiel unter Rz 70 ist nun davon auszugehen, dass Container und Flugzeug der gleichen Abnutzungsdauer unterliegen.

---

[128] Die Anwendung steuerrechtlicher Entscheidungen ebenfalls für zulässig bzw. geboten erachtend *Baetge/Ziesemer/Schmidt*, in *Baetge/Kirsch/Thiele*, Bilanzrecht, § 252 HGB, Rz 119, Stand 10/2011.

> Beurteilung I
> Nimmt man Bezug auf Sachverhalt I, ist u.E. auch infolge der einheitlichen Abnutzungsdauer nicht von einem Bewertungsobjekt zu sprechen. Daran ändert auch die einheitliche Abnutzungsdauer nichts. Anders mag es sich dagegen bei Bezugnahme auf Sachverhalt II verhalten, der in beide Richtungen interpretierbar ist. Letztlich kann sich in diesem Beispiel durch die einheitliche Abnutzungsdauer so der Ausschlag für eine Vorgehensweise innerhalb des ermessensbehafteten Sachverhaltes ergeben.
> Sachverhalt II
> Ein Pkw mit einer Abnutzungsdauer von zehn Jahren ist mit Scheibenbremsen ausgestattet. Sowohl die Bremssättel als auch die Bremsscheiben sind über Schraubverbindungen miteinander verbunden. Die Bremsbeläge sind geklickt. Die Abnutzungsdauer der Bremssättel entspricht mit zehn Jahren jener des restlichen Pkw. Die Bremsbeläge sind nach zwei und die Bremsscheiben nach vier Jahren abgenutzt.
> Beurteilung II
> Zwar sind die Komponenten während ihrer Lebensdauer – i.d.R. ohne Unterbrechung – miteinander verbunden, allerdings weicht ihr Abnutzungszeitraum erheblich voneinander ab. Obendrein kann von Festigkeit nicht wirklich gesprochen werden. U.E. lässt sich eine getrennte Bewertung in diesem Fall allerdings dennoch kaum begründen.

Steuerrechtliche Entscheidungen hinsichtlich der Abgrenzung von Bewertungsobjekten sind insb. für Abgrenzungsfragen zwischen Grundstücksteilen, Grundstücken und Gebäuden sowie Gebäudeteilen verfügbar. Der BFH[129] unterscheidet bei Grundstücksbestandteilen auf Basis des folgenden Abgrenzungsmusters.

**Abgrenzung von Grundstücksbestandteilen**

| Grundstücksbestandteile als Vermögensgegenstände (Wirtschaftsgüter) | | | | |
|---|---|---|---|---|
| Grund und Boden | Bodenschatz | Gebäude | Außenanlage | Zubehör |
| Unbeweglicher, nicht abnutzbarer VG des AV | Unbeweglicher, abnutzbarer VG des AV, sofern zur nachhaltigen Nutzung in den Verkehr gebracht | Unbeweglicher abnutzbarer VG des AV | Unbeweglicher, abnutzbarer VG des AV, soweit nicht im einheitlichen Nutzungs- und Funktionszusammenhang mit einem Gebäude stehend | Bewegliche, abnutzbare VG des AV |

Abb. 1: Abgrenzungsmuster bei Grundstücksbestandteilen auf Basis des BFH[130]

---

[129] Vgl. BFH, Urteil v. 16.7.1968, GrS 7/64, BStBl 1968 II S. 108.
[130] Entnommen aus § 252 Rz 39, 3. Auflage.

**74** Auf Ebene des Grundstücksbestandteils „Gebäude" sind dann weitere Untergliederungen möglich bzw. geboten, wobei dann die skizzierten Abgrenzungskriterien (Nutzungs- und Funktionszusammenhang etc., Rz 69) greifen.[131] Die nachfolgende Abbildung veranschaulicht, welche Teile dabei als selbständige Gebäudebestandteile gelten, die nicht mit dem Gebäude in einem Nutzungs- und Funktionszusammenhang stehen.

Abb. 2: Abgrenzungsmuster bei Gebäudebestandteilen[132]

Bis ins letzte Detail sollte man sich allerdings nicht auf die Abgrenzungsentscheidungen der steuerrechtlichen Rechtsprechung verlassen, die in **zahlreichen Entscheidungen** deutlich tiefer gehen als die hier skizzierte Systematik. So hat der BFH[133] z. B. entschieden, dass Personenfahrstühle anders als Lastenaufzüge (Betriebsvorrichtungen) als Gebäudebestandteile zu werten sind. Dieser Entscheidung ist u. E. nicht zu folgen.

Zur Abmilderung dieses Grenzbereichs hat das IDW den aus den IFRS bekannten **Komponentenansatz** übernommen, der den Einzelbewertungsgrundsatz grds. nicht verletzt, da lediglich der Werteverzehr eines VG über die komponentenweise erfolgende Betrachtung genauer bestimmt wird. Handelsrechtlich ist dies nach IDW RH HFA 1.016, Tz. 5 nur zulässig, wenn physisch separierbare Komponenten ausgetauscht werden, die in Relation zum gesamten VG des SAV wesentlich sind.

**75** Im Kontext des **Vorratsvermögens** ist für **zum Absatz bestimmte VG** i. d. R. eine Ausrichtung der Aggregation einzelner VG zu einem selbständigen Bewertungsobjekt an den am Markt üblichen oder vom Kfm. bzw. Unt gehandelten

---

[131] Für einen tieferen Einblick s. die Kommentierung von *Frotscher*, in *Frotscher*, EStG Kommentar, § 4 EStG, Rz. 92 ff.
[132] Entnommen aus § 252 Rz 39, 3. Auflage.
[133] Vgl. BFH, Urteil v. 7.10.1977, III R 48/76, BStBl 1978 II S. 186.

Absatzeinheiten[134] geboten und entsprechend ungleich einfacher. Dabei ist sowohl der Kontext des Unt als auch der der einzelnen Produkte zu beachten.

> **Beispiel**
> **Abgrenzung von zum Verkauf bestimmtem Vorratsvermögen**
> Der Kfz-Teilehändler A verkauft Auspuffanlagen – marktüblich oder infolge einer unternehmensindividuellen Verkaufsstrategie – stets im Set mit den passenden Befestigungsschellen. Die Befestigungsschellen verkauft A darüber hinaus einzeln, da Kunden mitunter auch nur die Schellen tauschen (müssen). Wenngleich infolge des Einzelverkaufs auf eine getrennte Bewertung auch der Einzelteile des Sets geschlossen werden könnte, ergibt sich infolge der Berücksichtigung der markt- bzw. unternehmensüblichen Absatzeinheit „Auspuffset" eine gekoppelte Bewertung dieser Nutzungs- und Funktionseinheit.

Bewertungsobjekte des Vorratsvermögens, die **im Rahmen der Produktion weiterverarbeitet** werden, sind in der Aggregationseinheit zu bewerten, wie sie zusammenhängend (Verbindung) auf der nächsthöheren Produktionsstufe zum Einsatz kommen.[135]

Hinsichtlich der Abgrenzung von **Schulden** ergeben sich i.d.R. anders als bei VG kaum Schwierigkeiten. Eine hinreichende Abgrenzung ergibt sich bereits aus dem der Schuld zugrundeliegenden Ereignis i.V.m. dem jeweiligen Anspruchssteller bzw. Gläubiger. **76**

### 2.3.2.3 Spezialvorschriften und Ausnahmen vom Einzelbewertungsgrundsatz

Mit den **Spezialvorschriften** zu Sammelbewertungsverfahren in § 240 Abs. 3, 4 HGB sowie § 256 HGB (dazu im Detail § 240 Rz 50ff. sowie § 256 Rz 17ff.), der Bildung von Bewertungseinheiten nach § 254 HGB (dazu im Detail § 254 Rz 1ff.) sowie dem Verrechnungsgebot von VG, die dem Zugriff aller übrigen Gläubiger entzogen sind und ausschließlich der Erfüllung von Schulden aus Altersversorgungsverpflichtungen oder vergleichbaren langfristig fälligen Verpflichtungen dienen, mit diesen Schulden gem. § 246 Abs. 2 HGB (dazu im Detail § 246 Rz 101ff.) kennt das HGB explizite „Abweichungen" vom Einzelbewertungsgrundsatz, wobei es sich dabei nicht um Ausnahmen im eigentlichen Sinne handelt, da die Grundsätze nur beim Nichtbestehen von Spezialvorschriften zum Tragen kommen (Rz 14ff. und Rz 137ff.). **77**

**Ausnahmen** i.S.d. § 252 Abs. 2 HGB, d.h. in begründeten Einzelfällen, kommen in Betracht, sofern der Einzelbewertung ein unvertretbarer Zeit- und Kosten- **78**

---

[134] Diesbezüglich ebenso *Baetge/Ziesemer/Schmidt*, in *Baetge/Kirsch/Thiele*, Bilanzrecht, § 252 HGB, Rz 123, Stand 10/2011.
[135] Vgl. *Baetge/Ziesemer/Schmidt*, in *Baetge/Kirsch/Thiele*, Bilanzrecht, § 252 HGB, Rz 123, Stand 10/2011.

aufwand gegenüber steht oder diese sogar unmöglich ist.[136] Derartige Fälle liegen etwa bei folgenden Sachverhalten vor:[137]
- Garantierückstellungen
- Urlaubsrückstellungen
- Abschläge auf beschädigtes Vorratsvermögen
- Pauschalwertberichtigungen
- Pensionsrückstellungen[138]

## 2.4 Vorsichts-, Imparitäts- und Realisationsprinzip (Nr. 4)

### 2.4.1 Vorsichtsprinzip (Nr. 4 Hs. 1)

#### 2.4.1.1 Regelungsinhalt

79 § 252 Abs. 1 Nr. 4 Hs. 1 HGB verlangt im Kontext der Bewertung der im JA ausgewiesenen VG und Schulden ein vorsichtiges Vorgehen, d.h. eine **vorsichtige Bewertung**. Aus der explizit bewertungsbezogenen Vorschrift, die auch als vorsichtige Bewertung i.e.S. bezeichnet wird,[139] wurde und wird – wenn auch zunehmend seltener – im Schrifttum ein bilanzierungsbezogenes Oberprinzip abgeleitet.[140] Der dann mitunter auch als „allgemeines Vorsichtsprinzip" bezeichnete,[141] nicht kodifizierte GoB wird dann/so letztlich zu einem regelmäßig übergeordneten – ggf. vorrangig anzuwendenden – GoB mit Ausstrahlungswirkung auf nahezu alle Fragen der Bilanzierung und zu dem zentralen (positiven) Charakteristikum des HGB hochstilisiert. Diese Rolle verklärt aber die Zwecke der handelsrechtlichen Rechnungslegung und die Normenrangfolge innerhalb des Handelsrechts. Zunächst sind Spezialvorschriften nicht als Ausprägungen eines GoB zu betrachten und erliegen nicht dem Diktat der (vorrangigen) Anwendung eines GoB. GoB kommen nur zum Tragen, sofern Spezialvorschriften nicht existieren oder Regelungslücken aufweisen (dazu im Detail Rz 14ff.). Obgleich einige Spezialvorschriften explizit oder implizit ein aus menschlicher Sicht vorsichtiges Vorgehen vorsehen, kann daraus kein übergeordnetes (handelsrechtliches) Prinzip abgeleitet werden. Andernfalls könnte im Umkehrschluss aus den – dieser Vorsichtsinterpretation nach – unvorsichtigen Spezialvorschriften auch auf ein „Prinzip der unvorsichtigen Bilanzierung" geschlossen werden. Darüber hinaus beschränkt sich die Zielsetzung der handelsrechtlichen Rechnungslegung (auf Ebene des JA und EA nach § 325 Abs. 2a HGB) weder auf den Gläubigerschutz noch ist dieser

---

[136] Vgl. *ADS*, 6. Aufl. § 252 HGB, Rz 57; ähnlich BFH, Urteil v. 15.10.1997, BStBl 1998 II S. 251; BFH, Urteil v. 17.2.1998, BStBl 1998 II S. 508; dem zustimmend *Fülbier/Kuschel/Selchert*, in *Küting/Pfitzer/Weber*, HdR, HGB § 252, Rn 67f., Stand 12/2010, die allerdings von „...nicht kodifizierten Spezialregeln" sprechen und ohnehin nur in wenigen dieser Fälle eine Abkehr vom Einzelbewertungsgrundsatz sehen wollen.

[137] Liste aggregiert aus *ADS*, 6. Aufl. § 252 HGB, Rz 57; *Baetge/Ziesemer/Schmidt*, in *Baetge/Kirsch/Thiele*, Bilanzrecht, § 252 HGB, Rz 129, Stand 10/2011; *Fülbier/Kuschel/Selchert*, in *Küting/Pfitzer/Weber*, HdR, HGB § 252, Rn 68, Stand 12/2010.

[138] Zu einem Beispiel im Kontext von etwaigen Erträgen aus der Auflösung von RST bei bestehendem Unterschiedsbetrag infolge der Möglichkeit zur Streckung der Zuführung zu Pensions-RST gem. Art. 67 EGHGB s. Art. 67 Rz. 15ff.

[139] So *ADS*, 6. Aufl. § 252 HGB, Rz 61.

[140] So *Winkeljohann/Büssow*, in Beck Bil-Komm. 9. Aufl., § 252 HGB, Rz 30; *ADS*, 6. Aufl. § 252 HGB, Rz 60f.; *Fülbier/Kuschel/Selchert*, in *Küting/Pfitzer/Weber*, HdR, HGB § 252, Rn 75, Stand 12/2010.

[141] So *Fülbier/Kuschel/Selchert*, in *Küting/Pfitzer/Weber*, HdR, HGB § 252, Rn 76, Stand 12/2010.

im Verhältnis zu den anderen Rechnungslegungszwecken vorrangig zu behandeln oder schließen sich diese zwingend gegenseitig aus.[142]

Bei dem „**allgemeinen Vorsichtsprinzip**" handelt sich vielmehr um eine allgemeine menschliche Beurteilungskategorie, die **keinesfalls** mit dem **bewertungsbezogenen Grundsatz der Vorsicht** i.S.d. § 252 Abs. 1 Nr. 4 Hs. 1 HGB verwechselt werden darf **und nicht als handelsrechtliches Prinzip bezeichnet werden sollte**. Davon unbenommen bleibt jedem Individuum selbstredend etwas als „vorsichtiges" oder „unvorsichtiges" Vornehmen einzuschätzen, was im Übrigen hochgradig subjektiv ist. Die Ableitung des allgemeinen Vorsichtsprinzips ergibt sich wohl regelmäßig auch aus der subjektiven und/oder kulturell geprägten Einschätzung, dass das HGB etwa im Vergleich zu den IFRS „vorsichtiger" bewertet.

Ferner wäre mit einer **Dominanz des Vorsichtsprinzips** stets die **Gefahr** der Bildung (erheblicher) stiller Reserven und der Unterbewertung verbunden. Dies gilt im Besonderen im Hinblick auf das „allgemeine Vorsichtsprinzip", aber auch hinsichtlich der mitunter attestierten Vorrangigkeit des kodifizierten bewertungsbezogenen Vorsichtsprinzips vor anderen GoB. Dies würde auch regelmäßig zu einer Durchbrechung des Stichtagsprinzips führen.

Im Schrifttum besteht – unabhängig von einer etwaigen Einordnung als Oberprinzip – mittlerweile allerdings theoretisch Einigkeit darüber, dass das (bewertungsbezogene) Vorsichtsprinzip **nicht** im Sinne einer stets gebotenen **worst case-Bewertung** zu interpretieren ist.[143] Dem letztlich jedoch selbst widersprechend wird dann regelmäßig eine Orientierung zumindest in Richtung der worst case-Bewertung vorgeschlagen (s. Konzeptliste unter Rz 82).

Im Ergebnis kommt das Vorsichtsprinzip i.S.d. § 252 Abs. 1 Nr. 4 Hs. 1 HGB im Kontext der Bewertung zum Tragen, sofern sich Ermessensspielräume bzw. Schätzungserfordernisse ergeben.

**Vorsichtig** meint dabei die sorgfältige Erfassung bzw. Berücksichtigung sämtlicher wertbeeinflussender Faktoren (Risiken und Chancen). Daraus ergibt sich zunächst eine Bewertungsbandbreite, die von der worst case-Bewertung auf der einen Seite und der best case-Bewertung auf der anderen Seite begrenzt wird. Umstritten ist diesbezüglich weiterhin, welcher Wert innerhalb der Bandbreite zu wählen ist. Folgende Konzepte sind hier u.a. im Schrifttum vorhanden:
- Bilanzierung „eines" pessimistischen Werts der Bandbreite (da die zu favorisierende Bewertung mit dem Mittelwert der Bandbreite nebst der Bilanzierung einer Bandbreitenrückstellung i.H. der Differenz zwischen Mittelwert und ungünstigerem Wert nicht zulässig ist);[144]
- willkürfreie Schätzung, wobei Folgendes gilt: Bei den Aktiva nahe am unteren Grenzwert und bei Rückstellungen nahe am oberen Grenzwert;[145]

---

142 Im Ergebnis ähnlich *Hoffmann/Lüdenbach*, NWB-Kommentar Bilanzierung, 6. Aufl. 2015, § 252 HGB Rz 54.
143 Vgl. etwa *ADS*, 6. Aufl. § 252 HGB, Rz 68f.; *Baetge/Ziesemer/Schmidt*, in *Baetge/Kirsch/Thiele*, Bilanzrecht, § 252 HGB, Rz 143, Stand 10/2011. Im Ergebnis auch *Winkeljohann/Büssow*, in Beck Bil-Komm. 9. Aufl., § 252 HGB Rz 33; *Hoffmann/Lüdenbach*, NWB-Kommentar Bilanzierung, 6. Aufl. 2015, § 252 HGB Rz 59ff.
144 So *Baetge/Ziesemer/Schmidt*, in *Baetge/Kirsch/Thiele*, Bilanzrecht, § 252 HGB, Rz 144, Stand 10/2011.
145 So *Winkeljohann/Büssow*, in Beck Bil-Komm. 9. Aufl., § 252 HGB, Rz 33.

- Schätzung nach vernünftigem kaufmännischem Ermessen, sofern möglich auf Basis statistischer Grundlage bzw. von Szenario-Modellen;[146]
- Wahrscheinlichkeitsverteilung unter Berücksichtigung von Risikoaversion, d. h. in Konsequenz tendenziell eher niedrige Wertansätze auf der Aktivseite und eher höhere auf der Passivseite;[147]
- Faktoren, die zu einer niedrigeren Bewertung führen, ist „ggf." ein größeres Gewicht beizumessen.[148]

U. E. ist aus der Vorgabe zur vorsichtigen Bewertung nicht auf eine gebotene Abweichung von den (statistisch) wahrscheinlichsten Werten innerhalb der Bandbreite bzw. von den Erwartungswerten zu schließen. Abgesehen davon, dass eine **pauschale Höhergewichtung niedriger/ungünstiger/pessimistischer Werte** keinesfalls frei von Ermessensspielräumen ist, muss diese – ihrem pauschalen Charakter entsprechend – zwangsläufig zu einer Abweichung von der Realität bzw. der individuellen Situation und damit zu einer nicht tatsachengerechten Darstellung der VFE-Lage führen. Warum eine pauschale/einkalkulierte Abweichung von der Realität „vorsichtig" sein soll, ist **nicht nachvollziehbar**. Pauschalen Vorgehensweisen kommt vielmehr grundlegend der Charakter von Willkür zu. Im Übrigen ergeben sich im Handelsrecht unzählige Ermessensspielräume, deren Ausnutzung dem Kfm. innerhalb vernünftiger kaufmännischer Beurteilung bzw. Willkürfreiheit ohnehin zugestanden wird (zur Diskussion über Objektivität s. etwa Grundsatz des Willkürverbots Rz 145 ff.).

Bei Zulässigkeit **mehrerer Bewertungsmethoden** ist dabei jeweils die Bandbreite innerhalb der gewählten Methode zu betrachten. Irrelevant ist dabei, ob die alternativen Methoden hinsichtlich der Bewertungsuntergrenze (-obergrenze) zu einem noch niedrigeren (höheren) Bandbreitengrenzwert kommen. Das Vorsichtsprinzip kann sich nicht auf die Wahl innerhalb der zulässigen Methoden auswirken.[149]

> **Beispiel**
> **Vorsichtige Bewertung**
> **Sachverhalt**
> Der Konsumgüterhersteller S – der sich bislang auf die Produktion von Tablets beschränkt und noch keine Smartphones hergestellt hat – hat in Deutschland im Laufe des Gj ein Smartphone auf den Markt gebracht – das Stetigkeitsgebot ist infolge der nicht gegebenen Art- und Funktionsgleichheit (Rz 124 ff.) insofern hier nicht zu beachten. Im Rahmen der Rückstellungsbewertung stellt sich daher die Frage nach der Höhe des nach vernünftiger kaufmännischer Beurteilung notwendigen Erfüllungsbetrags für eine entsprechende Gewährleistungsrückstellung. Zur Ermittlung des Erfüllungsbetrags greift S (in Abhängigkeit seiner Produktarten) regelmäßig entweder auf vergangenheitsorientierte Gewährleistungsquoten, externe Gutachten oder interne Analysen eines Technik- und Statistikteams zurück. Die drei Ermitt-

---

[146] So *Hoffmann/Lüdenbach*, NWB-Kommentar Bilanzierung, 6. Aufl. 2015, § 252 HGB Rz 63 f.
[147] So *Fülbier/Kuschel/Selchert*, in *Küting/Pfitzer/Weber*, HdR, HGB § 252, Rn 78, Stand 12/2010.
[148] So WP-Handbuch, Bd. I, 14. Aufl., Abschn. E, Rz 297.
[149] Ebenso *ADS*, 6. Aufl. § 252 HGB, Rz 70.

lungsmethoden führen hinsichtlich der Gewährleistungsrückstellung für das Smartphone zu den nachfolgenden Ergebnissen bzw. Erfüllungsbeträgen.

**Vergangenheitsorientierte Gewährleistungsquote:** Die Quote schwankte in Abhängigkeit der verschiedenen Produktarten in den vergangenen zehn Jahren im Bereich von 2–3 %, wobei statistische Analysen ergeben haben, dass mit einer Wahrscheinlichkeit von 80 % eine Quote von 2,3 % zu erwarten war/ist. Ausgehend von der wahrscheinlichsten Quote errechnet sich ein notwendiger Erfüllungsbetrag (abgezinster Nominalbetrag) von 4.600.000 EUR.

**Externes Gutachten:** Die Gutachter kommen für die Gewährleistungsquote auf eine Bandbreite von 2,2–3,4 %. Innerhalb der Bandbreite ergibt sich mit einer Wahrscheinlichkeit von 75 % eine Quote von 2,6 %. Ausgehend von der wahrscheinlichsten Quote errechnet sich ein notwendiger Erfüllungsbetrag (abgezinster Nominalbetrag) von 5.200.000 EUR.

**Interne Analysen eines Technik- und Statistikteams:** Das Team geht auf Basis seiner Analysen von einer Bandbreite für die Gewährleistungsquote von 1,8–2,4 % aus. Innerhalb der Bandbreite ergibt sich mit einer Wahrscheinlichkeit von 70 % eine Quote von 2,1 %. Ausgehend von der wahrscheinlichsten Quote errechnet sich ein notwendiger Erfüllungsbetrag (abgezinster Nominalbetrag) von 4.100.000 EUR.

**Beurteilung**

Aus dem Vorsichtsprinzip kann – wie oben aufgeführt – nicht auf ein Gebot zur pauschalen Höhergewichtung niedriger/ungünstiger/pessimistischer Werte geschlossen werden. Innerhalb der drei Methoden ist jeweils der mit der höchsten Wahrscheinlichkeit eintretende Wert zu wählen (hinsichtlich der ggf. zu beachtenden Vermeidung einer sich dennoch insgesamt ergebenden Unterdotierung in anderen (Verteilungs-)Fällen s. § 253 Rz 53 ff.).

Auch wirkt sich das Vorsichtsprinzip nicht auf die Wahl der zulässigen Methoden aus. Keinesfalls können die Prozentwerte für die wahrscheinlichsten Quoten miteinander verglichen werden. Sie beziehen sich lediglich auf die Verteilung innerhalb einer Methode und sagen nichts über die Güte der Methoden im Vergleich aus. S steht es entsprechend frei, welche Methode hier zum Einsatz kommt. Ein Gebot zur Passivierung des höchsten Betrags im Vergleich der Methoden, d.h. zur Anwendung der Gutachtenmethode, besteht nicht.

Wenn alle drei Methoden für letztlich gleichwahrscheinlich gehalten werden, besteht in diesem Beispiel die **freie Methodenwahl**, die dann aber stetig beizubehalten ist. Die Verwendung eines Mittelwerts aus den drei Ergebnissen wäre als eine vierte Methode zu verstehen, die auf den Ergebnissen der drei dargestellten aufbaut. Diese kann aber nicht verpflichtend verlangt werden.

### 2.4.1.2 Ausnahmen vom Vorsichtsprinzip

**Ausnahmen** i.S.d. § 252 Abs. 2 HGB, d.h. in begründeten Einzelfällen, sind zwar theoretisch möglich, denkbare Szenarien allerdings nicht erkennbar.

### 2.4.2 Imparitätsprinzip (Nr. 4 Hs. 1)

#### 2.4.2.1 Regelungsinhalt

**84** § 252 Abs. 1 Nr. 4 Hs. 1 HGB schreibt neben der vorsichtigen Bewertung (Rz 79 ff.) konkret die Berücksichtigung aller vorhersehbaren Risiken und Verluste vor, die bis zum Abschlussstichtag entstanden sind. Zudem ist in diesem Zuge das Wertaufhellungsprinzip zu beachten (Rz 89 und detailliert Rz 55 ff.). Das – unglücklicherweise – mitunter auch als Verlustantizipation bezeichnete[150] Imparitätsprinzip umfasst entsprechend die **Berücksichtigung von am Abschlussstichtag wirtschaftlich entstandenen Risiken und Verlusten,**[151] die jedoch noch nicht realisiert sind. Insofern erklärt sich auch die Bezeichnung des Prinzips – sie folgt aus der ungleichen, also der imparitätischen Behandlung von Gewinnen und Verlusten. Während Gewinne erst ergebniswirksam zu berücksichtigen sind, wenn ihre Realisierung bis zum Abschlussstichtag erfolgt ist (Rz 91 ff.), ist bei (erwarteten) Verlusten und Risiken nicht die Realisierung sondern der Zeitpunkt der Verursachung i. V. m. dem Zeitpunkt ihrer Vorhersehbarkeit maßgeblich. Künftige, d. h. nicht bereits zum Abschlussstichtag entstandene, negative Erfolgsbeiträge fallen dagegen nicht unter die Berücksichtigungspflicht, was auch die Problematik des Begriffs „Antizipation" (Vorwegnahme) verdeutlicht.[152]

**85** Aus dem Imparitätsprinzip sowie der Anwendung des Verursachungsprinzips im Rahmen der Periodisierung von Aufwendungen (Rz 116 ff.) auf der einen und dem Realisationsprinzip (das auf die Periodisierung von Erträgen ausstrahlt) auf der anderen Seite ergeben sich aus Sicht der Erfolgsermittlung mitunter **ungleichmäßige Verteilungsverläufe**. In diesem Zusammenhang wird – u. E. fälschlicherweise – auch von einer Durchbrechung der periodengerechten Erfolgsermittlung durch das Imparitätsprinzip gesprochen.[153] Dies könnte jedoch nur gelten, wenn die periodengerechte Erfolgsermittlung vollständig nach Maßgabe des Realisationsprinzips durchgeführt werden müsste. Dies ist insofern nicht zutreffend als dass in § 252 Abs. 1 Nr. 5 HGB nicht weiter konkretisiert ist, wie infolge der Vorgabe zur Erfolgsermittlung unabhängig von den zugehörigen Zahlungszeitpunkten bei der periodengerechten Erfassung von Aufwendungen und Erträgen vorzugehen ist. In Konsequenz hat sich die Auffassung etabliert, dass die Periodisierung von Aufwendungen nach dem Verursachungsprinzip und damit in Analogie zum Imparitätsprinzip und jene von Erträgen nach dem Realisationsprinzip zu erfolgen hat (Rz 91 ff.). Im Ergebnis kann periodengerecht nicht mit „stets in der gleichen Periode" gleichgesetzt werden. Von einer Durchbrechung der periodengerechten Erfolgsermittlung durch das Imparitätsprinzip kann entsprechend nicht gesprochen werden. Darüber hinaus ist dieses Prinzipiengeflecht vom Gesetzgeber mit der Normierung bewusst in

---

[150] So *ADS*, 6. Aufl. § 252 HGB, Rz 74.
[151] Vgl. *Baetge/Ziesemer/Schmidt*, in *Baetge/Kirsch/Thiele*, Bilanzrecht, § 252 HGB, Rz 162, Stand 10/2011.
[152] M. w. N. *Hoffmann/Lüdenbach*, NWB-Kommentar Bilanzierung, 6. Aufl. 2015, § 252 HGB Rz 99.
[153] So *Baetge/Ziesemer/Schmidt*, in *Baetge/Kirsch/Thiele*, Bilanzrecht, § 252 HGB, Rz 162, Stand 10/2011.

das HGB integriert worden. Für die daher mitunter geforderte Begrenzung der Anwendung des Imparitätsprinzips[154] ist u. E. kein Raum.[155]

Mangels Spezifizierung unklar ist im Kontext des Imparitätsprinzips, was **unter Risiken und Verlusten** eigentlich **zu verstehen** ist. Der Verlustbegriff ergibt sich dabei nicht in Anlehnung an § 275 HGB und damit an den Jahresfehlbetrag, sondern vielmehr i. V. m. dem Einzelbewertungsgrundsatz des § 252 Abs. 1 Nr. 3 HGB (Rz 67 ff.).[156] In Konsequenz ist unter einem **Verlust** i. S. d. § 252 Abs. 1 Nr. 4 Hs. 1 HGB ein (konkretisierter) negativer Erfolgsbeitrag[157] auf Ebene eines Bewertungsobjekts (zur Abgrenzung einzelner Bewertungsobjekte s. Rz 65 ff.) zu verstehen. Dieser ergibt sich als negativer Unterschiedsbetrag aus den einem Bewertungsobjekt zuzuordnenden Aufwendungen und Erträgen, d. h. er entspricht dem Betrag um den die Aufwendungen die Erträge auf Ebene der einzelnen VG/Schulden/Geschäfte übersteigen. Der **Risiko**begriff ergibt sich in diesem Kontext auf Basis der gleichen Systematik. Einziger Unterschied ist der geringe(re) Grad an Konkretisierung. Es handelt sich bei Risiken demgemäß um noch nicht konkretisierte negative Erfolgsbeiträge[158] bzw. Sachverhalte mit Verlustpotenzial.[159] Daraus ergibt sich zudem, dass lediglich bilanzierbare Risiken umfasst sind, weshalb die Formulierung „…alle…Risiken" zu Recht als missverständlich bezeichnet wird.[160] Ab wann ein Risiko als hinreichend konkret betrachtet werden muss, ergibt sich aus dem Kriterium der Vorhersehbarkeit (dazu Rz 87), das sich insofern auch nur auf Risiken und nicht auf Verluste beziehen muss.

Von **vorhersehbaren** Risiken (für Verluste ist das Kriterium der Vorhersehbarkeit infolge der bereits erfolgten Konkretisierung irrelevant[161]) ist in diesem Kontext auszugehen, wenn mit deren Eintritt ernsthaft zu rechnen,[162] d. h. dieser zu einem gewissen Grad wahrscheinlich, ist. Dabei wird regelmäßig das Kriterium der vernünftigen kaufmännischen Beurteilung im Kontext der unternehmensindividuellen Situation maßgeblich sein. Im Ergebnis ergeben sich daraus für den Bilanzierenden Ermessensspielräume, da (absolute) Objektivität im Kontext der vernünftigen kaufmännischen Beurteilung nicht existieren kann (zur Diskussion über Objektivität s. etwa Grundsatz des Willkürverbots Rz 139 ff.). Letztlich kommt es auf die (sachliche) Begründbarkeit der subjektiven Einschätzung an.[163]

---

154 So *Baetge/Ziesemer/Schmidt*, in *Baetge/Kirsch/Thiele*, Bilanzrecht, § 252 HGB, Rz 162, Stand 10/2011.
155 Ebenso *ADS*, 6. Aufl. § 252 HGB, Rz 75.
156 Vgl. *Baetge/Ziesemer/Schmidt*, in *Baetge/Kirsch/Thiele*, Bilanzrecht, § 252 HGB, Rz 163, Stand 10/2011.
157 Begriff geprägt von *Leffson*, GoB, S. 248.
158 Vgl. *Baetge/Ziesemer/Schmidt*, in *Baetge/Kirsch/Thiele*, Bilanzrecht, § 252 HGB, Rz 165, Stand 10/2011.
159 Formulierung verwendet von *Hoffmann/Lüdenbach*, NWB-Kommentar Bilanzierung, 6. Aufl. 2015, § 252 HGB Rz 101.
160 So *Hoffmann/Lüdenbach*, NWB-Kommentar Bilanzierung, 6. Aufl. 2015, § 252 HGB Rz 101.
161 Vgl. *Baetge/Ziesemer/Schmidt*, in *Baetge/Kirsch/Thiele*, Bilanzrecht, § 252 HGB, Rz 165, Stand 10/2011.
162 M. w. N. allerdings auch von Verlusten sprechend *Winkeljohann/Büssow*, in Beck Bil-Komm. 9. Aufl., § 252 HGB, Rz 35.
163 Hinsichtlich der Begründbarkeit zustimmend *Fülbier/Kuschel/Selchert*, in *Küting/Pfitzer/Weber*, HdR, HGB § 252, Rn 82, Stand 12/2010.

88 Die **Höhe** der zu berücksichtigenden vorhersehbaren Risiken und Verluste ist nicht geregelt und dem Sinn und Zweck der Vorschrift entsprechend unter Beachtung aller aus diesen Risiken und Verlusten erwachsenden Aufwendungen zu bemessen. Sofern eine Berechnung dieser nicht möglich ist – was der Regelfall sein dürfte – sind Schätzungen vorzunehmen.[164]

#### 2.4.2.2 Wertaufhellungsprinzip

89 Die Berücksichtigung von vorhersehbaren Risiken und Verlusten hat dabei gem. § 252 Abs. 1 Nr. 4 Hs. 1 HGB auch solche Risiken und Verluste zu umfassen, die bis zum Abschlussstichtag entstanden, aber erst zwischen dem Abschlussstichtag und dem Tag der Aufstellung des JA bekanntgeworden sind. Das **Wertaufhellungsprinzip** und die entsprechende Unterscheidung zwischen wertaufhellenden und wertbegründenden Tatsachen folgt aus der Systematik der Trennung von Abschlussstichtag (zum Abschlussstichtag s. § 242 Rz 7 ff.) und dem Stichtag der Bilanzaufstellung (§ 243 Rz 34, § 264 Rz 44). Neben § 253 Nr. 4 Hs. 1 HGB ergibt es sich bereits aus § 252 Abs. 1 Nr. 3 HGB, weshalb auf die Kommentierung unter Rz 55 ff. verwiesen wird.

#### 2.4.2.3 Ausnahmen vom Imparitätsprinzip

90 **Ausnahmen** i. S. d. § 252 Abs. 2 HGB, d. h. in begründeten Einzelfällen, dürften überaus selten sein, nachdem in Spezialvorschriften etwa bzgl. der Bildung von Bewertungseinheiten (§ 254 Rz 1 ff.) und der Zulassung von Marktzeitwerten für bestimmte VG im Rahmen der Erbringung von Pensionsverpflichtungen (§ 253 Rz 112) einige Zweifelsfälle geregelt sind.

### 2.4.3 Realisationsprinzip (Nr. 4 Hs. 2)
#### 2.4.3.1 Regelungsinhalt

91 Gemäß § 252 Abs. 1 Nr. 4 Hs. 2 HGB sind Gewinne erst dann bzw. nur dann zu berücksichtigen, wenn sie am Abschlussstichtag realisiert sind. Das dadurch kodifizierte sog. **Realisationsprinzip** stellt letztlich das Gegenstück zum Imparitätsprinzip (Rz 84 ff.) und damit der Berücksichtigung von vorhersehbaren unrealisierten Risiken und Verlusten, die bis zum Abschlussstichtag entstanden sind, dar. Für die Berücksichtigung von Gewinnen ist der Zeitpunkt der Verursachung dieser irrelevant – es kommt einzig auf den Zeitpunkt der Realisierung an. Neben der Frage, was unter Gewinn zu verstehen ist (Rz 92), ist im Rahmen des Realisierungsprinzips insb. der Zeitpunkt der Realisierung bzw. dessen Bestimmung im Einzelfall von Bedeutung (Rz 93 ff.).

92 Hinsichtlich der Gewinndefinition im Kontext des Realisationsprinzips finden im Schrifttum zwei Konzeptionen Anwendung:
- **Gewinn i. e. S.**[165]: Gewinn in diesem Sinne entspricht dem positiven Unterschiedsbetrag aus Verwertungsertrag und nachkalkulierten Vollkosten. Damit werden einzig positive Erfolgsbeiträge berücksichtigt. Dem VG zurechen-

---

[164] Vgl. *Winkeljohann/Büssow*, in Beck Bil-Komm. 9. Aufl., § 252 HGB, Rz 42.
[165] So *Baetge/Ziesemer/Schmidt*, in *Baetge/Kirsch/Thiele*, Bilanzrecht, § 252 HGB, Rz 187, Stand 10/2011; *Hoffmann/Lüdenbach*, NWB-Kommentar Bilanzierung, 6. Aufl. 2015, § 252 HGB Rz 102.

bare, jedoch von einer Aktivierung entweder ausgeschlossen oder wahlrechtsgemäß nicht aktivierte Kosten bzw. Aufwendungen werden nicht berücksichtigt.
- **Gewinn i. w. S.**[166]: Gewinn in diesem Sinne entspricht dem positiven Unterschiedsbetrag aus Verwertungsertrag und Bilanzansatz. Damit werden neben den positiven Erfolgsbeiträgen auch negative berücksichtigt. Dem VG zurechenbare, von einer Aktivierung ausgeschlossene oder wahlrechtsgemäß nicht aktivierte Kosten bzw. Aufwendungen werden mit berücksichtigt.

Die Beschränkung des Realisationsprinzips auf den Gewinn i. e. S. erfordert zwecks Erfassung der den Erträgen zuzuordnenden nicht aktivierten Aufwendungen die nachgelagerte Einführung eines weiteren (nicht kodifizierten) Grundsatzes – konkret des Grundsatzes der Abgrenzung der Sache und der Zeit nach.[167]

Nicht zuletzt deshalb wird hier die **Anwendung des Gewinns i. w. S.** favorisiert. Im Ergebnis dieser Auslegung ist das Realisationsprinzip auch bei der Periodisierung von bestimmten Aufwendungen maßgeblich. Die von einer Aktivierung im Rahmen der AHK ausgenommen und diesem VG zurechenbaren Aufwendungen, wie etwa Vertriebskosten, sind wie auch andere nicht aktivierte Aufwendungen unter Anwendung des Realisationsprinzips anzusetzen.

#### 2.4.3.2 Gewinnrealisation

#### 2.4.3.2.1 Im Allgemeinen

§ 252 Abs. 1 Nr. 4 Hs. 2 HGB ist keine Vorgabe hinsichtlich des **Realisationszeitpunkts** zu entnehmen. Demnach kommen theoretisch etwa folgende Realisationszeitpunkte in Betracht:[168]

- Vertragsabschluss
- Zugang zur produktionsnachgelagerten Lagerung
- Erfüllung der Lieferungs-/Leistungsverpflichtung
- Erfolgte Gegenleistung/Zahlung
- Ablauf der Gewährleistung
- Ablauf der Produkthaftung

Nach hM sowohl im Schrifttum[169] als auch der BFH-Rechtsprechung[170] ist dann von Gewinnrealisation i. S. d. GoB auszugehen, wenn die **Lieferungs-/Leistungsverpflichtung erfüllt** ist. Von einer Erfüllung kann im Allgemeinen regelmäßig dann ausgegangen werden, wenn ein quasi-sicherer, ausschüttungsfähiger

93

---

166 So *Claussen*, in Kölner Kommentar zum HGB, 2011, vor § 252 HGB, Rz. 44; *ADS*, 6. Aufl. § 252 HGB, Rz 79f.; wohl auch *Ballwieser*, in MünchKomm. HGB, 3. Aufl., § 252. Rn 72.
167 Siehe dazu *Baetge/Ziesemer/Schmidt*, in *Baetge/Kirsch/Thiele*, Bilanzrecht, § 252 HGB, Rz 187, Stand 10/2011.
168 Vgl. *Baetge/Ziesemer/Schmidt*, in *Baetge/Kirsch/Thiele*, Bilanzrecht, § 252 HGB, Rz 188, Stand 10/2011; mit eine kürzeren Liste *Hoffmann/Lüdenbach*, NWB-Kommentar Bilanzierung, 6. Aufl. 2015, § 252 HGB Rz 105.
169 Vgl. etwa *Claussen*, in Kölner Kommentar zum HGB, 2011, vor § 252 HGB, Rz. 45; *Fülbier/Kuschel/Selchert*, in *Küting/Pfitzer/Weber*, HdR, HGB § 252, Rn 91, Stand 12/2010; *Winkeljohann/Büssow*, in Beck Bil-Komm. 9. Aufl., § 252 HGB, Rz 44; *Hoffmann/Lüdenbach*, NWB-Kommentar Bilanzierung, 6. Aufl. 2015, § 252 HGB Rz 110; *Baetge/Ziesemer/Schmidt*, in *Baetge/Kirsch/Thiele*, Bilanzrecht, § 252 HGB, Rz 189, Stand 10/2011.
170 Vgl. anstatt vieler BFH, Urteil v. 8.12.1982, I R 142/81, BStBl 1983 II S. 369; BFH, Urteil v. 31.3.1995, I R 74/93, BStBl 1995 II S. 683.

Erfolgsbeitrag vorliegt[171] bzw. die Gefahr (Preis, Untergang etc.) übergegangen und der geschuldete Lieferungs-/Leistungsauftrag wirtschaftlich erfüllt ist.[172] Daraus ergibt sich auch, dass sowohl der Vertragsabschluss als auch der Zugang zur produktionsnachgelagerten Lagerung als Realisationszeitpunkte ausscheiden. Der **Gefahrenübergang** (auf den Käufer/Auftraggeber) ist in diesen Fällen noch nicht erfolgt. Aus der Vorschrift des § 252 Abs. 1 Nr. 5 HGB wiederum folgt, dass Aufwendungen und Erträge unabhängig von den Zeitpunkten der entsprechenden Zahlungen zu berücksichtigen sind (Rz 116 ff.) und damit der Zeitpunkt der erfolgten Gegenleistung/Zahlung für die Realisation irrelevant ist. Zur Berücksichtigung von Gewährleistungs- sowie Produkthaftungsrisiken bedarf es keiner Ausdehnung/Verschiebung des Realisationszeitpunkts.[173] Vorhersehbare Risiken und Verluste, die bis zum Abschlussstichtag entstanden sind, sind gem. § 252 Abs. 1 Nr. 4 Hs. 1 HGB zu berücksichtigen (Rz 84 ff.).

Erfolgt die Gegenleistung/Zahlung vor Erfüllung der Lieferungs-/Leistungsverpflichtung, so ändert dies nichts an der Realisation erst mit Gefahrenübergang. In diesen Fällen erfolgt buchhalterisch eine Berücksichtigung der Zahlung als erhaltene Anzahlung unter den Verbindlichkeiten (C.3.).

Hinsichtlich der Frage, wann im Speziellen von einer entsprechenden Erfüllung der Lieferungs-/Leistungsverpflichtung bzw. einem Übergang der Gefahr auszugehen ist, ist zwischen den möglichen Geschäftsarten (Verkaufsgeschäfte, Dienstleistungen, Nutzungsvergütungen etc.) sowie möglichen Ausprägungen dieser (etwa kurz- oder langfristige Auftragsfertigung) zu differenzieren. Dazu nachfolgend die Rz 94 ff.

### 2.4.3.2.2 Verkaufsgeschäfte

**94** Im Rahmen von **Verkaufsgeschäften** ist von einer Erfüllung der Lieferungs-/Leistungsverpflichtung und damit einer Gewinn-/Ertragsrealisation auszugehen, wenn die Gefahr des zufälligen Untergangs und der zufälligen Verschlechterung[174] bzw. die Chancen und Risiken[175] auf den Käufer übergehen. Dies erfolgt gem. § 446 Satz 1 BGB mit der Übergabe der verkauften Sache (dazu das Schrifttum teilweise einschränkend; s. Rz 97).

Bei der Übergabe kommt es zudem auf den Übergang des wirtschaftlichen und nicht (erst) des rechtlichen Eigentums an. Dies kann sich auch dann nicht ändern, wenn das rechtliche Eigentum vor dem wirtschaftlichen Eigentum übergeht. Dies insofern hinsichtlich des rechtlichen Eigentumsübergangs bei Grundstücken durch Grundbucheintragung vor Übergabe zutreffend unterlegend *Hoffmann/Lüdenbach*.[176]

---

[171] Vgl. *Baetge/Ziesemer/Schmidt*, in *Baetge/Kirsch/Thiele*, Bilanzrecht, § 252 HGB, Rz 190, Stand 10/2011.
[172] Vgl. *Claussen*, in Kölner Kommentar zum HGB, 2011, vor § 252 HGB, Rz. 45; *Hoffmann/Lüdenbach*, NWB-Kommentar Bilanzierung, 6. Aufl. 2015, § 252 HGB Rz 110.
[173] Vgl. *Winkeljohann/Büssow*, in Beck Bil-Komm. 9. Aufl., § 252 HGB, Rz 44.
[174] Korrespondierend dazu auch der BFH. Siehe dazu etwa BFH, Urteil v. 3.8.2005, I R 94/03, BStBl 2006 II S. 20; BFH, Urteil v. 3.8.2005, I R 94/03, BStBl 2006 II S. 20.
[175] Formulierung nach *Hoffmann/Lüdenbach*, NWB-Kommentar Bilanzierung, 6. Aufl. 2015, § 252 HGB Rz 110.
[176] Siehe dazu *Hoffmann/Lüdenbach*, NWB-Kommentar Bilanzierung, 6. Aufl. 2015, § 252 HGB Rz 115 f.

Im Kontext von **Versendungsverkäufen** ist hinsichtlich des Gefahrenübergangs zwischen einem Verbrauchsgüterverkauf und einem Verkauf nicht an Verbraucher zu unterscheiden. Gemäß § 447 Abs. 1 BGB erfolgt jenseits eines Verbrauchsgüterverkaufs der Gefahrenübergang, sobald der Verkäufer die Sache dem Spediteur, dem Frachtführer oder der sonst zur Ausführung der Versendung bestimmten Person oder Anstalt ausgeliefert hat. Handelt es sich allerdings um einen Verbrauchsgüterverkauf, geht die Gefahr erst über, wenn der Verbraucher die Sache erhalten hat.

95

Die in einigen Branchen/Unt gängige Praxis der Forderungsverbuchung im Zuge bzw. infolge der **Rechnungsstellung** ist streng genommen unzulässig. Zwar können Erfüllung der Lieferungs-/Leistungsverpflichtung und Rechnungsstellung zusammenliegen, es bleibt jedoch grds. bei der Maßgeblichkeit der Erfüllung der Lieferungs-/Leistungsverpflichtung. Allerdings kann der Zeitpunkt der Rechnungsstellung nicht zuletzt aus Wirtschaftlichkeitsgründen u. E. hilfsweise als Realisationszeitpunkt dienen, sofern Rechnungsstellung (in diesen Fällen gleich Forderungsverbuchung) und Erfüllung der Lieferungs-/Leistungsverpflichtung entsprechend der eingerichteten Prozesse im Regelfall am gleichen Tag erfolgen oder die Rechnungsstellung nach dem Gefahrenübergang erfolgt. Ergeben sich diesbezüglich zeitliche Differenzen aus nicht plan- bzw. steuerbaren Einzelfällen, kann in diesen Ausnahmefällen unter Beibehaltung der Vorgehensweise vorgegangen werden, sofern diese Zeitpunkte nicht wesentlich auseinander liegen.[177] Dieser gewisse Spielraum ist in der Praxis – insb. bei Versendungsverkäufen an Verbraucher – u. E. geboten, da es regelmäßig Situationen geben kann, die zu einem (außerplanmäßigen) kurzen Verzug der Erfüllung der Lieferungs-/Leistungsverpflichtung führen können. In diesem Kontext die Ausnahmeregelung des § 252 Abs. 2 HGB zu aktivieren, halten wir in diesen Fällen für kritisch, –infolge der erforderlichen Begründung – zumindest aber für überzogen. Dazu nachfolgende Beispiele.

96

> **Beispiel**
> **Außerplanmäßiger Verzug der Erfüllung der Lieferungs-/Leistungsverpflichtung**
> **Grundsachverhalt**
> Der Händler A, der Autoteile an gewerbliche und private Kunden liefert, fertigt die Rechnungen tagesaktuell aus und versendet diese im Regelfall direkt mit der Ware am gleichen Tag. Im Zuge der Ausfertigung der Rechnungen erfolgt auch die Forderungsverbuchung.
> **Abwandlung I – Versendungsverkauf nicht an Verbraucher**
> Der gewerbliche Kunde M bestellt mittags per Telefon einen Satz Bremsscheiben. Die Bremsscheiben liegen auf Lager und sollen noch am gleichen Tag mit der letzten Abholung durch den Versanddienstleister versendet werden. Die Rechnung wird ausgefertigt und zusammen mit der Ware verpackt. Der Versendungsdienstleister kann die letzte der vertraglich vereinbarten Abholungen der Waren infolge einer technischen Panne nicht vor-

---

[177] Dies nur dann für zulässig erachtend, wenn die Rechnungsstellung am Tag des Gefahrenübergangs oder später erfolgt *Fülbier/Kuschel/Selchert*, in *Küting/Pfitzer/Weber*, HdR, HGB § 252, Rn 94, Stand 12/2010.

> nehmen. Die Ware wird daher erst am Morgen des Folgetags an den Versanddienstleister übergeben. Buchhalterischer Realisationszeitpunkt und Erfüllung der Lieferungs-/Leistungsverpflichtung (Gefahrenübergang sobald der Verkäufer die Sache dem Spediteur, dem Frachtführer oder der sonst zur Ausführung der Versendung bestimmten Person oder Anstalt ausgeliefert/ übergeben hat) liegen hier ausnahmsweise auseinander.
> 
> **Abwandlung II – Versendungsverkauf an Verbraucher**
> Verbraucher P bestellt im Laden einen neuen Schaltknauf, da dieser derzeit nicht auf Lager ist. Der Schaltknauf soll von A versendet werden, wenn er wieder verfügbar ist. Der Schaltknauf wird am nächsten Tag vom Großhändler geliefert. Er soll noch am gleichen Tag mit der letzten Abholung durch den Versanddienstleister versendet werden. Da die Rechnung an einen Verbraucher gerichtet ist und die Gefahr bei einem Verbrauchsgüterkauf erst übergeht, wenn der Verbraucher die Sache erhalten hat, erstellt und versendet Händler A die Rechnung drei Tage nach Versand der Ware (die übliche und mit dem Versanddienstleister vereinbarte Lieferfrist beträgt zwei Tage). Aufgrund von Problemen beim Versanddienstleister trifft die Ware erst einen Tag nach der Ausfertigung der Rechnung und Verbuchung der Forderung beim Kunden ein. Buchhalterischer Realisationszeitpunkt und Erfüllung der Lieferungs-/Leistungsverpflichtung liegen hier ausnahmsweise auseinander.

Aus Abwandlung II wird ein Problem der Festlegung des Realisationszeitpunkts auf den Zeitpunkt der Erfüllung der Lieferungs-/Leistungsverpflichtung deutlich. Verfügt ein Händler (meist infolge einer gewissen (geringen) Betriebsgröße) nicht über entsprechende IT-Systeme zur automatischen Nachverfolgung des Sendungsstatus, ist ihm regelmäßig nicht bekannt, wann der Verbraucher die Sache erhalten hat bzw. kann er diese Informationen nur mit unverhältnismäßig hohem Aufwand gewinnen (sofern möglich etwa tägliche und manuelle Eingabe aller Sendungsnummern).

97 Bestehen gesetzliche **Widerrufs- oder Rückgaberechte** – etwa infolge eines Verbrauchsgüterkaufs bei Fernabsatzverträgen i.S.d. §§ 312d oder 356 BGB – oder wird dem Verbraucher ein Rückgaberecht eingeräumt, soll eine Gewinn-/ Ertragsrealisation nach einer in der Literatur vertretenen Auffassung grds. und stets erst nach Ablauf der Frist erfolgen dürfen.[178] Davon abweichend wird mitunter für eine situationsabhängige Gewinn-/Ertragsrealisation nebst Rückstellungsbildung plädiert.[179] Dies wird damit begründet, dass abseits von Verbraucherverkäufen „regelmäßig ein (verdecktes) Kommissionsgeschäft" vorliegt und eine Realisation entsprechend unzulässig sein soll.[180] Diese Auffassungen sind u.E. weder rechtstheoretisch hinreichend sicher, noch sachgerecht.

---

[178] So *Baetge/Ziesemer/Schmidt*, in *Baetge/Kirsch/Thiele*, Bilanzrecht, § 252 HGB, Rz 195, Stand 10/2011; *ADS*, 6. Aufl. § 252 HGB, Rz 82.
[179] Obwohl zunächst wohl für eine undifferenzierte Realisation nebst Rückstellungsbildung plädierend *Hoffmann/Lüdenbach*, NWB-Kommentar Bilanzierung, 6. Aufl. 2015, § 252 HGB Rz 129, die im Nachgang unter Rz. 131 zwischen Verbrauchsgüterverkäufen (zulässig, sofern kein neues Produkt) und dem Verkauf nicht an Verbraucher (wohl unzulässig) unterscheiden.
[180] So *Hoffmann/Lüdenbach*, NWB-Kommentar Bilanzierung, 6. Aufl. 2015, § 252 HGB Rz 131.

Der BFH spricht etwa von der Erfüllung der Lieferungs-/Leistungsverpflichtung und damit einer Gewinn-/Ertragsrealisation, wenn die Gefahr des zufälligen Untergangs und der zufälligen Verschlechterung auf den Käufer übergeht.[181] Diese Gefahr wird eben (auch) regelmäßig in der Sphäre des Käufers liegen. Noch deutlicher heißt es beim BFH auch „eine spätere Vertragsauflösung steht, unabhängig davon, auf welchen Gründen sie beruht, der Gewinnrealisierung grundsätzlich nicht entgegen."[182]

Mag man infolge eines Widerrufs- oder Rückgaberechts dennoch keinen Gefahrenübergang erkennen, so lässt sich eine abweichende Behandlung von Gewährleistungs- oder Produkthaftungsrisiken ebenfalls nicht begründen. Ein Preisrisiko – und nach zweifacher erfolgloser Nacherfüllung auch ein Recht zum Rücktritt vom Kaufvertrag – liegt hier ebenfalls vor.

Auch die pauschale Unterstellung eines (verdeckten) Kommissionsgeschäftes[183] sowie die Argumentation, Verbraucher hätten kein erhebliches Rückgabeinteresse[184] ist u. E. weder begründbar noch sachgerecht. An dieser Stelle sei etwa auf die extrem hohen Rücksendequoten bei Onlineversandhändlern verwiesen. Eine unterschiedliche Behandlung hinsichtlich der Zulässigkeit der Realisation nebst Rückstellungsbildung kann sich daraus nicht ergeben.

Abschließend sei noch auf die schwierige zutreffende umsatzsteuerlichen Erfassung im Fall einer Realisation erst nach Ablauf der Widerrufs- oder Rückgabefrist und den möglichen Missbrauch im Kontext der Gewinn-/Ertragsrealisation durch (ggf. extreme) Ausdehnung der Rückgabefristen hingewiesen.

**Im Ergebnis** ist u. E. auch die Berücksichtigung einer statistischen Rücksendungsquote durch eine Rückstellung in Kombination mit einer Gewinnrealisation nach (erwarteter) Zustellung zulässig.[185]

### 2.4.3.2.3 Sonderfall Langfristfertigung/-leistung

Besondere Bedeutung hat die Frage nach der Gewinn-/Ertragsrealisation bei der sog. langfristigen Auftragsfertigung/-leistung, d. h. der mindestens stichtagsübergreifenden[186] auftragsgemäßen Erbringung von Sach- oder Dienstleistungen auf Basis von Werk[187]- oder Werklieferverträgen.[188] Da bei Werkverträgen eine Realisation mangels Gefahrenübergang bzw. Erfüllung der Lieferungs-/Leistungsverpflichtung (erst) mit der Abnahme erfolgt (Rz 102), ergibt sich auch bei langfristiger Auftragsfertigung/-leistung eine Realisation erst nach im Gesamten bewirkter Lieferung/Leistung, d. h. nach Abnahme. Dies wird auch als sog. **Completed-Contract-Methode** bezeichnet. Daraus resul-

98

---

[181] Korrespondierend dazu auch der BFH. Siehe dazu etwa BFH, Urteil v. 3.8.2005, I R 94/03, BStBl 2006 II S. 20.
[182] BFH, Urteil v. 28.3.2000, VIII R 77/96, BStBl 2002 II S. 227 mwN u.a. auf BFH, Urteil v. 12.10.1977, I R 248/74, BStBl 1978 II S. 191.
[183] So *Hoffmann/Lüdenbach*, NWB-Kommentar Bilanzierung, 6. Aufl. 2015, § 252 HGB Rz 131.
[184] So *Hoffmann/Lüdenbach*, NWB-Kommentar Bilanzierung, 6. Aufl. 2015, § 252 HGB Rz 131.
[185] Ebenso etwa *Petersen/Künkele/Göttler*, DStR 2012, S. 214.
[186] MwN. *Baetge/Ziesemer/Schmidt*, in *Baetge/Kirsch/Thiele*, Bilanzrecht, § 252 HGB, Rz 201, Stand 10/2011.
[187] „Durch den Werkvertrag wird der Unternehmer zur Herstellung des versprochenen Werkes, der Besteller zur Entrichtung der vereinbarten Vergütung verpflichtet." § 631 Abs. 1 BGB.
[188] „Auf einen Vertrag, der die Lieferung herzustellender oder zu erzeugender beweglicher Sachen zum Gegenstand hat, finden die Vorschriften über den Kauf Anwendung." § 651 Satz 1 BGB.

tiert jedoch mitunter eine „verzerrte" Darstellung der Ertragslage – es kann zunächst neben dem ausbleibenden Ausweis von Gewinnanteilen zum Ausweis von negativen Erfolgsbeiträgen[189] i. V. m. mit einer späteren zu hohen Gewinnrealisation kommen.[190] Insofern bestehen Überlegungen bzw. Versuche dieses Problem zu umgehen.

99 Der dazu (sachlich) geeigneten international üblichen **Percentage-of-Completion-Methode** – anteilige/prozentuale Realisation entsprechend des Fertigstellungsgrads – steht nach hM mangels Gefahrenübergang bzw. Erfüllung der Lieferungs-/Leistungsverpflichtung handelsrechtlich das Realisationsprinzip entgegen (zur Frage der Anwendung der Methode im Ausnahmefall siehe Rz 115).[191] Klarstellend bzw. abgrenzend ist zu ergänzen, dass es sich um eine **Teilrealisation ohne Teilabnahmen** handelt.

100 Ein weiterer mithin wohl weitestgehend akzeptierter Ansatz besteht in der **Teilrealisation mit Teilabnahmen**.[192] Die Gesamtlieferung/-leistung wird in diesem Zuge vertraglich in Teillieferungen/-leistungen zerlegt, die mit einer Abnahme der Teilleistungen verbunden sind, wobei bereits eine vertraglich eröffnete Option zur Zerlegung in Teillieferungen/-leistungen nebst Teilabnahmen der Anforderung der vertraglichen Regelung genügt. Dies ist insofern konsequent, als dass bei Werkverträgen eben gerade die Abnahme eine Realisation infolge des Gefahrenübergang bzw. der Erfüllung der Lieferungs-/Leistungsverpflichtung begründet (Rz 96). Das vereinzelt aufgebrachte Argument,[193] es bedürfe in diesem Rahmen eines zusätzlichen Kunstgriffs, da der Gefahrenübergang gem. § 646 BGB erst mit Vollendung erfolge, ist nicht nachvollziehbar. § 646 BGB bezieht sich explizit nur auf den Fall einer beschaffenheitsbedingt unmöglichen Abnahme.[194]

Dennoch bedarf es zur Teilrealisation mit Teilabnahmen zusätzlicher Voraussetzungen. Unstreitig sind wohl die Anforderungen der Abgrenzbarkeit der Teillieferungen/-leistungen und deren getrennte Abrechnungsfähigkeit. Gleiches gilt für die Anforderung der voraussichtlichen Nichtentstehung eines Verlustes aus dem Gesamtauftrag.[195]

---

[189] Nicht als HK aktivierungsfähige oder wahlrechtsgemäß nicht aktivierte Kosten. In diesem Kontext sind die verschiedenen Gewinndefinitionen zu beachten (Rz 86).

[190] Vgl. etwa *Baetge/Ziesemer/Schmidt*, in *Baetge/Kirsch/Thiele*, Bilanzrecht, § 252 HGB, Rz 202, Stand 10/2011.

[191] Vgl. *Fülbier/Kuschel/Selchert*, in *Küting/Pfitzer/Weber*, HdR, HGB § 252, Rn 100, Stand 12/2010; *Baetge/Ziesemer/Schmidt*, in *Baetge/Kirsch/Thiele*, Bilanzrecht, § 252 HGB, Rz 203, Stand 10/2011; wohl auch *Hoffmann/Lüdenbach*, NWB-Kommentar Bilanzierung, 6. Aufl. 2015, § 252 HGB Rz 126.

[192] Vgl. BFH, Urteil v. 5.12.1956, II 71/56 U, BStBl 1957 III S. 28; BFH, Urteil v. 8.12.1982, I R 142/81, BStBl 1983 II S. 369; *Fülbier/Kuschel/Selchert*, in *Küting/Pfitzer/Weber*, HdR, HGB § 252, Rn 99, Stand 12/2010; *Baetge/Ziesemer/Schmidt*, in *Baetge/Kirsch/Thiele*, Bilanzrecht, § 252 HGB, Rz 203, Stand 10/2011; dem wohl grundlegend zustimmend, aber mit einer gewissen Skepsis begegnend *Hoffmann/Lüdenbach*, NWB-Kommentar Bilanzierung, 6. Aufl. 2015, § 252 HGB Rz 124f.

[193] So *Hoffmann/Lüdenbach*, NWB-Kommentar Bilanzierung, 6. Aufl. 2015, § 252 HGB Rz 124.

[194] „Ist nach der Beschaffenheit des Werkes die Abnahme ausgeschlossen, so tritt in den Fällen des ... an die Stelle der Abnahme die Vollendung des Werkes." § 646 BGB.

[195] So gefordert etwa von BFH, Urteil v. 13.12.1979, IV R 69/74, BStBl 1980 II S. 239; *Baetge/Ziesemer/Schmidt*, in *Baetge/Kirsch/Thiele*, Bilanzrecht, § 252 HGB, Rz 203, Stand 10/2011.

Das aufgebrachte Kriterium der erfolgten Zahlung des Auftraggebers entsprechend dem Leistungsfortschritt[196] ist u. E. nicht tragbar. Aus der Vorschrift des § 252 Abs. 1 Nr. 5 HGB folgt, dass Aufwendungen und Erträge unabhängig von den Zeitpunkten der entsprechenden Zahlungen zu berücksichtigen sind (Rz 116) und damit der Zeitpunkt der erfolgten Gegenleistung/Zahlung für die Realisation irrelevant ist.

#### 2.4.3.2.4 Dienstleistungen

Im Kontext von **Dienstleistungen** ergibt sich der Realisationszeitpunkt bzw. der Zeitpunkt der Leistungserbringung in Abhängigkeit der Vertragsart (Dienst- oder Werkvertrag) sowie im Fall von Dienstverträgen weiterhin in Abhängigkeit der Einordnung als zeitpunkt- oder zeitraumbezogen. 101

**Werkverträge** i. S. d. § 631 BGB sind durch die Vereinbarung zur Schuldung eines bestimmten Werkes bzw. Arbeitsergebnisses gekennzeichnet. Gemäß § 640 BGB ist der Besteller (Auftraggeber) zur Abnahme des vertragsmäßig hergestellten Werks/Arbeitsergebnisses verpflichtet, sofern einer Abnahme nicht die Beschaffenheit des Werks entgegensteht.[197] Insofern erfolgt der Gefahrenübergang im Rahmen eines Werkvertrags (erst) mit der Abnahme durch den Besteller. Daraus ergibt sich eine Gewinn-/Ertragsrealisation (auch erst) zu diesem Zeitpunkt. Abschlagszahlungen oder Vorschüsse begründen keine (Teil-)Gewinnrealisation.[198] Wird die Leistung nicht wie vereinbart erbracht, unterliegen diese mitunter einer Rückzahlungspflicht. Es mangelt entsprechend am Gefahrenübergang. Hinsichtlich einer etwaigen Teil-Gewinnrealisation wird auf die Ausführungen zur Langfristfertigung/-leistung (Rz 98) verwiesen. 102

In Abgrenzung zu Werkverträgen wird im Rahmen von **Dienstleistungsverträgen** kein vertragsmäßig hergestelltes Werk/Arbeitsergebnis, sondern die Leistung der versprochenen Dienste geschuldet. Ist die vereinbarte Dienstleistung **zeitpunktbezogen** und die Hauptleistung erbracht, so gilt diese als wirtschaftlich erbracht und der Gefahrenübergang ist erfolgt.[199] Im Ergebnis hat eine Gewinn-/Ertragsrealisation zu diesem Zeitpunkt zu erfolgen. Offen stehende Nebenleistungen verhindern keine Realisation. Bei **zeitraumbezogenen** Dienstleistungen kommt eine ratierliche Realisation in Betracht. Es handelt sich um Wiederkehr- bzw. Dauerschuldverhältnisse (dazu auch Rz 104). Bereits erbrachte Leistungseinheiten (etwa Beratertage oder Stundensätze) sind realisiert. Anders als bei Werkverträgen erfolgt der Gefahrenübergang nicht erst mit Erbringung der letzten Leistungseinheit. Eine gleichmäßige Verteilung der Leistungseinheiten ist hierfür nicht erforderlich.[200] In der Praxis dürfte in diesem Kontext wohl regelmäßig eine Realisation zum Zeitpunkt der Rechnungsstellung bzw. zum Ablauf der vereinbarten Rechnungsperiode erfolgen, die bei kurzen zeitraumbezogenen Dienstleistungen häufig nach Erbringung der gesamten Leistungsein- 103

---

[196] So BFH, Urteil v. 13.12.1979, IV R 69/74, BStBl 1980 II S. 239.
[197] Vgl. *Baetge/Ziesemer/Schmidt*, in *Baetge/Kirsch/Thiele*, Bilanzrecht, § 252 HGB, Rz 196, Stand 10/2011.
[198] Vgl. *Baetge/Ziesemer/Schmidt*, in *Baetge/Kirsch/Thiele*, Bilanzrecht, § 252 HGB, Rz 196, Stand 10/2011.
[199] Vgl. *Hoffmann/Lüdenbach*, NWB-Kommentar Bilanzierung, 6. Aufl. 2015, § 252 HGB Rz 140.
[200] Dies zumindest in einigen Fällen in Zweifel ziehend *Hoffmann/Lüdenbach*, NWB-Kommentar Bilanzierung, 6. Aufl. 2015, § 252 HGB Rz 141.

heiten und bei längeren zeitraumbezogenen Dienstleistungen nach vereinbarten Abrechnungsintervallen vorgenommen wird. Die hilfsweise Abstellung auf bestimmte Abrechnungsperioden ist u. E. in diesem Zusammenhang gestattet, wenngleich dadurch mitunter eine Realisation erst nach Erfüllung der Leistungsverpflichtung erfolgt.

#### 2.4.3.2.5 Dauerschuldverhältnisse/Nutzungsüberlassungen

104 Dauerschuldverhältnisse, d. h. Schuldverhältnisse jenseits einmaliger Erfüllungshandlungen mit während der Laufzeit wiederkehrenden Leistungspflichten, haben eine ratierliche/anteilige Gewinn-/Ertragsrealisation (prt) entsprechend der Leistungserbringung zur Folge.[201] Zu den Dauerschuldverhältnissen zählen etwa:
- Mietverträge
- Pachtverträge
- Leasingverträge
- Darlehensverträge
- Bürgschaften
- Lizenzen (ggf. unter Einschränkungen, Rz 105)
- Versicherungen

Bereits erbrachte Leistungseinheiten (z. B. monatliche Mietzahlung) sind realisiert. Hinsichtlich der Realisation zum Zeitpunkt der Rechnungsstellung bzw. zum Ablauf der vereinbarten Rechnungsperiode s. Rz 96.

105 In Abweichung zu den üblichen Lizenzmodalitäten, die Lizenzgebühren entweder für einen bestimmten Zeitraum, eine bestimmte Stückzahl oder etwa einen bestimmten Umsatz vorsehen, soll eine Festpreislizenz ohne zeitliche Begrenzung keine Gewinn-/Ertragsrealisation prt zur Folge haben.[202] Die Realisation sei mit Vertragsabschluss (gemeint sein müsste hier wohl der Beginn der Lizenzgewährung) erfolgt.[203] Eine Realisation mit Beginn der/des Lizenzgewährung/Vertragsabschusses ist hier insofern kritisch, als dass insb. bei US-amerikanischen Patenten keinesfalls mit einem sicheren Bestand der Patente gerechnet werden kann und vertragliche Regelungen bei einem Verlust des Patentschutzes nahezu immer eine vollständige oder teilweise Rückzahlung der Lizenzgebühr – ggf. nebst Schadensersatzleistungen – vorsehen. Zumindest in Fällen bestehender Rückzahlungsvereinbarungen halten wir eine (zeit)anteilige Realisation für angebracht, die sich an der maximalen Patentlaufzeit orientieren kann.

#### 2.4.3.2.6 Mehrkomponentengeschäfte

106 Mehrkomponentengeschäfte sind durch die Zusammenfassung mehrerer verschiedener (Teil-)Leistungen oder mehrerer Einzelverträge gekennzeichnet, die wirtschaftlich eng verbunden sind.[204]
Zu Mehrkomponentengeschäften zählen etwa:
- Verkaufsgeschäfte in Kombination mit einer Finanzierung

---

[201] Vgl. *Baetge/Ziesemer/Schmidt*, in *Baetge/Kirsch/Thiele*, Bilanzrecht, § 252 HGB, Rz 197, Stand 10/2011.
[202] So *Hoffmann/Lüdenbach*, NWB-Kommentar Bilanzierung, 6. Aufl. 2015, § 252 HGB Rz 146 mwN.
[203] Vgl. *Hoffmann/Lüdenbach*, NWB-Kommentar Bilanzierung, 6. Aufl. 2015, § 252 HGB Rz 146.
[204] Vgl. *Winkeljohann/Büssow*, in Beck Bil-Komm. 9. Aufl., § 252 HGB, Rz 44.

- Verkaufsgeschäfte in Kombination mit Servicedienstleistungen
- Verkaufsgeschäfte mit Bonuspunktesystem

Die einzelnen Komponenten sind hinsichtlich der Realisation dabei regelmäßig unterschiedlich zu beurteilen. Insofern besteht das Erfordernis zur Abgrenzung der einzelnen Komponenten bzw. insb. ihrer Realisationszeitpunkte. Der Gesamtertrag aus dem Mehrkomponentenertrag ist dazu auf die einzelnen Komponenten aufzuteilen, wobei die beizulegenden Zeitwerte der Komponenten bzw. die Relation dieser zueinander maßgeblich für die Aufteilung sind.[205] Dies setzt die Bestimmbarkeit der beizulegenden Zeitwerte voraus.[206] Daraus ergibt sich im Umkehrschluss, dass eine Aufteilung bzw. eine einzelkomponentenbezogene (Teil-)Realisation bei unmöglicher Bestimmbarkeit der beizulegenden Zeitwerte ausscheidet. Eine Realisation kann dann erst mit Abschluss des gesamten Mehrkomponentengeschäfts erfolgen. Die mitunter explizit geforderte sachliche Trennbarkeit[207] ergibt sich u.E. automatisch – andernfalls liegen keine einzelnen Komponenten vor.

#### 2.4.3.2.7 Strukturierte Geschäfte

Unter **strukturierten Geschäften** sind Geschäfte zu verstehen, deren wirtschaftlicher Gehalt von der darunterliegenden formalrechtlichen/schuldrechtlichen Ausgestaltung abweicht.[208] Derartige Strukturierungen liegen etwa dann vor, wenn zwei Verkaufsgeschäfte durch Vertragsgestaltung oder zeitgleiche bzw. nur kurz auseinanderliegende Einzelverträge derart kombiniert werden, dass sich dem wirtschaftlichen Gehalt nach faktisch eine Nutzungsüberlassung ergibt (**Sale-and-buy-back-Geschäfte**[209]). Auch kann sich hinter einer Nutzungsüberlassung dem wirtschaftlichen Gehalt nach ein Verkaufsgeschäft verbergen.[210] Strukturierte Geschäfte werden etwa mit dem Ziel der zwischenzeitlichen Beeinflussung der Bilanzstruktur oder der Erzielung von Erträgen aus der vorübergehenden Überlassung von VG vorgenommen.[211]

Besteht kein enger Zusammenhang zwischen den formalrechtlichen/schuldrechtlichen Komponenten bzw. Verträgen, ist dies aus der Perspektive der Gewinn-/Ertragsrealisation als unkritisch zu erachten.[212] **Kritisch und hinsichtlich der Zeitpunkte der Gewinn-/Ertragsrealisation fraglich** dagegen ist ein enger zeitlicher oder sachlicher Zusammenhang der formalrechtlichen/schuldrechtlichen Komponenten oder deren gleichzeitige Zusammenfassung von An-

---

[205] Vgl. *Fülbier/Kuschel/Selchert*, in *Küting/Pfitzer/Weber*, HdR, HGB § 252, Rn 102, Stand 12/2010; *Winkeljohann/Büssow*, in Beck Bil-Komm. 9. Aufl., § 252 HGB, Rz 44; *Hoffmann/Lüdenbach*, NWB-Kommentar Bilanzierung, 6. Aufl. 2015, § 252 HGB Rz 150.
[206] Vgl. *Fülbier/Kuschel/Selchert*, in *Küting/Pfitzer/Weber*, HdR, HGB § 252, Rn 102, Stand 12/2010; *Winkeljohann/Büssow*, in Beck Bil-Komm. 9. Aufl., § 252 HGB, Rz 44; *Hoffmann/Lüdenbach*, NWB-Kommentar Bilanzierung, 6. Aufl. 2015, § 252 HGB Rz 150.
[207] So *Hoffmann/Lüdenbach*, NWB-Kommentar Bilanzierung, 6. Aufl. 2015, § 252 HGB Rz 150.
[208] Vgl. *Hoffmann/Lüdenbach*, NWB-Kommentar Bilanzierung, 6. Aufl. 2015, § 252 HGB Rz 154 ff.
[209] „Solche Sale-and-buy-back-Geschäfte sind auch dann gegeben, wenn – bei Gattungssachen – nicht dieselben VG zurückerworben werden, sondern VG gleicher Art, Menge und Güte. Dies kommt insbesondere bei Wertpapieren und bei Beteiligungsrechten, aber auch bei Waren vor." IDW ERS HFA 13, n.F. Tz. 12.
[210] Mit konkreten Beispielen *Hoffmann/Lüdenbach*, NWB-Kommentar Bilanzierung, 6. Aufl. 2015, § 252 HGB Rz 155 f.
[211] Vgl. IDW ERS HFA 13 n.F., Tz. 1.
[212] Vgl. (mit explizitem Bezug zu Sale-and-buy-back-Geschäften) IDW ERS HFA 13 n.F., Tz. 2.

fang an. Dies liegt daran, dass es auf die (formalrechtlichen) Eigentumsverhältnisse bei der Gewinn-/Ertragsrealisation gerade nicht ankommt und mitunter vom Ausbleiben eines Gefahrenübergangs ausgegangen werden muss (dazu im Detail Rz 93 f.). Hierin ein Mehrkomponentengeschäft zu sehen,[213] wird zu Recht als zu kurz gegriffen abgelehnt.[214]

Verbleiben bei derartigen Strukturierungen bei wirtschaftlicher Betrachtungsweise wesentliche Elemente beim „Verkäufer" und bleibt ein Gefahrenübergang demgemäß aus oder ist eine Nutzungsüberlassung im Umkehrfall aus der Perspektive des Risiko-/Gefahrenübergangs wirtschaftlich als Verkaufsgeschäft zu betrachten, hat eine Berücksichtigung dieser Sachlage bei der Gewinn-/Ertragsrealisation zu erfolgen.[215]

#### 2.4.3.2.8 Genehmigungs- und Gremienvorbehalte

109 Bestehen gegen einen Realisationsvorgang **Genehmigungsvorbehalte**, etwa in Abhängigkeit einer Entscheidung des Kartellamts, so kommt es auf den Grad der Wahrscheinlichkeit der Zustimmung bzw. Genehmigungserteilung an. Ist mit hoher Wahrscheinlichkeit von einer Genehmigung auszugehen, so steht die schwebende Unwirksamkeit einer Realisation nicht entgegen.[216] Ist die Genehmigung dagegen höchst unsicher, kommt eine Gewinn-/Ertragsrealisation nicht in Betracht.[217] Die Beurteilung der Wahrscheinlichkeit kann einzig dem Diktat der vernünftigen kaufmännischen Beurteilung folgen, die jedoch keinesfalls mit „absoluter Objektivität" gleichzusetzen ist (zur Diskussion über Objektivität s. etwa Grundsatz des Willkürverbots Rz 145 ff.). Allerdings bzw. zusätzlich besteht ohnehin keine konkrete Wahrscheinlichkeitsgrenze. Die Entscheidung bleibt insofern in der subjektiven Sphäre des bilanzierenden bzw. ggf. einer richterlichen Instanz.

110 **Gremienvorbehalte**, etwa infolge eines Katalogs zustimmungspflichtiger Geschäfte, stehen einer Realisation entgegen.[218] Eine Gewinn-/Ertragsrealisation kommt erst nach erfolgter Genehmigung in Betracht.

#### 2.4.3.2.9 Gewinne aus Beteiligungen an Kapital- und Personengesellschaften

111 Gewinne aus **Beteiligung an KapG** sind zum **Zeitpunkt des Gewinnausschüttungsbeschlusses** realisiert, der den Gewinnanspruch rechtlich begründet.[219] Davon abweichend bzw. als ergänzende „Sonderfälle" werden in Schrifttum

---

[213] So BFH, Urteil v. 11.10.2007, IV R 52/04, BStBl 2009 II S. 705.
[214] So explizit *Hoffmann/Lüdenbach*, NWB-Kommentar Bilanzierung, 6. Aufl. 2015, § 252 HGB Rz 158; im Ergebnis ebenso IDW ERS HFA 13 n. F., Tz. 6 ff.
[215] GlA *Hoffmann/Lüdenbach*, NWB-Kommentar Bilanzierung, 6. Aufl. 2015, § 252 HGB Rz 154 f.; *Winkeljohann/Büssow*, in Beck Bil-Komm. 9. Aufl., § 252 HGB, Rz 44; mit explizitem Bezug zu Sale-and-buy-back-Geschäften IDW ERS HFA 13 n. F., Tz. 6 ff.
[216] Vgl. *Hoffmann/Lüdenbach*, NWB-Kommentar Bilanzierung, 6. Aufl. 2015, § 252 HGB Rz 166 mwN.: BGH, Urteil v. 31.10.1978, KZR 5/77, BB 1979 S. 543; BGH, Urteil v. 25.6.2009, IV R 3/07, BStBl 2010 II S. 182.
[217] Vgl. *Hoffmann/Lüdenbach*, NWB-Kommentar Bilanzierung, 6. Aufl. 2015, § 252 HGB Rz 166 ff.
[218] Vgl. *Hoffmann/Lüdenbach*, NWB-Kommentar Bilanzierung, 6. Aufl. 2015, § 252 HGB Rz 167.
[219] Vgl. ADS, 6. Aufl. § 252 HGB, Rz 82; *Hoffmann/Lüdenbach*, NWB-Kommentar Bilanzierung, 6. Aufl. 2015, § 252 HGB Rz 91; *Fülbier/Kuschel/Selchert*, in *Küting/Pfitzer/Weber*, HdR, HGB § 252, Rn 16, Stand 12/2010.

und höchstrichterlicher Rechtsprechung zwei weitere Realisationszeitpunkte gesehen. Sofern die Beteiligungsgewinne TU im Mehrheitsbesitz betreffen und das MU in der HV/GesV infolge der Stimmrechte eine bestimmte Gewinnausschüttung bestimmen kann, könne eine Realisation auch bereits dann erfolgen, wenn die Feststellung des JA des TU erfolgt ist, der Abschlussstichtag nicht nach dem des JA des MU liegt und ein korrespondierender Gewinnvorschlag vorliegt.[220] Dem BGH[221] und dem EuGH[222] zufolge handelt es sich bei Gewinnen aus Beteiligungen an KapG um ansatzerhellende Ereignisse, wenn die Beteiligung am TU 100 % beträgt, das TU abhängiges Konzernunt ist, Feststellung und Gewinnausschüttungsbeschluss beim TU vor dem Ende der Abschlussprüfung beim MU liegen und die Gj der Unt übereinstimmen.[223] Dies führt zur **periodengleichen Gewinnvereinnahmung**. Dieser Auffassung wird man sich wegen der gewichtigen Entscheidungsinstanzen aber wohl nur schwer entziehen können. *Hoffmann/Lüdenbach* sehen hierin zu Recht eine Möglichkeit zur Steuerung des Vereinnahmungszeitpunkts infolge der möglichen Datierung des Gewinnausschüttungsbeschlusses.[224]

Die Realisation von Gewinnen aus **Beteiligungen an PersG** ist analog zu jener aus Beteiligungen an KapG umstritten. Mitunter wird die Auffassung vertreten, dass bei PersG – sofern im Gesellschaftsvertrag nicht abweichend geregelt – das Entstehen des Gewinnanspruchs regelmäßig bereits zum Abschlussstichtag der PersG gesichert ist,[225] was deren Realisation begründet. Diese sichere Entstehung soll zumindest dann gegeben sein, wenn das Gj der PersG spätestens mit dem des Gesellschafters endet und innerhalb des Wertaufhellungszeitraums des Gesellschafters alle wesentlichen Bilanzierungs- und Bewertungsentscheidungen der PersG hinreichend konkretisiert seien.[226] Die hinreichende Konkretisierung könne, müsse aber nicht (!), durch die Feststellung belegt werden.[227]
Diese Auffassung ist – dem Charakter der Feststellung als zwingender Rechtsakt geschuldet – abzulehnen. Es bedarf zwingend der Feststellung.[228]

112

### 2.4.3.2.10  Ansprüche aus Gewinnabführungsverträgen

Den Realisationszeitpunkt im Zusammenhang mit Ansprüchen aus Gewinnabführungsverträgen markiert der Tag der Feststellung des JA des abführungspflichtigen Unt. Sofern die Abschlussstichtage des abführenden und des berechtigten Unt identisch sind oder der des berechtigten Unt nach jenem des abführenden Unt liegt, soll dann auch nichts gegen eine Realisation der Ansprüche aus Gewinnabführungsverträgen am Stichtag sprechen, wenn das anspruchsberechtigte Unt die Höhe der Gewinnabführung bestimmen kann.[229]

113

---

220  So mwN. *ADS*, 6. Aufl. § 252 HGB, Rz 82.
221  BGH, Urteil v. 12.1.1998, II ZR 82/83, DStR 1998, S. 383.
222  EuGH, Urteil v. 27.6.1996, Rs. C-234/94, BB 1996, S. 1492.
223  Dies dagegen abweisend BFH, Beschluss v. 7.8.2000, GrS 2/99, BStBl 2000 II S. 632.
224  Vgl. *Hoffmann/Lüdenbach*, NWB-Kommentar Bilanzierung, 6. Aufl. 2015, § 252 HGB Rz 92.
225  So etwa IDW RS HFA 18, Tz. 13f.; *ADS*, 6. Aufl. § 252 HGB, Rz 82; aA *Hoffmann/Lüdenbach*, NWB-Kommentar Bilanzierung, 6. Aufl. 2015, § 255 HGB Rz 176f.
226  Vgl. IDW RS HFA 18, Tz. 14.
227  So IDW RS HFA 18, Tz. 15.
228  GlA *Hoffmann/Lüdenbach*, NWB-Kommentar Bilanzierung, 6. Aufl. 2015, § 255 HGB Rz 176ff.; *Fülbier/Kuschel/Selchert*, in *Küting/Pfitzer/Weber*, HdR, HGB § 252, Rn 97, Stand 12/2010.
229  Vgl. *ADS*, 6. Aufl. § 252 HGB, Rz 82.

### 2.4.3.3 Ausnahmen vom Realisationsprinzip

114 Grundsätzlich keine Ausnahmefälle i. S. d. § 252 Abs. 2 HGB stellen die **Spezialvorschriften** dar, die zu einer Durchbrechung des Realisierungsgrundsatzes führen. Dem Rechtsprinzip „lex specialis derogat legi generali" folgend bedarf es in diesen Fällen keiner gesonderten Ausnahmeregelung in Gestalt einer expliziten Regelung wie jener des § 252 Abs. 2 HGB (Rz 137 ff.; s. zur Norm-Rangfolge auch Rz 15).[230]

Als Spezialvorschriften im Kontext des Realisationsprinzips sind etwa
- die Verrechnung von bestimmten[231] VG und Schulden nebst entsprechender Behandlung der zugehörigen Aufwendungen und Erträgen aus der Abzinsung und aus dem zu verrechnenden Vermögen gem. § 246 Abs. 2 Satz 2, 3 HGB oder
- die Aktivierung selbst geschaffener immaterieller VG des AV nach § 248 Abs. 2 Satz 1 HGB

zu nennen.

115 **Ausnahmen** i. S. d. § 252 Abs. 2 HGB, d. h. in begründeten Einzelfällen, kommen grds. in Betracht, dürften in der Praxis aber selten sein. Die mitunter vertretenen Auffassung, Ausnahmen kämen beim Realisationsprinzip – infolge ihres tragenden Charakters – nicht in Betracht,[232] ist abzulehnen.[233] Einerseits liegt innerhalb der Grundsätze weder eine Rangfolge vor (Rz 6), die eine Ausnahme dieser aus der Vorschrift des § 252 Abs. 2 HGB bzw. einen tragenden Charakter begründet, noch besteht dafür eine gesetzliche Grundlage. Diese Auffassung ist vielmehr von der Doktrin der Unantastbarkeit der „guten alten" Prinzipien des HGB getrieben – die ohnehin nie eine Rechtsgrundlage hatte (hier sei auf die handelsrechtliche Normenrangfolge unter Rz 14 ff. verwiesen).

Gleiches gilt auch hinsichtlich der Frage, inwieweit die Anwendung der Percentage-of-Completion-Methode (Teilgewinnrealisation ohne Teilabnahmen; hier ist die Abgrenzung zur Teilgewinnrealisation mit Teilabnahmen zu beachten; dazu Rz 98 ff.) als Ausnahmefall i. S. d. § 252 Abs. 2 HGB in Frage kommt – was keinesfalls heißen soll, dass die Percentage-of-Completion-Methode als generell zulässig anzusehen und als stets zulässige Ausnahme zu betrachten ist.[234] Auch ein Verweis auf die Generalnorm des § 264 Abs. 2 HGB kann nicht zu einer

---

[230] GlA *Fülbier/Kuschel/Selchert*, in *Küting/Pfitzer/Weber*, HdR, HGB § 252, Rn 24, Stand 12/2010, die jedoch inkonsistent zu dieser Grundsatzaussage innerhalb der Kommentierung zu Nr. 5 abweichend argumentieren (Rn 118); *Ballwieser*, in MünchKomm. HGB, 3. Aufl., § 252 Rn 117; *Baetge/Ziesemer/Schmidt*, in *Baetge/Kirsch/Thiele*, Bilanzrecht, § 252 HGB, Rz 271, Stand 10/2011; *Hoffmann/Lüdenbach*, NWB-Kommentar Bilanzierung, 6. Aufl. 2015, § 252 HGB Rz 230; aA *Winkeljohann/Büssow*, in Beck Bil-Komm. 9. Aufl., § 252 HGB, Rz 54.

[231] „die dem Zugriff aller übrigen Gläubiger entzogen sind und ausschließlich der Erfüllung von Schulden aus Altersversorgungsverpflichtungen oder vergleichbaren langfristig fälligen Verpflichtungen dienen".

[232] So *Ballwieser*, in MünchKomm. HGB, 3. Aufl., § 252 Rn 116; *Baetge/Ziesemer/Schmidt*, in *Baetge/Kirsch/Thiele*, Bilanzrecht, § 252 HGB, Rz 272, Stand 10/2011.

[233] Im Ergebnis ebenso *Winkeljohann/Büssow*, in Beck Bil-Komm. 9. Aufl., § 252 HGB, Rz 72.

[234] Dies ebenfalls verneinend, dann aber wohl überhaupt keinen Raum für einen entsprechenden Ausnahmefall sehend *Fülbier/Kuschel/Selchert*, in *Küting/Pfitzer/Weber*, HdR, HGB § 252, Rn 105, Stand 12/2010.

grundsätzlichen Deklarierung der Percentage-of-Completion-Methode als genereller Ausnahmefall herangezogen werden.[235] Dies ergibt sich bereits aus der Normenrangfolge des HGB (Rz 14 ff.). Allerdings schließt dies eine einzelfallbezogene Anwendung der Methode unter diesem Hinweis auch nicht aus. § 252 Abs. 2 HGB spricht nicht von „einer bestimmten Begründung" bzw. „einem bestimmten auslösenden Ereignis".
**Im Ergebnis** ist die Methode als in Ausnahmefällen unter Berufung auf § 252 Abs. 2 HGB **mögliche** Ausnahme zu verstehen, sofern dafür eine Begründung vorliegt.

## 2.5 Grundsatz der Pagatorik und Periodenabgrenzung (Nr. 5)

### 2.5.1 Regelungsinhalt

§ 252 Abs. 1 Nr. 5 HGB schreibt die **periodengerechte Erfassung von Aufwendungen und Erträgen** vor. Anders als bei einer Einnahmenüberschussrechnung i. S. v. § 4 Abs. 3 EStG, die für Steuerpflichtige ohne gesetzliche Buchführungs- und Abschlusserstellungspflicht eine Gewinnermittlung aus der Saldierung der Betriebseinnahmen und der Betriebsausgaben gestattet, hat damit die Gewinnermittlung unabhängig von den zugehörigen Zahlungszeitpunkten zu erfolgen. Neben dem Grundsatz der Periodenabgrenzung im eigentlichen Sinne stellt die Vorschrift auch einen Bezug zwischen den Aufwendungen und Erträgen sowie dem jeweiligen Zahlungsvorgang her (Grundsatz der Pagatorik bzw. Periodenabgrenzung im weiteren Sinne).[236] Entsprechend sind nur Aufwendungen und Erträge zu erfassen, die bereits auf Zahlungen zurückzuführen sind oder zu einem späteren Zeitpunkt einen Zahlungsvorgang auslösen bzw. auslösen sollen. Die Berücksichtigung kalkulatorischer Verrechnungen scheidet aus.[237]

116

Die Normierung innerhalb des § 252 HGB ist dabei insofern **irreführend**, als dass der Grundsatz **nicht bewertungsbezogen** ist.[238] Auch ist infolge der Verwendung des Begriffs „Zahlungen" im Kontext des § 252 Abs. 1 Nr. 5 HGB auf die **Abgrenzung** des Begriffs **Zahlungen** und damit letztlich dessen Ausprägungen („Auszahlungen" und „Einzahlungen") von den Begriffen **„Ausgaben"** und **„Einnahmen"** zu achten. Während unter Ausgaben/Einnahmen Veränderungen des Nettogeldvermögens[239] zu verstehen sind, umfassen Aus- und Einzahlungen Veränderungen des Bestands an liquiden Mitteln.[240]

117

Maßgeblich für die Erfolgsermittlung bzw. deren Periodenzuordnung ist damit nicht (erst) der Zeitpunkt, in dem ein Rechtsanspruch bzw. eine Rechtsverpflichtung entsteht oder die liquiden Mittel zu- oder abfließen, wobei Deckungsgleichheit der Zeitpunkte aber natürlich gegeben sein kann.

---

[235] Die Formulierung in *ADS*, 6. Aufl. § 252 HGB, Rz 87 deutet auf eine derartige Auffassung hin, ist aber so ausgestaltet, dass man darin auch nur ihre Zulässigkeit als einzelner Ausnahmefall verstehen kann.
[236] Vgl. *Fülbier/Kuschel/Selchert*, in *Küting/Pfitzer/Weber*, HdR, HGB § 252, Rn 107, Stand 12/2010.
[237] Vgl. *ADS*, 6. Aufl. § 252 HGB, Rz 95.
[238] Zu einer Begründung für diese „Falschplatzierung" s. einzig *ADS*, 6. Aufl. § 252 HGB, Rz 94.
[239] Liquide Mittel zzgl. Forderungen und abzgl. Verbindlichkeiten.
[240] Zu einer detaillierteren Abgrenzung s. etwa *Wulf/Müller*, Bilanztraining, 2013, S. 54 f.; *Baetge/Kirsch/Thiele*, Bilanzen, 2012, S. 1 ff.

## § 252 Allgemeine Bewertungsgrundsätze

**118** Nicht weiter konkretisiert ist in § 252 Abs. 1 Nr. 5 HGB wie in Folge der Vorgabe zur Erfolgsermittlung unabhängig von den zugehörigen Zahlungszeitpunkten bei der periodengerechte Erfassung von Aufwendungen und Erträgen vorzugehen ist. In Konsequenz hat sich in Schrifttum und Rechtspraxis die Anwendung des **Verursachungsprinzips** herauskristallisiert,[241] wobei sich die Anwendung dieses Prinzips letztlich auf die Periodisierung von Aufwendungen beschränkt.
**Für** die **Ertragsperiodisierung** ist das **Realisationsprinzip maßgeblich** (Rz 91 ff.)[242] – der Zeitpunkt der Verursachung der Aufwendungen liegt regelmäßig vor der Ertragsentstehung und Ertrags- sowie Gewinnrealisation liegen entsprechend zeitlich auf gleicher Ebene. Umstritten ist, inwieweit das Realisationsprinzip dabei nur den Gewinn i.e.S.,[243] d.h. den positiven Unterschiedsbetrag aus Verwertungsertrag und nachkalkulierten Vollkosten, oder auch negative Erfolgsbeiträge erfasst (Gewinn i.w.S.).[244] Die Beschränkung des Realisationsprinzips auf den Gewinn i.e.S. erfordert die nachgelagerte Einführung eines weiteren (nicht kodifizierten) Grundsatzes – konkret des Grundsatzes der Abgrenzung der Sache und der Zeit nach.[245] Nicht zuletzt deshalb wird hier die Anwendung des Gewinns i.w.S. favorisiert (dazu auch Rz 92).

**119** Aus dem **Verursachungsprinzip folgt** die Erfassung von (ggf. nicht vom Realisationsprinzip abgedeckten) Aufwendungen in der Periode der wirtschaftlichen Verursachung.[246] Letztlich handelt es sich aber erneut um ein Prinzip mit Konkretisierungsbedarf[247] und mangelnder eindeutiger Bestimmbarkeit[248], d.h. im Ergebnis mit Ermessensspielräumen.

> **Beispiel**
> **Ermessensspielräume im Kontext des Verursachungsprinzips**
> **Sachverhalt**
> Eines der Schiffe des Offshore-Transportunternehmens C ist am 1. Februar in einem schweren Sturm in der Nordsee auf eine Sandbank aufgelaufen. Das Schiff wurde schwer beschädigt. Bereits am 28. Dezember des vorherigen Gj ist das Bugstrahlruder ausgefallen – die Reparatur in der Werft war für Mitte Februar angesetzt. Am 26. Januar ist zudem das Echolot ausgefallen.

---

[241] Vgl. etwa *Winkeljohann/Büssow*, in Beck Bil-Komm. 9. Aufl., § 252 HGB, Rz 52; *Fülbier/Kuschel/Selchert*, in *Küting/Pfitzer/Weber*, HdR, HGB § 252, Rn 112, Stand 12/2010; ADS, 6. Aufl. § 252 HGB, Rz 97; WP-Handbuch, Bd. I, 14. Aufl., Abschn. E, Rz 305; BFH, Urteil v. 20.3.1980, BStBl 1980 II S. 298 f.; BFH, Urteil v. 18.6.1980, BStBl 1980 II S. 742.
[242] Ebenso *Fülbier/Kuschel/Selchert*, in *Küting/Pfitzer/Weber*, HdR, HGB § 252, Rn 116, Stand 12/2010; ADS, 6. Aufl. § 252 HGB, Rz 101.
[243] So *Baetge/Ziesemer/Schmidt*, in *Baetge/Kirsch/Thiele*, Bilanzrecht, § 252 HGB, Rz 187, Stand 10/2011; *Hoffmann/Lüdenbach*, NWB-Kommentar Bilanzierung, 6. Aufl. 2015, § 252 HGB Rz 102.
[244] So *Claussen*, in Kölner Kommentar zum HGB, 2011, vor § 252 HGB, Rz. 44; ADS, 6. Aufl. § 252 HGB, Rz 79 f.; wohl auch *Ballwieser*, in MünchKomm. HGB, 3. Aufl., § 252 Rn 72.
[245] Siehe dazu *Baetge/Ziesemer/Schmidt*, in *Baetge/Kirsch/Thiele*, Bilanzrecht, § 252 HGB, Rz 187, Stand 10/2011.
[246] Mit einer Liste korrespondierender BFH-Urteile *Fülbier/Kuschel/Selchert*, in *Küting/Pfitzer/Weber*, HdR, HGB § 252, Rn 112, Stand 12/2010.
[247] Ebenso *Hoffmann/Lüdenbach*, NWB-Kommentar Bilanzierung, 6. Aufl. 2015, § 252 HGB Rz 207; *Baetge/Ziesemer/Schmidt*, in *Baetge/Kirsch/Thiele*, Bilanzrecht, § 252 HGB, Rz 230, Stand 10/2011.
[248] So *Fülbier/Kuschel/Selchert*, in *Küting/Pfitzer/Weber*, HdR, HGB § 252, Rn 113, Stand 12/2010.

> **Beurteilung**
> Eine eindeutige Periodenzurechnung der Aufwendungen ist – zumindest auf Basis der vorliegenden Informationen – nicht möglich. Sowohl das defekte Bugstrahlruder als auch das defekte Echolot können die Havarie verursacht haben. In Abhängigkeit der Argumentation über die Auswirkungen der beiden Defekte kann sich eine wirtschaftliche Verursachung sowohl in der vergangenen als auch der aktuellen Periode ergeben.

Liegt den Aufwendungen nicht ein Verursachungsereignis, sondern eine **Ursachenkette** zugrunde, ist der Periodisierung das letzte Ereignis der Kette zugrunde zu legen.[249]

120

Einschränkend ist zudem zu berücksichtigen, wenn die rechtliche Entstehung einer Verpflichtung bis zum Bilanzstichtag erfolgt ist, die wirtschaftliche Verursachung aber in eine spätere Periode zu verorten ist. In diesen Fällen ist die Periode der rechtlichen Entstehung maßgeblich.[250]

### 2.5.2 Spezialvorschriften und Ausnahmen vom Periodisierungsgrundsatz

Grundsätzlich keine Ausnahmefälle i. S. d. § 252 Abs. 2 HGB stellen die **Spezialvorschriften** dar, die zu einer Durchbrechung des Periodisierungsgrundsatzes führen. Dem Rechtsprinzip „lex specialis derogat legi generali" folgend bedarf es in diesen Fällen keiner gesonderten Ausnahmeregelung in Gestalt einer expliziten Regelung wie jener des § 252 Abs. 2 HGB (Rz 137 ff.; s. zur Norm-Rangfolge auch Rz 15).[251] Zudem handelt es sich streng genommen nicht um Abweichungen vom Grundsatz der Periodisierung losgelöst von Zahlungen, sondern lediglich von der Komponente der perioden- bzw. ursachengerechten Zuordnung.

121

Als Spezialvorschriften im Kontext des Grundsatzes der Periodenabgrenzung sind meist handelsrechtliche **Ansatz- und Bewertungswahlrechte** zu sehen. Infolge von Ansatzwahlrechten ergibt sich i. d. R. infolge einer Nichtaktivierung oder Passivierung eine frühere Verrechnung[252] und damit eine abweichende Periodisierung. Entsprechende Wirkungen folgen etwa aus

- § 250 Abs. 3 HGB, der die Aufnahme des Unterschiedsbetrags zwischen dem Erfüllungsbetrag einer Verbindlichkeit und dem Ausgabebetrag (Disagio) in den RAP auf der Aktivseite unter planmäßiger jährlicher Abschreibungen gestattet;
- § 253 Abs. 3 Satz 4 HGB, der die Vornahme von außerplanmäßigen Abschreibungen auch bei voraussichtlich nicht dauernder Wertminderung für FAV gestattet;

---

249 Vgl. *Fülbier/Kuschel/Selchert*, in *Küting/Pfitzer/Weber*, HdR, HGB § 252, Rn 114, Stand 12/2010.
250 Vgl. BFH, Urteil v. 27.6.2001, BStBl 2003 II S. 121 ff.
251 GlA *Fülbier/Kuschel/Selchert*, in *Küting/Pfitzer/Weber*, HdR, HGB § 252, Rn 24, Stand 12/2010, die jedoch inkonsistent zu dieser Grundsatzaussage innerhalb der Kommentierung zu Nr. 5 abweichend argumentieren (Rn 118); *Ballwieser*, in MünchKomm. HGB, 3. Aufl., § 252 Rn 117; *Baetge/Ziesemer/Schmidt*, in *Baetge/Kirsch/Thiele*, Bilanzrecht, § 252 HGB, Rn 271, Stand 10/2011; *Hoffmann/Lüdenbach*, NWB-Kommentar Bilanzierung, 6. Aufl. 2015, § 252 HGB Rz 230; a. A. *Winkeljohann/Büssow*, in Beck Bil-Komm. 9. Aufl., § 252 HGB, Rz 54.
252 Vgl. *ADS*, 6. Aufl. § 252 HGB, Rz 102.

- § 255 Abs. 2 Satz 3 HGB, der bei der Berechnung der HK gestattet, angemessene Teile der Kosten der allgemeinen Verwaltung sowie angemessene Aufwendungen für soziale Einrichtungen des Betriebs, für freiwillige soziale Leistungen und für die betriebliche Altersversorgung einzubeziehen, soweit diese auf den Zeitraum der Herstellung entfallen.

**122** **Ausnahmen** i. S. d. § 252 Abs. 2 HGB, d. h. in begründeten Einzelfällen, kommen grds. in Betracht, dürften in der Praxis aber selten sein. Denkbar ist dies etwa in **Sanierungsfällen.** Hier kommt ein Rückbezug von Sanierungsgewinnen auf die Vorperiode innerhalb des Wertaufhellungszeitraumes in Frage, sofern diese ihren Ursprung in vorperiodischen Maßnahmen haben.[253]

## 2.6 Grundsatz der Bewertungsstetigkeit (Nr. 6)
### 2.6.1 Regelungsinhalt

**123** § 252 Ab. 1 Nr. 6 HGB verlangt im Zuge der Bewertung der im JA ausgewiesenen VG und Schulden die **Beibehaltung** der auf den vorhergehenden Abschluss angewandten **Bewertungsmethoden**. Der auf die Bewertung begrenzte Regelungsinhalt deckt sich mit der korrespondierenden ansatzbezogenen Vorschrift des § 246 Abs. 3 HGB (§ 246 Rz 131 ff.). Der Grundsatz der Bewertungsstetigkeit dient – wie auch die Vorgabe zur Beibehaltung der Ansatzmethoden – dazu, die Vergleichbarkeit zweier aufeinander folgender JA sicherzustellen bzw. zu verbessern.[254] Letztlich steht hinter dem Grundsatz auch das Ziel der Vermeidung bilanzpolitischer Maßnahmen zur Beeinflussung der Darstellung der Ertragslage mittels Variierung der Bewertungsmethoden. Der Stetigkeitsgrundsatz ist dabei zwar explizit auf VG und Schulden begrenzt. Rechnungsabgrenzungsposten, latente Steuern und Sonderposten (etwa infolge der Übergangsregelungen der Art. 66, 67 EGHGB oder der in der Handelsbilanz weiterhin ansatzfähigen Sonderposten[255]) sollten vom Regelungszweck ausgehend dennoch sinnvollerweise stetig i. S. v. § 252 Abs. 1 Nr. 6 HGB bewertet werden.[256]

Daraus ergibt sich, dass die Wahl der Bewertungsmethoden im Zeitpunkt der erstmaligen Bilanzierung eines (neuen) Sachverhalts erheblichen Einfluss auf die künftige Darstellung der Ertragslage hat. Zwar stellt § 252 Abs. 1 Nr. 6 HGB jeweils nur auf zwei aufeinanderfolgende JA ab, in der zeitlichen Reihe ergibt sich daraus jedoch letztlich die Vorgabe zur Beibehaltung der erstmaligen Bewertungsmethodenwahl innerhalb gleichartiger Sachverhalte, sofern diese über den gesamten Betrachtungszeitraum durchgehend vorlagen (dazu Rz 124 ff.) und/oder sich keine Durchbrechung in einem Ausnahmefall ergeben hat.

---

[253] Vgl. *Baetge/Ziesemer/Schmidt*, in *Baetge/Kirsch/Thiele*, Bilanzrecht, § 252 HGB, Rz 113, Stand 10/2011.
[254] Vgl. IDW RS HFA 38, Tz. 4; *Winkeljohann/Büssow*, in Beck Bil-Komm. 9. Aufl., § 252 HGB, Rz 55; *ADS*, 6. Aufl. § 252 HGB, Rz 103.
[255] Zu den möglichen, in der Handelsbilanz weiterhin ansatzfähigen Sonderposten zählen Sonderposten für Kapitaleinlagen stiller Gesellschafter, für Investitionszuschüsse zum AV, für unentgeltlich ausgegebene Emissionsberechtigungen und für Genussrechtskapital.
[256] Ebenso WP-Handbuch, Bd. I, 14. Aufl., Abschn. E, Rz 306; IDW RS HFA 38, Tz. 4; aA *Hoffmann/Lüdenbach*, NWB-Kommentar Bilanzierung, 6. Aufl. 2015, § 252 HGB Rz 209; wohl auch *Winkeljohann/Büssow*, in Beck Bil-Komm. 9. Aufl., § 252 HGB, Rz 58; *ADS*, 6. Aufl. § 252 HGB, Rz 103 f.

Das Stetigkeitsgebot kennt dabei sowohl eine **zeitliche** (stetig von Jahr zu Jahr) als **auch** eine **sachliche Perspektive** (stetig innerhalb eines Bewertungsobjekts bzw. gleichartiger Sachverhalte). Jenseits der Ausnahmefälle i. S. d. § 252 Abs. 2 HGB (Rz 137 ff.) sind gleichartige Sachverhalte entsprechend stetig zu bewerten – ob VG und Schulden auf Ebene der einzelnen Bewertungsobjekte bereits im Vj. vorhanden waren oder nicht, spielt dabei nach hM keine Rolle.[257] Es kommt vielmehr darauf an, ob im Vj. bereits **art- und funktionsgleiche**[258] Bewertungsobjekte existent waren. Lagen im vorhergehenden Abschluss art- und funktionsgleiche Bewertungsobjekte vor, sind auch im laufenden Gj. neu zugegangene Bewertungsobjekte unter Rückgriff auf die Bewertungsmethoden zu bewerten, die auf die art- und funktionsgleichen Bewertungsobjekte angewendet wurden. Ohne die sachliche Perspektive der Bewertungsstetigkeit würde der Grundsatz regelmäßig ins Leere laufen[259], was anhand des folgenden Beispiels verdeutlicht werden soll.

**124**

> **Beispiel**
> **Sachliche Perspektive der Bewertungsstetigkeit I**
> **Sachverhalt**
> Der Hersteller von Elektrofahrzeugen M hat Anfang des laufenden Gj. mit der Produktion der neuen Fahrzeuggeneration begonnen. Das Modell soll die nächsten fünf Jahre produziert werden. Die neue Karosserie bezieht M dabei vom Autoteilezulieferer C. M plant einen stets verfügbaren Mindestbestand an Karosserien von 50 Stück zur Sicherung der Wochenproduktion. Ansonsten werden die Karosserien just in time geliefert. Der Mindestbestand wird erstmals am 2. Januar des laufenden Gj. aufgefüllt. Die Produktion des Altmodells wurde am 15. Dezember des vorhergegangenen Gj. eingestellt. Der Bestand an Altkarosserien wurde im vorhergegangenen Gj. vollends verbraucht.
> **Beurteilung unter Berücksichtigung der sachlichen Perspektive**
> Da es sich bei der Karosserie des Altmodells und der der neuen Modellvariante um art- und funktionsgleiche Bewertungsobjekte handelt, ist die neue Karosserie unter Anwendung der auf die Altkarosserie angewandten Methoden zu bewerten. Eine abweichende Anwendung von Bewertungsmethoden würde zu einer Durchbrechung des Grundsatzes der Bewertungsstetigkeit führen, die nur in begründeten Ausnahmefällen gestattet ist.
> **Beurteilung ohne Berücksichtigung der sachlichen Perspektive**
> Auf die Art- und Funktionsgleichheit der Bewertungsobjekte würde es bei dieser Vorgehensweise nicht ankommen. Die neue Karosserie als „neues" Bewertungsobjekt könnte unter abweichender Anwendung der Bewertungsmethoden bewertet werden, ohne dass es zu einer Durchbrechung des Grundsatzes der Bewertungsstetigkeit kommen würde.

---

[257] Vgl. *Fülbier/Kuschel/Selchert*, in *Küting/Pfitzer/Weber*, HdR, HGB § 252, Rn 141, Stand 12/2010; *Winkeljohann/Büssow*, in Beck Bil-Komm. 9. Aufl., § 252 HGB, Rz 58; *Hoffmann/Lüdenbach*, NWB-Kommentar Bilanzierung, 6. Aufl. 2015, § 252 HGB Rz 210 f.; WP-Handbuch, Bd. I, 14. Aufl., Abschn. E, Rz 308.
[258] Vgl. *ADS*, 6. Aufl. § 252 HGB, Rz 107.
[259] Im Ergebnis ähnlich etwa *Hoffmann/Lüdenbach*, NWB-Kommentar Bilanzierung, 6. Aufl. 2015, § 252 HGB Rz 211.

Die Frequenz, mit der der Bewertungsstetigkeitsgrundsatz bei Nichtberücksichtigung der sachlichen Perspektive regelmäßig ins Leere laufen würde, hängt dabei regelmäßig von der Dauer der Produktlebenszyklen ab. Dazu nachfolgendes Beispiel.

> **Beispiel**
> **Sachliche Perspektive der Bewertungsstetigkeit II**
> Sachverhalt
> Der Hersteller von Feuerwerkskörpern R verkauft sein aktuelles Produktsortiment stets vollständig vor Ablauf des Gj. R bezieht alle erforderlichen Komponenten bei Zulieferern, die diese nach den Wünschen bzw. Vorgaben von R produzieren (z.B. längere/kürzere Zündschnur, kleinere/größere Zündkapsel). Grundsätzlich bestehen die Feuerwerkskörper aber stets zu 80 % aus den gleichen Komponentenarten (Zündschnur, Zündkapsel etc.). Lediglich 20 % der Komponenten sind hinsichtlich Art und Funktion neu. Die Produktion der Artikel für die laufende Sylvester-Saison wird stets gegen Mitte Dezember abgeschlossen und das Vorratsvermögen wird dabei vollständig verbraucht. Aus Marketinggründen ändert R jedes Jahr alle Artikel im Sortiment (ggf. geringfügig). Entsprechend weichen die Bewertungsobjekte im Vorratsvermögen von Jahr zu Jahr voneinander ab. Dabei kommen zu 20 % – auch hinsichtlich Art und Funktion – neue Komponenten und zu 80 % lediglich modifizierte art- und funktionsgleiche Komponenten zum Einsatz.
> Beurteilung unter Berücksichtigung der sachlichen Perspektive
> Die art- und funktionsgleichen neuen Komponenten (80 %) sind unter Einhaltung des Stetigkeitsgrundsatzes zu bewerten. Lediglich bei den 20 %, die hinsichtlich Art und Funktion neu sind, greift der Grundsatz der Bewertungsmethodenstetigkeit nicht.
> Beurteilung ohne Berücksichtigung der sachlichen Perspektive
> Auch die art- und funktionsgleichen neuen Komponenten wären als neue Bewertungsobjekte zu klassifizieren. Sämtliche neue Komponenten – hier 100 % – wären als neue Bewertungsobjekte zu klassifizieren. Eine abweichende Anwendung der Bewertungsmethoden wäre bei R beim gesamten Vorratsvermögen möglich, ohne dass es zu einer Durchbrechung des Grundsatzes der Bewertungsstetigkeit kommen würde.

**125** Der gebotenen Berücksichtigung auch der sachlichen Komponente des Grundsatzes der Bewertungsmethodenstetigkeit ist dabei allerdings das **Problem** der **Abgrenzung** art- und funktionsgleicher Bewertungsobjekte inhärent. Pauschale Lösungsansätze kann es dabei nicht geben. Im Rahmen des Grundsatzes der Willkürfreiheit (Rz 145 ff.) bestehen diesbezüglich insofern Ermessensspielräume. Allerdings soll das Problem entfallen, sofern Unt Bewertungsmethoden per Definition auf Bilanzpositionen oder Gruppen von Bilanzpositionen einheitlich anwenden. In Konsequenz dieser Vorgehensweise seien die im vorhergegangenen JA angewandten Bewertungsmethoden auch auf neue Bewertungsobjekte innerhalb dieser Position(en) anzuwenden, wenngleich sie nicht art- und funktionsgleich sind.[260] Dies geht u. E. jedoch zu weit. Es bleibt beim Kriterium der Art- und Funktionsgleichheit.

§ 252 Abs. 1 Nr. 6 HGB bezieht sich betreffend die Bewertung im aktuellen JA zeitlich explizit auf den vorhergegangenen JA. Selbst bei Art- und Funktionsgleichheit ist insofern nicht stetig zu bewerten, als dass das über Jahre hinweg gegebene Vorhandensein von hinsichtlich Art/Funktion gleichen VG oder Schulden vorhergegangenen Gj. bzw. JA durchbrochen wird. Waren art- und funktionsgleiche Bewertungsobjekte nicht im vorhergegangenen Gj., sondern **lediglich in einem weiter zurückliegenden Gj.** vorhanden, kann im aktuellen JA unter Anwendung abweichender Bewertungsmethoden bewertet werden. Eine Pflicht zur Ausdehnung der Bewertungsstetigkeit auf Abschlüsse, die mehr als ein Gj. zurückliegen[261], kann u. E. keinesfalls abgeleitet werden, wenngleich eine stetige Bewertung auch in diesen Fällen sinnvoll ist. 126

Fraglich ist im Kontext des § 252 Abs. 1 Nr. 6 HGB, **was unter Bewertungsmethoden zu verstehen ist**. Der Gesetzeswortlaut bietet hierzu weder konkrete Vorgaben noch Anhaltspunkte. Im Allgemeinen sind unter Bewertungsmethoden bestimmte Verfahren der Wertfindung zu verstehen, die in ihrem Ablauf definiert sind[262] und deren Abläufe entsprechend i. d. R. dem Diktat der Replikation unterworfen sind. Diese müssen eine nachvollziehbare Ableitung eines Werts aus den die Bewertung bestimmenden Faktoren gewährleisten[263] und GoB-konform sein.[264] 127

*Hoffmann/Lüdenbach* verwenden im Kontext von Bewertungsmethoden die Formulierung „technische Verfahren".[265] Die mitunter verwendete Methodenklassifikation als sich zwangsläufig wiederholende Schrittfolge[266] entspricht zwar auf den ersten Blick dem allgemeinen Verständnis einer Methode, stößt aber mitunter an Grenzen. Neuronale Netze, die etwa bei Zeitreihenanalysen und darauf aufbauenden Trendvorhersagen (man denke etwa an Renten oder Gehaltstrends im Rahmen der Ermittlung von Pensionsrückstellungen) eingesetzt werden, sind infolge des Lernverhaltens genau genommen nicht von einer sich zwangsläufig wiederholenden Schrittfolge geprägt. Hier stellt sich dann die Frage, was unter einer Schrittfolge genau zu verstehen ist.

Abweichende Bewertungsmethoden ergeben sich dabei regelmäßig auf Basis folgender Sachverhalte[267]: 128
- Gesetzliche Vorschiften
- GoB

---

[260] So *Fülbier/Kuschel/Selchert*, in *Küting/Pfitzer/Weber*, HdR, HGB § 252, Rn 142, Stand 12/2010.
[261] Dies fordernd *ADS*, 6. Aufl. § 252 HGB, Rz 108.
[262] Vgl. *Winkeljohann/Büssow*, in Beck Bil-Komm. 9. Aufl., § 252 HGB, Rz 56; IDW RS HFA 38, Tz. 8; *Fülbier/Kuschel/Selchert*, in *Küting/Pfitzer/Weber*, HdR, HGB § 252, Rn 123, Stand 12/2010; *Hoffmann/Lüdenbach*, NWB-Kommentar Bilanzierung, 6. Aufl. 2015, § 252 HGB Rz 210.
[263] Vgl. IDW RS HFA 38, Tz. 8.
[264] Vgl. *ADS*, 6. Aufl. § 252 HGB, Rz 105; *Fülbier/Kuschel/Selchert*, in *Küting/Pfitzer/Weber*, HdR, HGB § 252, Rn 123, Stand 12/2010.
[265] Siehe *Hoffmann/Lüdenbach*, NWB-Kommentar Bilanzierung, 6. Aufl. 2015, § 252 HGB Rz 210.
[266] So *Fülbier/Kuschel/Selchert*, in *Küting/Pfitzer/Weber*, HdR, HGB § 252, Rn 123, Stand 12/2010.
[267] Vgl. dazu und zur nachfolgenden Liste *Fülbier/Kuschel/Selchert*, in *Küting/Pfitzer/Weber*, HdR, HGB § 252, Rn 125, Stand 12/2010; *Hoffmann/Lüdenbach*, NWB-Kommentar Bilanzierung, 6. Aufl. 2015, § 252 HGB Rz 214.

- Steuerrechtliche Vorschriften
- Unternehmens- und Konzernvorgaben
- Vorgehensweise in der Vergangenheit

129 Aus handelsrechtlicher Perspektive ergeben sich aus diesen Sachverhalten dann verschiedene Bewertungsmethoden, wenn (hinsichtlich der Methodik) gesetzliche oder GoB-basierte Bewertungswahlrechte bestehen oder dem Bilanzierenden Ermessensspielräume eröffnet werden. Dazu im Folgenden einige Beispiele:
Gesetzliche Bewertungswahlrechte:
- Bestandteile der HK (§ 255 Rz 80 ff.);
- Bewertungsvereinfachungsverfahren (§ 256 Rz 1 ff.);
- Abzinsung von Rückstellungen für Altersversorgungsverpflichtungen (§ 253 Rz 122 ff.).

GoB-/Steuerrecht-basierte Wahlrechte:
- Option zur Sofortabschreibung geringwertiger Anlagegüter
  - Entweder von VG des AV bis 410 EUR (netto) gem. § 6 Abs. 2 EStG
  - oder von Poolbildung bei VG des AV, die einen Wert von 150 EUR (netto) übersteigen aber 1.000 EUR (netto) unterschreiten i. V. m. einer Sofortabschreibung für VG unter 150 EUR (netto) gem. § 6 Abs. 2a EStG.

Ermessensspielräume:
- Schlüsselung/Zuschlagssatzberechnung von/bei Gemeinkosten zur Zuordnung zu den Kostenträgern oder Kostenstellen (§ 255 Rz 106 f.);
- Auswahl von Schätz-/Berechnungsverfahren bei der Ermittlung von beizulegenden Zeitwerten/Marktpreisen (§ 255 Rz 215 ff.);
- Auswahl des Schätzverfahrens bei der Ermittlung des nach vernünftiger kaufmännischer Beurteilung notwendigen Erfüllungsbetrags (§ 253 Rz 30 ff.);
- Schätzung ab welchem Prozentsatz mit einer wahrscheinlichen Inanspruchnahme im Kontext von Rückstellungen zu rechnen ist (§ 249 Rz 43 ff.).

130 Im Kontext von Ermessensspielräumen ist zu beachten, dass Einzelfälle mit nicht vorhandener Wiederholung oder zumindest mit geringer Wiederholungsrate – etwa blanke Schätzungen ohne Rückgriff auf Schätzverfahren – nicht als Bewertungsmethoden klassifiziert werden können.[268] Diese Bewertungen sind **methodenfrei**. Der Grundsatz der Bewertungs(methoden)stetigkeit greift insofern nicht. **Unklar** ist dabei allerdings, wann von blanken Schätzungen und damit von Methodenfreiheit gesprochen werden kann. Dazu nachfolgendes Beispiel.

> **Beispiel**
> **Abgrenzung von methodenfreien Ermessensspielräumen**
> Sachverhalt
> Bewertungsabschläge auf eine einzelne Forderung gegenüber einem säumigen Kunden aus China aus der Lieferung eines kundenspezifischen Produkts.
> Beurteilung I

---

[268] Vgl. *Fülbier/Kuschel/Selchert*, in *Küting/Pfitzer/Weber*, HdR, HGB § 252, Rn 131, Stand 12/2010; *Hoffmann/Lüdenbach*, NWB-Kommentar Bilanzierung, 6. Aufl. 2015, § 252 HGB Rz 222 ff.

> Hinsichtlich des „singulären Sachverhalts" der Einzelbewertung einer entsprechenden Forderung kann nach Auffassung von Teilen des Schrifttums nicht von einem methodischen Vorgehen gesprochen werden.[269] Bewertungsstetigkeit sei mangels Methodik nicht geboten.
> Beurteilung II
> Infolge einer damit verbundenen Differenzierung von Bewertungsabschlägen, etwa in Abhängigkeit des erwarteten Zahlungseingangs, kann nach anderer Auffassung dagegen nicht von Methodenfreiheit gesprochen werden (hier wird die Verwendung eines derartigen Abschlagsmusters infolge der Vorgabe zur kaufmännisch vernünftigen Beurteilung unter Wahrung der allgemeinen Bewertungsvorsicht letztlich als erforderlich/gegeben unterstellt).[270] Im Ergebnis sei Stetigkeit zu waren.

Aus den skizierten Lösungen im vorangegangenen Beispiel erwachsen u.E. folgende Fragen:
- Kann – infolge des Kriteriums der kaufmännisch vernünftigen Beurteilung respektive unter Bezugnahme auf die allgemeine Bewertungsvorsicht – von der Existenz eines derartigen Abschlagsmusters oder anderer impliziter Methoden ausgegangen werden bzw. ist hier infolgedessen zwingend ein methodisches Vorgehen geboten?
- Was wäre, wenn der zuständige Manager oder Unternehmer dieses (implizit unterstellte) Abschlagsraster nicht im Unt etabliert, sondern dieses nur „im Kopf" hat?
- Was wäre wenn der zuständige Manager oder Unternehmer dieses Abschlagsraster nur unterbewusst anwendet?
- Durch welche Charakteristika wird ein Vorgang methodisch? Dokumentation? Bewusste Anwendung durch ein Individuum? Oder bereits durch unterbewusste Anwendung?

In Abhängigkeit der Bedeutung der Forderungen wird sich – zumindest **der aus betriebswirtschaftlicher Sicht vernünftige Kfm.** – i.d.R. **keine Gedanken** darüber machen, ob seiner Einschätzung möglicherweise unterbewusst/implizit eine entsprechende Methode zugrunde liegt bzw. liegen müsste. Und daran ist nichts auszusetzen. U.E. kann hier auch nicht unter dem Diktat der Bewertungsvorsicht auf eine Methodik bzw. die Notwendigkeit zur Anwendung einer solchen in diesen Fällen geschlossen werden. Andernfalls wäre es auch obsolet, überhaupt von der Möglichkeit der Methodenfreiheit zu sprechen – Bewertungsvorsicht, vernünftige kaufmännische Beurteilung und ggf. weitere Grundsätze würden dazu führen, dass kein Bewertungssachverhalt methodenfrei wäre. Dies wirkt auch vor dem Hintergrund möglicher Pauschalwertberichtigungen und Wesentlichkeitsüberlegungen als nicht begründbar. Das Ergebnis ist jedoch zumindest für KapG und KapCoGes stets vor dem Hintergrund der Generalnorm der tatsachengemäßen Abbildung der VFE-Lage unter Beachtung der GoB

---

269 Im Kontext eines ähnlichen Beispiels so *Hoffmann/Lüdenbach*, NWB-Kommentar Bilanzierung, 6. Aufl. 2015, § 252 HGB Rz 223f.
270 So *Fülbier/Kuschel/Selchert*, in *Küting/Pfitzer/Weber*, HdR, HGB § 252, Rn 132, Stand 12/2010.

zu überprüfen – methodenfrei darf nicht willkürlich bedeuten, sondern muss die für die Abbildung der VFE-Lage bestmögliche Bewertung verlangen.

**131** Nicht vom Stetigkeitsgebot erfasst sind zudem reine Faktoranpassungen – etwa der Nutzungsdauer –infolge von Änderungen der wirtschaftlichen Verhältnisse oder der Schätzungen auf Basis der bisherigen Ermittlungsvorgehensweise bzw. -methodik.[271] Hierbei handelt es sich um Bewertungsanpassungen und nicht um Änderungen bei der Bewertungsmethode. Im Kontext von Nutzungsdauern etwa stellt nicht bereits die Festlegung dieser an sich die Methode dar.[272] Unter Methode ist hier die Systematik zu verstehen, wie diese ermittelt wird. Beispielhaft kann hier etwa die Verwendung der statistisch mittleren Nutzungsdauer gleicher oder ähnlicher VG im Unt genannt werden.

### 2.6.2 Spezialvorschriften und Ausnahmen vom Stetigkeitsprinzip

**132** Grundsätzlich keine Ausnahmefälle i. S. d. § 252 Abs. 2 HGB stellen die **Spezialvorschriften** dar (Rz 137 ff.; s. zur Norm-Rangfolge auch Rz 15).[273] Im Kontext der Bewertungsmethoden stehen bspw. folgende Spezialvorschriften der Stetigkeit entgegen bzw. verhindern eine Anwendung des der Spezialvorschrift nachgelagerten Grundsatzes:

- Außerplanmäßige Abschreibungen bei VG des AV bei voraussichtlich dauernder Wertminderung;
- Außerplanmäßige Abschreibungen bei FAV auch bei voraussichtlich nicht dauernder Wertminderung;
- Abschreibungen von VG des UV auf den niedrigeren Wert, der sich aus einem Börsen- oder Marktpreis am Abschlussstichtag ergibt;
- Wegfall der Voraussetzungen für die Bildung von Bewertungseinheiten i. S. d. § 254 HGB (etwa Wegfall des Kriteriums der Vergleichbarkeit oder des Ausgleichs);
- Verkürzung der Restlaufzeit von auf fremde Währung lautenden VG und Schulden auf ein Jahr oder weniger mit der Konsequenz der möglichen Abkehr vom AHK-Prinzip (§ 253 Abs. 1 Satz 1 HGB) sowie von § 252 Abs. 1 Nr. 4 Hs. 2 HGB (Rz 91 ff.).

Die Änderung der voraussichtlichen Nutzungsdauer bei VG als Ausfluss der Spezialvorschrift des § 253 Abs. 3 Satz 2 HGB ohne Änderung der Ermittlungsmethodik etwa stellt dagegen ohnehin keine Abkehr vom Grundsatz der Bewertungsmethodenstetigkeit bzw. Verhinderung der Anwendung des der Spezialvorschrift nachgelagerten Grundsatzes dar. In diesen Fällen ändert sich zwar die Bewertung, nicht jedoch die Bewertungsmethode.

**133** **Ausnahmen** von der stetigen Anwendung von Bewertungsmethoden i. S. d. § 252 Abs. 2 HGB, d. h. in begründeten Einzelfällen, kommen grds. u. E. in Betracht,

---

[271] Ebenso IDW RS HFA 38, Tz. 10; *Hoffmann/Lüdenbach*, NWB-Kommentar Bilanzierung, 6. Aufl. 2015, § 252 HGB Rz 225.
[272] Ebenso *Hoffmann/Lüdenbach*, NWB-Kommentar Bilanzierung, 6. Aufl. 2015, § 252 HGB Rz 225.
[273] GlA *Fülbier/Kuschel/Selchert*, in Küting/Pfitzer/Weber, HdR, HGB § 252, Rn 24, Stand 12/2010, die jedoch inkonsistent zu dieser Grundsatzaussage innerhalb des Kommentierung zu Nr. 5 abweichend argumentieren (Rn 118); *Ballwieser*, in MünchKomm. HGB, 3. Aufl., § 252 Rn 117; *Baetge/Ziesemer/Schmidt*, in Baetge/Kirsch/Thiele, Bilanzrecht, § 252 HGB, Rz 271, Stand 10/2011; *Hoffmann/Lüdenbach*, NWB-Kommentar Bilanzierung, 6. Aufl. 2015, § 252 HGB Rz 230; aA *Winkeljohann/Büssow*, in Beck Bil-Komm. 9. Aufl., § 252 HGB, Rz 54.

sofern die Beibehaltung von Bewertungsmethoden der Vergleichbarkeit von zwei aufeinander folgenden JA dient oder – bei KapG und ihnen gleichgestellten PersG – der Einhaltung der Generalnorm des § 264 Abs. 2 HGB zuwider läuft oder (erst) die Durchbrechung zu einem klaren und übersichtlichen JA führt.[274]
Als unstrittige begründete Ausnahmefälle sind im Schrifttum (nicht abschließend) folgende Sachverhalte aufgeführt[275]:

- Änderungen bei den Bilanzierungsvorschriften bzw. Gesetzen
- Änderungen in der Rechtsprechung
- Anpassung an die Ergebnisse einer steuerlichen Außenprüfung
- Änderungen bei der Konzernzugehörigkeit
- Einleitung von Sanierungsmaßnahmen
- Aufgabe der Unternehmensfortführung[276]
- Wesentliche Veränderungen der Gesellschafterstruktur
- Wechsel des Managements unter Wechsel auch der Unternehmensstrategie
- Wesentlich veränderte Einschätzung der Unternehmensentwicklung
- Inanspruchnahme oder Wegfall der Anwendung von Bewertungsvereinfachungsverfahren
- (ggf. wesentliche) technische Änderungen/Neuerungen
- (ggf. wesentliche) Änderungen der Finanz- und Kapitalstruktur
- (ggf. wesentliche) Veränderungen des Beschäftigungsgrades
- (ggf. wesentliche) Produktions- und Sortimentsumstellungen[277]
- (ggf. wesentliche) Absatzmarktverschlechterungen[278]
- Änderungen im System der Kostenrechnung[279]

**134**

Das IDW[280] geht davon aus, dass begründete Ausnahmefälle bzw. „sachlich gerechtfertigte Abweichungen" nur in folgenden Fällen vorliegen:

- Änderung der rechtlichen Gegebenheiten (insb. Änderung von Gesetz und Satzung, Änderung der Rechtsprechung)
- Bessere Vermittlung eines tatsächlichen Verhältnissen entsprechendes Bild der VFE-Lage
- Inanspruchnahme von Ansatz- oder Bewertungsvereinfachungsverfahren
- Anpassung an konzerneinheitliche Bilanzierungsrichtlinien
- Verfolgung steuerlicher Ziele

**135**

Diese Limitierung ist vor dem Hintergrund der (bewusst) fehlenden Deckelung entsprechender Ausnahmefälle in § 252 Abs. 2 HGB und der entsprechend offenen Regelung i.V.m. der Sinnhaftigkeit der Berücksichtigung rechtlicher, wirtschaftlicher und organisatorischer Sachverhalte im Kontext der Verbes-

---

274 Vgl. *Winkeljohann/Büssow*, in Beck Bil-Komm. 9. Aufl., § 252 HGB, Rz 59.
275 Vgl. *Hoffmann/Lüdenbach*, NWB-Kommentar Bilanzierung, 6. Aufl. 2015, § 252 HGB Rz 226; *ADS*, 6. Aufl. § 252 HGB, Rz. 113; *Fülbier/Kuschel/Selchert*, in *Küting/Pfitzer/Weber*, HdR, HGB § 252, Rn 68, Stand 12/2010.
276 Diesbezüglich lediglich *Fülbier/Kuschel/Selchert*, in *Küting/Pfitzer/Weber*, HdR, HGB § 252, Rn 150, Stand 12/2010.
277 Diesbezüglich lediglich *Hoffmann/Lüdenbach*, NWB-Kommentar Bilanzierung, 6. Aufl. 2015, § 252 HGB Rz 226; *ADS*, 6. Aufl. § 252 HGB, Rz. 113.
278 Diesbezüglich lediglich *Claussen*, in Kölner Kommentar zum HGB, 2011, vor § 252 HGB, Rz. 72.
279 Diesbezüglich lediglich ebenso *Fülbier/Kuschel/Selchert*, in *Küting/Pfitzer/Weber*, HdR, HGB § 252, Rn 153, Stand 12/2010.
280 IDW RS HFA 38, Tz. 15; der Mindermeinung wohl zustimmend konsequenterweise WP-Handbuch, Bd. I, 14. Aufl., Abschn. E, Rz 314.

serung der Vergleichbarkeit, Klarheit und Übersichtlichkeit (bessere Darstellung eines den tatsächlichen Verhältnissen entsprechenden Bildes der VFE-Lage ist auch vom IDW vorgesehen) weder zweckmäßig noch begründbar.[281] Hinsichtlich der Verfolgung von steuerlichen Zielen geht das IDW allerdings über andere Auffassungen im Schrifttum hinaus (s. dazu nachfolgende Auflistung umstrittener Ausnahmefälle).

136 Umstritten dagegen sind Durchbrechungen unter Rückgriff auf § 252 Abs. 2 HGB in folgenden Fällen:
- Steuerliche Ziele: Während deren Verfolgung mitunter nicht limitiert wird,[282] wird anderenorts nur die Nutzung eines anderenfalls entfallenden Verlustvortrags, nicht dagegen die Abweichung zwecks erreichen einer niedrigeren Besteuerung als zulässig erachtet.[283]
- Vermeidung einer Verlustanzeige gem. § 92 Abs. 1 AktG[284]: Dies wird einerseits infolge der Anhangangabepflicht des § 284 Abs. 2 Nr. 3 HGB (§ 284 Rz 42 ff.) für zulässig[285] und andererseits für grds. unzulässig[286] erachtet.

## 3 Abweichungen von den allgemeinen Bewertungsgrundsätzen (Abs. 2)

### 3.1 Regelungsinhalt und Anwendungsbereich

137 § 252 Abs. 2 HGB gestattet Abweichungen von den allgemeinen Bewertungsgrundsätzen des Abs. 1 in begründeten **Ausnahmefällen**, wobei die Vorschrift als grundsätzliches Abweichungsverbot in unbegründeten Fällen und nicht als Wahlrecht zu verstehen ist.[287] Entsprechend ist § 252 Abs. 2 HGB als Ausnahmeregelung zu verstehen, der nur in seltenen und stets begründeten Fällen zum Tragen kommt.

138 Die Vorschrift gestattet dabei explizit **Abweichungen von sämtlichen Bewertungsgrundsätzen** des § 252 Abs. 1 HGB. Die mitunter vertretenen Auffassung, Ausnahmen kämen bei einigen Bewertungsgrundsätzen – explizit beim Vorsichts-, Realisations- und Imparitätsprinzip – infolge ihres tragenden Charakters nicht in Betracht,[288] ist abzulehnen.[289] Einerseits liegt innerhalb der Grundsätze

---

[281] Direkt formuliert oder aus der Auflistung möglicher Ausnahmen ableitbar ebenso *Hoffmann/Lüdenbach*, NWB-Kommentar Bilanzierung, 6. Aufl. 2015, § 252 HGB Rz 226; *ADS*, 6. Aufl. § 252 HGB, Rz 113; *Fülbier/Kuschel/Selchert*, in *Küting/Pfitzer/Weber*, HdR, TEIL § 252, Rn 68, Stand 12/2010; *Claussen*, in Kölner Kommentar zum HGB, 2011, vor § 252 HGB, Rz. 72; *ADS*, 6. Aufl. § 252 HGB, Rz 61.
[282] So IDW RS HFA 38, Tz. 15.
[283] So *Claussen*, in Kölner Kommentar zum HGB, 2011, vor § 252 HGB, Rz. 73, der auch die Nutzung eines steuerrechtlichen Wahlrechts aufführt.
[284] „Ergibt sich bei Aufstellung der Jahresbilanz oder einer Zwischenbilanz oder ist bei pflichtmäßigem Ermessen anzunehmen, daß ein Verlust i.H.d. Hälfte des Grundkapitals besteht, so hat der Vorstand unverzüglich die Hauptversammlung einzuberufen und ihr dies anzuzeigen."
[285] So *ADS*, 6. Aufl. § 252 HGB, Rz 115.
[286] So *ADS*, 6. Aufl. § 252 HGB, Rz 62; *Claussen*, in Kölner Kommentar zum HGB, 2011, vor § 252 HGB, Rz. 73.
[287] Vgl. *Baetge/Ziesemer/Schmidt*, in *Baetge/Kirsch/Thiele*, Bilanzrecht, § 252 HGB, Rz 271, Stand 10/2011; *Ballwieser*, in MünchKomm. HGB, 3. Aufl., § 252 Rn 116.
[288] So *Ballwieser*, in MünchKomm. HGB, 3. Aufl., § 252 Rn 116; *Baetge/Ziesemer/Schmidt*, in *Baetge/Kirsch/Thiele*, Bilanzrecht, § 252 HGB, Rz 272, Stand 10/2011.
[289] Im Ergebnis ebenso *Winkeljohann/Büssow*, in Beck Bil-Komm. 9. Aufl., § 252 HGB, Rz 72.

weder eine Rangfolge vor (Rz 6), die eine Ausnahme dieser aus der Vorschrift des § 252 Abs. 2 HGB bzw. einen tragenden Charakter begründet, noch besteht dafür eine gesetzliche Grundlage. Diese Auffassung ist vielmehr von der Doktrin der Unantastbarkeit der „guten alten" Prinzipien des HGB getrieben. Spätestens infolge der Neuerungen des HGB durch das BilMoG sind diese Prinzipien (explizit auch jene mit „tragendem" Charakter) an zahlreichen Stellen durchbrochen und tendenziell durch IFRS-orientierte Regelungen ersetzt worden – zu verweisen ist hier auf die Bewertung mit dem beizulegenden Zeitwert. Hinsichtlich des § 252 Abs. 2 HGB auf dieser Argumentationsbasis eine nicht vom Gesetz gedeckte Limitierung der expliziten Regelung vorzunehmen scheint weder sachlich richtig noch zeitgemäß. Nichtsdestotrotz dürften Ausnahmen in Bezug auf einzelne Grundsätze – etwa den Grundsatz der Bilanzidentität oder der Periodisierung – sehr selten sein.[290]

### 3.2 Ausnahmefälle

Grundsätzlich keine Ausnahmefälle i. S. d. § 252 Abs. 2 HGB stellen dabei die **Spezialvorschriften** dar, die zu einer Durchbrechung der Grundsätze des Abs. 1 führen. Dem Rechtsprinzip „lex specialis derogat legi generali" folgend bedarf es in diesen Fällen keiner gesonderten Ausnahmeregelung in Gestalt einer expliziten Regelung wie jener des § 252 Abs. 2 HGB (s. zur Norm-Rangfolge auch Rz 15).[291]

**139**

§ 252 Abs. 2 HGB enthält dabei keine Angaben zu den begründeten **Ausnahmefällen**, sodass eine Vielzahl möglicher Fälle in Betracht kommt. Hinsichtlich möglicher Ausnahmen **im Speziellen** wird auf die entsprechenden Gliederungspunkte der Kommentierung unter den einzelnen Grundsätzen betreffend Ausnahmefälle eben dieser verwiesen:

**140**

- Ausnahmen vom Grundsatz der Bilanzidentität (Rz 25 ff.)
- Ausnahmen vom Grundsatz der Unternehmensfortführung (Rz 35 ff.)
- Ausnahmen vom Grundsatz der Einzelbewertung und vom Stichtagsprinzip (Rz 66 ff., Rz 77 ff.)
- Ausnahmen vom Vorsichtsprinzip (Rz 83)
- Ausnahmen vom Imparitätsprinzip (Rz 90)
- Ausnahmen vom Realisationsprinzip (Rz 114 f.)
- Ausnahmen vom Grundsatz der Pagatorik und Periodenabgrenzung (Rz 121 f.)
- Ausnahmen vom Grundsatz der Bewertungsstetigkeit (Rz 132 ff.)

**Im Allgemeinen** kann von begründeten **Ausnahmefällen** in diesem Sinne gesprochen werden, wenn sich grundlegende Änderungen der wirtschaftlichen und

**141**

---

[290] Bezüglich der beiden Beispiele ebenso *Winkeljohann/Büssow*, in Beck Bil-Komm. 9. Aufl., § 252 HGB, Rz 72. Bezüglich dieser aA *Hoffmann/Lüdenbach*, NWB-Kommentar Bilanzierung, 6. Aufl. 2015, § 252 HGB Rz 229, wenngleich betreffend des Grundsatzes der Bilanzidentität darauffolgend sogleich wieder anders argumentiert wird.

[291] GlA *Fülbier/Kuschel/Selchert*, in *Küting/Pfitzer/Weber*, HdR, HGB § 252, Rn 24, Stand 12/2010, die jedoch inkonsistent zu dieser Grundsatzaussage innerhalb der Kommentierung zu Nr. 5 abweichend argumentieren (Rn 118); *Ballwieser*, in MünchKomm. HGB, 3. Aufl., § 252 Rn 117; *Baetge/Ziesemer/Schmidt*, in *Baetge/Kirsch/Thiele*, Bilanzrecht, § 252 HGB, Rz 271, Stand 10/2011; *Hoffmann/Lüdenbach*, NWB-Kommentar Bilanzierung, 6. Aufl. 2015, § 252 HGB Rz 230; a. A. *Winkeljohann/Büssow*, in Beck Bil-Komm. 9. Aufl., § 252 HGB, Rz 54.

organisatorischen Verhältnisse ergeben,[292] welche neben Änderungen bei den Bilanzierungsvorschriften insb. in Fällen einer Verschmelzung, Spaltung, Vermögensübertragung, einem Formwechsel, einer Anpassung an die Methoden der Konzernmutter nach Kons[293] oder im System der Kostenrechnung[294] vorliegen. Darüber hinaus kommen Ausnahmen i. S. d. § 252 Abs. 2 HGB grds. auch dann in Betracht, wenn sie sich aus den Zwecken oder Zielen des JA bzw. entsprechenden Änderungen dieser ergeben.[295] Wenngleich die diesbezüglich vereinzelt geäußerte Befürchtung einer Willkürbilanzierung[296] infolge dieser „allgemeinen" änderungsbegründenden Tatbestände durchaus nachvollziehbar ist, darf darunter keinesfalls ein Freibrief zur Bilanzierung nach Belieben verstanden werden, was sich bereits aus der Anforderung der Begründung nicht nur des Vorliegens eines Ausnahmefalls, sondern auch der dann vorgenommenen Vorgehensweise und ferner dem Grundsatz der Willkürfreiheit ergibt. Dazu nachfolgendes Beispiel.

> **Beispiel**
> **Willkürbilanzierung im Zusammenhang mit § 252 Abs. 2 HGB**
> Die geäußerte Befürchtung einer Willkürbilanzierung wird mit nachfolgenden Beispielen untermauert:[297]
> „Die Holding H AG erwirbt alle Anteile an der T GmbH und schließt mit ihr einen Organschaftsvertrag ab. Bislang galt bei der T die Devise: „Gewinne möglichst verstecken." Nun verlangt die H eine höchstmögliche Gewinnabführung. Die Zielsetzung des Jahresabschlusses wird dadurch „gewichtig" verschoben. Außerdem liegt durch den Organschaftsvertrag (…) eine grundlegende Änderung der rechtlichen und organisatorischen Verhältnisse vor.
> Sollte dann tatsächlich die Ausnahmeregelung greifen, wäre z. B. unter Durchbrechung des Bilanzenzusammenhangs die buchtechnische Vorgehensweise im Beispiel unter Rz 10 (s. unten) mit Berufung auf § 252 Abs. 2 HGB erlaubt, u. E. ein unmögliches Ergebnis. Zielführend kann nur eine differenzierende Beurteilung nach dem ökonomischen Gehalt des Vorgangs sein. Die Ausnahmeregelung des § 252 Abs. 2 HGB bedarf einer höchst restriktiven Anwendung, um nicht dem gesamten Katalog des § 252 Abs. 1 HGB den Titel „Papiertiger" anzuheften, wie dies bzgl. des Methodenwechsels zutreffend der Fall ist (…).''
> Beispiel aus Rz. 10[298]:

---

[292] Vgl. anstatt vieler etwa *Fülbier/Kuschel/Selchert*, in *Küting/Pfitzer/Weber*, HdR, HGB § 252, Rn 26, 43; aA *Hoffmann/Lüdenbach*, NWB-Kommentar Bilanzierung, 6. Aufl. 2015, § 252 HGB Rz 231.
[293] Vgl. zu diesem Punkt *ADS*, 6. Aufl. § 252 HGB, Rz 119.
[294] Vgl. zu diesem Punkt *Winkeljohann/Büssow*, in Beck Bil-Komm. 9. Aufl., § 252 HGB, Rz 76.
[295] Ebenso *Fülbier/Kuschel/Selchert*, in *Küting/Pfitzer/Weber*, HdR, HGB § 252, Rn 26; *ADS*, 6. Aufl. § 252 HGB, Rz 119; *Baetge/Fey/Fey*, in *Küting/Pfitzer/Weber*, HdR, HGB § 243, Rn 7 f.; aA *Hoffmann/Lüdenbach*, NWB-Kommentar Bilanzierung, 6. Aufl. 2015, § 252 HGB Rz 231.
[296] Siehe *Hoffmann/Lüdenbach*, NWB-Kommentar Bilanzierung, 6. Aufl. 2015, § 252 HGB Rz 231.
[297] Beispiel entnommen aus *Hoffmann/Lüdenbach*, NWB-Kommentar Bilanzierung, 6. Aufl. 2015, § 252 HGB Rz 231.
[298] Entnommen aus *Hoffmann/Lüdenbach*, NWB-Kommentar Bilanzierung, 6. Aufl. 2015, § 252 HGB Rz 10.

> „Das Maschinenbauunternehmen M bildet zum 31.12.01 eine Gewährleistungsrückstellung für einen Einzelfall i. H. v. 100. Nach Erstellung und Feststellung des Jahresabschlusses 01 stellt sich als Verhandlungslösung mit der Gegenpartei ein Rückstellungserfordernis von lediglich 40 heraus. Deshalb stellt M in die Eröffnungsbilanz zum 1.1.02 nur einen Betrag von 40 ein. Durch diese Vorgehensweise würde über die Gesamtperiode hinweg ein um 60 zu hoher Aufwand des Unternehmens dargestellt. Nach dem Grundsatz der Bilanzidentität muss deshalb ein Betrag von 100 in die Eröffnungsbilanz eingestellt werden, obwohl sich dieser im Nachhinein als „falsch" herausgestellt hat. Die in 02 erforderliche Auflösung der Rückstellung stellt in zwischenperiodischer Betrachtung oder aus Sicht der Totalperiode das „richtige" Ergebnis dar. Zweimal falsch ist einmal richtig."
> Kommentierung des Beispiels
> Das aufgeführte Beispiel ist u. E. nicht zur Untermauerung dieser Position geeignet. Obwohl hier ein Ausnahmefall existiert, liegen keine begründbaren Argumente für eine derartige (Falsch-)Bilanzierung vor. Der Sachverhalt des Bekanntwerdens der zu hohen Rückstellungssumme ist eindeutig dem neuen Gj zuzuordnen, eine Korrektur im Zuge der Eröffnungsbuchungen entsprechend keinesfalls begründbar. Abweichungen vom Grundsatz der Bilanzidentität kommen nur in begründeten Ausnahmefällen in Betracht, die – begründbar – zeitlich zwischen den Gj zu verorten sind. Siehe dazu auch Rz 25.

### 3.3 Anhangangabepflichten

§ 284 Abs. 2 Nr. 3 Hs. 1 HGB verlangt von KapG und ihnen gleichgestellten KapCoGes. in Fällen einer Abweichung i. S. d. § 252 Abs. 2 HGB die Angabe und Begründung von Abweichungen im Anhang. Die Vorschrift verlangt dabei nicht nur die Angabe und Begründung von Abweichungen von Bilanzierungs- und Bewertungsmethoden, sondern nach § 284 Abs. 2 Nr. 3 Hs. 2 HGB auch die gesonderte Darstellung des Einflusses der Abweichungen auf die VFE-Lage. Siehe dazu detailliert § 284 Rz 42. **142**

## 4 Implizite Bewertungsgrundsätze

### 4.1 Aus anderen Vorschriften ableitbare Grundsätze

Über die in § 252 HGB explizit oder implizit verankerten (Bewertungs-)Grundsätze mit nachgelagerter Normen-Rangfolge (s. hierzu Rz 15) hinaus hat der Gesetzgeber weitere allgemeine Bewertungsgrundsätze in den Spezialvorschriften der §§ 253 ff. HGB verankert. Zu diesen zählen etwa das Anschaffungs-/Herstellungskostenprinzip (zur Bewertung mit den AHK s. § 253 Rz 16 f.; zur AK-Ermittlung § 255 Rz 1 ff. und zur HK-Ermittlung § 255 Rz 77 ff.) oder das strenge/gemilderte Niederstwertprinzip (§ 253 Rz 18). **143**

## 4.2 Grundsatz der Methodenbestimmtheit

144 Der Grundsatz der Methodenbestimmtheit enthält die Vorgabe zur Ermittlung von Wertansätzen von VG und Schulden unter konsistenter Anwendung einer bestimmten Bewertungsmethode.[299] Gemeint ist damit, dass bei einem vorliegenden Methodenwahlrecht kein Zwischenwert aus den verschiedenen möglichen Methoden angesetzt werden darf, es also zu keiner Durchmischung der Methodenergebnissen kommt. KapG unterliegen dabei nach § 284 Abs. 2 Nr. 1,3 HGB zudem der Pflicht zur Angabe der angewendeten Bewertungsmethode (§ 284 Rz 23–37, 42–48).

## 4.3 Grundsatz des Willkürverbots

145 Der Grundsatz des Willkürverbots, der sich auf die Bewertung bezieht, ist ebenfalls nicht explizit kodifiziert. Er ergibt sich aus dem Gesamtkonstrukt der GoB im Allgemeinen und aus den Bewertungsgrundsätzen – etwa des § 252 Abs. 1 Nr. 4, 6 HGB – im Speziellen. Der fehlenden explizten Normierung und der entsprechend fehlenden Ausgestaltung qua Gesetz geschuldet, gibt es allerdings keine eindeutige Definition von Willkürfreiheit. Auch im Schrifttum ist keine einheitliche Definition vorzufinden, wobei diese in vielen Fällen zumindest im Kern zum gleichen Ergebnis führen. So wird unter einer willkürfreien Bewertung etwa verstanden, dass diese realitätsnah und nach Auffassung des Kfm. zutreffend ist.[300] Ebenfalls zu finden sind Forderungen nach plausibel begründbaren/argumentierbaren Wertansätzen[301] oder objektiven Ansätzen i.S. einer intersubjektiven Nachprüfbarkeit.[302] Wirkliche Lösungsansätze bieten diese Definitionen freilich nicht. Letztendlich wird ein undefinierter Grundsatz mit einer ebenso schwer greifbaren Auslegung umschrieben. Dabei zeigen die im Ergebnis kaum konkreteren Definitionen, dass im Zusammenhang mit dem Grundsatz weder von Objektivität noch davon gesprochen werden kann, dass hier ein Grundprinzip ohne Spielräume vorliegt.

Letztlich soll als Ergebnis der Definitionsbestrebungen zumindest dann ein willkürfreier JA vorliegen, wenn er frei von sachfremden Erwägungen ist.[303] Zu diesen sollen etwa die Berücksichtigung von Auswirkungen auf die Ertragslage oder den ausschüttungsfähigen Gewinn zählen.[304] Diese Forderung nach letztlicher Freiheit des JA von bilanzpolitischen Maßnahmen dürfte aber dazu führen, dass kaum ein Abschluss in der Praxis unter Einhaltung des Grundsatzes erstellt wird.

Mitunter wird darüber hinaus aufgeführt, dass es – wenn auch als Ausnahmen – Fälle gibt, in denen qua Spezialvorschrift zwei Bewertungsmethoden zur Verfügung stehen, aber eine dieser Methoden nicht angewendet werden darf, wenn bzw. weil sie dem Grundsatz der Willkürfreiheit widerspricht.[305] Dem ist grds.

---

[299] Ebenso etwa *Winkeljohann/Büssow*, in Beck Bil-Komm. 9. Aufl., § 252 HGB, Rz 67.
[300] So *Leffson*, GoB, S. 202 ff.
[301] So *Baetge*, HdR, Kap. II, Rz. 128.
[302] So *Kupsch*, BoHdR, Einf. B, Rz. 175.
[303] So *Winkeljohann/Büssow*, in Beck Bil-Komm. 9. Aufl., § 252 HGB, Rz 68; *ADS*, 6. Aufl., § 252 HGB Rz. 126.
[304] So *Winkeljohann/Büssow*, in Beck Bil-Komm. 9. Aufl., § 252 HGB, Rz 68.
[305] So *ADS*, 6. Aufl., § 252 HGB Rz. 126.

zu widersprechen. Sieht eine Spezialvorschrift ein Bewertungswahlrecht vor, bedarf es keiner Konkretisierung oder Ergänzung mangels expliziter Regelung durch einen Grundsatz. In diesen Fällen greifen die Grundsätze nicht und besitzen keinesfalls Vorrang vor den Spezialvorschriften (zum Anwendungsvorrang der Spezialvorschriften und der sich daraus ergebenden handelsrechtlichen Normen-Rangfolge siehe Rz 15).

Indes ist auch dann von Willkürfreiheit zu sprechen, wenn „sachfremde" Erwägungen i. S. bilanzpolitischer Maßnahmen den JA beeinflussen, solange sich diese im Rahmen legaler Maßnahmen bewegen. Ebenfalls nicht dem Grundsatz der Willkürfreiheit widersprechend ist die grds. freie Wahl zwischen zwei explizit gewährten Bewertungswahlrechten.

Im Ergebnis ist u. E. stets dann von einer Einhaltung des Grundsatzes zu sprechen, wenn Bewertungsentscheidungen begründet sind, wobei eben bereits eine subjektive Begründung ausreichend ist, da Objektivität in diesen Fällen ohnehin in der Praxis nie gegeben ist und diese Forderung/Diskussion rein akademischen Charakters ist. **146**

## 4.4 Grundsatz der Wirtschaftlichkeit

Der eng mit dem Grundsatz der Wesentlichkeit (Rz 152 ff.) verknüpfte Wirtschaftlichkeitsgrundsatz spiegelt den dominierenden **Sachzwang des wirtschaftlichen Handelns** unter Abwägung der Kosten-Nutzen-Aspekte wider.[306] Die im Umkehrschluss aus dem Grundsatz ableitbare Option zum Verzicht auf die Darstellung von Sachverhalten im Rahmen der Rechnungslegung aus Wirtschaftlichkeitsgründen ist dabei mit der Anforderung der Unwesentlichkeit dieser verbunden. **147**

Die Möglichkeit zur Bewertung von VG unter Rückgriff auf Bewertungsvereinfachungsverfahren nach **§ 256 HGB** unter Einhaltung der GoB kann als **Beispiel** des Grundsatzes und seiner Verbindung zum Wesentlichkeitsprinzip dienen.[307] Unter Durchbrechung des Grundsatzes der Einzelbewertung nach § 252 Abs. 1 Nr. 3 HGB gestattet § 256 Satz 1 HGB die Verwendung von Verbrauchsfolgeverfahren zur vereinfachten zeit- und kostensparenden Bewertung des Vorratsvermögens (§ 256 Rz 1 ff.). Letztlich steht diese Option unter der Annahme, dass eine exakte Ermittlung und Darstellung des Vorratseinsatzes als nicht wesentlich zu erachten ist und die Bewertungsvereinfachungsverfahren gleichzeitig mit wirtschaftlichen Vorteilen verbunden sind. **148**

Der Sachzwang des wirtschaftlichen Handelns und damit der Grundsatz kommen dabei nicht nur bei der Bewertung von VG sondern bereits bei der Frage der Zuordnung zum Tragen. So sieht § 246 Abs. 1 Satz 2 Hs. 1 HGB die **Aufnahme von VG** in die Bilanz des Eigentümers vor, wobei unter Eigentum in diesem Zusammenhang die Tateinheit aus rechtlichem und wirtschaftlichem Eigentum zu verstehen ist. Der Aspekt der rechtlichen Verfügungsgewalt über einen VG tritt gem. § 246 Abs. 1 Satz 2 Hs. 2 HGB dann in den Hintergrund, wenn zivilrechtliches und wirtschaftliches Eigentum an einem VG nicht zusammenlie- **149**

---

[306] Vgl. *Hoffmann/Lüdenbach*, NWB-Kommentar Bilanzierung, 6. Aufl. 2015, § 252 HGB Rz 243.
[307] M.a.N. *Hoffmann/Lüdenbach*, NWB-Kommentar Bilanzierung, 6. Aufl. 2015, § 252 HGB Rz 243.

§ 252 Allgemeine Bewertungsgrundsätze

gen.[308] Eine Außerachtlassung der rechtlichen Betrachtungsweise kommt allerdings nicht in Betracht, da es Fälle gibt, in denen eine Bilanzierung eines VG sowohl beim rechtlichen als auch beim wirtschaftlichen Eigentümer vorgenommen wird bzw. werden kann.[309]

150 Zwecks der **Verortung des wirtschaftlichen Eigentums** ist auf die tatsächliche Sachherrschaft über einen VG abzustellen (§ 246 Rz 17) – weitgehende Verfügungsmöglichkeiten alleine begründen kein wirtschaftliches Eigentum.[310] Tatsächliche Sachherrschaft setzt dabei den dauerhaften, d. h. einen mindestens der betriebsgewöhnlichen Nutzungsdauer entsprechenden[311], Ausschluss des rechtlichen Eigentümers von der Einwirkung bzw. Verfügung auf/über den VG voraus. Liegen Besitz, Gefahr, Nutzen und Lasten der Sache bei der entsprechenden (juristischen) Person, kann von einer Erfüllung der erforderlichen Kriterien ausgegangen werden.[312] Die im Wege der Bilanzierung nach IFRS verwendeten Zurechnungskriterien der Chancen und Risiken finden dabei zusehends Eingang in die handelsrechtliche Bilanzierungspraxis.[313] In der Konsequenz umfasst wirtschaftliches Eigentum entsprechend das Recht zur Nutzung oder Veräußerung des VG sowie die Chancen und Risiken aus der laufenden Nutzung sowie etwaigen Wertänderungen.[314] Dabei hat eine Gewichtung der Chancen und Risiken in Abhängigkeit des Charakters des VG zu erfolgen (§ 246 Rz 17).

151 Im Zuge der Einführung der **neuen EU-Bilanzrichtlinie** zum JA, konsolidierten Abschluss und zu Unternehmensberichten[315], die auf einer Kons der 4. und 7. EU-RL – 78/660/EWG sowie 83/349/EWG – beruht, ergibt sich hier allerdings eine Änderung. Nach Nationalisierung der EU-Vorgaben wird einzig auf die wirtschaftliche Betrachtungsweise abzustellen sein.

### 4.5 Grundsatz der Wesentlichkeit

152 Der Grundsatz der Wesentlichkeit sieht die Berücksichtigung und Offenlegung aller Sachverhalte vor, die für die JA-Adressaten von Relevanz, d. h. für diese zwecks der Beurteilung der tatsächlichen VFE-Lage wesentlich, sind. Im Umkehrschluss ergibt sich die Möglichkeit zur Außerachtlassung eben der nicht wesentlichen Tatbestände.[316]

---

[308] GlA *ADS*, 6. Aufl., § 246 HGB Rz. 262 ff.; *Förschle/Ries*, in Beck Bil-Komm. 9. Aufl., § 246 HGB, Rz 7.
[309] Vgl. IDW ERS HFA 13 n. F., Rz. 6. Mit einem Beispiel im Zusammenhang mit Pensionsgeschäften vgl. IDW ERS HFA 13 n. F., Rz. 20.
[310] Vgl. *Förschle/Ries*, in Beck Bil-Komm. 9. Aufl., § 246 HGB Rz. 7.
[311] S. dazu auch § 39 Abs. 2 Nr. 1 AO.
[312] Vgl. *Förschle/Ries*, in Beck Bil-Komm. 9. Aufl., § 246 HGB Rz. 7.
[313] Vgl. IDW ERS HFA 13 n. F., Rz. 6 f.
[314] Vgl. IDW ERS HFA 13 n. F., Rz. Tz 7.
[315] EU-Bilanzrichtlinie 2013/34/EU, Veröffentlichung im Amtsblatt der EU – L 182/19–76 – am 29.6.2013; 1. Richtlinienvorschlag v. 25.10.2011 (KOM (2011) 684 final, 2011/0308 (COD)), 2. Entwurf (Entwurf eines „generellen Ansatzes"/Kompromisstext des Vorsitzes) auf Basis eines Entwurfs des ständigen Vertretungsausschusses v. 19./20.6.2012 (11442/12 (Interinstitutional file: 2011/0308 (COD))); 3. Entwurf vom 12./19.4.2013 (8328/13 (Interinstitutional file: 2011/0308 (COD)).
[316] Vgl. etwa *Niehus*, WPg 1981, S. 2 f., sowie detailliert *Lück*, Materiality, S. 59 ff.

Wie auch der 4. EG-RL[317] ist dem HGB der Grundsatz der Wesentlichkeit bereits in der Generalnorm des § 264 Abs. 2 HGB – allerdings implizit – inhärent. Ein den tatsächlichen Verhältnissen entsprechendes Bild der VFE-Lage erfordert nach hM stets dessen Berücksichtigung.[318] Wenngleich nicht unter expliziter Verwendung der Begriff „wesentlich" oder „Wesentlichkeit" stellen einige Paragrafen/GoB explizit auf das Kriterium der Wesentlichkeit ab, so etwa:

- § 240 Abs. 3 HGB gestattet unter der Voraussetzung des **nachrangigen** Gesamtwerts für das Unt i. V. m. weiteren Kriterien den Festwertansatz von VG des SAV sowie RHB.
- § 285 Nr. 3 HGB verlangt Angaben über nicht in der Bilanz enthaltene Geschäfte, soweit dies **für die Beurteilung** der Finanzlage **notwendig** ist.
- § 286 Abs. 3 Nr. 1 HGB sieht den möglichen Verzicht auf die gem. § 285 Nr. 11 und 11a HGB geforderten Angaben unter der Voraussetzung deren **untergeordneter Bedeutung** für die Darstellung der VFE-Lage vor.
- § 289 Abs. 1 Satz 3 HGB schreibt die Einbeziehung der für die Geschäftstätigkeit **bedeutsamsten** finanziellen Leistungsindikatoren in die Analyse des Geschäftsverlaufs und der Lage der Ges. vor.
- § 303 Abs. 2 HGB gestattet die Nichtanwendung von Abs. 1, wenn die wegzulassenden Beträge im Rahmen der Schuldenkons für die Vermittlung eines den tatsächlichen Verhältnissen entsprechenden Bildes der VFE-Lage des Konzerns nur von **untergeordneter Bedeutung** sind.
- § 304 Abs. 2 HGB sieht ebenfalls die Nichtanwendung des Abs. 1 betreffend die Zwischenergebniseliminierung bei **untergeordneter Bedeutung** für die Vermittlung eines den tatsächlichen Verhältnissen entsprechenden Bildes der VFE-Lage des Konzerns vor.
- § 305 Abs. 2 HGB bietet die Option zum Verzicht auf die Weglassung von Aufwendungen und Erträge gem. Abs. 1 im Falle einer **untergeordneten Bedeutung** der Beträge für die Vermittlung eines den tatsächlichen Verhältnissen entsprechenden Bildes der VFE-Lage des Konzerns.
- Die steuerrechtlichen Vorschriften zu **geringwertigen Wirtschaftsgütern** aus § 6 Abs. 2 und Abs. 2a EStG, die als Ausprägung des Grundsatzes der Wesentlichkeit zu verstehen sind, und deren fakultatives Anwendungswahlrecht im HGB als GoB anerkannt ist.

Anders als in der internationalen Rechnungslegung, für deren Normsystem der Grundsatz der Materiality von großer Bedeutung ist,[319] ist der Grundsatz im **HGB** durch das Schrifttum und die Rechtspraxis in **relativ enge Grenzen** gesetzt. Die vereinzelt im Schrifttum vertretene Ansicht, in Abhängigkeit der betroffenen Posten vier „fixe" quantitative Schwellenwerte von 0,25 % (gemessen am Grundkapital), 1 % (bei direkter Beeinflussung der GuV), 5 % (bei Posten mit erheblicher Aussage- und Ertragskraft) sowie 10 % (bei Fehlern und

---

[317] Der Materiality-Grundsatz ist impliziter Bestandteil des True-and-fair-view-Prinzips und damit impliziter Bestandteil des Regelungsgefüges der RL. Vgl. *Niehus*, WPg 1981, S. 2f., sowie detailliert *Lück*, Materiality, S. 59ff.
[318] Vgl. dazu etwa *Niehus*, WPg 1981, S. 2ff.; *Ossadnik*, BB 1993, S. 1763.
[319] Vgl. *Zülch/Fischer*, Münch Komm – IFRS, IAS 1 Rz. 20; *ADS*, § 252 HGB Rz. 127; *Jung*, Wesentlichkeit, S. 24 ff; *Kuhlewind*, Bilanzrechtstheorie, S. 94ff.; *Lück*, Materiality, S. 41; a.A. *Biener*, Vierte Richtlinie, S. 1, 3.

Fortlassungen)³²⁰ festlegen zu können ist u.E. abzulehnen.³²¹ Dies ändert sich auch nicht vor dem Hintergrund der Berücksichtigung des durchaus gewichtigen Arguments des *information overload*.³²² Dies liegt einerseits daran, dass sich nur bedingt argumentieren lässt, dass einige wenige auf Basis des Grundsatzes weggelassene numerische Darstellungen oder Korrekturen numerischer Fehler den JA vor einer Informationsüberfrachtung etwa infolge von massiven Anhang- und Lageberichtsangaben bewahren. Andererseits ist eine derartig weit ausgelegte pauschale Grenzziehung weder durch die Gesetzeslage noch durch Rechtsprechung und Schrifttum gedeckt. Bereits aus dem Anwendungsvorrang der Spezialvorschriften und der sich daraus ergebenden handelsrechtlichen Normen-Rangfolge (Rz 15) i.V.m. der fehlenden Ausgestaltung der Generalnorm des § 264 HGB als *overriding principle* (§ 264 Rz 52) ergibt sich, dass der Grundsatz derzeit (zur möglichen künftigen Entwicklung infolge der neuen EU-Bilanzrichtlinie s. Rz 155) nur dann zur Anwendung kommen kann, wenn eine Spezialvorschrift dies explizit vorsieht bzw. deren Ausgestaltung dem Grundsatz nicht widerspricht und dieser seinem Sinn und Zweck als Ergänzungs- und Konkretisierungsregelung (Rz 14) entsprechend greifen kann und darf.

Wenngleich der Grundsatz in den **IFRS** bereits im Framework³²³ als fundamentales qualitatives Charakteristikum nützlicher Informationen definiert ist und IFRS 8 sogar explizit eine quantitative Wesentlichkeitsgrenze von 10 % vorsieht, ist darüber hinaus zu bedenken, dass den IFRS ebenfalls keine allgemeingültige(n) quantitative(n) Wesentlichkeitsgrenze(n) inhärent ist/sind. Trotz erheblicher Ausgestaltungsdifferenzen bei IFRS-Anwendern und Kontrollinstanzen sowie in Abhängigkeit der Regelungssachverhalte unterscheidet sich die Gewichtung des Grundsatzes zudem erheblich von jener im HGB. Verantwortlich für diese Unterschiede in der Bedeutung dürfte neben der rechnungslegungskulturellen Ausgestaltung der IFRS einerseits sowie der konservativen und tendenziell vorsichtigen Rechnungslegungsprägung kontinentaleuropäischer Systeme andererseits auch der explizite Charakter als IFRS-Generalnorm sein.

**155** Hinsichtlich einer Wesentlichkeitsgrenze im **Steuerbilanzrecht** besteht selbst innerhalb der Senate des BFH Uneinigkeit. Hat der X. Senat in einem Beschluss 2010 geringfügige Kfz-Steuerbeträge als unwesentlich eingestuft,³²⁴ sind laut diesem dagegen einem Urteil aus dem Jahre 2011 zufolge bei Nachbetreuungskosten von Versicherungsunt keine Wesentlichkeitsaspekte zu berücksichtigen.³²⁵ Der I. Senat hat im Hinblick auf voraussichtlich dauernde Wertminderungen sogar einen quantitativen Schwellenwert (5 %) festgelegt.³²⁶ Weiterführend wird auf die Kommentierungen im Haufe EStG Kommentar³²⁷ verwiesen.

---

320 So *Claussen*, in Kölner Kommentar zum HGB, 2011, vor § 252 HGB, Rz. 19–20.
321 Ebenso etwa *ADS*, 6. Aufl. § 252 HGB, Rz 127f.
322 So *Claussen*, in Kölner Kommentar zum HGB, 2011, vor § 252 HGB, Rz. 21.
323 Vgl. IASB, Conceptual Framework for Financial Reporting 2010, QC11.
324 Siehe BFH, Beschluss v. 18.3.2010, X R 20/09, DStRE 2010 S. 1036.
325 Siehe BFH, Urteil v. 19.7.2011, X R 26/10, DStRE 2011 S. 1990.
326 Siehe BFH, Urteil v. 21.9.2011, I R 89/10, DStRE 2012 S. 21.
327 *Frotscher*, in *Frotscher*, EStG Kommentar, § 5 EStG Rz. 361f.

## 5 Grundsätze ordnungsmäßiger Buchführung im Steuerrecht

§ 5 Abs. 1 EStG schreibt für die **steuerliche Gewinnermittlung** den Ansatz des sich nach den handelsrechtlichen Grundsätzen ordnungsmäßiger Buchführung und Bilanzierung ergebenden Vermögens in der Bilanz vor. Da nach § 60 Abs. 2 EStDV die aus dem Handelsrecht bzw. der ordnungsmäßigen Buchführung abgeleitete Bilanz die Grundlage der Besteuerung bildet und ggf. vorliegende abweichende steuerliche Bestimmungen durch Zusätze oder Anmerkungen zu der Handelsbilanz angepasst werden, bezieht sich die Maßgeblichkeit dabei explizit auf das Verhältnis zwischen den handelsrechtlichen Grundsätzen ordnungsmäßiger Buchführung und Bilanzierung und den steuerrechtlichen Vorschriften. 156

Entsprechend sind für die steuerliche Gewinnermittlung auch die handelsrechtlichen GoB maßgebend. § 5 Abs. 1 Satz 1 EStG formuliert dabei explizit nur die Bindung an die Grundsätze ordnungsmäßiger Buchführung, was zu Diskussionen hinsichtlich der Bindung auch an die übrigen handelsrechtlichen Vorschriften ohne GoB-Charakter geführt hat. Mit den Argumenten, dass der Inhalt der GoB auch durch die zwingenden gesetzlichen Regelungen gebildet wird und § 141 AO ausdrücklich die handelsrechtlichen Vorschriften in Bezug nimmt, umfasst der Maßgeblichkeitsgrundsatz nach hM jedoch alle zwingenden gesetzlichen Buchführungs- und Bilanzierungsvorschriften sowie impliziten Grundsätze.[328]

Die Bindung des Steuerrechts an das Handelsrecht besteht dabei allerdings lediglich hinsichtlich des **Betriebsvermögens**, das bei Beachtung der GoB auszuweisen ist.[329] Unabhängig davon, ob eine Handelsbilanz überhaupt aufgestellt worden ist oder nicht, gilt entsprechend die Maßgeblichkeit der handelsrechtlichen Vorschriften und explizit sowie implizit der kodifizierten handelsrechtlichen GoB.[330] Im Umkehrschluss besteht an eine unrichtige – etwa unter der Missachtung der GoB aufgestellte – Handelsbilanz keine Bindung.[331] 157

Aus der Bindungswirkung der Gewinnermittlung nach EStG für jene nach **GewStG** folgt gleichzeitig auch die Bindung der gewerbesteuerrechtlichen Regelungen an die Handelsbilanz.[332] 158

Analog zur Normen-Rangfolge innerhalb des HGB (Rz 15) ergibt sich daraus jedoch keinesfalls ein **Vorrang** der handelsrechtlichen Vorschriften und GoB vor abweichenden steuerrechtlichen Regelungen. Einschränkend stellt § 6 Abs. 1 Satz 1 EStG klar, dass die Vorschriften des § 6 EStG für die **Bewertung** der gem. § 5 EStG anzusetzenden Wirtschaftsgüter gelten. Aus den Vorschriften des § 7 EStG ergibt sich der gleiche Normenvorrang hinsichtlich der AfA. Hinsichtlich der Vorrangigkeit der §§ 6 und 7 EStG wird für einen tieferen Einblick auf die einschlägige Literatur[333] verwiesen. 159

---

[328] So etwa *Frotscher*, in *Frotscher*, EStG Kommentar, § 5 EStG, Rz. 47b; Ähnlich auch etwa *Hennrichs*, StuW 1999, S. 138.
[329] *Frotscher*, in *Frotscher*, EStG Kommentar, § 5 EStG, Rz. 37 f.
[330] Vgl. BFH, Urteil v. 8.10.2008, I R 61/07, BStBl 2011 II S. 62, BFH/NV 2009 S. 504.
[331] Vgl. BFH, Urteil v. 13.6.2006, I R 58/05, BStBl 2006 II S. 928, BFH/NV 2006 S. 1754.
[332] Vgl. BFH, Urteil v. 25.4.1985, IV R 83/83, BStBl 1986 II S. 350; BFH, Urteil v. 9.8.1989, X R 110/87, BStBl 1990 II S. 195.
[333] Etwa *Söffing*, DB 1988, S. 241; *Wahl*, DStR 1988, S. 375.

Daraus ergibt sich, dass die Bindung an die Handelsbilanz vorrangig hinsichtlich des **Ansatzes** von Wirtschaftsgütern greift. Bewertungsbezogene handelsrechtliche Regelungen, denen keine steuerrechtlichen Vorschriften (der §§ 6 und 7 EStG) entgegenstehen, sind jedoch weiterhin maßgeblich.

**160** Hinsichtlich der regelmäßigen greifenden Maßgeblichkeit der handelsrechtlichen Vorschriften/GoB im Zuge des **Ansatzes** sind allerdings ebenfalls **Einschränkungen** einschlägig. Das Vermögen des Kfm. i.S.v. § 242 Abs. 1 HGB ist nicht mit dem steuerrechtlichen Betriebsvermögen i.S.v. § 5 Abs. 1 Satz 1 EStG gleichzusetzen[334], welches lediglich notwendiges oder gewillkürtes (Betriebs-)Vermögen umfasst.[335] Das Betriebsvermögen umfasst ferner lediglich Wirtschaftsgüter und nicht die Gesamtheit der VG, zu denen etwa auch steuerrechtlich nicht ansatzfähige Bilanzierungshilfen gehören.

**161** Aus dem Anwendungsvorrang der steuerrechtlichen Spezialvorschriften ergibt sich i.V.m. der handelsrechtlichen Normen-Rangfolge folgende **Gesamt-Normen-Rangfolge** bei der Erstellung der steuerlichen Gewinnermittlung:

- (Entgegenstehende) steuerrechtliche Vorschriften. Sie besitzen sowohl Vorrang vor den (handelsrechtlichen) GoB als auch den HGB-Vorschriften ohne GoB-Charakter, wobei es im Detail zu folgender Rangfolge im Zusammenhang mit dem Maßgeblichkeitsgrundsatz kommt:[336]
  – Handelsrechtliche **Bilanzierungshilfen** führen stets zu einer Durchbrechung des Maßgeblichkeitsprinzips, sie dürfen steuerrechtlich nicht bilanziert werden, da es sich nicht um Wirtschaftsgüter handelt.
  – Hinsichtlich der Zurechnung von Wirtschaftsgütern bzw. VG enthalten Handels- und Steuerrecht regelmäßig übereinstimmende Vorschriften. In Ausnahmefällen kommt es jedoch zur Durchbrechung des Maßgeblichkeitsgrundsatzes. Führt das Steuerrecht bei der **persönlichen Zurechnung** zu vom Handelsrecht abweichenden Entscheidungen, wird das Maßgeblichkeitsprinzip auf Grundlage von § 39 Abs. 2 AO durchbrochen.
  – Ergeben sich nach Handelsrecht hinsichtlich der **Zurechnung zu einem Betriebsvermögen** vom Steuerrecht abweichende Ergebnisse/Konsequenzen, gilt der Maßgeblichkeitsgrundsatz ebenfalls nicht. Es kommt zum Ansatz des steuerrechtlichen Betriebsvermögens.
  – Bei den **Ansatzvorschriften** für Wirtschaftsgüter greift regelmäßig der Maßgeblichkeitsgrundsatz. Nur soweit das Steuerrecht entgegenstehende Regelungen enthält, ergibt sich eine Durchbrechung. Sind die handels- und steuerrechtlichen Ansatzvorschriften identisch bzw. gibt es keine dem Handelsrecht entgegenstehenden steuerrechtlichen Regelungen, handelt es sich nur um eine scheinbare Durchbrechung – der Maßgeblichkeitsgrundsatz gilt weiterhin. Ansatzbezogene Durchbrechungen ergeben sich etwa hinsichtlich/infolge
    • von § 5 Abs. 3 und Abs. 4 EStG,
    • des handelsrechtlichen Aktivierungswahlrechts für selbst geschaffene immaterielle Wirtschaftsgüter,
    • des uneingeschränkten steuerlichen Saldierungsverbots,

---

[334] Vgl. *Frotscher*, in *Frotscher*, EStG Kommentar, § 5 EStG, Rz. 49.
[335] Siehe zum Begriff *Frotscher*, in *Frotscher*, EStG Kommentar, § 4 EStG, Rz. 21 ff.
[336] Vgl. zum Folgenden *Frotscher*, in *Frotscher*, EStG Kommentar, § 5 EStG, Rz. 50.

- des handelsrechtlichen Aktivierungsverbots für die aktive Abgrenzung für Zölle, Verbrauchsteuern und USt auf Anzahlungen und
- der Beteiligung an PersG (steuerliche Bilanzierung des Ergebnisses der gesonderten Gewinnfeststellung bei den Gesellschaftern).
  – Bei der **Bewertung** greift der Maßgeblichkeitsgrundsatz regelmäßig nicht. Die §§ 6, 7 EStG sehen explizit abweichende Bewertungsvorschriften vor. Nur soweit das Steuerrecht keine entgegenstehenden Regelungen enthält, ergibt sich keine Durchbrechung. Dann ggf. bestehende Beurteilungsspielräume (z. B. Schätzung bei Rückstellungen) sind in der „Steuerbilanz" analog zur Handelsbilanz auszunutzen.
- Branchenbezogene Spezialnormen (z. B. Formblattverordnungen)
- Rechtsform-spezifische Spezialnormen (z. B. §§ 150ff. AktG)
- Ergänzende Vorschriften für KapG und ihnen gleichgestellte Personenhandelsgesellschaften (§§ 264–289a HGB, ohne § 264 Abs. 2 HGB)
- Vorschriften für alle Kfl. (§§ 242–256 HGB)
- GoB
- Generalnorm des § 264 Abs. 2 Satz 1 HGB

Liegen keine dem entgegenstehenden steuerrechtlichen Regelungen vor, führen vom Prinzip her handelsrechtliche Aktivierungsgebote und Aktivierungswahlrechte dabei zu Aktivierungsgeboten in der Steuerbilanz.[337] Allerdings ist das verbleibende Aktivierungswahlrecht für selbstgeschaffene VG des AV steuerrechtlich mit einem Ansatzverbot belegt. Handelsrechtliche Passivierungsgebote sind – vorbehaltlich entgegenstehender steuerlicher Vorschriften – auch für die steuerliche Gewinnermittlung maßgeblich. Liegen handelsrechtlich Bewertungswahlrechte vor, ohne dass eigenständige steuerliche Regelungen bestehen, schlagen diese infolge des Maßgeblichkeitsprinzips auch auf den Wertansatz in der Steuerbilanz durch – sie sind analog zur Handelsbilanz auszuüben. Wahlrechte, die sowohl handelsrechtlich als auch steuerrechtlich bestehen, können in der Handelsbilanz und in der Steuerbilanz unterschiedlich ausgeübt werden.[338] Wahlrechte, die nur steuerrechtlich bestehen, können unabhängig vom handelsrechtlichen Wertansatz ausgeübt werden.

Eine **GoB-Durchbrechung** ergibt sich etwa infolge der von den handelsrechtlichen Vorschriften des § 246 HGB abweichenden steuerrechtlichen Vorgabe des § 5 Abs. 1a Satz 2 EStG. Während § 5 Abs. 1a Satz 2 EStG korrespondierend zu § 254 HGB als Ausnahme vom **Saldierungsverbot** die Bildung von Bewertungseinheiten durch Zusammenfassung von VG, Schulden, schwebenden Geschäften usw. mit in der Wirkung gegenläufigen Finanzinstrumenten gestattet, ist die zweite handelsrechtliche Ausnahme vom Saldierungsverbot steuerrechtlich unzulässig. VG, die dem Zugriff aller übrigen Gläubiger entzogen sind und ausschließlich der Erfüllung von Schulden aus Altersversorgungsverpflichtungen oder vergleichbaren langfristig fällig werdenden Verbindlichkeiten dienen, dürfen gem. § 246 Abs. 2 Satz 2 HGB mit diesen Verbindlichkeiten verrechnet werden. § 5 Abs. 1a Satz 2 EStG dagegen verbietet eben diese Verrechnung.

---

337 Vgl dazu und im Folgenden BMF, Schreiben v. 12.3.2010, IV C 6 – S 2133/09/10001.
338 Zunächst aA *Hoffmann/Lüdenbach*, NWB-Kommentar Bilanzierung, 6. Aufl. 2015, § 252 HGB Rz 274. Sich selbst anschließend widersprechend *Hoffmann/Lüdenbach*, NWB-Kommentar Bilanzierung, 6. Aufl. 2015, § 252 HGB Rz 286.

**163** **Umstritten** sind GoB-durchbrechende Vorgehensweisen im Zusammenhang mit **Pensionsverpflichtungen** und **Teilwertabschreibungen**. Hinsichtlich der Teilwertabschreibungen sieht § 6 Abs. 1 Nr. 2 Satz 2 EStG dem Wortlaut nach ein Wahlrecht vor („Ist der Teilwert ... niedriger, so kann dieser angesetzt werden."). Gemäß § 6a EStG dürfen Pensionsverpflichtungen dagegen nur unter bestimmten Voraussetzungen gebildet werden. Das BMF sieht hinsichtlich Ansatz und Bewertung von Pensionsverpflichtungen i. S. v. § 6a EStG vor, dass das handelsrechtliche Passivierungsgebot des § 249 HGB daher grds. auch für die steuerliche Gewinnermittlung gilt, diese in der steuerlichen Gewinnermittlung aber nur anzusetzen sind, wenn die Voraussetzungen des § 6a Abs. 1 und 2 EStG (z. B. Schriftformerfordernis, § 6a Abs. 1 Nr. 3 EStG) erfüllt sind.[339] Bezüglich einer Teilwertabschreibung führt das BMF auf, dass nach § 6 Abs. 1 Nr. 1 Satz 2 und Nr. 2 Satz 2 EStG bei einer voraussichtlich dauernden Wertminderung der Teilwert angesetzt werden kann und die Vornahme einer außerplanmäßigen Abschreibung in der Handelsbilanz nicht zwingend in der Steuerbilanz durch eine Teilwertabschreibung nachzuvollziehen ist. Nach mitunter vertretener Auffassung im Schrifttum soll die vom BMF skizzierte Vorgehensweise nicht dem Sinne des Gesetzgebers entsprechen und entsprechend nicht zulässig sein.[340] Vor dem Hintergrund des explizit formulierten Willens des Gesetzgebers hinsichtlich des Teilwertansatzes[341] ist diese Argumentation nachvollziehbar, wenngleich wir die geforderte Vorgehensweise infolge der gesetzlichen Tatsächlichkeit und der grundlegenden Nachrangigkeit der GoB ablehnen.[342] Warum das BMF hier angeblich einen Unterschied zwischen zwei „identischen" Sachverhalten (Wahlrechten) macht,[343] ist dagegen nicht nachvollziehbar. Es ist eben nicht korrekt, hier die Formulierungen „kann" und „darf" zu vergleichen, da der Gesetzeswortlaut von „kann" und „darf nicht" spricht. Anders als „kann" ist „darf nicht" nicht als originäres Wahlrecht, sondern als Verbot in bestimmten Fällen zu verstehen. Die abweichende Behandlung ist insofern nur konsequent.

## 6 Rechtsfolgen bei Pflichtverletzung

**164** Ein Verstoß gegen die Vorschriften des § 252 HGB ist ihrem Grundsatzcharakter und den Ausnahmeregelungen in Abs. 2 geschuldet weder direkt bußgeldbewährt noch erfüllt er den Tatbestand einer Straftat. Bezüglich der Rechtsfolgen bei Pflichtverletzungen im Zusammenhang mit den bewertungsrelevanten Einzelvorschriften wird auf die Kommentierungen der §§ 253–256a HGB verwie-

---

[339] Vgl Verwaltungsanweisung BMF, 12.3.2010, IV C 6 – S 2133/09/10001.
[340] So *Hoffmann/Lüdenbach*, NWB-Kommentar Bilanzierung, 6. Aufl. 2015, § 252 HGB Rz 275.
[341] „Auch nach dem Verzicht auf die umgekehrte Maßgeblichkeit ändert sich an der Systematik der außerplanmäßigen Abschreibungen/der Teilwertabschreibung wegen dauernder Wertminderung nichts. Ein Ansatz mit dem niedrigeren beizulegenden Wert nach § 253 Abs. 3 Satz 3 HGB-E ist vorzunehmen (Niederstwertprinzip). Aufgrund der Maßgeblichkeit der Handelsbilanz für die Steuerbilanz ist steuerlich eine Teilwertabschreibung nach § 6 Abs. 1 Nr. 1 Satz 2 EStG vorzunehmen. Ein steuerliches Wahlrecht besteht insoweit nicht. Ein niedrigerer Ansatz mit dem beizulegenden Wert nach § 253 Abs. 3 Satz 4 HGB-E ist wegen des Bewertungsvorbehaltes in § 5 Abs. 6 in Verbindung mit § 6 Abs. 1 Nr. 1 Satz 2 EStG (Voraussetzung für eine Teilwertabschreibung ist eine voraussichtlich dauernde Wertminderung) in der Steuerbilanz nicht zulässig." Siehe BT-Drs. 16/10067, S. 124.
[342] Ebenso *Prinz*, in *Prinz/Kanzler*, NWB-Kommentar Bilanzsteuerrecht, III.1 Rz 363.
[343] So *Hoffmann/Lüdenbach*, NWB-Kommentar Bilanzierung, 6. Aufl. 2015, § 252 HGB Rz 276.

sen. Hinsichtlich der indirekten Rechtsfolgen aus einer Verletzung der Pflicht zur Aufstellung des JA unter Beachtung der GoB wird auf die Kommentierung zu den §§ 243, 264 sowie 264a HGB verwiesen.

## 7 Änderungen durch das BilRUG

§ 252 HGB unterliegt keinen direkten Änderungen durch das BilRUG. Allerdings ergeben sich indirekte Folgeänderungen hinsichtlich der Pflicht zur Berichterstattung im Lagebericht betreffend die Regelungen des § 252 HGB und damit hinsichtlich des Gefüges des Normzusammenhangs. § 289 Abs. 2 Nr. 1 HGB, der Angaben über Vorgänge von besonderer Bedeutung, die nach dem Schluss des Gj eintreten, verlangt, wurde mit dem BilRUG in den Anhang verlagert.

165

## 8 (Implizite) Änderungen durch die EU-Bilanzrichtlinie

### 8.1 Abweichung von den allgemeinen Bewertungsgrundsätzen (Abs. 2)

Wenngleich § 252 Abs. 2 HGB, der Abweichungen von den allgemeinen Bewertungsgrundsätzen des § 252 Abs. 1 HGB in begründeten Ausnahmefällen vorsieht (dazu detailliert Rz 137 ff.), im Zuge des BilRUG keine Überarbeitung erfahren hat, ergibt sich in Konsequenz der neuen EU-Bilanzrichtlinie künftig das Erfordernis zur deutlich engeren Auslegung des Anwendungsbereichs der Ausnahmeregelung. Hintergrund ist das Aufgehen der Regelung zu den Ausnahmefällen aus Art. 31 Abs. 2 der 4. EG-Richtlinie, die (derzeit noch) die Grundlage für § 252 Abs. 2 HGB bildet[344], in Art. 4 Abs. 4 EU-Bilanzrichtlinie nebst inhaltlichen Änderungen. Art. 4 Abs. 4 EU-Bilanzrichtlinie sieht (in letzter Instanz) eine zwingende Nichtanwendung der Vorschriften vor, die eine Nichterfüllung des Erfordernisses zur Darstellung eines den tatsächlichen Verhältnissen entsprechenden Bildes der VFE-Lage des Unt bedingen. Korrespondierend ist die Generalnorm als sog. overriding principle ausgestaltet.

166

Zwar hat der deutsche Gesetzgeber im Rahmen der Nationalisierung der EU-Bilanzrichtlinie Art. 4 Abs. 4 nicht in deutsches Recht überführt (und damit eindeutig gegen europäisches Recht verstoßen), zumindest aber im Rahmen der Auslegung des § 252 Abs. 2 HGB wird Art. 4 Abs. 4 EU-Bilanzrichtlinie künftig zu beachten sein, da die Ausnahmeregelung mit besonderem Bezug zu den allgemeinen Bewertungsvorschriften des § 252 Abs. 1 HGB bzw. den diesen zu Grunde liegenden Regelungen des Art. 6 Abs. 1 EU-Bilanzrichtlinie in eine Ausnahmeregelung mit Fokus auf die Vermittlung eines den tatsächlichen Ver-

---

[344] Vgl. Beschlussempfehlung und Bericht des Rechtsausschusses (6. Ausschuss) zu dem von der Bundesregierung eingebrachten Entwurf eines Gesetzes zur Durchführung der Vierten Richtlinie des Rates der Europäischen Gemeinschaften zur Koordinierung des Gesellschaftsrechts (Bilanzrichtlinie-Gesetz) sowie zu dem Entwurf eines Gesetzes zur Durchführung der Siebten und Achten Richtlinie des Rates der Europäischen Gemeinschaften zur Koordinierung des Gesellschaftsrechts, BT-Drs. 10/4268, S. 100.

hältnissen entsprechenden Bildes der VFE-Lage des Unt transformiert wurde.[345] Während bislang im Allgemeinen von begründeten Ausnahmefällen i. S. d. § 252 Abs. 2 HGB gesprochen werden konnte, wenn sich grundlegende Änderungen der wirtschaftlichen und organisatorischen Verhältnisse ergaben,[346] welche neben Änderungen bei den Bilanzierungsvorschriften insb. in Fällen einer Verschmelzung, Spaltung, Vermögensübertragung, eines Formwechsel, einer Anpassung an die Methoden der Konzernmutter nach Kons[347] oder im System der Kostenrechnung[348] vorlagen und darüber hinaus Ausnahmen auch dann in Betracht kamen, wenn sie sich aus den Zwecken oder Zielen des JA bzw. entsprechenden Änderungen dieser ergaben,[349] werden diese künftig stets unter dem Aspekt der Darstellung eines den tatsächlichen Verhältnissen entsprechenden Bildes der VFE-Lage – oder etwa dem Grundsatz der Wesentlichkeit – zu beurteilen sein.[350]

### 8.2 Grundsatz der Wirtschaftlichkeit

167 Wenngleich die in Art. 6 Abs. 1 Buchst. h EU-Bilanzrichtlinie kodifizierte wirtschaftliche Betrachtungsweise, die eine Berücksichtigung des wirtschaftlichen Gehalts des/der zu Grunde liegenden Geschäftsvorfalls/Vereinbarung sowohl im Rahmen der Bilanzierung als auch des Ausweises der Posten der Bilanz sowie der GuV verlangt, im Wesentlichen dem seit der Einführung des BilMoG im HGB explizit normierten Grundsatz der Wirtschaftlichkeit entspricht, ergeben sich Änderungsnotwendigkeiten hinsichtlich der Praxis der Zuordnung von VG. Während derzeit im Rahmen der Prüfung auf Eigentümerschaft neben dem Kriterium des wirtschaftlichen Eigentümers auf den Aspekt des rechtlichen Eigentums abzustellen ist und eine Außerachtlassung der rechtlichen Betrachtungsweise nach derzeitiger Gesetzeslage nicht in Betracht kommt (Rz 147ff.), ist künftig einzig auf die wirtschaftliche Betrachtungsweise abzustellen. Die rechtliche Sichtweise entfällt. Eine Notwendigkeit zur formalen Anpassung des § 246 Abs. 1 Satz 2 HGB und des § 39 AO im Zuge es BilRUG infolge der Implementierung des allgemeinen Grundsatzes der wirtschaftlichen Betrachtungsweise in Art. 6 Abs. 1 Buchstabe h EU-Bilanzrichtlinie bestand/besteht indes nicht, da die aktuelle Formulierung bei Auseinanderliegen des rechtlichen und des wirtschaftlichen Eigentums bereits auf die wirtschaftliche Zuordnung abstellt und der Gesetzeswortlaut ohnehin nur allgemein von Eigentum spricht. Letztlich bleibt es damit bei einer geänderten Normauslegung.

---

345 Vgl. dazu detailliert *Wengerofsky*, DB 2015, S. 874ff.
346 Vgl. anstatt vieler etwa *Fülbier/Kuschel/Selchert*, in *Küting/Pfitzer/Weber*, HdR, HGB § 252, Rn 26, 43; aA *Hoffmann/Lüdenbach*, NWB-Kommentar Bilanzierung, 6. Aufl. 2015, § 252 HGB Rz 231.
347 Vgl. zu diesem Punkt ADS, 6. Aufl. § 252 HGB, Rz 119.
348 Vgl. zu diesem Punkt *Winkeljohann/Büssow*, in Beck Bil-Komm. 9. Aufl., § 252 HGB, Rz 76.
349 Ebenso *Fülbier/Kuschel/Selchert*, in *Küting/Pfitzer/Weber*, HdR, HGB § 252, Rn 26; ADS, 6. Aufl. § 252 HGB, Rz 119; *Baetge/Fey/Fey*, in *Küting/Pfitzer/Weber*, HdR, HGB § 243, Rn 7f.; aA Hoffmann/Lüdenbach, NWB-Kommentar Bilanzierung, 6. Aufl. 2015, § 252 HGB Rz 231.
350 Vgl. detailliert und mit einer Würdigung ausgewählter Einzelfälle *Wengerofsky*, DB 2015, S. 876ff. Vgl. Zudem Arbeitskreis Bilanzrecht der Hochschullehrer Rechtswissenschaft, BB 2014, S. 2732; DRSC, HGB-FA – öffentliche Sitzungsunterlage, http://www.drsc.de/docs/sitzungen/hgb-fa/013/13_04a_HGB-FA_HGB-Reform_Art_1–6.pdf, letzter Abruf am 08.06.2015, S. 8.

## 8.3 Grundsatz der Wesentlichkeit

Der Materiality-Grundsatz ist impliziter Bestandteil des True-and-fair-view-Prinzips und ist implizit in die Generalnorm des § 264 Abs. 2 HGB integriert (Rz 153). Ferner stellen einige Normen des HGB explizit auf das Kriterium der Wesentlichkeit ab (Rz 153). Eine darüber hinausgehende Integration als übergreifendes Konzept hat der Gesetzgeber im Zuge des BilRUG allerdings nicht vorgenommen, obgleich Art. 6 Abs. 1 Buchstabe j EU-Bilanzrichtlinie die Pflicht zur (expliziten) Umsetzung des Wesentlichkeitsgrundsatzes zunächst[351] sowohl für Ansatz, Bewertung, Darstellung, Offenlegung und Konsolidierung in nationales Recht vorsieht. Allenfalls ließe sich aus deutscher Perspektive argumentieren, dass sich die allumfassende Gültigkeit des Wesentlichkeitsprinzips nach herrschender Meinung aus den GoB ergibt. Allerdings ist der Grundsatz im HGB durch das Schrifttum und die Rechtspraxis in relativ enge Grenzen gesetzt, während die explizite Implementierung sowie die der EU-Bilanzrichtlinie inhärente deutliche Annäherung an die IFRS, für deren Normsystem der Grundsatz der Materiality von großer Bedeutung ist (Rz 154), für eine (künftig) erheblich größere Bedeutung des Grundsatzes sprechen. Aus Art. 6 Abs. 1 Buchstabe j EU-Bilanzrichtlinie ergibt sich somit wohl das Erfordernis einer weiteren Auslegung.

168

---

[351] Gemäß Art. 6 Abs. 4 EU-Bilanzrichtlinie besteht die Möglichkeit, den Anwendungsbereich des Wesentlichkeitsgrundsatzes auf die Darstellung und Offenlegung zu begrenzen.

# § 253 ZUGANGS- UND FOLGEBEWERTUNG

(1) ¹Vermögensgegenstände sind höchstens mit den Anschaffungs- oder Herstellungskosten, vermindert um die Abschreibungen nach den Absätzen 3 bis 5, anzusetzen. ²Verbindlichkeiten sind zu ihrem Erfüllungsbetrag und Rückstellungen i. H. d. nach vernünftiger kaufmännischer Beurteilung notwendigen Erfüllungsbetrages anzusetzen. ³Soweit sich die Höhe von Altersversorgungsverpflichtungen ausschließlich nach dem beizulegenden Zeitwert von Wertpapieren im Sinn des § 266 Abs. 2 A. III. 5 bestimmt, sind Rückstellungen hierfür zum beizulegenden Zeitwert dieser Wertpapiere anzusetzen, soweit er einen garantierten Mindestbetrag übersteigt. ⁴Nach § 246 Abs. 2 Satz 2 zu verrechnende Vermögensgegenstände sind mit ihrem beizulegenden Zeitwert zu bewerten. ⁵Kleinstkapitalgesellschaften (§ 267a) dürfen eine Bewertung zum beizulegenden Zeitwert nur vornehmen, wenn sie von keiner der in § 264 Absatz 1 Satz 5, § 266 Absatz 1 Satz 4, § 275 Absatz 5 und § 326 Absatz 2 vorgesehenen Erleichterungen Gebrauch machen. ⁶In diesem Fall erfolgt die Bewertung der Vermögensgegenstände nach Satz 1, auch soweit eine Verrechnung nach § 246 Absatz 2 Satz 2 vorgesehen ist.

(2) ¹Rückstellungen mit einer Restlaufzeit von mehr als einem Jahr sind mit dem ihrer Restlaufzeit entsprechenden durchschnittlichen Marktzinssatz der vergangenen sieben Geschäftsjahre abzuzinsen. ²Abweichend von Satz 1 dürfen Rückstellungen für Altersversorgungsverpflichtungen oder vergleichbare langfristig fällige Verpflichtungen pauschal mit dem durchschnittlichen Marktzinssatz abgezinst werden, der sich bei einer angenommenen Restlaufzeit von 15 Jahren ergibt. ³Die Sätze 1 und 2 gelten entsprechend für auf Rentenverpflichtungen beruhende Verbindlichkeiten, für die eine Gegenleistung nicht mehr zu erwarten ist. ⁴Der nach den Sätzen 1 und 2 anzuwendende Abzinsungszinssatz wird von der Deutschen Bundesbank nach Maßgabe einer Rechtsverordnung ermittelt und monatlich bekannt gegeben. ⁵In der Rechtsverordnung nach Satz 4, die nicht der Zustimmung des Bundesrates bedarf, bestimmt das Bundesministerium der Justiz und für Verbraucherschutz im Benehmen mit der Deutschen Bundesbank das Nähere zur Ermittlung der Abzinsungszinssätze, insbesondere die Ermittlungsmethodik und deren Grundlagen, sowie die Form der Bekanntgabe.

(3) ¹Bei Vermögensgegenständen des Anlagevermögens, deren Nutzung zeitlich begrenzt ist, sind die Anschaffungs- oder die Herstellungskosten um planmäßige Abschreibungen zu vermindern. ²Der Plan muss die Anschaffungs- oder Herstellungskosten auf die Geschäftsjahre verteilen, in denen der Vermögensgegenstand voraussichtlich genutzt werden kann. ³Ohne Rücksicht darauf, ob ihre Nutzung zeitlich begrenzt ist, sind bei Vermögensgegenständen des Anlagevermögens bei voraussichtlich dauernder Wertminderung außerplanmäßige Abschreibungen vorzunehmen, um diese mit dem niedrigeren Wert anzusetzen, der ihnen am Abschlussstichtag beizulegen ist. ⁴Bei Finanzanlagen können außerplanmäßige Ab-

schreibungen auch bei voraussichtlich nicht dauernder Wertminderung vorgenommen werden.
(4) ¹Bei Vermögensgegenständen des Umlaufvermögens sind Abschreibungen vorzunehmen, um diese mit einem niedrigeren Wert anzusetzen, der sich aus einem Börsen- oder Marktpreis am Abschlussstichtag ergibt. ²Ist ein Börsen- oder Marktpreis nicht festzustellen und übersteigen die Anschaffungs- oder Herstellungskosten den Wert, der den Vermögensgegenständen am Abschlussstichtag beizulegen ist, so ist auf diesen Wert abzuschreiben.
(5) ¹Ein niedrigerer Wertansatz nach Absatz 3 Satz 3 oder 4 und Absatz 4 darf nicht beibehalten werden, wenn die Gründe dafür nicht mehr bestehen. ²Ein niedrigerer Wertansatz eines entgeltlich erworbenen Geschäfts- oder Firmenwertes ist beizubehalten.

WP STB CVA Klaus Bertram/Prof. Dr. Sabine Heusinger-Lange/Prof. Dr. Harald Kessler, CVA

Inhaltsübersicht | Rz
---|---
1 Überblick | 1–15
  1.1 Inhalt | 1–7
  1.2 Anwendungsbereich | 8–11
  1.3 Normenzusammenhang | 12–15
2 Bewertungsgrundsätze (Abs. 1) | 16–121
  2.1 Bewertung von Vermögensgegenständen (Abs. 1 Satz 1) | 16–18
  2.2 Bewertung von Verbindlichkeiten (Abs. 1 Satz 2) | 19–29
  2.3 Bewertung von Rückstellungen (Abs. 1 Sätze 2 und 3) | 30–111
    2.3.1 Schätz- und Bewertungsmaßstab | 30–31
    2.3.2 Bewertungsobjekt | 32–36
    2.3.3 Bewertungsstichtag | 37–40
    2.3.4 Schätzung des Verpflichtungsumfangs | 41–55
      2.3.4.1 Annahme einer planmäßigen Erfüllung | 41
      2.3.4.2 Zu berücksichtigende Aufwendungen | 42–51
      2.3.4.3 Vorsichtige Bewertung | 52–55
    2.3.5 Höchstwertprinzip | 56–60
    2.3.6 Ansammlungs- oder Verteilungsrückstellungen | 61–64
    2.3.7 Rückstellungen für Altersversorgungsverpflichtungen und vergleichbare langfristig fällige Verpflichtungen | 65–111
      2.3.7.1 Begriffe | 65–69
      2.3.7.2 Altersversorgungsverpflichtungen | 70–108
      2.3.7.3 Vergleichbare langfristig fällige Verpflichtungen | 109–111
  2.4 Saldierungspflichtiges Deckungsvermögen (Abs. 1 Satz 4) | 112–121

3 Abzinsung von Schulden (Abs. 2) .......................... 122–149
   3.1 Rückstellungen allgemein (Abs. 2 Satz 1). ............... 122–136
      3.1.1 Grundsatz ................................. 122–123
      3.1.2 Abzinsungssatz ............................ 124–129
      3.1.3 Bestimmung der Restlaufzeit ................. 130–131
      3.1.4 Darstellung in der GuV/Rückstellungsspiegel .... 132–136
   3.2 Vereinfachungen für Altersversorgungsverpflichtungen und vergleichbare langfristig fällige Verpflichtungen ......... 137–143
      3.2.1 Altersversorgungsverpflichtungen ............. 137–141
      3.2.2 Vergleichbare langfristig fällige Verpflichtungen .. 142–143
   3.3 Rentenschulden (Abs. 2 Satz 3) ....................... 144–149
4 Abschreibung von Vermögensgegenständen des Anlagevermögens (Abs. 3) ............................................ 150–265
   4.1 Planmäßige Abschreibung (Abs. 3 Sätze 1 und 2). ........ 150–207
      4.1.1 Abzuschreibende Vermögensgegenstände ....... 150–153
      4.1.2 Abschreibungspläne ........................ 154–180
          4.1.2.1 Planmäßigkeit ..................... 154–156
          4.1.2.2 Anschaffungs-/Herstellungskosten und Restwert ......................... 157–160
          4.1.2.3 Voraussichtliche Nutzungsdauer ...... 161–166
          4.1.2.4 Abschreibungsmethoden ............. 167–180
      4.1.3 Wahl der Abschreibungsmethode und Plananpassung ............................ 181–186
      4.1.4 Einzelfragen ............................... 187–207
          4.1.4.1 Komponentenansatz ................ 187–194
          4.1.4.2 Geringwertige Wirtschaftsgüter ....... 195–198
          4.1.4.3 Geschäfts- oder Firmenwert .......... 199–202
          4.1.4.4 Selbst geschaffene immaterielle Vermögensgegenstände ............. 203–207
   4.2 Außerplanmäßige Abschreibung (Abs. 3 Sätze 3 und 4) ... 208–265
      4.2.1 Gemildertes Niederstwertprinzip .............. 208–230
          4.2.1.1 Grundsatz ........................ 208–211
          4.2.1.2 Beizulegender Wert ................ 212–220
          4.2.1.3 Voraussichtlich dauernde Wertminderung 221–230
      4.2.2 Immaterielles Anlagevermögen ............... 231–236
      4.2.3 Sachanlagen .............................. 237–248
      4.2.4 Finanzanlagen ............................. 249–265
5 Abschreibung von Vermögensgegenständen des Umlaufvermögens (Abs. 4) ............................................ 266–313
   5.1 Strenges Niederstwertprinzip .......................... 266–279
      5.1.1 Börsen- oder Marktpreis ..................... 271–273
      5.1.2 Beizulegender Wert ......................... 274–279
   5.2 Vorratsvermögen .................................... 280–296
      5.2.1 Roh-, Hilfs- und Betriebsstoffe ................ 280–288
      5.2.2 Unfertige Erzeugnisse und Leistungen und Fertigerzeugnisse .............................. 289–293
      5.2.3 Handelswaren ............................. 294–296
   5.3 Forderungen und sonstige Vermögensgegenstände ...... 297–308

5.4 Wertpapiere des Umlaufvermögens.................. 309–312
5.5 Liquide Mittel................................. 313
6 Wertaufholung (Abs. 5)............................. 314–320
 6.1 Wertaufholungsgebot (Abs. 5 Satz 1) ................ 314–318
 6.2 Zuschreibungsverbot für den Geschäfts- oder Firmenwert
   (Abs. 5 Satz 2).................................. 319–320
7 Änderungen durch das BilRUG ....................... 321–325

**Ergänzendes Schrifttum**
*Arbeitskreis „Steuern und Revision" im Bund der Wirtschaftsakademiker e. V. (BWA):* Ansatzpflicht für Rückstellungen künftiger Prüfungskosten, DStR 2013, S. 373; *Bertram/Johannleweling/Roß/Weiser,* Handelsrechtliche Bilanzierung von Altersversorgungsverpflichtungen nach IDW RS HFA 30, WPg 2011, S. 57; *Bertram/Kessler, IDW ERS HFA 34:* Mehr Sicherheit bei der Bewertung unsicherer Schulden, *DB 2012, S. 985; Böhm/Ulbrich,* Versorgungszusagen mit gespaltener Rentenformel auf dem Prüfstand, BB 2010, S. 1341; *Breidert,* Grundsätze ordnungsmäßiger Abschreibungen auf abnutzbare Anlagegegenstände, 1994; *Breker,* Rückstellungen für latente Steuern nach § 249 HGB, WPg 2012, Heft 7, Seite I; *Buddenbrock/Rathje,* Neubewertung von Pensionsverpflichtungen nach dem BilMoG: Risiko im Überschuldungsstatus nach § 19 InsO?, BB 2010, S. 1331; *Buettner/Lorson/Melcher,* Bilanzierung von Pensionsverpflichtungen und Planvermögen nach BilMoG, KoR 2009, S. 461; *Cisch/Kruip,* Baustelle Betriebsrentenanpassung im Konzern, NZA 2010, 540; *Döring/Weppler,* Betriebsrentenanpassung nach § 16 BetrAVG, BB 2009, S. 1403; *Drinhausen/Dehmel,* Zur Umsetzung der HGB-Modernisierung durch das BilMoG: Ansatz und Bewertung von Rückstellungen, DB 2009, Beil. 5, S. 46; *Endert,* Branchenspezifische Rückstellungen von Anlageberatern und Versicherungsmaklern, DB 2011, S. 2164; *Endert,* Bildung einer Rückstellung für Bestandspflege bei Versicherungsverträgen, DStR 2011, S. 2280; *Engel-Ciric/Moxter,* Das umstrittene Rückstellungskriterium der wirtschaftlichen Verursachung in der jüngeren Rechtsprechung, BB 2012, S. 1143; *Eppinger/Frick,* Bilanzierung von Urlaubsrückstellungen – Geltendmachung akkumulierter Ansprüche langzeiterkrankter Arbeitnehmer zeitlich begrenzt, DB 2012, S. 132; *Fey/Mujkanovic,* Außerplanmäßige Abschreibungen auf das FAV, WPg 2003, S. 212; *Fey/Deubert,* Bedingte Anschaffungskosten für Beteiligungen im handelsrechtlichen Jahresabschluss des Erwerbers, BB 2012, S. 1461; *Fey/Ries/Lewe,* Handelsrechtliche Bilanzierung von Pensionsverpflichtungen – Erfahrungen mit der BilMoG-Umstellung, BB 2012, S. 823; *Funk/Müller,* Produzenten- und Produkthaftungsrückstellungen nach HGB und IFRS, BB 2010, S. 2163; *Gohdes,* BilMoG und Pensionen: Können Unstimmigkeiten noch beseitigt werden?, KoR 2009, S. 187; *Gohdes,* Von der Kunst, Fair Value mit kaufmännischer Vernunft zu vereinen, BetrAV 2009, S. 89; *Groh,* Verbindlichkeitsrückstellung und Verlustrückstellung: Gemeinsamkeiten und Unterschiede, BB 1988, S. 27; *Groß/Matheis/Lindgens,* Rückstellung für Kosten des Datenzugriffs der Finanzverwaltung, DStR 2003, S. 921; *Haaker/Freiberg,* Pro &

Contra – Flexible Typisierung der Abschreibungsdauer des goodwill im Bil-RuG?, PiR 2014, S. 278; *Haaker*, Kritische Analyse ausgewählter Aspekte des Referentenentwurfs eines Bilanzrichtlinie-Umsetzungsgesetzes (BilRuG-RefE), StuB 2015, S. 11; *Hageböke*, Rückstellungen für „Mehrerlösabschöpfungen" bei Energieversorgungsnetzbetreibern, DB 2011, S. 1480 (Teil 1), S. 1543 (Teil 2); *Hagemann/Oecking/Wunsch*: Pensionsverpflichtungen nach dem BilMoG – und was das IDW dazu zu sagen hat, DB 2010, S. 1021; *Happe*, Urlaubsrückstellungen (nicht nur) bei abweichendem Wirtschaftsjahr, BBK 5/2010, S. 225; *Hausen*, Die Bilanzierung von Versorgungsverpflichtungen aus Sicht des Wirtschaftsprüfers, BetrAV 2010, S. 36; *Heger/Weppler*, Anmerkungen zur Bilanzierung betrieblicher Altersversorgung nach dem BilMoG-Gesetzentwurf, DStR 2009, S. 239; *Heger/Weppler,* Pensionsverpflichtungen bei Mitgliedschaft in einer Zusatzversorgungskasse: Bilanzierung nach HGB, IFRS und BilMoG-Entwürfen, BB 2008, S. 1383; *Herzig/Lieckenbrock*, Bilanzierung von Steuerrückstellungen nach BilMoG und IDW RS HFA 34, DB 2013, S. 409; HFA, Bericht über die 239. Sitzung des HFA am 4. und 5.3.2015, IDW-FN 2015, S. 236; HFA, Behandlung geringwertiger Wirtschaftsgüter nach dem Unternehmenssteuerreformgesetz, IDW-FN 2007, S. 506; HFA, Bericht über die 227. Sitzung des HFA am 29.2. und 1.3.2012, IDW-FN 2012, S. 321; HFA, Bilanzielle Behandlung von Defiziten auf Arbeitszeitkonten, IDW-FN 2009, S. 322; HFA, Bilanzielle Konsequenzen des Tarifvertrags zum flexiblen Übergang in die Rente (TV FlexÜ), IDW-FN 2009, S. 62; HFA, Pensionssicherungsverein: Auswirkungen des geänderten Betriebsrentengesetzes (BetrAVG) auf die Rechnungslegung nach HGB und IFRS, IDW-FN 2007, S. 108; HFA, Rückstellungspflicht für den ERA-Anpassungsfonds, IDW-FN 2004, S. 38, 305; HFA, Zu den Auswirkungen des BFH-Urteils I R 102/88 vom 13.11.1991 auf den handelsrechtlichen Jahresabschluss, WPg 1993, S. 183; HFA, Zur bilanziellen Behandlung von Leistungsverpflichtungen aus Vorruhestandsregelungen, WPg 1984, S. 331; HFA, Zur Bilanzierung von Rückstellungen für Jubiläumszuwendungen, WPg 1994, S. 27; *Hoberg*, Verlängerte AfA-Zeiträume: Ein großes Problem?, DB 2001, S. 347; *Höfer*, Sind rückgedeckte Versorgungszusagen handels- und steuerbilanziell eine Bewertungseinheit?, DB 2010, S. 2076; *Höfer/Hagemann*, Betriebliche Altersversorgung im Bilanzrechtsmodernisierungsgesetz (BilMoG), DStR 2008, S. 1747; *Höfer/Rhiel/Veit*, Die Rechnungslegung für betriebliche Altersversorgung im Bilanzrechtsmodernisierungsgesetz (BilMoG), DB 2009, S. 1605; *Hoffmann*, Voraussichtliche dauernde und/oder wesentliche Wertminderungen von börsennotierten Aktien im Portfoliobesitz, PiR 2008, S. 177; *Hoffmann/Lüdenbach*, Neues zur voraussichtlich dauernden Wertminderung des abnutzbaren Anlagevermögens, DB 2009, S. 577; S. 118; *Hoffmann*, „Rückstellungen für latente Steuern" im Standardisierungsgeflecht, DB 2012, Heft 18, S. M 1; *Hommel/Rößler*, Komponentenansatz des IDW RH HFA 1.016 – eine GoB-konforme Konkretisierung der planmäßigen Abschreibungen?, BB 2009, S. 2526; *Hommel/Schulte*, Schätzungen von Rückstellungen in Fast-Close-Abschlüssen, BB 2004, S. 1671; IDW, VFA zur Bewertung von Kapitalanlagen bei Versicherungsunternehmen, IDW-FN 2002, S. 667; *Inhofen/Müller-Dahl*, Rückstellungen für Abfindungen aus Sozialplan und Aufhebungsvertrag?, DB 1981, S. 1473 (Teil I) und 1525 (Teil II); *Jeske*, Bilanzierung von Pensionsverpflichtungen nach BilMoG, NWB

19/2009, S. 1404; *Johannleweling*, BilMoG aus Sicht der betrieblichen Altersversorgung, BetrAV 2008, S. 769; *Kammann*, Stichtagsprinzip und zukunftsorientierte Bilanzierung, Köln 1988; *Kanitz, Graf von*, Die Bedeutung der Rückstellungspflicht nach § 249 Abs. 1 Satz 1 HGB für den Ausweis passiver latenter Steuern – eine Bestandsaufnahme, WPg 2011, S. 895; *Karrenbrock*, Passive latente Steuern als Verbindlichkeitsrückstellungen – Diskussion der BStBK-Verlautbarung zum Ausweis passiver latenter Steuern in der Handelsbilanz, BB 2013, S. 235; *Kessler*, Die verlustfreie (Niederst-)Bewertung des Vorratsvermögens – ein Sammelbecken von Meinungen und Mißverständnissen, DStR 1995, S. 839; *Kessler*, Rückstellungen für schwebende Dauerbeschaffungsgeschäfte – Vorschlag einer begrenzt beschaffungsmarktorientierten Anspruchsbewertung, WPg 1996, S. 2; *Kessler*, Rückstellungen und Dauerschuldverhältnisse. Neue Ansätze zur Lösung aktueller Passivierungsfragen der Handels- und Steuerbilanz, Stuttgart 1992; *Kessler*, Rückstellungen und Dauerschuldverhältnisse, Neue Ansätze zur Lösung aktueller Passivierungsfragen in der Handels- und Steuerbilanz, Stuttgart, 1992; *Kessler*, Teilwertabschreibung und Wertaufholung in der Kreditwirtschaft nach dem Steuerentlastungsgesetz 1999/2000/2002, DB 1999, S. 2577; *Kessler/Ranker*, Zur Bemessung von Rückstellungen für Gewährleistungsverpflichtungen, StuB 2001, S. 325; *Kessler/Leinen*, Bestrittene Steuerschulden in der Bilanz nach IFRS und HGB, WPg 2013, S. 67; *Kompenhans/Devlin/Roß*, Erhöhung der Pensionsrückstellungen durch die Zinsschmelze, DB 2013, S. 297; *Künkele/Zwirner*, Komponentenansatz (component approach): Handelsrechtlicher Ersatz für weggefallene Aufwandsrückstellungen, Zeitschrift für Bilanzierung und Rechnungswesen 2009, S. 442; *Küting/Kessler*, Bilanzielle Auslagerung von Pensionsverpflichtungen nach HGB und den IFRS durch ein Contractual Trust Arrangement, DB 2009, S. 1717; *Küting/Kessler*, Rückbauverpflichtungen im Spiegel der nationalen und internationalen Bilanzierung, PiR 2007, S. 308; *Küting/Kessler*, Zur geplanten Reform des bilanzsteuerlichen Rückstellungsrechts nach dem Entwurf eines Steuerentlastungsgesetzes 1999/2000/2002, DStR 1998, S. 1937; *Küting/Kessler/Keßler*, Das Bilanzrechtsmodernisierungsgesetz (BilMoG): Moderne Bilanzierungsvorschriften für die betriebliche Altersversorgung? – Auswirkungen auf die bilanzielle Abbildung von Pensionsverpflichtungen deutscher Unternehmen, WPg 2008, S. 494; *Küting/Kessler/Keßler*, Der Regierungsentwurf des Bilanzrechtsmodernisierungsgesetzes (BilMoG-RegE): Zwei Schritte vor, ein Schritt zurück bei der bilanziellen Abbildung der betrieblichen Altersversorgung, WPg 2008, S. 748; *Küting/Kessler/Cassel/Metz*, Die bilanzielle Würdigung bestandsunsicherer Schadensersatzverpflichtungen nach IFRS und HGB, WPg 2010, S. 315; *Laubach/Kraus/Bonhofen*, Zur Umsetzung der HGB-Modernisierung duch das BilMoG: Die Bilanzierung selbst geschaffener immaterieller Vermögensgegenstände, DB 23/2009, Beil. 5,, S. 19; *Löcher/Sartoris*, Entwurf einer IDW-Stellungnahme zur handelsrechtlichen Bilanzierung von Altersversorgungsverpflichtungen – Klarheit und neue Fragen, BetrAV 2010, S. 45; *Löcher/Sartoris*, Die Auswirkungen des Bilanzrechtsmodernisierungsgesetzes (BilMoG) auf die Bilanzierung von Pensionsverpflichtungen, BetrAV 2008, S. 641; *Lorson/Toebe*, Konsequenzen des BilMoG für die Einheitsbilanz, BBK 2009, S. 453; *Lucius*, BilMoG nach der Verabschiedung des Gesetzes – Bewertung und Bilanzierung von Pensionsverpflichtungen in der Praxis, BetrAV 2009, S. 520; *Lucius/Veit*, Bilanzierung von Altersversorgungsverpflichtungen nach IDW ERS HFA 30, BB 2010, S. 235; *Lucius/Thurnes,* Bilanzierung von Altersversorgungsverpflichtungen in der HB nach IDW RS HFA 30, BB 2010, S. 3014; *Lüdenbach/Hoffmann,* Vergleichende Darstellung von Bilanzierungsproblemen des Sach- und immateriellen Anlagevermögens nach IAS und HGB, StuB 2003, S. 145; *Marx,* Aktuelle Entwicklungen in der steuerrechtlichen Gewinnermittlung„, StuB 2012, S. 291; *Maus,* Die Neuregelung der Bewertungsgrundsätze nach dem Bilanzrechtsmodernisierungsgesetz, Steuer und Studium 6/2010, S. 241; *Meier,* Bilanzierung betrieblicher Versorgungsverpflichtungen nach dem BilMoG, BB 2009, S. 998; *Melcher/Krucker,* „Iterative" Auswirkungen des BilMoG auf die Bilanzierung von Verteilungsrückstellungen bei Verwertungsgesellschaften, KoR 2009, S. 13; *Meyer-Schell/Zimmermann,* Die Neuregelung der Rückstellungsbilanzierung im Spiegel der betrieblichen Altersversorgung, StuB 2008, S. 18; *Moxter,* Die BFH-Rechtsprechung zu den Wahrscheinlichkeitsschwellen bei Schulden, BB 1998, S. 2464; *Mujkanovic,* BilRUG: Folgebewertung des selbsterstellten immateriellen Anlagevermögens und des Geschäfts- oder Firmenwerts, StuB 2014, S. 751; *Mujkanovic,* Die Bilanzierung des derivativen Geschäfts- oder Firmenwertes, StuB 2010, S. 167; *Mujkanovic,* Geringwertige Wirtschaftsgüter nach HGB und IFRS vor dem Hintergrund der Unternehmenssteuerreform 2008 und des BilMoG-E, StuB 2008, S. 25; *Müller,* Rückstellungen für passive Steuerlatenzen gem. § 249 Abs. 1 Satz 1 HGB, DStR 2011, S. 1046; *Münstermann/Gnändiger,* Drohverlustrückstellungen bei Serienaufträgen in der Automobilzulieferindustrie, PiR 2012, S. 110; *Münstermann/Gnändiger,* Fallstudie zu Drohverlustrückstellungen in der Automobilzulieferindustrie, PiR 2012, S. 137; *Neufang/Stahl,* Verbindlichkeiten und Rückstellungen im Kraftfahrzeughandel, StBp 2012, S. 187; *Oser,* Sonstige Rückstellungen nach BilMoG, StuB 2012, S. 571; *Oser/Wirtz,* Rückstellungsreport 2014, StuB 2015, S. 3; *Osterloh-Konrad,* Rückstellungen für Prozessrisiken in Handels- und Steuerbilanz – Kriterien der Risikokonkretisierung und ihre Anwendung auf die Prozesssituation, DStR 2003, S. 1631 (Teil I) und 1675 (Teil II); *Pellens/Sellhorn/Strzyz,* Pensionsverpflichtungen nach dem Regierungsentwurf eines BilMoG – Simulation erwarteter Auswirkungen, DB 2008, S. 2373; *Petersen/Bechtoldt/Krazeisen,* Teuerungsanpassung der Betriebsrenten 2010, DB 2010, S. 278; *Petersen/Zwirner/Boecker,* Nutzungsdauer eines Geschäfts- oder Firmenwertes, StuB 2011, S. 399; *Pollanz,* Praxisempfehlungen zur Ausgestaltung eines Rückstellungsspiegels nach dem BilMoG, DStR 2009, S. 1824; *Prinz,* Abschied vom subjektiven Fehlerbegriff für steuerbilanzielle Rechtsfragen – Anmerkungen zum BFH-Beschluss vom 31.1.2013, WPg 2013, S. 650; *Püttner,* Degressive AfA in Handels- und Steuerbilanz im Wandel der Zeit, BBK 2009, S. 938; *Reinhard/Luchtenberg,* Gut oder schlecht gezillmert – Die Anforderung des Betriebsrentengesetzes an gezillmerte Versicherungstarife, BB 2010, S. 1277; *Rhiel,* Der Entwurf des IDW zur Bilanzierung von Altersversorgungsverpflichtungen nach dem BilMoG, StuB Nr. 4/2010, S. 131; *Rhiel/Veit,* Auswirkungen des BilMoG bei der Bilanzierung von Pensionsrückstellungen, PiR 2009, S. 167; *Schipp,* Abschied vom Berechnungsdurchgriff, DB 2010, S. 112; *Schmidtmeier/Oser/Zajontz,* Sonstige Rückstellungen in der Bilanzierungspraxis mittelständischer Konzerne, IStR 2012, S. 1467; *Scholze/Wielenberg,* Der Ausweis von Zinseffekten bei der Folgebewertung von Rückstellungen, DBW 2012, S. 255; *Schustek,* Rückstellung für Nachbetreuungsleistungen bei Versicherungsvertretern / -maklern, DB 2015, S. 882; *Skoluda/ Meyer-Hollatz,* Einzelfragen zur handelsrechtlichen Bilanzierung von Verbindlichkeitsrückstellungen, StuB 2012, S. 343; *Stapf/Elgg*, Abzinsung von Rückstellungen nach dem BilMoG: Ermittlung und Bekanntgabe der Zinssätze durch die Deutsche Bundesbank, BB 2009, S. 2134; *Theile*, BilMoG: Bilanzierung von Generalüberholungen nach IFRS sowie nach HGB aF und nF, BBK 1/2009, S. 41; *Theile*, Bilanzrichtlinie-Umsetzungsgesetz, BBK 2014, S. 822; *Theile*, Der neue Jahresabschluss nach dem BilMoG, DStR 18/2009, Beihefter, S. 21; *Theile*, Der Regierungsentwurf zum Bilanzrichtlinie-Umsetzungsgesetz, BBK 2015, S. 133; *Theile*, Entwurf E-DRS 32: Immaterielle Vermögensgegenstände im Konzernabschluss, BBK 2015, S. 522; *Theile/Stahnke*, Bilanzierung sonstiger Rückstellungen nach dem BilMoG-Regierungsentwurf, DB 2008, S. 1757; *Urbahns*, Abschreibung und Nutzungsdauer von Windkraftanlagen und damit in Zusammenhang stehenden Wirtschaftsgütern in einem Windpark, StuB 8/2010, S. 302; *Vereinigung zur Mitwirkung an der Entwicklung des Bilanzrechts für Familiengesellschaften (VMEBF) e. V.*, Kritische Auseinandersetzung mit dem Reg-E eines BilMoG aus der Sicht von Familienunternehmen, KoR 2008, S. 362; *Waldmüller/Karwe*, Pensionsverpflichtungen bei Betriebsübergang nach Insolvenz: Berechnung der Verpflichtung, BB 2010, S. 879; *Weigel*, Das BilMoG und seine Auswirkungen auf die Bilanzierung von Zusagen der betrieblichen Altersversorgung, BetrAV 2008, S. 759; *Weigl/Weber/Costa*, Die Bilanzierung von Rückstellungen nach dem BilMoG, BB 2009, S. 1062; *Weinand/Oldewurtel/Wolz*, Rückstellungen nach BilMoG, KoR 2011, S. 161; *Weindl*, Niederstbewertung von bewussten Verlustprodukten, DB 2013, S. 353; *Wellisch/Machill*, Bilanzierung von Wertkonten nach dem BilMoG, BB 2009, S. 1351; *Wenk/Jagosch*, Personalmaßnahmen in der Krise – Bilanzielle Abbildung nach HGB und IFRS, DStR 2009, S. 1712; *Wiechers*, Geschäfts- oder Firmenwert im Handels- und Steuerrecht, BBK 2011, S. 735; *Wiechers*, Zulässigkeit planmäßiger Abschreibungen von einzelnen Komponenten von Sachanlagen nach HGB: Wahlrecht als Reaktion auf BilMoG, BBK 2009, S. 836; *Willeke*, Komponentenweise planmäßige Abschreibung von Sachanlagen in der HB: Anmerkungen zum IDW RH HFA 1.016, StuB 2009, S. 679; *Wüstemann/Koch*, Zinseffekte und Kostensteigerungen in der Rückstellungsbewertung nach BilMoG, BB 2010, S. 1075; *Wulf*, Bewertung von sonstigen Rückstellungen nach HGB und IFRS, PiR 2012, S. 117; *Zimmermann*, Der Entwurf des Bilanzrechtsmodernisierungsgesetzes – Auswirkungen auf die betriebliche Altersversorgung – aus Sicht der Wissenschaft, BetrAV 2008, S. 578; *Zimmermann/Meyer-Schell*, Die Änderungen der Regeln zur Pensionsbilanzierung im BilMoG-RegE, StuB 2008, S. 583; *Zülch/Hoffmann*, Die Bilanzierung sonstiger Rückstellungen nach BilMoG, StuB 10/2009, S. 369; *Zwirner/Künkele*, Rückstellungen für Betriebsprüfungen im Zusammenhang mit GDPdU, BRZ 2009, S. 113; *Zwirner/Künkele*, Übergangsvorschriften zur Anwendung der geänderten Regelungen des BilMoG – Bilanzpolitische Implikationen des Übergangs auf das neue Bilanzrecht, DB 2009, S. 1081.

# 1 Überblick

## 1.1 Inhalt

§ 253 HGB enthält die Bewertungsvorschriften für VG und Schulden und bildet damit einen Eckpfeiler der bilanzrechtlichen Bewertungsvorschriften.   1

Nach Abs. 1 Satz 1 sind VG zu **fortgeführten Anschaffungs- oder Herstellungskosten**, also unter Berücksichtigung planmäßiger und außerplanmäßiger   2

Abschreibungen sowie von Zuschreibungen, zu bewerten. Abweichend hiervon sieht Satz 4 eine **erfolgswirksame Zeitwertbewertung** für nach § 246 Abs. 2 Satz 2 HGB mit Schulden zu verrechnende VG (§ 246 Rz 102) vor.
Verbindlichkeiten sind zum Erfüllungsbetrag, Rückstellungen i. H. d. nach vernünftiger kaufmännischer Beurteilung notwendigen Erfüllungsbetrags anzusetzen (Satz 2). Durch die geforderte bilanzielle Vorwegnahme künftiger Preis- und Kostenentwicklungen (Rz 45) sowie die Abzinsung ungewisser Verbindlichkeiten mit einer Restlaufzeit von mehr als einem Jahr zielt auch die Bewertungsvorschrift für Rückstellungen näherungsweise auf einen Zeitwertansatz. Unmittelbar verwirklicht ist dieser in Satz 3 für bestimmte wertpapiergebundene Altersversorgungsverpflichtungen.

3   Abs. 2 präzisiert das **Abzinsungsgebot** für längerfristige **Rückstellungen**. Die Diskontierung erfolgt nicht mit einem Stichtagszins, sondern mit einem durchschnittlichen Marktzins der vergangenen sieben Gj (Satz 1). Aus Objektivierungsgründen stellt die Deutschen Bundesbank die relevanten Marktzinssätze nach Maßgabe der RückAbzinsV vom 18.11.2009[1] fest (Sätze 4, 5).[2] Die Abzinsungsregelung gilt sinngemäß für auf Rentenverpflichtungen beruhende Verbindlichkeiten, für die eine Gegenleistung nicht mehr zu erwarten ist (Satz 3). Aus **Vereinfachungsgründen** dürfen Rückstellungen für Altersversorgungsverpflichtungen oder vergleichbare langfristig fällige Verpflichtungen pauschal mit einem durchschnittlichen Marktzins für eine angenommene Restlaufzeit von 15 Jahren abgezinst werden.

4   Die Abs. 3–5 regeln die **Folgebewertung des Vermögens**. Das Bewertungsprogramm differenziert zwischen einzelnen Arten von VG und gilt **rechtsformübergreifend** für KapG und Nicht-KapG.

5   Die **Bewertungsvorgaben für das Anlagevermögen** (Abs. 3) sehen planmäßige Abschreibungen für abnutzbare VG (Sätze 1, 2) sowie außerplanmäßige Abschreibungen bei voraussichtlich dauernden Wertminderungen vor (Satz 3). Für Finanzanlagen besteht zudem ein Abschreibungswahlrecht bei voraussichtlich nicht dauernder Wertminderung (Satz 4).

6   Die **Niederstbewertung des Umlaufvermögens** (Abs. 4) erfordert Abschreibungen auf diese VG, wenn am Abschlussstichtag ein niedrigerer Börsen- oder Marktpreis oder ein niedrigerer beizulegender Wert vorliegt.

7   Fallen die Gründe für eine außerplanmäßige Abschreibung weg, besteht nach Abs. 5 ein allgemeines **Wertaufholungsgebot**, von dem der entgeltlich erworbene GoF allerdings ausgenommen ist.

## 1.2 Anwendungsbereich

8   Die Vorschriften zur Zugangs- und Folgebewertung gelten **sachlich** für alle Kfl., kraft expliziter Verweisung auch für Kreditinstitute und Finanzdienstleistungsinstitute (vgl. § 340a Abs. 1 HGB) und für VersicherungsUnt und Pensionsfonds (vgl. § 341a Abs. 1 HGB). Letztere haben jedoch die für sie geltenden geschäftszweigspezifischen Bewertungsgrundsätze und -bestimmungen (vgl. z. B. §§ 340e, 340f bzw. 341b-341h HGB) vorrangig zu beachten.

---

[1] Abrufbar unter http://www.gesetze-im-internet.de/bundesrecht/r_ckabzinsv/gesamt.pdf, letzter Abruf am 19.8.2015.
[2] Vgl. *Stapf/Elgg*, BB 2009, S. 2134.

Der mit dem MicroBilG eingefügte Satz 5 in Abs. 1 schließt eine Zeitwertbewertung von Deckungsvermögen bei KleinstKapG aus, wenn die Unt bestimmte für sie geschaffene Erleichterungen in Anspruch nehmen, indem sie
- ihren JA ohne Anhang aufstellen (vgl. § 264 Abs. 1 Satz 5 HGB; näher hierzu unter § 264 Rz 46) oder
- die Bilanz in verkürzter Form aufstellen (vgl. § 266 Abs. 1 Satz 4 HGB; näher hierzu unter § 266 Rz 13) oder
- die GuV in verkürzter Form aufstellen (vgl. § 275 Abs. 5 HGB; näher hierzu unter § 275 Rz 276) oder
- ihrer Offenlegungspflicht durch Hinterlegung der Bilanz beim Betreiber des BAnz nachkommen (vgl. § 326 Abs. 2 HGB; näher hierzu unter § 326 Rz 22).

In diesem Fall erfolgt die Bewertung der sich als Deckungsvermögen qualifizierenden VG zu AHK.

In **zeitlicher Hinsicht** war der mit dem BilMoG neu gefasste § 253 HGB erstmals für Gj anzuwenden, die nach dem 31.12.2009 begannen (vgl. Art. 66 Abs. 3 Satz 1 EGHGB). Eine freiwillige vorzeitige Anwendung für Gj, die nach dem 31.12.2008 beginnen, war zulässig, jedoch nur im Verbund mit allen in Art. 66 Abs. 3 Satz 1 EGHGB genannten Vorschriften (vgl. Art. 66 Abs. 3 Satz 6 EGHGB). **9**

Die Bewertung von **GoF** ist nur anzuwenden, soweit diese aus Erwerbsvorgängen in nach dem 31.12.2009 begonnenen Gj herrühren. Bei vorzeitiger Anwendung des BilMoG verschob sich auch dieser Zeitpunkt um ein Jahr nach vorne. **10**

Die in Abs. 1 Satz 5 angesprochenen Erleichterungen für KleinstKapG waren erstmals in JA und KA für nach dem 30.12.2012 liegende Abschlussstichtage anzuwenden (Art. 70 Abs. 1 EGHGB). Entsprechendes gilt für das an die Inanspruchnahme dieser Befreiungen anknüpfende Verbot der Zeitwertbewertung von Deckungsvermögen. **11**

### 1.3 Normenzusammenhang

§ 253 HGB konkretisiert die allgemeinen **Bewertungsgrundsätze** des § 252 HGB durch Bewertungsanweisungen für VG und Schulden. Diese Anweisungen verwenden unterschiedliche Bewertungsmaßstäbe, die teilweise an anderen Stellen des Gesetzes erläutert sind. **12**

Die zentralen Maßstäbe für die Zugangsbewertung, die **Anschaffungs- und Herstellungskosten**, sind in § 255 Abs. 1–3 HGB präzisiert. Den beizulegenden Zeitwert definiert § 255 Abs. 4 HGB. Zudem formuliert die Vorschrift Vorgaben für seine Ermittlung. Der Ansatz von nach § 246 Abs. 2 Satz 2 HGB mit Schulden zu verrechnenden VG über ihren (ggf. fortgeführten) Zugangswerten führt bei KapG zu einer **Ausschüttungssperre**, die nach § 268 Abs. 8 Satz 3 HGB zu ermitteln ist. **13**

Für die Umrechnung auf fremde Währung lautende VG und Verbindlichkeiten mit einer Restlaufzeit von maximal einem Jahr gilt das in § 253 Abs. 1 Satz 1 HGB enthaltene **Anschaffungswertprinzip** nach § 256a HGB nicht. Es ist ebenfalls bei Bewertungseinheiten nach § 254 HGB nur eingeschränkt zu beachten (zu Einzelheiten s. § 254 Rz 3). **14**

Die Auswirkungen bestimmter Bewertungsvorgänge nach § 253 HGB sind in der GuV gesondert anzugeben oder im **Anhang** zu erläutern. Das betrifft etwa außerplanmäßige Abschreibungen (vgl. § 277 Abs. 3 Satz 1 HGB), Aufwendun- **15** gen und Erträge aus der Abzinsung (vgl. § 277 Abs. 5 Satz 1 HGB) oder aus der Währungsumrechnung (vgl. § 277 Abs. 5 Satz 2 HGB) und die Nichtabschreibung von VG des FAV bei einer voraussichtlich nicht dauernden Wertminderung (vgl. § 285 Nr. 18 HGB).

Zur Erstanwendung und zu den Übergangsvorschriften der durch das BilMoG geänderten Vorschriften zur Zugangs- und Folgebewertung s. Kommentierung zur 2. Aufl.

## 2 Bewertungsgrundsätze (Abs. 1)

### 2.1 Bewertung von Vermögensgegenständen (Abs. 1 Satz 1)

16 Abs. 1 Satz 1 regelt die grundsätzliche Bewertung von VG nach Handelsrecht (zur Ausnahme bei saldierungspflichtigem Deckungsvermögen s. Rz 112). Die **Wertobergrenze** von VG bilden die AHK, vermindert um obligatorische Abschreibungen. Die AHK selbst sind in § 255 HGB definiert (§ 255 Rz 17ff., 77ff.).

17 Obligatorische Abschreibungen betreffen planmäßige Abschreibungen bei VG des AV (Rz 150) sowie außerplanmäßige Abschreibungen bei VG des AV und UV. Nach den rechtsformunabhängig ausgestalteten Bewertungsvorschriften zu außerplanmäßigen Abschreibungen und Wertaufholungen entspricht die **Wertuntergrenze** nahezu durchgängig der Wertobergrenze. Eine Ausnahme bilden VG des FAV, bei denen über die gebotenen Abwertungen hinaus Abschreibungen bei voraussichtlich nicht dauernden Wertminderungen vorgenommen werden können.

18 Die nachfolgende Übersicht zeigt die zu berücksichtigenden Regelungen des Niederstwertprinzips für AV (gemildert) und UV (streng):

Abb. 1: Niederstwertprinzip

Einzelheiten zu außerplanmäßigen Abschreibungen regeln Abs. 3 für das AV (Rz 210) und Abs. 4 für das UV (Rz 266).

## 2.2 Bewertung von Verbindlichkeiten (Abs. 1 Satz 2)

Verbindlichkeiten sind nach Abs. 1 Satz 2 mit dem **Erfüllungsbetrag** anzusetzen. Der Erfüllungsbetrag einer Verbindlichkeit bestimmt sich nach dem Betrag, der zur Begleichung der Verbindlichkeit aufzuwenden ist. In Geld zu erbringende Verbindlichkeiten sind mit dem Nennbetrag (zu Ausnahmen vgl. Rz 26) oder Rückzahlungsbetrag anzusetzen.

19

Der Erfüllungsbetrag einer Verbindlichkeit aus erhaltenen L&L beinhaltet auch die vom Gläubiger in Rechnung gestellte **Umsatzsteuer**. Erhaltene Anzahlungen sind demgegenüber netto zu bilanzieren. Die abzuführende Umsatzsteuer führt zum Ansatz einer Verbindlichkeit gegenüber dem Finanzamt. Bei der Nettobilanzierung bleibt es auch, wenn die Umsatzsteuer abgeführt ist. Scheitert das Geschäft, ist gegenüber dem Kunden zwar der Bruttobetrag zu erstatten. In Höhe des Umsatzsteueranteils wächst dem Unt. allerdings ein Rückerstattungsanspruch gegenüber dem Finanzamt zu. Solange keine Hinweise auf eine bevorstehende Rückabwicklung der empfangenen gegenseitigen Leistungen vorliegen, ist dieser rechtlich noch nicht entstandene Anspruch gegen das Finanzamt nach den Grundsätzen des Subunternehmerurteils des BFH[3] mit der Verbindlichkeit aus der erhaltenen Anzahlung zu verrechnen.

20

Verbindlichkeiten aus L&L, die unter Inanspruchnahme eines **Skontos** beglichen werden können, sind nach der Rechtsprechung des BFH zum ungekürzten Erfüllungsbetrag zu bewerten. Stammt die Verbindlichkeit aus dem Erwerb von VG, sind deren AK erst mit Inanspruchnahme des Skontoabzugs zu mindern. Begründen lässt sich diese Verfahrensweise mit dem Gebot, die AK im Zeitpunkt des Zugangs des VG zu bestimmen.[4] Die Entscheidung zur Zahlung unter Skontoabzug fällt regelmäßig später.

21

Die Praxis verfährt teilweise abweichend und bilanziert bei beabsichtigter Skontoinanspruchnahme Verbindlichkeit und ggf. VG unter Abzug des Preisnachlasses. Hiergegen bestehen keine Bedenken, wenn bereits im Zeitpunkt des Zugangs der Verbindlichkeit endgültig entschieden wird, den Skontoabzug wahrzunehmen.[5] Der erforderliche Nachweis kann über eine entsprechende Praxis in der Vergangenheit geführt werden. Eine abweichende tatsächliche Regulierung der Verbindlichkeit im neuen Gj schließt einen Skontoabzug aus.

In dem (seltenen) Fall eines Rückzahlungsdisagios umfasst der Erfüllungsbetrag nicht das **Rückzahlungsagio**.

22

> **Beispiel**
> Die A-GmbH nimmt am 1.1.01 ein Darlehen i.H.v. 100 auf, das vollständig ausgezahlt wird. Die Rückzahlung des Darlehens ist in einer Summe zum 31.12.03 vereinbart. Am Rückzahlungstag ist darüber hinaus ein Rückzah-

---

3 Vgl. BFH, Urteil v. 17.2.1993, X R 60/89, BStBl 1993 II S. 437.
4 Vgl. BFH, Urteil v. 27.2.1991, I R 176/84, BStBl 1991 II S. 456.
5 So auch *Schubert/Gadeck*, Beck Bil-Komm. 9. Aufl., § 255 HGB, Rz 63.

lungsagio i. H. v. 9 zu erbringen. Die vereinbarten Zinsen von 5 % sind jeweils zum Ende eines Kalenderjahrs fällig.

Die A-GmbH bilanziert am 1.1.01 eine Verbindlichkeit i. H. des Rückzahlungsbetrags von 100. Der am 31.12.03 zusätzlich geschuldete Betrag von 9 hat wirtschaftlich Zinscharakter. Er ist über die Laufzeit des Kreditverhältnisses verteilt zu erfassen. Das macht es erforderlich, die effektive Zinsbelastung aus der Verbindlichkeit zu ermitteln und den passivierten Darlehensbetrag jährlich um die (noch) nicht gezahlten Zinsen zu erhöhen. Unter Wesentlichkeits- und Wirtschaftlichkeitsgesichtspunkten kann eine lineare Verteilung des Rückzahlungsagios vertretbar sein. Die Buchungssätze lauten in diesem Fall:

| Datum | Konto | Soll | Haben |
|---|---|---|---|
| 1.1.01 | Guthaben bei Kreditinstituten | 100 | |
| | Sonstige Verbindlichkeit | | 100 |
| 31.12.01 | Zinsen und ähnliche Aufwendungen | 8 | |
| | Sonstige Verbindlichkeit | | 3 |
| | Guthaben bei Kreditinstituten | | 5 |
| 31.12.02 | Zinsen und ähnliche Aufwendungen | 8 | |
| | Sonstige Verbindlichkeit | | 3 |
| | Guthaben bei Kreditinstituten | | 5 |
| 31.12.03 | Zinsen und ähnliche Aufwendungen | 8 | |
| | Sonstige Verbindlichkeiten | 106 | |
| | Guthaben bei Kreditinstituten | | 114 |

23   Bei einem (ebenfalls eher selten anzutreffenden) **Auszahlungsagio** ist der Auszahlungsbetrag höher als der Rückzahlungsbetrag der Verbindlichkeit. Wirtschaftlich liegt darin eine Kompensation für die vom Schuldner während der Laufzeit des Darlehens zu leistenden (gemessen an der marktüblichen Verzinsung) erhöhten Zinszahlungen. Der Erfüllungsbetrag der Verbindlichkeit bestimmt sich in diesem Fall nach dem Rückzahlungsbetrag. Das darüber hinaus zugeflossene Auszahlungsagio ist als passiver RAP auszuweisen, der über die Laufzeit der Verbindlichkeit korrespondierend zu den Zinsaufwendungen aufzulösen ist.[6] Bei wesentlichen Beträgen muss die Auflösung des RAP nach der Effektivzinsmethode erfolgen.

24   **Zerobonds** sind vom Emittenten nur mit dem am Abschlussstichtag geschuldeten Betrag anzusetzen (Nettomethode).[7] Dieser berechnet sich als Summe aus Ausgabebetrag und bis zum Abschlussstichtag aufgelaufener Zinsschuld, ermittelt nach der kapitalabhängigen Effektivzinsberechnung.[8] Insofern erhöht sich der Erfüllungsbetrag dieser Verbindlichkeiten im Zeitablauf kontinuierlich.

25   **Fremdwährungsverbindlichkeiten** sind im Zugangszeitpunkt mit dem zum Devisenkassageldkurs in Euro umgerechneten Erfüllungsbetrag anzusetzen. Zur

---

[6] Vgl. Thiele/Kahling, in Baetge/Kirsch/Thiele, Bilanzrecht, § 253 HGB, Rz 87.
[7] Vgl. WP-Handbuch. Bd I, 14. Aufl., Abschn. E, Rz 586.
[8] Vgl. IDW, St/HFA 1/1986, Abschn. 2.

Wahrung der Bewertungskonsistenz mit der Folgebewertung ist auch eine Umrechnung zum Devisenkassamittelkurs zulässig. Die Folgebewertung regelt § 256a HGB. Danach sind Verbindlichkeiten mit einer Restlaufzeit von bis zu einem Jahr zum Devisenkassamittelkurs am Abschlussstichtag umzurechnen. Bei Fremdwährungsverbindlichkeiten mit einer Restlaufzeit von mehr als einem Jahr steht diese Umrechnungsanweisung unter dem Vorbehalt der Vereinbarkeit mit dem Realisationsprinzip gem. § 252 Abs. 1 Nr. 4 HGB (zu Einzelheiten s. § 256a Rz 16).

> **Beispiel**
> Ein Unt. hat am Abschlussstichtag eine Darlehensverbindlichkeit i.H.v. 1.500 TUSD, die in 18 Monaten fällig ist. Bei Aufnahme des Darlehens betrug der Wechselkurs 1,20 USD/EUR, sodass sich ein Zugangswert i.H.v. 1.250 TEUR ergeben hat. Am Abschlussstichtag beläuft sich der Wechselkurs auf 1,50 USD/EUR. Der Gegenwert der Verbindlichkeit in EUR beträgt damit 1.000 TEUR.
> Da es sich um eine Fremdwährungsverbindlichkeit mit einer Restlaufzeit von mehr als einem Jahr handelt, ist das Realisationsprinzip des § 252 Abs. 1 Nr. 4 HGB zu beachten (§ 256a Satz 2 HGB). Die Verbindlichkeit ist in der Bilanz mit ihrem Zugangswert von 1.250 TEUR anzusetzen.

Auch **unverzinsliche Verbindlichkeiten** sind mit dem Erfüllungsbetrag anzusetzen. Hiervon zu unterscheiden sind formal unverzinslich gestundete Verbindlichkeiten aus dem Erwerb von VG. Bei dieser Konstellation beinhaltet der geschuldete Betrag ein Gesamtentgelt für die erworbenen VG und die zusätzlich gewährte Kreditleistung. Dieses Gesamtentgelt ist nach dem Einzelbewertungsgrundsatz angemessen auf die beiden Leistungen aufzuteilen.[9]

26

> **Beispiel**
> Ein Unt. erwirbt am 31.12.01 eine Maschine zu einem Kaufpreis von 1.000, der in zwei Jahren fällig ist. Der vereinbarte Kaufpreis stellt bei wirtschaftlicher Betrachtung ein Gesamtentgelt dar, das die Gegenleistung für die Maschine und ein Entgelt für die Kreditgewährung umfasst. Die Aufteilung des Gesamtentgelts erfolgt üblicherweise durch Abzinsung des geschuldeten Nominalbetrags. Alternativ kann der Zinsanteil durch Vergleich des Barzahlungspreises mit dem kreditierten Kaufpreis ermittelt werden. Für die Abzinsung der Verbindlichkeit gilt die Vorschrift des § 253 Abs. 2 HGB nicht. Der Zinssatz ist vielmehr nach den Verhältnissen im Zeitpunkt des Entstehens der Schuld unter Berücksichtigung ihrer Fristigkeit und der Bonität des Schuldners zu bestimmen. Bei einem angenommenen Zinssatz von 4,0 % ermitteln sich AK für die Maschine von 924,6. In dieser Höhe ist zugleich eine Verbindlichkeit aus L&L anzusetzen.
> Der Differenzbetrag von 75,4 stellt einen verdeckten Zinsanteil dar. Er ist ratierlich über die Laufzeit der Kaufpreisstundung (2 Jahre) des Kreditverhältnisses nach der Effektivzinsmethode als Aufwand zu erfassen bei gleichzeitiger Aufstockung der Verbindlichkeit.

---

[9] Vgl. *Brösel/Olbrich*, in *Küting/Pfitzer/Weber*, HdR, HGB § 253, Rn 266, Stand 06/2010.

27 **Sachleistungsverbindlichkeiten**[10] sind Verpflichtungen zur Erbringung von Sach- oder Dienstleistungen und werden zumeist im Rahmen schwebender Absatzgeschäfte eingegangen, die grds. nicht zu bilanzieren sind (zu drohenden Verlusten aus solchen Geschäften s. § 249 Rz 153). Nicht durch Gegenleistungsansprüche kompensierte Sachleistungsverbindlichkeiten sind mit ihrem Erfüllungsbetrag i. H. der zur Begleichung der Schuld erforderlichen Aufwendungen anzusetzen. Anwendungsfälle für Sachleistungsverbindlichkeiten sind:
- **Tauschgeschäfte** (zur Bestimmung der AK bei Tauschgeschäften s. § 255 Rz 29),
- **Betriebsverpachtung:** Bei einer Betriebsverpachtung werden dem Pächter regelmäßig VG mit der Verpflichtung überlassen, bei Pachtende VG gleicher Art, Menge und Güte zurückzugeben.

> **Beispiel**
> In einem Betriebsverpachtungsvertrag hat sich der Pächter verpflichtet, das Vorratsvermögen zum Zeitpunkt der Beendigung des Pachtverhältnisses in gleicher Art, Menge und Güte zurückzugeben. Der Erfüllungsbetrag dieser Sachleistungsverbindlichkeit des Pächters bemisst sich nach den Wiederbeschaffungskosten im Zeitpunkt der voraussichtlichen Beendigung des Pachtvertrags.

28 Das vorstehende Beispiel macht deutlich: Bei Sachleistungsverbindlichkeiten kommt der Abgrenzung zwischen Verbindlichkeiten und Rückstellungen besondere Bedeutung zu (vgl. hierzu § 247 Rz 116). Während Rückstellungen nach § 253 Abs. 2 Sätze 1 und 2 HGB abzuzinsen sind, kommt ein Barwertansatz für Verbindlichkeiten grds. nicht in Betracht (zur Ausnahme von auf Rentenverpflichtungen beruhenden Verbindlichkeiten s. Rz 144). Würde die in dem obigen Beispiel dargestellte Sachleistungsverbindlichkeit als Verbindlichkeitsrückstellung beurteilt, weil Unsicherheiten bez. der Höhe der Sachleistungsverpflichtung bestehen, wäre diese mit dem notwendigen Erfüllungsbetrag anzusetzen, der entsprechend § 253 Abs. 2 HGB abzuzinsen ist (zur Problematik der Schätzung von Erfüllungszeitpunkten im Zusammenhang mit der gebotenen Abzinsung s. Rz 130).

29 Der Erfüllungsbetrag einer Verbindlichkeit ist zu jedem Abschlussstichtag neu zu bestimmen, da er sich z. B. durch **Wertsicherungsklauseln** verändern kann. Bei der Anpassung der Bewertung ist das Imparitätsprinzip zu beachten (vgl. § 252 Rz 84).

## 2.3 Bewertung von Rückstellungen (Abs. 1 Sätze 2 und 3)

### 2.3.1 Schätz- und Bewertungsmaßstab

30 § 253 Abs. 1 Satz 2 HGB enthält einen Schätzmaßstab und einen Bewertungsmaßstab für Rückstellungen. Alle passivierungspflichtigen Außen- und Innenverpflichtungen des Unt sind anzusetzen mit dem aus Sicht des Abschlussstichtags zu schätzenden **notwendigen Erfüllungsbetrag**. Das ist bei **Schuldrückstellungen** der zur Begleichung der ungewissen Verbindlichkeit bzw. zum Ausgleich eines Verpflichtungsüberschusses aus einem schwebenden Geschäft voraussichtlich auf-

---

[10] Zum Begriff vgl. ADS, 6. Aufl., § 253 HGB, Rz 118.

zubringende Betrag. Aufwandsrückstellungen sind mit dem Geldbetrag bzw. mit dem Geldwert der Aufwendungen anzusetzen, den das Unt. zur Erfüllung der ihnen zugrunde liegenden Innenverpflichtung im kommenden Gj wird aufwenden müssen (zum Ansatz von Innenverpflichtungen s. § 249 Rz 9).
Der Gesetzeswortlaut in § 253 Abs. 1 Satz 2 HGB legt den Schluss nahe, dass der „nach vernünftiger kaufmännischer Beurteilung notwendige Erfüllungsbetrag" den bereits abgezinsten Nominalbetrag der Verpflichtung darstellt. Dieses Begriffsverständnis wird im Folgenden zugrunde gelegt, d.h. unter dem notwendigen Erfüllungsbetrag wird der Buchwert der Rückstellung verstanden.[11]
Der notwendige Erfüllungsbetrag ist nach vernünftiger kaufmännischer Beurteilung zu schätzen. Dieser Schätzmaßstab schränkt das subjektive Ermessen des Bilanzierenden ein. Er fordert eine nachvollziehbare Rückstellungsbemessung, die im Einklang mit den am Abschlussstichtag vorliegenden Tatsachen sowie den stichtagsnachgelagerten wertaufhellenden Entwicklungen steht. Eine bewusste Über- oder Unterbewertung von Rückstellungen ist unzulässig.

### 2.3.2 Bewertungsobjekt

Nach dem **Einzelbewertungsgrundsatz** (vgl. § 252 Abs. 1 Nr. 3 HGB) sind „Schulden ... zum Abschlussstichtag einzeln zu bewerten". Diese Anweisung gilt auch für Rückstellungen. Die Schätzung des notwendigen Erfüllungsbetrags ist danach an den individuellen Merkmalen der zu passivierenden Verpflichtung auszurichten. Eine verpflichtungskompensierende Berücksichtigung von Vorteilserwartungen aus anderen Geschäften, Ereignissen oder sonstigen Umständen erlaubt der Einzelbewertungsgrundsatz nicht (zur gesetzlichen Ausnahmeregelung bei Bewertungseinheiten s. § 254 Rz 3).

Nach § 252 Abs. 2 HGB ist in begründeten Ausnahmefällen vom Einzelbewertungsgrundsatz abzuweichen. Anlass hierzu können zum einen Risiken aus einer Vielzahl gleichartiger Geschäftsvorfälle geben. Ist der daraus zu erwartende künftige Ausgabenanfall nur durch eine **Sammelbewertung** zuverlässig zu schätzen, ist die Rückstellung auf dieser Grundlage zu bemessen. § 240 Abs. 4 HGB lässt im Übrigen auch für Schulden eine Gruppenbewertung zu (§ 240 Rz 70).

> **Beispiel**
> Ein Bauträger hat in einem Neubaugebiet 30 Eigenheime errichtet. Bis zur Aufstellung des JA haben 5 Bauherren Mängel angezeigt und Nachbesserung verlangt.
> **Fall 1:** Nach den Erfahrungen der Vergangenheit machen rund 30 % der Bauherren innerhalb der Gewährleistungsfrist Ansprüche wegen teils größerer, teils kleinerer Baumängel geltend.
> **Fall 2:** Die Errichtung privater Eigenheime stellt ein neues Geschäftsfeld des Bauträgers dar. Verlässliche betriebliche Erfahrungen zur Höhe der zu erwartenden Aufwendungen für Nacharbeiten, Minderungen und Schadensersatzleis-

---

[11] So auch IDW RS HFA 34, Tz 17.

> tungen liegen nicht vor. Erhebungen für die Baubranche insgesamt gehen von durchschnittlichen Gewährleistungsaufwendungen i. H. v. 5 % der Umsätze aus. Für die bis zum Abschlussstichtag geltend gemachten Mängel sind Einzelrückstellungen zu bilden. Das darüber hinausgehende Risiko, aus abgenommenen und abgerechneten Bauleistungen in Anspruch genommen zu werden, ist durch eine pauschale Gewährleistungsrückstellung zu erfassen. Die Grundlage für die Bemessung dieser Rückstellung bilden in **Fall 1** die betrieblichen Erfahrungen der Vergangenheit. Zurückzustellen ist der Betrag der in Zukunft voraussichtlich noch zu erbringenden Gewährleistungsaufwendungen. Ausgangspunkt hierzu kann ein Prozentsatz der getätigten Umsätze sein. Der danach insgesamt zu erwartende Aufwand ist zu kürzen um die bereits angefallenen Gewährleistungsaufwendungen sowie um die im Wege einer Einzelrückstellung passivierten Beträge.[12]
>
> In **Fall 2** kommt die Bildung einer Rückstellung auf Basis der branchenmäßigen Erfahrungen in Betracht. Das setzt deren Übertragbarkeit auf die betrieblichen Verhältnisse beim Bauträger voraus. Das ist u. a. anhand der Art der Bauleistungen sowie der Gewährleistungszeiträume zu beurteilen.

34 Vom Einzelbewertungsgrundsatz kann auch dann abzuweichen sein, wenn eine ungewisse Verpflichtung durch einen Vermögensvorteil aus einer anderen Rechtsbeziehung kompensiert wird. Diese Voraussetzung ist bei **Rückgriffsansprüchen** dann erfüllt, „wenn
- sie derart in einem unmittelbaren Zusammenhang mit der drohenden Inanspruchnahme stehen, dass sie dieser wenigstens teilweise spiegelbildlich entsprechen,
- sie in rechtlich verbindlicher Weise der Entstehung oder Erfüllung der Verbindlichkeit zwangsläufig nachfolgen; die rechtliche Verbindlichkeit kann sich aus einer vorweg abgeschlossenen Vereinbarung (z. B. einem Versicherungsvertrag) oder aus gesetzlichen Haftungstatbeständen (z. B. einer unerlaubten Handlung) ergeben,
- sie vollwertig sind, d. h. vom Rückgriffsschuldner nicht bestritten werden; dieser muss von zweifelsfreier Bonität sein".[13]

35 Die ersten beiden Voraussetzungen laufen auf die Forderung nach einer **konditionalen Verknüpfung** von Verpflichtung und kompensierendem Anspruch hinaus. Die Vollwertigkeit des Rückgriffsanspruchs ist nur dem Grunde nach als Voraussetzung für eine kompensierende Betrachtung erforderlich. Die Bonität des Rückgriffsschuldners ist dagegen auf der Ebene der Verpflichtungsbewertung zu berücksichtigen.[14]

---

[12] Vgl. *Kessler/Ranker*, StuB 2001, S. 325; BFH, Urteil v. 30.6.1983, IV R 41/84, BStBl 1984 II S. 263.
[13] BFH, Urteil v. 17.2.1993, X R 60/89, BStBl 1993 II S. 440; IDW RS HFA 34, Tz 30.
[14] BFH, Urteil. v. 17.2.1993, X R 60/89, BStBl 1993 II S. 440 (im Original zum Teil gesperrt); bestätigt durch BFH, Urteil v. 3.8.1993, BStBl 1994 II S. 444 ff.; BFH, Urteil v. 8.2.1995, BStBl 1995 II S. 412; IDW RS HFA 34, Tz 30.

Eine gewisse (auch hohe) Wahrscheinlichkeit genügt für eine rückstellungsmindernde Berücksichtigung von Vorteilserwartungen nicht. Das gilt auch dann, wenn sie statistisch oder über Erfahrungswerte abgesichert ist.[15] Dazu das folgende Beispiel:

> **Beispiel**
> Eine Leasinggesellschaft hat 500 Pkw in unterschiedlichen Farben im Wege eines Mietleasing an private Endkunden vermietet. Die Fahrzeuge sind nach Ablauf der Leasingdauer von der Leasinggesellschaft zurückzunehmen. Nach den Erfahrungen der Vergangenheit geht sie davon aus, 70 % der zurückzunehmenden Pkw mindestens 2.000 über Buchwert veräußern zu können. Für die übrigen 30 % der Fahrzeuge erwartet die Leasinggesellschaft einen durchschnittlichen Veräußerungsverlust von 3.000 pro Pkw.
> Die Gesellschaft hat eine Drohverlustrückstellung i.H.v. 450.000 zu bilden (30 % von 500 × 3.000). Zwischen den gewinnbringenden und den verlustträchtigen Leasinggeschäften besteht keine konditionale Verknüpfung. Aus den Rücknahmevereinbarungen mag sich wahrscheinlichkeitstheoretisch kein Verlust ergeben. Allerdings folgen die Gewinne aus dem Verkauf zurückgenommener Fahrzeuge den entsprechenden Verlusten nicht zwangsläufig nach. Eine rückstellungsmindernde Berücksichtigung dieser Vorteile verbietet sich damit.[16]

Am Abschlussstichtag rechtlich entstandene Ansprüche sind zu aktivieren (Bruttobilanzierung).[17] Ihrer kompensatorischen Einbeziehung in die Rückstellungsbewertung steht das Verrechnungsverbot des § 246 Abs. 2 Satz 1 HGB entgegen. **36**

> **Beispiel**
> Fortsetzung des Beispiels in Rz 33
> Die Beseitigung der von den 5 Bauherren gerügten Mängel wird nach den Erwartungen des Bauträgers Aufwendungen von 200.000 verursachen. 80 % der Arbeiten wurden von Subunternehmern ausgeführt. Diese haben sich gegenüber dem Bauträger verpflichtet, etwaige Nacharbeiten wegen nicht ordnungsgemäßer Bauausführung kostenfrei vorzunehmen.
> Für die gerügten Mängel hat der Bauträger eine Rückstellung i.H.v. 200.000 zu bilden. Die Rückgriffsansprüche gegen die Subunternehmer sind rechtlich am Abschlussstichtag entstanden und daher unter dem Posten „Sonstige Vermögensgegenstände" zu aktivieren. Für die Bewertung des Rückgriffsanspruchs gelten die Grundsätze zur Forderungsbewertung sinngemäß.

### 2.3.3 Bewertungsstichtag

Nach § 252 Abs. 1 Nr. 3 HGB sind „Schulden ... zum Abschlussstichtag ... zu bewerten. Das darin zum Ausdruck kommende Stichtagsprinzip verlangt nach **37**

---

[15] A. A. BFH, Beschluss v. 21.8.2013, I B 60/12; BFH/NV 2014, S. 28, der für die Steuerbilanz unter Berufung auf § 6 Abs. 1 Nr. 3a Buchst. c EStG die kompensatorische Berücksichtigung von Kippgebühren als zukünftig zu erwartende Vorteile bei der Bewertung von Rekultivierungsrückstellungen für eine ausgebeutete Kiesgrube fordert.
[16] Vgl. IDW RS HFA 4, Tz. 26.
[17] Vgl. IDW RS HFA 34, Tz 33.

überwiegender Ansicht eine Wertbemessung nach den (objektiven) Verhältnissen am Abschlussstichtag. Wie hoch die ungewisse Verbindlichkeit tatsächlich ist, zeigen vielfach erst die stichtagsnachgelagerten Entwicklungen. Inwieweit diese bei der Bewertung zu berücksichtigen sind, ist umstritten.

38 Nach der hier vertretenen Auffassung ist wie folgt zu differenzieren: Soweit es um das **Bestehen oder Nichtbestehen einer Schuld** geht, ist zwischen (berücksichtigungspflichtigen) ansatzerhellenden und (bilanziell unbeachtlichen) ansatzbegründenden Umständen zu unterscheiden. Während ansatzerhellende Informationen bessere Erkenntnisse über die objektiven Vermögensverhältnisse am Abschlussstichtag vermitteln, sind ansatzbegründende Informationen Ausdruck einer nachträglichen Änderung des Schuldenstands (vgl. allgemein § 252 Rz 141). Letztere liegen immer dann vor, wenn durch Entwicklungen nach dem Stichtag neue Verpflichtungen begründet werden oder ursprünglich vorhandene Schulden wegfallen. Ein Beispiel für den erstgenannten Fall stellt die fortgesetzte Abbautätigkeit eines Gewinnungsbetriebs dar, durch die nach dem Abschlussstichtag zusätzliche Rekultivierungs(teil)verpflichtungen wirtschaftlich verursacht werden. Ein Ereignis, das zum nachträglichen Wegfall einer am Abschlussstichtag bestehenden Schuld führt, liegt in der Aufhebung eines zulasten des Bilanzierenden unausgewogenen Vertrags.[18] Entsprechendes gilt, wenn eine streitbefangene Verbindlichkeit nach dem Abschlussstichtag durch ein rechtskräftiges Urteil, durch den Verzicht des Gläubigers auf die Einlegung von Rechtsmitteln oder wegen eines mit dem Gläubiger geschlossenen Vergleichs wegfällt.[19]

39 Eine andere Beurteilung ergibt sich, soweit die Bemessung der **Rückstellungshöhe** eine subjektive Schätzung des Bilanzierenden erfordert. Sie hat nach den Erkenntnismöglichkeiten am Abschlussstichtag zu erfolgen. Eine Rückbeziehung bis zum Tag der Abschlusserstellung gewonnener Erkenntnisse unter dem Aspekt der Wertaufhellung kommt dann in Betracht, wenn diese am Abschlussstichtag objektiv verfügbar waren.[20] Eine zum Abschlussstichtag geforderte subjektive Wertschätzung wird indes durch Einbeziehung von Informationen über stichtagsnachgelagerte Entwicklungen nicht „richtiger". Vielmehr verschiebt sich der Bewertungszeitpunkt – entgegen der Anweisung des § 252 Abs. 1 Nr. 3 HGB – in die Zukunft. Die vom Großen Senat des BFH erfolgte Aufgabe des subjektiven Fehlerbegriffs[21] bezieht sich nur auf die Anwendung von Rechtsfragen, nicht aber auf tatsächliche Beurteilungen.[22] Soweit die Würdigung eines Sachverhalts nach dem am Abschlussstichtag erkennbaren Umständen zu einer vertretbaren Bewertung der anzusetzenden Rückstellung geführt hat, vermag der nachträgliche Geschehensverlauf daran nichts zu ändern.

40 Ob die vom Bilanzierenden der Rückstellungsbewertung zugrunde gelegte Einschätzung vertretbar war, kann gleichwohl nicht losgelöst vom weiteren Geschehensverlauf beurteilt werden. Diesem kommt vielmehr die Funktion eines Anscheinsbeweises zu. Sieht sich die Einschätzung durch die tatsächliche Entwicklung

---

[18] Vgl. BFH, Urteil v. 17.11.1987, BStBl 1988 II S. 430f.
[19] Vgl. BFH, Urteil v. 30.1.2002, BStBl 2002 II S. 688; BFH, Urteil v. 27.11.1997, BStBl 1998 II S. 375.
[20] Auch nach IDW RS HFA 34, Tz 14 sind wertaufhellende Erkenntnisse zu berücksichtigen.
[21] Vgl. BFH, Beschluss v. 31.1.2013, BStBl 2013 II S. 317.
[22] Vgl. zur Auswirkung des vom Großen Senat des BFH am 31.1.2013 getroffenen Beschlusses zur Aufgabe des subjektiven Fehlerbegriffs hinsichtlich der Anwendung von Rechtsfragen auf die Handelsbilanz: *HFA*, IDW-FN 2013, S. 358 sowie *Prinz*, WPg 2013, S. 650.

nach dem Abschlussstichtag bestätigt, spricht das für die Angemessenheit der Rückstellungsbewertung. Entwickeln sich die Dinge anders als vom Bilanzierenden erwartet, hat er darzulegen, warum der tatsächliche Geschehensverlauf aus der Perspektive des Abschlussstichtags nicht als überwiegend wahrscheinliches Szenario zu erwarten war. Dieser Beurteilungsansatz dient der Bilanzobjektivierung und begrenzt das subjektive Ermessen des Bilanzierenden.

> **Beispiel**
> Automobilhersteller A hat Erkenntnisse über Probleme mit der Hinterachse des neuen Mittelklassemodells. Nach den bisherigen Erfahrungen zeigen sich bei 15 % der ausgelieferten Fahrzeuge Ermüdungserscheinungen in der Aufhängung. Bei hoher Beanspruchung treten die Mängel innerhalb des Gewährleistungszeitraums auf, in der Mehrzahl der Fälle erst später. Im ersten Fall trägt A sämtliche Kosten der Reparatur, im zweiten Fall nur die Materialkosten. Auf dieser Basis rechnet A aus Sicht des Abschlussstichtags (31.12.01) mit künftigen Aufwendungen für Gewährleistung von 300 Mio.
> Nachdem das Kraftfahrtbundesamt im Januar 02 eine Untersuchung des Vorgangs eingeleitet hat, fordert es A im März 02 zu einer Rückrufaktion auf. Die zusätzlichen Kosten der Rückrufaktion veranschlagt A mit 50 Mio. Zudem erwartet A einen Anstieg der Gewährleistungsaufwendungen für Instandsetzungen von Hinterachsaufhängungen wegen eines steigenden Entdeckungsrisikos innerhalb des Gewährleistungszeitraums.
> Da die Verpflichtung zur Durchführung einer Rückrufaktion objektiv nach dem Abschlussstichtag entstanden ist, sind die Aufwendungen zum 31.12.01 nicht rückstellungsfähig. Die Gewährleistungsrückstellung für die Aufhängungsdefekte ist entsprechend dem (möglichen) Erkenntnisstand am Abschlussstichtag mit 300 Mio. anzusetzen. Auch die Erhöhung der Aufwendungen infolge der Rückrufaktion ist bei der Schätzung des Verpflichtungsumfangs zum 31.12.01 nicht zu berücksichtigen, da die zusätzliche Inanspruchnahme am Abschlussstichtag jenseits des möglichen Erkenntnishorizonts lag. Anders stellte sich die Situation dar, wenn das Kraftfahrtbundesamt bereits im Jahr 01 Untersuchungen eingeleitet hätte und mit der Anordnung einer Rückrufaktion zu rechnen gewesen wäre. Die tatsächlich ergangene Aufforderung im März 02 lieferte für diese mögliche Sicht der Dinge einen Anscheinsbeweis.

### 2.3.4 Schätzung des Verpflichtungsumfangs

#### 2.3.4.1 Annahme einer planmäßigen Erfüllung

Nach dem Grundsatz der Unternehmensfortführung (vgl. § 252 Rz 30) ist die Höhe einer Rückstellung unter der Annahme einer Erfüllung der ungewissen Verbindlichkeit entsprechend den betriebsindividuellen Planungen zu schätzen. Etwas anderes gilt, wenn von einer Fortführung der Unternehmenstätigkeit nicht auszugehen ist (vgl. hierzu § 252 Rz 35).

Dieser Bewertungsprämisse kommt dann Bedeutung zu, wenn der zur Erfüllung einer Schuld aufzuwendende Betrag vom Zeitpunkt ihrer Begleichung abhängt. Ursächlich hierfür können etwa inflationsbedingte Kostensteigerun-

41

gen bei Sachleistungsverpflichtungen oder nach einer Übergangsfrist zu beachtende strengere Auflagen bei Umweltschutzverpflichtungen sein. In derartigen Fällen ist der Verpflichtungsumfang nach den Verhältnissen im Zeitpunkt der voraussichtlichen Begleichung der ungewissen Verbindlichkeit zu schätzen. Das gilt auch dann, wenn die Schuld entgegen den betrieblichen Planungen bereits am Abschlussstichtag erfüllt werden könnte.

#### 2.3.4.2 Zu berücksichtigende Aufwendungen

42 Ungewisse **Geldleistungsverpflichtungen** sind mit dem Betrag anzusetzen, den das Unt voraussichtlich wird zahlen müssen, um die Schuld zu begleichen. Bei **Sachleistungsverpflichtungen** bemisst sich der Erfüllungsbetrag nach dem Wertverzehr für das Bewirken der geschuldeten Leistung. Das sind die der Erfüllungshandlung direkt oder im Weg einer Schlüsselung zurechenbaren **Vollkosten**.[23]

43 Orientierungsmaßstab für die Abgrenzung der zu berücksichtigenden Aufwendungen ist das Gebot des vollständigen Schuldenausweises. Danach sind alle Aufwendungen zurückzustellen, die das Unt in Kauf nehmen muss, um sich der Außenverpflichtung zu entledigen. Dazu gehören auch Fixkosten, wenn die betreffenden Kapazitäten nicht abgebaut werden können, ohne zusätzliche Aufwendungen zur Erfüllung der ungewissen Verbindlichkeit tätigen zu müssen. Das trifft etwa auf die planmäßigen Abschreibungen einer Halle zu, in der Gewährleistungen erbracht werden. Die Abschreibung des Verwaltungsgebäudes, in dem ausschließlich administrative Tätigkeiten verrichtet werden, ist dagegen nicht Teil der in die Rückstellung einzurechnenden Vollkosten. Die betreffenden Aufwendungen fallen nicht in Erfüllung einer Rechtspflicht an. Sie sind daher der Erfüllungshandlung auch nicht mittelbar zuzurechnen.

44 Ebenfalls nicht rückstellungsfähig sind vermeidbare Unterbeschäftigungskosten (**Leerkosten**). Dazu zählen Aufwendungen nicht genutzter Kapazitäten. Diese könnten abgebaut werden, ohne die Erfüllungshandlung zu beeinträchtigen. Die Eliminierung von Leerkosten bei Kapazitäten, die zur Erfüllung einer Sachleistungsverpflichtung eingesetzt werden, scheidet dagegen aus. Das gilt jedenfalls dann, wenn die gleiche Leistung unter Einsatz vorhandener Ressourcen nicht zu niedrigeren Kosten erbracht werden könnte. Eine Angemessenheitsprüfung, wie sie bei der Bewertung der vom Unt hergestellten VG obligatorisch ist, kollidiert auf der Passivseite mit dem Gebot des vollständigen Schuldenausweises. Es verlangt die Einbeziehung aller unvermeidbaren Aufwendungen in den Erfüllungsbetrag, unabhängig davon, ob diese für die Leistungserbringung notwendig sind oder nicht. Allerdings gibt eine signifikante Unterauslastung von Anlagegütern Anlass, eine außerplanmäßige Abschreibung der betreffenden VG zu prüfen. Sie reduziert ggf. die in die Rückstellung einzubeziehenden Aufwendungen auf ein normales Maß.

---

[23] Der in der Literatur zum § 253 HGB aF diskutierte Ansatz von Rückstellungen für Sachleistungsverpflichtungen zu Teilkosten lässt sich nach dem für die Bewertung selbst erstellter VG vorgeschriebenen Vollkostenansatz (§ 255 Abs. 2 HGB) auch nicht mehr sinngemäß aus der Herstellungskostenregelung ableiten. Er war nach der hier vertretenen Auffassung auch zum bisherigen HGB nicht mit der Zielsetzung der Rückstellungsbilanzierung vereinbar. GlA *Küting/Cassel/Metz*, in *Küting/Pfitzer/Weber*, Das neue deutsche Bilanzrecht, 2009, S. 328. Vgl. auch IDW RS HFA 34, Tz 21.

Die Vorgabe, Rückstellungen zum **notwendigen** Erfüllungsbetrag anzusetzen, macht es erforderlich, erwartete Steigerungen der Faktorpreise bis zum Zeitpunkt des Anfalls der Aufwendungen bei der Bewertung vorwegzunehmen. Darin liegt kein Bruch mit dem Stichtagsprinzip. Schulden sind „zum Abschlussstichtag ... zu bewerten" (§ 252 Abs. 1 Nr. 3 HGB). Diese Formulierung lässt zumindest Raum für einen Zugriff auf die künftigen Preise aus Sicht des Abschlussstichtags. Zudem trägt diese Verfahrensweise dem Zukunftsbezug des Bewertungsmaßstabs für Rückstellungen Rechnung. 45

Auch **rückläufige Preisentwicklungen** sind zu antizipieren. Der Einwand, in der Begründung zum BilMoG sei nur von Kostensteigerungen die Rede,[24] überzeugt nicht. Erklärtes Ziel der Gesetzesänderung war es klarzustellen, „dass die Höhe einer Rückstellung von den Preis- und Kostenverhältnissen im Zeitpunkt des tatsächlichen Anfalls der Aufwendungen – mithin der Erfüllung der Verpflichtung – abhängt". Auf diese Weise sollte „die Über- und Unterdotierung der Rückstellungen eingeschränkt" und die Darstellung der VFE-Lage „stärker als bisher den tatsächlichen (wirtschaftlichen) Verhältnissen angenähert werden".[25] Eine einseitige Berücksichtigung nur sich abzeichnender Preis- und Kostensteigerungen würde dieses Grundanliegen konterkarieren.[26] 46

Neben den am Abschlussstichtag feststehenden Faktorpreisänderungen bis zum Erfüllungszeitpunkt (z.B. aus abgeschlossenen Tarifvertragsabschlüssen) sind erwartete Änderungen im Mengen- und Preisgerüst einer Rückstellung zu berücksichtigen. Eine **Begrenzung** ergibt sich aus der gesetzlichen Anweisung, nur den nach vernünftiger kaufmännischer Beurteilung notwendigen Erfüllungsbetrag anzusetzen. Sie verlangt nach „ausreichende(n) objektive(n) Hinweise(n), die auf den Eintritt künftiger Preis- und Kostensteigerungen schließen lassen".[27] Diese Forderung trägt dem Gedanken der **Bilanzobjektivierung** Rechnung und gilt in gleicher Weise für die Schätzung des künftigen Mengengerüsts der Erfüllungshandlung. 47

Einen wichtigen Anhaltspunkt für erwartete Änderungen des Preisniveaus liefern vom bilanzierenden Unt ermittelte **Trends der Vergangenheit**.[28] Verfügt das Unt über keine dokumentierten eigenen Erfahrungswerte, bietet sich der Rückgriff auf Veröffentlichungen von Branchenverbänden oder anderer Institutionen an (z.B. Deutsche Bundesbank, Europäische Zentralbank, Institut für Wirtschaftsforschung, Institut für Weltwirtschaft).[29] Abweichungen zwischen den der Rückstellung zugrunde gelegten Erfahrungen des Unt und Branchentrends sind zu begründen.

Die **Trendprojektion** auf den Erfüllungszeitpunkt kann – je nach Bedeutung des Rückstellungssachverhalts – mehr oder weniger ausgefeilt erfolgen. Für wesentliche Verpflichtungen liegt es nahe, die Kostenentwicklung mittels einer Regressi-

---

24 So *Theile/Stahnke*, DB 2008, S. 1759; zustimmend *Schubert*, in Beck Bil-Komm. 9. Aufl., § 253 HGB,Rz 154; *Küting/Cassel/Metz*, DB 2008, S. 2318.
25 BilMoG-BgrRegE, S. 52, alle Zitate.
26 Im Ergebnis wie hier *Küting/Cassel/Metz*, in *Küting/Pfitzer/Weber*, Das neue deutsche Bilanzrecht, 2009, S. 327.
27 BT-Drucks. 16/10067, S. 52.
28 Vgl. IDW RS HFA 34, Tz 27.
29 Vgl. *Vereinigung zur Mitwirkung an der Entwicklung des Bilanzrechts für Familiengesellschaften e. V. (VMEBF)*, KoR 2008, S. 360.

onsanalyse zu bestimmen und fortzuschreiben. Das setzt allerdings die Verfügbarkeit hinreichend aussagekräftiger Vergangenheitsdaten voraus. Bei komplexeren Kostenstrukturen ist die Trendfortschreibung ggf. für einzelne Kostenarten (z.B. Personalkosten, Materialkosten) gesondert vorzunehmen. In anderen Fällen mag eine einfache Durchschnittsbildung genügen, die den Ausgangspunkt für die einheitliche Fortschreibung aller Kostenarten bildet.

48 Zu berücksichtigen sind ferner nur solche **Preis- und Kostenänderungen**, die vom Bilanzierenden nicht beeinflusst werden können und denen er sich somit nicht entziehen kann. Das betrifft nicht alle Kostenänderungen, die auf Entscheidungen des Bilanzierenden zurückgehen. Muss ein Unt aus faktischen Zwängen einen Anstieg des Verpflichtungsbetrags im Zeitablauf hinnehmen, ist dem bei der Rückstellungsbewertung Rechnung zu tragen. Faktisch nicht abwendbare Kostensteigerungen können etwa bei Personalrückstellungen aus zu erwartenden Lohn- und Gehaltsanpassungen resultieren, auf die das Unt aus Gründen des Betriebsfriedens nicht verzichten kann.

49 Nach dem Grundsatz der **Bewertungsvorsicht** (vgl. hierzu Rz 52ff.) sind an die Einbeziehung rückläufiger Kostenentwicklungen (z.B. aufgrund technologischen Fortschritts) in den Erfüllungsbetrag ungewisser Verbindlichkeiten tendenziell höhere Anforderungen zu stellen als an die Berücksichtigung von Kostensteigerungen.[30] Sind die erwarteten Kostenermäßigungen unsicher, hat die Bewertung auf Basis der Stichtagspreisverhältnisse zu erfolgen.[31] Entsprechendes gilt für erwartete Änderungen im Mengengerüst der Verpflichtung.

50 Die bei der Rückstellungsbewertung berücksichtigten Preis- und Kostentrends sind zu jedem Abschlussstichtag. zu überprüfen und ggf. an veränderte Verhältnisse anzupassen. Im Fall einer Trendkorrektur ist der Rückstellungsbetrag erfolgswirksam an die revidierte Schätzung des notwendigen Erfüllungsbetrags anzupassen. Einer teilweisen Auflösung einer Rückstellung infolge von Bewertungsänderungen steht auch nicht das Auflösungsverbot des § 249 Abs. 2 Satz 2 HGB entgegen, da dieses sich auf den Ansatz von Rückstellungen bezieht.[32]

51 Zur Bestimmung des Verpflichtungsumfangs für **drohende Verluste aus schwebenden Geschäften** s. § 249 Rz 146ff.

> **Beispiel**[33]
> Ein Unt hat für einen Mitarbeiter eine Urlaubsrückstellung zum 31.12.01 zu bilden. Sämtliche übrigen Mitarbeiter haben aufgrund entsprechender Betriebsvereinbarung bis zum Abschlussstichtag ihren Jahresurlaub 01 vollständig genommen. Der Mitarbeiter konnte aufgrund betrieblicher Erfordernisse 5 Urlaubstage nicht nehmen und kann diese gem. Vereinbarung mit der Personal-

---

[30] Vgl. hierzu *Münstermann/Gnädinger*, PiR 2012, S. 113, die den Einbezug erwarteten technologischen Fortschritts (Erfahrungskurveneffekte, Prozessverbesserungen) bei begründeter Erwartbarkeit fordern.
[31] Vgl. *Gelhausen/Fey/Kämpfer*, Rechnungslegung und Prüfung nach dem Bilanzrechtsmodernisierungsgesetz, Kap. I, Tz. 320.
[32] Vgl. IDW RS HFA 34, Tz 8.
[33] Vgl. weiterführend auch § 249 Rz 318.

abteilung bis zum 31.3.02 nachholen. Der Mitarbeiter hat in 01 ein monatliches Gehalt i. H. v. 3.000 erhalten. Er hat arbeitsvertraglich Anspruch auf 13 Monatsgehälter. Für Jubiläen werden jährlich 20 je Mitarbeiter der Jubiläumsrückstellung zugeführt. Ab dem 1.1.02 ist tarifvertraglich eine Gehaltserhöhung von 3 % sowie ab dem 1.7.02 von weiteren 2 % vorgesehen. Die Arbeitgeberanteile zur Sozialversicherung belaufen sich (inkl. Berufsgenossenschaftsbeiträgen) auf 22 %. Das Geschäftsjahr 02 hat 365 Kalendertage abzgl. 104 Wochenendtage und 10 Feiertage, sodass 251 Arbeitstage zur Verfügung stehen. Der Mitarbeiter hat für 02 einen Urlaubsanspruch von 30 Tagen. Im Durchschnitt der letzten 3 Jahre war er jährlich 6 Arbeitstage krank.

Versteht man die Verpflichtung des Arbeitgebers zur Gewährung von Urlaub mit der hM in der Literatur als Sachleistungsschuld, berechnet sich die Urlaubsrückstellung wie folgt:

Personalaufwand

- Gehalt ($13 \times 3.000 \times 1,03^{34}$) = 40.170
- Sozialversicherungsaufwand 22 % = 8.837
- Zuführung Jubiläumsrückstellung = 20
  = 49.027

Anzahl effektiver Arbeitstage in 02

- Tage Gesamtjahr = 365
- abzgl. Wochenenden = 104
- abzgl. Feiertage = 10
- abzgl. Urlaub 02 = 30
- abzgl. erwartete Krankheitstage 02 = 6
  215

Die Personalkosten je Tag belaufen sich auf 49.027/215 = 228. Bei 5 ausstehenden Urlaubstagen beläuft sich die Urlaubsrückstellung auf $5 \times 228 = 1.140$. Der BFH lässt demgegenüber nur die Passivierung des Urlaubsentgelts zu, das bei Erfüllung der Verpflichtung am Stichtag aufzuwenden wäre. Nach dieser Deutung der Urlaubsverpflichtung als Geldschuld sind nur die laufenden Lohn- und Gehaltsaufwendungen, die lohnabhängigen Nebenkosten (z.B. Sozialversicherungsanteil) und ein etwaiges Urlaubsgeld in die Rückstellung einzubeziehen. Die Bewertung erfolgt gem. § 6 Abs. 1 Nr. 3a Buchst. f EStG nach den Verhältnissen am Abschlussstichtag. Die sich nach diesen Grundsätzen ermittelnde Jahresvergütung ist – anders als nach der hM im Handelsrecht – nicht auf die tatsächlichen, sondern die regulären Arbeitstage der Mitarbeiter im Gj zu beziehen.

Angewendet auf den obigen Sachverhalt ermittelt sich die steuerliche Urlaubsrückstellung wie folgt:

---

[34] Da der Urlaub bis zum 31.3.02 nachzuholen ist, kommt lediglich die zum 1.1.02 anfallende Tariferhöhung, nicht jedoch die zum 1.7.02 erfolgende, zum Ansatz.

> Personalaufwand
>
> – Gehalt (13 × 3.000[35])                                    = 39.000
> – Sozialversicherungsaufwand 22 %                            =  8.580
>                                                              = 47.580
>
> Anzahl regulärer Arbeitstage in 02
> – Tage Gesamtjahr                                            = 365
> – abzgl. Wochenenden                                         = 104
> – abzgl. Feiertage                                           =  10
>                                                                251
>
> Es errechnen sich Personalkosten je Tag von 47.580/251 Tage = 190. Bei 5 ausstehenden Urlaubstagen beläuft sich die Urlaubsrückstellung auf 5 × 190 = 950.
> Beide Deutungen der Urlaubsverpflichtung erscheinen vertretbar. Die Bewertung der Rückstellung im JA hat in jedem Fall einheitlich als Geld- oder Sachleistungsschuld zu erfolgen.

### 2.3.4.3 Vorsichtige Bewertung

**52** Die Ermittlung des Erfüllungsbetrags von Rückstellungen kann in mehrfacher Hinsicht Schätzungen erfordern. Für die Vornahme von Schätzungen gilt das Prinzip der Bewertungsvorsicht als Ausprägung des allgemeinen Vorsichtsprinzips. Danach sind Rückstellungen **im Zweifel** eher zu hoch als zu niedrig zu bemessen. Die bewusste Überbewertung ungewisser Verbindlichkeiten ist dadurch allerdings nicht gedeckt. Ihr steht das Gebot der vernünftigen kaufmännischen Beurteilung entgegen.

Was vorsichtige Bewertung bedeutet, lässt sich nur in Abhängigkeit von der jeweiligen Bewertungssituation konkretisieren. Kann für einen künftigen Ausgabenanfall ein **Punktwert** mit hoher Wahrscheinlichkeit oder Sicherheit angegeben werden, ist dieser der Rückstellungsbewertung zugrunde zu legen. Das betrifft solche Verpflichtungen, die der Höhe nach bekannt sind, deren Entstehen dem Grund nach allerdings noch ungewiss ist. Beispiele sind Rückstellungen für voraussichtlich zu zahlende Vertragsstrafen, Urlaubsrückstellungen oder Steuerrückstellungen.[36] Das Prinzip der Bewertungsvorsicht wirkt sich bei diesen praktisch nicht aus.

**53** Entsprechendes gilt für Pauschalrückstellungen, denen eine **Mehrzahl gleichartiger Verpflichtungen** zugrunde liegt (z.B. Gewährleistungsrückstellungen, Jubiläums- und Gratifikationsrückstellungen). Sie sind i.H.d. **Erwartungswerts** der künftigen Ausgaben zu passivieren. Bei einem statistisch mit hoher Wahrscheinlichkeit zu erwartenden Ausgleich von Mehr- und Minderausgaben bei

---

[35] Da der Urlaub bis zum 31.3.02 nachzuholen ist, kommt lediglich die zum 1.1.02 anfallende Tariferhöhung, nicht jedoch die zum 1.7.02 erfolgende, zum Ansatz.
[36] Zur Problematik bestrittener Steuerschulden vgl. *Kessler/Leinen*, WPg 2013, S. 67.

einzelnen Verpflichtungstatbeständen verbietet sich die Einrechnung einer rückstellungserhöhenden Vorsichtskomponente. Etwas anderes gilt dann, wenn aufgrund einer zu geringen Grundgesamtheit das Risiko einer über den Erwartungswert hinausgehenden Inanspruchnahme nicht vernachlässigbar ist. Ob und, wenn ja, in welchem Umfang diesem Risiko durch eine zusätzliche Vorsichtskomponente Rechnung zu tragen ist, bedarf einer Entscheidung im Einzelfall.

Als problematisch erweist sich die Bewertung solcher Verpflichtungen, für die sich lediglich eine **Bandbreite möglicher Erfüllungsbeträge** angeben lässt. Zu denken ist etwa an Sachleistungsverpflichtungen (z. B. Rekultivierungs-, Instandsetzungs- und Erneuerungsverpflichtungen, Verpflichtungen zur Beseitigung von Umweltschäden, Entfernungs- und Entsorgungsverpflichtungen), bei denen Ungewissheit über die künftige Preis- und Kostenentwicklung besteht. Auch der Erfüllungsbetrag zahlreicher Geldleistungsverpflichtungen lässt sich vielfach nur relativ grob angeben. Das gilt bspw. für drohende Inanspruchnahmen aus Bürgschaften oder für Sozialplanverpflichtungen, die noch durch eine Betriebsvereinbarung konkretisiert sind. Die für derartige Verpflichtungen in der Kommentarliteratur angebotenen Bewertungsanweisungen sind in der Mehrzahl der Fälle wenig hilfreich. Wie soll etwa der Betrag mit der höchsten Eintrittswahrscheinlichkeit[37] bei Ungewissheit bestimmt werden? Die gleiche Frage stellt sich im Hinblick auf den alternativ vorgeschlagenen Erwartungswert aller möglichen Ausgabenbeträge, der ggf. um eine (wie auch immer zu bestimmende) Vorsichtskomponente zu erhöhen ist.[38] Bewertungsanweisungen dieser Art sind nur dann umsetzbar, wenn – z. B. aufgrund betrieblicher oder branchenspezifischer Erfahrungen – belastbare Wahrscheinlichkeiten vorliegen. Unter dieser Voraussetzung spricht viel für den Ansatz des wahrscheinlichsten Werts. Eine Nebenbedingung ist dabei zu beachten: Die Rückstellung darf nicht mit überwiegender Wahrscheinlichkeit unterdotiert sein. Aus diesem Grund ist bei singulären Verpflichtungen auch die Verknüpfung von Bestandsunsicherheit und Bewertungsfrage abzulehnen. Dazu die folgenden beiden Beispiele:

54

> **Beispiel 1**
> Ein Kunde hat einen Defekt des neu installierten Transportbands beanstandet. Nach der Fehlerbeschreibung sind 3 Ursachen denkbar, die unterschiedlich hohe Reparaturkosten verursachen und für die nach den betrieblichen Erfahrungen unterschiedliche Eintrittswahrscheinlichkeiten vorliegen: mechanischer Defekt des Antriebsmotors (10; 25 %), Überspannungsschaden in der elektronischen Antriebssteuerung (8; 35 %) oder fehlerhafter Steuerungs-Chip (3; 40 %).
> Der Ansatz des Betrags mit der höchsten Wahrscheinlichkeit (3) verletzt das Vorsichtsprinzip, da die Rückstellung mit einer Wahrscheinlichkeit von 60 % unterdotiert ist. Auch der Erwartungswert (6,5) hat diesen Mangel. Mindestens anzusetzen ist im vorliegenden Fall ein Betrag von 8. Aufgrund der geringen Abweichung zwischen den Wahrscheinlichkeiten für einen Defekt des Antriebsmotors (25 %) und einen Überspannungsschaden (35 %) ist auch der Ansatz der maximalen Reparaturkosten (10) vertretbar.

---

37 Vgl. *Schubert*, in Beck Bil-Komm. 9. Aufl., § 253 HGB, Rz 155.
38 Vgl. *ADS*, 6. Aufl., § 253 HGB, Rz 192.

> **Beispiel 2**
> Auf dem Betriebsgrundstück ist eine Altlast entdeckt worden. Es ist unklar, ob von ihr eine Gefährdung des Grundwassers ausgeht. Die Untersuchungen dauern im Aufstellungszeitpunkt des JA noch an. Sollte eine Gefährdungslage vorliegen, schätzt das Unt die Schadensbeseitigungskosten auf 500. Andernfalls sind während der Dauer des Fortbestehens des Betriebs keine Sanierungsmaßnahmen veranlasst. Nach der vorläufigen Einschätzung der Umwelttechniker ist mit überwiegender Wahrscheinlichkeit (ca. 60–80 %) von einer Grundwassergefährdung auszugehen.
> Die Umweltschutzrückstellung ist mit 500 anzusetzen. Eine Einbeziehung der Bestandsunsicherheit in die Bewertung und Bildung einer Rückstellung i. H. v. 300 (60 % von 500) bis 400 (80 % von 500) vermischt in unzulässiger Weise Ansatz- und Bewertungsfrage.[39]

55 Liegen keine nachvollziehbaren Wahrscheinlichkeitsschätzungen für diskrete Erfüllungsbeträge vor, ist zunächst die denkbare Bandbreite der möglichen Inanspruchnahmen des Unt zu bestimmen. Entsprechend der vom Gesetz geforderten vernünftigen kaufmännischen Beurteilung ist bereits auf dieser Stufe dem Vorsichtsprinzip Rechnung zu tragen, mithin im Zweifel eine eher ungünstige Entwicklung zu unterstellen. Die Einbeziehung extrem pessimistischer Schätzwerte, deren Eintritt sehr unwahrscheinlich ist, verbietet sich dagegen.[40] Sodann ist aus dem Schätzintervall der anzusetzende Rückstellungsbetrag auszuwählen. Sprechen nach Abwägung aller Argumente gute Gründe für den Eintritt eines bestimmten Szenarios, erscheint der Ansatz des bei dieser Entwicklung zu erwartenden Erfüllungsbetrags angemessen. Ist diese Voraussetzung nicht erfüllt oder kann der Bilanzierende sein Wahrscheinlichkeitsurteil nicht quantifizieren, ist nach dem Prinzip der Bewertungsvorsicht der am stärksten erfolgsmindernde Wert innerhalb des zuvor bestimmten Schätzintervalls anzusetzen.[41]

### 2.3.5 Höchstwertprinzip

56 Der Wertansatz von Rückstellungen ist zu jedem Abschlussstichtag zu überprüfen. Fraglich ist, inwieweit das Höchstwertprinzip die Anpassung des ursprünglich angesetzten Betrags an zwischenzeitlich eingetretene Entwicklungen oder neu gewonnene Erkenntnisse begrenzt. Hält man dieses Prinzip auf Rückstellungen für anwendbar, sind Rückstellungen mit ihrem Zugangswert oder dem höheren Abschlussstichtagswert zu passivieren.[42] Dies gilt jedenfalls solange, wie eine Wiederkehr der den Zugangswert der Schuld bestimmenden Faktoren bis zum Zeitpunkt ihrer Erfüllung möglich ist. Eine Teilauflösung von Rückstellungen für **Sachleistungsverpflichtungen** wegen gesunkener Lohn- oder Materialkosten kommt nach dieser Auffassung nicht in Betracht, wenn ein erneuter Preisanstieg bis zum Zeitpunkt der Erfüllung denkbar erscheint. Entsprechendes gilt für ungewisse **Verpflichtungen**, die **in fremder Währung** zu erfüllen sind. Auch ihr

---

[39] A. A. *ADS*, 6. Aufl., § 253 HGB, Rz 193.
[40] Vgl. auch IDW RS HFA 34, Tz 16.
[41] Vgl. *Kessler*, 1992, S. 415.
[42] So *Moxter*, BB 1989, S. 947.

Wertansatz ist nach dem Höchstwertprinzip wegen eines im Vergleich zum Zeitpunkt ihrer Ersterfassung gesunkenen Fremdwährungskurses nicht zu reduzieren. Nach einer anderen Auffassung soll das Höchstwertprinzip für Verbindlichkeits- und Drohverlustrückstellungen nicht gelten.[43] Diese seien vielmehr zu jedem Stichtag ohne Rücksicht auf ihren Wertansatz in der Vergangenheit neu zu bewerten, was ggf. ein Unterschreiten des Zugangswerts erforderlich mache. Begründet wird diese Auffassung mit der Auflösungsvorschrift des § 249 Abs. 2 Satz 2 HGB. 57

Den Gesetzesmaterialien ist keine klare Antwort auf diese Auslegungsfrage zu entnehmen. Zur Umrechnung von Fremdwährungsgeschäften heißt es in der Begründung zum BilMoG, Rückstellungen seien „an jedem Abschlussstichtag neu zu bewerten bzw. zu ermitteln und zum dann gültigen Devisenkassakurs umzurechnen. Die Restriktionen des § 252 Abs. 1 Nr. 4 und des § 253 Abs. 1 Satz 1 HGB gelten hier nicht".[44] Diese Formulierung deutet auf die Unbeachtlichkeit des Höchstwertprinzips für Rückstellungen hin. Dagegen scheinen die Ausführungen zum Diskontierungszins zu sprechen. Hier liest man, „die Anwendung eines unternehmensindividuellen Zinssatzes würde bei sinkender Bonität des Unt zu einem steigenden Abzinsungszinssatz und infolgedessen zu einer erfolgswirksam zu berücksichtigenden Verminderung des zurückgestellten Betrags führen". Das sei „mit dem Vorsichts- und Höchstwertprinzip nicht zu vereinbaren".[45] 58

Auch die Gesetz gewordene Abzinsungsregelung kann in Zeiten steigender Zinsen zu einer Teilauflösung in der Vergangenheit gebildeter Rückstellungen führen. Da der Gesetzgeber das in Kauf nimmt, scheint er seine Bedenken gegen eine vorbehaltlose Stichtagsbewertung aufgegeben zu haben. Ermittelt sich als Folge von Preis-, Zins- oder Währungsänderungen bzw. aufgrund eines geänderten Mengengerüsts der Verpflichtung ein niedrigerer Erfüllungsbetrag für eine ungewisse Verbindlichkeit, ist mithin eine Anpassung der Rückstellung ohne Rücksicht auf das Höchstwertprinzip veranlasst.[46] 59

Die aufgrund mehrerer neuerer BFH-Urteile[47] geführte steuerliche Diskussion für sog. angeschaffte Verbindlichkeitsrückstellungen wirft aus handelsrechtlicher Sicht die Frage auf, ob das Höchstwertprinzip auch dann nicht gelten soll, wenn sich der Zugangswert einer Rückstellung aus einer Transaktion mit Dritten ableitet. Sie wird insb. dann relevant, wenn ein Bilanzierender von einem anderen eine passivierungspflichtige ungewisse Verbindlichkeit übernimmt und dafür ein den notwendigen Erfüllungsbetrag nach § 253 Abs. 2 HGB übersteigendes Entgelt erhält. Soll auch hier das Höchstwertprinzip nicht gelten, wäre die mit ihren „Anschaffungskosten" eingebuchte Rückstellung bei unveränderter Datenlage zum nächsten Abschlussstichtag mit dem niedrigeren Wert nach § 253 Abs. 2 HGB anzusetzen und damit teilweise aufzulösen.

Diese Verfahrensweise ist insb. dann bedenklich, wenn die gesetzliche Bewertungsanweisung den sich im Transaktionspreis widerspiegelnden Marktwert der Verpflichtung verfehlt, weil – wie in der gegenwärtigen Situation zu beobachten – für die Barwertermittlung nach § 253 Abs. 2 HGB überhöhte

---

43 Vgl. WP-Handbuch. Bd I, 14. Aufl., Abschn. E, Rz 142.
44 Vgl. BilMoG-BgrRegE, S. 62.
45 Vgl. BilMoG-BgrRegE, S. 55.
46 So auch IDW RS HFA 34, Tz 8.
47 Vgl. BFH, Urteil v. 12.12.2012, I R 69/11, DStR 2013, S. 575 m.w.N.

historische Zinssätze zur Anwendung kommen. Unter diesen Vorzeichen führt die Teilauflösung der Rückstellung nicht nur zum Ausweis eines unrealisierten Gewinns, sondern zur Erfassung einer Vermögensmehrung, die sich voraussichtlich niemals einstellen wird. Näher liegt in diesem Fall mit dem BFH zu argumentieren, die Verpflichtung habe sich i. H. d. für ihre Übernahme erlangten Gegenleistung manifestiert. Von hier aus liegt es nahe, an der erfolgsneutralen Behandlung des Anschaffungsvorgangs so lange festzuhalten, bis sich ein etwaiger „Erwerbergewinn" verwirklicht hat.[48] Davon ist auszugehen, wenn die ungewisse Verpflichtung ganz oder teilweise wegfällt. Sieht man von dieser Möglichkeit ab, sollte ein Ertrag aus der Auflösung der Rückstellung nur in dem Maße vereinnahmt werden, wie sich im Zuge der Erfüllung der Verpflichtung niedrigere Aufwendungen ergeben. Demgegenüber dürfte mit dem Realisations- und Vorsichtsprinzip kaum zu vereinbaren sein, die Rückstellung mit Blick auf die vom Schuldner noch zu erbringenden Leistungen ertragswirksam aufzulösen. Dagegen spricht schon das insoweit fortbestehende Erfüllungsrisiko.

**60** Eine Änderung der Rückstellungsbewertung ist unzulässig, soweit sich die relevanten Bewertungsparameter im Vergleich zur letzten Bewertung nicht verändert haben. Das gilt sowohl für Bewertungsanpassungen nach unten als auch für solche nach oben. Die Änderung des Rückstellungsansatzes könnte in diesem Fall nur mit der Neuausübung eines Beurteilungsspielraums begründet werden. Ihr steht – soweit kein begründeter Ausnahmefall i. S. d. § 252 Abs. 2 HGB vorliegt (§ 252 Rz 137) – der Grundsatz der Bewertungsstetigkeit entgegen.

### 2.3.6 Ansammlungs- oder Verteilungsrückstellungen

**61** Der notwendige Erfüllungsbetrag einer ungewissen Verbindlichkeit kann – von einer etwaigen Abzinsung abgesehen – sofort in voller Höhe oder ratierlich über mehrere Berichtsperioden einer Rückstellung zuzuführen sein. Im letzteren Fall liegt eine Ansammlungs- oder Verteilungsrückstellung vor.
**Ansammlungsrückstellungen** sind zu bilden für ungewisse Verbindlichkeiten, die über einen längeren Zeitraum sukzessive anwachsen. Ursächlich für das Anwachsen der Leistungspflicht können Handlungen des Bilanzierenden (z. B. die fortgesetzte Ausbeutung eines Kiesgrundstücks bei Rekultivierungsverpflichtungen) oder einseitige Vorleistungen der anderen Partei bei gegenseitigen Verträgen, die zu einem zunehmenden Erfüllungsrückstand des Kaufmanns führen (z. B. die Erbringung von Arbeitsleistung bei Pensions- oder Jubiläumsrückstellungen) sein. Als wirtschaftlich verursacht und damit rückstellungspflichtig gilt in diesen Fällen nur jener Teil der Leistungspflicht, den der Schuldner aufgrund der bis zum Abschlussstichtag eingetretenen Sachverhaltsentwicklung einseitig nicht mehr abwenden kann und nicht durch noch ausstehende Gegenleistungen eines Dritten kompensiert wird.
Hiervon zu unterscheiden sind Verpflichtungen, die – obwohl sie durch einen Vorgang oder ein Ereignis unmittelbar in voller Höhe entstehen – durch eine

---

[48] GlA IDW. Berichterstattung über die 239. HFA-Sitzung, IDW-FN 2015, S. 237. Neben der auch vom HFA präferierten Lösung des BFH sind andere Formen der Verteilung des Erwerbsgewinns i. H. d. Differenz zwischen dem Transaktionspreis für die ungewisse Schuld und ihrem Wertansatz nach der gesetzlichen Bewertungsanweisung denkbar, so z. B. die Bildung eines passiven RAP, wenn die Voraussetzungen hierfür vorliegen.

ratierliche Rückstellungsdotierung über einen längeren Zeitraum erfasst werden. Beispiele sind Abbruch-, Entfernungs-, Rückbau- und bestimmte Entsorgungsverpflichtungen. Die verteilte Einbuchung ihres Erfüllungsbetrags lässt sich nicht mit dem Anstieg der Verpflichtung im Zeitablauf, sondern nur mit dem Realisationsprinzip erklären: Hiernach sollen die Erträge aus der Nutzung der zu beseitigenden Anlagen mit den Aufwendungen belastet werden, die der Bilanzierende zu ihrer Erzielung in Kauf nimmt. § 6 Abs. 1 Nr. 3a Buchst. d EStG spricht daher von Verpflichtungen, für deren Entstehen im wirtschaftlichen Sinne der laufende Betrieb ursächlich ist. In Abgrenzung zu den für im Zeitablauf anwachsende Verpflichtungen zu bildenden Ansammlungsrückstellungen werden die hier angesprochenen Rückstellungen als **Verteilungsrückstellungen** bezeichnet.[49]

Fraglich ist, wie die ratierliche Verteilung der Aufwendungen konkret zu erfolgen hat. Zumeist wird von einer gleichmäßigen Verursachung der Aufwendungen über die Verteilungsperiode auszugehen sein. Dabei bestehen zwei Möglichkeiten für die aufwandswirksame Verteilung des Erfüllungsbetrags über die gesamte Verteilungsperiode:[50]

- **Barwertverfahren**: Der auf das jeweilige Gj entfallende operative Aufwand entspricht jeweils dem mit dem aktuellen restlaufzeitadäquaten Zinssatz auf den Abschlussstichtag abgezinsten anteiligen Nominalwert der Verpflichtung. Der anteilige Nominalbetrag ergibt sich durch Division des gesamten voraussichtlichen Verpflichtungsumfangs durch die Anzahl der Gj, die auf die Verteilungsperiode entfallen. Das Barwertverfahren führt zu einem im Zeitablauf steigenden operativen Aufwand.
- **Annuitätenverfahren**: Zu jedem Abschlussstichtag wird unter Berücksichtigung des maßgeblichen restlaufzeitadäquaten Zinssatzes der Betrag ermittelt, der sich bei annuitätischer Verteilung des gesamten voraussichtlichen Verpflichtungsumfangs ergibt. Bei konstantem Zinssatz würde dieses Verfahren (auch bezeichnet als Gleichverteilungsverfahren) zu einem konstanten jährlichen operativen Aufwand führen.

Zur Illustration des zumeist angewandten Barwertverfahrens dient folgendes Beispiel (§ 249 Rz 192).

> **Beispiel**
> Ein Unt hat eine vertragliche Abbruchverpflichtung ab dem 1.1.01. Das Unt schätzt die nach 10 Jahren anfallenden Abbruchkosten unter Einbeziehung erwarteter Kostensteigerungen mit 50.000. Der nach § 253 Abs. 2 HGB anzuwendende Zinssatz wird während der Laufzeit der Verpflichtung als konstant angenommen und beträgt 2,0 %. Der Rückstellungsbetrag ist linear auf die Laufzeit zu verteilen und abzuzinsen. Hieraus ergibt sich bei Anwendung des Barwertverfahrens folgender Rückstellungsverlauf:

---

49 Vgl. hierzu *Kessler*, DStR 1996, S. 1437; IDW RS HFA 34, Tz 18.
50 Vgl. IDW RS HFA 34, Tz 19.

| Jahr | Erfüllungs-betrag | Vertei-lungs-quote | Sonstiger betriebli-cher Auf-wand | Zinsen und ähn-liche Auf-wendun-gen | Gesamt-aufwand | Rückstel-lung |
|---|---|---|---|---|---|---|
| 01 | 29.595 | 10 % | 4.184 | 0 | 4.184 | 4.184 |
| 02 | 31.371 | 20 % | 4.267 | 84 | 4.351 | 8.535 |
| 03 | 33.253 | 30 % | 4.353 | 171 | 4.523 | 13.058 |
| 04 | 35.248 | 40 % | 4.440 | 261 | 4.701 | 17.759 |
| 05 | 37.363 | 50 % | 4.529 | 355 | 4.884 | 22.643 |
| 06 | 39.605 | 60 % | 4.619 | 453 | 5.072 | 27.715 |
| 07 | 41.981 | 70 % | 4.712 | 554 | 5.266 | 32.981 |
| 08 | 44.500 | 80 % | 4.806 | 660 | 5.465 | 38.447 |
| 09 | 47.170 | 90 % | 4.902 | 769 | 5.671 | 44.118 |
| 10 | 50.000 | 100 % | 5.000 | 882 | 5.882 | 50.000 |
| | | Summe | 45.811 | 4.119 | 50.000 | |

Bei Anwendung des Annuitätenverfahrens ist der Erfüllungsbetrag von 50.000 in eine Annuität zu überführen. Sie ermittelt sich im Beispiel wie folgt: $50.000 \cdot i / ((1 + i)^n -1) = 50.000 \cdot 0,02 / (1,02^{10} -1) = 4.566$.
Die Abbruchrückstellung ist damit in jedem Jahr um einen sonstigen betrieblichen Aufwand von 4.566 sowie um die Verzinsung des jeweiligen Vorjahresbetrags zu erhöhen.

63 Wie das Beispiel zeigt, führt die Annuitätenmethode in den ersten Jahren zu höheren Rückstellungszuführungen als die Barwertmethode. Infolgedessen ergeben sich bis zum geplanten Erfüllungstag höhere Verpflichtungsbeträge. Das kann insb. mit Blick auf die steuerliche Gewinnermittlung erwünscht sein. Nach § 6 Abs. 1 Nr. 3a lit. d EStG sind Verteilungsrückstellungen in der Steuerbilanz „zeitanteilig in gleichen Raten anzusammeln". Dieser Wortlaut spricht dafür, die Annuitätenmethode als das steuerlich favorisierte Verteilungsverfahren anzusehen. Sie ermittelt vor Aufzinsung der Rückstellung jährlich konstante Zuführungsbeträge, während die Zuführungen bei Anwendung des Barwertverfahrens jährlich ansteigen. Kommt in der HB das Barwertverfahren zur Anwendung, könnten nach der von der Finanzverwaltung vertretenen Auslegung des Maßgeblichkeitsprinzips[51] die handelsrechtlichen Rückstellungswerte die steuerliche Bewertung limitieren, sofern der Unterschiedsbetrag zwischen Annuitätenmethode (Steuerbilanz) und Barwertmethode (HB) nicht durch eingerechnete Kostensteigerungen und den abweichenden Abzinsungszinssatz kompensiert wird.

64 Die der Rückstellungsbewertung zugrunde gelegten Annahmen (insb. Abzinsungszinssatz, Kostensteigerungen, Fälligkeit der Verpflichtung) sind zu **jedem Abschlussstichtag** zu überprüfen und ggf. anzupassen. Bspw. verlangt eine Zinssatzänderung bei Anwendung der Annuitätenmethode eine Neuberechnung der jährlichen Rückstellungszuführungen für die verbleibende Restlaufzeit. Ver-

---

[51] Vgl. R 6.11 Abs. 3 Satz 1 EStR.

kürzt sich der Verteilungszeitraum der Rückstellung, ist ihr der noch nicht angesammelte, aber wirtschaftlich verursachte Betrag sofort zuzuführen.[52] Bei einer Verlängerung des Verteilungszeitraums ist die Rückstellung um den Betrag aufzulösen, der bei einer von Anfang an über den verlängerten Zeitraum erfolgten Dotierung noch nicht zugeführt worden wäre (retrospektive Anpassung). Das vormals für die HB konstatierte Wahlrecht der Beibehaltung ist aufgrund der jüngsten BFH-Rechtsprechung aufgehoben worden.[53] Dass die Ausübung einer Mietvertragsverlängerungsoption gleichzeitig eine sachverhaltsgestaltende Maßnahme bei der JA-Erstellung sein kann, zeigt nachfolgendes Beispiel:

> **Beispiel**
> U hat zu Beginn des Jahrs 01 Umbauten in angemieteten Büroräumen vorgenommen, die nach Ablauf des Mietvertrags zurückzubauen sind. Der Mietvertrag hat eine Laufzeit von 10 Jahren. Die Aufwendungen für den Rückbau zum Ende des Mietvertrags schätzt U auf Basis der Kostenverhält-nisse am 31.12.01 auf 200.000. Die jährliche Kostensteigerung beläuft sich auf 3 %. Der handelsrechtliche Abzinsungszinssatz sei mit 2 % p.a. während der Laufzeit des Mietvertrags konstant.
> Am 31.12.09 wird der Mietvertrag um fünf Jahre bis zum 31.12.15 verlängert. Der nominelle Erfüllungsbetrag der Rückbauverpflichtung am Ende der ursprünglichen Laufzeit des Mietvertrags beträgt 260.955 (200.000 · 1,02$^9$). Die für den Rückbau anzusetzende Verteilungsrückstellung entwickelt sich vor Berücksichtigung der Mietvertragsverlängerung wie folgt:
>
> | Stichtag | Erfüllungsbetrag nominell | Zinssatz laut Bundesbank | Erfüllungsbetrag Barwert | Rückstellungsentwicklung | | |
> |---|---|---|---|---|---|---|
> | | | | | Stand 1.1. | Zuführung | Stand 31.12. |
> | 31.12.01 | 260.955 | 2,0 % | 218.355 | 0 | 21.836 | 21.836 |
> | 31.12.02 | 260.955 | 2,0 % | 222.722 | 21.836 | 22.709 | 44.544 |
> | 31.12.03 | 260.955 | 2,0 % | 227.177 | 44.544 | 23.609 | 68.153 |
> | 31.12.04 | 260.955 | 2,0 % | 231.720 | 68.153 | 24.535 | 92.688 |
> | 31.12.05 | 260.955 | 2,0 % | 236.355 | 92.688 | 25.489 | 118.177 |
> | 31.12.06 | 260.955 | 2,0 % | 241.082 | 118.177 | 26.472 | 144.649 |
> | 31.12.07 | 260.955 | 2,0 % | 245.903 | 144.649 | 27.483 | 172.132 |
> | 31.12.08 | 260.955 | 2,0 % | 250.821 | 172.132 | 28.525 | 200.657 |
> | 31.12.09 | 260.955 | 2,0 % | 255.838 | 200.657 | 29.597 | 230.254 |
> | 31.12.10 | 260.955 | - | 260.955 | 230.254 | 30.701 | 260.955 |
>
> Nach der zum Ende des Jahrs 09 vereinbarten Verlängerung des Mietvertrags um 5 Jahre ist die Rückstellung neu zu berechnen. Die Ermittlung des Wertansatzes zum Ende des Jahrs 09 erfordert dazu die Einrechnung von Kostensteigerungen in den nominellen Erfüllungsbetrag für weitere 5 Jahre und eine Abzinsung über 6 Jahre statt über 1 Jahr. Sodann sind 9/15 des Barwerts in die

---

[52] Vgl. IDW RS HFA 34, Tz. 20.
[53] Vgl. IDW RS HFA 34, Tz. 20; BFH, Urteil v. 2.7.2014, I R 49/12, BStBl. II 2014, S. 979.

Rückstellung einzustellen. In den Folgejahren ist die Rückstellung nach den allgemeinen Bewertungsregeln fortzuführen. Der ab dem Jahr 09 angepasste Rückstellungsverlauf ist nachstehend dargestellt.

| Stichtag | Erfüllungsbetrag nominell | Zinssatz laut Bundesbank | Erfüllungsbetrag Barwert | Rückstellungsentwicklung ||| 
|---|---|---|---|---|---|---|
| | | | | Stand 1.1. | Auflösung/Zuführung | Stand 31.12. |
| 31.12.09 | 302.518 | 2,0 % | 268.627 | 200.657 | -39.481 | 161.176 |
| 31.12.10 | 302.518 | 2,0 % | 274.000 | 161.176 | 21.490 | 182.667 |
| 31.12.11 | 302.518 | 2,0 % | 279.480 | 182.667 | 22.285 | 204.952 |
| 31.12.12 | 302.518 | 2,0 % | 285.069 | 204.952 | 23.104 | 228.056 |
| 31.12.13 | 302.518 | 2,0 % | 290.771 | 228.056 | 23.946 | 252.001 |
| 31.12.14 | 302.518 | 2,0 % | 296.586 | 252.001 | 24.812 | 276.814 |
| 31.12.15 | 302.518 | - | 302.518 | 276.814 | 25.704 | 302.518 |

Die Verlängerung des Mietvertrags führt zu einer ertragswirksamen Auflösung der Rückstellung um 39.481. Das entspricht rund einem Fünftel des bis zum Jahr 08 zugeführten Betrags. Steuerlich fällt die Rückstellungsauflösung deutlich höher aus, da die Rückstellung nach den Preis- und Kostenverhältnissen am jeweiligen Abschlussstichtag zu bewerten ist. Damit wird der die Verlängerung des Verteilungs- und Abzinsungszeitraums kompensierende Preissteigerungseffekt erst in der Zukunft wirksam.

### 2.3.7 Rückstellungen für Altersversorgungsverpflichtungen und vergleichbare langfristig fällige Verpflichtungen

#### 2.3.7.1 Begriffe

65 Im Zusammenhang mit der Bewertung von Rückstellungen verbinden § 246 Abs. 2 Satz 2 HGB und § 253 Abs. 1 und Abs. 2 HGB bestimmte Bewertungsvorschriften mit den Begriffen „**Altersversorgungsverpflichtungen**" und „**vergleichbar langfristig fällige Verpflichtungen**". Begriffsdefinitionen finden sich weder im Gesetz noch in der Gesetzesbegründung. Lediglich in der Gesetzesbegründung zu § 246 Abs. 2 Satz 2 HGB findet sich eine Aufzählung von Verpflichtungen, die der Gesetzgeber von diesen Begrifflichkeiten erfasst sieht. Danach zählen zu den Altersversorgungsverpflichtungen und vergleichbaren langfristig fälligen Verpflichtungen Pensionsverpflichtungen, Altersteilzeitverpflichtungen und Verpflichtungen aus Lebensarbeitszeitmodellen.[54]

66 Diese Begrifflichkeiten stehen in einem Spannungsverhältnis mit dem an anderer Stelle weiter verwendeten Begriff der **Pensionen und ähnlichen Verpflichtungen**. So schreiben § 266 Abs. 3 HGB den separaten Bilanzausweis von Rückstellungen für Pensionen und ähnliche Verpflichtungen und § 285 Nr. 24 HGB die Angabe der Bewertungsannahmen für Pensionen und ähnliche Verpflichtungen vor. Inhaltlich

---

[54] Vgl. BilMoG-BgrRegE, S. 48.

besteht zwischen den Begriffen „Altersversorgungsverpflichtungen" und „Pensionsverpflichtungen" Deckungsgleichheit.[55]

Entsprechend der ständigen Rechtsprechung des BAG sind dem Begriff der **Pensionen** alle Verpflichtungen aus Leistungszusagen eines Arbeitgebers aus Anlass des Arbeitsverhältnisses an einen Mitarbeiter zu subsumieren, die für die biologischen Ereignisse Alter, Invalidität oder Tod (§§ 1 Abs. 1 Satz 1, Abs. 2 i.V.m. 17 Abs. 1 Satz 2 BetrAVG) einen Versorgungsanspruch beinhalten. Mit Eintritt des den Versorgungsanspruch auslösenden biologischen Ereignisses endet rechtlich das Arbeitsverhältnis. Merkmale von Pensionen sind, dass diese versorgungshalber und ohne eine vom Empfänger zu erbringende Gegenleistung gezahlt werden. Zu den Pensionen zählen sowohl laufend zu zahlende Bezüge (Pensionen, Renten, Ruhegelder) als auch Einmalzahlungen (Kapitalzusagen). 67

Bezüglich des Begriffs der **vergleichbaren langfristig fälligen Verpflichtungen** erscheint vor dem Hintergrund des Gesetzeswortlauts fraglich, ob eine Vergleichbarkeit mit den Altersversorgungsverpflichtungen in zeitlicher oder in inhaltlicher Hinsicht gegeben sein muss. Die Vergleichbarkeit muss insb. in inhaltlicher Hinsicht gegeben sein, denn das Merkmal „vergleichbar" bezieht sich als Adjektiv auf die Verpflichtungen und nicht als Attribut auf langfristig fällig.[56] Demzufolge rechnen zu den vergleichbaren langfristig fälligen Verpflichtungen solche, die nicht bereits Altersversorgungsverpflichtungen i.S.v. § 1 Abs. 1 Satz 1 BetrAVG darstellen, die aber aufgrund des Vorliegens von biometrischen Risiken „vergleichbar" sind.[57] Zu den vergleichbaren langfristig fälligen Verpflichtungen rechnen daher **Vorruhestandsbezüge** und Verpflichtungen aus **Altersteilzeitvereinbarungen** (§ 249 Rz 51). In beiden Fällen handelt es sich nicht um Leistungszusagen, die der Arbeitgeber aus Anlass des Arbeitsverhältnisses gewährt, sondern um Leistungen aus Anlass zur (vorzeitigen) Beendigung der Arbeit. Gleiches gilt auch für **Übergangsgelder, Treuezahlungen, Abfindungen** oder **Auslandszuschläge**, wenn diese erst bei Eintritt eines biologischen Ereignisses fällig werden (§ 249 Rz 51). Verpflichtungen zur Zahlung von **Übergangsbezügen** und **Überbrückungsgeldern** werden ebenfalls den vergleichbar langfristig fälligen Verpflichtungen zugerechnet. Wegen Geringfügigkeit werden sie aber regelmäßig nicht bewertet.[58] Versorgungszusagen über laufende **Sachleistungen, Beihilfen zu Krankenversicherungsbeiträgen** oder die **Erstattung von Krankheitskosten** stellen ebenfalls vergleichbare langfristig fällige Verpflichtungen dar. Weitere Anwendungsfälle sind Jubiläumsverpflichtungen und Verpflichtungen aus Lebensarbeitszeitkonten. 68

Die Begriffsbestimmung der **(pensions-) ähnlichen Verpflichtungen** ist seit jeher diffus. Teilweise wird gemutmaßt, der Gesetzgeber hätte die Verpflichtung zur Zahlung von Vorruhestandsbezügen als pensionsähnliche Verpflichtung ansehen wollen.[59] Eine solche Einordnung wird in der Literatur jedoch über- 69

---

55 Vgl. IDW RS HFA 30, Tz 6.
56 Vgl. *Bertram/Johannleweling/Roß/Weiser*, WPg 2011, S. 2.
57 Vgl. IDW RS HFA 30, Tz 8; *Lucius/Veit*, BB 2010, S. 235.
58 Vgl. *Grottel/Rhiel*, in Beck Bil-Komm, 9. Aufl., § 249 HGB, Rz 154.
59 Vgl. *Grottel/Rhiel*, in Beck Bil-Komm, 9. Aufl., § 249 HGB, Rz 162.

wiegend abgelehnt, da es sich vielmehr um Abfindungszahlungen handelt.[60] Teilweise werden auch Überbrückungsgelder oder Pensionsverpflichtungen aufgrund betrieblicher Übung oder des Gleichbehandlungsgrundsatzes dem der pensionsähnlichen Verpflichtung subsumiert.[61] Im Allgemeinen wird in dem Begriff der (pensions-)ähnlichen Verpflichtungen jedoch ein Auffangtatbestand ohne praktische Relevanz gesehen.

#### 2.3.7.2 Altersversorgungsverpflichtungen

##### 2.3.7.2.1 Grundsatz

70 Bewertungsmaßstab für alle Rückstellungen ist nach § 253 Abs. 1 Satz 2 HGB der **nach vernünftiger kaufmännischer Beurteilung notwendige Erfüllungsbetrag** (Rz 30). Im Hinblick auf die Bestimmung des Erfüllungsbetrags unterscheidet § 253 Abs. 1 Satz 3 HGB bei den Altersversorgungsverpflichtungen zwischen **nicht wertpapiergebundenen** (Rz 72) und **wertpapiergebundenen** Verpflichtungen (Rz 93). Keine Unterschiede bei der Bewertung bestehen hinsichtlich des Bewertungsstichtags, der Berücksichtigung von biometrischen Wahrscheinlichkeiten und der Fluktuation.

71 Für beide Arten von Pensionsverpflichtungen stellt gem. § 252 Abs. 1 Nr. 3 HGB der Abschlussstichtag den **Bewertungsstichtag** dar. In der Praxis wird die Pensionsbewertung jedoch oftmals zwei bis drei Monate vor dem Abschlussstichtag nach Maßgabe der geschätzten Verhältnisse zu diesem Tag erstellt. Dieses in der Praxis etablierte Verfahren wird in der Regierungsbegründung im Wesentlichen nicht beanstandet. Etwas anderes soll nur dann gelten, wenn sich „zwischen der Erstellung eines Pensionsgutachtens und dem Abschlussstichtag Änderungen beim Mengengerüst oder den einzelnen zugrunde gelegten Bewertungsparametern ergeben, die zu wesentlichen Abweichungen führen".[62] Im Umkehrschluss billigt damit der Gesetzgeber gleichzeitig, dass nicht nur die Personalinventur zur Bestimmung des zugrunde zu legenden Mengengerüsts, sondern auch die Festlegung der Bewertungsannahmen einschließlich des Abzinsungssatzes (Rz 120) vorgezogen wird.[63] Änderungen, die zu wesentlichen Abweichungen führen, dürften sich hauptsächlich auf Änderungen des Mengengerüsts beschränken. Annahmen über langfristige Kostentrends unterliegen ebenso wenig kurzfristigen Schwankungen wie der siebenjährige Durchschnittszinssatz. Für wertpapiergebundene Pensionsverpflichtungen gilt die Vereinfachung nur für das Mengengerüst, nicht aber für die Bewertungsparameter (Rz 100).

##### 2.3.7.2.1.1 Nicht wertpapiergebundene Altersversorgungsverpflichtungen

72 Zu den wesentlichen Bewertungsannahmen gehört die Verwendung von **biometrischen Wahrscheinlichkeiten**. Eine Eigenschaft von Pensionsverpflichtungen ist es, dass die Leistungspflicht durch biologische Ereignisse wie Alter, Invalidität oder Tod ausgelöst wird. Die Eintrittswahrscheinlichkeiten dieser die Leistungs-

---

[60] Vgl. IDW RS HFA 30, Tz 9; *ADS*, 6. Aufl., § 249 Rz 116; *Grottel/Rhiel*, in Beck Bil-Komm. 9. Aufl., § 249 HGB, Rz 154; a. A. *Höfer*, in *Küting/Pfitzer/Weber*: HdR, HGB § 249, Rn. 605, Stand 06/2010.
[61] Vgl. *Ahrend/Förster/Rößler*, 8. Teil, Rz 13.
[62] BilMoG-BgrRegE, S. 55.
[63] Vgl. auch IDW RS HFA 30, Tz 65.

pflicht auslösenden Ereignisse sind nach den Regeln der Versicherungsmathematik zu bewerten. Entsprechend dem Gesetz der großen Zahlen wird der Risikoverlauf mit steigender Anzahl von Anspruchsberechtigten besser approximiert. Die zur Bewertung benötigten Wahrscheinlichkeiten unterliegen im Zeitlauf einem steten Wandel. Hinlänglich bekannt ist die konstante Erhöhung der Lebenserwartung. Die künftige Entwicklung der biometrischen Rechengrundlage ist angemessen zu berücksichtigen. Als Rechengrundlage sind nur solche **Statistiken** geeignet, die sich entweder auf die Gesamtheit aller Pensionsberechtigten bzw. -empfänger oder auf eine bestimmte Untergruppe aus dieser Gesamtheit beziehen. Die Verwendung von biometrischen Wahrscheinlichkeiten, die sich nur auf eine Untergruppe (z.B. chemische Industrie) beziehen, ist zulässig, wenn die zu bewertende Gesamtheit der entsprechenden Untergruppe zugerechnet werden kann. So eignen sich die **Sterbetafeln**, die sich nur auf privat Renten- und Krankenversicherte beziehen, nicht zur Bewertung eines Personalbestands, der auch Arbeiter einschließt, da Erstere im Durchschnitt eine höhere Lebenserwartung aufweisen. I. d. R. ist dem Bewertungserfordernis des § 253 Abs. 2 HGB Genüge getan, wenn für inländische Verpflichtungen die Richttafeln von K. Heubeck zugrunde gelegt werden.[64] Teilweise kann es angezeigt sein, diese durch entsprechende Zu- oder Abschläge für z.B. kürze oder längere Lebenserwartung zu modifizieren. Durch Zu- oder Abschläge können auch sich abzeichnende Veränderungen berücksichtigt werden, die noch keinen Eingang in die Richttafeln von K. Heubeck gefunden haben, da diese nicht jährlich aktualisiert werden. In der Praxis finden die Richttafeln von K. Heubeck im Allgemeinen jedoch ohne Modifikationen Anwendung. Gegen ein Abweichen von Heubeck-Tafeln sprechen auch steuerliche Gründe. Sollten die modifizierten Tafeln auch für die steuerliche Gewinnermittlung verwendet werden, ist im Zweifel detailliert darzulegen, inwieweit die modifizierten Tafeln die betrieblichen Verhältnisse zutreffender widerspiegeln als die Heubeck-Tafeln. Für im Ausland zu erbringende Verpflichtungen werden regelmäßig länderspezifische Sterbetafeln Verwendung finden. Bei unwesentlichem Umfang dieser Verpflichtungen können aber auch für diese Fälle die Richttafeln von K. Heubeck Verwendung finden.

**Beispiel**
Ein deutsches Unt hat den ersten zwei Führungsebenen seiner Mitarbeiter Pensionszusagen erteilt. Es handelt sich um 40 Berechtigte. Einer dieser Berechtigten ist Leiter der Zweigniederlassung in Frankreich und dort auch ansässig. Das Unt bewertet die Altersversorgungsverpflichtungen einheitlich unter Anwendung der Richttafeln von K. Heubeck. Die Tatsache, dass nur ein Berechtigter kein Inländer ist, führt zu keinen signifikanten Verwerfungen in den Bewertungsannahmen.
Etwas anderes müsste gelten, wenn z.B. die Hälfte der Berechtigten Inländer, die andere Hälfte Franzosen wären. Dann wären für die französischen Verpflichtungen die dortigen Sterbetafeln zu verwenden.

---

[64] Vgl. *Bertram/Johannleweling/Roß/Weiser*, WPg 2011, S. 6.

74 In gleicher Weise bedeutsam für die Bewertung von Altersversorgungsrückstellungen ist die Berücksichtigung der **Fluktuation**. Die Berücksichtigung von Fluktuationswahrscheinlichkeiten ist fester Bestandteil der Rückstellungsermittlung. Zwar war auch früher schon die Fluktuation in Abhängigkeit der individuellen Verhältnisse als Ausscheidenswahrscheinlichkeit zu berücksichtigen.[65] Oftmals wurden in der Praxis jedoch die aus der steuerlichen Bewertung nach § 6a EStG bekannten pauschalen Ansätze akzeptiert, wonach Rückstellungen erst ab Erreichen einer bestimmten, vom Datum der Zusage abhängigen Altersgrenze gebildet werden. Derartige pauschale Ansätze sind handelsbilanziell nicht mehr zulässig, sodass die Fluktuation bei der Ermittlung des notwendigen Erfüllungsbetrags als eigene Ausscheidensursache einzurechnen ist. Es wird sowohl auf Branchenwerte oder auf unternehmensspezifische Erfahrungswerte zurückgegriffen werden können.[66] Statistisch fundierte Auswertungen werden i.d.R. nicht vorliegen. Die Erfahrung aus der internationalen Bewertung zeigt jedoch, dass der exakten Abbildung der Fluktuation aufgrund ihrer geringen materiellen Auswirkungen in der Praxis keine allzu große Relevanz zukommt.[67]

75 Als weitere Bewertungsannahme ist bei Anwartschaftsverpflichtungen die **Altersgrenze** zu berücksichtigen. Neben der vertraglich oder gesetzlich vorgesehenen Altersgrenze können hier auch voraussichtliche Pensionierungsgewohnheiten zu berücksichtigen sein.[68] Zu beachten sind die Auswirkungen des BAG-Urteils vom 15.5.2012[69], mit dem das BAG eine in betrieblichen Versorgungsregelungen vor dem Rentenversicherungs-Altersgrenzenanpassungsgesetz vereinbarte Altersgrenze, die auf Vollendung des 65. Lebensjahrs abstellt, regelmäßig dahingehend auszulegen sei, „dass damit auf die Regelaltersgrenze in der gesetzlichen Rentenversicherung nach §§ 35, 235 Abs. 2 Satz 2 SGB VI Bezug genommen wird." Ob dieses Urteil generell auf vor dem Rentenversicherungs-Altersgrenzenanpassungsgesetz geschlossene betriebliche Versorgungsregelungen übertragbar ist, ist im jeweiligen Einzelfall unter Hinzuziehung arbeitsrechtlicher Experten zu beurteilen. Wurde bislang bei der Bewertung von Altersversorgungsverpflichtungen von einem Eintritt des Versorgungsfalls mit der Vollendung des 65. Lebensjahrs ausgegangen, sind vor dem Hintergrund der angesprochenen Rechtsprechung des BAG ggf. davon abweichende Regelungen der Bewertung der Rückstellungen zugrunde zu legen und die Rückstellung entsprechend ergebniswirksam anzupassen.[70]

> **Beispiel**
> Die Pensionszusage von Arbeitnehmern eines Unt legt den planmäßigen Beginn der Rentenzahlung mit dem Zeitpunkt des Erreichens des gesetzlichen Rentenalters fest. Ein früherer Rentenbezug ist unter Inkaufnahme von Abschlägen bei der Betriebsrente innerhalb gewisser Fristen möglich. In der

---

[65] Vgl. IDW, HFA 2/1988, WPg 1988, S. 403 ff.
[66] Vgl. IDW RS HFA 30, Tz 62.
[67] Vgl. *Lucius*, BetrAV 2009, S. 520.
[68] Vgl. IDW RS HFA 30, Tz 62.
[69] Vgl. BAG, Urteil v. 15.5.2012, 3 AZR 11/10, DB 2012, S. 1756.
[70] Vgl. HFA, IDW-FN 2013, S. 63.

> Vergangenheit haben die überwiegende Anzahl der Pensionsberechtigten von dem früheren Rentenbezug Gebrauch gemacht.
> Bei der Bewertung der Pensionsrückstellung ist der voraussichtlich frühere Rentenbeginn zu berücksichtigen.

Der Erfüllungsbetrag nicht wertpapiergebundener Altersversorgungsverpflichtungen ist mithilfe geeigneter **Bewertungsverfahren** zu ermitteln. Hinsichtlich des anzuwendenden **Bewertungsverfahrens** ergeben sich aus dem Gesetz keine Vorgaben. Das angewandte Verfahren muss lediglich dem Anspruch genügen, den nach vernünftiger kaufmännischer Beurteilung notwendigen Erfüllungsbetrag zu ermitteln. Da Altersversorgungsverpflichtungen sowohl hinsichtlich der Auszahlungszeitpunkte als auch der Höhe nach ungewiss sind, können diese nur nach versicherungsmathematisch statistischen Bewertungsverfahren unter Zugrundelegung angemessener Bewertungsparameter geschätzt werden. Im Allgemeinen müssen die Bewertungsverfahren den folgenden Anforderungen genügen:[71]  76

- Verpflichtungen, für die keine Gegenleistung mehr zu erwarten ist, sind mit ihrem Barwert anzusetzen. Dies betrifft laufende Pensionsverpflichtungen und unverfallbare Anwartschaften ausgeschiedener Pensionsberechtigter.
- Verpflichtungen, für die noch eine Gegenleistung erwartet wird, d.h. bei Versorgungsanwartschaften von noch aktiven Versorgungsanwärtern, sind nach einem Verfahren zu bewerten, das entsprechend dem Verlauf des Erdienens der Ansprüche zu einer betriebswirtschaftlich sachgerechten Mittelansammlung bis zum erwarteten Eintritt des Versorgungsfalls führt. Dies ist gegeben, wenn in Abhängigkeit von der Versorgungszusage das gewählte Verfahren den Pensionsaufwand verursachungsgerecht über den Zeitraum verteilt, über den der Versorgungsanwärter seine Leistung erbringt.

Das in § 6a EStG geregelte **steuerliche Teilwertverfahren** erfüllt diese Forderung nicht, da Mittelansammlung und Erdienensverlauf voneinander losgelöst werden. Hinzu kommt, dass das steuerliche Teilwertverfahren kein prospektives Verfahren ist. Bei der Ermittlung der Teilwertprämie wird nicht auf die tatsächlich realisierte Vergangenheit, sondern auf die ursprüngliche Erwartung abgestellt. Das steuerliche Teilwertverfahren stellt keinen handelsrechtlich zulässigen Wertansatz dar, da wesentliche Bewertungsparameter nicht berücksichtigt werden (Lohn-, Gehalts- und Rententrends; bzw. in pauschalierter Form Fluktuation sowie der Diskontierungszinssatz). Ein nach § 6a EStG ermittelter steuerlicher Teilwert einer Altersversorgungsverpflichtung kann auch keinen Mindestwert für die Handelsbilanz begründen.[72]  77

In jedem Fall anwendbar ist das international übliche **Anwartschaftsbarwertverfahren** (Projected-Unit-Credit-Methode). Nach den vorliegenden empirischen Ergebnissen hat sich dieses Verfahren handelsrechtlich durchgesetzt.[73] Die Schwächen des steuerlichen Teilwertfahrens lassen sich durch entsprechende Modifikationen zwar beheben.[74] Allerdings führt auch ein **modifiziertes bzw. versicherungsmathe-**  78

---

71 Vgl. IDW RS HFA 30, Tz 60.
72 A.A. *Höfer/Hagemann*, DStR 2008, S. 1748; *Höfer*, in *Küting/Pfitzer/Weber*: HdR, HGB § 249, Rn. 688, Stand 06/2010.
73 Vgl. *Herzig*, DB 2012, S. 1345; *Lange/Müller*, BilMoG Haufe HGB Bilanz Kommentar BilMoG Erfahrungsbericht, S. 177.
74 Vgl. *Engbroks*, BetrAV 2008, S. 568ff.

matisches **Teilwertverfahren** in solchen Fällen zu handelsrechtlich unzulässigen Wertansätzen, in denen die Verteilung der Verpflichtung über die gesamte aktive Dienstzeit aufgrund vertraglicher Regelungen nicht sachgerecht ist. Beispielsweise führt eine Berechnung nach dem Teilwertverfahren bei einer auf einer einmaligen Entgeltumwandlung beruhenden Versorgungsverpflichtung zu unzutreffenden Wertansätzen. Für das Anwartschaftsbarwertverfahren sprechen die internationale Anerkennung und Verbreitung sowie die Tatsache, dass gerade bei unverfallbaren Pensionsanwartschaften i. S. v. § 2 BetrAVG die dem Verfahren immanente zeitratierliche Erdienung zu einer zutreffenden Abbildung der Verpflichtung führt.[75]

79 In Bezug auf die Bewertung von nicht wertpapiergebundenen Altersversorgungsverpflichtungen sind insb. folgende Bewertungseffekte zu beachten: Berücksichtigung von Preis- und Kostensteigerungen (Rz 80), Normierung des Diskontierungszinssatzes (Rz 124) und verpflichtende Verrechnung mit VG, die ausschließlich der Erfüllung der Verpflichtungen dienen (Rz 112).

80 Die Anweisung, Rückstellungen nach § 253 Abs. 1 Satz 2 HGB mit dem „nach vernünftiger kaufmännischer Beurteilung notwendigen Erfüllungsbetrag" anzusetzen, verlangt die bilanzielle Vorwegnahme erwarteter **Preis- und Kostensteigerungen.** Eine strenge Stichtagsbewertung, wie sie das Steuerrecht vorsieht ist in der HB nicht zulässig.

81 In Bezug auf Pensionsverpflichtungen stellt sich die Frage, welche Preis- und Kostenentwicklungen zu berücksichtigen sind. Die Höhe des voraussichtlichen Erfüllungsbetrags und damit die zu berücksichtigenden Preis- und Kostenfaktoren hängen von der konkreten Ausgestaltung der Versorgungszusage ab. In Betracht kommen vor allem die Berücksichtigung von zukünftigen **Lohn-, Gehalts-** und **Rententrends.** Ausweislich der Regierungsbegründung sind künftige Preis- und Kostensteigerungen nur dann zu berücksichtigen, wenn „ausreichende objektive Hinweise für den Eintritt"[76] vorliegen. Mögliche Effekte aus Gesetzesänderungen (z.B. Erhöhung des Rentenalters oder von Gesundheitsreformen) sind erst nach Verabschiedung durch die gesetzgebenden Organe zu berücksichtigen.

82 Ein **Lohn- und Gehaltstrend** ist bei allen gehaltsabhängigen Pensionsanwartschaften zwingend zu berücksichtigen. Typisches Beispiel für gehaltsabhängige Anwartschaften sind die sogenannten Endgehaltszusagen. Bei ihnen errechnen sich die späteren Rentenansprüche nach der Höhe des letzten Gehalts. Zumindest bei nicht tarifgebundenen Arbeitnehmern steht es dem Unt zwar prinzipiell frei, über Gehaltserhöhungen zu entscheiden, gleichwohl wird es sich zukünftigen Gehaltserhöhungen nicht entziehen können. Das Unt befindet sich auf dem Arbeitsmarkt im Wettbewerb mit anderen Unt. Dieser wird u.a. über die Höhe des Gehalts ausgetragen. Der Schätzung des Erfüllungsbetrags ist folglich ein Lohn- und Gehaltstrend zugrunde zu legen. Auch die Entwicklung der Beitragsbemessungsgrenzen in der gesetzlichen Rentenversicherung ist als Bewertungsparameter zu berücksichtigen, wenn z.B. bei gehaltsabhängigen Versorgungszusagen der die Beitragsbemessungsgrenze übersteigende Teil des Gehalts stärker gewichtet wird.[77]

---

[75] Vgl. IDW RS HFA 30, Tz 61; *Lucius/Thurnes*, BB 2010, S. 3016.
[76] Vgl. BilMoG-BgrRegE, S. 52.
[77] Vgl. *Gelhausen/Fey/Kämpfer*, BilMoG, 2009, Abschn. I, Rz 69; *Bertram/Johannleweling/Roß/ Weiser*, WPg 2011, S. 6.

Ein **Rententrend** ist für gewöhnlich aufgrund **gesetzlicher Vorschriften oder** 83
**vertraglicher Vereinbarungen** zu berücksichtigen. So sehen gesetzliche Vorschriften oder vertragliche Vereinbarungen oftmals in regelmäßigen Abständen eine Erhöhung der laufenden Ansprüche wie auch der Anwartschaften zum Schutz gegen Preisinflation vor. Die vorgeschriebene Erhöhung kann bspw. in Abhängigkeit eines Preisindexes oder mit einem festgelegten Prozentsatz erfolgen. Der Erfüllungsbetrag schließt die periodischen Erhöhungen demzufolge mit ein. Dementsprechend sind gesetzlich oder vertraglich festgelegte Anpassungen bei der Bemessung der Verpflichtungshöhe zu berücksichtigen.[78]

Bezüglich gesetzlicher Regelungen betrifft dies insb. die Anpassung nach § 16 84
**BetrAVG.** § 16 Abs. 1 BetrAVG verpflichtet den Arbeitgeber, alle 3 Jahre eine Anpassung der laufenden Leistungen der betrieblichen Altersversorgung zu prüfen. Die Verpflichtung gilt nach § 16 Abs. 2 BetrAVG als erfüllt, wenn die Anpassung nicht geringer ist als die Höhe des Verbraucherindexes bzw. der Nettolöhne vergleichbarer Arbeitnehmer des Unt. Wenn, wie nach § 16 Abs. 2 BetrAVG die Höhe der Anpassung nicht fixiert ist, ist sie im Schätzweg zu ermitteln. Hierzu kann entweder eine Trendannahme aus Erfahrungswerten der Vergangenheit abgeleitet oder auf allgemeine Zielsetzungen wie die der Europäischen Zentralbank zurückgegriffen werden, die Inflation langfristig unter 2 % p.a. zu halten.[79]

Teilweise knüpfen Anpassungsvereinbarungen an das Vorhandensein einer aus- 85
reichenden Ertragslage des Unt an. Soweit die **Bedingung** gegenwärtig und in der jüngeren Vergangenheit erfüllt ist bzw. erfüllt war, ist für die Abschätzung des Erfüllungsbetrags auch der zukünftige Eintritt dieser Bedingung anzunehmen. Seitens des Unt besteht die bedingte Verpflichtung, die bereits erworbenen Versorgungsansprüche entsprechend anzupassen. Dieser Anpassungsverpflichtung kann sich das Unt nur bei einer unzureichenden wirtschaftlichen Lage entziehen. Inwieweit eine unzureichende wirtschaftliche Lage als dauerhafter Zustand angenommen werden kann, hängt einerseits von Vereinbarung und anderseits von der wirtschaftlichen Gesamtsituation des Unt ab. Im Allgemeinen wird man für Bewertungszwecke aber nicht per se unterstellen können, dass eine gegenwärtige unzureichende wirtschaftliche Lage auf Dauer anhält und so auf eine Berücksichtigung einer Anpassung verzichtet werden kann. Sofern in der Vergangenheit unterbliebene Anpassungen nachgeholt werden müssen, sind sie im entsprechenden Umfang zu berücksichtigen.

Auch die **gesetzliche Anpassungspflicht** nach § 16 Abs. 1 BetrAVG steht unter 86
dem Vorbehalt, dass es künftig wahrscheinlich möglich sein wird, die Erhöhung der Versorgungsbezüge aus den Wertzuwächsen des Unt und dessen Erträgen aufzubringen.[80] Die wirtschaftlichen Verhältnisse vor dem Anpassungszeitpunkt werden dabei regelmäßig als Indiz für die weitere Entwicklung des Unt gewertet.[81] Bei

---

78 Vgl. *Harth*, in *Kessler/Leinen/Strickmann*, BilMoG, 2. Aufl. 2010, S. 357.
79 Vgl. *Grottel/Rhiel*, in Beck Bil-Komm, 9. Aufl., § 249 HGB, Rz 195.
80 Vgl. BAG, Urteil v. 17.4.1996, 3 AZR 56/95; BAG, Urteil v. 23.10.1996, 3 AZR 514/95; BAG, Urteil v. 23.5.2000, 3 AZR 83/99; BAG, Urteil v. 23.1.2001, 3 AZR 287/00.
81 Vgl. BAG, Urteil v. 23.5.2000, 3 AZR 83/99; BAG, Urteil v. 23.4.1985, 3 AZR 156/83.

der Beurteilung der zukünftigen wirtschaftlichen Lage wird den Eigenkapitalgebern jedoch eine angemessene Rendite einschließlich eines Risikozuschlags für das unternehmerische Risiko zugebilligt.[82] Eine positive Einschätzung der zukünftigen wirtschaftlichen Situation (maßgebend ist der Zeitraum bis zum nächsten Anpassungszeitpunkt) ist allein jedoch nicht hinreichend für eine Anpassungspflicht nach § 16 Abs. 1 BetrAVG. Verluste aus Vorperioden können zu Substanzeinbußen oder zu einem erhöhten Investitionsbedarf geführt haben. Um nicht die wirtschaftliche Entwicklung des Unt und damit auch den Fortbestand von Arbeitsplätzen zu gefährden, sind zuerst die Verluste auszugleichen bzw. die erforderlichen Investitionen vorzunehmen.[83] Auch ist die zukünftige Ertragskraft eines eigenständigen Unt anders zu beurteilen, als die einer in einen Konzern eingebundenen Ges. In Abhängigkeit von der Art der Einbindung kann für die Einschätzung der wirtschaftlichen Leistungsfähigkeit diejenige des herrschenden Unt maßgeblich sein anstatt derjenigen der Tochtergesellschaft.[84] Ein sog. Berechnungsdurchgriff wurde nach ständiger höchstrichterlicher Rechtsprechung angenommen, wenn eine verdichtete Konzernverbindung bestand, d. h., es lag ein Beherrschungs- oder Ergebnisabführungsvertrag vor und die Leitungsmacht wurde tatsächlich zum Nachteil der beherrschten Gesellschaft ausgeübt.[85] Im Fall einer Beendigung des Beherrschungsvertrags hat das herrschende Unt das abhängige Unt grds. so auszustatten, dass dieses zur Anpassung der Betriebsrenten wirtschaftlich in der Lage ist.[86] Selbiges gilt, wenn Versorgungsverbindlichkeiten durch umwandlungsrechtliche Ausgliederung auf eine Rentnergesellschaft übertragen werden.[87]

**87** Für die Bewertung als unproblematisch erweisen sich Anpassungen, die vertraglich oder gesetzlich der Höhe nach fixiert sind. Um der allgemeinen Anpassungspflicht nach § 16 Abs. 1 BetrAVG Genüge zu tun, sehen Pensionszusagen oftmals gem. **§ 16 Abs. 3 BetrAVG** eine jährliche Erhöhung der Versorgungsbezüge um 1 % vor. Diese garantierte Anpassung kann nach § 30c Abs. 1 BetrAVG aber nur für Versorgungszusagen vereinbart werden, die nach dem 1.1.1999 erteilt wurden.

**88** Ungleich schwieriger zu beurteilen ist die Berücksichtigung von Anpassungen, wenn diese nicht gesetzlich oder vertraglich festgelegt sind, sondern auf **Ermessensentscheidungen** des Unt beruhen. Aufgrund der Möglichkeit des Unt, nach freiem Ermessen über Erhöhungen des Erfüllungsbetrags zu entscheiden, kann sich das Unt durch eine entsprechende Ermessensentscheidung einer höheren Verpflichtung entziehen. Insoweit scheint es fraglich, ob solche zukünftigen Kostenbestandteile bei der Rückstellungsbemessung einzurechnen sind. Eine Beantwortung wird zwar letztlich nur im konkreten Einzelfall

---

[82] Die angemessene Eigenkapitalverzinsung besteht aus einem Basiszins und einem Risikozuschlag. Der Basiszins entspricht der Umlaufrendite öffentlicher Anleihen. Der Risikozuschlag beträgt für alle Unt einheitlich 2 %; vgl. BAG, Urteil v. 23.5.2000, 3 AZR 146/99; BAG, Urteil v. 18.2.2003, 3 AZR 172/02.
[83] Vgl. BAG, Urteil v. 23.5.2000, 3 AZR 83/99; BAG, Urteil v. 23.5.2000, 3 AZR 146/99; BAG, Urteil v. 23.1.2001, 3 AZR 287/00; BAG, Urteil v. 18.2.2003, 3 AZR 172/02.
[84] Vgl. BAG, Urteil v. 17.4.1996, 3 AZR 56/95.
[85] Vgl. BAG, Urteil v. 14.12.1993, 3 AZR 519/93; BAG, Urteil v. 4.10.1994, 3 AZR 910/93; BAG, Urteil v. 18.2.2003, 3 AZR 172/02; möglicherweise a. A. BAG, Urteil v. 26.5.2009, 3 AZR 369/07; kritisch hierzu Cisch/Kruip, NZA 2010, S. 540; Schipp, DB 2010, S. 112.
[86] Vgl. BAG, Urteil v. 26.5.2009, 3 AZR 369/07.
[87] Vgl. BAG, Urteil v. 11.3.2008, 3 AZR 358/06.

möglich sein, aber als allgemeiner Maßstab wird das vergangene Verhalten des Unt heranzuziehen sein. Hat das Unt bspw. in der Vergangenheit die Versorgungszusagen regelmäßig freiwillig angepasst, könnte durch diese geübte betriebliche Praxis bei den Begünstigten eine berechtigte Erwartungshaltung bez. künftiger Anpassungen geweckt worden sein. In diesem Fall entsteht eine faktische Verpflichtung (§ 249 Rz 30) zur regelmäßigen Anpassung der Zusagen, die bei der Bewertung der bereits erworbenen Ansprüche zu berücksichtigen ist. Etwas anderes gilt, wenn das Unt in der Vergangenheit nur sporadisch, z. B. nach einem besonders erfolgreichen Gj, die Ansprüche angepasst hat. Hier fehlt es an ausreichenden objektiven Hinweisen, die eine Einbeziehung zukünftiger Anpassungen bei der Schätzung des voraussichtlichen Erfüllungsbetrags rechtfertigen.[88]

Die Berücksichtigung zukünftiger Karrieresprünge des Mitarbeiters erfolgt mittels eines sog. **Karrieretrends**, der als Zuschlag auf die angenommene Regelgehaltserhöhung berücksichtigt wird.[89]

Keine Berücksichtigung darf die Möglichkeit einer zukünftigen **Änderung der Versorgungsordnung, der Pensionsformel** oder die mit einer Beförderung bzw. Versetzung eventuell verbundene **Aufnahme in eine andere Versorgungsordnung** finden. Hierbei handelt es sich um singuläre, wertbegründende Ereignisse, die am Abschlussstichtag noch nicht eingetreten waren, sodass eine Berücksichtigung bei der Bemessung des Erfüllungsbetrags ausscheidet.

Die Bewertungsparameter werden in der betrieblichen Praxis nicht individuell für jede einzelne Altersversorgungsverpflichtung, sondern insgesamt für den Pensionsbestand bestimmt. In vielen Fällen wird es sachgerecht sein, bestimmte Gruppierungen vorzunehmen und für jede Gruppe individuelle Bewertungsparameter festzulegen. Beispielsweise erfolgt regelmäßig eine Trennung zwischen Anwartschaften und Rentenbeziehern, da bei Letzteren lediglich ein Rententrend, bei Ersteren dagegen darüber hinaus Lohn-, Gehaltstrends sowie ein Karrierezuschlag Berücksichtigung finden. Weitere Gruppierungen innerhalb der Anwartschaftsberechtigten sind häufig zweckmäßig (z.B. inländische und ausländische Verpflichtungen).

> **Beispiel**
> Die GmbH hat ihren Sitz in Frankfurt/Main sowie eine Niederlassung in Wismar. Pensionsberechtigte sind an beiden Standorten vorhanden. Da für Frankfurt/Main als starkem Wirtschaftsstandort am Abschlussstichtag von einer längerfristig positiven Wirtschaftsentwicklung mit entsprechenden Folgewirkungen auf das Lohn- und Gehaltsniveau auszugehen ist, während für Wismar eher zurückhaltende Erwartungen bestehen, ist es sachgerecht für beide Standorte unterschiedliche Lohn- und Gehaltstrends bei der Bewertung der Altersversorgungsverpflichtungen zu berücksichtigen.

Der Erfüllungsbetrag von Versorgungszusagen über laufende **Sachleistungen, Beihilfen zu Krankenversicherungsbeiträgen** oder die **Erstattung von Krank-**

---

[88] Vgl. *Harth*, in *Kessler/Leinen/Strickmann*, BilMoG, 2. Aufl. 2010, S. 358.
[89] Vgl. IDW RS HFA 30, Tz 54; *Bertram/Johanneweling/Roß/Weiser*, WPg 2011, S. 6.

**heitskosten** sind unter Zugrundelegung von Kostentrends zu bemessen. Der für ihre Erfüllung notwendige Betrag hängt unmittelbar oder mittelbar von der zukünftigen Kostenentwicklung ab.[90]

#### 2.3.7.2.1.2 Wertpapiergebundene Altersversorgungsverpflichtungen

93 § 253 Abs. 1 Satz 3 HGB stellt eine vereinfachte Bewertungsvorschrift für die sogenannten wertpapiergebundenen Altersversorgungsverpflichtungen dar. Die wertpapiergebundenen Pensionszusagen haben in der Unternehmenspraxis vermehrt Zuspruch gefunden, da die Unt immer weniger bereit sind, das biometrische Risiko aus Versorgungszusagen zu tragen. Die vereinfachende Bewertungsvorschrift dient zudem der Kostenreduzierung der Rechnungslegung, da für die Bewertung dieser Verpflichtungen keine kostenträchtigen Pensionsgutachten einzuholen sind.[91]

94 § 253 Abs. 1 Satz 3 HGB versteht unter wertpapiergebundenen Pensionszusagen Versorgungszusagen, deren Höhe sich ausschließlich nach dem beizulegenden Zeitwert von **Wertpapieren** i.S.d. § 266 Abs. 2 A.III.5 HGB zu einem bestimmten Zeitpunkt (z.B. der Eintritt des Versorgungsfalls) richtet; d.h. der Höhe der Verpflichtung korrespondiert mit dem beizulegenden Zeitwert der Wertpapiere. Die Ausschließlichkeit ist grundsätzlich zu verstehen, denn soweit die Zusage mit einem garantierten Mindestbetrag gekoppelt ist, ist dieser maßgeblich, wenn er höher ist. Der Erfüllungsbetrag der garantierten Mindestleistung ist nach den allgemeinen Regeln zur Bewertung von Pensionsverpflichtungen zu bestimmen; d.h. der Mindestbetrag als Erfüllungsbetrag der Garantieleistung unterliegt dem Abzinsungsgebot des § 253 Abs. 2 HGB.[92] Der beizulegende Zeitwert der Wertpapiere ermittelt sich gem. § 255 Abs. 4 HGB.

95 Der Gesetzgeber nennt in der Gesetzesbegründung zwar namentlich Fondsanteile, Aktien, Schuldverschreibungen als Referenzobjekte für wertpapiergebundene Leistungszusagen. Der Verweis auf § 266 Abs. 2 Posten A.III.5 HGB (§ 266 Rz 60) stellt jedoch klar, dass **alle Wertpapiere**, die unter diesem Posten auszuweisen sind, als Referenzobjekt für wertpapiergebundene Altersversorgungszusagen i.S.v. § 253 Abs. 1 Satz 3 HGB in Betracht kommen, d.h. bspw. auch

- Pfandbriefe,
- Industrie- und Bankobligationen,
- Kommunalobligationen,
- Anteile an offenen Immobilienfonds,
- Genussscheine,
- Wandelschuldverschreibungen,
- Optionsscheine.

96 Keine Wertpapiere stellen demgegenüber **GmbH-Anteile** dar, da hier keine Verbriefung vorliegt. Durch die Beschränkung auf Wertpapiere reduziert der Gesetzgeber die bei nur schwer fungiblen Vermögenswerten bestehende „Bewertungssubjektivität".[93]

---

[90] Vgl. *Harth*, in *Kessler/Leinen/Strickmann*, BilMoG, 2. Aufl. 2010, S. 355.
[91] Vgl. BilMoG-BgrRA, S. 111.
[92] Vgl. auch IDW RS HFA 30, Tz. 71.
[93] Vgl. *Grottel/Rhiel*, in Beck Bil-Komm, 9. Aufl., § 249 HGB, Rz 204.

Die Bezugnahme auf die unter § 266 Abs. 2 A.III.5 HGB auszuweisenden Wertpapiere setzt nicht voraus, dass die entsprechenden Wertpapiere von dem Unt auch tatsächlich gehalten werden müssen. Sie können auch dann als Referenzobjekt für die Bemessung des Werts der Pensionsverpflichtung dienen, wenn sie nicht im wirtschaftlichen Eigentum des Unt stehen oder in ein Sondervermögen ausgegliedert sind, welches die Voraussetzungen für eine Verrechnung nach § 246 Abs. 2 Satz 2 HGB erfüllt. Eine fiktive Unterlegung reicht aus.[94] 97

Eine wertpapiergebundene Pensionsverpflichtung liegt auch dann vor, wenn sich die Höhe der Verpflichtung ausschließlich nach dem beizulegenden Zeitwert einer **Rückdeckungsversicherung** bestimmt.[95] Auch, wenn Ansprüche aus einer Rückdeckungsversicherung keine Wertpapiere i.S.v. § 266 Abs. 2 A.III.5 HGB darstellen, sind derartige Verpflichtungen gleichwohl als wertpapiergebundene Altersversorgungszusage zu behandeln. Merkmal der wertpapiergebundenen Pensionszusagen ist, dass sich die Höhe der Leistung nach dem beizulegenden Zeitwert eines Referenzobjekts bemisst. Unter diesen Voraussetzungen räumt § 253 Abs. 1 Satz 3 HGB eine vereinfachte Bewertung ein. Selbiges trifft für Pensionsansprüche zu, deren Leistungen sich nach den Leistungen einer Rückdeckungsversicherung richten (sog. leistungskongruent rückgedeckte Versorgungszusagen.[96] Der beizulegende Zeitwert des Versicherungsanspruchs entspricht regelmäßig dem vom Versicherungsunt mitgeteilten Aktivwert.[97] 98

Die Bewertungsvorschrift bezweckt eine Vereinfachung. Auf ein versicherungsmathematisches **Gutachten** kann **verzichtet** werden. Der Erfüllungsbetrag bestimmt sich nach dem beizulegenden Zeitwert der Wertpapiere zum Abschlussstichtag, soweit dieser einen gegebenenfalls **garantierten Mindestbetrag** übersteigt. Deckt der beizulegende Zeitwert der VG nicht diese garantierte Mindestversorgung, ist die Verpflichtung i.H.d. Mindestbetrags anzusetzen. Die Ermittlung des Mindestbetrags muss den allgemeinen Bewertungsnormen zur Bestimmung des Erfüllungsbetrags genügen. So hat die Ermittlung des Mindestbetrags bspw. unter Beachtung der Abzinsungsvorschriften des § 253 Abs. 2 HGB zu erfolgen (Rz 124). Dabei ist für jeden Versorgungsberechtigten einzeln der Barwert der abgezinsten Mindestleistung mit dem beizulegenden Zeitwert der ihm zuzuordnenden Wertpapiere zu vergleichen. 99

> **Beispiel**
> Ein Unt gewährt einem Mitarbeiter eine wertpapiergebundene Direktzusage. Die Höhe der späteren Versorgungsleistung bemisst sich dabei nach den eingezahlten Beiträgen zuzüglich der Wertentwicklung eines Aktienfonds, mindestens aber i.H.d. eingezahlten Beträge. Zum Abschlussstichtag sind Beiträge im Nominalwert von 100 einbezahlt, der Wert des Aktienfonds beträgt 80.

---

[94] Vgl. *Bertram/Johannleweling/Roß/Weiser*, WPg 2011, S. 9
[95] Vgl. *Wellisch/Machill*, BB 2009, S. 1351; *Rhiel/Veit*, PiR 2009, S. 167.
[96] Leistungskongruenz liegt vor, wenn die aus der Rückdeckungsversicherung erfolgenden Zahlungen sowohl der Höhe als auch der Zeitpunkte deckungsgleich sind zu den Zahlungen an den Versorgungsberechtigten, vgl. IDW RS HFA 30, Tz 74.
[97] Vgl. IDW RS HFA 30, Tz 68; *Lucius/Thurnes*, BB 2010, S. 3015; a.A. *Thaut*, DB 2011, S. 1646.

> Da der beizulegende Zeitwert geringer ist als die Summe der eingezahlten Beträge, ist die Pensionsverpflichtung mit dem garantierten Mindestbetrag von 100 zu bewerten. Da die Leistung erst mit Eintritt ins Rentenalter zu erbringen ist, ist der Mindestbetrag gem. § 253 Abs. 2 HGB abzuzinsen und mit dem Barwert anzusetzen.

**100** Üblicherweise wird in der Praxis die **Bewertung** der Pensionsverpflichtungen zwei bis drei Monate vor dem **Abschlussstichtag** nach Maßgabe der geschätzten Verhältnisse zu diesem Tag erstellt (Rz 71). Für wertpapiergebundene Versorgungszusagen kann diese Aufweichung des strengen Stichtagsprinzips nur für die Ermittlung des Mengengerüsts und des Mindestbetrags gelten. Der beizulegende Zeitwert der Wertpapiere mit denen die Versorgungszusage unterlegt ist, ist stets zum Abschlussstichtag zu ermitteln, da der beizulegende Zeitwert der Wertpapiere regelmäßig einfach zu ermitteln sein dürfte, sodass es nicht einer weiteren Vereinfachung der Bewertung bedarf.

**101** Je nachdem, ob der Bilanzierende die der Altersversorgungszusage zugrunde liegenden Wertpapiere selbst im Bestand hält, sind 3 Fallkonstellationen zu unterscheiden:[98]

- Fallkonstellation 1: Der Bilanzierende hält die Wertpapiere nicht im Bestand.
- Fallkonstellation 2: Der Bilanzierende hält die Wertpapiere im Bestand und die Wertpapiere erfüllen die Anforderungen an saldierungspflichtiges Deckungsvermögen (Rz 112).
- Fallkonstellation 3: Der Bilanzierende hält die Wertpapiere im Bestand; die Wertpapiere erfüllen nicht die Anforderungen an saldierungspflichtiges Deckungsvermögen.

**102** In der **Fallkonstellation 1** richtet sich die Bewertung der Rückstellung ausschließlich nach dem beizulegenden Zeitwert der betreffenden Wertpapiere. Der Zeitwert dieser Wertpapiere bestimmt sich nach den Regelungen des § 255 Abs. 4 HGB (zu Einzelheiten zur Bewertungshierarchie und zur Bestimmung des beizulegenden Zeitwerts vgl. § 255 Rz 209 ff.). Eine Abzinsung des beizulegenden Zeitwerts ist nicht vorzunehmen, da Zeitwerte implizit der Zeitpräferenz des Geldes Rechnung tragen.

**103** In der **Fallkonstellation 2** greift die Saldierungsregelung des § 246 Abs. 2 Satz 2 HGB. Die Altersversorgungsverpflichtung und die zugrunde liegenden Wertpapiere sind mit dem beizulegenden Zeitwert nach § 255 Abs. 4 HGB zu bewerten und zu saldieren. Im Ergebnis erfolgt ein Bilanzausweis i. H. v. null. Da sich die Bewertung der Pensionsverpflichtung einerseits und der Wertpapiere andererseits der Höhe nach genau gegenläufig entsprechen, entfällt eine Ausschüttungssperre nach § 268 Abs. 8 Satz 3 HGB.[99] Zu Einzelheiten zum Deckungsvermögen vgl. Rz 112 und § 246 Rz 104.

**104** Bei der **Fallkonstellation 3** liegt kein Deckungsvermögen vor, weil die Voraussetzungen (z. B. Zweckexklusivität) hierfür nicht vorliegen. Da Altersversorgungsverpflichtung und zugrunde liegende Wertpapiere durch die Bestimmungen der Altersversorgungsverpflichtung miteinander verknüpft sind, liegt im Regelfall

---

[98] Vgl. IDW RS HFA 30, Tz 76.
[99] Vgl. IDW RS HFA 30, Tz 75.

eine Bewertungseinheit i. S. v. § 254 HGB vor.[100] Die Altersversorgungszusage ist das Grundgeschäft und die Wertpapiere des Bilanzierenden stellen das Sicherungsgeschäft dar. Die Wertänderungen der Altersversorgungszusage und des Referenzobjekts gleichen sich aus, sofern der beizulegende Zeitwert des Referenzobjekts nicht unter die Mindestleistung fällt. Bei einer Zusammenfassung zu einer Bewertungseinheit sind nach der sog. Durchbuchungsmethode nicht nur die Verpflichtung, sondern unter Außerachtlassung des Anschaffungskostenprinzips sowie des Realisationsprinzips auch die Wertpapiere zum beizulegenden Zeitwert zu bewerten. Im Unterschied zur Behandlung als Deckungsvermögen scheidet eine Saldierung der Wertpapiere mit der Verpflichtung aus. Die Ausschüttungssperre nach § 268 Abs. 8 Satz 3 HGB greift ebenfalls nicht.

> **Beispiel**
> Ein Unt gewährt einem Mitarbeiter eine wertpapiergebundene Direktzusage. Die Höhe der späteren Versorgungsleistung bemisst sich dabei nach den eingezahlten Beiträgen zzgl. der Wertentwicklung eines Aktienfonds, mindestens aber i. H. der eingezahlten Beträge. Zum Abschlussstichtag sind Beträge im Nominalwert von 100 einbezahlt, der beizulegende Zeitwert des Aktienfonds beträgt 180, die AK 100.
> Das Unt behandelt Aktienfonds und Pensionszusage für bilanzielle Zwecke als Bewertungseinheit. Sowohl die Wertpapiere als auch die Altersversorgungszusage sind mit dem beizulegenden Zeitwert der Wertpapiere, d. h. 180, zu bewerten.

In der Fallkonstellation 3 ist allerdings auch vorstellbar, dass die Wertpapiere vom Bilanzierenden ganz oder teilweise wieder veräußert werden. Bei einem Verkauf läge mangels Vorliegens eines Sicherungsgeschäfts eine Bewertungseinheit nicht mehr vor. An der Bewertung der Pensionsverpflichtung würde sich hierdurch nichts ändern, d. h., diese wäre mit dem beizulegenden Zeitwert der (nicht mehr im Bestand gehaltenen) Wertpapiere zu bewerten (entsprechend Fallkonstellation 1, s. Rz 102). Bei einer nur teilweisen Veräußerung stünden die verbleibenden Wertpapiere weiterhin als Sicherungsgeschäft zur Verfügung. Allerdings wäre die Bewertungseinheit – da nur noch teilweise Sicherung besteht – nur teilweise effektiv.

Auch bei Vorliegen einer Bewertungseinheit sind etwaige Regelungen zu einem **Mindestbetrag** (Rz 99) zu beachten. Unterschreitet der beizulegende Zeitwert den Mindestbetrag ist, die Bewertungseinheit in derartigen Fällen (teilweise) ineffektiv. Die obigen Ausführungen zur Behandlung des Referenzobjekts als Deckungsvermögen bzw. über die Bildung einer Bewertungseinheit gelten sinngemäß auch für Versicherungsansprüche. Versicherungsansprüche zählen zu den Finanzinstrumenten und können daher mit der Verpflichtung nach § 254 Abs. 1 HGB zu einer Bewertungseinheit zusammengefasst werden.[101]

---

[100] Hierzu bedarf es einer entsprechenden Bilanzierungsentscheidung zur Zusammenfassung von Grund- und Sicherungsgeschäft, die aber regelmäßig ausgeübt werden wird, vgl. IDW RS HFA 35, Tz 12.
[101] Vgl. *Förschle/Usinger*, in Beck Bil-Komm, 9. Aufl., § 254 HGB, Rz 23.

**107** Die Wertveränderungen der Pensionsrückstellung gegenüber dem bisherigen Buchwert sind bei wertpapiergebundenen Zusagen in Ermangelung anders lautender Vorschriften unmittelbar **erfolgswirksam** im Personalaufwand bzw. in den sonstigen betrieblichen Erträgen (bei Zeitwertverminderungen) auszuweisen. Da keine Abzinsung der Verpflichtung vorzunehmen ist, ist das Finanzergebnis bei Vorliegen von wertpapiergebundenen Altersversorgungsverpflichtungen nicht mit Zinseffekten belastet. Soweit die Wertpapiere im Bestand des Bilanzierenden gehalten werden, werden die laufenden Erträge hieraus im Finanzergebnis („Erträge aus anderen Wertpapieren und Ausleihungen des Finanzanlagevermögens" bzw. „Sonstige Zinsen und ähnliche Erträge") ausgewiesen. Fraglich ist allerdings, in welcher GuV-Position Zeitwertveränderungen der Wertpapiere ausgewiesen werden. Da eine Zeitwerterhöhung der Pensionsverpflichtung im Personalaufwand ausgewiesen wird, könnte daran gedacht werden, die korrespondierende Werterhöhung der Wertpapiere ebenfalls im operativen Ergebnis, d.h. in den sonstigen betrieblichen Erträgen auszuweisen, zumal in diesem Posten auch realisierte Veräußerungsgewinne von Wertpapieren ausgewiesen werden. Nach der hier vertretenen Auffassung ist demgegenüber vorzugswürdig eine Erfassung derartiger Werterhöhungen im Finanzergebnis;[102] bei wesentlichen Beträgen kann sich eine Erweiterung des gesetzlichen Gliederungsschemas gem. § 265 Abs. 5 Satz 2 HGB anbieten. Aufgrund der Spezialregelung von § 253 Abs. 1 Satz 3 HGB, die auch nicht durch § 254 Satz 1 HGB außer Kraft gesetzt wird, ist im Fall von wertpapiergebundenen Altersversorgungsverpflichtungen ausschließlich die sog. **Durchbuchungsmethode** (§ 254 Rz 43) zulässig. Nur die Durchbuchungsmethode erfüllt in diesem Fall die gesetzliche Vorgabe, die Altersversorgungsverpflichtung zum beizulegenden Zeitwert anzusetzen.

---

**Beispiel**

Zum 31.12.01 besteht eine wertpapiergebundene Altersversorgungsverpflichtung. Die entsprechenden Wertpapiere werden vom Bilanzierenden im Bestand gehalten; die Voraussetzungen für Deckungsvermögen liegen annahmegemäß nicht vor. Der Zeitwert der Wertpapiere beläuft sich zum 31.12.01 auf 500.000. Die Bilanz weist demzufolge (vereinfacht) folgendes Bild aus:

| Aktiva | Bilanz 31.12.01 | | Passiva |
|---|---|---|---|
| ... | | ... | |
| Wertpapiere des AV | 500.000 | Pensionsrückstellungen | 500.000 |
| ... | | ... | |

---

[102] IDW RS HFA 30, Tz 87, 88 gewährt den Bilanzierenden hier ein (stetig auszuübendes) Zuordnungswahlrecht, die Ergebniswirkungen entweder im operativen Ergebnis oder im Finanzergebnis abzubilden.

Zum 31.12.02 beläuft sich der beizulegende Zeitwert der Wertpapiere auf 600.000. Nach der Durchbuchungsmethode ist folgende Buchung zum 31.12.02 vorzunehmen:

| Datum | Konto | Soll | Haben |
|---|---|---|---|
| | Wertpapiere des AV | 100.000 | |
| | Erträge aus anderen Wertpapieren des FAV | | 100.000 |
| | Soziale Abgaben und Aufwendungen für Altersversorgung und für Unterstützung | 100.000 | |
| | Pensionsrückstellungen | | 100.000 |

Die vereinfachte Bilanz zum 31.12.02 sieht entsprechend wie folgt aus:

| Aktiva | Bilanz 31.12.02 | | Passiva |
|---|---|---|---|
| ... | | ... | |
| Wertpapiere des AV | 600.000 | Pensionsrückstellungen | 600.000 |
| ... | | ... | |

Nach dem Gesetzeswortlaut ist die Anwendung des § 253 Abs. 1 Satz 3 HGB auf Altersversorgungsverpflichtungen beschränkt. Vertretbar scheint zudem eine Übertragung der Vorschrift auch auf andere **wertpapiergebundene Verpflichtungen**. Die diesbezügliche Begründung des Rechtsausschusses nimmt sowohl auf Altersversorgungs- als auch auf vergleichbare langfristig fällige Verpflichtungen Bezug.[103] Insoweit scheint – trotz abweichendem Gesetzeswortlaut – eine analoge Anwendung der Bewertungsvereinfachung auf andere wertpapiergebundene Verpflichtungen zulässig.[104]

**108**

### 2.3.7.3 Vergleichbare langfristig fällige Verpflichtungen

Vergleichbare langfristig fällige Verpflichtungen stellen insb. folgende Verpflichtungen dar (Rz 68):
- Verpflichtungen aus Lebensarbeitszeitmodellen,
- Übergangs- oder Sterbegelder,
- Altersteilzeitverpflichtungen,
- Jubiläumsverpflichtungen,
- Vorruhestandsgelder,
- Beihilfen.

**109**

Bei der Bewertung von **Altersteilzeitverpflichtungen** ist auf der ersten Stufe nach den zwei Modellen gem. AltTZG zu unterscheiden: Modell 1: Der Arbeitnehmer arbeitet während der gesamten Laufzeit mit einer reduzierten Arbeitszeit gegen reduziertes Entgelt (**Gleichverteilungsmodell**). Modell 2: Der Arbeitneh-

**110**

---

[103] Vgl. BilMoG-BgrRA, S. 111.
[104] So auch IDW RS HFA 30, Tz. 77.

mer arbeitet in der ersten Phase (**Beschäftigungsphase**) der Laufzeit des Altersteilzeitvertrags mit unverminderter Arbeitszeit bei reduziertem Entgelt. In der zweiten Phase (**Freistellungsphase**) arbeitet der Arbeitnehmer gar nicht mehr, erhält aber unverändert das reduzierte Entgelt (**Blockmodell**). In der Praxis ist das Blockmodell vorherrschend.

Bei dieser Form der Altersteilzeitregelung ist danach zu differenzieren, ob der Aufstockungsbetrag Abfindungs- oder Vergütungscharakter hat.[105] Bei **Verträgen mit Abfindungscharakter** sind die Aufstockungsbeträge bei Vertragsabschluss in voller Höhe (abgezinst) zurückzustellen, während bei **Verträgen mit Entlohnungscharakter** eine ratierliche Ansammlung über den Zeitraum vom Inkrafttreten der Altersteilzeitvereinbarung (Wirksamwerden eines Tarifvertrags oder einer Betriebsvereinbarung oder Abschluss eines Einzelvertrags) bis zum Ende der Beschäftigungsphase vorzunehmen ist. Rückstellungen sind nicht nur für solche Mitarbeiter zu bilden, die bereits einen Altersteilzeitvertrag abgeschlossen haben, sondern auch für die am Abschlussstichtag erwartete Inanspruchnahme von Berechtigten. Denn bereits der Abschluss eines Tarifvertrags oder einer Betriebsvereinbarung begründet zumeist eine Verpflichtung des Arbeitgebers, auch wenn die konkret die Regelung in Anspruch nehmenden Mitarbeiter noch nicht bekannt sind. Hinsichtlich der zu erwartenden Inanspruchnahmen sind Belastungsgrenzen und rechtliche Verpflichtung des Arbeitgebers zu beachten, die sich aus den jeweils geltenden Tarifverträgen oder Betriebsvereinbarungen ergeben.[106]

Die Differenzierung zwischen Altersteilzeitvereinbarungen mit Abfindungsbzw. Entlohnungscharakter muss im jeweiligen Einzelfall erfolgen, wobei gleichartige Verträge (z.B. auf Basis einer zugrunde liegenden Betriebsvereinbarung) einheitlich zu beurteilen sind. Indikatoren für eine Klassifikation von Altersteilzeitverträgen mit Entlohnungscharakter können sein:[107]

- Altersteilzeitvereinbarungen dienen der Honorierung der langjährigen Betriebszugehörigkeit von Mitarbeitern,
- Tarifverträge oder Betriebsvereinbarungen werden nach Auslaufen der staatlichen Förderung der Altersteilzeit abgeschlossen und sehen die Fortführung der Altersteilzeit als zusätzliche Vergütungskomponente vor,
- Das Entstehen der Ansprüche der Arbeitnehmer auf Abschluss eines Altersteilzeitvertrags ist von der Erfüllung bestimmter tätigkeitsbezogener Kriterien abhängig (z.B. Arbeiten in Wechselschicht oder unter besonders starken Umwelteinflüssen).

Die Rückstellung darf nicht um etwaige Erstattungsansprüche der Bundesagentur für Arbeit gekürzt werden; diese sind – soweit die Ansatzkriterien erfüllt sind – unter dem Posten „Sonstige Vermögensgegenstände" zu aktivieren. Steuerlich

---

[105] Vgl. IDW RS HFA 3, Tz 7 ff.
[106] Vgl. zum TV FlexÜ: HFA, IDW-FN 2009, S. 62.
[107] Vgl. IDW RS HFA 3, Tz 9 f.

wird die Rückstellung i.d.R. abweichend zur HB passiviert,[108] sodass hier regelmäßig Anwendungsfälle für latente Steuern nach § 274 HGB vorliegen.

**Beispiel**
Ein Unt hat im Jahr 01 eine Rückstellung für eine Altersteilzeitverpflichtung für einen Mitarbeiter zu bilden, da im Juli 01 eine Betriebsvereinbarung zur Altersteilzeit geschlossen und zeitgleich ein entsprechender Altersteilzeitvertrag mit dem Mitarbeiter geschlossen wurde. Der Abschluss des Altersteilzeitvertrags erfolgte mit der Intention, dem Mitarbeiter einen gleitenden Übergang in den Ruhestand zu ermöglichen. Annahmegemäß erfüllen keine anderen Mitarbeiter die persönlichen Voraussetzungen für die Inanspruchnahme von Altersteilzeit. Der Mitarbeiter erhält ein monatliches Gehalt von 3.000. Die Altersteilzeit nach dem Blockmodell beginnt am 1.1.02 mit der Beschäftigungsphase, die 2 Jahre dauert. Ab dem 1.1.04 beginnt die Freistellungsphase. Der Mitarbeiter erhält ein Gehalt von monatlich 80 % = 2.400. Für die Jahre 03–05 wird mit einer Gehaltsanpassung von jeweils 2 % gerechnet. Die Lohnnebenkosten werden mit 20 % für den gesamten Zeitraum geschätzt, sodass sich die monatlichen Gesamtaufwendungen auf 2.880 belaufen (34.560 p.a. in 02). Der zu verwendende Abzinsungssatz beläuft sich annahmegemäß auf 4,0 %.
In die Rückstellungsbewertung einzubeziehen ist der sog. **Erfüllungsrückstand** in der Beschäftigungsphase, in der der Arbeitnehmer 100 % arbeitet, aber lediglich 50 % Entgelt erhält. Dieser Erfüllungsrückstand beläuft sich dementsprechend in 02 auf 22.472,64 (1.500 × 12 × 1,2 zzgl. zwei Steigerungen von jeweils 2 %), der in der Beschäftigungsphase ratierlich nach Erbringung der Arbeitsleistung zu berücksichtigen ist. Der darüber hinausgehende Entgeltbetrag von 30 % = 10.800,00 in 02 (900 × 12, kein SV-Anteil) hat als sog. **Aufstockungsbetrag** aufgrund der dem Vertragsabschluss zugrunde liegenden Intention Abfindungscharakter und ist demzufolge in voller Höhe als Rückstellung zu berücksichtigen. Es ergibt sich folgender Rückstellungsverlauf:[109]

| | Erfüllungsrückstand | | | Aufstockungsbetrag | | | Rückstellung |
|---|---|---|---|---|---|---|---|
| | Zahlung | Verpflichtung | abgezinst | Zahlung | Verpflichtung | abgezinst | |
| | (1) | (2) | (3) | (4) | (5) | (6) | (7)=(3)+(6) |
| 01 | 0,00 | 0,00 | 0,00 | 0,00 | 44.513,37 | 41.155,11 | 41.155,11 |
| 02 | 22.472,64 | 22.472,64 | 20.777,22 | 10.800,00 | 33.713,37 | 31.787,19 | 52.564,41 |
| 03 | 22.922,09 | 45.394,73 | 42.801,15 | 11.016,00 | 22.697,37 | 21.824,39 | 64.625,85 |

---

[108] Vgl. zur Behandlung in der Steuerbilanz: LfSt Bayern, Schreiben v. 20.3.2008, 10 St 32/St 33, Haufe-Index: 198260; BMF, Schreiben v. 11.11.1999, IV C 2 – S 2176–102/99, BStBl 1999 I S. 959; *Bode/Hainz*: DB 2004, S. 2436.
[109] Soweit sich durch den Abschluss des Altersteilzeitvertrags weitere Zahlungsverpflichtungen des Arbeitgebers ergeben, sind diese ebenfalls in der Rückstellung einzubeziehen. Bspw. sehen tarifvertragliche Regelungen häufig am Ende des Altersteilzeitverhältnisses eine Einmalzahlung zum pauschalen Ausgleich von Rentenabschlägen bei der gesetzlichen Rentenversicherung wegen vorzeitigen Rentenbeginns vor. Derartige Einmalzahlungen sind entsprechend wie die Aufstockungsbeträge bereits im Jahr 01 in voller Höhe in die Rückstellungsbewertung einzubeziehen.

| | Erfüllungsrückstand | | | Aufstockungsbetrag | | | Rückstellung |
|---|---|---|---|---|---|---|---|
| | Zahlung | Verpflichtung | abgezinst | Zahlung | Verpflichtung | abgezinst | |
| | (1) | (2) | (3) | (4) | (5) | (6) | (7)=(3)+(6) |
| 04 | −22.472,64 | 22.922.09 | 22.040,47 | 11.236,32 | 11.461,05 | 11.28,48 | 33.278,69 |
| 05 | −22.922,09 | 0,00 | 0,00 | 11.461,05 | 0,00 | 0,00 | 0,00 |

Die Abzinsung erfolgt beim Erfüllungsbetrag in den Jahren 02–04 mit den durchschnittlichen Erfüllungszeitpunkten 2, 1,5 und 1 Jahren. Beim Aufstockungsbetrag sind in den Jahren 01–04 durchschnittliche Erfüllungszeitpunkte von 2, 1,5, 1 und 0,5 Jahre verwendet worden. Soweit der durchschnittliche Erfüllungszeitpunkt 1 Jahr oder weniger beträgt, könnte auf die Abzinsung auch verzichtet werden.

**Beispiel**
Abwandlung des vorigen Beispiels:
Der betreffende Arbeitnehmer erfüllt – da er in Wechselschicht arbeitet und über eine langjährige Betriebszugehörigkeit verfügt – die in der Betriebsvereinbarung geregelten Voraussetzungen für die Inanspruchnahme der Altersteilzeit. Dem Altersteilzeitvertrag kommt somit **Entlohnungscharakter** zu, da mit dem Betriebsrat des Unt eine Betriebsvereinbarung geschlossen wurde, die für langjährige Mitarbeiter mit besonderen Tätigkeitsmerkmalen als zusätzlichen Entlohnungsbestandteil die Möglichkeit der Altersteilzeit vorsieht. Aufgrund des Entlohnungscharakters sind die Aufstockungsbeträge wirtschaftlich auf den Zeitraum ihrer Erdienung zu verteilen. Da in dem Altersteilzeitvertrag hierzu keine Konkretisierungen enthalten sind, muss das bilanzierende Unt die Aufstockungsbeträge über den Zeitraum vom Abschluss der Betriebsvereinbarung bzw. des Altersteilzeitvertrags (1.7.01) bis zum Ende der Beschäftigungsphase (31.12.03), d.h. über 30 Monate, verteilen.[110]
Die Aufstockungsbeträge belaufen sich nominal auf 44.513,37, sodass sich bei Verteilung über 30 Monate ein monatlich zu berücksichtigender Aufwand von 1.483,78 ergibt. Zum Ende des Jahres 01 sind somit nominal 6 × 1.483,78 = 8.902,67 der Bewertung zugrunde zu legen. Die Rückstellung zeigt dann folgenden Verlauf:

| | Erfüllungsrückstand | | | Aufstockungsbetrag | | | Rückstellung |
|---|---|---|---|---|---|---|---|
| | Zahlung | Verpflichtung | abgezinst | Zahlung | Verpflichtung | abgezinst | |
| | (1) | (2) | (3) | (4) | (5) | (6) | (7)=(3)+(6) |
| 01 | 0,00 | 0,00 | 0,00 | 0,00 | 8.902,67 | 8.231,02 | 8.231,02 |
| 02 | 22.472,64 | 22.472,64 | 20.777,22 | 10.800,00 | 26.708,02 | 25.182,09 | 45.959,31 |
| 03 | 22.922,09 | 45.394,73 | 42.801,15 | 11.016,00 | 44.513,37 | 42.801,32 | 85.602,47 |
| 04 | −22.472,64 | 22.922.09 | 22.040,47 | 11.236,32 | 33.277,05 | 32.630,83 | 54.671,31 |
| 05 | −22.922,09 | 0,00 | 0,00 | 11.461,05 | 21.816,00 | 20.170,12 | 20.170,12 |

---

[110] Vgl. IDW RS HFA 3, Tz 22.

> Die in Spalte 5 ausgewiesenen Verpflichtungsbeträge betreffen die über die Zeit vom 1.7.01 bis 31.12.03 (Ende der Arbeitsphase) ratierlich anzusammelnden Aufstockungsbeträge i. H. v. insgesamt 44.513,37. Da der Mitarbeiter nur bis zum 31.12.03 arbeitet, sind die Aufstockungsbeträge bis dahin aufwandswirksam anzusammeln. Bei Aufstockungsbeträgen mit Entlohnungscharakter handelt es sich im bilanzrechtlichen Sinne ebenfalls um Erfüllungsrückstände. Die in der Tabelle mit Erfüllungsrückstand (im engeren Sinne) bezeichneten Beträge betreffen den in der Arbeitsphase auftretenden Umstand, dass der Mitarbeiter zwar 100 % arbeitet, aber nur zu 50 % vergütet wird. Der Zeitraum der Rückstellungsbildung ist für den Erfüllungsrückstand (im engeren Sinne) identisch mit dem Zeitraum des Altersteilzeitvertrags (1.1.02–31.12.05), während bei den Aufstockungsbeträgen bereits ab Abschluss der Betriebsvereinbarung (1.7.01) Aufwendungen zu berücksichtigen sind.

Auch bei den vergleichbaren langfristig fälligen Verpflichtungen kann sich eine Saldierungspflicht mit Deckungsvermögen ergeben (§ 246 Rz 115). **111**

### 2.4 Saldierungspflichtiges Deckungsvermögen (Abs. 1 Satz 4)

Nach § 246 Abs. 2 HGB sind „Vermögensgegenstände, die dem Zugriff aller übrigen Gläubiger entzogen sind und ausschließlich zur Erfüllung von Schulden aus Altersversorgungsverpflichtungen oder vergleichbaren langfristig fälligen Verpflichtungen dienen, [...] mit diesen Schulden zu verrechnen". Soweit diese Bedingungen vorliegen (§ 246 Rz 104), fordert § 253 Abs. 1 Satz 4 HGB eine Bewertung des zu saldierenden (**Deckungs-**)**Vermögens** mit dem beizulegenden Zeitwert. **112**

Bei einem Vergleich mit der Regelung nach IAS 19 ist zu beachten, dass sich die handelsrechtliche Definitionen von saldierungspflichtigem Deckungsvermögen von derjenigen von Planvermögen nach IAS 19 unterscheidet.[111] Zwar wird handelsrechtliches Deckungsvermögen und Planvermögen nach IAS 19 in sehr vielen Fällen übereinstimmen, es sind aber Fallkonstellationen möglich, bei denen es zu Abweichungen kommt: **113**

- IAS 19.7 sieht für Vermögen, welches durch einen langfristig ausgelegten Fonds gehalten wird, die Ausgliederung in eine rechtlich unabhängige Einheit vor. Dies ist nach Handelsrecht für eine Qualifikation als Deckungsvermögen nicht erforderlich.
- Die von § 246 Abs. 2 HGB geforderte Zweckexklusivität des Deckungsvermögens ist für betriebsnotwendiges AV[112] (z. B. eigengenutztes Grundstück) nicht gegeben, da dieses nicht jederzeit veräußert werden kann.[113] Demgegenüber kann nach IAS 19 auch betriebsnotwendiges AV als Planvermögen gelten.

§ 253 Abs. 1 Satz 4 HGB schreibt für Deckungsvermögen die Bewertung zum beizulegenden Zeitwert vor. Die Vorschrift gilt nicht für KleinstKapG, die bestimmte Erleichterungen bei der Aufstellung ihres JA und der Offenlegung in Anspruch nehmen (vgl. Rz 8, 11). **114**

---

[111] Vgl. *Lucius*, BetrAV, 2009, S. 523 f.; dies gilt im Übrigen auch für die im Juni 2011 überarbeitete Fassung von IAS 19.
[112] Vgl. zum Begriff „betriebsnotwendig": IDW S 1, Tz 59.
[113] Vgl. *Bertram/Johanneweling/Roß/Weiser*, WPg 2011, S. 4.

**115** § 253 Abs. 1 Satz 4 HGB schreibt für Deckungsvermögen die Bewertung zum beizulegenden Zeitwert vor. Gemäß § 255 Abs. 4 Satz 1 HGB entspricht der beizulegende Zeitwert dem **Marktpreis**. Sofern für die zu verrechnenden Vermögensgegenstände keine Marktpreise existieren, sind sie nach § 255 Abs. 4 Satz 1 HGB anhand anerkannter Bewertungsmethoden zu ermitteln. Lässt sich auch auf diesem Weg kein beizulegender Zeitwert ermitteln, sind nach § 255 Abs. 4 Satz 3 HGB die Anschaffungs- oder Herstellungskosten gem. § 253 Abs. 4 HGB fortzuführen (zu Einzelheiten hierzu s. § 255 Rz 255 ff.).[114]

Für Wertpapiere lassen sich regelmäßig relativ einfach Marktpreise bestimmen, sofern sie auf einem aktiven Markt gehandelt werden. Schwieriger erweist sich die Bestimmung des beizulegenden Zeitwerts von Versicherungsansprüchen. So kommen bei Lebensversicherungen verschiedene Werte in Betracht. Rückkaufswerte enthalten eine Beteiligung an Bewertungsreserven und Schlussüberschüssen, werden aber durch Stornierungsabschläge gemindert. Nach hM setzt sich der beizulegende Zeitwert aus dem geschäftsplanmäßigen Deckungskapital zuzüglich eines etwaig vorhandenen Guthabens aus Beitragsrückerstattungen zusammen.[115] Der von den Versicherungen regelmäßig mitgeteilte Aktivwert entspricht dieser Vorgabe.[116]

**116** Sofern eine **Rückdeckungsversicherung** eine oder alle Leistungsarten der Versorgungszusage kongruent abdeckt, bildet der versicherungsmathematische Barwert der Verpflichtung gleichzeitig den beizulegenden Zeitwert der Rückdeckungsversicherung ab. Eine Rückdeckungsversicherung ist **leistungskongruent**, wenn die Leistungen der Fälligkeit und der Höhe nach derjenigen der Versorgungszusage entsprechen. Eine Rückdeckungsversicherung ist der Fälligkeit nach kongruent, wenn die Zeitpunkte der Zahlungsströme aus der Versicherung für jede Leistungsart im Leistungsfall den Zeitpunkten der Leistungen der Versorgungszusage entsprechen. Sie ist der Höhe nach kongruent, wenn sie zum Abschlussstichtag für jede Leistungsart jeweils die erdienten Leistungen gem. der Versorgungszusage vollständig abdeckt. Unter diesen Voraussetzungen scheint es zudem vertretbar, allein die jährlichen Versicherungsbeiträge als (Personal-) Aufwand zu verrechnen.

Eine Rückdeckungsversicherung ist zum Abschlussstichtag teilweise kongruent zur Versorgungszusage, wenn
- die Zeitpunkte der Zahlungsströme nur für einzelne Leistungsarten im Leistungsfall den Zeitpunkten der Leistung gem. der Versorgungszusage entsprechen, oder
- nicht für alle, sondern nur für einzelne Leistungsarten die Höhe der Versicherungsleistung der erdienten Leistung gem. Versorgungszusage entspricht, oder
- die Höhe der Versicherungsleistung die jeweils erdienten Leistung gem. Versorgungszusage für alle oder einzelne Leistungsarten nur partiell abdeckt.

**117** Durch die Erfassung des Vermögens auf Zeitwertbasis kommt es zum Ausweis von nicht realisierten Gewinnen.[117] Bilanzrechtlich steht dieser Vorgehensweise das **Realisationsprinzip** entgegen.[118] Es erlaubt die Erfassung von Vermögens-

---

[114] So auch IDW RS HFA 30, Tz. 67.
[115] Vgl. IDW RS HFA 30, Tz. 68; a.A. *Thaut*, DB 2011, S. 1646.
[116] Vgl. *Hagemann/Ocking/Wunsch*, DB 2010, S. 1024.
[117] Vgl. *Harth*, in *Kessler/Leinen/Strickmann*, BilMoG, 2. Aufl. 2010, S. 365.
[118] Vgl. *Arbeitskreis Bilanzrecht der Hochschullehrer Rechtswissenschaft*, BB 2008, S. 212.

mehrungen erst, wenn diese am Abschlussstichtag realisiert sind. Hiermit sollen der Ausweis und die Ausschüttung unrealisierter Gewinne verhindert werden.[119] Ausweislich der Regierungsbegründung soll die Bedeutung des Realisationsprinzips grds. beibehalten werden,[120] erfährt aber faktisch hierdurch eine zwar partielle, aber durchaus gewichtige Einschränkung.

Aufgrund des mit der Verwendung von Durchschnittszinssätzen erreichten Glättungseffekts besteht eine **Diskrepanz** zwischen der Bewertung der Verpflichtung (Rz 124) und der Bewertung eines eventuell vorhandenen Deckungsvermögens. Letzteres wird mit dem stichtagsbezogenen beizulegenden Zeitwert bewertet. Damit unterliegt die Bewertung des Deckungsvermögens stärkeren Schwankungen als die Bewertung der Verpflichtung.[121]

Die vorzunehmende Saldierung von Deckungsvermögen mit Pensionsverpflichtungen sowie Bewertungswirkungen von **Zeitwertänderungen** des Deckungsvermögens soll das folgende Beispiel illustrieren:

**Beispiel**
Die M-GmbH hat Altersversorgungsverpflichtungen gegenüber aktiven Mitarbeitern. Zum Abschlussstichtag 31.12.01 werden diese auf Basis eines versicherungsmathematischen Gutachtens eines Aktuars mit 2.000.000 bewertet. Das Unt hat im Gj 01 Wertpapiere erworben, die annahmegemäß die Voraussetzungen für Deckungsvermögen erfüllen. Die Wertpapiere haben AK von 1.200.000, der beizulegende Zeitwert der Wertpapiere am Abschlussstichtag beläuft sich auf 1.400.000.
Bei Erwerb der Wertpapiere hat die M-GmbH wie folgt gebucht:

| Datum | Konto | Soll | Haben |
|---|---|---|---|
| | Wertpapiere des AV | 1.200.000 | |
| | Guthaben bei Kreditinstituten | | 1.200.000 |

Zum 31.12.01 sind die Wertpapiere gem. § 253 Abs. 1 Satz 4 HGB mit dem beizulegenden Zeitwert anzusetzen. Die Buchung hierzu ergibt sich wie folgt:

| Datum | Konto | Soll | Haben |
|---|---|---|---|
| | Wertpapiere des Anlagevermögens | 200.000 | |
| | Erträge aus Wertpapieren des Anlagevermögens[122] | | 200.000 |

In der Bilanz zum 31.12.01 sind die Pensionsverpflichtungen von 2.000.000 mit dem Deckungsvermögen zu saldieren. Die Bilanz weist (vereinfacht) folgendes Bild aus:

---

119 Vgl. *Füllbier/Kuschel/Selchert*, in *Küting*/Pfitzer/*Weber*, HdR, HGB § 252, Rn 90 ff., Stand 12/2010.
120 Vgl. BilMoG-BgrRegE, S. 34.
121 Vgl. *Gohdes*, KoR 2009, S. 188; *Lucius*, BetrAV 2009, S. 524.
122 Zu beachten ist bei Aufstellung der GuV, dass die Erträge aus dem Deckungsvermögen – zu denen auch Erhöhungen des beizulegenden Zeitwerts gehören – mit den Zinsaufwendungen aus den Pensionsrückstellungen zu saldieren sind.

§ 253 Zugangs- und Folgebewertung

| Aktiva | Bilanz 31.12.01 | | Passiva |
|---|---|---|---|
| ... | | ... Pensionsrückstellungen ... | 600.000 |

Im Gj 02 ergeben sich keine Veränderungen in den Pensionszusagen und kein weiterer Erwerb oder eine Veräußerung von Deckungsvermögen. Zum 31.12.02 beläuft sich der Wert der Pensionsverpflichtung gem. versicherungsmathematischen Gutachten auf 2.300.000. Die Erhöhung gegenüber dem Vorjahr betrifft mit 200.000 den Personalaufwand und mit 100.000 den Zinsaufwand. Der beizulegende Zeitwert des Deckungsvermögens beläuft sich zum 31.12.02 auf 1.600.000. Im Gj 02 sind laufende Erträge aus den Wertpapieren i.H.v. 150.000 angefallen.

In der Bilanz zum 31.12.02 sind wiederum Altersversorgungsverpflichtungen (2.300.000) und Deckungsvermögen (1.600.000) zu saldieren, sodass die Bilanz (vereinfacht) folgendes Bild aufweist:

| Aktiva | Bilanz 31.12.02 | | Passiva |
|---|---|---|---|
| ... | | ... Pensionsrückstellungen ... | 700.000 |

Die GuV des Gj 02 weist einen Personalaufwand (Aufwendungen für soziale Abgaben und Aufwendungen für Altersversorgung und für Unterstützung) i.H.v. 200.000 auf. Aufgrund der gebotenen Saldierung der Aufwendungen und Erträge aus Deckungsvermögen und Aufzinsung der Rückstellung ergibt sich im Finanzergebnis unter Erträge aus Wertpapieren ein Ertrag von 250.000, der sich zusammensetzt aus:
- Erhöhung beizulegender Zeitwert des Deckungsvermögens: 200.000.
- Laufende Erträge des Deckungsvermögens (Dividenden, Zinserträge, realisierte Kursgewinne/-verluste aus Umschichtungen im Wertpapierdepot): 150.000.
- Zinsaufwand aus der Aufzinsung der Pensionsrückstellung und der Änderung des der Abzinsung zugrunde zu legenden Diskontierungszinssatzes: 100.000.

120 Wie bei denkbaren Fällen der **Entwidmung** von Deckungsvermögen vorzugehen ist, ist weniger ein bilanzielles als ein rechtliches Problem. Denn die Zweckexklusivität des Deckungsvermögens erfordert gerade, dass das bilanzierende Unt nicht nach Belieben (z.B. zum Ausgleich kurzfristigen Liquiditätsbedarfs) Deckungsvermögen entwidmen kann. Eine Entwidmung von Deckungsvermögen aus einem CTA ist wohl nur dann zulässig, wenn – z.B. aufgrund exorbitanter Kursgewinne bei Wertpapieren – eine derartige Überdotierung der Verpflichtungen besteht, dass auch nach Entwidmung eines Teils das verbleibende Deckungs-

vermögen zur Deckung der Verpflichtungen voraussichtlich ausreicht. Derartige Konstellationen werden wohl eher den Ausnahmefall darstellen.
Sofern VG aus dem Deckungsvermögen entnommen werden, sind sie entsprechend der für sie geltenden Bewertungsnormen anzusetzen, d. h., das Anschaffungskostenprinzip erhält wieder Gültigkeit und etwaige Zuschreibungen auf einen höheren beizulegenden Zeitwert unter dem Bewertungsregime des § 253 Abs. 1 Satz 4 HGB sind wieder zurückzunehmen. Etwaige planmäßige Abschreibungen bei abnutzbaren VG sind zu berücksichtigen.[123]

Deckungsvermögen kann nicht nur bei Pensionsverpflichtungen vorkommen, sondern auch bei **vergleichbaren langfristig fälligen Verpflichtungen**. Erfolgt die **Altersteilzeit** im Blockmodell, sammelt sich während der Aktivphase ein Erfüllungsrückstand seitens des Arbeitgebers an. Da der Erfüllungsrückstand, das sog. Wertguthaben, in der Insolvenz nicht bevorrechtigt behandelt wird, ist der Arbeitgeber nach § 8a AltTZG verpflichtet, das Wertguthaben in geeigneter Weise gegen eine Verwertung im Insolvenzverfahren abzusichern, wenn das Guthaben das dreifache Regelarbeitsentgelt einschließlich des Arbeitgeberanteils am Sozialversicherungsbeitrag übersteigt. Geeignete Formen der Insolvenzsicherung sind Bankbürgschaften, dingliche Sicherheiten und Verpfändung von Wertpapieren zugunsten des Arbeitnehmers. Sofern Wertpapiere verpfändet werden, erfüllen diese aufgrund der Anforderungen des § 8a AltTZG die Voraussetzung zur Behandlung als Deckungsvermögen und sind mit der Verpflichtung zu saldieren.

Ähnliches gilt für Wertguthaben auf **Zeitwertkonten**, wenn die Bedingungen des § 7e Abs. 2 SGB IV vorliegen. Die Wertguthaben gelten als insolvenzsicher, wenn sie von einem Dritten ohne Anspruch auf Rückführung der Mittel geführt werden, der für die Erfüllung der Verpflichtung des Arbeitgebers einsteht. Als wirksame Sicherungsmittel gelten Treuhandverhältnisse, Versicherungsmodelle oder Verpfändungs- oder Bürgschaftsmodell. Sofern die Wertguthaben mit Vermögenswerten hinterlegt sind, sind diese als Deckungsvermögen mit der Verpflichtung zu saldieren.

Daher ist das Saldierungsgebot nicht nur bei Pensionsrückstellungen, sondern gleichermaßen bei sonstigen Rückstellungen anzuwenden.

## 3 Abzinsung von Schulden (Abs. 2)

### 3.1 Rückstellungen allgemein (Abs. 2 Satz 1)

#### 3.1.1 Grundsatz

§ 253 Abs. 2 HGB enthält ein **generelles Abzinsungsgebot** für ungewisse Verbindlichkeiten. Der Barwertansatz soll den Abschlussadressaten realitätsnahe Informationen über die **wahre Belastungswirkung** ungewisser Verbindlichkeiten vermitteln und auf diese Weise ein den tatsächlichen Verhältnissen eher entsprechendes Bild der VFE-Lage der Unt zeichnen. Bei der Bewertung von Rückstellungen dürfe „nicht unberücksichtigt bleiben, dass die in den Rückstellungen gebundenen Finanzmittel investiert und daraus Erträge realisiert werden können".[124] Es geht also bei der Abzinsung um die Kürzung ungewisser Verbindlich-

---

[123] Vgl. IDW RS HFA 30, Tz. 70.
[124] Vgl. BilMoG-BgrRegE, S. 54.

keiten um erwartete Erträge. Das bedeutet einen Bruch mit dem Realisationsprinzip, der die Gläubigerschutzfunktion des handelsrechtlichen JA nachhaltig beeinträchtigt (vgl. hierzu das Beispiel in Rz 123).[125]

123 Das Abzinsungsgebot betrifft Rückstellungen mit einer **Laufzeit von mehr als einem Jahr** (§ 253 Abs. 2 Satz 1 HGB). Entsprechend besteht für Rückstellungen mit einer Laufzeit bis zu einem Jahr kein Abzinsungsgebot. Ein Verbot der Abzinsung ergibt sich für diese Verpflichtungen jedoch nicht, sodass hier ein – in Anbetracht des gegenwärtigen Zinsniveaus eher unbedeutendes – Gestaltungspotenzial besteht.[126] Die Verfahrensweise bei der Bewertung von Verpflichtungen mit einer Restlaufzeit von maximal einem Jahr, also die Wahl zwischen Barwert- und Nominalwertansatz, ist dem Bilanzierenden vielmehr freigestellt.[127] Einschränkend wirkt der Grundsatz der Bewertungsmethodenstetigkeit (vgl. § 252 Rz 123).

### 3.1.2 Abzinsungssatz

124 Im Interesse einer Objektivierung der Bewertungsannahmen ist ein normierter **Abzinsungssatz** zu verwenden.[128] Die Barwertermittlung hat auf der Grundlage des durchschnittlichen Marktzinssatzes der vergangenen sieben Gj unter Berücksichtigung der Restlaufzeit der Rückstellungen bzw. der diesen zugrunde liegenden Verpflichtungen zu erfolgen. Anzuwenden ist danach der jeweilige Durchschnittszinssatz der letzten sieben Jahre für Laufzeiten, die der Fristigkeit der ungewissen Verbindlichkeit am jeweiligen Stichtag entsprechen (zur Ermittlung der anzuwendenden Zinssätze s. Rz 130).

125 Rechtsgrundlage für die Zinssatzermittlung durch die Deutsche Bundesbank ist die Verordnung über die über die Ermittlung und Bekanntgabe der Sätze zur Abzinsung von Rückstellungen (RückAbzinsV – **RückAbzinsV**) vom 18.11.2009.[129] Die Datengrundlage zur Bestimmung der Marktzinssätze liefert danach eine Null-Kupon-Euro-Zinsswapkurve, in die auf Euro lautende Festzins-Swapsätze mehrerer Swap-Anbieter für unterschiedliche Laufzeiten von einem Jahr bis 50 Jahre eingehen. Die veröffentlichten Zinssätze berücksichtigen zusätzlich einen Aufschlag für auf Euro lautende Unternehmensanleihen aller Laufzeiten mit einer hochklassigen Bonitätseinstufung (AA oder Aa).[130]

126 Die Verwendung eines Durchschnittszinssatzes soll Ergebnisschwankungen entgegenwirken, die sich allein aus der Wahl von Jahr zu Jahr unterschiedlicher Zinssätze ergeben.[131] Mit der Entscheidung für einen Marktzins hat der Gesetzgeber einer von den wirtschaftlichen Verhältnissen des Unt unabhängigen Schuldenbewertung den Vorzug gegeben. Sie schließt im Interesse des Vorsichts- und Höchstwertprinzips eine allein auf die sinkende Bonität des Unt zurückgehende niedrigere Rückstellungsbemessung aus. Schließlich wurde die Ermittlung der für die Diskontierung ungewisser Schulden maßgeblichen Zinssätze der Deut-

---

[125] Ähnlich *Arbeitskreis Bilanzrecht der Hochschullehrer Rechtswissenschaft*, BB 2008, S. 209; anders *Petersen/Zwirner*, KoR 7/2008, Beil. 3, S. 9.
[126] Vgl. *Bertram/Kessler*, DB 2012, S. 985; IDW RS HFA 34 spricht hier explizit von einem Wahlrecht.
[127] A. A. wohl *Petersen/Zwirner*, KoR 7/2008, Beil. 3, S. 10.
[128] Vgl. *Kessler*, in *Kessler/Leinen/Strickmann*, BilMoG, 2. Aufl. 2010, S. 328 f.
[129] Vgl. BGBl. I 2009, S. 3790.
[130] Vgl. § 2 RückAbzinsV; Begründung zur RückAbzinsV, S. 3.
[131] Vgl. Begründung zur RückAbzinsV, S. 1.

schen Bundesbank übertragen. Sie stellt monatlich die von allen Unt heranzuziehenden Abzinsungssätze auf ihrer Website zur Verfügung.[132] Die dreifache Normierung der Zinssätze (Durchschnittszinssatz, Marktzinssatz, zentrale Ermittlung) soll die Vergleichbarkeit der JA in Bezug auf die Bewertung längerfristiger Rückstellungen gewährleisten. Zudem erspart sie den Unternehmen die Aufwendungen für die Herleitung des Abzinsungssatzes.

Für die Barwertermittlung ist der am Bewertungsstichtag gültige Zinssatz heranzuziehen, der der **Restlaufzeit** der Rückstellung entspricht. Sie lässt sich problemlos für Verpflichtungen ermitteln, die zu einem bestimmten Zeitpunkt in der Zukunft fällig und erfüllt werden. Das betrifft etwa Gratifikations- und Jubiläumsverpflichtungen, Abfindungsverpflichtungen, Verpflichtungsüberschüsse aus Beschaffungsgeschäften über aktivierungspflichtige VG oder einfache Entfernungsverpflichtungen. Bei diesen stellt sich allenfalls die Frage, welcher Abzinsungssatz bei nicht ganzjährigen Fristigkeiten zu verwenden ist. Drei Lösungen sind denkbar:[133]

- Lineare Interpolation der von der Deutschen Bundesbank veröffentlichten Zinssätze auf die exakte Rückstellungsrestlaufzeit;
- Verwendung des jeweils niedrigeren Ganzjahreszinssatzes (Vorsichtsprinzip);[134]
- Verwendung des Zinssatzes, der näher an der tatsächlichen Restlaufzeit liegt.

**Beispiel**
Eine zum 31.12.01 zu bewertende Gratifikationsverpflichtung ist zum 31.3.06 unter der Bedingung der bis dahin fortgesetzten Betriebszugehörigkeit der begünstigten Mitarbeiter auszuzahlen. Der von der Deutschen Bundesbank veröffentlichte Marktzins für eine Restlaufzeit von 4 (5) Jahren beträgt 4,1 % (4,3 %).
Bei linearer Interpolation ermittelt sich ein Abzinsungssatz von 4,15 % (4,1 % + 90/360 × 0,2 %). Bei Verwendung des niedrigeren Ganzjahreszinssatzes oder des Zinssatzes, der näher an der tatsächlichen Restlaufzeit liegt, ist die Rückstellung mit 4,1 % abzuzinsen.

Die lineare Interpolation ergibt das genaueste Ergebnis. Sie ist in jedem Fall zulässig, da auch die von der Deutschen Bundesbank veröffentlichten Zinssätze teilweise nach dieser Methode ermittelt werden.[135] In der Praxis wird aus Wesentlichkeitsgründen eine Abzinsung mit den von der Deutschen Bundesbank veröffentlichten Zinssätzen für ganzjährige Restlaufzeiten genügen, zumal der Gesetzgeber die Interpolation explizit nur für die Pensionsverpflichtungen erwähnt hat.[136]

Die Abzinsungsregelung des § 253 Abs. 2 HGB differenziert aus Vereinfachungsgründen nicht nach der Währung, in der die passivierten ungewissen

---

132 Abrufbar unter http://www.bundesbank.de/Navigation/DE/Statistiken/Geld_und_Kapitalmaerkte/Zinssaetze_und_Renditen/Abzinsungssaetze/Tabellen/tabellen.html, letzter Abruf am 19.8.2015.
133 Vgl. IDW RS HFA 34, Tz 42; Beispiele bei *Bertram/Kessler*, DB 2012, S. 986 ff.
134 Diese Variante steht unter dem Vorbehalt einer „normalen" Zinsstrukturkurve. Eine normale Zinsstrukturkurve ist durch ein Ansteigen der Zinssätze mit zunehmender Laufzeit gekennzeichnet. Vgl. IDW RS HFA 34, Tz 42.
135 Vgl. § 2 RückAbzinsV.
136 Vgl. BilMoG-BgrRegE, S 54.

Verbindlichkeiten zu erfüllen sind. **Rückstellungen, die in einer fremden Währung zu erfüllen sind,** sind dementsprechend ebenfalls mit den von der Deutschen Bundesbank ermittelten Abzinsungssätzen zu diskontieren. Diese Vereinfachung gilt nicht, wenn sie den Einblick in die VFE-Lage des Unt erkennbar beeinträchtigt. In diesem Fall hat der Bilanzierende einen für die Fremdwährung der ungewissen Verbindlichkeit gültigen Durchschnittszins nach den Vorgaben des § 253 Abs. 2 Satz 1 HGB und der RückAbzinsV selbst zu ermitteln oder diesen von privaten Anbietern zu beziehen.[137]

129 Ist Bestandteil der zu passivierenden Schuld neben der eigentlichen Hauptverpflichtung auch eine Verzinsungsregelung (z. B. Zinsen auf am Abschlussstichtag strittige Schadensersatzverpflichtungen, Zinsen auf Steuernachzahlungsverpflichtungen), ist diese bei der Bestimmung des Verpflichtungsumfangs mit einzubeziehen, da es sich wirtschaftlich um Preis- und Kostensteigerungen handelt. Die Abzinsung dieser **verzinslichen Verpflichtungen** hat mit dem nach RückAbzinsV ermittelten Zinssätzen zu erfolgen. Soweit der Diskontierungszinssatz von der der Schuld zugrunde liegenden Verzinsungsregelung nur geringfügig abweicht, darf die Abzinsung mit diesem Zinssatz erfolgen, sodass die Verpflichtung mit dem Nominalwert ausgewiesen wird.[138] Das Vorliegen einer nur geringfügigen Abweichung ist an jedem Abschlussstichtag zu überprüfen.

### 3.1.3 Bestimmung der Restlaufzeit

130 Zur Auswahl des Abzinsungssatzes ist die Restlaufzeit der zurückzustellenden ungewissen Verbindlichkeit zu ermitteln. Das ist der gesamte Zeitraum vom Abschlussstichtag bis zum Erfüllungszeitpunkt der passivierten Schuld.[139]

> **Beispiel**
> Eine zum 31.12.01 bilanzierte ungewisse Verbindlichkeit ist am 31.12.02 (Fall 1) bzw. am 31.12.03 (Fall 2) zu begleichen.
> In Fall 1 besteht keine Verpflichtung zur Abzinsung der Rückstellung, da die Restlaufzeit nicht mehr als ein Jahr beträgt. In Fall 2 muss die Abzinsung über zwei Jahre erfolgen. Eine Kürzung des Diskontierungszeitraums um die von einer Abzinsung ausgenommene Zeitspanne ist nicht zulässig.

Steht der Erfüllungszeitpunkt nicht fest (z. B. bei bestrittenen Schadensersatzverpflichtungen oder Strafgeldern), ist die Restlaufzeit der ungewissen Verbindlichkeit zu schätzen. Das eröffnet dem Bilanzierenden einen Beurteilungsspielraum. Die Vorgabe des Diskontierungszinssatzes durch die Deutsche Bundesbank entfaltet damit nur eine begrenzte Objektivierungswirkung. Bei der Schätzung der **ungewis-**

---

[137] Vgl. IDW RS HFA 30, Tz 66; IDW RS HFA 34, Tz 46.
[138] Vgl. IDW RS HFA 34, Tz 35.
[139] Vgl. BT-Drucks. 16/12407, S. 85 f.; IDW RS HFA 34, Tz 36.

sen **Restlaufzeit** ist – wie bei der Bewertung von Rückstellungen allgemein (vgl. Rz 49) – das Vorsichtsprinzip zu berücksichtigen. Dazu ist als Erfüllungszeitpunkt jener Tag anzunehmen, zu dem das Unt frühestens in Anspruch genommen werden kann. Die Schätzung ist zu jedem Abschlussstichtag zu überprüfen.

> **Beispiel**[140]
> U ist auf Schadensersatz i. H. v. 200 Mio. verklagt worden. Da die Anwälte mit überwiegender Wahrscheinlichkeit vom Bestehen des geltend gemachten Anspruchs ausgehen, sieht sich U zur Bildung einer Rückstellung veranlasst. Ein Urteil in dem Prozess erwarten die Anwälte frühestens in einem Jahr. Schöpfe U den Rechtsweg vollends aus, sei in drei bis vier Jahren mit dem letztinstanzlichen Urteil zu rechnen. Von einer Verzinsung des Schadensersatzanspruchs sei aus Vereinfachungsgründen abgesehen.[141] Die Rückstellung ist nicht abzuzinsen. Zur Ermittlung der Restlaufzeit ist auf den Tag abzustellen, zu dem das Unt bei üblichem Gang der Dinge frühestens in Anspruch genommen werden wird. Die Möglichkeit, Rechtsmittel gegen ein erstinstanzliches Urteil einzulegen, bleibt unberücksichtigt, solange sich dieser Fortgang der Streitsache nicht klar abzeichnet. Diese Auslegung der Abzinsungsregelung korrespondiert mit der Vorgabe des Gesetzgebers, bei der Schätzung künftiger Änderungen des Erfüllungsbetrags in der Zukunft liegende singuläre Ereignisse nicht in Betracht zu ziehen.[142]

Das Gesetz regelt nicht, wie Schulden abzuzinsen sind, die über einen längeren Zeitraum hinweg erfüllt werden (z. B. Aufbewahrungspflichten, Entsorgungs-, Abbruch-, Rekultivierungs- und Wiederherstellungsverpflichtungen, Verpflichtungsüberschüsse aus Dauerschuldverhältnissen). Denkbar wäre, für jeden Teilerfüllungszeitpunkt die anfallenden Ausgaben mit dem der jeweiligen Restlaufzeit entsprechenden Zinssatz einzeln abzuzinsen (tranchenweise Abzinsung der Jahresscheiben).[143] Diese Verfahrensweise ist allerdings bei einer hohen Anzahl von Erfüllungszeitpunkten nur eingeschränkt praktikabel, wie das Beispiel von Altersversorgungsverpflichtungen zeigt. Näher liegt die Wahl eines einheitlichen Diskontierungszinssatzes für alle Ausgabenbeträge. Das setzt die Bestimmung einer einheitlichen Restlaufzeit der ungewissen Verbindlichkeit voraus. Zu ihrer Ermittlung könnte etwa abgestellt werden auf

1. den Zeitraum bis zum Beginn der Erfüllung entsprechend der steuerrechtlichen Regelung (vgl. § 6 Abs. 1 Nr. 3a Buchst. e EStG);
2. den Zeitraum bis zum Beginn der Erfüllung plus halbe Erfüllungsdauer;
3. durchschnittliche Kapitalbindungsdauer;
4. Duration (gewogener Mittelwert der Zeitpunkte, zu denen die Zahlungen für die Erfüllung der Verbindlichkeit anfallen).

---

140 Vgl. *Bertram/Kessler*, DB 2012, S. 986.
141 Bei verzinslichen Schulden sind die nach dem Abschlussstichtag anfallenden Zinsen in den Verpflichtungsbetrag einzurechnen (Preis- und Kostensteigerungen). Weicht die Verzinsung der Schuld nur unwesentlich von dem für die Rückstellungsbewertung maßgeblichen Diskontierungszinssatz ab, kann vereinfachend der Nominalbetrag der Schuld angesetzt werden (IDW RS HFA 34, Tz 35).
142 Vgl. IDW RS HFA 34, Tz 26.
143 Vgl. IDW RS HFA 34, Tz 39.

> **Beispiel**
> Für die Verpflichtung, ein ausgebeutetes Grundstück zu rekultivieren, hat U am 31.12.01 eine Rückstellung zu bilden. Die Rekultivierungsmaßnahmen sollen am 1.1.04 beginnen und sich über drei Jahre erstrecken. Die undiskontierten Aufwendungen für die Wiederherstellung des Grundstücks schätzt U wie folgt:
>
> - Gj 04: 400.000
> - Gj 05: 400.000
> - Gj 06: 800.000
>
> Aus Vereinfachungsgründen sei von einem Anfall der Aufwendungen jeweils zur Jahresmitte ausgegangen. Die aus den Veröffentlichungen der Deutschen Bundesbank durch Interpolation abgeleiteten Marktzinssätze betragen am 31.12.01
>
> - für eine Restlaufzeit von 2,5 Jahren: 4,1 %
> - für eine Restlaufzeit von 3,5 Jahren: 4,3 %
> - für eine Restlaufzeit von 4,5 Jahren: 4,5 %
>
> Nach der steuerrechtlichen Regelung (Lösung 1) beträgt der Diskontierungszeitraum 2 Jahre (31.12.01 bis 1.1.04). Bei der Lösung 2 (Restlaufzeit = Zeitraum bis zum Beginn der Erfüllung plus halbe Erfüllungsdauer) ermittelt sich ein Diskontierungszeitraum von 3,5 Jahren (2 Jahre plus 3 Jahre/2). Auf Basis der durchschnittlichen Kapitalbindungsdauer beträgt die Restlaufzeit 3,75 Jahre [(400.000 × 2,5 Jahre + 400.000 × 3,5 Jahre + 800.000 × 4,5 Jahre)/1.600.000]. Die Duration der ungewissen Verbindlichkeit beläuft sich auf 3,716 Jahre. Sie ermittelt sich wie folgt:
>
> | Restlaufzeit [Jahre] | Zahlung | Zinssatz | Barwert | Duration |
> |---|---|---|---|---|
> | 2,5 | 400.000 | 4,1 % | 361.771 | 0,663 |
> | 3,5 | 400.000 | 4,3 % | 345.195 | 0,886 |
> | 4,5 | 800.000 | 4,5 % | 656.246 | 2,166 |
> | – | 1.600.000 | – | 1.363.212 | 3,716 |
>
> Im ersten Schritt sind die zur Erfüllung der Rekultivierungsverpflichtung zu leistenden Zahlungen auf den Bewertungsstichtag (31.12.01) mit dem ihrer Restlaufzeit entsprechenden durchschnittlichen Marktzins abzuzinsen. Zur Ermittlung der Duration werden die Barwerte mit der zugehörigen Restlaufzeit multipliziert und durch die Summe der Barwerte dividiert. Aus der Addition der Einzelergebnisse ermittelt sich die Duration von 3,716 Jahren. Ausgehend von der ermittelten Restlaufzeit der Rückstellung ist der einheitliche Diskontierungssatz für die Rekultivierungsverpflichtung durch Interpolation aus den von der Deutschen Bundesbank veröffentlichten Jahreszinssätzen zu gewinnen.

Die steuerliche Verfahrensweise ist für die Bewertung in der HB nicht akzeptabel, da sie nur auf die Restlaufzeit der ersten Tilgungsausgabe, nicht aber der Verpflichtung insgesamt abstellt.[144] Dem die Abzinsung tragenden Gedanken wird am ehesten die aus der Pensionsbewertung bekannte **Durationslösung** gerecht. Den Ansatz längerfristiger ungewisser Verbindlichkeiten zum Barwert erachtet die Bundesregierung deshalb als angemessen, weil aus der Anlage der Rückstellungsgegenwerte Erträge zu erwarten sind, die zur Begleichung der Schuld eingesetzt werden können. Aus dieser Perspektive setzen sich die künftigen Mittelabflüsse aus einem Tilgungsanteil und einem Zinsanteil zusammen. Indem das Durationskonzept nur die Barwerte der Zahlungen betrachtet, stellt es zur Ermittlung der Restlaufzeit der Rückstellung allein auf die „Tilgungsbeträge" ab, die es mit ihrer individuellen Fristigkeit gewichtet. Das Konzept der durchschnittlichen Kapitalbindungsdauer verzichtet demgegenüber auf eine Zerlegung der erwarteten Mittelabflüsse in einen wirtschaftlichen Zinsanteil und eine Tilgungskomponente. Es führt im Regelfall nur zu geringfügigen Abweichungen bei der Ermittlung der Restlaufzeit und kann daher bei der Mehrzahl der Verpflichtungen bedenkenlos angewendet werden. Variante 2 (Zeitraum bis zum Beginn der Erfüllung plus halbe Erfüllungsdauer) stellt ebenfalls eine Vereinfachungslösung dar, die nur angewendet werden sollte, wenn die Aufwendungen in den einzelnen Jahren annähernd gleichmäßig anfallen.[145] Entsprechend führt sie bei Rückstellungen, die kontinuierlich über einen längeren Zeitraum erfüllt werden, zum gleichen Ergebnis wie Variante 3.

### 3.1.4 Darstellung in der GuV/Rückstellungsspiegel

Die Einbuchung der Rückstellung kann in der GuV nach der **Bruttomethode** oder nach der **Nettomethode** dargestellt werden. Bei der Bruttomethode wird i. H. des nicht abgezinsten Erfüllungsbetrags der Rückstellung ein Aufwand im operativen Ergebnis und i. H. der Differenz zum passivierten Barwert der ungewissen Verbindlichkeit ein Ertrag aus der Abzinsung erfasst. Demgegenüber ist bei der von der Praxis favorisierten Nettomethode der abgezinste Erfüllungsbetrag zulasten des operativen Ergebnisses einzubuchen. In den Folgejahren sind die jährlichen Aufzinsungsbeträge sowie die Effekte aus der Anpassung des Diskontierungssatzes im Finanzergebnis auszuweisen.

132

> **Beispiel**
> Ein Unt hat zum 31.12.01 eine Rückstellung für die Verpflichtung zur Anpassung einer Anlage an strengere Umweltschutzauflagen zu bilden. Der Verpflichtungsumfang beträgt 100. Der Anfall der Ausgaben wird zwei Jahre nach dem Abschlussstichtag erwartet. Der anzuwendende Zinssatz soll während des gesamten Betrachtungszeitraums 4,0 % betragen. Am Abschlussstichtag 31.12.01 ergeben sich bei Anwendung der Brutto- bzw. der Nettomethode folgende Buchungssätze:
> Bruttomethode:

---

[144] Vgl. zur Abzinsungspflicht von Rückstellungen für die Aufbewahrung von Geschäftsunterlagen IDW RH HFA 1.009 n. F., Tz 9.
[145] Vgl. *Bertram/Kessler*, DB 2012, S. 987.

| Datum | Konto | Soll | Haben |
|---|---|---|---|
| | Sonstige betriebliche Aufwendungen | 100 | |
| | Sonstige Zinsen und ähnliche Erträge | | 7,5 |
| | Sonstige Rückstellungen | | 92,5 |

Nettomethode:

| Datum | Konto | Soll | Haben |
|---|---|---|---|
| | Sonstige betriebliche Aufwendungen | 92,5 | |
| | Sonstige Rückstellungen | | 92,5 |

In den Folgejahren führen beide Vorgehensweisen zum gleichen GuV-Ausweis. Zum 31.12.02 beläuft sich die Rückstellung auf 96,2. Der Buchungssatz für die Aufzinsung lautet demzufolge:

| Datum | Konto | Soll | Haben |
|---|---|---|---|
| | Zinsen und ähnliche Aufwendungen | 3,7 | |
| | Sonstige Rückstellungen | | 3,7 |

**133** Bei **Ansammlungs-** oder **Verteilungsrückstellungen** erfordert die Trennung der operativen Erfolgsbeiträge vom Ergebnis der Abzinsung teilweise aufwendigere Berechnungen. Das gilt insb. dann, wenn im Zeitablauf mit unterschiedlichen Zinssätzen zu rechnen ist. Das illustriert das folgende Beispiel.

**Beispiel**
Unt U hat zu Beginn des Jahres 01 in angemieteten Büroräumen Umbauten vorgenommen, die nach Ablauf des Mietvertrags in zehn Jahren zurückzubauen sind. Zum 31.12.01 schätzt U den notwendigen Erfüllungsbetrag der Rückstellung auf 400. Unter Verwendung der von der Deutschen Bundesbank veröffentlichten Abzinsungssätze ergibt sich nach dem Barwertverfahren[146] die folgende Rückstellungsentwicklung:

| Stichtag | Nomineller Verpflichtungsumfang | Zinssatz lt. Bundesbank | Erfüllungsbetrag | Rückstellungsentwicklung | | |
|---|---|---|---|---|---|---|
| | | | | Stand 1.1. | Zuführung | Stand 31.12. |
| 31.12.01 | 400,0 | 5,0 % | 257,8 | 0,0 | 25,8 | 25,8 |
| 31.12.02 | 400,0 | 5,2 % | 266,6 | 25,8 | 27,5 | 53,3 |
| 31.12.03 | 400,0 | 5,5 % | 275,0 | 53,3 | 29,2 | 82,5 |
| 31.12.04 | 400,0 | 5,1 % | 296,8 | 82,5 | 36,2 | 118,7 |
| 31.12.05 | 400,0 | 4,6 % | 319,4 | 118,7 | 41,0 | 159,7 |
| 31.12.06 | 400,0 | 4,7 % | 332,9 | 159,7 | 40,0 | 199,7 |
| 31.12.07 | 400,0 | 4,3 % | 352,5 | 199,7 | 47,1 | 246,8 |
| 31.12.08 | 400,0 | 3,9 % | 370,5 | 246,8 | 49,7 | 296,4 |
| 31.12.09 | 400,0 | 3,3 % | 387,2 | 296,4 | 52,1 | 348,5 |
| 31.12.10 | 400,0 | – | 400,0 | 348,5 | 51,5 | 400,0 |

---

[146] Zu der alternativ zulässigen Annuitätenmethode vgl. Rz 62.

Nach der **Bruttomethode** ergibt sich die folgende Aufteilung der Zuführungsbeträge:

| Stichtag | Nomineller Verpflichtungsumfang | Nominelle Rückstellungszuführung | Barwert der Rückstellungszuführung | Zinsertrag | Zinsaufwand |
|---|---|---|---|---|---|
| 31.12.01 | 400,0 | 40,0 | 25,8 | 14,2 | 0,0 |
| 31.12.02 | 400,0 | 40,0 | 27,5 | 12,5 | 0,0 |
| 31.12.03 | 400,0 | 40,0 | 29,2 | 10,8 | 0,0 |
| 31.12.04 | 400,0 | 40,0 | 36,2 | 3,8 | 0,0 |
| 31.12.05 | 400,0 | 40,0 | 41,0 | 0,0 | −1,0 |
| 31.12.06 | 400,0 | 40,0 | 40,0 | 0,0 | 0,0 |
| 31.12.07 | 400,0 | 40,0 | 47,1 | 0,0 | −7,1 |
| 31.12.08 | 400,0 | 40,0 | 49,7 | 0,0 | −9,7 |
| 31.12.09 | 400,0 | 40,0 | 52,1 | 0,0 | −12,1 |
| 31.12.10 | 400,0 | 40,0 | 51,5 | 0,0 | −11,5 |
| Summe | − | 400,0 | 400,0 | 41,3 | −41,3 |

Die **Nettomethode** führt demgegenüber zu dem folgenden Ergebnis:

| Stichtag | Erfüllungsbetrag | Ertrag/Aufwand aus Abzinsung | | | operativer Aufwand | Buchwert Stand 31.12. |
| | | Aufzinsung | Zinsänderung | Summe | | |
|---|---|---|---|---|---|---|
| 31.12.01 | 257,8 | 0,0 | 0,0 | 0,0 | 25,8 | 25,8 |
| 31.12.02 | 266,6 | 1,3 | −0,4 | 0,9 | 26,7 | 53,3 |
| 31.12.03 | 275,0 | 2,8 | −1,1 | 1,7 | 27,5 | 82,5 |
| 31.12.04 | 296,8 | 4,5 | 2,0 | 6,5 | 29,7 | 118,7 |
| 31.12.05 | 319,4 | 6,1 | 3,0 | 9,1 | 31,9 | 159,7 |
| 31.12.06 | 332,9 | 7,3 | −0,6 | 6,7 | 33,3 | 199,7 |
| 31.12.07 | 352,5 | 9,4 | 2,4 | 11,8 | 35,3 | 246,8 |
| 31.12.08 | 370,5 | 10,6 | 2,0 | 12,6 | 37,1 | 296,4 |
| 31.12.09 | 387,2 | 11,6 | 1,8 | 13,3 | 38,7 | 348,5 |
| 31.12.10 | 400,0 | 11,5 | 0,0 | 11,5 | 40,0 | 400,0 |
| Summe | − | 65,1 | 9,1 | 74,1 | 325,9 | − |

Als operativer Aufwand des Gj ist jeweils der der Rückstellung zuzuführende anteilige Erfüllungsbetrag auszuweisen. Das ist im Beispiel 1/10 des zum jeweiligen Abschlussstichtag ermittelten Barwerts des Erfüllungsbetrags (Spalte 6). Die Differenz zum Buchwert der Rückstellung stellt den im Finanzergebnis zu erfassenden Ertrag bzw. Aufwand aus der Abzinsung dar. Er setzt sich aus zwei Komponenten zusammen: dem Aufwand aus der Aufzinsung des zum Ende des Vorjahrs ermittelten Rückstellungsbetrags (Spalte 4) und dem Aufwand bzw. Ertrag aus der Anpassung des Zinssatzes (Spalte 5). Eine Aufsplittung des Zinseffekts in Aufzinsungseffekt („Zinsen und ähnliche Aufwendungen") und Änderungen des Diskontierungszinssatzes (je nach Wirkung unter „Sonstige Zinsen und ähnliche Erträge" bzw. „Zinsen und ähnliche Aufwendungen") ist nicht erforderlich. Die Ermittlung des Aufwands bzw. Ertrags aus der Abzinsung erweist sich nach dieser zweiten Interpretation als relativ komplex. Das betrifft insb. die Bestimmung des Effekts aus der Änderung des Diskontierungssatzes. Aus Vereinfachungsgründen darf unterstellt werden, dass Abzinsungssatz und Verpflichtungsumfang jeweils nur zum Ende des laufenden Gj neu geschätzt werden.[147]

> **Beispiel**[148]
> Arzneimittelhersteller P schätzt zum 31.12.01 den Verpflichtungsumfang aus einem Rechtsstreit mit 100.000 bei einer erwarteten Inanspruchnahme in 3 Jahren. Der restlaufzeitäquivalente Abzinsungssatz gem. RückAbzinsV betrage 4,09 %. Die Rückstellung wird zum 31.12.01 mit dem Erfüllungsbetrag von 88.669 erstmalig eingebucht. Zum 31.12.02 beläuft sich der Abzinsungssatz bei nur noch 2-jähriger Restlaufzeit auf 3,93 %, der der Rückstellungsbewertung zugrunde zu legen ist. Im Finanzergebnis (Zinsen und ähnliche Aufwendungen) des Gj 02 ist der Aufzinsungsaufwand i.H.v. 3.627 (= 4,09 % von 88.699) zu berücksichtigen.
> Weiterhin ist zu berücksichtigen, dass die Rückstellung mit dem zweijährigen Zinssatz abzuzinsen ist. Die Rückstellung ist somit mit $100.000 \times 1,0393^{-2}$ = 92.580 zu berechnen. Hierdurch sind weitere 284 als Aufwand aus der Zinssatzänderung zu erfassen, wahlweise im operativen Ergebnis oder im Finanzergebnis (s. Rz 135).

**134** Bei der **Bruttomethode** wird der gesamte Erfüllungsbetrag zulasten des operativen Ergebnisses gebucht. Diesem Aufwand wird der erhoffte Finanzierungseffekt aus der Anlage der über die Rückstellungsbildung im Unt gebundenen Mittel gegenübergestellt. Diese Darstellung offenbart die der Abzinsung zugrunde liegende Verrechnung des in der Periode wirtschaftlich verursachten Erfüllungsaufwands mit einem unrealisierten Ertrag, den das Unt in der Zukunft erst noch erwirtschaften muss. Sie ist im Interesse einer klaren Abgrenzung des Betriebsergebnisses vom Finanzergebnis vorzugswürdig. Für die **Nettomethode** spricht dagegen die bessere Vergleichbarkeit mit einem Abschluss nach IFRS, in den die Erfüllungskosten langfristig fälliger Verpflichtungen ebenfalls nur mit ihrem Barwert in das Betriebsergebnis eingehen. Zudem mag die vom Gesetzgeber mit dem Abzinsungsgebot intendierte Stärkung der Informationsfunktion des handelsrechtlichen JA für diese Darstellung sprechen.[149] Rückstellungen haben nicht nur Schuld-, sondern auch Finanzierungscharakter. Dieser betriebswirtschaftlichen Erkenntnis trägt die Nettomethode Rechnung. Schließlich hat sie aus Unternehmenssicht den Vorteil, das operative Ergebnis nur i.H.d. abgezinsten Erfüllungsbetrags zu belasten. Das führt im mehrjährigen Vergleich ceteris paribus zum Ausweis höherer operativer Ergeb-

---

[147] Vgl. *IDW RS HFA 34, Tz 12.*
[148] Vgl. *Bertram/Kessler*, DB 2012, S. 989.
[149] IDW RS HFA 30, Tz 59 und IDW ERS HFA 34, Tz 11 lassen ausschließlich die Nettomethode zu.

nisse als nach der Bruttomethode. Wohl auch deshalb favorisiert die Bilanzierungspraxis ganz überwiegend die Nettomethode.[150]
Während für den Aufwand aus der Aufzinsung der (Vorjahres-) Rückstellung § 277 Abs. 5 Satz 1 HGB den Ausweis im Finanzergebnis (Zinsen und ähnliche Aufwendungen) vorgibt, ist dies bei nachfolgenden Konstellationen nicht eindeutig zu bestimmen:

- Effekte von Zinssatzänderungen,
- Schätzungsänderungen bzgl. der Restlaufzeit,
- teilweiser Verbrauch der Vorjahresrückstellung.

Für den Ausweis von Effekten von Zinssatzänderungen und Schätzungsänderungen bzgl. der Restlaufzeit bestehen Argumente für einen Ausweis im operativen Ergebnis wie auch im Finanzergebnis.[151] Es besteht ein Ausweiswahlrecht, das vom Bilanzierenden einheitlich und stetig auszuüben ist.[152]

Wird die Vorjahresrückstellung im laufenden Gj teilweise verbraucht, ist fraglich wie die in der GuV auszuweisenden Aufwendungen aus der Aufzinsung der Vorjahresrückstellung zu bestimmen sind. Eine exakte Bestimmung des Zeitpunkts des Verbrauchs ermöglicht zwar die rechnerisch genaueste Bestimmung des Zinsaufwands, ist aber insb. dann aufwendig, wenn der Verbrauch kontinuierlich über das Gj anfällt.[153]

Da es „nur" um eine Ausweisfrage in der GuV geht, spricht nichts dagegen, vereinfachend von einer Änderung des Verpflichtungsumfangs (durch teilweisen Verbrauch oder auch durch Schätzungsänderungen) zu Beginn oder zum Ende des Gj auszugehen. Bei der Entscheidung für eine der gewählten Methoden gelten auch hier die Stetigkeitsgrundsätze.

**Beispiel**[154]
Die B-GmbH weist zum 31.12.01 eine Rückstellung mit einer Nominalverpflichtung von 2.000 und einer geschätzten Restlaufzeit von 4 Jahren mit ihrem Erfüllungsbetrag i. H. v. 1.694 aus (angenommener Zinssatz gem. Rück-AbzinsV: 4,24 %). Entgegen der ursprünglichen Schätzung der Restlaufzeit erfolgt zum 31.8.02 eine Inanspruchnahme von 40 % = 800. Zum 31.12.02 wird die restliche Verpflichtung (unverändert) mit 1.200 bei einer Restlaufzeit von 3 Jahren geschätzt. Der im Finanzergebnis des Gj 02 auszuweisende Aufzinsungsaufwand kann wie folgt ermittelt werden:
**Variante A**: Fiktion des Verbrauchs zum 1.1.02. Der Aufzinsungsaufwand berechnet sich mit 51 (4,24 % von 1.200).
**Variante B**: Fiktion des Verbrauchs zum 31.12.02: Der Aufzinsungsaufwand beträgt 85 (4,24 % von 2.000).
**Variante C**: Monatsgenaue Berechnung. Der Aufzinsungsaufwand berechnet sich mit 4,24 % von 2.000 für 8 Monate + 4,24 % von 1.200 für 4 Monate = 73.

---

150 Vgl. *Lange/Müller*, Haufe HGB Bilanz Kommentar BilMoG Erfahrungsbericht BilMoG, 2012, S. 175.
151 Zu Einzelheiten vgl. *Bertram/Kessler*, DB 2012, S. 980.
152 Vgl. IDW RS HFA 34, Tz 49.
153 Eine Rückstellung für die Aufbewahrung von Geschäftsunterlagen verbraucht sich wirtschaftlich kontinuierlich das gesamte Jahr über, auch wenn rechtlich erst am Jahresende die Verpflichtung für ein zurückliegendes Gj erlischt.
154 Entnommen aus *Bertram/Kessler*, DB 2012, S. 989.

> Gegenüber der exakten Variante C ergeben die Varianten A und B deutlich abweichende Ergebnisse. Der Vorteil dieser Methoden liegt in ihrer einfachen Handhabbarkeit.

136  Die in der Praxis im Anhang von JA oder weitergehenden Erläuterungen (z. B. im Erstellungs- oder Prüfungsbericht) weit verbreitete Form der Darstellung der Rückstellungsveränderungen mittels eines **Rückstellungsspiegels** sollte eine explizite Berücksichtigung der Zinseffekte vorsehen. Eine mögliche Form der Darstellung sieht wie folgt aus:[155]

| | Buchwert 1.1.01 | Verbrauch | Auflösung | Zuführung | Aufzinsung und Zinssatzanpassung* | Buchwert 31.12.01 |
|---|---|---|---|---|---|---|
| | EUR | EUR | EUR | EUR | EUR | EUR |
| Gesonderte Darstellung wesentlicher Rückstellungsgruppen | ... | ... | ... | ... | ... | ... |
| | ... | ... | ... | ... | ... | ... |
| | ... | ... | ... | ... | ... | ... |
| Summe | ... | ... | ... | ... | ... | ... |

*Auch bei der Nettomethode können sich Abzinsungserträge ergeben, wenn z. B. der Erfüllungszeitpunkt einer Verpflichtung gegenüber dem Vorjahr später eingeschätzt wird.

Tab. 2: Rückstellungsspiegel

> **Beispiel**
> Die M-GmbH ist von einem Kunden auf Schadensersatz verklagt worden. Der Anspruch wird inzwischen in einem gerichtlichen Klageverfahren geltend gemacht. Den nominellen Verpflichtungsumfang schätzt die M-GmbH auf 100. Bei Aufstellung des JA zum 31.12.01 wird der Erfüllungszeitpunkt mit 2 Jahren nach dem Abschlussstichtag geschätzt. Auf Basis eines Diskontierungszinssatzes für zweijährige Laufzeiten von 4,0 % ergibt sich ein Barwert der Rückstellung von 92,5, der zulasten des operativen Ergebnisses am 31.12.01 zurückzustellen ist.
> 31.12.01
>
> | Datum | Konto | Soll | Haben |
> |---|---|---|---|
> | | Sonstige betriebliche Aufwendungen | 92,5 | |
> | | Sonstige Rückstellungen | | 92,5 |
>
> Aufgrund vergeblicher Versuche, im Gj 02 einen Vergleich mit dem Kunden zu erzielen, hat die Unternehmensleitung entschieden, im Klageverfahren alle Rechtsmittel bis in die letzte Instanz auszuschöpfen. Der nominelle Verpflichtungsumfang wird nunmehr mit 150, der Erfüllungszeitpunkt in 3 Jahren nach dem Abschlussstichtag geschätzt. Auf Basis eines Abzinssatzes für 3-jäh-

---

[155] In Anlehnung an *Kessler*, in *Kessler/Leinen/Strickmann*, BilMoG, 2. Aufl. 2010, S. 393.

rige Restlaufzeiten von 4,20 % ergibt sich ein Barwert der Rückstellung (Erfüllungsbetrag) von 132,6. Die Rückstellungsminderung resultiert sowohl aus der Erhöhung der geschätzten Inanspruchnahme wie auch aus Zinseffekten. Am 31.12.02 ist wie folgt zu buchen:
31.12.02

| Datum | Konto | Soll | Haben |
|---|---|---|---|
| | Sonstige betriebliche Aufwendungen | 44,2 | |
| | Zinsen und ähnliche Erträge | | 4,1 |
| | Sonstige Rückstellungen | | 40,1 |

Die Einzelbeträge ermitteln sich wie folgt: Die Erhöhung der erwarteten Schadensersatzzahlung um 50 lässt den notwendigen Erfüllungsbetrag unter Berücksichtigung einer 3-jährigen Abzinsung mit 4,20 % um 44,2 ansteigen. Für den bisher geschätzten Verpflichtungsbetrag von 100 ermittelt sich bei einer 3-jährigen Abzinsung mit 4,20 % ein Barwert von 88,4. Verglichen mit dem Barwert des Vorjahrs von 92,5 ergibt sich ein Aufzinsungsertrag von 4,1. Der Rückstellungsspiegel für das Gj 02 stellt sich wie folgt dar:

| | Buchwert 1.1.02 | Zuführung | Aufzinsung | Buchwert 31.12.02 |
|---|---|---|---|---|
| Rückstellung für Schadensersatz | 92,5 | 44,2 | −4,1 | 132,6 |

## 3.2 Vereinfachungen für Altersversorgungsverpflichtungen und vergleichbare langfristig fällige Verpflichtungen

### 3.2.1 Altersversorgungsverpflichtungen

Praktische **Vereinfachungen** sind für die Barwertermittlung von **Altersversorgungsverpflichtungen** vorgesehen. Diese betreffen zunächst den Zeitpunkt der Rückstellungsberechnung. Die in der Praxis etablierte Verfahrensweise, Pensionsgutachten 2 bis 3 Monate vor dem Abschlussstichtag nach Maßgabe der geschätzten Verhältnisse am Abschlussstichtag einzuholen, ist im Regelfall nicht zu beanstanden (Rz 71).

137

Nach dem Einzelbewertungsgrundsatz ist jede Pensionsverpflichtung einzeln zu bewerten. Das erfordert die Wahl eines individuellen, der jeweiligen geschätzten Restlaufzeit der Verpflichtung entsprechenden Zinssatzes. Diese Verfahrensweise ist nicht nur aufwendig, sondern bereitet zusätzliche Ermittlungsprobleme, wenn die Restlaufzeit als Duration ermittelt wird und die Fristigkeit einzelner Pensionszahlungen mehr als 50 Jahre beträgt. Da die Deutsche Bundesbank Zinsstrukturkurven für Festzinsswaps für diese Zeiträume nicht zur Verfügung stellt, wäre der zu wählende Zinssatz durch Extrapolation zu ermitteln.[156]

138

Um die Bewertung von Pensionsrückstellungen zu vereinfachen, erlaubt § 253 Abs. 2 Satz 2 HGB, „Altersversorgungsverpflichtungen oder vergleichbare lang-

139

---

[156] IDW RS HFA 34, Tz 45 lässt für derartige Verpflichtungen aus Wesentlichkeitsgesichtspunkten die Verwendung des Abzinsungssatzes für 50-jährige Restlaufzeiten zu. Die Abzinsung hat aber auf Basis der erwarteten (längeren) Restlaufzeit zu erfolgen.

fristig fällige Verpflichtungen **pauschal** mit dem durchschnittlichen Marktzinssatz" abzuzinsen, „der sich bei einer angenommenen **Restlaufzeit von 15 Jahren** ergibt" (Hervorhebungen durch den Verf.). Diese Ausnahme vom Einzelbewertungsgrundsatz steht ebenfalls unter dem Vorbehalt, das vom JA zu vermittelnde, den tatsächlichen Verhältnissen entsprechende Bild der VFE-Lage nicht zu beeinträchtigen. Insbesondere bei einem hohen Durchschnittsalter der Pensionsberechtigten kann diese Vereinfachungslösung problematisch sein. Liegt die Restlaufzeit der Verpflichtungen deutlich unter 15 Jahren, führt die Abzinsung mit dem typisierten Durchschnittszins bei normaler Zinsstrukturkurve zu einer Unterdotierung der Pensionsrückstellungen und verstößt damit gegen das Gebot des vollständigen Schuldenausweises. Die Frage, wann ein JA nicht mehr ein den tatsächlichen Verhältnissen entsprechendes Bild der VFE-Lage zeigt, bleibt offen und enthält daher einen nicht unerheblichen Beurteilungsspielraum.[157]

Da es sich bei dem nach § 253 Abs. 2 HGB ermittelten Zinssatz um einen Siebenjahresdurchschnittszinssatz und nicht um einen aktuellen Marktzinssatz handelt, wird schon seit geraumer Zeit auf bestehende stille Lasten bei Pensionsrückstellungen unter dem Stichwort „Zinsschmelze" hingewiesen.[158] Bei einem unterstellt nachhaltig niedrigen Zinsniveau werden sich die gem. RückAbzinsV ergebenden Zinssätze (31.12.2014: 4,53 %) für 15-jährige Restlaufzeiten in recht kurzer Zeit deutlich nach unten entwickeln. Denn der Siebenjahresdurchschnittsbildung liegen zum 31.12.2014 nun ausschließlich Jahre zugrunde, in denen sich die Finanzkrise von 2008 bereits ausgewirkt hat. Allerdings befindet sich das Marktzinsniveau immer noch deutlich unter dem Siebenjahresdurchschnitt, sodass für die kommenden Abschlussstichtage bei unveränderter Beibehaltung der gesetzlichen Regelung signifikante Absenkungen des Zinssatzes mit entsprechender Wirkung auf die Höhe der Rückstellungen für Altersversorgungsverpflichtungen zu erwarten sind. Aufgrund dessen werden derzeit vom Gesetzgeber Überlegungen angestellt, ob die Regelung des Siebenjahresdurchschnitts nicht ggf. zu modifizieren ist.[159]

Zu beachten ist auch, dass kompensatorische Effekte durch etwaig vorhandenes Deckungsvermögen nicht auftreten werden, weil das Deckungsvermögen – im Unterschied zur Pensionsverpflichtung – an jedem Abschlussstichtag zum beizulegenden Zeitwert, d.h. mit aktuellen (also niedrigen) Zinssätzen anzusetzen ist (vgl. Rz 118).

140 Ein Abweichen von der Vereinfachungslösung dürfte in der Praxis allerdings nur in Ausnahmefällen geboten sein. Die bei Wahl eines einheitlichen Zinssatzes gesetzlich festgeschriebene Restlaufzeit von 15 Jahren berücksichtigt bereits den infolge der demografischen Entwicklung durchschnittlich bestehenden Überhang älterer Arbeitnehmer. Weicht die Duration der Altersversorgungsverpflichtungen des Unt deutlich von der unterstellten durchschnittlichen Restlaufzeit nach oben (bei relativ großem Anteil junger Berechtigter) oder nach unten (bei überwiegend aus Rentnern bestehenden Beständen) ab, kann die Anwendung des Wahlrechts zu einer nicht den tatsächlichen Verhältnissen entsprechenden Darstellung der

---

[157] Vgl. *Göllert*, DB 2008, S. 1166.
[158] Vgl. *Kompenhans/Devlin*, Roß, DB 2013, S. 297.
[159] Vgl. Beschlussempfehlung des Ausschusses für Recht und Verbraucherschutz des Bundestags zum Regierungsentwurf des BilRuG, Drs. 18/5256 vom 17.6.2015, S. 3.

VFE-Lage führen. In diesem Fall darf die Vereinfachungslösung keine Anwendung finden.[160] Stattdessen ist der Abzinsungssatz nach den allgemeinen gesetzlichen Vorgaben anhand der Duration der Pensionsverpflichtungen am Abschlussstichtag zu ermitteln. Das kann sowohl im Weg einer Einzelbewertung als auch mittels Gruppenbewertung nach § 240 Abs. 4 HGB erfolgen, die für Pensionen mit annähernd gleicher Duration einen einheitlichen Zinssatz bestimmt. Mangels konkreter Vorgaben des Gesetzgebers verbleibt dem Bilanzierenden allerdings in der Frage, wann von der Vereinfachungslösung des § 253 Abs. 2 Satz 2 HGB abzurücken ist, ein nicht unerheblicher Beurteilungsspielraum.[161]

**Altersversorgungsverpflichtungen**, die **in Fremdwährung** zu erfüllen sind, unterliegen ebenfalls den Regelungen des Abs. 2. Zur Ermittlung ihres Barwerts kann der von der Deutschen Bundesbank veröffentlichte Zinssatz herangezogen werden, solange diese Verfahrensweise nicht zu deutlichen Verwerfungen im Vergleich zu einer Abzinsung mit einem währungskongruenten Zinssatz führt und damit den Einblick in die VFE-Lage beeinträchtigt. Auch in diesem Punkt fehlen Hinweise, bis zu welcher Zins- bzw. Barwertdifferenz die Diskontierung mit dem fristadäquaten Zinssatz für den Euroraum noch vertretbar ist. Die Antwort auf diese Frage hängt zum einen von der Bedeutung der Altersversorgungsverpflichtungen für das Unt ab. Zum anderen ist das Zusammenwirken des Abzinsungssatzes mit den übrigen Parametern für die Rückstellungsbewertung zu berücksichtigen. Das gilt insb. für die antizipierten Lohn-, Gehalts- und Rentensteigerungen.

**141**

> **Beispiel**
> Ein Unt unterhält eine Zweigniederlassung in Brasilien. Für die dortigen Mitarbeiter bestehen Pensionszusagen. Bei der Schätzung des notwendigen Erfüllungsbetrags der Verpflichtungen wird aufgrund der hohen Inflation in Brasilien von einem Lohn- und Gehaltstrend von 15 % ausgegangen. Würden diese notwendigen Erfüllungsbeträge mit einem im Euroraum ermittelten Diskontierungszinssatz abgezinst, ergäbe sich eine deutliche Überdotierung. Daher sind die Verpflichtungen mit einem währungskongruenten Diskontierungszinssatz (7-Jahresdurchschnitt) aus Brasilien abzuzinsen.

### 3.2.2 Vergleichbare langfristig fällige Verpflichtungen

Zum Begriff der vergleichbaren langfristig fälligen Verpflichtungen vgl. Rz 68. Auch für ihre Diskontierung eröffnet § 253 Abs. 2 Satz 2 HGB die Möglichkeit, den einer Restlaufzeit von 15 Jahren entsprechenden durchschnittlichen Marktzins heranzuziehen (Rz 139). Diese Vereinfachung kommt nach der Regierungsbegründung wie bei Altersversorgungsverpflichtungen nur in Betracht, wenn sie das Einblicksgebot des § 264 Abs. 2 Satz 1 HGB nicht verletzt. Bedenklich erscheint ihre Anwendung daher auf Altersteilzeitverpflichtungen, deren durchschnittliche Restlaufzeit nur wenige Jahre beträgt. Ihre pauschale Abzinsung mit einem Zinssatz, der sich bei einer angenommenen Restlaufzeit von 15 Jahren ergibt, führt bei einer normalen Zinsstruktur zu einer zu niedrigen Rückstellungs-

**142**

---

[160] Vgl. BilMoG-BegrRegE, S. 55; IDW RS HFA 30, Tz 57.
[161] Vgl. *Göllert*, DB 2008, S. 1166.

bewertung. Vielmehr ist zu empfehlen, einen **anhand der durchschnittlichen Duration der Restlaufzeit orientierten Zinssatz** einheitlich zu verwenden, d. h. anstelle des 15-jährigen Diskontierungszinssatzes bei Altersteilzeitverpflichtungen z. B. den für zwei- oder drei-jährige Restlaufzeiten anzuwendenden Zinssatz.[162]

143 Für Jubiläumsrückstellungen und Verpflichtungen aus Lebensarbeitszeitmodellen kann die Pauschalierung einer 15-jährigen Restlaufzeit zu angemessenen Ergebnissen führen. Eine Einzelbewertung unter Berücksichtigung ihrer individuellen Restlaufzeit ist daher in vielen Fällen nicht erforderlich.

### 3.3 Rentenschulden (Abs. 2 Satz 3)

144 Abs. 2 Satz 3 der Vorschrift schreibt für auf Rentenverpflichtungen beruhende Verbindlichkeiten die entsprechende Anwendung der Sätze 1 und 2 vor. Derartige Rentenschulden sind demnach wie Rückstellungen abzuzinsen. Anders als bei Rückstellungen allgemein dient die Abzinsung hier jedoch der Eliminierung eines im Verpflichtungsumfang enthaltenen Zinsanteils für künftige Kapitalüberlassungen. Dieser ist – wie bei anderen gestundeten Verbindlichkeiten aus Austauschgeschäften auch – nicht passivierungsfähig.

145 Unter **Renten** sind für eine bestimmte Zeitdauer (Zeitrente) oder während der Lebenszeit eines Menschen (Leibrente) periodisch wiederkehrende Leistungen in Geld, Geldeswert oder vertretbaren Sachen aufgrund eines selbstständigen Rechts (Rentenstammrechts) zu verstehen.[163] Nicht unter den Begriff der auf Rentenverpflichtungen beruhenden Verbindlichkeiten fallen die Altersversorgungsverpflichtungen. Aufgrund der ihnen eigenen Ungewissheit dem Grund und der Höhe nach, die sich in der Verwendung biometrischer Rechnungsgrundlagen äußert, sind sie als Rückstellungen und nicht als Verbindlichkeiten auszuweisen.

146 Typische Fälle von Rentenverpflichtungen i. S. d. § 253 Abs. 2 Satz 3 HGB sind verrentete Kaufpreisschulden.

> **Beispiel**
> Der 60-jährige Unternehmer A verkauft sein Unt an die F-GmbH. Der Kaufpreis von 1.000 wird nach den Regelungen des Kaufvertrags verrentet. Danach erhält A eine lebenslange jährliche Rente von 75. Die Rente wurde auf Basis einer Lebenserwartung von 80 Jahren und eines Zinssatzes von 5,0 % von den Kaufparteien berechnet.

147 Die Abzinsung derartiger Rentenschulden hat ebenfalls mittels der von der Deutschen Bundesbank veröffentlichten Diskontierungszinssätze zu erfolgen, wie Abs. 3 der Vorschrift eindeutig anweist. Danach ist entsprechend der voraussichtlichen Restlaufzeit der Verpflichtung – ermittelt nach dem Durationskonzept (Rz 142) – der laufzeitäquivalente Sieben-Jahresdurchschnittszins anzuwenden. Alternativ kann auch der pauschalierte 15-Jahreszins nach Satz 2 der Vorschrift angewendet werden, sofern diese Verfahrensweise zu keinen wesentlichen Abweichungen von der genauen Barwertermittlung führt.

---

[162] GlA: *Johannleweling*, BetrAV 2010, S. 451, der sich hierbei auf § 256 Satz 2 i. V. m. § 240 Abs. 4 HGB stützt.
[163] Vgl. *Kessler*, in *Kessler/Leinen/Strickmann*, BilMoG, 2. Aufl. 2010, S. 397.

Fraglich ist, wie vorzugehen ist, wenn die Vertragsparteien wie in dem obigen Beispiel explizit einen Zinssatz der Bestimmung der Rentenverpflichtung zugrunde legen, der vom Sieben-Jahresdurchschnittszins abweicht.

**148**

> **Beispiel**
> Die F-GmbH hat sich verpflichtet, dem Unternehmer A als Gegenleistung für die Übertragung seines Unt. eine lebenslange Rente von jährlich 75 zu zahlen. Der F-GmbH steht das Recht zu, die Rentenverpflichtung mit einer Kündigungsfrist von zwölf Monaten zum Barwert abzulösen, der sich auf der Grundlage eines Zinssatzes von 6 % p. a. und einer Lebenserwartung von 80 Jahren ergibt. Zum 1.1.2020 kündigt die F-GmbH die Rentenschuld, um diese abzulösen. Es ermittelt sich ein Ablösungsbetrag von rd. 585. Die Abzinsung der während der erwarteten Restlebenszeit des Verkäufers zu leistenden Rentenzahlungen nach der Vereinfachungslösung des § 253 Abs. 2 Satz 2 HGB auf den 31.12.2019 ergibt auf Basis eines angenommenen Zinssatzes von 5,2 % einen Barwert von rund 603.
> Durch den vertraglich vereinbarten Ablösungsbetrag ist die Verzinsung des von der F-GmbH in Form von Rentenzahlungen zu leistenden Kaufpreises auf 6 % p. a. fixiert. Die Barwertermittlung mit einem abweichenden Zinssatz führt damit zwangsläufig zu einer falschen Schuldenbewertung. Das zeigt sich im Zeitpunkt der Ablösung. Zum 31.12.2019 beläuft sich die Rentenschuld nach der Bewertungsanweisung des § 253 Abs. 2 Satz 3 HGB auf 603. Wird diese zum 1.1.2020 zu 585 abgelöst, weist die F-GmbH einen Gewinn aus dem Abgang der Schuld von 18 aus. Das ist die Folge der fehlerhaften Barwertermittlung in den Vorjahren.

In solchen Fällen einer expliziten Verzinsungsabrede erscheint eine teleologische Reduktion von § 253 Abs. 2 Satz 3 HGB sachgerecht, sodass anstelle des nach der RückAbzinsV zum jeweiligen Abschlussstichtag zu ermittelnden Sieben-Jahresdurchschnittszinssatzes der von den Vertragsparteien tatsächlich vereinbarte Zins zu verwenden ist.[164] Dazu muss allerdings der von den Vertragsparteien zugrunde gelegte Zinssatz **objektiv aus der Vereinbarung** hervorgehen. Der Gesetzgeber will durch die Abzinsungsregelung einen zutreffenden Schuldenausweis bei gleichzeitiger Ausschaltung von bilanzpolitischen Gestaltungsspielräumen bei der Wahl des Abzinsungssatzes erreichen.[165] Da in der dargestellten Konstellation die Schuld des Käufers durch eine objektiv nachprüfbare Zinsgewährung determiniert wird, besteht auch nicht die Gefahr der bilanzpolitischen Gestaltung, da ein unter Dritten vereinbarter Zinssatz die vom Gesetzgeber beabsichtigte Objektivierung gewährleistet.

Im Gegensatz zu Rückstellungen unterliegt die Bewertung von Rentenschulden dem Höchstwertprinzip.[166] Eine Herabsetzung ihres Buchwerts unter den Zugangswert ist deshalb nur zulässig, wenn die Vermutung der Wiederkehr des höheren Verpflichtungsbetrags so gut wie ausgeschlossen ist. Dazu sei das vorstehende Beispiel wie folgt abgewandelt:

**149**

---

[164] Vgl. *Kessler*, in *Kessler/Leinen/Strickmann*, BilMoG, 2. Aufl. 2010, S. 399.
[165] Vgl. BilMoG-BgrRegE, S. 55.
[166] Vgl. *Schubert*, in Beck Bil-Komm., 9. Aufl, § 253, Rz 186.

> **Beispiel**
> Die F-GmbH hat für das Ende 01 erworbene Unt von A eine jährliche lebenslange Rente von 75 an den Unternehmer A zu zahlen. In Anwendung der Vereinfachungsregelung des § 253 Abs. 2 Satz 2 HGB zinst sie diese mit dem einer Restlaufzeit von 15 Jahren entsprechenden durchschnittlichen Marktzins ab. Die durchschnittliche Restlebenserwartung von A liegt am 31.12.01 bei 20 Jahren. Zu den einzelnen Bewertungsstichtagen veröffentlicht die Deutsche Bundesbank die folgenden bewertungsrelevanten Marktzinssätze:
>
> | Stichtag | 31.12.01 | 31.12.02 | 31.12.03 | 31.12.04 | 31.12.05 |
> |---|---|---|---|---|---|
> | Zinssatz | 5,0 % | 4,8 % | 5,3 % | 4,9 % | 5,2 % |
>
> In dem JA zum 31.12.01 ist die Rentenverbindlichkeit aus dem Unternehmenserwerb mit einem Zugangswert von 935 einzubuchen. Sieht man zunächst von Zinsänderungen ab, entwickelt sich der Buchwert der Rentenverbindlichkeit bis zum 31.12.05 wie in Spalte 4 der nachstehenden Übersicht dargestellt.[167]
>
> | Stichtag | Undiskontierte Schuld | Restlaufzeit (Jahre) | Barwert 5,0 % | Barwert aktueller Zins | Buchwert |
> |---|---|---|---|---|---|
> | 31.12.01 | 1.500 | 20,0 | 935 | 935 | 935 |
> | 31.12.02 | 1.425 | 19,0 | 906 | 921 | 921 |
> | 31.12.03 | 1.350 | 18,0 | 877 | 857 | 877 |
> | 31.12.04 | 1.275 | 17,0 | 846 | 852 | 852 |
> | 31.12.05 | 1.200 | 16,0 | 813 | 801 | 813 |
>
> Die Diskontierung mit dem am jeweiligen Abschlussstichtag gültigen fristadäquaten Marktzinssatz führt zu der in Spalte 5 dargestellten Barwertentwicklung. Da zum 31.12.03 der aktuelle Diskontierungszins erstmals über dem Zinssatz im Zeitpunkt der Einbuchung der Schuld liegt, unterschreitet der aktuelle Barwert zu diesem Stichtag den planmäßig fortgeführten Zugangswert um 20. Der Wertansatz von 857 würde gegen das Höchstwertprinzip verstoßen, da die Vermutung der Wiederkehr des höheren fortgeführten Zugangswerts nicht entkräftet ist. Die Rentenschuld ist daher zu den einzelnen Stichtagen mit dem höheren Betrag aus fortgeführtem Zugangswert (Spalte 4) und Barwert auf Basis des aktuellen fristadäquaten Marktzinssatzes (Spalte 5) zu bewerten (Spalte 6).

---

[167] Biometrische Wahrscheinlichkeiten bleiben unberücksichtigt.

## 4 Abschreibung von Vermögensgegenständen des Anlagevermögens (Abs. 3)

### 4.1 Planmäßige Abschreibung (Abs. 3 Sätze 1 und 2)

#### 4.1.1 Abzuschreibende Vermögensgegenstände

§ 253 Abs. 3 Satz 1 HGB regelt, dass die Wertansätze aller VG, deren **Nutzbarkeit zeitlich begrenzt** ist, durch planmäßige Abschreibungen gemindert werden müssen. Die begrenzte Nutzbarkeit eines VG resultiert im Wesentlichen entweder aus einer **mengenmäßigen Abnutzung** (z. B. als technischer Verschleiß durch Abnutzung oder Substanzverringerung durch Abbau), aus einer **wertmäßigen Abnutzung** (z. B. wegen technischen Fortschritts oder Modellwechseln) oder **einer rechtlichen Abnutzung** (z. B. bei einer begrenzten Schutzwirkung von Rechten). Nicht entscheidend ist dagegen, ob ein (in seiner Nutzbarkeit nicht begrenzter) VG in einem bestimmten Unt nur für eine zeitlich begrenzte Nutzung vorgesehen ist.[168] 150

Einer planmäßigen Abschreibung sind gleichermaßen materielle wie immaterielle VG des AV zu unterziehen. Unter die **materiellen** VG, die planmäßig abzuschreiben sind, fallen grds. alle beweglichen und unbeweglichen VG des **Sachanlagevermögens** (§ 266 Rz 37 ff.). Ausnahmen bilden hier im Wesentlichen Grundstücke (sofern sie nicht ausgebeutet werden[169]) und Anlagen im Bau. Unter die **immateriellen** VG, die wegen einer begrenzten Nutzbarkeit planmäßig abzuschreiben sind, fallen insb. **zeitlich befristete Rechte** wie Konzessionen, gewerbliche Schutzrechte u. ä. Rechte oder Lizenzen. 151

Auch der **derivative GoF** gilt gem. § 246 Abs. 1 Satz 4 HGB als zeitlich begrenzt nutzbarer VG. Daher muss seine Folgebewertung stets auf der Grundlage von planmäßigen Abschreibungen nach § 253 HGB durchgeführt werden (s. hierzu auch Rz 201 ff.). Weiterhin besteht seit dem Inkrafttreten des BilMoG gem. § 248 Abs. 2 HGB die Möglichkeit der Aktivierung **selbst geschaffener immaterieller VG des AV**. Für deren Folgebewertung müssen ebenfalls die Regelungen des § 253 Abs. 3 Sätze 1 und 2 HGB angewendet werden (s. hierzu auch Rz 205 ff.). Allerdings wird durch das BilRUG[170] § 253 Abs. 3 HGB so geändert, dass für Gj, die nach dem 31.12.2015 beginnen, selbsterstellte immaterielle VG des AV sowie entgeltlich erworbene GoF über zehn Jahre planmäßig abzuschreiben sind, wenn ausnahmsweise die voraussichtliche Nutzungsdauer nicht verlässlich geschätzt werden kann (s. hierzu Rz 323 ff.). 152

**Nicht** unter die abnutzbaren VG fallen **geleistete Anzahlungen** (auf SAV oder auf immaterielle VG) sowie **Finanzanlagen**. Sie unterliegen somit auch nicht den Bestimmungen der planmäßigen Abschreibung. 153

---

[168] Vgl. *Schubert/Roscher/Andrejewski*, in Beck Bil-Komm. 9. Aufl., § 253 HGB, Rz 212; ADS, 6. Aufl., § 253 HGB, Rz 355.
[169] Vgl. ADS, 6. Aufl., § 253 HGB, Rz 356 und 357.
[170] Vgl. BT-Drs.18/5256, S. 6.

### 4.1.2 Abschreibungspläne

#### 4.1.2.1 Planmäßigkeit

154 Die planmäßige Abschreibung von zeitlich begrenzt nutzbarem AV erfordert für jeden **einzelnen VG** das **Aufstellen eines Abschreibungsplans**. Dazu muss bereits mit Beginn der Abschreibungen der jährliche Abschreibungsbetrag für die **gesamte Nutzungsdauer** festgelegt werden, indem zumindest die rechnerischen Grundlagen hierfür definiert wurden. Ziel des Abschreibungsplans ist es, die AHK auf die voraussichtliche Nutzungsdauer des jeweiligen VG zu verteilen. Dadurch wird der Wert des VG am Abschlussstichtag ermittelt und der jährliche Aufwand durch dessen Abnutzung periodisiert und erfolgswirksam erfasst.[171]

155 Die Planmäßigkeit impliziert, dass wegen des Grundsatzes der Bewertungsstetigkeit gem. § 252 Abs. 1 Nr. 6 HGB an einem **einmal aufgestellten Plan festgehalten** werden muss.[172] Nur in begründeten **Ausnahmefällen**, z. B. wegen erforderlicher Korrekturen, können **Änderungen** des Abschreibungsplanes vorgenommen werden (s. auch Rz 185).

156 Abschreibungspläne werden durch die folgenden **Rahmenbedingungen** festgelegt:
- AHK sowie ein etwaiger Restwert (s. Rz 157),
- voraussichtliche Nutzungsdauer (s. Rz 161),
- gewählte Abschreibungsmethode (s. Rz 168).

#### 4.1.2.2 Anschaffungs-/Herstellungskosten und Restwert

157 Die **AHK** (§ 255 Abs. 1 und 2 HGB) sind im Rahmen einer planmäßigen Abschreibung über die (voraussichtliche) Nutzungsdauer zu verteilen. Es handelt sich dabei zugleich um die Bewertungsobergrenze, zu dem abnutzbare VG des AV bilanziell abgebildet werden dürfen (§ 253 Abs. 1 Satz 1 HGB). Eine Ausnahme von diesem Grundsatz besteht allerdings bei der Bewertung von Deckungsvermögen bei Altersversorgungsverpflichtungen (s. dazu Rz 112).

158 Soweit keine entsprechenden Informationen vorliegen, wird i. d. R. bei einer planmäßigen Abschreibung davon ausgegangen, dass am Ende der Nutzungsdauer eines VG kein oder kein nennenswerter **Restwert** (z. B. Schrottwert) vorliegt. In diesem Falle werden die AHK vollständig über die voraussichtliche Nutzungsdauer verteilt.[173] Ist dagegen mit ausreichender Sicherheit davon auszugehen, dass am Ende der Nutzungsdauer ein (nicht unwesentlicher) Restwert vorhanden ist, muss dieser berücksichtigt werden, indem die AHK um diesen Betrag (abzgl. eventuell in diesem Zusammenhang anfallender Aufwendungen) vermindert werden.[174]

> **Beispiel**
> Die A-AG erwirbt am 1.1.01 eine Maschine zu AK von 1 Mio. Die voraussichtliche Nutzungsdauer beträgt zehn Jahre. Da die Maschine wesentliche Bauteile aus Stahl enthält und die Stahlpreise in den vergangenen Jahren stetig

---

[171] Vgl. *ADS*, 6. Aufl., § 253 HGB, Rz 358.
[172] Dies wurde durch das BilMoG bekräftigt, indem die ursprüngliche Sollvorschrift als verpflichtende Vorschrift formuliert wurde. Vgl. BilMoG-BgrRegE, S. 52.
[173] Vgl. *Schubert/Roscher/Andrejewski*, in Beck Bil-Komm. 9. Aufl., § 253 HGB, Rz 223.
[174] Vgl. *ADS*, 6. Aufl., § 253 HGB, Rz 415.

> angestiegen sind, kann die A-AG mit ausreichender Sicherheit davon ausgehen, dass auch nach der vollständigen Abnutzung der Maschine in zehn Jahren ein Restwert (Schrottwert) für die Maschine vorhanden sein wird. Die AK der Maschine sind daher um diesen Restwert zu vermindern und anschließend über die Nutzungsdauer von zehn Jahren zu verteilen.
> Wenn der abzuziehende Restwert bspw. 100 TEUR beträgt (Gewicht der Bauteile aus Stahl × künftig erwarteter Stahlpreis), sind lediglich 900 TEUR über die Nutzungsdauer von zehn Jahren zu verteilen.

Es sind auch solche Restwerte zu berücksichtigen, die vor einer vollständigen Abnutzung des VG erzielt werden.[175] Während in der betrieblichen Praxis aufgrund von Schätzunsicherheiten bzgl. des voraussichtlichen Restwerts zumeist von einer Berücksichtigung von Restwerten abgesehen wird,[176] gibt es gleichwohl eine Vielzahl denkbarer Anwendungsfälle, wie das nachfolgende Beispiel illustriert.

**159**

> **Beispiel**
> Die X-GmbH erwirbt am 1.1.01 einen Pkw für einen Vertriebsmitarbeiter. Die AHK betragen 30.000. Die betriebsgewöhnliche Nutzungsdauer des Pkw wird mit 5 Jahren bestimmt. Bei keiner Berücksichtigung eines Restwerts und unter Verwendung der linearen Abschreibungsmethode ergibt sich folgende Entwicklung der Buchwerte und Abschreibungen in den 5 Gj:
>
> | Abschlussstichtag | Buchwert (EUR) | Abschreibung (EUR) |
> |---|---|---|
> | 31.12.01 | 24.000,00 | 6.000,00 |
> | 31.12.02 | 18.000,00 | 6.000,00 |
> | 31.12.03 | 12.000,00 | 6.000,00 |
> | 31.12.04 | 6.000,00 | 6.000,00 |
> | 31.12.05 | 0,00 | 6.000,00 |
>
> Tatsächlich geht die X-GmbH gar nicht von einer betriebsgewöhnlichen Nutzungsdauer von 5 Jahren aus. Da der Vertriebsmitarbeiter aufgrund seiner Reisetätigkeit hohe jährliche Laufleistungen des Pkw verursacht, werden die Fahrzeuge der Vertriebsmitarbeiter nach 3 Jahren ersetzt. Erfahrungsgemäß ist bei einer erwarteten Laufleistung von 150.000 km nach 3 Jahren die Reparaturanfälligkeit hoch, sodass die Fahrzeuge dann veräußert werden. Anhand der Schwacke-Liste lässt sich der zu erwartende Restwerterlös nach 3 Jahren mit 9.000 bestimmen. Würde die X-GmbH den Pkw über die voraussichtliche Nutzungsdauer von 3 Jahren unter Berücksichtigung des Restwerts von 9.000 abschreiben, ergäbe sich folgendes Bild:
>
> | Abschlussstichtag | Buchwert | Abschreibung |
> |---|---|---|
> | 31.12.01 | 23.000 | 7.000 |
> | 31.12.02 | 16.000 | 7.000 |
> | 31.12.03 | 9.000 | 7.000 |

---

[175] Vgl. Brösel/Olbrich, in Küting/Pfitzer/Weber, HdR, HGB § 253, Rn 455, Stand 11/2012.
[176] Vgl. WP-Handbuch, Bd. I, 14. Aufl., Abschn. E, Rz 391.

> Die Abschreibung spiegelt in dieser Variante den tatsächlichen Werteverzehr zutreffend wider. Bei Veräußerung des Pkw am 31.12.03 fällt kein Buchgewinn oder -verlust an. Demgegenüber ergäbe sich in der obigen Variante (Abschreibung für 5 Jahre ohne Restwertberücksichtigung) bei Veräußerung des Pkw bei einem Veräußerungserlös von 9.000 und einem Buchwert von 12.000 ein Veräußerungsverlust von 3.000. Wirtschaftlich entspricht dieser Veräußerungsverlust der in den 3 Gj zu niedrigen Abschreibung von jeweils 1.000 (7.000 ./. 6.000).

160 Die Berücksichtigung von Restwerten führt zu einem zutreffenden Aufwandsverlauf und vermeidet zudem den Anfall „absehbarer" Veräußerungsgewinne und -verluste. Dies gilt allerdings nur für solche VG, bei denen sich Restwerte zuverlässig bestimmen lassen, wie das bei Pkw gegeben ist, zumal es sich um gleichartige VG handelt, für die ein entsprechender Käufermarkt vorhanden ist. Bei anderen VG des AV – z. B. Spezialmaschinen – ist die Restwertabschätzung häufig schwierig, da nicht nur der eigentliche Veräußerungserlös, sondern auch Veräußerungskosten (z.B. Transport- oder Abbruchkosten) zur Bestimmung des Restwerts berücksichtigt werden müssen. Zudem führt die Berücksichtigung von Restwerten bei der Schätzung von Abschreibungsverläufen zu einer höheren Wahrscheinlichkeit der Notwendigkeit einer Plananpassung. Wäre in dem obigen Beispiel zum Ende des Gj 02 erkennbar, dass sich die erwarteten Veräußerungserlöse zum 31.12.03 nicht mehr auf 9.000, sondern auf z. B. nur noch 5.000 beliefen, wäre eine Plankorrektur erforderlich. Nach der hier vertretenen Auffassung sollten Restwerte bei der Bestimmung von Abschreibungsverläufen berücksichtigt werden, wenn sie zuverlässig abschätzbar erscheinen. Derartige Schätzungen sollten jedoch immer unter Berücksichtigung des Vorsichtsprinzips erfolgen, d. h., im Zweifel ist eher ein niedrigerer als ein höherer Restwert zu berücksichtigen.

#### 4.1.2.3 Voraussichtliche Nutzungsdauer

161 Das zweite wesentliche Kriterium, welches einen Abschreibungsplan bestimmt, ist die voraussichtliche Nutzungsdauer des abnutzbaren Anlageguts. Die Nutzungsdauer bestimmt den **Abschreibungszeitraum** des VG und **beginnt** mit dessen Lieferung/Überlassung bzw. mit dessen Fertigstellung und Inbetriebnahme.[177] Entscheidend ist dabei, dass das Anlagegut ab diesem Zeitpunkt bestimmungsgemäß genutzt werden könnte. Auf den tatsächlichen Beginn der Nutzung, der sich ggf. aus innerbetrieblichen Gründen verzögern kann, kommt es dagegen nicht an.[178]

162 Der Abschreibungszeitraum **endet** mit dem voraussichtlichen Ende der **betriebsindividuellen Nutzung** eines Anlageguts und kann daher wesentlich durch die Einschätzungen des Kfm. beeinflusst werden. Grundsätzlich werden das technische, das wirtschaftliche und das rechtliche Nutzungsende unterschieden.

163 Das **technische Nutzungsende** wird durch den Zeitpunkt bestimmt, bis zu dem das Anlagegut in einem Unt technisch einwandfrei genutzt werden kann. Hierbei handelt es sich i. d. R. um die längst mögliche Nutzungsdauer eines VG. Die **wirtschaftliche Nutzungsdauer** wird dagegen durch Rentabilitätsaspekte ge-

---

[177] Vgl. *Schubert/Roscher/Andrejewski*, in Beck Bil-Komm. 9. Aufl., § 253 HGB, Rz 224.
[178] Vgl. *Brösel/Olbrich*, in *Küting/Pfitzer/Weber*, HdR, HGB § 253, Rn 460, Stand 11/2012/2010.

prägt und endet, wenn die Nutzung eines Anlageguts z. B. auf der Grundlage von Investitionsberechnungen nicht mehr rentabel ist.[179] Die **rechtliche Nutzungsdauer** wird schließlich durch Fristablauf bestimmt, indem eine Nutzung durch entsprechende Verträge zeitlich begrenzt wird oder entsprechende Nutzungsrechte auslaufen.[180] Hiervon sind vor allem immaterielle VG (z. B. Lizenzen) betroffen.

Im konkreten Fall hat die Bestimmung der betriebsindividuellen Nutzungsdauer eines Anlageguts gem. § 252 Abs. 4 HGB **vorsichtig** zu erfolgen. Der Vorsichtsgedanke ist deshalb besonders zu berücksichtigen, weil die Ermittlung der Nutzungsdauer in weiten Teilen von den Einschätzungen des Kfm. abhängt und sich daher umfassende **Ermessensspielräume** ergeben. Grundsätzlich können **Erfahrungswerte** des Kfm. oder **Branchenwerte** von vergleichbaren Anlagegütern nützliche Hinweise für die voraussichtliche Nutzugsdauer liefern. Denkbar und in der Praxis auch weit verbreitet ist eine Orientierung an den **branchengebundenen AfA-Tabellen**, die in Zusammenarbeit zwischen dem BMF und den entsprechenden Verbänden der Wirtschaft originär für steuerliche Zwecke herausgegeben werden. Vielfach werden aber auch die, ebenfalls für steuerliche Abschreibungen generierten, **nicht branchenspezifischen AfA-Tabellen** für die allgemein verwendbaren Anlagegüter herangezogen.[181]

**164**

Seit der Neufassung der **AfA-Tabellen für allgemein verwendbare Anlagegüter** im Jahr 2000 stellt das BMF für die Bemessung der jährlichen steuerlichen Abschreibungsbeträge auf die technische Nutzungsdauer eines Anlageguts ab. Für die vorsichtsgeprägten handelsrechtlichen Zwecke ist jedoch die (i. d. R. kürzere) betriebsindividuelle Nutzbarkeit und somit primär die wirtschaftliche Nutzungsdauer entscheidend. Deshalb ist seither die generelle Anwendung der steuerlichen AfA-Tabellen für handelsrechtliche Zwecke, wie sie lange Jahre üblich war, problematisch. Seit dem Inkrafttreten des BilMoG ist sie darüber hinaus grds. gar nicht mehr erlaubt. Stattdessen muss die Nutzungsdauer stets eigens für handelsrechtliche Zwecke überprüft werden.[182]

**165**

Mit Schreiben vom 6.12.2001 hat das BMF allerdings die Möglichkeit eingeräumt, steuerlich eine kürzere Nutzungsdauer als die technische anzuwenden, wenn dies glaubhaft gemacht werden kann.[183] Insoweit wäre denkbar, die für handelsrechtliche Zwecke durchgeführte zwingende Überprüfung der (wirtschaftlichen) Nutzungsdauer mit entsprechendem Nachweis auch steuerlich anzuwenden.[184] Eine Veranschlagung von unterschiedlichen Nutzungsdauern für handels- und steuerrechtliche Zwecke bei ein und demselben Anlagegut dürfte nämlich weder tatsächlich sinnvoll noch inhaltlich begründbar sein. Gleichzeitig ließe sich durch diese Vorgehensweise ein Mehraufwand, der sich durch die separaten Beurteilungen ergäbe sowie eine deutliche Auseinanderentwicklung von Handels- und Steuerbilanz verhindern oder zumindest ein-

**166**

---

179 Vgl. *Brösel/Olbrich*, in *Küting/Pfitzer/Weber*, HdR, HGB § 253, Rn 464, Stand 11/201206/2010.
180 Vgl. *ADS*, 6. Aufl., § 253 HGB, Rz 373.
181 Vgl. BMF, Schreiben v. 15.12.2000, IV D 2 – S 1551–188/0; BStBl 2000 I S. 1532 ff.
182 Vgl. *Schubert/Roscher/Andrejewski*, in Beck Bil-Komm. 9. Aufl., § 253 HGB, Rz 231; *Lorson/Toebe*, BBK 2009, S. 458.
183 Vgl. BMF, Schreiben v.6.12.2001, IV D 2-S 1551–498/01, BStBl I 2001, 860.
184 I. d. S. wohl auch Marx, StuB 2012, S. 293, der diese Vorgehensweise speziell für einen GoF befürwortet.

grenzen, auch wenn der Gesetzgeber dies insb. durch die Aufgabe der umgekehrten Maßgeblichkeit zumindest billigend in Kauf genommen hat.[185]

#### 4.1.2.4 Abschreibungsmethoden

167 Als weiteres wesentliches Kriterium wird die planmäßige Abschreibung von AV durch die gewählte Abschreibungsmethode bestimmt. Da § 253 Abs. 3 Satz 2 HGB lediglich fordert, die AHK auf die Gj der voraussichtlichen Nutzung des VG zu verteilen, bleibt es dem Kfm. weitgehend freigestellt, welche Abschreibungsmethode er zugrunde legt. Entscheidend ist, dass die jährlichen Abschreibungen **nicht willkürlich** festgelegt werden und darüber hinaus den **GoB entsprochen** wird.[186] Dies ist dann der Fall, wenn der Nutzen- und der Wertminderungsverlauf einander entsprechen.[187]

168 Die folgenden, überwiegend in der Praxis verwendeten Abschreibungsmethoden sind als **GoB-konform** für handelsrechtliche Zwecke anerkannt:
- linear (s. Rz 170),
- degressiv (geometrisch bzw. arithmetisch degressiv, s. Rz 172),
- progressiv (s. Rz 177),
- Leistungsabschreibung (s. Rz 179).

169 Die rechnerisch **einfachste** und in der Praxis **gebräuchlichste** Abschreibungsmethode ist die **lineare Abschreibung.** Hierbei werden die historischen AHK durch die voraussichtliche Nutzungsdauer (ND) dividiert. Es ergibt sich für jedes Nutzungsjahr der gleiche Abschreibungsbetrag (a) und am Ende der Nutzungsdauer ist das Anlagegut vollständig abgeschrieben (zur Berücksichtigung von Restwerten vgl. Rz 158).

> **Beispiel**
> Die A-AG erwirbt eine maschinelle Anlage zu einem Kaufpreis von 90.000. Als die Anlage am 1.7.01 geliefert und in Betrieb genommen wird, fallen zusätzlich Montagekosten i. H. v. 10.000 an. Die Nutzungsdauer der Anlage wird nach vorsichtiger Einschätzung der A-AG zehn Jahre betragen.
> Der von der A-AG jährlich erfolgswirksam zu berücksichtigende Abschreibungsbetrag beläuft sich auf 10.000:
>
> $$a = \frac{AHK}{ND} = \frac{(90.000 + 10.000)}{10 \text{ Jahre}}$$
>
> Da die A-AG die maschinelle Anlage im Gj 01 unterjährig erworben hat, ist jedoch im Jahr der Anschaffung nicht der volle, sondern nur der anteilige Abschreibungsbetrag (d. h. 5.000) ergebnismindernd zu berücksichtigen.

170 Der jährlich gleich bleibende Abschreibungsbetrag impliziert einen konstanten Abnutzungsverlauf eines Anlageguts. Dies ist in der Praxis zwar meist nicht der

---

[185] Siehe hierzu auch die Ausführungen des BMF-Schreibens v. 12.3.2010, IV C 6 – S 2133/09/10001, insb. Rz 9.
[186] Vgl. *ADS*, 6. Aufl., § 253 HGB, Rz 385; *Schubert/Roscher/Andrejewski*, in Beck Bil-Komm. 9. Aufl., § 253 HGB, Rz 238.
[187] Vgl. *Brösel/Olbrich*, in *Küting/Pfitzer/Weber*, HdR, HGB § 253, Rz 478, Stand 11/2012/2010.

Fall, lässt sich aber unter Berücksichtigung steigender Instandhaltungs- und Wartungsmaßnahmen mit zunehmendem Alter des Vermögenswerts rechtfertigen. Zudem kann eine vorsichtige Schätzung der Nutzungsdauer dazu beitragen, die Gefahr einer Überbewertung des Anlageguts zu verhindern.[188]

Die **degressive Abschreibungsmethode** ist durch jährlich sinkende Abschreibungsbeträge charakterisiert, die zu Abschreibungsbeginn üblicherweise über den linearen Sätzen liegen. Grundsätzlich werden die geometrisch-degressive und die arithmetisch-degressive Abschreibungsmethode unterschieden. Bei der **geometrisch-degressiven** Abschreibung wird für die Ermittlung des jährlichen Abschreibungsbetrags ein fester Prozentsatz unterstellt, der mit dem Restbuchwert zu Beginn des Jahrs bzw. zum Ende des Vorjahrs multipliziert wird.

171

> **Beispiel**
> Die A-AG erwirbt eine maschinelle Anlage zu einem Kaufpreis von 90.000. Als die Anlage am 1.7.01 geliefert und in Betrieb genommen wird, fallen zusätzlich Montagekosten i. H. v. 10.000 an. Die Nutzungsdauer der Anlage wird nach vorsichtiger Einschätzung der A-AG 10 Jahre betragen. Die A-AG unterstellt einen Abschreibungssatz von 20 %.
> Es ergibt sich folgender Abschreibungsplan:
>
> | Jahr | jährliche AfA (a) (EUR) | Restbuchwert am Ende des Jahres (EUR) |
> |---|---|---|
> | 1 | 10.000 | 90.000 |
> | 2 | 18.000 | 72.000 |
> | 3 | 14.400 | 57.600 |
> | ... | ... | ... |
> | 10 | 3.020 | 12.080 |
>
> Berechnung:
> a1 = 100.000 × 20 % × 1/2
> a2 = 90.000 × 20 %
> a3 = 72.000 × 20 % usw.

Da der Restbuchwert jährlich kleiner wird, vermindern sich ebenso die jährlichen Abschreibungsbeträge. Ein Restbuchwert von null ist hierbei nicht zu erreichen. Der im letzten Jahr der Nutzungsdauer verbleibende Restbuchwert muss dann in diesem letzten Jahr vollständig abgeschrieben werden. Um zu verhindern, dass ein Gj mit der Abschreibung eines hohen Restbuchwerts belastet wird, wird in der Praxis üblicherweise ein Übergang auf die lineare Abschreibungsmethode durchgeführt. Der Wechsel von der degressiven zur linearen Abschreibung erfolgt in dem Gj, in dem der jährliche lineare Abschreibungsbetrag den der degressiven Abschreibung übersteigt. Dazu wird am Ende jedes Gj überprüft, ob die Verteilung des Restbuchwerts über die verbleibende Nutzungsdauer im folgenden Gj einen höheren Abschreibungsbetrag ergibt als die degressive Abschreibung.

172

---

[188] Vgl. *ADS*, 6. Aufl., § 253 HGB, Rz 391.

**Beispiel**
Die Fortschreibung des oben begonnenen degressiven Abschreibungsplans der A-AG ergibt Folgendes:

| Jahr | jährliche AfA (a) (EUR) | Restbuchwert am Ende des Jahres (EUR) |
|---|---|---|
| ... | ... | .... |
| 4 | 11.520 | 46.080 |
| 5 | 9.216 | 36.864 |
| 6 | 7.373 | 29.491 |
| 7 | 5.898 | 23.593 |
| ... | ... | ... |

Berechnung der linearen Abschreibung für
Jahr 6 = 36.864 : 5 Jahre = 7.373/Jahr
Jahr 7 = 29.491 : 4 Jahre = 7.373/Jahr
Spätestens in Jahr 7 wird die A-AG von der degressiven auf die lineare Abschreibung übergehen, da dann die jährliche lineare Abschreibung höher ist als die degressive. In Jahr 6 sind beide Abschreibungsbeträge identisch, sodass es unerheblich ist, ob linear oder degressiv abgeschrieben wird.

173 Der vor Inkrafttreten des BilMoG verbreiteten Praxis, als degressive Abschreibungssätze die steuerlichen Sätze des § 7 Abs. 2 Satz 4 EStG zu verwenden, ist durch die Abkopplung der Handelsbilanz von der Steuerbilanz die Grundlage entzogen worden. Daher muss stets eine Prüfung erfolgen, ob die der degressiven Abschreibung zugrunde gelegten Prozentsätze den Nutzungsverlauf des Anlageguts widerspiegeln[189] und somit den handelsrechtlichen Abschreibungserfordernissen unter Berücksichtigung des Vorsichtsgedankens genügen.[190] Dementsprechend kann ein und derselbe VG in der HB mit einem anderen degressiven Satz abgeschrieben werden als steuerlich.[191] Allerdings ist gem. § 7 Abs. 2 EStG steuerlich für VG, die nach dem 31.12.2010 angeschafft wurden, die degressive Abschreibung ohnehin nicht mehr anwendbar.

174 Die zweite Ausprägung der degressiven Abschreibungsmethode ist die **arithmetisch degressive**, die üblicherweise in Form der **digitalen Abschreibung** zur Anwendung kommt. Sie ist dadurch geprägt, dass die jährlich sinkenden Abschreibungsbeträge stets um einen konstanten Betrag, den Degressionsbetrag (d), vermindert werden. Am Ende der Nutzungsdauer wird ein Restbuchwert von null erreicht. Zur Ermittlung des jährlichen Abschreibungsbetrages wird zunächst der Degressionsbetrag ermittelt, indem die AHK durch die aufsummierten Nutzungsjahre dividiert werden. Der so ermittelte Degressionsbetrag wird anschließend mit der verbleibenden Restnutzungsdauer (inkl. des betrachteten Jahrs) multipliziert.

---

[189] Vgl. *Püttner*, BBK 2009, S. 942.
[190] Vgl. IDW RH HFA 1.015, Tz 8.
[191] Vgl. BMF, Schreiben v. 12.3.2010, IV C 6 – S 2133/09/10001, Rz 16.

**Beispiel**
Die A-AG erwirbt am 1.1.01 eine maschinelle Anlage zu AHK von 120.000.
Die Nutzungsdauer wird vorsichtig auf 5 Jahre geschätzt.
Es ergibt sich folgender Abschreibungsplan:

| Jahr | jährliche AfA (a) (EUR) | Restbuchwert am Ende des Jahres (EUR) |
|---|---|---|
| 1 | 40.000 | 80.000 |
| 2 | 32.000 | 48.000 |
| 3 | 24.000 | 24.000 |
| 4 | 16.000 | 8.000 |
| 5 | 8.000 | 0 |

Berechnung:

$$d = \frac{120.000}{1+2+3+4+5} = 8.000$$

a1 = d × 5 = 8.000 × 5 = 40.000
a2 = d × 4 = 8.000 × 4 = 32.000 usw.

Da vor Inkrafttreten des BilMoG die handelsrechtlichen planmäßigen Abschreibungen verbreitet an den steuerlichen Vorschriften ausgerichtet wurden, die digitale Abschreibung aber bereits seit dem Steuerbereinigungsgesetz 1985 steuerlich nicht mehr anerkannt ist, kommt dieser Abschreibungsmethode in der Praxis schon seit längerer Zeit kaum Bedeutung zu.

Die **progressive Abschreibungsmethode** zeichnet sich durch jährlich steigende Abschreibungsbeträge aus. Sie kann auch als umgekehrte degressive Abschreibungsmethode verstanden werden. Dementsprechend werden zunächst die Abschreibungsbeträge nach der geometrisch oder arithmetisch degressiven Abschreibungsmethode ermittelt (s. hierzu Rz 172) und dann in umgekehrter Reihenfolge verrechnet.[192]

Allgemein wird die progressive Abschreibungsmethode kritisch betrachtet, da sie insb. die Gefahr einer wirtschaftlichen Überalterung von Anlagegütern nicht abbilden kann. Sie wird insoweit **nur in Ausnahmefällen** als anwendbar angesehen.[193] Da die Anwendungsfälle, die einen progressiven Abschreibungsverlauf in Anlehnung an den Nutzungsverlauf rechtfertigen, gering sind und die progressive Abschreibungsmethode zudem steuerlich nicht zugelassen ist, hat sie seit jeher nur geringe praktische Bedeutung erfahren, obwohl sie vom Gesetzgeber sogar explizit als **GoB-konform** anerkannt wurde.[194] Insoweit kann an dieser Stelle weiterhin ein Verweis auf die bisher im Schrifttum aufgeführten

---

[192] Vgl. *Brösel/Olbrich*, in *Küting/Pfitzer/Weber*, HdR, HGB § 253, Rn 484, Stand 11/201206/2010.
[193] Vgl. *ADS*, 6. Aufl., § 253 HGB, Rz 402; *Schubert/Roscher/Andrejeswki*, in Beck Bil-Komm. 9. Aufl., § 253 HGB, Rz 246; *Brösel/Olbrich*, in *Küting/Pfitzer/Weber*, HdR, HGB § 253, Rn 484, Stand 11/2012/2010.
[194] Vgl. BilMoG-BgrRegE, S. 56.

Anwendungsbeispiele wie Großkraftwerke oder Rechenzentren, deren Kapazitäten zu Beginn nicht voll ausgelastet sind,[195] genügen.

178 Die **Leistungsabschreibung** als weitere Abschreibungsmethode bemisst die jährlichen Abschreibungsbeträge in Abhängigkeit von der **konkreten Leistungsabgabe** eines Anlageguts in dem betrachteten Jahr. Dazu werden die AHK durch die voraussichtliche Gesamtleistung des VG (LG) dividiert und mit der Leistungsabgabe des jeweiligen Jahrs (Lt) multipliziert. Diese Methode führt zu jährlich schwankenden Abschreibungsbeträgen (a), die zwar den (technischen) Verschleiß des Anlageguts abbilden, nicht aber die wirtschaftliche Abnutzung durch Überalterung oder technischen Fortschritt. Letzteres hat in der Praxis vielfach dazu geführt, dass eine Aufteilung des Abschreibungswerts in einen linearen und einen leistungsabhängigen Anteil vorgenommen wird, um ein wirtschaftlich begründetes Minimum der Wertminderung sicherzustellen[196] und so dem Nutzenverlauf des Anlageguts besser Rechnung zu tragen.

> **Beispiel**
> Eine Schnapsbrennerei erwirbt am 1.1.01 eine Destillationsanlage zu AHK von 100.000. Die Nutzungsdauer der Anlage wird vorsichtig auf 5 Jahre geschätzt und die Gesamtleistung auf 10.000 hl. In 01 ergibt sich eine Leistung der Anlage von 2.000 hl, in 02 3.000 hl, in 03 1.500 hl, in 04 2.000 hl und in 05 1.500 hl. Da Destillationsanlagen auch einer technischen Weiterentwicklung unterliegen, schreibt die Ges. die Anlage hälftig linear und hälftig leistungsbezogen ab.
> Es ergibt sich folgender Abschreibungsplan:
> 
> | Jahr | jährliche AfA (a) linear + leistungsabhängig | Restbuchwert am Ende des Jahres |
> |---|---|---|
> | 1 | 10.000 + 10.000 | 80.000 |
> | 2 | 10.000 + 15.000 | 55.000 |
> | 3 | 10.000 + 7.500 | 37.500 |
> | 4 | 10.000 + 10.000 | 17.500 |
> | 5 | 10.000 + 7.500 | 0 |
> 
> Berechnung:
> jährliche lineare Abschreibung:
> a = 100.000 × 50 % : 5 Jahre = 10.000/Jahr
> 
> leistungsabhängige Abschreibung:
> 
> $$a1 = \frac{50.000 \times 2.000\ hl}{10.000\ hl} = 10.000$$
> 
> $$a2 = \frac{50.000 \times 3.000\ hl}{10.000\ hl} = 15.000\ \text{usw.}$$

---

[195] Vgl. *Schubert/Roscher/Andrejewski*, in Beck Bil-Komm. 9. Aufl., § 253 HGB, Rz 246; *Brösel/Olbrich*, in *Küting/Pfitzer/Weber*, HdR, HGB § 253, Rn 484, Stand 11/2012.
[196] Vgl. *Schubert/Roscher/Andrejewski*, in Beck Bil-Komm. 9. Aufl., § 253 HGB, Rz 245; *Brösel/Olbrich*, in *Küting/Pfitzer//Weber*, HdR, HGB § 253, Rn 487, Stand 11/2012.

Das größte praktische **Problem** der leistungsabhängigen Abschreibung liegt in der **Schätzung der voraussichtlichen Gesamtleistung** eines Anlageguts. Dementsprechend hat sich diese Methode überwiegend für solche VG durchgesetzt, für die sich die Gesamtleistungen hinreichend genau ermitteln lassen (z. B. Pkw). 179

Für bewegliche Wirtschaftsgüter des AV ist die Leistungsabschreibung gem. § 7 Abs. 1 Satz 6 EStG auch **steuerlich** anerkannt, wenn dies wirtschaftlich begründet ist. Da ebenso unter handelsrechtlichen Aspekten die Anwendung der Leistungsabschreibung **wirtschaftlich orientiert** ist, dürfte es zwischen der handels- und steuerrechtlichen Anwendung dieser Abschreibungsmethode keine Unterschiede geben. Weiterhin dürfte auch die Beschränkung der steuerlichen Anwendbarkeit ausschließlich auf bewegliches AV eher von untergeordneter Bedeutung sein, da für die verbleibenden Anlagekategorien ohnehin i. d. R. keine Gesamtleistung zu ermitteln ist und somit die Leistungsabschreibung meist nicht in Frage kommt. 180

### 4.1.3 Wahl der Abschreibungsmethode und Plananpassung

Die Wahl der Abschreibungsmethode stellt ein gewichtiges bilanzpolitisches Instrument dar. Seit der Aufgabe der umgekehrten Maßgeblichkeit ist eine Übernahme rein steuerlich orientierter Abschreibungsmethoden und Nutzungsdauern nicht mehr der Regelfall und aufgrund konkurrierender Rechtsvorschriften teilweise auch nicht mehr möglich (vgl. hierzu das Beispiel in Rz 183). Durch sachgerechte Bestimmung von Nutzungsdauern, Abschreibungsmethoden und der Berücksichtigung etwaiger Restwerte sind handelsrechtlich seither deutlich realitätsnähere Aufwandsverläufe bei den Abschreibungen möglich. Ceteris paribus reduziert dies die Notwendigkeit der Vornahme außerplanmäßiger Abschreibungen. Mit der **Entkopplung der Handels- von der Steuerbilanz** verbunden ist im Bereich des AV die Führung zweier separater Anlagenbuchführungen; eine für handelsrechtliche Zwecke und eine für steuerliche Zwecke (vgl. § 5 Abs. 1 Satz 2 EStG). 181

Zu beachten ist bei der Wahl der Abschreibungsmethode der Grundsatz der Bewertungsstetigkeit (§ 252 Abs. 1 Nr. 6 HGB). Danach ist es nicht möglich, gleiche Sachverhalte unterschiedlich zu bewerten (zu Einzelheiten vgl. § 252 Rz 123). 182

> **Beispiel**
> Ein Unt erwirbt im Gj 2010 einen Pkw. Der Pkw wird mit seinen AK aktiviert und über die betriebsgewöhnliche Nutzungsdauer – die nach den AfA-Tabellen für allgemein verwendbare Anlagegüter bestimmt wird – abgeschrieben. Das Unt entscheidet sich für die degressive Abschreibungsmethode, zumal dies im Gj 2010 auch steuerrechtlich nach § 7 Abs. 2 Satz 1 EStG zulässig ist. Soweit der hierdurch ermittelte Abschreibungsverlauf nicht wesentlich dem tatsächlichen Nutzenverbrauch widerspricht, ist diese Vorgehensweise in der HB zulässig.
> Im Gj 2011 erwirbt das Unt einen weiteren Pkw. Nach dem Grundsatz der Bewertungsstetigkeit ist dieser in der HB zwingend degressiv abzuschreiben. In der Steuerbilanz besteht diese Möglichkeit nicht mehr, da durch das Gesetz zur Umsetzung steuerrechtlicher Regelungen des Maßnahmenpakets „Be-

> schäftigungssicherung durch Wachstumsstärkung" vom 21.12.2008 die degressive Abschreibung bis zum 31.12.2010 befristet worden ist. Es kommt zu unterschiedlichen Wertansätzen in Handels- und Steuerbilanz aufgrund der unterschiedlichen Abschreibungsmethoden.

183 Es empfiehlt sich daher, ähnlich den amtlichen AfA-Tabellen, betriebsindividuelle Abschreibungstabellen zu entwickeln, in denen Nutzungsdauer, Abschreibungsmethode etc. für die im Betrieb vorhandenen VG des AV normiert werden. Insb. in Fällen einer Konzernzugehörigkeit ist dies zur Sicherstellung der einheitlichen Bilanzierung und Bewertung (§ 300 Abs. 2 HGB) im KA zumeist unerlässlich.

184 Losgelöst von der gewählten Abschreibungsmethode, sind für handelsrechtliche Zwecke wegen des Stetigkeitsgrundsatzes (§ 252 Abs. 1 Nr. 6 HGB) eine einmal gewählte Abschreibungsmethode und mithin ein einmal gewählter Abschreibungsplan beizubehalten. Nur in begründeten Ausnahmefällen darf eine **Änderung des Abschreibungsplans** vorgenommen werden. Ein solcher begründeter Ausnahmefall liegt etwa dann vor, wenn aufgrund neuer Erkenntnisse oder sich verändernder Verhältnisse ersichtlich wird, dass der ursprüngliche Abschreibungsplan nicht (mehr) korrekt ist. Dies ist regelmäßig dann der Fall, wenn eine Fehleinschätzung der Nutzungsdauer und/oder eine Fehlvorstellung über den Entwertungsverlauf des Anlageguts oder eine Veränderung der Abschreibungsbemessungsgrundlage vorliegt.[197]

185 Eine Änderung des Abschreibungsplans ist bspw. dann erforderlich, wenn eine bislang im Einschichtbetrieb genutzte Maschine durch eine dauerhafte Verwendung im **Mehrschichtbetrieb** deutlich schneller verbraucht wird, als dies bei der Bestimmung der Nutzungsdauer (auf Basis des erwarteten Einschichtbetriebs) geschätzt worden ist. Die Praxis berücksichtigt eine mehrschichtige Nutzung bei Anwendung der linearen Abschreibung, verbreitet mit Zuschlägen von 25 bis 50 % auf die im Normalbetrieb verrechneten Abschreibungen.[198]

186 Nicht als Änderung des Abschreibungsplans ist ein Übergang von der degressiven auf die lineare Abschreibung anzusehen, wenn dieser Übergang bereits bei Aufstellung des Abschreibungsplans entsprechend berücksichtigt wurde.

### 4.1.4 Einzelfragen

#### 4.1.4.1 Komponentenansatz

187 Lange Zeit wurde in der handelsrechtlichen Kommentierung davon ausgegangen, dass ein planmäßig abzuschreibender VG nach einem einheitlichen Plan insgesamt einheitlich abzuschreiben ist.[199] Grundlage hierfür ist der **Einzelbewertungsgrundsatz** (§ 252 Abs. 1 Nr. 3 HGB), der bislang einer Atomisierung eines VG in mehrere technisch definierte Komponenten entgegenstand.[200]

---

[197] Vgl. *ADS*, 6. Aufl., § 253 HGB, Rz 260; *Schubert/Roscher/Andrejewski*, in Beck Bil-Komm. 9. Aufl., § 253 HGB, Rz 260; *Brösel/Olbrich*, in *Küting/Pfitzer/Weber*, HdR, HGB § 253, Rn 531/532, Stand 11/2012.
[198] Vgl. *ADS*, 6. Aufl., § 253 HGB, Rz 413.
[199] Vgl. *Schubert/Roscher/Schramm/*, in Beck Bil-Komm. 9. Aufl., § 253 HGB, Rz 221.
[200] Vgl. *Wiechers*, BBK 2009, S. 837.

**188** Zwischenzeitlich hat sich eine Fortentwicklung der handelsrechtlichen GoB aber dahingehend konkretisiert, dass durch eine komponentenweise Abschreibung von VG deren Werteverzehr zutreffender abgebildet werden kann, ohne dass ein Verstoß gegen den Einzelbewertungsgrundsatz vorliegt.[201] Ein Verstoß gegen den Einzelbewertungsgrundsatz liegt danach genauso wenig vor, wie ein Verstoß gegen die Abgrenzung von VG nach dem Konzept des einheitlichen Nutzungs- und Funktionszusammenhangs.[202] Der VG bleibt unverändert die zu bilanzierende und zu bewertende Einheit. Lediglich die Methode der planmäßigen Abschreibung soll zu einer **zutreffenderen Approximation des tatsächlichen Werteverzehrs** führen. Kritikern dieser Überlegungen kann entgegengehalten werden, dass auch früher schon aufgrund steuerlicher Besonderheiten in der HB (in Übereinstimmung mit der Steuerbilanz) komponentenweise abgeschrieben wurde. Sog. **Betriebsvorrichtungen** (vgl. R 7.1 Abs. 3 EStR 2008) werden nach weit verbreiteter betrieblicher Praxis separat abgeschrieben, obwohl sie wesentliche Bestandteile des Gebäudes sind. Deutlich wird dies am Beispiel eines Lastenaufzugs, der die Vermögensgegenstandseigenschaft nicht erfüllt, da er nicht selbstständig verwertbar ist, gleichwohl aber aufgrund der steuerlichen Behandlung auch bislang schon in der HB separat abgeschrieben wurde. Trotz einer langjährigen faktischen Anwendung des Komponentenansatzes sowohl in der HB als auch in der Steuerbilanz, ist er steuerlich – im Gegensatz zum Handelsrecht – nach wie vor unzulässig.[203,204]

**189** Voraussetzung für die Anwendung des Komponentenansatzes ist, dass der VG in **physisch separierbare Komponenten** zerlegt werden kann, die in Relation zum VG auch wesentlich sind. Einer Atomisierung von VG in seine Einzelteile soll damit vorgebeugt werden. Für jede Komponente wird eine eigene Nutzungsdauer bestimmt, über die diese abgeschrieben wird.

**190** Anwendungsfälle ergeben sich insb. in solchen Konstellationen, bei denen einzelne wesentliche Komponenten deutlich kürzere Nutzungsdauern aufweisen als der gesamte VG. Wird die mit einer kürzeren Nutzungsdauer abgeschriebene Komponente durch eine neue ersetzt, ist demnach ein Teilabgang des VG i. H. des Restbuchwerts der alten Komponenten zu berücksichtigen. Die AHK der Ersatzkomponente stellen dementsprechend nachträgliche AHK dar, die wiederum über die Laufzeit der Komponente zu verteilen sind.[205]

> **Beispiel**
> Ein Unt stellt ein Bürogebäude her, das betrieblich genutzt werden soll. Von den Gesamt-HK von 750 TEUR entfällt ein Teilbetrag von 150 TEUR auf das Dach. Nach dem Komponentenansatz sind Dach und Restgebäude separat abzuschreiben. Während für das Dach eine Nutzungsdauer von 20 Jahren

---

[201] Vgl. IDW RH HFA 1.016, Tz 4, 8.
[202] Vgl. IDW RH HFA 1.016, Tz 9; zum Konzept des einheitlichen Nutzungs- und Funktionszusammenhangs vgl. *Winkeljohann/Büssow*, in Beck Bil-Komm. 9. Aufl., § 252 HGB, Rz 23.
[203] Vgl. auch *Urbahns*, StuB 8/2010, S. 302, der auf ein Urteil des FG-Niedersachsen zur Abschreibung und Nutzungsdauer von Windkraftanlagen und damit in Zusammenhang stehenden VG in einem Windpark hinweist.
[204] In seinem Urteil vom 14.4.2011 bekräftigt der BFH, dass der Komponentenansatz für steuerliche Zwecke ohne Bedeutung sei. Vgl. BFH, Urteil v. 14.4.2011 IV R 46/09, BStBl. II 2011, 696.
[205] Vgl. IDW RH HFA 1.016, Tz 6.

geschätzt wird, wird für das Restgebäude eine Nutzungsdauer von 60 Jahren angesetzt. Es kommt jeweils die lineare Methode zur Anwendung. Zu Beginn des Jahrs 21 wird das Dach durch ein neues ersetzt, dessen HK sich auf 200 TEUR belaufen.

| Jahr | Buchwert Dach | Abschreibung Dach | Buchwert Restgebäude | Abschreibung Restgebäude | Buchwert des VG Gebäude | Abschreibung des VG Gebäude |
|---|---|---|---|---|---|---|
| | (1) | (2) | (3) | (4) | (5)=(1)+(3) | (6)=(2)+(4) |
| 01 | 142.500 | 7.500 | 590.000 | 10.000 | 732.500 | 17.500 |
| 02 | 135.000 | 7.500 | 580.000 | 10.000 | 715.000 | 17.500 |
| ... | ... | 7.500 | ... | 10.000 | ... | 17.500 |
| 20 | 0 | 7.500 | 400.000 | 10.000 | 400.000 | 17.500 |
| 21 | 190.000 | 10.000 | 390.000 | 10.000 | 580.000 | 20.000 |
| ... | | | | | | |

Durch die separate Abschreibung der Komponente „Dach" wird ein gleichmäßiger Aufwandsverlauf erreicht. Deutlich wird dies am Jahr 21, in dem der Austausch des Dachs erfolgt. Würde das Gebäude einheitlich über 60 Jahre abgeschrieben, ergäbe sich zwar in den Jahren 1–20 eine niedrigere Abschreibung (800 TEUR/60 Jahre = 13,3 TEUR). Im Jahr 21 wäre aber der Ersatz des Dachs als Reparaturaufwand voll aufwandswirksam zu behandeln. Dies entspricht nicht dem tatsächlichen Nutzenverlauf, da das neue Dach erneut 20 Jahre halten wird.

191  **Außerplanmäßige Abschreibungen** nach § 253 Abs. 3 Satz 3 HGB kommen auch bei Anwendung des Komponentenansatzes nur für den VG insgesamt in Betracht. Somit reichen Wertminderungen bei einzelnen Komponenten nicht zur Begründung einer außerplanmäßigen Abschreibung aus; sie sind vielmehr mit etwaigen stillen Reserven bei den restlichen Komponenten zu saldieren. Nur, wenn für den VG insgesamt die Voraussetzungen für eine außerplanmäßige Abschreibung vorliegen (sog. Niederstwerttest, vgl. Rz. 244), hat eine außerplanmäßige Abschreibung zu erfolgen.[206]

192  Die Bedeutung des **einheitlichen Nutzungs- und Funktionszusammenhangs** des gesamten VG erfordert in der praktischen Umsetzung des Komponentenansatzes, dass in der Anlagenbuchführung für den VG ein Anlagenstammsatz anzulegen ist und die eigentliche Abschreibung mittels separater Unterstammsätze zu führen ist. Heutige Anlagenbuchführungsprogramme können derartige Sachverhalte abbilden. Gleichwohl benötigt es einiges an organisatorischem Aufwand, um eine zutreffende handelsbilanzielle Abbildung zu gewährleisten.

193  Der Komponentenansatz stellt eine Fortentwicklung handelsrechtlicher GoB dar,[207] sodass seine Anwendung derzeit nicht zwingend vorzunehmen ist. Im Ergebnis hat der Bilanzierende hierdurch ein Bilanzierungswahlrecht. Wie bei anderen Wahlrechten auch, ist der **Grundsatz der Bewertungsstetigkeit** (§ 252

---

[206] Vgl. IDW RH HFA 1.016, Tz 10.
[207] Zustimmend hierzu: *Hommel/Rößler*, BB 2009, S. 2530.

Abs. 1 Nr. 6 HGB) zu beachten, sodass der Bilanzierende gleiche Sachverhalte auch gleich zu behandeln hat. D. h., es wäre in Anknüpfung an das Beispiel in Rz. 191 nicht zulässig, ein Gebäude mittels Komponentenansatz und ein anderes vergleichbares Gebäude einheitlich über die Nutzungsdauer des VG abzuschreiben.

Zu beachten ist, dass die Überlegungen zum Komponentenansatz im Zuge der Einführung des Verbots der Bildung von sog. **Aufwandsrückstellungen** durch das BilMoG entstanden sind. Denn bis dahin hatten die Bilanzierenden die Möglichkeit, über die Bildung derartiger Aufwandsrückstellungen die Ergebniseffekte von Großreparaturen oder Generalüberholungen bilanziell zu glätten. Der Komponentenansatz stellt somit eine neue Form der Abschreibungsmethode dar, die unverkennbar Elemente der IFRS aufgreift, auch wenn keine vollständige Übereinstimmung mit dem Komponentenansatz nach IAS 16.43–49 besteht.

194

### 4.1.4.2 Geringwertige Wirtschaftsgüter

Die grundsätzliche Idee, wahlweise die AHK von geringwertigen Wirtschaftsgütern im Jahr ihrer Anschaffung, Herstellung oder Einlage **sofort ergebniswirksam abzuschreiben**, entstammt originär steuerlichen Vorschriften. Danach handelt es sich bei geringwertigen Wirtschaftsgütern um abnutzbares bewegliches AV, das einer selbstständigen Nutzung fähig ist und (seit der Änderung durch das Wachstumsbeschleunigungsgesetz[208] wie bereits vor der Änderung durch die Unternehmenssteuerreform 2008[209]) einen (Netto-)Wert von 410 EUR nicht überschreitet.

195

Mit Verweis auf Vereinfachungs- und Wesentlichkeitsgründe und zum Zweck einer wirtschaftlichen Rechnungslegung wird die Sofortabschreibung seit jeher **explizit auch als handelsrechtliche Abschreibungsmethode anerkannt.**[210] Aus diesem Grund sind sowohl die steuerliche Begrenzung der geringwertigen Wirtschaftsgüter auf bewegliches abnutzbares AV als auch die wertmäßige Begrenzung auf einen Nettowert von 410 EUR für eine sofortige handelsrechtliche Abschreibung nicht zwingend zu berücksichtigen.[211]

196

Neben der Möglichkeit geringwertiges bewegliches selbstständig nutzbares AV bis zu einem Wert von 410 EUR (netto) entweder planmäßig oder sofort ergebniswirksam abzuschreiben, sieht § 6 Abs. 2a EStG davon abweichend für steuerliche Zwecke das Wahlrecht vor, Wirtschaftsgüter, die einen Wert von **150 EUR (netto), aber nicht 1.000 EUR (netto) übersteigen,** in einem **Sammelposten** zusammenzufassen. Der Sammelposten ist ab dem Jahr der Bildung jeweils zum Ende eines Wirtschaftsjahrs pauschal (also z.B. auch bei Rumpf-Gj) um ein Fünftel gewinnmindernd aufzulösen. Das Wahlrecht kann nur einheitlich für alle Wirtschaftsgüter eines Wirtschaftsjahrs mit AHK von mehr als 150 EUR und nicht mehr als 1.000 EUR in Anspruch genommen werden.[212] Eine Sofortabschreibung von GWG bis zu einem Wert von 410 EUR bei

197

---

[208] Vgl. das Gesetz zur Beschleunigung des Wirtschaftswachstums v. 22.12.2009, BGBl I 2009 S. 3950.
[209] Vgl. BGBl 2007 I S. 1912.
[210] Vgl. *ADS*, 6. Aufl., § 253 HGB, Rz 410/411; *Thiele/Breithaupt*, in *Baetge/Kirsch/Thiele*, Bilanzrecht, § 253 HGB, Rz 279.
[211] Vgl. *Schubert/Roscher/Andrejewski*, in Beck Bil-Komm. 9. Aufl., § 253 HGB, Rz 275, die von einer konkreten Obergrenze bis zu 1.000 EUR sprechen. Allerdings finden aus Vereinfachungsgründen in der Praxis häufig die steuerlichen Wertgrenzen auch handelsrechtlich Anwendung.
[212] Vgl. BMF, Schreiben v. 30.9.2010, BStBl 2010 I S. 755.

gleichzeitiger Bildung eines Sammelpostens für entsprechende Wirtschaftsgüter mit AHK über 410 EUR und unter 1.000 EUR ist nicht möglich. Die Bildung und Auflösung eines Sammelpostens nach den steuerlichen Regelungen analog auch handelsrechtlich vorzunehmen, ist eher kritisch zu sehen. Da in einem Sammelposten die betreffenden VG als Gesamtheit erfasst und unabhängig von ihrem tatsächlichen Verbleiben im Unt pauschal über fünf Jahre abgeschrieben werden, besteht die Gefahr, dass insb. gegen das **handelsrechtliche Einzelbewertungs- und Vorsichtsprinzip verstoßen** wird. Letzteres ist z. B. bei der Überbewertung eines Pools denkbar, wenn ein VG aus diesem Pool vor Ablauf der Fünf-Jahres-Frist veräußert wird, eine Ausbuchung des abgehenden VG aber entsprechend der steuerlichen Vorschriften nicht durchgeführt wird.[213] Trotz dieser Bedenken wird unter dem Aspekt der Wirtschaftlichkeit des Rechnungswesens die Bildung dieses steuerlichen Sammelpostens auch handelsrechtlich ausnahmsweise für zulässig erachtet.[214] Soweit aber in Ausnahmefällen die GWG wesentliche Bedeutung für die VFE-Lage des Bilanzierenden haben (z. B. Hotelindustrie, Getränkeindustrie), ist diese pauschalierte Behandlung handelsrechtlich nicht ohne Weiteres zu übernehmen. In derartigen Fällen sind die Sammelposten ggf. über eine kürzere Nutzungsdauer abzuschreiben oder tatsächliche Abgänge größeren Umfangs zu erfassen.[215]

198 GWG, die AHK von 150 EUR (netto) nicht übersteigen, brauchen gem. § 6 Abs. 2 Satz 4 HGB nicht in einem separaten Verzeichnis erfasst zu werden. Aus Vereinfachungs- und Praktikabilitätsgründen erscheint es zulässig und sinnvoll, diese Grenze auch für handelsrechtliche Zwecke zu verwenden.[216]

### 4.1.4.3 Geschäfts- oder Firmenwert

199 Der **entgeltlich erworbene GoF** gilt als zeitlich begrenzt nutzbarer VG[217] und muss zwingend aktiviert werden (s. dazu § 246 Rz 86). Für seine Folgebewertung sind die **allgemeinen Abschreibungsregelungen** des § 253 HGB anzuwenden, so dass der GoF über seine **individuelle betriebliche Nutzungsdauer planmäßig**, oder, falls entsprechende Voraussetzungen vorliegen, außerplanmäßig (s. dazu Rz 232) abgeschrieben werden muss.[218] Durch die Umsetzung der EU-Richtlinie 2013/34/EU in deutsches Recht, müssen mit dem Inkrafttreten des BilRUG für Gj, die nach dem 31.12.2015 beginnen, derivative GoF planmäßig über einen Zeitraum von zehn Jahren abgeschrieben werden, wenn ausnahmsweise die voraussichtliche Nutzungsdauer nicht zuverlässig geschätzt werden kann (s. zu dieser Neuerung Rz 323 ff.).

200 Ein wesentliches praktisches **Problem,** welches sich mit der planmäßigen Abschreibung des entgeltlich erworbenen GoF ergibt, ist die **Ermittlung der individuellen betrieblichen Nutzungsdauer.** Ein Rückgriff auf die steuerliche

---

[213] Zustimmend *Mujkanovic*, StuB 2008, S. 26/27 mwN.
[214] Vgl. BilMoG-BgrRegE, S. 38. So im Ergebnis auch der HFA des IDW in seiner 208. Sitzung, der den Sammelposten allerdings nur für zulässig hält, wenn er insgesamt von untergeordneter Bedeutung ist; vgl. IDW-FN 2007, S. 506.
[215] Vgl. HFA, IDW-FN 2007, S. 506.
[216] Vgl. *Schubert/Roscher/Andrejewski*, in Beck Bil-Komm. 9. Aufl., § 253 HGB, Rz 275. Zustimmend auch *Püttner*, BBK 2010, S. 71.
[217] Vgl. BilMoG-BgrRegE, S. 47.
[218] Vgl. BilMoG-BgrRegE, S. 48.

Regelung des § 7 Abs. 1 Satz 3 EStG, die eine Nutzungsdauer von 15 Jahren vorsieht, ist durch die Abschaffung der umgekehrten Maßgeblichkeit jedenfalls nicht mehr ohne vorherige Überprüfung der Nutzungsdauer unter Berücksichtigung der handelsrechtlichen Rechnungslegungszwecke möglich.[219] Eine grundsätzliche Begrenzung der Nutzungsdauer von entgeltlich erworbenen GoF ist aber auf jeden Fall sinnvoll. Die Obergrenze von 20 Jahren, wie sie in DRS 4.31 vorgesehen ist, kann daher zunächst befürwortet werden. Häufig wird aber eine deutlich kürzere Nutzungsdauer anzunehmen sein.[220] Auch vor diesem Hintergrund ist die Angabepflicht nach § 285 Nr. 13 HGB zu sehen, die eine Begründung für betriebsgewöhnliche Nutzungsdauern von mehr als fünf Jahren im Anhang fordert.

Als **Anhaltspunkte für die Schätzung der individuellen betrieblichen Nutzungsdauer** können die folgenden recht allgemein und breit gefassten Beispiele des DRS 4 herangezogen werden:[221,222]

201

- Art und voraussichtliche Bestandsdauer des erworbenen Unt,
- Stabilität und Bestandsdauer der Branche des erworbenen Unt,
- Lebenszyklus der Produkte des erworbenen Unt,
- Auswirkungen von Veränderungen der Absatz- und Beschaffungsmärkte sowie der wirtschaftlichen Rahmenbedingungen auf das erworbene Unt,
- Umfang der erforderlichen Erhaltungsaufwendungen, um den erwarteten ökonomischen Nutzen des erworbenen Unt zu realisieren,
- Laufzeit wichtiger Absatz- oder Beschaffungsverträge des erworbenen Unt,
- voraussichtliche Tätigkeit von wichtigen Mitarbeitern/Mitarbeitergruppen für das erworbene Unt,
- erwartetes Verhalten potenzieller Wettbewerber des erworbenen Unt,
- voraussichtliche Dauer der Beherrschung des erworbenen Unt.

---

**Beispiel**[223]
Die Mode AG ist ein Bekleidungsunt. Sie hat am 1.1.01 die vor sechs Jahren gegründete Duft GmbH, die Parfum herstellt, aufgekauft, um ihr eigenes Produktsortiment dauerhaft zu erweitern. In der Vergangenheit waren die von der Duft GmbH entwickelten Parfums trotz einer Vielzahl von Konkurrenzangeboten durchschnittlich drei Jahre am Markt gut zu verkaufen. Danach erwarteten die Kunden erfahrungsgemäß einen neuen Duft. Der Erfolg der Duft GmbH basiert insb. auf der Kreativität der drei Firmengründer, die

---

[219] Vgl. u.a. *Schubert/Roscher/Andrejewski*, in Beck Bil-Komm. 9. Aufl., § 253 HGB, Rz 672, *Petersen/Zwirner/Boecker*, StuB 2011, S. 400; *Wiechers*, BBK 2011, S. 737. Dem bereits für § 255 Abs. 4 Satz 3 HGB vor BilMoG zustimmend *Knop/Küting*, in *Küting/Pfitzer/Weber*, HdR, HGB § 255, Rn 464, Stand 11/2003; *Ellrott/Brendt*, in Beck Bil-Komm. 6. Aufl., § 255 HGB, Rz 522; *Herzig/Briesemeister*, DB 2009, S. 978. A. A. Arbeitskreis Bilanzrecht der Hochschullehrer Rechtswissenschaft, BB 2008, S. 156, der eine Orientierung an der steuerlichen Nutzungsdauer von 15 Jahren zumindest dann für gerechtfertigt hält, wenn die Nutzungsdauer nicht verlässlich geschätzt werden kann.
[220] I. d. S. auch *Brösel/Olbrich*, HdR, HGB 253, Rn 520, Stand 11/2012/2011.
[221] BilMoG-BgrRegE, S. 48 und S. 70.
[222] In der Literatur wird daher vielfach unterstellt, dass die Festlegung der Nutzungsdauer eher willkürlich sein wird. So z.B. *Brösel/Olbrich*, HdR, HGB § 253, Rn. 520, Stand 11/2012 oder *Mujkanovic*, StuB 2010, S. 171. Kritisch dazu *Petersen/Zwirner/Boecker*, StuB 2011, S. 404.
[223] Angelehnt an *Kessler*, in *Kessler/Leinen/Strickmann*, BilMoG 2010, S. 239 ff.

> die jeweiligen Düfte entwickelt haben. Sie haben sich verpflichtet, nach dem Unt-Verkauf ca. fünf Jahre weiterhin für die Mode AG tätig zu sein. Anschließend werden sie sich voraussichtlich (aus Altersgründen) zurückziehen. Die Duft GmbH hat wegen des in der Mode- und Parfumindustrie typischen Saisongeschäfts ihre Beschaffungs- und Absatzvereinbarungen bisher immer nur für eine Saison festgelegt.
> Unter Berücksichtigung der o. g. Anhaltspunkte für die Schätzung der betriebsindividuellen Nutzungsdauer des GoF bei der Mode AG sind folgende Aussagen möglich:
> - Die Stabilität und Bestandsdauer der Branche, in der die Duft GmbH angesiedelt ist, sind wegen des schnell wechselnden Modegeschmacks als tendenziell kurz einzustufen.
> - Die Produktlebenszyklen in der Duft GmbH wurden auf durchschnittlich drei Jahre beziffert.
> - Die Duft GmbH hat nur saisonale Absatz- und Beschaffungsverträge abgeschlossen.
> - Die für die Parfumentwicklung verantwortlichen Personen werden voraussichtlich nach fünf Jahren das Unt verlassen.
> 
> Auch wenn weder die Bestandsdauer der Duft GmbH noch die voraussichtliche Beherrschung der Duft GmbH durch die Mode AG zeitlich befristet ist, wird der betriebsindividuelle Nutzen aus dem im Rahmen des Unt-Erwerbs entstandenen GoF für die Mode AG nicht unbegrenzt sein. Unter Vorsichtsaspekten wird eine eher kurze Abschreibungsdauer erforderlich sein, die sinnvollerweise zwischen drei und fünf Jahren liegen wird.

**202** Ein weiteres Problem bei der Bewertung von entgeltlich erworbenen GoF stellt der **Entwertungsverlauf** dieses Postens und damit die Wahl der zutreffenden Abschreibungsmethode dar. Da dieser Verlauf regelmäßig nur sehr schwer nachvollziehbar sein wird, ist zumindest unter Praktikabilitäts- und Vereinfachungsgründen ein **linearer Abschreibungsverlauf** zu befürworten.[224] Wenn allerdings in Ausnahmefällen überzeugende Gründe für einen anderen Nutzenverlauf sprechen, sollte von der linearen Abschreibungsmethode abgewichen werden und die dem Nutzenverlauf besser entsprechende Abschreibungsmethode zur Anwendung kommen.[225]

#### 4.1.4.4 Selbst geschaffene immaterielle Vermögensgegenstände

**203** Nach § 248 Abs. 2 HGB dürfen selbst geschaffene immaterielle VG des AV mit Ausnahme von selbst geschaffenen Marken, Drucktiteln, Verlagsrechten, Kundenlisten oder vergleichbare immaterielle VG aktiviert werden (s. hierzu ausführlich § 248 Rz 10 ff.).

---

[224] Zustimmend *Mujkanovic*, StuB 2010, S. 170. So auch bereits für den GoF vor Inkrafttreten des BilMoG: *Knop/Küting*, in *Küting/Pfitzer/Weber*, HdR, HGB § 255, Rn 462, Stand 11/2003.
[225] Vgl. *Schubert/Roscher/Andrejewski*, in Beck Bil-Komm. 9. Aufl., § 253 HGB, Rz 674, vgl. auch *Mujkanovic*, StuB 2010, S. 170. So auch schon für den GoF vor Inkrafttreten des BilMoG: *ADS*, 6. Aufl., § 255 HGB, Rz 282.

Neben der Frage der Zugangsbewertung dieser VG (s. hierzu § 255 Rz 190 ff.) ist auch deren **Folgebewertung** zu klären. Mangels eigenständiger Vorschriften für immaterielle VG ist auf die **allgemeinen Vorschriften des § 253 HGB** zurückzugreifen. Dementsprechend muss insb. im Fall einer **begrenzten Nutzungsdauer** auch eine **planmäßige Abschreibung** der HK vorgenommen werden.

Um einen Abschreibungsplan für einen selbst geschaffenen immateriellen VG erstellen zu können, ist zunächst zu beurteilen, ob dieser in seiner Nutzung begrenzt ist und auf welchen **Zeitraum** sich diese Nutzung ggf. erstreckt. Weiterhin ist fraglich, ab welchem Zeitpunkt mit der **Abschreibung begonnen** werden soll und welcher **Entwertungsverlauf** dem Abschreibungsplan zugrunde zu legen ist. Zur Bestimmung dieser Abschreibungskriterien kann vielfach ein Rückgriff auf Ausführungen zu entgeltlich erworbenen immateriellen VG des AV hilfreich sein.[226]

Die **Ermittlung des Nutzungszeitraums** ist in solchen Fällen weitgehend unproblematisch, bei denen eine gesetzliche oder vertragliche Begrenzung zu beachten ist. Allerdings sollte diese zeitliche Begrenzung als Obergrenze angesehen werden, da wegen technischen Fortschritts oder wirtschaftlicher Überholung unter Vorsichtsaspekten die Anwendung einer kürzeren Nutzungsdauer sinnvoll bzw. geboten sein kann.[227] Ist eine zeitlich begrenzte Nutzung nicht unmittelbar ersichtlich oder liegt ein zeitlich unbefristetes Recht (z. B. Wegerecht) vor, sollte unter Vorsichtsaspekten dennoch von einer begrenzten Nutzbarkeit des immateriellen VG für das Unt ausgegangen und eine vorsichtsgeprägte Schätzung der **Nutzungsdauer** durchgeführt werden.[228] Für eine entsprechende Schätzung des Nutzungszeitraums können die in dem mittlerweile aufgehobenen DRS 12[229] genannten, aber vom DRSC wiederum in E-DRS 32[230] aufgenommenen, Kriterien hilfreich sein:[231]

- voraussichtliche Nutzung des VG durch das Unt. unter Berücksichtigung der betriebsindividuellen Gegebenheiten,
- Produktlebenszyklus vergleichbarer und ähnlich genutzter VG,
- technische, technologische und andere Arten der Veralterung,
- wirtschaftliche Stabilität der Branche, in der der VG zum Einsatz kommt,
- Abhängigkeit der Nutzungsdauer des VG von der Nutzungsdauer anderer VG des Unt.

Für selbsterstellte immaterielle VG, deren zeitlich begrenzte Nutzung nicht unmittelbar ersichtlich ist sieht das BilRuG für Gj, die nach dem 31.12.2015

---

[226] Vgl. *Wiechers*, BBK 2008, S. 2229.
[227] Vgl. *Baetge/Fey, D./Weber, C.-P./Sommerhoff*, HdR, HGB § 248, Rn. 40, Stand 03/2010, die i.d.R. eine maximale Nutzungsdauer von fünf Jahren unterstellen. Vgl. auch *Küting/Pfirmann/Ellmann*, KoR 2008, S. 694.
[228] Vgl. *ADS*, 6. Aufl., § 253 HGB, Rz 356; *Schubert/Kreher/Roscher/Andrejewski*, in Beck Bil-Komm. 9. Aufl., § 253 HGB, Rz 385, die konkret von einem überschaubaren Zeitraum von maximal zehn Jahren ausgehen; *Küting/Pfirmann/Ellmann*, KoR 2008, S. 694. Zustimmend auch *Kessler*, in *Kessler/Leinen/Strickmann*, BilMoG 2010, S. 242.
[229] Vgl. DRS 12.17 f. (aufgehoben), wobei eine widerlegbare Vermutung für eine Nutzungsdauer von maximal 20 Jahren vorgesehen wird.
[230] Vgl. E-DRS 32 Immaterielle Vermögensgegenstände im Konzernabschluss, Tz. 97.
[231] Der Kritik, dass die Regelungskompetenz des DRSC auf KA begrenzt ist, kann entgegengehalten werden, dass derartige grundlegenden Zweifelsfragen im Konzern nicht anders behandelt werden können als im Einzelabschluss. Vgl. *Theile*, BBK 2015, S. 525.

beginnen, explizit eine planmäßige Abschreibung über einen Zeitraum von zehn Jahren vor (s. zu dieser Neuerung Rz. 323 ff.).

206 Hinsichtlich des **Zeitpunkts**, ab dem mit der planmäßigen Abschreibung eines selbst geschaffenen immateriellen VG des AV zu beginnen ist, kommt es auf dessen **Fertigstellung** an. Diese ist grds. dann gegeben, wenn eine **bestimmungsgemäße Nutzung** des VG entsprechend seinem vorgesehenen Verwendungszweck **möglich** ist.[232] Dem steht nicht entgegen, dass es für eine grundsätzliche Aktivierung von HK selbst geschaffener immaterieller VG des AV genügt, wenn eine Zukunftsprognose mit hoher Wahrscheinlichkeit erwarten lässt, dass ein entsprechender immaterieller VG zur Entstehung gelangen wird.[233] Auch wenn in diesem Fall bereits vor der Entstehung des eigentlichen VG HK aktiviert werden, geht damit noch keine Abschreibung einher.[234] Diese Vorgehensweise ist etwa vergleichbar mit der bilanziellen Behandlung von Anlagen im Bau[235] (vgl. zu Entwicklungskosten in der Entstehung § 248 Rz 18).

207 Bezüglich des zu unterstellenden **Entwertungsverlaufs** und mithin der anzuwendenden **Abschreibungsmethode** von selbst geschaffenem immateriellem AV werden handelsrechtlich keine Vorgaben getroffen. Da der Entwertungsverlauf gerade bei immateriellem Vermögen schwer nachvollziehbar ist, kann in Anlehnung an entgeltlich erworbenes IAV zumindest unter Praktikabilitäts- und Vereinfachungsgründen ein **linearer Abschreibungsverlauf** befürwortet werden.[236] Wenn allerdings überzeugende Gründe für einen anderen Nutzenverlauf sprechen, sollte von der linearen Abschreibungsmethode abgewichen werden und die dem Nutzenverlauf besser entsprechende Abschreibungsmethode zur Anwendung kommen.[237] Dies wird i. d. R. dann die degressive Abschreibungsmethode sein, da z. B. bei Patenten oder Rechten in den ersten Jahren eine höhere Wertminderung unterstellt werden kann.[238] Für steuerliche Zwecke ist in diesem Zusammenhang allerdings die lineare Abschreibungsmethode gem. § 7 Abs. 1 Satz 1 EStG die einzig zulässige.

## 4.2 Außerplanmäßige Abschreibung (Abs. 3 Sätze 3 und 4)

### 4.2.1 Gemildertes Niederstwertprinzip

#### 4.2.1.1 Grundsatz

208 Für AV schreibt Abs. 3 Satz 3 der Vorschrift eine außerplanmäßige Abschreibung auf den niedrigeren beizulegenden Wert vor, wenn es sich um eine voraussichtlich

---

[232] Vgl. *Schubert/Kreher/Roscher/Andrejewski*, in Beck Bil-Komm. 9. Aufl., § 253 HGB, Rz 381 i. V. m. *Schubert/Pastor*, in Beck Bil-Komm. 9. Aufl., § 255 HGB, Rz 367 f.
[233] Vgl. BilMoG-BgrRegE, S. 60.
[234] Vgl. *Laubach/Kraus/Bornhofen*, DB 2009, Beil. 5, S. 23; *Seidel/Grieger/Muske*, BB 2009, S. 1289, die allerdings in speziellen Ausnahmefällen auch eine vorgezogene Abschreibung zulassen, die aber eher einer außerplanmäßigen Abschreibung gleichkommen dürfte.
[235] Vgl. *Schubert/Andrejewski/Roscher*, in Beck BilKomm., 9. Aufl., § 253 HGB, Rz 381.
[236] Vgl. *Brösel/Olbrich*, in *Küting/Weber*, HdR, HGB § 253, Rn 497, Stand 11/2012; *Küting/Pfirmann/Ellmann*, KoR 2008, S. 695; *Seidel/Grieger/Muske*, BB 2009, S. 1289. E-DRS 32 sieht die lineare Abschreibung darüber hinaus verpflichtend vor, wenn der Verlauf der Wertminderung solcher VG nicht verlässlich bestimmt werden kann; vgl. E-DRS 32, Tz. 101.
[237] Vgl. *Küting/Pfirmann/Ellmann*, KoR 2008, S. 695.
[238] Vgl. *Brösel/Olbrich*, in HdR, HGB § 253, Rn 497, Stand 11/2012/2010, *Schubert/Andrejewski/Roscher*, in Beck BilKomm., 9. Aufl., § 253 HGB, Rz 381.

dauernde Wertminderung handelt. Nur vorübergehende Wertminderungen berechtigen im SAV und im IAV nicht zu einer außerplanmäßigen Abschreibung (**gemildertes Niederstwertprinzip**[239]). Im FAV besteht in diesem Fall ein Abwertungswahlrecht, das dem Stetigkeitsgrundsatz (vgl. § 252 Rz 123) unterliegt.

Die Vorschriften zur außerplanmäßigen Abschreibung finden gem. § 253 Abs. 1 Satz 4 HGB keine Anwendung auf VG des AV, die als saldierungspflichtiges **Deckungsvermögen** i.S.v. § 246 Abs. 2 Satz 2 HGB zum beizulegenden Zeitwert bewertet werden (Rz 112). VG des AV, die als Grundgeschäft oder Sicherungsinstrument zu einer **Bewertungseinheit** i.S.v. § 254 Satz 1 HGB gehören, unterliegen einzeln nur im Hinblick auf nicht abgesicherte Risiken dem Niederstwertprinzip (zu den Voraussetzungen für eine Qualifikation als Bewertungseinheit s. § 254 Rz 10).   209

Während planmäßige Abschreibungen i.S.v. Abs. 3 Satz 1 nur für VG des AV vorgesehen sind, deren Nutzung zeitlich begrenzt ist, gelten die Sätze 3 und 4 der Vorschrift für sämtliche VG des AV.[240]   210

> **Beispiel**
> Ein unbebautes Grundstück des AV unterliegt keiner planmäßigen Abschreibung. Gleichwohl ist an jedem Abschlussstichtag zu untersuchen, ob der beizulegende Wert voraussichtlich dauerhaft unter den Buchwert gesunken ist, womit sich das Erfordernis einer außerplanmäßigen Abschreibung ergäbe. Gleiches gilt für das gesamte FAV. Auch hier ergibt sich kein planmäßiger Nutzenverbrauch.

§ 277 Abs. 3 HGB schreibt einen **gesonderten Ausweis** von außerplanmäßigen Abschreibungen auf VG des AV in GuV oder ihre Angabe im Anhang vor (§ 277 Rz 18).   211

#### 4.2.1.2 Beizulegender Wert

Die Vorschrift ordnet den Vergleich zweier Wertansätze an, nämlich Buchwert und beizulegender Wert. Eine Definition des **beizulegenden Werts** enthält das Gesetz nicht. Er ist nicht zu verwechseln mit dem in § 255 Abs. 4 HGB definierten beizulegenden Zeitwert (vgl. hierzu § 255 Rz 209). In der Praxis haben sich verschiedene Hilfswerte zur Bestimmung des beizulegenden Werts herausgebildet:[241]   212

- **Wiederbeschaffungs(zeit)wert**: Unter dem Wiederbeschaffungswert wird der Wert verstanden, zu dem ein gleichartiger (ggf. gebrauchter) VG am Markt erworben werden könnte. Der Wiederbeschaffungswert ist nur dann zuverlässig zu bestimmen, wenn ein Markt für derartige VG existiert. Diese Voraussetzung erfüllen nur wenige VG des AV wie Pkw, Grundstücke und Wertpapiere, da hier vielfach funktionierende Märkte bestehen. In der Mehrzahl der Fälle lässt sich ein Wiederbeschaffungswert nicht ermitteln, so z.B. bei Spezialmaschinen und bei Anteilen an nicht börsennotierten Ges. Bei abnutzbaren VG ist zwischen dem Wiederbeschaffungsneuwert und dem Wiederbe-   213

---

[239] Vgl. *ADS* 6. Aufl., § 253 HGB, Rz 443; *Brösel/Olbrich*, in *Küting/Pfitzer/Weber*, HdR, HGB § 253, Rn 572, Stand 2/2012.
[240] Vgl. WP-Handbuch. Bd I, 14. Aufl., Abschn. E, Rz 395.
[241] Vgl. *Thiele/Breithaupt*, in *Baetge/Kirsch/Thiele*, Bilanzrecht, § 253 HGB, Rz 307 ff.

schaffungszeitwert zu unterscheiden. Sofern sich Letzterer am Markt nicht ermitteln lässt, kann er näherungsweise durch Abzug dem Alter des VG entsprechender planmäßiger Abschreibungen vom Wiederbeschaffungsneuwert ermittelt werden.

214 • **Rekonstruktionswert:** Für VG, für die kein Beschaffungsmarkt existiert (z. B. selbst hergestellte VG), kommt anstelle des Wiederbeschaffungswerts ggf. der Rekonstruktionswert als Vergleichswert zu den (fortgeführten) AHK in Betracht.[242] Bei seiner Ermittlung ist auf die Kosten abzustellen, die notwendig sind, um entweder ein exaktes Duplikat des VG oder einen nutzenäquivalenten VG herzustellen. In beiden Fällen ist zu prüfen, ob bei der Ableitung des Vergleichswerts Abschläge zur Berücksichtigung technischer, physischer und/oder wirtschaftlicher Veralterung geboten sind. Der Rekonstruktionswert wird verschiedentlich auch herangezogen, um den beizulegenden Zeitwert erworbener VG bei der Kaufpreisallokation zu bestimmen.[243] Er eignet sich nicht zur Ermittlung einer Wertminderung bei VG, die einen über dem beizulegenden Zeitwert liegenden Betriebszugehörigkeitswert aufweisen, also dem Unt einen höheren Nutzen stiften, als bei ihrer Einzelveräußerung erzielbar wäre. Das kann etwa auf unternehmensindividuelle Softwarelösungen oder Mietereinbauten zutreffen.

215 • **Ertragswert:** Der beizulegende Wert von VG des AV ist häufig nur anhand des Ertragswerts zu bestimmen. Hierbei handelt es sich um die auf den Bewertungsstichtag abgezinsten zukünftigen Nettoerträge, die aus dem VG voraussichtlich zu erzielen sind.[244] Die Methode findet insb. Anwendung zur Bewertung von Beteiligungen[245] oder bei bestimmten immateriellen VG des AV.

216 • **DCF-Wert:** Die international üblichen DCF-Methoden beruhen auf demselben finanzmathematischen Konzept (Kapitalwertkalkül) wie die Ertragswertmethode. Anstelle von Ertragsüberschüssen werden bei den DCF-Verfahren Zahlungsüberschüsse (cash flows) diskontiert.[246] Der Anwendungsbereich der DCF-Methoden ist deckungsgleich mit denen der Ertragswertmethode.

217 • **Einzelveräußerungswert:** Der Einzelveräußerungswert repräsentiert den Preis, der beim isolierten Verkauf des zu bewertenden VG voraussichtlich erzielt werden kann. Bei der Bestimmung des Einzelveräußerungswerts sind vom voraussichtlichen Verkaufserlös die Verkaufsaufwendungen (z. B. Maklerkosten, Provisionen) abzuziehen. Der Einzelveräußerungswert kommt bei der Bestimmung des beizulegenden Werts von VG des AV nur in Ausnahmefällen in Betracht, da VG des AV dem Unt dauerhaft dienen und gerade nicht zur Veräußerung bestimmt sind.[247] Mögliche Anwendungsfälle bei VG des AV sind entbehrliche VG, dauerhaft stillgelegte Anlagen oder nicht betrieblich genutzte Grundstücke.[248]

218 • **Teilwert:** Der steuerliche Vergleichswert zu den AHK bezeichnet den Betrag, den ein Erwerber des ganzes Betriebs im Rahmen des Gesamtkaufpreises für

---

242 Vgl. *Schubert/Andrejewski/Roscher,* in Beck Bil-Komm. 9. Aufl., § 253 HGB, Rz 308.
243 Vgl. IDW RS HFA 16, Tz. 39 ff.
244 Zu Einzelheiten zur Ertragswertmethode vgl. IDW S 1, Tz 102 ff.
245 Vgl. IDW RS HFA 10 sowie Rz 251.
246 Vgl. zu den DCF-Verfahren IDW S 1, Tz 124 ff.
247 Vgl IDW PS 315, Tz 7; IDW RH HFA 1.005, Tz 9.
248 Vgl. *Thiele/Breithaupt,* in *Baetge/Kirsch/Thiele,* Bilanzrecht, § 253 HGB, Rz 312.

das einzelne Wirtschaftsgut unter der Annahme einer Fortführung des Betriebs ansetzen würde (vgl. § 6 Abs. 1 Nr. 1 Satz 3 EStG). Ihrer theoretischen Konzeption nach zielt die Teilwertidee auf die Ermittlung über den Einzelveräußerungspreisen liegender Betriebszugehörigkeitswerte von Wirtschaftsgütern. Entgegen verbreiteter Ansicht geht es nicht darum, den Unternehmensgesamtwert auf die einzelnen Bewertungsobjekte herunterzubrechen. Der Teilwert steht vielmehr unter dem Primat der Einzelbewertung. Gesucht ist der Wert, den ein fiktiver Erwerber für unentbehrliche Wirtschaftsgüter aufwenden müsste, die beim Betriebserwerb nicht mitübertragen werden. Dieser Gedanke führt unmittelbar zu den Wiederbeschaffungskosten. Sie stehen denn auch im Mittelpunkt der von der steuerlichen Rechtsprechung entwickelten Teilwertvermutungen.[249] Konzeptionell besteht damit zwischen den Bewertungsmaßstäben des beizulegenden Werts und des Teilwerts kein Unterschied.[250] Unbeschadet der zunehmenden Abkopplung der Handels- von der Steuerbilanz kommt damit der Rechtsprechung der Finanzgerichte eine wesentliche Bedeutung für die Ermittlung beizulegender Werte zu.

Bei der Bestimmung des beizulegenden Werts mittels der vorgenannten Hilfswerte sind die Grundsätze der **Einzelbewertung** (vgl. § 252 Abs. 1 Nr. 3 HGB), der **vorsichtigen Bewertung** (§ 252 Abs. 1 Nr. 4 HGB) und der **Fortführung der Unternehmenstätigkeit** (vgl. § 252 Abs. 1 Nr. 2 HGB) zu beachten. Im Gegensatz zum UV sind die Vergleichswerte im AV mit Blick auf den anvisierten Betriebszugehörigkeitswert wiederbeschaffungs- bzw. nutzenorientiert zu ermitteln.[251] Eine absatzorientierte Bewertung kommt nur bei VG in Betracht, die keinen über dem Einzelveräußerungspreis liegenden beizulegenden Wert aufweisen. Das betrifft im Wesentlichen nicht betriebsnotwendige bzw. entbehrliche VG. 219

Die vorgenannten Hilfswerte sind in der praktischen Anwendung häufig schwierig zu ermitteln. Eine objektivierte Bestimmung des beizulegenden Werts gelingt zumeist nur, wenn Markt- oder Börsenpreise vorliegen. Dies trifft nur auf wenige VG wie Finanzanlagen (börsennotierte Wertpapiere) zu. In anderen Fällen werden Sachverständigengutachten eingeholt, um die Wertfindung bei wesentlichen VG zu objektivieren.[252] 220

> **Beispiel**
> Die Bestimmung des beizulegenden Werts eines bebauten Grundstücks erfolgt häufig durch die Einholung eines Gutachtens eines Immobiliensachverständigen, der den beizulegenden Wert anhand von Ertragswertüberlegungen approximiert.
> Gleiches gilt für die Bewertung von immateriellen VG (z.B. Patent, Marke) oder von ganzen Unt bzw. Unternehmensteilen.

---

[249] Vgl. zu Teilwertvermutungen *Schmidt/Kulosa*, EStG § 6, Rz 241 f.
[250] Vgl. ausführlich *Kammann*, Stichtagsprinzip und zukunftsorientierte Bilanzierung, Köln 1988, S. 217 ff.
[251] Vgl. *Schubert/Andrejewski/Roscher*, in Beck Bil-Komm. 9. Aufl., § 253 HGB, Rz 308.
[252] Vgl. zum objektivierten Wert von Unternehmensanteilen IDW S 1, Tz 13.

#### 4.2.1.3 Voraussichtlich dauernde Wertminderung

**221** Nach Satz 3 sind außerplanmäßige Abschreibungen dann vorzunehmen, wenn der Wert von VG des AV voraussichtlich dauernd gemindert ist. Wann eine Wertminderung als voraussichtlich dauernd gilt, ist in Praxis und Literatur umfassend diskutiert worden. Die Grenzziehung erfolgt überwiegend anhand sehr pragmatischer Ansätze.

**222** Der Unterscheidung zwischen voraussichtlich dauernden und vorübergehenden Wertminderungen kommt auch bei Teilwertabschreibungen in der Steuerbilanz Bedeutung zu. Wenngleich diese Abschreibungen eigenständig geregelt sind, erscheint eine unterschiedliche Auslegung dieses Tatbestandsmerkmals der voraussichtlich dauernden Wertminderung in Handels- und Steuerbilanz aufgrund des übereinstimmenden Zwecks von außerplanmäßigen Abschreibungen und Teilwertabschreibungen nicht vertretbar. Tatsächlich weichen die handelsrechtlichen Konkretisierungen der dauernden Wertminderung in Einzelfällen signifikant von jenen der steuerlichen Rechtsprechung und der FinVerw[253] ab. Das gilt etwa für Finanzanlagen (vgl. Rz 260). Der Grund liegt in einer bisweilen unterschiedlichen Gewichtung des Vorsichtsprinzips aus handels- und steuerrechtlicher Sicht. Für die Bewertung in der HB kommt der steuerrechtlichen Auslegung des Merkmals der dauernden Wertminderung dennoch Bedeutung zu, da sie deutlich macht, wann in keinem Fall mehr auf eine Abschreibung verzichtet werden darf.

**223** In Ermangelung einer gesetzgeberischen Klärung des unbestimmten Rechtsbegriffs ist an der langjährigen Auslegung des Tatbestandsmerkmals festzuhalten.[254] Sie differenziert nach der **Art des VG**.[255] Bei Gegenständen des **abnutzbaren AV** ist danach eine dauernde Wertminderung anzunehmen, wenn der jeweilige Stichtagswert voraussichtlich während eines erheblichen Teils der verbleibenden Nutzungsdauer unter dem planmäßigen Restbuchwert liegt.[256] Im nicht abnutzbaren AV sind dagegen strengere Grundsätze anzulegen, da hier ein möglicher Bewertungsfehler aufgrund der fehlenden planmäßigen Abschreibung im Zeitablauf nicht automatisch korrigiert wird.[257] Bei unterverzinslichen Wertpapieren oder Ausleihungen des FAV wird demgegenüber selbst bei voraussichtlich längerfristig andauernden Kursverlusten keine dauernde Wertminderung i. S. d. § 253 Abs. 2 HGB angenommen, solange das bilanzierende Unt in der Lage ist, den Rückzahlungstermin abzuwarten und keine Ausfälle drohen.[258] Bei Beteiligungen kommt es darauf an, ob die Wertminderung lediglich auf Anlaufverlusten bzw. vorübergehenden Ertragseinbrüchen beruht oder ob ihr Ertragswert den Buchwert innerhalb eines überschaubaren Zeitraums voraussichtlich nicht mehr erreichen wird.[259]

---

[253] Vgl. BMF, Schreiben v. 25.2.2000, BStBl 2000 I S. 372 sowie Rz 256.
[254] Vgl. *Kessler*, in *Kessler/Leinen/Strickmann*, BilMoG, 2010, S. 244 f.
[255] Vgl. *Kessler*, DB 1999, S. 2579 mwN.
[256] Vgl. *Schubert/Andrejewski/Roscher*, in Beck Bil-Komm. 9. Aufl., § 253, Rz 315.
[257] Vgl. z. B. *Brösel/Olbrich*, in *Küting/Pfitzer/Weber*, HdR, HGB § 253, Rn 602, Stand 2/2012.
[258] Vgl. *ADS*, 6. Aufl., § 253 HGB, Tz. 473.
[259] Vgl. z. B. WP-Handbuch, Bd I, 14. Aufl., Abschn. E Tz. 397, 546.

Unter einem erheblichen Teil der Restnutzungsdauer versteht die hM die **halbe Restnutzungsdauer**, teilweise **begrenzt auf fünf Jahre**.[260]

224

> **Beispiel**
> Eine am 31.12.01 erworbene Computeranlage wird linear über sechs Jahre abgeschrieben. Die AK betragen 600.000. Am 31.12.03 ermittelt sich auf Basis von Wiederbeschaffungskosten ein beizulegender Wert von 300.000. Es liegt keine voraussichtlich dauernde Wertminderung vor. Zwar liegt der beizulegende Wert am 31.12.03 100.000 unter den fortgeführten AK von 400.000. Der Differenzbetrag wird allerdings in der halben Restnutzungsdauer von zwei Jahren mehr als aufgeholt.

Nach dieser Entscheidungsregel sind außerplanmäßige Abschreibungen bei abnutzbaren VG nur in seltenen Fällen, nämlich bei signifikanten Wertminderungen und/oder kurzen Restnutzungsdauern, vorzunehmen. Gegen dieses Ergebnis bestehen keine Bedenken, wenn – wie im obigen Beispiel – trotz gesunkener Wiederbeschaffungskosten eines VG seine betriebliche Nutzung unbeeinträchtigt ist. Dann aber kommt es nicht darauf an, wann der niedrigere Stichtagswert durch die fortgeführten AHK wieder erreicht wird. Findet der VG dagegen nur noch eingeschränkt im Unt Verwendung, erscheint der Vergleich des beizulegenden Werts mit dem planmäßig fortgeführten Buchwert nach Ablauf der halben Restnutzungsdauer willkürlich, um eine voraussichtlich dauernde Wertminderung zu identifizieren.[261]

Um diesen Mängeln des gängigen Beurteilungsansatzes abzuhelfen, wird in der Literatur vorgeschlagen, bei gesunkenen Marktpreisen von Anlagegütern stets eine voraussichtlich dauernde Wertminderung anzunehmen.[262] Da im (informationseffizienten) **Marktpreis** alle Erwartungen der Marktteilnehmer über die Zukunft enthalten sind, bestehe kein Grund zu der Annahme, der beizulegende Wert werde in absehbarer Zeit wieder ansteigen.

225

Der Vorzug dieses Beurteilungsansatzes liegt darin, die Entscheidung über die Dauerhaftigkeit dem Markt zu überlassen, anstatt dieses Tatbestandsmerkmal mit wohlklingenden, aber im Wesentlichen nichtssagenden Worten zu umschreiben. Zudem trägt er dem Vorsichtsprinzip stärker Rechnung, da er immer dann eine Abwertung erzwingt, wenn – was ausnahmslos der Fall ist – unsicher ist, ob sich die Diskrepanz zwischen fortgeführten AHK und dem niedrigeren beizulegenden Zeitwert in absehbarer Zeit wieder ausgleichen wird.

Ein ausschließlich marktorientierter Ansatz hat aber auch Schwächen. Er neigt dazu, das Ausmaß der durch außerplanmäßige Abschreibungen zu berücksichti-

226

---

[260] Vgl. *Schubert/Andrejewski/Roscher*, in Beck Bil-Komm. 9. Aufl., § 253 HGB, Rz 315; *Brösel/Olbrich*, in *Küting/Pfitzer/Weber*, HdR, HGB § 253, Rn 600, Stand 2/2012; *Küting*, DB 2005, S. 1121 mwN, BFH, Urteil v. 14.3.2006, I R 22/05, BStBl 2006 II S. 680 mwN, ebenso BFH, Urteil v. 29.4.2009, I R 74/08, DStR 2009 S. 1687. Für Immobilien des AV, die nicht zum Verkauf bzw. Abriss vorgesehen sind, wird eine nur voraussichtlich dauernde Wertminderung nur innerhalb eines Zeitraums von drei bis fünf Jahren angenommen. Vgl. IDW RS IFA 2, Tz 40.
[261] Vgl. zur Kritik an der gängigen Beurteilungspraxis auch *Hoffmann/Lüdenbach*, NWB-Kommentar Bilanzierung, 5. Aufl. 2014, § 253, Rz 191ff.
[262] So wohl die Auffassung bei *Hoffmann/Lüdenbach*, NWB-Kommentar Bilanzierung, 5. Aufl. 2014, § 253, Rz 200.

genden Wertminderungen zu überschätzen. So lässt etwa die Ingebrauchnahme eines neuen Pkw dessen Marktpreis erfahrungsgemäß signifikant sinken. Der Nutzen des Anlageguts für den Betrieb bleibt davon unberührt, wenn ein unmittelbarer Wiederverkauf nicht beabsichtigt ist. Das hat den Gesetzgeber des EStG veranlasst, die Niederstbewertung des zum dauernden Gebrauch bestimmten AV von der Orientierung an Einzelveräußerungspreisen zu lösen und am Teilwert als Ausdruck des Betriebszugehörigkeitswerts auszurichten.[263] Nichts anderes will der beizulegende Wert.

227 Zielführender als der gängige Beurteilungsansatz und die alleinige Ausrichtung der Niederstbewertung des AV an Marktpreisen erscheint daher eine **indikatorgestützte Prüfung** der voraussichtlich dauernden Wertminderung. Sie fragt – ähnlich wie der Impairment-Test nach IAS 36 – auf der ersten Stufe, ob qualitative Hinweise auf eine voraussichtlich dauernde Wertminderung eines VG des AV vorliegen. Gemeint sind solche Umstände, die auf ein mögliches Sinken des Betriebszugehörigkeitswerts eines Anlageguts hindeuten. Liegen solche Indizien vor, ist der VG auf den mittels obiger (vgl. Rz 214) Hilfswerte approximierten beizulegenden Wert abzuschreiben. Ergeben sich keine Anzeichen für einen eingeschränkten betrieblichen Nutzen des VG, scheidet eine außerplanmäßige Abschreibung auch dann aus, wenn der – wie auch immer ermittelte – Marktpreis unter dem Buchwert liegt.

228 Als mögliche Indikatoren für einen voraussichtlich dauerhaft unter die fortgeführten AHK gesunkenen beizulegenden Wert sind insb. zu nennen:
- technische Überalterung/wirtschaftliche Überholung,
- mangelnde Kapazitätsauslastung,
- verschlechterte Einsatzbedingungen für das Anlagegut, die sich z. B. in einer Veräußerungsabsicht, einem Restrukturierungsplan oder einer Verkürzung der geplanten Einsatzdauer zeigen,
- fehlende Rentabilität,
- (übermäßiger) technischer Verschleiß durch ungeplant intensive Nutzung (z. B. im Mehrschichtbetrieb oder unter besonders schwierigen Einsatzbedingungen),
- signifikant gesunkene Wiederbeschaffungswerte.

229 Die **zweistufige Wertminderungsprüfung** – qualitativer Eingangstest, Quantifizierung des Abschreibungsbedarfs durch Vergleich des Buchwerts mit dem regelmäßig beschaffungsmarktorientiert ermittelten beizulegenden Wert des VG – ist in gleicher Weise auf nicht abnutzbare VG des AV anzuwenden. Wird der beizulegende Wert wie bei Beteiligungen und bestimmten immateriellen VG über den Ertragswert des VG approximiert, bedarf es keiner eine Wertminderung anzeigenden Indizien. Zum einen zielt der aus Sicht des Unt ermittelte Ertragswert unmittelbar auf den vom beizulegenden Wert anvisierten Betriebszugehörigkeitswert. Zum anderen ermittelt dieser Bewertungsansatz aufgrund seiner in die Zukunft gerichteten Betrachtung konzeptionell eine dauernde Wertminderung.[264] Etwas anderes gilt, wenn die Bewertung finanzieller VG unter Rückgriff auf (schwankende) Börsen- oder Marktpreise erfolgt. Da sie nicht in jedem Fall eine voraussichtlich

---

[263] Vgl. *Kammann*, Stichtagsprinzip und zukunftsorientierte Bilanzierung, Köln 1988, S. 217 f.
[264] Vgl. auch BFH, Urteil v. 21.9.2011, I R 89/10, BFHE 235 S. 263; BFH, Urteil v. 21.9.2011, I R 7/11, BFHE 235 S. 273.

dauernde Wertminderung anzeigen, liegt eine zweistufige Werthaltigkeitsprüfung nahe, wie sie vorstehend für materielle VG aufgezeigt worden ist.

**Bewertungszeitpunkt** ist der jeweilige Abschlussstichtag. Nach dem Abschlussstichtag auftretende singuläre Ereignisse sind wertbegründend und vermögen keine außerplanmäßige Abschreibung zum Abschlussstichtag zu begründen (zur Abgrenzung zwischen wertbegründenden und werterhellenden Tatsachen vgl. § 252 Rz 54).

230

> **Beispiel**
> Die Lagerhalle wird am 10.1.02 durch ein Feuer schwer beschädigt, sodass unzweifelhaft eine dauerhafte Wertminderung gegeben ist. Zum Abschlussstichtag 31.12.01 ist keine außerplanmäßige Abschreibung zu berücksichtigen, da es sich bei dem Brand um ein wertbegründendes Ereignis nach dem Abschlussstichtag handelt.
> Mittelgroße und große KapG haben ggf. im LB über den Schaden zu berichten.

### 4.2.2 Immaterielles Anlagevermögen

Zur Definition des IAV s. § 266 Rz 22.

231

Das immaterielle Vermögen unterliegt häufig einer **schnellen technischen Veralterung** aufgrund technischen Fortschritts. Der Bestimmung der wirtschaftlichen Nutzungsdauer für die planmäßige Abschreibung und ihrer Überprüfung im Zeitablauf kommen daher große Bedeutung zu (Rz 161). Unabhängig davon kann sich aufgrund unerwarteter Entwicklungen die Notwendigkeit einer außerplanmäßigen Abschreibung ergeben.

232

> **Beispiel**
> Ein Unt erwirbt eine Softwarelizenz für ein Materialwirtschaftssystem. Die betriebsgewöhnliche Nutzungsdauer wird mit 8 Jahren geschätzt. Nach 3 Jahren ist ein neues, deutlich anwenderfreundlicheres und leistungsfähigeres Konkurrenzprodukt auf dem Markt. Im Jahr 5 entscheidet sich das Unt, die bestehende Software nicht länger zu nutzen und auf das Konkurrenzprodukt zu wechseln.
> Das Auftreten des Konkurrenzprodukts macht es erforderlich, die ursprünglich geschätzte Nutzungsdauer zu überprüfen und ggf. zu verkürzen. In diesem Fall ist der Restbuchwert über die neu geschätzte Restnutzungsdauer zu verteilen. Sieht das Unt zunächst keinen Anlass, den Abschreibungsplan für die Software zu revidieren, und entscheidet es sich im Jahr 5 spontan für den Übergang auf das Konkurrenzprodukt, ist eine außerplanmäßige (Voll-)Abschreibung der Softwarelizenz veranlasst, soweit die ursprüngliche Software keine betriebliche Verwendung mehr findet und ein Veräußerungserlös nicht erzielbar ist.

Auch in Fällen, bei denen die Bestimmung der wirtschaftlichen Nutzungsdauer unproblematisch ist, kann sich etwa infolge einer veränderten Bedeutung von VG für den Betrieb die Notwendigkeit außerplanmäßiger Abschreibungen ergeben.

233

> **Beispiel**
> Bauunt B betreibt sein Unt auf einem nur schwer zugänglichen Betriebsgrundstück. Die benötigten Baustoffe werden B von den Lieferanten mittels Schwerlastwagen angeliefert, die entsprechende Zufahrtsmöglichkeiten benötigen. Um die Belieferung sicherzustellen, hat B vor Jahren ein ursprünglich A zustehendes Wegerecht am Nachbargrundstück, das die benötigten Zufahrtsmöglichkeiten eröffnet, zum Preis von 20.000 erworben. B hat das Wegerecht mit seinen AK als immaterieller VG des AV aktiviert, den er über die Laufzeit des Rechts von 20 Jahren planmäßig abschreibt.
> 5 Jahre nach dem Erwerb des Wegerechts baut die Gemeinde eine neue Erschließungsstraße, die B einen direkten Anschluss an den nahgelegenen Autobahnzubringer verschafft. Nach Fertigstellung der Straße im sechsten Jahr nutzen B und seine Lieferanten nahezu ausschließlich die verkehrsgünstiger gelegene direkte Anbindung über die neue Anbindung. Das Wegerecht besteht zwar noch für weitere 14 Jahre, hat aber keinen wirtschaftlichen Nutzen mehr. Es liegt eine voraussichtlich dauernde Wertminderung vor, für die eine außerplanmäßige Abschreibung nach Satz 3 vorzunehmen ist.

**234** Bei **selbst geschaffenen immateriellen VG des AV**, die in Ausübung des Wahlrechts gem. § 248 Abs. 2 Satz 1 HGB aktiviert worden sind (§ 248 Rz 37), kann sich ebenfalls das Erfordernis einer außerplanmäßigen Abschreibung ergeben. Bei derartigen VG ist die Bestimmung des beizulegenden Werts besonders problematisch, da im Regelfall weder ein Markt- oder Börsenpreis existiert noch ein Wiederbeschaffungswert oder Einzelveräußerungswert anderweitig zu ermitteln ist. Ein Reproduktionswert wird sich zwar ggf. bestimmen lassen, als Näherungswert für den beizulegenden Werts derartiger VG taugt er i.d.R. jedoch nicht, da bei immateriellen VG kein Substanzverzehr auftritt, der Anlass zu einer außerplanmäßigen Abschreibung geben könnte. Die Gründe für ihre (unerwartete) Entwertung liegen eher in der technischen Veralterung.

> **Beispiel**
> Die start-up-GmbH entwickelt einen Verfahrensprozess, mit dem ein bestehender Produktionsablauf zur Herstellung von Kunststofftragetaschen optimiert werden soll. Sie aktiviert den selbst geschaffenen VG des AV und schreibt ihn – beginnend nach Fertigstellung des Verfahrensprozesses – über die geschätzte wirtschaftliche Nutzungsdauer von 4 Jahren planmäßig ab.
> Nach 2 Jahren verbieten neue gesetzlichen Vorschriften die weitere Produktion von Kunststofftragetaschen aus umweltrechtlichen Gründen. Der entwickelte Verfahrensprozess ist somit – auch wenn er technisch noch nutzbar wäre – aus rechtlichen Gründen nicht länger im Unt einsetzbar. Sein Restbuchwert ist mithin auf null abzuschreiben.

Die Ermittlung des beizulegenden Werts von immateriellen VG des AV erfolgt zumeist nach auf dem Kapitalwertkalkül beruhenden Bewertungsverfahren, für die jeweils mehrere Bewertungsmethoden existieren. Folgende **Bewertungsverfahren und -methoden** kommen in der Praxis zur Anwendung:[265] 235

| Verfahren | Marktpreisorientiertes Verfahren (market approach) | Kapitalwertorientiertes Verfahren (income approach) | kostenorientiertes Verfahren (cost approach) |
|---|---|---|---|
| Methoden | Marktpreise auf aktivem Markt | Methode der unmittelbaren Cashflow-Prognose | Reproduktionskostenmethode |
| | Analogiemethoden | Methode der Lizenzpreisanalogie | Wiederbeschaffungskostenmethode |
| | | Residualwertmethode | |
| | | Mehrgewinnmethode | |

Tab. 3: Bewertungsverfahren für immaterielle VG

Die außerplanmäßige Abschreibung eines **Geschäfts- oder Firmenwerts** erfordert ebenfalls die Bestimmung seines beizulegenden Werts. Ein im JA ausgewiesener GoF ist regelmäßig das Ergebnis eines Asset Deal, d.h. des Erwerbs bestimmter VG und Schulden eines Betriebs oder Betriebsteils. Ein solcher Betrieb wird vom Erwerber häufig nicht unverändert weitergeführt, sondern in die bestehende Organisation eingebunden. Das führt zu Abgrenzungsproblemen bei der Bewertung des GoF, da nur der derivative, nicht aber der originäre GoF zu aktivieren ist (§ 246 Rz 89). 236

> **Beispiel**
> Eine GmbH erwirbt vom Insolvenzverwalter den Betriebsteil eines Konkurrenten, der Komponenten für die Automobilindustrie herstellt. Der Grund für die Übernahme liegt nicht allein in den guten Ertragsaussichten des Betriebsteils selbst. Die GmbH erhofft sich von der Übernahme zudem, selbst produzierte Produkte, die bislang ausschließlich an die Haushaltsgeräteindustrie geliefert wurden, an die Automobilindustrie zu veräußern.
> Nach Verteilung des für den Betriebsteil gezahlten Kaufpreises auf die erworbenen VG und Schulden ermittelt sich ein GoF i.H.v. 1.500.000, der von der GmbH aktiviert und über die geschätzte wirtschaftliche Nutzungsdauer von fünf Jahren planmäßig abgeschrieben wird.
> Der erworbene Betriebsteil wird organisatorisch mit einem bislang schon bei der GmbH befindlichen Betriebsteil zusammengelegt. U.a. werden die Vertriebsaktivitäten der beiden Betriebsteile zusammengefasst, um die beabsichtigte Belieferung der Automobilindustriekunden mit sämtlichen von der

---

[265] Vgl. IDW S 5, Tz 18. Vgl. zur Bewertung einer Gaming-Plattform eines Glücksspielanbieters auch FG Hamburg, Urt. v. 12.2.2014, 6 K 203/11.

> GmbH nunmehr hergestellten Produkten zu ermöglichen. Die Strategie erweist sich als erfolgreich.
> Nach drei Jahren verzeichnet die GmbH aufgrund eines technisch hochwertigeren Konkurrenzprodukts deutliche Umsatzrückgänge für die Produkte des erworbenen Betriebsteils. Der erworbene GoF steht Ende des Jahres 03 mit fortgeführten AHK von 600.000 zu Buche.
> Zur Ermittlung des beizulegenden Werts des GoF ist zunächst der Ertragswert des übernommenen Betriebsteils zu ermitteln. Hier zeigen sich Abgrenzungsprobleme, da der Betriebsteil nicht mehr so vorhanden ist, wie er vor drei Jahren erworben wurde. Zur Lösung dieses Bewertungsproblems könnte man daran denken, den Ertragswert des neu geschaffenen gemeinsamen Betriebsteils zu ermitteln, um auf dieser Basis das über die bilanzierten VG hinausgehende Ertragspotenzial mittels produktbezogener Absatzstatistiken auf den derivativen GoF des erworbenen Betriebsteils einerseits und den originären GoF des schon vormals bei der GmbH befindlichen Betriebsteils andererseits aufzuteilen. Eine alternative Vorgehensweise besteht darin, in der Folgebewertung nicht zwischen entgeltlich erworbenem und derivativem GoF zu trennen. Nicht nur aus Objektivierungserwägungen, sondern auch konzeptionell erscheint letzterer Ansatz vorzugswürdig. Hätte die GmbH statt einer Sachgesamtheit eine Beteiligung an einem anderen Unt erworben und diesem den Verkauf von Produkten der GmbH übertragen, würde die Werthaltigkeit der Beteiligung in der Folgezeit ebenfalls nicht allein auf der Grundlage des erworbenen Geschäfts, sondern unter Berücksichtigung der Ertragsaussichten des Unt insgesamt beurteilt.

### 4.2.3 Sachanlagen

237 Zum Begriff vgl. § 266 Rz 37.
**Unbebaute Grundstücke unterliegen keiner** planmäßigen Abschreibung. Um eine Überbewertung zu vermeiden, ist bei ihrer Bewertung der ggf. bestehenden Notwendigkeit von außerplanmäßigen Abschreibungen besonderes Augenmerk zu widmen. Der beizulegende Wert eines Grundstücks kann bspw. abgeleitet werden aus

- beobachteten Markttransaktionen (z.B. Veräußerung eines Nachbargrundstücks),
- aktuellen Bodenrichtwerten des Gutachterausschusses der jeweiligen Gemeinde,
- Sachverständigengutachten zum Marktwert des Grundstücks.

238 Sachverständigengutachten kommen auch bei **bebauten Grundstücken**, insb. Mietobjekten, zur Bestimmung des beizulegenden Werts in Betracht. Entsprechend den Vorgaben der Wertermittlungsverordnung ermitteln diese Gutachten zumindest den Marktwert von Gebäuden regelmäßig nach dem Ertragswertverfahren. Da sich die relevanten die Bewertungsparameter schnell ändern können, sind derartige Gutachten über den konkreten Bewertungszeitpunkt hinaus nur bedingt verwertbar.

> **Beispiel**
> Die I-AG hat mehrere Bürogebäude langfristig vermietet. Die Bürogebäude werden im AV ausgewiesen und zu fortgeführten AHK bewertet. Bei Aufstellung des JA zum 31.12.01 berichtet die örtliche Presse über signifikante Leerstände von Büroflächen sowie ein deutlich gesunkenes Mietpreisniveau in der Region. Auf Hinweis des AP holt die Geschäftsführung von einem Immobiliensachverständigen ein Bewertungsgutachten für die Gebäude ein. Bei zwei Gebäuden ergibt sich ein signifikant unter dem Buchwert liegender beizulegender Wert. Da in den Sachverständigengutachten die Stichtagswerte auf Basis zukünftiger Ertragserwartungen abgeleitet sind, ist von einer voraussichtlich dauernden Wertminderung auszugehen. Die I-AG nimmt in ihrem JA zum 31.12.01 entsprechende außerplanmäßige Abschreibungen vor. Am 31.12.02 hat sich das Mietniveau ausweislich der örtlichen Presse nochmals verringert. Das Zinsniveau für Immobilienkredite ist demgegenüber unverändert auf dem Niveau des Vorjahrs. Da sowohl das Mietniveau als auch das Zinsniveau bewertungsrelevante Parameter für die Ermittlung des beizulegenden Werts der Bürogebäude darstellen, können die Sachverständigengutachten aus dem Vorjahr nicht zur Bestätigung der Buchwerte herangezogen werden. Vielmehr sind neue Gutachten einzuholen, zumindest aber sind die zum Ende des Vorjahrs ermittelten Werte anhand der aktuellen Bewertungsparameter fortzuschreiben.

Bei Grundstücken geben häufig Altlasten, Verunreinigungen und andere **Umweltbelastungen** Anlass zu außerplanmäßigen Abschreibungen. Der Wertkorrektur des Grundstücks kommt insoweit Vorrang vor einer Rückstellungsbildung zu.[266] Außerplanmäßige Abschreibungen sind insb. erforderlich, wenn bei Anschaffung des Grundstücks eine bestehende Kontamination (mangels Kenntnis) nicht kaufpreismindernd berücksichtigt worden ist oder ein lastenfreies Grundstück während der Zugehörigkeit zum Betriebsvermögen kontaminiert wird.

239

War bei Grundstückserwerb die Kontamination bekannt und kaufpreismindernd berücksichtigt worden, sind die Sanierungsaufwendungen im Regelfall als nachträgliche HK des Grundstücks zu behandeln, da sie eine wesentliche Verbesserung des Grundstücks über den ursprünglichen Zustand hinaus bewirken.[267] Wurde ein kontaminiertes Grundstück wegen eingeschränkter Nutzbarkeit abgeschrieben, scheidet eine Rückstellung wegen der Sanierungsverpflichtung aus, soweit die Sanierungsmaßnahmen zu nachträglichen HK führen. Die Aktivierungspflicht der zukünftigen Ausgaben deutet auf eine kompensierte Verpflichtung hin, die das Vermögen wirtschaftlich nicht belastet. Zu Rückstellungen für Umweltschutzverpflichtungen s. § 249 Rz 110.

240

---

[266] Vgl. Art. 12 Abs. 12 der RL 2013/34/EU des Europäischen Parlaments und des Rates über den Jahresabschluss, den konsolidierten Abschluss und damit verbundene Berichte von Unternehmen bestimmter Rechtsformen vom 26.6.2013, da Rückstellungen „keine Wertberichtigungen zu Aktivposten darstellen"; zum Konkurrenzverhältnis vgl. IDW, WPg 1992, S. 326.
[267] Vgl. *Förschle/Scheffels*, DB 1993, S. 1201.

**Beispiel**[268]
CS betreibt Copy-Shops in zahlreichen Städten in Deutschland. Bei einer routinemäßigen technischen Überprüfung eines von CS betriebenen Copy-Shops im Gj 01 sind Bodenproben im Bereich des Grundstücks entnommen worden, auf dem die leeren Tonerkartuschen bis zur Entsorgung gelagert werden. Die Untersuchung der Proben hat eine erhebliche Belastung des Grundstücks mit giftigen Tonerrückständen ergeben. Da von dieser Belastung keine unmittelbare Umweltgefährdung ausgeht, hat die Umweltbehörde eine sofortige Sanierung der Anlage nicht zur Auflage gemacht. Spätestens bei Stilllegung des Betriebs ist diese jedoch vorzunehmen.

CS schätzt die Sanierungskosten für ihr Grundstück auf 50.000. Der Buchwert des Grundstücks entspricht den AK und beträgt 180.000. Nach den aktuellen Bodenrichtwerten geht CS von einem Zeitwert i. H. v. 210.000 aus. Bis zur Aufstellung des JA wurden noch keine Sanierungsmaßnahmen eingeleitet.

Zur Feststellung einer etwaigen Wertminderung des Grundstücks ist dessen Buchwert (180.000) mit seinem beizulegenden Wert zu vergleichen. Der beizulegende Wert ermittelt sich als Differenz zwischen dem Marktwert des Grundstücks ohne Schadstoffbelastung und den Sanierungskosten.

| | |
|---|---:|
| **Wiederbeschaffungskosten unbelastetes Grundstück** | 210.000 |
| ./. Sanierungskosten | 50.000 |
| = beizulegender Wert | 160.000 |

Die abschreibungskompensierende Berücksichtigung der stillen Reserven des Grundstücks verstößt nicht gegen das Realisationsprinzip. Der beizulegende Wert unterliegt nicht der Restriktion des Anschaffungswertprinzips, sondern soll den Betriebszugehörigkeitswert des Grundstücks am Abschlussstichtag approximieren. Er wird auch durch stille Reserven beeinflusst, die sich während der Haltedauer gebildet haben.

Es ermittelt sich eine Wertminderung i. H. v. 20.000 (180.000 ./. 160.000). Die Kontamination eines Grundstücks gilt als Ereignis, das zu einer voraussichtlich dauerhaften Wertminderung führt. Damit ist zum 31.12.01 eine außerplanmäßige Abschreibung des Grundstücks geboten.

**Variante**
Abweichend vom Ausgangsfall sei angenommen, CS habe noch im Gj 01 mit einem Entsorgungsunt einen Vertrag über die Sanierung des Grundstücks im ersten Halbjahr 02 geschlossen.

Auch in diesem Fall liegt eine voraussichtlich dauernde Wertminderung vor. Zwar ist aufgrund der Sanierung des Grundstücks ein kurzfristiger Anstieg seines beizulegenden Werts zu erwarten. Die auf die Kontamination zurückgehende Wertminderung des Vermögens von CS entfällt damit jedoch nicht, da die Maßnahme Aufwendungen verursacht. Das Nettovermögen bleibt mithin über die Sanierung hinaus vermindert.

---

[268] Vgl. *Kessler*, in *Kessler/Leinen/Stickmann*, BilMoG, 2010, S. 245 ff.

Nicht abnutzbare VG des AV sind nur außerplanmäßig abzuschreiben, wenn aufgrund objektiver Umstände mit einem langfristigen Anhalten der Wertminderung gerechnet werden muss. Fraglich ist, wie diese gesetzliche Vorgabe bei VG auszulegen ist, die mit **Veräußerungsabsicht** gehalten, aber **gleichwohl im AV** ausgewiesen werden.

> **Beispiel**
> Zum Betriebsvermögen von U gehören am 31.12.01 mehrere nicht für betriebliche Zwecke genutzte unbebaute Grundstücke. Um finanzielle Mittel für geplante Investitionen freizusetzen, bietet U die Grundstücke zum Verkauf an. Die eingeholten Wertgutachten lassen einen Veräußerungspreis unter den AK erwarten. Anfang 02 verkauft U die Grundstücke tatsächlich mit Verlust.
> Nach der Rechtsprechung des BFH ist von einer voraussichtlich dauernden Wertminderung auszugehen, wenn aus Sicht des Abschlussstichtags auf Grund objektiver Anzeichen ernstlich mit einem langfristigen Anhalten der Wertminderung zu rechnen ist. Es müssen mehr Gründe für als gegen das Andauern der Wertminderung sprechen. Der maßgebliche Prognosehorizont soll sich nach den prognostischen Möglichkeiten zum Abschlussstichtag richten, die je nach Art des VG und des auslösenden Moments für die Wertminderung variieren.
> Diese Grundsätze wendet die Rechtsprechung unabhängig davon an, ob ein VG des AV weiterhin gehalten werden soll oder zur Veräußerung bestimmt ist.[269] Für die Vornahme einer Teilwertabschreibung komme es auch bei Letzteren auf die zu erwartende nachhaltige Wertentwicklung an und nicht auf eine punktuelle Betrachtung anlässlich des geplanten Verkaufs zu einem bestimmten Zeitpunkt. Abzustellen sei daher auf die objektive (Rest-) Nutzungsdauer und nicht auf die individuelle Verbleibensdauer beim betreffenden Bilanzierenden. Die Veräußerung eines unbebauten Grundstücks mit Verlust könne zwar eine voraussichtlich dauernde Wertminderung indizieren. Diese Annahme sei jedoch durch weitere Anhaltspunkte zu objektivieren.
> Der Entscheidung ist weder handels- noch steuerrechtlich zu folgen. Bei VG, die zur Veräußerung bestimmt sind, liegt eine voraussichtlich dauernde Wertminderung vor, wenn ihr Anhalten bis zum Abgang des VG zu erwarten ist. Auf die weitere (vermutliche) Wertentwicklung des VG im Vermögen des Erwerbers kann es nicht ankommen, da sich der Wertverlust mit der Veräußerung realisiert und damit endgültig ist. Für eine außerplanmäßige Abschreibung wegen eines zu erwartenden Verkaufs unter dem Buchwert sind allerdings nachvollziehbare Hinweise auf die objektiv bestehende Veräußerungsabsicht am Abschlussstichtag (z.B. Beauftragung eines Maklers) zu fordern. Die tatsächliche Veräußerung nach dem Stichtag kann insoweit als Anscheinsbeweis gelten.
> Wurde der VG bereits bis zum Abschlussstichtag zur Veräußerung hergerichtet (z.B. durch Räumung des Grundstücks), ist er in das UV umzugliedern

---

[269] Vgl. BFH, Urteil v. 9.9.2010, IV R 38/08, BB 2011 S. 242.

> (vgl. § 247 Rz 45). Auf die Bewertung wirkt sich der Ausweiswechsel nicht aus. Es bleibt bei dem Abwertungsgebot auf den geschätzten niedrigeren Nettoveräußerungspreis.[270]

242 Bei bebauten Grundstücken des AV ist zu beachten, dass Grund und Boden sowie aufstehendes Gebäude zwei voneinander unabhängige VG darstellen.[271] Insofern können bei der Bemessung von ggf. erforderlichen außerplanmäßigen Abschreibungen auf das Gebäude Werterhöhungen des Grund und Bodens nicht verrechnet werden.

243 Bei Sachanlagen wird in bestimmten Konstellationen vertreten, die VG nicht einheitlich, sondern nach dem **Komponentenansatz** in einzelne kalkulatorische Abschreibungskomponenten aufzuteilen, die jeweils gesondert abzuschreiben sind (zu Einzelheiten s. Rz 188). Eine außerplanmäßige Abschreibung kommt in diesen Fällen nur für den VG insgesamt in Betracht; für einzelne Komponenten ermittelte Wertminderungen geben für sich genommen keinen Anlass zu einer außerplanmäßigen Abschreibung. Gegenstand der Niederstbewertung ist nur der VG insgesamt.[272]

244 Bei **abnutzbaren Sachanlagen** nimmt die hM eine voraussichtlich dauernde Wertminderung nur an, wenn der beizulegende Wert für mindestens die Hälfte der Restnutzungsdauer unter den fortgeführten AK liegt (Rz 225 f.). Dieser Beurteilungsansatz sieht sich zu Recht zunehmender Kritik ausgesetzt, da er die Gefahr einer Überbewertung birgt.[273] Ihm liegt die – im Kern zutreffende – Vorstellung zugrunde, nicht jedes Absinken der Wiederbeschaffungskosten unter die fortgeführten AK eines VG sei Ausdruck einer voraussichtlich dauernden Wertminderung. Zur Identifizierung der eine Abschreibung gebietenden Wertminderungen ist der Beurteilungsansatz jedoch weitgehend ungeeignet. Das Verhältnis von heutigem beizulegendem Wert und fortgeführten AK nach Ablauf der halben Restnutzungsdauer sagt darüber allenfalls zufällig etwas aus. Überzeugender ist eine zweistufige Beurteilung, die in einer indikatorgestützten Eingangsprüfung nach qualitativen Hinweisen auf einen nachhaltigen Rückgang des beizulegenden Werts unter die fortgeführten AK sucht. Eine auf diese Weise identifizierte mögliche Wertminderung des VG ist sodann durch Vergleich seines beizulegenden Werts – approximiert durch die üblichen Hilfswerte (vgl. Rz 215 ff.) – mit dem Buchwert zu quantifizieren. Bestätigt dieser Vergleich die Wertminderung, ist eine außerplanmäßige Abschreibung veranlasst. Im Ergebnis fällt nach diesem Beurteilungsansatz der **indikatorgestützten qualitative Prüfung** die Aufgabe zu, voraussichtlich dauernde Wertminderungen dem Grund nach zu identifizieren. Ihre Bestimmung der Höhe nach orientiert sich sodann an den bekannten Hilfswerten zur näherungsweisen Bestimmung des beizulegenden Werts.

245 § 240 Abs. 3 HGB ermöglicht für VG des SAV unter bestimmten Voraussetzungen (§ 240 Rz 53) den Ansatz eines **Festwerts**. In derartigen Fällen ist der bei-

---

[270] Vgl. hierzu auch IDW RS IFA 2, Tz 45, der für in Veräußerungsabsicht gehaltene Immobilien des AV die Bewertung nach den für UV geltenden Regelungen, d. h. strenges Niederstwertprinzip, fordert.
[271] Vgl. IDW RS IFA 2, Tz 37.
[272] Vgl. IDW RH HFA 1.016, Tz 10.
[273] Vgl. *Hoffmann/Lüdenbach*, DB 2009 S. 578, die dies am Beispiel eines Pkw illustrieren.

zulegende Wert für die Gesamtheit der im Festwert zusammengefassten VG nach den dargestellten Grundsätzen zu bestimmen. Da der Gesamtwert der zu einem Festwert zusammengefassten VG für das Unt von Gesetzes wegen von nachrangiger Bedeutung sein muss, sind an die Ermittlung des beizulegenden Werts keine überzogenen Anforderungen zu stellen. Es sollte genügen, die Erfassung signifikanter Wertminderungen des Festwerts sicherzustellen.

Eine weitere Vereinfachung stellt die **Gruppenbewertung** gem. § 240 Abs. 4 HGB dar. Sie erlaubt, gleichartige oder annähernd gleichwertige VG des AV jeweils zu einer Gruppe zusammenzufassen und mit dem gewogenen Durchschnittswert anzusetzen (zu Einzelheiten s. § 240 Rz 69). Auch in diesem Fall sollte eine außerplanmäßige Abschreibung bei Hinweisen auf einen signifikant gesunkenen betrieblichen Nutzen der betreffenden Anlagengüter erfasst werden (vgl. Rz 226). Die Höhe der Wertminderung ist durch Vergleich des beizulegenden Werts mit dem Durchschnittswert der zu einer Gruppe zusammengefassten VG zu ermitteln.

**246**

> **Beispiel**
> Ein Leasingunt weist in seinem AV eine Vielzahl von Pkw aus, für die es eine Gruppenbewertung gem. § 240 Abs. 4 HGB praktiziert. Dazu werden gleichartige oder annähernd gleichwertige Pkw (in etwa gleiche AK, gleiche Ausstattung, gleiche Laufleistung) zu Gruppen zusammengefasst und die gesamte Gruppe mit dem gewogenen Durchschnitt der fortgeführten AK bewertet. Zur Ermittlung des beizulegenden Werts wird für jeden Pkw anhand der aktuellen Schwacke-Liste der Zeitwert bestimmt. Die Gegenüberstellung von gewogenem Durchschnittswert und beizulegendem Wert zeigt für fünf zu einer Gruppe zusammengefasste Pkw folgendes Bild:
>
> | Pkw | Buchwert (gewogener Durchschnitt) | Beizulegender Wert (Schwacke-Liste) |
> |---|---|---|
> | Pkw A | | 17.000 |
> | Pkw B | | 14.000 |
> | Pkw C | | 13.000 |
> | Pkw D | | 16.500 |
> | Pkw E | | 17.500 |
> | Gesamtbestand | 75.000 | 78.000 |
>
> Bei Pkw B und C ermitteln sich durch Vergleich ihres mittels Durchschnittsbewertung bestimmten Buchwerts von jeweils 15.000 (75.000 / 5) mit dem individuellen beizulegenden Wert Wertminderungen von 1.000 bzw. 2.000. Soweit die Wertminderungen voraussichtlich dauernd sind, erfordern sie eine außerplanmäßige Abschreibung der VG. Eine verlustkompensierende Berücksichtigung der bei den übrigen Pkw bestehenden stillen Reserven würde gegen den Grundsatz der Einzelbewertung und das Imparitätsprinzip verstoßen.
> Die Buchwertermittlung nach der Gruppenbewertung beruht dagegen auf einer (zulässigen) Durchschnittsbetrachtung. Bei einer Einzelbewertung wären die individuellen Buchwerte jedes einzelnen Pkw mit deren beizulegenden Werten zu vergleichen. Daraus könnten sich höhere oder niedrigere Wertminderungen ergeben.

247   Auch bei **geleisteten Anzahlungen und Anlagen im Bau** kann sich die Notwendigkeit zur Berücksichtigung außerplanmäßiger Abschreibungen ergeben. Das ist etwa der Fall, wenn ein begonnenes Bauvorhaben aufgegeben wird oder an den Bauträger geleistete Zahlungen aufgrund seiner Insolvenz nicht wiedererlangbar sind.

> **Beispiel**
> U möchte aufgrund im 1. Halbjahr 01 gestiegener Absatzerwartungen seine Lagerkapazitäten erweitern und plant die Errichtung einer neuen Lagerhalle. Nach Vorliegen der Baugenehmigung beginnt U im Oktober 01 mit dem Bau. Bis zum 31.12.01 fallen Aufwendungen i. H. v. 100.000 an, die als Anlagen im Bau aktiviert werden.
> Im Dezember 01 trüben sich die Absatzerwartungen aufgrund der Insolvenz eines Großkunden nachhaltig ein. Die zusätzlichen Lagerkapazitäten werden nicht mehr benötigt. Bei der Bestimmung des beizulegenden Werts zum Abschlussstichtag stellt U folgende Überlegungen an:
> Die Fertigstellung der Lagerhalle wird noch Aufwendungen i. H. v. 250.000 erfordern. Die gesamten HK für die Lagerhalle belaufen sich damit auf 350.000. Da eine Eigennutzung der Lagerhalle nicht absehbar ist, soll diese vermietet werden. Aufgrund des durch die besondere Lage erschwerten Zugangs zur Halle kalkuliert das Unt mit einem vorsichtig geschätzten Barwert der künftigen Nettomieterträge von 280.000. Daraus ermittelt sich ein Wertminderungsbedarf von 70.000, der eine außerplanmäßige Abschreibung in dieser Höhe auf die Anlagen im Bau im JA zum 31.12.01 erfordert.

248   Der Abschreibungsgrund einer **fehlenden oder gesunkenen Rentabilität** eines VG ist zu unterscheiden von der fehlenden oder gesunkenen Rentabilität des den VG haltenden Unt. Die Tatsache, dass ein Unt Verluste (ggf. auch mehrjährig) ausweist, liefert für sich genommen keinen Anlass, eine außerplanmäßige Abschreibung auf VG vorzunehmen. Allerdings kann in derartigen Fällen die Zulässigkeit einer Bilanzierung unter Fortführungsgesichtspunkten zu prüfen sein (zu Einzelheiten hierzu s. § 252 Rz 30). Auch wird man fragen müssen, ob sich für einzelne Anlagegüter nicht die Frage ihrer Veräußerung stellt, die eine wiederbeschaffungsorientierte Niederstbewertung ausschließt.

### 4.2.4   Finanzanlagen

249   Zum Begriff der Finanzanlagen s. § 266 Rz 50.

250   Finanzanlagen unterliegen keiner planmäßigen Abschreibung. Eine außerplanmäßige Abschreibung ist bei voraussichtlich dauernder Wertminderung geboten. Bei einer voraussichtlich nicht dauernden Wertminderung eröffnet § 253 Abs. 3 Satz 4 HGB ein Abschreibungswahlrecht. Seine Ausübung unterliegt dem Stetigkeitsgebot gem. § 252 Abs. 1 Nr. 6 HGB. Sowohl die Inanspruchnahme des Abwertungswahlrechts als auch der Verzicht auf eine Abschreibung begründen eine Bewertungsmethode. An die jeweilige Entscheidung ist der Bilanzierende gebunden, soweit er keinen begründeten Ausnahmefall geltend machen kann (vgl. hierzu § 252 Rz 132). Mit der erstmaligen Ausübung bzw. Nichtausübung des Wahlrechts ist zugleich die Verfahrensweise in vergleichbaren Fällen bei anderen Finanzanlagen vorbestimmt (Grundsatz der Einheitlichkeit der Bewertung; vgl. § 252 Rz 123).

**251** Der beizulegende Wert von Finanzanlagen ist vorrangig aus einem Börsen- oder Marktpreis abzuleiten. Scheidet diese Möglichkeit aus, ist auf ein Ertragswert- oder ein DCF-Verfahrens zurückzugreifen (zu diesen Wertermittlungsmethoden s. Rz 217f.).

**252** Der beizulegende Wert von **börslich gehandelten Unternehmensanteilen** ist im Regelfall aus dem Börsenkurs am Bewertungsstichtag abzuleiten.[274] Das gilt nicht, wenn die Anteile dem Investor z. B. aufgrund der Höhe der Beteiligungsquote eine besondere Machtposition im Verhältnis zur Beteiligungsgesellschaft verschaffen. Diesem Umstand ist durch Paket- oder Kontrollzuschläge Rechnung zu tragen.[275] Unabhängig davon sind beobachtete Börsenkurse daraufhin zu untersuchen, ob sie verzerrenden Einflüssen unterliegen (z.B. geringer Anteil börsengehandelter Anteile, besondere Marktsituationen[276]). Auch das kann Anlass geben, die Wertermittlung auf Basis des Börsenkurses durch geeignete Zu- und Abschläge zur Bestimmung des beizulegenden Werts zu modifizieren oder den beizulegenden Wert der Anteile mittels einer Bewertungsmethode zu ermitteln.

**253** Der für die Niederstbewertung nicht börslich gehandelter **Beteiligungen** (z.B. GmbH-Anteile, Anteile an PersG) heranzuziehende Vergleichswert zum Buchwert ist als Ertragswert oder DCF-Wert zu bestimmen.[277] Ausgangspunkt einer Ertragswertberechnung stellt die Unternehmensplanung der zu bewertenden Beteiligung dar. Bei der Berechnung der dem bilanzierenden Unt aus der Beteiligung voraussichtlich zuzurechnenden Erträge sind auch die vom Inhaber der Beteiligung realisierbaren Synergieeffekte zu berücksichtigen.[278] Welche Synergieeffekte in einem Konzernverbund aus Sicht der einzelnen Unt realisiert werden können und damit bei der Ermittlung des beizulegenden Werts von Beteiligungen zu berücksichtigen sind, hängt von den gesellschaftsrechtlichen Verhältnissen ab.

> **Beispiel**
> Der A-Konzern wird von der A-AG geführt. Zum Abschlussstichtag hält die A-AG jeweils 100 % der Anteile an den im nachstehenden Organigramm aufgeführten Unt.

---

[274] Vgl. IDW S 1, Tz 15.
[275] Vgl. *Fey/Mujkanovic*, WPg 2003, S. 212.
[276] Vgl. IDW S 1, Tz 15; so auch BFH, Urteil v. 21.9.2011, I R 89/10m, BFHE 235 S. 263.
[277] Vgl. IDW RS HFA 10, Tz 3f.
[278] Vgl. IDW RS HFA 10, Tz 5f.

> Die T 2 GmbH hat den beizulegenden Wert der von ihr gehaltenen Beteiligungen an E 2 und E 3 zu bestimmen. Während sich für E 2 ein über dem Beteiligungsbuchwert liegender Ertragswert ermittelt, unterschreitet der Ertragswert von E 3 den Beteiligungsbuchwert deutlich. Aus Sicht des A-Konzerns mag die Beteiligung an E 3 dennoch werthaltig sein, z.B. wenn E 4 erhebliche Vorteile aus der Geschäftsbeziehung mit E 3 zieht.
> Bei der Bewertung der Beteiligungen auf Ebene der T 2 GmbH dürfen dagegen nur Synergieeffekte berücksichtigt werden, die von T 2, E 2 oder E 3 erzielbar sind. Synergieeffekte, die sich bei anderen Unt des Konzerns realisieren (hier bei Schwesterunt E 4), dürfen keine Beachtung finden.
> Würde demgegenüber die Beteiligung an E 4 ebenfalls von T 2 gehalten, wären die Synergieeffekte aus der Kooperation von E 3 und E 4 bei der Bewertung der von T 2 an E 3 gehaltenen Beteiligung zu berücksichtigen, da sie dem Inhaber der Anteile zugutekommen.

**254** Die Beteiligungsbewertung erfolgt somit aus der subjektiven Perspektive des beteiligten Unt und berücksichtigt z.B. künftige Investitionsmöglichkeiten, Synergieeffekte und steuerliche Vor- und Nachteile. Die Ertragsteuerbelastung des bilanzierenden Unt ist bei der Ermittlung des Ertragswerts zu berücksichtigen.[279]

**255** Zeichnet sich eine **Veräußerung der Anteile ab** (z.B. aufgrund eines Beschlusses des Managements oder aufgrund einer kartellrechtlichen Auflage), entspricht der beizulegende Wert der Anteile dem verbindlichen Angebotspreis (soweit ein solcher vorliegt). Ansonsten ist mittels eines kapitalwertorientierten Verfahrens ein **objektivierter Unternehmenswert** als Ausdruck für jenen Preis zu bestimmen, der aufgrund der Eigenschaften des Bewertungsobjekts am Markt voraussichtlich erzielbar wäre. Bei seiner Ermittlung sind nur (unechte) Synergieeffekte zu berücksichtigen, die ein beliebiger Erwerber realisieren könnte.[280] Bei Anzeichen für eine Liquidation des Beteiligungsunt tritt an die Stelle des potenziellen Veräußerungswerts für die Anteile der **auf sie entfallende Teil des Liquidationswerts**.[281]

**256** Für **Beteiligungen an Personengesellschaften** gelten die vorstehenden Grundsätze sinngemäß.[282] Die steuerliche Spiegelbildmethode ist handelsrechtlich unzulässig. Soweit die Anteile weiterhin vom Bilanzierenden gehalten werden sollen, sind etwaige Bewertungsklauseln im Gesellschaftsvertrag der PersG (z.B. Abfindung zum Buchwert) irrelevant, da sich der Wert der Beteiligung als Zukunftserfolgswert bestimmt und daher auf den Ertragswert abzustellen ist. Etwas anderes gilt dann, wenn die Veräußerung oder eine Kündigung des Gesellschaftsanteils ansteht.

**257** Der beizulegende Wert von **Ausleihungen** entspricht dem Barwert der voraussichtlichen Rückflüsse einschließlich etwaiger Zinsen. Bei seiner Ermittlung sind folgende Faktoren zu berücksichtigen:
- Zahlungsfähigkeit/Bonität des Schuldners,
- Zahlungswilligkeit des Schuldners und Möglichkeit von Zwangsmaßnahmen,

---

[279] Vgl. IDW RS HFA 10, Tz 4, 8.
[280] Vgl. IDW RS HFA 10, Tz 11–13.
[281] Zur Bestimmung des Liquidationswerts vgl. IDW S 1, Tz 5, 170.
[282] Vgl. IDW RS HFA 18, Tz. 31 ff.

- Verzinslichkeit (verdeckte oder offene),
- Marktzinsniveau (risikoloser Zinssatz),
- Ansässigkeit des Schuldners (bei ausländischen Schuldnern können rechtliche oder sonstige Schwierigkeiten bei der Durchsetzung des Anspruchs auftreten),
- Besicherung der Forderung,
- Währungskurse (bei Ausleihungen in Fremdwährung),
- abgegebene Rangrücktrittserklärungen oder ähnliche Erklärungen.

Ist für **Wertpapiere des AV** ein Börsen- oder Marktpreis verfügbar, bildet dieser den Ausgangspunkt zur Ermittlung des beizulegenden Werts. Da die Zugehörigkeit zum AV eine beschaffungsorientierte Bewertung nahelegt, sind zusätzlich beim Erwerb anteilig anfallende Erwerbsnebenkosten zu berücksichtigen.[283] (anders bei den nicht als Daueranlage bestimmten Wertpapieren des UV, s. Rz 302). Auch wenn Börsenkurse grds. die zukünftigen Erwartungen des Markts widerspiegeln, soll nach Ansicht des VFA des IDW ein am Abschlussstichtag unter den AK liegender Börsenkurs nicht in allen Fällen eine **voraussichtlich dauernde Wertminderung** (Rz 217) signalisieren. Zur Beurteilung des Charakters der Wertminderung können nach Ansicht des VFA folgende Kriterien herangezogen werden:[284]

258

- Unterschiedsbetrag zwischen Buchwert und Börsenkurs/Zeitwert: je größer die Differenz, desto eher ist eine voraussichtlich dauernde Wertminderung anzunehmen,
- bisherige Dauer einer bereits eingetretenen Wertminderung,
- von der allgemeinen Kursentwicklung stark abweichender Kursverlauf (ermittelt durch Korrelation mit Indexwerten),
- Substanzverluste des Emittenten durch betriebliche Verluste, Ausschüttungen oder Geldwertänderungen,
- Verschlechterung der Zukunftsaussichten des Emittenten oder der Branche, in der der Emittent tätig ist,
- erhebliche finanzielle Schwierigkeiten des Emittenten,
- hohe Wahrscheinlichkeit der Insolvenz oder sonstiger Sanierungsbedarf des Emittenten.

Ausgehend von diesen Merkmalen schlägt der für die Bilanzierung in der Versicherungswirtschaft erarbeiteten Standard vor, eine voraussichtlich dauernde Wertminderung eines Wertpapiers anzunehmen, wenn[285]

259

- sein beizulegender Zeitwert am Abschlussstichtag und in den **sechs vorangegangenen Monaten** permanent um **mehr als 20 %** unter dem Buchwert lag oder
- der **Durchschnittswert** der täglichen Börsenkurse des Wertpapiers am Abschlussstichtag und **in den letzten zwölf Monaten** um **mehr als 10 %** unter dem Buchwert lag.

Ist mindestens ein Kriterium erfüllt, soll von einer außerplanmäßigen Abschreibung nur abzusehen sein, wenn nachweisbare Umstände auf eine nur vorübergehende Wertminderung hindeuten. Ertragswert- oder DCF-Schätzungen durch

260

---

[283] So die Rechtsprechung zum Teilwert börsennotierter Anteile; vgl. BFH, Urteil v. 21.8.2011, I R 89/10, BFHE 235 S. 263, Rz 24.
[284] Vgl. IDW RS VFA 2, Tz 19.
[285] Vgl. IDW, IDW-FN 2002, S. 667.

das bilanzierende Unt genügen hierzu regelmäßig nicht, es sei denn, das Unt verfügt als Insider über substanzielle Hinweise auf eine Unterbewertung des Wertpapiers durch die Marktteilnehmer. Darüber hinaus ist nach Ansicht des VFA insoweit von einer voraussichtlich nicht dauernden Wertminderung auszugehen, als der Börsenkurs bis zur Aufstellung der Bilanz wieder angestiegen ist.

261 In seinem Urteil v. 21.9.2011[286] ist der BFH der vom VFA vertretenen Auslegung des Tatbestandsmerkmals der voraussichtlich dauernden Wertminderung bei der Bewertung **börsennotierter Aktien** entgegengetreten. Nach seiner Auffassung rechtfertigt bei diesen grds. jeder Rückgang des Börsenkurses unter die AK eine Teilwertabschreibung. Das Abstellen auf den Börsenkurs entspreche der gebotenen Objektivierung der Bewertung und sichere einen gleichmäßigen Gesetzesvollzug. Daran ändere die zunehmend in Frage gestellte Informationseffizienz der Kapitalmärkte nichts. Die Notwendigkeit einer verifizierbaren Schätzung des Teilwerts bei einer Vielzahl von Bewertungsfällen rechtfertige seine Gleichsetzung mit dem Börsenkurs. Diese typisierende Vermutung gelte allerdings nicht, wenn Bewertungsanomalien (z.B. Marktmanipulationen, geringer Handel) nachweisbar sind.

262 Bei Gültigkeit der Annahme eines effizienten KM sieht der BFH keinen Anlass, die Zulässigkeit einer Teilwertabschreibung davon abhängig zu machen, ob der Börsenkurs die AK um gewisse Schwellenwerte unterschreitet. Zur Vereinfachung des Besteuerungsverfahrens will er allerdings geringfügige Kursverluste bei der bilanziellen Bewertung unberücksichtigt lassen. In Anlehnung an den bilanzrechtlichen Wesentlichkeitsgrundsatz sieht er eine Bagatellgrenze bei 5 % der Notierung im Erwerbszeitpunkt. Eine weitere Konsequenz zieht der BFH aus der typisierend unterstellten Kapitalmarkteffizienz: Kursanstiege nach dem Abschlussstichtag haben keine werterhellende Kraft, sondern stellen wertbegründende Entwicklungen dar. Die dargestellten Grundsätze gelten nach einer weiteren Entscheidung des I. Senats vom gleichen Tag auch für Aktienfonds, die nach ihren vertraglichen Bedingungen zumindest überwiegend direkt oder indirekt (als Dachfonds) in börsennotierte Aktien investieren. Zur Ermittlung ihres Teilwerts ist im Regelfall auf den Ausgabepreis der Anteile abzustellen. Das gilt jedenfalls dann, wenn die Anteile im Interesse der Aufrechterhaltung des eigenen Geschäftsbetriebs erworben wurden und keine entbehrlichen Wirtschaftsgüter darstellen.[287] Das BMF hat sich dieser Sichtweise im Schreiben vom 16.7.2014 angeschlossen.[288]

263 Fraglich ist, ob die Rechtsprechung des BFH sinngemäß auch auf die Bewertung börsennotierter Anteile in der HB anzuwenden ist. Dafür sprechen die folgenden Erwägungen:
- Steuerlicher Teilwert und beizulegender Wert von Anteilen unterscheiden sich im Ergebnis nicht. Soweit mit den Anteilen keine individuellen Vorteile für das sie haltende Unt verbunden sind (z.B. bei größeren Anteilspaketen, die als solche nicht an der Börse gehandelt werden), liegt es nahe, sie unter Rückgriff auf den Börsenpreis zu konkretisieren.
- Den Begriff der voraussichtlich dauernden Wertminderung verwenden § 253 Abs. 3 Satz 3 HGB und § 6 Abs. 1 Nr. 1 Satz 2 EStG ohne erkennbaren

---

[286] Vgl. BFH, Urteil v. 21.9.2011, I R 89/10, BFHE 235 S. 263.
[287] Vgl. BFH, Urteil v. 21.9.2011, I R 7/11, BFHE 235 S. 273.
[288] Vgl. BMF, Schreiben v. 16.7.2014, IV C 6 – S 2171-b/09/10002, BStBl 2014 I S. 1162.

Unterschied. Eine abweichende Auslegung dieses Tatbestandsmerkmals für Zwecke der handels- und steuerrechtlichen Gewinnermittlung drängt sich daher nicht auf.
- Die Argumentation des BFH ist nicht spezifisch steuerlich ausgerichtet. Seine Erwägungen, warum ein gesunkener Aktienkurs im Regelfall Ausdruck einer voraussichtlich dauernden Wertminderung ist, fußen vielmehr auf übergreifenden finanzwissenschaftlichen Erkenntnissen und sind zudem von Objektivierungserwägungen geleitet.
- Auch gegen die Bagatellgrenze von 5 % sollten aus handelsrechtlicher Sicht im Regelfall keine Bedenken bestehen, da sie auf ein verbreitetes Verständnis des bilanzrechtlichen Wesentlichkeitsgrundsatzes zurückgeht.

Der HFA des IDW will demgegenüber die Grundsätze des BFH-Urteils v. 21.9.2011 nicht unmittelbar auf die HB anwenden und hat – in Übereinstimmung mit dem BFH und dem VFA – entschieden, für Zwecke der handelsrechtlichen Bewertung börsennotierter Aktien an den Aufgreifkriterien des VFA festzuhalten. Entgegen der Ansicht des BFH sei nicht jedes Absinken des Börsenkurses Ausdruck einer voraussichtlich dauernden Wertminderung. Die Aussage gelte vielmehr nur bei im Zeitablauf konstanten finanziellen Überschüssen. Da die steuerliche Beurteilung der voraussichtlich dauernden Wertminderung im Urteil des BFH losgelöst vom Handelsrecht erfolge, sind nach Auffassung des HFA aus der Entscheidung keine Konsequenzen für die Handelsbilanz zu ziehen.[289]

Folgt man der Rechtsprechung des BFH auch handelsrechtlich, ergibt sich ein Unterschied zwischen handels- und steuerbilanzieller Bewertung börsennotierter Anteile nur in den Rechtsfolgen. Während § 253 Abs. 3 Satz 3 HGB bei voraussichtlich dauernder Wertminderung eine Abwertung anordnet, besteht steuerlich ein bloßes Abwertungswahlrecht. Bei Anteilen, die in den Anwendungsbereich des § 8b KStG fallen, dürfte dieses Wahlrecht mit Blick auf die Folgen einer steuerlichen Zuschreibung oder eines Verkaufs der Anteile über Buchwert kaum ausgeübt werden. Daher werden Wertminderungen bei derartigen Anteilen häufig zu abweichenden Bilanzansätzen in Handels- und Steuerbilanz führen. Das kann Anlass sein, die Bildung latenter Steuern in Betracht zu ziehen (Einzelheiten hierzu s. § 274 Rz 26).

**264**

Zum Ganzen das folgende Beispiel:

**265**

**Beispiel**
U hat im Jahr 01 nicht benötigte liquide Mittel in Aktien angelegt. Das Investment hat seither kontinuierlich an Wert verloren:

| | |
|---|---:|
| AK am 10.10.01: | 200 |
| Börsenkurs 31.12.01: | 179 |
| Börsenkurs 31.12.02: | 142 |
| Börsenkurs bei Aufstellung des JA für 02: | 155 |

Hinweise auf wirtschaftliche Schwierigkeiten des Emittenten liegen bislang nicht vor. Der Index, in dem die Aktien enthalten sind, ist im relevanten

---

[289] Vgl. IDW-FN 2012, S. 322.

> Zeitraum um 20 % gesunken. Hinweise auf Marktmanipulationen oder einen unzureichenden Handel in den Aktien bestehen nicht.
> Nach IDW RS VFA 2 ergibt sich folgende Beurteilung:
> Stichtag 31.12.01: Die Kriterien des VFA sprechen für die Annahme einer nicht dauernden Wertminderung. Der Kursverlust im Vergleich zu den AK beträgt zwar 11,5 %. Die Wertminderung hält aber noch keine drei Monate an. Zudem liegen keine Hinweise auf wirtschaftliche Schwierigkeiten des Emittenten vor.
> Stichtag 31.12.02: Der Kursverlust im Vergleich zum Buchwert per 31.12.01 (AK) beträgt 29 %. Da die Wertminderung seit mehr als einem Jahr anhält, ist nach den Kriterien des VFA eine voraussichtlich dauernde Wertminderung der Aktien zu vermuten. Sie wird insoweit widerlegt, als der Börsenkurs der Aktien im Aufstellungszeitraum für den JA 02 wieder angestiegen ist.
> Im Ergebnis darf damit – soweit mit dem Stetigkeitsgrundsatz vereinbart – zum 31.12.01 eine Abwertung auf 179 erfolgen. Zum 31.12.02 ist eine außerplanmäßige Abschreibung der Aktien auf 155 geboten. In Höhe der Differenz zum Stichtagskurs am 31.12.02 von 13 besteht ein Abwertungswahlrecht.
> Nach den vom BFH aufgestellten Grundsätzen müssen die Aktien in der HB zum 31.12.01 auf 179 abgeschrieben werden. Der Kursrückgang zum 31.12.02 auf 142 erfordert eine weitere Abwertung um 37. Steuerlich besteht in beiden Fällen ein Wahlrecht zur Teilwertabschreibung.

## 5 Abschreibung von Vermögensgegenständen des Umlaufvermögens (Abs. 4)

### 5.1 Strenges Niederstwertprinzip

**266** Abs. 4 verlangt bei VG des UV Abschreibungen vorzunehmen, wenn sich aus einem Börsen- oder Marktpreis am Abschlussstichtag ein niedrigerer Wert ergibt (Satz 1). Ist kein Börsen- oder Marktpreis feststellbar, bildet der niedrigere beizulegende Wert den relevanten Vergleichsmaßstab (Satz 2). Diese unter dem Begriff **strenges Niederstwertprinzip** bekannte Bewertungsanweisung gilt für sämtliche VG des UV. Die Abgrenzung zwischen AV und UV ist damit nicht nur für den Ausweis von Bedeutung, sie zieht auch unterschiedliche Bewertungsfolgen nach sich (zur Abgrenzung AV/UV s. § 247 Rz 17; zum Begriff des UV s. § 266 Rz 63).

**267** VG des UV sind nach Abs. 1 zu **AHK** anzusetzen (zum Begriff s. § 255 Rz 1 und 77). Zu ihrer Ermittlung sind bestimmte Bewertungsvereinfachungen nach § 240 Abs. 3 HGB (**Festwert**), Abs. 4 HGB (**Gruppenbewertung**) bzw. § 256 HGB (Verbrauchsfolgeverfahren, Lifo oder Fifo) vorgesehen. Eine planmäßige Abschreibung kommt nicht in Betracht. Eine außerplanmäßige Abschreibung ist vorzunehmen, wenn der relevante Vergleichswert am Abschlussstichtag niedriger ist. Optionale Abschreibungen sieht § 253 Abs. 4 HGB nicht vor.

**268** Abs. 4 findet gem. § 253 Abs. 1 Satz 4 HGB keine Anwendung auf VG, die als saldierungspflichtiges **Deckungsvermögen** i.S.v. § 246 Abs. 2 Satz 2 HGB zu behandeln sind (Rz 112). VG des UV, die als Grundgeschäfte oder Sicherungsinstrumente zu einer **Bewertungseinheit** i.S.v. § 254 Satz 1 HGB gehören, unterliegen einzeln nur im Hinblick auf nicht abgesicherte Risiken dem Niederstwertprinzip (zu den Voraussetzungen für eine Qualifikation als Bewertungseinheit s. § 254 Rz 10).

**Bewertungszeitpunkt** ist der jeweilige Abschlussstichtag. Später eintretende Änderungen der relevanten Vergleichswerte sind wertbegründend und vermögen weder eine außerplanmäßige Abschreibung zum Abschlussstichtag zu begründen noch zu verhindern (zur Abgrenzung wertbegründender und werterhellender Tatsachen vgl. § 252 Rz 54). Eine andere Beurteilung ist nur denkbar, wenn es sich bei den am Abschlussstichtag festgestellten Börsen-, Markt- oder sonstigen Preisen um Zufallskurse handelt (vgl. Rz 275). 269

Einen **gesonderten Ausweis** außerplanmäßiger Abschreibungen auf VG des UV in GuV oder ihre Angabe im Anhang, wie dies für das AV in § 277 Abs. 3 HGB vorgeschrieben ist, verlangt das Gesetz nicht. Lediglich bei Anwendung des GKV ist der Teilbetrag der Abschreibungen gesondert in der GuV auszuweisen, der das bei der Ges. übliche Maß übersteigt (zu Einzelheiten s. § 275 Rz 131). 270

### 5.1.1 Börsen- oder Marktpreis

Unter dem **Börsenpreis** ist der Kurs zu verstehen, der an einer amtlich anerkannten Börse am Abschlussstichtag festgestellt wird.[290] Auch im Freiverkehr[291] sowie an ausländischen Börsen festgestellte Kurse sind unter diesen Begriff zu fassen.[292] Börsenpreise lassen sich am ehesten für Wertpapiere ermitteln. Verschiedentlich existieren auch Börsen für commodities (Rohstoffbörsen). 271

> **Beispiel**
> An der European Energy Exchange (EEX) in Leipzig werden u.a. $CO_2$-Emissionsberechtigungen gehandelt. Auch wenn hier ein von einem privaten Unt betriebener Handelsplatz vorliegt, gelten die festgestellten Kurse als Börsenkurse i.S.v. § 253 Abs. 4 Satz 1 HGB.

Unter **Marktpreis** ist derjenige Preis zu verstehen, der an einem Handelsplatz für Waren einer bestimmten Gattung von durchschnittlicher Art und Güte zu einem bestimmten Zeitpunkt im Durchschnitt gewährt wurde.[293] Maßgebend sind Preisfeststellungen an dem für den Bilanzierenden maßgeblichen Handelsplatz; auch internetbasierte elektronische Handelsplattformen können die Voraussetzungen eines Markts i.S.v. Abs. 3 Satz 1 erfüllen.[294] Ergeben sich signifikant vom allgemeinen Kursniveau abweichende **Zufallskurse**, sind diese nicht bewertungsrelevant; in derartigen Fällen sind Durchschnittskurse zu verwenden. Das gilt unabhängig davon, ob die Kurse nach oben oder nach unten verzerrt sind. 272

Börsen- oder Marktpreise stellen nicht den unmittelbaren Vergleichswert zum Buchwert dar, sondern geben lediglich den Ausgangspunkt der Wertermittlung ab. Abs. 4 Satz 1 verlangt die Abschreibung auf einen niedrigeren Wert, „der sich aus einem Börsen- oder Marktpreis am Abschlussstichtag ergibt". Die **Ableitung** 273

---

[290] Vgl. *ADS*, 6. Aufl., § 253, Rz 504.
[291] Vgl. *Brösel/Olbrich*, in *Küting/Pfitzer/Weber*, HdR, HGB § 253, Rn 626, Stand 2/2012.
[292] Vgl. *Thiele/Prigge*, in *Baetge/Kirsch/Thiele*, Bilanzrecht, § 253 HGB, Rz 396.
[293] Vgl. *ADS*, 6. Aufl., § 253 HGB, Rz 508.
[294] Vgl. *Thiele/Prigge*, in *Baetge/Kirsch/Thiele*, Bilanzrecht, § 253 HGB, Rz 397.

aus einem **Börsen- oder Marktpreis** erfolgt durch Berücksichtigung von Transaktionskosten. Bei einer beschaffungsmarktorientierten Bewertung sind diese hinzuzurechnen, bei einer absatzmarktorientierten Bewertung abzuziehen.

### 5.1.2 Beizulegender Wert

274 Das Gesetz enthält keine Definition des beizulegenden Werts. Indem er auf den betriebsindividuellen Wert des VG für das bilanzierende Unt abzielt, unterscheidet sich der Wertmaßstab konzeptionell vom beizulegenden Zeitwert gem. § 255 Abs. 4 HGB (vgl. hierzu § 255 Rz 209). Letzterer berücksichtigt lediglich die allgemeine Wertschätzung eines Guts durch den Markt. Im UV werden sich allerdings – anders als im AV – regelmäßig keine über den allgemeinen Marktpreisen liegende Betriebszugehörigkeitswerte feststellen lassen. Davon geht auch der Gesetzgeber aus, da die beiden übrigen Vergleichsmaßstäbe zum Buchwert am beizulegenden Zeitwert ausgerichtet sind. Unabhängig davon finden die für das AV vorgeschlagenen Hilfswerte zur Approximation des beizulegenden Werts (Rz 215) im Grundsatz auch zur Bewertung von VG des UV Anwendung. Die Gesetzessystematik schreibt den **Vorrang der Berücksichtigung eines Börsen- oder Marktpreises** vor. Der daraus abzuleitende Vergleichswert zu den AHK repräsentiert eine ganz bestimmte Ausprägung des beizulegenden Werts am Stichtag. Die allgemeine Bewertungsanweisung des Abs. 3 Satz 2 greift demgegenüber nur subsidiär, nämlich wenn „ein Börsen- oder Marktpreis nicht festzustellen (ist)".

275 Die Bestimmung des beizulegenden Werts kann beschaffungsmarkt- oder absatzmarktorientiert erfolgen. In bestimmten Fällen sollen beide Verfahrensweisen der Wertfindung erforderlich sein (**doppelte Maßgeblichkeit**). Hiergegen bestehen Bedenken (vgl. Rz 282).

276 Eine Orientierung am **Beschaffungsmarkt** stellt auf die Ermittlung von Wiederbeschaffungskosten ab. Zur Ermittlung des Vergleichswerts sind übliche Anschaffungsnebenkosten (z.B. Transportkosten) und Anschaffungskostenminderungen (Rabatte, Skonti) zu berücksichtigen. Lieferantenboni sind nur abzuziehen, wenn sie für die innerhalb einer bestimmten Periode (Gj, Quartal) abgenommenen Produkte insgesamt gewährt werden. Als solche rechnen sie zu den Anschaffungskostenminderungen eines VG. Das gilt nicht, wenn die Rückvergütung i.S. eines Treuebonus die Geschäftsbeziehung mit dem Kunden als solche und weniger die Bezugsmengen in einem zurückliegenden Zeitraum honorieren soll (vgl. § 255 Rz 70).

277 Der Orientierung am **Absatzmarkt** liegt das Prinzip der **verlustfreien Bewertung** zugrunde.[295] Die Grundidee besteht darin, einen Nettoverkaufswert für das zu bewertende Vorratsgut zu ermitteln, der den Betrag zum Ausdruck bringt, mit dessen Zufluss aus der Verwertung des VG das Unt aus Sicht des Abschlussstichtags mindestens rechnen kann. Das erfordert es, vom geschätzten Verkaufserlös alle nach dem Abschlussstichtag noch anfallenden Aufwendungen abzusetzen, die das Einzahlungspotenzial der Vorräte am Stichtag belasten.

---

[295] Vgl. *ADS*, 6. Aufl., § 253 HGB, Rz 495.

Das HGB enthält keine unmittelbaren Hinweise, ob der beizulegende Wert von VG des UV vom Beschaffungs- oder vom Absatzmarkt abzuleiten ist. Für einzelne Arten von VG des UV haben sich folgende Konventionen herausgebildet:[296]

| Bilanzposten | Ableitung des beizulegenden Werts vom |
|---|---|
| Roh,- Hilfs- und Betriebsstoffe | Beschaffungsmarkt |
| Unfertige Erzeugnisse und Leistungen und Fertigerzeugnisse | Absatzmarkt |
| Handelswaren | Beschaffungs- und Absatzmarkt |
| Wertpapiere | Absatzmarkt, ggf. auch Beschaffungsmarkt |

Tab. 4: Ableitung des beizulegenden Werts

Ausnahmen zu den vorgenannten Grundsätzen werden bei den jeweiligen Bilanzposten erläutert.

Sieht man die Aufgabe des Niederstwertprinzips darin, zwecks Information über die Schuldenbegleichungsfähigkeit des Bilanzierenden die Bedeutung der Buchwerte als Ausdruck von Mindesteinzahlungserwartungen zu gewährleisten, liegt eine konsequent **absatzmarktorientierte Bewertung** des Vorratsvermögens nahe. Nur mit Blick auf die Verwertungsmöglichkeiten ermittelte Vermögensverluste signalisieren eine verminderte Fähigkeit des Kfm., seine Schulden zu begleichen.[297] Unter diesen Werten liegende Wiederbeschaffungskosten indizieren lediglich entgehende Gewinne (Opportunitätskosten).[298] Ihre bilanzielle Berücksichtigung sieht sich durch das Imparitätsprinzip nicht gedeckt. Allein aus Objektivierungsgründen erscheint es vertretbar, im Einzelfall die Niederstbewertung hilfsweise an den Verhältnissen des Beschaffungsmarkts auszurichten. Das gilt etwa für RHB. Sie entziehen sich aufgrund der notwendigen Zurechnungsfiktionen regelmäßig einer nachvollziehbaren, systematisch zutreffenden verwertungsorientierten Bewertung.

278

Kritisch ist danach insb. die doppelte Maßgeblichkeit bei Waren zu beurteilen. Das Abstellen auf den niedrigeren Wert aus beschaffungs- und absatzorientiert ermitteltem beizulegendem Wert ist Ausdruck eines überzogenen Vorsichtsdenkens, dem der Gesetzgeber in den letzten Jahren durch mehrere Änderungen bei den Bewertungsvorschriften die Grundlage entzogen hat.[299] U. E. sollten **Handelswaren** ausschließlich absatzmarktorientiert bewertet werden. Eine außerplanmäßige Abschreibung scheidet danach aus, wenn ein Verkauf der Waren zu einem über den AK liegenden Preis zu erwarten ist.[300]

279

---

296 Vgl. *Schubert/Roscher*, in Beck Bil-Komm. 9. Aufl., § 253 HGB, Rz 516, *ADS*, 6. Aufl., § 253 HGB, Rz 488, *Brösel/Olbrich*, in *Küting/Pfitzer/Weber*, HdR, HGB § 253, Rn 638, Stand 2/2012.
297 So bereits *Kammann*, Stichtagsprinzip und zukunftsorientierte Bilanzierung, Köln 1988, S. 278 f.
298 GlA. *Weindel*, DB 2013, S. 355.
299 GlA. WP-Handbuch, Bd. I, 14. Aufl., Abschn. E, Rz 153 w.w.N.
300 So bereits *Kessler*, DStR 1995, S. 839 ff.; *Kessler*, WPg 1996, S. 3 ff.

## 5.2 Vorratsvermögen

### 5.2.1 Roh-, Hilfs- und Betriebsstoffe

280 Für RHB ist die Ermittlung des beizulegenden Werts beschaffungsmarktorientiert vorzunehmen. Der beizulegende Wert bestimmt sich i.d.R. nach den **Wiederbeschaffungskosten** am Abschlussstichtag. Den Ausgangspunkt zu ihrer Ermittlung bilden die am Abschlussstichtag zu beobachtenden Preise. Anschaffungsnebenkosten (z.B. Transportkosten, Verpackungs- oder Abfüllkosten) sind ebenso zu berücksichtigen wie Anschaffungskostenminderungen (Skonti, Rabatte, bedingt: Boni). Kann der mindestens kostendeckende Verkauf von RHB oder deren verlustfreie anderweitige Verwertung plausibel gemacht werden, ergibt sich keine Verpflichtung einer Abschreibung auf die gesunkenen Wiederbeschaffungskosten.[301]

281 In der betrieblichen Praxis findet für RHB-Bestände häufig ein **vereinfachter Niederstwerttest** Anwendung. Hierbei wird dem Inventurwert der Vorräte der aus dem letzten Einkauf abgeleitete Beschaffungspreis gegenübergestellt und, falls dieser niedriger ist, eine Abwertung vorgenommen. Dieser Verfahrensweise liegt die Annahme zugrunde, dass der letzte Zukauf des jeweiligen Artikels die Wiederbeschaffungskosten am Abschlussstichtag approximiert. Für Bestände, bei denen der letzte Zukauf schon längere Zeit zurückliegt, kommt die Vereinfachung nicht in Betracht, da es an der erforderlichen Nähe der Preisermittlung zum Abschlussstichtag fehlt. Der vereinfachte Niederstwerttest verbietet sich außerdem, wenn

- in der Zeit zwischen dem letzten Beschaffungsvorgang und dem Abschlussstichtag ein rückläufiges Preisniveau für alle oder bestimmte RHB zu beobachten ist oder
- die zu bewertenden RHB am Markt von anderen Lieferanten günstiger bezogen werden und der letzte Einkauf aus anderen Erwägungen bei anderen Anbietern getätigt wurde (z.B. um vom Jahresbezug abhängige Rückvergütungen zu erlangen oder um nahe stehende Unt wirtschaftlich zu fördern).

> **Beispiel**
> Produktionsunt P bewertet seine RHB zum gleitenden Durchschnittspreis, der auch zur Inventurbewertung dient. Bei der Aufstellung des JA wird zum Abschlussstichtag ein Niederstwerttest für solche Artikel durchgeführt, bei denen innerhalb der letzten drei Monate vor dem Abschlussstichtag ein Zukauf erfolgt ist. Hierzu gehören u.a. Kupferbestände, die für das Unt einen bedeutenden Rohstoff darstellen.
> Zum Jahresende 01 ist der Weltmarktpreis für Kupfer signifikant gesunken. P hat hiervon bis zum Abschlussstichtag noch nicht profitieren können, da die mit dem Kupferlieferanten geschlossene Rahmenvereinbarung bis zum Jahresende einen konstanten Einkaufspreis für Kupfer vorsieht. Aufgrund einer an der Jahresbezugsmenge ausgerichteten Bonusstaffel hat P davon abgesehen, Kupfer bei anderen Lieferanten einzukaufen.
> Der vereinfachte Niederstwerttest führt für den Rohstoff Kupfer nicht zu einer zutreffenden Ermittlung des nach § 253 Abs. 4 HGB erforderlichen Abschrei-

---

[301] Vgl. IDW, FN 11/2013, S. 500.

> bungsbedarfs. P hat seine Kupferbestände auf Basis der am Abschlussstichtag am Markt feststellbaren Wiederbeschaffungskosten zu bewerten.

Für **Überbestände** von RHB, d. h. Bestände, für die das Unt selbst keine betriebliche Verwendung mehr hat, ist anstelle einer an den Wiederbeschaffungskosten ausgerichteten Niederstbewertung eine absatzmarktorientierte Bewertung vorzunehmen. Relevanter Vergleichswert zu den AHK ist der vorsichtig geschätzte Verkaufserlös (unter Berücksichtigung von Alter und Zustand der Bestände), abzgl. zu erwartender Veräußerungskosten (z. B. Transportkosten). 282

Die Wiederbeschaffungskosten können dann nicht unmittelbar als Bewertungsgrundlage übernommen werden, wenn die Bestände in ihrer Verwendungsfähigkeit eingeschränkt sind.[302] Gründe hierfür können sein: 283
- Überalterung (z. B. Ablauf des Mindesthaltbarkeitsdatums bei Lebensmitteln),
- Beschädigung (z. B. Rostansatz, Farbausbleichung),
- beschränkte technische Verwendbarkeit (z. B. wegen geänderter Produktionsverfahren oder -programme),
- wirtschaftliche Verwendungsbeschränkung (kostengünstigere oder technisch hochwertigere Substitutionsprodukte),
- rechtliche Verwendungsbeschränkung (z. B. zeitliche Beschränkung einer Lizenz zur Herstellung eines Produkts).

Zur Berücksichtigung dieser eingeschränkten Verwendungsfähigkeit sind **Gängigkeitsabschläge** vorzunehmen. Hierbei handelt es sich um pauschale Abschläge auf die AHK großer Lagerbestände. Sie tragen Bewertungsrisiken Rechnung, die sich bei einer Vielzahl unterschiedlicher Bestände nicht für jeden einzelnen VG praktikabel ermitteln lassen.[303] Derartige pauschale Abschläge bei großen Lagebeständen sind in der HB seit Langem anerkannt. Sie stellen eine zulässige Durchbrechung des Grundsatzes der Einzelbewertung (§ 252 Abs. 1 Nr. 3 HGB) dar.[304] Gängigkeitsabschläge werden zumeist anhand der Lagerumschlagshäufigkeit des jeweiligen Artikels und daraus abgeleiteter Lagerreichweiten bemessen. Nach der hier favorisierten absatzorientierten Niederstbewertung sind sie nur zulässig, soweit sie nach den Verhältnissen am Abschlussstichtag zu erwartende Verluste bei der Verwertung der Vorräte bilanziell vorwegnehmen. Erwartete Lager- und Kapitaldienstkosten gehören regelmäßig nicht dazu, da sie keinen Rückschluss auf den beizulegenden Wert der VG am Abschlussstichtag erlauben.[305] 284

Auch wenn VG des UV nicht mit ihren individuell ermittelten AHK angesetzt werden, sondern zu einem **Festwert** (§ 240 Abs. 3 HGB), einem **gewogenen Durchschnittswert** für eine Gruppe gleichartiger VG oder unter Anwendung eines der zulässigen **Verbrauchsfolgeverfahren** (§ 256 HGB, Lifo oder Fifo), sind Abschreibungen auf einen niedrigeren Börsen- oder Marktpreis bzw. beizulegenden Wert nach Abs. 4 zu prüfen. 285

Auf **Emissionsberechtigungen** gem. TEHG (Treibhausgas-Emissionshandelsgesetz) ist das strenge Niederstwertprinzip ebenfalls anzuwenden, da diese im 286

---

[302] Vgl. *Brösel/Olbrich*, in *Küting//PfitzerWeber*, HdR, HGB § 253, Rn 655, Stand 2/2012.
[303] Vgl. *Schubert/Roscher*, in Beck Bil-Komm. 9. Aufl., § 253 HGB, Rz 529.
[304] Vgl. *ADS*, 6. Aufl., § 253 HGB, Rz 518.
[305] Vgl. hierzu auch BFH, Urteil v. 24.2.1994, IV R 18/92, BStBl. 1994 II S. 514.

Vorratsvermögen auszuweisen sind.³⁰⁶ Der relevante Vergleichswert kann unmittelbar aus den Notierungen an der European Energy Exchange (EEX) in Leipzig abgeleitet werden.

287 Die Praxis erfasst die nach Abs. 4 erforderlichen Abschreibungen in der Finanzbuchhaltung häufig auf **separaten Wertberichtigungskonten** zum Vorratsvermögen. Der sich aus der Materialwirtschaft ergebende Bestandswert wird dabei – insb. bei mit der Materialbestandsführung integrierten IT-Systemen – nicht angepasst, sondern durch das separate Wertberichtigungskonto in der Überleitung auf den Bilanzausweis korrigiert.

288 Abschreibungen auf RHB sind in der nach dem GKV aufgestellten **GuV** in den „Aufwendungen für Roh-, Hilfs- und Betriebsstoffe und für bezogene Waren" (Pos. 5a des Gliederungsschemas gem. § 275 Abs. 2 HGB) auszuweisen. Nur bei ungewöhnlich hohen Wertberichtigungen kommt ein Ausweis unter den unüblichen „Abschreibungen auf VG des UV" in Betracht (Pos. 7b des Gliederungsschemas gem. § 275 Abs. 2 HGB; s. a. § 275 Rz 131). Bei Anwendung des UKV sind Abschreibungen auf Vorratsgüter generell in den Herstellungskosten des Umsatzes (Pos. 2 des Gliederungsschemas gem. § 275 Abs. 3 HGB) auszuweisen (s. § 275 Rz 227).

#### 5.2.2 Unfertige Erzeugnisse und Leistungen und Fertigerzeugnisse

289 Bei unfertigen und fertigen Erzeugnissen sowie Leistungen ist die Ermittlung eines etwaigen Abschreibungsbedarfs absatzmarktorientiert vorzunehmen. Abweichend hiervon hält die hM für Überbestände an unfertigen Erzeugnissen oder bei solchen unfertigen Erzeugnissen, die auch fremd bezogen werden können, eine beschaffungsmarktorientierte Bewertung für möglich bzw. geboten.³⁰⁷ Dem ist nicht zu folgen, da für diese VG ein (zusätzlicher) Bezug von Dritten gerade nicht in Betracht kommt.

290 Börsen- oder Marktpreise als Ausgangspunkt zur Ableitung des beizulegenden Werts existieren allenfalls für fertige Erzeugnisse. Fehlt es daran, ist der beizulegende Wert anderweitig zu bestimmen. Entsprechendes gilt für unfertige Erzeugnisse und Leistungen. Nach dem Grundsatz der verlustfreien Bewertung (Rz 280) ist der für sie erzielbare Nettoverkaufspreis vorsichtig zu schätzen. Er ermittelt sich als Differenz zwischen dem voraussichtlichen Absatzpreis des fertigen Produkts oder Erzeugnisses und den bis zur Veräußerung noch anfallenden Aufwendungen. Soweit der Nettoveräußerungspreis die bis zum Abschlussstichtag angefallenen AHK unterschreitet, ist eine Abschreibung geboten.

> **Beispiel**
> Ein Maschinenbauunt stellt Spezialmaschinen her. Am Abschlussstichtag ist ein Auftrag mit einem vereinbarten Kaufpreis von 100.000 noch nicht fertiggestellt. Die unter den unfertigen Leistungen ausgewiesenen AHK belaufen sich auf 60.000. Die Aufwendungen zur Fertigstellung der Maschine werden wie folgt geschätzt:
> • Restliche Aufwendungen zur Herstellung: 20.000

---

³⁰⁶ Vgl. IDW RS HFA 15, Tz 5, 20.
³⁰⁷ Vgl. *Schubert/Roscher*, in Beck Bil-Komm. 9. Aufl., § 253 HGB, Rz 517.

- Transport- und Installationsaufwendungen: 5.000
- Schulung des Personals beim Kunden: 10.000
- Fertigstellung der Dokumentation (Handbücher, techn. Zeichnungen etc.): 15.000

| | |
|---|---:|
| Erwarteter Verkaufserlös (unter Abzug von vereinbarten Preisnachlässen) | 100.000 |
| Abzgl. nach dem Abschlussstichtag noch anfallende Kosten | |
| Herstellungsaufwendungen | ./. 20.000 |
| Transport und Installation | ./. 5.000 |
| Schulung des Personals | ./. 10.000 |
| Dokumentation | ./. 15.000 |
| = Nettoverkaufspreis | 50.000 |
| Bis zum Abschlussstichtag angefallene AHK | ./. 60.000 |
| = Zu erwartender Verlust | ./. 10.000 |

Es ist eine außerplanmäßige Abschreibung i. H. v. 10.000 auf den mittels verlustfreier Bewertung ermittelten niedrigeren beizulegenden Wert vorzunehmen.

Nach dem Abschlussstichtag anfallende Aufwendungen sind zu **Vollkosten** anzusetzen, also inkl. Gemeinkostenzuschläge.[308] Dabei ist von einer **Normalauslastung** der Kapazität auszugehen. Eine Erhöhung des abzuschreibenden Betrags um einen Gewinnzuschlag ist unzulässig. Die Niederstwertabschreibungen sollen eingetretene Vermögensminderungen zum Ausdruck bringen und keine gewinnsichernde Bewertung gewährleisten. 291

Auch wenn nicht explizit im Gesetz angesprochen, hat die Ermittlung der nach dem Abschlussstichtag anfallenden Aufwendungen mit den **Kosten- und Preisverhältnissen bei Anfall der Aufwendungen** (Rz 46) zu erfolgen. Insoweit kann nichts anderes gelten als für die Bewertung von Drohverlustrückstellungen. Beide Rechtsinstitute – Drohverlustrückstellung und die ihr vorgehende Niederstwertabschreibung[309] – haben ihre Wurzel im Imparitätsprinzip. Dieses Prinzip erfordert im Interesse eines zutreffenden Stichtagsvermögensausweises den Vorgriff auf künftige Preisverhältnisse, wenn diese die aus der Verwertung der VG zu erwartenden Mindesteinzahlungserwartungen beeinflussen. 292

Abschreibungen auf unfertige Erzeugnisse und Leistungen bzw. Fertigerzeugnisse werden in der nach dem GKV aufgestellten **GuV** in den „Bestandsveränderungen der fertigen und unfertigen Erzeugnisse" (Pos. 2 des Gliederungsschemas gem. § 275 Abs. 2 HGB) ausgewiesen. Nur bei ungewöhnlich hohen Abwertungen kommt ein Ausweis unter den unüblichen „Abschreibungen auf VG des UV" in Betracht (Pos. 7b des Gliederungsschemas gem. § 275 Abs. 2 293

---

[308] Vgl. *Schubert/Roscher*, in Beck Bil-Komm. 9. Aufl., § 253 HGB, Rz 522; *Thiele/Prigge*, in Baetge/Kirsch/Thiele, Bilanzrecht, § 253 HGB, Rz 416; a.A. *ADS*, 6. Aufl., § 253 HGB, Rz 528, die in bestimmten Fällen nur variable Gemeinkosten einbeziehen möchten.
[309] Der Vorrang der aktivischen Abschreibung begründet sich aus Art. 12 Abs. 12 der EU-Bilanzrichtlinie vom 26.6.2013, da Rückstellungen „keine Wertberichtigungen zu Aktivposten darstellen".

HGB; s.a. § 275 Rz 131). Bei Anwendung des UKV sind die Abschreibungen in den „Herstellungskosten des Umsatzes" auszuweisen (Pos. 2 des Gliederungsschemas gem. § 275 Abs. 3 HGB; s. § 275 Rz 227).

#### 5.2.3 Handelswaren

**294** Die Ermittlung des beizulegenden Werts hat bei Handelswaren nach bislang überwiegender Auffassung sowohl beschaffungs- als auch absatzmarktorientiert zu erfolgen (**doppelte Maßgeblichkeit**, vgl. Rz 278).

> **Beispiel**
> Die Handels-AG verfügt am Abschlussstichtag über Handelswaren, die zu AK von 10.000 im Bestand geführt werden. Unter Berücksichtigung von Anschaffungsnebenkosten belaufen sich die Wiederbeschaffungskosten (beschaffungsmarktorientiert) auf 9.000. Den erwarteten Verkaufserlös (nach Abzug erwarteter Erlösschmälerungen) schätzt die Handels-AG auf 10.500. Bei einer Veräußerung fallen weitere Aufwendungen (Transportkosten) von 800 an.
> Für Zwecke der bilanziellen Bewertung zum Abschlussstichtag werden üblicherweise die folgenden Wertansätze gegenübergestellt:
> 
> |  | Buchwert | Beizulegender Wert Beschaffungsmarkt | Beizulegender Wert Absatzmarkt |
> |---|---|---|---|
> | AHK | 10.000 | | |
> | Wiederbeschaffungskosten | | 9.000 | |
> | Erwarteter Verkaufserlös | | | 10.500 |
> | Noch anfallende Aufwendungen | | | ./. 800 |
> | Niederstwerttest | 10.000 | 9.000 | 9.700 |
> 
> Nach dem Prinzip der doppelten Maßgeblichkeit ist auf den niedrigsten der drei Werte, d.h. auf 9.000, abzuschreiben, sodass eine außerplanmäßige Abschreibung i.H.v. 1.000 zu berücksichtigen ist.
> U. E. genügt bei Waren regelmäßig ein Abgleich mit dem Absatzmarkt, um etwaige Vermögensminderungen zu identifizieren. Im Beispiel reduziert sich damit die notwendige Abschreibung auf 300. Den Verhältnissen am Beschaffungsmarkt kommt keine Bedeutung zu. Unter dem Nettoverkaufswert liegende Wiederbeschaffungskosten bringen bloße Opportunitätsverluste zum Ausdruck, deren bilanzielle Erfassung durch das Imparitätsprinzip nicht gedeckt ist (s. auch Rz 282).[310]

**295** Auch bei Handelswaren kommen **Gängigkeitsabschläge** wegen eingeschränkter Verwendungsfähigkeit in Betracht. Dies betrifft z.B.
- Lebensmittel wegen Ablauf des Mindesthaltbarkeitsdatums bei einzelnen Produkten,

---

[310] Vgl. mit eingehender Begründung *Kessler*, Rückstellungen und Dauerschuldverhältnisse, Stuttgart 1992, S. 359ff.; *Kamann*, Stichtagsprinzip und zukunftsorientierte Bilanzierung, Köln 1988, S. 278ff.; glA offensichtlich *Brösel/Olbrich*, in *Küting/Pfitzer/Weber*, HdR, HGB § 253, Rn 661, Stand 2/2012.

- Modeartikel im Textileinzelhandel, die nur mit deutlichen Preisabschlägen im Rahmen von Sonderverkäufen (z.B. Sommer-/Winterschlussverkauf) veräußert werden können,[311]
- modische Schmuckkollektionen von Juwelieren.[312]

Abschreibungen auf Handelswaren werden in der nach dem GKV aufgestellten GuV in den „Aufwendungen für Roh,- Hilfs- und Betriebsstoffe und für bezogene Waren" (Pos. 5a des Gliederungsschemas gem. § 275 Abs. 2 HGB) ausgewiesen. Nur bei ungewöhnlich hohen Wertberichtigungen kommt ein Ausweis unter den unüblichen „Abschreibungen auf VG des UV in Betracht" (Pos. 7b des Gliederungsschemas gem. § 275 Abs. 2 HGB; s.a. § 275 Rz 131). Bei Anwendung des UKV sind die Abschreibungen generell in den „Herstellungskosten des Umsatzes" (Pos. 2 des Gliederungsschemas gem. § 275 Abs. 3 HGB) auszuweisen (§ 275 Rz 227).

### 5.3 Forderungen und sonstige Vermögensgegenstände

Forderungen sind nach Abs. 1 Satz 1 zu AK (§ 255 Rz 17) in der Bilanz anzusetzen. Eine Abschreibung ist im Falle eines niedrigeren beizulegenden Werts vorzunehmen. Sie kann durch die Realisation der folgenden Risiken veranlasst sein:
- **Ausfallrisiko**: Risiko einer nicht vollständigen Begleichung der Forderung wegen mangelnder Bonität des Schuldners,
- **Verzögerungsrisiko**: Risiko einer verspäteten Zahlung seitens des Schuldners ohne Kompensation durch einen Anspruch auf Zinsen,
- **Preisminderungsrisiko**: Risiko der Geltendmachung von Abschlägen aus rechtlichen Gründen (z.B. wegen mangelhafter Leistung) durch den Schuldner,
- **Währungsrisiko**: Risiko eines Wertverlusts aufgrund einer Abwertung der Währung, in der die Forderung denominiert ist (vgl. hierzu § 256a Rz 16),
- **Länderrisiko**: Risiko einer mangelnden vollständigen Durchsetzbarkeit der Forderung aus Gründen, die das Land des Schuldners betreffen.

Forderungen sind grds. mit dem Betrag anzusetzen, mit dem sie wahrscheinlich realisiert werden können.[313] Der beizulegende Wert hat alle bis zum Abschlussstichtag eingetretenen erkennbaren Risiken und Verluste zu berücksichtigen (§ 252 Abs. 1 Nr. 4 HGB): Zweifelhafte Forderungen sind mit ihrem wahrscheinlichen Wert und uneinbringliche Forderungen mit (einem Nettobetrag von) Null anzusetzen.

> **Beispiel**
> Ein Unt hat Forderungen gegen einen inländischen Kunden i.H.v. 11.900, die überfällig sind und trotz Mahnung nicht beglichen wurden. Der Kunde stellt kurz nach dem Abschlussstichtag des Unt einen Antrag auf Eröffnung des Insolvenzverfahrens. Noch vor Aufstellung des JA wurde das Insolvenzverfahren mangels Masse eingestellt.
> Auch wenn am Abschlussstichtag noch kein Antrag auf Eröffnung des Insolvenzverfahrens gestellt worden ist, muss aufgrund der stichtagsnach-

---

[311] Vgl. BFH, Urteil v. 6.11.1975, IV R 205/71, BStBl 1977 II S. 377; BFH, Urteil v. 5.6.1985, I R 65/82, BFH/NV 1986 S. 204.
[312] Vgl. BFH, Urteil v. 22.8.1968, IV R 234/67, BStBl 1968 II S. 801.
[313] Vgl. *Brösel/Olbrich*, in *Küting/Pfitzer/Weber*, HdR, HGB § 253, Rn 664, Stand 2/2012.

> gelagerten Entwicklung (spätestens) zu diesem Stichtag von der Uneinbringlichkeit der Forderung ausgegangen werden. Am Abschlussstichtag ist die Forderung daher zum beizulegenden Wert, d. h. i. H. des USt-Anteils von 1.900 zu bewerten. I. H. v. 10.000 (= Nettobetrag der Forderung) hat eine Abschreibung der Forderung zu erfolgen.
> Nach Ablehnung des Antrags auf Insolvenzeröffnung ist die Forderung vollständig auszubuchen. Für den auflebenden Anspruch auf Erstattung des abgeführten Umsatzsteueranteils ist eine eigene Forderung gegen das Finanzamt auf Rückerstattung der abgeführten USt anzusetzen.

**298** Hinsichtlich der Bewertung (formal) unverzinslicher Forderungen ist zu unterscheiden: **Darlehensforderungen** sind auch bei fehlender Verzinsung mit dem Nennwert als AK einzubuchen. Ihre Unterverzinslichkeit (im Grenzfall: Unverzinslichkeit) wirkt sich als wertmindernder Umstand auf den beizulegenden Wert aus und erfordert im UV die Vornahme einer außerplanmäßigen Abschreibung. Zur Ermittlung des Vergleichswerts zu den AK sind die künftigen Zahlungsansprüche mit einem risiko- und fristadäquaten Zinssatz auf den Bewertungsstichtag zu diskontieren.

Bei **Forderungen aus Austauschgeschäften** liegt bei einer längerfristigen Stundung der Gegenleistung ein Mehrkomponentengeschäft vor, das zu einer Aufteilung der Vergütung in das Entgelt für die Lieferung oder Leistung und ein Entgelt für die Kreditgewährung zwingt.

> **Beispiel**
> Ein Unt hat eine gebrauchte Produktionsanlage zum Preis von 10.000 verkauft. Aufgrund von Liquiditätsengpässen des Erwerbers hat der Verkäufer den Kaufpreis zwei Jahre lang unverzinslich gestundet. Der für die Laufzeit der Kreditgewährung und das Kreditrisiko angemessene Zinssatz beträgt 8 % p. a.
> Der vereinbarte Kaufpreis von 10.000 stellt ein Gesamtentgelt für die gelieferte Maschine und für die Kreditgewährung dar. Nach dem Einzelbewertungsgrundsatz ist das Entgelt auf beide Leistungen angemessen aufzuteilen. Das geschieht üblicherweise nach der Restwertmethode, indem die Vergütung für das Kreditgeschäft vom Gesamtentgelt abgespalten wird. Zu diesem Zweck ist der Betrag von 10.000 über zwei Jahre mit 8 % abzuzinsen. Das ergibt einen Barwert von 8.573. Der Differenzbetrag von 1.427 ist ratierlich über die Laufzeit des Kredits als Zinsertrag zu erfassen.
> Aus Wesentlichkeitserwägungen erscheint es vertretbar, auf eine Aufteilung des Gesamtentgelts bei Kaufpreisstundungen bis zu einem Jahr zu verzichten.

**299** Obwohl auch ein **Skonto** wirtschaftlich als Vergütung für ein längeres Zahlungsziel angesehen werden kann, ist es aus dem Zugangswert von Forderungen aus Austauschgeschäften nicht zu eliminieren. Stattdessen ist die Forderung i. H. d. nominellen Gegenleistungsanspruchs einzubuchen, während das Erlösschmälerungsrisiko als Folge des Skontoabzugs durch eine (Pauschal-)Wertberichtigung berücksichtigt wird.

In einer Entscheidung vom 12.2.2014 hat sich das FG Hamburg[314] eingehend mit der Bewertung von **Gesellschafterforderungen** befasst. Anlass dazu gab die Frage, ob der von einem MU gegenüber einem TU zur Vermeidung einer Überschuldung ausgesprochene Forderungsverzicht als verdeckte Einlage zu behandeln oder die Verbindlichkeit wegen Wertlosigkeit der Forderung gewinnerhöhend auszubuchen war. In der Entscheidung heißt es, der Teilwert einer Gesellschafterforderung beurteile sich nach drei Faktoren, nämlich

- dem Vermögensstatus des Schuldners am Bewertungsstichtag,
- der Liquiditätsprognose für den Schuldner und
- der funktionalen Bedeutung des Schuldners für den Konzernverbund.

Ist der Kreditnehmer unter Einbeziehung stiller Reserven überschuldet, beträgt der Teilwert i.d.R. null. Etwas anderes gilt, soweit die Forderung aufgrund der prognostizierten Gewinne und Cashflows künftig voraussichtlich erfüllt werden kann. Der auf diese Weise rückführbare Teil der Forderung ist durch Diskontierung der erwarteten Zahlungen mit einem marktüblichen Zinssatz für die Darlehensüberlassung zu ermitteln. Schließlich kann nach Ansicht des FG ein Rückhalt des Schuldners im Konzern (z.B. aufgrund seiner strategischen Bedeutung für das Gesamtgebilde) eine Sicherheit für den Gläubiger darstellen, die bei der Teilwertermittlung zu berücksichtigen ist.

Den Erwägungen des Gerichts ist auch für die handelsrechtliche Bewertung zu folgen. Unterschiede zwischen dem Teilwert und dem beizulegenden Wert von Forderungen sind nicht auszumachen.

Häufig wird für Gesellschafterdarlehen bei wirtschaftlicher Schwäche des darlehensempfangenden TU ein Rangrücktritt ausgesprochen. Ein Rangrücktritt ist kein Forderungserlass (§ 397 BGB), sondern bewirkt lediglich eine veränderte Rangordnung, in die die (subordinierte) Forderung des Gesellschafters aus dem Vermögen der Gesellschaft befriedigt wird.[315] Nach einem Urteil des Niedersächsischen FG[316] ist eine „Verbindlichkeit, die nur aus einem künftigen Handelsbilanzgewinn oder einem etwaigen Liquidationsüberschuss erfüllt zu werden braucht (...) zu passivieren." Bei der Formulierung von Rangrücktritten ist besondere Sorgfalt geboten, auch um eine Berücksichtigung der Verbindlichkeit in der Steuerbilanz des Darlehensnehmers trotz der steuerlichen Spezialregelung des § 5 Abs. 2a EStG zu erreichen. Das Niedersächsische FG hat in dem vorstehenden Urteil eine Berücksichtigung der Verbindlichkeit zugelassen, da in der zugrunde liegenden Rangrücktrittsvereinbarung auf den Begriff des handelsrechtlichen Bilanzgewinns abgestellt wurde, der nach Ansicht des Gerichts weiter gefasst ist, als die Begriffe „Jahresüberschuss" oder „Gewinn".

Nach dem Grundsatz der Einzelbewertung (§ 252 Abs. 1 Nr. 3 HGB) ist jede Forderungen nach ihren individuellen Merkmalen gesondert zu bewerten. Insbesondere bei großen Forderungsbeständen kommen neben Einzelwertberichtigungen häufig **pauschalierte Wertberichtigungsverfahren** zur Anwendung. Um eine Doppelerfassung von Wertminderungen auszuschließen, sind Letztere nur auf die nicht einzeln wertberichtigten Forderungen anzuwenden.[317]

---

[314] Vgl. FG Hamburg, Urteil v. 12.2.2014, 6 K 203/11.
[315] Vgl. *Oser/Wirtz*, StuB 2015, S. 5.
[316] Vgl. FG Niedersachsen, Urteil v. 12.6.2014, 6 K 324/12, EFG 2014, S. 1601.
[317] Vgl. *Schubert/Roscher*, in Beck Bil-Komm. 9. Aufl., § 253 HGB, Rz 567 ff.

303 Bei **Einzelwertberichtigungen** sind die individuellen Umstände beim Schuldner sowie der Forderung zu berücksichtigen. Dazu zählen
- mangelnde Zahlungsfähig- oder -willigkeit des Schuldners,
- Verzinslichkeit der Forderung,
- Wechselkursrisiken bei Fremdwährungen (hier sind zusätzlich die Bewertungsregeln des § 256a HGB zu berücksichtigen),
- Länderrisiken,
- Kosten der Beitreibung der Forderung (z.B. Gebühren für Rechtsanwalt oder Mahnbescheid),
- gewährte Sicherheiten (z.B. Bürgschaften, Patronatserklärungen von Dritten),
- Ausfallversicherungen.[318]

304 Die Ermittlung des beizulegenden Werts einer jeden einzelnen Forderung ist bei großen Forderungsbeständen sehr aufwendig und wird daher häufig durch Clusterbildung handhabbar gemacht. Dazu ist der Gesamtbestand in verschiedene homogene Cluster aufzuteilen, die dann jeweils insgesamt bewertet werden.[319]

> **Beispiel**
> Ein Unt hat am Abschlussstichtag einen Forderungsbestand von 14,2 Mio., der sich auf ca. 150.000 Debitoren verteilt. Zur Bemessung des Abschreibungsbedarfs orientiert sich das Unt an den nachfolgenden Mahnstufen:
> Mahnstufe 1 (M 1): Forderung seit mehr als einem Monat überfällig
> Mahnstufe 2 (M 2): Forderung seit mehr als 3 Monaten überfällig
> Mahnstufe 3 (M 3): Forderung seit mehr als 6 Monaten überfällig
> Mahnstufe 4 (M 4): Forderung vom Kunden bestritten
> Mahnstufe 5 (M 5): Forderung zur Eintreibung beim Rechtsanwalt
> Anhand der auf Erfahrungswerten beruhenden Realisationsquoten werden folgende Wertberichtigungen vorgenommen:
>
> |  | M 1 | M 2 | M 3 | M 4 | M 5 | Σ |
> | --- | --- | --- | --- | --- | --- | --- |
> | Forderung | 1.250.000 | 380.000 | 250.000 | 50.000 | 400.000 | 2.330.000 |
> | abzgl. 19 % USt | 199.580 | 60.672 | 39.916 | 7.983 | 63.866 | 372.017 |
> | Nettobetrag | 1.050.420 | 319.328 | 210.084 | 42.017 | 336.134 | 1.957.983 |
> | Ausfallgefährdet | 25 % | 50 % | 100 % | 75 % | 100 % |  |
> | Wertberichtigung | 262.605 | 159.664 | 210.084 | 31.513 | 336.134 | 1.000.000 |
>
> Für die Forderungen mit einem Bruttobetrag von 2.330.000 ergeben sich somit Wertberichtigungen i.H.v. 1.000.000. Für den nicht einzelwertberichtigten Betrag an Forderungen (14.200.000 ./. 2.330.000 = 11.870.000) ist ggf. eine Pauschalwertberichtigung vorzusehen.

305 **Pauschalwertberichtigungen** sollen vornehmlich das allgemeine Ausfall- und Kreditrisiko erfassen.[320] Basis für die Ermittlung des anzuwendenden pauschalen Abschlags sind Erfahrungen der Vergangenheit. Bewertungsrelevante Faktoren,

---

[318] Vgl. *Thiele/Prigge*, in *Baetge/Kirsch/Thiele*, Bilanzrecht, § 253 HGB, Rz 431.
[319] Vgl. *ADS*, 6. Aufl., § 253 HGB, Rz 533; *Schubert/Roscher*, in Beck Bil-Komm. 9. Aufl., § 253 HGB, Rz 572.
[320] Vgl. *Schubert/Roscher*, in Beck Bil-Komm. 9. Aufl., § 253 HGB, Rz 577.

die eine Veränderung des Prozentsatzes im nächsten Gj erwarten lassen (z. B. signifikante Zunahme der Insolvenzen in der betreffenden Branche wegen schwacher Branchenkonjunktur), sind zu berücksichtigen.

**Beispiel**
Fortführung des vorigen Beispiels.
Die nicht einzelwertberichtigten Forderungen belaufen sich auf 11.870.000.
Nach den Erfahrungen der Vergangenheit ist bei nicht einzelwertberichtigten Auslandsforderungen mit Ausfällen von durchschnittlich 5 %, bei Inlandsforderungen mit durchschnittlich 3 % zu rechnen.

|  | Inland | Ausland | Σ |
|---|---|---|---|
| Forderung | 8.211.000 | 3.659.000 | 11.870.000 |
| abzgl. 19 % USt | 1.311.000 | 0 | 1.311.000 |
| Nettobetrag | 6.900.000 | 3.659.000 | 10.559.000 |
| Uneinbringlich | 3 % | 5 % |  |
| Wertberichtigung | 207.000 | 182.950 | 389.950 |

Für die Vornahme von Einzelwertberichtigungen auf **Forderungen im Verbundbereich** gelten die dargestellten Grundsätzen sinngemäß. Pauschalwertberichtigungen kommen bei diesen nicht in Betracht. Bei der Beurteilung der Werthaltigkeit der Forderungen ist das **Gesamtengagement** beim verbundenen Unt bzw. beim Beteiligungsunt zu berücksichtigen. Daher sind in eine derartige Betrachtung ebenfalls einzubeziehen:
- Anteile an dem verbundenen Unt bzw. dem Beteiligungsunt,
- Ausleihungen an das verbundene Unt bzw. das Beteiligungsunt.

Ist eine nur teilweise Abwertung des Gesamtengagements erforderlich, werden regelmäßig – aufgrund des strengen Niederstwertprinzips – zunächst die Forderungen, sodann die Ausleihungen und schließlich der Beteiligungsbuchwert wertberichtigt. Als bewertungserhebliche Tatsachen sind ferner **Patronatserklärungen** oder **Rangrücktrittserklärungen** zu berücksichtigen.

Abschreibungen/Wertberichtigungen auf Forderungen werden in der nach dem GKV aufgestellten **GuV** in den „sonstigen betrieblichen Aufwendungen" (Pos. 8 des Gliederungsschemas gem. § 275 Abs. 2 HGB) ausgewiesen. Nur bei ungewöhnlich hohen Wertberichtigungen kommt ein Ausweis unter den unüblichen „Abschreibungen auf VG des UV" in Betracht (Pos. 7b des Gliederungsschemas gem. § 275 Abs. 2 HGB; s. a. § 275 Rz 131). Bei Anwendung des UKV werden die Abschreibungen zumeist in den „Vertriebsaufwendungen" (Pos. 4 des Gliederungsschemas gem. § 275 Abs. 3 HGB) ausgewiesen (s. § 275 Rz 251).

### 5.4 Wertpapiere des Umlaufvermögens

Bei Wertpapieren des UV wird der Abschreibungsbedarf regelmäßig aus ihrem Börsenkurs abgeleitet. Der Börsenkurs, identisch mit dem beizulegenden Zeitwert gem. § 255 Abs. 4 HGB, ist allerdings nicht der endgültig Bewertungsmaßstab, sondern bildet nur die Ausgangsgröße. Da Wertpapiere des UV regelmäßig zur Veräußerung vorgesehen sind, ist eine absatzorientierte Betrachtungsweise vorzunehmen. Folglich sind die bei einer Veräußerung anfallenden Veräußerungskosten (z. B. Bankspesen) vom Börsenkurs abzusetzen.

310 Die z. T. vertretene Ansicht, bei Wertpapieren, die zunächst noch im Unt verbleiben, sei eine beschaffungsmarktorientierte Bewertung zu Wiederbeschaffungskosten (d. h. Börsenkurs zzgl. Erwerbsnebenkosten) zulässig,[321] teilen wir nicht. Durch die Zuordnung zum UV hat der Bilanzierende seine Entscheidung dokumentiert, das Wertpapier nicht dauerhaft zu halten. An dieser Zweckbestimmung hat sich die Niederstbewertung auch dann zu orientieren, wenn sich die Veräußerung der Wertpapiere bei Aufstellung des JA noch nicht abzeichnet.

311 Sonderfragen werfen die Bewertung von **Zerobonds**,[322] **Genussrechten**,[323] des **Bondstrippings**[324] und die Bewertung von **Wertpapieren bei Versicherungsunt**[325] auf. Insoweit sei auf die Spezialliteratur verwiesen.

312 Die Ermittlung des beizulegenden Werts von im UV ausgewiesenen Anteilen an verbundenen Unt richtet sich im Fall einer Börsennotiz nach den vorstehenden Grundsätzen für andere Wertpapiere des UV. Ist kein Börsen- oder Marktpreis festzustellen, ist ihr beizulegender Wert nach den für die Bewertung dieser Anteile im AV geltenden Grundsätzen zu bestimmen (Rz 260).

### 5.5 Liquide Mittel

313 Bei der Bewertung von liquiden Mittel stellen sich außerhalb des Anwendungsbereichs von § 256a HGB (Fremdwährungsguthaben, Devisen) keine besonderen Fragen.
Soweit ein Kreditinstitut, bei dem Einlagen bestehen, in wirtschaftliche Schwierigkeiten gerät, die eine Realisierung der Bankguthaben ganz oder teilweise fraglich erscheinen lassen, ist eine Bewertung nach den für Forderungen des UV dargestellten Grundsätzen (Rz 300) vorzunehmen. Etwaige Erstattungsansprüche gegen Einlagensicherungsfonds sind wie Ausfallversicherungen bei Forderungen verlustkompensierend zu berücksichtigen.

## 6 Wertaufholung (Abs. 5)

### 6.1 Wertaufholungsgebot (Abs. 5 Satz 1)

314 Abs. 5 Satz 1 der Vorschrift enthält ein umfassendes Wertaufholungsgebot für außerplanmäßig abgeschriebene VG des AV (Abs. 3) bzw. des UV (Abs. 4), soweit der Grund für die Abschreibung nachträglich entfallen ist.

315 Eine Wertaufholung setzt den Wegfall des Grunds für eine vormalige außerplanmäßige Abschreibung voraus. Folglich muss der wirtschaftliche Eigentümer der VG in der Vergangenheit eine solche Abschreibung vorgenommen haben.

---

[321] Vgl. *ADS*, 6. Aufl., § 253 HGB, Rz 502; *Schubert/Roscher*, in Beck Bil-Komm. 9. Aufl., § 253 HGB, Rz 609.
[322] Vgl. IDW, St/HFA 1/1986, Abschn. 3.
[323] Vgl. IDW, St/HFA 1/1994, Abschn. 3.
[324] Vgl. IDW RH BFA 1.001.
[325] Vgl. IDW RS VFA 1.

> **Beispiel**
> Die M-GmbH hält 100 % der Anteile an der T-GmbH. Im JA zum 31.12.01 der T-GmbH wird ein Wertpapier des AV wegen voraussichtlich dauernder Wertminderung außerplanmäßig abgeschrieben. Die AK des Wertpapiers belaufen sich auf 100, die zum 31.12.01 vorgenommene Abschreibung auf 30, der Buchwert zum 31.12.01 mithin auf 70.
> Mit Wirkung zum 1.1.02 wird die T-GmbH auf die M-GmbH verschmolzen. Die Verschmelzung erfolgt zu Buchwerten, sodass nach § 24 UmwG bei der M-GmbH der Buchwert der Wertpapiere von 70 als AK gilt.
> Zum 31.12.02 hat sich der Kurs des Wertpapiers nachhaltig erholt. Der Börsenkurs beläuft sich auf 130. Eine Wertaufholung nach § 253 Abs. 5 HGB kommt bei der M-GmbH nicht in Betracht, da sie das Wertpapier zu AK i. S. v. § 253 Abs. 1 HGB von 70 ausweist.

Der Grund für eine vorgenommene Abschreibung braucht nicht vollständig weggefallen zu sein, um das Wertaufholungsgebot auszulösen; eine teilweise Werterholung reicht aus. **316**

> **Beispiel**
> Ein Unt hat zum 31.12.01 ein Wertpapier des UV mit AK i. H. v. 2.000 auf den aus dem Börsenkurs abgeleiteten beizulegenden Wert von 350 abgeschrieben. Zum 31.12.02 ergibt sich ein aus dem Börsenkurs abgeleiteter beizulegender Wert i. H. v. 1.850.
> Auch wenn der Grund für die außerplanmäßige Abschreibung nicht vollständig weggefallen ist, hat die Wertaufholung **insoweit** zu erfolgen, als sich der Wert erholt hat.

Für die Beibehaltung des niedrigeren beizulegenden Werts reicht es aus, wenn am Abschlussstichtag ein Wertminderungsgrund besteht. Dies braucht **nicht derselbe Grund** zu sein, der zur Vornahme der außerplanmäßigen Abschreibung berechtigte. Umgekehrt ist eine Zuschreibung immer dann vorzunehmen, wenn der beizulegende Wert eines außerplanmäßig abgeschriebenen VG zu einem späteren Abschlussstichtag wieder angestiegen ist. Auf den Grund für den Wertzuwachs kommt es nicht an. **317**

> **Beispiel**
> In der Bilanz zum 31.12.01 des Unt wird eine Forderung gegen einen Auslandskunden auf den niedrigeren beizulegenden Wert nach § 253 Abs. 4 HGB abgeschrieben. Die Wertminderung hat ihren Grund in der Abwertung der Auslandswährung. Sie wurde unter Berücksichtigung der Vorschriften zur Währungsumrechnung nach § 256a HGB ermittelt.
> Am 31.12.02 ist infolge eines erneuten Anstiegs des Wechselkurses der Fremdwährung der Grund für die letztjährige Abschreibung weggefallen. Allerdings ist nunmehr der beizulegende Wert der Forderung wegen Zahlungsschwierigkeiten des Kunden gemindert, und zwar zu 100 %.

> Auch wenn der Grund für die Abschreibung weggefallen ist, hat keine Wertaufholung zu erfolgen. Vielmehr ist eine zusätzliche Abschreibung nach Abs. 4 auf den beizulegenden Wert, in diesem Falle null, vorzunehmen.

318 Bei VG, die planmäßig abgeschrieben werden, ist bei der Ermittlung eines etwaigen Zuschreibungsbedarfs nicht auf den letzten Buchwert vor Durchführung der außerplanmäßigen Abschreibung abzustellen. Vielmehr begrenzen die auf den Abschlussstichtag **fortgeführten AHK** ohne Berücksichtigung der außerplanmäßigen Abschreibung das Zuschreibungspotenzial.

> **Beispiel**
> Das Unt bilanziert im SAV eine zum 1.1.01 erworbene Bestandsimmobilie (Gebäude) mit AK von 1,0 Mio.. Die planmäßige Abschreibung erfolgt linear über 25 Jahre (4 % p.a.). Zum 31.12.03 ist wegen einer Asbestbelastung eine außerplanmäßige Abschreibung auf den niedrigeren beizulegenden Wert von 440.000 vorgenommen worden. Nach der Beseitigung der Umweltlast im Gj 05 ist der Grund für die außerplanmäßige Abschreibung weggefallen. Folgende Übersicht verdeutlicht die Bewertung des Gebäudes im Betrachtungszeitraum einschl. der Ermittlung des Zuschreibungsbetrags:
>
> | Jahr | planmäßige Abschreibung | außerplanmäßige Abschreibung | Zuschreibung | Buchwert lt. Bilanz | fortgeführte AHK |
> |---|---|---|---|---|---|
> | 01 | 40.000 | | | 960.000 | 960.000 |
> | 02 | 40.000 | | | 920.000 | 920.000 |
> | 03 | 40.000 | 440.000 | | 440.000 | 880.000 |
> | 04 | 20.000 | | | 420.000 | 840.000 |
> | 05 | 20.000 | | 400.000 | 800.000 | 800.000 |
> | 06 | 40.000 | | | 760.00 | 760.000 |
>
> Im Jahr 04 ist die planmäßige Abschreibung aufgrund der zum 31.12.03 vorgenommenen außerplanmäßigen Abschreibung anzupassen. Eine lineare Verteilung des Restbuchwerts von 440.000 über die Restnutzungsdauer von 22 Jahren ergibt eine Abschreibung von 20.000 p.a. Die Zuschreibung im Jahr 05 ist auf die fortgeführte AHK von 800.000 begrenzt. Sie beträgt damit 400.000.

## 6.2 Zuschreibungsverbot für den Geschäfts- oder Firmenwert (Abs. 5 Satz 2)

319 Der GoF ist gem. § 246 Abs. 1 Satz 4 HGB als ein zeitlich begrenzt nutzbarer VG zu behandeln. Daher bestünde nach der allgemeinen Regelung des § 253 Abs. 5 Satz 1 HGB bei Wegfall des Grunds für eine außerplanmäßige Abschreibung eine Pflicht zur Wertaufholung auf die fortgeführten AHK.

320 Diese Rechtsfolge ist vom Gesetzgeber nicht gewünscht, weshalb er für den GoF ein explizites Zuschreibungsverbot vorgesehen hat. Zwar kann sich der beizulegende Wert eines GoF nach einer vormaligen außerplanmäßigen Abschreibung wieder erholen. Eine entsprechende Zuschreibung könnte im Ergebnis allerdings

zumindest teilweise zur Aktivierung eines originären GoF führen, für den ein explizites Ansatzverbot besteht (§ 246 Rz 89).

## 7 Änderungen durch das BilRUG

Durch die Umsetzung der EU-Richtlinie 2013/34/EU in deutsches Recht, werden mit dem Inkrafttreten des BilRUG in § 253 nach Abs. 3 Satz 2 folgende Sätze angefügt: „Kann in Ausnahmefällen die voraussichtliche Nutzungsdauer eines immateriellen Vermögensgegenstands des Anlagevermögens nicht verlässlich geschätzt werden, sind planmäßige Abschreibungen auf die Herstellungskosten über einen Zeitraum von zehn Jahren vorzunehmen. Satz 3 findet auf einen entgeltlich erworbenen Geschäfts- oder Firmenwert entsprechende Anwendung."[326] Diesem Wortlaut ist zu entnehmen, dass der Gesetzgeber üblicherweise von einer Schätzbarkeit der individuellen betrieblichen Nutzungsdauer sowohl von selbsterstellten immateriellen VG des AV als auch von entgeltlich erworbenen GoF ausgeht[327] und die typisierte Abschreibung über zehn Jahre daher nur ausnahmsweise für erforderlich erachtet.[328] Die Frage, wie die Nutzungsdauer ermittelt werden soll bzw. wann eine Schätzung gerade nicht mehr zuverlässig ist und die Typisierung gerechtfertigt sein soll, thematisiert das BilRUG nicht.

321

Neu sind diese praktischen **Probleme**, welche bei der **Ermittlung der individuellen betrieblichen Nutzungsdauer** auftreten, zumindest für den **derivativen GoF** jedoch nicht. Sie bestanden so bereits schon vor Inkrafttreten des BilMoG, als der GoF alternativ zu einer typisierten Abschreibung auch planmäßig über die Gj der voraussichtlichen Nutzung abgeschrieben werden konnte. Zur Unterstützung der Schätzung wurde vielfach auf die Beispiele des DRS 4 zurückgegriffen (s. dazu Rz 203). Da sich ein GoF i.d.R. aber aus einer Vielzahl verschiedener Faktoren zusammensetzt,[329] ist die Schätzung seiner betriebsindividuellen Nutzungsdauer regelmäßig mit großen Unsicherheiten behaftet[330] und hängt ganz wesentlich von den Einschätzungen des bilanzierenden Kfm. ab.[331] Mit einer entsprechenden Argumentation wird es in einem konkreten Fall grds. immer möglich sein sowohl die Bestimmbarkeit als auch die Nichtbestimmbarkeit der Nutzungsdauer zu begründen und künftig somit typisiert über zehn Jahre abzuschreiben oder auch nicht.[332] Vor dem Hintergrund dieser Unsicherheiten könnte aus Gründen der Objektivierung, aber auch unter Wirtschaftlichkeitsaspekten, sogar eine grundsätzliche Typisierung der Abschreibung eines entgeltlich erworbenen GoF sinnvoll sein,[333] was i. W. einer Rückkehr zur Gesetzeslage vor BilMoG entspräche.

322

---

[326] BT-Drs. 18/5256, S. 6.
[327] Vgl. *Mujkanovic*, StuB 2014, S. 753 und 754.
[328] Vgl. BT-Drs. 18/5256 in der Begründung der Beschlussempfehlung, S. 82.
[329] Vgl. *Mujkanovic*, StuB 2014, S. 753.
[330] In der Literatur wird vielfach unterstellt, dass die Festlegung der Nutzungsdauer eher willkürlich sein wird. So z.B. *Brösel/Olbrich*, HdR, HGB § 253, Rn. 520, Stand 11/2012 oder *Mujkanovic*, StuB 2010, S. 171. Kritisch dazu *Petersen/Zwirner/Boecker*, StuB 2011, S. 404.
[331] Vgl. *Freiberg*, PiR 2014, S. 279.
[332] Vgl. *Theile*, BBK 2014, S. 826. Zustimmend auch *Haaker*, StuB 2015, S. 12.
[333] So auch *Haaker*, PiR 2014, S. 278 und *Mujkanovic*, StuB 2014, S. 753.

323 Die im BilRUG festgesetzte Nutzungsdauer von zehn Jahren für die typisierte Abschreibung des GoF, wenn die Nutzungsdauer nicht verlässlich schätzbar ist, wird in der Literatur unter Berücksichtigung des Vorsichtsgedankens z. T. als zu lang kritisiert.[334] Auch der Gesetzgeber ist sich des daraus resultierenden Risikos einer außerplanmäßigen Abschreibung bewusst, akzeptiert es aber mit dem Verweis darauf, dass es sich um begrenzte Ausnahmefälle handelt und zudem auch europäische Nachbarländer sich für diesen zeitlichen Rahmen entschieden haben.[335] Wie bereits in Rz 322 betont, wird die Schätzung der betriebsindividuellen Nutzungsdauer eines GoF stets stark ermessensbehaftet sein. Daher ist nach der hier vertretenen Auffassung eine Abschreibung über einen Zeitraum von zehn Jahren nicht zu beanstanden. Der deutsche Gesetzgeber hat damit zwar das obere Ende der in Art. 12 Abs. 11 EU-Richtlinie 2013/34/EU vorgesehenen Bandbreite von fünf bis zehn Jahren ausgewählt, bleibt aber sowohl deutlich unter der in DRS 4.31. vorgeschlagenen Obergrenze von 20 Jahren als auch unter der steuerlich angesetzten Nutzungsdauer von 15 Jahren.[336]

324 Obwohl für einen entgeltlich erworbenen GoF stets eine eigenständige unabhängige Überprüfung seiner Nutzungsdauer vorzunehmen ist,[337] dürfte aus o.g. Gründen zu erwarten sein, dass mit Inkrafttreten des BilRUG vermehrt eine typisierte Abschreibung über einen Zeitraum von zehn Jahren erfolgen wird.[338] Gemäß der durch das BilRUG anstehenden Änderung des § 285 Nr. 13 HGB[339] bedarf es aber auf jeden Fall einer Erläuterung des Zeitraums, über den ein GoF abgeschrieben wird. Dies kann ggf. auch der Hinweis auf eine fehlende Schätzbarkeit und somit der Zeitraum von zehn Jahren sein.[340]

325 Ähnlich wie bei einem GoF ist auch die vermutete Nutzungsdauer von **selbsterstellten immateriellen VG des AV**, deren Nutzungsdauer nicht offensichtlich vertraglich oder gesetzlich bestimmt ist, oft stark von den Einschätzungen des Bilanzierenden geprägt, auch wenn es sicherlich im Vergleich zu einem GoF einfacher sein mag die Nutzungsdauer eines einzelnen VG zu bestimmen. Dennoch werden sich auch hier immer gute Gründe finden lassen, die Bestimmbarkeit einer Nutzungsdauer zu be- oder zu widerlegen. Gleiches gilt für den gesetzlich vorgesehenen typisierten Abschreibungszeitraum von zehn Jahren, so dass auch hier unter Objektivierungs- und Wirtschaftlichkeitsaspekten der Zehn-Jahres-Zeitraum durchaus befürwortet werden kann (s. hierzu analog die Argumentation für den GoF, Rz 324 und 325).

Allgemein ist es unter Vorsichtsaspekten bei selbsterstellten immateriellen VG des AV sehr zu befürworten, von einer begrenzten Nutzungsdauer auszugehen,

---

[334] Vgl. *Haaker*, PiR 2014, S. 278 und *Mujkanovic*, StuB 2014, S. 754.
[335] Vgl. BT-Drs. 18/5256 in der Begründung der Beschlussempfehlung, S. 82.
[336] Vgl. § 7 Abs. 1 Satz 3 EStG.
[337] Vgl. u. a. *Schubert/Roscher/Andrejewski*, in Beck Bil-Komm. 9. Aufl., § 253 HGB, Rz 672; *Brösel/Olbrich*, HdR, HGB 253, Rn 519, Stand 11/2012; *Petersen/Zwirner/Boecker*, StuB 2011, S. 400; *Wiechers*, BBK 2011, S. 737.
[338] So auch *Theile*, BBK 2015, S. 134/135.
[339] Vgl. BT-Drs. 18/5256, S. 16.
[340] So auch *Theile*, BBK 2015, S. 135.

wenn diese weder gesetzlich noch vertraglich bestimmt ist. Bereits seit der Einführung des Aktivierungswahlrechtes selbsterstellter immaterieller VG durch das BilMoG findet diese Annahme in der Literatur breite Zustimmung.[341] Die entsprechende Verankerung im Gesetz, die nunmehr durch das BilRUG erfolgt, ist daher sehr zu begrüßen und sollte auch für zeitlich unbefristete Rechte (z.B. Wegerechte) Anwendung finden.[342] Obwohl mit dieser typisierten Abschreibung über zehn Jahre nicht die Möglichkeit einher geht, handelsrechtlich stets von einer Überprüfung der Nutzungsdauer abzusehen, dürfte wie bei dem entgeltlich erworbenen GoF zu erwarten sein, dass zahlreiche Unt eine Abschreibung über einen Zeitraum von zehn Jahren vornehmen werden.[343]

Inwieweit die Neuregelung des BilRUG für selbsterstellte immaterielle VG des AV von größerer praktischer Bedeutung sein wird, bleibt jedoch abzuwarten, da deutsche Unt bislang von diesem Aktivierungswahlrecht insgesamt eher verhalten Gebrauch gemacht haben.[344]

---

[341] Vgl. *ADS*, 6. Aufl., § 253 HGB, Rz 356; *Schubert/Kreher/Roscher/Andrejewski*, in Beck Bil-Komm. 9. Aufl., § 253 HGB, Rz 385, die konkret von einem überschaubaren Zeitraum von maximal zehn Jahren ausgehen; *Küting/Pfirmann/Ellmann*, KoR 2008, S. 694. Zustimmend auch *Kessler*, in *Kessler/Leinen/Strickmann*, BilMoG 2010, S. 242.
[342] A. A. DRSC: in E-DRS 32 Tz. 105. Dort ist vorgesehen, dass immaterielle VG des AV nicht abgeschrieben werden dürfen, wenn deren Nutzung zeitlich unbegrenzt ist.
[343] So auch *Theile*, BBK 2015, S. 135.
[344] Vgl. *Mujaknovic*, StuB 2014, S. 753, Fußnoten 5–9, wo er auf verschiedene Firmenauswertungen Bezug nimmt.

## § 254 BILDUNG VON BEWERTUNGSEINHEITEN

[1]Werden Vermögensgegenstände, Schulden, schwebende Geschäfte oder mit hoher Wahrscheinlichkeit erwartete Transaktionen zum Ausgleich gegenläufiger Wertänderungen oder Zahlungsströme aus dem Eintritt vergleichbarer Risiken mit Finanzinstrumenten zusammengefasst (Bewertungseinheit), sind § 249 Abs. 1, § 252 Abs. 1 Nr. 3 und 4, § 253 Abs. 1 Satz 1 und § 256a in dem Umfang und für den Zeitraum nicht anzuwenden, in dem die gegenläufigen Wertänderungen oder Zahlungsströme sich ausgleichen. [2]Als Finanzinstrumente im Sinn des Satzes 1 gelten auch Termingeschäfte über den Erwerb oder die Veräußerung von Waren.

Dr. Jochen Cassel, CVA/Prof. Dr. Harald Kessler, CVA

### Inhaltsübersicht

| | Rz |
|---|---|
| 1 Überblick | 1–6 |
|   1.1 Regelungszweck und Inhalt | 1–3 |
|   1.2 Anwendungsbereich | 4 |
|   1.3 Normenzusammenhänge | 5–6 |
| 2 Die Bilanzierung von Bewertungseinheiten | 7–39 |
|   2.1 Pflicht oder Wahlrecht zur Bildung von Bewertungseinheiten? | 7 |
|   2.2 Zulässige Bewertungseinheiten | 8–9 |
|   2.3 Anforderungen an die Bildung von Bewertungseinheiten | 10–39 |
|     2.3.1 Grundsatz | 10 |
|     2.3.2 Absicherungsfähige Grundgeschäfte | 11–17 |
|     2.3.3 Geeignete Sicherungsinstrumente | 18–26 |
|     2.3.4 Wirksamkeit der Sicherungsbeziehung | 27–34 |
|       2.3.4.1 Prospektive Effektivität | 28–32 |
|       2.3.4.2 Retrospektive Effektivität | 33–34 |
|     2.3.5 Dokumentation | 35–39 |
| 3 Rechtsfolgen der Bildung von Bewertungseinheiten | 40–53 |
|   3.1 Identifizierung von Wertänderungen | 41–42 |
|   3.2 Einfrierungsmethode versus Durchbuchungsmethode | 43–46 |
|   3.3 Abwicklung gesicherter Beschaffungs- und Absatzgeschäfte | 47–49 |
|   3.4 Beendigung einer Sicherungsbeziehung | 50–53 |
| 4 Abschließende Fallbeispiele zur Bildung von Bewertungseinheiten | 54 |

### Ergänzendes Schrifttum

*Arbeitskreis „Externe Unternehmensrechnung" der Schmalenbach-Gesellschaft*, Bilanzierung von Finanzinstrumenten im Währungs- und Zinsbereich auf der Grundlage des HGB, DB 1997, S. 637; *Bieg/Kußmaul/Petersen/Waschbusch/Zwirner*, Bilanzrechtsmodernisierungsgesetz 2009; *Bischof*, Makrohedges in Bankbilanzen nach GoB und IFRS, 2006; *DSR*, Stellungnahme zum Referentenentwurf eines Gesetzes zur Modernisierung des Bilanzrechts (Bilanzrechtsmodernisierungsgesetz – BilMoG) v. 8.11.2007, abrufbar unter: http://www.drsc.de/docs/press_releases/080121_SN_BilMoG_FV.pdf, Stand Oktober 2014 und unter http://www.drsc.de/docs/press_releases/080121_SN_BilMoG_FV.pdf; *Gelhausen/Fey/Kämpfer*, Rechnungslegung und Prüfung nach dem BilMoG, Düsseldorf 2009; *Groh*, Zur Bilanzierung von Fremdwährungsgeschäften, DB 1986, S. 869; *IDW*, Stellungnahme zur Rechnungslegung: Handelsrechtliche Bilanzierung von Optionsgeschäften bei Instituten (IDW RS BFA 6), FN-IDW 10/2011, S. 656; *Jessen/Haaker*, Zur Fair Value-Bewertung im „modernisierten" Handelsbilanzrecht – Ein Plädoyer für einen hinreichenden Gläubigerschutz, DStR 2009, S. 499; *Kopatschek/Struffert/Wolfgarten*, Bilanzielle Abbildung von Bewertungseinheiten nach BilMoG, KoR 2010, S. 328; *Küting/Cassel*, Bilanzierung von Bewertungseinheiten nach dem Entwurf des BilMoG, KoR 2008, S. 769; *Löw*, Verlustfreie Bewertung antizipativer Sicherungsgeschäfte nach HGB, WPg 2004, S. 1109; *Löw/Scharpf/Weigel*, Auswirkungen des Regierungsentwurfs zur Modernisierung des Bilanzrechts auf die Bilanzierung von Finanzinstrumenten, WPg 2008, S. 1011; *Müller/Ergün*, Bewertungseinheiten nach HGB – Kritische Würdigung der Offenlegungsanforderungen vor dem Hintergrund aktueller empirischer Erkenntnisse, DStR 2012, S. 1401; *Oser/Hahn/Breitweg/Eisenhardt/Kuhn*, Bewertungseinheiten in der Bilanzierungspraxis mittelständischer Konzerne – Eine empirische Untersuchung von BDI/EY/DHBW, StuB 2012, S. 91; *Patek*, Bewertungseinheiten nach dem Regierungsentwurf des Bilanzrechtsmodernisierungsgesetzes, S. 524; *Rimmelspacher/Fey*, Handelsrechtliche Bilanzierung antizipativer Bewertungseinheiten, WPg 2011, S. 805; *Rimmelspacher/Fey*, Beendigung von Bewertungseinheiten im handelsrechtlichen Jahresabschluss, WPg 2013, S. 994; *Scharpf*, Bilanzierung von Bewertungseinheiten in der fünften Jahreszeit, DB 2012, S. 357; *Scharpf*, Hedge Accounting nach IAS 39, KoR 2004, Beilage 11/2004, S. 3; *Scharpf/Schaber*, Bilanzierung von Bewertungseinheiten nach § 254 HGB-E (BilMoG), KoR 2008, S. 532; *Schmidt*, Bewertungseinheiten nach dem BilMoG, BB 2009, S. 882; *Velte/Haaker*, Bewertungseinheiten bei kompensatorischen Risikoabsicherungsbeziehungen in der Handels- und Steuerbilanz, StuW 2013, S. 182; *Wiechens/Helke*, Die Bilanzierung von Finanzinstrumenten nach dem Regierungsentwurf BilMoG, DB 2008, S. 1333.; *Wulf*, Bilanzierung von Bewertungseinheiten nach § 254 HGB unter Berücksichtigung des IDW RS HFA 35, DStZ 2012, S. 534

# 1 Überblick

## 1.1 Regelungszweck und Inhalt

Zahlreiche Geschäfte, die Unt eingehen, sind mit **Risiken** behaftet. Zu diesen Risiken rechnen insb. Währungsrisiken, Zinsänderungsrisiken und andere Marktpreisrisiken. Nahezu alle Risiken können **abgesichert** werden. So lässt sich etwa das Wertminderungsrisiko einer Fremdwährungsforderung durch ein Devisentermingeschäft oder das Risiko höherer Zinszahlungen aus einer variabel verzinslichen Finanzierung durch einen *Payer-Zinsswap* reduzieren oder ausschließen. Die bilanzielle Darstellung derartiger Sicherungsbeziehungen nach den allgemeinen GoB ignoriert die Risikokompensation. Das liegt in erster Linie

1

am Einzelbewertungsgrundsatz. Er erzwingt die isolierte Anwendung von Realisations- und Imparitätsprinzip auf die einzelnen Bestandteile einer Sicherungsbeziehung, was in vielen Fällen zum Ausweis fiktiver Verluste führt.

> **Beispiel**
> U hat Waren zum Preis von 1 Mio. USD in die USA geliefert. Der Kaufpreis ist in 15 Monaten fällig. Im Zeitpunkt der Forderungseinbuchung (30.11.01) belief sich der Wechselkurs auf 1 EUR = 1 USD. Um sich gegen das Risiko eines schwächer werdenden US-Dollars abzusichern, hat U am 31.12.01 1 Mio. USD per Termin 1.4.03 verkauft. Am 31.12.01 notiert der US-Dollar bei
>
> - Fall 1:     1 EUR = 1,25 USD
> - Fall 2:     1 EUR = 0,80 USD
>
> Zinseffekte bleiben unberücksichtigt.
> **Fall 1:**
> 30.11.01: Die Forderung ist mit ihren AK von 1 Mio. EUR einzubuchen.
> 31.12.01: Die Forderung weist nur noch einen Gegenwert von 0,8 Mio. EUR auf (1 Mio. USD/1,25 EUR/USD).
> Das Devisentermingeschäft ist demgegenüber um 0,2 Mio. EUR wertvoller geworden (Verkauf von 1 Mio. USD zum Preis von 1 Mio. EUR bei einem Marktpreis von 0,8 Mio. EUR).
> Nach den allgemeinen GoB ist
> - die Forderung um 0,2 Mio. EUR abzuwerten (Imparitätsprinzip).
> - die Wertsteigerung des Devisentermingeschäfts bilanziell unbeachtlich (Realisationsprinzip).
>
> **Fall 2:**
> 30.11.01: Die Forderung ist mit ihren AK von 1 Mio. EUR einzubuchen.
> 31.12.01: Die Forderung ist im Wert auf 1,25 Mio. EUR angestiegen (1 Mio. USD/0,8 EUR/USD).
> Das Devisentermingeschäft weist einen negativen Marktwert von 0,25 Mio. EUR auf (Verkauf von 1 Mio. USD zum Preis von 1 Mio. EUR bei einem Marktpreis von 1,25 Mio. EUR).
> Nach den allgemeinen GoB ist
> - für das Devisentermingeschäft eine Drohverlustrückstellung zu bilden (Imparitätsprinzip).
> - der Wertanstieg der Forderung um 0,25 Mio. EUR bilanziell unbeachtlich (Realisationsprinzip).
>
> In beiden Fällen werden fiktive Verluste ausgewiesen, die nicht eintreten werden. Verhindern lässt sich dieses Ergebnis, indem Forderung und Devisentermingeschäft zu einer Bewertungseinheit zusammengefasst werden. Die Regelung in § 254 HGB bildet die Grundlagen dafür.
> Bilanziell kann der Verlustausweis auf zwei Wegen vermieden werden:
> **Einfrierungsmethode:**
> Der unrealisierte Verlust aus einer Komponente wird mit dem unrealisierten Gewinn aus der anderen Komponente der Bewertungseinheit verrechnet.
> In beiden Fällen ist die Forderung zum 31.12.01 mit 1 Mio. EUR zu bewerten; das Devisentermingeschäft bleibt unbilanziert.

> **Durchbuchungsmethode:**
> Die sich aus der Absicherung gegenüberstehenden unrealisierten Gewinne und Verluste werden ausgewiesen.
> Fall 1: Ansatz der Forderung mit 0,8 Mio. EUR; Aktivierung des Devisentermingeschäfts mit 0,2 Mio. EUR.
> Fall 2: Ansatz der Forderung mit 1,25 Mio. EUR; Ansatz einer Drohverlustrückstellung für das Devisentermingeschäft von 0,25 Mio. EUR.
> Die Durchbuchungsmethode wird jedoch nicht in allen Fällen als zulässig angesehen (vgl. Rz 45 f.).

Die in § 254 HGB zugelassene Bildung von Bewertungseinheiten begegnet diesem konzeptionellen Mangel der handelsbilanziellen Vermögensermittlungskonzeption, indem sie den Einzelbewertungsgrundsatz einschränkt und eine Zusammenfassung risikobehafteter Grundgeschäfte mit geeigneten Sicherungsinstrumenten zu einer **Bewertungseinheit** erlaubt. Inwieweit das abgesicherte Risiko eine bilanzielle Vorsorge erfordert, ist durch Anwendung des Realisations- und Imparitätsprinzips auf die Bewertungseinheit insgesamt zu entscheiden. Soweit sich gegenläufige Wertentwicklungen bei den Grundgeschäften und Sicherungsinstrumenten ausgleichen, werden diese in Abkehr vom Einzelbewertungsgrundsatz auch bilanziell verrechnet. Auf diese Weise vermeidet die Anwendung des § 254 HGB den Ausweis nur theoretisch denkbarer Verluste.

§ 254 HGB regelt sowohl die Tatbestandsvoraussetzungen als auch die Rechtsfolgen einer Bildung von Bewertungseinheiten nur rudimentär. Sie bleibt daher in vielen Punkten auslegungsbedürftig. Eine wesentliche Erkenntnisquelle zur Beantwortung der Auslegungsfragen bildet die **Praxis** vor Verabschiedung des § 254 HGB durch das BilMoG. Sie sollte durch die Regelung abgesichert werden.[1] Mit seiner Stellungnahme „Handelsrechtliche Bilanzierung von Bewertungseinheiten (IDW RS HFA 35)" hat das IDW die Auffassung des Berufsstands der WP zur bilanziellen Abbildung von Sicherungsbeziehungen publik gemacht und Erläuterungen zur Anwendung der Vorschrift gegeben. Im Hinblick auf die zulässigen Grundgeschäfte und Sicherungsinstrumente orientiert sich § 254 HGB zudem teilweise an den Bestimmungen des IAS 39 zum *Hedge Accounting*. Sie können ebenfalls zur Klärung offener Fragen herangezogen werden, soweit der Wortlaut des § 254 HGB und sein Regelungszweck dem nicht entgegenstehen.

Sind die Voraussetzungen zur Bildung einer Bewertungseinheit erfüllt, treten die in § 254 Satz 1 HGB festgehaltenen **Rechtsfolgen** ein. Unter Einschränkung des Einzelbewertungsgrundsatzes sowie des Realisations-, Imparitäts- und Anschaffungskostenprinzips verzichtet § 254 HGB dann auf den Ausweis der nur theoretisch denkbaren Verluste. Diese Abbildungsweise von Sicherungsbeziehungen als eine Bewertungseinheit wurde bereits vor Einführung des BilMoG gefordert und propagiert.[2]

Mit Blick auf § 5 Abs. 1a Satz 2 EStG hat der Gesetzgeber mit § 254 HGB eine Regelungslücke beseitigt. Die steuerliche Norm hat bereits vor Verabschiedung

---

[1] Vgl. BilMoG-BgrRegE, S. 57.
[2] Vgl. *Scharpf*, in *Küting/Pfitzer/Weber*, HdR, Stand 2/2012, HGB § 254, Rn 1; *Velte/Haaker*, StuW 2013, S. 182 ff., jeweils mwN.

des BilMoG auf die in der handelsrechtlichen Rechnungslegung zur Absicherung finanzwirtschaftlicher Risiken gebildeten Bewertungseinheiten Bezug genommen, ohne dass die Abbildung von Bewertungseinheiten bisher im HGB kodifiziert war.[3]

### 1.2 Anwendungsbereich

4 Als Teil des ersten Abschnitts des Dritten Buchs des HGB gilt § 254 HGB für **alle bilanzierenden Kaufleute**. Die Vorschrift war erstmals auf JA für Gj anzuwenden, die nach dem 31.12.2009 beginnen. Zur Erstanwendung und zu den Übergangsvorschriften s. Kommentierung zur 2. Aufl.

### 1.3 Normenzusammenhänge

5 Unt ist es gestattet, risikobehaftete Grundgeschäfte und zugehörige Sicherungsgeschäfte für bilanzielle Zwecke als Einheit zu behandeln, soweit sich die gegenläufigen Wertänderungen ausgleichen. Diese dem wirtschaftlichen Gehalt einer Sicherungsbeziehung Rechnung tragende Bilanzierung erfordert es, bestimmte handelsrechtliche Bewertungsgrundsätze einzuschränken. Dazu zählen das **Realisations- und das Imparitätsprinzip** (§ 252 Abs. 1 Nr. 4 HGB), das **Anschaffungskostenprinzip** (§ 253 Abs. 1 HGB) sowie die Vorschriften zur **Umrechnung** von Fremdwährungsgeschäften (§ 256a HGB). Soweit sich die gegenläufigen Wertänderungen ausgleichend gegenüberstehen, sind Grund- und Sicherungsgeschäft(e) als Einheit zu betrachten. Der **Einzelbewertungsgrundsatz** (§ 252 Abs. 1 Nr. 3 HGB) kommt nicht zur Anwendung. Abwertungen einzelner Komponenten der Bewertungseinheit sowie Drohverlustrückstellungen scheiden insoweit aus.

6 Die sich kompensierenden Wertänderungen von Grundgeschäft und Sicherungsinstrument können unter bestimmten Voraussetzungen brutto gezeigt (Durchbuchungsmethode) oder verrechnet werden (Einfrierungsmethode). Im letzten Fall kommt es zur Einschränkung des **Verrechnungsverbots** (§ 246 Abs. 2 HGB), wenn der Ansatz einer Drohverlustrückstellung für eine Komponente der Bewertungseinheit unterbleibt oder auf den Ausweis der sich ausgleichenden Erträge und Aufwendungen in der GuV verzichtet wird. § 285 Nr. 23 HGB sieht bei der Bildung von Bewertungseinheiten für KapG und KapCoG zusätzliche **Angaben** im Anhang vor. Zu berichten ist über Art und Umfang der gebildeten Bewertungseinheiten, Art und Höhe der abgesicherten Risiken und die Wirksamkeit der Sicherungsbeziehung. Zusätzlich zu erläutern sind Bewertungseinheiten für mit hoher Wahrscheinlichkeit erwartete künftige Transaktionen (näher hierzu unter § 285 Rz 149 ff.).

## 2 Die Bilanzierung von Bewertungseinheiten

### 2.1 Pflicht oder Wahlrecht zur Bildung von Bewertungseinheiten?

7 Die an eine Bewertungseinheit geknüpften Rechtsfolgen treten ein, falls „Vermögensgegenstände, Schulden, schwebende Geschäfte oder mit hoher Wahr-

---

[3] Vgl. BilMoG-BgrRegE, S. 57 f.

scheinlichkeit erwartete Transaktionen zum Ausgleich gegenläufiger Wertänderungen oder Zahlungsströme aus dem Eintritt vergleichbarer Risiken mit Finanzinstrumenten zusammengefasst" (§ 254 Satz 1 HGB) werden. Der Gesetzeswortlaut lässt offen, ob eine vom Kfm. aus betriebswirtschaftlichen Gründen vorgenommene Risikoabsicherung dazu verpflichtet, die betreffenden Grund- und Sicherungsgeschäfte unter den in § 254 HGB genannten Voraussetzungen zu einer Bewertungseinheit zusammenzufassen und nach den für sie geltenden Vorschriften im JA abzubilden.[4]

Die Frage wird in der Literatur unterschiedlich beantwortet. Nach Ansicht von *Gelhausen/Fey/Kämpfer* begründet § 254 HGB ein faktisches Bewertungswahlrecht, „da ein Unternehmen in seiner Entscheidung frei ist, eine derartige Widmung für bilanzielle Zwecke („werden ... zusammengefasst") vorzunehmen".[5] Die Autoren trennen also die ökonomische Entscheidung zur Risikoabsicherung von der Entscheidung, den Geschäftsvorfall auch für bilanzielle Zwecke zusammenzufassen. § 254 Satz 1 HGB fokussiert in ihren Augen lediglich die Rechtsfolgen, die sich an eine Designation für bilanzielle Zwecke anschließen. Konsequenterweise gilt das Bewertungswahlrecht für sie auch in denjenigen Fällen, „in denen es anhand der Umstände des Einzelfalls nahezu ausgeschlossen erscheint, dass der Erwerb eines Finanzinstruments zu anderen als zu den Sicherungszwecken erfolgt".[6] Dieser Meinung hat sich das IDW in RS HFA 35 angeschlossen. Nach Ansicht des HFA knüpft § 254 Satz 1 HGB die Bildung einer Bewertungseinheit an „eine bewusste Entscheidung des Bilanzierenden." Da der Grundsatz der sachlichen Bewertungsstetigkeit keine Anwendung finde, könne diese Entscheidung „auch im Falle gleichartiger Sachverhalte jeweils unterschiedlich getroffen werden". Unabhängig davon empfiehlt der HFA „die Bildung von Bewertungseinheiten in Übereinstimmung mit dem praktizierten Risikomanagement."[7]

Im Gegensatz dazu sieht *Scharpf* eine Pflicht zur Bildung handelsrechtlicher Bewertungseinheiten, wenn die Risikoabsicherung mit Grund- und Sicherungsgeschäft betrieben wird: Seiner Ansicht nach knüpfen die in § 254 Satz 1 HGB enthaltenen Rechtsfolgen automatisch an die ökonomische Entscheidung der Risikoabsicherung an, falls die Voraussetzungen zur Bildung einer Bewertungseinheit gegeben sind.[8] „Bei einer gewollten, wirtschaftlich sinnvollen und von einem sachverständigen Dritten zweifelsfrei erkennbaren Sicherungsbeziehung (können) allein durch eine bewusste Nichtdokumentation die Rechtsfolgen des § 254 Satz 1 HGB nicht (willkürlich) vermieden werden. Dies würde dem Postulat der willkürfreien Bildung und Bilanzierung von Bewertungseinheiten widersprechen".[9]

---

4 *Herzig* erkennt im Wortlaut der Vorschrift ein faktisches Bewertungswahlrecht des Bilanzierenden. Er lässt aber offen, ob eine Auslegung der Vorschrift seiner Wortlautdeutung folgen sollte; vgl. *Herzig*, DB 2008, S. 1344.
5 *Gelhausen/Fey/Kämpfer*, Rechnungslegung und Prüfung nach dem BilMoG, 2009, Abschnitt H, Rn 86; so auch *Hoffmann/Lüdenbach*, NWB Kommentar Bilanzierung, 6. Aufl. 2015, § 254, Rn 11 f.
6 *Gelhausen/Fey/Kämpfer*, Rechnungslegung und Prüfung nach dem BilMoG, 2009, Abschnitt H, Rn 187.
7 IDW RS HFA 35, Rn 12 (alle Zitate). Zu einer empirischen Auswertung der Bilanzierungspraxis zur (Nicht-)Bildung von Bewertungseinheiten in nicht-kapitalmarktorientierten mittelständischen Konzernen s. *Oser* u. a., StuB 2012, S. 93.
8 Vgl. *Scharpf*, in *Küting/Pfitzer/Weber*, HdR, Stand 2/2012, HGB § 254, Rn 19 f.; *Scharpf*, DB 2012, S. 357 f. Ein Wahlrecht ebenfalls ablehnend *Velte/Haaker*, StuW 2013, S. 194.
9 *Scharpf*, in *Küting/Pfitzer/Weber*, HdR, Stand 2/2012, HGB § 254, Rn 26.

Die Auslegung von § 254 Satz 1 HGB muss den mit der Regelung verfolgten Sinn und Zweck respektieren. In der RegBegr ist zu lesen: „Die Neufassung des § 254 HGB beruht auf Artikel 2 Abs. 5 Satz 3 der Bilanzrichtlinie. Danach können die Mitgliedstaaten Ausnahmeregelungen festlegen, wenn die Anwendung einer Vorschrift der Bilanzrichtlinie dazu führt, dass der Jahresabschluss ein den tatsächlichen Verhältnissen entsprechendes Bild der Vermögens-, Finanz- und Ertragslage des Unternehmens nicht vermittelt. Mit § 254 HGB wird die Darstellung der Vermögens-, Finanz- und Ertragslage stärker als bisher und in Abweichung von dem in Artikel 31 Abs. 1 Buchst. e der Bilanzrichtlinie (Grundsatz der Einzelbewertung) an den tatsächlichen (wirtschaftlichen) Verhältnissen eines Unternehmens orientiert".[10] Der in diesem Zitat zum Ausdruck kommende Sinn und Zweck der Vorschrift legt es nahe, Grund- und Sicherungsgeschäfte, die die Anforderungen von § 254 HGB erfüllen, zu einer Bewertungseinheit zusammenzufassen. Ein Bewertungswahlrecht würde das gesetzliche Anliegen eines besseren Einblicks in die VFE-Lage des Unt konterkarieren.

## 2.2 Zulässige Bewertungseinheiten

8   Als grds. zulässig erachtet der Gesetzgeber alle in der Praxis bekannten Formen von Bewertungseinheiten, also *Micro-Hedges*, *Portfolio-Hedges* und *Macro-Hedges*.[11] Insbesondere die Unterscheidung zwischen *Portfolio-* und *Macro-Hedge* ist in der Praxis nicht immer eindeutig.

Bei einem **Micro-Hedge** steht dem aus einem einzelnen Grundgeschäft resultierenden Risiko ein individuelles Sicherungsinstrument unmittelbar gegenüber (1 : 1-Beziehung).

Der **Portfolio-Hedge** sichert die Risiken mehrerer gleichartiger Grundgeschäfte durch ein oder mehrere Sicherungsinstrument(e) ab (m : n-Beziehung). Er setze eine Homogenität der Risiken der im Portfolio zusammengefassten Grundgeschäfte voraus.[12] Die Forderung nach einem ähnlichen Risikoprofil aller in einem *Portfolio-Hedge* zusammengefassten Grundgeschäfte macht einen Homogenitätstest erforderlich: Die auf das abgesicherte Risiko zurückgehende erwartete Änderung des beizulegenden Zeitwerts jedes einzelnen Postens muss in etwa der auf das gesicherte Risiko zurückzuführenden Änderung des beizulegenden Zeitwerts des Portfolios entsprechen.[13] Der Homogenitätstest ist nach einer zu IAS 39 entwickelten Auslegung bspw. dann als erfüllt anzusehen, wenn bei einer auf das abgesicherte Risiko zurückgehenden Zeitwertänderung des Portfolios von 10 % die Wertänderungen der einzelnen Posten sich in einer Bandbreite von 9 % bis 11 % bewegen.[14] Die Absicherung eines Aktienportfolios mithilfe eines Indexderivats ist damit nach den handelsrechtlichen Abbildungsregeln für Bewertungseinheiten i.d.R. unzulässig: Die einzelnen Aktien weisen im Allgemei-

---

10  BilMoG-BgrRegE, S. 59.
11  Vgl. BilMoG-BgrRegE, S. 58; *Bieg/Kußmaul/Petersen/Waschbusch/Zwirner*, Bilanzrechtsmodernisierungsgesetz, 2009, S. 68 f.; *Kopatschek/Struffert/Wolfgarten*, KoR 2010, S. 272 f.
12  Vgl. *Hoffmann/Lüdenbach*, NWB Kommentar Bilanzierung, 6. Aufl. 2015, § 254, Rn 43.
13  In IAS 39.83 heißt es: „Des Weiteren muss zu erwarten sein, dass die dem abgesicherten Risiko der einzelnen Posten der Gruppe zuzurechnende Änderung des beizulegenden Zeitwerts zu der dem abgesicherten Risiko der gesamten Gruppe zuzurechnenden Änderung des beizulegenden Zeitwerts in etwa in einem proportionalen Verhältnis steht."
14  Vgl. IDW RS HFA 9, Rn 313.

nen kein den Anforderungen entsprechendes Risikoprofil auf. Sie scheiden damit als Grundgeschäfte aus.[15] Die Absicherung mehrerer Beschaffungsgeschäfte auf Fremdwährungsbasis gegen Wechselkursrisiken oder die Absicherung mehrerer variabel verzinslicher Kredite gegen steigende Zinsen sind dagegen denkbare Beispiele für das *Portfolio-Hedging*.[16]

> **Beispiel**
> U hat bei fünf Banken variabel verzinsliche Darlehen aufgenommen. Um sich gegen einen Anstieg der kurzfristigen Zinsen abzusichern, hat er einen *Payer-Zinsswap* i. H. des Nominalvolumens aller Kredite erworben.
> Ein *Payer-Zinsswap* verpflichtet den Inhaber zur Zahlung fester Zinsen auf einen festgelegten Nennbetrag, die andere Partei zur Leistung variabler Zinsen auf den Nennbetrag. Abgesichert werden soll ein Portfolio gleichartiger Verbindlichkeiten. Gleichartigkeit setzt im Wesentlichen übereinstimmende Ausstattungsmerkmale der Verbindlichkeiten voraus. Relevant sind solche Ausstattungsmerkmale, die sich auf das abgesicherte Risiko beziehen. Das sind im Fallbeispiel folgende Merkmale:
> - Währung
> - Restlaufzeiten
> - Referenzzinssätze (z. B. 3-Monats-Euribor)
> 
> Sind die fünf Darlehen in Bezug auf diese Punkte gleichartig, können sie mit dem *Payer-Zinsswap* zu einem *Portfolio-Hedge* zusammengefasst werden.

Die Bildung von **Macro-Hedges** dient der Absicherung einer risikohomogenen Nettoposition aus einer Mehrzahl sich teilweise kompensierender Grundgeschäfte durch ein oder mehrere Sicherungsinstrumente. Unter den Begriff „*Macro-Hedges*" ist bspw. die Steuerung von Nettozinsrisiken mehrerer Wertpapierportfolien zu fassen. Eine Abgrenzung vom *Portfolio-Hedge* dürfte „in der Praxis nicht immer zweifelsfrei möglich sein".[17]

*Löw/Scharpf/Weigel* schlagen daher eine „semantisch schlüssige Lösung"[18] für die Abgrenzung der einzelnen Arten von Sicherungsbeziehungen vor: Ein **Portfolio-Hedge** soll danach anzunehmen sein, „wenn die Nettorisikoposition eines Portfolios **unterschiedlicher** Grundgeschäfte, bis hin zur Einbeziehung von Aktiva und Passiva, abgesichert wird".[19] Die Absicherung mehrerer gleichartiger Grundgeschäfte gegen ein spezifisches Risiko wollen sie unter den Begriff „**Macro-Hedge**" subsumieren.[20] Mit Blick auf die im Zuge des Gesetzgebungs-

9

---

15 Vgl. auch IAS 39.IGf.2.20.
16 Vgl. auch *Arbeitskreis Externe Unternehmensrechnung der Schmalenbach-Gesellschaft*, DB 1997, S. 638.
17 *Scharpf*, in *Küting/Pfitzer/Weber*, Das neue deutsche Bilanzrecht, 2. Aufl., 2009, S. 204. Die übliche „Gesamtbanksteuerung" des allgemeinen Zinsrisikos von Banken (sog. Aktiv-/Passivsteuerung) will *Scharpf* nicht unter die so definierten Begrifflichkeiten eines *Macro-* oder *Portfolio-Hedges* subsumiert wissen. Es handele sich um eine bankentypische „Bilanzierungskonvention", „bei der das Bankbuch keiner zinsbedingten Einzelbewertung unterzogen wird und in der Folge auch die zur Zinssteuerung des Bankbuchs eingesetzten Derivate keiner Einzelbewertung unterliegen" (*Scharpf*, in *Küting/Pfitzer/Weber*, Das neue deutsche Bilanzrecht, 2. Aufl., 2009, S. 205, beide Zitate).
18 *Löw/Scharpf/Weigel*, WPg 2008, S. 1017 (im Original ohne Hervorhebung).
19 *Löw/Scharpf/Weigel*, WPg 2008, S. 1017.
20 Vgl. *Löw/Scharpf/Weigel*, WPg 2008, S. 1017.

verfahrens veröffentlichte Begründung des Rechtsausschusses dürfte es schwerfallen, eine wie auch immer bezeichnete Absicherung von Gruppen von Grundgeschäften, die unterschiedlichen Risiken ausgesetzt sind, überhaupt noch zu rechtfertigen. In den Augen des Gesetzgebers sollen nur „eindeutig ermittelbare einzelne Risiken"[21] absicherungsfähig sein. Andernfalls könnten die gegenläufigen Wertänderungen oder Zahlungsströme nicht verlässlich gemessen werden. Nur wenn der Bewertungseinheit „vergleichbare Risiken" zugrunde lägen, könne verhindert werden, dass für sich nur zufällig ausgleichende Wertänderungen Bewertungseinheiten gebildet würden.[22] Durch diese Klarstellung sind der vormals gängigen **Portfolio-Bewertung** bei Kreditinstituten Grenzen gesetzt. Sind die Grundgeschäfte unterschiedlichen Risiken ausgesetzt, können sie nicht mehr in einem *Portfolio-Hedge* zusammengefasst werden.[23]

Auf die Formen von Bewertungseinheiten wird im Folgenden noch zurückzukommen sein. Sie nehmen bspw. Einfluss auf die Abgrenzung von Grundgeschäft und Sicherungsinstrument. Die bei den genannten Bewertungseinheiten variierende Komplexität hat den Gesetzgeber bewogen, die gesetzlichen Anforderungen an die Effektivitätsmessung in Abhängigkeit von der Art der Bewertungseinheit auszugestalten.

## 2.3 Anforderungen an die Bildung von Bewertungseinheiten

### 2.3.1 Grundsatz

10  Die Bildung einer Bewertungseinheit ist an eine **Risikoabsicherung** gebunden, mithin muss ein „objektiver Absicherungsbedarf bestehen".[24] Im Bildungszeitpunkt muss der bilanzierende Kfm. die Absicht verfolgen, die Bewertungseinheit so lange aufrechtzuerhalten, bis sie ihren Zweck erfüllt hat (**Durchhalteabsicht**).[25] Gleichwohl erlaubt der Gesetzgeber die vorzeitige Beendigung der Bewertungseinheit aus plausiblen wirtschaftlichen Gründen. Die Bildung von Bewertungseinheiten darf damit allein der Risikoabsicherung und nicht der Steuerung des Jahresergebnisses dienen.[26] Rein **bilanzpolitisch** motivierten Gestaltungen sollen zum einen die speziellen Anforderungen entgegenwirken, die der Gesetzgeber an das abzusichernde Grundgeschäft, das Sicherungsinstrument und die Effektivität der Sicherungsbeziehung stellt,[27] sowie zum anderen die Dokumentationsanforderungen.

### 2.3.2 Absicherungsfähige Grundgeschäfte

11  Als absicherungsfähige Grundgeschäfte kommen nach § 254 Satz 1 HGB
- VG,
- Schulden,

---

21 BilMoG-BgrRA, S. 112.
22 Vgl. BilMoG-BgrRA, S. 112.
23 Vgl. hierzu *Cassel*, in *Kessler/Leinen/Strickmann*, Handbuch BilMoG, 2. Aufl., 2010, S. 526 f.; zur Kritik an der gängigen Praxis vgl. auch *Jessen/Haaker*, DStR 2009, S. 499 ff.
24 *Scharpf*, in *Küting/Pfitzer/Weber*, Das neue deutsche Bilanzrecht, 2. Aufl., 2009, S. 207.
25 So auch *Arbeitskreis Externe Unternehmensrechnung der Schmalenbach-Gesellschaft*, DB 1997, S. 639.
26 Vgl. BilMoG-BgrRegE, S. 59.
27 Vgl. hierzu auch *Küting/Cassel*, KoR 2008, S. 770 f.

- schwebende Geschäfte und
- mit hoher Wahrscheinlichkeit erwartete Transaktionen

in Betracht, sofern diese Posten oder Transaktionen risikobehaftet sind. Das abgesicherte Grundgeschäft kann im Zuge einer *Hedge*-Beziehung auch wechseln. So verhält es sich bspw. bei Warenbeschaffungsgeschäften in Fremdwährung, die gegen das Fremdwährungsrisiko abgesichert werden. Während der Sicherungsbeziehung kann das Grundgeschäft von einem schwebenden Geschäft oder einer mit hoher Wahrscheinlichkeit erwarteten Transaktion zu einer (auch bilanzierten) Schuld wechseln.

Vermögensgegenstände, Schulden, schwebende Geschäfte und mit hoher Wahrscheinlichkeit vorgesehene Transaktionen, die **kein absicherungsfähiges Risiko** in sich tragen, können nicht Grundgeschäft einer Bewertungseinheit sein.[28] Allein schon aufgrund der fehlenden Vermögensgegenstandseigenschaft qualifiziert sich der originäre GoF ebenfalls nicht als Grundgeschäft einer Bewertungseinheit.[29]

Als **absicherungsfähige Risiken** kommen sowohl Wertänderungsrisiken (*Fair Value*-Risiko) als auch Zahlungsstromrisiken (*Cashflow*-Risiko) in Betracht.[30] Das Wertänderungsrisiko bezeichnet das Risiko einer für den Bilanzierenden nachteiligen Änderung des beizulegenden Zeitwerts eines Grundgeschäfts in einem bestimmten Zeitraum. Das Zahlungsstromrisiko beschreibt das Risiko einer nachteiligen Veränderung der aus dem Grundgeschäft erwarteten Zahlungsströme.

> **Beispiel**
> U hat eine Forderung aus L&L i. H. v. 4 Mio. USD durch ein Devisentermingeschäft (Verkauf von 4 Mio. USD per Fälligkeit der Forderung) gegen währungsbedingte Wertschwankungen abgesichert.
> Abgesichert wird der beizulegende Zeitwert eines einzelnen VG (Forderung aus L&L). Die Absicherung betrifft das währungsbedingte Wertänderungsrisiko (*Micro-Hedge* als **fair value hedge**). Wird der Fokus auf die Absicherung der künftigen Einzahlungen aus der Forderung gegen währungsbedingte Schwankungen gelegt, kann die Bewertungseinheit als **cashflow hedge** interpretiert werden.

Zu den Risiken, denen ein Grundgeschäft ausgesetzt sein kann, zählen u. a. Folgende:[31]
- **Zinsänderungsrisiken**: Sie betreffen sowohl festverzinsliche als auch variabel verzinsliche, als Grundgeschäft designierte Finanzinstrumente. Bei festverzinslichen Anleihen handelt es sich um ein Wertänderungsrisiko, bei variabel verzinslichen Anleihen um ein Zahlungsstromrisiko.
- **Währungsrisiken**: Der Wert eines Grundgeschäfts oder Zahlungsstroms aus einem Grundgeschäft kann durch eine Wechselkursänderung sinken. Typische, einem Währungsrisiko ausgesetzte Grundgeschäfte sind Fremdwäh-

---

28 Vgl. BilMoG-BgrRegE, S. 58.
29 Vgl. *Gelhausen/Fey/Kämpfer*, Rechnungslegung und Prüfung nach dem BilMoG, 2009, Abschnitt H, Rn 14.
30 Vgl. IDW RS HFA 35, Rn 21.
31 Zum Folgenden vgl. *Gelhausen/Fey/Kämpfer*, Rechnungslegung und Prüfung nach dem BilMoG, 2009, Abschnitt H, Rn 34; *Hoffmann/Lüdenbach*, NWB-Kommentar Bilanzierung, 6. Aufl. 2015, § 254, Rn 41.

rungsforderungen, Fremdwährungsverbindlichkeiten und schwebende Absatz- oder Beschaffungsgeschäfte, die in einer Fremdwährung erfüllt werden oder zu erfüllen sind.
- **Ausfall- oder Adressenrisiken:** Das Risiko, dass ein Schuldner den vertraglich geschuldeten Zahlungen nicht vollständig oder nicht fristgerecht nachkommen wird. Darunter fällt insb. das bonitätsbedingte Wertänderungsrisiko einer Forderung.
- **Preisänderungsrisiken:** Solche Risiken treten typischerweise in Form von Warenpreisrisiken oder Aktienkursrisiken in Erscheinung.

Das Gesetz zieht den **Kreis der absicherungsfähigen Grundgeschäfte bewusst weit.** Dem Gesetzgeber ist daran gelegen, die bereits ausgeübte Bilanzierungspraxis nicht zu beschneiden. Insbesondere die in der Praxis übliche Absicherung antizipativer Grundgeschäfte soll auch weiterhin möglich sein. So können nach der RegBegr. zum BilMoG auch Risiken aus dem künftigen Bezug von RHB in einer Bewertungseinheit abgesichert werden, wenn die Transaktion hochwahrscheinlich ist.[32]

12   Für **erwartete Transaktionen** (antizipative Grundgeschäfte)[33] muss eine hohe Wahrscheinlichkeit für den tatsächlichen Abschluss des Rechtsgeschäfts bestehen, er muss mithin „so gut wie sicher"[34] sein. Davon ist auszugehen, wenn dem Abschluss „allenfalls noch außergewöhnliche Umstände entgegenstehen, die außerhalb des Einflussbereichs des Unternehmens liegen".[35] Das Vorliegen dieser Voraussetzung ist anhand nachprüfbarer Fakten darzulegen; bloße Absichtserklärungen reichen nicht aus. Aktuelle Business-Pläne können die Absehbarkeit einer geplanten künftigen Transaktion untermauern.[36] Die Beurteilung der Verlässlichkeit von Business-Plänen hat sich u. a. auf folgende Indikatoren zu stützen:[37]
- prozentualer Anteil von in der Vergangenheit designierten antizipativen Grundgeschäften, bei denen der tatsächliche Erwerb in der Folge aber nicht stattgefunden hat (Plan-Ist-Analyse);[38]
- Art des designierten Grundgeschäfts; routinemäßigen Transaktionen, die im Zuge des normalen Liefer- und Leistungsverkehrs des Unt getätigt werden sollen, ist eine höhere Wahrscheinlichkeit zuzusprechen als einmaligen Transaktionen;[39]
- finanzielle Situation des Unt; sie kann Aufschluss darüber geben, ob für die erwartete Transaktion überhaupt genügend finanzielle Mittel zur Verfügung stehen;

---

[32] Vgl. BilMoG-BgrRegE, S. 58.
[33] Zu empirischen Erhebungen von Bewertungseinheiten mit antizipativen Grundgeschäften in der Bilanzierungspraxis s. *Mueller/Ergün*, DStR 2012, S. 1404 ff.; *Oser* u. a., StuB 2012, S. 93 f.
[34] BilMoG-BgrRegE, S. 58.
[35] BilMoG-BgrRegE, S. 58; IDW RS HFA 35, Rn 32. Nach Auffassung von *Rimmelspacher/Fey* muss das Zustandekommen des antizipierten Grundgeschäfts nicht außerhalb des Einflussbereichs des Unt liegen; vgl. *Rimmelspacher/Fey*, WPg 2011, S. 807.
[36] Vgl. *Hoffmann/Lüdenbach*, NWB-Kommentar Bilanzierung, 6. Aufl. 2015, § 254, Rn 18 f.
[37] Vgl. auch IDW RS HFA 35, Rn 60 f.
[38] Vgl. BilMoG-BgrRegE, S. 58. So auch schon *Groh*, DB 1986, S. 874. Die IFRS halten in IAS 39.IG.F.3.7 weitere Beispiele vor, die eine erwartete Transaktion untermauern können; vgl. hierzu auch *Hoffmann/Lüdenbach/Freiberg*, in *Lüdenbach/Hoffmann/Freiberg*, Haufe IFRS-Kommentar, 13. Aufl. 2015, § 28a, Rn 24. Weitere Indikatoren, die der AP seiner ex ante-Beurteilung zugrunde legen kann, finden sich bei *Löw*, WPg 2004, S. 1121.
[39] Zu den folgenden Punkten vgl. *Gelhausen/Fey/Kämpfer*, Rechnungslegung und Prüfung nach dem BilMoG, 2009, Abschnitt H, Rn 20. Vgl. auch *Rimmelspacher/Fey*, WPg 2011, S. 807.

- Möglichkeit zur Alternativ-Investition; diese ist nicht gegeben, wenn es sich um zwingend erforderliche Produktionsfaktoren handelt;
- Volumen der erwarteten Transaktion; ein „Sicherheitsabschlag" vom eigentlich beabsichtigten Gesamtvolumen erhöht die Transaktionswahrscheinlichkeit für die tatsächlich designierte Menge an erwarteten Grundgeschäften, das beugt einer Übersicherung und damit einer ineffektiven Sicherungsbeziehung vor;[40]
- der bis zur geplanten Transaktion verbleibende Zeitraum; je weiter die erwartete Transaktion in der Zukunft liegt, desto größer ist das Risiko;
- Stand der Vertragsverhandlung bei bedeutenden Transaktionen.

§ 254 HGB erlaubt nur die Absicherung „**vergleichbarer Risiken**". Die in Bewertungseinheiten zusammengefassten Grund- und Sicherungsgeschäfte müssen – mit umgekehrten Vorzeichen – einem ähnlichen Risiko ausgesetzt sein. Ob die abzusichernden Risiken vergleichbar sind, kann mithilfe von Korrelationsanalysen nachgewiesen werden.[41] Absicherungsfähig sind nur eindeutig identifizierbare Einzelrisiken.[42] In der Begründung des Rechtsausschusses sind beispielhaft Zins-, Währungs-, Ausfall- oder Preisrisiken aufgeführt. Die Absicherung mehrerer Risiken innerhalb einer Sicherungsbeziehung ist ausgeschlossen. Nur die gegenläufigen Wertänderungen von Einzelrisiken sind einer verlässlichen Messung zugänglich. So kann aber bspw. das Fremdwährungsrisiko mehrerer Beschaffungsgeschäfte mithilfe eines Termingeschäfts abgesichert werden. Sich lediglich zufällig ausgleichende Wertänderungen mehrerer unterschiedlicher Risiken rechtfertigen die Bildung einer Bewertungseinheit nicht. 13

Die einem Grundgeschäft anhaftenden Einzelrisiken können vollständig oder teilweise abgesichert werden. Die Bildung einer Bewertungseinheit für eine Teilabsicherung setzt die separate Identifizierbarkeit der abzusichernden Risikokomponente voraus. Zudem müssen sich die gegenläufigen Wert- bzw. Zahlungsstromänderungen fristenkongruent ausgleichen bzw. der Abschluss von Anschlussgeschäften muss beabsichtigt und möglich sein. 14

Eine **qualitative Teilabsicherung** von Grundgeschäften liegt vor, wenn von mehreren identifizierbaren Risiken nur einzelne abgesichert werden. 15

> **Beispiel**
> U hat überschüssige liquide Mittel vorübergehend in einem variabel verzinslichen Wertpapier angelegt, das eine amerikanische Bank emittiert hat. Das Wertpapier lautet auf US Dollar. Die anhaltende Diskussion um die Verschuldung der USA und die von der Euro-Krise ausgehenden Gefahren für die Finanzwelt rücken die Risiken des Investments in den Fokus von U.
> Das Investment von U weist drei Risiken auf: Währungsrisiko, Zinsrisiko und Bonitätsrisiko.
> Jedes einzelne Risiko kann isoliert abgesichert werden:
> - Absicherung nur gegen das Währungsrisiko:
>   - Verkauf des Fremdwährungsbetrags per Termin (Fälligkeit des Wertpapiers)
>   - Kauf einer Devisenverkaufsoption

---

[40] Das schlägt auch das IDW vor; vgl. IDW RS HFA 35, Rn 60.
[41] Vgl. *Scharpf*, in *Küting/Pfitzer/Weber*, Das neue deutsche Bilanzrecht, 2. Aufl. 2009, S. 206.
[42] Vgl. auch IAS 39.AG110.

- Absicherung nur gegen das Zinsrisiko: Kauf eines *Receiver-Zinsswaps* (Zahlung variabler Zinsen, Erhalt fester Zinsen)
- Absicherung gegen das Bonitätsrisiko: Kauf eines **Credit Default Swap**
  - Sicherungsnehmer: Zahlung einer einmaligen Prämie bei Abschluss und laufender Prämie während der Laufzeit des Instruments
  - Sicherungsgeber: Zahlung eines Ausgleichs bei Eintritt eines im Vertrag definierten Ausfalls des Kreditnehmers

Das Inflationsrisiko stellt regelmäßig kein separat identifizierbares Risiko dar. Für die Absicherung einer Beschaffung von Rohstoffen gegen einen preissteigerungsbedingten Anstieg der Rohstoffpreise kommt daher die Bildung einer Bewertungseinheit nicht in Betracht. Bilanziell darstellbar ist dagegen eine Sicherungsbeziehung, mit der das Risiko eines auf alle denkbaren Ursachen zurückzuführenden Anstiegs der Rohstoffpreise ausgeschlossen werden soll. Wird das Inflationsrisiko in einem Vertrag formelmäßig bestimmt, kann es ausnahmsweise identifizierbar und (im bilanziellen Sinne) absicherbar sein. Als schwierig kann sich in diesem Fall mit Blick auf die geforderte Wirksamkeit der Sicherungsbeziehung allerdings die Wahl eines geeigneten Sicherungsinstruments erweisen.

16 Erstreckt sich die Sicherungsbeziehung nur auf einen bestimmten Teil der Laufzeit eines Grundgeschäfts, liegt eine **zeitliche Teilabsicherung** vor.

> **Beispiel**
> U hat ein variabel verzinsliches Darlehen i. H. v. 5 Mio. EUR mit einer Laufzeit von 10 Jahren aufgenommen. Da U kurzfristig steigende Zinsen erwartet, hat er einen *Payer-Zinsswap* mit einem Nominalbetrag von 5 Mio. EUR und einer Laufzeit von 3 Jahren erworben.[43]
> U kann sich gegen das Risiko einer steigenden Zinsbelastung aus der Darlehensverbindlichkeit für die kommenden 3 Jahre absichern. Dazu werden das Darlehen als Grundgeschäft (variabel verzinsliches Darlehen) und als abgesichertes Risiko das Zinsänderungsrisiko bezogen auf den Nominalbetrag innerhalb der kommenden 3 Jahre designiert.
> Ob U nach Ablauf von 3 Jahren eine Anschlusssicherung vornimmt, steht ihm frei. Der mit der Sicherungsbeziehung angestrebte Sicherungszweck (Absicherung gegen das Zinsänderungsrisiko innerhalb der kommenden 3 Jahre) wird im Beispiel vollständig erreicht.

17 Als dritte Möglichkeit einer Teilabsicherung von Grundgeschäften kommt die Absicherung eines bestimmten prozentualen Anteils eines Grundgeschäfts in Betracht (**quantitative Teilabsicherung**).

> **Beispiel**
> Energieversorger E kauft während der Wintermonate Energie in der Schweiz ein, um den höheren Grundlastbedarf zu decken. Im Durchschnitt der letzten 3 Jahre lag das Importvolumen für die ersten 3 Monate des Folgejahrs bei

---

[43] Vgl. auch *Schmidt*, BB 2009, S. 884; *Hoffmann/Lüdenbach*, NWB-Kommentar Bilanzierung, 6. Aufl. 2015, § 254, Rn 22.

> 500 Mio. SFR. In einem strengen Winter steigt das Volumen bis auf 700 Mio. SFR an. In Jahren mit eher milden Temperaturen belief sich das importierte Stromvolumen auf ca. 400 Mio. SFR.
> Entsprechend der Vorhersage der Meteorologen plant E für das erste Quartal des kommenden Jahres ein Importvolumen von 500 Mio. SFR. E beabsichtigt, sich gegen das Währungsrisiko aus den geplanten Stromgeschäften abzusichern. Ein Devisenterminkauf über 700 Mio. SFR kann nicht als Sicherungsinstrument designiert werden, da ein Transaktionsvolumen in dieser Höhe nicht hochwahrscheinlich ist. Das Transaktionsvolumen wird nur bei einem strengen Winter erwartet. Das Nichteintreten eines strengen Winters liegt zwar außerhalb der Einflusssphäre des Unt, ist aber kein außergewöhnliches Ereignis. Fraglich ist, ob das im Durchschnitt erwartete Transaktionsvolumen von 500 Mio. SFR abgesichert werden kann, da auch dieses nur wahrscheinlich, aber nicht hochwahrscheinlich ist. Falls nur eine Absicherung des Währungsrisikos für das kommende Jahr und nicht auch für die Folgejahre beabsichtigt ist, liegen die Voraussetzungen für einen antizipativen *Hedge* wohl nicht vor. Eine andere Beurteilung ergibt sich, wenn der Einkauf von Energie über einen längeren Zeitraum abgesichert wird und Anschlussgeschäfte möglich sind. Zulässig erscheint in jedem Fall, 400 Mio. SFR auf Termin zu kaufen und eine Sicherungsbeziehung i. H. v. 80 % der geplanten Umsätze zu designieren.

### 2.3.3 Geeignete Sicherungsinstrumente

Als Sicherungsinstrumente i. S. d. § 254 HGB qualifizieren sich nur Finanzinstrumente. In Betracht kommen originäre **und** derivative Finanzinstrumente. **Originäre Finanzinstrumente** sind solche, die keinen derivativen Charakter aufweisen. Zu ihnen rechnen Forderungen, Verbindlichkeiten, Bankguthaben und Wertpapiere. Ausgeschlossen sind erhaltene und geleistete Anzahlungen, da sie nicht auf den Ab- bzw. Zufluss liquider Mittel gerichtet sind.

18

Ein **derivatives Finanzinstrument** definiert der Gesetzgeber als
- „schwebendes Vertragsverhältnis,
- dessen Wert auf Änderungen des Werts eines Basisobjekts – bspw. eines Zinssatzes, Wechselkurses, Rohstoffpreises, Preis- oder Zinsindexes, der Bonität, eines Kreditindexes oder einer anderen Variablen – reagiert,
- bei dem AK nicht oder nur in sehr geringem Umfang anfallen und
- das erst in der Zukunft erfüllt wird."[44]

19

Als Grundformen der **Derivate** gelten unbedingte Termingeschäfte, Optionen und *Swaps*. **Unbedingte Termingeschäfte** zeichnen sich durch das Recht und die Verpflichtung des Käufers (Halter) aus, ein Basisobjekt zu einem bestimmten Zeitpunkt vom Verkäufer (Stillhalter) zu einem festgelegten Preis zu erwerben. Zu unterscheiden sind börsengehandelte standardisierte Termingeschäfte (**Futures**) und Geschäfte, deren Bedingungen frei zwischen den Parteien vereinbart werden (**Forwards**). **Optionen** gewähren demgegenüber in ihrer einfachsten Form

---

[44] BilMoG-BgrRegE, S. 53 (im Original ohne Aufzählungszeichen).

(**Plain-vanilla-Optionen**) dem Käufer (Inhaber) das Recht, ein Basisobjekt innerhalb eines festgelegten Zeitraums (amerikanische Option) oder zu einem bestimmten Zeitpunkt (europäische Option) zu einem bestimmten Preis vom Verkäufer (Stillhalter) zu erwerben (*Call*) oder an den Verkäufer zu veräußern (*Put*). Werden Zahlungsströme aus zwei Basisobjekten während eines bestimmten Zeitraums getauscht, liegt ein **Swap** vor. Als Sicherungsinstrumente werden *Zinsswaps* und Währungsswaps verbreitet eingesetzt. Im ersten Fall werden zumeist feste gegen variable Zinsen auf ein bestimmtes Kapital getauscht. Der Währungsswap sieht einen Tausch in unterschiedlichen Währungen denominierter Kapital- und Zinszahlungen vor. Auch **Kombinationen** aus diesen Grundformen kommen als Sicherungsinstrumente in Betracht, z. B. Zinsbegrenzungsvereinbarungen wie *Collars* oder Optionen auf *Zinsswaps* (*Swaptions*).

20 Um die in der Praxis gängige Absicherung eines Kaufs oder Verkaufs von Waren gegen Preisrisiken zu ermöglichen, rechnet § 254 Satz 2 HGB ferner Warentermingeschäfte zu den Finanzinstrumenten. Dabei kommt es nicht darauf an, ob diese Geschäfte eine physische Lieferung vorsehen oder durch Barausgleich glattgestellt werden.[45] Der Begriff der Waren ist mit Blick auf den Sinn und Zweck der Vorschrift weit auszulegen. Er umfasst nicht nur die Waren im handelsbilanziellen Sinne von § 266 Abs. 2 B. I Nr. 3 HGB, sondern sämtliche handelbaren (materiellen und immateriellen) Güter, wie bspw. auch Energie, Metalle oder Emissionsrechte.[46] Das Termingeschäft will der Gesetzgeber i. S. v. § 1 Abs. 11 Satz 4 Nr. 1 KWG verstanden wissen.[47]

21 Zur Absicherung gegen Wertänderungs- und Zahlungsstromrisiken, denen ein Grundgeschäft ausgesetzt sein kann, eignen sich bspw. folgende Sicherungsinstrumente, sofern sie – im Vergleich zum Grundgeschäft – gegenläufige Wertoder Zahlungsstromänderungen aufweisen:[48]
- Zinsänderungsrisiken: Zinsswaps, Zinsfutures, **Forward Rate Agreements**, Zinsoptionen, Zinsbegrenzungsvereinbarungen
- Währungsrisiken: Devisentermingeschäfte, Devisenoptionen, Währungs-Swaps
- Ausfall- oder Adressenrisiken: **Credit Default Swaps, Total Return Swaps, Credit Linked Notes, Credit Spread Options**
- (Sonstige) Preisänderungsrisiken: *Futures, Forwards* oder Optionen

Der Gesetzgeber zieht den Kreis qualifizierender Sicherungsinstrumente weiter als nach den Vorschriften der **IFRS**.[49] International ist die Designation nichtderivativer Finanzinstrumente als Sicherungsgeschäfte grds. unzulässig. Einzige

---

[45] Nach Meinung des Gesetzgebers war die explizite Aufnahme der Warentermingeschäfte als Sicherungsinstrumente notwendig, „weil es sich bei Warentermingeschäften nicht um Finanzinstrumente im Sinn des § 254 Satz 1 HGB handelt" (BT-Drs. 16/12407, S. 112). Das betrifft nur solche Geschäfte, die nicht durch Ausgleichszahlungen erfüllt werden.
[46] Vgl. *Gelhausen/Fey/Kämpfer*, Rechnungslegung und Prüfung nach dem BilMoG, 2009, Abschnitt H, Rn 34; *Hoffmann/Lüdenbach*, NWB-Kommentar Bilanzierung, 6. Aufl. 2015, § 254, Rn 31.
[47] Vgl. BilMoG-BgrRA, S. 112.
[48] Zum Folgenden *Gelhausen/Fey/Kämpfer*, Rechnungslegung und Prüfung nach dem BilMoG, 2009, Abschnitt H, Rn 34.
[49] Der DSR äußerte sich bereits nach Veröffentlichung des RefE kritisch zu der weiten Abgrenzung von Sicherungsinstrumenten. Diese Meinung wurde vom Verfasser des RegE nicht geteilt. Der DSR bevorzugt eine Abgrenzung in Anlehnung an die IFRS; vgl. DSR, Stellungnahme zum Referentenentwurf eines Gesetzes zur Modernisierung des Bilanzrechts (Bilanzrechtsmodernisierungsgesetz – BilMoG) v. 8.11.2007.

Ausnahme bildet die Absicherung eines Währungsrisikos.[50] Im Gegensatz dazu ist die Absicherung eines Währungsrisikos in der RegBegr nur als ein möglicher Anwendungsfall originärer Finanzinstrumente beschrieben.[51]

**Geschriebene Optionen** qualifizieren sich nicht zur Absicherung von Grundgeschäften, es sei denn, sie werden zur Glattstellung einer erworbenen Option eingesetzt.[52] Da der mögliche Verlust aus einer geschriebenen Option erheblich höher ausfallen kann als der mögliche Wertzuwachs aus dem zugehörigen Grundgeschäft, stellen sie kein wirksames Mittel dar, um Verlustrisiken zu begrenzen.

Der Einsatz von Finanzinstrumenten als Sicherungsgeschäfte i. S. d. § 254 HGB erfordert eine ausdrückliche Designationsentscheidung. Sie kann nicht rückwirkend, sondern nur für die Zukunft erfolgen.[53] Die Entscheidung ist nachvollziehbar zu dokumentieren (vgl. hierzu Rz 35 ff.).

Ebenso wie bei Grundgeschäften besteht auch bei Sicherungsinstrumenten die Möglichkeit einer partiellen Designation. Unproblematisch ist eine Aufteilung von Finanzinstrumenten in **quantitativer Hinsicht**. Sie kann erforderlich sein, wenn das Nominalvolumen des Grundgeschäfts geringer als das des Finanzinstruments ist oder eine nur partielle Risikoabsicherung angestrebt wird.

> **Beispiel**
> Pharma-Hersteller P hat eine Beteiligung an einem amerikanischen Biotech-Unt zum Preis von 100 Mio. USD gekauft. P will sich gegen das Währungsrisiko aus dem Investment absichern. Zeitgleich mit dem Beteiligungserwerb hat P eine Dollar-Verbindlichkeit von 120 Mio. USD aufgenommen.
> Die Dollarverbindlichkeit stellt ein geeignetes Sicherungsinstrument dar. Um eine Bewertungseinheit zu begründen, kann P die Fremdwährungsverbindlichkeit bspw. i. H. v. 100 Mio. USD als Sicherungsinstrument designieren. Auch eine partielle Absicherung des Grundgeschäfts (z. B. i. H. v. 60 Mio. USD) ist zulässig.

Soll ein Finanzinstrument nur **zeitlich** begrenzt als Sicherungsinstrument designiert werden, ist wie folgt zu unterscheiden: Weist das Finanzinstrument eine längere Laufzeit als das Grundgeschäft auf, besteht die Möglichkeit, das Finanzinstrument nur für einen begrenzten Zeitraum als Sicherungsinstrument zu designieren. Bei dieser Konstellation kann allerdings die Wirksamkeit der Sicherungsbeziehung negativ beeinflusst werden. Im umgekehrten Fall kommt die Bildung einer Bewertungseinheit nur in Betracht, wenn Anschlussgeschäfte möglich und nach der Dokumentation der Sicherungsstrategie vorgesehen sind.

> **Beispiel**
> In Abwandlung des vorstehenden Beispiels sei angenommen, P habe zeitgleich mit dem Beteiligungserwerb einen Währungs-Swap mit einem Volu-

---

50 Vgl. IAS 39.72.
51 Vgl. BilMoG-BgrRegE, S. 58.
52 Vgl. *Förschle/Usinger*, in Beck Bil-Komm., 9. Aufl., § 254 HGB, Rn 27; so auch IAS 39.72 i. V. m. IAS 39.AG94.
53 Vgl. *Löw*, WPg 2004, S. 1120.

> men von 100 Mio. USD erworben, der eine Laufzeit von 3 Jahren aufweist. P will die Beteiligung frühestens in 5 Jahren veräußern.
> Auch der Währungs-Swap eignet sich grds. als Sicherungsinstrument. Die Bildung einer Bewertungseinheit macht es erforderlich, das abgesicherte Risiko in qualitativer, quantitativer und zeitlicher Hinsicht genau zu identifizieren. Qualitativ wird die Absicherung gegen einen währungsbedingten Wertverlust der Beteiligung angestrebt. In quantitativer Hinsicht mag sich die Absicherung auf das gesamte Investment von 100 Mio. USD beziehen. Den Absicherungszeitraum könnte P auf genau 3 Jahre festlegen. In diesem Fall stimmen Grundgeschäft und Sicherungsinstrument in ihrer Laufzeit überein. Soll dagegen das Währungsrisiko über die Laufzeit des Währungs-Swap z.B. bis zur Zeit des erwarteten Verkaufs abgesichert werden, muss P die Durchhalteabsicht glaubhaft machen. Dazu sind die Fähigkeit des Unt und die objektive Möglichkeit, Anschlussgeschäfte zu tätigen, darzulegen.

25 Eine **qualitative Aufteilung** von Finanzinstrumenten scheitert dann, wenn das Sicherungsinstrument nur in seiner Gesamtheit einer Bewertung zugänglich ist. Ausnahmen sind zulässig, falls einzelne Bestandteile des Finanzinstruments verlässlich zu bewerten sind. So kann etwa nur der innere Wert einer Option als Sicherungsinstrument designiert werden. Der Zeitwert der Option bleibt dann ausgeklammert. Zulässig ist ebenfalls, einen Terminkontrakt (*Forward*) in Kassa- und Zinskomponente aufzuspalten.[54] Mit diesen qualitativen Zerlegungen kann eine Verbesserung der Effektivität der Sicherungsbeziehung verbunden sein.[55]

> **Beispiel**
> In erneuter Abwandlung des obigen Beispiels sei angenommen, P beabsichtigte, die Beteiligung an dem Biotech-Unt 3 Jahre lang zu halten und anschließend wieder zu veräußern. Um sich gegen das Währungsrisiko abzusichern, hat P 100 Mio. USD per Termin verkauft. Das Zinsniveau ist in den USA gegenwärtig rund 2 %-Punkte höher als in Europa. Der Kassakurs des Euro zum US Dollar beträgt 1,2.
> Aufgrund des Zinsgefälles zum Euro liegt der Terminkurs des Dollars unter dem Kassakurs. Damit ist die Sicherungsbeziehung nicht voll wirksam. Um eine 100 %ige Effektivität zu erreichen, hat P die Möglichkeit, nur die Kassakomponente des Termingeschäfts als Sicherungsinstrument zu designieren. In diesem Fall ist die Zinskomponente nach den allgemeinen Bilanzierungsgrundsätzen zu behandeln.
> Über den Swapsatz lässt sich der Terminkurs bestimmen:
>
> |   | Zinsdifferenz [%] | 2,00 |
> |---|---|---|
> | • | Kassakurs [USD je EUR] | 1,2 |
> | • | Laufzeit des Termingeschäfts [Jahre] | 3,0 |
> | = | Swapsatz | 0,072 |

---

[54] Vgl. IAS 39.74.
[55] Vgl. *Küting/Cassel*, KoR 2008, S. 773 ff.

| + Kassakurs [USD je EUR] | 1,200 |
|---|---|
| = Terminkurs | 1,272 |

P hat 100 Mio. USD zum Kurs von 1,272 per Termin verkauft. Das entspricht 78,616 Mio. EUR. Die Kassakomponente des Geschäfts besteht aus dem Verkauf von 100 Mio. USD zum Kassakurs von 1,2 (83,333 Mio. EUR = 100 Mio. USD/1,2 EUR/USD). Die Zinskomponente repräsentiert den Preis für die Absicherung zum Kassakurs (4,717 Mio. EUR).

Bei konstantem Kassakurs bis zum Fälligkeitstag ändert sich der beizulegende Zeitwert der Kassakomponente nicht. Der Vorteil einer sicheren Anlage in US Dollar verflüchtigt sich. Daraus resultiert ein Verlust i. H. des (aufgezinsten) Absicherungspreises von 5,66 Mio. USD = 4,717 Mio. EUR. Der Verlust ist als ineffektiver Teil der Sicherungsbeziehung in der GuV zu erfassen. Änderungen des Kassakurses führen zu gegenläufigen Wertentwicklungen von Beteiligung und Termingeschäft. Sie unterliegen als effektiver Teil der Sicherungsbeziehung den Vorgaben des § 254 HGB.

Sicherungsinstrumente können auch **kombiniert** werden, um ein bestimmtes Risikoprofil abzusichern. Aus dem Zusammenwirken der Sicherungsinstrumente darf sich allerdings im Ergebnis nicht die Wirkung einer geschriebenen Option ergeben.[56]

26

### 2.3.4 Wirksamkeit der Sicherungsbeziehung

Die Rechtsfolgen einer Bewertungseinheit treten „nur in dem Umfang und für den Zeitraum" ein, „in dem die gegenläufigen Wertänderungen oder Zahlungsströme sich ausgleichen" (§ 254 Satz 1 HGB). Angesprochen ist damit die **Wirksamkeit** der Sicherungsbeziehung. Zu unterscheiden sind die bei Begründung der Sicherungsbeziehung oder zu einem späteren Zeitpunkt zu erwartende Wirksamkeit (prospektive Effektivität) und die im Nachhinein tatsächlich eingetretene Wirksamkeit (retrospektive Effektivität).

27

#### 2.3.4.1 Prospektive Effektivität

Die Wirksamkeit einer Sicherungsbeziehung ist im Zeitpunkt ihrer Begründung und fortan zu jedem Abschlussstichtag **prospektiv** zu beurteilen.[57] Zu diesem Zweck hat der Bilanzierende abzuschätzen, ob und in welchem Umfang sich die gegenläufigen Wertänderungen oder Zahlungsströme einer Bewertungseinheit am Bilanzstichtag und voraussichtlich in der Zukunft ausgleichen werden.[58] Der Gesetzgeber hat davon Abstand genommen, für die Effektivität einer Bewertungseinheit ein **Mindestmaß** zu verlangen.[59] In der Begründung des Rechtsausschusses heißt es: „Etwaige Effektivitätsspannen, wie sie die *International Financial Reporting Standards* (IFRS) für die Annahme einer wirksamen Bewertungseinheit vorsehen, haben

28

---

[56] Vgl. auch IAS 39.77.
[57] Vgl. BilMoG-BgrRegE, S. 58.
[58] BilMoG-BgrRA, S. 112.
[59] Vgl. BilMoG-BgrRA, S. 112.

handelsrechtlich keine Bedeutung".[60] Dementsprechend kann es bei der Abschätzung des zu erwartenden Risikoausgleichs nur darum gehen, die objektive Eignung des Sicherungsinstruments zur Risikokompensation zu beurteilen. Das soll einer willkürlichen Definition von Bewertungseinheiten und der damit verbundenen Einschränkung zentraler GoB entgegenwirken.[61] Um eine Sicherungsbeziehung dem Grunde nach anzuerkennen, wird man gleichwohl eine Mindestwirksamkeit verlangen müssen. Sie wird verschiedentlich in einer Spanne von 50 % – 200 % gesehen.[62] Jenseits dieser Grenzen muss von einer zufälligen Risikokompensation ausgegangen werden, die für die Anwendung des § 254 HGB schädlich ist.

Der erwartete Umfang des erwarteten Ausgleichs der gegenläufigen Wertänderungen oder Zahlungsströme innerhalb einer Bewertungseinheit ist für Zwecke der Anhangberichterstattung zu dokumentieren (vgl. § 285 Nr. 23b HGB).

29 Der Gesetzgeber hat es dem Bilanzierenden überlassen, eine geeignete Methode zur Beurteilung der **prospektiven Effektivität** einer Sicherungsbeziehung zu wählen.[63] Die Vielzahl der möglichen Formen von Bewertungseinheiten lasse zwingende Vorgaben nicht zu. Die Anforderungen an den Effektivitätsnachweis sollen aber in Abhängigkeit von der Art und dem Umfang der Sicherungsbeziehung variieren.[64] Eine einmal gewählte Methode unterliegt dem Stetigkeitsgebot.[65] Der Übergang auf eine andere Methode ist insb. dann zulässig, wenn diese genauere Ergebnisse ermittelt und damit zu einem besseren Einblick in die VFE-Lage führt.[66]

30 Bei **Micro-Hedges** kann die prospektive Effektivitätsbeurteilung in der Mehrzahl der Fälle ohne Rückgriff auf komplexe mathematisch-statistische Verfahren erfolgen. Sind die maßgeblichen Risikoparameter von Grundgeschäft und Sicherungsinstrument aufeinander abgestimmt, lässt sich der zu erwartende vollständige Risikoausgleich häufig anhand der **Critical Terms Match**-Methode belegen. Danach ist eine perfekte Sicherungsbeziehung anzunehmen, wenn im Hinblick auf das abgesicherte Risiko alle wertbestimmenden Faktoren von Grundgeschäft und Sicherungsinstrument übereinstimmen. Alle nicht übereinstimmenden Wertkomponenten müssen demgegenüber das nicht abgesicherte Risiko betreffen. Ein Zinsswap ist danach etwa als voll wirksames Sicherungsinstrument einzustufen, wenn Nominal- und Kapitalbetrag, Währung, Laufzeiten, Zinsanpassungstermine, die Zeitpunkte von Zins- und Tilgungszahlungen sowie die Bemessungsgrundlage für die Zinsanpassung für Grund- und Sicherungsgeschäft übereinstimmen.[67]

> **Beispiel**
> Maschinenbauer M hat sich Ende 01 verpflichtet, an einen Kunden in Großbritannien eine Fertigungsanlage zum Preis von 50 Mio. GBP zu liefern. Der Kaufpreis ist am 1.1.03 in einem Betrag fällig. Um sich gegen das Währungs-

---

60 BilMoG-BgrRA, S. 112.
61 Vgl. auch IDW RS HFA 35, Rn 54.
62 Vgl. *Hoffmann/Lüdenbach*, NWB-Kommentar Bilanzierung, 6. Aufl. 2015, § 254, Rn 48.
63 Vgl. BilMoG-BgrRA, S. 112.
64 Vgl. BilMoG-BgrRegE, S. 58.
65 Vgl. IDW RS HFA 35, Rn 52.
66 Vgl. IDW RS HFA 38, Rn 15.
67 Vgl. IDW RS HFA 35, Rn 58; so auch IAS 39.AG108.

risiko abzusichern, hat M ein marktkonformes Devisentermingeschäft (Verkauf) über 50 Mio. GBP mit gleicher Fälligkeit wie der Kaufpreisanspruch abgeschlossen. Kassa- und Terminkurs des britischen Pfunds stimmen überein. Es liegt eine perfekte Sicherungsbeziehung vor, da die Währung, das Volumen und die Laufzeit der Geschäfte übereinstimmen und zudem kein störender Einfluss aus Zinsunterschieden zwischen Deutschland und Großbritannien resultiert. Die nicht übereinstimmenden Wertkomponenten (z. B. Bonitätsrisiko des Vertragspartners) betreffen nicht das abgesicherte Risiko. Die prospektive Effektivität ist damit dargelegt. Bei der bilanziellen Abbildung der Sicherungsbeziehung kann ebenfalls von einem vollständigen Ausgleich der gegenläufigen Wertänderungen von Grundgeschäft und Sicherungsgeschäft ausgegangen werden (retrospektive Effektivität).

**Variante 1:**
Abweichend vom Ausgangsfall sei angenommen, das Termingeschäft werde am 1.1.02 mit einer Laufzeit von einem Jahr abgeschlossen. Zu diesem Zeitpunkt beträgt der Kassakurs des britischen Pfunds 1,2 GBP je EUR. Das Zinsniveau ist in Großbritannien um 3 % höher als in der Eurozone. M hat entschieden, das Termingeschäft vollständig (einschl. Zinskomponente) als Sicherungsinstrument zu designieren.
Es ermittelt sich ein rechnerischer Terminkurs von 1,236:

| Berechnung | 1.1.02 |
|---|---|
| Zinsdifferenz [%] | 3,00 |
| • Kassakurs [GBP je EUR] | 1,2 |
| • Laufzeit des Termingeschäfts [Jahre] | 1,0 |
| = Swapsatz | 0,036 |
| + Kassakurs [GBP je EUR] | 1,200 |
| = Terminkurs | 1,236 |

Es liegt keine perfekte Sicherungsbeziehung vor, da die Wertänderung des Devisentermingeschäfts auch von der Zinsdifferenz zwischen der Eurozone und Großbritannien beeinflusst wird. Bleibt bspw. der Kassakurs des britischen Pfunds bis zur Fälligkeit des Kaufpreises konstant, ändert sich der beizulegende Zeitwert des Grundgeschäfts bezogen auf das abgesicherte Risiko nicht. Das Devisentermingeschäft verliert demgegenüber an Wert, da die Fremdwährung zu einem ungünstigeren Kurs als dem Kassakurs veräußert worden ist.
Die grundsätzliche Eignung der Sicherungsbeziehung zur Risikokompensation steht aufgrund der teilweisen Ineffektivität nicht infrage. Bei der bilanziellen Abbildung des Geschäfts zu den einzelnen Bilanzstichtagen ist allerdings zwischen dem effektiven und dem ineffektiven Teil der Wertänderungen des Derivats zu unterscheiden (vgl. Rz 41 ff.).

Liegen die Voraussetzungen für die Annahme einer perfekten *Hedge*-Beziehung auf Basis der **Critical Terms Match**-Methode nicht vor, ist der Nachweis einer hohen Korrelation zwischen der Veränderung der beizulegenden Zeitwerte der

31

*Cashflows* des Grundgeschäfts und des Sicherungsinstruments mittels anderer Methoden nachzuweisen. Da das Gesetz keine Vorgaben macht, lohnt ein Blick in die internationale Bilanzierungspraxis. Zur Messung der prospektiven Effektivität finden hier

- historische Analysen,
- statistische Nachweise und
- Sensitivitätsanalysen

Anwendung. **Historische Analysen** vergleichen in der Vergangenheit beobachtete Wert- oder Zahlungsstromänderungen aus dem Grund- und Sicherungsgeschäft. Die bekannteste Methode ist die historische **Dollar-Offset-Methode**.[68] Sie vergleicht die auf das abgesicherte Risiko zurückgehenden Wertänderungen des Grundgeschäfts mit jenen des Sicherungsinstruments. Sollen *Cashflow*-Änderungen gemessen werden, stößt die einfache Dollar-Offset-Methode an ihre Grenzen.

> **Beispiel**
> U sichert sich gegen das Risiko steigender Zinsen aus einer variabel verzinslichen Darlehensverbindlichkeit durch Kauf eines *Payer-Zinsswap* ab. Ein Vergleich der durch Marktzinsänderungen induzierten Wertänderungen von Grundgeschäft und Sicherungsinstrument gibt in diesem Fall keinen Aufschluss über die Wirksamkeit der Sicherungsbeziehung. Während der beizulegende Zeitwert des Darlehens ausschließlich durch die variablen Zins-*Cashflows* bestimmt wird, hängt der beizulegende Zeitwert des Zinsswaps zusätzlich von der Festzinsseite des Derivats ab. Zinsänderungen am Markt führen dementsprechend beim Zinsswap zu deutlich stärkeren Schwankungen des beizulegenden Zeitwerts als beim Grundgeschäft.

Um im vorstehenden Beispiel die Effektivität mittels der *Dollar-Offset*-Methode messen zu können, ist als Stellvertreter für das Grundgeschäft ein hypothetisches Derivat heranzuziehen, das in allen bewertungsrelevanten Bedingungen dem Grundgeschäft entspricht und über eine Festzinsseite verfügt, die einen anfänglichen beizulegenden Zeitwert von null ergibt. Auf diese Weise gelingt es, den Einfluss der Festzinsseite des Zinsswaps zu neutralisieren.

> **Beispiel**
> U hat vor 2 Jahren ein Darlehen über 500.000 EUR aufgenommen, das mit 12-Monats-Euribor plus 0,4 % (gegenwärtig: 1,67 %) verzinst wird. Da U kurzfristig steigende Zinsen erwartet, erwirbt er am 1.7.01 einen *Payer-Zinsswap* mit folgender Ausstattung:
>
> - Nominalbetrag: 500.000 EUR
> - Feste Zinszahlung: 1,2 %, 30/360
> - Variable Zinszahlung: 6-Monats-Euribor
> - Zinsperiode: 6 Monate

---

[68] Vgl. *Löw/Scharpf/Weigel*, WPg 2008, S. 1018.

- Laufzeit: 3 Jahre

Das Darlehen hat am 1.7.01 eine Restlaufzeit von 3,5 Jahren. Die Zinsen sind jährlich nachschüssig zu entrichten und werden jeweils am letzten Börsentag des Gj für das kommende Jahr festgelegt.
Es liegt kein perfekter *Hedge* vor, da Grundgeschäft und Sicherungsinstrument nicht in allen wesentlichen Merkmalen (*critical terms*) übereinstimmen:
- Unterschiedliche Laufzeit
- Unterschiedliche Referenzzinssätze
- Unterschiedliche Zinszahlungstermine

Da die Volumina von Darlehen und Zinsswap übereinstimmen und bei den übrigen Konditionen keine signifikanten Abweichungen vorliegen, dürfte die prospektive Effektivität dennoch erfüllt sein. Im Zweifel ist sie über ein mathematisches Verfahren nachzuweisen (z.B. Basis-*Point-Value*-Methode). Da keine perfekte Sicherungsbeziehung vorliegt, muss der ineffektive Teil periodisch bestimmt werden. Die einfache historische *Dollar-Offset*-Methode eignet sich dazu nicht, da die beizulegenden Zeitwerte von Grundgeschäft und Zinsswap sich schon deshalb unterschiedlich entwickeln, weil in den beizulegenden Zeitwert des Zinsswaps zusätzlich dessen Festzinsseite eingeht. Denkbar erscheint eine Effektivitätsmessung mittels der **Hypothetischen Derivatemethode**. Als Stellvertreter für das Grundgeschäft ist dabei ein Receiver-Zinsswap zu wählen, der die gleichen *critical terms* aufweist wie das Grundgeschäft selbst:

- Volumen: 500.000 EUR
- Laufzeit: 3,5 Jahre
- Referenzzins: 12-Monats-Euribor
- Zinsanpassungstermin: jährlich (letzter Börsentag)

**Statistische Nachweise** greifen ebenfalls auf historische Daten zurück, bereiten diese jedoch z.B. durch Regressionsanalysen auf.[69] Dadurch wirken sich Ausreißer weniger stark auf das Ergebnis der Effektivitätsmessung aus.
Anders als die historischen Analysen simulieren Sensitivitätsanalysen wie die Basis *Point Value*-Methode, wie sich eine bestimmte Änderung der abzusichernden Risikovariablen auf den Wert oder den Zahlungsstrom des Grund- bzw. Sicherungsgeschäfts auswirkt. Durationen und Marktdaten-*Shift*-Methode sind weitere Beispiele von Sensitivitätsanalysen.
Bei **Portfolio-** und **Macro-Hedges** ist der Wert- und Zahlungsstromausgleich nicht zwingend auf individualisierter Basis zu beurteilen. Die Effektivität der Bewertungseinheit kann stattdessen mittels einer Methode der internen Risikosteuerung eingeschätzt werden, die der Art und dem Umfang der Grundgeschäfte sowie der abgesicherten Risiken angemessen Rechnung trägt.[70] Voraussetzung ist ein dokumentiertes, funktionsfähiges Risikomanagementsystem. Wie ein solches Überwachungssystem im Einzelfall ausgestaltet sein muss, lässt sich dem Gesetz

---

[69] Vgl. IDW RS HFA 9, Rn 328.
[70] IDW RS HFA 35, Rn 52; BilMoG-BgrRegE, S. 58.

nicht entnehmen. Auch die Bankenaufsicht hat es abgelehnt, den Instituten konkrete Vorgaben zu machen.[71]

### 2.3.4.2 Retrospektive Effektivität

33 Die stichtagsbezogene **retrospektive Effektivitätsmessung** entscheidet darüber, in welchem Umfang die Bewertungseinheit den Rechtsfolgen von § 254 HGB unterliegt. Kann das Ausmaß des Ausgleichs der gegenläufigen Wertänderungen von Grund- und Sicherungsgeschäft nicht mehr bestimmt werden, ist ab dem Zeitpunkt, zu dem letztmals der Betrag der Unwirksamkeit verlässlich messbar war, keine Bewertungseinheit i. S. v. § 254 HGB mehr anzunehmen.[72] Eine für die Fortführung der Bewertungseinheit zu erreichende Mindestwirksamkeit besteht für die retrospektive Effektivität nicht. Ihrer bedarf es auch nicht, da der ineffektive Teil einer Bewertungseinheit nach § 254 HGB den einschlägigen handelsrechtlichen Regelungen unterliegt. D. h., insoweit greift die imparitätische Einzelbewertung.[73]

34 Liegt keine perfekte Sicherungsbeziehung vor, greift die Praxis zur Messung der retrospektiven Effektivität verbreitet auf die in Rz 31 erläuterte *Dollar-Offset-*Methode zurück. Sie vergleicht die auf das abgesicherte Risiko zurückgehende Wertänderung des Grundgeschäfts mit jener des Sicherungsgeschäfts.

> **Beispiel**
> Ausgehend vom obigen Beispiel in der Variante 1 (vgl. Rz 30) zur Absicherung eines künftigen Kaufpreisanspruchs in Fremdwährung durch ein Devisentermingeschäft sei angenommen, der Kassakurs des britischen Pfunds betrage zum 31.12.02 weiterhin 1,2. Die Zinsdifferenz zwischen den Währungen soll ebenfalls unverändert sein.
> Zum 31.12.02 ergeben sich damit folgende Auswirkungen:
>
> | Berechnung | | 1.1.02 |
> |---|---|---|
> | | Zinsdifferenz [%] | 3,00 |
> | • | Kassakurs [GBP je EUR] | 1,2 |
> | • | Laufzeit des Termingeschäfts [Jahre] | 1,0 |
> | = | Swapsatz | 0,036 |
> | + | Kassakurs [GBP je EUR] | 1,200 |
> | = | Terminkurs | 1,236 |
>
> M hat am 1.1.02 einen Betrag von 50 Mio. GBP zum Terminkurs von 1,236 fest verkauft. Das entspricht einem Gegenwert von 40,45 Mio. EUR (50 Mio. GBP/1,236 GBP je EUR). Am 31.12.02 zahlt der Markt für 50 Mio. GBP einen Gegenwert von 41,67 Mio. EUR (50 Mio. GBP/1,2 GBP je EUR). Das Termingeschäft weist am 31.12.02 einen negativen beizulegenden Zeitwert von 1,214 Mio. EUR auf. Im Vergleich zur Situation ohne Abschluss des Termingeschäfts fällt der Erlös von M in Euro um 1,214 Mio. EUR niedriger aus. Die

---

[71] Vgl. *Bischof,* Makrohedges in Bankbilanzen nach GoB und IFRS, 2006, S. 67.
[72] So IDW RS HFA 35, Rn 50.
[73] IDW RS HFA 35, Rn 49.

> Differenz entspricht dem Zinsverlust (= Kosten der Währungsabsicherung) und ist Ausdruck der retrospektiv ermittelten Ineffektivität der Sicherungsbeziehung.
> **Variante 2:**
> Abweichend von Variante 1 sei angenommen, M habe nur die Kassakomponente des Devisentermingeschäfts als Sicherungsinstrument designiert.
> Für die Bewertungseinheit ergibt sich eine vollständige Effektivität. Zum 1.1.02 beträgt der erwartete Gegenwert aus dem schwebenden Absatzgeschäft 41,67 Mio. EUR (50 Mio. GBP/1,2 GBP je EUR). Der Gegenwert schwankt mit der Veränderung des Kassakurses für das britische Pfund. Die Kassakomponente des Devisentermingeschäfts entwickelt sich exakt gegenläufig. Die Wertänderungen von Grundgeschäft und Sicherungsinstrument gleichen sich damit vollständig aus.
> Die Wertveränderung der nicht in die Bewertungseinheit einbezogenen Zinskomponente des Termingeschäfts ist zu jedem Stichtag zu ermitteln. Sie beläuft sich zum 31.12.02 auf 1,214 Mio. EUR. Ihre bilanzielle Behandlung richtet sich nach den allgemeinen Grundsätzen. Für sie ist bis zur Glattstellung bzw. Erfüllung des Termingeschäfts eine Drohverlustrückstellung zu bilden.

### 2.3.5 Dokumentation

In der RegBegr zum BilMoG war die Dokumentation einer Sicherungsbeziehung als tatbestandliche Voraussetzung einer Bewertungseinheit vorgesehen. In der Begründung des Rechtsausschusses heißt es dann nur noch lapidar: „Die Dokumentation wird nicht zum Tatbestandsmerkmal erhoben. Deshalb enthält § 285 Nr. 23 HGB umfangreiche Angabepflichten".[74] Diese Aussage kann leicht missverstanden werden. Die formale Dokumentation einer Sicherungsbeziehung ist danach zwar – anders als die IFRS – keine gesetzliche Voraussetzung für die Bildung einer Bewertungseinheit. Dennoch ist sie in der Mehrzahl der Fälle erforderlich. 35

Die öffentlich-rechtliche Bilanzierungspflicht dient dem Schutz Dritter. Sie soll insb. Gläubiger, aber auch andere Unternehmenskoalitionäre wie Gesellschafter, vor Vermögensschäden bewahren. Zu diesem Schutzzweck gehört die Schaffung von Beweismaterial. Beleg hierfür sind die Vorschriften zur Vorlage der Bilanz im Rechtsstreit und bei Auseinandersetzungen (vgl. §§ 258–261 HGB). Beweismaterial muss nachvollziehbar sein. In der Rechnungslegung bedeutet das: Aus den anzufertigenden Unterlagen muss hervorgehen, welche Sachverhalte zu beurteilen waren und wie sie abgebildet wurden. Bei Sicherungsgeschäften kommt diesem Grundsatz besondere Bedeutung zu, da das Gesetz für sie unterschiedliche Darstellungsformen vorsieht: die Abbildung nach den allgemeinen GoB und nach den besonderen Vorschriften für Bewertungseinheiten. Um eine willkürfreie, jederzeit nachvollziehbare Rechnungslegung zu gewährleisten, muss aus der Buchführung erkennbar werden, in welchem Umfang der Bilanzierende von den Sondervorschriften für Bewertungseinheiten Gebrauch gemacht hat. Das gilt insb., wenn 36

---

[74] BilMoG-BgrRA, S. 112.

man aus § 254 HGB – wie die wohl hM – ein von der Risikosteuerung unabhängiges Wahlrecht zur Bildung von Bewertungseinheiten herausliest.

37 Aus dem Zweck der Dokumentation, **beweiskräftige Erläuterungen** zur bilanziellen Behandlung von Sicherungsbeziehungen zu schaffen, leiten sich die an sie zu stellenden **Anforderungen** ab. Diese differieren in Abhängigkeit von Umfang und Komplexität der Bewertungseinheiten. Im Einzelnen muss sich aus der Dokumentation ergeben,
- wann eine Bewertungseinheit begründet und wann sie ggf. beendet wurde,
- aus welchen Komponenten sie sich zusammensetzt,
- das Absicherungsziel,
- inwieweit die Voraussetzungen für die Bildung einer Bewertungseinheit erfüllt sind.[75]

Um die Bewertungseinheit exakt abzugrenzen, müssen die in sie einbezogenen Grundgeschäfte und die eingesetzten Sicherungsinstrumente identifizierbar sein. Dazu kann es sich bei Finanzinstrumenten anbieten, die Vertragsdaten festzuhalten. Auch der Umfang, in dem sie in die Bewertungseinheit einbezogen wurden, ist festzuhalten.[76] Bei der Absicherung erwarteter Transaktionen sind das geplante Grundgeschäft und sein hoch wahrscheinliches Zustandekommen anderweitig darzulegen.

Zum Absicherungsziel ist nicht nur die Art des abgesicherten Risikos zu dokumentieren, sondern auch die geplante Dauer der Absicherung.

Eine wesentliche Voraussetzung für die Bildung einer Bewertungseinheit besteht in der Effektivität der Sicherungsbeziehung. Sie ist durch Angaben zur Art ihrer Messung und zum erwarteten bzw. erreichten Grad der Wirksamkeit zu erläutern. Zudem kann die objektive Eignung der abgesicherten Grundgeschäfte und eingesetzten Sicherungsinstrumente darzulegen sein.

Zusätzliche Informationen können zur Erfüllung der Angabepflichten für den Anhang festzuhalten sein. Das betrifft die angewandten Bilanzierungs- und Bewertungsmethoden (z.B. Einfrierungsmethode, Durchbuchungsmethode) und die speziellen Angabepflichten zu den gebildeten Bewertungsmethoden (§ 285 Nr. 23 HGB).

38 Betreibt ein Unt Risikoabsicherung nur durch **Micro-Hedges**, können sich die entsprechenden Informationen bereits aus den Buchführungsunterlagen ergeben.[77] Das gilt insb. dann, wenn Grundgeschäfte und Sicherungsinstrumente exakt aufeinander abgestimmt sind. In jedem Fall müssen Tatsache und Zeitpunkt der Designationsentscheidung aus den Aufzeichnungen hervorgehen, damit ersichtlich wird, ab wann die Rechtsfolgen des § 254 HGB eintreten. Bei **Portfolio-Hedges** müssen sich zusätzlich der Umfang des Grundgeschäfts und die Gleichartigkeit der abgesicherten Risiken aus der Dokumentation ergeben. **Macro-Hedges** erfordern aussagekräftige Nachweise über die Wirksamkeit der Sicherungsbeziehung. Dazu muss diese nicht nur klar definiert sein. Nachzuweisen ist auch die Eignung der eingesetzten Sicherungsinstrumente zur (nicht nur

---

[75] Ähnlich IDW RS HFA 35, Rn. 43.
[76] Vgl. auch *Wulf*, DStZ 2012, S. 540.
[77] Dieser Tenor findet sich bspw. bei *Hoffmann/Lüdenbach*, NWB-Kommentar Bilanzierung, 6. Aufl. 2015, § 254, Rn 56ff.; *Schmidt*, BB 2009, S. 885; *Gelhausen/Fey/Kämpfer*, Rechnungslegung und Prüfung nach dem BilMoG, 2009, Abschnitt H, Rn 88; *Förschle/Usinger*, in Beck Bil-Komm., 9. Aufl., § 254 HGB, Rn 41.

zufälligen) Risikominderung. Ein geeignetes Risikomanagementsystem wird diese Informationen bereitstellen.
Um einem missbräuchlichen Einsatz des Instituts der Bewertungseinheit entgegenzuwirken, ist die Dokumentation zeitnah zur Begründung einer Bewertungseinheit anzulegen. Demgegenüber sieht das IDW eine nachträgliche Dokumentation von Bewertungseinheiten bis zur Aufstellung des JA als zulässig an.[78] Diese großzügige Auslegung ist mit dem Grundsatz der Bilanzobjektivierung nicht zu vereinbaren. Für sie besteht auch kein praktisches Bedürfnis.[79]   39

## 3 Rechtsfolgen der Bildung von Bewertungseinheiten

An die Bildung einer Bewertungseinheit knüpfen **Rechtsfolgen** an. Sie betreffen einerseits die bilanzielle Abbildung der Sicherungsbeziehung im JA. Andererseits ergeben sich Auswirkungen auf die Berichterstattung im Anhang.   40

### 3.1 Identifizierung von Wertänderungen

Erfüllt eine Sicherungsbeziehung die allgemeinen Anforderungen einer Bewertungseinheit nach § 254 HGB, sind auf die Bilanzierung und Bewertung von Grund- und Sicherungsgeschäft „§ 249 Abs. 1, § 252 Abs. 1 Nr. 3 und 4, § 253 Abs. 1 Satz 1 und § 256a HGB nicht anzuwenden" (§ 254 Satz 1 HGB). Unrealisierte Verluste werden somit nur dann erfasst, wenn sie sich für die Bewertungseinheit als Ganzes ergeben. Ein ineffektiver Teil der Sicherungsbeziehung ist nach den allgemeinen Grundsätzen in der Bilanz und in der GuV abzubilden.   41
Mit Blick auf diese gesetzliche Systematik sind bei der bilanziellen Abbildung einer Sicherungsbeziehung **drei Arten von Wertänderungen** zu unterscheiden:
- Wertänderungen von Grund- und Sicherungsgeschäft als Folge des abgesicherten Risikos, die sich gegenseitig ausgleichen,
- Überhang der negativen Wertänderungen von Grund- und Sicherungsgeschäft als Folge des abgesicherten Risikos und
- Wertänderungen, die nicht auf das abgesicherte Risiko zurückgehen.

Nur im Fall sich gegenseitig ausgleichender Wertänderungen von Grund- und Sicherungsgeschäften als Folge des abgesicherten Risikos kommt § 254 HGB zur Anwendung. In den beiden übrigen Fällen sind die allgemeinen GoB zu beachten. Diese differenzierte Behandlung erfordert eine genaue Analyse der bei den Komponenten einer Bewertungseinheit eingetretenen Wertänderungen.
Die buchungsrelevanten Beträge lassen sich nach dem folgenden **Ablaufschema** ermitteln:   42

---

[78] Vgl. IDW RS HFA 35, Rn. 14; so auch *Gelhausen/Fey/Kämpfer*, Rechnungslegung und Prüfung nach dem BilMoG, 2009, Abschnitt H, Rn 89.
[79] Eine Dokumentationspflicht zu Beginn der Sicherungsbeziehung fordern auch *Hoffmann/Lüdenbach*, NWB-Kommentar Bilanzierung, 6. Aufl. 2015, § 254, Rn 54ff.; *Förschle/Usinger*, in Beck Bil-Komm., 9. Aufl., § 254 HGB, Rn 41; *Scharpf*, in *Küting/Pfitzer/Weber*, HdR, Stand 2/2012, HGB § 254, Rn 23.

**Abb. 1:** Ermittlung der buchungsrelevanten Beträge

Im ersten Schritt sind sämtliche Wertänderungen von Grundgeschäft und Sicherungsinstrument seit Beginn der Sicherungsbeziehung ohne Rücksicht auf deren Ursache zu ermitteln.

In der anschließenden Ursachenanalyse sind zunächst jene Wertänderungen zu isolieren, die auf das abgesicherte Risiko zurückgehen. Die verbleibenden Wertänderungen unterliegen einer imparitätischen Einzelbewertung. Wertsteigerungen bleiben mithin unberücksichtigt, Wertminderungen sind durch Rückstellungsbildung oder außerplanmäßige Abschreibungen zu erfassen. Hierunter fallen bspw. bonitätsbedingte Abwertungen von Fremdwährungsforderungen, die ausschließlich gegen das Risiko von Wechselkursschwankungen abgesichert wurden. Die auf das abgesicherte Risiko zurückgehenden gegenläufigen Wertänderungen von Grundgeschäft und Sicherungsinstrument sind sodann in den effektiven und den ineffektiven Teil aufzuspalten. Während der effektive Teil den besonderen Vorschriften des § 254 HGB unterliegt, sind Ineffektivitäten erneut imparitätisch zu behandeln. Ein Überhang der negativen Wertänderungen der in die Bewertungseinheit einbezogenen Komponenten führt zum Ansatz einer „Rückstellung für Bewertungseinheiten". Ein Überhang der positiven Wertänderungen bleibt unberücksichtigt.

**Praxis-Beispiel**[80]
U hat zum 1.1.01 ein auf US Dollar lautendes festverzinsliches Wertpapier erworben. Die zum Zugangszeitpunkt umgerechneten AK betragen 100 TEUR. Um sich gegen das Währungsrisiko abzusichern, hat U den Rückzahlungsbetrag zum Fälligkeitszeitpunkt des Wertpapiers veräußert. Das marktkonform abgeschlossene Devisentermingeschäft (DTG) hat einen beizulegenden Zeitwert von null.

Nach einer Abwertung des US Dollars und einer Änderung der Zinsniveaus in den USA und Deutschland ermittelt U zum 31.12.01 folgende Wertänderungen für das Grundgeschäft und das Sicherungsinstrument:

| Zeile | Datum | Bewertungsrelevante Informationen | Wertpapier (EUR) | DTG (EUR) |
|---|---|---|---|---|
| 1 | 1.1.01 | Sicherungsbeziehung | 100.000 | 0 |
| 2 | 31.12.01 | Beizulegender Zeitwert am Abschlussstichtag | 90.000 | 9.000 |
| 3 | | Wertänderung in 01 | –10.000 | 9.000 |
| 4 | | davon: aus nicht abgesichertem Risiko | –2.000 | 1.500 |
| 5 | | davon: aus abgesichertem Risiko | –8.000 | 7.500 |
| 6 | | davon: wirksam | –7.500 | 7.500 |
| 7 | | davon: unwirksam | –500 | 0 |

**Schritt 1:** Ermittlung der Wertänderungen von Grundgeschäft und Sicherungsbeziehung.
Die gesamte Wertänderung seit Beginn der Sicherungsbeziehung ist in Zeile 3 ausgewiesen.
Sie beträgt

- für das Grundgeschäft: –10.000 EUR
- für das Sicherungsinstrument: +9.000 EUR

**Schritt 2:** Abspaltung des nicht auf das abgesicherte Risiko zurückgehenden Teils der Wertänderungen. Die Wertänderungen sind in Zeile 4 ausgewiesen. Sie sind einzeln nach den allgemeinen GoB zu erfassen.
Wertpapier: Soweit die Wertminderung voraussichtlich dauernd ist, muss das Wertpapier außerplanmäßig abgeschrieben werden, ansonsten besteht ein Abschreibungswahlrecht.
Derivat: Die Wertsteigerung darf nach dem Realisationsprinzip keine Berücksichtigung finden.
**Schritt 3:** Erfassung des ineffektiven Teils der Wertänderungen, die auf das abgesicherte Risiko zurückgehen. Das abgesicherte Risiko hat beim Wertpapier zu einer Wertminderung von 8.000 EUR geführt, der eine Wertsteigerung beim Derivat von 7.500 EUR gegenübersteht (Zeile 5). In Höhe der betragsgleichen gegenläufigen Wertänderung von 7.500 EUR ist die Siche-

---

[80] Vgl. auch IDW RS HFA 35, Rn. 67.

rungsbeziehung effektiv. Die Wertänderungen wirken sich grds. nicht auf die Bilanz und GuV aus. Der ineffektive Teil der durch das abgesicherte Risiko ausgelösten Wertänderungen beiträgt -500 EUR (Zeile 7).
Im Fallbeispiel ergibt sich ein Überhang der negativen Wertänderung. In Höhe dieses Betrags ist eine Rückstellung für Bewertungseinheiten erfolgswirksam zu bilden. Es kommt nicht darauf an, ob eine aufwandswirksame Erfassung auch dann geboten wäre, wenn die Bewertungseinheit insgesamt ein einziges Bilanzierungsobjekt darstellte.

Die *Dollar-Offset*-Methode zur Ermittlung des ineffektiven Teils der Wertänderungen kann auf periodischer oder kumulativer Basis angewendet werden. Im ersten Fall ist die Ineffektivität jeweils für den betrachteten Zeitabschnitt (z.B. ein Quartal) zu ermitteln, wobei in früheren Perioden aufgelaufene Ineffektivitäten keine Berücksichtigung finden. Bei einer kumulierten Betrachtung ist der ineffektive Teil einer Sicherungsbeziehung auf Basis der seit Beginn der Bewertungseinheit aufgelaufenen Wertänderungen von Grundgeschäft und Sicherungsinstrument zu ermitteln.

**Beispiel**
In Fortsetzung des obigen Beispiels sei zum 31.12.02 von folgenden Wertänderungen für das Grundgeschäft und das Sicherungsinstrument ausgegangen:

| Zeile | Datum | Bewertungsrelevante Informationen | Wertpapier (EUR) | DTG (EUR) |
|---|---|---|---|---|
| 1 | 1.1.02 | Sicherungsbeziehung | 90.000 | 9.000 |
| 2 | 31.12.02 | Beizulegender Zeitwert am Abschlussstichtag | 97.000 | 1.800 |
| 3 | | Wertänderung in 02 | 7.000 | –7.200 |
| 4 | | davon: aus nicht abgesichertem Risiko | 500 | –1.100 |
| 5 | | davon: aus abgesichertem Risiko | 6.500 | –6.100 |
| 6 | | davon: wirksam | 6.500 | –6.100 |
| 7 | | davon: unwirksam | 0 | 0 |

U ermittelt den ineffektiven Teil der Sicherungsbeziehung auf kumulativer Basis.
**Schritt 1:** Ermittlung der Wertänderungen von Grundgeschäft und Sicherungsbeziehung.
Die gesamte Wertänderung seit Beginn der Sicherungsbeziehung ist in Zeile 3 ausgewiesen.
Sie beträgt

- für das Grundgeschäft: +7.000 EUR
- für das Sicherungsinstrument: –7.200 EUR

**Schritt 2:** Abspaltung des nicht auf das abgesicherte Risiko zurückgehenden Teils der Wertänderungen. Die Wertänderungen sind in Zeile 4 ausgewiesen. Sie sind einzeln nach den allgemeinen GoB zu erfassen. Wurde das Wertpapier

in 01 abgeschrieben, gibt der in 02 eingetretene Wertanstieg Anlass zu einer Zuschreibung. Für das Derivat ergeben sich keine bilanziellen Konsequenzen. Kumuliert ist die nicht auf das abgesicherte Risiko zurückgehende Wertänderung noch positiv (+400 EUR).
**Schritt 3:** Erfassung des ineffektiven Teils der Wertänderungen, die auf das abgesicherte Risiko zurückgehen. Das abgesicherte Risiko hat beim Wertpapier zu einem Wertanstieg von 6.500 EUR geführt, dem eine Abnahme des Werts des Derivats von -6.100 EUR gegenübersteht (Zeile 5). Der sich per Saldo ermittelnde Wertanstieg der Bewertungseinheit in 02 von 400 EUR ist auf kumulierter Basis Teil der effektiven Wertänderung. Im Vj. wurde für die Bewertungseinheit ein Verlust wegen Ineffektivität von -500 EUR erfasst. Der Nettowertanstieg der Bewertungseinheit in 02 von 400 EUR hat somit die kumulierte Ineffektivität auf -100 EUR reduziert. Die Erfassung des Nettowertanstiegs von 400 EUR in 02 verstößt folglich nicht gegen das Realisationsprinzip.

## 3.2 Einfrierungsmethode versus Durchbuchungsmethode

**43** § 254 HGB regelt nicht, wie sich die Nichtanwendung der §§ 249 Abs. 1, 252 Abs. 1 Nr. 3 und 4, 253 Abs. 1 Satz 1 und 256a HGB bilanziell auswirkt, soweit sich die gegenläufigen Wert- oder Zahlungsstromänderungen aus dem abgesicherten Risiko ausgleichen. Nach der RegBegr steht es den Unt frei, den wirksamen Teil der Bewertungseinheit entweder nach der Einfrierungs- oder nach der Durchbuchungsmethode bilanziell abzubilden.[81]

Das Wesen der **Einfrierungsmethode** besteht darin, die sich kompensierenden Wertänderungen von Grundgeschäft und Sicherungsinstrument in Bilanz und GuV unberücksichtigt zu lassen. Ein ineffektiver Teil der Sicherungsbeziehung ist imparitätisch durch Ansatz einer Rückstellung für Bewertungseinheiten zu erfassen. Die **Durchbuchungsmethode** berücksichtigt demgegenüber die sich ausgleichenden Wertänderungen aus dem abgesicherten Risiko im Wege einer Bruttobilanzierung von Grundgeschäft und Sicherungsinstrument in der Bilanz. Für die GuV empfiehlt das IDW, auf die Erfassung der gegenläufigen Aufwendungen und Erträge zu verzichten. Mangels einer gesetzlichen Regelung muss allerdings auch insoweit eine unsaldierte Darstellung als zulässig angesehen werden.[82]

> **Beispiel**
> Energieversorger E hat am 1.1.01 eine Beteiligung an einem amerikanischen Unt zum Preis von 120 Mio. USD gekauft. Zur Absicherung gegen das Risiko eines währungsbedingten Wertverlusts hat E im Erwerbszeitpunkt eine marktkonform verzinste langfristige Verbindlichkeit über 120 Mio. USD

---

[81] Vgl. BilMoG-BgrRegE, S. 95. So auch *Wiechens/Helke*, DB 2008, S. 1336; *Schmitz*, DB 2009, S. 1621; *Hoffmann/Lüdenbach*, NWB-Kommentar Bilanzierung, 6. Aufl. 2015, § 254, Rn 61; *Gelhausen/Fey/Kämpfer*, Rechnungslegung und Prüfung nach dem BilMoG, 2009, Abschnitt H, Rn 98; *Förschle/Usinger*, in Beck Bil-Komm., 9. Aufl., Rn 52 f.; *Schmidt*, BB 2009, S. 886; a.A. *Scharpf*, in *Küting/Pfitzer/Weber*, HdR, Stand 2/2012, HGB § 254, Rn 304 f.

[82] Vgl. IDW RS HFA 35, Rn 81. Eine unsaldierte Darstellung der Aufwendungen und Erträge aus der Durchbuchungsmethode in der GuV empfehlend *Velte/Haaker*, StuW 2013, S. 193.

aufgenommen. Im Erwerbszeitpunkt belief sich der Wechselkurs auf 1 EUR = 1,0 USD. Anschließend entwickelt er sich wie folgt:

- 31.3.01:                                           1 EUR = 1,2 USD
- 30.6.01:                                           1 EUR = 0,9 USD

Im Euro- und US Dollarraum herrscht während des Betrachtungszeitraums ein übereinstimmendes Zinsniveau. Die Absicherung ist zu 100 % effektiv. Zudem sei von einem konstanten Ertragswert der Beteiligung ausgegangen. Zum 1.1.01 sind die Beteiligung und die Verbindlichkeit mit 120 Mio. EUR einzubuchen. Am 31.3.01 betragen die umgerechneten Zugangswerte

- Beteiligung:                        100 Mio. EUR (120 Mio. USD/1,2)
- Verbindlichkeit:                  100 Mio. EUR (120 Mio. USD/1,2)

**Ohne Bildung einer Bewertungseinheit** ist die Beteiligung zum 31.3.01 (bei angenommener voraussichtlich dauernder Wertminderung) um 20 Mio. EUR abzuwerten. Der Zugangswert der langfristigen Fremdwährungsverbindlichkeit ist beizubehalten.
Am 30.6.01 ergeben sich folgende Eurowerte:

- Beteiligung:                        133 Mio. EUR (120 Mio. USD/0,9)
- Verbindlichkeit:                  133 Mio. EUR (120 Mio. USD/0,9)

Bei isolierter Betrachtung ist die Verbindlichkeit um 13 Mio. EUR, die Beteiligung auf den Zugangswert von 120 Mio. EUR aufzuwerten.
Fasst E Beteiligung und Fremdwährungsverbindlichkeit im Hinblick auf das Währungsrisiko zu einer Bewertungseinheit zusammen, verlangt die **Einfrierungsmethode** zu beiden Stichtagen eine unveränderte Bewertung der beiden Komponenten zum Zugangswert von 120 Mio. EUR (Nichtanwendung von § 256a HGB, § 252 Abs. 1 Nr. 4 HGB).
Bei Anwendung der **Durchbuchungsmethode** sind Beteiligung und Verbindlichkeit zum 31.3.01 jeweils um 20 Mio. EUR auf 100 Mio. EUR abzuwerten (Nichtanwendung des § 256a HGB, § 253 Abs. 1 Satz 1 HGB). Für die Erfassung der Wertveränderungen in der GuV besteht ein Wahlrecht: In Betracht kommt ein Ausweis unter „Sonstige betriebliche Aufwendungen" (Beteiligung) bzw. „Sonstige betriebliche Erträge" (Verbindlichkeit) oder in einen neu einzufügenden Posten. Alternativ kann auf einen GuV-Ausweis verzichtet und nur in der Bilanz gebucht werden. Zum 30.6.01 sind beide Posten mit 133 Mio. EUR zu bewerten. Das erfordert jeweils eine Aufwertung um 53 Mio. EUR. Sie kann wiederum mit oder ohne Berührung der GuV erfasst werden.

**44** Die Annahme eines **Wahlrechts** zwischen der Einfrierungs- und Durchbuchungsmethode ist umstritten,[83] entspricht aber heute der hM.[84] Im RefE BilMoG weist der Gesetzgeber darauf hin, lediglich die bisherige Bilanzierungspraxis in das Gesetz aufnehmen zu wollen. Als bisher maßgebliche Methode zur bilanziellen Abbildung einer Bewertungseinheit identifiziert er die Einfrierungsmethode.[85] Im RegE BilMoG beteuert der Gesetzgeber zwar weiterhin, nur die bisherige Praxis kodifizieren zu wollen, der Hinweis auf die Einfrierungsmethode ist jedoch nicht mehr enthalten. Stattdessen heißt es an späterer Stelle in der RegBegr: „Da § 254 HGB keine Vorschriften zur Art und Weise der bilanziellen Erfassung von Bewertungseinheiten enthält, bleibt es den Unternehmen weiterhin selbst überlassen, die gegenläufigen Wertänderungen oder Zahlungsströme entweder „durchzubuchen" oder die Bilanzierung „einzufrieren"". Der Zweck von § 254 HGB steht der Durchbuchungsmethode nicht entgegen. Unter Informationsgesichtspunkten wird die Durchbuchungsmethode teilweise als informativer angesehen.[86]

**45** Das IDW empfiehlt, Bewertungseinheiten nach der Einfrierungsmethode abzubilden.[87] Ausgenommen davon sind Fälle, in denen mindestens eine Komponente der Sicherungsbeziehung zum beizulegenden Zeitwert zu bewerten ist. Zu denken ist etwa an die Zusammenfassung wertpapiergebundener Pensionsverpflichtungen und der zu ihrer Erfüllung dienenden Wertpapiere zu einer Bewertungseinheit, wenn Letztere die Voraussetzungen für Deckungsvermögen nicht erfüllen. Die Durchbuchungsmethode kommt als Alternative zur Einfrierungsmethode nur dann in Betracht, wenn sie nicht gegen das Vollständigkeitsgebot des § 246 HGB verstößt. Unproblematisch sind unter diesem Gesichtspunkt Bewertungseinheiten, die der Absicherung von Wertänderungen bei VG und Schulden dienen. Werden Risiken aus erwarteten Transaktionen abgesichert, verbietet sich die Anwendung der Durchbuchungsmethode, da für derartige Grundgeschäfte kein Bilanzposten angesetzt werden darf.

**46** Die Anwendung der Durchbuchungsmethode führt ferner bei **Portfolio- und Macro-Hedges** zu Problemen, da die Wertänderung des gesicherten Grundgeschäfts den zugrunde liegenden Posten nicht mehr einzeln zuordenbar ist.[88] Im Gesetzgebungsverfahren hat der BR diese Thematik angesprochen und die Bundesregierung um eine Stellungnahme gebeten, wie im Fall der Zusammenfassung mehrerer Grundgeschäfte in einer Bewertungseinheit zu verfahren ist, wenn die kumulierte Wertminderung der bilanzierten Grundgeschäfte nur teilweise durch die Wertsteigerung des Sicherungsgeschäfts kompensiert wird. In ihrer Antwort hat die Bundesregierung deutlich gemacht, sie halte sowohl „eine

---

[83] Vgl. weiterführend zur Diskussion um die bilanzrechtliche Zulässigkeit der Durchbuchungsmethode *Küting/Cassel*, KoR 2008, S. 771 ff.
[84] Vgl. Fn. 79.
[85] Vgl. BilMoG-BgrRegE, S. 95.
[86] Vgl. DSR, Stellungnahme zum Referentenentwurf eines Gesetzes zur Modernisierung des Bilanzrechts (Bilanzrechtsmodernisierungsgesetz – BilMoG) v. 8.11.2007, S. 19; *Schmidt*, BB 2009, S. 886.
[87] Vgl. IDW RS HFA 35, Rn 73.
[88] Vgl. Wiechens/Helke, DB 2008, S. 1336 ff.; Bischof, Makrohedges in Bankbilanzen nach GoB und IFRS, 2006, S. 66.

quotale Aufteilung als auch die Berücksichtigung der Wertänderung bei nur einzelnen Vermögensgegenständen für zulässig".[89]

### 3.3 Abwicklung gesicherter Beschaffungs- und Absatzgeschäfte

47 Werden abgesicherte Beschaffungs- oder Absatzgeschäfte abgewickelt, stellt sich die Frage, wie von den besonderen Bewertungsvorschriften für Bewertungseinheiten auf die allgemeinen GoB überzugehen ist. Was das Sicherungsinstrument angeht, ergibt sich zunächst die Notwendigkeit, eine bislang noch nicht erfasste effektive Wertänderung in Bezug auf das abgesicherte Risiko festzuhalten. Unklar ist dagegen, wie die AK der zugehenden VG aus Beschaffungsgeschäften bzw. wie der Erlös für die erbrachte Lieferung oder Leistung bei Absatzgeschäften zu ermitteln sind.

> **Beispiel**
> U hat am 10.11.01 Waren zum Preis von 2 Mio. USD bestellt und zur Absicherung gegen das *Cashflow*-Risiko ein Devisentermingeschäft über die Kaufpreissumme abschlossen. Die Lieferung der Waren erfolgt am 1.2.02. Einen Tag später wird der Kaufpreis beglichen.
> Der Kurs Euro zu Dollar entwickelt sich wie folgt:
> 
> - 10.11.01: 1,00
> - 31.12.01: 1,25
> - 1.2.02: 1,25
> 
> Unterschiede zwischen Kassa- und Terminkurs bestehen nicht.
> Es liegt eine perfekte Sicherungsbeziehung vor. Die Wertänderung aus dem Termingeschäft kompensiert vollständig die währungsbedingte Wertänderung aus dem schwebenden Beschaffungsgeschäft.
> U bildet die Sicherungsbeziehung nach der Einfrierungsmethode ab.
> Zum 31.12.01 ist weder das Grundgeschäft noch das Termingeschäft bilanziell zu erfassen. Die am 1.2.02 zugehenden Waren bucht U mit ihren AK ein. Zu ihrer Ermittlung bestehen zwei Auffassungen. Nach Auffassung des IDW bildet der **Sicherungskurs** die Grundlage für die Umrechnung.[90] Es ermitteln sich AK von 2 Mio. EUR. Dazu ist der Wertverlust aus dem Termingeschäft von 0,4 Mio. EUR auf das Grundgeschäft zu übertragen. Die Verbindlichkeit geht mit ihrem Stichtagswert am 1.1.02 von 1,6 Mio. EUR zu. Das Sicherungsinstrument selbst ist – da es zunächst nicht glattgestellt wird – mit seinem beizulegenden Zeitwert von 0,4 Mio. EUR als Rückstellung anzusetzen. Mit der Begleichung der Kaufpreisverbindlichkeit am 2.2.02 und der Glattstellung des Devisentermingeschäfts sind die beiden Schuldposten auszubuchen.
> *Hoffmann/Lüdenbach* wollen dagegen die Waren mit den umgerechneten **AK im Zugangszeitpunkt** (1,6 Mio. EUR) einbuchen. Der Wertverlust aus dem Derivat ist als Aufwand in der GuV zu erfassen. Ihre abweichende

---

[89] BMJ, Gegenäußerung der Bundesregierung zur Stellungnahme des Bundesrates zum Entwurf eines Gesetzes zur Modernisierung des Bilanzrechts (Bilanzrechtsmodernisierungsgesetz – BilMoG) – BR-Drs. 344/08 (Beschluss) –, S. 3.
[90] So IDW RS BFA 6, Rn 44; IDW RS HFA 35, Rn 92 (bei Abwicklung geplanter Geschäfte).

> Auffassung begründen sie mit dem Hinweis, weder § 254 HGB noch andere Bilanzierungsgrundsätze lieferten eine Grundlage, beim Übergang auf die Einzelbilanzierung die gegenläufigen Wertänderungen aus dem Grundgeschäft und dem Sicherungsinstrument zu verrechnen.[91]

Bei Absatzgeschäften besteht eine analoge Diskussion: Umstritten ist hier, ob der Erlös für die erbrachte Lieferung oder Leistung auf Basis des gesicherten Kurses[92] oder des Kurses im Zeitpunkt der Leistungserbringung[93] zu ermitteln ist. Anders als bei Beschaffungsgeschäften führen die unterschiedlichen Sichtweisen bei der Abwicklung von Absatzgeschäften nicht zu einem abweichenden Gewinnausweis. Der Unterschied besteht allein darin, ob der Erfolg aus der Transaktion vollständig dem Absatzgeschäft zuzurechnen oder der auf die Wertänderung des Sicherungsinstruments entfallende Erfolgsanteil gesondert zu erfassen ist. Handelsrechtlich geht es damit nur um die Art des Ausweises in der GuV. Aufgrund einer unterschiedlichen steuerlichen Behandlung der beiden Teilerfolge können sich allerdings Auswirkungen auf die Höhe der Ertragsteuerlast ergeben. Das ist etwa der Fall, wenn der Verkauf von Beteiligungen gegen Fremdwährungsrisiken abgesichert wird.  48

Die wohl hM neigt der Auffassung des IDW zu und spricht sich für die Ermittlung der AK beschaffter VG bzw. des Umsatz- oder Veräußerungserlöses aus erbrachten Leistungen auf Basis des jeweiligen Sicherungskurses aus.[94] Die hiergegen von *Hoffmann/Lüdenbach* angeführten Argumente sind allerdings beachtlich. Eine abschließende Klärung wird der Rechtsprechung überlassen bleiben.  49

### 3.4 Beendigung einer Sicherungsbeziehung

Führt die Abwicklung von Grundgeschäft und Sicherungsinstrument zu **teilweise gegenläufigen, nicht zu bilanzierenden Zahlungsströmen** (z.B. bei der Absicherung von Fremdwährungsforderungen durch ein Devisentermingeschäft), ist mit IDW RS HFA 35 in der GuV eine Nettodarstellung zu favorisieren, bei der nur der Zahlungsüberhang erfolgswirksam wird. Das gilt unabhängig davon, ob das Unt die Sicherungsbeziehung nach der Einfrierungs- oder der Durchbuchungsmethode abgebildet hat.  50

Endet eine Sicherungsbeziehung vorzeitig durch **Veräußerung** oder **Glattstellung des Sicherungsinstruments**, ist bei Anwendung der Einfrierungsmethode wie folgt zu verfahren:[95]  51
- Der aus der Veräußerung oder Glattstellung vereinnahmte bzw. gezahlte Betrag ist erfolgsneutral mit dem Buchwert des Grundgeschäfts zu verrechnen, soweit er auf den wirksamen Teil der Sicherungsbeziehung entfällt.[96]
- Ein verbleibender Betrag ist vorrangig mit den für das Sicherungsinstrument aktivierten (z.B. Optionsprämie) bzw. passivierten (z.B. Rückstellung für Bewertungseinheiten) Beträgen zu verrechnen, im Übrigen erfolgswirksam zu erfassen.

---

[91] Vgl. *Hoffmann/Lüdenbach*, NWB-Kommentar Bilanzierung, 6. Aufl. 2015, § 254, Rn 89ff.
[92] So IDW RS BFA 6, Rn 22.
[93] So *Hoffmann/Lüdenbach*, NWB-Kommentar Bilanzierung, 6. Aufl. 2015, § 254, Rn 105.
[94] Vgl. z.B. *Förschle/Usinger*, in Beck Bil-Komm. 9. Aufl., § 254 HGB, Rn 54.
[95] Vgl. IDW RS HFA 35, Rn 87. Vgl. auch *Rimmelspacher/Fey*, WPg 2013, S. 998ff.
[96] A.A. für *Cashflow Hedges Rimmelspacher/Fey*, WPg 2013, S. 1004.

Bei Anwendung der Durchbuchungsmethode entfällt der erste Verrechnungsschritt, da er Teil der laufenden Bilanzierung ist.

**52** Fällt das Grundgeschäft **vor der Fälligkeit des Sicherungsinstruments** weg, ist das Sicherungsinstrument nach den allgemeinen Vorschriften einzeln zu bewerten. Eine daraus resultierende Anpassung des Buchwerts führt nur insoweit zu einem Ertrag oder Aufwand, als ihm wegen einer bestehenden Unwirksamkeit kein gegenläufiger Aufwand bzw. Ertrag aus dem Wegfall des Grundgeschäfts gegenübersteht.[97] Das gilt unabhängig davon, ob das Unt die Einfrierungsmethode oder die Durchbuchungsmethode anwendet.

**53** **Endet** eine zeitlich begrenzte Absicherung von VG oder Schulden gegen Wertänderungsrisiken **planmäßig**, sind die Vorschriften für Bewertungseinheiten letztmals zum Zeitpunkt der Beendigung der Sicherungsbeziehung anzuwenden. Hat das Unt von der Einfrierungsmethode Gebrauch gemacht, sind die Buchwerte von Grundgeschäft und Sicherungsinstrument in gleicher Weise anzupassen wie bei Anwendung der Durchbuchungsmethode. Die neuen Buchwerte bilden den Ausgangspunkt für die Folgebewertung.[98]

## 4 Abschließende Fallbeispiele zur Bildung von Bewertungseinheiten

**54**
**Beispiel**
Um sich gegen Risiken aus Grundgeschäften abzusichern, hat die B AG Sicherungsgeschäfte abgeschlossen, die im JA der B AG zum 31.12.01 nach § 254 HGB zu beurteilen sind.

**Sachverhalt 1:**
Zur Finanzierung ihrer Geschäftsaktivitäten hat die B AG im vergangenen Jahr ein Darlehen i. H. v. 8.000 TEUR aufgenommen. Für das Darlehen ist eine variable Verzinsung i. H. v. EURIBOR plus 70 bps (1 % = 100 bps) zu zahlen. Um sich gegen das Risiko eines Anstiegs der kurzfristigen Zinsen abzusichern, hat die B AG im laufenden Gj einen marktkonformen *Payer-Zinsswap* erworben. Dieser verpflichtet die Ges. zu einer festen Zinszahlung von 5,6 % auf Basis eines Kapitalbetrags von 8.000 TEUR. Im Gegenzug erhält sie aus der Vereinbarung variable Zinsen i. H. v. EURIBOR plus 30 bps. Nach einem Rückgang der Zinsen zum 31.12.01 weist der *Payer-Zinsswap* einen negativen Marktwert von 400 TEUR auf.

**Beurteilung:**
Das variabel verzinsliche Darlehen und die Swap-Vereinbarung sind geeignet, eine Bewertungseinheit i. S. d. § 254 HGB zu bilden.
Als Grundgeschäft designiert die B AG das variabel verzinsliche Darlehen. Das Sicherungsinstrument, der , soll das Risiko ausschalten, infolge eines Anstiegs der Marktzinsen höhere Zinszahlungen aus dem variabel verzinslichen Darlehen leisten zu müssen. Das Effektivitätserfordernis ist erfüllt, da

---

[97] IDW RS HFA 35, Rn 88.
[98] IDW RS HFA 35, Rn 89.

eine Änderung des EURIBOR kompensierende Wertänderungen von Grundgeschäft und Sicherungsinstrument Micro-Hedgenach sich zieht: Grundgeschäft und Sicherungsinstrument stimmen in allen wesentlichen Bedingungen überein (*Critical Terms MPayer-Zinsswapatch*). Der ist zu 100 % effektiv. Um eine Bewertungseinheit zu begründen, ist die Sicherungsbeziehung nachvollziehbar zu dokumentieren.

Da die beiden Geschäfte die Voraussetzungen einer Bewertungseinheit i.S.v. § 254 HGB erfüllen, sind die Rechtsfolgen von § 254 HGB zu beachten: Die beiden Geschäfte unterliegen jeweils für sich genommen nicht den Vorschriften von § 249 Abs. 1, § 252 Abs. 1 Nr. 3, 4 und § 253 Abs. 1 Satz 1 HGB zur Erfassung unrealisierter Verluste. Unrealisierte Verluste könnten nur für die Bewertungseinheit insgesamt zu erfassen sein. Die Überverzinslichkeit einer Darlehensverbindlichkeit gibt dazu nach hM keinen Anlass.

**Sachverhalt 2:**
Die B AG hat am 1.11.01 Vorräte in den USA zum Preis von 500 TUSD bestellt. Die Lieferung soll am 15.3.02, die Zahlung am 30.4.02 erfolgen.
Um dem Risiko einer Aufwertung des US Dollar zu begegnen, schließt die B AG zeitgleich mit der Bestellung ein Devisentermingeschäft über 500 TUSD per Ende April 02 ab. Es fallen keine AK an. Aufgrund eines im Zeitablauf fester notierenden US Dollars und eines übereinstimmenden Zinsniveaus im Euro- und US Dollar-Raum (10 %) entwickelt sich das Devisentermingeschäft (DTG) wie folgt:

| Datum | Kassakurs USD pro EUR | Zinsen Deutschland | Zinsen USA | Terminkurs USD pro EUR | DTG Fair Value [EUR] |
|---|---|---|---|---|---|
| 01.11.01 | 1,300 | 10 % | 10 % | 1,3000 | 0 |
| 31.12.01 | 1,240 | 10 % | 10 % | 1,2400 | 18.000 |
| 15.03.02 | 1,210 | 10 % | 10 % | 1,2100 | 28.252 |
| 30.04.02 | 1,190 | 10 % | 10 % | 1,1900 | 35.553 |

| Datum | Kassakurs USD pro EUR | Grundgeschäft Fair Value [EUR] | Grundgeschäft Aufzinsung [EUR] | Grundgeschäft Δ Fair Value [EUR] | DTG Δ Fair Value [EUR] | Effektivität |
|---|---|---|---|---|---|---|
| 01.11.01 | 1,300 | 365.857 | 0 | 0 | 0 | – |
| 31.12.01 | 1,240 | 390.006 | 372.006 | 18.000 | 18.000 | 1,00 |
| 15.03.02 | 1,210 | 408.090 | 379.838 | 28.252 | 28.252 | 1,00 |
| 30.04.02 | 1,190 | 420.168 | 384.615 | 35.553 | 35.553 | 1,00 |

**Beurteilung:**
Das Beschaffungsgeschäft und das Devisentermingeschäft sind geeignet, eine Bewertungseinheit i.S.d. § 254 HGB zu bilden. Auch in diesem Fall besteht nach der *Critical Terms Match*-Methode eine 100 %ige Effektivität.
Abzusicherndes Grundgeschäft ist die Vorratsbeschaffung in Fremdwährung, genauer die daraus resultierende Fremdwährungsverpflichtung. Als Sicherungsinstrument dient das Devisentermingeschäft. Die Sicherungsbeziehung schützt die B AG vor höheren Beschaffungskosten infolge eines Dollaranstiegs. Um eine Bewertungseinheit zu begründen, ist die Sicherungsbeziehung nachvollziehbar zu dokumentieren. In diesem Fall unterliegen die beiden Geschäfte für sich genommen nicht den Vorschriften der §§ 249 Abs. 1, 252 Abs. 1 Nr. 3, 4 und § 253 Abs. 1 Satz 1 HGB zur Erfassung unrealisierter Verluste.
Fraglich ist, ob die Bewertungseinheit im Abschluss der B AG nach der Durchbuchungsmethode abgebildet werden darf oder die Einfrierungsmethode zwingend ist. Die Durchbuchungsmethode ist dann unzulässig, wenn sie gegen das Vollständigkeitsgebot verstößt. Einen solchen Verstoß könnte man annehmen, wenn ein Aktiv- oder Passivposten für den schwebenden Einkaufskontrakt angesetzt wird. Das IDW scheint diesem Verständnis nicht zu folgen. IDW RS HFA 35 verlangt stattdessen, einen positiven Saldo von Ansprüchen und Verpflichtungen aus einem schwebenden Geschäft als sonstigen VG zu aktivieren.[99] Für einen negativen Saldo sieht § 249 Abs. 1 Satz 1 HGB ohnehin die Bildung einer Rückstellung vor. Diese Auslegung des Vollständigkeitsgebots überzeugt. Das in § 249 Abs. 1 Satz 1 HGB ausgesprochene implizite Bilanzierungsverbot für mindestens ausgeglichene schwebende Geschäfte ist durch § 254 Satz 1 HGB aufgehoben. Unabhängig davon hat der positive Saldo aus einem schwebenden Geschäft VG-Eigenschaft. Das zeigt sich spätestens bei einer Kaufpreisallokation, bei der etwa gewinnbringende Absatzgeschäfte als Teil des erworbenen Nettovermögens zu aktivieren sind.
Entscheidet sich die B AG im Beispiel zur Anwendung der Einfrierungsmethode, sind zum 31.12.01 keine Buchungen vorzunehmen. Bei einer Abbildung der Bewertungseinheit nach der Durchbuchungsmethode sind sowohl die Wertänderung des Grundgeschäfts als auch die des Sicherungsinstruments in der Bilanz zu erfassen. Zum 31.12.01 sind die folgenden Buchungen durchzuführen:

| Datum | Konto | Soll | Haben |
|---|---|---|---|
| 31.12.01 | Derivat aus Bewertungseinheit | 18.000 | |
| | Sonstige betriebliche Erträge | | 18.000 |

| Datum | Konto | Soll | Haben |
|---|---|---|---|
| 31.12.01 | Sonstige betriebliche Aufwendungen | 18.000 | |
| | Drohverlustrückstellung für Einkaufskontrakt | | 18.000 |

Alternativ besteht die Möglichkeit, die gegenläufigen Wertänderungen ausschließlich in der Bilanz, also ohne Berührung der GuV, zu erfassen. Da es

---

[99] Vgl. IDW RS HFA 35, Rn 80.

sich bei der Sicherungsbeziehung um einen perfekten *Hedge* handelt, wirken sich die Wertänderungen von Grund- und Sicherungsgeschäft nicht auf das Jahresergebnis der B AG aus.

**Sachverhalt 3:**
Abweichend von den Ausgangsdaten des Sachverhalts 2 sei von einem im Zeitablauf schwächer werdenden US Dollar ausgegangen. Dollarkurs [EUR/USD] und Devisentermingeschäft entwickeln sich in der Zeit bis zur Zahlung wie folgt:

| Datum | Kassakurs | Zinsen | | Terminkurs | DTG |
|---|---|---|---|---|---|
| | USD pro - EUR | Deutschland | USA | USD pro - EUR | Fair Value [EUR] |
| 01.11.01 | 1,300 | 10 % | 10 % | 1,3000 | 0 |
| 31.12.01 | 1,350 | 10 % | 10 % | 1,3500 | −13.778 |
| 15.03.02 | 1,380 | 10 % | 10 % | 1,3800 | −22.020 |
| 30.04.02 | 1,410 | 10 % | 10 % | 1,4100 | −30.005 |

| Datum | Kassakurs | Grundgeschäft | | | DTG | Effektivität |
|---|---|---|---|---|---|---|
| | USD pro - EUR | Fair Value [EUR] | Aufzinsung [EUR] | Δ Fair Value [EUR] | Δ Fair Value [EUR] | |
| 01.11.01 | 1,300 | 365.857 | 0 | 0 | 0 | – |
| 31.12.01 | 1,350 | 358.228 | 372.006 | −13.778 | −13.778 | 1,00 |
| 15.03.02 | 1,380 | 357.818 | 379.838 | −22.020 | −22.020 | 1,00 |
| 30.04.02 | 1,410 | 354.610 | 384.615 | −30.005 | −30.005 | 1,00 |

**Beurteilung:**
Der im Zeitablauf schwächer werdende US Dollar führt zu einem zunehmend negativen beizulegenden Zeitwert des Devisentermingeschäfts. Das Grundgeschäft, die Fremdwährungsverpflichtung aus der Vorratsbeschaffung, reduziert sich zu den einzelnen Stichtagen jeweils um den gleichen Betrag. Die gegenläufigen Wertänderungen gleichen sich aus. Beschaffungsgeschäft und Devisentermingeschäft bilden bei entsprechender Dokumentation eine Bewertungseinheit i. S. d. § 254 HGB. Ein unrealisierter Verlust könnte nur für die Bewertungseinheit insgesamt zu erfassen sein. Folgt man der hM, ist diese Voraussetzung im Beispiel erfüllt. Die bestellten Vorräte könnten am Abschlussstichtag um 13.778 EUR günstiger (nämlich zu einem niedrigeren US Dollarkurs) wiederbeschafft werden. Bei schwebenden Geschäften über den Erwerb aktivierungsfähiger VG ist eine Rückstellung zu passivieren, wenn der VG am Abschlussstichtag bei bereits erfolgter Lieferung auf den niedrigeren beizulegenden Wert abzuschreiben wäre.[100] Niedrigere Wiederbeschaffungskosten geben bei Beschaffungsgeschäften über Waren nach einer verbreiteten Auslegung des Imparitätsprinzips Anlass zur Bildung einer Drohverlustrück-

---

[100] Vgl. IDW RS HFA 4, Rn 31.

stellung. Diese opportunitätskostenorientierte Verlusterfassung wird zu Recht als Ausdruck einer übertriebenen Vorsicht zunehmend abgelehnt (s. § 253 Rz 295).[101] Der herkömmlichen Auslegung des Imparitätsprinzips folgend ergeben sich damit nach der Durchbuchungsmethode zum 31.12.01 die folgenden Buchungen. Überzeugender ist demgegenüber der Verzicht auf die Bildung einer Drohverlustrückstellung zum 31.12.01.

| Datum | Konto | Soll | Haben |
|---|---|---|---|
| 31.12.01 | Sonstige betriebliche Aufwendungen | 13.778 | |
| | Derivat aus Bewertungseinheit | | 13.778 |

| Datum | Konto | Soll | Haben |
|---|---|---|---|
| 31.12.01 | Sonstiger VG aus Einkaufskontrakt | 13.778 | |
| | Sonstige betriebliche Erträge | | 13.778 |

| Datum | Konto | Soll | Haben |
|---|---|---|---|
| 31.12.01 | Sonstige betriebliche Aufwendungen | 13.778 | |
| | Drohverlustrückstellung | | 13.778 |

Auf den Ausweis der gegenläufigen Aufwendungen und Erträge in der GuV kann erneut verzichtet werden.
Wird die Bewertungseinheit eingefroren, entfallen die ersten beiden Buchungen. Die Vorräte sind bei Lieferung nach hM mit ihren fixierten AK von 379.838 EUR einzubuchen (vgl. zur Gegenmeinung Rz 49). Dazu ist der für das Beschaffungsgeschäft zum 15.3.02 aktivierte Betrag (22.020 EUR) auf die Waren zu übertragen. Darüber hinaus ist zum 15.3.02 eine Verbindlichkeit aus Lieferung und Leistung i. H. v. 357.818 EUR zu passivieren. Die zum 15.3.02 i. H. v. 22.020 EUR bestehende Drohverlustrückstellung ist im Zuge der Folgebewertung in eine Niederstwertabschreibung auf die Vorräte umzuwidmen. Die Vorräte stehen sodann mit 357.818 EUR zu Buche. Die Schuld aus dem Devisentermingeschäft hat sich zum 15.3.02 auf 22.020 EUR erhöht.
Um Verluste aus einem währungsbedingten Anstieg der Kaufpreisverbindlichkeit auszuschließen, liegt es nahe, die Sicherungsabsicht durch eine entsprechende Dokumentation bis zum Zeitpunkt der Tilgung dieser Schuld am 30.4.02 zu erstrecken. In diesem Fall heben sich die gegenläufigen Wertänderungen von Grundgeschäft (Fremdwährungsverbindlichkeit) und Sicherungsinstrument (Devisentermingeschäft) auf. Zum 30.4.02 ist das Derivat gegenüber der kontrahierenden Bank glattzustellen. Die sich aufrechnenden Gewinne und Verluste aus Kursschwankungen des US Dollars müssen in der GuV nicht gezeigt werden. Für die Folgebewertung der eingebuchten Waren gelten die Vorschriften des § 253 Abs. 4 Satz 1 HGB.

**Sachverhalt 4:**
Es gelten die Ausgangsdaten des Sachverhalts 2 mit der folgenden Modifikation: Der Terminkurs für den US Dollar weicht aufgrund niedrigerer US

---

[101] Vgl. auch *Kessler*, in *Küting/Pfitzer/Weber*, HdR, Stand 5/2014, HGB § 249, Rn 197.

Dollarzinsen von dem Kassakurs ab. Das Devisentermingeschäft entwickelt sich in der Zeit bis zur Lieferung der Vorräte wie folgt:

| Datum | Kassa-kurs USD pro - EUR | Zinsen Deutsch-land | USA | Ter-min-kurs USD pro - EUR | Devisentermingeschäft Fair Value [EUR] | Kassa-komp. | Diffe-renz |
|---|---|---|---|---|---|---|---|
| 01.11.01 | 1,300 | 10 % | 5 % | 1,2679 | 0 | 0 | 0 |
| 31.12.01 | 1,240 | 10 % | 5 % | 1,2195 | 15.137 | 18.000 | −2.863 |
| 15.03.02 | 1,210 | 10 % | 5 % | 1,2025 | 21.195 | 28.252 | −7.057 |
| 30.04.02 | 1,190 | 10 % | 5 % | 1,1900 | 25.816 | 35.553 | −9.737 |

| Datum | Kassa-kurs USD pro EUR | Grundgeschäft Fair Value [EUR] | Aufzin-sung [EUR] | Δ Fair Value [EUR] | DTG Δ Fair Value [EUR] | Effektivi-tät |
|---|---|---|---|---|---|---|
| 01.11.01 | 1,300 | 365.857 | 0 | 0 | 0 | – |
| 31.12.01 | 1,240 | 390.006 | 372.006 | 18.000 | 15.137 | 1,19 |
| 15.03.02 | 1,210 | 408.090 | 379.838 | 28.252 | 21.195 | 1,33 |
| 30.04.02 | 1,190 | 420.168 | 384.615 | 35.553 | 25.816 | 1,38 |

**Beurteilung:**
Die *Fair Value*-Änderung des Devisentermingeschäfts ist von zwei Effekten beeinflusst: Erstens notiert der US Dollar im Zeitablauf fester. Das lässt das Devisentermingeschäft im Wert ansteigen. In die entgegengesetzte Richtung wirkt der Zinsunterschied zwischen Deutschland und den USA: Unter der Annahme eines konstanten Kassakurses könnte der US Dollar – aufgrund der im Zeitablauf abnehmenden Differenz zwischen Kassa- und Terminkurs – zunehmend günstiger erworben werden als zum 1.11.01 im Devisentermingeschäft kontrahiert. Das wirkt sich negativ auf den Fair Value des Devisentermingeschäfts aus.

Designiert die B AG das Devisentermingeschäft auf Basis des Terminkurses als Sicherungsinstrument, ergeben sich die in der unteren Tabelle dargestellten Effektivitäten. Der Zinsunterschied führt zu einer partiellen Ineffektivität der Sicherungsbeziehung. Die für die Möglichkeit einer Verschuldung in US Dollar und einer Anlage der Mittel zu höheren Euro-Zinsen gezahlte Prämie verflüchtigt sich im Zeitablauf.

Soweit eine Sicherungsbeziehung ineffektiv ist, greifen nach § 254 HGB die §§ 253, 249 HGB. Dementsprechend treten zum 31.12.01 die Rechtsfolgen des § 254 HGB nur in dem Umfang ein, wie sich die Wertänderungen aus Grund- und Sicherungsgeschäft aufheben. Im Beispiel übersteigt die negative Veränderung des beizulegenden Zeitwerts der Kaufpreisverpflichtung die positive Wertänderung des Sicherungsgeschäfts. In Höhe der Differenz ist damit die Bildung einer Rückstellung für Bewertungseinheiten veranlasst. Zum 31.12.01 erfordert die Durchbuchungsmethode mithin die folgenden Buchungen:

| Datum | Konto | Soll | Haben |
|---|---|---|---|
| 31.12.01 | Derivat aus Bewertungseinheit | 15.137 | |
| | Sonstige betriebliche Erträge | | 15.137 |

| Datum | Konto | Soll | Haben |
|---|---|---|---|
| 31.12.01 | Sonstige betriebliche Aufwendungen | 15.137 | |
| | Drohverlustrückstellung aus Einkaufskontrakt | | 15.137 |

| Datum | Konto | Soll | Haben |
|---|---|---|---|
| 31.12.01 | Sonstige betriebliche Aufwendungen | 2.863 | |
| | Rückstellung für Bewertungseinheiten | | 2.863 |

Bildet die B AG die Bewertungseinheit nach der Einfrierungsmethode ab, fallen die beiden ersten Buchungen weg.

### Sachverhalt 5

Es gelten die Ausgangsdaten des Sachverhalts 2 mit folgender Modifikation: Um eine in 02 **geplante Beschaffung** von Vorräten gegen einen Dollaranstieg abzusichern, hat die B AG am 1.11.01 ein Devisentermingeschäft im Umfang von 500 TUSD abgeschlossen. Dollarkurs und Devisentermingeschäft haben sich bis zum Abschlussstichtag wie folgt entwickelt:

| Datum | Kassakurs USD pro - EUR | Zinsen Deutschland | USA | Terminkurs USD pro - EUR | Devisentermingeschäft Fair Value [EUR] | Kassakomp. | Differenz |
|---|---|---|---|---|---|---|---|
| 01.11.01 | 1,300 | 10 % | 5 % | 1,2679 | 0 | 0 | 0 |
| 31.12.01 | 1,350 | 10 % | 5 % | 1,3277 | −17.175 | −13.778 | −3.397 |
| 15.03.02 | 1,380 | 10 % | 5 % | 1,3714 | −29.392 | −22.020 | −7.372 |
| 30.04.02 | 1,410 | 10 % | 5 % | 1,4100 | −39.742 | −30.005 | −9.737 |

| Datum | Kassakurs USD pro EUR | Grundgeschäft Fair Value [EUR] | Aufzinsung | Δ Fair Value [EUR] | DTG Δ Fair Value [EUR] | Effektivität |
|---|---|---|---|---|---|---|
| 01.11.01 | 1,300 | 365.857 | 0 | 0 | 0 | – |
| 31.12.01 | 1,350 | 358.228 | 372.006 | −13.778 | −17.175 | 0,80 |
| 15.03.02 | 1,380 | 357.818 | 379.838 | −22.020 | −29.392 | 0,75 |
| 30.04.02 | 1,410 | 354.610 | 384.615 | −30.005 | −39.742 | 0,76 |

### Beurteilung:

Antizipative Grundgeschäfte bilden nach § 254 HGB absicherungsfähige Grundgeschäfte, wenn die erwartete Transaktion so gut wie sicher zustande kommt. Entscheidet sich das Unt für die Bildung einer Bewertungseinheit, unterliegt das Devisentermingeschäft erneut keiner separaten Bewertung. Die währungsinduzierten Wertänderungen sind stattdessen zusammen mit jenen des geplanten Grundgeschäfts nach den Regeln des § 254 HGB zu würdigen.

Im vorliegenden Sachverhalt weist das Devisentermingeschäft aufgrund eines im Zeitablauf schwächer werdenden US Dollars einen zunehmend negativen beizulegenden Zeitwert auf. Verstärkt wird dieser Effekt durch den sich verflüchtigenden Zinsvorteil in Deutschland gegenüber den USA. Designiert die B AG das Devisentermingeschäft auf Basis des Terminkurses als Sicherungsinstrument, führt das Zinsgefälle zu einer partiellen Ineffektivität der Sicherungsbeziehung. Die Bilanzierung des ineffektiven Teils der Sicherungsbeziehung folgt nach den einschlägigen Regeln.

Die Sicherungsbeziehung kann in der Bilanz der B AG nur nach der Einfrierungsmethode abgebildet werden, da andernfalls unter Verletzung des Vollständigkeitsgebots für eine lediglich erwartete Transaktion ein VG anzusetzen wäre.

Zum 31.12.01 ist i. H. des ineffektiven Teils der Sicherungsbeziehung, also des auf Zinskomponente des Devisentermingeschäfts zurückgehenden negativen Zeitwerts, eine Rückstellung für Bewertungseinheiten zu passivieren:

| Datum | Konto | Soll | Haben |
|---|---|---|---|
| 31.12.01 | Sonstige betriebliche Aufwendungen | 3.397 | |
| | Rückstellung für Bewertungseinheiten | | 3.397 |

Die sich gegenseitig kompensierenden Wertänderungen von Grundgeschäft und Sicherungsinstrument aus der Änderung des Kassakurses des US Dollars bleiben bilanziell unberücksichtigt.

Obwohl die Vorräte zum Abschlussstichtag währungsbedingt um 13.778 EUR günstiger erworben werden könnten als zum Zeitpunkt der Begründung der Bewertungseinheit, ist die Bildung einer Drohverlustrückstellung mangels eines schwebenden Geschäfts nicht veranlasst. Der Schwebezustand eines Geschäfts beginnt erst mit dem rechtswirksamen Abschluss der einschlägigen Verträge. Erwartete Transaktionen begründen weder einen Anspruch noch eine Verpflichtung.[102]

---

[102] Vgl. IDW RS HFA 4, Rn 7.

## § 255 BEWERTUNGSMASSSTÄBE

(1) ¹Anschaffungskosten sind die Aufwendungen, die geleistet werden, um einen Vermögensgegenstand zu erwerben und ihn in einen betriebsbereiten Zustand zu versetzen, soweit sie dem Vermögensgegenstand einzeln zugeordnet werden können. ²Zu den Anschaffungskosten gehören auch die Nebenkosten sowie die nachträglichen Anschaffungskosten.³ Anschaffungspreisminderungen sind abzusetzen.

(2) ¹Herstellungskosten sind die Aufwendungen, die durch den Verbrauch von Gütern und die Inanspruchnahme von Diensten für die Herstellung eines Vermögensgegenstands, seine Erweiterung oder für eine über seinen ursprünglichen Zustand hinausgehende wesentliche Verbesserung entstehen. ²Dazu gehören die Materialkosten, die Fertigungskosten und die Sonderkosten der Fertigung sowie angemessene Teile der Materialgemeinkosten, der Fertigungsgemeinkosten und des Werteverzehrs des Anlagevermögens, soweit dieser durch die Fertigung veranlasst ist. ³Bei der Berechnung der Herstellungskosten dürfen angemessene Teile der Kosten der allgemeinen Verwaltung sowie angemessene Aufwendungen für soziale Einrichtungen des Betriebs, für freiwillige soziale Leistungen und für die betriebliche Altersversorgung einbezogen werden, soweit diese auf den Zeitraum der Herstellung entfallen. ⁴Forschungs- und Vertriebskosten dürfen nicht einbezogen werden.

(2a) ¹Herstellungskosten eines selbst geschaffenen immateriellen Vermögensgegenstands des Anlagevermögens sind die bei dessen Entwicklung anfallenden Aufwendungen nach Absatz 2. ²Entwicklung ist die Anwendung von Forschungsergebnissen oder von anderem Wissen für die Neuentwicklung von Gütern oder Verfahren oder die Weiterentwicklung von Gütern oder Verfahren mittels wesentlicher Änderungen. ³Forschung ist die eigenständige und planmäßige Suche nach neuen wissenschaftlichen oder technischen Erkenntnissen oder Erfahrungen allgemeiner Art, über deren technische Verwertbarkeit und wirtschaftliche Erfolgsaussichten grundsätzlich keine Aussagen gemacht werden können. ⁴Können Forschung und Entwicklung nicht verlässlich voneinander unterschieden werden, ist eine Aktivierung ausgeschlossen.

(3) ¹Zinsen für Fremdkapital gehören nicht zu den Herstellungskosten. ²Zinsen für Fremdkapital, das zur Finanzierung der Herstellung eines Vermögensgegenstands verwendet wird, dürfen angesetzt werden, soweit sie auf den Zeitraum der Herstellung entfallen; in diesem Falle gelten sie als Herstellungskosten des Vermögensgegenstands.

(4) ¹Der beizulegende Zeitwert entspricht dem Marktpreis. ²Soweit kein aktiver Markt besteht, anhand dessen sich der Marktpreis ermitteln lässt, ist der beizulegende Zeitwert mit Hilfe allgemein anerkannter Bewertungsmethoden zu bestimmen. ³Lässt sich der beizulegende Zeitwert weder nach Satz 1 noch nach Satz 2 ermitteln, sind die Anschaffungs- oder Herstellungskosten gem. § 253 Abs. 4 fortzuführen. ⁴Der zuletzt nach Satz 1 oder 2 ermittelte beizulegende Zeitwert gilt als Anschaffungs- oder Herstellungskosten im Sinn des Satzes 3.

Prof. Dr. Gerd Waschbusch (Abs. 1)/Prof. Dr. Stefan Müller/Dr. Markus Kreipl (Abs. 2 und 3)/WP StB CVA Klaus Bertram (Abs. 2a)/WP StB Dr. Stefan Tichy/CPA StB MBLT (Jur.) Prof. Ralph Brinkmann (Abs. 4)

## Inhaltsübersicht

| | | Rz |
|---|---|---|
| 1 | Begriff der Anschaffungskosten (Abs. 1) | 1–16 |
| 1.1 | Grundlegendes | 1–2 |
| 1.2 | Anschaffungsvorgang | 3–16 |
| 1.2.1 | Erwerb | 3–7 |
| 1.2.2 | Zustand der Betriebsbereitschaft | 8–16 |
| 2 | Umfang der Anschaffungskosten (Abs. 1) | 17–76 |
| 2.1 | Ermittlungsschema | 17 |
| 2.2 | Anschaffungspreis | 18–57 |
| 2.2.1 | Rechnungsbetrag und USt | 18–19 |
| 2.2.2 | Sonderfälle bei der Ermittlung des Anschaffungspreises | 20–57 |
| 2.2.2.1 | Anschaffungspreis in Fremdwährung | 20–25 |
| 2.2.2.2 | Erwerb auf Ziel zu unüblichen Konditionen | 26–28 |
| 2.2.2.3 | Erwerb durch Tausch | 29–32 |
| 2.2.2.4 | Unentgeltlicher Erwerb | 33–36 |
| 2.2.2.5 | Nicht aufgeteilter Gesamtkaufpreis | 37–41 |
| 2.2.2.6 | Leasing | 42–44 |
| 2.2.2.7 | Erwerb auf Rentenbasis | 45–48 |
| 2.2.2.8 | Erwerb im Versteigerungsverfahren | 49–50 |
| 2.2.2.9 | Anschaffungskosten bei Sacheinlagen | 51–53 |
| 2.2.2.10 | Anschaffungskosten bei Unternehmensumstrukturierungen | 54–57 |
| 2.3 | Anschaffungsnebenkosten | 58–63 |
| 2.4 | Nachträgliche Anschaffungskosten | 64–67 |
| 2.5 | Anschaffungspreisminderungen | 68–76 |
| 2.5.1 | Grundlegendes | 68 |
| 2.5.2 | Rabatte, Boni, Skonti | 69–71 |
| 2.5.3 | Erhaltene Zuwendungen | 72–76 |
| 3 | Herstellungskosten (Abs. 2) | 77–179 |
| 3.1 | Inhalt und Regelungszweck | 77–79 |
| 3.2 | Begriff der Herstellungskosten (Abs. 2 Satz 1) | 80–100 |
| 3.2.1 | Grundlegendes und Angrenzung zu den Anschaffungskosten | 80–82 |
| 3.2.2 | Vorgang der Herstellung | 83–100 |
| 3.2.2.1 | Herstellung im engeren Sinn (Neuschaffung) | 85–86 |
| 3.2.2.2 | Herstellung im weiteren Sinn (nachträgliche Herstellung) | 87–93 |
| 3.2.2.3 | Zeitraum der Herstellung | 94–100 |

3.3 Umfang der Herstellungskosten (Abs. 2 Sätze 2–4, Abs. 3) 101–152
    3.3.1 Herstellungskostenuntergrenze und -obergrenze .. 101–103
    3.3.2 Abgrenzung von Einzel- und Gemeinkosten ..... 104–107
        3.3.2.1 Einzelkosten. ...................... 104–105
        3.3.2.2 Gemeinkosten ................... 106
        3.3.2.3 Unechte Gemeinkosten ............. 107
    3.3.3 Grundsatz der Angemessenheit ............... 108–109
    3.3.4 Die Pflichtbestandteile im Einzelnen (Abs. 2 Satz 2) 110–133
        3.3.4.1 Materialeinzelkosten ............... 110–114
        3.3.4.2 Fertigungseinzelkosten. ............. 115–116
        3.3.4.3 Sondereinzelkosten der Fertigung. ..... 117–124
        3.3.4.4 Materialgemeinkosten .............. 125–127
        3.3.4.5 Fertigungsgemeinkosten. ............ 128–129
        3.3.4.6 Werteverzehr des Anlagevermögens .... 130–133
    3.3.5 Die Einbeziehungswahlrechte im Einzelnen
        (Abs. 2 Satz 3, Abs. 3 Satz 2) ................ 134–144
        3.3.5.1 Allgemeine Verwaltungskosten. ....... 134–137
        3.3.5.2 Aufwendungen für soziale Einrichtungen
            des Betriebs ..................... 138–139
        3.3.5.3 Aufwendungen für freiwillige soziale
            Leistungen ...................... 140–141
        3.3.5.4 Aufwendungen für die betriebliche
            Altersversorgung .................. 142–143
        3.3.5.5 Bestimmte Fremdkapitalzinsen. ....... 144
    3.3.6 Einbeziehungsverbote (Abs. 2 Satz 4, Abs. 3 Satz 1) 145–151
        3.3.6.1 Forschungskosten (Abs. 2 Satz 4) ...... 145–146
        3.3.6.2 Vertriebskosten (Abs. 2 Satz 4) ........ 147–150
        3.3.6.3 Fremdkapitalzinsen (Abs. 3 Satz 1) ..... 151
    3.3.7 Behandlung von Steuern .................... 152
3.4 Anpassung der Kosten- und Leistungsrechnung an die
    geänderten Abbildungsregeln ...................... 153–167
    3.4.1 Grundlegendes .......................... 153
    3.4.2 Kostenartenrechnung ..................... 154–159
    3.4.3 Kostenstellenrechnung .................... 160–163
    3.4.4 Kostenträgerrechnung ..................... 164–167
3.5 Beispiel für die Herstellungskostenerfassung. .......... 168–171
3.6 Herstellungskostenerfassung im Kontext einer GuV-Ver-
    fahrensumstellung. ............................. 172–179
    3.6.1 Wechsel vom GKV auf das UKV nach HGB ..... 175–177
    3.6.2 Überleitung vom GKV nach HGB auf das UKV
        nach IFRS ............................... 178–179
4 Herstellungskosten eines selbst geschaffenen immateriellen
   Vermögensgegenstands des Anlagevermögens (Abs. 2a) ...... 180–200
   4.1 Abgrenzung Forschung und Entwicklung............. 180–189
   4.2 Erstmalige Bewertung............................ 190–192
   4.3 Folgebewertung ................................ 193–200

| | | |
|---|---|---|
| 5 | Zinsen für Fremdkapital (Abs. 3)............................ | 201–208 |
| | 5.1 Grundsätzliches Aktivierungsverbot.................. | 201–205 |
| | 5.2 Ausnahme vom Aktivierungsverbot in bestimmten Fällen. | 206–208 |
| 6 | Beizulegender Zeitwert (Abs. 4)............................. | 209–262 |
| | 6.1 Übersicht........................................... | 209–224 |
| |     6.1.1 Inhalt und Zweck.............................. | 209–217 |
| |     6.1.2 Anwendungsbereich........................... | 218–224 |
| |         6.1.2.1 Sachlich............................ | 218–222 |
| |         6.1.2.2 Zeitlich............................ | 223–224 |
| | 6.2 Ermittlung des beizulegenden Zeitwerts................ | 225–262 |
| |     6.2.1 Marktpreis als beizulegender Zeitwert (Abs. 4 Satz 1)....................................... | 228–242 |
| |         6.2.1.1 Aktiver Markt...................... | 228–235 |
| |         6.2.1.2 Verlässliche Ermittlung.............. | 236 |
| |         6.2.1.3 Marktpreis......................... | 237–242 |
| |     6.2.2 Allgemein anerkannte Bewertungsmethoden (Abs. 4 Satz 2)............................... | 243–254 |
| |         6.2.2.1 Grundsätze zur Methodenwahl....... | 243–247 |
| |         6.2.2.2 Mögliche Bewertungsmethoden....... | 248–254 |
| |     6.2.3 Fortführung der Anschaffungs- oder Herstellungskosten (Abs. 4 Sätze 3 u. 4)........................ | 255–262 |
| 7 | Änderungen durch das BilRUG........................ | 263–264 |
| | 7.1 Überblick.......................................... | 263 |
| | 7.2 Anschaffungskosten (Abs. 1)........................ | 264 |

**Ergänzendes Schrifttum**

*Arbeitskreis „Immaterielle Werte im Rechnungswesen der Schmalenbach-Gesellschaft für Betriebswirtschaft e. V."*: Leitlinien zur Bilanzierung selbstgeschaffener immaterieller Vermögensgegenstände des Anlagevermögens nach dem Regierungsentwurf des BilMoG, DB 2008, S. 1813; *Bauer/Kirchmann/Saß*, Mögliche Auswirkungen der Änderungen durch das Bilanzrechtsmodernisierungsgesetz (BilMoG) auf die kommunale Doppik, WPg 2009, S. 143; *Beater*, Zur Abgrenzung von Herstellungs- und Erhaltungsaufwand bei Softwareumstellungen, DStR 1990, S. 201; *Beck*, Anschaffungsnaher Aufwand und das BMF-Schreiben vom 18.7.2003, DStR 2003, S. 1462; *Beiser*, Die Angemessenheit der Material- und Fertigungsgemeinkosten im Rahmen der Herstellungskosten, DB 2003, S. 2557; *Beiser*, Herstellungskosten bei Gebäuden: Opfertheorie trotz Gebäudeabbruch?, DB 2004, S. 2007; *Bieg/Kußmaul/Waschbusch*, Externes Rechnungswesen, 6. Aufl. 2012; *Böcking/Torabian*, Zeitwertbilanzierung von Finanzinstrumenten des Handelsbestands nach dem Entwurf eines BilMoG, BB 2008, S. 265; *Boecker/Künkele*, Forschung und Entwicklung im Fokus – Gemeinsamkeiten und Unterschiede zwischen IFRS und HGB i.d.F. des BilMoG, IRZ 2010, S. 484; *Brinkmann/Leibfried/Zimmermann*, Die Subprime-Kreditkrise im Spiegel der Rechnungslegung, IRZ 2008, S. 333; *Christiansen*, Der Umfang der steuerlich aktivierungspflichtigen Herstellungskosten, StBp 1991, S. 201; *Döllerer*, Anschaffungskosten und Herstellungskosten nach neuem Aktienrecht unter Berücksichtigung des Steuerrechts, BB 1966, S. 1405; *Dziadkowski,* Bilanzhilfsposten und Bewertungshilfen im künftigen Handelsrecht, BB 1982, S. 1336; *Fasold,* Fremdkapitalzinsen und 4. EG-(Bilanz-)RL, DB 1980, S. 12; *Fischer,* Abschied vom anschaffungsnahen (Herstellungs-)Aufwand, DStZ 2002, S. 860; *Fischer/Klein,* Einsatz der Prozeßkostenrechnung zur Ermittlung bilanzieller Herstellungskosten, ZfB 1995, S. 1255; *Flies,* Herstellungskosten oder Aufwendungen zur Instandhaltung?, DStZ 1996, S. 584; *Freidank,* Der Einsatz des innerbetrieblichen Rechnungswesens zum Zwecke der Herstellungskostenermittlung, 1981; *Froschhammer/Haller,* IFRS-Konvergenz im Rahmen der BilMoG-Erstanwendung, KoR 2012, S. 17; *Frotscher,* EStG, 6. Aufl. 1998ff.; *Funnemann,* Herstellungs- und Erhaltungsaufwendungen im Lichte nationaler und internationaler Rechnungslegungsgrundsätze, 2002; *Glade,* Wesentlichkeitsgrundsatz und nachträgliche Herstellungskosten, DB 1997, S. 296; *Goldschmidt/Weigel,* Die Bewertung von Finanzinstrumenten bei Kreditinstituten in illiquiden Märkten nach IAS 39 und HGB, WPg 2009, S. 192; *Greinert,* Herstellungskosten einer Marke, KoR 2003, S. 328; *Grützner,* Anschaffungsnaher Herstellungsaufwand bei Gebäuden, BBK Fach 13, S. 4799; *Hartung,* Herstellungskosten bei Kuppelproduktion: Zugleich eine Erwiderung auf die Ausführungen von Bachem, BB 1997, S. 1037, 1627; *Hartung,* Ist die deutsche Herstellungskostenobergrenze richtlinienkonform?, BB 1992, S. 2392; *Hartung,* Lohnfortzahlung im Krankheitsfall und bilanzielle Herstellungskosten, BB 1991, S. 872; *Haupt,* Aktivierung von Bauzeitzinsen und anderer Herstellungskosten – alte Lösungen für neue Probleme, DStR 2008, S. 1814; *Helke/Wiechens/Klaus,* Zur Umsetzung der HGB-Modernisierung durch das BilMoG: Die Bilanzierung von Finanzinstrumenten, DB 2009, Beil. Nr. 5, S. 30; *Hennrichs,* Immaterielle Vermögensgegenstände nach dem Entwurf des Bilanzrechtsmodernisierungsgesetzes (BilMoG), DB 2008, S. 537; *Hergarten,* Die gesetzliche Kodifizierung des „anschaffungsnahen Aufwandes", DStR 2003, S. 397; *Hiller,* Anschaffungsnaher Aufwand, INF 2004, S. 663; *Hoffmann,* Abschied des BFH vom anschaffungsnahen Herstellungsaufwand, StuB 2002, S. 650; *Horlemann,* Finanzierungskosten als Teil der Herstellungskosten von Immobilien, BB 1986, S. 245; *Jachmann,* Wirtschaftsgutsbezogene Prüfung, ob Baumaßnahme zu Herstellungskosten oder zu Erhaltungsaufwand führt, jurisPR-SteuerR 9/2008, Anm. 2; *Jessen/Haaker,* Zur Fair Value-Bewertung im „modernisierten" Handelsrecht – Ein Plädoyer für einen hinreichenden Gläubigerschutz, DStR 2009, S. 499; *Jung,* Die Aktivierung von Zinsen als Teil der Anschaffungs-/Herstellungskosten in den USA und in der Bundesrepublik, DB 1981, S. 1577; *Kahle,* Bilanzierung der langfristigen Auftragsfertigung nach HGB und US-GAAP – Zugleich ein Beitrag zur Fortentwicklung der Rechnungslegung, StuB 2002, S. 1201; *Kahle/Haas,* Herstellungskosten selbst geschaffener immaterieller Vermögensgegenstände des Anlagevermögens, WPg 2010, S. 34; *Karrenbrock,* Vollkostenansatz ante portas: Die Neuregelung der bilanziellen Herstellungskosten nach dem Regierungsentwurf des BilMoG, in *Schmiel/Breithecker* (Hrsg.), Steuerliche Gewinnermittlung nach dem Bilanzrechtsmodernisierungsgesetz, 2008, S. 125; *Keitz/Wenk/Jagosch,* HGB-Bilanzierungspraxis nach BilMoG, DB 2011, S. 2445 (Teil 1) und S. 2503 (Teil 2); *Kessler/Kahl,* Forderungsverzicht – Anschaffungskosten, Herstellungskosten, Erhaltungsaufwand?, DB 2002, S. 2236; *Kirsch,* Ermittlung bilanzieller Herstellungskosten durch Anwendung der Prozeßkostenrechnung, WPg 1999, S. 281; *Klaus/Pelz*, Zum Referentenentwurf des Bilanzrechtsmodernisierungsgesetzes (BilMoG): Zeitwertbilanzierung von zu Handelszwecken erworbenen Finanzinstrumenten, DB 2008 Beil. Nr. 1, S. 24; *Kleinjohann*, Zur Abgrenzung von Herstellungs- und Erhaltungsaufwand in der Steuerbilanz, 1986; *Knobbe-Keuk*, Bilanz- und Unternehmenssteuerrecht, 9. Aufl., 1993; *Köhler*, Ausgewählte Einzelprobleme bei der Aktivierung von Fremdkapitalzinsen, StBp 1992, S. 220–230; *Köhler*, Bilanzpolitik durch die Aktivierung von Fremdkapitalzinsen als Herstellungskosten, BBK Fach 19 (5/2006), S. 579; *König*, Abgrenzung von Herstellungs- und Erhaltungsaufwand bei Softwareumstellungen, DStR 1992, S. 810; *Kraus-Grünewald*, Zur Bewertung von Halb- und Fertigerzeugnissen mit den Herstellungskosten, ZfbF 1994, S. 32; *Kreide*, Das Nicht-Aktivierungswahlrecht für selbst geschaffene immaterielle Vermögensgegenstände – Anwendungsfragen rund um die „ewigen Sorgenkinder des Bilanzrechts" –, KoR 2015, S. 148; *Kreipl*, Die Auswirkungen des Bilanzrechtsmodernisierungsgesetzes auf die Entscheidungs- und Wertrelevanz der handelsrechtlichen Rechnungslegung, 2010; *Krimpmann*, Vom Gesamtkostenverfahren zum Umsatzkostenverfahren, Accounting 2005, S. 10; *Kühnberger*, Planmäßige Abschreibungen als Bestandteil der Herstellungskosten, BB 1997, S. 672; *Kußmaul*, Betriebswirtschaftliche Steuerlehre, 7. Aufl. 2014; *Kußmaul*, Die Ermittlung der handels- und steuerbilanziellen Herstellungskosten auf der Grundlage kostenrechnerischer Daten, StB 1992, S. 178; *Küting*, Aktuelle Probleme bei der Ermittlung der handelsrechtlichen Herstellungskosten, BB 1989, S. 587; *Küting*, Auswirkungen des neuen Handelsbilanzrechts auf die Wertuntergrenze der steuerrechtlichen Herstellungskosten, GmbHR 1987, S. 359; *Küting*, Die Ermittlung der Herstellungskosten nach den Änderungen durch das Bilanzrechtsmodernisierungsgesetz, StuB 2008, S. 419; *Küting/Cassel*, Vergleich der beiden Regelwerke – Anschaffungs- und Herstellungskosten nach HGB und IFRS, StuB 2011, S. 283; *Küting/Ellermann*, Herstellungskosten von selbst geschaffenen immateriellen Vermögensgegenständen des Anlagevermögens, DStR 2010, S. 1300; *Küting/Haeger*, Die Bedeutung des Maßgeblichkeitsprinzips für die Ermittlung der steuerbilanziellen Herstellungskosten, DStR 1988, S. 159; *Küting/Lorson*, Grundsatzfragen der Ermittlung von Herstellungskosten in der HB: Zum Hintergrund des BFH-Urteils vom 21.10.1993, DStR 1994, S. 666; *Laubach/Kraus/Bornhofen*, Die Bilanzierung selbst geschaffener immaterieller Vermögensgegenstände, DB 2009, Beil. Nr. 5, S. 19; *Löw/Scharpf/Weigel*, Auswirkungen des Regierungsentwurfs zur Modernisierung des Bilanzrechts auf die Bilanzierung von Finanzinstrumenten, WPg 2008, S. 1011; *Lorson/Fuhrmann*, Konzernrechnungslegung nach EU-IFRS 2012 – Fallstudie zur Erstellung eines IFRS-Konzernabschlusses (Teil 1: Aufstellungspflicht sowie IFRS-Bilanz und IFRS-GuV), KoR 2013, S. 261; *Mathiak*, Anschaffungs- und Herstellungskosten, in *Raupach* (Hrsg.), Werte und Wertermittlung im Steuerrecht, 1984, S. 97; *Moxter*, Aktivierungspflicht für selbst erstellte immaterielle Anlagewerte?, DB 2008, S. 1514; *Moxter*, Aktivierungspflichtige Herstellungskosten in Handels- und Steuerbilanz, BB 1988, S. 937; *Moxter*, Bilanzlehre, Bd. II, 3. Aufl. 1986; *Moxter*, Bilanzrechtsprechung, 5. Aufl. 1999; *Moxter*, Grundsätze ordnungsgemäßer Rechnungslegung, 2003; *Moxter*, Zur wirtschaftlichen Betrachtungsweise im Bilanzrecht, StuW 1989, S. 232; *Mujkanovic*, Die Bewertung von Finanzinstrumenten zum fair value nach BilMoG, StuB 2009, S. 329; *Oser*, Neue

Vorschriften zur Rechnungslegung und Prüfung durch das Bilanzrichtlinie-Umsetzungsgesetz – Anmerkungen zum RegE vom 07.01.2015, DB 2015, S. 197; *Pannen*, Bestandsaufnahme zur Abgrenzung von Anschaffungskosten, Herstellungskosten und Erhaltungsaufwand bei Instandsetzung und Modernisierung von Gebäuden, DB 2003, S. 2729; *Pezzer*, Die Instandsetzung und Modernisierung von Gebäuden nach der jüngsten Rechtsprechung des BFH, DB 1996, S. 849; *Pezzer*, Finanzgerichtsbarkeit im gewaltengeteilten Verfassungsstaat, DStR 2004, S. 525; *Prinz*, Der BilMoG-Regierungsentwurf und seine steuerlichen Auswirkungen – Überblick über die steuerlichen Konsequenzen für die Handels- und Steuerbilanz, BBK Fach 13 (18/2008), S. 5269; *Pyszka*, Steuerliche Aspekte des handelsbilanziellen Aktivierungswahlrechtes für Fremdkapitalzinsen als Teil der Herstellungskosten, DStR 1996, S. 809; *Quitmann/Jaenecke*, Bilanzierung von E-Books in der Verlagsbranche nach IFRS, KoR 2010, S. 88; *Rade*, „Angemessene" Herstellungskosten nach BilMoG – Keine Irrelevanz der Abgrenzung von Einzel- und Gemeinkosten, DStR 2011, S. 1334; *Rade/Stobbe*, Auswirkungen des Bilanzrechtsmodernisierungsgesetzes auf die Bilanzierung von Fußballspielerwerten in der HB, DStR 2009, S. 1109; *Rautenstrauch/Müller*, Stand und Entwicklung des Kosten- und Erlöscontrolling in kleinen und mittleren Unternehmen, DB 2007, S. 1821; *Richter/Künkele/Zwirner*, in *Petersen/Zwirner/Brösel* (Hrsg.), Systematischer Praxiskommentar Bilanzrecht, § 255 HGB, 2. Aufl. 2014; *Risthaus*, Abgrenzung der Herstellungskosten von Erhaltungsaufwendungen, BB 1997, S. 2453; *Ritzrow*, Umfang der Herstellungskosten nach Handels- und Steuerrecht, SteuerStud 2003, S. 261; *Rudolph*, Zur Aktivierung von Fremdkapitalzinsen, DB 1975, S. 1565; *Sauren*, Anmerkung zu den BFH-Urteilen vom 12.9.2001 (IX R 39/97 und IX R 52/00), DStR 2002, S. 1042; *Schäfer*, Herstellungskosten und Einbezug der Gemeinkosten, DStZ 1991, S. 430; *Scharfenberg*, Zu der Abgrenzung von Herstellungs- und Erhaltungsaufwand bei der Instandsetzung und Modernisierung von Gebäuden, DStR 1997, S. 473; *Scharpf/Schaber*, Bilanzierung von Bewertungseinheiten nach § 254 HGB-E (BilMoG), KoR 2008, S. 532; *Scheffler*, Besteuerung von Unternehmen, Bd. II: Steuerbilanz und Vermögensaufstellung, 4. Aufl. 2006; *Scheffler/Glaschke*, Bilanzielle Behandlung von Baumaßnahmen an bestehenden Gebäuden, Vorgehensweise im Steuerrecht und nach IAS/IFRS, in Steuern und Bilanzen 2006, S. 491; *Schmeisser/Steinle*, Sind die Lohnnebenkosten Bestandteil der handelsbilanziellen Wertuntergrenze der Herstellungskosten gem. § 255 Abs. 2 HGB?, DB 1987, S. 2317; *Schmidt*, Die BilMoG-Vorschläge zur Bilanzierung von Finanzinstrumenten, KoR 2008, S. 1; *Schmidtbauer*: Immaterielle Vermögenswerte in der Unternehmensrechnung: Abbildung im Jahresabschluss und Ansätze zur Steuerung, DStR 2004, S. 1445; *Schülke*, Zur Aktivierbarkeit selbst geschaffener immaterieller Vermögensgegenstände, DStR 2010, S. 992; *Schüttler/Berthold*, Bilanzierung ungeschützter Erfindungen am Beispiel von Arzneimitteln – Ungeahnte Aktivierungsmöglichkeiten dank BilMoG, DStR 2011, S. 932; *Schulze-Osterloh*, Herstellungskosten in der Handels- und Steuerbilanz, StuW 1989, S. 242; *Seidel/Grieger/Muske*, Bilanzierung von Entwicklungskosten nach dem BilMoG, BB 2009, S. 1286; *Selchert*, Fremdkapitalzinsen in der Kalkulation der bilanziellen Herstellungskosten, DB 1985, S. 2413; *Selchert*, Probleme der Unter- und Obergrenze von Herstellungskosten, BB 1986, S. 2298; *Söffing*, Anschaffungskosten – Herstellungskosten – anschaffungsnaher Aufwand, DStZ 2002, S. 587; *Söffing*, Der anschaffungsnahe

Aufwand, DB 1986, S. 662; *Söffing*, Der anschaffungsnahe Aufwand – Plädoyer für eine Streichung von § 6 Abs. 1 Nr. 1a EStG, DB 2004, S. 946; *Spindler*, Wie geht es weiter mit dem anschaffungsnahen Aufwand?, DB 2004, S. 507; *Spindler*, Zur Abgrenzung von Anschaffungskosten, Herstellungskosten und Erhaltungsaufwendungen bei grundlegenden Instandsetzungs- und Modernisierungsmaßnahmen an Gebäuden, insb. auch bei sog. anschaffungsnahen Aufwendungen, BB 2002, S. 2041; *Spindler*, Zur Abgrenzung von Herstellungs- und Erhaltungsaufwand bei Instandsetzungs- und Modernisierungsmaßnahmen an Gebäuden, DStR 1996, S. 765; *Stuhrmann*, Abgrenzung von Herstellungs- und Erhaltungsaufwendungen bei Instandsetzung und Modernisierung von Gebäuden, BB 1997, S. 658; *Tran*, Die Bilanzierung immaterieller Vermögensgegenstände nach BilMoG – Normative Erkenntnisse empirischer Befunde, KoR 2011, S. 538; *Velte/Sepetauz*, Ansatzwahlrecht für selbst geschaffene immaterielle Anlagegüter, BC 2010, S. 349; *Vogelsang*, Der Anwendungsbereich der BFH-Urteile vom 12.9.2001 zum anschaffungsnahen Aufwand nach der geplanten Wiedereinführung der 15 %-Grenze durch das Steuervergünstigungsabbaugesetz, DB 2003, S. 65; *Weber*, Die Einordnung von Sondereinzelkosten des Vertriebs aus handelsrechtlicher Sicht, DB 1987, S. 393; *Wedelstädt, von*, Anschaffungsnaher Aufwand: Nachträgliche Berücksichtigung der geänderten Rechtslage durch Änderung von Steuerbescheiden?, DB 2003, S. 362; *Weißenberger*, IFRS für Controller, 2007; *Weißenberger/Stromann*, Die Bedeutung von Prozesskosten für die Bewertung der Herstellungskosten nach § 255 Abs. 2 HGB, DBW 2000, S. 607; *Wichmann*, Die Bedeutung der Herstellung für die Bilanzierung nach dem HGB, DStR 1987, S. 718; *Wienand/Wolz*, Forschungs- und Entwicklungskosten im Mittelstand, KoR 2010, S. 130; *Wilhelm*, Bewertungswahlrechte bei den Herstellungskosten, BB 1991, S. 1151; *Witt*, Der Umfang der Herstellungskosten im handelsrechtlichen Jahresabschluß, 1997; *Wöhe*, Bilanzierung und Bilanzpolitik, 9. Aufl. 1997; *Wohlgemuth/Radde*, in *Böcking/Castan/Heymann/Pfitzer/Scheffler*, Beck'sches Handbuch der Rechnungslegung, B 162 Anschaffungskosten, Loseblatt, Stand 03/2015; *Wohlgemuth/Ständer*, Der Bewertungsmaßstab „Herstellungskosten" nach HGB und IAS – Darstellung der Besonderheiten und kritische Gegenüberstellung, WPg 2003, S. 203; *Zülch/Hoffmann*, Plädoyer für einen deutschen Weg der Zeitwertbewertung, DB 2009, S. 189.

# 1 Begriff der Anschaffungskosten (Abs. 1)

## 1.1 Grundlegendes

§ 255 Abs. 1 Satz 1 HGB definiert die **AK** als die Aufwendungen, die geleistet werden, um einen VG zu erwerben und ihn in einen betriebsbereiten Zustand zu versetzen. Derartige Aufwendungen müssen dem VG einzeln zuordenbar sein. Nach § 255 Abs. 1 Satz 2 HGB zählen zu den AK auch die Nebenkosten sowie die nachträglichen AK. Anschaffungspreisminderungen wie Boni oder Skonti reduzieren den ursprünglichen Anschaffungspreis (§ 255 Abs. 1 Satz 3 HGB).

1

2   Der Begriffsinhalt der AK gilt für alle bilanzierenden Kfl. Die AK stellen den **Zugangswert** dar, mit dem ein angeschaffter VG erstmals bilanziert wird. **Zweck der Bewertung eines VG zu AK** ist zum einen, die Anschaffung als einen **erfolgsneutralen Vorgang** abzubilden,[1] denn die AK eines erworbenen VG bestimmen sich durch die Gegenleistung des Erwerbers (Prinzip der Maßgeblichkeit der Gegenleistung).[2] Zum anderen stellen die AK grds. die **Wertobergrenze** dar, mit der von außerhalb des Unt bezogene VG bilanziell erfasst werden. Dies gilt auch für den Fall von (vermeintlich) überhöhten AK. Ein Kfm. wird nur bereit sein, den Betrag zur Erlangung eines VG zu leisten, der den Wert widerspiegelt, den er dem VG zum Zeitpunkt des Erwerbs (mindestens) beimisst. Erweisen sich die AK eines VG im Nachhinein tatsächlich als überhöht, so ist in der Folgebewertung eine Abwertung des VG auf den niedrigeren Stichtagswert durch die Vornahme einer außerplanmäßigen Abschreibung in Betracht zu ziehen.[3]

## 1.2 Anschaffungsvorgang

### 1.2.1 Erwerb

3   In Abgrenzung zur Herstellung eines VG handelt es sich bei der Anschaffung eines VG um den Zugang eines bereits existierenden VG von einem Dritten (Aspekt des Fremdbezugs). Der Anschaffungsvorgang beinhaltet den Erwerb eines VG sowie dessen erstmalige Versetzung in einen betriebsbereiten Zustand.

4   Unter dem **Erwerb eines VG** ist die Überführung eines VG aus einer fremden Verfügungsgewalt in die eigene Verfügungsgewalt zu verstehen.[4] Das Erlangen der eigenen Verfügungsgewalt findet im **Zeitpunkt des Übergangs des wirtschaftlichen Eigentums** an einem VG statt. Die wirtschaftliche Betrachtungsweise ist heranzuziehen, um einem Hauptzweck der Bilanz – der Darstellung eines zutreffenden Bildes der Vermögenslage – gerecht zu werden.[5]

5   Die Zuordnung von VG zum Vermögen eines Bilanzierenden richtet sich demzufolge nicht allein nach dem zivilrechtlichen Eigentum, sondern auch nach wirtschaftlichen Gesichtspunkten. Wirtschaftlicher Eigentümer eines VG ist, wer über einen VG die tatsächliche Sachherrschaft in einer Weise ausübt, die es ihm ermöglicht, den rechtlichen Eigentümer wirtschaftlich auf Dauer von der Einwirkung auf den VG auszuschließen.[6] Dem Herausgabeanspruch des rechtlichen Eigentümers darf hierbei keine nennenswerte wirtschaftliche Bedeutung zukommen. Die tatsächliche Sachherrschaft übt derjenige über einen VG aus,

---

[1] Vgl. *Bieg/Kußmaul/Waschbusch*, Externes Rechnungswesen, 6. Aufl. 2012, S. 136; *Moxter*, Bilanzlehre, Bd. II, 3. Aufl. 1986, S. 41 ff.
[2] Vgl. *ADS*, 6. Aufl. § 255 HGB, Rz 5.
[3] Vgl. *ADS*, 6. Aufl. § 255 HGB, Rz 18.
[4] Vgl. BFH, Urteil v. 24.5.1968, VI R 6/67, BStBl 1968 II S. 574; BFH, Urteil v. 3.8.1976, BStBl 1977 II S. 65.
[5] Vgl. dazu *Moxter*, Grundsätze ordnungsgemäßer Rechnungslegung, 2003, S. 63 ff.; *Moxter*, StuW 1989, S. 232 ff.
[6] Vgl. *Bieg/Kußmaul/Petersen/Waschbusch/Zwirner*, Bilanzrechtsmodernisierungsgesetz – Bilanzierung, Berichterstattung und Prüfung nach dem BilMoG, 2009, S. 37 ff.

dem – bezogen auf die wirtschaftliche Nutzungsdauer – Eigenbesitz, Gefahr, Nutzen und Lasten zustehen.[7]

**Beispiel**
Die im Elektroeinzelhandel tätige B-KG bestellt am 1.12.t1 bei dem Großhändler G-GmbH Schaltschränke im Gesamtwert von 50 TEUR. Die G-GmbH liefert die Schaltschränke am 15.12.t1 an die B-KG mit einem firmeneigenen Lkw aus. In den Lieferbedingungen behält sich die G-GmbH bis zur vollständigen Bezahlung der Waren das Eigentum an den gelieferten Schaltschränken vor. Außerdem wurde vereinbart, dass der Gefahrenübergang der Waren mit dem Zeitpunkt der Anlieferung beim Kunden erfolgen soll. Die Schaltschränke werden bei der B-KG auf Lager gelegt.

**Beurteilung**
Aufgrund des Eigentumsvorbehalts bleibt die G-GmbH bis zum Zeitpunkt der vollständigen Bezahlung der Waren rechtlicher Eigentümer der an die B-KG gelieferten Schaltschränke. Im Zeitpunkt der Anlieferung gingen allerdings der Besitz, die Gefahr des zufälligen Untergangs (Diebstahl, Schwund) sowie der Nutzen und die Lasten (möglicher Gewinn/Verlust aus dem Verkauf) der Schaltschränke auf die B-KG über. Die B-KG ist damit im Zeitpunkt der Anlieferung wirtschaftlicher Eigentümer der Schaltschränke geworden. Die VG sind deshalb dem bilanziellen Vermögen der B-KG zuzurechnen. Die B-KG hat die Schaltschränke zum 31.12.t1 zu bilanzieren, um in ihrer Bilanz ein den tatsächlichen Verhältnissen entsprechendes Bild der Vermögenslage zu zeigen.

**Beispiel**
Die X-OHG kauft am 1.7.t1 auf Rechnung einen Gabelstapler zum Preis von 16 TEUR. Der Gabelstapler wird am gleichen Tag beim Händler abgeholt. Die betriebsgewöhnliche Nutzungsdauer beträgt acht Jahre.
Die X-OHG hat am 1.7.t1 den Zugang des Gabelstaplers in der Buchhaltung abzubilden. Weiterhin ist am Bilanzstichtag der Wertverzehr für sechs Monate i. H. v. 1 TEUR durch die Verrechnung planmäßiger Abschreibungen (hier lineare Vorgehensweise) als Aufwand zu verbuchen.

Buchungssatz am 1.7.t1 (in TEUR):

| Datum | Konto | Soll | Haben |
|---|---|---|---|
| | Betriebs- und Geschäftsausstattung | 16 | |
| | Verbindlichkeiten aus L&L | | 16 |

Buchungssatz am Bilanzstichtag (31.12.t1) (in TEUR):

| Datum | Konto | Soll | Haben |
|---|---|---|---|
| | Abschreibungen auf Sachanlagen | 1 | |
| | Betriebs- und Geschäftsausstattung | | 1 |

---

[7] Vgl. BFH, Urteil v. 8.3.1977, VIII R 180/74, BStBl 1977 II S. 629; BFH, Urteil v. 22.8.1966, GrS 2166, BStBl 1966 III S. 672; BFH, Beschluss v. 12.6.1978, GrS 1/77, BStBl 1978 II S. 620.

6   Der Erwerbsvorgang ist grds. auf einen bestimmten Zeitpunkt bezogen. AK können jedoch auch bereits **vor dem eigentlichen Erwerb** und dem Übergang des (wirtschaftlichen) Eigentums anfallen. Bspw. sind die bei einem Grundstückskauf getätigten Aufwendungen wie Maklergebühren und Notarkosten bereits AK.[8] Diese Aufwendungen sind als Anschaffungsnebenkosten zu aktivieren; ihre Verrechnung als Aufwand der Periode ist aufgrund der bestehenden Aktivierungspflicht nicht zulässig (zu den Anschaffungsnebenkosten s. Rz 58 ff.). Der Erwerb eines VG beginnt also bereits dann, wenn die ersten Aufwendungen anfallen, die vom Erwerber zur Erlangung des (wirtschaftlichen) Eigentums an einem VG in Kauf genommen werden müssen.

7   Auch **nach dem Anschaffungszeitpunkt** können noch AK anfallen. In erster Linie handelt es sich dabei um nachträgliche AK sowie um Aufwendungen, die erforderlich sind, um einen VG in einen betriebsbereiten Zustand zu versetzen. Der Anschaffungsvorgang eines VG kann sich folglich über einen längeren Zeitraum erstrecken. Sämtliche in diesem Zeitraum anfallenden Aufwendungen, die mit dem Ziel in Kauf genommen werden, das (wirtschaftliche) Eigentum (final) an einem VG zu erlangen, stellen AK dar.[9]

### 1.2.2 Zustand der Betriebsbereitschaft

8   Neben dem Erwerb beinhaltet der Begriff des Anschaffungsvorgangs das Versetzen eines VG in den betriebsbereiten Zustand. Vor allem im Bereich des SAV findet der **Begriff der Betriebsbereitschaft** Verwendung. Ein VG gilt dann als betriebsbereit, wenn er entsprechend seiner Zweckbestimmung verwendet werden kann.[10] Welchen Zweck ein erworbener VG erfüllen soll, bestimmt der Erwerber. Die Zweckbestimmung beschreibt die konkrete Art und Weise, mit der der Erwerber den VG künftig zur Erzielung von Einnahmen nutzen will.[11]

9   Typische Aufwendungen, die in die AK einzubeziehen sind, um einen VG in Betriebsbereitschaft zu versetzen, sind:
- Aufwendungen für Fundamentierungsarbeiten,
- Aufwendungen für Montage- und Anschlussarbeiten,
- Aufwendungen für Probeläufe,
- Aufwendungen für innerbetriebliche Transporte.

10  Aufwendungen der vorstehenden Art dürfen allerdings als Teil der AK nur aktiviert werden, wenn sie dem erworbenen VG **einzeln** zugerechnet werden können und auf die Herstellung der Betriebsbereitschaft ausgerichtet sind (Zweckbezogenheit). Durch das Einbeziehen der Betriebsbereitschaftskosten in die AK soll der Vorgang der Anschaffung eines VG möglichst erfolgsneutral behandelt werden.

11  Vermögensgegenstände des UV (z. B. Vorräte) werden i. d. R. nicht in einen betriebsbereiten Zustand versetzt.

12  Umstritten ist die Einordnung von sog. **anschaffungsnahen Aufwendungen.** Hierbei handelt es sich um Aufwendungen, die bei der Instandsetzung bzw. der

---

[8]   Vgl. BFH, Urteil v. 13.10.1983, IV R 160/78, BStBl 1984 II S. 101.
[9]   Vgl. BFH, Urteil v. 24.2.1987, IX R 114/82, BStBl 1987 II S. 812 f.
[10]  Vgl. BFH, Urteil v. 12.9.2001, IX R 52/00, BStBl 2003 II S. 574.
[11]  Vgl. BFH, Urteil v. 12.9.2001, IX R 52/00, BStBl 2003 II S. 576.

Umrüstung von gebraucht erworbenen VG anfallen. Fraglich ist, ob es sich dabei um AK, HK oder einen laufenden Erhaltungsaufwand handelt.

Wird ein VG erworben, jedoch erst zu einem späteren Zeitpunkt in Betriebsbereitschaft versetzt, handelt es sich bei den damit verbundenen Aufwendungen ebenfalls um AK.

13

**Beispiel**

Die in der spanabhebenden Industrie tätige X-KG kauft am 2.1.t1 eine CNC-Fräsmaschine zu einem Preis von 165 TEUR. Die betriebsgewöhnliche Nutzungsdauer der CNC-Fräsmaschine beträgt sechs Jahre. Die CNC-Fräsmaschine wird zunächst nicht in der Produktion eingesetzt, sondern auf Lager vorgehalten. Am 15.4.t1 stößt die X-KG aufgrund voller Auftragsbücher an ihre Kapazitätsgrenze. Das Management beschließt daher, die auf Lager vorgehaltene CNC-Fräsmaschine umgehend in der Produktion einzusetzen. Zu diesem Zweck müssen jedoch zunächst ein Fundament gegossen sowie umfangreiche Installationsarbeiten durchgeführt werden. Insgesamt fallen hierfür 15 TEUR an. Die Arbeiten werden von einem externen Dienstleistungsunt durchgeführt. Die CNC-Fräsmaschine wird am 1.5.t1 in Betrieb genommen.

**Beurteilung**

Die X-KG hat am 2.1.t1 die Maschine mit 165 TEUR anzusetzen. Nach Abschluss der Inbetriebnahme sind weitere 15 TEUR zu aktivieren. Die gesamten AK der CNC-Fräsmaschine betragen somit 180 TEUR.

Buchungssatz am 2.1.t1 (in TEUR):

| Datum | Konto | Soll | Haben |
|---|---|---|---|
| | Maschinen | 165 | |
| | Verbindlichkeiten aus L&L | | 165 |

Buchungssatz nach der Inbetriebnahme am 1.5.t1 (in TEUR):

| Datum | Konto | Soll | Haben |
|---|---|---|---|
| | Maschinen | 15 | |
| | Verbindlichkeiten aus L&L | | 15 |

Aufgrund des engen zeitlichen Zusammenhangs von Anschaffung und Inbetriebnahme (erstmalige Nutzung) der CNC-Fräsmaschine kann von einer wirtschaftlichen Abnutzung im Zeitraum der Lagerung der CNC-Fräsmaschine abgesehen werden.[12] Der Abschreibungsbeginn der CNC-Fräsmaschine kann somit auf den Zeitpunkt der erstmaligen Nutzung (1.5.t1) festgelegt werden. Bei Anwendung der linearen Abschreibung beträgt die planmäßige Abschreibung für das Jahr t1 20 TEUR.

Buchungssatz am Bilanzstichtag (31.12.t1) (in TEUR):

| Datum | Konto | Soll | Haben |
|---|---|---|---|
| | Abschreibungen auf Sachanlagen | 20 | |
| | Maschinen | | 20 |

---

[12] Vgl. *ADS*, 6. Aufl. § 253 HGB, Rz 439.

**14** Auch Umrüstkosten zählen zu den AK, sofern ein gebraucht erworbener VG erst nach den Umrüstungsmaßnahmen seiner Zweckbestimmung zugeführt werden kann.[13] Um AK i.S.d. § 255 Abs. 1 HGB handelt es sich auch bei bereits in Betriebsbereitschaft befindlichen VG, die durch nachträgliche AK in einen objektiv höherwertigen betriebsbereiten Zustand versetzt werden. Im Wesentlichen handelt es sich dabei um Wohn- und Bürogebäude. Bei Wohn- und Bürogebäuden gehört zur Zweckbestimmung die Entscheidung, welchen Standard das Gebäude erfüllen soll. Der BFH[14] stuft den möglichen Standard eines Gebäudes ein in:

- sehr einfach,
- mittel oder
- sehr anspruchsvoll.

**15** Führt der Erwerber eines Gebäudes, welches zwar betriebsbereit ist, jedoch nur einem sehr einfachen Standard entspricht, im Zuge des Erwerbs **Baumaßnahmen** durch, die das Gebäude auf einen vom Erwerber gewünschten höheren Standard anheben, so handelt es sich bei den zu diesem Zweck anfallenden Aufwendungen um **AK** i.S.d. § 255 Abs. 1 HGB, weil durch diese Baumaßnahmen der Zustand der Betriebsbereitschaft eines **höheren Gebäudestandards** erreicht wird. Plant der Erwerber hingegen beim Erwerb eines Gebäudes, welches in einem sehr einfachen Standard betriebsbereit ist, dieses grundlegend durch Baumaßnahmen in einen höheren Standard zu versetzen, werden diese Pläne jedoch erst zu einem **späteren Zeitpunkt** verwirklicht, so handelt es sich bei den hierbei anfallenden Aufwendungen **nicht** um **AK** i.S.d. § 255 Abs. 1 HGB. Die Aufwendungen sind in diesem Fall entweder **HK oder Erhaltungsaufwand**.

**16** Nach dem Verständnis des Gesetzes endet der Anschaffungsvorgang eines VG nicht bereits mit dem Übergang der wirtschaftlichen Verfügungsmacht, sondern erst mit der erstmaligen Versetzung des VG in den betriebsbereiten Zustand.[15] Fallen allerdings Aufwendungen erst nach dem Anschaffungsvorgang an (bspw. für Schönheitsreparaturen), zählen diese nicht zu den AK.

> **Beispiel**
> Die S-GmbH erwirbt am 27.7.t1 ein leer stehendes Bürogebäude zu einem Kaufpreis von 800 TEUR. Die vorhandenen Installationen wie Heizung, sanitäre Anlagen sowie Fenster sind im Wesentlichen funktionsbereit, jedoch renovierungsbedürftig.
>
> **Variante 1:**
> Unmittelbar nach dem Erwerb werden die Büroräume von der S-GmbH genutzt. In den folgenden Wochen werden Schönheitsreparaturen sowie Instandsetzungsarbeiten durchgeführt.

---

[13] Vgl. BFH, Urteil v. 14.11.1985, IV R 170/83, BStBl 1986 II S. 60.
[14] Vgl. BFH, Urteil v. 12.9.2001, IX R 52/00, BStBl 2003 II S. 574.
[15] Vgl. ADS, 6. Aufl. § 255 HGB, Rz 12.

> **Beurteilung**
> Da das Bürogebäude bereits zum Zeitpunkt des Erwerbs dem vom Erwerber bestimmten Zweck (Nutzung der Räumlichkeiten) zugeführt werden kann, handelt es sich bei den Aufwendungen für Schönheitsreparaturen sowie Instandsetzungsarbeiten lediglich um Maßnahmen der Funktionserhaltung und somit nicht um Aufwendungen zur Herstellung der Betriebsbereitschaft. Die Betriebsbereitschaft lag bereits zum Zeitpunkt des Erwerbs vor.
>
> **Variante 2:**
> Unmittelbar nach dem Erwerb lässt die S-GmbH das Bürogebäude durch entsprechende Baumaßnahmen auf einen höheren als den bisherigen Standard bringen.
>
> **Beurteilung**
> Die mit dem Anheben des Standards des Bürogebäudes vor dessen erstmaliger Nutzung verbundenen Aufwendungen gelten als Aufwendungen für das Versetzen des Bürogebäudes in den gewünschten betriebsbereiten Zustand. Sie zählen somit zu den AK nach § 255 Abs. 1 HGB.[16]

## 2 Umfang der Anschaffungskosten (Abs. 1)

### 2.1 Ermittlungsschema

Die AK eines VG setzen sich aus den folgenden Bestandteilen zusammen:   17

    Anschaffungspreis
+  Anschaffungsnebenkosten, sofern einzeln zurechenbar
+  nachträgliche AK
−  Anschaffungspreisminderungen

=  AK

Abb. 1: Ermittlungsschema der AK

### 2.2 Anschaffungspreis

#### 2.2.1 Rechnungsbetrag und USt

Die Ausgangsgröße zur Ermittlung der AK eines VG stellt regelmäßig der **Anschaffungspreis** dar. Dieser entspricht dem in der Rechnung ausgewiesenen Betrag. Die Größe „Anschaffungspreis" ist daher im Allgemeinen recht einfach zu bestimmen.   18

Bei Unt, die gem. § 15 UStG vorsteuerabzugsberechtigt sind, stellt die in der Rechnung ausgewiesene **USt** (Vorsteuer) keinen Bestandteil des Anschaffungspreises dar,[17] da es sich bei diesen Unt bei der Vorsteuer um einen durchlaufenden   19

---

[16] Vgl. BFH, Urteil v. 12.9.2001, IX R 52/00, BStBl 2003 II S. 574.
[17] Vgl. statt vieler *Knop/Küting*, in *Küting/Pfitzer/Weber*, HdR, HGB § 255, Rn 20, Stand 5/2015.

Posten handelt. Hingegen entspricht der Anschaffungspreis bei nicht zum Vorsteuerabzug berechtigten Unt dem Bruttorechnungsbetrag,[18] also dem Nettopreis zzgl. der darauf entfallenden USt.

### 2.2.2 Sonderfälle bei der Ermittlung des Anschaffungspreises
#### 2.2.2.1 Anschaffungspreis in Fremdwährung

20 Wird ein VG in einer Fremdwährung bezahlt, so ist für die Ermittlung des Anschaffungspreises eine **Währungsumrechnung** in Euro vorzunehmen. Hierfür sind insb. der **Zeitpunkt der Umrechnung** sowie eine evtl. vorgenommene **Kurssicherung** von Belang.

21 Der durch das BilMoG neu in das Handelsgesetzbuch aufgenommene § 256a HGB reglementiert die Umrechnung von Fremdwährungsgeschäften (s. § 256a Rz 1 ff.). Dieser Paragraf betrifft zwar, ausgehend vom Wortlaut der Vorschrift, lediglich die Folgebewertung von auf fremde Währung lautenden VG und Schulden, jedoch findet der Gesetzesbegründung zufolge die Vorschrift der **Umrechnung** von auf fremde Währung lautenden VG und Schulden **mit dem Devisenkassamittelkurs** auch **im Zugangszeitpunkt** eines VG oder einer Schuld Anwendung.[19]

22 Bei der **Anschaffung eines auf fremde Währung lautenden VG gegen Vorauszahlung oder Barzahlung** richtet sich der Anschaffungspreis nach dem tatsächlich hingegebenen Betrag. Die Fremdwährung wird hierbei mithilfe des Devisenkassamittelkurses (= arithmetisches Mittel zwischen Geld- und Briefkurs) umgerechnet.

> **Beispiel**
> Die Z-AG schließt am 2.1.t1 mit einem US-amerikanischen Hersteller einen Vertrag über die Abnahme eines Passagierflugzeugs. Vereinbarungsgemäß überweist die Z-AG am 15.3.t1 sowie am 29.6.t1 jeweils eine Hälfte des Gesamtkaufpreises i. H. v. 240 Mio. USD.
> Der Wechselkurs (Devisenkassamittelkurs) beträgt am 15.3.t1 1,20 USD/EUR und am 29.6.t1 1,25 USD/EUR.
>
> **Beurteilung**
> Der Anschaffungspreis des Passagierflugzeugs in Euro beläuft sich somit auf (120.000.000 USD/1,20 USD/EUR) + (120.000.000 USD/1,25 USD/EUR) = 100.000.000 EUR + 96.000.000 EUR = 196.000.000 EUR.

23 Sofern der **Anschaffungspreis** beim geplanten Erwerb eines VG durch einen antizipativen Hedge im Vorhinein fixiert wurde und die Sicherungsbeziehung die Anforderungen des § 254 HGB an die Bildung von Bewertungseinheiten erfüllt (s. § 254 Rz 10 ff.), ist grds. folgende Vorgehensweise anzuwenden:[20]

---

[18] Vgl. *Wohlgemuth/Radde*, in *Böcking/Castan/Heymann/Pfitzer/Scheffler*, Beck'sches HdR, B 162, Rz 30, Stand 3/2015.
[19] Vgl. Begr. RegE BilMoG, S. 137; ferner *Bieg/Kußmaul/Petersen/Waschbusch/Zwirner*, Bilanzrechtsmodernisierungsgesetz – Bilanzierung, Berichterstattung und Prüfung nach dem BilMoG, 2009, S. 24.
[20] Vgl. *Scharpf/Schaber*, KoR 2008, S. 540.

- Die Wertänderungen des Sicherungsinstruments werden zunächst in einer Nebenbuchhaltung erfasst. Die Sicherungsbeziehung wird laufend auf ihre Wirksamkeit hin überprüft; für die unwirksamen Teile ist, sofern sie einen (unrealisierten) Verlust darstellen, eine Rückstellung zu bilanzieren.
- Die in der Nebenbuchhaltung ermittelten kumulierten Wertänderungen des Sicherungsinstruments sowie die evtl. durch das Sicherungsinstrument verursachten Zahlungen sind mit dem Anschaffungspreis des VG zu verrechnen.

Bei der **Begleichung des Kaufpreises eines auf fremde Währung lautenden VG aus vorgehaltenen Währungsbeständen** ist dieser aus Vereinfachungsgründen ebenfalls mit dem im Zugangszeitpunkt (Zahlungszeitpunkt) gültigen Devisenkassamittelkurs umzurechnen. Dabei kann – abhängig vom Buchwert der vorgehaltenen Währungsbestände in Euro – die Realisierung eines Kursgewinns oder -verlusts eintreten.[21]

24

Wird ein **auf fremde Währung lautender VG auf Ziel erworben**, so fixiert auch hier der Devisenkassamittelkurs im Zeitpunkt der Anschaffung den Anschaffungspreis. Gleichzeitig mit dem VG ist eine Kaufpreisverbindlichkeit einzubuchen. Spätere Wechselkursschwankungen wirken sich dann im Rahmen der Folgebewertung lediglich noch auf die Höhe der Kaufpreisverbindlichkeit aus; die AK des VG sind dagegen nicht mehr anzupassen.[22]

25

---

**Beispiel**

Die Z-AG erwirbt am 1.4.t2 eine Enteisungsanlage für Flugzeuge. Diese hat einen Kaufpreis von 10,35 Mio. USD. Es wird ein Zahlungsziel von zwölf Monaten vereinbart. Der Wechselkurs (Devisenkassamittelkurs) beträgt am 1.4.t2 1,15 USD/EUR, am 31.12.t2 liegt er bei 1,25 USD/EUR. Die AK der Enteisungsanlage betragen somit 10.350.000 USD/1,15 USD/ EUR = 9.000.000 EUR.

Buchungssatz am 1.4.t2 (in TEUR):

| Datum | Konto | Soll | Haben |
|---|---|---|---|
| | Technische Anlagen und Maschinen | 9.000 | |
| | Verbindlichkeiten aus L&L | | 9.000 |

Eine Anpassung der AK der Enteisungsanlage findet zum 31.12.t2 trotz des veränderten Wechselkurses nicht statt.

---

### 2.2.2.2 Erwerb auf Ziel zu unüblichen Konditionen

Erwirbt ein Unt einen VG zu **unüblichen Konditionen**, ist regelmäßig eine Anpassung des Rechnungspreises zu prüfen. Ein solcher Fall liegt bspw. dann vor, wenn der Verkäufer dem Erwerber einen **formal unverzinslichen Lieferantenkredit** gewährt. In diesem Fall gilt der Barwert der Verpflichtung anstelle des Rechnungspreises als AK, sofern die Beträge wesentlich voneinander abweichen. Zu begründen ist dies durch die Rechtsnatur dieses Geschäfts, das sich eigentlich

26

---

[21] Vgl. auch *Schubert/Gadek*, in Beck Bil-Komm., 9. Aufl., § 255 HGB, Rz 54.
[22] Vgl. auch BFH, Urteil v. 16.12.1977, III R 92/75, BStBl 1978 II S. 233.

aus zwei eigenständigen Geschäften (dem Verkauf des VG und der Kreditgewährung) zusammensetzt.[23]

> **Beispiel**
> Die Bau-OHG benötigt für einen anstehenden Großauftrag dringend einen Spezialbagger. Für diesen Spezialbagger liegt der Bau-OHG ein Angebot des Herstellers A vor. Die Bau-OHG und der Hersteller A vereinbaren einen Kaufpreis i. H. v. 250.000 EUR und ein Zahlungsziel von sechs Monaten (180 Tagen). Bei Zahlung innerhalb von 14 Tagen wird ein Skontoabzug i. H. v. 5 % gewährt.
> Aufgrund ihrer derzeit angespannten Liquiditätslage ist die Bau-OHG darauf angewiesen, den Spezialbagger auf Ziel zu erwerben. Am 1.10.t1 wird der Kaufvertrag mit dem Hersteller A geschlossen; noch am selben Tag wird der Spezialbagger geliefert. Die Skontofrist lässt die Bau-OHG ungenutzt verstreichen.
>
> **Beurteilung**
> Für den sechsmonatigen Lieferantenkredit des Herstellers ergibt sich ein effektiver Jahreszinssatz von ca. 11,8 %. Der Barwert der Verpflichtung beträgt in diesem Fall bei Anwendung des AIBD-Verfahrens 250.000 × $1{,}118^{-0{,}5}$ = 236.439 EUR. Der Zinsanteil beläuft sich somit auf 250.000 EUR − 236.439 EUR = 13.561 EUR.
>
> Buchungssatz am 1.10.t1 (in EUR):
>
> | Datum | Konto | Soll | Haben |
> |---|---|---|---|
> | | Technische Anlagen und Maschinen | 236.439 | |
> | | Aktiver RAP | 13.561 | |
> | | Verbindlichkeiten aus L&L | | 250.000 |
>
> Buchungssatz am 31.12.t1 (in EUR) (auf die Darstellung von Abschreibungen wird verzichtet):
>
> | Datum | Konto | Soll | Haben |
> |---|---|---|---|
> | | Zinsaufwand | 6.780,50 | |
> | | Aktiver RAP | | 6.780,50 |
>
> Buchungssätze am 31.3.t2 (in EUR):
>
> | Datum | Konto | Soll | Haben |
> |---|---|---|---|
> | | Zinsaufwand | 6.780,50 | |
> | | Aktiver RAP | | 6.780,50 |
> | | Verbindlichkeiten aus L&L | 250.000 | |
> | | Bank | | 250.000 |

27  Eine Anpassung der AK ist ebenso geboten, wenn sich ein **zinsgünstiges Finanzierungsgeschäft und überhöhte AK** gegenüberstehen, da die überhöhten AK bei einer wirtschaftlichen Betrachtung als vorausgezahlte Zinsen zu

---

[23] Vgl. zu diesem Absatz *ADS*, 6. Aufl. § 255 HGB, Rz 78.

interpretieren sind.[24] Der Rechnungspreis ist dann um den Zinsanteil zu verringern; dieser ist als RAP zu aktivieren und über die Laufzeit aufzulösen.

**Beispiel**
Der Bau-OHG liegt ein Angebot über einen Muldenkipper vor. Der Kaufpreis beträgt 250.000 EUR. Die Kaufpreiszahlung ist ein Jahr nach Abschluss des Kaufvertrags fällig. Zusätzlich werden Zinsen i. H. v. 1 % p. a. des Kaufpreises erhoben. Diese sind halbjährlich zu entrichten. Marktüblich wäre ein Zinssatz von 5 % p. a. Der Vertragsabschluss und die Auslieferung des Muldenkippers fallen auf den 1.7.t1.

**Beurteilung**
In dem vorliegenden Beispiel wird der Kauf des Muldenkippers mit einem Finanzierungsgeschäft verbunden. Der Zinssatz des Finanzierungsgeschäfts liegt mit 1 % p. a. deutlich unter dem marktüblichen Zinssatz i. H. v. 5 % p. a. Weicht – wie in diesem Fall – der Zinssatz des Finanzierungsgeschäfts stark zugunsten des Käufers vom üblichen Marktzins ab, so kann regelmäßig von überhöhten AK ausgegangen werden.
Einschließlich Zinsen beläuft sich die Verbindlichkeit der Bau-OHG auf 252.500 EUR. Die Diskontierung mit dem marktüblichen Zinssatz i. H. v. 5 % p. a. ergibt den Barwert der Verbindlichkeit und somit die angepassten AK: 252.500 EUR/1,05 = 240.476 EUR.
Die Höhe der vorausgezahlten Zinsen ist die Differenz zwischen dem Rechnungspreis und den angepassten AK: 250.000 EUR − 240.476 EUR = 9.524 EUR.
Buchungssatz am 1.7.t1 (in EUR):

| Datum | Konto | Soll | Haben |
|---|---|---|---|
| | Technische Anlagen und Maschinen | 240.476 | |
| | Aktiver RAP | 9.524 | |
| | Verbindlichkeiten aus L&L | | 250.000 |

Buchungssätze am 31.12.t1 (in EUR) (auf die Darstellung von Abschreibungen wird verzichtet):

| Datum | Konto | Soll | Haben |
|---|---|---|---|
| | Zinsaufwand | 1.250 | |
| | Bank | | 1.250 |
| | Zinsaufwand | 4.762 | |
| | Aktiver RAP | | 4.762 |

Buchungssätze am 30.6.t2 (in EUR):

| Datum | Konto | Soll | Haben |
|---|---|---|---|
| | Zinsaufwand | 4.762 | |
| | Aktiver RAP | | 4.762 |
| | Zinsaufwand | 1.250 | |
| | Verbindlichkeiten aus L&L | 250.000 | |
| | Bank | | 251.250 |

---

24 Vgl. *Wohlgemuth/Radde*, in *Böcking/Castan/Heymann/Pfitzer/Scheffler*, Beck'sches HdR, B 162, Rz 35, Stand 3/2015.

**28** Umgekehrt ist bei einem **günstigen Kaufpreis und überhöhten Zinszahlungen** der Kaufpreis um den Barwert des Zinsanteils (der in diesem Fall einen verdeckten Kaufpreisanteil darstellt) zu erhöhen. Dieser Zinsanteil wird als RAP passiviert und über die Laufzeit erfolgswirksam aufgelöst.[25]

> **Beispiel**
> Die Bau-OHG kann einen Radlader zu einem vergleichsweise günstigen Kaufpreis von 150.000 EUR erwerben. Die Kaufpreiszahlung nebst Zinsen ist erst in einem Jahr fällig. Der Zinssatz beträgt 50 % p.a. des Kaufpreises. Der marktübliche Zinssatz liegt bei 5 % p.a. Der Vertragsabschluss und die Lieferung des Radladers finden am 1.7.t1 statt.
>
> **Beurteilung**
> In diesem Fall liegt der Zinssatz des Finanzierungsgeschäfts weit über dem marktüblichen Zinssatz. Im Gegenzug kann die Bau-OHG den Radlader zu einem günstigen Kaufpreis erwerben. Nach einem Jahr sind insgesamt 150.000 EUR × (1 + 0,50) = 225.000 EUR zu zahlen. Um die angepassten AK zu ermitteln, wird dieser Betrag mit dem marktüblichen Zinssatz diskontiert: 225.000 EUR / (1 + 0,05) = 214.286 EUR.
> Im vereinbarten Zinsanteil i.H.v. 75.000 EUR ist demnach ein verdeckter Kaufpreisanteil i.H.v. 214.286 EUR – 150.000 EUR = 64.286 EUR enthalten.
>
> Buchungssatz am 1.7.t1 (in EUR):
>
> | Datum | Konto | Soll | Haben |
> |---|---|---|---|
> | | Technische Anlagen und Maschinen | 214.286 | |
> | | Verbindlichkeiten aus L&L | | 150.000 |
> | | Passiver RAP | | 64.286 |
>
> Buchungssätze am 31.12.t1 (in EUR) (auf die Darstellung von Abschreibungen wird verzichtet):
>
> | Datum | Konto | Soll | Haben |
> |---|---|---|---|
> | | Zinsaufwand | 37.500 | |
> | | Sonstige Verbindlichkeiten | | 37.500 |
> | | Passiver RAP | 32.143 | |
> | | Zinsaufwand | | 32.143 |
>
> Buchungssätze am 30.6.t2 (in EUR):
>
> | Datum | Konto | Soll | Haben |
> |---|---|---|---|
> | | Zinsaufwand | 37.500 | |
> | | Sonstige Verbindlichkeiten | | 37.500 |
> | | Verbindlichkeiten aus L&L | 150.000 | |
> | | Sonstige Verbindlichkeiten | 75.000 | |
> | | Bank | | 225.000 |
> | | Passiver RAP | 32.143 | |
> | | Zinsaufwand | | 32.143 |

---

[25] Vgl. *Wohlgemuth/Radde*, in *Böcking/Castan/Heymann/Pfitzer/Scheffler*, Beck'sches HdR, B 162, Rz 36, Stand 3/2015.

## 2.2.2.3 Erwerb durch Tausch

Bei der **Anschaffung eines VG durch einen Tausch**, bei dem die Aufwendungen für die Anschaffung nicht in Form von Zahlungsmitteln, sondern durch die Hingabe eines anderen bewertbaren VG anfallen, besteht **handelsbilanziell** ein **Wahlrecht** zwischen der Buchwertfortführung, der Gewinnrealisierung und der erfolgsneutralen Behandlung:[26] 29

- Bei der **Buchwertfortführung** (erste Variante) wird der angeschaffte VG mit den fortgeführten AHK des hingegebenen VG angesetzt, höchstens jedoch zum niedrigeren Zeitwert des angeschafften VG. 30
- Soll beim Tausch eine **Gewinnrealisierung** (zweite Variante) stattfinden, ist der angeschaffte VG mit dem (höheren) Zeitwert des hingegebenen VG zu bewerten. Diese Variante ist jedoch handelsrechtlich nur zulässig, sofern der Tausch betriebswirtschaftlich notwendig war und nicht lediglich aus jahresabschlusspolitischen Überlegungen heraus getätigt wurde.[27] **Steuerrechtlich** ist die Gewinnrealisierung beim Tausch verpflichtend vorzunehmen (§ 6 Abs. 6 Satz 1 EStG). Das eingetauschte Wirtschaftsgut ist danach mit dem (höheren) gemeinen Wert (gem. § 9 Abs. 2 BewG) des hingegebenen Wirtschaftsguts zu bewerten, woraus i.d.R. eine Ertragsteuerbelastung resultiert.[28] 31
- Aus diesem Grund wird handelsrechtlich auch eine (komplett) **erfolgsneutrale Behandlung** des Tauschs (dritte Variante) für zulässig gehalten, die als modifizierte Buchwertfortführung angesehen werden kann.[29] Der Buchwert wird bei dieser Variante um eine eventuelle ertragsteuerliche Belastung erhöht, um damit die mit dem Tausch verbundene Belastung zu neutralisieren.[30] 32

---

**Beispiel**
Die Bau-GmbH tauscht einen nicht mehr benötigten Bagger (Restbuchwert 25.000 EUR, Zeitwert 28.000 EUR) gegen eine dringend benötigte Walze ein. Die erhaltene Walze hat einen Zeitwert von 26.000 EUR.

**Beurteilung**
- Buchwertfortführung: Der Bagger wird mit 25.000 EUR ausgebucht und die Walze wird mit dem Restbuchwert des Baggers, d.h. mit 25.000 EUR, in die Bilanz aufgenommen.
- Gewinnrealisation: Der Bagger wird mit 25.000 EUR ausgebucht und die Walze mit 28.000 EUR eingebucht. Es resultiert hieraus ein Gewinn i.H.v. 3.000 EUR. Bei einer angenommenen 30 %igen Besteuerung sind somit 900 EUR Steuern abzuführen.

---

26 Vgl. auch *Kahle*, in *Baetge/Kirsch/Thiele*, Bilanzrecht, § 255 HGB, Rz 72, Stand 2/2015; *ADS*, 6. Aufl. § 255 HGB, Rz 89; *Schubert/Gadek,* in Beck Bil-Komm., 9. Aufl., § 255 HGB, Rz 40; *Knop/Küting*, in *Küting/Pfitzer/Weber*, HdR, HGB § 255, Rn 110, Stand 5/2015; a.A. sind *Wohlgemuth/Radde*, in *Böcking/Castan/Heymann/Pfitzer/Scheffler*, Beck'sches HdR, B 162, Rz 51 ff., Stand 3/2015; diese verlangen die Bewertung des erhaltenen VG mit dem aus Sicht des Unt vorsichtig zu schätzenden Zeitwert des hingegebenen VG, zzgl. Anschaffungsnebenkosten und abzgl. Anschaffungskostenminderungen.
27 Vgl. *ADS*, 6. Aufl. § 255 HGB, Rz 91.
28 Vgl. auch *Kußmaul*, Betriebswirtschaftliche Steuerlehre, 7. Aufl. 2014, S. 60.
29 Vgl. *Knop/Küting*, in *Küting/Pfitzer/Weber*, HdR, HGB § 255, Rn 113, Stand 5/2015.
30 Vgl. *Kahle*, in *Baetge/Kirsch/Thiele*, Bilanzrecht, § 255 HGB, Rz 72, Stand 2/2015.

> - Modifizierte Buchwertfortführung: Der Bagger wird mit 25.000 EUR ausgebucht und die Walze mit dem Restbuchwert des Baggers zzgl. der entstandenen Steuerlast eingebucht, d.h. mit 25.000 EUR + 900 EUR = 25.900 EUR. Der dadurch entstehende buchmäßige Ertrag gleicht den entstandenen Steueraufwand gerade aus, wodurch eine vollständig erfolgsneutrale Abbildung des Tauschs im handelsrechtlichen JA zustande kommt.

#### 2.2.2.4 Unentgeltlicher Erwerb

33 Beim unentgeltlichen Erwerb eines VG (z.B. im Fall einer Erbschaft oder einer Schenkung) erbringt der Erwerber für den Erhalt des VG **keine Gegenleistung**. Die Aktivierung unentgeltlich erworbener VG ist daher im Fachschrifttum heftig umstritten; die Auffassungen erstrecken sich von einem Aktivierungsverbot über ein Aktivierungswahlrecht bis hin zu einem Aktivierungsgebot.

34 Die hier vertretene Auffassung spricht sich für eine uneingeschränkte **Beachtung des Vollständigkeitsgebots** des § 246 Abs. 1 HGB und damit für eine **Aktivierungspflicht von unentgeltlich erworbenen VG** aus.[31] Vom Vollständigkeitsgebot des § 246 Abs. 1 HGB kann nach dem Wortlaut der Regelung nur dann abgewichen werden, wenn durch Gesetz etwas anderes bestimmt ist. Eine abweichende Regelung wird allerdings vom Gesetz für den Fall des unentgeltlichen Erwerbs von VG nicht getroffen. Die **Höhe der (fiktiven) AK** eines unentgeltlich erworbenen VG richtet sich nach dem **Marktpreis des VG im Anschaffungszeitpunkt**.[32]

35 Als Gegenkonto bei der Verbuchung des Zugangs eines unentgeltlich erworbenen VG kommt regelmäßig nur ein Ertragskonto infrage. Eine erfolgsneutrale Gegenbuchung im EK ist nur möglich, sofern es sich bei dem unentgeltlich erworbenen VG um eine Kapitaleinlage in Form einer Sacheinlage handelt.[33]

36 Unter der Voraussetzung, dass keine Sacheinlage vorliegt, ist ein unentgeltlich erworbenes einzelnes Wirtschaftsgut in der **Steuerbilanz** mit dem gemeinen Wert (gem. § 9 Abs. 2 BewG) als fiktive AK zu bewerten (§ 6 Abs. 4 EStG).

#### 2.2.2.5 Nicht aufgeteilter Gesamtkaufpreis

37 In dem (nicht seltenen) Fall, dass für mehrere VG nur ein einziger Kaufpreis vereinbart und gezahlt wird, ist gem. dem **Einzelbewertungsgrundsatz** (§ 252 Abs. 1 Nr. 3 HGB) eine Aufteilung dieses Gesamtkaufpreises auf die einzelnen VG zwingend geboten. Die Notwendigkeit zu einer solchen Aufteilung wird insb. in den Fällen deutlich, in denen zu einem Gesamtkaufpreis mehrere VG

---

[31] GlA *Knop/Küting*, in *Küting/Pfitzer/Weber*, HdR, HGB § 255, Rn 107, Stand 5/2015; *Kahle*, in *Baetge/Kirsch/Thiele*, Bilanzrecht, § 255 HGB, Rz 75, Stand 2/2015; a.A. *ADS*, 6. Aufl. § 255 HGB, Rz 83, die hier generell ein Aktivierungswahlrecht sehen. Im Fall des unentgeltlichen Erwerbs eines immateriellen VG gehen *Knop/Küting* allerdings von einem Aktivierungswahlrecht aus.
[32] Vgl. *Ballwieser*, in MünchKomm., HGB, 3. Aufl., § 255, Rn 45.
[33] Vgl. *Ballwieser*, in MünchKomm., HGB, 3. Aufl., § 255, Rn 46.

erworben wurden, die entweder nur zum Teil planmäßig abzuschreiben sind oder bei denen sich die Abschreibungsverfahren oder Nutzungsdauern unterscheiden.[34]

Ein Gesamtkaufpreis ist grds. unter **Beachtung der Zeitwerte** der einzelnen erworbenen VG auf diese aufzuteilen.[35] Sind für die erworbenen VG Zeitwerte nicht oder nur schwer zu ermitteln, ist auch die Orientierung an anderen zweckmäßigen Maßstäben, bspw. den bisherigen Buchwerten, denkbar. Eine Ermittlung der AK nach der Restwertmethode, bei der einem VG sein Zeitwert und dem anderen der Rest vom Gesamtkaufpreis zugeteilt wird, muss – da willkürlich – als unzulässig ausscheiden.[36] 38

Enthält der Kaufvertrag eine **Aufteilung des Gesamtkaufpreises** auf die einzelnen VG, so spricht nichts dagegen, dieser Aufteilung zu folgen, sofern sie sachlich gerechtfertigt erscheint.[37] Problematisch sind allerdings die Fälle, in denen sich der Gesamtkaufpreis von der Summe der **beizulegenden Zeitwerte** der erworbenen VG unterscheidet. Dabei sind sowohl Situationen denkbar, in denen der Gesamtkaufpreis die Summe der beizulegenden Zeitwerte übersteigt, als auch solche, in denen er unter der Summe der beizulegenden Zeitwerte liegt. 39

**Übersteigt der Gesamtkaufpreis die Summe der beizulegenden Zeitwerte der erworbenen VG**, ist zunächst wieder zwischen zwei Situationen zu unterscheiden. Wurde ein Unt oder ein Teilbetrieb als Ganzes erworben, so ist der (positive) Differenzbetrag gem. § 246 Abs. 1 Satz 4 HGB zwingend als GoF zu aktivieren. Dagegen ist beim Erwerb anderer Gruppen von VG der Mehrbetrag im Verhältnis der jeweiligen Zeitwerte auf die einzelnen VG zu verteilen.[38] Die anschließend durchzuführende Bewertung kann jedoch eine außerplanmäßige Abschreibung nach § 253 Abs. 3 oder Abs. 4 HGB nach sich ziehen.[39] 40

**Liegt der Gesamtkaufpreis unterhalb der Summe der beizulegenden Zeitwerte der erworbenen VG**, ist dieser (negative) Unterschiedsbetrag sinnvoll auf die erworbenen VG zu verteilen. Zulässig erscheint auch hier eine Aufteilung der Differenz nach dem Verhältnis der Zeitwerte der einzelnen VG. In Ausnahmefällen sind jedoch auch andere Verteilungsmethoden wie bspw. ein prozentualer Abschlag von den Zeitwerten sämtlicher VG – mit Ausnahme der liquiden Mittel – oder eine Verteilung anhand des Risikos oder der Rentabilität der betroffenen VG denkbar.[40] 41

---

[34] Vgl. *Wohlgemuth/Radde*, in *Böcking/Castan/Heymann/Pfitzer/Scheffler*, Beck'sches HdR, B 162, Rz 79, Stand 3/2015.
[35] Vgl. BFH, Urteil v. 19.12.1972, VIII R 124/9, BStBl 1973 II S. 295; *Knop/Küting*, in *Küting/Pfitzer/Weber*, HdR, HGB § 255, Rn 24, Stand 5/2015.
[36] Vgl. *ADS*, 6. Aufl. § 255 HGB, Rz 105.
[37] Vgl. BFH, Urteil v. 31.1.1973, I R 197/70, BStBl 1973 II S. 391; *Schubert/Gadek*, in Beck Bil-Komm., 9. Aufl., § 255 HGB, Rz 80.
[38] Vgl. auch BFH, Urteil v. 16.12.1981, I R 131/78, BStBl 1982 II S. 320, der eine Aufteilung im Verhältnis der Teilwerte vorsieht.
[39] Vgl. *Knop/Küting*, in *Küting/Pfitzer/Weber*, HdR, HGB § 255, Rn 25, Stand 5/2015.
[40] Vgl. *Wohlgemuth/Radde*, in *Böcking/Castan/Heymann/Pfitzer/Scheffler*, Beck'sches HdR, B 162, Rz 81, Stand 3/2015; *Knop/Küting*, in *Küting/Pfitzer/Weber*, HdR, HGB § 255, Rn 24, Stand 5/2015.

**Beispiel**

Die A-GmbH erwirbt zum 1.1.t1 ein Grundstück mit einer darauf stehenden Lagerhalle für insgesamt 400.000 EUR. Da das Grundstück dem nicht abnutzbaren, die Lagerhalle jedoch dem abnutzbaren AV zugeordnet wird, bestellt die A-GmbH einen Gutachter zwecks Aufteilung des Gesamtkaufpreises. Dieser ermittelt Zeitwerte i. H. v.
- Fall 1: 100.000 EUR für die Lagerhalle und 300.000 EUR für das Grundstück;
- Fall 2: 150.000 EUR für die Lagerhalle und 350.000 EUR für das Grundstück;
- Fall 3: 75.000 EUR für die Lagerhalle und 225.000 EUR für das Grundstück.

**Beurteilung**

Im Fall 1 entspricht der Gesamtkaufpreis der Summe der Zeitwerte. In diesem unproblematischen Fall sind beide VG jeweils mit ihrem Zeitwert als AK zu bilanzieren.

Im Fall 2 übersteigt die Summe der Zeitwerte den Gesamtkaufpreis für die beiden VG um 100.000 EUR. Der negative Unterschiedsbetrag i. H. v. 100.000 EUR soll hier im Verhältnis der Zeitwerte auf beide VG verteilt werden:
- Lagerhalle: (150.000 EUR/500.000 EUR) × 100.000 EUR = 30.000 EUR; damit ist die Lagerhalle mit 150.000 EUR - 30.000 EUR = 120.000 EUR in der Bilanz anzusetzen;
- Grundstück: (350.000 EUR/500.000 EUR) × 100.000 EUR = 70.000 EUR; damit ist das Grundstück mit 350.000 EUR - 70.000 EUR = 280.000 EUR in der Bilanz anzusetzen;
- die Summe beider Bilanzwerte entspricht hiermit dem Gesamtkaufpreis i. H. v. 400.000 EUR.

Im Fall 3 übersteigt der Gesamtkaufpreis die Summe der Zeitwerte für Lagerhalle und Grundstück um 100.000 EUR. Hier ist zunächst der positive Unterschiedsbetrag auf die beiden VG zu verteilen:
- Lagerhalle: (75.000 EUR/300.000 EUR) × 100.000 EUR = 25.000 EUR; damit ist die Lagerhalle mit 75.000 EUR + 25.000 EUR = 100.000 EUR in der Bilanz anzusetzen;
- Grundstück: (225.000 EUR/300.000 EUR) × 100.000 EUR = 75.000 EUR; damit ist das Grundstück mit 225.000 EUR + 75.000 EUR = 300.000 EUR in der Bilanz anzusetzen;
- die Summe beider Bilanzwerte entspricht hiermit dem Gesamtkaufpreis i. H. v. 400.000 EUR.

Im Rahmen der nachgelagerten Bewertungsmaßnahmen ist sodann im Fall 3 die Vornahme einer außerplanmäßigen Abschreibung auf den jeweiligen beizulegenden Wert im Rahmen der Vorschriften des § 253 Abs. 3 HGB zu prüfen.

## 2.2.2.6 Leasing

Ist handelsrechtlich die Zuordnung eines Leasinggegenstands (s. § 246 Rz 34 ff.) zum Leasingnehmer vorzunehmen, so gilt der **Barwert der Leasingraten** als **Anschaffungspreis des Leasinggegenstands**. Aus den Leasingraten sind zu diesem Zweck allerdings diejenigen Anteile herauszurechnen, die auf zukünftige Dienstleistungen des Leasinggebers (bspw. Wartungsarbeiten) entfallen; diese Anteile stehen in keinerlei Zusammenhang mit dem Anschaffungsvorgang.[41]  42

Der zur Ermittlung des Barwerts der Leasingraten heranzuziehende **Diskontierungszinssatz** entspricht i. d. R. dem im Leasingvertrag vereinbarten Zinssatz. Alternativ ist ein fristenkongruenter Zinssatz für einen Kredit, den der Leasingnehmer ansonsten zur Beschaffung des VG hätte aufnehmen müssen, heranzuziehen.  43

Keine Sonderregelungen gelten bez. der Berücksichtigung von Anschaffungsnebenkosten (s. Rz 58 ff.), von nachträglichen AK (s. Rz 64 ff.) sowie von Anschaffungspreisminderungen (s. Rz 68 ff.).[42]  44

## 2.2.2.7 Erwerb auf Rentenbasis

Beim Erwerb eines VG auf Rentenbasis bestimmt sich die Höhe des Anschaffungspreises **durch den Barwert der eingegangenen Rentenverpflichtung** (§ 253 Abs. 2 Satz 3 HGB) im Zeitpunkt des Erwerbs (§ 253 HGB).[43]  45

Zur **Ermittlung des Barwerts** der eingegangenen Rentenverpflichtung ist regelmäßig der **restlaufzeitkongruente durchschnittliche Marktzinssatz der vergangenen sieben Gj** heranzuziehen (§ 253 Abs. 2 Satz 3 HGB i. V. m. § 253 Abs. 2 Satz 1 HGB); bei einem größeren Bestand solcher Rentenverpflichtungen ist – aus Vereinfachungsgründen – auch eine Abzinsung mit dem durchschnittlichen Marktzinssatz, der sich bei einer angenommenen Restlaufzeit von 15 Jahren ergibt, zulässig (§ 253 Abs. 2 Satz 3 HGB i. V. m. § 253 Abs. 2 Satz 2 HGB). Die im Einzelnen anzuwendenden Abzinsungssätze werden von der Deutschen Bundesbank nach Maßgabe einer Rechtsverordnung ermittelt und monatlich bekannt gegeben (§ 253 Abs. 2 Satz 4 HGB).[44]  46

Bei Rentenzahlungen im Zusammenhang mit dem Erwerb eines VG lassen sich grds. zwei verschiedene Formen von Renten unterscheiden. Zum einen kann für den erworbenen VG die Zahlung einer Rente über einen vorher fest vereinbarten begrenzten Zeitraum erfolgen (**Zeitrente**).[45] In diesem Fall ermittelt sich der Barwert der eingegangenen Rentenverpflichtung durch die Abzinsung aller vereinbarten Zahlungen auf den Erwerbszeitpunkt. Zum anderen ist jedoch auch die Kopplung der Rentenzahlungen an die Lebenszeit einer Person – regelmäßig an die des Verkäufers – möglich und üblich (**Leibrente**). In einem solchen Fall ist die  47

---

41 Vgl. *Wohlgemuth/Radde*, in *Böcking/Castan/Heymann/Pfitzer/Scheffler*, Beck'sches HdR, B 162, Rz 42, Stand 3/2015.
42 Vgl. *ADS*, 6. Aufl. § 255 HGB, Rz 73.
43 Vgl. auch *Knop/Küting*, in *Küting/Pfitzer/Weber*, HdR, HGB § 255, Rn 81 i. V. m. Rn 77, Stand 5/2015.
44 Vgl. zu den Ausführungen dieses Absatzes auch *Bieg/Kußmaul/Petersen/Waschbusch/Zwirner*, Bilanzrechtsmodernisierungsgesetz – Bilanzierung, Berichterstattung und Prüfung nach dem BilMoG, 2009, S. 81 ff.
45 Vgl. hierzu und nachfolgend *Wohlgemuth/Radde*, in *Böcking/Castan/Heymann/Pfitzer/Scheffler*, Beck'sches HdR, B 162, Rz 38, Stand 3/2015.

Ermittlung des Barwerts der eingegangenen Rentenverpflichtung nur unter Zuhilfenahme versicherungsmathematischer Verfahren unter Einbeziehung der Lebenserwartung des Begünstigten der Rente möglich. Hierfür ist die Lebenserwartung der jeweils aktuellsten Version der Sterbetafel zu entnehmen; dabei sind jegliche individuelle Faktoren außer Acht zu lassen.[46]

48 **Erhöhungen der Rentenzahlung**, die dem Beschaffungsvorgang nachgelagert sind, sind bei der Ermittlung der AK nur dann zu berücksichtigen, wenn diese bereits beim Erwerb vertraglich vereinbart und nicht vom Eintritt bestimmter zukünftiger Ereignisse abhängig gemacht wurden.[47] In allen anderen Fällen der nachträglichen Erhöhung der Rente, z. B. auch bei vereinbarten Wertsicherungsklauseln, begründet sich die Anpassung nicht mehr aus dem Erwerb des VG, sondern aus dem der Beschaffung nachgelagerten Finanzierungsgeschäft, sodass von einer solchen Anpassung nur noch die Höhe der Kaufpreisverbindlichkeit, nicht aber die AK selbst betroffen sind.[48]

> **Beispiel**
> A führt seit 30 Jahren in X-Stadt erfolgreich einen großen Weinhandel. Im Alter von 65 Jahren verkauft er dieses Geschäft gegen die Gewährung einer lebenslangen Rente (Leibrente) an seinen Konkurrenten B. Beide vereinbaren eine jährliche Rente i. H. v. 36.000 EUR. Außerdem beinhaltet der Vertrag eine Bestimmung, die besagt, dass
> - Fall 1: die Leibrente um 2 % pro Jahr zum Ausgleich der Inflation steigen soll;
> - Fall 2: die Leibrente um 2 % pro Jahr zum Ausgleich der Inflation steigen soll, solange der Umsatz nicht unter 90 % des zuletzt von A erreichten Werts sinkt.
>
> Nach einer anerkannten Sterbetafel ergibt sich für A eine Lebenserwartung von 75 Jahren. Der Diskontierungszinssatz beträgt 6 %.
>
> **Beurteilung**
> Der Vertrag beinhaltet im Fall 1 eine unbedingte und im Fall 2 eine bedingte Anpassung der Rente:
> - Fall 1: Die fest vereinbarte Rentenanpassung erfordert eine Berücksichtigung der zukünftigen Steigerungen im Zeitpunkt der Begründung der Kaufpreisverbindlichkeit und somit auch eine Berücksichtigung im Rahmen der Ermittlung der AK des B für den Weinhandel des A. Der Barwert der Rentenverpflichtung beträgt im gegebenen Fall rund 277.177 EUR.
> - Fall 2: Da die jährliche Anpassung der Rente in diesem Fall nur unter der Bedingung eines (nahezu) gleichbleibenden Umsatzes erfolgt, sind die zukünftig möglichen Rentensteigerungen bei der Anschaffungskostenermittlung außer Acht zu lassen. Der Barwert der Rentenverpflichtung und die AK des Weinhandels betragen somit für B rund 264.963 EUR.

---

[46] Vgl. BFH, Urteil v. 5.2.1969, I R 21/66, BStBl 1969 II S. 334; BFH, Urteil v. 30.7.2003, X R 12/01, BStBl 2004 II S. 211.
[47] Vgl. *Wohlgemuth/Radde*, in *Böcking/Castan/Heymann/Pfitzer/Scheffler*, Beck'sches HdR, B 162, Rz 41, Stand 3/2015.
[48] Vgl. *Winnefeld*, Bilanz-Handbuch, Kap. E. III., Rn 561.

## 2.2.2.8 Erwerb im Versteigerungsverfahren

Auch beim Erwerb eines VG im Versteigerungsverfahren gilt das Prinzip der Maßgeblichkeit der Gegenleistung (s. Rz 2), d.h., die AK des erworbenen VG entsprechen grds. dem tatsächlich hingegebenen Betrag.[49] Dies gilt generell auch bei einem Erwerb im Rahmen einer **Zwangsversteigerung**. Als schwierig können sich hierbei allerdings solche Fälle erweisen, in denen der Ersteigerer eine an dem ersteigerten VG dinglich besicherte Forderung besitzt und er demzufolge den VG nur deshalb ersteigert, um einen Verlust aus dieser Forderung zu verhindern bzw. zu verringern. Über den hingegebenen Betrag hinaus kann dann ein eventuell verbleibender Ausfall aus Forderung dem hingegebenen Betrag hinzugerechnet werden.[50]

49

Mit Rücksicht auf den **Einzelbewertungsgrundsatz** und im Hinblick auf die Tatsache, dass Gewinne aus einem Beschaffungsgeschäft keine Verluste aus einem Darlehensgeschäft mindern dürfen, erweist sich diese Ansicht allerdings als problematisch.[51] Eine **Hinzurechnung** (des werthaltigen Teils) der ausgefallenen Forderung zu dem hingegebenen Betrag kann aufgrund der vorgenannten Bedenken daher **nur im Einzelfall** entschieden werden; sie erscheint insb. dann zulässig, wenn in der Forderung eine Anzahlung auf den VG gesehen werden kann.[52]

50

## 2.2.2.9 Anschaffungskosten bei Sacheinlagen

Der Tatbestand der **Sacheinlage** liegt bei folgenden Gegebenheiten vor:
- Einbringung von VG bei der Gründung von Einzelunternehmen oder Ges.,
- Überführung von VG aus dem Privatvermögen in das Betriebsvermögen durch Ekfl,
- Einbringung von VG gegen Gewährung von Gesellschaftsrechten durch Gesellschafter.[53]

51

Sacheinlagen sind handelsrechtlich **wahlweise** mit dem **Buchwert** oder dem (höheren) **Zeitwert** im Zeitpunkt der Einlage zu bilanzieren.[54] Darüber hinaus ist die **erfolgsneutrale Behandlung zulässig**, sofern die Sacheinlage beim einlegenden Gesellschafter zu einer Ertragsteuerbelastung führt.[55] In diesem Fall findet ein Ansatz zum Buchwert der Sacheinlage zzgl. der aus dem Abgang beim Gesellschafter resultierenden Ertragsteuern statt. Der Ansatz eines **Zwischenwertes** ist hingegen **unzulässig**.[56] Somit erfolgt eine mit Tauschgeschäften vergleichbare Behandlung (s. Rz 29ff.).[57] KapG und KapCoGes haben über die gewählte Methode gem. § 284 Abs. 2 Nr. 1 HGB im Anhang zu berichten.[58]

52

---

49 Vgl. *Knop/Küting*, in *Küting/Pfitzer/Weber*, HdR, HGB § 255, Rn 118, Stand 5/2015.
50 Vgl. BFH, Urteil v. 11.11.1987, I R 7/84, BStBl 1988 II S. 424.
51 Vgl. *Knop/Küting*, in *Küting/Pfitzer/Weber*, HdR, HGB § 255, Rn 119, Stand 5/2015; eine Erhöhung der AK um den Forderungsausfall komplett ablehnend *Wohlgemuth/Radde*, in *Böcking/Castan/Heymann/Pfitzer/Scheffler*, Beck'sches HdR, B 162, Rz 88, Stand 3/2015.
52 Vgl. *Knop/Küting*, in *Küting/Pfitzer/Weber*, HdR, HGB § 255, Rn 119f., Stand 5/2015.
53 Vgl. *Schmidt*, in *Federmann/Kußmaul/Müller*, HdB, Anschaffungskosten, Rz 101, Stand 2/2015.
54 Vgl. IDW RS HFA 18 Tz 10, WPg 2006, S. 1303.
55 Vgl. IDW RS HFA 18 Tz 10, WPg 2006, S. 1303.
56 Vgl. IDW RS HFA 18 Tz 10, WPg 2006, S. 1303; *Schubert/Gadek*, in Beck Bil-Komm., 9. Aufl., § 255 HGB, Rz 146.
57 Vgl. *ADS*, 6. Aufl. § 253 HGB, Rz 44.
58 Vgl. IDW RS HFA 18 Tz 10, WPg 2006, S. 1303.

Sofern von dem Wahlrecht einer Bilanzierung zum (höheren) Zeitwert der Sacheinlage Gebrauch gemacht wird, besteht für KapG die Verpflichtung zur Dotierung der Kapitalrücklage i. H. d. Differenz zwischen dem Zeitwert des Einlageobjekts und dem Nennbetrag der im Gegenzug gewährten Anteile (§ 272 Abs. 2 Nr. 1 HGB).[59]

53 **Steuerrechtlich** hat bei der Überführung eines Wirtschaftsguts aus dem Privatvermögen in das Betriebsvermögen ein **Ansatz zum Teilwert** der Einlage im Zeitpunkt der Zuführung zu erfolgen (§ 6 Abs. 1 Nr. 5 Satz 1 EStG). Sofern das zugeführte Wirtschaftsgut innerhalb der letzten drei Jahre vor dem Zeitpunkt der Zuführung angeschafft oder hergestellt wurde oder es sich um eine Beteiligung i. S. v. § 17 EStG handelt, dürfen jedoch höchstens die früheren AHK angesetzt werden (§ 6 Abs. 1 Nr. 5 Satz 1 Buchst. a EStG). Bei der Einlage von abnutzbaren Wirtschaftsgütern sind die AHK um Absetzungen für Abnutzung (AfA) zu kürzen, die auf den Zeitraum zwischen der Anschaffung oder Herstellung des Wirtschaftsguts und der Einlage entfallen (§ 6 Abs. 1 Nr. 5 Satz 2 EStG).

### 2.2.2.10 Anschaffungskosten bei Unternehmensumstrukturierungen

54 Während bei Unternehmensumstrukturierungen im Wege der **Einzelrechtsnachfolge** die übertragenen VG entsprechend zu den Sacheinlagen zu bewerten sind (s. Rz 51 ff.), ergeben sich bei Unternehmensumstrukturierungen im Wege einer **Gesamtrechtsnachfolge** oder eines **Wechsels der Rechtsform** die handelsrechtlichen AK der übertragenen VG nach den Regelungen des UmwG, wobei § 1 Abs. 1 UmwG zwischen den folgenden vier **Grundformen der Umwandlung** unterscheidet:[60]
- die Verschmelzung (durch Neugründung bzw. durch Aufnahme),
- die Spaltung (Aufspaltung, Abspaltung, Ausgliederung),
- die Vermögensübertragung (Vollübertragung, Teilübertragung) und
- den Formwechsel.

Für die steuerlichen Werte der übertragenen VG ist das UmwStG zu beachten.[61]

55 Die Verschmelzung, die Spaltung sowie die Vermögensübertragung lassen sich unter dem Begriff „**übertragende Umwandlungen**" zusammenfassen, da es bei diesen Umwandlungsformen zu tatsächlichen Vermögensübertragungen zwischen verschiedenen Rechtsträgern kommt und damit stets eine Anschaffung bei dem übernehmenden Rechtsträger vorliegt. Bei einem **Formwechsel** ändert sich im Gegensatz dazu nur das Rechtskleid des Rechtsträgers (daher auch „formwechselnde Umwandlung").[62]

56 Bei **übertragenden Umwandlungen** bestimmen sich die AK der übertragenen VG bei dem übernehmenden Rechtsträger nach § 24 UmwG. Obwohl sich § 24

---

[59] Vgl. *ADS*, 6. Aufl. § 255 HGB, Rz 97.
[60] Vgl. auch *Kahle*, in *Baetge/Kirsch/Thiele*, Bilanzrecht, § 255 HGB, Rz 38f., Stand 2/2015; *Richter/Künkele, K.P./Zwirner*, in *Petersen/Zwirner/Brösel* (Hrsg.), Systematischer Praxiskommentar Bilanzrecht, § 255 HGB, Rz 69f.
[61] Vgl. dahin gehend u. a. *Kußmaul*, Betriebswirtschaftliche Steuerlehre, 7. Aufl. 2014, S. 639ff.; *Kahle*, in *Baetge/Kirsch/Thiele*, Bilanzrecht, § 255 HGB, Rz 50f., Stand 2/2015; *Richter/Künkele, K.P./Zwirner*, in *Petersen/Zwirner/Brösel* (Hrsg.), Systematischer Praxiskommentar Bilanzrecht, § 255 HGB, Rz 77ff.
[62] Vgl. *Kahle*, in *Baetge/Kirsch/Thiele*, Bilanzrecht, § 255 HGB, Rz 39, Stand 2/2015; *Richter/Künkele, K.P./Zwirner*, in *Petersen/Zwirner/Brösel* (Hrsg.), Systematischer Praxiskommentar Bilanzrecht, § 255 HGB, Rz 71.

UmwG auf die Umwandlungsform der Verschmelzung bezieht, sind seine Regelungen durch entsprechende Verweise auch auf die Umwandlungsformen der Spaltung (§ 125 UmwG) und der Vermögensübertragung (§§ 178 Abs. 1, 179 Abs. 1, 180 Abs. 1, 184 Abs. 1, 186, 188 Abs. 1, 189 Abs. 1 UmwG) anzuwenden.[63] § 24 UmwG sieht für den Ansatz der AK ein **Wahlrecht** vor. Danach dürfen die übertragenen VG und Schulden entweder mit den tatsächlichen AK i. S. d. §§ 253 Abs. 1, 255 Abs. 1 HGB oder mit den Buchwerten der Schlussbilanz des übertragenden Rechtsträgers angesetzt werden.[64]

Bei einem **Formwechsel** findet keine Vermögensübertragung statt. Die Identität des Rechtsträgers bleibt bestehen; es ändert sich lediglich seine rechtliche Organisation. Da somit auch kein Anschaffungsvorgang vorliegt, werden nach dem Formwechsel die bisherigen Buchwerte fortgeführt.[65]

### 2.3 Anschaffungsnebenkosten

Anschaffungsnebenkosten sind dem erworbenen VG **einzeln** zurechenbare Aufwendungen, die in einem unmittelbaren Zusammenhang mit dem Erwerb und der erstmaligen Versetzung des VG in einen betriebsbereiten Zustand stehen.[66] Zweck der Einbeziehung der Anschaffungsnebenkosten in die AK ist eine **periodenrichtige Verteilung des Aufwands**.[67] Anschaffungsnebenkosten können unternehmensextern oder unternehmensintern anfallen.

Zu den **unternehmensexternen Anschaffungsnebenkosten** gehören die **Nebenkosten des Erwerbs** wie z. B. Provisionen, Courtagen, Kommissionskosten, Vermittlungs- und Maklergebühren, Anlieger- und Erschließungsbeiträge, Gutachtergebühren, Notariats-, Gerichts- und Registerkosten. Darüber hinaus zählen die mit dem Erwerb des VG zusammenhängenden **Zölle und nicht erstattungsfähigen Steuern** wie z. B. Einfuhrzölle, die Grunderwerbsteuer und die USt, sofern kein Vorsteuererstattungsanspruch besteht, zu den unternehmensexternen Anschaffungsnebenkosten. Zudem werden den unternehmensexternen Anschaffungsnebenkosten die **Kosten der Anlieferung** wie z. B. Speditionskosten, Transportversicherungen, Eingangsfrachten, Rollgelder, Wiegegelder, Anfuhr- und Abladekosten ebenso hinzugerechnet wie die **Nebenkosten der Inbetriebnahme** wie z. B. Montage- und Fundamentierungskosten, Anschlusskosten, Umbaukosten, Kosten der Abnahme von Gebäuden und Anlagen, Sicherheitsüberprüfungen und Probeläufe.

---

[63] Vgl. *Knop/Küting*, in *Küting//Pfitzer/Weber*, HdR, HGB § 255, Rn 86, Stand 5/2015; *Kahle*, in *Baetge/Kirsch/Thiele*, Bilanzrecht, § 255 HGB, Rz 43, Stand 2/2015; *Richter/Künkele, K.P./Zwirner*, in *Petersen/Zwirner/Brösel* (Hrsg.), Systematischer Praxiskommentar Bilanzrecht, § 255 HGB, Rz 73.

[64] Vgl. weiterführend *Knop/Küting*, in *Küting/Pfitzer/Weber*, HdR, HGB § 255, Rn 87ff., Stand 5/2015; *Kahle*, in *Baetge/Kirsch/Thiele*, Bilanzrecht, § 255 HGB, Rz 43ff., Stand 2/2015; *Richter/Künkele, K.P./Zwirner*, in *Petersen/Zwirner/Brösel* (Hrsg.), Systematischer Praxiskommentar Bilanzrecht, § 255 HGB, Rz 73ff.

[65] Vgl. *Knop/Küting*, in *Küting/Pfitzer/Weber*, HdR, HGB § 255, Rn 96, Stand 5/2015; *Kahle*, in *Baetge/Kirsch/Thiele*, Bilanzrecht, § 255 HGB, Rz 48, Stand 2/2015; *Richter/Künkele, K.P./Zwirner*, in *Petersen/Zwirner/Brösel* (Hrsg.), Systematischer Praxiskommentar Bilanzrecht, § 255 HGB, Rz 72.

[66] Vgl. *Schubert/Gadek*, in Beck Bil-Komm., 9. Aufl., § 255 HGB, Rz 70.

[67] Vgl. *Bieg/Kußmaul/Waschbusch*, Externes Rechnungswesen, 6. Aufl. 2012, S. 136; *Wöhe*, Bilanzierung und Bilanzpolitik, 9. Aufl. 1997, S. 379.

60 **Unternehmensinterne Anschaffungsnebenkosten** dürfen nur dann als Anschaffungsnebenkosten aktiviert werden, wenn sie dem angeschafften VG als **Einzelkosten** direkt zurechenbar sind. Bspw. sind einzelne mit der Anschaffung verbundene Aktivitäten wie Montage- und Fundamentierungsarbeiten, die durch eigene Arbeitskräfte des Unt ausgeführt werden und die mithilfe von innerbetrieblichen Aufträgen oder Einzelaufschreibungen dem VG direkt zugeordnet werden können, als unternehmensinterne Anschaffungsnebenkosten zu aktivieren.[68]

61 **Nicht zu den Anschaffungsnebenkosten** zählen die Kosten der Entscheidungsfindung und der genauen Bestimmung des zu erwerbenden VG;[69] dies sind z. B. Besichtigungskosten.[70]

62 Grundsätzlich sind die Anschaffungsnebenkosten bei jedem Beschaffungsvorgang individuell dem erworbenen VG zuzurechnen. Eine **Pauschalierung** zur Vereinfachung der Erfassung der Anschaffungsnebenkosten ist jedoch **zulässig**, sofern es sich um sog. unechte Gemeinkosten handelt und das Ergebnis durch die Schlüsselungsverrechnung allenfalls unwesentlich von der exakten Ermittlung abweicht.[71] Dies ist z. B. bei solchen Nebenkosten der Fall, die im Verhältnis zum Warenwert gleichbleibend oder geringfügig sind und deren Einzelzurechnung mit einem wesentlichen Arbeitsaufwand verbunden wäre.

63 **Fremdkapitalzinsen** sind grds. kein Bestandteil der Anschaffungsnebenkosten. Die Einbeziehung von Fremdkapitalzinsen in die Anschaffungsnebenkosten wird allenfalls insofern für zulässig erachtet, als diese für Kredite entrichtet werden, die der Finanzierung von Anzahlungen oder Vorauszahlungen für Neuanlagen mit längerer Bauzeit (z. B. im Schiffsbau) dienen.[72] In diesen Fällen werden die Kosten für das andernfalls zu verzinsende Kapital des Lieferanten gemindert, was insoweit aus Sicht des Erwerbers zu einer Reduzierung des Anschaffungspreises führen dürfte.[73] Die **Zinskosten** fallen daher beim Abnehmer statt beim Lieferanten an. Der Abnehmer hat im Gegenzug den niedrigeren Anschaffungspreis zu entrichten. Die Aktivierung von **Eigenkapitalzinsen** ist dagegen eindeutig unzulässig.[74]

> **Beispiel**
> Die K-AG beabsichtigt, in Periode t1 eine katalytische Crackanlage zu erwerben. Die Errichtung der neuen Anlage erfolgt durch einen externen Spezialisten für derartige Bauvorhaben. Die Bauarbeiten beginnen am 24.3.t1 und dauern voraussichtlich 18 Monate an. Weiterhin muss die K-AG ein Grundstück erwerben, auf dem die Anlage errichtet werden soll. Hierfür

---

[68] Vgl. *ADS*, 6. Aufl. § 255 HGB, Rz 28.
[69] Vgl. *Knop/Küting*, in *Küting/Pfitzer/Weber*, HdR, HGB § 255, Rn 28, Stand 5/2015.
[70] Vgl. BFH, Urteil v. 10.3.1981, VIII R 195/77, BStBl 1981 II S. 470; BFH, Urteil v. 24.2.1972, IV R 4/68, BStBl 1972 II S. 422.
[71] Vgl. *Kahle*, in *Baetge/Kirsch/Thiele*, Bilanzrecht, § 255 HGB, Rz 106, Stand 2/2015.
[72] Vgl. *Bieg/Kußmaul/Waschbusch*, Externes Rechnungswesen, 6. Aufl. 2012, S. 136; *ADS*, 6. Aufl. § 255 HGB, Rz 36.
[73] Vgl. *ADS*, 6. Aufl. § 255 HGB, Rz 36; *Knop/Küting*, in *Küting/Pfitzer/Weber*, HdR, HGB § 255, Rn 40, Stand 5/2015; a.A. *Kahle*, in *Baetge/Kirsch/Thiele*, Bilanzrecht, § 255 HGB, Rz 80, Stand 2/2015, der sich gegen eine Aktivierung von Fremdkapitalzinsen ausspricht.
[74] Vgl. *Bieg/Kußmaul/Waschbusch*, Externes Rechnungswesen, 6. Aufl. 2012, S. 136; *Knop/Küting*, in *Küting/Pfitzer/Weber*, HdR, HGB § 255, Rn 39, Stand 5/2015; *Wöhe*, Bilanzierung und Bilanzpolitik, 9. Aufl. 1997, S. 382.

> fallen Maklergebühren, Grunderwerbsteuer, Erschließungsbeiträge, Notariatskosten sowie Kosten für die Grundbuchumschreibung beim Amtsgericht an. Außerdem fielen Reisekosten für die Besichtigung des später erworbenen Grundstücks an. Die Finanzierung des Investitionsprojekts erfolgt ausschließlich durch Fremdkapital (Aufnahme eines Kredits). Zur Realisierung des Vorhabens wurde vertraglich eine Vorauszahlung vereinbart, die die K-AG zu Baubeginn leistet. Nach Fertigstellung der Anlage erfolgen die Abnahme sowie diverse Probeläufe.
>
> **Beurteilung**
> In die AK des Grundstücks sind der Kaufpreis, die Maklergebühren, die Grunderwerbsteuer, die Erschließungsbeiträge, die Notariatskosten sowie die Amtsgerichtskosten einzubeziehen. Die Reisekosten für die Besichtigung des später erworbenen Grundstücks stellen Kosten der Entscheidungsfindung dar und sind daher nicht Bestandteil der AK.
> Zu den AK der katalytischen Crackanlage zählen der Kaufpreis sowie die Aufwendungen für die Abnahme und die Probeläufe (bei Letzteren handelt es sich um Anschaffungsnebenkosten für die Inbetriebnahme der Anlage). Die Fremdkapitalzinsen für die Vorauszahlung sind ebenfalls in die AK einzubeziehen, weil es sich um einen Kredit handelt, der ausschließlich dazu dient, die Anschaffung der neuen Anlage, deren Bauzeit sich über einen längeren Zeitraum erstreckt, durch eine Vorauszahlung zu finanzieren. In diesem Fall trägt der Käufer einen Teil der Finanzierungsaufwendungen des Bauträgers, die sich im Anschaffungspreis niedergeschlagen hätten, wenn keine Vorauszahlung vereinbart worden wäre.

## 2.4 Nachträgliche Anschaffungskosten

**Aufwendungen**, die erst **nach Abschluss des eigentlichen Anschaffungszeitraums** anfallen, sind unter bestimmten Voraussetzungen als **nachträgliche AK** zu aktivieren. Dabei kann zwischen zwei verschiedenen **Formen nachträglicher AK** unterschieden werden:[75]

- dem Anfallen **nachträglicher Aufwendungen** für den Erwerb und die Herstellung der Betriebsbereitschaft des VG und
- **nachträglichen Erhöhungen** des eigentlichen Kaufpreises, der Anschaffungsnebenkosten oder der nachträglichen AK.

Damit **nachträgliche Aufwendungen** als nachträgliche AK gelten können, müssen die Ausgaben in einem finalen Zusammenhang mit der Anschaffung des VG stehen, d. h., ihr Anfall muss mit dem Erwerb des VG oder dessen Versetzung in einen betriebsbereiten Zustand einhergehen. Daher kommen nur solche Aufwendungen als nachträgliche AK infrage, die als Anschaffungs- oder Anschaffungsnebenkosten aktiviert worden wären, wenn sie bereits im Zeitpunkt der Anschaffung bekannt gewesen wären.[76]

---

[75] Vgl. *ADS*, 6. Aufl. § 255 HGB, Rz 41.
[76] Vgl. *Knop/Küting*, in *Küting/Pfitzer/Weber*, HdR, HGB § 255, Rn 44, Stand 5/2015.

**66** In die Kategorie der nachträglichen AK fallen u.a. Erschließungsbeiträge, Kanalanschlussgebühren sowie Straßenanliegerbeiträge.⁷⁷ Derartige Aufwendungen sind als nachträgliche AK eines Grundstücks zu aktivieren, sofern sie für eine erstmalige Maßnahme erhoben werden und somit auch den Wert und die Benutzbarkeit des Grundstücks erhöhen. Ergänzungsbeiträge, die bspw. für eine Erneuerung von bereits bestehenden Kanalanschlüssen erhoben werden, sind dagegen **Erhaltungsaufwand;** sie führen zu keiner wesentlichen Verbesserung oder Erweiterung der Benutzbarkeit des Grundstücks und sind daher nicht zu aktivieren.⁷⁸ **Nachträgliche AK** entstehen bspw. aber auch dann, wenn ein bebautes Grundstück mit der Absicht erworben wird, das darauf stehende Gebäude, das technisch und wirtschaftlich wertlos ist, abzureißen, um das Grundstück zukünftig als Parkplatz zu nutzen. Die späteren Abbruchkosten zählen in diesem Fall zu den AK des Grund und Bodens.⁷⁹

> **Beispiel**
> Die X-KG erwirbt von einem Bauer einen Hektar Ackerland. Das Grundstück liegt am Ortsrand der Gemeinde Y in direkter Nachbarschaft zum eigenen Betriebsgrundstück. Da eine Straßenverbindung vorhanden ist, wird das Grundstück teilweise als Bedarfsparkplatz für Firmenfahrzeuge genutzt. 2 Jahre später wird von der Gemeinde Y dort ein Neubaugebiet ausgewiesen. Die X-KG muss infolgedessen Erschließungsgebühren für einen Kanal-, einen Wasser- und einen Gasanschluss sowie für die Erneuerung der Zufahrtsstraße bezahlen.
>
> **Beurteilung**
> Nachträgliche AK stellen in diesem Fall lediglich die Anschlussgebühren für Kanal, Wasser und Gas dar. Die Erneuerung der Straße erhöht dagegen nicht die Benutzbarkeit des Grundstücks; dieser Anteil der Erschließungsgebühren ist somit als Erhaltungsaufwand einzustufen.

**67** Als nachträgliche AK sind auch **nachträgliche Änderungen des Kaufpreises** zu erfassen. Dies betrifft z.B. Fälle, in denen der Kaufpreis (oder auch ein Bestandteil der Anschaffungsnebenkosten) nachträglich durch ein Gerichtsurteil oder einen Vergleich heraufgesetzt wird.⁸⁰ Gleiches gilt, wenn der Kaufpreis zum Teil vom späteren Eintritt ungewisser Ereignisse, z.B. dem Erreichen von Gewinngrenzen, abhängig gemacht wurde.⁸¹

> **Beispiel**
> Die A-GmbH erwirbt von B dessen Anteile an der B-GmbH. Aufgrund der angespannten gesamtwirtschaftlichen Lage wird nur ein niedriger Kaufpreis vereinbart. B setzt jedoch durch, dass die A-GmbH einen Nachschlag zahlen

---

⁷⁷ Vgl. *ADS*, 6. Aufl. § 255 HGB, Rz 43.
⁷⁸ Vgl. BFH, Urteil v. 13.9.1984, IV R 101/82, BStBl 1985 II S. 49; BFH, Urteil v. 4.11.1986, VIII R 322/83, BStBl 1987 II S. 333.
⁷⁹ Vgl. *Wöhe*, Bilanzierung und Bilanzpolitik, 9. Aufl. 1997, S. 377.
⁸⁰ Vgl. *ADS*, 6. Aufl. § 255 HGB, Rz 45.
⁸¹ Vgl. *Kahle*, in *Baetge/Kirsch/Thiele*, Bilanzrecht, § 255 HGB, Rz 111, Stand 2/2015.

muss, wenn das Umsatzwachstum der B-GmbH in den beiden Jahren nach dem Eigentumsübergang insgesamt mindestens 20 % beträgt.

**Beurteilung**
Erreicht die B-GmbH diese Grenze des Umsatzwachstums, muss die A-GmbH dem B den vereinbarten Nachschlag zahlen; die AK der Anteile an der B-GmbH erhöhen sich um diesen Betrag.

## 2.5 Anschaffungspreisminderungen

### 2.5.1 Grundlegendes

**Anschaffungspreisminderungen** (§ 255 Abs. 1 Satz 3 HGB) sind von den AK abzusetzen, um die Erfolgsneutralität von Anschaffungsvorgängen zu gewährleisten.[82] Trotz der im Gesetz gewählten Formulierung fallen hierunter nicht nur **Minderungen des Anschaffungspreises**, sondern auch Reduzierungen der Anschaffungsnebenkosten und der nachträglichen AK.[83] Damit bestimmt letztlich das Prinzip der Maßgeblichkeit der Gegenleistung (s. Rz 2) die Höhe der AK. 68

### 2.5.2 Rabatte, Boni, Skonti

Anschaffungspreisminderungen können insb. in Form von Rabatten, Boni und Skonti vorliegen: 69
- Der **Rabatt** ist ein Nachlass auf den Anschaffungspreis, durch den der Rechnungsbetrag i. d. R. unmittelbar gemindert wird.[84] Sofern Rabatte nachträglich gewährt werden, sind sie analog zu Boni, die den Charakter von Anschaffungspreisminderungen haben, zu behandeln.[85] Rabatte werden z. B. als Mengen- oder als Treuerabatt eingeräumt.[86] Wird der Rabatt in Form der Hingabe einer größeren Menge zum Preis der bestellten Menge gewährt (Naturalrabatt), führt dies zu einer Anschaffungskostenminderung pro Stück.[87]

**Beispiel**
Die A-KG erwirbt von einem Maschinenbauer zehn Verpackungsmaschinen zum Listenpreis von 100.000 EUR/Stück. Der Hersteller gewährt ab einer Abnahme von fünf Stück jeweils 10 % Rabatt auf den Listenpreis.
Buchungssatz (in TEUR):

| Datum | Konto | Soll | Haben |
|---|---|---|---|
| | Maschinen | 900 | |
| | Verbindlichkeiten aus L&L | | 900 |

- Ein mengen- oder umsatzabhängiger **Bonus** ist eine Vergütung, die der Lieferant seinem Abnehmer im Allgemeinen in Bezug auf eine bestimmte Abnahmemenge oder auf einen bestimmten Umsatz innerhalb einer gewissen Zeitperiode nach- 70

---

[82] Vgl. *Kahle*, in *Baetge/Kirsch/Thiele*, Bilanzrecht, § 255 HGB, Rz 121, Stand 2/2015.
[83] Vgl. *Knop/Küting*, in *Küting/Pfitzer/Weber*, HdR, Band § 255, Rn 56, Stand 5/2015.
[84] Vgl. *Kahle*, in *Baetge/Kirsch/Thiele*, Bilanzrecht, § 255 HGB, Rz 123, Stand 2/2015.
[85] Vgl. *ADS*, 6. Aufl. § 255 HGB, Rz 51.
[86] Vgl. *Schmidt*, in *Federmann/Kußmaul/Müller*, HdB, Anschaffungskosten, Rz 54, Stand 2/2015.
[87] Vgl. *Schubert/Gadek*, in Beck Bil-Komm., 9. Aufl., § 255 HGB, Rz 61.

träglich gewährt.[88] Häufig werden **Boni** als eine Art Treueprämie bzw. Pauschalprämie für gute und stetige Geschäftsbeziehungen eingeräumt. In einem solchen Fall fehlt es allerdings an der für den Abzug geforderten Einzelzurechnung des Bonus zum beschafften VG, sodass eine Erfassung als Anschaffungspreisminderung nicht infrage kommt. Ist die **Einzelzurechenbarkeit** gegeben, dürfen Boni allerdings nur insoweit anschaffungspreismindernd berücksichtigt werden, als die gekauften VG, auf die sich der jeweilige Bonus bezieht, noch im Unt vorhanden und als solche aktiviert sind.[89]

**Beispiel**
Die B-GmbH, die einen Textilhandel betreibt, bezieht im Dezember des Jahrs t1 von einem neuen Lieferanten eine Warenladung mit 10.000 Badehosen zum Netto-Listenpreis von 10 EUR je Stück.
Im Februar des Jahrs t2 zahlt der Lieferant der B-GmbH einen Bonus i. H. v. 5.000 EUR. Die Badehosen liegen noch im Lager der B-GmbH, da sie mit dem Verkauf von Bademoden erst im März beginnt.
Buchungssatz bei Lieferung (Dezember t1) (in TEUR):

| Datum | Konto | Soll | Haben |
|---|---|---|---|
| | Waren | 100 | |
| | Verbindlichkeiten aus L&L | | 100 |

Buchungssatz bei Zahlung des Bonus (Februar t2) (in TEUR):

| Datum | Konto | Soll | Haben |
|---|---|---|---|
| | Bank | 5 | |
| | Waren | | 5 |

71 • Unter einem **Skonto** versteht man die Differenz zwischen dem sofort oder innerhalb einer kurzen Frist zu entrichtenden Kaufpreis und dem Zielpreis des angeschafften Gegenstands.[90] Skonti sind nach der Rechtsprechung des BFH erst dann als Anschaffungspreisminderungen zu behandeln, wenn sie in Anspruch genommen werden.[91]

**Beispiel**
Die C-AG erwirbt von einem Maschinenbauer eine neue Produktionsstraße. Die Rechnung weist einen Nettopreis von 3.000 TEUR aus. Bei Zahlung innerhalb von 14 Tagen lässt der Maschinenbauer einen Skontoabzug i. H. v. 2 % des Nettopreises zu.
Die C-AG bezahlt die Rechnung nach zehn Tagen unter Abzug der 2 % Skonto.

---

[88] Vgl. *ADS*, 6. Aufl. § 255 HGB, Rz 50.
[89] Vgl. *ADS*, 6. Aufl. § 255 HGB, Rz 50; a. A. *Kahle*, in Baetge/Kirsch/Thiele, Bilanzrecht, § 255 HGB, Rz 122, Stand 2/2015.
[90] Vgl. *Knop/Küting*, in Küting/Pfitzer/Weber, HdR, HGB § 255, Rn 58, Stand 5/2015.
[91] Vgl. BFH, Urteil v. 27.2.1991, I R 176/84, BStBl 1991 II S. 456.

| Buchungssatz bei Lieferung (in TEUR): | | | |
|---|---|---|---|
| Datum | Konto | Soll | Haben |
| | Maschinen | 3.000 | |
| | Verbindlichkeiten aus L&L | | 3.000 |
| Buchungssatz bei Zahlung mit Skontoabzug (in TEUR): | | | |
| Datum | Konto | Soll | Haben |
| | Verbindlichkeiten aus L&L | 3.000 | |
| | Bank | | 2.940 |
| | Maschinen | | 60 |

### 2.5.3 Erhaltene Zuwendungen

Bei Zuwendungen der öffentlichen Hand, die u. a. in Form von **Investitions-** 72
**zuschüssen** oder **Investitionszulagen** gewährt werden, ist z.T. strittig, inwiefern sie als **Anschaffungskostenminderungen** zu berücksichtigen oder sofort als Ertrag zu vereinnahmen sind. Der systematische Unterschied zwischen diesen beiden Subventionsarten liegt darin, dass Erstere vom Grundsatz her steuerpflichtig,[92] Letztere hingegen stets steuerbefreit sind (§ 13 Satz 1 InvZulG 2010).
Die Zuwendung eines Dritten kann nur dann zu Anschaffungskostenminderun- 73
gen führen, wenn sie zur Abdeckung der AK eines VG zur Verfügung gestellt wurde. Wurde sie also entweder vorrangig zu laufenden Aufwendungen oder Erträgen gewährt (Vorliegen eines Aufwandszuschusses bzw. Ertragszuschusses) oder ist sie unbedingt rückzahlbar (Vorliegen einer Verbindlichkeit), so ist eine Anschaffungskostenminderung nicht vertretbar.[93]
Erfolgt dagegen die Zuwendung als **nicht rückzahlbarer Investitionszuschuss** 74
**der öffentlichen Hand** zur Abdeckung der AK eines VG, so sind nach der hier vertretenen Auffassung die AK des subventionierten VG handelsrechtlich regelmäßig um den Zuschuss zu kürzen.[94] Zu begründen ist dies mit dem Prinzip der Maßgeblichkeit der Gegenleistung (s. Rz 2), denn effektiv hat das Unt nur den um den Zuschuss geminderten Anschaffungspreis zum Erwerb des VG aufgewendet. Bei dieser Vorgehensweise wird der Zuschuss im Jahr der Vereinnahmung erfolgsneutral erfasst; eine Erfolgswirkung stellt sich aufgrund der um den Zuschuss verminderten zukünftigen planmäßigen Abschreibungen erst in den Folgeperioden ein.
**Steuerrechtlich** besteht für Investitionszuschüsse ein **Wahlrecht,** diese entwe- 75
der erfolgsneutral von den steuerlichen AK des subventionierten Wirtschaftsguts abzusetzen oder sie im Jahr des Zuflusses sofort ertragswirksam zu vereinnahmen (R 6.5 Abs. 2 EStR). Investitionszuschüsse sind üblicherweise nicht steuerfrei (s. Rz 72).
Steuerfreie **Investitionszulagen** (s. Rz 72) dürfen im Gegensatz zu den Investi- 76
tionszuschüssen nicht die steuerlichen AK mindern; sie sind stattdessen stets als

---

[92] Vgl. BFH, Urteil v. 17.9.1987, III R 225/83, BStBl 1988 II S. 324.
[93] Vgl. *Grottel/Gadek*, in Beck Bil-Komm., 8. Aufl., § 255 HGB, Rz 114; *ADS*, 6. Aufl. § 255 HGB, Rz 59.
[94] So auch *Kahle*, in *Baetge/Kirsch/Thiele*, Bilanzrecht, § 255 HGB, Rz 81, Stand 2/2015; *ADS*, 6. Aufl. § 255 HGB, Rz 56.

steuerfreie Erträge sofort erfolgswirksam zu vereinnahmen (§ 13 Satz 2 InvZulG 2010).[95] Handelsrechtlich ist nach der hier vertretenen Auffassung ebenfalls eine sofortige ertragswirksame Verrechnung erforderlich.[96]

## 3 Herstellungskosten (Abs. 2)

### 3.1 Inhalt und Regelungszweck

77 Die handelsrechtliche Bestimmung der **HK-Ermittlung** erfolgt ähnlich der geltenden steuerrechtlichen Bewertungskonzeption und der Bewertungskonzeption nach IFRS. Dies fördert die Vergleichbarkeit des handelsrechtlichen JA.[97] Allerdings hat die Finanzverwaltung im Zusammenhang mit den erfolgten Änderungen durch das BilMoG mit der neuen Auslegung der Maßgeblichkeit[98] die nach R 6.3 Abs. 4 EStR 2008 bestehende Möglichkeit der Übernahme der verbleibenden handelsrechtlichen Wahlrechtsbestandteile in die Steuerbilanz zur Pflicht erklärt, wobei dies erst mit EStÄR 2012 explizit geregelt wurde (§ 274 Rz 131 ff.). Allerdings greifen die Neuregelungen nicht für Wirtschaftsgüter, mit deren Herstellung vor der Veröffentlichung der EStÄR 2012 im Bundessteuerblatt (I Nr. 5 am 28.3.2013) begonnen wurde. Überdies hat das BMF[99] nun zusätzlich zu den EStÄR 2012 eine Übergangsregelung veröffentlicht, nach der nicht beanstandet wird, wenn bis zur Verifizierung des damit verbundenen Erfüllungsaufwands, spätestens aber bis zu einer Neufassung der Einkommensteuer-Richtlinien die bisherigen Kriterien für die Ermittlung der HK (R 6.3 Abs. 4 EStR 2008) weiter angewandt werden dürfen. Die Neufassung des Satzes 2 ist dabei von Art. 35 Abs. 3 des BiRiLiG[100] getragen.

78 Die **Wertuntergrenze** der aktivierungspflichtigen HK umfasst im Rahmen der Zugangsbewertung gem. § 255 Abs. 2 Satz 2 HGB sämtliche dem einzelnen Erzeugnis unmittelbar zurechenbare Aufwendungen. Gemeinkosten, die unabhängig von der Produktionsmenge anfallen und damit Fixkostencharakter aufweisen, wie allgemeine Verwaltungskosten, Kosten für soziale Einrichtungen des Betriebs und freiwillige soziale Leistungen, sowie Kosten der betrieblichen Altersvorsorge können dagegen nach § 255 Abs. 2 Satz 3 HGB per **Wahlrecht** einbezogen werden. Der Gesetzgeber verzichtet zwar auf die Verwendung der Fachtermini „fixe und variable Kosten", dieses Kriterium wird aber dennoch maßgeblich zur Abgrenzung zwischen Aktivierungspflicht und -wahlrecht herangezogen.[101] Auffällig ist dabei die explizite Gleichsetzung der Kriterien der Zurechenbarkeit und der Beschäftigungsabhängigkeit. In der Kostenrechnung werden diese klassischerweise als zwei getrennte Kriterien betrachtet, die zwar eng miteinander verbunden sind, aber letztlich doch andere Kernaspekte problematisieren.

---

[95] Vgl. *Schmidt*, in *Federmann/Kußmaul/Müller*, HdB, Anschaffungskosten, Rz 80, Stand 2/2015.
[96] So auch *Richter/Künkele/Zwirner*, in *Petersen/Zwirner/Brösel* (Hrsg.), Systematischer Praxiskommentar Bilanzrecht, § 255 HGB, Rz 334.
[97] Vgl. BilMoG-BgrRegE, S. 59.
[98] Vgl. BMF, Schreiben v. 12.3.2010, IV C 6 – S 2133/09/10001 und BMF, Schreiben v.22.6.2010, IV C6 – S 2133/09/10001; s. auch den EStÄR 2012.
[99] Vgl. BMF, Schreiben v. 25.3.2013, IV C 6 – S 2133/09/10001 :004.
[100] Gesetz v. 19.12.1985, BGBl 1985 I S. 2355.
[101] Vgl. BilMoG-BgrRegE, S. 60.

Trotz der Konkretisierungsbestrebungen des Gesetzgebers bestehen **Spielräume** bei der HK-Ermittlung, die allein aus der Unmöglichkeit resultieren, eine genaue Zurechnung der Kosten auf die Produkte herbeizuführen. Ihr Umfang wird letztlich von der spezifischen Ausgestaltung der Kostenrechnung bestimmt, sodass sich hier individuelle Gestaltungsspielräume eröffnen. 79

## 3.2 Begriff der Herstellungskosten (Abs. 2 Satz 1)

### 3.2.1 Grundlegendes und Angrenzung zu den Anschaffungskosten

HK sind die Aufwendungen[102], die durch den **Verbrauch von Gütern** und die **Inanspruchnahme von Diensten** für die Herstellung eines VG, seiner Erweiterung oder für eine über seinen ursprünglichen Zustand hinausgehende wesentliche Verbesserung entstehen. Bei den AK handelt es sich um Aufwendungen, die dazu verwandt werden, einen VG zu erwerben und in einem betriebsbereiten Zustand zu versetzen. Sofern sie dem VG einzeln zugeordnet werden können, fallen unter die AK ferner die Nebenkosten sowie die nachträglichen AK (vgl. zu den AK Rz 1 ff.). Das grundlegende Abgrenzungskriterium für das Vorliegen von AK oder HK stellt entsprechend der Erwerb dar. Da sich der Herstellungsvorgang sowohl im eigenen Unt als auch mittels Fremdherstellung vollziehen kann, erlangt die weitere Beschäftigung mit der Abgrenzung zwischen den AK und den HK jedoch eine darüber hinausgehende Bedeutung. Bei einer Erstellung von VG durch fremde Dritte ist für die Abgrenzung relevant, wer das wirtschaftliche Risiko trägt. 80

Die **handelsrechtlichen Vorgaben** zu den HK sollen sicherstellen, dass nur **tatsächlich** angefallene Ausgaben aktiviert werden und die Herstellung so zu einer erfolgsneutralen Vermögensumschichtung führt. Der handelsrechtliche Begriff der HK ist wie jener der AK demnach **pagatorischer Natur**. Kosten ohne Verbindung zu Ausgaben, sog. Zusatzkosten, oder Anderskosten, denen abweichende Ausgaben gegenüberstehen, dürfen nicht angesetzt werden. Die Kostenrechnung ist entsprechend daran auszurichten (Rz 154 ff.). Das Prinzip der Erfolgsneutralität führt dabei zu einem **finalen HK-Verständnis** – grds. sind sämtliche getätigte Ausgaben, die mit dem Ziel der Herstellung verknüpft sind, den HK zuzurechnen.[103] Wird der Vorgang der Herstellung jedoch zu weit gefasst und werden Kosten eingerechnet, denen kein entsprechender Wert gegenübersteht, kann es zu Überbewertungen kommen. Dem **Vorsichtsprinzip** folgend ist bei drohender Überbewertung dann von einer Aktivierung abzusehen.[104] Wie auch die AK müssen die HK werthaltig sein.[105] 81

Auch wenn mit der Streichung der umgekehrten **Maßgeblichkeit** der Einfluss steuerrechtlicher Regelungen auf die Auslegung des Handelsrechts formal verhindert wird, ist weiter von einer engen Verbindung auszugehen, da einerseits 82

---

[102] Die vom Gesetzgeber mit der Formulierung vorgenommene Klassifizierung als Aufwendungen bezieht sich auf noch nicht periodisierte Ausgaben.
[103] Vgl. *Döllerer*, BB 1966, S. 1405; BFH, Urteil v. 13.10.1983, IV R 160/78, BStBl 1984 II S. 101; *Moxter*, Bilanzrechtsprechung, S. 188.
[104] Vgl. *Kahle*, in *Baetge/Kirsch/Thiele*, Bilanzrecht (8/2013), § 255 HGB Rz 134, Stand 10/2012; zur Anforderung der Werthaltigkeit s. auch BFH, Urteil v. 4.7.1990, GrS 1/89, BStBl 90II, S. 830; *Moxter*, Bilanzrechtsprechung, S. 189; *ADS*, 6. Aufl. § 255 HGB, Rz 118.
[105] Vgl. *Ballwieser*, in MünchKomm. HGB, 3. Aufl., § 255 Rn 51.

allein aufgrund des Postulats der Wirtschaftlichkeit keine unnötigen Abweichungen zwischen der handels- und steuerrechtlichen Abbildung sinnvoll sind und andererseits aufgrund der umfangreichen Spruchpraxis der Finanzgerichte auch bereits vielfach GoB geschaffen wurden, die grds. als GoB auch im Handelsrecht gelten. Neben der Rechtsprechung und steuerlichen Änderungen (auch nach dem Wegfall der umgekehrten Maßgeblichkeit und damit ohne entsprechenden Bezug bzw. entsprechende (explizite) Steuerrechtverknüpfung), beeinflussen regelmäßig auch Verlautbarungen des IDW, Diskussionen des DRSC oder des IASB sowie international anerkannte Rechnungslegungsnormen (IFRS) die GoB als allgemein anerkannte Regeln über das Führen der Handelsbücher und das Erstellen des JA aus Rechtsprechung, Schrifttum und Praxis. Für Sachverhalte, die nicht im HGB geregelt sind, kann es kein Diktat des Bezugs zu handelsrechtlichen Vorschriften geben.

### 3.2.2 Vorgang der Herstellung

83 Grundtatbestand der Herstellung ist die Schaffung eines neuen VG (**Herstellung im engeren Sinn**). Darüber hinaus zählen sowohl die Erweiterung als auch die wesentliche Verbesserung eines VG über seinen ursprünglichen Zustand hinaus, die auch als nachträgliche Herstellung bezeichnet werden, zur Herstellung (**Herstellung im weiteren Sinn**). Eine Abgrenzung der nachträglichen HK von Instandhaltungsaufwendungen kann unter Rückgriff auf die steuerliche Rechtsprechung erfolgen.[106] HK können nach Meinung des BFH auch für fremde VG anfallen, die nicht im wirtschaftlichen Eigentum des Unt stehen, da die tatsächliche Sachherrschaft insoweit nicht vorliegt, als andere von der Einwirkung auf das Wirtschaftsgut nicht ausgeschlossen werden können. Dieser HK-Vorgang sei „wie ein materielles Wirtschaftsgut" zu aktivieren und nach den Abschreibungsregeln des Gebäudes abzuschreiben.[107] Nach § 246 Abs. 1 Satz 2 HGB ist das wirtschaftliche Eigentum jedoch Grundvoraussetzung für die Bilanzierung (§ 246 Rz 16), so dass auch in diesen Fällen stets ein VG vorliegen muss, ggf. als Konstrukt des sog. Mietereinbaus oder eines Ausgleichsanspruchs.

84 Der Herstellungsvorgang kann sich dabei sowohl im eigenen Unt (Regelfall) als auch mittels **Fremdherstellung** vollziehen. Im Rahmen der **Eigenherstellung** geschaffene VG sind gem. § 275 Abs. 2 Nr. 3 HGB (GKV) in der **GuV** gesondert unter dem Posten „andere aktivierte Eigenleistung" auszuweisen. Eine Fremdherstellung berührt die GuV nicht, sie wird wie eine Anschaffung als Umschichtung des Vermögens behandelt. Liegt eine Fremdherstellung vor, fallen aufgrund der eindeutigen Zurechenbarkeit der Aufwendungen zum VG ausschließlich aktivierungspflichtige Kosten an.[108] Zur Abgrenzung der HK bei Erstellung des VG durch fremde Dritte von AK ist auf den Träger des wirtschaftlichen Risikos abzustellen.

---

[106] Vgl. etwa bzgl. anschaffungsnaher HK bei Gebäuden BMF, Schreiben v. 18.7.2003, BStBl 2003 I S. 386; SenFin Berlin, Erlass v. 20.11.2013, III B – S 2211–2/2005–2; DB 2013, S. 372.
[107] Vgl. BFH, Urteil v. 19.12.2012, IV R 29/09, BFH/NV 6/2013, S. 1003; DStR 16/2013, S. 802; DB 16/2013, S. 846.
[108] Vgl. dazu und im Folgenden *Schubert/Pastor*, in Beck Bil-Komm. 9. Aufl., § 255 HGB, Rz 334.

### 3.2.2.1 Herstellung im engeren Sinn (Neuschaffung)

Die Herstellung im engeren Sinn umfasst zunächst die **Neuschaffung** noch nicht existenter VG. Ferner sind unter der Herstellung von VG im engeren Sinn handelsrechtlich auch die Nutzbarmachung eines zerstörten oder verschlissenen VG sowie die Änderung der betrieblichen Funktion zu verstehen.[109] Die Überholung eines noch nutzbaren VG fällt dagegen nicht darunter. Hier sind die Aktivierungsvoraussetzungen für nachträgliche HK zu prüfen (Rz 87 ff.). 85

IDW RS IFA 1 betreffend die Abgrenzung von Erhaltungsaufwand und HK bei Gebäuden verlangt bei einer entfallenen Nutzbarkeit eines Gebäudes in seiner bisherigen Funktion, dass infolge der Nutzbarmachung eine Klassifizierung als „in bautechnischer Hinsicht neu" gegeben sein muss.[110] Darunter wird der Austausch von für die Nutzungsdauer des Gebäudes bestimmenden verschlissenen Teilen verstanden.[111]

Zu den HK im Rahmen einer Neuschaffung zählen neben den direkten produktionsbedingten Kosten auch Kosten für vorgelagerte Planungs- und Vorbereitungsmaßnahmen, die Beschaffung sowie die Lagerung der RHB und der unfertigen Erzeugnisse.[112] Auch im Zuge der Andienung von Dienstleistungen sind entsprechende Planungs- und Vorbereitungsmaßnahmen zu berücksichtigen.[113] 86

### 3.2.2.2 Herstellung im weiteren Sinn (nachträgliche Herstellung)

#### 3.2.2.2.1 Erweiterungen

Unter einer Erweiterung ist eine Vergrößerung oder eine **Substanzmehrung** (Erweiterung der Nutzungsmöglichkeiten) zu verstehen[114], die sich auf den VG als Ganzes bezieht, und keine Wesensänderung mit sich bringt.[115] § 255 Abs. 2 Satz 1 HGB setzt dabei keine Wesentlichkeit voraus, sodass grds. auch kleine Erweiterungen zu aktivieren sind. Maßnahmen, die lediglich die Funktionsfähigkeit erhalten, fallen aber auch dann nicht unter Erweiterungen i.S.d. der Norm, wenn dafür neue Teile verwendet werden. 87

> **Beispiel** 88
> Eine Erweiterung der Nutzungsmöglichkeiten ist etwa ein Anbau, eine Aufstockung oder der Einbau eines bislang nicht vorhandenen Fahrstuhls bei

---

[109] Vgl. *Kahle*, in *Baetge/Kirsch/Thiele*, Bilanzrecht (8/2013), § 255 HGB Rz 137; *ADS*, 6. Aufl. § 255 HGB, Rz 121; *Glanegger*, DB 1987, S. 2173. Im Kontext der Abgrenzung von Erhaltungsaufwand und Herstellungskosten bei Gebäuden ebenfalls IDW ERS IFA 1, Tz. 4f.
[110] Vgl. IDW RS IFA 1, Tz. 4.
[111] Vgl. IDW RS IFA 1, Tz. 4.
[112] Vgl. *Selchert*, BB 1986, S. 2298; BFH, Urteil v. 11.3.1976, IV R 176/72, BStBl 1976 II S. 614; BFH, Urteil v. 23.11.1978, IV R 20/75, BStBl 1979 II S. 143.
[113] Vgl. *ADS*, 6. Aufl. § 255 HGB, Rz 119.
[114] IDW RS IFA 1, Tz. 5 nennt im Zusammenhang mit der Abgrenzung von Erhaltungsaufwand und HK bei Gebäuden die Aufstockung, den Anbau, die sonstige Vergrößerung der nutzbaren Fläche sowie den nachträglichen Einbau neuer Bestandteile mit bisher nicht vorhandenen Funktionen als Beispiele für die Erweiterung.
[115] Vgl. anstatt vieler *Kahle*, in *Baetge/Kirsch/Thiele*, Bilanzrecht (8/2013), § 255 HGB Rz 138.

> Gebäuden. In vielen Fällen wird eine Substanzmehrung aber im Einzelfall zu beurteilen sein.[116] Ob der Ersatz eines Flachdachs durch ein Satteldach etwa zu einer Aktivierung von HK führen darf, wird regelmäßig von der jeweiligen Nutzung abhängen. Während etwa ein Ladenbetreiber, für den die Raumhöhe nicht von wirtschaftlicher Bedeutung ist, so keine HK verursacht[117], ließe sich bspw. bei dem Betreiber eines Hochlagers durchaus eine Substanzmehrung begründen.

#### 3.2.2.2.2 Wesentliche Verbesserungen

89 Analog zu Erweiterungen müssen sich **wesentliche Verbesserungen** eines VG über seinen ursprünglichen Zustand hinaus auf den VG als Ganzes beziehen. Eine lediglich teilweise Verbesserung führt zu regelmäßigem Erhaltungsaufwand.[118]

90 Mangels eindeutiger Formulierung respektive Definition der Merkmale „wesentlich" und „ursprünglicher Zustand" bedingt die Festlegung weiterer Tatbestandsmerkmale den Rückgriff auf **Auslegungen** der handelsrechtlichen Bilanzierungsvorschriften durch den **BFH**, der auch ohne umgekehrte Maßgeblichkeit hier als GoB-setzend anzusehen ist.

91 Entsprechend ist eine Verbesserung **als wesentlich einzustufen**, wenn sie den Gebrauchswert des VG im Ganzen **über die zeitgemäße Erneuerung hinaus deutlich erhöht**. Der BFH verlangt eine damit einhergehende maßgeblich höherwertige Nutzungsmöglichkeit.[119]

> **Beispiel**
> Bei Wohngebäuden etwa ist bei einer Anhebung von einer Qualitätsstufe auf die nächste (einfach auf mittel und mittel auf sehr anspruchsvoll) von einer höherwertigen Nutzungsmöglichkeit i.S.d. § 255 Abs. 2 Satz 1 HGB auszugehen.[120] Zu den maßgeblich gebrauchswertbestimmenden Einrichtungen bei Wohngebäuden zählen dabei insb. die Heizungs-, Sanitär- und Elektroinstallationen sowie die Fenster.[121] Qualitative Verbesserungen kommen dabei regelmäßig durch einen wesentlichen Anstieg der erzielbaren Miete zum Ausdruck.[122]
> Von einer Steigerung der Gebrauchs- bzw. Nutzungsmöglichkeit kann auch bei einer wesentlichen Verlängerung der (technischen und wirtschaftlichen) Nutzungsdauer des Gebäudes ausgegangen werden.[123]

---

[116] Zu den Fällen einer Substanzmehrung von VG, insb. im Hinblick auf eine Aufstockung sowie einen Anbau s. detaillierter auch *Schmidt*, im *Federmann/Kußmaul/Müller*, HdB, Herstellungskosten, Rz 18 ff.
[117] Beispielhaft BMF, Schreiben v. 18.7.2003, IV C 3 – S 2211–94/03, BStBl 2003 I S. 386.
[118] Anstatt vieler BFH, Urteil v. 19.7.1985, BFH/NV 1986 S. 24; mit besonderer Fokussierung von wesentlichen Verbesserungen bei Gebäuden *Schmidt*, in *Federmann/Kußmaul/Müller*, HdB, Herstellungskosten, Rz 32ff.
[119] S. dazu BFH, Urteil v. 13.10.1998, BStBl 1999 II S. 282.
[120] Vgl. etwa BFH, Urteil v. 12.9.2001, BB 2002, S. 1350, BStBl 2003 II S. 569; BFH, Urteil v. 20.8.2002, BFH/NV 2003 S. 35; BFH, Urteil v. 3.12.2002, BStBl 2003 II S. 590.
[121] S. dazu BFH, Urteil v. 22.1.2003, BFH/NV 2003 S. 766.
[122] Vgl. IDW RS IFA 1, Tz. 12.
[123] Vgl. IDW RS IFA 1, Tz. 11.

Instandhaltungsmaßnahmen bzw. **Modernisierungshandlungen** in nicht 92
maßgeblichem Umfang, die für sich allein genommen Erhaltungsmaßnahmen
darstellen, können **als Einheit betrachtet** zu einer wesentlichen Verbesserung
führen und entsprechend als HK angesetzt werden. Voraussetzung ist, dass
insgesamt mindestens drei der vier wesentlichen Einrichtungen[124] betroffen sind,
und die Maßnahmen im Rahmen einer gebündelten Baumaßnahme erfolgen.[125]
Von einer gebündelten Baumaßnahme (bautechnisches Ineinandergreifen[126])
kann dabei ausgegangen werden, wenn die Schaffung des betriebsbereiten Zustands oder etwaige Herstellungsarbeiten das Bündel der Erhaltungsarbeiten
bedingen.[127] Die Beurteilung der sog. **anschaffungsnahen Aufwendungen** ist
entgegen früherer Rechtsprechung so nicht mehr allein unter Rückgriff auf deren
Höhe und zeitliche Nähe zur Anschaffung vorzunehmen. Wenngleich in der
Literatur umstritten, erfüllt eine erhebliche Verlängerung der Nutzungsdauer
regelmäßig das Tatbestandsmerkmal der wesentlichen Verbesserung.[128]

Als „**ursprünglicher Zustand**" ist nach GoB-setzender Rechtsprechung des BFH 93
der **Zeitpunkt des entgeltlichen Erwerbs** durch den Steuerpflichtigen zu verstehen[129], sofern die erstmalige Bilanzierung im Unt zu Verkehrswerten erfolgt.
Das IDW spricht bei Gebäuden vom Zustand zum Zeitpunkt der Aufnahme in das
Vermögen des Eigentümers.[130] Eine Veränderung dieses Zugangswerts mittels
nachträglicher AHK bzw. außerplanmäßiger Abschreibungen infolge eines Substanzverlustes ist entsprechend zu berücksichtigen. Der fortgeführte Zugangswert
ist dann als ursprünglicher Zustand zu definieren.[131] Erfolgt zum Zeitpunkt der
erstmaligen Bilanzierung im Unt kein Ansatz zu Verkehrswerten, ist der Zustand
unmittelbar vor der Maßnahmenergreifung als Vergleichswert heranzuziehen.[132]

### 3.2.2.3 Zeitraum der Herstellung

Der **Beginn der Herstellung** ist **nicht** mit dem **Beginn des technischen Herstellungsprozesses** gleichzusetzen. Das erstmalige Anfallen von Ausgaben, die in 94
sachlichem bzw. engem wirtschaftlichen Zusammenhang mit der Erstellung der
Leistung stehen, begründet bereits den Herstellungsbeginn.[133] Der Entschluss zur
Herstellung eines VG stellt dabei den frühestens möglichen Zeitpunkt der Herstellung dar. Neben dem VG unmittelbar zurechenbaren Einzelkosten inkl. auftragsgebundener Vorbereitungskosten (z.B. Planungs- und Konstruktionskosten)

---

124 Heizungs-, Sanitär- und Elektroinstallationen sowie Fenster. Vgl. dazu BFH, Urteil v. 22.1.2003, BFH/NV 2003 S. 766.
125 S. dazu BFH, Urteil v. 12.9.2001, BB 2002, S. 1353.
126 Das IDW spricht von einem engen räumlichen, zeitlichen und sachlichen Zusammenhang zwischen den einzelnen Baumaßnahmen, die dergestalt ineinandergreifen, dass sie sich bautechnisch bedingen. Vgl. IDW ERS IFA 1, Tz. 18. Von einem engen zeitlichen Zusammenhang kann dabei auch gesprochen werden, wenn sich die Baumaßnahmen planmäßig über mehrere Gj erstrecken. Vgl. IDW RS IFA 1, Tz. 17–18.
127 S. dazu BMF, Schreiben v. 18.7.2003, IV C 3 – S 2211–94/03, BStBl 2003 I S. 386.
128 So auch IDW RS IFA 1, Tz. 11.
129 S. dazu BFH, Urteil v. 11.8.1989, BStBl 1990 II S. 53; BFH, Urteil v. 30.7.1991, BStBl 1992 II S. 30; BFH, Urteil v. 9.5.1995, BStBl 1996 II S. 632; BFH, Urteil v. 3.12.2002, BStBl 2003 II S. 590.
130 Vgl. IDW RS IFA 1, Tz. 8.
131 S. dazu BFH, Urteil v. 9.5.1995, BStBl 1996 II S. 632; Vgl. IDW RS IFA 1, Tz. 9.
132 Vgl. *Schubert/Pastor*, in Beck Bil-Komm. 9. Aufl., § 255 HGB, Rz 383–384.
133 S. dazu BFH, Urteil v. 12.6.1978, GrS 1/77, BStBl II 78 S. 620; BFH, Urteil v. 23.11.1978, BStBl 1979 II S. 143.

können auch zurechenbare Gemeinkosten bereits den Beginn der Herstellung markieren.[134] Auch bei Gemeinkosten kann eine enge wirtschaftliche Verbindung mit der Erstellung der Leistung vorliegen. Die Ausdehnung des § 255 Abs. 2 Satz 2 HGB auf angemessene Teile der MGK und der FGK untermauert diese Position. Auch die Nachaktivierung von Vorbereitungshandlungen in späteren Perioden ist zulässig, sofern der Zusammenhang mit dem Herstellungsbeginn erst nach Abschlussaufstellung erkennbar wird.[135] Sofern eine Nach-Aktivierung vorgenommen werden soll, verlangt das IDW als Voraussetzung, dass eine Änderung des Abschlusses nach den allgemeinen Grundsätzen zulässig gewesen wäre.[136]

95 Ist die **Materiallagerung** fertigungstechnisch **erforderlich**, sind die daraus resultierenden Kosten **aktivierungsfähig** – sie sind als Teil des Herstellungsprozesses zu betrachten.[137]

96 Kosten, die die **Betriebsbereitschaft gewährleisten**, sind dagegen nicht als Teil des Herstellungsprozesses zu betrachten und entsprechend nicht i. V. m. dem Beginn der Herstellung zu bringen.[138]

97 Wird der **Herstellungszeitraum** über kleine Störungen hinaus **unterbrochen** und sind maßgebliche Herstellungsmerkmale[139] nicht erfüllt, gilt analog ein **Aktivierungsverbot** für in diesem Zeitraum anfallende Kosten.

98 Grundsätzlich bleibt festzuhalten, dass eine klare Terminierung des Herstellungsbeginns nicht immer eindeutig vorgenommen werden kann und entsprechend **Handlungsspielräume** für den Bilanzierenden verbleiben.

> **Beispiel**
> Der BFH hat in einem Urteil[140] entschieden, dass die Beschaffung eines Gebäudes bei bestehender Abbruchabsicht bereits zur Herstellung eines neu zu erstellenden Gebäudes gehört, obwohl daraus unserer Einschätzung nach eine Verletzung des einzuhaltenden **Grundsatzes der Einzelbewertung** (§ 252 Rz 64 ff.) resultiert.[141] Dem Ziel des maximalen HK-Ansatzes folgend, ist eine Anlehnung an passende BFH-Einzelfallentscheidungen aber möglicherweise zielführend.

99 Den **Abschluss der Herstellung** markiert bei VG des **AV** die Fertigstellung bzw. die Fähigkeit zur dauernden Nutzung entsprechend der Bestimmung.[142] Der **Fertigstellungszeitpunkt** richtet sich folglich nach der vorgesehenen Verwendung des VG. Wenn be- oder verarbeitungsbedingte Wertsteigerungen nicht mehr erfolgen

---

[134] Vgl. IDW RS HFA 31, Rz 7.
[135] Vgl. IDW RS HFA 31, Rz 8.
[136] Vgl. IDW RS HFA 31, Rz 8.
[137] Vgl. IDW RS HFA 31, Rz 10; *Kahle*, in *Baetge/Kirsch/Thiele*, Bilanzrecht (8/2013), § 255 HGB Rz 183.
[138] Anstatt vieler vgl. *Küting*, BB 1989, S. 587.
[139] S. dazu *Wohlgemuth*, in HdJ 2001, Abt. 1/10, Rz 104.
[140] BFH, Urteil v. 12.6.1978, GrS 1/77, BStBl 1978 II S. 620.
[141] Ebenso *Ballwieser*, in MünchKomm. HGB, 3. Aufl., § 255 Rn 69; *Schubert/Pastor*, in Beck Bil-Komm. 9. Aufl., § 255 HGB, Rz 366, 373; als weiteren Verstoß gegen den Grundsatz der Einzelbewertung s. BFH, Urteil v. 29.11.1983, BStBl 1984 II S. 303.
[142] Vgl. BFH, Urteil v. 1.4.1981, I R 27/79, BStBl II 81 S. 660.

oder der VG für das Unt genutzt werden kann[143] bzw. etwa bewohnbar ist[144], ist der Abschluss der Herstellung anzunehmen. Restarbeiten oder Mängelbehebungen sind dabei aber nicht vom Herstellungsprozess abgegrenzt.[145]

Die Herstellung von VG des **UV** ist abgeschlossen, sofern die Fähigkeit zur Auslieferung und/oder dem Absatz vorliegt. Möglicherweise während der Herstellung anfallende **Vertriebskosten** sind funktionsbedingt von den HK abzugrenzen.[146]     100

## 3.3 Umfang der Herstellungskosten (Abs. 2 Sätze 2–4, Abs. 3)

### 3.3.1 Herstellungskostenuntergrenze und -obergrenze

§ 255 Abs. 2-3 HGB listet die Bestandteile der HK abschließend auf. Aus der Unterteilung in aktivierungspflichtige, wahlweise aktivierbare und aktivierungsverbotene Ausgaben resultieren eine handelsrechtliche HK-Untergrenze sowie eine -Obergrenze.     101

Aktivierungspflichtig und somit als **HK-Untergrenze** anzusehen sind gem. § 255 Abs. 2 Satz 2 HGB die Materialkosten, die Fertigungskosten und die Sonderkosten der Fertigung sowie angemessene Teile der MGK, der FGK und des Werteverzehrs des AV, soweit dieser durch die Fertigung veranlasst ist.

Ein **Aktivierungswahlrecht** besteht nach § 255 Abs. 2 Satz 3 HGB für angemessene Teile der Kosten der allgemeinen Verwaltung sowie angemessene Aufwendungen für soziale Einrichtungen des Betriebs, für freiwillige soziale Leistungen und für die betriebliche Altersversorgung, soweit diese auf den Zeitraum der Herstellung entfallen. § 255 Abs. 3 HGB sieht zudem ein Aktivierungswahlrecht für Fremdkapitalzinsen vor, die auf den Zeitraum der Herstellung entfallen. Sie gelten aber nur dann als HK des VG, wenn das FK allein zur Finanzierung der Herstellung eines VG verwendet wird. (Rz 201 ff.)     102

Explizit von der Aktivierung ausgenommen sind gem. § 255 Abs. 2 Satz 4 HGB Forschungs- und Vertriebskosten und nach § 255 Abs. 3 Satz 1 HGB zunächst auch grds. Zinsen für FK – für bestimmte Fremdkapitalzinsen schaltet § 255 Abs. 3 Satz 2 HGB jedoch ein Wahlrecht nach. Die Aktivierungsverbote deckeln die HK. Die **HK-Obergrenze** ergibt sich somit aus der Summe der Aktivierungspflichten und den voll ausgeschöpften Aktivierungswahlrechten. Der folgenden Tabelle sind die handelsrechtlichen, steuerrechtlichen und internationalen Aktivierungspflichten, -wahlrechte und -verbote zu entnehmen:     103

|  | HGB* | IFRS* | EStG/ EStR |
|---|---|---|---|
| MEK | Pflicht | Pflicht | Pflicht |
| Fertigungseinzelkosten | Pflicht | Pflicht | Pflicht |
| Sondereinzelkosten der Fertigung | Pflicht | Pflicht | Pflicht |
| MGK**** | Pflicht | Pflicht | Pflicht |

---

[143] Vgl. IDW RS HFA 31, Rz 11.
[144] Vgl. BFH, Urteil v. 20.2.1975, IV R 79/74, BStBl 1975 II S. 510.
[145] S. dazu etwa BFH, Urteil v. 1.12.1987, BStBl 1988 II S. 431.
[146] S. dazu etwa BFH, Urteil v. 26.2.1975, I R 72/73, BStBl 1976 II S. 13, BFH, Urteil v. 20.5.88, III R 31/84, BStBl 1988 II, S. 961.

|  | HGB* | IFRS* | EStG/ EStR |
|---|---|---|---|
| FGK**** | Pflicht | Pflicht | Pflicht |
| Werteverzehr des AV | Pflicht | Pflicht | Pflicht |
| Aufwendungen***** für: soziale Einrichtungen des Betriebs freiwillige soziale Leistungen die betriebliche Altersversorgung | Wahlrecht Wahlrecht Wahlrecht | Pflicht*** Pflicht*** Pflicht*** | Pflicht Pflicht Pflicht |
| Allgemeine Verwaltungskosten**** | Wahlrecht | Verbot | Pflicht |
| Herstellungsbezogene Fremdkapitalzinsen | Wahlrecht | Pflicht** | Wahlrecht |
| Vertriebskosten | Verbot | Verbot | Verbot |
| Forschungskosten | Verbot | Verbot | Verbot |

\* (Ggf.) inkl. Entwicklungskosten, sofern Kriterien erfüllt.
\*\* Für „qualifying assets" seit 2009; früher grds. als Aufwand zu erfassen, nur bei „qualifying assets" auch aktivierungsfähig.
\*\*\* Zur anteiligen Aktivierung der herstellungsbezogenen Aufwendungen, sonst/Rest Verbot.
\*\*\*\* (Ggf.) nur angemessene Teile
\*\*\*\*\* (Ggf.) nur angemessene Teile und sofern diese auf den Zeitraum der Herstellung entfallen

Tab. 1: HK nach Handels- und Steuerrecht sowie nach IFRS

Waren Aufwendungen für soziale Einrichtungen des Betriebs, freiwillige soziale Leistungen und die betriebliche Altersversorgung bis zur Einführung des BilMoG auch nach Steuerrecht eindeutig als Wahlrechte ausgestaltet und galt dies im Grunde auch nach BilMoG, besteht nach Auffassung des BMF v. 12.3.2010 für die handelsrechtlichen Wahlrechte des § 255 Abs. 2 Satz 3 HGB eine Ansatzpflicht. Das BMF begründet dies damit, dass bei der steuerlichen Gewinnermittlung nach § 6 Abs. 1 Nr. 2 Satz 1 EStG die HK anzusetzen sind und zu diesen alle Aufwendungen, die ihrer Art nach HK sind[147], gehören. Wegen des Bewertungsvorbehalts in § 5 Abs. 6 EStG greift hier dann die handelsrechtliche Regelung trotz Maßgeblichkeitsprinzip nicht.[148] Dies ist auch in R 6.3 Abs. 1 EStÄR 2012 so explizit aufgenommen. Allerdings ist mit BMF-Schreiben v. 25.3.2013[149] bis zur Verifizierung der damit einhergehenden Bürokratiekosten weiterhin noch das aus R 6.3 Abs. 4 EStR 2008 abgeleitete Wahlrecht bei der Ermittlung der HK anwendbar. Zur Einordnung vgl. § 274 Rz 131 ff.
Zur Nutzung der Wahlrechte in der Praxis vgl. Haufe HGB Bilanz Kommentar BilMoG Erfahrungsbericht BilMoG Rz 109 ff.

---

[147] Vgl. BFH, Urteil v. 21.10.1993, BStBl 1994 II S. 176.
[148] Vgl. BMF, Schreiben v. 12.3.2010, IV C 6 – S 2133/09/10001 und BMF, Schreiben v. 22.6.2010, IV C 6 – S 2133/09/10001.
[149] BMF, Schreiben v. 25.3.2013, IV C 6 – S 2133/09/10001:004; BStBl 2013 I S. 296, Haufe-Index: 3678423.

### 3.3.2 Abgrenzung von Einzel- und Gemeinkosten

#### 3.3.2.1 Einzelkosten

Unter den **Einzelkosten** werden jene Kosten verstanden, die sich durch direkte Zurechenbarkeit zu einem Bezugsobjekt – Kostenstelle oder Kostenträger – ohne Rückgriff auf einen Verteilungsschlüssel auszeichnen. Die direkte Zurechenbarkeit setzt dabei einen **eindeutigen quantitativen Zusammenhang** zwischen dem zu bewertenden VG und den HK voraus.[150] Trennscharf ist das Merkmal der direkten Zurechenbarkeit ohne Schlüsselung dabei nicht. So sind Fertigungslöhne, die stunden- und nicht produktweise bezahlt werden, kostentheoretisch nicht als Einzelkosten zu betrachten – die Umlage auf das Produkt erfordert eine Schlüsselung und auch der quantitative Zusammenhang ist umstritten.[151] Nach hM hat ungeachtet bestehender Bedenken jedoch eine Zuordnung der Fertigungslöhne zu den Einzelkosten zu erfolgen.[152]

104

Der im Schrifttum infolge der Formulierung der Gesetzesbegründung zum BilMoG „Unter stärkerer Berücksichtigung der Informationsfunktion des handelsrechtlichen JA wird der Wortlaut der Vorschrift dahin gehend interpretiert, dass unmittelbar zurechenbar solche Aufwendungen sind, die in Abhängigkeit von der Erzeugnismenge variieren."[153] mitunter aufgebrachten Forderung, nur die Teile der Fertigungslöhne in die Einzelkosten einzubeziehen, die in Abhängigkeit von der Erzeugnismenge variieren und keinen Fixkostencharakter aufweisen,[154] ist aus theoretischer Sicht durchaus etwas abzugewinnen und wäre bei einer engen Anlehnung an die Gesetzesbegründung entsprechend geboten. Als Einzelkosten ansatzpflichtig wären dann lediglich die über den Mindestlohn hinausgehenden Zuschläge (Akkord-, Überstunden-, Schichtdienst- sowie Sonn- und Feiertagszuschläge).

Die damit einhergehenden Kosten und der damit verbundene zeitliche Anpassungsaufwand in der Kostenrechnung rechtfertigt aus Sicht der Autoren jedoch eine grundlegende Beibehaltung der Zuordnung zu den Einzelkosten. Dies gilt insb. auch im Hinblick auf die fehlende Konsequenz des Gesetzgebers in Bezug auf diesen Sachverhalt. So hat er es unterlassen, dies direkt in die Norm mit aufzunehmen und widerspricht sich zudem in der Begründung selbst dadurch, dass er gleichzeitig aufführt, dass die Änderung des § 255 HGB kostenneutral vonstattengeht/gehen soll.[155] Eine Zuordnung von Teilen der Fertigungslöhne zu den Gemeinkosten ist jedoch aufgrund der Bedingung der Angemessenheit eben gerade nicht kostenneutral. Außerdem stellt der Gesetzgeber der oben aufgeführten Formulierung gleich nach, dass dazu auch die MGK und die FGK gehören[156], was im Umkehrschluss der Interpretation widerspricht, dass die variierenden Teile den Einzelkosten zuzuordnen sind.

---

150 Vgl. IDW RS HFA 31, s. Rz 13; BFH, Urteil v. 21.10.1993, IV R 87/92, BStBl 94 II, S. 176; *Kahle*, in *Baetge/Kirsch/Thiele*, Bilanzrecht (8/2013), § 255 HGB Rz 159.
151 Keinen quantitativen Zusammenhang attestierend, im Ergebnis jedoch dennoch eine Zuordnung zu den Einzelkosten vornehmend *Kahle*, in *Baetge/Kirsch/Thiele*, Bilanzrecht (8/2013), § 255 HGB Rz 160; a. A. *Schubert/Pastor*, in Beck Bil-Komm. 9. Aufl., § 255 HGB, Rz 347.
152 Anstatt vieler vgl. IDW RS HFA 31, Rz 14.
153 Begr. RegE BilMoG, S. 131.
154 So etwa *Rade*, DStR 2011, S. 1334 ff.
155 Vgl. Begr. RegE BilMoG, S. 92.
156 Vgl. Begr. RegE BilMoG, S. 131.

105 Der Verzicht auf eine Schlüsselung im Rahmen der **(relativen) Deckungsbeitragsrechnung** führt ausschließlich zu (relativen) Einzelkosten – eine Anwendung dieses Kostenrechnungssystems im Zuge der Jahresabschlusserstellung muss daher unterbleiben.[157]

#### 3.3.2.2 Gemeinkosten

106 Die **Gemeinkosten** sind als Komplement zu den Einzelkosten zu verstehen. Unter Gemeinkosten werden entsprechend jene Kosten subsumiert, die den Kostenträgern oder Kostenstellen unter Verwendung von Zuschlagssätzen bzw. jedweder Form der Schlüsselung zugeordnet werden. Die **Zuordnung** erfolgt also **mittelbar**. Zum Sonderfall der Fertigungslöhne s. Rz 104.

#### 3.3.2.3 Unechte Gemeinkosten

107 Kosten, die in der Kostenrechnung aus Gründen der Praktikabilität als Gemeinkosten behandelt werden, theoretisch jedoch eindeutig einem Bezugsobjekt direkt zugeordnet werden können, sind handelsrechtlich **als Einzelkosten** zu betrachten; entscheidend für die Zuordnung ist einzig die Möglichkeit, nicht die tatsächliche Vornahme in der Kostenrechnung.[158] Lediglich aus Wirtschaftlichkeitsgründen darf auf eine Zuordnung zu den Einzelkosten verzichtet werden. Im Rahmen der Zuordnung zu den Kostenarten ist in diesem Zusammenhang somit auf die theoretische Möglichkeit der direkten Zurechnung der sog. **unechten Gemeinkosten** zu den einzelnen VG und nicht die tatsächlich praktizierte Übung abzustellen, solange eine theoretische unmittelbare Zurechnung noch als wirtschaftlich betrachtet werden kann.[159]

### 3.3.3 Grundsatz der Angemessenheit

108 § 255 Abs. 2 Sätze 2 und 3 HGB verlangen/gestatten die Einbeziehung von angemessenen Teilen der Gemeinkosten resp. Aufwendungen für soziale Einrichtungen des Betriebs, für freiwillige soziale Leistungen und für die betriebliche Altersversorgung. Unter angemessenen Teilen sind Kosten/Ausgaben zu verstehen, deren Zurechnung zu den Gemeinkosten auf **vernünftigen betriebswirtschaftlichen Überlegungen bzw. Kriterien** fußt. Somit sind etwa über das übliche Maß an technischen und personellen Fertigungskapazitäten hinausgehende Leerkosten nicht einzubeziehen und es ist stets von einer Normalbeschäftigung auszugehen.[160] An dieser Stelle muss jedoch erwähnt werden, dass eine Abweichung von der Normalbeschäftigung in der Praxis nur im Fall erheblicher Auslastungsspitzen oder der Stilllegung von Fertigungslinien anzunehmen ist, was dem Bilanzierenden deutliche Spielräume eröffnet. Gleiches gilt für die Leerkosten. Hier entsteht das Problem einer Definition des üblichen Maßes. Wenngleich einige Autoren im Schrifttum feste Grenzwerte (etwa 20 % oder 43 % über den (fixen) Normalkosten) definieren, mag diese statische Festlegung wenig überzeugen und

---

[157] Vgl. *Schubert/Pastor*, in Beck Bil-Komm. 9. Aufl., § 255 HGB, Rz 348; *Kahle*, in *Baetge/Kirsch/Thiele*, Bilanzrecht (8/2013), § 255 HGB Rz 163.
[158] Vgl. IDW RS HFA 31, Rz 19.
[159] Ebenso *Schubert/Pastor*, in Beck Bil-Komm. 9. Aufl., § 255 HGB, Rz 347; *Kahle*, in *Baetge/Kirsch/Thiele*, Bilanzrecht (8/2013), § 255 HGB Rz 161.
[160] Vgl. IDW RS HFA 31, Rz 21.

findet freilich keine Entsprechung seitens der Norm – aus Sicht der Autoren ist auf den Einzelfall abzustellen und etwa branchen- oder geschäftsmodelltypische Volatilitätsraten in Bezug auf die Normalkosten sind zu berücksichtigen.

Mit der Ausdehnung der konkreten Forderung der Angemessenheit auf sämtliche aktivierungspflichtigen und aktivierbaren Gemeinkosten im Rahmen der BilMoG-Einführung hat der Gesetzgeber Klarheit in Bezug auf die grundsätzliche Pflicht zur Einhaltung des Grundsatzes der Angemessenheit geschaffen, die aus § 252 Abs. 1 Nr. 4 HGB abzuleiten und Art. 35 Abs. 3 Buchst. b der 4. EG-RL zu entnehmen war, stellenweise jedoch angezweifelt wurde.[161] 109

### 3.3.4 Die Pflichtbestandteile im Einzelnen (Abs. 2 Satz 2)

#### 3.3.4.1 Materialeinzelkosten

Zu den **MEK** zählen allen voran Ausgaben für **Rohstoffe**, die zur Herstellung der unfertigen und fertigen Erzeugnisse sowie der selbststerstellten Anlagen verwendet werden. **Hilfsstoffe** werden, sofern ihnen keine mengen- oder wertmäßige Bedeutung zukommt, meist als (unechte) Gemeinkosten erfasst. Entsprechend ihrem Einzelkostencharakter sind sie bei mengen- oder wertmäßiger Bedeutung handelsrechtlich jedoch **als Einzelkosten** aktivierungspflichtig.[162] 110

Selbsthergestellte **Halb-** und **Fertigfabrikate,** recycelte Überschüsse bzw. **Abfälle** sowie wiederverwertungsunfähige **Materialverluste** gehören ebenfalls zu den MEK. Ist die **Materiallagerung** fertigungstechnisch erforderlich, sind zudem die daraus resultierenden Kosten als MEK aktivierungsfähig (Rz 95). 111

Von Dritten **bezogene Leistungen** sind als Einzelkosten zu aktivieren, wenn sie einem VG unmittelbar zugerechnet werden können. Eine Zurechnung von für Fremde erstellte Leistungen zu den Einzelkosten ist nur dann vorzunehmen, sofern das wirtschaftliche Risiko noch beim Unt liegt. 112

**Betriebsstoffe** finden keinen Eingang in die herzustellenden Produkte und sind daher i. d. R. nicht als Einzelkosten aktivierungspflichtig.[163] 113

Die **Bewertung** der Einzelkosten hat grds. mit den AHK, den durchschnittlichen AK oder unter Rückgriff auf ein zulässiges Verbrauchsfolgeverfahren gem. § 256 HGB zu erfolgen. Grenze der vom HGB zunächst gewährten Bewertungsfreiheit bilden die tatsächlichen AK sowie die Vorgabe, dass die Wahl verschiedener Bewertungsmethoden nicht zum Ausweis unrealisierter Gewinne führen darf. Die Restriktion, dass unrealisierte Gewinne nicht ausgewiesen werden dürfen, kann dabei eine zweifache Bewertung des Verbrauchs – zum einen für die RHB und zum anderen für die HK-Ermittlung – bedingen. Materialverbrauch, der aus abgewerteten Vorjahresbeständen gedeckt wird, ist zum Buchwert anzusetzen.[164] Ist der Abwertungsgrund entfallen, ist jedoch auch eine Bewertung mit den AHK gestattet.[165] 114

---

[161] So etwa *Moxter*, BB 1988, S. 937.
[162] So etwa auch *Kahle/Kirsch/Thiele*, Bilanzrecht (8/2013), § 255 HGB Rz 164.
[163] Vgl. *Knop/Küting*, in *Küting/Pfitzer/Weber*, HdR, HGB § 255, Rn 160.
[164] Vgl. BFH, Urteil v. 11.10.1960, BStBl 1961 III S. 492.
[165] So auch *Schubert/Pastor,* in Beck Bil-Komm. 9. Aufl., § 255 HGB, Rz 351; *ADS*, 6. Aufl. § 255 HGB, Rz 145.

### 3.3.4.2 Fertigungseinzelkosten

**115** **Fertigungseinzelkosten** sind insb. **Fertigungslöhne** (zur grundlegenden Diskussion, ob diese den Einzel- oder den Gemeinkosten zuzuordnen sind, s. Rz 104), soweit sie nicht zu den Sonderkosten der Fertigung (Rz 117), den betrieblichen Sozialkosten (Rz 138f.), der betrieblichen Altersvorsorge (Rz 142f.) oder zur Verwaltung (Rz 134) gehören. Die Fertigungslöhne sind in diesem Zusammenhang einschließlich der **Lohnnebenkosten** zu verstehen – sämtliche Kostenpositionen, die aufgrund gesetzlicher oder tarifrechtlicher Bestimmungen zu entrichten sind, sind als Einzelkosten aktivierungspflichtig. Dazu zählen etwa Arbeitgeberanteile zur Sozialversicherung, vom Arbeitgeber abgeführte Lohn- und Kirchensteuern, Feiertags- und Überstundenzuschläge sowie Leistungsprämien. Entgegen teilweise vertretener Meinung sind auch Lohnfortzahlungen im Krankheitsfall, an Feier- oder an Urlaubstagen als Einzelkosten zu aktivieren.[166] Voraussetzung für den **Ansatz als Einzelkosten** bildet dabei grds. die Möglichkeit der direkten Zurechnung zu dem bei der Fertigung herzustellenden VG.

**116** **Hilfslöhne** fallen i.d.R. unter die FGK. Eine saubere Trennung von den Fertigungslöhnen dürfte in der Praxis dabei aber kaum zu realisieren sein. Die Einbeziehung der FGK in die HK-Untergrenze lässt die Bedeutung der Trennung im Rahmen der handelsrechtlichen Rechnungslegung jedoch nahezu ins Leere laufen. Lediglich die Beschränkung auf den pflichtgemäßen Ansatz von „angemessenen Teilen" (Rz 108) könnte in diesem Zusammenhang noch Relevanz besitzen.

### 3.3.4.3 Sondereinzelkosten der Fertigung

**117** **Sonderkosten der Fertigung** können sowohl Einzel- als auch Gemeinkosten sein.[167] Sie fallen etwa für Modelle, Spezialwerkzeuge, Entwürfe, Schablonen, Materialversuche sowie Lizenzgebühren ohne Vertriebsbezug an. Die **Zuordnung** der **Sonderkosten** zu den Einzel- oder Gemeinkosten muss sich dabei an dem Merkmal der unmittelbaren Zurechenbarkeit orientieren.[168]

**118** **Auftrags- oder objektgebundene Kosten** sind als Sondereinzelkosten der Fertigung aktivierungspflichtig.[169]

**119** **Neuentwicklungskosten** für Erzeugnisse dürfen mangels Zusammenhang mit einem bestimmten VG nicht aktiviert werden.[170] Kosten der **Weiterentwicklung**

---

[166] Ebenso *ADS*, 6. Aufl. § 255 HGB, Rz 147; *Schubert/Pastor*, in Beck Bil-Komm. 9. Aufl., § 255 HGB, Rz 352; a.A. *Kable*, in *Baetge/Kirsch/Thiele*, Bilanzrecht (8/2013), § 255 HGB Rz 169; *Knop/Küting*, in *Küting/Pfitzer/Weber*, HdR, HGB § 255, Rn 168, 187.

[167] Bis zur Einführung des BilMoG war umstritten, ob die Sondergemeinkosten, die in Abs. 2 nicht explizit aufgeführt waren/sind, den Sondereinzelkosten „zugeordnet" werden sollten und entsprechend aktivierungspflichtig waren (so etwa *Ballwieser*, in MünchKomm. HGB, 3. Aufl., § 255 Rn 64), oder ob für ihre Aktivierung ein Wahlrecht bestand (so etwa *ADS*, 6. Aufl. § 255 HGB, Rz 150; *Schubert/Pastor*, in Beck Bil-Komm. 9. Aufl., § 255 HGB, Rz 424). Relevant war diese Zuordnungsdebatte insb. bei Kosten der Weiterentwicklung, deren Zuordnung zu den Einzel- bzw. Gemeinkosten strittig war/ist. Mit der Einführung der Aktivierungspflicht für angemessene Teile der FGK hat sich diese Diskussion – zumindest im Ergebnis – erübrigt.

[168] Vgl. Art. 35 Abs. 3 Buchst. a der 4. EG-Richtlinie.

[169] Vgl. *Ballwieser*, in MünchKomm. HGB, 3. Aufl., § 255 Rn 64.

[170] Ebenso etwa *Knop/Küting*, in *Küting/Pfitzer/Weber*, HdR, HGB § 255, Rn 168, 326.

von Produkten, die sich bereits in der Produktion befinden, sind als (Sonder-)Gemeinkosten der Fertigung zu aktivieren.[171]

Probleminhärent im Rahmen der Bilanzierung der Sonderkosten der Fertigung ist die Abgrenzung zu aktivierungsverbotenen Forschungs- und aktivierbaren **Entwicklungskosten** (Rz 180 ff.), wobei insb. die Grenze zu den aktivierungsverbotenen Forschungskosten relevant ist. 120

**Prototypen** zeichnen sich nicht durch ihre Materialität, sondern vielmehr durch ihre Entwicklungsleistung aus. Ihre körperliche Komponente hat i. d. R. lediglich eine Trägerfunktion. Als selbst geschaffene immaterielle Anlagegüter unterliegen die Kostenanteile, die nicht unmittelbar der Produktion der Prototypen zugeordnet werden können, dem Aktivierungswahlrecht des § 248 Abs. 2 HGB.[172] Die direkt der Produktion zurechenbaren Teile sind als Sonderkosten der Fertigung zu aktivieren. 121

**Forschungskosten** (Rz 145 f.) sind dagegen aktivierungsverboten. Die Forschungsphase ist insofern durch den fehlenden Bezug zu konkreten Produkten oder Produktionsverfahren sowie die fehlende Möglichkeit der marktorientierten Bewertung gekennzeichnet. 122

Werden dagegen **im Auftrag Dritter** Forschungs- und Entwicklungsarbeiten getätigt, sind diese bis zu ihrer Fertigstellung als Sondereinzelkosten der Fertigung zu aktivieren.[173] 123

Zur Zuordnung einzelner Steuerarten zu den Sonderkosten der Fertigung s. Rz 152. 124

### 3.3.4.4 Materialgemeinkosten

Zu den **MGK** gehören insb. die mit der Materialwartung und Lagerung in Verbindung stehenden Kosten sowie Ausgaben für Hilfsstoffe (zu den Voraussetzungen für einen Ansatz der unechten Gemeinkosten als MGK s. Rz 107). Von **praktischer Bedeutung** sind dabei insb. die Kosten für die **Warenannahme**, die **Materialverwaltung**, die **Einkaufsabteilung**, den **innerbetrieblichen Transport** sowie **Materialversicherungen**.[174] 125

Der Teil der **aktivierungspflichtigen MGK**, der den **Anschaffungsnebenkosten** zuzuordnen ist und theoretisch als Bestandteil der MEK aktiviert wird, ist wie auch die Hilfsstoffe an die Restriktion der wirtschaftlichen Bedeutsamkeit gebunden. Auf eine Aktivierung im Rahmen der **MEK** darf aus Wirtschaftlichkeitsgründen entsprechend nur verzichtet werden, wenn dies nicht zu einer wesentlichen Darstellungsverzerrung führt. Die Bedeutung der Trennung zwischen Einzel- und Gemeinkosten ist infolge der Streichung des Aktivierungswahlrechts für MGK jedoch nur noch von untergeordneter Bedeutung. 126

---

[171] Eine Zuordnung zu den Sondereinzelkosten vornehmend *Ballwieser*, in MünchKomm. HGB, 3. Aufl., § 255 Rn 64; mittlerweile ebenso eine Zuordnung zu den Sondereinzelkosten vornehmend – dabei zudem keine Unterscheidung in Neu- oder Weiterentwicklung vornehmend – *Schubert/Pastor*, in Beck Bil-Komm. 9. Aufl., § 255 HGB, Rz 425.
[172] Im Ergebnis ebenso *ADS*, 6. Aufl. § 255 HGB, Rz 152.
[173] Vgl. *Kahle* in *Baetge/Kirsch/Thiele*, Bilanzrecht, § 255 HGB Rz 171.
[174] Ebenso *ADS*, 6. Aufl. § 255 HGB, Rz 172; *Kahle*, in *Baetge/Kirsch/Thiele*, Bilanzrecht (8/2013), § 255 HGB Rz 189; die Kosten der Einkaufsabteilung und der Warenannahme den Kosten der allgemeinen Verwaltung zurechnend etwa *Schubert/Pastor*, in Beck Bil-Komm. 9. Aufl., § 255 HGB, Rz 422.

127  Der Ansatz der MGK ist dabei an das **Angemessenheitsgebot** (s. dazu Rz 108) gebunden.

### 3.3.4.5 Fertigungsgemeinkosten

128  Zu den **FGK** zählen sämtliche Aufwendungen, die nicht unter die Material- und Fertigungseinzelkosten, die MGK, die Sondereinzelkosten der Fertigung sowie die Verwaltungs- oder Vertriebskosten fallen.

> **Beispiel**
> Beispielhaft seien Energiekosten, Sachversicherungsbeiträge für Fertigungsanlagen, Werkzeuge, das Lohnbüro, die Lagerverwaltung, die Qualitäts- bzw. Fertigungsprüfung, Vorbereitungsmaßnahmen, Reinigungsarbeiten im Fertigungsbereich sowie Kosten der **Weiterentwicklung** von Produkten, die sich bereits in der Produktion befinden, genannt.

Zur Zuordnung einzelner Steuerarten zu den FGK s. Rz 152.

129  Der Ansatz der FGK ist dabei an das **Angemessenheitsgebot** (s. dazu Rz 108) gebunden.

### 3.3.4.6 Werteverzehr des Anlagevermögens

130  § 255 Abs. 2 Satz 2 HGB setzt für die Einbeziehung der Abschreibungen in die HK voraus, dass diese **durch die Fertigung veranlasst** sein müssen. Abschreibungen auf Material sowie VG der Verwaltung und des Vertriebs sind insofern von einem Ansatz ausgeschlossen.[175] Bei **Saisonbetrieben** folgt daraus lediglich die Möglichkeit bzw. Pflicht einer anteiligen Abschreibungseinbeziehung. Unter der fertigungsbezogenen Veranlassung ist neben der **technischen Bedingung** dabei auch die **wirtschaftliche Verursachung** zu verstehen.

131  Die Restriktion des Einbezugs einzig angemessener Teile der Gemeinkosten gilt beim Werteverzehr des AV analog. Unter **Angemessenheit** ist in diesem Zusammenhang zu verstehen, dass aus dem aktivierungspflichtigen Teil der Abschreibungen ein Wertezuwachs bei dem mit den verzehrten Fertigungsanlagen erstellten VG erwächst.[176]

132  Eine Fertigungsveranlassung und/oder Angemessenheit besteht insb. **nicht** bei **außerplanmäßigen Abschreibungen, Abschreibungen auf nicht notwendige Reserveanlagen** sowie **stillgelegte** oder **außer Betrieb genommene Anlagen.**

133  Strittig ist, ob die einbeziehungspflichtigen Abschreibungen auf Basis der **kalkulatorischen Abschreibungen** zu ermitteln sind, die auf Grundlage der Wiederbeschaffungswerte errechnet werden, **oder** ob die **planmäßigen bilanziellen Abschreibungen** als Grundlage dienen müssen. Die Ableitung der HK aus der Kostenrechnung muss aus Sicht der Autoren zunächst zum Rückgriff auf kalkulatorische Abschreibungen führen, die jedoch von den planmäßigen bilanziellen

---

[175] Ebenso *Ballwieser*, in MünchKomm. HGB, 3. Aufl., § 255 Rn 73; a.A. *ADS*, 6. Aufl. § 255 HGB, Rz 190.
[176] Ebenso *Küting/Lorsen*, DStR 1994, S. 666; *ADS*, 6. Aufl. § 255 HGB, Rz 183.

Abschreibungen – dem Ansatz lediglich pagatorischer Kosten im Rahmen der HK-Ermittlung geschuldet – gedeckelt werden.[177] Zulässig ist eine Überschreitung nur dann, wenn in den Vorjahren handelsrechtlich außerplanmäßige Abschreibungen vorgenommen wurden.

### 3.3.5 Die Einbeziehungswahlrechte im Einzelnen (Abs. 2 Satz 3, Abs. 3 Satz 2)

#### 3.3.5.1 Allgemeine Verwaltungskosten

Zu den **Verwaltungskosten** gehören insb. Gehälter und Löhne des Verwaltungsbereichs, die entsprechenden Abschreibungen sowie die sonstigen Gemeinkosten des Verwaltungsbereichs (etwa Reisekosten, Kommunikationskosten, Kosten der Apr. oder Beratungskosten). 134

Der Ansatz allgemeiner Verwaltungskosten ist an das **Angemessenheitsgebot** (s. dazu Rz 108) gebunden und bedingt zudem, dass die Ausgaben auf den **Zeitraum der Herstellung** entfallen (s. dazu Rz 94 ff.). 135

Zu **unterscheiden** sind die Kosten der **allgemeinen Verwaltung** von jenen der **technischen Verwaltung**. Früher unproblematisch, hat die Trennung nunmehr dahin gehend Bedeutung, dass die Kosten der technischen Verwaltung den Fertigungs- oder MGK zuzurechnen und entgegen den einbeziehbaren Kosten der allgemeinen Verwaltung damit – beschränkt auf die angemessenen Teile – **aktivierungspflichtig** sind. Die Kostenpositionen der technischen Verwaltung sind dabei durch ihren engen Bezug zur Fertigung/zum Materialbereich gekennzeichnet. Beispielhaft können hier Kosten für die Lager- und Materialverwaltung, das Lohnbüro sowie die Qualitäts- bzw. Fertigungsprüfung aufgeführt werden.[178] 136

Das **Einbeziehungsverbot für Vertriebskosten** gem. § 255 Abs. 2 Satz 4 HGB gebietet zudem, dass in die Kosten der allgemeinen Verwaltung keine derartigen Ausgaben eingerechnet werden. Zur Trennung s. im Detail Rz 147. 137

#### 3.3.5.2 Aufwendungen für soziale Einrichtungen des Betriebs

Unter **sozialen Einrichtungen des Betriebs** sind allen voran Ausgaben für Betriebskantinen inkl. etwaiger Zuschüsse[179], Krankenstationen, Betriebsärzte sowie Sport- und Erholungseinrichtungen zu subsumieren.[180] 138

Der Ansatz ist dabei an das **Angemessenheitsgebot** (s. dazu Rz 108) gebunden und bedingt zudem, dass die Ausgaben auf den **Zeitraum der Herstellung** entfallen (s. dazu Rz 94 ff.). 139

#### 3.3.5.3 Aufwendungen für freiwillige soziale Leistungen

Als **freiwillige soziale Leistungen** gelten insb. Weihnachtsgelder, Wohnungs- und Umzugsbeihilfen, Jubiläumsgeschenke, Betriebsausflüge sowie sonstige 140

---

[177] Im Ergebnis ebenso *ADS*, 6. Aufl. § 255 HGB, Rz 184; *Kahle*, in *Baetge/Kirsch/Thiele*, Bilanzrecht (8/2013), § 255 HGB Rz 193; a. A. Vgl. IDW RS HFA 31, Rz 22; *Knop/Küting*, in *Küting/Pfitzer/Weber*, HdR, HGB § 255, Rn 257; *Kußmaul*, StB 1992, S. 178.
[178] Mit einer ähnlichen Liste etwa *Wohlgemuth/Ständer*, WPg 2003, S. 203.
[179] Vgl. *Kahle*, in *Baetge/Kirsch/Thiele*, Bilanzrecht (8/2013), § 255 HGB Rz 198; *ADS*, 6. Aufl. § 255 HGB, Rz 197.
[180] Vgl. dazu auch R 6.3 Abs. 4 Satz 4 EStR.

freiwillige Beihilfen. **Voraussetzung** für die Ausübung des Einbeziehungswahlrechts bildet dabei stets die Freiwilligkeit der Leistung. Sind Beihilfen – ausgenommen Ausgaben für die betriebliche Altersversorgung (Rz 142) – **arbeits- oder tarifvertraglich geregelt** bzw. in jedweder anderer Form festgeschrieben, sind die entsprechenden Ausgaben im Rahmen der Fertigungskosten oder als allgemeine Verwaltungskosten zu berücksichtigen.[181] Ist eine **Zuordnung zu den Fertigungskosten** oder den **allgemeinen Verwaltungskosten** aufgrund der Nichterfüllung in diesem Zusammenhang festgesetzter Kriterien **nicht möglich**, sind die Ausgaben **nicht aktivierungsfähig**.

141 Der Ansatz ist dabei zudem grds. an das **Angemessenheitsgebot** (s. dazu Rz 108) gebunden und bedingt, dass die Ausgaben auf den **Zeitraum der Herstellung** entfallen (s. dazu Rz 94).

### 3.3.5.4 Aufwendungen für die betriebliche Altersversorgung

142 Zu den **aktivierungsfähigen Aufwendungen für die betriebliche Altersversorgung** zählen u. a. Direktversicherungen, Zuwendungen an Pensions- und Unterstützungskassen sowie Pensionsfonds als auch Einstellungen in die Pensionsrückstellungen.[182] Der Ansatz ist dabei an das **Angemessenheitsgebot** (s. dazu Rz 108) gebunden und bedingt zudem, dass die Ausgaben auf den **Zeitraum der Herstellung** entfallen (s. dazu Rz 94). Zuführungen zu Pensionsrückstellungen, die frühere Jahre betreffen, sind daher nicht ansatzfähig. Gleiches gilt für Aufwendungen für die Versorgung ausgeschiedener Arbeitnehmer.

143 **Fremdkapitalzinsen** gehören grds. **nicht** zu den **HK**. Entsprechend ist der **Zinsanteil** zu eliminieren. Einzige **Ausnahme** vom Aktivierungsverbot bilden Zinsen für FK, das zur Finanzierung der Herstellung eines VG verwendet wird. S. dazu im Detail Rz 206 ff.

### 3.3.5.5 Bestimmte Fremdkapitalzinsen

144 Zu den Ausnahmen vom Aktivierungsverbot für Fremdkapitalzinsen s. Rz 201 ff.

### 3.3.6 Einbeziehungsverbote (Abs. 2 Satz 4, Abs. 3 Satz 1)

#### 3.3.6.1 Forschungskosten (Abs. 2 Satz 4)

145 Gemäß § 255 Abs. 2 Satz 4 HGB besteht für **Forschungskosten** ein Einbeziehungsverbot. Die Regelung ist als **Folge der Einführung des Aktivierungswahlrechts** (mit bestimmten Ausnahmen) für selbst geschaffene immaterielle VG des AV (§§ 248 Abs. 2, 255 Abs. 2a HGB) zu sehen, unter denen der Gesetzgeber lediglich die bei deren **Entwicklung** anfallenden Aufwendungen nach Abs. 2 versteht.

146 Forschungskosten sind **als Aufwand** in der Periode zu erfassen, in der sie anfallen. Der **Abgrenzung** zwischen der Forschungs- und der Entwicklungsphase kommt dabei – insb. weil eine Aktivierung von Entwicklungskosten bei

---

[181] Ebenso *ADS*, 6. Aufl. § 255 HGB, Rz 198; nur einen Ansatz als Fertigungskosten aufführend *Schubert/Pastor*, in Beck Bil-Komm. 9. Aufl., § 255 HGB, Rz 435.

[182] Vgl. *Ballwieser*, in MünchKomm. HGB, 3. Aufl., § 255 Rn 76; *Schubert/Pastor*, in Beck Bil-Komm. 9. Aufl., § 255 HGB, Rz 434; *Kahle*, in *Baetge/Kirsch/Thiele*, Bilanzrecht (8/2013), § 255 HGB Rz 200; *ADS*, 6. Aufl. § 255 HGB, Rz 199; vgl. dazu auch EStR 33 Abs. 4 Satz 5.

nicht verlässlicher Trennbarkeit ausgeschlossen ist – eine entscheidende Bedeutung zu. In diesem Zusammenhang sind erhebliche praktische Schwierigkeiten zu erwarten. Zur Abgrenzung s. im Detail Rz 180ff.

#### 3.3.6.2 Vertriebskosten (Abs. 2 Satz 4)

§ 255 Abs. 2 Satz 4 HGB legt fest, dass **Vertriebskosten** nicht in die HK einbezogen werden dürfen. Eine Beschränkung des Einbeziehungsverbots auf **Vertriebsgemeinkosten** ist dem Gesetzeswortlaut nicht zu entnehmen. Entsprechend unterliegen auch **Vertriebseinzelkosten** und **Sondereinzelkosten des Vertriebs** dem Aktivierungsverbot.[183] 147

Nachgelagerte Kosten gehören grds. zu den Vertriebskosten. Vertriebskosten i. S. d. § 255 Abs. 2 Satz 4 HGB fallen aber nicht nur nach Beendigung der Leistungserstellung an. Möglicherweise vor oder während der Herstellung anfallende Vertriebskosten sind funktionsbedingt von den HK abzugrenzen.[184] Eine **funktionsabhängige Abgrenzung** von den HK ist insb. auch in den mit Trennungsschwierigkeiten verbundenen Bereichen der Lagerung sowie der Verpackung geboten. 148

> **Beispiel**
> Ist die Lagerung als Teil des Fertigungsprozesses zu verstehen und resultiert daraus eine Wertsteigerung, wie etwa bei Wein, ist eine Aktivierung als HK geboten. Gleiches gilt bei der Verpackung, sofern diese den Verkauf erst ermöglicht, wie etwa bei Milch.

Wenngleich mitunter als Sondereinzelkosten des Betriebs bezeichnet, gehören auch **Kosten der Auftragsvorbereitung** nach Erteilung zu den HK. 149

Zu den typischen aktivierungsverbotenen Vertriebskosten zählen etwa: 150
- Werbung/Marketing,
- Verkaufslizenzen,
- Vertriebsnetz,
- Marktforschung,
- Personal- und Sachkosten des Vertriebsbereichs,
- Verpackung, sofern sie den Verkauf nicht erst ermöglichen,
- Lagerung und Transport fertiger Produkte,
- Innenlagerung ohne Wertsteigerung.

---

[183] Ebenso etwa IDW HFA 5/1991, WPg 1992, S. 94; *Schubert/Pastor*, in Beck Bil-Komm. 9. Aufl., § 255 HGB, Rz 442; *Kahle*, in *Baetge/Kirsch/Thiele*, Bilanzrecht (8/2013), § 255 HGB Rz 201.
[184] S. dazu etwa BFH, Urteil v. 26.2.1975, I R 72/73, BStBl 1976 II S. 13, BFH, Urteil v. 20.5.1988, III R 31/84, BStBl 1988 II S. 961.

### 3.3.6.3 Fremdkapitalzinsen (Abs. 3 Satz 1)

**151** **Fremdkapitalzinsen** gehören zunächst grds. **nicht** zu den **AHK**. Die Finanzierung ist als eigenständiger, von der Anschaffung oder Herstellung **unabhängiger Vorgang** zu verstehen.[185]
Für bestimmte Fremdkapitalzinsen besteht allerdings eine **Ausnahme** vom Aktivierungsverbot. S. dazu im Einzelnen Rz 206 ff.

### 3.3.7 Behandlung von Steuern

**152** Die Zuordnung von **Steuern zu den HK** ist von der jeweiligen Steuerart abhängig. **Substanzsteuern** auf VG unterliegen sowohl handels- als auch steuerrechtlich anteilig einer Aktivierungspflicht, sofern sie den FGK zuzuordnen sind.[186] **Ertragsteuern** fallen nicht in den Herstellungsprozess und dürfen handelsrechtlich nicht aktiviert werden. Dies gilt grds. auch nach Steuerrecht. Die Gewerbesteuern sind seit 2008 mit § 4 Abs. 5b EStG keine Betriebsausgaben mehr. Bei **Verbrauchssteuern** auf ein hergestelltes Produkt handelt es sich um dem einzelnen Endprodukt zurechenbare Steuern, die das Endprodukt erst verkehrsfähig machen und Sondereinzelkosten der Fertigung darstellen.[187] Da ein Ansatz als RAP nicht mehr erfolgen darf, besteht handelsrechtlich eine Einbeziehungspflicht. Steuerrechtlich sind Verbrauchssteuern auf ein hergestelltes Produkt zwingend als RAP auszuweisen. (§ 5 Abs. 5 Satz 2 Nr. 1 EStG). Der folgenden Tabelle sind die handelsrechtlichen, steuerrechtlichen und internationalen Aktivierungspflichten, -wahlrechte und -verbote für die unterschiedlichen Steuerarten zu entnehmen:

|  | HGB | IFRS | EStG/EStR |
|---|---|---|---|
| Substanzsteuern | Pflicht** | Pflicht* | Pflicht** |
| Ertragsteuern | Verbot | Verbot | Verbot |
| Verbrauchsteuern für hergestellte Produkte | Pflicht | Pflicht* | Verbot |

\*     zur anteiligen Aktivierung der herstellungsbezogen Steuern, sonst/Rest Verbot
\*\*    sofern Zuordnung zu den FGK

Tab. 2: Behandlung von Steuern nach Handels- und Steuerrecht sowie nach IFRS

---

[185] Zunächst a. A. *Schubert/Pastor*, in Beck Bil-Komm. 9. Aufl., § 255 HGB, Rz 502, über die Voraussetzung, dass das FK zur Herstellung eines VG verwendet werden muss, aber wie bei den im Folgenden angesprochenen Ausnahmefällen mit gleichem Ergebnis *Schubert/Pastor*, in Beck Bil-Komm. 9. Aufl., § 255 HGB, Rz 504; zur Ausschluss-Begründung, dass AK nur mittelbar der Anschaffung dienen, s. zudem BFH, Urteil v. 24.5.1968, BStBl II S. 574.
[186] Vgl. *Kahle*, in *Baetge/Kirsch/Thiele*, Bilanzrecht (8/2013), § 255 HGB Rz 204.
[187] S. dazu *Knop/Küting*, in *Küting/Weber*, HdK, HGB § 255, Rn 179.

## 3.4 Anpassung der Kosten- und Leistungsrechnung an die geänderten Abbildungsregeln

### 3.4.1 Grundlegendes

Die geänderten Vorschriften zur HK-Ermittlung entfalten zwangsläufig Wirkungen auf die Kostenrechnung. Im Rahmen der Umstellung war von Unt die Frage zu adressieren, ob ein vollständiger Wechsel zum handels- und steuerrechtlichen Vollkostenansatz unter Orientierung am Handelsrecht vollzogen oder ob der ggf. verfolgte Teilkostenansatz parallel zur handels- und steuerrechtlich angelehnten Kostenrechnung weitergeführt werden sollte. Sofern diese Entscheidung vertagt oder zugunsten der parallelen Weiterführung entschieden wurde, ist dies mit Hinblick auf Einsparungspotenzial ggf. zu überdenken. Dabei dürften insb. die Unternehmensgröße und die Unternehmensphilosophie (ist eine eigenständige Kostenrechnung als Steuerungsinstrument gewollt und/oder notwendig? Wenn ja, wie liegt die Grenze zwischen Nutzen und Kosten?) eine Rolle spielen. **153**

### 3.4.2 Kostenartenrechnung

Im Hinblick auf die HK-Ermittlung kommt der **Kostenartenrechnung** die Aufgabe zu, die im Unt angefallenen Kosten vollständig zu erfassen und diese insb. nach dem Kriterium der Leistungsabhängigkeit in ausbringungsmengeninduzierte und nicht-ausbringungsmengeninduzierte Bestandteile zu unterteilen. Die Güte der so gewonnenen Kostenartenklassifizierung in fixe und variable Kosten hängt dabei – neben dem verwendeten Instrumentarium – nicht zuletzt davon ab, welcher Betrachtungszeitraum gewählt wird. Somit hat bereits der **Fristigkeitsgrad** der Kostenplanung Einfluss auf den Umfang der aktivierungspflichtigen HK. Auch wenn im Allgemeinen zumeist dann von fixen Kosten ausgegangen wird, wenn für den Abbau dieser Kosten mindestens ein Jahr benötigt wird, ist diese zeitliche Abgrenzung letztlich nur in enger Abhängigkeit der für die jeweilige Branche unterstellten Kostenremanenz unternehmensspezifisch durchführbar. **154**

Sofern eine direkte Übernahme der Werte aus der Kostenrechnung für bilanzielle Zwecke nicht möglich ist, müssen bereits auf der Ebene der Kostenartenrechnung die Kostenerfassung und -auswertung entsprechend angepasst werden. Bestand bisher aufgrund des Aktivierungswahlrechts produktionsbezogener Abschreibungen und des Grundsatzes, dass sich die HK nur aus kostengleichen Aufwendungen zusammensetzen dürfen, bei Nichtausübung des Aktivierungswahlrechts die Notwendigkeit zur isolierten Eliminierung der kalkulatorischen Abschreibungen, so sind jetzt zwingend in einem 2. Schritt – wie bislang bereits für steuerliche Bewertungszwecke erforderlich – den zunächst bereinigten Daten der Betriebsbuchhaltung die Abschreibungsbeträge der Finanzbuchhaltung wieder hinzuzurechnen. **155**

Als Grundvoraussetzung der HK-Ermittlung müssen innerhalb des Kostenrechnungssystems die vom Gesetzgeber geforderten **Aufwandskategorien in der Kostenartenrechnung getrennt erfasst** werden, um diese im weiteren Verlauf den entsprechenden Kostenträgern und -stellen zuordnen zu können. Dies gilt nun auch für die Abschreibungen, die auf die in den Produktionsprozess eingebundenen immateriellen VG entfallen. Wobei es ggf. einer auf die handelsrechtlichen und steuerrechtlichen Dokumentationspflichten ausgerichteten getrennten **156**

Erfassung bedarf, da im Steuerrecht auch weiterhin an dem Aktivierungsverbot für selbst geschaffene immaterielle Vermögenswerte festgehalten wird.

157 Gleichzeitig sind bereits bei der Kostenerfassung durch die Vergabe bestimmter **Kontierungsschlüssel** die Voraussetzungen für die spätere Zuordnung zu den einzelnen Kostenstellen zu schaffen, sodass eine wesentliche Aufgabe der Anpassung an die HGB-Vorschriften darin besteht, die Abschreibungen auf stellenübergreifend eingesetzte selbst geschaffene immaterielle VG zunächst kostenstellengenau und später kostenträgergenau zu erfassen.

158 Analog sind auch die weiteren Unterschiede zwischen handels- und steuerrechtlicher Darstellung zu identifizieren und gesondert zu erfassen. Dies betrifft etwa die unterschiedlichen Abschreibungen aus der Nutzung steuerrechtlicher Wahlrechte oder die als Wahlrecht einzubeziehenden Aufwendungen für die Altersversorgung (deutliche Unterschiede bei der Pensionsrückstellungsbewertung).

159 Verliert die **Unterteilung der Kostenarten** in **variable** und **fixe Kosten** vor allem für die Differenzierung zwischen **Einzel- und Gemeinkosten** und damit die Bestimmung der **aktivierungspflichtigen Wertuntergrenze** durch das **Vollkostenkonzept** in gewissem Maß an Bedeutung, so ist der Rückgriff auf dieses Kriterium insb. für die Beurteilung des Normalcharakters und die Angemessenheit der Kostenbelastung im Verhältnis zur realisierten Kapazitätsauslastung weiterhin unabdingbar. Dabei gilt unverändert, dass während für die Ausgestaltung der Kostenrechnung im internen Rechnungswesen vor allem pragmatisch-betriebswirtschaftliche Überlegungen maßgeblich sind, für handels- und steuerrechtliche Zwecke deutlich strengere Maßstäbe zugrunde zu legen sind.

### 3.4.3 Kostenstellenrechnung

160 Das in der Kostenartenrechnung thematisierte Verhältnis zwischen fixen und variablen Gemeinkosten wird insb. von der Tiefe und Qualität der **Kostenstellenrechnung** determiniert. So wird die Möglichkeit, Gemeinkosten im Hinblick auf ihre Abhängigkeit der Beschäftigung der jeweiligen Kostenstelle zu klassifizieren, maßgeblich von dem Feinheitsgrad der Kostenstellengliederung bestimmt. Eine bewusst grobe Kostenstellengliederung bedingt somit einen niedrigen Anteil (aktivierungspflichtiger) Gemeinkosten und stellt damit eine Stellschraube der Bilanzpolitik dar.[188]

161 Als integraler Bestandteil der Kostenstellenrechnung wird die Ermittlung geeigneter **Bezugsgrößen zur späteren Kostenverrechnung** der Kostenträgergemeinkosten auf die betreffenden Kostenträger betrachtet. Dabei gilt im Rahmen der Auslegung der handelsrechtlichen Bestimmungen als Konsens, dass es sich bei den Fertigungslöhnen von der Sache her zwar vielfach um Gemeinkosten handelt, diese aber aufgrund der weit verbreiteten Praxis unabhängig von ihrer tatsächlichen unmittelbaren Beschäftigungsabhängigkeit als Einzelkosten behandelt werden dürfen. Durch die klare Definition der „unmittelbar zurechenbaren Kosten" bestehen im Zweifelsfall modifizierte Dokumentationsanforderungen, denen dahin gehend nachgekommen werden sollte, dass die von der Unternehmung verwendete Bezugsgrößensystematik auf Verlangen hinsichtlich ihrer Höhe und Art jederzeit dargelegt werden kann. Dennoch wird die Möglichkeit

---

[188] Vgl. *Lengenfeld/Wielenberg*, Zur Herstellkostenuntergrenze des BilMoG, 2008, S. 11.

bzw. Notwendigkeit der fallweisen Zuordnungsentscheidung verbleiben. Gleiches gilt für die sich daran anschließende, für die Zuschlagskalkulation typische Verrechnung der FGK auf Basis der Fertigungslöhne.

Die Berechnung der bilanziellen **Gemeinkosten-Zuschlagssätze** sollte in folgenden Schritten erfolgen: 162
- Übernahme der **kalkulatorischen Werte** aus dem BAB;
- Eliminierung der **primären Gemeinkosten-Arten**, die einem **Einbeziehungsverbot** unterliegen;
- Eliminierung der primären **Gemeinkosten-Arten**, für die weiterhin ein **Einbeziehungswahlrecht** besteht, sofern auf dessen Einbeziehung verzichtet wird;
- Durchführung der Umlage der **sekundären Gemeinkosten**, sofern deren Einbeziehung in die HK erlaubt und beabsichtigt ist.

Sind im konkreten Einzelfall die Unterschiede zwischen den kostenrechnerischen Herstellkosten und den handelsrechtlichen HK sehr vielfältig, so wird auch die Erstellung eines völlig eigenständigen handels- bzw. steuerrechtlichen BAB empfohlen. In diesen bilanziellen BAB werden von vornherein nur die zu berücksichtigenden kostengleichen Aufwendungen bzw. kostengleichen abzugsfähigen Betriebsausgaben erfasst.[189] 163

### 3.4.4 Kostenträgerrechnung

Empfehlungen oder Verbote hinsichtlich möglicher Verfahren zur **Kostenträgerstückrechnung** sind dem Gesetz nicht zu entnehmen. Dennoch ist auch die Kostenträgerrechnung der Unternehmung auf einen möglichen Anpassungsbedarf an das Handelsrecht zu überprüfen. So stellt sich insb. die Frage, welches Verfahren zur Berechnung der Stückkosten dem geltenden Vollkostenprinzip am besten entspricht. 164

Empirische Untersuchungen zeigen hier, dass mittelständische Unt lediglich zu 32 % den Vollkostenansatz für externe Adressaten für informativer halten und dass 30 % von einer besseren Eignung für die interne Steuerung ausgehen.[190] Diese Ergebnisse deuten stark darauf hin, dass in der mittelständischen Praxis vielfach noch keine ausreichend enge Verknüpfung des externen Rechnungswesens zum internen Bereich gegeben ist.[191] Konnte dieser Teilkostengedanke früher als Argument für die Verwendung der in der Praxis dominierenden Zuschlagskalkulation mit ihrem differenzierten Ausweis der einzelnen Kostenbestandteile herangezogen werden, die immerhin 9 von 10 Unt angewandt haben,[192] so kommt hier insb. bei einem EinproduktUnt ggf. ein Wechsel zur Divisionskalkulation in Betracht. 165

Bei diesem lässt sich durch die Division des aus dem handelsrechtlichen und/oder steuerlichen BAB unter Ausschluss der Vertriebskosten zu entnehmenden Gesamtkostenbetrags durch die Anzahl der produzierten Erzeugnisse die Obergrenze der handels- und steuerrechtlichen HK ableiten. Nur für den Fall, dass die Wahlrechte zur Bilanzierung i. H. der Wertuntergrenze genutzt werden sollen, 166

---

189 Vgl. *Wohlgemuth*, in HdJ 2001, Abt. 1/10, Rz 127.
190 Vgl. *DRSC (Hrsg.)/Haller/Eierle*, Ergebnisse der Befragung deutscher mittelständischer Unternehmen zum Entwurf eines internationalen Standards zur Bilanzierung von Small and Medium-sized Entities (ED-IFRS for SMEs), http://www.drsc.de/docs/sme_befragung_final_280907.pdf, letzter Abruf am 1.9.2015, S. 43.
191 Vgl. *Weißenberger*, IFRS für Controller, S. 191–226.
192 Vgl. *Rautenstrauch/Müller*, DB 2007, S. 1822.

müssen hierfür eigene Sonderrechnungen durchgeführt werden, die eine Trennung in Einzelkosten und Gemeinkosten zulassen.

**167** Im Hinblick auf einzelne **HK-Bestandteile** kann die bisherige Diskussion, ob Kosten für Entwürfe, Konstruktionszeichnungen, Arbeitsmodelle und dergleichen zur Fertigung eines Prototypen auch bei einer mehrjährigen Nutzbarkeit des immateriellen Vermögenswerts als Sondereinzelkosten der Fertigung aktiviert werden dürfen, als obsolet betrachtet werden, da diese Kosten über die auf sie entfallenden Abschreibungen die aktivierungspflichtigen HK erhöhen. Stattdessen müssen sich hier die Bemühungen des internen Rechnungswesens darauf konzentrieren, die früher in der Kosten- und Leistungsrechnung verwendeten Kriterien mit den neuen explizit genannten Anhaltspunkten zur Abgrenzung der entstandenen Entwicklungskosten zwischen einem aktivierbaren und einem nicht aktivierbaren Teil abzugleichen.

### 3.5 Beispiel für die Herstellungskostenerfassung

**168** Die Ermittlung und die Verbuchung der HK sind durch die alternativen GuV-Gliederungen in den jeweiligen Kontenplänen unterschiedlich durchzuführen. Grundsätzlich ergeben sich nach dem GKV folgende Zusammenhänge:

Abb. 2: Kontenmäßige Darstellung der Zusammenhänge beim GKV

**169** Im Unterschied zum UKV werden den Erlösen dabei alle Kosten, die in der betrachteten Rechnungsperiode bei der betrieblichen Leistungserstellung entstanden sind, gegenübergestellt. Sofern sich die Lagerbestände verändern oder aktivierte Eigenleistungen vorliegen, wird i. H. der dafür angefallenen Kosten eine Bestandserhöhung/-minderung bzw. eine Eigenleistung berücksichtigt.

**170** Das GKV ist neben den handelsrechtlichen Vorschriften auch nach den IAS gestattet, wenngleich IAS 1.92 das UKV favorisiert, da es trotz erheblicher Ermessensspielräume bei der Zuordnung der Aufwendungen zu den Funktionen meist mehr/bessere Informationen für die Adressaten liefert. Nach den US-GAAP ist das GKV nicht zulässig.

Bewertungsmaßstäbe § 255

**Beispiel**
**Buchung von HK i.e.S. nach GKV:**
Bei der Herstellung von 2.000 Stück eines Fertigerzeugnisses fallen folgende Einzelkosten an:
- Verr. MEK i.H.v. 4.000 EUR
- Verr. Fertigungseinzelkosten i.H.v. 3.000 EUR
- Verr. Sondereinzelkosten der Fertigung i.H.v. 1.000 EUR

Nach Schlüsselung und Verbuchung über das BAB-Sammelkonto können den Erzeugnissen folgende Entwicklungs- und Gemeinkosten zugerechnet werden:
- Verr. Materialgemeinkosten i.H.v. 800 EUR
- Verr. Fertigungsgemeinkosten i.H.v. 600 EUR
- Verr. Verwaltungsgemeinkosten i.H.v. 1.200 EUR
- Verr. Vertriebsgemeinkosten i.H.v. 400 EUR
- Verr. Entwicklungskosten i.H.v. 1.400 EUR.

Die Gesamtkosten betragen in diesem Beispiel demnach 12.400 EUR.
Der Anfangsbestand der Fertigerzeugnisse vor der Herstellung der hier behandelten Erzeugnisse betrug 0,00 EUR. Weitere Produkte wurden/werden nicht produziert; die Verwaltungskosten werden einbezogen.
Merke: Die Gliederung in MEK, FEK etc. und die entsprechenden Buchungen folgen den Vorschriften des § 255 HGB zur Bilanzierung. Die Kostenpositionen finden entsprechend der obigen Darstellung Eingang in die GuV. Der Ausweis in der GuV hat dagegen jedoch den Gliederungsvorschriften des § 275 HGB zu entsprechen. Zur Ausweisumschlüsselung bieten sich dabei insb. Umrechnungstabellen an.

**Fall 1:** Es erfolgt kein Verkauf; die Produktion läuft auf Halde (GKV)

| Datum | Konto | Soll | Haben |
|---|---|---|---|
| | GuV | 12.400 | |
| | MEK | | 4.000 |
| | FEK | | 3.000 |
| | SEKF | | 1.000 |
| | MGK | | 800 |
| | FGK | | 600 |
| | EntwK | | 1.400 |
| | VerwGK | | 1.200 |
| | VtGK | | 400 |

| Datum | Konto | Soll | Haben |
|---|---|---|---|
| | Bestandsveränderung Fertigerzeugnisse | 12.000 | |
| | GuV | | 12.000 |
| | Fertigerzeugnisse | 12.000 | |
| | Bestandsveränderung Fertigerzeugnisse | | 12.000 |

**Fall 2:** Die Fertigerzeugnisse werden sofort verkauft (GKV)
In Abwandlung des vorherigen Falls werden nun die produzierten Stücke sofort verkauft. Der Verkaufspreis entspricht dem Zweifachen der zur Herstellung der Erzeugnisse anfallenden Gesamtkosten.

| Datum | Konto | Soll | Haben |
|---|---|---|---|
| | GuV | 12.400 | |
| | MEK | | 4.000 |
| | FEK | | 3.000 |
| | SEKF | | 1.000 |
| | MGK | | 800 |
| | FGK | | 600 |
| | EntwK | | 1.400 |
| | VerwGK | | 1.200 |
| | VtGK | | 400 |

| Datum | Konto | Soll | Haben |
|---|---|---|---|
| | Umsatzerlöse (Verkauf) | 24.800 | |
| | GuV | | 24.800 |

Nach dem UKV ergeben sich die Zusammenhänge grds. wie folgt:

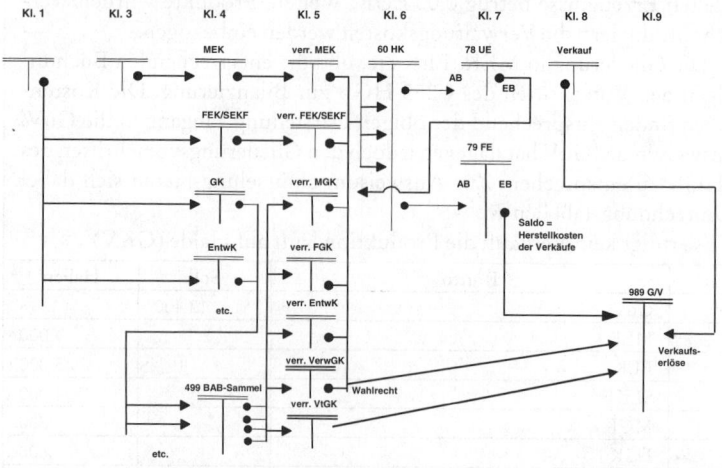

Abb. 3: Kontenmäßige Darstellung der Zusammenhänge beim UKV

**171** Das UKV berücksichtigt im Gegensatz zum GKV keine Bestandsveränderungen. Beim UKV auf Vollkostenbasis werden die pro Periode verkauften Produkte mit ihren anteiligen Fixkosten belastet. Das Betriebsergebnis nach UKV auf Vollkostenbasis und das nach dem GKV sind grds. identisch.

> **Beispiel**
> **Buchung von HK i.e.S. nach UKV:**
> Das UKV wird auf der gleichen Datenbasis wie im Fall 1 auf Vollkostenbasis durchgeführt. Die Gesamtkosten betragen daher 12.400 EUR. Das Verbot zur Einbeziehung der Vertriebsgemeinkosten in die HK bedingt, dass sich die gesamten aktivierbaren HK dabei auf lediglich 12.000 EUR belaufen. Der Anfangsbestand der Fertigerzeugnisse vor der Herstellung der hier behandel-

ten Erzeugnisse betrug 0,00 EUR. Weitere Produkte wurden/werden nicht produziert. Das Wahlrecht zur Einbeziehung der Verwaltungsgemeinkosten in die HK wird genutzt!

Merke: Die durch die von § 255 HGB abweichende Definition des HK-Begriffs in § 275 HGB bedingte Trennung der allgemeinen Verwaltungsgemeinkosten von den HK (§ 275 Rz 236) bezieht sich nur auf den gesonderten Ausweis der Kostenpositionen entsprechend den Gliederungsvorschriften des § 275 HGB – auf die Aktivierung der VerwGK hat dies jedoch keinen Einfluss! Die unterschiedlichen Definitionen des HK-Begriffs nach § 255 und § 275 HGB in Bezug auf das UKV führen dabei in der Praxis zu erheblichen Problemen. Zur Lösung des Dilemmas/der Ausweisumschlüsselung bieten sich dabei insb. Umrechnungstabellen an.

**Fall 3:** Es erfolgt kein Verkauf; die Produktion läuft auf Halde (UKV)

| Datum | Konto | Soll | Haben |
|---|---|---|---|
| | HK | 12.000 | |
| | MEK | | 4.000 |
| | FEK | | 3.000 |
| | SEKF | | 1.000 |
| | MGK | | 800 |
| | FGK | | 600 |
| | EntwK | | 1.400 |
| | VerwGK | | 1.200 |

| Datum | Konto | Soll | Haben |
|---|---|---|---|
| | Fertigerzeugnisse | 12.000 | |
| | HK | | 12.000 |

| Datum | Konto | Soll | Haben |
|---|---|---|---|
| | GuV | 12.400 | |
| | VtGK | | 400 |
| | Fertigerzeugnisse | | 12.000 |

**Fall 4:** Fertigerzeugnisse werden sofort verkauft (UKV)
Die Fertigerzeugnisse erzielen einen Verkaufspreis von 24.800 EUR.

| Datum | Konto | Soll | Haben |
|---|---|---|---|
| | HK | 12.000 | |
| | MEK | | 4.000 |
| | FEK | | 3.000 |
| | SEKF | | 1.000 |
| | MGK | | 800 |
| | FGK | | 600 |
| | EntwK | | 1.400 |
| | VerwGK | | 1.200 |

| Datum | Konto | Soll | Haben |
|---|---|---|---|
| | Fertigerzeugnisse | 12.000 | |
| | HK | | 12.000 |

| Datum | Konto | Soll | Haben |
|---|---|---|---|
| | Umsatzerlöse | 24.800 | |

| Datum | Konto | Soll | Haben |
|---|---|---|---|
| | GuV | | 24.800 |

| Datum | Konto | Soll | Haben |
|---|---|---|---|
| | GuV | 12.400 | |
| | Fertigerzeugnisse | | 12.000 |
| | VtGK | | 400 |

### 3.6 Herstellungskostenerfassung im Kontext einer GuV-Verfahrensumstellung

**172** Eine **Umstellung vom GKV auf das UKV** erfordert tiefgreifende Eingriffe in die Systeme eines Unt. Von herausragender Bedeutung ist dabei die Implementierung des UKV in der Buchhaltung. Die notwendige funktionsbezogene Kostenerfassung und -verbuchung im Kontenplan respektive die Umgliederung von Kostenpositionen erfordert zunächst die Ausweitung des Kontenplans oder die Verwendung eines neuen Kontenplans. Eine **Erweiterung des Kontenplans** führt dabei zur Abkehr von einem logischen Kontenplanaufbau und erfordert eine komplexe Kontenverdichtung, weshalb trotz erforderlichem Saldenvortrag ein **neuer Kontenplan** zu präferieren ist.[193]

**173** Darauf aufbauend ist für die Kostenarten bzw. die Konten i.V.m. den Kostenstellen nach GKV eine Überführung in die Konten i.V.m. den Kostenstellen nach UKV vorzunehmen. **In Abhängigkeit der Posten** ist entweder eine **unveränderte Übernahme** (infolge der teilweisen Überschneidungen zwischen beiden Systemen) möglich **oder** es sind **weitergehende Verteilungen bzw. Zuordnungen sowie Korrekturen** erforderlich. Änderungserfordernisse ergeben sich dabei, sofern Aufwendungen mit unterschiedlichem Funktionsbezug auf einem Konto i.V.m. einer Kostenstelle verbucht werden und eine funktionsbezogene Erfassung und Verbuchung entsprechend nicht ohne Verteilung/Zuordnung möglich ist.

**174** Zwecks Vergleichbarkeit ist eine vollständige **parallele Anwendung** beider Verfahren **im ersten Anwendungsjahr zu empfehlen**, was insofern mit einem Wechsel im Rahmen der JA-Erstellung erst im zweiten Anwendungsjahr einhergeht. Entsprechend stehen dann sowohl im ersten Jahr der Anwendung im Zuge des JA als auch im vorhergehenden Gj vergleichbare **Vorjahreszahlen** zur Verfügung. Zwingend erforderlich ist nach § 265 Abs. 2 HGB ohnehin in jedem Fall eine Anpassung der Vorjahresbeträge. Die bloße Angabe und Erläuterung im Anhang bei fehlender Vergleichbarkeit i.S.d. § 265 Abs. 2 Satz HGB scheidet mangels Übereinstimmung der Positionen aus. Eine unterjährige Umstellung ohne rückwirkende Anpassung zum Beginn eines Gj (nebst Anpassung der Vorjahreswerte) scheidet infolge der Vorgabe zur Beibehaltung der Form der Darstellung und insb. der Gliederung der GuV gem. § 265 Abs. 1 Satz 1 Halbs. 1 HGB grds. aus. Die Umstellung vom GKV auf das UKV oder umgekehrt ist ohnehin nur möglich, wenn sie als **Ausnahmefall i.S.d.** § **265 Abs. 1 Satz 1 Halbs. 2 HGB** zu verstehen ist, d.h. sofern wegen besonderer Umstände Abweichungen erforderlich sind. Von besonderen Umständen ist in diesem Kontext

---

[193] Vgl. *Krimpmann*, Accounting 7/2005, S. 13.

etwa auszugehen, wenn sich die Gegebenheiten in der Geschäftstätigkeit oder der Kostenrechnung geändert haben, sich eine Konzernzugehörigkeit ergeben hat oder entfallen ist oder Umwandlungen i.S.d. UmwG erfolgt sind.[194] Da infolge der neuen Zuordnung der Überblick auf die einzelnen Kostenarten verloren geht, wird die Erstellung von Matrizenmodellen empfohlen, die eine Gemeinkostenbetrachtung mit einer Umsatzkostenbetrachtung und einer Kostenstellenbetrachtung kombinieren.[195]

### 3.6.1 Wechsel vom GKV auf das UKV nach HGB

Ausgehend von den handelsrechtlichen GuV-Gliederungsvorschriften für **Unt ohne größenabhängige Befreiungen** kann infolge der Deckungsgleichheit der Positionen 1 und 4 sowie 8 bis 20 GKV mit den Positionen 1 und 4 sowie 7 bis 19 UKV diesbezüglich zunächst eine Postenübernahme erfolgen. 175

Die Erhöhungen/Verminderungen des Bestands an un-/fertigen Erzeugnissen (Position 2 GKV), die anderen aktivierten Eigenleistungen (Position 3 GKV) sowie **Teile** des Material- und Personalaufwands (Positionen 5 und 6 GKV) und der Abschreibungen (Position 7 GKV) sind – hinsichtlich der Erhöhungen/Verminderungen des Bestands größtenteils respektive i.d.R. – den HK der zur Erzielung der Umsatzerlöse erbrachten Leistung (Position 2 UKV) zuzuordnen. Erhöhungen des Bestands an un-/fertigen Erzeugnissen wirken sich wie auch andere aktivierte Eigenleistungen mindernd auf die HK aus, während Verminderungen des Bestands an un-/fertigen Erzeugnissen zu einer Erhöhung dieser führen. Die Zuordnung der Erhöhungen/Verminderungen des Bestands an un-/fertigen Erzeugnissen (Position 2 GKV) zu den HK der zur Erzielung der Umsatzerlöse erbrachten Leistung (Position 2 UKV) bezieht sich dabei auf die dem Herstellungsbereich zuzurechnenden Teile der Aufwendungen der auf Lager produzierten Erzeugnisse. Sofern bspw. allgemeine Verwaltungskosten oder Fremdkapitalzinsen in den HK der auf Lager produzierten Erzeugnisse enthalten sind, hat eine Zuordnung zu den entsprechenden UKV-Positionen zu erfolgen. Im Rahmen der **Zuordnung der Material- und Personalaufwendungen sowie der Abschreibungen** sind Umrechnungsschlüssel aus der Kostenrechnung zu verwenden, die eine funktionsbezogene Aufteilung auf die HK, die allgemeinen Verwaltungskosten und die Vertriebskosten gewährleisten.

Von der funktionsbezogenen Zuordnung mittels Schlüsselung sind im Rahmen der Aufteilung der Material- und Personalaufwendungen sowie der Abschreibungen die Kosten betroffen, die nicht einem Kostenträger direkt zugerechnet werden können. MEK müssen korrespondierend nicht geschlüsselt, unbeachtet dessen aber sachlogisch zugeordnet, werden. 176

Bei einem **Wechsel** vom GKV auf das UKV nach HGB ergeben sich die folgenden **Zuordnungserfordernisse**. 177

---

[194] Vgl. dazu etwa *Reiner/Haußer*, MünchKomm HGB, 3. Aufl., § 275 HGB Rz. 19.
[195] So *Krimpmann*, Accounting 7/2005, S. 11, 12, 14.

§ 255　Bewertungsmaßstäbe

* Die Zuordnung der Erhöhungen/Verminderungen des Bestands an un-/fertigen Erzeugnissen zu den HK der zur Erzielung der Umsatzerlöse erbrachten Leistung bezieht sich auf die dem Herstellungsbereich zuzurechnenden Teile der Aufwendungen der auf Lager produzierten Erzeugnisse. Sofern bspw. allgemeine Verwaltungskosten oder Fremdkapitalzinsen in den HK der auf Lager produzierten Erzeugnisse enthalten sind, hat eine Zuordnung zu den entsprechenden UKV-Positionen zu erfolgen.

Abb. 4: Zuordnung beim Wechsel vom GKV auf das UKV innerhalb des HGB

### 3.6.2　Überleitung vom GKV nach HGB auf das UKV nach IFRS

178　Sofern etwa infolge einer Inanspruchnahme des KM eine **Überleitung** des handelsrechtlichen Abschlusses **in einen IFRS Abschluss** unter Anwendung des UKV erfolgt, sind in Abweichung zum Wechsel vom GKV auf das UKV nach HGB hinsichtlich der Umstellung der GuV-Gliederung Besonderheiten zu beachten bzw. erweitern sich die Zuordnungsanforderungen.

Aufgrund der **geringeren Mindestgliederungsanforderungen nach IFRS** kann analog zu einem Wechsel des Gliederungsverfahrens innerhalb der IFRS **keine allgemeingültige Zuordnung** der Gliederungspositionen erfolgen. Zudem sind die abweichenden Ansatz- und Bewertungsregelungen zu beachten, die zu betragsmäßigen Änderungen führen dürften. Entsprechend ist die nachfolgend erläuterte Teil-Zuordnung – zumindest hinsichtlich einiger Gliederungspositionen – als **Muster** zu verstehen.

Umsatzerlöse (Position 1 GKV) und sonstige betriebliche Erträge (Position 4 GKV) werden in korrespondierende Gliederungspositionen übernommen.

Die Erhöhungen/Verminderungen des Bestands an un-/fertigen Erzeugnissen (Position 2 GKV), die anderen aktivierten Eigenleistungen (Position 3 GKV) sowie Teile des Material- und Personalaufwands (Positionen 5 und 6 GKV) und der Abschreibungen (Position 7 GKV) werden – hinsichtlich der Erhöhungen/Verminderungen des Bestands größtenteils respektive i.d.R. – den Umsatzkosten entsprechend des Verursachungsprinzips zugeordnet. Erhöhungen des Bestands an un-/fertigen Erzeugnissen wirken sich wie auch andere aktivierte Eigenleistungen mindernd auf die Umsatzkosten aus, während Verminderungen des Bestands an un-/fertigen Erzeugnissen zu einer Erhöhung dieser führen. Die Zuordnung der Erhöhungen/Verminderungen des Bestands an un-/fertigen Erzeugnissen zu den Umsatzkosten bezieht sich dabei auf diese zuzurechnende Teile der Aufwendungen der auf Lager produzierten Erzeugnisse. Sofern bspw. allgemeine Verwaltungskosten in den auf Lager produzierten Erzeugnissen enthalten sind, hat eine Zuordnung im Rahmen der Umstellung auf die IFRS gesondert zu erfolgen. Die Aufwendungen der laufenden Periode sind in den entsprechenden anderen UKV-Positionen auszuweisen. Die übrigen Teile des Material- und Personalaufwands (Positionen 5 und 6 GKV) und der Abschreibungen (Position 7 GKV) werden wie die sonstigen betrieblichen Aufwendungen (Position 8 GKV nach HGB) den Umsatz-, Vertriebs- und allg. Verwaltungskosten sowie den sonstigen betrieblichen Aufwendungen funktionsbezogen zugeordnet.

Erträge aus Beteiligungen (Position 9 GKV nach HGB), ggf. *at-equity*-Erträge im Konzernfall (gem. § 311 Abs. 1 HGB), Erträge aus anderen Wertpapieren und Ausleihungen des FAV (Position 10 GKV nach HGB), sonstige Zinsen und ähnliche Erträge (Position 11 GKV nach HGB) sowie Abschreibungen auf Finanzanlagen und auf Wertpapiere des UV (Position 12 GKV nach HGB) werden in das Ergebnis aus *at equity* bewerteten Anteilen und/oder (übrige) Finanzerträge überführt.

Zinsen und ähnliche Aufwendungen (Position 13 GKV nach HGB) werden den übrigen Finanzaufwendungen zugeordnet.

Die gem. IAS 1.82 obligatorischen Steueraufwendungen umfassen nach IAS 12.5 die tatsächlichen und latenten Steuern, die in die Ermittlung des Gewinns oder Verlusts der Periode eingehen und damit die Steuern vom Einkommen und vom Ertrag (Position 18 GKV nach HGB).

Problembehaftet ist in diesem Kontext zudem, dass nach den IFRS kein gesonderter Ausweis außerordentlicher Erträge und Aufwendungen erfolgen darf (IAS 1.87). Bei außerordentlichen Erträgen (Position 15 GKV nach HGB) und Aufwendungen (Position 16 GKV nach HGB) scheidet eine funktionsbezogene

Zuordnung i.d.R. aber aus bzw. ist nicht oder zumindest nicht ohne erheblichen Aufwand möglich.[196] Diese sind in diesen Fällen bei einem Wechsel bzw. einer Überleitung vom GKV nach HGB auf UKV nach IFRS etwa in die sonstigen betrieblichen Erträge und Aufwendungen zu überführen.[197] In Betracht kommt auch ein Ausweis in den Erfolgen aus *discontinued operations*.

Hinsichtlich der sonstigen Steuern erfolgt in Abhängigkeit der Steuerart entweder ein Direktabzug von den Umsatzerlösen und/oder eine Zuordnung zu weiteren Kosten-/Aufwandspositionen.

179 Bei einer **Überleitung** vom GKV nach HGB auf das UKV nach IFRS ergeben sich **beispielhaft** die folgenden **Zuordnungserfordernisse**, wobei aufgrund der abweichenden Ansatz- und Bewertungsregelungen stets weitere Anpassungen notwendig sind.

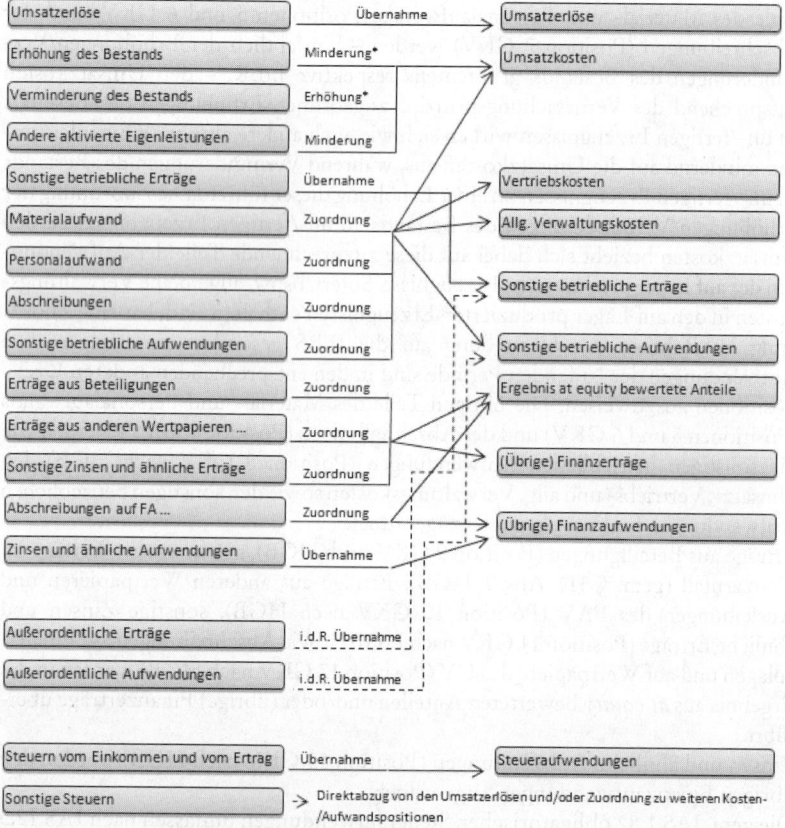

\* Die Zuordnung der Erhöhungen/Verminderungen des Bestands an un-/fertigen Erzeugnissen zu den Umsatzkosten bezieht sich auf diese zuzurechnende Teile der Aufwendungen der auf Lager produzierten Erzeugnisse. Sofern bspw. allgemeine Verwaltungskosten in

---

[196] Vgl. *Lorson/Fuhrmann*, KoR 5/2013, S. 267f.
[197] Vgl. *Lorson/Fuhrmann*, KoR 5/2013, S. 267f.

den auf Lager produzierten Erzeugnissen enthalten sind, hat im Rahmen der IFRS-Erstanwendung eine gesonderte Erfassung zu erfolgen. Die Aufwendungen der laufenden Periode sind in den entsprechenden anderen UKV-Positionen auszuweisen.

Abb. 5: Zuordnung bei Überleitung vom GKV nach HGB auf das UKV nach IFRS

## 4 Herstellungskosten eines selbst geschaffenen immateriellen Vermögensgegenstands des Anlagevermögens (Abs. 2a)

### 4.1 Abgrenzung Forschung und Entwicklung

Satz 4 der Vorschrift stellt im Ergebnis eine Ansatzvorschrift dar. Somit kommt der Abgrenzung von F&E besondere Bedeutung zu.[198]

Der Gesetzgeber hat dieses Problem aufgegriffen und mit den Sätzen 2 und 3 der Vorschrift versucht, sachgerechte Definitionen zu geben. Ob diese Definitionen allerdings ausreichen, eine sachgerechte Abgrenzung vorzunehmen, darf bezweifelt werden.[199]

F&E ist Teil des Innovationsprozesses, der wie folgt dargestellt werden kann:[200]

Abb. 6: Innovationsprozess

---

[198] Vgl. BilMoG-BgrRegE, S. 60 sowie E-DRS 32.49.
[199] Vgl. *Hüttche*, StuB 2008, S. 164.
[200] In Anlehnung an *Hüttche*, StuB 2008, S. 164.

**182** Soweit dieser idealtypische Innovationsprozess im konkreten Fall auch tatsächlich sequenziell abläuft, dürfte bei entsprechend ausgeprägter Kostenrechnung eine sachgerechte Trennung von Forschungs- und Entwicklungskosten möglich sein.[201] In der Praxis finden sich aber vielfach auch Fälle, in denen der Forschungs- und Entwicklungsprozess nicht sequenziell, sondern iterativ abläuft. So ist bspw. in der Softwareentwicklung der früher unter dem Begriff „Wasserfallmodell" bekannte Drei-Phasen-Prozess (sequenziell) in der Praxis durch das sog. *Extreme Programming* (zyklisch, iterativ) abgelöst worden,[202] mit dem Ergebnis, dass eine nachvollziehbare Trennung von F&E nicht möglich ist. Gem. Satz 4 der Vorschrift ist in diesen Fällen keine Aktivierung von Entwicklungskosten zulässig.

**183** Der Gesetzgeber hat zwar in die Vorschrift eine Definition von F&E aufgenommen. Diese ist aber recht allgemein gehalten und stellt für den Bilanzierenden allenfalls eine Entscheidungshilfe dar.[203] Die verschiedentlich geäußerten Bedenken, dass die Aktivierung selbst geschaffener immaterieller VG zu einer gewissen Entobjektivierung der Rechnungslegung führe,[204] gründen sich auf diesen unscharfen Abgrenzungskriterien, sodass neben dem eigentlichen Aktivierungswahlrecht in § 248 Abs. 2 HGB auch noch ein faktisches Aktivierungswahlrecht in der möglichen oder eben nicht möglichen Trennung von F & E besteht.

**184** Der jüngst veröffentlichte E-DRS 32 gibt Hinweise, welche Aktivitäten der Forschungs- und welche der Entwicklungsphase zuzurechnen sind.[205]
**Forschungsaktivitäten** sind demnach:
– Suche nach Alternativen für Materialien, Vorrichtungen, Produkte, Verfahren, Systeme oder Dienstleistungen,
– Aktivitäten zur Erlangung neuer Erkenntnisse,
– Untersuchungen, Bewertungen und Auswahl von neuen Forschungsergebnissen und zugehörigem Know-how.

Beispiele für **Entwicklungsaktivitäten** sind:
– Entwurf, Konstruktion und Testen von neuen Prototypen und Modellen vor der Aufnahme der eigentlichen Produktion,
– Tätigkeiten zum Entwerfen, Konstruieren und Testen einer gewählten Alternative für neue Materialien, Vorrichtungen, Produkte, Verfahren, Systeme oder Dienstleistungen,
– Entwurf, Konstruktion und Betrieb einer Pilotanlage, die für die kommerzielle Nutzung ungeeignet sind, sondern als Prototyp und Modell dienen,
– Entwurf von Werkzeugen, Spannvorrichtungen, Prägestempeln oder Gussformen unter Verwendung neuer Technologien.

**185** Aufwendungen für sog. **Grundlagenforschung** sind eindeutig den Forschungskosten zuzuordnen und damit nicht aktivierungsfähig. Demgegenüber muss bei der sog. **Zweckforschung** unterschieden werden zwischen Aufwendungen für

---

[201] Vgl. *Rade/Stobbe*, DStR 2009, S. 1113, die für die Aktivierung von selbst geschaffenen Fußballspielerwerten exemplarisch mögliche Abgrenzungskriterien anhand der Zugehörigkeit zu den verschiedenen Jugendklassen im DFB aufzeigen.
[202] Vgl. *Hoffmann*, in *Lüdenbach/Hoffmann/Freiberg*, Haufe IFRS-Kommentar, 13. Aufl. 2015, § 13 Rz 41.
[203] Vgl. *Küting/Ellmann*, in *Küting/Pfitzer/Weber*, Das neue deutsche Bilanzrecht, 2009, S. 270.
[204] Vgl. *Herzig*, DB 2008, S. 5.
[205] Vgl. E-DRS 32.48.

die Neu- und Weiterentwicklung von Erzeugnissen.[206] Während Aufwendungen für die **Neuentwicklung** von Erzeugnissen regelmäßig noch in keinem konkreten Zusammenhang mit einem bestimmten zu bewertenden VG und damit nicht aktivierungsfähig sind, können Aufwendungen für die **Weiterentwicklung** von Erzeugnissen als FGK der produzierten Erzeugnisse anzusehen sein.[207] Bei **Prototypen** steht nicht der körperliche Gegenstand, sondern die Entwicklungsleistung im Vordergrund, sodass sie als selbst geschaffene immaterielle VG des AV zu den aktivierungsfähigen Entwicklungskosten rechnen.[208]

Die Abgrenzung zwischen F&E-Kosten eröffnet dem Bilanzierenden faktische Bilanzierungswahlrechte, die auch über das Gebot der Ansatz- und Bewertungsstetigkeit (§§ 246 Abs. 3, 252 Abs. 1 Nr. 6 HGB) kaum begrenzt werden können.[209] Allerdings sind hohe Anforderungen an die Dokumentation und damit die Nachvollziehbarkeit der getroffenen Abgrenzung zu stellen.[210]

**186**

Dass die Abgrenzung von Forschungs- und Entwicklungsaktivitäten sowohl für GroßUnt als auch für Mittelständler eine konkrete Bilanzierungs- und Bewertungsfrage ist, zeigen folgende Beispiele:

**187**

> **Beispiel**[211]
> Ein Hersteller von Offset-Druckmaschinen will neben der Verwendung von Farben die Zugabe von Wasser im Druckprozess vermeiden. Die Labortests und weitere physikalisch-technische Untersuchungen sind so lange „Forschungskosten", wie die Anwendung der Ergebnisse im Druckverfahren nicht sicher erscheint. Sobald dieses aber der Fall ist, gelten alle weiteren Arbeiten als „Entwicklungskosten".

> **Beispiel**[212]
> Ein Hersteller von qualitativ hochwertigen Musikinstrumenten möchte ein neues Modell für eine hochwertige Trompete entwickeln. Zunächst werden alternative Materialien gesucht und getestet, danach entscheidet man sich für ein konkretes Material. Im Anschluss wird ein Prototyp gefertigt, der dann von Profimusikern getestet wird. Nach mehreren Qualitätsverbesserungsiterationen soll diese Trompete entsprechend dem Prototyp produziert und vertrieben werden.
> Die Aufwendungen zur Suche alternativer Materialien sind als Forschungskosten von der Aktivierung ausgeschlossen. Die Fertigung des Prototyps, der Test durch die Profimusiker und die Qualitätsverbesserungsiterationen stellen Entwicklungskosten dar.

---

[206] Vgl. *ADS* 6. Aufl., § 255 HGB, Rz 151.
[207] Vgl. *Schubert/Pastor*, in Beck Bil-Komm. 9. Aufl., § 255 HGB, Rz 485.
[208] Vgl. E-DRS 32.46.
[209] Vgl. *Kahle/Haas*, WPg 2010, S. 38.
[210] Vgl. *Küting/Ellmann*, DStR 2010, S. 1305.
[211] Vgl. *Hoffmann*, in *Lüdenbach/Hoffmann/Freiberg*, Haufe IFRS-Kommentar, 12. Aufl. 2014, § 13 Rz 29.
[212] Beispiel in Anlehnung an *Henckel/Ludwig/Lüdke*, DB 2008, S. 198.

188  Hinsichtlich des **Zeitpunkts der Aktivierung** vgl. die entsprechenden Ansatzvorschriften (§ 248 Rz 20). Danach darf eine Aktivierung erst zu dem Zeitpunkt erfolgen, an dem die **Ansatzkriterien** erfüllt sind.[213]
Liegt dieser Aktivierungszeitpunkt im laufenden Gj, so sind sämtliche Entwicklungskosten des Gj zu aktivieren, auch wenn sie zeitlich vor dem Aktivierungszeitpunkt liegen. Entscheidend ist vielmehr, dass diese Entwicklungskosten noch nicht in einem Abschluss (JA, KA oder auch Halbjahresfinanzbericht) als Aufwand erfasst worden sind.[214]

189  
> **Beispiel**
> Die GmbH beginnt im Jahr 01 mit der Entwicklung eines neuen Produktionsverfahrens. Im Oktober 02 ist der Entwicklungsprozess soweit fortgeschritten, dass eine Aktivierung erfolgen kann. Übt die GmbH das Aktivierungswahlrecht des § 248 Abs. 2 S. 1 aus, hat sie sämtliche Entwicklungskosten des Gj 02 in die HK einzubeziehen. Die Entwicklungskosten des Gj 01 sind demgegenüber in der Vorperiode bereits als Aufwand erfasst und können nicht nachaktiviert werden.

### 4.2 Erstmalige Bewertung

190  Die Bewertung von **Entwicklungskosten** richtet sich nach allgemeinen Grundsätzen, wie Satz 1 der Vorschrift klarstellt. Entwicklungskosten sind demzufolge mit den **HK** anzusetzen (vgl. hierzu ausführlich Rz 101 ff.). Demnach umfassen die HK:
- MEK,
- MGK,
- Fertigungseinzelkosten,
- FGK,
- Sondereinzelkosten der Fertigung,
- Abschreibungen des AV.

191  Darüber hinaus besteht ein **Wahlrecht zur Einbeziehung** nachfolgender Aufwendungen, soweit sie auf den Zeitraum der Entwicklung entfallen:
- Kosten der allgemeinen Verwaltung,
- Aufwendungen für soziale Einrichtungen des Betriebs,
- Aufwendungen für freiwillige soziale Leistungen,
- Aufwendungen für die betriebliche Altersversorgung.

192  Die in Rz 180 ff. dargestellte Notwendigkeit der Trennung von F&E-Kosten stellt hohe Anforderungen an internes und externes Rechnungswesen. Es reicht nicht mehr aus, lediglich eine Kostenstelle „Entwicklung" zu führen. Vielmehr muss ein leistungsfähiges F&E-Controlling vorhanden sein, das über Projektkostenstellen u. Ä. die zuverlässige Zurechnung der Kostenbestandteile gewährleistet. Derartige Erfordernisse gab es auch schon vor dem BilMoG im Zuge der Bewertung von anderen aktivierten Eigenleistungen im SAV. Die Zurechenbarkeit von Kosten auf immaterielle VG des AV in der Entstehung dürfte wegen der

---

[213] GlA: *van Hall/Kessler*, in *Kessler/Leinen/Strickmann*, BilMoG, 2009, S. 150.
[214] Vgl. E-DRS 32.85.

fehlenden Greifbarkeit aber ungleich komplexer sein, als dies bei materiellen Gütern der Fall ist.[215]

### 4.3 Folgebewertung

Die zunächst als „Entwicklungskosten in der Entstehung" (§ 248 Rz 18) zu aktivierenden Aufwendungen sind nach Fertigstellung des VG, d.h. nach Abschluss der Entwicklung, **planmäßig abzuschreiben**. Auch hierzu gelten die allgemeinen Grundsätze (§ 253 Rz 205).  **193**

Der Bestimmung der wirtschaftlichen Nutzungsdauer kommt große Bedeutung zu. Da infolge des unverändert geltenden Aktivierungsverbots im Steuerrecht (§ 5 Abs. 2 EStG) hierzu keine als Anhaltspunkte zu verwendenden steuerlichen AfA-Tabellen vorliegen, muss der Kaufmann die Nutzungsdauer selbstständig schätzen. Im Fall von **neu entwickelten Produkten** kann sich die Nutzungsdauer an dem voraussichtlichen Produktlebenszyklus orientieren, der anhand von betriebsindividuellen oder branchenmäßigen Erfahrungswerten abgeleitet werden kann. Da die Innovationsintensität in vielen Branchen infolge des Wettbewerbs sehr hoch ist, gebietet das Vorsichtsprinzip, die Nutzungsdauern eher kürzer als länger zu wählen, um nicht in die Notwendigkeit der Berücksichtigung außerplanmäßiger Abschreibungen zu kommen (§ 253 Rz 207).[216]  **194**

Soweit im Ausnahmefall die Nutzungsdauer nicht verlässlich geschätzt werden kann, sieht E-DRS 32 für derartige Fälle eine Nutzungsdauer von 10 Jahren vor.[217] Zwar kommt die Verwendung des Begriffs „Ausnahmefall" zum Ausdruck, dass zumeist eine verlässliche Schätzung möglich sein dürfte. Ob dies in der Bilanzierungspraxis aber entsprechend nur sehr zurückhaltend verwendet wird, bleibt abzuwarten.  **195**

Bei der Aktivierung von **selbst geschaffenen gewerblichen Schutzrechten** ist der Zeitraum des Schutzrechts nur als Obergrenze für die wirtschaftliche Nutzungsdauer zu verstehen. So wird bei der Patentierung von Erfindungen für einen Zeitraum von bspw. zehn Jahren die wirtschaftliche Nutzung infolge des technischen Fortschritts oftmals darunter liegen.[218]  **196**

Bei sonstigen aktivierten Entwicklungskosten, wie z.B. Produktionsverfahren, Vorrichtungen, Systemen, ist die Nutzungsdauer nach den oben dargestellten Grundsätzen abzuschätzen. Hierbei ist der Grundsatz der Vorsicht (§ 252 Abs. 1 Nr. 4 HGB) zu berücksichtigen, d.h. im Zweifel ist die Nutzungsdauer eher kürzer als länger zu schätzen.  **197**

Denkbar ist auch, dass selbst geschaffene immaterielle VG des AV einer unbegrenzten Nutzungsdauer unterliegen, weil sie sich nicht verbrauchen (z.B. Wegerechte). Nach der hier vertretenen Auffassung unterliegen auch derartige VG im Regelfall einer begrenzten wirtschaftlichen Nutzung, sodass eine planmäßige Abschreibung vorzunehmen ist.[219]  **198**

---

[215] Vgl. Arbeitskreis „Immaterielle Werte im Rechnungswesen" der Schmalenbach-Gesellschaft für Betriebswirtschaft e.V., DB 2008, S. 1818.
[216] Vgl. *Seidel/Grieger/Muske*, BB 2009, S. 1289.
[217] Vgl. E-DRS 32.
[218] Vgl. *Küting/Ellmann*, in *Küting/Pfitzer/Weber*, Das neue deutsche Bilanzrecht, 2009, S. 278.
[219] Vgl. *Schmidtbauer*, DStR 2004, S. 1445.

199 Hinsichtlich der Abschreibungsmethode wird wohl zumeist die lineare Methode sachgerecht sein, zumal diese auch nach IFRS favorisiert wird.[220] Je nach Verlauf des wirtschaftlichen Nutzens erscheint in Ausnahmefällen aber auch eine degressive Abschreibung u. U. sachgerecht.[221] Kann der Verlauf des wirtschaftlichen Werts des immateriellen VG nicht verlässlich bestimmt werden, sieht E-DRS 32 die verpflichtende Verwendung der linearen Abschreibungsmethode vor.[222]

200 Neben planmäßigen Abschreibungen kommen auch **außerplanmäßige Abschreibungen** nach allgemeinen Regelungen (§§ 253 Rz 208 ff.) zur Anwendung. Eine Abschreibung auf den niedrigeren beizulegenden Wert ist danach vom Absatz- und Beschaffungsmarkt vorzunehmen. Da wegen der oftmals nur unternehmensintern erfolgenden Nutzung ein Absatzmarkt nicht zur Verfügung steht, verbleibt es zumeist bei der Bestimmung des beizulegenden Werts von der Beschaffungsmarktseite. Soweit dies nicht möglich ist, ist der beizulegende Wert über den Ertragswert zu ermitteln.[223]

**Nachträgliche HK** sind bei selbst geschaffenen immateriellen VG des AV grds. genauso zu berücksichtigen wie bei anderen VG. Allerdings ist die Erfüllung der Ansatzvoraussetzungen zumeist schwieriger, da neben den Voraussetzungen des Abs. 2a auch die allgemeinen Voraussetzungen von Abs. 1 Satz 1 vorliegen müssen, d. h., es muss sich um eine wesentliche Verbesserung handeln.[224] Da immaterielle VG des AV besonders hohem technischem Wandel ausgesetzt sind, werden nachträgliche HK eher der Ausnahmefall sein.[225] Im Regelfall dienen die nachträglichen Aufwendungen der Erhaltung bzw. Sicherung des zukünftig erwarteten Nutzens aus dem immateriellen VG, sodass es sich um nicht aktivierungsfähigen Erhaltungsaufwand handelt. Ausnahmen sind denkbar bei selbst erstellter Software, bei der die Aufnahme wesentlicher neuer Funktionalitäten zu nachträglichen HK führen kann (§ 248 Rz 24).[226]

## 5 Zinsen für Fremdkapital (Abs. 3)

### 5.1 Grundsätzliches Aktivierungsverbot

201 Fremdkapitalzinsen gehören grds. nicht zu den AHK. Die Finanzierung ist als eigenständiger, von der Anschaffung oder Herstellung **unabhängiger Vorgang** zu verstehen.[227] Eine Aktivierung würde dem Realisationsprinzip widersprechen, weil die angefallenen Aufwendungen sonst neutralisiert und in eine andere Periode verlagert würden (§ 252 Rz 92 ff.). Die Aktivierung von Eigenkapitalzinsen scheidet zudem schon aufgrund des fehlenden pagatorischen Charakters (§ 252 Rz 116 ff.) aus.[228]

---

[220] Vgl. *Hoffmann*, in *Lüdenbach/Hoffmann/Freiberg*, Haufe IFRS-Kommentar, 12. Aufl. 2014, § 13 Rz 89.
[221] GlA *Küting/Ellmann*, in *Küting/Pfitzer/Weber*, Das neue deutsche Bilanzrecht, S. 278.
[222] Vgl. E-DRS 32.101.
[223] Vgl. *Glade*, 1991, S. 217.
[224] Vgl. *Kessler*, in *Kessler/Leinen/Strickmann*, BilMoG, 2009, S. 189.
[225] Vgl. IAS 38.20.
[226] Vgl. *Kessler*, in *Kessler/Leinen/Strickmann*, BilMoG, 2009, S. 189.
[227] Zur Ausschluss-Begründung, dass AK nur mittelbar der Anschaffung dienen, s. BFH, Urteil v. 24.5.1968, BStBl II S. 574.
[228] Vgl. *Kahle*, in *Baetge/Kirsch/Thiele*, Bilanzrecht (8/2013), § 255 HGB Rz 227.

Einzige **Ausnahme** vom Aktivierungsverbot für Fremdkapitalzinsen bilden 202
Zinsen für FK, das zur Finanzierung der Herstellung eines VG verwendet wird.
Die Beschränkung des Aktivierungsverbots geht dabei zudem mit der Anforderung einher, dass die entsprechenden Zinsen auf den Zeitraum der Herstellung
entfallen. Die limitierte Möglichkeit der Einbeziehung von Fremdkapitalzinsen
in die HK gewährt das Handelsrecht dabei sowohl bei VG des AV als auch des
UV.[229] Auch steuerrechtlich wird weiterhin mit R 6.3 Abs. 5 EStR 2012 bzgl. des
Einbezugs dieser Fremdkapitalzinsen in die HK das Aktivierungswahlrecht aus
dem HGB übernommen. Das Wahlrecht kann jedoch nur auf Ebene des Handelsrechts ausgeübt werden, was faktisch einer Aktivierungspflicht bzw. einem
Aktivierungsverbot auf steuerrechtlicher Ebene entspricht. Die Einbeziehung
der Bauzeitzinsen in die HK setzt entsprechend voraus, dass dies auch handelsrechtlich erfolgt (formelle Maßgeblichkeit).

Unter Rückgriff auf den Ausnahmetatbestand aktivierte Fremdkapitalzinsen sind 203
per Legaldefinition[230] nicht als echte HK zu verstehen. Vielmehr hat der Gesetzgeber mit § 255 Abs. 3 Satz 2 HGB **fiktive HK** geschaffen. Sowohl der Gesetzgeber als auch ein Großteil der Literatur sprechen beim Einbeziehungswahlrecht
für bestimmte Fremdkapitalzinsen daher nicht von einem Bewertungswahlrecht,
sondern einer **Bewertungshilfe**.[231] Wenngleich bestehende Bedenken, etwa dass
der Begriff der Bewertungshilfe möglicherweise der zwingenden Einhaltung des
Stetigkeitsgebots entgegensteht, nicht gänzlich von der Hand zu weisen sind,
scheint die Verwendung des Begriffs der Bewertungshilfe aber auch deshalb
zulässig, weil aufgrund des fiktiven Charakters letztlich auch der Begriff des
Bewertungswahlrechts nicht zutreffend ist.

Wird die Bewertungshilfe in Anspruch genomen, hat bei KapG und ihnen 204
gleichgestellten PersG gem. § 284 Abs. 2 Nr. 5 HGB eine Betragsangabe im
**Anhang** zu erfolgen.

Im Rahmen einer Einbeziehung von Fremdkapitalzinsen ist der Grundsatz der 205
**Bewertungsstetigkeit** (§ 252 Rz 123 ff.) zu berücksichtigen.

### 5.2 Ausnahme vom Aktivierungsverbot in bestimmten Fällen

Die **Voraussetzungen eines sachlichen Bezugs** sind gegeben, sofern ein tatsächlicher Zusammenhang zwischen der Fremdkapitalaufnahme und der Herstellung 206
des VG vorliegt. Abgesehen von Kreditverträgen, die unter direkter oder indirekter Bezugnahme[232] auf den herzustellenden VG abgeschlossen bzw. verlängert werden und damit eindeutig in einen tatsächlichen Bezug gesetzt werden
können, gestaltet sich der Nachweis eines tatsächlichen Zusammenhangs in der
Praxis als äußerst schwierig. Wenngleich in der Literatur nicht einstimmig
akzeptiert, ist insb. aber gerade im Interesse der Praktikabilität als zulässig zu

---

[229] Vgl. *Kahle*, in *Baetge/Kirsch/Thiele*, Bilanzrecht (8/2013), § 255 HGB Rz 221; *ADS*, 6. Aufl. § 255 HGB, Rz 202.
[230] § 255 Abs. 2 HGB spricht von HK als „Aufwendungen, die durch den Verbrauch von Gütern und die Inanspruchnahme von Dienstleistungen" entstehen.
[231] BT-Drs. 10/317 S. 88, BilMoG-BgrRegE so § 260 HGB-E; anstatt vieler zudem *Dziadkowski*, BB 1982, S. 1336; a. A. *ADS*, 6. Aufl. § 255 HGB, Rz 210.
[232] Eine Benennung im Kreditvertrag ist nicht erforderlich. Im Zuge der Prüfung der Voraussetzungserfüllung ist auf den tatsächlichen Bezug abzustellen; ebenso *ADS*, 6. Aufl. § 255 HGB, Rz 203; *Schubert/Pastor*, in Beck Bil-Komm. 9. Aufl., § 255 HGB, Rz 505.

erachten, dass Fremdkapitalzinsen quotal einzelnen VG zugeordnet und entsprechend in die HK einbezogen werden, sofern dem keine tatsächlichen Fakten entgegenstehen.[233]

---

**Beispiel**[234]

| Aktiva | Bilanz* 31.12.01 (GmbH) | | Passiva |
|---|---|---|---|
| AV | 190 | EK | 100 |
| Erzeugnisse | 200 | FK | 400 |
| Übriges UV | 110 | | |
| | 500 | | 500 |

* in Mio. EUR
Annahmen:
Für das FK sind im Gj. 01 Zinsen i. H. v. 20 Mio. EUR angefallen.
Einer quotalen Zuordnung von Fremdkapitalzinsen zu einzelnen VG stehen keine tatsächlichen Fakten entgegen.
Bei einer quotalen Zuordnung entfallen 40 % (200 von 500 Mio. EUR) der Fremdkapitalzinsen auf die Erzeugnisse. Der Herstellungszeitraum der Erzeugnisse beginnt am 1.1.01. und endet am 30.6.01. Zeitanteilig können daher 4 Mio. EUR (20 Mio. EUR * 0,4 * 0,5) in die HK der Erzeugnisse eingerechnet werden.

---

**207** Unter die aktivierungsfähigen Fremdkapitalzinsen i.S.d. § 255 Abs. 3 HGB fallen neben den Nominal- bzw. Durchschnittszinsen bei quotaler Zurechnung auch **Aufwendungen mit zinsähnlichem Charakter**, wie etwa ein gezahltes Disagio. Eine Einbeziehung von Provisionen und weiteren Finanzmittelbeschaffungskosten scheitert an der Aktivierungsvoraussetzung des zeitlichen Bezugs.[235] Ein **zeitlicher Bezug** liegt vor, sofern die Fremdkapitalzinsen auf den Zeitraum der Herstellung entfallen. Die Voraussetzung entspricht damit den Anforderungen des § 255 Abs. 2 Satz 3 HGB für das Aktivierungswahlrecht für Kosten der allgemeinen Verwaltung, Aufwendungen für soziale Einrichtungen des Betriebs, für freiwillige soziale Leistungen und für die betriebliche Altersversorgung. Der **Beginn der Herstellung** ist dabei nicht mit dem Beginn des technischen Herstellungsprozesses gleichzusetzen. Das erstmalige Anfallen von Aufwendungen, die in sachlichem Zusammenhang mit der Erstellung der Leistung stehen, begründet bereits den Herstellungsbeginn.[236] Den **Abschluss der Herstellung**

---

[233] Vgl. *Knop/Küting*, in *Küting/Weber*, HdK, HGB § 255, Rn 306; *Schubert/Pastor*, in Beck Bil-Komm. 9. Aufl., § 255 HGB, Rz 505; *Kahle*, in *Baetge/Kirsch/Thiele*, Bilanzrecht (8/2013), § 255 HGB Rz 224; aA *Wohlgemuth*, in HdJ, Abt. I/10, Rz 34; IDW HFA 5/1991, Abschn. 6, WPg 1992, S. 94.
[234] In Anlehnung an *ADS*, 6. Aufl. § 255 HGB, Rz 204.
[235] So auch IDW HFA 5/1991, Abschn. 6, WPg 1992, S. 94; *Kahle*, in *Baetge/Kirsch/Thiele*, Bilanzrecht (8/2013), § 255 HGB Rz 225; a. A. *ADS*, 6. Aufl. § 255 HGB, Rz 206.
[236] S. dazu BFH, Urteil v. 12.6.1978, GrS 1/77, BStBl II 1978 S. 620.

markiert die Fertigstellung bzw. die Fähigkeit zur dauernden Nutzung entsprechend der Bestimmung bei VG des AV.²³⁷

Sofern Grundstücke und Gebäude, die zur Veräußerung vorgesehen sind, finanziert werden, dürfen neben den Fremdkapitalzinsen für den Erwerb der Grundstücke auch die Zinsen für das FK zur Herstellung der Gebäude – unter der üblichen Voraussetzung des zeitlichen Zusammenhangs mit der Herstellung – mit in die HK einbezogen werden.²³⁸ Dies liegt darin begründet, dass zwischen diesen ein Nutzungs- und Funktionszusammenhang besteht, der zu einer Klassifikation als einheitlicher VG des UV führt. Sofern diese Zusammenfassung aufgrund eines nicht möglichen Verkaufs des Grund und Bodens entfällt, ist der Grund und Boden in das AV umzugliedern, sofern damit die Entscheidung verbunden ist, diesen VG nun dauerhaft zu nutzen, was regelmäßig der Fall sein dürfte, sofern sich ein Verkauf als unmöglich herausstellt. Maßgeblich für die Buchwertbemessung im Rahmen einer etwaigen Umgliederung ist das Verhältnis der Zeitwerte der beiden Komponenten.

## 6 Beizulegender Zeitwert (Abs. 4)

### 6.1 Übersicht

#### 6.1.1 Inhalt und Zweck

§ 255 Abs. 4 HGB definiert den Bewertungsbegriff **„beizulegender Zeitwert"**. Die Vorschrift ist Teil der allgemeinen handelsrechtlichen Bewertungsmaßstäbe.

Der beizulegende Zeitwert entspricht grds. dem **Marktpreis**. Nur für den Fall, dass sich kein Marktpreis ermitteln lässt, ist der beizulegende Zeitwert durch **anerkannte Bewertungsmethoden** zu bestimmen. Die anerkannten Bewertungsmethoden müssen zu einem beizulegenden Zeitwert führen, der an den Marktpreis angenähert ist. Ist die Ermittlung des beizulegenden Zeitwerts durch eine anerkannte Bewertungsmethode nicht möglich, sind die AHK gem. § 253 Abs. 4 HGB fortzuführen, wobei der zuletzt ermittelte beizulegende Zeitwert als AHK gilt.

Der **beizulegende Zeitwert** nach § 255 Abs. 4 HGB darf **nicht** mit dem **beizulegenden Wert** nach § 255 Abs. 3 Satz 3, Abs. 4 Satz 2 HGB verwechselt werden. Der beizulegende Zeitwert entspricht im Wesentlichen dem Einzelveräußerungspreis eines VG oder einer Schuld. Demgegenüber ist der beizulegende Wert in Abhängigkeit von der Art der VG beschaffungsmarkt- oder absatzmarktorientiert zu ermitteln. Bspw. wird der beizulegende Wert von Sachanlagen i.S.d. § 253 Abs. 3 Satz 3 HGB grds. durch ihre Wiederbeschaffungskosten (in Abhängigkeit von Alter, Zustand, technischem Stand) bestimmt. Einzelveräußerungspreise sind nur soweit anzusetzen, wie eine Veräußerungsabsicht besteht.²³⁹

> **Beispiel**
> Ein Wertpapier wird zu einem Kurs von 100 EUR erworben. Beim Erwerb sind Anschaffungsnebenkosten (Provision etc.) von 5 EUR (5 %) angefallen, sodass sich die AK mit 105 EUR bestimmen. Am Bilanzstichtag wird das

---

²³⁷ Vgl. BFH, Urteil v. 1.4.1981, I R 27/79, BStBl II 1981 S. 660.
²³⁸ Vgl. dazu und im Folgenden IDW RS HFA 31, Rz 26.
²³⁹ Vgl. IDW PS 314 n. F., Tz 15; *IDW* RH HFA 1.005, Tz 11.

> Wertpapier an der Börse zu einem Kurs von 120 EUR gehandelt; es besteht keine Veräußerungsabsicht.
> Der beizulegende Zeitwert entspricht dem Marktwert, also 120 EUR. Der beizulegende Wert bestimmt sich demgegenüber mit 126 EUR (120 EUR zzgl. 5 %).

212 **Sinn und Zweck** der Bewertung zum beizulegenden Zeitwert ist es, dem Abschlussadressaten ein **zutreffenderes Bild** von der **Vermögenslage** des berichtenden Unt zu geben, als dies bei anderen Bewertungsvorschriften wie z. B. der Bewertung zu fortgeführten AHK der Fall ist. Dabei bezieht sich die verbesserte Informationsfunktion auf die Bilanz und die „richtige" Vermögensermittlung. Die Informationsfunktion des Periodenergebnisses i. S. e. nachhaltigen prognosefähigen Ergebnisses wird demgegenüber eingeschränkt. Das Periodenergebnis kann von zufälligen Schwankungen des beizulegenden Zeitwerts überlagert werden.

213 Fraglich ist, ob die Bilanzierung zum beizulegenden Zeitwert dem Grundsatz des **Realisationsprinzips** (§ 252 Abs. 1 Nr. 4 2. Hs. HGB) widerspricht. Nach dem Realisationsprinzip sind Gewinne nur zu berücksichtigen, wenn sie am Abschlussstichtag realisiert sind. Teilweise wird die Auffassung vertreten, dass die Bilanzierung zum beizulegenden Zeitwert dem Realisationsprinzip dann nicht widerspricht, wenn der beizulegende Zeitwert dem Marktpreis auf einem aktiven Markt entspricht.[240] In diesen Fällen würde die Bewertung zum beizulegenden Zeitwert das Realisationsprinzip konkretisieren. Durch das Bestehen eines aktiven Markts sei die Wertänderung des Bewertungsobjekts jederzeit realisierbar. Der Grundsatz des quasisicheren Gewinns sei erfüllt. Würde hingegen eine Bewertung zu fortgeführten AHK als Wertobergrenze gefordert, wäre dem Bilanzierenden ein faktisches Wahlrecht bzgl. des Realisierungszeitpunkts eröffnet. Aufgrund des Bestehens eines aktiven Markts könnte er den zu bewertenden VG jederzeit veräußern und kurze Zeit später wieder zurück erwerben. Alternativ könnte er die bisherigen AHK als Bewertungsobergrenze fortführen.

U. E. widerspricht die Bewertung zum beizulegenden Zeitwert dem Realisationsprinzip.[241] Der Gewinn aus der Bewertung zu einem höheren beizulegenden Zeitwert wird nicht durch einen Umsatzakt realisiert. Den o. a. Ausführungen zum faktischen Wahlrecht bzgl. des Realisationszeitpunkts kann nicht gefolgt werden. Zum einen ist dieses Wahlrecht lediglich ein Gestaltungs- und kein Bilanzierungswahlrecht. Zum anderen ergeben sich aus den beiden Alternativen (VG wird unverändert fortgeführt oder VG wird veräußert und zeitnah zurückerworben) aufgrund der Nebenkosten für Veräußerung und Rückerwerb unterschiedliche Konsequenzen.

Außerdem widerspricht die Bewertung zum beizulegenden Zeitwert in den Fällen dem Realisationsprinzip, in denen der beizulegende Zeitwert aufgrund fehlender aktiver Märkte durch allgemein anerkannte Bewertungsmethoden zu

---

[240] Vgl. *Böcking/Torabian*, BB 2008, S. 267; *Schmidt*, KoR 2008, S. 2; *Helke/Wiechens/Klaus*, DB 2009, Beil. Nr. 5, S. 35.
[241] Vgl. auch *Zülch/Hoffmann*, DB 2009, S. 190.

bestimmen ist. In diesen Fällen besteht eine besondere Unsicherheit bzgl. der Gewinne aus den Wertänderungen. Es entsteht kein quasisicherer Gewinn.²⁴²
Da § 255 Abs. 4 HGB jedoch **lex specialis** gegenüber dem Realisationsprinzip ist, schränkt der Widerspruch gegenüber dem Realisationsprinzip seinen Anwendungsbereich nicht ein. § 255 Abs. 4 HGB ist eine gesetzlich kodifizierte **Ausnahme vom Realisationsprinzip**.

Soweit VG i.S.d. § 246 Abs. 2 Satz 2 HGB (Deckungsvermögen für Altersversorgungsverpflichtungen) zu ihrem über den AK liegenden beizulegenden Zeitwert bilanziert werden, besteht eine **Ausschüttungssperre** (§ 268 Abs. 8 Sätze 1 u. 3 HGB). Danach dürfen Gewinne nur ausgeschüttet werden, wenn die nach der Ausschüttung verbleibenden frei verfügbaren Rücklagen zzgl. eines Gewinnvortrags und abzgl. eines Verlustvortrags mindestens dem Betrag entsprechen, um den die zum beizulegenden Zeitwert bilanzierten VG i.S.d. § 246 Abs. 2 Satz 2 HGB ihre AK übersteigen, abzüglich der hierfür gebildeten passiven latenten Steuern (zu Einzelheiten s. § 268 Rz 81 ff.). 214

Für Finanzinstrumente des Handelsbestands von Kredit- und Finanzdienstleistungsinstituten enthält § 340e Abs. 3 Satz 1 HGB durch den **Risikoabschlag** ein Surrogat für die Ausschüttungssperre.²⁴³ Nach § 340e Abs. 3 Satz 1 HGB sind die Finanzinstrumente zum beizulegenden Zeitwert abzgl. eines Risikoabschlags zu bewerten. 215

Soweit eine Bewertung zum beizulegenden Zeitwert erfolgt, sind grds. die Vorschriften zu **latenten Steuern** (§ 274 HGB) zu beachten. Im Ertragsteuerrecht existiert der Bewertungsbegriff „beizulegender Zeitwert" grds. nicht. Eine Ausnahme gilt für Finanzinstrumente des Handelsbestands von Kredit- und Finanzdienstleistungsinstituten, die nicht in einer Bewertungseinheit i.S.d. § 5 Abs. 1a Satz 2 EStG abgebildet werden. Sie sind entsprechend § 340e Abs. 3 Satz 1 HGB mit dem beizulegenden Zeitwert abzgl. eines Risikoabschlags zu bewerten (§ 6 Abs. 1 Nr. 2b EStG). 216

Mit § 255 Abs. 4 HGB wird **Art. 42b der Vierten RL 78/660/EWG**²⁴⁴ grds. in deutsches Recht umgesetzt.²⁴⁵ 217

### 6.1.2 Anwendungsbereich

#### 6.1.2.1 Sachlich

§ 255 Abs. 4 HGB ist als allgemeiner Bewertungsmaßstab von **allen Bilanzierenden** zu beachten. Jedoch ist sein Anwendungsbereich auf wenige Sachverhalte beschränkt. Zur Bestimmung seines Anwendungsbereichs ist zwischen Zugangs- bzw. Folgebewertung und Anhangangaben zu unterscheiden. 218

Für Zwecke der **Zugangs- und Folgebewertung** ist der beizulegende Zeitwert in folgenden Fällen anzusetzen: 219

- VG, die dem Zugriff aller übrigen Gläubiger entzogen sind und ausschließlich der Erfüllung von Schulden aus Altersversorgungsverpflichtungen oder vergleichbaren langfristig fälligen Verpflichtungen dienen (sog. Deckungsver-

---

242 Vgl. *Jessen/Haaker*, DStR 2009, S. 502.
243 Vgl. BilMoG-BgrRegE, S. 95.
244 Vgl. Vierte RL 78/660/EWG zum Gesellschaftsrecht des Rates über den Jahresabschluss von Gesellschaften bestimmter Rechtsformen v. 25.7.1978, Abl. EU Nr. L 222 v. 14.8.1978 S. 0011–0031.
245 Vgl. zur möglichen Ausnahme Rz 234.

mögen), sind zu ihrem beizulegenden Zeitwert anzusetzen (§ 246 Abs. 2 Satz 2 HGB i.V.m. § 253 Abs. 1 Satz 4 HGB);
- Rückstellungen für Altersversorgungsverpflichtungen, deren Höhe sich nach dem beizulegenden Zeitwert von Wertpapieren i.S.d. § 266 Abs. 2 A. III. 5. HGB bestimmt, sind zum beizulegenden Zeitwert dieser Wertpapiere anzusetzen, soweit dieser einen ggf. garantierten Mindestbetrag übersteigt (§ 253 Abs. 1 Satz 3 HGB);
- Finanzinstrumente des Handelsbestands von Kredit- und Finanzdienstleistungsinstituten sind zum beizulegenden Zeitwert abzgl. eines Risikoabschlags zu bewerten (§ 340e Abs. 3 Satz 1 HGB).

220 In folgenden Fällen ist der beizulegende Zeitwert ausschließlich für Zwecke der **Zugangsbewertung** zu verwenden:
- VG, Schulden, RAP und Sonderposten (mit Ausnahme von Rückstellungen und latenten Steuern) sind zur Ermittlung des EK von TU im Rahmen der erstmaligen KapKons mit ihrem beizulegenden Zeitwert anzusetzen (§ 301 Abs. 1 Sätze 2 u. 3 HGB);
- VG, Schulden, RAP und Sonderposten (mit Ausnahme von Rückstellungen und latenten Steuern) von assoziierten Unt sind im Rahmen der bei der *Equity*-Methode vorzunehmenden Kaufpreisallokation mit ihrem beizulegenden Zeitwert zu bewerten (§ 312 Abs. 2 Sätze 1 u. 3 HGB).

221 Darüber hinaus verlangen verschiedene **Anhangvorschriften** die Angabe des beizulegenden Zeitwerts sowie teilweise auch Angaben zur Ermittlung des beizulegenden Zeitwerts. Danach ist anzugeben
- für zu den Finanzanlagen (§ 266 Abs. 2 A. III. HGB) gehörende Finanzinstrumente, die über dem beizulegenden Zeitwert ausgewiesen werden, da eine außerplanmäßige Abschreibung nach § 253 Abs. 3 Satz 4 HGB unterblieben ist, der beizulegende Zeitwert (§§ 285 Abs. 1 Nr. 18, 314 Abs. 1 Nr. 10 HGB);
- für jede Kategorie nicht zum beizulegenden Zeitwert bilanzierter derivativer Finanzinstrumente deren beizulegender Zeitwert unter Angabe der angewandten Bewertungsmethode bzw. für den Fall, dass eine verlässliche Ermittlung nicht möglich ist, die Gründe, warum der beizulegende Zeitwert nicht bestimmt werden kann (§§ 285 Abs. 1 Nr. 19, 314 Abs. 1 Nr. 11 HGB);
- für zum beizulegenden Zeitwert bewertete Finanzinstrumente des Handelsbestands von Kredit- und Finanzdienstleistungsinstituten die grundlegenden Annahmen zur Bestimmung des beizulegenden Zeitwerts mithilfe allgemein anerkannter Bewertungsmethoden (§§ 285 Abs. 1 Nr. 20, 314 Abs. 1 Nr. 12 HGB);
- im Fall der Verrechnung von VG und Schulden nach § 246 Abs. 2 Satz 2 HGB der beizulegende Zeitwert der verrechneten VG sowie die grundlegenden Annahmen zur Bestimmung des beizulegenden Zeitwerts mithilfe allgemein anerkannter Bewertungsmethoden (§§ 285 Abs. 1 Nr. 25, 314 Abs. 1 Nr. 17 HGB).

222 Daneben wirkt sich die Bewertung zum beizulegenden Zeitwert insb. auf die **Ausschüttungssperre** (§ 268 Abs. 8 Sätze 1 u. 3 HGB) und die **latenten Steuern** (§ 274 HGB) aus (Rz 214, 216).

## 6.1.2.2 Zeitlich

Die Bewertungsvorschrift von § 255 Abs. 4 HGB wurde durch das BilMoG[246] neu in das HGB eingeführt.

Der Begriff des beizulegenden Zeitwerts ist bereits durch das BilReG[247] in das HGB eingeführt worden.[248] Auf der einen Seite war die Anwendung des beizulegenden Zeitwerts zu diesem Zeitpunkt jedoch auf die Anhangangaben zu Finanzinstrumenten beschränkt. Auf der anderen Seite definierte bereits § 285 Sätze 3 und 4 HGB i. d. F. d. BilReG die Ermittlung des beizulegenden Zeitwerts. Die Vorschrift wurde durch das BilMoG gestrichen. Die Ermittlungstechnik des beizulegenden Zeitwerts wurde grds. ohne materielle Änderungen in § 255 Abs. 4 HGB übernommen,[249] auch wenn der Wortlaut beider Vorschriften nicht übereinstimmt.

## 6.2 Ermittlung des beizulegenden Zeitwerts

Zur Ermittlung des beizulegenden Zeitwerts sieht § 255 Abs. 4 HGB eine strenge **Bewertungshierarchie** vor. Der beizulegende Zeitwert entspricht grds. dem Marktpreis (§ 255 Abs. 4 Satz 1 HGB). Nur in den Fällen, in denen kein aktiver Markt besteht, anhand dessen sich der Marktpreis ermitteln lässt, ist der beizulegende Zeitwert mithilfe allgemein anerkannter Bewertungsmethoden zu bestimmen (§ 255 Abs. 4 Satz 2 HGB). Lässt sich der beizulegende Zeitwert auch nicht durch allgemein anerkannte Bewertungsmethoden ermitteln, sind die AHK gem. § 253 Abs. 4 HGB fortzuführen, wobei der zuletzt ermittelte beizulegende Zeitwert als AHK gilt (§ 255 Abs. 4 Sätze 3 u. 4 HGB).

Liegt ein aktiver Markt vor, hat der Bilanzierende den notierten Marktpreis auch dann als beizulegenden Zeitwert anzusetzen, wenn eine allgemein anerkannte Bewertungsmethode anzeigt, dass der durch sie ermittelte beizulegende Zeitwert vom notierten Marktpreis abweicht.

> **Beispiel**[250]
> Der Bilanzierende hält festverzinsliche Bundeswertpapiere. Die Europäische Zentralbank gibt eine Zinsentscheidung bekannt. Während die Futures auf dem Terminmarkt (Eurex) bereits auf die Entscheidung reagieren, reagiert der Kassamarkt für das festverzinsliche Wertpapier erst am nächsten Handelstag. Der beizulegende Zeitwert der festverzinslichen Bundeswertpapiere ist dennoch anhand ihrer notierten Marktpreise (Kassamarkt) zu ermitteln; auch wenn die Futures anzeigen, dass dieser Marktpreis bereits überholt ist.

---

[246] Vgl. Gesetz zur Modernisierung des Bilanzrechts (Bilanzrechtsmodernisierungsgesetz – BilMoG) v. 25.5.2009, BGBl 2009 I S. 1102.
[247] Vgl. Gesetz zur Einführung internationaler Rechnungslegungsstandards und zur Sicherung der Qualität der Abschlussprüfung (Bilanzrechtsreformgesetz – BilReG) v. 4.12.2004, BGBl 2004 I S. 3166.
[248] Vgl. zur Historie der deutschen Zeitwertbilanzierung *Zülch/Hoffmann*, DB 2009, S. 189.
[249] Vgl. *Böcking/Torabian*, BB 2008, S. 266; *Löw/Scharpf/Weigel*, WPg 2008, S. 1012; zur möglichen Ausnahme vgl. Rz 241.
[250] Vgl. zu IAS 39 IDW RS HFA 9, Tz 85.

227 Es ergibt sich folgende Bewertungshierarchie zur Ermittlung des beizulegenden Zeitwerts:

Abb. 7: Bewertungshierarchie für den beizulegenden Zeitwert

### 6.2.1 Marktpreis als beizulegender Zeitwert (Abs. 4 Satz 1)

#### 6.2.1.1 Aktiver Markt

228 Voraussetzung für die Bestimmung des beizulegenden Zeitwerts durch den Marktpreis ist das Bestehen eines aktiven Markts. Ein **aktiver Markt** liegt vor, wenn der Marktpreis an einer Börse, von einem Händler, von einem Broker, von einer Branchengruppe, von einem Preisberechnungsservice (z.B. Reuters oder Bloomberg) oder von einer Aufsichtsbehörde leicht und regelmäßig erhältlich ist und auf aktuellen und regelmäßig auftretenden Markttransaktionen zwischen unabhängigen Dritten beruht.[251] D. h., die Preise müssen der Öffentlichkeit zur Verfügung stehen und grds. können jederzeit vertragswillige Käufer und Verkäufer gefunden werden. Zusätzlich müssen die gehandelten Produkte homogen sein.[252]

229 Zur Beurteilung, ob die Marktpreise leicht und regelmäßig erhältlich sind, ist das **Alter der verfügbaren Marktpreise** zu berücksichtigen. Die Frage, bis zu welchem Alter die verfügbaren Marktpreise noch zu akzeptieren sind, kann nur im Einzelfall beurteilt werden.[253]

230 Der Begriff des aktiven Markts ist erheblich weiter gefasst als der Begriff des **organisierten Markts** nach § 2 Abs. 5 WpHG. Der organisierte Markt nach

---

[251] Vgl. BilMoG-BgrRegE, S. 61; IDW RH HFA 1.005, Tz 8.
[252] Vgl. *Oser/Holzwarth*, in *Küting/Weber*, HdK, HGB § 284–288, Rn 400.
[253] Vgl. IDW RS HFA 9, Tz 77.

§ 2 Abs. 5 WpHG setzt ein durch eine staatliche Stelle genehmigtes, geregeltes und überwachtes Handelssystem voraus. In Deutschland sind die Börsensegmente „Amtlicher Markt" und „Geregelter Markt" an den deutschen Wertpapierbörsen sowie der Handel an der Eurex Deutschland und der Startup Market an der Hanseatischen Wertpapierbörse Hamburg organisierte Märkte nach § 2 Abs. 5 WpHG.[254] Grundsätzlich ist bei einem organisierten Markt davon auszugehen, dass die Voraussetzungen eines aktiven Markts erfüllt sind.[255] Ist jedoch das Handelsvolumen an einem organisierten Markt relativ gering, sind im konkreten Einzelfall die allgemeinen Voraussetzungen für das Vorliegen eines aktiven Markts zu prüfen.

Stellen **Market Maker** (offizielle Börsenmitglieder, die für bestimmte Wertpapiere Geld- und Briefkurse bereitstellen und auf eigenes Risiko und Rechnung handeln; meist Banken oder Broker) verbindliche An- und Verkaufskurse bereit, können diese grds. zur Ermittlung des beizulegenden Zeitwerts herangezogen werden. Der *Market Maker* verpflichtet sich, mit dem Kontrahenten einen Geschäftsabschluss zum notierten Preis zu tätigen.[256]   **231**

Bei **OTC-Märkten** handelt es sich i.d.R. um aktive Märkte i.S.d. § 255 Abs. 4 Satz 1 HGB.[257] Allerdings wird teilweise die Auffassung vertreten, dass insb. bei OTC-Derivaten grds. kein aktiver Markt vorliegt.[258]   **232**

Zur Abgrenzung von **aktiven und nicht aktiven Märkten** können u.a. folgende Indikatoren herangezogen werden:[259]   **233**

- abweichende Preisquotierungen von *Brokern* oder *Market Makern*, sodass z.B. eine risikolose Arbitrage möglich wäre, wenn Umsätze tatsächlich getätigt werden würden,
- signifikante Ausweitung der Geld-/Briefspanne (z.B. Erhöhung um das Fünffache des „üblichen" Niveaus),
- signifikanter Rückgang des historischen Handelsvolumens (z.B. Rückgang um 90 %),
- signifikante Preisschwankungen im Zeitablauf,
- signifikante Preisschwankungen zwischen Marktteilnehmern,
- signifikante Veränderung der Korrelationen von Finanzinstrumenten mit relevanten Indizes,
- signifikante Ausweitung der Liquiditätsspreads,
- keine laufende Verfügbarkeit von Preisen,
- rückläufige Emissionsaktivitäten.

Bei Beurteilung der vorstehenden Indikatoren hat der Bilanzierende einen **Ermessensspielraum**, den er allerdings unter Beachtung des Grundsatzes der Bewertungsstetigkeit (§ 252 Abs. 1 Nr. 6 HGB) ausüben muss.   **234**

---

[254] Vgl. zu einer Auflistung sämtlicher organisierter Märkte in europäischen Ländern die „Übersicht über die geregelten Märkte und einzelstaatliche Rechtsvorschriften zur Umsetzung der entsprechenden Anforderungen der Wertpapierdienstleistungsrichtlinie", RL 93/22/EWG des Rates v. 10.5.1993, ABl. L 141 v. 11.6.1993, S. 27.
[255] Vgl. IDW RS HFA 9, Tz 77.
[256] Vgl. IDW RS HFA 9, Tz 80; a.A. *Scharpf/Schaber/Märkl*, in *Küting/Weber/Pfitzer*, HdR, HGB § 255, Rn 431.
[257] Vgl. *Goldschmidt/Weigel*, WPg 2009, S. 195; *Oser/Holzwarth*, in *Küting/Weber*, HdK, HGB § 284–288, Rn 400.
[258] Vgl. *Löw/Scharpf/Weigel*, WPg 2008, S. 1013; offen *Klaus/Pelz*, DB 2008 Beil. Nr. 1, S. 25.
[259] Vgl. *Goldschmidt/Weigel*, WPg 2009, S. 195f.; *Helke/Wiechens/Klaus*, DB 2009, Beil. Nr. 5, S. 35.

235 Kein aktiver Markt liegt vor, wenn z. B. wegen einer **geringen Anzahl umlaufender Aktien** im Verhältnis zum Gesamtvolumen der emittierten Aktien nur kleine Volumina gehandelt werden oder in einem engen Markt **keine aktuellen Marktpreise** verfügbar sind (z. B. auch im Fall des *Squeeze Out*).[260]
Weist der Bilanzierende nach, dass eine **geplante Transaktion** mangels Vertragspartner nicht zustande kam, liegt kein aktiver Markt vor. Ebenso folgt aus einer Markttransaktion dann kein Marktpreis auf einem aktiven Markt, wenn es sich um ein **erzwungenes Geschäft**, eine **zwangsweise Liquidation** oder einen **Notverkauf** handelt. Ein Notverkauf kann insb. dann vorliegen, wenn zeitlicher Verkaufsdruck besteht und aufgrund gesetzlicher oder zeitlicher Restriktionen lediglich ein potenzieller Käufer vorhanden ist.

### 6.2.1.2 Verlässliche Ermittlung

236 Der Marktpreis muss **verlässlich** ermittelt werden können. Dieses ungeschriebene Tatbestandsmerkmal resultiert aus dem Vorsichtsprinzip (§ 252 Abs. 1 Nr. 4 HGB).[261] Ist keine verlässliche Ermittlung möglich, darf der Marktpreis nicht als beizulegender Zeitwert verwendet werden.
Damit eine verlässliche Ermittlung des Marktpreises möglich ist, müssen grds. vollkommene Marktbedingungen gegeben sein. D. h., es müssen gleichartige Produkte gehandelt werden, es müssen kauf- und verkaufswillige Marktteilnehmer vorhanden sein und die zustande kommenden Preise müssen allen Marktteilnehmern zugänglich sein.
Falls eine signifikante Bandbreite verschiedener Marktwerte besteht, ist keine verlässliche Ermittlung möglich.

### 6.2.1.3 Marktpreis

237 Erfolgt die Bewertung zum Marktpreis, ist der **notierte** Marktpreis maßgebend.[262] Der öffentlich notierte Marktpreis ist der bestmögliche, objektive Hinweis für den beizulegenden Zeitwert.

238 Der beizulegende Zeitwert orientiert sich nicht an den AK. **Transaktionskosten**, wie z. B. Steuern, öffentliche Abgaben und Gebühren oder Beiträge, die von Aufsichtsbehörden oder Wertpapierbörsen erhoben werden, sowie **sonstige Anschaffungsnebenkosten** sind bei Ermittlung des beizulegenden Zeitwerts nicht zu berücksichtigen (zur Abgrenzung zum beizulegenden Wert s. Rz 218).[263] Die bei Erwerb entstehenden Anschaffungsnebenkosten sind unmittelbar als Aufwand zu erfassen.[264] I. d. R. ist der Kaufpreis ohne Anschaffungsnebenkosten der notierte Marktpreis und damit als beizulegender Zeitwert anzusetzen.

239 Ebenso sind aufgrund der Bewertung zu notierten Marktpreisen keine **Paketzu- oder Paketabschläge** zu berücksichtigen.[265]

---

[260] Vgl. BilMoG-BgrRegE, S. 61.
[261] Vgl. BilMoG-BgrRegE, S. 61.
[262] Vgl. BilMoG-BgrRegE. S. 61.
[263] Vgl. IDW RH HFA 1.005, Tz 10 u. 11.
[264] Vgl. *Löw/Scharpf/Weigel*, WPg 2008, S. 1012.
[265] Vgl. BilMoG-BgrRegE, S. 61.

Wird das Bewertungsobjekt an **verschiedenen Börsensegmenten** gehandelt, kann der Bilanzierende bestimmen, welches Segment für ihn den besten Zugang bietet und am vorteilhaftesten ist.[266] Bspw. kann eine Aktie an verschiedenen Börsensegmenten wie Xetra, auf dem Parkett der Frankfurter Wertpapierbörse und weiteren Wertpapierbörsen in Deutschland jeweils zu unterschiedlichen Preisen gehandelt werden. Hält der Bilanzierende z.B. eine große Aktienposition, dürfte der Xetra-Preis für ihn aufgrund der Marktliquidität am vorteilhaftesten sein.

240

Fraglich ist, ob der **Brief-, Geld- oder Mittelkurs** maßgebend ist. Nach herkömmlichem Verständnis sind VG mit dem **Briefkurs** und Schulden mit dem **Geldkurs** zu bewerten.[267] In Analogie zur Neuregelung der Währungsumrechnung (§ 256a HGB) durch das BilMoG könnte man auch für Zwecke des beizulegenden Zeitwerts die Auffassung vertreten, dass eine Bewertung zum **Mittelkurs** zulässig ist. Nach dem Grundgedanken des beizulegenden Zeitwerts als Einzelveräußerungspreis sollte u. E. jedoch für VG auf den Briefkurs bzw. für Schulden auf den Geldkurs abgestellt werden, unabhängig von der Art des Bewertungsobjekts.

241

Für die Bewertung zum beizulegenden Zeitwert ist der am Bilanzstichtag notierte Marktpreis maßgeblich, sodass keine Möglichkeit besteht, **wertaufhellende Tatsachen** nach dem Bilanzstichtag im Hinblick auf Wertschwankungen zu berücksichtigen.[268] Etwas anderes gilt allerdings für wertaufhellende Tatsachen hinsichtlich des Bestehens eines aktiven Markts zum Bilanzstichtag.

242

### 6.2.2 Allgemein anerkannte Bewertungsmethoden (Abs. 4 Satz 2)

#### 6.2.2.1 Grundsätze zur Methodenwahl

Sofern der beizulegende Zeitwert nicht verlässlich durch den **Marktpreis** eines aktiven Markts ermittelt werden kann, ist der beizulegende Zeitwert mithilfe allgemein anerkannter Bewertungsmethoden zu bestimmen.

243

**Sinn und Zweck** der Anwendung einer Bewertungsmethode ist es, einen beizulegenden Zeitwert zu ermitteln, der sich **angemessen an einen Marktpreis annähert**, wie er sich zwischen unabhängigen Geschäftspartnern unter normalen Geschäftsbedingungen ergeben hätte.[269] Gewährleistet eine Bewertungsmethode keine angemessene Annäherung an den Marktpreis, darf sie nicht angewandt werden.

244

Bei Ermittlung des beizulegenden Zeitwerts mithilfe allgemein anerkannter Bewertungsmethoden ist ein Bewertungsmodell zu wählen, das dem **Marktstandard** entspricht. D. h., es ist ein Modell zu verwenden, das üblicherweise von den Marktteilnehmern genutzt wird. Das Bewertungsmodell muss die am Markt herrschenden Preisbildungsmechanismen widerspiegeln, die Markterwartungen berücksichtigen und die dem Bewertungsobjekt inhärenten Risiken und Chancen angemessen abbilden.

---

[266] Vgl. IDW RS HFA 9, Tz 82.
[267] Vgl. *Oser/Holzwarth*, in *Küting/Weber*, HdK, HGB § 284–288, Rn 402.
[268] Vgl. Rz 208; *Scharpf/Schaber/Märkl*, in *Küting/Weber/Pfitzer*, HdR, HGB § 255, Rn 436.
[269] Vgl. BilMoG-BgrRegE, S. 61.

245 Den Bewertungsmodellen sind in größtmöglichem Umfang **Marktdaten** zugrunde zu legen, bevor auf **unternehmensspezifische Daten** zurückgegriffen wird. Ziel ist es, einen möglichst **objektivierten Zeitwert** zu ermitteln.
Es müssen sämtliche Faktoren berücksichtigt werden, die Marktteilnehmer auch berücksichtigen würden. Eigene **Schätzungen und Annahmen** müssen mit den Schätzungen und Annahmen der Marktteilnehmer konsistent sein.

246 Die angewandte Bewertungsmethode muss den beizulegenden Zeitwert **verlässlich ermitteln**. Dieses ungeschriebene Tatbestandsmerkmal resultiert – wie im Fall der Ermittlung des Marktpreises – aus dem Vorsichtsprinzip (§ 252 Abs. 1 Nr. 4 HGB). Kann die Bewertungsmethode den beizulegenden Zeitwert nicht verlässlich ermitteln, darf sie nicht angewandt werden. Existiert keine verlässliche Bewertungsmethode, haben Zugangs- und Folgebewertung zu AHK zu erfolgen.
Eine Bewertungsmethode ermittelt den beizulegenden Zeitwert nicht verlässlich, wenn die angewandte Bewertungsmethode eine **Bandbreite möglicher Werte** zulässt, die Abweichung der Werte voneinander signifikant ist und eine Gewichtung der Werte nach Eintrittswahrscheinlichkeiten nicht möglich ist.[270]

247 Die vorstehend genannten Grundsätze beinhalten zahlreiche **Ermessensentscheidungen**. Dabei ist der Grundsatz der Bewertungsmethodenstetigkeit (§ 252 Abs. 1 Nr. 6 HGB) zu beachten (vgl. § 252 Rz 123).

#### 6.2.2.2 Mögliche Bewertungsmethoden

248 Grundsätzlich stehen zwei Arten von Bewertungsmethoden zur Auswahl.
- **Vergleichsverfahren**: Z.B. kann der beizulegende Zeitwert aus dem Vergleich mit dem vereinbarten Marktpreis jüngerer vergleichbarer Geschäftsvorfälle zwischen sachverständigen, vertragswilligen und unabhängigen Geschäftspartnern abgeleitet werden;
- **andere wirtschaftlich anerkannte Bewertungsmethoden**: z.B. Discounted-Cash-Flow-Verfahren, Ertragswertverfahren und Optionspreismodelle (bspw. Black-Scholes-Merton-Modell, Binominalmodell).

249 Fraglich ist, ob die beiden vorstehenden Bewertungsmethoden in der **Bewertungshierarchie** nebeneinander stehen oder ob zunächst das Vergleichsverfahren anzuwenden ist und nur für den Fall, dass ein Vergleichswert nicht ermittelbar ist, auf andere wirtschaftlich anerkannte Bewertungsmethoden zurückzugreifen ist.
Da der Gesetzeswortlaut lediglich die Anwendung von allgemein anerkannten Bewertungsmethoden vorschreibt, könnte die Auffassung vertreten werden, dass der Bilanzierende ein Wahlrecht hat, ob er ein Vergleichsverfahren oder ein anderes wirtschaftlich anerkanntes Bewertungsverfahren anwenden möchte.
Ein solches Wahlrecht wäre eine Änderung gegenüber der Ermittlung des beizulegenden Zeitwerts nach § 285 Sätze 3 u. 4 HGB aF.[271] Danach war der beizulegende Zeitwert, sofern dies möglich ist, aus den Marktwerten der ein-

---

[270] Vgl. BilMoG-BgrRegE, S. 61.
[271] Vgl. Gesetz zur Einführung internationaler Rechnungslegungsstandards und zur Sicherung der Qualität der Abschlussprüfung (Bilanzrechtsreformgesetz – BilReG) v. 4.12.2004, BGBl 2004 I S. 3166.

zelnen Bestandteile des Finanzinstruments oder aus dem Marktwert eines gleichwertigen Finanzinstruments abzuleiten, andernfalls mithilfe allgemein anerkannter Bewertungsmodelle und -methoden zu bestimmen. Außerdem würde ein Wahlrecht gegen Art. 42b Abs. 1 der Vierten RL 78/660/EWG[272] verstoßen. Dieser fordert für den Fall, dass sich der Marktwert für ein Finanzinstrument nicht als Ganzes bestimmen lässt, dass der Marktwert des Finanzinstruments aus den jeweiligen Marktwerten seiner Bestandteile oder dem Marktwert eines gleichartigen Finanzinstruments abgeleitet werden soll. Erst wenn eine solche Ermittlung des Marktwerts nicht möglich ist, ist der Marktwert mithilfe allgemein anerkannter Bewertungsmodelle und -methoden zu bestimmen.

U. E. rechtfertigt ein möglicher Verstoß gegen Art. 42b Abs. 1 der Vierten RL 78/660/EWG nicht die Einschränkung des Gesetzeswortlauts.[273] Der Gesetzeswortlaut fordert lediglich die Anwendung einer allgemein anerkannten Bewertungsmethode. Hierunter fallen sowohl Vergleichsverfahren als auch andere wirtschaftlich anerkannte Bewertungsverfahren. Allerdings ist nach dem Sinn und Zweck der Bewertungsmethoden diejenige Bewertungsmethode auszuwählen, bei der sich der beizulegende Zeitwert am besten an einen Marktpreis annähert. Es ist diejenige Bewertungsmethode zu verwenden, in die in größtmöglichem Umfang Marktdaten und so wenig wie möglich unternehmensspezifische Daten einfließen. I. d. R. werden in ein Vergleichsverfahren mehr Marktdaten einfließen als in ein anderes wirtschaftlich anerkanntes Bewertungsverfahren wie z.B. ein Optionspreismodell. Im Ergebnis entspricht die Bewertungshierarchie des § 255 Abs. 4 HGB sowohl § 285 Sätze 3 u. 4 HGB aF[274] als auch Art. 42b Abs. 1 der Vierten RL 78/660/EWG. Der beizulegende Zeitwert ist zunächst durch ein Vergleichsverfahren zu bestimmen. Nur wenn dies nicht möglich ist, ist er durch andere wirtschaftlich anerkannte Bewertungsverfahren zu ermitteln.

#### 6.2.2.2.1 Vergleichsverfahren

Wird der beizulegende Zeitwert durch ein Vergleichsverfahren ermittelt, stehen grds. zwei Alternativen zur Auswahl.[275] Der beizulegende Zeitwert kann entweder aus den Marktwerten der **einzelnen Bestandteile des Bewertungsobjekts** oder aus den Marktwerten eines **gleichartigen Bewertungsobjekts** abgeleitet werden. 250

Einzelne Bestandteile eines zu bewertenden Finanzderivats können z.B. sein: Referenzzinssatz, aktueller Zinssatz am Bilanzstichtag, Volatilität, Basispreis, Kassakurs am Bilanzstichtag. 251

---

272 Vgl. Vierte RL 78/660/EWG zum Gesellschaftsrecht des Rates über den Jahresabschluss von Gesellschaften bestimmter Rechtsformen v. 25.7.1978, Abl. EU Nr. L 222 v. 14.8.1978, S. 0011–0031.
273 Vgl. mit a.A. für eine Auslegung von § 255 Abs. 4 Satz 2 HGB entsprechend Art. 42b der Vierten RL 78/660/EWG *Mujkanovic*, StuB 2009, S. 331.
274 Vgl. für eine materielle Übereinstimmung zwischen § 285 Sätze 3 u. 4 HGB aF und § 255 Abs. 4 HGB *Böcking/Torabian*, BB 2008, S. 266.
275 Vgl. Art. 42b Abs. 1 der Vierten RL 78/660/EWG zum Gesellschaftsrecht des Rates über den Jahresabschluss von Gesellschaften bestimmter Rechtsformen v. 25.7.1978, Abl. EU Nr. L 222 v. 14.8.1978, S. 0011–0031.

252 Bei der Wertermittlung durch gleichartige Bewertungsobjekte sollte die Gleichartigkeit nicht zu eng verstanden werden. Auch **vergleichbare Bewertungsobjekte** sollten bei der Wertermittlung berücksichtigt werden. Zur Feststellung der Gleichartigkeit ist im 1. Schritt zu prüfen, ob es sich bei dem Bewertungsobjekt um dieselbe Art (z. B. Aktien) wie bei dem Vergleichsobjekt handelt. Im 2. Schritt sind bei Finanzinstrumenten u. a. folgende Faktoren zu untersuchen:[276]

- Restlaufzeit,
- Nominalwert,
- Cashflow-Struktur,
- Währung,
- Ausfallrisiko,
- Besicherung und
- Zinsbasis.

Besonderheiten, die die Vergleichbarkeit beeinträchtigen, sind zu bereinigen. Sofern für das gleichartige Bewertungsobjekt keine aktuellen Marktpreise vorhanden sind, können **Marktpreise aus der Vergangenheit** (maximal zwölf Monate) herangezogen werden, die an den aktuellen Bilanzstichtag anzupassen sind.[277] Voraussetzung für die Herleitung aus älteren Transaktionen ist jedoch, dass sich die wirtschaftlichen Verhältnisse in der Zwischenzeit nicht wesentlich verändert haben.[278]

#### 6.2.2.2.2 Kapitalwertverfahren

253 Die anderen wirtschaftlich anerkannten Bewertungsmethoden beinhalten neben den Optionspreismodellen insb. die *Discounted-Cash-Flow-* und Ertragswertverfahren. Sowohl die **Discounted-Cash-Flow-Verfahren** als auch die **Ertragswertverfahren** beruhen auf der gleichen konzeptionellen Grundlage, dem Kapitalwertkalkül. Beide Verfahren führen bei gleichen Bewertungsannahmen zum gleichen Ergebnis.[279]

254 Bei Anwendung eines *Discounted-Cash-Flow*-Verfahrens bzw. Ertragswertverfahrens werden die prognostizierten künftigen *Cashflows* bzw. Erträge mit **laufzeit- und risikoäquivalenten Zinssätzen** auf den Gegenwartswert diskontiert. Dabei ist neben den *Cashflows* bzw. Erträgen die Bestimmung des Zinssatzes von zentraler Bedeutung. Im Fall der Ermittlung eines beizulegenden Zeitwerts nach § 255 Abs. 4 HGB ist die sachgerechte Bestimmung eines angemessenen Zinssatzes umso schwieriger, da die Bewertungsverfahren gerade dann für die Bewertung zum beizulegenden Zeitwert heranzuziehen sind, wenn kein aktiver Markt vorhanden ist.[280]
Der Zinssatz setzt sich im Wesentlichen aus drei Komponenten zusammen: **risikofreier Basiszinssatz** *(risk-free interest rate)*, **Zuschlag für das Kreditrisiko** *(credit spread)* und **Zuschlag für das Liquiditätsrisiko** *(liquidity spread)*. Soweit einzelne Zinskomponenten aus Marktdaten abgeleitet werden können, sind sie

---

[276] Vgl. *Oser/Holzwarth*, in *Küting/Weber*, HdK, HGB § 284–288, Rn 408.
[277] Vgl. *Ellrott/Grottel*, in Beck Bil-Komm. 9. Aufl., § 285 HGB, Rz 333.
[278] Vgl. *Oser/Holzwarth*, in *Küting/Weber*, HdK, HGB § 284–288, Rn 402.
[279] Vgl. IDW RS HFA 10, Tz 3.
[280] Vgl. IDW RH HFA 1.014, IDW-FN 2009, S. 61.

vorrangig zu berücksichtigen. Soweit keine Marktdaten zur Verfügung stehen, sind unternehmensindividuelle Schätzungen notwendig.[281]
Da das zum beizulegenden Zeitwert zu bewertende Bewertungsobjekt auf keinem aktiven Markt gehandelt wird und keine Vergleichspreise vorhanden sind, wird der Zuschlag für das Kreditrisiko i.d.R. nicht oder nur teilweise unter Rückgriff auf Marktdaten ermittelt werden können. Der Zuschlag für das Liquiditätsrisiko ist an die Tatsache anzupassen, dass kein aktiver Markt für das zu bewertende Bewertungsobjekt vorhanden ist.[282]

### 6.2.3 Fortführung der Anschaffungs- oder Herstellungskosten (Abs. 4 Sätze 3 u. 4)

Lässt sich der beizulegende Zeitwert weder durch den Marktpreis auf einem aktiven Markt noch durch allgemein anerkannte Bewertungsmethoden bestimmen, sind die AHK gem. § 253 Abs. 4 HGB fortzuführen (§ 255 Abs. 4 Satz 3 HGB). Der zuletzt zuverlässig ermittelte beizulegende Zeitwert gilt dann als AHK (§ 255 Abs. 4 Satz 4 HGB).
Nach dem Gesetzeswortlaut sind die Bewertungsobjekte somit **wie Umlaufvermögen** unter Beachtung des strengen Niederstwertprinzips zu bilanzieren.
Soweit es sich um die Folgebewertung von **Finanzinstrumenten des Handelsbestands von Kredit- und Finanzdienstleistungsinstituten mit einem positiven Wert** handelt, ist die vorgeschriebene Bewertung verständlich. Die Finanzinstrumente werden auf diejenige Bewertung übergeleitet, der sie ohne die verpflichtende Bilanzierung zum beizulegenden Zeitwert unterliegen würden.[283]
Bei der Folgebewertung von **VG i.S.d. § 246 Abs. 2 Satz 2 HGB** (Deckungsvermögen) könnte sich die Frage stellen, ob nicht eine Bewertung entsprechend der für das AV geltenden Grundsätze zutreffender wäre. Dies könnte der Fall sein, wenn das Deckungsvermögen dazu dient, dauernd dem Geschäftsbetrieb zu dienen. Bspw. können Rückdeckungsversicherungen statt im UV auch im AV ausgewiesen werden, wenn sie nicht dem Zugriff aller übrigen Gläubiger entzogen sind und somit die Voraussetzungen von Deckungsvermögen nicht erfüllen.[284] Aufgrund des Vorsichtsprinzips ist jedoch der Wortlaut des § 255 Abs. 4 Satz 3 HGB nicht zu erweitern. Das Deckungsvermögen ist entsprechend den Grundsätzen für UV zu bewerten.
Die Folgebewertung von **Finanzinstrumenten des Handelsbestands von Kredit- und Finanzdienstleistungsinstituten mit einem negativen Wert** (z.B. Termingeschäfte) oder **Rückstellungen für Altersversorgungsverpflichtungen**, deren Höhe nach dem beizulegenden Zeitwert von Wertpapieren des AV zu bestimmen ist, ist unklar und gesetzlich nicht geregelt. U. E. sind die allgemeinen Bewertungsvorschriften für Schulden (= Erfüllungsbetrag) anzuwenden.[285]

---

[281] Vgl. IDW RH HFA 1.014, Tz. 32, IDW-FN 2009, S. 62.
[282] Vgl. IDW RH HFA 1.014, Tz. 33, IDW-FN 2009, S. 62.
[283] Vgl. BilMoG-BgrRegE, S. 61.
[284] Vgl. WP-Handbuch, Bd. I, 14. Aufl., Abschn. F, Rz 271.
[285] Vgl. *Mujkanovic*, StuB 2009, S 332; *Kessler*, in *Kessler/Leinen/Strickmann*, BilMoG, 2009, S. 216.

259 Ist nach den vorstehenden Grundsätzen die Bewertung nach § 253 Abs. 4 HGB notwendig und kann der beizulegende Wert i.S.d. § 253 Abs. 4 Satz 2 HGB nicht zuverlässig geschätzt werden, spricht das Vorsichtsprinzip grds. für eine **Abschreibung in voller Höhe**.[286] Ansonsten droht die Bilanzierung eines *Nonvaleurs*.

260 Ist bereits im **Zugangszeitpunkt** keine Ermittlung des beizulegenden Zeitwerts nach § 255 Abs. 4 Satz 1 oder 2 HGB möglich, hat die Bewertung entsprechend den vorstehenden Grundsätzen zu erfolgen. VG sind zu fortgeführten AHK zu bewerten.[287] Rückstellungen und Verbindlichkeiten sind entsprechend den allgemeinen Vorschriften zum Erfüllungsbetrag anzusetzen. § 255 Abs. 4 Satz 4 HGB findet keine Anwendung.

261 Konnte ein Bewertungsobjekt seit dem Zugangszeitpunkt oder im Rahmen einer Folgebewertung nicht mehr durch den Marktpreis oder eine allgemein anerkannte Bewertungsmethode bewertet werden und besteht zu einem **späteren Zeitpunkt** wieder die Möglichkeit, den beizulegenden Zeitwert durch einen Marktpreis oder eine allgemein anerkannte Bewertungsmethode zu bestimmen, ist dieser neu ermittelte Wert anzusetzen.[288] Die Differenz zwischen Buchwert und beizulegendem Zeitwert ist dann entsprechend der jeweiligen Bilanzierungsvorschrift (§ 253 Abs. 1 Satz 3 HGB, § 253 Abs. 2 Satz 4 HGB, § 340e Abs. 3 Satz 1 HGB) erfolgswirksam zu erfassen.

262 Zu den möglichen **Anhangangaben**, die sich aus der Änderung der Bewertung zwischen dem beizulegenden Zeitwert nach § 255 Abs. 4 Sätze 1 u. 2 HGB und dem Wert nach § 255 Abs. 4 Satz 3 HGB ergeben können, sind § 284 Abs. 2 Nr. 1 u. 3 HGB zu beachten.

## 7 Änderungen durch das BilRUG

### 7.1 Überblick

263 Die **Änderungen** an § 255 HGB **beschränken sich auf § 255 Abs. 1 HGB** betreffend die AK bzw. konkret **Anschaffungspreisminderungen**, wobei die Ausführungen zur HK-Erfassung im Kontext einer GuV-Verfahrensumstellung (Rz 172) insofern nach BilRUG nur noch mit Einschränkungen gelten, als dass sich infolge der Änderungen der GuV-Gliederung (§ 275 Rz 283) und der Umsatzerlöse (§ 277 Rz 46 ff.) die Zuordnungsschemata ändern.
§ 255 Abs. 1 Satz 3 HGB nF konkretisiert, dass Anschaffungspreisminderungen, die dem Vermögensgegenstand einzeln zugeordnet werden können, abzusetzen sind. Zu den Folgen der Änderung im Detail vgl. Rz 264.
Die Neuregelung ist nach Art. 75 Abs. 1 EGHGB erstmals auf Jahres- und Konzernabschlüsse für das nach dem 31.12.2015 beginnende Gj anzuwenden.

### 7.2 Anschaffungskosten (Abs. 1)

264 Durch das BilRUG ist § 255 Abs. 1 Satz 3 HGB neu gefasst worden. Die Vorschrift lautet nunmehr: „Anschaffungspreisminderungen, die dem Ver-

---

[286] Vgl. *Mujkanovic*, StuB 2009, S 332; *Kessler*, in *Kessler/Leinen/Strickmann*, BilMoG, 2009, S. 217.
[287] Vgl. BilMoG-BgrRegE, S. 61.
[288] Vgl. *Mujkanovic*, StuB 2009, S. 332; offen *Knop/Küting*, in *Küting/Pfitzer/Weber*, HdR, HGB § 255, Rn 443.

mögensgegenstand einzeln zugeordnet werden können, sind abzusetzen." Im Vergleich zur derzeit noch gültigen Fassung betont der Gesetzgeber das Erfordernis einer Einzelzurechenbarkeit von Anschaffungspreisminderungen. Die Klarstellung soll insbesondere für mengen- oder umsatzabhängige Boni von Bedeutung sein. Sie sollen offenbar nur noch dann von den AK abgesetzt werden, wenn sie den betreffenden VG einzeln zurechenbar sind.[289]

---

[289] Vgl. Oser, DB 2015, S. 203.

# § 256 BEWERTUNGSVEREINFACHUNGSVERFAHREN

¹Soweit es den Grundsätzen ordnungsmäßiger Buchführung entspricht, kann für den Wertansatz gleichartiger Vermögensgegenstände des Vorratsvermögens unterstellt werden, daß die zuerst oder daß die zuletzt angeschafften oder hergestellten Vermögensgegenstände zuerst verbraucht oder veräußert worden sind. ²§ 240 Abs. 3 und 4 ist auch auf den Jahresabschluß anwendbar.

Prof. Dr. Axel Kihm, CPA, CVA

## Inhaltsübersicht

| | Rz |
|---|---|
| 1 Überblick | 1–9 |
| 1.1 Inhalt | 1–3 |
| 1.2 Anwendungsbereich | 4–8 |
| 1.3 Normenzusammenhang | 9 |
| 2 Anwendungsvoraussetzungen der Verbrauchsfolgeverfahren (Satz 1, 1. Hs.) | 10–16 |
| 2.1 Gleichartigkeit der Vermögensgegenstände des Vorratsvermögens | 10–12 |
| 2.2 Konformität mit den Grundsätzen ordnungsmäßiger Buchführung | 13–16 |
| 3 Zulässige Verbrauchsfolgeverfahren (Satz 1, 2. Hs.) | 17–31 |
| 3.1 Bedeutung und Gemeinsamkeiten | 17–20 |
| 3.2 Fifo-Verfahren („Silo-Prinzip") | 21–24 |
| 3.3 Lifo-Verfahren („Stapel-Prinzip") | 25–31 |
| 4 Fest- und Gruppenbewertung (Satz 2) | 32 |

## Ergänzendes Schrifttum

*Bieg/Kußmaul/Petersen/Waschbusch/Zwirner*, Bilanzrechtsmodernisierungsgesetz, 2009; *Brösel/Mindermann*, in *Petersen/Zwirner*, Bilanzrechtsmodernisierungsgesetz BilMoG, 2009; *Hildebrandt*, Führt die Nutzung von elektronischer Datenverarbeitung zur Abschaffung der Lifo-Bewertung?, DB 2011, S. 1999; *Hüttemann/Meinert*, Anwendungsfragen der Lifo-Methode in Handels- und Steuerbilanz, DB 2013, S. 1865; *Kessler/Suchan*, Das „Lifo-Urteil" des BFH und seine Bedeutung für das Handelsrecht, DStR 2003, S. 345; *Lüdenbach*, Zulässigkeit des Lifo-Verfahrens bei Autohändlern?, StuB 2009, S. 654.; *Niemann*, Zur handelsrechtlichen und steuerrechtlichen Bewertung des Vorratsvermögens – insb. zum Vereinfachungsverfahren nach § 256 HGB/§ 6 Abs. 1 Nr. 2a EStG, IFSt-Schrift Nr. 401, 2002; *Tiede*, Das Lifo-Verfahren in der Handels- und Steuerbilanz, BBK 2010, S. 544; *Siegel*, Grundsatzprobleme der Lifo-Methode und des Indexverfahrens, DB 1991, S. 1941; *Siepe/Husemann/Borges*, Das Index-Verfahren als Bewertungsvereinfachungsverfahren i.S.d. § 256 HGB, WPg 1994, S. 645.

# 1 Überblick

## 1.1 Inhalt

§ 256 Satz 1 HGB regelt die handelsrechtliche Zulässigkeit der sog. **Verbrauchsfolgeverfahren** und ermöglicht damit die vereinfachte Bewertung gleichartiger VG des Vorratsvermögens. Abweichend vom **Einzelbewertungsgrundsatz** des § 252 Abs. 1 Nr. 3 HGB kann im Vorratsvermögen, in dem eine durchgängige Identifikation der VG infolge komplexer Lagerhaltungs- und Leistungserstellungsprozesse oder aufgrund ihrer physischen Beschaffenheit aufwendig oder gar unmöglich ist, eine Verbrauchsfolge unterstellt werden, die von der tatsächlichen Reihenfolge des Vorratseinsatzes abweichen kann (**Verwendungsfiktion**). Folglich stellen sowohl der sich ergebende bilanzielle Endbestand als auch der Vorratsverbrauch **Schätzwerte** dar, deren Ermittlung sich gegenüber der (evtl. möglichen) exakten Wertermittlung arbeitserleichternd sowie zeit- und kostensparend auswirkt. Aufgrund des weiterhin zu beachtenden **strengen Niederstwertprinzips** (§ 253 Abs. 4 HGB) ist daher stets zu prüfen, ob nicht ein niedrigerer Börsen-, Markt- oder beizulegender Wert anzusetzen ist. 1

Zur (vereinfachten) Bewertung des Vorratsvermögens kann eine der folgenden zeitlichen Verbrauchsfolgen unterstellt werden, wobei darauf zu achten ist, dass die gewählte Verwendungsfiktion den **GoB** entspricht: 2
- Die zuerst angeschafften VG sind zuerst verbraucht (**Fifo** = first in – first out, „Silo-Prinzip").
- Die zuletzt angeschafften VG sind zuerst verbraucht (**Lifo** = last in – first out, „Stapel-Prinzip").

Preisorientierte (Hifo = highest in – first out, Lofo = lowest in – first out) oder andere Verbrauchsfiktionen (z. B. Kifo = Konzern in – first out, Kilo = Konzern in – last out) sind **unzulässig**. Die bisherige ergänzende Formulierung in § 256 Satz 1 HGB „oder in einer sonstigen bestimmten Folge" wurde im Zuge des BilMoG gestrichen (zur Begründung vgl. Rz 17).

Mit § 256 Satz 2 HGB wird die Anwendbarkeit der Inventurvorschriften zur **Festbewertung** (§ 240 Abs. 3 HGB) und **Gruppenbewertung** (§ 240 Abs. 4 HGB) auf den handelsrechtlichen JA kodifiziert. 3

## 1.2 Anwendungsbereich

Die Anwendung der **Verbrauchsfolgeverfahren** i.S.d. § 256 Satz 1 HGB ist auf **gleichartige VG des Vorratsvermögens**, also gleichartige RHB, unfertige und fertige Erzeugnisse sowie Waren beschränkt; eine Anwendung auf geleistete Anzahlungen scheidet von der Natur der Sache her aus.[1] Die Anwendung auf bestimmte **Kapitalanlagen** (z. B. Aktien und Investmentanteile) bei Versicherungsunt und Pensionsfonds ist explizit zugelassen (vgl. § 341b Abs. 2 HGB). 4

Für die **Festbewertung** gem. § 256 Satz 2 i.V.m. § 240 Abs. 3 HGB kommen unter engen Voraussetzungen sowohl **VG des Sachanlagevermögens** als auch 5

---

[1] Eine Ausweitung auf andere VG des UV ist (weiterhin) abzulehnen; vgl. *Grottel/Krämer*, in Beck Bil-Komm. 9. Aufl., § 256 HGB, Rz 4; *Drüen*, in Großkomm. HGB, § 256 Rn 5, und *Mayer-Wegelin*, in *Küting/Weber*, HdR, HGB § 256, Rn 35, Stand 03/2010; für eine erweiterte Anwendung auf das gesamte UV vgl. *ADS*, 6. Aufl., § 256 HGB, Rz 24f., sowie *Niemann*, IFSt-Schrift Nr. 401, 2002, S. 36f.

**RHB** infrage (§ 240 Rz 53). Die **Gruppenbewertung** gem. § 256 Satz 2 i. V. m. § 240 Abs. 4 HGB ist – wie die Verbrauchsfolgebewertung – zulässig für **gleichartige VG des Vorratsvermögens**; außerdem können auch **andere gleichartige oder annähernd gleichwertige bewegliche VG und Schulden** zusammengefasst bewertet werden (§ 240 Rz 68).

6 § 256 HGB ist als bilanzielle Bewertungsvorschrift des Ersten Abschnitts des Dritten Buchs des HGB für **alle (bilanzierenden) Kaufleute** verbindlich. Im Fall erheblicher Abweichungen vom letzten Börsen- und Marktpreis infolge der Anwendung von Verbrauchsfolgeverfahren oder der Gruppenbewertung haben mittelgroße und große **KapG** gesonderte Anhangangaben gem. § 284 Abs. 2 Nr. 4 HGB zu machen (§ 284 Rz 49 ff.); mit § 341b Abs. 2 u. 3 HGB sind besondere Anwendungsvorschriften von **VersicherungsUnt** und **Pensionsfonds** zu beachten.

7 Die folgende Abb. gibt einen Überblick über die Bewertungsvereinfachungsverfahren nach § 256 HGB.

8

| Verfahren | Verbrauchsfolgeverfahren | Festbewertung | Gruppenbewertung |
|---|---|---|---|
| Rechtsgrundlage | § 256 Satz 1 HGB (vgl. nur Lifo: § 6 Abs. 1 Nr. 2a EStG, R 6.9 EStR) | § 256 Satz 2 i.V.m. § 240 Abs. 3 HGB (vgl. auch H 6.8 EStH) | § 256 Satz 2 i.V.m. § 240 Abs. 4 HGB (vgl. auch R 6.8 Abs. 4 EStR) |
| Wertansatz | Wert gemäß Fifo- oder Lifo-Verfahren | Festwert | Gewogener Durchschnittswert |
| Anwendungsbereich Vorratsvermögen | Gleichartige Vermögensgegenstände des Vorratsvermögens | RHB-Stoffe, sofern regelmäßig ersetzt und von nachrangiger Bedeutung, geringe Änderungen bzgl. Größe, Wert, Zusammensetzung | Gleichartige Vermögensgegenstände des Vorratsvermögens |
| Ergänzender Anwendungsbereich | – | Sachanlagen, sofern regelmäßig ersetzt und von nachrangiger Bedeutung, geringe Änderungen bzgl. Größe, Wert, Zusammensetzung | Andere gleichartige oder annähernd gleichwertige bewegliche Vermögensgegenstände und Schulden |

Abb. 1: Bewertungsvereinfachungsverfahren nach § 256 HGB

## 1.3 Normenzusammenhang

9 Mit der Anwendung der Bewertungsvereinfachungsverfahren gem. §§ 256 u. **240 Abs. 3 u. 4 HGB** wird vom Einzelbewertungsgrundsatz des **§ 252 Abs. 1 Nr. 3 HGB** abgewichen, wobei der Bilanzierende nach der Wahl der Bewertungsmethode durch das Stetigkeitsgebot des **§ 252 Abs. 1 Nr. 6 HGB** gebunden ist; Abweichungen lässt **§ 252 Abs. 2 HGB** nur in begründeten Ausnahmefällen zu. Unabhängig vom Bewertungsverfahren ist stets zu prüfen, ob Ab- oder Zuschreibungen gem.

§ 253 Abs. 4 u. 5 HGB vorzunehmen sind. Bei KapG sind die Anhangangabepflichten gem. § 284 Abs. 2 Nr. 3 u. 4 HGB zu beachten, bei VersicherungsUnt und Pensionsfonds die Anwendungsvorschriften des § 341b Abs. 2 u. 3 HGB.

## 2 Anwendungsvoraussetzungen der Verbrauchsfolgeverfahren (Satz 1, 1. Hs.)

### 2.1 Gleichartigkeit der Vermögensgegenstände des Vorratsvermögens

Gleichartigkeit von VG ist grds. erfüllt bei Gleichheit (**Identität**). Aufgrund des technischen Fortschritts werden allerdings regelmäßig solche VG des Vorratsvermögens (wieder-)beschafft, die nicht mehr mit den verbrauchten Gütern identisch sind. Insofern gelten nach hM auch diejenigen VG als **gleichartig**, die hinsichtlich ihrer **Beschaffenheit** übereinstimmen (z. B. Zugehörigkeit zur gleichen **Warengattung**) oder die die **gleiche Funktion** erfüllen (§ 240 Rz 76). Obwohl dem Gesetzeswortlaut nicht wörtlich zu entnehmen, wird hier der Auffassung gefolgt, dass Gleichartigkeit auch eine **annähernde Gleichwertigkeit** der VG impliziert (§ 240 Rz 77), sofern Wertunterschiede innerhalb einer (wertmäßig heterogenen) Gruppe von untergeordneter Bedeutung sind.[2]

10

Differenziert nach den relevanten Untergruppen des Vorratsvermögens kann die Gleichartigkeit wie folgt konkretisiert werden:[3]

11

- **Roh-, Hilfs- und Betriebsstoffe**: annähernde Gleichwertigkeit und Funktionsgleichheit;
- **unfertige Erzeugnisse**: Ausrichtung auf ein im Wesentlichen gleiches Endprodukt, Zugehörigkeit zur gleichen Produktionsstufe, Erstellung mit annähernd gleichen Einsatzstoffen im annähernd gleichen Verfahren wie im Vorjahr;
- **fertige Erzeugnisse und Waren**: Zugehörigkeit zur gleichen Warengattung (damit gleichartige Beschaffenheit) und annähernd gleicher Wert.

Das Kriterium der gleichen Warengattung ist stets vor dem Hintergrund der gleichartigen Beschaffenheit zu prüfen und nach der hier vertretenen Auffassung – wie auch das Kriterium der Funktionsgleichheit – im Zweifelsfall **eng** auszulegen; demgemäß ist das Kriterium der annähernden Wertgleichheit auch als **einschränkendes Korrektiv** zu verstehen.

12

---

[2] Vgl. insb. *ADS*, 6. Aufl., § 256 HGB, Rn 22 f., sowie WP-Handbuch, Bd. I, 14. Aufl., Abschn. E, Rz 475, wonach auf annähernde Gleichwertigkeit auch bei Anwendung geeigneter Indexverfahren verzichtet werden kann; deren Anwendung wird aber überwiegend abgelehnt (Rz 31); generell die Notwendigkeit der annähernden Gleichwertigkeit ablehnend insb. *Mayer-Wegelin*, in *Küting/Weber*, HdR, HGB § 256, Rn 28, aber auch relativierend Rn 30, Stand 03/2010.

[3] Vgl. *Niemann*, IFSt-Schrift Nr. 401, 2002, S. 32, unter Hinweis insb. auf *Geßler/Hefermehl/Eckhardt/Kropff*, Aktiengesetz, § 155 Tz 26 ff.; vgl. auch ähnlich *Drüen*, in Großkomm. HGB, § 256, Rn 6, mwN.

> **Beispiel**
> - Gleichartige Beschaffenheit:
>   – Bandeisen verschiedener Abmessungen
>   – Herrensocken verschiedener Größen, Muster und Farben (gleiche Warengattung)
>   – Essbestecke aus Metall mit unterschiedlichem Design (gleiche Warengattung)
> - Funktionsgleichheit:
>   – Schrauben/Nägel aus Stahl oder Messing
>   – Versandhüllen aus Papier oder Kunststoff
>   – Transportbehälter aus Metall oder Kunststoff
> - Annähernde Wertgleichheit:
>   – bei geringwertigen Gegenständen Preisunterschiede bis zu 20 %[4]
>   – bei höherwertigen Gegenständen Preisunterschiede bis ca. 5 %[5]

## 2.2 Konformität mit den Grundsätzen ordnungsmäßiger Buchführung

13 Obwohl nach § 243 Abs. 1 HGB schon generell die GoB bei der Aufstellung des JA zu beachten sind, fordert § 256 Satz 1 HGB wiederholend und damit verschärfend die Einhaltung der GoB bei der Entscheidung für die Anwendung bewertungsvereinfachender Verbrauchsfolgeverfahren. Dadurch soll sichergestellt werden, dass ein **GoB-konformer Ausgleich** zwischen der auf einer Fiktion beruhenden, zweckgerechten **Bewertungsvereinfachung** und den (allgemeinen) **Rechnungslegungszielen** gefunden wird,[6] insb. soll offensichtlicher Missbrauch ausgeschlossen werden.[7]

> **Beispiele**[8]
> - Ein GoB-konformer Ausgleich kann angenommen werden, wenn die Ermittlung der individuellen AK im Einzelfall ausgeschlossen ist (z. B. im Fall der Vermischung von Flüssigvorräten) oder mit unvertretbar hohem Aufwand verbunden wäre (z. B. bei Massenartikeln).
> - Im Fall eines Autohändlers ist die Anwendung des Lifo-Verfahrens zur Bewertung von zum Verkauf bestimmter Pkw nicht mit den GoB verein-

---

[4] Vgl. noch in der 4. Aufl. m.w.N. *Kleindiek*, in Großkomm. HGB, § 256, Rn 2, der allerdings 20 % als klare Obergrenze ansieht und im Regelfall von kleineren Werten ausgeht.

[5] Vgl. zum Prozentsatz *Horn* (Hrsg.)/*Heymann*, Handelsgesetzbuch, 2. Aufl. 1999, § 256, Rn 7, mit Verweis auf *Schmidt/Glanegger*, EStG, § 6, Rn 348.

[6] Vgl. *Ballwieser*, in MünchKomm HGB § 256, Rn 3; vgl. auch BFH, Urteil v. 20.6.2000, VIII R 32/98, BStBl 2001 II S. 636, mit Hinweis auf einen Wertungskompromiss zwischen den Grundsätzen der Einzelbewertung und der periodengerechten Aufwandsabgrenzung einerseits und dem vom Wesentlichkeitsprinzip bestimmten Grundsatz der Wirtschaftlichkeit andererseits.

[7] Vgl. *ADS*, 6. Aufl., § 256 HGB, Rn 14.

[8] Vgl. hierzu BFH, Urteil v. 20.6.2000, VIII R 32/98, BStBl 2001 II S. 636; vgl. zur durchaus kontroversen Diskussion dieses Urteils mwN *Kessler/Suchan*, DStR 2003, S. 345 ff.; sowie *Hüttemann/Meinert*, Anwendungsfragen der Lifo-Methode in Handels- und Steuerbilanz, DB 2013, S. 1867 f.; das Urteil unterstützend *Lüdenbach*, StuB 2009, S. 655; vgl. kritisch zur Übertragung der Grundsätze des Urteils auf die computergestützte Lagerhaltung *Hildebrandt*, DB 2011, S. 1999 ff.; vgl. (für die steuerbilanzielle Zulässigkeit) klarstellend das BMF-Schreiben v. 12.5.2015, IV C 6 – S 2174/07/10001 :002, Rz. 6, wonach bei Handelswaren die Anwendung des Lifo-Verfahrens unzulässig ist, sofern es „z. B. durch im Betrieb eingesetzte moderne EDV-Systeme technisch möglich (ist, d. Verf.), die individuellen Anschaffungskosten der einzelnen Wirtschaftsgüter ohne weiteres zu ermitteln (z. B. durch Codierung)".

> bar. Die (absolut betrachtet) hohen Erwerbsaufwendungen und die ohne Weiteres mögliche individuelle Ermittlung und Zuordnung der AK rechtfertigen mangels einer konkreten, die Rechnungslegung vereinfachenden Wirkung nicht die Abkehr vom Einzelbewertungsgrundsatz.

Mit den GoB grds. **vereinbar** ist, dass die unterstellte Verbrauchs- oder Veräußerungsfolge nicht mit der tatsächlichen übereinstimmt; eine Abweichung liegt gerade in der Natur einer Verbrauchsfolgefiktion. Von einer **Unzulässigkeit** der Verbrauchsfolgebewertung wird nur in den (Ausnahme-)Fällen ausgegangen, in denen die zugrunde gelegte Fiktion vor dem Hintergrund der tatsächlichen betrieblichen Verhältnisse **völlig undenkbar** erscheint. 14

> **Beispiel**
> Bewertung von leicht verderblicher Ware wie z.B. Fisch oder Fleisch nach dem Lifo-Verfahren.

Entsprechend dem **Grundsatz der Bewertungsstetigkeit** des § 252 Abs. 1 Nr. 6 HGB ist bei Vorliegen gleicher wertbestimmender Bedingungen objektübergreifend das gewählte Verfahren auf alle gleichen oder gleichartigen VG anzuwenden (§ 252 Rz 124). Abweichungen lässt § 252 Abs. 2 HGB nur in begründeten Ausnahmefällen zu (§ 252 Rz 124, Rz 133 ff.). 15

Unabhängig von dem gewählten Verbrauchsfolgeverfahren ist nach dessen Abschluss stets die Einhaltung des (strengen) **Niederstwertprinzips** gem. § 253 Abs. 4 HGB zu prüfen (§ 253 Rz 266 ff.), da die Bewertungsvereinfachungsverfahren nicht sicherstellen, dass ein ermittelter Schätzwert für das Vorratsvermögen dessen Börsen- oder Marktwert, respektive beizulegenden Wert, nicht übersteigt; bei Wegfall der Gründe für die außerplanmäßige Abschreibung wird eine entsprechende **Zuschreibung** gem. § 253 Abs. 5 Satz 1 HGB erforderlich (§ 253 Rz 316 ff.). 16

# 3 Zulässige Verbrauchsfolgeverfahren (Satz 1, 2. Hs.)

## 3.1 Bedeutung und Gemeinsamkeiten

Durch das BilMoG wurden die bisher zulässigen Verbrauchsfolgeverfahren auf das **Fifo-** und das **Lifo-Verfahren** und folglich auf die Unterstellung einer **zeitlichen** Verbrauchsfolge beschränkt; unangetastet blieb die Anwendung des Durchschnitts(preis)verfahrens (Rz 32 u. § 240 Rz 69).[9] Als Begründung wird eine damit einhergehende bessere Vergleichbarkeit der handelsrechtlichen JA angeführt.[10] Die 17

---

[9] Vgl. *Bieg/Kußmaul/Petersen/Waschbusch/Zwirner*, Bilanzrechtsmodernisierungsgesetz, 2009, S. 110.

[10] Vgl. BilMoG-BgrRegE, S. 61.; der verschiedentlich erhobenen Forderung nach Beschränkung der Bewertungsvereinfachungsverfahren auf die Durchschnittsmethode wurde nicht gefolgt. *Kessler/Leinen/Strickmann* vermuten, dass die steuerliche Zulässigkeit der Lifo-Methode nicht gefährdet werden sollte (vgl. *Kessler/Leinen/Strickmann*, BilMoG-RegE, 2008, S. 228); *Brösel/Mindermann* nehmen an, dass über die steuerlich motivierte Beibehaltung hinaus die in IAS 2.25 formulierte Zulässigkeit des Fifo-Verfahrens (neben der Durchschnittsmethode) Anlass für den Verzicht auf eine weitergehende Wahlrechtsbeschränkung war (vgl. *Brösel/Mindermann*, in *Petersen/Zwirner*, Bilanzrechtsmodernisierungsgesetz BilMoG, 2009, S. 450).

konkreten Auswirkungen dieser Gesetzesänderung dürften indes vernachlässigbar sein, da die nicht mehr zulässigen Bewertungsvereinfachungsverfahren in der Praxis allenfalls eine Randerscheinung darstellten.[11] Da das Steuerrecht – neben dem gewogenen Durchschnittsverfahren[12] (§ 240 Rz 74) – nur noch das Lifo-Verfahren[13] zur Bewertungsvereinfachung zulässt[14], hat dieses auch von den handelsrechtlich zulässigen Verbrauchsfolgeverfahren die größte Bedeutung erlangt.[15]

18 Beide Verbrauchsfolgeverfahren ermitteln **näherungsweise** den bilanziellen Endbestand gleichartiger VG des Vorratsvermögens – und damit letztlich auch den Waren- bzw. Materialeinsatz – auf Basis der AHK bestimmter Zugangsmengen (einschl. der des Anfangsbestands) und des (mengenmäßigen) Inventars am Ende des Gj.

19 Der **Vorteil** der Verbrauchsfolgebewertung im Vergleich zur **Einzelbewertung** – sofern eine solche z. B. bei Vermischungsprozessen überhaupt durchführbar ist – liegt vor allem darin, dass lediglich die im Rahmen der Inventur ohnehin ermittelten Bestandsmengen sowie die Zugänge mengen- und wertmäßig erfasst werden müssen; eine detaillierte und aufwendige Bestands- und Wertfortschreibung entfällt. Im Unterschied zur **Durchschnittsbewertung**, bei der alle Zugänge in die Bewertung einfließen und dennoch stark pauschalierte Wertansätze resultieren, besteht durch die Wahl zwischen dem Fifo- und dem Lifo-Verfahren die Möglichkeit, die auf einer Fiktion beruhende Bewertung des Vorratsvermögens besser an die tatsächlichen Verhältnisse im Unt anzupassen.[16]

20 Sowohl das Fifo- als auch das Lifo-Verfahren sind in der **periodischen** oder der **permanenten** Variante denkbar. Bei den periodischen Verfahren wird einmalig und ohne zusätzlichen Erfassungsaufwand eine Bewertung zum Ende des Gj durchgeführt; hingegen erfordern die permanenten Verfahren die Erfassung aller Abgänge entsprechend der unterstellten Verbrauchsfolge, sodass zumindest eine vereinfachte Bestandsfortschreibung der Mengen und Werte notwendig wird. Aufgrund des erhöhten Aufwands sind die permanenten Varianten wenig praxisrelevant.

### 3.2 Fifo-Verfahren („Silo-Prinzip")

21 Beim Fifo-Verfahren („first in – first out") wird angenommen, dass „**die zuerst ... angeschafften oder hergestellten Vermögensgegenstände zuerst verbraucht oder veräußert worden sind**" (§ 256 Satz 1 HGB); damit wird unterstellt, dass der bilanzielle Endbestand aus den jüngsten Zugängen besteht und die ältesten Zugänge (einschl. des Anfangsbestands) als verbraucht oder verwendet gelten. Diese Verwendungsfiktion entspricht bspw. bei verderblichen Waren oder bei Durchlaufregallagerung regelmäßig der tatsächlichen Verbrauchsfolge („Silo-Prinzip").

22 Aufgrund der unterstellten Verbrauchsfolge wird grds. der Einblick in die **Vermögenslage** verbessert, da eine Bewertung anhand stichtagsnaher AHK erfolgt und damit der Einfluss von Preisänderungen reduziert wird; gleichzeitig leidet

---

[11] Vgl. *Kessler/Leinen/Strickmann*, BilMoG-RegE, 2008, S. 228, sowie *Küting*, in *Küting/Pfitzer/Weber*, Das neue deutsche Bilanzrecht, 2009, S. 117.
[12] Vgl. R 6.8 Abs. 4 EStR.
[13] Vgl. § 6 Abs. 1 Nr. 2a EStG u. R 6.9 EStR.
[14] Vgl. *Herrmann*, in *Frotscher*, EStG, § 6 EStG, Rz 63.
[15] Vgl. *Drüen*, in Großkomm. HGB, § 256, Rn 12.
[16] Vgl. *Mayer-Wegelin*, in *Küting/Weber*, HdR, HGB § 256, Rn 16, Stand 03/2010.

der Einblick in die **Ertragslage**, da die Aufwandsverrechnung veraltete Wiederbeschaffungskosten zugrunde legt. Demnach ist bei **steigenden Preisen** die Bildung **stiller Reserven** – im Gegensatz zum Lifo-Verfahren (Rz 26) – nur in geringem Maß möglich (vgl. auch das nachfolgende Beispiel), während die Gefahr des Ausweises von **Scheingewinnen** zunimmt. Bei **fallenden Preisen** werden Scheingewinne eher vermieden, stille Reserven verstärkt gebildet, wobei das strenge Niederstwertprinzip gem. § 253 Abs. 4 HGB korrigierend wirkt.[17]

Die Anwendung der **permanenten** Variante des Fifo-Verfahrens ist – obwohl theoretisch möglich – nicht sinnvoll. Sie ist aufzeichnungstechnisch wesentlich aufwendiger als das **periodische** Fifo-Verfahren, liefert aber keinen zusätzlichen Erkenntnisgewinn;[18] sie stellt lediglich zeitnäher sicher, dass zunächst der Anfangsbestand, dann die ältesten Zugänge als verbraucht gelten. Vergleichbar dem Vorgehen beim permanenten Lifo-Verfahren (Rz 27) wäre es beim permanenten Fifo-Verfahren zwar grds. denkbar, die Anwendung des Fifo-Prinzips (zunächst) auf den Zeitraum zwischen den letzten beiden Abgängen zu beschränken und erst bei Fehlmengen auf den früheren Zeitraum auszuweiten; diese Methodenvermischung widerspricht aber den GoB (und der Natur der Sache) und wird insofern abgelehnt. 23

Der Vorteil des (periodischen) Fifo-Verfahrens liegt in seiner **Einfachheit**, da unterjährig lediglich eine Aufzeichnung der Zugänge erforderlich ist. Zur Ermittlung des wertmäßigen Endbestands werden die letzten Zugänge mengen- und wertmäßig solange kumuliert, bis der mengenmäßige Endbestand erreicht ist. 24

**Beispiel**
Der Kfm. bewertet das Vorratsvermögen gem. § 256 Satz 1 HGB nach dem **Fifo-Verfahren**. Dabei sollen die in der folgenden Tabelle aufgeführten Geschäftsvorfälle zu verzeichnen sein (analog dem Beispiel zur Gruppenbewertung (§ 240 Rz 74) und denen zu den Lifo-Verfahren (Rz 27 u. Rz 29)). Aufgrund der Ausführungen unter Rz 23 kann das Beispiel sowohl für die periodische als auch für die permanente Variante des Fifo-Verfahrens herangezogen werden.

| | Geschäftsvorfall | | | Verbrauch | | Endbestand | |
|---|---|---|---|---|---|---|---|
| Datum | Vorfall | ME | Preis/ME (EUR) | ME | Wert (EUR) | ME | Wert (EUR) |
| 1.1. | Anfangsbestand | 100 | 1,00 | −100 | −100,00 | | |
| 15.1. | Zugang | 100 | 1,10 | −100 | −110,00 | | |
| 31.3. | Abgang | −50 | | | | | |
| 20.6. | Zugang | 150 | 1,15 | −150 | −172,50 | | |
| 15.7. | Abgang | −200 | | | | | |
| 10.9. | Zugang | 100 | 1,20 | −100 | −120,00 | | |
| 19.11. | Zugang | 200 | 1,25 | −100 | −125,00 | 100 | 125,00 |
| 6.12. | Abgang | −300 | | | | | |

---

[17] Vgl. *Baumbach/Hopt/Merkt/Merkt*, HGB, 36. Aufl. 2014 § 256, Rn 2; *Kusterer*, in HK-HGB, § 256, Rz 5, und *Mayer-Wegelin*, in Küting/Weber, HdR, HGB § 256, Rn 73, Stand 03/2010.
[18] Vgl. auch *Tanski*, in HdB, 24a, Rn 17.

| Datum | Geschäftsvorfall | | | Verbrauch | | Endbestand | |
|---|---|---|---|---|---|---|---|
| | Vorfall | ME | Preis/ ME (EUR) | ME | Wert (EUR) | ME | Wert (EUR) |
| 27.12. | Zugang | 100 | 1,30 | | | 100 | 130,00 |
| 31.12. | End- bestand | 200 | | -550 | -627,50 | 200 | 255,00 |

> Zur Bewertung des Endbestands von 200 ME werden die Zugänge vom 27.12. (100 ME) und vom 19.11. (100 ME) zugrunde gelegt. Aufgrund des unterjährigen Preisanstiegs liegt der Wert des **Endbestands** mit **255,00 EUR** (erwartungsgemäß) über den entsprechenden Werten nach einfach bzw. gleitend gewogenem Durchschnitt (235,31 EUR bzw. 250,00 EUR; § 240 Rz 74) sowie über denen des periodischen und des permanenten Lifo-Verfahrens (Rz 27 u. 29). Dennoch werden infolge des Preisanstiegs (immer noch) **stille Reserven** gelegt. Unterstellt man den Preis vom 27.12. als Stichtagswert, belaufen sich die stillen Reserven auf **5,00 EUR** (= 200 × 1,30 EUR ./. 255,00 EUR); eine Wertberichtigung ist nicht notwendig. Auf Basis der gleichen Wiederbeschaffungskosten wird ein **Scheingewinn** i. H. v. **87,50 EUR** (= 550 × 1,30 EUR ./. 627,50 EUR) ausgewiesen.

### 3.3 Lifo-Verfahren („Stapel-Prinzip")

25 Beim Lifo-Verfahren („last in – first out") wird angenommen, dass „**die zuletzt angeschafften oder hergestellten Vermögensgegenstände zuerst verbraucht oder veräußert worden sind**" (§ 256 Satz 1 HGB); damit wird unterstellt, dass sich der Lagerbestand am Ende der Periode aus den ältesten Zugängen (inkl. Anfangsbestand) zusammensetzt und die neuesten Zugänge als verbraucht oder verwendet gelten. Diese Verwendungsfiktion entspricht bspw. der Lagerung von Schüttgut in einer Mulde oder der Einschubregallagerung („Stapel-Prinzip").

26 Aufgrund der unterstellten Verbrauchsfolge wird der Einblick in die **Ertragslage** verbessert, da die fingierte Zeitnähe zwischen Erwerb und Verbrauch oder Veräußerung des Vorratsvermögens den Einfluss von Preisänderungen auf den Waren- bzw. Materialeinsatz und damit das Jahresergebnis verringert. Dies erschwert allerdings den Einblick in die **Vermögenslage**. So werden **bei Preissteigerungen stille Reserven** gebildet, deren (spätere) Realisierung zumindest fragwürdig ist; gleichzeitig bleibt dagegen die Gefahr des Ausweises von **Scheingewinnen** gering, da die Verbrauchsermittlung auf zeitnahen Wiederbeschaffungskosten beruht.[19] Bei **sinkenden Preisen** hingegen wird – dem strengen Niederstwertprinzip gem. § 253 Abs. 4 HGB folgend – eine **außerplanmäßige Abschreibung** auf den niedrigeren Börsen- oder Marktwert bzw. beizulegenden Wert notwendig.

27 Das Lifo-Verfahren ist sowohl in der permanenten als auch in der periodischen Variante möglich und sinnvoll, wobei sich i. d. R. unterschiedliche Verbräuche und Bestände ergeben (vgl. auch das nachfolgende Beispiel mit dem unter Rz 29). Das

---

[19] Vgl. *Grottel/Krämer*, in Beck Bil-Komm. 9. Aufl., § 256 HGB, Rz 62f.; *Drüen*, in Großkomm. HGB, § 256, Rn 1 und 11; *Tanski*, in HdB, 24a, Rn 30f., sowie *Böcking/Gros*, in Ebenroth/Boujong/Joost/Strohn, § 256 Rn 8.

**permanente Lifo-Verfahren** ist sehr arbeitsaufwendig und führt kaum zu einer Vereinfachung,[20] da eine chronologische mengen- und wertmäßige Erfassung aller Zu- und Abgänge erforderlich ist. Die Abgänge werden dann der Verbrauchsfiktion folgend auf Basis der letzten Zugänge und – sofern diese nicht ausreichen – der Zwischenbestände bzw. des Anfangsbestands bewertet; folglich können aufgrund unterjähriger Bestandsschwankungen stille (Bestands-)Reserven aufgelöst werden, infolgedessen bei steigenden Preisen Scheingewinne ausgewiesen werden.

**Beispiel**
Der Kfm. bewertet das Vorratsvermögen gem. § 256 Satz 1 HGB nach dem **permanenten Lifo-Verfahren**. Dabei sollen die in der folgenden Tabelle aufgeführten Geschäftsvorfälle zu verzeichnen sein (analog dem Beispiel zur Gruppenbewertung (§ 240 Rz 74) und zum Fifo-Verfahren (Rz 24)).

| Datum | Geschäftsvorfall | | | Verbrauch | | Endbestand | |
|---|---|---|---|---|---|---|---|
| | Vorfall | ME | Preis/ ME (EUR) | ME | Wert (EUR) | ME | Wert (EUR) |
| 1.1. | Anfangsbestand | 100 | 1,00 | | | 100 | 100,00 |
| 15.1. | Zugang | 100 | 1,10 | – 100 | – 110,00 | | |
| 31.3. | Abgang | – 50 | | | | | |
| 20.6. | Zugang | 150 | 1,15 | – 150 | – 172,50 | | |
| 15.7. | Abgang | – 200 | | | | | |
| 10.9. | Zugang | 100 | 1,20 | – 100 | – 120,00 | | |
| 19.11. | Zugang | 200 | 1,25 | – 200 | – 250,00 | | |
| 6.12. | Abgang | – 300 | | | | | |
| 27.12. | Zugang | 100 | 1,30 | | | 100 | 130,00 |
| 31.12. | Endbestand | 200 | | –550 | –652,50 | 200 | 230,00 |

Die Bewertung des Endbestands von 200 ME erfolgt schließlich auf Basis des Zugangs vom 27.12. (100 ME) und des Anfangsbestands (100 ME), da bei jedem Verbrauch der Abgang der jeweils letzten Zugänge unterstellt wird. Im Unterschied zum periodischen Lifo-Verfahren (Rz 29) ist der Zugang vom 27.12. noch auf Lager, da anschließend (tatsächlich) kein Abgang mehr erfolgt. Der Wert des **Endbestands** liegt mit **230,00 EUR** noch unter den entsprechenden Werten nach einfach bzw. gleitend gewogenem Durchschnitt (235,31 EUR bzw. 250,00 EUR; § 240 Rz 74) und nach dem Fifo-Verfahren (255,00 EUR; Rz 24). Infolge des Preisanstiegs werden **stille Reserven** gelegt; unterstellt man den Preis vom 27.12. als Stichtagswert, belaufen sich die stillen Reserven auf **30,00 EUR** (= 200 × 1,30 EUR ./. 230,00 EUR). Der **Scheingewinn** beläuft sich auf **62,50 EUR** (= 550 × 1,30 EUR ./. 652,50 EUR).

---

[20] Vgl. auch *Tiede*, BBK 2010, S. 546.

28 Aufgrund der Komplexität des permanenten Verfahrens kommt in der Praxis häufiger das **periodische Lifo-Verfahren** zum Einsatz, bei dem lediglich am Ende der Abrechnungsperiode (i.d.R. das Gj, aber auch Halbjahr, Quartal, Monat) eine Bestandsbewertung vorzunehmen ist und folglich Bestandsschwankungen innerhalb der Periode keinen Einfluss auf die Bewertung haben.[21]

29 In der **einfachen Version** des periodischen Lifo-Verfahrens (ohne differenzierte Erfassung der Mehrbestände in Layern; vgl. Rz 30) wird im Fall der (mengenmäßigen) Lagerbestandserhöhung der wertmäßige Endbestand aus dem Wert des Anfangsbestands zzgl. des Werts der ältesten Zugänge berechnet (vgl. hierzu das nachfolgende Beispiel); im Fall der (mengenmäßigen) Lagerbestandsminderung wird der Wert des Anfangsbestands proportional zu der mengenmäßigen Minderung zum Endbestandswert gekürzt.

**Beispiel**
Der Kfm. bewertet das Vorratsvermögen gem. § 256 Satz 1 HGB nach dem (einfachen) **periodischen Lifo-Verfahren** (analog dem Beispiel zur Gruppenbewertung (§ 240 Rz 74), zum Fifo-Verfahren (Rz 21) und zum permanenten Lifo-Verfahren (Rz 27)).

| Datum | Geschäftsvorfall | | | Verbrauch | | Endbestand | |
|---|---|---|---|---|---|---|---|
| | Vorfall | ME | Preis/ME (EUR) | ME | Wert (EUR) | ME | Wert (EUR) |
| 1.1. | Anfangsbestand | 100 | 1,00 | | | 100 | 100,00 |
| 15.1. | Zugang | 100 | 1,10 | | | 100 | 110,00 |
| 31.3. | Abgang | –50 | | | | | |
| 20.6. | Zugang | 150 | 1,15 | –150 | –172,50 | | |
| 15.7. | Abgang | –200 | | | | | |
| 10.9. | Zugang | 100 | 1,20 | –100 | –120,00 | | |
| 19.11. | Zugang | 200 | 1,25 | –200 | –250,00 | | |
| 6.12. | Abgang | –300 | | | | | |
| 27.12. | Zugang | 100 | 1,30 | –100 | –130,00 | | |
| 31.12. | Endbestand | 200 | | –550 | –672,50 | 200 | 210,00 |

Zur Bewertung des Endbestands von 200 ME werden der Anfangsbestand (100 ME) sowie der erste Zugang vom 15.1. (100 ME) zugrunde gelegt. Der Wert des **Endbestands** liegt mit **210,00 EUR** unter den entsprechenden Werten nach einfach bzw. gleitend gewogenem Durchschnitt (235,31 EUR bzw. 250,00 EUR; § 240 Rz 74), nach dem Fifo-Verfahren (255,00 EUR; Rz 24) und nach dem permanentem Lifo-Verfahren (230,00 EUR; Rz 27). Infolge des Preisanstiegs werden **stille Reserven** gelegt; unterstellt man den Preis vom 27.12. als Stichtagswert, belaufen sich die stillen Reserven auf **50,00 EUR** (= 200 × 1,30 EUR ./. 210,00 EUR). Der **Scheingewinn** beläuft sich auf **42,50 EUR** (= 550 × 1,30 EUR ./. 672,50 EUR).

---

[21] Vgl. *Mayer-Wegelin*, in *Küting/Weber*, HdR, HGB § 256, Rn 46, Stand 03/2010.

Eine weitergehende Umsetzung des Lifo-Prinzips auch beim Verbrauch des **30**
Lagerbestands verfolgt die **Layer**-gestützte Version des periodischen Lifo-Verfahrens, wonach im Vergleich zu einem Anfangsbestand (Basisbestand) je Periode aufgebaute Mehrbestände (Layer) isoliert betrachtet und bewertet werden. Der Bewertung eines Mehrbestands sind nach der hier vertretenen Auffassung die Preise der ersten Zugänge während der Periode zugrunde zu legen, allenfalls ist ein durchschnittlicher Zugangswert ggf. unter Berücksichtigung der Abgänge zulässig.[22] Werden die Mehrbestände nach Perioden getrennt in Layern fortgeführt, können in den Folgeperioden (auch) Bestandsminderungen Lifo-konform berücksichtigt und bewertet werden, indem die zuletzt gebildeten Layer zuerst aufgelöst werden; ein Niederstwerttest ist dann nach hM layerbezogen durchzuführen.[23] Wird der Mehrbestand mit dem Basisbestand (regelmäßig) zu einem einheitlichen Gesamtbestand zusammengefasst, bleibt für nachfolgende Bestandsminderungen (nur) die Bewertung mit dem durchschnittlichen Stückpreis.

Als (wertorientierte) Variante des Lifo-Verfahrens gilt das sog. **Indexverfahren**, **31**
das darauf abzielt, den innerhalb einer Periode entstandenen Wertzuwachs einer Bewertungseinheit in einen realen Vermögenszuwachs und einen reinen Preissteigerungsanteil aufzuteilen;[24] letztlich wird der Vermögenszuwachs nicht durch einen Mengenvergleich – wie nach § 256 Satz 1 HGB erforderlich –, sondern nur durch einen Wertevergleich ermittelt. Wegen begründeter Zweifel an der GoB-Konformität wird die handelsrechtliche Zulässigkeit des Index-Verfahrens überwiegend abgelehnt.[25]

## 4 Fest- und Gruppenbewertung (Satz 2)

Nach § 256 Satz 2 HGB dürfen die für die Bewertung des **Inventars** zulässigen **32**
Verfahren der Festbewertung (§ 240 Abs. 3 HGB) und der Gruppenbewertung nach dem gewogenen Durchschnitt (§ 240 Abs. 4 HGB) auch für die Bewertung im JA eingesetzt werden (vgl. zu den Verfahren § 240 Rz 52ff. u. § 240 Rz 67ff.). Ohne diese (gesetzestechnisch notwendige) **Übernahme** der Inventar-Regelungen in die Bewertungsvorschriften zur Erstellung des JA wäre für Zwecke des JA eine Neubewertung durchzuführen.[26]

---

[22] Vgl. auch *Grottel/Krämer*, in Beck Bil-Komm. 9. Aufl., § 256 HGB, Rz 49, und *Mayer-Wegelin*, in *Küting/Weber*, HdR, HGB § 256, Rn 48, Stand 03/2010; vgl. hierzu ausführlich *ADS*, 6. Aufl., § 256 HGB, Rz 39ff., die allerdings auch weitergehende Varianten zur Bewertung des Mehrbestands als zulässig erachten.

[23] Vgl. *Grottel/Krämer*, in Beck Bil-Komm. 9. Aufl., § 256 HGB, Rz 53; *Mayer-Wegelin*, in *Küting/Weber*, HdR, HGB § 256, Rn 55, Stand 03/2010, und *Böcking/Gros*, in *Ebenroth/Boujong/Joost/Strohn*, § 256, Rn 10.

[24] Vgl. zur Darstellung des Index-Verfahrens insb. *Siepe/Husemann/Borges*, WPg 1994, S. 646ff.

[25] Vgl. ausführlich *Ballwieser*, in MünchKomm HGB § 256, Rn 12; vgl. auch *Brösel/Mindermann*, in *Petersen/Zwirner*, Bilanzrechtsmodernisierungsgesetz BilMoG, 2009, S. 449; *Grottel/Krämer*, in Beck Bil-Komm. 9. Aufl., § 256 HGB, Rz 67; *Drüen*, in Großkomm. HGB, § 256, Rn 15; *Mayer-Wegelin*, in *Küting/Weber*, HdR, HGB § 256, Rn 60, Stand 03/2010, und *Siegel*, DB 1991, S. 1946; a.A. *ADS*, 6. Aufl. § 256 HGB, Rz 63; *Siepe/Husemann/Borges*, WPg 1994, S. 655, und *Böcking/Gros*, in *Ebenroth/Boujong/Joost/Strohn*, § 256, Rn 11.

[26] Vgl. auch *Mayer-Wegelin*, in *Küting/Weber*, HdR, HGB § 256, Rn 90, Stand 03/2010, und *Böcking/Gros*, in *Ebenroth/Boujong/Joost/Strohn*, § 256, Rn 14.

# § 256a WÄHRUNGSUMRECHNUNG

¹Auf fremde Währung lautende Vermögensgegenstände und Verbindlichkeiten sind zum Devisenkassamittelkurs am Abschlussstichtag umzurechnen. ²Bei einer Restlaufzeit von einem Jahr oder weniger sind § 253 Abs. 1 Satz 1 und § 252 Abs. 1 Nr. 4 Halbsatz 2 nicht anzuwenden.

PROF. DR. HARALD KESSLER, CVA/WP STB DIRK VELDKAMP

**Inhaltsübersicht**

| | | Rz |
|---|---|---|
| 1 | Überblick | 1–5 |
| 2 | Umrechnung von Fremdwährungsgeschäften | 6–38 |
| 2.1 | Umrechnung bei der Zugangsbewertung | 6–15 |
| 2.2 | Umrechnung bei der Folgebewertung | 16–28 |
| 2.3 | Folgebewertung bei verschiedenen Bilanzposten – Zusammenfassung | 29–30 |
| 2.4 | Ausweis von Umrechnungserfolgen in der Bilanz und in der Gewinn- und Verlustrechnung | 31–35 |
| 2.5 | Angaben in Anhang und Lagebericht | 36–37 |
| 2.6 | Abschließendes Beispiel | 38 |
| 3 | Latente Steuern | 39–42 |

**Ergänzendes Schrifttum**
*Kessler/Veldkamp*, Umrechnung von Fremdwährungsgeschäften, KoR 2009, S. 245; *Küting/Mojadadr*, Währungsumrechnung im Einzel- und Konzernabschluss nach dem RegE zum BilMoG, DB 2008, S. 1869; *Küting/Pfirmann/Mojadadr*, Einzelfragen der Umrechnung und Bewertung von Fremdwährungsgeschäften im Einzelabschluss nach § 256a HGB, StuB 2010, S. 411; *Roß*, Zur Währungsumrechnung im Jahresabschluss gem. § 256a HGB, WPg 2012, S. 18; *Zwirner/Künkele/Froschhammer*, Angaben zur Fremdwährungsumrechnung nach BilMoG, BB 2011, S. 1323.

## 1 Überblick

1 Mit der Einführung des Euro ist die Problematik der Umrechnung von Fremdwährungsgeschäften in weiten Teilen Europas entfallen. Angesichts der fortschreitenden Globalisierung der Güter-, Finanz- und Kapitalmärkte haben Geschäfte in fremder Währung für die Unt gleichwohl an Bedeutung gewonnen. Der zunehmenden Internationalisierung der Geschäftstätigkeit deutscher Unt steht die Verpflichtung zur Bilanzierung in Euro gegenüber, da der JA nach § 244 HGB in **Euro** aufzustellen ist.

2 Mit der Umrechnung von Fremdwährungsgeschäften befasst sich § 256a HGB. Die Vorschrift regelt den Themenkomplex nicht umfassend, sondern belässt es bei punktuellen Hinweisen. **Sachlich** behandelt § 256a HGB die Umrechnung

von VG und Verbindlichkeiten. Für alle übrigen Posten hat der Gesetzgeber keinen Regelungsbedarf gesehen. Die Umrechnungsregeln beziehen sich **zeitlich** zudem nur auf die **Folgebewertung**. Zur erstmaligen Erfassung von VG oder Schulden, die in fremder Währung denominiert sind, äußert sich die Vorschrift nicht. Verdrängt werden die Umrechnungsregeln des § 256a HGB durch die Spezialvorschriften des § 254 HGB zur Behandlung von Bewertungseinheiten und des § 340e Abs. 3 Satz 1 HGB zur Zeitwertbewertung von Finanzinstrumenten des Handelsbestands.[1]

§ 256a HGB sieht – mit den nachfolgenden Einschränkungen – eine Umrechnung von auf fremde Währung lautenden VG und Schulden zum **Devisenkassamittelkurs des Abschlussstichtags** vor. Zumindest bei der Folgebewertung bedarf es damit keiner Unterscheidung zwischen Geld- und Briefkurs. Das soll die Währungsumrechnung in der Praxis vereinfachen.[2]

Die Regelung hat nicht den Charakter einer Bewertungsvorschrift, sondern bringt eine **reine Transformationsanweisung** zum Ausdruck. Das Ergebnis der Umrechnung steht mithin unter dem Vorbehalt der allgemeinen Bewertungsgrundsätze, namentlich des **Anschaffungswert- und Realisationsprinzips**. Allerdings lässt § 256a Satz 2 HGB bei kurzfristigen VG und Schulden eine Durchbrechung des Anschaffungswert- und Realisationsprinzips zu: Forderungen und Verbindlichkeiten mit einer Restlaufzeit von einem Jahr oder weniger sind auch dann zum Devisenkassamittelkurs umzurechnen, wenn sich daraus ein Währungsgewinn ergibt.

In der **GuV** sind Erträge und Aufwendungen aus der Währungsumrechnung nach § 277 Abs. 5 HGB gesondert unter den sonstigen betrieblichen Erträgen bzw. Aufwendungen auszuweisen („Davon"-Vermerk). Zur Reichweite dieser Ausweisvorschrift s. Rz 32.

## 2 Umrechnung von Fremdwährungsgeschäften

### 2.1 Umrechnung bei der Zugangsbewertung

§ 256a HGB gilt nur für die Umrechnung von Fremdwährungsgeschäften zu einem auf die Ersterfassung folgenden Abschlussstichtag. Angesichts der insoweit angeordneten Anwendung des Devisenkassamittelkurses und der Geltung des Anschaffungswertprinzips sollen nach der RegBegr „laufende Geschäftsvorfälle auch im Zugangszeitpunkt mit dem Devisenkassakurs umzurechnen"[3] sein. Das gilt für VG, Schulden, RAP, latente Steuern, Aufwendungen und Erträge.

Die Regierungsbegründung spricht lediglich von einer Umrechnung zum Devisenkassakurs, nicht – wie in § 256a HGB – vom Devisenkassa**mittel**kurs. Daraus wird verschiedentlich abgeleitet, bei der erstmaligen Umrechnung von Fremdwährungsgeschäften sei – anders als bei der Folgebewertung – zwischen **Geldkurs** und **Briefkurs** zu unterscheiden.[4] Andere Autoren wollen dagegen aus Vereinfachungs-

---

1 Vgl. BilMoG-BgrRA, S. 112.
2 Vgl. BilMoG-BgrRA, S. 112 f.
3 Vgl. BilMoG-BgrRegE, S. 62.
4 Vgl. *Kozikowski/Leistner*, in Beck Bil-Komm., 9. Aufl., § 256a, Rz 35.

gründen und wegen der Bewertungskonsistenz auch im Zugangszeitpunkt eine Umrechnung zum Mittelkurs zulassen.[5]

Man wird differenzieren müssen: Geht es um die erstmalige Erfassung eines VG oder einer Schuld aus einem (seiner Art nach) erfolgsneutralen Anschaffungsvorgang und stehen die AK in Euro fest, stellt sich die Frage nach dem Umrechnungskurs nicht. Der betreffende Posten ist mit den tatsächlich in Euro angefallenen AK einzubuchen. Die Ersterfassung des zugegangenen VG bzw. der eingegangenen Schuld mit einem Betrag, der mit dem vom (Geld- oder Brief-)Kurs abweichenden Devisenkassamittelkurs umgerechnet wurde, führte zum Ausweis eines Aufwands oder Ertrags. Das verträgt sich nicht mit dem Grundsatz der Erfolgsneutralität von Anschaffungsvorgängen. Die Verwendung des Devisenkassamittelkurses wird man in diesen Fällen unter Praktikabilitätsgesichtspunkten akzeptieren können, wenn sie keine wesentlichen Erfolgseffekte zeigt.[6]

7

**Beispiel**
U überweist unter Einschaltung seiner Hausbank 500.000 USD an einen amerikanischen Lieferanten als Vorauszahlung für eine Warenbestellung. Die Bank belastet U mit dem zum Geldkurs von 1,25 USD je EUR umgerechneten Gegenwert von 400.000 EUR.
Die Forderung gegen den Lieferanten ist mit 400.000 EUR einzubuchen. Der Betrag stellt zugleich den Anschaffungspreis der gelieferten Güter dar. Eine Umrechnung der geleisteten Vorauszahlung zum Devisenkassamittelkurs führte zu einer Einbuchung der Forderung mit einem niedrigeren Betrag und damit zum Ausweis eines „störenden" Aufwands. Verändert sich der Wechselkurs bis zum Abschlussstichtag nicht, bewirkt die für die Folgebewertung angeordnete Umrechnung mit dem Devisenkassamittelkurs allerdings zwangsläufig eine entsprechende Abwertung der Forderung. Dieser Umstand lässt es bei unwesentlichen Effekten vertretbar erscheinen, bereits für Zwecke der Zugangsbewertung den Mittelkurs heranzuziehen.

8 Anders stellt sich die Situation dar, wenn der Zugangswert eines Fremdwährungspostens nicht durch eine vom Bilanzierenden gewährte oder empfangene Gegenleistung bestimmt wird. Das betrifft etwa die gewinnrealisierende Einbuchung von Fremdwährungsforderungen aus Absatzgeschäften oder der Erwerb von in fremder Währung fakturierten VG auf Kredit. In diesen Fällen besteht ein **Wahlrecht**, den Zugangswert des Postens durch Umrechnung mit dem der relevanten Marktseite entsprechenden Kurs oder vereinfachend unter Verwendung des Devisenkassamittelkurses zu ermitteln. Ob der **Geldkurs** oder der **Briefkurs** heranzuziehen ist, bestimmt sich danach, ob der Bilanzierende Devisen zur Abwicklung der Transaktion künftig beschaffen muss (dann Geldkurs) oder ob der Sachverhalt einen Umtausch von Devisen in Euro erfordert (dann Briefkurs).

---

[5] Vgl. *Hoffmann/Lüdenbach*, NWB-Kommentar Bilanzierung, 6. Aufl., 2015, § 256a, Rz 8; *Küting/Pfirmann/Mojadadr*, StuB 2010, S. 412.
[6] Wie hier *Roß*, WPg 2012, S. 21.

> **Beispiel**
> U hat Waren zum Preis von 120.000 GBP nach Großbritannien geliefert. Zum Zeitpunkt der Forderungseinbuchung ist der Devisenkassamittelkurs der Fremdwährung mit 1,20 GBP je EUR, der Briefkurs mit 1,22 GBP je EUR festgestellt worden.
> Die Einbuchung der Forderung zum Devisenkassamittelkurs ergibt einen Zugangswert von 100.000 EUR. Unter Verwendung des Briefkurses betragen die AK der Forderung 98.361 EUR. Die Vereinfachungslösung führt somit zu einem um 1.639 EUR höheren Ansatz der Forderung und der Umsatzerlöse. Der Einwand, die Umrechnung zum Devisenkassamittelkurs widerspreche dem Vorsichtsprinzip, da U beim Umtausch der Devisen in Euro keine 100.000 EUR erhalte, überzeugt nicht. Geht die Forderung noch im gleichen Gj ein, wird der überhöhte Umsatz bei konstantem Wechselkurs der Fremdwährung durch einen entsprechenden Aufwand aus dem Verkauf der Devisen zum Briefkurs kompensiert. Besteht sie am Abschlussstichtag noch und haben sich die Wechselkurse seit ihrer Einbuchung nicht verändert, ist die Forderung auch bei Einbuchung zum Briefkurs mit 100.000 EUR anzusetzen, da für die Folgebewertung der Mittelkurs heranzuziehen ist.
>
> | Geschäftsvorfall | | Einbuchung zum Briefkurs | | Einbuchung zum Mittelkurs | |
> |---|---|---|---|---|---|
> | | | Umsatz (EUR) | s.b.E. / s.b.A (EUR) | Umsatz (EUR) | s.b.E. / s.b.A (EUR) |
> | Fall 1 | Lieferung der Waren | 98.361 | | 100.000 | |
> | | Eingang der Forderung | | | | −1.639 |
> | Fall 2 | Lieferung der Waren | 98.361 | | 100.000 | |
> | | Bewertung der Forderung | | 1.639 | | |
>
> Der Unterschied zwischen beiden Verfahrensweisen besteht somit nur darin, ob die Differenz zwischen der Umrechnung der Forderung zum Briefkurs und zum Mittelkurs als zusätzlicher Umsatzerlös oder als Ertrag aus der Währungsumrechnung ausgewiesen wird. Die Entscheidung für eine Methode unterliegt dem Grundsatz der Bewertungsmethodenstetigkeit.

Ähnlich stellt sich die Situation bei Anschaffungen in fremder Währung dar. **9**

> **Beispiel**
> U hat Rohstoffe aus Kanada zum Preis von 390.000 CAD bezogen. Die Kaufpreisverbindlichkeit ist im kommenden Jahr fällig. Bei Auslieferung der Rohstoffe ist der Devisenkassamittelkurs der Fremdwährung mit 1,30 CAD je Euro, der Geldkurs mit 1,27 CAD je EUR festgestellt worden.
> Die Einbuchung der Verbindlichkeit zum Devisenkassamittelkurs ergibt einen Zugangswert von 300.000 EUR. Bei Umrechnung zum Geldkurs errechnet sich eine Verbindlichkeit von 307.087 EUR. Die Vereinfachungslösung führt im Beispiel mithin zu einem um 7.087 EUR niedrigeren Ansatz der Verbind-

lichkeit und der Rohstoffe. Wird die Verbindlichkeit noch im gleichen Jahr beglichen, weist U bei einer Beschaffung der Devisen zum (unveränderten) Geldkurs einen Aufwand i. H. d. Differenzbetrags aus. Diesem währungskursbedingten Aufwand entspricht ein höherer Materialeinsatz im Fall der Umrechnung des Beschaffungsgeschäfts zum Geldkurs. Hat U die Verbindlichkeit am Abschlussstichtag noch nicht erfüllt, ist die zunächst zum Geldkurs umgerechnete Schuld um 7.087 EUR auf 300.000 EUR aufzulösen. Dieser Ertrag aus der Folgebewertung zum Mittelkurs findet bei Wahl der Vereinfachungslösung seine Entsprechung in einem niedrigeren Materialaufwand aus der Verarbeitung der Rohstoffe.

| Geschäftsvorfall | | Einbuchung zum Geldkurs | | Einbuchung zum Mittelkurs | |
|---|---|---|---|---|---|
| | | Materialaufw. (EUR) | s.b.E. / s.b.A (EUR) | Materialaufw. (EUR) | s.b.E. / s.b.A (EUR) |
| Fall 1 | Verbrauch der Rohstoffe | −307.087 | | −300.000 | |
| | Begleichung der Verbindlichkeit | | | | −7.087 |
| Fall 2 | Verbrauch der Rohstoffe | −307.087 | | −300.000 | |
| | Bewertung der Verbindlichkeit | | 7.087 | | |

Die beiden Verfahrensweisen unterscheiden sich somit nur in der Periodisierung des Differenzbetrags zwischen der Umrechnung der Verbindlichkeit zum Geldkurs und zum Mittelkurs sowie in der Art des Ausweises in der GuV. Die Entscheidung für die eine oder andere Form der Zugangsbewertung unterliegt erneut dem Grundsatz der Bewertungsmethodenstetigkeit.

10 Bei verzinslichen Forderungen bzw. Verbindlichkeiten in fremder Währung sind neben den Kapitalbeträgen die Zinsen in Euro umzurechnen. Auch hier ist zwischen der Umrechnung im Zugangszeitpunkt und zu den folgenden Abschlussstichtagen zu unterscheiden. Dazu das folgende Beispiel (s. auch die Fortsetzung in Rz 13 und in Rz 17).

11 **Beispiel**
Am 31.3.01 hat das in Deutschland ansässige Mutterunternehmen (MU) seinem Tochterunternehmen (TU) in der Schweiz ein endfälliges Darlehen i. H. v. 500.000 SFR mit einer Laufzeit von vier Jahren gewährt. Den Fremdwährungsbetrag hat die Hausbank des MU zur Verfügung gestellt. Das Darlehen ist mit 5 % p.a. zu verzinsen. Die Zinszahlung erfolgt jährlich zum 31.3. Der Kurs des Schweizer Franken hat sich zum Euro wie folgt entwickelt:

| Datum | Kassakurs SFR pro EUR | | |
|---|---|---|---|
| | Briefkurs | Geldkurs | Mittelkurs |
| 31.3.01 | 1,520 | 1,480 | 1,500 |
| 31.12.01 | 1,620 | 1,580 | 1,600 |

Das Darlehen ist im JA von MU zum 31.12.01 zu bewerten.
Ermittlung des Zugangswerts zum 31.3.01 in Euro:
Da MU den an TU ausgereichten Fremdwährungsbetrag von ihrer Hausbank beschafft hat, ist die Forderung mit den tatsächlich aufgewendeten AK einzubuchen. Sie ergeben sich durch Umrechnung der beschafften Devisen zum Geldkurs von 1,48. Es errechnet sich ein Euro-Gegenwert von 337.838 EUR (500.000 SFR / 1,48 SFR/EUR).

**Aufwendungen und Erträge** in fremder Währung sind im Regelfall (zu Ausnahmen vgl. Rz 14) mit dem im Zeitpunkt ihres Anfalls gültigen Kurs umzurechnen. Fallen sie gleichmäßig während eines abgegrenzten Zeitraums an, ist ein (Tages-, Wochen- oder Monats-) Durchschnittskurs heranzuziehen. Auch bei der Umrechnung von Erfolgsbeiträgen kann von einem Wahlrecht zwischen Mittelkurs und Geld- bzw. Briefkurs ausgegangen werden. Führen die Aufwendungen und Erträge erst in einem späteren Gj zu Zahlungen, sind zum Abschlussstichtag Schulden oder Forderungen zu bilanzieren. Da ihre Umrechnung zum Stichtagskurs erfolgt, ergeben sich üblicherweise Umrechnungsdifferenzen, die in der GuV als Erfolge aus der Währungsumrechnung gesondert unter den sonstigen betrieblichen Aufwendungen oder Erträgen auszuweisen sind (vgl. näher hierzu Rz 31). Unter Wesentlichkeitsgesichtspunkten mag es im Einzelfall vertretbar sein, zur Vereinfachung der Währungsumrechnung auch die in fremder Währung angefallenen Erfolgsbeiträge zum Stichtagskurs umzurechnen.

12

**Fortsetzung des Beispiels aus Rz 11**
Erfassung der zum 31.12.01 aufgelaufenen Zinsen in Euro:
Zum 31.12.01 sind Zinsen in Fremdwährung von 18.750 SFR (5 % von 500.000 SFR für neun Monate) zu erfassen. Die Zinsforderung ist zum Durchschnittskurs der Periode umzurechnen. Da aus Sicht von MU die zufließenden Zinsen in Euro umzutauschen sind, liegt eine Umrechnung zum Briefkurs nahe. Nach den oben (vgl. Rz 8 f.) angestellten Erwägungen bestehen keine Bedenken, die für die Folgebewertung geltende Vereinfachungsregelung sinngemäß anzuwenden und die aufgelaufenen Zinsen zum Mittelkurs umzurechnen. Macht MU von dieser Möglichkeit Gebrauch, ermittelt sich ein Zugangswert der Zinsforderung von 12.097 EUR (18.750 SFR/1,55 SFR/EUR).
Insgesamt beläuft sich die Fremdwährungsforderung (Darlehen plus Zinsen) zum 31.12.01 auf 518.750 SFR. Ihr Zugangswert in Euro beträgt 349.935 EUR (337.838 EUR + 12.097 EUR).
Die Bewertung der Forderung entspricht jener, die sich ergeben hätte, wenn das Fremdwährungsgeschäft von Anfang an in allen relevanten Aspekten in der Währung von MU (Euro) erfasst worden wäre.

13

> Zum 31.12.01 ist nicht nur die Zinsforderung, sondern auch die Kapitalforderung einer Folgebewertung zu unterziehen, um eine etwaige Abschreibung oder den Ausweis eines Umrechnungsgewinns zu prüfen. Das erfordert eine Umrechnung nach den Vorgaben des § 256a HGB (vgl. hierzu die Fortsetzung des Beispiels in Rz 17).

**14** Nicht alle aus Fremdwährungsgeschäften resultierende Erfolgsbeiträge sind mit dem Kurs im Zeitpunkt ihrer Erfassung umzurechnen. Bei Aufwendungen und Erträgen aus der Auflösung von RAP etwa ist bereits mit Abgrenzung der betreffenden Einnahmen bzw. Ausgaben eine Umrechnung vorzunehmen.[7] Spätere Währungsschwankungen wirken sich nicht mehr erfolgswirksam aus. Ein ähnliches Bild zeigt sich bei Abschreibungen auf Anlagegüter, deren AK Fremdwährungsbestandteile enthalten. Sie sind mit dem tatsächlich aufgewendeten Euro-Betrag bzw. mit dem in Euro umgerechneten Verpflichtungsbetrag bei Zugang des VG einzubuchen. In der Folgezeit stellt sich die Frage der Fremdwährungsumrechnung nicht mehr. Das gilt auch für die zu erfassenden Abschreibungen auf das Anlagegut.

**15** **Latente Steuern** unterliegen nur ausnahmsweise der Fremdwährungsumrechnung nach § 256a HGB. Denkbar ist dieser Fall bei Unt, die eine rechtlich unselbstständige Zweigniederlassung oder Betriebsstätte im Ausland unterhalten, die dort der Besteuerung unterliegt. Führt diese Einheit ihre Bücher in fremder Währung, können aus Abweichungen der Buchwerte von den Steuerwerten oder ungenutzten steuerlichen Verlustvorträgen latente Steuern in Fremdwährung resultieren.

### 2.2 Umrechnung bei der Folgebewertung

**16** § 256a HGB regelt nur die Umrechnung auf fremde Währung lautender VG und Verbindlichkeiten in der Zeit nach ihrer erstmaligen Erfassung. Die Vorschrift unterscheidet **zwei Fälle**: Beträgt die Restlaufzeit der Fremdwährungsposten mehr als ein Jahr, steht ihre Umrechnung unter dem Vorbehalt der allgemeinen Bewertungsgrundsätze, namentlich des Anschaffungswertprinzips (vgl. § 253 Abs. 1 Satz 1 HGB) und des Realisationsprinzips (vgl. § 252 Abs. 1 Nr. 4 2. Hs. HGB). Andernfalls hat die Umrechnung nach dem Wortlaut der Vorschrift **ohne Rücksicht auf den Ausweis unrealisierter Gewinne** zum Devisenkassamittelkurs zu erfolgen.

**17**
> **Fortführung des Beispiels aus Rz 11**
> Folgebewertung des Fremdwährungsdarlehens zum 31.12.01 in Euro:
> Für Zwecke der Stichtagsbewertung ist der Fremdwährungsbetrag von 518.750 SFR (ausgereichter Darlehensbetrag von 500.000 SFR zzgl. aufgelaufener Zinsen von 18.750 SFR) zum Devisenkassamittelkurs umzurechnen. Das ergibt einen Euro-Betrag von 324.219 EUR (518.750 SFR / 1,60 SFR/EUR). Die Darlehensforderung ist damit i. H. v. 25.716 EUR (349.935 EUR – 324.219 EUR) wertgemindert.

---

[7] Vgl. BilMoG-BegrRegE, S. 62.

| FW-Posten | Zugangs-wert | Datenbasis Folgebewertung zum 31.12.01 | | | |
|---|---|---|---|---|---|
| | in EUR | FW-Betrag | Kurs | Euro-Gegenwert | Wertänderung |
| Kapitalforderung | 337.838 | 500.000 | 1,600 | 312.500 | −25.338 |
| Zinsforderung | 12.097 | 18.750 | 1,600 | 11.719 | −378 |
| Gesamtforderung | 349.935 | 518.750 | 1,600 | 324.219 | −25.716 |

Hinsichtlich der Behandlung der Wertminderung ist wie folgt zu differenzieren: Hat sich der Kurs des Schweizer Franken bis zur Aufstellung des Abschlusses nicht erholt, ist von einer voraussichtlich dauernden Wertminderung auszugehen. Es besteht handelsrechtlich eine Abschreibungspflicht (vgl. § 253 Abs. 3 Satz 3 HGB).
In dem Maß, wie sich der Kurs des Schweizer Franken im Aufstellungszeitraum erholt, wird verbreitet argumentiert, die Stichtagswertminderung der Fremdwährungsforderung sei aus Sicht des Abschlussstichtags nicht von dauernder Natur. Folgt man dieser Auslegung des Merkmals der voraussichtlich dauernden Wertminderung, ergibt sich handelsrechtlich für die dem FAV zuzurechnende Kapitalforderung nach § 253 Abs. 3 Satz 4 HGB ein Abwertungswahlrecht auf den niedrigeren Stichtagswert der Forderung. Dieses Verständnis des gesetzlichen Tatbestandsmerkmals „voraussichtlich dauernd" begegnet indes Bedenken. Unter dem Buchwert liegende Preise an aktiven Märkten sind – wie der BFH zu Recht für börsennotierte Aktien festgestellt hat – regelmäßig Ausdruck einer voraussichtlich dauernden Wertminderung.[8] Sie berücksichtigen alle Zukunftserwartungen der Marktteilnehmer. Etwas anderes kann nur gelten, wenn die Effizienzhypothese als Folge von Marktstörungen wie Kursmanipulationen nachweislich nicht gilt. Davon wird man bei den deutlich liquideren Devisenmärkten noch weniger ausgehen können als bei Aktienmärkten.
Für die Zinsforderung ergibt sich eine eindeutige Beurteilung. Sie ist nach dem Sachverhalt innerhalb eines Jahres fällig und damit dem UV zuzurechnen. Damit besteht für sie in jedem Fall Abwertungspflicht auf den niedrigeren Stichtagswert.

**Variante des Beispiels aus Rz 11:**
Abweichend vom Ausgangsfall sei angenommen, der Schweizer Franken habe zum 31.12.01 auf 1,400 SFR je EUR aufgewertet. Für die Zeit vom 31.3.-31.12.01 ermittelt sich ein Durchschnittskurs von 1,450 SFR je EUR.
Folgebewertung des Fremdwährungsdarlehens zum 31.12.01 in Euro:
Zum 31.12.01 beläuft sich der Zugangswert der Fremdwährungsforderung inkl. aufgelaufener Zinsen auf 350.769 EUR (337.838 EUR + (18.750 SFR / 1,45 SFR/EUR)). Die Umrechnung des Forderungsbetrags in Fremdwährung zum Devisenkassamittelkurs am Stichtag ergibt einen Euro-Betrag von 370.536 EUR (518.750 SFR / 1,40 SFR/EUR). Es ermittelt sich eine unrealisierte Wertsteigerung von 19.767 EUR (370.536 EUR – 350.769 EUR). Da die

---

[8] Vgl. BFH, Urteil v. 21.9.2011, IR 89/10, BFHE 235, S. 263; s. hierzu auch § 253 Rz 262.

Restlaufzeit der Kapitalforderung mehr als ein Jahr beträgt, darf der auf sie entfallende unrealisierte Währungsgewinn von 19.305 EUR (500.000 SFR / 1,40 SFR/EUR − 500.000 SFR / 1,48 SFR/EUR) nicht erfasst werden. Anders stellt sich die Situation im Hinblick auf die Zinsforderung dar. Da die Zinsen jährlich fällig sind, beträgt die Restlaufzeit des Zinsanspruchs weniger als ein Jahr. Nach dem Wortlaut des § 256a Satz 2 HGB ist damit der auf diesen Anspruch entfallende unrealisierte Währungsgewinn von 462 EUR (18.750 SFR / 1,40 SFR/EUR − 18.750 SFR / 1,45 SFR/EUR) zu erfassen. Insgesamt führt das zu einem Forderungsansatz zum 31.12.01 mit 351.231 EUR (350.769 EUR + 462 EUR).

| FW-Posten | Zugangs-wert in EUR | Datenbasis Folgebewertung zum 31.12.01 | | | |
|---|---|---|---|---|---|
| | | FW-Betrag | Kurs | Euro--Betrag | Wertänderung |
| Kapitalforderung | 337.838 | 500.000 | 1,400 | 357.143 | 19.305 |
| Zinsforderung | 12.931 | 18.750 | 1,400 | 13.393 | 462 |
| Gesamtforderung | 350.769 | 518.750 | 1,400 | 370.536 | 19.767 |

18  Der RegE BilMoG begründete die aus dem seinerzeitigen Wortlaut nur implizit abzuleitende **Vernachlässigung des Anschaffungswert- und Realisationsprinzips** bei kurzfristigen VG und Verbindlichkeiten mit Praktikabilitätserwägungen. An eine substanzielle Einschränkung dieser Grundsätze bei der Fremdwährungsumrechnung war nicht gedacht. Nach der von der Bundesregierung vorgeschlagenen Fassung des § 256a HGB hätte daher ein Ausweis unrealisierter Gewinne aus der Umrechnung kurzfristiger Fremdwährungsposten nur innerhalb der Grenzen des Wesentlichkeitsgrundsatzes toleriert werden können. Zudem bestand keine zwingende Notwendigkeit, vom Anschaffungswert- und Realisationsprinzip abzuweichen.

19  Fraglich ist, ob auch die Gesetz gewordene Vorschrift diese Auslegung trägt. Der Wortlaut, „bei einer Restlaufzeit von einem Jahr oder weniger sind § 253 Abs. 1 Satz 1 und § 252 Abs. 1 Nr. 4 Hs. 2 HGB nicht anzuwenden (Hervorhebung durch die Verf.)", spricht auf den ersten Blick dagegen. Es scheint, als habe der Gesetzgeber eine unbedingte Umrechnung zum Stichtagskurs anordnen wollen. Damit würde allerdings der angestrebte Vereinfachungseffekt konterkariert. Das zeigt bereits das vorstehende Beispiel, in dem Kapital- und Zinsforderung mit unterschiedlichen Kursen zum Abschlussstichtag umzurechnen sind. Bei **Tilgungsdarlehen** macht die Unterscheidung zwischen dem kurzfristigen Teil der Forderung bzw. der Verbindlichkeit und dem nach mehr als einem Jahr fälligen Teil die Fremdwährungsumrechnung noch diffiziler.

20  **Beispiel**
U hat am 30.6.01 ein Darlehen i. H. v. 10,0 Mio. US-Dollar aufgenommen, das mit 5 % p. a. zu verzinsen ist. Das Darlehen hat eine Laufzeit von zehn Jahren und ist jährlich mit 1,0 Mio. USD zu tilgen. Bei Aufnahme des Darlehens beträgt der Wechselkurs 1,50 USD je EUR. Zum 31.12.01 notiert der Dollar schwächer mit 1,60 USD je EUR.

Zum 31.12.01 führt die Fremdwährungsumrechnung zu folgenden Ergebnissen:

| FW-Posten | Nominal in USD | Zugangswerte per 30.6.01 | | Folgebewertung zum 31.12.01 | |
|---|---|---|---|---|---|
| | | Kurs | Betrag in EUR | Stichtagskurs | Wertänderung |
| Verbindlichkeit, RLZ > 1 Jahr | 9.000.000 | 1,50 | 6.000.000 | 1,60 | −375.000 |
| Verbindlichkeit, RLZ = 1 Jahr | 1.000.000 | 1,50 | 666.667 | 1,60 | −41.667 |
| Zinsverbindlichkeit, RLZ < 1 Jahr | 250.000 | 1,55 | 161.290 | 1,60 | −5.040 |
| Summe | 10.250.000 | – | 6.827.957 | – | −421.707 |

Der Zugangswert des Darlehens einschl. der aufgelaufenen Zinsen für sechs Monate beläuft sich auf 6.827.957 EUR. Die Bewertung zum niedrigeren Stichtagskurs ergibt unrealisierte Währungsgewinne i. H. v. insgesamt 421.707 EUR. Davon sind bei wörtlicher Auslegung des § 256a HGB jene Teile sofort erfolgswirksam zu erfassen, die auf die im Folgejahr fällige Tilgungsrate (41.667 EUR) und auf die Zinsforderung (5.040 EUR) entfallen. Der Rückgang des Euro-Gegenwerts des Darlehensbetrags, der eine Restlaufzeit von mehr als einem Jahr aufweist (9.000.000 USD), bleibt nach dem Anschaffungswert- und Realisationsprinzip hingegen unberücksichtigt.

Diese eingeschränkte Beachtung des Realisationsprinzips macht es erforderlich, die zu unterschiedlichen Kursen umgerechneten Kredit- und Zinsverbindlichkeiten aus der Darlehensaufnahme gesondert fortzuführen, um etwaige Währungserfolge aus der Begleichung dieser Schulden zutreffend zu erfassen.

Im obigen Beispiel mag diese differenzierte Umrechnung der Fremdwährungsverbindlichkeit noch einfach zu handhaben sein. Die Berechnung wird indes komplexer, wenn U bspw. monatliche Zahlungen zu leisten hat und eine annuitätische Tilgung des Darlehens vereinbart ist. Hier verkehrt sich die als Vereinfachungslösung gedachte Umrechnungsvorschrift des § 256a Satz 2 HGB in ihr Gegenteil. Weitaus einfacher wäre es, den gesamten Darlehensbetrag unter Beachtung des Anschaffungswert- und Realisationsprinzips umzurechnen. Bei dieser Verfahrensweise wird zumindest der Kapitalbetrag mit einem einheitlichen Wechselkurs umgerechnet. Da die Zinsabgrenzung ohnehin gesondert gebucht wird, sollte ihre Umrechnung mit einem abweichenden Kurs keine übermäßigen Schwierigkeiten verursachen.

Wie sich aus der Begründung des Rechtsausschusses ergibt, war mit dem im Vergleich zum RegE BilMoG angefügten Satz 2 des § 256a HGB keine geänderte Rechtsfolge beabsichtigt. Er sollte vielmehr auf Wunsch der beteiligten Kreise die Vereinfachungslösung für kurzfristige VG und Verbindlichkeiten absichern (vgl. BilMoG-BgrRA, S. 113). Aufgrund dieser Zwecksetzung erscheint es nicht angemessen, aus dem bloßen Wortlaut der Vorschrift auf eine generelle Verpflichtung zur Umrechnung kurzfristiger Posten ohne Beschränkung auf die AK als Obergrenze zu schließen, soweit dies die Währungsumrechnung erschwert. Es liegt nahe, die Anweisung des § 256a Satz 2 HGB in diesen Fällen **teleologisch** auf den beabsichtigten Regelungsgehalt zu **reduzieren**. Folgt man dieser Auslegung des § 256a HGB, stellt sich die Frage, ob kurzfristige Fremdwährungspositionen auch dann unter Beachtung des Anschaffungswert- und Realisationsprinzips umgerechnet werden dürfen, wenn die in § 256a Satz 2 HGB vorgesehene Verfahrensweise keine Erschwernis darstellt. U. E. ist dies zu bejahen.[9] Nach der Regierungsbegründung zum BilMoG kommt der Bezugnahme auf das Anschaffungswert- und Realisationsprinzip bei der Währungsumrechnung eine „besondere Bedeutung"[10] zu. Nur aus Praktikabilitätserwägungen sollte davon bei kurzfristigen VG und Verbindlichkeiten abgesehen werden. Dieser Regelungszweck trägt ein Gebot zur Durchbrechung des Anschaffungswert- und Realisationsprinzips nicht. Das gilt umso mehr, als die Bundesregierung von der Vereinfachungsregelung des § 256a Satz 2 HGB offenbar keinen wesentlichen Effekt erwartet hat. Ansonsten hätte sie – analog zur Zeitwertbewertung verrechnungspflichtiger VG nach § 253 Abs. 1 Satz 4 HGB – eine Ausschüttungssperre für die erfassten unrealisierten Gewinne vorgesehen.

22 Den beiden Varianten der Fremdwährungsumrechnung gem. § 256a HGB – Umrechnung mit und ohne Bewertungsvorbehalt – lassen sich weitere Sachverhalte unterordnen. Ebenfalls ohne Beachtung der Vorgaben der §§ 253 Abs. 1 Satz 1, 252 Abs. 1 Nr. 4 2. Hs. HGB zum Devisenkassamittelkurs umzurechnen sind **Finanzinstrumente des Handelsbestands** bei Kreditinstituten und Finanzdienstleistungsinstituten (§ 340e Abs. 3 Satz 1 HGB). Der Grund für die Befreiung dieser Finanzinstrumente von den Bewertungsrestriktionen des Anschaffungswert- und Realisationsprinzips liegt in der Neubewertung dieser VG zu jedem Abschlussstichtag. Offen bleibt, ob es bei der reinen Stichtagsumrechnung auch dann bleibt, wenn nach Wegfall des aktiven Markts für diese Finanzinstrumente auf die AK-Bewertung überzugehen ist. Das dürfte zu verneinen sein. § 256a HGB i. d. F. des RegE sah keinen generellen Vorrang der Bewertungsvorschriften für zu Handelszwecken erworbene Finanzinstrumente vor der Umrechnungsvorschrift vor. Diese sollte lediglich in Fällen des § 253 Abs. 1 Satz 3 HGB-E, also der Marktbewertung dieser Finanzinstrumente, nicht zum Tragen kommen. Die endgültige Gesetzesfassung verzichtet „im Interesse einer besseren Lesbarkeit"[11] auf diese Bezugnahme. Bei nicht zum beizulegenden Zeitwert bewerteten Finanzinstrumenten ist damit – soweit sie eine Restlaufzeit von mehr als einem Jahr aufweisen – von einer Begrenzung der Fremdwährungsumrechnung durch das Anschaffungswert- und Realisationsprinzip auszugehen.

23 Auch **Rückstellungen** und **latente Steuern** sollen nach den gesetzlichen Bewertungsanweisungen zu jedem Abschlussstichtag ohne Rücksicht auf ihren Zugangswert neu zu bewerten sein.[12] Dem entspricht es, diese Posten ohne Einschränkung zum Devisenkassamittelkurs am Abschlussstichtag umzurechnen.

---

[9] Vgl. dazu auch das abschließende Beispiel unter Rz 36; dagegen *Kosikowski/Leistner*, in Beck Bil-Komm. 9. Aufl., § 256a HGB, Rz 50; *Hoffmann/Lüdenbach*, NWB-Kommentar Bilanzierung, 6. Aufl., 2015, § 256a HGB, Rz 17, 19, die allerdings bei einer der Tilgung unterliegenden Forderung und Verbindlichkeit für Zwecke der Währungsumrechnung die Annahme einer einheitlichen Restlaufzeit als zulässig erachten.
[10] Vgl. BilMoG-BgrRegE, S. 62.
[11] Vgl. BilMoG-BgrRA, S. 112.
[12] Vgl. BilMoG-BgrRegE, S. 62.

**Beispiel** 24
U hat am 1.11.01 eine Rückstellung für eine Schadenersatzverpflichtung i. H. v. 1,28 Mio. USD gebildet.
Auf Basis des Devisenkassamittelkurses am Einbuchungstag (1,28 USD/EUR) beläuft sich die Rückstellung auf 1 Mio. EUR (1,28 Mio. USD / 1,28 USD/EUR).
Zum 31.12.01 beträgt der Devisenkassamittelkurs 1,34 USD/EUR. U rechnet mit einer Dauer des Verfahrens von mindestens 16 Monaten.

| Datum | Kassakurs USD pro EUR | | |
|---|---|---|---|
| | Briefkurs | Geldkurs | Mittelkurs |
| 1.11.01 | 1,29 | 1,27 | 1,28 |
| 31.12.01 | 1,35 | 1,33 | 1,34 |

Ermittlung des Wertansatzes zum 31.12.01:
Der Sachverhalt fällt nicht unter die Auflösungsvorschrift des § 249 Abs. 2 Satz 2 HGB, da der Grund für die Rückstellungsbildung nicht entfallen ist. Es geht um eine reine Bewertungsfrage und damit um den Ansatz des nach vernünftiger kaufmännischer Beurteilung notwendigen Erfüllungsbetrags (vgl. § 253 Abs. 1 Satz 2 HGB). Bei Anwendung dieser Vorschrift gilt das Höchstwertprinzip nicht.[13] Unabhängig von der Fristigkeit der ungewissen Verbindlichkeit ist daher die Rückstellung auf 955.224 EUR (1,28 Mio. USD / 1,34 USD/EUR) zu reduzieren.

Das Anschaffungswert- und Realisationsprinzip dürfte schließlich auch bei **Sortenbeständen** zu vernachlässigen sein. Aufgrund ihrer regelmäßig untergeordneten Bedeutung für die Darstellung der VFE-Lage führt ihre Umrechnung zum Devisenkassamittelkurs am Abschlussstichtag allenfalls zum Ausweis unwesentlicher unrealisierter Währungsgewinne.[14] 25

Nicht alle Transaktionen, die ursprünglich in einer fremden Währung getätigt wurden, unterliegen in der Folgebewertung einer erneuten Umrechnung. Nur einmalig umzurechnen sind in Fremdwährung geleistete Zahlungen im Rahmen von Dauerschuldverhältnissen, die als aktive oder passive **RAP** zu bilanzieren sind.[15] Diese Behandlung geht von einer störungsfreien Abwicklung des Geschäfts aus. Unter diesen Vorzeichen haben Wechselkursschwankungen keine Auswirkungen auf die Höhe des Vermögens. Ist dagegen eine vorzeitige Beendigung oder Rückabwicklung des Geschäfts mit Rückgewähr der gezahlten Beträge wahrscheinlich, sind die **RAP** wie Forderungen und Verbindlichkeiten einer Folgebewertung nach den allgemeinen Grundsätzen zu unterwerfen. 26

In gleicher Weise ist mit in fremder Währung geleisteten oder erhaltenen **Anzahlungen** zu verfahren. Obwohl diese formal Ausdruck von Forderungen und Verbindlichkeiten sind, erübrigt sich im Regelfall ihre erneute Umrechnung in der Folgezeit, da sie nicht durch (Rück-)Zahlung, sondern durch Erbringung der 27

---

13 Vgl. BilMoG-BgrRegE, S. 62.
14 Vgl. auch BilMoG-BgrRegE, S. 62.
15 Vgl. BilMoG-BgrRegE, S. 62.

Gegenleistung beglichen werden.[16] Tritt eine Leistungsstörung ein, die eine Rückgewähr der Anzahlungen erwarten lässt, gilt das zu RAP Gesagte sinngemäß.

28 Ebenfalls keiner währungsbedingten Folgebewertung unterliegen für gewöhnlich **nicht-monetäre Posten**. Dazu gehören Sachanlagen, immaterielle VG und Vorräte. Etwas anderes gilt für Wertpapiere, die (nur) an ausländischen Börsen gehandelt werden. Ferner kann bei materiellen VG (z. B. Vorräten) für Zwecke der Niederstbewertung eine Fremdwährungsumrechnung erforderlich werden. Das ist der Fall, wenn der Beschaffungspreis am Abschlussstichtag aus einem ausländischen Markt abzuleiten ist. Der Vergleichswert zu den AK nach § 253 Abs. 4 HGB ergibt sich dann durch Umrechnung des Wiederbeschaffungspreises mit dem aktuellen Stichtagskurs, ggf. unter Berücksichtigung von Anschaffungsnebenkosten.[17]

## 2.3 Folgebewertung bei verschiedenen Bilanzposten – Zusammenfassung

29 Nachfolgend werden die vorstehend getroffenen Feststellungen zur währungsbedingten Folgebewertung für verschiedene Bilanzposten übersichtsartig zusammengefasst.[18]

30 Im Regelfall keine erneute Umrechnung:
- RAP (s. Rz 26)
- Erhaltene Anzahlungen (s. Rz 27)
- Nicht-monetäre Posten (SAV, immaterielle VG, Vorräte; s. Rz 28)

Umrechnung zum Devisenkassamittelkurs am Abschlussstichtag ohne Bewertungsvorbehalt:
- VG mit einer Restlaufzeit bis ein Jahr (s. Rz 16)
- Verbindlichkeiten mit einer Restlaufzeit bis ein Jahr (s. Rz 16)
- Zu Handelszwecken erworbene Finanzinstrumente bei Kredit- und Finanzdienstleistungsunternehmen (s. Rz 22)
- Rückstellungen (s. Rz 23)
- Latente Steuern (s. Rz 23)
- Sorten (s. Rz 25)

Umrechnung zum Devisenkassamittelkurs am Abschlussstichtag mit Bewertungsvorbehalt:
- (Monetäre) VG mit einer Restlaufzeit größer ein Jahr (s. Rz 16)
- Verbindlichkeiten mit einer Restlaufzeit größer ein Jahr (s. Rz 16)
- In Fremdwährung notierte nicht-monetäre Posten (außer zu Handelszwecken erworbene Finanzinstrumente bei Kredit- und Finanzdienstleistungsunternehmen) (s. Rz 28)
- Alle übrigen Posten aus Fremdwährungsgeschäften

---

[16] Das entspricht ihrer Deutung als nicht-monetäre Posten entsprechend der Sichtweise nach IFRS; vgl. *Lüdenbach/Hoffmann/Freiberg*, in *Lüdenbach/Hoffmann/Freiberg*, Haufe IFRS-Kommentar, 13. Aufl. 2015, § 27, Rz 18.
[17] Vgl. dazu die Übersicht in *Kessler/Leinen/Strickmann*, BilMoG-RegE, 2008, S. 233.
[18] In Anlehnung an die Übersicht in *Kessler/Leinen/Strickmann*, BilMoG-RegE, 2008, S. 233.

## 2.4 Ausweis von Umrechnungserfolgen in der Bilanz und in der Gewinn- und Verlustrechnung

Auswirkungen der Fremdwährungsumrechnung bei VG oder Schulden sind in der **Bilanz** unmittelbar durch Anpassung des jeweiligen Buchwerts zu berücksichtigen. 31

In der **GuV** sind Erträge und Aufwendungen aus der Fremdwährungsumrechnung nach § 277 Abs. 5 Satz 2 HGB gesondert unter dem Posten „sonstige betriebliche Erträge" bzw. „sonstige betriebliche Aufwendungen" auszuweisen. Dazu bietet sich ein Davon-Vermerk oder ein Vorspaltenausweis an. Die Praxis präferiert entgegen dem Wortlaut des § 277 Abs. 5 Satz 2 HGB eine Angabe der umrechnungsbedingten Erfolge im Anhang. 32

Die Ausweisvorschrift gilt nicht für währungsbedingte Abschreibungen nichtmonetärer VG. Sind Vorratsgüter aufgrund währungsbedingt gesunkener Wiederbeschaffungskosten auf einen niedrigeren beizulegenden Wert abzuschreiben, ist der entsprechende Aufwand bei Anwendung des **GKV** unter den Bestandsveränderungen (Posten Nr. 2), im Materialaufwand (Posten Nr. 5) oder – soweit die Abwertung die bei der KapG üblichen Abschreibungen übersteigt – im Posten Nr. 7b des gesetzlichen Gliederungsschemas auszuweisen. Für das **UKV** gelten diese Feststellungen sinngemäß. Entsprechend seiner funktionsorientierten Gliederung erfasst es fertigungsbezogene Abschreibungen infolge geänderter Wechselkurse in den HK des Umsatzes (Posten Nr. 2). Für Zuschreibungen ist ein Ausweis unter den sonstigen betrieblichen Erträgen (Posten Nr. 4 nach GKV bzw. Nr. 6 nach UKV) vorzusehen. 33

Der Ausweis von Aufwendungen und Erträgen aus der Fremdwährungsumrechnung unter den Posten „außerordentliche Aufwendungen" bzw. „außerordentliche Erträge" dürfte nicht in Betracht kommen. Dazu müssten die Erfolge außerhalb der gewöhnlichen Geschäftstätigkeit anfallen. Das erscheint selbst bei spekulativen Geschäften schwer begründbar, da das Unt diese bewusst eingeht, was den Geschäften den Charakter gewöhnlicher Geschäftstätigkeit verleiht. Davon scheint auch der Gesetzgeber auszugehen, da § 277 Abs. 5 Satz 2 HGB lediglich einen gesonderten Ausweis unter den sonstigen betrieblichen Erträgen bzw. Aufwendungen vorsieht. 34

Der Gesetzeswortlaut lässt nicht klar erkennen, ob von der Ausweisvorschrift des § 277 Abs. 5 Satz 2 HGB nur unrealisierte Erfolge aus der Anwendung des § 256a HGB erfasst werden oder ob zusätzlich die in der Berichtsperiode realisierten währungsbedingten Aufwendungen und Erträge angabepflichtig sind. Dazu das folgende Beispiel: 35

> **Beispiel**
> U hat im GJ 01 drei Krane in die USA exportiert. Die nachstehende Übersicht gibt Auskunft über den Kurs des Euro zum US-Dollar im Zeitpunkt der Auslieferung der Krane, bei Eingang der Kaufpreisforderungen und am Abschlussstichtag. U hat sich gegen das Währungsrisiko nicht abgesichert.

| Datum | Vorgang | Betrag [USD] | Kurs EUR zu USD | Betrag [EUR] | FW-Erfolg [EUR] |
|---|---|---|---|---|---|
| 28.09.01 | Lieferung Kran 1 | 3.500.000 | 1,20 | 2.916.667 | 0 |
| 12.10.01 | Bezahlung Kran 1 | 3.500.000 | 1,16 | 3.017.241 | 100.574 |
| 15.10.01 | Lieferung Kran 2 | 3.000.000 | 1,20 | 2.500.000 | 0 |
| 15.11.01 | Bezahlung Kran 2 | 3.000.000 | 1,24 | 2.419.355 | −80.645 |
| 20.12.01 | Lieferung Kran 3 | 4.800.000 | 1,33 | 3.600.000 | 0 |
| 31.12.01 | Fremdwährungs-umrechnung | 4.800.000 | 1,25 | 3.840.000 | 240.000 |
| 20.01.02 | Bezahlung Kran 3 | 4.800.000 | 1,22 | 3.934.426 | 94.426 |

Vertritt man die Auffassung, die Ausweisvorschrift des § 277 Abs. 5 Satz 2 HGB beziehe sich auf alle in der GuV erfassten realisierten und unrealisierten Erfolge aus der Währungsumrechnung[19], hat U in der GuV Erträge aus Währungsumrechnung von 340.574 EUR (100.574 EUR + 240.000 EUR) sowie Aufwendungen aus der Währungsumrechnung von -80.645 EUR anzugeben.

Sieht man den Anwendungsbereich der Regelung dagegen auf reine Umrechnungserfolge i.S.d. § 256a HGB begrenzt, ist im Beispiel lediglich der unrealisierte Erfolg von 240.000 EUR angabepflichtig.

U. E. verlangt § 277 Abs. 5 Satz 2 HGB nur eine Angabe der stichtagsbezogenen Aufwendungen und Erträge aus Währungsumrechnung, nicht dagegen der unterjährig realisierten Erfolge. Dafür spricht die Entstehungsgeschichte der Vorschrift. Sie ist zusammen mit § 256a HGB, genauer: als Ergebnis ihrer Überarbeitung im Vergleich zum RegE, in das Gesetz aufgenommen worden. Zudem spricht sie von Erträgen und Aufwendungen aus der Währungsumrechnung. Realisierte Währungserfolge (z.B. aus der Tilgung von Fremdwährungsforderungen oder – verbindlichkeiten) sind demgegenüber nicht das Ergebnis einer Umrechnung, sondern einer Erfüllungshandlung.[20] Ungeachtet dieser Auslegung der Ausweisvorschrift steht es dem Bilanzierenden frei, sämtliche realisierten und unrealisierten Fremdwährungserfolge der Berichtsperiode in der GuV gesondert auszuweisen oder im Anhang anzugeben. Diese Darstellung sollte jedoch mit einer Erläuterung im Anhang und einer gesonderten Angabe der Umrechnungserfolge gem. § 256a HGB verbunden sein.

## 2.5 Angaben in Anhang und Lagebericht

36 Gem. § 284 Abs. 2 Nr. 2 HGB müssen im **Anhang** „die Grundlagen für die Umrechnung in Euro angegeben werden, soweit der JA Posten enthält, denen Beträge zugrunde liegen, die auf fremde Währung lauten oder ursprünglich auf

---

[19] Vgl. *Kozikowski/Leistner*, in Beck Bil-Komm. 9. Aufl., § 256a HGB, Rz 231, mit der Empfehlung einer gesonderten Erläuterung im Anhang.
[20] Im Ergebnis wie hier auch *Zwirner/Künkele/Froschhammer*, BB 2011, S. 1323. *Roß* bevorzugt ebenfalls diese Auslegung, ohne allerdings die andere Ausweisvariante ausschließen zu wollen, vgl. *Roß*, WPg 2012, S. 25.

fremde Währung lauteten" (vgl. § 284 Rz 38 ff.). Die Anhangangabe ist weiter gefasst als der Regelungsbereich von § 256a HGB, der vom Wortlaut her nur auf fremde Währung lautende VG und Verbindlichkeiten umfasst. Neben Fremdwährungsforderungen und -verbindlichkeiten können von der Angabepflicht insb. auch Rückstellungen für drohende Verluste aus Fremdwährungsgeschäften oder aus Währungssicherungsgeschäften betroffen sein (vgl. § 284 Rz 40).

Im **LB** sind gem. § 289 Abs. 1 Sätze 1 u. 2 HGB der Geschäftsverlauf und die Lage der Ges darzustellen und zu analysieren (vgl. § 289 Rz 27). Hierbei ist u. a. auf die gesamtwirtschaftlichen Rahmenbedingungen einzugehen (s. § 289 Rz 24). Soweit sich wesentliche Auswirkungen aus der Entwicklung der Wechselkurse ergeben haben, sind diese darzulegen. Davon ist insb. dann auszugehen, wenn die Ges umfangreiche Import- und Exportbeziehungen zu „Nicht-Euro-Ländern" unterhält oder wesentliche Beteiligungen in diesen Ländern hält.[21]

37

§ 289 Abs. 1 Satz 4 HGB ordnet ferner an, im LB auf die voraussichtliche Entwicklung der Ges mit ihren Chancen und Risiken einzugehen (vgl. § 289 Rz 44). Das erfordert es, bei den von Wechselkursschwankungen stärker betroffenen Unt im LB die erwartete Wechselkursentwicklung zu erläutern (s. § 289 Rz 55).

### 2.6 Abschließendes Beispiel

Das nachfolgende Beispiel verdeutlicht das **Zusammenwirken von Zugangs- und Folgebewertung** bei der Umrechnung von Fremdwährungsgeschäften unter Berücksichtigung der Vereinfachungsregelung für kurzfristige Forderungen und Verbindlichkeiten:

38

**Beispiel:**[22]
U hat am 1.11.01 von einem Lieferanten in den USA Waren erhalten. Als Zahlungsbedingungen wurden vereinbart:
Variante 1: Kaufpreis 260.000 USD, zahlbar Anfang Januar 02,
Variante 2: Kaufpreis 280.000 USD, zahlbar Anfang Januar 03; ohne Zahlungsziel hätte der Kaufpreis 260.000 USD betragen.
Der Kurs des US-Dollar hat sich zum Euro wie folgt entwickelt:

| Datum | Kassakurs USD pro EUR | | |
|---|---|---|---|
| | Briefkurs | Geldkurs | Mittelkurs |
| 1.11.01 | 1,29 | 1,27 | 1,28 |
| 31.12.01 | 1,35 | 1,33 | 1,34 |
| 31.12.02 | 1,43 | 1,41 | 1,42 |

Zu bewerten ist die Forderung im JA von U zum 31.12.01 und (für Variante 2 zusätzlich) zum 31.12.02.

---

21 Vgl. *Kozikowski/Leistner*, in Beck Bil-Komm., 9. Aufl., § 256a HGB, Rz 276; *Küting/Mojadadr*, in *Küting/Weber*, HdR, HGB § 256a, Rn 120, Stand 6/2010.
22 In Anlehnung an *Kessler/Veldkamp*, KoR 2009, S. 248 ff.

Variante 1:
Zur Erfüllung der Verbindlichkeit muss U US-Dollar gegen Euro beschaffen. Das legt eine Umrechnung der Fremdwährungsschuld zum Geldkurs nahe. Da die Verbindlichkeit im kommenden Jahr beglichen wird, spricht nichts dagegen, die für die Folgebewertung vorgesehene Vereinfachung auch bei der Zugangsbewertung anzuwenden. Umgerechnet zum Devisenkassamittelkurs von 1,28 ist die Verbindlichkeit danach zum 1.11.01 mit einem Euro-Gegenwert von 203.125 EUR (260.000 USD / 1,28 USD/EUR) einzubuchen.

Zum Abschlussstichtag (31.12.01) ist die Fremdwährungsverbindlichkeit zum aktuellen Devisenkassamittelkurs umzurechnen. Da der US-Dollar gegenüber dem Euro schwächer geworden ist, ermittelt sich eine Verbindlichkeit von nur noch 194.030 EUR (260.000 USD / 1,34 USD/EUR). Der Ansatz des niedrigeren Stichtagswerts verstößt zwar gegen das Realisationsprinzip. § 256a Satz 2 HGB sieht bei kurzfristigen Fremdwährungspositionen indes ausdrücklich eine reine Stichtagsbewertung vor. Da die Verwendung des Stichtagskurses die Bewertung lediglich vereinfachen soll, bestehen u. E. keine Bedenken gegen einen Ansatz der Verbindlichkeit zum umgerechneten (höheren) Zugangswert. Das ergibt im Beispiel einen Wertansatz von 203.125 EUR. Im Ergebnis besteht nach dieser Auslegung des § 256a HGB ein faktisches Wahlrecht zum Ausweis eines unrealisierten Gewinns aus der Währungsumrechnung von 9.095 EUR, das dem Grundsatz der Bewertungsmethodenstetigkeit unterliegt.

Variante 2:
Werden Verbindlichkeiten aus Austauschgeschäften gestundet, ist im Erfüllungsbetrag ein Zinsanteil anzunehmen. Soweit er auf das am Abschlussstichtag noch schwebende Kreditgeschäft entfällt, darf er nicht passiviert werden. Dementsprechend ist die Kaufpreisschuld zum 1.11.01 mit dem Barzahlungspreis von 260.000 USD anzusetzen. Das entspricht einem Zugangswert in Euro von 203.125 EUR (260.000 USD / 1,28 USD/EUR).

Für Zwecke der Folgebewertung ist die Verbindlichkeit zunächst in Fremdwährung aufzuzinsen.

Das geschieht mit jenem Zinssatz, der den Barzahlungspreis (260.000 USD) bis zum Fälligkeitstag auf den Zielpreis (280.000 USD) aufzinst. Er lässt sich bspw. durch eine Zielwertsuche in einem Tabellenkalkulationsprogramm errechnen. Das Ergebnis dieser Zielwertsuche liefert einen Zinssatz von 5,94 %. Das entspricht einer monatlichen Verzinsung der Lieferantenverbindlichkeit von 0,495 % (5,94 %/12).

| Datum | Entwicklung der Lieferantenverbindlichkeit in USD | | |
|---|---|---|---|
| | Monatsanfang | Zinsen | Monatsende |
| 01.11.01 | 260.000 | 1.288 | 261.288 |
| 01.12.01 | 261.288 | 1.294 | 262.582 |
| 01.01.02 | 262.582 | 1.301 | 263.883 |
| 01.02.02 | 263.883 | 1.307 | 265.190 |
| 01.03.02 | 265.190 | 1.313 | 266.503 |
| 01.04.02 | 266.503 | 1.320 | 267.823 |

| Datum | Entwicklung der Lieferantenverbindlichkeit in USD | | |
|---|---|---|---|
| | Monatsanfang | Zinsen | Monatsende |
| 01.05.02 | 267.823 | 1.326 | 269.149 |
| 01.06.02 | 269.149 | 1.333 | 270.482 |
| 01.07.02 | 270.482 | 1.340 | 271.822 |
| 01.08.02 | 271.822 | 1.346 | 273.168 |
| 01.09.02 | 273.168 | 1.353 | 274.521 |
| 01.10.02 | 274.521 | 1.360 | 275.881 |
| 01.11.02 | 275.881 | 1.366 | 277.247 |
| 01.12.02 | 277.247 | 1.373 | 278.620 |
| 01.01.03 | 278.620 | 1.380 | 280.000 |

Zum 31.12.01 beläuft sich die Verbindlichkeit aus dem Warenbezug auf 262.582 USD. Um den Gegenwert in Euro zu ermitteln, ist in einem ersten Schritt die Kaufpreisschuld (260.000 USD) umzurechnen. Der am Stichtag gültige Devisenkassamittelkurs von 1,34 USD/EUR liefert einen Betrag von 194.030 EUR. Da die Verbindlichkeit zum 31.12.01 eine Restlaufzeit von mehr als einem Jahr hat, darf der unter dem Zugangswert von 203.125 EUR liegende Stichtagswert bilanziell keine Berücksichtigung finden.

Der umgerechnete Zugangswert der Kaufpreisschuld ist sodann um die aufgelaufenen Zinsen fortzuschreiben. Dazu sind die Zinsen von 2.582 USD mit dem Durchschnittskurs für November und Dezember 01 von 1,31 USD/EUR umzurechnen. Das ergibt einen Betrag von 1.971 EUR. Insgesamt errechnet sich damit für die Kaufpreisverbindlichkeit zum 31.12.01 ein Buchwert von 205.096 EUR. Eine Abwertung auf den niedrigeren Stichtagswert von 195.957 EUR (262.582 USD / 1,34 USD/EUR) würde erneut gegen das Realisationsprinzip verstoßen und scheidet damit aus.

Eine alternative Deutung des Anschaffungswert- bzw. Realisationsprinzips könnte darin gesehen werden, die Kaufpreisverbindlichkeit zum Stichtag mit dem höheren Wert aus ihrem Zugangswert (203.125 EUR) und dem umgerechneten, in US-Dollar fortgeschriebenen Stichtagswert (195.957 EUR) anzusetzen. Im Beispiel wäre nach dieser Sichtweise der zum 1.11.01 eingebuchte Zugangswert der Verbindlichkeit zum 31.12.01 beizubehalten. Ökonomisch mag man diese Verfahrensweise mit dem Gedanken begründen, die Verpflichtung gegenüber dem Lieferanten habe sich im Vergleich zum Zeitpunkt ihrer Begründung nicht erhöht, da der Anstieg aufgrund der aufgelaufenen Zinsen durch den Währungsgewinn aus der Dollarschwäche mehr als kompensiert worden ist. Dieser Auslegung des § 256a HGB ist nicht zu folgen. Ihr steht zum einen die Vorschrift des § 246 Abs. 2 HGB entgegen, nach der Aufwendungen (hier: der Zinsaufwand aus der Kreditierung der Lieferantenverbindlichkeit) nicht mit Erträgen (hier: der Währungsgewinn) verrechnet werden dürfen. In materieller Hinsicht würde diese Verrechnung zudem das Höchstwertprinzip unterlaufen.

Zum 31.12.02 valutiert die aufgezinste Lieferantenverbindlichkeit mit 278.620 USD. Der fortgeschriebene Euro-Gegenwert ermittelt sich als Summe aus dem umgerechneten Zugangswert der Lieferantenverbindlichkeit (203.125 EUR) und dem Zugangswert der im Gj 01 aufgelaufenen Zinsen (1.971 EUR) zzgl. des mit dem Durchschnittskurs errechneten Zugangswerts der im Gj 02 angefallenen Zinsen (11.622 EUR = 16.038 USD / 1,38 USD/EUR). Das sind insgesamt 216.718 EUR. Der zum Devisenkassamittelkurs am 31.12.02 umgerechnete Stichtagswert der Lieferantenverbindlichkeit beläuft sich demgegenüber auf 196.211 EUR (278.620 USD / 1,42 USD/EUR). Da die Verbindlichkeit nunmehr eine Restlaufzeit von weniger als einem Jahr hat, ist dieser Wert nach dem Wortlaut des § 256a HGB anzusetzen. Nach der hier vertretenen Auffassung spricht allerdings nichts dagegen, dem Höchstwert- und Realisationsprinzip Vorrang einzuräumen und auf eine Abwertung der Verbindlichkeit unter den um aufgelaufene Zinsen fortgeführten Zugangswert zu verzichten. Entscheidet sich U für die Umrechnung der Verbindlichkeit zum Stichtagskurs, ist in der GuV das Verrechnungsverbot des § 246 Abs. 1 HGB zu beachten. D. h., die im Gj 02 angefallenen Zinsaufwendungen sind im Finanzergebnis und der Ertrag aus dem Rückgang des Dollarkurses ist (gesondert) unter den sonstigen betrieblichen Erträgen zu erfassen.

## 3 Latente Steuern

**39** Die Umrechnung von Geschäftsvorfällen in fremder Währung kann zu **Abweichungen** zwischen den **HGB-Wertansätzen** der betreffenden VG und Schulden und deren **Steuerwerten** führen. Bei großen und mittelgroßen KapG können daraus latente Steuern nach § 274 HGB zu erfassen sein.

**40** Temporäre Differenzen ergeben sich bei Fremdwährungsgeschäften aus der nur eingeschränkten Geltung des Anschaffungswert- und Realisationsprinzips in der HB. Wertet der Euro gegenüber einer fremden Währung auf, führt das bei **kurzfristigen Fremdwährungsforderungen** zu einem Anstieg ihres Gegenwerts in Euro. Der daraus resultierende Ertrag ist nach dem Wortlaut des § 256a Satz 2 HGB (vgl. aber auch Rz 38) unter Umgehung des Realisationsprinzips in der handelsrechtlichen GuV auszuweisen. In der **Steuerbilanz** gilt demgegenüber nach § 6 EStG das **Anschaffungswertprinzip**.[23] Dementsprechend dürfen die Euro-AK der Forderung nicht überschritten werden. Aufgrund des höheren Vermögensausweises in der HB sind nach § 274 HGB passive latente Steuern zu bilden.

**41** Spiegelbildlich stellt sich die Situation auf der Passivseite der Bilanz dar. Wertet der Euro im Vergleich zur fremden Währung auf, sinkt der Euro-Gegenwert der betreffenden **Fremdwährungsverbindlichkeit**. Wiederum fordert § 256a Satz 2 HGB bei kurzfristigen Schulden den Ansatz des niedrigeren Stichtagswerts. In der Steuerbilanz bleibt es beim Ansatz des höheren Rückzahlungsbetrags. Auf den Bewertungsunterschied sind passive latente Steuern zu bilden.

**42** Auch die währungskursbedingte Abwertung von VG bzw. Aufwertung von Schulden kann Anlass für eine Steuerlatenzierung sein. Das ist der Fall, soweit

---

[23] Vgl. *Herrmann*, in *Frotscher*, EStG, § 6 EStG, Rz 34, Rz 118.

die handelsrechtlich erfasste Wertkorrektur voraussichtlich nicht dauernd ist. Da in der Steuerbilanz der niedrigere bzw. (bei Schulden) höhere Teilwert in diesen Fällen nicht angesetzt werden darf, weichen die handels- und steuerrechtlichen Wertansätze voneinander ab. Aufgrund des niedrigeren (Netto-)Vermögensausweises in der HB ist die Bildung aktiver latenter Steuern in Erwägung zu ziehen.

# § 257 AUFBEWAHRUNG VON UNTERLAGEN. AUFBEWAHRUNGSFRISTEN

(1) Jeder Kaufmann ist verpflichtet, die folgenden Unterlagen geordnet aufzubewahren:
1. Handelsbücher, Inventare, Eröffnungsbilanzen, Jahresabschlüsse, Einzelabschlüsse nach § 325 Abs. 2a, Lageberichte, Konzernabschlüsse, Konzernlageberichte sowie die zu ihrem Verständnis erforderlichen Arbeitsanweisungen und sonstigen Organisationsunterlagen,
2. die empfangenen Handelsbriefe,
3. Wiedergaben der abgesandten Handelsbriefe,
4. Belege für Buchungen in den von ihm nach § 238 Abs. 1 zu führenden Büchern (Buchungsbelege).

(2) Handelsbriefe sind nur Schriftstücke, die ein Handelsgeschäft betreffen.

(3) ¹Mit Ausnahme der Eröffnungsbilanzen und Abschlüsse können die in Absatz 1 aufgeführten Unterlagen auch als Wiedergabe auf einem Bildträger oder auf anderen Datenträgern aufbewahrt werden, wenn dies den Grundsätzen ordnungsmäßiger Buchführung entspricht und sichergestellt ist, dass die Wiedergabe oder die Daten
1. mit den empfangenen Handelsbriefen und den Buchungsbelegen bildlich und mit den anderen Unterlagen inhaltlich übereinstimmen, wenn sie lesbar gemacht werden,
2. während der Dauer der Aufbewahrungsfrist verfügbar sind und jederzeit innerhalb angemessener Frist lesbar gemacht werden können.
²Sind Unterlagen auf Grund des § 239 Abs. 4 Satz 1 auf Datenträgern hergestellt worden, können statt des Datenträgers die Daten auch ausgedruckt aufbewahrt werden; die ausgedruckten Unterlagen können auch nach Satz 1 aufbewahrt werden.

(4) Die in Absatz 1 Nr. 1 und 4 aufgeführten Unterlagen sind zehn Jahre, die sonstigen in Absatz 1 aufgeführten Unterlagen sechs Jahre aufzubewahren.

(5) Die Aufbewahrungsfrist beginnt mit dem Schluß des Kalenderjahrs, in dem die letzte Eintragung in das Handelsbuch gemacht, das Inventar aufgestellt, die Eröffnungsbilanz oder der Jahresabschluß festgestellt, der Einzelabschluss nach § 325 Abs. 2a oder der Konzernabschluß aufgestellt, der Handelsbrief empfangen oder abgesandt worden oder der Buchungsbeleg entstanden ist.

WP STB DIRK VELDKAMP

## Inhaltsübersicht

| | Rz |
|---|---|
| 1 Überblick | 1–9 |
| 2 Gegenstand der Aufbewahrungspflicht (Abs. 1 und 2) | 10–16 |
| 2.1 Unterlagen mit einer Aufbewahrungspflicht von zehn Jahren | 10–14 |

| | |
|---|---|
| 2.2 Unterlagen mit einer Aufbewahrungspflicht von sechs - Jahren | 15 |
| 2.3 Mögliche Zweifelsfragen | 16 |
| 3 Formen und Ort der Aufbewahrung (Abs. 3) | 17–26 |
| 3.1 Formen der Aufbewahrung | 17–23 |
| 3.2 Ort der Aufbewahrung | 24–26 |
| 4 Dauer der Aufbewahrung | 27–34 |
| 4.1 Aufbewahrungsfristen (Abs. 4) | 27–29 |
| 4.2 Fristberechnung (Abs. 5) | 30–34 |
| 5 Recht zur Vernichtung nach Fristablauf | 35 |
| 6 Rechtsfolgen bei Verletzung der Aufbewahrungspflicht | 36–37 |

**Ergänzendes Schrifttum**
*Awv-Schrift* Nr. 09 155, Aufbewahrungspflichten und -fristen nach Handels- und Steuerrecht, 2002; *Pulte,* Steuer- und handelsrechtliche Aufbewahrungsfristen, NWB 2008, Fach 18, S. 937.

## 1 Überblick

Die **handelsrechtlichen** Aufbewahrungspflichten des § 257 HGB sind im Zusammenhang mit den Buchführungs- und Aufzeichnungspflichten nach § 238 HGB zu sehen. Den Aufbewahrungsvorschriften kommen insb. Dokumentations- und Beweissicherungsfunktionen zu. Für die mit der Aufbewahrung verbundenen Aufwendungen sind Rückstellungen zu bilden (vgl. § 249 Rz 210).[1]    1

**Adressaten** von § 257 HGB sind alle Kfl. sowie alle Körperschaften, die, ohne Kfm. zu sein, Bücher nach den Vorschriften des HGB führen müssen und keine anderen Aufbewahrungspflichten zu befolgen haben.[2]    2

**Verantwortlich** für die Erfüllung der Aufbewahrungspflicht ist der Kfm. selbst. Bei der OHG sind das alle Gesellschafter, bei der KG und der KGaA der Komplementär, bei KapG die zuständigen Organe. Die Eigenverantwortung des Kfm. gilt auch, wenn die Buchführung außer Haus durchgeführt wird.[3]    3

§ 257 HGB bezieht sich vor allem auf JA und KA, LB und KLB sowie IFRS-Abschlüsse nach § 325 Abs. 2a HGB. Weiterhin umfasst die Vorschrift Eröffnungsbilanzen, Zwischenabschlüsse sowie Abschlüsse für Rumpf-Gj.    4

Aufbewahrungs- und Buchführungspflichten beginnen mit dem Beginn und enden mit der Beendigung der Kaufmannseigenschaft. Die Aufbewahrungspflicht überdauert den Tod des Kfm. ebenso wie die Insolvenz, die Auflösung und die Veräußerung des Handelsgeschäfts.[4]    5

---

[1] Vgl. dazu auch *IDW* RH HFA 1.009.
[2] Ergänzend zum Adressatenkreis vgl. etwa *ADS*, 6. Aufl., § 257 HGB, Rz 9ff.; *Isele*, in *Küting/Pfitzer/Weber*, HdR, HGB § 257, Rn 12ff., Stand 04/2011.
[3] Vgl. IDW RS FAIT 1, Tz 18 i. V. m. Tz 114.
[4] Ergänzend vgl. etwa *ADS*, 6. Aufl., § 257 HGB, Rz 10f.

**6** | **Beispiel 1**
Die M GmbH stellt am 1.1.01 einen Insolvenzantrag. Am 2.1.01 bestellt das Amtsgericht den X als vorläufigen Insolvenzverwalter. Nach Eröffnung des Insolvenzverfahrens zu Beginn des 20.1.01 wird Z als endgültiger Insolvenzverwalter der Z bestellt.
Bis zum Ablauf des 1.1.01 ist die Geschäftsführung für die Aufbewahrungspflichten zuständig. Vom 2.1.01 bis zum Ablauf des 19.1.01 ist X (§§ 21, 22 InsO), ab dem 20.1.01 Z (§§ 35, 36, 148 InsO) für die Erfüllung der Aufbewahrungspflichten verantwortlich.

**7** | **Beispiel 2**
Die A GmbH beantragt am 15.10.01 die Liquidation. Am 30.10.01 wird die Ges. als A GmbH i.L. ins HR eingetragen, als Liquidator wird L bestellt. Am 25.12.03 wird die A GmbH i.L. im Handelsregister gelöscht.
Bis zum Ablauf des 29.10.01 ist die Geschäftsführung für die Aufbewahrungspflichten zuständig. In der Abwicklungsphase vom 30.10.01 bis zum 25.12.03 besteht die Ges. mit geändertem Zweck weiter, der dann agierende Liquidator L ist in diesem Zeitraum der Aufbewahrungspflicht unterworfen (§ 71 Abs. 2 GmbHG). Die bis zum 25.12.03 angefallenen Unterlagen[5] sind für zehn Jahre einem der bisherigen Gesellschafter oder einem Dritten in Verwahrung zu geben. Grundsätzlich ist der Gesellschaftsvertrag für die Regelung der Aufbewahrungspflicht maßgeblich, notfalls beschließt das Gericht (§ 74 Abs. 2 GmbHG). Der Fristlauf beginnt mit dem auf die Hinterlegung folgenden Tag (§ 187 Abs. 1 BGB).
Hinweis: Für die OHG und die KG gilt Vergleichbares nach § 157 Abs. 2 HGB. Für die AG bestimmt das Registergericht den Ort der Aufbewahrung von Amts wegen (§ 273 Abs. 2 AktG).

**8** Die **steuerrechtlichen** Aufbewahrungsfristen sind in § 147 AO geregelt. Der Kreis der Aufbewahrungspflichtigen geht über denjenigen des § 257 HGB hinaus, die §§ 140ff. AO umfassen etwa auch die nicht in das HR eingetragenen Kann-Kfl.

**9** Der Umfang der aufzubewahrenden Unterlagen ist nach Steuerrecht größer als nach Handelsrecht[6]: Das Steuerrecht umfasst z.B. auch außersteuerrechtliche Buchführungs- und Aufzeichnungsvorschriften.

## 2 Gegenstand der Aufbewahrungspflicht (Abs. 1 und 2)

### 2.1 Unterlagen mit einer Aufbewahrungspflicht von zehn Jahren

**10** Zu den aufbewahrungspflichtigen **Handelsbüchern** gehören auch Nebenbücher wie Kassenbücher und Lagerbücher, Wechsel- und Scheckkopierbücher, Unterla-

---

[5] Gegenstand der Verwahrung sind die Bücher und Schriften der Ges. i.S.d. § 257 HGB einschl. der im Laufe der Liquidation angefallenen Unterlagen (insb. die Schlussrechnung und Belege über den Gläubigeraufruf).
[6] Vgl. z.B. *Seemann*, in Frotscher, EStG, § 50b EStG, Rz 34.

gen der Lohnbuchführung, Belege einer Offene-Posten-Buchhaltung und die Betriebsabrechnung (zum Begriff der Handelsbücher vgl. auch § 238 Rz 43).[7] MU müssen ergänzend die für die Konzernrechnungslegung erforderlichen Unterlagen aufbewahren.

Zu den **Inventurunterlagen** gehören insb. Aufnahmelisten und Verzeichnisse (z. B. Anlagenverzeichnis, Saldenlisten für Debitoren und Kreditoren).  11

**Eröffnungsbilanzen** sind nur zu Beginn des Handelsgewerbes bzw. zu Beginn der Buchführungspflicht aufzubewahren. Die Aufbewahrungspflicht gilt damit nicht für die Eröffnungsbilanz des jeweiligen Gj (gleich Schlussbilanz des abgelaufenen Gj).  12

**JA, EA nach § 325 Abs. 2a HGB und LB** sind in der gesetzlich vorgeschriebenen Form, d. h. vom Kfm. nach § 245 HGB unterzeichnet (und bei prüfungspflichtigen Unt mit dem BSV versehen), aufzubewahren.

Für **KA und KLB** gelten die vorgenannten Ausführungen entsprechend.

Zum **Verständnis erforderliche Arbeitsanweisungen und sonstige Organisationsunterlagen** sind in § 257 Abs. 1 Nr. 1 HGB separat genannt. Dazu können etwa Kontenpläne, Verfahrensdokumentationen oder Unterlagen zum Risikofrüherkennungssystem zählen.[8] Auch zur Ableitung des KA erforderliche Aufzeichnungen (z. B. Fortentwicklungen von Firmenwerten, stillen Reserven und Lasten) dürften unter diese Vorschrift zu fassen sein.  13

**Buchungsbelege** sind alle Nachweise, die die einzelnen Geschäftsvorfälle widerspiegeln. Unter den Buchungsbelegen sind sowohl Eigen- als auch Fremdbelege zu verstehen.  14

## 2.2 Unterlagen mit einer Aufbewahrungspflicht von sechs Jahren

**Handelsbriefe** sind Schriftstücke, die die Vorbereitung, den Abschluss und die Durchführung eines Handelsgeschäfts betreffen (§ 257 Abs. 2 HGB). Die Aufbewahrungspflicht empfangener Handelsbriefe richtet sich nach § 257 Abs. 1 Nr. 2 HGB, die der abgesandten Handelsbriefe (Kopien) nach § 257 Abs. 1 Nr. 3 HGB. Über telefonische rechtsgeschäftliche Erklärungen gefertigte Notizen sind ebenfalls aufbewahrungspflichtig.[9] Zu den aufbewahrungspflichtigen Schriftstücken gehören auch Telefaxe oder elektronische Nachrichten.[10]  15

Sofern **Handelsbriefe gleichzeitig als Buchungsbelege** dienen (z. B. durch Hinzufügung von Buchungsanweisungen, Kontierungsstempel), gilt für sie eine Aufbewahrungspflicht von zehn Jahren.

## 2.3 Mögliche Zweifelsfragen

Trotz der Fülle an Vorgaben in § 257 HGB verbleiben Zweifelsfälle. **Unklar** ist etwa, **wie lange Prüfungsberichte** des AP und Vorstands- bzw. Aufsichtsrats-  16

---

[7] Vgl. *Winkeljohann/Philipps*, in Beck Bil-Komm. 9. Aufl., § 257 HGB, Rz 10; *ADS*, 6. Aufl., § 257 HGB, Rz 16f.
[8] Vgl. dazu IDW RS FAIT 1, Tz 52 ff.
[9] Vgl. *Winkeljohann/Philipps*, in Beck Bil-Komm. 9. Aufl., § 257 HGB, Rz 15; *ADS*, 6. Aufl., § 257 HGB, Rz 34.
[10] Bzgl. der Aufbewahrungspflichten beim EDI (*Electronic Data Interchange*) vgl. IDW RS FAIT 2, Tz 47 ff.

protokolle **aufbewahrungspflichtig** sind. Stellt man auf ihre Bedeutung für das Verständnis der Geschäftsvorfälle und/oder des JA ab, so ist eine Aufbewahrung von zehn Jahren nahe liegend.[11] Auch die Aufbewahrungsfrist von **Unterlagen zur Dokumentation von Bewertungseinheiten** lässt sich aus dem Gesetz **nicht** eindeutig entnehmen. Nach der hier vertretenen Auffassung müsste – wegen der Nähe zur Buchführung – eine Frist von zehn Jahren gelten (zu den Anforderungen an die Dokumentation bei der Bildung von Bewertungseinheiten vgl. § 254 Rz 35).

## 3 Formen und Ort der Aufbewahrung (Abs. 3)

### 3.1 Formen der Aufbewahrung

17 Die Unterlagen sind **geordnet** aufzubewahren. Sie müssen so übersichtlich angelegt und gegliedert sein, dass sie in angemessener Zeit und unter angemessenen Kosten problemlos zugänglich und für sachverständige Dritte durchschaubar gemacht werden können.

18 Alle Unterlagen **können** im **Original** aufbewahrt werden. Im Original **müssen** die **Eröffnungsbilanzen** und die anderen **Abschlüsse** (JA, EA und KA) aufbewahrt werden. Grund hierfür ist die besondere Bedeutung dieser Unterlagen für die Dokumentation und Nachprüfbarkeit.[12] Dabei muss es sich jeweils um ein Exemplar handeln, das den gesetzlichen Anforderungen genügt. D. h., es muss ggf. unterschrieben und testiert sein.[13]

19 Für alle anderen Unterlagen genügt die Aufbewahrung in Form der Wiedergabe auf einem Bildträger oder die Aufbewahrung auf anderen Datenträgern (vgl. § 239 Rz 34 ff.). Auf Datenträgern hergestellte Unterlagen dürfen nach § 257 Abs. 3 Satz 2 HGB auch ausgedruckt aufbewahrt werden.

20 **Bildliche Übereinstimmung** wird für empfangene Handelsbriefe und Buchungsbelege verlangt. Bei den übrigen Unterlagen genügt die inhaltliche Übereinstimmung, d. h., die Wiedergaben müssen vollständig und inhaltlich richtig sein. Vollständigkeit ist z. B. bei empfangenen Handelsbriefen nur gegeben, wenn auch die mitübersandten AGB reproduziert werden.[14]

21 Für die Wiedergabe von Bildträgern hat der AWV Mikrofilm-Grundsätze formuliert. Bei den **Mikroverfilmungen** kann es sich um bildliche und/oder inhaltliche Aufzeichnungen handeln. Bildliche und/oder inhaltliche Übereinstimmung kann auch mittels elektronischer oder digital optischer Archivierung erreicht werden.[15]

22 Zu den **anderen Datenträgern** i. S. v. § 257 Abs. 3 HGB zählen z. B. Magnetband, Magnetplatte, Bildplatte, Diskette, CD-ROM und Festspeicher. Auch diese Form der Aufbewahrung muss den GoB entsprechen. Der Begriffsinhalt des Datenträgers ist so gefasst, dass er für neuere technische Entwicklungen offen ist.[16]

---

[11] Vgl. *Winkeljohann/Philipps*, in Beck Bil-Komm. 9. Aufl., § 257 HGB, Rz 17; *ADS*, 6. Aufl., § 257 HGB, Rz 43.
[12] Vgl. *Isele*, in *Küting/Pfitzer/Weber*, HdR, HGB § 257, Rn 62, Stand 04/2011.
[13] Vgl. *ADS*, 6. Aufl., § 257 HGB, Rz 51.
[14] Vgl. *Winkeljohann/Philipps*, in Beck Bil-Komm. 9. Aufl., § 257 HGB, Rz 20.
[15] Vgl. IDW RS FAIT 3, Tz 64 f.
[16] Vgl. *Winkeljohann/Philipps*, in Beck Bil-Komm. 9. Aufl., § 257 HGB, Rz 20.

**Neuere Entwicklungen** sind regelmäßig der EDV zuzuordnen und nach den GoBS zu beurteilen. Nach § 257 Abs. 3 Satz 2 HGB können die auf Datenträgern hergestellten Unterlagen auch als Ausdrucke dieser Daten aufbewahrt werden.[17]

23

### 3.2 Ort der Aufbewahrung

**Handelsrechtlich** ist kein Ort der Aufbewahrung vorgeschrieben (vgl. § 238 Rz 58). Der Ort der Aufbewahrung lässt sich allenfalls aus §§ 238 Abs. 1 Satz 2, 239 Abs. 4 Satz 2, 257 Abs. 3 Satz 1 Nr. 2 HGB ableiten, wonach die Unterlagen innerhalb angemessener Zeit verfügbar sein müssen. Demzufolge sind etwa inländische Zweigniederlassungen ausländischer Unt handelsrechtlich nicht verpflichtet, ihre Unterlagen im Inland aufzubewahren.

24

**Steuerrechtlich** sind gem. § 146 Abs. 2 Satz 1 AO die Bücher und die sonstigen Aufzeichnungen im Geltungsbereich der AO zu führen und aufzubewahren. Die handelsrechtliche Aufbewahrung wird i.d.R. gleichzeitig steuerrechtlichen Pflichten dienen. Daher wird die Aufbewahrung auch handelsrechtlich gem. § 146 Abs. 2 Satz 1 AO stattfinden. Innerhalb des Geltungsbereichs der AO kann der Ort der Aufbewahrung zwar frei gewählt werden. Allerdings bestimmt § 146 Abs. 5 Satz 2 AO, dass die Daten jederzeit verfügbar sein müssen und deren Lesbarkeit unverzüglich hergestellt werden können muss. Dadurch wird die Wahl des Aufbewahrungsorts zumindest eingeschränkt. Im Gegensatz zum Handelsrecht sind auch inländische Zweigniederlassungen ausländischer Unt verpflichtet, ihre Unterlagen im Inland aufzubewahren (vgl. § 238 Rz 59). Denkbar ist allerdings der Antrag auf Bewilligung einer Erleichterung nach § 148 AO.

25

**Zusammenfassend** lässt sich daher sagen, dass der Aufbewahrungsort im Inland grds. frei gewählt werden kann, soweit die Verfügbarkeit in angemessener Zeit gewährleistet ist.

26

## 4 Dauer der Aufbewahrung

### 4.1 Aufbewahrungsfristen (Abs. 4)

Die **handelsrechtliche** Aufbewahrungsfrist beträgt zehn oder sechs Jahre. Die Aufbewahrungsfrist von **zehn** Jahren gilt für
- Handelsbücher,
- Inventare,
- Eröffnungsbilanzen,
- JA, LB,
- KA, KLB,
- EA nach § 325 Abs. 2a HGB,
- Arbeitsanweisungen und sonstige Organisationsunterlagen,
- Buchungsbelege.

27

Die Aufbewahrungsfrist von **sechs** Jahren gilt für die übrigen aufbewahrungspflichtigen Unterlagen, also etwa für
- empfangene Handelsbriefe,
- Wiedergaben der abgesandten Handelsbriefe.

---

[17] Vgl. zu den neueren Speichermedien allgemein auch IDW RS FAIT 3.

28  Für die Aufbewahrung nach **Steuerrecht** gelten nach der AO grds. die gleichen Fristen, sofern nicht in anderen Gesetzen kürzere Fristen zugelassen sind. Allerdings läuft nach § 147 Abs. 3 AO die Aufbewahrungsfrist nicht ab, soweit und solange die Unterlagen für Steuern von Bedeutung sind, für welche die Festsetzungsfrist noch nicht abgelaufen ist.

29  Die **Aufbewahrungsfristen** für ausgewählte wichtige Unterlagen zeigt die nachfolgende Übersicht. Eine umfangreiche Auflistung findet sich in der AWV-Schrift Nr. 09 155.[18]

| Beleg | Aufbewahrungsfrist |
| --- | --- |
| Abbaumeldungen (soweit Buchungsbelege) | 10 Jahre |
| Abfallsammelmeldungen (soweit Buchungsbelege) | 10 Jahre |
| Abhängigkeitsberichte | 10 Jahre |
| Ablaufdiagramme (für gesetzlich vorgeschriebene KA) | 10 Jahre |
| Abrechnungsübersichten | 0 Jahre |
| Abrechnungsunterlagen (soweit Buchungsbelege) | 10 Jahre |
| Abschlagszahlungen | 10 Jahre |
| Abschlussbuchungsbelege | 10 Jahre |
| Abschlusskonten | 10 Jahre |
| Abschlussrechnungen | 10 Jahre |
| Abschreibungsunterlagen | 10 Jahre |
| Abtretungserklärungen nach Erledigung | 6 Jahre |
| Abwertungsbelege | 10 Jahre |
| Akkordunterlagen (soweit Buchungsbelege) | 10 Jahre |
| Akkreditive | 6 Jahre |
| Aktenregister, allgemeine | 0 Jahre |
| Aktenvermerke (soweit Buchungsbelege) | 10 Jahre |
| An- und Abwesenheitsmeldungen (soweit Buchungsbelege) | 10 Jahre |
| An-, Ab- und Ummeldungen zur Krankenkasse | 6 Jahre |
| Änderungsnachweise der EDV-Buchführung | 10 Jahre |
| Angebote, die zum Auftrag geführt haben | 6 Jahre |
| Angebotsunterlagen, die nicht zum Auftrag geführt haben | 0 Jahre |

---

[18] Weitere Auflistungen finden sich bei *Winkeljohann/Philipps*, in Beck Bil-Komm. 9. Aufl., § 257 HGB, Rz 27, und *Pulte*, NWB 2008, Fach 18, S. 939 ff.

| Beleg | Aufbewahrungsfrist |
|---|---|
| Angestelltenversicherung (soweit Buchungsbelege) | 10 Jahre |
| Anhang zum Jahresabschluss (§ 264 HGB) | 10 Jahre |
| Anlageninventare | 10 Jahre |
| Anlagenunterhaltungskosten (soweit Buchungsbelege) | 10 Jahre |
| Anlagenverzeichnis | 10 Jahre |
| Anlagevermögensbücher und -karteien | 10 Jahre |
| Anleihebücher | 10 Jahre |
| Anleihen | 6 Jahre |
| Anträge auf Arbeitnehmersparzulagen | 6 Jahre |
| Anträge des Steuerpflichtigen | 0 Jahre |
| Anwesenheitslisten, soweit für die Lohnbuchhaltung erforderlich | 10 Jahre |
| Anzahlungsunterlagen | 6 Jahre |
| Arbeitgeberdarlehen | 6 Jahre |
| Arbeitgeberzuschusskarten (soweit Buchungsbelege) | 10 Jahre |
| Arbeitsanweisungen für EDV-Buchführung | 10 Jahre |
| Arbeitsanweisungen für Fachabteilungen (für gesetzlich vorgeschriebene KA) | 10 Jahre |
| Arbeitsaufträge | 0 Jahre |
| Arbeitsplatzbeschreibungen | 0 Jahre |
| Aufbewahrungsvorschriften für betriebliche EDV-Dokumentationen | 10 Jahre |
| Aufsichtsratsvergütung (soweit Buchungsbelege) | 10 Jahre |
| Auftragsbücher | 6 Jahre |
| Auftragskostenbelege | 10 Jahre |
| Auftragseingangs- und Bestandslisten | 0 Jahre |
| Aufzeichnungen | 10 Jahre |
| Ausfuhrunterlagen | 6 Jahre |
| Außenprüfungsunterlagen | 0 Jahre |
| Ausgangsrechnungen | 10 Jahre |
| Aushänge | 0 Jahre |

| Beleg | Aufbewahrungsfrist |
|---|---|
| Auskunftsunterlagen | 0 Jahre |
| Ausschusslisten als Buchungsbelege | 10 Jahre |
| Außendienstabrechnungen | 10 Jahre |
| Außenhandelsunterlagen | 6 Jahre |
| Auszahlungsbelege | 10 Jahre |
| **B**ahnabrechnungen | 10 Jahre |
| Bankbelege | 10 Jahre |
| Bankbürgschaften | 6 Jahre |
| Bareinkaufs- und -verkaufsunterlagen | 10 Jahre |
| Bauantragskostennachweise | 6 Jahre |
| Baubeschreibungen | 6 Jahre |
| Baubücher (Inventurunterlagen) | 10 Jahre |
| Baugenehmigungen | 6 Jahre |
| Bedienerhandbücher Rechnerbetrieb | 10 Jahre |
| Beförderungssteuernachweise | 6 Jahre |
| Beherrschungsverträge (nach Vertragsende) | 10 Jahre |
| Beitragsabrechnungen der Sozialversicherungsträger (soweit Buchungsbelege) | 10 Jahre |
| Belege, soweit Buchfunktion (Offene-Posten-Buchhaltung) | 10 Jahre |
| Belegformate | 10 Jahre |
| Bergschädenunterlagen als Buchungsbelege | 10 Jahre |
| Bestandsberichtigungen | 10 Jahre |
| Bestandsermittlungen (Inventurunterlagen) | 10 Jahre |
| Bestandsverzeichnisse | 10 Jahre |
| Bestell- und Auftragsunterlagen | 6 Jahre |
| Betriebsabrechnungsbögen mit Belegen als Bewertungsunterlagen | 10 Jahre |
| Betriebskostenrechnungen | 10 Jahre |
| Betriebsprüfungsberichte | 6 Jahre |
| Betriebsratsangelegenheiten | 0 Jahre |

| Beleg | Aufbewahrungsfrist |
|---|---|
| Betriebsunfallunterlagen | 6 Jahre |
| Bewertungsunterlagen (soweit Buchungsbelege) | 10 Jahre |
| Bewirtungsunterlagen (soweit Buchungsbelege) | 10 Jahre |
| Bezugskostennachweise | 10 Jahre |
| Bilanzbücher | 10 Jahre |
| Bilanzen (Jahresbilanzen) | 10 Jahre |
| Bilanzkonten | 10 Jahre |
| Bilanzunterlagen | 10 Jahre |
| Blockdiagramme, soweit Verfahrensdokumentation | 10 Jahre |
| Börsenaufträge | 6 Jahre |
| Bruttoerlösnachweise | 6 Jahre |
| Bruttolohnlisten | 6 Jahre |
| Bruttolohnsammelkarten | 6 Jahre |
| Bruttolohnstreifen | 6 Jahre |
| Buchführungsrichtlinien (für gesetzlich vorgeschriebene KA) | 10 Jahre |
| Buchungsanweisungen | 10 Jahre |
| Buchungsbelege | 10 Jahre |
| Budget und Budgetunterlagen | 0 Jahre |
| Bürgschaftsunterlagen | 6 Jahre |
| Bußgeldrechtliche Ermittlungen | 0 Jahre |
| Carnetunterlagen (Nachweis der ordnungsgemäßen Durchführung der Beförderung) | 6 Jahre |
| Clearing-Auszüge | 6 Jahre |
| Clearing-Belege | 10 Jahre |
| Code-Pläne zum Verständnis der Buchführung | 10 Jahre |
| Codierungslisten | 10 Jahre |
| COM-Verfahrensbeschreibungen | 10 Jahre |
| cpd-Konten (Konto pro Diverse) | 10 Jahre |

| Beleg | Aufbewahrungsfrist |
|---|---|
| Datenträger (von Handelsbüchern, Inventaren, Lageberichten, Konzernlageberichten einschließlich der zum Verständnis erforderlichen Arbeitsanweisungen und Organisationsunterlagen) | 10 Jahre |
| Datenträger von Buchungsbelegen | 10 Jahre |
| Datenträger von Handelsbriefen | 6 Jahre |
| Darlehenskonten | 10 Jahre |
| Darlehensunterlagen nach Ablauf des Vertrags | 6 Jahre |
| Darlehensverträge nach Ablauf des Vertrags | 6 Jahre |
| Datensicherungsregeln | 10 Jahre |
| Dateiverzeichnisse | 10 Jahre |
| Dauerauftragsunterlagen | 10 Jahre |
| Dauervorschüsse | 10 Jahre |
| Debitorenkonten | 10 Jahre |
| Debitorenlisten, soweit Bilanzunterlagen | 10 Jahre |
| Deklarationen (Versandunterlagen) | 6 Jahre |
| Depotauszüge | 10 Jahre |
| Depotbücher | 10 Jahre |
| Deputatunterlagen | 6 Jahre |
| DIN-Blätter | 0 Jahre |
| Devisenunterlagen | 6 Jahre |
| Dokumentation für Programme und Systeme bei EDV | 10 Jahre |
| Doppelbesteuerungsunterlagen | 6 Jahre |
| Dubiosenbücher | 10 Jahre |
| Edelmetallbestände | 10 Jahre |
| Edelmetallumsätze | 10 Jahre |
| Effektenbuch | 10 Jahre |
| Effektenkassenquittungen | 10 Jahre |
| Eichaufnahmen | 6 Jahre |
| Einfuhrunterlagen | 6 Jahre |
| Eingabebeschreibungen bei EDV-Buchführungen | 10 Jahre |

| Beleg | Aufbewahrungsfrist |
|---|---|
| Eingangsrechnungen | 10 Jahre |
| Eingangsüberweisungsträger | 6 Jahre |
| Eingliederungsverträge | 10 Jahre |
| Einheitswertunterlagen | 10 Jahre |
| Einkaufsbücher | 10 Jahre |
| Einnahmenüberschussrechnung | 10 Jahre |
| Einzahlungsbelege | 10 Jahre |
| Energieverbrauchsunterlagen | 6 Jahre |
| Erlösjournale | 10 Jahre |
| Eröffnungsbilanzen | 10 Jahre |
| Erlösstatistiken | 0 Jahre |
| Ersatzkassenunterlagen | 6 Jahre |
| Essensmarkenabrechnungen | 6 Jahre |
| Eventualverbindlichkeiten | 10 Jahre |
| Exportunterlagen | 6 Jahre |
| Expressauslieferungsbücher | 10 Jahre |
| Fahrtkostenerstattungen | 10 Jahre |
| Fehlerjournale (soweit Buchungsbelege) | 10 Jahre |
| Fehlermeldungen, Fehlerkorrekturanweisungen bei EDV-Buchführung | 10 Jahre |
| Fernschreiben (Handelsbriefe) | 6 Jahre |
| Feuerversicherungsunterlagen | 6 Jahre |
| Finanzberichte | 6 Jahre |
| Frachtbriefe | 6 Jahre |
| Frachttarife | 0 Jahre |
| Freistellungsaufträge für Kapitalerträge | 6 Jahre |
| Freistemplerabrechnungen | 10 Jahre |
| Fremdenbücher (Hotel- und Pensionsgewerbe) | 10 Jahre |
| Fürsorgeunterlagen | 6 Jahre |
| Garantiekarten, Garantiescheine | 0 Jahre |
| Gebrauchsanweisungen | 0 Jahre |

| Beleg | Aufbewahrungsfrist |
|---|---|
| Gebrauchsmusterunterlagen | 6 Jahre |
| Gehaltsabrechnungen/Bücher (soweit Bilanzunterlagen/Buchungsbelege) | 10 Jahre |
| Gehaltslisten | 10 Jahre |
| Gehaltsquittungen | 10 Jahre |
| Gehaltsvorschusskonten | 10 Jahre |
| Gemeinkostenverteilungsschlüssel | 6 Jahre |
| Gesamtkostenzusammenstellungen | 6 Jahre |
| Geschäftsberichte | 10 Jahre |
| Geschäftsbriefe (außer Rechnungen oder Gutschriften) | 6 Jahre |
| Geschenknachweise | 6 Jahre |
| Gesellschaftsverträge | 10 Jahre |
| Gewährleistungsverpflichtungen | 6 Jahre |
| Gewerbesteuerunterlagen | 6 Jahre |
| Gewinn- und Verlustrechnung (Jahresrechnung) | 10 Jahre |
| Gewinnabführungsverträge | 10 Jahre |
| Gewinnfeststellungen | 6 Jahre |
| Grundbuchauszüge | 10 Jahre |
| Grundbücher | 10 Jahre |
| Grundlohnlisten | 10 Jahre |
| Grundstücksverzeichnisse (soweit Inventar) | 10 Jahre |
| Gutschriften | 10 Jahre |
| **H**aftungsverhältnisunterlagen als Bilanzunterlagen | 10 Jahre |
| Handelsbilanzen | 10 Jahre |
| Handelsbriefe | 6 Jahre |
| Handelsbücher | 10 Jahre |
| Handelsregisterauszüge | 6 Jahre |
| Hauptabschlussübersicht (wenn anstelle der Bilanz) | 10 Jahre |
| Hauptbücher und -karteien | 10 Jahre |
| Hauptversammlung (u. a. Beschlüsse) | 10 Jahre |

| Beleg | Aufbewahrungsfrist |
|---|---|
| Hinterlegungsanträge | 6 Jahre |
| Hinterlegungsscheine | 6 Jahre |
| Hypothekenbriefe nach Einlösung | 6 Jahre |
| Hypothekenpfandbriefe nach Einlösung | 6 Jahre |
| Importrechnungen | 10 Jahre |
| Importunterlagen (Einfuhrunterlagen) | 6 Jahre |
| Inkassobücher | 10 Jahre |
| Inkassokarteien | 6 Jahre |
| Inkassoquittungen | 10 Jahre |
| Interne Berichte | 0 Jahre |
| Inventare als Bilanzunterlagen | 10 Jahre |
| Inventurvorschriften (für gesetzlich vorgeschriebene KA) | 10 Jahre |
| Investitionsabrechnungen | 6 Jahre |
| Investitionsanträge | 0 Jahre |
| Investitionszulageunterlagen | 6 Jahre |
| Jahresabschlüsse | 10 Jahre |
| JA-Erläuterungen | 10 Jahre |
| Jahreskontoblätter | 10 Jahre |
| Jahreslohnnachweise für Berufsgenossenschaften | 6 Jahre |
| Journale für Hauptbuch und Kontokorrent (soweit Buchungsbelege) | 10 Jahre |
| Jubilarfeierunterlagen | 10 Jahre |
| Jubiläumsunterlagen (soweit Buchungsbelege) | 10 Jahre |
| Kalkulationsunterlagen | 6 Jahre |
| Kantinenunterlagen (soweit Buchungsbelege) | 10 Jahre |
| Kapitalerhöhungsunterlagen | 6 Jahre |
| Kapitalertragsteuerunterlagen | 6 Jahre |
| Kassenberichte | 10 Jahre |
| Kassenbücher, -blätter | 10 Jahre |
| Kassenzettel | 6 Jahre |

| Beleg | Aufbewahrungsfrist |
|---|---|
| Kaufverträge | 6 Jahre |
| Kilometergeldabrechnungen | 10 Jahre |
| Konnossemente | 6 Jahre |
| Konsignationsunterlagen | 10 Jahre |
| Kontenpläne | 10 Jahre |
| Kontenpläne und Kontenplanänderungen | 10 Jahre |
| Kontenregister | 10 Jahre |
| Kontenübersichten (soweit Buchungsbelege) | 10 Jahre |
| Kontoauszüge | 10 Jahre |
| Kontokorrentbücher | 10 Jahre |
| Konzernabschlüsse | 10 Jahre |
| Konzernlagebericht | 10 Jahre |
| Kostenartenpläne | 10 Jahre |
| Kostenstellenpläne | 6 Jahre |
| Kostenstellenstatistiken | 0 Jahre |
| Kostenträgerrechnungen | 10 Jahre |
| Kreditorenkonten | 10 Jahre |
| Kreditunterlagen (soweit Buchungsbelege) | 10 Jahre |
| Kreditunterlagen (nach Ablauf des Vertrags) | 6 Jahre |
| Kurssicherungsunterlagen | 10 Jahre |
| Kurzarbeitergeldanträge | 6 Jahre |
| Kurzarbeitergeldlisten | 6 Jahre |
| Laborberichte | 0 Jahre |
| Ladescheine | 10 Jahre |
| Lageberichte (auch für Konzerne) | 10 Jahre |
| Lagerbuchführungen | 10 Jahre |
| Lastschriftanzeigen | 10 Jahre |
| Leasingunterlagen | 6 Jahre |
| Leasingverträge (nach Vertragsende) | 6 Jahre |
| Leergutabrechnungen | 10 Jahre |

| Beleg | Aufbewahrungsfrist |
|---|---|
| Lieferscheine (soweit Buchungsbelege) | 10 Jahre |
| Liquidation einer GmbH (Bücher und Schriften) | 10 Jahre |
| Lizenzunterlagen | 6 Jahre |
| Lohnbelege | 10 Jahre |
| Lohnlisten | 10 Jahre |
| Lohnsteuer-Jahresausgleichsunterlagen | 10 Jahre |
| Lohnsteuerpauschalierung | 6 Jahre |
| Lohnsteuerunterlagen | 10 Jahre |
| Lohnvorschusskonten | 10 Jahre |
| Luftfrachtbriefe | 6 Jahre |
| Magnetbänder mit Buchfunktion | 10 Jahre |
| Mahnbescheide | 6 Jahre |
| Mahnungen | 6 Jahre |
| Maklerschlussnoten | 6 Jahre |
| Marktberichte | 0 Jahre |
| Materialabrechnungen | 10 Jahre |
| Materialbeanstandungen | 6 Jahre |
| Mietunterlagen (nach Ablauf des Vertrags) | 6 Jahre |
| Mikrofilmverfahrensbeschreibungen | 10 Jahre |
| Mineralölunterlagen | 10 Jahre |
| Montageversicherungsakten | 10 Jahre |
| Monatsinventuren | 0 Jahre |
| Mutterschaftsgeldunterlagen | 10 Jahre |
| Nachkalkulationen | 10 Jahre |
| Nachnahmebelege | 10 Jahre |
| Nebenbücher | 10 Jahre |
| Nettolohnlisten | 10 Jahre |
| Normblätter | 0 Jahre |
| Normvorschriften | 0 Jahre |
| Nutzflächenermittlungen (soweit steuerlich relevant) | 10 Jahre |

| Beleg | Aufbewahrungsfrist |
|---|---|
| Obligationen nach Entwertung | 6 Jahre |
| Offenbarungseidanträge | 6 Jahre |
| Orderlimitbücher | 0 Jahre |
| Orderpapiere | 6 Jahre |
| Organisationsunterlagen und -pläne (für gesetzlich vorgeschriebene KA) | 10 Jahre |
| Organschaftsabrechnungen | 10 Jahre |
| Organschaftsverträge nach Vertragsende | 10 Jahre |
| Pachtunterlagen (nach Ablauf des Vertrags) | 6 Jahre |
| Packzertifikate (Container) | 6 Jahre |
| Patentunterlagen nach Ablauf | 6 Jahre |
| Pensionskassenunterlagen | 10 Jahre |
| Pensionsrückstellungsunterlagen | 10 Jahre |
| Pensionszahlungen | 10 Jahre |
| Pfandleihbücher | 10 Jahre |
| Pfändungsunterlagen | 10 Jahre |
| Portokassenbücher | 10 Jahre |
| Postaufträge | 6 Jahre |
| Postbankauszüge | 10 Jahre |
| Postgebühren | 10 Jahre |
| Postscheckbelege | 10 Jahre |
| Preislisten | 6 Jahre |
| Preisvereinbarungen als Handelsbrief | 6 Jahre |
| Privatentnahmebelege | 10 Jahre |
| Proteste (Scheck/Wechsel) | 6 Jahre |
| Provisionsabrechnungen | 10 Jahre |
| Provisionsgutschriften | 10 Jahre |
| Prozessakten nach Abschluss des Prozesses | 10 Jahre |
| Prüfungsberichte (Abschlussprüfer) | 10 Jahre |
| Prüfungsberichte (Innenrevision) | 0 Jahre |
| Qualitätsberichte | 6 Jahre |

| Beleg | Aufbewahrungsfrist |
|---|---|
| Quartalsabschlüsse, freiwillige | 0 Jahre |
| Quartalsabschlüsse, vorgeschriebene | 10 Jahre |
| Quittungen (soweit Buchungsbelege) | 10 Jahre |
| Rabattangelegenheiten | 10 Jahre |
| Rechnungen | 10 Jahre |
| Rechnungsabgrenzungsermittlungen | 10 Jahre |
| Rechtsbehelfsverfahren | 0 Jahre |
| Reisekostenabrechnungen | 10 Jahre |
| Rentabilitätsberechnungen | 0 Jahre |
| Repräsentationsaufwendungen | 10 Jahre |
| Rückscheine | 6 Jahre |
| Rückstellungsunterlagen | 10 Jahre |
| Rückwareneingangsjournale | 6 Jahre |
| Sachanlagevermögenskarteien | 10 Jahre |
| Sachkonten | 10 Jahre |
| Saldenbestätigungen | 6 Jahre |
| Saldenbilanzen | 10 Jahre |
| Schadensmeldungen | 6 Jahre |
| Schadensunterlagen (soweit Buchungsbelege) | 10 Jahre |
| Scheck- und Wechselunterlagen | 6 Jahre |
| Scheckbestandsaufnahmen | 10 Jahre |
| Schriftwechsel | 6 Jahre |
| Schuldscheine | 6 Jahre |
| Schuldtitel | 10 Jahre |
| Sicherungsübereignungen | 6 Jahre |
| Skontounterlagen | 10 Jahre |
| Sondergutschriften | 10 Jahre |
| Sozialleistungsunterlagen (soweit Buchungsbelege) | 10 Jahre |
| Sozialpläne | 6 Jahre |
| Sozialversicherungsbeitragskonten | 6 Jahre |

| Beleg | Aufbewahrungsfrist |
|---|---|
| Sparbücher | 6 Jahre |
| Sparprämienanträge | 6 Jahre |
| Sparurkunden | 6 Jahre |
| Speditionsversicherungsscheine | 6 Jahre |
| Spendenbescheinigungen | 10 Jahre |
| Steuerabzugsnachweise | 6 Jahre |
| Steuererklärungen/Steuerbescheide | 10 Jahre |
| Steuerstrafrechtliche Ermittlungen | 0 Jahre |
| Steuerrückstellungsberechnungen | 10 Jahre |
| Steuerunterlagen (soweit nicht für die Finanzverwaltung von Bedeutung) | 10 Jahre |
| Stornobelege | 10 Jahre |
| Stundenlohnzettel (soweit Buchungsbelege) | 10 Jahre |
| Stundungsbelege | 6 Jahre |
| Tätigkeitsberichte (soweit Buchungsbelege) | 10 Jahre |
| Tagebücher der Handelsmakler | 10 Jahre |
| Teilzahlungsbelege | 10 Jahre |
| Telefonkostennachweise | 10 Jahre |
| Testate als Bilanzteil | 10 Jahre |
| Transportschadenunterlagen | 6 Jahre |
| Transportversicherungsanmeldungen | 6 Jahre |
| Transportversicherungsaufträge | 6 Jahre |
| Übereignungsverträge | 6 Jahre |
| Übernahmebescheinigungen (Spediteur) | 6 Jahre |
| Überstundenlisten | 6 Jahre |
| Überweisungsbelege | 10 Jahre |
| Umbuchungsbelege | 10 Jahre |
| Umsatzsteuervergütungen | 6 Jahre |
| Umwandlungsbilanzen | 10 Jahre |
| Umwandlungsunterlagen | 6 Jahre |
| Unfallverhütungsvorschriften | 0 Jahre |

| Beleg | Aufbewahrungsfrist |
|---|---|
| Unfallversicherungsunterlagen | 6 Jahre |
| Unterlagen (von Bedeutung für die Besteuerung) | 6 Jahre |
| Unternehmerlohnverrechnungen | 6 Jahre |
| Urlaubsanträge | 0 Jahre |
| Urlaubslisten für Rückstellungen | 10 Jahre |
| Valuta-Belege | 10 Jahre |
| Verbindlichkeiten (Zusammenstellungen) | 10 Jahre |
| Verfrachtungsaufträge | 6 Jahre |
| Verkaufsbelege | 10 Jahre |
| Verkaufsbücher, -journale | 10 Jahre |
| Vermögensteuerunterlagen | 6 Jahre |
| Vermögensverzeichnis | 10 Jahre |
| Vermögenswirksame Leistungen (soweit Buchungsbelege) | 10 Jahre |
| Vermögenswirksame Leistungen (Handelsbriefe) | 6 Jahre |
| Vermögenswirksame Leistungen (Unterlagen) | 10 Jahre |
| Verpfändungsunterlagen | 10 Jahre |
| Verrechnungskonten | 10 Jahre |
| Verrechnungspreisunterlagen | 10 Jahre |
| Versandanmeldungen | 6 Jahre |
| Versand- und Frachtunterlagen (soweit Buchungsbelege) | 10 Jahre |
| Verschiffungsunterlagen (soweit Buchungsbelege) | 10 Jahre |
| Versicherungspolicen | 6 Jahre |
| Versorgungsunterlagen (soweit Buchungsbelege) | 10 Jahre |
| Versteigerungsunterlagen | 6 Jahre |
| Verträge | 6 Jahre |
| Verträge (soweit handels-/steuerrechtlich von Bedeutung) | 10 Jahre |
| Vertreterunterlagen | 6 Jahre |
| Vertreterverzeichnisse | 0 Jahre |

| Beleg | Aufbewahrungsfrist |
|---|---|
| Verwahrungsbücher für Wertpapiere | 10 Jahre |
| Verzugszinsbelastungen | 6 Jahre |
| Viehregister | 10 Jahre |
| Vollmachten (Urkunden) | 6 Jahre |
| Vollständigkeitserklärungen | 10 Jahre |
| Vorauszahlungsbelege | 10 Jahre |
| Vorläufige Steuerfestsetzung (Unterlagen) | 0 Jahre |
| Vorschusskonten | 10 Jahre |
| Vorschusslisten (soweit Buchungsbelege) | 10 Jahre |
| Währungsforderungen (soweit Buchungsbelege) | 10 Jahre |
| Warenabgabescheine | 6 Jahre |
| Warenbestandsaufnahmen (Inventuren) | 10 Jahre |
| Wareneingangs- und -ausgangsbücher | 10 Jahre |
| Warenverkehrsbescheinigungen | 6 Jahre |
| Wechsel (soweit Buchungsbelege) | 10 Jahre |
| Wechselobligolisten als Bilanzunterlagen | 10 Jahre |
| Weihnachtsgratifikation (soweit Buchungsbelege) | 10 Jahre |
| Werbekosten (Belege) | 10 Jahre |
| Werksrentenanträge | 6 Jahre |
| Werkstattabrechnungen (soweit Buchungsbelege) | 10 Jahre |
| Werkzeugkosten (Belege) | 10 Jahre |
| Werkzeugregister als Inventar | 10 Jahre |
| Wertberichtigungen (Inventurunterlage) | 10 Jahre |
| Wertpapieraufstellungen als Bilanzunterlagen | 10 Jahre |
| Wertpapierkurse als Buchungsbelege | 10 Jahre |
| Wildhandelsbücher | 10 Jahre |
| Wochenzettel für Gruppenakkord (soweit Buchungsbelege) | 10 Jahre |
| Zahlungsanweisungen (soweit Buchungsbelege) | 10 Jahre |
| Zahlungsträger | 10 Jahre |
| Zeichnungsvollmachten | 6 Jahre |

| Beleg | Aufbewahrungsfrist |
|---|---|
| Zessionen | 6 Jahre |
| Zinsabrechnungen | 10 Jahre |
| Zinsberechnungsunterlagen | 6 Jahre |
| Zinsstaffeln | 6 Jahre |
| Zollbelege | 10 Jahre |
| Zugangsjournale | 6 Jahre |
| Zuschüsse des Arbeitgebers | 10 Jahre |
| Zustellungsquittungen | 6 Jahre |
| Zwischenbilanz (bei Gesellschafterwechsel/ Umstellung des Wirtschaftsjahrs) | 10 Jahre |
| Zwischengewinnermittlungen (für gesetzlich vorgeschriebene KA) | 10 Jahre |

Tab. 1: Aufbewahrungsfristen für einzelne Unterlagen

### 4.2 Fristberechnung (Abs. 5)

Die Aufbewahrungsfrist **beginnt** mit dem Schluss des Kj., in dem die letzte Eintragung in den Büchern, die Erstellung des Inventars, die Versendung bzw. der Erhalt von Handelsbriefen oder Feststellung des JA oder die Erstellung des Buchungsbelegs erfolgt.[19] Es kommt also nicht auf ein evtl. abweichendes Gj an. Durch diese Regelung **verlängert** sich die **Aufzeichnungsfrist** für Unterlagen, die vor Jahresende entstanden sind, **über die zehn bzw. sechs Jahre hinaus**. 30

> **Beispiel** 31
> Die M GmbH stellt ihren JA zum 31.12.01 auf. Die Abschlussarbeiten werden im Januar 02 vorgenommen. So wird der Buchungsbeleg für die Abschreibungen des Gj 01 am 11.1.02 erstellt, und die Abschreibungen werden am 11.1.02 gebucht.
> Hier ist es als zulässig anzusehen, wenn im Interesse der Vereinheitlichung der Aufbewahrungsfristen der Buchungsbeleg für die Abschreibungen als für das Gj-Ende 31.12.01 erstellt behandelt wird, er also noch dem Jahr 01 zugeordnet wird.[20]

Die Aufbewahrungsfrist **endet** nach sechs bzw. zehn Jahren mit Ablauf des 31.12. 32

---

19 Vgl. ergänzend *ADS*, 6. Aufl., § 257 HGB, Rz 70.
20 So auch *ADS*, 6. Aufl., § 257 HGB, Rz 70, und *Isele*, in *Küting/Pfitzer/Weber*, HdR, HGB § 257, Rn 96, Stand 04/2011.

33 > **Fortsetzung Beispiel**
> Der vorgenannte Buchungsbeleg für die Abschreibungen des Gj 01 ist bis zum Ablauf des 31.12.11 aufzubewahren.

34 Im Gegensatz zum Steuerrecht kennt das Handelsrecht **keine Ablaufhemmung** der Aufbewahrungsfrist. Insofern endet die Aufbewahrungspflicht grds. immer, wenn die Aufbewahrungsfrist kalendermäßig verstrichen ist.[21] In Bezug auf die Aufbewahrungsfristen nach **Steuerrecht** ist zu beachten, dass die **Festsetzungsfrist** (§ 169 AO) in vielen Fällen noch nicht abgelaufen ist, wenn die Aufbewahrungsfrist (handelsrechtlich) kalendermäßig endet. In diesen Fällen könnten die Unterlagen zwar handelsrechtlich, aber nicht steuerrechtlich vernichtet werden. Der steuerpflichtige Kfm. muss sich daher für jede einzelne Unterlage vergewissern, ob sie für steuerliche Sachverhalte von Bedeutung ist, deren Festsetzungsfrist noch nicht abgelaufen ist.

## 5 Recht zur Vernichtung nach Fristablauf

35 Ist die Aufbewahrungsfrist **abgelaufen**, können die Unterlagen grds. **vernichtet** werden, ohne dass hieraus nachteilige Konsequenzen (weder handels- noch steuerrechtlich) resultieren. Dies gilt jedoch nur im Hinblick auf § 257 bzw. § 147 AO. Sofern nach anderen Vorschriften eine längere Aufbewahrung geboten ist oder die Fristen anders berechnet werden, verbleibt es hierbei.[22]

## 6 Rechtsfolgen bei Verletzung der Aufbewahrungspflicht

36 Das **Handelsrecht** kennt keine Zwangsmaßnahmen zur Sicherung der Aufbewahrungspflicht. Die vorzeitige Vernichtung von Unterlagen ist für sich genommen weder strafbar noch als Ordnungswidrigkeit mit einer Sanktion bedroht. Allerdings ist die Aufbewahrungspflicht Bestandteil einer ordnungsmäßigen Buchführung. Bei wesentlichen Verstößen wird der AP daher zu erwägen haben, ob Konsequenzen für den BSV zu ziehen sind.[23]
Weiterhin ist die Vorlage von Handelsbüchern von Bedeutung für die Beweisführung im Rechtsstreit (§ 258 HGB), bei Auseinandersetzungen (§ 260 HGB) sowie bei Wirtschafts- und Insolvenzstraftaten (§§ 283 ff. StGB).

37 Wird die **steuerrechtliche** Aufbewahrungspflicht nach § 147 AO verletzt, ist die Buchführung nicht ordnungsgemäß. Unter Umständen sind die Besteuerungsgrundlagen dann zu schätzen (§ 162 Abs. 2 Satz 2 AO). Im Einzelfall kann die Verletzung der Aufbewahrungspflicht als Steuerhinterziehung oder fahrlässige Steuerverkürzung strafbar oder ordnungswidrig sein.[24]

---

[21] Vgl. zur Ausnahme der Änderung des JA nach Feststellung *ADS*, 6. Aufl., § 257 HGB, Rz 71.
[22] Vgl. dazu etwa *ADS*, 6. Aufl., § 257 HGB, Rz 75 ff.
[23] Vgl. *ADS*, 6. Aufl., § 257 HGB, Rz 80; *Winkeljohann/Philipps*, in Beck Bil-Komm. 9. Aufl., § 257 HGB, Rz 35.
[24] Vgl. *Drüen*, in *Tipke/Kruse*, AO/FGO, § 147 AO, Tz 64a.

# § 258 VORLEGUNG IM RECHTSSTREIT

(1) Im Laufe eines Rechtsstreits kann das Gericht auf Antrag oder von Amts wegen die Vorlegung der Handelsbücher einer Partei anordnen.
(2) Die Vorschriften der Zivilprozeßordnung über die Verpflichtung des Prozeßgegners zur Vorlegung von Urkunden bleiben unberührt.

WP StB Dr. Michael Strickmann

| Inhaltsübersicht | Rz |
|---|---|
| 1 Überblick | 1–2 |
| 2 Vorlegungsanordnung durch das Gericht (Abs. 1) | 3–9 |
|    2.1 Anwendungsbereich | 3–4 |
|    2.2 Bedingungen und Gegenstand der Vorlegungspflicht | 5–9 |
| 3 Vorlegungspflicht nach ZPO (Abs. 2) | 10 |

## 1 Überblick

§ 258 HGB regelt die Vorlegung der **Handelsbücher** (zum Begriff vgl. § 238 Rz 43 ff.) und sonstiger Urkunden im Fall zivilrechtlicher Rechtsstreitigkeiten. Die Vorschrift des § 258 Abs. 1 HGB begründet eine **eigenständige zivilprozessuale Vorlegungspflicht** in Bezug auf die Handelsbücher der Verfahrensparteien. Sie ergänzt die allgemeinen Regelungen der ZPO, die nach § 258 Abs. 2 HGB unberührt bleiben. Hintergrund für diese Sonderregelung ist die Tatsache, dass das Zivilprozessrecht keine ausreichende Möglichkeit bietet, die Vorlage der zur Beweisführung besonders geeigneten Handelsbücher im Rahmen von Zivilprozessen zu erzwingen.[1]

Die Regelung des § 258 HGB knüpft an die handelsrechtlichen Pflichten des Kfm. zur Führung und Aufbewahrung von Handelsbüchern nach den §§ 238, 239 und 257 HGB an. Sie steht im unmittelbaren Regelungszusammenhang mit den §§ 259, 260 HGB, die den **Vorlegungsumfang** bestimmen. Bestimmungen zur Vorlegung von prozessrelevanten Unterlagen, die auf Bild- oder Datenträgern gespeichert sind, enthält darüber hinaus § 261 HGB.

1

2

## 2 Vorlegungsanordnung durch das Gericht (Abs. 1)

### 2.1 Anwendungsbereich

In **personeller** Hinsicht erstreckt sich der Anwendungsbereich des § 258 HGB auf Kfl. i.S.d. §§ 1 ff. HGB, da diese den handelsrechtlichen Pflichten zur Führung und Aufbewahrung von Handelsbüchern nach den §§ 238, 239 u. 257 HGB unterliegen.

3

---

[1] Vgl. *ADS*, 6. Aufl. § 258 HGB, Rz 1.

4  Der **sachliche** Anwendungsbereich der Norm betrifft schwebende **zivilrechtliche Rechtsstreitigkeiten** nach der ZPO. Die Möglichkeit zur Vorlegungsanordnung ist nicht beschränkt auf Handelssachen i.S.v. § 95 GVG, sondern bezieht sich bspw. auch auf arbeitsgerichtliche Prozesse und ist in schiedsgerichtlichen Verfahren anwendbar.[2] Zudem gilt § 258 HGB für Verfahren der freiwilligen Gerichtsbarkeit, soweit diese nicht Vermögensauseinandersetzungen betreffen, die in § 260 HGB gesondert geregelt sind.[3] Keine Anwendung findet die Norm dagegen in Strafprozessen; insoweit sieht § 95 Abs. 1 StPO eine eigene Herausgabepflicht im Rahmen der strafprozessualen Beschlagnahmevorschriften vor, die auch Handelsbücher betreffen kann.[4] Das Gleiche gilt für finanzgerichtliche Prozesse, die ebenfalls eigenständige Vorlegungspflichten vorsehen (vgl. §§ 76 Abs. 1, 85 Satz 2 FGO).[5]

## 2.2 Bedingungen und Gegenstand der Vorlegungspflicht

5  Das Prozessgericht kann die Vorlegung **von Amts wegen** oder auf **Antrag einer Verfahrenspartei** fordern. Ob im letzteren Fall die Verfahrensparteien ihre Behauptungen durch Vorlage eigener oder gegnerischer Handelsbücher beweisen wollen, welche Partei die Beweislast trägt und ob der Kläger oder der Beklagte den Anordnungsantrag stellt, ist dabei unerheblich. Die Anordnung setzt allein die Überzeugung des Gerichts voraus, dass die Handelsbücher der Aufklärung der Sachverhaltsumstände und damit der Beurteilung der Schlüssigkeit der Klage oder der Einwendungen des Beklagten dienen können.[6] Die Vorlegungsanordnung liegt im **pflichtgemäßen Ermessen** des Gerichts.[7] Ein Anspruch der Verfahrensparteien darauf besteht nicht.

6  Das gerichtliche Ermessen wird indes begrenzt durch das berechtigte Interesse des Kfm. an der Geheimhaltung seiner Geschäftsgeheimnisse. Die Vorlegung der Handelsbücher darf nach § 259 Satz 1 HGB nicht zur allgemeinen Ausforschung einer Prozesspartei erfolgen, sondern nur insoweit angeordnet werden, als dies zur Klärung bestimmter, für den Rechtsstreit **relevanter Fragestellungen** notwendig ist (vgl. auch § 259 Rz 2).[8] Vor diesem Hintergrund ist eine Vorlegungsanordnung nicht zulässig, um einer Partei überhaupt erst die Substanziierung ihres Vortrags zu ermöglichen.[9]

7  Die Vorlegungsverpflichtung beschränkt sich ausdrücklich auf die Vorlage der **Handelsbücher** i.S.v. § 257 Abs. 1 Nr. 1 HGB. Andere nach § 257 Abs. 1 HGB aufbewahrungspflichtige Unterlagen wie etwa Inventare, JA, Handelsbriefe und Buchungsbelege (vgl. zur Abgrenzung ausführlich § 257 Rz 10 ff.) fallen nicht unter die Vorschriften des § 258 HGB. Jedoch kann sich die Pflicht zur Vorlage dieser Unterlagen aus den allgemeinen zivilprozessualen Vorschriften ergeben.

---

[2]  Vgl. *Winkeljohann/Philipps*, in Beck Bil-Komm. 9. Aufl., § 258 HGB, Rz 1f.
[3]  So auch *Bartone*, in Baetge/Kirsch/Thiele, Bilanzrecht, Stand 8/2013, § 258 HGB, Rz 21; a.A. *ADS*, 6. Aufl. § 258 HGB, Rz 2.
[4]  Vgl. *Bartone*, in Baetge/Kirsch/Thiele, Bilanzrecht, Stand 8/2013, § 258 HGB, Rz 22.
[5]  Vgl. *Krawitz*, in Hofbauer/Kupsch, BoHdR, § 258 HGB, Rz 13.
[6]  Vgl. *Winkeljohann/Philipps*, in Beck Bil-Komm. 9. Aufl., § 258 HGB, Rz 1f.; *ADS*, 6. Aufl. § 258 HGB, Rz 7.
[7]  Vgl. *Bartone*, in Baetge/Kirsch/Thiele, Bilanzrecht, Stand 8/2013, § 258 HGB, Rz 24f.
[8]  Vgl. *Winkeljohann/Philipps*, in Beck Bil-Komm. 9. Aufl., § 258 HGB, Rz 2.
[9]  Vgl. *ADS*, 6. Aufl. § 258 HGB, Rz 7.

Die Vorlegungsanordnung kann sich nur auf Handelsbücher einer **Prozesspartei** 8
beziehen. Auf die Handelsbücher Dritter kann dagegen nicht unmittelbar zugegriffen werden. Soweit die Handelsbücher **Dritter** für den jeweiligen Rechtsstreit von Bedeutung sind, kommt nur die Befragung der Dritten als Zeugen für die streitigen Sachverhalte in Betracht; die Handelsbücher können vom Gericht oder den Parteien selbst dagegen nicht in Augenschein genommen werden.[10]

Die Handelsbücher sind dem Prozessgericht **im Original** vorzulegen, soweit das 9
Gericht keine abweichenden Vorgaben trifft. Sind die Unterlagen, auf die sich die Vorlegungsanordnung bezieht, aufgrund des Ablaufs der gesetzlichen Aufbewahrungsfrist durch die betreffende Verfahrenspartei tatsächlich vernichtet worden, scheidet die Vorlegung aus, ohne dass der Partei daraus ein Nachteil erwächst. Sind die Handelsbücher ungeachtet des Endes der Aufbewahrungsfrist tatsächlich noch vorhanden, bleibt die Vorlegungspflicht unverändert bestehen.[11] In diesem Zusammenhang ist jedoch zu beachten, dass das Gericht eine auf § 258 Abs. 1 HGB gestützte Vorlegungsanordnung nicht mit **Zwangsmitteln** durchsetzen kann, sondern eine Nichtvorlage hinnehmen muss und der jeweiligen Verfahrenspartei prozessuale Nachteile nur erwachsen können, wenn (noch) eine Pflicht zur Aufbewahrung der Handelsbücher bestand.[12]

## 3 Vorlegungspflicht nach ZPO (Abs. 2)

Nach § 258 Abs. 2 HGB bleiben die Vorschriften zur **Urkundenvorlegung** nach 10
der ZPO unberührt. Die entsprechenden Vorschriften beinhalten die §§ 415 ff. ZPO. Sie beziehen sich auf sämtliche Urkunden, auf die in einem (Zivil-)Rechtsstreit Bezug genommen wird. D. h., die Einschränkung des § 258 Abs. 1 HGB auf Handelsbücher gilt nicht.

---

10 Vgl. *Krawitz*, in *Hofbauer/Kupsch*, BoHdR, § 258 HGB, Rz 10.
11 Vgl. *Weber/Eichenlaub*, in *Küting/Pfitzer/Weber*, HdR, § 258 HGB, Rn 9, Stand 05/2013, unter Verweis auf BGH, Urteil v. 10.10.1994, BB 1995 S. 2378.
12 Vgl. *Bartone*, in *Baetge/Kirsch/Thiele*, Bilanzrecht, Stand 8/2013, § 258 HGB, Rz 41.

# § 259 AUSZUG BEI VORLEGUNG IM RECHTSSTREIT

¹Werden in einem Rechtsstreit Handelsbücher vorgelegt, so ist von ihrem Inhalt, soweit er den Streitpunkt betrifft, unter Zuziehung der Parteien Einsicht zu nehmen und geeignetenfalls ein Auszug zu fertigen. ²Der übrige Inhalt der Bücher ist dem Gericht insoweit offenzulegen, als es zur Prüfung ihrer ordnungsmäßigen Führung notwendig ist.

WP StB Dr. Michael Strickmann

| Inhaltsübersicht | Rz |
|---|---|
| 1 Überblick | 1 |
| 2 Gegenstand der Einsichtnahme und Auszugerstellung (Satz 1) | 2–4 |
| 3 Offenlegung gegenüber dem Gericht (Satz 2) | 5–6 |
| 4 Handelsbücher auf Bild- oder Datenträgern | 7 |

## 1 Überblick

1  Gegenstand des § 259 HGB sind Umfang und Form der Einsichtnahme in die Handelsbücher sowie die Erstellung von Auszügen hieraus, wenn in einer **Zivilrechtsstreitigkeit** die **Vorlegung von Handelsbüchern** angeordnet wird. Zwar steht § 259 HGB im Regelungszusammenhang mit der Vorlegeanordnung nach § 258 HGB, jedoch ist die Vorschrift darauf nicht beschränkt. Sie gilt vielmehr für alle Vorlagen von Handelsbüchern in Zivilprozessen.[1] Besondere Einsichtsrechte von Gesellschaftern nach anderen Rechtsnormen, wie etwa den §§ 118, 166 und 233 HGB sowie § 51a GmbHG, oder besonderen Vereinbarungen, bspw. entsprechenden Regelungen des Gesellschaftsvertrags oder eines Anteilskaufvertrags, bleiben durch § 259 HGB unberührt.

## 2 Gegenstand der Einsichtnahme und Auszugerstellung (Satz 1)

2  Das Einsichtsrecht unter Zuziehung der Prozessparteien gem. § 259 Satz 1 HGB bezieht sich auf die **vorgelegten Handelsbücher** i.S.d. § 257 Abs. 1 Nr. 1 HGB (vgl. dazu § 257 Rz 10ff.). Es ist dabei beschränkt auf die für die Streitentscheidung **relevanten Fragestellungen** bzw. Tatsachen nach Maßgabe des betreffenden Beweisbeschlusses. Keinesfalls soll den Parteien damit ein umfassendes Einsichtsrecht eingeräumt werden.

---

[1] Vgl. *ADS*, 6. Aufl. § 259 HGB, Rz 2.

Die Einsichtnahme hat stets durch das mit dem Prozess befasste Gericht, u. U. mithilfe eines geeigneten Sachverständigen, unter Zuziehung beider Prozessparteien zu erfolgen.[2]

Die Beschränkung der Möglichkeit der Kenntnisnahme von Eintragungen in den Handelsbüchern, die den konkreten Streitpunkt betreffen, gilt entsprechend für die **Fertigung von Auszügen**.

## 3 Offenlegung gegenüber dem Gericht (Satz 2)

Die Verwertung von Informationen aus den vorgelegten Handelsbüchern durch das Gericht setzt grundlegend deren ordnungsmäßige Führung voraus. Um sich von der Verlässlichkeit der Informationsgrundlage ein Bild machen zu können, räumt § 259 Satz 2 HGB dem Gericht selbst bzw. einem von ihm bestellten Sachverständigen ein über die Beschränkung nach Satz 1 hinausgehendes Einsichtsrecht ein. Die Prozessparteien sind von dieser weitergehenden **allgemeinen Einsichtnahmemöglichkeit** ausgeschlossen. Der Gesetzeswortlaut, der von „Offenlegung" spricht, ist daher missverständlich.

Das Einsichtsrecht des Gerichts beschränkt sich auf Prüfungsmaßnahmen zur Beurteilung, ob die Handelsbücher **im Ganzen** ordnungsmäßig i. S. d. einschlägigen gesetzlichen Regelungen geführt sind oder ob aufgrund einer mangelnden allgemeinen Verlässlichkeit die daraus entnommenen Tatsachenangaben zu verwerfen sind.

## 4 Handelsbücher auf Bild- oder Datenträgern

Bestimmungen zur Vorlegung von Unterlagen, wie bspw. Handelsbüchern, die auf Bild- oder Datenträgern gespeichert sind, enthält § 261 HGB.

---

[2] Vgl. *Winkeljohann/Philipps*, in Beck Bil-Komm. 9. Aufl., § 259 HGB, Rz 2.

# § 260 VORLEGUNG BEI AUSEINANDERSETZUNGEN

Bei Vermögensauseinandersetzungen, insbesondere in Erbschafts-, Gütergemeinschafts- und Gesellschaftsteilungssachen, kann das Gericht die Vorlegung der Handelsbücher zur Kenntnisnahme von ihrem ganzen Inhalt anordnen.

WP StB Dr. Michael Strickmann

**Inhaltsübersicht**

| | Rz |
|---|---|
| 1 Überblick | 1 |
| 2 Anwendungsbereich | 2–4 |
| 3 Gegenstand der Vorlegung | 5 |
| 4 Ermessen des Gerichts | 6 |

## 1 Überblick

1 Die Regelung des § 260 HGB steht im Regelungszusammenhang mit den §§ 258, 259 HGB und beinhaltet eine **Sonderregelung für Vermögensauseinandersetzungen**, in die ein Kfm. verwickelt ist.[1] Für solche Fälle kann das damit befasste Gericht eine Vorlegung der Handelsbücher anordnen, um den Verfahrensbeteiligten Kenntnis von deren Inhalt zu verschaffen. Damit wird das Ziel verfolgt, die zutreffende Ermittlung der Vermögensverhältnisse des Kfm. zu unterstützen.

## 2 Anwendungsbereich

2 § 260 HGB gilt für **gerichtliche Verfahren**, die eine **Vermögensauseinandersetzung** zum Gegenstand haben. Die Fälle der Erbschafts-, Gütergemeinschafts- und Gesellschaftsteilungssachen, auf die der Gesetzeswortlaut ausdrücklich Bezug nimmt, stellen nur eine beispielhafte, nicht abschließende Aufzählung dar. Daneben kommen bspw. auch Verfahren betreffend den Zugewinnausgleich, die Aufhebung einer Bruchteilsgemeinschaft und die Auseinandersetzung einer stillen Gesellschaft in Betracht.[2]

3 Die Vorlegeanordnung gilt für Fälle, in denen das Gericht aufgrund einer Klageschrift oder eines Antrags mit einer Vermögenssache befasst ist, die unter den Anwendungsbereich des § 260 HGB fällt. Sie ist nicht auf **bürgerlich-rechtliche Rechtsstreitigkeiten**, d.h. das nach der ZPO zuständige Gericht, beschränkt, sondern greift auch bei Verfahren der **freiwilligen Gerichtsbarkeit** nach dem FGG.[3]

---

[1] Vgl. *Winkeljohann/Philipps*, in Beck Bil-Komm. 9. Aufl., § 260 HGB, Rz 1.
[2] Vgl. *Bartone*, in *Baetge/Kirsch/Thiele*, Bilanzrecht, Stand 8/2013, § 260 HGB, Rz 22.
[3] Vgl. *Weber/Eichenlaub*, in *Küting/Pfitzer/Weber*, HdR, § 260 HGB, Rn 3, Stand 05/2013.

§ 260 HGB kommt außerdem nur zur Anwendung, sofern sich die Vermögensauseinandersetzung auf ein Unt bezieht, das ein **kaufmännisches Handelsgewerbe** i. S. v. § 1 HGB betreibt. Betroffen sein können z. B. PersG als solche oder der Besitz sämtlicher Anteile einer PersG.[4] Bei geringeren Unternehmensbeteiligungen kann eine Vorlegeanordnung nur unter Berücksichtigung der den Gesellschaftern gesetzlich (vgl. §§ 118, 166 HGB, § 175 Abs. 2 AktG, § 51a GmbHG) oder vertraglich zustehenden Einsichtsrechte erfolgen.[5] Für nichtkaufmännische Gewerbebetriebe gem. § 1 Abs. 2 HGB gilt die Möglichkeit der Vorlegeanordnung dagegen nicht.[6] Die Möglichkeit der Vorlegeanordnung entfällt weiterhin, wenn ein Einzelkaufmann das Wahlrecht des § 241a HGB in Anspruch nimmt, das ihn u. a. von der Pflicht der §§ 238, 239 HGB zur Führung von Handelsbüchern entbindet.

4

## 3 Gegenstand der Vorlegung

Die Vorlegung nach § 260 HGB bezieht sich ausschließlich auf die **Handelsbücher** des betreffenden Unt, nicht dagegen auf andere Unterlagen.[7] Der Begriff der Handelsbücher ist i. S. d. § 257 Abs. 1 Nr. 1 HGB zu verstehen. Im Unterschied zu § 259 HGB beschränkt sich die Vorlegung nach § 260 HGB aber nicht auf Teile oder Auszüge der Handelsbücher, die sich auf einen bestimmten Verfahrensstreitpunkt beziehen, sondern erstreckt sich auf den **gesamten Inhalt** der Handelsbücher des vorlagepflichtigen Kfm.[8]

5

## 4 Ermessen des Gerichts

Die Vorlegung nach § 260 HGB ist in das Ermessen des mit der Sache befassten Gerichts gestellt. Sie kann folglich auch von Amts wegen, **ohne Antrag** eines Beteiligten angeordnet werden.[9]

6

---

4 Vgl. *Winkeljohann/Philipps*, in Beck Bil-Komm. 9. Aufl., § 260 HGB, Rz 1.
5 Vgl. *Weber/Eichenlaub*, in *Küting/Pfitzer/Weber*, HdR, § 260 HGB, Rn 3, Stand 05/2013.
6 Vgl. *Bartone*, in *Baetge/Kirsch/Thiele*, Bilanzrecht, Stand 8/2013, § 260 HGB, Rz 21.
7 Vgl. *ADS*, 6. Aufl. § 260 HGB, Rz 5.
8 Vgl. *Winkeljohann/Philipps*, in Beck Bil-Komm. 9. Aufl., § 260 HGB, Rz 2.
9 Vgl. *Winkeljohann/Philipps*, in Beck Bil-Komm. 9. Aufl., § 260 HGB, Rz 3.

## § 261 VORLEGUNG VON UNTERLAGEN AUF BILD- ODER DATENTRÄGERN

Wer aufzubewahrende Unterlagen nur in der Form einer Wiedergabe auf einem Bildträger oder auf anderen Datenträgern vorlegen kann, ist verpflichtet, auf seine Kosten diejenigen Hilfsmittel zur Verfügung zu stellen, die erforderlich sind, um die Unterlagen lesbar zu machen; soweit erforderlich, hat er die Unterlagen auf seine Kosten auszudrucken oder ohne Hilfsmittel lesbare Reproduktionen beizubringen.

WP StB Dr. Michael Strickmann

### Inhaltsübersicht

| | Rz |
|---|---|
| 1 Überblick | 1 |
| 2 Anwendungsbereich | 2–3 |
| 3 Lesbarmachung | 4–8 |
|    3.1 Übereinstimmung mit dem Original | 4 |
|    3.2 Art der Lesbarmachung | 5–6 |
|    3.3 Kostentragung | 7–8 |

### 1 Überblick

**1** Die Regelung des § 261 HGB steht im Zusammenhang mit der Berechtigung des Kfm. gem. §§ 238 Abs. 2, 239 Abs. 4 und 257 Abs. 3 HGB, seine Handelsbücher und weitere aufzubewahrende Unterlagen auf Datenträgern zu führen oder auf Daten- oder Bildträgern zu speichern (vgl. §§ 238, 239, 257 HGB). In solchen Fällen obliegt es nach § 261 HGB dem Kfm., etwaige für die **Lesbarmachung** der Unterlagen notwendige Hilfsmittel bei Bedarf auf **eigene Kosten** zur Verfügung zu stellen. Die Mitwirkungspflicht kann zusätzlich den Ausdruck von Unterlagen oder die Erstellung einer sonstigen lesbaren Reproduktion erfordern; auch die dafür anfallenden Aufwendungen sind durch den Kfm. zu tragen.

### 2 Anwendungsbereich

**2** Ungeachtet der Stellung der Norm im Gesetz ist § 261 HGB nicht ausschließlich auf die Vorlegung aufzubewahrender Rechnungswesensunterlagen in **Rechtsstreitigkeiten** (vgl. §§ 258, 259 HGB) und **Vermögensauseinandersetzungen** (vgl. § 260 HGB), sondern auch auf sämtliche Vorlegungen **außerhalb von Gerichtsverfahren** anzuwenden.[1]

---

[1] Vgl. *Winkeljohann/Philipps*, in Beck Bil-Komm. 9. Aufl., § 261 HGB, Rz 3.

§ 261 HGB setzt eine Pflicht zur Aufbewahrung der bezeichneten Unterlagen durch  3
den Kfm. voraus (vgl. dazu § 257 Abs. 4 HGB). Nach **Ablauf der Aufbewahrungsfristen** bleibt die Pflicht zur Lesbarmachung jedoch so lange erhalten, wie die betreffenden Unterlagen bei ihm tatsächlich noch vorhanden sind (zur Frage der Kostentragung in diesem Fall vgl. Rz 8).[2]

## 3 Lesbarmachung

### 3.1 Übereinstimmung mit dem Original

Das Gesetz regelt nicht, ob und ggf. in welcher Weise der zur Vorlage der  4
aufzubewahrenden Unterlagen verpflichtete Kfm. auch den Nachweis führen muss, dass die lesbar gemachten Unterlagen mit dem **Original übereinstimmen**. Dieses Erfordernis besteht aber auch ohne ausdrückliche gesetzliche Bestimmung nach den GoB.[3] Es ist bspw. davon auszugehen, dass der Vorlagepflichtige auf seine Kosten den Nachweis führen können muss, dass die Aufbewahrung von Unterlagen auf elektronischen Datenträgern oder Mikrofilmen durch sein Unt den GoB entspricht.[4] Zu den GoB-Anforderungen vgl. § 238 Rz 34 ff.

### 3.2 Art der Lesbarmachung

§ 261 HGB lässt offen, welcher Hilfsmittel sich der Vorlagepflichtige zur Lesbarmachung bedienen kann. Im Allgemeinen kann jedoch nicht mehr als die  5
Bereitstellung der erforderlichen **sachlichen und/oder personellen** Hilfsmittel gefordert werden,[5] bspw. durch Bereitstellung eines Notebooks, auf dem die betreffenden Dateien gespeichert sind oder das mit einem Disketten- oder DVD-Laufwerk oder einer USB-Schnittstelle ausgestattet ist.[6]
Soweit es im Einzelfall erforderlich ist, die bereitzustellenden Unterlagen darü-  6
ber hinaus in ausgedruckter Form vorzulegen oder anderweitig verlässlich zu reproduzieren, hat der Kfm. die entsprechende Reproduktion anzufertigen bzw. zu beschaffen.

### 3.3 Kostentragung

Nach dem Wortlaut des Gesetzes hat der vorlegungspflichtige Kfm. grds. sämtliche Kosten der Lesbarmachung zu tragen.  7
Ausnahmsweise **entfällt die Kostentragungspflicht** durch den Kfm., soweit  8
- die Aufbewahrungspflicht nach § 257 Abs. 4 HGB **verstrichen** ist, die Unterlagen aber tatsächlich noch bei ihm vorhanden und deshalb auch vorzulegen sind (vgl. Rz 3),
- er Unterlagen ohne rechtliche Verpflichtung **freiwillig** vorlegt,
- die betroffenen Parteien § 261 HGB abbedingen und eine vom Gesetz abweichende Kostenregelung **vereinbaren**.[7]

---

2   Vgl. *Bartone*, in *Baetge/Kirsch/Thiele*, Bilanzrecht, Stand 8/2013, § 261 HGB, Rz 22.
3   Vgl. *Winkeljohann/Philipps*, in Beck Bil-Komm. 9. Aufl., § 261 HGB, Rz 2.
4   Vgl. *Weber/Eichenlaub*, in *Küting/Pfitzer/Weber*, HdR, § 261 HGB, Rn 9, Stand 05/2013.
5   Vgl. ADS, 6. Aufl. § 261 HGB, Rz 4.
6   Vgl. *Bartone*, in *Baetge/Kirsch/Thiele*, Bilanzrecht, Stand 8/2013, § 261 HGB, Rz 32.
7   Vgl. ADS, 6. Aufl. § 261 HGB, Rz 9; *Bartone*, in *Baetge/Kirsch/Thiele*, Bilanzrecht, Stand 8/2013, § 261 HGB, Rz 42.

# § 263 VORBEHALT LANDESRECHTLICHER VORSCHRIFTEN

Unberührt bleiben bei Unternehmen ohne eigene Rechtspersönlichkeit einer Gemeinde, eines Gemeindeverbands oder eines Zweckverbands landesrechtliche Vorschriften, die von den Vorschriften dieses Abschnitts abweichen.

WP StB Dr. Michael Strickmann

### Inhaltsübersicht

| | Rz |
|---|---|
| 1 Überblick | 1 |
| 2 Anwendungsbereich | 2–7 |
| 2.1 Kommunale Trägerschaft | 2–3 |
| 2.2 Rechtliche Unselbstständigkeit | 4–7 |
| 3 Rechnungslegung nach PublG | 8 |

## 1 Überblick

1  Von öffentlich-rechtlichen Körperschaften betriebene Unt, die die **Kaufmannseigenschaft** gem. §§ 1 oder 2 HGB erfüllen (vgl. hierzu § 238 Rz 2 ff.), unterliegen grds. den für alle Kfl. geltenden Rechnungslegungsvorschriften der §§ 238–262 HGB. In dem Umfang, in dem **abweichende landesrechtliche Vorschriften** gelten, räumt ihnen § 263 HGB für bestimmte Unt mit kommunaler Trägerschaft jedoch einen Vorrang vor den handelsrechtlichen Regelungen ein. Soweit die landesrechtlichen Bestimmungen keine Abweichungen gegenüber den §§ 238–262 HGB enthalten, bleiben die genannten handelsrechtlichen Rechnungslegungsvorgaben dagegen unberührt.

## 2 Anwendungsbereich

### 2.1 Kommunale Trägerschaft

2  Die Regelung des § 263 HGB betrifft ausdrücklich nur Unt von **Gemeinden, Gemeindeverbänden und Zweckverbänden.** Gemeinden und Gemeindeverbände sind kommunale Gebietskörperschaften mit entsprechenden Selbstverwaltungsrechten (vgl. Art. 28 Abs. 2, 93 Abs. 1 Nr. 4b GG). Zu den Gemeindeverbänden gehören insb. die Landkreise. Kommunale Zweckverbände sind Körperschaften, die auf den Landesgesetzen über die kommunale Selbstverwaltung beruhen und von Gemeinden oder Gemeindeverbänden zur gemeinsamen Erfüllung kommunaler Aufgaben, wie z.B. die Abfallentsorgung, mit Zustimmung der zuständigen Aufsichtsbehörden gegründet werden.[1]

---

[1] Vgl. *Wohlfahrt*, Kommunalrecht, 2. Aufl., Rz 266.

Nicht unter den Anwendungsbereich von § 263 HGB fallen somit Unt des **Bundes** und der **Bundesländer**, unabhängig von ihrer Rechtsform. Bei diesen Unt ist nach den allgemeinen Regeln der §§ 1 ff. HGB festzustellen, ob die Kaufmannseigenschaft erfüllt ist.

## 2.2 Rechtliche Unselbstständigkeit

Die Befreiungsregelung des § 263 HGB gilt ausschließlich für Unt mit kommunaler Trägerschaft, die **keine eigene Rechtspersönlichkeit** besitzen. Unmittelbarer Träger der Rechte und Pflichten des Unt muss vielmehr die jeweilige Gemeinde, der Gemeindeverband oder der Zweckverband selbst sein.

Damit fallen unter den Anwendungsbereich von § 263 HGB insb. kommunale **Eigen- und Regiebetriebe**. Bei Eigenbetrieben handelt es sich um organisatorisch und finanzwirtschaftlich weitgehend verselbstständigte kommunale Unt, denen die eigene Rechtspersönlichkeit fehlt. Regiebetriebe sind dagegen bloße Organisationseinheiten der Gemeindeverwaltung zur Eigenbedarfsdeckung, die keine wirtschaftlichen Unt darstellen.[2] Es werden Brutto- und Netto-Regiebetriebe unterschieden. **Brutto-Regiebetriebe** sind in haushaltsrechtlicher, rechnungstechnischer, organisatorischer und personeller Hinsicht unselbstständige Bestandteile der Gemeindeverwaltung, die in vollem Umfang den allgemeinen kommunalrechtlichen und -wirtschaftlichen Bestimmungen unterliegen. **Netto-Regiebetriebe** stellen dagegen eine Übergangsform zu den Eigenbetrieben dar. Auf sie wird das Eigenbetriebsrecht in Bezug auf Wirtschaftsführung und Rechnungslegung analog angewandt; sie stehen den Eigenbetrieben insoweit bereits gleich.[3]

§ 263 HGB kommt auch bei wirtschaftlichen Unt ohne eigene Rechtspersönlichkeit von **Landesverbänden, Wohlfahrts- und Umlandverbänden** zum Tragen.[4]

Nicht in den Regelungsbereich von § 263 HGB fallen Unt kommunaler Träger, die in der Rechtsform einer **KapG** geführt werden. Diese sind Kfl. nach § 6 Abs. 1 HGB und unterliegen zwingend den für ihre Rechtsform einschlägigen Rechnungslegungs-, Prüfungs- und Offenlegungsvorschriften des Dritten Buches des HGB.[5] Hinzu kommen zusätzliche Erfordernisse aus einschlägigen öffentlich-rechtlichen Bestimmungen.[6]

## 3 Rechnungslegung nach PublG

§ 3 Abs. 2 Nr. 1a PublG enthält eine § 263 HGB inhaltlich entsprechende Regelung, falls die rechtlich unselbstständigen Unt der genannten öffentlich-rechtlichen Körperschaften nicht unter den Anwendungsbereich des HGB, sondern des PublG fallen.

---

2 Vgl. *Wohlfahrt*, Kommunalrecht, 2. Aufl., Rz 265.
3 Vgl. *ADS*, 6. Aufl. § 263 HGB, Rz 6.
4 Vgl. *Winkeljohann/Philipps*, in Beck Bil-Komm. 9. Aufl., § 263 HGB, Rz 1.
5 Vgl. *Bartone*, in Baetge/Kirsch/Thiele, Bilanzrecht, Stand 8/2013, § 263 HGB, Rz 23.
6 Vgl. WP-Handbuch, Bd. I, 14. Aufl., Abschn. L, Rz 5 ff.

## § 264 PFLICHT ZUR AUFSTELLUNG

(1) ¹Die gesetzlichen Vertreter einer Kapitalgesellschaft haben den Jahresabschluß (§ 242) um einen Anhang zu erweitern, der mit der Bilanz und der Gewinn- und Verlustrechnung eine Einheit bildet, sowie einen Lagebericht aufzustellen. ²Die gesetzlichen Vertreter einer kapitalmarktorientierten Kapitalgesellschaft, die nicht zur Aufstellung eines Konzernabschlusses verpflichtet ist, haben den Jahresabschluss um eine Kapitalflussrechnung und einen Eigenkapitalspiegel zu erweitern, die mit der Bilanz, Gewinn- und Verlustrechnung und dem Anhang eine Einheit bilden; sie können den Jahresabschluss um eine Segmentberichterstattung erweitern. ³Der Jahresabschluß und der Lagebericht sind von den gesetzlichen Vertretern in den ersten drei Monaten des Geschäftsjahrs für das vergangene Geschäftsjahr aufzustellen. ⁴Kleine Kapitalgesellschaften (§ 267 Abs. 1) brauchen den Lagebericht nicht aufzustellen; sie dürfen den Jahresabschluß auch später aufstellen, wenn dies einem ordnungsgemäßen Geschäftsgang entspricht, jedoch innerhalb der ersten sechs Monate des Geschäftsjahres. ⁵Kleinstkapitalgesellschaften (§ 267a) brauchen den Jahresabschluss nicht um einen Anhang zu erweitern, wenn sie
1. die in den §§ 251 und 268 Absatz 7 genannten Angaben,
2. die in § 285 Nummer 9 Buchstabe c genannten Angaben und
3. im Falle einer Aktiengesellschaft oder Kommanditgesellschaft auf Aktien die in § 160 Absatz 1 Satz 1 Nummer 2 des Aktiengesetzes genannten Angaben

unter der Bilanz angeben.

(2) ¹Der Jahresabschluß der Kapitalgesellschaft hat unter Beachtung der Grundsätze ordnungsmäßiger Buchführung ein den tatsächlichen Verhältnissen entsprechendes Bild der Vermögens-, Finanz- und Ertragslage der Kapitalgesellschaft zu vermitteln. ²Führen besondere Umstände dazu, daß der Jahresabschluß ein den tatsächlichen Verhältnissen entsprechendes Bild i.S.d. Satzes 1 nicht vermittelt, so sind im Anhang zusätzliche Angaben zu machen. ³Die gesetzlichen Vertreter einer Kapitalgesellschaft, die Inlandsemittent i.S.d. § 2 Absatz 7 des Wertpapierhandelsgesetzes und keine Kapitalgesellschaft i.S.d. § 327a ist, haben bei der Unterzeichnung schriftlich zu versichern, dass nach bestem Wissen der Jahresabschluss ein den tatsächlichen Verhältnissen entsprechendes Bild i.S.d. Satzes 1 vermittelt oder der Anhang Angaben nach Satz 2 enthält. ⁴Macht eine Kleinstkapitalgesellschaft von der Erleichterung nach Absatz 1 Satz 5 Gebrauch, sind nach Satz 2 erforderliche zusätzliche Angaben unter der Bilanz zu machen. ⁵Es wird vermutet, dass ein unter Berücksichtigung der Erleichterungen für Kleinstkapitalgesellschaften aufgestellter Jahresabschluss den Erfordernissen des Satzes 1 entspricht.

(3) ¹Eine Kapitalgesellschaft, die in den Konzernabschluss eines Mutterunternehmens mit Sitz in einem Mitgliedstaat der Europäischen Union oder einem anderen Vertragsstaat des Abkommens über den Europäischen Wirtschaftsraum einbezogen ist, braucht die Vorschriften dieses Unterabschnitts und des Dritten und Vierten Unterabschnitts dieses Abschnitts nicht anzuwenden, wenn

1. alle Gesellschafter des Tochterunternehmens der Befreiung für das jeweilige Geschäftsjahr zugestimmt haben und der Beschluß nach § 325 offengelegt worden ist,
2. das Mutterunternehmen zur Verlustübernahme nach § 302 des Aktiengesetzes oder nach dem für das Mutterunternehmen maßgeblichen Recht verpflichtet ist oder eine solche Verpflichtung freiwillig übernommen hat und diese Erklärung nach § 325 offengelegt worden ist,
3. die Kapitalgesellschaft in den Konzernabschluss einbezogen worden ist und
4. die Befreiung des Tochterunternehmens
    a) im Anhang des von dem Mutterunternehmen aufgestellten und nach § 325 durch Einreichung beim Betreiber des Bundesanzeigers offen gelegten Konzernabschlusses angegeben und
    b) zusätzlich im Bundesanzeiger für das Tochterunternehmen unter Bezugnahme auf diese Vorschrift und unter Angabe des Mutterunternehmens mitgeteilt worden ist.

(4) Absatz 3 ist auf Kapitalgesellschaften, die Tochterunternehmen eines nach § 11 des Publizitätsgesetzes zur Aufstellung eines Konzernabschlusses verpflichteten Mutterunternehmens sind, entsprechend anzuwenden, soweit in diesem Konzernabschluss von dem Wahlrecht des § 13 Abs. 3 Satz 1 des Publizitätsgesetzes nicht Gebrauch gemacht worden ist.

PROF. DR. STEFAN MÜLLER

## Inhaltsübersicht

| | Rz |
|---|---|
| 1 Überblick | 1–19 |
| 1.1 Inhalt und Regelungszweck | 1–2 |
| 1.2 Anwendungsbereich | 3–7 |
| 1.3 Normenzusammenhänge | 8–12 |
| 1.4 Exkurs: Unterjährige Berichterstattungspflichten | 13–19 |
| 2 Erweiterter Jahresabschluss der Kapitalgesellschaft (Abs. 1) | 20–49 |
| 2.1 Umfang und Einheit des Jahresabschlusses | 20–35 |
| 2.1.1 Anhang | 23–28 |
| 2.1.2 Kapitalflussrechnung | 29–32 |
| 2.1.3 Eigenkapitalspiegel | 33 |
| 2.1.4 Segmentberichterstattung | 34 |
| 2.1.5 Einheitsthese | 35 |
| 2.2 Lagebericht | 36–38 |
| 2.3 Aufstellungspflicht | 39–43 |
| 2.4 Fristen | 44–45 |
| 2.5 Anhangbefreiung für Kleinstkapitalgesellschaften | 46–49 |
| 3 Generalnorm (Abs. 2) | 50–91 |
| 3.1 Inhalt und Verhältnis zu den Einzelvorschriften | 50–64 |
| 3.2 Vermögens-, Finanz- und Ertragslage | 65–78 |
| 3.2.1 Vermögenslage | 65–68 |
| 3.2.2 Finanzlage | 69–73 |
| 3.2.3 Ertragslage | 74–76 |
| 3.2.4 Integration der Teillagen zum Gesamtbild der Vermögens-, Finanz- und Ertragslage | 77–78 |

|  |  |  |  |
|---|---|---|---|
| 3.3 | | Grundsätze ordnungsmäßiger Buchführung | 79–81 |
| 3.4 | | Angabepflichten bei Nichtvermittlung des tatsächlichen Bilds | 82–86 |
| 3.5 | | Vermutung der Darstellung des tatsächlichen Bilds bei Kleinstkapitalgesellschaften | 87 |
| 3.6 | | Bilanzeid | 88–91 |

4 Erleichterungen für Tochter-Konzerngesellschaften (Abs. 3 und 4) ..... 92–116
   4.1 Grundsachverhalte ..... 92–101
   4.2 Befreiungsvoraussetzungen ..... 102–113
      4.2.1 Einbezug als Tochterunternehmen in den Konzernabschluss des Mutterunternehmens ..... 103–105
      4.2.2 Zustimmung der Gesellschafter ..... 106–107
      4.2.3 Verlustübernahme ..... 108–112
      4.2.4 Angaben und Mitteilungen bez. der Wahrnehmung der Erleichterungen ..... 113
   4.3 Umfang der Befreiung ..... 114–115
   4.4 Besonderheiten für Konzernabschlüsse nach dem PublG (Abs. 4) ..... 116

5 Rechtsfolgen bei Pflichtverletzung ..... 117–119

6 Änderungen durch das BilRUG ..... 120–152
   6.1 Konkretisierung der Angaben für KleinstKap (Abs. 1 nF) ..... 120
   6.2 Notwendigkeit zu allgemeinen Angaben im Abschluss (Abs. 1a nF) ..... 121
   6.3 Erleichterungen für Tochter-Konzerngesellschaften (Abs. 3 und 4 nF) ..... 122–124
   6.4 Zahlungsbericht (länderbezogene Berichterstattung) ..... 125–152
      6.4.1 Inhalt und Regelungszweck ..... 125
      6.4.2 Anwendungsbereich ..... 126–135
         6.4.2.1 Industriezugehörigkeit ..... 126–129
         6.4.2.2 Größenklassenzugehörigkeit ..... 130
         6.4.2.3 Unternehmen von öffentlichem Interesse ..... 131
         6.4.2.4 Befreiung von der Zahlungsberichterstattung ..... 132
         6.4.2.5 Konzernzahlungsberichterstattung ..... 133–135
      6.4.3 Zahlungsbericht ..... 136–146
         6.4.3.1 Grundlegendes ..... 136
         6.4.3.2 Zu erfassende staatliche Stellen ..... 137–139
         6.4.3.3 Berichtspflichtige Zahlungen und Erleichterung ..... 140–142
         6.4.3.4 Pflichtangaben und Gliederung ..... 143–145
         6.4.3.5 Negativbericht ..... 146
      6.4.4 Konzernzahlungsbericht ..... 147–148
         6.4.4.1 Einzubeziehende Unternehmen ..... 147
         6.4.4.2 Ausgestaltung/Inhalt ..... 148
      6.4.5 Prüfung und Offenlegung ..... 149–150
      6.4.6 Rechtsfolgen bei Pflichtverletzung ..... 151–152

**Ergänzendes Schrifttum**
*Arbeitskreis Externe Unternehmensrechnung der Schmalenbach-Gesellschaft,* Interpretation des mit dem Kapitalaufnahmeerleichterungsgesetz (KapAEG) neu in das HGB aufgenommenen § 264 Abs. 3 HGB, DB 1999, S. 493; *Ballwieser,* Informations-GoB – auch im Lichte von IAS und US-GAAP, KoR 2002, S. 115; *Barth/Beaver/Landsman,* The relevance of the value relevance literature for financial accounting standard setting: another view, Journal of Accounting and Economics 2001, S. 77; *Beine/Roß,* BilRUG bringt in der Praxis gravierende Verschärfung, Börsen-Zeitung 20.1.2015, S. 8; *Breidert,* Grundsätze ordnungsmäßiger Abschreibungen auf abnutzbare Anlagegegenstände, 1994; *Claussen,* Zum Stellenwert des § 264 Abs. 2 HGB, in *Havermann* (Hrsg.), Bilanz- und Konzernrecht, FS *Goerdeler,* 1987, S. 79; *Clemm,* § 264 HGB und Wahlrechte, in *Förschle/Kaiser/Moxter* (Hrsg.), Rechenschaftslegung im Wandel, FS *Budde,* 1995, S. 135; *Dörner/Wirth,* Die Befreiung von Tochter-Kapitalgesellschaften nach § 264 Abs. 3 HGB i. d. F. des KapAEG hinsichtlich Inhalt, Prüfung und Offenlegung des Jahresabschlusses, DB 1998, S. 1525; *Eiselt/Müller,* DRS 21 „Kapitalflussrechnung": kein ganz großer Wurf, BB 2014, S. 1067; *Fleischer,* Der deutsche „Bilanzeid" nach § 264 Abs. 2 Satz 3 HGB, ZiP 2007, S. 97; *Grieser/Wirges,* Anforderungen an die Verlustübernahmeverpflichtung bei ertragsteuerlichen Organschaften im GmbH-Konzern, DStR 2010, S. 2288; *Hartmann-Wendels,* Rechnungslegung der Unternehmen und Kapitalmarkt aus informationsökonomischer Sicht, 1991; *Heldt/Ziemann,* Sarbanes Oxley in Deutschland? Zur geplanten Einführung eines strafbewährten „Bilanzeides" nach dem Regierungsentwurf eines Transparenzrichtlinie-Umsetzungsgesetzes, NZG 2006, S. 652; *Hennrichs,* Wahlrechte im Bilanzrecht der Kapitalgesellschaften unter besonderer Berücksichtigung der EG-Bilanz-RL, 1999; *Hettich,* Zweckadäquate Gewinnermittlungsregeln, 2006; *Hoffmann,* Der deregulierte Jahresabschluss der Kleinstkapitalgesellschaft, StuB, 2012, S. 729; *Holthausen/Watts,* The relevance of the value-relevance literature for financial accounting standard setting, Journal of Accounting and Economics 2001, S. 3; IDW zur Umsetzung der EU-Bilanzrichtlinie in deutsches Recht, FN-IDW 2014, S 265; *Kirschenheiter,* Information Quality and Correlated Signals, Journal of Accounting Research 1996, S. 43; *Kreipl,* Konsequenzen der konsolidierten EU-Bilanzrichtlinie – Zukunft zwischen Harmonisierung, Protektionismus und Internationalisierung, KoR, 2013, S. 198; *Kreipl/Müller,* Auswirkungen der Neuerungen des MicroBilG am Beispiel eines Musterabschlusses nebst Handlungsempfehlungen, StuB 2013, S. 292; *Kreipl/Müller,* Rechnungslegungsgrundsätze im Kontext der konsolidierten EU-Bilanzrichtlinie, in *Seicht/Janschek,* Jahrbuch für Controlling und Rechnungswesen 2014, S. 269; *Kreipl/Müller,* Implementierung des Country-by-Country-Reporting in die Berichterstattungsprozesse und -systeme, KoR 2014, S. 552; *Kropff,* Vorsichtsprinzip und Wahlrechte, in *Fischer/Hömberg* (Hrsg.), Jahresabschluß und Jahresabschlußprüfung, FS *Baetge,* 1997, S. 65; *Kropp,* Generalnormen, HWRP, 3. Aufl., Sp. 857; *Küting/Eichenlaub,* Verabschiedung des MicroBilG – Der „vereinfachte" Jahresabschluss für Kleinstkapitalgesellschaften, DStR 2012, S. 2615; *Lachnit,* „True and fair view" und Rechnungslegung über stille Rücklagen im Jahresabschluß von Kapitalgesellschaften, WPg 1993, S. 193; *Lambert,* Die Rolle des § 264 Abs. 2 HGB – true and fair view – im deutschen Bilanzrecht, 2005; *Lange/Müller,* Bilanzrechtsmodernisierungsgesetz (BilMoG) – Kritische Zwischenbetrachtung auf Basis vorliegender

Erfahrungen, Stbg 2013, S. 272; *Leffson,* Die beiden Generalnormen, in *Havermann* (Hrsg.), Bilanz- und Konzernrecht, FS *Goerdeler*, 1987, S. 315; *Leffson,* Bild der tatsächlichen Verhältnisse, in HURB, S. 94; *Lorson/Müller/ICV-Fachkreis IFRS & Controlling,* Auswirkungen von DRS 21 auf das Controlling – zugleich Anmerkungen zur Konzern-GoB-Vermutung von DRS, DB 2014, S. 965; *Luttermann,* Neue Bilanzrichtlinie: Europäisches Bewertungsrecht in prozessualer Praxis, NZG 2013, S. 1128; *Möller/Hüfner,* Zur Bedeutung der Rechnungslegung für den deutschen Aktienmarkt – Begründung, Messprobleme und Erkenntnisse empirischer Forschung, in *Seicht* (Hrsg.), Jahrbuch für Controlling und Rechnungswesen 2002, S. 405; *Moxter,* Fundamentalgrundsätze ordnungsmäßiger Rechenschaft, in *Baetge/Moxter/Schneider* (Hrsg.), Bilanzfragen, FS *Leffson,* 1976, S. 87; *Moxter,* Die Grundsätze ordnungsmäßiger Bilanzierung und der Stand der Bilanztheorie, ZfbF 1966, S. 28; *Moxter,* Zum Sinn und Zweck des handelsrechtlichen Jahresabschlusses nach neuem Recht, in *Havermann* (Hrsg.), Bilanz- und Konzernrecht, FS *Goerdeler*, 1987, S. 361; *Moxter,* Zum Verhältnis von handelsrechtlichen Grundsätzen ordnungsmäßiger Bilanzierung und True-and-fair-view-Gebot bei Kapitalgesellschaften, in *Förschle/Kaiser/Moxter* (Hrsg.), Rechenschaftslegung im Wandel, FS *Budde*, 1995, S. 419; *Moxter,* Zur Interpretation des True-and-fair-view-Gebots der Jahresabschlußrichtlinie, in *Fischer/Hömberg* (Hrsg.), Jahresabschluß und Jahresabschlußprüfung, FS *Baetge*, 1997, S. 98; *Müller,* Bilanzentscheidungen und Business Judgement Rule, in *Hoffmann-Becking/Ludwig* (Hrsg.), FS *Happ*, 2006, S. 179; *Müller,* Die Kapitalflussrechnung als zentrales Instrument des konvergenten Rechnungswesens, in *Freidank/Müller/Wulf* (Hrsg.), Controlling und Rechnungslegung, FS *Lachnit*, 2008, S. 285; *Müller,* Management-Rechnungswesen, 2003; *Müller/Kreipl,* Rechnungslegungserleichterungen für Kleinstkapitalgesellschaften und Tochterunternehmen ausländischer Konzernmütter durch das MicroBilG, DB 2013, S. 73; *Müller/Peskes,* Die Segmentberichterstattung als Instrument der Corporate Governance, ZCG 2006, S. 33; *Müller/Stawinoga,* Unternehmensberichterstattung: Finanz-, Nachhaltigkeits- und integrierte Berichterstattung im Vergleich – Gemeinsamkeiten, Unterschiede und Entwicklungsperspektiven der drei Berichterstattungskonzepte, Stbg 2013, S. 461; *Müller/Stute,* Ausgestaltung der unterjährigen Berichterstattung deutscher Unternehmen: E-DRS 21 im Vergleich mit nationalen und internationalen Regelungen, BB 2006, S. 2803; *Nießen,* Die Harmonisierung der kapitalmarktrechtlichen Transparenzregeln durch das TUG, NZG 2007, S. 41; *Noak,* Neue Publizitätspflichten und Publizitätsmedien für Unternehmen: eine Bestandsaufnahme nach EHUG und TUG, WM 2007, S. 377; *Ordelheide,* True and fair view – A European and a German perspective, European Accounting Review 1993, S. 81; *Oser,* Vom Schatten ins Licht – Erweiterung der Befreiungsmöglichkeiten für Tochterunternehmen durch das MicroBilG, GDB, 2012, S. 2647; *Rodewald/Unger,* Zusätzliche Transparenz für die europäischen Kapitalmärkte – die Umsetzung der EU-Transparenzrichtlinie in Deutschland, BB, 2006, S. 1917; *Schellhorn,* Anmerkungen zum Kleinstkapitalgesellschaften-Bilanzrechtsänderungsgesetz, DB 2012, S. 2295; *Schneider,* Betriebswirtschaftslehre, Bd. 2, 2. Aufl., 1997; *Streim,* Die Generalnorm des § 264 Abs. 2 HGB – Eine kritische Analyse, in *Ballwieser/Böcking/Drukarczyk/Schmidt* (Hrsg.), Bilanzrecht und Kapitalmarkt, FS *Moxter,* 1994, S. 391; *Wölk,* Die Generalnorm für den Einzelabschluß von Kapitalgesellschaften, 1992; *Zwirner/Busch,* Reformierung des HGB durch das BilRUG :

Befreiungsregelungen bei der Aufstellung, Prüfung und Offenlegung des Einzelabschlusses von Konzerngesellschaften, BC 2014, S. 509; *Zwirner/Peterson/König*, Erweiterung der handelsrechtlichen Berichtspflichten, DB 2012, S. 61.

# 1 Überblick

## 1.1 Inhalt und Regelungszweck

§ 264 HGB verpflichtet die gesetzlichen Vertreter von KapG, ggf. mit Ausnahme von KleinstKapG, zur **Erweiterung des JA** um einen Anhang sowie – mit Ausnahme von kleinen KapG (§ 267 Rz 2 ff.) – zur Erstellung eines LB. Sollte eine KM-orientierte KapG zulässigerweise keinen KA erstellen, so haben deren gesetzliche Vertreter den JA zusätzlich noch um eine KFR und einen EK-Spiegel zu erweitern. Der JA darf zudem um eine SegmBer erweitert werden. Zudem wird die Aufstellungsfrist grds. auf drei Monate festgelegt. Für kleine KapG wird sie auf sechs Monate verlängert. Zusätzlich bedarf es gem. Abs. 2 Satz 3 für KapG, die Inlandsemittenten sind, der Abgabe einer Versicherung über die Ordnungsmäßigkeit der Berichterstattung, die aber nicht Teil des JA ist.

In § 264 Abs. 2 HGB hat der Gesetzgeber eine **Generalnorm** expliziert, die für die JA von KapG verlangt, dass unter Beachtung der GoB ein den tatsächlichen Verhältnissen entsprechendes Bild der VFE-Lage vermittelt wird. Diese Norm ist jedoch, wie auch aus der Überschrift des zweiten Abschnitts deutlich wird, derzeit noch lediglich ergänzend zu verstehen, sodass sie nicht – wie aus Art. 2 Abs. 5 der 4. EU-RL eigentlich klar zu verstehen – als overriding principle zu betrachten ist.[1] Sie unterstreicht zwar die Informations- und Rechenschaftsfunktion des JA,[2] doch haben die Einzelregelungen, die sich etwa aus den übrigen handelsrechtlichen, aktienrechtlichen oder GmbH-rechtlichen Vorschriften ergeben, sowie explizit auch die der GoB Vorrang (lex specialis geht vor lex generalis). Auch mit der Umsetzung der EU Richtlinie über den Jahresabschluss, den konsolidierten Abschluss und damit verbundene Berichte von Unternehmen bestimmter Rechtsformen – RL 2013/34/EU des Europäischen Parlaments und des Rates vom 26.6.2013[3] übernimmt der Gesetzgeber diese klare Positionierung der Generalnorm[4] wie bereits mit dem BiRiLiG weiterhin nicht in das HGB.

## 1.2 Anwendungsbereich

Relevant ist die Regelung zunächst nur für **KapG und KapCoGes.** Darüber hinaus gilt die Vorschrift durch gesetzliche Verweisung auch für Genossenschaften (§ 336 Abs. 2 HGB), Kredit- und Finanzdienstleistungsinstitute (§ 340a Abs. 1 HGB), Versicherungsunt (§ 341a HGB) sowie für publizitätspflichtige Institutionen (§§ 1 und 5 PublG). Zudem verweist § 87 Abs. 1 Satz 1 BHO für Bundesbetriebe, die

---

[1] Vgl. *Lachnit*, WPg 1993, S. 193–201.
[2] Vgl. *Ballwieser*, in *Baetge/Kirsch/Thiele*, Bilanzrecht, § 264 HGB, Rz 1, Stand 10/2013.
[3] RL 2013/34/EU des europäischen Parlaments und des Rates, vom 26.6.2013 über den Jahresabschluss, den konsolidierten Abschluss und damit verbundene Berichte von Unternehmen bestimmter Rechtsformen und zur Änderung der RL 2006/43/EG des Europäischen Parlaments und des Rates und zur Aufhebung der RL 78/660/EWG und 83/349/EWG des Rates, EU-Amtsblatt v. 29.6.2013, L 182/19–76.
[4] Vgl. *Kreipl/Müller*, in *Seicht/Janschek*, Jahrbuch für Controlling und Rechnungswesen 2014, S. 280f.

nach den Regeln der kaufmännischen doppelten Buchführung buchen, auf die Anwendung von Abs. 1 Satz 1. Ferner kann von einer großen Ausstrahlungswirkung der Inhalte insb. von § 264 Abs. 2 HGB auch auf EKfl und andere als in § 264a HGB erfasste PersG ausgegangen werden, ohne dass es jedoch zu einer expliziten gesetzlichen Verpflichtung zur Beachtung kommt.

4 **Zeitlich** geht die Vorschrift auf das BiRiLiG zurück, mit welchem das deutsche Handelsrecht an die Vorgaben der 4. Gesellschaftsrechtlichen EG-RL über die Rechnungslegung, Publizität und Prüfung von KapG angepasst wurde. Mit dem D-Markbilanzgesetz wurde 1994 die Befreiung von der Pflicht zur Erstellung des LB für kleine KapG und mit dem KapAEG 1998 die Befreiung für Tochter-KapG eingeführt. Der Bilanzeid, den gesetzliche Vertreter einer KapG bzw. eines MU, das Inlandsemittent gem. § 2 Abs. 7 WpHG und keine kleine KapG i. S. d. § 327a HGB ist, abgeben müssen, wurde mit dem TUG in die Vorschrift eingefügt und war erstmals in Gj zu beachten, die nach dem 31.12.2006 begannen. Die Erweiterung des Umfangs des JA von KM-orientierten Unt, die nicht zur Konzernrechnungslegung verpflichtet sind, ist mit dem BilMoG eingeführt worden und erstmals für Gj, die nach dem 31.12.2009 beginnen, anzuwenden.

5 Mit dem MicroBilG wurde für Gj, die nach dem 30.12.2012 enden, der Umfang des JA auf Bilanz und GuV verringert, soweit unter der Bilanz einige Angaben erfolgen. Zudem wird für diesen verkürzten JA die Vermittlung eines den tatsächlichen Verhältnissen entsprechenden Bilds der VFE-Lage vermutet.

6 Mit dem MicroBilG wurde für Gj, die nach dem 31.12.2012 beginnen, die Befreiungsmöglichkeit für TU von den Regelungen nach den §§ 264 ff. HGB bei Einbeziehung in einen KA deutlich erweitert, da nicht mehr auf einen KA nach § 290 HGB abgestellt wird, sondern ein KA eines MU mit Sitz in einem Mitgliedstaat der EU oder einem anderen Vertragsstaat des Abkommens über den EWR Ausgangspunkt der Befreiung dienen kann. Weiterhin müssen aber noch drei weitere Voraussetzungen erfüllt sein.

7 Mit dem Gesetz zur Änderung des Handelsgesetzbuchs[5] wurde das Redaktionsversehen im MicroBilG bereinigt, dass die Ausführungen bzgl. der Einhaltung der Generalnorm von KleinstKapG vor dem Bilanzeid eingeordnet wurden. Da auf den sog. Bilanzeid mit der Angabe § 264 Abs. 2 Satz 3 HGB von anderen Stellen verwiesen wird, muss er auch als Satz 3 aufgeführt sein, was nun wieder erfolgt ist. Mit dem BilRUG sind für Gj, die nach dem 31.12.2015 beginnen, Änderungen bez. der Pflichtangaben für KleinstKap, die Forderung nach allgemeinen Informationsangaben im JA sowie der Neufassung der Erleichterungen für bestimmte TU in Abs. 3 und 4 verabschiedet (Rz 120 ff.).

### 1.3 Normenzusammenhänge

8 Explizit gilt § 264 HGB zunächst nur für KapG; KapCoGes haben die Vorschrift aufgrund des Verweises von § 264a HGB anzuwenden. Als ergänzende Vorschrift bestehen enge Normenzusammenhänge zu den allgemeinen Aufstellungsvorschriften, wie insb. §§ 242 ff. HGB.

---

[5] BGBl 2013 I S. 3746

Die Generalnorm des Abs. 2 wird in § 297 Abs. 2 Satz 2–4 HGB für den **Konzern-** 9
**abschluss** nachgebildet und ist somit in allen KA, deren Aufstellungspflicht aus
dem HGB für KapG oder aus § 13 Abs. 2 Satz 1 PublG für weitere Bilanzierende
erwächst, zu beachten.[6]

Die Vorschrift ist auf **Steuerneutralität** ausgelegt, weshalb keine Auswirkungen 10
auf die steuerliche Gewinnermittlung bestehen. Lediglich über die umgekehrte
Maßgeblichkeit waren bis zum BilMoG etwa im Bereich der steuerlichen Sonderabschreibungen und des Sonderpostens mit Rücklageanteil bestimmte Abhängigkeiten festzustellen, die durch die Übergangswahlrechte in Art. 67 Abs. 3
und 4 EGHGB für Altfälle beibehalten werden konnten und daher als Verzerrungen noch in aktuellen JA enthalten sein können. Auch die erweiterten
Bestandteile des JA mit Anhang sowie ggf. die KFR und der Eigenkapitalspiegel
als auch der ergänzende LB haben keine steuerrechtliche Entsprechung, wenngleich auf Basis des Steuerbürokratieabbaugesetz v. 20.12.2008[7] (E-Bilanz) Taxonomien für diese Bestandteile veröffentlicht wurden.[8] Gleichwohl sind Zusammenhänge über die weiter bestehende Maßgeblichkeit des JA nach HGB auf
die steuerrechtliche Gewinnermittlung zu konstatieren. Auch wird die GoB in
Theorie und Praxis nicht bzw. kaum getrennt in eine handelsrechtliche und
steuerrechtliche Ausprägung, wie etwa an der Übernahme der Poolabschreibungen über fünf Jahre auf Wirtschaftsgüter, deren AK zwischen 150 und 1000 EUR
betragen, nach § 6 Abs. 2a EStG „binnen kürzester Zeit"[9] in die GoB belegt.
Auch die alternativ geltende Möglichkeit zur Sofortabschreibung für Wirtschaftsgüter bis 410 EUR nach § 6 Abs. 2 EStG wird als GoB für die handelsrechtliche Rechnungslegung angesehen (zur Anwendung in der Praxis s. Haufe
HGB Bilanz Kommentar BilMoG Erfahrungsbericht, Rz 176 ff.). Ebenso wird
die steuerrechtliche Rechtsprechung bzw. steuerbehördliche Auslegung, soweit
sie die GoB zum Gegenstand haben, handelsrechtlich übernommen. So haben
etwa die Steuererlasse zum Leasing weiterhin Gültigkeit im HGB. Diese Auslegung erleichtert den Unt die Rechnungslegung, da viele Sachverhalte einheitlich
behandelt werden können; allerdings entspricht das nicht der immer stärkeren
von Seiten des Gesetzgebers und der Steuerbehörden vorangetriebenen Trennung von Handels- und Steuerbilanz und führt zu Konflikten zwischen dem
Objektivierungsstreben des Steuerrechts einerseits und der Informationsfunktion des Handelsrechts andererseits.

Der **Bilanzeid** in Abs. 2 Satz 3 wird gem. § 289 Abs. 1 Satz 5 HGB auch für den LB 11
gefordert (§ 289 Rz 66). Daher ist die Versicherung der gesetzlichen Vertreter auch
auf die LB-erstattung der als Inlandsemittenten auftretenden KapG auszuweiten.

Inlandsemittenten von Wertpapieren haben nach § 37v WpHG innerhalb von vier 12
Monaten nach Abschluss des Gj einen Jahresfinanzbericht zu veröffentlichen,
sofern sie nicht bereits durch das HGB zur Offenlegung verpflichtet sind. Zudem
werden zum einen in § 37w WpHG die Aufstellung und Veröffentlichung **unter-**
**jähriger Berichte** gefordert von Unt, die als Inlandsemittenten Aktien oder

---

6 Vgl. *Ballwieser*, in *Baetge/Kirsch/Thiele*, Bilanzrecht, § 264 HGB Rz 9, Stand 10/2013.
7 BGBl 2008 I S. 2850 ff.
8 Vgl. *Richter /Kruczynski*, in *Federmann/Kußmaul/Müller*, HdB, Beitrag E-Bilanz, Rz 45, Stand 4/2012. Taxonomien (Version 5.4) sind abrufbar unter http://www.esteuer.de/#ebilanz (letzter Abruf am 09.07.2015).
9 Vgl. BilMoG-BegrRegE, S. 82.

Schuldtitel i. S. d. § 2 Abs. 1 Satz 1 WpHG begeben, es sei denn, es handelt sich bei den zugelassenen Wertpapieren um Schuldtitel, die unter § 2 Abs. 1 Satz 1 Nr. 2 WpHG fallen oder die ein zumindest bedingtes Recht auf den Erwerb von Wertpapieren nach § 2 Abs. 1 Satz 1 Nr. 1 oder 2 WpHG begründen. Konkret sind Halbjahresfinanzberichte und Zwischenmitteilungen zu veröffentlichen. Die unterjährige Berichterstattung bezieht sich im Fall von konzernrechnungslegungspflichtigen MU stets nur auf den **Konzern** (§ 37y Nr. 2 WpHG). Dabei haben diese KM-orientierten Unt die von der EU übernommenen IFRS zu beachten.

## 1.4 Exkurs: Unterjährige Berichterstattungspflichten

**13** Konkret sind **Halbjahresfinanzberichte** sechs Monate nach dem Gj.-Ende zu erstellen und dann innerhalb von zwei weiteren nach Ablauf des Berichtszeitraums der Öffentlichkeit zur Verfügung zu stellen. Der DCGK fordert in Tz. 7.1.2 widerlegbar, die Offenlegung eines Zwischenberichts innerhalb von 45 Tagen beim Unternehmensregister vorzunehmen.[10] Dabei ist auch der DRS 16 (2012) zu beachten, der mit der Vermutung der Entsprechung der GoB für die Konzernbilanzierung vom BMJ am 4.12.2012 im BAnz bekannt gemacht wurde. Die Bestandteile des Halbjahresfinanzberichts sind ein verkürzter Abschluss, ein Zwischenlagebericht und gem. § 37w Abs. 2 Nr. 3 WpHG eine Versicherung der gesetzlichen Vertreter (Bilanzeid). Der verkürzte Abschluss muss nach § 37w Abs. 3 WpHG als Mindestbestandteile enthalten

- eine verkürzte Bilanz zum Stichtag des Berichtszeitraums und eine verkürzte Bilanz zum Stichtag des vorangegangenen Gj,
- eine verkürzte GuV für den Berichtszeitraum und für den entsprechenden Zeitraum des vorangegangenen Gj sowie
- einen verkürzten Anhang.

Die nach IAS 34.8 darüber hinaus als Pflichtbestandteile geforderte verkürzte Eigenkapitalveränderungsrechnung und die verkürzte KFR nach DRS 16.16 wird lediglich zur Ergänzung des Zwischenabschlusses empfohlen. Als Verkürzung der Abschlussbestandteile brauchen im Zwischenabschluss nur die wesentlichen Positionen der Bilanz, GuV sowie des Anhangs angegeben zu werden. Nach Art. 3 Abs. 2 der Durchführungsrichtlinie zur Transparenzrichtlinie sind dies die Überschriften und die Zwischensummen, die im zuletzt veröffentlichten JA des Emittenten enthalten sind. Zusätzliche Posten und Erläuterungen sind nach DRS 16.17 ähnlich wie nach IAS 34.10, nur dann erforderlich, wenn ihr Weglassen den Zwischenbericht irreführend erscheinen lassen würde. Nach DRS 16.31 sind im verkürzten Anhang des Zwischenabschlusses insb. folgende Angaben aufzunehmen, soweit sie nicht im Zwischenlagebericht enthalten sind:

- Angabe, dass dieselben Bilanzierungs- und Bewertungsmethoden im Zwischenabschluss befolgt werden wie im letzten KA oder, wenn diese Methoden wesentlich geändert worden sind, eine Beschreibung der Art und betragsmäßigen Auswirkung der Änderung,
- Darstellung und Erläuterung der Auswirkung von wesentlichen Änderungen in der Zusammensetzung des KonsKreises, einschl. Unternehmenszusammen-

---

[10] Zur Ausgestaltung s. *Strieder/Ammedick*, in *Federmann/Kußmaul/Müller*, HdB, Beitrag Zwischenberichterstattung, Rz 27 ff., Stand 3/2014.

schlüssen, dem Erwerb oder der Veräußerung von TU sowie die wesentlichen Grundannahmen der sachgerechten Schätzung bei der erstmaligen Einbeziehung von TU,
- Erläuterungen, die ein angemessenes Verständnis der wesentlichen Änderungen der Posten der verkürzten Bilanz und der verkürzten GuV gegenüber den dargestellten Vergleichszahlen sowie der Entwicklungen im Berichtszeitraum gewährleisten.

Auch wenn das Ziel der Zwischenberichterstattung zunächst lediglich darin besteht, unterjährig entscheidungsnützliche Informationen über die VFE-Lage und die voraussichtliche Entwicklung des Konzerns zu geben, kommt in der Formulierung der Versicherung der gesetzlichen Vertreter in DRS 16.56 zum Ausdruck, dass der Zwischenabschluss ein den tatsächlichen Verhältnissen entsprechendes Bild der VFE-Lage des Konzerns vermitteln soll. Somit bleibt trotz vermeintlicher Einschränkungen im Detail das mit dem JA vergleichbare Ziel erhalten.

Der **Zwischenlagebericht** hat die Aufgabe, den nach DRS 16.14–33 oder nach IAS 34 erstellten Zwischenabschluss zu ergänzen, indem bestimmte Ereignisse und Geschäftsvorfälle des Zwischenberichtszeitraums erläutert und bestimmte prognoseorientierte Informationen des letzten Konzernjahresberichts aktualisiert werden. Konkret sind gem. § 37w Abs. 4 WpHG mindestens

- die wichtigen Ereignisse des Berichtszeitraums im Unt des Emittenten und ihre Auswirkungen auf den verkürzten Abschluss darzustellen,
- die wesentlichen Chancen und Risiken für die dem Berichtszeitraum folgenden sechs Monate des Gj zu beschreiben sowie
- Angaben zu wesentlichen Geschäften mit nahe stehenden Personen im Berichtszeitraum aufzunehmen.

Letzterer Punkt ist jedoch beschränkt auf die Unt, die als Inlandsemittenten Aktien begeben. Den übrigen Unt werden Angaben zu nahe stehenden Personen lediglich empfohlen. Es besteht ein Wahlrecht, die Ausführungen zu nahe stehenden Personen statt im LB auch im Anhang zu geben. Konkret bestimmt Art. 4 Abs. 1 der Durchführungsrichtlinie zur Transparenzrichtlinie, dass neben den Geschäften mit nahe stehenden Unt und Personen, die während der ersten sechs Monate des aktuellen Gj stattgefunden haben und die die Finanzlage oder das Geschäftsergebnis des Unt während dieses Zeitraums wesentlich beeinflusst haben, auch all jene Geschäfte zu benennen, bei denen es im Vergleich zum letzten Jahresbericht zu Veränderungen gekommen ist und die wesentlich für die Berichtsperiode gewesen sein könnten.

Die Versicherung der gesetzlichen Vertreter gem. § 37w Abs. 2 Nr. 3 WpHG wird vom DRS 16.56 unter Berücksichtigung der Ergänzung des IDW für den Fall eines zur Konzernrechnungslegung verpflichteten Unt wie folgt ausgestaltet:

---

**Beispielformulierung des Bilanzeids nach DRS 16.55**
„Wir versichern nach bestem Wissen, dass gem. den anzuwendenden Rechnungslegungsgrundsätzen für die Zwischenberichterstattung der Konzernzwischenabschluss unter Beachtung der Grundsätze ordnungsmäßiger Buchführung ein den tatsächlichen Verhältnissen entsprechendes Bild der Vermögens-, Finanz- und Ertragslage des Konzerns vermittelt und im Konzernzwischenlagebericht der Geschäftsverlauf einschließlich des Geschäfts-

> ergebnisses und die Lage des Konzerns so dargestellt sind, dass ein den tatsächlichen Verhältnissen entsprechendes Bild vermittelt wird, sowie die wesentlichen Chancen und Risiken der voraussichtlichen Entwicklung des Konzerns im verbleibenden Geschäftsjahr beschrieben sind."

Eine Prüfung des Halbjahresfinanzberichts muss in Übereinstimmung mit der EU-Transparenzrichtlinie nicht pflichtmäßig erfolgen. Der Halbjahresfinanzbericht kann gem. § 37w Abs. 5 WpHG lediglich einer prüferischen Durchsicht unterzogen werden. Nach kontroverser Diskussion um die Einbindung des Halbjahresfinanzberichts in den zweistufigen Enforcement-Prozess wurde als Kompromiss durch Ergänzung des § 324b Abs. 2 HGB festgelegt, dass es nur eine anlassbezogene, nicht aber auch eine stichprobenbezogene materielle Enforcement-Prüfung geben darf.

16 Zum anderen sind nach § 37x WpHG **Zwischenmitteilungen** von Unt, das als Inlandsemittent Aktien begibt, notwendig, in einem Zeitraum zwischen zehn Wochen nach Beginn und sechs Wochen vor Ende der ersten und zweiten Hälfte des Gj jeweils eine Zwischenmitteilung der Geschäftsführung zu veröffentlichen. Eine Zwischenmitteilung der Geschäftsführung hat nach DRS 16.64 zum einen eine Darstellung und Erläuterung der wesentlichen Ereignisse und Geschäfte des Mitteilungszeitraums und deren Auswirkungen auf die VFE-Lage des Konzerns und zum anderen eine allgemeine Darstellung der VFE-Lage zu enthalten.[11] Die Zwischenmitteilung kann durch einen Quartalsbericht mit den Ausgestaltungsanforderungen des Halbjahresfinanzberichts ersetzt werden, wobei dann jedoch der Bilanzeid entbehrlich ist. Durch diese Regelung ist es im Umkehrschluss etwa für Unt, die im Prime Standard der Frankfurter Wertpapierbörse gelistet sind und eine Quartalsberichterstattung nach IFRS vorzulegen haben, nicht noch zusätzlich nötig, die Zwischenmitteilung zu veröffentlichen. Allerdings ist die Berichterstattung nach IAS 34 zu ergänzen um den Zwischenlagebericht, nicht aber im ersten und dritten Quartal um die Versicherung der gesetzlichen Vertreter.

17 Die unterjährige Berichterstattung bezieht sich im Fall von konzernrechnungslegungspflichtigen MU stets nur auf den **Konzern** (§ 37y Nr. 2 WpHG). Dabei haben diese KM-orientierten Unt die von der EU übernommenen IFRS, konkret IAS 34, Zwischenberichterstattung, zu beachten.[12]

18 Zu beachten ist, dass die konkrete Ausgestaltung auch vom Börsensegment abhängig ist, in dem die Aktien gehandelt werden. Dabei gelten im **General Standard** die Regelungen nach §§ 37w, 37x und 37y WpHG. Im **Prime Standard** ergibt sich aus § 51 Abs. 2 BörsO-FW die Pflicht, statt einer Zwischenmitteilung nach § 37x WpHG eine vollwertige Quartalsfinanzberichterstattung zu veröffentlichen, wobei IAS 34 zu verwenden ist. Im **Entry Standard**, in den Unt aufgenommen werden können, die nicht am geregelten Markt notiert sein wollen und für die somit § 37w bis y WpHG nicht gilt, verlangen die AGB für den Freiverkehr an der Frankfurter Wertpapierbörse dennoch eine unterjährige Berichterstattung, wobei sich diese auf

---

[11] Zur Ausgestaltung s. DRS 16.61 ff. und *Strieder/Ammedick*, in *Federmann/Kußmaul/Müller*, HdB, Beitrag Zwischenberichterstattung, Rz 27 ff., Stand 3/2014.
[12] Vgl. *Müller/Stute*, BB 2006, S. 2803–2810.

einen Halbjahresfinanzbericht beschränkt, der drei Monate nach Ablauf des Berichtszeitraums z. B. auf der Internetseite des Unt zu veröffentlichen ist.[13]

Mit der RL 2013/50/EU[14], die bis zum 27.11.2015 in deutsches Recht zu überführen ist, sollen nur noch Jahres- und Halbjahresfinanzberichte zu erstellen sein. Dabei werden auch die Maximalfrist der Offenlegung des Halbjahresfinanzberichts auf drei Monate verlängert (Art. 5 Abs. 1 RL EU 2004/109/EG n. F.). Statt der Zwischenmitteilungen (Quartalsberichte) dürfen die Mitgliedstaaten Emittenten nur noch dazu verpflichten, zusätzlich regelmäßige Finanzinformationen zu veröffentlichen, soweit diese Verpflichtung keine erhebliche finanzielle Belastung darstellt und die verlangten zusätzlichen Informationen in einem angemessenen Verhältnis zu den Faktoren stehen, die zu Anlageentscheidungen beitragen. 19

## 2 Erweiterter Jahresabschluss der Kapitalgesellschaft (Abs. 1)

### 2.1 Umfang und Einheit des Jahresabschlusses

Der nach § 242 Abs. 3 HGB für alle Kfl. obligatorische JA umfasst neben der Bilanz (§ 266 HGB) die GuV (§ 275 HGB). Sind KapG und KapCoGes angesprochen, so impliziert der JA verpflichtend zudem den Anhang. Eine Ausnahme besteht für KleinstKapG, die unter bestimmten Voraussetzungen auf die Aufstellung des Anhangs verzichten können (Rz 46 ff.). 20

Bei **KM-orientierten KapG**, die nicht zur Aufstellung eines KA verpflichtet sind, erweitert sich der JA ferner um die Rechenwerke **KFR und Eigenkapitalspiegel.** Zudem können diese Unt einen **SegmBer** freiwillig erstellen, der den JA erweitert. Ziel ist es, dass diese Unt den KM-orientierten MU gleichgestellt werden. So sind nach § 315a HGB KM-orientierte Unt zur Aufstellung ihres KA nach den von der EU übernommenen IFRS verpflichtet. Zum Umfang eines vollständigen IFRS-Abschlusses s. § 297 Rz 6 ff. Das Ziel der Gleichstellung verkennt jedoch den unterschiedlichen Nutzen der ergänzenden Rechnungslegungsinstrumente. Im KA sind KFR und Eigenkapitalspiegel notwendig, um die durch Konzernspezifika erschwerte Analyse zu erleichtern. Im EA bedarf es dieser Instrumente kaum, da die gebotenen Informationen bereits im Abschluss enthalten sind und durch geeignete Analyseinstrumente (Mittelherkunfts- und Mittelverwendungsrechnungen) vom Adressaten extrahiert werden können.[15] 21

Der Fall, dass ein KM-orientiertes Unt nicht zur **Konzernrechnungslegung** verpflichtet ist, muss direkt aus der Nichtanwendung des § 290 HGB oder aus der Nutzung von Einbeziehungswahlrechten nach § 296 HGB für alle vorhandenen 22

---

[13] Vgl. *Ammedick/Strieder*, in MünchKomm Bilanzrecht, IAS 34, Rdn. 30 ff.; *Strieder/Ammedick*, in Federmann/Kußmaul/Müller, HdB, Beitrag Zwischenberichterstattung, Rz 92 ff., Stand 3/2014.

[14] RL 2013/50/EU des Europäischen Parlaments und des Rates vom 22.10.2013 zur Änderung der RL 2004/109/EG des Europäischen Parlaments und des Rates zur Harmonisierung der Transparenzanforderungen in Bezug auf Informationen über Emittenten, deren Wertpapiere zum Handel auf einem geregelten Markt zugelassen sind, der RL 2003/71/EG des Europäischen Parlaments und des Rates betreffend den Prospekt, der beim öffentlichen Angebot von Wertpapieren oder bei deren Zulassung zum Handel zu veröffentlichen ist, sowie der RL 2007/14/EG der Kommission mit Durchführungsbestimmungen zu bestimmten Vorschriften der RL 2004/109/EG, EU-Amtsblatt v. 6.11.2013, L 294/13–27.

[15] Vgl. z. B. *Lachnit*, Bilanzanalyse 2004, S. 299–306.

TU (§ 296 Rz 1 ff.) resultieren. Die Nutzung von größenabhängigen Befreiungen nach § 293 HGB ist für KM-orientierte Unt ebenso wenig möglich (§ 293 Rz 20) wie die Befreiung per Rechtsverordnungsermächtigung nach § 292 HGB oder durch Einbezug in einen übergeordneten KA gem. § 291 Abs. 3 Nr. 1 HGB (§ 291 Rz 17 ff.). Aus diesem Grund wird der Fall eines auch um KFR und EK-Spiegel pflichtgemäß erweiterten JA selten vorkommen.

### 2.1.1 Anhang

23 Die wesentlichen **Inhalte** des Anhangs sind in den §§ 284–288 HGB expliziert. Darüber hinaus ergeben sich aus weiteren handelsrechtlichen Einzelvorschriften sowie anderen Gesetzen zusätzliche Angabepflichten.

> **Beispiel**
> § 265 Abs. 1 Satz 2 HGB fordert eine Angabe und Begründung von Abweichungen in der Form der Darstellung und Gliederung von Bilanz und GuV; § 160 Abs. 1 AktG fordert für AG spezielle Angaben zum EK.

Zudem sind Wahlpflichtangaben notwendig, die sich aus der Möglichkeit ergeben, Informationen aus den übrigen Rechenwerken des JA in den Anhang zu verlagern.

> **Beispiel**
> § 277 Abs. 3 Satz 1 HGB fordert die Angabe von außerplanmäßigen Abschreibungen nach § 253 Abs. 3 Sätze 3 und 4 HGB in der Bilanz oder im Anhang;
> § 42 Abs. 3 GmbHG fordert für GmbH spezielle Angaben über Ausleihungen, Forderungen und Verbindlichkeiten gegenüber Gesellschaftern in der Bilanz oder im Anhang.

Obwohl vom Gesetzgeber nicht ausdrücklich beschrieben, können im Anhang auch weitere freiwillige Informationen dargeboten werden.

> **Beispiel**
> Ebenso wie § 265 HGB eine weitere Untergliederung von Posten in der Bilanz und GuV erlaubt, kann auch im Anhang detaillierter berichtet werden.

Ebenso wie Bilanz und GuV existieren für den Anhang größenabhängige Erleichterungen für Aufstellung und noch weitergehend auch für die Offenlegung.[16]

> **Beispiel**
> Nach § 288 Abs. 1 HGB gibt es Aufstellungs- und nach § 326 Abs. 1 HGB Offenlegungserleichterungen für kleine KapG und denen gleichgestellte KapCoGes; nach § 288 Abs. 2 HGB gibt es in deutlich geringerem Maße Aufstellungs- und nach § 327 HGB Offenlegungserleichterungen für mittelgroße KapG und denen gleichgestellte KapCoGes.

---

[16] Vgl. für einen Musteranhang einer kleinen KapG z.B. *Kreipl/Müller*, StuB 2013, S. 292 ff.

Dem Anhang kommen somit **Erläuterungs-, Entlastungs-, Ergänzungs-** und **Korrekturfunktionen** zu.¹⁷

Die **Erläuterungsfunktion** entspringt der Tatsache, dass die angewandten Bilanzierungs- und Bewertungsmethoden aus den Zahlenwerken der Bilanz und GuV häufig nicht direkt abzuleiten sind (§ 284 Rz 4–7).  24

Die **Entlastungsfunktion** rührt aus dem Gebot der Klarheit. Damit Bilanz und GuV die notwendige Übersicht vermitteln, sind bestimmte geforderte Informationen nur komprimiert in die Schemata aufzunehmen. Im Anhang kann die Information dann in geeigneter Weise klar und übersichtlich dargestellt werden (§ 284 Rz 4–7).  25

Darüber hinaus sind auch weitere Informationen nach dem HGB im JA von KapG notwendig (**Ergänzungsfunktion**), die jedoch nicht in die Bilanz oder GuV aufgenommen werden können, da dies als zweckwidrig anzusehen wäre.  26

In weit selteneren Fällen kommt dem Anhang eine **Korrekturfunktion** zu. Diese greift gem. § 264 Abs. 2 Satz 2 HGB dann, wenn der JA ein den tatsächlichen Verhältnissen entsprechendes Bild der VFE-Lage der KapG nicht vermittelt. In diesem Fall sind Angaben zur Erreichung dieses Bildes notwendig.  27

Für den Anhang ist bislang keine **Gliederung** vorgesehen. Mit Art. 15 der RL 2013/34/EU und § 284 Abs. 1 Satz 1 HGB nF wird nun zumindest die Forderung aufgestellt, die Anhangangaben in der Reihenfolge der Darstellung der Posten in der Bilanz und in der GuV darzustellen.  28

### 2.1.2 Kapitalflussrechnung

Als Zusatzinstrument für die Dokumentation von Entwicklung, Herkunft und Verwendung der Finanzmittel eignet sich die KFR, da durch die im JA neben der Darstellung von Vermögen und Kapital als Stichtagswerte in der Bilanz sowie der Erträge und Aufwendungen als Zeitraumrechnung in der GuV dann auch die Ein- und Auszahlungen der betrachteten Periode abgebildet werden. In Deutschland ist die KFR erst seit 1998 für börsennotierte Gesellschaften und seit 2004 für alle MU als Teil des KA zu erstellen, wobei DRS 21¹⁸ trotz kritischer Einschätzung in der Literatur¹⁹ als vermutete GoB zu beachten ist Seit 2010 wird die Erweiterung des JA durch nicht konzernrechnungslegungspflichtige, aber KM-orientierte Unt um eine KFR gefordert.²⁰ Für eine detailliertere Abhandlung zur KFR wird auf § 297 Rz 14–48 verwiesen. Im JA können DRS zunächst grds. nur Empfehlungscharakter haben, da sie stets vom BMJV nach § 342 Abs. 2 HGB nur mit der Vermutung, es handle sich um GoB für die Konzernrechnungslegung, im BAnz bekannt gemacht werden. Dies schließt nicht aus, dass es andere ebenfalls GoB-gemäße Auslegungen zur KFR gibt – kommt es jedoch zu Abweichungen von geltenden DRS, sind im KA Angaben notwendig. Ansonsten kann eine Nichtbeachtung im KA zumindest zu Hinweisen im Prüfungsbericht oder sogar zu einer Einschränkung des Testats führen (IDW PS 201, Rz. 12). Dagegen sind  29

---

17 Vgl. *Kirsch*, in *Federmann/Kußmaul/Müller*, HdB, Beitrag Anhang nach HGB, Rz 4–7, Stand 9/2014.
18 Bekannt gemacht durch das BMJV am 8.4.2014 im BAnz unter AT 8.4.2014 B2.
19 Vgl. *Lorson/Müller/ICV-Fachkreis IFRS & Controlling*, DB 2014, S. 965, *Eiselt/Müller*, BB 2014, S. 1067.
20 Vgl. *Zwirner/Peterson/König*, DB 2012, S. 61.

in JA die DRS nach Ansicht des IDW nur insoweit relevant, wie gesetzliche Anforderungen an die Rechnungslegung durch einen DRS konkretisiert werden und es sich um Auslegungen der allgemeinen gesetzlichen Grundsätze handelt (IDW PS 201, Rz. 12). Dies ist bei der Ausgestaltung der KFR jedoch nicht der Fall, weshalb auf dieser Ebene auch andere Normen zur Anwendung kommen können, wobei eine Angabe nach § 284 Abs. 2 Nr. 1 HGB in Analogie zu den Angabepflichten für Bilanz und GuV anzunehmen ist (§ 284 Rz 16 ff.).

Die Hauptaufgabe der KFR besteht in der detaillierten Offenlegung der Zahlungsströme, um Unternehmensführung, Gläubigern, Investoren und der Öffentlichkeit Informationen zu liefern über

- die Fähigkeit des Unt, Zahlungsüberschüsse zu erwirtschaften;
- den künftigen Finanzierungsbedarf;
- die Fähigkeit des Unt, Verbindlichkeiten zu erfüllen und Dividenden zu zahlen;
- die Insolvenzanfälligkeit des Unt im Rahmen von Kreditwürdigkeitsprüfungen;
- mögliche Divergenzen zwischen dem ausgewiesenen Jahresergebnis und den zugehörigen Zahlungsströmen;
- die Auswirkungen zahlungswirksamer und zahlungsunwirksamer Investitions- und Finanzierungsvorgänge auf die finanzielle Lage des Unt.

30 Im JA kann eine KFR aufgrund der Prinzipien der Bilanzidentität und allgemein der Doppik auch von externer Seite erstellt werden. Diese **derivativ abgeleitete KFR** wird auf Basis zweier aufeinander folgender JA erstellt. Zunächst werden die Beständedifferenzen aus den Salden der einzelnen Bestände zweier aufeinander folgender Stichtagsbilanzen abgeleitet. Durch Umgliederung der negativen Beständedifferenzen auf die jeweils andere Seite der Bilanz entsteht ein Bewegungsbild, wobei die ermittelten Bestandsdifferenzen als Mittelbewegungen interpretiert werden können, die die finanzwirtschaftlichen Vorgänge anzeigen. Die Finanzflüsse sind jedoch noch nicht direkt aus der Bewegungsbilanz zu entnehmen, da bspw. Aktivminderungen auch durch Abschreibungen, die stets nicht von Zahlungen begleitet sind, verursacht sein können.

31 Es ist daher nötig, das in der Bewegungsbilanz unter Passivmehrung ausgewiesene **Jahresergebnis durch** die gesamten Positionen der **GuV zu ersetzen**, wobei zunächst die Aufwendungen als Mittelverwendung und die Erträge als Mittelherkunft klassifiziert werden. Bei ausreichender Detailliertheit der Untergliederung können jetzt die aus Abgrenzungsbuchungen resultierenden, nicht zahlungsbegleiteten Vorgänge sowohl in der GuV als auch in der Bewegungsbilanz visualisiert werden. Da durch das System der doppelten Buchhaltung Kontenbewegungen stets Soll und Haben berühren, finden sich die zu eliminierenden nicht zahlungsbegleiteten Vorgänge sowohl auf der Mittelherkunfts- als auch auf der Mittelverwendungsseite. So stehen z.B. die aktivmindernden Abschreibungen, die zunächst fälschlich als Mittelherkunft interpretiert wurden, in der GuV unter den Aufwendungen, die zunächst als Auszahlungen und damit als Mittelverwendung klassifiziert wurden. Durch beidseitige Eliminierung dieser Vorgänge sind die tatsächlichen Finanzflüsse zu erhalten.

32 Im Folgenden werden die so identifizierten Finanzströme gem. DRS 21 in verschiedene Kategorien unterteilt, was in § 297 Rz 24–45 dargestellt ist. Dabei ist neben weiterer Ungenauigkeiten im Rahmen der indirekten Darstellung des Cashflows aus laufender Geschäftstätigkeit aufgrund der Zuordnung der zahlungswirksamen Finanzergebnisbestandteile in den Cashflow aus Investitionstätigkeit

ohne eine klare Mitzuordnung der Steuern der Standard sehr kritisch zu sehen und sollte daher nur mit einer modifizierten Mindestgliederung angewandt werden.[21]

### 2.1.3 Eigenkapitalspiegel

Der Eigenkapitalspiegel, alternativ Eigenkapitalveränderungsrechnung genannt, sollte im Einzelabschluss **in Anlehnung an DRS 7** bzw. nach Bekanntmachung an den diesen ersetzenden E-DRS 31 erstellt werden, der als vermutete GoB für KA zu verstehen ist. Gleichwohl kann dies nur als Empfehlung und nicht als Verpflichtung gelten (Rz 29). Das DRSC hat am 12.3.2015 E-DRS 31 „Konzerneigenkapital" veröffentlicht,[22] der den DRS 7 ersetzen soll. Der Zweck der Eigenkapitalveränderungsrechnung liegt darin, über die Veränderung des EK zwischen zwei Bilanzstichtagen die Zu- und Abnahme des nach den Rechnungslegungsnormen bestimmten Reinvermögens während dieser Periode widerzuspiegeln. Auf die Ausführungen in § 297 Rz 50–61 wird verwiesen.

33

### 2.1.4 Segmentberichterstattung

Die Segmentberichterstattung, die als Instrument zur **Verringerung der Informationsasymmetrien** zu verstehen ist, kann den JA ergänzen. Nach der Verabschiedung des BilReG sind gem. § 315a Abs. 1 und 2 HGB durch Verweis auf die IAS-Verordnung und den IFRS 8 lediglich KA von börsennotierten MU bzw. von MU, die einen Börsengang eingeleitet haben, um einen nach internationalen Rechnungslegungsstandards erstellten SegmBer zu erweitern. Für nicht zur Rechnungslegung nach internationalen Standards verpflichtete Unt stellt der SegmBer nach wie vor keinen obligatorischen Bestandteil des JA oder KA dar. Allerdings kann gem. Abs. 1 Nr. 2 der JA bzw. gem. § 297 Abs. 1 Satz 2 HGB der KA freiwillig erweitert werden.[23] Für Letzteres ist DRS 3 „Segmentberichterstattung" zu beachten.

34

Der Gesetzgeber sieht eine freiwillige Erweiterung explizit für EA von nicht konzernrechnungslegungspflichtigen, aber KM-orientierten Unt vor. Darüber hinaus bleibt es auch weiterhin jedem Unt unbenommen, neben der geforderten Aufgliederung der Umsatzerlöse nach § 285 Nr. 4 HGB in den Anhang weitere Informationen im Sinne eines SegmBer freiwillig aufzunehmen sowie diese prüfen zu lassen und offenzulegen. Für eine detailliertere Abhandlung zur SegmBer wird auf § 297 Rz 63–78 verwiesen.

| **Beispiel[24]** | | | | | | |
|---|---|---|---|---|---|---|
| Schema eines SegmBer im Einzelabschluss: | | | | | | |
|  | A | B | C | Sonstige Segmente | Überleitung | Gesamt |
| • Umsatzerlöse<br>• mit externen Dritten<br>• Intersegmenterlöse |  |  |  |  |  |  |

---

21 Vgl. *Lorson/Müller/ICV-Fachkreis IFRS & Controlling*, DB 2014, S. 965, *Eiselt/Müller*, BB 2014, S. 1067.
22 Abrufbar unter http://www.drsc.de/docs/press_releases/2015/150312_E-DRS31.pdf (letzter Abruf am 09.07.2015).
23 Dies trifft gem. § 13 Abs. 2 PublG auch auf publizitätspflichtige Nicht-KapG zu.
24 In Anlehnung an DRS 3 Anhang 2.

|  | A | B | C | Sonstige Segmente | Überleitung | Gesamt |
|---|---|---|---|---|---|---|
| • Ergebnis<br>• darin enthalten<br>• Abschreibungen<br>• andere nicht zahlungswirksame Posten<br>• Ergebnis aus Beteiligung |  |  |  |  |  |  |
| Vermögen |  |  |  |  |  |  |
| Investitionen |  |  |  |  |  |  |
| Schulden |  |  |  |  |  |  |

#### 2.1.5 Einheitsthese

**35** Der JA bildet nach Abs. 1 Satz 1 bei KapG (ggf. mit Ausnahme der KleinstKapG) eine **Einheit** aus Bilanz, GuV und Anhang. Bei nichtkonzernrechnungslegungspflichtigen, aber KM-orientierten KapG wird diese Einheit in Satz 2 noch um die KFR und den Eigenkapitalspiegel erweitert. Nur durch dieses Konstrukt der Einheit ist es möglich, dass etwa der Anhang seine Entlastungsfunktion übernimmt. Im Zusammenspiel der unterschiedlichen Teile können Zielkonflikte etwa bez. Kapitalerhaltung und Information zumindest gemildert werden.[25] Dies ist darin zu begründen, dass nur die Gesamtheit des JA, nicht aber die jeweiligen Einzelteile ein den tatsächlichen Verhältnissen entsprechendes Bild (Rz 35 ff.) zu vermitteln haben.[26] Auch kann der JA nur als Ganzes geprüft (§ 316 Abs. 1 HGB), unterzeichnet (§ 245 Satz 1 HGB), festgestellt (z.B. § 172 AktG) und ggf. mit größen- und rechtsformabhängigen Erleichterungen offengelegt (§ 325 HGB) werden.[27]

### 2.2 Lagebericht

**36** Der LB ist ein zusätzliches **Berichtsinstrument**, das den JA ergänzt.[28] Er ist nur von mittelgroßen und großen KapG zu erstellen; kleine KapG sind jedoch zur Aufstellung eines LB berechtigt (§ 264 Abs. 1 Satz 4 HGB). Die Anteilseigner können dies auch in der Satzung entsprechend von den gesetzlichen Vertretern der KapG verlangen.[29] Der Zweck des LB liegt in der Ergänzung der Informationsfunktion des JA. Dazu wird im LB durch Vermittlung von zusätzlichen Informationen allgemeiner Art ein umfassenderes Bild der tatsächlichen Verhältnisse der wirtschaftlichen Lage des Unt gezeichnet. Dem LB kommt somit parallel zum JA

---

[25] Vgl. *Reiner*, in MünchKomm. HGB, 3. Aufl., § 264 Rn 5.
[26] Vgl. *Clemm, FS Budde*, S. 155; *Moxter, FS Budde*, S. 426–428; *Moxter, FS Baetge*, S. 106, 110; *Winkeljohann/Schellhorn*, in Beck Bil-Komm. 9. Aufl., § 264 HGB, Rz 9; *Wölk*, S. 107–111.
[27] Zur sog. Abkopplungsthese siehe *Ballwieser*, in *Baetge/Kirsch/Thiele*, Bilanzrecht, § 264 HGB Rz 23; *Alexander*, European Accounting Review 1993, S. 59, 64.
[28] Vgl. *Stute*, in *Federmann/Kußmaul/Müller*, HdB, Lagebericht, Rz. 1 ff.
[29] Vgl. *Reiner*, in MünchKomm. HGB, 3. Aufl., § 264 Rn 17.

eine Informations- (Ergänzungs-, Komplementär-, Beurteilungs- und Verdichtungsfunktion) und Rechenschaftsfunktion zu (§ 289 Rz 9 ff.).

Obwohl er rechtlich selbstständig und kein Teil des JA ist, steht einer **gemeinsamen Veröffentlichung** von JA und LB in einem Dokument, dem „Geschäftsbericht", nichts entgegen. Voraussetzung ist jedoch, dass beide Teile klar erkennbar voneinander getrennt dargestellt sind.[30] Nach dem § 37w WpHG werden explizit Jahresfinanzberichte gefordert, die aus JA, LB, BSV und Bilanzeid bestehen. 37

Für einen Überblick über die Bestandteile des LB wird auf die Ausführungen zu § 289 Rz 22–100 verwiesen. 38

### 2.3 Aufstellungspflicht

Abs. 1 Satz 3 verlangt von den gesetzlichen Vertretern lediglich die **Aufstellung** des JA und des LB. Die sich auf den JA beziehende Unterzeichnungspflicht (§ 245 HGB), die gesamten Prüfungspflichten von AP (§ 316 HGB) und AR (§ 170 Abs. 1 AktG, § 42a Abs. 1 GmbHG, § 25 Abs. 1 MitbestG, § 3 Montan-MitbestG, § 1 Abs. 1 Drittelbeteiligungsgesetz) sowie die sich besonders auf den JA beziehenden Feststellungspflichten (§§ 172 und 173 AktG, § 47 Abs. 5 SEAG, §§ 42a Abs. 1 und 46 Nr. 1 GmbHG) gehören nicht zu den hier geregelten Sachverhalten. Bei der Aufstellung handelt es sich demnach um die verantwortliche Erstellung der Unterlagen des JA und des LB bis zur Beschlussreife. Dabei ist zu beachten, dass Aufstellung und Erstellung keine synonymen Begriffe sind. Aufstellung kann einzig durch die gesetzlichen Vertreter vorgenommen werden, erstellen kann (fast) jeder. 39

> **Beispiel**
> Der Steuerberater erstellt den JA für den Mandanten. Das Aufstellen erfolgt gleichwohl durch den Mandant. Mit dem Begriff der Aufstellung ist die Übernahme der vollen Verantwortung verbunden.

Im Interesse der Determination des Zeitpunkts der Beendigung der Aufstellung der Informationsinstrumente durch die Abschlussadressaten hat eine datierte Unterzeichnung zu erfolgen (§ 245 HGB), wobei nicht erheblich ist, dass das Unterzeichnungsdatum auf das Datum der Unterzeichnung des JA fällt.[31] Ausgangspunkt sind primär die Daten der Buchhaltung, aus denen ein Abschluss zu generieren ist. Darüber hinaus müssen besonders für die Lageberichterstattung weitere Daten erhoben und etwa zukunftsorientierte Einschätzungen getroffen werden. 40

Obwohl die Erstellung im Wesentlichen im Rechnungswesen erfolgt, ist wie die Unterzeichnung auch die Aufstellung als **kollektive Pflicht aller gesetzlichen Vertreter** ausgestaltet. Als gesetzliche Vertreter gelten bei KapG die folgenden Personen: 41

| AG | Mitglieder des Vorstands (§ 78 Abs. 1 AktG) |
|---|---|
| SE | Bei dualistischem System: Mitglieder des Vorstands (Art. 9 Abs. 1b SE-VO) oder bei monoistischem System: Geschäftsführende Direktoren (§§ 41 Abs. 1 und 47 Abs. 1 SEAG) |

---

30 Vgl. *Grottel*, in Beck Bil-Komm. 9. Aufl., § 289 HGB, Rz 6.
31 Vgl. *Winkeljohann/Schellhorn*, in Beck Bil-Komm. 9. Aufl., § 264 HGB, Rz 16.

| KGaA | Persönlich haftende Gesellschafter (§ 283 Nr. 9 AktG, §§ 125 und 161 Abs. 2 HGB) |
|---|---|
| GmbH | Geschäftsführer (§ 35 Abs. 1 GmbHG) oder Abwickler/Liquidatoren (§ 70 GmbHG) |
| Bei Abwicklung/Liquidation | Abwickler/Liquidatoren (§§ 269, 270 AktG bzw. §§ 70, 71 GmbHG) |
| Bei Insolvenz | Insolvenzverwalter (§ 155 Abs. 1 InsO) bzw. bei Eigenverwaltung der Schuldner und der Sachwalter (§ 270 Abs. 1 InsO) |

**Tab. 1:** Gesetzliche Vertreter in KapG

42 Auch wenn die gemeinsame Pflicht nicht durch Satzung oder Gesellschaftsvertrag verändert werden kann,[32] handelt es sich nicht um eine höchstpersönliche Pflicht. Daher kann die Aufgabe der Erstellung innerhalb des Führungsgremiums als auch an weitere unternehmensinterne oder -externe Personen **delegiert** werden.[33] In diesem Fall wandelt sich die Erstellungs- in eine Überwachungspflicht, es bleibt aber bei der grundsätzlichen Aufstellungspflicht. Bezüglich des Inhalts müssen die gesetzlichen Vertreter, soweit Satzung, Gesellschaftsvertrag oder Geschäftsordnung nichts Abweichendes regeln, einstimmig entscheiden.[34] Bei der Delegation an eine externe Person sind die Regelungen zur Unabhängigkeit des AP zu beachten, da eine gleichzeitige Mitwirkung an der Aufstellung und Prüfung nach § 319 Abs. 3 Nr. 3 HGB in aller Regel ausgeschlossen ist (§ 319 Rz 48 ff.).

43 Die **Aufstellung** als Aufgabe der gesetzlichen Vertreter ist dann beendet, wenn JA und LB nach Einschätzung dieser den gesetzlichen Vorgaben entsprechen und an die nächste Institution auf dem Weg zur Offenlegung weitergereicht werden. Diese Institutionen sind bei prüfungspflichtigen Unt der AP, bei anderen KapG der AR (§ 170 Abs. 1 Satz 1 AktG) oder die Gesellschafter (§ 42a Abs. 1 Satz 1 GmbHG). Da im Rahmen der Prüfung oder durch neue Erkenntnisse noch Änderungsbedarf entstehen kann, sind der aufgestellte JA und LB nicht endgültig, sondern können noch verändert werden.[35] Diese Veränderungen gelten aber nicht mehr als Aufstellung. Für den Arbeitsprozess wird es daher als überaus sinnvoll erachtet, schon vor oder während der Aufstellung problematische Sachverhalte mit den prüfenden Institutionen zu klären, wobei aber immer die Problematik einer möglichen Vermengung von Aufstellung und Prüfung zu beachten ist.[36]

## 2.4 Fristen

44 Während in § 243 Abs. 3 HGB noch ungenau die Aufstellung des JA innerhalb einer einem ordnungsmäßigen Geschäftsgang entsprechenden Zeit verlangt wur-

---

[32] Vgl. *Reiner*, in MünchKomm. HGB, 3. Aufl., § 264 Rn 18.
[33] Vgl. *Baumbach/Hopt/Merkt*, HGB, 2012, § 264, Rn 8.
[34] Vgl. *Winkeljohann/Schellhorn*, in Beck Bil-Komm. 9. Aufl., § 264 HGB, Rz 12.
[35] Vgl. *Reiner*, in MünchKomm. HGB, 3. Aufl., § 264 Rn 21; *Winkeljohann/Schellhorn*, in Beck Bil-Komm. 9. Aufl., § 264 HGB, Rz 19.
[36] Vgl. *ADS*, 6. Aufl., § 264 HGB, Rz 32; *Reiner*, in MünchKomm. HGB, 3. Aufl., § 264 Rn 21.

de, wird dies in Abs. 1 für KapG und KapCoGes auf drei Monate, für kleine Ges. i. S. d. § 267 Abs. 1 HGB auf höchstens sechs Monate nach dem Bilanzstichtag konkretisiert. Ein JA eines kalenderjahrgleichen Gj ist somit bis einschl. 31. März oder bei kleinen Ges. bis einschließlich 30. Juni des Folgejahrs aufzustellen. Der Gesetzgeber hat bei der Erweiterung der **Frist** für kleine Ges. jedoch explizit die Forderung nach der Erstellung innerhalb des ordnungsmäßigen Geschäftsgangs wiederholt. Dies ist insb. vor dem Hintergrund der Informationszwecke von JA und LB auch notwendig, da die enthaltenen Informationen mit zunehmendem Zeitablauf deutlich an Entscheidungsrelevanz für die internen und externen Adressaten von Abschluss und LB verlieren. Daher dürfen auch kleine KapG nicht generell von einer Sechsmonatsfrist ausgehen. Diese gilt nur als oberste Begrenzung, die im üblichen Geschäftsverlauf nur im Ausnahmefall anzutreffen sein sollte. Während eine Verkürzung der **Fristen** durch Satzung oder Gesellschaftsvertrag zumindest im Innenverhältnis möglich[37] bzw. in Krisensituationen im Hinblick auf §§ 283 Abs. 1 Nr. 7b und 283b Abs. 1 StGB auch geboten erscheint,[38] ist eine Verlängerung ausgeschlossen.[39] Ein Überschreiten der Aufstellungsfrist wird jedoch bislang nicht direkt, sondern nur indirekt bei nicht erfolgter Offenlegung nach zwölf Monaten (bzw. vier Monaten für KM-orientierte Unt, für die § 327a HGB nicht zutrifft) mit einem Ordnungsgeld nach § 335 Abs. 1 Satz 1 Nr. 1 HGB sanktioniert. Daneben handelt es sich aber bei Überschreiten der Frist um eine schuldhafte Pflichtverletzung der Sorgfaltspflicht der gesetzlichen Vertreter (insb. §§ 84 Abs. 3 und 93 Abs. 2 AktG oder §§ 30 und 43 Abs. 2 GmbHG), die zivilrechtliche Rechtsfolgen auslösen kann.

Für Unt, die unter das **PublG** fallen, gilt eine Frist zur Aufstellung des JA von drei Monaten (§ 5 Abs. 1 Satz 1 PublG), für Genossenschaften von fünf Monaten (§ 336 HGB), für Kreditinstitute von drei Monaten (§ 340a Abs. 1 HGB), für Versicherungen von vier Monaten (§ 341a Abs. 1 HGB) und für Rückversicherungen von zehn Monaten (§ 341a Abs. 5 HGB). 45

## 2.5 Anhangbefreiung für Kleinstkapitalgesellschaften

KleinstKapG (§ 267a HGB) dürfen auf die Erweiterung des JA um einen Anhang unter der Voraussetzung von **Bewertungseinschränkungen** und **Angaben unter der Bilanz** verzichten. 46

So ist zunächst auf die **Bewertung zum beizulegenden Zeitwert** zu verzichten. Relevant ist dabei nur die gem. § 253 Abs. 1 Satz 4 HGB pflichtgemäß vorgesehene Bewertung von nach § 246 Abs. 2 Satz 2 HGB zu verrechnenden VG, die dem Zugriff aller übrigen Gläubiger entzogen sind und ausschließlich der Erfüllung von Schulden aus Altersversorgungsverpflichtungen oder vergleichbaren langfristig fälligen Verpflichtungen dienen (**Deckungsvermögen**). Hier haben KleinstKapG, soweit dieser Fall der Deckung von Pensions- oder ähnlichen Verpflichtungen vorliegen, gem. § 253 Abs. 1 Sätze 5–6 HGB nicht den beizulegenden Zeitwert, sondern die **fortgeführten Anschaffungskosten** für die zu saldierenden VG zu verwenden. Entsprechend entfällt dann auch die Ausschüt- 47

---

[37] Vgl. *Baetge/Commandeur*, HdR, HGB § 264, Rn 5, Stand 09/2005.
[38] Vgl. BVerfG, Urteil v. 15.3.1978, DB 1978, S. 1393.
[39] Vgl. BayOLG, Urteil v. 5.3.1987, BB 1987, S. 869.

tungssperre für die (dann nicht) ausgewiesenen, nicht realisierten Gewinne nach § 268 Abs. 8 HGB. Die auf den europäischen Vorgaben beruhende Formulierung des Gesetzestextes ist dabei insofern schwammig respektive unglücklich, als dass das Verbot zur Bewertung mit dem beizulegenden Zeitwert bei Inanspruchnahme der Erleichterungen nicht direkt auf die Bewertung von VG Bezug nimmt, sondern pauschal gehalten ist, obwohl hier einzig die Bewertung von Deckungsvermögen gemeint sein kann und ausweislich der RegBegr auch ist.[40] Dies kann zu Missverständnissen derart führen, dass Anwender das Bewertungsverbot auch auf Rückstellungen für Altersversorgungsverpflichtungen, deren Höhe sich ausschließlich nach dem beizulegenden Zeitwert von Wertpapieren bemisst, beziehen und entsprechend eine Fehlbewertung mit den fortgeführten AK vornehmen. Im Fall der Rückstellungsermittlung ist jedoch der nach vernünftiger kaufmännischer Beurteilung notwendige Erfüllungsbetrag maßgebend, der den beizulegenden Zeitwerten der zugesagten Wertpapiere oder Geldäquivalente entspricht.

**48** Zudem sind von KleinstKapG nach Abs. 1 Satz 5 einige **Anhangangabepflichten** des HGB sowie AktG unter der Bilanz auszuweisen, wobei es durch das BilRUG zu Änderungen kommt (Rz 120):[41]

- **Haftungsverhältnisse** i.S.d. §§ 251, 268 Abs. 7 HGB:
  – Sofern diese nicht bereits auf der Passivseite auszuweisen sind, ist Folgendes in einem Betrag und unabhängig von Rückgriffsforderungen zu vermerken:
    - Verbindlichkeiten aus
    - der Begebung und Übertragung von Wechseln,
    - Bürgschaften,
    - Wechsel- und Scheckbürgschaften und
    - Gewährleistungsverträgen.
    - Haftungsverhältnisse aus der Bestellung von Sicherheiten für fremde Verbindlichkeiten.
- **Vorschüsse/Kredite** an Mitglieder der Verwaltungs-, Geschäftsführungs- oder Aufsichtsorgane i.S.d. § 285 Nr. 9 Buchst. c HGB getrennt nach Personengruppen, wobei Angaben notwendig sind bzgl. Zinssätzen, wesentlichen Bedingungen, ggf. im Gj zurückgezahlten Beträgen sowie zugunsten dieser Personen eingegangenen Haftungsverhältnissen.
- **Transaktionen eigener Aktien** i.S.d. § 160 Abs. 1 Satz 1 Nr. 2 AktG:
  – Bestand an eigenen Aktien der Ges., sofern erworben oder als Pfand genommen durch ein abhängiges oder im Mehrheitsbesitz der Ges. stehendes Unt, anderes Unt für Rechnung der Ges., abhängiges Unt und im Mehrheitsbesitz der Ges. stehendes Unt. Dabei sind anzugeben:
    - die Zahl dieser Aktien,
    - der auf die Aktien entfallende Betrag des Grundkapitals,
    - der Anteil der Aktien am Grundkapital sowie ferner
    - für erworbene Aktien
    - der Zeitpunkt des Erwerbs und
    - die Gründe für den Erwerb.

---

[40] Vgl. *Müller/Kreipl*, DB 2013, S. 73.
[41] Vgl. zum Vergleich von Musterabschlüssen einer KleinstKap zu einer kleinen KapG *Kreipl/Müller*, StuB 2013, S. 292 ff.

– Wurden Aktien in diesem Sinne im Gj erworben oder veräußert, ist ferner zu berichten über den Erwerb und die Veräußerung. Dabei ist zu berichten über die Zahl dieser Aktien, der auf sie entfallende Betrag des Grundkapitals, der auf sie entfallende Anteil am Grundkapital, der Erwerbs- oder Veräußerungspreis und die Verwendung des Erlöses.

Explizit sind zudem zusätzliche Angaben über Abweichungen von einem den tatsächlichen Verhältnissen entsprechendem Bild der VFE-Lage bei besonderen Umständen für KleinstKapG unter der Bilanz nötig, wie die Ergänzung von § 264 Abs. 2 HGB durch § 264 Abs. 2 Satz 4 und 5 HGB klarstellt. Allerdings wird der Umfang dieser zusätzlichen Angaben vom Gesetzgeber eingeschränkt (Rz 87).

Umstritten ist die Frage, ob mit dieser Aufzählung alle anderen Angabepflichten aus HGB oder rechtsformspezifischen Gesetzen entfallen. Grundsätzlich kann argumentiert werden, dass alle Angaben, die alternativ in Bilanz oder Anhang erfolgen dürfen, durch den Verzicht der Anhangerstellung mit wegfallen.[42] Dafür spricht, dass der Gesetzgeber etwa beim Wahlrecht nach § 268 Abs. 7 HGB explizit einen Ausweis unter der Bilanz gefordert hat. Bei Formulierungen wie „bei jedem gesondert ausgewiesenen Posten", wie in § 268 Abs. 4 HGB kann argumentiert werden, dass der Gesetzgeber durch die verkürzte Gliederung eben keine gesonderten Posten (und damit Zusatzangaben) fordert.[43] Zumindest die nach § 268 Abs. 3 HGB notwendige Angabe des **nicht durch Eigenkapital gedeckten Fehlbetrags** dürften auch KleinstKapG in der Bilanz auszuweisen haben, da dieser Posten letztlich dem bilanziellen EK entspricht. Dagegen dürften **die weiteren Postenerläuterungen** hinsichtlich Gewinn-/Verlustvortrag sowie Restlaufzeiten der Forderungen und Verbindlichkeiten mit der verkürzten Bilanz **obsolet** sein. Die Angaben der **Beziehungen zu den Eigenkapitalgebern** nach § 272 HGB und § 42 GmbHG sind dagegen deutlich umstrittener. Als Auffangtatbestand ist immer § 264 Abs. 2 Satz 2 HGB heranzuziehen, der bei Beeinträchtigungen der abgebildeten VFE-Lage durch besondere Umstände eine Angabe verlangt. Für die für kleine AG und KGaA bestehenden Angabepflichten

- § 152 Abs. 1 AktG (auf jede Aktiengattung entfallender Betrag des Grundkapitals, bedingtes Kapital sowie die Gesamtstimmenzahl der Mehrstimmrechtsaktien und die der übrigen Aktien, sofern vorhanden),
- § 152 Abs. 2 AktG (Kapitalrücklage: Einstellungen und Entnahmen) sowie
- § 152 Abs. 3 AktG (Gewinnrücklagen: Einstellungen und Entnahmen)

ist dagegen mit § 152 Abs. 4 AktG eine Befreiungsnorm eingefügt worden.

## 3 Generalnorm (Abs. 2)

### 3.1 Inhalt und Verhältnis zu den Einzelvorschriften

Die in Abs. 2 Satz 1 explizierte Generalnorm für die Rechnungslegung von KapG und KapCoGes verlangt vom JA unter Beachtung der GoB die Vermittlung eines den tatsächlichen Verhältnissen entsprechenden Bilds der VFE-Lage des Unternehmens. Für den LB sind die Einschränkungen „unter Beachtung der GoB" und

---

[42] Vgl. *Hoffmann*, StuB 2012, S. 730.
[43] Vgl. *Hoffmann*, StuB 2012, S. 730.

"Bild der Vermögens-, Finanz- und Ertragslage" nicht in den Gesetzestext des § 289 Abs. 1 Satz 1 HGB übernommen worden. Vielmehr hat dieser ein den tatsächlichen Verhältnissen entsprechendes Bild zu vermitteln. Für den KA erfolgt die Übernahme in § 297 Abs. 2 Satz 2 HGB analog zu § 264 Abs. 2 Satz 1 HGB.

51 Die mit dem BiRiLiG ins Gesetz aufgenommene und aus Art. 2 Abs. 3 der 4. EG-RL 78/660/EWG stammende Formulierung kann als Kompromiss angesehen werden. Von deutscher Seite wurde eine Beibehaltung des Texts von § 149 AktG aF beabsichtigt, nach dem der JA einen im Rahmen der Bewertungsvorschriften möglichst sicheren Einblick in die Vermögens- und Ertragslage der Ges. geben muss. Von britischer Seite wurde dagegen die Verankerung des „true and fair view"-Prinzips angestrebt. Als Kompromiss entstand die jetzt im Gesetz stehende Formulierung für die EG-RL. Allerdings wurde der Text um Art. 2 Abs. 5 ergänzt. Demnach sind die übrigen Vorschriften der RL in Ausnahmefällen nicht anzuwenden, wenn damit das durch den JA vermittelte Bild nicht den tatsächlichen Verhältnissen entsprechen würde. Dieser Satz ist vom damaligen Gesetzgeber nicht in den § 264 Abs. 2 HGB übernommen, sondern durch die Ergänzungspflicht des § 264 Abs. 2 Satz 2 HGB bzgl. notwendiger Angaben im Anhang ersetzt worden. Diese greifen, wenn besondere Umstände dazu führen, dass der JA ein den tatsächlichen Verhältnissen entsprechendes Bild i.S.d. Satzes 1 nicht bietet. Die EU hat inzwischen die Richtlinie über den Jahresabschluss, den konsolidierten Abschluss und damit verbundene Berichte von Unternehmen bestimmter Rechtsformen – RL 2013/34/EU des Europäischen Parlaments und des Rates vom 26.6.2013 – am 29.6.2013 im EU-Amtsblatt veröffentlicht,[44] Sie wurde mit dem BilRUG umgesetzt, ohne dass eine Anpassung erfolgt wäre. So kommt es in zweifacher Weise bei der Stellung der Generalnorm zu einer Abweichung zur RL. Zum einen fehlt der Zusatz „unter Beachtung der GoB" im Richtlinientext. Zum anderen ist Art. 4 Abs. 3 und 4 der RL, der inhaltlich den Regelungen der IAS 1.15 und 17 entspricht, klar als overriding principle ausgestaltet, was bedeutet, dass die Generalnorm mit der Forderung der tatsachengemäßen Abbildung Vorrang vor Einzelnormen hat.[45] Das DRSC, das IDW und der Arbeitskreis Bilanzrecht Hochschullehrer Rechtswissenschaft unterstützen den Gesetzgeber in der nicht Richtlinien konformen Umsetzung, da im Bereich der Generalnorm kein Änderungsbedarf gesehen wird.[46] Dies kann nur mit der deutschen Rechtstradition, nach der die Generalnorm stets hinter der Einzelnorm zurückzutreten hat, der Möglichkeit der Abweichung von den allgemeinen Bewertungsgrundsätzen in § 252 Abs. 2 HGB (§ 252 Rz 137) und dem Grundsatz der Bilanzwahrheit als zentrale GoB, begründet werden.

52 In Deutschland hat daher trotz der Entstehungsgeschichte durch die aktuelle Umsetzung das Prinzip des true and fair view bislang keine größere Bedeutung erlangt. Der deutschen Rechtssystematik folgend, steht stets der Wortlaut der

---

[44] EU-Amtsblatt v. 29.6.2013, L 182/19–76.
[45] Vgl. *Kreipl*. KoR 2013, S. 201 sowie *Kreipl/Müller*, in *Seicht/Janschek* Jahrbuch für Controlling und Rechnungswesen 2014, S. 280f.
[46] Vgl. Empfehlungen zur Umsetzung der RL 2013/34/EU ins HGB vom DRSC, Schreiben an das BMJV vom 11.2.2014, http://www.drsc.de/docs/press_releases/2014/140211_DRSC_Empfehlungen_HGB-Reform.pdf (letzter Abruf am 10.07.2015). *Arbeitskreis Bilanzrecht Hochschullehrer Rechtswissenschaft*, NZG 2014, S. 892; IDW zur Umsetzung der EU-Bilanzrichtlinie in deutsches Recht, FN-IDW 2014, S. 265.

Vorschrift im Vordergrund. Der Generalnorm kommt somit nicht die in den international anerkannten Rechnungslegungsvorschriften verankerte Funktion eines overriding principle zu, sondern hat lediglich eine **Subsidiärfunktion**. Sie ist ergänzend heranzuziehen, wenn Einzelnormen keine Lösung bieten oder der Auslegung bedürfen.[47] Dies erklärt sich gerade auch aus dem ergänzenden Satz 2. Wenn die Generalnorm die Primärfunktion hätte, so müsste der JA immer ein den tatsächlichen Verhältnissen entsprechendes Bild liefern und Satz 2 wäre überflüssig.[48]

Somit ergibt sich für die Anwendung von Rechtsvorschriften der Rechnungslegung eine bestimmte Reihenfolge, die nach hM wie folgt zu beschreiben ist: 53
1. Branchenbezogene Spezialnormen (z.B. Formblattverordnung für Kreditinstitute),
2. rechtsformspezifische Spezialnormen (z.B. §§ 150 ff. AktG),
3. ergänzende Vorschriften für KapG sowie KapCoGes (§§ 264–289a HGB, ohne § 264 Abs. 2 HGB),
4. Vorschriften für alle Kfl. (§§ 242–256 HGB),
5. nicht kodifizierte GoB,
6. die Generalnorm des § 264 Abs. 2 Satz 1 HGB.

Durch die Notwendigkeit der richtlinienkonformen Auslegung des Gesetzes, der 54 jüngsten Gesetzesänderungen sowie zunehmend auch durch Urteile des EuGH[49] kommt es aber langsam zu einer **Angleichung** der angloamerikanischen und deutschen Rechtsvorstellungen.[50]

Letztlich sind zwar beide Vorstellungen nicht weit auseinander, können aber 55 nicht das eigentliche Problem lösen: Allen **Abbildungsmodellen** ist das Problem inhärent, dass die Abbildung sozioökonomischer Systeme nur innerhalb der das Modell beschreibenden Prämissen objektiv möglich ist.[51] Eine Abbildung kann somit nur so gut sein, wie die bei der Erstellung beachteten Prämissen. Jede Prämisse fußt dabei auf einer Hypothese bzgl. des Wirkungszusammenhangs zwischen Abbildungsobjekt und Abbildungsregel. Dabei gibt es vielfältige Konfliktfelder, von denen hier nur das zentrale Problem der Relevanz einer Abbildung einerseits und der Glaubwürdigkeit der Abbildung andererseits anzuführen ist.[52] Unter der Annahme, dass die Aussagekraft und damit die Relevanz einer Abbildung mit steigender Exaktheit zunehmen, muss festgestellt werden, dass die damit einhergehende Subjektivität von Bewertungen, Zukunftseinschätzungen usw. die geforderte Glaubwürdigkeit zunehmend einschränken. Zwischen diesen beiden Extremen ist somit ein Kompromiss zu finden, was für verschiedene Abbildungszwecke letztlich die Aufgabe einer einheitlichen Abbildung zugunsten zweckabhängig ausgestalteter Detailbetrachtungen bedeutet. So existieren in Deutschland etwa neben der extern geforderten und die Glaubwürdigkeit betonenden Abbildung der Rechnungslegung von Unt oft interne Unternehmensrechnungen, die – etwa als Planrechnungen ausgestaltet – den Schwerpunkt deutlich mehr in

---

[47] Vgl. *Baetge/Commandeur*, HdR, HGB § 264, Rn 10 und 32.
[48] Vgl. *Winkeljohann/Schellhorn*, in Beck Bil-Komm. 9. Aufl., § 264 HGB, Rz 25.
[49] Vgl. z.B. EuGH, Urteil v. 27.6.1996, DB 1996, S. 1400; EuGH, Urteil v. 7.1.2003, IStR S. 95; EuGH, Urteil v. 3.5.2005, C-387/02, Slg. 2005 I S. 3565.
[50] Vgl. *Luttermann*, in MünchKomm AktG, § 245 Rn 88; *Winkeljohann/Schellhorn*, in Beck Bil-Komm. 9. Aufl., § 264 HGB, Rz 24.
[51] Vgl. *Müller*, Konvergentes Management-Rechnungswesen, 2003, S. 97–99.
[52] Vgl. *Kirschenheiter*, Journal of Accounting Research 1996, S. 43–60.

Richtung Relevanz verschieben. Schlussendlich führt dies zu der Erkenntnis der exakten und gleichzeitig objektiven Unabbildbarkeit von sozioökonomischen Systemen, was dazu führt, dass bestehende Rechnungen stets als unbefriedigend empfunden werden. Konsequenterweise wird dann entweder versucht, die Abbildungsprämissen zweckgerichtet zu optimieren, was im Bereich der externen Rechnungslegung von Konzernunternehmen durch die Erlaubnis zur Nutzung international anerkannter Rechnungslegungsnormen zu beobachten ist (§ 315a Rz 1 ff.), oder die Abbildung um andere, bestimmte Aspekte stärker betonende Zusatzabbildungen etwa im LB zu ergänzen (§ 289 Rz 1 ff.).

**56** Ob die geforderte **objektivierte tatsachengemäße Abbildung** im JA daher durch Ausgestaltung der Prämissen entweder innerhalb der GoB erfolgt oder im Rahmen des Verständnisses von true and fair view, ist somit nicht bedeutsam. In beiden Fällen schlägt sich eine sich verändernde Umwelt in der Anpassung der Prämissen aufgrund der Einschätzung einer unbestimmten Mehrheit von Beteiligten nieder. Dies ist etwa an den in den GoB entwickelten Regelungen zur Behandlung von Bewertungseinheiten im Rahmen von Absicherungsgeschäften (§ 254 Rz 1 ff.) zu beobachten.

**57** Aus diesem Grund kann es sich bei den tatsächlichen Verhältnissen auch nicht um eine absolut wahrheitsgemäße Abbildung handeln, sondern nur um eine im Prämissensystem kodifizierte oder aufgrund von Expertenmeinungen definierte Wahrheit. In diesem Sinne kann konkretisierend von einer „**Redlichkeit**"[53] des JA gesprochen werden.[54] Die Wahrheit im Verständnis der Rechnungslegung ist eben keine exakte Aufnahme der Wirklichkeit, sondern impliziert stets Bewertungen, Einschätzungen und Ermessen,[55] für die der Gesetzgeber – ergänzt um die GoB – einen Rahmen im Sinne einer Objektivierbarkeit vorgibt. So bleibt ein JA tatsachengemäß, wenn aus Wesentlichkeitsüberlegungen Teile aus der Betrachtung ausgeklammert oder Erleichterungen vorgenommen werden. *Luttermann* sieht die Generalnorm als der europäischen Rechtstradition des gemeinen Gebots getreuen Handelns unter Rechtsgenossen entstammen, die Bilanzwahrheit gebietet und damit den moralischen Anspruch des Bilanzrechts markiert, was etwa Rechnungsleger und Prüfer zu einer ethischen Anspannung bei der Umsetzung auffordert.[56]

**58** Ein zentraler Problembereich im Zusammenhang mit der Anwendung der Generalnorm bleibt, wenn auch durch jüngere Gesetzesänderungen zumindest für Neufälle deutlich verringert, das Verhältnis zu den vom Gesetzgeber vorgesehenen **Wahlrechten**.[57] Aus rein logischen Überlegungen kann es nicht mehrere tatsachengemäße Abbildungen desselben Unt – zumindest mit Blick auf einen bestimmten Rechenzweck oder einen bestimmten Kompromiss aus Rechenzwecken – geben. Dies schließt somit das Vorhandensein von Wahlrechten aus dem Blickwinkel des true and fair view prinzipiell aus. Gleichwohl resultieren Wahlrechte auch z. T. aus der Problematik der zutreffenden Abbildung. Konnte oder wollte sich der Gesetzgeber nicht für eine Variante der Abbildung entscheiden,

---

[53] Vgl. BFH, Beschluss v. 7.8.2000, GrS 2/99, BStBl 2000 II S. 632.
[54] Vgl. zu entsprechenden Übersetzungen in anderen europäischen Ländern *Reiner*, in MünchKomm HGB, 3. Aufl., § 264 Rn 25.
[55] Vgl. *Reiner*, in MünchKomm. HGB, 3. Aufl., § 264 Rn 25.
[56] Vgl. *Luttermann*, NZG 2013, S. 1128, 1130.
[57] Vgl. *Ballwieser*, in *Baetge/Kirsch/Thiele*, Bilanzrecht, § 264, Rz 58–60, Stand 10/2013.

so überlässt er durch Wahlrechte die Entscheidung dem Bilanzierenden, der seine Entscheidung i.d.R. im Anhang zu erläutern hat.

Die noch im HGB enthaltenen wesentlichen **expliziten Ansatzwahlrechte** betreffen 59
- die selbst geschaffenen immateriellen VG des AV (§ 248 Rz 37ff.),
- das Disagio (§ 250 Rz 17),
- die aktiven latenten Steuern (§ 274 Rz 25ff.) sowie
- die mittelbaren Pensionsverpflichtungen und die sog. Altpensionsverpflichtungen, die vor dem 1.1.1987 entstanden (Art. 28 Abs. 1 EGHGB).

Als wesentliche explizite Bewertungswahlrechte gelten 60
- die Bewertungsvereinfachungsverfahren (§ 240 Rz 50ff.),
- das gemilderte Niederstwertprinzip für FAV (§ 253 Rz 250ff.) und
- die Einbeziehungsmöglichkeiten im Rahmen der Bewertung der HK, wobei dieses durch das BilMoG ebenfalls stark eingeschränkt wurde (§ 255 Rz 134ff.).

Zudem wirken einige 2009 gestrichene Wahlrechte für Ansatz- und Bewertung aufgrund von Beibehaltungswahlrechten in den Übergangsvorschriften auf das BilMoG ggf. weiter fort (Art. 67 EGHGB Rz 1ff.).

Hinzu kommen erheblich größere **implizite Wahlrechte**. Diese ergeben sich daraus, dass 61
- der Gesetzgeber keine Hinweise für die Bilanzierung gibt, wie zur Methode der planmäßigen Abschreibung (§ 253 Rz 181ff.) oder der Ermittlung der Pensionsverpflichtungen (§ 253 Rz 70ff.),
- die Sachverhalte aufgrund geringer Objektivierbarkeit einer Einschätzung bedürfen, was Ermessensspielräume für den Bilanzierenden zur Folge hat, wie die Entscheidung über Vorliegen einer voraussichtlich dauernden Wertminderung (§ 253 Rz 221ff.), die Nutzungsdauer von abnutzbarem AV (§ 253 Rz 161ff.), den beizulegenden Wert (§ 255 Rz 209ff.), die Bildung einer Rückstellung (§ 249 HGB), den Zeitpunkt des Übergangs von der Forschungs- in die Entwicklungsphase (§ 255 Rz 180ff.) usw.,
- der Bilanzierende um die Abbildung der Sachverhalte weiß und diese daher im Vorfeld zielorientiert beeinflussen kann, wie der Abschluss eines Leasingvertrags mit einer bestimmten gewollten Abbildung im JA, die Dokumentation für die Bildung von Bewertungseinheiten usw.

Um die Auswirkungen der Wahlrechte zu mildern, waren und sind die meisten expliziten Ansatz- und Bewertungswahlrechte vom Gesetzgeber mit entsprechenden **Angabepflichten** im Anhang versehen, sodass es einer weiteren Angabe über § 264 Abs. 2 Satz 2 HGB i.d.R. nicht bedurfte bzw. weiterhin nicht bedarf. Bei den impliziten Wahlrechten sind die Angabepflichten häufig schon deutlich allgemeiner und ergeben sich eher aus § 284 Abs. 2 Nr. 1 HGB. Insbesondere in Richtung der letztgenannten sachverhaltsgestaltenden Ausprägungen sind sie aber weitgehend nicht mehr vorhanden. 62

Da die Generalnorm bislang lediglich eine Subsidiärfunktion im Verhältnis zu den konkreteren wahlrechtenthaltenden Einzelregelungen einnimmt, wird deren Nutzung auch lediglich über die GoB und die darin ausgestalteten Prinzipien der **Willkürfreiheit** und der **Stetigkeit** eingeschränkt.[58] Aus der Schaffung weiterer Wahlrechte mit dem BiRiLiG im Bereich der besonderen Vorschriften für 63

---

[58] Vgl. *Ballwieser*, in *Baetge/Kirsch/Thiele*, Bilanzrecht, § 264 HGB Rz 59, Stand 10/2013.

KapG, die mit dem BilMoG nun teilweise wieder gestrichen wurden, wird zudem die vom Gesetzgeber bisher gewollte Rolle der Generalnorm eben gerade nicht als overriding principle erneut deutlich.[59]

64 In dieser Interpretation ist auch der in Satz 2 formulierte Zusatz, dass falls besondere Umstände dazu führen, dass der JA ein den tatsächlichen Verhältnissen entsprechendes Bild i. S. d. Generalnorm nicht bietet, im Anhang zusätzliche Angaben zu machen sind, sinnvoll (zu Einzelheiten vgl. Rz 82 ff.).

### 3.2 Vermögens-, Finanz- und Ertragslage

#### 3.2.1 Vermögenslage

65 Das von den gesetzlichen Vertretern einer KapG im JA unter Beachtung der GoB zu vermittelnde Bild hat sich auf die tatsachengemäße Darstellung der VFE-Lage zu konzentrieren. Dies bedeutet eine Einschränkung der mit dem JA erreichten Abbildung, die vom LB daher zu ergänzen ist. So ist die Darstellung im JA primär vergangenheitsorientiert und relevante Informationen werden gar nicht oder aufgrund des Objektivierungsgebots sogar ökonomisch falsch erfasst. Als Beispiel für Letzteres seien Forschungsergebnisse, selbst erstellte Marken, Kundenbeziehungen oder Weiterbildungsausgaben genannt, die nach § 248 Abs. 2 HGB nicht aktivierungsfähig sind. Der Zukunftsaspekt findet seinen Niederschlag primär lediglich in der Annahme der going concern-Prämisse (§ 252 Abs. 1 Nr. 2 HGB) sowie – mit Einschränkungen – im JA durch das Imparitätsprinzip nur mit Blick auf negative Erwartungen, wie z. B. in Form von Rückstellungen oder Forderungsabwertungen.

66 Die **Vermögenslage** bezieht sich auf die Darstellung der VG und Schulden sowie des Reinvermögens (EK), welches aus dem Saldo der beiden Kategorien ermittelt wird. Die Informationen sind primär in der Bilanz auszuweisen; Wahlpflichtangaben sowie ergänzende Angaben finden sich aber auch im Anhang. Sowohl bez. des Ansatzes als auch der Bewertung wird die Darstellung der Vermögenslage jedoch von zahlreichen Einzelvorschriften und den GoB determiniert. So sind trotz des Gebots der Vollständigkeit einerseits bestimmte immaterielle VG des AV nicht anzusetzen (§ 248 Rz 42 ff.). Andererseits bestehen Wahlrechte für den Ansatz von VG, Schulden sowie Bilanzierungshilfen, wie etwa bez. des Disagios gem. § 250 Abs. 3 HGB oder bestimmter Pensionsverpflichtungen gem. Art. 28 Abs. 1 EGHGB, wobei zusätzlich die impliziten Wahlrechte („Wann wird eine Rückstellung angesetzt?") eine große Bedeutung haben.

67 Die **Bewertungsregeln** stellen sich im Vergleich zu einer theorieabgeleiteten ökonomischen Darstellung als Kompromiss verschiedener Ansätze dar. So ist die dynamische Bilanztheorie, die die Bilanz als Abgrenzungsrechnung zwischen Aus- und Einzahlungen und den Aufwendungen und Erträgen bzw. umgekehrt versteht, und daher eine Obergrenze für den Wertansatz bei den historischen AHK auf der Vermögensseite verlangt, in einigen Vorschriften umgesetzt. Daneben kommen auch der statischen Bilanztheorie folgend Abwertungen in Betracht, die zwar unter der Prämisse der Unternehmensfortführung nicht zwangsläufig zu den Zerschlagungswerten führen, da auch Überlegungen von Ertragswertbetrachtungen mit einfließen, aber dennoch einer periodengerechte-

---

[59] Vgl. *ADS*, 6. Aufl., § 264 HGB, Rz 49.

ren Gewinnermittlung aus dem Blickwinkel der meisten Abschlussadressaten dienen sollen (Ausschüttungsstatik). Für die Schulden ist als genereller Wertansatz der Erfüllungsbetrag vorgeschrieben, der größere Einschätzungsspielräume enthält. Die Darstellung wird zusätzlich insofern beeinträchtigt, als das Realisationsprinzip zu beachten ist, welches Wertaufholungen nur bis zu den (fortgeführten) historischen AHK zulässt.[60] Auch wenn viele explizite Bewertungswahlrechte aus dem Gesetzbuch gestrichen wurden, bleiben einige Wahlrechte bestehen, wobei insb. die impliziten Wahlrechte („Wann wird abgewertet?") eine große Bedeutung haben, da diese auch nicht mit ergänzenden Anhangangaben informationell ausgeglichen werden.

Aus Sicht der **Abschlussadressaten** sind die Analyse von Art und Zusammensetzung des Vermögens sowie die Dauer der Vermögensbindung und die dahinter liegenden Geschehnisse im Bereich von Vermögenslogistik und Investitionstätigkeit im Rahmen der Interpretation der im JA gebotenen Vermögenslage relevant. Die Vermögensstruktur ist unter dem Gesichtspunkt der Bindungsdauer ein Indiz für die eingegangenen finanziellen Bindungsrisiken, für die Liquidierbarkeit der Positionen und für die Anpassungsflexibilität bei sich verändernden Gegebenheiten im Umfeld. Die Vermögensausstattung ist für die betriebliche Leistungsfähigkeit und Rentabilität, aber auch für die finanzielle Stabilität und Flexibilität des Unt von Bedeutung.[61] Im Zentrum stehen daher Betrachtungen bzgl. der Liquiditätsnähe und Bindungsdauer des Vermögens bei normalem Geschäftsgang, der Liquidierbarkeit und des Wertverlusts bei möglichen Anpassungsmaßnahmen, der Nutzungsintensität und des Finanzmittelbedarfs des Vermögens sowie der Gewinn- und Cashflowkraft der Vermögensteile.[62]

### 3.2.2 Finanzlage

Die **Finanzlage** ist sehr eng mit der Vermögenslage verbunden und kann isoliert häufig nicht sinnvoll interpretiert werden. Im Fokus steht die Finanzstruktur des Unt, die sich einerseits aus der Passivseite der Bilanz und den dort dargestellten Kapitalquellen des Unt ergibt. Andererseits bedarf es zur Einschätzung der Finanzlage aber auch Informationen über Finanzflüsse, die in einer KFR geboten werden. Auch wenn diese für den KA und nur in ganz seltenen Fällen auch für den EA explizit vom HGB gefordert werden (Rz 29) und auch nach internationalen Rechnungslegungsnormen zu einem vollständigen Abschluss gehören, ist es nach hM ausreichend, die geforderte Darstellung der Finanzlage lediglich mit den explizit vorgeschriebenen Bestandteilen Bilanz, GuV und Anhang zu erfüllen. Aus den in diesen Bestandteilen enthaltenen Einzelinformationen müssen sich dann die Abschlussadressaten eine KFR ableiten (Rz 30 f.). Der Bedarf an einer Darstellung der Finanzlage in Form von Cashflow-Ermittlungen oder KFR wird gleichwohl in der Theorie gesehen[63] und in der Praxis auch vielfach auf freiwilliger Basis gedeckt.

Die **Analyse der Finanzlage** soll Erkenntnisse über die Fähigkeit eines Unt zur finanzwirtschaftlichen Aufgabenerfüllung liefern. Dabei geht es vor allem um die

---

60 Zu den Beeinträchtigungen s. a. *ADS*, 6. Aufl., § 264 HGB, Rz 67–69.
61 Vgl. *Müller*, in *Federmann/Kußmaul/Müller*, HdB, Beitrag Bilanzanalyse, Rz 143 ff, Stand 9/2012.
62 Vgl. *Lachnit*, Bilanzanalyse, 2004, S. 268.
63 Vgl. z. B. *ADS*, 6. Aufl., § 264 HGB, Rz 75.

Sicherung der jederzeitigen Zahlungsfähigkeit, aber auch um die Unterstützung der betrieblichen Güterwirtschaft durch Optimierung der finanziellen Rahmenbedingungen sowie um die Aufwands- und Ertragswirkungen finanzieller Entscheidungen. Die Finanzanalyse beschäftigt sich zum einen mit der Analyse der Finanzstruktur als beständebezogene Finanzanalyse und zum anderen mit der Analyse des Finanzgeschehens als bewegungsbezogene Analyse.[64]

71 Während die **beständebezogene Finanzanalyse** primär auf das Stichtagsbild von Vermögen und Kapital, d. h. auf Vermögensstruktur, Kapitalstruktur und Deckungsrelationen von Vermögen und Kapital, abstellt und versucht, Finanzstrukturen als Indiz für finanzpolitische Ausgewogenheit zu erkennen und künftige Zahlungsströme aus Beständen abzuleiten, soll die bewegungsbezogene Finanzanalyse untersuchen, welche Finanzmittel durch die Unternehmenstätigkeit erwirtschaftet und wie diese verwendet worden sind.

72 Die stromgrößenorientierte Analyse zielt des Weiteren auf eine Prognose künftiger Zahlungsströme ab, indem diese aus Zahlungsströmen der Vergangenheit abgeleitet werden. Im Mittelpunkt der **bewegungsbezogenen Finanzanalyse** steht eine umfassende Cashflow-Analyse, welche, soweit keine freiwillige Angabe vorliegt, Cashflow-Ermittlung, Cashflow-Kennzahlen, Cashflow-Verwendung und **KFR** (Cashflow-Statement) umfasst.[65]

73 Besonders zur Einschätzung von **zukünftigen Entwicklungen** ist es nachteilig, dass das HGB für sonstige finanzielle Verpflichtungen lediglich eine Pflichtabgabe im Anhang verlangt und auf die symmetrische Darstellung der sonstigen finanziellen Einzahlungen verzichtet. Auch darf die Asymmetrie von Ansatz und Bewertung zwischen Vermögen und Schulden nicht außer Acht gelassen werden. So werden aus dem Imparitätsprinzip folgend an den Ansatz und die Bewertung von VG deutlich höhere Anforderungen gestellt als an Ansatz und Bewertung von Schulden. Erstere sind erst anzusetzen, wenn sie quasi sichere Ansprüche verkörpern, und sind bei der Bewertung auf einen Abwertungsbedarf hin zu untersuchen, Letztere dürfen einen weit höheren Grad an Unsicherheit aufweisen und unterliegen eher dem Höchstwerttest.[66]

### 3.2.3 Ertragslage

74 Trotz der begrifflichen Verkürzung auf den Ertrag statt auf den Erfolg können unter der **Ertragslage** die Gesamtheit der die Ertragskraft bestimmenden Parameter und ihrer Auswirkungen auf Erfolgsindikatoren verstanden werden.[67] Die Ertragskraft ist die Fähigkeit des Unt, gegenwärtig und in Zukunft Gewinne zu erwirtschaften. Im JA ist die GuV, ergänzt um entsprechende Informationen im Anhang, das Instrument zur Darstellung der Ertragslage der Unternehmung. Die Berichterstattung umfasst die Ermittlung des Periodenerfolgs und die Beschreibung zentraler erfolgsbestimmender Komponenten und Faktoren, wobei mit dem GKV und dem UKV in § 275 Abs. 2 und 3 HGB 2 unterschiedliche Darstellungsweisen für die GuV geboten werden (§ 275 Rz 1 ff.).

---

64 Vgl. *Müller*, in *Federmann/Kußmaul/Müller*, HdB, Beitrag Bilanzanalyse, Rz 138 ff., Stand 9/2012.
65 Vgl. *Lachnit*, Bilanzanalyse, 2004, S. 5.
66 Vgl. *Ballwieser*, in *Baetge/Kirsch/Thiele*, Bilanzrecht, § 264 HGB Rz 41, Stand 10/2013.
67 *Baetge/Commandeur*, in *Küting/Pfitzer/Weber*, HdR, HGB § 264 Rn 16 daher mit dem Vorschlag, den Begriff „Ertragslage" durch den Begriff „Erfolgslage" zu ersetzen.

Aus Sicht der **Abschlussadressaten** stellen sich bei Analyse der Ertragslage von Unt 75
auf dieser Basis aber grundlegende Probleme. Zum einen soll die Fähigkeit der Unt,
zukünftig Gewinne zu erzielen, vermittelt werden.[68] Die veröffentlichte GuV und
die entsprechenden Anhanginformationen liefern aber lediglich eine auf eine vergangene Periode gerichtete Darstellung, daher verbleibt bei der externen Erfolgsanalyse nur die Möglichkeit, von den vergangenen auf die zukünftigen Ergebnisse
zu schließen, wofür prospektive Erfolgsanalysen, approximative Hochrechnungen
oder Prognosen erforderlich sind. Eine umfassende retrospektive Erfolgsanalyse
legt jedoch mit differenzierten Erkenntnissen zu Erfolgshöhe, -zusammensetzung,
-ursachen und -interpretation wesentliche Grundlagen für die prospektive Einschätzung der Erfolgsentwicklung von Unt, wobei auch die Informationen des LB
in die Analyse einbezogen werden können. Zum anderen kann das in der GuV
ausgewiesene Jahresergebnis nicht als betriebswirtschaftlich zutreffender Indikator
für den Erfolg einer vergangenen Periode selbst angesehen werden. Die Größe
entspricht wegen bilanzpolitischer Eingriffe sowie der zwangsläufig aus den GoB
und den Einzelnormen zu Ansatz und Bewertung resultierenden stillen Reserven
und Lasten manchmal nicht einmal annähernd dem betriebswirtschaftlich als
tatsachengemäß einzuschätzenden Jahresergebnis.

Für eine ausgewogene **Analyse der Ertragslage** von Unt ist demnach eine 76
umfassende retrospektive und prospektive Erfolgsbetrachtung erforderlich, in
deren Rahmen detaillierte Analysen im Hinblick auf Höhe und Zusammensetzung des Erfolgs sowie dessen Entstehung nach Ergebnisquellen und -komponenten notwendig sind. Weitere Aussagen über die Ertragslage von Unt liefern
Rentabilitätsanalysen, wertorientierte Performanceanalysen, Cashflow- und
Wertschöpfungsanalysen sowie KM-orientierte Aktienkennzahlen.[69]

### 3.2.4 Integration der Teillagen zum Gesamtbild der Vermögens-, Finanz- und Ertragslage

Alle drei Teillagen sind eng miteinander verknüpft und keine Lage genießt Vor- 77
rang vor den anderen.[70] Gleichwohl werden die Adressaten des JA für ihre Zwecke
i.d.R. eine konkrete Reihenfolge für die sie interessierenden Lageinformationen
haben. Den gesetzlichen Vertretern obliegt es daher, einen **Kompromiss** zwischen
den verschiedenen Interessenten zu finden, wobei durch die vorgeschriebenen
Pflichtangaben bereits als Ausgangsbasis ein vom Gesetzgeber als Mindestmaß
definierter Kompromiss existiert. Letztlich ergibt sich jedoch auch erst aus der
Gesamtbetrachtung der Teillagen ein mögliches Gesamtbild der wirtschaftlichen
Lage des Unt. Aufgrund der doppelten Buchhaltung ist die GuV als Unterkonto
des EK direkt in die Bilanz eingebunden. Ebenso entspricht die Veränderung der
liquiden Mittel der Bilanz im Vergleich zum Vorjahr i.d.R. genau den in der KFR
dargestellten Finanzflüssen. Geringfügige Abweichungen sind jedoch denkbar,
die sich primär aus der wirtschaftlichen Betrachtungsweise ergeben.[71]

---

[68] Vgl. *Müller*, in Federmann/Kußmaul/Müller, HdB, Beitrag Bilanzanalyse, Rz 56 ff, Stand 9/2012.
[69] Vgl. *Lachnit*, Bilanzanalyse, 2004, S. 164.
[70] Vgl. *Baetge/Commandeur*, in HdR, HGB § 264, Rn 14.
[71] Vgl. *Müller*, in FS *Lachnit*, 2008, S. 290.

> **Beispiel**
> Änderungen könnten resultieren aus
> - der Umrechnung von liquiden Mitteln in Fremdwährungen;
> - Termingeldern, die in der Bilanz als liquide Mittel ausgewiesen werden, in der KFR mangels sofortiger Verfügbarkeit nicht im Finanzmittelbestand erfasst werden;
> - verpfändeten Bankguthaben (z.B. zur Insolvenzsicherung von Altersteilzeitverpflichtungen);
> - der Einbeziehung kurzfristiger Verbindlichkeiten gegenüber Kreditinstituten (analog DRS 2) in den Finanzmittelbestand, sodass sich teilweise sogar negative Finanzmittelbestände in den KFR finden, was aber bei externer Berechnung unerheblich ist;
> - sog. cash pool-Verrechnungskonten, bei denen die in der Bilanz ausgewiesenen liquiden Mittel = 0 sind. Das wirtschaftliche Äquivalent liegt in dem cash pool-Verrechnungskonto, das in den Forderungen gegen verbundene Unternehmen in der Bilanz ausgewiesen wird, während es in der KFR – wirtschaftlicher Betrachtungsweise folgend – als Bestandteil des Finanzmittelbestands ausgewiesen wird.

Aus dem Blickwinkel der Ein- und Auszahlungen sowie der Erträge und Aufwendungen ist die Bilanz lediglich für die Abgrenzung der Zahlungen, die noch nicht Ertrag oder Aufwand geworden sind bzw. umgekehrt, notwendig.

78 Die Vernetzungen zwischen Erfolgs-, Bilanz- und KFR sind im Überblick aus folgender Abbildung ersichtlich:[72]

**Abb. 1:** Vernetzung von Erfolgsrechnung, Bilanz und KFR

---

[72] Entn. aus *Lachnit/Müller*, Unternehmenscontrolling, 2. Aufl., 2012, S. 203.

Es wird deutlich, dass letztlich die Ertragslage ein Vorlaufindikator für die Finanz- oder Vermögenslage sein kann. Ebenso kann umgekehrt von einer guten Vermögenslage auch auf eine ggf. zeitlich verschobene gute Ertragslage geschlossen werden.

### 3.3 Grundsätze ordnungsmäßiger Buchführung

Das vom JA zu vermittelnde, den tatsächlichen Verhältnissen entsprechende Bild der VFE-Lage muss unter Beachtung der **GoB** erfolgen. Bereits § 243 Abs. 1 HGB fordert, dass der JA nach den GoB aufzustellen ist (§ 243 Rz 3 ff.); § 238 Abs. 1 HGB verlangt, dass diese für die Buchführung zu beachten sind (§ 238 Rz 34). Die in den Paragrafen des Handels- und Steuerrechts kodifizierten Regelungen können, weil sie prinzipienorientiert formuliert sind, die konkrete Handhabung der Rechnungslegung einzelner Sachverhalte in Unt nur in Grundzügen bestimmen.[73] In der wirtschaftlichen Praxis existiert eine solche Fülle an differenzierten Problemen, dass der Gesetzgeber dieses Spektrum an Einzelproblemlagen gar nicht vollständig regeln kann und zur Erhaltung der notwendigen Anpassungsflexibilität an veränderte wirtschaftliche Lagen auch nicht vollständig regeln sollte. Die GoB umfassen daher kodifizierte Regelungen mit unbestimmten Rechtsbegriffen sowie rechtsnormergänzende Konkretisierungen zur Handhabung der verschiedenen praktisch auftretenden Rechnungslegungsprobleme. Es sind allgemein anerkannte Regeln über das Führen der Handelsbücher und das Erstellen des JA des Unt. Die GoB stellen zwingende Rechtssätze dar, die, da sie nicht komplett gesetzlich kodifiziert sind, das Gesetz ergänzen und immer dort greifen, wo Gesetzeslücken auftreten bzw. spezifische Gesetzesvorschriften einer Auslegung bedürfen. Durch die gesetzliche Verweisung wird die den GoB zugrunde liegende Ordnungsvorstellung zum unmittelbaren **Normbefehl**.[74]

Für KapG und PersG ohne natürlichen Vollhafter wird in § 264 Abs. 2 HGB explizit formuliert, dass der JA **unter Beachtung der GoB** ein den tatsächlichen Verhältnissen entsprechendes Bild der VFE-Lage zu vermitteln hat. Damit kommt der tatsachengemäßen Darstellung (true and fair view) des Unt im JA keine übergeordnete Funktion zu (Rz 52). Vielmehr fungieren die GoB als übergeordneter Grundsatz unabhängig von der Frage, ob damit ein den tatsächlichen Verhältnissen entsprechendes Bild entsteht.

Im Hinblick auf die Jahresabschlusserstellung können die GoB in Rahmen-, System-, Ansatz-, Definitions- und Kapitalerhaltungsgrundsätze untergliedert werden.[75] Die **Rahmengrundsätze** legen die grundlegenden Anforderungen an eine aussagekräftige Abbildung des wirtschaftlichen Geschehens von Unt fest. Dazu zählen die Grundsätze der Wahrheit, der Klarheit und Übersichtlichkeit, der Vollständigkeit, der Vergleichbarkeit, der Wirtschaftlichkeit sowie das Bilanzstichtags- und Periodisierungsprinzip. Bei den **Systemgrundsätzen** handelt es sich um generelle Regeln für die anderen GoB. Diese können als Klammer

---

[73] Vgl. *Schmidt*, in *Federmann/Kußmaul/Müller*, HdB, Grundsätze ordnungsmäßiger Buchführung, Rz 7, Stand 8/2010.
[74] Vgl. *Baetge/Apelt*, HdJ, Abt. I/2, Rn 2.
[75] Vgl. *Ballwieser*, in *Baetge/Kirsch/Thiele* (Hrsg.): Bilanzrecht, § 264, Rz 51–118, Stand 10/2013; *Leffson*, Die Grundsätze ordnungsmäßiger Buchführung, 7. Aufl., 1987; *Moxter*, Grundsätze ordnungsmäßiger Buchführung, 2003.

zwischen den Jahresabschlusszwecken und den anderen GoB gesehen werden. Dazu zählen das Prinzip der Unternehmensfortführung, der Grundsatz der Pagatorik und der Grundsatz der Einzelbewertung.
Die **Definitionsgrundsätze für den Jahreserfolg** legen fest, wann die Ein- und Auszahlungen erfolgswirksam in der GuV oder erfolgsneutral in der Bilanz zu erfassen sind. Es wird zwischen zwei Ausprägungen (Realisationsprinzip sowie Grundsatz der Abgrenzung der Sache und der Zeit nach) unterschieden. Der **Grundsatz der Kapitalerhaltung** hängt mit dem Rechnungslegungszweck der Gewinnermittlung/Zahlungsbemessungsfunktion zusammen. Zu den Kapitalerhaltungsgrundsätzen zählen das Imparitäts- und das Vorsichtsprinzip (§ 252 Rz 79 ff.). Insgesamt sind die GoB deutlich dynamischer als der prinzipienorientierte Gesetzestext. So beeinflusst die Rechtsprechung das theoretische Bilanz(rechts)verständnis und kann zu relativ kurzfristigen Änderungen der GoB führen. Ebenso werden steuerliche Änderungen, wie jüngst die Poolabschreibung, Verlautbarungen des IDW, Diskussionen des DRSC oder des IASB zum Teil schnell als GoB übernommen.

### 3.4 Angabepflichten bei Nichtvermittlung des tatsächlichen Bilds

82 In der schärfsten Befehlsform des Gesetzes fordert der Gesetzgeber in Abs. 2 Satz 2 zusätzliche Angaben im Anhang, wenn besondere Umstände dazu führen, dass der JA ein den tatsächlichen Verhältnissen entsprechendes Bild der VFE-Lage nicht zu vermitteln mag. Diese „Brücke zum true and fair view" wird, wie schon bei der Einordnung der Generalnorm hinter den Einzelvorschriften deutlich wird, in der deutschen Praxis bislang kaum genutzt. Grund dafür ist, dass, entgegen der bereits in Art. 2 Abs. 5 Satz 1 der 4. EG-RL und nun in Art. 4 Abs. 3 und 4 der EU-RL 2013/34 explizierten Regelung, der deutsche Gesetzgeber im Konfliktfall dem getreuen Bild eben keinen Vorrang vor den Einzelvorschriften eingeräumt hat (Rz 51). Daher wird diese **Korrekturvorschrift** bislang auch nur sehr eng in der Weise interpretiert, dass Angaben nur notwendig sind, wenn „der JA trotz Anwendung der gesetzlichen Vorschriften ohne zusätzliche Angaben im Anhang nicht diejenige Aussagekraft erreichen würde, die „ein ordentlicher Kaufmann" von einem gesetzmäßigen JA eines durchschnittlichen Unternehmens, für das die gleichen Rechnungslegungsvorschriften gelten, erwartet."[76] Zu dieser engen Auslegung hat auch die Einschränkung im Gesetzestext auf „besondere Umstände" und nicht zuletzt die insgesamt mangelnde Informationsbereitschaft deutscher Unt geführt, was etwa an den extrem geringen Veröffentlichungsquoten vor Inkrafttreten des EHUG zu belegen ist.[77] Letztlich stellt diese enge Auslegung auch den Sinn der Vorschrift selbst infrage bestehen doch bereits in zahlreichen Einzelvorschriften Angabeverpflichtungen. Zudem fordert § 264 Abs. 2 Satz 1 HGB gerade die tatsachengemäße Darstellung, sodass Satz 2 letztlich bei enger Auslegung eine Tautologie darstellt. So ist auch etwa eine

---

[76] *Winkeljohann/Schellhorn*, in Beck Bil-Komm. 9. Aufl., § 264 HGB, Rz 48.
[77] Diese lag 2005 nach Schätzungen von *Liebscher/Scharf*, NJW 2006, S. 3750, bei nur 5 % der nach § 325 HGB zur Offenlegung verpflichteten Unt.

unzulässige Abweichung von Rechnungslegungsvorschriften nicht mit Abs. 2 Satz 2 zu heilen.[78] Diese Vorschrift hat somit Subsidiärfunktion.

> **Beispiel**
> Nach dem Bilanzstichtag (auf den für die Bewertung der Bilanzposten abzustellen ist) erfolgt eine Rückzahlung eines Kredits. Im JA wurde eine Rückstellung für das Ausfallrisiko gebildet. Dies stellt nach Ansicht des EUGH keine Tatsache dar, die eine rückwirkende Neubewertung einer Rückstellung erfordert, die sich auf diesen Kredit bezieht und auf der Passivseite der Bilanz ausgewiesen ist. Die Beachtung des Grundsatzes des den tatsächlichen Verhältnissen entsprechenden Bilds verlangt jedoch, dass im JA der Wegfall des mit dieser Rückstellung erfassten Risikos erwähnt wird.[79]

Als weitere Beispiele für **zusätzliche Anhangangabenotwendigkeiten** werden in der Literatur nach dem Hinweis auf die enge Auslegung erstaunlich viele praxisrelevante Sachverhalte benannt. Konkret finden sich etwa folgende berichtenswerte Sachverhalte:[80]

**83**

> **Beispiel**
> - ungewöhnliche abschlusspolitische Maßnahmen, wie Sale-and-lease-back-Geschäfte;
> - aperiodische Gewinnrealisierungen aus dem Abverkauf von VG oder der Abrechnung langfristiger Fertigungsprojekte;[81]
> - Auswirkungen aus der Bildung oder Auflösung stiller Reserven und damit eine verzerrte Darstellung von Entwicklungstendenzen;[82]
> - wesentliche Beeinflussungen des Gewerbesteueraufwands durch Ergänzungs- und Sonderbilanzen bei PersG gem. § 264a HGB;
> - bestehende wesentliche Chancen bei einer Berichterstattung über nicht bilanzierungsfähige Risiken gem. § 285 Satz 1 Nr. 3 HGB.

Dagegen stellen nach hM keine Angabenotwendigkeiten dar:[83]

**84**

> **Beispiel**
> - Umstände, die zukünftige Gj beeinflussen werden, wie die Insolvenz wichtiger Kunden oder das Auslaufen von Lizenzen; diese sind in den LB aufzunehmen; und
> - stille Wahlrechts- oder Zwangsreserven, die sich aus den Prämissen der Abbildung nach HGB ergeben. Dabei werden unter Wahlrechtsreserven diejenigen verstanden, die das Ergebnis eines Wahlrechts sind, wie etwa aktive latente Steuern nach § 274 HGB. Zwangsreserven resultieren aus dem Unterschied einer vom HGB geforderten Bilanzierung zu einer vom

---

[78] Vgl. *Reiner*, in MünchKomm. HGB, 3. Aufl., § 264 Rn 84.
[79] Vgl. EuGH, Urteil v. 7.1.2003, C-306/99 (BIAO).
[80] Vgl. *Winkeljohann/Schellhorn*, in Beck Bil-Komm. 9. Aufl., § 264 HGB, Rz 50.
[81] Vgl. WP-Handbuch, Bd. I, 14. Aufl., Abschn. F, Rz 1059.
[82] Vgl. *ADS*, 6. Aufl., § 264 HGB, Rz 99, 121.
[83] Vgl. *Winkeljohann/Schellhorn*, in Beck Bil-Komm. 9. Aufl., § 264 HGB, Rz 50.

> Interessenten als zutreffender eingeschätzten Wertgröße, etwa bei Grundstücken, die einen deutlich höheren Marktzeitwert haben als der aus den AK resultierende Buchwert.

**85** Angesichts der vom Gesetzgeber tendenziell vorgenommenen Stärkung der **Informationsfunktion** des handelsrechtlichen Abschlusses ist daher eine deutlich weitere Auslegung für die Korrekturregelungen als bislang in der Praxis angewandt zu fordern, die sich letztlich auch aus den aufgeführten Beispielen ergibt. Auch vor dem Hintergrund, dass etwa bei Kreditvergabeverfahren für die Ratingerstellung häufig deutlich mehr Informationen (insb. über stille Wahlrechts- oder Zwangsreserven) von den Unt bereitgestellt werden, in denen nicht selten Erklärungen enthalten sind, warum das im JA gegebene und auch testierte Bild der VFE-Lage eben nicht als tatsächlich angesehen wird, ist es nicht schlüssig, diese Vorschrift dermaßen eng zu interpretieren. Dabei ist jedoch zu berücksichtigen, dass die Abweichung zwischen der im JA dargestellten und der für tatsachengemäß gehaltenen wirtschaftlichen Lage erheblich sein muss; unwesentliche Abweichungen sind für den Jahresabschlussadressaten irrelevant.

**86** Werden Angaben für nötig gehalten, so reicht ein einfacher Hinweis, dass der JA das angestrebte Bild nicht vermittelt, nicht aus. Vielmehr sind alle Angaben notwendig, damit der JA in Kenntnis dieser Informationen ein den tatsächlichen Verhältnissen i.S.d. Generalnorm entsprechendes Bild der VFE-Lage vermittelt.[84] Im Normalfall haben die Angaben im Anhang zu erfolgen. KleinstKapG haben diese jedoch aufgrund der Befreiungsmöglichkeit vom Anhang nach § 264 Abs. 2 Satz 4 HGB unter der Bilanz anzugeben.

### 3.5 Vermutung der Darstellung des tatsächlichen Bilds bei Kleinstkapitalgesellschaften

**87** In § 264 Abs. 2 Satz 5 HGB wird für den nach den Vorschriften für KleinstKapG aufgestellten JA die Vermittlung eines den tatsächlichen Verhältnissen entsprechenden Bilds der VFE-Lage vermutet. Letztlich wird damit eine Beweislasterleichterung[85] ins Gesetz eingeführt, die für KleinstKapG zunächst immer für eine Erfüllung der Generalnorm des § 264 Abs. 2 HGB auch bei Inanspruchnahme der Erleichterungen sorgt. Zu den Erleichterungen bei Aufstellung des JA gehören
- Verzicht auf den Anhang (bei gewissen Mindestangaben unter der Bilanz),
- verkürztes Bilanzgliederungsschema,
- verkürztes GuV-Gliederungsschema.

Analog zu anderen KapG besteht daher eine Angabepflicht bei Nichterreichung der tatsachengemäßen Abbildung der VFE-Lage nur in besonderen Fällen. Mit dieser Regelung reduziert der Gesetzgeber den Umfang und die Ausgestaltung des JA für die KleinstKapG auf das absolute Minimum der für die Adressaten notwendigen Informationen. Ohne diese Regelung würden die Erleichterungen ansonsten ggf. durch die notwendige Angabepflicht aus Abs. 2 Satz 2 wieder

---

[84] Vgl. *Reiner*, in MünchKomm. HGB, 3. Aufl., § 264 Rn 87.
[85] Vgl. *Hommelhoff/Schwab*, BFuP 1998, S. 42.

konterkariert. Allerdings zeigt dies auch, wie wenig Relevanz der Gesetzgeber der Informationsfunktion des JA zumindest in dieser Größenklasse zubilligt. Da derzeit regelmäßig auch Holding-Ges. unter die Kategorie der KleinstKapG fallen dürften (mit dem BilRUG wird dies teilweise eingeschränkt § 267a Rz 19f.), ist dieser Vermutungstatbestand nicht unproblematisch. So können etwa mit dem verkürzten GuV-Schema alle Finanzerträge und –aufwendungen in sonstigen Erträgen und Aufwendungen zusammengefasst werden. Auch leidet die Selbstinformation der Unt durch die stark verkürzten Ausweise, so dass es auch der Insolvenzprophylaxe des handelsrechtlichen JA schadet. Dies erfordert daher ggf. intern weitere Rechnungsweseninstrumente, wobei auch für die steuerliche Gewinnermittlung in den Taxonomien der E-Bilanz konkretere Angaben erforderlich sind.

### 3.6 Bilanzeid

Mit dem in Abs. 2 Satz 3 geforderten sog. Bilanzeid haben die gesetzlichen Vertreter einer KapG bzw. eines MU, das Inlandsemittent gem. § 2 Abs. 7 WpHG und keine kleine KapG[86] i.S.d. § 327a HGB ist, bei Unterzeichnung eine Versicherung abzugeben, dass – nach bestem Wissen – der JA ein den tatsächlichen Verhältnissen entsprechendes Bild i.S.v. § 264 Abs. 2 Satz 1 HGB vermittelt oder für den Fall, dass dies nicht zutrifft, im Anhang entsprechende Angaben enthalten sind. Eine entsprechende Forderung findet sich für den LB, wo zu versichern ist, dass der Geschäftsverlauf einschließlich des Geschäftsergebnisses und die Lage der KapG so dargestellt sind, dass ein den tatsächlichen Verhältnissen entsprechendes Bild vermittelt wird und dass die wesentlichen Chancen und Risiken i.S.v. § 289 Abs. 1 Satz 4 HGB beschrieben sind (§ 289 Abs. 2 Satz 5 HGB). 88

Aus der Transparenzrichtlinie und auch der Formulierung in § 37v Abs. 2 Nr. 3 WpHG sowie auch aus Praktikabilitätsgründen wird eine **gemeinsame Erklärung** für JA und LB (Lageberichtseid § 289 Rz 66ff.) für zulässig erachtet. Die Versicherung bezieht sich nach hM auf den festgestellten JA.[87] 89

---

**Beispiel (Formulierung gem. DRS 20.K235)**
Bilanzeid aus dem Konzernabschluss der EWE AG für 2014:[88]
Versicherung der gesetzlichen Vertreter
Wir versichern nach bestem Wissen, dass gem. den anzuwendenen Rechnungslegungsgrundsätzen der Konzernabschluss ein den tatsächlichen Verhältnissen entsprechendes Bild der Vermögens-, Finanz- und Ertragslage des Konzerns vermittelt und im Konzernlagebericht der Geschäftsverlauf einschließlich des Geschäftsergebnisses und die Lage des Konzerns so dargestellt sind, dass ein den tatsächlichen Verhältnissen entsprechendes Bild vermittelt

---

[86] Im Text steht Kapitalanlagegesellschaften, was wohl ein Redaktionsversehen ist, wird doch in § 327a HGB von KM-orientierten KapG gesprochen. Gemeint sind KapG, die ausschließlich zum Handel an einem organisierten Markt zugelassene Schuldtitel i.S.d. § 2 Abs. 1 Satz 1 Nr. 3 WpHG mit einer Mindeststückelung von 50 TEUR oder dem am Ausgabetag entsprechenden Gegenwert einer anderen Währung begeben haben.
[87] Vgl. *Reiner*, in MünchKomm. HGB, 3. Aufl., § 264 Rn 104.
[88] *EWE AG* (Hrsg.), Geschäftsbericht 2014, S. 175.

> wird, sowie die wesentlichen Chancen und Risiken der voraussichtlichen Entwicklung des Konzerns beschrieben sind.
> Oldenburg, den 9. Februar 2015
> Der Vorstand
> (Unterschriften)

90 Die Ausgestaltung der Erklärung erfolgte in expliziter Anlehnung an Sec 302, **Sarbenes-Oxley Act** von 2002. In der EU-Richtlinie wird dieser Sachverhalt zwar geregelt, es gibt aber keine Verpflichtung für die Mitgliedsstaaten, strafrechtliche Sanktionen für eine Verletzung vorzusehen. Die Bundesregierung hat den Weg beschritten, den Verstoß in Form einer Nichtabgabe oder einer unrichtigen Abgabe analog zu den schon bestehenden Regelungen der unrichtigen Wiedergabe oder Verschleierung der Verhältnisse der KapG im (Konzern-)JA oder im (Konzern-)LB nach § 331 Nrn. 1 und 2 HGB zusätzlich als Nummer 3a in diesen Paragrafen einzufügen. Somit wurde auf eine Ausgestaltung als **eidesstattliche Versicherung**, z.B. § 807 ZPO, verzichtet, deren vorsätzliche und fahrlässige Verletzung über §§ 156 und 163 StGB unter Strafe steht. Zudem wurde die Regelung des Gesetzentwurfs im Rahmen der Beratung im Bundesrat noch mit einem Wissensvorbehalt versehen, sodass die strafrechtlichen Folgen hinter denen des amerikanischen Vorbilds zurückbleiben. Der subjektive Tatbestand des § 331 Nr. 3a HGB setzt ebenso wie die Regelungen unter Nrn. 1 und 2 lediglich bedingten Vorsatz voraus. Alle gesetzlichen Vertreter der KapG (Rz 41) haben sich daher nach besten Kräften und im Rahmen des Zumutbaren um einen optimalen Wissensstand zu bemühen.

91 Zudem bestehen gegen den Bilanzeid in der verabschiedeten Ausgestaltung weiterhin **rechtsdogmatische Bedenken**, da hinsichtlich des Rechtsguts, des Beginns der Strafbarkeit und des subjektiven Tatbestands große Unklarheiten auszumachen sind. Zivilrechtlich wird es weiterhin schwierig bleiben, den erforderlichen Nachweis über den Vorsatz bei unrichtigen JA zu erbringen.[89] Insgesamt ergibt sich weniger eine substanzielle Änderung für den gesetzlichen Vertreter einer den organisierten KM in Anspruch nehmenden KapG als vielmehr eine aus der Makroperspektive des Reformgesetzgebers vertrauensbildende Funktion der Neuregelung, die eine gewisse Signalfunktion für die Glaubwürdigkeit der Rechnungslegung haben kann.[90]
Die Abgabe der Versicherung bezieht sich aufgrund der strukturverwandten Regelung des § 245 HGB bez. der Unterzeichnung des JA wohl auf den festgestellten JA und ist wie die Unterzeichnung des JA gem. § 245 HGB eine höchstpersönliche Rechtshandlung (§ 245 Rz 15). Die geforderte Schriftlichkeit muss durch die eigenhändige Namensunterschrift belegt werden. Im Gegensatz zur Unterzeichnung nach § 245 HGB, die nach hM auch dann vorzunehmen ist, wenn ein Vorstandsmitglied mit dem Inhalt nicht einverstanden ist, muss es beim Bilanzeid durch die Rechtsfolge bei Nichtabgabe zu einer externen „Eidesverweigerung" kommen können. Der Bilanzeid ist nicht Teil des JA und LB und ist

---

[89] Vgl. *Fleischer*, ZIP 2007, S. 103.
[90] Vgl. *Müller*, in *Baetge/Kirsch/Thiele*, Bilanzrecht, Aktuelles, TUG, Rz 8.

auch nicht vom AP zu prüfen. Eine Positionierung innerhalb des JA muss somit ausscheiden.[91] Eine Unterzeichnung einzig des Bilanzeids ohne eine gesonderte Unterzeichnung des JA ist unzulässig, weshalb sowohl der JA (üblicherweise am Ende des Anhangs) als auch der Bilanzeid (im Anschluss an den Anhang) zu unterzeichnen sind.[92] Da sich der Bilanzeid auf den JA bezieht, empfiehlt sich eine Positionierung im direkten Anschluss an den JA.[93]

## 4 Erleichterungen für Tochter-Konzerngesellschaften (Abs. 3 und 4)

### 4.1 Grundsachverhalte

Die ergänzenden Vorschriften für KapG und KapCoGes brauchen von TU bis zum **Gj, das vor dem 1.1.2013 begann,** in der Rechtsform einer KapG eines nach § 290 HGB oder § 11 PublG zur Konzernrechnungslegung verpflichteten MU unter den Voraussetzungen, dass die Ges. in den veröffentlichten KA eines **MU mit Sitz im Inland** einbezogen ist, die Verluste von dieser Ges. übernommen werden und alle Gesellschafter der Erleichterung zugestimmt haben und dies auch veröffentlicht wurde, nicht beachtet zu werden. 92

Für **Gj, die nach dem 31.12.2012 beginnen,** hat der Gesetzgeber eine weitreichende Erleichterung vorgenommen, die jedoch im Hinblick auf die europäische Harmonisierung ohnehin überfällig war[94] und u. U. auch gerichtlich verlangt wird.[95] Konkret brauchen die ergänzenden Vorschriften für KapG und KapCoGes von TU in der Rechtsform einer KapG, die in einen KA eines **MU mit Sitz innerhalb eines Mitgliedstaats der EU oder eines anderen Vertragsstaats des Abkommens über den EWR** einbezogen ist, unter bestimmten Voraussetzungen nicht beachtet zu werden. Damit erfolgt eine Angleichung des Kreises der erleichterungsberechtigten TU an die Regelung des § 264b HGB für PersG, ohne dass dieser jedoch komplett deckungsgleich ist (§ 264b Rz 1 ff.). Mit dem BilRUG werden Abs. 3 und 4 erneut für Gj, die nach dem 31.12.2015 beginnen, neu gefasst (Rz. 122 ff.). 93

Der Inhalt der Befreiung ist unverändert geblieben und wird es auch bleiben. Es entfällt etwa die **Pflicht zur Aufstellung eines Anhangs** und zur Beachtung der ergänzenden Vorschriften der §§ 264–288 HGB, eines LB (§ 289 HGB) sowie die Pflicht zur Prüfung (§§ 316–324 HGB) und Offenlegung (§§ 325–329 HGB). Es bleibt aber bei der Aufstellungspflicht des JA gem. § 242 HGB wie für alle Kfl. sowie auch ggf. bei einer separaten Konzernrechnungslegungspflicht gem. § 290 HGB für den Fall, dass das TU gleichzeitig selber MU ist.[96] 94

In Abs. 4, der durch das KapCoRiLiG eingefügt wurde, wird diese Erleichterung unter bestimmten Voraussetzungen auch auf TU ausgeweitet, die in einen 95

---

91 A. A. *Reiner*, in MünchKomm. HGB, 3. Aufl., § 264 Rn 105.
92 So etwa Volkswagen AG Geschäftsbericht 2013, S. 44 und 45. A. A. *Winkeljohann/Schellhorn*, in Beck Bil-Komm. 9. Aufl., § 264 HGB, Rz 78.
93 Wenngleich aus anderer Intention heraus im Ergebnis ebenso *Winkeljohann/Schellhorn*, in Beck Bil-Komm. 9. Aufl., § 264 HGB, Rz 78.
94 So bereits länger die Forderung von *Ballwieser*, in *Baetge/Kirsch/Thiele*, Bilanzrecht, § 264 HGB Rz 123, Stand 10/2013, *Luttermann*, in MünchKomm AktG, § 264 HGB, Anm. 175.
95 Es liegt eine Verfassungsbeschwerde beim BVerfG vor (1 BvR 121/11).
96 Zu den dann ggf. greifenden Befreiungsmöglichkeiten vgl. §§ 291, 292 HGB.

KA einbezogen sind, zu dem das MU gem. § 11 PublG verpflichtet ist. Dazu muss im KA § 314 Abs. 1 Nr. 6 HGB bez. der Angaben zu den Organbezügen trotz des Wahlrechts nach § 13 Abs. 3 Satz 1 PublG beachtet worden sein. Da jedoch nun in Abs. 3 allgemein von „in den Konzernabschluss... einbezogen" gesprochen wird, dürfte diese explizite Ausweitung auf TU von MU gem. § 11 PublG ins Leere laufen, es sei denn, Abs. 4 wäre als Spezialnorm zu Abs. 3 zu verstehen, dem hier nicht gefolgt wird.[97] Folgerichtig wird dies mit dem BilRUG nun auch als eine Norm formuliert (Rz 122).

96 Die nur für KapG geltende Regelung wird auf bestimmte **PersG gem. § 264a HGB** durch die in § 264b HGB übernommene und etwas weiter gefasste Formulierung ausgeweitet (§ 264b Rz 1). Die geringfügig weitere Formulierung führt in der Praxis jedoch zu einem gewaltigen Unterschied, da § 264b HGB keinen Ergebnisabführungsvertrag erfordert. Im Ergebnis kommen TU in der Rechtsform der PersG faktisch immer in die Befreiungsregelung, während bei KapG mangels Abschlusses eines Ergebnisabführungsvertrags sehr oft die Regelung nicht angewendet werden kann.

97 Einen eingeschränkten **Anwenderkreis** erhält die Befreiung des Abs. 3 und 4 seit dem TUG. Unt, die als Inlandsemittent Wertpapiere begeben, müssen nach § 37v WpHG einen Jahresfinanzbericht erstellen, der zu prüfen und offenzulegen ist. Eine Erleichterung kommt für diese Unt daher generell nicht in Betracht.

98 Aufgrund branchenbezogener Spezialregelungen existieren **Einschränkungen** bzgl. der Inanspruchnahme der Erleichterungen:
- Kreditinstitute und Versicherungsunt dürfen aus aufsichtsrechtlichen Gründen lediglich auf die Offenlegung des JA verzichten (§ 340a Abs. 2 Satz 4 HGB sowie § 341a Abs. 2 Satz 4 HGB).
- Energieversorgungsunternehmen sind unabhängig von ihrer Rechtsform zur Erstellung eines JA unter Beachtung der ergänzenden Vorschriften gem. § 10 Abs. 1 EnWG[98] verpflichtet, sodass die Erleichterungen nicht in Betracht kommen.
- KapG, deren Gesellschafter eine Gebietskörperschaft ist, dürfen gem. § 65 Abs. 1 Nr. 4 BHO sowie analoger Vorschriften in LHO ebenfalls höchstens auf eine Offenlegung verzichten.
- Genossenschaften dürfen die Erleichterungen gar nicht nutzen, da § 366 Abs. 2 HGB keinen diesbezüglichen Verweis enthält.

99 Darüber hinaus ist die **Inanspruchnahme der Erleichterungen** ggf. im Vorfeld gesellschaftsrechtlicher Veränderungen oder ähnlicher Maßnahmen beschränkt:[99]
- Kapitalerhöhungen aus Gesellschaftermitteln bedürfen der vorliegenden und geprüften Jahresbilanz (§§ 57c–57o GmbHG bzw. §§ 207–210 AktG), wobei allerdings nicht die erweiterten Rechnungslegungspflichten der §§ 264–289 HGB zur Anwendung kommen müssen.
- Umwandlungsvorgänge bedürfen dagegen im Allgemeinen JA als Schlussbilanzen, bei denen lediglich auf die Offenlegung verzichtet wurde. Konkret

---

[97] Vgl. *Oser*, DB 2012, S. 2647f., der hier den Gesetzgeber noch zur Klarstellung aufgefordert hat.
[98] Gesetz über die Elektrizitäts- und Gasversorgung (Energiewirtschaftsgesetz – EnWG) v. 7.7.2005, BGBl 2005 I S. 1970.
[99] Vgl. *Förschle/Deubert*, in Beck Bil-Komm. 9. Aufl., § 264 HGB, Rz 108.

verweist § 17 Abs. 2 Satz 2 UmwG auf die ergänzenden Vorschriften sowie die Prüfung.[100]

Die **Wirkung der Erleichterung** ist auch durch die Tatsache begrenzt, dass der JA in den KA einzubeziehen ist. Dies bedeutet, dass die ergänzten Ansatz-, Bewertungs- und Ausweisregelungen doch von den TU zu beachten sind, da der KA eine grundsätzliche Einheitlichkeit von Ansatz (z. B. § 300 Rz 10 ff.), Bewertung und Ausweis (z. B. § 308 Rz 1 ff.) voraussetzt. Da das Recht des MU als große KapG für die Konzernrechnungslegung maßgeblich ist, sind die §§ 264–289 HGB oder vergleichbare nationale Vorschriften des europäischen MU zu beachten. Vorteile ergeben sich jedoch ab dem Gj 2013 für TU, die in einen ausländischen KA einbezogen werden, da diese nun die erweiterten HGB-Regelungen nicht mehr direkt, sondern in der jeweils nationalen Umsetzung der 4. EU-RL bzw. der IFRS des MU benötigen.

Auch die Befreiung von der **Prüfungspflicht** ist insoweit zu relativieren, da gem. § 317 Abs. 3 HGB eine gesonderte Prüfungspflicht für ungeprüfte Abschlüsse für den KAP besteht. Somit entfällt im Ergebnis nicht die Prüfung des JA, sondern lediglich die Wahl des AP und die Erstellung eines Prüfungsberichts auf Tochterabschlussebene.

In der Praxis hat die Vorschrift somit nicht vollumfänglich, sondern primär isoliert auf den Bereich der Offenlegung Relevanz. D. h., die Konzern-TU stellen einen vollumfänglichen JA und LB als HB II auf, der auch vom AP geprüft wird. Lediglich für die Offenlegung wird dann von dem Wahlrecht (partiell) Gebrauch gemacht.

### 4.2 Befreiungsvoraussetzungen

Abs. 3 enthält fünf **kumulativ zu erfüllende Voraussetzungen** für die Befreiung:
- Vorliegen eines Mutter-Tochter-Verhältnisses und Einbezug in
  - (bis Gj 2012) den pflichtgemäß zu erstellenden KA des MU mit Sitz im Inland
  - (ab Gj 2013) den KA eines MU mit Sitz in einem Mitgliedstaat der EU oder einem anderen Vertragsstaat des Abkommens über den EWR (Rz 103 ff.),
- Zustimmung aller Gesellschafter des TU zur Befreiung für das jeweilige Gj und Offenlegung des Beschlusses nach § 325 HGB (Rz 106 f.),
- Verpflichtung des MU zur Verlustübernahme nach § 302 AktG bzw. nach dem für das MU maßgeblichen Recht oder freiwillige Übernahme einer solchen Verpflichtung sowie Offenlegung des Beschlusses nach § 325 HGB (Rz 108 ff.),
- Angabe der Befreiung des TU im Anhang des vom MU aufgestellten und nach § 325 HGB durch Einreichung beim Betreiber des BAnz offengelegten KA (Rz 113),
- Mitteilung der Befreiung im BAnz für das TU unter Bezugnahme auf § 264 Abs. 3 Nr. 4b HGB und Angabe des MU (Rz 113).

Für die Voraussetzungen ab Gj 2016 Rz 122 ff.

---

[100] So IDW RS HFA 42 Tz. 13; a. A. *Reiner*, in MünchKomm. HGB, 3. Aufl., 3. Aufl., § 264 Rn 121.

### 4.2.1 Einbezug als Tochterunternehmen in den Konzernabschluss des Mutterunternehmens

103 Die Befreiung gem. Abs. 3 erfordert die **kumulative Erfüllung** aller im Gesetzestext genannten Voraussetzungen. Grundvoraussetzung für die Befreiung ist dabei **bis zum Gj 2012** zunächst, dass nach § 264 Abs. 3 HGB ein **TU** eines nach HGB zur Aufstellung eines KA verpflichteten MU vorliegt. Dabei liegt ein TU vor, wenn die Voraussetzungen des § 290 HGB erfüllt sind, d.h., auf das TU kann unmittel- oder mittelbar ein beherrschender Einfluss ausgeübt werden (§ 290 Rz 27 ff.). Es ist dabei unerheblich, ob es sich bei dem TU auch um eine Beteiligung des MU handelt (§ 301 Rz 2). **Ab dem Gj 2013** reicht es aus, dass das TU in den KA eines MU mit Sitz in einem Mitgliedstaat der EU oder einem anderen Vertragsstaat des Abkommens über den EWR einbezogen ist.

104 Da explizit von einem in den KA **einbezogenen TU** gesprochen wird, greift die Befreiung nicht, wenn das TU wegen § 296 HGB oder vergleichbarer Vorschriften (Wahlrecht der Einbeziehung) nicht in den KA einbezogen wurde und das MU die Tochter als gehaltene Beteiligung in Form eines assoziierten Unt at Equity oder sogar lediglich als Beteiligung bilanziert hat. Bei der Einbeziehung des TU in den KA sind dann für die HB II nach §§ 300, 308 HGB bzw. vergleichbaren Vorschriften auf Basis der 7. EU-RL die für KapG geltenden Bilanzierungsvorschriften der §§ 264–289 HGB bzw. der vergleichbaren Vorschriften auf Basis der 4. EU-RL oder nach den IFRS zu beachten.

105 Ebenfalls geklärt ist mit der Gesetzesänderung für Gj ab 2013, dass eine Befreiung nicht nur in Betracht kommt, wenn das MU konzernabschlusspflichtig ist, sondern es reicht lediglich ein **freiwillig erstellter KA.** Bis zum Gj 2012 wird aufgrund der explizit benannten Voraussetzung des verpflichtenden KA von einigen Autoren vertreten, dass ein freiwilliger KA für die TU nicht zu der Erleichterung führen kann.[101] Allerdings hat der Gesetzgeber in seiner Gesetzesbegründung[102] auch die Möglichkeit der Anwendung auf freiwillige KA eingeräumt. Zudem sind die Befreiungen als Wahlrecht formuliert. Somit besteht die Verpflichtung zur Konzernrechnungslegung zunächst unabhängig davon, ob etwa die größenabhängige Befreiung genutzt wird oder nicht.[103] Daher wird auch hier die Auffassung vertreten, dass ein freiwilliger KA, der allen gesetzlichen Normen genügt, d.h. insb. auch der Offenlegung, auch schon bis zum Gj 2012 befreiende Wirkung für das TU entfaltet.

### 4.2.2 Zustimmung der Gesellschafter

106 Aufgrund der **erheblichen Einschränkung** der zur Verfügung stehenden Information und ggf. auch Einschränkungen bei der Gewinnverteilung müssen alle Gesellschafter jährlich in einem Beschluss, der den gesetzlichen und satzungs-

---

[101] Vgl. *Reiner*, in MünchKomm HGB, § 264 Rn 121.
[102] Vgl. BilMoG-BegrRegE, KapAEG, BT-Drs. 13/7141 S. 10.
[103] Vgl. *ADS* (Ergänzungsband), § 264 HGB n.F., Rz 11; *Förschle/Deubert*, in Beck Bil-Komm. 9. Aufl., § 264 HGB, Rz 117.

mäßigen Vorgaben entsprechen muss, zustimmen, damit die Erleichterung genutzt werden kann.[104] Die jährliche Zustimmungspflicht ist nötig, da sich Kreis und Interessenlage der Gesellschafter stetig verändern können.[105] Es reicht nicht aus, wenn der Beschluss in der GesV einstimmig verabschiedet wird, soweit die Gesellschafter nicht vollzählig anwesend sind. Eine Delegation der Zustimmungsrechte an einen anderen Gesellschafter wird nicht für zulässig gehalten.[106] Zeitlich kann der Beschluss innerhalb des laufenden Gj sowie zum Anfang des Folgejahrs innerhalb der Aufstellungsfrist des JA nach § 252 Abs. 1 Nr. 4 HGB, spätestens sogar bis zu dessen Feststellung, ggf., wenn nur auf die Offenlegung verzichtet werden soll, auch noch innerhalb der Offenlegungsfrist erfolgen.[107] Aufgrund des notwendigen zeitlichen Vorlaufs bietet es sich jedoch an, dass der Beschluss zusammen mit der Feststellung des Vorjahresabschlusses erfolgt.[108]

Der **Beschluss** ist zudem im Interesse etwaiger Dritter nach § 325 HGB offenzulegen. Konkret haben die gesetzlichen Vertreter von KapG den Wortlaut des Zustimmungsbeschlusses beim Betreiber des BAnz elektronisch einzureichen. Dabei sollte die Offenlegung unverzüglich, spätestens jedoch vor Ablauf der Offenlegungsfrist erfolgen. Diese späteste Frist ist dann zu lang, wenn sich die Erleichterung auch auf die inhaltlichen Rechnungslegungskriterien, d. h., die ergänzenden Ansatz- und Bewertungsregelungen für KapG werden nicht beachtet, beziehen soll. Dann muss die Offenlegung, die Voraussetzung für die Nutzung der Erleichterung ist, bereits bei der Feststellung des JA erfolgen.[109]

**107**

### 4.2.3 Verlustübernahme

Als zentrale Voraussetzung für die Erleichterungsmöglichkeiten muss das MU zur Verlustübernahme verpflichtet sein. Dies kann entweder nach § 302 AktG über einen Beherrschungs- oder Gewinnabführungsvertrag bzw. über einen Betriebspacht- oder Betriebsüberlassungsvertrag, über eine freiwillige Erklärung, die nach § 325 HGB offengelegt wird, oder nach vergleichbaren Regelungen des MU im Falle eines europäischen MU ausgestaltet sein. Für die GmbH reicht ein Vertrag bez. einer Verlustübernahmeverpflichtung aus, der an § 302 AktG angelehnt ist. Indiz ist, dass eine körperschaftsteuerliche Organschaft gem. § 17 Satz 2 Nr. 2 KStG besteht. Ebenfalls werden eine Eingliederungshaftung sowie eine gesamtschuldnerische Haftung der Hauptgesellschafter für die eingegliederte Ges. als gleichwertig angesehen.[110]

**108**

Die Verlustübernahmeverpflichtung nach § 302 AktG sollte nach der FinVerw folgenden Wortlaut aufweisen:[111]

**109**

---

104 Vgl. *Reiner*, in MünchKomm. HGB, 3. Aufl., § 264 Rn. 113; a. A. *ADS* (Ergänzungsband), § 264 HGB n.F. Rz 43; *Förschle/Deubert*, in Beck Bil-Komm. 9. Aufl., § 264 HGB, Rz 121, die neben dem förmlichen Beschluss auch eine andere eindeutige Erklärung der Gesellschafter gegenüber der KapG für ausreichend halten.
105 Vgl. *Ballwieser*, in Baetge/Kirsch/Thiele, Bilanzrecht, § 264 HGB Rz 126, Stand 10/2013.
106 Vgl. *Kraft*, in FS *Müller*, S. 467.
107 Vgl. *ADS* (Ergänzungsband), § 264 HGB nF, Rz 32.
108 Vgl. *Förschle/Deubert*, in Beck Bil-Komm. 9. Aufl., § 264 HGB, Rz 125.
109 Vgl. *ADS* (Ergänzungsband), § 264 HGB nF, Rz 45.
110 Vgl. *ADS* (Ergänzungsband), § 264 HGB nF, Rz 51.
111 Vgl. BMF, Schreiben v. 19.10.2010, IV C 2 – S 2770/08/10004, BStBl 2010 I S. 836. S. 2 zur Diskussion hierüber *Grieser/Wirges*, DStR 2010, S. 2288.

> **Beispiel**
> **Verlustübernahmeverpflichtung**
> „Die ... GmbH verpflichtet sich, entsprechend § 302 AktG jeden während der Vertragsdauer sonst entstehenden Jahresfehlbetrag der ... GmbH auszugleichen, soweit dieser nicht dadurch ausgeglichen wird, dass den freien Gewinnrücklagen Beträge entnommen werden, die während der Vertragsdauer in sie eingestellt worden sind."

110  Zeitlich muss sich die **Verlustübernahmeverpflichtung** mindestens auf das Gj beziehen, das dem erleichterten JA folgt. Dies erklärt sich aus den Interessen der übrigen Abschlussadressaten; muss doch für das kommende Gj die Verlustübernahme gewährleisten, dass die verschlechterte Informationslage kompensiert wird. Der JA wird von den Adressaten primär zukunftsorientiert ausgewertet werden, da die zu treffenden Entscheidungen i.d.R. die Zukunft betreffen, wie Entscheidungen über die Kreditvergabe.

**Abb. 2:** Zeitlicher Ablauf bei Nutzung der Erleichterungen

111  Zumindest die **freiwillige Verlustübernahme** muss gem. § 325 HGB im BAnz veröffentlicht werden und inhaltlich derjenigen aus § 302 AktG oder nach dem für das MU maßgeblichen Rechts entsprechen. Eine Wiederholung der Verlustübernahmeerklärung, die bereits gem. § 302 AktG oder nach dem für das MU maßgeblichen Recht offengelegt ist, ist unnötig. Bei der Veröffentlichung, die analog zur Offenlegung des Gesellschafterbeschlusses erfolgen muss, wird die Wiedergabe der wesentlichen Inhalte für ausreichend erachtet.[112]

112  Der Gesetzgeber hat nicht auf den **mehrstufigen Konzern** abgestellt. Daher muss sich die Verlustübernahmepflicht auf das gleiche MU beziehen wie die Einbeziehungspflicht. So reicht entgegen des Wortlauts ein Ergebnisabführungsvertrag, der nicht zwischen dem Mutter- und einem TU, sondern nur zwischen zwei TU geschlossen wurde, als Befreiungsvoraussetzung nur dann aus, wenn die übergeordnete Tochter einen Teilkonzernabschluss erstellt, in den das die Erleichterung in Anspruch nehmende untergeordnete TU einbezogen ist.[113] Gegen eine Ausgestaltung in der Art, dass das oberste MU den KA aufstellt, in das die untergeordnete Tochter einbezogen ist, und die Verlustübernahme direkt von der Mutter oder mittelbar über eine lückenlose Kette von Verlustübernahme-

---

[112] Vgl. *ADS* (Ergänzungsband), § 264 HGB nF, Rz 61.
[113] Vgl. *Ballwieser*, in *Baetge/Kirsch/Thiele*, Bilanzrecht, § 264, Rz 127, Stand 10/2013.

erklärungen erfolgt, ist jedoch auch nichts einzuwenden.[114] Das folgende Beispiel verdeutlicht diese Ausgestaltungen:

**Beispiel**[115]
Für die Ausgestaltung in einem mehrstufigen Konzern sind folgende Konstellationen vorgesehen:

**Abb. 3:** Fallkonstellationen

Es liegen auf allen Stufen jeweils Mutter-Tochterverhältnisse vor. Alle untergeordneten Gesellschaften sind in die jeweils übergeordneten aufgestellten und veröffentlichten KA einbezogen.
In **Fall 1** ist die Anwendung der Erleichterungen bei den Töchtern T-GmbH, E-AG und X-GmbH möglich.
In **Fall 2** können nur die T-GmbH und die X-GmbH die Erleichterungen nutzen, da es an einer (mittelbaren) Verlustübernahmeverpflichtung zwischen T und E fehlt.
In **Fall 3** kann nur noch die T-GmbH die Erleichterungen nach § 264 Abs. 3 HGB nutzen. Allen anderen untergeordneten Ges. fehlen die entsprechenden Voraussetzungen.

---

114 Vgl. *Förschle/Deubert*, in Beck Bil-Komm. 9. Aufl., § 264 HGB, Rz 135.
115 In Anlehnung an *ADS* (Ergänzungsband), § 264 HGB nF, Rz 23.

### 4.2.4 Angaben und Mitteilungen bez. der Wahrnehmung der Erleichterungen

113 Die **Offenlegungen** nach § 325 HGB im Anhang des MU und im BAnz sichern die Informationsmöglichkeiten der Adressaten. Konkret muss im BAnz ein Eintrag für das TU unter Bezugnahme auf § 264 Abs. 3 HGB und unter Nennung des MU erfolgen. Grundsätzlich sieht § 325 HGB eine Veröffentlichung spätestens vor Ablauf des zwölften Monats des dem Abschlussstichtag nachfolgenden Gj vor. Sollen allerdings inhaltliche Erleichterungen in Anspruch genommen werden und ist dafür eine Offenlegung nach § 325 HGB Voraussetzung, hat diese bis zur Feststellung des JA zu erfolgen.[116]

### 4.3 Umfang der Befreiung

114 Da die Erleichterungen in Form einer Aufzählung und nicht einer „Entweder-oder-Option" erfolgen, können die Gesellschafter selbst über den Umfang der Erleichterungen entscheiden. Auch, wenn die Voraussetzungen und Rechtsfolgen dieselben bleiben, kann somit etwa nur auf die Offenlegung oder zusätzlich auf die isolierte Prüfung des JA des TU verzichtet werden. Allerdings ist die Reihenfolge zu beachten.

115 JA, die unter Inanspruchnahme der Befreiungsvorschrift erstellt werden, können weiterhin nach § 316 HGB geprüft und nach § 325 HGB offengelegt werden, wobei sich die Aussagen im BSV des AP dann nur auf die für alle Kfl. gültigen Vorschriften der §§ 238–263 HGB beziehen.[117]

### 4.4 Besonderheiten für Konzernabschlüsse nach dem PublG (Abs. 4)

116 Abs. 4 eröffnet ebenfalls diese Erleichterungen für TU eines einen KA veröffentlichenden MU auch nicht KapG, die ihren KA nach § 11 PublG erstellen und stellt damit ab dem Gj 2013 eine Dopplung zu den jetzt weiteren Formulierungen in Abs. 3 dar (Rz 95). Allerdings ist dafür die zusätzliche Voraussetzung, dass in dem KA § 314 Abs. 1 Nr. 6 HGB – die Angabe zu den Organbezügen sowie Krediten und sonstigen Rechtsgeschäften mit Organmitgliedern – angewendet wurde, obwohl nach § 13 Abs. 3 Satz 1 PublG hierfür keine Verpflichtung besteht. Zu den Vorschriften zur Konzernrechnungslegung nach dem PublG s. § 290 Rz 10 ff.

## 5 Rechtsfolgen bei Pflichtverletzung

117 Ein Verstoß gegen die Verpflichtung zur Aufstellung eines JA nach § 264 Abs. 1 HGB wird nur erst bei nichterfolgter Offenlegung gem. § 335 Abs. 1 HGB mit einem gem. § 335 Abs. 4 HGB nach Unt-Größenklassen gestaffelten **Ordnungsgeld** bis maximal 25 TEUR belegt. § 334 Abs. 1 Nr. 1 Buchst. a HGB ordnet die Zuwiderhandlung gegen § 264 Abs. 2 HGB ebenfalls als **Ordnungswidrigkeit** ein, die mit einer Geldbuße von bis zu 50 TEUR geahndet werden kann. Allerdings greifen schon bei verzögerter Aufstellung zivilrechtliche Sanktionen auf-

---

[116] GlA *ADS* (Ergänzungsband), § 264 HGB, Rz 45; *Förschle/Deubert*, in Beck Bil-Komm. 9. Aufl., § 264 HGB, Rz 127.
[117] Vgl. IDW PH 9.200.1.

grund schuldhafter Pflichtverletzung der Sorgfaltspflicht der gesetzlichen Vertreter (insb. §§ 84 Abs. 3 und 93 Abs. 2 AktG oder §§ 30 und 43 Abs. 2 GmbHG). Daneben droht § 331 Nr. 1 HGB Mitgliedern des vertretungsberechtigten Organs oder des AR einer KapG für unrichtige und verschleiernde Angaben in der Eröffnungsbilanz, im JA, im LB oder im Zwischenabschluss nach § 340a Abs. 3 HGB mit einer **Freiheitsstrafe** von bis zu drei Jahren oder mit einer Geldstrafe. Dies betrifft insb. das in § 264 Abs. 2 Satz 1 HGB geforderte Bild der VFE-Lage und soll die Öffentlichkeit vor fehlerhaften JA und LB durch Bilanzfälschung und Bilanzverschleierung schützen.[118] Dies trifft nach § 331 Nr. 3a HGB auch für die unrichtig abgegebene Versicherung der gesetzlichen Vertreter einer KapG nach § 264 Abs. 2 Satz 3 HGB zu.

118

Diese strafrechtliche Haftung für die Verletzung des **Bilanzeids** hat jedoch nicht den Stellenwert einer eidesstattlichen Versicherung, die nach §§ 156, 163 StGB bei vorsätzlicher und fahrlässiger Verletzung unter Strafe steht.[119] Zudem wird durch den eingebauten Wissensvorbehalt das eigenständige Rechtsgut des Bilanzeids, das lediglich auf das Vertrauen in die subjektive Ehrlichkeit der Bilanzverantwortlichen zielt, betont. Die Nichtabgabe des Bilanzeids fällt nicht unter den Tatbestand des § 331 Nr. 3a HGB. Somit ist die Nichtabgabe als Ordnungswidrigkeitstatbestand gem. § 334 Abs. 1 Nr. 1 Buchst. a HGB einzuordnen, was auch der Rechtsfolge der Nichtbefolgung der Unterzeichnungspflicht für alle Kfl. nach § 245 HGB entspricht.

119

## 6 Änderungen durch das BilRUG

### 6.1 Konkretisierung der Angaben für KleinstKap (Abs. 1 nF)

Im Zuge der Ausweitung von Erleichterungen für kleine KapG im Rahmen der EU-RL 2013/34 werden in Abs. 1 Satz 5 Nr. 1 mit dem BilRUG keine Angaben nach § 251 HGB zu **Haftungsverhältnissen** mehr unter der Bilanz verlangt. Aus dem gleichen Grund und der Neufassung von § 160 Abs. 3 AktG nF ist für AG nach Abs. 1 Satz 5 Nr. 3 nur noch Angaben zu von ihr selbst oder durch eine andere Person für Rechnung der Gesellschaft erworbenen und gehaltenen **eigenen Aktien** unter der Bilanz machen muss; die Angabepflicht über die Verwendung des Erlöses aus der Veräußerung eigener Aktien entfällt damit.

120

### 6.2 Notwendigkeit zu allgemeinen Angaben im Abschluss (Abs. 1a nF)

Nach § 264 Abs. 1a HGB nF ist ab dem Gj 2016 in dem JA die Firma, der Sitz, das Registergericht und die Nummer, unter der die Ges. in das Handelsregister eingetragen ist, anzugeben. Befindet sich die Ges. in Liquidation oder Abwicklung, ist auch diese Tatsache anzugeben.

121

---

[118] S. dazu Diskussionsentwurf des BMF zur Umsetzung der RL 2004/109/EG (Transparenzrichtlinie-Umsetzungsgesetz) v. 3.5.2006 S. 56.
[119] Vgl. *Fleischer*, ZIP 2007, S. 97, 102.

## 6.3 Erleichterungen für Tochter-Konzerngesellschaften (Abs. 3 und 4 nF)

**122** Nachdem die Erleichterungen für TU in den letzten Jahren bereits mehrfach geändert wurden, sah der Gesetzgeber sich mit Umsetzung der Bilanzrichtlinie nun erneut zu einer kompletten Neuformulierung von Abs. 3 und 4 genötigt. Dabei erfolgte eine 1 : 1-Umsetzung. Konkret tritt folgende Fassung für Gj, die nach dem 31.12.2015 beginnen, in Kraft:

> **§ 264 Abs. 3 und 4 HGB nF**
> „(3) ¹Eine Kapitalgesellschaft, die als Tochterunternehmen in den Konzernabschluss eines Mutterunternehmens mit Sitz in einem Mitgliedstaat der Europäischen Union oder einem anderen Vertragsstaat des Abkommens über den Europäischen Wirtschaftsraum einbezogen ist, braucht die Vorschriften dieses Unterabschnitts und des Dritten und Vierten Unterabschnitts dieses Abschnitts nicht anzuwenden, wenn alle folgenden Voraussetzungen erfüllt sind:
> 1. alle Gesellschafter des Tochterunternehmens haben der Befreiung für das jeweilige Geschäftsjahr zugestimmt;
> 2. das Mutterunternehmen hat sich bereit erklärt, für die von dem Tochterunternehmen bis zum Abschlussstichtag eingegangenen Verpflichtungen im folgenden Geschäftsjahr einzustehen;
> 3. der Konzernabschluss und der Konzernlagebericht des Mutterunternehmens sind nach den Rechtsvorschriften des Staates, in dem das Mutterunternehmen seinen Sitz hat, und im Einklang mit folgenden Richtlinien aufgestellt und geprüft worden:
>     a) Richtlinie 2013/34/EU des Europäischen Parlaments und des Rates vom 26. Juni 2013 über den Jahresabschluss, den konsolidierten Abschluss und damit verbundene Berichte von Unternehmen bestimmter Rechtsformen und zur Änderung der Richtlinie 2006/43/EG des Europäischen Parlaments und des Rates und zur Aufhebung der Richtlinien 78/660/EWG und 83/349/EWG des Rates (ABl. L 182 vom 29.6.2013, S. 19),
>     b) Richtlinie 2006/43/EG des Europäischen Parlaments und des Rates vom 17. Mai 2006 über Abschlussprüfungen von Jahresabschlüssen und konsolidierten Abschlüssen, zur Änderung der Richtlinien 78/660/EWG und 83/349/EWG des Rates und zur Aufhebung der Richtlinie 84/253/EWG des Rates (ABl. L 157 vom 19.6.2006, S. 87), die durch die Richtlinie 2013/34/EU (ABl. L 182 vom 29.6.2013, S. 19) geändert worden ist;
> 4. die Befreiung des Tochterunternehmens ist im Anhang des Konzernabschlusses des Mutterunternehmens angegeben und
> 5. für das Tochterunternehmen sind nach § 325 Absatz 1 bis 1b offengelegt worden:
>     a) der Beschluss nach Nummer 1,
>     b) die Erklärung nach Nummer 2,
>     c) der Konzernabschluss,
>     d) der Konzernlagebericht und
>     e) der Bestätigungsvermerk zum Konzernabschluss und Konzernlagebericht des Mutterunternehmens nach Nummer 3.

²Hat bereits das Mutterunternehmen einzelne oder alle der in Satz 1 Nummer 5 bezeichneten Unterlagen offengelegt, braucht das Tochterunternehmen die betreffenden Unterlagen nicht erneut offenzulegen, wenn sie im Bundesanzeiger unter dem Tochterunternehmen auffindbar sind; § 326 Absatz 2 ist auf diese Offenlegung nicht anzuwenden. ³Satz 2 gilt nur dann, wenn das Mutterunternehmen die betreffende Unterlage in deutscher oder in englischer Sprache offengelegt hat oder das Tochterunternehmen zusätzlich eine beglaubigte Übersetzung dieser Unterlage in deutscher Sprache nach § 325 Absatz 1 bis 1b offenlegt.

(4) Absatz 3 ist nicht anzuwenden, wenn eine Kapitalgesellschaft das Tochterunternehmen eines Mutterunternehmens ist, das einen Konzernabschluss nach den Vorschriften des Publizitätsgesetzes aufgestellt hat, und wenn in diesem Konzernabschluss von dem Wahlrecht des § 13 Absatz 3 Satz 1 des Publizitätsgesetzes Gebrauch gemacht worden ist; § 314 Absatz 3 bleibt unberührt.

Zentrale Korrektur ist das Abrücken von der Verlustübernahme dahin, dass das MU für die Verpflichtungen des TU einzustehen hat.[120] Der Gesetzgeber begründet dies mit einem redaktionellen Versehen, das bereits mit dem BiRiLiG ins HGB kam. Art. 37 Abs. 3 EU-Richtlinie verlangt eine Haftung des MU für das jeweilige Gj. Dies muss nicht zwingend eine Außenhaftung sein – es reicht eine **Innenhaftung des MU gegenüber dem zu befreienden TU**.[121] Somit ist kein Verweis auf § 302 AktG bez. einer infolge eines Beherrschungs- oder Gewinnabführungsvertrages eintretenden gesetzlichen Verlustübernahme mehr nötig. Allerdings bedeutet dies in der Praxis eine Ausweitung über die Verlustübernahmepflicht hinaus[122] etwa auch auf **auszugleichende Engpässe in der Liquidität** des TU, selbst wenn das TU einen Jahresüberschuss ausgewiesen hat. Ein unmittelbarer Schuldbeitritt zu den Verpflichtungen des TU ist dazu nicht erforderlich. Die Verpflichtung kann nach der Gesetzesbegründung aber bspw. durch eine Nachschusspflicht oder eine Patronatserklärung gegenüber dem TU begründet werden.[123] Die Einstandspflicht des MU muss zu dem **Zeitpunkt** bestehen, **zu dem das TU die Befreiungsmöglichkeit nutzen will**. Das bedeutet, dass bei Verzicht auf die Offenlegung des JA zumindest das MU für alle Verpflichtungen des TU einzustehen hat, die am Bilanzstichtag bestehen, auch wenn sie in früheren Gj entstanden sind. Die Einstandspflicht kann aber im Regelfall auf die Dauer eines Jahres begrenzt werden, weil nach Ablauf eines Jahres nach dem Bilanzstichtag Daten aus einem neuen Gj zur Verfügung stehen müssen oder eine erneute Verlängerung der Einstandspflicht wieder eine Befreiung ermöglicht. Daher umfasst die Dauer der Einstandspflicht die maximale gesetzliche Offenlegungsfrist (und damit auch zur Zeit der entfallenden Aufstellung, Prüfung und Feststellung des JA). Ein späteres Erlöschen der Einstandspflicht ist unschädlich. Zudem wird die mit dem MicroBilG völlig offene Formulierung „Eine Kapitalgesellschaft, die in den Konzernabschluss eines Mutterunternehmens mit Sitz in

---

[120] Vgl. *Zwirner/Busch*, BC 2014, S. 509 ff.
[121] Vgl. BT-Drs. 18/5256, S. 82.
[122] Vgl. *Beine/Roß*, Börsen-Zeitung 20.1.2015, S. 8.
[123] Vgl. BilRUG-RegE, BR-Drs. 23/15, S. 69.

einem Mitgliedstaat der Europäischen Union...", nun mit § 264 Abs. 3 HGB nF dahingehend konkretisiert, dass der KA im Einklang mit der Bilanzrichtlinie 2013/34/EU aufgestellt und im Einklang mit der Abschlussprüferrichtlinie 2006/43/EG geprüft sein muss. Es reicht somit ein freiwillig erstellter KA aus, wenn er diese strengen Voraussetzungen erfüllt. Durch die vorgenommene Einfügung der Einbeziehung „als Tochterunternehmen" wird klargestellt, dass eine schon bislang umstrittene Selbstbefreiung des MU nicht infrage kommt.[124]

## 6.4 Zahlungsbericht (länderbezogene Berichterstattung)

### 6.4.1 Inhalt und Regelungszweck

125 Mit den neuen §§ 341q-y HGB nF wird die Pflicht zur Berichterstattung über Zahlungen an staatliche Stellen in deutsches Recht übernommen. Unt (MU) i.S.d. § 341q HGB nF i.V.m. § 341r Nr. 1–2 HGB nF (i.V.m. § 341v Nr. 1 HGB nF),

- die in der **mineralgewinnenden Industrie bzw. im Holzeinschlag in Primärwäldern** tätig und gleichzeitig
- als KapG oder diesen gleichzustellende PerG ohne natürlichen Vollhafter i.S.d. § 264a HGB zu klassifizieren sind sowie
- als „groß" i.S.d. § 267 HGB gelten (also auch alle KM-orientierten Unt, Kredit- und Finanzdienstleistungsinstitute, Versicherungsunt oder Pensionsfonds),

haben demnach ab dem nach dem 31.12.2015 beginnenden Gj jährlich einen Bericht (Konzernbericht) über Zahlungen an staatliche Stellen zu erstellen und offenzulegen. In Deutschland sind davon laut Regierungsbegründung **60 Unt betroffen**, wobei die Reduzierung um rund 50 Unt gegenüber dem RefE (110 betroffene Unt) nur als Augenwischerei verstanden werden kann. Diese Unt sind zwar durch den Bericht auf übergeordneter Konzernebene (MU im europäischen Ausland) zunächst befreit, haben diese Informationen aber natürlich dennoch zu ermitteln und an das MU zu kommunizieren. Die berichtsbezogenen Aufwendungen reduzieren sich so nur um jene resultierend aus der Offenlegung, d.h. minimal. Die durchschnittliche einmalige Mehrbelastung pro Unternehmen beziffert der Gesetzgeber auf knapp 2 Mio. Euro. Die jährlichen Mehrbelastungen werden mit knapp 500.000 Euro veranschlagt.[125]

Die länderbezogene Berichterstattung liegt ausweislich der EU-Bilanzrichtlinie[126] im Interesse einer größeren **Transparenz** hinsichtlich der an staatliche Stellen geleisteten Zahlungen. Zum einen soll verhindert werden, dass Holz aus illegalem Einschlag auf den Markt der Union gelangt. Zum anderen geht um es **Korruptionsbekämpfung**. Nicht in der Begründung zur EU-Bilanzrichtlinie aufgeführt, jedoch infolge der zunehmenden Diskussionen über Steuervermeidungstaktiken

---

[124] Vgl. *Zwirner/Busch*, BC 2014, S. 512.
[125] Begr. BilRUG-RegE, BR-Drs. 23/15, S. 65.
[126] Begr. EU-Bilanzrichtlinie (2013/34/EU), Abl. L182/24.

auf EU-Ebene[127] als weiterer Einführungsgrund zu sehen, sind Steuerzahlungs- respektive Steuervermeidungsanalysen und darauf aufbauend regulierende Maßnahmen durch die Mitgliedstaaten oder auf europäischer Ebene.

### 6.4.2 Anwendungsbereich

#### 6.4.2.1 Industriezugehörigkeit

Unter **Unt der mineralgewinnenden Industrie** sind gem. § 341r Nr. 1 HGB nF jene zu verstehen, die auf dem Gebiet der Exploration, Prospektion, Entdeckung, Weiterentwicklung und Gewinnung von Mineralien, Erdöl-, Erdgasvorkommen oder anderen Stoffen in den Wirtschaftszweigen tätig sind, die in Abschnitt B Abteilungen 05 bis 08 von Anhang I der Verordnung (EG) Nr. 1893/2006[128] aufgeführt sind. Als **Unt des Holzeinschlags** in Primärwäldern gelten nach § 341r Nr. 2 HGB nF jene, die in den in Abschnitt A Abteilung 02 Gruppe 02.20 aufgelisteten Bereichen von Anhang I der Verordnung (EG) Nr. 1893/2006 aufgeführt und in natürlich regenerierten Wäldern mit einheimischen Arten tätig sind, in denen es keine deutlich sichtbaren Anzeichen für menschliche Eingriffe gibt und wo die ökologischen Prozesse nicht wesentlich gestört sind. 126

Die Regelung des Anwendungsbereichs in Bezug auf die berichtspflichtigen Industriezweige respektive Unt/Konzerne wurde vom deutschen Gesetzgeber dabei lediglich leicht verändert aus der EU-Richtlinie 2013/34/EU in das BilRUG übernommen. Eine weitere Konkretisierung der Richtlinienregelung ist nicht erfolgt. Dies führt dann zu **Rechtsunsicherheit**, wenn entweder eine vertikale Integration von Tätigkeiten, eine horizontale Integration von Tätigkeiten oder eine beliebige Kombination von Tätigkeiten innerhalb eines Unt erfolgt und diese **mehr als einer NACE-Klasse** zuzurechnen sind. Dazu detailliert Rz 129.

Dem Wirtschaftszweig der **mineralgewinnenden Industrie** gem. der Verordnung (EG) Nr. 1893/2006 sind dabei Unt zuzuordnen, die Tätigkeiten in einer der folgenden Gruppen – nebst den auf tieferer Gliederungsebene liegenden zugehörigen Klassen – ausführen:[129] 05.1 Steinkohlenbergbau, 05.2 Braunkohlenbergbau, 06.1 Gewinnung von Erdöl, 06.2 Gewinnung von Erdgas, 07.1 Eisenerzbergbau, 07.2 NE-Metallerzbergbau, 08.1 Gewinnung von Natursteinen, Kies, Sand, Ton und Kaolin, 08.9 Sonstiger Bergbau; Gewinnung von Steinen und Erden a. n. g. 127

---

[127] Siehe dazu etwa *EU-Rat* (Hrsg.), Clamping down on corporate tax avoidance, http://www.consilium.europa.eu/en/press/press-releases/2015/01/council-adopts-anti-abuse-clause (letzter Abruf am 03.03.2015) und den zugehörigen Richtlinienentwurf vom 25.11.2013, *EU-Rat* (Hrsg.), Council directive amending Directive 2011/96/EU on the common system of taxation applicable in the case of parent companies and subsidiaries of different Member States, COM (2013) 814 final; *EU-Kommission* (Hrsg.), Commission investigates transfer pricing arrangements on corporate taxation of Apple (Ireland) and Starbucks (Netherland) and Fiat Finance and Trade (Luxembourg), http://europa.eu/rapid/press-release_IP-14-663_en.htm (letzter Abruf am 03.03.2015); *EU-Kommission* (Hrsg.), Fight against tax fraud and tax evasion, http://ec.europa.eu/taxation_customs/taxation/tax_fraud_evasion/index_de.htm (letzter Abruf 03.03.2015).

[128] Verordnung (EG) Nr. 1893/2006, EU-Amtsblatt 2006, L 393/1 ff.

[129] Vgl. Verordnung (EG) Nr. 1893/2006, EU-Amtsblatt 2006, L 393/8.

128 Dem **Wirtschaftszweig des Holzeinschlags** gem. der Verordnung (EG) Nr. 1893/2006 sind dabei Unt zuzuordnen, die Tätigkeiten in der Gruppe 02.20 Holzeinschlag ausführen.[130]

129 **Nicht abschließend** geregelt ist dabei, ob bei der Beurteilung der Industrie- bzw. Wirtschaftszweigzugehörigkeit auf die **NACE-Einordnungssystematik** (NACE-Code gem. Hauptwirtschaftstätigkeit) abzustellen ist **oder** die Ausübung von Tätigkeiten in einem der Industrie-/Wirtschaftszweige ohne Berücksichtigung des Anteils der Tätigkeiten an der Wertschöpfung (NACE-Kriterium für die Identifikation der Hauptwirtschaftstätigkeit), d.h. **auch** dann, wenn es sich lediglich um eine **Nebentätigkeit** handelt, eine Pflicht zur Zahlungsberichterstattung i.S.d. §§ 341s ff. HGB nF auslöst. Konkret geht es um die Frage, inwiefern Unt, die nur in geringem Umfang in den von § 341r Nr. 1–2 HGB genannten Wirtschaftszweigen tätig sind respektive ihren Schwerpunkt gem. NACE-Einordnungssystematik in einer anderen NACE-Abteilung haben, in den Anwendungsbereich des § 341q HGB fallen.

Unserer Auffassung nach ist bei der Beurteilung der Industrie- bzw. Wirtschaftszweigzugehörigkeit auf die NACE-Einordnungssystematik respektive den – bei mehreren und integrierten Tätigkeiten – ggf. nach der Top-down-Methode zugeteilten NACE-Code abzustellen. Nebentätigkeiten in einem der erfassten Industriezweige sind insofern unbeachtlich. Maßgeblich für die Zuordnung eines NACE-Codes zu einer Einheit ist dabei deren Hauptwirtschaftstätigkeit, wobei unter der Haupttätigkeit jene zu verstehen ist, die den größten Beitrag zur Wertschöpfung dieser Einheit leistet.[131] Sofern Tätigkeiten einer Einheit mehr als einer NACE-Klasse zuzurechnen sind und keine der Tätigkeiten mehr als 50 % der Wertschöpfung ausmacht (in diesen Fällen ist die Hauptwirtschaftstätigkeit eindeutig identifizierbar), ist die Einheit gem. einer Top-down-Methode[132] einzuordnen.

#### 6.4.2.2 Größenklassenzugehörigkeit

130 Der Anwendungsbereich der länderbezogenen Berichterstattung erfasst gem. § 341q HGB nF zunächst alle **großen KapG** und **ihnen gleichgestellte PersG**. Da Art. 75 Abs. 2 EGHGB die Anwendung des § 267 HGB nF bereits erstmals auf JA und KA für das nach dem 31.12.2013 beginnende Gj gestattet, ist hierbei für die Gj 2015 bis 2016 ggf. bereits auf die erhöhten Schwellenwerte des § 267 HGB nF (§ 267 Rz 38 ff.) abzustellen.

Zu beachten ist in diesem Kontext, dass die vorzeitige Anwendung der geänderten §§ 267, 267a Abs. 1, § 277 Abs. 1 sowie § 293 HGB nF für das nach dem 31.12.2013 beginnende Gj nach Art. 75 Abs. 2 EGHGB nF bedingt, dass diese insgesamt angewendet werden.

---

[130] Vgl Verordnung (EG) Nr. 1893/2006, EU-Amtsblatt 2006, L 393/7.
[131] Vgl. dazu und im Folgenden Eurostat (Hrsg.), NACE Revision 2: Statistische Systematik der Wirtschaftszweige in der Europäischen Gemeinschaft, http://www.bundesbank.de/Redaktion/DE/Downloads/Service/Meldewesen/Bankenstatistik/Kundensystematik/nace_rev_2.pdf?__blob=publicationFile (letzter Abruf 16.03.2015), S. 27 ff.
[132] Vgl. dazu Eurostat (Hrsg.), NACE Revision 2: Statistische Systematik der Wirtschaftszweige in der Europäischen Gemeinschaft, http://www.bundesbank.de/Redaktion/DE/Downloads/Service/Meldewesen/Bankenstatistik/Kundensystematik/nace_rev_2.pdf?__blob=publicationFile (letzter Abruf 16.03.2015), S. 28 ff.

### 6.4.2.3 Unternehmen von öffentlichem Interesse

§ 341q HGB nF sieht vor, dass die Pflicht zur Erstellung eines Zahlungsberichts auch für KapG aus der mineralgewinnenden Industrie und des Holzeinschlags in Primärwäldern greift, wenn diese gem. den Schwellenwerten der Größenklasse der kleinen oder mittelgroßen Kapitalgesellschaften zuzuordnen sind, jedoch die für große KapG vorgesehenen Vorschriften anzuwenden haben. Dies trifft neben kapitalmarktorientierten Unt/Konzernen i.S.d. § 264d HGB auf Kredit- und Finanzdienstleistungsinstitute sowie Versicherungsunternehmen und Pensionsfonds zu, die nach § 340a Abs. 1 HGB und § 341a Abs. 1 HGB die für große KapG geltenden Vorschriften anzuwenden haben.

131

### 6.4.2.4 Befreiung von der Zahlungsberichterstattung

Gemäß § 341s Abs. 2 HGB nF entfällt die Erstellungspflicht, sofern eine **Einbeziehung in einen Konzernzahlungsbericht** unter den Rechtsvorschriften eines Mitgliedstaats erfolgt. In diesem Fall hat die KapG im Anhang jedoch anzugeben, bei welchem Unternehmen sie einbezogen ist und wo dieser erhältlich ist. Gleiches gilt nach § 341s Abs. 3 HGB nF bei der Erstellung und Offenlegung eines äquivalenten Berichts im Einklang mit den Rechtsvorschriften eines Drittstaats, dessen Berichtspflichten die Europäische Kommission als gleichwertig bewertet hat. Von einer erheblichen Erleichterung kann indes bei einer Befreiung infolge der Einbeziehung in den Zahlungsbericht eines anderen Unt nicht ausgegangen werden. Der Hauptaufwand resultiert aus der Datengewinnung und -verarbeitung. Dieser fällt insofern weiterhin an, als dass die entsprechenden Informationen zwecks Übermittlung an das berichtende Konzernunternehmen ermittelt, aggregiert und aufbereitet werden müssen. Letztlich entfällt lediglich die gesonderte Offenlegung.

132

### 6.4.2.5 Konzernzahlungsberichterstattung

#### 6.4.2.5.1 Bei Industriezugehörigkeit des Mutterunternehmens

Nach § 341v Abs. 1 Satz 1 HGB nF i.V.m. § 341q HGB nF haben **MU mit Sitz im Inland** aus der mineralgewinnenden Industrie und der Industrie des Abbaus von Holz in Primärwäldern jährlich einen Konzernzahlungsbericht zu erstellen. Die Pflicht zur Konzernzahlungsberichterstattung ist dabei mit der Pflicht zur Aufstellung eines Konzernabschlusses verknüpft. Insofern ist auf die Beherrschungskriterien des § 290 HGB abzustellen (§ 290 Rz 27 ff.).

133

Gemäß § 341v Abs. 2 HGB nF werden MU jedoch bei **Einbeziehung in einen übergeordneten** Zahlungsbericht eines anderen MU mit Sitz in einem Mitgliedstaat der EU oder in einem anderen Vertragsstaat des Abkommens über den Europäischen Wirtschaftsraum von der Erstellung eines Konzernzahlungsberichts befreit.

134

#### 6.4.2.5.2 Bei Industriezugehörigkeit eines Tochterunternehmens

Die Pflicht zur Erstellung eines Konzernzahlungsberichts durch ein MU gem. § 341v Abs. 1 Satz 1 HGB nF liegt nach § 341v Abs. 1 Satz 2 HGB nF auch bereits dann vor, wenn nur **ein TU** in der mineralgewinnenden Industrie oder im Holzeinschlag in Primärwäldern tätig ist. Mitunter ist eine Änderung der Beteiligungsstruktur zu prüfen, d.h. eine Einbeziehung lediglich als Gemeinschafts- oder

135

assoziierte/s Unt, zwecks Vermeidung einer Zahlungsberichterstattungspflicht. Dies ist insbesondere zu empfehlen, sofern nur ein oder zumindest nur sehr wenige TU die Pflicht zur länderbezogenen Berichterstattung auslöst/auslösen.

### 6.4.3 Zahlungsbericht

#### 6.4.3.1 Grundlegendes

136 Berichtspflichtige KapG oder ihnen gleichgestellte KapCoGes haben gem. § 341t Abs. 1 Satz 1 HGB nF im Zahlungsbericht **sämtliche Zahlungen an staatliche Stellen** im Zusammenhang mit der Geschäftstätigkeit in der mineralgewinnenden Industrie oder mit dem Betrieb des Holzeinschlags in Primärwäldern anzugeben, die im Berichtszeitraum getätigt wurden. Im Umkehrschluss werden andere Zahlungen von einer Integration in einen anzufertigenden Zahlungsbericht ausgeschlossen. Eine freiwillige Erweiterung ist insofern unzulässig.

#### 6.4.3.2 Zu erfassende staatliche Stellen

137 Unter **staatlichen Stellen i. S. d. Vorschriften** zum (Konzern-)Zahlungsbericht sind nach § 341r Abs. 4 HGB nF nationale, regionale oder lokale Behörden eines Mitgliedstaats, eines anderen Vertragsstaats des Abkommens über den Europäischen Wirtschaftsraum oder eines Drittlandes zu verstehen. Ferner sind von diesen Behörden kontrollierte Abteilungen oder Agenturen bzw. von diesen kontrollierte Unt unter staatliche Stellen zu subsummieren. Maßgeblich für die Beurteilung einer möglichen Kontrolle ist dabei das Kriterium des beherrschenden Einflusses i. S. v. § 290 HGB (§ 290 Rz 27 ff.).

138 Das Nachvollziehen von **Beherrschungszusammenhängen zwischen Behörden** und von diesen kontrollierten Abteilungen oder Agenturen bzw. von diesen kontrollierten Unt dürfte in der Praxis – insb. in Drittländern – grundsätzlich zu erheblichen Problemen führen. Die Verknüpfung mit § 290 HGB zwecks Beurteilung einer etwaigen Beherrschung durch eine staatliche Stelle mutet dabei nur auf den ersten Blick als logische Vereinfachung an. Bei näherer Betrachtung entpuppt sich dieses Vorgehen als höchst problematisch bzw. als weitere Verschärfung der Beherrschungseinschätzung. Auf Angaben lokaler Behörden oder aus JA zu Beherrschungsverhältnissen kann i. d. R. nicht zurückgegriffen werden, da die lokalen Bilanzierungsvorschriften oft abweichende Kriterien anlegen werden. Insofern ist jede Zahlung respektive jeder Zahlungsempfänger einzeln auf Zuordnung zur Gruppe der staatlichen Stellen i. S. d. § 341r Abs. 4 HGB nF zu überprüfen. Anders als innerhalb eines Konzerns bestehen gegenüber Behörden, Abteilungen oder Agenturen i. d. R. jedoch keinerlei Auskunftsrechte. Gleiches gilt für Unt, die von Behörden (potenziell) beherrscht werden – insbesondere außerhalb der EU.

In Konsequenz dürfte die Beurteilung in der Praxis mitunter unmöglich sein. Eine **Befreiungsvorschrift** bei faktisch unmöglicher Beherrschungsermittlung – etwa analog zu jener des § 296 Abs. 1 Nr. 2 HGB – **ist nicht gegeben**. Unklar ist entsprechend, wie zu verfahren ist, wenn für einen Zahlungsempfänger nicht beurteilt werden kann, ob es sich um eine staatliche Stelle i. S. d. § 341r Abs. 4 HGB nF handelt. U. E. ist im Zweifelsfall eine Aufnahme in den Zahlungsbericht zu empfehlen. Zwar dürfen andere Zahlungen gem. § 341t Abs. 1 Satz 2 HGB nF nicht in den Zahlungsbericht aufgenommen werden, die mangelnde Regelung/

Präzision der handelsrechtlichen Vorschriften wird man berichtenden Unt aber nicht zur Last legen können. Auch ist die Aufnahme möglicherweise nicht umfasster Zahlungen bei Unsicherheit im Vergleich zum Weglassen möglicherweise berichtspflichtiger Zahlungen vor dem Hintergrund von Sanktionen (Rz 151 f.) kritisch zu beurteilen.

Zumindest betreffend Zahlungen an einen **staatlichen Paymaster als Zwischenempfänger** von Zahlungen für mehrere staatliche Stellen ist mit § 341t Abs. 2 HGB nF eine Erleichterung vorgesehen. Demnach ist nur über die staatlichen Stellen zu berichten, an die Zahlungen unmittelbar geleistet wurden. Sofern eine staatliche Stelle Zahlungen für mehrere verschiedene staatliche Stellen einzieht, d.h. als Paymaster fungiert, ist nur über diese bzw. über Zahlungen an diese zu berichten. 139

### 6.4.3.3 Berichtspflichtige Zahlungen und Erleichterung

Unter Zahlungen an staatliche Stellen sind nach § 341t Abs. 4 Satz 1 HGB nF geleistete Zahlungen, Zahlungsreihen sowie Sachleistungen im Tätigkeitsbereich der Unt zu verstehen, sofern sich diese auf **100.000 EUR oder mehr** belaufen. Bei regelmäßigen Zahlungen/Raten, d.h. verbundenen Zahlungsreihen, ist gem. § 341t Abs. 4 Satz 2 HGB nF der Gesamtbetrag innerhalb eines Berichtszeitraums relevant. Bei Zahlungen in Gestalt von Sachleistungen besteht nach § 341t Abs. 5 HGB nF neben der pflichtmäßigen Vorgabe zur **Angabe des Wertes der Sachleistungen** ggf. die Notwendigkeit, deren Umfang anzugeben. 140

Mit § 341t Abs. 4 Satz 3 HGB nF wird zudem klargestellt, dass nicht nur einzelne Zahlungen oder Zahlungsreihen unter dem Grenzwert, sondern staatliche Stellen gänzlich aus dem Bericht ausgeschlossen werden können, wenn diese im Berichtszeitraum insgesamt weniger als 100.000 EUR von dem berichtspflichtigen Unt erhalten haben. Eine Negativmitteilung i.S.v. „Behörde X in Land Y hat (eine) Zahlung(en) mit einem (Gesamt-)Betrag von weniger als 100.000 EUR erhalten" ist in diesen Fällen nicht erforderlich.

Die größenabhängige Erleichterung befreit in der Praxis i.d.R. nicht von der **laufenden Erfassung sämtlicher Zahlungen.** Dies liegt darin begründet, dass die Ex-ante-Abschätzung der Volumina der Zahlungen nur bei eindeutiger Unterschreitung der Grenzwerte verlässlich möglich ist.

Künstliche Aufteilungen oder Zusammenfassungen mit dem Ziel, die Vorgaben zu umgehen, sind dabei gem. § 341t Abs. 6 HGB nF unzulässig.

Zu den **berichtspflichtigen Zahlungen** zählen gem. § 341r Nr. 3 HGB nF folgende: 141
- Produktionszahlungsansprüche;
- Steuern auf Erträge, die Produktion oder die Gewinne von KapG; Verbrauchsteuern, Umsatzsteuern, Mehrwertsteuern sowie Lohnsteuern der in KapG beschäftigten Arbeitnehmer sind wie auch vergleichbare Steuern ausgenommen
- Nutzungsentgelte;
- Dividenden und andere Gewinnausschüttungen aus Gesellschaftsanteilen;
- Unterzeichnungs-, Entdeckungs- und Produktionsboni;
- Lizenz-, Miet- und Zugangsgebühren sowie sonstige Gegenleistungen für Lizenzen oder Konzessionen;
- Zahlungen für die Verbesserung der Infrastruktur.

142 Mit § 341t Abs. 3 HGB nF wurde eine begrenzende Conditio betreffend **Dividenden und anderen Gewinnausschüttungen aus Gesellschaftsanteilen** ins Handelsrecht implementiert. Es sind nur solche Dividenden oder Gewinnanteile zu berücksichtigen, die anstelle von Produktionsrechten oder Nutzungsentgelten gezahlt wurden, oder die nicht unter denselben Bedingungen wie jene an andere Gesellschafter oder Aktionäre mit vergleichbaren Anteilen oder Aktien gleicher Gattung gezahlt wurden.

#### 6.4.3.4 Pflichtangaben und Gliederung

143 Der Zahlungsbericht ist gem. § 341u Abs. 1 HGB nF **zunächst nach Staaten** zu gliedern. Je Staat sind dann diejenigen **staatlichen Stellen** zu bezeichnen, an die im Berichtszeitraum Zahlungen geleistet wurden. Im Rahmen der Bezeichnung ist auf eine eindeutige Identifizierbarkeit der staatlichen Stellen zu achten, wobei regelmäßig die amtliche Bezeichnung der staatlichen Stellen ausreichend und nur in Ausnahmefällen auf eine anderslautende Bezeichnung auszuweichen ist. Die amtliche Bezeichnung der staatlichen Stellen ist dann um Angaben zu Ort und Region des Sitzes zu erweitern.

Zu den **Pflichtangaben** im Zahlungsbericht zählen gem. § 341u Abs. 2 Nr. 1–2 HGB nF folgende:
1. Gesamtbetrag der Zahlungen je staatlicher Stelle
2. Untergliederung der Zahlungen je staatlicher Stelle, nach der Art der Zahlung bzw. des Sachverhalts (§ 341r Nr. 3 Buchst. a-g HGB nF)

144 Sofern Zahlungen an eine staatliche Stelle für mehr als ein **Projekt** getätigt wurden, sind für jedes Projekt nach § 341u Abs. 3 Nr. 1–3 HGB nF **ergänzend** nachfolgend aufgeführte Angaben zu machen. Entsprechend sind die Zahlungen an eine staatliche Stelle dann projektbezogen zu **untergliedern**.[133]
1. Eindeutige Bezeichnung des Projekts / der Projekte
2. Gesamtbetrag der Zahlungen je Projekt
3. Gesamtbetrag der Zahlungen je Projekt, weiter untergliedert nach der Art der Zahlung bzw. des Sachverhalts (§ 341r Nr. 3 Buchst. a-g HGB nF)

Auf diese Angaben kann jedoch verzichtet werden, wenn die Zahlungen nicht projektspezifisch sind. Dies ist etwa der Fall, wenn eine staatliche Stelle ein pauschales Nutzungsentgelt für alle Projekte verlangt.

145 Unter einem **Projekt** ist dabei gem. § 341r Nr. 5 Satz 1 Halbs. 1 HGB nF – unter Beachtung der Voraussetzungen des § 341r Nr. 5 Satz 1 Buchst. a-b HGB nF – die Zusammenfassung operativer Tätigkeiten zu verstehen, die die Grundlage für Zahlungsverpflichtungen gegenüber einer staatlichen Stelle bilden. Voraussetzung für die Einordnung als Projekt ist gem. § 341r Nr. 5 Satz 1 Buchstabe a HGB nF, dass die Zahlungsverpflichtungen auf einem Vertrag, einer Lizenz, einem Mietvertrag, einer Konzession oder einer ähnlichen rechtlichen Vereinbarung basieren. Gemäß § 341r Nr. 5 Satz 1 Buchstabe b HGB nF gilt diese Voraussetzung auch als erfüllt, wenn eine Gesamtheit von operativ und geografisch verbundenen Verträgen, Lizenzen, Mietverträgen oder Konzessionen oder damit verbundenen Vereinbarungen mit einer staatlichen Stelle vorliegt, die im Wesentlichen ähnlichen Bedingungen unterworfen sind.

---

[133] Für eine exemplarische Umsetzung vgl. *Kreipl/Müller*, KoR 2014, S. 552 ff.

#### 6.4.3.5 Negativbericht

Die Pflicht zur Erstellung eines jährlichen Zahlungsberichts ist unabhängig vom tatsächlichen Vorliegen etwaiger Zahlungen. Sofern der Anwendungskreis tangiert wird, ist auch dann ein Zahlungsbericht aufzustellen, wenn im Berichtszeitraum keine berichtspflichtigen Zahlungen geleistet wurden. In diesem Fall ist im Zahlungsbericht gem. § 341t Abs. 1 HGB nF jedoch lediglich anzugeben, dass eine Geschäftstätigkeit in der mineralgewinnenden Industrie ausgeübt oder Holzeinschlag in Primärwäldern betrieben wurde, jedoch keine Zahlungen i. S. d. § 341r Nr. 3 HGB nF i. V. m. § 341t HGB nF erfolgten.

146

### 6.4.4 Konzernzahlungsbericht

#### 6.4.4.1 Einzubeziehende Unternehmen

In einen etwaig zu erstellenden Konzernzahlungsbericht sind gem. § 341v Abs. 3 Satz 1 Halbs. 1 HGB nF das **MU und zunächst alle TU** einzubeziehen, wobei deren Sitz nicht von Bedeutung ist. Allerdings nimmt § 341v Abs. 4 Satz 1 HGB nF TU jenseits eines der beiden Industriezweige gleichwohl wieder von einer Einbeziehung aus. Auch die Befreiungswirkungen des KA werden teilweise auf den Konzernzahlungsbericht übertragen. Auf eine Einbeziehung kann verzichtet werden, wenn TU nach § 296 Abs. 1 Nr. 1–3 HGB nicht in den KonsKreis einbezogen sind, wobei mit Blick auf die übertragende Anwendung des § 296 Abs. 1 Nr. 2 HGB zusätzlich erforderlich ist, dass die für die Erstellung des Konzernzahlungsberichts erforderlichen Angaben ebenfalls nur mit unverhältnismäßig hohen Kosten oder ungebührlichen Verzögerungen zu erhalten sind. Zahlungen an staatliche Stellen von TU mit untergeordneter Bedeutung für den KA, für die gem. § 296 Abs. 2 HGB ein Einbeziehungswahlrecht gilt, sind dagegen einzubeziehen.

147

#### 6.4.4.2 Ausgestaltung/Inhalt

Hinsichtlich der Vorschriften zur Ausgestaltung / zum Inhalt des Konzernzahlungsberichts wird in § 341v Abs. 5 Satz 1 HGB nF auf die für den Zahlungsbericht geltenden Vorschriften der §§ 341s-u HGB nF verwiesen. Die Begriffsbestimmungen/Definitionen des § 341r HGB nF gelten ohnehin sowohl für den Zahlungsbericht als auch den Konzernzahlungsbericht. Auf die Ausführungen in den entsprechenden Kapiteln wird verwiesen.

148

### 6.4.5 Prüfung und Offenlegung

Die **Offenlegung** des Zahlungs- oder Konzernzahlungsberichts hat gem. § 341w Abs. 1-2 HGB nF durch die gesetzlichen Vertreter (bei Konzernzahlungsberichten jene des MU) **spätestens ein Jahr nach dem Abschlussstichtag** mittels elektronischer Einreichung beim Betreiber des BAnz nebst Bekanntmachung zu erfolgen. Die §§ 328 und 329 Abs. 1, 3 und 4 HGB nF betreffend Form und Inhalt der Unterlagen bei Offenlegung (§ 328 HGB) sowie betreffend die Prüfungs- und Unterrichtungspflichten des Betreibers des BAnz (§ 329 HGB nF) gelten über einen Verweis in § 341w Abs. 3 HGB nF analog für (Konzern-)Zahlungsberichte. Eine **Prüfung** des Zahlungsberichts **ist nicht vorgesehen**.

149

150

### 6.4.6 Rechtsfolgen bei Pflichtverletzung

151 **Sanktionen** bei Pflichtverletzung im Zusammenhang mit der Aufstellung und Offenlegung eines (Konzern-)Zahlungsberichts werden in den §§ 341x und 341y HGB nF geregelt. Ein Verstoß gegen Erstellungspflichten im Hinblick auf Inhalt oder Gliederung eines (Konzern-)Zahlungsberichts wird gem. § 341x Abs. 1 HGB nF als Ordnungswidrigkeit gewertet und kann nach § 341x Abs. 2 HGB nF mit einer Geldbuße von bis zu 50.000 Euro sanktioniert werden.

152 **Offenlegungsverstöße** führen gem. § 341y Abs. 1 HGB nF zur Durchführung eines Ordnungsgeldverfahrens durch das BfJ unter Anwendung der §§ 335 HGB und 335b HGB nF. Ein Ordnungsgeldverfahren kann sowohl gegen die Mitglieder des vertretungsberechtigten Organs einer KapG i.S.d. § 341q HGB nF / eines MU i.S.d. § 341v HGB nF als auch gegen die KapG selbst gerichtet werden.

# § 264a ANWENDUNG AUF BESTIMMTE OFFENE HANDELSGESELLSCHAFTEN UND KOMMANDITGESELLSCHAFTEN

(1) Die Vorschriften des Ersten bis Fünften Unterabschnitts des Zweiten Abschnitts sind auch anzuwenden auf offene Handelsgesellschaften und Kommanditgesellschaften, bei denen nicht wenigstens ein persönlich haftender Gesellschafter
1. eine natürliche Person oder
2. eine offene Handelsgesellschaft, Kommanditgesellschaft oder andere Personengesellschaft mit einer natürlichen Person als persönlich haftendem Gesellschafter

ist oder sich die Verbindung von Gesellschaften in dieser Art fortsetzt.
(2) In den Vorschriften dieses Abschnitts gelten als gesetzliche Vertreter einer offenen Handelsgesellschaft und Kommanditgesellschaft nach Absatz 1 die Mitglieder des vertretungsberechtigten Organs der vertretungsberechtigten Gesellschaften.

PROF. DR. NIELS WELLER

## Inhaltsübersicht

| | | Rz |
|---|---|---|
| 1 | Überblick | 1–2 |
| 2 | Tatbestandsmerkmale | 3–14 |
| | 2.1 Personenhandelsgesellschaft | 3–5 |
| | 2.2 Persönlich haftender Gesellschafter | 6–12 |
| | 2.3 Mittelbare Haftung bei mehrstöckigen Gesellschaften | 13–14 |
| 3 | Rechtsfolgen des § 264a HGB | 15 |
| 4 | Gesetzlicher Vertreter gem. § 264a Abs. 2 HGB | 16 |

## Ergänzendes Schrifttum

*Bitter/Grashoff*, Anwendungsprobleme des Kapitalgesellschaften- und Co-RL-Gesetzes, DB 2000, S. 833; *Dieckmann*, Publizitätspflicht und Sanktionen nach dem Kapitalgesellschaften- und Co-RL-Gesetz, GmbHR 2000, S. 353; *Grashoff*, Beitritt einer natürlichen Person als persönlich haftender Gesellschafter einer Personenhandelsgesellschaft nach Festsetzung eines Ordnungsgeldes, BB 2010, S. 306; *Grüter/Mitsch*, Beitritt einer natürlichen Person als persönlich haftender Gesellschafter einer GmbH & Co. KG, Inf 2000, S. 142 (Teil I), S. 174 (Teil II); *Herrmann*, Zur Rechnungslegung der GmbH & Co. KG im Rahmen des

KapCoRiLiG, WPg 2001, S. 271; *Kanitz*, Rechnungslegung bei Personengesellschaften – Anmerkungen zu IDW RS HFA 7, WPg 2003, S. 324; *Kanitz*, Rückwirkende Befreiung von Personenhandelsgesellschaften i.S. des § 264a Abs. 1 HGB von den erweiterten Rechnungslegungspflichten bei Eintritt einer natürlichen Person als Vollhafter?, WPg 2008, S. 1059; *Kiesel/Grimm*, Die Offenlegungsverpflichtungen bei Kapitalgesellschaften & Co. Nach dem Beschluss des EuGH vom 23.9.2004, DStR 2004, S. 2210; *Kusterer/Kirnberger/Fleischmann*, Der Jahresabschluss der GmbH & Co. KG nach dem Kapitalgesellschaften- und Co-RL-Gesetz, DStR 2000, S. 606; *Luttermann*, Das Kapitalgesellschaften- und Co-RL-Gesetz, ZIP 2000, S. 517; *Patt*, Einbeziehung bestimmter Personenhandelsgesellschaften in die Rechnungslegungsvorschriften für Kapitalgesellschaften und steuerliche Auswirkungen von Maßnahmen zur Abwendung dieser Jahresabschluss-, Prüfungs- und Offenlegungspflichten, DStZ 2000, S. 77; *Scheffler*, Neue Vorschriften zur Rechnungslegung, Prüfung und Offenlegung nach dem Kapitalgesellschaften- und Co-RL-Gesetz, DStR 2000, S. 529; *Strobel*, Die Neuerungen des KapCoRiLiG für den Einzel- und Konzernabschluss, DB 2000, S. 53; *Theile*, Ausweisfragen beim Jahresabschluss der GmbH & Co. KG nach neuem Recht, BB 2000, S. 555; *Waßmer*, Die GmbH & Stroh KG als Publizitäts-Vermeidungsmodell, GmbHR 2002, S. 412; *Wiechmann*, Der Jahres- und Konzernabschluss der GmbH & Co. KG, WPg 1999, S. 916; Winkeljohann/Schindhelm, Das KapCoRiLiG, 2000; *Zimmer/Eckholt*, Das Kapitalgesellschaften- und Co.-RL-Gesetz, NJW 2000, S. 1361.

## 1 Überblick

1 In § 264a Abs. 1 HGB wird bestimmt, unter welchen Voraussetzungen OHG und KG bez. Aufstellung, Prüfung und Offenlegung ihrer JA und ggf. auch ihrer KA wie **KapG** behandelt werden. Soweit haftungsbeschränkte **PersG** die Voraussetzungen des § 264b Nrn. 1–3 HGB erfüllen, sind sie von den Pflichten, die aus § 264a Abs. 1 HGB resultieren, befreit. In § 264a Abs. 2 HGB wird festgelegt, dass die Mitglieder des vertretungsberechtigten Organs der vertretungsberechtigten Ges. jeweils als gesetzliche Vertreter der PersG einzustufen sind.

2 Voraussetzung für eine solche Behandlung als KapG nach Abs. 1 ist, dass bei der PersG weder mittelbar noch unmittelbar ein phG eine natürliche Person ist und damit gegenüber den Gläubigern der Ges. unbeschränkt haftet. Betroffen sind damit solche Konstruktionen, bei denen regelmäßig ausnahmslos KapG (im Sonderfall aber auch beispielhaft Stiftungen, eingetragene Genossenschaften oder auch wirtschaftliche Vereine) die Funktion des Vollhafters übernehmen. Der deutsche Gesetzgeber folgt damit dem Grundsatz, dass infolge der durch die Konstruktion erzielten **Haftungsbeschränkung** zwangsläufig die Stringenz der Publizität ansteigt. Die Bestimmung des § 264a HGB ist eine Folge der schon 1990 von der EU erlassenen GmbH&Co-RL 90/605/EWG.

Vor dem Inkrafttreten des § 264a HGB waren haftungsbeschränkte PersG zur Aufstellung, Prüfung und Offenlegung eines JA und ggf. eines KA nach den Bestimmungen des PublG verpflichtet, soweit die Größenmerkmale entsprechend § 1 Abs. 1 PublG erfüllt wurden. Das PublG gewährte insb. in Bezug auf die Offenlegung der GuV für PersG einige Erleichterungen, die infolge der Regelungen des § 264a HGB wegfallen. Durch die vollständige Behandlung wie KapG über § 264a HGB sind diese Erleichterungen entfallen. Rechtssystematisch sind die haftungsbeschränkten PersG über § 3 Abs. 1 Nr. 1 PublG aus dem Anwendungsbereich des PublG ausgenommen worden.

## 2  Tatbestandsmerkmale

### 2.1  Personenhandelsgesellschaft

Die Qualifizierung als **OHG** bestimmt sich nach § 105 HGB. Danach muss der Zweck der Ges. auf den Betrieb eines Handelsgewerbes unter einer gemeinschaftlichen Firma ausgerichtet sein. Zudem existieren keine Haftungsbeschränkungen von Gesellschaftern gegenüber Gläubigern der Ges. Der Begriff des Handelsgewerbes ist in § 1 Abs. 2 HGB geregelt und erfasst jeden Gewerbebetrieb, der einen in kaufmännischer Weise eingerichteten Geschäftsbetrieb erfordert.  3

Entsprechend § 105 Abs. 2 HGB ist auch dann von einer offenen Handelsgesellschaft auszugehen, wenn der Gesellschaftszweck auf die Verwaltung von eigenem Vermögen beschränkt bzw. ein in kaufmännischer Weise eingerichteter Geschäftsbetrieb nicht erforderlich ist, jedoch die Eintragung der Firma im HR erfolgte.  4

Die Merkmale einer **KG** ergeben sich aus § 161 HGB. Es handelt sich dabei um eine Ges., die ein Handelsgewerbe unter gemeinschaftlicher Firma betreibt. Im Gegensatz zur OHG ist bei einigen Gesellschaftern (= Kommanditisten) die Haftung gegenüber den Gesellschaftsgläubigern auf einen bestimmten, vorher festgeschriebenen Betrag begrenzt, während andere Gesellschafter (= Komplementäre) keinen Haftungsbeschränkungen unterliegen.  5

Eine Anwendung des § 264a Abs. 1 HGB auf PersG, die weder eine OHG noch eine KG sind, darf nicht erfolgen. Zu denken wäre hier bspw. an eine Ges. bürgerlichen Rechts (GbR).[1]

### 2.2  Persönlich haftender Gesellschafter

§ 264a Abs. 1 Nr. 1 HGB verlangt eine natürliche Person als Vollhafter. Die Erfüllung dieses Tatbestandsmerkmals setzt zunächst voraus, dass sich die natürliche Person rechtswirksam als **Vollhafter** an der Ges. beteiligt hat. Davon kann ausgegangen werden, wenn die Gesellschaftsbeteiligung zum einen auf den Namen und zum anderen auf Rechnung der natürlichen Person gehalten wird. Dadurch sollen Konstellationen der Beteiligung für Rechnung einer KapG oder auch treuhänderische Beteiligungen ausgeschlossen werden.  6

Des Weiteren muss die natürliche Person **geschäftsfähig** sein. Dies setzt die Vollendung des 18. Lebensjahres voraus bzw. für den Fall einer beschränkten Geschäftsfähigkeit (Vollendung des 7. Lebensjahres, aber noch keine Vollendung  7

---

1  Vgl. *Zimmer/Eckholt*, NJW 2000, S. 1363; *Patt*, DStZ 2000, S. 77.

des 18. Lebensjahres) den Vertragsschluss mit dem gesetzlichen Vertreter und die Genehmigung durch das Vormundschaftsgericht.

8 PhG ist die natürliche Person entweder durch Übernahme des Gesellschafterstatus bei einer OHG oder durch Übernahme des Komplementärstatus bei einer KG. **Verlustübernahmen** aufgrund rein schuldrechtlicher Vereinbarungen oder auch aufgrund von Bürgschaftsübernahmen können die gesellschaftsrechtliche Vollhafterstellung nicht kompensieren. Fraglich ist bislang, ob die **Aufnahme eines Vollhafters**, die faktisch die Haftungsbasis über das Gesellschaftskapital hinaus nicht verbreitert, weil die Vollhafterfunktion der natürlichen Person z.B. aufgrund vorliegender Mittellosigkeit gar nicht ausgefüllt werden kann, auch zu einer Vermeidung von Offenlegungspflichten analog der Vorschriften für KapG führt. Unter Rückgriff auf die Rechtsprechung des BGH[2] wird in Teilen des Schrifttums[3] die Auffassung vertreten, dass § 264a HGB nicht an eine angemessene Finanzausstattung des persönlich haftenden Gesellschafters anknüpft, sodass wohl lediglich eine vorsätzliche sittenwidrige Schädigung i.S.d. § 826 BGB beanstandet werden könnte.[4]

9 Die Frage der **Staatsangehörigkeit** der natürlichen Person ist unerheblich. Eine konkrete Tätigkeit des persönlich haftenden Gesellschafters für die PersG ist nicht erforderlich. Entsprechend den Vorschriften des § 115 Abs. 1 HGB und des § 125 Abs. 1 HGB ist es danach durchaus unschädlich, wenn der persönlich haftende Gesellschafter von der **Geschäftsführung** und/oder **Vertretung** der PersG durch eine Regelung im Gesellschaftsvertrag **ausgeschlossen** wird.[5] Es ist lediglich gesellschaftsvertraglich sicherzustellen, dass ein Gesellschafter zur **Geschäftsführung** und **Vertretung berechtigt** ist. Dies kann auch eine juristische Person sein.

10 Bezüglich des Beurteilungszeitpunktes für die Anwendung von § 264a Abs. 1 Nr. 1 HGB ist nach herrschender Meinung der Bilanzstichtag maßgeblich. Nach Mindermeinung wird als maßgeblicher Zeitpunkt sogar der Tag der Aufstellung des JA angesehen.[6] Auch bei Anwendung des Bilanzstichtags als maßgeblicher Beurteilungszeitpunkt bleibt festzuhalten, dass die **Offenlegungspflicht** damit auch für Zeiträume vor dem Eintritt der natürlichen Person als phG entfallen kann. Diese Auffassung geht auf eine Entscheidung des Landgerichts Osnabrück vom 1.7.2005[7] zurück. Danach führt die Aufnahme einer natürlichen Person als Vollhafter dazu, dass auch Abschlüsse zu Stichtagen vor der **Aufnahme** des natürlichen **Vollhafters** nicht mehr offenzulegen sind.

Aufgrund des Urteils des Landgerichts hat das IDW Tz 5 seiner einschlägigen Stellungnahme ergänzt.[8] Erfolgt der Eintritt einer natürlichen Person als phG erst nach dem Abschlussstichtag, entfällt die Pflicht zur Anwendung der Regeln für KapG gem. § 264 HGB bis § 330 HGB sowohl mit Wirkung für die Zukunft als auch mit Wirkung für die Vergangenheit. Es besteht vom Zeitpunkt des **Eintritts** einer natürlichen Person als **Vollhafter** nicht mehr das Bedürfnis, die strengeren

---

[2] Vgl. BGH, Urteil v. 14.1.1985, II ZR 103/84, BGHZ 93, S. 250.
[3] Vgl. *Thiele/Sickmann*, in *Baetge/Kirsch/Thiele*, Bilanzrecht, § 264a HGB Rz 62.
[4] Vgl. *Herrmann*, WPg 2001, S. 273.
[5] Vgl. BGH, Urteil v. 27.6.1955, II ZR 232/54, BGHZ 17, S. 393; BGH, Urteil v. 9.12.1968, II ZR 33/67, BGHZ 51, S. 201.
[6] Vgl. *Reiner*, in MünchKomm. HGB, 3. Aufl., § 264a–c Rn 7.
[7] Vgl. LG Osnabrück, Urteil v. 1.7.2005, 15 T 6/05, BB 2005, S. 2461.
[8] Vgl. IDW RS HFA 7, WPg 2008, S. 797.

für KapG geltenden Vorschriften anzuwenden. Die Wirkung auch mit Bezug auf die Vergangenheit ist nach der Urteilsbegründung des Landgerichts deshalb geboten, weil der Eintretende gem. §§ 161 Abs. 2, 130 Abs. 1 HGB ab dem Eintrittszeitpunkt auch für alle bereits entstandenen Verbindlichkeiten persönlich unbeschränkt haftet. Insoweit bedürfen die Gläubiger der Ges. weder eines vergangenheits- noch eines zukunftsbezogenen erweiterten Schutzes durch die **Offenlegung von JA** der Ges.[9] Für die gestaltende Praxis ist von Interesse, dass bei dem zugrunde liegenden Urteilsfall die **Registereintragung** des Gesellschaftereintritts erst zeitlich nach dem Erlass der Verfügung vollzogen wurde, mithin zu einem Zeitpunkt, in dem sich das Unternehmen bereits im Anordnungsverfahren wegen der Verletzung von Offenlegungspflichten befand. Für die Praxis kann damit davon ausgegangen werden, dass ein offenlegungsbefreiender **Gesellschaftereintritt** zu jedem Zeitpunkt des **Justizverwaltungsverfahrens**, d.h. auch nach Erlass der Verwaltungsverfügung durch das Bundesamt für Justiz, wirksam vollzogen werden kann. Es besteht bei einer pflichtwidrigen Verletzung der Offenlegungspflicht damit für die PersG das Wahlrecht, der Aufforderung durch das Bundesamt für Justiz nachzukommen oder bis zum rechtskräftigen Abschluss des Verfahrens von der befreienden Wirkung einer natürlichen Person als Vollhafter Gebrauch zu machen. Nach Literaturauffassung[10] bezieht sich der rückwirkende Wegfall nicht nur auf Offenlegungspflichten (gewissermaßen als Einzelpflicht aus dem Katalog der §§ 264ff. HGB), sondern auch auf die Vorschriften zur Aufstellung und Prüfung des JA. Allerdings kann die Wirksamkeit eines festgesetzten Ordnungsgeldes durch den erfolgten Eintritt eines phG erst nach Ablauf der festgesetzten Nachfrist nicht verhindert werden.[11]

Tritt der persönlich haftende Gesellschafter nach dem Bilanzstichtag (als relevanter Beurteilungszeitpunkt) wieder aus der Ges. aus, so kommt es nicht zu einer rückwirkenden Anwendung von § 264a Abs. 1 HGB.[12]

Diese Modalitäten zum Beurteilungszeitpunkt für den Ein- und Austritt legen die Frage nahe, ob z.B. ein wiederholter Eintritt in die Ges. unmittelbar vor dem Bilanzstichtag in Verbindung mit einem wiederholten Austritt unmittelbar nach dem Bilanzstichtag die Regelungsnorm unterlaufen kann. Im Schrifttum[13] geht man dann von einer Sanktionsmöglichkeit aus, wenn die Aufnahme des persönlich haftenden Gesellschafters erkennbar erfolgte, um das Gesetz zu unterlaufen, mithin Vorsatz unterstellt werden kann. Davon ist bei einer Konstellation wie vorstehend geschildert auszugehen.

Der Eintritt muss zum Beurteilungszeitpunkt gegenüber Dritten wirksam vollzogen worden sein. Der wirksame Eintritt ist zum einen gegeben, wenn eine entsprechende **Eintragung im HR** erfolgt ist, und zum anderen dann, wenn die Ges. mit Zustimmung des eingetretenen Gesellschafters ihre Geschäfte fortsetzt. Eine HR-Eintragung ist in diesem Fall entbehrlich, weil sie keinen konstitutiven, sondern lediglich einen deklaratorischen Charakter besitzt.

---

[9] Vgl. *Kanitz*, WPg 2008, S. 1062.
[10] Vgl. *Kanitz*, WPg 2008, S. 1063.
[11] Vgl. LG Bonn, Urteil v. 13.11.2009, 30 T 1279/09, BB 2010, S. 304; GRASHOFF, BB 2010, S. 306.
[12] Vgl. *Bitter/Grashoff*, DB 2000, S. 838.
[13] Vgl. *Waßmer*, GmbHR 2002, S. 419.

Erfolgt keine Eintragung des phG im HR, so entsteht für den Fall eines späteren Ausscheidens eine zeitlich unbegrenzte Haftung für die Verbindlichkeiten der Ges. Die im Regelfall geltende **Nachhaftungsfrist** von fünf Jahren gem. § 160 Abs. 1 HGB kommt bei einer solchen Konstellation nicht in Betracht, weil sie an die Eintragung des Ausscheidungszeitpunkts geknüpft ist.[14]

### 2.3 Mittelbare Haftung bei mehrstöckigen Gesellschaften

13  § 264a Abs. 1 Nr. 2 HGB erweitert die Haftung über eine direkte Beteiligung einer natürlichen Person auch auf Beteiligungsstrukturen, die durch die **indirekte Beteiligung** einer oder mehrerer Ges. gekennzeichnet sind. Diese Zwischengesellschaften müssen in der Rechtsform der PersG (also i.d.R. einer OHG oder KG, aber auch der EWIV, der GbR[15] oder der Partnerschaftsgesellschaft) geführt werden und ebenfalls phG sein bzw. als phG wiederum eine zwischengeschaltete Ges. aufweisen, die eine natürliche Person als phG hat.

Abb. 1: Beispiel einer doppelstöckigen Ges.[16]

Insoweit ist insb. bei **mehrstöckigen Gesellschaftskonstellationen** unter dem Gesichtspunkt der Befreiung von den Vorschriften der §§ 264 ff. HGB darauf zu achten, dass an einer beliebigen Stelle der **Beteiligungskette** eine natürliche Person bzw. eine PersG mit natürlicher Person als Vollhafter existiert und somit zumindest der Tatbestand der **mittelbaren Vollhaftung** erfüllt werden kann.
Eine Beschränkung der Rechtsform der **Zwischengesellschaft** lediglich auf deutsche Rechtsformen ist nicht zulässig. Damit dürfen auch ausländische Rechtsformen als Zwischengesellschaft fungieren, wenn eine Übereinstimmung bzw. Annäherung zum Rechtscharakter der PersG nach deutschem Recht festgestellt werden kann. Entscheidendes Beurteilungskriterium zur Ableitung der Rechtsfolge aus § 264a HGB ist die Frage, ob am Ende einer theoretisch beliebig

---

14  Vgl. *Kanitz*, WPg 2003, S. 324.
15  Die Möglichkeit, dass auch eine GbR Gesellschafter einer PersG sein kann, wurde schlussendlich zumindest für den Fall der Kommanditistenstellung bei einer Kommanditgesellschaft durch den BGH in seiner Entscheidung vom 16.7.2001 (II-ZB 23/00) bestätigt.
16  Vgl. *Förschle/Usinger*, in Beck Bil-Komm. 9. Aufl., § 264a HGB, Rz 39.

langen Beteiligungskette die Funktion des phG durch eine natürliche Person ausgefüllt wird oder nicht. Auch bei der Beurteilung ausländischer Rechtsformen ist letztendlich die **Durchgriffshaftung** auf das Vermögen einer natürlichen Person entscheidend. Die Auffassung, dass auf jeder Ebene der vertikalen Beteiligungskette eine natürliche Person als Vollhafter existent sein muss[17], würde der Zielsetzung der Regelung zuwiderlaufen.[18]

Abb. 2: Beispiel einer mittelbaren Haftung bei doppelstöckiger PersG[19]

Die Forderung nach einer PersG in § 264a Abs. 1 Nr. 2 HGB ist eng und im Zusammenspiel mit dem **Haftungsdurchgriff** auf eine natürliche Person auszulegen. Insoweit führt denn auch die Übernahme der Funktion des phG durch eine KGaA zur Ableitung der Rechtsfolge des § 264a HGB. Der phG der KGaA ist nach dem gesetzlichen Idealbild zwar eine natürliche Person, doch die Ges. selbst gehört zu den KapG. Unter Bezugnahme auf die gesellschaftsrechtliche Praxis ist darauf hinzuweisen, dass der phG einer KGaA nahezu immer eine haftungsbeschränkte Ges., im Regelfall eine GmbH & Co ist.

## 3 Rechtsfolgen des § 264a HGB

Sind die Tatbestandsmerkmale des § 264a HGB erfüllt, so liegt eine sog. haftungsbeschränkte PersG vor, die neben den allgemeinen Vorschriften der §§ 238–263 HGB folgende Spezialvorschriften zu beachten hat:[20]
- §§ 264–289a HGB: JA der KapG und LB
- §§ 290–315a HGB: KA und KLB
- §§ 316–324a HGB: Prüfung
- §§ 325–329 HGB: Offenlegung

---

[17] Vgl. *Luttermann*, ZIP 2000, S. 519.
[18] Vgl. *Thiele/Sickmann*, in *Baetge/Kirsch/Thiele*, Bilanzrecht, § 264a HGB Rz 71.
[19] Vgl. *Thiele/Sickmann*, in *Baetge/Kirsch/Thiele*, Bilanzrecht, § 264a HGB Rz 71.
[20] Vgl. *Strobel*, DB 2000, S. 56.

- § 330 HGB: Verordnungsermächtigungen für Formblätter und andere Vorschriften
- §§ 331–335b HGB: Straf-/Bußgeldvorschriften, Zwangsgelder

Der Gesetzestext bestimmt durch die Formulierung („sind ... anzuwenden") zunächst, dass die vorstehend aufgeführten Regelungen in vollem Umfang umgesetzt werden müssen. Aufgrund der unterschiedlichen gesellschaftsrechtlichen Strukturen von KapG und PersG können bestimmte Vorschriften, die vollständig auf die Strukturen von KapG zugeschnitten sind, nur in veränderter Form faktisch bei der haftungsbeschränkten PersG umgesetzt werden. Die hier zu berücksichtigenden Besonderheiten werden über § 264c HGB erfasst und haben als Spezialnorm insoweit Vorrang vor den reinen Vorschriften für KapG.[21]

## 4 Gesetzlicher Vertreter gem. § 264a Abs. 2 HGB

16 Die Regelung des § 264a Abs. 2 HGB ist der Tatsache geschuldet, dass PersG an sich dem Prinzip der Selbstorganschaft unterliegen und insoweit keine **gesetzlichen Vertreter** haben. Da sich die Bestimmungen der §§ 264ff. HGB jedoch auf die gesetzlichen Vertreter einer KapG beziehen (z.B. bei der Aufstellung des JA, des KA, bei der Verhängung von Buß-/Zwangsgeldern oder bei der Erteilung des Prüfauftrags), war eine Definition des gesetzlichen Vertreters in Bezug auf die KapG & Co. an dieser Stelle unumgänglich.[22]

> **Beispiel**
> Die Tragweite einer solchen Bezugnahme zeigt sich beispielhaft an der Tatsache, dass sich aus § 264a Abs. 2 HGB i.V.m. § 285 Nr. 9a HGB im Anhang einer KapG & Co. zwingend eine Angabepflicht für die Bezüge der Geschäftsführer der Komplementärgesellschaft ergibt. Die Angabepflicht für die Geschäftsführergehälter ist unabhängig davon, ob die Bezüge dem Geschäftsführer von der Komplementär-GmbH oder der KG gewährt werden.

Die Aufstellung des JA ist bei PersG i.S.d. § 264a HGB pflichtgemäß durch den phG vorzunehmen. Bei einer KapG & Co. kann das damit nicht der phG (z.B. eine GmbH oder eine AG) unmittelbar sein, sondern die Mitglieder des jeweils **vertretungsberechtigten Organs**, d.h. die Mitglieder des Vorstands bei einer AG (vgl. § 78 AktG) oder die bzw. der Geschäftsführer bei einer GmbH (vgl. § 35 GmbHG). Besteht das vertretungsberechtigte Organ nicht nur aus einem, sondern aus mehreren Mitgliedern, so sind grds. sämtliche Mitglieder dieses Organs vertretungsberechtigt. Diesen Personenkreis trifft letztendlich auch die Pflicht, die Anwendung der ergänzenden Vorschriften für KapG sicherzustellen. Liegt eine **Beteiligungskette** vor, bei der der vertretungsberechtigte Gesellschafter wiederum aus einer PersG besteht, so verlagert sich die vorstehend genannte Verpflichtung auf die jeweils nächste Stufe, bis ein vertretungsberechtigtes Organ eines phG festgestellt werden kann.

---

21 Vgl. Thiele/Sickmann, in *Baetge/Kirsch/Thiele*, Bilanzrecht, § 264a HGB, Rz 82.
22 Vgl. BilMoG-BegrRegE, BT-Drs. 14/1806 S. 18.

## § 264b BEFREIUNG VON DER PFLICHT ZUR AUFSTELLUNG EINES JAHRESABSCHLUSSES NACH DEN FÜR KAPITALGESELLSCHAFTEN GELTENDEN VORSCHRIFTEN

Eine Personenhandelsgesellschaft i.S.d. § 264a Abs. 1 ist von der Verpflichtung befreit, einen Jahresabschluss und einen Lagebericht nach den Vorschriften dieses Abschnitts aufzustellen, prüfen zu lassen und offen zu legen, wenn
1. sie in den Konzernabschluss eines Mutterunternehmens mit Sitz in einem Mitgliedstaat der Europäischen Union oder einem anderen Vertragsstaat des Abkommens über den europäischen Wirtschaftsraum oder in den Konzernabschluss eines anderen Unternehmens, das persönlich haftender Gesellschafter dieser Personenhandelsgesellschaft ist, einbezogen ist;
2. der Konzernabschluss sowie der Konzernlagebericht im Einklang mit der Richtlinie 83/349/EWG des Rates vom 13. Juni 1983 auf Grund von Artikel 54 Abs. 3 Buchstabe g des Vertrages über den konsolidierten Abschluss (Abl. EG Nr. L 193 S. 1) und der Richtlinie 84/253/EWG des Rates vom 10. April 1984 über die Zulassung mit der Pflichtprüfung der Rechnungslegungsunterlagen beauftragten Personen (Abl. EG Nr. L 126 S. 20) in ihren jeweils geltenden Fassungen nach dem für das den Konzernabschluss aufstellende Unternehmen maßgeblichen Recht aufgestellt, von einem zugelassenen Abschlussprüfer geprüft und offen gelegt worden ist, und
3. die Befreiung der Personenhandelsgesellschaft
   a) im Anhang des von dem Mutterunternehmen aufgestellten und nach § 325 durch Einreichung beim Betreiber des Bundesanzeigers offen gelegten Konzernabschlusses angegeben und
   b) zusätzlich im Bundesanzeiger für die Personenhandelsgesellschaft unter Bezugnahme auf diese Vorschrift und unter Angabe des Mutterunternehmens mitgeteilt worden ist.

Prof. Dr. Stefan Müller/Prof. Dr. Niels Weller

### Inhaltsübersicht

| | Rz |
|---|---|
| 1 Überblick | 1–2 |
| 2 Tatbestandsmerkmale | 3–30 |
|    2.1 Einbeziehung in einen Konzernabschluss | 3–21 |
|       2.1.1 Konzernabschluss eines Mutterunternehmens (Nr. 1 Hs. 1) | 3–9 |
|       2.1.2 Konzernabschluss eines persönlich haftenden Gesellschafters (Nr. 1 Hs. 2) | 10–21 |
|          2.1.2.1 Auslegung | 10–14 |
|          2.1.2.2 Ausweis des Anteils anderer Gesellschafter | 15–17 |

| | | |
|---|---|---|
| 2.1.2.3 | Befreiende Wirkung eines Konzernabschlusses von Nichtmutterunternehmen | 18–19 |
| 2.1.2.4 | Erweiterte Angabepflichten | 20–21 |
| 2.2 | Ordnungsmäßigkeit des Konzernabschlusses i. S. v. § 264b Nr. 2 HGB | 22–27 |
| 2.3 | Angabe der Befreiung im Konzernanhang und Offenlegung des Konzernabschlusses | 28–29 |
| 2.4 | Mitteilungspflicht der Personenhandelsgesellschaft | 30 |
| 3 | Änderungen durch das BilRUG | 31 |

**Ergänzendes Schrifttum**

*Bitter/Grashoff*, Anwendungsprobleme des Kapitalgesellschaften- und Co-RL-Gesetzes, DB 2000, S. 833; *Eisolt/Verdenhalven*, Erläuterung des Kapitalgesellschaften und Co-RL-Gesetzes (KapCoRiLiG), NZG 2000, 130; *Giese/Schindler*, Erleichterung bei der Rechnungslegung, Prüfung und Offenlegung von Konzerngesellschaften, BB 2001, S. 511; *Grashoff*, Die geplante Offenlegung von Jahres- und Konzernabschlüssen nach Einführung des digitalen Unternehmensregisters ab 2007, DB 2006, S. 513; *Herrmann*, Zur Rechnungslegung der GmbH & Co. KG im Rahmen des KapCoRiLiG, WPg 2001, S. 271; IDW, IDW-AK „Personengesellschaften", Zweifelsfragen des Kapitalgesellschaften- und Co-RL-Gesetz (KapCoRiLiG), FN-IDW 2000, S. 604; *Kanitz*, Rechnungslegung bei Personengesellschaften – Anmerkungen zu IDW RS HFA 7, WPg 2003, S. 324; *Krietenstein*, Konzernrechnungslegungspflicht der Komplementär-GmbH einer GmbH & Co. KG, WPg 2005, S. 1200; *Küting/Pilhofer*, Zur Frage der Einbeziehung einer GmbH & Co. KG in den Konzernabschluss eines übergeordneten Mutterunternehmens im Rahmen der Abgrenzung des Konsolidierungskreises, WPg 2003, S. 793; *Lüdenbach*, Die Vernichtung von Eigenkapital im (befreienden) Konzernabschluss der GmbH & Co. KG – Bilanzpolitische Kuriositäten des KapCoRiLiG, GmbHR 2000, S. 847; *Luttermann*, Das Kapitalgesellschaften- und Co-RL-Gesetz, ZIP 2000, S. 517; *Pawelzik/Theile*, Konzernrechnungslegungspflicht und Ausweis der Anteile anderer Gesellschafter im Konzernabschluss der GmbH & Co. KG, DStR 2000, S. 2145; *Plagens/Wolter/Henke*, Neuausrichtung der Bilanzpolitik im Lichte des EHUG?, DStR 2007, S. 1413; *Scheffler*, Neue Vorschriften zur Rechnungslegung, Prüfung und Offenlegung nach dem Kapitalgesellschaften- und Co-RL-Gesetz, DStR 2000, S. 529; *Schulze-Osterloh*, Befreiung der Kapitalgesellschaft & Co. von der Rechnungslegungspflicht für Kapitalgesellschaften durch Einbeziehung in den „Konzernabschluss" ihres persönlich haftenden Gesellschafters, BB 2002, S. 1307; *Seibert/Decker*, Das Gesetz über elektronische HR, Genossenschaftsregister sowie das Unternehmensregister (EHUG) – Der „Big Bang" im Recht der Unternehmenspublizität, DB 2006, S. 2446; *Theile*, Publizität des Einzel- oder Konzernabschlusses bei der GmbH & Co. KG, GmbHR 2000, S. 215; *Winkeljohann/Schindhelm*, Das KapCoRiLiG, 2000; *Zwirner*, Auswirkungen des KapCoRiLiG auf die Konzernrechnungslegung in Deutschland, BuW 2000, S. 89. Siehe auch Literatur bei § 264a HGB.

# 1 Überblick

In § 264b HGB werden die Voraussetzungen genannt, unter denen **PersG** i.S.d. § 264a Abs. 1 HGB durch Integration in einen KA (sog. befreiender KA) die ergänzenden Vorschriften zur Rechnungslegung für KapG nicht berücksichtigen müssen.

Die Bestimmung des § 264b HGB ist gewissermaßen eine Sondervorschrift zu § 264 Abs. 3 HGB für KapG & Co. Auch hier werden die Voraussetzungen genannt, unter denen die Anwendung der ergänzenden Vorschriften für KapG hinsichtlich **Aufstellung, Prüfung** und **Offenlegung** des JA entbehrlich sind.[1] Allerdings kommt es nicht zu einer kompletten Übernahme der Regelung für KapG. Mit dem BilRUG kommt es zu einer Neufassung von § 264b HGB, die für Gj, die nach dem 31.12.2015 beginnen, anzuwenden ist (Rz 31).

Für die Erleichterung sind zusätzliche Anforderungen erforderlich, weil der Verzicht auf die Erfordernisse der §§ 264 ff. HGB Risiken für die Adressaten der Rechnungslegung mit sich bringt, die auf diese Weise kompensiert werden sollen. Die praktische Bedeutung der Befreiungsregelung hält sich in Bezug auf die Aufstellung und Prüfung des JA jedoch in Grenzen. Dies gilt allerdings nicht in Bezug auf die Offenlegung.

In der Praxis werden die **Befreiungsmöglichkeiten** oftmals nicht insgesamt, sondern lediglich teilweise und dann häufig lediglich unter Ausnutzung der Erleichterungen in Bezug auf die Offenlegung ausgenutzt. Die praktische Bedeutung des § 264b HGB ergibt sich zudem aus der Tatsache, dass für PersG im Gegensatz zu der für KapG geltenden Vorschrift des § 264 Abs. 3 HGB kein **Ergebnisabführungsvertrag** erforderlich ist, sodass die einzig materielle Voraussetzung die Einbeziehung in den KA ist.

Durch die Verpflichtung zum Einklang mit der 7. EG-RL muss der einzubeziehende JA der KapCoGes die innerhalb des Konzerns geltenden Ansatz-, Bewertungs- und Ausweisvorschriften berücksichtigen. Damit ist fast zwangsläufig die Berücksichtigung der ergänzenden Vorschriften für KapGen verbunden.

Die ergänzend in § 264 Abs. 3 HGB aufgeführte Zustimmungspflicht aller Gesellschafter und die **Verlustübernahmeverpflichtung** sind für die Regelung des § 264b HGB nicht erforderlich. In Bezug auf die Zustimmungspflicht aller Gesellschafter bleibt festzuhalten, dass die Gesellschafter einer PersG im Vergleich zu den Gesellschaftern einer KapG nach Einschätzung des BGH[2] ohnehin umfangreichere **Verweigerungsrechte** z.B. im Hinblick auf die Ausübung von ergebnisrelevanten Bilanzierungsentscheidungen oder auch in Bezug auf die Feststellung des JA haben.

Die **Verlustübernahmeerklärung** des MU ist deshalb entbehrlich, weil der phG einer PersG ohnehin persönlich vollumfänglich haftet.

Der Passus „ist von der Verpflichtung befreit" darf nach Literatureinschätzung[3] nicht als Wahlrechtsverbot ausgelegt werden, d.h., die PersG hat auch weiterhin die Möglichkeit, freiwillig nach den Vorschriften der §§ 264 ff. HGB Rechnung zu legen. Werden die Erleichterungen nach § 264b HGB wahrgenommen, so bleibt es

---

[1] Vgl. *Giese/Rabenhorst/Schindler*, BB 2001, S. 515 f.; *Keller*, StuB 2001, S. 214.
[2] Vgl. BGH, Urteil v. 29.3.1996, II ZR 263/94, DB, S. 926.
[3] Vgl. *Reiner*, in MünchKomm. HGB, 3. Aufl., § 264a–c, Rz 10.

selbstverständlich bei der Verpflichtung, gleichwohl einen Abschluss entsprechend der für alle Kfl. geltenden Vorschriften der §§ 238–263 HGB aufzustellen.

2 Eine KapCoGes kann auch dann mit befreiender Folge in einen KA einbezogen werden, wenn sich der einzubeziehende JA lediglich auf ein Rumpfgj bezieht. Ein derartiger Sachverhalt könnte sich z. B. bei Neugründungen oder auch bei einem unterjährigen Erwerb ergeben.

> **Beispiel**
> Die Befreiung gilt auch, wenn die PersG z. B. im Oktober erworben und im KA ab dem 1.10. enthalten ist. Dies ist insb. deshalb erwähnenswert, weil rein materiell gesehen damit die ersten 9 Monate der GuV letztendlich nicht im KA enthalten sind.

## 2 Tatbestandsmerkmale

### 2.1 Einbeziehung in einen Konzernabschluss

#### 2.1.1 Konzernabschluss eines Mutterunternehmens (Nr. 1 Hs. 1)

3 Die Bestimmung des § 264b Nr. 1 Hs. 1 HGB sieht vor, dass die Einbeziehung in den KA der Muttergesellschaft zu einer Befreiung von §§ 264ff. HGB führt. Dies setzt voraus, dass zwischen beiden Ges. die Voraussetzungen für ein **Mutter-Tochter-Verhältnis** i.S.d. § 290 HGB erfüllt sind. Im Übrigen können sich Mutter-Tochter-Verhältnisse auch aus einer **Konzernabschlusspflicht** entsprechend § 11 PublG ergeben. Zu den Bestimmungskriterien für ein TU vgl. § 290 Rz 18 ff.

4 Nicht entscheidend ist, ob der KA aufgrund gesetzlicher Verpflichtung oder lediglich freiwillig aufgestellt wurde.[4]

5 Das MU muss den Sitz in einem EU-Mitgliedsland oder in einem EWR-Vertragsstaat haben, somit ist der Inlandssitz nicht zwingend.[5]

6 Gemäß § 290 Abs. 1 HGB kann das MU nur die Rechtsform einer KapG führen, wobei bereits durch § 291 Abs. 1 Satz 2 HGB eine Ausweitung auf jede Rechtsform vorgenommen wird. Die freie Rechtsformwahl gilt auch für das MU i.S.d. § 246b Nr. 1 HGB.

7 Die **Einbeziehung** in den KA der Muttergesellschaft muss tatsächlich auch erfolgt sein, d.h., die Existenz eines Wahlrechts zur Nichtaufnahme in den KA gem. § 296 HGB führt nicht zu einer Befreiung gem. §§ 264ff. HGB. Des Weiteren ist mit der Einbeziehung in den KA eine **Vollkonsolidierung** entsprechend §§ 300ff. HGB zu verstehen. Eine bloße **Beteiligungsfortschreibung** entsprechend der **Equity-Bewertung** führt nicht zu einer Befreiung von den umfangreicheren Rechnungslegungspflichten. Einer Mindermeinung[6] zufolge werden bei Equity-Fortschreibungen die Voraussetzungen des § 264b Nr. 1 HGB durch die Publizität im Anhang des MU erfüllt. Ebenso wie die Einbeziehung at equity hat auch die Vornahme einer **Quotenkonsolidierung** keine

---

[4] Vgl. *Bitter/Grashoff*, DB 2000, S. 836; *Schulze-Osterloh*, BB 2002, S. 1308.
[5] Vgl. *Theile*, GmbHR 2000, S. 220.
[6] Vgl. *Bitter/Grashoff*, DB 2000, S. 837.

Befreiung von den Rechnungslegungspflichten für KapG zur Folge. Dies resultiert letztendlich aus der Tatsache, dass bei der Existenz von Gemeinschaftsunternehmen keine Muttergesellschaft benannt werden kann.
Bezogen auf die spezifische Konstellation einer KapCoGes treten Mutter-Tochter-Verhältnisse in aller Regel zwischen dem phG und der KapCoGes auf. Die Verwirklichung des Control-Konzepts geht damit von der Komplementär-KapG aus. Die Existenz der Beherrschung ergibt sich schon allein aus der regelmäßigen Tatsache, dass der Komplementär einziger Geschäftsführer der KapCoGes ist.

Die **Kongruenz der Funktion** des phG in der Rechtsform einer KapG und der Funktion als Muttergesellschaft ist indes nicht zwingend. Damit kann ebenso ein Kommanditist als Muttergesellschaft fungieren. Voraussetzung ist natürlich, dass es zu einer Einschränkung der Geschäftsführungsbefugnisse des phG in der Weise kommt, dass die übrigen Gesellschafter mit einem Weisungsrecht gegenüber dem Komplementär ausgestattet werden oder eine Zustimmungspflicht im Rahmen von Geschäftsführungsentscheidungen besteht.[7] Liegt die Verwirklichung des Control-Konzepts auf diese Weise beim Kommanditisten, so hat dieser die Möglichkeit einen **befreienden KA aufzustellen**.[8]

8

In § 264b Nr. 1 Hs. 1 HGB wird formuliert: „Eine Personenhandelsgesellschaft (…) ist (…) befreit (…), wenn sie in den Konzernabschluss eines Mutterunternehmens (…) einbezogen ist." Aufgrund dieser Wortwahl bleibt zunächst unklar, ob sich die Befreiungswirkung auch auf den **JA der Muttergesellschaft** selbst ausdehnt, wenn es sich hierbei um eine KapCoGes i.S.d. § 264a Abs. 1 HGB handelt. Stellt man allein auf den rechtssystematischen Bezugsrahmen des § 264 Abs. 3 HGB ab, so ist die Befreiungsmöglichkeit auf Tochter-Konstellationen beschränkt. Es muss allerdings ein mehrfaches Abweichen von dieser Parallelvorschrift konstatiert werden, dass sich insb. in einer Befreiung von den erweiterten Rechnungslegungsvorschriften unter deutlich vereinfachten Voraussetzungen äußert.[9] Unter Rückgriff auf die Intention des § 264b HGB geht die Literaturmeinung[10] mittlerweile davon aus, dass auch der KA der KG als MU befreiende Wirkung für den EA hat. Dies ergibt sich, weil im Rahmen des Gesetzeswortlauts nicht verlangt wird, dass die KG in den KA eines anderen MU einbezogen wird. In Übereinstimmung mit dieser hM hat auch das LG Bonn entschieden.[11] Im Ergebnis folgt daraus, dass die Vorschriften für KapG in Bezug auf den EA der KG keine Rolle spielen, wenn sie gleichzeitig als MU einen KA aufstellt. Kosteneinsparungen für die KG ergeben sich aus dem Beschluss des LG Bonn nicht. Durch die pflichtmäßige oder freiwillige Aufstellung und Offenlegung eines KA kann jedoch die Publizität des EA vermieden werden. Dies könnte in Einzelfällen dann interessant sein, wenn verhindert werden soll, dass Konkurrenten des Unt über die Analyse des EA relevante Kennzahlen ermitteln können, die bei bloßer Veröffentlichung des KA verborgen blieben. Mit dem BilRUG wird für KapG in § 264 Abs. 3 HGB nF explizit die Selbstbefreiung eines MU ausgeschlossen. Im neu formulierten § 264b HGB erfolgte dies jedoch nicht, allerdings muss der KA eine

9

---

7 Vgl. *Küting/Weber/Pilhofer*, WPg 2003, S. 797 f.; *Krietenstein*, WPg 2005, S. 1200.
8 Vgl. *Schulze-Osterloh*, BB 2002, S. 1309.
9 So sind z. B. die Einschränkungen in § 264 Abs. 3 Nrn. 1, 2 HGB im Rahmen des § 264b HGB nicht zu berücksichtigen.
10 Vgl. *Pawelzik/Theile*, DStR 2000, S. 2146 f.; *Kanitz*, WPg 2003, S. 327.
11 Vgl. LG Bonn, Beschluss v. 30.9.2009, 30 T 848/09, BB 2010, S. 1208.

„größere Gesamtheit" von Unt umfassen, wobei der Gesetzgeber dabei von mind. drei Unt ausgeht (Rz 31).[12]

### 2.1.2 Konzernabschluss eines persönlich haftenden Gesellschafters (Nr. 1 Hs. 2)

#### 2.1.2.1 Auslegung

10 Eine Befreiungswirkung tritt auch ein, wenn der **KA** vom **phG** aufgestellt wird.[13] Durch die Einfügung dieser Alternative wird verdeutlicht, dass der Gesetzgeber nicht automatisch ein Mutter-Tochter-Verhältnis zwischen dem phG und der PersG annimmt. Dies würde, der Organisation einer KapCoGes entsprechend, dem gesetzlichen Normalstatut entsprechen.

> **Beispiel**
> In der Praxis können sich beispielhaft Konstellationen ergeben, bei denen die Weisungs- und Geschäftsführungsrechte per Gesellschaftsvertrag auf die Kommanditisten übergegangen sind. Die Ausübung einer einheitlichen Leitung nach § 290 Abs. 1 HGB durch den phG wäre in einem solchen Fall ausgeschlossen. Gleiches gilt, wenn die KapCoGes sämtliche Anteile an der Komplementär-KapG hält und damit eine sog. Einheitsgesellschaft entstanden ist.

Besonderheiten, die zu einer Verschiebung des Mutter-Tochter-Verhältnisses führen, können auch dann eintreten, wenn die KapCoGes zwar in den KA des MU einbezogen wird, ansonsten jedoch die weiteren Voraussetzungen des § 264b Nrn. 2, 3 HGB nicht erfüllt werden. Ein zusätzlich von der Komplementär-GmbH erstellter KA hätte dann ggf. eine entsprechende Befreiungswirkung.

11 Die Übernahme der Funktion als Muttergesellschaft kann zudem nicht unabhängig von der Prüfung eines wirtschaftlichen Eigeninteresses beurteilt werden. Zu denken ist hier in erster Linie an Sachverhalte, bei denen der **phG** nur geringfügig oder gar nicht am Kapital der KapCoGes **beteiligt** ist. Primäres Ziel des Komplementärs ist damit nicht eine möglichst hohe Partizipation am Gewinn (Ausschüttung oder zumindest Teilhabe an der Wertsteigerung des Unternehmens), sondern lediglich die Erlangung einer Geschäftsführungsvergütung. Für den Fall, dass im Gegenzug eine entsprechend hohe Beteiligung des Kommanditisten vorliegt und damit gleichzeitig das Haftungsrisiko des Komplementärs faktisch ausgeschlossen ist, wird der Kommanditist mit Unternehmereigenschaft als Muttergesellschaft der KapCoGes anzusehen sein.[14]

12 Eine Pflicht zur Erstellung eines KA kann sich aus § 264b Nr. 1 Hs. 2 HGB nicht ergeben, sondern es handelt sich ausnahmslos um **freiwillig erstellte KA**.[15]

13 Im Gegensatz zu den gesetzlichen Regelungen für KapG verlangt § 264b HGB nicht die Zustimmung aller Gesellschafter. Dies resultiert wohl aus der Annah-

---

[12] Vgl. BT-Drs. 18/5256, S. 83.
[13] Vgl. *Krietenstein*, WPg 2005, S. 1202.
[14] Vgl. *Küting/Weber/Pilhofer*, WPg 2003, S. 798.
[15] Vgl. BilMoG-BegrRegE, BT-Drs. 14/1806 S. 19.

me, dass der Verbund zwischen den Gesellschaftern ohnehin enger ist, sodass im Gegenzug ein geringeres **Schutzbedürfnis** im Vergleich zur KapG besteht.[16] Bezogen auf den Sitz des phG gibt es keine Restriktionen, d. h., es ist nicht nur ein Sitz innerhalb der EU oder dem EWR, sondern auch im sonstigen Ausland denkbar und unschädlich.

Für die Erfüllung der Voraussetzungen ist auch die **Rechtsform** des phG variabel. Mithin sind hier auch Genossenschaften, andere PersG, rechtsfähige Vereine, Körperschaften bzw. Anstalten des öffentlichen Rechts oder Stiftungen denkbar. Lediglich natürliche Personen selbst oder PersG mit einer natürlichen Person als Vollhafter scheiden als phG aus, da bei derartigen Konstellationen erst gar keine Verpflichtung i. S. d. § 264a Abs. 1 Nrn. 1, 2 HGB zur umfangreicheren Rechnungslegung analog der Vorschriften für KapG entstehen würde.

Hinsichtlich der anzuwendenden **Konsolidierungsmethode** für den befreienden KA des Vollhafters ist zwingend die VollKons vorgeschrieben. Insoweit entspricht das den Vorschriften zum KA der Muttergesellschaft.

14

Eine quotale Einbeziehung oder eine Einbeziehung at equity würde schon allein dann zu praktischen Problemen führen, wenn der phG gar nicht am Kapital der PersG beteiligt ist. Somit fehlt es an einer Kapitalbeteiligung als Ausgangspunkt, um überhaupt einen Abschlussposten in den aufzustellenden KA übernehmen zu können.

#### 2.1.2.2 Ausweis des Anteils anderer Gesellschafter

Problematisch im Zusammenhang mit der Konsolidierung ist der Ausweis von **Anteilen der Kommanditisten**. Insbesondere dann, wenn der phG seine primäre Haftungsfunktion durch ein relativ geringes EK wahrnimmt und im Vergleich dazu die Kapitalanteile der Kommanditisten eine wesentlich bedeutendere Rolle einnehmen.[17] Unbestritten ist, dass die Anteile der Kommanditisten in einem Ausgleichsposten entsprechend § 307 HGB auszuweisen sind. Fraglich ist allerdings, ob die dabei gängige Bezeichnung „Anteile von Minderheitsgesellschaftern" oder „**Anteile anderer Gesellschafter**" den realen Sachverhalt korrekt abbildet. Zum einen sind die **Kommanditisten** häufig gar keine **Minderheitsgesellschafter und** zum anderen sind die Kommanditisten der PersG häufig zugleich auch Gesellschafter des Komplementärs.[18] Das geschilderte Ausweisproblem soll anhand nachfolgenden Beispiels[19] (auch rechnerisch) verdeutlicht werden.

15

---

16 Vgl. *Giese/Rabenhorst/Schindler*, BB 2001, S. 516.
17 Vgl. *Lüdenbach*, GmbHR 2000, S. 848.
18 Vgl. *Lüdenbach*, GmbHR 2000, S. 848.
19 Vgl. *Pawelzik/Theile*, DStR 2000, S. 2149.

|  | GmbH | KG | Summen-bilanz | Konsolidierung | | Konzern-bilanz |
|---|---|---|---|---|---|---|
|  |  |  |  | Soll | Haben |  |
| Anteile an verbundenen Unternehmen | 0 | 0 | 0 |  | 0 |  |
| Ausleihungen an verbundene Unternehmen | 50 |  | 50 |  | 50 |  |
| div. Aktiva |  | 1.000 | 1.000 |  |  | 1.000 |
| Summe Aktiva | 50 | 1.000 | 1.050 |  |  | 1.000 |
| Gez. Kapital/ Kapitalanteile | 50 | 200 | 250 | 0<br>200 |  | 50 |
| Anteile anderer Gesellschafter |  |  |  |  | 200 | 200 |
| Summe EK | 50 | 200 | 250 |  |  | 250 |
| Verbindlichkeiten gegenüber Gesellschaftern |  | 50 | 50 | 50 |  |  |
| div. Passiva | 0 | 750 | 750 |  |  | 750 |
| Summe Passiva | 50 | 1.000 | 1.050 |  |  | 1.000 |

Tab. 1: KapKons auf das Kapital der Komplementär-GmbH im einstufigen Konzern

16 Das Beispiel zeigt, dass die Anteile anderer Gesellschafter vollständig aus den Kapitalanteilen der Kommanditisten bestehen. Problematisch an derartigen Konstellationen ist, dass ein externer Bilanzadressat den Sachverhalt nur erschwert deuten kann. Entsprechend der Einheitstheorie werden zwar die Anteilseigner des MU und die Anteilseigner der konsolidierten TU zusammen als Eigenkapitalgeber angesehen, dennoch wird die Eigenkapitalunterposition „Anteile anderer Gesellschafter" häufig nicht als vollwertiges EK eingeschätzt.
Ein zusätzliches Problem ergibt sich im Anwendungsbereich von § 307 Abs. 2 HGB. So ist in der Konzern-Gewinn- und Verlustrechnung der **Gewinn- oder Verlustanteil**, der auf **andere Gesellschafter** entfällt, gesondert auszuweisen, sodass auch hier eine deutliche Differenzierung fortgeführt wird. In der wissenschaftlichen Diskussion wurde in der Vergangenheit häufiger die Notwendigkeit einer wirtschaftlichen Betrachtungsweise eingebracht. Insbesondere dann, wenn eine **Beteiligungsidentität** zwischen der KG und der GmbH vorliegt, ist es nicht sachgerecht, Anteile „anderer" Gesellschafter auszuweisen. Die Kommanditisten bestimmen bei einer derartigen Konstellation über ihre Gesellschafterposition beim Komplementär ganz wesentlich auch über die Ausrichtung des Konzerns und müssen daher als Träger des Unternehmens im wirtschaftlichen Sinne angesehen werden. Bei einer Beteiligungsidentität wird daher vorgeschlagen in Analogie zu einer Einheitsgesellschaft zu verfahren. Demnach wären die Kom-

manditeinlagen und das gezeichnete Kapital der Komplementär-GmbH zu einer Position „Gesellschaftskapital" zusammenzufassen.[20]
Die Gegenmeinung[21] innerhalb der wissenschaftlichen Literatur hält eine Differenzierung zwischen materieller oder wirtschaftlicher Betrachtungsweise nicht für sinnvoll. Entscheidend ist demnach, dass die Anteile nicht der Komplementär-GmbH (und damit dem MU) gehören. Genau dieser Sachverhalt ist Gegenstand des Gesetzestextes und damit in der Auslegung unzweifelhaft.
Vermittelnd wird daher vorgeschlagen, den Ausgleichsposten im Anwendungsbereich des § 264b Nr. 1 Hs. 2 HGB mit der Bezeichnung „Anteile der Kommanditisten" zu versehen.[22] Denkbar wäre auch, dass die Bilanzposition „Anteile anderer Gesellschafter" in mindestens zwei Unterposten aufgegliedert wird. Hier wäre dann eine weitere Unterteilung in „Anteile der Kommanditisten" und „Anteile fremder Gesellschafter" denkbar, um das besondere Näheverhältnis zu verdeutlichen. Eine derartige weitere Unterteilung wäre in jedem Fall durch die Untergliederungsoption des § 265 Abs. 5 Satz 1 HGB gedeckt. Gem. § 265 Abs. 5 Satz 1 HGB besteht die Möglichkeit einen bereits vorhandenen Bilanzposten aus dem gesetzlichen oder durch Verordnung erlassenen Gliederungsschema in weitere Komponenten zu unterteilen. Im Rahmen der Untergliederungsoption wird zwischen **Aufgliederungen**, **Ausgliederungen** und „**Davon-Vermerken**" differenziert. Grundsätzlich sind weitere Untergliederungen sowohl in der Bilanz als auch in der Gewinn- und Verlustrechnung dann zulässig und geboten, wenn wegen der Bedeutung der zusätzlich eingefügten Position nur so der erforderliche Einblick gewährt wird oder Fehlinterpretationen vermieden werden können. Insoweit wäre hier, der letzteren Möglichkeit folgend, eine weitere Untergliederung z. B. unter Zuhilfenahme von „Davon-Vermerken" begründbar und sinnvoll.

### 2.1.2.3 Befreiende Wirkung eines Konzernabschlusses von Nichtmutterunternehmen

Wird der KA von einem Unt (hier der Komplementär-Ges.) aufgestellt, das nicht zugleich auch Muttergesellschaft ist, so wird letztendlich im Wege der VollKons ein Unt integriert, das nicht TU i. S. d. § 294 Abs. 1 HGB ist. Vermögensgegenstände und Schulden werden dem Konzern zugerechnet und innerhalb des KonsKreis einheitlich bewertet, obwohl eine Rechtfertigung dafür aufgrund eines Beherrschungsverhältnisses gem. § 290 HGB nicht abgeleitet werden kann.
Gem. § 297 Abs. 2 HGB hat der KA unter Beachtung der Grundsätze ordnungsgemäßer Buchführung ein den tatsächlichen Verhältnissen entsprechendes Bild der VFE-Lage des Konzerns abzubilden. Der befreiende KA des phG kann dieses Ziel nicht erreichen, weil eine wirtschaftliche Einheit (Darstellung als ein Unt) der in den KA einbezogenen Unt nicht vorliegt. Insoweit wird eine wirtschaftliche Einheit lediglich fingiert. Im Vordergrund steht hier vielmehr die Inanspruchnahme von Erleichterungen bei der Bilanzierung, Prüfung und Offenlegung.
Weitere Probleme auf der Abbildungsebene ergeben sich, wenn die einzubeziehende PersG zudem noch als Muttergesellschaft gegenüber weiteren PersG oder KapG

---

20 Vgl. *Pawelzik/Theile*, DStR 2000, S. 2151.
21 Vgl. z. B. *Lüdenbach*, GmbHR 2000, S. 848.
22 Vgl. *Thiele/Sickmann*, in *Baetge/Kirsch/Thiele*, Bilanzrecht, § 264b HGB Rz 43.1, Stand 9/2007.

19 fungiert. Derartige TU können in Ermangelung einer Beherrschungsmöglichkeit nach § 290 HGB nicht in den befreienden KA des phG einbezogen werden.[23]

19 Fraglich ist letztendlich auch, wie in der Praxis überhaupt ein KLB erstellt werden kann. Nach § 315 Abs. 1 HGB sind im KLB der Geschäftsverlauf und die Lage des Konzerns so darzustellen, dass ein den tatsächlichen Verhältnissen entsprechendes Bild vermittelt wird. Wenn allerdings der Berichtsgegenstand kein Konzern im eigentlichen Sinne ist, weil es u. a. an einer wirtschaftlichen Einheit fehlt, so kann auch die Vorschrift zum KLB letztendlich nicht eingehalten werden.

Ist die tatsachenkonforme Abb. der VFE-Lage zu bezweifeln, kann nach Literatureinschätzung auch keine Übereinstimmung mit der 7. EG-RL vorliegen.[24] Die Regierungsbegründung[25] zu § 264b HGB folgt dieser Einschätzung allerdings nicht, sondern hält die Aufstellung eines KA durch ein Unt, das nicht als MU qualifiziert werden kann, für zulässig. Die praktische Relevanz des systemischen Widerspruchs im Rahmen der Bestimmung des § 264b Nr. 1 Hs. 2 HGB ist allerdings relativ gering. Dies liegt darin begründet, dass bei der KapCoGes die wesentlichen VG und Verbindlichkeiten nicht durch den Komplementär, sondern durch die PersG eingebracht werden. Damit ist eine Publizitätserleichterung beim Komplementär für die PersG faktisch ohne Bedeutung.

#### 2.1.2.4 Erweiterte Angabepflichten

20 Für den Fall der befreienden Konzernaufstellung durch den phG sind sowohl durch den Bilanzierenden als auch durch den AP erweiterte Pflichten zu berücksichtigen. Wie bereits festgehalten, führt die Einbeziehung der PersG in einen KA im Wege der VollKons dann zu einer geringeren Aussagekraft, wenn nicht gleichzeitig ein Mutter-Tochter-Verhältnis existiert. Die Erstellung eines KA aufgrund der Option des § 264a Nr. 1 Hs. 2 HGB führt zu einer zusätzlichen Angabepflicht im Konzernanhang, weil die Verwirklichung des Control-Konzepts nicht maßgeblich für die Eingliederung bzw. Nicht-Eingliederung von Konzernuntergesellschaften und damit für den Umfang des KonsKreises waren, sondern das Kriterium der existenten Haftungsmasse den Ausschlag gibt. Diese spezielle Konsolidierungskonstellation fällt unter die Bestimmung des § 313 Abs. 1 Nr. 3 HGB. Danach sind Abweichungen von Bilanzierungs-, Bewertungs- und Konsolidierungsmethoden im Konzernanhang anzugeben und zu begründen.

21 Des Weiteren können zusätzliche Erläuterungspflichten im Anwendungsbereich von § 264b Nr. 1 Hs. 2 HGB auch aus § 297 Abs. 2 Satz 3 HGB abgeleitet werden. Danach sind zusätzliche Angaben im Konzernanhang erforderlich, wenn Umstände vorliegen, die dazu führen, dass der erstellte KA kein den tatsächlichen Verhältnissen entsprechendes Bild der VFE-Lage vermitteln kann.

---

23 Vgl. *Schulze-Osterloh*, BB 2002, S. 1310.
24 Vgl. *Schulze-Osterloh*, BB 2002, S. 1307; *Thiele/Sickmann*, in *Baetge/Kirsch/Thiele*, Bilanzrecht, § 264b HGB Rz 43.2, Stand 9/2007.
25 Vgl. RegE, BT-Drs. 14/1806 S. 19.

## 2.2 Ordnungsmäßigkeit des Konzernabschlusses i. S. v. § 264b Nr. 2 HGB

Der befreiende KA und der KLB müssen hinsichtlich Aufstellung, Prüfung und **22** Offenlegung mit der 7. EG-RL (83/349/EWG) und der 8. EG-RL (84/253/EWG) konform sein. Zudem müssen der KA und der KLB den aufstellungs-, prüfungs- und offenlegungsrelevanten Rechtsanforderungen entsprechen, die auf das Unt anzuwenden sind, das den befreienden KA aufstellt. Der Gesetzestext in § 264b Nr. 2 HGB macht deutlich, dass die **Richtlinienkonformität** und die Einhaltung der nationalen Rechtslage zwingend kumulativ zu berücksichtigen sind. Das bedeutet: Sind zwar die nationalen Rechtsnormen erfüllt, liegt jedoch ein Verstoß gegen die **Konzernbilanzrichtlinie** oder gegen die **Abschlussprüfungsrichtlinie** des europäischen Gemeinschaftsrechts vor, so kann es zu keiner Befreiung im Hinblick auf Aufstellung, Prüfung und Offenlegung kommen. Gleiches gilt, wenn zwar die Anforderungen des europäischen Rechts, nicht jedoch des jeweils geltenden nationalen Rechts eingehalten wurden.

Im Hinblick auf die inhaltlichen Anforderungen liegt eine Identität zwischen **23** § 264b Nr. 2 HGB und § 291 Abs. 2 Satz 1 Nr. 2 HGB (§ 291 Rz 12ff.) vor.

Für den Fall, dass der befreiende KA nach §§ 11ff. PublG aufgestellt wurde, gilt **24** eine entsprechende Anwendung. Konkret: § 5 Abs. 6 PublG bestimmt, dass Unt, die unter das PublG fallen, von den Vorschriften des KapCoRiLiG befreit sind, wenn sie in den KA eines MU i. S. v. § 11 PublG oder § 290 HGB einbezogen werden. Die Erstellung eines KA nach PublG ergibt sich dann, wenn die Kommanditistenstellung bei der KapCoGes durch eine PersG wahrgenommen wird und der Vollhafter durch entsprechend gesellschaftsvertragliche Vereinbarungen nur noch weitgehend weisungsgebunden agieren kann.

Auch KA, die nach internationalen Rechnungslegungsstandards aufgestellt wurden, können grds. den Befreiungstatbestand erfüllen, soweit kein Verstoß gegen europäisches Recht vorliegt. Konkret sind KA, die nach IFRS aufgestellt wurden, mit § 264b HGB vereinbar, wenn die IFRS von der EU-Kommission i. S. v. § 315a HGB übernommen wurden (§ 315a Rz 1ff.).[26]

Problematischer hingegen ist die Handhabung von KA, die nach US-GAAP **25** aufgestellt wurden. Hier tritt eine automatische Befreiungswirkung nach Art. 57, 58 Abs. 3 S. 4 EGHGB nur für Gj ein, die nicht nach dem 31.12.2006 liegen. Für nachfolgende Gj ist in Bezug auf die Befreiungswirkung die Einklangvoraussetzung mit den EU-Vorschriften jeweils gesondert zu prüfen.[27]

Im Vergleich zu den Bestimmungen des § 291 Abs. 2 Nr. 2 HGB liegt eine **26** Erweiterung der Voraussetzung des § 264b Nr. 2 HGB in der Weise vor, dass eine Pflicht zur Offenlegung des befreienden KA und des KLB besteht. Sofern das MU in Deutschland ansässig ist, verlangt das EHUG, dass der KA und der KLB für nach dem 31.12.2005 beginnende Gj gem. § 325 Abs. 3 i. V. m. Abs. 1 und 2 HGB zur Entlastung der Registergerichte nicht mehr zum HR, sondern beim Betreiber des **BAnz** einzureichen sind.[28] Der Betreiber des Banz leitet die Unterlagen zudem an das **Unternehmensregister** weiter, sodass auch hier die

---

[26] Vgl. *Thiele/Sickmann*, in *Baetge/Kirsch/Thiele*, Bilanzrecht, § 264b HGB, Rz 52, Stand 9/2007.
[27] Vgl. IDW RS HFA 7, Rz 10, WPg 2002, S. 1260.
[28] Vgl. *Meyding*, BB 2006, S. 1009ff.; *Sultana/Willeke*, StuB 2007, S. 45ff.; *Seibert/Decker*, DB 2006, S. 2450.

Möglichkeit einer Einsichtnahme besteht. Grundsätzlich sind die Unterlagen zudem im BAnz bekannt zu machen. Diese Verpflichtung entfällt bei einem freiwillig aufgestellten KA allerdings.

27 Soweit es sich also bspw. um einen durch den Komplementär, der nicht zugleich auch Muttergesellschaft ist, aufgestellten KA handelt, wird die Voraussetzung des § 264b Nr. 2 HGB auch dann erfüllt, wenn keine Offenlegung erfolgt ist. Hierbei handelt es sich allerdings um eine sehr formelle Betrachtungsweise, die insb. unter Berücksichtigung der Vorschrift des § 264b Nr. 3 HGB keinen Bestand hat. Der **BAnz** akzeptiert eine **Befreiung** nur, wenn der KA gem. § 264b Nr. 3a HGB auch beim BAnz offengelegt wird.

### 2.3 Angabe der Befreiung im Konzernanhang und Offenlegung des Konzernabschlusses

28 In § 264b Nr. 3 Buchst. a HGB wird geregelt, dass der Befreiungstatbestand im Anhang des KA angegeben werden muss, wobei nicht der Umfang der Befreiung, sondern lediglich die Tatsache, dass die Befreiungsmöglichkeit überhaupt in Anspruch genommen wird, berichtet werden muss.[29] In § 313 Abs. 2 HGB wird eine Reihe von Angabepflichten für den Konzernanhang genannt, unter die auch der Befreiungstatbestand subsummiert werden könnte. Zudem ließ bisher § 313 Abs. 4 HGB die Möglichkeit, die Angaben nach § 313 Abs. 2 HGB auf die Aufstellung des Anteilsbesitzes zu verlagern, was mit dem BilMoG gestrichen wurde. Diese Möglichkeit galt entsprechend auch für die Aufnahme der Befreiung von den ergänzenden Rechnungslegungsvorschriften für KapG. Durch das BilMoG wird die separate Aufstellung des Anteilsbesitzes abgeschafft.

29 Als weitere Voraussetzung, um eine Befreiung gem. § 264b HGB zu erlangen, gelten die zwingende **Einreichung** und **Offenlegung des KA** beim **BAnz** durch das aufstellende MU oder durch den phG. Ergänzend zum KA sind auch der KLB sowie ein Bestätigungs- oder Versagungsvermerk beizufügen.
Wurde von der o. g. Möglichkeit nach § 313 Abs. 4 HGB Gebrauch gemacht, so musste bisher auch die Aufstellung des Anteilsbesitzes den Einreichungsunterlagen beigefügt werden. Durch das BilMoG wird die Vorschrift des § 313 Abs. 4 HGB gestrichen, somit ist eine separate **Aufstellung** des **Anteilsbesitzes** künftig nicht mehr erforderlich.
Ein Hinweis auf die Sprache, in der die einzureichenden Unterlagen verfasst sein müssen, enthält § 264b Nr. 3 Buchst. a HGB nicht. Insoweit ist unter Rückgriff auf § 291 Abs. 1 Satz 1 HGB davon auszugehen, dass der befreiende KA in deutscher Sprache eingereicht und auch veröffentlicht werden muss.[30] Für diese Auslegung spricht auch die Tatsache des Verweises von § 325 Abs. 6 HGB auf § 11 HGB. Dort ist geregelt, dass die beim HR einzureichenden Unterlagen „zusätzlich" auch in einer anderen EU-Amtssprache eingereicht werden können. Die Formulierung „zusätzlich" impliziert, dass in jedem Fall eine Fassung in deutscher Sprache einzureichen ist.

---

[29] WP-Handbuch, Bd. I, 14. Aufl., Abschn. F, Rz 54.
[30] Vgl. *Thiele/Sickmann*, in *Baetge/Kirsch/Thiele*, Bilanzrecht, § 264b HGB Rz 64, Stand 9/2007.

## 2.4 Mitteilungspflicht der Personenhandelsgesellschaft

Entsprechend § 264b Nr. 3 Buchst. b HGB muss die zu befreiende PersG die Befreiung von den **verschärften Rechnungslegungspflichten** im BAnz offenlegen.

30

> **Beispiel**
> Die A-GmbH & Co. KG ist TU der B-GmbH. Die B-GmbH ist phG der A-GmbH & Co, KG und konzernrechnungslegungspflichtig.
> Um die A-GmbH & Co. KG wirksam von der Offenlegung zu befreien, muss hier folgende Voraussetzung erfüllt werden:
> - Es erfolgt eine Hinweisbekanntmachung, in der die B-GmbH angibt, dass für die A-GmbH & Co. KG die Befreiung nach § 264b Nr. 3 HGB in Anspruch genommen wird.
>
> Diese Voraussetzung für die Befreiung kann auch durch die A-GmbH & Co. KG initiiert werden. Zudem muss die A-GmbH & Co. KG gegenüber dem BAnz Mitteilung über die Befreiung (unter Angabe der B-GmbH) machen.

In der Praxis tritt häufig die Fragestellung auf, ob die Mitteilung der PersG erst dann gemacht werden kann bzw. darf, wenn der befreiende KA bereits im BAnz offengelegt ist. Nach der hier vertretenen Auffassung ist das explizit nicht der Fall. Die Mitteilung darf nicht zuletzt auch aus Gründen der Praktikabilität bereits früher gemacht werden. Wichtig ist allerdings, dass die **Befreiungswirkung** erst dann greift, wenn der KA **veröffentlicht** wurde.
In diesem Zusammenhang ist der Bezug zu § 264b HGB zu verdeutlichen. Ebenfalls angabepflichtig ist das den KA aufstellende MU. Nach teilweiser Literatureinschätzung[31] ist die Nennung des MU weit auszulegen, sodass auch der Fall, dass der befreiende KA nicht von einem MU, sondern vom phG aufgestellt wird, bei der Mitteilung an den BAnz zu berücksichtigen ist. Aus der praktischen Handhabung ist allerdings anzumerken, dass der BAnz inzwischen zwingend die Angabe der Handelsregisternummer des MU verlangt, um missbräuchlichen Handlungen vorzubeugen. In derartigen Fällen ist folglich dann die Firma des phG zu übermitteln.

## 3 Änderungen durch das BilRUG

Mit der Neufassung des § 264b HGB werden die Voraussetzungen für das Wahlrecht für KapG und KapCoGes teilweise angeglichen. Zugleich erhöht der Gesetzgeber die Lesbarkeit durch die klarere Darstellung der beiden Befreiungsfallgruppen (persönlich haftender Gesellschafter oder MU einer größeren Gesamtheit von Unt). Der Gesetzgeber unterstellt dabei, dass die größere Gesamtheit mind. drei in den KA einbezogene Unt voraussetzt. Damit bleibt anders als nach § 264 Abs. 3 HGB nF hier die Selbstbefreiung möglich. Darüber hinaus bleibt es bei den bisherigen Regelungen, wobei die Voraussetzungen an den befreienden KA an die Vorgaben der Bilanzrichtlinie 2013/34/EU angepasst werden (§ 264 Rz 124 ff.).

31

---

31 Vgl. *Thiele/Sickmann*, in *Baetge/Kirsch/Thiele*, Bilanzrecht, § 264b HGB Rz 71, Stand 9/2007.

## § 264c BESONDERE BESTIMMUNGEN FÜR OFFENE HANDELSGESELLSCHAFTEN UND KOMMANDITGESELLSCHAFTEN I.S.D. § 264a

(1) ¹Ausleihungen, Forderungen und Verbindlichkeiten gegenüber Gesellschaftern sind i.d.R. als solche jeweils gesondert auszuweisen oder im Anhang anzugeben. ²Werden sie unter anderen Posten ausgewiesen, so muss diese Eigenschaft vermerkt werden.
(2) ¹§ 266 Abs. 3 Buchstabe A ist mit der Maßgabe anzuwenden, dass als Eigenkapital die folgenden Posten gesondert auszuweisen sind:
I. Kapitalanteile
II. Rücklagen
III. Gewinnvortrag/Verlustvortrag
IV. Jahresüberschuss/Jahresfehlbetrag.
²Anstelle des Postens „Gezeichnetes Kapital" sind die Kapitalanteile der persönlich haftenden Gesellschafter auszuweisen; sie dürfen auch zusammengefasst ausgewiesen werden. ³Der auf den Kapitalanteil eines persönlich haftenden Gesellschafters für das Geschäftsjahr entfallende Verlust ist von dem Kapitalanteil abzuschreiben. ⁴Soweit der Verlust den Kapitalanteil übersteigt, ist er auf der Aktivseite unter der Bezeichnung „Einzahlungsverpflichtungen persönlich haftender Gesellschafter" unter den Forderungen gesondert auszuweisen, soweit eine Zahlungsverpflichtung besteht. ⁵Besteht keine Zahlungsverpflichtung, so ist der Betrag als „Nicht durch Vermögenseinlagen gedeckter Verlustanteil persönlich haftender Gesellschafter" zu bezeichnen und gem. § 268 Abs. 3 auszuweisen. ⁶Die Sätze 2 bis 5 sind auf die Einlagen von Kommanditisten entsprechend anzuwenden, wobei diese insgesamt gesondert gegenüber den Kapitalanteilen der persönlich haftenden Gesellschafter auszuweisen sind. ⁷Eine Forderung darf jedoch nur ausgewiesen werden, soweit eine Einzahlungsverpflichtung besteht; dasselbe gilt, wenn ein Kommanditist Gewinnanteile entnimmt, während sein Kapitalanteil durch Verlust unter den Betrag der geleisteten Einlage herabgemindert ist, oder soweit durch die Entnahme der Kapitalanteil unter den bezeichneten Betrag herabgemindert wird. ⁸Als Rücklage sind nur solche Beträge auszuweisen, die auf Grund einer gesellschaftsrechtlichen Vereinbarung gebildet worden sind. ⁹Im Anhang ist der Betrag der im Handelsregister gem. § 172 Abs. 1 eingetragenen Einlagen anzugeben, soweit diese nicht geleistet sind.
(3) ¹Das sonstige Vermögen der Gesellschafter (Privatvermögen) darf nicht in die Bilanz und die auf das Privatvermögen entfallenden Aufwendungen und Erträge dürfen nicht in die Gewinn- und Verlustrechnung aufgenommen werden. ²In der Gewinn- und Verlustrechnung darf jedoch nach dem Posten „Jahresüberschuss/ Jahresfehlbetrag" ein dem Steuersatz der Komplementärgesellschaft entsprechender Steueraufwand der Gesellschafter offen abgesetzt oder hinzugerechnet werden.

(4) ¹Anteile an Komplementärgesellschaften sind in der Bilanz auf der Aktivseite unter den Posten A.III.1 oder A.III.3 auszuweisen. ²§ 272 Abs. 4 ist mit der Maßgabe anzuwenden, dass für diese Anteile i.H.d. aktivierten Betrags nach dem Posten „Eigenkapital" ein Sonderposten unter der Bezeichnung „Ausgleichposten für aktivierte eigene Anteile" zu bilden ist.
(5) ¹Macht die Gesellschaft von einem Wahlrecht nach § 266 Absatz 1 Satz 3 oder Satz 4 Gebrauch, richtet sich die Gliederung der verkürzten Bilanz nach der Ausübung dieses Wahlrechts. ²Die Ermittlung der Bilanzposten nach den vorstehenden Absätzen bleibt unberührt.

Prof. Dr. Niels Weller

| Inhaltsübersicht | Rz |
|---|---|
| 1 Überblick | 1–6 |
| 2 Ausweis-und Angabevorschriften im Einzelnen | 7–39 |
|    2.1 Ausweis von Ansprüchen und Verbindlichkeiten gegenüber Gesellschaftern (Abs. 1) | 7–12 |
|       2.1.1 Ausweis gem. § 264c Abs. 1 Satz 1 HGB | 7–11 |
|       2.1.2 Ausweis gem. § 264c Abs. 1 Satz 2 HGB | 12 |
|    2.2 Ausweis und Zusammensetzung des Eigenkapitals (Abs. 2) | 13–25 |
|    2.3 Ausweis von Privatvermögen und Steueraufwand (Abs. 3) | 26–28 |
|    2.4 Ausweis der eigenen Anteile und des Sonderpostens (Abs. 4) | 29–36 |
|       2.4.1 Ausweis der Anteile | 29 |
|       2.4.2 Ausweis des Sonderpostens | 30–32 |
|       2.4.3 Bildung des Sonderpostens | 33–36 |
|    2.5 Befreiungsregelungen (Abs. 5) | 37–39 |
| 3 Zeitlicher Übergang von der Alt- zur Neufassung | 40 |

Ergänzendes Schrifttum

*Bitter/Grashoff*, Anwendungsprobleme des Kapitalgesellschaften- und Co-RL-Gesetzes, DB 2000, S. 833; *Hempe*, Eigenkapitalausweis der GmbH & Co. KG nach dem „KapCoRiLiG", GmbHR 2000, S. 613; *Herrmann*, Zur Rechnungslegung der GmbH & Co. KG im Rahmen des KapCoRiLiG, WPg 2001, S. 271; *Hoffmann*, Eigenkapitalausweis und Ergebnisverteilung bei Personengesellschaften nach Maßgabe des KapCoRiLiG, DStR 2000, S. 837; *Hoffmann*, Gesellschafterkonten oder Eigenkapital bei der Personenhandelsgesellschaft nach § 264c HGB, StuB 2009, S. 407; *Kanitz*, Rechnungslegung bei Personengesellschaften – Anmerkungen zu IDW RS HFA 7, WPg 2008, S. 324; *Kusterer/Kirnberger/Fleischmann*, Der Jahresabschluss der GmbH & Co. KG nach dem Kapitalgesellschaften- und Co-RL-Gesetz, DStR 2000, S. 606; *Ley*, Gesellschafterkonten im Lichte der grundlegenden BFH-Entscheidung v. 16.10.2008 – IV R 98/06, DStR 2009, S. 613; *Müller/Kreipl*, Rechnungslegungserleichterungen für Kleinstkapitalgesellschaften und Tochterunternehmen ausländischer Konzernmütter durch das MicroBilG, DB 2013, S. 73; *Theile*, Ausweisfragen beim Jahresabschluss der GmbH & Co. KG nach neuem Recht, BB 2000, S. 555–560; *Theile*, Besonderheiten beim neuen Einzelabschluss der GmbH & Co. KG, GmbHR 2000, S. 1135; *Thiele*, Das Eigenkapital im handelsrechtlichen Jahresabschluss, Düsseldorf, 1998; *Wiechmann*, Der Jahres- und Konzernabschluss der GmbH & Co. KG, WPg 1999, S. 916; Winkeljohann/Schindhelm, Das KapCoRiLiG, 2000; *Zeyer*, Lösungshinweise zu ausgewählten Bilanzierungsproblemen der Einheits-GmbH & Co. KG, BB 2008, S. 1442.

# 1 Überblick

1 Die PersG weisen in Teilen besondere gesellschaftsrechtliche Strukturen auf, sodass eine vollumfängliche Übernahme der Vorschriften der §§ 264 ff. HGB für haftungsbeschränkte PersG nicht möglich ist. Dieser Tatsache trägt § 264c HGB Rechnung, indem die Vorschriften der §§ 264 ff. HGB verändert und ergänzt werden.[1]

2 § 264c Abs. 1 HGB orientiert sich zunächst an § 42 Abs. 3 GmbHG. Kerngedanke dieser Regelung ist, dass die Informationsfunktion des JA es gebietet, dass Rechtsbeziehungen zwischen Ges. und Gesellschafter, die z.B. schuldrechtlicher Art sind, für den Adressaten des JA zweifelsfrei erkennbar abgebildet werden. Das ist u.a. auch deshalb erforderlich, weil derartige schuldrechtliche Beziehungen anders zu beurteilen sind, als schuldrechtliche Beziehungen der Ges. mit außenstehenden Dritten.[2]

3 In § 264c Abs. 2 HGB wird der bilanzielle Ausweis des EK geregelt, der aufgrund unterschiedlicher Kapitalstrukturen bei KapG und PersG auch zu abweichenden gesetzlichen Regelungen bei beiden Gesellschaftsformen führen muss.

4 Durch die Bestimmung des § 264c Abs. 3 Satz 1 HGB wird die Notwendigkeit einer Trennung zwischen Gesellschaftsvermögen und Privatvermögen herausgestellt, die zur Folge hat, dass sich Aufwendungen und Erträge des Privatvermögens nicht auf die GuV niederschlagen dürfen. § 264c Abs. 3 Satz 2 HGB hat zum Hintergrund, dass der Jahresüberschuss der PersG mit dem Jahresüberschuss einer KapG vergleichbar gemacht werden soll. Daher wird auch der PersG gestattet, einen dem Steuersatz der Komplementär-Ges. entsprechenden Steueraufwand offen abzusetzen. In der Praxis der Rechnungslegung ist diese Regelung allerdings weitgehend ohne Relevanz.

5 Über § 264c Abs. 4 Sätze 1 und 2 HGB wird bestimmt, dass die Anteile, die von der OHG oder KG an ihrem phG gehalten werden, über einen „Ausgleichsposten für aktivierte eigene Anteile" auf der Passivseite der Bilanz korrigiert werden. Die Regelung des § 264c Abs. 4 Satz 3 HGB wird schließlich mit Einf. des BilMoG gestrichen. Dies ist folgerichtig, da das BilMoG den Wegfall der dort genannten Bilanzierungshilfen vorsieht.

6 Mit dem MicroBilG sind für die Anwendung für Gj, die nach dem 30.12.2012 enden, d.h. schon bei kalenderjahrgleichen Gj. das Gj. 2012, für kleine und KleinstKapCoGes. Befreiungsregelungen für die geforderten Ausweise nach Abs. 1 bis 4 mit § 264c Abs. 5 HGB eingeführt worden. Konkret muss eine tiefere Untergliederung der Bilanz nicht erfolgen, wenn die verkürzten Bilanzgliederungsschemata nach § 266 Abs. 1 Satz 3 oder 4 HGB genutzt werden.

---

[1] *Reiner*, in MünchKomm. HGB, 3. Aufl., §§ 264a-c, Rz 13.
[2] Vgl. *Scholz/Emmerich*, GmbHG, 10. Aufl. 2006, § 42 Rz 18.

## 2 Ausweis- und Angabevorschriften im Einzelnen

### 2.1 Ausweis von Ansprüchen und Verbindlichkeiten gegenüber Gesellschaftern (Abs. 1)

#### 2.1.1 Ausweis gem. § 264c Abs. 1 Satz 1 HGB

§ 264c Abs. 1 HGB will die Transparenz der Rechtsbeziehungen zwischen der Ges. und ihren Gesellschaftern für die Jahresabschlussadressaten erhöhen. Zugleich sollen mögliche Interessenkonflikte frühzeitig offengelegt werden. So kann es etwa sein, dass Forderungen und Verbindlichkeiten zwischen der Ges. und ihren Gesellschaftern nicht zu marktüblichen Konditionen zustande gekommen sind oder bei Zahlungsschwierigkeiten auch nicht mit der gleichen Konsequenz beigetrieben werden, als dies bei Forderungen und Verbindlichkeiten gegenüber außenstehenden Dritten der Fall wäre. Erfasst sind davon sowohl Ansprüche und Verbindlichkeiten gegenüber Komplementären als auch gegenüber Kommanditisten. Ein getrennter Ausweis nach Gesellschaftergruppen wird insoweit allerdings nicht verlangt.[3] Mittelbare Beteiligungen, wie sie z.B. über die Gesellschafter des phG (also über herrschende Gesellschafter des Gesellschafters der Ges.) entstehen könnten, sind von der Regelung nicht erfasst, sodass hier dann ggf. ein **Sonderausweis** in Betracht kommt („Ansprüche/Verbindlichkeiten gegenüber verbundenen Unternehmen" oder „Ansprüche/Verbindlichkeiten gegenüber Unternehmen, mit denen ein Beteiligungsverhältnis besteht").

Im Rahmen des § 264c Abs. 1 Satz 1 HGB ist der **Gesellschafterbegriff** eng auszulegen, d.h., stille Gesellschafter sind keine Gesellschafter der Ges. Das gilt unabhängig von der im Einzelfall vorliegenden Ausstattung mit Mitwirkungs- oder Mitbestimmungsrechten. Anders gelagert ist der Fall nur dann, wenn der stille Gesellschafter zugleich auch die Position eines Komplementärs oder Kommanditisten innehat. Die Einlage des stillen Gesellschafters ist im Regelfall, sofern keine Qualifizierung als EK vorgenommen werden kann[4], als „sonstige Verbindlichkeit" in der Bilanz zu zeigen.[5]

Zu den Rechtsbeziehungen, die nach § 264c Abs. 1 Satz 1 HGB einen **Sonderausweis** nach sich ziehen, gehören beispielhaft **Mietverhältnisse** zwischen der Ges. und ihrem Gesellschafter, **befristete Kapitalüberlassungen** und sonstige Leistungs- bzw. Lieferungsbeziehungen. Es ist klarstellend darauf hinzuweisen, dass die genannten Leistungsbeziehungen an sich nicht zu einem Sonderausweis führen. Entscheidend ist die Tatsache, dass sie die Grundlage einer zu bilanzierenden Forderung bzw. Verbindlichkeit darstellen, die dann einem Sonderausweis unterliegt. Herauszustellen bleibt, dass der vorzunehmende Sonderausweis an die Existenz einer schuldrechtlichen Beziehung geknüpft ist. Gesellschaftsrechtliche Vereinbarungen finden ihren Niederschlag hingegen im Rahmen der Verwendung des Ergebnisses.

Ergänzend ist allerdings festzuhalten, dass es in der Praxis sehr wohl auch Vermischungen zwischen schuldrechtlichen und gesellschaftsrechtlichen Vereinbarungen gibt.

---

3   Vgl. *Theile*, BB 2000, S. 555.
4   Vgl. zu den Kriterien für Eigenkapital: IDW HFA RS 7, Tz. 13.
5   Vgl. *Thiele/Sickmann*, in *Baetge/Kirsch/Thiele*, Bilanzrecht, § 264c HGB, Rz 21.1, Stand 3/2008.

> **Beispiel**
> Eine Vermischung zwischen schuldrechtlichen und gesellschaftsrechtlichen Vereinbarungen tritt zum Beispiel bei der **Haftungsvergütung** für die **Komplementär**-GmbH auf. Die Haftungsvergütung selbst ist zweifelsohne eine gesellschaftsrechtliche Vereinbarung (Gesellschaftsvertrag mit der KG). Zumeist wird diese aber ebenfalls auf Grundlage des Gesellschaftsvertrags handelsrechtlich als Aufwand behandelt. Damit ist jedoch, zumindest unter der Voraussetzung, dass am Bilanzstichtag die Haftungsvergütung noch nicht bezahlt ist, eine Verbindlichkeit der KG zu bilanzieren.

9   Nach dem Wortlaut des § 264c Abs. 1 Satz 1 HGB können für die Kennzeichnung der Forderungen und Verbindlichkeiten gegenüber Gesellschaftern zwei Möglichkeiten herangezogen werden. Zum einen kommt ein Ausweis über einen gesonderten Posten in der Bilanz in Betracht und zum anderen ist es ebenfalls alternativ möglich, die jeweiligen Beträge der Ausleihungen, Forderungen oder Verbindlichkeiten gegenüber Gesellschaftern im Anhang anzugeben. Wird die zweite Variante gewählt, muss die Darstellung so erfolgen, dass die Erläuterungen der einzelnen Bilanzposten im Anhang jeweils die Beträge, die auf Gesellschafter entfallen, gesondert erkennen lassen. Praktisch kann dieses Problem in Anlehnung an § 264c Abs. 1 Satz 2 HGB durch einen entsprechenden „Davon-Vermerk" gelöst werden.
Unabhängig davon, welche der beiden Varianten gewählt wird, ist zu berücksichtigen, dass es Sonderausweise gibt, die den Regelungen in § 264c Abs. 1 HGB vorgehen. Dazu gehören Sonderausweise für die Forderung auf eingeforderte Einlagen nach § 272 Abs. 1 S. 3 HGB und für Einzahlungsverpflichtungen der phG bzw. für Einzahlungsverpflichtungen von Kommanditisten gem. § 264c Abs. 2 S. 4 HGB.

10  Der Ausweis mithilfe eines separaten Bilanzpostens ist auch bei kleinen Ges. gem. § 267 Abs. 1 HGB zulässig. Diese Möglichkeit besteht allerdings nur dann, wenn kleine Ges., wie in der Praxis häufig üblich, für das Bilanzgliederungsschema die Langform anwenden. Grundsätzlich haben kleine Ges. die Möglichkeit der Publizität einer verkürzten Bilanz entsprechend § 266 Abs. 1 Satz 3 HGB. Danach können kleine KapG das Bilanzgliederungsschema des § 266 Abs. 2 und 3 HGB unter Zuhilfenahme der dort für einzelne Posten aufgeführten Buchstaben und römischen Zahlen verwenden. Wird die Möglichkeit einer verkürzten Bilanz gewählt, so fällt die in § 266 Abs. 2 und 3 HGB mit arabischen Zahlen gekennzeichnete Gliederungsebene weg. Damit könnte dann auch der geforderte separate Bilanzposten zur Kennzeichnung des spezifischen Gesellschafterbezugs nicht zusätzlich eingefügt werden.

11  Die Frage, ob beide Ausweisalternativen, die in § 264c Abs. 1 Satz 1 HGB genannt werden, gleichwertig nebeneinander stehen, wird in der wissenschaftlichen Literatur[6] unterschiedlich beantwortet. Eine vermittelnde Position geht davon aus, dass aus dem Gesetzeswortlaut keine Präferenz für eine der beiden Varianten abgeleitet werden kann. Insoweit wird davon ausgegangen, dass beide

---

6   Für einen Vorrang der bilanziellen Darstellung vgl. *Kleindiek*, in *Lutter/Hommelhoff*, GmbHG, 16. Aufl. 2004, § 42, Rz 38.

Möglichkeiten gleichwertig nebeneinander stehen.[7] Diese Auffassung trägt sowohl der Tatsache Rechnung, dass auch die internationalen Rechnungslegungsvorschriften den Anhang als gleichwertig zu Bilanz und GuV ansehen, als auch der Rechnungslegungspraxis, die von der Möglichkeit der Anhangsdarstellung umfangreich Gebrauch macht.

Nach der hier vertretenen Auffassung kann allerdings, gestützt durch die wissenschaftliche Literatur, ein gleichwertiges Nebeneinander unter Berücksichtigung von § 264 Abs. 2 Satz 1 HGB nicht zwangsläufig als gerechtfertigt angesehen werden. In Anlehnung an die **Generalnorm** hat der JA unter Beachtung der GoB ein den tatsächlichen Verhältnissen entsprechendes Bild der VFE-Lage zu vermitteln. Dabei ist unter dem Begriff der tatsächlichen Vermögenslage der vollständige Ansatz aller aktivierungspflichtigen VG, RAP und Schulden zu verstehen. Dies impliziert, dass die Höhe, Struktur und Veränderung sowohl des Vermögens als auch des EK und FK im JA kenntlich gemacht werden.[8] Erreicht wird dies letztendlich nur durch Gliederungsvorschriften, die die Art der Vermögensteile und Schulden möglichst exakt offenlegen. Das zutreffende Bild von der VFE-Lage ist primär durch die Bilanz bzw. die GuV zu geben. Die Möglichkeit des Rückgriffs auf eine Anhangdarstellung greift demnach erst subsidiär.[9] § 264c Abs. 1 Satz 1 HGB ist demnach so auszulegen, dass primär zunächst ein gesonderter Bilanzposten in Betracht gezogen werden sollte.

### 2.1.2   Ausweis gem. § 264c Abs. 1 Satz 2 HGB

Über § 264c Abs. 1 Satz 2 HGB wird die Möglichkeit des Einsatzes von „Davon-Vermerken" eingeräumt. Diese Option kommt dann zum Tragen, wenn Ausleihungen, Forderungen oder Verbindlichkeiten gegenüber Gesellschaftern nicht mit einem gesonderten Bilanzposten, sondern letztendlich unter anderen Bilanzposten ausgewiesen werden. Neben der Möglichkeit der Hinzufügung eines neuen Bilanzpostens und der Erläuterung der entsprechenden Beträge im Anhang ist diese Möglichkeit als dritte Darstellungsvariante anzusehen.[10] In Relation zu dieser letztgenannten Variante sind die anderen beiden Möglichkeiten vorzugswürdig. Dies wird schon aus der Formulierung „i.d.R." des § 264c Abs. 1 Satz 1 HGB deutlich.[11] Die in § 264c Abs. 1 Satz 2 HGB genannte Variante kommt mithin nur dann zum Tragen, wenn die Ausnutzung des „Davon-Vermerks" letztendlich zu einer besseren Darstellung im JA führt. Von einer solchen verbesserten Darstellung ist insb. dann auszugehen, wenn Ausleihungen, Forderungen und Verbindlichkeiten gegenüber Gesellschaftern eine quantitativ so geringe Bedeutung haben, dass die Hinzufügung eines separaten zusätzlichen Bilanzpostens nicht zu rechtfertigen wäre. Ein sinnvoller Einsatz des „Davon-Vermerks" wird auch dann angenommen, wenn sich

---

[7]   Vgl. *Thiele/Sickmann*, in *Baetge/Kirsch/Thiele*, Bilanzrecht, § 264c HGB, Rz 24, Stand 3/2008; *Crezelius*, in *Scholz*, GmbHG, 10. Aufl., § 42 Rz 19.
[8]   Vgl. *Hinz*, in *Castan* u.a. (Hrsg.), Beck'sches Handbuch der Rechnungslegung, B 106, Rn 14.
[9]   Vgl. *Leffson*, WPg 1980, S. 290; *Großfeld*, in *Leffson/Rückle/Großfeld*: Handwörterbuch unbestimmter Rechtsbegriffe im Bilanzrecht des HGB, S. 203 f.; a.A.: *Winkeljohann/Schellhorn*, in Beck Bil-Komm. 9. Aufl., § 264 HGB, Rz 30.
[10]   Vgl. *Theile*, BB 2000, S. 555; *Wiechmann*, WPg 1999, S. 916.
[11]   Vgl. *Schulze-Osterloh*, in *Baumbach/Hueck/Fastrich*, GmbHG, § 42, Rz 57.

die Forderungen gegenüber Gesellschaftern inhaltlich nicht von den üblichen Umsatzvorgängen der Ges. unterscheiden.

## 2.2 Ausweis und Zusammensetzung des Eigenkapitals (Abs. 2)

13 Gem. § 264c Abs. 2 Satz 1 HGB müssen haftungsbeschränkte **PersG** eine **Kapitalgliederung** vornehmen, die separat folgende Positionen beinhaltet: (I.) Kapitalanteile, (II.) Rücklagen, (III.) Gewinnvortrag/Verlustvortrag und (IV.) Jahresüberschuss/Jahresfehlbetrag. Im Vergleich zur Kapitalgliederung nach § 266 Abs. 3 A. HGB ist damit an die Stelle des „gezeichneten Kapitals" die Position „Kapitalanteile" und an die Stelle der Position „Kapitalrücklage und Gewinnrücklage" die Position „Rücklagen" getreten. Alle weiteren Positionen des EK sind unverändert erhalten geblieben. Ebenfalls in Übereinstimmung mit § 266 Abs. 3 A. HGB bildet die Liquidierbarkeit der Positionen das zugrunde liegende Gliederungsprinzip (zunehmende Verfügbarkeit von oben nach unten).

Folgt man allerdings dem gesetzlichen Regelstatus, dann bestimmt sich der Begriff des Kapitalanteils nach den §§ 120–122 HGB. Danach würde der Posten Kapitalanteile das gesamte EK einer OHG zeigen, ohne dass ein separater Ausweis von Jahresüberschuss, Gewinnvortrag, Rücklagen oder Verlustpositionen möglich wäre. Eine separate Kapitalgliederung setzt daher abweichend vom Regelstatus immer entsprechende gesellschaftsvertragliche Regelungen voraus.

14 Unter den Kapitalanteilen werden die **Kapitalkonten** der **Gesellschafter** ausgewiesen. In der Praxis des Rechnungswesens werden häufig mehrere einzelne Konten für die Gesellschafter geführt. Dies ist in aller Regel ein festes pro Gesellschafter, dass die jeweilige Kapitaleinlage ausweist und insoweit auch die Anteilsverhältnisse erkennen lässt (= Grundlage für die Verteilung von Gewinnen und Verlusten). Daneben wird zumindest für jeden Gesellschafter ein variables Kapitalkonto geführt, auf dem Entnahmen, Verluste bzw. Gewinne verbucht werden können.

> **Beispiel**
> In der Praxis finden sehr oft Gesellschaftsverträge Anwendung, die vor der Einführung von § 264c HGB geschlossen wurden. In diesen werden oftmals Kapitalkonten der Gesellschafter definiert, die, an handelsrechtlichen Maßstäben gemessen, als Forderungen bzw. Verbindlichkeiten anzusehen sind.[12]
> Des Weiteren finden sich in der betrieblichen Praxis neben den im Gesetzestext enthaltenen gesamthänderisch gebundenen Rücklagen auch oftmals individuelle Rücklagen einzelner Gesellschafter, die Teil des Kapitalanteils sind.

15 Entsprechend der Vorschrift des § 264c Abs. 2 Satz 2 HGB dürfen **Kapitalanteile** mit jeweils gleichem Vorzeichen auch **zusammengefasst** dargestellt werden. Eine Saldierung von Kapitalkonten mit unterschiedlichen Vorzeichen würde § 264c Abs. 2 Sätze 4, 5 HGB widersprechen. Nach § 264c Abs. 2 Satz 4 HGB hat der Ausweis eines etwaigen Negativsaldos auf der Aktivseite entweder als „Einzahlungsverpflichtung phG" oder als „Nicht durch Vermögenseinlagen gedeckter Verlustanteil phG" zu erfolgen. Dabei stellt die an erster Stelle genannte Ausweis-

---

[12] Vgl. IDW RS HFA 7, Rz 40 ff.

variante in der Praxis die Ausnahme dar und setzt entsprechende gesellschaftsvertragliche Abreden in Bezug auf die Einzahlungsverpflichtung voraus. Eine **Einzahlungsverpflichtung** kraft Gesetz gilt nur im Fall der Liquidation der Ges. und kann somit unter Geltung der Going-Concern-Prämisse ausgeschlossen werden. Würden jeweils Saldierungen vorgenommen, so wären Einzahlungsverpflichtungen gar nicht mehr feststellbar. Hinzu würde ein Verstoß gegen das Verrechnungsverbot des § 246 Abs. 2 HGB treten.

---

**Beispiel**
Rücklagenanteil der Komplementäre: 50 TEUR
Kapitalanteil der Komplementäre: – 70 TEUR
**Bilanzausweis:**
Der sich ergebende Saldo von 20 TEUR ist aktivisch als „Nicht durch Vermögenseinlage gedeckter Verlustanteil der Komplementäre" (Voraussetzung: Es besteht keine gesellschaftsvertragliche Einzahlungsverpflichtung) auszuweisen. Ein Rücklagenanteil der Komplementäre dürfte dann nicht unter den Passiva ausgewiesen werden.

---

Gemäß § 264c Abs. 2 Satz 3 HGB müssen die auf den phG entfallenden **Verlustanteile** vom jeweiligen Kapitalkonto abgeschrieben werden. Wichtig ist in diesem Zusammenhang, dass der **Abzug** der **Verlustanteile** erst dann erfolgt, wenn die **Entnahmen** von **Kapitalbeträgen** bereits vorgenommen wurden.

---

**Beispiel**
Beispiel zur Verlustverteilung
Ausgangslage:
- Bilanzverlust der PersG im Jahre 09: 81.900 EUR
- Die phG A und B sind mit je 50 % beteiligt.
- A erhält eine Vergütung i.H.v. 30.000 EUR, die bei der PersG nicht gewinnmindernd gebucht wird (Abschluss über Privatkonto).
- An sich stellt die Vergütung an A eine Vorwegnahme von Gewinn dar; da die PersG hier einen Verlust macht, beträgt der tatsächliche Verlust 111.900 EUR.

|  |  | phG A | phG B |
|---|---|---|---|
| Bilanzverlust | 81.900 EUR | 30.000 EUR |  |
| Vergütung | 30.000 EUR | – 55.950 EUR |  |
| Realer Verlust | 111.900 EUR |  | – 55.950 EUR |
| Verlust/Köpfe |  | – 25.950 EUR | – 55.950 EUR |

Die vorstehende Verlustverteilung wird anhand folgender Buchungssätze dokumentiert:

| Datum | Konto | Soll | Haben |
|---|---|---|---|
|  | Privatkto. A |  30.000 EUR |  |
|  | Bank |  | 30.000 EUR |

| Datum | Konto | Soll | Haben |
|---|---|---|---|
| | Privatkto. A | 25.950 EUR | |
| | Privatkto. B | 55.950 EUR | |
| | GuV | | 81.900 EUR |
| | Kap.kto. A | 55.950 EUR | |
| | Privatkto. A | | 55.950 EUR |
| | Kap.kto. B | 55.950 EUR | |
| | Privatkto. B | | 55.950 EUR |

16  Entsteht infolge einer **Verlustzurechnung** ein insgesamt **negativer Kapitalanteil** für einen Gesellschafter, so ist in Bezug auf den Bilanzausweis zu differenzieren, ob der betroffene Gesellschafter nach den gesellschaftsvertraglichen Regelungen gegenüber der Ges. ausgleichspflichtig ist oder nicht. Besteht eine Ausgleichspflicht, so ist der negative Differenzbetrag gem. § 264c Abs. 2 Satz 4 HGB auf der Aktivseite unter der Position „**Einzahlungsverpflichtungen phG**" zu zeigen. Besteht keine Ausgleichspflicht, so ist der Differenzbetrag nach § 264c Abs. 2 Satz 5 HGB als „Nicht durch Vermögenseinlagen gedeckter Verlustanteil phG" auszuweisen. Entscheidend ist, ob die Zahlungsverpflichtung gegenüber der Gesellschaft oder gegenüber Gesellschaftern besteht. Lediglich eine Zahlungsverpflichtung gegenüber der Ges. ist hier relevant. Solange die Einlage durch Verluste lediglich gemindert wird, entsteht keine Zahlungsverpflichtung des phG. Eine Zahlungsverpflichtung muss demnach entweder gesellschaftsvertraglich vereinbart worden sein oder sie ist im Rahmen der Liquidation der Ges. entstanden. Daraus folgt bereits, dass im Regelfall ein „Nicht durch Vermögenseinlagen gedeckter Verlustanteil phG" in der Bilanz zu zeigen sein wird.[13]

17  § 264c Abs. 2 Sätze 6 ff. HGB bestimmt, dass die Kapitalanteile der Kommanditisten ebenfalls unter den Kapitalanteilen ausgewiesen werden, jedoch eine Trennung von den Kapitalanteilen der phG vorzunehmen ist. Für die Höhe des Ausweises ist die geleistete Pflichteinlage maßgeblich. Wurde die Pflichteinlage durch den Kommanditisten noch nicht vollständig erbracht, so ist kein Ausweis als „Ausstehende Einlage" geboten, da der Bruttoausweis von ausstehenden Einlagen in diesen Fällen entfällt.
Im Bereich des **EK** wird es zukünftig zu einem international üblichen **Nettoausweis** kommen, da eigene Anteile und noch nicht eingeforderte Eigenkapitalbeträge nicht mehr auf der Aktivseite der Bilanz ausgewiesen werden dürfen, sondern stattdessen direkt im Eigenkapital als **Abzugsposten** zu zeigen sind. Über § 272 Abs. 1 Satz 3 HGB wird klargestellt, dass sich die Vorschrift zum Ausweis ausstehender Einlagen nur auf die **ausstehenden Einlagen** auf das gezeichnete Kapital i. S. d. § 272 Abs. 1 Satz 1 HGB bezieht (vgl. § 272 Rz 18 ff.).
Ist der Kapitalanteil eines Kommanditisten durch Verluste aufgezehrt, wird für den Fall des Bestehens einer Einzahlungsverpflichtung eine entsprechende Position auf der Aktivseite ausgewiesen („**Einzahlungsverpflichtung gegenüber Kommanditisten**"). Unter Rückgriff auf § 167 Abs. 3 i. V. m. § 169 Abs. 2 HGB kann eine Einzahlungsverpflichtung allerdings im Regelfall ausgeschlossen werden. Eine Ausnahme könnte sich bei gesellschaftsvertraglichen Abreden ergeben,

---

[13] Vgl. *Hoffmann*, DStR 2000, S. 840.

die eine Nachschusspflicht des Kommanditisten vorsehen. Im Regelfall ergibt sich damit bei übersteigendem Verlust ein „nicht durch Vermögenseinlage gedeckter Verlustanteil des Kommanditisten" auf der Aktivseite der Bilanz. Der gesetzliche Regelstatus für die Ergebnisverwendung bei Kommanditisten ergibt sich aus § 167 HGB. Danach ist auch bei Kommanditisten ohne abweichende gesellschaftsvertragliche Regelungen lediglich eine einzige Kapitalposition (Kapitalanteile) zu führen (vgl. Rz 13). Allerdings sieht der gesetzliche Regelstatus bei Kommanditisten abweichend zu den Regelungen bei phG vor, dass bei Erreichen der bedungenen Einlage übersteigende Gewinnanteile als Verbindlichkeit der Ges. gezeigt werden, weil der Kommanditist darauf nach § 169 Abs. 1 HGB einen Entnahmeanspruch hat.

§ 264c Abs. 2 Satz 7 HGB greift weitere Konstellationen auf, bei denen es zu einer Nachschusspflicht des Kommanditisten kommen kann. Für den Fall, dass der Kommanditist Entnahmen tätigt, können, entsprechende gesellschaftsvertragliche Vereinbarungen vorausgesetzt, Nachschusspflichten entstehen. Dies wird insb. dann der Fall sein, wenn die Einlage durch Entnahmen des Kommanditisten unter den Betrag der Hafteinlage sinkt. Gleiches gilt auch, wenn der Kommanditist Gewinnentnahmen tätigt und sein Kapitalanteil gleichzeitig durch Verluste unter den Betrag der geleisteten und vereinbarten Einlage (Haftsumme) sinkt.

18

> **Beispiel**
> Kommanditist A hat seine Einlage (= Haftsumme) i. H. von 10.000 EUR einbezahlt. Aufgrund von Verlusten aus den Geschäftsjahren 06 und 07 weist das Verlustvortragskonto des Kommanditisten einen Saldo von 2.000 EUR aus. Vom Gewinn des Geschäftsjahres 08 entfällt auf den Kommanditisten A ein Anteil von 1.000 EUR, den er auch entnimmt.
> Aufgrund der Entnahme des Gewinnanteils lebt die unmittelbare und persönliche Haftung des Kommanditisten A i. H. von 1.000 EUR wieder auf.
> Bilanziell wären damit ein Kapitalanteil i. H. von 8.000 EUR sowie eine Einzahlungsverpflichtung des Kommanditisten als Forderung i. H. von 1.000 EUR zu zeigen.
> In der Praxis werden derartige Konstellationen, die dem gesetzlichen Regelstatut entsprechen, eher selten vorliegen. Die Gesellschaftsverträge von PersG sehen in aller Regel vor, dass Gewinne erst nach Abbau von Verlustsonderkonten (Verlustvorträgen) entnommen werden dürfen.

Aufgrund gesellschaftsrechtlicher Vereinbarungen können gem. § 264c Abs. 2 Satz 8 HGB auch im Personengesellschaftsrecht Rücklagen gebildet werden. Der Regelfall (ohne zusätzliche gesellschaftsvertragliche Vereinbarungen) sieht somit keine Rücklagenbildung vor, sondern ordnet die jeweiligen Eigenkapitalbestandteile den einzelnen Gesellschaftern zu. In der Literatur[14] wird eine Differenzierung der Rücklagen in die Kategorien „nicht jederzeit entnahmefähige, die Pflichteinlage übersteigende Einlagen" und „Nicht jederzeit entnahmefähige Gewinnanteile" vorgenommen.

---

[14] Vgl. *Baetge/Kirsch/Thiele*, Bilanzen, 12. Aufl. 2012, S. 518.

19  Die erstgenannte Kategorie wird dann relevant, wenn gesellschaftsvertragliche Vereinbarungen bestehen, nach denen über die Pflichteinlage hinaus weitere Einzahlungen durch die Gesellschafter vorzunehmen sind. Diese können entweder den bestehenden Kapitalanteilen zugeschrieben oder aber in eine separate Rücklage eingebucht werden. In der Praxis tritt eine die Pflichteinlage übersteigende Einzahlung häufig auch dann auf, wenn ein neuer **Gesellschafter** eintritt und für den Erwerb seines Kapitalanteils auch stille Reserven des Unternehmens mitvergüten muss. Insoweit kann der dann den Nominalkapitalanteil überschießende Betrag in eine Rücklage eingebucht werden, die insoweit letztendlich den Charakter einer **Kapitalrücklage** hat.

20  Die letztgenannte Rücklagekategorie wird dann gebildet, wenn gesellschaftsvertragliche Vereinbarungen bestehen, aufgrund derer ein Teil des Jahresüberschusses nicht unmittelbar den Kapitalanteilen der Gesellschafter zugeschrieben wird, sondern eine Vorabdotierung in bestimmter (meist prozentualer) Höhe zugunsten der Rücklage erfolgen muss. Diese Rücklage ist dabei zweifellos wie eine Gewinnrücklage zu qualifizieren.

Ein getrennter Ausweis dieser beiden Rücklagekategorien ist nach dem Wortlaut des Gesetzes nicht vorgeschrieben. Zu diesem Ergebnis kommt auch das IDW: „Werden aufgrund des Gesellschaftsvertrags oder durch Mehrheitsbeschluss Rücklagen gebildet, sind diese als Teil des EKs gesondert auszuweisen. Eine Aufteilung in **Kapitalrücklagen** und **Gewinnrücklagen** ist nicht erforderlich und auch für **PersG**, die die besonderen Bestimmungen des § 264c HGB zu beachten haben, nicht gesetzlich vorgeschrieben".[15] Auch ein getrennter Ausweis der Rücklagen differenziert nach phG und Kommanditisten ist nicht vorgeschrieben. Dies wäre auch unzutreffend, da gesamthänderische Rücklagen der Gesamtheit der Gesellschafter zuzuordnen sind. Abweichendes käme nur bei individuellen Rücklagen einzelner Gesellschafter in Betracht.

21  Über § 264c Abs. 2 Satz 9 HGB wird bestimmt, dass der Betrag, mit dem die Kommanditisten noch persönlich für die Schulden der KG haften, über eine Angabe im Anhang offengelegt werden muss. Grundsätzlich kommt eine derartige Angabe immer dann in Betracht, wenn sich eine Differenz zwischen der im HR einzutragenden und im Außenverhältnis wirksamen Hafteinlage des Kommanditisten und der gesellschaftsvertraglichen Pflichteinlage des Kommanditisten ergibt. Derartige Differenzen können sich bspw. ergeben, wenn die Hafteinlage von vornherein höher als die Pflichteinlage vereinbart wurde. Dies ist oftmals aus steuerlicher Perspektive (vgl. § 15a EStG) bei Ges. mit erwarteten Anlaufverlusten gegeben. Differenzen zeigen sich auch dann, wenn grds. zwar **Haft- und Pflichteinlage** in gleicher Höhe vereinbart wurden, aber die Pflichteinlage bspw. aufgrund von Entnahmen des Kommanditisten oder aufgrund noch nicht vollständiger Erbringung der Einlageleistung weiter unter dem Betrag der Hafteinlage liegt.

22  Vereinzelte Stimmen innerhalb der wissenschaftlichen Literatur[16] sind für den Fall, dass die Pflichteinlage noch nicht vollständig erbracht wurde, abweichend von den vorstehenden Ausführungen bislang der Meinung, dass dieser Mangel über § 272 Abs. 1 Sätze 2, 3 HGB geheilt wird. Eine Anhangangabe soll deshalb entbehrlich sein, weil die noch ausstehende Einlage bislang ohnehin auf der

---

15  Vgl. IDW, RS HFA 7, Rz 36, WPg 2002, S. 1262.
16  Vgl. *Theile*, BB 2000, S. 555.

Aktivseite gesondert ausgewiesen wird. Künftig fordert das BilMoG jedoch die offene Absetzung vom EK (= Nettoausweis).

Der vorstehend genannten Auffassung wird hier nicht gefolgt, weil eine generelle Handhabung für sämtliche Fälle einer Differenz zwischen Hafteinlage und Pflichteinlage anzustreben ist. Somit erfolgt für den Fall, dass die Pflichteinlage noch nicht vollständig erbracht wurde, sowohl ein bilanzieller Ausweis über § 272 Abs. 1 Sätze 2, 3 HGB als auch über eine zusätzliche Angabe im Anhang. Um einen sachgerechten Eindruck über die Höhe der Haftung zu vermitteln, sollten die bereits innerhalb der Bilanz erfassten Differenzbeträge als solche bei den einschlägigen Anhangangaben kenntlich gemacht werden.[17]

Für die Angabepflicht gem. § 264c Abs. 2 Satz 9 HGB ist die im **HR** eingetragene Höhe der **Hafteinlage** maßgeblich, d. h. **unterjährige Veränderungen** in der Höhe der Hafteinlage wirken sich nur dann auf die Anhangangabe aus, wenn sie auch registermäßig vollzogen wurden.

23

> **Beispiel**
> Praktisch bedeutsam sind damit solche Fälle, bei denen die **Anmeldung** der neuen **Hafteinlage** beim HR vor dem Bilanzstichtag erfolgte, die Eintragung der Hafteinlage im HR aber erst nach dem Bilanzstichtag vorgenommen wurde. Maßgeblich für die Angabepflicht ist die am Bilanzstichtag in das HR eingetragene Hafteinlage, sodass die angemeldete (aber noch nicht eingetragene) Hafteinlage zunächst unberücksichtigt bleibt.

Die abschließend in § 264c Abs. 2 HGB genannten Eigenkapitalposten „Gewinnvortrag/Verlustvortrag" und „Jahresüberschuss/Jahresfehlbetrag" weisen keine inhaltlichen Abweichungen gegenüber § 266 Abs. 3 HGB auf, sodass die entsprechenden Anforderungen theoretisch auf die Bilanzierung bei der PersG ohne natürlichen Vollhafter übertragen werden können. Im Regelfall werden jedoch bei KapCoGes die o. g. Positionen nicht ausgewiesen. Entscheidend für den Ausweis der beiden Positionen ist letztlich die Regelung im Gesellschaftsvertrag. Ebenso wie bei KapG können die beiden Posten auch zum „Bilanzgewinn/Bilanzverlust" zusammengefasst werden.

24

> **Beispiel**
> In der betrieblichen Praxis kommt dem Ausweis des Jahresergebnisses in der Bilanz der PersG eine erhebliche Bedeutung zu. Bezogen auf die Behandlung von Gewinnanteilen sind zunächst folgende Fallkonstellationen denkbar:
> Wurde keine gesellschaftsvertragliche Regelung getroffen, so sind zum Abschlussstichtag die Gewinnanteile der phG deren Kapitalanteilen zuzuschreiben. Insofern kommt es dann nicht zu einem bilanziellen Ausweis des Jahresüberschusses.
> Ein Ausweis des Jahresüberschusses unterbleibt auch bei Gewinnanteilen von Kommanditisten, wenn der Kapitalanteil die vereinbarte Höhe der Einlage noch nicht erreicht hat. Ist die Höhe der bedungenen Einlage erreicht, so

---

[17] Vgl. *Thiele/Sickmann*, in *Baetge/Kirsch/Thiele*, Bilanzrecht, § 264c HGB, Rz 62, Stand 3/2008.

> werden überschießende Gewinnanteile dem sog. **Privatkonto** des **Kommanditisten** gutgebracht, das Fremdkapitalcharakter hat.
> Besteht hingegen eine gesellschaftsvertragliche Vereinbarung, die besagt, dass die Verwendung des Jahresüberschusses ganz oder teilweise von der Gesellschafterversammlung bestimmt werden kann, so ist ein **Jahresüberschuss** bzw. für den Fall einer teilweise ausstehenden **Verwendung** des Jahresüberschusses durch die GesV ein Bilanzgewinn auszuweisen.[18]

Für die Behandlung von Verlustanteilen ist Folgendes zu berücksichtigen:

> **Beispiel**
> Die **Kapitalanteile** der Gesellschafter sind um die **Verlustanteile zu kürzen**. Vor der Abschreibung des Kapitalanteils sind Verluste allerdings grds. vorweg mit gesamthänderisch gebundenen **Rücklagen zu verrechnen**. Eine Ausnahme besteht nur dann, wenn abweichende gesellschaftsvertragliche Regelungen getroffen wurden. Grundsätzlich führen Verluste nicht zu Forderungen der Ges. gegenüber den Gesellschaftern. Dies gilt auch für Verlustanteile, die von phG zu tragen sind. Dieser Grundsatz gilt dann nicht, wenn abweichende vertragliche Abreden getroffen wurden. Die Tatsache, dass grds. keine bilanzielle Forderung der Ges. entsteht, entbindet die phG natürlich nicht von der Haftungspflicht gegenüber den Gläubigern der Ges., wenn durch einen eingetretenen Verlust die bilanziellen Passiva die Aktiva übersteigen.
> Für den Fall, dass die Verluste die Kapitalanteile übersteigen, müssen PersG i.S.d. § 264a HGB die besonderen Vorschriften des § 264c Abs. 2 Sätze 3–6 HGB berücksichtigen. Die Verlustanteile, die den Kapitalanteil übersteigen, sind in der Bilanz als nicht durch Vermögenseinlagen gedeckte Verlustanteile phG und/oder Kommanditisten zu zeigen. Der Ausweis erfolgt getrennt und am Schluss der Bilanz auf der Aktivseite gem. § 268 Abs. 3 HGB. Gegenüber § 264c Abs. 2 Satz 1 HGB sind diese Regelungen als Spezialvorschrift anzusehen. Es kommt damit in der Bilanz nicht zum Ausweis eines Jahresfehlbetrags oder eines Verlustvortrags.[19]

25 Eine unter § 264a fallende KG oder OHG muss hinsichtlich eines ggf. aufzustellenden KA ebenfalls die Vorschrift des § 264c Abs. 2 HGB beachten. Dies ergibt sich aus dem Verweis des § 298 Abs. 1 auf § 266. Nach § 264c Abs. 2 ist § 266 Abs. 3 von KapCoGes unter Berücksichtigung der genannten Abweichungen anzuwenden. Dies schließt die Anwendung auf den KA ein.[20] Unter Berücksichtigung der Regelungen zur Ergebnisverteilung bei phG und Kommanditisten (Zu- oder Abschreibung von den Kapitalanteilen bzw. ggf. Ausweis als Verbindlichkeit der Ges.) ergibt sich im Zusammenhang mit der Handhabung im KA dann ein Problem, wenn der KA ein höheres EK ausweist, als sich aus der Summe der Kapitalanteile im JA des MU ergibt. Bei einer solchen Konstellation wird der Differenzbetrag als Gewinnrücklage im KA gezeigt. Weist der KA ein niedrigeres EK aus, so muss ein passiver Ausgleichsposten im EK des KA gezeigt

---

[18] Vgl. IDW RS HFA 7, Rz 36 f., WPg 2002, S. 1262.
[19] Vgl. IDW RS HFA 7, Rz 38 ff., WPg 2002, S. 1263.
[20] Vgl. *Herrmann*, WPg 2001, S. 281.

werden. Für dessen Bezeichnung wird ein „Ausgleichsposten für gegenüber dem Mutterunternehmen niedrigere Konzernergebnisse" vorgeschlagen.[21]

### 2.3 Ausweis von Privatvermögen und Steueraufwand (Abs. 3)

Über § 264c Abs. 3 HGB wird konkretisiert, dass nur die VG bei der PersG erfasst und bewertet werden dürfen, die sich in ihrem wirtschaftlichen Eigentum befinden. Privatvermögen der Gesellschafter spielt insoweit für die Bilanz der Kap-CoGes keine Rolle.[22] Auch die im Rahmen der einkommensteuerrechtlichen Gewinnermittlung erforderliche Definition eines gesellschafterbezogenen Sonderbereichs mit entsprechender Differenzierung in Sonderbetriebsvermögen sowie Sonderbetriebseinnahmen und -ausgaben spielt für die hier interessierende HB keine Rolle. Gleiches gilt auch für die vom Gesellschafter geschuldeten Körperschaft- und Einkommensteuerbeträge, die zu den persönlichen Steuern gehören und nicht als Steueraufwand der Ges. angesehen werden dürfen. Bei der Zuordnung von Steuerbeträgen zum Gesellschafter oder zur Ges. muss die Frage leitend sein, wer jeweils Steuerschuldner ist. Zum Ertragsteueraufwand der PersG gehört lediglich die Gewerbeertragsteuer.

26

> **Beispiel**
> In der betrieblichen Praxis treten im Zusammenhang mit Steuerfragen zwei Problemkreise auf:
> Der erste Problemkreis sind **einbehaltene** Abzugsteuern (z.B. Abgeltungsteuer auf Zinserträge der PersG), die handelsbilanziell im Regelfall als Forderung gegen den Gesellschafter ausgewiesen wird.
> Der zweite Problemkreis ist die gesellschaftsrechtlich oftmals zulässige Entnahme von Beträgen zur Begleichung von **privater Einkommen-** bzw. **Körperschaftsteuer** des **Gesellschafters**. Hier sind insb. die Zulässigkeit unterjähriger Entnahmen für private Steuern oder auch Nachzahlungen von privater Einkommensteuer aufgrund von Betriebsprüfungen von Bedeutung.

Damit trotz alldem eine Vergleichbarkeit des Jahresüberschusses der KapG & Co. mit dem Jahresüberschuss der KapG (auch körperschaftsteuerpflichtig) vorgenommen werden kann, sieht § 264c Abs. 3 Satz 2 HGB vor, dass nach dem Jahresergebnis ein dem Steuersatz der Komplementärgesellschaft entsprechender Steueraufwand der Gesellschafter offen abgesetzt oder hinzugerechnet werden darf. Es handelt sich dabei also um einen **fiktiven Steueraufwand**, der durch die beiden Parameter Steuersatz und Bemessungsgrundlage bestimmt wird. Bezüglich des Steuersatzes ist seit 2008 gem. § 23 Abs. 1 KStG von 15 % auszugehen. Ebenfalls ist zusätzlich ein Solidaritätszuschlag i. H. von 5,5 % zu berücksichtigen. Genauere Aussagen zur Ermittlung der Bemessungsgrundlage sind dem Gesetzestext nicht zu entnehmen. Da allerdings der Betrag, der der KSt unterlegen hätte, wenn es sich bei der PersG um eine KapG gehandelt hätte („Als-ob-Veranlagung")[23], ermittelt werden soll, muss die Bemessungsgrundlage nach den

27

---

21 Vgl. *Kanitz*, WPg 2003, S. 344.
22 Zur steuerlichen Abgrenzung vgl. *Frotscher*, in Frotscher, EStG, § 4 EStG, Rz 36.
23 Vgl. *Kanitz*, WPg 2003, S. 339.

Vorschriften des § 8 Abs. 1 KStG i.V.m. § 4 Abs. 1 EStG berechnet werden. Es sind also auch nicht abziehbare Aufwendungen und steuerfreie Erträge zu berücksichtigen. Um dem Grundsatz der Bilanzklarheit Rechnung zu tragen, sollte die genaue Berechnung im **Anhang** erläutert werden. Übereinstimmung besteht darüber, dass bei der Ermittlung der Bemessungsgrundlage zur Ermittlung der KSt eine grobe Schätzung ausreichend ist.[24]

Hinzuweisen bleibt auf die Tatsache, dass die vom Gesetzgeber vorgesehene Möglichkeit des Ausweises eines fiktiven Steueraufwands ohne jegliche praktische Relevanz ist.

**28** Der auf diese Weise berechnete Steueraufwand ist unmittelbar nach dem Posten „Jahresüberschuss/Jahresfehlbetrag" **auszuweisen** und so zu kennzeichnen, dass die Fiktivität herausgestellt wird. Vorgeschlagen wird hier eine Bezeichnung wie etwa **„fiktive KSt"**.[25] Wird die fiktive KSt mit dem Jahresergebnis verrechnet, so muss auch bei dem sich dann ergebenden rechnerischen Saldo die fiktive Einflussdeterminante deutlich herausgestellt werden. Zu denken ist hier an eine Position mit der Bezeichnung „Jahresüberschuss/Jahresfehlbetrag nach fiktiver KSt".[26]

## 2.4 Ausweis der eigenen Anteile und des Sonderpostens (Abs. 4)

### 2.4.1 Ausweis der Anteile

**29** § 264c Abs. 4 Satz 1 HGB bestimmt, dass **Anteile**, die von der **haftungsbeschränkten PersG** an ihrem phG gehalten werden, in Abhängigkeit von der Beteiligungshöhe ausgewiesen werden müssen. Infrage kommt hier entweder ein Ausweis als Anteile an verbundenen Unt (vgl. §§ 271 Abs. 2, 290 HGB) oder ein Ausweis als Beteiligung innerhalb des Anlagevermögens. Der Begr. zum Regierungsentwurf ist zu entnehmen, dass die Anteile am phG gesondert (z.B. mit einem „Davon-Vermerk" oder durch eine entsprechende Anhangangabe) ausgewiesen werden müssen.[27] Durch diesen separaten Posten wird letztendlich deutlich, in welcher Größenordnung in der Bilanz der KapG & Co. Vermögen ausgewiesen wird, auf das die Gläubiger der PersG direkt über die GmbH als phG zugreifen können.[28]

### 2.4.2 Ausweis des Sonderpostens

**30** Aus dem Erwerb von Anteilen resultiert in der Bilanz der KapCoGes ein entsprechender Aktivposten, der ohne weitere bilanzielle Korrekturen eine Erhöhung des bilanziellen EK zur Folge hätte, wenn die Komplementärgesellschaft die erhaltenen Mittel verwendet, um ihre Einlageverpflichtung bei der PersG zu erfüllen. Um eine solche Kapitalvermehrung, die letztendlich durch die Beteiligung „an sich selbst" und ohne Mittelzufluss von außen entsteht, zu verhindern, fordert der Gesetzestext in § 264c Abs. 4 Satz 2 HGB die Bildung eines **Sonderpostens**. Dieser ist i.H. der aktivierten Beteiligung und nach dem Posten „EK" in der Bilanz als **„Ausgleichsposten"** für aktivierte **eigene Anteile"** auszuweisen. Im Zusammen-

---

[24] Vgl. *Thiele/Sickmann*, in *Baetge/Kirsch/Thiele*, Bilanzrecht, § 264c HGB, Rz 74.1, Stand 3/2008.
[25] Vgl. *Thiele/Sickmann*, in *Baetge/Kirsch/Thiele*, Bilanzrecht, § 264c HGB, Rz 75, Stand 3/2008.
[26] Vgl. *Thiele/Sickmann*, in *Baetge/Kirsch/Thiele*, Bilanzrecht, § 264c HGB, Rz 75, Stand 3/2008.
[27] Vgl. BilMoG-BegrRegE, BT-Drs. 14/1806 v. 15.10.1999, S. 21; *Förschle/Hoffmann*, in Beck Bil-Komm. 9. Aufl., § 264c HGB, Rz 80; WP-Handbuch, Bd. I, 14. Aufl., Abschn. F, Rz 255.
[28] Vgl. *Zeyer*, BB 2008, S. 1443.

hang mit der Bildung dieses Sonderpostens verweist der Gesetzestext auf § 272 Abs. 4 HGB als analoge Vorschrift für KapG.

Rein formal wird die Bezeichnung des Sonderpostens als „Ausgleichsposten für aktivierte eigene Anteile" als problematisch angesehen, weil es sich faktisch nicht um Anteile an der PersG., sondern um Anteile an der Komplementär-KapG handelt und damit keine „eigenen Anteile" vorliegen.[29] Es wäre im Fall einer wechselseitigen kapitalmäßigen Beteiligung allenfalls gerechtfertigt, von einem „mittelbaren eigenen Anteil" zu sprechen, weil letztendlich eine volle Eigenfinanzierung des Anteils durch die PersG erfolgt und kein externer Mittelzufluss vorliegt.[30] 31

Problematisch im Zusammenhang mit der Handhabung des Sonderpostens sind im Wesentlichen zwei Aspekte: Zum einen stellt sich die Frage, warum der Gesetzgeber nur die Konstellation im Zusammenhang mit Anteilen an der Komplementär-KapG aufgreift. Möglich wäre ebenso die Beteiligung an einem Kommanditisten mit entsprechendem Kapitalrückfluss. Auch daraus würde ein Zuwachs der Kapitalbasis resultieren, der letztendlich über einen Sonderposten korrigiert werden müsste. Insoweit wird in der Literatur auch bei **Anteilen an Kommanditisten** die Bildung eines Sonderpostens gefordert.[31] 32

Zum anderen ist nicht ersichtlich, warum der Gesetzestext in § 264c Abs. 4 Satz 2 HGB nicht unterscheidet, ob die Komplementär-GmbH am Kapital der GmbH & Co. KG beteiligt ist oder nicht. Für den Fall, dass keine Beteiligung an der PersG vorliegt, besteht auch nicht die Gefahr, dass die Kapitalbasis entgegen der tatsächlichen Lage zu hoch ausgewiesen wird. Auf eben diesen Fall zielt die Notwendigkeit der Bildung eines Sonderpostens jedoch ab. Wenn die Komplementär-Ges. weder eine Einlage in die KG geleistet hat noch am Ergebnis der KG beteiligt ist, sollte daher auf die Bilanzierung eines Ausgleichspostens verzichtet werden.[32]

Bildung und Ausweis eines Sonderpostens sind nicht nur in den Fällen erforderlich, in denen das Vermögen der GmbH ausschließlich aus der Beteiligung an der PersG besteht und damit die Anteile schon unter dem Gesichtspunkt der Substanzbetrachtung wertlos sind und somit eine Wertkorrektur durch den Sonderposten erfordern, sondern auch in den Fällen, in denen die GmbH neben der Beteiligung an der PersG noch weiteres Vermögen hält, das jedoch in Relation zum Gesamtvermögen von untergeordneter Bedeutung ist.[33] Nach anderer Literaturmeinung ist selbst die untergeordnete Größenordnung des sonstigen Vermögens nicht erforderlich,[34] dem zuzustimmen ist.

### 2.4.3 Bildung des Sonderpostens

Die Bildung des Sonderpostens soll nach den Vorschriften des § 264c Abs. 4 Satz 2 HGB entsprechend § 272 Abs. 4 HGB erfolgen. Nach dem reinen Wortlaut des Gesetzes muss die Bildung des Ausgleichspostens bereits immer dann erfolgen, wenn die PersG über einen Anteil an der Komplementär-KapG verfügt. 33

---

29 Vgl. *Wiechmann*, WPg 1999, S. 916, 922.
30 Vgl. *Kanitz*, WPg 2003, S. 336.
31 Vgl. *Thiele/Sickmann*, in *Baetge/Kirsch/Thiele*, Bilanzrecht, § 264c HGB, Rz 84, Stand 3/2008.
32 Vgl. *Förschle/Hoffmann*, in Beck Bil-Komm. 9. Aufl., § 264c HGB, Rz 86f.; *Theile*, GmbHR 2000, S. 1135, 1138.
33 Vgl. *Zeyer*, BB 2008, S. 1444.
34 Vgl. *Thiele/Sickmann*, in *Baetge/Kirsch/Thiele*, Bilanzrecht, § 264c HGB, Rz 86, Stand 3/2008.

Wie die PersG den Kapitalanteil letztendlich finanziert hat, ist für die Verpflichtung zur Bildung des Ausgleichspostens danach unerheblich.[35]

> **Beispiel**
> **Überhöhter Ausweis des Haftkapitals**
> Der Kommanditist K beteiligt sich an einer KG mit einer Pflichteinlage (gleichzeitig auch Hafteinlage) i. H. von 200.000 EUR. Als Komplementärin fungiert die G-GmbH, die ein Stammkapital i. H. von 100.000 EUR ausweist. Nachdem der Gründungsvorgang von GmbH und KG abgeschlossen ist, veräußert K seinen Anteil am Stammkapital der G-GmbH an die KG für 100.000 EUR. Weiterhin soll unterstellt werden, dass die Komplementärin am Festkapital der KG entweder gar nicht oder i. H. von x EUR beteiligt ist. Bei einer solchen Konstellation steht den Gläubigern effektiv ein Haftungsfonds i. H. von 200.000 EUR zur Verfügung.

Die Notwendigkeit der Bildung eines Sonderpostens sieht der Gesetzgeber hier aufgrund der Tatsache, dass der Kommanditist durch den Verkauf seines GmbH-Anteils an die KG die zuvor in das Vermögen der Komplementärin geleistete Einlage wieder zurück erhält und es somit (ohne Bildung eines Sonderpostens) zu einer überhöhten Darstellung des Haftungsfonds gegenüber etwaigen Gläubigern käme.

**34** Bei KapG wird die Rücklage für eigene Anteile zulasten frei verfügbarer Gewinnrücklagen, zulasten eines Gewinnvortrags sowie zulasten des Jahresergebnisses gebildet.[36] Das ein positives Jahresergebnis infolge der Dotierung der Rücklage in einen Bilanzverlust umschlagen kann, wird dabei in Kauf genommen.[37] Bei einer Anlehnung an die Dotierungssystematik für KapG ist allerdings problematisch, dass das EK bei PersG anteilig den einzelnen Gesellschaftern zuzurechnen ist. Es stellt sich damit die Frage, zulasten der Kapitalanteile welcher Gesellschafter der Ausgleichsposten gebildet werden darf. In der Literatur wird sowohl die Auffassung vertreten, dass die Bildung des Sonderpostens lediglich zulasten der Kapitalanteile der Kommanditisten zu erfolgen hat,[38] als auch die Auffassung, dass der Ausgleichsposten allein zulasten des Kapitalanteils der Komplementär-GmbH gebildet werden muss.[39] Eine pauschale Bildung zulasten der Anteile von Kommanditisten wird deshalb abgelehnt, weil dadurch auch Kommanditisten betroffen wären, die infolge des GmbH-Anteilserwerbs gar keine Einlagen zurückgewährt bekommen haben.[40]

**35** Aus der Perspektive des Haftungsrechts muss in jedem Fall bedacht werden, dass sowohl das Stammkapital des phG als auch die **Hafteinlagen** der Kommanditisten nicht nur aufgebracht, sondern auch **nicht zurückgezahlt** werden dürfen. In diesem Zusammenhang wurde aus der Perspektive der Kommanditisten die **Schutzvorschrift** des § 172 Abs. 6 HGB eingeführt. Danach gilt die Einlage eines Kommanditisten als nicht erbracht, wenn sie in Anteilen an dem phG bewirkt

---

35 Vgl. *Kanitz*, WPg 2003, S. 336.
36 Vgl. IDW HFA RS 7, Tz 16.
37 Vgl. *Kusterer/Kirnberger/Fleischmann*, DStR 2000, S. 608.
38 Vgl. IDW, RS HFA 7, Tz 17.
39 Vgl. *Förschle/Hoffmann*, in Beck Bil-Komm. 9. Aufl., § 264c HGB, Rz 84.
40 Vgl. *Zeyer*, BB 2008, S. 1445.

wurde. Die PersG ist daher gehalten, das Komplementärkapital aus freiem Vermögen, d. h. aus Vermögen, das das Haftkapital übersteigt, zu finanzieren.[41]
Von entscheidender Bedeutung ist daher die Frage, ob im Zuge des **Anteilserwerbs** eine **Einlagenrückgewähr** stattgefunden hat oder nicht. Handelt es sich um eine beteiligungsidentische GmbH & Co. KG (= GmbH & Co. KG, bei der sämtliche Anteile der Komplementär-GmbH durch die KG gehalten werden), die zugleich auch die Voraussetzungen einer Einheits-GmbH & Co. KG erfüllt, so liegt durch den Verkauf der GmbH-Anteile an die KG automatisch immer eine Einlagenrückgewähr vor. Somit wäre in diesem Fall auch eine Dotierung des Ausgleichspostens zulasten der Kapitalanteile der Kommanditisten sachgerecht. Zur Klarstellung und Abgrenzung: Eine beteiligungsidentische GmbH & Co.KG ist dann gegeben, wenn die Beteiligungsverhältnisse in der GmbH identisch sind zu denen in der KG, d. h., die Gesellschafter der GmbH sind in gleicher Höhe als Kommanditist an der KG beteiligt. Die GmbH ist zwar Komplementärin, aber mit 0 % am Kapital und Ergebnis der KG beteiligt. Bei einer Einheits-GmbH & Co.KG werden hingegen die Anteile an der Komplementär-GmbH zu 100 % von der KG selbst gehalten. Dies ist unabhängig davon zu sehen, ob die Komplementärin selbst wiederum an Kapital bzw. Ergebnis der KG beteiligt ist oder nicht. 36

## 2.5 Befreiungsregelungen (Abs. 5)

In § 264c Abs. 5 HGB hat der Gesetzgeber mit dem MicroBilG für Gj, die nach dem 30.12.2012 enden, umfangreiche Befreiungen von den zuvor genannten Angabe- und Untergliederungspflichten vorgesehen. Für kleine KapG und KleinstKapG gelten die in § 264c Abs. 1–4 HGB festgeschriebenen Sondervorschriften für KapCoGes. nur bei der Ermittlung – nicht jedoch der Gliederung. Da der Gesetzgeber in § 264c Abs. 5 HGB nicht nur auf den neu eingeführten § 266 Abs. 1 Satz 4 HGB für KleinstKapG, sondern auch auf 266 Abs. 1 Satz 3 HGB für kleine KapG verweist, wurde mit dieser Regelung gleichzeitig auch eine **neue Erleichterung für kleine KapCoGes** eingeführt, die ihrer Bilanz bislang auch bei der für kleine KapG verkürzten Bilanzen um diese rechtsformspezifischen Angaben zu erweitern hatten. 37

Die Bezeichnungen „**Ermittlung**" sowie „**Gliederung**" sind insofern unglücklich, als dass diese Begriffe im Zusammenhang mit der Bilanz so nicht geläufig sind. Mit der Ermittlung kann nur die Berechnung und mit der Gliederung nur der Ausweis gemeint sein.[42] Dies bedeutet, dass bei diesen Ges. zunächst die gem. § 264c Abs. 1–4 HGB vorgeschriebenen Angaben/Posten zu ermitteln sind. Konkret sind dies: 38

- § 264c Abs. 1 HGB: Ausleihungen, Forderungen und Verbindlichkeiten gegenüber Gesellschaftern (alternativ auch im Anhang),
- § 264c Abs. 2 HGB: Kapitalanteile, Rücklagen, Gewinn-/Verlustvortrag und Jahresüberschuss/-fehlbetrag im Eigenkapital,
- § 264c Abs. 4 Satz 2 HGB: Ausgleichsposten für aktivierte eigene Anteile.

---

[41] Vgl. *Esch*, BB 1991, S. 1129.
[42] Vgl. *Müller/Kreipl*, DB 2013, S. 74 f.

Im Rahmen des Ausweises kann auf diese Posten dann jedoch verzichtet werden, da dies nach Auffassung der Bundesregierung für reine KapG ebenso gilt und kein Anlass für eine schärfere Regelung für KapCoGes. gesehen wird.[43] Dabei ist die Nutzung des Ausweiswahlrechts für ein verkürztes Bilanzgliederungsschema jedoch explizit als Voraussetzung genannt. Somit müssen kleine KapCoGes. grds. auch die verkürzte Bilanz nur mit den mit Buchstaben oder römischen Zahlen bezeichneten Posten von § 266 Abs. 2 und 3 HGB ausweisen. Eine freiwillige weitere Untergliederung i.S.v. § 265 Abs. 5 HGB dürfte jedoch in geringem Maße unschädlich sein. Wählt die kleine KapCoGes. jedoch die volle Bilanzgliederung, so sind auch die Untergliederungsnotwendigkeiten und weiteren Angaben zu beachten. Gleiches gilt für die KleinstKapG.

39 Damit müssen kleine und Kleinst-KapCoGes. zwar für die **Ermittlung des Anlagevermögens, Umlaufvermögens, Eigenkapitals und der Verbindlichkeiten** die Regelungen des § 264c HGB beachten, d.h. insb. die Kapitalanteile, Verbindlichkeiten und Forderungen der Gesellschafter sowie Anteile an Komplementärgesellschaften bestimmen, doch ergibt sich keine Notwendigkeit, die geforderten Einzelposten entsprechend der aufgeführten Regelungen in der Bilanz oder bei kleinen Ges. im Anhang bzw. bei KleinstGes. unter der Bilanz gesondert auszuweisen.

## 3 Zeitlicher Übergang von der Alt- zur Neufassung

40 Zur letztmaligen Anwendung der Altfassung bzw. erstmaligen Anwendung der Neufassung in Bezug auf §§ 264c Abs. 3 und 264c Abs. 4 Satz 3 s. Art. 66 Rz 4 und Art. 67 Rz 154. Die erstmalige Anwendung von § 264c Abs. 5 HGB ist in Gj., die nach dem 30.12.2012 enden, möglich.

---

[43] Vgl. BegrRegE MicroBilG, S. 21.

# § 264d KAPITALMARKTORIENTIERTE KAPITALGESELLSCHAFT

Eine Kapitalgesellschaft ist kapitalmarktorientiert, wenn sie einen organisierten Markt im Sinn des § 2 Abs. 5 des Wertpapierhandelsgesetzes durch von ihr ausgegebene Wertpapiere im Sinn des § 2 Abs. 1 Satz 1 des Wertpapierhandelsgesetzes in Anspruch nimmt oder die Zulassung solcher Wertpapiere zum Handel an einem organisierten Markt beantragt hat.

PROF. DR. STEFAN MÜLLER/PROF. DR. NIELS WELLER

| Inhaltsübersicht | Rz |
|---|---|
| 1 Überblick | 1–3 |
| 2 Tatbestandsmerkmale | 4–6 |
|    2.1 Nutzung eines organisierten Markts | 4 |
|    2.2 Ausgabe von Wertpapieren | 5–6 |
| 3 Rechtsfolgen einer Qualifikation als kapitalmarktorientierte Kapitalgesellschaft | 7–9 |
|    3.1 Jahresabschluss und Lagebericht | 7 |
|    3.2 Konzernabschluss und Konzernlagebericht | 8 |
|    3.3 Sonstige Regelungen | 9 |
| 4 Änderungen durch das BilRUG | 10 |

## 1 Überblick

**Kapitalmarktorientierte KapG** unterliegen im Rahmen des HGB gesonderten Bestimmungen. Aus diesem Grund ist es notwendig, den Terminus der „Kapitalmarktorientierten Kapitalgesellschaft" zu definieren. Diese Aufgabe kommt § 264d HGB zu. Werden künftig Änderungen des WpHG vorgenommen, so sind diese automatisch über § 264d HGB erfasst und müssen lediglich auf ihre Kongruenz mit dem Regelungsumfang dieser handelsrechtlichen Norm überprüft werden.
Ein eigenständiger Regelungsgehalt i.S.e. Rechnungslegungsbestimmung kann § 264d HGB nicht entnommen werden.
Im Anwendungsbereich des § 264d HGB gelten alle KM-orientierten KapG als große Ges. i.S.d. HGB unter entsprechender Anwendung der einschlägigen Vorschriften zur gesetzlichen Abschlussprüfung. Die Legaldefinition der KM-orientierten KapG bringt damit keine materiellen Neuerungen in Bezug auf den persönlichen Anwendungsbereich der gesetzlichen Abschlussprüfung mit sich.[1]
Das Gesetz verwendet an verschiedenen Stellen neben dem Begriff der KM-orientierten KapG auch die verwandten Begriffe **börsennotierte AG** und **börsennotierte KapitalG**.[2]

1

2

---

1 Vgl. *Orth/Müller*, in *Küting/Pfitzer/Weber*, Das neue deutsche Bilanzrecht, 2008, S. 610.
2 Vgl. *Zwirner*, PIR 2000, S. 93.

Unter Rückgriff auf § 3 Abs. 2 AktG ist eine börsennotierte AG eine AG, „deren Aktien zu einem Markt zugelassen sind, der von staatlich anerkannten Stellen geregelt und überwacht wird, regelmäßig stattfindet und für das Publikum mittelbar oder unmittelbar zugänglich ist." Eine KM-orientierte AG kann im Gegensatz zur börsennotierten AG auch nur Schuldtitel an einem regulierten Markt ausgegeben haben. Dies gilt allerdings nur, wenn dies an einer Börse im EU/EWR-Raum vorgenommen wurde.

Hat eine AG Aktien lediglich an einer überwachten Börse außerhalb des EU/EWR-Raums ausgegeben, so ist sie nicht kapitalmarktorientiert i. S. d. § 264d HGB, wohl aber börsennotiert. Die vorstehenden Ausführungen zur börsennotierten AG gelten auch für die SE und die KGaA.

3 Börsennotierte AG müssen ergänzend folgende Regelungen berücksichtigen:
- individualisierte Angaben zu den Vorstandsbezügen (vgl. § 285 Nr. 9 u. § 314 Abs. 1 Nr. 6).
- Erklärung zur Abgabe, zur Einhaltung und zum Veröffentlichungsort des Corporate Governance Kodex (vgl. § 285 Nr. 16 u. § 314 Abs. 1 Nr. 8).
- Grundzüge des Vergütungssystems für Vorstände (vgl. § 289 Abs. 2 Nr. 5 u. § 315 Abs. 2 Nr. 4).
- Erklärung zur Unternehmensführung (vgl. § 289a).
- Beim Prüfungsumfang ist zu berücksichtigen, dass die Außenprüfung um die Prüfung des nach § 91 Abs. 2 AktG einzurichtenden Überwachungssystems zu erweitern ist.

Börsennotierte KapG müssen zusätzlich beachten:
- Für Organmitglieder sind ergänzende Angaben zu AR-Mandaten erforderlich (vgl. § 285 Nr. 10).
- Es bestehen erweiterte Angabepflichten zu Beteiligungen an großen KapG (vgl. § 285 Nr. 11 u. § 313 Abs. 2 Nr. 4).

## 2 Tatbestandsmerkmale

### 2.1 Nutzung eines organisierten Markts

4 Im Rahmen der Darstellung der Tatbestandsmerkmale des § 264d HGB ist eine Bezugnahme auf zentrale Vorschriften des Wertpapierhandelsgesetzes erforderlich.[3] Durch das WpHG wird in Deutschland der Wertpapierhandel reguliert. Gleichzeitig sind hier Kontrollmechanismen für Dienstleistungsunt, die mit Wertpapieren oder Finanztermingeschäften handeln, festgelegt. Ferner werden im WpHG Veröffentlichungspflichten konkretisiert, die für börsennotierte Unt gelten.

Entsprechend der Regelung des § 2 Abs. 5 WpHG besteht für den Begriff des organisierten Markts folgende Legaldefinition:

> § 2 Abs. 5 WpHG:
> „Organisierter Markt im Sinne dieses Gesetzes ist ein im Inland, in einem anderen Mitgliedstaat der Europäischen Union oder einem anderen Vertragsstaat des Abkommens über den Europäischen Wirtschaftsraum betriebenes

---

[3] Vgl. *Kessler/Leinen/Strickmann*, BilMoG, 2009, S. 108.

> oder verwaltetes, durch staatliche Stellen genehmigtes, geregeltes und überwachtes multlaterales System, das die Interessen einer Vielzahl von Personen am Kauf und Verkauf von dort zum Handel zugelassenen Finanzinstrumenten innerhalb des Systems und nach den festgelegten Bestimmungen in einer Weise zusammenbringt oder das Zusammenbringen fördert, die zu einem Vertrag über den Kauf dieser Finanzinstrumente führt."

Vereinfacht können damit die Kriterien für einen organisierten Markt i.S.d. § 2 Abs. 5 WpHG wie folgt skizziert werden:[4]
- Markt, der von staatlichen Stellen geregelt und überwacht wird.
- Kontinuierliches Handelsgeschehen (Regelmäßigkeit).
- Öffentlichkeit hat mittelbaren oder unmittelbaren Zugang.

Zudem greift unter Berücksichtigung von § 2 Abs. 5 WpHG eine räumliche Eingrenzung. Danach liegt ein organisierter Markt nur vor, wenn er im Inland, in der EU oder dem EWR betrieben wird. Ein Unt, das z.B. Wertpapiere in den USA begeben hat, ist somit keine KM-orientierte KapG i.S.d. § 264d HGB.
Die gesetzlichen Marksegmente sind in Deutschland der geregelte Markt und der Freiverkehr. Der Begriff des organisierten Markts in § 2 Abs. 5 WpHG ist ein Oberbegriff, der den regulierten bzw. geregelten Markt umfasst. Der Freiverkehr genügt nicht den Bestimmungen des § 2 Abs. 5 WpHG. Auf der Grundlage der gesetzlichen Marktsegmente können die Wertpapierbörsen eigene Teilmärkte bilden. So hat bspw. die Frankfurter Wertpapierbörse als weitere Teilmärkte unterhalb des organisierten Markts den General Standard und den Prime Standard gebildet. Beide Teilmärkte erfüllen die Voraussetzungen nach § 2 Abs. 5 WpHG. Auch für den Freiverkehr gibt es z.B. an der Frankfurter Wertpapierbörse einen Teilmarkt, den sog. Entry Standard. Ebenso wie der Freiverkehr genügt auch der Entry Standard nicht den Bestimmungen des § 2 Abs. 5 WpHG.
Sämtliche geregelten Märkte nach der EU-Wertpapierdienstleistungsrichtlinie (2004/39/EG) werden jährlich im Amtsblatt der EU als Verzeichnis veröffentlicht.[5]

## 2.2 Ausgabe von Wertpapieren

Der Begriff des Wertpapiers ist in § 2 Abs. 1 WpHG geregelt: 5

> **§ 2 Abs. 1 WpHG:**
> „Wertpapiere im Sinne dieses Gesetzes sind, auch wenn keine Urkunden über sie ausgestellt sind, alle Gattungen von übertragbaren Wertpapieren mit Ausnahme von Zahlungsinstrumenten, die ihrer Art nach auf den Finanzmärkten handelbar sind, insbesondere.
> 1. Aktien,
> 2. andere Anteile an in- oder ausländischen juristischen Personen, Personengesellschaften und sonstigen Unternehmen, soweit sie Aktien vergleichbar sind, sowie Zertifikate, die Aktien vertreten,

---

[4] Vgl. *Kessler/Leinen/Strickmann*, BilMoG, 2009, S. 109.
[5] Vgl. http://ec.europa.eu/internal_market/securities/isd/archives_de.htm, letzter Abruf am 8.9.2015.

> 3. Schuldtitel,
>    a. insb. Genussscheine und Inhaberschuldverschreibungen und Orderschuldverschreibungen sowie Zertifikate, die Schuldtitel vertreten,
>    b. sonstige Wertpapiere, die zum Erwerb oder zur Veräußerung von Wertpapieren nach den Nummern 1 und 2 berechtigen oder zu einer Barzahlung führen, die in Anhängigkeit von Wertpapieren, von Währungen, Zinssätzen oder anderen Erträgen, von Waren, Indices oder Messgrößen bestimmt wird."

Im praktischen Umgang sind damit von § 2 Abs. 1 WpHG im Wesentlichen folgende Wertpapiere erfasst, deren Existenz im Zusammenhang mit der Feststellung der Voraussetzungen des § 264d HGB geprüft werden muss:
- Aktien;
- Zertifikate, die Aktien vertreten;
- Schuldverschreibungen;
- Genussscheine;
- Optionsscheine;
- vorstehend noch nicht genannte Wertpapiere, bei denen eine Vergleichbarkeit mit Schuldverschreibungen oder Aktien gegeben ist.

6 Zum Bereich der im Rahmen des § 264d HGB definierten Wertpapiere gehören nach dem Wortlaut des Gesetzestexts ausdrücklich nicht Anteile an Investmentvermögen, die von einer Kapitalanlagegesellschaft oder einer ausländischen Investmentgesellschaft ausgegeben wurden. Diese Negativabgrenzung ergibt sich aus § 2 Abs. 2b WpHG.

## 3 Rechtsfolgen einer Qualifikation als kapitalmarktorientierte Kapitalgesellschaft

Die Rechtsfolgen einer Qualifikation als KM-orientierte KapG können danach differenziert werden, ob sie sich auf den JA und LB, auf den KA und KLB oder auf sonstige Regelungen beziehen.

### 3.1 Jahresabschluss und Lagebericht

7
- Für den Fall, dass kein KA aufzustellen ist, sind Ergänzungen des JA um eine KFR und einen EK-Spiegel notwendig (vgl. § 264 Abs. 1 Satz 2 HGB).
- Es gibt keine größenabhängigen Erleichterungen, da die KM-orientierte KapG stets als große KapG anzusehen ist (vgl. § 267 Abs. 3 Satz 2 HGB).
- Auch für den Fall, dass die Angaben nach vernünftiger kaufmännischer Beurteilung geeignet sind, der KapG einen erheblichen Nachteil zuzufügen, können Angaben zu Beteiligungen nicht unterbleiben (vgl. § 286 Abs. 3 Satz 3 HGB).
- Es sind Ergänzungen des LB um wesentliche Merkmale des internen Kontroll- und des Risikomanagementsystems im Hinblick auf den Rechnungslegungsprozess vorzunehmen (vgl. § 289 Abs. 5 HGB).
- Es gilt eine verkürzte Offenlegungspflicht für den JA u. a. von vier Monaten (vgl. § 325 Abs. 4 HGB).
- Bei KM-orientierten Nicht-KapG muss der JA um einen Anhang ergänzt werden (vgl. § 5 Abs. 2a PublG).

## 3.2 Konzernabschluss und Konzernlagebericht

- Für den KA und den KLB gilt eine verkürzte Aufstellungsfrist von vier Monaten (vgl. § 290 Abs. 1 Satz 2 HGB).  **8**
- Die Befreiung von der Aufstellung eines KA durch ein übergeordnetes MU darf von KM-orientierten KapG nicht in Anspruch genommen werden. Diese Beschränkung gilt noch nicht, wenn lediglich der Antrag auf Zulassung gestellt wurde (vgl. § 291 Abs. 3 Nr. 1 HGB).
- Es gibt keine größenabhängige Befreiung von der Pflicht zur Aufstellung eines KA (vgl. § 293 Abs. 5 HGB).
- Auch für den Fall, dass die Angaben nach vernünftiger kaufmännischer Beurteilung geeignet sind, der KapG einen erheblichen Nachteil zuzufügen, können Angaben zu Beteiligungen nicht unterbleiben (vgl. § 313 Abs. 3 Satz 3 HGB).
- Es sind Ergänzungen des Lageberichts um wesentliche Merkmale des internen Kontroll- und des Risikomanagementsystems im Hinblick auf den Rechnungslegungsprozess vorzunehmen (vgl. § 315 Abs. 2 Nr. 5 HGB).
- Aufstellung eines KA nach IFRS. Das gilt noch nicht, wenn lediglich die Zulassung zum Handel an einem ausländischen Markt beantragt wurde (vgl. § 315a HGB).
- Für bestimmte KM-orientierte MU gelten verkürzte Aufstellungsfristen (vgl. § 13 Abs. 1 Satz 2 PublG).
- Die Ergänzung des KA um eine KFR und einen EK-Spiegel ist bei KM-Orientierung vorzunehmen (vgl. § 13 Abs. 3 Satz 2 PublG).

## 3.3 Sonstige Regelungen

- Es sind besondere Ausschlussgründe für AP zu berücksichtigen (vgl. § 319a Abs. 1 HGB).  **9**
- Es besteht die Verpflichtung zur Einrichtung eines Prüfungsausschusses (vgl. § 324 Abs. 1 HGB).
- KM-orientierte Kreditinstitute (auch Nicht-KapG) haben die Verpflichtung zur Einrichtung eines Prüfungsausschusses (vgl. § 340k Abs. 5 HGB).
- Die Verpflichtung zur Einrichtung eines Prüfungsausschusses gilt auch für Versicherungsunt (vgl. § 341k Abs. 4 HGB).
- Innerhalb des AR muss mind. ein unabhängiges Mitglied über Sachverstand auf den Gebieten der Rechnungslegung oder Apr. verfügen (vgl. § 100 Abs. 5 AktG wie § 36 Abs. 4 GenG).
- Für den Fall, dass der AR einen Prüfungsausschuss einrichtet, muss mind. ein unabhängiges Mitglied über Sachverstand auf den Gebieten der Rechnungslegung oder Apr. verfügen (vgl. § 107 Abs. 4 AktG wie § 38 Abs. 1a GenG).
- Wurde ein Prügungsausschuss eingerichtet, so muss sich der Vorschlag des AR zur Wahl des AP auf die Empfehlung des Ausschusses stützen (vgl. § 124 Abs. 3 S. 2 AktG).

## 4 Änderungen durch das BilRUG

10 Es kommt nur zu einer Bereinigung eines früheren Redaktionsversehens, das in der unterbliebenen Anpassung mehrerer handelsrechtlicher Vorschriften an die Änderung von § 2 Abs. 1 WpHG besteht.

# § 265 ALLGEMEINE GRUNDSÄTZE FÜR DIE GLIEDERUNG

(1) ¹Die Form der Darstellung, insbesondere die Gliederung der aufeinanderfolgenden Bilanzen und Gewinn- und Verlustrechnungen, ist beizubehalten, soweit nicht in Ausnahmefällen wegen besonderer Umstände Abweichungen erforderlich sind. ²Die Abweichungen sind im Anhang anzugeben und zu begründen.

(2) ¹In der Bilanz sowie in der Gewinn- und Verlustrechnung ist zu jedem Posten der entsprechende Betrag des vorhergehenden Geschäftsjahrs anzugeben. ²Sind die Beträge nicht vergleichbar, so ist dies im Anhang anzugeben und zu erläutern. ³Wird der Vorjahresbetrag angepaßt, so ist auch dies im Anhang anzugeben und zu erläutern.

(3) Fällt ein Vermögensgegenstand oder eine Schuld unter mehrere Posten der Bilanz, so ist die Mitzugehörigkeit zu anderen Posten bei dem Posten, unter dem der Ausweis erfolgt ist, zu vermerken oder im Anhang anzugeben, wenn dies zur Aufstellung eines klaren und übersichtlichen Jahresabschlusses erforderlich ist.

(4) ¹Sind mehrere Geschäftszweige vorhanden und bedingt dies die Gliederung des Jahresabschlusses nach verschiedenen Gliederungsvorschriften, so ist der Jahresabschluß nach der für einen Geschäftszweig vorgeschriebenen Gliederung aufzustellen und nach der für die anderen Geschäftszweige vorgeschriebenen Gliederung zu ergänzen. ²Die Ergänzung ist im Anhang anzugeben und zu begründen.

(5) ¹Eine weitere Untergliederung der Posten ist zulässig; dabei ist jedoch die vorgeschriebene Gliederung zu beachten. ²Neue Posten dürfen hinzugefügt werden, wenn ihr Inhalt nicht von einem vorgeschriebenen Posten gedeckt wird.

(6) Gliederung und Bezeichnung der mit arabischen Zahlen versehenen Posten der Bilanz und der Gewinn- und Verlustrechnung sind zu ändern, wenn dies wegen Besonderheiten der Kapitalgesellschaft zur Aufstellung eines klaren und übersichtlichen Jahresabschlusses erforderlich ist.

(7) Die mit arabischen Zahlen versehenen Posten der Bilanz und der Gewinn- und Verlustrechnung können, wenn nicht besondere Formblätter vorgeschrieben sind, zusammengefaßt ausgewiesen werden, wenn
1. sie einen Betrag enthalten, der für die Vermittlung eines den tatsächlichen Verhältnissen entsprechenden Bildes i. S. d. § 264 Abs. 2 nicht erheblich ist, oder
2. dadurch die Klarheit der Darstellung vergrößert wird; in diesem Falle müssen die zusammengefaßten Posten jedoch im Anhang gesondert ausgewiesen werden.

(8) Ein Posten der Bilanz oder der Gewinn- und Verlustrechnung, der keinen Betrag ausweist, braucht nicht aufgeführt zu werden, es sei denn, daß im vorhergehenden Geschäftsjahr unter diesem Posten ein Betrag ausgewiesen wurde.

Prof. Dr. Inge Wulf

**Inhaltsübersicht**

| | | Rz |
|---|---|---|
| 1 | Überblick und Anwendungsbereich | 1–4 |
| 2 | Darstellungsstetigkeit (Abs. 1) | 5–9 |
| | 2.1 Beibehaltung der Darstellungsform | 5–7 |
| | 2.2 Ausnahmen der Darstellungsstetigkeit | 8–9 |
| 3 | Angabe von Vorjahresbeträgen (Abs. 2) | 10–13 |
| 4 | Zuordnung zu mehreren Posten (Abs. 3) | 14–16 |
| 5 | Mehrere Geschäftszweige (Abs. 4) | 17–19 |
| 6 | Weitere Untergliederung und neue Posten (Abs. 5) | 20–23 |
| | 6.1 Weitere Untergliederung | 21 |
| | 6.2 Neue Posten | 22–23 |
| 7 | Änderung von Gliederung und Bezeichnung (Abs. 6) | 24–25 |
| 8 | Zusammenfassung von Posten (Abs. 7) | 26–28 |
| 9 | Leerposten (Abs. 8) | 29 |
| 10 | Sanktionen | 30 |
| 11 | Änderungen durch das BilRUG | 31 |

**Ergänzendes Schrifttum**
*Emmerich*, Fragen der Gestaltung des Jahresabschlusses nach neuem Recht, WPg 1986, S. 698; *Glade*, Praxishandbuch der Rechnungslegung und Prüfung, 2. Aufl., 1995; IDW-Stellungnahme des HFA 5/1988: Vergleichszahlen im Jahresabschluss und im Konzernabschluss und ihre Prüfung, WPg 1989, S. 42; *Ossadnik*, Grundsatz und Interpretation der „Materiality", WPg 1993, S. 617.

## 1 Überblick und Anwendungsbereich

1 § 265 HGB beinhaltet Grundsätze für die Gliederung der JA und schreibt in Abs. 1 die Darstellungsstetigkeit fest. Abs. 2 fordert Angaben zu Vorjahresbeträgen und zielt auf die formale Vergleichbarkeit ab. Darüber hinaus schreibt Abs. 3 einen Mitzugehörigkeitsvermerk und Abs. 4 eine Gliederungsergänzung bei mehreren Geschäftszweigen vor. Abs. 5 erlaubt eine weitere Untergliederung und Einfügung neuer Posten. Nach Abs. 6 sind ggf. Änderungen in Gliederung und Bezeichnung vorzunehmen, und Abs. 7 bietet unter bestimmten Bedingungen die Möglichkeit, Posten zusammenzufassen. Abs. 8 enthält Hinweise zu Leerposten.

2 Die **Gliederungsregeln** dienen der **Klarheit und Übersichtlichkeit** und sind für die Gewährleistung einer **Vergleichbarkeit** unverzichtbar.[1] Einerseits soll die innerbetriebliche Vergleichbarkeit sichergestellt werden, indem die Darstellungsform des früheren JA auch für den nachfolgenden Abschluss anzuwenden ist. Dies hat den Vorteil, dass ein Leser sich nur einmalig mit dem Aufbau des JA des Unt auseinandersetzen muss und Veränderungen in nachfolgenden Abschlüssen schnell identifizieren kann. Andererseits erleichtern Gliederungsregeln den überbetrieblichen Vergleich von JA.

3 Diese Vorschrift gilt grds. für KapG und PersG i.S.d. § 264a HGB. Entsprechende Anwendung findet § 265 HGB auch für alle unter das PublG fallende Unt

---

[1] Vgl. *Ballwieser*, in *Baetge/Kirsch/Thiele*, Bilanzrecht, § 265 HGB, Rz 2, Stand 8/2006.

sowie für eingetragene Genossenschaften. Falls der Anhang wie bei publizitätspflichtigen EKfl. oder reinen PersG gem. § 5 Abs. 2 Satz 1 PublG entfällt, darf Abs. 7 Nr. 2 nicht angewendet werden und Änderungen in der Darstellung sind bspw. in der Bilanz selbst zu vermerken. Die allgemeinen Gliederungsgrundsätze sind nicht unmittelbar auf die JA aller anderen Kfl., die nicht KapG bzw. KapCoGes sind, anwendbar. Meistens handelt es sich hierbei um EKfl. oder reine PersG; auch inländische Zweigstellen von ausländischen Industrie-KapG sind nicht an diese Regelungen gebunden.

Die in § 265 HGB aufgeführten allgemeinen Grundsätze sind mit Ausnahme des Grundsatzes der Darstellungsstetigkeit lediglich eingeschränkt über § 243 Abs. 2 HGB zu beachten, weil die in § 265 Abs. 2–8 HGB aufgeführten Gliederungsgrundsätze nur teilweise zu den GoB zählen.² 4

## 2 Darstellungsstetigkeit (Abs. 1)

### 2.1 Beibehaltung der Darstellungsform

Die Vorschrift des § 265 Abs. 1 HGB verlangt die Beibehaltung der Form der Darstellung, insb. die Gliederung der aufeinanderfolgenden Bilanzen und GuV. Der Zusatz „insb." kann so zu verstehen sein, dass die Darstellungsstetigkeit auch für Anhang und Lagebericht gilt.³ In jedem Fall greift für den Anhang mittelbar die Darstellungsstetigkeit für Angaben, die wahlweise in Bilanz bzw. GuV oder Anhang gemacht werden dürfen (sog. Ausweiswahlrechte), wie z.B. Fristigkeiten von Forderungen und Verbindlichkeiten oder Anlagespiegel.⁴ Obwohl nicht explizit vorgeschrieben, ist von einer Beachtung der Darstellungsstetigkeit auch für den Anhang auszugehen. Zudem ist diese Vorschrift – für den Konzernabschluss und für bestimmte KM-orientierte Unt (§ 264 Abs. 1 Satz 2 HGB) – mittelbar für den Eigenkapitalspiegel, die KFR und – so erstellt – SegmBer (§ 264 Rz 29 ff., § 297 Rz 24 ff.) zu beachten. 5

Mit dem Grundsatz der Darstellungsstetigkeit wird der in § 252 Abs. 1 Nr. 1 HGB festgelegte Grundsatz der **formellen Bilanzkontinuität** (§ 252 Rz 12) auf die Darstellungsform ausgeweitet. Unternehmen sind nur bei der erstmaligen Ausübung von Ausweiswahlrechten frei in der Ausgestaltung, in den Folgeperioden sind sie an die zuvor getroffene Entscheidung gebunden. Mit den genannten Regelungen soll dem Bilanzleser der Vergleich von zeitlich nachfolgenden JA erleichtert werden. 6

Die Darstellungsstetigkeit **umfasst**
- den Aufbau der Bilanz, der GuV, des Anhangs und des LB sowie Eigenkapitalspiegel, KFR und SegmBer,
- die Gliederung, Bezeichnung, Reihenfolge und den Inhalt in Bezug auf ausgewiesene Posten und sonstige Informationen,

---

2 Vgl. *Winkeljohann/Büssow*, in Beck Bil-Komm. 9. Aufl., § 265 HGB, Rz 19.
3 Vgl. *Ballwieser*, in *Baetge/Kirsch/Thiele*, Bilanzrecht, § 265 HGB, Rz 21, Stand 8/2006.
4 Vgl. *Hoffmann/Lüdenbach*, NWB-Kommentar Bilanzierung, 5. Aufl., 2014, § 265, Rz 8.

- die Abgrenzung zwischen der Darstellungsweise in den Rechenwerken, insb. Bilanz, GuV, und Anhang; z.B. Haftungsverhältnisse aus Bürgschaften unter der Bilanz oder im Anhang (§ 268 Abs. 7 HGB).[5]

7 Für **Anhang und Lagebericht** existieren keine expliziten Gliederungsvorschriften, aber es ist ein gewisses Maß an formaler Kontinuität zu beachten.[6] Inhalt und Gliederung des LB ergeben sich aus den relevanten gesetzlichen Vorschriften (§ 289 Rz 17ff.). Für den Anhang hat sich ein Fußnotensystem etabliert (§ 284 Rz 11), bei dem z.B. die zu kommentierenden Bilanz- und GuV-Posten mit entsprechenden Fußnoten versehen werden und die Kommentierung selbst im Anhang unter der entsprechenden Fußnotennummer erfolgt.[7]

Für die **KFR**, **Segmentberichterstattung** und Eigenkapitalspiegel enthält das HGB keine expliziten Vorschriften. Insoweit ist auf DRS 2, DRS 3 und DRS 7 zu verweisen.

### 2.2 Ausnahmen der Darstellungsstetigkeit

8 Die vorgeschriebene Darstellungsstetigkeit gilt nicht absolut, weil dies jede Änderung der Darstellungsform ausschließen würde. Insofern lässt das HGB in **Ausnahmefällen** Abweichungen von der bisherigen Darstellungsweise „wegen besonderer Umstände" zu, d.h., es sind gewichtige Gründe notwendig.[8]

> **Beispiel**
> Als besonderer Umstand gilt bspw. das Ausgliedern einer geschäftsleitenden Holding, der Wechsel der Konzernzugehörigkeit oder das Anpassen an die GuV eines neuen Mehrheitsgesellschafters.

Die Aufnahme neuer Gliederungsposten oder ein getrennter Ausweis von bisher zusammengefassten Posten ist keine Durchbrechung der formellen Stetigkeit i.S.d. Abs. 1.

9 Weiterhin ist eine Änderung der Darstellungsweise erforderlich, wenn dies aufgrund geänderter Vorschriften geboten ist, z.B. Wegfall des Ausweises eigener Anteile im UV und vorgeschriebene Verrechnung mit dem EK gem. § 272 Abs. 1a HGB. Analog kann ein Unterschreiten von Schwellenwerten gem. § 267 HGB eine Änderung der Darstellung auslösen, wenn die damit verbundenen Erleichterungen (z.B. verkürzte GuV oder Bilanz) in Anspruch genommen werden (§ 267 Rz 10ff.). Die Darstellungsweise ist wieder anzupassen, wenn die Erleichterungen bei Überschreiten dieser Schwellenwerte nicht mehr erlaubt sind. Zudem kann eine Verbesserung der Klarheit und Übersichtlichkeit der Darstellung (§ 243 Abs. 2 HGB) zu einer Darstellungsänderung führen.

---

[5] Vgl. *Ballwieser*, in *Baetge/Kirsch/Thiele*, Bilanzrecht, § 265 HGB, Rz 21, Stand 8/2006; *Hütten/Lorson*, in *Küting/Pfitzer/Weber*, HdR, HGB § 265, Rn 8, Stand 08/2010.
[6] Vgl. *Emmerich*, WPg 1986, S. 700.
[7] Vgl. *Ballwieser*, in *Baetge/Kirsch/Thiele*, Bilanzrecht, § 265 HGB, Rz 23, Stand 8/2006.
[8] Vgl. *WP-Handbuch*, Bd. I, 14. Aufl., Abschn. F, Rz 85.

Abweichungen sind im **Anhang anzugeben** und zu **erläutern**. Dabei reicht ein Verweis auf den Gesetzestext nicht aus, vielmehr soll die Erläuterung externen Adressaten helfen, den Sachverhalt nachvollziehen zu können.[9]

> **Beispiel**
> Die GuV wird seit diesem Gj nach dem UKV erstellt. Der Grund für den Wechsel ist die zunehmende Verbreitung in der Branche und eine Verbesserung der überbetrieblichen Vergleichbarkeit.[10]

## 3 Angabe von Vorjahresbeträgen (Abs. 2)

Um die zeitliche Vergleichbarkeit der JA zu gewährleisten, sind Vorjahresbeträge in Bilanz und GuV anzugeben. Dies gilt auch dann, wenn eigentlich keine Vergleichbarkeit gegeben ist, z. B. aufgrund eines vorhergehenden Rumpf-Gj. (§ 240 HGB),[11] bei einem Wechsel zwischen UKV und GKV oder der Umstellung auf ein anderes Rechnungslegungssystem gem. § 315a und § 325 Abs. 2a HGB. 10

DRS 2 bzw. DRS 7 sehen für KFR und Eigenkapitalspiegel analoge Anforderungen vor. Für den Anhang gilt die Angabe von Vorjahresbeträgen nur mittelbar, wenn Angaben im Anhang anstatt in der Bilanz oder GuV gemacht werden (Wahlpflichtangaben).[12]

Die Angabepflicht gilt auch für im Gliederungsschema vorgeschriebene „Davon"-Vermerke;[13] sie ist i. S. d. Zwecksetzung dieser Vorschrift auch für **gesetzlich geforderte oder freiwillige Vermerke** sowie für zusätzliche Untergliederungen zu beachten.[14] 11

Wenn die Beträge des Gj nicht mit den Vorjahreswerten vergleichbar sind (Abs. 2 Satz 2), sind Tatsache und Gründe der **Nichtvergleichbarkeit** im Anhang zu benennen und zu erläutern. Eine zahlenmäßige Angabe ist nicht explizit gefordert; zahlenmäßige Angaben sind jedoch bei wesentlichen Beträgen notwendig. 12

Können nicht vergleichbare Vorjahresbeträge nur teilweise angepasst werden (z. B. Rumpfgeschäftsjahr), sind eine Angabe und Erläuterung im Anhang geboten (Abs. 2 Satz 3). Bei **Anpassungen** sind die Beträge auszuweisen, die sich bei Anwendung der aktuellen Bewertungsmethode im Vorjahr ergeben hätten.[15] 13

## 4 Zuordnung zu mehreren Posten (Abs. 3)

Bei der Anwendung des Gliederungsschemas des § 266 HGB kann es zu Überschneidungen einzelner Bilanzposten kommen. Die Möglichkeit der Zuordnung von VG und Schulden zu mehr als einem Bilanzposten resultiert daraus, dass die 14

---

9  Vgl. *Winkeljohann/Büssow*, in Beck Bil-Komm. 9. Aufl., § 265 HGB Rz 4.
10 In Anlehnung an *Hoffmann/Lüdenbach*, NWB-Kommentar Bilanzierung, 5. Aufl., 2014, § 265, Rz 15.
11 Vgl. *Reiner/Haußer*, in MünchKomm. HGB, 3. Aufl., § 265, Rn 8.
12 IDW RS HFA 39, Rz 1.1.
13 Vgl. *WP-Handbuch*, Bd. I, 14. Aufl., Abschn. F, Rz 84.
14 Vgl. IDW HFA 5/1988, Rz 1.
15 Vgl. *Ballwieser*, in *Baetge/Kirsch/Thiele*, Bilanzrecht, § 265 HGB, Rz 35–36, Stand 8/2006.

Bilanzgliederung verschiedenen Gliederungsprinzipien folgt (Bindungsdauer oder Rechtsverhältnisse).
**Zuordnungsprobleme** können sich z. B. bei der Behandlung von Forderungen aus L&L gegen oder Verbindlichkeiten aus L&L gegenüber verbundenen Unt oder Unt, mit denen ein Beteiligungsverhältnis besteht, ergeben.

---

**Beispiel**[16]
Die U-GmbH hat Debitoren von 100 Mio. EUR, die sich wie folgt zusammensetzen:

| | |
|---|---|
| Gesellschafter, die zugleich verbundene Unt sind: | 6 Mio. EUR |
| Sonstige Gesellschafter: | 5 Mio. EUR |
| Verbundene Unt, die nicht Gesellschafter sind: | 3 Mio. EUR |
| Dritte | 86 Mio. EUR |

Infrage kommen u. a. folgende Ausweisalternativen:
Die Debitoren werden mit 100 ausgewiesen, dabei sind folgende Davon-Vermerke (oder Anhangangaben) nötig:

| | |
|---|---|
| davon verbundene Unt (ohne Gesellschafter) | 3 Mio. EUR |
| davon Gesellschafter | 11 Mio. EUR |

Die Debitoren werden mit 86 ausgewiesen. In jeweils einer separaten Position werden Forderungen gegen verbundene Unt (ohne Gesellschafter (3) und Forderungen gegen Gesellschafter (11) gezeigt. Bei den Forderungen gegen Gesellschafter werden zwei Davon-Vermerke aufgenommen:

| | |
|---|---|
| davon Debitoren: | 11 Mio. EUR |
| davon verbundene Unt: | 6 Mio. EUR |

---

Die Formulierung des Abs. 3 bezieht sich explizit auf VG und Schulden, sodass zum einen RAP, Sonderposten und latente Steuern nicht unter diesen Anwendungsbereich fallen. Zum anderen gilt für GuV-Posten der Mitzugehörigkeitsvermerk nicht,[17] da hier keine unterschiedlichen Gliederungsprinzipien Anwendung finden.

15 Angaben nach Abs. 3 sind nur dann geboten, wenn es i.S.d. Klarheit und Übersichtlichkeit des JA (§ 243 Abs. 2 HGB) erforderlich ist. Ein Ausweis bei dem Posten der gesetzlichen Bilanzgliederung ist vorgeschrieben, wenn dieser seiner „Eigenart nach und im Interesse an einem den tatsächlichen Verhältnissen entsprechenden Bild der Unternehmenslage (§ 264 Abs. 2 Satz 1 HGB) vorrangig zugeordnet werden"[18] kann. Bei gleichwertiger Zugehörigkeit eines Postens zu anderen Posten liegt es in der Ausweisentscheidung des Unt, d.h., es besteht **faktisch ein Ausweiswahlrecht**.

---

[16] Entnommen aus: *Hoffmann/Lüdenbach*, NWB-Kommentar Bilanzierung, 5. Aufl., 2014, § 265, Rz 154.
[17] Vgl. *Glade*, Praxishandbuch, 1995, Rz 27.
[18] *Reiner/Haußer*, in MünchKomm. HGB, 3. Aufl., § 265, Rn 11.

Die **Mitzugehörigkeit** eines Postens zu anderen Bilanzposten ist gem. § 265 Abs. 3 HGB durch einen „Davon"-Vermerk bei dem Posten anzugeben, unter dem der Bilanzausweis erfolgt. Alternativ ist eine Anhangangabe möglich, „wenn dies zur Aufstellung eines klaren und übersichtlichen JA erforderlich ist" (faktisches Ausweiswahlrecht). Durch diese zusätzliche Angabepflicht werden die überbetriebliche Vergleichbarkeit sowie der Informationsgehalt des Abschlusses erhöht und der geforderten Klarheit und Übersichtlichkeit des JA nach § 243 Abs. 2 HGB entsprochen.[19]

16

## 5 Mehrere Geschäftszweige (Abs. 4)

Falls ein Unt in mehreren Geschäftszweigen aktiv ist, können verschiedene Gliederungen entsprechend den Vorschriften für die jeweiligen Zweige maßgeblich sein. Als Gliederungsvorschriften nach Abs. 4 kommen neben den gesetzlichen Gliederungsvorgaben für Bilanz und GuV (§§ 266, 268 und 275, 277 HGB) auch ergänzende Vorschriften nach §§ 162 und 158 AktG, § 42 GmbHG und Formblätter, die für einzelne Branchen durch RVO vorgeschrieben sind (Krankenhäuser, Pflegeeinrichtungen, Pensionsfonds, Kreditinstitute, Zahlungsinstitute, Verkehrsbetriebe, Versicherungs- und Wohnungsunt), in Betracht. Es besteht kein qualitativer Unterschied zwischen Formblättern und anderen Vorschriften (§ 330 Rz 6). Ferner existieren durch Landesrecht erlassene Gliederungen für Versorgungsbetriebe und zum Teil für Verkehrsbetriebe.

17

Wenn ein Unt in mehreren Geschäftszweigen tätig ist, ist das Gliederungsschema des **Hauptgeschäftszweigs** maßgebend, um möglichst wenige Ergänzungen vornehmen zu müssen und die Vergleichbarkeit am besten zu sichern.

18

Ist ein Hauptgeschäftszweig bei **Gleichwertigkeit der Geschäftszweige** nicht zu identifizieren, liegt es letztlich in der Entscheidung des Unt (faktisches Wahlrecht), nach welchem Geschäftszweig sich das Gliederungsschema vorrangig bestimmt. Die gewählte Grundgliederung muss um die Posten ergänzt werden, die für die Darstellung der übrigen Geschäftszweige notwendig sind.[20] Die vorgenommenen Ergänzungen müssen im **Anhang** angegeben und begründet werden, damit Abschlussadressaten die Auswahl für das Schema als Hauptschema nachvollziehen können.

19

## 6 Weitere Untergliederung und neue Posten (Abs. 5)

Durch das gesetzlich vorgegebene Gliederungsschema für Bilanz und GuV gibt der Gesetzgeber einen Mindeststandard vor. Gleiches gilt für die KFR und den Eigenkapitalspiegel nach DRS 2 bzw. DRS 7. Darüber hinaus können weitere Untergliederungen vorgenommen und **neue Posten** hinzugefügt werden.

20

### 6.1 Weitere Untergliederung

Bei einer **Untergliederung** handelt es sich um die Aufgliederung eines Postens in seine wesentlichen Komponenten oder um Ausgliederungen aus Sammelposten.

21

---

[19] Vgl. *Reiner/Haußer*, in MünchKomm. HGB, 3. Aufl., § 265, Rn 10.
[20] Vgl. *Ballwieser*, in *Baetge/Kirsch/Thiele*, Bilanzrecht, § 265 HGB, Rz 51, Stand 8/2006.

Untergliederungen beziehen sich auf einen bereits existierenden Posten aus dem gesetzlichen Gliederungsschema.[21]
Aufgliederungen können als „Davon"-Vermerk oder in einer Vorspalte erfolgen. Eine Untergliederung ist zulässig, wenn sie den Einblick in die Unternehmenslage verbessert und zu einem Informationsgewinn führt.
Eine freiwillige Aufgliederung i. S. v. § 265 Abs. 5 HGB liegt nur dann vor, wenn das Gesetz auf eigene Untergliederungen in den Rechenwerken verzichtet hat. Beispiele für **gesetzlich vorgeschriebene Untergliederungen** von Bilanzposten sind u. a. Angaben von Forderungen und Verbindlichkeiten mit einer Restlaufzeit bis zu einem Jahr (§ 268 Abs. 4 und 5 HGB). Des Weiteren können bestimmte Informationspflichten durch entsprechende Ausweise in Bilanz bzw. GuV oder durch Angaben im Anhang erfüllt werden. Das gilt bspw. für die Angabe eines aktivierten Disagios (§ 268 Abs. 6 HGB) oder von außerplanmäßigen Abschreibungen nach § 253 Abs. 3 HGB (§ 277 Abs. 3 HGB).
Bei **freiwilligen Untergliederungen nach Abs. 5** muss das vorgegebene Gliederungsschema beibehalten werden.[22] Eine Untergliederung für unwesentliche Posten aus Gründen der Klarheit und Übersichtlichkeit ist nicht zulässig.

> **Beispiel:**[23]
> Bei der Autovermietung Europa besteht ein wesentlicher Teil der Betriebs- und Geschäftsausstattung aus dem Fuhrpark. Hier ist eine freiwillige Aufgliederung der Bilanzposition Betriebs- und Geschäftsausstattung in die Positionen Fuhrpark und Sonstige Betriebs- und Geschäftsausstattung möglich.
> Ausgliederungen können für Provisionserträge und periodenfremde Erträge erfolgen, die separat von den sonstigen betrieblichen Erträgen ausgewiesen werden.[24]
> Bei LeasingUnt ist es zulässig, Leasingvermögen als neue Kategorie (z. B. „Vermietete Vermögensgegenstände") auszugliedern. Gleiches gilt für Leasingverbindlichkeiten.

Aufgliederungen können als „Davon"-Vermerk oder in einer Vorspalte erfolgen. Die Ausgliederung kann auch in einer Hauptspalte vorgenommen werden.[25] Eine Untergliederung ist zulässig, wenn sie den Einblick in die Unternehmenslage verbessert und zu einem Informationsgewinn führt.

## 6.2 Neue Posten

Kann ein Bilanzierungssachverhalt nicht unter einem vorhandenen gesetzlichen Posten aufgeführt werden, dürfen neue Bilanz- oder GuV-Posten dem gesetzlichen Gliederungsschema hinzugefügt werden (Wahlrecht). Mit dem BilRUG wurde der Zusatz „und Zwischensummen" ergänzt (s. Rz 31).

---

21 ADS, 6. Aufl., § 265 HGB Rz 55.
22 Vgl. *Ballwieser*, in Baetge/Kirsch/Thiele, Bilanzrecht, § 265 HGB, Rz 62–64, Stand 8/2006.
23 Vgl. *Hoffmann/Lüdenbach*, NWB-Kommentar Bilanzierung, 5. Aufl., 2014, § 265, Rz 36.
24 Vgl. ADS, 6. Aufl., § 265 HGB, Rz 57.
25 Vgl. ADS, 6. Aufl., § 265 HGB, Rz 57.

> **Beispiel**
> Bspw. stellt der Ausweis von Investitionszuschüssen aus öffentlichen Mitteln in einem Sonderposten auf der Passivseite einen neuen Posten dar.[26]
> Auch als EK zu qualifizierendes Genussrechtskapital stellt einen neuen Posten innerhalb des EK dar.

Beim gesonderten Ausweis von Schiffen, Flugzeugen, Tankstellenanlagen oder Filmvermögen handelt es sich um eine Untergliederung, weil diese Posten durch das gesetzliche Schema abgedeckt sind.[27]

Ist eine Hinzufügung neuer Posten aufgrund des Grundsatzes der Klarheit und Übersichtlichkeit (§ 243 Abs. 2 HGB) oder der geforderten Abbildung der tatsachengemäßen VFE-Lage (§ 264 Abs. 2 Satz 1 HGB) erforderlich, ist nicht mehr von einem Wahlrecht auszugehen. So ist z.B. der Ausweis von verschiedenen, jeweils wesentlichen Beträgen unter einem Posten nicht angemessen, wenn kein gesonderter Ausweis vorgeschrieben ist.[28]

23

## 7 Änderung von Gliederung und Bezeichnung (Abs. 6)

In § 265 Abs. 6 HGB werden die Modifikation der Gliederung und die Bezeichnung der mit arabischen Zahlen versehenen Posten der Bilanz und GuV vorgeschrieben, „wenn dies wegen **Besonderheiten der KapG** zur Aufstellung eines klaren und übersichtlichen JA erforderlich ist". Mit dieser Vorschrift sollen Besonderheiten von Unt spezieller Branchen oder spezieller Tätigkeiten im JA kenntlich gemacht werden, weil sich die Gliederungsschemata der §§ 266 und 275 HGB primär auf Industrie- oder HandelsUnt beziehen. Als Beispiele sind Unt aus den Branchen Energieversorgung, Bergbau und Bau sowie aus dem Bereich Transport und Verkehr zu nennen. Ebenso betrifft dies die Bereiche Brauereien, Reedereien, Betriebe der Mineralölindustrie, Dienstleistungsbetriebe, LeasingUnt und HoldingGes.

24

Praktisch relevant ist die Änderung einer Postenbezeichnung und weniger die Änderung der Gliederung. Eine Änderung von Postenbezeichnungen ist nur für die **arabisch bezifferten Posten** zulässig. Eine Änderung der Hauptposten Anlage- oder Umlaufvermögen darf ebenso wenig vorgenommen werden wie eine Änderung der mit römisch bezifferten Posten, wie z.B. Sach- oder Finanzanlage oder Forderungen und sonstige Vermögensgegenstände. Änderungen der Postenbezeichnungen sind als Kürzungen, Erweiterungen oder Änderung möglich.[29]

25

> **Beispiel**
> Anstelle von „Materialaufwand" kann der Begriff „Aufwendungen für bezogene Leistungen" verwendet werden, wenn im Materialaufwand keine anderen Aufwendungen für RHB und bezogene Waren enthalten sind.

---

[26] BGH, Urteil v. 26.6.2003, II ZR 169/02, NZG 2003 S. 883.
[27] Vgl. *Hoffmann/Lüdenbach*, NWB-Kommentar Bilanzierung, 5. Aufl., 2014, § 265, Rz 37.
[28] Vgl. ADS, 6. Aufl., § 265 HGB, Rz 68; *WP-Handbuch*, Bd. I, 14. Aufl., Abschn. F, Rz 93.
[29] Vgl. *Hoffmann/Lüdenbach*, NWB-Kommentar Bilanzierung, 5. Aufl., 2014, § 265, Rz 44.

> Die Bezeichnung „Roh-, Hilfs- und Betriebsstoffe" kann um den Zusatz „einschl. Ersatzteile" ergänzt werden, um die zusätzliche Erfassung von Ersatzteilen deutlich zu machen
> Die Postenbezeichnung „Anteile an verbundenen Unternehmen" kann durch die engere Bezeichnung „Anteile an Tochterunternehmen" geändert werden, wenn die Anteile nur Tochterunternehmen betreffen.

## 8 Zusammenfassung von Posten (Abs. 7)

**26** Um die Klarheit und Übersichtlichkeit der Darstellung zu gewährleisten (§ 265 Abs. 7 Nr. 2 HGB) und dem Grundsatz der Wesentlichkeit gerecht zu werden (§ 265 Abs. 7 Nr. 1 HGB), können Unt unter bestimmten Voraussetzungen einzelne Posten der Bilanz und GuV zusammenfassen. Es dürfen nur die mit arabischen Zahlen versehenen Posten zusammengefasst werden. Die Postenzusammenfassung ist für die **Bilanzgliederung** nach § 266 HGB nur auf die arabisch bezifferten Posten beschränkt, während bei der **GuV** nach § 275 HGB zunächst scheinbar alle Posten zusammengefasst werden können. Allerdings müssen die Teilergebnisse entsprechend der handelsrechtlichen Erfolgsspaltungskonzeption der GuV, wie ableitbares Betriebs- und Finanzergebnis sowie separat zu benennendes Ergebnis der gewöhnlichen Geschäftstätigkeit und ao Ergebnis wie auch Steuern und Jahresüberschuss/-fehlbetrag, erkennbar sein. Innerhalb der jeweiligen Gewinnschichten müssen die Zusammenfassungen sachlich begründet sein. Lediglich Aufwendungen und Erträge, die einen ähnlichen Charakter haben, dürfen zusammengefasst werden.[30]

**27** Werden Bilanz- oder GuV-Posten zur Erhöhung der **Klarheit und Übersichtlichkeit** der Darstellung zusammengefasst (Nr. 2), sind diese im **Anhang** gesondert auszuweisen, womit der Anhang die sog. Entlastungsfunktion übernimmt (§ 284 Rz 5). Je nach Höhe der Beträge ist unter Beachtung der Wesentlichkeit eine zahlenmäßige Angabe erforderlich, um den Informationsgehalt nicht zu beeinträchtigen. Außerdem sind Vorjahresbeträge anzugeben und der Stetigkeitsgrundsatz zu beachten. Somit bleibt unabhängig von der Inanspruchnahme dieses Ausweiswahlrechts eine Gleichwertigkeit erhalten.

**28** Dagegen lösen die aufgrund der **Wesentlichkeit** (Nr. 1) zusammengefassten Posten keine weiteren Anhanginformationen aus. Ob ein Posten wirklich unerheblich ist, hängt vom Einzelfall ab.[31] Im Gesetzestext wird ein Verweis auf § 264 Abs. 2 HGB gegeben, wonach die Erheblichkeit in Bezug auf die Vermittlung einer tatsachengemäßen Unternehmensdarstellung zu messen ist.[32] Ein Beispiel stellt die Zusammenfassung innerhalb der Wertpapiere des Umlaufvermögens auf der Aktivseite und Verbindlichkeiten auf der Passivseite dar, sofern die Beträge nicht wesentlich sind. Die Posten dürfen aber nur dann zusammengefasst werden, wenn die jeweiligen Unterposten im laufenden Jahr und im Vorjahr als unwesentlich gelten. Zur Definition der Wesentlichkeit vgl. § 252 Rz 152 ff.

---

[30] Vgl. *Ballwieser*, in *Baetge/Kirsch/Thiele*, Bilanzrecht, § 265 HGB, Rz 81, Stand 8/2006.
[31] Vgl. *Ossadnik*, WPg 1993, S. 622.
[32] Vgl. *Ballwieser*, in *Baetge/Kirsch/Thiele*, Bilanzrecht, § 265 HGB, Rz 83, Stand 8/2006.

> **Beispiel**
> Die X-AG hält nicht wesentliche Anteile an verbundenen Unt sowie sonstige Wertpapiere, bei denen jeweils keine dauerhafte Halteabsicht besteht. Beide Positionen dürfen gemeinsam unter der Position Wertpapiere ausgewiesen werden.

## 9 Leerposten (Abs. 8)

In der Bilanz und GuV müssen **Leerposten** für das ablaufende Gj nur ausgewiesen werden, wenn „im vorhergehenden Gj unter diesem Posten ein Betrag ausgewiesen wurde" (§ 265 Abs. 8 HGB). Ansonsten besteht ein Wahlrecht, den Leerposten weiterzuführen oder diesen entgegen dem Stetigkeitsgrundsatz im folgenden Jahr wegzulassen. Die Regelung ist auf Anhangangaben im Fall von Ausweiswahlrechten entsprechend anzuwenden.[33] 29

Falls es sich bei dem Vorjahresbetrag um einen unwesentlichen Betrag i. S. v. Abs. 7 Nr. 1 handelt und eine nachträgliche Zusammenfassung mit anderen Posten zulässig ist, kann auf den Leerposten in der Berichtsperiode unter Anpassung der Vorjahreszahlen verzichtet werden. Entsprechend kann bei „Davon"-Vermerken auf den Ausweis eines Leerpostens verzichtet werden; eine Fehlanzeige kann entfallen.[34]

## 10 Sanktionen

Ein Verstoß gegen § 265 HGB stellt ein Vergehen dar, welches mit Geldstrafe sanktioniert werden kann. Dieser führt gem. § 256 Abs. 4 AktG zur **Nichtigkeit** des JA, wenn eine wesentliche Beeinträchtigung der Klarheit und Übersichtlichkeit des Abschlusses vorliegt. 30

Werden durch den Verstoß gegen § 265 HGB die Verhältnisse der KapG oder der KapCoGes im JA vorsätzlich falsch wiedergegeben oder verschleiert, kann eine **Freiheitsstrafe** von bis zu drei Jahren oder eine **Geldstrafe** für die Mitglieder des vertretungsberechtigten Gremiums bzw. des Aufsichtsrats der Ges. verhängt werden.

Allgemein stellen Zuwiderhandlungen gegen § 265 Abs. 2–4 und 6 HGB **Ordnungswidrigkeiten** dar, die mit einer Geldstraße von bis zu 50.000 EUR nach § 334 HGB und § 335b HGB geahndet werden können (§ 334 Rz 14).[35]

## 11 Änderungen durch das BilRUG

Die mit der EU-Richtlinie 2013/34 eingeführte Möglichkeit, ergänzende Zwischensummen zu bilden, wurde mit dem BilRUG in Abs. 5 Satz 2 durch den Zusatz „und Zwischensummen" übernommen. Damit ist nun explizit verankert, dass zusätzlich zu den in den Gliederungsschemata der §§ 266 und 275 HGB verankerten Zwi- 31

---

[33] Vgl. *Winkeljohann/Büssow*, in Beck Bil-Komm. 9. Aufl., § 265 HGB, Rz 18.
[34] Vgl. ADS, 6. Aufl., § 265 HGB Rz 95–96.
[35] Vgl. *Reiner/Haußer*, in MünchKomm. HGB, 3. Aufl., § 265, Rn 24.

schensumme in Bilanz bzw. GuV weitere Zwischenergebnisse ausgewiesen werden dürfen. Der Ausweis eines separaten Betriebs- und Finanzergebnisses als Zwischensumme innerhalb des Ergebnisses oder eines EBIT (Earnings before interest and taxes) würde sich bspw. anbieten, wie zum Teil auch praktiziert.

# § 266 GLIEDERUNG DER BILANZ

(1) ¹Die Bilanz ist in Kontoform aufzustellen. ²Dabei haben große und mittelgroße Kapitalgesellschaften (§ 267 Abs. 3, 2) auf der Aktivseite die in Absatz 2 und auf der Passivseite die in Absatz 3 bezeichneten Posten gesondert und in der vorgeschriebenen Reihenfolge auszuweisen. ³Kleine Kapitalgesellschaften (§ 267 Abs. 1) brauchen nur eine verkürzte Bilanz aufzustellen, in die nur die in den Absätzen 2 und 3 mit Buchstaben und römischen Zahlen bezeichneten Posten gesondert und in der vorgeschriebenen Reihenfolge aufgenommen werden. ⁴Kleinstkapitalgesellschaften (§ 267a) brauchen nur eine verkürzte Bilanz aufzustellen, in die nur die in den Absätzen 2 und 3 mit Buchstaben bezeichneten Posten gesondert und in der vorgeschriebenen Reihenfolge aufgenommen werden.

(2) Aktivseite

A. Anlagevermögen:
   I. Immaterielle Vermögensgegenstände:
      1. Selbst geschaffene gewerbliche Schutzrechte und ähnliche Rechte und Werte;
      2. entgeltlich erworbene Konzessionen, gewerbliche Schutzrechte und ähnliche Rechte und Werte sowie Lizenzen an solchen Rechten und Werten;
      3. Geschäfts- oder Firmenwert;
      4. geleistete Anzahlungen;
   II. Sachanlagen:
      1. Grundstücke, grundstücksgleiche Rechte und Bauten einschließlich der Bauten auf fremden Grundstücken;
      2. technische Anlagen und Maschinen;
      3. andere Anlagen, Betriebs- und Geschäftsausstattung;
      4. geleistete Anzahlungen und Anlagen im Bau;
   III. Finanzanlagen:
      1. Anteile an verbundenen Unternehmen;
      2. Ausleihungen an verbundene Unternehmen;
      3. Beteiligungen;
      4. Ausleihungen an Unternehmen, mit denen ein Beteiligungsverhältnis besteht;
      5. Wertpapiere des Anlagevermögens;
      6. sonstige Ausleihungen.

B. Umlaufvermögen:
   I. Vorräte:
      1. Roh-, Hilfs- und Betriebsstoffe;
      2. unfertige Erzeugnisse, unfertige Leistungen;
      3. fertige Erzeugnisse und Waren;
      4. geleistete Anzahlungen;
   II. Forderungen und sonstige Vermögensgegenstände:
      1. Forderungen aus Lieferung und Leistungen;
      2. Forderungen gegen verbundene Unternehmen;

3. Forderungen gegen Unternehmen, mit denen ein Beteiligungsverhältnis besteht;
4. sonstige Vermögensgegenstände;
III. Wertpapiere:
1. Anteile an verbundenen Unternehmen;
2. sonstige Wertpapiere;
IV. Kassenbestand, Bundesbankguthaben, Guthaben bei Kreditinstituten und Schecks.
C. Rechnungsabgrenzungsposten.
D. Aktive latente Steuern.
E. Aktiver Unterschiedsbetrag aus der Vermögensverrechnung.
(3) Passivseite
A. Eigenkapital:
I. Gezeichnetes Kapital;
II. Kapitalrücklage;
III. Gewinnrücklagen:
1. gesetzliche Rücklage;
2. Rücklage für Anteile an einem herrschenden oder mehrheitlich beteiligten Unternehmen;
3. satzungsmäßige Rücklagen;
4. andere Gewinnrücklagen;
IV. Gewinnvortrag/Verlustvortrag;
V. Jahresüberschuß/Jahresfehlbetrag.
B. Rückstellungen:
1. Rückstellungen für Pensionen und ähnliche Verpflichtungen;
2. Steuerrückstellungen;
3. sonstige Rückstellungen.
C. Verbindlichkeiten:
1. Anleihen
davon konvertibel;
2. Verbindlichkeiten gegenüber Kreditinstituten;
3. erhaltene Anzahlungen auf Bestellungen;
4. Verbindlichkeiten aus Lieferungen und Leistungen;
5. Verbindlichkeiten aus der Annahme gezogener Wechsel und der Ausstellung eigener Wechsel;
6. Verbindlichkeiten gegenüber verbundenen Unternehmen;
7. Verbindlichkeiten gegenüber Unternehmen, mit denen ein Beteiligungsverhältnis besteht;
8. sonstige Verbindlichkeiten,
davon aus Steuern,
davon im Rahmen der sozialen Sicherheit.
D. Rechnungsabgrenzungsposten.
E. Passive latente Steuern.

Prof. Dr. Inge Wulf/Jürgen Sackbrook

## Inhaltsübersicht

| | | Rz |
|---|---|---|
| 1 | Überblick | 1–5 |
| | 1.1 Inhalt | 1–2 |
| | 1.2 Anwendungsbereich | 3–5 |
| 2 | Aufbau der Bilanz (Abs. 1) | 6–18 |
| | 2.1 Kontoform (Abs. 1 Satz 1) | 6 |
| | 2.2 Vorgaben für die Bilanzgliederung (Abs. 1 Satz 2) | 7–8 |
| | 2.3 Größenabhängige Erleichterungen für kleine Kapitalgesellschaften (Abs. 1) | 9–18 |
| |     2.3.1 Kleine Kapitalgesellschaften (Abs. 1 Satz 3) | 10–12 |
| |     2.3.2 Kleinstkapitalgesellschaften (Abs. 1 Satz 4) | 13–18 |
| 3 | Aktivseite (Abs. 2) | 19–103 |
| | 3.1 Anlagevermögen (Abs. 2 A.) | 19–62 |
| |     3.1.1 Überblick | 19–21 |
| |     3.1.2 Immaterielle Vermögensgegenstände (Abs. 2 A. I.) | 22–36 |
| |         3.1.2.1 Selbst geschaffene gewerbliche Schutzrechte und ähnliche Rechte und Werte (Abs. 2 A. I. 1.) | 25–26 |
| |         3.1.2.2 Entgeltlich erworbene Konzessionen, gewerbliche Schutzrechte und ähnliche Rechte und Werte sowie Lizenzen an solchen Rechten und Werten (Abs. 2 A. I. 2.) | 27–31 |
| |         3.1.2.3 Geschäfts- oder Firmenwert (Abs. 2 A. I. 3.) | 32–34 |
| |         3.1.2.4 Geleistete Anzahlungen (Abs. 2 A. I. 4.) | 35–36 |
| |     3.1.3 Sachanlagen (Abs. 2 A. II.) | 37–49 |
| |         3.1.3.1 Grundstücke, grundstücksgleiche Rechte und Bauten einschließlich der Bauten auf fremden Grundstücken (Abs. 2 A. II. 1.) | 38–44 |
| |         3.1.3.2 Technische Anlagen und Maschinen (Abs. 2 A. II. 2.) | 45–46 |
| |         3.1.3.3 Andere Anlagen, Betriebs- und Geschäftsausstattung (Abs. 2 A. II. 3.) | 47 |
| |         3.1.3.4 Geleistete Anzahlungen und Anlagen im Bau (Abs. 2 A. II. 4.) | 48–49 |
| |     3.1.4 Finanzanlagen (Abs. 2 A. III.) | 50–62 |
| |         3.1.4.1 Anteile an verbundenen Unternehmen (Abs. 2 A. III. 1.) | 51–53 |
| |         3.1.4.2 Ausleihungen an verbundene Unternehmen (Abs. 2 A. III. 2.) | 54–56 |
| |         3.1.4.3 Beteiligungen (Abs. 2 A. III. 3.) | 57–58 |
| |         3.1.4.4 Ausleihungen an Unternehmen, mit denen ein Beteiligungsverhältnis besteht (Abs. 2 A. III. 4.) | 59 |
| |         3.1.4.5 Wertpapiere des Anlagevermögens (Abs. 2 A. III. 5.) | 60–61 |

|  |  | 3.1.4.6 | Sonstige Ausleihungen (Abs. 2 A. III. 6.). | 62 |
|---|---|---|---|---|
| 3.2 | Umlaufvermögen (Abs. 2 B.). | | | 63–98 |
|  | 3.2.1 | Überblick | | 63 |
|  | 3.2.2 | Vorräte (Abs. 2 B. I.) | | 64–75 |
|  |  | 3.2.2.1 | Roh-, Hilfs- und Betriebsstoffe (Abs. 2 B. I. 1.) | 66–68 |
|  |  | 3.2.2.2 | Unfertige Erzeugnisse, unfertige Leistungen (Abs. 2 B. I. 2.) | 69–71 |
|  |  | 3.2.2.3 | Fertige Erzeugnisse und Waren (Abs. 2 B. I. 3.) | 72–73 |
|  |  | 3.2.2.4 | Geleistete Anzahlungen (Abs. 2 B. I. 4.) | 74–75 |
|  | 3.2.3 | Forderungen und sonstige Vermögensgegenstände (Abs. 2 B. II.). | | 76–88 |
|  |  | 3.2.3.1 | Forderungen aus Lieferungen und Leistungen (Abs. 2 B. II. 1.) | 78–79 |
|  |  | 3.2.3.2 | Forderungen gegen verbundene Unternehmen (Abs. 2 B. II. 2.) | 80–81 |
|  |  | 3.2.3.3 | Forderungen gegen Unternehmen, mit denen ein Beteiligungsverhältnis besteht (Abs. 2 B. II. 3.) | 82 |
|  |  | 3.2.3.4 | Sonstige Vermögensgegenstände (Abs. 2 B. II. 4.) | 83–84 |
|  |  | 3.2.3.5 | Sonderposten innerhalb Forderungen und sonstige Vermögensgegenstände | 85–88 |
|  | 3.2.4 | Wertpapiere (Abs. 2 B. III.) | | 89–93 |
|  |  | 3.2.4.1 | Anteile an verbundenen Unternehmen (Abs. 2 B. III. 1.) | 90–92 |
|  |  | 3.2.4.2 | Sonstige Wertpapiere (Abs. 2 A. III. 2.) | 93 |
|  | 3.2.5 | Kassenbestand, Bundesbankguthaben, Guthaben bei Kreditinstituten und Schecks (Abs. 2 B. IV.) | | 94–98 |
|  |  | 3.2.5.1 | Kassenbestand | 95 |
|  |  | 3.2.5.2 | Bundesbankguthaben, Guthaben bei Kreditinstitute | 96–97 |
|  |  | 3.2.5.3 | Schecks. | 98 |
| 3.3 | Rechnungsabgrenzungsposten (Abs. 2 C.) | | | 99 |
| 3.4 | Aktive latente Steuern (Abs. 2 D.) | | | 100–101 |
| 3.5 | Aktiver Unterschiedsbetrag aus der Vermögensverrechnung (Abs. 2 E.) | | | 102 |
| 3.6 | Weitere Posten auf der Aktivseite | | | 103 |
| 4 | Passivseite (Abs. 3) | | | 104–168 |
| 4.1 | Eigenkapital (Abs. 3 A.) | | | 105–125 |
|  | 4.1.1 | Gezeichnetes Kapital (Abs. 3 A. I.) | | 108–111 |
|  | 4.1.2 | Kapitalrücklagen (Abs. 3 A. II.) | | 112–113 |
|  | 4.1.3 | Gewinnrücklagen (Abs. 3 A. III.) | | 114–119 |
|  |  | 4.1.3.1 | Gesetzliche Rücklage (Abs. 3 A. III.1.) | 115 |
|  |  | 4.1.3.2 | Rücklage für Anteile an einem herrschenden oder mehrheitlich beteiligten Unternehmen (Abs. 3 A. III.2.) | 116 |

|  |  | 4.1.3.3 | Satzungsmäßige Rücklage (Abs. 3 A. III.3.) | 117 |
|---|---|---|---|---|
|  |  | 4.1.3.4 | Andere Gewinnrücklagen (Abs. 3 A. III.4.) | 118–119 |
|  | 4.1.4 |  | Gewinn-/Verlustvortrag (Abs. 3 A. IV.) | 120–121 |
|  | 4.1.5 |  | Jahresüberschuss/Jahresfehlbetrag (Abs. 3 A. V.) | 122–123 |
|  | 4.1.6 |  | Bilanzgewinn/Bilanzverlust | 124 |
|  | 4.1.7 |  | Eigenkapitaldifferenz aus Währungsumrechnung | 125 |
| 4.2 | Begrifflichkeit und Abgrenzung zu eigenkapitalähnlichen Posten | | | 126–132 |
|  | 4.2.1 |  | Einlagen zu Kapitalerhöhungen | 127 |
|  | 4.2.2 |  | Genussrechte | 128–129 |
|  | 4.2.3 |  | Einlagen stiller Gesellschafter | 130 |
|  | 4.2.4 |  | Eigenkapitalersetzende Gesellschafterdarlehen | 131–132 |
| 4.3 | Sonderposten | | | 133 |
| 4.4 | Rückstellungen (Abs. 3 B.) | | | 134–141 |
|  | 4.4.1 |  | Rückstellungen für Pensionen und ähnliche Verpflichtungen (Abs. 3 B. 1.) | 135–138 |
|  | 4.4.2 |  | Steuerrückstellungen (Abs. 3 B. 2.) | 139 |
|  | 4.4.3 |  | Sonstige Rückstellungen (Abs. 3 B. 3.) | 140–141 |
| 4.5 | Verbindlichkeiten (Abs. 3 C.) | | | 142–164 |
|  | 4.5.1 |  | Anleihen, davon konvertibel (Abs. 3 C. 1.) | 147–149 |
|  | 4.5.2 |  | Verbindlichkeiten gegenüber Kreditinstituten (Abs. 3 C. 2.) | 150 |
|  | 4.5.3 |  | Erhaltene Anzahlungen auf Bestellungen (Abs. 3 C. 3.) | 151–153 |
|  | 4.5.4 |  | Verbindlichkeiten aus Lieferungen und Leistungen (Abs. 3 C. 4.) | 154–156 |
|  | 4.5.5 |  | Verbindlichkeiten aus der Annahme gezogener Wechsel und der Ausstellung eigener Wechsel (Abs. 3 C. 5.) | 157–160 |
|  | 4.5.6 |  | Verbindlichkeiten gegenüber verbundenen Unternehmen (Abs. 3 C. 6.) | 161 |
|  | 4.5.7 |  | Verbindlichkeiten gegenüber Unternehmen, mit denen ein Beteiligungsverhältnis besteht (Abs. 3 C. 7.) | 162 |
|  | 4.5.8 |  | Sonstige Verbindlichkeiten, davon aus Steuern, davon im Rahmen der sozialen Sicherheit (Abs. 3 C. 8.) | 163–164 |
| 4.6 | Rechnungsabgrenzungsposten (Abs. 3 D.) | | | 165 |
| 4.7 | Passive latente Steuern (Abs. 3 E.) | | | 166–167 |
| 4.8 | Weitere Posten der Passivseite | | | 168 |
| 5 | Sanktionen | | | 169–171 |
| 6 | Änderungen durch BilRUG | | | 172 |

**Ergänzendes Schrifttum**
*Arbeitskreis "Immaterielle Werte im Rechnungswesen" der Schmalenbach-Gesellschaft für Betriebswirtschaft e. V.*: Leitlinien zur Bilanzierung selbst geschaffener immaterieller Vermögensgegenstände nach dem Regierungsentwurf des BilMoG, DB 2008, S. 1813; *Bacmeister*, Bilanzierung von Nennkapitalerhöhungen vor Eintragung im Spannungsfeld zwischen Gläubigerschutz und § 8a KStG, WPg 1994, S. 449; *Bieg*, Ermessensentscheidungen beim Handelsbilanzausweis von "Finanzanlagen" und "Wertpapieren des Umlaufvermögens" – auch nach neuem Bilanzrecht?, DB, Beil. 24/1985; *Böckem/Schurbohm*, Die Bilanzierung von Immobilien nach den International Accounting Standards, KoR 2002, S. 38; *Boorberg/Strüngmann/Spieß*, Bilanzierung von Arzneimittelzulassungen, DB 1994, S. 53.; *Breidenbach*, Steuerliche Probleme im Zusammenhang mit Werkzeugen, WPg 1975, S. 73; *Buchholz*, Gemischt genutzte Sachanlagen, Entnahmen und Einlagen bei IAS – Offene Bilanzierungsfragen bei mittelständischen Unternehmen, DStR 2003, S. 1219; *Dawo*, Immaterielle Güter in der Rechnungslegung nach HGB, IAS/IFRS und US-GAAP, 2003; *Dietel*, Bilanzierung von Anteilen an Personengesellschaften in Handels- und Steuerbilanz, DStR 2002, S. 2140; *Eisgruber*, Bauten auf fremdem Grund und Boden, DStR 1997, S. 522; *Ellrott/ Galli*, Neuregelung der Rechnungslegung und Prüfung im deutschen Profifußball, WPg 2000, S. 269; *Emmerich/Naumann*, Zur Behandlung von Genussrechten im Jahresabschluß von Kapitalgesellschaften, WPg 1994, S. 677; *Forster*, Zu Ausweis, Ansatz und Bewertung des Programmvermögens von Rundfunkanstalten, WPg 1988, S. 321; *Freidank/Eigenstetter*, Handels- und steuerrechtliche Rechnungslegung von Personenhandelsgesellschaften, in *Freidank* (Hrsg.), Deutsche Rechnungslegung und Wirtschaftsprüfung im Umbruch, FS *Strobel*, 2001, S. 29; *Frizlen/Möhrle*, Aktivierung eigenentwickelter Programme in den Bilanzen der Softwarehersteller nach HGB und US-GAAP, KoR 2001, S. 233; *Früh/Klar*, Joint Ventures: Bilanzielle Behandlung und Berichterstattung – Zur neuen HFA-Stellungnahme 1/1993 des IDW, WPg 1993, S. 493; *Groh*, Bauten auf fremdem Grundstück: BGH versus BFH?, BB 1996, S. 1487; *Gröning*, Public Private Partnerships bei Dienstleistungskonzessionen – Vergaberechtliche Konsequenzen aus dem "Telaustria"-Urteil des EuGH, NZBau 2001, S. 123; *Hahne/ Sievert*, Abgrenzung von Drohverlustrückstellungen und Rückstellungen für ungewisse Verbindlichkeiten – Zugleich Anmerkungen zum BFH-Urteil vom 18.12.2002, I R 17/02, DStR 2003, S. 1992; *Herrmann*, Zur Rechnungslegung der GmbH & Co. KG im Rahmen des KapCoRiLiG, WPg 2001, S. 271; *Hofer*, Die Bilanzierung nicht kostendeckender Bauaufträge in der Handels- und Steuerbilanz der Bauunternehmen, DStR 2001, S. 635; *Hoffmann*, Der deregulierte Jahresabschluss der Kleinstkapitalgesellschaft, StuB 2012, S. 729; *Hultsch/Roß/ Drögemüller*, Zum Nachrangerfordernis beim Eigenkapitalausweis von Genussrechtskapital im handelsrechtlichen Abschluss, BB 2007, S. 819; *Kählert/Lange*, Zur Abgrenzung immaterieller Vermögensgegenständen, BB 1994, S. 613; *Kaiser*, Die Behandlung von Spielerwerten in der HB und im Überschuldungsstatus im Profifußball, DB 2004, S. 1109; *Kanitz, Graf von*, Rechnungslegung bei Personenhandelsgesellschaften, WPg 2003, S. 325; *Kaufmann*, Die Bilanzierung von Rechten zur Berichterstattung und Übertragung von Sportereignissen im Fernsehen, BB 1995, S. 2103; *Keitz, von* Immaterielle Güter in der internationalen Rechnungslegung: Grundsatz für den Ansatz von immateriellen Gütern in

Deutschland im Vergleich zu den Grundsätzen in den USA und nach IASC, 1997; *Kessler*, Anpassungspflichten im Bilanzrecht: (Neue?) Grenzwerte für die wirtschaftliche Verursachung – Anmerkungen zum Urteil des I. BFH-Senats vom 27.6.2001, I R 45/97, DStR 2001, S. 1384, zu seinen Folgen und zu einigen zeitgenössischen Begleiterscheinungen, DStR 2001, S. 1903; *Klein/Völker-Lehmkuhl*, Die Bilanzierung von Emissionsrechten nach den deutschen Grundsätzen ordnungsmäßiger Bilanzierung, DB 2004, S. 332; *Knobbe-Keuk*, Stille Beteiligung und Verbindlichkeiten mit Rangrücktrittsvereinbarung im Überschuldungsstatus und in der HB des Geschäftsinhabers, ZIP 1983, S. 127; *Kommission Rechnungswesen im Verband der Hochschullehrer für Betriebswirtschaft e. V.*, Stellungnahme zur Umsetzung der 7. EG-RL (Konzernabschluss-RL), DBW 1985, S. 267; *Küting/Dürr*, „Gemüse" in der Rechnungslegung nach HGB und IFRS sowie Implikationen im Kontext von Basel II, DStR 2005, S. 938; *Küting/Kessler*, Eigenkapitalähnliche Mittel in der HB und im Überschuldungsstatus, BB 1994, S. 2103; *Küting/Ulrich*, Abbildung und Steuerung immaterieller Vermögensgegenstände (Teil I) – Werttreiber im normativen Zwangskorsett, DStR 2001, S. 953; *Küting/Weber/Gattung*, Nahe stehende Personen (related parties) nach nationalem und internationalem Recht, KoR 2003, S. 53; *Küting/Weber/Pilhofer*, Zur Frage der Einbeziehung einer GmbH & Co. KG in den Konzernabschluss eines übergeordneten Mutterunternehmens im Rahmen der Abgrenzung des Konsolidierungskreises, WPg 2003, S. 793; *Laupenmühlen/Löw/Kusterle*, Bilanzierung betrieblicher Altersversorgungsleistungen und kongruenter Rückdeckungsversicherungen, KoR 2002, S. 288; *Marx*, Bilanzierungsprobleme des Franchising, DStR 1998, S. 1441; *Moxter*, Immaterielle Anlagewerte im neuen Bilanzrecht, BB 1979, S. 1102; *Moxter*, Rückstellungskriterien im Streit, zfbf 1995, S. 311; *Moxter*, Zur bilanzrechtlichen Behandlung von Mietereinbauten nach der neueren höchstrichterlichen Rechtsprechung, BB 1998, S. 259; *Müller*, Wohin entwickelt sich der bilanzrechtliche Eigenkapitalbegriff?, FS Budde, 1995, S. 445; *Müller/Kreipl*, Rechnungslegungserleichterungen für Kleinstkapitalgesellschaften und Tochterunternehmen ausländischer Konzernmütter durch das MicroBilG, DB 2013, S. 73; *Müller/Weller/Reinke*, Entwicklungstendenzen in der Eigenkapitalabgrenzung, DB 2008, S. 1109; *Rodewald*, Die Bilanzierung von Rechten zur Berichterstattung und Übertragung von Sportereignissen im Fernsehen, BB 1995, S. 2103; *Rogler*, Bilanzierung von CO2-Emissionsrechten, KoR 2005, S. 255; *Schneider*, Messung des Eigenkapitals als Risikokapital, DB 1987, S. 185; *Siegel*, Änderung der Bilanzierung und Grundsatz der Stetigkeit nach dem E-DRS 15, BB 2002, S. 87; *Sontheimer*, Die steuerliche Behandlung von Genußrechten, BB, Beil. 19/1984; *Tertel*, Ein Überblick über zentrale Jahresabschlußvorschriften des Bilanzrichtliniengesetzes, DStR 1986, S. 113; *Theile*, Ausweisfragen beim Jahresabschluss der GmbH & Co. KG nach neuem Recht, BB 2000, S. 555; *Wengel*, Die handelsrechtliche Eigen- und Fremdkapitalqualität von Genussrechten, DStR 2001, S. 1316; *Wehrheim*, Bilanzierung von Aufhebungszahlungen im Lizenzfußball, BB 2004, S. 433; *Westerfelhaus*, Die bilanzrechtliche Behandlung von „Musterprodukten" im Einzelhandel, DStR 1997, S. 1220; *Willeke*, Zur Bekanntmachung des DRS 13„Grundsatz der Stetigkeit und Berichtigung von Fehlern", StuB 2003, S. 76; *Wirtz*, Ausweis von Zöllen und Verbrauchsteuern für Vermögensgegenstände des Vorratsvermögens und der Umsatzsteuer auf erhaltene Anzahlungen, DStR

1986, S. 749; *Wriedt/Fischer*, Zur Bilanzierung von Filmvermögen, DB 1993, S. 1683; *Wulf*, Immaterielle Vermögenswerte nach IFRS – Theorie und Praxis der DAX-30-, MDAX- und SDAX-Unternehmen, in *Müller, S.* (Hrsg.), IFRS-Praktikerreihe, 2007; *Wulf/Bosse*, Der Einfluss der Bilanzierung von Spielervermögen auf das Finanzrating, StuB 3/2011, S. 83; *Wulf/Lange*, Bilanzierung von Emissionsrechten nach IFRS, IRZ 2011, S. 486; *Ziebe*, Der Genussschein als kapitalmarktpolitisches Instrument zur Verbesserung der Eigenkapitalausstattung von Unternehmen, BB 1984, S. 2210; *Zülch*, Die Bilanzierung von Investment Properties nach IAS 40, 2003.

# 1 Überblick

## 1.1 Inhalt

1 § 266 HGB gibt eine verbindliche Norm für Form und **Gliederung der Bilanz** vor, deren Tiefenstruktur zum einen von der Rechtsform und zum anderen von der zugeordneten Größenklasse der Ges. nach § 267 HGB und § 267a HGB abhängt. § 266 Abs. 1 HGB schreibt die Aufstellung der Bilanz in Kontoform vor und bestimmt, dass die in den Absätzen 2 und 3 normierte Gliederung von mittelgroßen und großen KapG und haftungsbeschränkten PersG i. S. d. § 264a HGB eingehalten werden muss (§ 266 Abs. 1 Satz 2 HGB), während für kleine, nicht KM-orientierte KapG (§ 267 Abs. 1 HGB) eine verkürzte Bilanz mit den mit Buchstaben und römischen Zahlen bezeichneten Posten aufgestellt werden darf (§ 266 Abs. 1 Satz 3 HGB). KleinstKapG dürfen gem. § 266 Abs. 1 Satz 4 HGB für Gj, die nach dem 30.12.2012 enden (Art. 70 Abs. 1 EGHGB), eine verkürzte Bilanz aufstellen, die sich nur auf die Posten mit Buchstaben-Gliederungspunkten beschränkt. In Abs. 2 und 3 wird die Gliederung der Aktiva und der Passiva, insb. die Unterteilung, die Reihenfolge und die Bezeichnung der einzelnen Posten, konkretisiert.

2 Die §§ 266 (Bilanz) und 275 (GuV) HGB enthalten die zentralen Gliederungsvorschriften für den handelsrechtlichen JA. Diese normierten Gliederungen dienen der Klarheit und Übersichtlichkeit (§§ 243 Abs. 2 und 265 Abs. 6 HGB), um das Erreichen der Informationsziele des JA zu verbessern, die überbetriebliche Vergleichbarkeit zu erhöhen und Informationsasymmetrien zu verringern. Auch wenn im Handelsrecht kein expliziter Zweck für die Bilanzaufstellung genannt wird, machen die sehr detaillierten Bilanzgliederungsvorschriften – ergänzt um Informations- und Erläuterungspflichten im Anhang sowie die größenabhängige Pflicht zur Erstellung eines LB – deutlich, dass die Hauptfunktion der Rechnungslegung aus der Perspektive des Gesetzgebers die Bereitstellung von Informationen primär für externe Interessenten ist.[1] Die stets nach demselben Gliederungsschema aufgestellte Bilanz vereinfacht einen Mehrjahresvergleich des bilanzierenden Unt und einen zwischenbetrieblichen Vergleich. Somit verbessert die stringente Gliederungsvorschrift die Möglichkeit zur externen Beurteilung der Unternehmenslage und erleichtert die Kontrolle des Managements.[2] Eingeschränkt wird die Vergleichbarkeit durch bestehende Ausweiswahlrechte, z.B. für erhaltene Anzahlungen (§ 268 Abs. 5 HGB).

---

[1] Vgl. *Coenenberg/Haller/Schultze*, Jahresabschluss und Jahresabschlussanalyse, 2012, S. 14 ff.
[2] Vgl. *Marx/Dallmann*, in *Baetge/Kirsch/Thiele*, Bilanzrecht, § 266 HGB, Rz 3, Stand 2/2013 und *Reiner/Haußer*, in MünchKomm. HGB, 3. Aufl., § 266, Rn 2.

## 1.2 Anwendungsbereich

§ 266 HGB gilt für folgende Unt:  3
- KapG und haftungsbeschränkte PersG i. S. d. § 264a HGB;
- Genossenschaften (§ 336 Abs. 2 Satz 1 HGB), wobei hier besondere Vorschriften für den Ausweis des EK gelten (§ 337 Abs. 2 HGB);
- Unt, die unter das PublG fallen (§ 5 Abs. 1 Satz 2 PublG);
- Nicht-KapG, die weder unter § 264a HGB noch unter das PublG fallen, sowie EKfl dürfen § 266 HGB freiwillig anwenden. Darüber hinaus können diese Unt durch Gesellschaftsvertrag zur Anwendung des gesetzlichen Gliederungsschemas verpflichtet sein.[3]

Für die letzte Gruppe gilt, dass sie im Falle der Anwendung des Bilanzgliederungsschemas gem. § 266 HGB die verwendeten Postenbezeichnungen nicht in einem abweichenden Sinn verwenden dürfen.[4] Ähnliches gilt für die Unt, die nach dem § 5 Abs. 1 Satz 2 PublG verpflichtet sind, § 266 HGB zu berücksichtigen.

Konzerne sind gem. § 298 Abs. 1 HGB verpflichtet, ihre Abschlüsse nach § 266  4
HGB aufzustellen und dabei die in § 266 Abs. 1 Satz 2 HGB genannten Anforderungen an das Gliederungsschema für mittelgroße und große Ges einzuhalten, wenn nicht die Eigenart des KA eine Abweichung bedingt oder in den in § 298 Abs. 1 HGB genannten Vorschriften nichts anderes bestimmt ist. Dabei bietet § 298 Abs. 2 HGB die Möglichkeit, Vorräte in einem Posten zusammenzufassen, falls deren Aufgliederung wegen besonderer Umstände mit einem unverhältnismäßigen Aufwand verbunden wäre. Ebenso sind Unt, die unter das PublG fallen, verpflichtet, § 266 HGB sinngemäß bei der Aufstellung des KA anzuwenden (§ 13 Abs. 2 PublG i. V. m. § 298 Abs. 1 HGB).

Unmittelbar gilt § 266 HGB nur für die Aufstellung der Jahresbilanz. Dennoch sind die Gliederungsvorschriften auch für KA einschl. Zwischenberichte zu beachten.

Darüber hinaus wird in einer Vielzahl von Rechtsvorschriften zur Aufstellung von Sonderbilanzen auf das Bilanzgliederungsschema verwiesen:
- Erhöhungssonderbilanz (bei einer Kapitalerhöhung aus Gesellschaftsmitteln) gem. § 209 Abs. 2 Satz 1 AktG bzw. § 57 f Abs. 1 Satz 1 GmbHG,
- Abwicklungsbilanz (oder auch Liquidationseröffnungsbilanz) von AG, GmbH oder eG gem. § 270 Abs. 2 Satz 2 AktG, § 71 Abs. 2 Satz 2 GmbHG bzw. § 87 Abs. 1 GenG,
- Verschmelzungsbilanz gem. § 17 Abs. 2 Satz 2 UmwG,
- Spaltungsbilanz gem. § 125 UmwG i. V. m. § 17 Abs. 2 Satz 2 UmwG,
- Vermögensaufstellung im Rahmen von Vermögensübertragungen gem. § 176 UmwG,
- Formwechsel gem. § 192 Abs. 2 UmwG.

Wesentliche Änderungen des Gliederungsschemas erfolgten mit dem **BilMoG**.  5
Als redaktionelle Änderungen wurden die folgenden Positionen auf der Aktivseite eingefügt bzw. gestrichen:
- Erg. um „A.I.1. Selbst geschaffene gewerbliche Schutzrechte und ähnliche Rechte und Werte"; in der Folge ändert sich die fortlaufende Nummerierung

---

[3] Vgl. *Lenz/Fiebiger*, in HdJ, Abt I/6, Rn 12, Stand 11/2011.
[4] Vgl. *Schubert/Krämer*, in Beck Bil-Komm. 9. Aufl., § 266 HGB, Rz 15.

und der bisherigen Formulierung wurden die Wörter „entgeltlich erworbene" vorangestellt.
- Streichung von „A.III.2 eigene Anteile"; in der Folge rücken „sonstige Wertpapiere" in die Position „A.III.2" auf.
- Erg. um „D. Aktive latente Steuern".
- Erg. um „E. Aktiver Unterschiedsbetrag aus der Vermögensverrechnung".

Auf der Passivseite wurden ergänzt bzw. geändert:
- Änderung der Bezeichnung „A.III.2 in Rücklage für Anteile an einem beherrschenden oder mehrheitlich beteiligten Unt".
- Erg. um „E. Passive latente Steuern".

Die letzte Änderung wurde mit dem MicroBilG vorgenommen. Es erfolgte die Einfügung von § 266 Abs. 1 Satz 4 HGB (s. Rz. 1, 11).

Mit dem BilRUG wurde als redaktionelle Änderung lediglich die Reihung der Größenklassen in mittelgroße und große Kapitalgesellschaften vorgenommen (s. Rz 172).

## 2 Aufbau der Bilanz (Abs. 1)

### 2.1 Kontoform (Abs. 1 Satz 1)

6 § 266 Abs. 1 Satz 1 HGB fordert die Aufstellung der Bilanz in Kontoform. Üblich ist die Darstellung der Aktiva und Passiva nebeneinander in einem **T-Konto**. Darüber hinaus kann die Bilanz aus Praktikabilitätsgründen, z.B. bei großen AGs, **untereinander** oder **auf zwei unterschiedlichen Seiten** dargestellt werden.[5] Die Staffelform darf nicht angewendet werden, weil Art. 8 Abs. 1 i.V.m. Art. 10 der 4. EG-RL, die wahlweise die Bilanzdarstellung in Staffelform erlaubt, nicht in nationales Recht umgesetzt wurde.

Angesichts fehlender handelsrechtlicher Bestimmungen dürfen **Nicht-KapG** – unter Berücksichtigung der Forderung nach einer hinreichenden Gliederung gem. § 247 Abs. 1 HGB – die Bilanz in Staffelform aufstellen, weil diese zum einen auch aussagekräftig und übersichtlich und zum anderen nach der 4. EG-RL erlaubt ist. Gleichwohl ist diese Form bisher wenig verbreitet (§ 247 Rz 10).[6]

### 2.2 Vorgaben für die Bilanzgliederung (Abs. 1 Satz 2)

7 Die Bilanzgliederung des § 266 HGB folgt **keinem bestimmten Prinzip**; vielmehr beruht diese auf mehreren, einander überschneidenden Sachgesichtspunkten. Auf der Aktivseite orientiert sich das handelsrechtliche Gliederungsprinzip primär an der **Liquidierbarkeit**, d.h. Monetarisierung der Posten im Leistungsprozess. Die Gliederung der Passivposten ist an der **Fälligkeit** der anstehenden Auszahlungen ausgerichtet.

8 Die einzelnen Bilanzposten sind nach § 266 Abs. 1 Satz 2 HGB gesondert auszuweisen. Eine Zusammenfassung der einzelnen Posten ist grds. nicht erlaubt. Gleiches gilt für die Reihenfolge der Bilanzposten, die ebenfalls grds. nicht verändert werden darf.[7] Dabei ist es unerheblich, ob die gesetzlich vorgesehene

---

[5] Vgl. *Reiner/Haußer*, in MünchKomm. HGB, 3. Aufl., § 266, Rn 10.
[6] Vgl. *Marx/Dallmann*, in *Baetge/Kirsch/Thiele*, Bilanzrecht, § 266 HGB, Rz 21, Stand 2/2013.
[7] Vgl. ADS, 6. Aufl., § 266 HGB, Rz 3f.

Reihenfolge noch zweckmäßig oder zeitgemäß erscheint, da diese auf typische Industrieunternehmen ausgerichtet ist. § 265 HGB mit seinen allgemeinen Gliederungsgrundsätzen erlangt in diesem Zusammenhang ebenso wie die Anhangangaben eine zunehmende Bedeutung, weil sie den bilanzierenden Unt in gewissen Maßen eine Flexibilisierung durch Zusammenfassungen, Erweiterungen und Änderungen der vorgegebenen Positionsfolge unter Berücksichtigung der gesetzlichen Regelungen ermöglichen (zu Einzelheiten s. § 265 Rz 20ff.).[8]

Der **Stetigkeitsgrundsatz** ist zu beachten, solange in begründeten Ausnahmefällen keine Durchbrechung erforderlich ist, wie z.B. Änderungen der rechtlichen Gegebenheiten oder strukturelle Veränderungen (DRS 13.8). Bei Ausweisänderungen sind diese kenntlich zu machen; zusätzlich sind Erl. geboten (DRS 13.28).[9]

## 2.3 Größenabhängige Erleichterungen für kleine Kapitalgesellschaften (Abs. 1)

Hinsichtlich der Anforderungen an das Bilanzgliederungsschema unterscheidet § 266 Abs. 1 Sätze 2 und 4 HGB die KapG und denen gleichgestellte PersG in drei Kategorien: zum einen nach § 267 Abs. 1 HGB in kleine und zum anderen nach § 267 Abs. 2 und 3 HGB in **mittelgroße und große Ges.** sowie darüber hinaus nach § 267a HGB in KleinstKapG. Mittelgroße und große Ges. haben ebenso wie **alle KM-orientierten Gesellschaften** gem. § 267 Abs. 3 Satz 2 HGB das vollständige Bilanzgliederungsschema gem. Abs. 2 und 3 anzuwenden.

### 2.3.1 Kleine Kapitalgesellschaften (Abs. 1 Satz 3)

**Kleine Ges. und Genossenschaften** (§ 336 Abs. 2 Satz 1 HGB i.V.m. § 267 Abs. 1 HGB) dürfen eine verkürzte Bilanz aufstellen, d.h., sie brauchen nur die Posten aufzunehmen, die mit Buchstaben und römischen Ziffern bezeichnet sind; die mit arabischen Zahlen bezeichneten Posten müssen nicht ausgewiesen werden.

Für kleine KapCoGes hat der Gesetzgeber mit dem MicroBilG eine Befreiung von zusätzlich nötigen Untergliederungen festgeschrieben. § 264c Abs. 5 HGB stellt klar, dass die in § 264c Abs. 1–4 HGB festgeschriebenen Sondervorschriften für KapCoGes bei der Ermittlung – nicht jedoch der Gliederung – zusätzlich gelten. Da der Gesetzgeber in § 264c Abs. 5 HGB nicht nur auf den 2012 eingeführten § 266 Abs. 1 Satz 4 HGB für KleinstKapG, sondern auch auf § 266 Abs. 1 Satz 3 HGB für kleine KapG verweist, haben auch kleine KapCoGes die verkürzten Bilanzen nicht um diese rechtsformspezifischen Angaben zu erweitern.´

Die Inanspruchnahme der größenabhängigen Erleichterung kann dennoch aufgrund gesetzlich verankerter Auskunftsrechte oder gesellschaftsvertraglicher Regelungen eingeschränkt werden. So kann z.B. nach § 131 Abs. 1 Satz 3 AktG ein Aktionär einer AG eine nach den Vorschriften für mittelgroße und große Ges. gegliederte Bilanz fordern. Auch gibt es für die GmbH nach § 51a Abs. 1 GmbH, für die OHG nach § 118 HGB und für die KG nach § 166 HGB entsprechende

---

[8] Vgl. *Marx/Dallmann*, in *Baetge/Kirsch/Thiele*, Bilanzrecht, § 266 HGB, Rz 22, Stand 2/2013.
[9] Vgl. *Siegel*, BB 2002, S. 87ff.; *Willeke*, StuB 2003, S. 76.

Auskunfts- und Einsichtsrechte.[10] Darüber hinaus bestehen Erleichterungen bei der Offenlegung (§ 325 Rz 199 ff.).

### 2.3.2 Kleinstkapitalgesellschaften (Abs. 1 Satz 4)

13 KleinstKapG dürfen gem. § 266 Abs. 1 Satz 4 HGB i.d.F. MicroBilG eine verkürzte Bilanz aufstellen, die sich nur auf die Posten mit Buchstaben-Gliederungspunkten des § 266 Abs. 2 und 3 HGB beschränkt. Die Reihenfolge der Posten gem. § 266 Abs. 2 und 3 HGB ist einzuhalten. Auf der Aktivseite sind die Positionen AV und UV sowie Rechnungsabgrenzungsposten, aktive latente Steuern sowie Unterschiedsbetrag aus der Vermögensverrechnung auszuweisen. Auf der Passivseite brauchen nur EK, Rückstellungen, Verbindlichkeiten und passive latente Steuern ausgewiesen werden. Die Angabe eines nicht durch EK gedeckten Fehlbetrags hat gem. § 268 Abs. 3 HGB zu erfolgen.
Allerdings kann der gesonderte Ausweis aktiver und passiver latenter Steuern als Buchst. D auf der Aktiv- und Buchst. E auf der Passivseite aufgrund des Wahlrechts des § 274a Nr. 5 HGB entfallen. Zu prüfen ist jedoch ein Ansatz von Rückstellungen für passive Steuerlatenzen (§ 274a Rz 12 ff.).[11]
Da der Unterschiedsbetrag aus der Vermögensverrechnung sowie aktive und passive latente Steuern in der Praxis von KleinstGes. kaum Relevanz besitzen, beschränkt sich der Postenausweis in der Bilanz in aller Regel auf nur drei Aktiv- und vier Passivposten.[12] Der **Mindestumfang** stellt sich jedoch wie folgt dar:

| Bilanz einer KleinstKapG | | | |
|---|---|---|---|
| Aktivseite | | | Passivseite |
| A. | Anlagevermögen | A. | Eigenkapital |
| B. | Umlaufvermögen | B. | Rückstellungen |
| C. | Rechnungsabgrenzungsposten | C. | Verbindlichkeiten |
| E. | Aktiver Unterschiedsbetrag aus der Vermögensverrechnung | D. | Rechnungsabgrenzungsposten |

Tab. 1: Mindestumfang der Bilanz für KleinstKapG

14 Darüber hinaus ist explizit keine weitere **Aufschlüsselung der Posten** vorgeschrieben. Die in § 268 Abs. 4 und 5 HGB vorgeschriebenen Laufzeitvermerke für Forderungen bzw. Verbindlichkeiten sind für Forderungen mangels gesonderten Ausweises nicht zu machen. Da Verbindlichkeiten gesondert ausgewiesen werden, erscheint eine betragsmäßige Angabe als Davon-Vermerk sinnvoll.[13] Diese Angabe ermöglicht eine bessere Einschätzung kurzfristiger Liquiditätsabflüsse des Unt.

15 Eine Darstellung der Entwicklung der einzelnen Posten des AV in der Bilanz (§ 268 Abs. 2 HGB) entfällt, da bereits kleine KapG keinen Anlagespiegel aufstellen müssen (§ 274a Nr. 1 HGB). Auch § 268 Abs. 1 HGB betreffend Ge-

---

10 Vgl. *Grottel*, in Beck Bil-Komm. 9. Aufl., § 326 HGB, Rz 5.
11 Vgl. IDW RS HFA 7; Bundessteuerberaterkammer (BStBK), Verlautbarung der Bundessteuerberatung zum Ausweis passiver latenter Steuern als Rückstellungen in der Handelsbilanz, 2012.
12 Vgl. *Hoffmann*, StuB 2012, S. 730.
13 Vgl. *Hoffmann*, StuB 2012, S. 730.

winn-/Verlustvortrag, wenn nicht im Bilanzgewinn/-verlust integriert, und § 272 Abs. 1 Satz 3 HGB betreffend ausstehender und eingeforderter Einlagen sind nicht zu beachten, da keine Aufgliederung des EK gem. § 266 Abs. 3 Buchst. A Nr. I-V HGB gefordert ist. Somit ist der Jahresüberschuss/-fehlbetrag nur in der GuV und nicht in der Bilanz auszuweisen.

**Sonderausweise für Aktiengesellschaften** in der Bilanz gem. §§ 152 Abs. 1–3 AktG greifen nicht (§ 152 Abs. 4 AktG).[14] Sonderausweise für andere Rechtsformen, wie etwa gem. **§ 42 Abs. 3 GmbHG** (Forderungen, Ausleihungen und Verbindlichkeiten gegenüber Gesellschaftern) entfallen ebenfalls, da ein Bilanzausweis sowie alternativ eine Anhangangabe erlaubt ist. Mangels Anhang entfällt damit auch die Angabepflicht in der Bilanz. Zudem würde ein solcher Ausweis als Davon-Vermerk auch nicht aussagekräftig sein. Ggf. sind zusätzliche Angaben zur Erfüllung der Generalnorm notwendig, wenn die Forderungen oder Verbindlichkeiten betreffend Gesellschafter eine derartige Höhe erreichen, dass dies als besonderer Umstand nach § 264 Abs. 2 Satz 2 HGB zu werten wäre.[15]

Für die verkürzten Bilanzen der KleinstkapG gelten die Regelungen aus § 265 Abs. 6–7 HGB nicht, da eine Änderung der Gliederung und Postenbezeichnung sowie Postenzusammenfassungen nicht für die mit Großbuchstaben versehenen Posten vorgesehen ist. Uneingeschränkt gilt dagegen § 265 Abs. 5 und 8 HGB, wonach einerseits eine weitere Untergliederung erfolgen kann und andererseits Leerposten entfallen können.

Wenn die Erleichterung des Verzichts der Anhangaufstellung in Anspruch genommen werden soll, müssen unter der Bilanz bestimmte Angaben erfolgen (§ 264 Abs. 1 Satz 5 HGB).

## 3 Aktivseite (Abs. 2)

### 3.1 Anlagevermögen (Abs. 2 A.)

#### 3.1.1 Überblick

Unter der Position AV sind alle VG auszuweisen, die dazu bestimmt sind, dauernd dem Geschäftsbetrieb zu dienen (§ 247 Rz 18). Die Gliederungsvorschrift des § 266 HGB unterscheidet drei Arten des AV:[16]
- Immaterielle VG (§ 266 Abs. 2 A. I. HGB)
- Sachanlagen (§ 266 Abs. 2 A. II. HGB)
- Finanzanlagen (§ 266 Abs. 2 A. III. HGB)

Immaterielle VG und Sachanlagen werden unmittelbar im Unt eingesetzt, während Finanzanlagen außerhalb des bilanzierenden Unt verwendete Mittel sind. Das Unterscheidungsmerkmal ist somit nicht die Aufteilung in Sachen oder in Rechte, sondern inwieweit die Mittel inner- oder außerhalb des Unt eingesetzt werden.[17]

Die Unterteilung des AV in **abnutzbare und nicht abnutzbare Anlagen** ist für die Folgebewertung relevant. I. d. R. gelten Finanzanlagen als nicht abnutzbares AV und sind somit nur außerplanmäßig abzuschreiben. Dagegen können Sachanlagen und immaterielle Anlagen sowohl abnutzbar als auch nicht-abnutzbar sein.

---

[14] Vgl. *Kreipl/Müller*, DB 2013, S. 75.
[15] Vgl. *Hoffmann*, StuB 2012, S. 730.
[16] Vgl. *Küting/Ulrich*, DStR 2001, S. 954, sowie *Kählert/Lange*, BB 1994, S. 614.
[17] Vgl. ADS, 6. Aufl., § 266 HGB, Rz 26.

> **Beispiel**
> Zu den abnutzbaren Anlagen zählen z.B. Gebäude, Maschinen und Kraftfahrzeuge, Software und Patente; nicht abnutzbar sind bspw. Grund und Boden (es sei denn, es handelt sich um abnutzbare Grundstücke, z.B. Kiesgruben, Steinbrüche oder andere Rohstoffvorkommen) sowie Verkehrs- und Transportkonzessionen (Annahme: formal zeitlich begrenzte Rechte werden immer wieder auf unbegrenzte Zeit verlängert).

Die Nutzungsdauer wird vom technischen Verschleiß (materielles AV) oder von der wirtschaftlichen Abnutzung (materielles und immaterielles AV) bestimmt (zu Einzelheiten s. § 253 Rz 161 ff.).

### 3.1.2 Immaterielle Vermögensgegenstände (Abs. 2 A. I.)

22 Für den Begriff „immaterieller Vermögensgegenstand" existiert keine einheitliche bzw. konkrete Definition.[18] Die Definition wird jeweils zweckgerichtet betrachtet. Als ein zweckentsprechendes **Abgrenzungskriterium** immaterieller Güter dient vielfach das Vorhandensein bzw. Nicht-Vorhandensein einer **physischen Substanz**. Immaterielle Güter umfassen alle Güter, die nicht materiell und zusätzlich zur Abgrenzung zum Finanzvermögen nicht monetär sind. IAS 38.8 definiert immaterielle Vermögenswerte als identifizierbare, nicht-monetäre Vermögenswerte ohne physische Substanz, über die eine Verfügungsmacht des Unt besteht und aus denen in Zukunft ein Nutzenzufluss resultiert.

23 Die **Abgrenzung der materiellen von den immateriellen VG** ist in bestimmten Fällen schwierig, weil häufig immaterielle Komponenten in materielle Vermögenswerte integriert sind (funktionale Einheit), z.B. die Steuerungssoftware von Maschinen oder das Betriebssystem eines Computers. Wenn ein Gut beide Merkmale erfüllt, sind für die Zuordnung die Wertrelation, das wirtschaftliche Interesse, die Vervielfältigungsmöglichkeiten oder das relative Funktionenverhältnis ausschlaggebend.[19]

> **Beispiel**
> Bspw. hat bei Anwendungssoftware das Speichermedium keine eigenständige Bedeutung, sodass es sich i.d.R. um einen immateriellen VG handelt. Dagegen ist eine eigenständige Bedeutung gegeben, wenn die besondere Art der Speicherung für den Erwerber wichtig ist (z.B. CD-ROM-Telefonbücher).[20]

VG, die sowohl aus immateriellen und materiellen Komponenten bestehen, sind immer dann den immateriellen Gütern zuzuordnen, wenn die materiellen Komponenten nur eine untergeordnete Bedeutung haben und vornehmlich Transport-, Dokumentations-, Speicherungs- und Lagerungszwecken dienen.[21]

---

[18] Vgl. *Keitz, von* 1997, S. 43; Arbeitskreis *„Immaterielle Werte im Rechnungswesen" der SG*, DB 2003, S. 1233 ff.; zu Besonderheiten vgl. *Moxter*, BB 1979, S. 1102 ff.
[19] Vgl. z.B. *Dawo*, 2003, S. 76 ff.
[20] Vgl. *Frizlen/Möhrle*, KoR 2001, S. 237.
[21] Vgl. Arbeitskreis *„Immaterielle Werte im Rechnungswesen" der SG*, DB 2001, S. 990; *Wulf*, 2007, S. 22.

Entsprechend dem Vollständigkeitsgebot gem. § 246 Abs. 1 HGB besteht für immaterielle VG des AV eine Aktivierungspflicht. Allerdings durften selbst erstellte bzw. nicht entgeltlich erworbene immaterielle VG des AV bisher gem. § 248 Abs. 2 HGB a.F. nicht aktiviert werden, es sei denn, es handelt sich um einen Kundenauftrag und somit um immaterielle VG des UV.

Gem. § 248 Abs. 2 Satz 1 HGB besteht ein Ansatzwahlrecht für selbst geschaffene Immaterialanlagen, wenn die Eigenschaften eines VG erfüllt sind. Zusätzlich gilt gem. § 248 Abs. 2 Satz 2 HGB für bestimmte Positionen von selbst geschaffenen immateriellen VG des AV ein Ansatzverbot (§ 248 Rz 42 ff.). Als Folge wurde § 266 Abs. 2 A. I. HGB um den Posten „Selbst geschaffene gewerbliche Schutzrechte und ähnliche Rechte und Werte" ergänzt und klarstellend bei der Nr. I. 2. das Wort „entgeltlich erworbene" vorangestellt. Nunmehr unterscheidet das Gliederungsschema des § 266 Abs. 2 A. I. die folgenden vier Unterpositionen der immateriellen Anlagen: 24

1. selbst geschaffene gewerbliche Schutzrechte und ähnliche Rechte und Werte;
2. entgeltlich erworbene Konzessionen, gewerbliche Schutzrechte und ähnliche Rechte und Werte sowie Lizenzen an solchen Rechten und Werten;
3. GoF;
4. geleistete Anzahlungen.

### 3.1.2.1 Selbst geschaffene gewerbliche Schutzrechte und ähnliche Rechte und Werte (Abs. 2 A. I. 1.)

Für **selbst geschaffene immaterielle Anlagen** besteht bei Vorliegen bestimmter Voraussetzungen ein Aktivierungswahlrecht. Gem. § 255 Abs. 2a HGB kann es sich hierbei nur um die bei der Entwicklung selbst geschaffener immaterieller Anlagen anfallenden HK handeln (zur Abgrenzung von F&E vgl. § 248 Rz 20). Zusätzlich finden sich aber zwei „Einschränkungen" für die Aktivierung selbst geschaffener immaterieller VG. Es wird vorausgesetzt, dass zum einen „im Aktivierungszeitpunkt mit hinreichender Wahrscheinlichkeit von der Entstehung eines VG ausgegangen werden kann; und zum anderen, dass die zu aktivierenden Aufwendungen während der Entwicklung des selbst geschaffenen immateriellen VG des AV angefallen sind."[22] Dementsprechend entsteht der Eindruck, dass der hier zu aktivierende Vermögensposten nicht der Definition eines VG entsprechen muss und es ausreicht, wenn zum Bilanzstichtag mit hinreichender Wahrscheinlichkeit davon ausgegangen wird, dass ein VG entsteht. Allerdings weist der Rechtsausschuss des BT klarstellend darauf hin, dass eine Aktivierung erst in Betracht kommt, wenn die VG-Eigenschaften des selbst geschaffenen immateriellen VG des AV bejaht werden können.[23] 25

Neben dem damit gebotenen bilanzpolitischen Spielraum stellt sich die Frage, ob ein differenzierter Ausweis von **noch in der Entwicklung befindlichen und bereits fertiggestellten Immaterialanlagen** zu erfolgen hat. Das Gliederungsschema sieht keinen zum SAV analogen Posten „Anlagen im Bau" vor. Ein Ausweis innerhalb der geleisteten Anzahlungen ist auszuschließen, da beim SAV der Posten „geleistete Anzahlungen und Anlagen im Bau" lautet.[24] Aus Gründen 26

---

[22] BilMoG-BgrRegE, S. 61.
[23] Vgl. BilMoG-BgrRA, S. 5.
[24] Vgl. *Dobler/Kurz*, KoR 2008, S. 490 f.

der Transparenz ist aber ein **getrennter Ausweis** zu empfehlen, weil sich die Abschreibungsgepflogenheiten unterscheiden. Während abnutzbare immaterielle VG des AV planmäßig und ggf. außerplanmäßig abzuschreiben sind, dürften noch nicht fertiggestellte Immaterialanlagen nicht planmäßig, sondern nur außerplanmäßig abgeschrieben werden, da der Nutzungsbeginn noch nicht gegeben ist.[25] Entsprechend dem Titel sind an dieser Stelle gewerbliche Schutzrechte und ähnliche Rechte und Werte, die selbst erstellt wurden, auszuweisen (zu den Inhalten s. Rz 27 ff.).

### 3.1.2.2 Entgeltlich erworbene Konzessionen, gewerbliche Schutzrechte und ähnliche Rechte und Werte sowie Lizenzen an solchen Rechten und Werten (Abs. 2 A. I. 2.)

27 **Konzessionen** sind befristete Genehmigungen, die von einer öffentlichen Behörde i. S. v. § 98 GWB zur Ausübung einer wirtschaftlichen Tätigkeit vergeben werden. Im Unterschied zum (öffentlichen) Auftrag übernimmt der Konzessionsnehmer zu einem wesentlichen Teil das Nutzungsrisiko der übernommenen Tätigkeit. Zu unterscheiden sind Real- bzw. Sachkonzessionen (z. B. Betriebs- und Versorgungsrechte von Energieversorgungsunternehmen oder Abbaugerechtigkeiten), die in die AHK der korrespondierenden Sachanlagen einfließen, und Personalkonzessionen (z. B. Fischereirechte, Wege- und Wassernutzungsrechte, Lkw- und Taxi-Konzessionen, Güterfernverkehrsgenehmigungen, Schankkonzessionen sowie die von der BaFin erteilte Erlaubnis, Finanzdienstleistungen zu erbringen oder Bankgeschäfte zu betreiben). Zu konzessionsähnlichen Rechten könnten erworbene $CO_2$-Zertifikate zählen; diese sind aber im UV auszuweisen (Rz 65).

28 Bei **gewerblichen Schutzrechten** handelt es sich um Rechte, die die technisch verwertbaren geistigen Leistungen rechtlich schützen und einen gewerblichen Bezug haben. Beispiele sind Patente, Marken, Warenzeichen, Gebrauchsmuster, Geschmacksmuster sowie Verlagsrechte.[26] Urheberrechte gehören aufgrund der fehlenden zwingenden Gewerblichkeit nicht zu den gewerblichen Schutzrechten.[27]

29 **Ähnliche Rechte** sind die Rechte, die weder unter Konzessionen noch unter gewerblichen Schutzrechten subsumiert werden können.

> **Beispiel**
> Beispiele sind Urheberrechte, Bezugsrechte und Nießbrauchrechte, Individualsoftware, Wettbewerbsverbote, vertraglich fixierte Lieferbeziehungen (z. B. Bierlieferungsrechte[28]), Zuteilungsrechte, Brenn- und Braurechte, Spielerlizenzen[29] (z. B. von Fußballspielern) wie auch Rechte zur Berichterstat-

---

[25] Vgl. Arbeitskreis „Immaterielle Werte im Rechnungswesen" der SG, DB 2008, S. 1819 f.
[26] Vgl. *Merkt*, in *Baumbach/Hopt*, 31. Aufl., § 266 HGB, Rz 5.; ADS, 6. Aufl., § 266 HGB, Rz 28; *Marx/Dallmann*, in *Baetge/Kirsch/Thiele*, Bilanzrecht, § 266 HGB, Rz 43 ff., Stand 2/2013.
[27] Vgl. *Reiner/Haußer*, in MünchKomm. HGB, 3. Aufl., § 266, Rn 27.
[28] BFH, Urteil v. 3.9.2002, I B 144/01, BFH/NV 2003, S. 154.
[29] Vgl. *Ellrott/Galli*, WPg 2000, S. 269, 272; *Wehrheim*, BB 2004, S. 433 f.; Wulf/Bosse, StuB 3/2011, S. 84; a. A. *Kaiser*, DB 2004, S. 1109 f.

tung und Übertragung von Sportereignissen[30] sowie Arzneimittelzulassungen.[31] Ebenso zählen Domainnamen zu den ähnlichen Rechten.[32]

**Wirtschaftliche Werte** verfügen anders als Rechte über keinen rechtlichen oder vertraglichen Schutz; sie können aber Gegenstand eines Rechtsgeschäfts sein, da sie abgrenzbar und grds. einzeln verwertbar sind.

30

**Beispiel**
Zu den wirtschaftlichen Werten zählen bspw. ungeschützte Erfindungen, Kundenlisten, Ton- und Bildträger, Produktionsverfahren, Erfindungen, Rezepte, ungeschützte Prototypen oder ungeschützte Computersoftware.[33]

Eine wirtschaftliche **Lizenz** ist eine Berechtigung, Rechte oder Werte eines anderen gegen Entgelt auf vertraglicher Basis zu nutzen, z. B. Berechtigung zur Ausstrahlung fremder Filmwerke.[34] I. d. R. stellt Software mit einem rechtlich geschützten Code eine Lizenz dar (Anwendungs- und Systemsoftware), auch werden vielfach Lizenzverträge über Patente und gewerbliche Schutzrechte abgeschlossen; möglich sind Lizenzverträge aber auch bei ähnlichen Rechten und Werten. Nicht jede Lizenz ist aktivierungsfähig. Eine Aktivierung ist nur geboten, wenn eine einmalige Zahlung vorliegt. Im Falle von laufenden Lizenzgebühren liegt ein schwebendes Geschäft vor und bei Zahlung ist der Umsatz beim Rechteinhaber zu erfassen.[35]

31

### 3.1.2.3 Geschäfts- oder Firmenwert (Abs. 2 A. I. 3.)

Der **GoF** stellt ein Wertekonglomerat dar, das zahlreiche wirtschaftliche Wertkomponenten enthält (z. B. Know-how der Mitarbeiter, Kundenstamm, Wettbewerbsvorteile oder Managementqualität). Während der originäre GoF im Laufe der Unternehmenstätigkeit durch unternehmensinterne Maßnahmen zum Aufbau der zuvor genannten Wertkomponenten entsteht, ergibt sich der derivative GoF aus dem Unterschiedsbetrag zwischen dem Kaufpreis eines Unt und dem Wert seines Nettovermögens (entweder VG abzgl. Schulden oder EK) (§ 246 Rz 86). Ein derivativer GoF ist seit Inkrafttreten des **BilMoG** ansatzpflichtig und innerhalb des immateriellen AV auszuweisen.

32

Bisher wurde der derivative GoF im JA und KA unterschiedlich behandelt. Während dem bilanzierenden Unt für den JA in § 255 Abs. 4 HGB ein Ansatzwahlrecht eingeräumt wurde, besteht für den GoF im KA gem. § 301 Abs. 3 Satz 1 HGB eine Aktivierungspflicht, sofern er nicht vollständig erfolgsneutral mit den Konzernrücklagen gem. § 309 Abs. 1 HGB a. F. verrechnet worden ist;

33

---

[30] Vgl. *Rodewald*, BB 1995, S. 2105.
[31] Vgl. *Boorberg/Strüngmann/Spieß*, DB 1994, S. 55.
[32] Vgl. BFH, Urteil v. 19.10.2006, III R 6/05, DB 2007, S. 430, unter II.2.
[33] Vgl. *Baetge/Kirsch/Thiele*, Bilanzen, 2012, S. 244 f.
[34] Vgl. *Kaufmann*, BB 1995, S. 2107 f.
[35] Vgl. *Reiner/Haußer*, in MünchKomm. HGB, 3. Aufl., § 266, Rn 27; *Marx*, DStR 1998, S. 1447.

die erfolgsneutrale Verrechnung war allerdings schon nach DRS 4.28 nicht mehr zulässig und ist auch nach dem BilMoG im Konzern nun ansatzpflichtig.[36] Der derivative GoF stellt aufgrund der fehlenden Einzelveräußer- und -verwertbarkeit handelsrechtlich im engen Sinne keinen echten VG dar, ist aber in § 246 Abs. 1 HGB nun explizit einem zeitlich begrenzt nutzbarem VG gleichgestellt worden und deshalb ansatzpflichtig (ausführlich § 246 Rz 89 ff.). Als Besonderheit ist ein niedrigerer Wertansatz eines GoF gem. § 253 Abs. 5 Satz 2 HGB beizubehalten (§ 253 Rz 321 f.).

34 Die Möglichkeit eines saldierten GoF-Ausweises aus aktiven und passiven Unterschiedsbeträgen verschiedener Konsolidierungen von mehreren TU wurde mit dem BilMoG ersatzlos gestrichen (§ 301 Rz 111). Im JA ist eine Saldierung schon deshalb nicht möglich, da der dort auszuweisende GoF i. d. R. aus einem asset deal stammt und gem. § 246 Abs. 1 Satz 4 HGB ein negativer Unterschiedsbetrag nicht ansatzfähig ist (§ 246 Rz 94 ff.).

Nach wie vor problematisch ist die undifferenzierte Zusammenfassung von **GoF im KA**, die aus unterschiedlichen Konsolidierungsvorgängen entstanden sind. So wird ein GoF aus dem JA (aus asset deal) zusammen mit einem sich aus KapKons. und QuotenKons. ergebenen GoF (aus share deal) ausgewiesen.[37] DRS 4 fordert zu den GoF aus KapKons. umfangreiche Anhangangaben, die aber letztlich eine Separierung durch den Adressaten häufig nicht ermöglichen.

#### 3.1.2.4 Geleistete Anzahlungen (Abs. 2 A. I. 4.)

35 Als geleistete Anzahlungen auf **immaterielle VG** werden erfolgte Zahlungen des Unt ausgewiesen, die aus abgeschlossenen Verträgen resultieren. Dabei darf der VG noch nicht wirtschaftliches Eigentum des Erwerbers sein und es muss ein Verrechnungsanspruch mit dem Kaufpreis bestehen (schwebendes Geschäft). In Abhängigkeit davon, ob es zu einer Vermögensübertragung kommt oder nicht, wird die Anzahlung im Falle einer Vermögensübertragung bei der Aktivierung berücksichtigt und im Falle einer Nichtübertragung im UV unter den sonstigen VG ausgewiesen.[38] Wenn für die Nutzung eines nicht im eigenen Vermögen stehenden Werts wiederkehrend Entgelte vorausgezahlt werden müssen, stellt diese Zahlung keine Anzahlung dar, sondern ist ggf. als RAP zu behandeln.[39]

36 Bei einem Unternehmenskauf sind Anzahlungen auf einen **GoF** gesondert auszuweisen. Allerdings besteht hierbei ein Abgrenzungsproblem bei der Verteilung des Kaufpreises auf die (materiellen und immateriellen) VG einschl. des GoF. Generelle Aussagen über die Verteilung sind nicht möglich, sondern im Einzelfall zu treffen.[40]

---

36 Vgl. *Küting*, Konzernabschluss, 2010, S. 278; *Kommission Rechnungswesen im Verband der Hochschullehrer für Betriebswirtschaft e. V.*, DBW 1985, S. 274 und *Marx/Dallmann* in *Baetge/Kirsch/Thiele*, Bilanzrecht, § 266 HGB Rz 45.1, Stand 2/2013.
37 Vgl. *Marx/Dallmann*, in *Baetge/Kirsch/Thiele*, Bilanzrecht, § 266 HGB, Rz 44.1, Stand 2/2013.
38 Vgl. *Matschke*, in *Hofbauer/Kupsch*, § 266 HGB, Rz 37 f.
39 Vgl. ADS, 6. Aufl., § 266 HGB, Rz 31.
40 Vgl. *Dusemond/Heusinger-Lange/Knop*, in *Küting/Pfitzer/Weber*, HdR, HGB § 266, Rn 16, Stand 12/2010.

### 3.1.3 Sachanlagen (Abs. 2 A. II.)

**Sachanlagen** sind alle VG, die körperlich fassbar sind. Sachanlagen können beweglich oder unbeweglich sein; zudem lassen sie sich in abnutzbare und nicht abnutzbare Sachanlagen unterteilen (Rz 21). Entsprechend dem Vollständigkeitsgebot gem. § 246 Abs. 1 Satz 1 HGB sind alle VG des SAV zu aktivieren. Für das SAV muss ein Bestandsverzeichnis geführt werden; Veränderungen während des Gj sind im Anlagespiegel (§ 268 Rz 13 ff.) festzuhalten. Nach der Gliederungsvorschrift des § 266 Abs. 2 A. II. HGB müssen KapG – abgesehen von größenabhängigen Erleichterungen – für das SAV folgende Unterpositionen ausweisen:

1. Grundstücke, grundstücksgleiche Rechte und Bauten einschl. der Bauten auf fremden Grundstücken und Gebäude
2. Technische Anlagen und Maschinen
3. Andere Anlagen, Betriebs- und Geschäftsausstattung
4. Geleistete Anzahlungen und Anlagen im Bau

#### 3.1.3.1 Grundstücke, grundstücksgleiche Rechte und Bauten einschließlich der Bauten auf fremden Grundstücken (Abs. 2 A. II. 1.)

Unter diesem Posten wird das gesamte Grundvermögen des Unt ausgewiesen, sofern es dem dauernden Geschäftsbetrieb dienen soll. Auch im Falle der gewerblichen Grundstücksvermietung zählen Grundstücke zum AV.[41] Der Gesetzgeber schreibt keinen gesonderten Ausweis in Grundstücke, grundstücksgleiche Rechte und Bauten vor. Dieser undifferenzierte Ausweis wird in der Literatur kritisiert,[42] da aus externer Sicht eine Analyse erschwert wird. Allerdings dürfen Unt gem. § 265 Abs. 5 HGB (§ 265 Rz 20 f.) freiwillig eine differenzierte **Untergliederung** vornehmen.

---

**Beispiel**[43]
II. Sachanlagen:
1.1 Grundstücke
  1. unbebaute Grundstücke
  2. bebaute Grundstücke
1.2 Grundstücksgleiche Rechte
  davon Erbbaurechte
1.3 Bauten
  a) Bauten auf fremden Grundstücken
    davon Geschäfts-, Fabrik- und andere Bauten
  b) Bauten auf eigenen Grundstücken
    davon Geschäfts-, Fabrik- und andere Bauten

---

**Grundstücke** sind im bürgerlich-rechtlichen Sinne durch Vermessung abgegrenzte Teile der Erdoberfläche, die in Deutschland im Grundbuch jeweils als selbstständige Grundstücke notiert sind.[44] Bei wirtschaftlicher Betrachtungs-

---

[41] Vgl. BFH, Beschluss v. 6.3.2007, IV B 118/05, unter II.1.c.
[42] Vgl. z. B. *Tertel*, DStR 1986, S. 149; *Matschke*, in *Hofbauer/Kupsch*, § 266 HGB, Rz 39.
[43] Vgl. *Marx/Dallmann*, in: *Baetge/Kirsch/Thiele*, Bilanzrecht, § 266 HGB, Rz 52.1, Stand 2/2013 sowie *Böckem/Schurbohm*, KoR 2002, S. 39 ff.; *Zülch*, 2003, S. 62.
[44] Vgl. *WP-Handbuch*, Bd. I, 14. Aufl., Abschn. F, Rz 238.

weise wird im Bilanzrecht unter einem Grundstück nur der unbebaute Grund und Boden verstanden.[45]

> **Beispiel**
> Unter **unbebauten Grundstücken** werden die verschiedensten Arten wie Wiesen, Äcker, Wälder bis hin zu Seen, Steinbrüchen und Grubengelände zusammengefasst. Zur Erhöhung der Transparenz wird empfohlen, Grundstücke, die betrieblich ausgebeutet werden, entweder offen abzusetzen oder im Anhang separat auszuweisen.[46]

Grundstücke gelten so lange als unbebaut, wie sie nicht in einer engen wirtschaftlichen Beziehung mit dem bebauten Teil, z.B. Geschäfts-, Fabrik- oder andere Bauten oder Wohnbauten, stehen. **Grundstücke und Gebäude** bilden bei **bebauten Grundstücken** häufig eine rechtliche Einheit. Dennoch sind sie handelsbilanzrechtlich getrennt zu behandeln, da sie sich hinsichtlich der Abnutzbarkeit und somit der Abschreibung unterscheiden. Steuerlich wird das z.T. anders gesehen. Ein Kfm. kann nicht ausschließlich ein Gebäude in sein Betriebsvermögen einlegen und das Grundstück im Privatvermögen belassen (um etwaige stille Reserven aus Bodenwerterhöhungen außerhalb der Steuerpflicht zu halten).

40 **Grundstücksgleiche Rechte**, wie z.B. Erbbaurechte, bestimmte dauernde Wohnungs- und Nutzungsrechte sowie Bergwerkseigentum, sind dinglich abgesicherte, zeitlich befristete Rechte, die bilanzrechtlich wie Grundstücke behandelt werden und unabhängig von ihrer Bebauung zusammen mit Grundstücken in einem Sammelposten ausgewiesen werden. **Grunddienstbarkeiten** wie auch das **Nießbrauchrecht** und die beschränkten persönlichen Dienstbarkeiten sind keine grundstücksgleichen Rechte.

41 Bei **Gebäuden** handelt es sich um ein Bauwerk auf einem Grundstück, das durch räumliche Umschließung Aufenthalts- oder Aufbewahrungsmöglichkeit bietet und einen Schutz gegen äußere Einflüsse gewährt sowie fest mit dem Grund und Boden verbunden ist und eine eigene Beständigkeit aufweist. Nach dem betrieblichen Verwendungszweck ist neben den typischen Wohngebäuden zwischen Geschäfts-, Fabrik- oder anderen Gebäuden zu unterscheiden.

> **Beispiel**
> Beispiele für **Wohngebäude** sind Werkswohnungen, Siedlungen, Arbeiterwohnheime und Clubhäuser. Nicht dazu zählen Sportstätten und Verpflegungseinrichtungen, Kasinos und unternehmenseigene Sportstätten, da kein ausschließlicher Wohnzweck vorliegt.

> **Beispiel**
> Die **Fabrikgebäude** umfassen u.a. Fabrikationshallen, Reparaturwerkstätten und Lagerhallen, während zu den Geschäftsgebäuden Verwaltungs-, Büro- und Wirtschaftsgebäude zählen.

---

[45] Vgl. BFH, Urteil v. 14.3.1961, I 17/60 S, BStBl 1961 II S. 398.
[46] Vgl. *Reiss*, in HWRP, 3. Aufl., Sp. 1052f.

> **Beispiel**
> Zu den Gebäuden zählen auch alle der Benutzung dienenden **Einrichtungen**, wie z. B. Heizungsanlage, Sprinkleranlage, Blockheizkraftwerk, Be- und Entlüftungsanlage und Beleuchtungsanlagen sowie Fahrstühle und Rolltreppen.

Der Posten „**Andere Bauten**" hat den Charakter eines Sammelpostens, der die nicht unmittelbar der betrieblichen Leistungserstellung dienenden selbstständigen Gebäudeeinrichtungen, wie z. B. Parkplätze, Eisenbahn-, Hafen-, Kanalanlagen, Straßen oder Brücken, umfasst.

Bei **Gebäudeteilen** wird unterschieden, ob sie selbstständig nutzbar sind oder nicht. **42** Zu den nicht selbstständig nutzbaren Gebäudeteilen gehören bspw. Heizungsanlagen, Beleuchtungseinrichtungen, Fahrstühle usw. Sie stehen in einem engen Nutzungs- und Funktionszusammenhang zum Gebäude und werden unter dem Posten „Bauten" ausgewiesen. Selbstständig nutzbare Gebäudeteile werden unter den Posten „technische Anlagen und Maschinen" (Rz 45f.) oder „Andere Anlagen, Betriebs- und Geschäftsausstattung" (Rz 47) ausgewiesen, da sie in einem engen Funktionszusammenhang zu dem betrieblichen Leistungserstellungsprozess stehen.

> **Beispiel**
> Zu den **selbstständigen** VG gehören Ladeneinbauten, Mietereinbauten, Kühltürme, Silos, Tanks, Arbeitsbühnen, Schaufensteranlagen oder auch Schornsteine und Transportbänder (§ 252 Rz 67).[47]

Es ist auch eine steuerliche „Vierteilung" des Gebäudes entsprechend seiner Nutzung (eigengewerbliche, zu fremden gewerblichen Zwecken, zu fremden Wohnzwecken, zu eigenen Wohnzwecken genutzter Gebäudeteil) denkbar.[48]

Im Gegensatz zu Bauten auf eigenen Grundstücken sind **Bauten auf fremden** **43** **Grundstücken** Gebäude und andere selbstständige Bauten, die aufgrund eines obligatorischen Rechts (z. B. Pachtrecht) ohne Einräumung eines dinglichen Nutzungsrechts errichtet wurden.[49] Erbbaurechte gelten dagegen als grundstückgleiche Rechte und sind unter den Bauten auf eigenem Grundstück auszuweisen.[50] Für den Bilanzausweis ist es unerheblich, ob das Gebäude gem. den §§ 93ff. BGB als wesentlicher Bestandteil des Grund und Bodens in das rechtliche Eigentum des Verpächters übergeht. Sie werden wirtschaftlich dem bilanzierenden Unt zugeordnet (§ 246 Rz 17).

Bei PersG dürfen nur Grundstücke oder Bauten, die zum gesamthänderisch **44** gebundenen Vermögen zählen, als Grundvermögen ausgewiesen werden. Die Zugehörigkeit zum **Gesamthandsvermögen** bestimmt sich nach wirtschaftlichen

---

[47] Vgl. *Hoffmann/Lüdenbach*, NWB-Kommentar Bilanzierung, 5. Aufl. 2014, § 266, Rz 35 sowie zur Abgrenzung von selbstständigen VG und Gebäuden *Hoffmann/Lüdenbach*, NWB-Kommentar Bilanzierung, 5. Aufl. 2014, § 266, Rz 36.
[48] Vgl. *Hoffmann/Lüdenbach*, NWB-Kommentar Bilanzierung, 5. Aufl. 2014, § 266, Rz 31.
[49] Vgl. *Groh*, BB 1996, S. 1487ff.
[50] Vgl. OLG Hamm, BB 1993, S. 1332.

Kriterien.⁵¹ Dagegen zählen Grundstücke oder Gebäude, die von Gesellschaftern nur zur Nutzung überlassen wurden, nicht zum Gesamthandsvermögen.⁵²

### 3.1.3.2 Technische Anlagen und Maschinen (Abs. 2 A. II. 2.)

**45** Die technischen Anlagen und Maschinen umfassen alle **Betriebsvorrichtungen**, die direkt und dauerhaft der **Leistungserstellung** dienen. Es kommt nicht darauf an, ob es sich um bewegliche VG handelt oder um solche, die fest mit dem Gebäude oder Grundstück verbunden und somit rechtlicher Bestandteil des Grundstücks sind (§ 94 BGB). Vielmehr ist im Wesentlichen die **Zweckbestimmung**, d.h. der ausschließliche, unmittelbare betriebliche Zweck, entscheidend.⁵³ Unter dieser Position sind auch jene technischen Anlagen und Maschinen auszuweisen, die wesentlicher Bestandteil eines fremden Grundstücks, sicherungsübereignet oder unter Eigentumsvorbehalt geliefert, aber dem rechtlichen Eigentum eines Dritten zuzurechnen sind. Ebenso werden unter dieser Position Anlagen ausgewiesen, bei denen Gebäude und technische Vorrichtungen eine Einheit bilden, wie z.B. Förderanlagen, Transformatorenhäuser, Hochregallager oder für den Leistungsprozess erforderliche Klimaanlagen. Unselbstständige Gebäudeteile (z.B. Heizungs- oder Belüftungsanlagen) dürfen hingegen nicht als technische Anlagen und Maschinen ausgewiesen werden, sondern gehören zu den Gebäuden (Rz 41).

**46** Dieser Posten umfasst alle „arbeitenden" Maschinen und Anlagen. Eine Unterscheidung zwischen Anlagen und Maschinen ist nicht erforderlich.

> **Beispiel**
> „Technische Anlagen und Maschinen" können Produktionsanlagen sowie Bagger, Arbeitsbühnen und Transformatoren, Umspannwerke, Krananlagen, Rohrleitungen, Kokereien und Hochöfen sein.⁵⁴ Des Weiteren zählen Anlagen für Wärme-, Kälte- und chemische Prozesse, für Arbeitssicherheit und Umweltschutz, Förderbänder oder Verpackungsanlagen wie auch die Erstausstattung an Reserveteilen oder Spezialreserveteile dazu.⁵⁵

Dem eigenen bzw. dem kundenspezifischen **Werkzeug** mangelt es an einem unmittelbaren Bezug zum betrieblichen Leistungserstellungsprozess, sodass sie dem Posten „Andere Anlagen, Betriebs- und Geschäftsausstattung" zugeordnet werden. Fremde Werkzeuge, die nach Fertigstellung an den Auftraggeber gehen oder die nach der Produktion nicht mehr nutzbar sind, werden als Vorräte ausgewiesen (§ 247 Rz 25ff.).⁵⁶
Für die **Abgrenzung zu technischen Anlagen und Maschinen sowie zu anderen Anlagen, Betriebs- und Geschäftsausstattung** ist die Zweckbestimmung

---

⁵¹ Vgl. *Kanitz, Graf von*, WPg 2003, S. 328; IDW RS HFA 7, WPg 2002, S. 1259ff.
⁵² Vgl. *Buchholz*, DStR 2003, S. 1220; *Freidank/Eigenstetter*, 2001, S. 33; *Moxter*, BB 1998, S. 262.
⁵³ Vgl. *Hoffmann/Lüdenbach*, NWB-Kommentar Bilanzierung, 5. Aufl. 2014, § 266, Rz 36.
⁵⁴ Vgl. ADS, 6. Aufl., § 266 HGB, Rz 49.
⁵⁵ Vgl. *Marx/Dallmann*, in Baetge/Kirsch/Thiele, Bilanzrecht, § 266 HGB, Rz 55, Stand 2/2013; *Reiner/Haußer*, in MünchKomm. HGB, 3. Aufl., § 266, Rn 35.
⁵⁶ Vgl. *Breidenbach*, WPg 1975, S. 75f.

entscheidend.⁵⁷ Bei Abgrenzungsproblemen ist die getroffene Zuordnung in den Folgejahren beizubehalten (Darstellungsstetigkeit).⁵⁸

### 3.1.3.3 Andere Anlagen, Betriebs- und Geschäftsausstattung (Abs. 2 A. II. 3.)

Beim Posten „Andere Anlagen, Betriebs- und Geschäftsausstattung" handelt es sich um einen Sammelposten, der alle VG enthält, die nicht den anderen Gruppen des SAV zugeordnet werden können. Er umfasst Vermögensposten, die nicht unmittelbar der betrieblichen Leistungserstellung dienen, sondern z.B. der Verwaltung oder dem Vertrieb. Als Beispiele sind u.a. Kühl-, Trocken-, Reinigungsanlagen sowie allgemeine Transportanlagen (wie z.B. Gleis- oder Verteilungsanlagen) wie auch die Einrichtung der Werkstatt, der Labore, der Kantinen sowie der Fuhrpark, Werkzeuge und die Büroausstattung wie auch Modelle und Musterküchen sowie EDV-Hardware zu nennen.⁵⁹ [47]

### 3.1.3.4 Geleistete Anzahlungen und Anlagen im Bau (Abs. 2 A. II. 4.)

**Geleistete Anzahlungen** sind als Vorleistungen auf eine noch zu erbringende Lieferung von VG durch einen anderen Vertragspartner zu interpretieren. Durch diese Aktivierung wird der Zahlungsmittelabgang für das schwebende Geschäft erfolgsneutral berücksichtigt. Dieser Posten mindert gleichzeitig die zukünftige Zahlungsverpflichtung bei Lieferung des VG oder begründet ggf. einen Rückzahlungsanspruch bei Nichtlieferung.⁶⁰ [48]

Unter **Anlagen im Bau** fallen alle Investitionen in Gegenstände des AV, die – unabhängig davon, ob sie gekauft oder selbst erstellt wurden – noch nicht betriebsbereit bzw. fertiggestellt sind. Eine separate Aktivierung unter diesem Posten bewirkt zum einen eine Neutralisation von Aufwendungen für selbst erstellte Anlagen. Zum anderen werden dem AV Ausgaben für Eigen- oder Fremdleistungen bereits in der ersten Investitionsphase zugeordnet. Nach Fertigstellung erfolgt eine Umgliederung in den betreffenden Posten des SAV.⁶¹ [49]

### 3.1.4 Finanzanlagen (Abs. 2 A. III.)

In Abgrenzung zu Sachanlagen sind Finanzanlagen monetär und i.d.R. ohne physische Substanz. Finanzanlagen entstehen durch dauerhafte Kapitalüberlassung an andere Unt. Aus ihnen sollen nicht nur Zinsen oder Gewinnbeteiligungen erzielt werden, sondern es werden darüber hinaus auch strategische Ziele verfolgt. Entsprechend dem Vollständigkeitsgebot sind alle Finanzanlagen aktivierungspflichtig, die zum wirtschaftlichen Eigentum des Unt zählen. Die Abgrenzung zwischen Finanzanlage- und Finanzumlaufvermögen kann aufgrund von Einschätzungsspielräumen nicht immer eindeutig erfolgen.⁶² [50]

---

57 Vgl. *Marx/Dallmann*, in *Baetge/Kirsch/Thiele*, Bilanzrecht, § 266 HGB, Rz 54 ff., Stand 2/2013; *Eisgruber*, DStR 1997, S. 522.
58 Vgl. *Hoffmann/Lüdenbach*, NWB-Kommentar Bilanzierung, 5. Aufl. 2014, § 266, Rz 43.
59 Vgl. *Winnefeld*, Bilanz-Handbuch 2010, F, Rz 210, sowie *Westerfelhaus*, DStR 1997, S. 1221.
60 Vgl. *Marx/Dallmann*, in *Baetge/Kirsch/Thiele*, Bilanzrecht, § 266 HGB, Rz 57, Stand 2/2013.
61 Vgl. *Coenenberg/Haller/Mattner/Schultze*, 2009, S. 365 f.
62 Vgl. *Bieg*, DB, Beil. 24/1985, 1, 6 ff.

Im Einzelnen sind – abgesehen von größenabhängigen Erleichterungen – folgende Unterpositionen auszuweisen:
1. Anteile an verbundenen Unternehmen
2. Ausleihungen an verbundene Unternehmen
3. Beteiligungen
4. Ausleihungen an Unternehmen, mit denen ein Beteiligungsverhältnis besteht
5. Wertpapiere des AV
6. Sonstige Ausleihungen

#### 3.1.4.1 Anteile an verbundenen Unternehmen (Abs. 2 A. III. 1.)

51 Unter **Anteile** sind verbriefte oder auch unverbriefte Mitgliedschaftsrechte an einer anderen Ges. zu verstehen. Mitgliedschaftsrechte umfassen Vermögens- und Verwaltungsrechte. Beispiele sind Aktien, GmbH-Geschäftsanteile, OHG- oder KG-Anteile, aber auch stille Beteiligungen.[63] Als **verbundene Unt** werden gem. § 271 Abs. 2 HGB nur solche Unt bezeichnet, die nach § 290 Abs. 1 HGB aufgrund eines möglichen beherrschenden Einflusses als MU oder TU in einen KA einzubeziehen sind. Anteile an verbundenen Unt können Anteile an Kapital-, Personen- oder ihnen gleich gestellte Ges. sein.

52 **Genossenschaftsanteile** stellen gem. § 271 Abs. 1 Satz 5 HGB keine Beteiligungen dar und dürfen somit nicht als Anteile an verbundenen Unt ausgewiesen werden (§ 271 Rz 28). Sie sind innerhalb der „Sonstigen Ausleihungen" (Rz 62), ggf. gem. § 265 Abs. 6 HGB in einem gesonderten Posten auszuweisen. Von den Anteilen sind Gewinnansprüche zu trennen, die als Forderung ausgewiesen werden.

53 Kann die Annahme der **dauerhaften Beteiligung** widerlegt werden, sind die Anteile als „Anteile an verbundenen Unternehmen" im UV auszuweisen. Bei den „Anteilen an verbundenen Unternehmen" liegen i.d.R. auch „Beteiligungen" vor. Wenn eine Zuordnung sowohl als Beteiligung als auch als Anteil an einem verbundenen Unt vorgenommen werden kann, ist der Ausweis im letztgenannten Posten vorzunehmen. Gem. § 264c Abs. 4 HGB müssen haftungsbeschränkte Ges. i.S.d. § 264a HGB die an Komplementärges. gehaltenen Anteile entweder als „Anteile an verbundenen Unternehmen" oder als „Beteiligungen" ausweisen.[64] Anteile an nahe stehenden Personen sind nicht gesondert aufzuführen, sondern im Anhang anzugeben (§ 285 Rz 135 ff.).[65]

#### 3.1.4.2 Ausleihungen an verbundene Unternehmen (Abs. 2 A. III. 2.)

54 Ausleihungen basieren auf **schuldrechtlichen Vertragsverhältnissen**. Der Schuldner ist verpflichtet, dem Gläubiger den überlassenen Kapitalbetrag nach einer vereinbarten Zeit zurückzugeben. Ein Ausweis unter dem Posten „Ausleihungen an verbundene Unternehmen" setzt voraus, dass der Schuldner ein verbundenes Unt (§ 271 Rz 31 ff.) ist.

---

63 Vgl. *Matschke*, in *Hofbauer/Kupsch*, § 266 HGB, Rz 55.
64 Vgl. *Küting/Weber/Pilhofer*, WPg 2003, 793 ff.
65 Vgl. *Küting/Weber/Gatting*, KoR 2003, S. 63.

> **Beispiel**
> Als **Ausleihungen** gelten bspw. Hypotheken-, Grund- und Rentenforderungen oder Schuldscheindarlehen. Forderungen aus L&L, Mietvorauszahlungen und Baukostenzuschüsse sind hier nicht auszuweisen. Lediglich bei Umwandlung einer solchen Forderung in ein langfristiges Darlehen mit Zins- und Tilgungszahlungen (sog. Novation) erfolgt ein Ausweis innerhalb der Ausleihungen an verbundene Unt oder an Beteiligungsunt.

Da es sich bei den Ausleihungen an verbundene Unt um einen Unterposten des AV handelt, muss bei der Ausleihung eine **Daueranlageabsicht** angenommen werden, d.h., die vereinbarte Laufzeit der Ausleihung liegt über einem Jahr.[66]

Bestehen **Zuordnungsprobleme**, Ausleihungen unter dem Posten „Ausleihungen an verbundene Unternehmen" oder unter dem Posten „Ausleihungen an Unternehmen, mit denen ein Beteiligungsverhältnis besteht", auszuweisen, ist die Art der Unternehmensbeziehung das ausschlaggebende Kriterium.

Es ist unerheblich, ob die Forderung wertpapierrechtlich verbrieft ist. Wird aber der Ausweis von verbrieften Forderungen gegenüber verbundenen Unt unter den Wertpapieren des AV und nicht unter Ausleihungen an verbundene Unt vorgenommen, ist die Mitzugehörigkeit gem. § 265 Abs. 3 Satz 1 HGB bei wesentlichen Beträgen zu vermerken.[67]

### 3.1.4.3 Beteiligungen (Abs. 2 A. III. 3.)

Beteiligungen sind gem. § 271 Abs. 1 HGB Anteile an anderen Unt, die dazu bestimmt sind, dem eigenen Geschäftsbetrieb durch die Herstellung einer dauerhaften Verbindung zu dienen, wie z.B. Aktien, GmbH-Anteile oder Komplementär- oder Kommanditanteile einer KG oder OHG. Die Beteiligungsabsicht und nicht die Beteiligungshöhe ist entscheidend. Mögliche **Indizien für eine Beteiligungsabsicht** sind personelle Verflechtungen, Lieferungs- und Leistungsverflechtungen oder gemeinsame F&E-Aktivitäten. Im Zweifel liegt eine Beteiligung vor, wenn ein maßgeblicher Einfluss ausgeübt wird. Ein solcher Einfluss wird gem. § 271 Abs. 1 Satz 3 HGB bei einer Beteiligung an einer KapG ab einer **Beteiligungsquote von 20 %** widerlegbar vermutet. Wenn **keine Beteiligungsabsicht** besteht, sind die Anteile als Wertpapiere des AV auszuweisen. Ist im Vj-abschluss ein Ausweis von Wertpapieren des AV erfolgt, ist eine Umgliederung in das UV vorzunehmen, wenn die Annahme der Daueranlage nicht mehr besteht bzw. widerlegt werden kann (zum Begriff Umgliederung vgl. § 247 Rz 40).

Unternehmensanteile sind als Beteiligungen auszuweisen, wenn Anteile an KapG (z.B. GmbH-Anteile), Anteile der persönlich haftenden Gesellschafter einer OHG oder KG, Gesamthandsanteile bei GbR, Anteile an Stiftungen, Vereinen und Körperschaften des öffentlichen Rechts, die keine ideellen Ziele verfolgen, oder Anteile an Unt ausländischer Rechtsform vorliegen, es sei denn, dass es sich um „Anteile an verbundene Unternehmen" handelt.[68] Auch bei Anteilen an Joint Ventures oder Arge ist im Fall einer Wiederholungsabsicht

---

66 Vgl. *Scheffler*, in Beck HdR, B 213, Rz 472, Stand 11/2012.
67 Vgl. *Matschke*, in *Hofbauer/Kupsch*, § 266 HGB, Rz 60.
68 Vgl. *Dietel*, DStR 2002, S. 2140.

oder Daueranlageabsicht ein Ausweis unter den Beteiligungen vorzunehmen, weil i.d.R. keine Verbundenheit vorliegt.[69] Anteile an assoziierten Unt, die im Konzernabschluss grds. at equity zu bewerten sind, sind in der Konzernbilanz gesondert als Beteiligung auszuweisen.

Genussrechte (Rz 60, 62), typische stille Beteiligungen (Rz 62) oder Arge-Beteiligungen (Rz 83) gelten dagegen ebenso wie Genossenschaftsanteile (Rz 52, 62) nach § 271 Abs. 1 Satz 5 HGB nicht als Beteiligung.

**Eigenkapitalersetzende Darlehen**, d.h. Darlehen, die Gesellschafter ihrer Ges. in der Krise gewähren, gelten nicht als Beteiligung, sondern als Forderung (Rz 131 f.).[70]

#### 3.1.4.4 Ausleihungen an Unternehmen, mit denen ein Beteiligungsverhältnis besteht (Abs. 2 A. III. 4.)

59  Innerhalb des Postens „**Ausleihungen an Unternehmen, mit denen ein Beteiligungsverhältnis besteht**" werden Ausleihungen an das Unt, das die Beteiligung hält, ebenso ausgewiesen wie an das Unt, an dem die Beteiligung gehalten wird. Der Begriff „Beteiligungsverhältnis" verdeutlicht somit, dass die Frage, wer an wem beteiligt ist, d.h. der Gläubiger beim Schuldner oder der Schuldner beim Gläubiger, unerheblich ist. Mit dieser Angabepflicht sollen die wirtschaftlichen Folgen von Konzernverflechtungen aus externer Sicht besser beurteilt werden.[71] Bzgl. der Begriffe „Ausleihung" und „Beteiligung" s. Rz 54 und Rz 57. Zu Ausleihungen an GmbH-Gesellschafter s. Rz 87.

#### 3.1.4.5 Wertpapiere des Anlagevermögens (Abs. 2 A. III. 5.)

60  Wertpapiere des AV sind verbriefte Wertpapiere, die übertragbar und verwertbar sind und bei denen keine Beteiligungsabsicht bzw. -vermutung nach § 271 Abs. 1 Satz 3 HGB gegeben ist. Vielmehr steht die Eigenschaft als **langfristige Kapitalanlage** im Mittelpunkt.[72] Die Wertpapiere des AV umfassen sowohl Eigenkapitalanteile als auch verbriefte Fremdkapitalanteile.

> **Beispiel**
> Hierunter fallen Aktien ohne Beteiligungsabsicht, Genussscheine, Investmentzertifikate, Anteile an Immobilienfonds sowie Anleihen, Kommunal-, Industrie- bzw. Bankobligationen, Asset-backed Securities, Wandelschuldverschreibungen, Gewinnschuldverschreibungen Null-Kupon-Anleihen, „Floating Rate Notes", Commercial Papers, Certificates of deposit und Bons de caisse oder Pfandbriefe. Ebenso sind innerhalb dieses Postens wertpapierähnliche Rechte, wie Bundesschatzbriefe, Finanzierungsschätze, Bundesobligationen und -anleihen trotz fehlender Wertpapiereigenschaft auszuweisen.

61  GmbH-Anteile dürfen nicht unter Wertpapieren ausgewiesen werden, da sie unverbrieft sind. Genossenschaftsanteile werden auch nicht diesem Posten zu-

---

[69] Vgl. hierzu IDW HFA 1/1993, WPg 1993, S. 441 ff., sowie *Früh/Klar*, WPg 1993, S. 493 ff.
[70] Vgl. BFH, Urteil v. 6.11.2003, IV R 10/01, DB 2004, S. 907.
[71] Vgl. *Marx/Dallmann*, in *Baetge/Kirsch/Thiele*, Bilanzrecht, § 266 HGB, Rz 65, Stand 2/2013.
[72] Zur Definition und Besonderheiten vgl. *Reiner/Haußer*, in: MünchKomm. HGB, 3. Aufl., § 266, Rn 49 f.

geordnet, weil sie nicht als Beteiligungen gelten. Auch qualifizierte Legitimationspapiere (z. B. Sparbücher) haben keine Wertpapiereigenschaften und sind daher nicht an dieser Stelle auszuweisen.[73]

#### 3.1.4.6 Sonstige Ausleihungen (Abs. 2 A. III. 6.)

Alle Forderungen an nicht verbundenen Unt und an Unt, mit denen kein Beteiligungsverhältnis besteht, wie auch Ausleihungen an sonstige Schuldner sind innerhalb dieses Sammelpostens auszuweisen, sofern eine Zuordnung zum AV gegeben ist. Zu den sonstigen Ausleihungen zählen Vorauszahlungen bzw. Kautionen für längerfristige Miet- und Pachtverträge, Kredite an Organmitglieder (§§ 89, 115, 286 Abs. 2 Satz 4 AktG; § 42a GmbHG) und nicht durch Namenspapiere verbriefte Genussrechte sowie Genossenschaftsanteile.[74] Auch Anteile an BGB-Ges. gehören zu den sonstigen Ausleihungen, da diese i. d. R. nicht wesentlich sind.[75]

### 3.2 Umlaufvermögen (Abs. 2 B.)

#### 3.2.1 Überblick

Aufgrund einer fehlenden Legaldefinition für das UV erfolgt eine Negativabgrenzung. Dementsprechend sind alle VG in das UV aufzunehmen, die nicht dem Geschäftsbetrieb dauerhaft dienen und keine aktiven RAP oder keine anderen aktiven Bilanzsonderposten sind.[76] Innerhalb des UV sind gem. § 266 Abs. 2 B. I bis IV HGB die folgenden vier Hauptposten auszuweisen:
1. Vorräte
2. Forderungen und sonstige Vermögensgegenstände
3. Wertpapiere
4. Liquide Mittel

Dies entspricht gleichzeitig der Mindestgliederung für kleine KapG (§ 266 Abs. 1 Satz 3 HGB). Demgegenüber müssen mittelgroße und große KapG die volle Aufgliederung dieser vier Hauptposten entsprechend den Untergliederungspunkten gem. § 266 Abs. 2 HGB vornehmen.

#### 3.2.2 Vorräte (Abs. 2 B. I.)

Vorräte dienen dem eigentlichen Geschäftszweck des Unt, also unmittelbar der Produktion oder dem Handel. Die Vorräte sind gem. § 266 Abs. 2 B. I. HGB in der Reihenfolge des betrieblichen Produktionsprozesses in folgende Unterposten aufzugliedern:
1. Roh-, Hilfs- und Betriebsstoffe
2. Unfertige Erzeugnisse, unfertige Leistungen
3. Fertige Erzeugnisse und Waren
4. Geleistete Anzahlungen

---

[73] Vgl. *Grottel/Kreher*, in Beck Bil-Komm. 9. Aufl., § 266 HGB, Rz 81
[74] Vgl. *Reiner/Haußer*, in MünchKomm. HGB, 3. Aufl., § 266, Rz 48, IDW HFA 1/1994, WPg 1994, S. 422 f.
[75] Vgl. *Hoffmann/Lüdenbach*, NWB-Kommentar Bilanzierung, 5. Aufl. 2014, § 266, Rz 53.
[76] Vgl. *Marx/Dallmann*, in *Baetge/Kirsch/Thiele*, Bilanzrecht, § 266 HGB, Rz 71, Stand 2/2013 bzw. *Matschke*, in *Hofbauer/Kupsch*, § 266 HGB, Rz 76.

Als problematisch gilt in manchen Fällen die Abgrenzung zwischen den einzelnen Vorratsarten, denn viele Rohstoffe können ebenso wie unfertige Erzeugnisse und unfertige Leistungen, statt weiterverarbeitet zu werden, in einem unfertigen Zustand verkauft werden. Ein ähnliches Problem ergibt sich bei der Vermischung von selbst erstellten Erzeugnissen und hinzugekaufter Ware. Ein VG ist nicht mehr als Roh- oder Hilfsstoff auszuweisen, wenn die Produktion begonnen hat. Derartige Zuordnungsprobleme können umgangen werden, indem durch eine nachvollziehbare Zuordnung gesonderte Posten geschaffen werden, wie bspw. die Zusammenfassung von unfertigen und fertigen Erzeugnissen zu Erzeugnissen.[77]

65 Innerhalb der Vorräte sind Berechtigungen zur Emission von Treibhausgasen i.S.d. § 7 Zuteilungsgesetz[78] (sog. **„Treibhausgas"-Emissionsrechte** oder **$CO_2$-Zertifikate**) trotz ihrer drei- bis fünfjährigen Gültigkeitsdauer (§ 6 Abs. 4 TEHG[79]) auszuweisen.[80] Ein Ausweis innerhalb der sonstigen VG ist vorzunehmen, wenn die Emissionsrechte nicht für Produktionszwecke verwendet werden.[81] Bei wesentlichen Beträgen ist ein gesonderter Ausweis zu empfehlen.[82]

#### 3.2.2.1 Roh-, Hilfs- und Betriebsstoffe (Abs. 2 B. I. 1.)

66 **Rohstoffe** sind entweder Stoffe der Urerzeugung (wie Erze, Holz, Rohöl oder Gase) oder erworbene Fertigungserzeugnisse aus vorgelagerten Produktionsstufen. Sie gehen im Produktionsprozess unmittelbar be- oder unverarbeitet als Hauptbestandteile in das Produkt ein bzw. in dem Produkt auf.

> **Beispiel**
> In der Automobilproduktion werden ganze Baugruppen von Zulieferbetrieben gekauft und ohne weitere Verarbeitung verwendet; damit gelten sie als Rohstoffe. Als weitere Beispiele sind Bleche, Motoren, Pumpen, Batterien, Reifen, allgemein verwendbare Ersatzteile oder Radsätze im Waggonbau zu nennen.

67 **Hilfsstoffe** hingegen sind im Produktionsprozess nur von untergeordneter Bedeutung. Das Abgrenzungskriterium ist quantitativer Art, also ob der jeweilige Gegenstand mit Blick auf die Funktionsfähigkeit des Erzeugnisses wesentlichen Einfluss hat.[83]

> **Beispiel**
> Nägel, Schrauben, Lacke oder auch Farb- und Konservierungsstoffe (bei Lebensmitteln) gelten ebenso wie das Verpackungsmaterial als Hilfsstoffe.

---

[77] Vgl. *Schubert/Krämer*, in Beck Bil-Komm. 9. Aufl., § 266 HGB, Rz 98 f.
[78] Vgl. Verordnung über die Zuteilung von Treibhausgas-Emissionsberechtigungen in der Zuteilungsperiode 2008 bis 2012 (Zuteilungsverordnung 2012 – ZuV 2012) v. 13.8.2007, BGBl I Nr. 40, S. 1941.
[79] Vgl. Gesetz „über den Handel mit Berechtigungen zur Emission von Treibhausgasen" v. 8.7.2004, BGBl I S. 1578; Gesetz „über den Handel mit Berechtigungen zur Emission von Treibhausgasen" v. 7.8.2007, BGBl I S. 1788.
[80] Vgl. *WP-Handbuch*, Bd. I, 14. Aufl., Abschn. F, Rz 273; *Rogler*, KoR 2005, S. 261.
[81] Vgl. *Wulf/Lange*, IRZ 2011, S. 486.
[82] Vgl. IDW RS HFA 15, Rz 7, WPg 2006, S. 575, *Klein/Völker-Lehmkuhl*, DB 2004, S. 334.
[83] Vgl. *Marx/Dallmann*, in *Baetge/Kirsch/Thiele*, Bilanzrecht, § 266 HGB, Rz 73 f., Stand 2/2013.

**Betriebsstoffe** werden unmittelbar oder mittelbar im Produktionsprozess verbraucht und gehen somit nicht in dem Produkt oder der Leistung auf. Allerdings werden sie benötigt, damit die Betriebsmittel betriebsbereit sind.

68

> **Beispiel**
> Brennstoffe, Energie, Reinigungs- und Schmiermaterial zählen zu den Betriebsstoffen. Auch werden dieser Position nicht ausgegebenes Büromaterial und Werbemittelbestände zugeordnet.[84]

### 3.2.2.2 Unfertige Erzeugnisse, unfertige Leistungen (Abs. 2 B. I. 2.)

Es wird teilweise die Auffassung vertreten, dass es sich bei diesem Posten lediglich um eine Bilanzierungshilfe oder um eine periodengerechte Aufwandsabgrenzung handelt. Allerdings hat der BFH geurteilt, dass unfertige Erzeugnisse und Leistungen einen VG darstellen und bilanzrechtlich auch entsprechend auszuweisen sind.[85] Zu den **unfertigen Erzeugnissen** gehören alle noch nicht verkaufsfähigen Produkte, für die im Unt durch Be- oder Verarbeitung bereits Aufwendungen entstanden sind.

69

> **Beispiel**
> Langfristige Fertigungsaufträge (z. B. Bauten) werden bis zur Abnahme durch den Kunden und die Ausstellung der Endabrechnung unter den unfertigen Erzeugnissen erfasst. Ebenso gelten Erzeugnisse, die einem Reifeprozess unterliegen, bspw. Holz, Wein, Whiskey oder Käse, als unfertige Erzeugnisse. Gleiches gilt für unfertige immaterielle VG, z. B. zur Veräußerung bestimmte EDV-Software oder noch nicht fertige Filme bei reiner Auftragsproduktion, wobei aus Gründen der Übersichtlichkeit ein gesonderter Ausweis als Programm- bzw. Filmvermögen vorgenommen werden kann.[86]

Typischerweise zählen zu den **unfertigen Leistungen** u. a. noch nicht abgeschlossene Beratungsleistungen einer Unternehmensberatung oder unfertige Bauten, die von Bauunt auf fremdem Grund und Boden errichtet wurden. Als genauere Postenbezeichnung können z. B. „nicht abgerechnete Bauten" oder „unfertige Bauten und Leistungen" verwendet werden.[87]

70

Im Produktionsprozess entstandene Abfallstoffe sind ebenfalls als unfertige Leistung aufzufassen, sofern sie erneut dem Produktionsprozess zugeführt werden. Bei Verkaufsabsicht gelten sie als „fertige Erzeugnisse".[88] In **Veredelungsprozessen** werden die dem Veredeler gelieferten Rohstoffe beim Auftraggeber unverändert aktiviert. Der Veredeler selbst weist unfertige Erzeugnisse oder unfertige Leistungen aus, wenn selbst beschafftes Material in einem großen Umfang eingesetzt wurde. Ist er wirtschaftlicher Eigentümer des zu bearbeitenden Materials,

71

---

[84] Vgl. ADS, 6. Aufl., § 266 HGB, Rz 104 f.
[85] Vgl. BFH, Urteil v. 7.9.2005, VIII R 1/03, BStBl 2006 II S. 298.
[86] Vgl. *Forster*, WPg 1988, S. 321 ff.; *Wriedt/Fischer*, DB 1993, S. 1684 ff.
[87] Vgl. *Hofer*, DStR 2001, S. 636.
[88] Vgl. *Marx/Dallmann*, in *Baetge/Kirsch/Thiele*, Bilanzrecht, § 266 HGB, Rz 76 f., Stand 2/2013, ADS, 6. Aufl., § 266 HGB, Rz 108.

wird das Material entweder als Rohstoff oder als unfertiges Erzeugnis aktiviert; gleichzeitig wird die Lieferverpflichtung in selbiger Höhe passiviert.[89]

#### 3.2.2.3 Fertige Erzeugnisse und Waren (Abs. 2 B. I. 3.)

72 Als **fertiges Erzeugnis** gilt ein VG erst, wenn es versandfertig und somit sofort veräußerbar ist. Ein separater Ausweis für **fertige Leistungen** ist nicht vorgesehen. Leistungen, die fertig erstellt und abgenommen wurden, aber noch nicht zu einer Einzahlung geführt haben, sind als Forderungen auszuweisen. Erfolgte allerdings noch keine Abnahme durch den Kunden, gelten sie als nicht fertiggestellt, da bspw. seitens des Kunden noch Nachbesserungsbedarf bestehen könnte. Sollten diese Nacharbeiten nur geringfügig sein bzw. sollte der Abnehmer in Verzug sein, gelten die Leistungen als abgenommen.[90]

73 **Waren** hingegen sind nach h.M. nicht oder nur geringfügig veränderte Gegenstände, die zum Weiterverkauf angeschafft wurden.[91] Sie können beweglich oder unbeweglich sein. Für die Ein- bzw. Ausbuchung der erhaltenen bzw. gelieferten Ware ist nach dem Realisationszeitpunkt jener Zeitpunkt entscheidend, zu dem die Gefahr des zufälligen Untergangs der Ware von einem Vertragspartner auf den anderen übergeht. Maßgeblich sind hier die Vertragsklauseln. Zum Zeitpunkt des Gefahrenübergangs muss der Lieferant die Ware ausbuchen und der Abnehmer die Ware einbuchen.[92]

#### 3.2.2.4 Geleistete Anzahlungen (Abs. 2 B. I. 4.)

74 Unter dieser Position werden Zahlungen des Unt an Dritte erfasst, die sich auf das Vorratsvermögen beziehen und aus abgeschlossenen Verträgen resultieren, deren Lieferung oder Leistung noch offen ist. Dementsprechend liegen Forderungen des Unt gegenüber dem Lieferanten aus der Erbringung der vereinbarten Leistung vor. Die Vorleistungen beziehen sich nicht auf VG des AV, die gesondert ausgewiesen werden müssen (Rz 48). Wurden für Dienstleistungen, die mit der Beschaffung oder mit dem Produktionsprozess in Verbindung stehen, Anzahlungen geleistet, sind diese auch hier auszuweisen. Anzahlungen auf andere Dienstleistungen (z.B. Beratungsdienstleistungen) sowie auf andere nicht aktivierungsfähige VG sind als sonstige VG zu erfassen.[93]

75 Im Gegensatz zu geleisteten Anzahlungen handelt es sich bei **erhaltenen Anzahlungen** (Rz 151 ff.) um Zahlungen, die das Unt von Kunden für noch zu erbringende Leistungen erhalten hat. Da das Unt die Leistungsschuld innehat, liegt eine Verbindlichkeit vor.[94] Dennoch wurde mit dem BilMoG das **Ausweiswahlrecht** nicht gestrichen, sodass weiterhin neben einem Ausweis innerhalb der Verbindlichkeiten alternativ ein offenes Absetzen von den Vorräten erlaubt ist (§ 268 Rz 65 ff.). Dabei darf allerdings der Vorratsbestand nicht negativ werden. Die **Saldierung** erhaltener und geleisteter Anzahlungen ist nicht zulässig.

---

[89] Vgl. *Schmidt/Labrenz*, in Beck HdR, B 214 Rz 16, Stand 01/2009.
[90] Vgl. *Schubert/Krämer*, in Beck Bil-Komm. 9. Aufl., § 266 HGB, Rz 107 f.
[91] Vgl. *Dusemond/Heusinger-Lange/Knop*, in *Küting/Pfitzer/Weber*, § 266 HGB, Rz 74, Stand 12/2010.
[92] Vgl. *Coenenberg/Haller/Schultze*, 2009, S. 205.
[93] Vgl. *Schubert/Krämer*, in Beck Bil-Komm. 9. Aufl, § 266 HGB, Rz 110.
[94] Vgl. *Schubert/Krämer*, in Beck Bil-Komm. 9. Aufl., § 266 HGB, Rz 109 ff.

### 3.2.3 Forderungen und sonstige Vermögensgegenstände (Abs. 2 B. II.)

In diesem Posten wird das Ergebnis der Vertriebsaktivitäten von Unt dargestellt. 76
Eine **Forderung** entsteht mit der Erbringung der Lieferungs- bzw. Leistungsverpflichtung, der darauf folgenden Fakturierung und des Ausstehens der Zahlung durch den Abnehmer. Gem. § 266 Abs. 2 B. II. HGB werden Forderungen in die folgenden Unterposten aufgespalten:
1. Forderungen aus L&L
2. Forderungen gegen verbundene Unt
3. Forderungen gegen Unt, mit denen ein Beteiligungsverhältnis besteht
4. sonstige Vermögensgegenstände

Der Unterposten „**sonstige Vermögensgegenstände**" stellt einen Sammelposten 77
dar, sodass hiermit i.d.R. die Möglichkeit entfällt, gem. § 265 Abs. 5 Satz 2 HGB einen neuen Posten zu ergänzen.[95] Forderungen und sonstige VG sind von KapG und haftungsbeschränkten PersG mit einem „davon"-Vermerk gesondert auszuweisen, wenn sich ihre Restlaufzeit auf mehr als ein Jahr beläuft. Die Saldierung von Forderungen mit Verbindlichkeiten ist nur dann zulässig, wenn die Voraussetzungen einer Aufrechnung gem. § 387 BGB erfüllt sind (insb. gleichartig Forderungen und Verbindlichkeiten gegenüber derselben Person mit gleichen Fälligkeiten)[96] (§ 246 Rz 124 ff.).

#### 3.2.3.1 Forderungen aus Lieferungen und Leistungen (Abs. 2 B. II. 1.)

Forderungen aus L&L entstehen aus Geschäften, die für die Unternehmenstätig- 78
keit typisch sind (§ 277 Abs. 1 HGB), insoweit dürfen Forderungen, die aus untypischen Geschäften resultieren, hier nicht ausgewiesen werden. Derartige Forderungen sind als sonstige VG auszuweisen, wie z.B. Miet- oder Pachtforderungen eines Industrieunternehmens, Darlehens- oder Schadensersatzforderungen oder Forderungen aus dem Verkauf von AV sowie Gehaltsvorschüsse. Den L&L liegen gegenseitige Verträge zugrunde (z.B. Lieferungs-, Werks- oder Dienstverträge), die seitens des bilanzierenden Unt bereits durch Lieferung oder Leistung erfüllt wurden, deren Erfüllung durch den Schuldner in Form einer Bezahlung jedoch noch offen steht. Solange beide Partner nicht geleistet haben, stehen Anspruch und Verpflichtung in der Schwebe und bilden ein schwebendes Geschäft. Der zur Lieferung oder sonstigen Leistung Verpflichtete darf den Erfolg aus dem Geschäft entsprechend dem Realisationsprinzip nach § 252 Abs. 1 Nr. 4 HGB noch nicht ausweisen und die Forderung aus Lieferung und Leistung daher noch nicht bilanzieren.

**Langfristig gestundete Forderungen** sind nicht mehr als Forderung auszuwei- 79
sen, wenn diese in ein Darlehen mit Zins- und Tilgungszahlungen umgewandelt worden sind. Ab diesem Zeitpunkt ist ein Ausweis unter „sonstige Ausleihungen" (Rz 62) vorzunehmen.[97]

Forderungen aus L&L gegen verbundene Unt bzw. gegen Unt, mit denen ein Beteiligungsverhältnis besteht, sind unter dem Posten „Forderungen gegen ver-

---

[95] Vgl. *Hayn/Jutz/Zündorf*, in Beck HdR, B 215, Rz 2, Stand 03/2011.
[96] Vgl. *WP-Handbuch*, Bd. I, 14. Aufl., Abschn. E, Rz 75.
[97] Vgl. *Marx/Dallmann*, in Baetge/Kirsch/Thiele, Bilanzrecht, § 266 HGB, Rz 81.2, Stand 2/2013.

bundene Unternehmen" (B. II. 2.) bzw. „Forderungen gegen Unternehmen, mit denen ein Beteiligungsverhältnis besteht" (B. II. 3.) auszuweisen (Rz 80, 82).[98] Die Gliederungsvorgabe nach dem Kriterium „sachzielbezogen" (Forderungen aus L&L) und „personenbezogen" (Forderungen gegen verbundene Unt) führt zu Überschneidungen. Im Fall von Überschneidungen ist die Mitzugehörigkeit gem. § 265 Abs. 3 HGB zu vermerken.

**Beispiel**[99]
Tochter GmbH hat kurzfristige Forderungen gegen Mutter AG i. H. v. 900 GE. Der Gesamtbetrag der Forderungen der Tochter GmbH beläuft sich auf 5.000 GE, davon haben Forderungen i. H. v. 70 GE eine Laufzeit von mehr als einem Jahr.
Im Beispielfall liegen Forderungen aus L&L sowie Forderungen gegen verbundene Unt vor. Außerdem handelt es sich gleichzietig um Forderungen gegen Gesellschafter. Die Mitzugehörigkeit kann als Davon-Vermerk (Lösung 1) oder als tabellarische Darstellung (Lösung 2) erfolgen.
Lösung 1:

| | |
|---|---:|
| Forderungen aus L&L: | 5.000 GE |
| davon gegen verbundene Unt: | 900 GE |
| davon gegen Gesellschafter: | 900 GE |
| davon mit einer Laufzeit von mehr als 1 Jahr: | 70 GE |

Lösung 2:

| | Forderungen aus L&L | Sonstige Forderungen | Summe |
|---|---|---|---|
| Forderungen gegen verb. U. | 900 | ... | ... |
| Andere Forderungen | 4.100 | | |
| Bilanzausweis | 5.000 | ... | ... |
| davon gegen Gesellschafter | 900 | ... | ... |
| davon mit einer Laufzeit über 1 Jahr | 70 | ... | ... |

Wenn eine Forderung sicherungshalber abgetreten wird (**Zession**), muss der Sicherungsgeber (Zedent) die Forderung weiterhin bilanzieren, da er gegenüber dem Sicherungsnehmer (Zessionar) für einen Forderungsausfall haftet und somit nach wie vor der wirtschaftliche Eigentümer ist. Demgegenüber geht das wirtschaftliche Eigentum bei einem Forderungsverkauf (**Factoring**) auf den Käufer der Forderung über (echtes Factoring), wenn dieser das Forderungsrisiko (Delkredererisiko bzw. des Zahlungsausfalls des Schuldners) trägt (ausführlich s. § 246 Rz 49 ff.). Dann wird anstelle der Forderung aus Lieferung und Leistung eine Forderung gegen den Käufer bzw. liquide Mittel ausgewiesen. Trägt aber der Verkäufer weiterhin das Ausfallrisiko (unechtes Factoring), muss dieser die

---

[98] Vgl. *Reiner/Haußer*, in MünchKomm. HGB, 3. Aufl. § 266, Rz 62, und *Marx/Dallmann*, in *Baetge/Kirsch/Thiele*, Bilanzrecht, § 266 HGB, Rz 81.1, Stand 2/2013.
[99] In Anlehnung an *Hoffmann/Lüdenbach*, NWB-Kommentar Bilanzierung, 5. Aufl. 2014, § 266, Rz 73.

Forderung unter den Haftungsverhältnissen gem. § 251 HGB ausweisen.[100] Wird mit einem Forderungsausfall gerechnet, ist eine Rückstellung für ungewisse Verbindlichkeiten zu bilden.

#### 3.2.3.2 Forderungen gegen verbundene Unternehmen (Abs. 2 B. II. 2.)

Forderungen gegen verbundene Unt (§ 271 Rz 31 ff.) sind – wie Ausleihungen – aus Transparenzgründen gesondert auszuweisen, um die finanziellen Verflechtungen mit verbundenen Unt offenzulegen. Auszuweisen sind Forderungen gegen alle MU und deren TU (z. B. auch Schwesterunternehmen). Dieser Posten umfasst alle Forderungen einschl. Forderungen aus L&L sowie Forderungen aus dem Finanzverkehr, aus den Beteiligungserträgen und Unternehmensverträgen sowie Gewinnansprüchen. Hierbei kann es zu Überschneidungen mit der nach § 42 Abs. 3 GmbHG nötigen Angabe der Forderungen gegenüber Gesellschaftern kommen (Rz 79).

80

Ausleihungen an verbundene Unt sind innerhalb des FAV auszuweisen. Maßgeblich für die Beurteilung der Frage, ob eine Beteiligung gem. § 271 Abs. 1 HGB vorliegt oder nicht, ist das Verhältnis am Bilanzstichtag und nicht das Verhältnis zum Zeitpunkt der Forderungsentstehung.[101]

81

#### 3.2.3.3 Forderungen gegen Unternehmen, mit denen ein Beteiligungsverhältnis besteht (Abs. 2 B. II. 3.)

Die Regelungen zu „Forderungen gegen verbundene Unt" sind entsprechend auch hier auf „Forderungen gegen Unt, mit denen ein Beteiligungsverhältnis besteht (B. II. 3.)", anzuwenden (Rz 80 f.).

82

#### 3.2.3.4 Sonstige Vermögensgegenstände (Abs. 2 B. II. 4.)

Durch die Existenz des Postens „Sonstige Vermögensgegenstände" entfällt im Regelfall das in § 265 Abs. 5 Satz HGB gewährte Wahlrecht, bei Bedarf neue Posten hinzuzufügen, da dieser Posten als Sammelposten fungiert. Ein separater Ausweis ist nur bei wesentlichen Positionen erforderlich.[102] Unter den sonstigen VG werden alle Positionen erfasst, die keinem anderen Posten des UV zugeordnet werden können. Dazu zählen verallgemeinernd Forderungen aus Geschäften, die für die Unternehmenstätigkeit nicht typisch sind.[103]

83

> **Beispiel**
> Als Beispiele sind u. a. zu nennen:
> - Forderungen aus Krediten nach §§ 89 und 115 des AktG (Kredite an Vorstands- und AR-Mitglieder, sofern es sich nicht um sonstige Ausleihungen handelt),

---

[100] Vgl. ADS, 6. Aufl., § 266 HGB, Rz 123.
[101] Vgl. *Reiner/Haußer*, in MünchKomm. HGB, 3. Aufl., § 266, Rn 69.
[102] Vgl. *Hayn/Jutz/Zündorf*, in Beck HdR, B 215, Rz 2, Stand 03/2011.
[103] Vgl. *Reiner/Haußer*, in MünchKomm. HGB, 3. Aufl., § 266, Rn 75.

- Umsatzprämien und Provisionen,
- Kautionen (sofern nicht als sonstige Ausleihungen im AV auszuweisen),
- Gehalts- und Reisekostenvorschüsse,
- Schadensersatzansprüche (sofern hinreichend konkretisiert),
- Steuererstattungsansprüche einschl. Körperschaftsteuerguthaben,[104] Ansprüche auf Investitionszulagen und sonstige Zuwendungen der öffentlichen Hand, Bausparkassenguthaben,
- Einschüsse (Margins) im Zusammenhang mit Börsen-Termingeschäften, AK (Prämien) für erworbene Kauf- oder Verkaufsoptionen,[105]
- Rückkaufswerte von Rückdeckungsversicherungen für Pensionsverpflichtungen,[106]
- Personaldarlehen (sofern nicht Finanzanlagen) sowie Darlehen einschl. Schuldscheindarlehen und Commercial Papers (sofern nicht anderweitig auszuweisen),
- nicht verbriefte oder als Namenspapiere begebene Genussrechte ohne Dauerbesitzabsicht,
- GmbH- und Genossenschaftsanteile ohne Beteiligungs- oder Daueranlageabsicht wie auch
- Anteile an Joint Venture und Arge (sofern keine Wiederholungsabsicht und keine Daueranlageabsicht).[107]

**84** Ebenso sind die zu den sonstigen Forderungen zählenden **antizipativen aktiven RAP** hierunter zu subsumieren (§ 250 Rz 1).[108] Diese sind Ausfluss der periodengerechten Erfolgsermittlung, wonach Erträge, die vor dem Bilanzstichtag liegen, deren Einzahlung jedoch erst nach dem Bilanzstichtag erfolgt, buchungstechnisch mit dem Gegenkonto „sonstige Forderungen" zu berücksichtigen sind. Dazu zählen auch Zinsansprüche aus Darlehen und Wertpapieren, soweit sie auf die Zeit bis zum Bilanzstichtag entfallen (Stückzinsen). Gleiches gilt für Dividendenforderungen, wobei hier der rechtliche Entstehungszeitpunkt maßgeblich ist.

### 3.2.3.5 Sonderposten innerhalb Forderungen und sonstige Vermögensgegenstände

**85** Durch das Gesellschaftsrecht kann es im Zusammenhang mit dem EK weitere Forderungsposten in der Bilanz geben.[109] Es wird empfohlen, diese Posten gesondert auszuweisen.

Mit § 272 Abs. 1 Satz 3 HGB besteht seit dem BilMoG die Pflicht, eingeforderte, aber noch nicht eingezahlte Einlagen offen vom gezeichneten Kapital abzusetzen und die Forderung gesondert auszuweisen und entsprechend zu bezeichnen. Als Postenbezeichnung ist **„Eingeforderte, noch nicht eingezahlte Einlagen"** unter den Forderungen zu empfehlen, wobei auch ein Ausweis innerhalb der „sonstigen Vermögensgegenstände" möglich ist.

---

[104] Vgl. BGBl 2006 I S. 2782, sowie *Ernsting*, DB 2007, S. 182f.
[105] Vgl. *Hahne/Sievert*, DStR 2003, S. 1992.
[106] Vgl. *Laupenmühlen/Löw/Kusterle*, KoR 2002, S. 291 ff.
[107] Vgl. HFA 1/1993, WPg 1993, S. 441.
[108] Vgl. *Schubert/Krämer*, in Beck Bil-Komm. 9. Aufl., § 247 HGB, Rz 121.
[109] Vgl. *Marx/Dallmann* in, *Baetge/Kirsch/Thiele*, Bilanzrecht, § 266 HGB, S. 88 ff., Stand 2/2013.

86 Analog ist gem. § 286 Abs. 2 Satz 3 AktG bei einer KGaA mit bestimmten **Einzahlungsverpflichtungen eines phG** zu verfahren, die vorzugsweise unter den Forderungen gesondert auszuweisen sind. Dies gilt auch für den Fall, dass die Einzahlungsverpflichtung eines persönlich haftenden Gesellschafters nicht ausreicht, um den auf ihn zufallenden Verlust zu decken. Forderungen gegen mehrere persönlich haftende Gesellschafter dürfen zusammengefasst werden. Gleiches gilt für **haftungsbeschränkte PersG i.S.d. § 264a HGB** (§ 264c Abs. 2 Satz 4 HGB). Einzahlungsverpflichtungen von Kommanditisten sind separat von denen der Komplementäre auszuweisen („Einzahlungsverpflichtung für Kommanditisten").[110]

87 Bei einer GmbH sind innerhalb der Forderungen **eingeforderte Nachschüsse** (§ 42 Abs. 2 Satz 2 GmbHG) gesondert unter dieser Bezeichnung auszuweisen, sofern mit einer Nachschusszahlung sicher zu rechnen ist.
**Ausleihungen an Gesellschafter einer GmbH** sind gesondert mit entsprechender Bezeichnung auszuweisen oder im Anhang zu vermerken (§ 42 Abs. 3 GmbHG). Allerdings ist ein separater Ausweis in einem Sonderposten „Ausleihungen an Gesellschafter" im Anschluss an den Posten „Ausleihungen an Unternehmen, mit denen ein Beteiligungsverhältnis besteht" der Vorzug zu geben.[111] Interessant ist, dass nach einer Entscheidung des BGH[112] Darlehen der GmbH an ihre Gesellschafter zulasten des gebundenen Vermögens am Verbot der Einlagenrückgewähr gemessen werden; dies gilt demnach auch dann, wenn sie zu marktgerechten Bedingungen vereinbart werden. Diese Entscheidung führte zu Verunsicherungen und hat sich durch das **MoMiG**[113] erledigt. Klarstellend müssen nunmehr Darlehen an Gesellschafter nicht zulasten des Stammkapitals angerechnet werden (§ 30 Abs. 1 Satz 2 GmbHG).

88 Für **haftungsbeschränkte PersG** i.S.d. § 264a HGB gelten die Vorschriften analog (§ 264c Abs. 1 HGB). Auch hier ist ein gesonderter Ausweis in der Bilanz der Vorzug zu geben. Bei typischen PersG gem. § 264a HGB ist kein getrennter Ausweis von Ausleihungen, Forderungen und Verbindlichkeiten gegenüber den Komplementären und den Kommanditisten erforderlich.[114]

### 3.2.4 Wertpapiere (Abs. 2 B. III.)

89 Wertpapiere verbriefen Eigentums-, Anteils-, Forderungs- oder Bezugsrechte in Form einer Urkunde. Allerdings gilt die „Verbriefung" nicht als alleiniges Zuordnungskriterium, weil neben verbrieften auch unverbriefte Anteile unter diesem Posten ausgewiesen werden.[115] Als Wertpapiere des UV sind nur diejenigen Wertpapiere anzusetzen, die nicht im AV erfasst sind oder wie Schecks unter einem anderen Posten auszuweisen sind. Zu den Wertpapieren des UV zählen gem. § 266 Abs. 2 B. III. HGB:
1. Anteile an verbundenen Unternehmen
2. Sonstige Wertpapiere

---

110 Vgl. *Reiner/Haußer*, in MünchKomm. HGB, 3. Aufl., § 266, Rn 72 f.
111 Vgl. *Herrmann*, WPg 2001, S. 275; *Reiner/Haußer*, in MünchKomm. HGB, 3. Aufl., § 266, Rn 47.
112 BGH, Urteil v. 24.11.2003, II ZR 171/01, BGHZ 157 S. 72; *Reiner/Brakemeier*, BB 2005, S. 1458 ff.
113 Gesetz zur Modernisierung des GmbH-Rechts und zur Bekämpfung von Missbräuchen (MoMiG) v. 23.10.2008, BGBl I Nr. 48, S. 2026.
114 Vgl. *Theile*, BB 2000, S. 556.
115 Vgl. *Marx/Dallmann*, in Baetge/Kirsch/Thiele, Bilanzrecht, § 266 HGB, Rz 96, Stand 2/2013.

### 3.2.4.1 Anteile an verbundenen Unternehmen (Abs. 2 B. III. 1.)

**90** Analog zum FAV handelt es sich bei Anteilen an verbundenen Unt um **verbriefte oder unverbriefte Anteile** an verbundenen Unt. Allerdings beschränkt sich hier die Ausweispflicht nur auf Anteile, bei denen es keine dauerhafte Besitzabsicht gibt.[116] Unverbriefte Anteile (z. B. Anteile an einer GmbH) sind zwar der Definition nach keine Wertpapiere, werden dennoch hier ausgewiesen, um die Beziehungen zwischen den Unt aufzudecken. Ein alternativer Ausweis innerhalb eines Sammelpostens wie „Sonstige Vermögensgegenstände" oder „Sonstige Wertpapiere" sollte daher nicht erfolgen.

**91** Das bilanzierende Unt ist ebenso verpflichtet, Aktien an einer **herrschenden oder mit Mehrheit beteiligten Ges.** hier auszuweisen, wenn es sich am Abschlussstichtag um ein verbundenes Unt gehandelt hat. Dabei ist es unerheblich, ob das Unt die Beschränkungen des § 71d AktG be- oder missachtet hat. Auch in diesem Fall kann der Ausweis nur im UV erfolgen, wenn keine Daueranlageabsicht vorliegt. Das bilanzierende Unt muss beachten, dass es gem. § 272 Abs. 4 Satz 4 HGB zur Bildung einer Rücklage i. H. d. aktivierten Betrags verpflichtet ist.[117]

**92** Auch sind unter diesem Posten sog. „**Vorratsaktien**", die mit Blick auf eine Verschmelzung oder einen Unternehmensvertrag (§§ 291 ff. AktG) oder eine Eingliederung (§§ 319 ff. AktG) erworben wurden, auszuweisen. Es dürfen aber keine Aktien des eigenen Unt. ausgewiesen werden, weil ein aktivischer Ausweis von eigenen Anteilen nicht mehr zulässig ist.

### 3.2.4.2 Sonstige Wertpapiere (Abs. 2 A. III. 2.)

**93** Als sonstige Wertpapiere werden alle **verbrieften Wertpapiere** ausgewiesen, die der kurzfristigen Geldanlage von flüssigen Mitteln dienen und keine Anteile an verbundenen Unt darstellen. Hierzu zählen z. B. Aktien, Pfandbriefe, Industrieobligationen oder öffentliche Anleihen. Wertpapiere werden immer dann unter diesem Posten ausgewiesen, wenn ein speziellerer Posten nicht greift. **Nicht verbriefte Anteile** des UV sind als „Sonstige Vermögensgegenstände" auszuweisen.[118] **Abgetrennte Zins- und Dividendenscheine** sind auch hier aufzuführen, alternativ kann ein Ausweis unter den „Sonstigen Vermögensgegenständen" erfolgen.[119]

### 3.2.5 Kassenbestand, Bundesbankguthaben, Guthaben bei Kreditinstituten und Schecks (Abs. 2 B. IV.)

**94** Nach der Mindestgliederung gem. § 266 Abs. 2 B. IV. HGB sind Kassenbestand, Bundesbankguthaben, Guthaben bei Kreditinstituten und Schecks in einer Bilanzposition zusammenzufassen. Dieser Posten darf auch als „flüssige Mittel" oder „liquide Mittel" bezeichnet werden. Als liquide Mittel gelten i. d. R. frei verfüg-

---

[116] Vgl. *Dusemond/Heusinger-Lange/Knop*, in *Küting/Pfitzer/Weber*, HdR, § 266 HGB, Rz 88–89, 91, Stand 12/2010.
[117] Vgl. *Reiner/Haußer*, in MünchKomm. HGB, 3. Aufl., § 266, Rn 78; *Marx/Dallmann*, in *Baetge/Kirsch/Thiele*, Bilanzrecht, § 266 HGB, Rz 97 f., Stand 2/2013; ADS, 6. Aufl., § 266 HGB, Rz 138.
[118] Vgl. *Schubert/Krämer*, in Beck Bil-Komm. 9. Aufl., § 266 HGB, Rz 142.
[119] Vgl. *Marx/Dallmann*, in *Baetge/Kirsch/Thiele*, Bilanzrecht, § 266 HGB, Rz 106, Stand 2/2013; ADS, 6. Aufl., § 266 HGB, Rz 145; *Schubert/Krämer*, in Beck Bil-Komm. 9. Aufl., § 266 HGB, Rz 145. A. A. *Reiner/Haußer*, in MünchKomm. HGB, 3. Aufl., § 266, Rn 80 (Ausweis nur innerhalb der sonstigen Wertpapiere).

bare Zahlungsmittel bzw. als Zahlungsmittel gehaltene Wertpapierbestände. Beispiele sind vor allem Kassen- und Bankbestände, Briefmarken und Schecks.[120]

#### 3.2.5.1 Kassenbestand

Im Kassenbestand werden in- und ausländisches Bargeld und z.B. Briefmarken ausgewiesen. Zum Kassenbestand gehören alle Euro-Noten- und Euro-Münz-Bestände. Hinzu kommen die Sortenbestände und ausländische Münzen, die zum Kurs des Abschlussstichtags umzurechnen sind. Zum Kassenbestand zählen auch alle Wertzeichen/-marken, wie Brief-, Steuer-, Gerichtskosten- oder ähnliche Marken sowie das Guthaben auf Frankiergeräten. Zins- und Dividendenscheine gelten als sonstige Wertpapiere (Rz 93), wohingegen sowohl Edelmetallbarren als auch Quittungen über Vorschüsse und Darlehen den sonstigen VG zuzurechnen sind.[121]

95

#### 3.2.5.2 Bundesbankguthaben, Guthaben bei Kreditinstitute

Unter das Bundesbankguthaben und Guthaben bei Kreditinstituten fallen alle **Sichteinlagen** bei inländischen (i.S.v. § 1 KWG) und ausländischen Kreditinstituten, Sparkassen und Zentralbanken. Dabei ist es unerheblich, ob es sich um Euro- oder Fremdwährungskonten handelt. Der Begriff Sichteinlage betont, dass es sich um jederzeit dispositionsfähige Guthaben handeln muss. **Kreditlinien**, die seitens der Kreditinstitute eingeräumt, aber nicht vom bilanzierenden Unt ausgeschöpft wurden, gelten nicht als Bankguthaben. **Akkreditivdeckungskonten** hingegen dürfen als Guthaben ausgewiesen werden, auch wenn sie zur Deckung schwebender Beschaffungsvorgänge dienen. Allerdings wird ein gesonderter Ausweis als sinnvoll erachtet. Bei **Festgeldern** muss hinsichtlich der Dispositionsfähigkeit differenziert werden. Wenn sie gegen Zahlung einer Vorfälligkeitsentschädigung jederzeit verfügbar sind, dann sind sie hier auszuweisen. Sollte dies nicht der Fall sein, gelten sie als sonstige VG. **Bausparguthaben** unterliegen generell den gleichen Regelungen wie die Festgelder, da Bausparkassen als Kreditinstitute definiert sind. Dennoch sind sie nach hM als sonstige VG auszuweisen.[122] Grds. gilt für Bankguthaben und -verbindlichkeiten das **Saldierungsverbot** (§ 246 Abs. 2 HGB). Allerdings sind gleichartige Guthaben und Verbindlichkeiten gegenüber demselben Kreditinstitut zu saldieren, wenn sie die gleiche Fristigkeit aufweisen, also gem. §§ 387 ff. BGB aufrechnungsfähig sind.

96

97

#### 3.2.5.3 Schecks

Unter den Posten „Schecks" werden alle Arten von **Bar- und Verrechnungsschecks** zusammengefasst, soweit das Unt auf eigene Rechnung über sie verfügen kann und die am Bilanzstichtag noch nicht eingereicht worden sind. Auch **vordatierte Schecks** gehören zu diesem Posten, da sie nach Art. 28 Abs. 2 SchG am Tag der Vorlage fällig werden. Schecks, die an den Aussteller oder Einreicher

98

---

120 Vgl. *Marx/Dallmann*, in *Baetge/Kirsch/Thiele*, Bilanzrecht, § 266 HGB, Rz 111, Stand 2/2013.
121 Vgl. *Schubert/Krämer*, in Beck Bil-Komm. 9. Aufl., § 266 HGB, Rz 151 ff.
122 Vgl. z.B. *Marx/Dallmann*, in *Baetge/Kirsch/Thiele*, Bilanzrecht, § 266 HGB, Rz 115, Stand 2/2013, *Schubert/Krämer*, in Beck Bil-Komm. 9. Aufl., § 266 HGB, Rz 156.

**zurückgesandt** wurden bzw. mit einem **Protestvermerk** versehen sind, gelten nicht als liquide Mittel, sondern sind als Forderung auszuweisen.[123]

### 3.3 Rechnungsabgrenzungsposten (Abs. 2 C.)

99 Der RAP ist transitorischer Natur und dient der periodengerechten Erfolgsermittlung. Da er nicht als VG gilt, wird er als gesonderter Posten 2C. ausgewiesen. Eine vor dem Abschlussstichtag getätigte Auszahlung muss im Posten „Rechnungsabgrenzungsposten" ausgewiesen werden, wenn sie Aufwand für eine bestimmte Zeit nach dem Abschlussstichtag darstellt (§ 250 HGB). Gängige Beispiele für einen derartigen Fall sind vorausbezahlte Versicherungsbeiträge, Mieten oder Pachten. Zusätzlich wird in diesem Posten auch ein Disagio ausgewiesen (§ 250 Abs. 3 HGB), das entweder in der Bilanz gesondert auszuweisen oder im Anhang anzugeben ist (§ 268 Abs. 6 HGB).[124]
Zur praktischen Umsetzung Haufe HGB Bilanz Kommentar BilMoG Erfahrungsbericht, Rz 204 ff.

### 3.4 Aktive latente Steuern (Abs. 2 D.)

100 Die Bilanzierung latenter Steuern ist konzeptionell mit dem Prinzip der periodengerechten Erfolgsermittlung zu begründen. Latente Steuern spiegeln die steuerlichen Effekte aus Bilanzierungsunterschieden zwischen Steuer- und HB wider. Anzuwenden ist das Bilanzkonzept (sog. bilanzorientierte Methode), bei dem neben permanenten auch quasi-permanente Differenzen (Temporary-Konzept) in die Ermittlung einfließen.[125] Dementsprechend entstehen aktive latente Steuern z. B. dann, wenn der Ansatz der Vermögensposten (Schuldposten) in der HB niedriger (höher) ist als in der Steuerbilanz.

101 § 266 Abs. 2 HGB fordert unter Buchstaben „D. Aktive latente Steuern" einen gesonderten Ausweis auf oberster Gliederungsstufe. Mittelgroße und große KapG und KapCoGes sind verpflichtet, eine Steuerabgrenzung vorzunehmen; kleine Ges. sind nach § 274a Nr. 5 HGB davon grds. befreit (§ 274a Rz 11 ff.). Es besteht ein Wahlrecht, aktive latente Steuerüberhänge als Bilanzposten auszuweisen oder alternativ den die passiven latenten Steuern übersteigenden „Steuervorteil" sofort erfolgswirksam zu verrechnen. Entscheidet sich das Unt für eine Aktivierung, ist ein separater Ausweis der aktiven latenten Steuern in der Bilanz geboten. Es wird keine Klassifizierung des Postens als VG, RAP, Bilanzierungshilfe oder als Posten eigener Art vorgenommen.[126] Im Sinne des handelsrechtlichen Gliederungsschemas mit einer Unterteilung in AV, UV, RAP und latente Steuern kann geschlossen werden, dass entgegen des international üblichen Vermögenswertbegriffs (z. B. IAS 1 bzw. IAS 12) latente Steuern nicht als VG gelten. Nach der Gesetzesbegründung handelt es sich bei latenten Steuern um einen „Sonderposten eigener Art",[127] da die Voraussetzungen für einen VG nicht gegeben sind (§ 246 Rz 5).

---

[123] Vgl. *Reiner/Haußer*, in MünchKomm. HGB, 3. Aufl., § 266, Rn 82.
[124] Vgl. *Marx/Dallmann*, in *Baetge/Kirsch/Thiele*, Bilanzrecht, § 266 HGB, Rz 121, Stand 2/2013.
[125] Vgl. BilMoG-BgrRegE, S. 67.
[126] Vgl. BilMoG-RegE, Bgr S. 67 f.
[127] Vgl. BilMoG-RegE, Bgr S. 67.

Das **Saldierungsverbot** gem. § 246 Abs. 2 HGB ist nicht zu beachten. Sich ergebende Steuerbe- und sich ergebende Steuerentlastung können explizit unverrechnet angesetzt werden (§ 274 Abs. 1 Satz 3 HGB).
Zur praktischen Umsetzung Haufe HGB Bilanz Kommentar BilMoG Erfahrungsbericht, Rz 207ff.

### 3.5 Aktiver Unterschiedsbetrag aus der Vermögensverrechnung (Abs. 2 E.)

Als weiterer Posten E ist ein „**Aktiver Unterschiedsbetrag aus der Vermögensverrechnung**" auf der Aktivseite auszuweisen. Dieser Posten steht im Zusammenhang mit der Bilanzierung von Altersversorgungsverpflichtungen oder vergleichbaren langfristig fälligen Verpflichtungen. Nach § 246 Abs. 2 HGB ist eine Aktivierung des Differenzbetrags zwischen bestimmten VG, die zum beizulegenden Zeitwert bewertet werden, und den zugehörigen Schulden vorzunehmen (§ 246 Rz 104ff.). Dies gilt nur für VG, die dem Zugriff aller übrigen Gläubiger entzogen sind und die ausschließlich der Erfüllung von Schulden aus Altersversorgungsverpflichtungen dienen.

102

Zur praktischen Umsetzung Haufe HGB Bilanz Kommentar BilMoG Erfahrungsbericht, Rz 219ff.

### 3.6 Weitere Posten auf der Aktivseite

Die im Folgenden genannten Sonderposten werden an anderer Stelle erläutert:
- Ausleihungen und Forderungen gegenüber GmbH-Gesellschaftern (Rz 87),
- eingeforderte Nachschüsse von GmbH-Gesellschaftern (Rz 87),
- Einzahlungsverpflichtungen persönlich haftender Gesellschafter einer KGaA (Rz 86),
- Ausleihungen und Forderungen gegenüber persönlich haftenden Gesellschaftern einer KGaA (Rz 86),
- nicht durch EK gedeckte Fehlbeträge (§ 268 Rz 46ff.),
- nicht durch Vermögenseinlagen gedeckte Verlustanteile persönlich haftender Gesellschafter einer KGaA (Rz 86),
- nicht durch Vermögenseinlagen gedeckte Verlustanteile persönlich haftender Gesellschafter bzw. der Kommanditisten bei haftungsbeschränkten PersG i.S.d. § 264a HGB (Rz 86 und § 264c Rz 7ff.).

103

Zudem kann auf der Aktivseite auch noch der Posten Ingangsetzung und Erweiterung des Geschäftsbetriebs aufgrund des genutzten Beibehaltungswahlrechts nach Art. 67 Abs. 5 EGHGB ausgewiesen sein (Art. 67 EGHGB Rz 119ff.).

## 4 Passivseite (Abs. 3)

Der Gesetzgeber gibt die in § 266 Abs. 3 HGB gegebene Gliederung der Passivseite als zwingend vor. Darüber hinaus wird den Unt mit § 265 Abs. 5 HGB die Schaffung zusätzlicher Posten bei Erfüllung bestimmter Voraussetzungen eingeräumt. Die **Passivseite** zeigt das Finanzierungsbild eines Unt, d. h., sie gibt Auskunft darüber, welche finanziellen Mittel dem Unt zur Finanzierung seiner Investitionen zur Verfügung stehen. Dabei werden die finanziellen Mittel nach ihrer Herkunft in EK und FK unterteilt. Während das EK dem Unt i.d.R. dauerhaft zur Verfügung

104

steht und als Verlustausgleich fungiert, stellt das FK i.d.R. eine Verpflichtung gegenüber Dritten dar und steht dem Unt i.d.R. nur für eine begrenzte Zeit zur Verfügung.[128]

### 4.1 Eigenkapital (Abs. 3 A.)

105 Das EK ist nach der zunehmenden Verfügbarkeit des Kapitals für die Organe der Ges. gegliedert. Der EK-Begriff ist handelsrechtlich nicht definiert, sondern ergibt sich nach § 247 Abs. 1 HGB aus der Gegenüberstellung von Schulden und Vermögen (§ 247 Rz 80).[129] Ansatz und Bewertung des Vermögens und des FK bestimmen indirekt die Höhe des EK. EK sind von außen zugeführte oder durch Gewinneinbehaltung von innen zugeflossene Mittel. Ansatz- und Bewertungsregeln sind – anders als bei Vermögens- und Fremdkapitalpositionen – beim EK i.d.R. nicht anzuwenden.

106 Eine eindeutige **Abgrenzung von EK und FK** ist insb. aufgrund des zunehmenden Einsatzes von hybriden Finanzinstrumenten, die Eigen- und Fremdkapitalanteile vereinigen, unabdingbar.[130] EK zeichnet sich generell durch verschiedene Funktionen aus, wie Haftungs- und Verlustausgleichsfunktion, Arbeits- und Kontinuitätsfunktion, Gewinnbeteiligungs- und Geschäftsführungsfunktion.[131] Es handelt sich um die Kapitalpositionen, die dem Unt i.d.R. dauerhaft zur Verfügung stehen. Damit verbundene Auszahlungsansprüche ergeben sich anders als bei Zinszahlungen für die Fremdkapitalaufnahme ausschließlich aufgrund ergebnisabhängiger Zahlungsansprüche der Anteilseigner.

107 Bzgl. des **EK-Ausweises ist rechtsformspezifisch** zwischen dem EK von EKfl (§ 247 Rz 83), PersG (§ 247 Rz 86), PersG i.S.d. § 264a HGB (§ 264c Rz 7 ff.) sowie KapG zu unterscheiden. Die Unterteilung des EK in § 266 Abs. 3 A HGB stellt auf KapG ab. Zudem sind §§ 268 Abs. 1, 270 und 272 HGB sowie Spezialvorschriften des AktG und des GmbHG zu beachten. Innerhalb des EK können Abgrenzungsprobleme auftreten (Rz 106). Bei **KapG** besteht das EK nach § 266 Abs. 3 HGB aus folgenden Komponenten:
I. Gezeichnetes Kapital
II. Kapitalrücklage
III. Gewinnrücklage
IV. Gewinnvortrag bzw. Verlustvortrag
V. Jahresüberschuss bzw. Jahresfehlbetrag
Für KleinstKapG ist trotz der rechtsformspezifischen Forderungen eine Aufgliederung des EK nicht erforderlich (Rz 10 f.).

#### 4.1.1 Gezeichnetes Kapital (Abs. 3 A. I.)

108 Nach § 272 Abs. 1 Satz 1 HGB ist das gezeichnete Kapital „das Kapital, auf das die Haftung der Gesellschafter für die Verbindlichkeiten der KapG gegenüber den Gläubigern beschränkt ist." Das gezeichnete Kapital ist bei einer AG/KGaA/SE das **Grundkapital** und bei einer GmbH das **Stammkapital**. Die Kapitalanteile der persönlich haftenden Gesellschafter bei einer KGaA gelten

---

[128] Vgl. *Müller/Weller/Reinke*, DB 2008, S. 1109.
[129] Vgl. *Marx/Dallmann*, in *Baetge/Kirsch/Thiele*, Bilanzrecht, § 266 HGB, Rz 141, Stand 2/2013.
[130] Vgl. *Schneider*, DB 1987, S. 185; *Heymann* in Beck HdR, B 231, Rz 1, Stand 06/2011.
[131] Vgl. *Marx/Dallmann*, in *Baetge/Kirsch/Thiele*, Bilanzrecht, § 266 HGB, Rz 141.1, Stand 2/2013.

nicht als gezeichnetes Kapital und sind daher gem. § 286 Abs. 2 Satz 1 AktG in einem eigenen Posten auszuweisen, der nach dem gezeichneten Kapital eingefügt wird (Kapitalanteil des phG).

Das gezeichnete Kapital ist zum **Nennbetrag** anzusetzen, wobei für die Höhe der am Abschlussstichtag im Unternehmensregister eingetragene Betrag maßgeblich ist. Seit Inkrafttreten des BilMoG ist das bisher erlaubte Ausweiswahlrecht (Brutto- oder Nettoausweis) aufgehoben und der **Nettoausweis** vorgeschrieben. 109

Nach dem Nettoausweis sind nicht eingeforderte, ausstehende Einlagen vom gezeichneten Kapital offen abzusetzen. Gleichzeitig ist das eingeforderte, noch nicht eingezahlte Kapital innerhalb der Forderungen auszuweisen (§ 272 Abs. 1 Satz 3 HGB).[132] Zur Erstanwendung vgl. § 272 Rz 76 ff. 110

Das Aktienrecht verlangt nach § 152 Abs. 1 AktG beim Grundkapital von AG und KGaA gesonderte Angaben bei Vorliegen verschiedener Aktiengattungen (z. B. die auf Stamm- und Vorzugsaktien jeweils entfallenden Beträge), bei Vorliegen von Mehrstimmrechten sowie zu bedingtem oder genehmigtem Kapital. In diesen Fällen bedarf es ergänzender Angaben in der Bilanz oder im Anhang.[133] 111

### 4.1.2 Kapitalrücklagen (Abs. 3 A. II.)

Zum Begriff der Kapitalrücklage vgl. § 272 Rz 104 ff. Nach § 272 Abs. 2 HGB sind als Kapitalrücklagen die folgenden dem Unt von außen zugeführten Posten auszuweisen:[134] 112

- Der Betrag, der bei der Ausgabe von Anteilen einschl. von Bezugsanteilen über den Nennbetrag oder, falls ein Nennbetrag nicht vorhanden ist, über den rechnerischen Wert hinaus erzielt wird (Agio, Aufgeld) – bei einer KGaA handelt es sich um das Kapital, das den Kapitalanteil des phG übersteigt – und es sich nicht um thesaurierte Beiträge (sog. Gewinnrücklage des phG) handelt;
- der Betrag, der bei der Ausgabe von Wandelschuldverschreibungen oder Optionsanleihen als Agio oder als Folge einer Verzinsung, die unter den marktüblichen Bedingungen liegt, erzielt wird;
- der Betrag von Zuzahlungen, die Gesellschafter gegen Gewährung eines Vorzugs für ihre Anteile leisten;
- der Betrag von anderen Zuzahlungen, die Gesellschafter in das EK leisten, z. B. sind Nachschüsse bei einer GmbH als Nachschusskapital (§ 42 Abs. 2 GmbHG) auszuweisen.

Die AG und die KGaA sind nach § 152 Abs. 2 AktG verpflichtet, Einstellungen in die oder Entnahmen aus der Kapitalrücklage in der Bilanz oder im Anhang gesondert betragsmäßig anzugeben.[135] Für die GmbH sind Nachschüsse von Gesellschaftern gesondert unter der Kapitalrücklage auszuweisen, die aufgrund eines Beschlusses nach § 42 Abs. 2 GmbHG geleistet werden (§ 42 Abs. 2 Satz 3 GmbHG). 113

---

132 Vgl. *Reiner/Haußer*, in MünchKomm. HGB, 3. Aufl., § 266, Rn 91.
133 Vgl. *Marx/Dallmann*, in *Baetge/Kirsch/Thiele*, Bilanzrecht, § 266 HGB, Rz 143, Stand 2/2013; *Schuber/Krämer*, in Beck Bil-Komm. 9. Aufl. § 266 HGB, Rz 172.
134 Vgl. *Marx/Dallmann*, in *Baetge/Kirsch/Thiele*, Bilanzrecht, § 266 HGB, Rz 146, Stand 2/2013.
135 Vgl. *Reiner/Haußer*, in MünchKomm. HGB, 3. Aufl., § 266, Rn 93.

#### 4.1.3 Gewinnrücklagen (Abs. 3 A. III.)

114 Nach § 272 Abs. 3 Satz 1 HGB umfasst die Gewinnrücklage die Beträge, „die im Geschäftsjahr oder in einem früheren Geschäftsjahr aus dem Ergebnis gebildet worden sind." Folgende Arten von Gewinnrücklagen sind zu unterscheiden:
1. Gesetzliche Rücklage
2. Rücklage für Anteile an einem herrschenden oder mehrheitlich beteiligten Unternehmen
3. Satzungsmäßige Rücklage
4. Andere Gewinnrücklagen

Kleine Ges. müssen keine Untergliederung der Gewinnrücklagen vornehmen.

##### 4.1.3.1 Gesetzliche Rücklage (Abs. 3 A. III.1.)

115 AG und KGaA sind gem. § 150 Abs. 1 und 2 AktG verpflichtet, eine Dotierung mit 5 % des um einen ggf. vorhandenen Verlustvortrag aus dem Vj. geminderten Jahresüberschusses vorzunehmen, bis die gesetzliche Rücklage zusammen mit den Kapitalrücklagen mindestens 10 % des Grundkapitals erreicht hat (§ 272 HGB). In der Satzung kann ein höherer Anteil am Grundkapital bestimmt werden. Zur Einstellung in die gesetzliche Rücklage und Entnahmemöglichkeiten vgl. § 272 Rz 153 ff.

##### 4.1.3.2 Rücklage für Anteile an einem herrschenden oder mehrheitlich beteiligten Unternehmen (Abs. 3 A. III.2.)

116 Die gesonderte Nennung von Rücklagen für Anteile an einem herrschenden oder mehrheitlich beteiligten Unt resultiert aus dem geänderten § 272 Abs. 4 HGB (§ 272 Rz 199 ff.). Diese Rücklage ist aus den frei verfügbaren Rücklagen i. H. d. Bilanzansatzes der aktivierten Anteile an einem herrschenden oder mit Mehrheit beteiligten Unt zu bilden. Der Beteiligungsausweis erfolgt entweder unter § 266 Abs. 2 B. III.1 HGB, wenn die Voraussetzung des § 271 Abs. 2 HGB vorliegen, oder unter § 266 Abs. 2 B. III. 2. HGB. Ein Ausweis innerhalb des FAV kommt, „soweit das herrschende oder mit Mehrheit beteiligte Unt, wie im Fall des § 71d AktG, jederzeit die Übertragung der Anteile verlangen kann, nur infrage, wenn hinreichende Anhaltspunkte dafür bestehen, dass dieses Recht nicht ausgeübt wird."[136]

##### 4.1.3.3 Satzungsmäßige Rücklage (Abs. 3 A. III.3.)

117 Satzungsgemäße oder statutarische Rücklagen sind Rücklagen, die durch Gesellschaftsvertrag oder Satzung gebildet werden müssen (§§ 29 Abs. 1 GmbHG, 58 Abs. 1 AktG). Sie umfassen nach § 272 Abs. 3 Satz 2 HGB (§ 272 Rz 181 ff.) die aus dem Ergebnis zu bildenden Rücklagen, wie z. B. Substanzerhaltungsrücklagen. Eine Unterteilung in zweckgebundene oder nicht zweckgebundene Rücklagen wird – wenn auch nicht gesetzlich gefordert – empfohlen.[137] Für PersG i. S. v. § 264a HGB sind die gesellschaftsvertraglichen Regelungen zu beachten.

---

[136] Vgl. *Budde/Kessler*, in *Kessler/Leinen/Strickmann* (Hrsg.), BilMoG, 2009, S. 360.
[137] Vgl. *Marx/Dallmann*, in *Baetge/Kirsch/Thiele*, Bilanzrecht, § 266, Rz 150, Stand 2/2013.

### 4.1.3.4 Andere Gewinnrücklagen (Abs. 3 A. III.4.)

Die anderen Gewinnrücklagen stellen einen Sammelposten dar, der weder gesetzliche oder satzungsmäßige Rücklagen noch Rücklagen für Anteile an einem herrschenden oder mehrheitlich beteiligten Unt enthält. Einstellungen in die anderen Rücklagen sind für die AG und KGaA nach § 58 AktG gesetzlich geregelt. Danach können andere Gewinnrücklagen zum einen durch die HV (§ 58 Abs. 1 Sätze 1 und 2 AktG) und zum anderen durch Vorstand und AR (§ 58 Abs. 2 AktG) gebildet werden. Ausgangspunkt der Bemessungsgrenze für die Einstellung in die anderen Gewinnrücklagen ist ein korrigierter Jahresüberschuss, der sich aus dem Jahresüberschuss abzgl. Verlustvortrag und abzgl. der Pflichtdotierung in die gesetzliche Rücklage ergibt. Weitere Möglichkeiten der Einstellung in die anderen Gewinnrücklagen können gem. § 58 Abs. 2a AktG i. H. d. Eigenkapitalanteils von Wertaufholungen im AV und UV vorgenommen werden, die entweder in der Bilanz gesondert auszuweisen oder im Anhang anzugeben sind.[138] Darüber hinaus ist gem. § 58 Abs. 3 AktG unter bestimmten Umständen eine weitere Einstellung in die anderen Gewinnrücklagen möglich.

118

Der JA einer GmbH wird grds. durch die Gesellschafterversammlung festgestellt, wenn vertraglich keine andere Vereinbarung fixiert wurde. Daher können die festgestellten Einstellungen noch in dem der Beschlussfassung zugrunde liegenden JA in den anderen Gewinnrücklagen gezeigt werden.[139]

119

### 4.1.4 Gewinn-/Verlustvortrag (Abs. 3 A. IV.)

Der **Gewinnvortrag** stellt die Restgröße aus der Gewinnverwendung des Bilanzgewinns des Vj. auf Grundlage des Beschlusses der Haupt- oder Gesellschafterversammlung dar, der nicht an die Gesellschafter ausgeschüttet oder in die Gewinnrücklagen eingestellt worden ist. Ebenso verhält es sich beim **Verlustvortrag**, der dem Bilanzverlust des Vj. entspricht. Die AG ist durch § 150 Abs. 3 und 4 AktG nicht gezwungen, den Verlustvortrag durch die Auflösung von Rücklagen zu decken. Der Ausweis eines Gewinn-/Verlustvortrages entsteht somit nur dann, wenn die Bilanz **vor Verwendung des Jahresergebnisses** aufgestellt wird (§ 268 Rz 5 ff.)

120

Durch die **Umstellung des Gj** besteht die Möglichkeit, dass noch vor der Feststellung des JA und des Gewinnverwendungsbeschlusses der Abschluss für das folgende Rumpfgeschäftsjahr erfolgen muss. I. d. R. werden dann auf derselben Haupt- oder Gesellschafterversammlung getrennte Beschlüsse für beide Gj – sowohl für das volle Gj als auch für das Rumpfgj – gefasst. In diesem Fall sieht § 158 Abs. 1 Satz 1 AktG den alleinigen Ausweis des Bilanzgewinns des vollen Gj als Gewinnvortrag in der Bilanz und der GuV des darauf folgenden Rumpfgj vor. Durch einen Klammerzusatz und der Erl. im Anhang zeigt das bilanzierende Unt, dass die Beschlussfassung über den Gewinnvortrag noch zu erfolgen hat. Für die GmbH kommt es grds. zu keiner anderen Beurteilung. Für die Frage, ob ein Verlustvortrag aus höheren Kapital- oder Gewinnrücklagen zu decken ist, sind die Beschlüsse der Gesellschafter entscheidend.[140]

121

---

138 Vgl. *Küting/Reuter*, in *Küting/Pfitzer/Weber*, HdR, § 272 HGB, Rz 172, Stand 11/2009, die zusätzlich eine Aufteilung in Wertaufholungsrücklage und sonstige andere Gewinnrücklagen vorschlagen.
139 Vgl. *Förschle/Hoffmann*, in Beck Bil-Komm. 9. Aufl., § 272 HGB, Rz 267.
140 Vgl. *Schubert/Krämer*, in Beck Bil-Komm. 9. Aufl., § 266 HGB, Rz 181.

### 4.1.5 Jahresüberschuss/Jahresfehlbetrag (Abs. 3 A. V.)

**122** Der Posten **Jahresüberschuss/-fehlbetrag**, auch **Jahresergebnis** als gemeinsamer Oberbegriff genannt, wird in der GuV ausgewiesen (§ 275 Abs. 2 Nr. 20 bzw. Abs. 3 Nr. 19 HGB). Bei Aufstellung der Bilanz **vor Gewinnverwendung** ist an dieser Stelle der in der GuV ausgewiesene Jahresüberschuss/-fehlbetrag auszuweisen. Wird die Bilanz **nach teilweiser Gewinnverwendung** aufgestellt, ist anstelle des Postens „Jahresüberschuss/Jahresfehlbetrag" der Posten „Bilanzgewinn/Bilanzverlust" (Rz 124) auszuweisen (§ 268 Rz 8 ff.).[141]

§ 158 AktG fordert, die GuV, ausgehend vom Jahresergebnis, in der **Bilanz** oder im **Anhang** um die folgenden Punkte zu ergänzen, was jedoch nach § 158 Abs. 3 AktG bei KleinstKapG unterbleiben kann:[142]

1. Gewinnvortrag/Verlustvortrag aus dem Vorjahr
2. Entnahmen aus der Kapitalrücklage
3. Entnahmen aus den Gewinnrücklagen
   a) aus der gesetzlichen Rücklage
   b) aus der Rücklage für eigene Aktien
   c) aus satzungsmäßigen Rücklagen
   d) aus anderen Gewinnrücklagen
4. Einstellungen in die Gewinnrücklagen
   a) in die gesetzliche Rücklage
   b) in die Rücklage für eigene Aktien
   c) in satzungsmäßige Rücklagen
   d) in andere Gewinnrücklagen
5. Bilanzgewinn/Bilanzverlust

**123** Für die **GmbH** existiert keine vergleichbare Vorschrift (§ 275 Abs. 4 HGB). Für **KapCoGes** (§ 264a HGB) erfolgt in aller Regel eine unmittelbare Zuschreibung der Gewinn- oder Verlustanteile auf die Kapitalkonten der Gesellschafter. Letztlich sind jedoch die Regelungen des Gesellschaftsvertrags entscheidend dafür, ob eine Verteilung auf die Gesellschafterkonten erfolgt oder ob ein JÜ in der Bilanz ausgewiesen wird. Wenn diese der Gesellschafterversammlung die Kompetenz für die Ergebnisverwendung zuweist, hat die PersG einen JÜ im EK auszuweisen.[143]

### 4.1.6 Bilanzgewinn/Bilanzverlust

**124** An die Stelle der Posten „Jahresüberschuss/Jahresfehlbetrag" und „Gewinnvortrag/Verlustvortrag" tritt gem. § 268 Abs. 1 Satz 2 HGB der Posten Bilanzgewinn/Bilanzverlust, wenn die Bilanzaufstellung nach teilweiser Ergebnisverwendung erfolgt. Wenn bis zum Zeitpunkt der Bilanzaufstellung über eine Ausschüttung beschlossen wurde, ist die beschlossene Dividende als Abgang aus dem EK zu verbuchen und – falls die Zahlung noch aussteht – als sonstige Verbindlichkeiten auszuweisen.

Unabhängig davon, ob der Eigenkapitalausweis vor, nach teilweiser oder nach vollständiger Gewinnverwendung erfolgt, müssen AG nach § 158 Abs. 1 AktG

---

[141] Vgl. *Reiner/Haußer*, in MünchKomm. HGB, 3. Aufl., § 266, Rz 96 f.
[142] Vgl. *Marx/Dallmann*, in *Baetge/Kirsch/Thiele*, Bilanzrecht, § 266 HGB, Rz 173, Stand 2/2013.
[143] Vgl. IDW RS HFA 7, Tz 37.

eine Gewinnverwendungsrechnung in der GuV oder im Anhang aufstellen, es sei denn, sie sind KleinstKapG.

#### 4.1.7 Eigenkapitaldifferenz aus Währungsumrechnung

Für die Umrechnung von auf ausländische Währung lautenden Abschlüssen in den KA ist die (modifizierte) **Stichtagskursmethode** vorgeschrieben (§ 308a Rz 1 ff.); aus der Währungsumrechnung von ausländischen TU entstehende **Währungsumrechnungsdifferenzen** sind ergebnisneutral zu verrechnen. Klarstellend sind Währungsumrechnungsdifferenzen in diesem separaten Posten nach den Rücklagen auszuweisen. Bei teilweiser oder vollständiger Veräußerung des TU ist der Posten in entsprechender Höhe ergebniswirksam aufzulösen (§ 308a Satz 4 HGB).

125

### 4.2 Begrifflichkeit und Abgrenzung zu eigenkapitalähnlichen Posten

Nach § 247 Abs. 1 HGB sind auf der Passivseite nur das EK, das FK und der passive RAP als Untergliederung genannt. Dennoch ist es üblich, im Anschluss an das EK bestimmte Positionen zu ergänzen, die formell nicht die Eigenschaften des EK erfüllen.[144] Diese Posten werden auch Quasi-EK oder Eigenkapitalsurrogat genannt.[145]

126

#### 4.2.1 Einlagen zu Kapitalerhöhungen

Bei Einlagen zu Kapitalerhöhungen handelt es sich um **Einzahlungen von Gesellschaftern**, die im Hinblick auf eine anstehende Kapitalerhöhung geleistet werden. Die Erfassung von Einlagen zur Kapitalerhöhung als EK ist gem. §§ 189 AktG, 54 Abs. 3 GmbHG erst möglich, wenn im HR die Durchführung der Kapitalerhöhung eingetragen wurde. Bis zum HR-Eintrag begründen diese Beträge noch Gläubigerrechte, sie werden aber später der EK-Stärkung dienen (§ 272 Rz 33 ff.). In Abhängigkeit vom Zeitpunkt der Aufstellung des JA erfolgt ein Ausweis im oder nach dem EK. Selten ist ein Ausweis als FK; Einlagen sind in den Sonderposten „Zur Durchführung der beschlossenen Kapitalerhöhung geleistete Zahlungen" nach dem EK auszuweisen, wenn die Kapitalerhöhung vor dem Bilanzstichtag beschlossen wurde und die Zahlungen erfolgten, die Eintragung aber noch nicht durchgeführt wurde.[146] Die **geleisteten Einlagen** werden mit selbiger Postenbezeichnung im EK nach dem gezeichneten Kapital ausgewiesen, wenn die Eintragung der Erhöhung im HR zwischen dem Bilanzstichtag und der Aufstellung des JA erfolgt. Gesellschafterzahlungen, die die Rücklagen erhöhen, sind bei den Kapitalrücklagen berücksichtigt.[147]

127

---

[144] Vgl. *Küting/Kessler*, BB 1994, S. 2104.
[145] Vgl. *Müller*, FS Budde, 1995, S. 445 ff.
[146] Vgl. *Bacmeister*, WPg 1994, S. 453.
[147] Vgl. *Reiner/Haußer*, in MünchKomm. HGB, 3. Aufl., § 266, Rn 100.

### 4.2.2 Genussrechte

**128** Genussrechte gewähren keine mitgliedschaftlichen Berechtigungen, sondern schuldrechtliche Ansprüche.[148] Wenn Genussrechte ausgegeben werden und dem Unt als Gegenleistung Mittel zufließen, können diese als Genussrechtskapital je nach Ausgestaltung des Genussrechts funktional dem EK zugeordnet werden.[149] Folgende **Voraussetzungen** müssen kumulativ erfüllt werden, um eine Gleichstellung von Genussrechten mit dem EK zu erreichen:[150]

- Es gibt eine **erfolgsabhängige** Vergütung für das überlassene Kapital.
- Nach der Aufzehrung der Rücklagen nimmt das Genussscheinkapital wie das gezeichnete Kapital an den **Bilanzverlusten** teil.
- Der Rückzahlungsanspruch rangiert im Insolvenzfall hinter den anderen Gläubigern. Sie werden also erst nach den Gläubigern aus der Insolvenzmasse befriedigt (**Nachrangigkeit**).
- Das Genussscheinkapital steht dem Unt **längerfristig**[151] zur Verfügung. Eine Auszahlung nach einer mehrjährigen Kündigungsfrist ist nicht möglich, sondern nur die Umwandlung in haftendes Kapital.

**129** Genussrechte sind bei Erfüllung der Voraussetzungen **gesondert innerhalb des EK auszuweisen**. Da es die Funktion von Haftungskapital übernimmt, ist grds. ein Ausweis nach dem „Gezeichnetem Kapital" zu empfehlen. Wenn das Genussrechtskapital ein **Agio** enthält, wird ein Ausweis nach den Gewinnrücklagen vorgeschlagen.[152] Aus Gründen der Übersichtlichkeit ist ein getrennter Ausweis von Agio und Genussrechtskapital innerhalb des EK zu empfehlen,[153] ein Davon-Vermerk oder ein gesonderter Unterposten (§ 265 Abs. 5 HGB) bei der Kapitalrücklage erscheint zulässig. Resultiert aus der Emission ein **Disagio** (§ 250 Rz 18 ff.), ist der Nennbetrag des gesondert auszuweisenden Genussrechtskapitals entsprechend zu kürzen.[154]

Art und Anzahl der ausgegebenen und der neu entstandenen Genussrechte sind im **Anhang** anzugeben (§ 160 Abs. 1 Nr. 6 AktG).

### 4.2.3 Einlagen stiller Gesellschafter

**130** Für den Ausweis von Einlagen stiller Gesellschafter gibt es keine expliziten Regelungen. Da die Regelungen der §§ 230 ff. HGB zahlreiche Gestaltungsmöglichkeiten und Typen von stillen Gesellschaften und dementsprechend unterschiedliche Ausweisvorschläge existieren, wird es für zulässig erachtet, die Einlagen stiller Gesellschafter anhand der gleichen Kriterien wie bei den Genussrechten[155] (Rz 121) gesondert unmittelbar nach dem EK bzw. nach dem

---

[148] Vgl. BGH, Urteil v. 5.10.1992, II ZR 172/91, BGHZ 119 S. 309 – Klöckner; FG Karlsruhe, Urteil v. 3.12.2004, 10 K 225/01, EFG 2005, S. 530 – Global Futures Fund I Ltd.; *Ziebe*, BB 1984, S. 2211 f.; *Sontheimer*, BB, Beilage 19/1984, S. 1 f.
[149] Vgl. *Küting/Dürr*, DStR 2005, S. 950f; *WP-Handbuch*, Bd. I, 14. Aufl., Abschn. F, Rz 355.
[150] Vgl. IDW HFA 1/1994, WPg, 1994, S. 420; *Dusemond/Heusinger-Lange/Knop*, in *Küting/Pfitzer/Weber*, HdR, § 266 HGB, Rz 171, Stand 12/2010; *Hultsch/Roß/Drögemüller*, BB 2007, S. 820 f.; *Emmerich/Naumann*, WPg 1994, S. 678 ff.
[151] Vgl. zum Kriterium „längerfristig" z.B. *Wengel*, DStR 2001, S. 1319 ff.
[152] Vgl. *WP-Handbuch*, Bd. I, 14. Aufl., Abschn. F, Rz 357.
[153] Vgl. *Emmerich/Naumann*, WPg 1994, S. 685.
[154] Vgl. *Marx/Dallmann*, in *Baetge/Kirsch/Thiele*, Bilanzrecht, § 266 HGB, Rz 184 f., Stand 2/2013.
[155] Zur Abgrenzung vgl. FG Karlsruhe, Urteil v. 3.12.2004, 10 K 225/01, EFG 2005, S. 530 – Global Futures Fund I Ltd.

gezeichneten Kapital als separater Posten „**Kapital des stillen Gesellschafters**" auszuweisen. Bei **typischen stillen Gesellschaften** gem. §§ 230ff. HGB (ausschließliche Beteiligung am Ergebnis) sind die Einlagen grds. dem FK zuzurechnen und als sonstige Verbindlichkeiten auszuweisen, weil eine Verlustbeteiligung in voller Höhe i.d.R. nicht vorliegt. Wenn mithilfe der Kriterien keine eindeutige Zuordnung der stillen Einlage zu EK oder FK erfolgen kann, sollte der Betrag unter den „sonstigen Verbindlichkeiten" ausgewiesen werden; ggf. ist der Postencharakter gem. § 264 Abs. 2 HGB im Anhang zu erläutern.[156]

### 4.2.4 Eigenkapitalersetzende Gesellschafterdarlehen

Eigenkapitalersetzende Gesellschafterdarlehen sind nach hM als Verbindlichkeiten anzusehen, weil dies zum einen der zivilrechtlichen Ansicht entspricht und zum anderen für diese Darlehen Zins- und Tilgungsleistungen fällig werden.[157] Die Darlehen konnten nur unter ganz besonderen Umständen als eigenkapitalersetzend angesehen werden.[158] Wenn eine KapCoGes in einer Unternehmenskrise zusätzliches Kapital benötigt, können die Gesellschafter dieses entweder als zusätzliches EK einbringen oder der Gesellschaft FK in Form eines Darlehens (Gesellschafterdarlehen) zur Verfügung stellen. Im Insolvenzfall wäre das zusätzlich eingebrachte EK aus Sicht des Gesellschafters verloren. Bei einer Darlehensgewährung könnte das Gesellschafterdarlehen ggf. im gleichen Rang wie andere Insolvenzgläubiger stehen.  **131**

Nach § 57 Abs. 1 AktG dürfen bei Rückgewähr eines Aktionärsdarlehens und Leistungen auf Forderungen aus Rechtshandlungen, die einem Aktionärsdarlehen wirtschaftlich entsprechen, den Aktionären Einlagen zurückgewährt werden. Analog gilt dies für Gesellschafterdarlehen gem. § 30 Abs. 1 GmbHG für Auszahlungen des Stammkapitals an Gesellschafter. Demnach müssen Darlehen an Gesellschafter nicht zulasten des Stammkapitals angerechnet werden. Die Nachrangregel auf Rückgewähransprüche gilt für sämtliche Darlehensarten, die der Ges. von ihrem geschäftsführenden Gesellschafter (mit einer mehr als 10 %igen Beteiligung am Haftkapital) gewährt werden. Nach § 39 Abs. 4 InsO gilt Abs. 1 Nr. 5 InsO für Ges., die weder eine natürliche Person noch eine Ges. als persönlich haftenden Gesellschafter haben, bei der ein phG eine natürliche Person ist (KapCoGes).  **132**

## 4.3 Sonderposten

Relevant ist ein Sonderposten, wenn z.B. bestimmte Investitionszuschüsse passivisch berücksichtigt werden. Darüber hinaus sind weitere Sonderposten zu nennen, z.B. Sonderposten für Zuschüsse zum AV[159] und Sonderposten für unentgeltlich ausgegebene Emissionsberechtigungen.[160] Diese Sonderposten sind nicht gleichzusetzen mit dem Sonderposten mit Rücklageanteil, sondern  **133**

---

[156] Vgl. *Knobbe-Keuk*, ZIP 1983, S. 127ff.; *Küting/Kesssler*, BB 1994, S. 2114; *Schubert/Krämer* in Beck Bil-Komm., 9. Aufl., § 266 HGB Rz 192.
[157] Vgl. z.B. *Küting/Kessler*, in *Küting/Pfitzer/Weber*, HdR, § 272 HGB, Rn 205, Stand 04/2011; *Kozikowski/Schubert*, in Beck Bil-Komm. 8. Aufl., § 266, Rz 255.
[158] Vgl. BGH, Urteil v. 8.1.2001, II ZR 88/99, BGHZ 146 S. 264 HGB; ADS, 6. Aufl., § 266 HGB, Rz 214a.
[159] Vgl. Stellungnahme HFA 1/1984, Abschn. 2d.
[160] Vgl. IDW RS HFA 15, Tz 13.

sind als eigenständiger Sonderposten zwischen EK und Rückstellungen auszuweisen. Art. 67 Abs. 3 EGHGB fordert den weiteren Ausweis des steuerrechtlichen Sonderpostens mit Rücklageanteil, soweit das Beibehaltungswahlrecht genutzt wurde (Art. 67 EGHGB Rz 57 ff.).

### 4.4 Rückstellungen (Abs. 3 B.)

134 Rückstellungen sind Verpflichtungen für künftige Ausgaben, die zum Bilanzstichtag rechtlich bzw. wirtschaftlich verursacht wurden, die aber dem Grunde und/oder der Höhe nach ungewiss sind.[161] Mittelgroße und große Unt müssen die Rückstellungen zwingend in die folgenden drei Posten untergliedern:
- Rückstellungen für Pensionen und ähnliche Verpflichtungen,
- Steuerrückstellungen,
- sonstige Rückstellungen.

Zur praktischen Umsetzung Haufe HGB Bilanz Kommentar BilMoG Erfahrungsbericht, Rz 252 ff.

#### 4.4.1 Rückstellungen für Pensionen und ähnliche Verpflichtungen (Abs. 3 B. 1.)

135 Bei Pensionsrückstellungen handelt es sich um der Höhe und Fälligkeit nach ungewisse Verbindlichkeiten der betrieblichen Altersversorgung. **Pensionen** umfassen Aufwendungen für laufende Pensionen, für Anwartschaften auf eine Pension oder vergleichbare Verpflichtungen im Versorgungsfall. **Ähnliche Verpflichtungen** sind sonstige ungewisse Verbindlichkeiten aus zugesagten Leistungen der Alters-, Invaliditäts- oder Hinterbliebenenversorgung (§ 1 Abs. 1 Satz 1 BetrAVG) oder aufgrund anderer Verpflichtungen, die zu Bezügen führen und der Altersversorgung dienen, für die es derzeit in Deutschland aber keine Anwendungsfälle gibt.[162] Dagegen werden Verpflichtungen aus Altersteilzeitvereinbarungen nach dem AltTZG[163] als sonstige RST ausgewiesen (§ 249 Rz 201). Gleiches gilt für Verpflichtungen, die ausschließlich der Abfindung dienen, z. B. aus Restrukturierungsplänen oder Sozialplänen.[164] Hinsichtlich der Durchführung von Pensionszusagen kann zwischen mittelbaren und unmittelbaren Versorgungszusagen unterschieden werden. Zudem sind hinsichtlich der Auslagerung der Finanzmittel bspw. an einen externen Pensionsfonds gedeckte und ungedeckte Verpflichtungen zu unterscheiden. Neben externen Pensionsfonds kann die Verpflichtung durch anderes Deckungsvermögen, z. B. durch eine Rückdeckungsversicherung, die an den Versorgungsberechtigten verpfändet ist, gedeckt werden.

136 Bei **mittelbaren Versorgungszusagen** ist ebenfalls zu unterscheiden, ob das Unt kein Leistungsrisiko trägt (beitragsorientierte Pensionszusagen) oder ob das Unt bei unterdotierten Plänen ggf. nachschusspflichtig ist (leistungsorientierte Pensionszusage). Für beitragsorientierte Zusagen, die über einen rechtlich selbstständigen Versicherungsfonds, z. B. eine Direktversicherung, abgewickelt werden,

---

[161] Vgl. *Moxter*, zfbf 1995, S. 311 ff.; *Kessler*, DStR 2001, S. 1903 ff.
[162] Vgl. *WP-Handbuch*, Bd. I, 14. Aufl., Abschn. F, Rz 436.
[163] Gesetz v. 1.8.1996, BGBl 1996 I S. 1078.
[164] Vgl. *Dusemond/Heusinger-Lange/Knop*, in *Küting/Pfitzer/Weber*, HdR, § 266 HGB, Rn 128, Stand 10/2013.

zahlt das Unt lediglich die Beiträge und es ist im Regelfall keine Rückstellung zu bilden. Mittelbare leistungsorientierte Zusagen werden über Pensions- bzw. Unterstützungskassen abgewickelt. Bei mittelbaren leistungsorientierten Zusagen ist das Unt lediglich im Falle einer Fondsunterdeckung zur Leistung verpflichtet und muss nur für den ungedeckten Teil eine Rückstellung bilden.[165]

Für unmittelbare Pensionszusagen, die bis zum 31.12.1986 gewährt wurden (sog. **Altzusagen**), und deren nachträgliche Erhöhung sowie für mittelbare Pensionsverpflichtungen besteht ein Passivierungswahlrecht (Art. 28 Abs. 1 Satz 2 EGHGB). Hier erfolgten auch durch das BilMoG keine Änderungen. Um einen Einblick in das tatsächliche Schuldendeckungspotenzial eines Unt zu erhalten, ist eine bestehende Deckungslücke im Anhang zahlenmäßig zu benennen (Art. 28 Abs. 2 EGHGB). **137**

Nach § 246 Abs. 2 HGB darf eine **Saldierung** von ausschließlich der Erfüllung von Altersversorgungsverpflichtungen und vergleichbarer langfristiger Verpflichtungen, die gegenüber Arbeitnehmern eingegangen wurden, dienenden VG (d. h. Planvermögen von Pensionsfonds o. Ä.) mit den Pensionsverpflichtungen erfolgen (§ 246 Rz 104 ff.). Diese VG sind gem. § 253 Abs. 1 Satz 4 HGB zum beizulegenden Zeitwert zu bewerten. Es ist damit möglich, dass sich ein Aktivposten aus der Überdeckung von Pensionsverpflichtungen ergibt. Die Zeitwertbewertung ist in diesem Fall zu begrüßen, da die ansonsten enthaltenen stillen Reserven in den VG nicht aufgedeckt werden würden und das Unt „überhöhte" Schulden ausweisen würde. Zu Übergangsvorschriften s. Art. 67 Rz 8 ff. **138**

### 4.4.2 Steuerrückstellungen (Abs. 3 B. 2.)

Die Steuerverpflichtungen einer Gesellschaft, deren Wahrscheinlichkeit der Inanspruchnahme hinreichend konkret ist, werden je nach bestehender Gewissheit bzw. Sicherheit an zwei Stellen in der Bilanz ausgewiesen. Anstehende Steuerzahlungen, deren Höhen gewiss sind, werden unter den sonstigen Verbindlichkeiten ausgewiesen. Steuerrückstellungen sind dagegen für Abgaben und Steuern zu bilden, die zum Ende des Gj dem Grunde nach sicher sind, deren Höhe aber noch nicht exakt bestimmt werden kann. Beispiele sind veranlagte Steuern, wie etwa Körperschaft- oder Gewerbesteuern, Grundsteuern sowie Verbrauchsteuern (z.B. Stromsteuer, Mineralölsteuer).[166] Steuerrückstellungen sind i.H.d. zu erwartenden Steuerschuld abzgl. evtl. geleisteter Steuervorauszahlungen zu bilden.[167] In den Steuerrückstellungen werden auch die aus einer Betriebsprüfung erwarteten Steuernachzahlungen eingestellt. So werden bei laufenden steuerlichen Außenprüfungen im JA – soweit die Betriebsprüfung noch nicht abgeschlossen ist – absehbare Nachzahlungen als Steuerrückstellung passiviert, ohne dass die Höhe schon sicher ist. Für erwartete Steuernachzahlungen infolge einer noch nicht anberaumten Betriebsprüfung für das abgelaufene Gj darf handelsrechtlich auch ohne Vorliegen einer Prüfungsanordnung eine Steuerrückstellung gebildet werden, wenn aus vergangenen Jahren bei jeder Betriebsprüfung eine Steuernachzahlung festgesetzt wurde und der Betrag aufgrund der Erfahrungswerte zuverlässig abgeschätzt werden kann. **139**

---

[165] Vgl. *Marx/Dallmann*, in *Baetge/Kirsch/Thiele*, Bilanzrecht, § 266 HGB, Rz 202, Stand 2/2013.
[166] Vgl. *Schubert*, in Beck Bil-Komm. 9. Aufl., § 266 HGB, Rz 201.
[167] Vgl. *Marx/Dallmann*, in *Baetge/Kirsch/Thiele*, Bilanzrecht, § 266 HGB, Rz 213.1, Stand 2/2013.

Nicht eingestellt werden Kosten, die durch die Dokumentations-, Informations- oder Erklärungspflichten entstehen.[168] Gleiches gilt für die Nebenleistungen aus Steuerzahlungspflichten wie Verspätungs-, Säumniszuschläge oder Zinsen, weil es sich hierbei nicht um Steuern i. S. d. § 3 Abs. 1 Satz 1 AO handelt. Daher ist hierfür ein Ausweis unter den sonstigen RST oder sonstigen Verbindlichkeiten geboten.[169] Unter Steuerrückstellungen sind nicht die nach § 274 Abs. 1 HGB anzusetzenden passivischen latenten Steuern auszuweisen. Wegen der Bilanzierung von latenten Steuern entsprechend dem bilanzorientierten Temporary-Konzept (§ 274 Rz 17ff.) stellen passive latente Steuern einen „Sonderposten eigener Art" dar und sind separat auszuweisen (Rz 166f). Gem. § 274a Nr. 5 HGB sind kleine Ges. jedoch von der Anwendung des § 274 HGB befreit. Dennoch sind für kleine Ges. – ebenso wie für PersG – die allgemeinen Grundsätze für die Bilanzierung von Schulden zu beachten. Für diejenigen passiven latenten Steuern, die als ungewisse Verpflichtung anzusehen sind und die somit die Ansatzkriterien von RST erfüllen, ist daher innerhalb der Steuerrückstellungen eine RST nach § 249 Abs. 2 Satz 1 HGB zu bilden,[170] obwohl der Vorgabe widersprochen wird, passive latente Steuern als Posten eigener Art auszuweisen. Die RST betrifft allerdings nur die sich im Zeitablauf umkehrenden Differenzen zwischen handelsrechtlicher und steuerlicher Gewinnermittlung (§ 274a Rz 12ff.). Ein gesonderter Ausweis ist nicht erforderlich und es gibt eine Erleichterung dahingehend, dass die Anhangangaben gem. § 285 Nr. 29 HGB für kleine Ges. entfallen (§ 288 Abs. 1 HGB).

#### 4.4.3 Sonstige Rückstellungen (Abs. 3 B. 3.)

140 Sonstige RST sind ein Sammelposten für alle RST, die nicht den beiden vorherigen Posten zugewiesen werden. Mittelgroße und große Gesellschaften müssen in diesem Posten enthaltene wesentliche Beträge im Anhang erläutern. Diese Pflicht entfällt gem. § 288 HGB für kleine Gesellschaften. Eine Untergliederung der in § 249 HGB genannten Rückstellungsarten ist nicht vorgesehen, aber mit Blick auf die Transparenz der Bilanz wünschenswert.[171]

141 Der Gesetzgeber nennt in § 249 HGB verschiedene Rückstellungsarten, die in diesem Posten auszuweisen sind:
- RST für ungewisse Verbindlichkeiten (§ 249 Rz 23ff.),
- RST für drohende Verluste aus schwebenden Geschäften (§ 249 Rz 119ff.),
- bestimmte RST für unterlassene Aufwendungen für Instandhaltung (§ 249 Rz 175ff.),
- bestimmte RST für unterlassene Abraumbeseitigung (§ 249 Rz 186ff.),
- RST für Gewährleistungen, die ohne rechtliche Verpflichtung erbracht werden (§ 249 Rz 191ff.).

Aufwandsrückstellungen dürfen seit dem Gj. 2010 nicht mehr gebildet werden (zu Übergangsregeln vgl. Art. 67 EGHGB Rz 55ff.).

---

[168] Vgl. ADS, 6. Aufl., § 266 HGB, Rz 210.
[169] Vgl. *Winnefeld*, Bilanz-Handbuch, 2010, F Rz 844.
[170] Vgl. *Karrenbrock*, WPg 2008, S. 333f.
[171] Vgl. *Marx/Dallmann*, in *Baetge/Kirsch/Thiele*, Bilanzrecht, § 266 HGB, Rz 221, Stand 2/2013.

## 4.5 Verbindlichkeiten (Abs. 3 C.)

Verbindlichkeiten sind Verpflichtungen eines Unt, die am Bilanzstichtag dem Grunde und der Höhe nach sicher sind, d. h., es liegt eine konkrete Verpflichtung gegenüber Dritten vor, die selbstständig bewertbar ist. Verbindlichkeiten sind passivierungspflichtig (§ 246 Rz 82 ff.) Aufgrund des Vollständigkeitsgebots gem. § 246 Abs. 2 HGB ist eine Saldierung mit Forderungen – abgesehen von besonderen Einzelfällen gem. § 387 BGB – verboten. 142

Für die Unterteilung der Verbindlichkeiten sind der Grundsatz der Klarheit und der der Stetigkeit maßgeblich. Mittelgroße und große KapG sowie haftungsbeschränkte PersG i. S. d. § 264a HGB müssen die Gliederungsstruktur gem. § 266 Abs. 3 C. HGB beachten. Die **Gliederung** orientiert sich an unterschiedlichen Kriterien, wie an Eigenschaften des Gläubigers, an den Entstehungsgründen und an bestimmten rechtlichen Besonderheiten. Ein zentrales Kriterium ist die Gliederung nach Unternehmensbeziehungen (verbundene Unt sowie Unt, mit denen ein Beteiligungsverhältnis besteht), um analog zu Finanzanlagen und Forderungen die Verbundbeziehungen aufzudecken.[172] Folgende Posten sind grds. gesondert aufzuführen: 143

1. Anleihen,
   davon konvertibel
2. Verbindlichkeiten gegenüber Kreditinstituten
3. erhaltene Anzahlungen auf Bestellungen
4. Verbindlichkeiten aus L&L
5. Verbindlichkeiten aus der Annahme gezogener Wechsel und der Ausstellung eigener Wechsel
6. Verbindlichkeiten gegenüber verbundenen Unternehmen
7. Verbindlichkeiten gegenüber Unternehmen, mit denen ein Beteiligungsverhältnis besteht
8. sonstige Verbindlichkeiten,
   davon aus Steuern,
   davon im Rahmen der sozialen Sicherheit

Mittelgroße und große KapG sowie KapCoGes können die genannten Posten zusammenfassen, wenn einzelne Posten entweder gem. § 264 Abs. 2 HGB betragsmäßig nicht erheblich sind oder die Transparenz der Bilanz durch die Zusammenfassung erhöht wird. Im letzten Fall sind im Anhang die jeweiligen Beträge zu nennen (§ 265 Abs. 7 HGB). Kleine Ges. brauchen nur den Posten „Verbindlichkeiten" innerhalb der verkürzten Bilanz ausweisen (§ 266 Abs. 1 Satz 3 HGB).[173] 144

Zusätzlich ist der Betrag der Verbindlichkeiten mit einer **Restlaufzeit** von mehr als einem Jahr in der Bilanz zu vermerken (§ 268 Abs. 5 Satz 1 HGB). Als Restlaufzeit gilt der Zeitraum zwischen Abschlussstichtag und dem gesetzlich oder vertraglich determinierten Zeitpunkt der Fälligkeit der Verbindlichkeit; ggf. ist eine Schätzung vorzunehmen.[174] Darüber hinaus sind die Restlaufzeiten von mehr als fünf Jahren für die einzelnen Positionen im Anhang anzugeben (§ 285 Rz 7 ff.), um einen besseren Einblick in die Liquiditätslage zu erreichen. Restlauf- 145

---

[172] Vgl. *Reiner/Haußer*, in MünchKomm. HGB, 3. Aufl., § 266, Rn 109.
[173] Vgl. *Schubert*, in Beck Bil-Komm. 9. Aufl., § 266 HGB, Rz 210 f.
[174] Vgl. *Metze/Lippek*, in Beck HdR, B 234, Rz 48, Stand 05/2011.

zeiten von mehr als fünf Jahren sind in aller Regel nicht für die erhaltenen Anzahlungen relevant, da ihre Restlaufzeit regelmäßig kleiner sein dürfte.[175]

146 Bei einer **GmbH** sind ebenfalls Verbindlichkeiten gegenüber GmbH-Gesellschaftern gesondert innerhalb der Verbindlichkeiten auszuweisen oder im Anhang zu benennen (§ 42 Abs. 3 GmbHG). Analog gelten die Ausführungen wie zu Ausleihungen an GmbH-Gesellschafter, vgl. Rz 87.

### 4.5.1 Anleihen, davon konvertibel (Abs. 3 C. 1.)

147 Anleihen sind definiert als Verbindlichkeiten, die langfristig sind und an öffentlichen Kapitalmärkten im In- oder Ausland aufgenommen und i. d. R. verbrieft wurden.[176] Sie sind reine Gläubigerpapiere. Unter diesen Posten fallen u. a.:
- Schuldverschreibungen: verbriefte Anleihen;
- Wandelschuldverschreibungen: Schuldverschreibungen mit Umtauschrecht, auch konvertibel genannt. Die Einstellung auf der Passivseite erfolgt bei marktüblicher Verzinsung i. H. d. Erfüllungsbetrags. Ein Aufgeld ist gem. § 272 Abs. 2 Nr. 2 HGB in der Kapitalrücklage auszuweisen;
- Optionsanleihen: mit einem Bezugsrecht auf Aktien einer AG ausgestattet, auch konvertibel genannt. Bzgl. der Passivierungshöhe und der Behandlung des Aufgelds werden diese wie Wandelschuldverschreibungen behandelt;
- Gewinnschuldverschreibungen: mit einem festen Zins und einer Gewinnbeteiligung ausgestattet;
- Als FK eingeordnete **Genussrechte** (zum Eigen- oder Fremdkapitalausweis vgl. Rz 128): Anstelle eines Ausweises als Anleihen ist ein gesonderter Ausweis als Genussrechtskapital gem. § 265 Abs. 5 Satz 2 HGB (§ 265 Rz 20 ff.) innerhalb der Verbindlichkeiten zu empfehlen. Es kann dabei eine weitere Untergliederung bei den Anleihen (§ 265 Abs. 5 Satz 2 HGB) oder ein Davon-Vermerk bei den Anleihen erfolgen.[177]

148 **Konvertible Anleihen**, d. h. Anleihen mit Umtausch- oder Bezugsrecht auf Gesellschaftsanteile (§ 221 Abs. 1 Satz 1 AktG), sind als Davon-Vermerk oder in einem eigenen Unterposten auszuweisen. Die Restlaufzeit ist wie bei allen Verbindlichkeiten anzugeben. AG sind nach § 160 Abs. 1 Nr. 5, Nr. 6 AktG darüber hinaus verpflichtet, die Art und die Anzahl der emittierten Wandelschuldverschreibungen, ähnlicher Wertpapiere und Genussrechte im Anhang zu erläutern.[178]

149 **Zurückerworbene Anleihestücke** sind vom Anleihebetrag abzusetzen. Schuldscheindarlehen sind nicht kapitalmarkttauglich und sind innerhalb der sonstigen Verbindlichkeiten oder Verbindlichkeiten gegenüber Kreditinstituten auszuweisen.[179]

### 4.5.2 Verbindlichkeiten gegenüber Kreditinstituten (Abs. 3 C. 2.)

150 Alle Verbindlichkeiten gegenüber Kreditinstituten sind in diesem Posten – unabhängig von Laufzeit oder Sicherung und inkl. zugehöriger Zinsverbindlich-

---

[175] Vgl. *Marx/Dallmann*, in *Baetge/Kirsch/Thiele*, Bilanzrecht, § 266 HGB, Rz 232, Stand 2/2013.
[176] Vgl. *Matschke*, in *Hofbauer/Kupsch*, § 266 HGB, Rz 168.
[177] Vgl. IDW HFA 1/1994, WPg, S. 421.
[178] Vgl. *Reiner/Haußer*, in MünchKomm. HGB, 3. Aufl., § 266, Rn 111; *Schubert/Krämer*, in Beck Bil-Komm. 9. Aufl., § 266 HGB, Rz 216.
[179] Vgl. *Hoffmann/Lüdenbach*, NWB-Kommentar Bilanzierung, 5. Aufl. 2014, § 266, Rz 89.

keiten und antizipativer Zinsabgrenzung – zu zeigen. Als **Kreditinstitut** gilt jede inländische oder vergleichbare ausländische Bank, Sparkasse bzw. Bausparkasse i. S. d. § 1 Abs. 1 KWG. Nicht ausgewiesen werden etwaig eingeräumte, aber nicht in Anspruch genommene Kreditlinien.

Das **Saldierungsverbot** gem. § 246 Abs. 2 HGB gilt grds., sofern keine Aufrechenbarkeit i. S. d. § 387 BGB gegeben ist. Eine Saldierung i. S. d. § 387 BGB darf vorgenommen werden, wenn sich gleichartige und fällige Forderungen und Verbindlichkeiten zwischen denselben Personen gegenüberstehen.[180]

### 4.5.3 Erhaltene Anzahlungen auf Bestellungen (Abs. 3 C. 3.)

Eine Anzahlung liegt vor, wenn ein Dritter aufgrund eines abgeschlossenen Lieferungs- oder Leistungsvertrags eine Zahlung tätigt, für die die Lieferung oder Leistung noch nicht erfolgt ist. Ein Vertrag muss dabei nicht zwingend vorliegen. Erhaltene Anzahlungen auf Bestellungen sind bereits auszuweisen, wenn Zahlungen getätigt wurden und ein Vorvertrag abgeschlossen oder ein bindendes Vertragsangebot nach § 145 BGB vorliegt. Die **Ausbuchung** der erhaltenen Anzahlungen erfolgt bei Vertragserfüllung und Einbuchung der Forderung.[181]

Sind die genannten **Kriterien nicht erfüllt**, ist eine Anzahlung unter den sonstigen Verbindlichkeiten auszuweisen. Da zu diesem Posten nur Anzahlungen auf Bestellungen, d. h. solche, die sich auf Umsatzerlöse beziehen, gehören, sind andere Anzahlungen unter den sonstigen Verbindlichkeiten auszuweisen. Gleiches gilt, wenn bspw. aufgrund von Leistungsstörungen mit einer Rückforderung zu rechnen ist.[182]

Anstelle eines Ausweises innerhalb der Verbindlichkeiten dürfen erhaltene Anzahlungen gem. § 268 Abs. 5 HGB **wahlweise** offen von den Vorräten auf der Aktivseite abgesetzt werden (Rz 75).

Die **USt** auf erhaltene Anzahlungen ist nach dem Wegfall des Ansatzwahlrechts in § 250 Abs. 1 Satz 2 HGB a. F. nur noch per **Nettomethode** darzustellen, bei der die Anzahlung ohne USt als erhaltene Anzahlung und die USt als sonstige Verbindlichkeit ausgewiesen wird.[183]

| Beispiel[184] | | | | |
|---|---|---|---|---|
| **Verbuchung Nettomethode der Anzahlung (Teil 1)** | | | | |
| Vorgang | Soll | Betrag | Haben | Betrag |
| Erhaltene Anzahlung | Bank | 100 | Anzahlung | 100 |
|  | Bank | 19 | Umsatzsteuer | 19 |
| Rechnungsstellung | Debitor | 357 | Umsatz | 300 |
|  |  |  | Umsatzsteuer | 57 |

---

[180] Vgl. *Reiner/Haußer*, in MünchKomm. HGB, 3. Aufl., § 266, Rn 113; *Marx/Dallmann*, in: *Baetge/Kirsch/Thiele*, Bilanzrecht, § 266 HGB, Rz 234 f., Stand 2/2013.
[181] Vgl. BFH, Urteil v. 20.5.1992, X R 49/89, BStBl 1992 II S. 904.
[182] Vgl. *Schubert/Krämer*, in Beck Komm. 9. Aufl., § 266 HGB, Rz 227.
[183] Vgl. *Wirtz*, DStR 1986, S. 750; *Reiner/Haußer*, in MünchKomm. HGB, 3. Aufl., § 266, Rn 116.
[184] Entnommen aus: *Hoffmann/Lüdenbach*, NWB-Kommentar Bilanzierung, 5. Aufl. 2014, § 266, Rz 91.

| Verbuchung Nettomethode der Anzahlung (Teil 2) ||||| 
|---|---|---|---|---|
| Vorgang | Soll | Betrag | Haben | Betrag |
| Verrechnung der Anzahlung | Anzahlung Umsatzsteuer | 100 19 | Debitor Debitor | 100 19 |
| Zahlung des Kunden | Bank | 238 | Debitor | 238 |

#### 4.5.4 Verbindlichkeiten aus Lieferungen und Leistungen (Abs. 3 C. 4.)

154 Verpflichtungen aus von Dritten **erfüllten Umsatzgeschäften**, deren eigene Gegenleistung noch offensteht, werden in diesem Posten ausgewiesen. Die Verpflichtung kann aus erfüllten Kauf-, Werk-, Dienstleistungs-, Miet-, Pacht-, Leasing- und ähnlichen Verträgen entstehen; dazu zählen auch Provisionsverbindlichkeiten. Etwaige Schadensersatz-, Darlehens- oder Gewinnverbindlichkeiten sind keine Verpflichtungen aus Umsatzgeschäften.

Die Verbindlichkeit muss zum Zeitpunkt der Leistungserbringung bzw. Lieferung und nicht zum Zeitpunkt der Rechnungsstellung passiviert werden.[185]

155 Das **Saldierungsverbot** gem. § 246 Abs. 2 HGB gilt hier ausschließlich, d.h., Forderungen an Lieferanten dürfen nicht mit Verbindlichkeiten aufgerechnet werden. Forderungen an Lieferanten (z.B. wegen Überzahlung oder Gutschrift) sind als debitorische Kreditoren unter den sonstigen VG auszuweisen.[186]

156 Auch **langfristig gestundete Verbindlichkeiten** verbleiben in diesem Posten. Wird allerdings eine vertragliche Umwandlung in eine Darlehensschuld vereinbart (Notation), ist der Betrag innerhalb der sonstigen Verbindlichkeit auszuweisen.[187]

#### 4.5.5 Verbindlichkeiten aus der Annahme gezogener Wechsel und der Ausstellung eigener Wechsel (Abs. 3 C. 5.)

157 Innerhalb dieses Postens sind alle als Schuldwechsel gezogenen Wechsel, die das Unt als Bezogener akzeptiert hat (Tratte), auszuweisen. Der Lieferant kann bei einem **Warenwechsel** statt einer sofortigen Zahlung auch einen Wechsel auf den Kunden ziehen. Der vom Kunden angenommene Wechsel ist ein Versprechen, bei Fälligkeit (i.d.R. drei Monate nach Ausstellung) des Wechsels zu zahlen. Auch wenn Schuld und Wechselverbindlichkeit normalerweise nebeneinander treten, so verpflichtet sich der Gläubiger/Lieferant, seine Forderung zuerst aus dem Wechsel zu befriedigen. Durch die Akzeptanz des Wechsels (Schuldwechsel) folgt für den Kunden/Schuldner, dass er statt einer Verbindlichkeit aus Lieferung und Leistung eine Wechselverbindlichkeit i.H.d. **Nennwerts** der Wechselsumme ausweist.[188]

---

[185] Vgl. *Marx/Dallmann*, in *Baetge/Kirsch/Thiele*, Bilanzrecht, § 266 HGB, Rz 239, Stand 2/2013.
[186] Vgl. *Schubert/Krämer*, in Beck Bil-Komm. 9. Aufl., § 266 HGB, Rz 229.
[187] Vgl. *Dusemond/Heusinger-Lange/Knop*, in *Küting/Pfitzer/Weber*, HdR, § 266 HGB, Rz 155, Stand 12/2010.
[188] Vgl. *Marx/Dallmann*, in *Baetge/Kirsch/Thiele*, Bilanzrecht, § 266 HGB, Rz 242 ff., Stand 2/2013.

Der **Finanzwechsel** unterscheidet sich vom Warenwechsel lediglich dadurch, dass ihm kein Warengeschäft zugrunde liegt, sondern dieser der Kreditgewährung dient (Bankakzept, Gefälligkeitsakzept). Der mit dem Finanzwechsel einhergehende Aufwendungs-/Ausgleichsanspruch gegen den Auftraggeber (§§ 675, 670 BGB) ist als sonstiger VG auszuweisen. 158

Bei Wechseln, die ein Schuldner einem Gläubiger nur zur Sicherheit gibt, handelt es sich um sog. **Kautions-, Sicherungs- oder Depotwechsel**. Hieraus darf der Gläubiger sich erst befriedigen, wenn die mit dem Wechsel gesicherte Forderung fällig ist und jede andere Möglichkeit zu keiner erfolgreichen Befriedigung geführt hat. Der Ausweis der Wechselverbindlichkeit erfolgt erst, wenn der Gläubiger mit dem Eintreten des Sicherungsfalls das Recht hat, den Wechsel in den Verkehr zu bringen. Dabei hat der Schuldner zu beachten, dass er nicht die Wechselverbindlichkeit und die mit dem Wechsel gesicherte Forderung zeitgleich ausweisen darf. 159

Wechselverbindlichkeiten sind vorrangig als „Verbindlichkeiten gegenüber verbundenen Unternehmen" bzw. „Verbindlichkeiten gegenüber Unternehmen, mit denen ein Beteiligungsverhältnis besteht" auszuweisen, wenn es sich um verbundene Unt handelt bzw. ein Beteiligungsverhältnis besteht. § 265 Abs. 3 Satz 1 HGB verpflichtet das bilanzierende Unt, die Mitzugehörigkeit als Wechselverbindlichkeit zu vermerken oder im Anhang zu erläutern.[189] Wechselbürgschaften, die nicht passivierungsfähig sind, sind als Eventualverbindlichkeit gem. §§ 251, 268 Abs. 7 HGB anzugeben.[190] 160

### 4.5.6 Verbindlichkeiten gegenüber verbundenen Unternehmen (Abs. 3 C. 6.)

Verbindlichkeiten gegenüber verbundenen Unt sind hier unabhängig von ihrem Entstehungsgrund zu bilanzieren. Sollte es zu Überschneidungen mit anderen Posten kommen, ist die Mitzugehörigkeit gem. § 265 Abs. 3 HGB zu vermerken. Dies kann entweder als Davon-Vermerk oder als tabellarische Darstellung erfolgen (s. hierzu Rz 79). Ansonsten gelten die Ausführungen zum aktivischen Gegenposten „Forderungen gegenüber verbundenen Unternehmen".[191] 161

### 4.5.7 Verbindlichkeiten gegenüber Unternehmen, mit denen ein Beteiligungsverhältnis besteht (Abs. 3 C. 7.)

Bei der Verbundbeziehung ist es unerheblich, ob der Gläubiger beim Schuldner oder der Schuldner beim Gläubiger beteiligt ist. Unter diesem Posten sind sämtliche Verbindlichkeiten gegenüber Unt, mit denen ein Beteiligungsverhältnis besteht, auszuweisen. Der Ausweis unter diesem Posten hat Vorrang vor dem Ausweis in etwaigen anderen Posten. Es bedarf eines Mitzugehörigkeitsvermerks, wenn der Ausweis ausnahmsweise unter einem anderen Posten erfolgt. Auch hier gelten analog die Ausführungen zur Aktivposition „Forderungen gegenüber Unternehmen, mit denen ein Beteiligungsverhältnis besteht" (Rz 82).[192] 162

---

[189] Vgl. *Reiner/Haußer*, in MünchKomm. HGB, 3. Aufl., § 266, Rn 118 ff.
[190] Vgl. *Marx/Dallmann*, in *Baetge/Kirsch/Thiele*, Bilanzrecht, § 266 HGB, Rz 243, Stand 2/2013.
[191] Vgl. *Winnefeld*, Bilanz-Handbuch, 2010, 3. Aufl., F, Rz 1025 ff.
[192] Vgl. *Marx/Dallmann*, in *Baetge/Kirsch/Thiele*, Bilanzrecht, § 266 HGB, Rz 246, Stand 2/2013.

### 4.5.8 Sonstige Verbindlichkeiten, davon aus Steuern, davon im Rahmen der sozialen Sicherheit (Abs. 3 C. 8.)

**163** In diesem Sammelposten werden alle Verbindlichkeiten ausgewiesen, die keinem vorangegangenen Posten zuordnet werden können. Dazu zählen:[193]
- Steuerschulden der bilanzierenden Gesellschaft (z. B. KSt, GewSt, USt),
- einbehaltene und noch abzuführende Steuern Dritter (LSt, KapESt),
- Verbindlichkeiten im Zusammenhang mit der betrieblichen Altersvorsorge gegenüber Arbeitnehmern und Pensionären sowie gegenüber betrieblichen, aber nicht verbundenen Unterstützungseinrichtungen sowie von Letztgenannten gewährte Darlehen,
- ausstehende Löhne, Gehälter, Provisionen, Tantiemen, Gratifikationen, Auslagenerstattungen, Prämien usw.,
- einbehaltene und noch abzuführende sowie vom Unt selbst zu tragende Sozialabgaben und Versicherungsprämien,
- Verpflichtungen aus Abfindungen,
- als FK qualifizierte und gem. § 265 Abs. 5 Satz 2 HGB nicht gesondert ausgewiesene Einlagen stiller Gesellschafter,
- AR- und Beiratsvergütungen,
- erhaltene Optionsprämien,
- (Schuldschein-)Darlehen, sofern sie nicht als Verbindlichkeiten gegenüber Kreditinstituten, verbundenen Unt oder BetUnt ausgewiesen wurden,
- antizipative Zinsabgrenzungen auf Verbindlichkeiten bzw. Miet- oder Pachtzinsabgrenzungen,
- nicht abgehobene Dividenden,
- Verbindlichkeiten gegenüber Kunden, sog. kreditorische Debitoren.

**164** Der besondere Stellenwert der **Verbindlichkeiten aus Steuern** und die sich im Rahmen der **sozialen Sicherheit** ergebenden Verbindlichkeiten werden durch den vom Gesetzgeber geforderten Davon-Vermerk deutlich. Es werden nur Abgaben mit dem Vermerk „davon aus Steuern" ausgewiesen, die zum einen Steuern i. S. d. § 3 AO sind, und zum anderen Steuerschulden der Ges., die direkt bzw. die von der Ges. einbehalten worden und noch abzuführen sind.[194]

Der zweite gesonderte Davon-Vermerk gilt den **Verbindlichkeiten im Rahmen der sozialen Sicherheit**. Hierzu zählen:
- Arbeitgeber- und einbehaltene Arbeitnehmerbeiträge zur Sozialversicherung und zu den Ersatzkassen,
- Verbindlichkeiten aus Sozialplänen,
- ausstehende Beitragsleistungen an Versicherungseinrichtungen,
- ausstehende Beitragsleistungen an den Pensionsversicherungsverein,
- ausstehende Rückdeckungsversicherungsprämien für Pensionszusagen,
- Berufsgenossenschaftsbeiträge,
- Verpflichtungen aus Altersteilzeitvereinbarungen oder Vorruhestandsverpflichtungen bei Vereinbarungen und verbindlicher Option einzelner Arbeitnehmer.

---

[193] Vgl. *Schubert/Krämer*, in Beck Bil-Komm. 9. Aufl., § 266 HGB, Rz 246.
[194] Vgl. *Marx/Dallmann*, in *Baetge/Kirsch/Thiele*, Bilanzrecht, § 266 HGB, Rz 248, Stand 2/2013.

## 4.6 Rechnungsabgrenzungsposten (Abs. 3 D.)

In diesem Posten werden Einzahlungen ausgewiesen, die zwar vor dem Bilanzstichtag zugegangen, die Erträge aber wirtschaftlich dem nachfolgenden Gj zuzuordnen sind. Beispiele sind im Voraus erhaltene Zinsen, Mieten, Pachten usw. Ebenso können hier Unterschiedsbeträge eingestellt werden, die sich insb. bei Hypothekenbanken und Versicherungsunternehmen aus der Differenz zwischen einem höheren Erfüllungsbetrag von Ausleihungen an Dritte und einem niedrigeren Auszahlungsbetrag ergeben. Die Forderung ist dabei i.d.R. mit dem Nominalbetrag zu bewerten und die Differenz zum Auszahlungsbetrag passiv abzugrenzen. Ein gesonderter Ausweis eines solchen Disagios wird nur empfohlen, wenn es sich um wesentliche Beträge handelt.[195] Zur praktischen Umsetzung Haufe HGB Bilanz Kommentar BilMoG Erfahrungsbericht, Rz 335.

165

## 4.7 Passive latente Steuern (Abs. 3 E.)

Analog zu den aktiven latenten Steuern (Rz 100) ist auch auf der Passivseite der Bilanz nach § 266 Abs. 3 HGB um den Buchstaben „E. Passive latente Steuern" ergänzt. Mittelgroße und große KapG und KapCoGes, sind verpflichtet, eine Steuerabgrenzung nach § 274 HGB vorzunehmen und im Fall eines Passivüberhangs passive latente Steuern auszuweisen. Zur Bilanzierung von latenten Steuern vgl. § 274 Rz 1 ff.

166

Der Charakter von Rückstellungen trifft häufig für passive latente Steuern zu (Rz 139). Im Fall von quasi-permanenten Differenzen liegt zum Bilanzstichtag keine rechtliche oder wirtschaftliche Verpflichtung vor (§ 274 Rz 119). Daher werden passive latente Steuern nicht, wie international (z.B. IAS 12) üblich, als FK, sondern grds. als **Sonderposten eigener Art** betrachtet. Sie sind auf der Passivseite als gesonderter Posten außerhalb der Rückstellungen auszuweisen.[196] Zur Besonderheit der Behandlung von latenten Steuern bei kleinen KapG/KapCoGes vgl. § 274a Rz 12 ff.

167

Bei der Bilanzierung latenter Steuern ist eine **Gesamtdifferenzenbetrachtung** erlaubt (§ 274 Rz 35 ff.). Daher kann eine Verrechnung von aktiven und passiven latenten Steuern vorgenommen werden, die zusammen mit dem Aktivierungswahlrecht für die aktiven latenten Steuern zu keinem Ausweis von latenten Steuern in der Bilanz führen kann. Alternativ darf der Bruttoausweis in Form eines separaten Ausweises als aktive und passive latente Steuer erfolgen.

## 4.8 Weitere Posten der Passivseite

- Kapitalanteile persönlich haftender Gesellschafter einer KGaA gem. § 286 Abs. 2 Satz 1 AktG
- Rücklage für **eingeforderte Nachschüsse** gem. § 42 Abs. 2 Satz 3 GmbHG
- **Wertaufholungsrücklage** gem. §§ 58 Abs. 2a AktG, 29 Abs. 4 GmbHG
- **Sonderrücklage** gem. § 218 Satz 2 AktG
- **Ergebnisrücklagen** gem. § 337 Abs. 2 HGB

168

---

[195] Vgl. *Reiner/Haußer*, in MünchKomm. HGB, 3. Aufl., § 266, Rn 126; *Schubert/Krämer*, in Beck Bil-Komm. 9. Aufl., § 266 HGB, Rz 260f.
[196] Begr. des BilMoG-BgrRegE, S. 148.

Ist bei einer Unternehmensübernahme der Gesamtwert des Unt niedriger als der Wertansatz aller VG abzgl. der Schulden, ergibt sich ein **negativer GoF** (§ 301 Rz 109 ff.). Im KA ist ein negativer Unterschiedsbetrag als „Unterschiedsbetrag aus der Kapitalkonsolidierung" nach dem EK auszuweisen (§ 301 Rz 111). Dagegen ist im JA ein negativer GoF grds. nicht bilanzierungsfähig. Vielmehr ist zunächst eine Abstockung der Zeitwerte der übernommenen Aktiva – mit Ausnahme von Posten mit Liquiditätsbezug (z. B. liquide Mittel) – vorzunehmen. Verbleibt auch nach der Abstockung noch ein negativer GoF ist dieser zu passivieren und ggf. gem. § 265 Abs. 5 Satz 2 HGB gesondert auf der Passivseite auszuweisen (§ 246 Rz 94 f.).[197]

## 5 Sanktionen

169 Die Gliederungsvorschriften für die Bilanz sind zwingend. Eine Verletzung hat Folgen mit Blick auf die Wirksamkeit des JA, der Haftung der Gesellschaftsorgane und die Zulässigkeit des Bestätigungsvermerks gem. § 332 HGB und kann ordnungs-, straf- und zivilrechtlich geahndet werden.

170 Eine **Nichtigkeit** des JA einer AG oder KGaA kann nach § 256 Abs. 4 AktG vorliegen, wenn durch den Verstoß gegen die Gliederungsvorschriften oder durch die Nichtbeachtung der Regelungen über die Formblätter der JA in seiner „Klarheit und Übersichtlichkeit" wesentlich beeinträchtigt ist. Dies ist insb. der Fall, wenn Bilanzposten weggelassen oder Aktiv- und Passivposten vermengt wurden. Ein wesentlicher Verstoß ist es auch, wenn die größenabhängigen Erleichterungen fälschlicherweise in Anspruch genommen wurden. Eine weitere wesentliche Beeinträchtigung liegt vor, wenn über § 265 Abs. 4–7 HGB hinaus abweichende und branchenunübliche Postenbezeichnungen gewählt wurden. Je nach Grund muss die Nichtigkeit gem. § 256 Abs. 6 AktG innerhalb von sechs Monaten bzw. drei Jahren geltend gemacht werden. Eine Klage auf Feststellung der Nichtigkeit verlängert die Frist bis zur gerichtlichen Entscheidung.[198] Der § 256 AktG gilt auch für die **GmbH**, nicht aber für die **Personen(handels)gesellschaft**. Für unter das PublG fallende Unt gelten mit § 10 PublG gesonderte Vorschriften zur Nichtigkeit.

171 Eine **Ordnungswidrigkeit**, die mit Bußgeld geahndet wird, liegt vor, wenn geringe Verstöße der Gliederungsvorschrift und deren Erg. durch ein Mitglied des vertretungsberechtigten Organs oder des AR begangen werden. **Strafrechtliche** Folgen können sich für Mitglieder des vertretungsberechtigten Organs oder des AR von KapG und haftungsbeschränkten PersG nur ergeben, wenn gegen die Gliederungsvorschriften derart verstoßen wird, dass die wirtschaftlichen Verhältnisse unrichtig wiedergegeben oder verschleiert werden. Der AP muss gem. §§ 322 Abs. 3 und 4, 317 Abs. 1 Satz 2 HGB je nach Stärke des Verstoßes den Bestätigungsvermerk einschränken oder gar ganz versagen. Ein schuldhafter Verstoß – vorsätzlich oder fahrlässig – kann **Schadensersatzforderungen** nach sich ziehen.[199]

---

[197] Vgl. *Baetge/Kirsch/Thiele*, Bilanzen, 2012, S. 250.
[198] Vgl. *Marx/Dallmann*, in *Baetge/Kirsch/Thiele*, Bilanzrecht, § 266 HGB, Rz 282 f.
[199] Vgl. *Reiner/Haußer*, in MünchKomm. HGB, 3. Aufl., § 266, Rn 15 f.

## 6 Änderungen durch BilRUG

Mit dem BilRUG wurde lediglich eine redaktionelle Änderung vorgenommen, mit der die bei den Größenklassen übliche Reihenfolge Berücksichtigung findet. Konkret erfolgte eine Änderung der Wörter „große und mittelgroße Kapitalgesellschaften (§ 267 Absatz 3, 2)" in die Wörter „mittelgroße und große Kapitalgesellschaften (§ 267 Absatz 2 und 3)". 172

## § 267 UMSCHREIBUNG DER GRÖSSENKLASSEN

(1) Kleine Kapitalgesellschaften sind solche, die mindestens zwei der drei nachstehenden Merkmale nicht überschreiten:
1. 4.840.000 Euro Bilanzsumme nach Abzug eines auf der Aktivseite ausgewiesenen Fehlbetrags (§ 268 Abs. 3).
2. 9.680.000 Euro Umsatzerlöse in den zwölf Monaten vor dem Abschlußstichtag.
3. Im Jahresdurchschnitt fünfzig Arbeitnehmer.

(2) Mittelgroße Kapitalgesellschaften sind solche, die mindestens zwei der drei in Absatz 1 bezeichneten Merkmale überschreiten und jeweils mindestens zwei der drei nachstehenden Merkmale nicht überschreiten:
1. 19.250.000 Euro Bilanzsumme nach Abzug eines auf der Aktivseite ausgewiesenen Fehlbetrags (§ 268 Abs. 3).
2. 38.500.000 Euro Umsatzerlöse in den zwölf Monaten vor dem Abschlußstichtag.
3. Im Jahresdurchschnitt zweihundertfünfzig Arbeitnehmer.

(3) [1]Große Kapitalgesellschaften sind solche, die mindestens zwei der drei in Absatz 2 bezeichneten Merkmale überschreiten. [2]Eine Kapitalgesellschaft im Sinn des § 264d gilt stets als große.

(4) [1]Die Rechtsfolgen der Merkmale nach den Absätzen 1 bis 3 Satz 1 treten nur ein, wenn sie an den Abschlußstichtagen von zwei aufeinanderfolgenden Geschäftsjahren über- oder unterschritten werden. [2]Im Falle der Umwandlung oder Neugründung treten die Rechtsfolgen schon ein, wenn die Voraussetzungen des Absatzes 1, 2 oder 3 am ersten Abschlußstichtag nach der Umwandlung oder Neugründung vorliegen.

(5) Als durchschnittliche Zahl der Arbeitnehmer gilt der vierte Teil der Summe aus den Zahlen der jeweils am 31. März, 30. Juni, 30. September und 31. Dezember beschäftigten Arbeitnehmer einschließlich der im Ausland beschäftigten Arbeitnehmer, jedoch ohne die zu ihrer Berufsausbildung Beschäftigten.

(6) Informations- und Auskunftsrechte der Arbeitnehmervertretungen nach anderen Gesetzen bleiben unberührt.

PROF. DR. INGE WULF

| Inhaltsübersicht | Rz |
|---|---|
| 1 Inhalt und Anwendungsbereich | 1–9 |
| 1.1 Inhalt | 1–8 |
| 1.2 Anwendungsbereich | 9 |
| 2 Größenklassen | 10–12 |
| 3 Größenkriterien | 13–24 |
| 3.1 Bilanzsumme | 13–15 |
| 3.2 Umsatzerlöse | 16–18 |
| 3.3 Arbeitnehmeranzahl | 19–24 |

| | |
|---|---|
| 4 Eintritt der Rechtsfolgen (Abs. 4 Satz 1) | 25–26 |
| 5 Besonderheiten bei Neugründung oder Umwandlung (Abs. 4 Satz 2) | 27–33 |
| 6 Qualitatives Kriterium: Kapitalmarktorientierte Gesellschaften (Abs. 3 Satz 2) | 34–35 |
| 7 Informationsrechte der Arbeitnehmervertretungen (Abs. 6) | 36 |
| 8 Sanktionen | 37 |
| 9 Änderungen durch BilRUG | 38–47 |
|    9.1 Überblick | 38 |
|    9.2 Anhebung der Schwellenwerte und Bedeutung des Anwendungszeitpunkt | 39–45 |
|       9.2.1 Anhebung der Schwellenwerte | 39–42 |
|       9.2.2 Bedeutung des Anwendungszeitpunktes | 43–45 |
|    9.3 Klarstellung zum Eintritt der Rechtsfolgen bei Formwechsel (Abs. 4 Satz 3) | 46 |
|    9.4 Definition des Größenkriteriums „Bilanzsumme" (Abs. 4a) | 47 |

**Ergänzendes Schrifttum**

*Beck* (Hrsg.), Rückwirkende Anhebung der Schwellenwerte durch das Bilanzrichtlinie-Umsetzungsgesetz (BilRUG), BC 2015, S. 5; *Bömelburg/Landgraf/Pöppel*, IFRS für KMU – eine echte Alternative für den deutschen Mittelstand?, PiR 2009, S. 290; *Farr*, Der Jahresabschluss der kleinen GmbH, GmbHR 1996, S. 185; *Farr*, Der Jahresabschluss der mittelgroßen und der kleinen AG, AG 1996, S. 145; *Geitzhaus/Delp*, Arbeitnehmerbegriff und Bilanzrichtlinien-Gesetz, BB 1987, S. 367; *Göhner*, Neue Größenklassenkriterien der §§ 267 und 293 Abs. 1 HGB: Besteht die Möglichkeit der Rückwirkung, BB 2005, S. 207; *HFA*, Stellungnahme 1/1996: Zweifelsfragen beim Formwechsel, WPg 1996, S. 507; HFA, Stellungnahme 1/1998: Zweifelsfragen bei Spaltungen, WPg 1998, S. 508; *Joswig*, Der Stichtag der Gründungsbilanz von Kapitalgesellschaften, DStR 1996, S. 1909; *Joswig*, Größenabhängige Klassifizierung nach § 267 HGB bei Neugründungen und Umwandlungen, BB 2007, S. 763; *Kropp/Sauerwein*, Bedeutung des Aufstellungszeitpunkts für die Rückwirkung der neuen Größenklassenkriterien des § 267 HGB, DStR 1995, S. 70; *Küting*, Das Spannungsverhältnis zwischen Bilanzpolitik und Bilanzanalyse – Zur Interdependenz von Jahresabschlußgestaltung und Jahresabschlußbeurteilung, DStR 1996, S. 934; *Lehwald*, Die Zahl der Beschäftigten als Abgrenzungsmerkmal, BB 1981, S. 2107; *Müller*, Zweifelsfragen zum Umwandlungsrecht, WPg 1996, S. 857; *Müller/Stawinoga*, Implikationen der rückwirkenden Schwellenwerterhöhung mit dem BilRUG-RefE bei der Bestimmung der Unternehmensgrößenklassen, BB 2014, S. 2411; *Nacke*, Wachstumsbeschleunigungsgesetz – Unternehmenssteuerlich relevante Änderungen des Einkommensteuergesetzes, StuB 2010, S. 139; *Nehe*, Die Reform des Umwandlungsrechts, DB 1994, S. 2069; *Pfitzer/Wirth*, Die Änderungen des Handelsgesetzbuches, DB 1994, S. 1937; *Schindhelm/Pickhardt-Poremba/Hilling*, Das zivil- und steuerrechtliche Schicksal der Unterbeteiligung bei „Umwandlung" der Hauptgesellschaft (Teil I), DStR 2003, S. 1444; *Schwarz*, Das neue Umwandlungsrecht, DStR 1994, S. 1694; *Strobel*, Aktuelles zum HGB-Bilanzrecht und zum Offenlegungsproblem, BB 1994, S. 1293; *Theile*, Der Regierungsentwurf zum Bilanzrichtlinie-Umsetzungsgesetz – Darstellung der wichtigsten Änderungen zum Jahresabschluss und Konsequenzen für die Praxis, BBK 2015, S. 133; *Veit*, Zur Bedeutung formeller Bilanzpolitik, DB 1994, S. 2509; *Zwirner/Froschhammer*, „Reform" der Rechnungslegung für Kleinstkapitalgesellschaften ohne deregulierende Auswirkungen für die Praxis?, StuB 2013, S. 83

# 1 Inhalt und Anwendungsbereich
## 1.1 Inhalt

1 § 267 HGB bestimmt in den Abs. 1–3 Kriterien zur Größeneinordnung von KapG und ihnen gleichgestellten Ges. in die Kategorien „Klein", „Mittelgroß" und „Groß".

2 Die Zuordnung einer Ges. in eine der drei Größenklassen erfolgt anhand der drei quantitativen Kriterien Bilanzsumme (nach Abzug eines ausgewiesenen Fehlbetrags gem. § 268 Abs. 3 HGB), Umsatzerlöse und Zahl der durchschnittlich beschäftigten Arbeitnehmer. Weiterhin dient die KM-Orientierung als einziges qualitatives Abgrenzungskriterium für die Größeneinordnung (Rz 34).

3 Abs. 4 legt fest, dass die Rechtsfolgen erst bei Über- bzw. Unterschreiten der Schwellenwerte an zwei aufeinanderfolgenden Abschlussstichtagen greifen. Davon abweichend gelten bei Neugründungen oder Umwandlungen Sonderbestimmungen, nach denen die Rechtsfolgen bereits im ersten Jahr greifen. Während Abs. 5 Vorgaben zur Bestimmung der Arbeitnehmerzahl definiert, stellt Abs. 6 klar, dass Informations- und Auskunftsrechte der Arbeitnehmervertretungen nach anderen Vorschriften nicht beeinflusst werden.

4 Die Größe einer KapG hat Einfluss auf Rechnungslegungspflichten, Prüfung und Offenlegung. So ergeben sich je nach Größenklasse bestimmte Erleichterungen hinsichtlich Bilanz (§§ 266 Abs. 1 Satz 3, 274a HGB), GuV (§ 276 HGB), Anhang (§ 288 HGB) und LB (Befreiung, § 264 Abs. 1 Satz 3 HGB), der JAP (§ 316 Abs. 1 HGB) und der Offenlegung (§§ 325 ff. HGB). Vor allem für kleine Ges. bestehen erhebliche Erleichterungen, da bei kleinen Ges. ein kleiner Kreis von potenziellen Abschlussinteressenten zu vermuten ist, und somit aus Kostengründen bei der Aufstellung und Prüfung von Abschlüssen sowie aus Geheimhaltungsinteresse bei der Offenlegung Abstriche gemacht werden können.[1]

5 Neben bisher geltenden Erleichterungsvorschriften für kleine und mittelgroße Ges. existieren mit Inkrafttreten des MicroBilG für KleinstKapG[2] i.S.d. § 267a HGB weitere Erleichterungen betreffend der Gliederungstiefe von Bilanz (§ 266 Abs. 1 Satz 4 HGB; § 266 Rz 13) und GuV (§ 275 Abs. 5 HGB; § 275 Rz 277). Zudem erfolgt die Klarstellung, dass die Erleichterungen für kleine KapG auch für KleinstKapG gelten, soweit nichts anderes geregelt ist. Somit sind die KleinstKapG eine Untergruppe der Größenklasse der kleinen KapG. Zusätzlich zu den bestehenden Erleichterungen gem. § 288 HGB brauchen KleinstKapG i.S.d. § 267a HGB keinen Anhang aufzustellen, sofern die in § 264 Abs. 1 Satz 5 HGB genannten Angaben sowie ggf. ein Hinweis auf besondere Umstände, die eine

---

[1] Vgl. *Winkeljohann/Lawall*, in Beck Bil-Komm. 9. Aufl., § 267 HGB, Rz 1.
[2] Zu Definition und Anwendungskreis vgl. § 267a Rz 1 ff.

Darstellung eines den tatsächlichen Verhältnissen entsprechenden Bilds der VFE-Lage unter Beachtung der GoB verhindern (§ 264 Abs. 2 Satz 2 HGB), unter der Bilanz erfolgen (§ 264 Rz 46). Um die Erleichterungen zu nutzen, haben KleinstKapG auf die Bewertung zum beizulegenden Zeitwert zu verzichten (§ 253 Abs. 1 HGB; § 267a Rz 5).

Nach Art. 53 Abs. 2 der 4. EG-RL prüft der EU-Rat auf Vorschlag der Kommission alle fünf Jahre die in Euro festgelegten Grenzwerte zur Einordnung in Größenklassen. Ggf. erfolgt eine Anpassung der Schwellenwerte unter Berücksichtigung der wirtschaftlichen und monetären Entwicklungen in der EU.[3] Die letzte Änderung der Schwellenwerte vor dem BilMoG erfolgte mit der Umsetzung von Art. 1 Nrn. 1 und 2 der RL 2003/38 EG des Rates vom 13.5.2003 zur Änderung der Bilanzrichtlinie (sog. Euro-Anpassungsrichtlinie, auch Schwellenwertrichtlinie genannt)[4] durch das Bilanzrechtsreformgesetz (BilReG). Bei der Umrechnung in Euro ist von der in Art. 12 Abs. 2 der Bilanzrichtlinie eingeräumten Möglichkeit einer weiteren Erhöhung um 10 % Gebrauch gemacht worden.[5]

Die Änderungen des BilMoG führen konform zu der EG-RL[6] außerplanmäßig zu einer Anhebung der Schwellenwerte für Bilanzsumme und Umsatzerlöse um mehr als 20 %. Die mit der Umsetzung in deutsches Recht aus der Anhebung der Schwellenwerte resultierenden Erleichterungen bei der Rechnungslegung für begünstigte Unt sollen zu einer Entlastung der Unt und damit zu Kostensenkungen beitragen. Kostensenkungen sind vor allem dann beträchtlich, wenn für Unt durch die Anhebung der Größenkriterien die Prüfungspflicht entfällt. Darüber hinaus entfällt die Prüfungspflicht grds. bspw. für kleine Ges. i.S.v. § 267 Abs. 1 HGB, nach §§ 291, 292 HGB befreite MU oder nach § 293 HGB nicht konzernrechnungslegungspflichtige Konzerne (§ 316 Rz 1). Diese Änderungen waren erstmals für die Gj anzuwenden, die nach dem 31.12.2007 beginnen (Art. 66 Abs. 1 EGHGB). Es gibt keine Übergangsregelung, sodass die Voraussetzungen zur Änderung der Größenklasse nach Abs. 4 beachtet werden müssen (Rz 25f.).

Im Zuge der Umsetzung der Bilanzrichtlinie 2013/34/EU durch das Bilanzrichtlinie-Umsetzungsgesetz BilRUG erfolgten eine erneute Anhebung der Schwellenwerte von Bilanzsumme und Umsatz sowie weitere Änderungen. Diese neuen Regelungen dürfen vorzeitig nur – im Paket mit der Neudefinition der Umsatzerlöse – für nach dem 31.12.2013 beginnende Gj angewendet werden. Wird dies nicht in Anspruch genommen, scheidet eine vorzeitige Anwendung für die Gj 2014 und 2015 aus. Die neuen Regelungen sind dann – entsprechend dem Anwendungszeitpunkt für das BilRUG – für nach dem 31.12.2015 beginnenden Gj. verpflichtend zu beachten (Rz 38).

---

[3] Kritisch *Strobel*, BB 1994, S. 1296 f.; zu Auswirkungen vgl. *Pfitzer/Wirth*, DB 1994, S. 1937 f., sowie kritisch zur Rückwirkung vgl. *Kropp/Sauerwein*, DStR 1995, S. 70 ff.
[4] Abl. EU, L 120, S. 22 (Schwellenwertrichtlinie).
[5] Vgl. Gesetzentwurf der Bundesregierung v. 24.6.2004, BT-Drs. 15/3419, S. 25; o.V., EuZW 2003, S. 514.
[6] Richtlinie 2006/46/EG v. 14.6.2006 „zur Änderung der Richtlinien des Rates 78/660/EWG über den Jahresabschluss von Gesellschaften bestimmter Rechtsformen, 83/349/EWG über den konsolidierten Abschluss, 86/635/EWG über den Jahresabschluss und konsolidierten Abschluss von Banken und anderen Finanzinstitutionen und 91/674/EWG über den Jahresabschluss und konsolidierten Abschluss von Versicherungsunternehmen", Abl. EU, L 224/1 v. 16.8.2006.

## 1.2 Anwendungsbereich

9 Die in § 267 HGB genannten Größenkriterien sind von KapG und KapCoGes zu beachten. Anwendung finden die Vorschriften auch bei Genossenschaften gem. § 336 Abs. 2 Satz 1 HGB.
Für Unt, die in den Geltungsbereich des PublG fallen, gelten die dort genannten Schwellenwerte (§ 1 PublG). Kreditinstitute und Versicherungen gelten gem. § 340a Abs. 2 Satz 1 HGB bzw. § 341a Abs. 2 Satz 1 HGB stets als große KapG. Auch kommunale Eigenbetriebe werden aufgrund der länderspezifischen Haushaltsgesetze bei der Abbildung stets wie große KapG behandelt.

## 2 Größenklassen

10 Für die Eingruppierung als kleine, mittelgroße oder große KapG ist entscheidend, dass mindestens 2 der in Tab. 1 genannten Schwellenwerte an 2 aufeinanderfolgenden Abschlussstichtagen über- bzw. unterschritten werden (§ 267 Abs. 4 HGB). Rumpfgeschäftsjahre zählen in diesem Fall als volle Gj. Bei Neugründung oder Umwandlung ist abweichend von der grundsätzlichen Regelung ein einmaliges Über-/Unterschreiten der Grenzwerte entscheidend (§ 267 Abs. 4 Satz 2 HGB). Diese Regelung greift zudem nicht für KM-orientierte Unt (Rz 34).
Tab. 1 zeigt die Grenzwerte für die einzelnen Kriterien im Überblick. Zu den Änderungen durch das BilRUG s. Rz 38ff.[7]

| | Größenklassen ab 30.12.2012* nach MicroBilG bzw. ab 1.1.2008 nach BilMoG | | |
|---|---|---|---|
| | Klein (EUR) | Mittelgroß (EUR) | Groß (EUR) |
| Bilanzsumme (BS) in EUR | > 350.000 ≤ 4.840.000 (bis 2007 4.015.000) | 4.840.000 (bis 2007 4.015.000) < BS ≤ 19.250.000 (bis 2007 16.060.000) | > 19.250.000 (bis 2007 16.060.000) |
| Umsatzerlöse (UE) in EUR | > 700.000 ≤ 9.680.000 (bis 2007 8.030.000) | 9.680.000 (bis 2007 8.030.000) < UE ≤ 38.500.000 (bis 2007 32.120.000) | > 38.500.000 (bis 2007 32.120.000) |
| Arbeitnehmerzahl (AN) | > 10 AN ≤ 50 | 50 < AN ≤ 250 | > 250 |
| *Inanspruchnahme bereits für den Abschluss zum 31.12.2012 möglich | | | |

Tab. 1: Größenklassen von KapG und KapCoGes

11 Die Schwellenwerte nach dem BilMoG waren **erstmals** für JA anzuwenden, deren Gj nach dem 31.12.2007 beginnt. Wenn das Gj dem Kalenderjahr entspricht, waren die erhöhten Schwellenwerte bereits für den JA zum **31.12.2008** zu berücksichtigen. Für die Beurteilung, ob mindestens zwei der genannten Größenkriterien an zwei aufeinanderfolgenden Abschlussstichtagen über- bzw. un-

---

[7] Vgl. *Marx/Dallmann*, in *Baetge/Kirsch/Thiele*, Bilanzrecht, § 267 HGB, Rz 5, Stand 10/2012.

terschritten wurden, waren die erhöhten Schwellenwerte daher rückwirkend für die Abschlüsse zum 31.12.2007 und 31.12.2006 zu verwenden (Rz 12).[8]
Die Untergrenze der Schwellenwerte für kleine Ges. ist mit dem MicroBilG eingefügt worden und ist für Gj, die nach dem 30.12.2012 enden, anzuwenden. Die Regelung kann somit bereits für das Gj. 2012 Anwendung finden, wenn dies kalenderjahrgleich ist und zum 31.12.2012 endet. Für die Beurteilung, ob eine KleinstKapG oder eine kleine KapG vorliegt, war die neu eingeführte Untergrenze für kleine KapG daher ggf. schon für die JA zum 31.12.2012 und 31.12.2011 zu verwenden.

Die einzelnen **Schwellenwerte sind gleichrangig**, sodass es unbedeutend ist, welche zwei der drei Schwellenwerte unter- bzw. überschritten werden. Ebenso ist die Höhe der Unter- bzw. Überschreitung unerheblich; entscheidend ist nur die jeweilige Unter- bzw. Überschreitung. Wird ein Schwellenwert genau erreicht, so zählt er als noch nicht überschritten.[9] Das folgende Beispiel verdeutlicht diese Aspekte.[10]

12

**Beispiel**
Eine im Jahr 1 gegründete KapG weist für die Jahre 1 bis 4 folgende Werte für die Kriterien Bilanzsumme, Umsatzerlöse und Mitarbeiterzahl aus:

|  | 31.12. Jahr 1 | 31.12. Jahr 2 | 31.12. Jahr 3 | 31.12. Jahr 4 |
|---|---|---|---|---|
| Bilanzsumme (in Mio. EUR) | 3,50 | 4,50 | 4,50 | 16,10 |
| Umsatzerlöse (in Mio. EUR) | 8,50 | 8,00 | 8,10 | 38,00 |
| Mitarbeiterzahl | 89 | 48 | 251 | 264 |

Tab. 2: Werte für Bilanzsumme, Umsatzerlöse und Mitarbeiterzahl

Die Einordnung als kleine, mittelgroße oder große Ges. kann in zwei Schritte zerlegt werden. Zunächst wird die Größenordnung bestimmt (Unter-/Überschreiten von zwei der drei Kriterien) und anschließend die entsprechende Rechtsfolge (in zwei aufeinanderfolgenden Gj) abgeleitet. Im Beispielfall lauten die Rechtsfolgen für die Einordnung in die Größenklassen wie folgt:

|  | 31.12. Jahr 1 | 31.12. Jahr 2 | 31.12. Jahr 3 | 31.12.Jahr 4 |
|---|---|---|---|---|
| Bilanzsumme | klein | klein | klein | mittel |
| Umsatzerlöse | klein | klein | klein | mittel |
| Mitarbeiterzahl | mittel | klein | groß | groß |
| Größenordnung | klein | klein | klein | mittel |
| Rechtsfolgen | klein | klein | klein | klein |

Tab. 3: Einordnung in die Größenklassen

---

[8] Vgl. BilMoG-BgrRegE, S. 98. Ähnlich *Göhner*, BB 2005, S. 209.
[9] Vgl. *Winkeljohann/Lawall*, in Beck Bil-Komm. 9. Aufl., § 267 HGB, Rz 5.
[10] Für KleinstKapG vgl. § 267a Rz 1 ff.

> Die Ges. wird bereits im ersten Jahr als kleine KapG eingestuft Auch im Jahr 4 erfolgt weiterhin eine Einordnung als kleine Ges., obwohl zwei der drei Kriterien die Größenordnung „mittel" signalisieren. Erst wenn im darauffolgenden Gj (31.12.Jahr 5) wieder zwei der drei Kriterien die Schwellenwerte für eine mittelgroße Ges. aufweisen, ändert sich die Rechtsfolge hin zu einer mittelgroßen Ges.

## 3 Größenkriterien

### 3.1 Bilanzsumme

13 Die Bilanzsumme ergibt sich grds. als Summe aller Aktiva oder Passiva gem. § 266 HGB. Gem. § 267 Abs. 1 Nr. 1 und Abs. 2 Nr. 1 HGB ist die Bilanzsumme um einen auf der Aktivseite ausgewiesenen, nicht durch EK gedeckten Fehlbetrag gem. § 268 Abs. 3 HGB zu kürzen. Gleiches gilt bei KapCoGes i.S.d. § 264a HGB für einen nach §§ 268 Abs. 3 HGB ausgewiesenen Posten „nicht durch Eigenkapital gedeckter Fehlbetrag". Analog ist bei einer KGaA ein auf der Aktivseite ausgewiesener Korrekturposten „Nicht durch Vermögenseinlagen gedeckter Verlustanteil persönlich haftender Gesellschafter" gem. § 286 Abs. 2 Satz 3 AktG von der Bilanzsumme abzuziehen.[11]
Für KleinstKapG sind als Bilanzsumme die mit Buchstaben bezeichneten Posten (Anlagevermögen, Umlaufvermögen, Rechnungsabgrenzungsposten und ggf. aktiver Unterschiedsbetrag aus der Vermögensverrechnung) zu berücksichtigen. Aktive latente Steuern sind bis zum Gj 2015 nicht in die Ermittlung der Bilanzsumme einzubeziehen (§ 267a Abs. 1 Satz 2 HGB), selbst wenn das Wahlrecht zur Aktivierung latenter Steuern nach § 274 Abs. 1 Satz 2 HGB genutzt wird.[12] Dagegen sind bei Anwendung der durch das BilRUG geänderten bzw. ergänzten Regelungen nach § 267 Abs. 4a HGB nF aktive latente Steuern in die Ermittlung der Bilanzsumme einzubeziehen (Rz 47).

14 Die Höhe der Bilanzsumme wird nicht durch verpflichtend anzugebende Bilanzvermerke gem. § 268 Abs. 7 HGB beeinflusst,[13] da die ausgewiesene Bilanzsumme maßgeblich ist. Daher hat die Inanspruchnahme **bilanzpolitischer Gestaltungsmöglichkeiten** Einfluss auf die Höhe der Bilanzsumme.[14] Neben Sachverhaltsgestaltungen (z.B. Gestaltung von Leasingverträgen oder Sale-and-lease-back-Verträgen zum Zweck der Bilanzsummenminderung) kommen Darstellungsgestaltungen in Form von Ansatz-, Bewertungs- und Ausweisentscheidungen in Betracht.[15] Wahlrechte oder Einschätzungsspielräume wirken sich nur bei Ansatz und Bewertung von Vermögenspositionen auf die Bilanz aus. In diesem Fall führt eine Nichtaktivierung zu einem vergleichsweise niedrigeren Vermögensausweis und einer Reduzierung des Jahresüberschusses bzw. einer

---

[11] Vgl. *Winkeljohann/Lawall*, in Beck Bil-Komm. 9. Aufl., § 267 HGB, Rz 6.
[12] Vgl. *Zwirner/Froschhammer*, StuB 2013, S. 84.
[13] Vgl. *Knop*, in Küting/Pfitzer/Weber, HdR, HGB § 267, Rn 7 (Stand 04/2011).
[14] Vgl. *Küting*, DStR 1996, S. 934ff., zur Interdependenz von Jahresabschlussgestaltung und -beurteilung.
[15] Vgl. *Volk*, DStR 1988, S. 380ff.; *Farr*, GmbHR 1996, S. 189f.; *Farr*, AG 1996, S. 147f.

Erhöhung des Jahresfehlbetrags. Dagegen haben Passivierungswahlrechte und -einschätzungsspielräume, wie z. B mittelbare Pensionszusagen (§ 249 Abs. 1 HGB i. V. m. Art. 28 EGHGB), keinen Einfluss auf die Bilanzsumme, da es sich hierbei lediglich um einen Passivtausch handelt. Ausweiswahlrechte auf der Aktivseite führen im Fall der offenen Absetzung zu einer Minderung der Bilanzsumme mit Wirkung auf die Größenkriterien.[16]

> **Beispiel**
> Als Beispiele für explizite Wahlrechte mit Wirkung auf die Bilanzsumme sind zu nennen:
> - **Ansatzwahlrechte**
>   - selbst geschaffene immaterielle VG des AV (§ 248 Abs. 2 Satz 1 HGB)
>   - Disagio (§ 250 Abs. 3 HGB)
>   - aktive latente Steuern (§ 274 Abs. 1 Satz 2 HGB)
> - **Bewertungswahlrechte**
>   - Bewertungsvereinfachungsverfahren (§ 256 i. V. m. § 240 HGB Abs. 3–4)
>   - gemildertes Niederstwertprinzip für das FAV (§ 253 Abs. 3 Satz 4 HGB)
>   - Wahlrecht bei der Bemessung der Anschaffungskosten hinsichtlich der Behandlung von Investitionszuschüssen (§ 255 Rz 72 ff.)
>   - Wahl des Zinssatzes zur Ermittlung des Barwerts von Pensionsrückstellungen (§ 253 Abs. 2 Satz 1–2 HGB) (Wirkung auf die Bilanzsumme nur, wenn ein Aktivüberhang der Pensionsverpflichtungen als aktiver Unterschiedsbetrag aus der Vermögensverrechnung auszuweisen ist.)
>   - Einbeziehung von Verwaltungskosten sowie Fremdkapitalzinsen, die zur Finanzierung der Herstellung eines VG aufgewendet werden, soweit sie auf den Zeitraum der Herstellung entfallen (§ 255 Abs. 2 und 3 HGB).
> - **Ausweiswahlrechte**
>   - offene Absetzung der erhaltenen Anzahlungen von den Vorräten (§ 268 Abs. 5 Satz 2 HGB).

Mit dem BilMoG wurde die Nutzung von **expliziten Wahlrechten** zur Beeinflussung der Bilanzsumme als ein Größenkriterium beträchtlich **eingeschränkt** (zur Fortwirkung Art. 66 EGHGB Rz 1 ff. und Art. 67 EGHGB Rz 1). Darüber hinaus ergeben sich aufgrund der Beachtung des Grundsatzes der Stetigkeit (§ 252 Abs. 1 Nr. 6 HGB) Grenzen in der Ausübung der handelsrechtlichen Wahlrechte.

Im Gegensatz zu den expliziten Wahlrechten gewinnen Ermessensspielräume bzw. implizite Wahlrechte sowie Sachverhaltsgestaltungen mit dem BilMoG an Bedeutung, die sich u. a. daraus ergeben, dass
- der Gesetzgeber keine konkreten Hinweise für die Bilanzierung gibt, wie etwa zur Methode der planmäßigen Abschreibungen (**§ 253** Rz 168 ff.) oder zu den Ansatzkriterien für eine Aktivierung selbst geschaffener immaterieller VG (**§ 248** Rz 10 ff.),
- bestimmte Bilanzierungssachverhalte aufgrund geringer Objektivierbarkeit einer Einschätzung bedürfen, was Ermessensspielräume für den Bilanzierenden zur Folge hat. Dies gilt bspw. für die Entscheidung über das Vorliegen einer

---

[16] Vgl. *Veit*, DB 1994, S. 2509.

voraussichtlich dauernden Wertminderung (§ 253 Rz 221 ff.), die Schätzung der Nutzungsdauer von abnutzbarem Anlagevermögen (§ 253 Rz 161 ff.) oder des beizulegenden Werts (§ 255 Rz 209 ff.), die Bestimmung des Zeitpunkts des Übergangs von der Forschungs- in die Entwicklungsphase (§ 255 Rz 180 ff.),
- der Bilanzierende um die Abbildung der Sachverhalte weiß und diese daher im Vorfeld zielorientiert beeinflussen kann (Sachverhaltsgestaltung), wie z. B. der Abschluss eines Leasingvertrags mit einer vorbestimmten Abbildung im JA, die Dokumentation für die Bildung von Bewertungseinheiten.

### 3.2 Umsatzerlöse

16 Die zu betrachtenden Umsatzerlöse ergeben sich aus § 277 Abs. 1 HGB (§ 277 Rz 7). Unabhängig von der Erstellung der GuV nach dem UKV oder GKV zählen zu den Umsatzerlösen „Erlöse aus dem Verkauf und der Vermietung und Verpachtung von für die gewöhnliche Geschäftstätigkeit der Kapitalgesellschaft typischen Erzeugnissen und Waren sowie aus von für die gewöhnliche Geschäftstätigkeit der KapG typischen Dienstleistungen nach Abzug von Erlösschmälerungen und der Umsatzsteuer." Zur Neudefinition der Umsatzerlöse nach BilRUG siehe § 277 Rz 46 ff.

17 Berücksichtigung finden nur die betriebsspezifischen Umsätze aus erbrachten marktfähigen Leistungen, die mit Dritten getätigt wurden.[17] Innenumsätze und andere nicht betriebsspezifische Umsätze bleiben unberücksichtigt (§ 275 Rz 47 ff.). Dementsprechend sind z. B. Beteiligungs- oder Zinserträge von Holdinggesellschaften für die Größenklassenbestimmung nicht relevant. Eine Beeinflussung auf die Höhe der Umsatzerlöse als ein Größenkriterium kann aufgrund von Abgrenzungsproblemen zwischen Erträgen, die als Umsatzerlöse ausgewiesen werden, und solchen, die als sonstige betriebliche Erträge ausgewiesen werden, resultieren.

18 Zur Eingruppierung sind die Umsatzerlöse „in den letzten zwölf Monaten vor dem Abschlussstichtag" heranzuziehen. Falls ein **RumpfGj** vorliegt, das nicht auf eine Umwandlung oder Neugründung zurückzuführen ist, müssen zusätzlich die letzten Monate des vorhergehenden Gj berücksichtigt werden. In der Folge werden dieselben Umsatzerlöse bei der Ermittlung der Größenmerkmale für zwei verschiedene Gj zugrunde gelegt. Wenn die Monatsumsätze in Ausnahmefällen nicht ermittelt werden können und auch keine Quartalsumsätze zwecks Proportionalisierung verfügbar sind, darf die Ermittlung des Jahresumsatzes durch eine Proportionalisierung der gesamten Vorjahresumsätze erfolgen.[18] Eine Prognose der noch fehlenden Monate auf Basis der ermittelbaren Umsatzzahlen der vorangegangenen Perioden durch Hochrechnung ist jedoch nicht zulässig.[19] Für Besonderheiten bei Umwandlung und Neugründung s. Rz 27 ff.

### 3.3 Arbeitnehmeranzahl

19 Ein weiteres Kriterium für die Bestimmung der Größenklasse ist gem. Abs. 1 Nr. 1, Abs. 2 Nr. 1 und Abs. 3 Nr. 1 HGB die durchschnittliche Anzahl der

---

[17] Vgl. *Förschle/Peun*, in Beck Bil-Komm. 9. Aufl., § 275 HGB, Rz 48.
[18] Vgl. exemplarisch *Matschke/Schellhorn*, in *Hofbauer/Kupsch*, § 267 HGB, 2002, Rz 21.
[19] Vgl. z. B. *Knop*, in *Küting/Pfitzer/Weber*, HdR., HGB § 267 Rn 13 (Stand 04/2011); *Reiner*, in MünchKomm. HGB, 3. Aufl., § 267 Rn 7.

während des Gj beschäftigten Arbeitnehmer. Der **Begriff des Arbeitnehmers** orientiert sich an den allgemeinen Grundsätzen des Arbeitsrechts sowie der Rechtsprechung des BAG.[20] Insofern gilt als Arbeitnehmer jede natürliche Person, die aufgrund eines privatrechtlichen Vertrags einem anderen zur Leistung fremdbestimmter Arbeit in persönlicher Abhängigkeit verpflichtet ist.[21] Ein zentrales Merkmal stellt dabei die persönliche Abhängigkeit des Beschäftigten dar. Die rechtliche Wirksamkeit des Vertrags ist nicht von Bedeutung, vielmehr ist nur entscheidend, ob er tatsächlich durchgeführt wird.

**Nicht zur Gruppe der Arbeitnehmer** zählen üblicherweise:[22]

- gesetzliche Vertreter einer KapG (Vorstandsmitglieder und Geschäftsführer),
- Mitglieder eines gesellschaftsrechtlichen Aufsichtsorgans, z.B. eines Aufsichtsrats, eines Verwaltungs- oder Beirats,
- Arbeitnehmer, die in Erziehungsurlaub sind und deren Arbeitsverhältnis ruht,
- Personen, die auf Basis eines privatrechtlichen Vertrags (z.B. Werkvertrag) und nicht auf der Basis eines Dienstvertrags tätig sind,
- Personen, die nicht in den Betrieb eingeordnet sind und die keine fremdbestimmte Arbeit in persönlicher Abhängigkeit erbringen, weil sie bspw. ihre Arbeitszeit selbst bestimmen können (z.B. freie Mitarbeiter),
- Arbeitnehmer, die aufgrund von Vorruhestands-, Altersteilzeit- oder Altersfreizeitregelungen ausgeschieden sind,
- Familienangehörige eines Gesellschafters, die mitarbeiten, für die aber kein Arbeitsvertrag abgeschlossen wurde,[23]
- Leiharbeitnehmer, es sei denn, sie sind arbeitsrechtlich Arbeitnehmer der Gesellschaft,
- zu ihrer Berufsausbildung Beschäftigte (Auszubildende, Umschüler, Volontäre, Praktikanten u. Ä.).

Im Gegensatz dazu zählen Arbeitnehmerinnen, die in Mutterschutz sind, trotzdem zur Gruppe der Arbeitnehmer und müssen in die Größenberechnung einbezogen werden. Es wird hier sachlich nicht zwischen einer Arbeitnehmerin in Mutterschutz und Arbeitnehmern, die wegen Erholungsurlaub oder Krankheit für eine längere Zeit nicht arbeiten, unterschieden.[24]

Voraussetzung für die Berücksichtigung der Arbeitnehmer ist die **Zurechenbarkeit zur Ges.** Insofern können Arbeitnehmer, die einem anderen Unt, z.B. innerhalb von Konzernen, überlassen werden, nur dem überlassenden Unternehmen zugerechnet werden, selbst wenn dieses das andere Unternehmen mit den anfallenden Kosten (Löhne, Gehälter, Nebenkosten) belastet.[25]

Genauere Angaben zur **Ermittlung der maßgeblichen Zahl der Arbeitnehmer** sind in Abs. 5 kodifiziert. Hier ist bestimmt, dass im Ausland beschäftigte Arbeitnehmer einzubeziehen sind, sofern ein Arbeitsverhältnis mit der inländischen Ges. besteht. Demgegenüber gehen zu ihrer Berufsausbildung Beschäftigte nicht in die Ermittlung der Arbeitnehmerzahl ein. Teilzeitbeschäftigte, Heim- oder Kurz-

---

[20] Vgl. *Lehwald*, , BB 1981, S. 2108; *Geitzhaus/Delp*, BB 1987, S. 367 ff.
[21] Vgl. BAG, Urteil v. 8.6.1967, 5 AZR 461/66, BAGE 19, S. 324, sowie *ADS*, 6. Aufl., § 267 HGB, Rz 13.
[22] Vgl. *Marx/Dallmann*, in *Baetge/Kirsch/Thiele*, Bilanzrecht, § 267 HGB, Rz 29, Stand 10/2012.
[23] Vgl. *Geitzhaus/Delp*, BB 1987, S. 367, 369.
[24] Vgl. *Geitzhaus/Delp*, BB 1987, S. 369.
[25] Vgl. *ADS*, 6. Aufl., § 267 HGB, Rz 14.

arbeiter sowie Schwerbehinderte, unselbstständige Handelsvertreter geringfügig Beschäftigte und zum Reservistendienst kurzfristig freigestellte Arbeitnehmer sind vollständig zu berücksichtigen. Die Einbeziehung der Arbeitnehmer erfolgt jeweils unabhängig von den geleisteten Arbeitsstunden, d. h., eine Umrechnung von Teilzeitbeschäftigten in Vollzeitäquivalente ist nicht vorzunehmen.[26]

24 Gem. Abs. 1 Nr. 1, Abs. 2 Nr. 1 und Abs. 3 Nr. 1 ist die durchschnittliche Arbeitnehmerzahl für den Schwellenwert maßgeblich; der Jahresdurchschnitt ist als **einfaches arithmetisches Mittel** zu berechnen. Hierzu bestimmt Abs. 5, dass die Arbeitnehmeranzahl an den Stichtagen 31. März, 30. Juni, 30. September und 31. Dezember als Grundlage für die Durchschnittsbildung dient. Dieses Verfahren gilt auch dann, wenn ein RumpfGj vorliegt. Da ein RumpfGj i. d. R. weniger als vier Stichtage umfasst, müssen noch fehlende Stichtage vor Beginn des RumpfGj berücksichtigt werden. Sollte das erste RumpfGj kein Quartalsende haben, ist auf die Arbeitnehmerzahl am Bilanzstichtag abzustellen.[27]

## 4 Eintritt der Rechtsfolgen (Abs. 4 Satz 1)

25 Gem. § 267 Abs. 4 Satz 1 HGB treten die Rechtsfolgen der Größenmerkmale nur ein, wenn mindestens **zwei der Größenmerkmale an zwei aufeinanderfolgenden Abschlussstichtagen** über- oder unterschritten werden. Ein lediglich einmaliges Über- oder Unterschreiten hat – abgesehen von Neu- oder Umgründungen (Rz 27 ff.) – keine Rechtsfolgen. Durch diese Regelung wird eine größere Stetigkeit der anzuwendenden Vorschriften erreicht und der Einfluss von Zufallsmomenten vermieden. Weiterhin gilt, dass nicht stets dieselben zwei der genannten drei Kriterien die Schwellenwerte über- oder unterschreiten müssen. Dies bedeutet z. B., dass das Überschreiten der Bilanzsumme- und der Umsatzerlös-Schwelle in Jahr 01 und das Überschreiten der Umsatzerlös- und Arbeitnehmerzahl-Schwelle in Jahr 02 für eine Eingruppierung als große KapG ausreichend sind.

26 Für die Eingruppierung einer Ges. sind folgende Regelungen anzuwenden:[28]
- Wenn an zwei aufeinanderfolgenden Abschlussstichtagen die gleichen Merkmale einer Größenklasse vorliegen, wird die Ges. am zweiten Stichtag in die entsprechende Klasse eingruppiert.

| Beispiel (K = klein, M = mittelgroß, G = groß) | | | | | | |
|---|---|---|---|---|---|---|
| Abschlussstichtag | 1 | 2 | 3 | 4 | 5 | 6 |
| Größenordnung | K | K | M | M | G | G |
| Rechtsfolgen | K | K | K | M | M | G |
| Tab. 4: Beispiel 1 zur Größenklasseneinteilung | | | | | | |

---

[26] Vgl. z. B. *Winkeljohann/Lawall*, in Beck Bil-Komm., 9. Aufl., § 267 HGB, Rz 11–12; *Knop*, in *Küting/Pfitzer/Weber*, HdR, HGB § 267, Rn 16 (Stand 04/2011), *Geitzhaus/Delp*, BB 1987, S. 369; a. A. *Lehwald*, BB 1981, S. 2107 f.

[27] Vgl. *Geitzhaus/Delp*, BB 1987, S. 370; *Winkeljohann/Lawall*, in Beck Bil-Komm. 9. Aufl., § 267 HGB, Rz 13.

[28] Vgl. *ADS*, 6. Aufl., § 267 HGB, Rz 17; *Matschke/Schellhorn*, in *Hofbauer/Kupsch*, § 267 HGB, 2002, Rz 59.

- Wenn eine Einordnung in eine bestimmte Größenklasse erfolgt ist und die Ges. an lediglich einem Stichtag in eine andere Klasse fällt, so bleibt das Unt in der ursprünglichen Klasse. Selbiges gilt auch, wenn die Ges. nach einer eindeutigen Zuordnung, bei der Rechtsfolge und Größenordnung identisch sind, hintereinander die Kriterien der kleinen und der großen KapG oder umgekehrt erfüllt.

| Beispiel | | | | | | |
|---|---|---|---|---|---|---|
| Abschlussstichtag | 1 | 2 | 3 | 4 | 5 | 6 |
| Größenordnung | G | M | G | M | M | G |
| Rechtsfolgen | G | G | G | G | M | M |

Tab. 5: Beispiel 2 zur Größenklasseneinteilung

| Abschlussstichtag | 1 | 2 | 3 | 4 | 5 | 6 |
|---|---|---|---|---|---|---|
| Größenordnung | M | K | G | M | G | K |
| Rechtsfolgen | M | M | M | M | M | M |

Tab. 6: Beispiel 3 zur Größenklasseneinteilung

- Wenn an drei aufeinanderfolgenden Stichtagen die Kriterien für die kleine, mittelgroße und große Ges. in auf- oder absteigender Reihenfolge erfüllt sind, so greifen die Rechtsfolgen wie folgt:

| Beispiel | | | | | | |
|---|---|---|---|---|---|---|
| Stichtag | 1 | 2 | 3 | 4 | 5 | 6 |
| Größenordnung | K | M | G | G | M | K |
| Rechtsfolgen | K | K | M | G | G | M |

Tab. 7: Beispiel 4 zur Größenklasseneinteilung

## 5 Besonderheiten bei Neugründung oder Umwandlung (Abs. 4 Satz 2)

Im Fall der Umwandlung oder Neugründung von Ges. ist eine Einordnung in eine der drei Größenklassen vorzunehmen, ohne dass auf 2 aufeinanderfolgende Abschlussstichtage Bezug genommen werden kann. Hier gelten nach Abs. 4 Satz 2 HGB die Rechtsfolgen der jeweiligen Größenklasse bereits für den ersten Abschlussstichtag nach der Umwandlung oder Neugründung. Falls das erste Gj ein RumpfGj ist, ergeben sich für die Bestimmung der Bilanzsumme als zeitpunktbezogenes Kriterium keine Probleme, wohl aber für die Umsatzerlöse als zeitraumbezogenes Kriterium und Arbeitnehmeranzahl als Jahresdurchschnitt.[29]

---

[29] Vgl. *Reiner*, in MünchKomm. HGB, 3. Aufl., § 267 Rn 15.

28  **Neugründungen** sind mit der Eintragung der neuen Ges. ins elektronische HR[30] vollzogen.[31] Das **Gj** beginnt spätestens zu diesem Zeitpunkt oder früher, wenn die Ges. vor HR-Eintragung den Geschäftsbetrieb aufgenommen hat. Bei Aufnahme der betrieblichen Tätigkeit vor HR-Eintragung sind die durch die sog. Vorgesellschaften erzielten Umsätze und die durchschnittliche Zahl der beschäftigten Arbeitnehmer der Vorgesellschaft ab dem Zeitpunkt der Aufnahme des Handelsgewerbes in die Ermittlung der Größenklassenkriterien zu berücksichtigen.[32]

29  Handelt es sich beim ersten Gj um ein **RumpfGj**, sind nur die in den Perioden des RumpfGj erzielten Umsatzerlöse zu berücksichtigen. Es darf keine Hochrechnung vorgenommen werden.[33]

> **Beispiel**
> RumpfGj vom 1.10. bis 31.12. mit Umsatzerlösen von insgesamt 24 Mio. EUR, davon 6 Mio. EUR im Oktober, 8 Mio. EUR im November und 10 Mio. EUR im Dezember. Der maßgebliche Jahresumsatz beträgt in diesem Fall 24 Mio. EUR.

Die **durchschnittliche Zahl der Arbeitnehmer** wird für den ersten Abschlussstichtag allein aus den Quartalszahlen des ersten (Rumpf)Gj berechnet. Falls das RumpfGj keinen der Stichtage enthält, ist die Arbeitnehmeranzahl zum Abschlussstichtag maßgeblich.[34]

30  Eine **Umwandlung** kann gem. § 1 UmwG durch Verschmelzung (§§ 2 ff. UmwG), Spaltung (§§ 123 ff. UmwG), Vermögensübertragung als Sonderfall der Umwandlung (§§ 174 ff. UmwG) oder Formwechsel (§§ 190 ff. UmwG) erfolgen.[35] Abs. 4 Satz 2 enthält keine Beschränkung auf eine Umwandlungsart. Entscheidend ist, dass der übernehmende bzw. der neu gegründete Rechtsträger oder der Rechtsträger neuer Rechtsform eine KapG oder haftungsbeschränkte PersG nach § 264a HGB ist.[36] Die Vermögensübertragung gilt als Sonderfall für Umwandlungen in den Bereichen der öffentlichen Hand und der Versicherungswirtschaft und ist hier nicht relevant.[37]

31  Gem. §§ 2 ff. UmwG müssen bei **Verschmelzungen** im Fall eines RumpfGj die Zahlen des neu entstandenen bzw. aufnehmenden Rechtsträgers analog zum Fall einer Neugründung hochgerechnet werden. Entsprechend ist auch die Zahl der im Jahresdurchschnitt beschäftigten Arbeitnehmer zu bestimmen. Wenn das RumpfGj nicht alle in Abs. 5 aufgeführten Stichtage umfasst, so wird der Jahresdurchschnitt aus den verfügbaren Quartalszahlen gebildet, ggf. wird die Zahl der Arbeitnehmer am Abschlussstichtag als maßgebend angesehen.

---

30  Einführung des elektronischen Handelsregisters mit dem EHUG v. 10.11.2006, BGBl I S. 2553.
31  Vgl. *Joswig*, DStR 1996, S. 1909 f.
32  Vgl. *ADS*, 6. Aufl., § 267 HGB, Rz 19; kritisch *Müller*, WPg 1996, S. 858 f.
33  Vgl. *Marx/Dallmann*, in *Baetge/Kirsch/Thiele*, Bilanzrecht, § 267 HGB, Rz 68, Stand 10/2012; *Hoffmann/Lüdenbach*, NWB-Kommentar Bilanzierung, 6. Aufl. 2015, § 267 Rz 11.
34  Vgl. *Joswig*, BB 2007, S. 764.
35  Vgl. *Nehe*, DB 1994, S. 2070; *Schwarz*, DStR 1994, S. 1698 f.
36  Vgl. *Winkeljohann/Lawall*, in Beck Bil-Komm. 9. Aufl., § 267 HGB, Rz 25.
37  Vgl. *ADS*, 6. Aufl., § 267 HGB, Rz 21.

Liegt eine **Spaltung**[38] gem. §§ 123 ff. UmwG vor, aus der sich für den neu entstandenen Rechtsträger ein RumpfGj ergibt, so dürfen die Werte der anderen beteiligten Unternehmen ebenfalls nicht berücksichtigt werden. Existiert der übernehmende Rechtsträger bereits, können Umsatzerlöse und Arbeitnehmerzahlen aus der Restzeit vor dem Spaltungsstichtag berücksichtigt werden, während bei der Spaltung auf einen neuen Rechtsträger die Regelungen für eine Neugründung angewendet werden.[39]  32

Bei einem **Formwechsel**[40] gem. §§ 190 ff. UmwG wird nur die rechtliche Struktur eines Unt modifiziert. Erfolgt die Umwandlung einer KapG in eine KapG anderer Rechtsform (z. B. GmbH in eine AG), so ist weiterhin alleine § 267 Abs. 4 Satz 1 HGB unter Berücksichtigung der Werte des bisherigen Unt maßgeblich.[41] Die Anwendung der Regelung gem. Abs. 4 Satz 2 würde dazu führen, dass die Ges. ggf. ein Jahr früher einer neuen Größenklasse zugeordnet wird als es nach Satz 1 der Fall wäre. Abs. 4 Satz 2 findet somit Anwendung, wenn ein bisher nicht als KapG geltendes Unt in eine KapG überführt wird.[42] In diesem Fall müssen Arbeitnehmerzahl und Umsatzerlöse ggf. wie bei der Neugründung auf Basis der Werte des neuen Unt hochgerechnet werden.[43] Zur expliziten Regelung des Formwechsels durch das BilRUG s. Rz 46.  33

## 6 Qualitatives Kriterium: Kapitalmarktorientierte Gesellschaften (Abs. 3 Satz 2)

Neben den quantitativen Schwellenwerten zur Größeneinstufung von Gesellschaften ist das in § 267 Abs. 3 Satz 2 HGB kodifizierte qualitative Kriterium „kapitalmarktorientiert" zu beachten. Unter Hinweis auf den Anlegerschutz und den Funktionenschutz von KM und Wirtschaft gilt eine Ges. i. S. d. § 264d HGB stets als große Ges. Eine KM-orientierte Ges. ist gegeben, wenn  34
- sie Wertpapiere gem. § 2 Abs. 1 Satz 1 WpHG herausgegeben hat,
- die an einem organisierten Markt gem. § 2 Abs. 5 WpHG gehandelt werden oder für die die Zulassung zum Handel an einem solchen Markt beantragt wurde.

Als Wertpapiere kommen neben den Aktien der Ges. auch Zertifikate, die Aktien vertreten, Schuldverschreibungen, Genussscheine, Optionsscheine oder vergleichbare Wertpapiere inkl. Investmentanteilen infrage. Eine grundsätzliche Marktfähigkeit der Papiere muss gegeben sein.

Bei einem organisierten Markt handelt es sich nach § 2 Abs. 5 WpHG um einen von staatlich anerkannten Stellen geregelten und überwachten Markt, der regelmäßig stattfindet und für das Publikum unmittelbar oder mittelbar zugänglich ist (§ 264d Rz 4). In Deutschland zählen der Amtliche Markt nach §§ 30 ff. BörsG

---

38 Vgl. *IDW HFA 1/1998*, WPg 1998, S. 508–511.
39 Vgl. *Reiner*, in MünchKomm. HGB, 3. Aufl., § 267 Rn 19. A. A. *Marx/Dallmann*, in *Baetge/Kirsch/Thiele*, Bilanzrecht, § 267 HGB, Rz 65, Stand 10/2012 (es sind die anteiligen Umsatzerlöse der bisherigen Rechtsträger zu berücksichtigen und eine Aufteilung gem. dem Verhältnis der übertragenden Vermögensteile vorzunehmen).
40 Vgl. *IDW HFA 1/1996*, WPg 1996, S. 507ff.
41 Vgl. *Schindhelm/Pickhardt-Poremba/Hilling*, DStR 2003, S. 1448.
42 Vgl. *ADS*, 6. Aufl., § 267 HGB, Rz 24.
43 Vgl. *Reiner*, in MünchKomm. HGB, 3. Aufl., § 267 Rn 20.

und der Geregelte Markt nach §§ 49 ff. BörsG zu den organisierten Märkten. Es besteht aber keine Beschränkung auf Börsen in Deutschland oder in der EU.[44] Dagegen fallen Gesellschaften, deren Papiere ausschließlich im Freiverkehr gehandelt werden, nicht unter Abs. 3 Satz 2 und sind somit nicht per se große KapG.

35 Mit dieser Regelung werden größenunabhängige Informationsanforderungen von Investoren an die kapitalmarktorientierten Unt mit den Informationen, die von großen Ges. gefordert werden, gleichgesetzt.[45] Nur wenn die Notierung der Wertpapiere des Unt an einem organisierten Markt endet, ist die Ges. ab dem nächsten Abschlussstichtag in die sich gem. den drei Größenmerkmalen ergebende Kategorie einzuordnen.[46]

## 7 Informationsrechte der Arbeitnehmervertretungen (Abs. 6)

36 Abs. 6 stellt klar, dass die Informations- und Auskunftsrechte der Arbeitnehmervertretungen nach § 108 Abs. 5 BetrVG (Erläuterung des Jahresabschlusses für den Wirtschaftsausschuss unter Beteiligung des Betriebsrats) von den Rechtsfolgen einer Größenklassenzuordnung und damit verbundener Erleichterungen unberührt bleiben. Der JA muss den Arbeitnehmern im betriebsverfassungsrechtlich gebotenen Ausmaß zugänglich gemacht bzw. erläutert werden. Dies gilt auch für diejenigen JA-Teile, die aufgrund von Erleichterungsvorschriften von kleinen und mittelgroßen Ges. nicht offengelegt werden müssen.[47]

## 8 Sanktionen

37 § 267 HGB enthält überwiegend Definitionen, nach denen bestimmte Erleichterungen bei der Rechnungslegung, Prüfung und Offenlegung in Anspruch genommen werden können. Eine Verletzung dieser Vorschriften selbst ist daher nicht möglich. Mögliche Sanktionen aus der unzulässigen Inanspruchnahme dieser Erleichterungen lassen sich nur aus zugehörigen handelsrechtlichen Normen ableiten.[48]

## 9 Änderungen durch BilRUG

### 9.1 Überblick

38 Nachdem zuletzt mit dem BilMoG eine Anpassung der Grenzwerte für die Zuordnung von KapG und haftungsbeschränkten PersG in Größenklassen erfolgte (s. Rz 10) und mit dem MicroBilG eine neue Unternehmensgrößenklasse, KleinstKapG, eingeführt wurde (§ 267a HGB), erfolgte mit dem BilRUG eine weitere Anpassung der Schwellenwerte sowie weitere Änderungen in § 267

---

[44] Vgl. WP-Handbuch, Bd. I, 14. Aufl., Abschn. F, Rz 25.
[45] Vgl. *Marx/Dallmann*, in *Baetge/Kirsch/Thiele*, Bilanzrecht, § 267 HGB, Rz 42, Stand 10/2012.
[46] Vgl. *Reiner*, in MünchKomm. HGB, 3. Aufl., § 267 Rn 21.
[47] Vgl. *Marx/Dallmann*, in *Baetge/Kirsch/Thiele*, Bilanzrecht, § 267 HGB, Rz 81, Stand 10/2012.
[48] Vgl. *Winkeljohann/Lawall*, in Beck Bil-Komm., 9. Aufl., § 267 HGB, Rz 31; *Marx/Dallmann*, in *Baetge/Kirsch/Thiele*, Bilanzrecht, § 267 HGB, Rz 91, Stand 10/2012.

HGB. Im Einzelnen werden folgende Inhalte im Wortlaut des § 267 HGB geändert bzw. ergänzt:[49]
- Abs. 1: Anhebung des Schwellenwerts für die Bilanzsumme auf 6 Mio. EUR und für den Umsatz auf 12 Mio. EUR für kleine Gesellschaften,
- Abs. 2: Anhebung des Schwellenwertes für die Bilanzsumme auf 20 Mio. EUR und für den Umsatz auf 40 Mio. EUR für mittelgroße Gesellschaften,
- Abs. 4 Satz 3: Klarstellung, dass Satz 2 keine Anwendung im Falle eines Formwechsels findet,
- Hinzufügung von Abs. 4a zur klarstellenden Definition der Bilanzsumme.

Die Vorschriften des § 267 HGB nF dürfen erstmals für nach dem 31.12.2013 beginnende Gj angewendet werden. Wird von der Möglichkeit einer solchen rückwirkenden Anwendung Gebrauch gemacht, sind gleichzeitig die geänderten Regelungen des § 277 Abs. 1 HGB nF zu beachten, die eine Neudefinition der Umsatzerlöse enthalten (Rz 43f.). Wenn auf eine rückwirkende Anwendung verzichtet wird, ist eine Anwendung der neuen Schwellenwerte – entsprechend dem Anwendungszeitpunkt des BilRUG – erst auf Abschlüsse möglich, die nach dem 31.12.2015 beginnen. Eine erstmalige Anwendung der Schwellenwertregelung für Abschlüsse mit Geschäftsjahresbeginn nach dem 31.12.2014 ist nach dem Wortlaut der Übergangsvorschrift nicht möglich.[50] Dennoch ist fraglich, warum eine Erstanwendung für das Gj 2015 nicht möglich sein sollte, zumal bereits die Mehrheit der mittelgroßen Unt den JA 2014 aufgestellt haben dürfte und somit von einer vorzeitigen Anwendung der erhöhten Schwellenwerten nicht profitieren könnte. Da an keiner Stelle der Gesetzesbegründung auf dieses Problem eingegangen wird oder explizit den Ausschluss der Erstanwendung für die Gj 2015 benennt, sollte unter Beachtung der weiteren Vorgaben eine Erstanwendung auch für Gj möglich sein, die nicht das erst nach dem 31.12.2013 sind. Siehe ausführlicher zu den Anwendungszeitpunkten des BilRUG § 293 Rz 23ff.

## 9.2 Anhebung der Schwellenwerte und Bedeutung des Anwendungszeitpunkt

### 9.2.1 Anhebung der Schwellenwerte

In Übereinstimmung mit dem Ziel des BilRUG, einen weiteren Schritt im Bürokratieabbau für kleine und mittlere Ges. zu erreichen,[51] werden die Schwellenwerte für Größenkriterien von kleinen und mittelgroßen Ges. erneut angehoben. Im Rahmen der in der Richtlinie 2013/34/EU eingeräumten Möglichkeiten hat sich der deutsche Gesetzgeber für die Übernahme der höheren Schwellenwerte entschieden. Die Schwellenwerte für die Bilanzsumme und für den Umsatz wurden erhöht, die Schwellenwerte für die Arbeitnehmerzahl bleiben unverändert. Im Vergleich zu den derzeit aktuellen Werten lauten die **Schwellenwerte für die Größenklassen nach § 267 HGB nF** wie folgt (aktuelle Werte des § 267 HGB in Klammern):[52]

39

---

49 Vgl. BilRUG-RegE, Stand: 7.1.2015, S. 7.
50 Vgl. BT-Drs. 18/5256 vom 17.06.2015, S. 52.
51 Vgl. BilRUG-RefE, Stand: 27.7.2014, S. 1.
52 Vgl. Begründung zum BilRUG-RegE, S. 33–34.

|  | Schwellenwerte für Geschäftsjahre spätestens ab 1.1.2016* nach BilRUG (aktuelle Werte in Klammern) | | |
| --- | --- | --- | --- |
|  | Klein | Mittelgroß | Groß |
| Bilanzsumme (BS) in EUR | 350.000 < BS ≤ 6.000.000 (4.840.000) | 6.000.000 (4.840.000) < BS ≤ 20.000.000 (19.250.000) | > 20.000.000 (19.250.000) |
| Umsatzerlöse (UE) in EUR | 700.000 < UE ≤ 12.000.000 (9.680.000) | 12.000.000 (9.680.000) < UE ≤ 40.000.000 (38.000.000) | > 40.000.000 (38.000.000) |
| Arbeitnehmerzahl (AN) | > 10 AN ≤ 50 | 50 < AN ≤ 250 | > 250 |
| *rückwirkende Anwendung für nach dem 31.12.2013 beginnende Gj möglich (Rz 38) | | | |

Tab. 8: Größenklassen von KapG und KapCoGes nach BilRUG

40 Mit den neuen Werten werden die Schwellenwerte für kleine Unt deutlich um rund 24 % und die Schwellenwerte für mittelgroße und große Unt nur leicht um rund 4 % erhöht.[53] In der Folge können zukünftig **weitere Unt die Erleichterungen für kleine Unt in Anspruch nehmen**. Schätzungen zufolge werden ca. 7.000 KapG, die zuvor als mittelgroße Unt eingestuft waren, die Erleichterungen für kleine Unt in Anspruch nehmen können, während für ca. 300 bisher große KapG zukünftig die Erleichterungen für mittelgroße Unt greifen.[54] Die Anhebung der Schwellenwerte für kleine Unt wird zusammen mit den Entlastungen bei den Anhangangaben (§ 285 HGB) zu einer erheblichen Kostensenkung für die betroffenen Unt führen.

41 Das folgende Beispiel zeigt die Auswirkungen bei Anwendung der neuen Schwellenwerte unter der vereinfachten Annahme, dass die neu definierten Umsatzerlöse in § 277 Abs. 1 HGB nF keine Auswirkungen auf die Umsatzhöhe haben (s. Rz 43 mit Berücksichtigung der Neudefinition der Umsatzerlöse).

| Beispiel Eine im Jahr 1 gegründete KapG weist für die Jahre 1 bis 4 folgende Werte für die Kriterien Bilanzsumme, Umsatzerlöse und Mitarbeiterzahl auf: | | | | |
| --- | --- | --- | --- | --- |
|  | 31.12. Jahr 1 | 31.12. Jahr 2 | 31.12. Jahr 3 | 31.12. Jahr 4 |
| Bilanzsumme (in EUR) | 4.000.000 | 4.500.000 | 5.500.000 | 5.900.000 |
| Umsatzerlöse (in EUR) | 9.500.000 | 11.500.000 | 11.900.000 | 12.200.000 |
| Mitarbeiterzahl | 90 | 95 | 97 | 100 |

Tab. 9: Werte für Bilanzsumme, Umsatzerlöse und Mitarbeiterzahl

---

[53] Vgl. BilRUG-RefE, Stand: 27.7.2014, S. 46.
[54] Vgl. BilRUG-RegE, Stand: 7.1.2015, S. 64.

Die Einordnung als kleine, mittelgroße oder große Ges. erfolgt in zwei Schritten: Zunächst wird die Größenordnung bestimmt (Unter-/Überschreiten von zwei der drei Kriterien) und anschließend die Rechtsfolge unter Berücksichtigung der Merkmalsausprägungen in zwei aufeinanderfolgenden Gj) abgeleitet. Im Beispielfall lauten die Rechtsfolgen für die Einordnung in die Größenklassen wie folgt:

| vor BilRUG | 31.12. Jahr 1 | 31.12. Jahr 2 | 31.12. Jahr 3 | 31.12. Jahr 4 |
|---|---|---|---|---|
| Bilanzsumme | klein | klein | mittel | mittel |
| Umsatzerlöse | klein | mittel | mittel | mittel |
| Mitarbeiterzahl | mittel | mittel | mittel | mittel |
| Größenordnung | klein | mittel | mittel | mittel |
| Rechtsfolgen | klein | klein | mittel | mittel |

| nach BilRUG | 31.12. Jahr 1 | 31.12. Jahr 2 | 31.12. Jahr 3 | 31.12.Jahr 4 |
|---|---|---|---|---|
| Bilanzsumme | klein | klein | klein | klein |
| Umsatzerlöse | klein | klein | klein | mittel |
| Mitarbeiterzahl | mittel | mittel | mittel | mittel |
| Größenordnung | klein | klein | klein | mittel |
| Rechtsfolgen | klein | klein | klein | klein |

**Tab. 10: Einordnung in die Größenklassen (vor und nach BilRUG)**

Die Ges. wird im ersten Jahr sowohl nach aktuellen Schwellenwerten als auch nach dem BilRUG als kleine KapG eingestuft. Ab dem Jahr 3 muss nach aktuellen Schwellenwerten eine Einordnung als mittelgroße Ges. vorgenommen werden, während nach den angehobenen Schwellenwerten durch das BilRUG bis zum Jahr 4 das Unt als kleine Ges. gilt. Erst wenn im darauffolgenden Gj (31.12.Jahr 5) wieder zwei der drei Kriterien die Schwellenwerte für eine mittelgroße Ges. aufweisen, ändert sich die Rechtsfolge auch nach den neuen Schwellenwerten des § 267 HGB nF hin zu einer mittelgroßen Ges. Eine Zuordnung als mittelgroße Ges. führt zu höheren Anforderungen bei Aufstellung, Prüfung und Offenlegung des JA; zudem ist ein LB zu erstellen.

Wird ein Unt bei **rückwirkender Anwendung der Größenkriterien als kleine (zuvor mittelgroße) KapG** eingestuft, greifen weitere Erleichterungen bei der **Aufstellung** des JA (z.B. Anhangangaben); zudem entfällt die Pflicht zur Erstellung eines LB und die **Offenlegung** der GuV. Außerdem können die Offenlegungserleichterungen des § 326 HGB unter Beachtung von § 328 Abs. 1 Nr. 1 Satz 3 Halbsatz 2 und Abs. 3 Satz 1 HGB genutzt werden. Die Vorgehensweise hinsichtlich der **Abschlussprüfung** ist davon abhängig, ob bzw. inwieweit der Prüfungsauftrag bereits durchgeführt wurde. Es werden die folgenden drei Fälle unterschieden:[55]

---

[55] Vgl. im Folgenden *Beck*, BC 2015, 5; *Theile*, BBK 2015, 140.

- Prüfungsauftrag wurde erteilt, die Abschlussprüfung aber noch nicht begonnen: Der Prüfungsvertrag entfällt nachträglich, da die Geschäftsgrundlage fehlt.
- Prüfungsauftrag wurde erteilt, die Abschlussprüfung bereits beendet: Die erhöhten Schwellenwerte können nicht mehr rückwirkend Anwendung finden.
- Prüfungsauftrag wurde erteilt, die Abschlussprüfung ist noch nicht beendet: Prüfungshonorar ist für die bereits vom Abschlussprüfer erbrachten Leistungen zu zahlen. Es besteht die Möglichkeit eine freiwillige Prüfung fortzuführen.

### 9.2.2 Bedeutung des Anwendungszeitpunktes

43 Da der Gesetzgeber eine frühestmögliche Entlastung intendiert, dürfen die neuen Schellenwerte in § 267 Abs. 1 und 2 HGB nF nur für nach dem 31.12.2013 beginnende Gj Anwendung finden (Rz 38). Wie bisher, erfolgt eine Kategorisierung in eine Größenklasse, wenn mindestens zwei der drei genannten Merkmale an zwei aufeinanderfolgenden Geschäftsjahren nicht überschritten werden. Für die Feststellung der Größenklasse sind daher bei vorzeitiger Anwenundung die neuen Schwellenwerte rückwirkend anzuwenden, d. h. für das Gj mit Abschlussstichtag 31.12.2014 sind zusätzlich die Werte für das vorherige Gj zum 31.12.2013 in die Schwellenwertermittlung gem. § 267 HGB nF einzubeziehen.[56] Bei der Inanspruchnahme bilanzpolitischer Möglichkeiten zur Beeinflussung der Merkmale ist zu beachten, dass die erlaubte rückwirkende Anwendung der Größenmerkmale an die Beachtung der Ermittlung der **Bilanzsumme gem. Abs. 4a** wie auch an die Beachtung der **Neudefinition der Umsatzerlöse** geknüpft ist.[57] Danach sind alle Erträge aus dem Verkauf von Erzeugnissen, Waren und Dienstleistungen als Umsatz auszuweisen sind, unabhängig davon, ob diese zur gewöhnlichen Geschäftstätigkeit zählen (s. § 277 Abs. 4 HGB). Dies kann sich u. U. auf die Größenklassenzuordnung auswirken, wie das folgende Beispiel verdeutlicht.

> **Beispiel**
> Eine bis einschließlich 2012 als klein eingeordnete KapG, die in 2012 nur bei der Mitarbeiterzahl den Grenzwert für kleine KapG in Höhe von 50 überschritten hat, weist für die Jahre 2013 bis 2016 die in Tab. 11 genannten Werte für die Kriterien Bilanzsumme, Umsatzerlöse und Mitarbeiterzahl sowie für bisher innerhalb der sonstigen betrieblichen Erträge (sbE) erfassten Erlöse aus Schrottverkäufen, Kantinenerlöse und Mieteinnahmen aus Werkswohnungen auf. Die genannten Umsatzzahlen basieren auf der Umsatzdefinition gem. § 277 Abs. 1 HGB vor BilRUG, in einer gesonderten Zeile sind die Erträge genannt, die bei Anwendung des § 277 Abs. 1 HGB nF als Umsatzerlöse erfasst werden müssen.

---

[56] Vgl. BilRUG-RegE, Stand: 7.1.2015, S. 74.
[57] Vgl. BilRUG-RegE, Stand: 7.1.2015, S. 33–34.

|  | 31.12.2013 | 31.12.2014 | 31.12.2015 | 31.12.2016* |
|---|---|---|---|---|
| Bilanzsumme (in EUR) | 4.000.000 | 4.500.000 | 5.500.000 | 5.900.000 |
| Umsatzerlöse gem. § 277 Abs. 1 HGB (in EUR) | 9.600.000 | 11.800.000 | 11.900.000 | 12.200.000 |
| Bisher in sbE erfasste Erlöse aus Schrottverkäufen, Kantinenerlöse, Mieteinnahmen aus Werkswohnungen | 2.510.000 | 1.820.000 | 925.000 | 930.000 |
| Mitarbeiterzahl | 90 | 95 | 97 | 100 |

Tab. 11: Werte für Bilanzsumme, Umsatzerlöse und Mitarbeiterzahl

Im Beispielfall gem. Tab. 11 lauten die Rechtsfolgen für die Einordnung in die Größenklassen im Falle einer rückwirkenden Anwendung für das Gj 2014 unter Berücksichtigung der erforderlichen Vj.-Werte wie folgt:

| Rückwirkende Anwendung | 31.12.2013 | 31.12.2014* | 31.12.2015 | 31.12.2016 |
|---|---|---|---|---|
| Bilanzsumme | klein | klein | klein | klein |
| Umsatzerlöse einschl. Zuordnung von in den sbE erfassten atypische Umsatzerlöse | mittel | mittel | mittel | mittel |
| Mitarbeiterzahl | mittel | mittel | mittel | mittel |
| Größenordnung | mittel | mittel | mittel | mittel |
| Rechtsfolgen | klein | mittel | mittel | mittel |

*Anwendung der Schwellenwerte gem. § 267 HGB nF bereits ab Gj 2014 und Berücksichtigung für das Vj.

Tab. 12: Einordnung in die Größenklassen (nach BilRUG bei rückwirkender Anwendung)

Als Folge der Verkettung einer frühzeitigen Anwendung des § 267 HGB nF mit der Neudefinition der Umsatzerlöse gem. § 277 Abs. 1 HGB nF (s. § 277 Rz 46 ff.) ist das Unt bereits im Gj 2014 als mittelgroße KapG einzuordnen. Dagegen erfolgt bei Verzicht auf eine vorzeitige Anwendung der neuen Schwellenwerte die Klassifizierung als mittelgroße KapG erst ab dem Gj 2015, wie die festgestellten Rechtsfolgen in der folgenden Tabelle zeigen.

| Anwendung ab Gj 2016 | 31.12.2013 | 31.12.2014 | 31.12.2015 (in Klammern die VJ-Einordnung für Rechtsfolge in 2016*) | 31.12.2016* |
|---|---|---|---|---|
| Bilanzsumme | klein | klein | Klein (klein) | Klein |
| Umsatzerlöse (für 2016 und Vj. [in Klammern] sind in den UE die bisher in den sbE erfassten atypischen UE enthalten) | Klein | mittel | mittel (mittel) | mittel |
| Mitarbeiterzahl | mittel | mittel | mittel | mittel |
| Größenordnung | klein | mittel | mittel | mittel |
| Rechtsfolgen | klein | klein | mittel | mittel |

\* Anwendung der Schwellenwerte gem. § 267 HGB nF erst ab Gj 2016 und deren Berücksichtigung für das Vj.

**Tab. 13: Einordnung in die Größenklassen (nach BilRUG bei Verzicht auf rückwirkende Anwendung)**

44 Eine frühzeitige Anwendung der mit dem BilRUG erhöhten Schwellenwerte von Bilanzsumme und Umsatzerlöse verknüpft mit der dann pflichtmäßigen Beachtung der in § 277 Abs. 1 HGB nF neu definierten Umsatzerlöse kann bei hohen in den sonstigen betrieblichen Erträgen enthaltenen atypischen Umsätzen, die nach § 277 Abs. 1 HGB nF zu den Umsatzerlösen zählen, zur Folge haben, dass bereits für das Gj 2014 eine Zuordnung als mittelgroße KapG erfolgen könnte.

45 Unabhängig von der Nutzung der vorzeitigen Anwendung ist bei der erstmaligen Anwendung von § 267 HGB nF im Anhang auf die fehlende Vergleichbarkeit der Umsatzerlöse 277 HGB hinzuweisen und unter nachrichtlicher Darstellung des Betrags der Umsatzerlöse des Vj., die sich bei Anwendung des § 277 Abs. 1 HGB nF ergeben hätte, zu erläutern.[58] Daher ist zu prüfen, ob unter den sonstigen betrieblichen Erträgen und ao Erträgen ausgewiesene Sachverhalte nach neuer Definition als Umsatz zu buchen gewesen wären (§ 293 Rz 24).

### 9.3 Klarstellung zum Eintritt der Rechtsfolgen bei Formwechsel (Abs. 4 Satz 3)

46 Bisher sieht der Gesetzeswortlaut nur im Falle von Umwandlungen und Neugründungen vor, auf die Anwendung von Abs. 4 Satz 1 zu verzichten (§ 267 Abs. 4 Satz 2 HGB; Rz 25 f.). Aus diesem Grunde greifen bei Umwandlung und

---

[58] Vgl. BT-Drs. 18/5256, S. 52 f.

Neugründung die Rechtsfolgen der Größenklasse ausnahmsweise bereits dann, wenn zwei der drei Merkmale am ersten Abschlussstichtag über- oder unterschritten werden. In der Literatur wurden bereits Handlungsempfehlungen für die Regelungslücke im Falle eines Formwechsels gegeben (Rz 33). Klarstellend ist in § 267 Abs. 4 Satz 3 HGB nF festgehalten, dass im Falle eines Formwechsels die Ausnahme für Umwandlungen und Neugründungen nicht angewendet werden darf, wenn „der formwechselnde Rechtsträger eine KapG oder eine PersG i. S. d. § 264a Abs. 1 ist" (§ 267 Abs. 3 Satz 3 HGB nF). Unter der Prämisse einer Anwendung von § 267 HGB für KapG (AG, SE, GmbH, KGaA) und ihnen gleich gestellte Ges. (KapCoGes oder anderen PersG gem. § 264a HGB) ist im Falle eines Formwechsels innerhalb von KapG und ihnen gleich gestellten Ges. Kontinuität zu wahren, mit der Folge, dass unter Berücksichtigung der Vj.-Werte die Rechtsfolgen wirksam werden, wenn die Merkmale an zwei aufeinanderfolgenden Abschlussstichtagen über- oder unterschritten werden. Gleiches dürfte für Genossenschaften gelten (Rz 9).

Dagegen greift Abs. 4 Satz 3 nicht für Unt, sofern der formwechselnde Rechtsträger keine KapG oder keine ihnen gleichgestellte Ges. ist, d. h. insb. unter der Rechtsform PersG ohne natürlichen Vollhafter, e. V. oder Körperschaften des öffentlichen Rechts firmiert.

Die Regelungen sind spätestens für nach dem 31.12.2015 beginnenden Gj anzuwenden. Finden die erhöhten Schwellenwerte bereits für Gj, die nach dem 31.12.2013 beginnen, Anwendung, ist auch Abs. 4 Satz 3 vorzeitig anzuwenden.

### 9.4 Definition des Größenkriteriums „Bilanzsumme" (Abs. 4a)

Ebenso wie die Definition des Kriteriums „durchschnittliche Zahl der Arbeitnehmer" (Abs. 5) wird zur Klarstellung in Abs. 4a die Zusammensetzung des Begriffs „Bilanzsumme" erläutert. Danach setzt sich die Bilanzsumme aus den folgenden Buchstaben des § 266 Abs. 2 HGB zusammen: 47

A. Anlagevermögen,
B. Umlaufvermögen,
C. Rechnungsabgrenzungskosten,
D. Aktive latente Steuern und
E. Aktiver Unterschiedsbetrag aus der Vermögensverrechnung.

Während aktive latente Steuern in die Ermittlung der Bilanzsumme einfließen, findet ein auf der Aktivseite ausgewiesener Fehlbetrag (§ 268 Abs. 3 HGB) keine Berücksichtigung (§ 267 Abs. 4 Satz 2 HGB nF).

Da kleine Ges. von der Abgrenzung latenter Steuern befreit sind (§ 274a Nr. 5 HGB), greift die Ermittlung der Bilanzsumme unter Berücksichtigung von aktiven latenten Steuern in diesem Fall ins Leere. Dennoch kommt durch die Einbeziehung von aktiven latenten Steuern in die Ermittlung der Bilanzsumme der Nutzung des Aktivierungswahlrechts gem. § 274 Abs. 1 Satz 2 HGB u. U. eine entscheidende Bedeutung bei der Feststellung der Unt-Größenklasse zu.

Grundsätzlich hat die Ausübung des Aktivierungswahlrechts stetig zu erfolgen (§ 246 Abs. 3 HGB), Abweichungen sind nach § 252 Abs. 2 HGB nur in begründeten Ausnahmen zulässig. Geänderte Rechtsvorschriften werden regelmäßig als Grund für eine Ausnahme vom Stetigkeitsgrundsatz anerkannt. Daher können Unt unter Verweis auf § 267 Abs. 4a HGB im Übergang auf das BilRUG anstelle der Nutzung des Aktivierungswahlrechts für aktive latente Steuern auf deren Aktivierung verzichten.

Die klarstellende Definition ist spätestens für nach dem 31.12.2015 beginnende Gj anzuwenden; eine vorzeitige Anwendung ist (ggf. nur s. Rz 38) für Gj, die nach dem 31.12.2013 beginnen, als Paket aus einer früheren Anwendung von §§ 267 und 277 Abs. 1 HGB nF möglich (Rz 43).

# § 267a KLEINSTKAPITALGESELLSCHAFTEN

(1) ¹Kleinstkapitalgesellschaften sind kleine Kapitalgesellschaften, die mindestens zwei der drei nachstehenden Merkmale nicht überschreiten:
1. 350.000 Euro Bilanzsumme nach Abzug eines auf der Aktivseite ausgewiesenen Fehlbetrags (§ 268 Absatz 3);
2. 700.000 Euro Umsatzerlöse in den zwölf Monaten vor dem Abschlussstichtag;
3. im Jahresdurchschnitt zehn Arbeitnehmer.
²Die Bilanzsumme setzt sich aus den Posten zusammen, die in den Buchstaben A bis E des § 266 Absatz 2 aufgeführt sind, wobei bei Ausübung des in § 274a Nummer 5 geregelten Wahlrechts der betreffende Buchstabe nicht berücksichtigt wird.
³§ 267 Absatz 4 bis 6 gilt entsprechend.
(2) Die in diesem Gesetz für kleine Kapitalgesellschaften (§ 267 Absatz 1) vorgesehenen besonderen Regelungen gelten für Kleinstkapitalgesellschaften entsprechend, soweit nichts anderes geregelt ist.

Prof. Dr. Stefan Müller

## Inhaltsübersicht

| | Rz |
|---|---|
| 1 Überblick | 1–6 |
| 1.1 Inhalt und Regelungszweck | 1–2 |
| 1.2 Anwendungsbereich | 3–4 |
| 1.3 Normenzusammenhänge | 5–6 |
| 2 Bestimmung einer Kleinstkapitalgesellschaft (Abs. 1) | 7–13 |
| 2.1 Schwellenwerte | 7–12 |
| 2.2 Informationsrechte für Arbeitnehmervertretungen | 13 |
| 3 Grundsätzliche Übertragung der Erleichterungen für kleine Kapitalgesellschaften auf Kleinstkapitalgesellschaften (Abs. 2) | 14 |
| 4 Sanktionen | 15 |
| 5 Änderungen durch das BilRUG | 16–22 |

## Ergänzendes Schrifttum

*Haaker*, Problembereiche im BilRuG-RefE – Kritische Analyse ausgewählter Aspekte des Referentenentwurfs eines Bilanzrichtlinie-Umsetzungsgesetzes (BilRuG-RefE), StuB 2015, S. 11; *Haaker*, Beeinträchtigung von Bilanzanalyse und Unternehmenssteuerung durch das BilRUG, DB 2014, S. 5; *Hoffmann*, Der deregulierte Jahresabschluss der Kleinstkapitalgesellschaft, StuB 2012, S. 729; *Kolb/Roß*, Zweifelsfragen zum MicroBilG, WPg 2014, S. 991; *Maier-Siegert*, BilRUG im Wartestand, BC 2015, S. 1; *Müller/Kreipl*, Rechnungslegungserleichterungen für Kleinstkapitalgesellschaften und Tochterunternehmen ausländischer Konzernmütter durch das MicroBilG, DB 2013, S. 73; *Müller/Stawino-*

*ga*, Implikationen der rückwirkenden Schwellenwerterhöhung mit dem Bil-RUG-RefE bei der Bestimmung der Unternehmensgrößenklassen, BB 2014, S. 2411; *Müller/Stawinoga*, Verschärfung der Voraussetzungen zur rückwirkenden Anwendung der Schwellenwerterhöhungen durch den BilRUG-RegE, BB 2015, S. 241; *Richardi*, Becksche Kommentare zum Arbeitsrecht, Bd. 5: Betriebsverfassungsgesetz, 12. Aufl., München 2010; *Schellhorn*, Anmerkungen zum Kleinstkapitalgesellschaften-Bilanzrechtsänderungsgesetz, DB 2012, S. 2295; *Theile*, Neue Schwellenwerte für den Jahresabschluss nach dem BilRuG-RefE – Mögliche Rückwirkung für den Abschluss 2014, BBK 2014, S. 1169; *Wirtz/Gersbacher*, Neudefinition der Umsatzerlöse durch das BilRuG – Praktische Auswirkungen der vorgesehenen Änderungen, StuB 2014, S. 711

## 1 Überblick

### 1.1 Inhalt und Regelungszweck

1 Auf Basis der Micro-Richtlinie[1] der EU wurde mit § 267a HGB eine **neue Größenklasse** für KapG und denen gleichgestellten PersG implementiert. Diese brauchen als Kleinstkapitalgesellschaften (KleinstKapG) bezeichnet bestimmte Aufstellungs-, Ausweis- und Offenlegungspflichten nicht zu erfüllen, wenn sie an zwei Abschlussstichtagen jeweils zwei der folgenden drei Grenzwerte nicht überschreiten: 350.000 EUR Bilanzsumme, 700.000 EUR Nettoumsatzerlöse, durchschnittliche Anzahl der Mitarbeiter eines Gj von zehn. Unter die KleinstKapG dürften mit dieser Definition auch häufig Holdingges. fallen, da diese i. d. R. keine Umsatzerlöse ausweisen und oft auch nicht mehr als zehn Mitarbeiter beschäftigen. Mit dem BilRUG plant der Gesetzgeber hier aber gewisse Einschränkungen (Rz 16).

2 Ziel der Gesetzesänderung ist eine **Verringerung der Bürokratiekosten**, die über eine Reduzierung des mit der Rechnungslegung verbundenen Verwaltungsaufwands erreicht werden soll. Die quantitativen Größengrenzen im Bereich unterhalb der aktuellen handelsrechtlichen Grenzwerte für kleine KapG führen jedoch nicht zu in gleichem Maße weitreichenden Erleichterungen wie die bereits bestehenden Befreiungen gem. § 241a HGB für kleine EKfl (§ 241a Rz 1 ff.). Daher rechnet die Bundesregierung ausweislich der Begründung zum MicroBilG mit einer Entlastung der Wirtschaft durch einen Abbau der Bürokratiekosten von mindestens 36 Mio. EUR jährlich, wobei aber auch ein einmaliger Aufwand der Wirtschaft i. H. v. ca. 9 Mio. EUR sowie ein nicht zu beziffernder Mehraufwand bei der zukünftigen Datenbeschaffung von hinterlegten JA gesehen wird.[2]

### 1.2 Anwendungsbereich

3 Relevant ist die Regelung zunächst nur für **KapG und KapCoGes.** Eine Anwendung der Erleichterungen auf Genossenschaften kommt ausweislich § 336 Abs. 2 HGB bislang nicht in Betracht (zur Änderung durch das BilRUG: Rz 16). Obwohl der § 267a HGB nicht in die Aufzählung der nichtanzuwendenden

---

[1] RL 2012/6/EU des Europäischen Parlaments und des Rates vom 14.3.2012 zur Änderung der RL 78/660/EWG des Rates über den Jahresabschluss von Gesellschaften bestimmter Rechtsformen hinsichtlich Kleinstbetrieben (sog. Micro-Richtlinie).
[2] Vgl. BT-Drs 17/11292 S. 12.

Vorschriften der §§ 340a Abs. 2 und 341a Abs. 2 HGB aufgenommen wurde, sind Banken und Versicherungen von den Erleichterungen ausgeschlossen, da sie stets einen JA nach den Vorschriften für große KapG zu erstellen haben. Ebenso verlangt § 267 Abs. 3 HGB für KM-orientierte KapG einen JA nach den Vorschriften für große KapG, auch wenn in § 267a HGB anders als bei der Rechtsfolge gem. § 267 Abs. 4-6 HGB nicht direkt auf diesen Absatz verwiesen wird. Nach § 8 des Gesetzes für Unternehmensbeteiligungsgesellschaften sind für diese Ges. immer die Vorschriften für mittelgroße KapG anzuwenden, so dass eine Anwendung der Befreiungen auch nicht in Betracht kommt.

**Zeitlich** geht die Vorschrift auf das MicroBilG[3] zurück und ist nach Art. 70 EGHGB auf alle Gj anzuwenden, die nach dem 30.12.2012 enden.

### 1.3 Normenzusammenhänge

§ 267a HGB definiert KleinstKapG als Untergruppe der kleinen KapG. Eine Inanspruchnahme der Erleichterungen bedarf jedoch zusätzlich zu der Einhaltung der quantitativen Schwellenwerte der Beachtung von § 253 Abs. 1 Satz 5 HGB. Demnach haben KleinstKapG keine Bewertung von Bilanzansätzen zum beizulegenden Zeitwert vornehmen. Relevant ist dabei nur die gem. § 253 Abs. 1 Satz 4 HGB pflichtgem. vorgesehene Bewertung von nach § 246 Abs. 2 Satz 2 HGB zu verrechnenden VG, die dem Zugriff aller übrigen Gläubiger entzogen sind und ausschließlich der Erfüllung von Schulden aus Altersversorgungsverpflichtungen oder vergleichbaren langfristig fälligen Verpflichtungen dienen (**Deckungsvermögen**). Sollte dieser Fall der Deckung von Pensions- oder ähnlichen Verpflichtungen vorliegen, verlangt § 253 Abs. 1 Satz 6 HGB eine Bewertung dieser VG bei Inanspruchnahme der Erleichterungen gem. § 253 Abs. 1 Satz 1 HGB. Entsprechend hat eine Saldierung dieser VG mit den Pensionsverpflichtungen dann zu den **fortgeführten AK** zu erfolgen. Es entfällt dann jedoch auch die Ausschüttungssperre für die (dann nicht) ausgewiesenen, nicht realisierten Gewinne nach § 268 Abs. 8 HGB.

Die KleinstKapG dürfen einzelne oder alle der folgenden Erleichterungen in Anspruch nehmen:
- Gegenüber kleinen KapG nochmals verkürztes Bilanzgliederungsschema nach § 266 Abs. 1 Satz 4 HGB.
- Gegenüber kleinen KapG nochmals verkürztes GuV-Gliederungsschema nach § 275 Abs. 5 HGB.
- Der Anhang kann gem. § 264 Abs. 1 Satz 5 HGB entfallen, wenn unter der Bilanz folgende Angaben aufgeführt werden:
  – Haftungsverhältnisse i. S. d. §§ 251, 268 Abs. 7 HGB,
  – Vorschüsse/Kredite an Mitglieder der Verwaltungs-, Geschäftsführungs- oder Aufsichtsorgane i. S. d. § 285 Nr. 9 Buchst. c und
  – Transaktionen eigener Aktien i. S. d. § 160 Abs. 1 Satz 1 Nr. 2 AktG.
- Die Offenlegung der Bilanz (die GuV ist als kleine KapG gem. § 326 Abs. 1 Satz 1 HGB nicht offenzulegen) kann auf Antrag an den Betreiber des BAnz durch eine Hinterlegung ersetzt werden. Diese beschränkt die Herausgabe der Daten an Dritte auf kostenpflichtige Anträge an den BAnz (§ 326 Abs. 2 HGB).

---

[3] MicroBilG, BGBl 2012 I S. 2751–2755.

## 2 Bestimmung einer Kleinstkapitalgesellschaft (Abs. 1)
### 2.1 Schwellenwerte

**7** Unternehmen gelten gem. § 267a Abs. 1 Satz 1 HGB als KleinstKapG, wenn sie an den Abschlussstichtagen von zwei aufeinander folgenden Gj nicht mehr aufweisen als
- 350.000 EUR Bilanzsumme,
- 700.000 EUR Nettoumsatzerlöse und
- eine durchschnittliche Anzahl der Mitarbeiter eines Gj von zehn.

**8** Insgesamt ergeben sich damit folgende Schwellenwerte für größenklassenabhängige Befreiungen bei KapG und ihnen gleichgestellten PersG, wobei die Größenklasse der KleinstKapG im Ergebnis lediglich eine weitere Unterteilung der Klasse für kleine KapG darstellt:

|  | Kleine KapG (§ 267 HGB) i.w.S. | | Mittelgroße KapG (§ 267 HGB) | Große KapG (§ 267 HGB) |
|---|---|---|---|---|
|  | KleinstKapG (§ 267a HGB) | Kleine KapG i.e.S. (§ 267 HGB) | | |
| Bilanzsumme | ≤ 350.000 EUR | > 350.000 EUR ≤ 4,840 Mio. EUR | > 4,840 Mio. EUR ≤ 19,25 Mio. EUR | > 19,25 Mio. EUR |
| Umsatzerlöse | ≤ 700.000 EUR | > 700.000 EUR ≤ 9,68 Mio. EUR | > 9,68 Mio. EUR ≤ 38,50 Mio. EUR | > 38,50 Mio. EUR |
| Mitarbeiter | ≤ 10 | >10 ≤ 50 | > 50 ≤ 250 | > 250 |

Tab.1: Schwellenwerte für Bilanzsumme, Umsatzerlöse und Mitarbeiterzahl zur Klassifikation von Kapitalgesellschaften und ihnen gleichgestellten Personenhandelsgesellschaften nach HGB i.d.F. vor dem BilRUG

**9** Wie schon bei den bisherigen Größenklassenbestimmungen nach § 267 HGB tritt die **Rechtsfolge** erst ein, wenn jeweils mindestens zwei der drei Schwellenwerte an den Abschlussstichtagen von zwei aufeinanderfolgenden Gj unterschritten sind. Im Falle einer Umwandlung (zur Konkretisierung durch das BilRUG: Rz 16) oder Neugründung ist durch direkten Verweis auf § 267 Abs. 4 HGB bereits dann eine Befreiung gegeben, wenn mindestens zwei der drei Schwellenwerte am aktuellen Abschlussstichtag für diese Unt ohne direkte Historie unterschritten werden. Mit diesen Regeln ist einerseits der Start der Unt in der richtigen Größenklasse sichergestellt und andererseits ergibt sich durch die anschließend laufende Betrachtung von zwei Abschlussstichtagen eine ausreichende Vorlaufzeit zur Anpassung der Rechnungslegung und der vorgelagerten Systeme an die jeweils höheren quantitativen und qualitativen Ansprüche des JA und ggf. des LB der höheren Kategorie. Ein Abstieg in eine kleinere Größenklasse bedingt jedoch auch das Unterschreiten von mindestens zwei der drei Schwellenwerte an zwei aufeinanderfolgenden Stichtagen, was zu einer höheren Konstanz der Klassenzuordnung führt, da hektische Wechsel der Größenklassen von Jahr zu Jahr damit ausgeschlossen sind. Somit ist die Einordung abhängig von der Klassifikation der KapG in den Vorjahren. Für die Bestimmung ist es somit bei unterschiedlichen Zuordnungen notwendig, schrittweise in die Vergangenheit die Werte zu prüfen, bis sich eine mit dem Gesetzestext vereinbare Zuordnung ergibt.[4] Zur Einordnung im Übergang auf das MicroBilG vgl. Rz 16 der Kommentierung der 5. Auflage.

**Beispiel**
**Klassifikation von Unternehmen im Gj $t_3$**
Für KapG mit kalenderjahrgleichem Gj ergeben sich folgende Werte (fettdruck=Überschreitung) und Einstufungen:

| Kriterium | Gj $t_0$ | Gj $t_1$ | Gj $t_2$ | Gj $t_3$ | Rechtsfolge für $t_3$ |
|---|---|---|---|---|---|
| Bilanzsumme | | | 320.000 EUR | 350.000 EUR | KleinstKapG |
| Umsatzerlöse | nicht notwendig für die Bestimmung des Gj $t_3$ | | 720.000 EUR | 660.000 EUR | |
| Mitarbeiter | | | 10 | 12 | |
| Einordnung | | | KleinstKapG | KleinstKapG | |
| Bilanzsumme | 270.000 EUR | 300.000 EUR | **380.000 EUR** | 340.000 EUR | KleinstKapG |
| Umsatzerlöse | 630.000 EUR | 680.000 EUR | 720.000 EUR | 660.000 EUR | |
| Mitarbeiter | 6 | 8 | 10 | 12 | |
| Einordnung | KleinstKapG | KleinstKapG | Kleine KapG | KleinstKapG | |
| Bilanzsumme | | | 380.000 EUR | 400.000 EUR | Kleine KapG |
| Umsatzerlöse | nicht notwendig für die Bestimmung des Gj $t_3$ | | 720.000 EUR | 760.000 EUR | |
| Mitarbeiter | | | 10 | 12 | |
| Einordnung | | | Kleine KapG | Kleine KapG | |
| Bilanzsumme | nicht notwendig für die Bestimmung des Gj $t_3$ | 300.000 EUR | 320.000 EUR | 400.000 EUR | KleinstKapG |
| Umsatzerlöse | | 680.000 EUR | 720.000 EUR | 760.000 EUR | |
| Mitarbeiter | | 12 | 10 | 12 | |
| Einordnung | | KleinstKapG | KleinstKapG | Kleine KapG | |
| Bilanzsumme | **400.000 EUR** | **400.000 EUR** | 320.000 EUR | 400.000 EUR | Kleine KapG |
| Umsatzerlöse | 760.000 EUR | 760.000 EUR | 720.000 EUR | 760.000 EUR | |
| Mitarbeiter | 12 | 12 | 10 | 12 | |
| Einordnung | Kleine KapG | Kleine KapG | KleinstKapG | Kleine KapG | |
| Bilanzsumme | nicht notwendig | 400.000 EUR | **380.000 EUR** | 340.000 EUR | Kleine KapG |
| Umsatzerlöse | | 780.000 EUR | 720.000 EUR | 660.000 EUR | |
| Mitarbeiter | | 8 | 10 | 12 | |
| Einordnung | | Kleine KapG | Kleine KapG | KleinstKapG | |

Zu weiteren vergleichbaren Anwendungsbeispielen § 267 Rz 12.

Nach § 267a Abs. 1 Satz 1 Nr. 1 HGB ist der Schwellenwert für die **Bilanzsumme** als Bilanzsumme abzgl. eines auf der Aktivseite ausgewiesenen Fehlbetrags i.S.d. § 268 Abs. 3 HGB zu ermitteln. Zudem können bei der Bestim-

---

[4] Vgl. *Reiner*, in MünchKomm. HGB, 3. Aufl., § 267 Rn 12. A. A. *Marx/Dallmann*, in *Baetge/Kirsch/Thiele*, Bilanzrecht, § 267 HGB, Rz. 53.

mung der Bilanzsumme alle Ausweis-, Ansatz- und Bewertungswahlrechte berücksichtigt werden, so diese vom Unt eingesetzt werden. So entfällt z.B. noch bei Ausübung des Wahlrechts nach § 274 Abs. 1 HGB der Einbezug aktiver latenter Steuern (§ 274 Rz 25ff.) bzw. bei Ausübung des Ansatzwahlrechts in § 274a Nr. 5 HGB der gesamte Ansatz aktiver latenter Steuern (ggf. ist allerdings eine RST anzusetzen § 274a Rz 12ff., zur Änderung durch das BilRUG: Rz 16). Damit kann mit abschlusspolitischen Maßnahmen aktiv der Wert der Bilanzsumme beeinflusst werden. Dabei muss lediglich auf die Reduktion der Aktiva geachtet werden – Ansatz- und Bewertungswahlrechte auf der Passivseite der Bilanz führen lediglich zu einer Verschiebung von EK und FK und beeinflussen die Bilanzsumme damit nicht (§ 267 Rz 14). Die Anwendung der Wahlrechte ist jedoch durch das Stetigkeitsgebot beschränkt, so dass ein jährliches Wechseln der Methoden zur (ausreichenden) Unterschreitung von mindestens zwei Werten alle zwei Jahre nicht möglich ist. Denkbar wäre aber eine derartige Strategie im Rahmen der sachverhaltegestaltenden Maßnahmen.[5]

> **Beispiel**
> **Sachverhaltegestaltende Maßnahmen zur temporären Unterschreitung von Schwellenwerten**
> Eine KleinstKapG aus der Baubranche wächst im aktuellen Jahr durch mehrere Aufträge stark und wird am Jahresende erstmals alle drei Schwellenwerte nach § 267a Abs. 1 HGB überschreiten. Für die Zukunft wird eine Stagnation des Auftragsvolumens erwartet, so dass auch in den Folgejahren eine Überschreitung wahrscheinlich ist. Denkbar ist eine gezielte Verteilung der Umsatzerlöse auf die verschiedenen Gj durch entsprechende vertragliche Gestaltungen der abzuwickelnden Aufträge, d.h. Umsätze werden alle zwei Jahre vom 4. Quartal ins Folgejahr durch spätere Leistungserbringung und Abrechnung verschoben. In den dazwischenliegenden Jahren wird der Umsatz zusätzlich noch durch vertragliche Ausgestaltung der Verträge aus dem 1. Quartal des Folgejahrs vorgezogen ins laufende Gj. Zudem wird die Bilanzsumme durch den verstärkten Einsatz von operativen Leasingverträgen (Mietverträge) verringert. So könnte das Unt, welches in einer längeren Betrachtung die Größenkriterien für eine KleinstKapG überschreitet, doch weiter als KleinstKapG klassifiziert werden. Es ist allerdings sehr fraglich, ob für die Nutzung der Vorteile dieser Größenklasse der Aufwand sowie die Eingriffe in den Betriebsprozess und die Vertragsverhandlungen gerechtfertigt sind.

11 Die **Umsatzerlöse** berechnen sich nach § 277 Abs. 1 HGB (§ 277 Rz 7). Zur Problematik von RumpfGj wird auf die Ausführungen in § 267 Rz 18 verwiesen.
12 Hinsichtlich der **Ermittlung der durchschnittlichen Arbeitnehmerzahl** gelten die Regelungen des § 267 Abs. 5 HGB analog, wonach der Durchschnitt aus den jeweils zum Quartalsende Beschäftigten zu ermitteln ist (§ 267 Rz 19ff.).

---

[5] Zu weiteren Wahlrechte *Kirsch*, in *Federmann/Kußmaul/Müller*, HdB, Bilanzpolitik, Rz 1ff., Stand 09/2010.

## 2.2 Informationsrechte für Arbeitnehmervertretungen

Die Erleichterungen gelten nur für die Aufstellung und Offen- bzw. Hinterlegung des JA. Informations- und Auskunftsrechte der Arbeitnehmervertretungen dürfen dadurch nicht eingeschränkt werden. Nach § 1 BetrVG ist die Einrichtung eines Betriebsrats bereits ab fünf ständigen wahlberechtigten Arbeitnehmern, von denen drei wählbar sind, geboten. Allerdings ist die regelmäßige Vorlage des JA an den Wirtschaftsausschuss gem. § 108 Abs. 5 HGB erst bei Unt mit mehr als 100 Arbeitnehmern notwendig (§ 106 Abs. 1 BetrVG). Dennoch hat der Arbeitgeber den Betriebsrat generell umfassend zur Erfüllung seiner Aufgaben zu unterrichten (§ 80 Abs. 2 BetrVG), wobei jedoch das Gesetz explizit nur die Liste der Bruttogehälter nennt.[6] Damit sind ggf. auch Bestandteile des JA, die nicht offenge- bzw. hinterlegt werden müssen (konkret die GuV), den betriebsverfassungsrechtlichen Organen zugänglich zu machen. Eine Aufstellung von Unterlagen nur für den Betriebsrat, hier etwa der Anhang, ist nicht notwendig. Allerdings hat der Arbeitgeber bestehende Nachfragen zu beantworten, da eine Erläuterungspflicht besteht.[7]

13

## 3 Grundsätzliche Übertragung der Erleichterungen für kleine Kapitalgesellschaften auf Kleinstkapitalgesellschaften (Abs. 2)

In Abs. 2 überträgt der Gesetzgeber die grundsätzliche Gültigkeit der Erleichterungen für kleine KapG auch auf die KleinstKapG, jedoch nur insoweit, wie nichts anderes geregelt ist. Die KleinstKapG sind somit eine Untergruppe der kleinen KapG und damit etwa nicht prüfungs- und LB-erstellungspflichtig. Als zentrale Ausnahme kann die Regelung zur Zusammenfassung der oberen GuV-Positionen zum Rohergebnis nach § 276 HGB angesehen werden. Wird von der Erleichterung zur Aufstellung einer verkürzten GuV gem. § 275 Abs. 5 HGB Gebrauch gemacht, sind die Erleichterungen des § 276 HGB bzgl. der Verwendung der zusammengefassten Position „**Rohergebnis**" (§ 276 Rz 4 ff.) als Ausgangspunkt für die GuV obsolet. Hier verweist die Bundesregierung auf europäische Vorgaben,[8] die keine Kombination der Erleichterungen zulässt. Mit der Ergänzung um § 276 Satz 3 HGB, der KleinstKapG von der Anwendung des § 276 Satz 1–2 HGB ausschließt, wenn diese eine verkürzte GuV gem. § 275 Abs. 5 HGB aufstellen, wird diesbzgl. eine Klarstellung vorgenommen. Da auch die Bundesregierung davon ausgeht, dass die Finanzergebnisse bei diesen Unt nur eine untergeordnete Bedeutung haben,[9] bleibt damit die Wirkung dieser Erleichterung für KleinstKapG im Ergebnis in den meisten Fällen hinter der Erleichterung nach § 276 HGB für kleine KapG zurück, da die Information über Umsatzerlöse als deutlich relevanter einzustufen ist als die Aufgliederung der Finanzergebnisse. Da jede Erleichterung als Einzelwahlrecht konzipiert ist, können KleinstKapG sich auch bei Anwendung aller übrigen

14

---

6 Vgl. *Thüsing*, in *Richardi*, Betriebsverfassungsgesetz, 12. Aufl., 2010, § 80, Rz. 78 ff.
7 Vgl. *Annuß*, in *Richardi*, Betriebsverfassungsgesetz, 12. Aufl., 2010, § 108, Rz. 40 ff.
8 Vgl. MicroBilG, BT-Drs 17/11292 S. 18.
9 Vgl. MicroBilG, BT-Drs 17/11292 S. 18.

Erleichterungen für KleinstKapG hier für die GuV-Gliederung mit den für kleine KapG vorgesehenen Posten entscheiden.

## 4 Sanktionen

15  Der besondere Tatbestand der KleinstKapG ist in den Bußgeldvorschriften des § 334 HGB sowie mit zunächst in der Höhe unveränderter Festsetzung von Ordnungsgeldern nach § 335 HGB ergänzt worden. Konkret werden die Anwendung der Bewertung zum beizulegenden Zeitwert bei gleichzeitiger Nutzung der Erleichterungen für KleinstKapG als Ordnungswidrigkeit gem. § 334 Abs. 1 HGB eingestuft und die Hinterlegungspflicht ebenso wie die Offenlegungspflicht bußgeldbewehrt. In § 335 Abs. 6 HGB wird die Größenklasse der KleinstKapG in die Aufstellung der übrigen Größenklassen im Zusammenhang mit der Überprüfung der richtigen Größenklasseneinordnung integriert.[10]

## 5 Änderungen durch das BilRUG

16  Mit dem BilRUG ist eine Ausweitung des Anwendungsbereichs auf **Kleinstgenossenschaften** mit § 336 Abs. 3 Satz 2 HGB nF vorgenommen worden. Die Bundesregierung schätzt die Zahl der betroffenen Kleinstgenossenschaften auf 2.300.[11]

17  Die **monetären Schwellenwerte** bleiben dagegen anders als für die übrigen Unternehmensgrößenklassen in § 267 HGB für die KleinstKapG unverändert.

18  Hinsichtlich der Bestimmungen zur **Anwendung der Schwellenwerte** wird die Ausnahme für die Berücksichtigung der aktivierten latenten Steuern bei der Ermittlung der Bilanzsumme in § 267a Abs. 1 Satz 2 HGB gestrichen. Daher ist es zukünftig nicht mehr irrelevant, ob die Befreiung von § 274a Nr. 4 HGB nF genutzt wird, latente Steuern nach § 274 HGB zu berechnen und ggf. die aktiven latenten Steuern, die sich auch aus Verlustvorträgen ergeben können, für die zu erwarten ist, dass sie in den fünf folgenden Gj genutzt werden. Sollte durch aktivierte latente Steuern ein Anstieg der Größenklasse und damit das Entfallen der Erleichterungs- und Befreiungsregeln für KleinstKapG drohen, kann die geforderte Stetigkeit durchbrochen werden, da dies als begründeter Ausnahmefall nach IDW RS HFA 38, Tz. 15 anzusehen ist (§ 252 Rz 135). Somit wäre das Aktivierungswahlrecht (§ 274 Rz 25 ff.) oder generell die Berechnung der latenten Steuern nach § 274 HGB (§ 274a Rz 12 ff.) nicht mehr zu nutzen.
Es bleibt jedoch bei dem Nichteinbezug von auf der Aktivseite auszuweisenden Fehlbeträgen, wobei dies jedoch nicht mehr direkt in § 267a Abs. 1 Nr. 1 HGB nF erwähnt wird. Stattdessen wurde mit dem BilRUG eine Definition der Bilanzsumme in § 267 Abs. 4a HGB nF eingeführt. Darin wird geregelt, einen auf der Aktivseite ausgewiesenen Fehlbetrag i.d.S. § 268 Abs. 3 HGB nicht in die Bilanzsumme einzubeziehen.

---

[10] Durch das Gesetz zur Änderung des Handelsgesetzbuchs vom 4.10.2013, BGBl 2013 I S. 3746) wurden diese Mindestwerte für KleinstKapG i.S.v. § 267a HGB auf 500 EUR und für kleine KapG i.S.v. § 267 Abs. 1 HGB auf 1.000 EUR gesenkt. Außerdem kann nach § 335 Abs. 4 Satz 2 Nr. 4 HGB jeweils ein geringerer Betrag festgesetzt werden, wenn die Beteiligten die Sechswochenfrist nur geringfügig überschreiten (§ 335 Rz 42).
[11] Vgl. BilRUG-RegE, BR-Drs. 23/15, S. 58.

Mit dem BilRUG wird zudem ein neuer Abs. 3 eingefügt, der den Anwendungskreis für die Erleichterungen für bestimmte Unt einschränkt.

**Gesetze, Vorschriften und Rechtsprechung**

> (3) Keine Kleinstkapitalgesellschaften sind
> – Investmentgesellschaften i.S.d. § 1 Absatz 11 des Kapitalanlagegesetzbuchs,
> – Unternehmensbeteiligungsgesellschaften i.S.d. § 1a Absatz 1 des Gesetzes über Unternehmensbeteiligungsgesellschaften oder
> – Unternehmen, deren einziger Zweck darin besteht, Beteiligungen an anderen Unternehmen zu erwerben sowie die Verwaltung und Verwertung dieser Beteiligungen wahrzunehmen, ohne dass sie unmittelbar oder mittelbar in die Verwaltung dieser Unternehmen eingreifen, wobei die Ausübung der ihnen als Aktionär oder Gesellschafter zustehenden Rechte außer Betracht bleibt.

Grund hierfür ist, dass diese Gesellschaften häufig ein erhebliches Vermögen auf sich vereinen, gleichzeitig aber über keine oder kaum Umsätze verfügen und auch i.d.R. kein umfangreiches Personal aufweisen. Somit würden die Schwellenwerte bei den Umsatzerlösen (700.000 EUR) und den Mitarbeitern (10) regelmäßig unterschritten und die Ges. als KleinstKapG einzustufen sein.[12] Allerdings existieren schon bisher zumindest für **Investmentges.**, die als Investmentvermögen in den Rechtsformen einer Investment-AG oder Investment-KG auftreten können, und Unternehmensbeteiligungsgesellschaften, die nach Antrag von der zuständigen Behörde als solche anerkannt wurden, konkretisierende Aufstellungs-, Prüfungs- und Offenlegungsvorschriften. So haben die Unternehmensbeteiligungsgesellschaften, die klein i.S.v. § 267 Abs. 1 HGB sind, mindestens die Regelungen für mittelgroße KapG zu beachten (§ 8 Abs. 1 UBGG). Investment-AG haben § 120 KAGB, die Investment-KG § 135 KAGB zu beachten. Der Gesetzgeber möchte aber zur Verdeutlichung für alle Fälle unmittelbar in § 267a HGB nF diese auf europäische Vorgaben beruhenden Ausnahmen von der Anwendung der Erleichterungen für KleinstKapG verankert wissen.[13]

Zusätzlich erfolgt eine Einschränkung für Beteiligungsges., die die Erleichterungen für KleinstKapG nicht anwenden dürfen, auf Unt, deren einziger Zweck darin besteht, Beteiligungen an anderen Unt zu erwerben sowie die Verwaltung und Verwertung dieser Beteiligungen wahrzunehmen, ohne dass sie unmittelbar oder mittelbar in die Verwaltung dieser Unt. eingreifen. Dabei bleiben die Eingriffsrechte, die ihnen nach dem Gesetz oder nach einem Vertrag in ihrer Eigenschaft als Aktionäre oder Gesellschafter zustehen außer Betracht. Typischer Anwendungsfall von § 267a Abs. 3 Nr. 3 HGB nF dürfte damit nach der Gesetzesbegründung eine Holding-KapG sein, sofern sie nicht bereits die Voraussetzungen des § 267a Abs. 3 Nr. 2 HGB nF erfüllt.[14] Folge der als sinnvoll zu wertenden Gesetzesänderung in Form der Ausklammerung von Beteiligungsholdinggesellschaften von den Bilanzierungserleichterungen dürfte eine nicht unerhebliche Einschränkung des Anwendungsbereichs der Erleichterungsmög-

---

12 Vgl. *Kolb/Roß*, WPg, 2014, S. 994.
13 Vgl. BilRUG-RegE, BR-Drs. 23/15, S. 72.
14 Vgl. BilRUG-RegE, BR-Drs. 23/15, S. 77.

lichkeiten für KleinstKapG und damit eine stark verminderte Bedeutung für die Praxis sein.[15] Ausweg ist, dass die KapG sich nicht nur auf das Halten und Verwalten einer Beteiligung im eigenen Interesse beschränkt, sondern etwa nach Maßgabe des Gesellschaftsvertrags auch die Geschäftsführung für das andere Unt ausübt. Dann ist die Ausnahme von der Anwendung des § 267a HGB nicht anzuwenden und das Unt wird weiter als KleinstKapG zu behandeln sein. Zu beachten ist dabei, dass der Einfluss auf die Geschäftsführung auch tatsächlich vorgenommen wird und dass dieser über die Möglichkeiten der Eingriffsrechte als Aktionär oder Gesellschafter hinausgehen muss. Auch eine über die gesetzlichen Regelungen hinausgehend vertragliche Fixierung von Eingriffsrechten ist nach der BilRUG-RegE-Begr. dann nicht zu beachten, wenn sie als Vertrag aus der Stellung als Aktionär oder Gesellschafter entstanden ist.[16]

22 Fraglich ist, wann die Rechtsfolge hierfür eintritt. Analog zu den Regelungen im Rahmen der Schwellenwertbetrachtung wird eine retrospektive Anwendung zu fordern sein. Damit wären auch schon die zu vergleichenden Vj. nach den aktuellen gesetzlichen Regelungen einzuschätzen sein. Daher ist ein Unt, auf das die in § 267a Abs. 3 HGB nF bezeichneten Ausnahmen zutrifft, spätestens im Gj 2016 nicht mehr als KleinstKapG sondern – sofern keine Spezialvorschriften zur Anwendung kommen müssen – sofort und ohne eine Übergangsfrist als kleine KapG zu klassifizieren. Eine Nutzung von § 267 Abs. 4 über § 267a Abs. 1 HGB bezüglich der Möglichkeit einer um ein Jahr versetzten Rechtsfolge, ist hier ausgeschlossen. Somit können daraus Härten etwa bei der Ermittlung der notwendigen Vj.-Angaben für Bilanz und GuV bei dem dann anzuwendenden abweichenden verkürzten Schemata für kleine KapG entstehen (§ 265 Rz 10 ff.).

---

15 Vgl. *Kolb/Roß*, WPg 2014, S. 995.
16 Vgl. BilRUG-RegE, BR-Drs. 23/15, S. 73.

# § 268 VORSCHRIFTEN ZU EINZELNEN POSTEN DER BILANZ. BILANZVERMERKE

(1) ¹Die Bilanz darf auch unter Berücksichtigung der vollständigen oder teilweisen Verwendung des Jahresergebnisses aufgestellt werden. ²Wird die Bilanz unter Berücksichtigung der teilweisen Verwendung des Jahresergebnisses aufgestellt, so tritt an die Stelle der Posten „Jahresüberschuß/Jahresfehlbetrag" und „Gewinnvortrag/Verlustvortrag" der Posten „Bilanzgewinn/Bilanzverlust"; ein vorhandener Gewinn- oder Verlustvortrag ist in den Posten „Bilanzgewinn/Bilanzverlust" einzubeziehen und in der Bilanz oder im Anhang gesondert anzugeben.

(2) ¹In der Bilanz oder im Anhang ist die Entwicklung der einzelnen Posten des Anlagevermögens darzustellen. ²Dabei sind, ausgehend von den gesamten Anschaffungs- und Herstellungskosten, die Zugänge, Abgänge, Umbuchungen und Zuschreibungen des Geschäftsjahrs sowie die Abschreibungen in ihrer gesamten Höhe gesondert aufzuführen. ³Die Abschreibungen des Geschäftsjahrs sind entweder in der Bilanz bei dem betreffenden Posten zu vermerken oder im Anhang in einer der Gliederung des Anlagevermögens entsprechenden Aufgliederung anzugeben.

(3) Ist das Eigenkapital durch Verluste aufgebraucht und ergibt sich ein Überschuß der Passivposten über die Aktivposten, so ist dieser Betrag am Schluß der Bilanz auf der Aktivseite gesondert unter der Bezeichnung „Nicht durch Eigenkapital gedeckter Fehlbetrag" auszuweisen.

(4) ¹Der Betrag der Forderungen mit einer Restlaufzeit von mehr als einem Jahr ist bei jedem gesondert ausgewiesenen Posten zu vermerken. ²Werden unter dem Posten „sonstige Vermögensgegenstände" Beträge für Vermögensgegenstände ausgewiesen, die erst nach dem Abschlußstichtag rechtlich entstehen, so müssen Beträge, die einen größeren Umfang haben, im Anhang erläutert werden.

(5) ¹Der Betrag der Verbindlichkeiten mit einer Restlaufzeit bis zu einem Jahr ist bei jedem gesondert ausgewiesenen Posten zu vermerken. ²Erhaltene Anzahlungen auf Bestellungen sind, soweit Anzahlungen auf Vorräte nicht von dem Posten „Vorräte" offen abgesetzt werden, unter den Verbindlichkeiten gesondert auszuweisen. ³Sind unter dem Posten „Verbindlichkeiten" Beträge für Verbindlichkeiten ausgewiesen, die erst nach dem Abschlußstichtag rechtlich entstehen, so müssen Beträge, die einen größeren Umfang haben, im Anhang erläutert werden.

(6) Ein nach § 250 Abs. 3 in den Rechnungsabgrenzungsposten auf der Aktivseite aufgenommener Unterschiedsbetrag ist in der Bilanz gesondert auszuweisen oder im Anhang anzugeben.

(7) Die in § 251 bezeichneten Haftungsverhältnisse sind jeweils gesondert unter der Bilanz oder im Anhang unter Angabe der gewährten Pfandrechte und sonstigen Sicherheiten anzugeben; bestehen solche Verpflichtungen gegenüber verbundenen Unternehmen, so sind sie gesondert anzugeben.

(8) ¹Werden selbst geschaffene immaterielle Vermögensgegenstände des Anlagevermögens in der Bilanz ausgewiesen, so dürfen Gewinne nur ausgeschüt

tet werden, wenn die nach der Ausschüttung verbleibenden frei verfügbaren Rücklagen zuzüglich eines Gewinnvortrags und abzüglich eines Verlustvortrags mindestens den insgesamt angesetzten Beträgen abzüglich der hierfür gebildeten passiven latenten Steuern entsprechen. ²Werden aktive latente Steuern in der Bilanz ausgewiesen, ist Satz 1 auf den Betrag anzuwenden, um den die aktiven latenten Steuern die passiven latenten Steuern übersteigen. ³Bei Vermögensgegenständen im Sinn des § 246 Abs. 2 Satz 2 ist Satz 1 auf den Betrag abzüglich der hierfür gebildeten passiven latenten Steuern anzuwenden, der die Anschaffungskosten übersteigt.

Prof. Dr. Inge Wulf

### Inhaltsübersicht

| | Rz |
|---|---|
| 1 Inhalt und Anwendungsbereich | 1–4 |
| 1.1 Inhalt | 1–3 |
| 1.2 Anwendungsbereich | 4 |
| 2 Bilanzaufstellung nach teilweiser und vollständiger Ergebnisverwendung (Abs. 1) | 5–12 |
| 2.1 Ausweisvarianten und Begriffsbestimmung | 5–7 |
| 2.2 Eigenkapitaldarstellung (Abs. 1 Satz 2) | 8–12 |
| 2.2.1 Teilweise Ergebnisverwendung | 8–9 |
| 2.2.2 Vollständige Ergebnisverwendung | 10–12 |
| 3 Entwicklung des Anlagevermögens (Abs. 2) | 13–45 |
| 3.1 Anlagespiegel | 13–16 |
| 3.2 Komponenten des Anlagespiegels | 17–29 |
| 3.2.1 Anschaffungs- und Herstellungskosten | 17 |
| 3.2.2 Zu- und Abgänge | 18–21 |
| 3.2.3 Umbuchungen | 22 |
| 3.2.4 Zuschreibungen | 23–25 |
| 3.2.5 Kumulierte Abschreibungen und Restbuchwert | 26–29 |
| 3.3 Ausweisfragen bei einzelnen Bilanzposten | 30–45 |
| 3.3.1 Immaterielle Vermögensgegenstände | 30–34 |
| 3.3.2 Sachanlagen | 35–38 |
| 3.3.3 Finanzanlagen | 39–45 |
| 4 Nicht durch Eigenkapital gedeckter Fehlbetrag (Abs. 3) | 46–49 |
| 5 Angabeverpflichtungen für Forderungen (Abs. 4) | 50–60 |
| 5.1 Fälligkeiten (Abs. 4 Satz 1) | 50–56 |
| 5.2 Antizipative Posten (Abs. 4 Satz 2) | 57–60 |
| 6 Angabeverpflichtungen für Verbindlichkeiten (Abs. 5) | 61–70 |
| 6.1 Fälligkeiten | 61–64 |
| 6.2 Erhaltene Anzahlungen auf Bestellungen | 65–68 |
| 6.3 Antizipativer Posten | 69–70 |
| 7 Aktiviertes Disagio (Abs. 6) | 71–73 |
| 8 Haftungsverhältnisse (Abs. 7) | 74–80 |
| 9 Ausschüttungssperre (Abs. 8) | 81–87 |
| 10 Sanktionen | 88 |
| 11 Änderungen durch BilRUG | 89–93 |

**Ergänzendes Schrifttum**
*Baxmann*, Zerobonds und Beibehaltungswahlrecht, WPg 1990, S. 288; *Bolin/Haeger/Zündorf*, Einzelaspekte des künftigen Bilanzrechts, DB 1985, S. 605; *Eder*, Aktuelle Aspekte der Vorabausschüttung, BB 1994, S. 1260; *Fey*, Probleme bei der Rechnungslegung von Haftungsverhältnissen, WPg 1992, S. 1; *Göllert*, Auswirkungen des Bilanzrichtlinie-Gesetzes auf die Bilanzanalyse, BB 1984, S. 1849; *Harms/Küting*, Ermittlung und Ausweis des Eigenkapitals nach dem Bilanzrichtlinie-Gesetz, DB 1983, S. 1449; *Harrmann*, Der Anlagespiegel nach dem Entwurf des Bilanzrichtlinie-Gesetzes und die praktischen Konsequenzen, DB 1984, S. 1416; *Harrmann*, Anwendung der Festbewertung, BB 1991, S. 303; *Herrmann*, Die Realisierung von Gewinnanteilen und die Berücksichtigung von Verlusten bei Kapitalgesellschaften aus Anteilen an Personenhandelsgesellschaften, WPg 1991, S. 461 und 505; *Hoffmann*, Eigenkapitalausweis und Ergebnisverteilung bei Personenhandelsgesellschaften nach Maßgabe des KapCoRiLiG, DStR 2000, S. 837; *Hoffmann*, Praxisorientierte Einführung in die Rechnungslegungsvorschriften des Regierungsentwurfs zum Bilanzrichtlinie-Gesetz, BB Beilage 1/1983; *Kajüter/Winkler*, Die Risikoberichterstattung der DAX-100-Unternehmen im Zeitvergleich: Ergebnisse einer empirischen Untersuchung, KoR 2003, S. 217; *Knop*, Die Bilanzaufstellung nach teilweiser oder vollständiger Ergebnisverwendung, DB 1986, S. 549; *Graf von Kanitz*, Rechnungslegung bei Personenhandelsgesellschaften – Anmerkungen zu IDW RS HFA 7, WPg 2003, S. 325; *Kußmaul*, Betriebswirtschaftliche Überlegungen bei der Ausgabe von Null-Kupon-Anleihen, BB 1987, S. 1562; *Küting*, Die Darstellung der Erfolgsverwendung im Konzernabschluß, BB 1998, S. 887 und 938; *Küting/Haeger/Zündorf*, Die Erstellung des Anlagegitters nach künftigem Bilanzrecht, BB 1985, S. 1948; *Lanfermann/Röhricht*, § 268 Abs. 8 HGB als neue Generalnorm für außerbilanzielle Ausschüttungssperren, DStR 2009, S. 1216; *Langecker/Mühlberger*, Berichterstattung über immaterielle Vermögenswerte im Konzernabschluss: Vergleichende Gegenüberstellung von DRS 12, IAS 38 und IAS 38 rev., KoR 2003, S. 109; *Marx/Recktenwald*, Periodengerechtes Bilanzieren von unterverzinslichen Ausleihungen, BB 1992, S. 1526; *Müller/Schmidt*, Der Mehrspaltenabschluss: Ein Weg zu mehr Transparenz im Widerstreit von Information und Ausschüttungsbemessung?, Accounting, 7/2008, S. 16; *Nacke*, Wachstumsbeschleunigungsgesetz – Unternehmenssteuerlich relevante Änderungen des Einkommensteuergesetzes, StuB 2010, S. 139; *Rosenbach*, Bewertungs- und Gliederungsvorschriften für Kapitalgesellschaften, BFuP 1986, S. 129; *Theile*, Ausweisfragen beim Jahresabschluss der GmbH & Co. KG nach neuem Recht, BB 2000, S. 555; *Weirich/Zimmermann*, Aufstellung und Offenlegung des Jahresabschlusses kleiner Aktiengesellschaften, AG 1986, S. 265.

# 1 Inhalt und Anwendungsbereich

## 1.1 Inhalt

Die Vorschrift liefert ergänzende Angabe- und Ausweisverpflichtungen zu einzelnen gem. § 266 HGB aufzuführenden Bilanzposten einschl. der in § 251 HGB anzugebenden Haftungsverhältnisse. Die einzelnen Bestimmungen fordern teilweise zusätzliche Angaben, z.T. aber auch Angaben, die wahlweise in der Bilanz oder im Anhang zu machen sind.

1

2   Im Einzelnen umfasst § 268 HGB folgende Sachverhalte: Abs. 1 erlaubt die Bilanz wahlweise unter Berücksichtigung der vollständigen oder teilweisen Verwendung des Jahresergebnisses zu erstellen. Abs. 2 enthält Regelungen bzgl. des in der Bilanz oder im Anhang aufzuführenden Brutto-Anlagespiegels. Abs. 3 regelt den bilanziellen Ausweis eines aus Verlusten resultierenden Überschusses der Passiv- über die Aktivseite. Gem. Abs. 4 Satz 1 ist bei jedem gesondert ausgewiesenen Forderungsposten ein Vermerk der Forderungen mit einer Restlaufzeit von über einem Jahr anzubringen. Nach Abs. 4 Satz 2 müssen die in den sonstigen VG enthaltenen sog. antizipativen Beträge im Anhang erläutert werden, sofern sie einen größeren Umfang haben. Für jeden ausgewiesenen Verbindlichkeitsposten ist nach Abs. 5 Satz 1 der Betrag mit einer Restlaufzeit bis zu einem Jahr anzugeben; zusammen mit den in § 285 Nrn. 1 und 2 HGB geforderten Angaben zur Fristigkeit und zu Sicherheiten erscheint der Ausweis eines Verbindlichkeitengitters/-spiegels sinnvoll. Nach Abs. 5 Satz 2 sind erhaltene Anzahlungen auf Bestellungen unter den Verbindlichkeiten gesondert zu erfassen oder alternativ offen von den Vorräten abzusetzen. Nach Abs. 5 Satz 3 besteht eine Erläuterungspflicht für Verbindlichkeiten im Anhang, die rechtlich erst nach dem Abschlussstichtag entstehen und deren Beträge einen größeren Umfang haben. Abs. 6 enthält ein Wahlrecht, ein gem. § 250 Abs. 3 HGB aktiviertes Disagio wahlweise in der Bilanz gesondert auszuweisen oder im Anhang anzugeben. Gem. Abs. 7 muss für die in § 251 HGB geregelten Haftungsverhältnisse jeweils ein gesonderter Ausweis in der Bilanz oder im Anhang unter der Nennung gewährter Pfandrechte und sonstiger Sicherheiten erfolgen. Weiterhin sind gegenüber verbundenen Unt bestehende Verpflichtungen gesondert auszuweisen. Abs. 8 wurde mit dem BilMoG ergänzt und regelt die Ausschüttungs- und Abführungssperre für Erträge, die aus der Ansatzpflicht bzw. dem Ansatzwahlrecht bestimmter Aktiva und aus der Bewertung bestimmter VG zum beizulegenden Zeitwert resultieren. Mit dem BilRUG sind Änderungen in Abs. 1, Abs. 5 und Abs. 7 verbunden, Abs. 2 wird aufgehoben (s. Rz 89).

3   **Zweck** der in § 268 HGB geforderten ergänzenden Angabeverpflichtungen bzw. Ausweiswahlrechte ist die Konkretisierung des durch § 266 HGB vorgegebenen Bilanzinhalts. Gleichzeitig verbessern die damit gebotenen Informationen aus Sicht der Bilanzadressaten den Einblick in die wirtschaftliche Lage von Unt.

## 1.2 Anwendungsbereich

4   Die Bestimmungen des § 268 HGB sind von KapG/KapCoGes zwingend anzuwenden. Sie gelten weiterhin für die dem § 5 Abs. 1 Satz 2d PublG unterliegenden Unt. Darüber hinaus müssen eG nach § 336 Abs. 2 HGB, Kreditinstitute und Finanzdienstleistungsinstitute sowie VersicherungsUnt und Pensionsfonds nach § 340a Abs. 1 HGB bzw. § 341a Abs. 1 HGB diese Vorschrift umsetzen. Allerdings müssen die beiden Letztgenannten statt des Abs. 4 Satz 1 und des Abs. 5 Satz 1 die §§ 340a Abs. 2 Satz 1 bzw. 341a Abs. 2 Satz 1 HGB beachten und bestimmte Formblätter u.a. Vorschriften anwenden.
§ 268 HGB gilt ohne Ausnahme für mittelgroße und große KapCoGes i.S.d. § 264a HGB; kleinen Ges. ermöglicht § 274a HGB Befreiungen bei der Anwen-

dung von Abs. 2, Abs. 4 Satz 2, Abs. 5 Satz 3 und Abs. 6 HGB in Anspruch zu nehmen.¹ Diese Vorschriften gelten ebenso wie das Gliederungsschema der Bilanz gem. § 266 HGB auch für Konzerne.

## 2 Bilanzaufstellung nach teilweiser und vollständiger Ergebnisverwendung (Abs. 1)

### 2.1 Ausweisvarianten und Begriffsbestimmung

Das in Abs. 1 genannte **Ausweiswahlrecht** erweitert das in § 266 Abs. 3 Buchst. A bzw. § 264c Abs. 2 HGB dargestellte Grundschema für die Eigenkapitalgliederung und erlaubt zusätzlich die Aufstellung der Bilanz unter Berücksichtigung der teilweisen oder vollständigen Ergebnisverwendung. Das bilanzierende Unt hat somit die folgenden drei Aufstellungsmöglichkeiten: 5
- **vor** Verwendung des Jahresergebnisses,
- **nach teilweiser** Verwendung des Jahresergebnisses und
- **nach vollständiger** Verwendung des Jahresergebnisses.

Zur praktischen Verbreitung s. Haufe HGB Bilanz Kommentar BilMoG Erfahrungsbericht Rz 228 ff.

Das HGB selbst gibt keine Definition des **Begriffs „Ergebnisverwendung"**. Die Ergebnisverwendung umfasst grds. alle Transaktionen, die finanzielle Vorteile für die Gesellschafter bringen oder die unmittelbar Nutzenvorteile der Ges. bedeuten. Typische Beispiele für Maßnahmen der Ergebnisverwendung sind die Gewinnausschüttungen an Gesellschafter, die Einstellung in und Auflösung von Gewinnrücklagen, die Auflösung der Kapitalrücklage sowie der i. d. R. aus diesen Maßnahmen resultierende Gewinnvortrag. Dazu zählen auch Gewinnausschüttungen, für die bereits vor der Aufstellung der Bilanz ein Gesellschafterbeschluss zur Ergebnisverwendung vorlag. Demnach handelt es sich um alle Maßnahmen, die vom Jahresüberschuss/Jahresfehlbetrag zum Bilanzgewinn/Bilanzverlust überleiten.² Strittig ist, ob Zahlungen einer Vorabdividende bei einer AG zur Gewinnverwendung gehören. Da die Vorabdividende sich auf den Bilanzgewinn des laufenden Gj bezieht, liegt eine Gewinnverwendung vor.³ 6

Bei den hier zu erfassenden Maßnahmen muss es sich immer um Ergebnisverwendungen handeln, die bereits beschlossen wurden und bei der Aufstellung des JA noch zu berücksichtigen sind. Beispielsweise erfüllt die Verwendung eines Bilanzgewinns dieses Kriterium nicht und ist somit **keine Verwendung des Jahresergebnisses** i. S. v. Abs. 1.⁴ Auch die Ergebnisübernahme aufgrund eines Ergebnisabführungsvertrags oder ähnlicher Regelungen in Satzung oder Gesellschaftsvertrag gehören nicht zur Ergebnisverwendung. Diese Ansprüche oder Verpflichtungen sind als Aufwand oder Ertrag zu buchen (§ 277 Abs. 3 Satz 2 HGB). Alle ergebnisabhängigen Beträge (z. B. Tantiemen, bestimmte Steuern)

---

1 Vgl. *Marx/Dallmann*, in *Baetge/Kirsch/Thiele*, Bilanzrecht, § 268 HGB, Rz 4, Stand 10/2012.
2 Vgl. *Knop/Zander*, in *Küting/Pfitzer/Weber*, HdR, HGB § 268, Rz 5, Stand 10/2010; *Reiner/Haußer*, in MünchKomm., HGB, 3. Aufl., § 268, Rz 3.
3 Vgl. *Eder*, BB 1994, S. 1261; *Marx/Dallmann*, in *Baetge/Kirsch/Thiele*, Bilanzrecht, § 268 HGB, Rz 23, Stand 10/2012.
4 Vgl. BFH, Urteil v. 16.12.1998, II R 60/96, BStBl 1999 II S. 162, unter II.3; ADS, 6. Aufl., § 268 HGB, Rz 15.

sind als Aufwand zu buchen und zählen somit zum Bereich der Ergebnisermittlung und nicht der Ergebnisverwendung.

7  Die Ergebnisverwendung kann gem. § 275 Abs. 4 HGB auch in der **GuV** dargestellt werden, indem die Gliederung um entsprechende Posten erweitert und der „Jahresüberschuss" zum „Bilanzgewinn" übergeleitet wird. **AG** sind nach § 158 Abs. 1 AktG verpflichtet, eine Gewinnverwendungsrechnung in der GuV oder im Anhang abzubilden. Wenngleich § 275 Abs. 4 HGB und § 268 Abs. 1 HGB in ihrer Ausübung unabhängig voneinander sind, sollte in der Bilanz stets der Posten ausgewiesen werden, mit dem die GuV endet. Wenn in der Bilanz ein Bilanzgewinn ausgewiesen wird, sollte auch die GuV mit einem Bilanzgewinn enden. Wenn dennoch diesbezüglich Abweichungen in Bilanz und GuV auftreten sollten, ist ein Hinweis im Anhang zu empfehlen (§ 275 Rz 274).[5]

## 2.2 Eigenkapitaldarstellung (Abs. 1 Satz 2)

### 2.2.1 Teilweise Ergebnisverwendung

8  Ergebnisanteile, die ausgeschüttet werden sollen, sind im EK auszuweisen, bis eine Gewinnverwendungsentscheidung getroffen wird. Erfolgt die Aufstellung der Bilanz nach teilweiser Verwendung des Jahresergebnisses, so sind die Eigenkapitalposten „Jahresüberschuss/Jahresfehlbetrag" und „Gewinnvortrag/Verlustvortrag" durch den Posten „**Bilanzgewinn/Bilanzverlust**" zu ersetzen. Der Bilanzgewinn/-verlust ist die Summe aus Jahresüberschuss/-fehlbetrag und Gewinn-/Verlustvortrag abzgl. der Ergebnisverwendung.[6] Der **Jahresüberschuss/-fehlbetrag** spiegelt das Ergebnis des aktuellen Gj wider, während der **Gewinn-/Verlustvortrag** die unverwendeten Ergebnisanteile aus Vorperioden darstellt. Bei Aufstellung des JA nach teilweiser Ergebnisverwendung zeigt der Bilanzgewinn/-verlust die zur Ausschüttung vorgeschlagenen Ergebnisanteile.[7]

Abb. 1: Gliederung des EK vor und nach teilweiser Ergebnisverwendung[8]

9  Eine teilweise Ergebnisverwendung im Rahmen der Bilanzaufstellung muss immer dann vorgenommen werden, „wenn gesetzliche oder satzungsmäßige bzw.

---

5 Vgl. *Grottel/Krämer,* in Beck Bil-Komm. 9. Aufl., § 268 HGB, Rz 3.
6 Vgl. *Knop,* DB 1986, S. 549.
7 Vgl. ADS, 6. Aufl., § 268 HGB, Rz 27.
8 Vgl. z. B. *Knop,* DB 1986, S. 549; *Harms/Küting,* DB 1983, S. 1451, sowie *Küting,* BB 1998, S. 887 ff. (für den KA).

gesellschaftsvertragliche Verpflichtungen oder Ermächtigungen zur Einstellung in Gewinnrücklagen bzw. Auflösung von Gewinn- und Kapitalrücklagen bestehen und dadurch nicht die gesamte Ergebnisverwendung der Beschlussfassung der Haupt- bzw. der Gesellschafterversammlung entzogen ist."[9] Beispielsweise zählen § 58 Abs. 2, 2a, § 150 Abs. 1–4 AktG und § 29 Abs. 4 GmbHG zu den gesetzlichen Vorschriften, die eine teilweise Ergebnisverwendung vorsehen oder vorschreiben, sodass das Ausweiswahlrecht in diesen Fällen nicht greift.

Bei einer kleinen GmbH kann die GesV schon vor Ende des Gj eine Vorabausschüttung auf den erwarteten Gewinn beschließen. Falls der zu einem späteren Zeitpunkt festgestellte und endgültige JA keinen Gewinn in ausreichender Höhe ergibt, entsteht ein Rückforderungsanspruch der Ges. gegenüber den Gesellschaftern. Dagegen handelt es sich bei einer Vorabdividende, über die die Geschäftsführung beschließt, nicht um einen Ergebnisverwendungstatbestand. In diesem Fall liegt eine Vorauszahlung auf den Gewinnverwendungsbeschluss vor, sodass die Auszahlung unter Vorbehalt des am Stichtag zu ermittelnden Jahresergebnisses steht.[10]

Bei **KapCoGes** sind gem. § 264c Abs. 2 Sätze 3 und 6 HGB die Gewinne bzw. Verluste, die auf die Gesellschafter entfallen, den jeweiligen Kapitalanteilen zuzuschreiben. Daraus resultiert im Regelfall eine Bilanzaufstellung nach vollständiger Ergebnisverwendung.[11] In der Praxis erfolgt die Aufstellung nach vollständiger Ergebnisverwendung regelmäßig nur bei Verlusten gegen den Kapitalanteil (Verlustsonderkonten). Gewinne sind zumeist entnahmefähig und werden daher als Verbindlichkeit erfasst. Eine Aufstellung nach teilweiser Ergebnisverwendung ist bei PersG sehr selten und nur gegeben, wenn der Gesellschaftsvertrag für die Gewinnverwendung einen Beschluss der GesV fordert, der zur Bilanzaufstellung noch nicht vorliegt, oder wenn ein Beschluss vorliegt, einen Teil des Ergebnisses unverwendet zu belassen oder vorzutragen.[12]

> **Beispiel**[13]
> Das EK einer GmbH umfasst ein gezeichnetes Kapital von 150.000 EUR, einen Verlustvortrag von 30.000 EUR und einen Jahresüberschuss von 80.000 EUR. Für die Verwendung des Jahresüberschusses ergeben sich folgende drei Alternativen:
> 1. teilweiser Ausgleich des Verlustvortrags um 15.000 EUR
> 2. vollständiger Ausgleich des Verlustvortrags
> 3. Ausgleich des Verlustvortrags und Dotierung der Gewinnrücklage
>
> In Fall 1 und 2 erfolgt jeweils der Ausweis eines Bilanzgewinns i.H. von 50.000 EUR. In Fall 1 kann – bei einer Ergebnisverwendung von 30.000 EUR für den Ausgleich des Verlustvortrags – in der Bilanz kein Jahresüberschuss von 50.000 EUR ausgewiesen werden, da der Jahresüberschuss lt. GuV und der Bilanzausweis übereinstimmen müssen (Rz 7). Somit stimmen teilweise und

---

[9] *Marx/Dallmann*, in *Baetge/Kirsch/Thiele*, Bilanzrecht, § 268 HGB, Rz 29, Stand 10/2012.
[10] Vgl. *Hoffmann/Lüdenbach*, NWB-Kommentar Bilanzierung, 5. Aufl. 2014, § 268, Rz 45 ff.
[11] Vgl. IDW, IDW RS HFA 7, WPg 2002, S. 1262.
[12] Vgl. *Grottel/Krämer*, in Beck Bil-Komm. 9. Aufl., § 268 HGB, Rz 5; *Kanitz, Graf von*, WPg 2003, S. 334, sowie *Hoffmann*, DStR 2000, S. 842.
[13] Vgl. *Hoffmann/Lüdenbach*, NWB-Kommentar Bilanzierung, 5. Aufl. 2014, § 268, Rz 22.

vollständige Ergebnisverwendung inhaltlich und im Ausweis des Bilanzgewinns innerhalb des EK überein. Es ergibt sich für beide Alternativen folgender Buchungssatz:

| Konto SKR 03 Soll | Kontenbezeichnung | Betrag EUR | Konto SKR 03 Haben | Kontenbezeichnung | Betrag EUR |
|---|---|---|---|---|---|
| | Jahresüberschuss (1. und 2. Fall) | 80.000 | | Verlustvortrag | 30.000 |
| | | | | Bilanzgewinn | 50.000 |

Im Fall 3 wird bei vollständigem Ausgleich des Verlustvortrags und Gewinnthesaurierung eine Gewinnrücklage i. H. von 50.000 EUR ausgewiesen. Hier ergibt sich folgender Buchungssatz:

| Konto SKR 03 Soll | Kontenbezeichnung | Betrag EUR | Konto SKR 03 Haben | Kontenbezeichnung | Betrag EUR |
|---|---|---|---|---|---|
| | Jahresüberschuss | 80.000 | | Verlustvortrag | 30.000 |
| | | | | Gewinnrücklage | 50.000 |

### 2.2.2 Vollständige Ergebnisverwendung

10 Bei einer Bilanzaufstellung unter Berücksichtigung der vollständigen Ergebnisverwendung verbleibt im Rahmen der Ergebnisverwendung weder ein Bilanzgewinn noch ein Bilanzverlust. Beispielsweise können Gewinnabführungen, Erträge aus Verlustausgleich, das Ausgleichen eines Jahresfehlbetrags durch Auflösen von Rücklagen oder die Deckung eines Verlustvortrags durch einen Jahresüberschuss eine Aufstellung nach vollständiger Ergebnisverwendung bedingen.

11 Voraussetzung der vollständigen Ergebnisverwendung ist, dass aufgrund von gesetzlichen oder gesellschaftsvertraglichen Vorschriften bzw. Verpflichtungen eine **endgültige Ergebnisverwendung** für die bilanzierenden Organe als beschlossen gilt, was sich bspw. aus entsprechenden Gesellschafterbeschlüssen ergibt. Wird bei einer GmbH vor Aufstellung und Feststellung des JA ein Beschluss über die Gewinnverwendung gefasst, ist die Beschlussfassung als bindend anzusehen. In der Folge gilt das komplette Jahresergebnis als verwendet. Das Ausweiswahlrecht greift daher nicht. Ein Ausweiswahlrecht nach Abs. 1 ist gegeben, wenn eine Ermächtigung der Gesellschafter über eine vorgesehene Gewinnausschüttung vorliegt, ohne dass daraus eine bindende Wirkung für die Bilanzaufstellung folgt.[14]

Der Eigenkapitalausweis ist bei vollständiger Ergebnisverwendung i. d. R. wie folgt vorzunehmen:

| nach vollständiger Ergebnisverwendung | A. Eigenkapital<br>I. Gezeichnetes Kapital<br>II. Kapitalrücklagen<br>III. Gewinnrücklagen |
|---|---|

Abb. 2: Gliederung des Eigenkapitals nach vollständiger Ergebnisverwendung

---

[14] Vgl. *Marx/Dallmann*, in *Baetge/Kirsch/Thiele*, Bilanzrecht, § 268 HGB, Rz 32, Stand 10/2012.

Falls sich im Rahmen der Bilanzaufstellung nach vollständiger Gewinnverwendung ein auf das folgende Gj vorzutragender **Restgewinn** ergibt, ist „IV. Bilanzgewinn" (Vortrag auf neue Rechnung) zu ergänzen. Ein Ausweis unter dem Posten „Gewinnvortrag/Verlustvortrag" ist nicht zulässig, da sich dieser auf das Vj. bezieht. Aus Gründen der Klarheit ist für solche Vorgänge eine Anhangangabe erforderlich.[15]

12

Bei **KapCoGes** stellt der Ausweis des EK nach vollständiger Ergebnisverwendung den Regelfall dar (§ 264c Rz 13 ff.).

## 3 Entwicklung des Anlagevermögens (Abs. 2)

### 3.1 Anlagespiegel

Gem. Abs. 2 muss entweder in der Bilanz oder im Anhang, ausgehend von den historischen AHK systematisch die Entwicklung der Posten des AV hin zu den Buchwerten der Bilanz dargestellt werden. Dieser Anlagespiegel, auch Anlagegitter genannt, ist nach der sog. direkten **Bruttomethode** zu erstellen.[16] Kleine KapG und KapCoGes sind von der Aufstellung des Anlagespiegels befreit (§ 274a Nr. 1 HGB).

13

**Zweck** des Anlagespiegels ist es, eine Darstellung des insgesamt im AV gebundenen Kapitals zu erreichen. Die Bruttowerte erlauben eine Aussage über die Altersstruktur der Anlagen und lassen die Investitionstätigkeit sowie die Entwicklung der Anlagen im aktuellen Gj erkennen.

14

Der Anlagespiegel zeigt ausgehend von den zu historischen AHK bewerteten Zu- und Abgängen sowie Umbuchungen, die Zuschreibungen des Gj sowie alle bis zum Abschlussstichtag angefallenen Abschreibungen. Er leitet somit die Wertansätze zu historischen AHK zum Restbuchwert am Ende des Gj über. Zusätzlich sind die Abschreibungen des Gj zu berücksichtigen. Der in der Bilanz auszuweisende Buchwert des Vj. kann im Anlagespiegel ausgewiesen werden (§ 265 Abs. 2 HGB). Somit ergibt sich eine **neunspaltige Darstellung** des Anlagespiegels:

15

| (0) | (1) | (2) | (3) | (4) | (5) | (6) | (7) | (8) | (9) |
|---|---|---|---|---|---|---|---|---|---|
| Bilanz-posten | Anschaffungs-/Herstellungskosten zum 1.1. | Zugänge des Geschäftsjahrs | Abgänge des Geschäftsjahrs | Umbuchungen des Geschäftsjahrs | Zuschreibungen des Geschäftsjahrs | Abschreibungen (kumuliert) | Buchwert am 31.12. | Buchwert Vorjahr | Abschreibungen des Geschäftsjahrs |
|  | + | + | - | +/- | + | - | Bilanzansatz | | informativ |

Abb. 3: Anlagespiegel gem. § 268 Abs. 2 HGB

Diese Darstellung wird in der Praxis häufig um weitere Spalten ergänzt. Beispielsweise wird eine Summe aus (1) bis (4) separat ausgewiesen, um die Bestände zu historischen AHK gesondert zu benennen. Im Falle der Umwandlung wird

16

---

15 Vgl. *Grottel/Krämer*, in Beck Bil-Komm. 9. Aufl., § 268 HGB, Rz 8.
16 Vgl. exemplarisch *Harrmann*, DB 1984, S. 1416 f.; *Lorson*, in *Küting/Pfitzer/Weber*, HdR, HGB § 268, Rz 62, Stand 08/2010.

nach Spalte (1) häufig eine weitere Spalte, z.B. mit der Bezeichnung „Zugang durch Verschmelzung", eingefügt.

Eine **Verkürzung** des Anlagespiegels ist bedingt möglich: Spalte 9 kann gestrichen werden, wenn die Abschreibungen des Gj in Spalte 6 bei den Gesamtabschreibungen gesondert genannt werden.

In den Spalten 1 bis 4 erfolgt der Werteintrag jeweils zu den historischen AHK. Demgegenüber handelt es sich bei den Werteinträgen in den Spalten 5 und 6 sowie 9 um rein wertmäßige Veränderungen der historischen AHK, die buchungstechnischer Natur und somit nicht zahlungswirksam sind. Dies ergibt sich aus der Systematik des Anlagespiegels nach dem Bruttoprinzip. Die genannte **Reihenfolge** und die Anzahl der Spalten sind nicht gesetzlich festgeschrieben, die obige Darstellung ist in der Praxis aber üblich.[17]

Aus Gründen der Klarheit und Übersichtlichkeit (§ 243 Abs. 2 HGB) sind die Posten des AV vertikal so zu gliedern, wie sie auch in der Bilanz ausgewiesen sind.[18]

## 3.2 Komponenten des Anlagespiegels

### 3.2.1 Anschaffungs- und Herstellungskosten

17 Als Ausgangspunkt des Anlagespiegels dienen „die gesamten historischen **Anschaffungs- und Herstellungskosten** der im Unternehmen zur Leistungserstellung eingesetzten ... Gegenstände des Anlagevermögens ...".[19] Der Ausweis hat unter Verwendung der Bruttobuchwerte zu erfolgen. Bei der **erstmaligen Erstellung** des Anlagespiegels sind gem. Art. 24 Abs. 2 EGHGB Erleichterungen möglich. So können bspw. die Buchwerte des Abschlusses aus dem vorhergehenden Gj als historische Buchwerte angesetzt werden, wenn die erforderlichen Daten nur mit unverhältnismäßig hohem Aufwand feststellbar sind.[20]

### 3.2.2 Zu- und Abgänge

18 **Zugänge** sind alle mengenmäßigen Erhöhungen des AV im Gj, die zu AHK auszuweisen sind. Die für das Gj anfallenden Abschreibungen (Rz 26) und Zuschreibungen (Rz 23) werden an dieser Stelle nicht berücksichtigt.[21] Zugänge können sich sowohl durch den Erwerb weiterer VG als auch bei **nachträglich** entstehenden AHK, wie bspw. bei Erweiterungen, Umbauten und Generalüberholungen, ergeben. Als **Zugangszeitpunkt** ist der Zeitpunkt maßgeblich, an dem das bilanzierende Unt als wirtschaftlicher Eigentümer die Verfügungsgewalt über den VG erhalten hat, z.B. bei Sachanlagen durch Besitz-, Nutzungs- und Lastenübergang.[22]

19 Bei einer rein wertmäßigen Erhöhung der AHK, bspw. durch eine **nachträgliche Erhöhung des Kaufpreises**, ist dieser Vorgang im Entstehungsjahr als Zugang auszuweisen, auch wenn sich keine mengenmäßige Veränderung des AV ergeben hat. **Nachaktivierungen** sind als Zugang und nicht als Zuschreibung zu behan-

---

[17] Vgl. *Grottel/Huber*, in Beck Bil-Komm. 9. Aufl., § 268 HGB, Rz 13f.
[18] Vgl. *Matschke*, in *Hofbauer/Kupsch*, § 268 HGB, Rz 29f.
[19] Vgl. *Marx/Dallmann*, in *Baetge/Kirsch/Thiele*, Bilanzrecht, § 268 HGB, Rz 43, Stand 10/2012.
[20] Vgl. *Marx/Dallmann*, in *Baetge/Kirsch/Thiele*, Bilanzrecht, § 268 HGB, Rz 43.1, Stand 10/2012.
[21] Vgl. *WP*-Handbuch, Bd. I, 14. Aufl., Abschn. F, Rz 126.
[22] Vgl. BFH, Urteil v. 7.11.1991, IV R 43/90, BStBl 1992 II S. 398, sowie *Reiner/Haußer*, in Münch-Komm. HGB, 3. Aufl., § 268, Rz 14f.

deln. Eine **nachträgliche Verminderung der AK** stellt keine Abschreibung dar, sondern eine Kürzung der Zugänge, wenn sie im Zugangsjahr erfolgt. Spätere Anschaffungskostenminderungen sind als Abgang zu behandeln.[23]

Als **Abgänge** werden die mit ihren historischen AHK bewerteten mengenmäßigen Abnahmen des AV ausgewiesen.[24] Abgänge sind in dem **Zeitpunkt** zu erfassen, wenn die wirtschaftliche Zurechnung zum AV nicht mehr greift. Dies betrifft zum einen das **Ausscheiden eines VG des AV aus dem Unt**. Zum anderen sollte aufgrund der Klarheit und Übersichtlichkeit auch das **Ausscheiden aus dem AV** als Abgang und nicht als Umbuchung erfasst werden (Rz 22). 20

Um dem Bruttoprinzip des Anlagespiegels gerecht zu werden, müssen alle mengenmäßigen Änderungen des AV mit ihren historischen Bruttowerten erfasst werden. Bei einem Abgang von AV sind neben der Erfassung des Abgangs zu AHK auch die auf den Posten entfallenden Wertberichtigungen der Vj. aus der Spalte kumulierte Abschreibungen zu korrigieren; analog ist eine Korrektur des Restbuchwerts zu berücksichtigen.[25]

Mit der Darstellung der Zu- und Abgänge des Gj werden die Investitions- und Desinvestitionstätigkeiten des Unt erkennbar. Daher kann bei einem Ausscheiden eines VG aus dem AV und zukünftiger Berücksichtigung im **UV** (oder umgekehrt) ein Ausweis innerhalb der Umbuchungen erfolgen. Allerdings ist ein Ausweis als Abgang zu bevorzugen (Rz 22); es sind jedoch beide Ausweisalternativen vertretbar.[26] 21

### 3.2.3 Umbuchungen

Eine **Umbuchung** stellt eine Ausweisänderung innerhalb des AV dar. Es ändert sich lediglich die Zusammensetzung des AV, nicht aber dessen gesamter Wert oder Menge. Die ebenfalls als zulässig erachtete Alternative, Umgliederungen von Vermögensgegenständen aus dem Umlauf- in das AV (oder umgekehrt) als Umbuchungen auszuweisen, hat zur Folge, dass es innerhalb der Umbuchungen keine kompensierende Wirkung gibt. Wird dennoch die alternative Vorgehensweise gewählt, sollte der Saldo mit einem entsprechenden Vermerk gekennzeichnet werden. Aus Gründen der Klarheit und Übersichtlichkeit werden Umgliederungen häufig auch in einer separaten Spalte dargestellt. 22

Typisches Beispiel für eine Umbuchung innerhalb des AV ist der Ausweiswechsel von VG des Postens „Anlagen im Bau", die nach Fertigstellung auf die entsprechenden Posten „Technische Anlagen und Maschinen" oder „Andere Anlagen" umgebucht werden. Durch Anwendung des Bruttoprinzips müssen Umbuchungen zu den kumulierten AHK erfolgen und vor der Umbuchung sind ggf. angefal-

---

[23] Vgl. *Lorson*, in *Küting/Pfitzer/Weber*, HdR, HGB § 268, Rz 69, Stand 08/2010.
[24] Vgl. *Rosenbach*, BFuP 1986, S. 137.
[25] Vgl. *Marx/Dallmann*, in *Baetge/Kirsch/Thiele*, Bilanzrecht, § 268 HGB, Rz 46f., Stand 10/2012, sowie *Bolin/Haeger/Zündorf*, DB 1985, S. 606.
[26] Vgl. z.B. ADS, 6. Aufl., § 268 HGB, Rz 51; *Grottel/Huber*, in Beck Bil-Komm. 9. Aufl., § 268 HGB, Rz 36; *Lorson*, in *Küting/Pfitzer/Weber*, HdR, HGB § 268, Rz 88, Stand 08/2010; aA *Matschke/Schellhorn*, in *Hofbauer/Kupsch*, § 268 HGB Rz 53 (Dezember 1998). Letztlich kommt es auf die primäre Aufgabe des Anlagespiegels an (Entwicklung des Anlagevermögens oder Darstellung der Investitions-/Desinvestitionstätigkeit; vgl. *Reiner/Haußer* in MünchKomm. HGB, 3. Aufl., § 268, Rz 24).

lene Abschreibungen, korrigiert um Zuschreibungen, ebenfalls umzubuchen.[27] Der Umbuchungswert umfasst nur die zum Stichtag des Vj. ausgewiesenen Beträge; Beträge, die während des Geschäftsjahrs der Fertigstellung angefallen sind, werden als Zugang des betreffenden Bilanzpostens ausgewiesen.[28]

**Beispiel**
Ein Unt stellt über zwei Jahre eine Anlage her. Die HK verteilen sich wie folgt:
- Jahr t1: 40.000 EUR,
- Jahr t2: 30.000 EUR.

Am Ende von Periode t1 ergibt sich folgender Auszug aus dem Anlagespiegel:

| Bilanzposten | Zugänge des Geschäftsjahrs | Umbuchungen des Geschäftsjahrs | Buchwert am 31.12.t1 | Buchwert am 31.12.t0 |
|---|---|---|---|---|
| Technische Anlagen und Maschinen | 0 | 0 | 0 | 0 |
| Anlagen in Bau | 40.000 | 0 | 40.000 | 0 |

Am Ende von Periode 2 wird die Anlage fertiggestellt. Der im Posten „Anlagen im Bau" ausgewiesene Wert i. H. von 40.000 EUR, der sich auf die AHK aus dem Vj bezieht, ist in den Bilanzposten „Technische Anlagen und Maschinen" umzubuchen. Die auf die Periode t2 entfallenden Herstellungskosten i. H. von 30.000 EUR werden als Zugang des Bilanzpostens „Technische Anlagen und Maschinen" erfasst. Es ergibt sich folgende Darstellung:

| Bilanzposten | Zugänge des Geschäftsjahrs | Umbuchungen des Geschäftsjahrs | Buchwert am 31.12.t2 | Buchwert am 31.12.t1 |
|---|---|---|---|---|
| Technische Anlagen und Maschinen | 30.000 | + 40.000 | 70.000 | 0 |
| Anlagen in Bau | 0 | – 40.000 | 0 | 40.000 |

### 3.2.4 Zuschreibungen

23 **Zuschreibungen** sind eine rein wertmäßige Erhöhung der Gegenstände des AV und stellen eine Korrektur der in den Vj durchgeführten Abschreibungen dar. Sie resultieren i. d. R. aus dem Wertaufholungsgebot; nur für den GoF besteht ein Zuschreibungsverbot (§ 253 Abs. 5 HGB). Es handelt sich um eine Korrektur von vorgenommenen außerplanmäßigen Abschreibungen, bei denen der Abschreibungsgrund entfallen ist. Es können aber auch planmäßige Abschreibungen

---

[27] Vgl. *Reiner/Haußer*, in MünchKomm. HGB, 3. Aufl., § 268, Rz 23.
[28] Vgl. *Winnefeld*, Bilanz-Handbuch, 2010, Kap. F, Rz 305.

korrigiert werden, wenn bspw. im Rahmen von steuerlichen Betriebsprüfungen
längere Nutzungsdauern zugrunde gelegt werden und dies in der HB nachvollzogen wird. Die Höhe der Zuschreibung ist auf die fortgeführten historischen
AHK begrenzt (Wertobergrenze). Zuschreibungen erhöhen den Restbuchwert
am Ende des Gj, ohne die historischen AHK zu beeinflussen.

Im Anlagespiegel sind lediglich die Zuschreibungen des Gj auszuweisen, während der Ausweis von **kumulierten Zuschreibungen** in einer separaten Spalte
nicht explizit vorgeschrieben ist. Ohne Berücksichtigung der kumulierten Zuschreibungen ist aber durch „Queraddition" nicht die Anlagenentwicklung
nachvollziehbar,[29] was wiederum gegen den eigentlichen Zweck des Anlagespiegels verstoßen würde.

24

Insofern ist eine Saldierung der Zuschreibungen des Vj mit den kumulierten
Abschreibungen vorzunehmen, um den konsistenten Aufbau des Anlagespiegels
sicherzustellen. Zudem spiegelt diese Saldierung eine Korrektur außerplanmäßiger Abschreibungen am besten wider.[30] Eine solche Verrechnung verstößt zwar
prinzipiell gegen das Saldierungsverbot (§ 246 Abs. 2 HGB),[31] ist aber im Ergebnis nicht zu vermeiden. Darüber hinaus ist es zulässig, zur besseren Darstellung
der Zuschreibungen einen **Zuschreibungsspiegel** in den Anhang ergänzend
aufzunehmen.

Falls die unter den Zuschreibungen aufgeführten Beträge **Korrekturen der AHK**
darstellen (z.B. aktivierungspflichtige HK), so dürfen sie nicht mit den kumulierten Abschreibungen verrechnet werden, sondern müssen zu Beginn des
nächsten Gj mit den historischen AHK verrechnet werden. Aufgrund der
Klarheit kann zudem ein separater Ausweis von kumulierten Zuschreibungen
im Anlagespiegel erfolgen; sie bleiben aber Bestandteil der kumulierten Abschreibungen. Die **Zuschreibungen des Vj sind mit den kumulierten Abschreibungen** des Gj zu saldieren.

25

### 3.2.5 Kumulierte Abschreibungen und Restbuchwert

Unter **Abschreibungen** werden alle rein wertmäßigen Verminderungen des AV
aufgeführt, die am Abschlussstichtag auf die VG des AV entfallen. Dazu zählen
alle planmäßigen und außerplanmäßigen Abschreibungen auf das AV einschl.
Abschreibungen auf den GoF sowie Abschreibungen auf GWG des AV (Rz 36).

26

Die kumulierten Abschreibungen eines Anlagepostens können erst dann aus dem
**Anlagespiegel entfernt** werden, wenn der zugehörige VG ausgeschieden ist.
Dies bedeutet, dass auch vollständig abgeschriebene VG unabhängig vom Grad
ihrer betrieblichen Inanspruchnahme weiterhin aufgeführt werden müssen. Damit einerseits die kumulierten Abschreibungen und andererseits die Abschreibungen des Gj dargestellt werden können, kann freiwillig ein **Abschreibungsspiegel** eingefügt werden.[32]

27

---

29 Vgl. *Rosenbach*, BFuP 1986, S. 137–138.
30 Vgl. *Grottel/Huber*, in Beck Bil-Komm. 9. Aufl., § 268 HGB, Rz 19; *Lorson*, in *Küting/Pfitzer/ Weber*, HdR, § 268 HGB, Rz 103, Stand 08/2010.
31 Vgl. *Küting/Haeger/Zündorf*, DB 1985, S. 1952.
32 Vgl. ADS, 6. Aufl., § 268 HGB, Rz 63–66.

28  Bei den **Abschreibungen des Gj** handelt es sich um die Abschreibungen gem. GuV. Die Transparenz wird erhöht, wenn als „Davon"-Vermerk die außerplanmäßigen Abschreibungen benannt werden.
Für den Fall, dass die Zuschreibungen des Vj. mit den kumulierten Abschreibungen verrechnet werden und falls weiterhin von einer Betragsidentität mit den Abschreibungen der GuV ausgegangen wird, lässt sich die Höhe der kumulierten Abschreibungen wie folgt ermitteln:[33]

|   | Gesamter Abschreibungsbetrag zu Beginn des Gj |
|---|---|
| + | Abschreibungen des Gj (inkl. Abgängen und Umbuchungen) |
| ./. | Zuschreibungen des Gj (inkl. Abgängen und Umbuchungen) |
| ./. | um kumulierte Zuschreibungen korrigierte Abschreibungen auf Abgänge |
| ./. | um kumulierte Zuschreibungen korrigierte Abschreibungen abgehender Umbuchungen |
| + | um kumulierte Zuschreibungen korrigierte Abschreibungen auf zugehende Umbuchungen |
| = | kumulierte Abschreibungen des Gj |

29  Der **Restbuchwert** zum Ende des Gj entspricht den fortgeführten AHK aller im Unt zum Ende des Gj bzw. des Vj. zum Betriebsvermögen zählenden VG des AV. Rechnerisch ergibt sich der Restbuchwert aus dem Anlagespiegel, indem von den historischen AHK zum 31.12. des Gj (=Anschaffungs-/Herstellungskosten (zum 1.1.des Gj) + Zugänge des Gj – Abgänge des Gj +/- Umbuchungen des Gj; s. Rz 15) die kumulierten Abschreibungen (inkl. der Zu- und Abschreibungen des Gj) abgezogen werden.

### 3.3 Ausweisfragen bei einzelnen Bilanzposten

#### 3.3.1 Immaterielle Vermögensgegenstände

30  In Zusammenhang mit immateriellem AV treten besondere Probleme bei der Festlegung des Zugangs- und Abgangszeitpunkts auf. Da die Gegenstände keine physische Substanz aufweisen, müssen Zugangs- und Abgangsfiktionen zugrunde gelegt werden. Der **Zugangszeitpunkt** orientiert sich nach wirtschaftlichen Gesichtspunkten, also am Zeitpunkt der Erlangung der tatsächlichen Verfügungsgewalt über den VG, d.h. der Auswertungsmöglichkeit. Sind die immateriellen Gegenstände **mit körperlichen Sachen verbunden**, bspw. Ton- oder Datenträger, oder erfordert ihre Nutzung körperliche Sachen als Zubehör, bspw. Modelle, Pläne oder EDV-Programme, so ist die Nutzungsmöglichkeit erst dann gegeben, wenn die körperlichen Sachen übergeben worden sind. Dies gilt ebenso bei Nutzungsrechten an Sachen, wie z.B. Mietrecht. Bei allen anderen käuflich erworbenen immateriellen Vermögensgegenständen, die **nicht mit körperlichen Sachen verbunden** sind (z.B. Rechte), ist der vertraglich festgelegte

---

[33] Vgl. *Marx/Dallmann*, in *Baetge/Kirsch/Thiele*, Bilanzrecht, § 268 HGB, Rz 50f., Stand 10/2012.

Zeitpunkt der Nutzungsmöglichkeit maßgebend. Beim **GoF** stellt der Zeitpunkt der Unternehmensübernahme den Zugangszeitpunkt dar.[34]

Nach dem **BilMoG** besteht nunmehr bei Erfüllung bestimmter Kriterien ein Ansatzwahlrecht für **selbst geschaffene immaterielle VG des AV** (§ 248 Rz 9 ff.), weshalb sie im Fall der Aktivierung im Anlagespiegel aufzuführen sind. Entsprechend dem Gliederungsschema des § 266 HGB (§ 266 Rz 25 f.) sind selbst erstellte immaterielle Anlagen separat von den erworbenen immateriellen Anlagen auszuweisen. Dieser Unterteilung ist auch im Anlagespiegel zu folgen. Ferner implizieren die handelsrechtlichen Ansatzvorschriften für selbst geschaffene immaterielle Anlagen unter Berücksichtigung der Regelung des § 255 Abs. 2a HGB neben dem Ansatzgebot der Entwicklungskosten von selbst geschaffenen immateriellen VG des AV auch einen Ansatz von **in der Entwicklung befindlichen Immaterialanlagen**. Da diese noch nicht fertiggestellten immateriellen Anlagen die „Betriebsbereitschaft" noch nicht erreicht haben, dürfte noch keine planmäßige, sondern ggf. nur eine außerplanmäßige Abschreibung erfolgen.[35] Um eine Vermischung von Posten mit unterschiedlichem Charakter zu vermeiden, sollte aus Transparenzgründen ein **separater Ausweis von noch nicht fertiggestellten und bereits fertiggestellten immateriellen Anlagen** im Anlagespiegel erfolgen (§ 248 Rz 9 ff.). 31

**Abgänge** immaterieller VG sind bei **Veräußerung** zu berücksichtigen; hier sind dieselben Kriterien wie beim Zugang anzuwenden. Ein Abgang kann aber auch durch **Untergang bzw. Wertlosigkeit** eintreten. Dies kann einerseits aus **rechtlicher Disposition** (z. B. vertragliche Auflösung des Rechts oder Verzicht) resultieren. In diesem Fall bestimmt sich der Abgangszeitpunkt nach dem rechtlichen Wirksamwerden, wie z. B. Auslaufen der Frist. Andererseits kann ein Abgang durch Wertlosigkeit eine Folge **faktischer Ereignisse** sein (bspw. begründet durch technischen Fortschritt bei einem Patent). In solchen Fällen muss von der Fiktion ausgegangen werden, dass der Wert zum Zeitpunkt der vollen Abschreibung abgeht, d. h., wenn er letztmalig planmäßig abgeschrieben oder vollständig außerplanmäßig abgeschrieben worden ist. 32

Bei selbst geschaffenen immateriellen VG des AV (§ 248 Rz 10 ff.) ist als Zugangszeitpunkt der Zeitpunkt der Fertigstellung maßgebend. Vgl. hierzu die Ansatzkriterien in § 246 HGB (§ 246 Rz 16 ff.). Abgänge sind bei selbst geschaffenen immateriellen Vermögensgegenständen des AV zu vermerken, wenn sie entweder veräußert (Rz 20) oder wertlos (Rz 21) geworden sind. 33

Sowohl Zu- als auch Abgänge werden mit ihren historischen **AHK** angesetzt. Bezüglich der Abschreibungen des Gj, der kumulierten Abschreibungen sowie der Zuschreibungen ergeben sich keine Besonderheiten (Rz 23). Nach dem Abgang ist der Anlagespiegel um die Bruttowerte und um die zugehörigen kumulierten Abschreibungen (korrigiert um Zuschreibungen) zu korrigieren. Spezielle Vorschriften zum Anlagespiegel befanden sich für den KA im DRS 12, der jedoch letztmalig auf Gj anzuwenden war, die vor dem 31.12.2009 begannen. Der **Anlagespiegel eines KA** ist um konzernspezifische Posten, wie insb. Effekte aus der Währungsumrechnung und Veränderung des Konsolidierungskreises, zu ergänzen. 34

---

[34] Vgl. *Marx/Dallmann*, in *Baetge/Kirsch/Thiele*, Bilanzrecht, § 268 HGB, Rz 55.1, Stand 10/2012.
[35] Vgl. *Dobler/Kurz*, KoR 2008, S. 490 f.

### 3.3.2 Sachanlagen

35 Zugänge der Sachanlagen sind mengenmäßige Erhöhungen des AV. Unter dem Zugangszeitpunkt von Gegenständen des Sachanlagevermögens versteht man bei Erwerb den Zeitpunkt, zu dem der Käufer über den Gegenstand wirtschaftlich verfügen kann (wirtschaftliches Eigentum). Bei hergestellten Gegenständen bestimmt der Zeitpunkt, zu dem die Nutzbarkeit eingetreten ist, den Zugangszeitpunkt. Zur Abschreibung des Sachanlagevermögens vgl. § 253 Rz 150 ff.

36 **GWG** mit einem Wert von bis zu 410 EUR können gem. WachstumsbeschlG sofort abgeschrieben werden (§ 6 Abs. 2 EStG). Sie sind im Anschaffungsjahr im Anlagespiegel als Zugang und noch im gleichen Jahr als Abgang zu erfassen.[36] Weiterhin besteht gem. WachstumsbeschlG ab 2010 ein Wahlrecht, für GWG mit einem Wert von über 150 EUR bis 1.000 EUR für die steuerliche Gewinnermittlung je Wirtschaftsjahr einen Sammelposten zu bilden, der ab dem Jahr der Anschaffung oder Herstellung gleichmäßig über fünf Jahre, d. h. mit jeweils 1/5, abzuschreiben ist (Poolabschreibung; § 6 Abs. 2a EStG). Die betriebsübliche Nutzungsdauer spielt ebenso wenig eine Rolle wie die Veräußerung oder Wertminderung der einzelnen Wirtschaftsgüter. Daher ist ein Abgang im Anlagespiegel erst nach vollständiger Abschreibung im letzten Jahr des Sammelpostens zu verzeichnen. Obwohl diese Regelung nicht zwingend für die HB anzuwenden ist, ist sie zulässig, weil dieser Posten i. d. R. von untergeordneter Bedeutung ist.[37]

37 Bei Gegenständen des SAV, die zum **Festwert** (§ 240 Rz 52 ff.) angesetzt werden, stellt sich bei der Erstellung des Anlagespiegels die Frage nach der entsprechenden Behandlung.[38] Der Festwert stellt eine besondere Form der AHK dar. Beim erstmaligen Ansatz des Festwerts werden die AHK, vermindert um den jeweiligen Abnutzungssatz (ca. 40 %-60 %), als Zugang erfasst. Dieser Betrag bleibt bis zur Inventur unverändert, da bei diesen Gegenständen von keinen oder nur geringen Veränderungen der Größe, des Werts und der Zusammensetzung des Bestands ausgegangen wird (§ 240 Abs. 3 HGB). Daher werden zwischenzeitliche Neuanschaffungen sowie die regelmäßigen Aufwendungen zur Instandhaltung und Erg. dieser VG bis zur Inventur als Aufwand gebucht und nicht im Anlagespiegel aufgeführt.[39] Ergibt eine i. d. R. alle drei Jahre durchzuführende Bestandsaufnahme wesentliche Veränderungen, sind mengen- und wertmäßige **Anpassungen des Festwerts** im Anlagespiegel zu berücksichtigen. Mengenmäßige Erhöhungen (Aufstockungen) des Festwertansatzes werden als Zugänge erfasst, sofern sie sich auf das Gj beziehen. Erfolgt hingegen eine Kompensation eines im Vj zu hoch ausgewiesenen Aufwands, stellt der Betrag grds. eine Zuschreibung dar.[40] Aus Vereinfachungsgründen wird jedoch empfohlen, die Erhöhung des Festwerts stets in voller Höhe als Zugang zu erfassen; die Gegenbuchung erfolgt erfolgswirksam als sonstiger betrieblicher Ertrag. Analog sind Mengen- und Wertänderungen bei Minderungen (Abstockungen) zu berücksichtigen.[41]

---

[36] Vgl. *Reiner/Haußer,* in MünchKomm. HGB, 3. Aufl., § 268, Rz 12.
[37] Vgl. IDW, RH HFA 1.015, S. 358 ff.; *Nacke,* StuB 2010, S. 143.
[38] Vgl. *Harrmann,* BB 1991, S. 306; IDW, Stellungnahme NA 2/1966, S. 328.
[39] Vgl. z. B. *Grottel/Huber,* in Beck Bil-Komm. 9. Aufl., § 268 HGB, Rz 38; *Winnefeld,* Bilanz-Handbuch, 2010, S. 1060, Rz 330.
[40] Vgl. *Marx/Dallmann,* in *Baetge/Kirsch/Thiele,* Bilanzrecht, § 268 HGB, Rz 57.5., Stand 10/2012.
[41] Vgl. *Lorson,* in *Küting/Pfitzer/Weber,* HdR, HGB § 268, Rz 151, Stand 08/2010; *Grottel/Huber,* in Beck Bil-Komm. 9. Aufl., § 268 HGB, Rz 38.

In der Position „Geleistete Anzahlungen und Anlagen im Bau" (§ 266 Rz 48f.) werden zum einen geleistete Anzahlungen auf Positionen des SAV, d. h. Vorleistungen auf eine noch zu erbringende Lieferung von VG durch einen anderen Vertragspartner, ausgewiesen. Zum anderen werden Anlagen im Bau, d. h. Investitionen in Gegenstände des SAV, die noch nicht betriebsbereit bzw. fertiggestellt sind, erfasst; erst nach Inbetriebnahme bzw. Fertigstellung erfolgt eine Umbuchung (Rz 22). Bei beiden Posten handelt es sich um Vorleistungen auf schwebende Geschäfte, sodass i. d. R. keine Abschreibungs- und Zuschreibungsbeträge anfallen und Abgänge nur in Ausnahmefällen zu berücksichtigen sind (Rz 20).[42]

38

### 3.3.3 Finanzanlagen

Die im Anlagespiegel als **Zugänge** darzustellenden mengenmäßigen Erhöhungen und ggf. erfolgten Umbuchungen von Finanzanlagen (Rz 21) müssen mit den vollen AHK aufgeführt werden (§ 255 Rz 18ff.). Nachträgliche AK, z. B. Kaufpreiserhöhung für die erworbenen Anteile wegen Besserungsklausel, sind auch als Zugang zu vermerken. Bestandsminderungen, die nicht ausschließlich auf Wertänderungen beruhen, sind als **Abgang** auszuweisen, z. B. Übertragung auf Dritte. Im Hinblick auf **Beteiligungen** können sich Zugänge bspw. aus Gründung von BetUnt, Erwerb von Anteilen, Eintritt in ein bestehendes BetUnt, Kapitaleinlagen im Rahmen von Kapitalerhöhungen bei bestehenden BetUnt oder nachträgliche AK durch Kaufpreiserhöhung für erworbene Anteile im Rahmen einer Besserungsklausel ergeben. Ein Zugang ist zu erfassen, wenn das Unt die Mitgliedschaftsrechte ausüben kann.[43]

39

40

Falls das Unt unter den Posten „Anteile an verbundenen Unternehmen", „Beteiligungen" oder „Wertpapiere des Anlagevermögens" Aktien ausweist, so müssen bei **Kapitalerhöhungen gegen Einlagen** neben dem Ausgabebetrag auch die AK von erworbenen Bezugsrechten als Zugang ausgewiesen werden. Dementsprechend ist der Verkauf eigener Bezugsrechte als Abgang darzustellen. Bei Ausgabe von **Gratisanteilen** bei einer Kapitalerhöhung aus Gesellschaftsmitteln (§§ 207ff. AktG, §§ 57c-57o GmbHG) wird dies im Anlagespiegel nicht berücksichtigt, weil es sich mangels vorhandener AK nicht um einen Zugang handelt. **Gewinnanteile von Gesellschaftern einer PersG** dürfen nicht als Beteiligungszugang behandelt werden, sondern werden regelmäßig als Verbindlichkeit erfasst. Ein Beteiligungszugang liegt nur vor, wenn entnahmefähige Gewinne nicht ausgezahlt, sondern eingelegt und den individuellen Kapitalkonten des Gesellschafters zugeschrieben werden.[44] In diesem Fall werden bei der PersG Verbindlichkeiten in EK umgewandelt.

41

42

Ein **Zugang** ist auch zu buchen, wenn ein Gewinnanteil, über den der Gesellschafter noch kein individuelles Verfügungsrecht hatte, durch Beschlussfassung zur Einlagenerhöhung verwendet wird. In diesem Fall ist der Zeitpunkt der Beschlussfassung entscheidend. Dagegen liegt für Gesellschafter einer PersG kein Beteiligungszugang vor, wenn der Gewinnanteil per Gesetz, Vertrag oder Beschluss der Verfügungsgewalt des Gesellschafters entzogen ist. Die Behandlung von **Gewinnansprüchen**, die nach den gesellschaftsvertraglichen Bestimmungen

43

---

42 Vgl. *Marx/Dallmann*, in *Baetge/Kirsch/Thiele*, Bilanzrecht, § 268 HGB, Rz 58, Stand 10/2012.
43 Vgl. *Marx/Dallmann*, in *Baetge/Kirsch/Thiele*, Bilanzrecht, § 268 HGB, Rz 59, Stand 10/2012.
44 Vgl. *Marx/Dallmann*, in *Baetge/Kirsch/Thiele*, Bilanzrecht, § 268 HGB, Rz 59.2, Stand 10/2012.

dem gesamthänderisch gebundenen Gesellschaftsvermögen zugeführt werden oder die – bei voll haftenden Gesellschaftern – als durch Zeitablauf eingelegt gelten, als Zugang ist strittig. Ein Zugang bei Letzterem ist allerdings nicht zu befürworten, es sei denn, es gibt eine entspr. gesellschaftsvertragliche Regelung.[45]
**Nicht als Zugang** zu erfassen sind Gewinnanteile, die als Darlehensgewährung anzusehen sind oder die der Erfüllung einer ausstehenden Einlageverbindlichkeit dienen.[46]
Ein Ausweis unter **Zuschreibungen** ist vorzunehmen, falls bei der PersG aufgrund von in Vorjahren angefallenen Verlusten ein anschließend entstehender Gewinn nicht entnahmefähig ist, weil erst Verluste auszugleichen sind, die in Vorjahren zu einer Abschreibung geführt haben.[47]

44 **Zinslose oder niedrig verzinsliche Ausleihungen** brauchen nur zum Barwert als Zugang ausgewiesen werden, während die Differenz zwischen Auszahlungsbetrag und Barwert als Zinsaufwand bzw. sonstiger betrieblicher Aufwand zu verbuchen ist. Die jährlichen Aufzinsungsbeträge sind als Zugang zu erfassen.[48] Alternativ kann der Auszahlungsbetrag als Zugang ausgewiesen werden. In diesem Fall muss der Abzinsungsbetrag als Abschreibung verbucht werden und Erhöhungen des Barwerts, z. B. aus Veränderungen des Marktzinsniveaus oder der Laufzeitenverkürzung, sind als Zuschreibung zu behandeln.[49] Beide Vorgehensweisen unterscheiden sich lediglich hinsichtlich der Erfassung des Differenzbetrags zwischen Barwert und Auszahlungsbetrag im Zeitpunkt der Darlehensgewährung sowie während der Restlaufzeit.

45 Hat das Unt zum AV gehörende Null-Kupon-Anleihen (**Zero-Bonds**) im Bestand und wurden diese **zum Zeitpunkt der Begebung erworben**, so müssen sie mit dem AK (Ausgabekurs) als Zugang ausgewiesen werden. Zero-Bonds haben keine nominelle Verzinsung; vielmehr impliziert der am Ende der Laufzeit höhere Rückzahlungsbetrag eine Zinszahlung. Die bis zum Einlösungszeitpunkt vorzunehmende jährliche Aufzinsung unter Berücksichtigung eines Effektivzinses ist als Zugang zu erfassen.[50] Voraussichtlich dauerhafte Wertminderungen sind als Abschreibung im jeweiligen Geschäftsjahr zu berücksichtigen.[51]
Bei **Erwerb nach Begebung der Anleihe** (Zweiterwerb) ist nach hM der Differenzbetrag zwischen Kurswert und rechnerischem Wert so zu berücksichtigen, dass der Kurswert zum Zeitpunkt der Anschaffung als Zugang und der jährliche Aufzinsungsbetrag (interne Verzinsung), der sich auf den Anschaffungswert bezieht, ebenfalls als Zugang erfasst wird.[52]

---

45 Vgl. ADS, 6. Aufl., § 268 HGB, Rz 83; *Winnefeld*, Bilanz-Handbuch, 2010, Kap. F, Rz 341.
46 Vgl. *Lorson*, in *Küting/Pfitzer/Weber*, HdR, HGB § 268, Rz 180, Stand 08/2010.
47 Vgl. ADS, 6. Aufl., § 268 HGB, Rz 83; *Marx/Dallmann*, in *Baetge/Kirsch/Thiele*, Bilanzrecht, § 268 HGB, Rz 59.3, Stand 10/2012; *Winnefeld*, Bilanz-Handbuch, 2010, Kap. F, Rz 341.
48 Vgl. z. B. ADS, 6. Aufl., § 268 HGB, Rz 84.
49 Vgl. ADS, 6. Aufl., § 268 HGB, Rz 84; *Marx/Recktenwald*, BB 1992, S. 1527.
50 Vgl. *Marx/Dallmann*, in *Baetge/Kirsch/Thiele*, Bilanzrecht, § 268 HGB, Rz 60, Stand 10/2012; *Winnefeld*, Bilanz-Handbuch, 2010, S. 1060, Rz 342 ff.
51 Vgl. HFA 1/1986, WPg 1986, S. 249, sowie *Baxmann*, WPg 1990, S. 288 ff.
52 Vgl. auch zu weiteren Bilanzierungsalternativen *Lorson*, in *Küting/Pfitzer/Weber*, HdR, HGB § 268, Rz 178, Stand 08/2010, sowie exemplarisch *Kußmaul*, BB 1987, S. 1566 ff.

## 4 Nicht durch Eigenkapital gedeckter Fehlbetrag (Abs. 3)

Unabhängig von ihrer Größenklasse müssen **KapG** ggf. einen Posten „Nicht durch Eigenkapital gedeckter Fehlbetrag" gesondert als letzten Posten auf der Aktivseite ausweisen, wenn das EK durch Überschüsse der Aufwendungen über die Erträge aufgebraucht ist und somit ein Überschuss der Passiv- über die Aktivposten vorliegt. Auf diese Weise wird der Ausweis eines negativen Eigenkapitalsaldos verhindert. Der Posten stellt lediglich einen rechnerischen Gegenposten zum EK und keinen VG dar und darf nicht mit dem Jahresfehlbetrag bzw. dem Bilanzverlust des laufenden Gj verwechselt werden. Der Fehlbetrag kann wie folgt ermittelt werden:[53]

46

| Beispiel | |
|---|---:|
| Gezeichnetes Kapital | 450.000 |
| + Kapitalrücklagen | + 100.000 |
| + Gewinnrücklagen | + 50.000 |
| ./. Verlustvortrag | ./. 390.000 |
| ./. Jahresfehlbetrag | ./. 240.000 |
| = Nicht durch EK gedeckter Fehlbetrag | 30.000 |

Der Posten darf nicht weiterentwickelt werden, sondern es ist an jedem Bilanzstichtag zu prüfen, ob eine buchmäßige Überschuldung vorliegt und der Ausweis des Postens „Nicht durch Eigenkapital gedeckter Fehlbetrag" weiterhin bestehen bleibt. Ist im laufenden Gj der Ausweis eines solchen Postens nicht mehr notwendig, ist in der Bilanz ein ggf. im Vj. festgestellter Fehlbetrag in der Vorjahresspalte auszuweisen (§ 265 Abs. 1 HGB).

47

Der Posten dient als Indikator für das Vorliegen einer bilanziellen Überschuldung, die keinesfalls mit einer insolvenzrechtlichen Überschuldung (§ 19 Abs. 1, 2 InsO) gleichzusetzen ist, da der gem. Abs. 3 ausgewiesene Fehlbetrag lediglich die buchmäßige Überschuldung darstellt und nicht auf die Zeitwerte der VG und Schulden abstellt.[54] Bei Vorliegen einer bilanziellen Überschuldung sind erläuternde Angaben im Anhang zu machen (§ 264 Abs. 2 i. V. m. § 289 Abs. 1, 2 Nr. 2 HGB).[55]

48

Bei einer KapCoGes treten an die Stelle des gezeichneten EK die Kapitalanteile der Gesellschafter; bei einer KGaA sind die Kapitalanteile in einem gesonderten Posten (Kapitalanteil der phG) auszuweisen (§ 286 Abs. 2 S. 1 AktG). Übersteigt der auf einen **phG** entfallende Verlust seinen Kapitalanteil und besteht eine Zahlungsverpflichtung des Gesellschafters zum Verlustausgleich, so muss der Differenzbetrag auf der Aktivseite unter dem Posten „Einzahlungsverpflichtungen persönlich haftender Gesellschafter" gesondert unter den Forderungen ausgewiesen werden (§ 264c Abs. 2 Satz 4 HGB, § 286 Abs. 2 Satz 3 AktG). Für den Fall, dass keine Zahlungsverpflichtung besteht, muss der Betrag als „Nicht durch

49

---

[53] Vgl. *Winnefeld*, Bilanz-Handbuch, 2010, Kap. F, Rz 590.
[54] Vgl. BGH, Urteil v. 8.1.2001, II ZR 88/99, BGHZ 146, S. 264, unter I.2.a.
[55] Vgl. *Kajüter/Winkler*, KoR 2003, S. 217 ff.

Vermögenseinlagen gedeckter Verlustanteil persönlich haftender Gesellschafter" ausgewiesen werden. Die Regelungen gelten analog auch für publizitätspflichtige Personengesellschaften (§ 5 Abs. 1 PublG).[56]

Bei **Kommanditisten** einer KapCoGes sind negative Kapitalanteile unter dem Posten „Nicht durch Vermögenseinlagen gedeckte Verlustanteile/Entnahmen von Kommanditisten" am Schluss der Aktivseite auszuweisen, falls im Gesellschaftsvertrag keine Verpflichtung enthalten ist, den Differenzbetrag auszugleichen. Es ist verboten, eine Saldierung mit positiven Kapitalanteilen anderer Kommanditisten oder phG vorzunehmen. Falls ein entsprechender Aktivposten für Letztere besteht, so müssen beide Posten gesondert ausgewiesen werden.[57] Eine Forderung muss als „Einzahlungsverpflichtungen für Kommanditisten" ausgewiesen werden, wenn sein Kapitalanteil geringer als der auf ihn entfallende Verlust ist und eine Einzahlungsverpflichtung vorliegt. Selbiges gilt, wenn der Kommanditist Gewinnanteile entnimmt und sein Kapitalanteil durch Verlust unter den Betrag seiner getätigten Einlage sinkt.

## 5 Angabeverpflichtungen für Forderungen (Abs. 4)

### 5.1 Fälligkeiten (Abs. 4 Satz 1)

50 Für große und mittelgroße KapG/KapCoGes muss gem. § 266 Abs. 3 HGB der Posten „**Forderungen und sonstige Vermögensgegenstände**" wie folgt unterteilt werden:
- Forderungen aus L&L
- Forderungen gegen verbundene Unternehmen
- Forderungen gegen Unternehmen, mit denen ein Beteiligungsverhältnis besteht
- Sonstige Vermögensgegenstände

Zusätzlich ist nach Abs. 4 Satz 1 zu jedem gesondert ausgewiesenen Posten der Betrag der Forderung mit einer **Restlaufzeit von mehr als einem Jahr** als „Davon"-Vermerk in der Bilanz oder im Anhang kenntlich zu machen (zur praktischen Umsetzung s. Haufe HGB Bilanz Kommentar BilMoG Erfahrungsbericht Rz 90ff.).

51 Von dieser **Vermerkungspflicht** sind auch die Forderungen betroffen, die in einem anderen Posten wie z.B. „Sonstige Vermögensgegenstände" ausgewiesen sind, oder Forderungen gegenüber Gesellschaftern einer GmbH.

Durch den getrennten Ausweis von kurzfristigen Mitteln, die innerhalb des auf den Abschlussstichtag folgenden Jahres zufließen, und den erwarteten Zahlungseingängen außerhalb eines Einjahres-Zeitraums soll der Bilanzleser einen besseren Einblick in die Liquiditäts- und Finanzlage des Unt erhalten. Aus der Regelung folgt, dass Forderungen, die im AV erfasst wurden, nicht einzubeziehen sind, weil grds. nicht von einem kurzfristigen Mittelzufluss ausgegangen werden kann.

52 Wenn unter den Forderungen des UV weitere Posten pflichtgemäß separat auszuweisen sind oder das Gliederungsschema durch Hinzufügen weiterer Posten freiwillig erweitert wird (§ 265 Abs. 5 HGB), gilt die Vermerkpflicht der Restlaufzeit auch für diese Posten. Dabei kann es sich bspw. handeln um:

---

[56] Vgl. *Marx/Dallmann*, in *Baetge/Kirsch/Thiele*, Bilanzrecht, § 268 HGB, Rz 63–64, Stand 10/2012.
[57] Vgl. *Theile*, BB 2000, S. 556f.

- eingeforderte Nachschüsse von GmbH-Gesellschaftern (§ 266 Rz 87),
- Einzahlungsverpflichtungen von Komplementären einer KGaA (§ 266 Rz 86),
- Forderungen gegen GmbH-Gesellschafter und Komplementäre einer KGaA (§ 266 Rz 85),
- Forderungen aus Factoring.

Falls eine **kleine Ges.** die Erleichterungsmöglichkeiten von § 266 Abs. 1 Satz 3 HGB in Anspruch nimmt und lediglich den Posten „Forderungen und sonstige Vermögensgegenstände" ausweist, so ist es ausreichend, wenn sie lediglich den Gesamtbetrag der Forderungen mit einer Restlaufzeit von mehr als einem Jahr angibt, weil sich die gesetzliche Regelung ausdrücklich auf „gesondert ausgewiesene Posten" bezieht.[58] Analog ist in der Bilanz nur die Restlaufzeit für zusammengefasste Forderungsbeträge anzugeben, wenn gem. § 265 Abs. 7 HGB Posten zusammengefasst wurden; jedoch ist im Anhang eine Aufgliederung der zusammengefassten Posten mit den Restlaufzeitenvermerken vorzunehmen.

53

Nach § 265 Abs. 2 Satz 1 HGB sind **Vorjahresbeträge** für Bilanzvermerke nicht explizit anzugeben, sodass Restlaufzeiten für Vorjahreswerte handelsrechtlich nicht zwingend zu benennen sind. Dennoch ist eine solche Angabe für Vorjahreswerte zu empfehlen und in der Praxis auch anzutreffen.[59]

54

Hinsichtlich der **Bestimmung der Restlaufzeit** ist der Zeitraum zwischen dem Abschlussstichtag und dem Tag des voraussichtlichen Forderungseingangs maßgeblich. Zahlungen, für die ursprünglich ein langfristiges Zahlungsziel vereinbart worden ist und die nun aber binnen eines Jahrs nach dem Abschlussstichtag getätigt werden, sind somit nicht mehr vermerkpflichtig. Umgekehrt aber müssen Zahlungen vermerkt werden, wenn unerwarteterweise die Zahlungen erst nach mehr als einem Jahr zu erwarten sind. Insofern muss das Unt schätzen, bei welchen Forderungen innerhalb eines Jahres nach dem Abschlussstichtag mit einem Zahlungseingang zu rechnen ist und bei welchen wiederum nicht. Das Schätzen der Restlaufzeit ist vorsichtig und nach jedem Abschlussstichtag erneut vorzunehmen. Dabei ist eher zu lang als zu kurz zu schätzen, damit die Liquiditätslage des Unt nicht zu positiv dargestellt wird.[60]

55

Falls Forderungen durch **Ratenzahlungen** beglichen werden, so ist nur auf den Teilbetrag abzustellen, der nach Ablauf des nächsten Gj getilgt wird. Insofern muss bspw. bei Leasinggeschäften die über ein Jahr hinausgehende Gesamtforderung um die Raten gekürzt werden, die innerhalb der nächsten zwölf Monate eingehen werden. Bei der Ermittlung der Restlaufzeit ist auf den Nennbetrag der Forderung abzustellen, der ggf. um **Einzel- oder Pauschalwertberichtigungen** oder Abzinsungen anzupassen ist.[61] Falls eine wertberichtigte Forderung nur teilweise binnen der nächsten zwölf Monate fällig ist, muss der Forderungswert gem. dem Verhältnis der Nominalbeträge der Teilforderungen auf die beiden Zeiträume aufgeteilt werden.[62]

56

---

58 Vgl. *Marx/Dallmann*, in Baeteg/Kirsch/Thiele, Bilanzrecht, § 268 HGB, Rz 73, Stand 10/2012.
59 Vgl. *Matschke*, in *Hofbauer/Kupsch*, § 268 HGB, Rz 102.
60 Vgl. *Marx/Dallmann*, in Baeteg/Kirsch/Thiele, Bilanzrecht, § 268 HGB, Rz 74, Stand 10/2012.
61 Vgl. *Böcking/Sittmann-Haury*, BB 2003, S. 198; *Schubert/Krämer*, in Beck Bil-Komm. 9. Aufl., § 268 HGB, Rz 92.
62 Vgl. *Knop/Zander*, in *Küting/Pfitzer/Weber*, HdR, HGB § 268, Rz 200, Stand 10/2010.

## 5.2 Antizipative Posten (Abs. 4 Satz 2)

**57** Gem. Abs. 4 Satz 2 besteht für die unter den sonstigen VG ausgewiesenen Vermögensgegenstände eine Erläuterungspflicht im Anhang, sofern diese rechtlich erst nach dem Abschlussstichtag entstehen (antizipative Posten) und einen größeren Umfang haben.
Antizipative Posten sind Ausdruck der periodengerechten Erfolgsermittlung. Es handelt sich hierbei um künftige Einzahlungen, die im ablaufenden Gj bereits realisiert wurden, deren Erträge nach dem Realisationsprinzip aber erst im nächsten Gj zu buchen sind. Als Beispiele werden bis zum Bilanzstichtag entstandene Zinserträge und Miet- und Pachterträge genannt.

> **Beispiel**
> Ein Unt hat eine Festgeldanlage bei einer Bank, die halbjährlich abrechnet. Die Zinszahlungen erfolgen jeweils am 30.9. und am 31.3.; Bilanzstichtag ist der 31.12.
> Rechtlich entsteht die Zinsforderung für die Abrechnung im Frühjahr erst am 31.3. Am 31.12. grenzt das Unternehmen aber die dem Geschäftsjahr zuzurechnende Zinszahlung als „sonstigen Vermögensgegenstand" ab.

Diese Erläuterungspflicht bezieht sich auf die in den sonstigen VG enthaltenen (antizipativen) **Forderungen**, die als **sonstige Forderungen** ausgewiesen werden.

**58** Eine Erläuterungspflicht ist nur geboten, wenn es sich um Beträge handelt, die einen **größeren Umfang** haben. Falls innerhalb der sonstigen VG mehrere antizipative Posten enthalten sind, so ist auf den Gesamtbetrag abzustellen. Im Gesetz finden sich keine Anhaltspunkte dafür, was unter „größerem Umfang" zu verstehen ist. Ausschlaggebend ist daher der Grundsatz der Wesentlichkeit. Als Bezugsgröße fungiert zunächst der Posten „Sonstige Vermögensgegenstände". Falls dieser Posten betragsmäßig sehr gering ausfällt, sind auch die weiteren Forderungsposten heranzuziehen.[63]

**59** Antizipative Posten, die am Abschlussstichtag rechtlich noch nicht entstanden und bei größerem Umfang im Anhang zu erläutern sind, sind selten.

> **Beispiel**[64]
> Bestimmte Steuererstattungsansprüche (KSt, GewSt), die erst mit Ablauf des Kj. entstehen, deren Bemessungsgrundlage bereits bei Auflauf eines davor endenden abweichenden Wirtschaftsjahrs verwirklicht ist, können als antizipative Posten angesehen werden. Die Höhe ist erst nach Abgabe der Steuererklärung gewiss. Gleiches gilt für Vorsteueransprüche, für die es noch keine Rechnungen gibt,[65] und Investitionszulagen wie auch Rückzahlungsansprüche aus Steuerminderungen (§ 37 Abs. 2 Satz 2 KStG). Auch erwartete Umsatzprämien ohne Rechtsanspruch sind erläuterungspflichtig.

---

[63] Vgl. ADS, 6. Aufl., § 268 HGB, Rz 107.
[64] Vgl. *Schubert/Krämer*, in Beck Bil-Komm. 9. Aufl., § 268 HGB, Rz 95.
[65] BFH, Urteil v. 12.5.1993, BStBl II S. 786.

Abs. 4 Satz 2 fordert lediglich, dass die Beträge im **Anhang** zu erläutern sind, wohingegen eine quantitative Angabe nicht verlangt wird. Diese Angabe kann aber freiwillig erfolgen und erscheint sinnvoll. Gleiches gilt für die Angabe von Vorjahreswerten.

**Kleine KapG** sind von dieser Erläuterungspflicht im Anhang befreit (§ 274a Nr. 2).

## 6 Angabeverpflichtungen für Verbindlichkeiten (Abs. 5)

### 6.1 Fälligkeiten

Abs. 5 Satz 1 schreibt vor, dass für jeden innerhalb der Verbindlichkeiten auszuweisenden Posten (§ 266 Abs. 3 HGB) in der Bilanz die **Restlaufzeit bis zu einem Jahr** zu vermerken ist (zur praktischen Umsetzung s. Haufe HGB Bilanz Kommentar BilMoG Erfahrungsbericht Rz 320 ff.). Zweck dieser Vorschrift ist es, die kurzfristigen Liquiditätsabflüsse aus dem Bestand an Verbindlichkeiten zum Abschlussstichtag erkennbar zu machen. Ausgenommen von dieser Regelung sind erhaltene Anzahlungen auf Bestellungen, da diese zunächst nur Liefer- oder Leistungsverpflichtungen begründen und noch keine unmittelbaren Zahlungsverpflichtungen darstellen.[66] Falls die Erfüllung der Liefer- oder Leistungsverpflichtung ausbleibt, entsteht eine Rückzahlungsverpflichtung und der Betrag ist in den Posten „Sonstige Verbindlichkeiten" umzugliedern. In diesem Fall sind Angaben zur Restlaufzeit erforderlich.

**Kleine Ges.** müssen die Untergliederung des Postens „Verbindlichkeiten" nicht vornehmen. Folglich ist bei Inanspruchnahme dieses Ausweiswahlrechts die Restlaufzeit für den Gesamtbetrag der ausgewiesenen Verbindlichkeiten zu vermerken.

**Mittelgroße und große Ges.** müssen zusätzlich für jeden einzelnen Posten der Verbindlichkeiten die jeweiligen Teilbeträge mit einer **Restlaufzeit von mehr als fünf Jahren** im Anhang darstellen (§ 285 Nr. 1a, 2 HGB), wenn sie sich nicht aus der Bilanz ergeben. Kleine Ges. haben die Angaben wiederum nur bezogen auf den Gesamtbetrag vorzunehmen (§ 288 HGB).

Der für mittelgroße und große Ges. vorgeschriebene Ausweis der in der Bilanz auszuweisenden Restlaufzeiten jedes einzelnen Verbindlichkeitspostens bis zu einem Jahr und über fünf Jahren kann durch einen „Davon"-Vermerk in der Bilanz erfolgen. Zur Verbesserung der Übersichtlichkeit können alle Angaben in einem **Verbindlichkeitenspiegel** im Anhang zusammengefasst werden (§ 285 Rz 7 ff.).[67] Eine Angabe von Vorjahreswerten ist nicht vorgeschrieben, aber zu empfehlen (Rz 54).

> **Beispiel**
> Die tabellarische Darstellung eines Verbindlichkeitenspiegels kann – unter Berücksichtigung der geforderten Angaben gem. § 285 Nr. 1 und 2 HGB – wie folgt aussehen:

---

[66] Vgl. *Marx/Dallmann*, in *Baetge/Kirsch/Thiele*, Bilanzrecht, § 268 HGB, Rz 81, Stand 10/2012.
[67] Vgl. *Göllert*, BB 1984, S. 1849–1850; *Hoffmann*, BB Beilage 1/1983, S. 10, sowie ADS, 6. Aufl., § 268 HGB, Rz 113.

| Art | Restlaufzeit | | | Summe | Sicherheiten | |
|---|---|---|---|---|---|---|
| | < 1 Jahr | 1–5 Jahre | > 5 Jahre | | Art | Betrag |
| … | | | | | | |

Zu praktischen Bsp. s. Haufe HGB Bilanz Kommentar BilMoG Erfahrungsbericht Rz 389.

64 Verbindlichkeiten sind als fällig anzusehen, wenn sie aufgrund vertraglicher oder gesetzlicher Regelungen zu einem bestimmten Zeitpunkt zu zahlen sind. Bei der Ermittlung der Restlaufzeit ist der Zeitpunkt maßgeblich, an dem der Gläubiger die Forderung frühestens fällig stellen kann. Dabei wird die **Restlaufzeit** als der Zeitraum zwischen dem Abschlussstichtag und dem vertraglich oder gesetzlich bestimmten Fälligkeitstag angesehen. Lässt sich dieser nicht eindeutig bestimmen, so muss der Gläubiger unter Beachtung des Vorsichtsprinzips eine Schätzung vornehmen.[68]

### 6.2 Erhaltene Anzahlungen auf Bestellungen

65 Gem. Abs. 5 Satz 2 besteht ein **Wahlrecht**, erhaltene Anzahlungen auf Bestellungen entweder offen von den Vorräten abzusetzen oder gesondert unter den Verbindlichkeiten auszuweisen. Die vielfach kritisch betrachtete offene Absetzung der erhaltenen Anzahlungen von den Vorräten ist auch nach Inkrafttreten des BilMoG weiterhin erlaubt, da dieses Wahlrecht in Art. 9 Passiva, Buchst. C. Nr. 3 der Bilanzrichtlinie verankert ist. Dieses Ausweiswahlrecht ist ein beliebtes Instrument, z.B. bei Maschinenbauunternehmen, um i.S.d. Größenkriterien i.S.v. § 267 HGB die Bilanzsumme zu senken und gleichzeitig eine höhere Eigenkapitalquote zu erreichen.

66 Mit dem gesonderten **Ausweis unter Verbindlichkeiten** wird die erfolgsneutrale Erfassung eines schwebenden Geschäfts erreicht. Erst wenn die Erfüllung dieses Geschäfts nicht mehr erfolgt, entsteht eine Rückzahlungsverpflichtung und es muss eine Umgliederung in die sonstigen Verbindlichkeiten erfolgen. Als Abgrenzung zu den passiven RAP ist die fehlende zeitraumbezogene Gegenleistung der erhaltenen Anzahlungen zu sehen, die sich über den Abschlussstichtag erstrecken.

67 Die Verrechnung mit den Vorräten stellt eine Ausnahme vom Saldierungsverbot (§ 246 Abs. 2 HGB) dar und führt zu einem Informationsverlust. Dies wird dadurch kompensiert, dass zwingend eine **offene Absetzung** erfolgen muss und damit die Erkennbarkeit gewährleistet ist. Eine Verrechnung mit den Vorräten darf nur vorgenommen werden, wenn Bestände ausgewiesen werden, die den Anzahlungen zuzurechnen sind. Entsprechend ist auch bei erhaltenen Anzahlungen von Dienstleistungsunternehmen zu verfahren.

68 Abs. 5 Satz 2 ist für **kleine KapCoGes** nicht relevant, wenn diese gem. § 266 Abs. 1 Satz 3 HGB eine verkürzte Bilanz aufstellen. Da die Verbindlichkeiten zusammengefasst ausgewiesen werden, kann ein gesonderter Ausweis der erhaltenen Anzahlungen unterbleiben. Wenn ein Ausweis unter den Vorräten gewählt wird, sind die Anzahlungen offen abzusetzen.[69]

---

[68] Vgl. *Marx/Dallmann*, in *Baetge/Kirsch/Thiele*, Bilanzrecht, § 268 HGB, Rz 81f., Stand 10/2012.
[69] Vgl. *Weirich/Zimmermann*, AG 1986, S. 268f.

## 6.3 Antizipativer Posten

Gem. § 265 Abs. 5 Satz 3 HGB müssen Verbindlichkeiten, die **rechtlich erst nach dem Abschlussstichtag entstehen (antizipative Verbindlichkeiten)** und einen größeren Umfang haben, im Anhang erläutert werden. **Kleine Ges.** sind nach § 274a Nr. 3 HGB von dieser Angabepflicht befreit. Das Kriterium der rechtlichen Entstehung der Verbindlichkeit erst nach dem Abschlussstichtag stellt ein Problem dar, weil die rechtliche Entstehung überhaupt erst den bilanziellen Ausweis einer Verbindlichkeit ermöglicht. 69

Mit dieser Vorschrift sind die antizipativen Posten (sonstige Verbindlichkeiten) gemeint. Entsprechend dem Mitgliedstaatenwahlrecht des Art. 21 der 4. EG-RL können „Aufwendungen vor dem Abschlussstichtag, welche erst nach diesem Tag zu Ausgaben führen" als passive Abgrenzungsposten oder unter den Verbindlichkeiten (mit Erl. im Anhang) ausgewiesen werden. Bei diesem Posten ist allerdings die rechtliche Entstehung bereits gegeben und nur die Fälligkeit steht noch aus. Somit sind sie nicht von dieser Erläuterungspflicht betroffen. Falls die rechtliche Entstehung einer Verbindlichkeit ungewiss ist, so muss ein Ausweis als Rückstellung erfolgen, womit ebenfalls keine Vermerkpflicht gem. Abs. 5 Satz 3 verbunden ist. Insofern stellt diese Vorschrift nach h. M. eine missglückte Transformation des Art. 21 der 4. EG-RL dar.[70] 70

## 7 Aktiviertes Disagio (Abs. 6)

Abs. 6 fordert einen **gesonderten Ausweis** des Disagios in der Bilanz unter den aktiven RAP oder im Anhang, falls von dem Aktivierungswahlrecht für ein Disagio (§ 250 Abs. 3) Gebrauch gemacht wird. Für eG (§ 336 Abs. 2 HGB) und dem PublG unterliegende Personengesellschaften (§ 5 Abs. 1 PublG) sowie Kreditinstitute (§ 340e Abs. 2 HGB) und Versicherungen (§ 341c HGB) existieren rechtsform- oder branchenspezifisch vergleichbare, z. T. weitergehende Vorschriften. Diese Regelung gilt gem. § 274a HGB nicht für **kleine KapCoGes**.[71] 71

Mit dem Ausweiswahlrecht des Abs. 6 wird die Regelung des § 250 Abs. 3 HGB erweitert und die Inanspruchnahme des Wahlrechts erkennbar. Eine überbetriebliche Vergleichbarkeit kann dennoch nicht erreicht werden, wenn andere Unt die sofortige Aufwandsverrechnung wählen, da in diesem Fall keine quantitativen Angaben geboten sind. 72

Der **Ausweis in der Bilanz** kann entweder durch Verwendung eines „Davon"-Vermerks oder durch eine Untergliederung des RAP (§ 265 Abs. 5 HGB) erfolgen. Es ist keine bestimmte Bezeichnung des Postens im Gesetz vorgeschrieben; Bezeichnungen wie „Disagio" oder „Damnum" sind üblich. Existieren mehrere Disagio-Beträge aus verschiedenen Auszahlungs- oder Rückzahlungsdisagios, so können diese für den Ausweis unter den RAP in einem Betrag zusammengefasst werden; es ist nicht erforderlich, jeden Betrag einzeln auszuweisen.[72] 73

---

70  Vgl. *Grottel/Schubert*, in Beck Bil-Komm. 9. Aufl., § 268 HGB, Rz 108; *Marx/Dallmann*, in Baetge/Kirsch/Thiele, Bilanzrecht, § 268 HGB, Rz 87, Stand 10/2012.
71  Vgl. *Grottel/Schubert*, in Beck Bil-Komm. 9. Aufl., § 268 HGB, Rz 110.
72  Vgl. ADS, 6. Aufl., § 268 HGB, Rz 121 f.

Bei einem **Ausweis im Anhang** ist eine Angabe im Zusammenhang mit den Erläuterungspflichten (§ 284 Abs. 2 Nr. 1 HGB) sinnvoll. In diesem Fall ist die Höhe des insgesamt abgegrenzten Unterschiedsbetrags mit Hinweis auf § 250 Abs. 3 HGB zu zeigen und in den Folgejahren zu wiederholen (§ 284 Rz 35).
Wenn eine Änderung der Bilanzierungs- und Bewertungsmethode vorgenommen wurde, ist im ersten Jahr hierauf im Anhang hinzuweisen (§ 284 Abs. 2 Nr. 3 HGB).

## 8 Haftungsverhältnisse (Abs. 7)

74 Nach Abs. 7 müssen KapG/KapCoGes die in § 251 HGB bezeichneten Haftungsverhältnisse jeweils gesondert unter der Bilanz oder im Anhang unter Angabe der gewährten Pfandrechte und sonstigen Sicherheiten benennen. Die Angaben sind auch von dem PublG unterliegenden Unt zu machen (§ 5 Abs. 1 Satz 2 PublG). EKfl und reine PersG, die dem PublG unterliegen, müssen die Haftungsverhältnisse zwangsläufig unter der Bilanz ausweisen, da sie keinen Anhang erstellen müssen. Banken (§ 340a HGB) müssen die Vorgaben ebenso wie Versicherungen (§ 341a HGB) Abs. 7 uneingeschränkt beachten. Widerspruch = davon?
Grundsätzlich gilt die Angabepflicht auch für **kleine Ges**. Allerdings müssen diese ihre Verbindlichkeiten nicht gem. § 266 Abs. 3 C 1 bis 8 HGB aufgliedern (§ 266 Rz 142 ff.), sodass auch ein gesonderter Ausweis der Haftungsverhältnisse nach Abs. 7 nicht gefordert werden kann.[73]

75 Bei Haftungsverhältnissen handelt es sich um **eine einseitige vertragliche Verpflichtung gegenüber Dritten**, die aufgrund eines Ereignisses, das von Unt nicht kontrollierbar ist, mit einer Vermögensbelastung verbunden sein kann. Die Inanspruchnahme ist am Bilanzstichtag hingegen wenig wahrscheinlich.[74] Folgende Haftungsverhältnisse müssen in der Reihenfolge des § 251 HGB **gesondert aufgeführt** werden (zu Einzelheiten s. § 251 Rz 12, 15, 21 und 39):
- Verbindlichkeiten aus der Begebung und Übertragung von Wechseln,
- Verbindlichkeiten aus Bürgschaften, Wechsel- und Scheckbürgschaften,
- Verbindlichkeiten aus Gewährleistungsverträgen sowie
- Haftungsverhältnisse aus der Bestellung von Sicherheiten für fremde Verbindlichkeiten.

Im Einzelabschluss von Konzernunternehmen sind auch die Haftungsverhältnisse gegenüber (zugunsten) verbundenen Unt anzugeben (Rz 79).[75]

76 **Zweck** dieser Angabe ist es, die Informationsbereitstellung über in der Bilanz nicht passivierungsfähige Verpflichtungen zu verbessern, damit die Interessenten des JA das unternehmerische Risikopotenzial besser erkennen können. In diesem Sinne sind nunmehr gem. § 285 Nr. 27 HGB bzw. § 314 Abs. 1 Nr. 19 HGB (für Konzernabschlüsse) im Anhang die Gründe der Einschätzung des Risikos der Inanspruchnahme für nach § 251 HGB unter der Bilanz ausgewiesene Verbindlichkeiten und Haftungsverhältnisse anzugeben. Abs. 7 fordert lediglich die Angabe der in § 251 HGB bezeichneten Haftungsverhältnisse, jeweils gesondert unter der Bilanz oder im Anhang.

---

[73] Vgl. zur hM *Grottel/Haußer*, in Beck Bil-Komm. 9. Aufl., § 268 HGB, Rz 123; *Marx/Dallmann*, in *Baetge/Kirsch/Thiele*, Bilanzrecht, § 268 HGB, Rz 103, Stand 10/2012.
[74] Vgl. *Fey*, WPg 1992, S. 4.
[75] Vgl. *Hoffmann/Lüdenbach*, NWB-Kommentar Bilanzierung, 5. Aufl. 2014, § 268, Rz 153.

Der gesonderte Ausweis verlangt die Angabe des jeweiligen Betrags. Es ist der **volle Haftungsbetrag** und nicht der Betrag der wahrscheinlichen Inanspruchnahme anzugeben. Wenn dieser nicht sicher quantifiziert werden kann, muss eine Schätzung des Betrags vorgenommen werden. Ist dies auch nicht möglich, ist das bestehende nicht quantifizierbare Haftungsverhältnis unter der Bilanz oder im Anhang zu erläutern. 77

Zu den betragsmäßigen Angaben über **Pfandrechte und sonstige Sicherheiten** zählen Grundpfandrechte (Grund- und Rentenschulden, Hypotheken), Pfandrechte an beweglichen Sachen und Rechten, Zessionen und Sicherungsübereignungen sowie Eigentumsvorbehalte. Die Angabe von Sicherheiten ist auch dann notwendig, wenn sie – wie bspw. bei Eigentumsvorbehalten – branchen-, betriebs- oder verkehrsüblich ist. Allerdings müssen die einzelnen Sachmittel nur mit dem jeweils auf sie fallenden Gesamtbetrag aufgeführt werden, eine Unterteilung ist nicht notwendig. Es ist ausreichend, wenn zu den Haftungsverhältnissen die Art der Pfandrechte und Sicherheiten als betragsmäßiger „Davon"-Vermerk genannt werden. 78

**Haftungsverpflichtungen gegenüber verbundenen Unt** (§ 271 Abs. 2 HGB) müssen ebenfalls gesondert ausgewiesen werden, d. h., bei jedem der in § 251 HGB genannten Haftungsverhältnisse muss der Betrag gesondert genannt werden, der auf Verpflichtungen gegenüber verbundenen Unt entfällt. Dies kann als „Davon"-Vermerk erfolgen. 79

Der JA einer GmbH hat zusätzlich **Verbindlichkeiten gegenüber den Gesellschaftern** in der Bilanz gesondert auszuweisen oder alternativ im Anhang aufzuführen. Nr. 7 fordert auch die Erfassung und den gesonderten Ausweis von Haftungsverbindlichkeiten gegenüber GmbH-Gesellschaftern. Falls es sich bei dem Gesellschafter um ein verbundenes Unt handelt, so hat der Ausweis als Haftungsverhältnis gegenüber verbundenen Unt Vorrang.[76] Analog müssen haftungsbeschränkte PersG gem. § 264c Abs. 1 HGB ihre Verbindlichkeiten gegenüber Gesellschaftern gesondert benennen.

Die Darstellung unterliegt dem Stetigkeitsgebot gem. § 265 Abs. 1 HGB. Obwohl gem. § 265 Abs. 2 und 8 HGB **Vorjahresangaben** nur für Posten „in" der Bilanz anzugeben sind, ist eine Vorjahresangabe zu empfehlen,[77] „um Veränderungen des Haftungsvolumens als Vorboten einer Passivierung erkennbar zu machen".[78] 80

Zusätzlich zum Vermerk nach Nr. 7 müssen Ges. auch nach § 285 Nr. 9c (§ 285 Rz 72 ff. über bestimmte Haftungsverhältnisse, die zugunsten der Mitglieder des Geschäftsführungsorgans, eines AR, eines Beirates oder einer ähnlichen Einrichtung eingegangen wurden, im Anhang berichten. Eine Verknüpfung dieser doppelten Angabepflicht kann durch einen „Davon"-Vermerk oder einen gesonderten Zusatz erfolgen.[79]

---

[76] Vgl. *Reiner/Haußer*, in MünchKomm. HGB, 3. Aufl., § 268, Rz 44.
[77] Vgl. *Marx/Dallmann*, in Baetge/Kirsch/Thiele, Bilanzrecht, § 268 HGB, Rz 106 f., Stand 10/2012.
[78] *Reiner/Haußer*, in MünchKomm. HGB, 3. Aufl., § 268, Rz 41.
[79] Vgl. *Grottel/Haußer*, in Beck Bil-Komm. 9. Aufl., § 268 HGB, Rz 126.

## 9 Ausschüttungssperre (Abs. 8)

**81** Abs. 8 wurde aufgrund des Vorsichtsprinzips und i.S.d. Gläubigerschutzes im Zuge des BilMoG ergänzt, um eine Ausschüttung i.H.d. noch nicht realisierten Erträge aus der Aktivierung bestimmter Vermögensposten oder aus der Bewertung bestimmter Aktiva zum beizulegenden Zeitwert jeweils abzgl. der hierfür gebildeten passiven latenten Steuern zu vermeiden. Im Einzelnen betrifft die **Ausschüttungssperre** Erträge, die aus den folgenden mit dem BilMoG geänderten Bilanzierungsvorschriften resultieren:[80]

1. Nutzung des Ansatzwahlrechts für selbst geschaffene immaterielle VG des AV (§ 248 Rz 10ff.);
2. Nutzung des Ansatzwahlrechts für aktive latente Steuern (§ 274 Rz 119ff.), Ausnahme: kleine Gesellschaften (§ 274a Nr. 5 HGB) sowie
3. Buchgewinne aus aktivierten Vermögensgegenständen i.S.d. § 246 Abs. 2 Satz 2 HGB, die der Erfüllung von Schulden aus Altersversorgungsverpflichtungen und ähnlichen Verpflichtungen dienen (§ 246 Rz 104ff.).

Ausschüttungsgesperrt sind die jeweiligen Beträge der drei genannten Posten. Allerdings sind bei Posten Nr. 1 und 3 die gebildeten (nicht notwendigerweise ausgewiesenen) passiven latenten Steuern abzuziehen.

**82** Die Regelung der Ausschüttungssperre ist nicht neu. Auch bisher galt für die Bilanzierungshilfen (aktivierte Ingangsetzungsaufwendungen gem. § 269 HGB aF und aktivierte latente Steuern gem. § 274 Abs. 2 Satz 3 HGB aF) eine Ausschüttungssperre. Ebenso schreibt § 30 GmbHG eine Ausschüttungssperre vor, wonach Auszahlungen an die Gesellschafter verboten sind, die zur Erhaltung des Stammkapitals erforderlich sind. Der Ausschüttungssperre kommt nach dem BilMoG aber eine größere Bedeutung zu.

Zentraler **Zweck** der Ausschüttungssperre ist es, Erträge, die noch nicht realisiert sind, nicht an Anteilseigner auszuschütten bzw. abzuführen. Die Ausschüttungssperre stellt damit eine Verbindung von der informationsorientierten zur ausschüttungsorientierten Bilanzdarstellung dar.[81] Sofern selbst geschaffene immaterielle VG des AV und aktive latente Steuern – jeweils unter Nutzung des Ansatzwahlrechts – in der Bilanz ausgewiesen werden, darf der Gewinn nicht vollständig ausgeschüttet werden. Gleiches gilt bei einer Durchbrechung des Realisationsprinzips, wenn bei einer Zeitwertbilanzierung von Zweckvermögen für Verpflichtungen gegenüber Arbeitnehmern die Erhöhungen der Vermögensposition noch nicht durch den Umsatzakt realisiert wurden.

**83** Abs. 8 steht in Zusammenhang mit der in § 285 Nr. 28 HGB geforderten Aufgliederung des ausschüttungsgesperrten Gesamtbetrags in Erträge aus der Aktivierung selbst geschaffener immaterieller Anlagen und latenter Steuern wie auch aus der Bewertung von aktivierten VG zum beizulegenden Zeitwert. Die **Anhangangaben** dienen somit als Erl. zur Regelung des Abs. 8, um die Zusammensetzung des Gesamtbetrags für Bilanzleser nach der Herkunft erkennbar und nachvollziehbar machen zu können.[82] Zur praktischen Umsetzung s. Haufe HGB Bilanz Kommentar BilMoG Erfahrungsbericht Rz 450f.

---

[80] Vgl. *Lanfermann/Röhricht*, DStR 2009, S. 1216.
[81] Vgl. *Müller/Schmidt*, Accounting 7/2008, S. 16ff.
[82] Vgl. *Budde/Kessler*, in *Kessler/Leinen/Strickmann*, BilMoG, 2009, S. 371.

Die Ausschüttungssperre gilt entsprechend der BilMoG-BgrRegE nur für **KapG und KapCoGes**. Bei unbeschränkter Haftung ergäbe sich für Unt keine praktische Konsequenz.[83] Allerdings haften **Kommanditisten** einer KG nicht unbeschränkt, vielmehr ist deren Haftung auf die Einlage beschränkt (§ 172 Abs. 1 HGB). Dementsprechend wurde § 172 Abs. 4 HGB so ergänzt und kodifiziert, dass im Hinblick auf eine stärker informationsorientierte Bilanzierung Erträge im Jahresüberschuss ausgewiesen sein können, die nach Abs. 8 ausschüttungs- bzw. nach § 301 AktG abführungsgesperrt sind. Bei KG gibt es keine strengen Entnahmegrenzen, jedoch ist ein Wiederaufleben der Haftung des Kommanditisten möglich, sofern ein Kommanditist Gewinne entnimmt und sein Kapitalanteil durch Verluste unter den Betrag der geleisteten Einlage herabgemindert ist oder durch die Entnahme unter diesen Betrag herabgemindert wird. Zur Beantwortung der Frage nach dem Wiederaufleben der Haftung des Kommanditisten sind ausschüttungs- und abführungsgesperrte Erträge i.S.d. Abs. 8 nicht zu berücksichtigen. Klarstellend wurde § 172 Abs. 4 HGB um den Satz ergänzt, dass bei der Berechnung des Kapitalanteils Beträge i.S.d. Abs. 8 nicht zu berücksichtigen sind.[84] Damit wurde auf die Kritik reagiert,[85] dass der mit der Ausschüttungssperre für KapG bezweckte Gläubigerschutz bei der Ermittlung der wiederauflebenden Haftung des Kommanditisten fehle.

**84**

Gewinne dürfen bei den genannten Bilanzierungssachverhalten nur in der Höhe ausgeschüttet werden, dass die nach der Ausschüttung verbleibenden frei verfügbaren Rücklagen zzgl. eines Gewinnvortrags und abzgl. eines Verlustvortrags mindestens den aktivierten Beträgen der genannten Positionen – abzgl. der hierfür gebildeten passiven latenten Steuern – entsprechen. Sinngemäß gilt diese Regelung für eine Gewinnabführung nach § 301 AktG. Die Neufassung des § 301 Satz 1 AktG stellt klar, dass ausschüttungsgesperrte Beträge gem. Abs. 8 nicht abgeführt werden dürfen (sog. Abführungssperre).[86] Die Abführungssperre mindert die Abführungsschuld der Organgesellschaft und somit auch den entsprechenden Aufwand (§ 277 Abs. 3 HGB). Steuerlich ist die Abführungssperre zu berücksichtigen.[87]

**85**

Im Rahmen der **betragsmäßigen Ermittlung des ausschüttungs- bzw. abführungsgesperrten Betrags** sind ggf. anfallende **passive latente Steuern in Abzug zu bringen**, um Doppelerfassungen zu vermeiden. Die passiven latenten Steuern fließen in die Berechnung der EE-Steuern ein und folglich ist das Jahresergebnis nach Steuern bereits um diesen Betrag angepasst. Wenn handelsrechtlich Entwicklungskosten aktiviert werden, müssen diese steuerrechtlich sofort als Aufwand verrechnet werden und in Bezug auf diese Differenz sind passive latente Steuern zu bilden. Gleiches gilt für die erfolgswirksam erfassten Buchgewinne aus Veränderungen der Pensionsverpflichtungen unter Beachtung der Zeitwertbilanzierung der saldierten VG, da die Berücksichtigung der Pensionsverpflichtungen im Steuerrecht anders geregelt ist. Nur bei aktivierten latenten Steuern sind keine passiven Steuerlatenzen zu berücksichtigen. Aktive latente Steuern sind nur i.H.d. nicht durch passive latente Steuern gedeckten Spitze ausschüttungsgesperrt.[88]

**86**

---

83 Vgl. BilMoG-BgrRegE, S. 64.
84 Vgl. *Budde/Kessler*, in *Kessler/Leinen/Strickmann*, BilMoG, 2009, S. 362.
85 Vgl. *Hennrichs*, DB 2008, S. 542.
86 Vgl. BilMoG-BgrRegE, S. 105.
87 Vgl. *Hoffmann/Lüdenbach*, NWB-Kommentar Bilanzierung, 5. Aufl. 2014, § 268, Rz 175 f.
88 Vgl. den am 9.9.2012 aufgehobenen *IDW*, IDW ERS HFA 27, Rz 34.

Da Abs. 8 ausdrücklich auf die drei Sachverhalte, selbst geschaffene immaterielle VG des AV, aktive latente Steuern und Buchgewinne bei saldierten VG im Zusammenhang mit Pensionsverpflichtungen abstellt, sind jeweils nicht realisierte Erträge Gegenstand der Betrachtung.[89] Demnach muss der aus den drei Posten resultierende Gesamtbetrag positiv sein.

> **Beispiel**
> **Ermittlung des gesperrten Betrags am Beispiel des Nettoaktivums aus Pensionsverpflichtungen**
> Die Berechnung der Ausschüttungssperre bei der Saldierung von Pensionsaktiva und Pensionsverpflichtungen:
> Ausgangsdaten:
>
> - Wertansatz der Pensionsverpflichtungen: 200 GE
> - Anschaffungskosten der Pensionsaktiva: 180 GE
> - Beizulegender Zeitwert der Pensionsaktiva: 240 GE
> - Steuersatz: 30 %
>
> Berechnung:
>
> | | | |
> |---|---|---|
> | Abgrenzung passiver latenter Steuern | $(240-180) \times 0{,}3 =$ | 18 GE |
> | Ausschüttungssperre: | $240-180-18 =$ | 42 GE |

Bei der Ermittlung der Ausschüttungssperre für aktive latente Steuern kann es zu einer **Doppelberücksichtigung von passiven latenten Steuern** kommen, falls ein Aktivüberhang latenter Steuern vorliegt und passive latente Steuern für selbst geschaffene immaterielle VG des AV oder für zum beizulegenden Zeitwert bilanzierte VG i.S.d. § 246 Abs. 2 Satz 2 HGB gebildet werden. Die passiven latenten Steuern fließen in die Berechnung für beide Sachverhalte ein, wie das folgende Beispiel verdeutlicht.

> **Beispiel**[90]
> **Ermittlung des gesperrten Betrags für aktive latente Steuern und des Nettoaktivums aus Pensionsverpflichtungen**
> Annahmegemäß werden aktive latente Steuern i. H. von 40 GE bilanziert.
> Die Berechnung der Ausschüttungssperre bei der Saldierung von Pensionsaktiva und Pensionsverpflichtungen erfolgt entsprechend dem o. g. Beispiel. Unter Berücksichtigung eines Buchgewinns i. H. von 60 GE und passiven latenten Steuern von 18 GE (Steuersatz 30 %) beträgt die Ausschüttungssperre für diesen Sachverhalt 42 GE. Die maximale Ausschüttungssperre für beide Sachverhalte lautet demnach auf 82 GE (= 40 + 42).
> Allerdings könnten die passiven latenten Steuern, die auf die Ausschüttungssperre für zum beizulegenden Zeitwert angesetzten Pensionsaktiva entfallen, auch für die Ermittlung des Aktivüberhangs latenter Steuern Berücksichti-

---

[89] Vgl. ausführlich mit Beispielen *Küting/Lorson*, in *Küting/Pfitzer/Weber*, HdR, HGB § 268, Rz 259–284, Stand 04/2011.
[90] Vgl. *Grottel/Huber*, in Beck Bil-Komm. 9. Aufl., § 268 HGB, Rz 143.

> gung finden. Danach ergäbe sich ein Aktivüberhang i.H. von 22 GE (= 40–18), sodass in diesem Fall die maximale Ausschüttungssperre für beide Sachverhalte nur auf 64 GE (22 + 42) lauten würde.
> Da dieser geringe Betrag mit dem beabsichtigten Gläubigerschutz im Widerspruch steht, dürfen passive latente Steuern auf aktivierte selbst geschaffene immaterielle VG des AV und auf Buchgewinne aus aktivierten VG i.S.d. § 246 Abs. 2 Satz 2 HGB nicht noch einmal berücksichtigt werden.

Die Ausschüttung ist auf den Betrag beschränkt, der ausgeschüttet werden könnte, wenn keine Aktivierung der drei oben genannten Posten vorgenommen würde. Der nach § 268 Abs. 8 HGB gesperrte Betrag ermittelt sich bei **Erstanwendung** wie folgt:

| **Beispiel** Ermittlung des gesamten gesperrten Betrags | |
|---|---|
|   | Selbst geschaffene immaterielle Vermögensgegenstände des Anlagevermögens (a) |
| + | Buchgewinne aus der Zeitwertbewertung von Pensionsvermögen (b) |
| + | Aktive latente Steuern (Nettoaktivum nach Saldierung mit passiven latenten Steuern) (c) |
| = | Zwischensumme |
| – | Passive latente Steuern auf (a) und (b) |
| = | Gesperrter Betrag nach § 268 Abs. 8 HGB (I) |

Der gesperrte Betrag bezieht sich auf alle Beträge, die im JA (noch) aktiviert sind, unabhängig davon, ob sie im laufenden Gj oder in Vorjahren zu Erträgen oder Aufwandsminderungen geführt haben. In den **Folgejahren** ist der gesperrte Betrag des Vorjahrs fortzuschreiben. Dementsprechend erhöht sich der Betrag um neu aktivierte Beträge und vermindert sich, d.h., entsprechende Teilbeträge werden entsperrt, sofern z.B. aktivierte Posten veräußert oder auf aktivierte Beträge Abschreibungen vorgenommen worden sind.

Dem ermittelten gesperrten Betrag (I) ist der maximale Ausschüttungsbetrag (ohne Ausschüttungssperre) gegenüberzustellen, um den unter Berücksichtigung der Ausschüttungssperre maximal ausschüttbaren Betrag i.S.d. § 268 Abs. 8 HGB zu ermitteln.[91]

---

[91] Vgl. *Gelhausen/Althoff*, 2009, S. 586.

| |
|---|
| **Beispiel**[92]<br>**Ermittlung des ausschüttbaren Betrags unter Berücksichtigung der Ausschüttungssperre** |
|     Jahreserfolg |
| +   Frei verfügbare Rücklagen |
| −   Pflichtgemäße Einstellung aus dem Gewinn des laufenden Jahrs in gebundene Rücklagen, insb. gesetzliche Rücklagen |
| +   Gewinnvortrag |
| −   Verlustvortrag |
| =   Maximaler Ausschüttungsbetrag ohne Ausschüttungssperre (II) |
| −   gesperrter Betrag i.S.d. § 268 Abs. 8 HGB (I [s.o.: Ermittlung des gesamten gesperrten Betrags]) |
| =   Maximal ausschüttbarer Betrag unter Berücksichtigung der Ausschüttungssperre (= II − I) |

Ist der „maximale Ausschüttungsbetrag ohne Ausschüttungssperre" negativ, erfolgt keine Ausschüttung und die Berechnung des ausschüttbaren Betrags ist nicht notwendig. Bei positivem Betrag ist der ermittelte gesperrte Betrag in Abzug zu bringen und nur ein positiver (Rest-)Betrag ausschüttungsfähig.

87   Der Begriff „**frei verfügbare Rücklagen**" stellt eine Erweiterung der Rücklagen-Begrifflichkeit dar. Eine wie bisher vorgesehene Beschränkung auf „Gewinnrücklagen" ist zu eng, da auch aus Sicht der Praxis frei verfügbare Kapitalrücklagen in die Betrachtung einzubeziehen sind.[93] Für die Bemessung des ausschüttungsgesperrten Betrags ist auf die frei verfügbaren Rücklagen zzgl. eines Gewinnvortrags und abzgl. eines Verlustvortrags abzustellen. Dies bedeutet, dass nicht nur der Gewinn der Periode, sondern der im **aktuellen und in früheren Gj erwirtschaftete Gewinn** bei der Berechnung heranzuziehen ist. Dazu zählen insb. Kapitalrücklagen i.S.d. § 272 Abs. 2 Nr. 3 HGB, satzungsmäßige Rücklagen und andere Rücklagen (§ 266 Abs. 3 A.II. (teilweise), A.III.3. und ggf. A.III.4. HGB). Zu den freien Rücklagen i.S.d. § 268 Abs. 8 HGB gehören nicht Bilanzposten, die nach HGB nicht im EK auszuweisen sind, wie. z.B. Fonds für allgemeine Bankrisiken nach § 340g HGB.[94]

Problematisch ist, dass das Gesetz keine Vorgaben zur Umsetzung der Ausschüttungssperre enthält und kein Posten benannt wird, in dem ausschüttungsgesperrte Beträge auszuweisen sind.[95] Der Gesetzgeber fordert aber eine detaillierte Betragsangabe im Anhang (§ 285 Nr. 28 HGB).

---

[92] Weitere ausführliche Beispiele finden sich bei *Hoffmann/Lüdenbach*, NWB-Kommentar Bilanzierung, 5. Aufl. 2014, § 268, Rz 163 ff., und *Gelhausen/Althoff*, 2009, S. 317 ff.
[93] Vgl. BilMoG-BgrRegE, S. 64.
[94] Vgl. ausführlich *Gelhausen/Althoff*, 2009, S. 586 sowie S. 592 (zu Sonderfragen bei Sparkassen).
[95] Vgl. *Gelhausen/Althoff*, 2009, S. 587.

## 10 Sanktionen

§ 268 HGB schreibt für einzelne Bilanzposten erweiterte Angabeverpflichtungen in Erg. des in § 266 HGB aufgeführten verpflichtenden Bilanzgliederungsschemas vor. Insofern sind Verstöße gegen § 268 HGB entsprechend den Sanktionen zu ahnden, die bei einem Verstoß gegen § 266 HGB drohen. So erfolgt eine Bestrafung mit Freiheitsstrafe oder Geldstrafe (§ 331 Nr. 1 HGB), wenn ein Mitglied des vertretungsberechtigten Organs oder des AR vorsätzlich oder leichtfertig eine unrichtige Wiedergabe oder Verschleierung in Bilanz oder Anhang vornimmt. Mit einer Geldbuße (§ 334 Abs. 1 Nr. 1c HGB) kann die vorsätzliche oder leichtfertige Zuwiderhandlung gegen Abs. 2 und 7 geahndet werden, was als Ordnungswidrigkeit gilt. Je nach Schwere des Verstoßes kann der BSV eingeschränkt werden (§ 322 Abs. 4 HGB), wenn der AP feststellt, dass bei der Aufstellung des JA gesetzliche Vorschriften und ergänzende Bestimmungen des Gesellschaftsvertrags nicht beachtet wurden (§ 317 Abs. 1 Satz 2 HGB). 88

## 11 Änderungen durch BilRUG

Mit Inkrafttreten des BilRUG ergeben sich folgende Änderungen im § 268 HGB: 89
- Abs. 1: Ausweis eines Gewinn- oder Verlustvortrags im Regelfall in der Bilanz;
- Abs. 2: Aufhebung des Ausweiswahlrechts für den Anlagenspiegel. Zukünftig ist das Anlagegitter im Anhang leicht modifiziert offenzulegen;
- Abs. 5 Satz 1: Ergänzung der betragsmäßigen Angabe auch für Verbindlichkeiten mit einer Restlaufzeit von mehr als einem Jahr;
- Abs. 7: Neufassung und Ergänzung der Angaben zu Haftungsverhältnissen.

In § 268 Abs. 1 Satz 2 HGB wurden die Wörter „oder im Anhang" ersetzt durch den folgenden Satz: „Die Angabe kann auch im Anhang gemacht werden." Mit dieser Änderung ist bezweckt, dass ein Gewinn- oder Verlustvortrag im Regelfall in der Bilanz auszuweisen ist. Der geänderte Wortlaut in Abs. 1 lässt aber weiterhin eine Wahlmöglichkeit zu, die Angaben im Anhang machen zu dürfen.[96] 90

Das bisher in § 268 Abs. 2 HGB verankerte Wahlrecht, die Angaben zum Anlagenspiegel entweder in der Bilanz oder im Anhang auszuweisen, wurde entsprechend der Vorgabe in Art. 17 Abs. 1 Buchs. a der EU-Richtlinie gestrichen. Zukünftig sind die Angaben gem. § 284 Abs. 3 HGB nF im Anhang ergänzt um weitere Angaben zu Abschreibungen zu machen (s. § 284 Rz 55).[97] Kleine KapG sind weiterhin von dieser Angabe befreit, sie können die Angaben aber freiwillig machen. 91

Zusätzlich zur bisherigen betragsmäßigen Angabe von Verbindlichkeiten mit einer Restlaufzeit bis zu einem Jahr (§ 268 Abs. 5 HGB) sind zukünftig gem. Art. 10 i. V. m. Anhang III (Passiva, Buchst. C) der EU-Richtlinie **auch betragsmäßige Angaben für Verbindlichkeiten mit einer Restlaufzeit von mehr als einem Jahr** zu machen. Dieser Forderung folgt **§ 268 Abs. 5 Satz 1 HGB**.[98] 92

---

[96] Vgl. BilRUG-RegE, BR-Drs. 23/15, S. 79.
[97] Vgl. BilRUG-RegE, BR-Drs. 23/15, S. 79.
[98] Vgl. BilRUG-RegE, BR-Drs. 23/15, S. 80.

**93** Darüber hinaus erfolgte mit dem BilRUG eine Neufassung und Ergänzung in § 268 Abs. 7 HGB, womit die Vorgaben des Art. 16 Abs. 1 Buchst. d der EU-Richtlinie umgesetzt wurden.

Entsprechend § 268 Abs. 7 Nr. 1 HGB nF sind **Anhangangaben zu nicht passivierten Verbindlichkeiten und Haftungsverhältnissen** vorgeschrieben.[99] Ein Ausweis unter der Bilanz ist für Unt, die einen Anhang erstellen müssen, nicht mehr erlaubt. Allerdings bleiben die Angaben zu Haftungsverhältnissen unter der Bilanz (§ 251 HGB) für KleinstKapG, die keinen Anhang erstellen müssen, hiervon unberührt.[100]

Nach Abs. 7 Nr. 2 und 3 sind Haftungsverhältnisse jeweils gesondert unter **Angabe der gewährten Pfandrechte und sonstigen Sicherheiten anzugeben sowie Verpflichtungen betreffend Altersversorgung und Verpflichtungen gegenüber verbundenen und assoziierten Unternehmen** gesondert zu vermerken.[101] In der Folge ergeben sich Änderungen in der Anhangangabe nach § 285 Nr. 3a HGB (s. § 285 Rz 175).

---

[99] Vgl. BT-Drs. 18/5256. S. 12.
[100] Vgl. BilRUG-RegE, BR-Drs. 23/15, S. 80.
[101] Vgl. BilRUG-RegE, BR-Drs. 23/15, S. 80.

# § 270 BILDUNG BESTIMMTER POSTEN[1]

(1) Einstellungen in die Kapitalrücklage und deren Auflösung sind bereits bei der Aufstellung der Bilanz vorzunehmen.
(2) Wird die Bilanz unter Berücksichtigung der vollständigen oder teilweisen Verwendung des Jahresergebnisses aufgestellt, so sind Entnahmen aus Gewinnrücklagen sowie Einstellungen in Gewinnrücklagen, die nach Gesetz, Gesellschaftsvertrag oder Satzung vorzunehmen sind oder auf Grund solcher Vorschriften beschlossen worden sind, bereits bei der Aufstellung der Bilanz zu berücksichtigen.

Prof. Dr. Stefan Müller/Dr. Markus Kreipl

Inhaltsübersicht | Rz
---|---
1 Überblick | 1–9
    1.1 Inhalt und Regelungszweck | 1–5
    1.2 Anwendungsbereich | 6–7
    1.3 Normzusammenhänge | 8–9
2 Kapitalrücklage | 10–16
3 Gewinnrücklagen | 17–20
4 Rechtsfolgen bei Pflichtverletzung | 21

### Ergänzendes Schrifttum
*Ebeling*, Die Verwendung der Kapitalrücklage der AG gem. § 150 Abs. 3 und 4 AktG, WPg 1988, S. 502; *Freidank*, Eigenkapital und Ergebnisverwendung der GmbH und der AG, Stb 2000, S. 44 (I), S. 84 (II), S. 128 (III); *Thiele*, Das Eigenkapital im handelsrechtlichen Jahresabschluß, 1998; s. auch das ergänzende Schrifttum zu den §§ 268 und 272 HGB.

## 1 Überblick

### 1.1 Inhalt und Regelungszweck

§ 270 HGB regelt die Abbildung von **Kapitalrücklage** (§ 272 Abs. 2 HGB) und **Gewinnrücklage** sowie deren Veränderungen. Von der Regelung der Norm sind Rücklagenbewegungen betroffen, die innerhalb der Ergebnisverwendungsrechnung (Überleitung JÜ zu Bilanzgewinn) auszuweisen sind. Davon nicht erfasst sind dagegen solche Rücklagendotierungen, die durch Transaktionen mit den Gesellschaftern entstehen. Darüber hinaus wird der für die Einstellungen oder Auflösungen verantwortliche Organ- bzw. Personenkreis definiert. 1

Entsprechend der Bestimmung in Abs. 1 hat die Einstellung in die Kapitalrücklage respektive deren Auflösung bereits **zum Zeitpunkt der Aufstellung der Bilanz** und nicht erst im Anschluss an einen Ergebnisverwendungsbeschluss zu erfolgen. 2

---

[1] Für § 270 sind die Übergangsvorschriften der Art. 66 Abs. 5 und Art. 67 Abs. 7 EGHGB relevant. S. dazu im Detail Rz 24.

3   Gleiches gilt gem. Abs. 2 analog für Entnahmen aus sowie Einstellungen in die Gewinnrücklagen, sofern die Bilanz unter Berücksichtigung der vollständigen oder teilweisen Verwendung des Jahresergebnisses (§ 268 Abs. 1 HGB) aufgestellt wird und die Entnahmen oder Einstellungen nach Gesetz, Gesellschaftsvertrag oder Satzung vorzunehmen sind bzw. auf Basis dieser beschlossen werden. Aus der zwingenden Bestimmung des Abs. 1 ist abzuleiten, dass die Einstellung und/oder Auflösung einer Kapitalrücklage (zunächst) einzig in den Aufgabenbereich der Geschäftsführung und damit des Bilanz aufstellenden Organs (§ 264 Abs. 1 Satz 3 HGB) fällt (Rz 4).[2]

4   Unter der Aufstellung der Bilanz ist dabei das verantwortliche **technische Anfertigen**[3] dieser zu verstehen. Der Begriff der **Aufstellung** ist von der Abschlussprüfung (§§ 316 ff. HGB), der **Feststellung** der Bilanz (§§ 172, 173 AktG, § 47 Abs. 5 SEAG und 42a Abs. 2 Satz 1 GmbHG), der **Billigung** (§ 171 AktG) und der **Erstellung** abzugrenzen. Während die Bilanz (bzw. der JA) durch jeden Beauftragten (Leiter ReWe oder externe Dritte, wie z. B. StB) erstellt werden kann, obliegt die Aufstellung dagegen nur den zur Aufstellung Verpflichteten (gesetzliche Vertreter) (§ 264 Rz 39 ff.). Die Aufstellungsphase i. S. d. § 270 HGB ist nicht analog zu den durch den Beschleunigungszweck definierten Vorschriften der §§ 264 Abs. 1 HGB, 170 Abs. 1 Satz 1 AktG und 42a Abs. 2 Satz 1 GmbHG zu verstehen. § 270 HGB legt aber keine über die Aufstellung des JA hinausgehende gesonderte **Kompetenz** für die genannten Passivposten fest. Somit bedürfen auch die hier relevanten Auflösungen und Einstellungen der Feststellung,[4] die stets unter Mitwirkung des AR, der GesV respektive ggf. der HV erfolgt. Entsprechend liegen Rücklagenveränderungen i. S. d. § 270 HGB zwar im Kompetenz- bzw. Pflichtbereich der Geschäftsführung und damit des bilanzaufstellenden Organs, werden in der Praxis jedoch selten ohne Abstimmung mit dem Feststellungsorgan vonstattengehen.[5]

5   Der Terminus „Auflösung" steht für eine ergebnisneutrale Entnahme, d. h., der Betrag ist in der GuV erst in der Überleitungsrechnung vom Jahresergebnis zum Bilanzgewinn auszuweisen.

## 1.2 Anwendungsbereich

6   Der Geltungsbereich des § 270 HGB beschränkt sich zunächst auf **KapG** und **KapCoGes**.

7   Ist ein Unt zur Rechnungslegung nach dem **PublG** verpflichtet, ist die Regelung gem. § 5 Abs. 1 PublG zudem sinngemäß anzuwenden. Eine entsprechende Anwendung ergibt sich nach § 336 Abs. 2 Satz 1 HGB auch für eingetragene Genossenschaften (**eG**). Für Kreditinstitute **und Finanzdienstleistungsinstitute** sowie **Versicherungsunt und Pensionsfonds** ergibt sich die Anwendung der Vorschriften des § 270 HGB aus § 340a Abs. 1 und 2 HGB sowie § 341a

---

[2] Vgl. *Knop*, in *Küting/Pfitzer/Weber*, HdR, HGB § 270, Rn 1, Stand 2/2011; *Kropff*, in *Geßler/Hefermehl/Eckardt/Kropff*, Aktiengesetz, § 151 AktG, Rz 115.
[3] S. dazu *Reiner*, in MünchKomm. HGB, 3. Aufl., § 264 Rn 8; *Knop*, in *Küting/Pfitzer/Weber*, HdR, HGB § 270, Rn 3, Stand 2/2011.
[4] Zur Rolle des § 270 HGB bei der Kompetenzzuordnung s. *Thiele*, in *Baetge/Kirsch/Thiele*, Bilanzrecht, § 270 HGB, Rz 2, Stand 9/2002.
[5] Vgl. *Förschle/Taetzner*, in Beck Bil-Komm. 9. Aufl., § 270 HGB, Rz 2.

Abs. 1 und 2 HGB. § 270 HGB ist auch für den KA von Bedeutung, wobei der gestrichene Abs. 1 Satz 2 davon schon vorher ausgenommen war.[6]

## 1.3 Normzusammenhänge

Die Bildung der Kapitalrücklage fußt bei AGs und KGaAs auf § 272 Abs. 2 HGB sowie den §§ 229, 232, 237 Abs. 5 AktG. Die Auflösung hat nach Maßgabe der Vorschriften des § 150 Abs. 3 und 4 AktG zu erfolgen. Bei GmbHs bildet § 30 Abs. 2 GmbHG die Rechtsgrundlage für die Bildung der Kapitalrücklage. § 266 Abs. 3 A. II. HGB regelt zudem den Bilanzausweis.  8

Gewinnrücklagen sind bei AGs und KGaAs nach Maßgabe der §§ 58 Abs. 1–3, 150 Abs. 1 und 2 sowie 300 AktG zu bilden. Bei GmbHs hat dies entsprechend den Vorschriften des § 29 Abs. 2 GmbHG zu erfolgen. Eine Definition der Gewinnrücklagen findet sich in § 272 Abs. 2 HGB. § 266 Abs. 3 A. III. HGB regelt zudem den Bilanzausweis.  9

## 2 Kapitalrücklage

Die Kapitalrücklage definiert sich im Unterschied zu den Gewinnrücklagen dadurch, dass dem Unt **von außen** Vermögen zugeführt wird. Die Erfassung der Zuführungen erfolgt dabei **ergebnisneutral** in dem Bilanzposten „Kapitalrücklage". Welche Beträge bilanzverlängernd i. S. einer Kapitalrücklage wirken, regelt § 272 Abs. 2 HGB.  10

> **Beispiel**
> Eine AG führt eine Kapitalerhöhung gegen Einlagen durch. Das Grundkapital betrug bislang 200 Mio. EUR, zerlegt in 50 Mio. Aktien. Den Aktionären werden 10 Mio. neue Aktien zu einem Bezugspreis von je 12 EUR angeboten. Der Nennwert je Aktie beträgt 8 EUR. Daraus ergeben sich folgende Werte:
> Mittelzuführung gesamt = 10 Mio. Stk. × 12 EUR/Stk. = 120 Mio. EUR
> Zuführung zum Grundkapital = 10 Mio. Stk. × 8 EUR/Stk. = 80 Mio. EUR
> Zuführung zur Kapitalrücklage = 120 Mio. EUR − 80 Mio. EUR oder
> 10 Mio. Stk. * (12 EUR/Stk. − 8 EUR/Stk.) = 40 Mio. EUR
>
> | Aktiva | Veränderungen in der Bilanz | | Passiva |
> |---|---|---|---|
> |  | Gez. Kapital | | + 80 Mio. EUR |
> |  | Kapitalrückl. | | + 40 Mio. EUR |
> | Bank | + 120 Mio. EUR | | |

Die Bildung einer Kapitalrücklage kann neben den Bestimmungen des § 272 Abs. 2 HGB zudem auf verschiedenen Sondervorschriften fußen. Für AG bestehen **Sondervorschriften** mit Bezug auf die vereinfachte Kapitalherabsetzung (§ 229 AktG), die Einziehung von Aktien ohne Entgelt (§ 237 Abs. 5 AktG) und die  11

---

[6] Einführung des Verbots zur Bildung eines Sonderpostens mit Rücklageanteil durch das TransPuG v. 19.7.2002, BGBl 2002 I S. 2681.

Einstellung von Beträgen in die Kapitalrücklage bei zu hoch angenommenen Verlusten (§ 232 AktG). Werden diese Sonderregelungsbereiche tangiert, sind die Einstellungen in die Kapitalrücklage in der Ergebnisverwendung (§ 268 Rz 6) zu erfassen – aber gleichwohl ebenfalls **bei der Aufstellung der Bilanz** zu berücksichtigen. Dies korrespondiert mit dem geforderten Ausweis des aus der Kapitalherabsetzung gewonnenen Ertrags in der Ergebnisverwendungsrechnung gem. § 240 Satz 1 AktG.[7] Eine grundsätzliche Pflicht zur Berücksichtigung von Veränderungen der Kapitalrücklage in der Verlängerungsrechnung der GuV jenseits der Sonderbereiche kann daraus jedoch nicht abgeleitet werden.[8]

12 Lediglich die **Kapitalerhöhung aus Gesellschaftsmitteln** bildet eine Ausnahme in Bezug auf die Darstellung in der Ergebnisverwendung (§§ 207 ff. AktG und §§ 57 c ff. GmbHG). Bilanziell wird die Umwandlung in gezeichnetes Kapital hier durch Umbuchung innerhalb des EK erfasst.[9]

| Beispiel | | | |
|---|---|---|---|
| Eine AG mit Aktien von 1 EUR Nennwert, gezeichnetem Kapital von 60 Mio. EUR und einer Kapitalrücklage von 100 Mio. EUR führt eine Kapitalerhöhung aus Gesellschaftermitteln im Verhältnis 4:1 durch. | | | |
| Datum | Konto | Soll | Haben |
| | Kapitalrücklage | 15 | |
| | Gez. Kapital | | 15 |
| Nach Abschluss der Transaktion verfügt die Ges. über 75 Mio. Aktien im Nennwert von 1 EUR, einem gezeichneten Kapital von 75 Mio. EUR und einer Kapitalrücklage von 85 Mio. EUR. | | | |

13 Sondervorschriften für **GmbH** ergeben sich aus den §§ 26 ff., 42 Abs. 2, 58a und 58b GmbHG (Nachlässe und vereinfachte Kapitalherabsetzung).[10]

14 Die Auflösung der Kapitalrücklage muss grds. in der Ergebnisverwendungsrechnung dargestellt werden, was eine zwingende Berücksichtigung der teilweisen oder vollständigen Ergebnisverwendung bei der Bilanzerstellung bedingt. Eine Ausnahme davon gilt dann, wenn die Gesellschafterversammlung jederzeit unterjährig Entnahmen aus der Kapitalrücklage beschließen kann, was etwa bei einer GmbH denkbar ist, nicht aber bei der AG oder KGaA.

15 AG haben bei Entnahmen die Vorschriften der §§ 150 Abs. 3 und 4 sowie 229 Abs. 2 AktG zu beachten, wogegen GmbH bei der Auflösung keinen gesetzlichen Beschränkungen unterliegen. Lediglich aus dem Gesellschaftsvertrag können sich bei GmbH Einschränkungen ergeben. Für AG resultiert daraus eine Beschränkung der Entnahme auf Fälle eines Ausgleichs eines Verlustvortrags oder eines Jahresfehlbetrags.

16 Gem. § 274 Abs. 4 HGB und § 158 Abs. 1 Satz 1 Nr. 2 respektive Satz 2 AktG sind Entnahmen aus der Kapitalrücklage alternativ zu einem GuV-Ausweis nach dem Posten „Jahresüberschuss/Jahresfehlbetrag" im Anhang darzustellen. Da-

---

[7] Vgl. *Thiele*, in *Baetge/Kirsch/Thiele*, Bilanzrecht, § 270 HGB, Rz 22, Stand 9/2002.
[8] Vgl. anstatt vieler *Rux*, in *Federmann/Kußmaul/Müller*, HdB, Rücklagen, Rz 7.
[9] Vgl. *Thiele*, in *Baetge/Kirsch/Thiele*, Bilanzrecht, § 272 HGB, Rz 38, Stand 9/2002.
[10] S. dazu *Förschle/Hoffmann*, in Beck Bil-Komm. 9. Aufl., § 272 HGB, Rz 215.

rüber hinaus ist der Wert der negativen Änderung gem. § 158 Abs. 2 Nr. 2 AktG gesondert in der Bilanz oder im Anhang zu beziffern.

## 3 Gewinnrücklagen

Gewinnrücklagen (zu den einzelnen Arten der Gewinnrücklagen s. § 272 HGB[11]) bilden sich **aus dem Ergebnis**. Sie enthalten nur Beträge aus dem laufenden oder vorangegangenen Gj. Die Regelung des § 270 Abs. 2 HGB steht in einem engen Zusammenhang mit der des § 268 Abs. 1 HGB. Sie greift nur dann, wenn das Wahlrecht des § 268 Abs. 1 HGB nicht besteht (s. dazu etwa § 150 Abs. 1 AktG) oder die Ausübung des Wahlrechts die Basis für die Bilanzerstellung bildet. § 270 Abs. 2 HGB gilt auch für freiwillige Einstellungen in respektive Auflösungen von Gewinnrücklagen, da § 58 Abs. 2 und 2a AktG bzw. § 29 Abs. 2–4 GmbHG der Geschäftsleitung in Abstimmung mit dem Feststellungsorgan ein Dispositionsrecht einräumt, sofern von diesem bereits vor der Feststellung des JA Gebrauch gemacht wird.

17

AGs haben die Vorschriften zu **Angabepflichten** in Bilanz, Anhang und GuV der §§ 152 Abs. 3 Nr. 1 bis 3 sowie 158 Abs. 1 AktG zu beachten.

18

Trotz Fehlens einer dem Wortlaut nach eindeutigen Vorschrift, nimmt das Schrifttum zu § 270 HGB an, dass alle anderen beschlossenen und wirksamen Maßnahmen der **Ergebnisverwendung** bei der Bilanzaufstellung Beachtung finden müssen, sofern eine zwingende Einstellung in oder Entnahme aus den Gewinnrücklagen vorliegt.[12] § 270 Abs. 2 HGB ist gewissermaßen als Begrenzung des Wahlrechts des § 268 Abs. 1 HGB zu verstehen. Das Wahlrecht entfällt entsprechend immer dann, wenn mindestens ein einzelner Gewinnverwendungsvorgang (etwa nach den §§ 150 Abs. 2 und 300 AktG oder Regelungen in Gesellschaftsvertrag oder Satzung[13]) zwingend zu berücksichtigen ist. Trifft dies zu, sind auch alle anderen Maßnahmen der Gewinnverwendung, sofern ihre Rechtswirksamkeit eingetreten ist, den Grundsätzen der Klarheit und Übersichtlichkeit entsprechend bereits bei der Aufstellung des Jahresabschlusses zu berücksichtigen. Bestehen keine pflichtgemäß zu beachtenden Gewinnverwendungsvorgänge, kann vom Wahlrecht des § 268 Abs. 1 HGB uneingeschränkt Gebrauch gemacht werden, wenngleich im Interesse der Klarheit und Übersichtlichkeit grds. darauf verzichtet werden sollte, sofern Rücklagenbewegungen vorliegen. Im Umkehrschluss heißt dies jedoch nicht, dass alle Maßnahmen der Ergebnisverwendung auch in der Ergebnisverwendungsrechnung als Überleitungsrechnung vom Jahresergebnis auf den Bilanzgewinn darzustellen sind.

19

Bei einer Umwandlung der Gewinnrücklagen in gezeichnetes Kapital im Rahmen einer Kapitalerhöhung aus Gesellschaftsmitteln ist analog zu den Kapitalrücklagen zu verfahren, indem die Umbuchung direkt im Eigenkapital erfolgt, ohne die Ergebnisverwendungsrechnung zu berühren.

20

---

11  S. dazu auch *Rux*, in *Federmann/Kußmaul/Müller*, HdB, Rücklagen, Rz 13 ff.
12  Anstatt vieler vgl. *Förschle/Taetzner*, in Beck Bil-Komm. 9. Aufl., § 270 HGB, Rz 16 f.
13  Detailliert zu den satzungs- oder gesellschaftsvertragsmäßigen Rücklagen siehe etwa *Rux*, in *Federmann/Kußmaul/Müller*, HdB, Rücklagen, Rz 23.

## 4 Rechtsfolgen bei Pflichtverletzung

21 Im Fall eines Verstoßes gegen die Regelung des § 270 HGB erfolgt keine **Sanktionierung** nach den §§ 331 ff. HGB oder 17 bis 21 PublG. Aus der Verletzung der Bestimmungen von § 256 Abs. 1 Nr. 4 AktG resultiert jedoch die Nichtigkeit des entsprechenden JA.[14]

---

[14] Vgl. *Knop*, in *Küting/Pfitzer/Weber*, HdR, HGB § 270, Rn 30, Stand 2/2011.

# § 271 BETEILIGUNGEN. VERBUNDENE UNTERNEHMEN

(1) ¹Beteiligungen sind Anteile an anderen Unternehmen, die bestimmt sind, dem eigenen Geschäftsbetrieb durch Herstellung einer dauernden Verbindung zu jenen Unternehmen zu dienen. ²Dabei ist es unerheblich, ob die Anteile in Wertpapieren verbrieft sind oder nicht. ³Als Beteiligung gelten im Zweifel Anteile an einer Kapitalgesellschaft, die insgesamt den fünften Teil des Nennkapitals dieser Gesellschaft überschreiten. ⁴Auf die Berechnung ist § 16 Abs. 2 und 4 des Aktiengesetzes entsprechend anzuwenden. ⁵Die Mitgliedschaft in einer eingetragenen Genossenschaft gilt nicht als Beteiligung im Sinne dieses Buches.

(2) Verbundene Unternehmen im Sinne dieses Buches sind solche Unternehmen, die als Mutter- oder Tochterunternehmen (§ 290) in den Konzernabschluß eines Mutterunternehmens nach den Vorschriften über die Vollkonsolidierung einzubeziehen sind, das als oberstes Mutterunternehmen den am weitestgehenden Konzernabschluß nach dem Zweiten Unterabschnitt aufzustellen hat, auch wenn die Aufstellung unterbleibt, oder das einen befreienden Konzernabschluß nach § 291 oder nach einer nach § 292 erlassenen Rechtsverordnung aufstellt oder aufstellen könnte; Tochterunternehmen, die nach § 296 nicht einbezogen werden, sind ebenfalls verbundene Unternehmen.

PROF. DR. STEFAN MÜLLER/PROF. DR. NIELS WELLER

## Inhaltsübersicht

| | Rz |
|---|---|
| 1 Überblick | 1–4 |
|    1.1 Allgemeines | 1–2 |
|    1.2 Anwendungsbereich | 3–4 |
| 2 Beteiligungsbegriff | 5–30 |
|    2.1 Tatbestandsmerkmale | 5–18 |
|       2.1.1 Anderes Unternehmen | 5–6 |
|       2.1.2 Anteile | 7–10 |
|       2.1.3 Zweckbestimmung | 11–18 |
|          2.1.3.1 Grundlagen | 11 |
|          2.1.3.2 Dauernde Verbindung | 12–14 |
|          2.1.3.3 Förderung des eigenen Geschäftsbetriebs | 15–18 |
|    2.2 Beteiligungsvermutung | 19–22 |
|    2.3 Berechnung des Anteils | 23–27 |
|    2.4 Behandlung von Genossenschaftsanteilen | 28–30 |
| 3 Verbundenes Unternehmen | 31–44 |
|    3.1 Überblick | 31–35 |
|       3.1.1 Grundlagen | 31 |
|       3.1.2 Übereinstimmende Verbundenheit nach AktG und HGB | 32–33 |
|       3.1.3 Relation zwischen § 271 Abs. 1 und Abs. 2 HGB | 34–35 |

| | | |
|---|---|---|
| 3.2 | Tatbestandsmerkmale im Einzelnen | 36–44 |
| | 3.2.1 Mutter- oder Tochterunternehmen | 36–37 |
| | 3.2.2 Einbeziehung nach den Vorschriften über die Vollkonsolidierung | 38 |
| | 3.2.3 Grundsätzlichkeitscharakter der Einbeziehungspflicht | 39 |
| | 3.2.4 Pflicht zur Aufstellung eines Konzernabschlusses oder Befreiung | 40–44 |
| |     3.2.4.1 Konzernabschluss nach § 290 | 40 |
| |     3.2.4.2 Befreiender Konzernabschluss nach §§ 291 f. | 41 |
| |     3.2.4.3 Weite Auslegung des § 271 Abs. 2 | 42–44 |
| 4 | Verletzung des § 271 und Rechtsfolgen | 45 |
| 5 | Änderungen durch das BilRUG | 46 |

**Ergänzendes Schrifttum**

*Bieg*, Ermessensentscheidungen beim Handelsbilanzausweis von „Finanzanlagen" und „Wertpapieren des Umlaufvermögens" – auch nach neuem Bilanzrecht?, DB 1985, Beilage Nr. 24, S. 1; *Früh/Klar*, Joint Ventures – Bilanzielle Behandlung und Berichterstattung, WPg 1993, S. 493; *Häuselmann*, Zur Bilanzierung von Investmentanteilen, insb. von Anteilen an Spezialfonds, BB 1992, S. 312; *Hebestreit*, Bau-Arbeitsgemeinschaften und HFA-Stellungnahme 1/1993, DStR 1994, S. 834; *Hofbauer*, Zur Abgrenzung des Bilanzrechtlichen Beteiligungsbegriffes, BB 1976, S. 1343; *Hoffmann*, Wann liegen „verbundene Unternehmen" im Einzelabschluss von ausländisch beherrschten Konzernen vor?, BB 1987, S. 2192; *Hoyningen-Huene*, Verbundene Unternehmen im HGB bei der Betriebsaufspaltung, BB 1987, S. 999; *IdW*, Stellungnahme IDW/HFA 1/1994, Zur Behandlung von Genussrechten im Jahresabschluss von Kapitalgesellschaften, WPg 1994, S. 419; *Kropf*, „Verbundene Unternehmen" im Aktiengesetz und im Bilanzrichtlinien-Gesetz, DB 1986, S. 364; *Küting*, Verbundene Unternehmen nach HGB und AktG, DStR 1987, S. 347; *Küting/Gattung*, Nahe stehende Personen (related parties) nach nationalem und internationalem Recht, KoR 2003, S. 53; Nahe stehende Unternehmen und Personen nach IAS 24, Teil 1 und Teil 2, WPg 2005, S. 1061 und S. 1105; *Lüders/Meyer-Kessel*, Der Begriff der Beteiligung nach § 271 Abs. 1 HGB, DB 1991, S. 1585; *Niehus*, IAS 24: Related Parties Disclosure – „Nahe Familienangehörige" als Gegenstand der Rechnungslegung und Abschlussprüfung, WPg 2003, S. 521; *Nieskens*, Die Bilanzierung und Bewertung von Beteiligungen an Personenhandelsgesellschaften im handelsrechtlichen Jahresabschluss, WPg 1988, S. 493; *Nösser*, Verbundene Unternehmen im Bilanzrecht, Berlin 1992; *Nordmeyer*, Die Einbeziehung von Joint Ventures in den Konzernabschluss, WPg 1994, S. 301; *Oser*, Verbundene Unternehmen im Bilanzrecht, Stuttgart 1993; *Petersen/Zwirner*, Unternehmensbegriff, Unternehmenseigenschaft und Unternehmensformen, DB 2008, S. 481; *Teichmann*, Die Bilanzierung von Beteiligungen im handelsrechtlichen Jahresabschluss der Kapitalgesellschaft, 1993; *Thiele*, Das Eigenkapital im handelsrechtlichen Jahresabschluss, 1998; *Weller*, Ausgewählte Aspekte der Bilanzierung von Mezzanine-

Kapital in der Krise der GmbH, 2007; *Westerfelhaus*, Die stille Gesellschaft im Bilanzrecht, DB 1988, S. 1173; *Wohlgemuth*, Überblick über das System der verbundenen Unternehmen nach dem AktG und nach dem HGB, Teil 1 und 2, DStR 1991, S. 1495 und S. 1529.

# 1 Überblick

## 1.1 Allgemeines

Über § 271 HGB erfolgt sowohl eine Definition des Begriffs „**Beteiligung**" als auch eine Definition des Begriffs „verbundenes Unt". Zugleich werden damit zwei spezielle Formen der Verbindung zwischen dem bilanzierenden Unt und andere Unt herausgestellt, die im Rahmen der Rechnungslegung aber bspw. auch für Zwecke der Jahresabschlussanalyse eine besondere Bedeutung haben. 1
Das Gliederungsschema des § 266 Abs. 2 HGB sieht vor, dass sowohl mittelgroße als auch große KapG einen gesonderten Ausweis ihrer Beteiligungen (A. III. 3) vornehmen. Die gesetzliche **Definition** des Beteiligungsbegriffs erfolgt über § 271 Abs. 1 Sätze 1 und 2 HGB. Entscheidend sind danach folgende Merkmale:
- Anteile an anderen Unt (verbrieft oder nicht verbrieft),
- Förderung des eigenen Geschäftsbetriebs,
- Herstellung einer dauernden Verbindung zu dem anderen Unt.

Des Weiteren wird in § 271 Abs. 1 Satz 3 HGB eine widerlegbare **Vermutung zur Annahme einer Beteiligung** formuliert, die die Prüfung der z. T. unscharfen Beteiligungsvoraussetzungen des § 271 Abs. 1 Satz 1 HGB erleichtern soll. § 271 Abs. 1 Satz 4 HGB konkretisiert die Berechnungsmodalitäten im Zusammenhang mit der 20 %-Grenze im Rahmen der Beteiligungsvermutung. Abschließend wird in § 271 Abs. 1 Satz 5 HGB festgestellt, dass der Anteil an einer Genossenschaft unabhängig von der möglichen Erfüllung der Beteiligungskriterien keine Beteiligung i. S. d. § 271 HGB sein kann. Mit dem BilRUG wird Satz 3 zwar neu gefasst, doch bleibt es bei der widerlegbaren Vermutung der Beteiligung bei einem Anteil von 20 % (Rz 46).

Über § 271 Abs. 2 HGB erfolgt eine **Definition** des Begriffs **verbundenes Unt**. Mit der Einfügung von § 271 Abs. 2 HGB hat der deutsche Gesetzgeber Art. 41 der 7. EG-RL umgesetzt. Bis dahin hatte das HGB keine eigene rechnungslegungsrelevante Bestimmung des Begriffs verbundenes Unt. Zu berücksichtigen war daher zunächst auch für Zwecke der Rechnungslegung die im AktG (§ 15) vollzogene Definition des „verbundenen Unt". Der deutsche Gesetzgeber war deshalb zur Einfügung von § 271 Abs. 2 HGB gezwungen, weil der Begriff des verbundenen Unt lt. § 15 AktG nicht mit dem Verständnis von verbundenen Unt nach der 7. EG-RL übereinstimmte. Insoweit gibt es bis dato zwei unterschiedliche Definitionen des Begriffs „verbundenes Unt", wobei für die Rechnungslegung ausschließlich § 271 Abs. 2 HGB maßgeblich ist. 2

## 1.2 Anwendungsbereich

Da sich die Vorschrift des § 271 HGB im 2. Abschn. des Dritten Buches des HGB eingliedert, ist der Anwenderkreis zunächst auf **KapG und haftungsbeschränkte PersG** i.S.d. § 264 a HGB beschränkt. Allerdings enthält auch das Publizitätsgesetz (PublG) in § 5 Abs. 1 HGB einen Verweis auf den Begriff der Beteiligung 3 und des verbundenen Unt nach § 271 HGB. Insoweit ist eine Anwendung insb. auch auf PersG und EkfI zwingend, die die Größenmerkmale des § 1 PublG überschreiten. Ein weiterer rechnungslegungsrelevanter Verweis auf § 271 HGB findet sich in den ergänzenden Vorschriften für Genossenschaften nach § 336 Abs. 2 HGB, sodass eine Anwendung folgerichtig auch für eingetragene Genossenschaften geboten ist. Schlussendlich muss über den Verweis in § 340 a Abs. 1 HGB und § 341 a Abs. 1 HGB auf § 271 HGB auch eine zwingende Anwendung für Kreditinstitute und Versicherungs-Unt konstatiert werden.

4   Neben diesen unmittelbaren Anwendungsbereichen werden in der Literatur[1] auf Basis der Regierungsbegründung[2] zu § 271 HGB auch **mittelbare Anwendungen** auf Rechtsformen außerhalb der KapG diskutiert. Danach ist der Regelungsinhalt des § 271 HGB immer dann zu beachten, wenn die Begrifflichkeiten der „Beteiligung" und des verbundenen Unt im Rahmen des JA eines Unt von Bedeutung sind. Dies gilt insb. auch für den Fall der freiwilligen Anwendung des Bilanzgliederungsschemas nach § 266 Abs. 2 HGB.

Ein gewissermaßen **sachlicher Anwendungsbereich** ergibt sich durch zahlreiche Verweise innerhalb des Dritten Buches des HGB auf die inhaltliche Bedeutung des Beteiligungsbegriffs bzw. des Begriffs eines verbundenen Unt. So können Beteiligungsverhältnisse auf der Aktivseite der Bilanz, auf der Passivseite der Bilanz, in der GuV-Rechnung, im Anhang oder auch im Zusammenhang mit der Erstellung des KA eine Rolle spielen. Zu nennen sind beispielhaft folgende separate Ausweise, die das HGB für die **Bilanzgliederung** verlangt:
- Anteile an verbundenen Unt,
- Ausleihungen an verbundene Unt,
- Ausleihungen an Unt, mit denen ein Beteiligungsverhältnis besteht,
- Forderungen gegenüber verbundenen Unt,
- Forderungen gegen Unt, mit denen ein Beteiligungsverhältnis besteht.

Gleiche Anforderungen bestehen auch für den **Ausweis** bestimmter Positionen innerhalb der GuV-Rechnung nach § 275 Abs. 2 und 3 HGB:
- Erträge aus Beteiligungen (davon aus verbundenen Unt),
- Zinsen und ähnliche Erträge (davon aus verbundenen Unt),
- Zinsen und ähnliche Aufwendungen (davon aus verbundenen Unt).

Die Verweise lassen sich unter Berücksichtigung der Forderung nach bestimmten Anhangangaben, der Definition des Mutter-Tochter-Verhältnisses, der Definition von assoziierten Unt oder auch bestimmter Modalitäten im Rahmen der Abschlussprüfung fortsetzen.

## 2 Beteiligungsbegriff

### 2.1 Tatbestandsmerkmale

#### 2.1.1 Anderes Unternehmen

5   Die **Beteiligungsdefinition** des § 271 Abs. 1 Satz 1 HGB geht zunächst von der Existenz eines anderen Unt aus. Da schon aus der Eingrenzung des Anwendungsbereichs deutlich wurde, dass eine Beschränkung auf KapG mit der Re-

---

[1] Vgl. *Keitz von*, in *Baetge/Kirsch/Thiele*, Bilanzrecht, § 271 HGB Rz 6, Stand 4/2011.
[2] Vgl. BT-Drs. 10/4268.

gierungsbegründung zu § 271 HGB nicht vereinbar ist, kann auch der hier in Rede stehende Unternehmensbegriff nur weit auszulegen sein. Insoweit wird z.T. die Auffassung vertreten, dass der Unternehmensbegriff im Rahmen des § 271 HGB auf alle buchführungspflichtigen Kfl. auszudehnen ist.[3] Stellt man allerdings die Buchführungspflicht nach § 238 HGB in den Mittelpunkt der Abgrenzung, ergeben sich weitere praktische Probleme. Bspw. könnte bei diesem Verständnis der Unternehmereigenschaft kein Anteil an einer ausländischen Ges. als Beteiligung qualifiziert werden, weil es der ausländischen Ges. regelmäßig an einer Buchführungspflicht nach § 238 HGB fehlen wird. Nach hM ist daher das Charakteristikum der Funktionalität für den Unternehmensbegriff maßgeblich.[4] Wichtige Charakteristika für ein Unt i.S.d. § 271 Abs. 1 HGB sind demnach:
- Selbstständigkeit in Planung und Entscheidung,
- Abgrenzbare und erwerbswirtschaftliche Zielsetzung,
- Auftreten am Markt mit einer erkennbaren Organisationsstruktur.

Legt man dieses Verständnis zugrunde, so lässt sich der Unternehmensbegriff auch auf Stiftungen, Körperschaften des öffentlichen Rechts usw. übertragen. Die ausschließliche Verfolgung ideeller Ziele oder die reine Vermögensverwaltung sind nach herrschender Auffassung[5] für den Unternehmensbegriff allerdings schädlich. Gleiches gilt auch für sog. Bruchteilsgemeinschaften (dazu gehören bspw. Gemeinschaften von Grundstücksmiteigentümern), weil es hier regelmäßig an einer nach außen in Erscheinung tretenden Organisationsstruktur fehlt. Die Unternehmereigenschaft ist auch bei Investmentfonds zu verneinen, weil diese als Sondervermögen durch eine Kapitalanlagegesellschaft verwaltet werden und damit keiner eigenen wirtschaftlichen Betätigung nachgehen.

Zudem ergibt sich eine Ausnahme vom weiten Verständnis des Unternehmensbegriffs aus § 271 Abs. 1 Satz 5 HGB, wonach es sich bei Mitgliedschaften in einer eingetragenen Genossenschaft nicht um Beteiligungen handelt.

Bei der Beurteilung der **Unternehmereigenschaft** im Hinblick auf **Joint Ventures** kommt es ganz entscheidend auf die Rechtsform an. Wird ein Joint Venture in der Rechtsform einer KapG oder PersG geführt, so ist die Unternehmereigenschaft unbestritten. Gleiches gilt auch für die Nutzung eines Joint Ventures als Arbeitsgemeinschaft z.B. im Baugewerbe, wobei die Gemeinschaft über ein eigenes Gesamthandsvermögen verfügen muss[6] und natürlich auch die übrigen Voraussetzungen für die Annahme einer Beteiligung vorliegen müssen. Hierbei wird in aller Regel das Kriterium der Dauerhaftigkeit negativ beurteilt werden müssen.[7] Eine fehlende Dauerhaftigkeit bei Joint Ventures wird aber nicht als Ausschlusskriterium angesehen.[8] Insoweit sind die Dauer und auch die Anzahl der von der Arbeitsgemeinschaft abzuwickelnden Projekte unerheblich.

6

---

3 Vgl. ADS, 6. Aufl., § 271 HGB, Rz 11.
4 Vgl. *Petersen/Zwirner*, DB 2008, S. 481 ff.
5 Vgl. *Grottel/Kreher*, in Beck Bil-Komm. 9. Aufl., § 271 HGB, Rz 11.
6 Vgl. *Baumbach/Hueck/Schulze-Osterloh*, GmbHG, § 42, Rz 147.
7 Vgl. *Reiner*, in MünchKomm. HGB, 3. Aufl., § 271 Rn 5a.
8 Vgl. IDW HFA 1/1993, WPg 2003, S. 441 ff.; *Früh/Klar*, WPg 1993, S. 493; *Nordmeyer*, WPg 1994, S. 301.

### 2.1.2 Anteile

**7** Bei der Analyse des **Anteilsbegriffs** wird über § 271 Abs. 1 Satz 2 HGB zunächst verdeutlicht, dass Anteile nicht zwingend in Wertpapieren verbrieft sein müssen. Damit kommen grds. als Anteile neben GmbH-Geschäftsanteilen auch Aktien, Anteile von phG oder auch von Kommanditisten einer PersG in Betracht. Gleiches gilt auch für Anteile an BGB-Ges., sofern ein entsprechendes Gesamthandsvermögen im Gesellschaftsvertrag vereinbart wurde.

**8** Von entscheidender Bedeutung ist zum einen die Frage, ob die durch das Fachschrifttum[9] formulierten Kriterien zur Annahme materiellen EK erfüllt sind, und zum anderen die Frage, ob demjenigen, der die Beteiligung in seiner Bilanz aktiviert, im Gegenzug sowohl Vermögensrechte als auch Verwaltungsrechte eingeräumt wurden. Ausschließliche Gläubigerrechte können keinen Anteil i.S.d. § 271 Abs. 1 HGB begründen. Die Kriterien, die für eine Annahme materiellen EK entwickelt wurden, sind zunächst eine Verlustteilnahme, eine Nachrangigkeit, eine Längerfristigkeit der Kapitalüberlassung und eine Gewinnabhängigkeit der Vergütung. Zu den Vermögensrechten gehören Ansprüche am Gewinn und am Liquidationserlös. Zu den Verwaltungsrechten gehören hingegen u.a. Mitsprache-, Kontroll- und Informationsrechte.[10]

**9** Die Problematik der Abgrenzung von Anteilen i.S.d. § 271 Abs. 1 HGB von Nicht-Anteilen folgt der **Abgrenzungsproblematik zwischen EK und FK**. Wenn das bereitgestellte Kapital aus der Perspektive des Unt, an dem die Beteiligung gehalten wird, als EK zu qualifizieren ist, dann liegt aus dem Blickwinkel des Unt, das die Beteiligung hält, grds. ein Anteil i.S.d. § 271 Abs. 1 HGB vor. Wenn das bereitgestellte Kapital im JA des empfangenen Unt aufgrund der Abreden, die im Zuge der Überlassung des Kapitals vereinbart wurden[11], als FK ausgewiesen werden muss, so kann es sich im Gegenzug beim beteiligten Unt nicht um einen Anteil i.S.d. § 271 Abs. 1 HGB handeln. Durch die Kopplung der Problematik der Differenzierung von Anteilen und Nicht-Anteilen an die Problematik der Abgrenzung von EK und FK wird das Abgrenzungsproblem im Zusammenhang mit der Bestimmung von Anteilen allerdings nicht vollständig entschärft, d.h., es gibt zweifellos eine Rückwirkung des „Graubereichs" im Rahmen der Abgrenzung von EK und FK insb. bei einigen speziellen Finanzierungsformen (z.B. Mezzanine-Kapital in der Form von Genussrechten oder stillen Beteiligungen)[12], der sich auf die Identifikation von Anteilen niederschlägt.

**10** Nach Auffassung in Teilen der Literatur[13] ist die Frage der Beurteilung als Anteil oder Nicht-Anteil unabhängig von der Frage einer geleisteten Kapitaleinlage zu sehen.

---

9 Vgl. Stellungnahme IDW/HFA 1/1994, WPg 1994, S. 420.
10 Vgl. *Keitz von*, in *Baetge/Kirsch/Thiele*, Bilanzrecht, § 271 Rz 13, Stand 4/2011.
11 Vgl. zu den Kriterien für materielles Eigenkapital: *Weller*, Ausgewählte Aspekte der Bilanzierung von Mezzanine-Kapital in der Krise der GmbH, 2007, S. 7 ff.
12 Vgl. *Weller*, Ausgewählte Aspekte der Bilanzierung von Mezzanine-Kapital in der Krise der GmbH, 2007, S. 34 ff.
13 Vgl. *Keitz von*, in *Baetge/Kirsch/Thiele*, Bilanzrecht, § 271 HGB, Rz 15, Stand 4/2011.

## 2.1.3 Zweckbestimmung

### 2.1.3.1 Grundlagen

§ 271 Abs. 1 HGB fordert, dass die Anteile dem eigenen Geschäftsbetrieb durch Herstellung einer dauernden Verbindung dienen. Durch die Tatsache, dass ein Zusammenhang zwischen dem Erwerb der Anteile und der Herstellung einer dauernden Verbindung besteht, ist die bloße Kapitalüberlassung für die Qualifizierung als Beteiligung offensichtlich nicht ausreichend.

11

### 2.1.3.2 Dauernde Verbindung

§ 271 Abs. 1 Satz 1 HGB fordert die Herstellung einer **dauernden Verbindung** zu dem anderen Unt. Das Kriterium der Dauerhaftigkeit kann zunächst über die Kriterien zur Abgrenzung zwischen AV und UV gem. 247 Abs. 2 HGB konkretisiert werden. Die Dauerhalteabsicht hat eine objektive Komponente, die sich mit der Frage beschäftigt, ob die Anteile überhaupt langfristig gehalten werden können. Des Weiteren gibt es daneben eine subjektive Komponente der Dauerhalteabsicht, die der Frage nachgeht, ob die Anteile nach dem Willen des Bilanzierenden überhaupt langfristig gehalten werden sollen. Die Zweckbestimmung durch den Bilanzierenden muss natürlich unter Berücksichtigung der rechtlichen und wirtschaftlichen Umstände plausibel und zu verwirklichen sein.

12

> **Beispiel**
> Eine Dauerhalteabsicht kann dann infrage stehen, wenn zwar die subjektive Komponente erfüllt ist, eine Dauerhaftigkeit jedoch aufgrund der wirtschaftlichen Lage des Beteiligungsunternehmens bzw. des beteiligten Unt oder auch aus kartellrechtlichen Gründen (Anteile müssen wieder verkauft werden) infrage steht.[14]
> Auch der umgekehrte Fall ist möglich: Die subjektive Komponente der Dauerhaftigkeit kann ungeprüft bzw. ohne Bedeutung sein, wenn faktisch keine Veräußerungsmöglichkeit gegeben ist. Ein solches Fehlen ist dann anzunehmen, wenn für die in Rede stehenden Anteile kein Markt vorliegt, auf dem eine Veräußerung (auch kurzfristig) erfolgen könnte.
> In der Praxis wird insb. bei unverbrieften Anteilen (z.B. Anteile an einer PersG oder Anteile an einer GmbH) eine Veräußerung an die Zustimmung der übrigen Gesellschafter oder gar der Ges. gekoppelt sein. Im Regelfall kann bei unverbrieften Anteilen im vorstehenden Sinne tendenziell von einer Dauerhaftigkeit bzw. von einem Anlagecharakter ausgegangen werden.

13

Insoweit hat § 271 Abs. 1 Satz 2 HGB zum einen eine klarstellende Bedeutung, zum anderen deutet eine fehlende Verbriefung tendenziell immer darauf hin, dass eine kurzfristige Veräußerbarkeit nicht gegeben ist.

Unabhängig von solchen Zweifelsfällen ist die **subjektive Dauerhalteabsicht** (= zukunftsbezogene Besitzabsicht) anhand bestimmter Indizien abzuleiten. Dazu gehört bspw. die Feststellung, dass die Anteile schon eine ganze Reihe von Jahren gehalten werden oder eine Höhe erreicht haben, mit der eine Sperrminorität

14

---

[14] Vgl. *Bieg*, DB Beilage 24/1985, S. 1.

hergestellt werden kann. Das Erreichen einer Sperrminorität lässt in aller Regel nur den Verkauf als gesamtes Paket und nicht in einzelnen Abschn. als sinnvoll erscheinen. Praktisch handelt es sich bei solchen Konstellationen natürlich i.d.R. um verbriefte Anteile (z.B. börsengängige Aktien). Eine subjektive Dauerhalteabsicht kann indiziell auch dann abgeleitet werden, wenn zwischen dem Beteiligungsunternehmen und dem beteiligten Unt Leistungsbeziehungen bzw. enge vertragliche Beziehungen bestehen, die bei einer Veräußerung der Anteile infrage gestellt würden. Der Kurzfristigkeit stehen auch Sachverhalte entgegen, bei denen zwischen beiden Unt Bürgschaftsvereinbarungen bestehen oder Patronatserklärungen abgegeben wurden. Gleiches gilt im Fall enger personeller Verflechtungen, die z.B. aus der Mitgliedschaft im AR des jeweils anderen Unternehmens resultieren.

### 2.1.3.3 Förderung des eigenen Geschäftsbetriebs

15 Die Förderung des eigenen Geschäftsbetriebs ist nicht an die Konstellation gebunden, dass ein unmittelbarer Einfluss auf die Geschäftsführung des anderen Unt erforderlich ist.[15] Es sind somit auch schwächere Formen als die gestaltende Einflussnahme auf die Geschäftspolitik zulässig.[16] Gleichwohl spricht die **Absicht der Einflussnahme** auf die Geschäftsführung mittels Anteilserwerbs schon für das Vorliegen einer Beteiligung. Daneben gibt es allerdings weitere (schwächere) Formen, die eine Dauerhalteabsicht untermauern. Dazu gehören:
- langfristig angelegte Lieferungs- und Leistungsverträge,
- Kooperationen einzelner Unternehmenssparten (z.B. Einkauf, Vertrieb etc.),
- Personalaustausch, gemeinsame Personalschulungen,
- Nutzung gemeinsamer Vertriebswege.

Diese schwächeren Formen können z.B. im Fall von langfristigen Lieferbeziehungen dazu führen, dass es auch für das beteiligte Unt vorteilhaft sein kann, einzelne Geschäfte mit dem Beteiligungsunternehmen zu marktunüblichen Konditionen abzuschließen, allein um die langfristige Lieferbeziehung zu sichern.

16 Wichtig bleibt in jedem Fall der Zusammenhang zwischen der Absicht, den eigenen Geschäftsbetrieb zu fördern, und dem daher erfolgten Erwerb von Anteilen. Die erworbenen Anteile müssen somit den Ausgangspunkt bilden, um das Förderziel zu erreichen. Damit scheiden Konstellationen aus, bei denen zwar eine Verbindung zwischen den beiden Unt besteht und darüber hinaus zum Zweck der Kapitalanlage noch Anteile an dem anderen Unt erworben wurden.

17 Das Erfordernis der Förderung des eigenen Geschäftsbetriebs kann im Einzelfall auch die Besonderheit aufweisen, dass ein Anteilsbesitz zwar der Förderung des eigenen Geschäftsbetriebs dient, aber dafür nicht bestimmt ist. Solche Fälle können sich bspw. in der Kreditwirtschaft ergeben, wenn Anteile überwiegend oder gar ausschließlich im Interesse Dritter oder aus volkswirtschaftlichen Erwägungen gehalten werden. In solchen Fällen darf nicht von der Existenz einer Beteiligung ausgegangen werden, weil wegen der fehlenden Bestimmung nicht die erforderliche Absicht vorliegt.

18 Zusammenfassend lässt sich also feststellen, dass neben dem Erfordernis des Anteilsbesitzes als weiteres notwendiges Definitionsmerkmal für das Vorliegen

---

[15] Vgl. ADS, 6. Aufl., § 271 HGB, Rz 18.
[16] Vgl. *Keitz von*, in *Baetge/Kirsch/Thiele*, Bilanzrecht, § 271 HGB, Rz 28, Stand 4/2011.

einer Beteiligung zusätzliche qualitative Merkmale erforderlich sind, die sich unterhalb der Einflussnahmeabsicht bewegen können.

## 2.2 Beteiligungsvermutung

Die Unschärfen, die durch die qualitativen Anforderungen in § 271 Abs. 1 Satz 1 HGB verursacht sind, werden durch die Beteiligungsvermutung in § 271 Abs. 1 Satz 3 HGB objektiviert und quantifiziert. Gem. § 271 Abs. 1 Satz 3 HGB, der mit dem BilRUG neu gefasst wird (Rz 46), liegt bei Vorlage anderweitiger Zweifel eine Beteiligung zumindest dann vor, wenn das beteiligte Unt am Beteiligungsunternehmen mehr als **20 % der Kapitalanteile** hält. Übersteigt ein Kapitalanteil die Grenze von 20 %, wird gewissermaßen fingiert, dass damit keine reine Kapitalanlage mit dem Primat der Kapitalverzinsung vereinbar ist. Die vorstehend genannte Beteiligungsvermutung kann trotz der Feststellung eines Kapitalanteils von mehr als 20 % widerlegt werden. Diese Widerlegung muss allerdings anhand von objektiven Beweisen erfolgen, die die Annahme einer Dauerhalteabsicht und/oder die Eignung zur Förderung des eigenen Geschäftsbetriebs objektiv nachvollziehbar entkräften. Eine bloße Erklärung des bilanzierenden Unt ist mithin nicht ausreichend.[17]

Gleiches gilt natürlich auch für den umgekehrten Fall, d. h., ein Kapitalanteil von weniger als 20 % kann gleichwohl die Feststellung einer Beteiligung zulassen. Auch in diesem Fall ist es erforderlich, dass objektive nachprüfbare Unterlagen des beteiligten Unt die Beteiligungsabsicht belegen können.[18]

Die **Widerlegbarkeit** der Beteiligungsvermutung hat zwei Komponenten, die jeweils für sich genommen zu einer Verneinung der Beteiligungsexistenz führen können. Die erste Komponente zielt auf die Dauerhalteabsicht und die zweite Komponente auf die Förderungsmöglichkeit.

Eine Beteiligungsvermutung kann in der Praxis z. B. dann als widerlegt gelten, wenn die bestehenden Anteile nicht als geeignet anzusehen sind, die andauernde Verbindung zu begründen, zu erweitern oder grundlegend zu verbessern.[19]

> **Beispiel**
> Eine solche Situation könnte dann gegeben sein, wenn die neben der Anteilsverbindung existente Geschäftsverbindung aus der Perspektive beider Unt von nachrangiger Gewichtung ist. In der Literatur wird hier die Stromlieferung eines Stromversorgungsunternehmens an ein Dienstleistungsunternehmen genannt, das zugleich Anteile am Stromversorgungsunternehmen hält.[20]

Eine Einschränkung der zu prüfenden Förderungsmöglichkeit für den eigenen Geschäftsbetrieb könnte auch dann gegeben sein, wenn auf der Basis bestehender Anteilsstrukturen oder auf der Basis bestehender Mehrheitsverhältnisse praktisch keinerlei Einflussnahme auf das Beteiligungsunternehmen ausgeübt werden kann.[21]

---

17 Vgl. ADS, 6. Aufl., § 271 HGB, Rz 27; *Grottel/Kreher*, in Beck Bil-Komm. 9. Aufl., § 271 HGB, Rz 25.
18 Vgl. WP-Handbuch, Bd. I, 14. Aufl., Abschn. F, Rz 258.
19 Vgl. *Grottel/Kreher*, in Beck Bil-Komm. 9. Aufl., § 271 HGB, Rz 25.
20 Vgl. *Grottel/Kreher*, in Beck Bil-Komm. 9. Aufl., § 271 HGB, Rz 25.
21 Vgl. *Reiner*, in MünchKomm. HGB, 3. Aufl., § 271 Rn 13.

Der Ausschlussgrund für die Annahme einer Beteiligung kann auch in der fehlenden Dauerhaftigkeit verankert sein. Dies wird in der Praxis insb. dann der Fall sein, wenn neben der Anteilsverbindung die zwischen beiden Unt getätigten oder noch zu tätigen Geschäfte jeweils den Charakter von Einzelgeschäften haben.

22 Die Beteiligungsvermutung des § 271 Abs. 1 Satz 3 HGB stellt im Gesetzestext ausschließlich auf KapG ab. Dies ist ausreichend, weil bei PerG aufgrund der Nähe zwischen den Gesellschaftern und der Ges. grds. die Erfüllung der Beteiligungsvoraussetzungen angenommen wird und es insoweit nicht mehr auf die separate Feststellung der jeweiligen Anteilsgrößenordnung ankommen kann.

Die Verneinung einer Beteiligung zwischen den Gesellschaftern einer PersG und der Ges. setzt zwingend den objektiv nachprüfbaren Beleg voraus, dass es sich entgegen der bestehenden Vermutung nicht um eine Beteiligung handelt.

### 2.3 Berechnung des Anteils

23 Die sachliche Anknüpfung der Beteiligungsvermutung an das Nennkapital der KapG wird über § 271 Abs. 1 Satz 4 HGB weitergehend konkretisiert. So enthält Satz 4 einen Verweis auf § 16 Abs. 2 und 4 AktG. Aus § 16 Abs. 2 Satz 2 AktG folgt zunächst, dass zur Berechnung der **beteiligungsbegründenden Anteilshöhe** bestimmte Sachverhalte rechnerisch in Abzug zu bringen sind. Dabei handelt es sich insb. um den Nennbetrag der von der KapG selbst gehaltenen Anteile. Für den Fall, dass es sich bspw. um eine AG mit Stückaktien handelt, ist die Stückzahl der eigenen Anteile bei der Berechnung in Abzug zu bringen.

24 Für den Fall, dass die Anteile in Aktien bestehen, ist von Bedeutung, dass auch stimmrechtslose Vorzugsaktien in die Anteilsberechnung einfließen. Dies gilt allerdings nicht, wenn das Unt ausschließlich Vorzugsaktien hält. In einem solchen Fall gilt die Beteiligungsvermutung regelmäßig als widerlegt.[22] Der Grund für die Widerlegung in einem solchen Fall ist darin zu sehen, dass stimmrechtslose Vorzugsaktien eine sehr stark eingeschränkte Mitsprachemöglichkeit einräumen. Diese eingeschränkte Einflussnahme wird zugunsten einer erhöhten Renditebegünstigung in Kauf genommen. Aus diesem Grund steht bei stimmrechtslosen Vorzugsaktien der Gesichtspunkt der Kapitalanlage deutlich im Vordergrund.

25 Hält das beteiligte Unt sowohl Stammaktien als auch Vorzugsaktien, so ist für den Fall, dass der Anteil der Stammaktien allein die Vermutungsgrenze des § 271 Abs. 1 Satz 3 HGB nicht übersteigt, trotzdem nicht automatisch das Vorliegen einer Beteiligung abzulehnen. Zunächst werden beide Gattungen in die Berechnung einbezogen. Am Ende ist dann bei diesen Konstellationen eine Einzelfallentscheidung zu treffen.

26 Ein Anteil i. S. d. § 271 HGB ergibt sich nicht nur aus direkter, sondern auch aus indirekter Beteiligung. Die letztgenannte Form kann z. B. aus der Beteiligung abhängiger Unt resultieren (§ 271 Abs. 1 Satz 4 HGB i. V. m. § 16 Abs. 4 AktG).

> **Beispiel**
> Die A-GmbH hält an der B-GmbH einen Anteil am Stammkapital i. H. v. 5 %. Bei formaler Beurteilung sind damit zunächst die Voraussetzungen für eine Beteiligungsvermutung nicht erfüllt. Gleichzeitig hält die A-GmbH auch

---

[22] Vgl. *Reiner*, in MünchKomm. HGB, 3. Aufl., § 271 Rn 12.

> 70 % der Gesellschaftsanteile an der C-GmbH. Die C-GmbH ist wiederum mit 30 % an der B-GmbH beteiligt. Zwischen der A-GmbH und der C-GmbH besteht damit gem. § 17 AktG ein Abhängigkeitsverhältnis (die C-GmbH ist ein abhängiges Unt der A-GmbH).
> Gem. § 271 Abs. 1 Satz 4 HGB i. V. m. § 16 Abs. 4 AktG sind auch die Anteile in die vermutungsbegründende Beteiligungsanteilsquote mit einzubeziehen, die einem von der A-GmbH abhängigen Unt zuzurechnen sind. Das bedeutet: Da die C-GmbH ein abhängiges Unt der A-GmbH ist, werden die Anteile der C-GmbH an der B-GmbH den Anteilen zugerechnet, die die A-GmbH bereits an der B-GmbH hält.
> Über diese indirekte Zurechnung ergibt sich damit ein Anteil der A-GmbH an der B-GmbH i. H. v. 35 %.

Damit ergeben sich theoretisch Konstellationen, bei denen das zu beurteilende Unt nur eine Kleinstbeteiligung (z. B. 1 %) oder im Extremfall gar keine Beteiligung hält, dafür das abhängige Unt mit seiner Beteiligung oberhalb der Beteiligungsvermutung liegt.[23] Beim beteiligten Unt sind damit nicht nur die ihm selbst gehörenden Anteile zu berücksichtigen, sondern auch die Anteile, die einem vom beteiligten Unt abhängigen Unt gehören. Ausgangspunkt derartiger Verbindungen ist die zweifelsfreie Anwendung der Abhängigkeitsvermutung. Kann diese im Ergebnis nicht widerlegt werden, so müssen die von einem in Mehrheitsbesitz stehenden Unt gehaltenen Anteile an einem dritten Unt dem mit Mehrheit beteiligten Unt zugerechnet werden.

Der **bilanzielle Ausweis** im Anwendungsbereich von § 16 Abs. 2 und 4 AktG bringt weitere Probleme mit sich. Da mittelgroße und große KapG das Gliederungsschema des § 266 Abs. 2 und 3 HGB zwingend anzuwenden haben, muss insb. bei Schuldverhältnissen zwischen dem beteiligten Unt (über die Zurechnung als beteiligt geltend) und dem Beteiligungsunternehmen der einschlägige Unterposten „Verbindlichkeiten gegenüber Unt, mit denen ein Beteiligungsverhältnis besteht" verwendet werden. Gleichzeitig handelt es sich jedoch auch um einen Ausweis unter der Position „Verbindlichkeiten gegenüber verbundenen Unt". Eine Lösung wäre hier auch über den Mitzugehörigkeitsvermerk des § 265 Abs. 3 HGB denkbar. Für den Fall, dass sich wie im vorliegenden Fall VG oder Schulden mehreren Bilanzpositionen zuordnen lassen, ist im Rahmen des Ausweises unter der Position „Verbindlichkeiten gegenüber Unt mit denen ein Beteiligungsverhältnis besteht" in einem „Davon-Vermerk" auf die Mitzugehörigkeit zur Bilanzgliederungsposition „Verbindlichkeiten gegenüber verbundenen Unt" unter Angabe des entsprechenden Betrags hinzuweisen. Ein solcher Mitzugehörigkeitsvermerk resultiert letztendlich aus dem Grundsatz der Bilanzklarheit nach § 243 Abs. 2 HGB.

27

## 2.4 Behandlung von Genossenschaftsanteilen

Entsprechend des Gesetzestextes in § 271 Abs. 1 Satz 5 HGB können Genossenschaftsanteile auch dann nicht zu den Beteiligungen zählen, wenn sie die Betei-

28

---

[23] Vgl. ADS, 6. Aufl., § 271 HGB, Rz 30.

ligungsdefinition erfüllen. Die Regelung wurde mit Blick auf Kleinstbeteiligungen an Kreditgenossenschaften durch den Rechtsausschuss[24] in den Gesetzestext aufgenommen. Da Kunden häufig im Zusammenhang mit der Begr. einer Geschäftsverbindung auch Anteile an der Kreditgenossenschaft erwerben, müssten ohne den Ausschluss nach § 271 Abs. 1 Satz 5 HGB sämtliche Forderungen und Verbindlichkeiten gegenüber der Kreditgenossenschaft als Forderungen und Verbindlichkeiten gegenüber Unt, mit denen ein Beteiligungsverhältnis besteht, ausgewiesen werden.[25] Nach Auffassung des Gesetzgebers[26] besteht, bei Mitgliedschaften dieser Art jedoch nicht die Gefahr, dass Forderungs- und Verbindlichkeitspositionen zu marktunüblichen Konditionen geschlossen werden und daher für den Bilanzleser gesondert kenntlich gemacht werden müssen. Aufgrund der Formulierung des Gesetzestextes ist auch bei Genossenschaftsanteilen von erheblicher Größenordnung keine andere Handhabung geboten.[27]

29 Für den konkreten **Ausweis innerhalb der Bilanz** kommen mehrere Positionen innerhalb des Bilanzgliederungsschemas nach § 266 HGB in Betracht. Ordnet man die Genossenschaftsanteile dem Anlagevermögen nach § 247 Abs. 2 HGB zu, so erfolgt der Ausweis entsprechend § 266 Abs. 2 HGB unter der Position A. III. 6 als „sonstige Ausleihungen". Diese Position hat gewissermaßen den Charakter eines Auffangbeckens. Nach § 265 Abs. 6 HGB ist es möglich und aufgrund des Gebots der Klarheit und Übersichtlichkeit des JA auch erforderlich, dass die mit arabischen Zahlen versehenen Bilanzposten im Bedarfsfall entweder im Hinblick auf die Gliederung oder im Hinblick auf die Postenbezeichnung geändert werden.[28] Eine solche zulässige Änderung der Postenbezeichnung wird auch für den Fall des Ausweises der Genossenschaftsanteile unter Position A. III. 6 vorgeschlagen.[29]

30 Innerhalb der wissenschaftlichen Literatur werden noch **andere Ausweismöglichkeiten** diskutiert. Zum einen wird vorgeschlagen, die Anteile nach § 266 Abs. 2 A. III.5 HGB unter den Wertpapieren des Anlagevermögens zu zeigen.[30] Zum anderen wird in Anlehnung an § 7 Nr. 1 GenG[31] der Genossenschaftsanteil als Kapitaleignerrecht angesehen und daraus folgend ein zusätzlicher Ausweisposten unter dem FAV (§ 266 Abs. 2 A. III HGB) gefordert.[32] Im Ausnahmefall kann theoretisch auch ein Ausweis unter der Position A.III.1 als Anteile an verbundenen Unt in Betracht kommen.[33]

Erfüllen die Genossenschaftsanteile nicht den Charakter von AV nach § 247 Abs. 2 HGB und sind damit dem Umlaufvermögen zugehörig, so wird ein

---

[24] Vgl. Beschlussempfehlung und Bericht des Rechtsausschusses zum BiRiLiG, BT-Drs. 10/4268 S. 106.
[25] Vgl. *Keitz von*, in *Baetge/Kirsch/Thiele*, Bilanzrecht, § 271 HGB Rz 41, Stand 4/2011.
[26] Vgl. Beschlussempfehlung und Bericht des Rechtsausschusses zum BiRiLiG, BT-Drs. 10/4268 S. 106.
[27] Vgl. *Reiner*, in MünchKomm. HGB, 3. Aufl., § 271 Rn 14.
[28] Vgl. *Winkeljohann/Geißler*, in Beck Bil-Komm. 8. Aufl., § 265 HGB, Rz 16.
[29] Vgl. *Reiner*, in MünchKomm. HGB, 3. Aufl., § 271 Rn 14.
[30] Vgl. *Bieg*, in *Küting/Pfitzer/Weber*, (Hrsg.), HdR, Stand 06/2010.
[31] In § 7 Nr. 1 GenG wird der Geschäftsanteil als Betrag definiert, bis zu welchem sich die einzelnen Mitglieder mit Einlagen beteiligen können.
[32] Vgl. *Matschke/Schellhorn*, in *Hofbauer/Kupsch*, BHR, § 271, Rz 58.
[33] Vgl. *Matschke/Schellhorn*, in *Hofbauer/Kupsch*, BHR, § 271, Rz 54; *Bieg*, in *Küting/Pfitzer/Weber*, (Hrsg.), HdR; § 271, Rz 64, Stand 06/2010.

Ausweis der Anteile unter der Position § 266 Abs. 2 B.II.4 HGB als „sonstige Vermögensgegenstände" (korrespondierend zu einem Ausweis im FAV als „sonstige Vermögensgegenstände")[34] oder unter der Position § 266 Abs. 2 B.III.3 HGB als „sonstige Wertpapiere" (korrespondierend zu einem Ausweis im FAV als „Wertpapiere des Anlagevermögens") vorgeschlagen.[35]

## 3 Verbundenes Unternehmen

### 3.1 Überblick

#### 3.1.1 Grundlagen

Die Verwendung des Begriffs „verbundenes Unt" in § 271 Abs. 2 HGB erfolgt aufgrund der Umsetzung des Art. 41 der 7. EG-RL (= Konzernbilanzrichtlinie).[36] Vor der Einführung des § 271 Abs. 2 HGB sah das Gesetz keine eigenständige bilanzrechtliche Definition des Begriffs „verbundenes Unt" vor. Insoweit erfolgte zunächst immer eine Anlehnung an den in § 15 des AktG bestimmten allgemeingültigen Begriff eines „verbundenen Unt" auch für die Rechnungslegung. Die in Art. 41 der 7. EG-RL enthaltene Definition war nicht mit der Definition des Aktienrechts vereinbar, sodass sich aufgrund der fehlenden Änderungsbereitschaft in Bezug auf die aktienrechtlichen Bestimmungen ein **eigenes handelsrechtliches Begriffsverständnis** herausbilden musste. Die in § 271 Abs. 2 HGB enthaltene Definition ist somit auch nur allein für das Dritte Buch des HGB (rechnungslegungsrelevante Bestimmungen) von Bedeutung. Das aktienrechtliche Verständnis eines „verbundenen Unt" bleibt weiterhin für einschlägige Vorschriften des AktG maßgeblich (z. B. §§ 71 Abs. 1 Nr. 2, 89 Abs. 4 Satz 2, 90 Abs. 3, 311 ff. AktG).

31

#### 3.1.2 Übereinstimmende Verbundenheit nach AktG und HGB

Stellt man einen Vergleich an, unter welchen Bedingungen die Verbundenheitstatbestände nach Aktienrecht und Handelsrecht zu einem gleichen Ergebnis führen, so ist es erforderlich, die Maßstäbe einer Verbundenheit nach §§ 16–19 AktG mit den Verbundenheitskriterien des § 290 HGB zu vergleichen. § 16 AktG geht bei in Mehrheitsbesitz stehenden Unt und bei mit Mehrheit beteiligten Unt davon aus, dass die Verbundenheitskriterien erfüllt sind. Hingegen ist der Verbundenheitstatbestand nach HGB gem. § 290 Abs. 2 Nr. 1 HGB nur bei einer Stimmrechtsmehrheit gegeben, es muss sich daraus zumindest eine Beherrschungsmöglichkeit ergeben. Entsprechend § 17 AktG besteht zwischen abhängigen und herrschenden Unt eine Verbundenheitsvermutung, die nach HGB nur bestätigt werden kann, wenn die Abhängigkeit aufgrund einer Stimmrechtsmehrheit (vgl. § 290 Abs. 2 Nr. 1 HGB) oder aufgrund von Satzungsbestimmungen (vgl. § 290 Abs. 2 Nr. 3 HGB) besteht und die Beherrschungsmöglichkeit gegeben ist. Die Annahme des § 19 AktG, dass auch wechselseitig beteiligte Unt mit einer gegenseitigen Beteiligung von jeweils über 25 % den Verbundenheitstatbestand erfüllen, wird handelsrechtlich nicht nachvollzogen. Eine Verbunden-

32

---

[34] Vgl. Matschke/Schellhorn, in Hofbauer/Kupsch, BHR, § 271, Rz 59.
[35] Beide Möglichkeiten akzeptierend: vgl. Bieg, in Küting/Pfitzer/Weber, (Hrsg.), HdR; § 271, Rz 64, Stand 06/2010.
[36] Vgl. 7. RL des Rates 83/349/EWG v. 13.6.1983, ABl.EG L 193/1 v. 18.7.1983.

33 Von den im Aktienrecht aufgenommenen Unternehmensverträgen führt nur der Beherrschungsvertrag nach § 291 AktG über die Beherrschungsmöglichkeit sowie konkretisiert in § 290 Abs. 2 Nr. 3 HGB auch zu einem verbundenen Unt nach Handelsrecht. Bei der Feststellung eines eingegliederten Unt im Anwendungsbereich des § 319 AktG ergibt sich die Erfüllung des handelsrechtlichen Verbundenheitsbegriffs aufgrund der Änderungen durch das BilMoG nicht mehr aufgrund der Existenz einer einheitlichen Leitung. Das handelsrechtliche Kriterium der einheitlichen Leitung wurde durch die Neufassung des § 290 HGB ersatzlos gestrichen.

heit könnte sich bei dieser Konstellation auch handelsrechtlich nur dann ergeben, wenn aufgrund zusätzlicher Merkmale ein Abhängigkeitsverhältnis (vgl. § 17 AktG), bzw. eine Beherrschungsmöglichkeit besteht.

### 3.1.3 Relation zwischen § 271 Abs. 1 und Abs. 2 HGB

34 Liegen sowohl die Voraussetzungen des § 271 Abs. 1 HGB als auch die Voraussetzungen des § 271 Abs. 2 HGB vor, so kann die Bestimmung des Abs. 1 als lex specialis angesehen werden und ist insoweit vorrangig.[37] Vor dem BilMoG setzte faktisch die Forderung in § 290 Abs. 1 HGB aF nach einer einheitlichen Leitung ohnehin die Existenz einer Beteiligung voraus. Inzwischen entfällt die Normenkonkurrenz zwischen § 271 Abs. 1 und Abs. 2 HGB.
Die in § 271 Abs. 2 HGB genannte Form der Unternehmensverbindung geht hinsichtlich der Verbindungsintensität über das Beteiligungsverständnis des § 271 Abs. 1 HGB hinaus und ist durch nachfolgende Merkmale gekennzeichnet:
- Erfüllung der Voraussetzungen eines MU oder TU,
- Einbeziehung in den KA eines MU nach den Vorschriften über die VollKons,
- die Ausnutzung von Konsolidierungswahlrechten gem. § 296 HGB ist für die Einordnung unschädlich,
- Existenz einer KA-Aufstellungspflicht unabhängig von einer evtl. Befreiung.

35 Der Normzweck des § 271 Abs. 2 HGB erklärt sich wie auch der des § 271 Abs. 1 HGB aus den gestiegenen Informationsbedürfnissen der Jahresabschlussadressaten bei derartigen Unternehmensverbindungen. Die beteiligten Unt sind nicht mehr als wirtschaftlich unabhängig anzusehen. Die Ausgestaltung vereinbarter Konditionen zwischen solchen Unt kann z.T. erheblich von den üblichen Marktpreisen abweichen. Ein besonderes Augenmerk muss auch auf die Bonität der Forderungen gelegt werden. Nicht zuletzt ist auch eine Verlagerung von Gewinnen und Verlusten zwischen verbundenen Unt denkbar.[38] Auch wenn der gesonderte Ausweis derartiger Problempositionen an den grundsätzlichen Sachverhalten nichts ändern kann, so wird durch den **gesonderten Ausweis** zumindest die Möglichkeit geschaffen, einzelne mögliche Problempositionen zumindest im JA sichtbar zu machen. Das Bilanzgliederungsschema des § 266 HGB sieht z.B. bei Anteilen und Ausleihungen des FAV (§ 266 Abs. 2 A.III.1 und A.III.2 HGB), bei Anteilen und Forderungen des UVs (§ 266 Abs. 2 B.II.2 und B.III.1 HGB), bei Verbindlichkeiten (§ 266 Abs. 3 C.6 HGB) sowie auch bei Haftungsverhältnissen (§ 268 Abs. 7 HGB) jeweils gesonderte Ausweise vor.

---

[37] Vgl. *Heuser*, GmbHR 1987, S. 373.
[38] Vgl. *Kropf*, DB 1986, S. 364.

Gleiches gilt auch für bestimmte Erträge (§ 275 Abs. 2 Nr. 9–11 und Nr. 13 HGB und § 275 Abs. 3 Nr. 8–10 und Nr. 12 HGB) in der GuV.[39]
Entsprechende Bestimmungen gelten auch für den Anhang. So fordert § 285 Abs. 1 Nr. 3 HGB, dass bei der Angabe sonstiger finanzieller Verpflichtungen ein gesonderter Hinweis auf die Höhe derartiger Verpflichtungen gegenüber verbundenen Unt erfolgen muss. Zudem bestehen konkrete Pflichten zu Angaben zu nahe stehenden Personen (§ 285 Rz 135 ff.).

### 3.2 Tatbestandsmerkmale im Einzelnen

#### 3.2.1 Mutter- oder Tochterunternehmen

Ein TU i.S.d. § 290 Abs. 1 HGB liegt dann vor, wenn es unter dem unmittelbaren oder mittelbaren **beherrschenden Einfluss** eines anderen Unt (MU) steht (§ 290 Rz 18 ff.). Die vormals in § 290 Abs. 1 HGB a.F. genannte Konstruktion der einheitlichen Leitung mit den dazugehörigen Indizien wurde durch das BilMoG ersatzlos gestrichen. 36

Gem. § 290 Abs. 2 HGB ist von einer solchen Beherrschung durch das MU stets auszugehen, wenn dem MU folgende Rechte zustehen bzw. Chancen oder Risiken zuzurechnen sind: 37

- die Mehrheit der Stimmrechte der Gesellschafter (§ 290 Abs. 2 Nr. 1 HGB),
- das Recht, die Mehrheit der Mitglieder des Verwaltungs-, Leitungs- oder Aufsichtsorgans zu bestellen oder abzuberufen, und auch gleichzeitig eine Gesellschafterstellung vorliegt (§ 290 Abs. 2 Nr. 2 HGB),
- das Recht, einen beherrschenden Einfluss aufgrund eines Beherrschungsvertrags oder aufgrund einer Satzungsbestimmung auszuüben (§ 290 Abs. 2 Nr. 3 HGB),
- das MU trägt bei wirtschaftlicher Betrachtung die Mehrheit der Chancen und Risiken des anderen Unt und dieses Unt dient der Erreichung eines eng begrenzten und genau definierten Ziels des MU. Ein solches Unt wird als ZweckGes bezeichnet (§ 290 Abs. 2 Nr. 4 HGB).

Die vorstehend genannten Rechtspositionen müssen nicht kumulativ erfüllt sein. Für die Prüfung und Feststellung eines **Beherrschungsverhältnisses** ist die Existenz einer dieser alternativen Rechtspositionen ausreichend.
Diese Beherrschung erstreckt sich auch über mehrere Ebenen, so dass auch i.d.R. die TU eines TU in den KonsKreis einzubeziehen sind.

#### 3.2.2 Einbeziehung nach den Vorschriften über die Vollkonsolidierung

Voraussetzung zur Bestimmung eines verbundenen Unt i.S.d. § 271 Abs. 2 HGB ist die Möglichkeit der Einbeziehung über die VollKons in einen KA einer obersten Muttergesellschaft. Dabei ist es unerheblich, ob dies ein befreiender KA ist bzw. sein könnte. Damit erfolgt zugleich eine begriffliche Abgrenzung in der Weise, dass eine QuotenKons oder eine Einbeziehung at-equity nicht die tatbestandlichen Voraussetzungen erfüllen kann. Das hat zur Folge, dass weder Gemeinschaftsunt[40] noch assoziierte Unt die Voraussetzungen für ein verbundenes Unt i.S.d. § 271 Abs. 2 HGB erfüllen. In Bezug auf die Einbeziehung von 38

---

[39] Vgl. *Reiner*, in MünchKomm. HGB, 3. Aufl., § 271 Rn 19.
[40] Vgl. *Winkeljohann/Lewe*, in Beck Bil-Komm. 9. Aufl., § 310 HGB, Rz 5.

Gemeinschaftsunt gibt es allerdings auch Stimmen in der wissenschaftlichen Literatur,[41] die von einer Pflicht zur VollKons und damit von einer Unternehmensverbindung i. S. d. § 271 Abs. 2 HGB ausgehen.

### 3.2.3 Grundsätzlichkeitscharakter der Einbeziehungspflicht

39 Entsprechend der Formulierung in § 271 Abs. 2 Hs. 2 HGB ist die Tatsache, dass TU nach der Regelung des § 296 HGB wahlweise nicht in den KA einbezogen werden, für die Annahme eines „verbundenen Unt" ausdrücklich unschädlich.[42] Insoweit ist allein maßgeblich, dass eine grundsätzliche Pflicht zur Einbeziehung überhaupt besteht. Soweit die übrigen Kriterien erfüllt sind, zählen damit TU, die nicht der VollKons unterliegen, trotzdem zum Kreis der verbundenen Unt.

### 3.2.4 Pflicht zur Aufstellung eines Konzernabschlusses oder Befreiung

#### 3.2.4.1 Konzernabschluss nach § 290

40 Nach dem Gesetzestext in § 271 Abs. 2 Hs. 1 HGB ist es erforderlich, dass das oberste MU verpflichtet ist, einen KA aufzustellen. Diese Pflicht zur Aufstellung basiert auf den §§ 290–315 a HGB. Es ist wiederum nicht erforderlich, dass der KA auch tatsächlich aufgestellt wird. Somit sind von der Vorschrift keine Konzerne erfasst, bei denen das oberste MU keine KapG (sondern bspw. eine PersG) ist oder bei denen das oberste MU seinen Sitz im Ausland hat. Im Anwendungsbereich des § 271 Abs. 2 HGB könnte sich eine Struktur unter Fortgeltung des Begriffs „verbundene Unt" nur dann ergeben, wenn ein mehrstufiger Konzern vorliegt, an dessen Spitze zwar eine inländische Nicht-KapG steht, bei dem die zweite Konzernstufe jedoch von einer inländischen KapG besetzt wird, die entsprechend § 290 HGB zur Aufstellung eines Teilkonzerns verpflichtet ist. Die Pflicht zur Aufstellung eines KA nach PublG ist im Rahmen des § 271 Abs. 2 HGB nicht ausreichend.[43] Insoweit kommt es hier zu einer Einschränkung in der Weise, dass selbst bei Erfüllung des Control-Konzepts nicht zwangsläufig bereits von einem verbundenen Unt i. S. d. § 271 Abs. 2 HGB ausgegangen werden darf.[44]

#### 3.2.4.2 Befreiender Konzernabschluss nach §§ 291 f.

41 Bei bestimmten Konstellationen kommen die Existenz und Begriffsverwendung des „verbundenen Unt" auch dann in Betracht, wenn keine Einbeziehungspflicht in einen gemeinsamen KA besteht. Auf diesen Fall stellt § 271 Abs. 2 Hs. 2 HGB ab. Hierbei handelt es sich um eine größenunabhängige Freistellung von der Konzernrechnungslegungspflicht. Ein auf höherer Konzernebene (= Ebene des obersten MU) in Einklang mit dem EU-Recht aufgestellter KA (auch die Möglichkeit zur Aufstellung eines solchen KA wäre ausreichend) kann unter bestimmten Bedingungen als befreiender KA angesehen werden. Für nachgelagerte MU, die zugleich TU sind, entfällt dadurch die Pflicht zur Aufstellung eines eigenen Teil-KA. Durch die Formulierung im Gesetzestext sind auch solche

---

[41] Vgl. ADS, 6. Aufl., § 310 HGB, Rz 41; *Schulze-Osterloh*, in Festschrift Fleck (1988), S. 313.
[42] Vgl. *Wohlgemuth*, DStR 1991, S. 1530.
[43] Vgl. ADS, 6. Aufl., § 271 HGB, Rz 48.
[44] Vgl. *Keitz von*, in *Baetge/Kirsch/Thiele*, Bilanzrecht, § 271 HGB, Rz 57, Stand 4/2011.

Konstellationen erfasst, bei denen die Befreiungswirkung eintreten würde, wenn ein befreiender KA aufgestellt worden wäre, weil die Möglichkeit dazu grds. bestand. Die in diesem Zusammenhang angesprochenen Strukturen müssen damit in jedem Fall eine dreistufige Hierarchie aufweisen. Die §§ 291f. HGB und somit auch die Bestimmung des § 271 Abs. 2 Hs. 2 HGB greifen nur Sachverhalte auf, bei denen unterhalb der Konzernspitze (im Inland oder Ausland ansässig) zumindest eine inländische KapG existiert. Konzerne, die keine inländische KapG als (nachrangige) Muttergesellschaft haben, sind von § 271 Abs. 2 HGB nicht erfasst. Auch im Fall des § 271 Abs. 2 Hs. 2 HGB sind Pflichten zur Aufstellung eines KA z. B. nach dem PublG nicht ausreichend.[45]

Eine **Befreiungswirkung** im vorgenannten Sinn tritt nicht ein, wenn zwar eine Konzernrechnungslegungspflicht besteht, die Aufstellung des befreienden KA trotz des Vorliegens der Voraussetzungen jedoch gem. § 291 Abs. 3 HGB durch ein sog. Minderheitenvotum nicht in Anspruch genommen werden darf.[46]

### 3.2.4.3 Weite Auslegung des § 271 Abs. 2

Neben dieser engen wörtlichen Auslegung des § 271 Abs. 2 HGB gibt es auch Vertreter, die von einer weiten Auslegung der Bestimmung ausgehen.[47] Unter Rückgriff auf die Intention der 7. EG-RL gehen sie davon aus, dass zum Kreis der verbundenen Unt sämtliche Unt zu rechnen sind, die als MU oder TU in einen KA auf dem Wege der VollKons einzubeziehen sind.

Die Unt, die mit einem Unt, das eines der beiden o. g. Kriterien erfüllt, verbunden sind, sind auch im Verhältnis zueinander verbundene Unt.

Die weite Auslegung des Begriffs „verbundenes Unt" kommt dem **Primat einer einheitlichen Begriffsverwendung** deutlich näher, weil die unterschiedliche Beurteilung individueller Konzernkonstellation weniger Bedeutung hat. Wird das Oberziel darin gesehen, dass ähnliche Konzernstrukturen auch zu einer vergleichbaren Rechenschaftslegung führen, so ist das nur mit einem weiten Auslegungsverständnis zu realisieren. Befürworter dieser Auslegungsvariante argumentieren u. a. damit, dass es im Zuge der weiter steigenden Internationalisierung des Wirtschaftsgeschehens für die Berichterstattung unerheblich sein muss, ob die übergeordnete Muttergesellschaft ihren Sitz im In- oder Ausland hat. Da die Notwendigkeit einer weitergehenden Differenzierung ihren Ausgangspunkt in einer möglichst transparenten Information der Jahresabschlussadressaten hat und Geschäfte zu marktfernen Konditionen sowohl zwischen inländischen als auch zwischen in- und ausländischen Ges. geschlossen werden können, darf eine Rechenschaftslegung unter dem Primat der Transparenz diesbezüglich keinen Restriktionen unterliegen.[48]

> **Beispiel**
> Konzernunternehmen, die nach dem Wortlaut des § 271 Abs. 2 HGB nicht zum Kreis der verbundenen Unt gehören, weil es entweder an der Notwendigkeit ihrer Einbeziehung in einen HGB-Abschluss fehlt oder weil die

---

[45] Vgl. *Reiner*, in MünchKomm. HGB, 3. Aufl., § 271 Rn 25.
[46] Vgl. *Ammann/Müller*, Konzernbilanzierung, 2005, S. 50; *Kropf*, DB 1986, S. 364.
[47] Vgl. *Kropf*, DB 1986, S. 364 ff.; *Ulmer*, in Festschrift Goerdeler, S. 633.
[48] Vgl. *Keitz von*, in Baetge/Kirsch/Thiele, Bilanzrecht, § 271 HGB, Rz 66, Stand 4/2011.

> befreiende Wirkung ihrer Einbeziehung fehlt, liegen u. a. bei folgenden Konstellationen vor:
> - Ein oder mehrere TU, die selbst wiederum keine TU haben, werden von einem ausländischen MU beherrscht.
> - Die Einbeziehung in einen KA erfolgt nach dem PublG.
> - Die Minderheitsgesellschafter machen von ihrem Recht nach § 291 Abs. 3 HGB Gebrauch und verweigern die Befreiung.

Kritiker der engen Auslegung des § 271 Abs. 2 HGB sehen zudem einen Widerspruch zum Begriff der Verbundenheit i. S. v. Art. 41 der 7. EG-RL. Danach geht die Verknüpfung zwischen der Verbundenheit und der Konzernaufstellungspflicht fehl. Vielmehr stellt der Begriff auf die Existenz einer Beherrschungsmöglichkeit ab.[49] Zumindest für den Bereich der Rechnungslegung (und damit nicht zwangsläufig auch im Anwendungsbereich der §§ 319 und 323 HGB) hat sich das weite Begriffsverständnis in Bezug auf die Verbundenheit mittlerweile durchgesetzt.[50]

## 4 Verletzung des § 271 und Rechtsfolgen

45 Bei der Bestimmung des § 271 Abs. 1 und 2 HGB handelt es sich um eine ausschließliche Definitionsvorschrift. Eine unmittelbare Verletzung ist damit nach Literaturauffassung nicht möglich.[51] Bei Verstößen ergeben sich insoweit Rückwirkungen auf andere Bestimmungen des HGB, die Bezug auf die Begriffsverwendung „Beteiligung" oder „verbundenes Unt" nehmen. Zu denken ist dabei bspw. im Hinblick auf Beteiligungen an Gliederungs- bzw. Ausweisvorschriften der §§ 266 und 275 HGB. Gleiches gilt im Bereich der verbundenen Unt ebenfalls für entsprechende Gliederungsvorschriften nach § 266 HGB, aber auch für die gesonderte Angabe von Haftungsverhältnissen (§ 268 Abs. 7) oder für Pflichtangaben im Anhang nach § 285 Satz 1 Nr. 3 HGB. Der Verstoß gegen diese exemplarisch aufgeführten Vorschriften kann wiederum zur Nichtigkeit des JA oder zur Einschränkung bzw. Versagung des BSV nach § 322 HGB führen.

## 5 Änderungen durch das BilRUG

46 § 271 Abs. 1 Satz 3 HGB wird neu gefasst und dient der Übernahme der geänderten Definition einer Beteiligung. Damit wird zugleich eine sprachliche Vereinfachung von § 285 Nr. 11 HGB und § 313 Abs. 1 Nr. 4 HGB ermöglicht, die auf diese Definition verweisen können. Mit der Änderung wird klargestellt, dass das Halten von mehr als 20 % der Anteile eine widerlegliche Vermutung für das Vorliegen einer Beteiligung nach sich zieht. Die Vermutung kann widerlegt werden, wenn ausnahmsweise trotz der Kapitalbeteiligung keine dauernde Verbindung der Unt angestrebt wird.
In Abs. 2 erfolgt lediglich die Berücksichtigung der Folgewirkung der Neufassung von § 292 HGB nF.

---

[49] Vgl. *Wohlgemuth*, DStR 1991, S. 1529; *Kropf*, DB 1986, S. 364; ADS, 6. Aufl. § 271 HGB, Rz 52 ff.
[50] Vgl. *Grottel/Krehler*, in Beck Bil-Komm. 9. Aufl., § 271 HGB, Rz 35.
[51] Vgl. *Grottel/Krehler*, in Beck Bil-Komm. 9. Aufl., § 271 HGB, Rz 40.

## § 272 EIGENKAPITAL

(1) ¹Gezeichnetes Kapital ist das Kapital, auf das die Haftung der Gesellschafter für die Verbindlichkeiten der Kapitalgesellschaft gegenüber den Gläubigern beschränkt ist. ²Es ist mit dem Nennbetrag anzusetzen. ³Die nicht eingeforderten ausstehenden Einlagen auf das gezeichnete Kapital sind von dem Posten „Gezeichnetes Kapital" offen abzusetzen; der verbleibende Betrag ist als Posten „Eingefordertes Kapital" in der Hauptspalte der Passivseite auszuweisen; der eingeforderte, aber noch nicht eingezahlte Betrag ist unter den Forderungen gesondert auszuweisen und entsprechend zu bezeichnen.

(1a) ¹Der Nennbetrag oder, falls ein solcher nicht vorhanden ist, der rechnerische Wert von erworbenen eigenen Anteilen ist in der Vorspalte offen von dem Posten „Gezeichnetes Kapital" abzusetzen. ²Der Unterschiedsbetrag zwischen dem Nennbetrag oder dem rechnerischen Wert und den Anschaffungskosten der eigenen Anteile ist mit den frei verfügbaren Rücklagen zu verrechnen. ³Aufwendungen, die Anschaffungsnebenkosten sind, sind Aufwand des Geschäftsjahrs.

(1b) ¹Nach der Veräußerung der eigenen Anteile entfällt der Ausweis nach Absatz 1a Satz 1. ²Ein den Nennbetrag oder den rechnerischen Wert übersteigender Differenzbetrag aus dem Veräußerungserlös ist bis zur Höhe des mit den frei verfügbaren Rücklagen verrechneten Betrages in die jeweiligen Rücklagen einzustellen. ³Ein darüber hinausgehender Differenzbetrag ist in die Kapitalrücklage gem. Absatz 2 Nr. 1 einzustellen. ⁴Die Nebenkosten der Veräußerung sind Aufwand des Geschäftsjahrs.

(2) ¹Als Kapitalrücklage sind auszuweisen
1. der Betrag, der bei der Ausgabe von Anteilen einschließlich von Bezugsanteilen über den Nennbetrag oder, falls ein Nennbetrag nicht vorhanden ist, über den rechnerischen Wert hinaus erzielt wird;
2. der Betrag, der bei der Ausgabe von Schuldverschreibungen für Wandlungsrechte und Optionsrechte zum Erwerb von Anteilen erzielt wird;
3. der Betrag von Zuzahlungen, die Gesellschafter gegen Gewährung eines Vorzugs für ihre Anteile leisten;
4. der Betrag von anderen Zuzahlungen, die Gesellschafter in das Eigenkapital leisten.

(3) ¹Als Gewinnrücklagen dürfen nur Beträge ausgewiesen werden, die im Geschäftsjahr oder in einem früheren Geschäftsjahr aus dem Ergebnis gebildet worden sind. ²Dazu gehören aus dem Ergebnis zu bildende gesetzliche oder auf Gesellschaftsvertrag oder Satzung beruhende Rücklagen und andere Gewinnrücklagen.

(4) ¹Für Anteile an einem herrschenden oder mit Mehrheit beteiligten Unternehmen ist eine Rücklage zu bilden. ²In die Rücklage ist ein Betrag einzustellen, der dem auf der Aktivseite der Bilanz für die Anteile an dem herrschenden oder mit Mehrheit beteiligten Unternehmen angesetzten Betrag entspricht. ³Die Rücklage, die bereits bei der Aufstellung der Bilanz zu bilden ist, darf aus vorhandenen frei verfügbaren Rücklagen gebildet werden. ⁴Die Rücklage ist aufzulösen, soweit die Anteile an dem herrschenden oder

mit Mehrheit beteiligten Unternehmen veräußert, ausgegeben, oder eingezogen werden oder auf der Aktivseite ein niedrigerer Betrag angesetzt wird.

RA WP STB Dr. Holger Seidler

### Inhaltsübersicht

| | | Rz |
|---|---|---|
| 1 | Sachlicher Anwendungsbereich | 1–10 |
| 2 | Persönlicher Anwendungsbereich | 11–14 |
| 3 | Ausweis und größenabhängige Erleichterungen | 15–17 |
| 4 | Gezeichnetes Kapital (Abs. 1 Satz 1 und 2) | 18–74 |
| | 4.1 Begriff und Bedeutung | 18–19 |
| | 4.2 Gezeichnetes Kapital bei Gründung | 20–32 |
| | 4.3 Veränderungen des gezeichneten Kapitals | 33–74 |
| |     4.3.1 Kapitalerhöhungen | 33–51 |
| |     4.3.2 Kapitalherabsetzungen | 52–74 |
| 5 | Ausstehende Einlagen (Abs. 1 Satz 3) | 75–77 |
| 6 | Eigene Anteile (Abs. 1a und b) | 78–100 |
| | 6.1 Begriff und Bedeutung | 78 |
| | 6.2 Ausweis | 79–100 |
| 7 | Offene Rücklagen (Abs. 2–4) | 101–214 |
| | 7.1 Grundlagen | 101–103 |
| | 7.2 Kapitalrücklagen (Abs. 2) | 104–150 |
| |     7.2.1 Allgemeines | 104–120 |
| |         7.2.1.1 Einstellungen und Entnahmen | 104–116 |
| |         7.2.1.2 Aufgliederung des Bilanzpostens | 117–120 |
| |     7.2.2 Ausgabe von Anteilen (Abs. 2 Nr. 1) | 121–127 |
| |     7.2.3 Ausgabe von Wandel- und Optionsanleihen (Abs. 2 Nr. 2) | 128–140 |
| |     7.2.4 Gewährung von Vorzügen (Abs. 2 Nr. 3) | 141–143 |
| |     7.2.5 Sonstige Zuzahlungen (Abs. 2 Nr. 4) | 144–150 |
| | 7.3 Gewinnrücklagen (Abs. 3) | 151–198 |
| |     7.3.1 Allgemeines | 151–152 |
| |     7.3.2 Gesetzliche Rücklage | 153–180 |
| |     7.3.3 Satzungsmäßige Rücklage | 181–190 |
| |     7.3.4 Andere Gewinnrücklagen | 191–198 |
| | 7.4 Rücklage für Anteile an einem herrschenden oder mehrheitlich beteiligten Unternehmen (Abs. 4) | 199–214 |
| 8 | Änderung durch das BilRUG: Ausschüttungssperre für Beteiligungserträge | 215–218 |
| 9 | Gewinn- und Verlustvortrag | 219–222 |
| 10 | Jahresüberschuss/Jahresfehlbetrag | 223–225 |
| 11 | Bilanzgewinn/Bilanzverlust | 226 |
| 12 | Nicht durch EK gedeckter Fehlbetrag | 227–229 |
| 13 | Eigenkapitalverstärkungen | 230–246 |
| | 13.1 Vorbemerkungen | 230–237 |
| | 13.2 Genussrechtskapital | 238–241 |
| | 13.3 Stille Gesellschaft | 242–246 |

**Ergänzendes Schrifttum**
*Arbeitskreis Bilanzrecht Hochschullehrer Rechtswissenschaft*, Ausschüttungssperre bei phasengleicher Dividendenaktivierung nach dem BilRUG-RegE, BB 2015, S. 876; *Arbeitskreis Bilanzrecht Hochschullehrer Rechtswissenschaft*, Stellungnahme zum BilRUG-RefE, BB 2014, S. 2731; *Barckow/Schmidt*, IASB Exposure Draft „Financial Instruments Puttable at Fair Value and Obligations Arising on Liquidation" – Darstellung und Würdigung der vorgeschlagenen Änderungen, KoR 2006, S. 623; *Bezzenberger*, Erwerb eigener Aktien durch die Aktiengesellschaft, 2002; *Blumenberg/Roßner*, Steuerliche Auswirkungen der durch das BilMoG geplanten Änderungen der Bilanzierung von eigenen Anteilen, GmbHR 2008, S. 1079; *Breuninger*, Zur Rechtsnatur eigener Anteile und ihrer ertragsteuerlichen Behandlung, DStR 1991, S. 420; *Budde*, Aktienrückkaufprogramme im Spannungsfeld von Aktien-, Bilanz- und Steuerrecht, FS Offerhaus, 1999, S. 659; *Bunnemann/Zirngibl*, Auswirkungen des MoMiG auf bestehende GmbHs, 2008; *Emmerich/Naumann*, Zur Behandlung von Genussrechten im JA von Kapitalgesellschaften, WPg 1994, S. 677; *Gelhausen*, Bilanzierung zur Einziehung erworbener Aktien und Kapitalschutz, in FS Baetge, Rechnungslegung und Wirtschaftsprüfung, 2007, S. 189 ff.; *Großfeld*, Optionsanleihe und Bilanzrecht, in Busse von Colbe/Großfeld/Kley/Martens/Schlede, Bilanzierung von Optionsanleihen im Handelsrecht, 1983, S. 87; *Haaker*, Ausschüttungssperre ohne Geltungsbereich, DB 2015, S. 879; *Haaker*, Warum die Ausschüttungssperre nach § 272 Abs. 5 HGB-E des BilRUG-RegE bei phasengleicher Dividendenrealisation ins Leere läuft, DB 2015, S. 510; *Hohage*, Erwerb eigener Anteile, Einziehung, Aufstockung und vGA bei der GmbH, DB 2009, S. 1033; *Huber*, Zum Aktienerwerb durch ausländische Tochtergesellschaften, FS Duden, 1977, S. 137; *Klingberg*, Der Aktienrückkauf nach KonTraG aus bilanzieller und steuerlicher Sicht, BB 1998, S. 1575; *Kropff*, Handelsrechtliche Bilanzierungsfragen der Optionsanleihen, ZGR 1987, S. 285; *Küting/Reuter*, Abbildung von eigenen Anteilen nach dem Entwurf des BilMoG – Auswirkungen in der Bilanzierungs- und Bilanzanalysepraxis, BB 2008, S. 658; *Küting/Reuter*, Bilanzierung eigener Anteile nach dem BilMoG-RegE, StuB 2008, S. 495; *Küting/Reuter*, Der Bilanzausweis des Eigenkapitals nach dem BilMoG-RegE, StuB 2008, S. 535; *Kropff*, Nettoausweis des gezeichneten Kapitals und Kapitalschutz, ZIP 2009, S. 1137; *Küting/Reuter*, Anwendungsbeispiele zum Eigenkapitalausweis nach dem BilMoG-RegE, StuB 2008, S. 575; *Loos*, Die Bewertung eigener Anteile von Kapitalgesellschaften – Schachtelprivileg für eigene Anteile, DB 1964, S. 310; *Loos*, Steuerliche und handelsrechtliche Einstufung von Aufgeld und Unterverzinslichkeit bei Optionsanleihen, BB 1988, S. 369; *Lutter*, Die rechtliche Behandlung von Erlösen aus der Verwertung von Bezugsrechten bei der Ausgabe von Optionsanleihen, DB 1986, S. 1607; *Lutter*, Zur Bilanzierung von Genussrechten, DB 1993, S. 2441; *Maidl*, Die Wandelschuldverschreibung bei der GmbH, NZG 2006, S. 778; *Martens*, Die bilanzrechtliche Behandlung internationaler Optionsanleihen nach § 159 II AktG, FS Stimpel, 1985, S. 621; *Müller*, Satzungsregelungen für die Bildung von Rücklagen durch die Hauptversammlung, WPg 1969, S. 245; *Müller*, Zur Gewinn- und Verlustermittlung bei aktienrechtlichen Gewinnabführungsverträgen, FS Goerdeler, 1987, S. 375; *Müller*, Differenzierte Anforderungen für die Leistung von Sacheinlagen in das Eigenkapital von Kapitalgesellschaften, FS Heinsius, Berlin 1991, S. 591; *Noack*,

Der Regierungsentwurf des MoMiG – Die Reform des GmbH-Rechts geht in die Endrunde, DB 2007, S. 1395; *Paus*, Teilwertabschreibung und verdeckte Gewinnausschüttung bei eigenen Anteilen, BB 1998, S. 2138; *Pellens/Fülbier/Gassen/Sellhorn*, Internationale Rechnungslegung, 7. Aufl., 2008; *Rodewald/Pohl*, Neuregelungen des Erwerbs von eigenen Anteilen durch die GmbH im Bilanzrechtsmodernisierungsgesetz (BilMoG), GmbHR 2009, S. 32; *Schaber/Kuhn/Eichhorn*, Eigenkapitalcharakter von Genussrechten in der Rechnungslegung nach HGB und IFRS, BB 2004, S. 315; *Schmidt*, Quasi-Eigenkapital als bilanzrechtliches Problem, FS Goerdeler, 1987, S. 487; *Schwab*, Der Deutsche Rechnungslegungs-Standard Nr. 7 im Widerspruch zum geltenden deutschen Bilanzrecht, DB 2001, S. 880; *Seidler*, Eigene Aktien, Eine Analyse des Aktien-, Handelsbilanz- und Kapitalmarktrechts zur Ermittlung von Deregulierungspotential und Regulierungsbedarf, Frankfurt am Main 2004; *Sethe*, Die Besonderheiten der Rechnungslegung bei der KGaA, DB 1998, S. 1044; *Siegel*, Bilanzierung von Aktienoptionen und der Charakter eigener Aktien, FS Loitlsberger, 2001, S. 345; *Thiel*, Wirtschaftsgüter ohne Wert: Die eigenen Anteile der Kapitalgesellschaft, FS Schmidt, 1993, S. 569; *Thiel*, Bilanzielle und steuerrechtliche Behandlung eigener Aktien nach der Neuregelung des Aktienerwerbs durch das KonTraG, DB 1998, S. 1583; *Veil*, Die Unternehmergesellschaft nach dem Regierungsentwurf des MoMiG, GmbHR 2007, S. 1080; *Wassermeyer*, Der Erwerb eigener Anteile durch die Kapitalgesellschaft. Überlegung zur Rechtsprechung des I. Senats des BFH, FS Schmidt, 1993, S. 621; *Wengel*, Die handelsrechtliche Eigen- und Fremdkapitalqualität von Genussrechtskapital, DStR 2001, S. 1316; *Westerfelhaus*, Die stille Gesellschaft im neuen Bilanzrecht, DB 1988, S. 1173; *Zliia/Lanfermann*, Die Neuregelung des Erwerbs und des Haltens eigener Aktien, WPg 1980, S. 61 und S. 89.

## 1 Sachlicher Anwendungsbereich

1 § 272 HGB ergänzt § 266 Abs. 3 A. HGB. Während § 266 Abs. 3 A. HGB vorschreibt, wie das EK in der Bilanz von KapG auszuweisen ist, umschreibt § 272 HGB die in § 266 Abs. 3 A. HGB aufgeführten Posten inhaltlich. § 272 Abs. 1 Satz 1 HGB definiert den Begriff des gezeichneten Kapitals i.S.d. § 266 Abs. 3 A. I. HGB. In § 272 Abs. 1 Satz 2 HGB wird vorgeschrieben, dass das gezeichnete Kapital zum Nennbetrag anzusetzen ist. § 272 Abs. 1 Satz 3 HGB trifft eine Regelung zum Ausweis der ausstehenden Einlagen auf das gezeichnete Kapital und § 272 Abs. 1a und b HGB zum Ausweis der eigenen Anteile. § 272 Abs. 2 HGB schreibt vor, welche Beträge unter dem Posten Kapitalrücklage auszuweisen sind (§ 266 Abs. 3 A. II. HGB). § 272 Abs. 3 HGB regelt, welche Beträge als Gewinnrücklagen ausgewiesen werden dürfen (§ 266 Abs. 3 A. III. HGB). § 272 Abs. 4 HGB betrifft die Bildung und Auflösung der Rücklage für Anteile an einem herrschenden oder mehrheitlich beteiligten Unt (§ 266 Abs. 3 A. III. 2. HGB). Der durch das BilRUG ab nach dem 31.12.2015 beginnende Gj geltende § 272 Abs. 5 HGB nF sieht eine Ausschüttungssperre für Beteiligungserträge vor, die nicht bereits als Dividende oder Gewinnanteil eingegangen sind oder auf deren Zahlung (am Bilanzstichtag) kein Anspruch besteht.

2 Demgegenüber enthält der Wortlaut des § 272 HGB keine Aussagen zum Gewinn- oder Verlustvortrag (§ 266 Abs. 3 A. IV. HGB) und zum Jahresüberschuss/

Jahresfehlbetrag (§ 266 Abs. 3 A. V. HGB) bzw. – im Fall der Aufstellung der Bilanz unter Berücksichtigung der vollständigen oder teilweisen Verwendung des Jahresergebnisses (§ 268 Abs. 1 Satz 1 HGB) – zum Bilanzgewinn/Bilanzverlust. Gleichwohl zählen diese Posten ebenfalls zum EK. Zudem rechnen zum EK unter bestimmten Voraussetzungen auch eigenkapitalähnliche Mittel.[1]

Für den Ausweis, den Ansatz und die Bewertung der das EK betreffenden Posten sind folgende Vorschriften des **HGB** zu beachten:

**Aktivseite**
- gesonderter Ausweis der **eingeforderten ausstehenden Einlagen** unter den Forderungen (§ 272 Abs. 1 Satz 3 HGB),
- **nicht durch EK gedeckter Fehlbetrag** (§ 268 Abs. 3 HGB).

**Passivseite**
- **gezeichnetes Kapital** (§ 266 Abs. 3 A. I., § 272 Abs. 1 Satz 1 und 2 HGB),
- offenes Absetzen der **nicht eingeforderten ausstehenden Einlagen** in der Vorspalte v. gezeichneten Kapital; in diesem Fall ist der verbleibende Betrag als Posten „Eingefordertes Kapital" in der Hauptspalte auszuweisen (§ 272 Abs. 1 Satz 3 HGB),
- offenes Absetzen des Nennbetrags oder des rechnerischen Werts der **eigenen Anteile** in der Vorspalte v. gezeichneten Kapital (§ 272 Abs. 1a HGB),
- **Kapitalrücklage** (§ 266 Abs. 3 A. II., § 270 Abs. 1, § 272 Abs. 2 HGB),
- **Gewinnrücklagen** (§ 266 Abs. 3 A. III., § 270 Abs. 2, § 272 Abs. 3 und 4 HGB),
- **Gewinnvortrag/Verlustvortrag** bei Aufstellung der Bilanz ohne Berücksichtigung der Ergebnisverwendung (§ 266 Abs. 3 A. IV. HGB),
- **Jahresüberschuss/Jahresfehlbetrag** bei Aufstellung der Bilanz ohne Berücksichtigung der Ergebnisverwendung (§ 266 Abs. 3 A. V. HGB),
- **Bilanzgewinn/Bilanzverlust** bei Aufstellung der Bilanz unter Berücksichtigung der Ergebnisverwendung (§ 268 Abs. 1 Satz 2 HGB).

Zudem sieht das **AktG** für die AG die folgenden ergänzenden Vorschriften vor:
- Ausweis des **Grundkapitals** als gezeichnetes Kapital unter Angabe der Gesamtnennbeträge jeder Aktiengattung und des Gesamtnennbetrags des bedingten Kapitals (§ 152 Abs. 1 AktG) sowie Angaben zur Zahl der Aktien je Gattung sowie des Nennbetrags oder rechnerischen Werts (§ 160 Abs. 1 Nr. 3 AktG) und zum genehmigten Kapital (§ 160 Abs. 1 Nr. 3 und 4 AktG); kleine AG (§ 267 Abs. 1 HGB) sind von der Anwendung der Nr. 3 und 4 des § 160 Abs. 1 AktG ausgenommen (§ 160 Abs. 3 Satz 1 AktG),
- Auflösung der **Kapitalrücklage** (§ 150 Abs. 3 und 4 AktG) und Angabe der während des Gj eingestellten oder entnommenen Beträge (§ 152 Abs. 2 AktG); kleine AG (§ 267 Abs. 1 HGB) haben die Angabe nach § 152 Abs. 2 AktG in der Bilanz zu machen (§ 152 Abs. 4 Satz 2 AktG); Sonderregelungen bei Kapitalerhöhungen (§ 208 Abs. 1 und 2 AktG) und bei Kapitalherabsetzungen (§ 230 Satz 2, §§ 231 bis 233, 240 AktG),
- Bildung der **Gewinnrücklagen** (§ 58 Abs. 1 bis 3, § 150 Abs. 1 und 2, §§ 300, 324 AktG), Auflösung der Gewinnrücklagen (§ 150 Abs. 3 und 4, § 301 Satz 2, § 302 Abs. 1 und § 324 AktG) und Angabe der während des Gj eingestellten

---

[1] Auf die Eigenkapitalsonderposten nach DMBilG wird hier nicht eingegangen.

oder entnommenen Beträge (§ 152 Abs. 3 AktG); kleine AG (§ 267 Abs. 1 HGB) haben die Angabe nach § 152 Abs. 3 AktG in der Bilanz zu machen (§ 152 Abs. 4 Satz 2 AktG),
- gesonderter Ausweis einer **Gewinnrücklage für den Eigenkapitalanteil von Wertaufholungen** möglich (§ 58 Abs. 2a AktG),
- Ausweis des Unterschiedsbetrags zwischen dem Ausgabebetrag einer Wandelschuldverschreibung und dem höheren Gesamtnennbetrag der im Rahmen eines bedingten Kapitals zu gewährenden Bezugsaktien nach Kapitalerhöhung aus Gesellschaftsmitteln in einer **Sonderrücklage** (§ 218 Satz 2 AktG),
- Verwendung des Jahresüberschusses bzw. des Jahresfehlbetrags (§§ 58, 150 AktG),
- Verwendung des **Bilanzgewinns** (§ 119 Abs. 1 Nr. 2, § 58 Abs. 3, 4 und 5 AktG),
- Angabe zum **Bestand eigener Aktien** und zu Bestandsveränderungen (§ 160 Abs. 1 Nr. 2 AktG).

5 KleinstAG, die von den Erleichterungen des § 266 Abs. 1 Satz 4 HGB Gebrauch machen, wenden die Abs. 1 bis 3 des § 152 AktG nicht an (§ 152 Abs. 4 Satz 1 AktG), da sie das EK nur in einer Zeile zeigen.

6 Für die **SE** gelten die durch die AG anzuwendenden Vorschriften entsprechend. Die SE-VO und das SEAG sehen insoweit keine ergänzenden Vorschriften vor.

7 Für die **KGaA** gelten die folgenden ergänzenden Ausweisvorschriften:
- gesonderter Ausweis der **Einzahlungsverpflichtungen der phG** unter den Forderungen (§ 286 Abs. 2 Satz 3 Hs. 1 AktG),
- gesonderter Ausweis des **nicht durch Vermögenseinlagen gedeckten Verlustanteils der phG** gem. § 286 Abs. 3 AktG, soweit keine Einzahlungsverpflichtung besteht (§ 286 Abs. 2 Satz 3 Hs. 2 AktG),
- gesonderter Ausweis der **Kapitalanteile der phG** nach dem Posten „Gezeichnetes Kapital" (§ 286 Abs. 2 Satz 1 AktG).

8 Für die GmbH sieht das **GmbHG** die folgenden ergänzenden Vorschriften vor:
- Ausweis des **Stammkapitals** als gezeichnetes Kapital (§ 42 Abs. 1 GmbHG),
- gesonderter Ausweis einer **Rücklage eingeforderter Nachschüsse** (§ 42 Abs. 2 Satz 3 GmbHG) sowie Sondervorschriften bei Kapitalerhöhungen (§ 57d Abs. 1 GmbHG) und Kapitalherabsetzungen (§ 58a Abs. 2, §§ 58b, 58d Abs. 1 GmbHG),
- gesonderter Ausweis einer **Gewinnrücklage für den Eigenkapitalanteil von Wertaufholungen** möglich (§ 29 Abs. 4 GmbHG),
- Ergebnisverwendung (**Jahresüberschuss/Jahresfehlbetrag, Bilanzgewinn**) nach Maßgabe des § 29 Abs. 1 und des § 46 Nr. 1 GmbHG.

Zudem sieht § 5a Abs. 3 GmbHG den gesonderten Ausweis einer gesetzlichen Rücklage für die **haftungsbeschränkte UG** vor.

9 **PhG i.S.d. PublG** dürfen bei der Offenlegung der Kapitalanteile der Gesellschafter die Rücklagen, einen Gewinnvortrag und einen Gewinn unter Abzug der nicht durch Vermögenseinlagen gedeckten Verlustteile von Gesellschaftern, eines Verlustvortrags und eines Verlustes zu einem Posten „Eigenkapital" zusammengefasst werden.[2]

10 Außerhalb der Ergebnisverwendung werden Veränderungen des EK nach Maßgabe der §§ 152–158 AktG nur bei der AG, der SE und der KGaA erkennbar. Eine

---

[2] Vgl. zu den Vorschriften des DMBilG ADS, 6. Aufl., 272 HGB, Rz 7.

Verpflichtung zur Aufstellung eines **Eigenkapitalspiegels** besteht nach § 297 Abs. 1 Satz 1 HGB für den HGB-KA und über § 315a HGB für KM-orientierte MU, die ihren KA nach den IFRS aufstellen müssen. Über § 264 Abs. 1 Satz 2 HGB werden auch KM-orientierte KapG, die nicht zur Aufstellung eines KA verpflichtet sind, zur Aufstellung eines EK-Spiegels verpflichtet. Die Pflicht zur Aufstellung eines EK-Spiegels wird über § 5 Abs. 2a Satz 2 PublG auf KM-orientierte Unt ausgedehnt, die dem PublG unterfallen.

## 2 Persönlicher Anwendungsbereich

§ 272 HGB ist dem Zweiten Abschnitt des Dritten Buchs des HGB – also den ergänzenden Vorschriften für KapG sowie bestimmte phG – zugeordnet.[3] Damit sind dem § 272 HGB die AG, die SE, die KGaA und die GmbH unterworfen. Auf KapCoGes findet § 272 HGB hingegen in der Praxis wegen der grundsätzlichen Unterschiede zwischen dem EK der phG und dem EK der KapG keine Anwendung (§ 264c Rz 12–24). Auf die dem Geltungsbereich des PublG unterfallenden Unt ist § 272 HGB gem. § 5 Abs. 1 Satz 2 PublG sinngemäß anzuwenden. 11

Für die eG schreibt § 336 Abs. 2 Hs. 1 HGB die entsprechende Anwendung des § 272 HGB vor, soweit sich in den §§ 336–338 HGB nichts anderes bestimmt ist. Hier ist zu berücksichtigen, dass in § 337 HGB **Sondervorschriften zum gezeichneten Kapital** (Abs. 1) und zu den Gewinnrücklagen (Abs. 2) enthalten sind. § 337 Abs. 4 HGB nF enthält eine ergänzende Vorschrift zum EK-Ausweis bei Kleinstgenossenschaften. § 32 SCEAG schreibt für die SCE vor, dass für die Aufstellung des JA die §§ 336–338 HGB entsprechend gelten. 12

**Kreditinstitute** haben nach § 340a Abs. 1 HGB – unabhängig von ihrer Rechtsform – die für große KapG geltenden Vorschriften des Ersten Unterabschnitts des Zweiten Abschnitts anzuwenden, soweit sich aus den §§ 340a – 340l HGB nichts anderes ergibt. Nach Formblatt 1 der RechKredV erfolgt der Eigenkapitalausweis in Anlehnung an § 272 HGB. Zu beachten ist aber § 25 RechKredV, der für das gezeichnete Kapital und die Gewinnrücklagen Sondervorschriften enthält. 13

Auch für **Versicherungsunternehmen** gelten nach § 341a Abs. 1 HGB – unabhängig von der Rechtsform – die für große KapG geltenden Vorschriften des Ersten Unterabschnitts des Zweiten Abschnitts. Nach Formblatt 1 der RechVersV erfolgt der Ausweis des EK ebenfalls in Anlehnung an § 272 HGB. Die Vorschrift ersetzende oder ergänzende Sondervorschriften sind in den §§ 341a-341p HGB bzw. in der RechVersV nicht enthalten. 14

## 3 Ausweis und größenabhängige Erleichterungen

Nach § 266 Abs. 3 A. HGB sieht das HGB den zusammengefassten Ausweis des EK in einer besonderen Abschlussgruppe und die Unterteilung dieser Abschlussgruppe in Haupt- und Unterposten vor, die auf der Passivseite der Bilanz zu führen sind. Gleichwohl werden **Abschlussposten, die Einfluss auf die Höhe des EK haben, an anderer Stelle** in der Bilanz ausgewiesen. Hierbei handelt es sich 15

---

[3] Tochter-KapG, die die Voraussetzungen des § 264 Abs. 3 HGB erfüllen, brauchen § 272 HGB an sich nicht anzuwenden. Sie müssen das EK jedoch nach Maßgabe des § 247 Abs. 1 HGB hinreichend aufgliedern, was praktisch regelmäßig auf die Anwendung des § 266 Abs. 3 A. HGB i.V.m. § 272 HGB hinausläuft.

um die eingeforderten ausstehenden Einlagen auf das gezeichnete Kapital, die unter den Forderungen im Umlaufvermögen auszuweisen sind (§ 272 Abs. 1 Satz 3 HGB), und den nicht durch EK gedeckten Fehlbetrag, der am Schluss der Bilanz auf der Aktivseite gesondert auszuweisen ist (§ 268 Abs. 3 HGB). Es ergeben sich die folgenden in der Bilanz gesondert zu zeigenden Posten:

**Aktivseite:**
§ 266 Abs. 2 B. II. HGB (Forderungen und sonstige Vermögensgegenstände):
- eingeforderte ausstehende Einlagen auf das gezeichnete Kapital (§ 272 Abs. 1 HGB),
- eingeforderte Nachschüsse (§ 42 Abs. 2 GmbHG),
- Einzahlungsverpflichtungen der phG (§ 286 Abs. 2 AktG).

Nach § 266 Abs. 2 E. HGB:
- nicht durch EK gedeckter Fehlbetrag (§ 268 Abs. 3 HGB),
- nicht durch Vermögenseinlagen gedeckter Verlustanteil der phG (§ 286 Abs. 2 AktG).

**Passivseite:**
§ 266 Abs. 3 A. HGB (Eigenkapital):
- gezeichnetes Kapital; ggf. Vorspalte (§ 272 Abs. 1 HGB),
- nicht eingeforderte ausstehende Einlagen auf das gezeichnete Kapital; Vorspalte (§ 272 Abs. 1 HGB),
- eingefordertes Kapital; Vorspalte oder Hauptspalte (§ 272 Abs. 1 HGB),
- Nennbetrag/rechnerischer Wert eigener Anteile; Vorspalte (§ 272 Abs. 1a HGB),
- eingefordertes und ausgegebenes Kapital; Hauptspalte,
- Kapitalrücklage (§ 272 Abs. 2 HGB),
- Nachschusskapital (§ 42 Abs. 2 GmbHG),
- Gewinnrücklagen (§ 272 Abs. 3 und 4 HGB),
  – gesetzliche Rücklage (§ 150 Abs. 1 und 2 AktG, § 5a Abs. 3 GmbHG),
  – Rücklage für Anteile an einem herrschenden oder mit Mehrheit beteiligten Unt,
  – satzungsmäßige Rücklagen,
  – andere Gewinnrücklagen,
  – besondere andere Gewinnrücklage (§ 58 Abs. 2a AktG, § 29 Abs. 4 GmbHG),
- Eigenkapitalverstärkungen (Genussrechte, Vermögenseinlage stiller Gesellschafter etc.),
- Gewinnvortrag/Verlustvortrag (§ 268 Abs. 1 HGB),
- Jahresüberschuss/Jahresfehlbetrag (§ 268 Abs. 1 HGB),
- Bilanzgewinn/Bilanzverlust (§ 268 Abs. 1 HGB).

16 Bei der **KGaA** sind zudem noch die Kapitalkonten der phG nach dem gezeichneten Kapital innerhalb des EK gesondert auszuweisen.

17 **KleinstKapG** (§ 267a HGB) brauchen nur eine verkürzte Bilanz aufzustellen, in die nur die in den Abs. 2 und 3 des § 266 HGB mit Buchstaben bezeichneten Posten gesondert und in der vorgeschriebenen Reihenfolge aufgenommen werden. Damit kann das gesamte EK in einem Posten gezeigt werden. **Kleine KapG** brauchen nach § 266 Abs. 1 Satz 3 HGB lediglich eine verkürzte Bilanz aufzustellen, in die nur die mit Buchstaben und römischen Zahlen bezeichneten Posten

gesondert und in der vorgeschriebenen Reihenfolge aufzunehmen sind. Dies bedeutet letztlich, dass ein zusammenfassender Ausweis der Gewinnrücklagen zulässig ist (§ 266 Abs. 3 A. III. HGB) und eine weitere Untergliederung entfallen kann.[4] **Mittelgroße KapG** i.S.d. § 267 Abs. 2 HGB können auf die Untergliederung zumindest für Zwecke der Offenlegung verzichten (§ 327 Nr. 1 HGB).

## 4 Gezeichnetes Kapital (Abs. 1 Satz 1 und 2)

### 4.1 Begriff und Bedeutung

Seine Bedeutung entfaltet das gezeichnete Kapital – als Maßstab zur Ermittlung des gebundenen Vermögens – im Kapitalgesellschaftsrecht als **Bestandteil der bilanzbasierten Kapitalerhaltungskonzeption**. § 30 Abs. 1 Satz 1 GmbHG schreibt vor, dass das zur Erhaltung des Stammkapitals erforderliche Vermögen der GmbH nicht an die Gesellschafter ausgezahlt werden darf. Nach § 57 Abs. 3 AktG darf unter die Aktionäre vor der Auflösung der AG/SE nur der Bilanzgewinn verteilt werden. 18

Darüber hinaus kommt dem gezeichneten Kapital im **Verhältnis der KapG gegenüber ihren Gesellschaftern und im Verhältnis der Gesellschafter** untereinander eine erhebliche Bedeutung zu. Beispielsweise knüpfen das Stimmrecht (§ 134 Abs. 1 Satz 1 AktG, § 47 Abs. 1 und 2 GmbHG), das Recht auf Gewinnbeteiligung (§ 60 Abs. 1 AktG, § 29 Abs. 2 GmbHG), das Bezugsrecht (§ 186 Abs. 1 Satz 1 AktG) und das Recht auf Teilhabe am Liquidationserlös (§ 271 Abs. 1 und 2 AktG, § 72 GmbHG) an den Anteil eines Gesellschafters am gezeichneten Kapital an. 19

### 4.2 Gezeichnetes Kapital bei Gründung

Im Rahmen der Gründung stellt sich die umstrittene Frage, ob eine KapG eine EB schon auf den Zeitpunkt ihrer Errichtung, den Zeitpunkt der tatsächlichen Geschäftsaufnahme, den Zeitpunkt ihrer Anmeldung zum HR oder erst den Zeitpunkt ihrer Eintragung in das HR aufstellen muss. Nach der hier vertretenen Auffassung **beginnt die Rechnungslegungspflicht mit der Errichtung**. Die Vorgesellschaft hat, auch wenn sie noch kein Formkaufmann ist, bereits den Charakter eines Formkfm. Sie kann schon vor der Eintragung unter ihrer künftigen Firma Rechte erwerben und sie unterliegt als Ges. eigener Art weitgehend bereits den für die KapG geltenden Vorschriften. Zudem geht das Vermögen der Vorgesellschaft im Wege der Gesamtrechtsnachfolge ohne Liquidation auf die KapG über. Die Aufstellung einer Eröffnungsbilanz erst auf den Zeitpunkt der Eintragung in das HR ist allenfalls dann vertretbar, wenn die Errichtung und die Eintragung zeitlich kurz hintereinander erfolgen und keine oder nur eine geringfügige Geschäftstätigkeit zu verzeichnen war. 20

Auf die auf den Zeitpunkt der Errichtung aufzustellende EB sind die §§ 264 ff. HGB und die jeweils anzuwendenden rechtsformspezifischen Bilanzierungsvorschriften anzuwenden. Gleichwohl kommt ein Ausweis des Nennkapitals unter der Postenbezeichnung „Gezeichnetes Kapital" erst mit der **Eintragung** der KapG in das HR in Betracht. Erst mit der Eintragung entsteht die KapG und 21

---

[4] Zusätzliche Erleichterungen – jedoch beschränkt auf die Offenlegung – bietet § 327 HGB für mittelgroße KapG und § 9 Abs. 3 PublG für dem PublG unterworfene Unt.

kann sie über das Nennkapital verfügen. Bis zur Eintragung ist allein der Gegenwert geleisteter Bar- oder Sacheinlagen in der Bilanz auszuweisen. Dies jedoch nicht innerhalb des EK (§ 266 Abs. 3 A. HGB), sondern als FK zwischen den Rücklagen und den Rückstellungen. Es ist ein weiterer Posten einzufügen (§ 265 Abs. 5 Satz 2 HGB), der als „Geleistete Einlagen zur Durchführung der Gründung" bezeichnet werden kann.[5] Erst mit der Eintragung ist das Kapital (Grund- oder Stammkapital) dann insgesamt – wie auch § 152 Abs. 1 Satz 1 AktG für die AG vorschreibt – in der Bilanz innerhalb des EK als gezeichnetes Kapital auszuweisen (§ 266 Abs. 3 A. I. HGB). Maßgebend ist das in der Satzung festgelegte Kapital.[6] Die vorstehenden Überlegungen gelten auch für die GmbH, die haftungsbeschränkte UG, die KGaA und die SE.

22  Bezüglich der **AG** sind die folgenden Besonderheiten zu beachten: § 36 Abs. 2 AktG erlaubt die Anmeldung der AG zur Eintragung im HR, wenn im Fall der Bargründung auf jede Aktie der eingeforderte Betrag ordnungsgemäß eingezahlt worden ist und, soweit er nicht bereits zur Bezahlung der bei der Gründung angefallenen Steuern und Gebühren verwandt wurde, endgültig zur freien Verfügung des Vorstands steht. Gem. § 36a Abs. 1 AktG muss der eingeforderte Betrag i.S.d. § 36 Abs. 2 AktG mindestens ein Viertel des geringsten Ausgabebetrags und bei Ausgabe der Aktien für einen höheren als den geringsten Ausgabebetrag auch den gesamten Mehrbetrag – also ein etwa vereinbartes Aufgeld in seiner gesamten Höhe – umfassen. Im Fall der Sachgründung sind Sacheinlagen nach § 36a Abs. 2 Satz 1 AktG vor der Eintragung vollständig zu leisten.[7]

23  Nach § 152 Abs. 1 Satz 2 AktG ist der auf jede **Aktiengattung** entfallende Betrag des Grundkapitals gesondert anzugeben. Nach § 11 Satz 2 AktG bilden Aktien mit gleichen Rechten eine Gattung. Unterschiedliche Gattungen liegen also vor, wenn Aktien verschiedene Verwaltungs- oder Vermögensrechte gewähren. Den Hauptfall unterschiedlicher Aktiengattungen bilden die Stammaktien mit Stimmrecht und die stimmrechtslosen Vorzugsaktien. Keine besondere Aktiengattung sind Vorratsaktien.

24  Zudem schreibt § 160 Abs. 1 Nr. 3 AktG vor, dass im Anhang die Zahl und bei Nennbetragsaktien der Nennbetrag und bei Stückaktien der rechnerische Wert der Aktien jeder Gattung anzugeben ist, sofern sich diese Angaben nicht aus der Bilanz entnehmen lassen. Die **Anhangangabe nach § 160 Abs. 1 Nr. 3 AktG** überschneidet sich bisher teilweise mit der Lageberichtsangabe gem. § 289 Abs. 4 Nr. 1 HGB. Danach hat die AG, die einen organisierten Markt i.S.d. § 2 Abs. 7 WpÜG durch von ihr ausgegebene stimmberechtigte Aktien in Anspruch nimmt, im Lagebericht die Zusammensetzung des gezeichneten Kapitals und bei verschiedenen Aktiengattungen für jede Gattung die damit verbundenen Rechte und Pflichten und ihren Anteil am Gesellschaftskapital anzugeben. § 289 Abs. 4 Nr. 1 HGB sieht vor, dass die Angaben im LB unterbleiben können, soweit sie im Anhang vorgenommen worden sind.

---

[5] AA *Förschle/Kropp/Schellhorn*, in *Budde/Förschle/Winkeljohann*, Sonderbilanzen, 4. Aufl., Kapitel D Anm 231.
[6] Vgl. *ADS*, 6. Aufl., § 272 HGB, Rz 13.
[7] Die Sacheinlage ist in § 27 Abs. 1 Satz 1 AktG legal definiert. Es handelt sich um Einlagen, die nicht durch Einzahlung des Ausgabebetrags der Aktien zu leisten sind. Davon zu trennen sind Sachübernahmen. Dabei handelt es sich um jedwede Übernahme von Vermögensgegenständen, die nicht in der Begründung von Mitgliedschaftsrechten besteht; vgl. *Hüffer*, AktG, 9. Aufl., § 27 Rn 5.

Die **KGaA** hat grds. alle von der AG zu beachtenden Ansatz-, Gliederungs- und Bewertungsvorschriften (§§ 150–160 AktG, §§ 238ff. HGB, §§ 264ff. HGB) zu berücksichtigen (§ 278 Abs. 3 AktG).[8] Zudem sieht der im Wege des AktG 1965 eingeführte § 286 AktG einige **rechtsformspezifische Besonderheiten** vor, die vor allem auf die Gesellschafterstellung des phG zurückzuführen sind.[9]

Die **Kapitalanteile der phG** gehören nicht zum aktienrechtlichen Grundkapital. Daher schreibt § 286 Abs. 2 Satz 1 AktG vor, dass die Kapitalanteile der phG nach dem Posten „Gezeichnetes Kapital" gesondert auszuweisen sind. Hierzu ist innerhalb der Postengruppe „Eigenkapital" (§ 266 Abs. 3 A. HGB) nach dem Posten „Gezeichnetes Kapital" ein Posten „Kapitalanteile der persönlich haftenden Gesellschafter" einzufügen. Es dürfte auch nichts dagegen sprechen, dass das Grundkapital und die Kapitalanteile der phG in der Hauptspalte zu einem Gesamtbetrag zusammengefasst und die beiden Posten nur in der Vorspalte getrennt werden.[10] Der Ausweis setzt voraus, dass die phG ihre Einlagen geleistet oder Gewinnanteile bezogen haben. Ist dies nicht der Fall, entfällt der Ausweis.

Sind mehrere phG vorhanden, ist es üblich, deren **Kapitalanteile zu einem Posten** zusammenzufassen. Dies gilt aber nicht bei teilweise positiven und teilweise negativen Kapitalanteilen. Soweit der Verlust den Kapitalanteil übersteigt, schreibt § 286 Abs. 2 Satz 3 AktG nämlich einen Ausweis auf der Aktivseite der Bilanz vor. Dabei differenziert die Vorschrift danach, ob eine Zahlungsverpflichtung des phG besteht. Ist dies ausnahmsweise (§ 707 BGB) zu bejahen, hat der Ausweis unter dem Posten „Einzahlungsverpflichtungen persönlich haftender Gesellschafter", und zwar innerhalb der Postengruppe „Forderungen und sonstige Vermögensgegenstände" (§ 266 Abs. 2 B. II. HGB), zweckmäßigerweise zwischen Nr. 3 und Nr. 4, zu erfolgen.[11] Sind mehrere phG betroffen, genügt ein zusammenfassender Ausweis auf der Aktivseite der Bilanz. Besteht – was üblicherweise der Fall ist – keine Zahlungspflicht der phG, ist der Betrag als „Nicht durch Vermögenseinlage gedeckter Verlustanteil persönlich haftender Gesellschafter" zu bezeichnen und gem. § 268 Abs. 3 HGB auszuweisen.[12] Die nicht durch Vermögenseinlagen gedeckten Verlustanteile mehrerer phG dürfen ebenfalls zusammengefasst werden.[13]

Werden für die einzelnen phG – wie bei PersG üblich – aufgrund entsprechender vertraglicher Vereinbarung verschiedene Konten geführt, richtet sich deren Ausweis in der Bilanz danach, ob diese **Konten Eigen- oder Fremdkapitalcharakter** haben, wobei es gleichgültig ist, ob diese Konten fix oder variabel ausgestaltet sind. Ob Konten Eigen- oder Fremdkapitalcharakter haben, ist durch Auslegung der vertraglichen Vereinbarungen unter Berücksichtigung der tatsächlichen Hand-

---

[8] Vgl. den Überblick bei Sethe, DB 1998, S. 1044.
[9] Den phG kommen – auch in Bezug auf die handelsrechtliche Rechnungslegung – die Aufgaben zu, die in einer AG der Vorstand zu erfüllen hat; vgl. § 283 Nr. 9, § 278 Abs. 3, § 91 AktG.
[10] Vgl. ADS, 6. Aufl., § 286 AktG, Rz 29.
[11] Das Gleiche gilt für ausstehende Einlagen der phG; vgl. ADS, 6. Aufl., § 272 HGB, Rz 207.
[12] § 286 Abs. 2 Satz 2 AktG trifft für die handelsbilanzielle Behandlung von Ergebnisanteilen nur die Aussage, dass ein auf den phG entfallender Verlustanteil von dem Kapitalanteil abzuschreiben ist. Vorschriften für einen auf den phG entfallenden Gewinnanteil fehlen, weshalb hier nach § 278 Abs. 2 AktG, vorbehaltlich abweichender vertraglicher Vereinbarungen, auf das Recht der KG abzustellen ist, also ein Gewinnanteil dem Kapitalanteil gutzuschreiben ist (§§ 161 Abs. 2, 120 Abs. 2 HGB).
[13] Vgl. ADS, 6. Aufl., § 286 AktG, Rz 34.

habung zu klären. Konten mit Fremdkapitalcharakter sind nicht als Bestandteil der Kapitalanteile auszuweisen, sondern gehören zu den Forderungen oder den Verbindlichkeiten der KGaA. Zudem ist immer zu klären, ob Konten mit Eigenkapitalcharakter als Rücklagenkonten fungieren. Auch diese Konten sind nicht Bestandteil des Kapitalanteils, sondern innerhalb der Gewinnrücklagen zu zeigen. Im Gegensatz dazu gelten für die handelsbilanzielle Abbildung des in Aktien zerlegten **Grundkapitals der Kommanditaktionäre** die Vorschriften zum Ausweis des gezeichneten Kapitals sowie zum Ausweis ausstehender Einlagen grds. entsprechend.

28 In handelsbilanzieller Hinsicht wird auch bei der **GmbH** mangels ausdrücklicher gesetzlicher Vorschrift als maßgebender Zeitpunkt für den **Ausweis des Stammkapitals als gezeichnetes Kapital** der Zeitpunkt angesehen, zu dem die Gründung der GmbH Rechtswirksamkeit erlangt. Dies ist gem. § 11 Abs. 1 GmbHG der Zeitpunkt der Eintragung der GmbH im HR. Maßgebend ist das im Gesellschaftsvertrag festgelegte Stammkapital.[14]

29 Die **verdeckte Sacheinlage** wird in § 19 Abs. 4 GmbHG für die GmbH gesetzlich geregelt. In Satz 1 heißt es, dass, wenn eine Geldeinlage eines Gesellschafters bei wirtschaftlicher Betrachtung und aufgrund einer im Zusammenhang mit der Übernahme der Geldeinlage getroffenen Abrede vollständig oder teilweise als Sacheinlage zu bewerten ist (verdeckte Sacheinlage), dies den Gesellschafter nicht von seiner Einlageverpflichtung befreit. Jedoch sind die Verträge über die Sacheinlage und die Rechtshandlungen zu ihrer Ausführung nicht unwirksam (§ 19 Abs. 4 Satz 2 GmbHG). Auf die fortbestehende Geldeinlagepflicht des Gesellschafters wird nach § 19 Abs. 4 Satz 3 GmbHG der Wert des VG im Zeitpunkt der Anmeldung der Ges. zur Eintragung im HR oder im Zeitpunkt seiner Überlassung an die Ges., falls diese später erfolgt, angerechnet. Ebenso wie § 27 Abs. 3 AktG sieht das GmbHG damit lediglich eine **Differenzhaftung** vor. Daraus folgt, dass nicht mehr die gesamte Bareinlageverpflichtung als ausstehende Einlage zu aktivieren und bez. des erhaltenen VG eine Rückgewährverpflichtung zu passivieren ist. Vielmehr ist allein eine etwa bestehende Wertdifferenz als Forderung zu buchen.

30 Soweit es sich um Rückzahlungen eingezahlter Beträge handelt, die nicht schon als verdeckte Sacheinlage i. S. d. § 19 Abs. 4 GmbHG zu klassifizieren sind, sieht § 19 Abs. 5 GmbHG – gleichlautend § 27 Abs. 4 AktG – für das „**Hin- und Herzahlen**" eine Befreiung des Gesellschafters von einer Einlageverpflichtung vor. Dies setzt voraus, dass vor der Einlage eine Leistung an den Gesellschafter vereinbart worden ist, die wirtschaftlich einer Rückzahlung der Einlage entspricht und die Leistung durch einen vollwertigen Rückgewähranspruch gedeckt ist, der jederzeit fällig ist oder durch Kündigung fällig gestellt werden kann (§ 19 Abs. 5 Satz 1 GmbHG). Zudem ist eine solche Leistung oder die Vereinbarung einer solchen Leistung in der Anmeldung zum HR (§ 8 GmbHG) anzugeben (§ 19 Abs. 5 Satz 2 GmbHG).[15]
Neben der ausdrücklichen Vereinbarung ist ein **vollwertiger Rückgewähranspruch** erforderlich. Hierbei ist nach dem Willen des Gesetzgebers – wie in § 30 GmbHG – eine bilanzielle Betrachtungsweise maßgebend. Folglich ist hier

---

[14] Vgl. ADS, 6. Aufl., § 272 HGB, Rz 13.
[15] Faktisch sind dies die Fälle der darlehensweisen Rückgewähr der erhaltenen Einlageleistung.

auf die Grundsätze der Forderungsbewertung nach § 253 Abs. 3 Satz 2 HGB zurückzugreifen. Maßgeblicher Zeitpunkt für die Ermittlung der Vollwertigkeit ist der Zeitpunkt der Rückzahlung an den Gesellschafter.[16] Verschlechtert sich der Rückgewähranspruch nach diesem Zeitpunkt, steht dies der Erfüllungswirkung nicht entgegen. Zu beachten ist, dass die Befreiungswirkung des § 19 Abs. 5 Satz 1 GmbHG bei nur teilweiser Werthaltigkeit des Rückgewähranspruchs oder Beschränkungen in den Kündigungsmöglichkeiten nicht greift. Regelmäßig wird bereits bei der Anmeldung ein Werthaltigkeitsnachweis – bspw. in Form einer Werthaltigkeitsbescheinigung eines Wirtschaftsprüfers – zu erbringen sein.

§ 5a GmbHG erlaubt die Gründung einer **haftungsbeschränkten UG** mit einem Stammkapital, das den Betrag des Mindeststammkapitals nach § 5 Abs. 1 GmbHG unterschreitet. Denkbar ist ein **Mindeststammkapitals von 1 EUR**. Nach § 5a Abs. 2 Satz 1 GmbHG darf die Anmeldung der haftungsbeschränkten UG – in Abweichung von § 7 Abs. 2 GmbHG – erst erfolgen, wenn das Stammkapital in voller Höhe eingezahlt ist. Die Vereinbarung von Sacheinlagen ist ausgeschlossen (§ 5a Abs. 2 Satz 2 GmbHG).

31

Für den handelsbilanziellen **Ausweis des vereinbarten Stammkapitals** der haftungsbeschränkten UG gelten die Ausführungen zur GmbH im Grundsatz entsprechend. Der wesentlicheUnterschied zwischen der haftungsbeschränkten UG und der GmbH besteht darin, dass der haftungsbeschränkten UG erlaubt ist, das Mindeststammkapital nach § 5 Abs. 1 GmbHG zu unterschreiten und dass das vereinbarte Stammkapital der haftungsbeschränkten UG für Zwecke der Anmeldung zum HR in voller Höhe eingezahlt sein muss. Maßgebender Zeitpunkt für den Ausweis des Stammkapitals als gezeichnetes Kapital ist auch hier der Zeitpunkt, zu dem die Gründung der haftungsbeschränkten UG Rechtswirksamkeit erlangt. Dies ist gem. § 11 Abs. 1 GmbHG der Zeitpunkt ihrer Eintragung im HR. Vor der Eintragung in das HR des Sitzes der Ges. besteht die haftungsbeschränkte UG als solche nicht (§ 11 Abs. 1 GmbHG).

32

### 4.3 Veränderungen des gezeichneten Kapitals

#### 4.3.1 Kapitalerhöhungen

Für eine AG/SE und KGaA ist die Kapitalerhöhung gegen Bar- oder Sacheinlagen – auch bezeichnet als **ordentliche Kapitalerhöhung** – in den §§ 182 ff. AktG geregelt. Das AktG unterscheidet dabei den Beschluss über die Kapitalerhöhung einerseits (§§ 182 ff. AktG) und die Durchführung der Kapitalerhöhung (§§ 185 ff. AktG) andererseits. Erst mit der Eintragung der Durchführung der Kapitalerhöhung wird die Kapitalerhöhung wirksam und dürfen die neuen Aktien ausgegeben werden (§§ 189, 191 AktG). Mit der Eintragung der Durchführung der Kapitalerhöhung ist demgemäß bilanziell das gezeichnete Kap. um den Nennbetrag der ausgegebenen Nennbetragsaktien oder den rechnerischen Wert der ausgegebenen Stückaktien zu erhöhen.

33

Werden Bar- oder Sacheinlagen bereits vor der Beschlussfassung über eine Kapitalerhöhung geleistet, haben diese **Vorleistungen grds. keine gesellschaftsrechtliche Erfüllungswirkung**; die Verpflichtung zur Leistung der Bar- oder Sacheinlage

34

---

[16] Bartl, in *Bartl/Bartl/Fichtelmann/Koch/Schlarb*, GmbH-Recht, 6. Aufl., § 19 Rn 37 mwN.

bleibt weiter bestehen.[17] Etwas anderes gilt für den Sonderfall, dass Voreinzahlungen im Rahmen einer sanierenden Kapitalerhöhung bereits vor der Beschlussfassung erbracht werden. Dies setzt voraus, dass zwischen der Vorleistung und der Beschlussfassung über die Kapitalerhöhung ein enger zeitlicher Zusammenhang besteht und der Vorleistende erkennen lässt, dass die Zahlung zur Durchführung einer noch nicht beschlossenen Kapitalerhöhung dient.[18]

35 Ein weiteres Problem besteht in dem **Ausweis von Bar- oder Sacheinlagen, die nach der Beschlussfassung über eine Kapitalerhöhung geleistet werden**, während die Eintragung der Durchführung der Kapitalerhöhung in das HR erst nach dem Bilanzstichtag erfolgt. Von einer gesellschaftsrechtlichen Erfüllungswirkung derartiger Einlageleistungen ist grds. auszugehen, denn das AktG zwingt zu einer Einlageleistung vor Eintragung der Durchführung der Kapitalerhöhung (§§ 188 Abs. 2, 36 Abs. 2, 26a AktG). Handelsbilanziell ist der Gegenwert der Bar- oder Sacheinlage gleichwohl weder als gezeichnetes Kapital noch überhaupt innerhalb des EK (§ 266 Abs. 3 A. HGB), sondern nach den Rücklagen, aber vor den Rückstellungen als **Bestandteil des FK** auszuweisen. Es empfiehlt sich, einen weiteren Posten einzufügen (§ 265 Abs. 5 Satz 2 HGB).

> **Beispiel**
> Der Posten könnte etwa als „Geleistete Einlagen zur Durchführung einer Kapitalerhöhung" bezeichnet werden.[19]

Dies gilt auch, wenn die Eintragung in dem Zeitraum zwischen dem Bilanzstichtag und dem Tag der Aufstellung der Bilanz erfolgt ist. Zwar wird auch die Auffassung vertreten, in diesem Fall sei der Ausweis innerhalb des EK zwischen dem gezeichneten Kapital und den Rücklagen vorzunehmen.[20] Ein solches Vorgehen ließe jedoch – ausgehend von dem Grundsatz, dass Nennkapital erst mit der rechtswirksamen Handelsregistereintragung zu gezeichnetem Kapital i.S.d. § 272 Abs. 1 Satz 1 HGB wird – das Stichtagsprinzip außer Acht.[21]

36 In diesem Zusammenhang steht die Frage, mit welchem Wert eine vor der Eintragung der Durchführung der Kapitalerhöhung zu passivierende „Zur Durchführung einer Kapitalerhöhung geleistete Einlage" anzusetzen ist, wenn die **Sacheinlage selbst unterhalb des beizulegenden Zeitwerts** erfolgen soll.[22] Nach Maßgabe des für die Passivseite der Bilanz geltenden Höchstwertprinzips müsste die „Geleistete Einlage zur Durchführung einer Kapitalerhöhung" i.H.d. beizulegenden Zeitwerts der Sacheinlage ausgewiesen werden und nicht mit einem

---

[17] Vgl. *ADS*, 6. Aufl., § 272 HGB, Rz 20.
[18] Vgl. BGH, Urteil v. 6.4.1995, II ZR 135/94, DStR 1995, S. 894. Zu bemerken ist, dass die Anforderungen, unter denen Voreinzahlungen in Sanierungsfällen zulässig sein können, noch nicht abschließend geklärt sind. Soweit den Voreinzahlungen jedoch Erfüllungswirkung im gesellschaftsrechtlichen Sinn zukommt, ist zu empfehlen, diese Voreinzahlungen innerhalb des EK unter dem Posten „Geleistete Einlagen zur Durchführung einer Kapitalerhöhung" auszuweisen.
[19] Vgl. ebenso *Küting/Reuter*, in *Küting/Pfitzer/Weber*, HdR, § 272 HGB, Rn 12, Stand 11/2009.
[20] Vgl. *ADS*, 6. Aufl., § 272 HGB, Rz 19. Bei diesem Ausweis soll das Datum der Eintragung in der Bilanz vermerkt oder im Anhang angegeben werden.
[21] Vgl. *Heymann*, Beck-HdR, B 231 Tz 69, Stand 06/2011; *Thiele*, in *Baetge/Kirsch/Thiele*, Bilanzrecht, § 272 HGB Rz 29.
[22] Vgl. auch *Heymann*, Beck-HdR, B 231 Tz 68, Stand 06/2011.

niedrigeren Nennwert.[23] Dies erscheint jedoch nicht praktikabel, denn damit der AG aus dem Geschäftsvorfall kein Verlust entsteht, müsste das eingebrachte Aktivum ebenfalls zum beizulegenden Zeitwert angesetzt werden. Zudem wäre die Aufdeckung der stillen Reserven mit der Eintragung der Durchführung der Kapitalerhöhung wieder rückgängig zu machen. Vor diesem Hintergrund erscheint es – auch aufgrund der üblicherweise recht kurzen Zeitspanne, die zwischen dem Kapitalerhöhungsbeschluss und der Eintragung der Durchführung der Kapitalerhöhung liegt – gerechtfertigt, den Posten i. H. d. im Kapitalerhöhungsbeschluss vereinbarten Wertes anzusetzen.[24]

Wird die Leistung der Bar- oder Sacheinlage mit einem aufschiebend auf den Fall der endgültigen **Nichtdurchführung der Kapitalerhöhung bedingten Verzicht** verbunden, ist eine Rückzahlung oder Rückgabe der erbrachten Leistung definitiv ausgeschlossen. Ein Ausweis ist dann auch schon vor der Eintragung im HR innerhalb des EK vorzunehmen. Auch in diesem Fall ist zu empfehlen, bis zur Eintragung der Kapitalmaßnahme oder dem Eintritt der Bedingung einen besonderen Posten innerhalb des EK vorzusehen, der deutlich macht, dass die letztendliche Klassifizierung der Einlage als Bestandteil des gezeichneten Kapitals oder der Kapitalrücklagen noch offen ist. 37

Die **Problematik der verdeckten Sacheinlage** ist bei Kapitalerhöhungen gegen Einlagen in der Praxis noch weitaus häufiger anzutreffen, als bei Gründungen. Die unter Rz 27 dargestellten Grundsätze gelten hier entsprechend. 38

Die ordentliche Kapitalerhöhung bei der GmbH erfordert einen Kapitalerhöhungsbeschluss der Gesellschafter (§§ 55 Abs. 1, 53 Abs. 1 GmbHG). Die beschlossene Kapitalerhöhung ist zur **Eintragung in das HR anzumelden**, nachdem das erhöhte Kapital durch die Übernahme von Geschäftsanteilen gedeckt ist (§ 57 Abs. 1 GmbHG). Handelsbilanziell ist das gezeichnete Kapital mit der Eintragung der Kapitalerhöhung im HR um den Nennbetrag der Kapitalerhöhung erhöht auszuweisen. 39

Die in den §§ 192 ff. AktG geregelte **bedingte Kapitalerhöhung** ermöglicht der AG/SE und KGaA – das GmbHG sieht eine solche Form der Kapitalerhöhung nicht vor[25] – die bedarfsabhängige Kapitalbeschaffung zu den in § 192 Abs. 2 AktG erschöpfend aufgezählten Zwecken.[26] Mit der Ausgabe der Bezugsaktien, die erst nach der Eintragung des Beschlusses über die bedingte Kapitalerhöhung im HR überhaupt erfolgen kann – vorher ausgegebene Bezugsaktien sind nichtig und daher nicht zu berücksichtigen (§ 197 AktG) –, ist das Grundkapital rechtswirksam erhöht (§ 200 AktG).[27] Von diesem Zeitpunkt an ist demgemäß auch das erhöhte gezeichnete Kapital in der Bilanz auszuweisen. Ergänzend schreibt § 160 Abs. 1 Nr. 3 AktG vor, dass die AG im Anhang zu den im Gj bei einer bedingten Kapitalerhöhung gezeichneten Aktien gesonderte Angaben zur Zahl zu machen hat. 40

---

23 Vgl. auch *Küting/Reuter*, in *Küting/Pfitzer/Weber*, HdR, § 272 HGB, Rz 12, Stand 11/2009.
24 So auch *Heymann*, Beck-HdR, B 231 Rz 68, Stand 06/2011.
25 Zu den alternativen Gestaltungsmöglichkeiten bei der GmbH vgl. *Maidl*, NZG 2006, S. 778 ff.
26 Praktische Bedeutung kommt insbesondere der Gewährung von Umtausch- oder Bezugsrechten an Gläubiger von Wandelschuldverschreibungen und zur Gewährung von Bezugsrechten an Arbeitnehmer und Mitglieder der Geschäftsführung – Aktienoptionen – zu.
27 Die Eintragung der Ausgabe der Bezugsaktien ist nach § 201 Abs. 1 AktG nicht Voraussetzung für die Entstehung der daraus resultierenden Rechte.

**41** In engem Zusammenhang mit der bedingten Kapitalerhöhung steht § 152 Abs. 1 Satz 3 AktG. Die Vorschrift schreibt vor, **bedingtes Kapital mit dem Nennbetrag beim gezeichneten Kapital zu vermerken**, soweit die Erhöhung des gezeichneten Kapitals am Bilanzstichtag mangels Ausgabe der Bezugsaktien noch nicht wirksam geworden ist. Bezweckt ist, die von der AG nach dem Beschluss über die bedingte Kapitalerhöhung nicht mehr beeinflussbare mögliche Kapitalerhöhung für die Abschlussadressaten aus der Bilanz heraus erkennbar zu machen. Maßgebend ist, ob der Beschluss der HV zum Bilanzstichtag bereits vorlag, nicht dagegen, ob er auch im HR eingetragen ist.

**42** Gem. § 201 Abs. 1 AktG hat der Vorstand einer AG innerhalb eines Monats nach dem Ablauf des Gj zur Eintragung in das HR anzumelden, in welchem **Umfang in dem abgelaufenen Gj Bezugsaktien ausgegeben** worden sind. Für das im JA (zusätzlich) auszuweisende gezeichnete Kapital kann auf den sich aus der Anmeldung ergebenden Betrag abgestellt werden.[28] In dem gleichem Umfang ist dann der Vermerk nach § 160 Abs. 1 Nr. 3 AktG zu kürzen.

**43** **Genehmigtes Kapital** kann bei der AG/SE oder KGaA Inhalt der Gründungssatzung sein (§ 202 Abs. 1 AktG) oder im Nachgang durch Satzungsänderung beschlossen werden (§ 202 Abs. 2 AktG). In beiden Fällen wird der Vorstand für höchstens fünf Jahre nach Eintragung der Ges. oder nach Eintragung der Satzungsänderung ermächtigt, das Grundkapital bis zu einem bestimmten Nennbetrag (genehmigtes Kapital) durch Ausgabe neuer Aktien gegen Einlagen zu erhöhen (§ 202 Abs. 1 AktG).[29] Er kann damit **flexibel auf sich am KM bietende Gelegenheiten** zur Erhöhung des Grundkapitals reagieren.

**44** Solange und soweit die Ermächtigung des Vorstands zur Durchführung einer Kapitalerhöhung besteht, sind nach § 160 Abs. 1 Nr. 4 AktG **im Anhang Angaben über das genehmigte Kapital** zu machen.[30] Die Angabe soll für die Abschlussadressaten erkennbar machen, in welcher Weise der Vorstand von der erteilten Ermächtigung Gebrauch gemacht hat. Demgemäß müssen die Angaben so genau gemacht werden, dass sie erkennen lassen, ob sich die (vollständig oder teilweise) durchgeführte Kapitalerhöhung im Rahmen der genehmigten Ermächtigung gehalten hat und in welchem Umfang das genehmigte Kapital noch nicht ausgenutzt worden ist.[31]

**45** Mit der **Eintragung der Durchführung** der Erhöhung des Grundkapitals (§ 189 AktG) ist das gezeichnete Kapital in der Bilanz um den Nennbetrag der Kapitalerhöhung zu erhöhen. Gleichzeitig sind im Anhang nach § 160 Abs. 1 Nr. 3 AktG Zahl und Nennbetrag der Aktien gesondert anzugeben, die im Gj bei einem genehmigten Kapital gezeichnet wurden.

**46** Nach Maßgabe des § 55a Abs. 1 Satz 1 GmbHG kann der Gesellschaftsvertrag die Geschäftsführer für höchstens 5 Jahre nach Eintragung der **GmbH** ermächtigen, das Stammkapital bis zu einem bestimmten Nennbetrag durch Ausgabe neuer Geschäftsanteile gegen Einlagen zu erhöhen. Dabei darf der Nennbetrag des **genehmigten Kapitals** die Hälfte des Stammkapitals, das zur Zeit der Ermächtigung vorhanden ist, nicht übersteigen (§ 55a Abs. 1 Satz 2 GmbHG).

---

[28] Vgl. ADS, 6. Aufl., § 272 HGB, Rz 24.
[29] Denkbar sind sowohl die Bar- als auch die Sacheinlage (§ 205 AktG).
[30] Vgl. zu den Einzelheiten ADS, 6. Aufl., § 160 AktG, Rz 49 ff.
[31] Vgl. ADS, 6. Aufl., § 160 AktG, Rz 50 mwN.

In **handelsbilanzieller Hinsicht** ist das genehmigte Kapital vor der Eintragung der Kapitalerhöhung (§ 57 GmbHG) nicht in der Bilanz auszuweisen oder zu vermerken. Solange und soweit die Ermächtigung der Geschäftsführer zur Durchführung einer Kapitalerhöhung besteht, ist im Interesse einer hinreichenden Information zu empfehlen, analog § 160 Abs. 1 Nr. 4 AktG im Anhang Angaben über das genehmigte Kapital zu machen.

§ 207 Abs. 1 AktG sieht vor, dass die HV eine Erhöhung des Grundkapitals - durch **Umwandlung der Kapitalrücklage und von Gewinnrücklagen in Grundkapital** beschließen kann. Hier werden der **AG, der SE oder der KGaA** also, anders als bei den zuvor dargestellten Formen der Kapitalerhöhung, keine Mittel von außen zugeführt. Vielmehr handelt es sich aus handelsbilanzieller Sicht um einen Passivtausch. Gesellschaftsrechtlich liegt hingegen eine echte Kapitalerhöhung vor, denn freies Vermögen wird den für das Grundkapital geltenden Bindungen unterstellt und es entstehen neue Mitgliedschaftsrechte. 47

Die **umwandlungsfähigen Rücklagen** legt § 208 AktG für die AG, die SE und die KGaA fest. Umwandlungsfähig sind nur Kapital- und Gewinnrücklagen, die in der zugrunde gelegten Bilanz oder im Gewinnverwendungsbeschluss als Zuführungen zu diesen Rücklagen ausgewiesen werden (§ 208 Abs. 1 Satz 1 AktG). Verwiesen wird damit auf die Bilanzposten nach § 266 Abs. 3 A. II. und III. 1. bis 4. HGB. Umwandlungsfähig sind ferner der Jahresüberschuss oder Bilanzgewinn, soweit es sich um Zuführungen zur Kapitalrücklage oder zu den Gewinnrücklagen handelt, die im letzten Beschluss über die Verwendung des Jahresüberschusses (§§ 58 Abs. 1, 173 AktG) oder des Bilanzgewinns (§§ 58 Abs. 3, 174 Abs. 2 Nr. 3 AktG) auch als solche ausgewiesen sind. Folglich können vom Vorstand im Rahmen der Aufstellung des JA in die Gewinnrücklagen eingestellte Beträge (§ 68 Abs. 2 und 2a AktG) umgewandelt werden, wohingegen Rücklagenzuführung der HV durch diese erst beschlossen werden müssen, bevor eine Umwandlung möglich ist.[32] Es können also nur solche Bestandteile des Jahresüberschusses oder des Bilanzgewinns berücksichtigt werden, deren Rücklageneigenschaft gewiss ist, auch wenn es noch an einem entsprechenden Ausweis in der Bilanz fehlt.[33] Demgemäß kann auch ein Gewinnvortrag an sich – weil eben gerade nicht disponiert – nicht zur Umwandlung herangezogen werden.[34] 48

§ 208 Abs. 1 Satz 2 AktG **beschränkt den Umfang der umwandlungsfähigen Rücklagen** auf den Teil der gesetzlichen Rücklage und die Kapitalrücklagen nach § 272 Abs. 2 Nr. 1 bis 3 HGB, der den zehnten oder einen in der Satzung festgelegten höheren Teil des Grundkapitals übersteigt (§ 150 Abs. 4 Nr. 3 AktG).[35] Kapitalrücklagen nach § 272 Abs. 2 Nr. 4 HGB und andere Gewinnrücklagen können hingegen grds. in voller Höhe umgewandelt werden (§ 208 Abs. 1 Satz 2 AktG). Dies gilt jedoch nicht – d. h. Kapitalrücklage und Gewinn- 49

---

32 Vgl. *ADS*, 6. Aufl., § 272 HGB, Rz 32.
33 Folge ist, dass der Kapitalerhöhung eine Bilanz zugrunde gelegt werden kann, in der die umzuwandelnden Rücklagen noch nicht ausgewiesen sind. Teilweise wird hier von „künftigen Rücklagen" gesprochen.
34 Vgl. *ADS*, 6. Aufl., § 272 HGB, Rz 32.
35 Eine zusätzliche Beschränkung in der Umwandlungsfähigkeit von Rücklagen kann sich aus einer etwaigen Zweckbindung ergeben (§ 208 Abs. 2 Satz 2 AktG). Vgl. zu den Einzelheiten, insbesondere zur Frage der in jedem Einzelfall festzustellenden Vereinbarkeit von Umwandlung und Zweckbindung, *ADS*, 6. Aufl., § 272 HGB, Rz 33 mwN.

rücklagen können nicht umgewandelt werden –, soweit in der Bilanz ein Verlust einschließlich eines Verlustvortrags ausgewiesen wird (§ 208 Abs. 2 Satz 1 AktG), der die vorhandene Kapitalrücklage oder die Gewinnrücklagen übersteigt. Übersteigen hingegen die Kapitalrücklage und die Gewinnrücklagen betragsmäßig den Verlust oder Verlustvortrag, steht der übersteigende Betrag natürlich zur Umwandlung zur Verfügung.

50 Mit der **Eintragung des Beschlusses ins HR** wird die Kapitalerhöhung rechtswirksam (§ 211 AktG). Ab diesem Zeitpunkt muss das gezeichnete Kapital i.S.v. § 272 Abs. 1 Satz 1 HGB um den Nennwert der im Wege der Kapitalerhöhung ausgegebenen neuen Aktien erhöht in der Bilanz ausgewiesen werden. Die umgewandelten Rücklagen sind außerhalb der Gewinnverwendungsrechnung in das gezeichnete Kapital umzubuchen.[36] Zwar handelt es sich auch bei der Umwandlung der Rücklagen begrifflich um eine Entnahme i.S.d. § 158 Abs. 1 Nr. 2 oder 3 AktG, jedoch würde der Ausweis der Entnahme in der Gewinnverwendungsrechnung dort aus buchungstechnischen Gründen einen korrespondierenden Posten – etwa „Einstellung in das Grundkapitals aus der Kapitalerhöhung aus Gesellschaftsmitteln" – erfordern.[37] Dies fördert die Klarheit und Übersichtlichkeit des JA (§ 243 Abs. 2 HGB) jedoch nicht. Ungeachtet dessen ist die Umwandlung gleichwohl zumindest in der Bilanz oder im Anhang gesondert anzugeben (§ 152 Abs. 2 Nr. 2 AktG).

51 Die Stammkapitalerhöhung durch Umwandlung von Rücklagen (**Kapitalerhöhung aus Gesellschaftsmitteln**) kann bei der **GmbH** erst beschlossen werden, nachdem der JA für das letzte vor der Beschlussfassung über die Kapitalerhöhung abgelaufene Gj (letzter JA) festgestellt und über die Ergebnisverwendung Beschluss gefasst worden ist (§ 57c Abs. 1 und 2 GmbHG).[38] § 57d GmbHG erlaubt nur die Umwandlung frei verfügbarer Kapital- oder Gewinnrücklagen. Sie müssen in dem letzten JA und, wenn dem Beschluss eine andere Bilanz zugrunde gelegt wird, auch in dieser Bilanz unter „Kapitalrücklage" oder „Gewinnrücklage" oder im letzten Beschluss über die Verwendung des Jahresergebnisses als Zuführung zu diesen Rücklagen ausgewiesen sein (§ 57d Abs. 1 GmbHG). Eine Umwandlungsbegrenzung, wie sie § 208 Abs. 1 Satz 2 AktG für die AG vorsieht, kennt das GmbHG nicht. Die Rücklagen können allein dann nicht umgewandelt werden, soweit in der zugrunde gelegten Bilanz ein Verlust, einschließlich eines Verlustvortrags, ausgewiesen ist (§ 57d Abs. 2 GmbHG).[39] Die Kapitalerhöhung kann durch die Bildung neuer Geschäftsanteile oder die Erhöhung des Nennbetrags der ausgegebenen Geschäftsanteile durchgeführt werden (§ 57h Abs. 1 Satz 1 GmbHG). Nach § 57c Abs. 4 GmbHG gelten die §§ 53 u. 54 GmbHG auch für die Stammkapitalerhöhung durch die Umwandlung von Rücklagen. Demgemäß wird die Kapitalerhöhung durch Umwandlung von Rücklagen erst mit der Eintragung der Kapitalerhöhung in das HR rechtswirksam. Für handels-

---

[36] Vgl. *ADS*, 6. Aufl., § 272 HGB, Rz 34.
[37] Vgl. *ADS*, 6. Aufl., § 158 AktG, Rz 10.
[38] Dem Kapitalerhöhungsbeschluss kann die letzte Jahresbilanz zugrunde gelegt werden, wenn diese geprüft, festgestellt und mit einem uneingeschränkten Bestätigungsvermerk versehen ist und der Stichtag höchstens 8 Monate vor der Anmeldung des Beschlusses zur Eintragung in das HR liegt (§ 57e GmbHG). Anderenfalls ist eine geprüfte und mit Bestätigungsvermerk versehene Erhöhungssonderbilanz zugrunde zu legen (§ 57f GmbHG).
[39] Darüber hinaus beschränkt eine Zweckbestimmung der anderen Gewinnrücklagen ihre Umwandlungsfähigkeit (§ 57d Abs. 3 GmbHG). Hier ist in jedem Einzelfall zu klären, ob die Zweckbestimmung die Umwandlung zulässt.

bilanzielle Zwecke folgt daraus, dass das gezeichnete Kapital erst ab dem Zeitpunkt der Eintragung des Kapitalerhöhungsbeschlusses in das HR um den Nennbetrag der Kapitalerhöhung erhöht auszuweisen ist.

### 4.3.2 Kapitalherabsetzungen

Die **ordentliche Herabsetzung des Grundkapitals**. ist für die AG/SE und die KGaA in den §§ 222–228 AktG geregelt. Da die Kapitalherabsetzung mit der Eintragung des Beschlusses über die Herabsetzung rechtswirksam wird, ist das gezeichnete Kapital von diesem Zeitpunkt an in um den Nennbetrag der Kapitalherabsetzung verminderter Höhe in der **Bilanz** zu zeigen. Soweit die Herabsetzung des Kapitals zur Rückzahlung von Grundkapital dient, ist die bestehende Rückzahlungsverpflichtung bis zur Auszahlung unter den Verbindlichkeiten zu passivieren.[40]

52

Der aus der Kapitalherabsetzung gewonnene Betrag ist – unabhängig von der Zwecksetzung der Kapitalherabsetzung – nach § 240 Satz 1 AktG in der GuV als „Ertrag aus der Kapitalherabsetzung" gesondert, und zwar hinter dem Posten „Entnahmen aus Gewinnrücklagen", auszuweisen.[41] Wird der aus der ordentlichen Kapitalherabsetzung resultierende Betrag (ausnahmsweise) in die Kapitalrücklage eingestellt, dürfte nichts gegen eine analoge Anwendung des § 240 Satz 2 HGB sprechen, ist der entsprechende Betrag mithin in der GuV als „Einstellung in die Kapitalrücklage nach den Vorschriften über die ordentliche Kapitalherabsetzung" gesondert auszuweisen. Besteht die Zwecksetzung der Kapitalherabsetzung darin, Grundkapital auszukehren, zwingt die Tatsache, dass § 240 AktG auf jede Form der Kapitalherabsetzung anzuwenden ist, dazu, in der **Verlängerungsrechnung der GuV** ebenfalls einen besonderen Posten vorzusehen, der bspw. als „Rückzahlung von Grundkapital aufgrund einer ordentlichen Kapitalherabsetzung" bezeichnet werden könnte.[42]

53

Wegen des zwingenden § 240 Satz 1 AktG findet das **Wahlrecht des § 158 Abs. 1 Satz 2 AktG**, wonach die in § 158 Abs. 1 Satz 1 AktG geforderten Angaben auch im Anhang gemacht werden können, keine Anwendung. Ist also in einem Gj eine Kapitalherabsetzung durchgeführt worden, müssen die Angaben nach § 158 Abs. 1 Satz 1 AktG wegen § 240 Satz 1 AktG in der Verlängerungsrechnung der GuV gemacht werden.[43]

54

Zudem schreibt § 240 Satz 3 AktG für große und mittelgroße AG vor, dass im **Anhang** zu erläutern ist, ob und in welcher Höhe die aus der Kapitalherabsetzung und aus der Auflösung von Gewinnrücklagen, die im Zusammenhang mit der Kapitalherabsetzung erfolgen, gewonnenen Beträge zum Ausgleich von Wertminderungen, zur Deckung von sonstigen Verlusten oder zur Einstellung in

55

---

[40] Vgl. ADS, 6. Aufl., § 272 HGB, Rz 38.
[41] Es ist nahezu einhellig Auffassung – vgl. nur *Hüffer*, 9. Aufl., AktG, § 240 Rn 2 mwN. –, dass § 240 AktG bei allen Formen der Kapitalherabsetzung zu beachten ist. Das AktG stellt dies klar, indem es für § 240 AktG einen eigenen (4.) Unterabschnitt vorsieht.
[42] Ähnlich auch ADS, 6. Aufl., § 272 HGB, Rz 38.
[43] Vgl. *Hüffer*, AktG, 9. Aufl., § 240 Rn 3 mwN. Nach anderer Auffassung wird das in § 158 Abs. 1 Satz 2 AktG angelegte Wahlrecht durch den § 240 Satz 1 AktG nicht eingeschränkt. Begründet wird diese Ansicht damit, dass der Anhang ebenso wie die GuV Teil des JA seien und es daher durch eine Aufnahme der Informationen in den Anhang nicht zu einer Informationsverkürzung kommen könne; vgl. ADS, 6. Aufl., § 158 AktG, Rz 24 mwN.

die Kapitalrücklage verwandt werden. Soweit die ordentliche Kapitalherabsetzung nicht dazu dient, Grundkapital zurückzuzahlen, sondern zum Ausgleich von Wertminderungen, zur Deckung sonstiger Verluste oder zur Einstellung in die Kapitalrücklage erfolgt, dürfte die Angabe nach § 240 Satz 3 HGB keine weitergehenden Probleme bereiten.

56 Dient die ordentliche Kapitalherabsetzung hingegen dazu, **Grundkapital auszukehren** – der Zweck der Kapitalherabsetzung muss sich dem Beschluss entnehmen lassen (§ 222 Abs. 3 AktG) –, findet § 240 Satz 3 AktG keine Anwendung. Auch wenn § 240 Satz 3 AktG auf die ordentliche Kapitalherabsetzung anzuwenden ist, sind die dort genannten Fälle eindeutig nicht auf die Auskehrung von Grundkapital an die Aktionäre ausgerichtet. Eine analoge Anwendung der Vorschrift kommt ebenfalls nicht in Frage, denn der Grund der Kapitalherabsetzung lässt sich bereits aus der Verlängerungsrechnung entnehmen.

57 Die in § 58 GmbHG geregelte **ordentliche Kapitalherabsetzung bei der GmbH** stellt eine Satzungsänderung dar, die auf eine Änderung der Stammkapitalziffer durch Herabsetzung des Nennbetrags oder die Einziehung von Geschäftsanteilen gerichtet ist.[44] Sie darf nicht zu einer Absenkung des Stammkapitals und damit des Umfangs der Vermögensbindung unter den in § 5 Abs. 1 GmbHG festgeschriebenen Mindeststammkapitalbetrag führen (§ 58 Abs. 2 GmbHG). Da die Kapitalherabsetzung gesellschaftsrechtlich erst mit Ablauf des Sperrjahrs wirksam werden kann – vorher ist die Eintragung in das HR nicht möglich (§ 58 Abs. 1 Nr. 3 GmbHG) – ist das **gezeichnete Kapital** handelsbilanziell erst mit dem Ablauf des Sperrjahrs um den Nennbetrag der Kapitalherabsetzung vermindert auszuweisen. Das gilt auch, wenn der durch die ordentliche Kapitalherabsetzung frei werdende Betrag vor Ablauf des Sperrjahrs – bspw. um den Gesellschafter mit Liquidität zu versorgen – an die Gesellschafter ausgekehrt wird. In diesem Fall hat die GmbH bis zum Zeitpunkt der Eintragung der Kapitalherabsetzung im HR eine Forderung zu aktivieren, deren Rechtsgrundlage § 31 GmbHG ist.[45]

58 Die **vereinfachte Kapitalherabsetzung** – geregelt in den §§ 229–236 AktG für die AG/SE und die KGaA – kann gem. § 229 Abs. 1 Satz 1 AktG nur mit einer der **Zwecksetzungen**, nämlich um Wertminderungen auszugleichen, sonstige Verluste zu decken oder um zur Vorsorge vor Verlusten Beträge in die Kapitalrücklage – Auffüllung des gesetzlichen Reservefonds (§ 150 Abs. 2 AktG) – einzustellen, durchgeführt werden.[46] Sie ist nach § 229 Abs. 2 AktG zudem nur zulässig, wenn vorweg der Teil der **gesetzlichen Rücklage und der Kapitalrücklage**, die zusammen über den zehnten Teil des nach der Kapitalherabsetzung verbleibenden Grundkapitals hinausgehen, sowie die Gewinnrücklagen bereits zum Ausgleich von Verlusten aufgelöst worden sind und wenn ein Gewinnvortrag nicht vorhanden bzw. bereits mit den Verlusten verrechnet worden ist.

59 Soweit die Kapitalherabsetzung mit der Zwecksetzung erfolgt, zur **Verlustvorsorge** die Kapitalrücklage zu dotieren, normiert § 231 Satz 1 AktG eine weitere Zulässigkeitsvoraussetzung. Die Einstellung der Beträge, die aus der Kapital-

---

[44] Die Gründe für eine ordentliche Kapitalherabsetzung können unterschiedlicher Art sein. Neben der Rückzahlung von Einlagen kann sie dem Erlass ausstehender Einlagen, der Beseitigung einer Unterbilanz oder der Abfindung ausscheidender Gesellschafter dienen.
[45] Vgl. *ADS*, 6. Aufl., § 272 HGB, Rz 39.
[46] Die vereinfachte Kapitalherabsetzung dient also primär der Beseitigung einer Unterbilanz (sog. Buchsanierung).

herabsetzung gewonnen werden, in die Kapitalrücklage ist nur zulässig, soweit die Kapitalrücklage und die gesetzliche Rücklage zusammen 10 % des Grundkapitals nicht übersteigen.[47] Die Vorschrift dient dem **Interesse der Gesellschafter**. Sie soll verhindern, dass das Grundkapital herabgesetzt wird, um den gesetzlich vorgeschriebenen Reservefonds über den gesetzlich vorgesehenen Umfang (§ 150 Abs. 2 AktG) von 10 % des Grundkapitals aufzufüllen.[48] Eine Kapitalherabsetzung zur Auffüllung des gesetzlichen Reservefonds der AG kommt somit nur infrage, wenn dieser unterdotiert ist.[49]

Ergibt sich bei der Aufstellung der Jahresbilanz für das Gj, in dem der Beschluss über die vereinfachte Kapitalherabsetzung gefasst worden ist, oder für eines der beiden folgenden Gj, dass die Wertminderungen oder sonstigen Verluste in der bei der Beschlussfassung angenommenen Höhe tatsächlich nicht vorlagen, so ist der **Unterschiedsbetrag in die Kapitalrücklage einzustellen** (§ 232 AktG).[50] Die Vorschrift ist analog bei einer überhöhten Kapitalherabsetzung zum Zweck der Dotierung der Kapitalrücklage anzuwenden.[51] 60

Auch die vereinfachte Kapitalherabsetzung wird erst mit der **Eintragung des Beschlusses über die Herabsetzung des Grundkapitals im HR wirksam** (§ 224 AktG). Das gezeichnete Kapital ist in handelsbilanzieller Hinsicht also auch erst ab diesem Zeitpunkt in um den Nennbetrag der Kapitalherabsetzung verminderter Höhe auszuweisen. 61

Ungeachtet dessen erlaubt § 234 Abs. 1 AktG – in Durchbrechung des Stichtagsprinzips – das gezeichnete Kapital sowie die Kapital- und Gewinnrücklagen bereits im JA für das letzte vor der Beschlussfassung über die vereinfachte Kapitalherabsetzung abgelaufene Gj in der Höhe auszuweisen, in der sie nach der Kapitalerhöhung bestehen sollen.[52] 62

---

47 Neben den aus der Kapitalherabsetzung gewonnenen Beträgen umfasst § 231 Satz 1 AktG auch Beträge, die aus der Auflösung von Gewinnrücklagen gewonnen werden und in die gesetzliche Rücklage eingestellt werden sollen. Auch insoweit ist die Auffüllung der gesetzlichen Rücklage auf 10 % des Grundkapitals beschränkt.
48 Vgl. *Hüffer*, AktG, 9. Aufl., § 231 Rn 1.
49 Vgl. *ADS*, 6. Aufl., § 231 AktG, Rz 7.
50 Zu welchem Teil der Kapitalrücklage i.S.d. § 272 Abs. 2 HGB die Beträge nach § 232 AktG gehören, beantwortet das AktG nicht. Es ist jedoch davon auszugehen, dass es sich nicht um die Kapitalrücklage nach § 272 Abs. 2 Nr. 4 HGB handelt; so auch *ADS*, 6. Aufl., § 232 AktG, Rz 19. Im Hinblick auf die unterschiedlichen Verwendungsregelungen (§ 150 Abs. 3 und 4 AktG) für die Kapitalrücklage nach § 272 Abs. 2 Nrn. 1–3 HGB im Verhältnis zu § 272 Abs. 2 Nr. 4 HGB ist es geboten, die Beträge nach § 232 AktG, die ebenfalls den Verwendungsregelungen der Kapitalrücklage nach § 272 Abs. 2 Nrn. 1–3 HGB unterliegen, gesondert von der Kapitalrücklage nach § 272 Abs. 2 Nr. 4 HGB auszuweisen. Ggf. kann eine Zusammenfassung mit den Kapitalrücklagen nach § 272 Abs. 2 Nr. 1 bis 3 HGB infrage kommen; vgl. *ADS*, 6. Aufl., § 272 HGB, Rz 87.
51 Vgl. *ADS*, 6. Aufl., § 231 AktG, Rz 8 sowie § 232 AktG, Rz 4; *Hüffer*, AktG, 9. Aufl., § 232 Rn 8. Da bei der vereinfachten Kapitalherabsetzung zur Dotierung der Kapitalrücklage stets eine exakte Berechnung nach Maßgabe des § 231 Sätze 2 u. 3 AktG möglich ist, kann § 232 AktG hier aber nur ausnahmsweise zur Anwendung kommen, wenn nämlich bei der Berechnung Fehler gemacht wurden.
52 § 235 Abs. 1 AktG eröffnet im Fall der Inanspruchnahme der Rückwirkung nach § 234 Abs. 1 Satz 1 AktG unter bestimmten Bedingungen die Möglichkeit, eine zugleich mit der Kapitalherabsetzung beschlossene Kapitalerhöhung ebenfalls rückwirkend zu berücksichtigen, also das gezeichnete Kapital i.S.d. § 272 Abs. 1 Satz 1 HGB ebenfalls bereits im JA für das letzte vor der Beschlussfassung abgelaufene Gj i. d. H. auszuweisen, in der es nach der Kapitalerhöhung bestehen soll. Darüber hinaus sieht § 236 AktG für den Fall der Inanspruchnahme des § 234 AktG bestimmte von § 325 HGB abweichende Voraussetzungen für die Offenlegung des JA vor.

63  Der aus der vereinfachten Kapitalherabsetzung gewonnene Betrag ist gem. § 240 Satz 1 AktG in der **Verlängerungsrechnung zur GuV** als „Ertrag aus der Kapitalherabsetzung", und zwar hinter dem Posten „Entnahmen aus Gewinnrücklagen" auszuweisen.[53] Eine Einstellung in die Kapitalrücklage nach § 229 Abs. 1 AktG oder nach § 232 AktG ist als „Einstellung in die Kapitalrücklage nach den Vorschriften über die vereinfachte Kapitalherabsetzung" gesondert auszuweisen (§ 240 Satz 2 AktG).

64  Im **Anhang** ist nach § 240 Satz 3 AktG zu erläutern, ob und in welcher Höhe die aus der Kapitalherabsetzung und aus der Auflösung von Gewinnrücklagen gewonnenen Beträge zum Ausgleich von Wertminderungen, zur Deckung von sonstigen Verlusten oder zur Einstellung in die Kapitalrücklage verwandt werden, soweit die AG nicht klein ist (§ 267 Abs. 1 HGB).

65  Die in den §§ 58a–58f GmbHG geregelte **vereinfachte Kapitalherabsetzung** dient auch bei der GmbH dazu, Wertminderungen auszugleichen oder sonstige Verluste zu decken (§ 58a Abs. 1 GmbHG). Zu ihrer Wirksamkeit bedarf die vereinfachte Kapitalherabsetzung ebenso wie die ordentliche Kapitalherabsetzung der **Eintragung im HR**. § 58a Abs. 5 GmbHG verweist demgemäß auf § 54 GmbHG. Folglich ist das gezeichnete Kapital handelsbilanziell erst ab dem Zeitpunkt der Eintragung in der um den Nennbetrag der Kapitalherabsetzung verminderten Höhe auszuweisen. § 58e GmbHG eröffnet zudem die Möglichkeit, die Kapitalherabsetzung bereits im JA für das letzte vor der Kapitalherabsetzung abgelaufene Gj auszuweisen, wenn der JA durch Beschluss der Gesellschafter festgestellt wird.[54] § 58f GmbH ermöglicht die gleichzeitige **Rückbeziehung** einer mit der vereinfachten Kapitalherabsetzung beschlossenen Kapitalerhöhung.

66  Die **Kapitalherabsetzung durch Einziehung von Aktien im ordentlichen Verfahren** wird nach § 238 Satz 1 AktG – soweit die HV beschließt – mit der Eintragung des Beschlusses, oder, wenn die Einziehung der Eintragung nachfolgt, mit der Einziehung wirksam. Das Grundkapital ist also erst zu einem der beiden Zeitpunkte um den auf die eingezogenen Aktien entfallenen Nennbetrag herabgesetzt. Liegt eine durch Satzung angeordnete Zwangseinziehung vor, so ist, wenn die HV nicht über die Kapitalherabsetzung beschließt, das Grundkapital mit der tatsächlichen Einziehung herabgesetzt (§ 238 Satz 2 AktG). Die nachfolgende Anmeldung der Durchführung der Herabsetzung des Grundkapitals ist ebenfalls zur Eintragung in das HR anzumelden (§ 239 AktG).

67  Für den **Ausweis des gezeichneten Kapitals** bedeutet dies, dass ebenfalls zwei Fälle zu unterscheiden sind: Beschließt die HV im ersten Fall die Kapitalherabsetzung durch Einziehung der Aktien im ordentlichen Verfahren, wird die Kapitalherabsetzung mit der Eintragung des HV-Beschlusses rechtswirksam. Das gezeichnete Kapital ist ab diesem Zeitpunkt vermindert um den auf die eingezogenen Aktien entfallenden Betrag auszuweisen. Kommt es erst nach der Ein-

---

53  Die Vorschrift schließt Angaben im Anhang, die § 158 Abs. 1 Satz 2 AktG alternativ zur Verlängerungsrechnung erlaubt, aus.

54  Dies entspricht bei der GmbH dem gesetzlich geregelten Normalfall (§ 46 Nr. 1 GmbHG). Probleme ergeben sich, wenn die Satzung der GmbH einem anderen Organ als der GesV die Beschlusskompetenz zuweist. In diesen Fällen müsste – um einen rückwirkenden Ausweis zu erreichen – eigentlich die Satzung entweder geändert oder durchbrochen werden. Indes hat sich hier die Auffassung herausgebildet, dass in diesem Fall analog § 234 Abs. 2 Satz 1 AktG die Zuständigkeit der GesV stets gegeben ist; vgl. *Baumbach/Hueck/Zöllner*, GmbHG, 19. Aufl., § 58e Rn 5 mwN.

tragung des HV-Beschlusses zur Einziehung der Aktien, ist das gezeichnete Kapital erst ab dem Zeitpunkt der tatsächlichen Einziehung um den Bertrag der eingezogenen Aktien zu vermindern. Die Eintragung der Durchführung der Herabsetzung des GrundKap hat für den Ausweis des gezeichneten Kapital hingegen keine Bedeutung.

Denkbar ist auch, dass **Einziehungshandlungen** – mit entsprechenden Folgen für den Ausweis des gezeichneten Kapital - teils vor und teils nach der Eintragung des HV-Beschlusses vorgenommen werden. Beruht die Einziehung im zweiten Fall auf einer satzungsmäßig angeordneten Zwangseinziehung, so ist, wenn die HV nicht über die Kapitalherabsetzung beschließt, das Grundkapital - mit der Zwangseinziehung – der Vornahme der Einziehungshandlung – herabgesetzt (§ 238 Satz 2 AktG) und demgemäß das gezeichnete Kapital ab diesem Zeitpunkt entsprechend vermindert auszuweisen. Die Vorschrift berücksichtigt, dass der Vorstand einer AG bei einer satzungsmäßig angeordneten Zwangseinziehung die Befugnis zur Entscheidung über die Einziehung hat (§ 237 Abs. 6 AktG). Nimmt er diese Befugnis nicht wahr und lässt gleichwohl die HV beschließen, findet § 238 Satz 1 AktG Anwendung. 68

Der aus der Kapitalherabsetzung durch Einziehung von Aktien im ordentlichen Verfahren gewonnene Betrag ist nach Maßgabe des § 240 Satz 1 AktG in der **Verlängerungsrechnung der GuV** abzubilden. Die Ausführungen zur ordentlichen Kapitalherabsetzung gelten entsprechend. 69

Neben der Einziehung von Aktien im ordentlichen Verfahren besteht auch die Möglichkeit, **Aktien im vereinfachten Verfahren einzuziehen**. In handelsbilanzieller Hinsicht wirkt sich die Einziehung der Aktien im vereinfachten Verfahren in der gleichen Weise und zum gleichen Zeitpunkt auf das gezeichnete Kapital aus wie bei der Einziehung im ordentlichen Verfahren. Der aus der Einziehung gewonnene Betrag ist i.H.d. Gesamtnennbetrags der eingezogenen Aktien zum Zweck des Schutzes der Gläubiger in die Kapitalrücklage nach § 272 Abs. 2 Nr. 1 bis 3 HGB einzustellen. Damit wird bewirkt, dass das Gesellschaftsvermögen auch weiterhin zumindest der Verwendungsbindung des § 150 Abs. 3 und 4 AktG unterliegt. 70

Erfolgt die Einziehung eigener Aktien im vereinfachten Verfahren (§ 237 Abs. 3 AktG), ist § 240 AktG zu beachten. Der aus der Kapitalherabsetzung durch Einziehung von Aktien im vereinfachten Verfahren gewonnene Betrag ist nach Maßgabe des § 240 Satz 1 AktG als „Ertrag aus der Kapitalherabsetzung" in der **Verlängerungsrechnung der GuV** abzubilden. Die nach § 237 Abs. 5 AktG erforderliche Einstellung in die Kapitalrücklage ist in analoger Anwendung des § 240 Satz 2 AktG in der Verlängerungsrechnung der GuV gesondert als „Einstellung in die Kapitalrücklage nach den Vorschriften über die vereinfachte Kapitalherabsetzung" auszuweisen. 71

Im **Anhang** ist zu erläutern, ob und in welcher Höhe der aus der Kapitalherabsetzung gewonnene Betrag zur Einstellung in die Kapitalrücklage verwandt wird (§ 240 Satz 3 Nr. 3 AktG). Dabei ist auch anzugeben, aufgrund von welchem der in § 237 Abs. 5 AktG aufgeführten Sachverhalte die Zuführung erfolgt.[55] 72

Die in § 34 GmbHG geregelte **Einziehung von Geschäftsanteilen** führt, anders als im AktG, nicht zu einer Verringerung der Stammkapitalziffer, vielmehr bleibt 73

---

[55] Vgl. *ADS*, 6. Aufl., § 240 AktG, Rz 10.

diese grds. unverändert, wenn die Einziehung nicht mit einer Kapitalherabsetzung verbunden wird.[56] Voraussetzung der Einziehung von Geschäftsanteilen ist insb., dass die zur Einziehung vorgesehenen **Geschäftsanteile voll eingezahlt** sind. Dies ergibt sich daraus, dass der Grundsatz der Aufbringung und Erhaltung des Stammkapitals – § 34 Abs. 3 GmbHG verweist hier auf § 30 Abs. 1 GmbHG – durch die Einziehung nicht beeinträchtigt werden darf.

74 Soll das Stammkapital der haftungsbeschränkten UG erhöht oder herabgesetzt werden, gelten die **Ausführungen zu Kapitalerhöhungen und Kapitalherabsetzungen bei der GmbH** entsprechend (Rz 30ff.). Das Gesetz geht davon aus, dass die gesetzliche Rücklage nach § 5a Abs. 3 Satz 1 GmbHG im Wege der Kapitalerhöhung aus Gesellschaftsmitteln (§ 57c GmbHG) in Stammkapital transferiert wird (§ 5a Abs. 3 Nr. 1 GmbHG).

## 5 Ausstehende Einlagen (Abs. 1 Satz 3)

75 Bei den ausstehenden Einlagen auf das gezeichnete Kapital ist nach § 272 Abs. 1 Satz 3 HGB begrifflich zwischen den ausstehenden (nicht eingeforderten) Einlagen und den ausstehenden eingeforderten Einlagen zu unterscheiden. Gesellschaftsrechtlich handelt es sich bei den ausstehenden Einlagen um **Einlageverpflichtungen der Gesellschafter** bzw. umgekehrt Ansprüche der KapG auf Einlageleistung. Abgesehen von der Mindestbareinlage und der Sacheinlage, die bereits vor der Eintragung erbracht sein müssen, muss die KapG – soweit keine gesellschaftsvertraglichen Regelungen zur Leistung der ausstehenden Einlagen bestehen – die ausstehenden Einlagen einfordern.

76 § 272 Abs. 1 Satz 3 HGB schreibt vor, dass die **nicht eingeforderten ausstehenden Einlagen** von dem Posten „Gezeichnetes Kapital" offen abzusetzen sind. Der verbleibende Betrag ist als Posten „Eingefordertes Kapital" in der Hauptspalte der Passivseite auszuweisen. Ein eingeforderter, aber noch nicht eingezahlter Betrag ist unter den Forderungen gesondert auszuweisen und entsprechend zu bezeichnen. Damit ist der bisher übliche sog. **Bruttoausweis** – der gesonderte Ausweis der noch nicht eingeforderten ausstehenden Einlagen auf der Aktivseite der Bilanz vor dem Anlagevermögen – **nicht mehr zulässig**. Vielmehr sind die noch nicht eingeforderten ausstehenden Einlagen von dem auf der Passivseite der Bilanz ausgewiesenen gezeichneten Kapital offen abzusetzen. Das gezeichnete Kapital und die nicht eingeforderten ausstehenden Einlagen sind offen in der Vorspalte auszuweisen. In der Hauptspalte ist das eingeforderte Kapital auszuweisen. Auf diese Weise wird die Vergleichbarkeit des JA verbessert und werden die Eigenkapitalbestandteile geschlossen auf der Passivseite der Bilanz ausgewiesen.
Die **eingeforderten, aber noch nicht eingezahlten Einlagen** sind unter den Forderungen auszuweisen und gesondert zu bezeichnen.

> **Beispiel**
> Denkbar ist ein gesonderter Ausweis der eingeforderten, aber noch nicht eingezahlten Einlagen innerhalb des Postens „Forderungen und sonstige Vermögensgegenstände" (§ 266 Abs. 2 B. II. 4. HGB) – bspw. als eingeforderte, aber noch nicht eingezahlte Einlagen.

---

[56] Vgl. *Baumbach/Hueck/Hueck/Fastrich*, GmbHG, 19. Aufl., § 34 Rn 20.

Eigenkapital § 272

Im Wege eines Davon-Vermerks ist anzugeben, inwieweit sich die Forderungen gegen verbundene Unt oder Unt, mit denen ein Beteiligungsverhältnis besteht, richten. Möglich ist auch ein Ausweis innerhalb der Posten B. II. 2. bzw. B. II. 3. mit einem entsprechenden Vermerk. Darüber hinaus gilt auch hier § 268 Abs. 4 HGB, d. h., es muss der Betrag der Forderungen mit einer Restlaufzeit von mehr als einem Jahr bei jedem Posten gesondert vermerkt werden.

**Beispiel**[57]
**Sachverhalt**
Die B AG hat ihr Kapital durch Ausgabe von 1 Mio. Aktien zum Nennwert von 5 EUR/Aktie erhöht. Vom Ausgabepreis von 20 EUR / Aktie waren 17 EUR sofort einzuzahlen. Der Restbetrag kann vom Vorstand bei Bedarf eingefordert werden.

**Beurteilung nach HGB aF**
**Variante 1**
Die B AG zeigt in ihrer Bilanz ein um 20 Mio. EUR erhöhtes bilanzielles Eigenkapital. Das veränderte EK setzt sich aus dem Posten Gezeichnetes Kapital (5 Mio. EUR) und dem Posten Kapitalrücklage (15 Mio. EUR) zusammen. Als Korrekturposten weist die B AG auf der Aktivseite den Posten „Ausstehende Einlagen auf das gezeichnete Kapital" i. H. v. 3 Mio. EUR aus (vgl. Abb. 1; Angaben in Mio. EUR). Ein Vermerk der eingeforderten Beträge erübrigt sich.

| Aktiva | | | Passiva | | |
|---|---|---|---|---|---|
| A. | Ausstehende Einlagen auf das gezeichnete Kapital | 3.000 | A. | EK | |
| | | | I. | Gezeichnetes Kapital | 5.000 |
| ... | | | II. | Kapitalrücklage | 15.000 |
| C. | Umlaufvermögen | | | | |
| | ... | | | | |
| | IV. Liquide Mittel | 17.000 | | | |

Abb. 1: Bruttodarstellung ausstehender Einlagen auf das gezeichnete Kapital (in TEUR)

**Variante 2**
Die B AG setzt die ausstehenden Einlagen i. H. v. 3 Mio. EUR offen vom (erhöhten) gezeichneten Kapital ab. Der verbleibende Betrag i. H. v. 2 Mio. EUR ist als Posten „Eingefordertes Kapital" in der Hauptspalte der Passivseite auszuweisen (vgl. Abb. 2; Angaben in Mio. EUR). Eingeforderte Beträge sind in diesem Fall unter den Forderungen auszuweisen. Eine Bewertung der nicht eingeforderten ausstehenden Einlagen erfolgt nicht.

---

57 Entnommen aus *Kessler/Leinen/Strickmann*, BilMoG, 2009, S. 339 f.

| Aktiva | | | | Passiva | |
|---|---|---|---|---|---|
| ... | | | A. | EK | |
| | | | | I. Gezeichnetes Kapital | 5.000 |
| C. | Umlaufvermögen | | | – Nicht eingefordertes Kapital | 3.000 |
| ... | | | | = Eingefordertes Kapital | 2.000 |
| | IV. Liquide Mittel | 17.000 | | II. Kapitalrücklage | 15.000 |

Abb. 2: Nettodarstellung ausstehender Einlagen auf das gezeichnete Kapital (in TEUR)

**Beurteilung nach BilMoG:**
Die Darstellung nach HGB in der Variante 1 ist nach dem BilMoG **unzulässig**. Die Darstellung nach der 2. Variante ist **verpflichtend**.

Die eingeforderten ausstehenden Einlagen sind – handelsbilanziell betrachtet – als gegenüber den Gesellschaftern bestehende Forderungen zu klassifizieren. Demgemäß gelten für Ansatz und Bewertung die für Forderungen geltenden Vorschriften.[58] Bei der **Bewertung der eingeforderten ausstehenden Einlagen** sind die §§ 63–66 AktG für die AG und die §§ 19–25 GmbHG für die GmbH zu beachten. Danach wird man eine außerplanmäßige Abschreibung nur ausnahmsweise vornehmen können, wenn auch unter Berücksichtigung der Kaduzierungsmöglichkeit ein Ausfall der eingeforderten ausstehenden Einlagen zu erwarten ist. Soweit Abschreibungen auf eingeforderte ausstehende Einlagen vorgenommen werden, muss dies in der Bilanz offensichtlich werden, um zu verhindern, dass der Eindruck entsteht, es sei kein Ausfall der eingeforderten ausstehenden Einlagen zu verzeichnen. Dies kann entweder in der Weise geschehen, dass der Nominalbetrag der eingeforderten ausstehenden Einlagen auf der Aktivseite der Bilanz gesondert unter dem Posten „eingeforderte, aber noch nicht eingezahlte Einlagen" vermerkt oder die Abschreibung in der Vorspalte offen von dem eingeforderten Kapital abgesetzt wird.[59]

77 Eine Abschreibung – Berücksichtigung einer Gefährdung der Einbringlichkeit – der **nicht eingeforderten ausstehenden Einlagen** kommt nicht in Betracht.

---

[58] Zu beachten ist, dass Pauschalwertberichtigungen wegen des bestehenden allgemeinen Kreditrisikos für ausstehende Einlagen nicht infrage kommen, vgl. *ADS*, 6. Aufl., § 272 HGB, Rz 46.

[59] Vgl. auch *Küting/Reuter*, in *Küting/Pfitzer/Weber*, HdR, § 272 HGB, Rn 45, Stand 11/2009, die darauf hinweisen, dass es zwar an einer ausdrücklichen gesetzlichen Vorschrift fehle, jedoch eine den tatsächlichen Verhältnissen entsprechende Darstellung der Vermögens-, Finanz- und Ertragslage eine entsprechende Information erforderlich macht.

## 6 Eigene Anteile (Abs. 1a und b)

### 6.1 Begriff und Bedeutung

In handelsbilanzieller Hinsicht ist umstritten, ob die **eigenen Anteile als VG** zu klassifizieren sind. Teilweise wird dies mit dem Argument bejaht, dass der Erwerb eigener Anteile keine relevanten Unterschiede zu gewöhnlichen Erwerbsfällen erkennen lasse.[60] Eigene Anteile würden sich von anderen VG lediglich dadurch unterscheiden, dass ihr Wert nur im Wege einer Veräußerung realisiert werden könne.[61] Nach anderer Auffassung komme den eigenen Anteilen lediglich die Bedeutung eines Korrekturpostens zum EK zu, die in gesetzlich geregelten Ausnahmefällen wie VG zu behandeln seien.[62] Der Erwerb eigener Aktien sei als Einlagenrückgewähr zu begreifen; die Ges. gebe Vermögen an den Gesellschafter ab, ohne dafür einen Gegenwert zu erhalten.[63] Die Möglichkeit, die eigenen Anteile wieder zu veräußern, stelle nichts anderes als ein Vehikel zur Beteiligung neuer Gesellschafter dar.[64] Die überwiegende Auffassung weist den eigenen Anteilen einen Doppelcharakter zu.[65] Bei bestehender Wiederveräußerungsabsicht seien die eigenen Anteile als VG zu klassifizieren. Darüber hinaus seien sie in jedem Fall auch als Korrekturposten zum EK einzustufen.[66] Nach der hier vertretenen Auffassung kommt den eigenen Anteilen keine VG-Eigenschaft zu. Es fehlt ihnen an der selbstständigen Verwertbarkeit. Eigene Anteile haben keinen Wert an sich. Ihr Wert lässt sich nur unter Berücksichtigung des Unternehmenswerts der KapG bestimmen, die sie ausgegeben hat.

78

### 6.2 Ausweis

Mit § 272 Abs. 1a HGB wird für alle eigenen Anteile vorgeschrieben, dass diese auf der **Passivseite der Bilanz in der Vorspalte offen von dem Posten „Gezeichnetes Kapital"** abzusetzen sind. Diese Bilanzierung knüpft an den Befund an, dass der Erwerb eigener Anteile zwar nicht rechtlich, aber sehr wohl wirtschaftlich einer Kapitalherabsetzung gleichkommt, auch wenn die eigenen Anteile ohne formale Einziehung bestehen bleiben.

79

Nach § 272 Abs. 1a Satz 1 HGB ist der **Nennbetrag** oder, falls ein solcher nicht vorhanden ist, der rechnerische Wert von erworbenen eigenen Anteilen in der

80

---

[60] Vgl. zu eigenen Aktien *Breuninger*, DStR 1991, S. 422, und *Paus*, BB 1998, S. 2138, zu der steuerlichen Frage nach der Wirtschaftsguteigenschaft eigener Aktien.
[61] Vgl. *Breuninger*, DStR 1991, S. 422.
[62] Vgl. *Bezzenberger*, Erwerb eigener Aktien durch die Aktiengesellschaft, S. 79; *Siegel*, in FS Loitlsberger, S. 359; *Thiel*, in FS Schmidt, S. 570ff.; *Thiel*, S. 38; *Wassermeyer*, in FS Schmidt, S. 612.
[63] Vgl. nur *Thiel*, in FS Schmidt, S. 570; *Huber*, in FS Duden, S. 161.
[64] Vgl. *Loos*, DB 1964, S. 310.
[65] Vgl. *Budde*, in FS Offerhaus, S. 674; *Klingberg*, BB 1998, S. 1576; *ADS*, 6. Aufl., § 272 HGB nF, Rz 1; Schwab, DB 2001, S. 880.
[66] Vgl. *ADS*, 6. Aufl., § 266 HGB, Rz 139.

Vorspalte **offen von dem Posten „Gezeichnetes Kapital" abzusetzen**.[67] Aus der Vorschrift folgt ein Aktivierungsverbot für eigene Anteile.

> **Beispiel**
> Es ist zu empfehlen, den Vorspaltenposten als „Nennbetrag/rechnerischer Wert eigener Anteile" und den Hauptspaltenposten als „Ausgegebenes Kapital" zu bezeichnen.

81 Der **Unterschiedsbetrag** zwischen dem Nennbetrag oder dem rechnerischen Wert und den AK der eigenen Anteile ist mit den **frei verfügbaren Rücklagen zu verrechnen** (§ 272 Abs. 1a Satz 2 HGB).[68] Zu den frei verfügbaren Rücklagen zählen die Kapitalrücklage nach § 272 Abs. 2 Nr. 4 HGB, die anderen Gewinnrücklagen und die satzungsmäßigen Rücklagen, sofern der satzungsmäßige Zweck gerade in der Ermöglichung oder Deckung des Erwerbs eigener Anteile besteht. Demgegenüber ist eine Verrechnung mit der gesetzlichen Rücklage nach § 150 Abs. 1 und 2 AktG, der Kapitalrücklage nach § 272 Abs. 2 Nrn. 1–3 HGB und der Rücklage für Anteile an einem herrschenden oder mehrheitlich beteiligten Unt (§ 272 Abs. 4 HGB) ausgeschlossen. Das Gleiche gilt natürlich auch für nach § 268 Abs. 8 HGB ausschüttungsgesperrte Beträge.

82 Der Wortlaut des § 272 Abs. 1a HGB stellt auf den Begriff der „frei verfügbaren Rücklagen" ab. Daher stellt sich die Frage, ob auch eine **Verrechnung mit dem Jahresergebnis** durch die geschäftsführenden Organe in Betracht kommt. Dies ist für die AG zumindest für die Beträge zu bejahen, die aus dem Jahresergebnis nach § 58 Abs. 2 AktG durch den Vorstand und den Aufsichtsrat in die anderen Gewinnrücklagen eingestellt werden können oder nach § 58 Abs. 1 AktG aufgrund einer Satzungsregelung durch die HV in die frei verfügbaren Rücklagen einzustellen sind.[69] Natürlich ist das Jahresergebnis dabei vorab um die in die gesetzliche Rücklage (§ 150 Abs. 1 und 2 AktG) einzustellenden Beträge sowie um einen Verlustvortrag zu kürzen (§ 58 Abs. 1 Satz 3, Abs. 2 Satz 4 AktG).[70] Der Teil des Jahresergebnisses, der nach den Vorschriften des AktG in die Zuständigkeit der HV fällt – dazu gehört auch ein etwaiger Gewinnvortrag –, darf hingegen grds. nicht durch eine Verrechnung geschmälert werden.[71]

---

[67] Zur hiermit verbundenen Frage der Reduzierung des Kapitalschutzes – ein dem Nennbetrag der eigenen Anteile entsprechender Betrag ist nicht mit dem freien Vermögen verrechnet worden und könnte daher ausgeschüttet werden – vgl. *Förschle/Hoffmann*, in Beck Bil-Komm., 9. Aufl., § 272 HGB, Rz. 134 m.w.N. Vertreten wird, dass entweder die Rücklage für eigene Anteile insoweit beizubehalten, die Ausschüttungssperre des § 268 Abs. 8 HGB analog anzuwenden oder insoweit eine Angabe im Anhang zu machen sein. Da keiner der Lösungsvorschläge eine gesetzliche Grundlage bildet, wird man die Reduzierung des Kapitalschutzes hinnehmen müssen; ebenso *Kropff*, ZIP 2009, S. 1141.

[68] Gleichzeitig wurde der bisher verwandte Begriff „Kaufpreis" aus terminologischen Gründen durch den handelsbilanziellen Begriff „Anschaffungskosten" ersetzt.

[69] Trägt die HV Gewinn auf neue Rechnung vor, entlässt sie diesen nicht aus ihrer Zuständigkeit. Der Gewinnvortrag fließt im nächsten Jahr ohne Weiteres dem (neuen) Bilanzgewinn zu (§ 158 Abs. 1 Nr. 1 AktG). Über den dem Gewinnvortrag entsprechenden Betrag kann der Vorstand nicht nach § 58 Abs. 1 und 2 AktG verfügen.

[70] Die Befugnis des Vorstands, Zuweisungen zu den Rücklagen nach § 58 Abs. 2a AktG vorzunehmen, wird nicht in die Berechnung der Kontingente für eine Zuführung zu den anderen Gewinnrücklagen einbezogen („unbeschadet").

[71] Vgl. *ADS*, 6. Aufl., § 272 HGB, Rz 193 sowie § 272 HGB nF, Rz 13.

§ 272 Abs. 1a HGB enthält keine Vorschrift für den Fall, dass die **frei verfügbaren Rücklagen zur Verrechnung nicht in ausreichendem Umfang zur Verfügung** stehen. Hierbei kann es sich nur um einen Ausnahmefall handeln, denn der Erwerb eigener Anteile ist nur zulässig, wenn im Erwerbszeitpunkt in ausreichendem Umfang freies Vermögen vorhanden ist. Gleichwohl ist es denkbar, dass das freie Vermögen bis zur Bilanzierung durch anderweitige Verluste aufgezehrt ist. In diesem Fall ist die Verrechnung unter Inkaufnahme eines Bilanzverlusts oder Vertiefung eines bestehenden Bilanzverlusts vorzunehmen.[72] Nur so wird dem Gläubigerschutz hinreichend Rechnung getragen und weiteren Vermögensauskehrungen vorgebeugt. Ein Verstoß gegen § 57 AktG liegt in diesen Fällen nicht vor, denn im Zeitpunkt des Erwerbs der eigenen Anteile waren ausreichende frei verfügbare Rücklagen vorhanden. Kommt es danach zu einer Aufzehrung der frei verfügbaren Rücklagen durch im Geschäftsverkehr eingetretene Verluste und damit ggf. sogar zu einer Verminderung des Vermögens unter die Grundkapitalziffer, hat dies keine Auswirkungen auf die rechtliche Zulässigkeit des Erwerbs der eigenen Anteile.[73]

83

Zudem kann bei unzureichender Ausstattung mit frei verfügbaren Rücklagen die Frage auftreten, ob die **Bildung der gesetzlichen Rücklage** nach § 150 Abs. 1 und 2 AktG der Verrechnung des aus dem Erwerb der eigenen Anteile resultierenden Unterschiedsbetrags **vorgeht**. Nach der ganz überwiegenden Auffassung ist der Vorrang der Dotierung der gesetzlichen Rücklage nach § 150 Abs. 1 und 2 AktG zu bejahen.[74] Begründet wird das damit, dass die zur Dotierung der gesetzlichen Rücklage erforderlichen Mittel nicht mehr als frei verfügbar angesehen werden können und auch nach dem Wortlaut des § 150 Abs. 2 AktG nur ein Verlustvortrag von der Bemessungsgrundlage für die Berechnung des Zuführungsbetrags zur gesetzlichen Rücklage zu kürzen ist.[75] Bei unzureichenden frei verfügbaren Rücklagen ist aus einem vorhandenen Jahresergebnis – nach Berücksichtigung eines Verlustvortrags – also zuerst die gesetzliche Rücklage nach § 150 Abs. 1 und 2 AktG zu dotieren und erst danach eine Verrechnung des Unterschiedsbetrags aus dem Erwerb eigener Anteile vorzunehmen.

84

Für die Verrechnung des Unterschiedsbetrags ergeben sich damit die folgenden **Verrechnungsmöglichkeiten**:[76]

85

---

[72] Ebenso *Förschle/Hoffmann,* in Beck-Bil-Komm., 9. Aufl., § 272 HGB, Rz 133; *ADS,* 6. Aufl., § 272 HGB, Rz. 197. Dabei kommt es zu einem „Verbrauch" des in die Zuständigkeit der HV fallenden Jahresüberschusses einschl. eines etwaigen Gewinnvortrags.

[73] Eine Verrechnung unter Inkaufnahme eines Bilanzverlusts führt zu einem Verlustvortrag, der ins nächste Gj übernommen wird und dann die Möglichkeit der Inanspruchnahme der gesetzlichen Rücklage nach § 150 Abs. 3 und 4 AktG ermöglicht. Damit scheint auf den ersten Blick der Grundsatz, dass die Verrechnung nur mit frei verfügbaren Rücklagen erfolgen darf, umgangen worden zu sein. Zu beachten ist jedoch, dass der Inanspruchnahme der gesetzlichen Rücklage eine Verpflichtung zu ihrer Wiederauffüllung nachfolgt, sofern die Grenzen des § 150 Abs. 1 und 2 AktG unterschritten werden. Insoweit liegt de facto also nur eine Verlagerung der Verrechnungspflicht auf die Pflicht zur Dotierung der gesetzlichen Rücklage nach § 150 Abs. 1 und 2 AktG vor. Anders *Förschle/Hoffmann,* in Beck-Bil-Komm., 9. Aufl., § 272 HGB, Rz. 133, die sich unter Hinweis auf eine dann vorliegende mittelbare unzulässige Verrechnung gegen eine Nutzung der gesetzlichen Rücklage aussprechen.

[74] Vgl. *Zilias/Lanfermann,* WPg 1980, S. 92; *ADS,* 6. Aufl., § 272 HGB, Rz 194.

[75] Vgl. *Zilias/Lanfermann,* WPg 1980, S. 92.

[76] Mangels gesetzlicher Vorgaben wird man wohl nicht von einer zwingenden Verrechnungsreihenfolge sprechen können.

1. Verrechnung mit anderen Gewinnrücklagen oder – soweit möglich – satzungsmäßigen Rücklagen und gleichrangig mit der Kapitalrücklage nach § 272 Abs. 2 Nr. 4 HGB;
2. Verrechnung mit dem Teil des Jahresergebnisses, der ausweislich des Gesetzes und der Satzung in die anderen Gewinnrücklagen einzustellen ist (§ 58 Abs. 1 AktG) oder eingestellt werden darf (§ 58 Abs. 2 AktG);
3. Verrechnung mit dem Teil des Jahresergebnisses, der in die alleinige Dispositionsbefugnis der Aktionäre fällt; ggf. unter Inkaufnahme oder Vertiefung eines Bilanzverlusts.[77]

**86**
> **Beispiel**
> Denkbar ist auch der Fall, dass der **Kaufpreis der eigenen Anteile unterhalb des Nennbetrags** oder des rechnerischen Werts liegt. In diesem Fall erhöhen sich die frei verfügbaren Rücklagen in entsprechendem Umfang.[78]

**87** Besteht ein **Gewinnabführungsvertrag** nach § 291 Abs. 1 AktG, stellt sich für die zur Abführung verpflichtete AG die Frage, ob die Verrechnung des Unterschiedsbetrags gem. § 272 Abs. 1a Satz 2 HGB der vertraglichen Verpflichtung zur Gewinnabführung vorgeht. Nach der hier vertretenen Auffassung ist dies zu bejahen. § 272 Abs. 1a Satz 2 HGB enthält eine implizite Begrenzung der Gewinnabführungsverpflichtung, vergleichbar der Begrenzung der Gewinnabführungspflicht durch die Verpflichtung zur Dotierung der gesetzlichen Rücklage (§§ 300, 301 AktG). Dies bedeutet, dass die Gewinnabführungspflicht erst nach der Verrechnung des Unterschiedsbetrags mit dem Jahresergebnis eingreift. Etwas anderes gilt nur, wenn während der Dauer des Gewinnabführungsvertrags Beträge in die anderen Gewinnrücklagen eingestellt worden sind. Diese sind vorrangig zur Verrechnung des Unterschiedsbetrags heranzuziehen. Demgegenüber sind vorvertragliche Rücklagen nicht frei verfügbar.[79]

**88** Es ist zu empfehlen, die Verrechnung handelsbilanziell in der **Verlängerungsrechnung zur GuV** (§ 158 AktG) abzubilden. In diesem Fall sind Beträge, die mit dem in die Gewinnrücklagen einzustellenden (§ 58 Abs. 1 AktG) oder einstellbaren (§ 58 Abs. 2 AktG) Jahresüberschuss verrechnet werden, tatsächlich gar nicht erst in die Gewinnrücklagen einzustellen, sondern es ist lediglich ihre Verfügbarkeit im Anhang zu erläutern.

---

[77] Ein durch die Verrechnung des Unterschiedsbetrags entstehender Bilanzverlust begründet im nächsten Gj einen Verlustvortrag, der bei der AG durch Auflösung der gesetzlichen Rücklagen ausgeglichen werden kann (§ 150 Abs. 3 und 4 AktG). Hierin könnte eine Umgehung des § 71 Abs. 2 Satz 2 AktG gesehen werden, der vorschreibt, dass eigene Aktien nur aus dem frei verfügbaren Vermögen erworben werden dürfen. Dieser Einwand kann jedoch nur durchgreifen, wenn bereits im Erwerbszeitpunkt kein ausreichendes freies Vermögen vorhanden oder dessen anderweitiger Verbrauch absehbar war, denn § 71 Abs. 2 Satz 2 AktG stellt allein auf den Zeitpunkt des Erwerbs ab. Lagen die aktienrechtlichen Erwerbsvoraussetzungen vor, kann sich die Verrechnungspflicht faktisch in eine Pflicht zur Dotierung der gesetzlichen Rücklage wandeln.

[78] Nach anderer Ansicht soll der Differenzbetrag in eine gebundene Rücklage eingestellt werden, vgl. *Klingberg*, BB 1998, S. 993; *Thiele*, DB 1998, S. 1585; *Kropff*, ZIP 2009, S. 1141, unter Hinweis auf allgemeine Kapitalschutzgründe.

[79] Vgl. auch *ADS*, 6. Aufl., § 272 HGB, Rz 200, zur Bildung der Rücklage für eigene Anteile.

> **Beispiel**
> Für die Verrechnung des Unterschiedsbetrags könnte der Posten „Verrechnung mit erworbenen eigenen Anteilen" vorgesehen werden.[80]

Zwingend vorgeschrieben ist dieses Vorgehen durch das Gesetz aber nicht. Zulässig ist auch eine unmittelbare Verrechnung mit den frei verfügbaren Rücklagen.[81] Soweit die GuV aus anderen Gründen um eine Verlängerungsrechnung zu ergänzen ist, ist aus Gründen der Bilanzklarheit auch der Erwerb eigener Anteile dort abzubilden. Durch eine Vermischung von unmittelbarer Verrechnung und Verrechnung unter Nutzung der Verlängerungsrechnung würde ansonsten der Grundsatz der Bilanzklarheit beeinträchtigt.

Aufwendungen, die (eigentlich) als **Anschaffungsnebenkosten** zu klassifizieren sind, sind nach § 272 Abs. 1 Satz 3 HGB aufwandswirksam zu erfassen. Hier erfolgte mit dem BilMoG eine terminologische Klarstellung. Bisher wurde der handelsbilanzrechtlich untypische Begriff „weitergehende AK" verwandt. Dieser Begriff wurde durch den Begriff „Anschaffungsnebenkosten" ersetzt. Da Anschaffungsnebenkosten gem. § 255 Abs. 1 Satz 2 HGB eigentlich zu aktivierende Anschaffungskosten sind, bleibt jedoch – da die bisherige Praxis grds. aufrechterhalten werden soll – nichts anderes übrig, als die aufwandswirksame Erfassung der Anschaffungsnebenkosten vorzuschreiben. Zu den Anschaffungsnebenkosten zählen bspw. Provisionen und Maklercourtagen. 89

Für die AG, die SE und die KGaA schreibt § 160 Abs. 1 Nr. 2 AktG vor, dass im **Anhang** Angaben über den Bestand der eigenen Aktien zu machen sind, die die Ges., ein abhängiges oder im Mehrheitsbesitz der Ges. stehendes Unt oder ein anderer für Rechnung der Ges. oder eines abhängigen oder im Mehrheitsbesitz der Ges. stehenden Unt erworben oder als Pfand genommen hat. Dabei sind die Zahl und der Nennbetrag dieser Aktien sowie deren Anteil am Grundkapital anzugeben, für erworbene Aktien ferner der Zeitpunkt des Erwerbs und die Gründe für den Erwerb. Sind Aktien im Gj erworben oder veräußert worden, so ist auch über den Erwerb oder die Veräußerung unter Angabe der Zahl und des Nennbetrags bzw. rechnerischen Werts dieser Aktien, des Anteils am Grundkapital und des Erwerbs- oder Veräußerungspreises sowie über die Verwendung des Erlöses zu berichten.[82] Es ist zu empfehlen, auch im Fall des Erwerbs eigener Geschäftsanteile im Anhang in Anlehnung an § 160 Abs. 1 Nr. 2 AktG über den Bestand und die Erwerbsmodalitäten zu berichten. 90

§ 272 Abs. 1b HGB betrifft die handelsbilanzielle Behandlung der **Veräußerung eigener Anteile.** § 272 Abs. 1b Satz 1 HGB stellt klar, dass der Ausweis eigener Anteile nach § 272 Abs. 1a Satz 1 HGB – also der offene Ausweis der eigenen Anteile in der Vorspalte des Postens „Gezeichnetes Kapital" – nach der Veräußerung entfällt. Der Fall, dass der **Veräußerungserlös dieser wirtschaftlichen Kapitalerhöhung nicht ausreicht, um den Nennbetrag der offen abgesetzten eigenen Anteile zu decken,** also die offene Absetzung in vollem Umfang rück- 91

---

80 Vgl. dazu auch *ADS*, 6. Aufl., § 272 HGB nF, Rz 15 mit einem Ausweisbeispiel.
81 Vgl. dazu das Ausweisbeispiel in *ADS*, 6. Aufl., § 272 HGB nF, Rz. 17.
82 Vgl. zu Einzelheiten *ADS*, 6. Aufl., § 160 AktG, Rz 23.

gängig zu machen, scheint eher unwahrscheinlich.[83] Vor diesem Hintergrund kann an dieser Stelle offenbleiben, ob es in diesem Fall dauerhaft bei der offenen Absetzung eines Teils der eigenen Anteile bleibt oder ob – wohl allein möglich – der Fehlbetrag erfolgswirksam auszubuchen ist.[84]

92 Ein den Nennbetrag oder den rechnerischen Wert übersteigender **Differenzbetrag** aus dem Veräußerungserlös ist nach § 272 Abs. 1b Satz 2 HGB bis zur Höhe des mit den frei verfügbaren Rücklagen verrechneten Betrags in die jeweilige Rücklage einzustellen.[85] Die Vorschrift schreibt vor, dass der den Nennbetrag oder den rechnerischen Wert übersteigende Differenzbetrag aus dem Veräußerungserlös wieder den Posten zuzuführen ist, mit denen bei Erwerb der eigenen Anteile eine Verrechnung erfolgte (actus contrarius). Damit soll sichergestellt werden, dass die Verfügungskompetenzen der Gesellschaftsorgane letztlich unberührt bleiben. Auch hier ist zu empfehlen, die Verrechnung des Unterschiedsbetrags mit den frei verfügbaren Rücklagen handelsbilanziell in der Verlängerungsrechnung zur GuV (§ 158 AktG) abzubilden. Da dieses Vorgehen jedoch nicht zwingend vorgeschrieben ist, spricht letztlich auch nichts gegen eine unmittelbare Verrechnung mit den frei verfügbaren Rücklagen.

93 Liegt der **Veräußerungserlös unterhalb der ursprünglichen AK der eigenen Anteile, aber über deren Nennwert** oder rechnerischem Wert, kommt es per Saldo – bei einer kumulierten Betrachtung von Erwerb und Veräußerung – zu einer Verminderung der frei verfügbaren Rücklagen. Der Differenzbetrag ist quotal auf die einzelnen Rücklagen aufzuteilen, mit denen beim Rückkauf verrechnet wurde. Eine erfolgswirksame Erfassung des Veräußerungsverlusts kommt nicht in Betracht. Bei der Veräußerung eigener Anteile handelt es sich – ebenso wie bei deren Erwerb – um erfolgsneutral zu bilanzierende Transaktionen mit Gesellschaftern.[86]

94 Erfolgte die Verrechnung im Erwerbszeitpunkt zulasten des Jahresüberschusses oder – im Ausnahmefall – unter Erzeugung eines Bilanzverlusts, ist ein aus der Veräußerung entstehender Differenzbetrag den anderen Gewinnrücklagen zuzuführen.

95 **Übersteigt der Veräußerungserlös die ursprünglichen AK**, ist der darüber hinausgehende Differenzbetrag in die Kapitalrücklage nach § 272 Abs. 1 Nr. 1 HGB einzustellen (§ 272 Abs. 1b Satz 3 HGB) und zwar wegen des Grundsatzes der Einzelbewertung ohne Saldierung von Aufwendungen und Erträgen aus verschiedenen Veräußerungsvorgängen.

---

[83] *Küting/Reuter*, StuB 2008, S. 577, regen an, auch diesen Sachverhalt gesetzlich zu regeln.
[84] Für die erfolgswirksame Ausbuchung spricht sich *ADS*, 6. Aufl., § 272 HGB nF, Rz 30, aus. Denkbar wäre auch eine analoge Anwendung des § 272 Abs. 1a Satz 2 HGB.
[85] Damit folgt der Gesetzgeber nicht der zum bisherigen § 272 Abs. 1 S. 4–6 HGB teilweise vertretenen Auffassung, dass der Betrag, der bei der Veräußerung eigener Anteile über den Nennbetrag oder den rechnerischen Wert hinaus erzielt wird, als Aufgeld zu klassifizieren und in die Kapitalrücklage nach § 272 Abs. 2 Nr. 1 HGB einzustellen ist; so etwa *Klingberg*, BB 1998, S. 1577; *Thiel*, DB 1998, S. 1585.
[86] Etwas anderes gilt für den Fall, dass bspw. *Arbeitnehmern* eines Unt eigene Anteile verbilligt, z. B. mit einem Rabatt von 5 %, überlassen werden. In dieser Situation erhält das Unt 95 % des Veräußerungserlöses durch eine Zahlung der Arbeitnehmer. Der 5 %ige Rabatt ist ausnahmsweise aufwandswirksam – oder genau als Personalaufwand – zu bilanzieren, soweit er, wovon regelmäßig auszugehen sein dürfte, letztlich dem Arbeitslohn zuzurechnen ist. Lediglich mittelbar – über den verminderten Jahresüberschuss – kommt es hier zu einer Verminderung des EK.

§ 272 Abs. 1b Satz 4 HGB korrespondiert mit § 272 Abs. 1a Satz 3 HGB. Sowohl die **Anschaffungsnebenkosten** als auch die Nebenkosten der Veräußerung sind als Aufwand des Gj zu erfassen.

Bei der AG sind die **ordentliche Kapitalherabsetzung durch Einziehung von eigenen Anteilen** (§ 237 Abs. 2 AkG) und die Kapitalherabsetzung durch Einziehung von eigenen Anteilen im vereinfachten Kapitalherabsetzungsverfahren (§ 237 Abs. 3 AktG) möglich. Werden eigene Anteile nach vorangegangenem Erwerb im ordentlichen Kapitalherabsetzungsverfahren eingezogen, führt dies hinsichtlich des handelsbilanziellen Ausweises nur noch zum Ausbuchen des Vorspaltenausweises zulasten des gezeichneten Kapitals.

Erfolgt die **Einziehung im vereinfachten Kapitalherabsetzungsverfahren** gem. § 237 Abs. 3 Nr. 2 AktG – das nicht mit der vereinfachten Kapitalherabsetzung (§§ 229 ff. AktG) zu verwechseln ist –, erfolgt die Ausbuchung des Erwerbspreises zulasten des Bilanzgewinns oder einer anderen Gewinnrücklage, soweit sie zu diesem Zweck verwandt werden können. Die eigenen Anteile sind also bereits im Erwerbszeitpunkt – mit Ausnahme des offen abgesetzten Nennbetrags oder rechnerischen Werts nach § 272 Abs. 1a HGB – mit den frei verfügbaren Rücklagen verrechnet worden. Nur das gezeichnete Kapital ist noch herabzusetzen. Dies geschieht durch Ausbuchung der offen abgesetzten eigenen Anteile zu Lasten der anderen Gewinnrücklagen oder des Bilanzgewinns (§ 237 Abs. 3 Nr. 2 AktG). Die Herabsetzung des gezeichneten Kapitals erfolgt anschließend zugunsten der Kapitalrücklage, in die gem. § 237 Abs. 5 AktG ein Betrag einzustellen ist, der dem auf die eingezogenen Aktien entfallenden Betrag des Grundkapitals entspricht. Die Buchungsvorgänge sind nach Maßgabe des § 240 AktG in der Verlängerungsrechnung zur GuV vorzunehmen und erforderlichenfalls im Anhang zu erläutern. Die gleichen Überlegungen gelten auch für eine Einziehung unentgeltlich zur Verfügung gestellter eigener Anteile (§ 237 Abs. 3 Nr. 1 AktG).

Denkbar ist auch, dass es sich bei zur Einziehung im vereinfachten Kapitalherabsetzungsverfahren vorgesehenen Anteilen um **Stückaktien** handelt und der Beschluss vorsieht, dass sich durch die Einziehung der Anteil der übrigen Stückaktien am Grundkapital gem. § 8 Abs. 3 AktG erhöht. Hier ist ein Vorspaltenabzug vom gezeichneten Kapital nicht sachgerecht, da es nie zu einer Herabsetzung des Grundkapitals kommt. Der gesamte Kaufpreis der Aktien ist vielmehr mit den anderen Gewinnrücklagen zu verrechnen. Im Gj der Durchführung der Einziehung erfolgt keine Buchung mehr, sondern ist im Anhang lediglich die niedrigere Zahl der Aktien anzugeben (§ 160 Abs. 1 Nr. 3 AktG).[87]

Anders als bei dem vorstehenden beschriebenen Erwerb oder der Veräußerung eigener Anteile durch die AG, die SE oder die KGaA ist der Erwerb eigener Anteile bei der GmbH rechtlich nicht an sachliche Gründe oder Höchstgrenzen gebunden (§ 33 Abs. 2 GmbHG). **Erwirbt eine GmbH eigene Geschäftsanteile**, ist ein Betrag i. H. d. Nennwerts der eigenen Anteile offen von dem gezeichneten Kapital abzusetzen und der Differenzbetrag zwischen dem Nennwert und dem Kaufpreis mit den frei verfügbaren Rücklagen zu verrechnen. Zu den frei verfügbaren Rücklagen gehören bei der GmbH die Gewinnrücklagen, soweit sie nicht zweckgebunden sind, und die Kapitalrücklage. Die Verrechnung ist – da gesetzlich vorgeschrieben – bei der Aufstellung des JA vorzunehmen. Sind im Zeit-

---

[87] Vgl. *Förschle/Hoffmann*, Beck Bil-Komm., 9. Aufl., § 272 HGB, Rz 103.

punkt der Verrechnung keine ausreichenden frei verfügbaren Rücklagen mehr vorhanden, ist die Verrechnung zu Lasten des Jahresüberschusses vorzunehmen, auch wenn dieser nach § 29 Abs. 1 Satz 1 GmbHG der Dispositionsbefugnis der Gesellschafter unterliegt. Im Übrigen gelten die vorstehenden Ausführungen zum Erwerb und zur Veräußerung eigener Anteile durch die AG für die GmbH entsprechend.[88]

## 7 Offene Rücklagen (Abs. 2–4)

### 7.1 Grundlagen

101 **Offene Rücklagen** stammen entweder aus einbehaltenen Gewinnen (Gewinnrücklagen) oder aus Einlagen von Gesellschaftern oder Dritten (Kapitalrücklagen). Als eigenständiger Abschlussposten existieren offene Rücklagen nur bei den KapG (§ 266 Abs. 3 II. und III. HGB) und Genossenschaften (§ 336 Abs. 2 HGB) sowie – unabhängig von der Rechtsform – bei Kreditinstituten (§ 340a Abs. 2 Satz 2 HGB i.V.m. § 25 RechKredV sowie Formblatt 1 der RechKredV) und Versicherungsunternehmen (§ 341a Abs. 2 Satz 2 i.V.m. Formblatt 1 der RechVersV). Offene Rücklagen sind die Kapitalrücklagen nach § 272 Abs. 2 HGB und die Gewinnrücklagen nach § 272 Abs. 3 Satz 1 HGB. Die Gewinnrücklagen ihrerseits unterteilen sich wiederum in die gesetzlichen Rücklagen, die satzungsmäßigen Rücklagen und die anderen Gewinnrücklagen (§ 272 Abs. 3 Satz 2 HGB).

102 Die offenen Rücklagen unterscheiden sich von den **stillen Rücklagen** – oder auch stillen Reserven – dadurch, dass Letztere im handelsrechtlichen JA nicht erkennbar sind. Sie resultieren zudem – jedenfalls soweit es sich um Gewinnrücklagen handelt – aus versteuerten Gewinnen. Im Gegensatz dazu sind stille Rücklagen unversteuert und bewirken damit eine Steuerstundung, die für das Unt einen Liquiditätsvorteil bedeutet.[89]

103 Zu unterscheiden sind zudem die **gesetzlich vorgeschriebenen und die satzungsmäßig vorgeschriebenen Rücklagen** sowie die freiwillig zu bildenden Rücklagen. Zu den gesetzlich vorgeschriebenen Rücklagen gehören die gesetzliche Rücklage nach § 150 Abs. 1 und 2 AktG, die Rücklage für Anteile an einem herrschenden oder mit Mehrheit beteiligten Unt, die Kapitalrücklage nach § 272 Abs. 2 Nr. 1–4 HGB einschließlich der Rücklagen nach § 42 Abs. 2 Satz 3 GmbHG sowie nach §§ 218, 229, 232 und 237 AktG und die Rücklage nach § 5a Abs. 3 GmbHG. Die Besonderheit bei diesen Rücklagen besteht darin, dass sich die betroffene Ges. bei Vorliegen der Tatbestandsvoraussetzungen weder der Bildung noch der Auflösung entziehen kann. Bei den satzungsmäßigen Rücklagen ist die betroffene Ges. ebenfalls gem. Gesellschaftsvertrag oder Satzung zur

---

[88] In Grenzfällen kann es durch den offenen Abzug der eigenen Geschäftsanteile vom Stammkapital dazu kommen, dass in der Bilanz frei verfügbare Gewinnrücklagen ausgewiesen werden, die gleichwohl vom Ausschüttungsverbot des § 30 GmbHG umfasst sind. Diese nicht unmittelbar erkennbare Ausschüttungssperre läuft dem Ziel der Bilanzrechtsmodernisierung, die Abschlussadressaten besser zu informieren, etwas zuwider; vgl. auch *Rodewald/Pohl*, GmbHR 2009, S. 35. Das Gleiche gilt auch für die AG.
[89] Vgl. auch *Küting/Reuter*, in *Küting/Pfitzer/Weber*, HdR, § 272 HGB, Rn 56, Stand 11/2009, die zudem auf den Steuerstundungseffekt stiller Reserven und die damit einhergehenden Liquiditätsvorteile hinweisen.

Bildung oder Auflösung von Rücklagen verpflichtet. Anders als bei den gesetzlichen Rücklagen kann die Verpflichtung aber durch die Gesellschafter abbedungen oder modifiziert werden. Die freiwillig zu bildenden und aufzulösenden Rücklagen sind die anderen Gewinnrücklagen gem. § 272 Abs. 3 Satz 2 HGB.

## 7.2 Kapitalrücklagen (Abs. 2)

### 7.2.1 Allgemeines

#### 7.2.1.1 Einstellungen und Entnahmen

§ 270 Abs. 1 Satz 1 HGB sieht vor, dass Einstellungen in die Kapitalrücklage bei Aufstellung der Bilanz vorzunehmen sind. Damit trifft die geschäftsführenden Organe die Zuständigkeit zur Einstellung von Beträgen in die Kapitalrücklage. Dies setzt aber voraus, dass einer der in § 272 Abs. 2 HGB geregelten **Zuweisungsgründe** vorliegt. Die in § 272 Abs. 2 HGB aufgeführten Zuweisungsgründe können nicht durch die Satzung oder den Gesellschaftsvertrag zugunsten der geschäftsführenden Organe erweitert oder abbedungen werden; sie sind nur für die gesetzlich festgelegten Kapitalzuführungen oder Umschichtungen zulässig und verpflichtend.[90]

104

Zwar sieht § 275 Abs. 4 HGB vor, dass Veränderungen der Kapitalrücklagen erst nach dem Posten „Jahresüberschuss/Jahresfehlbetrag" ausgewiesen werden dürfen. Daraus kann jedoch nicht der Schluss gezogen werden, dass **Einstellungen in die Kapitalrücklage** grds. in der Verlängerungsrechnung zur GuV erscheinen müssen. Vielmehr berühren Einstellungen in die Kapitalrücklage die Verlängerungsrechnung zur GuV grds. nicht.[91] Eine Bruttodarstellung der Einstellung in die Kapitalrücklage unter Einschaltung der GuV – der Vermögenszufluss wird als Ertrag und die Rücklagenbildung als Einstellung in die Kapitalrücklage in der Verlängerungsrechnung zur GuV gezeigt – würde zu einer unzutreffenden Darstellung der Ertragslage führen.[92] Demgemäß sieht § 158 Abs. 1 AktG für die AG, die KGaA und die SE auch keinen Posten „Einstellung in die Kapitalrücklage" in der Verlängerungsrechnung zur GuV vor.

105

Etwas anderes gilt hingegen in den Fällen der §§ 229 Abs. 1 und 232 AktG (**vereinfachte Kapitalherabsetzung**) für die AG, die KGaA und die SE. Die hieraus resultierenden Einstellungen in die Kapitalrücklage sind nach dem Jahresergebnis in der **Verlängerungsrechnung zur GuV** unter dem Posten „Einstellung in die Kapitalrücklage nach den Vorschriften über die vereinfachte Kapitalherabsetzung" gesondert auszuweisen. Aus bilanzierungstechnischen Gründen bleibt letztlich auch nichts anderes übrig, da § 240 Satz 1 AktG vorsieht, dass der aus der Kapitalherabsetzung gewonnene Betrag in der Verlängerungsrechnung zur GuV – das Gesetz spricht hier nur von der GuV – als „Ertrag

106

---

[90] Auch für die HV oder GesV gibt es keinen Spielraum für Zuführungen, die über die in § 272 Abs. 2 HGB genannten Fälle hinausgehen; vgl. *ADS*, 6. Aufl., § 150 AktG, Rz 46.
[91] Das Gleiche gilt auch für die Einstellung eines Nachschusses nach § 42 Abs. 2 Satz 3 GmbHG in die Kapitalrücklage.
[92] Vgl. nur *ADS*, 6. Aufl., § 270 HGB, Rz 4 mwN.

aus der Kapitalherabsetzung" gesondert, und zwar hinter dem Posten „Entnahmen aus Gewinnrücklagen", auszuweisen ist.[93] § 240 AktG beschränkt nach der hier vertretenen Auffassung zudem das in § 158 Abs. 1 Satz 2 AktG enthaltene Wahlrecht, die Verlängerungsrechnung zur GuV entweder in der GuV selbst oder im Anhang zu zeigen, auf die GuV. Gleichzeitig ist die Bilanz zumindest unter Berücksichtigung der teilweisen Verwendung des Jahresergebnisses aufzustellen, wird also das Wahlrecht des § 268 Abs. 1 Satz 1 HGB eingeschränkt.

107 Das Gleiche gilt für den in § 240 AktG nicht ausdrücklich erwähnten § 237 Abs. 5 AktG (**vereinfachte Kapitalherabsetzung durch Einziehung eigener Aktien**), denn aus systematischen Erwägungen heraus – für § 240 AktG ist ein gesonderter Unterabschnitt vorgesehen – ist die Vorschrift auch auf den § 237 Abs. 5 AktG anzuwenden. Die gebotene Einstellung in die Kapitalrücklage kann somit bilanzierungstechnisch ebenfalls nur über die **Verlängerungsrechnung zur GuV** erfolgen, und zwar unter Einfügung des Postens „Einstellung in die Kapitalrücklage nach den Vorschriften über die Kapitalherabsetzung durch Einziehung von Aktien im vereinfachten Verfahren". Dies ist auch systemgerecht, da die GuV anderenfalls einen nicht kompensierten Ertrag aufweisen würde, was dem Zweck des § 237 Abs. 5 AktG – nämlich die Ausschüttung des durch die Einziehung gewonnenen Betrags zu verhindern – entgegensteht.[94]

108 Den §§ 240, 158 AktG vergleichbare Vorschriften sind im GmbHG nicht vorgesehen. Gleichwohl ist eine entsprechende Anwendung im Fall der vereinfachten Kapitalherabsetzung (§§ 58b Abs. 2, 58c GmbHG) – auch ohne entsprechende gesetzliche Verpflichtung – zu empfehlen.

109 Soweit die Gesellschafter der GmbH die **Einziehung von Nachschüssen** beschlossen haben, sind diese in der Bilanz unter den Forderungen (§ 266 Abs. 2 B. II. HGB) gesondert unter der Bezeichnung „eingeforderte Nachschüsse" zu aktivieren.[95] Dies setzt voraus, dass den Gesellschaftern das Recht, sich von der Nachschusspflicht durch Verweisung auf den Geschäftsanteil zu befreien, nicht zusteht. Korrespondierend ist nach § 42 Abs. 2 Satz 3 GmbHG ein dem Aktivposten entsprechender Betrag auf der Passivseite in dem Posten „Kapitalrücklage" gesondert, und zwar als Unterposten oder im Wege eines „Davon-Vermerks" unter der Bezeichnung „Kapitalrücklage für eingeforderte Nachschüsse" auszuweisen. Die Bildung dieses gesetzlich vorgeschriebenen Postens ist – sofern die Voraussetzungen für die Aktivierung der Forderungen vorliegen – von der Geschäftsführung der GmbH im Rahmen der Aufstellung des JA vorzunehmen.

110 § 270 Abs. 1 Satz 1 HGB sieht zudem vor, dass die Auflösung der Kapitalrücklage bereits bei der Aufstellung der Bilanz vorzunehmen ist. Folglich sind die geschäftsführenden Organe auch für die Entnahmen/Auflösungen zuständig. Im Rahmen der **Auflösung der Kapitalrücklage nach § 272 Abs. 2 Nr. 1 bis 3 HGB** – die bei der AG, der KGaA und der SE Bestandteil des gesetzlichen Reservefonds ist – sind dabei die Verwendungsbeschränkungen des § 150 Abs. 3 und 4

---

[93] Unklar ist, ob der Posten „Einstellungen in die Kapitalrücklage nach den Vorschriften über die vereinfachte Kapitalherabsetzung" im Anschluss an Posten „Ertrag aus der Kapitalherabsetzung", d.h. vor der Nr. 4 des § 158 Abs. 1 AktG oder nach der Nr. 4, auszuweisen ist; vgl. zum Streitstand *ADS*, 6. Aufl., § 158 AktG, Rz 26 mwN.
[94] Vgl. *ADS*, 6. Aufl., § 158 AktG, Rz 27. Dieses Argument gilt natürlich entsprechend auch für die in § 240 Satz 2 AktG angesprochenen Fälle.
[95] Vgl. zur Bewertung der aktivierten Forderungen *ADS*, 6. Aufl., § 42 GmbHG, Rz 20.

AktG zu beachten. Soweit Einstellungen in die Kapitalrücklage nach Maßgabe des § 229 Abs. 1 Satz 1 Alt. 3 AktG – Herabsetzung des Grundkapitals zur Einstellung von Beträgen in die Kapitalrücklage unter Beachtung der Beschränkungen des § 229 Abs. 2 und des § 231 Satz 1 AktG – erfolgt sind, unterliegen diese Beträge ebenfalls der **Verwendungsbeschränkung des § 150 Abs. 3 und 4 AktG**, da sie Bestandteil des gesetzlichen Reservefonds sind. Erfolgte die Einstellung in die Kapitalrücklage nach Maßgabe des § 232 AktG – die angenommenen Wertminderungen oder Verluste in der bei der Beschlussfassung angenommenen Höhe sind tatsächlich nicht eingetreten oder waren ausgeglichen –, werden auch diese Beträge Bestandteil des gesetzlichen Reservefonds und unterliegen demgemäß ebenfalls den Verwendungsbeschränkungen des § 150 Abs. 3 und 4 AktG.[96] Zwar gleicht der Buchertrag aus der vereinfachten Herabsetzung des Grundkapitals einer Zuzahlung der Aktionäre.[97] Jedoch kommt eine Aufnahme des Betrags in die frei verfügbare Kapitalrücklage nach § 272 Abs. 2 Nr. 4 HGB nicht in Betracht. Dies ergibt sich aus § 230 AktG. Danach dürfen Beträge, die aus der Auflösung der Kapital- oder Gewinnrücklagen und aus der Kapitalherabsetzung gewonnen werden, nicht zu Zahlungen an die Aktionäre oder zur Befreiung der Aktionäre von der Verpflichtung zur Leistung der Einlage verwandt werden (§ 230 Satz 1 AktG). Vielmehr dürfen diese Beträge nur verwandt werden, um Wertminderungen auszugleichen, sonstige Verluste zu decken und Beträge in die Kapitalrücklage oder die gesetzliche Rücklage einzustellen. Auch die nach § 237 Abs. 5 AktG in die Kapitalrücklage eingestellten Beträge unterliegen der Verwendungsbeschränkung des § 150 Abs. 3 und 4 AktG.[98]

Wegen § 158 Abs. 1 Nr. 2 AktG muss die Darstellung der Entnahmen aus der Kapitalrücklage – abgesehen von der Kapitalerhöhung aus Gesellschaftsmitteln – jedenfalls bei der AG, der KGaA und der SE grds. in der **Verlängerungsrechnung zur GuV** erfolgen, auch wenn es sich dabei nicht um einen Teil des erwirtschafteten Ergebnisses handelt.[99] Gleichzeitig folgt daraus – auch unter Berücksichtigung des § 270 Abs. 1 Satz 1 HGB –, dass die Bilanz unter Berücksichtigung zumindest der teilweisen Verwendung des Jahresergebnisses aufzustellen ist.[100] Zu dem Posten „Kapitalrücklage" ist der für das Gj entnommene Betrag entweder in der Bilanz oder im Anhang anzugeben (§ 152 Abs. 1 Nr. 2 AktG).

**111**

Eine dem § 158 AktG vergleichbare Vorschrift besteht für die **GmbH** nicht. Auch aus § 275 Abs. 4 HGB lässt sich für die GmbH keine Verpflichtung ableiten, Entnahmen aus der Kapitalrücklage in einer Verlängerungsrechnung zur GuV abzubilden, auch wenn dies aus Gründen einer hinreichenden Information der Abschlussadressaten zu empfehlen ist.[101] Da es sich bei der Entnahme

**112**

---

[96] In dem fehlenden Hinweis des § 150 Abs. 3 und 4 HGB auf die aus der vereinfachten Herabsetzung des Grundkapitals (§§ 229 ff., 231, 232 AktG) oder der vereinfachten Kapitalherabsetzung durch Einziehung von eigenen Aktien (§ 237 Abs. 5 AktG) erfolgenden Einstellungen in die Kapitalrücklage ist ein Redaktionsversehen des Gesetzgebers zu sehen. Anderenfalls wären die Beträge letztlich ausschüttungsfähig, was dem mit den Vorschriften verfolgten Gläubigerschutz entgegenstehen würde. Vgl. zum Ganzen *Ebeling*, WPg 1988, S. 503; *Haller*, DB 1987, S. 645; *Hüffer*, AktG, 9. Aufl., § 150 Rn 6; *ADS*, 6. Aufl., § 150 AktG, Rz 38.
[97] Vgl. *Hüffer*, AktG, 9. Aufl., § 232 Rn 1.
[98] So im Ergebnis auch *ADS*, 6. Aufl., § 150 AktG, Rz 38 mwN.
[99] Vgl. *Biener/Berneke*, Bilanzrichtliniengesetz, S. 183.
[100] Vgl. *ADS*, 6. Aufl., § 270 HGB, Rz 6.
[101] Vgl. *WPH* Bd. I, 12. Aufl., Abschn. F, Rz 290.

von Kapitalrücklagen nicht um Ergebnisverwendung handelt und eine solche Entnahme auch nicht mittels gesetzlicher Vorschriften – wie bei der AG durch § 158 AktG – als Ergebnisverwendung fingiert wird, spricht nichts dagegen, die Entnahme von Kapitalrücklagen bei der GmbH handelsbilanziell allein als Aktiv-Passivtausch in der Bilanz (bspw. per Kapitalrücklage an Kasse) abzubilden.

113 In dem **Sonderfall der Kapitalerhöhung aus Gesellschaftsmitteln** (§§ 207 ff. AktG, §§ 57 cff. GmbHG) liegt – soweit hier Kapitalrücklagen in Grund- oder Stammkapital umgewandelt werden sollen – technisch zwar ebenfalls eine Entnahme vor, jedoch ist keine Auskehrung bezweckt. Daher kann schon gedanklich nicht von einer Ergebnisverwendung ausgegangen werden, die in einer Verlängerungsrechnung zur GuV gezeigt werden müsste.[102] Vielmehr liegt nur eine Umwandlung von Kapitalrücklagen vor, die bilanzierungstechnisch durch eine einfache Umbuchung (Passivtausch) abzubilden ist.[103]

114 Die AG, die KGaA und die SE haben zudem nach § 152 Abs. 2 Nr. 1 AktG zu dem Posten „Kapitalrücklage" den Betrag in der Bilanz oder im **Anhang** anzugeben, der im Gj eingestellt wurde.[104] Eine dem § 152 Abs. 2 Nr. 1 AktG vergleichbare Vorschrift besteht für die GmbH nicht. Gleichwohl spricht auch hier nichts dagegen, ebenfalls eine entsprechende Information vorzusehen.

115 Auch von der Geschäftsführung einer **GmbH sind ggf. Verwendungsbeschränkungen** zu beachten. Zwar unterliegen Entnahmen aus der Kapitalrücklage bei der GmbH – da es anders als bei der AG keinen gesetzlichen Reservefonds gibt – grds. keinen gesetzlich vorgeschriebenen Verwendungsbeschränkungen. Jedoch gilt etwas anderes für Einstellungen in die Kapitalrücklage aus einer vereinfachten Kapitalherabsetzung und die für Nachschüsse zu bildende Kapitalrücklage. **Einstellungen in die Kapitalrücklage, die aus einer vereinfachten Kapitalherabsetzung** stammen, dürfen vor Ablauf des fünften nach der Beschlussfassung über die Kapitalherabsetzung beginnenden Gj nur zum Ausgleich eines Jahresfehlbetrags oder eines Verlustvortrags aus dem Vorjahr oder zur Kapitalerhöhung aus Gesellschaftsmitteln verwandt werden (§ 58b Abs. 2 und 3 GmbHG). Zudem ist im Hinblick auf etwaige Gewinnausschüttungen § 58d GmbHG zu beachten.

116 Der nach § 42 Abs. 2 Satz 3 GmbHG innerhalb der Kapitalrücklage gebildete gesonderte Posten kann nur aufgelöst werden, wenn der Betrag für eine Erhöhung des Stammkapitals aus Gesellschaftsmitteln oder zum Verlustausgleich herangezogen wird. Könnte der gesonderte Posten nach Leistung der **Nachschüsse** aufgelöst werden, hätte dies zur Folge, dass die eingezahlten Nachschüsse wieder als Gewinn an die Gesellschafter ausgekehrt werden könnten, was natürlich nicht ihrem Zweck entspricht. Die Kapitalrücklage nach § 42 Abs. 2 Satz 3 GmbHG hat damit die Funktion einer Ausschüttungssperre.

#### 7.2.1.2 Aufgliederung des Bilanzpostens

117 § 272 Abs. 2 HGB zählt die Gründe für die Zuweisung von Beträgen in die Kapitalrücklage auf. Eine **Aufgliederung des Postens unter Berücksichtigung der Zuweisungsgründe sieht das Gesetz aber nicht vor**, denn es wird im Singular formuliert („Als Kapitalrücklage sind auszuweisen …"). Darüber hinaus hätte der

---

[102] Vgl. nur *ADS*, 6. Aufl., § 158 AktG, Rz 10.
[103] Vgl. *ADS*, 6. Aufl., § 270 HGB, Rz 7.
[104] Das gilt auch für im handelsrechtlichen JA zu erfassende verdeckte Einlagen.

Gesetzgeber in § 266 Abs. 3 A. II. HGB eine dem § 272 Abs. 2 HGB entsprechende Untergliederung vorsehen oder gesonderte Vermerke fordern können.[105] Auch aus § 152 Abs. 2 AktG kann kein Erfordernis einer Aufgliederung über die Vorgaben des § 266 Abs. 3 A. II. HGB abgeleitet werden. Die Vorschrift sieht in der Bilanz oder im Anhang zu dem Posten „Kapitalrücklage" nur eine gesonderte Angabe zu den im Gj eingestellten und/oder entnommenen Beträgen vor, nicht jedoch eine weitergehende Aufgliederung des Postens selbst. Ebenso kann aus dem Gesetz **keine Aufgliederung der Zuführungsbeträge nach § 229 Abs. 1, § 232 sowie § 237 Abs. 5 AktG oder § 58b Abs. 2 und § 58c Satz 1 GmbHG** in der Bilanz oder im Anhang als verpflichtend abgeleitet werden.[106]

Im Hinblick auf die Verwendungsbeschränkungen des § 150 Abs. 3 und 4 AktG kann es für die **AG, die KGaA und die SE gleichwohl zweckmäßig** sein, die Kapitalrücklage nach den Zuweisungsgründen nach § 272 Abs. 2 Nr. 1 bis 3 HGB auf der einen Seite und nach dem Zuweisungsgrund nach § 272 Abs. 2 Nr. 4 HGB auf der anderen Seite aufzugliedern. Darüber hinaus empfiehlt es sich ebenfalls, Einstellungen in die Kapitalrücklage nach § 229 Abs. 1, § 232 sowie § 237 Abs. 5 AktG oder § 58b Abs. 2 und § 58c Satz 1 GmbHG von den Einstellungen nach § 272 Abs. 2 Nr. 4 HGB getrennt auszuweisen.

118

Zu der Kapitalrücklage gehört weiterhin die **Sonderrücklage** für bedingtes Kapital nach einer Kapitalerhöhung aus Gesellschaftsmitteln (§ 218 Satz 2 AktG).[107] Hier wird teilweise angenommen, die Sonderrücklage sei innerhalb der Kapitalrücklage gesondert auszuweisen.[108] Teilweise wird hingegen wegen der bestehenden Verwendungsbeschränkung lediglich ein gesonderter Ausweis empfohlen.[109] Auch wenn in § 218 Satz 2 AktG der Begriff „Sonderrücklage" verwendet wird, lässt sich daraus kein verpflichtender gesonderter Ausweis ableiten. Hätte der Gesetzgeber das gewollt, hätte er dies auch durch eine entsprechende Formulierung in § 218 Satz 2 AktG zum Ausdruck gebracht.

119

Für die **GmbH** hat die freiwillige Aufgliederung der Kapitalrücklage nicht die gleiche Bedeutung wie für die AG, die KGaA oder die SE, da keine gesetzlichen Verwendungsbeschränkungen bestehen und es regelmäßig auch an vertraglich vereinbarten Verwendungsbeschränkungen fehlt. Ungeachtet dessen schreibt § 42 Abs. 2 Satz 3 GmbHG den gesonderten Ausweis des dem Aktivposten „Eingeforderte Nachschüsse" entsprechenden Betrags auf der Passivseite in dem Posten „Kapitalrücklage" ausdrücklich vor. Hier dürfte jedoch auch nichts entgegenstehen, der Vorschrift durch einen Davon-Vermerk Rechnung zu tragen.[110]

120

### 7.2.2 Ausgabe von Anteilen (Abs. 2 Nr. 1)

§ 272 Abs. 2 Nr. 1 HGB schreibt vor, dass der Betrag – das **Aufgeld oder Agio** –, der bei der Ausgabe von Anteilen über den Nennbetrag oder, falls ein solcher nicht vorhanden ist, über den rechnerischen Wert hinaus erzielt wird, als Kapitalrücklage auszuweisen ist. Bei der AG, der SE oder der KGaA kann ein als Kapitalrück-

121

---

105 Vgl. *Küting/Reuter*, in *Küting/Pfitzer/Weber*, HdR, § 272 HGB, Rn 66, Stand 11/2009 mwN.
106 Vgl. nur *ADS*, 6. Aufl., § 272 HGB, Rz 87.
107 Vgl. *Förschle/Hoffmann*, Beck Bil-Komm., 9. Aufl., § 272 HGB, Rz 200.
108 Vgl. *ADS*, 6. Aufl., § 272 HGB, Rz 88.
109 Vgl. *Küting/Reuter*, in *Küting/Pfitzer/Weber*, HdR, § 272 HGB, Rn 67, Stand 11/2009.
110 Vgl. *ADS*, 6. Aufl., § 272 HGB, Rz 89.

lage nach § 272 Abs. 2 Nr. 1 HGB auszuweisender Betrag grds. nur aus der Ausgabe von Anteilen im Rahmen einer Bar- oder Sachgründung oder einer Bar- oder Sachkapitalerhöhung – umfasst ist auch ein Aufgeld aus der Ausgabe von Bezugsanteilen bei einer bedingten Kapitalerhöhung – erzielt werden.[111]

122 Eine im Rahmen einer Gründung oder Kapitalerhöhung **über den Nennbetrag oder den rechnerischen Wert der ausgegebenen Anteile hinausgehende Leistung ist stets als Aufgeld** i.S.v. § 272 Abs. 2 Nr. 1 HGB zu klassifizieren, wenn nicht ausdrücklich eine sonstige Zuzahlung i.S.d. § 272 Abs. 2 Nr. 4 HGB vereinbart ist.[112] Eine solche Vereinbarung hängt zudem davon ab, dass die über den Nennbetrag oder den rechnerischen Wert der ausgegebenen Anteile hinausgehende Leistung nicht erforderlich ist, um einen angemessenen Ausgabekurs sicherzustellen.[113] Nur auf diese Weise lässt sich eine Umgehung der Verwendungsbeschränkungen des § 150 Abs. 3 und 4 AktG verhindern.

123 Besonderheiten können sich bei Sacheinlagen und bei mittelbaren Bezugsrechten ergeben. Bei **Sacheinlagen** entsteht das nach § 272 Abs. 2 Nr. 1 HGB auszuweisende Aufgeld – ebenso wie bei Bareinlagen – durch die Festsetzung eines über den Nennwert der Anteile hinausgehenden Ausgabebetrags (§§ 27 Abs. 1, 185 Abs. 1 AktG).[114] Dabei ist jedoch Voraussetzung, dass der Zeitwert der Sacheinlage den Nennbetrag der ausgegebenen Anteile auch tatsächlich übersteigt, d.h., der Nennbetrag der ausgegebenen Anteile muss immer durch den beizulegenden Zeitwert der Sacheinlage gedeckt sein. Als Wertansatz für die Sacheinlage können der Buchwert, ein steuerneutraler Zwischenwert oder – als Obergrenze – der beizulegende Zeitwert gewählt werden. Da die Kapitalrücklage nach § 272 Abs. 2 Nr. 1 HGB nur „offen" vereinbarte Aufgelder aufnimmt, können Sacheinlagen zur Bildung stiller Rücklagen genutzt werden.

124 Ein Aufgeld kann in der Satzung oder im Beschluss über die Kapitalerhöhung ausdrücklich vereinbart und betragsmäßig beziffert werden. Die AK der Sacheinlage werden in diesem Fall durch den **über dem Nennwert der Anteile liegenden höheren Ausgabebetrag** bestimmt. Der den Nennbetrag der ausgegebenen Anteile übersteigende Betrag ist gem. § 272 Abs. 2 Nr. 1 HGB als Aufgeld in die Kapitalrücklage einzustellen. Zudem ist auch denkbar, dass keine ausdrückliche oder konkludente Vereinbarung zum Aufgeld oder zum Wertansatz der Sacheinlage erfolgt. Hier bleibt die Bilanzierung des den Nennwert der ausgegebenen Anteile übersteigenden Betrags der Sacheinlage grds. dem Vorstand überlassen.[115] Sie hängt davon ab, ob der Vorstand die Sacheinlage mit dem Nennwert der ausgegebenen Anteile ansetzt oder einen darüber liegenden beizulegenden Zeitwert wählt.

---

[111] Da § 272 Abs. 2 Nr. 1 HGB vorschreibt, dass das „erzielte" Aufgeld in die Kapitalrücklage einzustellen ist, kommt eine Verminderung des Betrags um die Kosten der Ausgabe der Anteile, Notar- und Gerichtskosten, Prüfungsgebühren, Steuern etc. nicht in Betracht, sondern ist das Aufgeld ungekürzt einzustellen. Diese Kosten sind aufwandswirksam zu erfassen; ebenso *Förschle/Hoffmann*, Beck Bil-Komm., 9. Aufl., § 272 HGB, Rz 172; *ADS*, 6. Aufl., § 272 HGB, Rz 93; *WPH* Bd. I, 12. Aufl., Abschn. F, Rz 170; *Küting/Reuter*, in *Küting/Pfitzer/Weber*, HdR, § 272 HGB, Rn 68, Stand 11/2009.
[112] Vgl. *Müller*, in FS Heinsius, S. 594.
[113] Um die Verwässerung des Werts der bereits umlaufenden Aktien zu verhindern, muss der Vorstand dafür Sorge tragen, dass der Ausgabebetrag der Aktien angemessen ist, also soweit als möglich den tatsächlichen Wert des Unt abbildet. Dies kann es erforderlich machen, den Nennwert oder den rechnerischen Wert der ausgegebenen Aktien um ein Aufgeld zu erhöhen.
[114] Vgl. zu den möglichen Fallgestaltungen *ADS*, 6. Aufl., § 272 HGB, Rz 95.
[115] Dies setzt voraus, dass die Gesellschafter keine Bilanzierungsanweisung erteilt haben.

Von einem **mittelbaren Bezugsrecht** wird gesprochen, wenn – was in der Praxis die Regel ist – die im Rahmen einer Kapitalerhöhung ausgegebenen Aktien durch ein Kreditinstitut oder ein Konsortium gezeichnet werden und dieses bei der Zeichnung die Verpflichtung eingeht, den Aktionären die jungen Aktien im Verhältnis ihres bisherigen Aktienbesitzes zum Bezug anzubieten. Die Aktionäre erwerben die jungen Aktien in diesem Fall nur mittelbar. § 186 Abs. 5 Satz 1 AktG sieht in einem solchen Vorgehen keinen Ausschluss des Bezugsrechts. Ein bei Zeichnung durch das Kreditinstitut oder Konsortium erzieltes Aufgeld ist in die Kapitalrücklage nach § 272 Abs. 2 Nr. 1 HGB einzustellen. Bietet das Kreditinstitut oder Konsortium die Aktien zu einem höheren Betrag als dem Zeichnungskurs an, steht ihm der überschießende Betrag – soweit keine anderslautenden vertraglichen Vereinbarungen bestehen – üblicherweise als Tätigkeitsvergütung zu. Ist auch der Mehrerlös an das die Aktien ausgebende Unt abzuführen, ist dieser bei Zufluss ebenfalls in die Kapitalrücklage nach § 272 Abs. 2 Nr. 1 HGB einzustellen.[116] Im Fall des § 186 Abs. 5 Satz 2 Hs. 2 AktG kommt ebenfalls ein mittelbares Bezugsrecht – hier jedoch unter Einschaltung von Nicht-Kreditinstituten oder einem Konsortium, dem auch Nicht-Kreditinstitute angehören –, zur Entstehung, jedoch sind die Vorschriften über den Bezugsrechtsausschluss (§ 186 Abs. 3 und 4 AktG) zu beachten.[117] Hinsichtlich der handelsbilanziellen Behandlung eines Aufgelds gelten die vorstehenden Ausführungen entsprechend.

**125**

Darüber hinaus stellt § 272 Abs. 2 Nr. 1 HGB die aus der **Ausgabe von Bezugsanteilen** erzielten Beträge denjenigen aus der Ausgabe von Anteilen gleich. Mit den Bezugsanteilen sind bei einer AG Bezugsaktien zu verstehen, die nach § 192 AktG bei der bedingten Kapitalerhöhung, insb. i.V.m. der Gewährung von Bezugsrechten an Gläubiger von **Wandelschuldverschreibungen** entstehen. § 272 Abs. 2 HGB unterscheidet demgemäß zwischen dem Aufgeld, das bei der Ausgabe von Wandelschuldverschreibungen anfällt (§ 272 Abs. 2 Nr. 2 HGB), und dem Aufgeld, das bei der Ausübung der mit der begebenen Wandelschuldverschreibung eingeräumten Bezugsrechte anfällt (§ 272 Abs. 2 Nr. 1 HGB). Bei der Ausübung der eingeräumten Bezugsrechte entsteht das Aufgeld entweder aus Zuzahlungen der Wandlungsberechtigten oder – rein buchungstechnisch – dadurch, dass der Nennwert der Wandelschuldverschreibungen den Nennwert der zu gewährenden Aktien übersteigt, mithin nicht zu pari, sondern über pari umgetauscht wird.[118]

**126**

Da das GmbHG eine bedingte Kapitalerhöhung, wie sie in den §§ 192 ff. AktG vorgesehen ist, nicht erlaubt, hat die in § 272 Abs. 2 Nr. 1 HGB vorgenommene Gleichstellung der aus der **Ausgabe von Bezugsanteilen** erzielten Aufgelder mit den aus der Ausgabe von Anteilen erzielten Aufgeldern **keine Bedeutung für die GmbH**.

**127**

### 7.2.3 Ausgabe von Wandel- und Optionsanleihen (Abs. 2 Nr. 2)

§ 272 Abs. 2 Nr. 2 HGB schreibt vor, dass der Betrag, der bei der Ausgabe von Schuldverschreibungen für **Wandlungsrechte und Optionsrechte zum Erwerb**

**128**

---

[116] Eine erfolgswirksame Vereinnahmung des Mehrerlöses ist ausgeschlossen; vgl. nur *ADS*, 6. Aufl., § 272 HGB, Rz 97; *Küting/Reuter*, in *Küting/Pfitzer/Weber*, HdR, § 272 HGB, Rn 71, Stand 11/2009.
[117] Vgl. *Hüffer*, AktG, 9. Aufl., § 185 Rn 55; *ADS*, 6. Aufl., § 272 HGB, Rz 100.
[118] Vgl. *Küting/Reuter*, in *Küting/Pfitzer/Weber*, HdR, § 272 HGB, Rn 69, Stand 11/2009.

von **Anteilen** erzielt wird, als Kapitalrücklage auszuweisen ist. Die Vorschrift hat nur Bedeutung für die AG, die KGaA und die SE. Wandel- und Optionsanleihen sind bei der GmbH nicht denkbar, da ein für ihre Ausgabe notwendiges bedingtes Kapital nicht geschaffen werden kann.

129 § 221 Abs. 1 Satz 1 AktG enthält eine **Legaldefinition des Begriffs der Wandelschuldverschreibung**. Danach handelt es sich um Schuldverschreibungen, bei denen den Gläubigern ein Umtausch- oder Bezugsrecht auf Aktien eingeräumt wird. Nach dem heutigen Sprachgebrauch stellen Schuldverschreibungen, die ein Umtauschrecht verbriefen, Wandelanleihen und Schuldverschreibungen, die ein Bezugsrecht verbriefen, Optionsanleihen dar.[119] Der in § 221 Abs. Satz 1 AktG verwandte Begriff „Wandelschuldverschreibung" umfasst also die Wandel- und die Optionsanleihe.[120]

130 Wandelanleihen sind Schuldverschreibungen, die dem Gläubiger das Recht gewähren, seinen **Anspruch auf Rückzahlung des Nennbetrags gegen eine bestimmte Anzahl von Aktien umzutauschen** (§ 221 Abs. 1 Satz 1 Hs. 1 Alt. 1 AktG). Mit dem Umtausch gehen die Gläubigerrechte unter; an ihre Stelle treten die Mitgliedschaftsrechte.[121] Optionsanleihen sind Schuldverschreibungen, die dem Gläubiger das Recht auf Rückzahlung des Nennbetrags verbriefen. Zusätzlich erhält er das Recht, innerhalb eines bestimmten Zeitraums eine bestimmte Anzahl von Aktien zu einem festgelegten Preis zu erwerben.[122] Das Optionsrecht wird üblicherweise in einem besonderen Optionsschein verbrieft, der zunächst mit der Optionsanleihe fest verbunden ist, von einem bestimmten Zeitpunkt aber von ihr getrennt und als selbstständiges Wertpapier an der Börse gehandelt werden kann.[123]

131 > **Beispiel**
> In der **Praxis** treten häufig die folgenden Wandel- und Optionsanleihevarianten auf: Zum einen wird die Wandel- oder Optionsanleihe marktüblich verzinst und auf den Ausgabebetrag ein Aufgeld aufgeschlagen, das der Bezahlung des Wandel- oder Optionsrechts dient. Der Erfüllungsbetrag liegt unter dem Ausgabebetrag. Zum anderen werden Wandel- oder Optionsanleihen ohne Aufgeld ausgegeben. Stattdessen erfolgt die Verzinsung nicht zu marktüblichen Bedingungen.

132 Das bei der Ausgabe der Wandel- oder Optionsanleihen erzielte **Aufgeld** ist in die Kapitalrücklage nach § 272 Abs. 2 Nr. 2 HGB einzustellen. Ob die Wande-

---

[119] Vgl. *Hüffer*, AktG, 9. Aufl., § 221 Rn 3.
[120] § 221 Abs. 1 Satz 2 AktG schreibt für die Ausgabe von Wandel- und Optionsanleihen einen Beschluss vor, der mindestens drei Viertel des bei der Beschlussfassung vertretenen Grundkapitals umfasst. Das nach § 221 Abs. 4 Satz 1 AktG bestehende Bezugsrecht der Aktionäre kann nach Maßgabe des § 186 AktG ausgeschlossen werden (§ 221 Abs. 4 Satz 2 AktG). § 192 Abs. 2 Nr. 1 AktG erlaubt die – in der Praxis häufig anzutreffende – bedingte Kapitalerhöhung zur Bedienung von aus Wandel- und Optionsanleihen resultierenden Umtausch- und Bezugsrechten.
[121] Vgl. *ADS*, 6. Aufl., § 272 HGB, Rz 108.
[122] Vgl. *Hüffer*, AktG, 9. Aufl., § 221 Rn 6. Die rechtliche Ausgestaltung von Optionsanleihen kann unterschiedliche Formen annehmen. Denkbar sind bspw. auch sog. Null-Koupon-Optionsanleihen, bei denen keine Verzinsung vereinbart ist, sondern der Erfüllungsbetrag den Ausgabebetrag überschreitet.
[123] Vgl. *Hüffer*, AktG, 9. Aufl., § 221 Rn 6.

lungs- oder Optionsrechte zu einem späteren Zeitpunkt ausgeübt werden, ist unbeachtlich.[124] Auch wenn dies nicht der Fall sein sollte, unterliegt die Auflösung der Kapitalrücklage nach § 272 Abs. 2 Nr. 2 HGB den Beschränkungen nach § 150 Abs. 3 und 4 AktG.[125]

Erfolgt die **Ausgabe** der Wandel- oder Optionsanleihen mit Wandel- oder Optionsrechten auf Aktien des MU **durch ein TU**, ist das erzielte Aufgeld grds. auch in diesem Fall in die Kapitalrücklage nach § 272 Abs. 2 Nr. 2 HGB des MU einzustellen. Wirtschaftlich betrachtet besteht kein Unterschied, ob das Aufgeld unmittelbar durch das begebende MU oder aber ein eingeschaltetes TU erzielt wird.[126] Auch der Wortlaut des § 272 Abs. 2 Nr. 2 HGB („... bei der Ausgabe ... erzielt") schließt dies nicht aus.[127] Gleichwohl ist umstritten, ob die Dotierung der Kapitalrücklage bei dem MU einer Vereinbarung mit dem TU bedarf.[128] Teilweise wird dies verneint und für den Fall des Verbleibs des Aufgeldes bei dem TU angenommen, es lägen nachträgliche AK auf die Beteiligung an dem TU vor, die über eine Erhöhung der Kapitalrücklage nach § 272 Abs. 2 Nr. 2 HGB gegen zu buchen seien.[129] Von anderer Seite wird auf die gesellschaftsrechtliche Verpflichtung des MU verwiesen, Wandel- oder Optionsrechte nur gegen ein angemessenes Entgelt bereitzustellen. Werde dieser Verpflichtung nicht nachgekommen, sei die Einstellung eines „fiktiven Aufgelds" in die Kapitalrücklage unzulässig.[130] Von dritter Seite wird vorgeschlagen, das Aufgeld durch eine nachzuholende Vereinbarung oder eine Gewinnausschüttung abzuschöpfen.[131]

**133**

Bei der Ausgabe einer marktüblich verzinsten Wandel- oder Optionsanleihe **mit einem über den Erfüllungsbetrag hinausgehenden Aufgeld** ist besagtes Aufgeld ohne Berührung der GuV unmittelbar in die Kapitalrücklage nach § 272 Abs. 2 Nr. 2 HGB einzustellen.[132] Der Erfüllungsbetrag der Wandel- oder Optionsanleihe ist in der Bilanz unter dem Posten nach § 266 Abs. 3 C. 1. HGB auszuweisen.

**134**

Von einer **marktüblichen Verzinsung** der Wandel- oder Optionsanleihe ist auszugehen, wenn der vereinbarte Zinssatz demjenigen Zinssatz entspricht, der bei der Ausgabe von gleichartigen Anleihen von Schuldnern mit gleichartiger Bonität und mit derselben Laufzeit vereinbart werden würde.[133]

**135**

Zu passivieren ist nur ein über den Erfüllungsbetrag hinausgehendes Aufgeld. Der **Erfüllungsbetrag** ist der Betrag, den der Schuldner bei Fälligkeit der Wandel- oder Optionsanleihe an den Gläubiger zu zahlen hat. Abzugrenzen ist das vereinbarte Aufgeld von einer Leistung mit Vertragsstrafencharakter.

**136**

---

[124] Vgl. *ADS*, 6. Aufl., § 272 HGB, Rz 129.
[125] Vgl. *Kropff*, ZGR 1987, S. 289; *ADS*, 6. Aufl., § 272 HGB, Rz 111; a. A. *Biener/Berneke*, Bilanzrichtliniengesetz, S. 196.
[126] Vgl. *Martens*, in FS Stimpel, S. 627.
[127] Vgl. *ADS*, 6. Aufl., § 272 HGB, Rz 127.
[128] Die praktische Bedeutung dieser Streitfrage ist indessen gering, da eine Tochtergesellschaft Wandel- oder Optionsrechte auf Aktien des MU üblicherweise nicht ohne entsprechende Vereinbarung ausgeben dürfte; vgl. auch *Koch/Vogel*, BB 1986, Beil. 10/86, S. 20.
[129] Vgl. *Loos*, BB 1988, S. 375; *Küting/Reuter*, in *Küting/Pfitzer/Weber*, HdR, § 272 HGB, Rn 96, Stand 11/2009 mwN.
[130] Vgl. *Kropff*, ZGR 1987, S. 309.
[131] Vgl. *Lutter*, DB 1986, S. 1614.
[132] Vgl. *ADS*, 6. Aufl., § 272 HGB, Rz 113.
[133] Vgl. *ADS*, 6. Aufl., § 272 HGB, Rz 114.

> **Beispiel**
> Leistungen mit Vertragsstrafencharakter sind etwa jene aufgrund vorzeitiger Kündigung oder bei nicht fristgerechter Leistung von Zins- und Tilgungszahlungen.

Hierbei handelt es sich üblicherweise um künftige ungewisse Verpflichtungen, die bei Vorliegen der Tatbestandsvoraussetzungen zur Rückstellungsbildung verpflichten können, die aber für die Bemessung des Aufgelds keine Bedeutung haben.[134]

137 Gibt eine AG verschiedene Wandel- und Optionsanleihen zu unterschiedlichen Bedingungen aus, so ist **für jede Ausgabe festzustellen, ob ein Aufgeld vereinbart ist**, also der Ausgabebetrag den Erfüllungsbetrag übersteigt. Eine Verrechnung etwa vereinbarter Abgelder (Disagien) mit erzielten Aufgeldern ist unzulässig. Ein Aufgeld ist immer in voller Höhe in die Kapitalrücklage nach § 272 Abs. 2 Nr. 2 HGB einzustellen. Für Wandel- und Optionsanleihen, die unter Inkaufnahme eines Abgelds ausgegeben werden, ist vielmehr auf der Grundlage der Grundsätze für unterverzinsliche Wandel- und Optionsanleihen zu prüfen, ob die Einstellung eines Betrags in die Kapitalrücklage nach § 272 Abs. 2 Nr. 2 HGB vorzunehmen ist.[135]

138 Teilweise werden Wandel- und Optionsanleihen auch zu pari ausgegeben, aber mit einem **unterhalb des Marktzinssatzes liegenden Nominalzinssatz** ausgestattet. In diesem Fall liegt der Anreiz zum Erwerb der Wandel- oder Optionsanleihe gerade in den beigefügten Wandel- oder Optionsrechten.[136] Diese „bezahlt" der Zeichner mit der Unterverzinslichkeit der Wandel- oder Optionsanleihe. Damit erfasst § 272 Abs. 2 Nr. 2 HGB – wirtschaftlich betrachtet – letztlich jede Form eines Aufgelds und verpflichtet zu dessen Einstellung in die Kapitalrücklage nach § 272 Abs. 2 Nr. 2 HGB, auch wenn sie aus der Unterverzinslichkeit der Wandel- oder Optionsanleihe resultiert.[137]

139 Besondere Bedeutung kommt bei unterverzinslichen Wandel- und Optionsanleihen der **Ermittlung des aus der Unterverzinslichkeit resultierenden Vorteils** zu. Grundlage der Ermittlung des Vorteils sind üblicherweise die Ausgabebedingungen der jeweiligen Wandel- oder Optionsanleihe und ein darin gegebener bestimmter Betrag, der, wenn es sich um einen vertretbaren Wertansatz handelt, als Aufgeld klassifiziert werden kann.[138] Fehlt es an der Festlegung eines vertretbaren Wertansatzes in den Ausgabebedingungen, bilden diese zumindest die Grundlage für eine sachgerechte Schätzung des Aufgelds.[139] Die schätzungsweise Ermittlung des Aufgelds erfolgt über einen Vergleich des fristenadäquaten Kapitalmarktzinssatzes vergleichbarer Wandel- und Optionsanlei-

---

[134] Vgl. *ADS*, 6. Aufl., § 272 HGB, Rz 115.
[135] Vgl. *ADS*, 6. Aufl., § 272 HGB, Rz 117.
[136] Vgl. *Kropff*, ZGR 1987, S. 302.
[137] Vgl. BT-Drs. 10/4268, S. 106; *Biener/Berneke*, Bilanzrichtliniengesetz, S. 195; *Kropff*, ZGR 1987, S. 302; *Lutter*, DB 1986, S. 1608.
[138] Vgl. *ADS*, 6. Aufl., § 272 HGB, Rz 121.
[139] Der in § 272 Abs. 2 Nr. 2 HGB verwandte Begriff „Betrag" steht einer sachgerechten Schätzung des aus der Unterverzinslichkeit resultierenden Aufgelds nicht entgegen; vgl. nur *ADS*, 6. Aufl, § 272 HGB, Rz 122.

hen mit dem in den Ausgabebedingungen festgelegten Zinssatz zum Zeitpunkt der Ausgabe der Wandel- oder Optionsanleihe.[140] Der kapitalisierte Unterschiedsbetrag aus dem Zinsvorteil entspricht dem Aufgeld.[141]

Der in die Kapitalrücklage nach § 272 Abs. 2 Nr. 2 HGB einzustellende Betrag ergibt sich aus der **Aufspaltung des Ausgabebetrags in den eigentlichen Darlehensbetrag und in das Aufgeld**. Da § 253 Abs. 1 Satz 2 HGB den Ansatz von Verbindlichkeiten zum Erfüllungsbetrag vorschreibt, ist der Ansatz des um das Aufgeld verminderten Ausgabebetrags jedoch zu gering. I. H. d. Aufgelds ist demgemäß ein Disagio gem. § 250 Abs. 3 Satz 1 HGB zu buchen.[142] Da § 250 Abs. 3 Satz 1 HGB als Aktivierungswahlrecht ausgestaltet ist, kann der Betrag i. H. d. Aufgeldes auch sofort aufwandswirksam erfasst werden. Geschieht dies nicht, ist das Disagio nach § 250 Abs. 3 Satz 2 HGB durch planmäßige jährliche Abschreibungen zu tilgen, die auf die gesamte Laufzeit der Verbindlichkeit verteilt werden können.

### 7.2.4 Gewährung von Vorzügen (Abs. 2 Nr. 3)

§ 272 Abs. 2 Nr. 3 HGB schreibt vor, dass der Betrag von Zuzahlungen, die Gesellschafter gegen Gewährung eines Vorzugs für ihre Anteile leisten, auszuweisen ist. Dies ist sowohl bei der AG, der KGaA und der SE als auch der GmbH möglich. Zu den **gesellschaftsrechtlichen Vorzugsrechten** gehören nicht nur besondere Rechte bei der Gewinnverteilung oder der Verteilung des Gesellschaftsvermögens im Fall der Liquidation, wie sie nach § 11 AktG möglich sind, sondern bspw. auch Mehrstimmrechte.[143]

Die Zuzahlung kann in bar oder durch eine Sachleistung erfolgen. Bedeutsam ist allein, dass sie zur Erlangung eines gesellschaftsrechtlichen Vorzugsrechts entrichtet wird. Soweit eine **Zuzahlung** unabhängig von der Ausgabe von Anteilen oder der Gewährung von Vorzügen entrichtet wird, ist sie entweder nach § 272 Abs. 2 Nr. 4 HGB in die Kapitalrücklage einzustellen oder als Ertrag zu vereinnahmen.

Die Ausführungen zur Gewährung von Vorzügen durch die AG gelten entsprechend auch für die GmbH. Zwar kennt die GmbH keine § 11 AktG entsprechende Vorschrift, jedoch sind auch bei der GmbH – schon aufgrund der bestehenden vertraglichen Gestaltungsfreiheit – entsprechende **vertragliche Vereinbarungen** möglich. Bspw. kann über eine Zuzahlung eine vom Verhältnis der Geschäftsanteile abweichende Gewinnverteilung erreicht werden (§ 29 Abs. 3 Satz 2 GmbHG).

### 7.2.5 Sonstige Zuzahlungen (Abs. 2 Nr. 4)

In die Kapitalrücklage nach § 272 Abs. 2 Nr. 4 HGB ist der Betrag von anderen Zuzahlungen auszuweisen, die Gesellschafter in das EK leisten. Erforderlich ist also, dass Gesellschafter **Zuzahlungen in das EK** leisten. Gesellschafter sind die

---

[140] Vgl. zu den möglichen Schätzungsmethoden *Küting/Reuter*, in *Küting/Pfitzer/Weber*, HdR, § 272 HGB, Rn 82, Stand 11/2009.
[141] Vgl. *ADS*, 6. Aufl., § 272 HGB, Rz 123.
[142] Vgl. *ADS*, 6. Aufl, § 272 HGB, Rz 125 mwN., dass gerade nicht als Gegenposten zur Buchung der Kapitalrücklage einzustufen ist. Nach anderer Auffassung handelt es sich um ein zu aktivierendes Nutzungsrecht; vgl. *Döllerer*, AG 1986, S. 237.
[143] Vgl. *Biener/Berneke*, Bilanzrichtliniengesetz, S. 196.

Inhaber des gezeichneten Kapitals. Der Wortlaut des § 272 Abs. 2 Nr. 4 HGB erfasst nicht nur unmittelbar seitens der Gesellschafter erbrachte Zuzahlungen in das EK, sondern auch solche Zuzahlungen, die mittelbar durch Dritte auf Veranlassung oder für Rechnung der Gesellschafter erbracht werden.[144]

145 Da § 272 Abs. 2 Nr. 4 HGB als **Auffangtatbestand** gilt, dürfen die Zuzahlungen nicht im Zusammenhang mit Leistungen stehen, die unter § 272 Abs. 2 Nr. 1 bis 3 HGB fallen. Der Abgrenzung kommt für die AG eine erhebliche Bedeutung zu, da § 272 Abs. 2 Nr. 4 HGB nicht der für den gesetzlichen Reservefonds bestehenden Verwendungsbeschränkung des § 150 Abs. 3 und 4 AktG unterliegt. Problematisch ist hier insb. die Abgrenzung des § 272 Abs. 2 Nr. 3 HGB, die in jedem Einzelfall gesondert zu beurteilen ist. Zur Abgrenzung ist darauf abzustellen, ob der Zuzahlung eine unmittelbare Gegenleistung der Ges. gegenübersteht.

> **Beispiel**
> Unmittelbare Gegenleistungen der Ges. treten bspw. in Form einer zusätzlichen Gewinnbeteiligung oder einer Änderung der Beteiligung am Liquidationserlös auf.

Ist dies zu bejahen, liegt eine Zuzahlung gegen Gewährung eines Vorzugs vor, die unter § 272 Abs. 2 Nr. 3 HGB fällt.

146 Umgekehrt soll nicht jede Zuzahlung eines Gesellschafters, die nicht unter § 272 Abs. 2 Nr. 1 bis 3 HGB fällt, in der Kapitalrücklage nach § 272 Abs. 2 Nr. 4 HGB erfasst werden. Es ist vielmehr **zwischen den erfolgsneutral und den erfolgswirksam zu bilanzierenden Zuzahlungen** abzugrenzen.[145] Hierzu ist auf den Zweck der Zuzahlung abzustellen, der sich aus einer ausdrücklichen Vereinbarung zwischen Ges. und Gesellschafter oder der Art der Zuzahlung ergeben kann.[146] Soweit bspw. Zuzahlungen von Gesellschaftern zum Zweck der Abdeckung eines Jahresfehlbetrags oder zum Ausgleich eines Bilanzverlusts erbracht werden – sei es in der Form eines Forderungsverzichts oder eines Sanierungszuschusses –, sind diese Beträge unmittelbar als außerordentlicher Ertrag zu erfassen.[147] Unterbleibt eine ausdrückliche Zwecksetzung und lässt sich diese auch nicht im Wege der Auslegung oder aus der Art der Zuzahlung ableiten, ist davon auszugehen, dass die Zuzahlung in das EK geleistet werden soll.[148] Das Gleiche gilt auch für Leistungen Dritter. Fehlt es an einer ausdrücklichen Vereinbarung eines Ertragszuschusses und lässt sich diese Zwecksetzung nicht aus den Umständen ableiten, ist ebenfalls davon auszugehen, dass die

---

[144] Vgl. auch *ADS*, 6. Aufl., § 272 HGB, Rz 133.
[145] Eigentlich dürfte es nur erfolgsneutral zu erfassende andere Zuzahlungen eines Gesellschafters geben. Andere Zuzahlungen sind letztlich gesellschaftsrechtlich veranlasst. Sie dürfen sich im betrieblichen Ergebnis eines Unt nicht auswirken. Gleichwohl hat die Praxis hier eine differenzierte Betrachtung entwickelt.
[146] Vgl. *ADS*, 6. Aufl., § 272 HGB, Rz 137.
[147] Vgl. *Küting/Reuter*, in *Küting/Pfitzer/Weber*, HdR, § 272 HGB, Rn 108; *ADS*, 6. Aufl., § 272 HGB, Rz 137, Stand 11/2009.
[148] Vgl. *ADS*, 6. Aufl., § 272 HGB, Rz 137; a. A. *IDW* HFA 2/1996 Rz 22, wonach ein Ausweis in der Kapitalrücklage nach § 272 Abs. 2 Nr. 4 HGB immer eine ausdrückliche Zuweisung in das EK erforderlich sein soll.

Zuzahlung in das EK geleistet werden soll. Der Vorrang einer erfolgswirksamen Vereinnahmung lässt sich aus der Gesetzessystematik nicht entnehmen.[149]

Der Ausweis in der Kapitalrücklage nach § 272 Abs. 2 Nr. 4 HGB hängt davon ab, dass die Zuzahlungen in das EK geleistet wurden. Es muss eine **Vermögensmehrung auf der Ebene der Ges.** vorliegen.[150] Geld- und Sachleistungen müssen rechtlich und wirtschaftlich wirksam erbracht worden sein.[151] Als Zuzahlungen kommen die Leistung von einlage- und aktivierungsfähigen VG und der Verzicht auf Forderungen in Betracht.[152] Diskutiert wird in der Literatur, ob auch die Begründung einer Zahlungs- oder Sachleistungsverpflichtung – also die Aktivierung einer Forderung gegen einen Gesellschafter – als Zuzahlung in das EK zu werten ist. Teilweise wird dies unter Hinweis darauf, dass eine solche Zahlungs- oder Sachleistungsverpflichtung nach ganz überwiegender Meinung auch zur Deckung des gezeichneten Kapitals und eines Aufgelds i.S.v. § 272 Abs. 2 Nr. 1 HGB nicht geeignet sei, abgelehnt.[153] Dem kann nicht gefolgt werden. Nach richtiger Auffassung kommt es allein darauf an, ob eine einlage- und aktivierungsfähige Gesellschafterleistung vorliegt, wozu grds. auch die Einräumung einer Forderung der Ges. gegen einen Gesellschafter zu zählen ist, denn § 272 Abs. 2 Nr. 4 HGB knüpft nicht an den Grundsatz der Kapitalaufbringung an.[154] Gleichwohl muss die eingeräumte Forderung der Ges. gegen den Gesellschafter zumindest werthaltig sein. Der Tatbestand des § 272 Abs. 2 Nr. 4 HGB fordert eine Zuzahlung in das EK. Kann es mangels Werthaltigkeit der eingeräumten Forderung nicht zu einer Zuzahlung kommen, scheitert auch der Zugang bei der Kapitalrücklage nach § 272 Abs. 2 Nr. 4 HGB.

**148** Die Zuzahlung des Gesellschafters in das EK muss so auch gewollt sein, sodass **verdeckte Einlagen oder auch verlorene Zuschüsse** nicht ohne Weiteres als Kapitalrücklage nach § 272 Abs. 2 Nr. 4 HGB erfasst werden, sondern es vielmehr auf die zwischen den Beteiligten getroffene Vereinbarung ankommt.[155]

**149** Das GmbHG enthält – anders als das AktG – keine § 36 Abs. 2, §§ 36a, 188 Abs. 2, § 201 Abs. 3 § 203 Abs. 1 Satz 1 AktG vergleichbaren Vorschriften, die eine vollständige oder auch nur teilweise Leistung eines Aufgelds vor Eintragung gesetzlich vorschreiben. Ungeachtet dessen ist natürlich auch bei der GmbH eine **Ausgabe der Geschäftsanteile über pari** bei Gründung oder im Wege einer Kapitalerhöhung gängige Praxis. Die Festlegung eines Aufgelds erfolgt regelmäßig im Wege einer gesellschaftsvertraglich vereinbarten Neben-

---

[149] Vgl. *ADS*, 6. Aufl., § 272 HGB, Rz 133.
[150] Demgem. gehören auch Beträge, die im „Schütt-aus-hol-zurück"-Verfahren an die Ges. zurückfließen, ohne dass eine formale Kapitalerhöhung vorliegt, zu den anderen Zuzahlungen i.S.d. § 272 Abs. 2. Nr. 4 HGB. So auch *Orth*, GmbHR 1987, S. 198; a.A. *Hommelhoff/Priester*, ZGR 1986, S. 515.
[151] Vgl. *ADS*, 6. Aufl, § 272 HGB, Rz 132 und 135.
[152] Vgl. *ADS*, 6. Aufl, § 272 HGB, Rz 135; *Küting/Reuter*, in *Küting/Pfitzer/Weber*, HdR, § 272 HGB, Rn 112, Stand 11/2009, sowie zu Nutzungsrechten insbesondere Rn 121.
[153] Vgl. *Förschle/Kofahl*, in Beck Bil-Komm, 6. Aufl, § 272 HGB, Rz 67.
[154] Vgl. *Müller*, in FS Heinsius, S. 603; so wohl auch *ADS*, 6. Aufl., § 272 HGB, Rz 136; *Küting/Reuter*, in *Küting/Pfitzer/Weber*, HdR, § 272 HGB, Rn 120, Stand 11/2009, die dies aber für Forderungen ablehnen, die auf Dienstleistungen gerichtet sind. Vor dem Hintergrund der bilanzbasierten Kapitalerhaltungskonzeption erscheint die Argumentation wenig schlüssig.
[155] Vgl. Bericht des Rechtsausschusses, BT-Drs. 10/4268, S. 107.

pflicht i.S.v. § 3 Abs. 2 GmbHG.[156] Denkbar ist die Vereinbarung eines Aufgelds natürlich auch als nur schuldrechtliche Verpflichtung.[157]
Weil die teilweise oder vollständige Leistung eines Aufgelds bei der GmbH vor der Eintragung gesetzlich nicht vorgeschrieben ist, sind auch Fallgestaltungen denkbar, in denen das **Aufgeld bei der Eintragung der Gründung oder Kapitalerhöhung noch aussteht**. Hier finden die Vorschriften zu den ausstehenden Einlagen auf das gezeichnete Kapital keine Anwendung. Der Wortlaut des § 272 Abs. 1 Satz 3 HGB ist auf die ausstehenden Einlagen auf das gezeichnete Kapital beschränkt, erfasst also ausstehende Aufgelder nicht; vielmehr sind ausstehende Aufgelder unabhängig davon, ob eingefordert oder nicht, als Forderungen zu aktivieren und im Gegenzug ist die Kapitalrücklage nach § 272 Abs. 2 Nr. 1 HGB zu dotieren.[158] Die Aktivierung kann unter den Posten nach § 266 Abs. 2 B. II 2., 3. oder 4. HGB vorgenommen werden, wobei ggf. ein Vermerk nach § 42 Abs. 3 GmbHG erforderlich sein kann. Teilweise wird auch vertreten, ausstehende noch nicht eingeforderte Aufgelder seien auf der Passivseite der Bilanz offen von der Kapitalrücklage nach § 272 Abs. 2 Nr. 1 HGB abzusetzen und eingeforderte ausstehende Aufgelder als Forderungen zu aktivieren.[159] Diese Form der Bilanzierung lässt jedoch unberücksichtigt, dass es sich sowohl bei den eingeforderten als auch bei den nicht eingeforderten ausstehenden Aufgeldern handelsbilanziell bereits um Forderungen handelt, die – soweit noch nicht eingefordert – lediglich noch nicht fällig gestellt sind. Noch nicht fällige (betagte) Forderungen sind aber nach einhelliger Auffassung zu aktivieren.[160]

**150** Teilweise wird die Auffassung vertreten, der für **aktivierte eingeforderte Nachschüsse** auf der Passivseite in dem Posten „Kapitalrücklage" gesondert auszuweisende entsprechende Betrag (§ 42 Abs. 2 Satz 3 GmbHG) sei mit der Einzahlung des Nachschusses durch die Gesellschafter in die Kapitalrücklage nach § 272 Abs. 2 Nr. 4 HGB umzugliedern.[161] Nach der hier vertretenen Auffassung muss der gesondert ausgewiesene Posten hingegen wegen seiner Funktion als Ausschüttungssperre fortgeführt werden, soweit das Nachschusskapital noch nicht verwendet worden ist.[162]

### 7.3 Gewinnrücklagen (Abs. 3)

#### 7.3.1 Allgemeines

**151** Nach § 272 Abs. 3 Satz 1 HGB dürfen als Gewinnrücklage nur Beträge ausgewiesen werden, die im Gj oder einem früheren Gj **aus dem Ergebnis gebildet** worden sind. Dazu gehören die gesetzliche Rücklage, die satzungsmäßigen

---

156 Vgl. *Scholz/Emmerich*, GmbHG, 10. Aufl., § 3 Rn 74.
157 Vgl. *Baumbach/Hueck/Hueck/Fastrich*, GmbHG, 19. Aufl., § 3 Rn 55, zur Abgrenzung gesellschaftsrechtlicher Nebenpflichten von nur schuldrechtlichen Nebenpflichten.
158 Vgl. *ADS*, 6. Aufl, § 272 HGB, Rz 107.
159 Vgl. *Küting/Reuter*, in *Küting/Pfitzer/Weber*, HdR, § 272 HGB, Rn 39, Stand 11/2009.
160 Vgl. *ADS*, 6. Aufl, § 246 HGB, Rz 51.
161 Vgl. *Küting/Reuter*, in *Küting/Pfitzer/Weber*, HdR, § 272 HGB, Rn 129, Stand 11/2009 mwN.
162 Ebenso *ADS*, 6. Aufl., § 42 GmbHG, Rz 25 mwN.

Rücklagen und andere Gewinnrücklagen (§ 272 Abs. 3 Satz 2 HGB).¹⁶³ Demgegenüber können die Kapitalrücklagen nur durch von außen stammende Zuzahlungen i. S. d. § 272 Abs. 2 Nr. 1 bis 4 HGB dotiert werden.¹⁶⁴

Die Gewinnrücklagen sind nach § 266 Abs. 3 A. III. HGB in die gesetzliche Rücklage, die Rücklage für Anteile an einem herrschenden oder einem mit Mehrheit beteiligten Unt, die satzungsmäßigen Rücklagen und anderen Gewinnrücklagen zu **untergliedern**. Wie sich aus dem Wortlaut des § 272 Abs. 3 Satz 2 HGB entnehmen lässt, gehört die Rücklage für Anteile an einem herrschenden oder einem mit Mehrheit beteiligten Unt (§ 272 Abs. 4 HGB) systematisch nicht zu den Gewinnrücklagen. Dies ergibt sich daraus, dass sie aus allen frei verfügbaren Rücklagen, also auch aus der Kapitalrücklage, dotiert werden kann. Gleichwohl weist § 266 Abs. 3 A. III. HGB die Rücklage für Anteile an einem herrschenden oder einem mit Mehrheit beteiligten Unt für Zwecke des Ausweises den Gewinnrücklagen zu.¹⁶⁵

152

### 7.3.2 Gesetzliche Rücklage

Der **gesetzliche Reservefonds** der AG setzt sich aus der gesetzlichen Rücklage (§ 150 Abs. 1 und 2 AktG) und aus der Kapitalrücklage nach § 272 Abs. 3 Nr. 1–3 HGB (§ 150 Abs. 3 und 4 AktG) zusammen.¹⁶⁶ Die Einbeziehung der Kapitalrücklage nach § 272 Abs. 2 Nr. 1–3 HGB in den gesetzlichen Reservefonds der AG ist Art. 9 Passiva A. II. der Bilanzrichtlinie geschuldet. Danach darf ein Aufgeld nicht mehr in der gesetzlichen Rücklage erfasst werden, sondern ist gesondert neben der gesetzlichen Rücklage auszuweisen.

153

§ 150 Abs. 1 AktG verpflichtet die AG, in ihrer Bilanz des nach den §§ 242, 264 HGB aufzustellenden JA eine gesetzliche Rücklage zu bilden (§ 150 Abs. 1 AktG).¹⁶⁷ **Anknüpfungspunkt für Einstellungen in die gesetzliche Rücklage** ist der Jahresüberschuss (§ 275 Abs. 2 Nr. 20, Abs. 3 Nr. 19 HGB). Nach § 150 Abs. 2 AktG ist der 20. Teil des um einen Verlustvortrag aus dem Vorjahr geminderten Jahresüberschusses in die gesetzliche Rücklage einzustellen, bis diese und die Kapitalrücklage nach § 272 Abs. 2 Nr. 1 bis 3 HGB zusammen den 10. oder den in der Satzung bestimmten höheren Teil des Grundkapitals - d. h. des in der Bilanz ausgewiesenen gezeichneten Kapitals - erreicht.¹⁶⁸ Die

154

---

¹⁶³ Zu den Gewinnrücklage gehört auch die Sonderrücklage nach den §§ 7 Abs. 6 Satz 2, 17 Abs. 4 Satz 3, 24 Abs. 5 Satz 3 DMBilG, die vorläufige Gewinnrücklage nach § 31 Abs. 1 Satz 2 DMBilG sowie die nach § 27 Abs. 2 DMBilG zu bildenden Rücklagen; vgl. dazu *ADS*, 6. Aufl., § 272 HGB, Rz 141 sowie Rz 171 und § 150 AktG, Rz 35.

¹⁶⁴ Im Gegensatz zu den Kapitalrücklagen sind die Gewinnrücklagen damit betriebswirtschaftlich dem Bereich der Selbstfinanzierung zuzurechnen; vgl. *ADS*, 6. Aufl., § 272 HGB, Rz 141.

¹⁶⁵ Systematisch wäre es besser gewesen, die Rücklage für Anteile an einem herrschenden oder einem mit Mehrheit beteiligten Unt ausweistechnisch gleichberechtigt neben die Kapitalrücklage und die Gewinnrücklagen zu stellen.

¹⁶⁶ Damit speist sich der gesetzliche Reservefonds aus zwei Quellen: den Zwangszuweisungen aus dem Jahresüberschuss zur gesetzlichen Rücklage (§ 150 Abs. 1 und 2 AktG) und den in die Kapitalrücklage nach § 272 Abs. 2 Nr. 1 bis 3 HGB eingestellten Beträgen.

¹⁶⁷ Die Vorschrift hat zwingenden Charakter und kann daher nicht durch anderweitige Satzungsbestimmungen abgedungen werden (§ 23 Abs. 5 AktG).

¹⁶⁸ Bei der Ermittlung des in die gesetzliche Rücklage einzustellenden Betrags bleibt ein Gewinnvortrag zur Vermeidung einer doppelten Erfassung unberücksichtigt. Dies ergibt sich auch aus § 158 AktG; dort wird der Gewinnvortrag nach dem Jahresüberschuss hinzugerechnet, fließt also nicht in den Jahresüberschuss ein; vgl. auch *ADS*, 6. Aufl., § 272 HGB, Rz 150 sowie § 150 AktG, Rz 24.

Vorschrift macht deutlich, dass sich der gesetzliche Reservefonds auch entweder nur aus der gesetzlichen Rücklage oder nur aus der Kapitalrücklage nach § 272 Abs. 2 Nr. 1 bis 3 HGB zusammensetzen kann.

155 Ist aufgrund einer **Satzungsbestimmung** eine Obergrenze für die gesetzliche Rücklage vorgeschrieben, die den 10. Teil des Grundkapitals übersteigt, so führt dies ebenfalls zur Dotierung der gesetzlichen Rücklage und nicht zur Dotierung einer satzungsmäßigen Rücklage. § 150 Abs. 2 AktG sieht ausdrücklich vor, dass die Satzung einen höheren Teil als 10 % des Grundkapitals als gesetzliche Rücklage vorsehen kann. Umstritten ist, ob auch ein Mehrfaches des Grundkapitals in der Satzung als Obergrenze festgelegt werden kann. Überwiegend wird dies verneint, da der Wortlaut des § 150 Abs. 2 AktG nur von dem „höheren Teil des Grundkapitals" spricht.[169]

156 Die Satzung kann dem Vorstand der AG auch nicht ermöglichen, einen **höheren Betrag als den 20. Teil des Jahresüberschusses** in die gesetzliche Rücklage einzustellen. Insoweit erlaubt § 150 Abs. 1 und 2 AktG – anders als bei der Bestimmung der Obergrenze der gesetzlichen Rücklage – keine Abweichungen. Demgegenüber steht nichts entgegen, wenn die gesetzliche Rücklage im Rahmen der Gewinnverwendung durch die HV der AG zusätzlich dotiert wird, sodass die Grenze von 10 % des Grundkapitals oder eines höheren Teils schneller erreicht wird.[170]

157 Wird das **Grundkapital gegen Einlagen oder in Form des genehmigten Kapitals oder aus Gesellschaftsmitteln erhöht,** so erhöht sich mit der Eintragung der Durchführung der Kapitalerhöhung in das HR (§§ 189, 203 Abs. 1 i.V.m. §§ 189, 211 Abs. 1 AktG) auch der Mindestbetrag des gesetzlichen Reservefonds.[171] Daraus kann weiter folgen, dass Beträge, die bisher „nur" der Verwendungsbeschränkung nach § 150 Abs. 4 AktG unterlegen haben, nach der Kapitalmaßnahme der Verwendungsbeschränkung nach § 150 Abs. 3 AktG unterliegen. Umgekehrt wird der Mindestbetrag des gesetzlichen Reservefonds mit dem Wirksamwerden einer Kapitalherabsetzung durch Eintragung in das HR (§§ 224, 229 Abs. 2, 238 AktG) automatisch auch herabgesetzt. Die auf die Herabsetzung entfallenden Teile des Reservefonds werden aber gleichwohl nicht „frei". Sie dürfen weder dem Bilanzgewinn zugeführt noch an die Aktionäre ausgekehrt werden, sondern unterliegen weiterhin den Verwendungsbeschränkungen des § 150 Abs. 3 und 4 AktG.

158 Die §§ 300–303 AktG sehen bei **Bestehen eines Beherrschungs-, eines Gewinnabführungs- und eines Teilgewinnabführungsvertrags** nach den §§ 291 Abs. 1, 292 Abs. 1 Nr. 2 AktG besondere Vorschriften zum Schutz der unternehmensvertraglich gebundenen Gesellschafter und ihrer Gläubiger vor. Zielsetzung der Vorschriften sind die Erhaltung des handelsbilanziellen Vermögens bei Eingehung des Unternehmensvertrags für dessen Dauer und die Stärkung der bilanziellen Substanz. Aus diesem Grund schreibt der zwingende § 300 AktG auch Besonderes für Einstellungen in die gesetzliche Rücklage vor.

---

[169] Daher wäre eine Satzungsregelung, die eine über den Betrag des Grundkapitals hinausgehende Obergrenze für die Dotierung der gesetzlichen Rücklage vorsieht, nicht zulässig; vgl. *Hüffer*, AktG, 9. Aufl., § 150 Rn 7; *ADS*, 6. Aufl., § 150 AktG, Rz 31.
[170] Vgl. *ADS*, 6. Aufl, § 272 HGB, Rz 150 sowie § 170 AktG, Rz 42.
[171] Bei der bedingten Kapitalerhöhung (§§ 192 ff. AktG) ist das Grundkapital mit der Ausgabe der Bezugsaktien erhöht (§ 200 AktG).

Nach § 300 Nr. 1 AktG ist bei einem bestehenden **Gewinnabführungsvertrag** 159
(§ 291 Abs. 1 Satz 1 AktG) ein Betrag in die gesetzliche Rücklage einzustellen, der erforderlich ist, um diese einschl. der Kapitalrücklage innerhalb der ersten fünf Gj, die während des Bestehens des Vertrags oder nach der Durchführung einer Kapitalerhöhung beginnen, gleichmäßig auf den 10. oder einen in der Satzung bestimmten höheren Teil des Grundkapitals aufzufüllen (erhöhte oder beschleunigte Rücklagenzuführung).[172] Die Regelzuführung beträgt somit 20 % der Differenz, die bei Abschluss des Gewinnabführungsvertrags zwischen der schon gebildeten und der zu bildenden gesetzlichen Rücklage besteht.[173] Für die Bemessung dieses Betrags ist von einem Jahresüberschuss abzgl. eines etwaigen Verlustvortrags auszugehen, wie er ohne die Gewinnabführung bestehen würde.[174] Mindestens zuzuführen sind 5 % des (fiktiven) Jahresüberschusses, solange die gesetzliche Rücklage einschl. der Kapitalrücklage 10 % des Grundkapitals - nicht erreicht hat (§ 300 Nr. 1 und 2 i. V. m. § 150 Abs. 2 AktG).[175]

Die **Fünfjahresfrist** beginnt mit dem Wirksamwerden des Gewinnabführungs- 160
vertrags, also seiner Eintragung im HR (§ 294 Abs. 2 AktG). Soweit dem Gewinnabführungsvertrag zulässigerweise eine Rückwirkung beigelegt wird, ist die Frist ab dem vereinbarten Rückwirkungszeitpunkt zu berechnen.[176] Wenn sich der Betrag der zu bildenden gesetzlichen Rücklage aufgrund einer Kapitalerhöhung erhöht, beginnt ab dem Zeitpunkt der Wirksamkeit der Kapitalerhöhung – also mit deren Eintragung – eine neue Fünfjahresfrist zu laufen, und zwar auch dann, wenn der Gewinnabführungsvertrag noch keine fünf Jahre wirksam ist. Im letzteren Fall ist die Differenz zwischen der Soll- und der Ist-Zuführung zur bisherigen gesetzlichen Rücklage auf die neue Fünfjahresfrist zu verteilen.[177] Wird in einem Gj während der Fünfjahresfrist ein Jahresergebnis nicht erzielt und scheidet daher eine Einstellung in die gesetzliche Rücklage aus, so erhöht sich der in den folgenden Gj der Fünfjahresfrist einzustellende Betrag in entsprechendem Umfang.[178] Soweit die gesetzliche Rücklage innerhalb der Fünfjahresfrist wegen unzureichender Jahresüberschüsse nicht aufgefüllt worden sein sollte, ist der künftig zuzuführende Betrag so zu bemessen, dass, dem Zweck der Vorschrift entsprechend, eine schnellstmögliche Dotierung erreicht wird.[179]

Wird der Gewinn abzgl. des in die gesetzliche Rücklage einzustellenden Betrags 161
an die herrschenden Ges. abgeführt, **verbleibt i. H. d. in die gesetzliche Rücklage**

---

[172] Der Geschäftsführungsvertrag i. S. v. § 291 Abs. 1 Satz 2 AktG steht dem Gewinnabführungsvertrag gleich; vgl. dazu auch *ADS*, 6. Aufl., § 300 AktG, Rz 12 und 17.
[173] Vgl. *Hüffer*, AktG, 9. Aufl., § 300 Rn 7.
[174] Damit legt § 300 Nr. 1 AktG aus rechtssystematischen Gründen einen fiktiven Jahresüberschuss zugrunde. Bei einem bestehenden Gewinnabführungsvertrag kann tatsächlich kein Jahresüberschuss zur Entstehung gelangen.
[175] Der Wortlaut des § 300 Nr. 1 AktG („... unter Hinzurechnung einer Kapitalrücklage ...") ist aufgrund des sachlichen Zusammenhangs der Vorschrift mit § 150 Abs. 2 AktG i. S. v. § 272 Abs. 2 Nr. bis 3 HGB zu verstehen.
[176] Vgl. *Hüffer*, AktG, 9. Aufl., § 300 Rn 7.
[177] Vgl. *Hüffer*, AktG, 9. Aufl., § 300 Rn 8. Daneben wird es auch für zulässig gehalten, die Auffüllung mit den bisherigen Beträgen weiterzuführen und die neue Fünfjahresfrist nur für den aus der Kapitalrücklage resultierenden Erhöhungsbetrag vorzusehen; vgl. *ADS*, 6. Aufl., § 300 AktG, Rz 28. Mit dieser Berechnungsmethode wird dem Zweck der Vorschrift – beschleunigte Rücklagenzuführung – besser Rechnung getragen.
[178] Vgl. *ADS*, 6. Aufl., § 272 HGB, Rz 165.
[179] Vgl. *ADS*, 6. Aufl., § 272 HGB, Rz 162.

**einzustellenden Betrags ein Jahresüberschuss,** der auch entsprechend in der GuV ausgewiesen wird. Die Einstellung des Betrags in die gesetzliche Rücklage ist in der Verlängerungsrechnung zur GuV zu zeigen (§ 158 Abs. 1 Nr. 4a AktG).

162 Für den **Teilgewinnabführungsvertrag** (§ 292 Abs. 1 Nr. 2, Abs. 2 AktG) schreibt § 300 Nr. 2 AktG vor, dass der Betrag in die gesetzliche Rücklage (einschl. der Kapitalrücklage nach § 272 Abs. 2 Nr. 1–3 HGB) einzustellen ist, der nach § 150 Abs. 2 AktG aus dem ohne die Gewinnabführung entstehenden, um einen Verlustvortrag aus dem Vorjahr geminderten (fiktiven) Jahresüberschuss einzustellen wäre. Eine gleichmäßige Auffüllung, wie sie § 300 Nr. 1 AktG vorsieht, schreibt der Wortlaut der Vorschrift nicht vor.

163 Die Anwendung des § 300 Nr. 2 AktG auf unternehmensgewinnbezogene Teilgewinnabführungsverträge bereitet keine Probleme. Umstritten ist hingegen, ob § 300 Nr. 2 AktG auch auf Teilgewinnabführungsverträge anzuwenden ist, die (nur) die **Abführung von Gewinnen einzelner (rechtlich unselbstständiger) Betriebe eines Unt** vorsehen. Dies ist aber zu bejahen. Der Sinn und Zweck des § 300 AktG lässt hier keine Ausnahme zu.[180] Darüber hinaus ist zudem umstritten, ob § 300 Nr. 2 AktG auch anzuwenden ist, wenn die Abführungspflicht an den Bilanzgewinn und nicht an den Jahresüberschuss anknüpft. Hier könnte argumentiert werden, bei einer Anknüpfung an den Bilanzgewinn sei die Zuführung zur gesetzlichen Rücklage schon berücksichtigt. Da aber die Teilgewinnabführung den Jahresüberschuss und damit die Berechnungsgrundlage für die Zuführung zu der gesetzlichen Rücklage vermindert, sind nach der hier vertretenen Auffassung auch auf den Bilanzgewinn abstellende Teilgewinnabführungsverträge in den Anwendungsbereich des § 300 Nr. 2 AktG einzubeziehen.

164 Besteht ein **Beherrschungsvertrag** (§ 291 Abs. 1 Satz 1 AktG), unterscheidet § 300 Nr. 3 AktG danach, ob der Beherrschungsvertrag zur Abführung des ganzen Gewinns verpflichtet, nur eine Teilgewinnabführungsverpflichtung enthält oder eine Gewinnabführungsverpflichtung gar nicht vorliegt.[181] Fehlt es völlig an einer Gewinnabführungsverpflichtung, können bei der beherrschten Ges. ein Jahresüberschuss oder ein Bilanzgewinn entstehen. Nach § 300 Nr. 3 AktG ist in diesem Fall zumindest der nach § 150 Abs. 2 AktG zur Auffüllung der gesetzlichen Rücklage erforderliche Betrag zu dotieren. Ist der nach § 300 Nr. 1 AktG berechnete Betrag höher als der nach § 150 Abs. 2 AktG ermittelte Mindestbetrag, ist Ersterer zuzuführen. Das Gesetz geht also auch bei einem Beherrschungsvertrag davon aus, dass die gesetzliche Rücklage innerhalb der ersten fünf Gj seit Wirksamwerden des Beherrschungsvertrags oder nach Durchführung einer Kapitalerhöhung gleichmäßig auf den 10. oder den in der Satzung bestimmten höheren Teil des Grundkapitals aufzufüllen ist. Entsteht bei der beherrschten Ges. infolge nachteiliger Weisungen der herrschenden Ges. kein Jahresüberschuss, muss die gesetzliche Rücklage dennoch innerhalb der ersten fünf Gj dotiert sein. Anderenfalls ließe sich durch nachteilige Weisungen

---

[180] Vgl. zum Streitstand *ADS*, 6. Aufl., § 300 AktG, Rz 40 mwN.
[181] Die Gefahren eines Beherrschungsvertrags bestehen darin, dass das herrschende Unt aufgrund des ihm zustehenden Weisungsrechts auch ohne Gewinnabführungsvertrag in der Lage ist, Gewinnverlagerungen – etwa durch Verrechnungspreisgestaltungen oder Weisungen im Wettbewerbsverhalten – zu veranlassen.

die Pflicht zur Dotierung der gesetzlichen Rücklage umgehen. Die Gläubiger der beherrschten Ges. werden durch die Verlustübernahmeverpflichtung der herrschenden Ges. (§ 302 Abs. 1 AktG) hinreichend geschützt.

Besteht **neben dem Beherrschungsvertrag eine Verpflichtung zur Abführung des ganzen Gewinns**, findet im Umkehrschluss aus § 300 Nr. 3 AktG der § 300 Nr. 1 AktG Anwendung.[182]  **165**

Ist der **Beherrschungsvertrag mit einer Teilgewinnabführungsverpflichtung verbunden**, so bestimmt sich die Mindestzuführung zur gesetzlichen Rücklage nach § 300 Nr. 2 AktG. § 150 Abs. 2 AktG kann in diesem Fall keine Anwendung finden, da ansonsten für die Berechnung des Mindestzuführungsbetrags immer von dem um die Teilgewinnabführung verminderten Jahresüberschuss ausgegangen werden würde. Die Teilgewinnabführung ist aber für die Bemessung der Zuführung zu der gesetzlichen Rücklage außer Betracht zu lassen, weswegen § 300 Nr. 2 AktG auf den Jahresüberschuss ohne Gewinnabführung abstellt.  **166**

Die Zuführungen zur gesetzlichen Rücklage nach § 300 Nr. 1 und 2 AktG vermindern den abzuführenden Gewinn i. S. d. § 301 Satz 1 AktG. Umgekehrt kann der abzuführende Gewinn wegen der Verwendungsbeschränkungen des § 150 AktG nicht durch die Entnahme solcher Beträge, die während der Vertragslaufzeit in die gesetzliche Rücklage eingestellt worden sind, erhöht werden. Das gilt auch bei der **Entstehung eines Jahresfehlbetrags**. Hier hat die Kompensation über § 302 Abs. 1 AktG – die bestehende Verlustausgleichsverpflichtung der herrschenden Ges. – zu erfolgen, sodass eine Inanspruchnahme der gesetzlichen Rücklagen nach § 150 Abs. 3 oder 4 AktG jedenfalls während des Bestehens eines Beherrschungs- oder Gewinnabführungsvertrags nicht erfolgen kann.  **167**

Einstellungen in die gesetzliche Rücklage sind im Rahmen der **Aufstellung des JA** durch den Vorstand vorzunehmen. Dies ergibt sich aus § 150 Abs. 1 Satz 1 AktG, der von dem aufzustellenden JA spricht. Die Aufstellung des JA obliegt dem Vorstand.  **168**

Einstellungen in die gesetzliche Rücklage aus dem Jahresüberschuss nach Maßgabe des § 150 Abs. 2 AktG sind gem. § 158 Abs. 1 Nr. 4a AktG in der **Verlängerungsrechnung zur GuV** anzugeben. Alternativ können die Angaben auch im Anhang gemacht werden (§ 158 Abs. 1 Satz 2 AktG). Zudem ist in der Bilanz oder im Anhang anzugeben, welche Beträge aus dem Jahresüberschuss in die gesetzliche Rücklage eingestellt worden sind (§ 152 Abs. 3 Nr. 2 AktG).  **169**

Für **Einstellungen in die gesetzliche Rücklage nach § 231 Satz 1 AktG** ist § 158 Abs. 1 Nr. 4 AktG ebenfalls anzuwenden. Zum besseren Verständnis ist zudem zu empfehlen, in der Bilanz oder im Anhang – in entsprechender Anwendung des § 152 Abs. 3 Nr. 2 AktG – die Herkunft der Mittel zu erläutern. Eine Verpflichtung besteht nach dem Wortlaut des § 152 Abs. 3 AktG aber nicht.  **170**

Eine direkte Umbuchung von den aufgelösten Gewinnrücklagen in die gesetzliche Rücklage ist im Hinblick auf das **Prinzip des Bruttoausweises**, wie es für die Fälle der Kapitalherabsetzung seine Ausprägung in § 240 Satz 1 und 2 AktG gefunden hat, nach der hier vertretenen Auffassung nicht zulässig.  **171**

Über die Einstellungsbefugnis des Vorstands hinausgehend kann die HV im Beschluss über die **Verwendung des Bilanzgewinns** weitere Beträge in die anderen Gewinnrücklagen und damit auch in die gesetzliche Rücklage einstellen  **172**

---

[182] Vgl. *ADS*, 6. Aufl., § 272 HGB, Rz 164.

(§ 58 Abs. 3 AktG). Entsprechend kann der Vorstand im Vorschlag über die Verwendung des Bilanzgewinns (§ 170 Abs. 2 AktG) auch einen Vorschlag zur Einstellung von Beträgen in die gesetzliche Rücklage unterbreiten.[183] Ein solcher Beschluss führt allerdings nicht zu einer Änderung des bereits festgestellten JA (§ 174 Abs. 3 AktG). Er ist erst im folgenden JA zu berücksichtigen. In der Bilanz oder im Anhang sind dann die Änderungen anzugeben (§ 152 Abs. 3 Nr. 1 AktG).

173 Auch **Entnahmen aus der gesetzlichen Rücklage** sind bei Aufstellung des JA durch den Vorstand vorzunehmen, der die Verwendungsbeschränkungen des § 150 Abs. 3 und 4 AktG zu beachten hat.[184] Eine bestimmte Verwendungsreihenfolge besteht hingegen nicht. Setzt sich der gesetzliche Reservefonds aus der gesetzlichen Rücklage und der Kapitalrücklage gem. § 272 Abs. 2 Nr. 1 bis 3 HGB und ggf. Zuführungen aus der vereinfachten Kapitalherabsetzung (§§ 229 ff., 232, 237 Abs. 5 AktG) zusammen, liegt es im Ermessen des Vorstands, welchen Teil des gesetzlichen Reservefonds er auflöst.

174 Werden Beträge aus der gesetzlichen Rücklage entnommen, ist dieser Vorgang in der **Verlängerungsrechnung zur GuV** abzubilden (§ 158 Abs. 1 Nr. 3a HGB). Nur im Fall der Kapitalerhöhung aus Gesellschaftsmitteln (§ 150 Abs. 4 Nr. 3 AktG) erfolgt eine unmittelbare Umbuchung in das gezeichnete Kapital. Zudem sind in der Bilanz oder im Anhang nach Maßgabe des § 152 Abs. 2 Nr. 3 AktG die Beträge anzugeben, die für das Gj entnommen wurden.

175 Die gesetzlichen Vorschriften über die Bildung einer gesetzlichen Rücklage, über ihre Verwendung und über die Einstellung von Beträgen in die gesetzliche Rücklage sind gem. § 324 Abs. 1 AktG **nicht auf eingegliederte Ges.** (§§ 319 ff. AktG) anzuwenden.[185] Ebenso ist auch § 300 AktG nicht auf einen Gewinnabführungsvertrag oder einen Teilgewinnabführungsvertrag zwischen einer eingegliederten Ges. und der Hauptges. anzuwenden (§ 324 Abs. 2 Satz 1 AktG). Die Vorschriften haben ihren Grund darin, dass bei einer eingegliederten Ges. keine schutzwürdigen außenstehenden Aktionäre vorhanden und Gläubiger ausreichend durch die Sicherheitsleistung nach § 321 AktG sowie die gesamtschuldnerische Haftung der Hauptges. nach § 322 AktG gesichert sind. Umstritten ist, ob § 324 Abs. 1 AktG nur die gesetzliche Rücklage nach § 150 Abs. 1 und 2 AktG betrifft oder auch die Kapitalrücklage nach § 272 Abs. 2 Nr. 1 bis 3 HGB, mithin ob im Fall der Eingliederung nur die gesetzliche Rücklage i.S.d. § 150 Abs. 1 und 2 AktG oder aber der gesamte gesetzliche Reservefonds aufgelöst werden kann. Seinem Wortlaut nach ist § 324 Abs. 1 AktG auf die gesetzliche Rücklage beschränkt. Demgemäß bleibt die Kapitalrücklage i.S.d. § 272 Abs. 2

---

[183] Ein Beschluss über die Verwendung des Bilanzgewinns kann bei Vorliegen der Voraussetzungen des § 254 Abs. 1 AktG angefochten werden. Die Vorschrift dient dazu, ein „Aushungern" der Minderheitsaktionäre durch Überdotierungen der Gewinnrücklagen, also auch der gesetzlichen Rücklage, zu verhindern.

[184] Vgl. dazu im Einzelnen ADS, 6. Aufl., § 150 AktG, Rz 47. Bedeutsam ist insbesondere, dass das Vorhandensein stiller Reserven die Inanspruchnahme des gesetzlichen Reservefonds nicht ausschließt.

[185] Satzungsmäßige Vorschriften sind hingegen durch den Vorstand der AG weiterhin zu beachten. Bei der gebildeten Rücklage handelt es sich auch weiterhin um eine gesetzliche Rücklage i.S.d. §§ 266 Abs. 3 A. III. 1., § 150 AktG und nicht um eine satzungsmäßige Rücklage i.S.d. § 266 Abs. 3 A. 3. HGB.

Nr. 1 bis 3 HGB nach der hier vertretenen Auffassung weiterhin von den Verwendungsbeschränkungen des § 150 Abs. 3 und 4 AktG umfasst.[186]

Die vorstehenden Ausführungen zur Bildung und Auflösung der gesetzlichen Rücklage, der satzungsmäßigen Rücklagen und der anderen Gewinnrücklagen bei der AG gelten – mit Ausnahme der nachstehenden Besonderheiten – für die KGaA und die SE entsprechend. 176

Bei der KGaA wird der JA durch die HV festgestellt (§ 286 Abs. 1 Satz 1 AktG). Der Beschluss bedarf der Zustimmung der phG (§ 286 Abs. 1 Satz 2 AktG). Die Zuständigkeit der HV, die im Recht der AG der Ausnahmefall ist, ist hier die Regel. Dagegen liegt die **Entscheidung über die Gewinnverwendung auch bei der KGaA allein in der Hand der HV** (§ 278 Abs. 3 i. V. m. § 174 Abs. 1 AktG), wobei sie an den festgestellten JA gebunden ist. Der Vorschlag für die Gewinnverwendung wird den Kommanditaktionären durch die phG unterbreitet (§§ 283 Nr. 9, 170 Abs. 2 AktG). 177

Die KGaA ist ebenso wie die AG zur **Bildung eines gesetzlichen Reservefonds** verpflichtet, der sich aus der gesetzlichen Rücklage und der Kapitalrücklage nach § 272 Abs. 2 Nr. 1 bis 3 HGB zusammensetzt (§§ 278 Abs. 3, 150 AktG). Die Dotierung ist bei der Aufstellung des JA vorzunehmen (§ 270 Abs. 1 und 2 HGB). Nach § 150 Abs. 2 Satz 1 AktG ist Bemessungsgrundlage für die Zuführungen zur gesetzlichen Rücklage der Jahresüberschuss. Die Gewinnanteile der phG bleiben für Zwecke der Bemessung der Zuführung zur der gesetzlichen Rücklage unberücksichtigt.[187] 178

Die **haftungsbeschränkte UG** hat einen JA nach den für KapG geltenden Vorschriften aufzustellen (§ 5a Abs. 3 Satz 1 GmbHG). In der Bilanz dieses JA ist eine gesetzliche Rücklage zu bilden, in die ein Viertel des um einen Verlustvortrag aus dem Vorjahr geminderten Jahresüberschusses einzustellen ist (§ 5a Abs. 3 Satz 1 GmbHG). Es ist zu beachten, dass § 5a Abs. 3 GmbHG keine Obergrenze der Zuführung zu der Rücklage aufweist, sondern die Zuführungspflicht erst entfällt, wenn die Ges. ihr Stammkapital so erhöht, dass es den Betrag des Mindestkapitals nach § 5 Abs. 1 GmbHG erreicht oder übersteigt. Zuzuführen ist jeweils **ein Viertel des um einen etwaigen Verlustvortrag aus dem Vorjahr verminderten Jahresüberschusses**.[188] Die Zuführungspflicht endet erst, wenn die Ges. ihr Stammkapital durch eine Kapitalerhöhung aus Gesellschaftsmitteln auf den Betrag des Mindeststammkapitals gebracht hat (§ 5a Abs. 5 GmbHG). Es ist davon auszugehen, dass auch jede andere Form der Erhöhung des Stammkapitals auf den Betrag des Mindeststammkapital zur Aushebelung der Zuführungspflicht ausreicht. 179

Das Stammkapital bildet zusammen mit der gesetzlichen Rücklage i. S. d. § 5a Abs. 3 GmbHG, vergleichbar dem § 150 AktG, einen **gesetzlichen Reservefonds**, der nicht zur Ausschüttung an die Gesellschafter gelangen darf. Dies machen die 180

---

[186] Vgl. zum Streitstand *ADS*, 6. Aufl, § 150 AktG, Rz 68 mwN.
[187] Soweit die phG von dem Wahlrecht des § 286 Abs. 3 AktG Gebrauch machen, ist der Jahresüberschuss bereits um die Gewinnanteile der phG vermindert. Werden die Gewinnanteile der phG dagegen offen nach dem Jahresüberschuss in der Verlängerungsrechnung zur GuV ausgewiesen, ist der Jahresüberschuss für Zwecke der Bemessung einer ggf. erforderlichen Zuführung zu der gesetzlichen Rücklage um diese Gewinnanteile zu vermindern; vgl. zum Ausweis der Gewinnanteile der phG in der GuV nur *ADS*, 6. Aufl., § 286 AktG, Rz 42.
[188] Teilweise werden hier Gestaltungsspielräume gesehen; vgl. *Veil*, GmbHR 2007, S. 1083.

eingeschränkten Verwendungszwecke des § 5a Abs. 3 GmbHG deutlich. Zwar beschränkt § 30 GmbHG die Ausschüttung nur auf das zur Erhaltung des Stammkapitals erforderliche Vermögen, sodass es möglich wäre, einen Verlust zu erzeugen, zu dessen Ausgleich die Rücklage nach § 5a Abs. 3 Nr. 1 GmbHG dann herangezogen wird.[189] Damit würde der Zweck der gesetzlichen Vorschrift aber völlig verfehlt. Auch die gesetzliche Rücklage nach § 5a Abs. 3 GmbHG unterliegt daher den Verfügungsbeschränkungen der §§ 30, 31 GmbHG.[190]

### 7.3.3 Satzungsmäßige Rücklage

181  Zu den satzungsmäßigen Rücklagen i.S.d. § 266 Abs. 3 A. III. 3. HGB gehören nach hM nur die Rücklagen, die auf einer **satzungsmäßigen Dotierungsverpflichtung** – sog. Pflichtrücklagen – beruhen.[191] Demgegenüber führen Satzungsbestimmungen, die nur zur Bildung von Gewinnrücklagen ermächtigen – sog. Ermessensrücklagen –, allein zur Dotierung der anderen Gewinnrücklagen.[192]

182  Bei der **AG** ist die Bildung von satzungsmäßigen Rücklagen in § 58 AktG geregelt.[193] **Stellen Vorstand und Aufsichtsrat den JA fest** (§ 172 AktG), was der üblichen Praxis entspricht, können sie einen Teil des Jahresüberschusses, höchstens jedoch die Hälfte, in die anderen Gewinnrücklagen einstellen (§ 58 Abs. 2 Satz 1 AktG), wobei die Satzung Vorstand und Aufsichtsrat zur Einstellung eines größeren oder kleineren Teils des Jahresüberschusses ermächtigen kann (§ 58 Abs. 2 Satz 2 AktG). Da es sich hierbei um eine zusätzliche Zuführung handelt, die im Ermessen von Vorstand und Aufsichtsrat liegt, sind die anderen Gewinnrücklagen i.S.v. § 266 Abs. 3 A. III. 4. HGB zu dotieren und nicht die satzungsmäßigen Rücklagen i.S.d. § 266 Abs. 3 A. III. 3. HGB. Das lässt sich auch aus § 58 Abs. 2 Satz 1 AktG entnehmen, der ausdrücklich von „anderen Gewinnrücklagen" spricht (zum Ausweis in der Bilanz und der GuV vgl. Rz 14 ff.).[194]

183  Wird der **JA ausnahmsweise von der HV festgestellt** (§ 173 Abs. 1 AktG), kann die Satzung für diesen Fall bestimmen, dass Beträge aus dem Jahresüberschuss in andere Gewinnrücklagen einzustellen sind (§ 58 Abs. 1 Satz 1 AktG). Aufgrund einer solchen Satzungsbestimmung kann höchstens die Hälfte des Jahresüberschusses in andere Gewinnrücklagen eingestellt werden (§ 58 Abs. 1 Satz 2 AktG). Dabei sind Beträge, die in die gesetzliche Rücklage einzustellen sind, und ein Verlustvortrag vorab von dem Jahresüberschuss abzuziehen (§ 58 Abs. 1 Satz 3 AktG). Zwar sieht § 58 Abs. 1 Satz 1 AktG eine Pflichtdotierung vor, jedoch schreibt der Wortlaut der Vorschrift gleichwohl eine Einstellung in die anderen Gewinnrücklagen vor.[195] Demgem. hat der Ausweis bei der AG unter den anderen Gewinnrücklagen i.S.v. § 266 Abs. 3 A. III. 4. HGB zu erfolgen (zum Ausweis in der Bilanz und in der GuV vgl. Rz 14 ff.).[196]

---

[189] So wohl *Noack*, DB 2007, S. 1396.
[190] Ebenso *Bunnemann/Zirngibl*, Auswirkungen des MoMiG auf bestehende GmbHs, S. 50.
[191] Vgl. *Förschle/Hoffmann*, in Beck Bil-Komm, 9. Aufl., § 272 HGB, Rz 250.
[192] Vgl. *Küting/Reuter*, in *Küting/Pfitzer/Weber*, HdR, § 272 HGB, Rn 158, Stand 11/2009.
[193] Vgl. *Küting/Reuter*, in *Küting/Pfitzer/Weber*, HdR, § 272 HGB, Rn 160, Stand 11/2009.
[194] Vgl. ADS, 6. Aufl., § 272 HGB, Rz 153; a.A. *Haller*, DB 1987, S. 648.
[195] Die Ausweisfrage hat Bedeutung für die Berechnung der Höchstgrenze der Dotierungsmöglichkeiten des Vorstands nach § 58 Abs. 2 Satz 2 AktG. Wenn die anderen Gewinnrücklagen die Hälfte des Grundkapitals übersteigen, kann von der Ermächtigung kein Gebrauch mehr gemacht werden.
[196] Vgl. ADS, 6. Aufl., § 272 HGB, Rz 153 mwN.

**184** Darüber hinaus erlaubt § 58 Abs. 3 Satz 1 AktG der HV der AG, im Wege des **Gewinnverwendungsbeschlusses** weitere Beträge in die Gewinnrücklagen einzustellen (§ 174 AktG). Auch diese Beträge sind, da es sich ebenfalls um eine Zuführung handelt, die im Ermessen der HV liegen, als andere Gewinnrücklagen i. S. v. § 266 Abs. 3 A. III. 4. HGB auszuweisen.[197]

**185** Unter Berücksichtigung der vorstehenden Ausführungen wird deutlich, dass satzungsmäßige Gewinnrücklagen bei der AG im Grunde nicht gebildet werden können.[198] Vor diesem Hintergrund ist die in der Literatur umstrittene Frage verständlich, ob in der Satzung eine Regelung getroffen werden kann, die die **HV zu einer Rücklagendotierung im Rahmen der Gewinnverwendung verpflichtet**. Nach § 58 Abs. 4 AktG scheint dies möglich. Es heißt dort, dass die Aktionäre Anspruch auf den Bilanzgewinn haben, soweit er nicht nach der Satzung von der Verteilung unter den Aktionären ausgeschlossen ist. Für die Zulässigkeit einer solchen Satzungsbestimmung spricht im Übrigen, dass nach § 58 Abs. 3 Satz 2 AktG sogar eine Regelung in die Satzung aufgenommen werden kann, nach der die Verteilung des Bilanzgewinns ganz ausgeschlossen wird, um ihn der Verfolgung gemeinnütziger Zwecke zuzuführen.[199] Zudem wird im Hinblick auf § 158 Abs. 1 Nr. 4c AktG, der ansonsten leer liefe, davon auszugehen sein, dass derartige Beträge in die satzungsmäßigen Gewinnrücklagen einzustellen sind.[200] Folglich sind Einstellungen in die satzungsmäßigen Rücklagen auf der Grundlage einer die HV verpflichtenden Satzungsregelung nach § 58 Abs. 4 AktG zulässig. In diesem Fall ist die Dotierung der satzungsmäßigen Rücklagen schon im Rahmen der Aufstellung des JA vorzunehmen und in der Verlängerungsrechnung zur GuV zu zeigen (§ 158 Abs. 1 Nr. 4c AktG). Alternativ ist auch eine Angabe im Anhang zulässig (§ 158 Abs. 1 Satz 2 AktG).[201]

**186** Die handelsbilanzielle Abbildung von **Entnahmen** aus der satzungsmäßigen Rücklage hängt von dem in der Satzung festgelegten Zweck ab, der ihrer Bildung zugrunde liegt.[202]

> **Beispiel**
> Sollen sie bspw. einer Kapitalerhöhung aus Gesellschaftsmitteln dienen, ist nach entsprechendem Beschluss der HV unmittelbar in der Bilanz eine Umbuchung vorzunehmen.

---

[197] Vgl. auch *Küting/Reuter*, in *Küting/Pfitzer/Weber*, HdR, § 272 HGB, Rn 162, Stand 11/2009.
[198] So auch *Küting/Reuter*, in *Küting/Pfitzer/Weber*, HdR, § 272 HGB, Rn 163, Stand 11/2009, die § 58 Abs. 4 AktG als einzige Grundlage zur Bildung einer satzungsmäßigen Rücklage i. S. d. § 266 Abs. 3 A. III. 3. HGB ansehen.
[199] Vgl. *Hüffer*, AktG, 9. Aufl., § 58 Rn 25.
[200] Vgl. *ADS*, 6. Aufl., § 272 HGB, Rz 154 sowie § 58 AktG, Rz 134 ff.; *Müller*, WPg 1969, S. 247; *Bayer*, in Münchner Kommentar zum AktG, § 58 Rn 94; a. A. *Lutter*, in Kölner Kommentar zum AktG, 2. Aufl., § 58 Anm 69.
[201] Wird durch eine Satzungsbestimmung die in § 150 Abs. 2 AktG vorgesehene Obergrenze des gesetzlichen Reservefonds erhöht, folgt daraus keine Zuführung zu den satzungsmäßigen Rücklagen, sondern zu der gesetzlichen Rücklage nach § 150 Abs. 1 und 2 AktG.
[202] Beispiele für zweckgebundene satzungsmäßige Rücklagen sind die Substanzerhaltungsrücklage, die Erneuerungsrücklage, die Rücklage zur Anlagenausstattung, die Rücklage für Werbefeldzüge etc.; vgl. *Küting/Reuter*, in *Küting/Pfitzer/Weber*, HdR, § 272 HGB, Rn 165, Stand 11/2009.

Entnahmen erfolgen nach Maßgabe des § 270 Abs. 2 HGB im Rahmen der Aufstellung des JA. Sie sind in der Bilanz oder im Anhang gesondert anzugeben (§ 152 Abs. 3 Nr. 3 AktG) und in der Verlängerungsrechnung zur GuV auszuweisen (§ 158 Abs. 1 Nr. 3c AktG).

187 Das Gesetz schreibt eine **Untergliederung der satzungsmäßigen Rücklagen** entsprechend den festgelegten Zwecken nicht vor. Gleichwohl ist es im Interesse einer klareren Darstellung zu empfehlen, zumindest nicht unerhebliche zweckgebundene satzungsmäßige Rücklagen gesondert auszuweisen oder im Anhang zu erläutern.

188 Die **satzungsmäßigen Rücklagen** und die anderen Gewinnrücklagen werden bei der **KGaA** – gleichgültig ob die Dotierung im Rahmen der Aufstellung oder der Gewinnverwendung vorgenommen wird – allein aus dem auf die Kommanditaktionäre entfallenden Jahresüberschuss bedient.

189 Für den JA der KGaA ist nach aktienrechtlichen Vorschriften zu entscheiden, ob und inwieweit außer den Einstellungen aus dem Jahresüberschuss in die gesetzliche Rücklage weitere **Dotierungen der Gewinnrücklage** erfolgen dürfen und in wessen Zuständigkeit die Entscheidung darüber liegt. Umstritten ist, ob § 58 Abs. 1 und 2 AktG Anwendung finden.[203] Diese auf die AG zugeschnittene Vorschrift unterscheidet danach, ob die Feststellung des JA durch die HV oder den Vorstand und den Aufsichtsrat erfolgt. Insoweit geht die Verweisung des § 278 Abs. 3 AktG also eigentlich ins Leere, da die Feststellung des JA der KGaA allein der HV obliegt. Im Hinblick auf die Besonderheiten der KGaA ist es sachgerecht, dass die phG bereits bei Aufstellung des JA die Hälfte des Jahresüberschusses in die Gewinnrücklagen einstellen dürfen. Dem kann die HV im Wege der Feststellung des JA zustimmen. Soll ein höherer Anteile als die Hälfte des Jahresüberschusses in die anderen Gewinnrücklagen eingestellt werden, bedarf es einer entsprechenden Satzungsregelung (§ 58 Abs. 2 Satz 2 AktG).

190 Der Gesellschaftsvertrag einer **GmbH** kann verpflichtend vorschreiben, dass die Geschäftsführung oder die GesV bestimmte Beträge in die Gewinnrücklagen einzustellen hat (§ 29 Abs. 1 Satz 1 GmbHG). Ist die Bestimmung des Gesellschaftsvertrags verpflichtend, hat der Ausweis innerhalb der satzungsmäßigen Rücklagen zu erfolgen. Handelt es sich um eine Ermessensdotierung, sind die Beträge innerhalb der anderen Gewinnrücklagen auszuweisen. Darüber hinaus sind auch bei der GmbH gesellschaftsvertragliche Regelungen denkbar, die eine verpflichtende Dotierung der satzungsmäßigen Rücklagen im Rahmen der Gewinnverwendung vorsehen (§ 29 Abs. 2 GmbHG).

### 7.3.4 Andere Gewinnrücklagen

191 Der Posten „Andere Gewinnrücklagen" nach § 272 Abs. 3 Satz 2 Alt. 3 HGB beinhaltet als **Auffangtatbestand** alle Gewinnrücklagen, die nicht in den Posten nach § 266 Abs. 3 A. III. 1. bis 3. HGB zu erfassen sind. Hierunter fällt bei der **AG** die Einstellung aufgrund satzungsmäßiger Dotierungspflicht nach § 58 Abs. 1 Satz 1 AktG bei Feststellung des JA durch die HV (§ 173 Abs. 2 Satz 2

---

[203] Vgl. zum Streitstand *ADS*, 6. Aufl., § 286 AktG, Rz 65.

AktG).²⁰⁴ Da es sich hier um eine zwingende Dotierung der anderen Gewinnrücklagen handelt, hat der Vorstand diese im Rahmen der Aufstellung des JA zu berücksichtigen. In der Bilanz oder im Anhang ist gesondert anzugeben, welcher Betrag dem Posten aus dem Jahresüberschuss des Gj zugeführt worden ist (§ 152 Abs. 3 Nr. 2 AktG). Zudem ist der Betrag brutto über die Verlängerungsrechnung zur GuV zu buchen (§ 158 Abs. 1 Nr. 4d AktG).

Ebenso sind Einstellungen nach § 58 Abs. 2 Satz 1 AktG durch den Vorstand und den Aufsichtsrat – bei Feststellung des JA durch diese – in dem Posten zu erfassen. Vorstand und Aufsichtsrat können danach höchstens die **Hälfte des um die Zuführung zu den gesetzlichen Rücklagen und einen Verlustvortrag verminderten Jahresüberschusses in die anderen Gewinnrücklagen** einstellen. Nach § 58 Abs. 2 Satz 2 AktG kann die Satzung den Vorstand und den Aufsichtsrat zur Einstellung eines größeren oder kleineren Teils des Jahresüberschusses ermächtigen. Aufgrund einer solchen Satzungsbestimmung dürfen aber keine Beträge in die anderen Gewinnrücklagen eingestellt werden, wenn diese die Hälfte des Grundkapitals übersteigen oder nach der Einstellung übersteigen würden (§ 58 Abs. 2 Satz 3 AktG). Die Einstellungen sind bei Aufstellung des handelsrechtlichen JA vorzunehmen und in der Bilanz oder im Anhang gesondert anzugeben (§ 152 Abs. 3 Nr. 2 AktG). Zudem ist die Einstellung über die Verlängerungsrechnung zur GuV zu buchen (§ 158 Abs. 1 Nr. 4d AktG). Eine direkte Einstellung ohne Berührung der GuV ist nicht zulässig. **192**

Nach Maßgabe des § 58 Abs. 3 Satz 1 AktG kann die HV im **Beschluss über die Verwendung des Bilanzgewinns** weitere Beträge in die Gewinnrücklagen – also auch in die anderen Gewinnrücklagen – einstellen. Denkbar ist auch, die Zuführung zu den anderen Gewinnrücklagen mit einer Zweckbindung zu versehen.²⁰⁵ Zuführungen zu den anderen Gewinnrücklagen nach Maßgabe des § 58 Abs. 3 Satz 1 AktG berühren erst den handelsrechtlichen JA des Folgejahrs. Zu dem Posten ist im Folgejahr gem. § 152 Abs. 3 Nr. 1 AktG in der Bilanz oder im Anhang gesondert anzugeben, welchen Betrag die HV aus dem Bilanzgewinn des Vj eingestellt hat.²⁰⁶ **193**

§ 58 Abs. 2a AktG erlaubt dem Vorstand und dem Aufsichtsrat die Einstellung des Eigenkapitalanteils von **Wertaufholungen** in die anderen Gewinnrücklagen.²⁰⁷ Die Einstellung erfolgt im Rahmen der Gewinnverwendung ohne Anrechnung („unbeschadet") auf die betragsmäßigen Begrenzungen der Gewinnverwendung **194**

---

204 Dieser Fall ist streng von der Rücklagenbildung durch die HV im Rahmen der Gewinnverwendung zu unterscheiden (§ 58 Abs. 3 AktG). Grundlage der Einstellung in die anderen Gewinnrücklagen ist der Jahresüberschuss, Grundlage der Gewinnverwendung ist der Bilanzgewinn.
205 Entfällt die Zweckbindung, so ist die zweckgebundene andere Gewinnrücklage durch den Vorstand erfolgswirksam aufzulösen. Sie erhöht den Bilanzgewinn und fällt wieder in die Dispositionsbefugnis der HV.
206 § 58 Abs. 3 Satz 2 AktG räumt zudem die Möglichkeit ein, die HV durch Satzungsregelung zu ermächtigen, eine andere Verwendung als zur Dotierung der Gewinnrücklagen, zur Ausschüttung oder zum Gewinnvortrag zu beschließen. Hauptzweck dieser Vorschrift ist es, eine Verwendung des Bilanzgewinns zugunsten Dritter, d.h. weder der AG noch der Aktionäre, zuzulassen. Dabei wird insbesondere an gemeinnützige Zwecke gedacht.
207 Das Recht zur Rücklagenbildung nach § 58 Abs. 2a AktG steht Vorstand und Aufsichtsrat nur zu, solange diese auch den JA feststellen. Die Kompetenz zur Rücklagenbildung – auch bez. § 58 Abs. 2a AktG – wird bei Feststellung des JA durch die HV allein durch § 173 Abs. 2 AktG geregelt. § 173 Abs. 2 Satz 2 AktG schreibt aber vor, dass die HV nur Beträge in die Gewinnrücklagen einstellen darf, die nach Gesetz oder Satzung einzustellen sind.

in § 58 Abs. 1 und 2 AktG. Nach § 58 Abs. 2a AktG ist der Betrag dieser Rücklagen entweder in der Bilanz gesondert auszuweisen oder im Anhang anzugeben.[208] In der GuV ist der Betrag gem. § 158 Abs. 1 Nr. 4d AktG zusammen mit den sonstigen Einstellungen in die anderen Gewinnrücklagen zu zeigen. Eine unmittelbare Einstellung in die anderen Gewinnrücklagen ist nicht zulässig.

195 Liegt ein (Teil-)**Gewinnabführungsvertrag** vor, bestimmt § 301 AktG den Höchstbetrag der Gewinnabführung. Danach kann eine AG, gleichgültig welche Vereinbarungen über die Berechnung des abzuführenden Gewinns getroffen worden sind, als ihren Gewinn höchstens den ohne Gewinnabführung entstehenden Jahresüberschuss, vermindert um einen Verlustvortrag aus dem Vorjahr und um den Betrag, der nach § 300 AktG in die gesetzlichen Rücklagen einzustellen ist, abführen. Aus dem Wortlaut des § 301 Satz 1 AktG („… höchstens …") lässt sich entnehmen, dass im (Teil-)Gewinnabführungsvertrag Zuführungen zu den anderen Gewinnrücklagen vereinbart werden können. Umgekehrt ist eine Zuführung zu den anderen Gewinnrücklagen bei wirksamem (Teil-)Gewinnabführungsvertrag nur mit entsprechender vertraglicher Vereinbarung überhaupt möglich. Nach § 301 Satz 2 AktG können Beträge, die während der Dauer des Vertrags in die anderen Gewinnrücklagen eingestellt worden sind, diesen entnommen und als Gewinn abgeführt werden. Ein Bilanzgewinn entsteht dadurch nicht; es erhöhen sich die Aufwendungen nach § 277 Abs. 3 Satz 2 HGB in der GuV.[209] Demgegenüber dürfen die sog. vorvertraglichen anderen Gewinnrücklagen – also andere Gewinnrücklagen, die bei Wirksamwerden des (Teil-)Gewinnabführungsvertrags bereits bestanden, – einschl. eines Gewinnvortrags nicht aufgelöst und abgeführt werden. Dies ergibt sich im Umkehrschluss aus § 301 Satz 2 AktG. Damit ist jedoch eine Auflösung und Ausschüttung an alle Gesellschafter im Rahmen der Gewinnverwendung nach § 174 AktG keineswegs generell ausgeschlossen. Besondere Bedeutung gewinnen die anderen Gewinnrücklagen zudem für die Frage des Verlustausgleichs nach § 302 Abs. 1 AktG. Besteht ein Beherrschungs- oder Gewinnabführungsvertrag, so ist jeder während der Vertragsdauer sonst entstehende Jahresfehlbetrag auszugleichen, soweit dieser nicht dadurch ausgeglichen werden kann, dass den anderen Gewinnrücklagen Beträge entnommen werden, die während der Vertragsdauer in sie eingestellt worden sind.[210]

196 **Entnahmen** aus den anderen Gewinnrücklagen werden durch den Vorstand bei Aufstellung des JA vorgenommen. Denkbar sind Entnahmen zum Ausgleich eines Jahresfehlbetrags (§ 150 Abs. 3 Nr. 1 AktG) oder eines Verlustvortrags aus dem Vorjahr (§ 150 Abs. 3 Nr. 2 AktG), zur Ausschüttung oder zur Umwandlung in Grundkapital durch eine Kapitalerhöhung aus Gesellschaftsmitteln (§ 208 AktG). Darüber hinaus ist auch eine Dotierung der gesetzlichen Rücklage zulasten der anderen Gewinnrücklagen möglich. Die Entnahmen des Gj sind gem. § 152 Abs. 3 Nr. 3 AktG in der Bilanz oder im Anhang zu den einzelnen

---

[208] Die Vorschrift ist nach hier vertretener Auffassung lex specialis zu § 152 Abs. 3 Nr. 2 AktG.
[209] Vgl. *ADS*, 6. Aufl., § 272 HGB, Rz 168.
[210] Vgl. *ADS*, 6. Aufl., § 272 HGB, Rz 168 sowie zu weiteren Einzelheiten *Müller*, in FS Goerdeler, S. 375.

Posten gesondert anzugeben. Zudem müssen sie, abgesehen von der Kapitalerhöhung aus Gesellschaftsmitteln, in der Verlängerungsrechnung zur GuV gezeigt werden (§ 158 Abs. 1 Nr. 4 AktG).[211]

Der HV der **KGaA** bleibt es zudem unbenommen, aus dem Bilanzgewinn im Rahmen der Gewinnverwendung weitere Beträge in die **anderen Gewinnrücklagen** einzustellen (§§ 278 Abs. 3, 58 Abs. 3, 174 Abs. 2 AktG). Dies kann bereits entsprechend durch die phG vorgeschlagen werden; anderenfalls steht nichts entgegen, wenn die HV von dem Gewinnverwendungsvorschlag der phG abweicht und beschließt weitere Beträge in die anderen Gewinnrücklagen einzustellen. Eine Änderung des JA ist damit nicht verbunden (§ 174 Abs. 2 AktG). 197

Für die **GmbH** fehlen gesetzliche Vorschriften, die zu einer Einstellung von Beträgen in die Gewinnrücklagen verpflichten. Umgekehrt bestehen auch keine gesetzlichen Verwendungsbeschränkungen. Es obliegt den Gesellschaftern oder dem sonst zuständigen Gewinnverwendungsorgan, nach Maßgabe des § 29 Abs. 2 GmbHG mit einem **Gewinnverwendungsbeschluss** Beträge in die Gewinnrücklagen einzustellen. Der Geschäftsführung ist es im Rahmen der Aufstellung des JA erlaubt, den Eigenkapitalanteil von Wertaufholungen bei VG des AV und UV mit Zustimmung des AR oder der Gesellschafter, in die Gewinnrücklagen einzustellen (§ 29 Abs. 4 Satz 1 GmbHG). Der Betrag dieser Rücklagen i.S.d. § 29 Abs. 4 Satz 1 GmbHG ist entweder in der Bilanz gesondert auszuweisen oder im Anhang anzugeben (§ 29 Abs. 4 Satz 2 GmbHG). Darüber hinaus kann die Geschäftsführung durch den Gesellschaftsvertrag oder Beschlüsse der Gesellschafter berechtigt werden, Gewinnrücklagen schon während der Aufstellung zu dotieren oder aufzulösen. 198

## 7.4 Rücklage für Anteile an einem herrschenden oder mehrheitlich beteiligten Unternehmen (Abs. 4)

Die Funktion der Rücklage für eigene Anteile besteht in einer **Ausschüttungssperre** zum Schutz der Gläubiger. Zwar ist der Erwerb eigener Anteile gesellschaftsrechtlich nur zulässig, soweit er aus dem freien Vermögen erfolgt (§ 71 Abs. 2 Satz 2 AktG, § 33 Abs. 2 Satz 1 GmbHG). Der Gesetzgeber hält dies jedoch nicht für ausreichend, sondern vertritt die Auffassung, dass der Gegenwert der aktivierten eigenen Anteile dauerhaft mit der verpflichtend zu bildenden Rücklage für eigene Anteile gegen eine Ausschüttung zu sperren ist. Dies ist auch gerechtfertigt, denn eigene Anteile sind besonders unsichere Werte. Sie bergen das Risiko, dass sich Unternehmensverluste noch verstärken. Anders als bei VG ist der Wert eigener Anteile grds. unmittelbar an die Wertentwicklung des Unt gebunden. Befindet sich ein Unt – aus welchen Gründen auch immer – in einer Schwächephase und erwirtschaftet Verluste, erhöhen sich diese Verluste üblicherweise noch durch die dann erforderliche außerplanmäßige Abschreibung der aktivierten eigenen Anteile. 199

Mit dem verpflichtenden Ausweis der (aller) eigenen Anteile auf der Passivseite der Bilanz (§ 272 Abs. 1a und b HGB) ist die Rücklage für eigene Anteile entbehrlich 200

---

[211] Eine Entnahme zur Dotierung der gesetzlichen Rücklage i.S.d. § 150 AktG lässt sich nur dann unter Umgehung des § 158 AktG erreichen, wenn die Entnahme zur Erhöhung des Bilanzgewinns vorgenommen wird und die Einstellung in die gesetzliche Rücklage durch die HV erfolgt. Dies erfordert nur eine Angabe nach § 152 Abs. 3 Nr. 1 AktG im folgenden JA.

geworden. Der Grund für die verpflichtende Bildung einer Rücklage für eigene Anteile, die Aktivierung eigener Anteile, besteht nur noch eingeschränkt, nämlich in Bezug auf die Anteile, die die bilanzierungspflichtige KapG an einem herrschenden oder einem mehrheitlich beteiligten Unt hält (sog. **Rückbeteiligung**). Demgemäß schreibt § 272 Abs. 4 Satz 1 HGB vor, dass für Anteile an einem herrschenden oder mit Mehrheit beteiligten Unt eine Rücklage zu bilden ist.[212]

201 Die Überlegungen, die für die Bildung einer Rücklage für eigene Anteile bei der emittierenden Ges. galten, galten und gelten auch für die Bildung einer Rücklage für Anteile an einem herrschenden oder mit Mehrheit beteiligten Unt. Mit der Vorschrift sollte und soll eine Lücke geschlossen werden. Aus der Sicht des herrschenden oder mehrheitlich beteiligten Unt macht es keinen Unterschied, ob es die eigenen Anteile selbst hält oder sie von einem abhängigen oder im Mehrheitsbesitz stehenden Unt gehalten werden, denn zumindest die in ihrer Bilanz ausgewiesene Beteiligung an dem abhängigen oder im Mehrheitsbesitz stehenden Unt repräsentiert wirtschaftlich auch die von diesem gehaltenen eigenen Anteile. Insofern rechtfertigt sich auch eine Ausschüttungssperre, denn etwaige Verluste des herrschenden oder mehrheitlich beteiligten Unt schlagen auf den Wertansatz der Anteile bei dem abhängigen oder im Mehrheitsbesitz stehenden Unt durch, was sich auf Ebene des herrschenden oder mehrheitlich beteiligten Unt wiederum auf den Beteiligungsansatz auswirkt.[213] Es besteht damit für das herrschende oder mehrheitlich beteiligte Unt die **Gefahr der Verlustdoppelung** auch dann, wenn die eigenen Anteile bei dem abhängigen oder im Mehrheitsbesitz stehenden Unt liegen.[214]

202 § 266 Abs. 3 A. III. 2. HGB sieht den **gliederungstechnischen Ausweis** der Rücklage für Anteile an einem herrschenden oder mehrheitlich beteiligten Unt innerhalb der Gewinnrücklagen vor. Unter systematischen Gesichtspunkten wäre es besser gewesen, die Rücklage für Anteile an einem herrschenden oder mehrheitlich beteiligten Unt als weitere Kategorie neben die Kapital- und die Gewinnrücklage zu stellen. Dies gilt umso mehr, als die Rücklage für Anteile an einem herrschenden oder mehrheitlich beteiligten Unt sowohl zulasten der Gewinnrücklagen als auch zulasten der frei verfügbaren Kapitalrücklage oder des Jahresergebnisses dotiert werden kann.

203 Aktien einer herrschenden oder mit Mehrheit beteiligten AG können gesellschaftsrechtlich zulässig nur unter den Voraussetzungen des § 71d Satz 2 AktG i. V. m. § 71 AktG erworben werden. Dabei ist **von einem Ausweis im Umlaufvermögen** auszugehen, wenn die Aktien zur Abwendung eines schweren und unmittelbar bevorstehenden Schadens (§ 71 Abs. 1 Nr. 1 AktG), zur Weiterveräußerung an Arbeitnehmer (§ 71 Abs. 1 Nr. 2 AktG), zur Abfindung von Aktionären (§ 71 Abs. 1 Nr. 3 AktG), zur Einziehung zwecks Herabsetzung des

---

[212] Die Beantwortung der Frage, ob ein Unt herrschend oder mehrheitlich beteiligt ist, bestimmt sich nach den §§ 16, 17 AktG. Es gilt der aktienrechtliche Unternehmensbegriff; vgl. auch *ADS*, 6. Aufl., § 272 HGB, Rz 204.

[213] Vgl. zum Ganzen auch *Zilias/Lanfermann*, WPg 1980, S. 94.

[214] Insoweit ist die Ausschüttungssperre auch nicht nur bei in 100 %igem Anteilsbesitz stehenden Unt gerechtfertigt, sondern auch, wenn an dem abhängigen oder im Mehrheitsbesitz stehenden Unt auch Minderheitsgesellschafter beteiligt sind; vgl. dazu auch *Seidler*, Eigene Aktien, S. 116. Das gilt umso mehr, als die eigenen Anteile bei dem abhängigen oder im Mehrheitsbesitz stehenden Unt nicht zwingend im Umlaufvermögen auszuweisen sind, also auch stille Lasten bergen können.

Grundkapitals (§ 71 Abs. 1 Nr. 6 AktG) oder zum Zweck des Wertpapierhandels (§ 71 Abs. 1 Nr. 7 AktG) erworben werden.²¹⁵ Darüber hinaus können eigene Aktien auch unentgeltlich oder im Wege der Gesamtrechtsnachfolge erworben werden (§ 71 Abs. 1 Nr. 4 und 5 AktG). In beiden Fällen ist ein **Ausweis im Anlagevermögen** unter den Finanzanlagen denkbar (§ 266 Abs. 2 A. III. HGB).²¹⁶ Das Gleiche gilt auch für einen Erwerb nach § 71 Abs. 1 Nr. 8 AktG.

Natürlich kann ein abhängiges oder im Mehrheitsbesitz stehendes Unt auch die Geschäftsanteile einer herrschenden oder mit Mehrheit beteiligten **GmbH** erwerben. Da hier keine dem Aktienrecht vergleichbaren Erwerbsbeschränkungen in Form von zu beachtenden Erwerbszwecken bestehen, richtet sich die Zuordnung zum Anlage- oder Umlaufvermögen nach den allgemeinen Grundsätzen (§ 247 Abs. 2 HGB), wobei auch hier natürlich von Bedeutung ist, ob eine Unternehmensverbindung i. S. d. § 271 Abs. 2 HGB vorliegt.

204

Nach § 272 Abs. 4 Satz 3 Hs. 1 HGB ist die Rücklage für Anteile an einem herrschenden oder mehrheitlich beteiligten Unt bereits **bei der Aufstellung der Bilanz** zu bilden. Daraus folgt gleichzeitig, dass der JA zumindest unter Berücksichtigung der teilweisen Verwendung des Jahresergebnisses aufzustellen ist (§ 268 Abs. 1 Satz 1 HGB).

205

In die Rücklage ist ein Betrag einzustellen, der dem auf der Aktivseite der Bilanz für die Anteile an dem herrschenden oder mit Mehrheit beteiligten Unt angesetzten Betrag (§ 253 Abs. 1 Satz 1 HGB) entspricht (§ 272 Abs. 4 Satz 2 HGB). Werden die **Anteile unentgeltlich überlassen**, braucht eine Rücklage nicht gebildet zu werden, wenn der Ansatz nur mit einem Erinnerungswert erfolgt. Wird der Ansatz der eigenen Anteile im Zugangszeitpunkt hingegen zum beizulegenden Zeitwert vorgenommen, ist eine Rücklage für die Anteile an dem herrschenden oder mit Mehrheit beteiligten Unt i. H. d. beizulegenden Zeitwerts der aktivierten eigenen Anteile vorzunehmen.

206

Die Rücklage für Anteile an einem herrschenden oder mehrheitlich beteiligten Unt darf aus **vorhandenen frei verfügbaren Rücklagen** gebildet werden (§ 272 Abs. 4 Satz 3 Hs. 2 HGB). Zu den frei verfügbaren Rücklagen zählen die satzungsmäßigen und die anderen Gewinnrücklagen, soweit die Satzung oder der Gesellschaftsvertrag hierfür keine anderweitige Zweckbindung vorschreibt. Mit dem neu gefassten § 272 Abs. 4 Satz 3 HGB wird zudem insb. auch die bisher bestehende Unsicherheit darüber beseitigt, ob von der Vorschrift auch Kapitalrücklagen nach § 272 Abs. 2 Nr. 4 HGB umfasst sind. Dies war aufgrund des Wortlauts des bisherigen § 272 Abs. 4 Satz 3 HGB, der ausdrücklich auf vorhandene Gewinnrücklagen abstellte, nicht zweifelsfrei, weswegen § 272 Abs. 4 Satz 3 HGB nunmehr den Begriff der frei verfügbaren Rücklagen verwendet. Nicht zu den frei verfügbaren Rücklagen zählen aber die gesetzliche Rücklage (§ 150 Abs. 1 und 2 AktG) und die Kapitalrücklage nach § 272 Abs. 2 Nr. 1 bis 3 HGB (die Ausführungen zu den eigenen Anteilen unter Rz 67 ff. gelten entsprechend).

207

---

²¹⁵ Vgl. ADS, 6. Aufl., § 266 HGB, Rz 74, wonach ein Ausweis entweder unter § 266 Abs. 2 B. III. 1. HGB („Anteile an verbundenen Unternehmen"), soweit die Voraussetzungen des § 271 Abs. 2 HGB erfüllt sind, oder unter § 266 Abs. 2 B. III. 3. HGB („Sonstige Wertpapiere") infrage kommt.

²¹⁶ In diesem Zusammenhang ist zu beachten, dass das herrschende oder mehrheitliche Beteiligung Unt jederzeit die Übertragung der eigenen Aktien verlangen kann (§ 71d AktG). Folglich müssen für einen Ausweis im Anlagevermögen hinreichende Anhaltspunkte vorliegen, dass dieses Recht nicht ausgeübt wird; vgl. auch Grottel/Kreher, Beck Bil-Komm., 9. Aufl., § 266 HGB, Rz 73.

208 Einstellungen in die Rücklage für Anteile an einem herrschenden oder mehrheitlich beteiligten Unt sind – anders als im Fall der Verrechnung – in der **Verlängerungsrechnung zur GuV** zu zeigen (§ 158 Abs. 1 Satz 1 Nr. 4 AktG). Die Angaben können nach § 158 Abs. 1 Satz 2 AktG auch im Anhang gemacht werden. Auch die Verwendung eines Gewinnvortrags ist in der Verlängerungsrechnung nach § 158 Abs. 1 Satz 1 AktG oder im Anhang (§ 158 Abs. 1 Satz 2 AktG) kenntlich zu machen. Wird eine Rücklage für eigene Anteile an einem herrschenden oder mit Mehrheit beteiligten Unt zulasten der Kapitalrücklage nach § 272 Abs. 2 Nr. 4 HGB oder zulasten anderer frei verfügbarer Gewinnrücklagen gebildet, liegt eine Umwidmung von Rücklagen vor. Besondere Angaben hierzu schreibt § 152 AktG nicht vor. Sie gleichwohl freiwillig vorzunehmen ist jedoch zum Verständnis der Rücklagenbewegungen zu empfehlen.

209 Die Rücklage für Anteile an einem herrschenden oder mit Mehrheit beteiligten Unt ist **aufzulösen**, soweit die Anteile an dem herrschenden oder mit Mehrheit beteiligten Unt veräußert, ausgegeben oder eingezogen werden oder auf der Aktivseite ein niedrigerer Betrag angesetzt wird (§ 272 Abs. 4 Satz 4 HGB). Aus der Vorschrift ergibt sich gleichzeitig, dass eine Auflösung für andere Zwecke nicht zulässig ist.

210 Das Gesetz sieht hier eine **Auflösungspflicht** vor. Den Anteilseignern sollen nicht dauerhaft Beträge entzogen oder die Gewinnverteilungskompetenzen durch Eingriffe in die Rechte der Anteilseigner verändert werden. Dies gilt umso mehr, als es keine Gründe gibt, die Rücklage bei Verminderung des aktivierten Betrags beizubehalten.[217]

211 **Entnahmen** aus der Rücklage für Anteile an einem herrschenden oder mit Mehrheit beteiligten Unt sind in der GuV nach § 158 Abs. 1 Satz 1 Nr. 3b AktG auszuweisen. Alternativ ist auch eine Angabe im Anhang möglich (§ 158 Abs. 1 Satz 2 AktG).

212 Die vorstehenden Ausführungen zum Erwerb und zur Veräußerung von Anteilen an einem herrschenden oder mehrheitlich beteiligten Unt durch die AG gelten für die **KGaA und die SE** entsprechend.

213 § 272 Abs. 4 HGB ist auch auf den Erwerb von Anteilen an einem herrschenden oder mehrheitlich beteiligten Unt durch eine **GmbH** anzuwenden. Die §§ 152, 158 AktG sind jedoch von der GmbH nicht zu beachten.

214 Soweit die Anteile von einer **haftungsbeschränkten UG** nach § 5a GmbHG erworben werden, kommt der Dotierung der gesetzlichen Rücklage nach § 5a Abs. 3 GmbHG – vergleichbar der gesetzlichen Rücklage nach § 150 Abs. 1 und 2 AktG – der Vorrang vor der Dotierung der Rücklage für eigene Anteile zu.

## 8 Änderung durch das BilRUG: Ausschüttungssperre für Beteiligungserträge

215 Der neue § 272 Abs. 5 Satz 1 HGB nF – der Art. 9 Abs. 7 Buchstabe c der Richtlinie 2013/34/EU umsetzt – schreibt vor, dass, soweit der auf eine Beteiligung entfallende Teil des Jahresüberschusses in der GuV die Beträge übersteigt, die als Dividende oder Gewinnanteil eingegangen sind oder auf deren Zahlung

---

[217] Umgekehrt ist der Rücklage für Anteile an einem herrschenden oder mit Mehrheit beteiligten Unt bei Wertaufholungen der aktivierten Anteile nach Maßgabe des § 253 Abs. 5 HGB wieder ein entsprechender Betrag zuzuführen.

die KapG einen Anspruch hat, der Unterschiedsbetrag in eine Rücklage einzustellen ist, die nicht ausgeschüttet werden darf. Gemäß § 272 Abs. 5 Satz 2 HGB ist die Rücklage aufzulösen, soweit die KapG die Beträge vereinnahmt oder einen Anspruch auf ihre Zahlung erwirbt. § 272 Abs. 5 Satz 1 HGB nF begründet somit eine Ausschüttungssperre für Beteiligungserträge, die am Bilanzstichtag nicht als Dividende oder Gewinnanteil eingegangen (gezahlt worden) sind oder auf deren Zahlung am Bilanzstichtag kein Anspruch besteht.

Dreh- und Angelpunkt der Diskussion der Vorschrift ist die Bedeutung des Tatbestandsmerkmals „Anspruch". Wird der Begriff dahingehend ausgelegt, dass es sich um einen rechtlich begründeten Anspruch auf Zahlung handeln muss, wären die Konsequenzen dieser Vorschrift insb. für die phasengleiche Gewinnrealisierung erheblich.[218] Zwar bliebe die phasengleiche Gewinnrealisierung weiterhin zulässig, jedoch stünden phasengleich realisierte Beteiligungserträge nicht mehr uneingeschränkt für ein „weiterschütten" zur Verfügung, da sie am Bilanzstichtag weder zugeflossen sind, noch ein rechtlich begründeter Anspruch auf Zahlung besteht. Letzterer entsteht erst mit dem Gewinnverwendungsbeschluss. Nimmt man das Vorliegen eines Anspruchs auf Zahlung i.S.d. § 272 Abs. 5 Satz 1 HGB nF dagegen bereits an, wenn dieser Anspruch zwar noch nicht besteht, aber so gut wie sicher entsteht, kommt dem späteren Gewinnverwendungsbeschluss lediglich wertaufhellende Bedeutung zu. In diesem Fall lägen die Voraussetzung des § 272 Abs. 5 Satz 1 HGB nF zur Bildung einer Ausschüttungssperre nicht vor und könnte uneingeschränkt „weitergeschüttet" werden.[219] Der letzteren Interpretation hat sich auch der Ausschuss für Recht und Verbraucherschutz des Deutschen Bundestages angeschlossen. Danach genüge es für die Entstehung eines Anspruchs i.S.d. § 272 Abs. 5 Satz 1 HGB nF, dass die KapG den Beteiligungsertrag so gut wie sicher vereinnahmen wird, auch wenn ein Beschluss des Beteiligungsunt zur Gewinnverwendung noch aussteht; auf einen Anspruch im Rechtssinn kommt es nicht an.[220]

Folgt man der Auslegung des Ausschusses für Recht und Verbraucherschutz des Deutschen Bundestags, läuft § 272 Abs. 5 Satz 1 HGB nF de facto in seinem Anwendungsbereich leer. Insbesondere für Vorabausschüttungen bei GmbHs kann die Vorschrift keine Anwendung finden, da der Zweck der Vorabausschüttung gerade darin besteht, Liquidität an das beteiligte Unt auszukehren. Hier dürfte also regelmäßig auch ein Zufluss liquider Mittel bei dem beteiligten Unt vorliegen.

Die Auslegung des Ausschusses für Recht und Verbraucherschutz des Deutschen Bundestags erscheint systematisch nicht schlüssig. Bilanziert werden üblicherweise Forderungen bzw. VG und nicht rechtliche Ansprüche. Richtig ist, dass eine Forderung nach einhelliger Auffassung bereits bilanziert werden kann, wenn der zugrunde liegende rechtliche Anspruch in seiner Entstehung so gut wie sicher ist. Fraglich ist, ob man diese für die Bilanzierung von Forderungen geltenden Überlegungen umgekehrt auf die Entstehung von rechtlichen Ansprüchen in dem Sinne übertragen kann, dass ein rechtlicher Anspruch bereits besteht, wenn

---

218 So *Arbeitskreis Bilanzrecht Hochschullehrer Rechtswissenschaft*, BB 2014, S. 2731 ff. sowie BB 2015, S. 876.
219 *Haaker*, DB 2015, S. 510 ff. sowie DB 2015, S. 879 ff.
220 Beschlussempfehlung und Bericht des Ausschusses für Recht und Verbraucherschutz zu dem Gesetzentwurf der Bundesregierung – Drucksachen 18/4050, 18/4351 – BT-Drucks. 18/5256, S. 83.

er in seiner Entstehung so gut wie sicher ist. Schon aus systematischen Gründen ist eine solche Argumentation wenig überzeugend, denn der wirtschaftliche Anspruch ist in der handelsbilanziellen Terminologie die Forderung bzw. der VG und eben nicht der Anspruch. Trotz dieser Bedenken steht für den Rechtsanwender nichts entgegen, der Auslegung des Ausschusses für Recht und Verbraucherschutz des Deutschen Bundestags zu folgen, die die bisherige Handhabung der phasengleichen Gewinnrealisierung unberührt lässt.

## 9 Gewinn- und Verlustvortrag

219 Die Art des **Ausweises eines Gewinn- oder Verlustvortrags** in der Bilanz ist davon abhängig, ob diese unter Berücksichtigung der teilweisen oder vollständigen Verwendung des Jahresergebnisses aufgestellt wird.[221] Ist dies nicht der Fall, ist ein etwa vorhandener Gewinn- oder Verlustvortrag gem. § 266 Abs. 3 A. IV. HGB auf der Passivseite der Bilanz vor dem Jahresüberschuss oder Jahresfehlbetrag (§ 266 Abs. 3 A. V. HGB) auszuweisen.

220 Wird die Bilanz hingegen unter Berücksichtigung der **teilweisen Verwendung des Jahresergebnisses** aufgestellt, so tritt an die Stelle der Posten „Jahresüberschuss/Jahresfehlbetrag" und „Gewinnvortrag/Verlustvortrag" der Posten „Bilanzgewinn/Bilanzverlust"; ein vorhandener Gewinn- oder Verlustvortrag aus dem Vorjahr ist in den Posten „Bilanzgewinn/Bilanzverlust" einzubeziehen und in der Bilanz oder im Anhang gesondert anzugeben (§ 268 Abs. 1 Satz 2 HGB) (s. § 268 Rz 8 f.).[222] Zudem scheint der Posten „Gewinnvortrag/Verlustvortrag" aus dem Vorjahr bei der AG, der KGaA und der SE in der Verlängerungsrechnung zur GuV auf (§ 158 Abs. 1 Nr. 1 AktG). Die GmbH trifft keine Verpflichtung zur Aufstellung einer Verlängerungsrechnung zur GuV, d. h., bei ihr erschöpft sich die Information zu einem Gewinn- oder Verlustvortrag aus dem Vorjahr bei Aufstellung der Bilanz unter Berücksichtigung der teilweisen Verwendung des Jahresergebnisses in der Angabe nach § 268 Abs. 1 Satz 2 HGB. Im Interesse eines klaren und übersichtlichen JA ist aber zu empfehlen, sich hinsichtlich des Ausweises in der GuV an den aktienrechtlichen Vorschriften zu orientieren.

221 Erfolgt die Aufstellung der Bilanz unter Berücksichtigung der **vollständigen Verwendung des Jahresergebnisses**, führt dies regelmäßig zu einem Bilanzgewinn/Bilanzverlust von Null. Ausnahmsweise ist aber auch denkbar, dass im Rahmen der Aufstellung beschlossen wurde, einen verbleibenden Gewinn oder Verlust auf das nächste Gj vorzutragen. Dieser Betrag ist weder in der Bilanz noch in der Verlängerungsrechnung zur GuV als Gewinnvortrag oder Verlustvortrag zu bezeichnen, sondern als Bilanzgewinn oder Bilanzverlust mit dem Zusatz „Vortrag auf neue Rechnung".[223] Zum besseren Verständnis ist der Vorgang regelmäßig im Anhang zu erläutern. Siehe dazu auch § 268 Rz 5 ff.

---

[221] Der Gewinnvortrag entstammt aus dem Vorjahr und war daher schon Teil der Berechnungsgrundlage für die Rücklagendotierung. Er steht allein zur Disposition der Aktionäre oder Gesellschafter; vgl. auch ADS, 6. Aufl., § 58 AktG, Rz 18.

[222] Ein auf neue Rechnung vorgetragener Gewinn oder Verlust des Gj ist hier nicht gemeint, da dieser nur im Rahmen der vollständigen Verwendung des Jahresergebnisses entstehen kann.

[223] Handelsbilanziell meint der Begriff „Gewinnvortrag/Verlustvortrag" immer einen Betrag aus dem Vorjahr, der auf neue Rechnung vorgetragen wird. Insofern ist § 174 Abs. 2 AktG etwas missverständlich, weil er für den Gewinnverwendungsbeschluss auch den Begriff „Gewinnvortrag" vorsieht.

In der Praxis tritt häufig die Frage auf, was mit einem Jahresüberschuss oder 222
einem Jahresfehlbetrag geschieht, soweit es an einem **Gewinnverwendungsbeschluss** oder anderweitigen gesellschaftsvertraglichen oder satzungsmäßigen Regelungen zur Gewinnverwendung fehlt oder nur eine teilweise Verwendung des Jahresüberschusses oder Jahresfehlbetrages vorgesehen wird. Für diesen Fall bildet der Gewinn-/Verlustvortrag den Auffangposten. Er stellt sicher, dass im nächsten Gj die zuständigen Organe über die nicht verwendeten Beträge beschließen oder diese erneut vorgetragen werden.

## 10  Jahresüberschuss/Jahresfehlbetrag

Der Jahresüberschuss zeigt den im Gj erzielten Gewinn und der Jahresfehlbetrag 223
den im Gj erzielten Verlust, in beiden Fällen vor Rücklagenbewegungen (§ 275 Abs. 4 HGB). Der auszuweisende Betrag ergibt sich als **Saldo** aller unter den Posten nach § 275 Abs. 2 Nr. 1 bis 13, 14 und 16 HGB nF oder § 275 Abs. 3 Nr. 1 bis 12, 13 und 15 HGB nF ausgewiesenen Aufwendungen und Erträge.
Wird die Bilanz **nicht unter Berücksichtigung der teilweisen oder vollständi-** 224
**gen Verwendung des Jahresergebnisses** aufgestellt (§ 268 Abs. 1 Satz 1 HGB), ist der Jahresüberschuss/Jahresfehlbetrag in der Bilanz innerhalb des EK auszuweisen (§ 266 Abs. 3 A. V. HGB). Er muss mit dem Posten „Jahresüberschuss/Jahresfehlbetrag" nach § 275 Abs. 2 Nr. 17, Abs. 3 Nr. 16 HGB nF übereinstimmen. Siehe dazu auch § 268 Rz 8.
Soweit die Bilanz hingegen **unter Berücksichtigung der vollständigen oder** 225
**teilweisen Verwendung des Jahresergebnisses** aufgestellt wird, tritt nach § 268 Abs. 1 Satz 1 HGB an die Stelle des Postens „Jahresüberschuss/Jahresfehlbetrag" und des Postens „Gewinnvortrag/Verlustvortrag" in der Bilanz der Posten „Bilanzgewinn/Bilanzverlust" (§ 268 Rz 8 ff.). Die GuV der AG, der KGaA und der SE ist in diesem Fall um die Verlängerungsrechnung zur GuV gem. § 158 Abs. 1 AktG zu ergänzen, soweit die Angaben nicht im Anhang gemacht werden (§ 158 Abs. 1 Satz 2 AktG). Zudem sind in der Bilanz oder im Anhang die nach § 152 AktG vorgesehenen Angaben zu machen. Soweit sich die Vorschriften in ihrem Informationsgehalt überschneiden, dürfte es genügen, von Angaben, die in der Verlängerungsrechnung zur GuV enthalten sind, in der Bilanz oder im Anhang abzusehen, soweit es dadurch für die Abschlussadressaten nicht zu Informationsnachteilen – bspw. aufgrund des § 326 HGB – kommt. Die §§ 152, 158 AktG finden keine Anwendung auf die GmbH. Gleichwohl ist zum besseren Verständnis des JA zu empfehlen, die Vorgänge zumindest im Anhang zu erläutern.

## 11  Bilanzgewinn/Bilanzverlust

Der Posten „Bilanzgewinn/Bilanzverlust" kommt in der Bilanz nur zum Aus- 226
weis, wenn diese unter Berücksichtigung der vollständigen oder teilweisen Verwendung des Jahresergebnisses aufgestellt wird. In diesem Fall tritt der Posten „Bilanzgewinn/Bilanzverlust" an die Stelle des Postens „Jahresüberschuss/Jahresfehlbetrag" und des Postens „Gewinnvortrag/Verlustvortrag" (§ 268 Abs. 1 Satz 1 und 2 HGB).

## 12 Nicht durch EK gedeckter Fehlbetrag

227 § 268 Abs. 3 HGB schreibt vor, dass, soweit das EK durch Verlust aufgebraucht ist und sich ein Überschuss der Passivposten über die Aktivposten ergibt, dieser Betrag am Schluss der Bilanz auf der Aktivseite gesondert unter der Bezeichnung „Nicht durch EK gedeckter Fehlbetrag" auszuweisen ist. Der Posten, der allein **eine sich rechnerisch ergebende Korrekturgröße zum EK** darstellt und weder VG noch Bilanzierungshilfe ist und auch nicht mit dem Jahresfehlbetrag oder Bilanzverlust des Gj verwechselt werden darf, drückt allein die bilanzielle Überschuldung aus und ist daher als Indikator für eine insolvenzrechtliche Überschuldungsprüfung anzusehen.[224] Eine Erläuterungspflicht im Anhang sieht das Gesetz für den Posten nicht vor. Gleichwohl dürfte eine Erläuterung schon nach den allgemeinen Grundsätzen grds. als notwendig einzustufen sein.[225] Siehe dazu auch § 268 Rz 46 ff.

228 Entsteht durch einen Bilanzverlust erstmals ein nicht durch EK gedeckter Fehlbetrag, so kann auf der Passivseite der Bilanz nur der noch durch EK gedeckte Teil des Jahresfehlbetrags bzw. Bilanzverlusts ausgewiesen werden. Dieser ist als **„Durch EK gedeckter Jahresfehlbetrag (Bilanzverlust)"** zu bezeichnen. In der Vorspalte ist auf den gesamten Jahresfehlbetrag bzw. Bilanzverlust hinzuweisen. Ist bereits ein Fehlbetrag nach § 268 Abs. 3 HGB vorhanden, der sich durch einen weiteren Jahresfehlbetrag erhöht, führt dies zu einer Erhöhung des nicht durch EK gedeckten Fehlbetrags.

229 Mit der Aufhebung des bisher bestehenden **Ausweiswahlrechts für nicht eingeforderte ausstehende Einlagen** nach § 272 Abs. 1 Satz 2 HGB im Wege des BilMoG entfällt die bisher bestehende Problematik, dass der nicht durch EK gedeckte Fehlbetrag, je nach Ausübung des Ausweiswahlrechts in der Bilanz, in unterschiedlicher Höhe gezeigt werden kann.[226]

## 13 Eigenkapitalverstärkungen

### 13.1 Vorbemerkungen

230 In der Praxis kommt es vor, dass Unt Mittel zur Verfügung gestellt werden, bei denen zweifelhaft ist, ob sie den **Schulden oder dem EK zuzurechnen** sind. Teilweise wird unter Hinweis auf § 265 Abs. 5 HGB die Auffassung vertreten, diese Mittel seien in einem neuen Posten auszuweisen, der zwischen dem EK und dem FK anzusiedeln ist.[227] Dem ist nach der hier vertretenen Auffassung nicht zu folgen. Ausweislich des § 247 Abs. 1 HGB will der Gesetzgeber klar zwischen dem EK und FK trennen. Danach sind zur Verfügung gestellte Mittel, die dem EK nicht zweifelsfrei zuzuweisen sind, innerhalb der Schulden auszuweisen.

---

[224] Der nicht durch EK gedeckte Fehlbetrag lässt gleichwohl nicht zwingend auf eine insolvenzrechtliche Überschuldung schließen. Um diese festzustellen, ist die Aufstellung eines Überschuldungsstatus erforderlich.

[225] KGaA haben nach § 286 Abs. 2 Satz 3 AktG den Posten „Nicht durch Vermögenseinlagen gedeckter Verlustanteil persönlich haftender Gesellschafter" gem. § 268 Abs. 3 HGB auszuweisen, wenn der Verlust den Kapitalanteil übersteigt und keine Zahlungsverpflichtung der phG besteht; vgl. ADS, 6. Aufl., § 268 HGB, Rz 88.

[226] Vgl. dazu ADS, 6. Aufl., § 268 HGB, Rz 93.

[227] Vgl. ADS, 6. Aufl., § 266 HGB, Rz 189; *Schmidt*, in FS Goerdeler, S. 503; *Westerfelhaus*, DB 1988, S. 1177, für die stille Ges.

Bedeutsam ist demnach die **Abgrenzung zwischen Schulden und EK**. Eine 231
gesetzliche Definition des Eigenkapitalbegriffs besteht nicht. Stattdessen wird im
Schrifttum eine Vielzahl unterschiedlicher Kriterien angeboten.[228] Nach der hier
vertretenen Auffassung kommt es allein darauf an, dass die hingegebenen Mittel
nachrangig nach den Gläubigern bedient werden und bis zur vollen Höhe am
Verlust teilnehmen. Der Nachrangigkeit steht es entgegen, wenn bspw. eine
Verpflichtung zur Zahlung einer festen Verzinsung oder gar zur Rückzahlung
der hingegebenen Mittel besteht. Mit Zinszahlungen, die auch zu erbringen sind,
wenn die hingegebenen Mittel bereits ganz oder teilweise durch Verluste aufgezehrt sind, erfolgt de facto eine Rückzahlung zulasten des FK. Das Gleiche gilt
bei der Vereinbarung eines Anspruchs auf vollständige Rückzahlung der hingegebenen Mittel.

Teilweise wird die Auffassung vertreten, die hingegebenen Mittel müssen dauer- 232
haft, also bis zur Abwicklung/Liquidation oder zumindest für einen bestimmten
Zeitraum im Unt verbleiben, um als EK klassifiziert werden zu können.[229] Zwar
ist unbestritten, dass das dem Mindestgrundkapital einer AG, KGaA oder auch
SE oder das dem Mindeststammkapital einer GmbH entsprechende Vermögen
bis zur Abwicklung/Liquidation im Unt verbleiben muss und vorher nicht an die
Aktionäre oder Gesellschafter ausgekehrt werden kann. Umgekehrt steht aber
auch nichts entgegen, darüber hinausgehendes Vermögen durch eine ordentliche
Kapitalherabsetzung aus der besonderen Bindung des Grund- oder Stammkapitals zu befreien und an die Aktionäre oder Gesellschafter auszukehren (§§ 222 ff.
AktG; § 58 GmbHG). In diesen Fällen werden die Gläubiger vorab über das
Vorhaben der ordentlichen Kapitalherabsetzung informiert und können Befriedigung oder Besicherung ihrer Forderungen verlangen. Darüber hinaus ist die
Möglichkeit der Kündigung bei bestimmten Eigenkapitalformen ausdrücklich
gesetzlich vorgesehen.

> **Beispiel**
> So kann etwa ein Kommanditist durch Kündigung seiner Mitgliedschaft
> (§ 723 BGB) jederzeit kündigen. Das Gleiche gilt im Genossenschaftsrecht
> nach Maßgabe der §§ 65, 73 GenG.

Allein schon aufgrund der in diesen Vorschriften zum Ausdruck kommenden 233
**gesetzgeberischen Wertung** kann ein genereller Ausschluss jeder Rückforderungsmöglichkeit bis zur Abwicklung/Liquidation nicht verlangt werden, um
die hingegebenen Mittel als EK zu klassifizieren. Ebenso wenig kann es darauf
ankommen, dass die hingegebenen Mittel für einen bestimmten Zeitraum im Unt
verbleiben müssen. Ein solches – teilweise auch mit Nachhaltigkeit bezeichnetes
– Kriterium ist unpraktikabel und bietet zu große Ermessensspielräume.

Demgemäß sind die Dauerhaftigkeit der Mittelüberlassung, die Nachhaltigkeit 234
oder eine Mindestüberlassungsdauer nach der hier vertretenen Auffassung nicht

---

[228] Vgl. *ADS*, 6. Aufl., § 246 HGB, Rz 88 mwN.; *Heymann*, Beck-HdR, B 231 Rz 2, Stand 06/2011;
IDW HFA 1/1994, Abschn. 2.1.
[229] *Küting/Reuter*, in *Küting/Pfitzer/Weber*, HdR, § 272 HGB, Rn 192, 195, Stand 04/2011, sprechen
sich bspw. dafür aus, die Eigenkapitalklassifizierung an die Nachhaltigkeit der Mittelüberlassung
anzuknüpfen, und fordern die vertragliche Fixierung einer Mindestüberlassungsdauer.

als Kriterien zur Eigenkapitalklassifizierung einzustufen. Vielmehr ist es für Zwecke des Gläubigerschutzes ausreichend, aber auch erforderlich, dass den Gläubigern über **Angaben im Anhang** – zu denken ist hier an vertragliche Vereinbarungen über Kündigungsrechte und Kündigungsfristen etc. – die Möglichkeit eingeräumt wird, die Nachhaltigkeit des zur Verfügung gestellten EK selbst zu überprüfen. Damit werden die Gläubiger hinreichend in ihrem Vertrauen auf die Eigenkapitalausstattung geschützt.

235 Sind die zur Verfügung gestellten Mittel als EK zu klassifizieren, sind sie **innerhalb des Postens „A. Eigenkapital"** in einem separaten Posten vor dem Posten „IV. Gewinnvortrag/Verlustvortrag" **auszuweisen** (§ 265 Abs. 5 Satz 2 HGB). Es ist im Anhang zu erläutern, für welche zum jeweiligen Abschlussstichtag bestehende (Rest-)Dauer gewährleistet ist, dass die überlassenen Mittel die Kriterien der Nachrangigkeit und der Verlustteilnahme bis zur vollen Höhe erfüllen. Anzugeben sind hier insb. vertraglich vereinbarte Kündigungsmöglichkeiten oder bereits vereinbarte Rückzahlungszeitpunkte.[230]

236 Die überlassenen Mittel, die die Eigenkapitalkriterien erfüllen, sind grds. **unmittelbar, also ohne Berührung der GuV, in das EK einzustellen**. Von dieser handelsbilanziellen Behandlung kann nur abgesehen werden, wenn auf jedwedes Rückforderungsrecht verzichtet wird und die zur Verfügung gestellten Mittel ausdrücklich als Ertragszuschuss geleistet werden. In diesem Fall sind die überlassenen Mittel erfolgswirksam zu vereinnahmen.

237 Erfüllen die überlassenen Mittel die Eigenkapitalkriterien nicht oder bestehen diesbezüglich Zweifel, sind sie als Verbindlichkeit **innerhalb der Schulden auszuweisen**. Auch hier ist es zu empfehlen, ggf. einen besonderen Posten einzufügen (§ 265 Abs. 5 Satz 2 HGB).

## 13.2 Genussrechtskapital

238 Umfassende gesetzliche Vorschriften zum Begriff, Inhalt und zu möglichen Ausgestaltungen von Genussrechten bestehen nicht.[231] Dies bietet die **unterschiedlichsten Gestaltungsmöglichkeiten**. Allgemein lässt sich das Genussrecht als schuldrechtliches Gläubigerrecht charakterisieren, das grds. keine Mitverwaltungsrechte wie das Stimmrecht oder das Auskunftsrecht gewährt.[232] Bezüglich der gewährten Vermögensrechte lässt sich hingegen durch vertragliche Gestaltungen sogar eine Gleichstellung der Genussrechtsinhaber mit Aktionären oder Gesellschaftern erreichen. Regelmäßig erfolgt jedoch zur Sicherstellung des Betriebsausgabenabzugs von Zahlungen auf Genussrechte eine Verknüpfung der typischen Vermögensrechte von Aktionären oder Gesellschaftern mit solchen von Fremdkapitalgläubigern.

239 Die kontrovers diskutierte Frage nach der **handelsbilanziellen Behandlung** von Genussrechtskapital ist nach Auffassung des HFA wie folgt zu beantworten:[233] Es sind in Abhängigkeit von der vertraglichen Ausgestaltung der Genussrechtsbedin-

---

[230] Vgl. IDW HFA 1/1994 Glpkt. 2.1.3.
[231] Einzelne Vorschriften bestehen für die AG zur Ausgabe von Genussrechten (§ 221 Abs. 3, Abs. 4 Satz 1 AktG) und zu Angaben im Anhang (§ 160 Abs. 1 Nr. 6 AktG). Dies bedeutet aber nicht, dass die Begebung von Genussrechtskapital auf die AG beschränkt ist. Genussrechtskapital wird auch von GmbHs, KGs, Sparkassen oder VVaGs begeben.
[232] Die Gewährung von Mitverwaltungsrechten ist aber mit der Rechtsnatur der Genussrechte vereinbar; vgl. BGH, Urteil v. 5.10.1992, II ZR 172/91, AG 1992, S. 127.
[233] Vgl. dazu insbes. IDW HFA 1/1994.

gungen entweder eine Einstellung in das EK, ein Ausweis innerhalb der Verbindlichkeiten oder eine erfolgswirksame Vereinnahmung denkbar. Ein schuldrechtlich begründetes Genussrechtskapital ist danach nur dann als handelsbilanzielles EK auszuweisen, wenn es nachrangig ist, bis zur vollen Höhe am Verlust teilnimmt, eine erfolgsabhängige Vergütung vereinbart ist und die Überlassung längerfristig erfolgt.[234] Dabei müssen die genannten Kriterien kumulativ vorliegen.[235] Nach der hier vertretenen Auffassung ist die Längerfristigkeit/Nachhaltigkeit der Kapitalüberlassung kein Kriterium der EK-Klassifizierung. Es ist aber erforderlich, dass über die Umstände der Rückzahlung im Anhang berichtet wird.[236]

Sind die zur Verfügung gestellten **Mittel als EK zu klassifizieren**, sind sie innerhalb des Postens „A. Eigenkapital" in einem separaten Posten, bspw. mit der Bezeichnung „Genussrechtskapital", der vor dem Posten „IV. Gewinnvortrag/Verlustvortrag" einzufügen ist (§ 265 Abs. 5 Satz 2 HGB), auszuweisen.[237] Ein etwa erzieltes Aufgeld ist innerhalb desselben Postens zu erfassen und als solches kenntlich zu machen.[238] Im Fall eines Abgelds ist das Genussrechtskapital über seine Laufzeit jährlich in gleichen Raten aufwandswirksam aufzustocken.[239] In der GuV sind Vergütungs- und Aufstockungsbeträge aufwandswirksam zu erfassen; es handelt sich insoweit nicht um Gewinnverwendung.[240] Unbeschadet der Berichtspflicht nach § 160 Abs. 1 Nr. 6 AktG ist im Anhang zu erläutern, für welche zum jeweiligen Abschlussstichtag bestehende (Rest-)Dauer gewährleistet ist, dass das Genussrechtskapital die Kriterien der Nachrangigkeit und der Verlustteilnahme bis zur vollen Höhe erfüllt. Anzugeben sind hier insb. mögliche Kündigungs- und Auszahlungstermine.[241]

240

**Erfüllen die überlassenen Mittel die Eigenkapitalkriterien nicht** oder bestehen diesbezüglich Zweifel, sind sie als Verbindlichkeit innerhalb der Schulden auszuweisen. Auch hier ist es zu empfehlen, ggf. einen besonderen Posten einzufügen (§ 265 Abs. 5 Satz 2 HGB).

241

> **Beispiel**
> Bei diesem besonderen Posten kommt dabei etwa die Bezeichnung „Genussrechte" in Betracht.

Vertretbar erscheint bei den Genussrechten auch ein Ausweis unter dem Posten „Anleihen" mit weiterer Untergliederung gem. § 265 Abs. 5 Satz 1 HGB oder mittels eines „Davon-Vermerks".

---

234 Vgl. dazu auch *Wengel*, DStR 2001, S. 1319; *Lutter*; DB 1993, S. 2444; *Emmerich/Naumann*, WPg 1994, S. 683.
235 Vgl. zu den Kriterien im Einzelnen IDW HFA 1/1994, Glpkt. 2.1.1.
236 Dies macht auch die Diskussion über eine Umgliederung kurz vor der Rückzahlung entbehrlich. Eine Umgliederung ist nicht vorzunehmen; ebenso *Küting/Reuter*, in *Küting/Pfitzer/Weber*, HdR, § 272 HGB, Rn 242, Stand 04/2011; *Heymann*, Beck-HdR, B 231 Rz 7, Stand 06/2011; a.A. ADS, 6. Aufl., § 266 HGB, Rz 195; *Schaber/Kuhn/Eichhorn*, BB 2004, S. 317.
237 ADS, 6. Aufl., § 265 HGB, Rz 66, sowie § 266 HGB, Rz 197 und *Förschle/Hoffmann*, in Beck Bil-Komm., 9. Aufl., § 272 HGB, Rz 1, sprechen sich für einen gesonderten Ausweis entweder nach dem gezeichneten Kapital oder den Gewinnrücklagen aus.
238 Vgl. IDW HFA 1/1994, Glpkt. 2.1.4.1.
239 Vgl. auch *Heymann*, Beck-HdR, B 231 Rz 8, Stand 06/2011.
240 Vgl. IDW HFA 1/1994, Glpkt. 2.2.2.
241 Vgl. IDW HFA 1/1994, Glpkt. 2.1.3.

### 13.3 Stille Gesellschaft[242]

**242** Die in den §§ 230 ff. HGB geregelte stille Ges. entsteht dadurch, dass sich der stille Gesellschafter gegen Gewährung einer Beteiligung am Gewinn mit einer Vermögenseinlage am Betrieb des Handelsgewerbes eines anderen beteiligt.[243] Die **Vermögenseinlage des stillen Gesellschafters** geht dabei in das Vermögen des Inhabers des Handelsgeschäfts über (§ 230 Abs. 1 HGB). Demgemäß entstehen zwischen dem stillen Gesellschafter und dem Inhaber des Handelsgewerbes auch keine vermögensrechtlichen, sondern nur schuldrechtliche Beziehungen. Ihrer Rechtsnatur nach ist die stille Ges. eine Innengesellschaft, die nicht am Rechtsverkehr teilnimmt und daher selbst auch nicht Trägerin von Rechten und Pflichten sein kann. Die Geschäfte werden im Außenverhältnis im Namen des Inhabers des Handelsgewerbes geführt und im Innenverhältnis auf gemeinsame Rechnung. Als Korrektiv zu der fehlenden Geschäftsführungs- und Vertretungsbefugnis verfügt der stille Gesellschafter über kommanditistengleiche Kontrollrechte (§ 233 HGB), die auch nicht ausgeschlossen werden können. Wird die stille Ges. aufgelöst (§ 234 HGB), hat sich der Inhaber des Handelsgeschäfts mit dem stillen Gesellschafter auseinanderzusetzen und dessen Guthaben in Geld zu berichtigen (§ 235 Abs. 1 HGB).

**243** Ein Ausweis der Vermögenseinlage innerhalb des EK kommt nicht in Betracht, wenn die Ausgestaltung der stillen Ges. den **dispositiven gesetzlichen Vorschriften** folgt, denn danach kann der stille Gesellschafter im Insolvenzfall wegen der Vermögenseinlage, soweit sie den Betrag des auf ihn fallenden Anteils am Verlust übersteigt, eine Forderung als Insolvenzgläubiger geltend machen (§ 236 Abs. 1 HGB).[244] Der Umstand der Verlustteilnahme allein kann einen Ausweis innerhalb des EK nicht rechtfertigen.[245] Hinzutreten muss, dass die Verluste vorrangig mit der Vermögenseinlage des stillen Gesellschafters verrechnet werden, bevor die übrigen Gläubiger herangezogen werden.

**244** Sind hingegen von den dispositiven gesetzlichen Vorschriften **abweichende vertragliche Vereinbarungen** getroffen worden, ist ein EK-Ausweis vorzunehmen, soweit die für die EK-Klassifizierung erforderlichen Kriterien vorliegen, die stille Einlage mithin nachrangig ist und bis zur vollen Höhe an den Verlusten teilnimmt.[246] Dies setzt in jedem Fall voraus, dass der stille Gesellschafter auch im

---

[242] Von der stillen Ges. ist die Unterbeteiligungsgesellschaft zu unterscheiden, bei der sich ein oder mehrere Unterbeteiligte an der Gesellschafterstellung eines OHG- oder KG-Gesellschafters so beteiligen, dass Gewinne und Verluste oder nur die Gewinne zwischen diesem Gesellschafter und den Unterbeteiligten aufgeteilt werden. Sie ist keine stille Ges., weil die Unterbeteiligten sich nicht am Betrieb eines Handelsgewerbes beteiligen.

[243] V. partiarischen Darlehen unterscheidet sich die stille Ges., abgesehen von einer möglichen Verlustbeteiligung des stillen Gesellschafters, durch die Verfolgung eines gemeinsamen Zwecks, nämlich dem Betrieb des Handelsgewerbes. Dies ist in jedem Fall gesondert anhand der Umstände des Einzelfalls zu prüfen.

[244] Vgl. *ADS*, 6. Aufl., § 246 HGB, Rz 90.

[245] Vgl. *Westerfelhaus*, DB 1988, S. 1175; *Reusch*, BB 1989, S. 2359; wohl auch *Küting/Kessler/Hayn*, in *Küting/Pfitzer/Weber*, HdR, § 272 HGB, Rn 248, Stand 04/2011, die das gesetzliche Regelstatut der stillen Ges. als qualifiziertes Kreditverhältnis einstufen.

[246] Weicht die Ausgestaltung einer stillen Ges. vom gesetzlichen Regelstatut ab, liegt eine atypische stille Ges. vor. Deren Bedeutung liegt vorrangig im Steuerrecht. Während der typisch stille Gesellschafter Einkünfte aus Kapitalvermögen erzielt, wird der atypisch stille Gesellschafter regelmäßig als Mitunternehmer angesehen.

Insolvenzfall hinter die Gläubiger zurücktritt, also § 236 Abs. 1 HGB ausgeschlossen ist.

Ist die **stille Vermögenseinlage als EK zu klassifizieren**, ist sie, ebenso wie das Genussrechtskapital, innerhalb des EK vor dem Posten „Gewinnvortrag/Verlustvortrag" in einem gesonderten Posten „Stille Vermögenseinlage" auszuweisen. In der GuV des Inhabers des Handelsgeschäfts sind die Gewinn- und Verlustanteile des stillen Gesellschafters aufwandswirksam zu erfassen.[247] Die Berichtspflichten für das Genussrechtskapital gelten für die stille Vermögenseinlage entsprechend (Rz 238 ff.).

245

Kommt der stillen Vermögenseinlage **kein Eigenkapitalcharakter** zu oder lässt sich diese Frage nicht zweifelsfrei beantworten, ist ein Ausweis unter den Verbindlichkeiten geboten, wobei insb. der Posten „C. 8. Sonstige Verbindlichkeiten" in Betracht kommt, der dann ggf. weiter zu untergliedern ist (§ 265 Abs. 5 Satz 1 HGB). Handelt es sich bei dem stillen Gesellschafter um einen Aktionär oder Gesellschafter, mit dem eine Verbundbeziehung oder ein Beteiligungsverhältnis besteht, hat der Ausweis unter den Posten „C. 6." oder „C. 7." zu erfolgen. Auch hier ist erforderlichenfalls weiter zu untergliedern oder aber ein Davon-Vermerk vorzusehen. Für die GmbH ist zudem § 42 Abs. 3 GmbHG zu beachten.

246

---

[247] Vgl. *Heymann*, in *Küting/Pfitzer/Weber*, HdR, B 231 Rz 17, Stand 10/2011, unter Hinweis auf den Charakter des Vertrags über die stille Ges. als Teilgewinnabführungsvertrag i.S.v. § 292 AktG und den daran anknüpfenden Ausweis unter der Bezeichnung „Aufwendungen bzw. Erträge aus Teilgewinnabführungsvertrag".

# § 274 LATENTE STEUERN

(1) ¹Bestehen zwischen den handelsrechtlichen Wertansätzen von Vermögensgegenständen, Schulden und Rechnungsabgrenzungsposten und ihren steuerlichen Wertansätzen Differenzen, die sich in späteren Geschäftsjahren voraussichtlich abbauen, so ist eine sich daraus insgesamt ergebende Steuerbelastung als passive latente Steuern (§ 266 Abs. 3 E.) in der Bilanz anzusetzen. ²Eine sich daraus insgesamt ergebende Steuerentlastung kann als aktive latente Steuern (§ 266 Abs. 2 D.) in der Bilanz angesetzt werden. ³Die sich ergebende Steuerbe- und die sich ergebende Steuerentlastung können auch unverrechnet angesetzt werden. ⁴Steuerliche Verlustvorträge sind bei der Berechnung aktiver latenter Steuern i.H.d. innerhalb der nächsten fünf Jahre zu erwartenden Verlustverrechnung zu berücksichtigen.

(2) ¹Die Beträge der sich ergebenden Steuerbe- und -entlastung sind mit den unternehmensindividuellen Steuersätzen im Zeitpunkt des Abbaus der Differenzen zu bewerten und nicht abzuzinsen. ²Die ausgewiesenen Posten sind aufzulösen, sobald die Steuerbe- oder -entlastung eintritt oder mit ihr nicht mehr zu rechnen ist. ³Der Aufwand oder Ertrag aus der Veränderung bilanzierter latenter Steuern ist in der Gewinn- und Verlustrechnung gesondert unter dem Posten „Steuern vom Einkommen und vom Ertrag" auszuweisen.

WP StB CVA Klaus Bertram

## Inhaltsübersicht

| | Rz |
|---|---|
| 1 Überblick | 1–24 |
|    1.1 Inhalt und Zweck | 1–5 |
|    1.2 Anwendungsbereich | 6–9 |
|    1.3 Normenzusammenhang | 10–12 |
|    1.4 Grundlagen der Steuerlatenzen | 13–24 |
| 2 Ansatz latenter Steuern (Abs. 1) | 25–102 |
|    2.1 Aktivierungswahlrecht und Passivierungspflicht | 25–34 |
|    2.2 Grundsatz der Gesamtdifferenzenbetrachtung (Abs. 1 Satz 1 und 2) | 35–42 |
|    2.3 Unsaldierter Ausweis (Abs. 1 Satz 3) | 43–46 |
|    2.4 Steuerliche Verlustvorträge | 47–61 |
|       2.4.1 Grundlagen | 47–51 |
|       2.4.2 Mindestbesteuerung und andere steuerliche Restriktionen | 52–58 |
|       2.4.3 Zinsvorträge, Steuergutschriften | 59–61 |
|    2.5 Sonderprobleme | 62–102 |
|       2.5.1 Personengesellschaften | 62–72 |
|       2.5.2 Ertragsteuerliche Organschaft | 73–87 |
|           2.5.2.1 Grundlagen | 73–74 |
|           2.5.2.2 Steuerlatenzen bei Organschaft | 75–82 |
|           2.5.2.3 Beendigung von Organschaften | 83–87 |
|       2.5.3 Chronisch defizitäre Unternehmen | 88–89 |

|  |  |  |
|---|---|---|
| 2.5.4 | Asset deal bei Unternehmenserwerben ......... | 90–91 |
| 2.5.5 | Ausländische Betriebsstätten ................ | 92–93 |
| 2.5.6 | Investmentfonds ......................... | 94–97 |
| 2.5.7 | Umwandlungen......................... | 98–102 |
| 3 Bewertung latenter Steuern (Abs. 2) ..................... | | 103–115 |
| 3.1 | Grundlagen............................... | 103–109 |
| 3.2 | Anforderungen an aktive latente Steuern.............. | 110–115 |
| 4 Ausweis latenter Steuern............................ | | 116–126 |
| 4.1 | Ausweis in der Bilanz ........................ | 116–118 |
| 4.2 | Ausweis in der Gewinn- und Verlustrechnung ......... | 119–120 |
| 4.3 | Anhangangaben ............................ | 121 |
| 4.4 | Erfolgswirksame und erfolgsneutrale Bildung und Auflösung....................................... | 122–126 |
| 5 Exkurs: Überleitung der Handels- zur Steuerbilanz.......... | | 127–155 |
| 5.1 | Das Konzept der Maßgeblichkeit .................. | 127–128 |
| 5.2 | Wahlrechtsausübung in der Steuerbilanz............. | 129–130 |
| 5.3 | Abweichungen zwischen Handels- und Steuerbilanz..... | 131–152 |
| 5.4 | Die Steuerbilanz – Technik und Gestaltung............ | 153–155 |

## Ergänzendes Schrifttum

*Berger/Hauk/Prinz,* Bilanzierung latenter Steuern auf steuerliche Verlustvorträge nach IAS 12 – Streitiger Prognosezeitraum und Verlustverrechnung, DB 2007, S. 412; *Bolik/Linzbach,* Verluste und Zinsschranke in der Bilanzierung latenter Steuern, DStR 2010, S. 1587; *Claußen/Steinbach,* Die Bilanzierung latenter Steuern bei Unternehmen in der Krise. DStR 2013, S. 2409; *Dahlke,* Bilanzierung latenter Steuern bei Organschaften nach dem BilMoG, BB 2009, S. 878; *Dreixler, Ernst,* Behandlung von Steuerlatenzen bei Organschaftsbeziehungen im Einzelabschluss, StuB 2011, S. 123; *Ellerbusch/Schlüter/Hofherr,* Die Abgrenzung latenter Steuern im Organkreis nach BilMoG, DStR 2009, S. 2443; *Eggert,* Latente Steuern nach dem BilMoG – bei allen Kaufleuten?, Stb 2011, S. 318; *Freidank/Velte,* Rechnungslegung von latenten Steuern nach HGB – Gleichschritt zu den IFRS?, Stb 2012, S. 33; *Förster/Beer,* Passive latente Steuern und Verbindlichkeitsrückstellungen, StUW 2012, S. 85; *Hahn/Oser/Breitweg/ Eisenhard/Kollmann,* Latente Steuern in der Bilanzierungspraxis mittelständischer Konzerne, DStR 2012, S. 572 (Teil 1), S. 619 (Teil 2); *Herzig,* BilMoG, Tax Accounting und Corporate Governance, DB 2010, S. 1; *Herzig,* Tax Accounting zwischen BilMoG und E-Bilanz, DStR 2010, S. 1900; *Herzig/Bohn/ Götsch,* Auswirkungen des Zusammenspiels von Zins- und Verlustvortrag auf die Bilanzierung latenter Steuern im HGB-Einzelabschluss, DStR 2009, S. 2615; *Herzig/Briesemeister,* Steuerliche Konsequenzen des BilMoG – Deregulierung und Maßgeblichkeit, DB 2009, S. 9260; *Herzig/Briesemeister,* Reichweite und Folgen des Wahlrechtsvorbehalts § 5 Abs. 1 EStG, DB 2010, S. 917; *Herzig/ Briesemeister,* Unterschiede zwischen Handels- und Steuerbilanz nach BilMoG – Unvermeidbare Abweichungen und Gestaltungsspielräume, WPg 2010, S. 63; *Herzig/Liekenbrock/Vossel,* Grundkonzept zur Bilanzierung latenter Steuern im Organkreis nach dem BilMoG, Ubg 2010, S. 85; *Herzig/Liekenbrock/Vossel,*

Gestaltungsoptionen bei der Bilanzierung von latenten Steuern im Organkreis, Ubg 2012, S. 141; *Herzig/Liekenbrock*, Zum EBITDA-Vortrag der Zinsschranke, DB 2010, S. 690; *Herzig/Vossel*, Paradigmenwechsel bei latenten Steuern nach dem BilMoG, BB 2009, S. 1174; *Jödicke*, Anwendung des Aktivierungs- und Saldierungswahlrechts latenter Steuern und Differenzierung nach Ergebniswirksamkeit, KoR 2011, S. 153; *Kanitz, Graf von*, Die Bedeutung der Rückstellungspflicht nach § 249 Abs. 1 Satz 1 HGB für den Ausweis passiver latenter Steuern, WPg 2011, S. 895; *Karrenbrock*, Zweifelsfragen der Berücksichtigung aktiver latenter Steuern im Jahresabschluss nach BilMoG, BB 2011, S. 683; *Kastrup/Middendorf*, Latente Steuern bei Personengesellschaften im handelsrechtlichen Jahresabschluss nach BilMoG, BB 2010, S. 815; *Kessler/Leinen/Paulus*, Das BilMoG und die latenten Steuern, KoR 2009, S. 716 (Teil I), KoR 2010, S. 46 (Teil II); *Kühnberger*, Gesellschaftsrechtliche Folgeprobleme bei der Bilanzierung latenter Steuern, StuB 2011, S. 931; *Kühne/Melcher/Wesemann*, Latente Steuern nach BilMoG – Grundlagen und Zweifelsfragen, WPg 2009, S. 1005 (Teil I), S. 1057 (Teil II); *Künkele/Zwirner*, Eigenständige Steuerbilanzpolitik durch das Bilanzrechtsmodernisierungsgesetz (BilMoG), StuB 2010, S. 335; *Künkele/Zwirner*, Latente Steuern im Zusammenhang mit Anteilen an Personengesellschaften auf Gesellschafterebene, DStR 2011, S. 2364; *Künkele/Zwirner*, Latente Steuern bei Personengesellschaften: Sonder- und Ergänzungsbilanzen, BC 2012, S. 106; *Küting/Seel*, Die Ungereimtheiten der Regelungen zu latenten Steuern im neuen Bilanzrecht, DB 2009, S. 922; *Liekenbrock/Vossel*, Latente Steuern im Organkreis nach DRS 18, DB 2012, S. 753; *Loitz/Neukamm*, Der Zinsvortrag und die Bilanzierung von latenten Steueransprüchen, WPg 2008, S. 196; *Loitz*, Latente Steuern nach dem Bilanzrechtsmodernisierungsgesetz (BilMoG) – Nachbesserungen als Verbesserungen?, DB 2008, S. 1389; *Loitz*, DRS 18 – Bilanzierung latenter Steuern nach dem BilMoG, DB 2010, S. 2177; *Loitz/Klevermann*, Bilanzierung von Ertragsteuern in deutschen Organschaften nach IFRS und BilMoG, DB 2009, S. 409; *Lüdenbach/Freiberg*, Beitrag von DRS 18 zur Klärung strittiger Fragen der Steuerlatenzierung, BB 2010, S. 1971; *Lüdenbach/Freiberg*, Steuerlatenzrechnung auch für Personengesellschaften?, BB 2011, S. 1579; *Malisius/Hagen/Lenz*, Abgrenzung latenter Steuern nach HGB bei Investitionen institutioneller Investoren in Investmentfonds, Ubg 2010, S. 439; *Melcher/Murer*, Bilanzierung von latenten Steuern bei Organschaften nach dem BilMoG im Fall von Steuerumlageverträgen, DB 2011, S. 2329; *Müller*, Rückstellungen für passive Steuerlatenzen gem. § 249 Abs. 1 Satz 1 HGB, DStR 2011, S. 1046; *Müller/Kreipl*, Passive latente Steuern und kleine Kapitalgesellschaften, DB 2011, S. 1701; *Müßig/Breitkreuz*, Kritische Würdigung des Diskontierungsverbots bei latenten Steuern, StUW 2012, S. 71; *Ortmann-Babel/Bolik*, Chancen und Grenzen der steuerbilanziellen Wahlrechtsausübung nach BilMoG, BB 2010, S. 2099; *Pagel/Tetzlaff*, Behandlung latenter Steuern bei Anwachsung, StuB 2013, S. 451; *Pöller*, Sonderprobleme und Umsetzung der Neuregelungen zur Bilanzierung latenter Steuern nach BilMoG, BC 2011, S. 10; *Prystawik*, Latente Steuern nach BilMoG und IFRS – Besonderheiten bei Pensionsrückstellungen und Investmentfonds als Planvermögen, DB 2010, S. 345; *Ruberg*, Zum Werthaltigkeitsnachweis durch Passivlatenzen bei Mindestbesteuerung und Abbau in steuerlichen Verlustphasen DStR 2014, S. 606; *Scheffler*, Neuinterpretation des Maßgeblichkeitsprinzips, StuB 2010, S. 295; *Schindler*, Bilanzierung von latenten Steuern bei Umlageverträgen im Rahmen von Organschaftsverhältnissen nach dem BilMoG, BFuP 2011, S. 329; *Schildknecht/Rhiel*, Untergang von Verlust- und Zinsvorträgen beim Gesellschafterwechsel in der Kapitalgesellschaft – Ausgestaltung und Quantifizierung des Ausgleichsanspruchs, DStR 2009, S. 117; *Simlacher*, Bilanzierung von latenten Steuern im Zusammenhang mit Verschmelzungen im handelsrechtlichen Abschluss, DStR 2011, S. 1868; *Skoluda/Janitzschke*, Die Bilanzierung latenter Steuern auf Beteiligungen an Personenhandelsgesellschaften, StuB 2011, S. 487; *Spengel/Evers/Meier*, Ausweis latenter Steuern im Jahresabschluss deutscher Kapitalgesellschaften, DB 2015, S. 7; *Velte*, Entobjektivierung der Rechnungslegung durch latente Steuern (auf Verlustvorträge), StUW 2011, S. 292; *Völkner/Feldgen*, Latente Steuerabgrenzung bei Personengesellschaften – Diskussion der neuen IDW RS HFA 7 sowie IDW RS HFA 18, BB 2012, S. 1333; *Weidmann*, Nur steuerlich zulässige Rücklagen und außerbilanzielle Korrekturen im Konzept der latenten Steuern des § 274 Abs. 1 HGB, DStR 2011, S. 2108; *Zwirner/Künkele*, Latente Steuern im Zusammenhang mit § 15a EStG – Anwendungsfälle, Praxisbeispiele und IDW RS HFA 18, DStR 2012, S. 814.

# 1 Überblick

## 1.1 Inhalt und Zweck

Anders als in Deutschland hat das Konzept der Steuerlatenz in der angelsächsischen Bilanzierungspraxis eine lange Tradition. Ursache hierfür ist der Umstand, dass die angelsächsischen Staaten keinen Grundsatz der Maßgeblichkeit kennen. In Deutschland wurden **gesetzliche Regelungen zur Erfassung latenter Steuern** mit den §§ 274, 306 HGB erstmals durch das BiRiLiG v. 19.12.1985 eingeführt. Im Zuge des BilMoG wurde das bis dahin angewandte Timing-Konzept durch das international übliche Temporary-Konzept (allerdings mit gewichtigen Abweichungen) abgelöst (Rz 17).

Die Ursache der Bilanzierung latenter Steuern liegt in der **Abweichung von handels- und steuerrechtlicher Gewinnermittlung** begründet. Diese Abweichung hat sich durch vielfältige steuerbilanzielle Sonderregelungen im Lauf der Jahre verstärkt;[1] mit dem BilMoG wurden durch den Gesetzgeber weitere handelsrechtlich Abweichungen zum Steuerbilanzrecht eingeführt (z.B. Aktivierungswahlrecht für selbst geschaffene immaterielle VG des AV nach § 248 HGB, Wegfall der umgekehrten Maßgeblichkeit nach § 5 Abs. 1 EStG, § 247 Abs. 3 HGB), um die Informationsfunktion des handelsrechtlichen JA zu stärken.[2] Da der Gewinnausweis in der Steuerbilanz tendenziell früher als in der HB erfolgt[3], wird sich in weniger komplexen Fällen häufig ein Aktivüberhang an latenten Steuern ergeben, der dem Aktivierungswahlrecht unterliegt, das in der betrieblichen Praxis eher selten ausgeübt wird.[4] Somit wird auch mit dem

---

1   Z.B. mit dem Verbot der Passivierung von Drohverlustrückstellungen in der Steuerbilanz gem. § 5 Abs. 4a EStG.
2   Vgl. BilMoG-BgrRegE, S. 67.
3   Vgl. *Spanheimer/Simlacher*, in *Küting/Pfitzer/Weber*, HdR, 5. Aufl., § 274 HGB, Rn 2, Stand 10/2010.
4   Vgl. *Lange/Müller*, Haufe HGB Bilanz Kommentar BilMoG Erfahrungsbericht, Rz 214.

Temporary-Konzept die Vergleichbarkeit von JA verschiedener Unt eingeschränkt sein. Das Aktivierungswahlrecht für aktive latente Steuern, verbunden mit der Gesamtdifferenzenbetrachtung (Rz 35), kommt sicherlich kleinen und mittleren Unt zugute, da sie von aufwendigen und komplexen Ermittlungen zumindest dann entlastet bleiben, wenn ein Aktivüberhang latenter Steuern nachgewiesen werden kann.[5]

4 Die von § 274 HGB erfassten Steuerarten sind Einkommen- und Ertragsteuern des bilanzierenden Unt, d. h. in Deutschland derzeit **KSt, SolZ und GewSt**. Bei PersG und Ekfl. stellt die ESt der Gesellschafter bzw. des Kfm. keine Steuer des bilanzierenden Unt dar, sodass sie nicht in die Steuerlatenzierung einzubeziehen ist.

5 Die Änderung der handelsrechtlichen Konzeption zur Abbildung latenter Steuern durch das BilMoG beschränkt sich nicht nur auf den JA, sondern ist parallel in § 306 HGB auch für den KA vorgenommen worden (zu Einzelheiten § 306 Rz 4 ff.). Für § 306 HGB existiert mit DRS 18 eine Interpretation, die gem. § 342 Abs. 2 HGB als vermutete Konzern-GoB gilt. DRS 18 beschäftigt sich mit latenten Steuern sowohl nach § 306 HGB als auch nach § 274 HGB und entfaltet entsprechende Ausstrahlungswirkung für die Abbildung latenter Steuern im JA.[6]

## 1.2 Anwendungsbereich

6 § 274 HGB ist für mittelgroße und große KapG/KapCoGes i. S. v. § 267 Abs. 1 HGB anzuwenden. Kleine KapG/KapCoGes sind nach § 274a Nr. 5 HGB (nach dem BilRUG zukünftig Nr. 4) von der Anwendung des § 274 HGB befreit. Sie sind aber nicht daran gehindert, § 274 HGB auf freiwilliger Basis anzuwenden, wobei die Ansatzstetigkeit von § 246 Abs. 3 HGB zu beachten ist.

7 Machen kleine KapG/KapCoGes von der größenabhängigen Erleichterung des § 274a Nr. 5 HGB Gebrauch, haben sie latente Steuern nach den allgemeinen Grundsätzen zu bilanzieren und folglich für Steuermehrbelastungen eine **Rückstellung für ungewisse Verbindlichkeiten** (§ 249 HGB) zu bilden (§ 249 Rz 23 ff. § 274a Rz 12 ff.).[7]

8 Nach **PublG** rechnungslegungspflichtige Großunternehmen haben gem. § 5 Abs. 1 PublG die Regelungen von § 274 HGB anzuwenden. Eingetragene **Genossenschaften** haben nach § 336 Abs. 2 HGB ebenfalls § 274 HGB anzuwenden; soweit sie kleine Genossenschaften i. S. v. § 267 Abs. 1 HGB sind, unterliegen sie wie kleine KapG/KapCoGes der Befreiungsvorschrift von § 274a HGB.

9 Die **freiwillige Anwendung** von § 274 HGB ist auch für solche Nichtkapitalgesellschaften möglich, die nicht dem PublG unterliegen, ohne dass dies voraussetzen würde, dass damit gleichzeitig sämtliche anderen für KapG/KapCoGes geltenden Vorschriften anzuwenden sind.[8]

Zum zeitlichen Anwendungsbereich von § 274 HGB; s. Art. 66 Rz 4.

---

[5] Vgl. *Herzig*, BB 2009, S. M 1.
[6] GlA: *Loitz*, DB 2010, S. 2177.
[7] Vgl. *Karrenbrock*, Latente Steuern, in HdJ, Abt. I/15 (2013), Rn 111; IDW RS HFA 7, Tz 26; BilMoG-BgrRegE, S. 68.
[8] Vgl. IDW RS HFA 7, Tz 18.

## 1.3 Normenzusammenhang

§ 274 HGB steht im Einklang mit Art. 13 Nr. 11 der Bilanzrichtlinie. Das nach der Bilanzrichtlinie bestehende Wahlrecht – Ansatz in der Bilanz oder Ausweis im Anhang – wurde bereits mit § 274 HGB zugunsten des Ausweises in der Bilanz ausgeübt.[9]

§ 274 HGB regelt Ansatz und Bewertung von latenten Steuern. Regelungen zum Ausweis finden sich in § 266 Abs. 2 und 3 HGB (§ 266 Rz 100ff. und 166f. HGB). Erläuterungspflichten zu latenten Steuern finden sich in § 285 Nr. 29 HGB (§ 285 Rz 173f.), wobei diese nach § 288 Abs. 1, 2 HGB nur für große KapG/KapCoGes gelten (§ 288 Rz 3ff.). Soweit vom Aktivierungswahlrecht des Aktivüberhangs (Rz 28) Gebrauch gemacht wird, sind für KapG die Regelungen zur Ausschüttungssperre nach § 268 Abs. 8 HGB[10] anzuwenden (§ 268 Rz 81).

Nach § 298 Abs. 1 HGB findet § 274 auch auf den KA Anwendung.[11] § 306 HGB enthält Regelungen zu Steuerlatenzen für Konsolidierungsmaßnahmen im KA.

## 1.4 Grundlagen der Steuerlatenzen

Es existieren zwei Konzepte der Abbildung von Steuerlatenzen: das (ältere) Timing-Konzept und das (jüngere) Temporary-Konzept, die sich beide auf die US-amerikanische Bilanzierungspraxis zurückführen lassen.

Zur methodischen Umsetzung stehen die Abgrenzungsmethode und die Verbindlichkeitenmethode zur Verfügung.

Das in § 274 HGB angewandte **Timing-Konzept** ist GuV-orientiert, d.h., es wird mittels latenter Steuerabgrenzungen versucht, den „richtigen" Steueraufwand zum handelsrechtlichen Ergebnis vor Steuern zu ermitteln.

Solange der steuerliche Gewinn (genauer: das zu versteuernde Einkommen) und der handelsrechtliche Gewinn vor Steuern übereinstimmen, passen der tatsächliche Steueraufwand (ermittelt gem. dem Ergebnis der Steuerbilanz) und der handelsrechtliche Gewinn vor Steuern zueinander, d.h., es ergibt sich eine plausible Steuerquote. Kommt es aber zu Abweichungen zwischen der handelsrechtlichen und der steuerlichen Gewinnermittlung, fällt der tatsächliche Steueraufwand **im Verhältnis zum handelsrechtlichen Ergebnis** zu niedrig bzw. zu hoch aus. Damit besteht kein erklärbarer Zusammenhang zwischen dem handelsrechtlichen Ergebnis und dem Steueraufwand.

Die Anpassung des handelsrechtlichen Ergebnisses wird auf Differenzen zwischen der Handels- und der Steuerbilanz begrenzt, die aus der **unterschiedlichen Erfolgsabgrenzung** in beiden Rechenwerken resultieren (sog. timing differences). Folglich sind nur solche Abweichungen zwischen der Handels- und Steuerbilanz für die Bildung von Steuerabgrenzungen von Bedeutung, die **sich zukünftig abbauen** und die sowohl bei der Entstehung der Differenzen als auch bei deren Abbau **erfolgswirksam sind**.[12] Negativ formuliert führen erfolgsneutral entstandene Bilanzierungsunterschiede im Rahmen des Timing-Konzepts nicht

---

9 Vgl. *van Hall/Kessler*, in *Kessler/Leinen/Strickmann*, BilMoG, 2010, S. 468.
10 Vgl. zu gesellschaftsrechtlichen Folgeproblemen im Zusammenhang mit der Ausschüttungssperre *Kühnberger*, StuB 2011, S. 931.
11 Vgl. hierzu DRS 18.
12 Vgl. *Baetge/Kirsch/Thiele*, Bilanzen, 12. Aufl. 2012, S. 546.

zu einer Steuerabgrenzung.[13] Ebenfalls werden quasi-permanente Differenzen nicht in die Steuerabgrenzung einbezogen. Quasi-permanente Differenzen im Timing-Konzept sind Ergebnisunterschiede zwischen handels- und steuerrechtlicher Gewinnermittlung als Folge von Bilanzierungs- und Bewertungsunterschieden, die sich nicht von selbst umkehren und mit deren Ausgleich in absehbarer Zeit nicht zu rechnen ist (z.B. Beteiligungen, unbebaute Grundstücke). Permanente Differenzen sind solche Ergebnisunterschiede zwischen Handels- und steuerrechtlicher Gewinnermittlung, die sich niemals ausgleichen, z.B. nicht abziehbare Betriebsausgaben (§ 4 Abs. 5 EStG, § 9 KStG).[14]

**17** Mit § 274 HGB wurde handelsrechtlich das international übliche bilanzorientierte **Temporary-Konzept** statuiert. Dieses am internationalen „Vorbild" IAS 12 ausgerichtete Konzept[15] zielt primär auf eine zutreffende Abbildung der Vermögenslage der bilanzierenden Gesellschaft ab. Soweit zwischen handels- und steuerrechtlichen Bilanzposten Ansatz- und/oder Bewertungsunterschiede bestehen, die sich im Zeitablauf ausgleichen, werden auf diese Differenzen Steuerlatenzen gebildet. Im Gegensatz zum Timing-Konzept ist es beim Temporary-Konzept unerheblich, ob die Differenzen erfolgswirksam oder erfolgsneutral entstanden sind; entscheidend ist ausschließlich die Abbildung zukünftig aus solchen Differenzen entstehender Steuerbe- und -entlastungen.[16] Auch quasi-permanente Differenzen sind in die Steuerlatenzen einzubeziehen, da sich diese irgendwann – abhängig von noch zu treffenden Dispositionen des bilanzierenden Unternehmens – steuerwirksam ausgleichen werden.

> **Beispiel**
> In der Handelsbilanz der GmbH ist ein unbebautes Grundstück mit AK von 100 TEUR ausgewiesen. In der Steuerbilanz ist infolge der Übertragung von stillen Reserven aus der Veräußerung eines anderen Grundstücks nach § 6b EStG ein Buchwert von 75 TEUR ausgewiesen. Es ergibt sich eine quasi-permanente Differenz i.H. von 25 TEUR, die sich – mangels planmäßiger Abschreibung des Grundstücks – steuerlich erst bei Veräußerung des Grundstücks auswirken würde. Gleichwohl sind nach dem Temporary-Konzept auf diese Wertdifferenz latente Steuern zu bilden.

**18** § 274 HGB spricht nicht vom Wertansatz laut Steuerbilanz sondern vom steuerlichen Wertansatz. Zumeist lässt sich der steuerliche Wertansatz (international als **Steuerwert** bezeichnet) direkt aus der Steuerbilanz ablesen. Bei der Bildung von Steuerlatenzen sind nur zukünftig steuerwirksame Differenzen einzubeziehen, da nur diese zu zukünftigen Steuerbe- oder -entlastungen führen. Daher ist der Steuerbilanzwert von VG um nicht steuerwirksame Bestandteile, z.B. außerbilanzielle Hinzurechnungen oder Abzüge (z.B. Investitionsabzugsbetrag nach

---

[13] Vgl. *Loitz*, DB 2008, S. 252.
[14] Vgl. *Küting/Seel*, in *Küting/Pfitzer/Weber*, Das neue deutsche Bilanzrecht, 2009, S. 502.
[15] Zu den Unterschieden der Steuerlatenzierung nach HGB und IFRS vgl. *Freidank/Velte*, Stb 2012, S. 33.
[16] Vgl. *Kessler/Leinen/Paulus*, KoR 2009, S. 717.

§ 7g EStG), zu korrigieren.[17] Dementsprechend sind solche steuerliche Korrekturen, die ausschließlich die GuV betreffen (z. B. nicht abziehbare Betriebsausgaben, steuerfreie Erträge, gewerbesteuerliche Hinzurechnungen und Kürzungen) nicht zu berücksichtigen.[18]

> **Beispiel**[19]
> Eine GmbH weist in ihrer Handels- und Steuerbilanz eine Beteiligung an einer anderen KapG aus. Da gem. § 8b KStG Veräußerungsgewinne aus Anteilen an KapG zu 95 % steuerfrei sind, ist dies bei der Berechnung von Steuerlatenzen zu berücksichtigen. Bestehen in diesen Fällen unterschiedliche Wertansätze zwischen Handels- und Steuerbilanz, sind nur auf 5 % dieser Differenz Steuerlatenzen zu bilden.

Zur Ermittlung der Differenzbeträge bietet sich ein bilanzpostenbezogener Vergleich zwischen handels- und steuerrechtlichen Wertansätzen bspw. wie folgt an: 19

| Bilanzposten (1) | Wert lt. HB (2) | Steuerwert (3) | Differenz (4) = (2)−(3) | Korrektur (5) | Maßgebl. Differenz (6) = (4)−(5) |
|---|---|---|---|---|---|
| Selbst geschaffene immat. VG des AV | 100 | 0 | 100 | 0 | 100 |
| Grundstücke | 150 | 80 | 70 | 0 | 70 |
| Beteiligungen | 40 | 140 | −100 | 100 | 0 |
| ... | | | | | |
| Pensionsrückstellungen | 100 | 60 | 40 | 0 | 40 |
| Sonstige Rückstellungen | 90 | 30 | 60 | 0 | 60 |
| ... | | | | | |

Tab. 1: Ermittlungsschema Wertdifferenzen

In die Korrekturspalte (5) des obigen Ermittlungsschemas sind Anpassungen zur Eliminierung permanenter Differenzen zu berücksichtigen. Im Beispiel handelt es sich bei der Differenz im Posten Beteiligungen um eine handelsrechtlich abgeschriebene Beteiligung an einer KapG, deren Verkehrswert am Abschlussstichtag 40 beträgt. Aufgrund § 8b Abs. 3 Satz 3 KStG wird sich diese Differenz zu 100 % nicht steuerwirksam auswirken, sodass es sich um eine permanente Differenz handelt und entsprechend vollständig in der Korrekturspalte zu berücksichtigen ist.[20] 20

---

17 GlA: *Zimmert*, DStR 2010, S. 826; a. A.: *Weidmann*, DStR 2011, S. 2108, der die Einbeziehung von außerbilanziellen Korrekturen in die Steuerlatenzierung als mit dem Gesetzeswortlaut schwer vertretbar bezeichnet.
18 Vgl. DRS 18.2.
19 Vgl. *Herzig/Vossel*, BB 2009, S. 1175.
20 Beruhen die unterschiedlichen Wertansätze dagegen auf unterschiedlichen AK in Handels- und Steuerbilanz (z. B. im Rahmen von Verschmelzungen oder aufgrund unterschiedlicher Berücksichtigung von Anschaffungskosten), wären gem. § 8b Abs. 1 KStG 95 % der Buchwertdifferenz in die Korrekturspalte aufzunehmen.

21 Unter **temporären Differenzen** sind nicht nur reine Wertdifferenzen von in Handels- und Steuerbilanz gleichermaßen ausgewiesenen Bilanzposten zu verstehen (**Bewertungsdifferenzen**), sondern auch Differenzen aus dem Ansatz eines Bilanzpostens entweder in der HB oder in der Steuerbilanz (**Ansatzunterschiede**).[21]

> **Beispiel**
> Ausschließlich in der HB angesetzte Bilanzposten:
> – selbst geschaffene immaterielle VG des AV,
> – Rückstellungen für drohende Verluste.
> Ausschließlich in der Steuerbilanz angesetzte Bilanzposten:
> – Rücklage für Ersatzbeschaffung nach R 6.6 EStÄR 2012,
> – Rücklage für Veräußerungsgewinn nach § 6b EStG.

22 Soweit der Wertansatz eines VG in der HB (HB) höher als sein maßgeblicher Steuerwert (StB) ist oder der Wertansatz einer Schuld (z. B. Rückstellung) in der HB geringer ist als sein Steuerwert und sich die jeweiligen Differenzen steuerwirksam in der Folgezeit abbauen, ergibt sich hieraus eine passive Steuerlatenz. Umgekehrt bedingen aktive latente Steuern einen geringeren Wert eines VG in der HB gegenüber seinem Steuerwert bzw. einen höheren Wert einer Schuld lt. HB im Vergleich zum maßgeblichen Steuerwert.[22]

|  | passive latente Steuern | aktive latente Steuern |
| --- | --- | --- |
| Vermögensgegenstand | HB > StB | HB < StB |
| Schuld | HB < StB | HB > StB |

Tab. 2: Auswirkungen von Buchwertdifferenzen auf latente Steuern

23 Passive latente Steuern stellen mithin **zu versteuernde temporäre Differenzen** dar, da sie aus einem höheren handelsrechtlichen Nettovermögen gegenüber den maßgeblichen Steuerwerten resultieren. Im Umkehrschluss bilden aktive latente Steuern ein handelsrechtlich niedrigeres Nettovermögen im Vergleich zu den maßgeblichen Steuerwerten ab und stellen demzufolge **abzugsfähige temporäre Differenzen** dar.[23]

24 Der Abbildung einer zutreffenden Vermögenslage der Ges. entspricht auch die Berücksichtigung zukünftig nutzbarer **steuerlicher Verlustvorträge** im Temporary-Konzept, da diese einen ökonomischen Vorteil des bilanzierenden Unt darstellen (zu Einzelheiten zur Bilanzierung latenter Steuern auf steuerliche Verlustvorträge s. Rz 47).[24]

---

[21] Vgl. *Pöller*, BC 2011, S. 11.
[22] Vgl. *Wendholt/Wesemann*, DB 2009, Beil 5, S. 66.
[23] Vgl. *van Hall/Kessler*, in *Kessler/Leinen/Strickmann*, BilMoG, 2010, S. 469; DRS 18.8.
[24] Vgl. *Theile*, DStR 2009, S. 34.

## 2 Ansatz latenter Steuern (Abs. 1)

### 2.1 Aktivierungswahlrecht und Passivierungspflicht

Das Temporary-Konzept und die daraus abgeleitete Verbindlichkeitsmethode liegen den Regelungen von § 274 HGB zugrunde.[25] Im Gegensatz zu den international verbreiteten Regelungen (IAS 12) sieht § 274 HGB jedoch für einen Aktivüberhang an latenten Steuern lediglich ein Aktivierungswahlrecht vor. Für einen Passivüberhang latenter Steuern besteht eine Passivierungspflicht. 25

Der Gesetzeswortlaut spricht von Differenzen in Wertansätzen von VG, Schulden oder RAP. Soweit in Handels- oder Steuerbilanz weitere Bilanzposten angesetzt werden, die nicht in dieser Aufzählung genannt sind, hat hierfür gleichwohl eine Steuerlatenzierung zu erfolgen, soweit bei diesen Bilanzposten temporäre Differenzen bestehen. 26

> **Beispiel**
> In der HB ist auf der Aktivseite als letzter Posten ein aktiver Unterschiedsbetrag aus Vermögensverrechnung (§ 246 Rz 104) ausgewiesen. Das hierin enthaltene Deckungsvermögen ist zum Zeitwert angesetzt, während in der Steuerbilanz für dieses Vermögen das Anschaffungskostenprinzip zu beachten gilt.
> Es handelt sich um eine temporäre Differenz, die in die Steuerlatenzierung einzubeziehen ist.

Temporäre Differenzen treten nicht nur an jedem Abschlussstichtag, sondern auch beim erstmaligen Ansatz von VG und Schulden auf. Auch in derartigen Fällen sind auf etwaige temporäre Differenzen Steuerlatenzen zu bilden (Bsp. s. Rz 126). Aufgrund der Ergebnisneutralität von Anschaffungsvorgängen erfolgt die Einbuchung derartiger latenter Steuern erfolgsneutral. 27

Gegenstand des Aktivierungswahlrechts ist eine erwartete sich insgesamt ergebene Steuerentlastung. Hierin enthalten sind neben den aktiven latenten Steuern aus temporären Differenzen auch aktive latente Steuern auf steuerliche Verlustvorträge (Rz 47).[26] Das Aktivierungswahlrecht bezieht sich ausschließlich auf den die passiven latenten Steuern übersteigenden Teil der aktiven latenten Steuern (**Aktivüberhang**), eine Aktivierung von Teilbeträgen – z.B. nur auf ausgewählte Einzelsachverhalte oder unter Ignorierung der steuerlichen Verlustvorträge – ist unzulässig (zum Zusammenspiel des Aktivierungswahlrechts mit der Gesamtdifferenzenbetrachtung s. Rz 36ff. inkl. Bsp.).[27] 28

Das Aktivierungswahlrecht ist vom Wortlaut der Vorschrift her weit gefasst, d.h. könnte demnach zu jedem Abschlussstichtag neu ausgeübt werden. Zu beachten ist jedoch, dass § 246 Abs. 3 HGB ein **Stetigkeitsgebot für Ansatzmethoden** vorgibt (§ 246 Rz 131). 29

Die Anwendung dieses Stetigkeitsgebots führt im Zusammenspiel mit dem Aktivierungswahlrecht nach § 274 Abs. 1 Satz 2 HGB dazu, gleiche Sachverhalte 30

---

[25] Vgl. BilMoG-BgrRA, S. 114.
[26] Vgl. *Wendhold/Wesemann*, DB 2009, Beil. 5, S. 67; *Ernst/Seidler*, BB 2009, S. 768.
[27] Vgl. DRS 18.15.

stetig zu beurteilen. D. h., entscheidet sich der Bilanzierende, aktive latente Steuern anzusetzen, ist diese Entscheidung aufgrund des Stetigkeitsgebots auch für nachfolgende Abschlussstichtage bindend.

31 § 246 Abs. 3 HGB sieht die entsprechende Anwendung von § 252 Abs. 2 HGB vor. Danach darf von dem Stetigkeitsgrundsatz nur in **begründeten Ausnahmefällen** abgewichen werden.[28] Eine Abweichung ist nicht allein deshalb schon begründet, wenn sie im Anhang angegeben wird. Sachlich begründete Ausnahmefälle liegen nur vor, wenn:[29]
1. die Abweichung unter Beachtung der Grundsätze ordnungsmäßiger Buchführung eine Verbesserung des Einblicks in die VFE-Lage vermittelt;
2. die Abweichung im JA zur Anpassung an konzerneinheitliche Bilanzierungs- und Bewertungsregelungen erfolgt;
3. die Abweichung durch eine Änderung der rechtlichen Gegebenheiten (insb. Änderung von Gesetz und Gesellschaftsvertrag/Satzung, Änderung der Rechtsprechung) veranlasst ist;
4. die Abweichung dazu dient, Ansatz- oder Bewertungsvereinfachungsverfahren in Anspruch zu nehmen;
5. die Abweichung erforderlich ist, um steuerliche Ziele zu verfolgen.

32 Insbesondere der erste Durchbrechungsgrund, verbesserter Einblick in die VFE-Lage, lässt nur eine Durchbrechung der Stetigkeit dergestalt zu, dass ein Bilanzierender von „Nicht-Aktivierung" zu „Aktivierung" wechselt. Der umgekehrte Weg, von „Aktivierung" zu „Nicht-Aktivierung" zu wechseln, wird regelmäßig scheitern, da der Ansatz von aktiven latenten Steuern gerade einen verbesserten Einblick in die VFE-Lage des Unt gewährt.[30]

33 Gelingt es auch nicht, einen der anderen begründeten Ausnahmefälle für einen Wechsel von der „Aktivierung" zur „Nichtaktivierung" in Anspruch nehmen zu können, verbleiben als einzige Auswege aus der **„Ansatzfalle"** umwandlungsrechtliche Gestaltungen, z.B. Verschmelzung auf einen anderen Rechtsträger, der keine Aktivierung von aktiven latenten Steuern vornimmt. Insoweit bestehen enge Parallelen zu dem Ansatzwahlrecht zur Aktivierung selbst geschaffener immaterieller VG des AV (§ 248 Rz 37).

34 Die **Passivierungspflicht** für zu versteuernde temporäre Differenzen i.S.v. Abs. 1 Satz 1 der Vorschrift bedeutet, dass für derartige temporäre Differenzen grds. passive latente Steuern anzusetzen sind. Ausnahmen von diesem Grundsatz ergeben sich lediglich bei chronisch defizitären Unt (Rz 88). Der Grundsatz der Gesamtdifferenzenbetrachtung schränkt diese Passivierungspflicht nicht ein, sondern eröffnet dem Bilanzierenden die Möglichkeit eines saldierten Ausweises (Rz 35).

## 2.2 Grundsatz der Gesamtdifferenzenbetrachtung (Abs. 1 Satz 1 und 2)

35 Der Grundsatz der Gesamtdifferenzenbetrachtung bedeutet, dass sämtliche aus temporären Differenzen bzw. steuerlichen Verlustvorträgen resultierenden aktiven und passiven Steuerlatenzen, zusammengefasst und nur der Saldo hieraus

---

[28] Vgl. DRS 18.16.
[29] Vgl. IDW RS HFA 38, Tz 15.
[30] Vgl. *van Hall/Kessler*, in *Kessler/Leinen/Strickmann*, BilMoG, 2010, S. 475.

ausgewiesen wird.[31] Hieran wird auch deutlich, dass sich das Aktivierungswahlrecht von Abs. 1 Satz 2 der Vorschrift nur auf den Aktivüberhang, nicht aber auf den Bruttobetrag der aktiven latenten Steuern beziehen kann.[32]

Das Zusammenspiel von Aktivierungswahlrecht und Gesamtdifferenzenbetrachtung wird in nachfolgendem Schema dargestellt:

**Abb. 1:** Ermittlung ansatzfähiger bzw. ansatzpflichtiger latenter Steuern

In **Schritt 1** werden zunächst zu versteuernde temporäre Differenzen mit abzugsfähigen Differenzen saldiert (Gesamtdifferenzenbetrachtung). Ein sich ergebender Passivüberhang ist in **Schritt 2** mit steuerlichen Verlustvorträgen zu verrechnen. Hierbei ist keine Begrenzung der steuerlichen Verlustvorträge auf nur die in den nächsten 5 Jahren verrechenbaren vorzunehmen, da ansonsten künftige Steuerbelastungen in Form von passiven Steuerlatenzen ausgewiesen würden, die tatsächlich zu keiner steuerlichen Belastung führen.[33] Ergibt sich aus Schritt 1 dagegen ein Aktivüberhang, ist dieser um diejenigen Vorteile aus steuerlichen Verlustvorträgen zu erhöhen, die innerhalb der nächsten 5 Jahre voraussichtlich genutzt werden können.

In **Schritt 3** ist ein verbleibender Passivüberhang als passive latente Steuern anzusetzen (Passivierungspflicht). Ergibt sich aus Schritt 2 ein Aktivüberhang, ist dieser wiederum auf diejenigen Vorteile aus steuerlichen Verlustvorträgen zu begrenzen, die innerhalb der nächsten 5 Jahre voraussichtlich realisiert werden können. Dieser Aktivüberhang unterliegt – genauso wie der direkt in Schritt 1 ermittelte – dem Aktivierungswahlrecht von Abs. 1 Satz 2 der Vorschrift.

---

[31] Gem. DRS 18.40 ist neben der Verrechnung auch unter bestimmten Bedingungen eine Aufrechnung möglich. Vgl. hierzu im Einzelnen: *Loitz*, DB 2010, S. 2178.
[32] GlA *Herzig/Vossel*, BB 2009, S. 1177.
[33] Vgl. DRS 18.21.

> **Praxis-Beispiel**[34]
> Eine GmbH ermittelt am Abschlussstichtag bestehende temporäre Differenzen wie folgt:
>
> | | |
> |---|---:|
> | abzugsfähige temporäre Differenzen aus Pensionsrückstellungen | 200 EUR |
> | zu versteuernde temporäre Differenzen aus handels- und steuerrechtlich unterschiedlichen Buchwerten bei Sachanlagen | 100 EUR |
> | ungenutzte steuerliche Verlustvorträge (innerhalb von fünf Jahren voraussichtlich nutzbar) | 50 EUR |
>
> Bei einem Steuersatz von 30 % (KSt, SolZ und GewSt) ergeben sich folgende Steuerlatenzen:
>
> | | |
> |---|---:|
> | aktive latente Steuern aus temporären Differenzen | 60 EUR |
> | aktive latente Steuern aus steuerlichen Verlustvorträgen | 15 EUR |
> | passive latente Steuern aus temporären Differenzen | –30 EUR |
> | gesamt | 45 EUR |
>
> Das Aktivierungswahlrecht besteht hinsichtlich der 45 EUR, nicht aber für den Bruttobetrag der aktiven latenten Steuern von 75 EUR.

**39** Da das Aktivierungswahlrecht nur insgesamt ausgeübt werden kann, sind auch z.T. in der Literatur geführte Diskussionen über die Zulässigkeit einer nur **teilweisen Aktivierung** obsolet.[35] Eine teilweise Aktivierung ist unzulässig, da das Aktivierungswahlrecht eine „Entweder-oder-Entscheidung" bez. des Aktivüberhangs von latenten Steuern darstellt.[36]

**40** Auch eine Gesamtdifferenzenbetrachtung erfordert zumindest unternehmensintern eine Einzelbetrachtung der jeweiligen Bilanzposten, um Veränderungen im Zeitablauf nachvollziehen zu können. Es sind **detaillierte Analysen** erforderlich, um zu ermitteln, ob ein Aktiv- oder Passivüberhang besteht.[37]

**41** Da der Gesetzgeber dem Bilanzierenden das Aktivierungswahlrecht für einen Aktivüberhang vor allem wegen vorgebrachter Kritik an der Komplexität der Ermittlung und Dokumentation von Steuerlatenzen eröffnet hat, erscheint es sachgerecht, dem Bilanzierenden bei der Interpretation der Angabepflichten im Anhang nach § 285 Nr. 29 HGB nicht „hinterrücks" detaillierte Erläuterungspflichten aufzubürden. Wenn ein Unt das Aktivierungswahlrecht nicht ausübt, erscheint es dem Willen des Gesetzgebers zu genügen, wenn im Anhang qualitative Angaben zu bestehenden temporären Differenzen und steuerlichen Verlustvorträgen enthalten sind.[38]

---

[34] In Anlehnung an *van Hall/Kessler*, in *Kessler/Leinen/Strickmann*, BilMoG, 2010, S. 478.
[35] Vgl. *Loitz*, DB 2010, S. 2179.
[36] GlA *Küting/Seel*, in *Küting/Pfitzer/Weber*, Das neue deutsche Bilanzrecht, 2009, S. 518.
[37] Vgl. *Herzig/Vossel*, BB 2009, S. 1177.
[38] Vgl. DRS 18.65 sowie IDW, IDW-FN 2015, S. 172.

> **Beispiel**
> Sachverhalt wie Bsp. in Rz 38.
> Die GmbH nimmt entsprechend § 274 Abs. 1 Satz 2 HGB keine Aktivierung des Aktivüberhangs i. H. von 45 EUR vor.
> Im Anhang führt das Unternehmen zu latenten Steuern aus:
> „Temporäre Differenzen i. S. v. § 274 HGB ergeben sich bei folgenden Bilanzposten:
> Pensionsrückstellungen (aktive latente Steuer)
> SAV (passive latente Steuer)
> Darüber hinaus bestehen ungenutzte steuerliche Verlustvorträge, deren Realisierung durch zukünftige positive Steuerbemessungsgrundlagen hinreichend sicher scheint. Auch hieraus ergibt sich eine aktive latente Steuer. Insgesamt übersteigen die aktiven latenten Steuern die passiven, sodass ein Aktivüberhang vorliegt, der entsprechend des Wahlrechts von § 274 Abs. 1 Satz 2 HGB nicht aktiviert wird."

Bei der Entscheidung des Bilanzierenden zur Anwendung der Gesamtdifferenzenbetrachtung ist der **Stetigkeitsgrundsatz** zu beachten (Ansatzstetigkeit: § 246 Abs. 3 HGB). Da der unsaldierte Ausweis einen verbesserten Einblick in die VFE-Lage der Ges. ermöglicht, gelten hier die Ausführungen zur Durchbrechung der Stetigkeit bzgl. der Ausübung des Aktivierungswahlrechts analog (Rz 32). 42

### 2.3 Unsaldierter Ausweis (Abs. 1 Satz 3)

Ein unsaldierter Ausweis eröffnet dem Bilanzleser einen besseren Einblick in die Vermögenslage der Ges. als die Anwendung der Gesamtdifferenzenbetrachtung, da es sich um die transparenteste und umfassendste Abbildung von Steuerlatenzen handelt.[39] Es ist auch die nach internationalen Rechnungslegungsvorschriften verwendete Ausweismethode,[40] sodass der unsaldierte Ausweis nach Abs. 1 Satz 3 die weitestgehende Annäherung an die IFRS ermöglicht. 43

Auch im Fall des unsaldierten Ausweises bezieht sich das Aktivierungswahlrecht von Abs. 1 Satz 2 ausschließlich auf die die passiven latenten Steuern übersteigenden aktiven latenten Steuern (Aktivüberhang), nicht auf den Gesamtbetrag der aktiven latenten Steuern (Rz 28). 44

> **Beispiel**
> Das Unt ermittelt aktive latente Steuern i. H. von 100 EUR (abzugsfähige temporäre Differenzen in Pensionsrückstellungen) und passive latente Steuern i. H. von 40 EUR (zu versteuernde temporäre Differenzen aus aktivierten selbst geschaffenen immateriellen VG des AV).
> Das Unt kann bei einem unsaldierten Ausweis entweder sowohl aktive als auch passive latente Steuern i. H. von jeweils 40 EUR ausweisen (Nichtaktivierung des Aktivüberhangs, Variante A) oder aktive latente Steuern von

---

[39] BilMoG-BgrRegE, S. 114.
[40] Vgl. IAS 12.74. Danach kommt eine Saldierung von latenten Steueransprüchen und Steuerschulden nur unter sehr restriktiven Bedingungen in Betracht. In den allermeisten Fällen sind latente Steuern nach IAS unsaldiert auszuweisen.

100 EUR und passive latente Steuern von 40 EUR bilanzieren (Variante B). Der ausschließliche Ansatz von 40 EUR passive latente Steuern wäre demgegenüber unzulässig.

| Aktiva | Variante A | Passiva | |
|---|---|---|---|
| ... | | ... | |
| Aktive latente Steuern | 40 | Passive latente Steuern | 40 |

| Aktiva | Variante B | Passiva | |
|---|---|---|---|
| ... | | ... | |
| Aktive latente Steuern | 100 | Passive latente Steuern | 40 |

Beide Varianten sind zulässig. Den zutreffenden Einblick in die Vermögenslage des Unt vermittelt Variante B, weshalb sie aus Sicht der Abschlussadressaten vorzugswürdig ist.

**45** Der unsaldierte Ausweis ist nach dem Temporary-Konzept theoretisch für jeden einzelnen Sachverhalt vorzunehmen. Dies stößt in der Praxis aufgrund des damit verbundenen Ermittlungs- und Fortführungsaufwands derartiger Differenzen oftmals an Belastungsgrenzen für die betroffenen Unt. Daher dürfte es praxisgerecht und sachlich vertretbar sein,[41] eine **bilanzpostenbezogene Betrachtung** vorzunehmen, auch wenn damit innerhalb eines Bilanzpostens auftretende aktive und passive Steuerlatenzen miteinander saldiert werden.[42]

**Beispiel**
Der Bilanzansatz der Sonstigen Rückstellungen weicht zum 31.12.01 zwischen Handels- und Steuerbilanz um 500 EUR (HB > Steuerbilanz) voneinander ab. Ursache hierfür sind zum einen die in der Steuerbilanz nicht anzusetzende Rückstellung für drohende Verluste i.H. von 800 EUR und zum anderen eine aufgrund der nur handelsrechtlich gebotenen Abzinsung gegenüber der Steuerbilanz niedrigere Gewährleistungsrückstellung, deren Anfall erst in drei Jahren erwartet wird (300 EUR).
Es ist zulässig, auf die bilanzpostenbezogene Differenz von 500 EUR insgesamt eine aktive Steuerlatenz auszuweisen.

---

[41] Vgl. *Wendholt/Wesemann*, DB 2009, Beil. 5, S. 67.
[42] DRS 18.36 stellt allerdings auf die einzelnen VG, Schulden und RAP ab.

Auch bei einem unsaldierten Ausweis von latenten Steuern sind in den aktiven latenten Steuern zwei unterschiedliche Arten von Steuerlatenzen enthalten, nämlich abzugsfähige temporäre Differenzen und Steuerlatenzen auf steuerliche Verlustvorträge (Rz 47). Beides sind zukünftig entstehende Steuerforderungen, sodass es sich um keine Saldierung, sondern um einen zusammengefassten Ausweis handelt. Durch die Erläuterungspflichten im Anhang (§ 285 Nr. 29 HGB) erhält der JA-Leser Informationen darüber, welche Bestandteile in den aktiven latenten Steuern enthalten sind (§ 285 Rz 173f.). 46

## 2.4 Steuerliche Verlustvorträge

### 2.4.1 Grundlagen

Abs. 1 Satz 4 der Vorschrift stellt eine gesetzliche Regelung zur Aktivierung steuerlicher Verlustvorträge dar.[43] 47

Das Aktivierungswahlrecht für aktive latente Steuern beinhaltet die **Aktivierung zukünftiger Steuerentlastungen** aufgrund von steuerlichen Verlustvorträgen. Allerdings wird das Aktivierungswahlrecht für steuerliche Verlustvorträge auf **die in den nächsten 5 Jahren zu erwartende Verlustverrechnung** begrenzt.[44] Für die Verrechnung mit passiven Steuerlatenzen sind Vorteile aus steuerlichen Verlustvorträgen zeitlich unbegrenzt zu verwenden, auch wenn die Gesetzesmaterialien einen anderen Schluss zulassen (s. Abb. Rz 36).[45] Eine Nichtberücksichtigung der über 5 Jahre hinaus reichenden Verlustvorträge würde zum Ausweis zukünftiger Steuerbelastungen führen, die in der Höhe tatsächlich gar nicht zu erwarten sind.[46]

Die Begrenzung der Aktivierung von Vorteilen aus steuerlichen Verlustvorträgen auf 5 Jahre soll an folgendem Beispiel illustriert werden:[47] 48

| Beispiel Die GmbH ermittelt zum Abschlussstichtag folgende Steuerlatenzen: | |
|---|---|
| Passive latente Steuern | 120 TEUR |
| Aktive latente Steuern (temporäre Differenzen) | 60 TEUR |
| Aktive latente Steuern aus steuerlichen Verlustvorträgen (davon innerhalb 5 Jahren realisierbar 90 TEUR) | 100 TEUR |
| Insgesamt ergibt sich ein Aktivüberhang latenter Steuern von 40 TEUR. Von den steuerlichen Verlustvorträgen ist nur der innerhalb von 5 Jahren realisierbare Teil aktivierungsfähig, sodass ein dem Aktivierungswahlrecht unterliegender Aktivüberhang von insgesamt 30 TEUR vorliegt. | |

Die im Rahmen der Gesamtdifferenzenbetrachtung vorzunehmende Saldierung von zukünftigen Vorteilen aus steuerlichen Verlustvorträgen mit passiven Steuerlatenzen ist nur zulässig, wenn die steuerlichen Verlustvorträge dieselben Steuer- 49

---

[43] Vgl. *Loitz*, DB 2009, S. 916.
[44] Vgl. *Herzig/Vossel*, BB 2009, S. 1176.
[45] Vgl. BilMoG-BgrRegA, S. 114.
[46] Vgl. DRS 18 Anhang A 5.
[47] Vgl. DRS 18 Anhang A5.

arten (und damit dieselben Steuerbehörden) betreffen, wie die der Bewertung der passiven Steuerlatenzen zugrunde liegenden. Weiterhin ist es wohl erforderlich, den zeitlichen Anfall der passiven Steuerlatenzen zumindest grob zu planen, um ggf. abzuleitende Restriktionen (Rz 54) für die Nutzbarkeit der steuerlichen Verlustvorträge erkennen zu können.

> **Beispiel**
> Eine GmbH hält eine **Beteiligung an einer Immobilien-Objektgesellschaft** in der Rechtsform einer GmbH & Co. KG. Die Immobilien-Objektgesellschaft ist mit der Errichtung eines Bürokomplexes beschäftigt, dessen Fertigstellung im dritten Quartal des nächsten Gj erwartet wird. Für 65 % der Büroflächen sind bereits Mietverträge abgeschlossen.
> Die Wertansätze der Beteiligung an der Immobilien GmbH & Co. KG belaufen sich in der **HB** der GmbH auf 3,5 Mio. EUR und in der **Steuerbilanz** (durch aufgelaufene Anlaufverluste) auf 1,5 Mio. EUR. Es ergibt sich eine temporäre Differenz i. H. von 2,0 Mio. EUR, für die eine **passive Steuerlatenz** zu bilden ist. Die GmbH verfügt am Abschlussstichtag weiterhin über einen körperschaftsteuerlichen Verlustvortrag i. H. von 2,0 Mio. EUR.
> Dem **Grundsatz der Gesamtdifferenzenbetrachtung** folgend könnte eine Saldierung des Vorteils aus dem körperschaftsteuerlichen Verlustvortrag mit den passiven Steuerlatenzen vorgenommen werden, sodass letztlich **keine latente Steuer angesetzt** würde. Dies ist aber nur **dann zulässig**, wenn am Abschlussstichtag zu erwarten ist, dass der körperschaftsteuerliche Verlustvortrag **in voller Höhe zum Ausgleich der passiven Steuerlatenzen** verwendet werden kann. Das hängt wiederum davon ab, wie sich die passiven Steuerlatenzen voraussichtlich ausgleichen. Soweit die Beteiligung an der Immobilien-Objektgesellschaft auch nach Fertigstellung des Bürokomplexes von der GmbH gehalten werden soll, werden jährlich steuerliche Gewinne in einer Größenordnung von 0,2 Mio. EUR (laufende Vermietungsüberschüsse) erwartet. Ist dagegen beabsichtigt, die Beteiligung zu veräußern, würde sich **im Veräußerungszeitpunkt** die **passive Steuerlatenz** von 2,0 Mio. EUR sofort umkehren und **zu steuerpflichtigen Einkünften** führen. Der körperschaftsteuerliche Verlustvortrag wäre zwar auch in diesem Fall nutzbar, es würde aber die Mindestbesteuerung greifen, sodass die über 1,0 Mio. EUR hinausgehenden **passiven Steuerlatenzen** nur zu 60 % mit dem körperschaftsteuerlichen Verlustvortrag verrechnet werden könnten.
> **Ergebnis:** Soweit die Beteiligung weiter gehalten werden soll, ist eine **vollständige Saldierung** der passiven Steuerlatenzen mit dem körperschaftsteuerlichen Verlustvortrag **möglich**. Ist dagegen eine Veräußerung der Beteiligung zu erwarten (entscheidend ist hier die Einschätzung des Managements, d.h., konkrete Verkaufsanstrengungen brauchen noch nicht begonnen haben), ist aufgrund der Mindestbesteuerung eine passive Steuerlatenz auf die nicht mit dem körperschaftsteuerlichen Verlustvortrag verrechenbaren temporären Differenzen i. H. von 0,4 Mio. EUR (2,0 ./. 1,0 = 1,0 abz. 60 % = 0,4) zu bilden.

Zur Beschränkung der Aktivierung von Vorteilen aus steuerlichen Verlustvorträgen auf fünf Jahre s. Rz 49.

Die Aktivierung von steuerlichen Verlustvorträgen ist nur für solche Steuerarten zulässig, bei denen das bilanzierende Unt auch Steuersubjekt ist. Für KapG kommt somit die Aktivierung von körperschaftsteuerlichen Verlustvorträgen (§ 8 Abs. 1 KStG i. V. m. § 10d EStG) und gewerbesteuerlichen Verlustvorträgen (§ 10a GewStG) in Betracht. Ekfl. und PersG können demgegenüber nur gewerbesteuerliche Verlustvorträge aktivieren; die ESt des Ekfm. bzw. der Gesellschafter der PersG sind hiervon nicht erfasst. 50

Soweit die vom bilanzierenden Unt erwirtschafteten steuerlichen Ergebnisse nicht im Inland, sondern in ausländischen Jurisdiktionen zu versteuern sind, sind die dortigen steuerlichen Regelungen zum steuerlichen Verlustvortrag zu beachten. Dies kann z. B. die zeitlich beschränkte Nutzbarkeit von steuerlichen Verlustvorträgen betreffen. 51

> **Beispiel**
> Die deutsche GmbH unterhält eine Zweigniederlassung in Italien, die dort als Steuersubjekt der dortigen KSt unterliegt. Der JA der GmbH enthält auch die der italienischen Zweigniederlassung zuzurechnenden VG, Schulden und RAP. Soweit bei der italienischen Zweigniederlassung steuerlich nutzbare Verlustvorträge bestehen, unterliegen diese ebenfalls dem Aktivierungswahlrecht nach § 274 Abs. 1 Satz 2 HGB. Allerdings ist zu beachten, dass die steuerlichen Verlustvorträge in Italien nur zeitlich begrenzt (5 Jahre) nutzbar sind.

### 2.4.2 Mindestbesteuerung und andere steuerliche Restriktionen

Bei der bilanziellen Berücksichtigung von Vorteilen aus steuerlichen Verlustvorträgen sind bestehende steuerliche Restriktionen in der Nutzung dieser steuerlichen Verlustvorträge zu berücksichtigen. Dies gilt sowohl im Fall der Aktivierung von Vorteilen aus steuerlichen Verlustvorträge als auch im Fall der Saldierung mit passiven Steuerlatenzen im Zuge der Gesamtdifferenzenbetrachtung. Derartige steuerliche Restriktionen gibt es im deutschen Steuerrecht, aber auch in einer Vielzahl von anderen Steuerjurisdiktionen. 52

Eine in Deutschland bestehende Restriktion ist die sog. **Mindestbesteuerung**, die sowohl bei der KSt (§ 8 Abs. 1 KStG i. V. m. § 10d Abs. 2 EStG) als auch bei der GewSt (§ 10a Satz 1 und 2 GewStG) zu beachten ist. Danach dürfen bestehende Verlustvorträge nur i. H. von bis zu 1 Mio. EUR (Freibetrag) unbegrenzt mit steuerpflichtigen Gewinnen verrechnet werden; darüber hinausgehende steuerpflichtige Gewinne sind nur i. H. von 60 % mit dem Verlustvortrag verrechenbar, d. h., 40 % des den Freibetrag übersteigenden steuerpflichtigen Einkommens führen tatsächlich zu einer Steuerfestsetzung (sog. Mindestbesteuerung). Der auf diese Weise z. T. nicht genutzte steuerliche Verlustvortrag verfällt nicht, sondern kann weiter vorgetragen werden. Der Freibetrag gilt für jeden Veranlagungszeitraum. Regelungen zur Mindestbesteuerung existieren auch in anderen Ländern, so z. B. in Frankreich. 53

Eine in Deutschland (bislang) nicht bestehende Restriktion betrifft den **zeitlichen Verfall von steuerlichen Verlustvorträgen**. In einer Reihe von Ländern sind steuerliche Verlustvorträge nur eine begrenzte Anzahl von Jahren nach Anfall des Verlustes nutzbar, danach verfallen sie. Dies ist bei der Aktivierung 54 von Vorteilen aus diesen steuerlichen Verlustvorträgen entsprechend zu berücksichtigen, sodass nur die innerhalb der gesetzten Frist tatsächlich zu erwartende Nutzung aktiviert werden darf.

> **Beispiel**
> Die deutsche AG hat eine Betriebsstätte in Florida (USA), die im handelsrechtlichen JA der AG einbezogen ist. In den VG, Schulden und RAP der amerikanischen Betriebsstätte sind annahmegemäß keine temporären Differenzen enthalten. Am Abschlussstichtag besteht allerdings ein steuerlicher Verlustvortrag der amerikanischen Betriebsstätte i. H. von 1.000 TEUR, der bei einem angenommenen Steuersatz von 20 % eine zukünftige Steuerersparnis von 200 TEUR repräsentiert. Die Nutzung des steuerlichen Verlustvortrags sei auf 5 Jahre zeitlich begrenzt. Im Wege einer vorsichtigen Schätzung wird für die nächsten 5 Jahre ein positives steuerpflichtiges Einkommen der Betriebsstätte i. H. von insgesamt 550 TEUR prognostiziert. Es dürfen somit nur 550 TEUR × 20 % = 110 TEUR aktiviert werden.

**55** Ein ebenfalls häufig anzutreffender Fall ist die Beschränkung der Nutzung von steuerlichen Verlustvorträgen durch **Gesellschafterwechsel** der bilanzierenden Ges. In Deutschland existieren hierzu Regelungen für die KSt in § 8c KStG, die auch für die GewSt Anwendung finden (§ 10a Satz 10 GewStG). Danach erfolgt ein quotaler Wegfall des Verlustvortrags, wenn im Zuge des Gesellschafterwechsels mehr als 25 %, aber höchstens 50 % der Gesellschaftsanteile wechseln. Wechseln mehr als 50 % der Gesellschaftsanteile, gehen die steuerlichen Verlustvorträge vollständig unter.[48] Diese steuerlichen Beschränkungen gelten nicht nur für den steuerlichen Verlustvortrag, sondern auch für den Zinsvorträge aus der Zinsschrankenregelung (Rz 59). Aus diesen steuerlichen Regelungen ergeben sich für die Bilanzierung von Vorteilen aus steuerlichen Verlustvorträgen eine Reihe von Zweifelsfragen. Anknüpfend an die zu IAS 12 entwickelten Grundsätze wäre eine Bilanzierung von Vorteilen aus steuerlichen Verlustvorträgen möglich, wenn mehr für als gegen die Nutzung der Verlustvorträge spricht.[49] Der Gesetzgeber hat sich hinsichtlich der Wahrscheinlichkeit der Nutzbarkeit etwas vage lediglich auf das handelsrechtliche Vorsichtsprinzip (§ 252 Abs. 1 Nr. 4 HGB) zurückgezogen. Daraus abzuleiten, angesichts der Komplexität des deutschen Steuerrechts seien steuerliche Verlustvorträge per se unsicher, wäre nach der hier vertretenen Auffassung aber zu weitgehend.

> **Beispiel**
> Die GmbH verfügt zum 31.12.01 über einen körperschaftsteuerlichen und gewerbesteuerlichen Verlustvortrag von 100 TEUR. In Ausübung des Ansatzwahlrechts von § 274 Abs. 1 Satz 2 HGB hat die GmbH den steuerlichen Vorteil i. H. von 30 % (kombinierter Steuersatz aus KSt, SolZ und GewSt) = 30 TEUR aktiviert, da aufgrund der Ergebnis- und Steuerplanungen für die nächsten fünf Jahre steuerliche Gewinne in einer Größenordnung von 250 TEUR prognostiziert werden.

---

[48] Zu Einzelheiten vgl. *Schildknecht/Rhiel*, DStR 2009, S. 117.
[49] Vgl. *Engels*, BB 2008, S. 1555.

Im Oktober 02 werden 40 % der GmbH-Anteile von einem Gesellschafter veräußert. Durch ein positives Jahresergebnis 02 belaufen sich die steuerlichen Verlustvorträge für KSt und GewSt zum Jahresende 02 – vor Berücksichtigung der Verlustvortragsbeschränkung von § 8c KStG/§ 10a Satz 10 GewStG – noch auf 80 TEUR. Infolge der Verlustvortragsbeschränkung kann die GmbH nur noch für die verbleibenden 60 % = 48 TEUR Verlustvorträge aktivieren. Der hierauf entfallende Steuervorteil beläuft sich auf 30 % = 14,4 TEUR.
Der Buchungssatz für die Ausbuchung des anteiligen Steuervorteils lautet:

| Datum | Konto | Soll | Haben |
|---|---|---|---|
| | Steuern vom Einkommen und Ertrag | 15,6 | |
| | Aktive latente Steuern | | 15,6 |

Zu beachten ist neben den handelsrechtlichen Ansatz- und Bewertungsvorschriften des § 274 HGB und den die steuerlichen Verlustvorträge ggf. beschränkenden steuerlichen Regelungen auch das **Stichtagsprinzip**. Letzteres wird aus § 242 HGB abgeleitet und besagt, dass im Rahmen der Bilanzierung die Geschäftsvorfälle im JA zu berücksichtigen sind, die bis zum Abschlussstichtag angefallen und die für die Bewertung die Verhältnisse am Abschlussstichtag zugrunde zu legen sind (§ 242 Rz 8). Zur Abgrenzung zwischen werterhellenden und wertbegründenden Ereignissen s. § 252 Rz 55 ff.

**56**

**Beispiel**
Die GmbH & Co KG befindet sich zum Jahresende 01 in einer schwierigen wirtschaftlichen Situation. Die Geschäftsführer versuchen die angespannte Liquiditätssituation durch die Suche nach neuen Eigenkapitalgebern zu verbessern. Am 20.12.01 veräußert einer der bisherigen Kommanditisten seine Kommanditanteile von 40 % an einen neuen Gesellschafter. Der neue Gesellschafter verpflichtet sich neben dem Kaufpreis für die Kommanditanteile eine gesamthänderisch gebundene Rücklage i.H. von 500 TEUR zu dotieren. Die Komplementär-GmbH ist nicht am Kapital der KG beteiligt. Die Übertragung der Kommanditanteile sei unter die aufschiebende Bedingung der Eintragung des neuen Kommanditisten im HR gestellt. Die Eintragung im HR erfolgt am 5.1.02, sodass zu diesem Tag der Anteilswechsel vollzogen wird. Die GmbH & Co KG verfügt zum 31.12.01 über einen gewerbesteuerlichen Verlustvortrag i.H. von 100 TEUR. Bei einer Steuermesszahl von 3,5 % und einem Gewerbesteuerhebesatz von 400 % beläuft sich der latente Gewerbesteuervorteil auf 14 TEUR.
Bei Aufstellung des JA zum 31.12.01 hat die Geschäftsführung die Wahrscheinlichkeit der Nutzung des gewerbesteuerlichen Verlustvortrags zu beurteilen. Der maßgebliche Geschäftsvorfall, der Kaufvertrag über die Kommanditanteile, wurde vor dem Abschlussstichtag geschlossen und ist daher aufgrund des Stichtagsprinzips bei der Beurteilung der Wahrscheinlichkeit der Realisierung des Verlustvortrags zu berücksichtigen. Da im Zeitpunkt der Bilanzaufstellung bekannt ist, dass die Gesellschafterwechsel vollzogen und somit der gewerbesteuerliche Verlustvortrag quotal untergegangen ist,

> darf der gewerbesteuerliche Verlustvortrag zum 31.12.01 nur noch i. H. der verbleibenden 60 % = 8,4 TEUR angesetzt werden.

**57** Das Stichtagsprinzip kann dazu führen, dass im JA Vorteile aus steuerlichen Verlustvorträgen ausgewiesen werden, von denen bereits bei Bilanzaufstellung bekannt ist, dass diese nicht mehr vollständig realisiert werden können. Das ist aber keine Besonderheit von steuerlichen Verlustvorträgen, sondern trifft auch auf VG zu; eine im Januar 02 durch einen Brandschaden zerstörte Lagerhalle ist gleichwohl im JA zum 31.12.01 zu bilanzieren, ohne dass eine außerplanmäßige Abschreibung o. Ä. zu berücksichtigen wäre. Nachfolgendes Beispiel illustriert die Wirkungsweise des Stichtagsprinzips auf steuerliche Verlustvorträge.

> **Beispiel**
> Die GmbH verfügt zum Abschlussstichtag 31.12.01 über einen körperschaftsteuerlichen Verlustvortrag i. H. von 200 TEUR. Auf Basis eines KSt-Satzes von 15 % und unter Berücksichtigung des SolZ bemisst sich der steuerliche Vorteil auf 31,7 TEUR. Ende Februar 02 veräußert ein Minderheitsgesellschafter, der keine Organstellung in der GmbH innehat, Anteile i. H. von 30 %. Der JA zum 31.12.01 wird im März 02 aufgestellt. Die Geschäftsführung hat von der Anteilsübertragung erst nach deren Durchführung erfahren.
> Unter Berücksichtigung des Stichtagsprinzips ist die Aktivierung des vollen Verlustvortrags von 31,7 TEUR zulässig. Allerdings kann im LB im Rahmen des Nachtragsberichts zu Ereignissen nach dem Abschlussstichtag darauf hinzuweisen sein, dass von dem aktivierten Verlustvortrag durch den in 02 erfolgten Gesellschafterwechsel 9,5 TEUR untergehen.

**58** Bei PersG und KapG bestehen häufig **gesellschaftsvertragliche Regelungen zur Kompensation von steuerlichen Nachteilen** der Ges. durch Transaktionen des Gesellschafters.[50] Soweit ein Gesellschafter der Ges. Schaden zufügt, indem er z. B. durch Veräußerung seiner Anteile den gewerbesteuerlichen Verlustvortrag quotal schmälert, sehen solche Regelungen den Ausgleich des Schadens durch den (ausscheidenden) Gesellschafter vor. Im Zeitpunkt des Vollzugs des Gesellschafterwechsels entsteht ein Anspruch der Ges. gegen den ausscheidenden Gesellschafter, der nach allgemeinen Grundsätzen als Forderung zu bilanzieren ist. Derartige Kompensationsregelungen bei der Beurteilung der Wahrscheinlichkeit der zukünftigen Nutzbarkeit steuerlicher Verlustvorträge einzubeziehen, erscheint nach der hier vertretenen Auffassung unzulässig. Es widerspräche dem Prinzip der Einzelbewertung (§ 252 Abs. 1 Nr. 3 HGB). Auch die Bildung einer Bewertungseinheit nach § 254 HGB scheitert an den Voraussetzungen, da in § 254 Satz 1 HGB aktive latente Steuern nicht aufgeführt sind. Außerdem würden außerhalb der Einflusssphäre der Ges. liegende Vorteilhaftigkeitsüberlegungen des Gesellschafters Einfluss auf die Bewertung der aktiven latenten Steuer nehmen.

---

[50] Vgl. zu derartigen Kompensationsklauseln *Schildknecht/Rhiel*, DStR 2009, S. 118.

## 2.4.3 Zinsvorträge, Steuergutschriften

Der Gesetzgeber hat erkennen lassen, dass die Aktivierung von Vorteilen aus steuerlichen Verlustvorträgen auch diesen gleichgestellte andere steuerliche Vorteile umfasst.[51] Der aus der sog. **Zinsschranke** nach § 4h Abs. 1 Satz 2 EStG stammende Zinsvortrag entfaltet ähnliche steuerliche Wirkungen wie der steuerliche Verlustvortrag, sodass dessen Aktivierung bzw. Saldierung mit passiven Steuerlatenzen im Rahmen der Gesamtdifferenzenbetrachtung folgerichtig erscheint.

Allerdings gilt es die zwischen Zins- und Verlustvorträgen bestehenden **Interdependenzen** zu beachten, da sich deren Entlastungswirkungen gegenseitig ergänzen oder auch blockieren können. Ein erwirtschafteter handelsrechtlicher Verlust kann zu einer höheren Fremdkapitalaufnahme zur Deckung des Liquiditätsbedarfs und hiermit einhergehend zu höheren Zinsaufwendungen führen. In einem derartigen Fall führt die Nichtabzugsfähigkeit des Zinsaufwands zu einem höheren steuerlichen Ergebnis, sodass der Verlustvortrag partiell durch Zinsvortrag ersetzt wird. Insoweit erscheint die zukünftige Nutzung eines Zinsvortrags weniger wahrscheinlich als die eines steuerlichen Verlustvortrags.[52] Die bestehenden Interdependenzen zwischen Verlust- und Zinsvortragsnutzung erfordern regelmäßig eigenständige Planungsrechnungen, die über die für die Aktivierung latenter Steuern auf körperschaftsteuerliche oder gewerbesteuerliche Verlustvorträge zu fordernde Steuerplanung hinausgehen.[53]

Unter **Steuergutschriften** werden steuerliche Maßnahmen verstanden, die zur Förderung bestimmter unternehmerischer Verhaltensweisen erteilt werden. Diese existieren in einigen Ländern.[54]

> **Beispiel**
> Die Einstellung von X Arbeitslosen führt bei Verzicht auf Entlassungen zu einer Ermäßigung der Steuerschuld X mal 100 EUR.

Soweit solche Steuergutschriften über die Reduzierung der Steuerschuld für das laufende Jahr hinaus auch auf künftige Steuerbemessungsgrundlagen übertragen werden können, unterliegen diese ebenfalls dem Aktivierungswahlrecht von Abs. 1 Satz 2.

## 2.5 Sonderprobleme

### 2.5.1 Personengesellschaften

Die ertragsteuerliche Behandlung von PersG gründet sich auf dem Konzept der **Mitunternehmerschaft** i.S.v. § 15 Abs. 1 Nr. 2 EStG. Danach sind neben der Steuerbilanz der PersG selbst (Gesamthandsbilanz) noch für jeden Gesellschafter ggf. aufzustellende Ergänzungs- und Sonderbilanzen zu berücksichtigen.[55]

---

[51] Vgl. BilMoG-BgrRegE, S. 67; siehe auch DRS 18.20.
[52] Vgl. *Herzig/Bohn/Götsch*, DStR 2009, S. 2619.
[53] Vgl. *Engels*, BB 2008, S. 1558.
[54] Vgl. *Hoffmann*, in *Lüdenbach/Hoffmann/Freiberg*, Haufe IFRS-Kommentar, 12. Aufl. 2014, § 26, Rz 68ff.
[55] Vgl. zu Einzelheiten des Mitunternehmerkonzepts bei Personengesellschaften *Schmidt/Wacker*, § 15 EStG, Rz 400ff.

63  Die **Steuerbilanz** der Gesamthand ist die nach dem Maßgeblichkeitsgrundsatz (§ 5 Abs. 1 Satz 1 EStG) aus der HB der PersG abgeleitete Steuerbilanz der PersG. Sie beinhaltet diejenigen VG, Schulden und RAP bei denen das wirtschaftliche Eigentum bei der PersG liegt. Abweichungen zur HB ergeben sich aus steuerlichen Spezialregelungen, z. B.
- Aktivierungsverbot für selbst geschaffene immaterielle VG des AV (§ 5 Abs. 2 EStG),
- Ansatzverbot für Drohverlustrückstellungen (§ 5 Abs. 4a EStG),
- spezielle Bewertungsvorschriften für Pensionsrückstellungen (§ 6a Abs. 3 EStG),
- ausschließlich in der Steuerbilanz angesetzte unversteuerte Rücklagen (z. B. § 6b Abs. 3 EStG).

64  Für jeden Gesellschafter existieren für den Fall des entgeltlichen Beitritts (z. B. Erwerb von Kommanditanteilen einer GmbH & Co. KG) sog. **Ergänzungsbilanzen**. In diesen Ergänzungsbilanzen werden Mehr- oder Minderkaufpreise gegenüber dem bilanziellen Eigenkapital im Beitrittszeitpunkt berücksichtigt. Ergänzungsbilanzen stellen somit gesellschafterindividuelle Korrekturen der Bewertungsansätze der in der Gesamthandsbilanz ausgewiesenen VG und Schulden dar.

65  Für steuerliche Zwecke sind **Sonderbilanzen** für einzelne Gesellschafter dann zu bilden, wenn diese schuldrechtliche Vereinbarungen mit der PersG eingegangen sind. Da aufgrund des Mitunternehmerkonzepts die aus den schuldrechtlichen Vereinbarungen resultierenden Vergütungen steuerlich neutralisiert werden, wird in diesen Sonderbilanzen der entsprechende bilanzielle Ausgleich geschaffen. In Sonderbilanzen werden daher VG und Schulden, die im wirtschaftlichen (und zivilrechtlichem) Eigentum des Gesellschafters stehen, für steuerliche Zwecke bilanziell erfasst. Beispiele für in Sonderbilanzen auszuweisende VG und Schulden sind:
- an die PersG vermietete (oder auch unentgeltlich überlassene) VG (z. B. Grundstücke und Gebäude),
- an die PersG ausgereichte Darlehen des Gesellschafters,
- Anteile des Kommanditisten an der Komplementär-GmbH bei einer GmbH & Co. KG,
- zur Finanzierung der Beteiligung an der PersG aufgenommene Fremdkapitalverbindlichkeiten des Gesellschafters.

66  Für Zwecke der Besteuerung werden sämtliche der genannten Bilanzen berücksichtigt, d. h., der Besteuerung unterliegt somit die „**additive Gesamtbilanz**" der Mitunternehmerschaft.[56]

67  Da für Zwecke der Bildung von Steuerlatenzen nach § 274 HGB Differenzen zwischen dem handelsrechtlichen Buchwert und dem maßgeblichen Steuerwert (Rz 18) zu ermitteln sind, stellt sich bei PersG die Frage, welcher der steuerlich relevanten Teilbilanzen der additiven Gesamtbilanz den maßgeblichen Steuerwert repräsentieren.

68  **Ergänzungsbilanzen** sind in dem für die Steuerlatenz maßgeblichen Steuerwert zu berücksichtigen.[57] In ihnen werden keine eigenständige VG und Schulden, sondern steuerliche Wertkorrekturen von in der Steuerbilanz der PersG aus-

---

[56] Vgl. BFH, Urteil v. 11.3.1992, XI R 38/89, BStBl. II 1992, S. 797.
[57] Vgl. DRS 18.39.

gewiesenen VG und Schulden ausgewiesen. Dies gilt auch für in der Steuerbilanz nicht ausgewiesene selbst geschaffene GoF. Diese sind in der Ergänzungsbilanz eines in die PersG eintretenden Gesellschafters aufzunehmen, da aus seiner (individuellen) Sicht ein entgeltlicher Erwerb vorliegt. Gleiches gilt für in der Steuerbilanz der PersG nicht ausgewiesene selbst geschaffene immaterielle VG des AV (z. B. Patente), die aus Sicht des Gesellschafters beim Eintritt in die PersG entgeltlich erworben wurden.

**Sonderbilanzen** enthalten demgegenüber VG und Schulden, die nicht im wirtschaftlichen Eigentum der PersG, sondern des Gesellschafters stehen. Eine Einbeziehung dieser VG und Schulden in den für die Steuerlatenz maßgeblichen Steuerwert ist nicht zulässig, da sie dem handelsrechtlichen Vermögen der PersG nicht zuzurechnen sind. Das Konzept der Steuerlatenz zielt aber gerade auf die Berücksichtigung von temporären Differenzen aus in der HB ausgewiesenen VG und Schulden gegenüber deren Wertansätzen in der Steuerbilanz ab. Daher sind Sonderbilanzen bei der Ermittlung von Steuerlatenzen nicht zu berücksichtigen.[58, 59]

69

Da die PersG Steuersubjekt nur hinsichtlich der GewSt ist, kommt bei ihr auch nur eine Berücksichtigung von latenter GewSt in Betracht (Rz 4). Soweit der (unmittelbare oder mittelbare) Gesellschafter eine Körperschaft ist, ist bei dieser eine Berücksichtigung der temporären Differenzen der PersG für körperschaftsteuerliche Zwecke vorzunehmen. Nachfolgendes Beispiel illustriert die Komplexität der Berücksichtigung von Steuerlatenzen, die aus dem Konzept der Mitunternehmerschaft resultiert.

70

**Beispiel**
Gesellschafter der A-GmbH & Co. KG sind die A-GmbH (100 % des Kommanditkapitals) sowie die am Kapital der Gesellschaft nicht beteiligte A-Verwaltungs-GmbH (Komplementärin). Die HB der A-GmbH & Co. KG weist zum 31.12.01 vereinfacht folgendes Bild aus:

| Aktiva | Handels-Bilanz 31.12.01 | | Passiva |
|---|---|---|---|
| Selbst geschaffene immat. VG des AV | 30 | Kapitalanteile Kommanditist | 50 |
| Sach-AV | 130 | Pensionsrückstellungen | 150 |
| UV | 303 | Sonstige Rückstellungen | 100 |
| RAP | 15 | | |
| Aktive latente Steuern | 22 | | |
| | | Verbindlichkeiten | 191 |
| | | Passive latente Steuern | 9 |
| | 500 | | 500 |

---

[58] Vgl. DRS 18.39.
[59] Steuerlatenzen auf Sonderbilanzen können sich allerdings im JA des Gesellschafters ergeben. Vgl. hierzu *Künkele/Zwirner*, BC 2012, S. 107.

Steuerlich gibt es zum 31.12.01 folgende Besonderheiten zu beachten. Die selbst geschaffenen immateriellen VG des AV unterliegen dem Ansatzverbot des § 5 Abs. 2 EStG. Die Pensionsrückstellungen sind in der Steuerbilanz nach § 6a EStG lediglich mit einem Wert von 100 EUR angesetzt, sodass sich eine temporäre Differenz i. H. von 50 EUR ergibt. Die in den Sonstigen Rückstellungen der HB enthaltene Drohverlustrückstellung i. H. von 20 EUR wird steuerlich nicht berücksichtigt. In der Steuerbilanz ist eine unversteuerte Rücklage nach § 6b EStG i. H. von 60 EUR ausgewiesen. Die Steuerbilanz der PersG weist somit folgendes Bild auf:

| Aktiva | Steuer-Bilanz 31.12.01 | | Passiva |
|---|---|---|---|
| Sach-AV | 130 | Kapitalanteile Kommanditist | 17 |
| UV | 303 | Rücklage § 6b EStG | 60 |
| RAP | 15 | Pensionsrückstellung | 100 |
|  |  | Sonstige Rückstellung | 80 |
|  |  | Verbindlichkeit | 191 |
|  | 448 |  | 448 |

Die Reduzierung der Kapitalanteile des Kommanditisten gegenüber der HB resultiert aus den Gewinnunterschieden (kumuliert, d.h. inkl. Vorjahre) zwischen Handels- und Steuerbilanz.

Neben der Steuerbilanz existiert noch eine Ergänzungsbilanz für den Kommanditisten A-GmbH, die im Zeitpunkt des Erwerbs der Kommanditanteile ein Mehrkapital von 200 EUR enthielt. Zum 31.12.01 weist die Ergänzungsbilanz folgendes Bild auf:

| Aktiva | Erg.-Bilanz 31.12.01 A-GmbH | | Passiva |
|---|---|---|---|
| Geschäftswert | 150 | Mehrkapital | 150 |
|  | 150 |  | 150 |

Die in der HB der A-GmbH & Co KG gebildeten Steuerlatenzen beruhen auf einem Gewerbesteuersatz von 10 %[60] und sind wie folgt nachzuweisen:

| Posten | HB | Steuer-Bilanz | Erg.-Bil. | Steuerwert | Differenz | Latente Steuer (10 %) |
|---|---|---|---|---|---|---|
| Selbst geschaffene immat. VG des AV | 30 | 0 | 0 | 0 | 30 | 3 |
| Rücklage | 0 | 60 | 0 | 60 | 60 | 6 |
|  |  |  |  |  |  | 9 |

---

[60] Entspricht einem Gewerbesteuerhebesatz von rd. 285 %.

| Posten | HB | Steuer-Bilanz | Erg.-Bil. | Steuerwert | Differenz | Latente Steuer (10 %) |
|---|---|---|---|---|---|---|
| Geschäftswert | 0 | 0 | 150 | 150 | 150 | 15 |
| Pensionsrückstellungen | 150 | 100 | 0 | 100 | 50 | 5 |
| Drohverlustrückstellung | 20 | 0 | 0 | 0 | 20 | 2 |
| | | | | | | 22 |

Auf Ebene des Gesellschafters A-GmbH wird in der HB die Beteiligung an der A-GmbH & Co. KG mit AK von 250 EUR ausgewiesen.
Da steuerlich die Beteiligung nach der sog. Spiegelbildmethode anzusetzen ist, sind bei der Ermittlung des maßgeblichen Steuerwerts die temporären Differenzen der PersG zu berücksichtigen:

| | |
|---|---|
| Kapitalanteil Steuerbilanz | 17 |
| Mehrkapital Ergänzungsbilanz | 150 |
| Steuerwert | 167 |

Im Vergleich zur HB ergibt sich ein Unterschiedsbetrag von 83 EUR. Hierauf entfällt eine passive latente Steuer von 15,825 % (KSt, SolZ) = 13,1 EUR. Die Tatsache, dass sich auf Ebene der Obergesellschaft eine passive Steuerlatenz ergibt, während bei der PersG per Saldo ein Aktivüberhang besteht, resultiert daraus, dass auf Ebene der Muttergesellschaft die quasipermanenten Differenzen bei einer (etwaigen) Veräußerung der PersG zu berücksichtigen sind. Je länger die Beteiligung gehalten und je weiter der Geschäftswert in der Ergänzungsbilanz abgeschrieben wird, desto größer wird die passive Steuerlatenz bei der Muttergesellschaft.[61]

Soweit bei einer PersG **verrechenbare Verluste i.S.d. § 15a Abs. 4 Satz 1 EStG** bestehen, ist bei dem Gesellschafter der PersG insoweit keine Steuerlatenz auf die Beteiligung zu bilden. Es handelt sich zwar um Differenzen zwischen handelsrechtlichem Beteiligungsansatz und steuerlichem Kapitalkonto. Da beim Abbau dieser Differenzen jedoch keine Steuerwirkung entsteht, sind diese Verluste bei der Steuerlatenzierung beim Gesellschafter nicht zu berücksichtigen.[62]

71

Eine Steuerlatenzierung bei Gesellschaftern von PersG ist bei **phasenverschobener Gewinnvereinnahmung** vorzunehmen.[63]

72

---

[61] Es handelt sich um die Bilanzierung von Steuerlatenzen nach § 274 HGB im JA des Anteilseigners. Dieser wäre auch in einem aufzustellenden KA der Müller-GmbH anzusetzen, sodass auch kein Verstoß gegen die unzulässige Einbeziehung von outside basis differences nach § 306 HGB vorliegt. Bei Beteiligungen an PersG wirken sich (in Ergänzungsbilanzen abgebildete) gezahlte Mehrkaufpreise steuerlich aus, sodass auch Folgewirkungen auf die Steuerlatenzen bestehen. GlA: *Kastrup/Middendorf*, BB 2010, S. 819.
[62] Vgl. IDW RS HFA 7, Tz 47.
[63] Vgl. IDW RS HFA 7, Tz 45; *Skoluda/Janitschke*, StuB 2011, S. 489.

> **Beispiel**
> Die Müller-GmbH gründet gemeinsam mit Herrn Müller die Müller-GmbH & Co. KG, an deren Kapital beide mit jeweils 50 % als Kommanditisten beteiligt sind. Als Komplementärin fungiert die Müller Verwaltungs-GmbH, die an Kapital und Ergebnis der Müller-GmbH & Co. KG nicht beteiligt ist. Im Gesellschaftsvertrag der Müller-GmbH & Co. KG ist bzgl. der Gewinnverwendung geregelt, dass diese der GesV vorbehalten ist. Im Gj 01 erwirtschaftet die Müller-GmbH & Co. KG einen Vorsteuer-Gewinn von 100, abzgl. Gewerbesteuer von 15, sodass ein Jahresüberschuss von 85 ausgewiesen wird. Zum Zeitpunkt der Aufstellung des JA 01 der Müller-GmbH liegt noch kein Gewinnverwendungsbeschluss der Müller-GmbH & Co. KG vor.
> Im JA 01 der Müller GmbH ist kein Beteiligungsertrag zu vereinnahmen, da die Voraussetzungen für einen entnahmefähigen Gewinn noch nicht vorliegen.[64] Steuerlich ist der Müller GmbH der Gewinnanteil für 01 von 50 (unter Berücksichtigung der Nichtabzugsfähigkeit der Gewerbesteuer) zuzurechnen, sodass für die KSt 01 eine Steuerrückstellung (inkl. SolZ) von 7,91 zu bilden ist. In Höhe der temporären Differenz zwischen Handels- und Steuerbilanz entsteht eine aktive Steuerlatenz, die gem. dem Aktivierungswahlrecht im JA 01 der Müller GmbH angesetzt werden darf. In der GuV 01 sind entsprechend keine Beteiligungserträge und (bei Ausübung des Aktivierungswahlrechts) ein Steueraufwand von 0 (tatsächliche KSt und latente KSt gleichen sich aus) enthalten.
> Soweit im Gj 02 ein Gewinnverwendungsbeschluss bei der Müller GmbH & Co. KG gefasst wird und sich für die Müller GmbH ein entnahmefähiger Gewinn ergibt, ist dieser im JA 02 zu erfassen. Die in 01 gebildete aktive latente Steuer ist entsprechend auszubuchen, sodass in der GuV 02 dem Beteiligungsertrag auch ein korrespondierender Steueraufwand gegenübersteht.

### 2.5.2 Ertragsteuerliche Organschaft

#### 2.5.2.1 Grundlagen

73 Unter einer steuerlichen **Organschaft** wird die Zusammenfassung des steuerlichen Einkommens der dem Organkreis angehörigen Ges. beim Organträger verstanden (§ 14 Abs. 1 KStG). Für die Berücksichtigung latenter Steuern sind ausschließlich ertragsteuerliche Organschaften von Bedeutung; umsatzsteuerliche Organschaften spielen hier keine Rolle. In Deutschland existieren Regelungen zur **körperschaftsteuerlichen und gewerbesteuerlichen** Organschaft in § 14 Abs. 1 KStG, § 2 Abs. 2 Satz 2 GewStG. Grundlage für das Vorliegen einer wirksamen steuerlichen Organschaft ist der Abschluss eines Ergebnisabführungsvertrags zwischen Organträger und Organgesellschaft i.S.v. § 291 Abs. 1 AktG. Dies gilt auch für Organgesellschaften in der Rechtsform der GmbH, bei der § 291 Abs. 1 AktG analog angewendet wird.[65]

---

[64] Vgl. IDW RS HFA 18, Tz 21.
[65] Zu den Voraussetzungen der steuerlichen Organschaft vgl. R 57 ff. KStR 2004.

Die steuerliche Zurechnung des von der Organgesellschaft erwirtschafteten Einkommens beim Organträger führt dazu, dass die Organgesellschaft keinen KSt- und GewSt-Aufwand hat. Um ein betriebswirtschaftlich aussagekräftiges Ergebnis vor Gewinnabführung in der HB auszuweisen, werden bei Organschaftsverhältnissen häufig **Steuerumlagen** vereinbart. Die Umlage wird von dem Organträger i.H. der von der Organgesellschaft beim Organträger ausgelösten KSt und GewSt an die Organgesellschaft weiterbelastet. In Verlustjahren können sich entsprechend negative Umlagen ergeben. Die Ermittlung der Steuerumlagen kann entweder nach der Verteilungsmethode oder der Belastungs- bzw. Stand-alone-Methode erfolgen, die beide von der FinVerw anerkannt sind.[66] Handelsrechtlich stellen derartige Steuerumlagen beim Organträger „Vorweg-Gewinnabführungen" dar, die entsprechend in der GuV unter den „Erträgen aus Gewinnabführung" bzw. „Aufwendungen aus Verlustübernahme" – ggf. als offen ausgewiesener Unterposten – ausgewiesen werden.[67] Die vereinfachte GuV der Organgesellschaft – je nachdem ob ein Umlagevertrag vorliegt oder nicht – stellt sich wie folgt dar:

74

| GuV der Organgesellschaft (in EUR) | Ohne Umlage | Mit Umlage |
|---|---|---|
| Ergebnis der gewöhnlichen Geschäftstätigkeit | 100 | 100 |
| Ertragsteuerumlage | 0 | – 30 |
| Aufwand aus Gewinnabführung | – 100 | – 70 |
| Jahresüberschuss | 0 | 0 |

Tab. 3: GuV Organgesellschaft

#### 2.5.2.2 Steuerlatenzen bei Organschaft

Die Besonderheiten steuerlicher Organschaften, nämlich das Auseinanderfallen von wirtschaftlicher Verursachung (Organgesellschaft) und zivilrechtlicher Verbindlichkeit (Organträger), führen dazu, dass prinzipiell zwei Methoden der Abb. von Steuerlatenzen von Organgesellschaften möglich sind, die der formalen und der wirtschaftlichen Betrachtungsweise folgen.

75

Nach der **formalen Betrachtungsweise** erfolgt die Bilanzierung von latenten Steuern auf Basis der zivilrechtlichen Verpflichtungen. Der Steuerschuldner bei Organschaften ist der Organträger, sodass dieser nach der formalen Betrachtungsweise auch die Steuerlatenzen für temporäre Differenzen von Organgesellschaften zu bilden hat. Steuerliche Verlustvorträge bei der Organgesellschaft können nur aus vororganschaftlicher Zeit stammen und sind während der Dauer der Organschaft nicht nutzbar, sodass für sie auch keine Berücksichtigung im Rahmen von Steuerlatenzen zu erfolgen hat.[68]

76

---

[66] Vgl. *Loitz/Klevermann*, DB 2009, S. 410.
[67] Vgl. *Dahlke*, BB 2009, S. 879.
[68] Vgl. *Loitz/Klevermann*, DB 2009, S. 411.

77 Demgegenüber bildet die **wirtschaftliche Betrachtungsweise** Steuerlatenzen auf Ebene der jeweiligen Organgesellschaft ab. Diese aus den US-GAAP stammende Behandlung (sog. **push-down-accounting**) sieht vor, den von der Organgesellschaft beim Organträger verursachten Steueraufwand (tatsächliche und latente Steuer) an die Organgesellschaft zurückzubelasten. Die Sichtweise ist vom Grundsatz her dieselbe, die Steuerumlagevereinbarungen (Rz 75) zugrunde liegt. Der wesentliche Unterschied besteht aber darin, dass bei der wirtschaftlichen Betrachtungsweise nicht nur tatsächliche, sondern auch latente Steuern an die Organgesellschaft weiterberechnet werden. Der Gesetzgeber hat im Zuge der Einführung des BilMoG keine Regelungen für Steuerlatenzen im Zusammenhang mit Organschaften aufgestellt. Auch die Gesetzesmaterialien geben keinen Hinweis, wie Steuerlatenzen in derartigen Fällen abzubilden sind.

78 Die Abbildung von Steuerlatenzen bei ertragsteuerlichen Organschaften nach § 274 HGB hat handelsrechtlich nach der **formalen Betrachtungsweise** zu erfolgen. Ein Ansatz von latenten Steuern in den JA von Organgesellschaften ist somit nicht zulässig.[69]

79 Verschiedentlich sind Überlegungen angestellt worden, ob in Steuerumlagevereinbarungen zukünftig auch latente Steuern mit erfasst werden sollen.[70] Für diese Fälle lässt DRS 18.35 eine Bilanzierung der Steuerlatenzen bei der Organgesellschaft zu[71], wobei dies z. T. kontrovers diskutiert wird.[72] Besonderes Augenmerk ist in diesen Konstellationen auf die sog. Abführungssperre (Rz 81) zu legen, da bei einer zu hohen Gewinnabführung ggf. die steuerliche Anerkennung der Organschaft in Gefahr gerät.[73] Auch um diese Gefahr zu vermeiden, wird nach der hier vertretenen Auffassung die formale Betrachtungsweise präferiert. Durch Einbeziehung der latenten Steuern in die Steuerumlageverträge kann die der wirtschaftlichen Betrachtungsweise zugrunde liegende Ergebniswirkung erreicht werden, auch wenn die originären Steuerlatenzen beim Organträger bilanziert werden.

Innerhalb der Konzerne wird die Entscheidung für die Abbildung von Steuerlatenzen bei Steuerumlageverträgen regelmäßig einheitlich (formale bzw. wirtschaftliche Betrachtungsweise) erfolgen, um eine Doppelbilanzierung von Steuerlatenzen zu vermeiden.[74]

80 Soweit der Organträger eine **kleine KapG/KapCoGes** i. S. v. § 267 HGB ist, hat er gem. § 274a Nr. 5 HGB die Vorschriften des § 274 HGB nicht zu berücksichtigen. Dies gilt auch für die temporären Differenzen der Organgesellschaften, auch wenn diese gem. den Größenkriterien nach § 267 HGB ggf. als mittelgroß oder groß einzustufen sind.[75] Allerdings hat der Organträger ggf. Rückstellungen nach § 249 Abs. 1 HGB für passive latente Steuern zu bilden (zu Einzelheiten s. § 249 Rz 42).

81 Da bei der Organgesellschaft nach der formalen Betrachtungsweise keine Steuerlatenzen zu bilanzieren sind (Rz 80), können bei ihr auch keine **Abführungs-**

---

[69] Vgl. DRS 18.32.
[70] Vgl. *Dahlke*, BB 2009, S. 879; *Loitz/Kavermann*, DB 2009, S. 419; *Ellerbusch/Schlüter/Hofherr*, DStR 2009, S. 2443.
[71] Vgl. hierzu: *Liekenbrock/Vossel*, DB 2012, S. 753.
[72] A.A.: *Melcher/Murer*, DB 2011, S. 2334, die auch bei Steuerumlageverträgen eine Bilanzierung der Steuerlatenzen beim Organträger fordern.
[73] Vgl. *Herzig/Liekenbrock/Vossel*, Ubg 2012, S. 141.
[74] GlA: *Dreixler/Ernst*, StuB 2011, S. 131.
[75] Vgl. *Wendholt/Wesemann*, DB 2009, Beil. 5, S. 71.

sperren nach § 268 Abs. 8 HGB aus aktiven latenten Steuern auftreten. Allerdings können aus den anderen in § 268 Abs. 8 HGB genannten Fällen (Aktivierung von selbst geschaffenen immateriellen VG des AV, Zeitwertbewertung von Deckungsvermögen über die AHK hinaus) bei der Organgesellschaft Abführungssperren auftreten, die zum Ausweis eines Jahresüberschusses führen. Dies gilt im Übrigen auch für die Abführungssperre von § 301 AktG. Zur Problematik von Abführungssperren gem. § 268 Abs. 8 HGB bei steuerlichen Organschaften s. § 268 Rz 85 ff.

Die **Anhangangaben** nach § 285 Nr. 29 HGB sind von demjenigen Unt zu berücksichtigen, das die Steuerlatenzen bilanziert. Bilanziert der Organträger die Angaben für den gesamten Organkreis, hat er in den Anhangangaben die temporären Differenzen der Organgesellschaften mit aufzunehmen (§ 285 Rz 173 f.).

82

### 2.5.2.3 Beendigung von Organschaften

Die Organschaften zugrunde liegenden Ergebnisabführungsverträge sind im Regelfall zeitlich befristet (fünf Jahre) und verlängern sich danach zumeist um ein Jahr, soweit nicht gekündigt wird. Darüber hinaus ist für Sonderfälle regelmäßig ein außerordentliches Kündigungsrecht vorgesehen. Hierzu rechnet als Hauptanwendungsfall die Veräußerung der Gesellschaftsanteile der Organgesellschaft durch den Organträger.

83

Soweit die Ergebnisabführungsverträge am Abschlussstichtag nicht gekündigt sind und eine Kündigung auch nicht geplant ist, sind diese als dauerhaft geltende Ergebnisabführungsverträge zu behandeln. Maßgeblich für die Beurteilung, ob eine Kündigung geplant ist, ist die Planung des Organträgers, da nur dieser faktisch über eine Weiterführung bzw. Kündigung des Ergebnisabführungsvertrags entscheiden kann.

84

Für die Bilanzierung latenter Steuern ist der zeitliche Anfall der Umkehr der latenten Steuern maßgeblich. Sobald der Ergebnisabführungsvertrag gekündigt ist, werden sich die Steuerlatenzen der **Organgesellschaft** steuerlich bei ihr auswirken, da sie nach Beendigung des Organschaftsverhältnisses wiederum Steuersubjekt bei der KSt und GewSt ist. Demzufolge hat die Organgesellschaft im Zeitpunkt der Kündigung des Ergebnisabführungsvertrags (bzw. dem Abschlussstichtag, an dem eine Kündigung geplant ist) latente Steuern für solche Steuerbe- und -entlastungen zu bilden, die in Perioden anfallen, in denen sie wieder Steuersubjekt ist. Dies gilt grds. auch für aktive Steuerlatenzen auf **steuerliche Verlustvorträge aus vororganschaftlicher Zeit**. Da die Beendigung von Ergebnisabführungsverträgen i. d. R. im Zusammenhang mit einem Gesellschafterwechsel bei der Organgesellschaft steht, sind die steuerlichen Restriktionen für die Geltendmachung dieser Verlustvorträge zu beachten (Rz 54). In vielen Fällen dürfte eine Berücksichtigung von aktiven latenten Steuern auf steuerlichen Verlustvorträgen wegen des zu erwartenden Wegfalls der Nutzbarkeit ausscheiden.

85

In der überwiegenden Zahl dieser Fälle hat ab dem Kündigungszeitpunkt die Organgesellschaft somit für sämtliche Steuerlatenzen nach den allgemeinen Grundsätzen des § 274 HGB latente Steuern zu bilanzieren. Nur in solche Fällen, in denen zwischen Kündigung des Ergebnisabführungsvertrags und tatsächlicher Beendigung noch ein längerer Zeitraum liegt, erfordert dies eine Aufteilung der

86

Steuerlatenzen, um zu ermitteln, welche noch vom Organträger und welche von der Organgesellschaft zu bilanzieren sind.

87 Der **Organträger** hat entsprechend im Jahr der Kündigung des Ergebnisabführungsvertrags die für temporäre Differenzen der Organgesellschaft gebildeten Steuerlatenzen aufzulösen, da mit der Steuerbe- und -entlastung nicht mehr zu rechnen ist (§ 274 Abs. 2 Satz 2 HGB).

### 2.5.3 Chronisch defizitäre Unternehmen

88 Die Passivierungspflicht für zu versteuernde temporäre Differenzen besteht unabhängig davon, ob das Aktivierungswahlrecht für einen Aktivüberhang ausgeübt wird, die Steuerlatenzen saldiert (Gesamtdifferenzenbetrachtung) oder unsaldiert ausgewiesen werden (Rz 44). Daher sind auch in Verlustjahren passive Steuerlatenzen anzusetzen, wenn zukünftig zu versteuernde temporäre Differenzen beim bilanzierenden Unt bestehen.

89 Soweit bei dem bilanzierenden Unt die Verhältnisse so besonders gelagert sind, dass ausnahmsweise die Entstehung künftiger Steuerbelastungen ausgeschlossen ist, kann von diesem Grundsatz abgewichen werden. Solche Konstellationen sind bei chronisch defizitären Unt anzutreffen, die ausschließlich steuerliche Verluste erzielen, die durch Eigenkapitalzuführungen der Gesellschafter finanziert werden.

> **Beispiel**
> Die „Städtische Verkehrsbetriebe-GmbH" erwirtschaftet seit Jahren hohe Jahresfehlbeträge, die vom Gesellschafter (der Stadt) durch Eigenkapitalzuführungen ausgeglichen werden. Da aufgrund der bestehenden Aufwands- und Ertragsstruktur auch für die Zukunft dauerhaft mit Verlusten gerechnet wird, ist es faktisch ausgeschlossen, dass die GmbH jemals positive steuerliche Ergebnisse erzielen wird. Ein Ansatz von passiven latenten Steuern kann in derartigen Fällen unterbleiben.

### 2.5.4 Asset deal bei Unternehmenserwerben

90 Werden Unt oder Unternehmensteile im Wege eines **asset deals** vom bilanzierenden Unt übernommen, stellt sich ebenfalls das Erfordernis der Berücksichtigung von latenten Steuern. Im Regelfall ergibt sich beim **asset deal** ein positiver Unterschiedsbetrag zwischen dem (Gesamt-) Kaufpreis und der Summe der Zeitwerte der übernommenen VG und Schulden. Dieser ist als GoF gem. § 246 Abs. 1 Satz 4 HGB zu aktivieren (zu Einzelheiten s. § 246 Rz 86). Soweit sich im Rahmen der Kaufpreisverteilung Unterschiede zwischen Handels- und Steuerbilanz ergeben, sind für zukünftige Steuerbe- und -entlastungen Steuerlatenzen zu bilden.

> **Beispiel**
> Die GmbH erwirbt von einem insolventen Konkurrenten einen Unternehmensbereich im Wege eines asset deals. Der Kaufpreis beträgt 100 TEUR. Die übernommenen VG und Schulden weisen im Erwerbszeitpunkt folgende Zeitwerte auf:

| | |
|---|---|
| Patente | 50 TEUR |
| SAV | 150 TEUR |
| Vorräte | 70 TEUR |
| Pensionsrückstellungen (ermittelt nach § 253 HGB) | – 230 TEUR |
| | 40 TEUR |

Aufgrund des gezahlten Kaufpreises von 100 TEUR ergibt sich ein GoF i. H. v. 60 TEUR.
In der Steuerbilanz wird der Kaufpreis abweichend verteilt, da dort die Pensionsrückstellungen lediglich mit dem nach § 6a EStG ermittelten steuerlichen Teilwert i. H. v. 180 TEUR angesetzt werden dürfen. Steuerlich erhöht sich der Geschäftswert entsprechend auf 110 TEUR. Auf den Differenzbetrag v. 50 TEUR entfällt bei einem Steuersatz von 30 % eine passive latente Steuer i. H. v. 15 TEUR. Da bei den Pensionsrückstellungen ebenfalls eine temporäre Differenz i. H. v. 50 TEUR zwischen Handels- und Steuerbilanz besteht, ergibt sich dort entsprechend eine aktive Steuerlatenz i. H. v. 15 TEUR. Beide Steuerlatenzen werden sich in den folgenden Gj allerdings zeitlich unterschiedlich auflösen.

Da ein GoF im Einzelabschluss steuerlich berücksichtigungsfähig ist, stellt sich die Frage, ob – wie im vorstehenden Beispiel dargestellt – auf den GoF eine Steuerlatenz gebildet wird. DRS 18.25 gewährt ein diesbezügliches Wahlrecht. Konsequent weitergedacht wäre dann bereits bei Bestimmung des GoF diese Steuerlatenz zu berücksichtigen, wobei dies zu einer iterativen Berechnung führt. Folgt man dem Gedanken des § 246 Abs. 1 Satz 4 HGB, wonach der GoF lediglich eine Residualgröße ist, wird man diese In-Sich-Rechnung aber vermeiden können.[76] 91

### 2.5.5 Ausländische Betriebsstätten

Weicht bei ausländischen Betriebsstätten eines nach HGB rechnungslegungspflichtigen Unt das handelsrechtliche Nettovermögen der Betriebsstätte (bei Freistellung gem. DBA) vom steuerlichen Wertansatz ab, so entstehen hierdurch temporäre Differenzen.[77] Solche Differenzen können bspw. dadurch auftreten, dass im handelsrechtlichen Nettovermögen das AV der Betriebsstätte nach anderen Regeln (Nutzungsdauern, Abschreibungsmethoden) abgeschrieben wird, als steuerlich. Auf derartige temporäre Differenzen sind entsprechend den Regelungen des § 274 HGB grds. Steuerlatenzen zu bilden. 92

Für diese temporäre Differenzen der ausländischen Betriebsstätte sind latente Steuern nach den allgemeinen Grundsätzen des § 274 HGB zu bilden. 93

---

[76] Vgl. *Kühne/Melcher/Wesemann*, WPg 2009, S. 1061.
[77] Es handelt sich hierbei allerdings nicht um sog. outside basis differences, die nur im KA entstehen können. Vgl. IDW, IDW-FN 2014, S. 281.

> **Beispiel**
> Die deutsche AG unterhält eine Betriebsstätte in Spanien. Soweit temporäre Differenzen zwischen der nach spanischem Steuerrecht aufgestellten Steuerbilanz (bzw. des maßgeblichen spanischen Steuerwerts) und der in den deutschen JA eingeflossenen Betriebsstättenbilanz bestehen, sind hierauf Steuerlatenzen für zu versteuernde temporäre Differenzen zu berücksichtigen bzw. besteht für abzugsfähige temporäre Differenzen ein Ansatzwahlrecht.

Da auch beim unsaldierten Ausweis von Steuerlatenzen im Regelfall auf Bilanzpostenebene eine Saldierung erfolgt (Rz 46), kann dies bspw. dazu führen, dass bei einer Bilanzposition aktive inländische Steuerlatenzen mit passiven ausländischen Steuerlatenzen saldiert werden.

### 2.5.6 Investmentfonds

**94** Bei Anteilen an Investmentfonds, die vom Bilanzierenden gehalten werden, erfolgt deren handels- und steuerrechtliche Abbildung unterschiedlich. **Handelsrechtlich** wird der einheitliche VG „Anteil am Investmentfonds" bilanziert, der nach den allgemeinen Regelungen bei Zugang zu AK und in der Folge zu fortgeführten AK bilanziert wird. Eine Abschreibung nach § 253 Abs. 3 Satz 3 HGB (AV) bzw. § 253 Abs. 4 Satz 1 HGB (UV) kommt nur in Betracht, soweit der Börsen- oder Marktpreis (Rücknahmepreis des Investmentfonds) unter die AK gesunken ist. Bei der Beurteilung einer Abschreibungsnotwendigkeit kommt es auf den Wert des Investmentanteils insgesamt, nicht auf die vom Investmentfonds gehaltenen einzelnen Anlagen an.

Soweit es sich um einen **ausschüttenden Investmentfonds** handelt, sind die Ausschüttungsansprüche im Entstehungszeitpunkt (der abhängig ist von den Vertragsbedingungen des Investmentfonds) zu aktivieren.[78] Bei **thesaurierenden Investmentfonds** kommt eine Aktivierung von Erträgen des Fonds nicht in Betracht, da kein Ausschüttungsanspruch besteht und auch keine Erträge zufließen.[79]

**95** In der **Steuerbilanz** gilt zunächst das Maßgeblichkeitsprinzip, sodass auch hier ein Ansatz zu AK (Zugangsbewertung) bzw. fortgeführten AK (Folgebewertung) zu erfolgen hat. Bzgl. der Vornahme von Abschreibungen sind die speziellen Regelungen zur Teilwertabschreibung (§ 6 Abs. 1 Nr. 1 Satz 3 EStG bzw. § 6 Abs. 1 Nr. 2 Satz 2 EStG) zu beachten. Die FinVerw stellt bei der Frage einer voraussichtlich dauerhaften Wertminderung nicht auf den Wert des Investmentanteils insgesamt, sondern auf die im Investmentfonds enthaltenen Wirtschaftsgüter ab.[80] Ein weiterer wesentlicher Unterschied zum Handelsrecht liegt in der Behandlung der vom Investmentfonds erzielten Erträge. Diese werden nach den Regelungen des InvStG ermittelt, wobei steuerlich dem Anleger die Erträge aus den einzelnen Anlagen zugerechnet werden.[81] Somit werden ihm auch die

---

[78] Möglich sind auch Substanzausschüttungen, die zu einer Minderung der AK führen, vgl. BMF, Schreiben v. 18.8.2009, IV C 1 – S 1980–1/08/10019, BStBl I 2009, S. 931, Rz 16a.
[79] Vgl. *Scharpf/Schaber*, Handbuch Bankbilanz. 5. Aufl. 2013, S. 414.
[80] Vgl. OFD Hannover, Vfg. v. 25.4.2005, S – 2750a – 14 – StO 242, DStR 2005, S. 829.
[81] Hierbei gilt das Zu- und Abflussprinzip (§ 3 Abs. 1 InvStG) mit einigen geetzlichen Ausnahmen. So gelten 10 % der auf Fondsebene anfallenden Werbungskosten pauschal als nicht abzugsfähig (§ 3 Abs. 3 Satz 2 Nr. 2 InvStG).

Erträge aus thesaurierenden Investmentfonds als sog. **ausschüttungsgleiche Erträge** (§ 1 Abs. 3 InvStG) zugerechnet.
Die Abbildung der ausschüttungsgleichen Erträge in der Steuerbilanz erfolgt durch Bildung eines **steuerlichen Ausgleichspostens** auf der Aktivseite i.H. der ausschüttungsgleichen Erträge. Ohne Bildung eines derartigen Ausgleichspostens würden bei Verkauf des Investmentanteils die bereits versteuerten ausschüttungsgleichen Erträge nochmals besteuert; der Ausgleichsposten stellt somit quasi eine Erhöhung der AK des Investmentanteils in der Steuerbilanz dar.[82] Für Zwecke der latenten Steuern ergeben sich aus dem Ausgleichsposten i.H. des maßgeblichen Steuersatzes aktive latente Steuern. Dies gilt unabhängig davon, ob in den ausschüttungsgleichen Erträgen steuerlich begünstigte Dividendenerträge enthalten sind.[83]

96

Weiterhin kann bei Veräußerung, Teilwertabschreibung und Wertaufholung von Investmentfonds ein sog. **Aktiengewinn** (§ 8 InvStG) anfallen, soweit der Investmentfonds diesen nach § 5 Abs. 2 InvStG ermittelt. Der wirtschaftliche Gehalt dieses so ermittelten Aktiengewinns liegt in der Herstellung eines Gleichlaufs zwischen der Direktanlage in Aktien und der Anlage über einen Investmentfonds. Der Aktiengewinn wird benötigt, um auf Ebene des Anteilseigners die Anwendung des § 8b Abs. 1 bis 6 KStG sowie § 3 Nr. 40 EStG bei Veräußerung sicherzustellen.[84]

97

Der Aktiengewinn ist in die Berechnung der Steuerlatenz im Regelfall nicht einzubeziehen. Eine ausnahmsweise Berücksichtigung käme dann in Betracht, wenn es zu einer Abweichung zwischen handelsrechtlichem und steuerlichem Buchwert des Investmentanteils kommt (z.B. nur in der HB vorgenommene Abschreibung wegen voraussichtlich dauerhafter Wertminderung).[85]

### 2.5.7 Umwandlungen

Bei Umwandlungsvorgängen (Verschmelzung, Formwechsel, Spaltung) wird steuerlich regelmäßig zur Vermeidung von Steuerzahlungen die Fortführung der Buchwerte des übertragenden Rechtsträgers vereinbart (§ 11 Abs. 1 und 2 UmwStG). Handelsrechtlich gelten die allgemeinen Ansatz- und Bewertungsgrundsätze (§ 17 Abs. 2 Satz 2 UmwG), sodass grds. der Ansatz zu Anschaffungskosten beim übertragenden Rechtsträger zu erfolgen hat. § 24 UmwG eröffnet allerdings auch das Wahlrecht, die Buchwerte des übernehmenden Rechtsträgers fortzuführen.

98

Die Ausübung der Wahlrechte zwischen Handels- und Steuerbilanz kann unabhängig voneinander erfolgen, sodass durchaus häufig Konstellationen anzutreffen sind, bei denen steuerlich zum Buchwert, handelsrechtlich – z.B. zur Vermeidung von Verschmelzungsverlusten – zum Zeitwert umgewandelt wird. Die hierbei entstehenden Buchwertunterschiede zwischen Handels- und Steuerbilanz stellen temporäre Differenzen dar, für die entsprechend latente Steuern zu bilden sind (s. Rz 17).

---

[82] Vgl. *Hagen*, Ubg 2008, S. 341.
[83] Vgl. *Malisius/Hagen/Lenz*, Ubg 2010, S. 442.
[84] Vgl.*Hagen*, UBg 2008, S. 342.
[85] Vgl. *Malisius/Hagen/Lenz*, Ubg 2010, S. 448.

99 Im Rahmen von **Verschmelzungen** stellt sich für den übernehmenden Rechtsträger die Frage, wie mit in der Schlussbilanz des übertragenden Rechtsträgers ausgewiesenen Steuerlatenzen umzugehen ist. Erfolgt die Abbildung der Verschmelzung nach dem **allgemeinen Anschaffungskostenprinzip**, scheidet eine Übernahme dieser Steuerlatenzen aus. Der übernehmende Rechtsträger hat aber zu prüfen, ob aktive und/oder passive Steuerlatenzen nach § 274 HGB auf Basis der übernommenen VG, Schulden und RAP zu bilden sind. Die Bildung derartiger latenter Steuern erfolgt dann erfolgsneutral.[86]

Bei Abbildung der Verschmelzung nach der **Buchwertmethode** sind die Steuerlatenzen nach den Verhältnissen des übernehmenden Rechtsträgers zu übernehmen, soweit die Unterschiede zwischen Handels- und Steuerbilanz auch nach der Verschmelzung weiter bestehen.[87]

> **Beispiel**
> Die T-GmbH wird durch Verschmelzungsvertrag vom 18.8.02 rückwirkend zum 1.1.02 auf die M-AG verschmolzen. Es findet die Buchwertmethode nach § 24 UmwG Anwendung. Die T-GmbH weist in ihrer Schlussbilanz zum 31.12.01 folgende Steuerlatenzen aus:
> Aktive latente Steuern i. H. v. 100 (80 aus temporären Differenzen bei Pensionsrückstellungen, 20 aus steuerlichen Verlustvorträgen) sowie passive latente Steuern i. H. v. 40 (temporäre Differenzen bei SAV aus unterschiedlichen Abschreibungsverläufen).
> Die Steuerlatenzen aus temporären Differenzen sind bei der M-AG im Rahmen der Verschmelzung mit einzubuchen. Soweit sich aufgrund der Besteuerungssituation der M-AG eine andere Bewertung der Steuerlatenzen als bei der T-GmbH ergibt (unterschiedlicher GewSt-Hebesatz) sind die Steuerlatenzen bereits mit den angepassten Werten einzubuchen.
> Die steuerlichen Verlustvorträge der T-GmbH gehen im Rahmen der Verschmelzung unter und sind entsprechend nicht bei der M-AG einzubuchen.

100 Zu beachten ist bei Verschmelzungen weiterhin, dass auf Ebene des übernehmenden Rechtsträgers bestehende Steuerlatenzen im Zusammenhang mit der Beteiligung an dem übertragenden Rechtsträger gem. § 274 Abs. 2 Satz 2 HGB wegfallen, da mit ihrem Eintritt nicht mehr zu rechnen ist. Die Ausbuchung erfolgt sowohl bei Abbildung der Verschmelzung nach dem Anschaffungskostenprinzip als auch nach der Buchwertmethode erfolgswirksam.[88]

101 Beim **Formwechsel** gem. § 190 Abs. 1 UmwG besteht der formwechselnde Rechtsträger nach Eintragung der Umwandlung im HR in der neuen Rechtsform weiter. Es findet somit kein Übergang von Vermögen und Schulden statt. Somit

---

[86] Vgl. IDW RS HFA 42, Tz 39.
[87] Vgl. IDW RS HFA 42, Tz 61; A. A.: *Simlacher*, DStR 2011, S. 1872, der die vollständige Übernahme und anschließende erfolgswirksame Korrektur beim übernehmenden Rechtsträger fordert.
[88] Vgl. *Simlacher*, DStR 2011, S. 1871.

sind für den Bilanzierenden lediglich die für die neue Rechtsform gültigen Besonderheiten zu beachten. Ansonsten gilt unverändert die Ansatz- und Bewertungsstetigkeit (§§ 246 Abs. 3, 252 Abs. 1 Nr. 6 HGB).[89]

Bei **Umwandlung einer PersG in eine KapG** hat die KapG erstmals latente Steuern anzusetzen, soweit die PersG bislang keine latente Steuern nach § 274 HGB zu bilanzieren hatte. Die Einbuchung dieser Steuerlatenzen hat erfolgswirksam zu erfolgen. Soweit die PersG bislang Rückstellungen für passive latente Steuern gebildet hatte (§ 274a Rz 12 ff.), sind diese in die Bilanzposten „Passive latente Steuern" bzw. „Aktive latente Steuern" umzugliedern.

Erfolgt der Formwechsel durch **Umwandlung einer KapG in eine PersG**, können bislang bilanzierte Steuerlatenzen erfolgswirksam aufgelöst werden, soweit der Grund dafür entfallen ist. Hauptanwendungsfall wird die Körperschaftsteuer sein, da die PersG nicht körperschaftsteuerpflichtig ist. Soweit die PersG § 274 HGB nicht anzuwenden hat und dies auch nicht freiwillig tut, sind ggf. Rückstellungen für passive latente Steuern zu bilden (§ 249 Rz 42).[90]

Die **Spaltung** nach dem UmwG unterliegt denselben Grundsätzen wie eine Verschmelzung.[91] Entsprechend ist auch bzgl. der Steuerlatenzierung auf die hierfür dargestellten Grundsätze zu verweisen (Rz 101).

102

## 3 Bewertung latenter Steuern (Abs. 2)

### 3.1 Grundlagen

Abs. 2 der Vorschrift führt zur Bewertung aus, dass die Steuerlatenzen mit den **unternehmensindividuellen Steuersätzen** im Zeitpunkt der voraussichtlichen Auflösung der Differenzen anzusetzen sind. Da es sich um eine Vorschrift zum Einzelabschluss handelt, erscheint das Wort „unternehmensindividuell" überflüssig oder fragwürdig.[92] Die Bedeutung erschließt sich durch den Verweis von § 306 Satz 5 auf § 274 Abs. 2 HGB, wonach die Steuerlatenzen auch im KA nicht nach einem konzerneinheitlichen Steuersatz, sondern den unternehmensindividuellen Steuersätzen der die jeweilige Steuerlatenz verursachenden TU zu berechnen sind (§ 306 Rz 28).

103

Es ist derjenige Steuersatz zugrunde zu legen, der voraussichtlich im **Zeitpunkt des Abbaus der Differenzen** gültig ist. Dieser wird im Regelfall nicht bekannt sein, sodass die am Abschlussstichtag gültigen Steuersätze anzuwenden sind. Ist allerdings am Abschlussstichtag bereits eine Änderung der Steuersätze wirksam beschlossen, sind diese anzuwenden. Eine Steuersatzänderung ist erst dann wirksam beschlossen, wenn die maßgebende Körperschaft die Änderung verabschiedet hat. In Deutschland bedeutet dies, dass der Bundesrat dem Steuergesetz zugestimmt haben muss.[93] Auf die ggf. erst nach dem Abschlussstichtag erfolgende Unterzeichnung des Steuergesetzes durch den Bundespräsidenten und die Verkündung im BGBl. kommt es nicht an. Etwas anderes gilt nur, wenn der Bundespräsident aufgrund verfassungsrechtlicher Zweifel das Gesetz nicht un-

104

---

89 Vgl. IDW RS HFA 41, Tz 23.
90 Vgl. IDW RS HFA 41, Tz 33.
91 Vgl. IDW RS HFA 43, Tz 5.
92 Vgl. *Küting/Seel*, in *Küting/Pfitzer/Weber*, Das neue deutsche Bilanzrecht, 2009, S. 516.
93 Vgl. DRS 18.48.

105 Bei KapG kann regelmäßig ein **zusammengefasster Steuersatz**, der KSt, SolZ und GewSt umfasst, angesetzt werden. Eine Modifikation des nominellen GewSt-Satzes zur Anpassung an den effektiven GewSt-Satz aufgrund von gewerbesteuerlichen Hinzurechnungen und -kürzungen kommt nicht in Betracht. Die Hinzurechnungen und -kürzungen werden ausschließlich bei der Berechnung der laufenden GewSt (für das abgelaufene Gj wie auch dem Gj des Abbaus der Steuerlatenzen) berücksichtigt. Für die Berechnung latenter Steuern sind diese nicht maßgeblich (Rz 18). Bei KapCoGes kommt regelmäßig nur der Steuersatz für die GewSt zur Anwendung (Ausnahme: ausländische Betriebsstätten, s. Rz 92).

terschreibt; dann wären die beschlossenen Steuersätze noch nicht in die Bewertung einzubeziehen, da ernstliche Zweifel an deren Gültigkeit im Zeitpunkt des Abbaus der Steuerlatenzen bestehen.

106 Auf Einzelabschlussebene können sich Schwierigkeiten bei der Ermittlung des Steuersatzes ergeben, wenn **mehrere Betriebsstätten** bestehen. Bei inländischen Betriebsstätten können sich Steuersatzverschiebungen zwischen den einzelnen Betriebsstätten aufgrund der abweichenden Gewerbesteuerhebesätze ergeben. Hier ist es regelmäßig sachgerecht, den zum Abschlussstichtag aktuellen gewichteten Gewerbesteuerhebesatz der inländischen Betriebsstätten anzuwenden, es sei denn, es sind bereits Veränderungen in der Zukunft absehbar.

> **Beispiel**
> Die GmbH & Co KG unterhält zwei steuerliche Betriebsstätten; eine am Sitz der Ges. in Münster (Hebesatz 440 %) und eine in Flensburg (Hebesatz 375 %). Am Abschlussstichtag ergibt sich für das abgelaufene Gj aufgrund der Lohnsummenbetrachtung ein gewichteter Gewerbesteuerhebesatz von 410 %. Für das Folgejahr sind größere Investitionen am Standort Flensburg beabsichtigt, die auch zu einem Aufbau des dortigen Mitarbeiterstamms führen werden. Nach einer überschlägigen Ermittlung kann für die Folgejahre von einer Absenkung des gewichteten Gewerbesteuerhebesatzes auf 390 % ausgegangen werden.
> Für die Bewertung der Steuerlatenzen am Abschlussstichtag sind 390 % zugrunde zu legen (zukünftiger Steuersatz).

107 Soweit ausländische Betriebsstätten bestehen, sind die dieser Betriebsstätte zuzurechnenden Steuerlatenzen (Rz 92) mit den ausländischen Steuersätzen zu bewerten.

108 Latente Steuern sind nach Abs. 2 Satz 1 **nicht abzuzinsen**, unabhängig davon, wann sie sich wieder abbauen. Dies entspricht der gängigen internationalen Praxis. Da auch auf quasi-permanente Differenzen Steuerlatenzen zu bilden sind (Rz 17), die sich erst nach einer Dispositionsentscheidung des Unt (z.B. Verkauf eines VG) oder erst bei Beendigung des Unt abbauen, ist eine Analyse ausgewiesener Steuerlatenzen vor dem Hintergrund des dem Jahresabschlussleser im Regelfall unbekannten Zeitpunkts des Abbaus der Differenzen erschwert. Eine Abzinsung von Steuerlatenzen wäre im Übrigen auch nur möglich,

wenn eine detaillierte Betrachtung des zeitlichen Verlaufs der individuellen Steuerlatenzen vorgenommen würde, was regelmäßig mit beträchtlichem Aufwand verbunden ist.[94]

§ 274 Abs. 2 Satz 2 HGB fordert, dass die ausgewiesenen Steuerlatenzen aufzulösen sind, sobald die Steuerbe- oder -entlastung eintritt oder mit ihr nicht mehr zu rechnen ist. Dies erfordert, dass zu jedem Abschlussstichtag die dem Ansatz und der Bewertung zugrunde gelegten Annahmen, Steuersätze und Wahrscheinlichkeiten zu überprüfen sind.[95]

## 3.2 Anforderungen an aktive latente Steuern

Die Unsicherheit bzgl. der Werthaltigkeit aktiver latenter Steuern hat den Gesetzgeber bewogen, lediglich ein Aktivierungswahlrecht für den Aktivüberhang vorzusehen. Insbesondere bei der Aktivierung von Vorteilen aus steuerlichen Verlustvorträgen zeigen die Erfahrungen aus den IFRS, dass hier bei der Bilanzierung häufig Fehler auftreten und der Nachweis der Wahrscheinlichkeit zukünftiger positiver steuerlicher Gewinne nicht geführt werden kann.[96] Aktive latente Steuern repräsentieren zukünftige Steuerentlastungen die anfallen, wenn[97]

- abzugsfähige temporäre Differenzen sich abbauen und der daraus resultierende steuerliche Verlust genutzt werden kann oder
- steuerliche Verlustvorträge mit künftigen positiven steuerlichen Einkommen verrechnet werden können.

Für abzugsfähige temporäre Differenzen ist vom Gesetzgeber keine zeitliche Begrenzung für deren Aktivierung vorgesehen, während für die Aktivierung von Vorteilen aus steuerlichen Verlustvorträgen eine zeitliche Begrenzung von fünf - Jahren zu beachten ist (vgl. Rz 49 ff).

Daher betont der Gesetzgeber ausdrücklich, dass bei der Beurteilung der Werthaltigkeit von latenten Steueransprüchen das **handelsrechtliche Vorsichtsprinzip** (§ 252 Abs. 1 Nr. 4 HGB) zu beachten und der Ansatz aktiver latenter Steuern demgemäß sorgfältig zu prüfen ist.[98]

Ob mit dem Abstellen auf das handelsrechtliche Vorsichtsprinzip höhere Anforderungen an den Nachweis der Wahrscheinlichkeit zukünftiger positiver steuerpflichtiger Einkommen gestellt werden, als dies nach den IFRS erforderlich ist, wird nach der hier vertretenen Auffassung abgelehnt. Der nach IAS 12 anzuwendende Beurteilungsmaßstab mit einer Wahrscheinlichkeit von mehr als 50 % stellt in der Praxis wohl keine geringere Anforderung als das handelsrechtliche Vorsichtsprinzip dar, da sich derartige Wahrscheinlichkeiten nicht messen lassen.[99] Die Auffassung, dass eine Aktivierung aktiver latenter Steuern mit dem Vorsichtsprinzip nur schwerlich zu vereinbaren ist,[100] wird hier abgelehnt. Neben den an den Nachweis der Wahrscheinlichkeit der Nutzung dieser Diffe-

---

[94] Daher wird aus bilanztheoretischer Sicht konsequenterweise eine Abzinsung latenter Steuern gefordert. Vgl. hierzu im Einzelnen *Müßig/Breitkreuz*, StuW 2012, S. 71.
[95] Vgl. IDW ERS HFA 27, Tz 28.
[96] Vgl. *Meyer/Naumann*, WPg 2009, S. 811.
[97] Vgl. *van Hall/Kessler*, in *Kessler/Leinen/Strickmann*, BilMoG, 2010, S. 488.
[98] Vgl. BilMoG-BgRA, S. 114.
[99] Vgl. *van Hall/Kessler*, in *Kessler/Leinen/Strickmann*, BilMoG, 2010, S. 488.
[100] Vgl. *Küting/Seel*, in *Küting/Pfitzer/Weber*, Das neue deutsche Bilanzrecht, 2009, S. 507.

renzen zu stellenden Anforderungen hat der Gesetzgeber dem Vorsichtsprinzip durch die Ausschüttungs- und Abführungssperre (§ 268 Abs. 8 HGB) ausreichend Rechnung getragen.

113 Die Wahrscheinlichkeitsüberlegungen über die zukünftige Nutzbarkeit aktiver latenter Steuern sind ausreichend zu dokumentieren. Dies gilt insb., wenn das Unt eine ausgeprägte Verlusthistorie aufweist und in den letzten Jahren keine positiven steuerpflichtigen Einkünfte (vor Verlustverrechnung) erzielt hat. Anhaltspunkte für hinreichende künftige zu versteuernde Einkünfte können bspw. sein:
- Eingang profitabler Aufträge, die in Folgejahren abzuwickeln sind,
- Veräußerung oder Stilllegung/Aufgabe defizitärer Geschäftsbereiche oder Standorte,
- Abschluss von Restrukturierungsmaßnahmen als Grundlage für nachhaltige Kosteneinsparungen und Effizienzsteigerungen,
- steuerliche Verluste in Vorjahren aufgrund von Einmaleffekten, die für die Zukunft nicht mehr zu erwarten sind,
- zu versteuernde temporäre Differenzen, für die passive latente Steuern gebildet werden.

114 Der letztgenannte Punkt führt dazu, dass die Werthaltigkeitsüberlegungen im Regelfall auf einen verbleibenden Aktivüberhang der latenten Steuern beschränkt werden können, für den im Übrigen das Aktivierungswahlrecht besteht (Rz 25). Ausnahmen von diesem Grundsatz können im Zusammenhang mit zu beachtenden steuerlichen Restriktionen (z.B. Mindestbesteuerung) auftreten (Rz 53).[101]

115 Die an den **Nachweis der Wahrscheinlichkeit der zukünftigen Nutzung** zu stellenden Anforderungen setzen eine **Steuerplanungsrechnung** voraus, die in die allgemeine Unternehmensplanung eingebunden ist oder mindestens auf dieser aufbaut. Da eine Aktivierung von Vorteilen aus steuerlichen Verlustvorträgen nur zulässig ist, soweit diese Vorteile in den auf den Abschlussstichtag folgenden 5 Jahren voraussichtlich realisiert werden, würde dies eine entsprechend 5-jährige Unternehmensplanung erfordern. Gerade in kleinen und mittleren Unternehmen wird dies oftmals nicht vorhanden sein. In diesen Fällen ist gegebenenfalls für über die vorhandene Detailplanung (z.B. für das Folgejahr) hinausgehende Zeiträume eine sachgerechte und plausible Schätzung vorzunehmen.
Bei derartigen Schätzungen kommt dem handelsrechtlichen Vorsichtsprinzip besondere Bedeutung zu, da mangels Detailplanung die Unsicherheiten entsprechend höher sind. Dies gilt insb. bei Unt mit einer Verlusthistorie. Hier sind an den Nachweis der Werthaltigkeit besondere Anforderungen zu stellen. Das Vorliegen einer Unternehmensplanung mit positiven steuerlichen Ergebnissen bei unverändertem Geschäftsmodell ist nach der hier vertretenen Auffassung nicht ausreichend.[102] Vielmehr muss erkennbar sein, dass die verlustbringenden Ereignisse der Vergangenheit mit hoher Wahrscheinlichkeit nicht mehr auftreten, durch bspw. Einstellung unrentabler Geschäftsbereiche/Produktlinien oder die Beendigung von Restrukturierungsmaßnahmen.

---

[101] Vgl. hierzu *Ruberg*, Ubg 2011, S. 204.
[102] GlA: *Hoffmann/Lüdenbach*, NWB-Kommentar Bilanzierung, 5. Aufl., 2014, § 274 HGB, Rz 38.

## 4 Ausweis latenter Steuern

### 4.1 Ausweis in der Bilanz

Für aktive und passive latente Steuern hat der Gesetzgeber mit dem BilMoG zwei separate Bilanzposten auf Aktiv- und Passivseite vorgesehen (zu Einzelheiten s. § 266 Rz 100ff. und 166f.). Der Posten auf der Aktivseite ist mit „Aktive latente Steuern" (§ 266 Abs. 2 D HGB), der auf der Passivseite mit „Passive latente Steuern" (§ 266 Abs. 3 E HGB) zu bezeichnen. **116**

Gerade bei den passiven Steuerlatenzen sind häufig die Ansatzkriterien für eine Rückstellung nach § 249 Abs. 1 HGB erfüllt (§ 274a Rz 12 und § 249 Rz 42). Dies gilt aber nicht in allen Fällen, wie am Beispiel einer quasi-permanenten Differenz deutlich wird:

> **Beispiel**
> Ein Unt weist in der HB ein unbebautes Grundstück zu einem höheren Wert aus als in der Steuerbilanz. Es handelt sich um eine quasi-permanente Differenz, für die passive latente Steuern zu bilden sind. Da diese sich aber erst dann abbauen, wenn das Unt das Grundstück veräußert, besteht am Abschlussstichtag weder rechtlich noch wirtschaftlich eine Steuerschuld aus dem (potenziellen) künftigen Grundstücksverkauf.

Ein **Mitzugehörigkeitsvermerk** i.S.v. § 265 Abs. 3 HGB für solche passive Steuerlatenzen, die den Rückstellungsbegriff i.S.v. § 249 Abs. 1 HGB erfüllen, dürfte nicht erforderlich sein, da durch den gesonderten Ausweis dem Charakter von passiven latenten Steuern ausreichend Rechnung getragen wird. **117**

Der Ausweis in der Bilanz erfolgt grds. saldiert (Gesamtdifferenzenbetrachtung); ein unsaldierter Ausweis ist gleichwohl möglich (Rz 43). Die Ausübung dieses Ausweiswahlrechts unterliegt dem Gebot der Ausweisstetigkeit (zu Durchbrechungsmöglichkeit s. Rz 31).[103] **118**

### 4.2 Ausweis in der Gewinn- und Verlustrechnung

Abs. 2 Satz 3 der Vorschrift sieht die Erfassung erfolgswirksamer Veränderungen der bilanzierten Steuerlatenzen und der GuV-Position „Steuern vom Einkommen und vom Ertrag" vor. Wie beim tatsächlichen Steueraufwand kann dies im Einzelfall dazu führen, dass aus dem Aufwandsposten dann ein Ertragsposten wird. **119**

> **Beispiel**
> Die GuV des Unt weist ein Ergebnis der gewöhnlichen Geschäftstätigkeit i.H. von -100 TEUR aus. Die Position „Steuern vom Einkommen und vom Ertrag" enthält tatsächliche Steueraufwendungen (Nachzahlungen für Vorjahre) i.H. von 5 TEUR und latente Steuererträge i.H. von 30 TEUR, so dass die Position insgesamt einen Ertrag von 25 TEUR ausweist. Unter Vernachlässigung der Sonstigen Steuern beläuft sich der Jahresfehlbetrag auf –75 TEUR.

---

[103] Vgl. DRS 18.57.

120  § 274 Abs. 2 Satz 3 HGB sieht weiterhin einen **gesonderten Ausweis** der latenten Steuern vor. Dies kann durch Einfügung einer gesonderten Zeile, durch eine Vorspalte oder durch einen Davon-Vermerk erfolgen.[104]

### 4.3 Anhangangaben

121  § 285 Nr. 29 HGB sieht Erläuterungspflichten für den Anhang vor, die allerdings gem. § 288 Abs. 1 und 2 HGB nicht für kleine und mittelgroße KapG/KapCoGes gelten. Zu Einzelheiten und den durch das BilRUG neu geschaffenen Angabepflichten s. § 285 Rz 185).

### 4.4 Erfolgswirksame und erfolgsneutrale Bildung und Auflösung

122  Das **Temporary-Konzept** erfasst nicht allein die sich in der GuV auswirkenden temporären Differenzen, sondern auch erfolgsneutral zu erfassende Bilanzierungs- und Bewertungsabweichungen zwischen HB und maßgeblichem Steuerwert.[105] In der Praxis existieren nur wenige Anwendungsfälle für die **erfolgsneutrale Bildung von Steuerlatenzen** im JA.[106] Sie treten bei Erwerbsvorgängen von VG auf, bei denen Differenzen zwischen dem handelsbilanziellen Wert und dem maßgebenden Steuerwert bestehen. Da für die Anschaffung eines VG der Grundsatz der Erfolgsneutralität gilt, ist es sachgerecht, dies auch für die darauf zu berücksichtigenden latente Steuern zu übertragen.[107]

> **Beispiel**
> Die GmbH erwirbt eine Maschine zum Kaufpreis von 100 TEUR, die im SAV aktiviert wird. Für die Anschaffung der Maschine erhält die GmbH eine steuerfreie Investitionszulage i. H. v. 30 TEUR. Die AK werden handelsbilanziell um die Investitionszulage gekürzt.[108] In der Steuerbilanz werden die AK der Maschine nicht gekürzt, sondern die Investitionszulage in voller Höhe ergebniswirksam erfasst. Die Maschine weist somit bei der Aktivierung in der HB einen Wert von 70 TEUR, in der Steuerbilanz einen Wert von 100 TEUR aus. Bei einem Steuersatz von 30 % ergibt sich eine aktive Steuerlatenz von 9 TEUR, die erfolgsneutral einzubuchen ist. Die HB weist folgendes Bild aus:
>
> | Aktiva | | Bilanz | Passiva | |
> |---|---|---|---|---|
> | Technische Anlagen und Maschinen | 70 | ... Andere Gewinnrücklagen | | 9 |
> | ... | | | | |
> | Aktive latente Steuern | 9 | ... | | |

---

[104] Vgl. DRS 18.60.
[105] Vgl. BilMoG-BgrRegE, S. 67.
[106] Vgl. *Küting/Seel*, in *Küting/Pfitzer/Weber*, Das neue deutsche Bilanzrecht, 2009, S. 507.
[107] GlA: *Küting/Seel*, in *Küting/Pfitzer/Weber*, Das neue deutsche Bilanzrecht, 2009, S. 507; *Loitz*, DB 2009, S. 915; a. A. *Kessler/Leinen/Paulus*, KoR 2009, S. 718; *Loitz*, DB 2009, S. 915.
[108] Vgl. ADS, 6. Aufl., § 255 HGB, Rz 56.

Der Buchungssatz zur Einbuchung der aktiven latenten Steuer lautet demgemäß:

| Datum | Konto | Soll | Haben |
|---|---|---|---|
| | Aktive latente Steuer | 9 | |
| | Andere Gewinnrücklagen | | 9 |

An den folgenden Abschlussstichtagen sind die aktiven latenten Steuern erfolgswirksam anzupassen, da sich die Wertveränderungen bei der Maschine (Abschreibungen) ebenfalls erfolgswirksam auswirken.

Weitere Anwendungsfälle für die erfolgsneutrale Bildung von Steuerlatenzen stellen Sacheinlagen und Verschmelzungen (Rz 99) dar. Erfolgsneutrale Erfassungen von Steuerlatenzen waren darüber hinaus auch beim Übergang auf die durch das BilMoG geänderten Vorschriften des § 274 HGB zu berücksichtigen (s. Art. 67 Rz 149 f). 123

Als Anwendungsfälle zur **erfolgswirksamen Erfassung** von Steuerlatenzen seien exemplarisch genannt: 124
- Bildung einer Drohverlustrückstellung in der HB, die gem. § 5 Abs. 4a EStG nicht in der Steuerbilanz angesetzt werden darf,
- Abschreibungen auf Anteile an einer PersG, die sich steuerlich wegen der sog. Spiegelbildmethode nicht auswirken,
- Aktivierung von selbst geschaffenen immateriellen VG des AV (z.B. Entwicklungskosten) in der HB, die steuerlich gem. § 5 Abs. 2 EStG nicht angesetzt werden dürfen,
- Bewertungsdifferenzen bei Pensionsrückstellungen zwischen dem handelsbilanziellen Wert und dem nach § 6a EStG in der Steuerbilanz anzusetzenden Wert,
- Bewertungsdifferenzen bei sonstigen Rückstellungen zwischen Handels- und Steuerbilanz, die aus der Berücksichtigung von zukünftigen Preis- und Kostensteigerungen sowie der Abzinsung resultieren,
- Vornahme von steuerlichen Sonderabschreibungen in der Steuerbilanz (z.B. Denkmalschutzabschreibungen nach § 7i EStG),
- Bildung von Vorsorgereserven gem. § 340f HGB für Kreditinstitute, die steuerlich nicht anerkannt werden.

Das folgende Beispiel illustriert die Bilanzansätze und die Buchungssätze bei einer erfolgswirksamen Einbuchung von Steuerlatenzen: 125

**Beispiel**
Die GmbH bildet in der HB zum 31.12.01 eine Rückstellung für drohende Verluste aus schwebenden Geschäften (verlustträchtige Aufträge im Auftragsbestand) i.H.v. 100 TEUR, die in der Steuerbilanz nicht angesetzt werden darf. Der Steuersatz (KSt, SolZ, GewSt) beläuft sich auf 30 %, sodass eine aktive latente Steuer i.H.v. 30 TEUR auszuweisen ist (Aktivierungswahlrecht wird ausgeübt). Die HB zum 31.12.01 weist folgendes Bild aus:

| Aktiva | Bilanz 31.12.01 | | Passiva |
|---|---|---|---|
| ... | | ... | |
| | | Sonstige Rückstellungen | 100 |
| Aktive latente Steuern | 30 | ... | |

Die Buchungssätze im Jahr 01 lauten entsprechend:

| Datum | Konto | Soll | Haben |
|---|---|---|---|
| | Sonstige betriebliche Aufwendungen | 100 | |
| | Sonstige Rückstellungen | | 100 |
| | Aktive latente Steuern | 30 | |
| | Steuern vom Einkommen und vom Ertrag | | 30 |

Im Jahr 02 werden die aus den verlustträchtigen Aufträgen anfallenden Mehraufwendungen in der laufenden Buchführung in den Sonstigen betrieblichen Aufwendungen erfasst. Die Abschlussbuchungen zur Berücksichtigung des Verbrauchs der Rückstellung und der Auflösung der Steuerlatenz lauten somit:

| Datum | Konto | Soll | Haben |
|---|---|---|---|
| | Sonstige Rückstellungen | 100 | |
| | Sonstige betriebliche Aufwendungen | | 100 |
| | Steuern vom Einkommen und Ertrag | 30 | |
| | Aktive latente Steuern | | 30 |

**126** Fraglich ist, wie vorzugehen ist, wenn Bilanzierende das Aktivierungswahlrecht für einen Aktivüberhang ausüben und einen saldierten Ausweis vornehmen, wenn in den zu verrechnenden aktiven und passiven latenten Steuern **sowohl erfolgsneutral als auch erfolgswirksam einzubuchende Sachverhalte** enthalten sind. Hier erscheint eine Pro-rata-Verrechnung die sachgerechte Vorgehensweise zu sein, wie nachfolgendes Beispiel zeigt:[109]

> **Beispiel**
> Die mittelgroße GmbH ermittelt zum Abschlussstichtag 31.12.01 folgende latente Steuerpositionen:

---

[109] Vgl. *Jödicke/Jödicke*, KoR 2011, S. 155.

# Latente Steuern § 274

Es besteht ein Passivüberhang von 10 TEUR. Da es sich um einen Passivüberhang handelt, erfolgt die Aufteilung im Verhältnis der passiven latenten Steuern zueinander, sodass sich für den erfolgswirksam zu erfassenden Passivüberhang 6 TEUR (10 TEUR × 70/120) und für den erfolgsneutral zu erfassenden Passivüberhang 4 TEUR (10 TEUR × 50/120) ergeben.

## 5 Exkurs: Überleitung der Handels- zur Steuerbilanz

### 5.1 Das Konzept der Maßgeblichkeit

§ 5 Abs. 1 Satz 1 EStG schreibt die Maßgeblichkeit der HB für die Steuerbilanz vor, d. h., in der Steuerbilanz ist grds. das Betriebsvermögen anzusetzen, das sich nach den handelsrechtlichen GoB ergibt. Hierbei sind zwei mögliche Sichtweisen zu unterscheiden:[110]

- Die **materielle Maßgeblichkeit** ist bereits dann gegeben, wenn die Steuerbilanzansätze mit den handelsrechtlichen GoB abstrakt vereinbar sind. Die Ausübung von Ansatz- und Bewertungswahlrechten kann nach dieser Sichtweise in Handels- und Steuerbilanz unterschiedlich ausgeübt werden.
- Die **formelle Maßgeblichkeit** stellt demgegenüber auf eine enge Verknüpfung zwischen Handels- und Steuerbilanz ab. Hiernach sind in der HB enthaltene Wertansätze in die Steuerbilanz zu übernehmen.

127

Das die früher vorherrschende formelle Maßgeblichkeit mit Inkrafttreten des BilMoG beendet wurde, ergibt sich aus dem Gesetzeswortlaut, der in § 5 Abs. 1 Satz 1 2. Hs. EStG klarstellt, „es sei denn, im Rahmen der Ausübung eines steuerlichen Wahlrechts wird oder wurde ein anderer Ansatz gewählt". Diese Maßgeblichkeit, auch bezeichnet als **subsidiäre Maßgeblichkeit**,[111] unterscheidet nicht mehr zwischen solchen steuerlichen Wahlrechten, die auch handelsrechtlich bestehen (sog. GoB-konforme Wahlrechte), und solchen, die den handelsrechtlichen Ansatz- und Bewertungsvorschriften nicht entsprechen (sog.

128

---

110 Vgl. *Scheffler*, StuB 2010, S. 295.
111 Vgl. *Herzig/Briesemeister*, DB 2009, S. 2.

GoB-inkonforme Wahlrechte). Vielmehr sieht das Konzept der subsidiären Maßgeblichkeit vor, dass alle steuerlichen Wahlrechte unabhängig von der HB ausgeübt werden können.[112]

Während sich seit Verabschiedung des BilMoG eine breite Diskussion über die Reichweite der neuen Maßgeblichkeit entsponnen hat,[113] stellt die Finanzverwaltung mit dem BMF-Schreiben vom 12.3.2010[114] ihre Sichtweise klar; auch wenn diese Sichtweise möglicherweise nicht vollumfänglich mit der des BilMoG-Gesetzgebers übereinstimmt, ist dies auf absehbare Zeit die für die Bilanzierenden relevante Sichtweise, zumal derzeit auch keine erneuten Aktivitäten von gesetzgeberischer Seite absehbar sind. Die Möglichkeit, eine hiervon abweichende Rechtsauffassung gegenüber den Finanzbehörden im Wege eines Rechtsbehelfs- und anschließenden Finanzgerichtsverfahrens durchzusetzen, bleibt den Bilanzierenden offen. Hierauf wird im Folgenden aber nicht eingegangen.

### 5.2 Wahlrechtsausübung in der Steuerbilanz

129 Die Ausübung steuerlicher Wahlrechte kann für den Steuerpflichtigen erhebliches Gestaltungspotenzial bieten, z.B. auch im Rahmen von Betriebsprüfungen.[115] Das BMF-Schreiben vom 12.3.2010 nennt zunächst folgende, z.T. schon länger gültige Grundsätze zu GoB-konformen Wahlrechten:[116]

- **Handelsrechtliche Aktivierungsgebote** und Aktivierungswahlrechte führen zu steuerlichen Aktivierungsgeboten, es sei denn, es existiert ein spezielles steuerliches Ansatzverbot (z.B. unterliegen nach § 248 Abs. 2 HGB in der HB aktivierte selbst geschaffene immaterielle VG des AV in der Steuerbilanz gem. § 5 Abs. 2 EStG einem Aktivierungsverbot).
- Handelsrechtliche Passivierungsgebote gelten **vorbehaltlich spezieller steuerlicher Regelungen** auch für die Steuerbilanz (z.B. besteht für nach § 249 Abs. 1 Satz 1 HGB gebildete Drohverlustrückstellungen in der Steuerbilanz ein Passivierungsverbot nach § 5 Abs. 4a EStG).
- **Passivierungsverbote und Passivierungswahlrechte in der HB** führen zu Passivierungsverboten in der Steuerbilanz (z.B. besteht für sog. Aufwandsrückstellungen i.S.v. § 249 Abs. 2 HGB ein Passivierungsverbot in der Handels- und Steuerbilanz).
- Bestehen in der **HB Bewertungswahlrechte**, ohne dass eine spezielle steuerliche Vorschrift existiert, sind sie in der Steuerbilanz genauso auszuüben wie in der HB (z.B. sind nach § 240 Abs. 3 HGB angesetzte Festwerte auch in der Steuerbilanz anzusetzen).
- Bestehen für Bilanzposten **sowohl handels- als auch steuerrechtlich Wahlrechte** können diese in Handels- und Steuerbilanz unterschiedlich ausgeübt

---

[112] Vgl. *Dörfler/Adrian*, Ubg 2009, S. 387.
[113] Vgl. *Hennrichs*, Ubg 2009, S. 533; *Herzig/Briesemeister*, DB 2009, S. 926; *Werth*, DStZ 2009, S. 208; *Theile*, DStR 2009, Beihefter zu Heft 18, S. 27; *Förster/Schmidtmann*, BB 2009, S. 1342; *Schenke/Risse*, BB 2009, S. 1957; *Ortmann-Babel/Bolik/Gageur*, DStR 2009, S. 934; *Hüttche*, BB 2009, S. 1346.
[114] Vgl. BMF, Schreiben v. 12.3.2010, IV C 6, S – 2133/09/1001, BStBl 2010 I S. 239.
[115] Vgl. *Ortmann-Babel/Bolik*, BB 2010, S. 2100.
[116] Vgl. BMF, Schreiben v. 12.3.2010, IV C 6, S – 2133/09/1001, BStBl 2010 I S. 239, Rz 3–6, 15.

werden (z. B. besteht in der HB ein Bewertungswahlrecht gem. § 256 HGB zur Berücksichtigung von Verbrauchsfolgeverfahren, dem steuerlich ein [engeres][117] Bewertungswahlrecht zur Verbrauchsfolgefiktion nach § 6 Abs. 1 Nr. 2a EStG gegenübersteht. Weitere wichtige Anwendungsfälle sind planmäßige Abschreibungen auf VG des AV).

Derzeit existieren folgende GoB-konforme Wahlrechte:
- Planmäßige Abschreibungen auf VG des AV: Hier bestehen sowohl handelsrechtlich als auch steuerrechtlich eigenständige Vorschriften (§ 253 Abs. 3 Satz 1 HGB, § 7 Abs. 1, Abs. 4 EStG),
- Herstellungskosten: Das handelsrechtliche Wahlrecht zur Aktivierung bestimmter Wahlrechtsbestandteile führt nach neuester Verwaltungsauffassung zu einem steuerlichen Ansatzgebot (§ 255 Abs. 2, Abs. 4 HGB, R 6.3 Abs. 1 EStÄR 2012 i. V. m. BMF, Schreiben v. 25.3.2013[118]),
- (Öffentliche) Zuschüsse: Hier besteht handelsrechtlich ein als GoB abgeleitetes Wahlrecht, den Zuschuss erfolgsneutral von den AHK des bezuschussten VG zu kürzen oder direkt erfolgswirksam zu vereinnahmen. Steuerlich ergibt sich ein entsprechendes Wahlrecht in R 6.5 Abs. 2 EStR.

Die **rein steuerlichen Wahlrechte** (GoB-inkonformen Wahlrechte) ergeben sich aus den maßgeblichen Steuergesetzen bzw. Verwaltungsauffassungen (Richtlinien). Im Einzelnen sind dies:     130
- Steuerneutrale Übertragung von Veräußerungsgewinnen bestimmter Wirtschaftsgüter gem. § 6b Abs. 1 EStG,
- Bildung einer Rücklage für Veräußerungsgewinne bestimmter Wirtschaftsgüter zum Übertrag auf in späteren Gj beschaffte Ersatzwirtschaftsgüter nach § 6 Abs. 3 EStG,
- Steuerneutrale Übertragung von aufgedeckten stillen Reserven auf ein Ersatzwirtschaftsgut, wenn ein Wirtschaftsgut des AV oder UV infolge höherer Gewalt oder zur Vermeidung eines behördlichen Eingriffs gegen Entschädigung aus dem Betriebsvermögen ausscheidet (R 6.6 Abs. 1 EStÄR 2012),
- Bildung einer Rücklage für Ersatzbeschaffung für aufgedeckte stille Reserven, wenn ein Wirtschaftsgut des AV oder UV infolge höherer Gewalt oder zur Vermeidung eines behördlichen Eingriffs gegen Entschädigung aus dem Betriebsvermögen ausscheidet (R 6.6 Abs. 3 EStÄR 2012),
- Teilwertabschreibungen: Steuerlich besteht bei voraussichtlich dauerhafter Wertminderung von VG des AV und UV ein Wahlrecht zur Vornahme einer Teilwertabschreibung (§ 6 Abs. 1 Nr. 1 Satz 2, Abs. 1 Nr. 2 Satz 2 EStG), das unabhängig von der Vornahme von außerplanmäßigen Abschreibungen in der HB ausgeübt werden kann.[119] Entsprechend können Verbindlichkeiten mit dem höheren Teilwert angesetzt werden (§ 6 Abs. 1 Nr. 3 EStG).[120]
- Sonderabschreibungen nach § 7g Abs. 5 EStG für kleine und mittlere Betriebe,

---

117 Während handelsrechtlich sowohl LIFO als FIFO als Verbrauchsfolgeverfahren gewählt werden können, ist steuerlich lediglich LIFO zulässig.
118 Vgl. BMF, Schreiben v. 25.3.2013, IV C 6 – S 2133/09/1001:004, BStBl. I 2013, S. 296.
119 Vgl. BMF, Schreiben v. 12.3.2010, IV C 6, S – 2133/09/1001, BStBl 2010 I S. 239, Rz 15.
120 Vgl. *Schmidt/Kulosa*, EStG, § 6, Rz 451.

- Erhöhte Abschreibungen nach §§ 7c, d, h, i, k EStG in bestimmten Fällen (Herstellung bestimmter Mietwohnungen, dem Umweltschutz dienende Wirtschaftsgüter, Gebäude in Sanierungsgebieten und städtebaulichen Entwicklungsbereichen, Baudenkmäler, Wohnungen mit Sozialbindung),
- Investitionsabzugsbetrag nach § 7g Abs. 1 EStG für kleine und mittlere Betriebe. Dieser wird allerdings nicht in der Steuerbilanz angesetzt, sondern als außerbilanzielle Korrektur steuerlich berücksichtigt,
- Pensionsrückstellungen: Der Wortlaut des § 6a Abs. 1 EStG spricht von einem Passivierungswahlrecht („darf"). Nach Auffassung der Finanzverwaltung besteht dennoch über § 249 Abs. 1 HGB ein Passivierungsgebot, das lediglich durch zusätzliche steuerrechtliche Anforderungen (z.B. Schriftformerfordernis) eingeschränkt wird.[121]
- Umwandlungsvorgänge: Bei Umwandlungen besteht unter bestimmten Voraussetzungen ein steuerliches Wahlrecht zur Übertragung des Vermögens zum steuerlichen Buchwert (§§ 3 Abs. 2, 11 Abs. 2, 15 Abs. 1 UmwStG), das unabhängig von der Behandlung in der HB ausgeübt werden kann.

### 5.3 Abweichungen zwischen Handels- und Steuerbilanz

**131** Nach § 248 Abs. 1 HGB aktivierte **selbst geschaffene immaterielle VG des AV** unterliegen in der Steuerbilanz einem Aktivierungsverbot gem. § 5 Abs. 2 EStG, da das Steuerrecht eine Aktivierung nur bei entgeltlichem Erwerb erlaubt.

**132** **Derivativer Geschäfts- oder Firmenwert:** Es besteht handels- und steuerrechtlich zwar eine Ansatzpflicht. Unterschiede können aber in der Bewertung auftreten. Dies kann bereits bei der Zugangsbewertung auftreten (s. Bsp. Rz 90) als auch durch unterschiedliche Nutzungsdauern. Da handelsrechtlich eine Nutzungsdauer von mehr als fünf Jahren im Anhang begründet werden muss (§ 285 Nr. 13 HGB) und ein alleiniger Verweis auf die pauschale steuerliche Nutzungsdauer von 15 Jahren (§ 7 Abs. 1 Satz 3 EStG) nicht ausreicht, werden vermehrt Bewertungsunterschiede beim derivativen GoF zwischen Handels- und Steuerbilanz auftreten, zumal zukünftig durch das BilRUG die Nutzungsdauer des GoF, soweit die Nutzungsdauer nicht verlässlich geschätzt werden kann, handelsrechtlich mit zehn Jahren normiert wird (zu Einzelheiten s. § 253 Rz 322).

**133** Bei entgeltlich erworbenen immateriellen VG des AV und bei VG des SAV kann die Bestimmung der **Nutzungsdauer** zu Bewertungsunterschieden führen. Handelsrechtlich hat sich die Nutzungsdauer an der voraussichtlichen wirtschaftlichen Nutzungsdauer zu orientieren (§ 253 Rz 161). Hier besteht kein Wahlrecht, allerdings ein gewisser Ermessensspielraum bei der Schätzung. In der Steuerbilanz sind die Nutzungsdauern nach den AfA-Tabellen zu bestimmen, die sich an der technischen Nutzungsdauer der VG orientieren. Auch wenn die steuerlichen Nutzungsdauern tendenziell kürzer als die nach Handelsrecht anzusetzenden sind, wird sich häufig in Ausübung des Schätzungsermessens eine identische Nutzungsdauer zwischen Handels- und Steuerbilanz ergeben können.

**134** Bei der Vornahme von planmäßigen Abschreibungen auf VG des AV ist eine zulässige **Abschreibungsmethode** zu bestimmen. Handelsrechtlich sind verschiedene Methoden zulässig (linear, degressiv, progressiv, leistungsabhängig, s.

---

[121] Vgl. BMF, Schreiben v. 12.3.2010, IV C 6, S – 2133/09/1001, BStBl 2010 I S. 239, Rz 9.

§ 253 Rz 169), die allerdings stetig auszuüben sind (§ 252 Abs. 1 Nr. 6 HGB). Steuerlich kommen die speziellen Regelungen der §§ 7 ff. EStG zur Anwendung. Danach sind ebenfalls die handelsrechtlichen Abschreibungsmethoden zulässig, aber teilweise werden diese eingeschränkt (z. B. war die degressive AfA in 2010 noch zulässig, ab 2011 nicht mehr) bzw. erweitert (z. B. die unter Rz 135 genannten Sonderabschreibungen und erhöhte Abschreibungen oder auch die pauschalierte Gebäudeabschreibung nach § 7 Abs. 4 EStG sowie die GWG-Abschreibungen). Bewertungsunterschiede können sich auch ergeben, soweit in der HB eine komponentenweise Abschreibung von VG erfolgt (§ 253 Rz 187 ff.), die in der Steuerbilanz nicht nachvollzogen wird.

**Außerplanmäßige Abschreibungen auf VG des AV** sind handelsrechtlich vorzunehmen bei voraussichtlich dauerhafter Wertminderung (§ 253 Abs. 3 Satz 2 HGB). Steuerlich dürfen Teilwertabschreibungen nach § 6 Abs. 1 Nr. 1 Satz 2 EStG vorgenommen werden; die Ausübung dieses steuerlichen Wahlrechts kann zu Bewertungsunterschieden zwischen Handels- und Steuerbilanz führen. Außerdem gilt zu beachten, dass die handelsrechtlichen GoB die Voraussetzungen für das Vorliegen einer voraussichtlich dauerhaften Wertminderung anders beurteilen, als dies für steuerliche Zwecke von der Finanzverwaltung erfolgt (vgl. § 253 Rz 260 für Wertpapiere). **135**

Ansatzdifferenzen zwischen Handels- und Steuerbilanz können sich aus der unterschiedlichen Ausübung des **Prinzips der wirtschaftlichen Zurechnung** ergeben. Der in § 246 Abs. 1 Satz 2 HGB kodifizierte Grundsatz der wirtschaftlichen Zurechnung findet sein Pendant in der steuerlichen Regelung des § 39 AO. Auch wenn sich in der weit überwiegenden Anzahl der Fälle Übereinstimmungen zwischen handels- und steuerrechtlicher Beurteilung ergeben werden, sind Ansatzdifferenzen denkbar. Mögliche Anwendungsfälle sind Sale-and-buy-back-Geschäfte, Übertragungen des rechtlichen Eigentums von VG mit Nebenabreden und bestimmte gesellschaftsrechtliche Gestaltungen.[122] Die Zurechnung von VG zu Leasinggeber und Leasingnehmer wird sich sehr häufig an den steuerlichen Leasingerlassen orientieren; Ausnahmen sind aber denkbar (§ 246 Rz 34 ff.). **136**

§ 247 Abs. 2 HGB regelt die **Zurechnung von VG zu AV bzw. UV**. Eine diesbezügliche steuerliche Vorschrift gibt es nicht. Die Abgrenzung zwischen AV und UV richtet sich wesentlich nach der Zweckbestimmung des Kaufmanns (§ 247 Rz 39), sodass sich nach der hier vertretenen Auffassung grds. keine abweichenden Abgrenzungen zwischen AV und UV ergeben können. In der Praxis sind gleichwohl Abweichungen denkbar, wenn sich z. B. im Rahmen einer steuerlichen Außenprüfung die Finanzverwaltung der Zweckbestimmung des Bilanzierenden nicht anschließt. **137**

Kreditinstitute dürfen gem. § 340 f HGB **Vorsorgereserven** bilden, indem sie bestimmte VG mit einem niedrigeren als dem nach § 253 Abs. 1 Satz 1 HGB zulässigen Wert ansetzen. Derartige Vorsorgereserven werden steuerlich nicht anerkannt, sodass sich Differenzen zwischen Handels- und Steuerbilanz ergeben. **138**

Für sog. **Deckungsvermögen** i. S. v. § 246 Abs. 2 Satz 2 HGB hat handelsrechtlich eine Bewertung mit dem beizulegenden Zeitwert zu erfolgen (§ 253 Abs. 1 Satz 4 HGB); außerdem hat eine Saldierung mit den entsprechenden Verpflichtungen (Pensionsrückstellungen) zu erfolgen, die auch zu einem Aktivüberhang des De- **139**

---

[122] Vgl. IDW ERS HFA 13 nF.

ckungsvermögens führen kann (sog. Aktiver Unterschiedsbetrag aus Vermögensverrechnung). Steuerlich ist Deckungsvermögen zu fortgeführten AK anzusetzen (§ 6 Abs. 1 Nr. 2 EStG); eine Saldierung mit den Pensionsrückstellungen ist in der Steuerbilanz unzulässig (§ 5 Abs 1a Satz 1 EStG).

140 Die unter Rz 135 genannten Bewertungsunterschiede bei **außerplanmäßigen Abschreibungen** gelten auch für das **UV** aufgrund der unterschiedlichen Bewertungsvorschriften (§ 253, Abs. 4 HGB, (§ 6 Abs. 1 Nr. 2 Satz 2 EStG) bzw. abweichender Definition einer voraussichtlich dauerhaften Wertminderung.

141 Handelsrechtlich besteht bei der Bestimmung von **Herstellungskosten** ein Wahlrecht zur Einbeziehung bestimmter Kostenbestandteile (Kosten der allgemeinen Verwaltung, Aufwendungen für soziale Einrichtungen des Betriebs, für freiwillige soziale Leistungen und für die betriebliche Altersversorgung, s. § 255 Abs. 2 Satz 3 HGB). Nach den allgemeinen Grundsätzen (s. Rz 127) ergäbe sich demgemäß ein Aktivierungsgebot für die Steuerbilanz, das aber bislang von der Finanzverwaltung gem. R 6.3 Abs. 4 EStR 2008 auch als steuerliches Aktivierungswahlrecht akzeptiert wurde. Mit R 6.3 Abs. 1 EStÄR 2012 wird für die Steuerbilanz für diese HK-Bestandteile ein Ansatzgebot vorgegeben. Allerdings ist diese geänderte Verwaltungsauffassung erst dann zwingend anzuwenden, wenn die EStR nochmals neugefasst wurden.[123]

142 Der Ansatz von **Forderungen aus Dividendenansprüchen** kann im Fall der phasengleichen Bilanzierung zu einem Abweichen von Handels- und Steuerbilanz führen, da handelsrechtlich unter bestimmten Voraussetzungen Aktivierungspflicht besteht, während steuerlich ein Aktivierungsverbot zu beachten ist.

143 **Finanzinstrumente des Handelsbestands** bei Kreditinstituten sind in der HB mit dem beizulegenden Zeitwert abzgl. eines Risikoabschlags nach § 340e Abs. 3 HGB zu bewerten. Darüber hinaus ist ein Sonderposten zu bilden, dem in jedem Gj mindestens ein Betrag i.H.v. 10 % der Nettoerträge des Handelsbestands zuzuführen ist. Der Sonderposten darf nur zum Ausgleich von Nettoaufwendungen, oder soweit der Posten 50 % des Durchschnittsertrags der letzten 5 jährlichen Nettoerträge des Handelsbestands übersteigt, aufgelöst werden (§ 340 Abs. 4 HGB). In der Steuerbilanz sind Finanzinstrumente des Handelsbestands, die nicht in einer Bewertungseinheit abgebildet werden, ebenfalls zum beizulegenden Zeitwert abzgl. eines Risikoabschlags anzusetzen (§ 6 Abs. 1 Nr. 2b EStG). Allerdings ist der handelsrechtliche Sonderposten in der Steuerbilanz nicht ansatzfähig.[124] § 52 Abs. 16 Satz 10 EStG ermöglicht für einen aus der Erstanwendung der Vorschrift entstehenden Gewinn die Bildung einer gewinnmindernden Rücklage, die dann im Folgejahr gewinnerhöhend aufzulösen ist.

144 Handelsrechtlich ist nach § 256a HGB die **Währungsumrechnung** von VG und Schulden nach dem Devisenkassamittelkurs am Abschlussstichtag vorgegeben. Spezielle steuerliche Vorschriften existieren für die Währungsumrechnung nicht. Allerdings ist der handelsrechtlich gebotene Ausweis von realisierbaren, aber noch nicht realisierten Wechselkursgewinnen für VG und Schulden mit einer Restlaufzeit von bis zu einem Jahr steuerlich nicht anzuwenden, da § 6 Abs. 1 Nr. 1, 2 EStG als Bewertungsobergrenze die AK vorgibt.

---

[123] Vgl. BMF, Schreiben v. 25.3.2013, IV C 6 – S 2133/09/1001:004, BStBl. I S. 269.
[124] Vgl. *Schubert/Adrian*, in Beck Bil-Komm. 9. Aufl., § 274 HGB, Rz 229 mwN.

Bei **Rechnungsabgrenzungsposten** kann es zu Abweichungen zwischen Handels- und Steuerbilanz kommen, da handelsrechtlich ein Aktivierungswahlrecht für das Disagio besteht (§ 250 Abs. 3 HGB), während steuerlich ein Aktivierungsgebot zu beachten ist.[125]

**145**

**Eigene Anteile** sind in der HB nach § 272 Abs. 1a Satz 1 HGB unabhängig vom Erwerbszweck als Kapitalherabsetzung zu behandeln. Im Fall der Weiterveräußerung wird entsprechend eine Kapitalerhöhung abgebildet. Etwaige über die AK hinausgehende Verkaufserlöse sind als Agio in die Kapitalrücklage einzustellen. Für die Steuerbilanz existieren keine speziellen Regelungen, sodass nach (derzeit) hM keine Aktivposten für eigene Anteile in der Steuerbilanz anzusetzen sind.[126] Damit entfiele bei Veräußerungsvorgängen die nach § 8b Abs. 3 KStG vorgesehene 5 %ige Besteuerung des Veräußerungsgewinns. Ob die Finanzverwaltung sich der hM anschließen wird, bleibt abzuwarten. Das BMF-Schreiben vom 12.3.2010 äußert sich hierzu nicht.

**146**

Die **Bewertung von Rückstellungen** hat in der HB zum voraussichtlichen Erfüllungsbetrag, d. h. unter Einbeziehung von Preis- und Kostenverhältnissen im Zeitpunkt der Erfüllung sowie unter Berücksichtigung einer laufzeitäquivalenten Abzinsung zu erfolgen (§ 253 Abs. 1 Satz 2, Abs. 2 Satz 1 HGB). Für die Steuerbilanz existieren spezielle Bewertungsvorschriften (§ 6 Abs. 1 Nr. 3a EStG), die häufig zu abweichenden Bewertungsansätzen gegenüber der HB führen, da das steuerliche Stichtagsprinzip die Berücksichtigung von zukünftigen Preis- und Kostenverhältnissen verbietet. Für weitere Rückstellungsarten haben sich handels- und steuerrechtlich abweichende Bewertungsvorschriften herausgebildet, so z. B. für Altersteilzeitverpflichtungen (§ 249 Rz 200), Rückstellungen für Sachleistungsverpflichtungen (handelsrechtlich: Vollkosten, steuerlich: Einzelkosten + angemessene Gemeinkosten).

**147**

**Altersversorgungsverpflichtungen und vergleichbare langfristig fällige Verpflichtungen**: Handelsrechtlich bestehen Bewertungsvorschriften in § 253 Abs. 1 Satz 2 und 3, Abs. 2 Satz 1 und 2 HGB. Danach sind erwartete Lohn-, Gehalts- und Rentensteigerungen in die Bewertung einzubeziehen;[127] die Abzinsung hat nach der RückAbzinsV zu einem laufzeitkongruenten Zinssatz zu erfolgen. Steuerlich existiert mit § 6a EStG eine separate Bewertungsvorschrift, die die Berücksichtigung von künftigen Lohn-, Gehalts- und Rentensteigerungen verbietet und für die Abzinsung einen festen Zinssatz von 6,0 % normiert.

**148**

Für einige Rückstellungen sind **steuerliche Ansatzverbote** zu berücksichtigen. So besteht mit § 5 Abs. 4a Satz 1 EStG ein Ansatzverbot für Drohverlustrückstellungen (Ausnahme: Bewertungseinheiten, s. Rz 226). Jubiläumsrückstellungen werden steuerlich nur unter den Voraussetzungen des § 5 Abs. 4 EStG, Rückstellungen für Patentverletzungen nur unter den Voraussetzungen des § 5 Abs. 3 EStG anerkannt.

**149**

Soweit sich bei der Bildung von **Bewertungseinheiten** am Abschlussstichtag ein Überhang negativer Wertänderungen über die positiven Wertänderungen ergibt,

**150**

---

[125] BFH, Urteil v. 21.4.1988, IV R 47/85, BStBl 1989 II S. 722.
[126] Vgl. *Herzig*, DB 2008, S. 1342; *Ortmann-Babel/Bolik/Gageur*, DStR 2009, S. 937; *Förster/Schmidtmann*, BB 2009, S. 1342.
[127] Vgl. zu Einzelheiten IDW RS HFA 30, Tz 50 ff.

ist i. H. dieses Überhangs eine Rückstellung für Bewertungseinheiten zu bilden.[128] Handelsrechtlich ist diese Rückstellung als Rückstellung für drohende Verluste zu qualifizieren. Steuerlich sind diese Rückstellungen gleichwohl anzuerkennen, wie die Regelungen in § 5 Abs. 1a Satz 2, Abs. 4a Satz 2 EStG klarstellen, auch wenn der nicht ganz eindeutige Gesetzeswortlaut verschiedentlich zu Diskussionen führte.[129] Dies gilt auch, wenn in der Steuerbilanz die Bewertungseinheit nach der sog. „Nettomethode" abgebildet wird, die von der Finanzverwaltung präferiert wird.[130]

151 **Verbindlichkeiten** sind in der HB mit dem Erfüllungsbetrag anzusetzen (§ 253 Abs. 1 Satz 2 HGB). In der Steuerbilanz sind unverzinsliche Verbindlichkeiten mit einer Restlaufzeit von einem Jahr oder mehr mit einem Zinssatz von 5,5 % abzuzinsen (§ 6 Abs. 1 Nr. 3 EStG); ausgenommen hiervon sind Anzahlungen und Vorauszahlungen.

152 Latente Steuern sind in der Steuerbilanz nicht anzusetzen. Da **latente Steuern** keine VG oder Schulden, sondern einen Posten eigener Art für handelsbilanzielle Zwecke darstellen, scheidet eine Berücksichtigung in der Steuerbilanz aus.

### 5.4 Die Steuerbilanz – Technik und Gestaltung

153 Die Aufstellung der Steuerbilanz gründet sich auf die gesetzlichen Grundlagen in §§ 140, 141 AO. Aufgrund der im vorigen Abschnitt dargestellten vielfältigen Abweichungen zwischen Handels- und Steuerbilanz hat der Gesetzgeber mit § 5 Abs. 1 Satz 2 EStG eine Vorschrift erlassen, die die **Führung spezieller steuerlicher Verzeichnisse** fordert, wenn in der Steuerbilanz VG nicht mit dem handelsrechtlichen Wert angesetzt werden.
Wesentlicher Anwendungsfall ist das AV, für das nunmehr – soweit steuerliche Wahlrechte ausgeübt werden sollen – eine separate Anlagenbuchhaltung zu führen ist. Gängige Softwareprogramme stellen entsprechende Funktionalitäten bereit. Allerdings sind diese in der vom Grundsatz der Einheitsbilanz geprägten Vergangenheit zumeist nicht genutzt worden, weil es nicht erforderlich war. Einige Bilanzierende kennen bereits diese mehrfache Bewertung für unterschiedliche Zwecke, indem sie bspw. für die Erstellung von IFRS-Abschlüssen oder für die Abbildung von Versicherungswerten separate Bewertungen in ihren Anlagenbuchhaltungen abgebildet haben.
Im Schrifttum wurde die Auffassung vertreten, dass für die Bildung unversteuerter Rücklagen in der Steuerbilanz derartige separate Verzeichnisse nicht zu führen sind.[131] Das BMF-Schreiben vom 12.3.2010 bestätigt diese Sichtweise. Soweit diese Rücklagen in der Steuerbilanz ausgewiesen sind, genügt dies für den Nachweis.

154 Je nach Umfang der Abweichungen zwischen Handels- und Steuerbilanz bieten sich verschiedene Techniken zur Aufstellung der Steuerbilanz an. Bestehen nur sehr wenige Abweichungen, so kann ausgehend von der HB die Steuerbilanz durch wenige Korrekturbuchungen (z.B. in einem separaten Kontenkreis oder per Tabellenkalkulation) entwickelt werden. Die früher nach § 60 Abs. 2 EStDV zulässige Anlage zur Steuererklärung zur **Überleitung** des handelsrechtlichen

---

[128] Vgl. IDW RS HFA 35, Tz 66.
[129] Vgl hierzu *Herzig/Briesemeister*, Ubg 2009, S. 158.
[130] Vgl. BMF, Schreiben v. 25.8.2010, IV C 6, S – 2133/07/10001, DB 2010, S. 2024.
[131] Vgl. *Grützner*, StuB 2009, S. 484.

auf das steuerliche Ergebnis ist durch die Vorschrift des § 5b EStG (elektronische Übermittlung von Bilanz und GuV) nicht mehr möglich.[132]
Bei einer Vielzahl von Abweichungen empfiehlt sich die Verwendung einer **eigenen Steuerbilanzbuchhaltung**, die in einem integrierten System abgebildet werden kann. Dieses bei IFRS-Anwendern bekannte Modell (Y-Modell) sieht einen gemeinsamen Kontenrahmen für Handels- und Steuerbilanz vor. Bestimmte Konten erscheinen sowohl in Handels- und Steuerbilanz (z.B. Bankkonten), andere entweder nur in der Handels- oder der Steuerbilanz. Dies erfordert, dass für abweichende Sachverhalte spezielle handels- und steuerrechtliche Konten eingerichtet werden (z.B. für Anlagevermögen, Rückstellungen).

Bei Aufstellung der Handels- und Steuerbilanz sind verschiedene Gestaltungsüberlegungen zu berücksichtigen. Bei vielen Bilanzierenden steht der Grundsatz der **Einheitsbilanz** im Vordergrund, der z.T. sogar aufgrund gesellschaftsvertraglicher Regelungen vorgegeben war. Abgesehen von in bestimmten Fällen unvermeidbaren Abweichungen zwischen Handels- und Steuerbilanz (z.B. Bewertung von Pensionsrückstellungen) können bei anderen Sachverhalten Einheitsbilanzüberlegungen nur über den Verzicht auf steuerliche Fördermaßnahmen hergestellt werden. So kann das SAV nach Handels- und Steuerrecht dergestalt übereinstimmend bewertet werden, indem ausschließlich lineare Abschreibungen berücksichtigt werden. Dies würde aber den Verzicht auf steuerliche Fördermaßnahmen (z.B. degressive Abschreibung, Vornahme von Sonderabschreibungen) voraussetzen.

---

[132] Vgl. *Herzig*, DStR 2010, S. 1900.

# § 274a GRÖSSENABHÄNGIGE ERLEICHTERUNGEN

Kleine Kapitalgesellschaften sind von der Anwendung der folgenden Vorschriften befreit:
1. § 268 Abs. 2 über die Aufstellung eines Anlagengitters,
2. § 268 Abs. 4 Satz 2 über die Pflicht zur Erläuterung bestimmter Forderungen im Anhang,
3. § 268 Abs. 5 Satz 3 über die Erläuterung bestimmter Verbindlichkeiten im Anhang,
4. § 268 Abs. 6 über den Rechnungsabgrenzungsposten nach § 250 Abs. 3,
5. § 274 über die Abgrenzung latenter Steuern.

PROF. DR. STEFAN MÜLLER/DR. MARKUS KREIPL

**Inhaltsübersicht**

| | Rz |
|---|---|
| 1 Überblick | 1–7 |
| 1.1 Inhalt | 1–5 |
| 1.2 Anwendungsbereich | 6 |
| 1.3 Normzusammenhänge | 7 |
| 2 Befreiung von der Pflicht zur Anwendung bestimmter Vorschriften | 8–26 |
| 2.1 Aufstellung des Anlagengitters (Nr. 1) | 8 |
| 2.2 Erläuterung bestimmter Forderungen (Nr. 2) | 9 |
| 2.3 Erläuterung bestimmter Verbindlichkeiten (Nr. 3) | 10 |
| 2.4 Rechnungsabgrenzungsposten nach § 250 Abs. 3 HGB (Nr. 4) | 11 |
| 2.5 Abgrenzung latenter Steuern (Nr. 5) | 12–26 |
| 3 Rechtsfolgen bei Pflichtverletzung | 27 |
| 4 Änderungen durch das BilRUG | 28–29 |

**Ergänzendes Schrifttum**

Bundessteuerberaterkammer, Verlautbarung der Bundessteuerberaterkammer zum Ausweis passiver latenter Steuern als Rückstellungen in der Handelsbilanz, DStR 2012, S. 2296; *Ernst/Naumann*, Das neue Bilanzrecht, 1. Aufl. 2009; *Farr*, Der Jahresabschluß der kleinen GmbH, GmbHR 1996, S. 92, 185; *Gelhausen/Fey/Kämpfer*, Rechnungslegung und Prüfung nach dem BilMoG, 2009; *Graf von Kanitz*, Die Bedeutung der Rückstellungspflicht nach § 249 Abs. 1 Satz 1 HGB für den Ausweis passiver latenter Steuern – eine Bestandsaufnahme, WPg 2011, S. 895; *Herzig*, Steuerliche Konsequenzen des BilMoG, IDW-Vortrag Berlin vom 22.11.2010; *Hofmann*, Systembruch bei der Steuerlatenz von Personenhandelsgesellschaften, StuB 2012, S. 249; IDW, Position des IDW zur Verlautbarung der Bundessteuerberaterkammer zum Ausweis passiver latenter Steuern als Rückstellungen in der Handelsbilanz, http://www.idw.de/idw/portal/d623912/index.jsp, letzter Abruf 05.05.2015; *Kessler/Leinen/Paulus*, Das BilMoG und die latenten Steuern (Teil 1), KoR 2009, S. 716; *Kirsch/Hoffmann/Siegel*, Diskussion der Bilanzierung latenter Steuern nach § 249 Abs. 1 Satz 1 HGB, DStR 2012, S. 1290; *Klatte*, Änderungen des Handelsbilanzrechts durch Transformation der EG-Mittelstands-RL, BBK 1994, S. 977; *Kleemann/Metzing*, Ausweis passiver latenter Steuern als Steuerrückstellungen – Erläuterungen zur Verlautbarung der Bundessteuerberaterkammer vom 18. 9. 2012, DStR 2012, S. 2405; *Kühne/Melcher/Wesemann*, Latente Steuern nach BilMoG – Grundlagen und Zweifelsfragen (Teil 2), WPg 2009, S. 1057; *Lüdenbach*, Keine latenten Steuern bei Personenunternehmen, StuB 2011, S. 68; *Lüdenbach/Freiberg*, Steuerlatenzrechnung auch für Personengesellschaften? – Diskussion des IDW ERS HFA 7 n.F., BB 2011, S. 1579; *Lüdenbach/Freiberg*, Beitrag von DRS 18 zur Klärung strittiger Fragen der Steuerlatenzierung, BB 2010, S. 1971; *Müller*, Rückstellungen für passive Steuerlatenzen gem. § 249 Abs. 1 Satz 1 HGB, DStR 2011, S. 1046; *Müller/Kreipl*, Passive latente Steuern und kleine Kapitalgesellschaften, DB 2011, S. 1701; *Oser/ Roß/Wader/Drögemüller*, Änderungen des Bilanzrechts durch das Bilanzrechtsmodernisierungsgesetz (BilMoG), WPg 2009, S. 573; *Pöschke*, Rückstellungen für passive Steuerlatenzen in der Handelsbilanz, NZG 2013, S. 646; *Pollanz*, Eine Rückstellung (für passive latente Steuern) hing am Glockenseil oder: zwei Berufsstände – drei Meinungen! DStR 2013, S. 58; *Schiffers*, E-Bilanz (§ 5b EStG) – schlichte Verfahrensvorschrift vor dem Hintergrund des Risikomanagements im Steuervollzug und des Tax-Accounting, Stbg 2011, S. 7; *v. Wysocki*, Fragen zur passiven Steuerabgrenzung nach § 274 Abs. 1 HGB, zfbf 1987, S. 829; *Wendholt/ Wesemann*, Zur Umsetzung der HGB-Modernisierung durch das BilMoG: Bilanzierung von latenten Steuern im Einzel- und Konzernabschluss, DB 2009, Beil. 5, S. 64; *Winkeljohann/Schindhelm* (Hrsg.), Das KapCoRiLiG – Ein Praxisleitfaden zum Kapitalgesellschaften- und Co.-RL-Gesetz, 2000; *Wolz*, Latente Steuern nach BilMoG – Analyse der konzeptionellen Neuregelung im Einzel- und KA, DB 2010, S. 2625; *Zwirner/Busch*, Unterschiedliche Sichtweisen passiver Steuerlatenzen bei kleinen Kapitalgesellschaften und Personengesellschaften, SteuK 2013, S. 375.

# 1 Überblick

## 1.1 Inhalt

§ 274a HGB spricht **kleinen KapG und kleinen KapCoGes** i.S.d. § 267 Abs. 1 HGB Erleichterungen in Form der Befreiung von der Pflicht zur Anwendung von fünf Regelungen zu. Die Vorschrift gilt – unabhängig von der Größe – nicht für Kreditinstitute und Versicherungsunt (§§ 340a Abs. 1, 341a Abs. 1 HGB). Aus der Regelung der Norm ergibt sich ein Wahlrecht in Bezug auf die selektive Inanspruchnahme einzelner Befreiungen, sofern der **Stetigkeitsgrundsatz** (§ 265 Abs. 1 HGB) gewahrt bleibt. Konkret brauchen als klein klassifizierte KapG oder denen gleichgestellte PersG kein Anlagegitter (§ 268 Abs. 2 HGB) zu erstellen, keine Erläuterungen zu erst nach dem Bilanzstichtag rechtlich entstehenden VG bzw. Verbindlichkeiten (§ 268 Abs. 4 Satz 2 und Abs. 5 Satz 3 HGB), soweit sie unter den sonstigen VG bzw. Verbindlichkeiten ausgewiesen sind und einen größeren Umfang haben, zu geben, kein aktiviertes Disagio auszuweisen oder im

1

Anhang anzugeben (§ 268 Abs. 6 HGB) sowie keine (aktiven) latenten Steuern (§ 274 HGB) zu bilden.

2 Konflikte mit § 131 Abs. 1 Satz 3 AktG entstehen aufgrund der fehlenden Nennung des § 274a HGB in der Aufzählung der Norm nicht[1] und auch die Informationsrechte des § 51a GmbHG sowie die Kontrollrechte gem. § 166 HGB werden von § 274a HGB nicht tangiert.

3 Der wesentliche Zweck dieser Vorschrift liegt in der unterstellten Möglichkeit der Vereinfachung der Aufstellung des JA und damit einhergehend in der Möglichkeit zur Reduzierung der damit verbundenen Kosten (**größenabhängige Erleichterungen**). Da jedoch die Informationen des Anlagegitters für die steuerliche Gewinnermittlung vorhanden sein müssen, die Erläuterungspflichten aber nur einen sehr geringen Aufwand verursachen dürften, erlangt lediglich die Erleichterung im Bereich der (aktiven) latenten Steuern in der Praxis größere Relevanz. Obwohl die Befreiungen einen **Informationsverlust** für Abschlussadressaten, die bei kleinen Unt gerade auch die Geschäftsführung selber ist, bedingen, wird vonseiten der Literatur im Rahmen der häufig engen Beziehungen zwischen Kapitalgeber und Kapitalnehmer bei kleinen KapG und PersG nicht mit wesentlichen Beeinträchtigungen gerechnet.[2] Diese Einschätzung ist jedoch in vielen Fällen zu relativieren.[3] Insbesondere die rechtlich erst später entstehenden sonstigen VG und Verbindlichkeiten, die primär aus Abgrenzungen resultieren, können gerade in kleineren Abschlüssen hohe Bedeutung erlangen. Ebenfalls sind die (aktive) Steuerabgrenzung und das Anlagegitter auch schon für Zwecke der Selbstinformation vielfach sehr relevant und auch für außenstehende Adressaten von großer Bedeutung, etwa zur Fundierung von Kreditvergabeentscheidungen. Mit dem Wahlrecht des § 274a HGB liegt es im Ermessen der Unt, die Informationen gesondert nur bestimmten Adressaten zukommen zu lassen oder gleich allen im JA zu zeigen. Zur Nutzung der Erleichterungen in der Praxis s. Haufe HGB Bilanz Kommentar BilMoG Erfahrungsbericht Rz 102, 214, 291 ff., 452.

4 Wird von Befreiungen später freiwillig nicht mehr Gebrauch gemacht oder stehen dem größenklassenbedingte Argumente entgegen können Probleme bei der Ermittlung historischer AHK entstehen.[4]

5 Mit dem BilRUG ergeben sich lediglich Folgeänderungen aus der Aufhebung von § 268 Abs. 2 HGB, dessen Regelungen in die Vorschriften zum Anhang, konkret § 284 Abs. 3 HGB nF, verlagert werden.

## 1.2 Anwendungsbereich

6 Relevant ist die Regelung des § 274a HGB nur für **kleine KapG** und **KapCoGes** jeweils i. S. d. § 267 Abs. 1 HGB. **Kreditinstitute** und **VersicherungsUnt** haben grds. entsprechend großen KapG zu handeln und fallen daher nicht in den Anwendungsbereich des § 274a HGB.

---

[1] Vgl. *Wiedmann*, in *Ebenroth/Boujong/Joost* (Hrsg.), Handelsgesetzbuch 2001/2003, § 274a Rz 1.
[2] Vgl. *ADS*, 6. Aufl., § 274a HGB, Rz 5; *Marx/Dallmann*, in *Baetge/Kirsch/Thiele*, Bilanzrecht, § 274a HGB, Rz 3, Stand 10/2012.
[3] Den Informationsverlust als bedeutend erachtend *Reiner/Haußer*, in MünchKomm. HGB, 3. Aufl., § 274a Rn 3.
[4] Vgl. *ADS*, 6. Aufl., § 274a HGB, Rz 7.

## 1.3 Normzusammenhänge

Die Norm relativiert Angabe- und Ausweispflichten der §§ 268 und 274 HGB und ergänzt bzw. erweitert größenabhängige Erleichterungen, die gem. den §§ 266, 276 und 288 HGB gewährt werden.

7

## 2 Befreiung von der Pflicht zur Anwendung bestimmter Vorschriften

### 2.1 Aufstellung des Anlagengitters (Nr. 1)

§ 268 Abs. 2 HGB verlangt die Darstellung der systematischen **Entwicklung der Posten des AV** ausgehend von den historischen AHK hin zu den Buchwerten der Bilanz. Diese als Anlagespiegel oder Anlagegitter bezeichnete Entwicklungsdarstellung ist dabei nach der sog. direkten Bruttomethode zu erstellen (§ 268 Rz 13 ff.). Von der Pflicht zur Aufstellung eines Anlagengitters werden kleine KapG und ihnen gleichgestellte PersG jedoch durch § 274a Nr. 1 HGB befreit. Sofern nach erfolgter Befreiung im Vj ein Wechsel der Größenklassenzuordnung i.S.d. § 267 HGB von einer kleinen Ges. hin zu einer mittelgroßen oder großen Ges. vonstattengeht und wieder ein Anlagengitter zu erstellen ist, können zwar gem. Art. 24 Abs. 6 EGHGB sowie Art. 48 Abs. 5 EGHGB grds. die Buchwerte der VG aus dem Vj an die Stelle der ursprünglichen AHK treten, doch ist dafür erforderlich, dass die Ermittlung der historischen AHK nicht ohne unverhältnismäßige Kosten oder Verzögerungen erfolgen kann.[5] Angesichts der aus § 5 Abs. 1 Satz 2 EStG resultierenden Pflicht zur Führung von laufenden Verzeichnissen bei der Inanspruchnahme steuerlicher Wahlrechte kommt zumindest für die davon betroffenen VG diese Erleichterungsmöglichkeit nicht in Betracht. Mit dem BilRUG erfolgt ab dem Gj 2016 eine Streichung dieser Nummer (Rz 28).

8

### 2.2 Erläuterung bestimmter Forderungen (Nr. 2)

Von der gem. § 268 Abs. 4 Satz 2 HGB vorgeschriebenen Erläuterung der unter den sonstigen VG ausgewiesenen Forderungen im Anhang, sofern diese rechtlich erst nach dem Abschlussstichtag entstehen (**antizipative Forderungen**) und einen größeren Umfang haben (§ 268 Rz 57 ff.), werden kleine KapG und KapCoGes gem. § 274a Nr. 2 HGB grds. befreit.

9

### 2.3 Erläuterung bestimmter Verbindlichkeiten (Nr. 3)

§ 268 Abs. 5 Satz 3 HGB schreibt für Verbindlichkeiten, die rechtlich erst nach dem Abschlussstichtag entstehen (**antizipative Verbindlichkeiten**) und einen größeren Umfang haben, eine Erläuterung im Anhang vor (§ 268 Rz 69 f.). Kleine Ges. i.S.d. § 267 HGB sind nach § 274a Nr. 3 HGB von dieser Erläuterungspflicht befreit.

10

---

[5] Vgl. Grottel, in Beck Bil-Komm., 9. Aufl., § 274a HGB, Rz 2.

## 2.4 Rechnungsabgrenzungsposten nach § 250 Abs. 3 HGB (Nr. 4)

**11** § 268 Abs. 6 HGB schreibt einen **gesonderten Ausweis** des **Disagios** in der Bilanz unter den aktiven RAP oder im Anhang vor, sofern das Aktivierungswahlrecht des § 250 Abs. 3 HGB in Anspruch genommen wird (§ 268 Rz 71 ff.). Diese Regelung gilt gem. § 274a Nr. 4 HGB nicht für kleine KapG/KapCoGes.

## 2.5 Abgrenzung latenter Steuern (Nr. 5)

**12** Während latente Steuern vor Einführung des BilMoG nur bedingt von praktischer Bedeutung waren,[6] hat die durch die Steuergesetzgebung in den letzten Jahren betriebene Einschränkung der Maßgeblichkeit der Handels- für die Steuerbilanz sowie die Aufgabe der umgekehrten Maßgeblichkeit (§ 5 Abs. 1 Satz 2 EStG aF) zusammen mit der grundlegenden Überarbeitung der Bilanzierungsvorschriften für latente Steuern dazu geführt, dass die **Relevanz** latenter Steuerabgrenzungen enorm an Bedeutung gewonnen hat.

Mit dem BilMoG wurde neben der Veränderung des Ansatz- und Bewertungskonzepts – weg vom Timing-Konzept hin zum Temporary-Konzept (§ 274 Rz 17) – in § 274a Nr. 5 HGB eine größenklassenabhängige Befreiungsvorschrift eingeführt, die kleine Ges. i. S. d. § 267 Abs. 1 HGB von der Anwendung des § 274 HGB freistellt. Somit unterliegen kleine KapG ebenso wie nichthaftungsbeschränkte PersG und EKfl abweichend zur alten Rechtslage bzgl. latenter Steuern ausschließlich den für alle Kfl geltenden allgemeinen Bilanzierungsgrundsätzen. Da für die aktiven latenten Steuern im HGB nunmehr ein Ansatzwahlrecht verankert ist und gleichzeitig eine Gesamtdifferenzbetrachtung, d. h. Saldierung aktiver und passiver latenter Steuern, weiterhin möglich ist, erscheint die Anwendung von § 274a Nr. 5 HGB, in der Praxis eingeschränkt (§ 274 Rz 25 ff.). Grund dafür ist, dass die mit dem BilMoG vorgenommenen Ansatz- und Bewertungsänderungen tendenziell zu einem eher aktiven Überhang latenter Steuern führen. Die Befreiung der kleinen KapG von der Bilanzierung von latenten Steuern auch dann, wenn ein passiver Überhang latenter Steuern besteht, begründet die Bundesregierung in ihrer Gegenäußerung zur Stellungnahme des Bundesrats vom 4.7.2008 mit dem Wahlrecht gem. Art. 44 der Bilanzrichtlinie.[7]

**13** Bezüglich der Bilanzierung latenter Steuern hat der Gesetzgeber mit der Einführung des BilMoG aber nicht in allen Bereichen vollständig Klarheit geschaffen. Aus den Vorschriften der §§ 249 Abs. 1 Satz 1, 274 und 274a Nr. 5 HGB sowie der BilMoG-BgrRegE sowie BilMoG-BgrRA nicht klar hervorgehend und auch im Schrifttum bis dato nicht abschließend diskutiert ist die Handhabung der **latenten Steuern außerhalb des § 274 HGB**.[8] Weiterhin haben kleine KapG gem. der Gesetzesbegründung de facto dann „**passive latente Steuern**" zu

---

[6] Vgl. v. Wysocki, zfbf 1987, S. 837. Auch die Frage Rechtsgrund- oder Rechtsfolgenverweis war im Wesentlichen rein akademischer Natur – materielle Auswirkungen ergaben sich nur bei der Aktivierung einer Bilanzierungshilfe nach § 269 HGB.
[7] Vgl. Gegenäußerung der Bundesregierung zur Stellungnahme des Bundesrats, BR-Drs. 344/08, S. 4.
[8] Im Arbeitskreis „Einzelfragen zur Rechnungslegung und Prüfung von Personenhandelsgesellschaften" auf der 52. IDW-Arbeitstagung Baden-Baden (10.-12.11.2010) wurden z.B. intensiv die Rechtsfolgen bei zulässiger Nichtanwendung des § 274 HGB diskutiert, u.a. hinsichtlich der Anwendung des *Timing*-Konzepts im Rahmen des § 249 Abs. 1 Satz 1 HGB.

ermitteln, wenn diese als **Rückstellung** gem. § 249 Abs. 1 Satz 1 HGB anzusehen sind, d.h. die Ansatzkriterien erfüllt werden (§ 249 Rz 23 ff.). Angefacht vom IDW ist daraufhin nun eine intensive Diskussion über die Bildung einer Rückstellung für passive latente Steuern trotz größenabhängiger Befreiung gem. § 274a Nr. 5 HGB entbrannt.[9] Umstritten ist dabei, ob die Regelung des § 249 Abs. 1 Satz 1 HGB trotz der Inanspruchnahme der Befreiungsoption des § 274a Nr. 5 HGB

- überhaupt,
- grds. immer oder
- nur unter bestimmten Voraussetzungen

zu einem Ansatz passiver latenter Steuern als RST führt.

Von erheblichem Interesse dürfte eine Ausräumung dieser Unklarheiten insb. für kleine KapG und nicht haftungsbeschränkte PersG sein, da sie für die ordnungsgemäße Aufstellung der überwiegenden Anzahl[10] handelsrechtlicher JA verantwortlich sind und eine **fehlerhafte Bilanzierung latenter Steuern** darüber hinaus zu unzulässigen Gewinnverwendungen führen kann, die haftungsrechtliche Konsequenzen für die gesetzlichen Vertreter haben. Von hoher praktischer Relevanz scheinen weiterhin auch die Fälle, in denen kleine KapG mit Holdingfunktion als Organträger von mittelgroßen und großen OrganGes. fungieren.

Nach der BilMoG-BgrRegE zu § 274a HGB haben **kleine Unt** nur noch dann passive latente Steuern zu ermitteln, wenn „gleichzeitig die Tatbestandsvoraussetzungen für den Ansatz einer Rückstellung gem. § 249 Abs. 1 Satz 1 HGB vorliegen". Weiterhin führt die BilMoG-BgrRegE zu § 274 HGB aus, dass den passiven latenten Steuern zumindest „teilweise der Charakter von Rückstellungen zukommen mag" – bei den quasi-permanenten Differenzen „kann gerade nicht zweifelsfrei vom generellen Vorliegen der Tatbestandsvoraussetzungen nach § 249 Abs. 1 Satz 1 HGB für den Ansatz von Rückstellungen ausgegangen werden". Begründet wird dies beispielhaft an einer Beteiligung, bei der der Ausgleich nur über deren Verkauf erzielt wird: Danach „würde eine Rückstellung für künftig zu entrichtende Steuern nach § 249 Abs. 1 Satz 1 HGB nicht gebildet werden, denn es fehlt an einer rechtlichen Verpflichtung des Kaufmanns zur Entrichtung von Steuern. Auch eine faktische Verpflichtung kann nicht zweifelsfrei angenommen werden."[11]

14

Die BilMoG-BgrRegE macht u.E. entsprechend zu Recht einen **Unterschied zwischen Passivposten nach § 274 HGB und einer RST** nach § 249 HGB.[12] Dies wird durch die Verwendung des Wortes „gleichzeitig" im vorstehenden Zitat zum Ausdruck gebracht. Auch aus der RegBegr zur ursprünglich vorgesehenen Ergänzung des § 246 Abs. 1 Satz 1 HGB (Vollständigkeit des Ansatzes) um den Posten „latente Steuern", die auf Beschluss des Rechtsausschusses des Deutschen Bundestages nicht ins Handelsrecht übernommen wurde, wird deutlich, dass der Gesetzgeber einen Unterschied sieht: „Die Aufnahme der

15

---

9  Vgl. als (Zwischen-)Bestandsaufnahme *Graf von Kanitz*, WGp 2011, S. 895.
10 89 % der deutschen Unternehmen sind Klein- oder Kleinstbetriebe nach der Betriebsprüfungsordnung, vgl. *Schiffers*, Stbg 2011, S. 14.
11 Alle Zitate in diesem Absatz nach: BilMoG-BgrRegE, S. 67 ff.
12 Ebenso anstatt vieler etwa *Pollanz*, DStR 2013, S. 59.

latenten Steuern in den Satz 1 des § 246 Abs. 1 HGB folgt aus der Tatsache, dass es sich bei diesen weder um VG noch um Schulden oder RAP, sondern um Sonderposten eigener Art handelt."[13] Es muss danach also Fälle geben, die nur nach § 274 HGB zu Passivposten führen, nicht aber nach § 249 Abs. 1 Satz 1 HGB, und andere, die sowohl nach § 274 HGB als auch nach § 249 Abs. 1 Satz 1 HGB zu RST führen – und dies nicht nur in Ausnahmefällen.[14]

16 Dagegen hat das IDW zur Bilanzierung passiver latenter Steuern außerhalb des Anwendungsbereichs von § 274 HGB in IDW ERS HFA 7 aufgeführt, dass **kleine PersG** i.S.d. § 264a Abs. 1 HGB und nicht haftungsbeschränkte PersG RST für passive latente Steuern anzusetzen haben, soweit die Tatbestandsvoraussetzungen für den Ansatz einer RST gem. § 249 Abs. 1 Satz 1 HGB erfüllt sind – und dies ist ausweislich des IDW grds. der Fall, wenn Differenzen zwischen den handelsrechtlichen Wertansätzen von VG, Schulden und RAP und den korrespondierenden steuerlichen Wertansätzen bestehen, deren Abbau künftig zu einer Steuerbelastung führt.[15] Dies begründe „…zum Abschlussstichtag eine wirtschaftliche Belastung des handelsrechtlich ausgewiesenen Gesamthandsvermögens".[16] Lediglich in Fällen sog. quasi-permanenter Differenzen[17] solle dies nicht gelten. Das IDW spricht mittlerweile zwar von der Ermittlung der **latenten Steuern gem. § 274 Abs. 1 HGB** nach dem *Temporary*-Konzept und transportiert dieses quasi in § 249 Abs. 1 HGB,[18] schließt im Kontext des Ansatzes von RST für passive latente Steuern damit einhergehende quasi-permanente-

---

13 BilMoG-BgrRegE, S. 47.
14 Ebenso (mitunter im Ergebnis) *Pollanz*, DStR 2013, S. 59; *Kessler/Leinen/Paulus*, KoR 2009, S. 718ff.; *Lüdenbach/Freiberg*, BB 2010, S. 1971ff.; *Lüdenbach*, StuB 2011, S. 69 (der hierzu weiterhin ausführt, dass es sich bei den latenten Steuern seit dem BilMoG um einen Posten eigener Art handle, der unabhängig von RST und Schulden zu betrachten sei. Ebenso sei keine Änderung der GoB durch das BilMoG ersichtlich, die eine entsprechende Bilanzierung rechtfertige.); *Grottel*, in Beck Bil-Komm, 9. Aufl., § 274a HGB, Rz 6 (der als Voraussetzung für den Ansatz einer Rückstellung für ungewisse Verbindlichkeiten fordert, dass „die wirtschaftliche oder rechtliche Verursachung im abgelaufenen Gj künftig zur Entrichtung von Steuern führen wird"); *Lüdenbach/Freiberg*, BB 2011 S. 1581 (die in dieser Veröffentlichung ebenfalls konstatieren, dass bei passiven latenten Steuern die für RST notwendigen Merkmale des rechtlichen Bestehens einer Verpflichtung sowie einer wirtschaftlichen Verursachung nicht gegeben sind, vermuten hinter den h.M. mitunter Schulungs- und Beratungsinteressen); *Müller*, DStR 2011, S. 1047ff. (der die Tatbestandsvoraussetzungen für eine Rückstellung im Regelfall als nicht erfüllt ansieht); glA auch schon *ADS*, Rechnungslegung und Prüfung der Unternehmen, 6. Aufl. 1996, § 274, Rz 12; a.A. IDW ERS HFA 27, Rz 3 und 19ff. – inzwischen aufgehoben, inhaltlich jedoch in IDW RS HFA 7, Rz 24 übernommen; *Gelhausen/Fey/Kämpfer*, Rechnungslegung und Prüfung nach dem BilMoG 2009, M 53–59; *Küting/Pfitzer*, Handbuch der Rechnungslegung – Einzelabschluss, EL Oktober 2010, § 274 HGB, Rz 6; *Wolz*, DB 2010, S. 2626; *Kühne/Melcher/Wesemann*, WPg 2009, S. 1006 und 1061; *Wendholt/Wesemann*, DB 2009, Beil. 5, S. 72ff.; *Herzig*, Steuerliche Konsequenzen des BilMoG, IDW-Vortrag Berlin v. 22.11.2010; *Oser/Roß*, WPg 2009, S. 581; WP-Handbuch, Bd. I, 14. Aufl., Abschn. E, Rz 282. Die abweichenden Ansichten gehen davon aus, dass in nahezu allen klassischen Anwendungsfällen für passive latente Steuern nach § 274 HGB auch ein Anwendungsfall für eine Verbindlichkeitsrückstellung nach § 249 Abs. 1 Satz 1 HGB vorliegt.
15 Vgl. IDW RS HFA 7, Rz 26.
16 Vgl. IDW RS HFA 7, Rz 26.
17 Abbau der Differenzen grundsätzlich möglich, zum Abschlussstichtag jedoch nicht absehbar.
18 Vgl. IDW RS HFA 7 Rz 26.

Differenzen widersprüchlicher Weise gleichwohl sofort wieder von der Berücksichtigung aus.[19] In der Kommentierung sowie der weiteren Fachliteratur[20] wird ausgehend von dem dargestellten Diskussionsstand des IDW – und teilweise in der jeweiligen Interpretation über das IDW hinausgehend – ausgeführt, dass sich durch die Gesetzesänderung nichts an den GoB geändert habe und insoweit das alte Konzept für latente Steuern (*Timing-Konzept* des § 274 HGB aF) für kleine KapG unverändert weiterhin anzuwenden sei.[21] Bereits aus der Logik des Rechtsgrundsatzes „*lex specialis derogat legi generali*" und der daraus resultierenden Anwendungsreihung[22] sowie dem Sinn und Zweck der GoB – nämlich der Konkretisierung offen formulierter oder spielraumbehafteter Spezialvorschriften sowie der Ergänzung dieser in Fällen fehlender Regelungen[23] – ergeben sich erhebliche Zweifel an dieser Argumentation. Auch haben beide Konzepte direkten Bezug zur Steuerabgrenzung und nicht zur Bildung von RST betreffend dieser. Will man eines der Konzepte als GoB auf die RST-Bildung übertragen, kommt infolge der Streichung des *Timing*-Konzepts lediglich das im Rahmen der Steuerabgrenzung einzig zulässige *Tempory*-Konzept in Betracht. Für die Anwendung des *Timing*-Konzepts besteht im Allgemeinen und bei der Ermittlung der latenten Steuern zwecks der Bildung von RST im Besonderen kein Raum und erst recht keine Notwendigkeit. In letzter Instanz ergäbe sich aus dieser Logik dann etwa auch die Anwendbarkeit anderer Altvorschriften mit der lapidaren Begründung, an den GoB habe sich nichts geändert.

Folgt man der **IDW-Ansicht**, sind außerhalb des § 274 HGB in die passive Steuerabgrenzung solche Bilanzierungs- und Bewertungsunterschiede einzubeziehen, deren Entstehung und Umkehr zu einer zeitlichen Ergebnisdifferenz und damit zu einer zu erwartenden Steuerbelastung führen. Quasi-permanente Bilanzierungs- und Bewertungsdifferenzen sind nicht in die Steuerabgrenzung einzubeziehen, da deren Umkehr von einer künftigen unternehmerischen Disposition abhängt. Bei der RST-Ermittlung sind dann aktive latente Steuern aus zeitlichen Differenzen sowie steuerlichen Verlustvorträgen mindernd zu berücksichtigen. Darüber hinaus wird unter analoger Anwendung des § 274 Abs. 2 HGB und entgegen § 253 Abs. 2 HGB, der ein Abzinsungsgebot für langfristige RST vorsieht, der Verzicht auf eine Abzinsung der RST für passive latente Steuern als vertretbar erachtet. Der Ausweis der außerhalb von § 274 HGB

17

---

19 IDW RS HFA 7, Rz 26.
20 *Gelhausen/Fey/Kämpfer*, Rechnungslegung und Prüfung nach dem BilMoG, 2009, M 53–59; *Küting/Pfitzer*, HdR – Einzelabschluss, Stand 10/2010, § 274 HGB, Rz 6; *Grottel*, in Beck'scher Bilanzkommentar, 9. Aufl. 2012, § 274a HGB, Rz 6f.; *Wolz*, DB 2010, S. 2626; *Kühne/Melcher/Wesemann*, WPg 2009, S. 1006 und 1061; *Wendholt/Wesemann*, DB 2009, Beil. 5, S. 72ff.; *Herzig*, Steuerliche Konsequenzen des BilMoG, IDW-Vortrag Berlin v. 22.11.2010; *Oser/Roß*, WPg 2009, S. 581.
21 Vgl. insbesondere *Gelhausen/Fey/Kämpfer*, Rechnungslegung und Prüfung nach dem BilMoG, 2009, M 53–59; *Kühne/Melcher/Wesemann*, WPg 2009, S. 1006 und 1061 sowie WP-Handbuch, Bd. I, 14. Aufl., Abschn. E, Rz 282.
22 Aus dem Anwendungsvorrang der Spezialvorschriften ergibt sich folgende Normen-Rangfolge handels- und gesellschaftsrechtlicher Regelungen: 1. Branchenbezogene Spezialnormen (z.B. Formblattverordnungen); 2. Rechtsform-spezifische Spezialnormen (z.B. §§ 150ff. AktG); 3. Ergänzende Vorschriften für KapG und ihnen gleichgestellte KapCoGes (§§ 264-289a HGB, ohne § 264 Abs. 2 HGB); 4. Vorschriften für alle Kfl. (§§ 242-256 HGB); 5. Grundsätze ordnungsgemäßer Buchführung; 6. Generalnorm des § 264 Abs. 2 Satz 1 HGB.
23 Vgl. *Fülbier/Kuschel/Selchert, in, Küting/Pfitzer/Weber*, HdR, HGB § 252, Rn 15, Stand 12/2010.

ermittelten passiven latenten Steuern soll dann innerhalb des Postens Steuer-RST (mit einem Davon-Ausweis) oder in einem gesonderten Posten, dessen Bezeichnung sich vom Posten „Passive latente Steuern" (§ 266 Abs. 3 Nr. E HGB) unterscheidet, erfolgen. Im Ergebnis würde sich die Erleichterung für kleine KapG aus § 274a Nr. 5 HGB praktisch auf die Nichtberücksichtigung passiver latenter Steuern auf quasi-permanente Differenzen[24] reduzieren.

> **Beispiel**
> **Denkbare Sachverhalte nach diesem Verständnis**
> Danach wären etwa für nach § 248 Abs. 2 HGB nur in der HB aktivierbare selbst geschaffene immaterielle VG des AV passive latente Steuern anzusetzen (steuerlich besteht unverändert ein Aktivierungsverbot – § 5 Abs. 2 EStG); bei nur in der HB aufgedeckten stillen Reserven, die auf Gebäude entfallen, wären ebenfalls latente Steuern zu passivieren (dies kann der Fall sein, wenn in Anwachsungs- oder Umwandlungsfällen in der HB stille Reserven aufgestockt werden, während in der Steuerbilanz die Buchwerte fortgeführt werden).

**18** Nicht ausreichend gewürdigt bleibt dabei zunächst, ob die für die Bildung einer **Verbindlichkeits-RST** nach § 249 Abs. 1 Satz 1 HGB erforderliche wirtschaftliche oder rechtliche Entstehung einer Steuerschuld verbunden mit einem künftigen Abfluss von Ressourcen vorliegt[25] und wie das Ermittlungskonzept für die Bewertung der RST für passive latente Steuern nach dem Wegfall des bisherigen § 274 Abs. 1 HGB aF aus § 253 Abs. 1 und 2 HGB abgeleitet wird.

Das vom IDW mit IDW RS HFA 7 indirekt eingeführte Tatbestandskriterium der wirtschaftlichen Belastung des Gesamthandsvermögens ist weder im Schrifttum noch in der BFH-Rechtsprechung qualifiziert gebräuchlich, hinsichtlich des Stichtagsprinzips problembehaftet[26] und bereits infolge der Unbestimmtheit ungeeignet.[27] Es verdeutlicht vielmehr den verzweifelten Versuch des IDW, die inkonsistente und zunehmend bzw. mittlerweile von einer Mehrheit kritisierte/ abgelehnte Auffassung um jeden Preis aufrechtzuerhalten.[28]

**19** Die Bewertung der nach IDW RS HFA 7 anzusetzenden RST für passive latente Steuern nach den GoB und den allgemein für RST geltenden Vorschriften nebst mindernder Berücksichtigung von aufrechenbaren aktiven Latenzen und Vorteilen aus steuerlichen Verlustvorträgen bedingt ferner einen Verstoß gegen das allgemeine Saldierungsverbot.[29]

---

24 Etwa die auf den Grund und Boden entfallenden stillen Reserven.
25 Die übrigen Voraussetzungen zur Bildung einer Rückstellung nach § 249 Abs. 1 Satz 1 HGB (vgl. dazu u.a. § 274 Rz 14 ff.; *Grottel/Larenz*, in Beck Bil-Komm., 9. Aufl., § 274, Rz 5 ff., 25 ff.; IDW SABI 3/1988, Rz 3; IDW, WP-Handbuch, Band I, 14. Aufl. 2012, E 281–288) liegen im Allgemeinen vor und werden hier nicht weiter thematisiert. Bezüglich des Ansatzkriteriums „wirtschaftliche oder rechtliche Verursachung" sei auch auf die durchaus kontroverse Diskussion verwiesen, die vor dem Hintergrund der Bilanzierungsgrundsätze der Kapitalerhaltung und der periodengerechten Erfolgsermittlung geführt worden ist respektive wird (vgl. *Schubert*, in Beck Bil-Komm., 9. Aufl., § 249 HGB, Rz 34 ff.
26 Vgl. dazu detailliert *Hoffmann*, StuB 2012, S. 250.
27 GlA *Hoffmann*, StuB 2012, S. 250.
28 Ähnlich deutlich *Pollanz*, DStR 2013, S. 60.
29 Ebenso Bundessteuerberaterkammer, DStR 2012, Tz. 9; *Pollanz*, DStR 2013, S. 60.

Der Verweis des IDW auf die Vermeidung etwaiger Belastungen im Kontext der Rechtfertigung[30] des unzulässigen Verzichts auf die Abzinsung langfristiger RST unter Befürwortung einer analogen Anwendung des § 274 Abs. 2 HGB (und damit entgegen § 253 Abs. 2 HGB) mutet seltsam an, da gerade die Vorgehensweise des IDW erhebliche Mehrbelastungen – etwa gegenüber den hier vorgestellten Konzepten – erst verursacht.

Zudem gilt zwar auch für kleine KapG der Grundsatz des § 264 Abs. 2 HGB, dass der JA unter Beachtung der GoB ein den tatsächlichen Verhältnissen entsprechendes Bild der VFE-Lage zu vermitteln hat (das durch den Verzicht auf die Bilanzierung latenter Steuern nach § 274 HGB – hier insb. durch den Verzicht auf die Passivierung – zweifelsfrei verzerrt wird), nach unserer Beurteilung nimmt der Gesetzgeber nach dem Grundsatz der Wirtschaftlichkeit diese Situation durch die **klare Entscheidung zur Befreiung** kleiner KapG von der Bilanzierung latenter Steuern jedoch offensichtlich in Kauf; s. BilMoG-BgrRegE zu § 274a HGB.[31] Die Tatsache, dass – gerade bei kleinen Unt – die Ermittlung und Bewertung latenter Steuern einen unter Kosten- und Nutzenaspekten unverhältnismäßig hohen Arbeitsaufwand darstellen und zudem eine große Fehleranfälligkeit aufweisen, wird jeder Praktiker bestätigen können. Mitunter wird in diesem Kontext von einem „Gespenst der Rückstellung für latente Steuern"[32] oder einem „Zombie" gesprochen, „... der vor allem die mittelständische Rechnungslegungspraxis in Angst und Schrecken versetzt".[33] Dieses Argument führte auch im Verlauf des Gesetzgebungsverfahrens dazu, dass u. a. aus der ursprünglich vorgesehenen Pflicht zur Bilanzierung eines Aktivüberhangs an latenten Steuern in der finalen Fassung des § 274 Abs. 1 HGB ein Wahlrecht wurde.[34] Gegenstand einer Erleichterungsvorschrift ist im Übrigen stets das Eingehen eines Kompromisses: In der hier betrachteten Vorschrift des § 274a Nr. 5 HGB geht ein geringerer Arbeitsaufwand mit einem verminderten Aussagegehalt der Finanzinformationen einher. Hier sei auch auf andere größenabhängige Erleichterungsvorschriften wie z.B. den Verzicht auf den LB (§ 264 Abs. 1 Satz 4 HGB) oder das Anlagengitter (§ 274a Nr. 1 HGB) verwiesen. Weiterhin zeigt die Tatsache, dass kleine und sogar mittelgroße KapG explizit von der Angabe nach § 285 Nr. 29 HGB über die Erleichterungsvorschrift des § 288 HGB befreit werden, dass sich der Gesetzgeber der Komplexität von latenten Steuern durchaus bewusst ist.

Um dieses erleichterungsbedingte Informationsdilemma zu lösen, könnten seitens kleiner KapG erläuternde Angaben im Anhang nach **§ 264 Abs. 2 Satz 2 HGB** gemacht werden. Allerdings besteht hierzu i.d.R. keine gesetzliche Verpflichtung, da die Nichtbilanzierung latenter Steuern bei kleinen KapG seit dem BilMoG u. E. in Übereinstimmung mit kodifizierten GoB erfolgt. Auch der bei der weiten Auslegung der Ansatzvorschrift für RST nach § 249 Abs. 1 Satz 1

---

30  IDW Positionspapier 2012, S. 3.
31  BilMoG-BgrRegE, S. 68.
32  *Haaker*, DB 2012, M1.
33  *Pollanz*, DStR 2013, S. 58.
34  Siehe die Stellungnahme des Bundesrates („... Eine Aktivierungspflicht würde daher insbesondere für mittelständisch geprägte Unternehmen zwangsweise zusätzliche Kosten verursachen ...") und die Begründung zur Beschlussempfehlung des *Finanzausschuss des Deutschen Bundestages*; beides zitiert nach *Ernst/Naumann*, Das neue Bilanzrecht, 2009, S. 150 ff.

HGB offensichtlich stark gewichtete **Grundsatz der Kapitalerhaltung** und damit des Gläubigerschutzes taugt mangels einer Rechtsgrundlage im HGB oder einer Festschreibung in der Gesetzesbegründung bzw. sonstigen Materialien zum Gesetzgebungsprozess nicht zur Begründung. In den Fällen aktivierter selbst geschaffener immaterieller VG des AV sowie zum Zeitwert angesetzten Deckungsvermögens greift zudem ohnehin die Ausschüttungssperre nach § 268 Abs. 8 HGB, sodass das Argument des Gläubigerschutzes diesbezüglich ins Leere läuft. Allerdings mag es in der Praxis Fälle geben, in denen KapG nach den Größenkriterien des § 267 HGB zwar formal klein sind, aber dennoch sehr hohe Vermögenspositionen und Schulden aufweisen, wie **HoldingGes. oder immobilienhaltende Unt** mit geringem Umsatz und wenigen Mitarbeitern. Durch die passivische Berücksichtigung künftiger Steuerlasten wird dann bewirkt, dass das ausschüttungsfähige EK verringert und mehr Substanz im Unt gehalten wird. Problematisch können auch Fälle sein, in denen hohe Aktivwerte bilanziert werden, die zu ausschüttbarem Kapital führen, aber steuerlich bei Weitem in dieser Höhe nicht vorhanden sind.[35] In diesen Fällen werden die handelsrechtlichen Ergebnisse kommender Perioden durch Abschreibungen auf die hohen Aktivwerte belastet. Steuerlich ist der Aufwand in dieser Höhe nicht vorhanden, sodass es trotz geringer (oder negativer) handelsrechtlicher Ergebnisse unter sonst gleichen Verhältnissen zu erhöhten Belastungen mit Ertragsteuern kommen wird. Wird in diesen Fällen tatsächlich eine Maximalausschüttung vorgenommen, könnten der Ges. Mittel entzogen werden, die sie eigentlich benötigen würde, um künftig Ertragsteuern zahlen zu können. Missbräuchliche Gestaltungen sind u. E. letztlich nicht durch die für alle Ges. geltenden Rechnungslegungsvorschriften i. S. des Ziels der Kapitalerhaltung zu lösen; vielmehr sollten diese Fälle durch die gesellschaftsrechtlichen Regelungen des GmbH- und Aktienrechts (z. B. Rspr. zum existenzvernichtenden Eingriff) und das Anfechtungsrecht der InsO sanktioniert und damit gelöst werden.

23 Ferner sind Fallkonstellationen denkbar, in denen eine nach den Größenkriterien des § 267 HGB formal kleine KapG als Holding an der Spitze einer Unternehmensgruppe steht und durch Ergebnisabführungsverträge und steuerliche **Organschaften** steuerlich Organträger auch für mittelgroße und große Tochter- bzw. OrganGes. ist. Nach inzwischen einheitlicher Fachmeinung[36] wären die latenten Steuern beim Organträger zu bilanzieren, der nach § 274a Nr. 5 HGB von der Anwendung des § 274 HGB befreit ist. In der genannten Organkonstellation führt die Mehrheitsmeinung zu einer Inkonsistenz. Insbesondere wenn bei den mittelgroßen oder großen OrganGes. Differenzen zwischen Handels- und Steuerbilanz vorliegen, die zu quasi-permanenten Differenzen führen, wären diese Sachverhalte bei der kleinen Holding von der Erleichterungsvorschrift des § 274a Nr. 5 HGB erfasst und müssten – entgegen dem Konzept des § 274 HGB – nicht in die Steuerabgrenzung einbezogen werden.

24 Auch wenn potenziell problematische Fälle – wie aufgezeigt – in der Praxis auftreten können, halten wir sie jedoch im Vergleich zu der großen Zahl kleiner

---

[35] Beispielhaft wäre hier die Einbringung von Immobilienvermögen zu nennen, die handelsrechtlich zum Zeitwert mit ertragswirksamer Realisierung erheblicher stiller Reserven erfolgt, wohingegen steuerlich Buchwerte fortgeführt werden.
[36] S. dazu etwa DRS 18.32.

Ges., die alljährlich ihren JA aufstellen müssen, für relativ gering. Daher erscheint eine argumentativ konsistente **Unterscheidung mittels Anknüpfung an die zukünftigen Zahlungsströme aus Steuern** sinnvoll zu sein. Sofern die gewählte Gestaltung im Vergleich zur Unterlassung zu einem veränderten Zahlungsstrom aus Steuern führt, ist Raum für eine RST nach § 249 Abs. 1 Satz 1 HGB im Hinblick auf die Steuerlatenzen. Sofern die Zahlungsströme aus Steuern trotz unterschiedlicher Bilanzierung in Handels- und Steuerbilanz unverändert bleiben, ist dagegen kein Raum für eine RST nach § 249 Abs. 1 Satz 1 HGB. Die folgenden beiden Beispiele verdeutlichen die vorgeschlagene Vorgehensweise.

---

**Beispiel**
**Aktivierung selbst geschaffener immaterieller VG des AV**
**Sachverhalt:**
In zwei vergleichbaren kleinen KapG fallen Entwicklungskosten an. Ges. 1 macht in der HB von dem Wahlrecht der Aktivierung von selbst geschaffenen immateriellen VG des AV nach § 248 Abs. 2 HGB Gebrauch, Ges. 2 aktiviert die Entwicklungskosten nicht. Weitere Unterschiede zwischen beiden Ges. existieren nicht. Beide Ges. nehmen die Erleichterungsvorschrift nach § 274a Nr. 5 HGB in Anspruch. Steuerlich stellen die Entwicklungskosten in beiden Fällen abzugsfähige Betriebsausgaben dar.

**Vorgehensweise nach hier vertretener Auffassung:**
Für beide Ges. liegen sowohl im Jahr des Anfalls der Entwicklungskosten als auch in den Folgejahren identische Zahlungsströme vor. Es entsteht also hinsichtlich Ges. 1, die Entwicklungskosten aktiviert, im Gj keine Verpflichtung zur Zahlung von weiteren Steuern, die zu einem zukünftigen Ressourcenabfluss führt; für beide Ges. ist in dem Vz, in dem die Entwicklungskosten anfallen, der Sachverhalt in steuerlicher Hinsicht abgeschlossen. Mithin ist in diesem Fall kein Raum für eine Verbindlichkeits-RST.

**Vorgehensweise bei abweichender Auffassung:**
Gleichwohl wäre der Auffassung nach, der zufolge das *Timing*-Konzept des § 274 Abs. 1 HGB a. F. für die RST-Bewertung der latenten Steuern als GoB weiter gelten soll, in diesem Fall eine RST nach § 249 Abs. 1 Satz 1 HGB i. H. des Steuereffekts im Jahr der Aktivierung der Entwicklungskosten zu bilden. Das Kriterium der identischen steuerlichen Zahlungsströme liegt z. B. ebenso bei Umwandlungs- und Anwachsungsvorgängen mit handelsrechtlicher Aufstockung der Wertansätze bei gleichzeitiger Buchwertfortführung in der Steuerbilanz vor. Gleiches gilt für die Zeitwertbewertung von Deckungsvermögen oberhalb der AK auf Basis von § 253 Abs. 1 Satz 4 HGB, die steuerlich nicht zulässig ist.

---

**Beispiel**
**Rücklage nach § 6b Abs. 3 EStG**
**Sachverhalt:**
Zwei vergleichbare kleine KapG veräußern je ein Betriebsgebäude mit Gewinn. Ges. 1 bildet steuerlich eine Rücklage nach § 6b Abs. 3 EStG verbunden mit der Absicht, diese auf ein anderes Betriebsgebäude zu übertragen. Ges. 2

> versteuert den vollständigen Veräußerungsgewinn im Jahr der Veräußerung. Weitere Unterschiede zwischen beiden Unt existieren nicht. Beide Ges. nehmen die Erleichterungsvorschrift nach § 274a Nr. 5 HGB in Anspruch.
>
> **Vorgehensweise nach hier vertretener Auffassung:**
> Durch die Bildung einer Rücklage nach § 6b Abs. 3 EStG zahlt Ges. 1 im Jahr der Veräußerung des Betriebsgebäudes weniger Steuern als Ges. 2. Der Unterschied der Steuerzahllast gleicht sich aber dadurch aus, dass die Ges. 1 in den Folgejahren durch Übertragung der Rücklage über ein geringeres steuerliches Abschreibungsvolumen verfügt. Insofern erzielt Ges. 1 einen Steuerstundungseffekt. In diesem Fall fließen bei Ges. 1 in der Zukunft im Vergleich zu Ges. 2 mehr Ressourcen ab. Deshalb scheint in diesem Fall die Bildung einer RST nach § 249 Abs. 1 Satz 1 HGB erforderlich und geboten zu sein.

25 Fälle, die unter das Beispiel zur Rücklage nach § 6b Abs. 3 EStG fallen, sind durchgängig Fälle, bei denen steuerliche Wahlrechte bestehen, die im Ausübungsfall zu einer **Steuerstundung** führen. Derartige Anwendungsfälle gibt es in der Praxis durchaus – allerdings sind diese im Fall von KapG bei Weitem nicht so zahlreich oder in ihrer größenabhängigen Bedeutung so relevant, wie die Fälle, die dem Beispiel zur Aktivierung selbst geschaffener immaterieller VG des AV zuzuordnen sind.[37] Fälle nach dem Beispiel zur Rücklage nach § 6b Abs. 3 EStG sind steuerliche Sonderabschreibungen und andere Abzugsbeträge, wie bei der Verringerung steuerlicher Anschaffungs- bzw. Herstellungskosten aufgrund von Investitionsabzugsbeträgen und Sonderabschreibungen nach § 7g EStG oder nach R 6.6 Abs. 4 EStR zur Anwendungen kommen. Diese Auslegung findet in der Literatur zunehmend zustimmende Beachtung,[38] auch wenn die Diskussion noch nicht abgeschlossen ist.

26 Die Bundessteuerberaterkammer (**BStBK**) schlägt eine rein **steuerbilanzielle Perspektive** vor[39], die breite Zustimmung im aktuellen Schrifttum findet.[40, 41] **Im Ergebnis**, d.h. hinsichtlich der Fälle, die zu einer RST-Bildung führen oder eben nicht, **deckt** sich diese Vorgehensweise mit dem Vorschlag der Autoren – lediglich die Begründung bzw. Argumentation unterscheidet sich.
Von der wirtschaftlichen Entstehung einer ungewissen Verbindlichkeit i.S.d. § 249 Abs. 1 Satz 1 HGB kann demnach nur dann ausgegangen werden, wenn die Ansatz- oder Bewertungsdifferenz auf steuerlichen Tatbeständen beruht, mit denen der Steuergesetzgeber eine Steuerstundung bezweckt.[42] Ob der Effekt steuertechnisch innerhalb oder außerhalb der Steuerbilanz verwirklicht wird, spielt keine Rolle. Fälle, in denen die Besteuerung nicht unmittelbar durch Auflösung zuvor gebildeter steuerfreier Rücklagen nachgeholt wird, lösen dem-

---

37 Vgl. *Kreipl/Müller*, DB, 2011, S. 1701.
38 Vgl. z.B. *Graf von Kanitz*, WPg, 2011, S. 907.
39 Vgl. dazu Bundessteuerberaterkammer, DStR 2012, S. 2296.
40 So etwa bei *Kleemann/Metzing*, DStR 2012, S. 2405; *Pollanz*, DStR 2013, S. 58.
41 Infolge einer ausführlichen Analyse der Voraussetzungen des § 249 HGB aus juristischer Perspektive zu einem analogen Ergebnis kommend *Pöschke*, NZG 2013, S. 646 ff. AA *Kirsch/Hoffmann/Siegel*, DStR 2012, S. 1290 ff.
42 Vgl. dazu Bundessteuerberaterkammer, DStR 2012, S. 2296, Tz. 5.

nach keine RST-Bildung aus.[43] Die sich ergebende Steuermehrbelastung durch einen niedrigeren AfA-Ansatz in der Steuerbilanz in der Zukunft sei ein Vorgang des Wirtschaftsjahrs, in dem diese Ereignisse stattfinden und damit wirtschaftlich (noch) nicht entstanden. Analog zu unserem Konzept der Anknüpfung an die zukünftigen Zahlungsströme aus Steuern sowie analog zur Prüfung der Voraussetzungserfüllung des § 249 HGB durch *Pöschke* führen Fälle, bei denen steuerliche Wahlrechte bestehen, die im Ausübungsfall zu einer Steuerstundung führen, zu einer RST-Bildung, andere dagegen nicht.

## 3 Rechtsfolgen bei Pflichtverletzung

Rechtsfolgen ergeben sich nur infolge einer unzulässigen Inanspruchnahme der größenklassenabhängigen Befreiungen nach den Vorschriften des § 267 Abs. 1 HGB. Gegen § 274a HGB direkt zu verstoßen ist nicht möglich.[44]   27

## 4 Änderungen durch das BilRUG

§ 274a Nr. 1 HGB betreffend die Befreiung kleiner KapG und ihnen gleichgestellter PersG von der Anwendung des § 268 Abs. 2 HGB, der die Darstellung der systematischen **Entwicklung der Posten des AV** ausgehend von den historischen AHK hin zu den Buchwerten der Bilanz verlangt, wird mit dem BilRUG ersatzlos gestrichen. Die Nr. 2 bis 5 werden infolge dessen die Nr. 1 bis 4. Grund für den Entfall ist die Überarbeitung von § 268 HGB – in deren Zuge § 268 Abs. 2 HGB ebenfalls aufgehoben wird – nach Maßgabe von Art. 17 Abs. 1 Buchst. a EU-Bilanzrichtlinie, der verlangt, dass die Angaben über die AHK, Zu- und Abgänge und Abschreibungen zu den verschiedenen Posten des AV von mittelgroßen und großen KapG künftig zwingend im Anhang darzustellen sind. Die Streichung von § 274a Nr. 1 HGB ist insofern nicht als Reduzierung der Befreiungen kleiner KapG sondern vielmehr als Verlagerung sowohl der Pflicht zur (Einzel-)Darstellung der der Posten des AV als auch der Befreiung kleiner KapG in die Vorschriften zum Anhang, konkret § 284 Abs. 3 HGB nF (dazu detailliert § 284 Rz 55), zu verstehen. Für kleine KapG bleibt die Darstellung wie bislang freiwillig.   28

Hinsichtlich des Anwendungszeitpunktes der Neuregelung wird auf die umfassenden Ausführungen unter § 293 Rz 23 verwiesen.   29

---

[43] Vgl. dazu Bundessteuerberaterkammer, DStR 2012, S. 2296, Tz. 7.
[44] Vgl. *Marx/Dallmann*, in *Baetge/Kirsch/Thiele*, Bilanzrecht, § 274a HGB, Rz 71, Stand 10/2012.

# § 275 GLIEDERUNG

(1) ¹Die Gewinn- und Verlustrechnung ist in Staffelform nach dem Gesamtkostenverfahren oder dem Umsatzkostenverfahren aufzustellen. ²Dabei sind die in Absatz 2 oder 3 bezeichneten Posten in der angegebenen Reihenfolge gesondert auszuweisen.

(2) Bei Anwendung des Gesamtkostenverfahrens sind auszuweisen:
1. Umsatzerlöse
2. Erhöhung oder Verminderung des Bestands an fertigen und unfertigen Erzeugnissen
3. andere aktivierte Eigenleistungen
4. sonstige betriebliche Erträge
5. Materialaufwand:
   a) Aufwendungen für Roh-, Hilfs- und Betriebsstoffe und für bezogene Waren
   b) Aufwendungen für bezogene Leistungen
6. Personalaufwand:
   a) Löhne und Gehälter
   b) soziale Abgaben und Aufwendungen für Altersversorgung und für Unterstützung,
      davon für Altersversorgung
7. Abschreibungen:
   a) auf immaterielle Vermögensgegenstände des Anlagevermögens und Sachanlagen
   b) auf Vermögensgegenstände des Umlaufvermögens, soweit diese die in der Kapitalgesellschaft üblichen Abschreibungen überschreiten
8. sonstige betriebliche Aufwendungen
9. Erträge aus Beteiligungen,
   davon aus verbundenen Unternehmen
10. Erträge aus anderen Wertpapieren und Ausleihungen des Finanzanlagevermögens,
    davon aus verbundenen Unternehmen
11. sonstige Zinsen und ähnliche Erträge,
    davon aus verbundenen Unternehmen
12. Abschreibungen auf Finanzanlagen und auf Wertpapiere des Umlaufvermögens
13. Zinsen und ähnliche Aufwendungen,
    davon an verbundene Unternehmen
14. Ergebnis der gewöhnlichen Geschäftstätigkeit
15. außerordentliche Erträge
16. außerordentliche Aufwendungen
17. außerordentliches Ergebnis
18. Steuern vom Einkommen und vom Ertrag
19. sonstige Steuern
20. Jahresüberschuß/Jahresfehlbetrag.

(3) Bei Anwendung des Umsatzkostenverfahrens sind auszuweisen:
1. Umsatzerlöse

2. Herstellungskosten der zur Erzielung der Umsatzerlöse erbrachten Leistungen
3. Bruttoergebnis vom Umsatz
4. Vertriebskosten
5. allgemeine Verwaltungskosten
6. sonstige betriebliche Erträge
7. sonstige betriebliche Aufwendungen
8. Erträge aus Beteiligungen,
    davon aus verbundenen Unternehmen
9. Erträge aus anderen Wertpapieren und Ausleihungen des Finanzanlagevermögens,
    davon aus verbundenen Unternehmen
10. sonstige Zinsen und ähnliche Erträge,
    davon aus verbundenen Unternehmen
11. Abschreibungen auf Finanzanlagen und auf Wertpapiere des Umlaufvermögens
12. Zinsen und ähnliche Aufwendungen,
    davon an verbundene Unternehmen
13. Ergebnis der gewöhnlichen Geschäftstätigkeit
14. außerordentliche Erträge
15. außerordentliche Aufwendungen
16. außerordentliches Ergebnis
17. Steuern vom Einkommen und vom Ertrag
18. sonstige Steuern
19. Jahresüberschuß/Jahresfehlbetrag.

(4) Veränderungen der Kapital- und Gewinnrücklagen dürfen in der Gewinn- und Verlustrechnung erst nach dem Posten „Jahresüberschuß/Jahresfehlbetrag" ausgewiesen werden.

(5) Kleinstkapitalgesellschaften (§ 267a) können anstelle der Staffelungen nach den Absätzen 2 und 3 die Gewinn- und Verlustrechnung wie folgt darstellen:
1. Umsatzerlöse,
2. sonstige Erträge,
3. Materialaufwand,
4. Personalaufwand,
5. Abschreibungen,
6. sonstige Aufwendungen,
7. Steuern,
8. Jahresüberschuss/Jahresfehlbetrag.

DR. CHRISTIAN WOBBE

| Inhaltsübersicht | Rz |
|---|---|
| 1 Überblick | 1–2 |
| 1.1 Inhalt | 1 |
| 1.2 Normenzusammenhang | 2 |

| | | |
|---|---|---|
| 2 | Grundsachverhalte der Gewinn- und Verlustrechnung | 3–45 |
| 2.1 | Wesen der Gewinn- und Verlustrechnung | 3–5 |
| 2.2 | Die Begriffe Erträge und Aufwendungen | 6 |
| 2.3 | Inhaltliche und formelle Gestaltung der Gewinn- und Verlustrechnung | 7–45 |
| | 2.3.1 Staffelform zur Darstellung der GuV | 7–8 |
| | 2.3.2 Gesamtkosten- oder Umsatzkostenverfahren | 9–24 |
| |     2.3.2.1 Gesamtkostenverfahren | 13–16 |
| |     2.3.2.2 Umsatzkostenverfahren | 17–24 |
| | 2.3.3 Allgemeine Grundfragen der GuV-Gestaltung | 25–45 |
| |     2.3.3.1 Grundsätze ordnungsmäßiger Buchführung | 25–27 |
| |     2.3.3.2 Gliederung der GuV | 28–45 |
| 3 | Inhalte der einzelnen Posten des Gesamtkostenverfahrens | 46–224 |
| 3.1 | Umsatzerlöse (§ 275 Abs. 2 Nr. 1) | 47–71 |
| | 3.1.1 Postenumfang und Zeitpunkt der Umsatzerfassung | 47–56 |
| | 3.1.2 Aspekte der Abgrenzung | 57–71 |
| 3.2 | Erhöhung oder Verminderung des Bestands an fertigen und unfertigen Erzeugnissen (§ 275 Abs. 2 Nr. 2) | 72–76 |
| 3.3 | Andere aktivierte Eigenleistungen (§ 275 Abs. 2 Nr. 3) | 77–81 |
| 3.4 | Sonstige betriebliche Erträge (§ 275 Abs. 2 Nr. 4) | 82–95 |
| 3.5 | Materialaufwand (§ 275 Abs. 2 Nr. 5) | 96–107 |
| | 3.5.1 Aufwendungen für Roh-, Hilfs- und Betriebsstoffe und für bezogene Waren (§ 275 Abs. 2 Nr. 5a) | 97–102 |
| | 3.5.2 Aufwendungen für bezogene Leistungen (§ 275 Abs. 2 Nr. 5b) | 103–107 |
| 3.6 | Personalaufwand (§ 275 Abs. 2 Nr. 6) | 108–124 |
| | 3.6.1 Löhne und Gehälter (§ 275 Abs. 2 Nr. 6a) | 109–116 |
| | 3.6.2 Soziale Abgaben und Aufwendungen für Altersversorgung und für Unterstützung, davon für Altersversorgung (§ 275 Abs. 2 Nr. 6b) | 117–124 |
| |     3.6.2.1 Soziale Abgaben | 118 |
| |     3.6.2.2 Aufwendungen für Unterstützung | 119 |
| |     3.6.2.3 Aufwendungen für Altersversorgung | 120–122 |
| |     3.6.2.4 Erfassung der durch BilMoG bedingten Änderungen der Bilanzierung von Pensionsrückstellungen | 123–124 |
| 3.7 | Abschreibungen (§ 275 Abs. 2 Nr. 7) | 125–138 |
| | 3.7.1 Abschreibungen auf immaterielle Vermögensgegenstände des Anlagevermögens und Sachanlagen (§ 275 Abs. 2 Nr. 7a) | 126–130 |
| | 3.7.2 Abschreibungen auf VG des UV, soweit diese die in der KapG üblichen Abschreibungen überschreiten (§ 275 Abs. 2 Nr. 7b) | 131–138 |
| 3.8 | Sonstige betriebliche Aufwendungen (§ 275 Abs. 2 Nr. 8) | 139–150 |
| 3.9 | Erträge aus Beteiligungen, davon aus verbundenen Unt (§ 275 Abs. 2 Nr. 9) | 151–160 |

3.10 Erträge aus anderen Wertpapieren und Ausleihungen des
 FAV, davon aus verbundenen Unt (§ 275 Abs. 2 Nr. 10) .. 161–168
3.11 Sonstige Zinsen und ähnliche Erträge, davon aus verbundenen Unt (§ 275 Abs. 2 Nr. 11) .................... 169–176
3.12 Abschreibungen auf Finanzanlagen und auf Wertpapiere
 des Umlaufvermögens (§ 275 Abs. 2 Nr. 12) ........... 177–181
3.13 Zinsen und ähnliche Aufwendungen, davon an verbundenen
 Unternehmen (§ 275 Abs. 2 Nr. 13)................. 182–190
3.14 Ergebnis aus der gewöhnlichen Geschäftstätigkeit
 (§ 275 Abs. 2 Nr. 14)............................. 191–194
3.15 Außerordentliche Erträge (§ 275 Abs. 2 Nr. 15)......... 195
3.16 Außerordentliche Aufwendungen (§ 275 Abs. 2 Nr. 16) .. 196
3.17 Außerordentliches Ergebnis (§ 275 Abs. 2 Nr. 17)....... 197
3.18 Steuern vom Einkommen und Ertrag (§ 275 Abs. 2 Nr. 18) 198–205
3.19 Sonstige Steuern (§ 275 Abs. 2 Nr. 19)................ 206–212
3.20 Ergebnisse aus Unternehmensverträgen .............. 213–221
3.21 Jahresüberschuss bzw. Jahresfehlbetrag
 (§ 275 Abs. 2 Nr. 20)............................. 222–224
4 Inhalte der einzelnen Posten des Umsatzkostenverfahrens..... 225–269
 4.1 Umsatzerlöse (§ 275 Abs. 3 Nr. 1).................... 226
 4.2 Herstellungskosten (§ 275 Abs. 3 Nr. 2) .............. 227–249
 4.3 Bruttoergebnis vom Umsatz (§ 275 Abs. 3 Nr. 3) ....... 250
 4.4 Vertriebskosten (§ 275 Abs. 3 Nr. 4)................. 251–256
 4.5 Allgemeine Verwaltungskosten (§ 275 Abs. 3 Nr. 5) ..... 257–259
 4.6 Sonstige betriebliche Erträge (§ 275 Abs. 3 Nr. 6) ....... 260–261
 4.7 Sonstige betriebliche Aufwendungen
  (§ 275 Abs. 3 Nr. 7)............................. 262–267
 4.8 Zinsen und ähnliche Aufwendungen
  (§ 275 Abs. 3 Nr. 12)............................ 268
 4.9 Sonstige Steuern (§ 275 Abs. 3 Nr. 18)................ 269
5 Veränderungen der Kapital- und Gewinnrücklagen (Abs. 4) ... 270–274
6 Übergangsvorschriften ................................. 275
7 Gewinn- und Verlustrechnung der Kleinstkapitalgesellschaft .. 276–282
 7.1 Gliederung und Formvorschriften................... 277–279
 7.2 Posteninhalte .................................. 280–282
8 Änderungen durch das BilRUG ........................ 283

Ergänzendes Schrifttum
*Blase/Lange/Müller*, Gesamtergebnisrechnung, Bilanz und Segmentberichterstattung, IFRS Best Practice, Bd. 9, Berlin 2010; *Engel-Ciric*, Umstellung vom Gesamtkostenverfahren auf das Umsatzkostenverfahren nach HGB und IAS/IFRS, in BC, 8/2004, S. 173; *Küting/Kessler/Keßler*, Der Regierungsentwurf des Bilanzrechtsmodernisierungsgesetzes (BilMoG-8); *Küting/Reuter/Zwirner*, Die Erfolgsrechnung nach dem Umsatzkostenverfahren – Konzeptionelle Überlegungen und praktische Bedeutung (Teil A), BBK Fach 12 (2003), S. 6627; *Küting/Reuter/Zwirner*, Erfolgsrechnungen in deutschen Jahresabschlüssen: Umsatzkosten- versus

Gesamtkostenverfahren: Anwendungshäufigkeit in Deutschland, in Steuern und Bilanzen, 3/2006, S. 85; *Müller/Kreipl*, Rechnungslegungserleichterungen für Kleinstkapitalgesellschaften und Tochterunternehmen ausländischer Konzernmütter durch das MicroBilG, DB, 2013, S. 73; *Müller/Stawinoga*, Verschärfung der Voraussetzungen zur rückwirkenden Anwendung der Schwellenwerterhöhungen durch den BilRUG-RegE – Update zu BB 2014, 2411 ff., BB 2015, S. 241; *Neumann*, Gesamtkosten- versus Umsatzkostenverfahren bei der Aufstellung der Gewinn- und Verlustrechnung, BuW 1997, S. 681; *Patek*, Bewertungseinheiten nach dem Referentenentwurf des Bilanzrechtsmodernisierungsgesetzes, KoR 2008, S. 364; *Reuter/Zwirner*, Erfolgsrechnung nach dem Umsatzkostenverfahren – Konzeption und Praxis, BuW 2003, S. 617; *Rogler*, Vermittelt das Umsatzkostenverfahren ein besseres Bild der Ertragslage als das Gesamtkostenverfahren?, DB 1992, S. 749; *Rogler*, Herstellungskosten beim Umsatzkostenverfahren, BB 1992, S. 1459; *Rogler*, Vergleichbarkeit von Gesamtkosten- und Umsatzkostenverfahren – Auswirkungen auf die Jahresabschlussanalyse, 2006; *Vereinigung zur Mitwirkung des Bilanzrechts für Familiengesellschaften*, Kritische Auseinandersetzung an der Entwicklung mit dem Reg-E eines BilMoG aus der Sicht der Familienunternehmen, KoR 2008, S. 357.

# 1 Überblick

## 1.1 Inhalt

1 § 275 HGB gibt KapG die **Mindestgliederung der GuV** mit festgelegter Reihenfolge und gesondertem Ausweis der Posten vor. Er fordert die Verwendung der **Staffelform** und stellt den KapG zur Gliederung ihrer GuV das GKV und UKV zur Auswahl. Im Mittelpunkt steht der Ausweis des Jahresüberschusses/Jahresfehlbetrags. Angaben zur Gewinnverwendung dürfen erst im Anschluss an den Jahresüberschuss/Jahresfehlbetrag ausgewiesen werden.

## 1.2 Normenzusammenhang

2 Die **Gliederungsvorschriften** des § 275 HGB sind zwingend zunächst nur von KapG zu beachten. Nicht-KapG steht die freiwillige Anwendung offen. Diese freiwillige Übernahme der Gliederungskriterien stellt die vielfach gängige Praxis dar. Für Unt, denen nach **§ 330 HGB** mittels Rechtsverordnungen die Verwendung besonderer Formblätter vorgeschrieben ist, wie dies für Kreditinstitute, Versicherungsunternehmen, Wohnungsunternehmen, Krankenhäuser sowie Verkehrs- und Versorgungsbetriebe der Fall ist, gelten abweichende Gliederungsvorschriften. Von Unt, die dem PublG unterliegen, sind die Gliederungsvorgaben des § 275 HGB sinngemäß zu beachten (**§ 5 Abs. 1 S. 2 PublG**). Für eG ergibt sich die Pflicht zur Beachtung aus **§ 336 Abs. 2 HGB**.
Einzelne Posten des Gliederungsschemas werden in **§ 277 HGB** näher definiert. Hier finden sich zudem Vorschriften zu erweiterten Ausweis- und Erläuterungspflichten. Kleinen und mittelgroßen KapG werden durch **§ 276 HGB** Erleichterungen bei der Aufstellung eingeräumt. Für KleinstKapG erfolgt dies in § 275 Abs. 5 HGB (Rz 276 ff.).

## 2 Grundsachverhalte der Gewinn- und Verlustrechnung

### 2.1 Wesen der Gewinn- und Verlustrechnung

Als **Zeitraumrechnung** soll die GuV die JA-Adressaten über die Höhe und Zusammensetzung des Jahreserfolgs informieren, sodass eine Nachvollziehbarkeit der Ergebnisentstehung im Hinblick auf die Erfolgsarten und -quellen sowie der nicht auf Entnahmen und Einlagen beruhenden Eigenkapitalveränderungen gegeben ist. Bilanz und GuV bilden gemeinsam den JA des bilanzierungspflichtigen Kfm. (§ 242 Abs. 3 HGB). Dieser Mindestumfang erweitert sich im Fall einer KapG und KapCoGes zudem noch um den Anhang (§§ 264 Abs. 1, 264a HGB), in dem sich, aufgrund der diesem JA-Bestandteil zugewiesenen Entlastungsfunktion und der speziellen Vorschriften für KapG, ergänzende Zusatzangaben zu einzelnen Bilanz- und GuV-Posten unterschiedlicher Art finden. Das Zusammenwirken dieser JA-Bestandteile ist auf die Erfüllung der Generalnorm ausgerichtet (§ 264 Abs. 2 Satz 2 HGB), nach welcher der JA der KapG ein den tatsächlichen Verhältnissen entsprechendes Bild der VFE-Lage zu vermitteln hat (§ 264 Rz 50ff.).

Die gesetzlichen Vertreter einer kapitalmarktorientierten KapG, die nicht zur Aufstellung eines KA verpflichtet sind, haben den JA zudem um eine KFR und einen EK-Spiegel zu erweitern, die mit der Bilanz, der GuV und dem Anhang eine Einheit bilden. Zudem können sie den JA um eine Segmentberichterstattung erweitern (§ 264 Abs. 1 Satz 2 HGB).

Während die Bilanz als Gegenüberstellung des Vermögens und der Schulden zum Beginn bzw. Ende des Gj (§ 242 Abs. 1 Satz 1 HGB), auf der Konzeption einer Bestandsgrößenbetrachtung basiert, liegt der GuV, die als die Gegenüberstellung der Aufwendungen und Erträge des Gj definiert wird (§ 242 Abs. 2 HGB), eine **stromgrößenorientierte Erfolgsermittlung** zugrunde.

### 2.2 Die Begriffe Erträge und Aufwendungen

Eine **Definition** für die Begriffe „Erträge und Aufwendungen" ist in den handelsrechtlichen Rechnungslegungsvorschriften **nicht kodifiziert**, sodass hier auf den diesbezüglich zu konstatierenden einheitlichen Fachkonsens zurückzugreifen ist, nach dem die Begriffe „Erträge" und „Aufwendungen" als Fachtermini zur Erfassung von bilanziellen Eigenkapitalveränderungen verwendet werden, die nicht auf Einlagen, Entnahmen oder Gewinnausschüttungen beruhen und gleichzeitig mengen- und wertmäßige, stichtagsbezogene Änderungen des Saldos zwischen Aktiva oder Passiva widerspiegeln.[1]

### 2.3 Inhaltliche und formelle Gestaltung der Gewinn- und Verlustrechnung

#### 2.3.1 Staffelform zur Darstellung der GuV

Abs. 1 schreibt für die Darstellung der GuV die unsaldierte Staffelform vor. Dabei werden die Aufwendungen und Erträge statt nebeneinander, wie bei der Kontoform, in (vorgegebener Reihenfolge) untereinander positioniert, wodurch die

---

[1] Vgl. *Hällmayr*, in *Freidank/Lachnit/Tesch* (Hrsg.), Vahlens großes Auditing Lexikon 2007, S. 85; *Budde*, in *Küting/Pfitzer/Weber*, HdR, HGB § 275, Rz 1, Stand 12/2013.

Bildung von Zwischensummen bzw. -salden erleichtert wird, die zur Ermittlung aussagekräftiger Kennzahlen herangezogen werden können und die im Vergleich zur Kontoform eine höhere Übersichtlichkeit der GuV-Darstellung bewirken.

8 Außer Kreditinstituten und FinanzdienstleistungsUnt, denen gem. § 2 Abs. 1 Satz 1 RechKredV durch die Vorgabe alternativer **Formblätter** ein Wahlrecht zur **Konto- oder Staffelformdarstellung** offensteht, sind Abweichungen von der vorgegebenen Staffelformdarstellung auch nicht unter Verweis auf die unternehmensspezifischen Besonderheiten und auf die aus der Generalnorm resultierenden Verpflichtung zur Vermittlung eines tatsachengetreuen Bilds zulässig.[2] Hierfür spricht insbes. die Einschätzung des Gesetzgebers, der bei der Umsetzung der 4. EG-RL in nationales Recht, aufgrund des Umstands, dass sich die Staffelform bewährt habe, explizit keine Notwendigkeit für die Einräumung eines Darstellungswahlrechts sah.[3]

### 2.3.2 Gesamtkosten- oder Umsatzkostenverfahren

9 In Übereinstimmung mit den Vorgaben der 4. EG-RL hat der Gesetzgeber im Rahmen des BiRiLiG von 1978 2**gleichwertige Gliederungsvarianten** zur GuV-Aufstellung zugelassen. Demnach dürfen Bilanzierungspflichtige ihre GuV, außer nach dem in Deutschland üblichen GKV, auch in Gestalt des in angelsächsischen Staaten gängigen UKV erstellen. Die Zulassung beider Gliederungsvarianten wurde mit der hierdurch gewährleisteten höheren internationalen Vergleichbarkeit sowie der Harmonisierung der europäischen Rechnungslegung begründet.[4] Beide Verfahren führen zu demselben Jahresergebnis und unterscheiden sich lediglich im Ausweis der Aufwendungen und Erträge.

10 Der unternehmensindividuell zu treffenden **Entscheidung** für eine dieser beiden zulässigen Gliederungsformen sind Kriterien wie bspw. die bestehende Produktionspalette, die Unternehmensstruktur oder der Aufbau des verfügbaren Kostenrechnungsinstrumentariums zugrunde zu legen. Im Fall eines in einen KA einzubeziehenden TU sollte die GuV-Gliederung jedoch in Anlehnung an die GuV-Gliederung des MU erfolgen. Abweichungen von dieser Handlungsmaxime können sich ergeben, wenn ein TU aufgrund eines Listings an einer ausländischen Börse Rechnungslegungsvorschriften unterliegt, die das UKV (z.B. US-GAAP) verbindlich vorgeben.

11 Eine einmal getroffene Entscheidung für ein Verfahren ist beizuhalten und darf nur in Ausnahmefällen, in denen besondere Umstände dies erfordern, geändert werden (§ 265 Abs. 1 Satz 1 HGB), wobei eine vorgenommene Änderung eine Angabe und Begründung im Anhang erfordert. Insbesondere die unzulängliche Vergleichbarkeit einer nach dem GKV und einer nach dem UKV gegliederten GuV bedingt es, besonders hohe Anforderungen an die Zulässigkeit eines Gliederungswechsels zu stellen.

---

[2] Vgl. *Reiner/Haußer*, in MünchKomm. HGB, 3. Aufl., § 275 Rn 12.
[3] Vgl. BegrRegE BilRiG, BT-Drucks. 10/317, S. 85.
[4] Vgl. ADS, 6. Aufl., § 275 HGB, Rz 27; Ber. Rechtsausschuß, BT-Drucks. 10/4268, S. 107; Begr. RegE BilRiG, BT-Drucks. 10/317 S. 85.

> **Beispiel**
> Als Gründe, die einen solchen Wechsel rechtfertigen können, lassen sich exemplarisch eine wesentliche Änderung der Geschäftstätigkeit, Neugestaltung der Kostenrechnung, veränderte Konzernzugehörigkeit oder Verschmelzung bzw. sonstige Umwandlung nach § 1 UmwG anführen.[5]

Für die i. A. bei **Darstellungsänderungen** geforderte Angabe der damit verbundenen Abweichungen (§ 265 Abs. 1 Satz 2 HGB) besteht nach *Adler/Düring/Schmaltz* keine Verpflichtung, da in diesem Fall für das Übergangsjahr die interne Aufstellung der GuV nach beiden Formen erforderlich werden würde.[6] Jedoch verbleibt ungeachtet dessen die Notwendigkeit zur Anpassung der Vorjahresbeträge.[7]
Die zentralen Unterschiede hinsichtlich der Informationsvermittlung resultieren aus der voneinander **abweichenden Aufwandsgliederung** und dem Umgang mit den Bestandsveränderungen der fertigen und unfertigen Erzeugnisse sowie der aktivierten Eigenleistungen.

12

### 2.3.2.1 Gesamtkostenverfahren

Die Ausgangsbasis der Erfolgsermittlung des GKV bilden sämtliche in dem Abrechnungszeitraum angefallenen Aufwendungen. Ihre Darstellung wird im Rahmen des GKV nach den wesentlichen **Aufwandsarten** geordnet. Dabei werden die betrieblichen Aufwendungen in Form einer primären Gliederung in die Kategorien Material- und Personalaufwand, Abschreibungen und sonstige betriebliche Aufwendungen unterteilt und somit der betriebliche Gesamtaufwand in seiner Zusammensetzung aufgezeigt.

13

Der so ermittelte **Produktionsaufwand** wird den Umsatzerlösen und sonstigen betrieblichen Erträgen gegenübergestellt. Im Hinblick auf die richtige Ermittlung des Periodenergebnisses ist dabei möglichen Abweichungen zwischen produzierter und abgesetzter Menge Rechnung zu tragen. Fallen beide Größen auseinander, weil ein Teil der im laufenden Gj produzierten Güter nicht abgesetzt wurde bzw. weil die Umsatzerlöse auch Teile der in den Vorjahren produzierten, aber erst in dieser Periode verkauften Güter umfassen (**Bestandsveränderungen von fertigen und unfertigen Erzeugnissen**), so bedarf es einer systematischen Überführung der Aufwendungen und Erträge auf ein einheitliches Mengengerüst.

14

Überschreitet die Produktion der Abrechnungsperiode die abgesetzte Menge, erfolgt die notwendige Abstimmung zwischen abgesetzter Menge und dem dieser Menge gegenüberstehenden Aufwand nach dem im HGB vorgegebenen Gliederungsschema durch eine Hinzurechnung der zu HK (§ 255 Rz 80ff.) bewerteten **Bestandserhöhungen** fertiger und unfertiger Erzeugnisse und aktivierten Eigenleistungen zu den Umsatzerlösen (Gesamtleistung), ohne dass diese „Korrekturposten" Erträge i. S. d. Ertragsdefinition darstellen. Der zumindest mathematisch ebenfalls korrekte Weg, die Werte für die Bestandsmehrungen und aktivierten Eigenleistungen vom Produktionsaufwand abzuziehen, ist nicht zulässig.

15

---

[5] Vgl. *Reiner/Haußer*, in MünchKomm. HGB, 3. Aufl., § 275 Rn 19.
[6] Vgl. ADS, 6. Aufl., § 275 HGB, Rz 37.
[7] Vgl. *Reiner/Haußer*, in MünchKomm. HGB, 3. Aufl., § 275 Rn 19.

16  Übersteigt hingegen die abgesetzte Menge die produzierte Menge, so sind diese zu HK bewerteten Bestandsminderungen an fertigen und unfertigen Erzeugnissen nach dem Rechenkonzept des handelsrechtlichen GKV durch einen Abzug von den ausgewiesenen Umsatzerlösen zu berücksichtigen. Damit zeigt die GuV weiterhin die gesamte zu Nettoumsatzerlösen angesetzte betriebliche Leistung der Periode.

#### 2.3.2.2 Umsatzkostenverfahren

17  Den Ausgangspunkt des UKV bilden die innerhalb der Abrechnungsperiode erzielten Umsatzerlöse, von denen zur Ergebnisermittlung die für den Absatzprozess angefallenen Aufwendungen (**Umsatzaufwand**) unabhängig von ihrem (ursprünglichen) zeitlichen Anfall in Abzug gebracht werden. D. h., dem effektiven Periodenumsatz werden nicht die gesamten Periodenaufwendungen gegenübergestellt, sondern nur die Aufwendungen, die für die verkauften Produkte angefallen sind, wobei diese auch HK enthalten können, die für in vorhergehenden Perioden produzierte, aber nicht abgesetzte Erzeugnisse angefallen sind. Die Gegenüberstellung von Umsatzerlösen und Umsatzaufwand erfolgt somit unabhängig vom zeitlichen Anfall der HK und ist einer **umsatzbezogenen Erfolgsermittlungskonzeption** verpflichtet.

18  Der Grundidee folgend, die ursächlichen Entstehungsbereiche der betrieblichen Aufwendungen aufzudecken, wird die Darstellung der betrieblichen Aufwandsstruktur nach **Funktionsbereichen** (Entstehungsbereichen) gegliedert. Im Einzelnen erstreckt sich das vorgegebene Gliederungsschema auf die betrieblichen Funktionen „Herstellung", „Vertrieb", und „allgemeine Verwaltung" (Posten § 275 Abs. 3 Nr. 2, 4 und 5 HGB). Aufgrund des Umstands, dass die betriebliche Bereichsbildung nur unternehmensindividuell vorgenommen werden kann, nimmt der Bilanzierende mit ihrer Abgrenzung Einfluss auf den Posteninhalt der Funktionsbereichsaufwendungen.[8] Aufwendungen, für die eine Zuordnung zu diesen **Funktionsbereichen nicht möglich ist,** sind den übrigen – auch im GKV vorgegebenen – nach **Aufwandsarten** strukturierten Posten der GuV zuzuordnen.[9]

19  Für die nicht in der Mindestgliederung des UKV aufgeführten Posten „Materialaufwand" und „Personalaufwand" besteht für große und mittelgroße KapG (sowie ihnen gleichgestellte KapCoGes. und eingetragene Genossenschaften) eine **Angabepflicht im Anhang** (§§ 285 Satz 1 Nr. 8, 288 HGB), sodass ihr Ausweis trotz abweichender Gliederung auch im UKV gesichert ist. Die ebenfalls nicht gesondert in der GuV aufgeführten Abschreibungen des Gj lassen sich dem Anlagegitter oder den entsprechenden Anhangangaben entnehmen. Kleine Ges. müssen hingegen nur den Personalaufwand angeben (§ 288 Abs. 1 HGB). Mittelgroße Ges. müssen den Materialaufwand zwar bei der Aufstellung ausweisen, diese Angabe jedoch nicht veröffentlichen (§ 327 Nr. 2 HGB).

20  Übersteigt die produzierte Menge die abgesetzte Menge, wird der **Umsatzaufwand** durch eine „Korrektur" des Periodenaufwands um die zu HK bewerteten Lager- und Anlagezugänge ermittelt. Hierzu wird der Periodenaufwand um die in ihm enthaltenen Aufwendungen für aktivierte Eigenleistungen und Bestands-

---

[8] Vgl. *Castan*, in Beck HdR, B 300, Rz 22, Stand 11/2010.
[9] Vgl. *Förschle/Peun*, in Beck Bil.-Komm. 9. Aufl., § 275 HGB, Rz 31.

mehrungen gemindert. Damit erscheinen diese Beträge nicht in der GuV, sondern werden von der Unternehmung nur durch Aktivierung als VG in der Bilanz ausgewiesen.

Unterschreitet die produzierte Menge die abgesetzte Menge, erfolgt eine Verrechnung der in den Vorperioden aktivierten und jetzt in die Produktion eingeflossenen HK als **umsatzbezogener Herstellungsaufwand**. 21

Demgemäß wird die **Abstimmung des Mengengerüsts** der produzierten und abgesetzten Erzeugnisse über eine Angleichung der auszuweisenden Aufwendungen an die erzielten Umsatzerlöse der Periode herbeigeführt.

Dadurch, dass das UKV in Gestalt der Differenz von Umsatz und HK des Umsatzes ein umsatzbezogenes Bruttoergebnis ausweist und gleichzeitig die Aufwendungen der übrigen betrieblichen Funktionen „Vertrieb" und „allgemeine Verwaltung" enthält, sind dessen **Vorteile** vor allem in der Generierung aussagekräftiger Ergebnisse für die Beurteilung der Ertragslage zu sehen.[10] Als vorteilhaft erweist sich die funktionsorientierte Gliederung des UKV darüber hinaus für die Ermittlung der stückbezogenen HK, da diese Funktionsbereichseinteilung weitgehend dem klassischen Kalkulationsschema der Unternehmung entspricht.[11] Damit eignet es sich insb. für Industriebetriebe mit Serienfertigung und HandelsUnt. Nachteilig sind hingegen die mit dieser GuV-Gliederung verbundenen Abgrenzungsprobleme zu werten. Nicht nur, dass – anders als beim GKV – die in die HK eingeflossenen **Aufwandsarten** („Materialaufwand", „Personalaufwand", „Abschreibungen") nicht innerhalb des Zahlenwerks der GuV dargelegt werden, sondern insb. die bei diesem Verfahren notwendige möglichst verursachungsgerechte Aufteilung der Aufwendungen auf die einzelnen vorgegebenen Funktionsbereiche, erweist sich als problembehaftet. 22

Bezüglich des Verbreitungsgrads beider Verfahren dokumentieren die Ergebnisse empirischer Untersuchungen, dass jene Unt, die unverändert nach HGB-Vorschriften bilanzieren, weiterhin eindeutig das GKV präferieren. So entscheiden sich knapp 80 % der relevanten Unt für die Gliederung der GuV nach dem GKV.[12] Anders verhält es sich hingegen bei Unt, die ihre Rechnungslegung auf Basis der IFRS veröffentlichen. So zeigt eine aktuelle Untersuchung der 130 im DAX30, MDAX und SDAX notierten Unternehmen, dass nur noch 43 % dieser Unt das GKV anwenden, woraus sich eine deutliche Dominanz des UKV ableiten lässt.[13] Das GKV ist insb. für Unt ohne ausgeprägte funktionsbereichsbezogene Kostenrechnung oder enger Produktpalette geeignet. 23

> **Beispiel** 24
> **Vergleich GKV und UKV**
> Ein Unt stellt im Gj 04 von einem Produkt 10.000 Stück her. Im Jahr 04 werden hiervon 8.000 Stück zum Preis von je 400 EUR abgesetzt.
> In der Finanzbuchhaltung werden erfasst:

---

10 Vgl. *Budde*, in *Küting/Pfitzer/Weber*, HdR, HGB § 275, Rz 19, Stand 10/2010.
11 Vgl. *Förschle/Peun*, in Beck Bil.-Komm. 9. Aufl., § 275 HGB, Rz 35.
12 Vgl. *Küting/Reuter/Zwirner*, StuB 2006, S. 88.
13 Vgl. *Blase/Lange/Müller*, IFRS-Best Practice, Bd. 9, 2010, S. 109.

§ 275 Gliederung

|  | EUR |
|---|---|
| – Umsatzerlöse | 3.200.000 |
| – Materialaufwand | 720.000 |
| – Personalaufwand | 880.000 |
| – Abschreibungen | 110.000 |
| – sonstige betriebliche Aufwendungen | 200.000 |

Die Aufwendungen werden in der betrieblichen Leistungsverrechnung nach folgenden Schlüsseln verteilt:

| Kostenart | Kostenstelle | | |
|---|---|---|---|
|  | Herstellung | Verwaltung | Vertrieb |
| Materialaufwand | 90 % | 5 % | 5 % |
| Personalaufwand | 85 % | 5 % | 10 % |
| Abschreibungen | 70 % | 10 % | 20 % |
| Sonstige betriebl. Aufwendungen | 5 % | 15 % | 80 % |

Die Berechnung der HK erfolgt auf Basis von Vollkosten. Zu Beginn des Gj sind keine Lagerbestände vorhanden.

Die im Jahr 04 entstandenen Aufwendungen verteilen sich entsprechend dem angeführten Verteilungsschlüssel wie folgt auf die verschiedenen Funktionsbereiche (Angaben in TEUR)

| Kostenart | Ausgangs-betrag | Kostenstelle | | |
|---|---|---|---|---|
|  |  | Herstellung | Verwaltung | Vertrieb |
| • Materialaufwand | 720 | 648 | 36 | 36 |
| • Personalaufwand | 880 | 748 | 44 | 88 |
| • Abschreibungen | 110 | 77 | 11 | 22 |
| • sonst. betr. Aufwend. | 200 | 10 | 30 | 160 |
| • **Summe** | 1910 | 1.483 | 121 | 306 |

Auf Vollkostenbasis ergeben sich somit Herstellungskosten von insgesamt 1.604.000 EUR bzw. 160,40 EUR/Stück. Das Ergebnis der gewöhnlichen Geschäftätigkeit wird gem. GKV wie folgt berechnet:

### 1. Gesamtkostenverfahren

| Umsatzerlöse | 3.200.000 |
|---|---|
| Erhöhung des Bestands an fertigen Erzeugnissen | + 320.800 |
| Materialaufwand | ./. 720.000 |
| Personalaufwand | ./. 880.000 |
| Abschreibungen | ./. 110.000 |
| sonst. betr. Aufwend. | ./. 200.000 |
| Ergebnis d. gewöhnl. Geschäftätigkeit | 1.610.800 |

| 2. Umsatzkostenverfahren | |
|---|---:|
| Umsatzerlöse | 3.200.000 |
| HK der zur Erzielung d. UE erbrachten Leistungen | ./. 1.283.200 |
| Bruttoergebnis vom Umsatz | = 1.916.800 |
| Vertriebskosten | ./. 306.000 |
| Ergebnis d. gewöhnl. Geschäftstätigkeit | 1.610.800 |

### 2.3.3 Allgemeine Grundfragen der GuV-Gestaltung

#### 2.3.3.1 Grundsätze ordnungsmäßiger Buchführung

Für die **formelle Ausgestaltung** der GuV ist zunächst auf die für alle JA-Bestandteile gültigen **GoB** zu verweisen und damit auf die Notwendigkeit zur Beachtung der auch für die GuV verbindlichen Grundsätze der **Vollständigkeit** (§ 246 Abs. 1 HGB), der **Klarheit** und **Übersichtlichkeit** (§ 243 Abs. 2 HGB) und des **Saldierungsverbots** (in § 246 Abs. 2 HGB). 25

Das **Saldierungsverbot** wird dabei auch als Grundsatz der Bruttorechnung bezeichnet und ist, abgesehen von Ausnahmeregelungen aufgrund einzelner gesetzlicher Bestimmungen, wie z.B. in Gestalt des gem. § 276 HGB für kleine und mittelgroße KapG zulässigen zusammengefassten Ausweises einzelner Posten der GuV unter der Bezeichnung „**Rohergebnis**" (§ 276 Rz 4 f.), **von allen Kfl. anzuwenden**. 26

Lediglich zur Ermittlung der Umsatzerlöse sind Saldierungen von Erträgen und Aufwendungen in Gestalt direkter Verrechnungen von Erlösschmälerungen (z.B. Rabatte und Skonti) sowie der Abzug der Umsatzsteuer verbindlich vorgeschrieben (Rz 48). Ferner werden Bestandserhöhungen der fertigen Erzeugnisse mit den Bestandsminderungen der unfertigen Erzeugnisse verrechnet (Rz 72). Verfügt ein Unt über VG, die dem Zugriff der übrigen Gläubiger entzogen sind und die ausschließlich der Erfüllung von Schulden aus Altersversorgungsverpflichtungen oder vergleichbarer langfristig fälliger Verpflichtungen dienen, ergibt sich aus der daraus resultierenden Verrechnungsverpflichtung mit den diesen VG gegenüberstehenden Schulden eine Verpflichtung zur Verrechnung der zugehörigen Aufwendungen und Erträge aus der Abzinsung und aus dem zu verrechnenden Vermögen (§ 246 Abs. 2 HGB). 27

#### 2.3.3.2 Gliederung der GuV

Die Einhaltung der in § 275 Abs. 2 und 3 HGB alternativ vorgegebenen Mindestgliederungsformen sowie die Beachtung der allgemeinen Grundsätze für die Gliederung (§ 265 HGB) sind zwingend, sodass von einer **Verbindlichkeit des Gliederungsschemas** gesprochen werden kann. Abweichende Gliederungen sind prinzipiell nicht zulässig. Allerdings sind im Rahmen weiterer gesetzlicher Bestimmungen Ergänzungen, Erweiterungen des Grundschemas und Abweichungen von der vorgegebenen Reihenfolge denkbar. Zu beachten sind bspw. gesetzlich gebotene bzw. mögliche **Ergänzungen und Erweiterungen**, die aus zusätzlichen Ausweis- oder Erläuterungspflichten re- 28 sultieren. Diese kommen im HGB z.B. durch § 277 Abs. 3, Abs. 4 Satz 2 und Satz 3 HGB sowie als rechtsformspezifische Posten im Aktienrecht im § 158 Abs. 1 Satz 1 AktG (Rz 271) zum Tragen.[14]

29 Aus § 277 Abs. 3 Satz 1 HGB resultiert die Pflicht, die GuV um einen Posten für **außerplanmäßige Abschreibungen** nach § 253 Abs. 3 Satz 3 und 4 HGB zu erweitern, sofern diese Angabe nicht im Anhang erfolgt.
Ergänzungen der gesetzlich kodifizierten Mindestgliederungen der GuV, wie sie nach HGB aF aus der Inanspruchnahme des Wahlrechts resultierten, die aufgrund steuerrechtlicher Vorschriften vorgenommenen Abschreibungen auch im handelsrechtlichen JA anzusetzen (§ 281 Abs. 2 Satz 1 HGB aF), sind nach dem BilMoG nicht mehr zulässig; für Übergangsregelungen s. Art. 67 Rz 102.

30 Des Weiteren ist eine Erweiterung der Grundgliederungen gem. § 277 Abs. 3 Satz 2 HGB um entsprechend bezeichnete Posten erforderlich, wenn Erträge und Aufwendungen aus Verlustübernahmen angefallen sind oder wenn das Unternehmen auf Basis von Gewinngemeinschaften, Gewinnabführungsverträgen oder Teilgewinnabführungsverträgen Gewinn erhalten oder abgeführt hat (Rz 213).[15]

31 Aus den § 158 Abs. 1 AktG i.V.m. § 278 Abs. 3 AktG folgt für AG und KGaA die Verpflichtung, ihre GuV um Angaben zur Gewinnverwendung zu ergänzen, sofern diese nicht im Anhang erfolgen (Rz 272).

32 Über die gesetzlich vorgegebenen Ergänzungen der Grundgliederung hinaus wird mit § 265 Abs. 5 Satz 1 und 2 HGB die Möglichkeit zu **freiwilligen Untergliederungen** der im Gliederungsschema vorgegebenen Posten sowie zur Ergänzung um „**Davon**"-**Vermerke** eingeräumt. Aus § 265 Abs. 5 Satz 2 HGB ergibt sich zudem die Möglichkeit zur **Einfügung neuer Posten**, soweit ihr Inhalt nicht von einem vorgeschriebenen Posten gedeckt wird (§ 265 Rz 22f.). Allerdings beschränkt sich diese Möglichkeit auf bedeutsame Fälle, in denen durch die Einfügung dieser neuen Posten die Darstellung der Ertragslage wesentlich verbessert wird, so wie dies bspw. beim getrennten Ausweis von Buchgewinnen aus einem Anteilstausch positiv zu entscheiden ist, die ansonsten unter der Sammelposition sonstige betriebliche Erträge auszuweisen wären.[16]

33 Die Möglichkeit zur Erweiterung der Mindestgliederung erstreckt sich des Weiteren auf die Einfügung von **Zwischensummen** sowie die **Abspaltung** und den getrennten Ausweis **wesentlicher Beträge** der Sammelposten „sonstige betriebliche Erträge" und „sonstige betriebliche Aufwendungen".

34 Auch eine **Aufgliederung** einzelner Aufwendungen und Erträge nach Produkten oder Absatzgebieten ist zulässig. Für große KapG besteht nach § 285 Nr. 4 HGB für den Fall, dass sich die Tätigkeitsbereiche und geografisch bestimmten Märkte erheblich voneinander unterscheiden, diesbezüglich eine Angabepflicht im Anhang, der auch durch entsprechende Angaben in der GuV nachgekommen werden kann.[17]

35 Hinsichtlich der verbindlich vorgegebenen **Reihenfolge der Posten** (§ 275 Abs. 1 Satz 2 HGB) beschränken sich zulässige Gliederungsmodifikationen auf jene Fälle, in denen andere gesetzliche Regelungen, z.B. Rechtsverordnungen

---

14 Vgl. *Rainer/Haußer*, in MünchKomm. HGB, 3. Aufl., § 275 Rn 20.
15 Vgl. *Lachnit/Wulf*, in Bo HdR, § 275 Rz 63, Stand 04/2011.
16 Vgl. WP-Handbuch, Bd. I, 14. Aufl., Abschn. F, Rz 470.
17 Vgl. *Kirsch/Siefke/Ewelt-Knauer*, in *Baetge/Kirsch/Thiele*, Bilanzrecht, § 275 HGB Rz 49, Stand 10/2013.

durch die Vorgabe von Formblättern, diese explizit vorsehen oder in denen die Besonderheiten der KapG die vorgenommenen Modifikationen zur Erhöhung der Übersichtlichkeit und Klarheit der Darstellung des JA erfordern (§ 265 Abs. 6 HGB). **Formblätter** sind Kreditinstituten, Versicherungsunternehmen, Wohnungsunternehmen, Krankenhäusern, Pensionsfonds, Zahlungsinstituten sowie Verkehrs- und Versorgungsbetrieben vorgegeben (§ 330 Rz 1 ff.).

Unberührt von einer im Hinblick auf die **Unternehmensspezifika** zu wählenden abweichenden Gliederung, bleibt die Verpflichtung zum gestaffelten Ausweis des Periodenerfolgs mit den Zwischenergebnispositionen „Ergebnis der gewöhnlichen Geschäftstätigkeit" und „außerordentliches Ergebnis" bestehen. Hierbei handelt es sich um eine Zwischensummenbildung, die unabhängig von den Unternehmensspezifika ist. Ausnahmsweise können Formblätter Abweichungen erfordern.[18]   36

Weitere Gliederungsmodifikationen sind im Hinblick auf die **Zusammenfassung mehrerer** der in Abs. 2 und 3 HGB mit arabischen Ziffern angeführten **Posten** zu einem einheitlichen GuV-Ausweis zulässig, wenn der ansonsten vorgesehene getrennte Ausweis für die Vermittlung eines den tatsächlichen Verhältnissen entsprechenden Bilds nicht von Bedeutung ist oder durch diese Gliederungsanpassung die Klarheit der Darstellung verbessert wird (§ 265 Abs. 7 Nr. 1 und Nr. 2 HGB). Wird vom Recht der Zusammenfassung aus Gründen der Klarheit der Darstellung Gebrauch gemacht, erfordert dies den gesonderten Ausweis der zusammengefassten Posten im Anhang mit ergänzenden Angaben zu den jeweiligen Vorjahresbeträgen (§ 265 Abs. 7 Nr. 2 HGB).[19] Um dem Gebot der Klarheit Rechnung zu tragen, dürfen ausschließlich Erträge und Aufwendungen ähnlichen Charakters zusammengefasst werden.[20]   37

Während eine **Zusammenfassung** der GuV-Posten, „Bestandsveränderungen", „andere aktivierte Eigenleistungen" und „sonstige betriebliche Erträge" als zulässig klassifiziert wird, sofern nur unerhebliche andere aktivierte Eigenleistungen und Bestandsveränderungen vorliegen, kommt eine Zusammenfassung der Umsatzerlöse mit den Bestandsveränderungen nicht in Betracht, da dann die Umsatzerlöse als solche dem JA nicht mehr zu entnehmen wären.[21] Der Zusammenfassung von Erträgen und Aufwendungen steht die Beachtung des Saldierungsverbots entgegen. Ferner sind Zusammenfassungen für den Fall ausgeschlossen, dass die GuV-Gliederung durch besondere Formblätter vorgegeben ist, es sei denn, aus ihnen ergibt sich die Zulässigkeit von Postenzusammenfassungen.   38

Aus Gründen der Vereinfachung ist es zulässig, statt der gesetzlichen Postenbezeichnungen auf **Kurzbezeichnungen** zurückzugreifen, sofern diese alternativ verwendeten Bezeichnungen den Inhalt der GuV-Posten deutlich zum Ausdruck bringen und weiterhin der vom Gesetzgeber vorgegebenen Darstellungssystematik entsprechen.[22]   39

Da die im GKV und UKV vorgegebenen Postenbezeichnungen und Gliederungskonzepte vorrangig auf die Belange von Industrie- und Handelsunt abgestimmt sind, können als Branchen, deren KapG sich mit abweichenden Abbil-   40

---

18 Vgl. *Förschle/Peun*, in Beck Bil.-Komm. 9. Aufl., § 275 HGB, Rz 20.
19 Vgl. *Kirsch/Siefke/Ewelt-Knauer*, in *Baetge/Kirsch/Thiele*, Bilanzrecht, § 275 HGB Rz 51, Stand 10/2013.
20 Vgl. *Reiner/Haußer*, in MünchKomm. HGB, 3. Aufl., § 275 Rn 9.
21 Vgl. WP-Handbuch, Bd. I, 14. Aufl., Abschn. F, Rz 473 f.
22 Vgl. *Förschle/Peun*, in Beck Bil.-Komm. 9. Aufl., § 275 HGB, Rz 22.

dungserfordernissen auseinandersetzen müssen, insbes. die Energieversorgungs-, Transport-, Bau-, Bergbau-, Mineralöl- und Leasingbranche genannt werden. Für Produktions- und Handelsunt ergibt sich dagegen i. d. R. kein Raum für eine abweichende Untergliederung.[23]

41 Aus der Beachtung des § 265 Abs. 2 HGB ergibt sich im Hinblick auf die **Vergleichbarkeit** die Notwendigkeit, zu jedem der in § 275 HGB angeführten und jedem zusätzlich in die GuV aufgenommenen Posten einen entsprechend vergleichbaren **Vorjahresbetrag** anzugeben. Eine nicht gegebene Vergleichbarkeit oder eine vorgenommene Anpassung der Vorjahresbeträge erfordert Angaben und Erläuterungen im Anhang (§ 265 Abs. 2, Satz 2 und 3 HGB). Über die unmittelbaren GuV-Posten hinaus ist die Angabe von Vorjahresbeträgen auch für die zu den Einzelposten aufgeführten „Davon"-Vermerke (§ 265 Abs. 5 HGB) vorgeschrieben, unabhängig davon, ob diese als Ersatz für ansonsten gesetzlich erforderliche Untergliederungen fungieren oder auf freiwilliger Basis erfolgen.[24]

42 Die konsequente Beachtung der vorgegebenen Mindestgliederungen würde zwangsläufig zum Ausweis von Leerposten führen, d. h., es müssten Posten in der GuV ausgewiesen werden, die keine Beträge enthalten. Um dies zu verhindern räumt § 265 Abs. 8 HGB die Möglichkeit ein, auf den **Ausweis von Leerposten** zu verzichten, sofern auch im Vorjahr kein Betrag unter diesem Posten ausgewiesen wurde.

43 Der Grundsatz der **Darstellungsstetigkeit** besitzt auch hinsichtlich der einmal gewählten Gliederung und Ausweisentscheidungen Gültigkeit.[25] Abweichungen sind § 265 Abs. 1 Satz 1 HGB zufolge nur in Ausnahmefällen aufgrund besonderer Umstände zulässig. Ausgenommen davon sind jedoch zusätzlich eingeführte Untergliederungen und Zusammenfassungen von Posten gem. § 265 Abs. 5 bzw. Abs. 7 HGB, da in diesen Fällen die Beachtung des Stetigkeitsgrundsatzes die Inanspruchnahme dieser Gliederungsoptionen erheblich erschweren bzw. vollständig verhindern würde.[26] Abweichungen vom Stetigkeitsgrundsatz sind im Anhang anzugeben und zu begründen (§ 265 Abs. 1 Satz 2 HGB).

44 Sind innerhalb des bilanzierenden Unt **mehrere Geschäftszweige existent**, die Gliederungen des JA nach unterschiedlichen Gliederungsvorschriften erfordern, ist die GuV nach der für den Hauptgeschäftszweig vorgeschriebenen Gliederung zu erstellen. Gleichzeitig sind Ergänzungen zur Berücksichtigung der für die anderen Geschäftszweige vorgeschriebenen Gliederung vorzunehmen, die im Anhang anzugeben und zu begründen sind (§ 265 Abs. 4 HGB).

45 Insgesamt schafft § 275 HGB durch die Regelung der Darstellungsform, den Ausweis der einzelnen Posten und die vorgegebenen Postenbezeichnungen die Voraussetzung für eine überblicksartige unternehmensexterne Analyse der Umsatzerlöse und der Aufwands- und Erfolgsstrukturen. Deren Aussagekraft wird jedoch durch die fehlende Trennung in betriebliche und betriebsfremde, unregelmäßig und regelmäßig wiederkehrende sowie periodenzugehörig und periodenfremd erfasste Vorgänge stark beeinträchtigt.

---

[23] Vgl. *Förschle/Peun*, in Beck Bil.-Komm. 9. Aufl., § 275 HGB, Rz 15 f., *Kirsch/Siefke/Ewelt-Knauer*, in *Baetge/Kirsch/Thiele*, Bilanzrecht, § 275 HGB Rz 47, Stand 10/2013.
[24] Vgl. WP-Handbuch, Bd. I, 14. Aufl., Abschn. F, Rz 482.
[25] Vgl. *Förschle/Peun*, in Beck Bil.-Komm. 9. Aufl., § 275 HGB, Rz 23.
[26] Vgl. *ADS*, 6. Aufl., § 275 HGB, Rz 50; WP-Handbuch, 14. Aufl., Bd. 1, Abschn. F, Rz 481.

## 3 Inhalte der einzelnen Posten des Gesamtkostenverfahrens

Die Gliederung des GKV (§ 275 Abs. 2 HGB) folgt ausgehend von den Umsatzerlösen einer aufwandsartenorientierten Grundkonzeption, wobei sich die verbindlich vorgegebene Reihenfolge letztlich an der für Produktionsbetriebe regelmäßig zu erwartenden Gewichtung der einzelnen Produktionsfaktoren im betriebswirtschaftlichen Leistungserstellungsprozess orientiert.  46

### 3.1 Umsatzerlöse (§ 275 Abs. 2 Nr. 1)

#### 3.1.1 Postenumfang und Zeitpunkt der Umsatzerfassung

Gem. § 277 Abs. 1 HGB handelt es sich bei den Umsatzerlösen um Erlöse, die aus dem Verkauf und der Vermietung oder Verpachtung von für die gewöhnliche Geschäftstätigkeit der KapG typischen Erzeugnissen, Waren, und Dienstleistungen resultieren.  47
Ihr Ausweis erfolgt **nach Saldierung der USt und Erlösschmälerungen**.  48

> **Beispiel**
> Skonti, Rabatte oder Umsatzvergütungen sowie zurückgewährte Entgelte für Rückware, Preisdifferenzen und Gewichtsmängel sowie Gutschriften für Fracht- und Verpackungskosten.

Auch erwartete Erlösschmälerungen, die sich in Gestalt von Zuführungen zu den Rückstellungen für nachträgliche Boni und Treuerabatte oder Gewährleistungsaufwendungen durch Rücktritt oder Preisminderungen aufgrund von Mängelrügen niederschlagen, sind als Erlösschmälerungen von den Umsatzerlösen in Abzug zu bringen.[27] Gewährleistungsaufwendungen, die auf Nachbesserungen entfallen, sollten im Gliederungskonzept des GKV prinzipiell als „sonstige betriebliche Aufwendungen" ausgewiesen werden, soweit eine Zuordnung zu den Primäraufwendungen nicht zuverlässig möglich ist.[28]
Hinsichtlich der USt bestehen keine Bedenken, statt einer Saldierung, einen Bruttoausweis der Umsätze mit ergänzender offener Absetzung der USt vorzunehmen.[29] Für mit der deutschen USt vergleichbare **ausländische Steuern** gelten hinsichtlich Saldierung und Ausweis dieselben Vorgaben.[30]

> **Beispiel**  49
> **Keine saldierungsfähigen Erlösschmälerungen** stellen an Dritte geleistete Provisionen, Listungsgelder und Ausgangsfrachten dar. Diese sind stattdessen als sonstige betriebliche Aufwendungen zu erfassen.[31] Vom Verkäufer zur

---

[27] Vgl. *Baetge/Kirsch/Thiele*, Bilanzen, 12. Aufl. 2012, S. 614.
[28] Vgl. *Förschle/Peun*, in Beck Bil.-Komm. 9. Aufl., § 275 HGB, Rz 63.
[29] Vgl. *Reiner/Haußer*, in MünchKomm. HGB, 3. Aufl., § 277 Rn 17.
[30] Vgl. *Isele/Paffrath*, in Küting/Pfitzer/Weber, HdR, HGB § 277, Rz 43, Stand 02/2011.
[31] Vgl. *Förschle/Peun*, in Beck Bil.-Komm. 9. Aufl., § 275 HGB, Rz 64.

> Verfügung gestellte Parkchips zum verbilligten Parken stellen ebenfalls keine Erlösminderung dar.[32] Während Freimengen in Verbindung mit Umsatzbuchungen als Erlösschmälerungen zu erfassende Preisminderungen darstellen, gilt dies nicht, soweit keine mit diesen im Zusammenhang stehenden Umsatzerlöse bebucht werden.[33]

Die Saldierung mit den angeführten Erlösschmälerungen setzt prinzipiell voraus, dass die entsprechenden Ursprungsbeträge, auf die sich diese Kürzungen beziehen, auch in dem Posten Umsatzerlöse dieses Gj enthalten sind, jedoch wird es auch als zulässig erachtet, Beträge unter diesem Posten zu verrechnen, die aufgrund einer unzureichenden Rückstellungsbildung Umsätze des Vorjahrs betreffen, sofern dies regelmäßig so gehandhabt wird.[34] Für wesentliche Beträge ist allerdings auch ein Ausweis unter den sonstigen betrieblichen Aufwendungen in Betracht zu ziehen.[35]

50 Entsprechend der enggefassten Umsatzerlösdefinition muss dem Ausweis der Erträge unter dem Posten Umsatzerlöse die Prüfung vorausgehen, ob diese Erlöse der engeren Geschäftstätigkeit, die durch den Geschäftszweig der Unternehmung bestimmt wird, zuzuordnen sind, d.h. typisch für die gewöhnliche Geschäftstätigkeit sind oder ob die Erlöse aus Nebengeschäften und -verwertungen resultieren.[36]

> **Beispiel**
> Typisch für die **gewöhnliche Geschäftstätigkeit** sind bspw. Erträge aus dem Verkauf von Kraftfahrzeugen bei Automobilunt, die für diese Unt Erlöse der eigentlichen Betriebsleistung darstellen. Auch Erlöse, die selten auftreten, aber zur gewöhnlichen Geschäftstätigkeit der Unternehmung zählen, wie dies bei Einzelanfertigungen der Fall sein kann, zählen zu den Umsatzerlösen.[37]

Erlöse, die zwar regelmäßig anfallen, aber aus nicht betriebstypischen Nebengeschäften resultieren, sind dagegen nicht als Umsatzerlöse, sondern als sonstige betriebliche Erträge zu erfassen. Anhaltspunkte, welche Erlöse als „Umsatzerlöse" auszuweisen sind und welche als „sonstige betriebliche Erträge", können die Satzung oder der Gesellschaftsvertrag der Unternehmung geben. Als allein maßgebliches Kriterium sind sie jedoch unzureichend.[38] Da die Markt- und Branchenbedingungen einem permanenten Anpassungs- und Wandlungsprozess unterliegen können, ist vielmehr das Gesamtbild der Unternehmung maßgeblich.

51 Der **Zeitpunkt der Umsatzverbuchung** fällt mit dem Realisationszeitpunkt zusammen, welcher sich aus dem als GoB im HGB kodifizierten Realisationsprinzip ableiten lässt (§ 252 Abs. 1 Nr. 4 HGB). Nach diesem sind Gewinne erst

---

32 Vgl. BFH v. 19.5.2006, VR 33/03.
33 Vgl. *Kirsch/Siefke/Ewelt-Knauer*, in *Baetge/Kirsch/Thiele*, Bilanzrecht, § 277 HGB Rz 25, Stand 10/2013.
34 Vgl. WP-Handbuch, 14. Aufl., Bd. I, Abschn. F, Rz 512.
35 Vgl. *Förschle/Peun*, in Beck Bil.-Komm. 9. Aufl., § 275 HGB, Rz 63.
36 Vgl. WP-Handbuch, Bd. I, 14. Aufl., Abschn. F, Rz 505.
37 Vgl. *Baetge/Kirsch/Thiele*, Bilanzen, 12. Aufl. 2012, S. 614.
38 Vgl. *Förschle/Peun*, in Beck Bil.-Komm. 9. Aufl., § 275 HGB, Rz 49.

zum Zeitpunkt der Leistungserbringung mit Entstehung eines Anspruchs auf Gegenleistung und nicht bereits zum Zeitpunkt des Vertragsabschlusses auszuweisen. Im Regelfall führt dies dazu, dass bei einem Verkauf der Zeitpunkt der Umsatzrealisierung mit dem Zeitpunkt der Lieferung und des Gefahrenübergangs auf den Käufer zusammenfällt. Gefahrenübergangs- und Realisationszeitpunkt weichen jedoch dann voneinander ab, sofern mit dem Käufer ein Rückgaberecht vereinbart wird. In diesem Fall ist eine Umsatzrealisierung vor Ablauf der Rückgabefrist nach hM zu verneinen.[39]

Angesichts fehlender Sonderregelungen für die Erfassungen der Umsatzerlöse aus langfristiger Auftragsfertigung wurde für diese zuweilen eine Umsatz- und Gewinnrealisierung vor endgültiger Abnahme durch den Kunden diskutiert („**Percentage-of-Completion**"-Methode).[40] Jedoch hat der Gesetzgeber in der Gesetzesbegründung des BilMoG klargestellt, dass die „Percentage-of-Completion"-Methode einen Verstoß gegen das Realisationsprinzip darstellt und dass momentan kein Raum für eine solche von der Praxis und Forschung vorgeschlagene HGB-Änderung besteht.[41]

52

> **Beispiel**
> Nicht zu den Umsatzerlösen zählen Erträge, die zwar regelmäßig anfallen, aber nicht zur gewöhnlichen Geschäftstätigkeit zählen, wie dies bei regelmäßigem Abgang von VG der Betriebs- und Geschäftsausstattung der Fall ist.

53

Während § 277 Abs. 1 HGB eindeutig den Abzug der USt und damit den Nettoausweis vorschreibt, werden in den handelsrechtlichen Bestimmungen keine klaren Aussagen zum Umgang mit den **Verbrauchsteuern** (z.B. Biersteuer, Sektsteuer, Tabaksteuer, Mineralölsteuer) **und Monopolabgaben** getroffen. Im Schrifttum finden sich sowohl Auffassungen, die gegen einen Abzug plädieren, als auch Auffassungen, die sich für einen Abzug aussprechen,[42] weil es sich bei den **Verbrauch- bzw. Verkehrsteuern**, wie bei der USt, um durchlaufende Posten handelt, die für das Unt bei wirtschaftlicher Betrachtung Erlösschmälerungen darstellen. Zudem entspräche ein solcher Abzug der internationalen Praxis.[43]

54

Aus der vierten EG-RL lässt sich hierzu aus Art. 28 der eindeutige Verweis entnehmen, dass alle umsatzbezogenen Steuern von den Umsatzerlösen abzuziehen sind. Dem wird andernorts aber der Hinweis entgegengebracht, dass in der Bundesrepublik die USt die einzige an den Umsatz anknüpfende Steuer ist und dass Steuern wie z.B. die Mineralöl- oder Tabaksteuer Verbrauchsteuern darstellen, für die das Saldierungsverbot zum Tragen kommt, sodass die Verbrauchsteuern ohne Absetzung von den Umsatzerlösen unter dem Posten „sonstige Steuern" zu erfassen sind.[44] Zudem wird auf § 1 Abs. 2 Satz 3 PublG verwiesen,

55

---

39 Vgl. *Coenenberg/Haller/Schultze*, Jahresabschluss und Jahresabschlussanalyse, 22. Aufl. 2012, S. 531; *Kirsch*, in *Federmann/Kußmaul/Müller*, HdB, Gewinn- und Verlustrechnung nach HGB, Rz 43, Stand 6/2013.
40 Vgl. zu dieser Diskussion *Kirsch*, in *Federmann/Kußmaul/Müller*, HdB, Gewinn- und Verlustrechnung nach HGB, Rz 44, Stand 10/2013, mwN.
41 Vgl. BilMoG-BgrRegE, S. 38.
42 Vgl. *Kirsch*, in *Federmann/Kußmaul/Müller*, HdB, Gewinn- und Verlustrechnung nach HGB, Rz 45, Stand 10/2013.
43 Vgl. *Förschle/Peun*, in Beck Bil.-Komm. 9. Aufl., § 275 HGB, Rz 66.
44 Vgl. WP-Handbuch, Bd. I, 14. Aufl., Abschn. F, Rz 509.

aus dem hervorgeht, dass die Umsatzerlöse die Verbrauchsteuern enthalten.[45] Während eine offene Absetzung für die Mineralölsteuer nach hM mit Verweis auf die gängige Bilanzierungspraxis seit Langem als zulässig erachtet wird,[46] zeichnet sich Selbiges auch für weitere Verbrauch- bzw. Verkehrsteuern ab. So wird diese Notwendigkeit bspw. auch für die Tabak- und Stromsteuer gesehen.[47]

56 Insgesamt weicht die an die 4. EG-RL angelehnte handelsrechtliche Umsatzerlösdefinition von der deutlich umfassenderen Umsatzdefinition des Umsatzsteuerrechts ab, nach der sämtliche Lieferungen oder Leistungen unabhängig davon, auf welche Weise sie erbracht werden und worauf sie sich beziehen, als Umsätze klassifiziert werden.[48]

### 3.1.2 Aspekte der Abgrenzung

57 Die Abgrenzung der Umsatzerlöse ist über die Konkretisierung des Postenumfangs der auszuweisenden Umsatzerlöse hinausgehend auch für die Größenklassenbestimmung der Unternehmung nach den §§ 267, 293 HGB und den §§ 1, 11 PublG von Bedeutung.

58 Abzugrenzen von den Umsatzerlösen sind die **außerordentlichen Erträge**. Diese resultieren aus Vorgängen, die weder dem Bereich der gewöhnlichen Geschäftstätigkeit zugeordnet werden können, noch regelmäßig anfallen.[49]

59 Die **Abgrenzung zwischen Umsatzerlösen und sonstigen betrieblichen Erträgen** hat in Anlehnung an den Geschäftszweig der Unternehmung zu erfolgen, sie darf sich aber nicht allein auf dieses Kriterium beschränken. So ist für Produktions-, Handels- und DienstleistungsUnt individuell zu entscheiden, welche Geschäftsvorfälle den tatsächlichen Unternehmensverhältnissen entsprechend dem **eigentlichen betrieblichen Leistungsbereich** zuzuordnen sind und welche nicht im Rahmen der gewöhnlichen Geschäftstätigkeit anfallen.

60 **Beispiel**
Der betriebliche Leistungsbereich eines **ProduktionsUnt** erstreckt sich auf den Verkauf von Fertigerzeugnissen und Handelswaren, sodass die hieraus resultierenden Erträge als Umsatzerlöse auszuweisen sind, zugleich der Umsatzausweis aber nicht darauf beschränkt werden darf. Auch Erlöse aus den **Verkäufen von unfertigen Erzeugnissen und Halbfabrikaten** sowie die Verkaufserlöse **nicht mehr benötigter Vorräte** sind, sofern sie branchenüblich sind und für die betreffende Unternehmung nicht den Ausnahmefall darstellen, als Umsatzerlöse zu erfassen. Die gleiche Erfassungsnotwendigkeit ergibt sich für die Veräußerung von **Abfall-, Spalt- und Kuppelprodukten**. Generiert ein ProduktionsUnt **regelmäßig** Umsätze aus Lohnarbeiten oder der Überlassung von Maschinen, die im Zusammenhang mit dem Fertigungsprogramm stehen, so sind auch diese als Umsatzerlöse auszuweisen.[50]

---

[45] Vgl. *Kirsch*, in *Federmann/Kußmaul/Müller*, HdB, Gewinn- und Verlustrechnung nach HGB, Rz 45, Stand 10/2013.
[46] Vgl. ADS, 6. Aufl., § 275 HGB, Rz 204.
[47] Vgl. WP-Handbuch, Bd. I, 14. Aufl., Abschn. F, Rz 510.
[48] Vgl. *Förschle/Peun*, in Beck Bil.-Komm. 9. Aufl., § 275 HGB, Rz 48.
[49] Vgl. *Baetge/Kirsch/Thiele*, Bilanzen, 12. Aufl. 2012, S. 614.
[50] Vgl. *Lachnit/Wulf*, in Bo HdR, § 277 Rz 5, Stand 06/2011.

> **Beispiel** 61
> HandelsUnt weisen entsprechend die Erlöse aus dem Verkauf der Waren ihres für sie individuell typischen Warenspektrums als Umsatzerlöse aus. Aber auch Umsätze aus Gelegenheitsgeschäften, wie bspw. dem Verkauf von Altwaren, sind von ihnen als Umsatzerlöse auszuweisen,[51] Verkäufe nicht mehr benötigter Einrichtungsgegenstände hingegen nicht.

> **Beispiel** 62
> DienstleistungsUnt haben die Klassifizierungsentscheidung anhand des von ihnen typischerweise am Markt angebotenen Dienstleistungsspektrums zu treffen. Der Ausweis hat sich dabei, sofern ihnen durch Rechtsverordnungen Formblätter vorgegeben sind, an deren Gliederung und Postenbezeichnungen zu orientieren.[52] Erlöse, die aus nicht betriebstypischen Nebenleistungen resultieren, sind als sonstige betriebliche Erträge auszuweisen. Dies gilt bspw. für Erlöse aus dem gelegentlichen Ausleihen von Arbeitskräften.[53]

> **Beispiel** 63
> HoldingGes weisen die Erträge ihrer typischen Tätigkeit als Finanzerträge unter den Posten Nr. 9, 10 und 11 beim GKV sowie unter Posten Nr. 8, 9 und 10 beim UKV aus.[54]

In Ergänzung zu dieser branchenbezogenen Grundklassifikation kommt für eine Reihe von Sachverhalten grds. kein Ausweis als Umsatzerlöse in Betracht, es sei denn, diese stellen für ein Unt Erlöse ihres eigentlichen betrieblichen Leistungsbereichs dar.[55] 64

> **Beispiel** 65
> So stellen **Mieteinnahmen aus Werkswohnungen, Erlöse aus Kantinenverkäufen, Gestionsgebühren** (Konzernumlagen) und Kostenerstattungen keine Umsatzerlöse dar (Rz 83), sodass sie weitgehend branchenunabhängig als sonstige betriebliche Erträge zu erfassen sind.[56] Dies gilt auch für Verkaufserlöse der Gegenstände des Anlagevermögens, sofern diese keine betriebstypischen Leistungen darstellen. Allerdings sind erhaltene **Gestionsgebühren**, die für Leistungen gezahlt werden, die typisch für die gewöhnliche Geschäftstätigkeit einer HoldingGes sind (z.B. Vermittlungen, Beratungen), von dieser als Umsatzerlöse auszuweisen. Gleiches gilt für Entgelte für von ihnen erbrachte Leistungen wie bspw. Marktforschung oder Vermietung von Geschäftsräumen.[57]

---

[51] Vgl. *Kirsch*, in *Federmann/Kußmaul/Müller*, HdB, Gewinn- und Verlustrechnung nach HGB, Rz 41, Stand 10/2013.
[52] Vgl. *Förschle/Peun*, in Beck Bil.-Komm. 9. Aufl., § 275 HGB, Rz 52.
[53] Vgl. *Isele//Paffrath*, in *Küting/Pfitzer/Weber*, HdR, HGB § 277, Rz 57, Stand 02/2011.
[54] Vgl. *ADS*, 6. Aufl., § 277 HGB, Rz 5; WP-Handbuch, Bd. I, 14. Aufl., Abschn. F, Rz 506.
[55] Vgl. *Förschle/Peun*, in Beck Bil.-Komm. 9. Aufl., § 275 HGB, Rz 54.
[56] Vgl. ADS, 6. Aufl., § 275 HGB, Rz 6.
[57] Vgl. *Förschle/Peun*, in Beck Bil.-Komm. 9. Aufl., § 275 HGB, Rz 54.

Während **Miet- und Pachterlöse** bei Unt der Immobilienwirtschaft und des Leasingsektors Umsatzerlöse darstellen, sind sie von Unt anderer Branchen, außer von Brauereien, die Pachten aus verpachteten Gaststätten als Umsatzerlöse ausweisen, als sonstige betriebliche Erträge auszuweisen. Anders ist dies zu bewerten, sofern ProduktionsUnt Erlöse aus der Vermietung und Verpachtung von Produktionsanlagen erzielen und diese Aktivitäten nicht nur von vorübergehender Natur sind, sondern eine gewisse Regelmäßigkeit gegeben ist.[58]

66 **Patent- und Lizenzeinnahmen** sind als Umsatzerlöse zu erfassen, sofern die Veräußerung von Lizenzen und Patenten zur gewöhnlichen Geschäftstätigkeit der Unt gehört, wie dies regelmäßig bei Unt aus dem Bereich der „Forschung und Entwicklung für Dritte" der Fall sein wird, aber nicht allein auf sie beschränkt ist.[59] So sind auch Erlöse aus Patent- und Lizenzverträgen als Umsatzerlöse auszuweisen, die dem Lizenznehmer die Rechte zur Herstellung von Erzeugnissen des Unt einräumen.[60]

67 Erlöse aus Dienstleistungen, die von Produktions- oder HandelsUnt im Rahmen von Nebenaktivitäten auf Basis vereinbarter **Wartungs- oder Schulungsverträge** erzielt werden, die in Verbindung mit verkauften Erzeugnissen stehen und nicht nur gelegentlich übernommen werden, sind von diesen als Umsatzerlöse auszuweisen.[61]

68 **Provisionserlöse aus Vermittlungs- und Kommissionsgeschäften** sind i.d.R. i.H. des erhaltenen Provision als Umsatzerlöse zu erfassen.

69 Für **Subventionen** kommt regelmäßig keine Erfassung als Umsatzerlöse in Betracht. Diese sind stattdessen als sonstige betriebliche Erträge oder ao Erträge bzw. als Anschaffungskostenminderungen zu erfassen (Rz 83).[62]

70 Für **Versicherungsentschädigungen** ist lediglich dann eine Erfassung als Umsatzerlöse vorzunehmen, sofern sie sich auf bereits abgesetzte Erzeugnisse, Waren bzw. Dienstleistungen erstrecken und dadurch nicht berechnungsfähige Umsätze ausgeglichen werden.[63]

71 **Verzugs-, Stundungs-, Zielzinsen, Mahngebühren und Vertragsstrafen** sind ebenfalls nicht als Umsatzerlöse zu erfassen (Rz 175).

### 3.2 Erhöhung oder Verminderung des Bestands an fertigen und unfertigen Erzeugnissen (§ 275 Abs. 2 Nr. 2)

72 Der Posten „Erhöhung oder Verminderung des Bestands an fertigen und unfertigen Erzeugnissen" bringt die Differenz zwischen den Wertansätzen der in Summe zu HK bewerteten fertigen und unfertigen Erzeugnisse zum Beginn und zum Ende der betrachteten Periode zum Ausdruck (Rz 27) und ist charakteristisch für die Grundsystematik des GKV. Dabei bilden sowohl Änderungen der Menge als auch des Werts die Berechnungsgrundlage (§ 277 Abs. 2 1. Hs. HGB).

---

[58] Vgl. *Förschle/Peun*, in Beck Bil.-Komm. 9. Aufl., § 275 HGB, Rz 55.
[59] Vgl. *Kirsch/Siefke/Ewelt-Knauer*, in *Baetge/Kirsch/Thiele*, Bilanzrecht, § 277 HGB Rz 35, Stand 10/2013.
[60] Vgl. *Isele/Paffrath*, in *Küting/Pfitzer/Weber*, HdR, HGB § 277, Rz 58, Stand 02/2011.
[61] Vgl. *Kirsch/Siefke/Ewelt-Knauer*, in *Baetge/Kirsch/Thiele*, Bilanzrecht, § 277 HGB Rz 36, Stand 10/2013.
[62] Vgl. *Isele/Paffrath*, in *Küting/Pfitzer/Weber*, HdR, HGB § 277, Rz 64, Stand 02/2011.
[63] Vgl. *Kirsch/Siefke/Ewelt-Knauer*, in *Baetge/Kirsch/Thiele*, Bilanzrecht, § 277 HGB Rz 40, Stand 10/2013.

Aus dieser Systematik ergibt sich, dass auch Abschreibungen d. H. d. auszuweisenden Bestandsveränderungen beeinflussen. Hierzu zählen die Niederstwertabschreibungen auf das UV gem. § 253 Abs. 4 HGB. Ausgenommen hiervon sind hingegen Abschreibungen, die über das unternehmensübliche Maß hinausgehen (§ 277 Abs. 2 2. Hs. HGB), da diese unter Posten Nr. 7b gesondert auszuweisen sind (Rz 131).[64]

Inhaltlich sind nach hM unter dem Posten Bestandsveränderungen die Veränderungen der Bestände der **fertigen und unfertigen Erzeugnisse** sowie der **selbsterzeugten Roh-, Hilfs- und Betriebsstoffe** auszuweisen. Für Letztere gilt dies jedoch nicht, sofern diese in der Bilanz wegen der Schwierigkeit ihrer bilanziellen Erfassung gemeinsam, d. h. ohne getrennte Bestandskonten, mit den fremdbezogenen RHB ausgewiesen werden,[65] da dann eine Saldierung der aktivierten Erträge der selbsterstellten Werkstoffe mit dem Materialaufwendungen vorzuziehen ist.[66] Fertige Erzeugnisse wurden vom Unt selbst hergestellt und befinden sich in einem verkaufsbereiten Zustand. Selbsterstellte unfertige Erzeugnisse sind hingegen noch nicht verkaufsbereit. 73

In Abhängigkeit davon, ob nach **Saldierung der unterschiedlichen Bestandsveränderungen** in Summe eine Gesamtbestandsmehrung oder -minderung vorliegt, ist als Postenbezeichnung entweder die Bezeichnung „Erhöhung" oder „Verminderung" „des Bestandes an fertigen und unfertigen Erzeugnissen" zu wählen.[67] 74

Des Weiteren sind auch die Bestandsveränderungen noch nicht abgerechneter Leistungen unter diesem Posten auszuweisen. Im Einzelnen zu nennen sind hier in Arbeit befindliche Aufträge sowie für Dritte errichtete unfertige Bauten auf fremdem Grund und Boden, wobei dies durch die gewählte Postenbezeichnung kenntlich gemacht werden sollte.[68] 75

Prinzipiell gilt der Grundsatz, dass die in der GuV unter Posten Nr. 2 ausgewiesene Bestandsveränderung der Summe der aus der Bilanz errechenbaren Differenzen zwischen den End- und Anfangsbeständen der für die Saldierung relevanten Vermögenspositionen entsprechen muss. Abweichungen können jedoch z. B. dann zu verzeichnen sein, wenn über das sonst übliche Maß hinausgehende Abschreibungen vorschriftsgemäß unter dem Posten Nr. 7b erfasst wurden.[69] 76

### 3.3 Andere aktivierte Eigenleistungen (§ 275 Abs. 2 Nr. 3)

Über Aufwendungen für die Bestandsveränderungen an fertigen und unfertigen Erzeugnissen hinaus können im Unt auch Aufwendungen für aktivierte Eigenleistungen entstanden sein, die, der Systematik des GKV Rechnung tragend, durch den Ausweis des Postens „**andere aktivierte Eigenleistungen**" auf der Ertragsseite der GuV ergebnisneutralisierend auszuweisen sind. Hierdurch wird eine periodengerechte Gegenüberstellung der wirtschaftlichen Gesamtleistung und der für die Erstellung angefallenen und auf die verschiedenen GuV-Posten verteilten Auf- 77

---

[64] Vgl. WP-Handbuch, 14. Aufl., Bd. I, Abschn. F, Rz 515.
[65] Vgl. *Lachnit/Wulf*, in Bo HdR, § 275, Rz 71; Stand 04/2011; *Kirsch/Siefke/Ewelt-Knauer*, in *Baetge/Kirsch/Thiele*, Bilanzrecht, § 277 HGB Rz 75, Stand 10/2013.
[66] Vgl. ADS, 6. Aufl., § 275 HGB, Rz 67 mwN.
[67] Vgl. ADS, 6. Aufl., § 275 HGB, Rz 56.
[68] Vgl. WP-Handbuch, 14. Aufl., Bd. I, Abschn. F, Rz 517.
[69] Vgl. *Budde*, in *Küting/Pfitzer/Weber*, HdR, HGB § 275, Rz 33, Stand 10/2011.

wendungen erreicht. Klassische Beispiele für aktivierte Eigenleistungen stellen selbsterstellte Bauten, Anlagen, Maschinen, bilanzierungsfähige selbst geschaffene immaterielle Vermögenswerte oder in Eigenregie durchgeführte aktivierte Großreparaturen dar.[70] Soweit Bestandsveränderungen selbsterstellter Roh-, Hilfs- und Betriebsstoffe nicht – wie nach hM erforderlich – unter dem Posten „Bestandsveränderungen unfertiger und fertiger Erzeugnisse" erfasst werden, sind diese ebenfalls als „andere aktivierte Eigenleistungen" auszuweisen. Die vor dem Inkrafttreten des BilMoG bestehende Möglichkeit, Aufwendungen für Ingangsetzung und Erweiterung des Geschäftsbetriebs des betreffenden Gj, für die von dem ehemals gültigen Aktivierungswahlrecht Gebrauch gemacht wurde, als aktivierte Eigenleistungen in der GuV auszuweisen, besteht nicht mehr (zum Ausweis noch vorhandener Positionen s. Art. 67 Rz 119ff.).

78 Sind Aufwendungen früherer Gj im Anschluss an eine steuerliche Betriebsprüfung in der Steuerbilanz nachzuaktivieren, so ist die entsprechende aufwandswirksame (handelsrechtliche) Buchung aufgrund ihrer Periodenfremdheit unter dem Posten „sonstige betriebliche Erträge" oder „außerordentliche Erträge" zu erfassen.[71]

79 Eine nachträgliche Aktivierung von Vorjahresaufwendungen und Erfassung als andere Eigenleistungen ist jedoch dann vertretbar bzw. erforderlich, wenn sich die Erstellung des VG über 2 Jahre hingezogen hat und sich im 2. Jahr – ohne Mitwirkung der steuerlichen Außenprüfung – die Aktivierungsfähigkeit der Vorjahresaufwendungen herausgestellt hat. Diese Situation liegt bspw. vor, wenn sich im Lauf von periodenübergreifenden Reparaturarbeiten herausstellt, dass diese aufgrund ihres Umfangs zu aktivieren sind.[72]

80 Fließen in die selbst erstellten VG fremdbezogene Materialien ein, so können diese entweder direkt auf die Aktivkonten gebucht werden, welche die aktivierten Eigenleistungen in der Bilanz ausweisen (**Nettomethode**), oder sie können als Aufwand unter dem Posten Nr. 5a oder 5b erfasst werden, mit späterem Mitausweis als aktivierte Eigenleistungen unter Posten Nr. 3 (Bruttomethode). Da bei der **Bruttomethode** das Volumen der aktivierten Eigenleistungen – und damit die ausgewiesene Gesamtleistung der Unternehmung – stark erhöht wird, lehnt die hM die Bruttomethode ab, es sei denn, die Fremdleistungen haben im Vergleich zur Eigenleistung nur eine untergeordnete Bedeutung.[73]

81 Der in der GuV unter dem Posten „andere aktivierte Eigenleistungen" auszuweisende Betrag entspricht dem in der Bilanz aktivierten Betrag.[74]

---

[70] Vgl. *Budde*, in *Küting/Pfitzer/Weber*, HdR, HGB § 275, Rz 34, Stand 12/2013; *Lachnit/Wulf*, Bo HdR, § 275 Rz 74, Stand 04/2011.
[71] Vgl. ADS, 6. Aufl., § 275 HGB, Rz 60; *Reiner/Haußer*, in MünchKomm. HGB, 3. Aufl., § 275 Rz 28; WP-Handbuch, 14. Aufl., Bd. I, Abschn. F, Rz 520.
[72] Vgl. ADS, 6. Aufl., § 275 HGB, Rz 60; *Reiner/Haußer*, in MünchKomm. HGB, 3. Aufl., § 275 Rz 28.
[73] Vgl. *ADS*, 6. Aufl., § 275 HGB, Rz 63; *Budde*, in *Küting/Pfitzer/Weber*, HdR, HGB § 275, Rz 36, Stand 12/2013; *Reiner/Haußer*, in MünchKomm. HGB, 3. Aufl., § 275 Rn 32.
[74] Vgl. *Budde*, in *Küting/Pfitzer/Weber*, HdR, HGB § 275, Rz 35, Stand 12/2013.

> **Beispiel**
> Andere aktivierte Eigenleistungen
> Die Fischgold Wilhelmshaven GmbH benötigt für ihre Fertigungsstraße eine neue Fischfiletiermaschine, die sie aufgrund ihrer besonderen Anforderungen selbst herstellt. Für die Herstellung der Maschine werden Materialien im Wert von 150.000 EUR eingekauft und verbaut. Die Personalkosten für die eigenen Techniker und für andere beteiligte Mitarbeiter betragen 175.000 EUR. Bei der Herstellung der Anlage werden eigene Maschinen eingesetzt. Die anteiligen Abschreibungen belaufen sich auf 10.000 EUR.
> Wie der Vergleich beider Erfassungsmethoden zeigt, ist aufgrund des hohen Fremdleistungsanteils der Nettomethode der Vorzug zu geben.
>
> | GuV (Angaben in TEUR) | Nettomethhode | Bruttomethode |
> |---|---|---|
> | andere aktivierte Eigenleistungen | 185 | 335 |
> | Materialaufwand | 0 | -150 |
> | Personalaufwand | -175 | -175 |
> | Abschreibungen | -10 | -10 |
> | Summe | 0 | 0 |
>
> Buchung Nettomethode
>
> | Datum | Konto | Soll | Haben |
> |---|---|---|---|
> | | Sachanlagen | 150.000 | |
> | | Verbindlichkeiten/Geldkonto | | 150.000 |
> | | Sachanlagen | 185.000 | |
> | | andere aktivierte Eigenleistungen | | 185.000 |
>
> Buchung Bruttomethode
>
> | Datum | Konto | Soll | Haben |
> |---|---|---|---|
> | | Materialaufwand | 150.000 | |
> | | Verbindlichkeiten/Geldkonto | | 150.000 |
> | | Sachanlagen | 335.000 | |
> | | andere aktivierte Eigenleistungen | | 335.000 |

## 3.4 Sonstige betriebliche Erträge (§ 275 Abs. 2 Nr. 4)

Der Posten Nr. 4 des GKV „sonstige betriebliche Erträge" stellt einen Sammelposten der GuV dar, in dem alle betrieblichen Erträge auszuweisen sind, die keinem anderen Ertragsposten des Gliederungsschemas zuzuordnen sind. Konkret sind unter den sonstigen betrieblichen Erträgen alle regelmäßigen und unregelmäßigen Erträge auszuweisen, die nicht zu den Umsatzerlösen, Bestandsveränderungen oder anderen aktivierten Eigenleistungen gehören, aber dennoch der gewöhnlichen Geschäftstätigkeit zuzuordnen sind (Rz 59).[75] Auch periodenfremde betriebliche Erträge sind unter diesem Posten auszuweisen.

---

[75] Vgl. *Budde*, in *Küting/Pfitzer/Weber*, HdR, HGB § 275, Rz 48, Stand 10/2010; *Förschle/Peun*, in Beck Bil.-Komm. 9. Aufl., § 275 HGB, Rz 91.

**83** | **Beispiel**
Zu den sonstigen betrieblichen Erträgen zählen Erträge aus:
- nicht betriebstypischen Pacht- und Mietverträgen (z.B. Mieteinnahmen aus der Vermietung von Werkswohnungen);
- Patent- und Lizenzverträgen, soweit diese nicht als Umsatzerlöse zu erfassen sind (Rz 65 f.);[76]
- Sozialeinrichtungen, wie z.B. Leistungen einer ärztlichen Abteilung;
- Wirtschaftsbetrieben, wie z.B. die Erlöse aus einem Kantinenbetrieb;
- Kostenerstattungen;
- nicht leistungsbezogenen Verwaltungskostenerstattungen von Tochtergesellschaften (Gestionsgebühren);[77]
- Gutschriften aus Weiterbelastungen an Tochtergesellschafen für Personalkosten, Materialkosten, Altersvorsorgung oder Abschreibungen;[78]
- Versicherungsentschädigungen und Schadensersatzleistungen, die nicht für verkaufte Erzeugnisse anfallen (dann Posten Nr. 1);[79]
- an Organgesellschaften weiterbelasteten und nicht gesondert als Erträge aus Gewinnabführungsverträgen ausgewiesenen Steuern (Rz 204);[80]
- kulturellen Veranstaltungen;
- Dividenden aus Genossenschaftsanteilen;
- Zuschüsse Dritter und Investitionszulagen, sofern diese nicht als Anschaffungskostenminderung erfasst werden oder Zuzahlungen von Gesellschaftern i.S.d. § 272 Abs. 2 Nr. 4 HGB darstellen;[81]
- gelegentlicher Personalüberlassung an Außenstehende (Rz 59 ff.);[82]
- Rückvergütungen und Gutschriften früherer Jahre;[83]
- Zuschreibungen zu Gegenständen des Anlagevermögens;
- Schrottverkäufen und Magazinverkäufen, sofern diese nicht als Umsatzerlöse zu erfassen sind (Rz 59 ff.);
- Wertaufholungen bzw. Zuschreibungen zu Vermögensgegenständen des Umlaufvermögens, sofern diese nicht unter Posten Nr. 2, 5a oder 15 zu erfassen sind;[84]
- Erhöhung von Festwerten bei Gegenständen des Sachanlagevermögens;[85]

---

[76] Vgl. *Förschle/Peun*, in Beck Bil.-Komm. 9. Aufl., § 275 HGB, Rz 91.
[77] Vgl. *ADS*, 6. Aufl., § 275 HGB, Rz 71; *Förschle/Peun*, in Beck Bil.-Komm. 9. Aufl., § 275 HGB, Rz 91; WP-Handbuch, Bd. I, 14. Aufl., Abschn. F, Rz 521.
[78] Vgl. *Förschle/Peun*, in Beck Bil.-Komm. 9. Aufl., § 275 HGB, Rz 91; *Reiner/Haußer*, in Münch-Komm. HGB, 3. Aufl., § 275 Rn 39.
[79] Vgl. *Kirsch/Siefke/Ewelt-Knauer*, in *Baetge/Kirsch/Thiele*, Bilanzrecht, § 277 HGB Rz 94, Stand 10/2013.
[80] Vgl. *ADS*, 6. Aufl., § 275 HGB, Rz 71; WP-Handbuch, Bd. I, 14. Aufl., Abschn. F, Rz 521.
[81] Vgl. *Budde*, in *Küting/Pfitzer/Weber*, HdR, HGB § 275, Rz 48, Stand 10/2010; WP-Handbuch, Bd. I, 14. Aufl., Abschn. F, Rz 521.
[82] Vgl. *Förschle/Peun*, in Beck Bil.-Komm. 9. Aufl., § 275 HGB, Rz 91.
[83] Vgl. WP-Handbuch, Bd. I, 14. Aufl., Abschn. F, Rz 521.
[84] Vgl. *ADS*, 6. Aufl., § 275 HGB, Rz 71; WP-Handbuch, Bd. I, 14. Aufl., Abschn. F, Rz 521.
[85] Vgl. *ADS*, 6. Aufl., § 275 HGB, Rz 71.

- Schuldnachlässen (Herabsetzung von Verbindlichkeiten), soweit diese nicht außerordentlich sind (§ 277 Rz 16);[86]
- Auflösungen von Rückstellungen, mit Ausnahme von Steuerrückstellungen (Rz 199);[87]
- Herabsetzungen von Pauschalwertberichtigungen zu Forderungen;[88]
- Zahlungseingängen auf in Vorjahren ausgebuchte Forderungen;
- Aktivierung unentgeltlich erworbener Vermögensgegenstände.[89]

Im Weiteren zählen Buchgewinne aus dem Abgang von Gegenständen des AV (inkl. immateriellem Vermögen) und des UV (z. B. Erträge aus dem Verkauf von Wertpapieren und den damit in Verbindung stehenden Bezugsrechten)[90] ebenso zu den sonstigen betrieblichen Erträgen wie Buchgewinne aus dem Einsatz derivativer Finanzinstrumente, sofern sie zu Spekulationszwecken erworben wurden oder die Bedingungen zur Anerkennung als Sicherungsgeschäft und damit zur Bildung einer Bewertungseinheit nicht erfüllt werden.[91] Gleiches gilt für Buchgewinne aus dem Verkauf von Emissionsrechten[92] und für Ausgleichsposten zur Gegenbuchung solcher RST, die über den Posten „sonstige betriebliche Aufwendungen" erfasst wurden und deren Inanspruchnahme unter der primären Aufwandsart ausgewiesen wird.[93] Für Erträge aus der **Währungsumrechnung** i. S. d. § 256a HGB besteht die Pflicht zum gesonderten Ausweis als sonstige betriebliche Erträge (§ 277 Abs. 5 HGB; § 256a Rz 31 ff.).

84

Die Höhe der sonstigen betrieblichen Erträge ergibt sich bei der Veräußerung von VG aus den entsprechenden Buchgewinnen auf Nettobasis. D. h., vom Verkaufserlös und/oder der Versicherungsentschädigung sind die Erlösschmälerungen, die Umsatzsteuer und der Buchwert des verkauften Gegenstands abzuziehen. Nicht zulässig ist eine Verrechnung von Erträgen mit Verlusten aus Vermögensabgängen und der ggf. hierauf entfallenden Ertragssteuern. Bei einem unterjährigen Ausscheiden eines abnutzbaren VG ist dessen Buchwert vor Berechnung der auszuweisenden sonstigen betrieblichen Erträge um die anteiligen Abschreibungen des Abgangsjahrs zu korrigieren. Aus Vereinfachungsgründen wird es jedoch auch als zulässig erachtet, auf die Ermittlung der Abschreibungen des Abgangsjahrs zu verzichten, sofern diese im Rahmen einer Gesamtwürdigung unwesentlich sind.[94]

85

---

86 Vgl. *ADS*, 6. Aufl., § 275 HGB, Rz 71; WP-Handbuch, Bd. I, 14. Aufl., Abschn. F, Rz 521.
87 Vgl. WP-Handbuch, Bd. I, 14. Aufl., Abschn. F, Rz 521.
88 Vgl. *Kirsch/Siefke/Ewelt-Knauer*, in *Baetge/Kirsch/Thiele*, Bilanzrecht, § 277 HGB Rz 94, Stand 10/2013.
89 Vgl. *Reiner/Haußer*, in MünchKomm. HGB, 3. Aufl., § 275 Rn 39.
90 Vgl. WP-Handbuch, Bd. I, 14. Aufl., Abschn. F, Rz 521.
91 Vgl. *Budde*, in *Küting/Pfitzer/Weber*, HdR, HGB § 275, Rz 47, Stand 10/2010.
92 Vgl. WP-Handbuch, Bd. I, 14. Aufl., Abschn. F, Rz 521.
93 Vgl. WP-Handbuch, Bd. I, 14. Aufl., Abschn. F, Rz 521.
94 Vgl. *Budde*, in *Küting/Pfitzer/Weber*, HdR, HGB § 275, Rz 41, Stand 10/2010.

| 86 | Eine **Verrechnung der Verkaufserlöse mit den Kosten des Aus-** bzw. **Abbaus oder entstandener Frachtkosten** wird trotz Verstoß gegen das Saldierungsverbot als zulässig,[95] aber nicht in jedem Fall als verpflichtend erachtet.[96] |
|---|---|
| 87 | Nicht für einen Ausweis als sonstige betriebliche Erträge kommen **Erträge aus der Wiederveräußerung eigener Anteile** in Betracht.[97] Diese sind gem. § 272 Abs. 1b Satz 3 HGB erfolgsneutral mit den freien Rücklagen bzw. der Kapitalrücklage gem. § 272 Abs. 2 Nr. 1 HGB zu verrechnen. Lediglich die Nebenkosten aus der Veräußerung fließen als Aufwand des Geschäftsjahrs in die GuV ein (§ 272 Rz 89 ff.). |
| 88 | Strittig ist zuweilen der nach hM vorzunehmende **Ausweis von Zuschreibungen zu Gegenständen des Finanzanlagevermögens und von Buchgewinnen der Veräußerung** dieser Vermögensposten als sonstige betriebliche Erträge und damit ihre Erfassung im Rahmen des Ergebnisses der gewöhnlichen Geschäftstätigkeit, da diese von der Sache her dem Finanzbereich des Ergebnisses der gewöhnlichen Geschäftstätigkeit zuzuordnen sind. Diesem Umstand kann bedenkenlos dadurch Rechnung getragen werden, dass erhebliche Erträge dieser Art in einem Vorspaltenvermerk innerhalb des Postens Nr. 4 gesondert ausgewiesen werden (Rz 142).[98] |
| 89 | Mitunter wird aber auch die Meinung vertreten, derartige Erträge seien als eigenständiger Posten dem Finanzergebnis zuzuordnen. Hierzu wird entweder ein Ausweis unter einem separaten GuV-Posten oder unter dem Posten „Erträge aus Beteiligungen" mit entsprechend modifizierter Postenbezeichnung diskutiert.[99] Während erstere Forderung im Hinblick auf den betriebswirtschaftlichen Sachverhalt plausibel erscheint, kann der zweiten (alternativen) Forderung nicht gefolgt werden. |
| 90 | Für die nach § 253 Abs. 4 HGB in der bis zum 28.5.2009 geltenden Fassung „im Rahmen vernünftiger kaufmännischer Beurteilung" vorgenommenen Abschreibungen, die in Gj vorgenommen wurden, die vor dem 1.1.2010 begonnen haben und die hieraus resultierenden Altfälle entfaltet das Wertaufholungsgebot des § 253 Abs. 5 HGB keine Wirkung (Art. 67 Abs. 4 EHGB), sodass eine verpflichtende Vorgabe zur Wertaufholung und zum Ausweis als sonstige betriebliche Erträge nicht in Betracht kommt.[100] |
| 91 | Erfolgswirksame **Auflösungen von Rückstellungen** sind erforderlich, wenn ihr Grund entfallen ist (§ 249 Abs. 2 Satz 2 HGB). Die hieraus resultierenden Erträge müssen unter den sonstigen betrieblichen Erträgen ausgewiesen werden, da eine Auflösung durch eine entsprechende Aufwandskorrektur als Verstoß gegen das Saldierungsverbot untersagt ist. Ergänzend gilt der Einzelbewertungsgrundsatz (§ 252 Abs. 1 Nr. 3 HGB) als Begründung dafür, weshalb eine RST bei Wegfall des Grunds nicht beibehalten und für einen anderen Zweck verwendet |

---

[95] Vgl. *ADS*, 6. Aufl., § 275 HGB, Rz 74; *Reiner/Haußer*, in MünchKomm. HGB, 3. Aufl., § 275 Rn 34.
[96] Vgl. *Budde*, in *Küting/Pfitzer/Weber*, HdR, Kap. HGB § 275, Rz 41, Stand 10/2010.
[97] Vgl. *Kirsch*, PiR 2008, S. 227.
[98] Vgl. *Förschle/Peun*, in Beck Bil.-Komm. 9. Aufl., § 275 HGB, Rz 98.
[99] Vgl. *Förschle/Peun*, in Beck Bil.-Komm. 9. Aufl., § 275 HGB, Rz 98 (nur für Zuschreibungen); *Kirsch/Siefke/Ewelt-Knauer*, in *Baetge/Kirsch/Thiele*, Bilanzrecht, § 275 HGB Rz 98 u. 194, Stand 10/2013.
[100] Vgl. Vereinigung zur Mitwirkung an der Entwicklung des Bilanzrechts für Familiengesellschaften, KoR 2008, S. 362.

werden darf. Ausnahmen hiervon werden nur als zulässig erachtet, wenn sich der alte und neue Aufwandszweck entsprechen und die betreffende „Rückstellungsbildung" sich auf abgelaufene Gj bezieht.[101]

Hinsichtlich der Ergänzung der vorgegebenen Gliederung um mögliche **freiwillige Zwischensummen** wird u. a. empfohlen, nach dem Posten Nr. 4 des GKV zur Erhöhung der Klarheit und Übersichtlichkeit eine Zwischensumme zur Darstellung des betrieblichen Rohertrags aufzunehmen.[102] 92

Insgesamt zeigt die Aufzählung möglicher sonstiger betrieblicher Erträge die Vielfalt der Sachverhalte, die unter diesem GuV-Posten zum Ausweis kommen können. Der sich hinter der Verankerung dieses Sammelpostens in der GuV verbergende Grundgedanke, eine ansonsten äußerst umfangreiche Auflistung einzelner Ertragsposten innerhalb der gesetzlich vorgegebenen Gliederung zu vermeiden, steht nicht im Widerspruch zur Forderung, dass immer dann ein getrennter Ausweis einzelner Posten der sonstigen betrieblichen Erträge erfolgen sollte, wenn dieser der Klarheit und Übersichtlichkeit dient.

Zuordnungs- und Ausweisprobleme sonstiger betrieblicher Erträge ergeben sich vor allem in der inhaltlichen Abgrenzung dieses GuV-Postens gegenüber den ao Erträgen. So bedarf es für einen Teil der oben angeführten Sachverhalte und ihrer möglichen Abwandlungen im Zweifelsfall einer Prüfung, ob diese ggf. als ao Erträge zu klassifizieren sind.[103] 93

Im Hinblick auf ergänzende Anhangangaben ist auf § 277 Abs. 4 Satz 3 HGB hinzuweisen. Dieser fordert Anhangangaben zu allen Aufwendungen und Erträgen, die aus anderen Gj stammen, hinsichtlich ihres Betrags und ihrer Art, sofern diese für die Beurteilung der Ertragslage nicht von untergeordneter Bedeutung sind (§ 277 Rz 9f.). 94

Nach den **Übergangsbestimmungen des BilMoG** sind die Wertansätze für die in den JA enthaltenen Posten mit Wertaufholungspotenzial, die auf Abschreibungen nach § 253 Abs. 3 Satz 3, § 253 Abs. 4 oder nach §§ 254, § 279 Abs. 2 HGB aF basieren und in Gj vorgenommen wurden, die vor dem 1.1.2010 begonnen haben, sofern der Bilanzierende sich gegen das ihm eingeräumte Wahlrecht zur Fortführung nach der bisherigen Regelung und für eine Höherbewertung entscheidet, erfolgsneutral zugunsten der Gewinnrücklagen anzupassen (Art. 67 Abs. 4 EGHGB; s. Art. 67 EGHGB Rz 89ff.). Dies gilt insgesamt jedoch nicht für Abschreibungen, die im letzten vor dem 1.1.2010 beginnenden Gj vorgenommen worden sind. Ihre Korrektur waren unter dem Posten ao Erträge (Nr. 14) vorzunehmen (Art. 67 Abs. 4 EGHGB; s. Art. 67 EGHGB Rz 149f.). 95

## 3.5 Materialaufwand (§ 275 Abs. 2 Nr. 5)

Als Materialaufwand sind die Aufwendungen für RHB-Stoffe und für bezogene Waren sowie die Aufwendungen für bezogene Leistungen gesondert auszuweisen. 96

---

101 Vgl. *Reiner/Haußer*, in MünchKomm. HGB, 3. Aufl., § 275 Rn 36.
102 Vgl. *Förschle/Peun*, in Beck Bil.-Komm. 9. Aufl., § 275 HGB, Rz 112.
103 Vgl. *ADS*, 6. Aufl., § 275 HGB, Rz 72.

### 3.5.1 Aufwendungen für Roh-, Hilfs- und Betriebsstoffe und für bezogene Waren (§ 275 Abs. 2 Nr. 5a)

**97** Eine Definition für den Materialaufwand findet sich in den handelsrechtlichen Bestimmungen nicht. Dieser Umstand ermöglicht es, über den Materialverbrauch des Fertigungsbereichs hinaus auch den Materialverbrauch des Forschungs-, Entwicklungs-, Verwaltungs- und Vertriebsbereichs unter Posten Nr. 5a auszuweisen. Alternativ kann dieser auch unter dem Posten „sonstige betriebliche Aufwendungen" ausgewiesen werden. Hierbei handelt es sich jedoch um eine einmalige Ausweisentscheidung, welche in den Folgejahren dem Grundsatz der Stetigkeit unterworfen ist.

**98** **Rohstoffe** sind Materialien, die mit oder ohne Bearbeitung als Hauptbestandteil in das Erzeugnis einfließen. Auch Vorprodukte und Fremdbauteile stellen Rohstoffe dar.

**Hilfsstoffe** sind Erzeugnisbestandteile von untergeordneter mengen- oder wertmäßiger Bedeutung.

Unter die Kategorie **Betriebsstoffe** fallen jene zur Erzeugniserstellung verbrauchten Produkte, die nicht unmittelbar in das Erzeugnis eingehen. Hierzu zählen auch Rohstoffe der Nebenbetriebe (z. B. Lebensmittelvorräte der Kantine) sowie die im Verwaltungs- und Vertriebsbereich eingesetzten Büromaterialien. Abweichend von der ansonsten üblichen Systematisierung der klassischen Betriebswirtschaftslehre stellen **Aufwendungen für bezogenen Strom und vergleichbare Energieaufwendungen** keine Aufwendungen für Betriebsstoffe bzw. Material dar, sondern Aufwendungen für bezogene Leistungen.[104]

**Bezogene Waren** sind erworbene Erzeugnisse, die **ohne** wesentliche Be- oder Verarbeitung zur Weiterveräußerung bestimmt sind.

**99** **Die Höhe der Materialaufwendungen** errechnet sich aus dem Anfangsbestand der Eröffnungsbilanz zuzüglich der Zugänge und abzüglich des in der Schlussbilanz ausgewiesenen Endbestands. Entsprechend dieser Wertermittlungskonzeption werden auch Abwertungen als Materialaufwendungen erfasst, soweit sie das übliche Maß nicht überschreiten. Somit beeinflussen auch **unternehmensüblicher** Schwund, Qualitätsverlust sowie rückläufige Marktpreise die Höhe des Materialaufwands. Die Ausweisentscheidung, ob die aufgrund dieser angeführten Gründe vorzunehmenden Abwertungen als Materialaufwand oder anderweitiger Aufwand einzustufen sind, ist von ihrer Höhe abhängig zu machen. Bewegen sich die Verluste aus mengenmäßigen Bestandsabgängen (Diebstahl, Brand, Bruch) auf unerheblichem Niveau, sind sie als Materialaufwand auszuweisen. Übersteigen sie dieses, folgt daraus ein Ausweis als sonstiger betrieblicher Aufwand. Erreichen sie gar ein außergewöhnlich hohes Ausmaß, sind sie als ao Aufwand auszuweisen.[105] Ein Ausweis mengenmäßiger Bestandsabgänge als unübliche Abschreibungen (Posten Nr. 7b) kommt hingegen nicht in Betracht.[106] Die Klassifizierung unüblicher Abschreibungen, die unter Posten

---

[104] Vgl. *ADS*, 6. Aufl., § 275 HGB, Rz 85.
[105] Vgl. *Lachnit/Wulf*, in Bo HdR, § 275 Rz 92, Stand 04/2011; *Reiner/Haußer*, in MünchKomm. HGB, 3. Aufl., § 275 Rn 42.
[106] Vgl. *Kirsch/Siefke/Ewelt-Knauer*, in *Baetge/Kirsch/Thiele*, Bilanzrecht, § 277 HGB Rz 115, Stand 10/2013.

Nr. 7b auszuweisen sind, ist an den in den Vorjahren aus denselben Gründen angefallenen Abschreibungen auszurichten.[107]

Zum Materialaufwand hinzuzurechnen sind ferner die Auswirkungen, die sich aus der Änderung von Bewertungsmethoden ergeben.[108]  **100**

Der **Aufwand für bezogene Waren** ergibt sich aus dem Anfangsbestand zuzüglich der Zugänge und abzüglich des Endbestands. Für die Zulässigkeit des Aufwandsausweises ist der Verkauf oder die Feststellung eines Abwertungsbedarfs bzw. von (nicht erheblichen) Inventurdifferenzen erforderlich.[109]  **101**

Bei Anwendung des **Festwertverfahrens** für die Bewertung der VG des UV entspricht der Materialaufwand dem Wert der laufenden Zugänge sowie den unternehmensüblichen Herauf- und Herabsetzungen des Festwerts. Auch Zugänge des SAV, das zu Festwerten ausgewiesen wird, dürfen unter Posten Nr. 5a erfasst werden.[110] Für sie wird aber auch ein Ausweis unter den sonstigen betrieblichen Aufwendungen als zulässig erachtet. Mitunter wird auch eine Ausweispflicht als Materialaufwand unterstellt.[111] Herabsetzungen von Festwerten des SAV sind hingegen unter dem Posten 7a auszuweisen.  **102**

### 3.5.2 Aufwendungen für bezogene Leistungen (§ 275 Abs. 2 Nr. 5b)

Aufwendungen für bezogene Leistungen erfordern einen von dem Posten „Aufwendungen für Roh-, Hilfs- und Betriebsstoffe und für bezogene Waren" getrennten Ausweis. Unter diesem Posten sind insb. die in die Herstellung eingeflossenen Fremdleistungen, wie z.B. die von Dritten durchgeführte Lohnverarbeitung oder -bearbeitung von zur Verfügung gestellten Werkstoffen und unfertigen Erzeugnissen zu subsumieren (z.B. Umschmelzen von Metallen, Härten von eigenen Erzeugnissen, Stanzarbeiten).[112] Aber auch die Aufwendungen für fremdbezogene Energie (z.B. Strom, Gas, Fernwärme) und für fremd durchgeführte Produktentwicklungen oder Fertigungslizenzen sind hier auszuweisen.[113] Aufgrund ihrer Betriebsstoffeigenschaft kommt für Strom oder Gas allerdings auch ein Ausweis unter Nr. 5a in Betracht.[114] Für Verkehrsbetriebe stellt dies im Hinblick auf den Fahrstrom den Regelfall dar. Auch der Energiebezug durch Versorgungsbetriebe ist als Materialaufwand auszuweisen.  **103**

Die Aufwandszuordnung zu diesem Posten richtet sich danach, ob es sich um Aufwendungen handelt, die ihrem Wesen nach als Materialaufwand zu betrachten sind, und nicht nach dem Bereich, in dem sie angefallen sind. Analog zu den  **104**

---

[107] Vgl. *Kirsch/Siefke/Ewelt-Knauer*, in *Baetge/Kirsch/Thiele*, Bilanzrecht, § 277 HGB Rz 114, Stand 10/2013.
[108] Vgl. *Coenenberg/Haller/Schultze*, Jahresabschluss und Jahresabschlussanalyse, 22. Aufl. 2012, S. 535.
[109] Vgl. *Förschle/Peun*, in Beck Bil.-Komm. 9. Aufl., § 275 HGB, Rz 121.
[110] Vgl. *Coenenberg/Haller/Schultze*, Jahresabschluss und Jahresabschlussanalyse, 22. Aufl. 2012, S. 535; WP-Handbuch, Bd. I, 14 Aufl., Abschn. F, Rz 528.
[111] Vgl. *Reiner/Haußer*, in MünchKomm. HGB, 3. Aufl., § 275 Rn 42; *Winzker*, in Beck HdR, B 332, Rz 14, Stand 05/2002.
[112] Vgl. *Kirsch/Siefke/Ewelt-Knauer*, in *Baetge/Kirsch/Thiele*, Bilanzrecht, § 277 HGB Rz 121, Stand 10/2013.
[113] Vgl. *Förschle/Peun*, in Beck Bil.-Komm. 9. Aufl., § 275 HGB, Rz 122; *Lachnit/Wulf*, in Bo HdR, § 275 Rz 94, Stand 04/2011; WP-Handbuch, Bd. I, 14. Aufl., Abschn. F, Rz 532; a.A. hierzu vgl. *Budde*, in *Küting/Pfitzer/Weber*, HdR, Kap. HGB § 275, Rz 53, Stand 10/2010; *Reiner/Haußer*, in MünchKomm. HGB, 3. Aufl., § 275 Rn 45.
[114] Vgl. *Förschle/Peun*, in Beck Bil.-Komm. 9. Aufl., § 275 HGB, Rz 122.

Aufwendungen für RHB und für bezogene Waren gilt auch hier, dass für die in den nicht herstellungsbezogenen Funktionsbereichen (z. B. Vertrieb und Verwaltung, F&E) angefallenen Aufwendungen für bezogene Leistungen ein alternativer Ausweis unter dem Posten „sonstige betriebliche Aufwendungen" zulässig ist.[115]

105 **Beispiel**
Keine Aufwendungen für bezogene Leistungen stellen Beratungskosten, Lager- und Transportkosten (soweit nicht Anschaffungsnebenkosten von RHB-Stoffen), Fremdlagerkosten, Lizenzgebühren, Aufwendungen für Leiharbeitskräfte, Mieten, Reisekosten, Telekommunikationskosten, Porti, Provisionen, Prüfungshonorare, Sachversicherungsprämien, Sachverständigenhonorare und Kosten für Werbung dar. Diese entsprechen in ihrem Charakter nicht den Materialkosten.[116]

106 Die Aufwendungen für **Fremdreparaturen** sind unter dem Posten Nr. 5b auszuweisen, sofern diese überwiegend von den Aufwendungen für den Materialverbrauch, anstatt vom Lohnteil, beeinflusst werden. Zwar wird dieser Sachverhalt einer Beurteilung in Einzelfällen nur schwer zugänglich sein, es erweist sich aber als maßgeblich für die Entscheidung, ob ein Ausweis unter Nr. 5b oder unter den „sonstigen betrieblichen Aufwendungen vorzunehmen" ist.[117]

107 Mietaufwendungen, die im Zusammenhang mit der Umsatzerzielung durch Weitervermietung stehen, können ebenfalls als bezogene Leistungen ausgewiesen werden.[118]

### 3.6 Personalaufwand (§ 275 Abs. 2 Nr. 6)

108 Der Personalaufwand ist beim GKV unter den Posten „Löhne und Gehälter" (§ 275 Abs. 2 Nr. 6a HGB) sowie „soziale Abgaben und Aufwendungen für Altersversorgung und für Unterstützung, davon für Altersversorgung" (§ 275 Abs. 2 Nr. 6b HGB) getrennt auszuweisen und umfasst sämtliche Personalaufwendungen, unabhängig davon, ob es sich um Geld- oder Sachleistungen handelt.[119] Bei Anwendung des UKV bedarf es aufgrund der fehlenden Aufwandsgliederung nach einzelnen Aufwandsarten einer dieser Grundeinteilung folgenden Aufgliederung des Personalaufwands im Anhang (§ 285 Nr. 8b HGB). Auch kleine und mittelgroße KapG und KapCoGes, die von der Möglichkeit des Rohergebnisausweises Gebrauch machen, müssen den Personalaufwand gesondert ausweisen (§ 276 HGB; § 276 Rz 9).

---

[115] Vgl. *Kirsch/Siefke/Ewelt-Knauer*, in *Baetge/Kirsch/Thiele*, Bilanzrecht, § 277 HGB Rz 122, Stand 10/2013.
[116] Vgl. *Baetge/Kirsch/Thiele*, Bilanzen, 12. Aufl. 2012, S. 620; *Lachnit/Wulf*, in Bo HdR, § 275 Rz 94, Stand 04/2011.
[117] Vgl. *Budde*, in *Küting/Pfitzer/Weber*, HdR, HGB § 275, Rz 53, Stand 10/2010; WP-Handbuch, Bd. I, 14. Aufl., Abschn. F, Rz 532.
[118] Vgl. WP-Handbuch, Bd. I, 14. Aufl., Abschn. F, Rz 532.
[119] Vgl. *Winzker*, in Beck HdR, B 333, Rz 17, Stand 02/2014.

### 3.6.1 Löhne und Gehälter (§ 275 Abs. 2 Nr. 6a)

Als **Löhne und Gehälter** sind sämtliche im Gj im Rahmen von Dienstverhältnissen angefallenen Löhne und Gehälter für Arbeiter, Angestellte, Auszubildende und Mitglieder des Vorstands bzw. der Geschäftsführung der Unternehmung auszuweisen.[120] Die Ausweispflicht erstreckt sich auf die Bruttobeträge der Löhne und Gehälter und ist unabhängig vom Auszahlungszeitpunkt und der Entgeltform (Geld- oder Sachbezüge). Auch Vergütungen für die aktive Tätigkeit eines phG (natürliche Person) sind unter diesem Posten zu erfassen.[121] Löhne und Gehälter sind somit in dem Gj in der GuV auszuweisen, dem sie wirtschaftlich zuzurechnen sind. Steuern und Sozialversicherung, die vom Arbeitnehmer zu tragen sind, stellen keinen Bestandteil des Personalaufwands der Unternehmung (Posten Nr. 6a) dar. Der gesetzlich vorgeschriebene Arbeitgeberanteil zur Sozialversicherung ist hingegen unter dem Posten Nr. 6b auszuweisen.

109

Die periodengerechte Erfassung am Jahresende noch nicht ausgezahlter Löhne und Gehälter ist durch einen Verbindlichkeits- oder Rückstellungsausweis in entsprechender Höhe des Personalaufwands sicherzustellen. Ausweispflicht unter dem Posten Nr. 6a besteht auch für Lohn- und Gehaltsauszahlungen früherer Gj, sofern für diese keine ausreichende RST gebildet wurde.[122] Für **Vorschuss- und Abschlagszahlungen** auf Löhne und Gehälter kommt aufgrund ihrer fehlenden Aufwandseigenschaft im Zeitpunkt ihrer Zahlung kein Ausweis unter den Personalaufwendungen in Betracht. Vielmehr sind sie als Forderungen des Arbeitgebers an den Arbeitnehmer auszuweisen.

110

Über die tariflich festgelegten oder frei vereinbarten Grundbezüge hinaus sind auch die **Nebenbezüge** als Löhne und Gehälter unter Posten Nr. 6a auszuweisen. Diese stellen die durch das Dienstverhältnis veranlassten über die Grundbezüge hinausgehenden Teile der „Löhne und Gehälter" dar und umfassen sämtliche laufenden oder einmaligen Sonderzahlungen, die aus besonderen Anlässen gewährt werden und der Abgeltung der Arbeitsleistung dienen.[123]

111

> **Beispiel**
> Als mögliche Nebenbezüge sind vor allem Trennungs- und Aufwandsentschädigungen, Gratifikationen, Provisionen an Angestellte, Löhne für gesetzliche Feiertage, Lohnfortzahlung im Krankheitsfall, Entgelte für Altersteilzeit, Überstundenentlohnung, Schichtzuschläge, Weihnachtsgelder, Urlaubsgelder, Urlaubsabgeltungen, vom Unt übernommene Lohn- und Kirchensteuer, vom Arbeitgeber freiwillig übernommene Arbeitnehmerbeiträge an gesetzlich soziale Versicherungen, Jubiläumszahlungen, Vergütungen für betriebliche Verbesserungsvorschläge und Erfindungen, Tantiemen, Erfolgsbeteiligungen, Wohnungsentschädigungen, Licht- und Wassergeld, Erziehungsbeihilfen,

---

120 Vgl. *Kirsch/Siefke/Ewelt-Knauer*, in Baetge/Kirsch/Thiele, Bilanzrecht, § 277 HGB Rz 131, Stand 10/2013.
121 Vgl. *Budde*, in *Küting/Pfizter/Weber*, HdR, HGB § 275, Rz 55, Stand 010/2010; . WP-Handbuch, Bd. I, 14. Aufl., Abschn. F, Rz 523.
122 Vgl. *Förschle/Peun*, in Beck Bil.-Komm. 9. Aufl., § 275 HGB, Rz 126.
123 Vgl. *Winzker*, in Beck HdR, B 333, Rz 17, Stand 02/2014.

> Hausstands- und Kinderzulagen und Zahlungen nach dem Vermögensbildungsgesetz zu nennen.[124] Schmutz-, Gefährdungs- und Schwerarbeitzulagen sowie Werkzeuggeld sind ebenfalls als Nebenbezüge zu erfassen.[125]

112 Nicht unter den Posten Nr. 6a fallen hingegen als sonstige betriebliche Aufwendungen auszuweisen an Arbeitnehmer oder Geschäftsführer geleistete **Auslagenerstattungen**, die nicht der Abgeltung von Leistungen dienen, die im gegenseitigen Leistungsaustausch stehen, sondern der Erstattung von Auslagen, die im Interesse des Unt vorgenommen wurden.

> **Beispiel**
> Rückerstattung barer Auslagen, pauschalierter Aufwendungsersatz für Reisen, Verpflegung, Nutzung des eigenen Pkw für Dienstreisen und Übernachtung sind keine Personalaufwendungen.[126]

113 **Abfindungen** im Zusammenhang mit der Beendigung von Beschäftigungsverhältnissen, Leistungen eines Sozialplans oder der Nachteilsausgleich einer Vorruhestandsregelung sind als Aufwendungen für Löhne und Gehälter zum Ausweis zu bringen.[127] Ein Ausweis derartiger Zahlungen als ao Aufwand sollte dann vorgenommen werden, wenn es sich um Abfindungen aus Sozialplänen für Betriebsschließungen handelt.[128]

114 Während regelmäßig gewinnabhängige Vergütungen oder Gewinnbeteiligungen der geschäftsführenden Organe prinzipiell ebenfalls als Löhne und Gehälter auszuweisen sind, gilt dieses nicht für den Ausnahmefall, dass die HV selbst über die Gewinnbeteiligung entscheiden soll, da diese Komponenten dann Teil des Gewinnverwendungsvorschlags sind.[129] Dieses Kriterium ist bspw. bei einer Dividendenabhängigkeit der Gewinnbeteiligung des Vorstands erfüllt.[130]

115 Die Bezüge von Aufsichtsräten und Beiräten sind als „sonstige betriebliche Aufwendungen" auszuweisen. Ein Ausweis unter dem Posten Nr. 6 kommt nicht in Betracht, da Aufsichtsräte nicht in einem dienstvertraglichen Anstellungsverhältnis stehen.[131]

---

[124] Vgl. ADS, 6. Aufl., § 275 HGB, Rz 104; *Kirsch/Siefke/Ewelt-Knauer*, in *Baetge/Kirsch/Thiele*, Bilanzrecht, § 277 HGB Rz 135, Stand 10/2013; WP-Handbuch, Bd. I, 14. Aufl., Abschn. F, Rz 533.
[125] Vgl. *Winzker*, in Beck HdR, B 333, Rz 17, Stand 02/2014.
[126] Vgl. *Förschle/Peun*, in Beck Bil.-Komm. 9. Aufl., § 275 HGB, Rz 131; *Reiner/Haußer*, in MünchKomm. HGB, 3. Aufl., § 275 Rn 48.
[127] Eine Notwendigkeit zur differenzierten Ausweisentscheidung (Personalaufwand oder sonstiger betrieblicher Aufwand) in Abhängigkeit davon, ob es sich um eine Nachzahlung für geleistete Dienste oder Prämie für das Ausscheiden eines lästigen Mitarbeiters handelt bzw. eine Entschädigung für den Verlust des Arbeitsplatzes handelt, sehen *Förschle/Peun*, in Beck Bil.-Komm. 9. Aufl., § 275 HGB, Rz 131; *Reiner/Haußer*, in MünchKomm. HGB, 3. Aufl., § 275 Rn 49.
[128] Vgl. *Budde*, in *Küting/Pfitzer/Weber*, HdR, HGB § 275, Rz 56, Stand 10/2010; *Förschle/Peun*, in Beck Bil.-Komm. 9. Aufl., § 275 HGB, Rz 131; *Kirsch/Siefke/Ewelt-Knauer*, in *Baetge/Kirsch/Thiele*, Bilanzrecht, § 277 HGB Rz 137, Stand 10/2013; *Reiner/Haußer*, in MünchKomm. HGB, 3. Aufl., § 275 Rn 49.
[129] Vgl. *Reiner/Haußer*, in MünchKomm. HGB, 3. Aufl., § 275 Rn 50.
[130] Vgl. *Förschle/Peun*, in Beck Bil.-Komm. 9. Aufl., § 275 HGB, Rz 129.
[131] Vgl. *Reiner/Haußer*, in MünchKomm. HGB, 3. Aufl., § 275 Rn 52.

Für die **wertmäßige Erfassung von Sachleistungen** sollte der vom Mitarbeiter 116
für diese Leistung ansonsten am Markt zu entrichtende Preis oder der vom Unt
für diese Leistung ansonsten am Markt erzielbare Preis herangezogen werden.
Gegen die Wertbestimmung auf Basis lohnsteuerrechtlicher Bestimmungen bestehen keine Einwände.[132] Dabei sind in der Buchhaltung die lohnsteuerlichen Sachbezugswerte unter dem Posten Nr. 6a zu erfassen und gleichzeitig durch eine Gegenbuchung mittels des Postens sonstige betriebliche Erträge zu neutralisieren.

---

**Buchungsbeispiel**
Buchhalterische Erfassung eines geldwerten Vorteils

**Beispiel 2**
Ein Angestellter erhält zzgl. zu seinem Bruttogehalt von 2.925,00 EUR eine Werkswohnung zur Miete i. H. von 500 EUR (geldwerter Vorteil: 350 EUR). Daraus folgt: steuer- und sozialversicherungspflichtiges Gehalt: 3.275,00 EUR; Steuern: 370,10 EUR; AN-Anteil SV: 668,90 EUR.

| Datum | Konto | Soll | Haben |
|---|---|---|---|
| | Gehälter | 3.275,00 | |
| | FB-Verbindlichkeiten | | 370,10 |
| | SV-Verbindlichkeiten | | 668,90 |
| | Mieterträge | | 500,00 |
| | sonst. betr. Erträge | | 350,00 |
| | Bank | | 1.386,00 |

---

### 3.6.2 Soziale Abgaben und Aufwendungen für Altersversorgung und für Unterstützung, davon für Altersversorgung (§ 275 Abs. 2 Nr. 6b)

Unter dem Posten „soziale Abgaben und Aufwendungen für Altersversorgung 117
und für Unterstützung" sind die vom Arbeitgeber zu tragenden gesetzlichen Pflichtabgaben auszuweisen.

#### 3.6.2.1 Soziale Abgaben

Als **soziale Abgaben** sind vor allem die **gesetzlich vorgeschriebenen Sozial-** 118
**versicherungsbeiträge** des Arbeitgebers (Renten-, Kranken-, Pflege- und Arbeitslosenversicherung, Knappschaft), Beiträge an die Berufsgenossenschaft und Umlagen für Insolvenzgeld, zu denen der Arbeitgeber gesetzlich verpflichtet ist, auszuweisen. Nicht unter Posten Nr. 6b, sondern Nr. 6a sind vom Arbeitgeber aufgrund eines Tarifvertrags bzw. einer Betriebsvereinbarung gewährte Beiträge zu gesetzlichen Sozialeinrichtungen und im Krankheitsfall an Betriebsangehörige weitergezahlte Bezüge auszuweisen.[133] Vom Arbeitgeber freiwillig übernommene Pflichtbeträge sind hingegen hier auszuweisen.[134] Der Ausweis von

---

[132] Vgl. *Budde*, in *Küting/Pfitzer/Weber*, HdR, HGB § 275, Rz 56, Stand 10/2010.
[133] Vgl. *ADS*, 6. Aufl., § 275 HGB, Rz 115; WP-Handbuch, Bd. I, 14. Aufl., Abschn. F, Rz 539; a. A. *Budde*, in *Küting/Pfitzer/Weber*, HdR, HGB § 275, Rz 59, Stand 10/2010.
[134] Vgl. *Winzker*, in Beck HdR, B 333, Rz 39, Stand 02/2014.

Firmenbeiträgen zur befreienden Lebensversicherung unter Posten Nr. 6b wird als zulässig erachtet, wenn diese anstelle gesetzlicher Pflichtabgaben gezahlt werden.[135] Für die **Schwerbehindertenausgleichsabgabe** ist ein Ausweis unter 6b möglich;[136] ihr Ausweis kann aber auch unter den sonstigen betrieblichen Aufwendungen erfolgen.[137] Wie bei den Löhnen und Gehältern orientiert sich die Zuordnung der sozialen Abgaben und Aufwendungen für Altersversorgung und für Unterstützung zu den Gj an dem Kriterium der wirtschaftlichen Verursachung und nicht an dem Zahlungszeitpunkt.

#### 3.6.2.2 Aufwendungen für Unterstützung

119 Bei **Aufwendungen für Unterstützung** handelt es sich um aus sozialen Gründen gewährte Zuwendungen an aktive und ehemalige Betriebsangehörige sowie deren Hinterbliebene, die in einer Sondersituation Ausgleichsbedürfnisse decken und **ohne konkrete Gegenleistung** des Zahlungsempfängers oder seines Rechtsvorgängers gezahlt werden. Diese Ausweiskriterien werden vor allem von freiwilligen Unterstützungszahlungen bei Krankheit, Unfall, Kur- und Krankenhausaufhalten sowie von Arztkostenzuschüssen, Deputaten an Pensionäre oder deren Witwen, Erholungsbeihilfen, Familienfürsorgezahlungen, Hausbrandzuschüssen oder Heirats- und Geburtsbeihilfen erfüllt.[138] Auch Zahlungen zum Zweck der Unterstützung an rechtlich selbstständige Sozialkassen und Unterstützungseinrichtungen des Arbeitgebers sind hier auszuweisen.[139]

#### 3.6.2.3 Aufwendungen für Altersversorgung

120 Die in Posten Nr. 6b enthaltenen **Aufwendungen für Altersversorgung** bedürfen eines gesonderten Ausweises durch einen „Davon"-Vermerk, sofern sich diese Angabe nicht dem Anhang entnehmen lässt. Zu den Aufwendungen für Altersversorgung zählen Pensionszahlungen mit oder ohne Rechtsanspruch (sofern diese nicht erfolgsneutral zulasten der Pensionsrückstellungen gebucht werden),[140] sämtliche Zuführungen zu den Pensionsrückstellungen, die sich nicht auf den Zinsanteil erstrecken, Zuweisungen zu rechtlich selbstständigen Versorgungseinrichtungen (Unterstützungs- und Pensionskassen), Beiträge an den Pensionsversicherungsverein sowie andere vom Unt übernommene Altersvorsorgeaufwendungen von Mitarbeitern (Lebensversicherungsprämien, Prämien für Direktversicherungen, sofern dem Arbeitnehmer ein unmittelbarer Leistungsanspruch erwächst, Zuschüsse zur Weiterversicherung der Arbeitnehmer in der Sozialversicherung).[141] Auch Effekte aus geänderten Annahmen zum Lohn-, Gehalts- und Rententrend sowie zu den biometrischen Annahmen sind als Aufwendungen für Altersversorgung auszuweisen.[142]

---

[135] Vgl. *Winzker*, in Beck HdR, B 333, Rz 39, Stand 02/2014; WP-Handbuch, Bd. I, 14. Aufl., Abschn. F, Rz 536 ff.
[136] Vgl. *Förschle/Peun* in Beck Bil.-Komm. 9. Aufl., § 275 HGB, Rz 132.
[137] Vgl. *Winzker*, in Beck HdR, B 333, Rz 39, Stand 02/2014.
[138] Vgl. *Winzker*, in Beck HdR, B 333, Rz 39, Stand 02/2014; *Reiner/Haußer*, in MünchKomm. HGB, 3. Aufl., § 275 Rn 57, WP-Handbuch, Bd. I, 14. Aufl., Abschn. F, Rz 543.
[139] Vgl. *Förschle/Peun*, in Beck Bil.-Komm. 9. Aufl., § 275 HGB, Rz 136.
[140] Vgl. *Baetge/Kirsch/Thiele*, Bilanzen, 12. Aufl. 2012, S. 622.
[141] Vgl. *Förschle/Peun* in Beck Bil.-Komm. 9. Aufl., § 275 HGB, Rz 135.
[142] Vgl. *IDW*, IDW RS HFA 30, Tz 88.

Wurde nach der bis zum 28.5.2009 geltenden Fassung des HGB für den Ausweis der **Zuführungen zu den Pensionsrückstellungen** nach hM sowohl ein Ausweis des gesamten Zuführungsbetrags unter Posten Nr. 6b als auch eine Trennung des Betrags in einen Zinsanteil, der im Finanzergebnis (Posten Nr. 13) auszuweisen ist, und einen sonstigen Anteil, der unter Posten Nr. 6b auszuweisen ist, als zulässig erachtet,[143] so resultiert aus § 253 Abs. 2 Satz 1 HGB i.V.m. § 277 Abs. 5 HGB die Pflicht zum gesonderten Ausweis der Erträge aus Abzinsung unter dem Posten „Sonstige Zinsen und ähnliche Erträge" (§ 275 Abs. 2 Nr. 11, Abs. 3 Nr. 10 HGB) und der Aufwendungen unter dem Posten „Zinsen und ähnliche Aufwendungen" (§ 275 Abs. 2 Nr. 13, Abs. 3 Nr. 12 HGB) im Finanzergebnis. Besondere Beachtung bedarf die Vorgabe des § 246 Abs. 2 Satz 2 HGB, der eine Verrechnung der Aufwendungen und Erträge aus der Abzinsung und dem zu verrechnenden Vermögen fordert (§ 246 Rz 115ff. HGB).[144] Aus dem Vergleich zwischen dem Regierungsentwurf und endgültigen Gesetzesbeschluss ergibt sich, dass eine Verrechnung von Personal- und Zinsaufwand hingegen unzulässig ist. Diese Vorgabe trägt dem Umstand Rechnung, dass nur eine Aufwandsverrechnung mit Erträgen aus der Erhöhung des Zeitwerts bereits erworbener Ansprüche sachgerecht ist. Auch Effekte aus Zinssatzänderungen sind unter diesem GuV-Posten und damit als Bestandteil des Finanzergebnisses auszuweisen. Ein getrennter Ausweis der Effekte aus der Aufzinsung und Zinssatzänderung ist nicht erforderlich, dient gleichwohl aber der Transparenz.[145] Aus der bilanzanalytischen Sicht ist der getrennte Ausweis der Aufzinsungskomponente insb. aufgrund der verbesserten EBIT-Darstellung zu begrüßen.

Die i.w.S. ebenfalls zum Personalaufwand zählenden **freiwilligen sonstigen Sozialleistungen** ohne Gegenleistungscharakter (z.B. Aufwendungen für Betriebsärzte, Erholungsheime oder Betriebsfeiern) sind unter dem Posten „sonstige betriebliche Aufwendungen" auszuweisen. Ein Ausweis als Personalaufwand kommt nicht Betracht.[146]

### 3.6.2.4 Erfassung der durch BilMoG bedingten Änderungen der Bilanzierung von Pensionsrückstellungen

Wirken sich die durch das BilMoG bedingten Änderungen der Bilanzierung von Pensionsrückstellungen auf die Bewertung laufender Pensionen, Anwartschaften auf Pensionen und ähnliche Verpflichtungen aus, so sind für die erforderlichen Bewertungsanpassungen die Übergangsvorschriften zu beachten. Der zur Verfügung stehende Ansammlungszeitraum endet am 31.12.2024 (Art. 67 Abs. 1 Satz 1 EGHGB; s. Art. 67 EGHGB Rz 8ff.). Als Wahlmöglichkeiten stehen dem Bilanzierenden die sofortige Zuführung in vollem Umfang, die gesplittete Zuführung in gleichmäßig bemessenen Jahresraten und die Zuführung in unterschiedlich hohen Jahresraten zur Verfügung. Lediglich eine jährliche Mindestzuführung von einem Fünfzehntel ist zwingend vorgeschrieben. Diese Zuführungen sind erfolgswirksam unter dem Posten ao Aufwendungen (Nr. 15) vorzunehmen (Art. 67 EGHGB Rz 149f.).

---

[143] Vgl. *ADS*, 6. Aufl., § 275 HGB, Rz 121.
[144] Vgl. *Küting/Kessler/Kessler*, WPg 2008, S. 754.
[145] Vgl. *Kessler/Leinen/Strickmann*, BilMoG-RegE, 2008, S. 167.
[146] Vgl. *ADS*, 6. Aufl., § 275 HGB, Rz 123a.

124 Erfordert die Bewertungsanpassung an das BilMoG eine Auflösung bereits gebildeter Rückstellungen für laufende Pensionen oder Anwartschaften auf Pensionen, so besteht, sofern bis zum 31.12.2024 ansonsten eine Rückstellungszuführung notwendig wäre, ein Wahlrecht, die Auflösung zu unterlassen (Art. 67 Abs. 1 Satz 2 EGHGB; s. Art. 67 EGHGB Rz 34 ff.). Wird von diesem Wahlrecht kein Gebrauch gemacht, so ist eine erfolgsneutrale Auflösung der Rückstellungen zugunsten der Gewinnrücklagen erforderlich (Art. 67 Abs. 1 Satz 2 EGHGB).[147] Ein Ausweis als sonstiger betrieblicher Ertrag kommt nicht in Betracht.

### 3.7 Abschreibungen (§ 275 Abs. 2 Nr. 7)

125 Für das GKV fordert § 275 Abs. 2 Nr. 7 HGB einen nach AV und UV getrennten Ausweis der **Abschreibungen** mit der Unterteilung in:
- Abschreibungen auf immaterielle VG des AV und Sachanlagen sowie
- Abschreibungen auf VG des UV, soweit diese die in der KapG üblichen Abschreibungen überschreiten.

#### 3.7.1 Abschreibungen auf immaterielle Vermögensgegenstände des Anlagevermögens und Sachanlagen (§ 275 Abs. 2 Nr. 7a)

126 Unter dem Posten Nr. 7a sind sämtliche handelsrechtlichen planmäßigen und außerplanmäßigen Abschreibungen auf das SAV und das immaterielle AV (§ 253 Rz 154 ff. HGB) sowie auf in vor dem 1.1.2010 beginnende Gj aktivierte Aufwendungen für die Ingangsetzung und Erweiterung des Geschäftsbetriebes zu erfassen (Art. 67 Abs. 5 Satz 1 EGHGB). Abschreibungen auf **Finanzanlagen** sind dagegen weder unter Posten Nr. 7a noch Nr. 7b, sondern unter Posten Nr. 12 auszuweisen. Allein auf steuerrechtlichen Vorschriften beruhende Abschreibungen dürfen weder unter Posten Nr. 7 noch unter einem anderen Posten der handelsrechtlichen GuV ausgewiesen werden, es sei denn, es handelt sich um Abschreibungen, die auf niedrigeren Wertansätzen von VG nach den §§ 254, 279 Abs. 2 des HGB in der bis zum 28.5.2009 geltenden Fassung beruhen.

127 Zur Vermeidung eines aus dem gemeinsamen Ausweis planmäßiger und außerplanmäßiger Abschreibungen drohenden Informationsverlusts, sieht § 277 Absatz 3 Satz 1 HGB eine **gesonderte Ausweispflicht der außerplanmäßigen Abschreibungen** in Form eines Vorspaltenvermerks, eines eigenen GuV-Postens oder einer Anhangangabe vor (§ 277 Rz 18 f.). Über die klassischen planmäßigen und außerplanmäßigen Abschreibungen hinaus stellen auch Herabsetzungen von Festwerten des SAV Wertminderungen dar, die unter dem Posten Nr. 7a auszuweisen sind.[148]

128 Die Pflicht zur Aufwandserfassung der Periodenabschreibungen in der GuV besteht losgelöst vom Verbleib des VG im Unt und erstreckt sich somit auch auf abnutzbare Vermögenswerte, die am Gj-Ende bereits abgegangen sind. Dies gilt auch für die **Poolabschreibungen** von GWG (§ 6 Abs. 2a EStG), gegen deren Übernahme in den handelsrechtlichen JA gem. der Begründung des BilMoG keine Bedenken bestehen.[149] Eine Pflicht zur Übernahme dieser steuerrechtlichen Be-

---

[147] Vgl. *Boecker*, in *Küting/Pfitzer/Weber*, Das neue deutsche Bilanzrecht, 2008, S. 562.
[148] Vgl. WP-Handbuch, Bd. I, 14. Aufl., Abschn. F, Rz 544.
[149] Vgl. BilMoG-BgrRegE, S. 38.

wertungsvorgabe besteht gleichwohl nicht (§ 253 Rz 195 ff.), zumal inzwischen alternativ auch wieder die Altregelung mit einer Möglichkeit zur Sofortabschreibung für GWG bis zur Wertgrenze von 410 EUR steuerrechtlich zulässig ist.

Beim GKV gilt zu beachten, dass die im Anhang (Anlagegitter) oder in der Bilanz ausgewiesenen Jahresabschreibungen (§ 268 Abs. 2 Satz 3 HGB) in Summe mit den unter dem Posten Nr. 7a und den in Posten Nr. 16 enthaltenen Abschreibungen übereinstimmen müssen.[150] 129

Entscheidet der Bilanzierende sich gegen die Fortführung einer gem. § 269 HGB aF für eine vor dem 1.1.2010 beginnenden Geschäftsbetriebs gebildete – und zunächst fortgeführte – Bilanzierungshilfe für **Aufwendungen für Ingangsetzung und Erweiterung des Geschäftsbetriebs** und ihre jährliche Abschreibung zu mind. 25 %, so ist deren Auflösung unter dem Posten ao Aufwendungen zu erfassen. Planmäßige Auflösungen sind dagegen nach den Altvorschriften zu behandeln (Art. 67 EGHGB Rz 119 ff.).[151] 130

### 3.7.2 Abschreibungen auf VG des UV, soweit diese die in der KapG üblichen Abschreibungen überschreiten (§ 275 Abs. 2 Nr. 7b)

Unter diesem Posten sind Abschreibungen auf das UV gem. § 253 Abs. 4 HGB auszuweisen, die den üblichen Umfang der Abschreibungen auf Gegenstände des UV wesentlich übersteigen (§ 253 Rz 266 ff.). D. h., lediglich die Mehrabschreibungen sind hier zu erfassen.[152] 131

In ihrer Höhe übliche Abschreibungen auf VG des UV sind hingegen nach folgendem Grundschema unter der dem jeweiligen VG zugeordneten Aufwandsart zu erfassen.[153] 132

| Vermögensgegenstand | GuV-Posten (GKV) zur Erfassung der üblichen Abschreibungen |
|---|---|
| Forderungen und sonstige Vermögensgegenstände, flüssige Mittel | Nr. 8 („sonstige betriebliche Aufwendungen") |
| Roh-, Hilfs- und Betriebsstoffe, bezogene Waren | Nr. 5a („Aufwendungen für Roh-, Hilfs- und Betriebsstoffe und für bezogene Waren") |
| unfertige und fertige Erzeugnisse, unfertige Leistungen | Nr. 2 („Erhöhung oder Verminderung des Bestands an fertigen und unfertigen Erzeugnissen") |
| Wertpapiere des Umlaufvermögens | Nr. 12 („Abschreibungen auf Finanzanlagen und auf Wertpapiere des Umlaufvermögens") |

Tab. 1: Ausweis der üblichen Abschreibungen auf Vermögensgegenstände des Umlaufvermögens

---

[150] Vgl. ADS, 6. Aufl., § 275 HGB, Rz 124.
[151] Vgl. IDW, IDW RS HFA 28, WPg-Supplement 1/2010, S. 44, Tz 12, 20 und 27.
[152] Vgl. Baetge/Kirsch/Thiele, Bilanzen, 12. Aufl. 2012, S. 623.
[153] Vgl. ADS, 6. Aufl., § 275 HGB, Rz 130; Förschle/Peun, in Beck Bil.-Komm. 9. Aufl., § 275 HGB, Rz 143.

133  Anhaltspunkte für die Ausweisentscheidung, ab welcher Höhe sich Abschreibungen im üblichen Rahmen bewegen oder ob sie diesen überschreiten, sind weder dem Gesetz noch dessen ergänzenden Begründungen oder der 4. EG-RL zu entnehmen. Die Analyse der hierzu im Schrifttum diskutierten Lösungsansätze offenbart insgesamt vier mögliche Vorgehensweisen der Abschreibungsklassifizierung. Eine hM lässt sich dabei bislang nicht feststellen.[154]

134  • Zur Zugrundelegung des üblichen Abschreibungsniveaus wird die Summe der **Abschreibungsbeträge des laufenden Gj mit der durchschnittlichen Abschreibungssumme der Vj.** desselben Unt oder, wenn diese nicht verfügbar ist, mit der Summe der Abschreibungsbeträge ähnlicher Unt verglichen.[155]
Als unübliche Abschreibungen gelten lediglich wesentliche Abweichungen von den in absoluter oder prozentualer Größenordnung ermittelten Durchschnittswerten der letzten 3–5 Jahre.[156]
Als Argumente für die methodische Überlegenheit dieses Ansatzes werden die hohe Praktikabilität und der mit diesem Ansatz verbundene Informationsgewinn der Bilanzadressaten gesehen. So sei das Interesse der mit dem Unt über Verträge verbundenen Bilanzadressaten vor allem auf möglichst geringe Wertschwankungen und Abwertungsrisiken des UV gerichtet.[157]
Opponenten dieser Begriffsinterpretation verweisen hingegen auf die grundsätzlichen methodischen Mängel eines derartigen Vorgehens. So wird nicht nur die implizite Gleichsetzung der Vergangenheitsdaten mit „Normalwerten" kritisiert, die vernachlässigt, dass ein gewisses Wertschwankungsniveau für das UV als normal zu betrachten ist, sondern auch die Orientierung an der Summe aller Abschreibungen sei unbefriedigend. Um zu zutreffenden Ergebnissen zu gelangen, müssten die Abschreibungsbeträge der einzelnen Bewertungsobjekte zugrunde gelegt werden.[158]

135  • Die Beurteilung der Üblichkeit von Abschreibungen wird von ihrem **Verpflichtungsgrad bzw. ihrem Wahlrechtscharakter** abhängig gemacht. Während Pflichtabschreibungen als üblich betrachtet werden, gelten Wahlrechtsabschreibungen als unübliche Abschreibungen.[159] Dabei wird jedoch nicht generell ausgeschlossen, dass es sich auch bei Pflichtabschreibungen in Einzelfällen um unübliche Abschreibungen handeln kann, sofern sie dem Grunde nach oder in ihrer Höhe in dieser KapG selten anfallen, aber nicht als außerordentlicher Aufwand einzustufen sind. Diese Möglichkeit wird insb. für dem Betrag nach außergewöhnlich hohe Pflichtabschreibungen gesehen.[160]
Dem wahlrechtsabhängigen Kriterium wird im Schrifttum der Einwand entgegengehalten, dass ein auf die vorsichtige Bewertung bedachter Unternehmer, der seine Bewertungswahlrechte auf das Ziel eines möglichst niedrigen Wertansatzes ausrichtet, zwangläufig einen hohen Anteil unüblicher Abschreibun-

---

[154] Vgl. *ADS*, 6. Aufl., § 275 HGB, Rz 132.
[155] Vgl. *Lachnit/Wulf*, in Bo HdR, § 275 Rz 114, Stand 04/2011; *Reiner/Haußer*, in MünchKomm. HGB, 3. Aufl., § 275 Rn 68.
[156] Vgl. *Förschle/Peun* in Beck Bil.-Komm. 9. Aufl., § 275 HGB, Rz 145.
[157] Vgl. *Reiner/Haußer*, in MünchKomm. HGB, 3. Aufl., § 275 Rn 68.
[158] Vgl. *ADS*, 6. Aufl., § 275 HGB, Rz 133.
[159] Vgl. *ADS*, 6. Aufl., § 275 HGB, Rz 134.
[160] Vgl. *Budde*, in *Küting/Pfitzer/Weber*, HdR, HGB § 275, Rz 68, Stand 10/2010.

gen ausweisen muss, obwohl dieses Vorgehen seinem üblichen Bilanzierungsverhalten entspricht.¹⁶¹
Mit dem Inkrafttreten des BilMoG und der damit verbundenen Ausdünnung ehemals verfügbarer Bewertungswahlrechte kann die hier diskutierte Interpretationshilfe als obsolet bezeichnet werden; zumal der Gesetzgeber trotz der Wahlrechtsausdünnung unverändert an der Bezeichnung des GuV-Postens Nr. 7b festgehalten hat. Unberührt von diesem Aspekt ist jedoch die im Rahmen der obigen Definition gemachte Feststellung, dass Abschreibungen, die dem Grunde nach oder in ihrer Höhe in dieser KapG selten anfallen und nicht die Kriterien des ao Aufwands erfüllen, für einen Ausweis unter 7b in Betracht zu ziehen sind, von grundlegender Bedeutung.

- Eine Unüblichkeit der Abschreibungen wird dann als gegeben betrachtet, wenn **Änderungen der bisher angewandten Abschreibungsmethoden** zu einer wesentlichen Überschreitung der vorher üblichen Abschreibungsbeträge führen.¹⁶² **136**
Diese Definition bedingt, dass nur die „Mehrabschreibungen" (bei Abweichungen von der bisherigen Abschreibungsmethode) unter dem Posten Nr. 7b auszuweisen sind.
- Eine Unüblichkeit der Abschreibungen ist dann anzunehmen, wenn gemessen an den Erfahrungen und Übungen der KapG bzw. der KapCoGes **ungewöhnliche oder seltene Abschreibungen** vorliegen, die nicht die Kriterien eines außerordentlichen Aufwands erfüllen. Dabei sind auch dem Betrag nach außergewöhnlich hohe Abschreibungen einzubeziehen.¹⁶³ **137**
Diese Definition verweist explizit auf die Abgrenzungsnotwendigkeit der unüblichen Abschreibungen gegenüber den ao Aufwendungen. Dabei gilt, dass die Abschreibungen das Maß der sonst üblichen Abschreibungen deutlich übersteigen müssen (Grundsatz der Wesentlichkeit).
Letztlich sind alle vier Möglichkeiten alternativ anwendbar, wobei die letztgenannte Variante, ggf. in Kombination mit der erstgenannten, am plausibelsten erscheint. Zu beachten ist der **Stetigkeitsgrundsatz**, sodass das einmal gewählte Verfahren beizubehalten ist. **138**

## 3.8 Sonstige betriebliche Aufwendungen (§ 275 Abs. 2 Nr. 8)

Der Posten „sonstige betriebliche Aufwendungen" stellt einen Sammelposten der GuV dar, in dem alle betrieblichen Aufwendungen auszuweisen sind, die keinem anderen Aufwandsposten des Gliederungsschemas zuzuordnen sind, aber dennoch zur gewöhnlichen Geschäftstätigkeit zählen. Der Ausweis unter diesem Posten erfolgt ungeachtet der Regelmäßigkeit und Periodenzugehörigkeit der Aufwendungen. **139**

Insbesondere im Fall der sonstigen betrieblichen Aufwendungen ist auf § 277 Abs. 4 Satz 3 HGB hinzuweisen, der zwar für alle GuV-Posten Anhangangaben zu den jeweiligen Aufwendungen anderer Gj hinsichtlich ihres Betrags und ihrer Art fordert, sofern diese für die Beurteilung der Ertragslage von Bedeutung sind, **140**

---

161 Vgl. *ADS*, 6. Aufl., § 275 HGB, Rz 134.
162 Vgl. *ADS*, 6. Aufl., § 275 HGB, Rz 132.
163 Vgl. *Budde*, in *Küting/Pfitzer/Weber*, HdR, HGB § 275, Rz 68, Stand 10/2010.

aber schwerpunktmäßig auf die sonstigen betrieblichen Aufwendungen abzielt (§ 277 Rz 31 f.).
Als sonstige betriebliche Aufwendungen sind vor allem folgende erfolgswirksamen Sachverhalte auszuweisen:[164]

141
- **Verluste aus dem Abgang von VG des AV (einschließlich Finanzanlagen)**, die sich aus Veräußerung, Abbruch, Verschrottung, Unfall und Untergang von VG aufgrund höherer Gewalt ergeben.[165] Ihre Höhe errechnet sich aus der Differenz zwischen Veräußerungserlös und Buchwert bzw. ergibt sich aus dem Buchwert zum Zeitpunkt des Abgangs. Diese Verluste dürfen nicht mit den Erträgen aus Anlageabgängen oder mit erhaltenen Schadensersatzleistungen für **andere** Vermögensgegenstände verrechnet werden (§ 246 Abs. 2 HGB).[166] Eine Saldierung der mit der einzelnen Transaktion verbundenen Erträge ist hingegen zulässig (Rz 85).[167] So ist für die Verschrottungsaufwendungen eine Saldierung mit den Verschrottungserlösen des betreffenden VG erforderlich.[168]

142
- **Verluste aus dem Abgang von VG des UV (außer Vorräten)**, die sich in Gestalt von Kursverlusten bei der Einlösung oder Veräußerung von Fremdwährungsforderungen, Devisenbeständen und Wertpapieren des Umlaufvermögens sowie der Abtretung und Veräußerung von Forderungen unter ihrem Buchwert ergeben.[169] Diese realisierten Verluste **aus der Währungsumrechnung** fallen allerdings nicht unter die Pflicht zum gesonderten Ausweis gem. § 277 Abs. 5 HGB. Vereinzelt wird für Verluste aus dem Abgang von Wertpapieren des Umlaufvermögens ein Ausweis unter einem Posten des Finanzergebnisses gefordert (Rz 181).[170] Plausibel erscheint eine solche alternative Handhabung (bei wesentlichen Beträgen) für einen Ausweis in einem eigenen Posten innerhalb des Finanzergebnisses. Ein Ausweis unter Posten Nr. 12 (Abschreibungen auf Finanzanlagen und Wertpapiere des Umlaufvermögens) ist hingegen abzulehnen.

143
- **Abschreibungen auf Forderungen des UV (inkl. sämtlicher Einzel- und Pauschalwertberichtigungen)**, die den üblichen Rahmen nicht überschreiten.[171] Nicht hier, sondern unter Posten Nr. 12 sind die Pauschalwertberichtigungen und Abschreibungen auf Ausleihungen des FAV auszuweisen. Beim UKV sind die Abschreibungen auf Kundenforderungen und Pauschalwertberichtigungen – wenn auch strittig – unter den Vertriebskosten auszuweisen (Rz 254).

---

[164] Vgl. *Winnefeld*, Bilanz-Handbuch 2010, Abschn. G, Rz 266.
[165] Vgl. *Budde*, in *Küting/Pfitzer/Weber*, HdR, HGB § 275, Rz 71, Stand 10/2010; *Winnefeld*, Bilanz-Handbuch 2010, Abschn. G, Rz 262.
[166] Vgl. *Förschle/Peun*, in Beck Bil.-Komm. 9. Aufl., § 275 HGB, Rz 158.
[167] Vgl. *Reiner/Haußer*, in MünchKomm. HGB, 3. Aufl., § 275 Rn 34.
[168] Vgl. *Budde*, in *Küting/Pfitzer/Weber*, HdR, HGB § 275, Rz 72, Stand 10/2010.
[169] Vgl. *Förschle/Peun*, in Beck Bil.-Komm. 9. Aufl., § 275 HGB, Rz 159; *Reiner/Haußer*, in MünchKomm. HGB, 3. Aufl., § 275 Rn 70.
[170] Vgl. *Kirsch/Siefke/Ewelt-Knauer*, in *Baetge/Kirsch/Thiele*, Bilanzrecht, § 275 HGB Rz 176 u. 214, Stand 10/2013.
[171] Vgl. *Budde*, in *Küting/Pfitzer/Weber*, HdR, HGB § 275, Rz 71, Stand 10/2010.

- **Laufende sonstige betriebliche Aufwendungen, die sich beispielhaft aus folgenden Sachverhalten ergeben:** 144

> **Beispiele**
> Anwaltskosten, Aufsichtsratsvergütungen, Aufwendungen für Fachliteratur, Ausbildungskosten, Ausgangsfrachten, Auslagenerstattungen an Arbeitnehmer (soweit sie nicht der Abgeltung von Leistungen dienen, die im gegenseitigen Leistungsaustausch stehen), Bankgebühren, Beiträge an Verbände, Beratungskosten, Bewirtungs- und Betreuungskosten, Büromaterial, Druck- und Vervielfältigungskosten, Erbbauzinsen, Gerichtskosten, Gründungskosten, Hauptversammlungskosten, Hausverwaltungskosten, Internetkosten, Kraftfahrzeugkosten (ohne Abschreibungen), Konventionalstrafen, Konzessionsabgaben bei Versorgungsbetrieben, Leasingaufwendungen, Lizenzgebühren (soweit nicht unter Posten Nr. 5b ausgewiesen), Miet- und Pachtaufwendungen, Personaleinstellungskosten, Postaufwendungen, Provisionen, Prüfungskosten, Reklameaufwendungen, Reparaturmaterial, Schutzkleidung, Schwerbeschädigtenausgleichsabgabe, Spenden, Steuerberatungskosten, Transport- und Lagerungsaufwendungen, Umlagen von Obergesellschaften, Verluste aus Arbeitsgemeinschaften, Verluste aus Schadensfällen, Versicherungsprämien, Wartungskosten, Zuschüsse zu Kantinen, Erholungs- und Sportanlagen.[172]

- Sofern sie nicht als Materialaufwand erfasst werden (Rz 102), sind auch **Ersatzbeschaffungen für mittels Festwertverfahren bewertete Vermögensgegenstände** des AV als sonstige betriebliche Aufwendungen auszuweisen.[173]
- **Verluste aus mengenmäßigen Bestandsabgängen von Vorräten** (Brand, Bruch, Diebstahl), die eine erhebliche Höhe erreichen und aufgrund ihrer Größe nicht als außerordentlicher Aufwand zu klassifizieren sind (Rz 99).[174] 145
- **Aufwendungen im Zusammenhang mit dem Einsatz von derivativen Finanzinstrumenten** in Industrie- und Handelsunt, sofern dem Einsatz dieser Instrumente Spekulationszwecke zugrunde liegen oder die Bedingungen zur Anerkennung als Sicherungsgeschäft, und damit zur Bildung einer Bewertungseinheit nicht erfüllt werden.[175] Soweit es sich um Sicherungsgeschäfte handelt, bedarf es der Differenzierung, ob die Aufwendungen aus einer unvollständigen bzw. teilweise unwirksamen Sicherungsbeziehung resultieren oder es sich um sog. wirksame Beträge handelt, die aus einer bilanziellen Erfassung gem. der Durchbuchungsmethode resultieren (§ 254 Rz 43 ff.).[176] 146

---

[172] Vgl. *Budde*, in *Küting/Pfitzer/Weber*, HdR, HGB § 275, Rz 77, Stand 10/2010; *Förschle/Peun*, in Beck Bil.-Komm. 9. Aufl., § 275 HGB, Rz 171; *Winnefeld*, Bilanz-Handbuch 2010, Abschn. G, Rz 266; WP-Handbuch, Bd. I, 14. Aufl., Abschn. F, Rz 551.
[173] Vgl. *ADS*, 6. Aufl., § 275 HGB, Rz 141; WP-Handbuch, Bd. I, 14. Aufl., Abschn. F, Rz 551.
[174] Vgl. *ADS*, 6. Aufl., § 275 HGB, Rz 92; *Baetge/Kirsch/Thiele*, Bilanzen, 12. Aufl. 2012, S. 619; *Förschle/Peun* in Beck Bil.-Komm. 9. Aufl., § 275 HGB, Rz 159; *Westermann*, Abschn. B 335, Rz 7; *Reiner/Haußer*, in MünchKomm. HGB, 3. Aufl., § 275 Rn 42.
[175] Vgl. *Budde*, in *Küting/Pfitzer/Weber*, HdR, HGB § 275, Rz 76, Stand 10/2010.
[176] Vgl. *Förschle/Peun*, in Beck Bil.-Komm. 9. Aufl., § 275 HGB, Rz 168; *Patek*, KoR 2008, S. 367.

147 • **Materialkosten des Verwaltungs- und Vertriebsbereichs**, die abweichend zur primärkostenorientierten Gliederung des GKV nicht als Materialaufwand ausgewiesen werden (Rz 97).[177]

148 • **Zuführungen zu den sonstigen Rückstellungen** (§ 249 Abs. 1 HGB), für welche die endgültige Aufwandsart noch nicht feststeht (z. B. Garantierückstellungen) oder für die aufgrund ihrer Eigenart keine genauere Zuordnung möglich ist.[178]

149 Strittig ist, ob **Betriebssteuern** für einen Ausweis unter dem Posten Nr. 8 in Betracht kommen. Zumeist wird sowohl ein Ausweis unter Posten Nr. 8 als auch unter Posten Nr. 19 als zulässig erachtet.[179] Für einen Ausweis als „sonstige betriebliche Aufwendungen" sprechen betriebswirtschaftliche Gründe und die internationale Praxis. Das vom HGB vorgegebene Gliederungsschema spricht hingegen für einen Ausweis unter Posten Nr. 19 („sonstige Steuern").[180]

150 Der Posteninhalt der „sonstigen betrieblichen Aufwendungen" des GKV weicht von dem des UKV ab. So werden beim GKV unter diesem Posten die Aufwandsbeträge ausgewiesen, die keiner anderen Aufwandsart zugeordnet werden können, beim UKV hingegen jene Aufwandsbeträge, die keinem der ausgewiesenen Funktionsbereiche zugewiesen werden können (Rz 262).

### 3.9 Erträge aus Beteiligungen, davon aus verbundenen Unt (§ 275 Abs. 2 Nr. 9)

151 Als Erträge aus Beteiligungen sind die laufenden Erträge aus Anteilen anderer Unt (Dividenden und vergleichbare Gewinnausschüttungen von KapG, Gewinnanteile von PersG und stillen Beteiligungen) auszuweisen, sofern für die hierzu korrespondierenden Vermögenswerte ein Bilanzausweis auf der Aktivseite i. S d. § 266 Abs. 2 A. III. 1. HGB (verbundene Unt) oder des § 266 Abs. 2 A. III. 3. HGB (Beteiligungen) erfolgt.

152 Auch Zinsen aus beteiligungsähnlichen Darlehen, deren Bilanzausweis unter dem Posten „Beteiligungen" oder „Anteile an verbundenen Unternehmen" erfolgt, sind unter dem Posten Nr. 9 der GuV zu erfassen.[181] Da derartige Darlehen üblicherweise aber unter den Posten nach § 266 Abs. 2 A. III 2. oder 4. HGB ausgewiesen werden, wird ein GuV-Ausweis dieser Zinsen unter Posten Nr. 10 („Erträge aus anderen Wertpapieren und Ausleihungen des Finanzanlagevermögens, davon aus verbundenen Unt") den Regelfall darstellen.[182]

153 Ebenso unter Posten Nr. 9 auszuweisen, sind **Abschlagszahlungen auf den Bilanzgewinn** und etwaige Zwischendividenden (bei der GmbH).[183] Zwar ist auch für verdeckte Gewinnbeteiligungen zunächst ein solcher Ausweis in Betracht zu

---

[177] Vgl. *Baetge/Kirsch/Thiele*, Bilanzen, 12. Aufl. 2012, S. 625.
[178] Vgl. WP-Handbuch, Bd. I, 14. Aufl., Abschn. F, Rz 551.
[179] Vgl. *Förschle/Peun*, in Beck Bil.-Komm. 9. Aufl., § 275 HGB, Rz 167; *Kirsch/Siefke/Ewelt-Knauer*, in *Baetge/Kirsch/Thiele*, Bilanzrecht, § 275 HGB Rz 177, Stand 10/2013, *Lachnit/Wulf*, in Bo HdR, § 275 Rz 119, Stand 04/2011.
[180] Vgl. *Förschle/Peun*, in Beck Bil.-Komm. 9. Aufl., § 275 HGB, Rz 167; *Kirsch/Siefke/Ewelt-Knauer*, in *Baetge/Kirsch/Thiele*, Bilanzrecht, § 275 HGB Rz 177, Stand 10/2013.
[181] Vgl. *Budde*, in Küting/Pfitzer/Weber, HdR, HGB § 275, Rz 78, Stand 10/2010; *Kirsch/Siefke/Ewelt-Knauer*, in *Baetge/Kirsch/Thiele*, Bilanzrecht, § 275 HGB Rz 193, Stand 10/2013.
[182] Vgl. *ADS*, 6. Aufl., § 275 HGB, Rz 145.
[183] Vgl. *Scheffler*, in Beck HdR, B 336, Rz 36, Stand 11/2012.

ziehen, allerdings sprechen nach hM die hierbei regelmäßig zu konstatierende nicht eindeutige Erfass- und Bezifferbarkeit gegen eine derartige Ausweispraktik, sodass allenfalls im Ausnahmefall einer eindeutigen Kriterienlage ein solcher Ausweis in Betracht zu ziehen sein wird.[184] Letztlich erscheint aber auch dieser nicht fachgerecht.[185]

Für **Beteiligungserträge aus verbundenen Unt** i. S. d. § 271 Abs. 2 HGB ist ein auf die Bruttobeträge bezogener gesonderter Ausweis in Gestalt eines „Davon"-Vermerks erforderlich. Maßgeblich für die Beurteilung des Vorliegens der Voraussetzungen zum gesonderten Ausweis ist der Beteiligungsstatus zum Zeitpunkt der Vereinnahmung. Unterjährige Statusänderungen begrenzen den Ausweis der Beteiligungserträge als „Davon"-Vermerk auf den Zeitraum der Klassifizierung der Beteiligung als verbundenes Unt.[186]  154

Aufgrund abweichender Einzelvorschriften sind Erträge auf Basis von **Gewinngemeinschaft, Gewinnabführungs- oder Teilgewinnabführungsvertrag** entweder gesondert unter Posten Nr. 9 oder als separater GuV-Posten auszuweisen (Rz 213 f.). Auch die Angabe eines „Davon"-Vermerks ist zulässig.[187] Mitgliedschaften in eG stellen keine Beteiligung dar, sodass für Dividenden von Genossenschaften ein Ausweis als Beteiligungsbeträge ausscheidet. Da Anteile an Genossenschaften auch keine Wertpapiere oder Ausleihungen des AV darstellen, sind ihre Erträge als sonstiger betrieblicher Ertrag auszuweisen. Als zulässig wird auch ein Ausweis unter Posten Nr. 11 (sonstige Zinsen und ähnliche Erträge) erachtet (Rz 82 ff.).  155

Analog zur Erfassung von **Verlusten aus der Veräußerung von Beteiligungen und verbundenen Unt**, für die ein Ausweis als sonstige betriebliche Aufwendungen bzw. ao Aufwendungen vorzunehmen ist, sind nach hM **Erträge aus dem Abgang von Beteiligungen und verbundenen Unt sowie Wertaufholungen** auf die Buchwerte dieser Vermögenswerte als sonstige betriebliche Erträge bzw. außerordentliche Erträge und nicht als Erträge aus Beteiligungen zu erfassen.[188] Der durchaus zu begegnenden gegenteiligen Ansicht[189] kann hier nicht gefolgt werden; ein gesonderter Posten ist aber denkbar. Abschreibungen auf Beteiligungen erfordern gem. Abs. 2 Nr. 12 einen gesonderten Ausweis.  156

Der Ausweis der Erträge aus Beteiligungen ist auf **Bruttobasis** vorzunehmen. Eine **Saldierung der Erträge aus Beteiligungen mit Verlusten und Abschreibungen** auf Finanzanlagen oder Wertpapiere des UV ist ebenso **untersagt** wie der Abzug der von der ausschüttenden Ges. einbehaltenen KapSt und anrechen-  157

---

[184] Vgl. *ADS*, 6. Aufl., § 275 HGB, Rz 147; *Förschle/Peun* in Beck Bil.-Komm. 9. Aufl., § 275 HGB, Rz 179; *Scheffler*, in Beck HdR, B 336, Rz 39, Stand 11/2012; WP-Handbuch, Bd. I, 14. Aufl., Abschn. F, Rz 555.
[185] Vgl. *Reiner/Haußer*, in MünchKomm. HGB, 3. Aufl., § 275 Rn 75. Sie erachten einen generellen Ausweis unter den Posten Nr. 1 oder Nr. 11 als notwendig.
[186] Vgl. *Förschle/Peun*, in Beck Bil.-Komm. 9. Aufl., § 275 HGB, Rz 175.
[187] Vgl. *ADS*, 6. Aufl., § 275 HGB, Rz 144, § 277 HGB, Rz 64; *Reiner/Haußer*, in MünchKomm. HGB, 3. Aufl., § 277 Rn 34.
[188] Vgl. *Reiner/Haußer*, in MünchKomm. HGB, 3. Aufl., § 275 Rn 75; *Scheffler*, in Beck HdR, B 336, Rz 40, Stand 11/2012.
[189] Vgl. *Baetge/Kirsch/Thiele*, Bilanzen, 12. Aufl. 2012, S. 631; *Förschle/Peun* in Beck Bil.-Komm. 9. Aufl., § 275 HGB, Rz 180; *Kirsch/Siefke/Ewelt*, in *Baetge/Kirsch/Thiele*, Bilanzrecht, § 275 HGB Rz 194, Stand 10/2013.

baren ausländischen Steuern.[190] Die einbehaltene KapSt ist als Steueraufwand unter dem GuV-Posten Nr. 18 („Steuern vom Einkommen und vom Ertrag") auszuweisen. Für steuerfreie Ober-Gesellschaften und steuerfreie Unterstützungskassen oder Pensionskassen findet der Bruttoausweis, soweit kein Erstattungsanspruch besteht, keine Anwendung.[191]

158 Der Zeitpunkt, an dem der Rechtsanspruch auf Ausschüttung entstanden ist, bestimmt den **Ansatzzeitpunkt**. Bei **PersG** wird gem. einer **wirtschaftlichen Betrachtungsweise** unterstellt, dass der Gewinnanteil den Gesellschaftern einer PersG i.d.R. bereits zum Schlusstag des Gj dieser Ges. zusteht, auf welches sich dieser erstreckt; unabhängig von der tatsächlichen Vornahme einer Gewinnausschüttung,[192] sodass zu diesem Zeitpunkt ein Ausweis der Beteiligungserträge vorzunehmen ist.[193] Bei noch ausstehender Feststellung ist die Höhe der Ausschüttung durch Schätzung zu bestimmen.[194] Abweichende Ausweiserfordernisse ergeben sich jedoch für den Fall, dass die Gewinnverfügung ohne Gesellschafterbeschluss aufgrund gesetzlicher Bestimmungen oder vertraglicher Vereinbarungen untersagt ist.[195]

159 Bei der Beteiligung an einer **KapG** fällt der Ansatzzeitpunkt hingegen mit dem Tag des entsprechenden Ausschüttungsbeschlusses der HV oder Gesellschafterversammlung zusammen (§ 174 AktG bzw. §§ 29, 46 Nr. 1 GmbHG).[196] Abweichend hiervon besteht bei einer 100 %-Beteiligung an einem TU in der Rechtsform einer KapG nach dem BGH-Urteil vom 12.1.1998[197] für die Beteiligungserträge die Pflicht zur Gewinnerfassung in dem Jahr, in welchem das Tochterunternehmen den Gewinn erzielt hat. Dies gilt zumindest unter den Voraussetzungen, dass die Gj von MU und TU identisch sind, der JA des TU ein den tatsächlichen Verhältnissen entsprechendes Bild der VFE-Lage vermittelt, der JA des TU zeitlich vor dem des MU festgestellt wird und die Gewinnverwendung des TU vor Abschluss der JA-Prüfung des MU beschlossen ist.[198]

160 Bei einer Mehrheitsbeteiligung an einer KapG verfügt das MU über ein Wahlrecht zur phasengleichen Erfassung, sofern es zur Durchsetzung einer bestimmten Gewinnausschüttung in der Lage ist, das Gj des TU nicht nach dem des MU endet, der JA des TU bereits festgestellt ist, der JA des TU einen Gewinn ausweist und der Gewinnverwendungsvorschlag bereits vorliegt.[199] Die steuerrechtliche Rechtspre-

---

[190] Vgl. *Reiner/Haußer*, in MünchKomm. HGB, 3. Aufl., § 275 Rn 80.
[191] Vgl. *Förschle/Peun* in Beck Bil.-Komm. 9. Aufl., § 275 HGB, Rz 178.
[192] Vgl. *Lachnit/Wulf*, in Bo HdR, § 275 Rz 181, Stand 04/2011; *Reiner/Haußer*, in MünchKomm. HGB, 3. Aufl., § 275 Rn 79; *Scheffler*, in Beck HdR, B 336, Rz 46, Stand 11/2012.
[193] Vgl. *Förschle/Peun*, in Beck Bil.-Komm. 9. Aufl., § 275 HGB, Rz 177.
[194] Vgl. *Winnefeld*, Bilanz-Handbuch 2010, Abschn. G, Rz 284.
[195] Vgl. IDW RS HFA 18 RdNr. 14 WPg 2006, S. 1302.
[196] Vgl. *Winnefeld*, Bilanz-Handbuch 2010, Abschn. G, Rz 283.
[197] Vgl. BGH, Urteil v. 12.1.1998, WPg 1998, S. 635.
[198] Vgl. *Budde*, in *Küting/Pfitzer/Weber*, HdR, HGB § 275, Rz 79, Stand 10/2010; *Kirsch/Siefke/Ewelt-Knauer*, in *Baetge/Kirsch/Thiele*, Bilanzrecht, § 275 HGB Rz 195, Stand 10/2013; *Reiner/Haußer*, in MünchKomm. HGB, 3. Aufl., § 275 Rn 78.
[199] Vgl. *Budde*, in *Küting/Pfitzer/Weber*, HdR, HGB § 275, Rz 79, Stand 10/2010. Von einer Pflicht zum phasengleichen Ausweis gehen aus: *Kirsch/Siefke/Ewelt-Knauer*, in *Baetge/Kirsch/Thiele*, Bilanzrecht, § 275 HGB Rz 195; Stand 10/2013.

chung (v. 7.8.2000 BstBl II 2000, S. 632 ff.), welche die phasengleiche Gewinnvereinnahmung ablehnt,[200] ist für die handelsrechtliche Bilanzierung ohne Belang.[201]

## 3.10 Erträge aus anderen Wertpapieren und Ausleihungen des FAV, davon aus verbundenen Unt (§ 275 Abs. 2 Nr. 10)

Der Posten „Erträge aus anderen Wertpapieren und Ausleihungen des Finanzanlagevermögens" erfasst die laufenden Erträge der als FAV (§ 266 Abs. 2 A. III. HGB) zum Ausweis gebrachten VG, die nicht als Erträge aus Beteiligungen oder Erträge aus Gewinngemeinschaften, Gewinnabführungs- und Teilgewinnabführungsverträgen gesondert auszuweisen sind. Auch für Erträge aus verbundenen Unt, die keine Beteiligungen i. S. d. § 271 HGB sind, ist ein Ausweis unter Posten Nr. 10 vorzunehmen (Erträge aus Anteilen am MU).[202] Entsprechend der Definition des AV kann es sich jedoch nur um Erträge aus Wertpapieren und Ausleihungen handeln, die dazu bestimmt sind, dem Geschäftsbetrieb dauernd zu dienen (§ 247 Abs. 2 HGB). 161

Der Ausweis der Erträge ist auf **Bruttobasis** vorzunehmen. Eine **Saldierung** mit Aufwendungen für die betreffenden Finanzanlagen oder Wertpapiere ist ebenso **unzulässig** wie der Abzug der von der ausschüttenden Gesellschaft einbehaltenen KapSt und anrechenbaren ausländischen Ertragsteuern.[203] 162

Als Erträge aus anderen Wertpapieren und Ausleihungen des FAV sind Zinserträge, Dividendenerträge und ähnliche Ausschüttungen auf andere Wertpapiere des AV sowie Zinserträge aus Darlehen und sonstigen Ausleihungen des FAV auszuweisen. Des Weiteren sind unter diesem Posten die **periodisch vorzunehmenden Aufzinsungen** langfristiger Ausleihungen beim Gläubiger auszuweisen, deren Bilanzansatz zum Hingabezeitpunkt abgezinst vorgenommen wurde.[204] 163

> **Beispiel**
> Relevant sind insb. Hypotheken, Grund- und Rentenschulden, deren Bilanzansatz abgezinst erfolgt, sowie die **periodischen Zuschreibungen auf Zero-Bonds**.

Angesichts der aus § 277 Abs. 5 S. 1 HGB resultierenden Verpflichtung, Erträge aus der Abzinsung gesondert (unter Posten Nr. 11) auszuweisen, sollte, sofern dieser getrennte Ausweis der Erträge und Aufwendungen aus Abzinsung auf alle Aktiva und Passiva ausgedehnt wird und diese Erträge nicht unter dem Posten Nr. 11 ausgewiesen werden (§ 277 Rz 36), ein gesonderter Ausweis in Gestalt einer Untergliederung oder eines Anhangvermerks vorgenommen werden.

---

200 Vgl. *Budde*, in *Küting/Pfitzer/Weber*, HdR, HGB § 275, Rz 79, Stand 10/2010.
201 Vgl. *Förschle/Peun*, in Beck Bil.-Komm. 9. Aufl., § 275 HGB, Rz 177; WP-Handbuch, Bd. I, 14. Aufl., Abschn. F, Rz 560.
202 Vgl. *Kirsch/Siefke/Ewelt-Knauer*, in *Baetge/Kirsch/Thiele*, Bilanzrecht, § 275 HGB Rz 201, Stand 10/2013.
203 Vgl. *Kirsch/Siefke/Ewelt-Knauer*, in *Baetge/Kirsch/Thiele*, Bilanzrecht, § 275 HGB Rz 206, Stand 10/2013.
204 Vgl. *Winnefeld*, Bilanz-Handbuch 2010, Abschn. G, Rz 295.

164 Auch Erträge aus **GmbH-Anteilen**, die weder als Anteile an verbundenen Unt noch als Beteiligungen einzustufen sind, kommen hier zum Ausweis, sofern diese Anteile in der Bilanz als FAV ausgewiesen werden.[205] Ebenso unter Posten Nr. 10 auszuweisen sind **Erträge aus Genussrechten**, sofern sie als FAV ausgewiesen werden.[206]

165 Erträge aus Finanzanlagen bei verbundenen Unt, wie z. B. Zinsen für Darlehensforderungen des FAV, sind in Gestalt eines „**Davon**"-Vermerk gesondert auszuweisen.

166 Erträge aus dem Verkauf von **Bezugsrechten** sind ebenso unter den sonstigen betrieblichen Erträgen auszuweisen wie Verkaufsgewinne aus Wertpapieren des FAV und Erträge aus Zuschreibungen zu anderen Wertpapieren und Ausleihungen des FAV.[207]

167 Erträge aus Wertpapieren des UV sind unter dem Posten Nr. 11 (sonstige Zinsen und ähnliche Erträge) auszuweisen.[208] Anteile an eingetragenen Genossenschaften stellen keine Wertpapiere und keine Ausleihungen dar. Sie sind in der Bilanz als sonstige VG auszuweisen, sodass ihre Erträge als sonstige betriebliche Erträge und nicht unter Posten Nr. 9 bzw. Posten Nr. 10 zu erfassen sind (Rz 155).[209]

168 Für die zeitliche Erfassung ist bei Dividenden der Zeitpunkt der Entstehung des Rechtsanspruchs maßgeblich. Zinserträge bedürfen einer zeitanteiligen Abgrenzung, so dass sowohl eine antizipative Abgrenzung als auch die Auflösung passivischer transitorischer RAP erforderlich sind.[210]

### 3.11 Sonstige Zinsen und ähnliche Erträge, davon aus verbundenen Unt (§ 275 Abs. 2 Nr. 11)

169 Unter diesem Posten sind alle laufenden Erträge (des Finanzbereichs) auf Bruttobasis auszuweisen, die nicht bereits unter den Posten Nr. 9 oder Nr. 10 ausgewiesen werden. Das obligatorisch zu beachtende **Saldierungsverbot** (§ 246 Abs. 2 HGB) verbietet eine Verrechnung der Zinserträge mit den Zinsaufwendungen. Dies gilt auch bei Aufwendungen aus Sollzinsen und Erträgen aus Habenzinsen gegenüber demselben Kreditinstitut. Eine Saldierung ist dabei selbst dann unzulässig, wenn während eines Gj durch abwechselnd ausgewiesene Soll- und Habensalden desselben Bankkontos sowohl Sollzinsen als auch Habenzinsen angefallen sind.[211]

---

[205] Vgl. WP-Handbuch, Bd. I, 14. Aufl., Abschn. F, Rz 567.
[206] Vgl. ADS, 6. Aufl., § 275 HGB, Rz 155; *Reiner/Haußer*, in MünchKomm. HGB, 3. Aufl., § 275 Rn 81.
[207] Vgl. *Lachnit/Wulf*, in Bo HdR, § 275 Rz 187, Stand 04/2011; *Reiner/Haußer*, in MünchKomm. HGB, § 275 Rn 80. AA *Kirsch/Siefke/Ewelt-Knauer*, in *Baetge/Kirsch/Thiele*, Bilanzrecht, § 275 HGB Rz 205, Stand 10/2013. Sie fordern einen Ausweis unter Posten Nr. 10 (GKV) bzw. Nr. 9 (UKV).
[208] Vgl. *Förschle/Peun*, in Beck Bil.-Komm. 9. Aufl., § 275 HGB, Rz 186.
[209] Vgl. *Förschle/Peun*, in Beck Bil.-Komm. 9. Aufl., § 275 HGB, Rz 187; AA *Kirsch*, in Federmann/ Kußmaul/Müller, HdB, Gewinn- und Verlustrechnung nach HGB, Rz 131; *Kirsch/Siefke/Ewelt-Knauer*, in *Baetge/Kirsch/Thiele*, Bilanzrecht, § 275 HGB Rz 203, Stand 10/2013.
[210] Vgl. *Kirsch* in Federmann/Kußmaul/Müller, HdB, Gewinn- und Verlustrechnung nach HGB, Rz 132 Stand 6/2013.
[211] Vgl. WP-Handbuch, Bd. I, 14. Aufl., Abschn. F, Rz 573; *Scheffler*, in Beck HdR, B 336, Rz 36, Stand 11/2012.

Jedoch ist insgesamt eine zu enge Auslegung des Saldierungsverbots abzulehnen und im Fall eindeutig durchlaufender Posten eine Verrechnung von in gleicher Höhe angefallenen Zinserträgen und -aufwendungen als zulässig zu erachten. Diese Möglichkeit ist vor allem für die Zinserträge und -aufwendungen gegeben, die für innerhalb des Konzerns durchgereichte Kredite anfallen.[212]

170

Aus verbundenen Unt stammende Erträge sind auch hier durch einen „Davon"-Vermerk gesondert in einer Summe vor der Hauptspalte anzuführen. Bei einer unterjährigen Statusänderung des verbundenen Unt ist lediglich jenes Ertragsvolumen gesondert auszuweisen, welches auf den Zeitraum entfällt, in dem die Klassifizierungsvoraussetzungen als verbundenes Unt erfüllt wurden.[213]

171

**Beispiel**
Als **sonstige Zinsen** sind unter dem Posten Nr. 11 folgende Sachverhalte auszuweisen:
− Zinserträge aus Bankguthaben, Termingeldern und anderen Einlagen bei Kreditinstituten;
− Zinserträge aus Genussrechten, Forderungen und Darlehen an Kunden, Mitarbeiter, Lieferanten etc.;
− Zinsen und Dividenden auf Wertpapiere des Umlaufvermögens;
− Aufzinsungsbeträge unverzinslicher und niedrigverzinslicher Darlehen und Forderungen, die nicht als Finanzanlagen in der Bilanz ausgewiesen werden (u.a. Erträge aus der Abzinsung des zum Barwert angesetzten Auszahlungsanspruchs nach § 37 Abs. 5 KStG);
− an Kunden weiterberechnete Verzugszinsen, Vorfälligkeitsentschädigungen sowie Diskonterträge aus Wechselforderungen.[214]

172

Zuschüsse der öffentlichen Hand sind nicht als sonstige Zinsen und ähnliche Erträge auszuweisen, sondern als sonstige betriebliche Erträge (Rz 82). Allerdings wird für Zinszuschüsse bei periodengerechter Vereinnahmung auch eine Absetzung von den jeweiligen Zinsaufwendungen für zulässig erachtet.[215]

Als **zinsähnliche Erträge** sind unter dem Posten Nr. 11 im Zusammenhang mit der Kreditvergabe vereinnahmte Erträge aus Agio, Disagio, Damnum, Aval- und Kreditprovisionen, Kreditgarantien, Teilzahlungszuschlägen, Zins-Swaps, Zinstermin- und Zinsoptionsgeschäften sowie Kreditgebühren zum Ausweis zu bringen, die mit Zinsen vergleichbar sind.[216]

173

Strittig ist der Ausweis nicht ausgenutzter Kundenskonti als sonstige Zinserträge. Während die hM den Ausweis unter den Umsatzerlösen befürwortet,[217] wird

174

---

[212] Vgl. *Budde*, in *Küting/Pfitzer/Weber*, HdR, HGB § 275, Rz 81, Stand 10/2010. Für eine stringente Auslegung des Saldierungsverbots plädieren *Baetge/Kirsch/Thiele*, Bilanzen, 12. Aufl. 2012, S. 634. Als zweifelhaft aber wohl nicht grundsätzlich unzulässig stufen *ADS* (ADS, 6. Aufl., § 275 HGB, Rz 160) diese Saldierungsmöglichkeit in diesem Sonderfall ein.
[213] Vgl. *Förschle/Peun* in Beck Bil.-Komm. 9. Aufl., § 275 HGB, Rz 190.
[214] Vgl. *Förschle/Peun* in Beck Bil.-Komm. 9. Aufl., § 275 HGB, Rz 191.
[215] Vgl. *Budde*, in *Küting/Pfitzer/Weber*, HdR, HGB § 275, Rz 81, Stand 10/2010.
[216] Vgl. *Kirsch/Siefke/Ewelt-Knauer*, in *Baetge/Kirsch/Thiele*, Bilanzrecht, § 275 HGB Rz 213, Stand 10/2013; *Reiner/Haußer*, in MünchKomm. HGB, 3. Aufl., § 275 Rn 87; WP-Handbuch, Bd. I, 14. Aufl., Abschn. F, Rz 575.
[217] Vgl. *Förschle/Peun* in Beck Bil.-Komm. 9. Aufl., § 275 HGB, Rz 192; *Reiner/Haußer*, in MünchKomm. HGB, 3. Aufl., § 275 Rn 85; WP-Handbuch, Bd. I, 14. Aufl., Abschn. F, Rz 575.

zuweilen auch ein Ausweis nicht ausgenutzter Kundenskonti als sonstige Zinserträge befürwortet, da ansonsten keine klare Trennung im Ausweis von betrieblichem Ergebnis und Finanzergebnis möglich ist.[218]

175 Nicht unter dem Posten Nr. 11, sondern als sonstige betriebliche Erträge sind weiter berechnete Gebühren für besondere Leistungen wie bspw. erhaltene Kreditbearbeitungsgebühren, Spesen, Mahnkosten und Erlöse aus dem Verkauf von Bezugsrechten auszuweisen.[219] Ebenfalls als sonstige betriebliche Erträge, und nicht unter dem Posten Nr. 11, sind Erträge aus der Veräußerung und Zuschreibung von Wertpapieren des UV auszuweisen.[220]

176 Für den Fall, dass **als HK zu aktivierende Fremdkapitalzinsen** auf Basis der Bruttomethode als Zinsaufwendungen verbucht wurden (Rz 80), sind die Erträge aus der Aktivierung der Fremdkapitalzinsen (§ 255 Abs. 3 Satz 2 HGB) unter Posten Nr. 2 („Erhöhung oder Verminderung des Bestands an fertigen und unfertigen Erzeugnissen") oder unter dem Posten Nr. 3 („andere aktivierte Eigenleistungen") auszuweisen.[221] Mit Inkrafttreten des BilMoG sind **Erträge aus der Abzinsung** (von Rückstellungen und Verbindlichkeiten) gesondert unter dem Posten Nr. 11 auszuweisen (§ 277 Abs. 5 Satz 1 HGB). Dies betrifft zweifelsfrei die Effekte aus Änderungen der Abzinsungssätze der Rückstellungsbewertung. Bei wortgetreuer Auslegung des § 277 Abs. 5 HGB wird jedoch auch ein gesonderter Ausweis der Aufzinsungserträge unverzinslicher und niedrigverzinslicher Darlehen und Forderungen, die nicht dem FAV zuzuordnen sind, unter Posten Nr. 11 nicht zu beanstanden sein, da sich entgegen dem Regierungsentwurf aus dem endgültigen Gesetzestext keine Beschränkung der Erträge aus Abzinsung auf Fremdkapitalpositionen ergibt. Diese ist allein der Begründung des Rechtsausschusses zu entnehmen (§ 277 Rz 36 ff.).

## 3.12 Abschreibungen auf Finanzanlagen und auf Wertpapiere des Umlaufvermögens (§ 275 Abs. 2 Nr. 12)

177 Dieser Posten dient dem Ausweis aller Abschreibungen des Gj auf Finanzanlagen sowie auf die Wertpapiere des UV, unabhängig davon, ob diese das übliche Maß überschreiten oder nicht.

178 Auch Beträge aus der Bildung und Erhöhung der Pauschalwertberichtigungen auf Ausleihungen des FAV sind unter diesem Posten auszuweisen. Der Ausweis unter diesem Posten ist unabhängig vom Abschreibungsgrund vorzunehmen. Die Abschreibungen können auf dauernder oder vorübergehender Wertminderung beruhen (§ 253 Abs. 3 HGB).

179 **Abzinsungsbeträge aus unverzinslichen oder niedrig verzinslichen langfristigen Ausleihungen** stellen, wenn diese erst im Rahmen ihrer Folgebewertung nach dem Zugangszeitpunkt aufgrund eines Niederstwerttests abgezinst werden

---

[218] Vgl. *Baetge/Kirsch/Thiele*, Bilanzen, 12. Aufl. 2012, S. 633; *Kirsch*, in *Federmann/Kußmaul/Müller*, HdB, Gewinn- und Verlustrechnung nach HGB, Rz 136; *Kirsch/Siefke/Ewelt-Knauer*, in *Baetge/Kirsch/Thiele*, Bilanzrecht, § 275 HGB Rz 215, Stand 10/2013.
[219] Vgl. *Budde*, in *Küting/Pfitzer/Weber*, HdR, HGB § 275, Rz 81, Stand 10/2010; WP-Handbuch, Bd. I, 14. Aufl., Abschn. F, Rz 575.
[220] Dem widersprechen *Kirsch/Siefke/Ewelt-Knauer*, in *Baetge/Kirsch/Thiele*, Bilanzrecht, § 275 HGB Rz 214, Stand 10/2013.
[221] Vgl. *Scheffler*, in Beck HdR, B 336, Rz 75, Stand 11/2012; WP-Handbuch, Bd. I, 14. Aufl., Abschn. F, Rz 572.

und die Aktivierung i.H.d. gesamten Zugangsbetrags vorgenommen wurde, ihrem Wesen nach Abschreibungen dar, sodass ein Ausweis unter Posten Nr. 12HGB vorzunehmen ist,[222] allerdings fordert § 277 Abs. 5 HGB den gesonderten Ausweis der Aufwendungen aus Abzinsungen unter dem „Posten Zinsen und ähnliche Aufwendungen", sodass auch dieser begründbar erscheint. Wurden die Zugänge dieser Ausleihungen zum Zugangszeitpunkt mit dem Barwert erfasst, so ist dann dementsprechend ein Ausweis der hierzu korrespondierenden Abzinsungsaufwendungen unter den sonstigen betrieblichen Aufwendungen vorzunehmen, jedoch ist auch hier gem. § 277 Abs. 5 S. 1 HGB eine gesonderte Erfassung unter dem Posten „Zinsen und ähnliche Aufwendungen" begründbar.

Im Anlagespiegel ist ein Ausweis der Abschreibungen auf die einzelnen Posten des FAV vorzunehmen (§ 268 Abs. 2 HGB). 180

**Verluste aus dem Abgang von Finanzanlagen und Wertpapieren** des UV sind als sonstiger betrieblicher Aufwand und nicht unter Posten Nr. 12 auszuweisen. Vereinzelten gegenläufigen Ausweisforderungen kann hier nicht gefolgt werden.[223] Insbesondere der Vorschlag, hier von einem gegebenen impliziten Ausweiswahlrecht auszugehen, sofern die Stetigkeit der Zuordnung beachtet wird und eine Wesentlichkeit der Beträge gegeben ist (Rz 142), muss spätestens mit dem Inkrafttreten des BilMoG als obsolet bezeichnet werden. 181

### 3.13 Zinsen und ähnliche Aufwendungen, davon an verbundenen Unternehmen (§ 275 Abs. 2 Nr. 13)

Unter diesem Posten sind die im Zusammenhang mit den Fremdkapitalverpflichtungen der Unt stehenden Aufwendungen auszuweisen, unabhängig davon, ob diese Zinsen und zinsähnlichen Aufwendungen einmalig oder regelmäßig anfallen.[224] Der Ausweis ist auf Bruttobasis vorzunehmen, sodass eine Saldierung mit den Zinserträgen nicht erlaubt ist (§ 246 Abs. 2 HGB). Dies gilt auch für die aus Verpflichtungen und Ansprüchen resultierenden Soll- und Habenzinsen gegenüber demselben Kreditinstitut. 182

> **Beispiel** 183
> Insbesondere sind unter diesem Posten Zinsen für Bankkredite, Hypotheken, Anleihen, Schuldscheindarlehen, Lieferantenkredite, Verzugszinsen, Säumniszuschläge auf verspätete Steuerzahlungen sowie Diskontbeträge für Wechsel und Schecks auszuweisen. Des Weiteren als Zinsaufwendungen und zinsähnliche Aufwendungen auszuweisen sind: Ausschüttungen auf Genussscheine mit Fremdkapitalcharakter, Kreditprovisionen, Überziehungsprovisionen, Bürgschafts- und Avalprovisionen, Verwaltungskostenbeiträge für Hypothekenbanken, Kreditbereitstellungsgebühren, Vermittlungsprovisionen, Besi-

---

[222] Vgl. *Baetge/Kirsch/Thiele*, Bilanzen, 12. Aufl. 2012, S. 633; *Budde*, in *Küting/Pfitzer/Weber*, HdR, HGB § 275, Rz 85, Stand 10/2010; *Reiner/Haußer*, in MünchKomm. HGB, 3. Aufl., § 275 Rn 92.
[223] Vgl. bspw. *Baetge/Kirsch/Thiele*, Bilanzen, 12. Aufl. 2012, S. 634; *Kirsch/Siefke/Ewelt-Knauer*, in *Baetge/Kirsch/Thiele*, Bilanzrecht, § 275 HGB Rz 225, Stand 10/2013.
[224] Vgl. *Reiner/Haußer*, in MünchKomm. HGB, 3. Aufl., § 275 Rn 94.

cherungsgebühren sowie Abschreibungen auf ein aktiviertes Agio, Disagio oder Hypothekendamnum.[225] Auch **Zinsanteile der Zuführungen zu Pensionsrückstellungen sowie der Zinsanteil aus der Veränderung des Deckungskapitals** sind unter diesem Posten auszuweisen.

Mit Inkrafttreten des BilMoG ist der gesonderte Ausweis dieser Abzinsungsaufwendungen sowie der Aufwendungen aus Abzinsung für sämtliche Rückstellungen mit Laufzeit von mehr als einem Jahr erforderlich (§ 277 Abs. 5 Satz 1 HGB; Rz 121). Eine Saldierung mit Erträgen aus der Abzinsung ist grds. unzulässig;[226] unter den Umständen des § 246 Abs. 2 Satz 2 HGB (§ 246 Rz 119) allerdings erforderlich.[227]

184 Der Ausweis der Aufwendungen eines **Disagios** unter diesem Posten ist unabhängig davon vorzunehmen, ob eine regelmäßige Abschreibung oder eine einmalige Verbuchung als Sofortaufwand erfolgt.[228] Handelt es sich dabei um Beträge von nicht untergeordneter Bedeutung, so ist der periodenfremde Aufwandsanteil im Anhang anzugeben. Entsprechend der unpräzisen Ausweisvorschriften des § 277 Abs. 5 HGB ist ein Einbezug der Abschreibungen auf ein Disagio und Damnum bzw. deren sofortige erfolgswirksame Erfassung in den gesonderten Ausweis der Aufwendungen aus Abzinsung letztlich nicht zu beanstanden.

185 Ferner sind auch Aufwendungen für **Zinsswaps, Zinstermingeschäfte und Zinsoptionsgeschäfte** unter dem Posten Nr. 13 auszuweisen.[229]

186 **Beispiele**
Ausgaben für den Zahlungsverkehr (z. B. Bankspesen, Umsatzprovisionen oder Kontoführungsgebühren), Einlösungsprovisionen für Schuldverschreibungen, Kreditvermittlungsprovisionen, Kreditüberwachungskosten, Währungsverluste sind nicht hier, sondern unter dem Posten „sonstige betriebliche Aufwendungen" auszuweisen. Kundenskonti sind, da sie Erlösschmälerungen darstellen, ebenfalls nicht hier auszuweisen, sondern mit den Umsatzerlösen zu saldieren.[230]

187 Leasingnehmer, die wirtschaftlicher Eigentümer des Leasingobjekts sind, müssen **den in den Leasingraten enthaltenen Zinsanteil** unter dem Posten Nr. 13 ausweisen. Fehlt es dem Leasingnehmer am wirtschaftlichen Eigentum, ist diesem der in den Leasingraten enthaltene Zinsanteil i. d. R. unbekannt, sodass der gesamte Aufwand unter dem Posten „sonstige betriebliche Aufwendungen" auszuweisen ist.

188 Für Abzinsungsaufwendungen von nicht oder niedrig verzinslichen Forderungen und Ausleihungen ist in Abhängigkeit des betroffenen Bilanzpostens der

---

225 Vgl. *Kirsch*, in *Federmann/Kußmaul/Müller*, HdB, Gewinn- und Verlustrechnung nach HGB, Rz 144, Stand 6/2013.
226 Vgl. BilMoG-BgrRA, S. 114.
227 Vgl. *Hoffmann/Lüdenbach*, NWB-Kommentar Bilanzierung, 5. Aufl. 2014 § 246 Rz 392.
228 Vgl. *Förschle/Peun*, in Beck Bil.-Komm. 9. Aufl., § 275 HGB, Rz 206; *Reiner/Haußer*, in Münch-Komm. HGB, 3. Aufl., § 275 Rn 97.
229 Vgl. *Förschle/Peun*, in Beck Bil.-Komm. 9. Aufl., § 275 HGB, Rz 210.
230 Vgl. *Budde*, in *Küting/Pfitzer/Weber*, HdR, HGB § 275, Rz 85, Stand 10/2010; *Förschle/Peun*, in Beck Bil.-Komm. 9. Aufl., § 275 HGB, Rz 208.

Ausweis unter den „sonstigen betrieblichen Aufwendungen" oder „Abschreibungen auf Finanzanlagen und Wertpapiere des Umlaufvermögens" vorzunehmen und nicht unter Posten Nr. 13. Unter Bezugnahme auf die weite Auslegung des § 277 Abs. 5 S. 1 HGB kann jedoch auch ein gesonderter Ausweis unter Posten Nr. 13 als erforderlich betrachtet werden (Rz 179).

Für die an verbundene Unt geleisteten Zinsen und zinsähnlichen Aufwendungen ist ein gesonderter Ausweis in Gestalt eines „Davon"-Vermerks oder die Angabe in Form einer Untergliederung erforderlich. 189

Zur Möglichkeit der Kürzung der Zinsaufwendungen um vereinnahmte Zinszuschüsse der öffentlichen Hand bei periodengerechter Vereinnahmung vgl. Rz 172. 190

### 3.14 Ergebnis aus der gewöhnlichen Geschäftstätigkeit (§ 275 Abs. 2 Nr. 14)

Zweck der GuV ist die Erfolgsermittlung. Abs. 2 HGB fordert hierzu einen differenzierten Ergebnisausweis. In einem ersten Schritt ist das Ergebnis der gewöhnlichen Geschäftstätigkeit auszuweisen. Dieses ergibt sich aus der Saldierung der unter den GUV-Posten 1–13 erfassten Erträge und Aufwendungen. De facto werden damit das **Betriebsergebnis** (Posten Nr. 1–8) und **Finanzergebnis** (Posten Nr. 9–13) in einer Summe zusammengefasst und als **Bruttoerfolg** vor Abzug von Steuern und ohne Berücksichtigung von Ergebnisbestandteile ausgewiesen. Eine Pflicht zum separaten Ausweis des Finanz- und Betriebsergebnisses besteht nicht. Der Terminus „Ergebnis der gewöhnlichen Geschäftstätigkeit" ist geeignet, sowohl positive als auch negative Ergebnisse auszuweisen. Daher sollte zur Wahrung der Klarheit und Übersichtlichkeit (§ 243 Abs. 2 HGB) kenntlich gemacht werden, ob ein positives oder negatives Ergebnis vorliegt. Diesem Erfordernis ist entweder durch den Einsatz von Vorzeichen oder vorzugsweise die Begriffswahl („Überschuss" oder „Fehlbetrag" der gewöhnlichen Geschäftstätigkeit) nachzukommen. 191

Trotz unterschiedlicher Gliederung müssen GKV und UKV am Ende zum Ausweis desselben Jahresergebnisses führen. Dies gilt jedoch nicht zwingend für das Ergebnis der gewöhnlichen Geschäftstätigkeit. Als Summe aller Erträge und Aufwendungen des betrieblichen und finanziellen Geschehens ist das Ergebnis der gewöhnlichen Geschäftstätigkeit noch um das außerordentliche Ergebnis zu erweitern sowie um die Steuern auf das Ergebnis und die sonstigen Steuern zu kürzen, um zum Jahresüberschuss zu gelangen. Aufgrund dieser Ausweissystematik ist der Übereinstimmungsgrad des Ergebnisses der gewöhnlichen Geschäftstätigkeit nach dem GKV und dem UKV davon abhängig, ob beim UKV die anteiligen Betriebssteuern den betrieblichen Funktionsbereichen zugeordnet werden oder ihr Ausweis unter den sonstigen Steuern erfolgt. 192

Hinsichtlich möglicher **Angabepflichten im Zusammenhang mit dem Ausweis des Ergebnisses der gewöhnlichen Geschäftstätigkeit** ist zu beachten, dass, sofern es in der GuV zum Ausweis ao Ergebnisbestandteile kommt, Anhangangaben darüber erforderlich sind, wie sich die Steuerbelastung der „Steuern vom Einkommen und Ertrag" auf das Ergebnis der gewöhnlichen Geschäftstätigkeit und das ao Ergebnis verteilt (§ 285 Nr. 6 HGB). 193

Zwar hat das Ergebnis der gewöhnlichen Geschäftstätigkeit durch Streichung der Wahlrechte zur Vornahme von Abschreibungen, die allein der Übernahme steu- 194 errechtlicher Wertansätze in die HB dienten (§ 279 Abs. 2 HGB aF), sowie der Streichung der Ermessensabschreibungen im Rahmen kaufmännischer Vorsicht (253 Abs. 4 HGB aF) und der Zukunftswertabschreibungen des UV (§ 253 Abs. 3 S. 3 HGB aF) an Aussagekraft gewonnen, jedoch bleiben weiterhin Verzerrungen durch Sondereinflüsse, wie z. b. Veräußerungserfolge aus dem Abgang von VG, Wertminderungen des AV und UV, periodenfremde Aufwendungen und Erträge oder Effekte aus Bilanzierungs- und Bewertungsmethodenveränderungen, welche die Eignung des Ergebnisses der gewöhnlichen Geschäftstätigkeit als **Indikator der Erfolgslage** stark beeinträchtigen, bestehen. Auch wenn diesem ggf. bestehenden Informationsdefizit in gewissem Maß durch gesonderte Angabepflichten im Anhang vorgebeugt wird, so verbleiben dennoch Ergebnisteile der gewöhnlichen Geschäftstätigkeit, die sich von der Sache her außerhalb eines betriebswirtschaftlich aussagekräftigen Ergebnisses bewegen.

### 3.15 Außerordentliche Erträge (§ 275 Abs. 2 Nr. 15)

195 Im Anschluss an das Ergebnis der gewöhnlichen Geschäftstätigkeit sind die ao Erträge gesondert auszuweisen. Der Posteninhalt bestimmt sich nach der Definition des § 277 Abs. 4 Satz 1 HGB (§ 277 Rz 9).

### 3.16 Außerordentliche Aufwendungen (§ 275 Abs. 2 Nr. 16)

196 Der Posteninhalt der ao Aufwendungen bestimmt sich nach der Definition des § 277 Abs. 4 Satz 1 HGB (§ 277 Rz 9).

### 3.17 Außerordentliches Ergebnis (§ 275 Abs. 2 Nr. 17)

197 Das unter diesem Posten auszuweisende Ergebnis errechnet sich als Saldo aus ao Erträgen und Aufwendungen. In Abhängigkeit davon, ob sich aus der Saldierung ein positives oder negatives Ergebnis ergibt, bedarf es der Ergänzung der vorgegebenen Postenbezeichnung um ein positives bzw. negatives Vorzeichen oder der Verwendung einer modifizierten Postenbezeichnung, wie bspw. „außerordentlicher Überschuss" bzw. ao Fehlbetrag. Die Darstellung des ao Ergebnisses erfolgt vor Steuern. Nach dem BilRUG wird ab dem Gj 2016 der Ausweis von ao-Beträgen in modifizierter Form nur noch im Anhang erfolgen (§ 285 Rz 116).

### 3.18 Steuern vom Einkommen und Ertrag (§ 275 Abs. 2 Nr. 18)

198 Unter dem Posten „Steuern vom Einkommen und Ertrag" sind jene ergebnisabhängigen Steuern zu erfassen, für welche die KapG selbst wirtschaftlicher Steuerschuldner ist.

> **Beispiel**
> Konkret sind als Steuern vom Einkommen und Ertrag vor allem folgende Aufwendungen auszuweisen:
> – KSt (einschließlich des Solidaritätszuschlags);
> – GewSt;

- KapSt auf Erträge aus Finanzanlagen oder Wertpapieren des Umlaufvermögens;
- in ausländischen Staaten gezahlte Steuern, die den in Deutschland erhobenen Steuern vom Einkommen und Ertrag entsprechen;[231]
- Aufwendungen für die Auflösung aktivischer Steuerabgrenzungsposten, Bildung passivischer Steuerabgrenzungsposten und Zuführungen zu Ertragsteuerrückstellungen (§ 274 Rz 119ff.).

Der **Ausweis von Erträgen** aus der Auflösung freigewordener Steuerrückstellungen und der Aktivierung von Steuererstattungsansprüchen bedingt einen saldierten Ausweis der Steuern vom Einkommen und Ertrag, in dessen Folge sich ein positiver Saldo ergeben kann, dem dann durch eine Anpassung der Postenbezeichnung Rechnung zu tragen ist.[232]   199

Der Art nach auszuweisen sind demnach Voraus-, Abschluss- und Nachzahlungen, Zuführungen zu Steuerrückstellungen, Erträge und Aufwendungen aus Steuerabgrenzungen und Steuererstattungen für vorhergehende Veranlagungsjahre.[233]   200

Der Ertrag oder Aufwand aus der Veränderung bilanzierter latenter Steuern ist gesondert unter dem Posten „Steuern vom Einkommen und Ertrag auszuweisen (§ 274 Rz 119ff.).   201

**Beispiel**   202
Nicht unter diesem Posten „Steuern vom Einkommen und Ertrag" auszuweisen sind:
- Steuern, die für Dritte einbehalten und abgeführt werden, wie z. B. die Lohn- und Kirchensteuer für Arbeitnehmer oder die KapSt, die auf von der Gesellschaft ausgeschüttete Dividenden einbehalten wurde;
- ESt der Gesellschafter bei Personenhandelsgesellschaften;[234]
- Steuerstrafen (entweder unter Posten Nr. 8 oder Nr. 16 auszuweisen);
- Säumniszuschläge (Posten Nr. 13);
- aus Haftungsgründen zu übernehmende Steuer (z. B. aufgrund von Steuerhinterziehung);
- Zwangsgelder, Kosten, Zinsen, Gebühren, Beiträge, Ausgleichsabgaben (Posten Nr. 8 bzw. 13).[235]

Die Notwendigkeit, die **Berechnungsgrundlage** für die Höhe des Körperschaftsteueraufwands ausschüttungsabhängig an den Gewinnverwendungsbeschluss anzuknüpfen, ist mit dem SEStEG entfallen.   203

Bei bestehenden Organverhältnissen sind die Organträger Steuerschuldner der Ertragsteuern und haben als solche die auf sie entfallenden Ertragsteuern unter Posten Nr. 18 auszuweisen. Für die vom Organträger regelmäßig vorgenommene Weiterbelastung an die Organgesellschaften ist beim **Organträger** ein Ausweis   204

---

[231] Vgl. *Budde*, in *Küting/Pfitzer/Weber*, HdR, HGB § 275, Rz 92, Stand 10/2010.
[232] Vgl. *Hoffmann/Lüdenbach*, NWB-Kommentar Bilanzierung, 5. Aufl. 2014 § 275 Rz 120.
[233] Vgl. *Winnefeld*, Bilanz-Handbuch 2010, Abschn. G, Rz 393.
[234] Vgl. WP-Handbuch, Bd. I, 14. Aufl., Abschn. F, Rz 591.
[235] Vgl. *Winnefeld*, Bilanz-Handbuch 2010, Abschn. G, Rz 387.

als Unterposten der Erträge aus Gewinnabführungsverträgen bzw. die Einfügung eines eigenen Postens „Ertragsteuerumlage von Organgesellschaften" im Anschluss an den Posten „Erträge aus Gewinnabführungsverträgen vorzunehmen.[236] Auch ein Ausweis unter dem Posten „sonstige betriebliche Erträge" wird als zulässig erachtet (Rz 82).

205 Die Weiterbelastungen von Ertragsteuern zwischen Organträger und Organgesellschaft sind bei der **Organgesellschaft** unter dem Posten Nr. 18 als von der Obergesellschaft weiterbelastete Steuern gesondert auszuweisen[237] oder als „Davon"-Vermerk zum Posten „aufgrund von Gewinnabführungsverträgen abgeführte Gewinne" darzustellen.[238]

### 3.19 Sonstige Steuern (§ 275 Abs. 2 Nr. 19)

206 Unter dem Posten Nr. 19 sind alle nicht vom Ertrag und Einkommen abhängigen Steuerarten zu erfassen, die von der Gesellschaft als Aufwand verrechnet und getragen werden. Demzufolge sind hier die **Verkehrsteuern, Verbrauchsteuern, sonstigen Steuern** sowie **ausländischen Steuern** (soweit den sonstigen inländischen Steuern entsprechend) auszuweisen.[239] Im Weiteren sind auch ggf. die **Grundsteuer** und die **ErbSt** hier auszuweisen.

207
> **Beispiel**
> Ausgewählte Beispiele für einzelne sonstige Steuern lassen sich wie folgt anführen:[240]
> – **Verkehrsteuern:** Versicherungsteuer, Rennwett- und Lotteriesteuer, Stromsteuer, Ausfuhrzölle;
> – **Verbrauchsteuern:** Tabaksteuer, Sektsteuer, Mineralölsteuer, Kaffeesteuer, Getränkesteuer, Branntweinsteuer, Biersteuer;
> – **sonstige Steuern: Getränkesteuer,** Kraftfahrzeugsteuer, Hundesteuer, Vergnügungssteuer, Jagdsteuer.

208 **Auf die Umsatzerlöse entfallende Umsatzsteuer** ist stets von den Erlösen abzusetzen. Lediglich bei einer **umsatzsteuerrechtlichen Organschaft** ist vom Organträger ein Umsatzsteuerausweis unter Posten Nr. 19 in jenen Fällen vorzunehmen, in denen eine Weiterbelastung der Umsatzsteuer, deren Steuerschuldner der Organträger ist, an die Organgesellschaft unterbleibt.[241] Aufseiten der Organgesellschaft ist in diesem Fall die vereinnahmte Umsatzsteuer unter den „sonstigen betrieblichen Erträgen" auszuweisen.[242]

---

[236] Vgl. *Kirsch/Siefke/Ewelt-Knauer*, in *Baetge/Kirsch/Thiele*, Bilanzrecht, § 275 HGB Rz 277, Stand 10/2013; *Reiner/Haußer*, in MünchKomm. HGB, 3. Aufl., § 275 Rn 109; aA (offene Absetzung von Posten Nr. 18) *Lachnit/Wulf*, in Bo HdR, § 275 Rz 214, Stand 04/2011; *Förschle/Peun*, in Beck Bil.-Komm. 9. Aufl., § 275 HGB, Rz 259.
[237] Vgl. *Reiner/Haußer*, in MünchKomm. HGB, 3. Aufl., § 275 Rn 110; WP-Handbuch, Bd. I, 14. Aufl., Abschn. F, Rz 596.
[238] Vgl. *Förschle/Peun*, in Beck Bil.-Komm. 9. Aufl., § 275 HGB, Rz 257 (nur bei Vorliegen eines Gewinnabführungsvertrags).
[239] Vgl. *Reiner/Haußer*, in MünchKomm. HGB, 3. Aufl., § 275 Rn 113.
[240] Vgl. *Baetge/Kirsch/Thiele*, Bilanzen, 12. Aufl. 2012, S. 641; *Budde*, in *Küting/Pfitzer/Weber*, HdR, HGB § 275, Rz 98, Stand 10/2010.
[241] Vgl. *Reiner/Haußer*, in MünchKomm. HGB, 3. Aufl., § 275 Rn 115.
[242] Vgl. *Reiner/Haußer*, in MünchKomm. HGB, 3. Aufl., § 275 Rn 115.

Grunderwerbsteuer und Einfuhrzölle stellen bei gegebener Aktivierungspflicht Nebenkosten dar, sodass für diese keine sofortige Aufwandserfassung als „sonstige Steuern" erfolgt. 209
Ebenfalls ausgeschlossen ist der Ausweis pauschalierter Lohnsteuer und der vom Arbeitgeber für den Arbeitnehmer als Steuerschuldner übernommenen Lohnsteuer inklusive der darin enthaltenen Kirchensteuer unter dem Posten Nr. 19. Stattdessen sind diese Beträge unter dem Posten „Löhne und Gehälter" (Nr. 6a) auszuweisen. Für Abgaben, Gebühren und Bußgelder ist der Ausweis unter den „sonstigen betrieblichen Aufwendungen" vorzunehmen.[243] 210
Wie für die Steuern vom Einkommen und Ertrag sind zum Ausweis der „sonstigen Steuern" die Steuererstattungen mit den Steueraufwendungen zu saldieren sowie periodische und aperiodische Vorgänge in einem Posten gemeinsam zum Ausweis zu bringen. 211
Ein Sonderfall stellt die von der Kommentierung als zulässig erachtete Behandlung branchentypischer **Verbrauchsteuer** dar. Demnach dürfen Unt, deren Branchenbedingungen regelmäßig den Ausweis hoher Werte bestimmter Verbrauchsteuern (Mineralöl-, Strom- und Tabaksteuer) unter dem Aufwandsposten „sonstige Steuern" bedingen würden, diese offen von den Umsatzerlösen absetzen (Rz 54). Hierdurch soll verhindert werden, dass die „Umsatzerlöse" und das **„Ergebnis der gewöhnlichen Geschäftstätigkeit"** höher ausgewiesen werden, als es der Sachverhalt bei wirtschaftlicher Betrachtung rechtfertigt.[244] 212
Kleinbeträge sonstiger Steuern, wie bspw. Bier-/Sektsteuer aus Kantinenumsätzen, bedürfen keines Ausweises als Verbrauchsteuern.[245]
Vom Organträger an die Organgesellschaft weiterbelastete Umsatzsteuern stellen einen durchlaufenden Posten dar und sind somit nicht unter Posten Nr. 19 auszuweisen.

## 3.20 Ergebnisse aus Unternehmensverträgen

Für Erträge und Aufwendungen aus bestimmten Unt-Verträgen fordert § 277 Abs. 3 Satz 2 HGB einen gesonderten Ausweis unter entsprechender Bezeichnung, ohne dass nähere Ausführungen dazu gemacht werden, an welcher Stelle dieser Ausweis vorzunehmen ist. So sind auch im gesetzlichen Gliederungsschema keine vorgegebenen Posten für diesen gesonderten Ausweis zu finden. Für den Ausweis von Erträgen und Aufwendungen auf Basis von **Gewinngemeinschaft, Gewinnabführungs- oder Teilgewinnabführungsvertrag** kommen alternativ ein untergliederter Ausweis unter den Aufwendungen und Erträgen, denen diese ansonsten zuzuordnen wären, ein Ausweis als separater GuV-Posten oder ein „Davon"-Vermerk bei den entsprechenden Posten in Betracht.[246] 213
Für Erträge aus einer Gewinngemeinschaft, einem Gewinnabführungs- oder Teilgewinnabführungsvertrag spricht sich das Schrifttum mehrheitlich für einen 214

---

[243] Vgl. *ADS*, 6. Aufl., § 275 HGB, Rz 200; *Winnefeld*, Bilanz-Handbuch 2010, Abschn. G, Rz 401.
[244] Vgl. *Förschle/Peun*, in Beck Bil.-Komm. 9. Aufl., § 275 HGB, Rz 66; vgl. *Hoffmann/Lüdenbach*, NWB-Kommentar Bilanzierung, 5. Aufl. 2014 § 275 Rz 126.
Vgl. *Förschle/Peun*, in Beck Bil.-Komm. 9. Aufl., § 275 HGB.
[245] Vgl. *Förschle/Peun*, in Beck Bil.-Komm. 9. Aufl., § 275 HGB, Rz 246.
[246] Vgl. *ADS*, 6. Aufl., § 277 HGB, Rz 64; *Reiner/Haußer*, in MünchKomm. HGB, 3. Aufl., § 277 Rn 34.

Ausweis unter dem Posten Nr. 9a aus.[247] Begründet wird diese Ausweisvorgabe mit der Zugehörigkeit der aufgrund dieser Unt-Verträge vereinnahmten Gewinne zum Finanzergebnis.

215 **Aufwendungen bzw. Erträge aus Verlustübernahmen** sind nach hM bei der Obergesellschaft unter dem Posten „Aufwendungen aus Verlustübernahme" (Nr. 12a des GKV) und bei der Untergesellschaft unter dem Posten „Erträge aus Verlustübernahme" (Nr. 19a des GKV) auszuweisen.[248] Dieser Ausweis unmittelbar vor dem Jahresüberschuss ist dem Umstand geschuldet, dass ein solcher nicht zum Ausweis gelangt.[249]

Aufgrund einer Gewinngemeinschaft, eines Gewinnabführungs- oder eines Teilgewinnabführungsvertrags abgeführte Gewinne sind nach hM unter den Posten Nr. 19b in das gesetzliche Gliederungsschema einzufügen.[250]

216 Mit Verweis auf die RegBgr ist nach hM der getrennte Ausweis einzelner Unt-Verträge nicht erforderlich. Die Pflicht zum gesonderten Ausweis erstreckt sich vielmehr auf den unsaldierten Aufwands- und Ertragsausweis dieser Verträge.[251]

Bei den in § 277 Abs. 3 Satz 2 HGB angeführten Verträgen handelt es sich um im AktG näher geregelte Vertragsarten. Dabei ist es in diesem Zusammenhang unerheblich, ob die von der betreffenden Unternehmung geschlossenen Verträge den Vorschriften des Aktienrechts unterliegen, welche Bezeichnungen sie tragen und über welche Dauer sie abgeschlossen wurden, sodass die Klassifikationsentscheidung der vorliegenden Verträge unabhängig von der Rechtsform der MU und TU zu treffen ist.

217 Ein **Gewinngemeinschaftsvertrag** nach § 292 Abs. 1 Nr. 1 AktG liegt dann vor, wenn sich eine AG oder eine KGaA durch Abschluss eines Vertrags verpflichtet, ihren Gewinn oder den Gewinn einzelner Betriebe vollständig oder teilweise mit dem Gewinn anderer Unt bzw. dem Gewinn einzelner Betriebe anderer Unt zusammenzulegen, um den daraus resultierenden gemeinschaftlichen Gewinn anschließend aufzuteilen.

218 Bei einem **Gewinnabführungsvertrag** (§ 291 Abs. 1 AktG) verpflichtet sich eine AG oder eine KGaA durch einen Vertrag zur Abführung ihres gesamten Gewinns an ein anderes Unt. Auch Verträge, nach denen eine AG oder KGaA sich verpflichtet, ihr Unt für Rechnung eines anderen Unt zu führen, sind als Gewinnabführungsverträge zu klassifizieren.

219 Bei einem **Teilgewinnabführungsvertrag** (§ 292 Abs. 1 Nr. 2 AktG) erstreckt sich die Pflicht zur Gewinnabführung lediglich auf einen Teil des Gewinns bzw. den Gewinn einzelner Betriebe. Der Kategorie der Teilgewinnabführungsverträge sind auch Verträge über stille Gesellschafterverhältnisse zuzuordnen.

220 **Erträge aus reinem Beherrschungsvertrag** sind grds. unter Posten Nr. 9 auszuweisen.[252] Die Höhe der vereinnahmten Gewinne bzw. übernommenen Verluste ist abhängig von dem im festgestellten JA des TU ausgewiesenen Ergebnis.

---

[247] Vgl. *Kirsch*, in *Federmann/Kußmaul/Müller*, HdB, Gewinn- und Verlustrechnung nach HGB, Rz 176, Stand 6/2013 mwN.
[248] Vgl. WP-Handbuch, Bd. I, 14. Aufl., Abschn. F, Rz 563.
[249] Vgl. *Reiner/Haußer*, in MünchKomm. HGB, 3. Aufl., § 277 Rn 34.
[250] Vgl. WP-Handbuch, Bd. I, 14. Aufl., Abschn. F, Rz 604.
[251] Vgl. *Kirsch*, in *Federmann/Kußmaul/Müller*, HdB, Gewinn- und Verlustrechnung nach HGB, Rz 176, Stand 6/2013.
[252] Vgl. WP-Handbuch, Bd. I, 14. Aufl., Abschn. F, Rz 562.

Die Vereinnahmung der Erträge beim MU erfolgt in der Periode, in welcher diese beim TU angefallen sind. Realisationszeitpunkt ist somit der Abschlussstichtag der abführenden Ges. Fehlt es noch an der Feststellung des JA des TU, so kann eine vorzeitige Vereinnahmung der als gesichert anzusehenden Beträge auf Basis einer vernünftigen kaufmännischen Beurteilung erfolgen.

**Dividendengarantien** an außenstehende Aktionäre der Untergesellschaft, die aus dem Abschluss von Beherrschungs- und Gewinnabführungsverträgen mit einer AG resultieren (§ 304 Abs. 1 AktG), führen – soweit die Muttergesellschaft zur Zahlung verpflichtet ist – zur Kürzung der vereinnahmten Erträge, i. H. d. Ausgleichszahlungen. Sind die Ausgleichszahlungen höher als die vereinnahmten Erträge, so ist der sich hieraus ergebende belastende Saldierungsbetrag als Aufwand aus Verlustübernahme (Posten Nr. 12a) auszuweisen (§ 158 Abs. 2 AktG).

221

### 3.21 Jahresüberschuss bzw. Jahresfehlbetrag (§ 275 Abs. 2 Nr. 20)

Der unter dem Posten „Jahresüberschuss bzw. Jahresfehlbetrag" auszuweisende Betrag ergibt sich als Differenz der ausgewiesenen Erträge und Aufwendungen, indem das Ergebnis der gewöhnlichen Geschäftstätigkeit, das außerordentliche Ergebnis und die ausgewiesenen Steueraufwendungen summiert werden. Dieser Betrag entspricht dem Gewinn bzw. Verlust des Gj vor einstellungs- oder auflösungsbedingten Gewinnrücklagenbewegungen. Bei einem positiven Jahresergebnis ist die Postenbezeichnung „Jahresüberschuss" und bei negativem Jahresergebnis die Postenbezeichnung „Jahresfehlbetrag" zu wählen. Dieser Ausweissystematik liegt die Maßgabe zugrunde, dass Veränderungen der Kapital- und Gewinnrücklagen erst im Anschluss an das Jahresergebnis ausgewiesen werden dürfen (§ 275 Abs. 4 HGB).

222

Bestehende **Gewinnabführungsverträge** führen regelmäßig dazu, dass kein Jahresüberschuss ausgewiesen wird, es sei denn, es sind noch Einstellungen in die gesetzlichen Rücklagen erforderlich (§ 300 AktG) oder der Gewinnabführungsvertrag gewährt das Recht zur angemessenen Rücklagenbildung.[253]

223

Für **AG** ist im Anschluss an den Jahresergebnisausweis eine Ergebnisverwendungsrechnung anzuführen, sofern diese sich nicht aus den Anhangangaben entnehmen lässt (§ 158 Abs. 1 AktG; Rz 271).

224

Für **OHG und KG** i. S. d. § 264a HGB besteht das Wahlrecht, im Anschluss an den Jahresüberschuss, ein dem Steuersatz der Komplementärgesellschaft entsprechenden Steueraufwand der Gesellschafter auszuweisen (§ 264c Abs. 3 S. 2 HGB).

## 4 Inhalte der einzelnen Posten des Umsatzkostenverfahrens

Wie beim GKV erfolgt auch beim UKV die Darstellung der Erfolgsrechnung unterteilt in das Betriebsergebnis und sonstige Unt-Ergebnis, welches sich aus dem Finanzergebnis und ao Ergebnis ergibt, ohne dass dabei der Ausweis eines

225

---

[253] Vgl. *Förschle/Peun*, in Beck Bil.-Komm. 9. Aufl., § 275 HGB, Rz 262.

Betriebs- oder Finanzergebnisses in Gestalt entsprechender Zwischensummen vorschrieben ist.

Abweichend zum GKV liegt dem Aufwandsausweis im UKV im betrieblichen Bereich der Erfolgsrechnung jedoch statt der primären Aufwandsgliederung des GKV eine sekundäre Gliederung nach Funktionsbereichen zugrunde (Rz 18). So ist beim UKV der Ausweis der betrieblichen Aufwendungen differenziert nach den Funktionsbereichen Herstellung, Verwaltung und Vertrieb vorzunehmen und um den Auffangposten sonstige betriebliche Aufwendungen zu ergänzen. Die Aufwendungen des Finanzbereichs sind hingegen nach **Aufwandsarten** zu gliedern. Während die HK des Umsatzes sachlich abzugrenzen sind, liegt der Erfassung der Forschungs- und Entwicklungskosten (sofern gesondert ausgewiesen), Vertriebskosten, Verwaltungskosten und sonstigen betrieblichen Aufwendungen eine zeitliche Abgrenzungskonzeption zugrunde. Insgesamt werden beim UKV somit den effektiven Periodenumsätzen und den sonstigen betrieblichen Erträgen, neben bestimmten zeitlich abgegrenzten Aufwendungen, die sachlich abgegrenzten Aufwendungen der verkauften Erzeugnisse gegenübergestellt.[254]

Im Folgenden werden über die ausschließlich im UKV auszuweisenden Posten hinaus nur jene GuV-Posten erläutert, für die sich trotz identischer Bezeichnung nach UKV und GKV inhaltliche oder betragsmäßige Unterschiede ergeben können.

### 4.1 Umsatzerlöse (§ 275 Abs. 3 Nr. 1)

226 Dieser Posten stimmt inhaltlich mit dem entsprechenden Posten Nr. 1 des GKV überein (Rz 46f.).

### 4.2 Herstellungskosten (§ 275 Abs. 3 Nr. 2)

227 Als HK sind die im Herstellungsbereich der Unternehmung angefallenen Aufwendungen der verkauften Erzeugnisse und in Rechnung gestellten Leistungen auszuweisen. Dieser Ausweis ist unabhängig vom zeitlichen Anfall der Aufwendungen, da er sich allein daran orientiert, welche Aufwendungen zur Erzielung der Umsatzerlöse des betreffenden Gj beigetragen haben. Entscheidend ist der Bezugszeitpunkt der mit den HK verbundenen Umsatzerlöse. Ohne Belang ist somit, ob die HK aus dem aktuellen Berichtsjahr oder früheren Berichtsperioden, d.h. dem Einsatz von in den Vorperioden aktivierten Bestandsmehrungen, stammen.

228 Für reine **Handelsunt** sind der Ausweis von HK und die hieran anknüpfende Bewertungskonzeption ohne Relevanz. Dies ergibt sich allein aus ihrer abweichenden betrieblichen Funktionsbereichsgliederung. Der Geschäftszweck dieser Unt besteht im Ankauf von Waren und deren Veräußerung ohne nennenswerte Bearbeitung, sodass sich die Vorstellung der dem UKV zugrunde liegenden klassischen funktionalen Dreiteilung der betrieblichen Wertschöpfungskette auf diese Unt nicht übertragen lässt. Zur Wahrung der Übersichtlichkeit der Ergebnisdarstellung ist von Handelsunt daher eine **Anpassung der Postenbezeichnung** vorzunehmen. So kann bspw. auf die Postenbezeichnung „Anschaffungskosten der verkauften Waren" ausgewichen werden (§ 265 Abs. 6 HGB).[255]

---

[254] Vgl. *Coenenberg/Haller/Schultze*, Jahresabschluss und Jahresabschlussanalyse, 22. Aufl. 2012, S. 520.
[255] Vgl. *ADS*, 6. Aufl., § 275 HGB, Rz 230.

Angaben zu Art und Umfang der unter Posten Nr. 2 (UKV) auszuweisenden 229
Aufwendungen finden sich in den handelsrechtlichen Bestimmungen nicht.
Lediglich für den Bilanzausweis und die Bewertung von Vermögensposten ist
der HK-Begriff definiert (§ 255 HGB). Inwiefern diese HK-Definition auch für
die Aufwandserfassung im Rahmen der GuV nach dem UKV herangezogen
werden kann, wird im Schrifttum in unterschiedlichen Facetten kontrovers
diskutiert und erfordert daher eine genauere Betrachtung dieser vorrangig dem
zutreffenden Vermögensausweis dienenden Bewertungsvorschrift.

In Satz 1 des § 255 Abs. 2 HGB findet sich zunächst eine allgemeine Definition 230
für den Begriff der HK, die durch die Sätze 2, 3 und 4 eine nähere Konkretisierung
erfährt, indem hier die Aktivierungspflichten, -wahlrechte und -verbote
bestimmt werden (§ 255 Rz 77 ff.).

Während die Übertragbarkeit der in § 255 Abs. 2 Satz 1 HGB gegebenen Grund- 231
definition auf den erfolgsrechnungsbezogenen HK-Begriff des UKV außerfrage
steht, wird eine darüber hinausgehende Begriffsauslegung der erfolgsrechnungsbezogenen HK auf Grundlage des bilanziellen HK-Begriffs überwiegend abgelehnt.[256] Stattdessen wird eine weitgehende vom bilanziellen HK-Begriff losgelöste
Zuordnung der Periodenaufwendungen zum Funktionsbereich „Herstellung"
gefordert, indem eine fertigungsbezogene Vollkostenkonzeption für erforderlich
gehalten wird.[257] Bildete ursprünglich vor allem die Ausübung der aus § 255 Abs. 2
HGB aF resultierenden Aktivierungswahlrechte im Zuge des Aufwandsausweises
den Ausgangspunkt dieser Diskussion, so hat mit der mit dem BilMoG voll-
zogenen Hinwendung der deutschen Rechnungslegung zum international gängigen Vollkostenbewertungskonzept diese spezielle Grundproblematik zunächst
erheblich an Bedeutung verloren. Unverändert offen bleibt jedoch die Zulässigkeit
bzw. die Notwendigkeit des Einbezugs unangemessener Gemeinkostenbestand-
teile, weiterhin bestehender Wahlrechtsbestandteile (z.B. produktionsbezogener
allgemeiner Verwaltungskosten) sowie produktionsbezogener Kosten, die nach
§ 255 Abs. 2 HGB einem Aktivierungsverbot unterliegen.

Anhaltspunkte, warum aufgrund des BilMoG von dem bisher vorherrschenden 232
Konsens abgewichen werden sollte, dass für die Ermittlung des erfolgsrechnungsorientierten Herstellungsaufwands vom Gesetzgeber kein Rückgriff auf
die HK-Definition des § 255 Abs. 2 HGB gefordert wird, sind trotz einer
nunmehr modifizierten Wertuntergrenze der bilanziellen HK nicht zu erkennen.

Als entscheidend für eine Abkopplung des erfolgsrechnungsorientierten HK- 233
Begriffs vom bilanzorientierten HK-Begriff erweisen sich die unterschiedlichen
Funktionen, die den HK im Kontext der Bilanzierung einerseits und der Erfolgsrechnung anderseits zugeordnet werden. Im Rahmen der Bilanzierung dienen die
HK der Bewertung von VG. Dementsprechend stehen hier – trotz einer Akzentverschiebung durch das BilMoG – die Ausschüttungsbemessung und Beachtung
des Realisationsprinzips im Vordergrund. Für den **erfolgsrechnungsorientierten Ausweis der HK** hingegen stehen nicht Bewertungsfragen, sondern der
zutreffende Ausweis der Aufwendungen im Zentrum des Interesses – und damit

---

[256] Vgl. *Lachnit/Wulf*, in Bo HdR, § 275 Rz 132, Stand 04/2011; *Wiedmann*, in *Ebenroth/Boujong/
Joost/Strohn*, Handelsgesetzbuch 2008, § 275 Rz 47.
[257] Vgl. *Lachnit/Wulf*, in Bo HdR, § 275 Rz 132, Stand 04/2011; *Wiedmann*, in *Ebenroth/Boujong/
Joost/Strohn*, Handelsgesetzbuch 2008, § 275 Rz 47.

die sachgerechte Aufwandszuordnung zu den einzelnen Funktionsbereichen. Hierzu ist es erforderlich, den Umsätzen des Gj die gesamten auf den Herstellungsbereich entfallenden Herstellungsaufwendungen der Umsätze gegenüberzustellen.

234 Dieser Intention folgend gilt – wie bereits vor dem BilMoG – der Grundsatz, dass abweichend von der bilanziellen HK-Erfassung dem erfolgsrechnungsorientierten HK-Ausweis ein **Vollkostenansatz** zugrunde zu legen ist, bei dem auch über die Wertobergrenze des § 255 Abs. 2 HGB hinausgehende Aufwendungen in die HK einzubeziehen sind. Auch hinsichtlich nicht angemessener Gemeinkostenanteile und der mit einem Aktivierungsverbot belegten Gemeinkostenanteile kann dabei nichts anderes gelten.[258] Nicht zulässig ist es, unter Berufung auf abweichende HK-Begrifflichkeiten beim GuV-Ausweis auf einen Wertansatz unterhalb der Wertuntergrenze des § 255 Abs. 2 HGB zurückzugreifen.

235 Die Entscheidungs- und Berechnungsgrundlage zur Aufteilung der Gemeinkosten auf den Funktionsbereich „Herstellung" bildet – sofern verfügbar – die Kostenstellenrechnung. Mithilfe des sich aus ihr ergebenden Betriebsabrechnungsbogens werden die Gemeinkosten auf die einzelnen Funktionsbereiche des Unt verteilt und somit die Höhe der in der GuV auszuweisenden HK maßgeblich beeinflusst (§ 255 Rz 154 ff.).

236 **Für angemessene Teile der allgemeinen Verwaltungskosten** sieht § 255 Abs. 2 Satz 3 HGB ein Aktivierungswahlrecht vor, sofern sie dem Herstellungszeitraum zurechenbar sind. Unabhängig von der Behandlung im Rahmen der bilanziellen HK-Ermittlung sind allgemeine Verwaltungskosten, welche die obige Bedingung erfüllen, in der GuV unter den HK und nicht unter dem Aufwandsposten „allgemeine Verwaltungskosten" (Posten Nr. 5) auszuweisen.[259]

237 **Zinsaufwendungen und betriebliche Steuern**, die in die Berechnung der bilanziellen HK einbezogen werden, sollten nach hM, obwohl zulässig, nicht unter den HK unter Posten Nr. 2 ausgewiesen werden, da ansonsten unter den hierfür gesondert vorgesehenen GUV-Posten Nr. 12 und 18 vom GKV abweichende Beträge ausgewiesen werden müssten.[260]

238 Auf den Herstellungsbereich entfallende **Abschreibungen** des AV sind unabhängig davon, ob es sich um planmäßige oder außerplanmäßige Abschreibungen handelt, in die HK einzubeziehen. Gleiches gilt für die Wertminderungen beim UV, welche die sonst üblichen Abschreibungen überschreiten. Bei den Abschreibungen auf Anlagevermögen wird es sich regelmäßig um Abschreibungen auf die im Produktionsbereich eingesetzten Maschinen handeln.[261]

239 I. w. S. dem Herstellungsbereich zurechenbare Kosten, für die **keine Aktivierungspflicht** gem. § 255 HGB besteht und die auf verkaufte Erzeugnisse entfallen, wie z.B. Forschungskosten, Gewährleistungskosten oder Kosten der Pro-

---

[258] Vgl. sinngemäß WP-Handbuch, Bd. I, 14. Aufl., Abschn. F, Rz 637.
[259] Vgl. SaBI/1987, WPg 1987, S. 142.
[260] Vgl. *Baetge/Kirsch/Thiele*, Bilanzen, 12. Aufl. 2012, S. 627; *Hüttemann*, in Großkomm. HGB, § 275 Rn 51; *Kirsch/Siefke/Ewelt-Knauer*, in *Baetge/Kirsch/Thiele*, Bilanzrecht, § 275 HGB Rz 307, Stand 10/2013; *Reiner/Haußer*, in MünchKomm. HGB, 3. Aufl., § 275 Rn 135; WP-Handbuch, Bd. I, 14. Aufl., Abschn. F, Rz 641.
[261] Vgl. *Kirsch/Siefke/Ewelt-Knauer*, in *Baetge/Kirsch/Thiele*, Bilanzrecht, § 275 HGB Rz 304, Stand 10/2013.

dukthaftpflicht, sind ebenfalls als HK unter Posten Nr. 2 auszuweisen, soweit sie nicht unter die Vertriebs- oder Verwaltungskosten fallen.[262]
Für **Vertriebskosten**, die generell nicht zu den HK gem. § 255 HGB zählen, ist für die GuV ein Ausweis unter Posten Nr. 2 unzulässig. Sie sind stattdessen unter Posten Nr. 4 des UKV auszuweisen (Rz 251 f.). 240
Die **aktivierten** AHK für **Bestandserhöhungen** nicht abgesetzter Erzeugnisse und Waren bleiben in der GuV nach dem UKV außer Ansatz. Die HK sind von den in der GuV auszuweisenden HK abzusetzen. 241
**Bestandsminderungen** durch Verkauf von Erzeugnissen früherer Gj sind Bestandteil der unter Posten Nr. 3 auszuweisenden HK. 242
Stimmt der Bilanzansatz der **Bestandserhöhungen** mit der vollkostenorientierten Werterfassung der HK in der GuV überein, gestaltet sich die notwendige Absetzung von den gesamten HK der Berichtsperiode unproblematisch. Weicht der Bilanzansatz jedoch von der vollkostenorientierten HK-Erfassung der GuV ab, weil bestimmte Teile der Gemeinkosten nicht aktiviert werden, so konkurrieren zwei Optionen zur wertmäßigen GuV-Erfassung der Bestandsveränderungen miteinander, denen voneinander abweichende Interpretationen des Terminus HK zugrunde liegen. Grenzt man diesen i. S. e. engen umsatzbezogenen Sicht und somit kostenträgerorientierten Sicht ab, sind unter den HK nur die Kosten des Funktionsbereichs Herstellung zu erfassen, die auf abgesetzte Produkte entfallen. Wird jedoch ein rein an den Funktionsbereichen orientierter Kostenausweis zugrunde gelegt, so müssen die im HK-Bereich ausgewiesenen Kosten, welche auf die Fertigung nicht abgesetzter Produkte entfallen und nicht durch Aktivierung als Bestandserhöhungen neutralisiert werden, ebenfalls hier ausgewiesen werden. 243
Zum einen können die nicht aktivierten Aufwendungen für die Herstellung der Bestandsmehrung unter dem GuV-Posten Nr. 2 ausgewiesen werden, d. h., die Absetzung der Bestandsmehrung wird zum teilkostenorientierten Wertansatz der Bilanz erfasst, sodass die nicht aktivierten Kosten als HK zum Ausweis unter Posten Nr. 2 verbleiben. 244
Zum anderen kann die Absetzung der Bestandsmehrung von den HK zum vollkostenorientierten Wertansatz erfolgen, wobei die nicht aktivierten Aufwendungen unter dem Posten „sonstige betriebliche Aufwendungen" auszuweisen sind. 245
Obwohl der Rechtsausschuss des Deutschen Bundestags deutlich ausführt, dass für die nicht aktivierten Wahlrechtsbestandteile der HK der Bestandserhöhungen eine Erfassung unter den sonstigen betrieblichen Aufwendungen vorzunehmen ist,[263] wird vom Schrifttum mehrheitlich die erstgenannte Option befürwortet.[264] Begründet wird dies vor allem mit dem Verweis auf die vorherrschende internationale Rechnungslegungspraxis. Mit Blick auf die Abbildungsimplikationen beider Erfassungsvarianten ist dieser Forderung zuzustimmen.[265] 246
Für die Hinzurechnung von **Bestandsminderungen** zu den HK kommt, bei einer Bilanzierung zu einem Wert unterhalb der bilanziellen HK-Obergrenze, entweder die Bewertung der Bestandsminderung auf Basis des vollkostenorien- 247

---

262 Vgl. WP-Handbuch, Bd. I, 14. Aufl., Abschn. F, Rz 637.
263 Vgl. BT-Drucks. 10/4268, S. 108.
264 Vgl. ADS, 6. Aufl., § 275 HGB, Rz 223; *Förschle/Peun*, in Beck Bil.-Komm. 9. Aufl., § 275 HGB, Rz 276; *Lachnit/Wulf*, in Bo HdR, § 275 Rz 136, Stand 04/2011.
265 Vgl. dazu *Budde*, in *Küting/Pfitzer/Weber*, HdR, HGB § 275, Rz 128, Stand 12/2013; *Förschle/Peun*, in Beck Bil.-Komm. 9. Aufl., § 275 HGB, Rz 276.

tierten HK-Begriffs der GuV mit ergänzender Erfassung der in den Vorperioden nicht aktivierten HK als sonstige betriebliche Erträge in Betracht, oder die Bewertung der Bestandsminderung ist, wie dies vom Schrifttum befürwortet wird, abweichend von der sonstigen HK-Bewertungskonzeption der GuV i. H. d. aktivierten HK vorzunehmen und zuzüglich der noch bis zur Veräußerung angefallenen Kosten unter dem Posten Nr. 2 auszuweisen.[266]

248 Eine prinzipielle Korrekturnotwendigkeit der HK ergibt sich beim UKV zudem bei der Bilanzierung **anderer aktivierter Eigenleistungen** zu einem Wert unterhalb der bilanziellen HK-Obergrenze. Ihre aktivierten HK fließen, anders als bei den Vorräten, nur dann bestimmungsgemäß in die HK zukünftiger Perioden ein, wenn die erstellten Wirtschaftsgüter im Herstellungsbereich genutzt werden, sodass der Ausweis der nicht aktivierten Aufwendungen unter den HK im Jahr ihrer Herstellung zutreffend ist. Andernfalls verstößt der Ausweis der nicht aktivierten Teilkosten unter den HK gegen die Funktionsbereichsgliederung des UKV, sodass diese Aufwendungen je nach beabsichtigter Verwendung der VG als Kosten des Verwaltungs- oder Vertriebsbereichs auszuweisen bzw. anteilig auf diese Bereiche zu verteilen sind. Die Abnutzbarkeit der aktivierten Eigenleistungen vorausgesetzt, wird so gewährleistet, dass die nicht aktivierten HK-Bestandteile unter demselben Aufwandsposten ausgewiesen werden wie die Abschreibungen während der späteren Nutzungsdauer.

> **Beispiel**
> Als Beispiel kann hier ein selbsterstelltes Bürogebäude angeführt werden, welches dem Bereich allgemeine Verwaltung zuzuordnen ist und dessen Abschreibungen in den Folgeperioden vollständig dem Verwaltungsbereich zugeordnet werden.

Allerdings werden auch hier mit der Neufassung des § 255 HGB allenfalls geringe Auswirkungen auf den GuV-Ausweis zu erwarten sein. Die Erfolgsneutralisierung der Aufwendungen für die aktivierte Eigenleistung ist, falls von einer direkten Umbuchung von den Aufwandskonten auf die Bestandskonten abgesehen wird, unter den sonstigen betrieblichen Erträgen zu erfassen. Vorzuziehen ist allerdings die direkte Umbuchung.

249 Sind in den ausgewiesenen HK (Posten Nr. 2) außerplanmäßige Abschreibungen enthalten, sind diese entweder in der GuV oder im Anhang gesondert anzuführen (§ 277 Rz 18f.).

### 4.3 Bruttoergebnis vom Umsatz (§ 275 Abs. 3 Nr. 3)

250 Das Bruttoergebnis vom Umsatz ergibt sich durch Saldierung der unter Posten Nr. 1 und Nr. 2 ausgewiesenen Beträge. Im Fall eines negativen Bruttoergebnisses ist eine Kennzeichnung mit einem Minus-Zeichen erforderlich. Diese Größe wird bei Herstellungsbetrieben auch als „Rohgewinnspanne" und bei Handelsbetrieben als „Handelsspanne" bezeichnet und stellt vielfach einen wichtigen Ausgangspunkt externer und interner Erfolgsanalysen dar.

---

[266] Vgl. *ADS*, 6. Aufl., § 275 HGB, Rz 222; *Hüttemann*, in Großkomm. HGB, § 275 Rn 53; *Lachnit/ Wulf*, in Bo HdR, § 275 Rz 136, Stand 04/2011.

## 4.4 Vertriebskosten (§ 275 Abs. 3 Nr. 4)

Bei den Vertriebskosten handelt es sich um Aufwendungen, die für der Produktion und Leistungserstellung nachgelagerte Aktivitäten anfallen. Der Ausweis der Vertriebskosten ist periodenbezogen und nicht umsatzbezogen vorzunehmen, womit ein Ausweis der (bereits angefallenen) Vertriebsaufwendungen auch für jene Erzeugnisse erforderlich ist, die erst in späteren Perioden am Markt abgesetzt werden (Rz 225). Wie für den bilanzbezogenen Ausweis der HK gilt auch für den Ausweis in der GUV, dass ein Einbezug der Vertriebskosten in den HK-Ausweis unzulässig ist (Rz 240).[267] Dem Vertriebsbereich zuzuordnen sind die Aufwendungen für die Abteilungen Verkauf, Werbung und Marketing sowie die Aufwendungen für Handelsvertreter, Vertriebslager und die Absatzförderung.[268]  251

Nach dem kostenrechnerischen Systematisierungskriterium der Zurechenbarkeit lassen sich die Vertriebskosten in Vertriebseinzelkosten, Sondereinzelkosten des Vertriebs- und Vertriebsgemeinkosten unterteilen. Während es sich bei den **Vertriebseinzelkosten** um Aufwendungen handelt, die für bestimmte Absatzleistungen anfallen und diesen direkt zugerechnet werden können, erfüllen **Vertriebsgemeinkosten** das Kriterium der Zurechenbarkeit zu bestimmten Absatzleistungen nicht.  252

> **Beispiel**
> **Mögliche Vertriebseinzelkosten:**
> Umsatzprovisionen, Frachten, Versandkosten, Transportkosten, Transportversicherung, umsatz- und absatzabhängige Lizenzgebühren, auftragsbezogene Reklameaufwendungen oder Verpackungskosten, die nicht zu den HK zählen.[269]
>
> **Mögliche Vertriebsgemeinkosten:**
> Personalkosten der gesamten Abteilungen, Sachaufwendungen, Marktforschungsaufwendungen, Aufwendungen für nicht auftragsbezogene Werbung, für Messen und Ausstellungen, Kundenschulung, kostenlose Warenproben, Abschreibungen des Vertriebsbereichs sowie dem Vertriebsbereich mittels Schlüsselung zuordenbare Verwaltungsaufwendungen.[270]

Für die Erfassung der Abschreibungen als Vertriebskosten ist maßgeblich, dass der betroffene VG dem Vertriebsbereich zuzuordnen ist. Einer Planmäßigkeit, Üblichkeit oder speziellen Rechtsgrundlage bedarf es dagegen nicht. D. h., auch außerplanmäßige Abschreibungen, die auf den Vertriebsbereich entfallen, sind hier auszuweisen.[271] Lediglich die Pflicht zum gesonderten Ausweis bzw. zur Anhangangabe ist zu beachten (§ 277 Rz 18 f.).

Die **Sondereinzelkosten des Vertriebs** nehmen eine Zwischenstellung zwischen Einzel- und Gemeinkosten ein. Zu ihnen zählen bspw. die Auftragserlangungskosten.  253

---

[267] Vgl. *Förschle/Peun*, in Beck Bil.-Komm. 9. Aufl., § 275 HGB, Rz 281.
[268] Vgl. *Förschle/Peun*, in Beck Bil.-Komm. 9. Aufl., § 275 HGB, Rz 282; *Reiner/Haußer*, in MünchKomm. HGB, 3. Aufl., § 275 Rn 139.
[269] Vgl. *Lachnit/Wulf*, in Bo HdR, § 275 Rz 158, Stand 04/2011.
[270] Vgl. *Förschle/Peun*, in Beck Bil.-Komm. 9. Aufl., § 275 HGB, Rz 284.
[271] Vgl. *Reiner/Haußer*, in MünchKomm. HGB, 3. Aufl., § 275 Rn 142.

254 Ebenfalls hier auszuweisen, wenn auch strittig, sind die **Abschreibungen auf Kundenforderungen** sowie die entsprechenden **Erhöhungen von Pauschalwertberichtigungen** (Rz 143).[272]

255 Mittlerweile herrscht weitgehende Einigkeit, dass für die auf den Vertriebsbereich entfallenden **Betriebsteuern**[273] **und Zinsaufwendungen**[274] der Ausweis nicht unter Posten Nr. 4 des UKV vorzunehmen ist, sondern unter Posten Nr. 18 bzw. 12.

256 Erfolgt der Vertrieb über die Einschaltung eines TU, so sind die in diesem Zusammenhang zu entrichtenden Entgelte unter Posten Nr. 4 auszuweisen.

### 4.5 Allgemeine Verwaltungskosten (§ 275 Abs. 3 Nr. 5)

257 Unter diesem Posten werden jene Verwaltungskosten erfasst, die sich keinem anderen Funktionsbereich zuordnen lassen. Es handelt sich um die Aufwendungen des allgemeinen Verwaltungsbereichs. Ihr Ausweis ist, wie der Ausweis der Vertriebskosten, periodenbezogen und nicht umsatzbezogen vorzunehmen (Rz 225). Diese Notwendigkeit ergibt sich allein aus dem Umstand, dass eine Zuordnung von Verwaltungskosten zu einzelnen Umsätzen nicht möglich ist.[275]

258 Zu den allgemeinen Verwaltungskosten zählen sämtliche im Verwaltungsbereich angefallenen Aufwendungen für Personal, Material und Abschreibungen.

> **Beispiel**
> Im Einzelnen sind dies u. a. Aufwendungen für die allgemeine Geschäftsleitung, das Rechnungswesen, das Rechenzentrum, die Abteilungen Personal, Planung, Steuer, Recht, Finanzen und Revision, das Nachrichtenwesen, die Öffentlichkeitsarbeit, die Sozialeinrichtungen (z.B. Betriebskantine, Freizeiteinrichtungen), den Betriebsrat, den Werkschutz, die Erstellung und Prüfung des Jahresabschlusses, die Rechts- und Steuerberatung, Beiträge zu Berufsverbänden, den Beirat, den Zahlungsverkehr, die Schwerbeschädigtenausgleichsabgabe sowie die Fort- und Ausbildung. Auch Aufwendungen für unternehmenseigene Bibliotheken sind als Verwaltungskosten in der GuV auszuweisen.[276]

259 Ein Ausweis unter Posten Nr. 5 geht dem zunächst ebenfalls denkbaren Ausweis unter Posten Nr. 7 („sonstige betriebliche Aufwendungen") vor. Dienen die sonstigen betrieblichen Aufwendungen im GKV als Sammelposten für alle Aufwendungen, die sich keiner anderen der aufgeführten Aufwandskategorien zuordnen lassen (Rz 139), so kommt diese Funktion im UKV in deutlich geringerem Maß zum Tragen, da die vorgegebenen Funktionsbereiche i.d.R. eine verursachungsgerechte Zuordnung aller Aufwendungen erlauben und der Ausweis unter Posten Nr. 7 nur als Auffanglösung zu wählen ist. Kommen bspw.

---

[272] Dafür plädieren ebenfalls *Budde*, in *Küting/Pfitzer/Weber*, HdR, HGB § 275, Rz 137, Stand 10/2010; *Förschle/Peun*, in Beck Bil.-Komm. 9. Aufl., § 275 HGB, Rz 285; *Reiner/Haußer*, in MünchKomm. HGB, 3. Aufl., § 275 Rn 141.

[273] Vgl. *Lachnit/Wulf*, in Bo HdR, § 275 Rz 159, Stand 04/2011; *Baetge/Kirsch/Thiele*, Bilanzen, 12. Aufl. 2012, S. 627; *Budde*, in *Küting/Pfitzer/Weber*, HdR, HGB § 275, Rz 137, Stand 10/2010; *Kirsch/Siefke/Ewelt-Knauer*, in *Baetge/Kirsch/Thiele*, Bilanzrecht, § 275 HGB Rz 327, Stand 10/2013.

[274] Vgl. *ADS*, 6. Aufl., § 275 HGB, Rz 236; WP-Handbuch, Bd. I, 14. Aufl., Abschn. F, Rz 645.

[275] Vgl. *Reiner/Haußer*, in MünchKomm. HGB, 3. Aufl., § 275 Rn 148.

[276] Vgl. *Förschle/Peun*, in Beck Bil.-Komm. 9. Aufl., § 275 HGB, Rz 291.

Aufsichtsratsvergütungen und die Aufwendungen für die Durchführung der HV bzw. Gesellschafterversammlung beim GKV unter den sonstigen betrieblichen Aufwendungen zum Ausweis (Rz 144), sind diese beim UKV unter den allgemeinen Verwaltungskosten zu erfassen. Den Abgrenzungsentscheidungen zwischen den Posten Nr. 5 und Nr. 7 ist der Grundsatz der Darstellungsstetigkeit zugrunde zu legen.

### 4.6 Sonstige betriebliche Erträge (§ 275 Abs. 3 Nr. 6)

Der Inhalt der unter diesem Posten auszuweisenden Sachverhalte deckt sich weitgehend mit dem des Postens Nr. 4 des GKV. Dennoch erfordern bestimmte Sachverhalte eine vom GKV abweichende Behandlung. 260

Wird die Erfolgsneutralität aktivierter Eigenleistungen (im Jahr ihrer Erstellung) beim GKV dadurch erreicht, dass den unter den jeweiligen **Aufwandsarten** ausgewiesenen anteiligen Beträgen ein Gesamtbetrag unter dem Posten „andere aktivierte Eigenleistungen" gegenübergestellt wird, so kann beim UKV die Erfolgsneutralisierung der aktivierten Eigenleistungen bei einem unveränderten Ausweis der Aufwendungen unter den jeweiligen Aufwandsposten durch Verbuchung eines entsprechenden Korrekturbetrags unter dem Posten „sonstige betriebliche Erträge" vorgenommen werden (Rz 248), anstatt diese direkt auf das Bestandskonto umzubuchen. Allerdings wird die Zulässigkeit dieser Variante der Erfolgsneutralisierung im Schrifttum unterschiedlich beurteilt.[277] So wird zwar einhellig der Einwand erhoben, diese Methode verstoße gegen die Grundlogik des UKV,[278] jedoch stuft nur ein Teil des Schrifttums dieses Vorgehen als unzulässig ein.[279] Wird dennoch auf diese Ausweisvariante zurückgegriffen, schlägt sich dies in einem höheren Ausweis der sonstigen betrieblichen Erträge nach dem UKV als nach dem GKV nieder.

Weitere Unterschiede können sich aus abweichenden Zuordnungen von Betriebssteuern und Zinsaufwendungen ergeben, die als HK aktiviert wurden. So sind die Zinsaufwendungen und Betriebssteuern, die unter den Funktionsbereichen Herstellung, Vertrieb oder allgemeine Verwaltung erfasst werden, als Ausgleichsposten hier auszuweisen, sofern ihre Absetzung nicht unter den entsprechenden Aufwandsposten erfolgt (Rz 237, 268).[280] 261

### 4.7 Sonstige betriebliche Aufwendungen (§ 275 Abs. 3 Nr. 7)

Wie der Posten Nr. 8 des GKV stellt auch der Posten Nr. 7 des UKV einen Sammelposten dar, in dem alle betrieblichen Aufwendungen auszuweisen sind, die keinem anderen Aufwandsposten des Gliederungsschemas zuzuordnen sind. Der Inhalt und Umfang dieses Postens stimmen nur z. T. mit dem Inhalt und Umfang des gleichnamigen Postens des GKV überein. Ein Großteil der 262

---

[277] Vgl. *Wiedmann*, in *Ebenroth/Boujong/Joost/Strohn*, Handelsgesetzbuch 2008, § 275 Rz 53.
[278] Vgl. *Förschle/Peun*, in Beck Bil.-Komm. 9. Aufl., § 275 HGB, Rz 300.
[279] Vgl. *Budde*, in *Küting/Pfitzer/Weber*, HdR, HGB § 275, Rz 114, Stand 10/2010; *Hüttemann*, in Großkomm. HGB, § 275 Rn 61.
[280] Vgl. *Baetge/Kirsch/Thiele*, Bilanzen, 12. Aufl. 2012, S. 629; *Kirsch/Siefke/Ewelt-Knauer*, in Baetge/Kirsch/Thiele, Bilanzrecht, § 275 Rz 338, Stand 10/2013; WP-Handbuch, Bd. I, 14. Aufl., Abschn. F, Rz 648.

Aufwendungen, die sich im GKV keinem – der nach **Aufwandsarten** gegliederten – Posten zuordnen lassen und daher unter den sonstigen betrieblichen Aufwendungen auszuweisen sind, kommt im UKV innerhalb der Aufwendungen der entsprechenden Funktionsbereiche zum Ausweis (Rz 259). Lediglich Aufwendungen, die sich im GKV keiner der vorgegebenen Aufwandsarten und im UKV keinem der vorgegebenen Funktionsbereiche zuordnen lassen, fließen in gleichem Umfang in die sonstigen betrieblichen Aufwendungen nach UKV und GKV ein. Die Abgrenzung der sonstigen betrieblichen Aufwendungen ist eng auszulegen. D. h., es darf nicht ohne Veranlassung auf eine mögliche Gemeinkostenverteilung auf die Funktionsbereiche zugunsten eines Ausweises unter Posten Nr. 7 verzichtet werden. Allein die fehlende Objektivität oder Eindeutigkeit des Verteilungsschlüssels berechtigt nicht zu einem Aufwandsausweis unter Posten Nr. 7.[281] Insgesamt wird der Umfang der ausgewiesenen sonstigen betrieblichen Aufwendungen im UKV deutlich niedriger ausfallen als im GKV.[282]

263 Die Einfügung dieses Postens in das Gliederungsschema wurde vom Gesetzgeber mit der indirekten Begründung vorgenommen, dass hier die Bewertungsunterschiede auszuweisen sind, die sich bei einer Bilanzierung der Vorräte und sonstigen aktivierten Eigenleistungen unterhalb der bilanziellen Wertobergrenze i. H. d. nicht aktivierten Aufwendungen ergeben. Gleichwohl wird der Ausweis derartiger Beträge unter den HK als zu bevorzugende Variante eingestuft (Rz 246).[283]

264 Auch die den Erlösen aus **Nebenleistungen** gegenüberstehenden Aufwendungen sind unter dem Posten Nr. 7 zu erfassen, sofern der hierzu korrespondierende Erlösausweis unter den sonstigen betrieblichen Erträgen erfolgt.

265 Ein Ausweis unter diesem Posten ist ferner für jene F&E-Kosten erforderlich, die sich keinem der angeführten Funktionsbereiche zuordnen lassen und die nicht in einem eigenen Posten ausgewiesen werden. Ein solch separater Ausweis oder eine Untergliederung wird jedoch dann für erforderlich gehalten, wenn die F&E-Aufwendungen außerordentlich hoch sind.[284]

266 **Abschreibungen**, die mit keinem der betrieblichen Funktionsbereiche in Zusammenhang stehen, sind ebenso als sonstige betriebliche Aufwendungen auszuweisen, wie **periodenfremde Aufwendungen**, die sich keinem der Funktionsbereiche zuordnen lassen.[285] Es kommt stattdessen ein Ausweis als separater Posten innerhalb des betrieblichen Ergebnisses in Betracht.[286]

---

[281] Vgl. *Budde*, in *Küting/Pfitzer/Weber*, HdR, HGB § 275, Rz 141, Stand 10/2010.
[282] Vgl. *Rogler*, Vergleichbarkeit von Gesamtkosten- und Umsatzkostenverfahren – Auswirkungen auf die Jahresabschlussanalyse, 2006, S. 5.
[283] Vgl. *Reiner/Haußer*, in MünchKomm. HGB, 3. Aufl., § 275 Rn 153; a. A. *Baetge/Kirsch/Thiele*, Bilanzen, 12. Aufl. 2012, S. 629.
[284] Vgl. *Budde*, in *Küting/Pfitzer/Weber*, HdR, HGB § 275, Rz 142, Stand 10/2010; *Förschle/Peun*, in Beck Bil.-Komm. 9. Aufl., § 275 HGB, Rz 307. A. A. *Reiner/Haußer*, in MünchKomm. HGB, 3. Aufl., § 275 Rn 152.
[285] Vgl. *Kirsch/Siefke/Ewelt-Knauer*, in *Baetge/Kirsch/Thiele*, Bilanzrecht, § 275 HGB Rz 344, Stand 10/2013.
[286] Vgl. *Förschle/Peun*, in Beck Bil.-Komm. 9. Aufl., § 275 HGB, Rz 306.

Für **Spenden** wird i.d.R. ebenfalls keine Verteilung auf Funktionsbereiche 267
möglich sein, sodass auch sie als sonstige betriebliche Aufwendungen auszuweisen sind.[287]

### 4.8 Zinsen und ähnliche Aufwendungen (§ 275 Abs. 3 Nr. 12)

Zinsen, die entgegen der hM in die HK (Posten Nr. 2) eingeflossen sind (Rz 237), 268
führen dazu, dass die unter Posten Nr. 12 ausgewiesene Aufwandssumme gegenüber dem GKV um diesen Betrag geringer ausfällt. Von einem Ausweis fertigungsbezogener Zinsaufwendungen unter Posten Nr. 12 mit erfolgswirkungsneutralisierender Gegenbuchung als sonstige betriebliche Erträge (Rz 261) ist Abstand zu nehmen.[288]

### 4.9 Sonstige Steuern (§ 275 Abs. 3 Nr. 18)

Für die Steueraufwendungen gilt wie für die Zinsen, dass sich i.H. des Betrags, in 269
dem diese in die HK oder – dem vorherrschenden Konsens widersprechend in unzutreffender Weise – in die Vertriebs- bzw. allgemeinen Verwaltungskosten eingeflossen sind, ein niedriger Ausweis gegenüber dem GKV ergibt. D. h., hier sind nur die Steuern zu erfassen, die nicht Bestandteil der anderen Posten sind (Rz 255).[289]

## 5 Veränderungen der Kapital- und Gewinnrücklagen (Abs. 4)

Zweck der GuV ist die Darstellung des Jahresergebnisses und der einzelnen 270
Erfolgsbestandteile.
Veränderungen der Kapital- und Gewinnrücklagen dürfen demgemäß erst im Anschluss an den Posten „Jahresüberschuss/Jahresfehlbetrag" dargestellt werden. Eine Pflicht zum Ausweis der Veränderungen der Kapital- und Gewinnrücklagen in der GuV besteht nach den handelsrechtlichen Bestimmungen nicht (§ 275 Abs. 4 HGB).
Nach aktienrechtlichen Bestimmungen müssen Unt in der Rechtsform der AG 271
und der KGaA unabhängig davon, ob die GuV-Darstellung in Form des GKV oder UKV vorgenommen wird, diese in Fortführung der Nummerierung um eine **Gewinnverwendungsrechnung** erweitern, es sei denn, die Angaben werden an anderer Stelle des JA gemacht (§ 158 Abs. 1 Satz 1 und 2 AktG).
Für KM-orientierte Unt und Unt, die zur Aufstellung eines KA verpflichtet sind, 272
lassen sich die Angaben zur Gewinnverwendung aus dem für sie obligatorischen Eigenkapitalspiegel entnehmen (§ 264 Rz 33 ff.). § 158 AktG verlangt Angaben zu folgenden Posten:
1. Gewinnvortrag/Verlustvortrag aus dem Vorjahr;
2. Entnahmen aus der Kapitalrücklage;

---

[287] A. A. *Förschle/Peun*, in Beck Bil.-Komm. 9. Aufl., § 275 HGB, Rz 291, der eine Zurodnung zu den Allgemeinen Verwaltungskosten favorisiert.
[288] Vgl. *Förschle/Peun*, in Beck Bil.-Komm. 9. Aufl., § 275 HGB, Rz 308.
[289] Vgl. *Winnefeld*, Bilanz-Handbuch 2010, Abschn. G, Rz 530.

3. Entnahmen aus Gewinnrücklagen
   a) aus der gesetzlichen Rücklage,
   b) aus der Rücklage für eigene Aktien,
   c) aus satzungsmäßigen Rücklagen,
   d) aus anderen Gewinnrücklagen;
4. Einstellungen in die Gewinnrücklagen
   a) in die gesetzliche Rücklage,
   b) in die Rücklage für eigene Aktien,
   c) in satzungsmäßige Rücklagen,
   d) in andere Gewinnrücklagen;
5. Bilanzgewinn/Bilanzverlust.

**273** Für Einstellungen in die Kapitalrücklage ist aufgrund ihrer Erfolgsneutralität im Schema des § 158 AktG keine Darstellung innerhalb der aktienrechtlichen Ergebnisverwendungsrechnung vorgesehen.[290]

**274** Der Umfang und die Notwendigkeit der Angaben zur Ergebnisverwendung bewegen sich in unmittelbarem Zusammenhang zu dem in § 268 Abs. 1 HGB eingeräumten Wahlrecht, die Bilanz unter Berücksichtigung einer teilweisen oder vollständigen Ergebnisverwendung aufstellen zu dürfen. Erfolgt die Bilanzaufstellung **vor Ergebnisverwendung**, wird sowohl in der GuV als auch in der Eigenkapitaldarstellung gem. § 266 Abs. 3 HGB der Jahresüberschuss ausgewiesen. Bei einer Bilanzaufstellung **nach teilweiser Ergebnisverwendung** kommen in der bilanziellen EK-Darstellung statt des Jahresergebnisses die einzelnen Rücklagenveränderungen und der Bilanzgewinn/Bilanzverlust unter Berücksichtigung eventuell vorhandener Gewinn- und Verlustvorträge, die in der Bilanz oder Anhang gesondert anzugeben sind (§ 268 Abs. 1 Satz 2 HGB), zum Ausweis.

## 6 Übergangsvorschriften

**275** Zu den mit der BilMoG-Erstanwendung ausgelaufenen Übergangsvorschriften s. Kommentierung in der 2. Aufl. Die noch über die Beibehaltungswahlrechte fortwirkenden Altregelungen, wie insb. die Änderungen der GuV-Gliederung bzgl. des Wegfalls der Aufwendungen aus Ingangsetzung und Erweiterung des Geschäftsbetriebs in § 275 Abs. 2 Nr. 7 HGB aF sind in Art. 67 EGHGB Rz 119 ff., die Implikationen der Übergangsvorschriften bzgl. der neuen Bewertungsvorschriften bei Pensionsverpflichtungen werden unter Art. 67 EGHGB Rz 8 ff., die Auflösung beibehaltener Sonderposten mit Rücklageanteil unter Art. 67 EGHGB Rz 71 ff. behandelt und die Sachverhalte bez. des Fortwirkens ausgelaufener Abschreibungsregelungen in Art. 67 EGHGB Rz 89 ff. kommentiert.

## 7 Gewinn- und Verlustrechnung der Kleinstkapitalgesellschaft

**276** Mit der Einfügung des § 275 Abs. 5 HGB hat der Gesetzgeber die in Art. 1a Abs. 3 Buchst. b der Bilanzrichtlinie in der Fassung der Mircro-RL eingeräumte

---

[290] Vgl. *Kirsch/Siefke/Ewelt-Knauer*, in *Baetge/Kirsch/Thiele*, Bilanzrecht, § 275 HGB Rz 353, Stand 10/2013.

Option genutzt,[291] KleinstKapG i.S.d. § 267a HGB das Wahlrecht zu gewähren, eine verkürzte Gliederung für die GuV-Darstellung zu verwenden.[292] Das in § 275 Abs. 5 HGB eingeräumte Wahlrecht gilt für Gj, die nach dem 30.12.2012 enden und kann somit regelmäßig bereits für das Gj 2012 genutzt werden.

### 7.1 Gliederung und Formvorschriften

Dem Konzept der komprimierten GuV-Darstellung der KleinstKapG liegt eine aufwandsartenorientierte Postengliederung zugrunde, welche sich im Wesentlichen an die Grundsystematik des GKV anlehnt. Eine funktionsbereichsorientierte verkürzte GuV-Gliederung, die an die Grundprinzipien des UKV angelehnt ist, existiert nicht, womit im Falle der Wahlrechtsausübung der aufwandsartenorientierte Postenausweis einheitlich vorzunehmen ist. Die Wahlrechtsinanspruchnahme unterliegt dem **Stetigkeitsgrundsatz** (§ 265 Abs. 1 Satz 1 HGB) und erfordert bereits bei der erstmaligen Ausübung die Angabe der **Vorjahreswerte** (§ 265 Abs. 2 HGB). Soll das Wahlrecht bereits für das Gj 2012 ausgeübt werden, sind die Beträge des Gj 2011 anhand der in Rz 281 dargestellten Systematik rückwirkend zu ermitteln. 277

Der Umfang der verkürzten GuV-Gliederung (bzw. komprimierten GuV-Darstellung) wird durch Abs. 5 wie folgt vorgegeben: 278
1. Umsatzerlöse,
2. sonstige Erträge,
3. Materialaufwand,
4. Personalaufwand,
5. Abschreibungen,
6. sonstige Aufwendungen,
7. Steuern,
8. Jahresüberschuss/Jahresfehlbetrag.

Leerposten müssen, sofern keine Vorjahreswerte vorhanden sind, nicht zum Ausweis gebracht werden.

Die RegBegr greift zur Beschreibung des Sachverhalts auf den Terminus der „verkürzten" bzw. „vereinfachten Gliederung" zurück[293] und vermeidet es bewusst den Begriff „verkürzte **GuV**" zu verwenden, da sich an dem Umfang der zur Erfolgsermittlung zugrunde zu legenden Posten durch die Wahlrechtsausübung inhaltlich nichts ändern darf und derselbe Jahreserfolg wie nach dem GKV (Abs. 2) und UKV (Abs. 3) zum Ausweis gebracht werden muss. 279

Aus der angeführten Aufzählung und der ergänzend vorgegebenen Nummerierung sowie der Gesamtdeutung der Gesetzesmaterialien ergibt sich, dass die Darstellung der vereinfachten GuV-Gliederung in **Staffelform** zu erfolgen hat. Aus dem Gesetzeswortlaut und der buchstabengetreuen Betrachtung der Gesetzesbegründung ergäbe sich hingegen durchaus Spielraum für eine anderweitige Interpretation der Gliederungsvorgaben, die letztlich zunächst zu der Frage führt, ob die verkürzte GuV-Gliederung auch in Kontenform dargestellt werden darf. So wird in Abs. 5 darauf verwiesen, dass KleinstKapG die angeführte verkürzte GuV-Dar-

---

[291] 78/660/EWG.
[292] Vgl. BT-Drucks. 17/11292, S. 17.
[293] Vgl. BT-Drucks. 17/11292, S. 17.

stellung **anstelle der Staffelungen** nach den Abs. 2 und 3 verwenden dürfen. Ob sich das Wort „anstelle" lediglich auf das GKV und UKV oder auch auf die Staffelform beziehen soll, ist letztlich nicht zweifelsfrei zu erkennen. Zudem fehlt es im Hinblick auf die verkürzte Darstellungsform auch in den weiteren Ausführungen des Abs. 5 an einer wörtlichen Bezugnahme auf den Terminus „Staffelform". Zwar könnte diese unterlassene Begriffswiederholung mit dem Verweis auf den auch für KleinstKapG geltenden Abs. 1 begründet werden, allerdings ist auch dieser i.V.m. Abs. 5 keineswegs eindeutig formuliert. In Abs. 1 wird lediglich auf die „Staffelform nach dem GKV" und „der Staffelform nach dem UKV" Bezug genommen. Da es sich bei der verkürzten GuV-Darstellung nach Abs. 5 aber weder um eine GuV nach dem UKV noch um eine GuV nach dem GKV handelt, lässt sich aus den Ausführungen des Abs. 1 oder Abs. 5 zumindest keine direkte (wortwörtliche) Verpflichtung zur Verwendung der Staffelform ableiten.

Als ein Argument für ein sich daraus implizit ergebendes Formwahlrecht ließe sich zunächst anführen, dass der Vorteil einer besseren Übersichtlichkeit der Staffelform (Rz 8) aufgrund des stark reduzierten Postenumfangs der Kurzgliederung in diesem Sonderfall ebenso wenig greift wie der Vorteil der ansonsten staffelformspezifischen Zwischensummenbildung, womit Verweise auf einen höheren Informationsgehalt gegenstandslos sind. Insgesamt lässt sich somit zunächst weder unmittelbar aus dem Gesetzeswortlaut noch aus den Grundsätzen der Klarheit und Übersichtlichkeit eine Verpflichtung zur Staffelform ableiten. Da sich allerdings auch keine unmittelbaren Anzeichen für ein explizites Wahlrecht erkennen lassen, ist im Rahmen einer Gesamtbetrachtung lediglich von redaktionellen Unzulänglichkeiten im Rahmen der Gesetzesformulierung und -begründung auszugehen und die Staffelform als verbindlich zu betrachten. Betriebswirtschaftlich begründen lässt sich diese Vorgabe jedoch nicht, so dass die Wahlrechtseinräumung auch im Hinblick auf den hohen Verbreitungsgrad der Kontendarstellung letztlich zu begrüßen gewesen wäre.

Die Erleichterungen des § 276 Satz 1 (Ausweis des Rohergebnisses) und Satz 2 (Entbindung von den Erläuterungspflichten zu den wesentlichen ao Erträgen und Aufwendungen bzw. wesentlichen periodenfremden Erträgen und Aufwendungen) HGB dürfen von KleinstkapG, die von dem Wahlrecht der verkürzten GuV-Gliederung Gebrauch machen, nicht in Anspruch genommen werden. KleinstKapG in der Rechtsform der AG oder KGaA, die vom Wahlrecht der verkürzten GuV-Gliederung Gebrauch machen, sind von den zusätzlichen Angabenpflichten zur Ergebnisverwendung nach § 158 Abs. 1 und 2 AktG befreit (§ 158 Abs. 3 AKtG).

### 7.2 Posteninhalte

280  Den 20 GuV-Posten des GKV bzw. 19 GuV-Posten des UKV stehen acht GuV-Posten der Kurzgliederung gegenüber. Regelungen für die Zuordnung der einzelnen Posten der allgemeinen Gliederung des GKV zu den Posten der Kurzgliederung finden sich im Abs. 5 nicht. Anhaltspunkte hierfür können lediglich der Gesetzesbegründung entnommen werden. Aus dieser ergibt sich, dass die verkürzte Gliederung des Abs. 5 auf die Bezeichnungen der „Bilanzposten" der allgemeinen Staffelung der Abs. 2 und 3 zurückgreift. Mit „Bilanzposten" sind die „GuV-Posten" gemeint und eine Deckungsgleichheit für die Posten „Steu-

ern", welche die Posten „Steuern vom Einkommen und Ertrag" und „sonst. Steuern" der allgemeinen Gliederung zusammenfasst, nicht gegeben ist.[294]
Im Rahmen der Gesetzesbegründung werden ergänzend ausdrücklich die in Abs. 5 abweichenden Posteninhalte für die Posten **„sonstige Erträge"** (Nr. 2) **und „sonstige Aufwendungen"** (Nr. 6) hervorgehoben, die bereits dadurch zum Ausdruck kommt, dass im Gegensatz zu den Posten Nr. 4 und 8 des GKV jeweils auf den Zusatz **betrieblich** verzichtet wurde. Konkret verweist die Begründung des MircoBilG darauf, dass unter diesen Posten mehrere Posten der GuV-Staffelung nach Abs. 2 und Abs. 3 zusammengefasst werden. So sind gem. der Gesetzesbegründung unter der Position „sonstige Erträge" Bestandsmehrungen an fertigen Erzeugnissen und unfertigen Erzeugnissen, andere aktivierte Eigenleistungen, sonstige betriebliche Erträge, finanzielle Erträge (Zinserträge, Wertpapiererträge, Beteiligungserträge) sowie außerordentliche Erträge zusammenzufassen. Im Einklang damit sind unter der Position „sonst. Aufwendungen" Bestandsminderungen an fertigen und unfertigen Erzeugnissen, sonstige betriebliche Aufwendungen, Zinsen und ähnliche Aufwendungen sowie außerordentliche Aufwendungen zusammenzufassen.[295]
Ein gesonderter Ausweis der **Bestandsveränderungen** ist nicht vorgesehen. Der Hinweis der Gesetzesbegründung, dass Bestandsmehrungen als sonstige Erträge und Bestandsminderungen als sonstige Aufwendungen auszuweisen sind, könnte zunächst den Eindruck erwecken, dass, sofern in einem Unt Bestandsmehrungen und Bestandsminderungen (z. B. Mehrung bei fertigen und Minderung bei unfertigen Erzeugnissen) gleichzeitig auftreten, diese jeweils getrennt als sonstiger Ertrag und sonstiger Aufwand auszuweisen sind. Da allerdings nicht zu erkennen ist, dass der Gesetzgeber hier ausdrücklich eine vom GKV abweichende Vorgehensweise festlegen wollte, ist auch bei der Kurzgliederung analog zum GKV die Zurechnung zu den sonstigen Erträgen und Aufwendungen auf den Saldo der Bestandsveränderungen zu beschränken. Somit ist ein positiver Saldo der Bestandsveränderungen als sonstiger Ertrag und ein negativer Saldo als sonstiger Aufwand auszuweisen.
Ausgehend vom GKV sind dessen einzelnen GuV-Posten den Posten der verkürzten GuV-Gliederung wie folgt zuzuordnen:

| | GuV der KapG (ohne Erleichterung aus § 276 Abs. 2 HGB) |
|---|---|
| 1. | Umsatzerlöse |
| 2. | Erhöhung des Bestands an fertigen und unfertigen Erzeugnissen (Saldo) |
| | oder Verminderung des Bestands an fertigen und unfertigen Erzeugnissen (Saldo) |
| 3. | andere aktivierte Eigenleistungen |
| 4. | sonstige betriebliche Erträge |

---

[294] Vgl. BT-Drucks. 17/11292, S. 17.
[295] Vgl. BT-Drucks. 17/11292, S. 18.

| | |
|---|---|
| 5. | Materialaufwand<br>a) Aufwendungen für Roh-, Hilfs- und Betriebsstoffe und für bezogene Waren<br>b) Aufwendungen für bezogene Leistungen |
| 6. | Personalaufwand<br>a) Löhne und Gehälter<br>b) soziale Abgaben und Aufwendungen für Altersversorgung und für Unterstützung,<br>davon für Altersversorgung |
| 7. | Abschreibungen<br>a) auf immaterielle Vermögensgegenstände des Anlagevermögens und Sachanlagen<br>b) auf Vermögensgegenstände des Umlaufvermögens, soweit diese die in der Kapitalgesellschaft üblichen Abschreibungen überschreiten |
| 8. | sonstige betriebliche Aufwendungen |
| 9. | Erträge aus Beteiligungen,<br>davon aus verbundenen Unternehmen |
| 10. | Erträge aus anderen Wertpapieren und Ausleihungen des Finanzanlagevermögens,<br>davon aus verbundenen Unternehmen |
| 11. | sonstige Zinsen und ähnliche Erträge,<br>davon aus verbundenen Unternehmen |
| 12. | Abschreibungen auf Finanzanlagen und auf Wertpapiere des Umlaufvermögens |
| 13. | Zinsen und ähnliche Aufwendungen,<br>davon an verbundene Unternehmen |
| 14. | Ergebnis der gewöhnlichen Geschäftstätigkeit |
| 15. | außerordentliche Erträge |
| 16. | außerordentliche Aufwendungen |
| 17. | außerordentliches Ergebnis |
| 18. | Steuern vom Einkommen und vom Ertrag |
| 19. | sonstige Steuern |
| 20. | Jahresüberschuss/Jahresfehlbetrag |

| | GuV der Kleinst KapG |
|---|---|
| 1. | Umsatzerlöse (Nr. 1) |
| 2. | sonstige Erträge |
| | **umfasst folgende Posten aus § 276 Abs. 2 HGB:** |

|   | • sonstige betr. Erträge (Nr. 4) |
|---|---|
|   | • Erhöhung des Bestands an fertigen und unfertigen Erzeugnissen (Saldo) (Nr. 2) |
|   | • andere akt. Eigenleistungen (Nr. 3) |
|   | • Erträge aus Beteiligungen (Nr. 9) |
|   | • Erträge aus anderen Wertpapieren und Ausleihungen des FAV (Nr. 10) |
|   | • sonstige Zinsen u. ähnliche Erträge (Nr. 11) |
|   | • außerordentliche Erträge (Nr. 15) |
| 3. | Materialaufwand (Nr. 5) |
| 4. | Personalaufwand (Nr. 6) |
| 5. | Abschreibungen (Nr. 7) |
| 6. | sonstige Aufwendungen |
|   | **umfasst folgende Posten aus § 276 Abs. 2 HGB:** |
|   | • sonstige betr. Aufwendungen (Nr. 8) |
|   | • Minderung des Bestands an fertigen und unfertigen Erzeugnissen (Saldo) (Nr. 2) |
|   | • Abschreibungen auf FAV und Wertpapieren des UV (Nr. 12) |
|   | • Zinsen u. ähnliche Aufw. (Nr. 13) |
|   | • außerordentliche Aufw. (Nr. 16) |
| 7. | Steuern |
|   | **umfasst folgende Posten aus § 276 Abs. 2 HGB:** |
|   | • EE-Steuern. (Nr. 18) |
|   | • sonstige Steuern (Nr. 19) |
| 8. | Jahresüberschuss/Jahresfehlbetrag |
|   | • Umsatzerlöse |

Für die Zuordnung der **Abschreibungen auf das Finanzanlagevermögen und Wertpapiere des Umlaufvermögens** kommen prinzipiell zwei Varianten in Betracht: Zum einen könnte der Ausweis unter der Position „Abschreibungen" vorgenommen werden und zum anderen unter der Position „sonstige Aufwendungen". In der Gesetzesbegründung finden sich hierzu keine Vorgaben. In der Aufzählung möglicher Sachverhalte, die u. a. unter den sonstigen Aufwendungen vorzunehmen sind, wird dieser Posten nicht angeführt. Die Gesamtsystematik der in diesem Kontext aufgeführten Posten sowie der Verweis, dass die übrigen Posten der verkürzten Gliederung, mit denen der allgemeinen GuV-Gliederung übereinstimmen sollen, sprechen allerdings für einen Ausweis als sonstiger Aufwand.

282 Aus der Gesetzesbegründung ergibt sich, dass eine gesonderte Darstellung des Ergebnisses der gewöhnlichen Geschäftstätigkeit, des betrieblichen Ergebnisses, des Finanzergebnisses und des außerordentlichen Ergebnisses regelmäßig nicht notwendig ist. Begründet wird dies damit, dass die Tätigkeit von KleinstKapG häufig stark auf ein einzelnes Kerngeschäft konzentriert ist und dass außerhalb dieses Kerngeschäfts allenfalls Zinsaufwendungen in nennenswertem Umfang anfallen. Der Einfluss des Finanzergebnisses und des Ergebnisses der außerordentlichen Geschäftstätigkeit habe daher regelmäßig nur einen geringen Einfluss auf den Jahreserfolg.[296] Konsequenterweise verlangt die Gesetzesbegründung, dass, sofern die kumulierte Darstellung nach Abs. 5 in Sonderfällen zu einer verzerrten Abbildung der VFE-Lage führt, gem. § 264 Abs. 2 Satz 2 bis 5 HGB zusätzliche Angaben unter der Bilanz zu machen sind.[297] Diese Bedingung wird ggf. von kleinen Finanzholdinggesellschaften erfüllt werden.

Nicht zuletzt unter Bezugnahme auf diese Vorgabe der Gesetzesbegründung wird es auch nicht zu beanstanden sein, wenn dieser Angabepflicht durch eine über das vorgegebene Konzept hinausgehende Untergliederung in Form von „Davon"-Vermerken bei den jeweiligen Posten innerhalb der Staffelgliederung nachgekommen wird. So dürfte insb. für den Fall, dass die Bestandsmehrungen im Verhältnis zu den übrigen sonstigen Erträgen stark ins Gewicht fallen, ihr gesonderter Ausweis als Davon-Vermerk dem Grundsatz einer unverzerrten Erfolgsdarstellung gerecht werden. Gleiches gilt bspw. für die außerordentlichen Aufwendungen und Erträge, für die in diesem Fall die Erläuterungspflichten des § 277 Abs. 4 Satz 2 und 3 HGB zu beachten sind.

> **Tipp**
> **Kurzgliederung (§ 275 Abs 5 HGB) versus Ausweis eines Rohergebnisses (§ 276 HGB)**
> Bevor KleinstKapG, das Wahlrecht des verkürzten GuV-Gliederung nutzen, sollten die damit verbundenen Vorteile mit denen des alternativ dazu möglichen Ausweises eines Rohergebnisses innerhalb einer allgemeinen (ungekürzten) GuV-Gliederung gegeneinander abgewogen werden. Vielfach wird die mit der Kurzgliederung verbundene Darlegung der Umsatzerlöse im Zuge der Kurzgliederung nachteiliger einzustufen sein als die Aufgliederung des Finanzergebnisses im Rahmen der allgemeinen Gliederung. Die Entscheidung für oder gegen die Kurzgliederung kann unabhängig von der Inanspruchnahme der weiteren Erleichterungen für KleinstKapG getroffen werden, ist dann aber grds. stetig beizubehalten.

## 8 Änderungen durch das BilRUG

283 Die Änderungen konzentrieren sich auf Gliederungs- und Nummerierungsanpassungen, die auf die **Streichung der Angaben zu ao Erträgen und ao**

---

[296] Vgl. BT-Drucks. 17/11292, S. 17.
[297] Vgl. BT-Drucks. 17/11292, S. 17.

**Aufwendungen** zurückzuführen sind. Mit diesen entfällt auch der gesonderte Ausweis eines gewöhnlichen Ergebnisses (zu Einzelheiten vgl. § 277 Rz 64 ff.). Durch die Streichung der ao Ergebnisposten und die Neudefinition der Umsatzerlöse kommt es zu grundlegend neuen Aufwands- und Ertragsaufteilungen auf die einzelnen GuV-Posten, da mit der Verlagerung der Erlöse z.B. aus den sonstigen betrieblichen Erträgen in die Umsatzerlöse auch etwa im UKV die HK des Umsatzes um Aufwendungen zu erhöhen sind, die bislang z.B. im sonstigen betrieblichen Aufwand erfasst wurden (Rz 262 ff.).[298]

Die Ergänzung in § 265 Abs. 5 S. 2 HGB nF stellt klar, dass die **Hinzufügung von Zwischensummen in der GuV zulässig** ist.

---

[298] Vgl. *Müller/Stawinoga*, BB 2015, S. 241 f.

# § 276 GRÖSSENABHÄNGIGE ERLEICHTERUNGEN

¹Kleine und mittelgroße Kapitalgesellschaften (§ 267 Abs. 1, 2) dürfen die Posten § 275 Abs. 2 Nr. 1 bis 5 oder Abs. 3 Nr. 1 bis 3 und 6 zu einem Posten unter der Bezeichnung „Rohergebnis" zusammenfassen. ²Kleine Kapitalgesellschaften brauchen außerdem die in § 277 Abs. 4 Satz 2 und 3 verlangten Erläuterungen zu den Posten „außerordentliche Erträge" und „außerordentliche Aufwendungen" nicht zu machen. Die Erleichterungen nach Satz 1 oder 2 gelten nicht für Kleinstkapitalgesellschaften (§ 267a), die von der Regelung des § 275 Absatz 5 Gebrauch machen.

Dr. Christian Wobbe

## Inhaltsübersicht

|   |   | Rz |
|---|---|---|
| 1 | Überblick | 1–3 |
| 1.1 | Inhalt | 1 |
| 1.2 | Normenzusammenhang | 2–3 |
| 2 | Rohergebnis | 4–10 |
| 3 | Entbindung von Angaben im Anhang | 11 |
| 4 | Regelungen für Kleinstkapitalgesellschaften | 12–14 |
| 5 | Änderungen durch das BilRUG | 15 |

### Ergänzendes Schrifttum

*Baetge/Fischer*, Externe Erfolgsanalyse auf der Grundlage des Umsatzkostenverfahrens, BFuP 1988, S. 1; *Barth*, Publizitätspflicht für mittelständische Unternehmen und GmbH & Co KG, BB 1988, S. 2343; *Müller/Kreipl*, Rechnungslegungserleichterungen für Kleinstkapitalgesellschaften und Tochterunternehmen ausländischer Konzernmütter durch das MicroBilG, DB, 2013, S. 73; *Pfitzer/Wirth*, Die Änderungen im Handelsgesetzbuch – Umsetzung der Mittelstandrichtlinie, DB 1994, S. 1937; siehe auch Schrifttum zu § 275 HGB.

## 1 Überblick

### 1.1 Inhalt

1 § 276 Satz 1 HGB erlaubt **kleinen und mittelgroßen KapG und diesen gleichgestellten Ges.** eine gegenüber den Gliederungsschemata der Abs. 2 und 3 des § 275 HGB verkürzte Aufstellung der GuV. Dabei wird ihnen durch die Möglichkeit, bereits bei der Aufstellung des JA lediglich ein Rohergebnis auszuweisen, das Recht gewährt, auf eine Darstellung der für die Umsatztätigkeit unmittelbar relevanten Einzelposten zu verzichten. **Kleine KapG** werden zudem von bestimmten Erläuterungspflichten gem. § 277 HGB entbunden.

## 1.2 Normenzusammenhang

Die Einstufung als kleine oder mittelgroße KapG richtet sich nach § 267 Abs. 1 und Abs. 2 HGB (§ 267 Rz 10ff.). KapG, die durch Ausgabe von Wertpapieren einen organisierten Kapitalmarkt i.S.d. § 2 Abs. 5 WpHG in Anspruch nehmen oder die Zulassung zum Handel an einem organisierten Markt beantragt haben, gelten stets als große KapG (§ 267 Abs. 3 HGB) und können als KM-orientierte Ges. i.S.d. § 264d HGB die größenabhängigen Erleichterungen unabhängig von ihrer Größe nicht in Anspruch nehmen. Ebenfalls ausgeschlossen ist die Anwendung größenabhängiger Erleichterungen für **Kreditinstitute, Finanzdienstleistungsinstitute** (§ 340a Abs. 2 Satz 1 HGB) und **VersicherungsUnt** (§ 341a Abs. 2 Satz 1 HGB). Für die KleinstKapG wird eine Kombination dieser Erleichterungen mit denen des § 275 Abs. 5 HGB ausgeschlossen (Rz 12ff.).

Obwohl explizit nur für KapG verankert, wird der Rückgriff auf das Wahlrecht des verkürzten GuV-Ausweises sowie der weiteren in § 276 HGB gewährten Erleichterungen auch für entsprechende Ges. anderer Rechtsformen (**Nicht-KapG**) als zulässig erachtet.[1] Für die Schutzinteressen dieser Ges. kann aufgrund der für sie oftmals anzutreffenden Kombination aus engem Produktportfolio und beschränkter Abnehmerzahl in einem hart umkämpften Marktsegment nichts anderes gelten als für KapG.[2] Allerdings sind diese auch nicht an die Gliederungsvorschriften gebunden und die Veröffentlichung des JA wäre freiwillig.

## 2 Rohergebnis

Mit § 276 HGB wurde von der Möglichkeit des Art. 27 der Vierten EG-RL Gebrauch gemacht, kleinen und mittelgroßen Ges. bei der Aufstellung und Offenlegung ihrer GuV die Zusammenfassung und Saldierung bestimmter Posten zum Posten „Rohergebnis" zu erlauben.

Die eingeräumte Saldierungsmöglichkeit ist als **Wahlrecht** konzipiert und stellt als **lex specialis** einen gesetzlich explizit zugelassenen Verstoß gegen das Saldierungsverbot (§ 246 Abs. 2 HGB) dar,[3] mit welchem den Interessen kleiner und mittelgroßer Ges. an einem Informationsschutz Rechnung getragen werden soll, sofern sie nicht als KM-orientiert einzustufen sind. Ihnen wird hierdurch die Möglichkeit eingeräumt, den Einblick Außenstehender in die Erfolgsstruktur der Unternehmung zu verhindern und einer ansonsten durch die Offenlegung wettbewerbsrelevanter Informationen drohenden Gefährdung der Wettbewerbsfähigkeit vorzubeugen.[4] ADS sehen es daher sogar als Pflicht der gewissenhaften Geschäftsführung einer kleinen oder mittelgroßen KapG an, dieses Wahlrecht i.S.d. Ges. zu nutzen.[5] Die Wahlrechtsinanspruchnahme der saldierten Ergebnisdarstellung unterliegt dem **Stetigkeitsgrundsatz** (§ 265 Abs. 1 Satz 1 HGB). Der **Informationsnutzen** eines auf Basis dieser Aufstellungserleichterung ausgewiesenen saldierten Ergebnisses ist aus Sicht der Bilanzadressaten gering.

---

[1] Vgl. *Budde,* in *Küting/Pfitzer/Weber,* HdR, HGB § 276, Rz 2, Stand: 12/2013.
[2] Vgl. *Reiner/Haußer,* in MünchKomm. HGB, 3. Aufl., § 276, Rn 5.
[3] Vgl. *ADS,* 6. Aufl., § 276 HGB, Rz 2.
[4] Vgl. *Lachnit/Ammann,* in Bonner HdR, § 276 HGB Rz 8, Stand: 09/1998.
[5] Vgl. *ADS,* 6. Aufl, § 276 HGB, Rz 3.

7   Der Rohergebnisausweis entbindet nicht von der in praxi letztlich stets gegebenen Verpflichtung, für den internen Gebrauch die in das **Rohergebnis eingeflossenen Posten gesondert zu erfassen**, da diese Angaben für unterschiedlichste unternehmerische Entscheidungen und mögliche Auskunftsersuchen der Gesellschafter verfügbar sein müssen. Im Falle einer AG oder KGaA ergibt sich dies im Hinblick auf den Informationsbedarf der Aktionäre allein aus dem Umstand, dass der Vorstand einer AG oder KGaA sicherstellen muss, den Aktionären der Ges. in der HV, in welcher der JA vorgelegt wird, auf Verlangen die ungekürzte Darstellung der GuV inklusive der alle Angaben umfassenden Anhangerläuterungen offenlegen zu können (§ 131 Abs. 1 Satz 3 AktG). Vergleichbares gilt, unter Vorbehalt der in § 51a Abs. 2 GmbHG kodifizierten Einschränkungen, für die Informationsrechte der Gesellschafter einer GmbH. So kann jeder GmbH-Gesellschafter Einsicht der Bücher und Schriften der Gesellschaft verlangen und sich die Zusammensetzung der nach § 276 Satz 1 zusammengefassten Posten erschließen.[6]

8   Aus den Gliederungsvorgaben des § 275 Abs. 2 und 3 HGB und den Saldierungsvorgaben ergibt sich nach UKV (§ 275 Rz 17) und GKV (§ 275 Rz 13) jeweils folgende Zusammensetzung des als Summe ausgewiesenen Rohergebnisses:

|     | Umsatzerlöse |
| --- | --- |
| +/– | Erhöhung oder Verminderung des Bestands an fertigen und unfertigen Erzeugnissen |
| +   | andere aktivierte Eigenleistungen |
| +   | sonstige betriebliche Erträge |
| –   | Materialaufwand |
| =   | Rohergebnis |

Tab. 1: Rohergebnis GKV (§ 275 Abs. 2 HGB)

|     | Umsatzerlöse |
| --- | --- |
| –   | Herstellungskosten der zur Erzielung der Umsatzerlöse erbrachten Leistungen |
| =   | Bruttoergebnis vom Umsatz |
| +   | sonstige betriebliche Erträge |
| =   | Rohergebnis |

Tab. 2: Rohergebnis UKV (§ 275 Abs. 3 HGB)

9   Nimmt eine Ges. die Aufstellungserleichterung des verkürzten GuV-Ausweises in Anspruch, entfällt die Verpflichtung, bei Anwendung des UKV den Materialaufwand des Gj im Anhang anzugeben (§ 285 Nr. 8a HGB, § 275 Rz 19).[7]
Die Höhe des ausgewiesenen Rohergebnisses kann in Abhängigkeit davon, ob das UKV oder GKV zur Anwendung kommt, hinsichtlich der einbezogenen Posten und Beträge variieren. Diese Abweichungen resultieren aus dem Umstand, dass nach dem UKV die Personalaufwendungen und Abschreibungen über die Her-

---

[6] Vgl. *Budde*, in *Küting/Pfitzer/Weber*, HdR, HGB § 276, Rz 4, Stand: 12/2013.
[7] Vgl. *Lachnit/Wulf*, in Bonner HdR, § 276 Rz 22, Stand: 08/2011.

stellungskosten des Umsatzes in das auszuweisende Rohergebnis einfließen, während sie beim GKV außen vor bleiben. Im Gegenzug bleiben die im Vertriebs- und allgemeinen Verwaltungsbereich angefallenen Materialaufwendungen aufgrund des separaten Verwaltungs- und Vertriebsaufwandsausweises bei der Berechnung des Rohergebnisses des UKV außen vor. Ferner wird beim UKV das ausgewiesene Ergebnis durch die weiteren anzutreffenden Aufwandszuordnungen nach Funktionsbereichen beeinflusst, sodass – abweichend zum GKV – Teile der sonstigen Steuern einen Bestandteil des Rohergebnisses bilden können.

Die **Berechnung des Rohergebnisses ohne sonstige betriebliche Erträge** zugunsten eines separaten Ausweises dieses Ertragspostens wird nach hM als zulässig erachtet, sofern dies durch eine entsprechende Anpassung der Postenbezeichnung deutlich dokumentiert wird.[8] Insbesondere der Einbezug der sonstigen betrieblichen Erträge verfälscht den Aussagewert des Rohergebnisses erheblich und erscheint im Hinblick auf den betriebswirtschaftlichen Aussagewert äußert unbefriedigend. Durch den Einbezug dieses Sammelpostens fließen in das Rohergebnis unregelmäßige Aufwandsgrößen ein. Das Rohergebnis besitzt somit nicht die gleiche Aussagekraft wie das Bruttoergebnis vom Umsatz des UKV, welches bei Inanspruchnahme des verkürzten GuV-Ausweises nicht mehr angeführt werden muss.

## 3 Entbindung von Angaben im Anhang

Satz 2 entbindet kleine KapG von der Pflicht, gem. § 277 Abs. 4 Sätze 2 und 3 HGB die Posten „ao Erträge" und „ao Aufwendungen" gesondert im Anhang zu erläutern sowie periodenfremde Ergebnisbestandteile gesondert auszuweisen. Insbesondere das eingeräumte Recht, Angaben zu den periodenfremden Aufwendungen und Erträgen unterlassen zu können, ist aus Sicht der JA-Analyse kritisch zu sehen und wird etwa vonseiten der Kreditinstitute regelmäßig Nachfragen vor Kreditvergabeentscheidungen bedingen. Die Kritik erfährt nur durch das ungeachtet hiervon weiterhin bestehende Auskunftsrecht der Gesellschafter eine gewisse Relativierung.

## 4 Regelungen für Kleinstkapitalgesellschaften

Mit dem durch das MicroBilG eingefügten Satz 3 wird ausgeschlossen, dass **KleinstKapG**, welche von dem Wahlrecht der verkürzten GuV-Gliederung nach § 275 Abs. 5 HGB Gebrauch machen, zusätzlich noch die Zusammenfassung der Positionen zum **Rohergebnis** vornehmen können. Als Begründung wird in der RegBegr darauf verwiesen, dass eine solche Kombination nach EU-Recht nicht zulässig ist.[9] Demnach können KleinstKapG grds. zwischen der allgemeinen GuV-Darstellung, der verkürzten GuV-Gliederung und dem Ausweis eines Rohergebnisses wählen (§ 275 Rz 276ff.).[10] Wobei die erste Option aus Sicht eines gewissenhaften Kfm. nicht ernsthaft in Erwägung gezogen werden sollte.

---

8   Vgl. *ADS*, 6. Aufl., § 276 HGB, Rz 10; *Reiner/Haußer*, in MünchKomm. HGB, 3. Aufl., § 276 Rn 8.
9   Vgl. BT-Drucks. 17/11292, S. 17.
10  Vgl. *Kreipl/Müller*, DB 2013, S. 75.

**13** Im Weiteren ergibt sich aus Satz 3, dass KleinstKapG, welche das Wahlrecht der verkürzten GuV-Gliederung in Anspruch nehmen, dennoch den Erläuterungspflichten zu den **ao Erträgen und Aufwendungen** gem. § 277 Abs. 4 Satz 2 HGB nachkommen müssen, sofern diese für die Beurteilung der Ertragslage nicht von untergeordneter Bedeutung sind. Diese Vorschrift steht zunächst einerseits in einem gewissen Konflikt zum vorgegebenen Aufbau der verkürzten GuV-Gliederung, welcher ausdrücklich keinen getrennten Ausweis dieser Posten vorsieht, sondern stattdessen eine Zusammenfassung dieser Beträge mit anderen Erträgen bzw. Aufwendungen unter den Posten „sonstige Erträge" bzw. „sonstige Aufwendungen" vorzieht. Andererseits ist der Ort der Erläuterung unklar, da ein Anhang nicht zu erstellen ist und somit lediglich ein Ausweis unter der GuV bzw. wie für andere Sachverhalte vom Gesetzgeber explizit vorgesehen unter der Bilanz in Betracht käme. Wie auch bei anderen Angabepflichten, die entweder in Bilanz bzw. GuV oder im Anhang erfolgen, könnte somit mit Verweis auf den entbehrlichen Anhang auch von der Entbehrlichkeit der Position ausgegangen werden. Allerdings hat hier der Gesetzgeber die Erläuterungspflicht für die ao Erträge und Aufwendungen für KleinstKapG nicht grds. für verzichtbar erklärt, was sich aus der eindeutigen Bezugnahme auf Satz 2 des § 276 HGB ergibt.

Als konsequent erweist sich die Erläuterungspflicht allerdings dahingehend, dass ohne diese explizite Regelung ein Widerspruch zur Vorgabe bestanden hätte, dass, falls die kumulierte Darstellung nach § 275 Abs. 5 HGB in Sonderfällen zu einer verzerrten Abbildung der VFE-Lage führt, gem. § 264 Abs. 2 Satz 2 HGB zusätzliche Angaben unter der Bilanz zu machen sind.

**14** Auch den Erläuterungspflichten zu **den periodenfremden Aufwendungen und Erträgen** ist nur insoweit nachzukommen, soweit diese nicht von untergeordneter Bedeutung sind. Dabei ist allerdings das Kriterium der „untergeordneten Bedeutung" in diesem spezifischen Kontext der KleinstKapG anders auszulegen als für kleine KapG. M. E. ist dies hier der Fall, da davon auszugehen ist, dass die untergeordnete Bedeutung der ao bzw. periodenfremden Aufwendungen und Erträge in der Praxis den Regelfall darstellt und somit die Pflicht zur gesonderten Erläuterung **in der praktischen Umsetzung** eher selten zum Tragen kommen wird. Besteht hingegen für die ao bzw. periodenfremden Aufwendungen und Erträge eine gesonderte Angabepflicht gem. § 264 Abs. 2 Satz 2 HGB, so ist nur für diese Fälle prinzipiell auch die Erläuterungspflicht zu bejahen.

## 5 Änderungen durch das BilRUG

**15** Durch das BilRUG wird Satz 2 aufgehoben und in dem bisherigen Satz 3 wird die Angabe „oder 2" gestrichen. Hierbei handelt es sich um Folgeänderungen zu den Streichungen in den §§ 275 und 277 HGB. Da KleinstKapitalG von der Pflicht zu Erstellung eines Anhangs entbunden sind, entfällt durch die Änderung für sie die Pflicht zu Angabe außergewöhnlicher Erträge und Aufwendungen ab dem Gj 2016.

# § 277 VORSCHRIFTEN ZU EINZELNEN POSTEN DER GEWINN- UND VERLUSTRECHNUNG

(1) Als Umsatzerlöse sind die Erlöse aus dem Verkauf und der Vermietung oder Verpachtung von für die gewöhnliche Geschäftstätigkeit der Kapitalgesellschaft typischen Erzeugnissen und Waren sowie aus von für die gewöhnliche Geschäftstätigkeit der Kapitalgesellschaft typischen Dienstleistungen nach Abzug von Erlösschmälerungen und der Umsatzsteuer auszuweisen.
(2) Als Bestandsveränderungen sind sowohl Änderungen der Menge als auch solche des Wertes zu berücksichtigen; Abschreibungen jedoch nur, soweit diese die in der Kapitalgesellschaft sonst üblichen Abschreibungen nicht überschreiten.
(3) [1]Außerplanmäßige Abschreibungen nach § 253 Abs. 3 Satz 3 und 4 sind jeweils gesondert auszuweisen oder im Anhang anzugeben. [2]Erträge und Aufwendungen aus Verlustübernahme und auf Grund einer Gewinngemeinschaft, eines Gewinnabführungs- oder eines Teilgewinnabführungsvertrags erhaltene oder abgeführte Gewinne sind jeweils gesondert unter entsprechender Bezeichnung auszuweisen.
(4) [1]Unter den Posten „außerordentliche Erträge" und „außerordentliche Aufwendungen" sind Erträge und Aufwendungen auszuweisen, die außerhalb der gewöhnlichen Geschäftstätigkeit der Kapitalgesellschaft anfallen. [2]Die Posten sind hinsichtlich ihres Betrags und ihrer Art im Anhang zu erläutern, soweit die ausgewiesenen Beträge für die Beurteilung der Ertragslage nicht von untergeordneter Bedeutung sind. [3]Satz 2 gilt entsprechend für alle Aufwendungen und Erträge, die einem anderen Geschäftsjahr zuzurechnen sind.
(5) [1]Erträge aus der Abzinsung sind in der Gewinn- und Verlustrechnung gesondert unter dem Posten „Sonstige Zinsen und ähnliche Erträge" und Aufwendungen gesondert unter dem Posten „Zinsen und ähnliche Aufwendungen" auszuweisen. [2]Erträge aus der Währungsumrechnung sind in der Gewinn- und Verlustrechnung gesondert unter dem Posten „Sonstige betriebliche Erträge" und Aufwendungen aus der Währungsumrechnung gesondert unter dem Posten „Sonstige betriebliche Aufwendungen" auszuweisen.

DR. CHRISTIAN WOBBE

Inhaltsübersicht | Rz
--- | ---
1 Überblick | 1–6
  1.1 Inhalt | 1–2
  1.2 Normenzusammenhang und Zweck | 3–6
2 Begriffsbestimmung einzelner GuV-Posten | 7–17
  2.1 Umsatzerlöse | 7
  2.2 Bestandsveränderungen | 8
  2.3 Außerordentliche Erträge und außerordentliche Aufwendungen | 9–17

3   Gesonderte Ausweis- und Erläuterungspflichten............   18–45
    3.1   Ausweis außerplanmäßiger Abschreibungen...........   18–24
    3.2   Ausweis von Erträgen und Aufwendungen aus Verlust-
          übernahmen, Gewinngemeinschaften und Gewinnabfüh-
          rungsverträgen................................   25
    3.3   Erläuterungspflichten im Anhang für außerordentliche
          Erträge und Aufwendungen......................   26–30
    3.4   Erläuterungspflichten im Anhang für periodenfremde
          Erträge und Aufwendungen......................   31–35
    3.5   Erträge und Aufwendungen aus der Abzinsung.........   36–43
    3.6   Erträge und Aufwendungen aus der Währungsumrechnung   44–45
4   Änderungen durch das BilRUG......................   46–72
    4.1   Definition Umsatzerlöse........................   46–63
    4.2   Ausweis und Erläuterung außergewöhnlicher Erträge und
          Aufwendungen.................................   64–70
    4.3   Weitere Implikationen der Änderungen durch das BilRUG   71–72

**Ergänzendes Schrifttum**
*Endert/Stepetauz,* Abgrenzung und Erfassung „unüblicher" Abschreibungen, BBK 2/2012, S. 60; *Lange/Müller,* Umsetzung der EU-Bilanzrichtlinie in Deutschland aus dem Blickwinkel kapitalmarktorientierter Unternehmen, KOR 2014, S. 4882; *Lüdenbach,* Auf- und Abzinsung von Schulden in der GuV, StuB 2010, S. 108; *Lüdenbach,* Qualifikation von Aufwendungen und Erträgen als periodenfremd, StuB 2010, S. 392; *Lüdenbach,* Realisierte und unrealisierte Währungsverluste in der GuV, StuB 2011, S. 915; *Lüdenbach/Freiberg,* BilRUG-RefE: Nur „punktuelle Änderungen"?, BB 2014, S. 2219; *Lüdenbach/Freiberg,* BilRUG-RegE: Mehr als selektive Nachbesserungen?, BB 2015, S. 363; *Marx,* „Außerordentliche Erträge" und „außerordentliche Aufwendungen" i. S. d. §§ 275 Abs. 2 Nr. 15 und 16, 277 Abs. 4 HGB, WPg 1995, S. 476; *Haas/David/Skowronek,* Aktuelle Anwendungsfragen bei der Abzinsung von sonstigen Rückstellungen nach BilMoG, KOR 2011, S. 483; *Müller/Stawinoga,* Verschärfung der Voraussetzungen zur rückwirkenden Anwendung der Schwellenwerterhöhungen durch den BilRUG-RegE, BB 2015, S. 241; *Roß,* Zur Währungsumrechnung im Jahresabschluss gem. § 256a HGB; *Theile/Stahnke/Nagafi,* Abzinsung sonstiger Rückstellungen im Jahresabschluss nach BilMoG, StuB 2011, S. 323; *Roß/Philippsen,* Zum Sonderausweis der Erträge und der Aufwendungen aus der Diskontierung, DB 2010, S. 1252; *Theile,* Neue Schellenwerte für den Jahresabschluss nach dem BilRUG-RefE, BBK 2014, S. 1169; *Wirtz/Gersbacher,* Neudefinition der Umsatzerlöse durch das BilRUG, StuB 2014, S. 711; *Zwirner/Künkele/Liebscher,* Abzinsung von „sonstigen Rückstellungen" nach BilMoG: Praxisprobleme und Lösungen, BB 2011, S. 2155; *Zwirner/Künkele/Froschhammer,* Angaben zur Fremdwährungsumrechnung nach BilMoG, BB 2011, S. 1323;

# 1 Überblick

## 1.1 Inhalt

§ 277 HGB ergänzt die in § 275 HGB kodifizierten allgemeinen Gliederungsvorschriften, indem hier Definitionen für die GuV-Posten „Umsatzerlöse", „Bestandsveränderungen" sowie „ao Erträge" und „ao Aufwendungen" gegeben werden. Mit dem BilRUG sind hier deutliche Veränderungen geplant (Rz 46).

Für die Posten „außerplanmäßige Abschreibungen" und „Erträge und Aufwendungen aus Verlustübernahme und aufgrund einer Gewinngemeinschaft, eines Gewinnabführungsvertrages oder eines Teilgewinnabführungsvertrages erhaltene oder abgeführte Gewinne" wird der gesonderte Ausweis gefordert, der im Falle der außerplanmäßigen Abschreibungen wahlweise auch durch Anhangangaben erfolgen kann.

Zudem werden anhangbezogene Erläuterungspflichten für die ao und periodenfremden Aufwands- und Ertragskomponenten festgelegt sowie der gesonderte Ausweis von Erträgen und Aufwendungen aus der Abzinsung und der Währungsumrechnung vorgeschrieben.

Mit dem BilRUG ist ab dem Gj 2016 eine Änderung dahingehend angekündigt, ao Posten nicht mehr in der GuV auszuweisen sondern nur noch im Anhang anzugeben.

## 1.2 Normenzusammenhang und Zweck

Die durch § 277 HGB vorgegebenen Definitionen gelten – abgesehen von den Bestandsveränderungen – sowohl für das GKV als auch für das UKV. Sie dienen der Verbesserung der überbetrieblichen Vergleichbarkeit der einzelnen Posteninhalte und der ausgewiesenen Zwischensummen.[1] Die durch § 277 HGB vorgegebenen Erläuterungspflichten sollen den externen Bilanzadressaten die Ergebnisanalyse im Hinblick auf die Zusammensetzung, Qualität und die zu erwartende Regelmäßigkeit des ausgewiesenen Ergebnisses erleichtern sowie die Entscheidungsrelevanz der ergebnisbezogenen JA-Informationen erhöhen.

Die Vorschriften des § 277 HGB betreffen nur **KapG, ihnen gleichgestellte PersG und Ges., die unter die Regelungen des Publizitätsgesetzes fallen (§ 5 Abs. 1 PublG)**.

Abweichend hierzu gilt es jedoch als unbestritten, dass die Definition des Begriffs der Umsatzerlöse über den expliziten Adressatenkreis dieses Paragrafen hinaus auch für alle weiteren Kfl. (Nicht-KapG) Gültigkeit besitzt.[2]

**Kreditinstitute und Finanzdienstleistungsinstitute** sind von der Beachtung der Definition für Umsatzerlöse (§ 277 Abs. 1 HGB), den Bestimmungen zu den Bestandsveränderungen (§ 277 Abs. 2 HGB) und außerplanmäßigen Abschreibungen (§ 277 Abs. 3 Satz 1 HGB) ausgenommen (§ 340a, Abs. 2 Satz 1 HGB). Für **VersicherungsUnt und Pensionsfonds** erstreckt sich die Nichtanwendung auf § 277 Abs. 1 und 2 HGB (§ 341a Abs. 2 Satz 1 HGB).[3]

---

1 Vgl. BT-Drs. 10/317, S. 85f.
2 Vgl. *Isele/Urner-Hemmeter*, in *Küting/Pfitzer/Weber*, HdR, HGB § 277, Rz 8, Stand 02/2011.
3 Vgl. *Reiner/Haußer*, in MünchKomm. HGB, 3. Aufl. § 277, Rn 2.

## 2 Begriffsbestimmung einzelner GuV-Posten

### 2.1 Umsatzerlöse

7  Erläutert in § 275 Rz 46.

### 2.2 Bestandsveränderungen

8  Erläutert in § 275 Rz 72.

### 2.3 Außerordentliche Erträge und außerordentliche Aufwendungen

9  Bei den ao Erträgen und Aufwendungen handelt es sich um Erfolgsbestandteile, die außerhalb der gewöhnlichen Geschäftstätigkeit der Kapitalgesellschaft angefallen sind (§ 277 Abs. 4 Satz 1 HGB). Die Abgrenzung ergibt sich auch aus der zweistufigen Ergebnisuntergliederung der GuV in das „Ergebnis der gewöhnlichen Geschäftstätigkeit" und das „ao Ergebnis". Darüber hinausgehende Konkretisierungen finden sich in den handelsrechtlichen Bestimmungen nicht, sodass in der Kommentierung unterschiedliche Abgrenzungs- und Definitionsversuche unternommen wurden.[4]

10  Insgesamt liegt dem § 277 Abs. 4 HGB nach einhelligem Meinungsstand eine sehr enge Abgrenzungskonzeption der hierunter zu erfassenden Erträge und Aufwendungen zugrunde.

11  Demnach sind ao Erträge und Aufwendungen dadurch gekennzeichnet, dass ihnen **ungewöhnliche** Vorgänge zugrunde liegen, die als **selten** einzustufen sind und eine **wesentliche** Ergebniswirkung entfalten.[5] Entsprechend ihrem Charakter sind sie im Vorfeld nicht vorhersehbar und somit weder der Art noch der Höhe nach kalkulierbar.[6]

12  Eine **Wesentlichkeit** und damit eine gewisse materielle Bedeutung sind dann gegeben, wenn es sich um Geschäftsvorfälle von nicht untergeordneter Bedeutung handelt.

13  Eine **Ungewöhnlichkeit** ist bei für das Unt **untypischen** Geschäftsvorfällen zu unterstellen. Als grobe Orientierung für die Beurteilung kann die Satzung der Gesellschaft zugrunde gelegt werden. Als alleiniger Maßstab genügt sie jedoch nicht (§ 275 Rz 50). Vielmehr kann hier im Zweifelsfall das Auseinanderklaffen zwischen Aufgabe gem. Satzung und der faktischen Üblichkeit eine von der Satzung abweichende Aufwands- und Ertragsklassifizierung erfordern, sodass die Aufwands- und Ertragsklassifizierung letztlich an der tatsächlichen Geschäftstätigkeit auszurichten ist. Ereignisse, die zu Störungen des Geschäftsablaufs führen, müssen das für die betrieblichen Verhältnisse übliche Maß überschreiten, um die Klassifizierung der aus ihnen resultierenden Aufwendungen als ao zu rechtfertigen.[7]

---

[4] Vgl. dazu im Einzelnen *ADS*, 6. Aufl., § 277 HGB, Rz 77.
[5] Vgl. *ADS*, 6. Aufl., § 277 HGB, Rz 79; *Lachnit/Wulf*, in *Bonner*, HdR, § 277, Rz 37, Stand: 06/2011; *Isele/Urner-Hemmeter*, in *Küting/Pfitzer/Weber*, HdR, HGB § 277, Rz 116, Stand 02/2011 (sie sehen jedoch in der Wesentlichkeit kein Abgrenzungskriterium der außerordentlichen Aufwendungen und Erträge).
[6] Vgl. *Reiner/Haußer*, in MünchKomm. HGB, 3. Aufl. § 277, Rn 35.
[7] Vgl. *Reiner/Haußer*, in MünchKomm. HGB, 3. Aufl. § 277, Rn 37.

Eine **Seltenheit** des Geschäftsvorfalls liegt vor, wenn es diesem an einer Regelmäßigkeit fehlt, sodass der Wiederholung zu einem bestimmten Zeitpunkt nur in Ausnahmefällen eine konkrete Erwartung gegenübersteht. 14

Die Kriterien der Seltenheit und Ungewöhnlichkeit sind nicht überschneidungsfrei. Sie können nur in enger Abhängigkeit zu den konkreten betrieblichen internen und externen Rahmenbedingungen der Ertrags- bzw. Aufwandsklassifikation dienen und der Ausweisentscheidung zugrunde gelegt werden. Insgesamt müssen die genannten Kriterien **kumulativ** erfüllt werden. 15

Beispiele für Vorgänge, die zu ao Aufwendungen bzw. Erträgen führen, lassen sich wie folgt anführen:[8] 16

**Beispiel**
- Gewinne oder Verluste aus der Veräußerung oder Aufgabe kompletter Unternehmensbereiche, von Teilbetrieben oder wesentlicher Beteiligungen;
- Gewinne oder Verluste in Verbindung mit grundlegenden Unternehmensreorganisationen oder -umwandlungen (Verschmelzung, Spaltung);
- Aufwendungen aus der (wesentlichen) Erweiterung der Geschäftstätigkeit;[9]
- Erträge aufgrund eines allgemeinen Forderungsverzichts der Gläubiger (Sanierungsgewinne);
- Aufwendungen aus Sanierungsmaßnahmen;
- wesentliche außerplanmäßige Abschreibungen zur Erfassung von Wertminderungen aufgrund externer Einflüsse, wie z. B. Enteignung, Katastrophen, Krieg;
- Aufwendungen infolge von betrügerischen Machenschaften (und anderen Straftaten);
- Aufwendungen für Abfindungen aufgrund von Sozialplänen;
- Aufwendungen oder Erträge aus existenzentscheidenden Rechtsstreitigkeiten;
- Bußgelder aufgrund von Verstößen gegen das Kartellgesetz;
- einmalige Großzuschüsse der öffentlichen Hand zu Branchenumstrukturierungen;
- Erträge aus Schenkungen.

PersG müssen die Vorschriften des § 277 Abs. 4 HGB nicht beachten.[10] 17
Für die erstmalige Anwendung des BilMoG war ferner die Vorschrift des Art. 67 Abs. 7 EGHGB von Bedeutung. Danach waren die in der GuV zu erfassenden Aufwendungen und Erträge aus der Anpassung der Bilanzierung und Bewertung an die Vorgaben des BilMoG (nach Art. 66 und 67 Abs. 1–5 EGHGB) unter den Posten „ao Aufwendungen" bzw. „ao Erträge" gesondert anzugeben (zum praktischen Umfang s. Haufe HGB Bilanz Kommentar BilMoG Erfahrungsbericht Rz 355 ff.).
Über den unmittelbaren Übergangszeitpunkt hinaus besitzt diese gesonderte Ausweisvorschrift auch für jene Fälle Relevanz, in denen zunächst unter Bezug-

---

[8] Vgl. *ADS*, 6. Aufl., § 277 HGB, Rz 80; *Isele/Urner-Hemmeter*, in *Küting/Pfitzer/Weber*, HdR, HGB § 277, Rz 130, Stand 02/2011; *Reiner/Haußer*, in MünchKomm. HGB, 3. Aufl. § 277, Rn 39.
[9] Vgl. *Reiner/Haußer*, in MünchKomm. HGB, 3. Aufl. § 277, Rn 39.
[10] Vgl. *Isele/Urner-Hemmeter*, in *Küting/Pfitzer/Weber*, HdR, HGB § 277, Rz 12, Stand 02/2011.

nahme der in Art. 67 EGHGB vorgesehenen Wahlrechte Bilanzposten fortgeführt werden, die erfolgswirksame Auflösung aber zu einem späteren Zeitpunkt als Durchbrechung der Stetigkeit vorgenommen wird.[11] Aufwendungen und Erträge aus der planmäßigen Fortführung sind dagegen nach den Altvorschriften zu behandeln (Art. 67 EGHGB Rz 149f.). Von besonderer Relevanz sind für den maximal 15-jährigen Zeitraum ab Erstanwendung die Übergangsvorschriften für Zuführungen zu Pensionsrückstellungen (Art. 67 EGHGB Rz 8 ff.). Zwar erfüllen diese Aufwendungen angesichts des langen Übergangszeitraums nicht die oben angeführten Kriterien der Aufwendungen, jedoch erhöht ihr Ausweis als ao Aufwendungen die Transparenz des Betriebs- und Finanzergebnisausweises.

## 3 Gesonderte Ausweis- und Erläuterungspflichten

### 3.1 Ausweis außerplanmäßiger Abschreibungen

18 § 277 Abs. 3 HGB fordert den gesonderten Ausweis der aufgrund voraussichtlich dauernder Wertminderungen vorgenommenen außerplanmäßigen Abschreibungen auf das **Anlagevermögen**, unabhängig davon, ob es sich um abnutzbare oder nicht abnutzbare Gegenstände handelt (§ 253 Abs. 3 Satz 3 HGB). Im Falle des FAV sind auch die aufgrund einer voraussichtlich vorübergehenden Wertminderung (gemildertes Niederstwertprinzip) vorgenommenen Wahlrechtsabschreibungen (§ 253 Abs. 3 Satz 4 HGB) gesondert auszuweisen. Diese gesonderte Ausweispflicht besteht sowohl für das GKV als auch für das UKV.

19 Abschreibungen, die daraus resultieren, dass VG des **Umlaufvermögens** mit dem niedrigeren Wert anzusetzen sind, der sich aus Börsen- oder Marktpreis am Abschlussstichtag ergibt (§ 253 Abs. 4 HGB), werden nicht von § 277 Abs. 3 erfasst und sind somit nicht gesondert auszuweisen. In der Begründung des Gesetzesentwurfs wird die Ausweispflicht ausdrücklich auf Abschreibungen des AV beschränkt.[12]

20 Exakte Vorgaben, wie dieser Ausweis vorzunehmen ist, finden sich in § 277 Abs. 3 HGB nicht. Der Ausweis kann entweder über eine Zuordnung zu den einzelnen GUV-Posten erfolgen, im Anlagespiegel geschehen (§ 268 Rz 13 ff.) oder in summarischer Form als „außerplanmäßige Abschreibungen auf das Anlagevermögen" durch Anhangangabe vorgenommen werden.

21 Anders als bei den „Erträgen und Aufwendungen aus Verlustübernahmen und aufgrund einer Gewinngemeinschaft oder eines Gewinn- bzw. Teilgewinnabführungsvertrages erhaltenen oder abgeführten Gewinnen" besteht somit statt des gesonderten Ausweises unter entsprechender Postenbezeichnung die Möglichkeit der ausschließlichen Anhangangabe.

22 Im Fall der **separaten Zuordnung** sind außerplanmäßige Abschreibungen auf das AV im Gliederungsschema des GKV entweder unter den Posten Nr. 7a (Abschreibungen auf immaterielle Vermögensgegenstände und Sachanlagen), Nr. 12 (Abschreibungen auf Finanzanlagen und Wertpapiere des Umlaufvermögens) bzw. Nr. 16 (ao Aufwendungen) gesondert anzuführen oder als „Davon"-Ver-

---

[11] Vgl. *IDW*, IDW HFA 28, Wpg-Supplement 1/2010, S. 43, Tz 27.
[12] Vgl. BilMoG-RegE, 2008, S. 68.

merk bei den Aufwandsposten, denen die außerplanmäßigen Abschreibungen zugeordnet wurden, gesondert auszuweisen (§ 277 Abs. 3 HGB).[13]
Denkbar ist auch der Ausweis in der GuV in einer Gesamtsumme unter einem entsprechend bezeichneten Posten. Dieses Vorgehen entspricht jedoch nicht den üblichen Ausweisgepflogenheiten der handelsrechtlichen Bilanzierungspraxis.[14]
Wird das UKV zugrunde gelegt, sind – sofern ein postenbezogener Ausweis beabsichtigt wird – die außerplanmäßigen Abschreibungen unter den Posten Herstellungskosten (Posten Nr. 2), Vertriebskosten (Posten Nr. 4), allgemeine Verwaltungskosten (Posten Nr. 5), sonstige betriebliche Aufwendungen (Posten Nr. 7) und Abschreibungen auf Finanzanlagen und Wertpapiere des UV (Posten Nr. 11) sowie ao Aufwendungen (Posten Nr. 15) auszuweisen.[15] Jedoch empfiehlt sich insb. beim UKV, statt der postenbezogenen Zuordnung, die Angabe der außerplanmäßigen Abschreibungen im Anhang.[16]  23

PersG sind von der Pflicht zum gesonderten Ausweis der außerplanmäßigen Abschreibungen nicht betroffen.  24

### 3.2 Ausweis von Erträgen und Aufwendungen aus Verlustübernahmen, Gewinngemeinschaften und Gewinnabführungsverträgen

Erläutert in § 275 Rz 213 f.  25

### 3.3 Erläuterungspflichten im Anhang für außerordentliche Erträge und Aufwendungen

§ 277 Abs. 4 Satz 2 HGB fordert die Erläuterung von ao Posten hinsichtlich ihres Betrags und ihrer Art im Anhang; deren Wesentlichkeit vorausgesetzt.  26

§ 285 Nr. 6 HGB verlangt ergänzend hierzu einen gesonderten Ausweis der auf das ao Ergebnis entfallenden Steuern vom Einkommen und Ertrag. Den Erläuterungen der ao Erträge und Aufwendungen müssen sich die ihnen zugrunde liegenden Geschäftsvorgänge sowie die Stärke ihrer Ergebnisauswirkungen im Vergleich zu anderen außergewöhnlichen Erträgen und Aufwendungen entnehmen lassen.[17]  27

Vereinzelt wird angeregt, der Beurteilung über das Vorliegen einer Erläuterungspflicht im Hinblick auf die Wesentlichkeit **quantifizierte Größen als Schwellenwerte** zugrunde zu legen. Hierzu wird insb. der Rückgriff auf den Anteil der ao Vorgänge am Jahresergebnis vor Steuern vorgeschlagen. Dabei wird in Anlehnung an angelsächsische Gepflogenheiten ein möglicher Grenzwert der Klassifizierungsentscheidung von 5 % diskutiert, ab dessen Überschreiten die Erläuterungspflicht als gegeben betrachtet wird. Jedoch werden diese Vorgaben vielfach als zu allgemeingültig betrachtet und dementsprechend eine einzelfallabhängige Entscheidung – ohne die Zugrundelegung solcher allgemein gültigen Schwellenwerte – für erforderlich gehalten.[18]  28

---

[13] Vgl. *ADS*, 6. Aufl., § 277 HGB, Rz 49; *Isele/Urner-Hemmeter*, in *Küting/Pfitzer/Weber*, HdR, HGB § 277, Rz 97, Stand 02/2011.
[14] Vgl. *Förschle/Peun*, in Beck Bil.-Komm. 9. Aufl., § 277 HGB, Rz 3.
[15] Vgl. *Förschle/Peun*, in Beck Bil.-Komm. 9. Aufl., § 277 HGB, Rz 5.
[16] Vgl. *ADS*, 6. Aufl., § 277 HGB, Rz 48.
[17] Vgl. *Reiner/Haußer*, in MünchKomm. HGB, 3. Aufl. § 277, Rn 42.
[18] Vgl. *ADS*, 6. Aufl., § 277 HGB, Rz 83.

29  Beurteilungsgrundlage für das Vorliegen ao Erträge und Aufwendungen sind die Vergangenheitswerte. Die Frage, ob die betreffenden Erträge und Aufwendungen auch zukünftig auftreten können, ist weitgehend irrelevant. Erst in zukünftigen Perioden kann sich zeigen, dass ehemals ao Posten eine gewisse Regelmäßigkeit erlangt haben und somit ein fortgesetzter Ausweis als ao Aufwand bzw. Ertrag allein aufgrund des Erfordernisses der kumulativen Kriterienerfüllung nicht mehr in Betracht kommen wird.
**Betragsmäßige Aufgliederungen** in einzelne Bestandteile sind **nicht erforderlich**. Es genügt eine verbale Erläuterung, welche das Verhältnis der Teilposten zum Gesamtposten zum Ausdruck bringt.[19]

30  Kleine KapG und ihnen gleichgestellte KapCoGes sind von der Erläuterungspflicht befreit (§ 276 Satz 2 HGB).

### 3.4 Erläuterungspflichten im Anhang für periodenfremde Erträge und Aufwendungen

31  § 277 Abs. 4 Satz 3 HGB bestimmt, dass alle **Aufwendungen und Erträge**, die einem anderen Gj zuzurechnen sind, hinsichtlich ihres Betrags und ihrer Art im Anhang zu erläutern sind, sofern sie nicht von untergeordneter Bedeutung sind.

32  Der Beurteilung, ob eine untergeordnete Bedeutung vorliegt, die von der Erläuterungspflicht entbindet, sollten keine strengeren Kriterien zugrunde gelegt werden als der Entscheidung, ob die Erläuterung der ao Erträge und Aufwendungen unterlassen werden kann.[20]

33  Schwerpunktmäßig wird es sich hierbei um Teilbeträge der Posten „sonstige betriebliche Erträge", „sonstige betriebliche Aufwendungen" und „Steuern vom Einkommen und Ertrag" handeln.

34  **Beispiel**
Beispielhaft kommen hier im Einzelnen in Betracht:[21]
– Buchgewinne und -verluste aus der Veräußerung von Vermögensgegenständen des Anlagevermögens;
– Zuschreibungen zu Vermögenswerten des Anlagevermögens;
– Erträge aus Zahlungseingängen auf in den Vorjahren abgeschriebene Forderungen;
– Erträge aus der Auflösung frei gewordener Rückstellungen;
– Steuernachzahlungen oder Steuererstattungen;
– Kostenerstattungen und Gutschriften für frühere Gj;
– Nachzahlungen für Mitarbeiter für Vorjahre;
– Nachholung von Abschreibungen.

Betragsmäßige Aufgliederungen in einzelne Bestandteile sind, wie bei der Erläuterung der ao Erträge und Aufwendungen, nicht erforderlich. Es genügt die verbale Erläuterung.

---

[19] Vgl. *ADS*, 6. Aufl., § 277 HGB, Rz 85; *Isele/Urner-Hemmeter*, in *Küting/Pfitzer/Weber*, HdR, HGB § 277, Rz 139, Stand 02/2011.
[20] Vgl. *Förschle/Peun*, in Beck Bil.-Komm. 9. Aufl., § 277 HGB, Rz 25.
[21] Vgl. *Kirsch/Siefke/Ewelt*, in *Baetge/Kirsch/Thiele*, Bilanzrecht, § 277 HGB, Rz 92; *Winnefeld*, Bilanz-Handbuch, 3. Aufl., 2002, Abschn. G, Rz 660.

Kleine KapG und ihnen gleichgestellte KapCoGes sind von der Erläuterungspflicht befreit (§ 276 Satz 2 HGB). 35

## 3.5 Erträge und Aufwendungen aus der Abzinsung

Abs. 5 fordert den gesonderten Ausweis von Erträgen aus der Abzinsung unter dem Posten „Sonstige Zinsen und ähnliche Erträge". Aufwendungen aus der Abzinsung sind gesondert unter dem Posten „Zinsen und ähnliche Aufwendungen" auszuweisen. RS HFA 34 sieht neben einen Davon-Vermerk oder der Aufgliederung innerhalb der Vorspalte mit Verweis auf die Klarheit und Übersichtlichkeit der GuV-Darstellung auch die Möglichkeit, diese Angaben im Anhang vorzunehmen.[22] 36

Eine Definition, was unter Erträgen und Aufwendungen aus Abzinsung zu verstehen ist, findet sich in den handelsrechtlichen Bestimmungen nicht. Auch die Begründungen des RegE und die Ausführungen des RA geben hier keinen näheren Aufschluss. So bleibt sowohl offen, welche Sachverhalte unter dem Terminus „Abzinsung" zu subsumieren sind, als auch die Frage, ob ausschließlich Abzinsungen aus Passiva oder auch Abzinsungen aus Aktiva betroffen sind. Im RegE des BilMoG fand sich die gesonderte Ausweispflicht dieser Erfolgsbestandteile noch in § 253 HGB und damit im unmittelbaren Kontext der Bewertung von RST und Verbindlichkeiten, für die eine Gegenleistung nicht mehr zu erwarten ist.[23] Somit war die gesonderte Ausweispflicht in engem Kontext zu der im RegE gegebenen Begründung für die Einführung einer allgemeinen Abzinsungspflicht von RST zu betrachten. Nach dieser soll durch die Abzinsung von RST eine den tatsächlichen Verhältnissen entsprechende Darstellung der VFE-Lage i.S. e. realitätsgerechteren Information der Abschlussadressaten über die wahre Belastung erreicht werden, zu der nicht unberücksichtigt bleiben soll, dass die in den RST gebundenen Finanzmittel investiert und daraus Erträge realisiert werden können.[24] 37

In der abschließenden Regelung der getrennten Ausweispflicht von Erträgen und Aufwendungen aus der Abzinsung in § 277 Abs. 5 HGB fehlt es an einer Bezugnahme auf den Passivposten „Rückstellungen". Auch aus dem übrigen Paragrafenkontext lässt sich dieser nicht zwingend herstellen. Lediglich die BgrRA zeigt, dass mit dieser Umpositionierung keine inhaltliche Änderung herbeigeführt werden sollte. Demnach soll dieser verpflichtend vorzunehmende gesonderte Ausweis den Abschlussadressaten darüber informieren, in welcher Höhe im Gj Aufwendungen und Erträge aus der nunmehr vorgeschriebenen Abzinsung der Rückstellungen angefallen sind.[25] Der Terminus „Abzinsung" ist dabei nicht stringent mathematisch auszulegen, sondern erstreckt sich allgemein auf die mit dem abgezinsten Ansatz der betreffenden Bilanzpositionen verbundenen Erfolgswirkungen. Diese Erfolgswirkungen sind, unabhängig davon, ob sie durch Auf- oder Abzinsung in die GuV einfließen, gesondert auszuweisen.[26]

---

22 Vgl. IDW, IDW RS HFA 34, Tz 50.
23 Vgl. BilMoG-BgrRegE, S. 6.
24 Vgl. BilMoG-BgrRegE, S. 50.
25 Vgl. BilMoG-BgrRA, S. 114.
26 So letztlich auch *IDW*, IDW RS HFA 30, Tz 86: IDW ERS HFA 34; Tz 52; *Lachnit/Wulf*, in *Bonner*, HdR, § 277, Rz 52, Stand: 06/2011. Für einen auf die Abzinsungseffekte beschränkten Ausweis und eine buchstabengetreue Begriffsinterpretation vgl. *Hoffmann/Lüdenbach*, NWB-Kommentar Bilanzierung, 5. Aufl. 2014, § 277, Rz 58f.

38 Unstrittig gilt hinsichtlich der Abzinsung der RST, dass für den Ausweis der Zuführungen zu den Pensionsrückstellungen eine Trennung des Betrags in einen Zinsanteil, der im Finanzergebnis (Posten Nr. 13 des GKV) auszuweisen ist, und einen sonstigen Anteil, der unter Posten Nr. 6b (GKV) auszuweisen ist, vorzunehmen ist.[27] Die Vorgaben über die Ausgestaltung des Ausweises erweisen sich jedoch in gewissem Maße als widersprüchlich. Während § 246 Abs. 2 Satz 2 HGB eine Verrechnung der Aufwendungen und Erträge aus der Abzinsung und aus dem zu verrechnenden Vermögen fordert (§ 246 Rz 119), ist in § 277 Abs. 5 HGB der gesonderte Ausweis der Aufwendungen und der Erträge aus Abzinsung innerhalb des Finanzergebnisses vorgeschrieben. Zugleich wird in der Beschlussempfehlung des RA im Zuge der Begründung des § 246 Abs. 2 Satz 2 HGB explizit auf § 277 Abs. 5 HGB verwiesen.[28] Hieraus könnte sich zunächst schließen lassen, dass die Intention dieser Gesetzesergänzung darin besteht, den Ausweis beider Effekte im Rahmen eines „gemeinsamen" Finanzergebnisses sicherzustellen. Für ein derartig abgestuftes Saldierungsgebot spräche zudem, dass in der Bilanz ein zusätzlicher Posten für den Ausweis des Unterschiedbetrags aus Saldierung von Vermögen und Schulden („Aktiver Unterschiedsbetrag aus Vermögensverrechnung") eingefügt wurde,[29] eine solche Ergänzung des GuV-Schemas um einen Posten, der die Verrechnung der Erträge und Aufwendungen gem. § 246 Abs. 2 Satz 2 HGB ausweist, jedoch unterlassen wurde. Das IDW legt im RS HFA 30 dagegen den § 277 Abs. 5 Satz 1 HGB so aus, dass er sich auf die Nettobeträge aus der Abzinsung bezieht. Somit können sich die Nettobeträge der Saldierung aus der Verrechnung von Aufwendungen und Erträgen aus der Auf- bzw. Abzinsung von Verpflichtungen (inklusiv möglicher Anpassungen des Diskontierungssatzes) und aus dem zu verrechnenden Deckungsvermögen ergeben; eine Aufgliederung ist lediglich im Anhang notwendig.[30]

39 **Für den Ausweis der Aufwendungen und Erträge aus der Abzinsung von Rückstellungen** sind für den Erstansatz nach hM zwei Varianten als zulässig zu erachten.[31] Die Aufwands- und Ertragserfassung ist dabei abhängig vom Bilanzansatz der Rückstellung im Zugangszeitpunkt. Dieser kann entweder i.H. ihres abgezinsten Betrags (**Nettomethode**) erfolgen oder i.H. ihres vollen Erfüllungsbetrags (**Bruttomethode**) (§ 253 Rz 132 ff.) vorgenommen werden.[32]

40 Erfolgt der Bilanzansatz gem. der **Nettomethode,** ist in den Folgejahren die jährliche Aufzinsung unter dem Posten Zinsen und ähnliche Aufwendungen und damit im Rahmen des Finanzergebnisses gesondert auszuweisen.[33] Im Zugangsjahr wird lediglich der abgezinste Aufwand innerhalb des betrieblichen Ergebnisses ausgewiesen.

---

27 Vgl. *Küting/Kessler/Keßler*, WPg 2008, S. 754. A. A. *Hoffmann/Lüdenbach*, NWB-Kommentar Bilanzierung, 5. Aufl. 2014, § 275, Rz 46 u. § 277 Rz 61.
28 Vgl. BilMoG-BgRRA, S. 110.
29 Vgl. BilMoG-BgRRA, S. 113.
30 Vgl. *IDW*, RS HFA 30, Tz 86.
31 A. A.: Die Nettomethode als die einzige zulässige Variante: IDW RS HFA 30, Tz. 59 bzw. RS HFA 34 Tz 11.
32 Vgl. *Weigl/Weber/Costa*, BB 2009, S. 1064.
33 Vgl. *Theile/Stahnke*, DB 2008, S. 1760.

Bei dem Erstansatz gem. der **Bruttomethode** ist der Erfüllungsbetrag der RST in voller Höhe als Aufwand im Rahmen des operativen Ergebnisses auszuweisen und ein Zinsertrag i. H. des Abzinsungsbetrags im Finanzergebnis unter dem Posten „Zinsen und ähnliche Erträge" zu erfassen.

41

**Beispiel**
Der Erfüllungsbetrag einer RST für Kulanzleistungen mit einer Laufzeit von vier Jahren beträgt 350 GE. Der durchschnittliche Zins beträgt 3 %. Der Barwert der RST beläuft sich demnach auf 310,97 GE.

**Nettomethode:**
Der Barwert der RST von 310,97 GE wird im Betriebsergebnis als sonstiger betrieblicher Aufwand erfasst. Die Aufzinsung in den Folgejahren wird im Finanzergebnis unter dem Posten „Zinsen und ähnliche Aufwendungen" erfasst.
Buchung zum Rückstellungszeitpunkt (31.12.00):

| Datum | Konto | Soll | Haben |
|---|---|---|---|
| | Sonstige betriebliche Aufwendungen | 310,97 | |
| | Sonstige Rückstellungen | | 310,97 |

Buchung im Folgejahr (31.12.01):

| Datum | Konto | Soll | Haben |
|---|---|---|---|
| | Zinsen und ähnliche Aufwendungen | 9,33 | |
| | Sonstige Rückstellungen | | 9,33 |

Buchung zum 31.12.02:

| Datum | Konto | Soll | Haben |
|---|---|---|---|
| | Zinsen und ähnliche Aufwendungen | 9,61 | |
| | Sonstige Rückstellungen | | 9,61 |

Buchung zum 31.12.03:

| Datum | Konto | Soll | Haben |
|---|---|---|---|
| | Zinsen und ähnliche Aufwendungen | 9,90 | |
| | Sonstige Rückstellungen | | 9,90 |

Buchung zum 31.12.04:

| Datum | Konto | Soll | Haben |
|---|---|---|---|
| | Zinsen und ähnliche Aufwendungen | 10,20 | |
| | Sonstige Rückstellungen | | 10,20 |

**Bruttomethode:**
Die Ersterfassung der RST in der GuV erfolgt zum Erfüllungsbetrag von 350,00 GE und wird in dieser Höhe im Betriebsergebnis ausgewiesen. Gleichzeitig wird im Finanzergebnis ein Zinsertrag von 39,03 GE erfasst. Die Aufzinsung in den Folgejahren wird analog zur Nettomethode im Finanzergebnis unter dem Posten „Zinsen und ähnliche Aufwendungen" erfasst.
Buchung zum Rückstellungszeitpunkt (31.12.00):

| Datum | Konto | Soll | Haben |
|---|---|---|---|
| | Sonstige betriebliche Aufwendungen | 350,00 | |
| | Sonstige Rückstellungen | 39,03 | |
| | Sonstige Rückstellungen | | 350,00 |
| | Zinsen und ähnliche Erträge | | 39,03 |

| Buchung im Folgejahr (31.12.01): | | | |
|---|---|---|---|
| Datum | Konto | Soll | Haben |
| | Zinsen und ähnliche Aufwendungen | 9,33 | |
| | Sonstige Rückstellungen | | 9,33 |

In den Folgejahren erfolgt die Erfassung der Aufzinsung in der GuV analog zur Nettomethode.

Während die Gesetzesbegründung insb. dadurch, dass sie die Abzinsungspflicht der Rückstellungen, mit der Ertragserzielungsmöglichkeit der in den Rückstellungen gebundenen Finanzmittel rechtfertigt,[34] für den Bilanzansatz und GuV-Ausweis gem. der Bruttomethode spricht, gewährleistet die Nettomethode nicht nur eine überschneidungsfreie Zuordnung der Aufwandskomponenten zum Finanz- und Betriebsergebnis, sondern entspricht zudem der internationalen Bilanzierungspraxis. Im Weiteren wird so eine Doppelerfassung der Abzinsungsaufwendungen vermieden, die sich ansonsten aus der Erfassung der Abzinsungskomponente im operativen Ergebnis des Zugangsjahrs und dem Ausweis der Aufwendungen aus der Aufzinsung in den Folgejahren ergibt. In der Praxis finden sich kaum Hinweise auf die Nutzungshäufigkeit der beiden Varianten.

42 Hinsichtlich der Frage, für welche Bilanzpositionen die Erträge und Aufwendungen aus Abzinsung gesondert auszuweisen sind, ist angesichts der Begründung des RA eine Beschränkung auf Rückstellungssachverhalte vorzuziehen,[35] gleichwohl wird eine umfassendere Interpretation zu akzeptieren sein.[36]
So kann die Vorgabe zum gesonderten Ausweis von Erträgen und Aufwendungen aus Abzinsungen auf sämtliche mit Abzinsungseffekten verbundene Verbindlichkeiten bezogen werden oder auf sämtliche mit Abzinsungseffekten verbundene Bilanzpositionen der Aktiv- und Passivseite ausgedehnt werden. Letzterem wäre zwar aufgrund der Gesetzesformulierung und deren Entstehungsgeschichte der Vorzug zu geben, erfordert aber zumindest bei stringenter Auslegung den Pflichtausweis von Erträgen unter Posten Nr. 10, die nach HGB aF eindeutig anderen Bereichen des Finanzergebnisses zugeordnet wurden. Bei dieser Ausweisvariante sind die Aufwendungen und Erträge aus der Rückstellungsabzinsung gemeinsam mit möglichen weiteren jeweils unsaldierten Erträgen und Aufwendungen aus der Abzinsung entsprechender Aktiva und Passiva auszuweisen (§ 275 Rz 183).

43 Die Beschränkung auf den engen Abzinsungsbegriff würde hier dazu führen dass bei Zugrundelegung der Nettomethode der Ausweis der Erträge im Wesentlichen auf Effekte aus Zinssatzänderungen bei der Folgebewertung der RST beschränkt ist. Diese ergeben sich, weil grds. der Zinssatz des Abschlussstichtags zugrunde zu legen ist, wenn der Zinssatz im Zeitablauf der RST steigt. Oftmals wird dieser Effekt sich jedoch als unwesentlich erweisen, sodass auf eine Anpassung verzichtet werden kann.[37]

---

[34] Vgl. BilMoG-BgrRegE, S. 54.
[35] Eine ausschließliche Beschränkung auf Rückstellungssachverhalte sieht der IDW. Vgl. dazu IDW, IDW, RS HFA 34, Tz 52.
[36] Dieser weiten Fassung (nicht nachvollziehbar) ablehnend gegenüberstehend: *Gelhausen/Fey/Kämpfer*, Rechnungslegung und Prüfung nach dem Bilanzrechtsmodernisierungsgesetz, 2009, Rz 58; *Roß/Philippsen*, DB 2010, S. 1252f.
[37] Vgl. *Weigl/Weber/Costa*, BB 2009, S. 1065.

Für Erfolge, die aus Änderungen des Abzinsungszinssatzes zwischen zwei Abschlussstichtagen resultieren oder die auf eine Schätzungsänderung der Restlaufzeiten zurückzuführen sind, sieht IDW RS HFA 34 statt des verpflichtenden Ausweises innerhalb des Finanzergebnisses die alternative Ausweismöglichkeit im operativen Ergebnis vor, sofern dies einheitlich geschieht.[38] Eine Anhangangabe, wie dieses Wahlrecht ausgenutzt wird, wird dabei für erforderlich gehalten.[39]

### 3.6 Erträge und Aufwendungen aus der Währungsumrechnung

Satz 2 des Abs. 5 gibt vor, dass Erträge aus der Währungsumrechnung in der GuV gesondert unter dem Posten „Sonstige betriebliche Erträge" (§ 275 Rz 82) und Aufwendungen aus der Währungsumrechnung (§ 275 Rz 142) gesondert unter dem Posten „Sonstige betriebliche Aufwendungen" auszuweisen sind. Diesem gesonderten Ausweiserfordernis kann wahlweise durch einen Davon-Vermerk oder Aufgliederung innerhalb einer Vorspalte Rechnung getragen werden. Eine Verrechnung der Aufwendungen und Erträge aus Währungsumrechnung ist dabei unzulässig. Zuweilen wird auch die Möglichkeit gesehen, den gesonderten Ausweis alternativ im Rahmen einer Anhangdarstellung vornehmen zu können.[40] Da es, anders als bei den außerplanmäßigen Abschreibungen, an einem solchen ausdrücklichen Verweis innerhalb des Gesetzestextes fehlt, sondern stattdessen explizit auf die Ausweisnotwendigkeit innerhalb der GuV verwiesen wird, erscheint dies zunächst unzulässig.[41] Da ERS HFA 34 nunmehr eine solche Ausweisalternative für den gesonderten Ausweis der Erträge und Aufwendungen aus Ab- und Aufzinsung mittlerweile zulässt, wird man, aufgrund vergleichbarer Gesetzesformulierungen, für die Erfolgswirkungen aus der Währungsumrechnung in enger Abhängigkeit vom Einzelfall und der jeweiligen Wesentlichkeit zu keinem anderen Urteil kommen können.[42] Die Übersichtlichkeit der GuV-Darstellung sollte dadurch ggf. deutlich verbessert werden, indem einer Überfrachtung der GuV mit Detailinformationen vorgebeugt wird.

44

Die Höhe der gesondert auszuweisenden Beträge ergibt sich aus § 256a HGB. Diese Vorgabe trägt dem besonderen Charakter dieser Sachverhalte Rechnung. Inhaltlich ist der gesonderte Aufwands- und Ertragsausweis damit auf unrealisierte Währungsumrechnungseffekte beschränkt, die sich gem. § 256a HGB auf die GuV auswirken und somit aus der Umrechnung der auf fremde Währung lautenden VG und Verbindlichkeiten am Abschlussstichtag resultieren.[43] Der Terminus „Währungsumrechnung" knüpft dabei an Erfolgseffekte an, die zum Aufstellungszeitpunkt der Stichtagsbilanz auftreten und bedingt somit, dass unterjährige Währungsumrechnungseffekte, wie sie vor allem im Rahmen von Veräußerungen ergebniswirksam werden, nicht der gesonderten Ausweispflicht unter den Posten „sonstige betriebliche Erträge bzw. Aufwendungen" unterliegen. Währungsbedingte Abschreibungen nicht monetärer Vorratsgüter sind folg-

45

---

[38] Vgl. IDW, IDW RS HFA 34, Tz 49.
[39] Vgl. IDW, IDW RS HFA 34, Tz 51.
[40] Vgl. *Gelhausen/Frey/Kämpfer*, Kap. J Rn 84: *Förschle/Peun*, in Beck Bil.-Komm. 9. Aufl., § 275 Rn 172, *Lüdenbach*, StuB 2011, S. 916.
[41] So zumindest *Roß*, WPg 2012, S. 25.
[42] IDW, IDW RS HFA 34, Tz 50.
[43] So auch *Roß*, WPg 2012, S. 24.

lich nicht betroffen. Dementsprechend wird für bestimmte Umrechnungsdifferenzen ein Ausweis unter anderen GuV-Posten als zulässig bzw. verpflichtend erachtet[44], wie dies für Aufwendungen der Fall ist, die aus währungsbedingt gesunkenen Wiederbeschaffungskosten von Vorratsgütern auf einen niedrigeren beizulegenden Wert der Fall ist (§ 256a Rz 33).

In diesem Sinne kommt dieser Norm allein die Funktion zu, den gesonderten Ausweis der unter den sonstigen betrieblichen Erträgen und Aufwendungen erfassten nicht realisierten Umrechnungsdifferenzen zu gewährleisten.[45] Ein gesonderter Ausweis von Währungsumrechnungseffekten, die zwar als sonstige betriebliche Aufwendungen und Erträge erfasst wurden, aber nicht dem Anwendungsbereich des § 256a HGB unterliegen, ist nicht geboten, wenn i. S. d. Klarheit auch nicht unzulässig, sofern die Höhe der aus der Anwendung des § 256a HGB resultierenden unrealisierten Währungsgewinne erkennbar bleibt.[46]

Darüber hinausgehend wird auch ein gesonderter Ausweis der gesamten realisierten und unrealisierten Beträge aus Währungsumrechnung in der GuV unter ergänzender Aufgliederung im Anhang diskutiert.[47]

## 4 Änderungen durch das BilRUG

### 4.1 Definition Umsatzerlöse

46 Gemäß der Richtlinie 2013/34/EU werden Nettoumsatzerlöse nunmehr als die Beträge definiert, „die sich aus dem Verkauf von Produkten und der Erbringung von Dienstleistungen nach Abzug von Erlösschmälerungen und der Mehrwertsteuer sowie sonstigen direkt mit dem Umsatz verbundenen Steuern ergeben" (Art. 2 Nr. 5). Im Vergleich zur Richtlinie unterscheidet sich die HGB-Definition der Umsatzerlöse insbesondere durch die ergänzende explizite Bezugnahme auf die Erlöse aus Vermietung oder Verpachtung. Produkte werden gem. BilRUG als die Zusammenfassung von Waren und Erzeugnissen verstanden.[48] Mit dieser Begriffsdefinition für den Terminus „Produkte" stellt der Gesetzgeber klar, dass mit der direkten Begriffsübernahme aus der Richtlinie 2013/34/EU keine inhaltliche Veränderung gegenüber der in der Vorfassung des § 277 Abs. 1 HGB verwendeten Umschreibung dieses Sachverhalts mit den Begriffspaar „Erzeugnisse und Waren" verbunden ist. Während in Richtlinie 2013/34/EU – wie bereits in der Vorfassung – hinsichtlich der vorgegebenen GuV-Gliederungen und der damit verbundenen Begriffsdefinition der Terminus „Nettoumsatzerlöse" verwendet wird, greift das HGB weiterhin auf den Terminus „Umsatzerlöse" zurück, ohne dass damit inhaltliche Abweichungen verbunden wären.

47 Die (vorzeitige) Anwendung der Neufassung der Umsatzerlöse auf JA für Gj, die nach dem 31.12.2013 enden, ist nur bei einer Rückgriffnahme auf die an die erhöhten Schwellenwerten anknüpfenden Erleichterungen zulässig, bzw. in diesem Fall sogar verpflichtend (§ 293 Rz 23).[49] Wird das Wahlrecht zur vorzeitigen

---

44 Vgl. hierzu *Roß*, WPg 2012, S. 24; *Lüdenbach* StuB 2011, S. 216.
45 Vgl. auch *Roß*, WPg 2012, S. 24.
46 Vgl. *Ross*, WPg 2012, S. 25.
47 Vgl. *Lüdenbach*, StuB 2011, S. 916.
48 Vgl. BilRUG, BGBl I 2015.
49 Vgl. BilRUG-RegE, BR-Drs. 23/15, 22.

Anwendung der Neudefinition der Umsatzerlöse nicht genutzt, so gilt eine Pflicht zur erstmaligen Anwendung für das nach dem 31.12.2015 beginnende Gj (vgl. Art. 2 Abs. 2 EGHB).

Durch die Neudefinition der „Umsatzerlöse" entfallen im Vergleich zur bisherigen Regelung die Voraussetzungen, dass es sich um Erlöse aus dem Verkauf oder der Vermietung und Verpachtung von für die gewöhnliche Geschäftstätigkeit der KapG typischen Erzeugnissen und Waren sowie der Erbringung von für die gewöhnliche Geschäftstätigkeit der Ges. typischen Dienstleistungen handeln muss. Die bisherige Praxis, dass die Ertragsklassifizierung und der daran anknüpfende Umsatzausweis in Abhängigkeit der Branchenzugehörigkeit (z.B. Handel, produzierendes Gewerbe, Dienstleistungen) vorgenommen werden musste, entfällt somit. 48

Im RefE-BiLRUG wurde die Neuregelung der Umsatzerlösdefinition mit einer damit erwarteten Abmilderung der bisher („angeblich") zu beobachtenden Probleme hinsichtlich der Festlegung der jeweiligen Kriterien der gewöhnlichen Geschäftstätigkeit und damit letztlich mit den Abgrenzungsschwierigkeiten zwischen Umsatzerlösen und sonstigen betrieblichen Erträgen begründet.[50] In dem RegE-BilRUG ist dieser Verweis jedoch nicht mehr enthalten. Stattdessen findet sich dort jetzt der Hinweis, dass die Ausweitung des Begriffs „Umsatzerlöse" mit der Aufhebung der Regelung der ao Erträge und ao Aufwendungen als gesonderte GuV-Positionen einhergeht.[51] Nach dem Wortlaut der 4. Bilanzrichtlinie wurden ao Erträge und Aufwendungen als Erträge und Aufwendungen definiert, die außerhalb der normalen Geschäftstätigkeit der Ges. anfallen.[52] 49

Die gegenüber dem RefE veränderte Argumentationslinie des Gesetzgebers ist insbesondere im Hinblick auf die Frage, welche Sachverhalte zukünftig als Umsatzerlöse auszuweisen sind, von erheblicher Bedeutung. Dies gilt zumindest soweit die Streichung dieser ursprünglichen Passage als ein Beleg für die unzureichende Bestandskraft dieser Argumentation gewertet werden kann, wonach in Konsequenz allein die aktuelle Argumentation Gültigkeit besäße. 50

Aufgrund der Argumentation des RefE wurde vom Schrifttum – unter Anmerkung deutlicher Kritik – einhellig die Meinung vertreten, sämtliche Erlöse aus dem Verkauf von Waren und Dienstleistungen seien zukünftig als Umsatzerlöse auszuweisen.[53] Dabei wurde insbesondere auf die Erlöse aus Kantinen verwiesen, die demnach zukünftig zwingend als Umsatzerlöse auszuweisen seien.[54] Bereits bei Zugrundelegung der Argumentation des RefE erschien es zumindest hinsichtlich der vom Schrifttum angenommenen Eindeutigkeit fraglich, ob es sich bspw. bei Erlösen aus der Kantinenerwirtschaftung tatsächlich um Erlöse aus dem Verkauf von Produkten bzw. Dienstleistungen in dem von der EU-Richtlinie intendierten Sinne handelt.

Die an den RegE anknüpfende Beschlussempfehlung des Ausschusses für Recht und Verbraucherschutz (6. Ausschuss) ist ein weiteres Indiz dafür, dass die Neudefinition der Umsatzerlöse nicht zwingend mit einem grundlegend neuen Begriffsverständnis einhergehen muss. Vielmehr legen die dortigen Ausführun-

---

50 Vgl. RefE-BILRUG, S. 68.
51 Vgl. BilRUG-RegE, BR-Drs. 23/15, S. 76.
52 Vgl. Art. 29 Abs. 1 Richtlinie 78/660/EWG.
53 Ausnahme: *Lüdenbach/Freiberg*, BB 2014, S. 2222.
54 Vgl. z.B. *Müller/Stawinoga*, BB 2015, S. 242.

gen nahe, dass es sich eher um eine Unachtsamkeit der Formulierungswahl auf der Ebene der EU-Richtlinie handelt.[55] Eine offizielle Beibehaltung der alten Definition zum gegenwärtigen Zeitpunkt, wird letztlich ausschließlich mit dem Verweis, dass ein solches Vorgehen zum gegenwärtigen Zeitpunkt nicht mit der EU-Richtlinie im Einklang stünde und Sanktionsgefahren aufgrund unzureichender Richtlinienumsetzung (Vertragsverletzung) nach sich ziehen würde, begründet. Zugleich wird schon jetzt darauf hingewiesen, dass hier die Rechtsentwicklung in anderen Ländern sorgfältig beobachtet werden sollte und dass auf Basis der dabei gewonnenen Erkenntnisse nach Möglichkeit zeitnah auf europäischer Ebene für eine Richtlinienänderung eingetreten werden sollte. Zur gegenwärtigen Begriffsauslegung schlägt der Ausschuss vor, für die Erlösabgrenzung künftig stärker als bisher auf die europäischen Begriffselemente „Produkt" und „Dienstleistung" zurückzugreifen. Diese sollten nach Auffassung des Ausschusses für die meisten Grenzfälle eine hinreichende Orientierung bieten.

51 Vorrangiges Ziel der Bilanzrichtlinie 2013/34/EU ist ein Bürokratieabbau für die Unt.[56] Dieser wird allein dadurch erreicht, dass im Falle eines Vorliegens von Umsatzerlösen im bisherigen Sinne zukünftig die akribische Einzelfallprüfung unterlassen werden kann, ob es sich hierbei um Erlöse aus dem engeren Betriebszweck handelt und inwieweit sich diese Ertragsquelle zukünftig als nachhaltig erweisen wird. Insbesondere bei Erträgen, die i. S. d. Kostenrechnung – selbst bei branchenunabhängiger Betrachtung – als klassisch betriebsfremd gelten, gelingt diese Abgrenzung zwischen Umsatzerlösen und sonstigen betrieblichen Erträgen jedoch problemlos. Kurzum könnte der Zweck der neu formulierten Nettoumsatzerlösdefinition der Bilanzrichtlinie 2013/34/EU folglich darin gesehen werden, dass einer weiten, aber dennoch betriebswirtschaftlich praktikablen, Umsatzerlösdefinition gegenüber der bisherigen eng gefassten Umsatzerlösdefinition der Vorzug gegeben werden soll. Für diese Sichtweise spricht das Vorgehen der Streichung der einschränkenden näher beschreibenden sprachlichen Elemente der bisherigen Umsatzerlösdefinition ohne die Hinzufügung verbindlicher den Ausweisumfang erhöhender Vorgaben.

Insofern hätte bereits die rechtliche Lage auf Basis des RefE die Möglichkeit geboten, den Begriff Umsatzerlöse in einem stärker betriebswirtschaftlichen Sinne zu interpretieren, sodass – abweichend zur bisherigen Regelung – lediglich Kriterien wie Regelmäßigkeit, Größe und Branchenspezifik außer Acht zu lassen gewesen wären.

52 Dem nunmehr im RegE enthaltenen gültigen Verweis, dass die Neudefinition der Umsatzerlöse aus der Aufhebung der Verpflichtung zum separaten GuV-Ausweis der ao Erträge und ao Aufwendungen resultiert, legt durchaus eine betriebswirtschaftlich gehaltvollere Auslegung des Begriffs „Umsatzerlöse" nahe, als mitunter angenommen. So kann dieser Hinweis letztlich als Indiz gewertet werden, dass sich die überarbeitete Umsatzerlösdefinition gegenüber der vorherigen Definition der 4. Richtlinie im Wesentlichen nur dadurch unterscheidet, dass zukünftig auch

---

[55] Diplomatisch formuliert bringt der Ausschuss hier zum Ausdruck, dass diese Definition keinesfalls das Resultat einer ausgewogenen Sachverhaltsabwägung darstellt und bei wortgetreuer Begriffsauslegung keinen Mehrwert stiftet; dafür aber erhebliche Nachteile mit sich bringt. Vgl. BT-Drs. 8/5256, S. 79.

[56] Vgl. Richtlinie 2013/34/EU, S. 20.

Erträge als Umsatzerlöse auszuweisen sind, die ihrem Wesen nach Umsatzerlöse im klassischen betriebswirtschaftlichen Sinne darstellen, aber zugleich von außergewöhnlicher Größenordnung oder Seltenheit sind; wobei die Branchenkonformität der erzielten Umsatzerlöse irrelevant ist. Eine solche Begriffsauslegung wäre insoweit konsistent, als dass sämtliche ehemals als ao eingestuften Erträge und ao Aufwendungen statt eines getrennten GuV-Ausweises zukünftig eines Ausweises unter der jeweils relevanten Ertrags- bzw. Aufwandsposition bedürfen. Schließlich erfolgt der Ausweis ao Aufwandsposten insoweit einer vergleichbaren Systematik, als dass ao Aufwendungen zukünftig der einzelnen spezifischen Aufwandsart zuzuordnen sind, ohne dass sich dadurch deren inhaltliche Abgrenzung ändert (Rz 63). Inwiefern der im RegE enthaltene ausdrückliche Verweis, dass auch der Verkauf von Produkten oder die Erbringung von Dienstleistungen außerhalb der gewöhnlichen Geschäftstätigkeit zukünftig Umsatzerlöse und keine sonstigen betrieblichen Erträge generiert,[57] der oben angeführten Argumentation widerspricht oder diese gar verbietet, muss zum derzeitigen Zeitpunkt dahin gestellt bleiben. Insbesondere bleibt offen, ob dieser Hinweis im Rahmen des RegE als ein alle Ertragssachverhalte umfassendes Gebot oder lediglich als ein Verweis auf eine wahlrechtsfreie Zulässigkeit der Positionszuordnung zu verstehen ist. Keine Zweifel bestehen allerdings dahingehend, dass bestimmte Sachverhalte, die bislang als sonstige betriebliche Erträge auszuweisen waren, aufgrund der Neudefinition zukünftig als Umsatzerlöse auszuweisen sind. Ob aus der Neuregelung und dem ergänzenden Hinweis des RegE eine allgemeingültige Pflicht zur Umsatzklassifizierung von Erlösen aus der Veräußerung oder Vermietung von Erzeugnissen und Dienstleistungen folgt, die aus allgemeiner branchenübergreifender Sicht als betriebsfremd zu betrachten sind, ist nicht nur zu bezweifeln, sondern vor dem Hintergrund der vom „Ausschuss für Recht und Verbraucherschutz" angeführten Zweifel an der langfristigen Bestandkraft der jetzigen Definition zu verneinen. Dies gilt umso mehr, als dass die jetzt („zunächst") gültige Definition bei Zugrundelegung eines normalen Maßes betriebswirtschaftlichen Sachverstands aufgrund ihrer weitgehend offenen Formulierung Interpretationsspielraum für ein Begriffsverständnis lässt, welches den Erwartungen der Rechnungslegungsadressaten gerecht wird.

Weiterer Interpretationsspielraum eröffnet sich dadurch, dass die in der Begründung des RegE gewählte Formulierung bei genauer Betrachtung den Eindruck vermittelt, nur Verkäufe außerhalb der gewöhnlichen Geschäftstätigkeit würden zu den Umsatzerlösen zählen, Miet- und Pachteinnahmen, die außerhalb der gewöhnlichen Geschäftstätigkeit erzielt werden, hingegen nicht.[58] Dem steht lediglich die in Verbindung mit dem Paragraphentext nahe liegende Vermutung entgegen, dass hier eine (wiederholte) Nachlässigkeit in der Formulierung der Gesetzesbegründung vorliegt, wofür auch die diesbezüglich gewählte Formulierung des Ausschusses für Recht und Verbraucherschutz im Nachgang zum RegE spricht. Nach dessen Ausführungen sind auch Erlöse aus der Vermietung und Verpachtung von Produkten der KapG, die nicht zur gewöhnlichen Geschäftstätigkeit der betreffenden Ges. gehören aufgrund der geänderten Definition als

53

---

57 Vgl. BilRUG-RegE, BR-Drs. 23/15, 79.
58 Vgl. BilRUG-RegE, BR-Drs. 23/15, 76.

Umsatzerlöse auszuweisen.[59] Allerdings würde sich eine Ausgrenzung der Miet- und Pachteinnahmen außerhalb der gewöhnlichen Geschäftstätigkeit unter betriebswirtschaftlichen Gesichtspunkten als stichhaltig erweisen, zumal auch der Paragraphentext bei wortgetreuer Auslegung so zu verstehen ist (Rz 56).

54 Bei Anwendung des UKV ist eine extrem weitgefasste Umsatzerlösdefinition mit erheblichen Konsequenzen für den HK-Ausweis verbunden. So müssen die „HK des Umsatzes" sämtliche Kosten enthalten, die mit der Erzielung von Umsatzerlösen verbunden sind. D. h., werden die bisher als Nebenerlöse erfassten Erträge in Umsatzerlöse umklassifiziert, so sind auch die diesen Nebenerlösen gegenüberstehenden Aufwendungen als HK auszuweisen. Werden Kantinenerlöse als Umsatzerlöse ausgewiesen, dann sind die Aufwendungen der Kantine (Personalaufwendungen, Wareneinsatz) als HK auszuweisen.

55 Die Änderung der Umsatzerlösdefinition ist nicht zuletzt im Hinblick auf die Beurteilung einer gegebenen Buchführungspflicht von Einzelkaufleuten (§ 241a HGB) und der Größenklassenbestimmung (§§ 267, 293 HGB; §§ 1, 11 PublG) zu beachten.

> **Tipp**
> Insbesondere Unt, welche größenabhängige Befreiungen in Anspruch nehmen wollen, ist im Hinblick auf die konstatierten Begriffsunklarheiten zumindest im Rahmen einer internen Entscheidungsvorbereitung zunächst die Verwendung einer möglichst weiten Umsatzerlösdefinition zu empfehlen, um zu vermeiden, dass größenabhängige Erleichterungen zu Unrecht in Anspruch genommen werden. Für den externen Ausweis der Umsatzerlöse ist dessen ungeachtet die Zuhilfenahme der oben skizzierten engeren betriebswirtschaftlich orientierten Definition zu bevorzugen.

Als Umsatzerlöse und nicht als sonstige betriebliche Erträge auszuweisen sind zukünftig bspw. Erlöse aus der vorübergehenden Überlassung von eigenen nicht ausgelasteten Arbeitnehmern unabhängig von der Branchentätigkeit und Häufigkeit.[60]

56 Grundsätzlich sind, nach einhelliger Meinung des Schrifttums, unabhängig von der Branche und dem vermieteten Objekt, sofern die oben skizzierten Unstimmigkeiten hinsichtlich der Formulierungen des RegE außer Acht gelassen werden, auch Miet- und Pachteinnahmen als Umsatzerlöse auszuweisen.

> **Beispiel**
> Vermietet ein Unt der Spielzeugindustrie auf der Suche nach neuen Einnahmequellen nicht nur einmalig seine Kantine zur Aufführung von Konzerten an eine Event-Agentur, so stellen diese Mieterlöse nach Meinung des Schrifttums nach neuer Rechtslage Umsatzerlöse dar. Schließlich handelt es sich hierbei für Unt der Immobilien- oder Freizeitbranche im betriebswirtschaftlichen Sinne um klassische Umsatzerlöse, auch wenn es sich aus Sicht des betreffenden Unt um betriebsfremde Erträge handelt.

---

[59] Vgl. BT-Drs. 18/5256, S. 82.
[60] Vgl. *Wirtz/Gersbacher*, StuB 2014, S. 713.

Als problematisch erweist sich in diesem Zusammenhang allerdings – neben den bereits hervorgehobenen Unstimmigkeiten der Gesetzesbegründung – der Wortlaut des § 277 Abs. 1 HGBnF. Aus diesem ergibt sich, dass lediglich Erlöse aus der Vermietung oder Verpachtung von **Erzeugnissen und Waren (Produkten)** als Umsatzerlöse auszuweisen sind. Abgesehen vom Sonderfall der Immobilienwirtschaft, stellen Immobilien weder Erzeugnisse noch Waren dar. Angesichts der Gesetzesformulierung kann auch keine Erbringung von Dienstleistungen vorliegen. Der Terminus Produkte wird in der Praxis zweifelsfrei für Gegenstände benutzt, die entweder bei Kauf oder nach Herstellung bis zum geplanten Weiterverkauf als UV bilanziert werden bzw. ihrem Wesen nach für einen solchen Ausweis in Betracht kommen. Lediglich für Unt, die ihre Umsatzerlöse im Bereich der Vermietung und Verpachtung generieren, stellen VG des AV in gewissem Maße Produkte dar. Dies gilt bspw. auch für Autoverleiher, deren Mieterlöse aus dem vermieteten Fuhrpark freilich Umsatzerlöse darstellen. Werden Immobilen branchenunabhängig als Erzeugnisse definiert, sodass die Vermietungserlöse als Umsatzerlöse auszuweisen sind, knüpft sich daran zwangsläufig die Frage an, unter welcher GuV-Position dann die Erlöse aus der Veräußerung selbst erstellter nicht selbstgenutzter Immobilien auszuweisen sind. Errichtet bspw. ein Unternehmen ein Bürogebäude zur eigenen Nutzung und verkauft es unmittelbar nach der Fertigstellung eine in diesem Gebäude gelegene Eigentumswohnung zu Wohnzwecken an Privatpersonen, so ergäben sich hieraus gem. der obigen im Schrifttum vertretenen branchenunabhängigen Interpretation des Terminus „Produkte" ebenfalls Umsatzerlöse. Ein ähnlich irreführender Umsatzausweis ergäbe sich, sofern ein Unt ein Gebäude kauft und direkt im Anschluss einzelne Wohneinheiten dieses Gebäudes, die es nicht selber nutzen möchte, weiterverkauft. Mietet ein Unt eine von Beginn an zu große Bürofläche, mit der Absicht einen Teil weiterzuvermieten, so wären auch diese Mieteinnahmen als Umsatzerlöse auszuweisen. Insgesamt zeigt sich, dass die geforderte branchen- und geschäftsmodellunabhängige Umsatzerlösklassifizierung nicht immer möglich sein wird oder zu sehr befremdlichen Ergebnissen führt. Aufgrund dieses Umstands wäre, entgegen der derzeitigen Gesetzesformulierung, dem Ausweis von Mieteinkünften als sonstige betriebliche Erträge der Vorzug zu geben. Im Hinblick auf die Eindeutigkeit dieser Einschätzung ist zu berücksichtigen, dass der Gesetzgeber die Umsatzerlösdefinition nicht mit der Absicht geändert hat, die Umsatzerlöse völlig neu zu definieren, sondern aufgrund der Abschaffung der gesonderten Ausweispflicht für ao Posten. Dies kommt allein in der nun verwendeten Formulierung zum Ausdruck, nach welcher lediglich die Pflicht die Branchenzugehörigkeit ausgiebig zu berücksichtigen aufgehoben wurde ohne dass die Verwendung dieses Differenzierungskriterium vom Gesetzgeber völlig untersagt wurde.[61] Zudem ist an dieser Stelle darauf zu verweisen, dass sich dieser Sachverhalt auf Basis der derzeitig vorgesehenen Gesetzesformulierung nicht völlig widerspruchsfrei bzw. nicht ohne Rückgriff auf ein gewisses Mindestmaß an Branchenperspektive lösen lässt.

57

---

61 Wäre dies gewünscht worden, hätte der Gesetzgeber darauf hinweisen müssen, dass die Umsatzerlöse völlig unabhängig von der Branchenzugehörigkeit auszuweisen sind oder es hätte innerhalb der Gesetzesbegründung ein Hinweis auf den Umgang mit besonders umstrittenen Posten, wie bspw. Mieteinahmen, geben müssen.

Ein Widerspruch zwischen der hier vertretenen Auffassung und der in der Beschlussempfehlung 18/5256 angeführten Argumentation, dass alle Erträge aus dem Verkauf, der Vermietung oder Verpachtung von Produkten der KapG, die nicht zur gewöhnlichen Geschäftstätigkeit gehören, als Umsatzerlöse und nicht als sonstige betriebliche Erträge zu erfassen sind, besteht nicht.
Schließlich wird – wie bereits dargelegt an gleicher Stelle darauf verwiesen, dass es für die Abgrenzung künftig stärker als bisher auf die europäischen Begriffselemente „Produkt" ankommen wird.[62]

58 Im Weiteren stellt die Beschlussempfehlung klar, dass die Vermietung von **Produkten**, die Gegenstände des AV sind, auch künftig zu den Umsatzerlösen führen **dürften** (bspw. aus der Vermietung von Fahrzeugen im Bestand einer Autovermietung). Das im Rahmen dieser Ausführungen angeführte Beispiel stützt die hier zuvor vertretene These der Notwendigkeit eines gewissen Maßes an Branchenbezug der zu veräußernden bzw. vermietenden Objekte (Produkte). Zugleich signalisiert die vom Ausschuss gewählte vage Formulierung („**dürfte**") die eigene Unsicherheit des Gesetzgebers.
Angesichts einer derartigen Rechtsunsicherheit ist derzeit auch unklar, inwieweit der an dieser Stelle geforderte Branchen- und Produktbezug der vermieteten Objekte dann hinfällig sein könnte, wenn Gegenstände, die für gewöhnlich im Betrieb eingesetzt werden, zeitlich begrenzt an Außenstehende vermietet werden. So handelt es sich bei der an die Event-Agentur vermieteten Kantine, zwar weder um ein Produkt der betreffenden Unternehmung noch stellt die Vermietung eine branchentypische Tätigkeit dar, allerdings handelt es sich, anders als bei vermieteten Wohnimmobilien, um Betriebsmittel, die in den Produktionsprozess der Unternehmung eingebunden sind. An dieser Stelle empfiehlt es sich, die Bilanzierungspraxis sorgfältig zu beobachten. Im Rahmen der in vorliegenden Ausführungen dargelegten Argumentationskette ist eine solche Begriffsdehnung gleichwohl abzulehnen.

59 **Schrottverkäufe** und Verkäufe überzähliger Roh-, Hilfs- und Betriebsstoffe, die bislang in Abhängigkeit von der Ausgangssituation ggf. entweder als sonstige betriebliche oder ao Erträge ausgewiesen wurden, sind zukünftig stets vollständig als Umsatzerlöse zu erfassen.[63]

60 **Selbst erstellte Maschinen**, die zunächst selbst genutzt werden (aktivierte Eigenleistungen) und später aufgrund von Planänderungen gebraucht weiterveräußert werden, sind, sofern sich dahinter kein systematisches Vorgehen der Umsatzerlösgenerierung verbirgt, nicht als Umsatzerlöse, sondern als sonstige betriebliche Erträge auszuweisen. Dies ergibt sich daraus, dass die Maschinen während der Nutzung als selbstgenutztes SAV in der Bilanz ausgewiesen wurden, wohingegen nicht vermietete Produkte stets UV darstellen und keiner planmäßigen Abschreibung unterliegen,

61 Für den Umsatzausweis ist zu beachten, dass **mit dem Umsatz verbundene Steuern** abgezogen werden müssen.

62 Im Hinblick auf die **Bilanzanalyse** sind mit der veränderten Umsatzerlösdefinition Konsequenzen für die beobachtbare Umsatzvolatilität und die unmittelbar aus dem JA ableitbare Umsatzrentabilität verbunden. Vermeiden lässt sich

---

[62] Vgl. BT-Drs. 18/5256, S. 84.
[63] Vgl. *Wirtz/Gersbacher*, StuB 2014, S. 713.

dies, indem Unternehmen freiwillig von dem explizit in der Beschlussempfehlung angesprochenen und sich aus § 265 Abs. 5 Satz 1 HGB ergebenden Ausweiswahlrecht Gebrauch machen, die Umsatzerlöse näher aufzugliedern, um so einen gesonderten Ausweis der Umsatzerlöse aus der gewöhnlichen Geschäftstätigkeit vornehmen zu können,[64] welcher letztlich der bisherigen Umsatzerlösdefinition entsprechen würde. Wird von diesem Ausweiswahlrecht Gebrauch gemacht, liegt es – soweit realisierbar bei Anwendung des UKV nahe, für die Darstellung der HK eine analoge Untergliederung vorzunehmen.

Die Gesamtargumentation des Gesetzgebers legt es nahe diese Ausweisvariante als eine Best-Practice-Vorgabe für die Rechnungslegungspraxis zu betrachten, die dazu führt, dass mit den „Umsatzerlösen aus der gewöhnlichen, Geschäftstätigkeit", den „sonstigen Umsatzerlösen" und den „sonstigen betrieblichen Erträgen" insgesamt drei unterschiedliche Ertragsarten außerhalb des Finanzergebnisses zum Ausweis gebracht werden können.

Zum Zeitpunkt der erstmaligen Anwendung der neuen Umsatzerlösdefinition ist im Anhang auf die fehlende Vergleichbarkeit der Umsatzerlöse hinzuweisen und diese unter nachrichtlicher Darstellung des Betrags der Umsatzerlöse des Vorjahres, der sich aus der Anwendung von § 277 Abs. 1 HGB i.d.F.d. BilRUG ergeben haben würde, zu erläutern.[65]

63

> **Hinweis**
> Insgesamt ist mit der Neudefinition der Umsatzerlöse ein erheblicher Aufwand verbunden. So erfordert die Neudefinition der Umsatzerlöse eine grundlegende Anpassung der Kontierungsrichtlinien.
> Im Weiteren ist im Hinblick auf die erforderlichen Vergleichsangaben oder der rückwirkenden Anwendung der Umsatzerlösdefinition für sämtliche Ertragskonten eine nachträgliche Durchsicht und Korrektur der Konten Umsatzerlöse, sonstige betriebliche Erträge und der ao Erträge erforderlich.[66]

### 4.2 Ausweis und Erläuterung außergewöhnlicher Erträge und Aufwendungen

Gemäß § 275 Abs. 2 u. 3 HGB nF ist **kein Ausweis eines ao Ergebnisses** und der damit verbundenen Erträge und Aufwendungen mehr vorgesehen. In Folge entfällt die Definition der ao Erträge und Aufwendungen sowie deren Erläuterungspflicht in § 277 Abs. 3 HGB nF. Mit dieser Streichung geht die neue Pflicht zur Anhangangabe außergewöhnlicher Erträge und Aufwendungen einher (§ 285 Nr. 31 HGB-E). Aufgrund dieser Angabepflicht ist „jeweils der Betrag und die Art der einzelnen „Ertrags- oder Aufwandsposten von **außergewöhnlicher** Größenordnung oder **außergewöhnlicher** Bedeutung"[67] anzugeben. Dies bedeutet, dass für jede GuV-Position der in ihr enthaltene außergewöhnliche Aufwands- bzw. Ertragsanteil angegeben werden muss, sofern die Beträge nicht von untergeordneter Bedeutung sind. Die Angabe eines außergewöhnlichen Ergebnisses ist

64

---

[64] Vgl. BT-Drs. 8/5256, S. 84.
[65] Vgl. BT-Drs. 8/5256, S. 88
[66] Vgl. *Müller/Stawinoga*, BB 2015, S. 242.
[67] § 285 Nr. 31 HGB nF.

nicht vorgesehen und nicht praktikabel. In ihrer Wirkung geht die Detailliertheit dieser Angabepflicht über die bisherigen Ausweisvorgaben hinaus.

65 Zu beachten ist, dass in diesem Kontext nicht mehr von „außerordentlichen Erträgen und Aufwendungen, sondern von „**außergewöhnlichen**" Erträgen und Aufwendungen gesprochen wird. Dabei weicht der Gesetzgeber vom Originaltext der deutschen Übersetzung der EU-Richtlinie ab und korrigiert hierdurch eine Übersetzungsungenauigkeit innerhalb der Richtlinie.[68]

66 Aufgrund dieser **erheblich modifizierten Ausweisvorgaben** stellt sich die Frage, inwieweit die Anhangangabe zu den außergewöhnlichen Erträgen und Aufwendungen entweder durch eine Abbildung dieser Informationen in der GuV ergänzt oder vollständig ersetzt werden kann. Bisher interpretiert das Schrifttum die Streichung der ao Erträge und Aufwendungen einhellig als ein explizites Verbot zum Ausweis ao Ergebniselemente innerhalb der GuV. Aus dem unmittelbaren Gesetzestext ergibt sich dieses Verbot jedoch nicht explizit. Allein die Aufhebung einer bisherigen Ausweispflicht kann ohne entsprechende Gesetzesergänzungen nicht ohne weiteres als Ausweisverbot ausgelegt werden. So findet sich lediglich in der Gesetzesbegründung der Hinweis, dass mit der Neuregelung zukünftig der gesonderte Ausweis ao Ergebniselemente innerhalb der GuV untersagt sei. Allerdings erscheint der zur Begründung herangezogene Verweis auf die Bilanzrichtlinie 2013/34/EU fraglich.[69] Zumindest ein explizites Verbot findet sich in dieser Bilanzrichtlinie nicht.[70] Allerdings lässt sich ein solches Verbot zum getrennten Ausweis ao Erträge und Aufwendungen indirekt aus dem Grundkonzept der GuV-Gliederungsvorgaben des HGB ableiten. Generell gilt der Grundsatz, dass jeder Sachverhalt unter der Ertrags- oder Aufwandsposition auszuweisen ist, welcher dieser seinem Wesen nach zuzuordnen ist.[71] Bei den ao Erträgen und Aufwendungen handelt es sich um eine vom Gesetzgeber künstlich geschaffene Position. Sämtliche Sacherhalte, die bislang als ao klassifiziert wurden, lassen sich einer der vom GKV bzw. UKV vorgegebenen Positionen zuordnen. Falls sich Aufwendungen keiner Kostenart (GKV) bzw. keinem Funktionsbereich (UKV) zuordnen lassen, dienen die sonstigen betrieblichen Aufwendungen als Auffangposition. Dementsprechend sind unabhängig davon, ob ao oder ordentlich, alle Aufwendungen zukünftig unter der Aufwandsart auszuweisen, welcher diese nach ihrer Wesensart zuzuordnen sind. Ein überschneidungsfreier GuV-Ausweis im Sinne einer Entweder-Oder-Entscheidung scheint somit zumindest für die Aufwendungen gewährleistet. Die Einfügung zusätzlicher getrennter GuV-Posten für ao Erträge und Aufwendungen kann somit auch nicht unter Verweis auf § 265 Abs. 5 HGB gerechtfertigt werden.

67 Allerdings zeigt sich, dass es zukünftig nicht vollständig ausgeschlossen sein wird, **außergewöhnliche Ergebniselemente unmittelbar in der GuV** auszuweisen. Zu denken ist hier ausschließlich an einen Davon-Vermerk für die einzelnen GuV-Posten. Während der Ausweis ao Ergebniselemente nach IFRS (IAS 1.87) vollständig untersagt ist, führt das im HGB fehlende explizite Ausweisverbot dazu, dass die außergewöhnlichen Erträge und Aufwendungen in Gestalt von Davon-

---

[68] Vgl. Lüdenbach/Freiberg, BB 2014, S. 2222.
[69] Vgl. BilRUG-RegE, BR-Drs. 23/15, 78.
[70] Auch der Verweis in Richtlinie 2013/34/EU, Art. 1 Abs. 21 ist nicht geeignet, als eine solche zwingende Vorgabe gewertet zu werden.
[71] Das Hinzufügen neuer Posten ist nur zulässig, sofern der Inhalt im vorgesehenen Schema nicht abgedeckt wird. Vgl. dazu Richtlinie 2013/34/EU Art. 8 Abs. 2.

Vermerken, doch Eingang in die GuV finden können. Im Sinne des Gesetzgeber ist dies gleichwohl nicht und im Hinblick auf die Übersicht der GuV auch nicht zu empfehlen, so dass von dieser prinzipiell zur Verfügung stehenden Ausweisvariante allenfalls in Ausnahmefällen Gebrauch gemacht werden sollte.[72]

Erträge, die bisher die **Ausweisvoraussetzung** als ao Erträge erfüllten, werden zukünftig entweder als sonstige betriebliche Erträge oder Umsatzerlöse ausgewiesen. 68

Im Rahmen der Gesetzesbegründung des RegE wird klargestellt, dass **Kreditinstitute** weiterhin zum Ausweis ao Erträge und Aufwendungen sowie eines ao Ergebnisses verpflichtet sind.[73]

Aufgrund der bisherigen **engen Definition ao Erträge und Aufwendungen** sind die Auswirkungen der Aufhebung zum zwingend erforderlichen GuV-Ausweis des ao Ergebnisses als überschaubar zu bezeichnen. Letztlich wird hiermit der Gefahr vorgebeugt, dass Interpretationsspielräume, welche Posten ao Aufwendungen darstellen und welche ao Erträge zum Zwecke der Bilanzpolitik asymmetrisch ausgelegt werden können. Dieser bilanzpolitische Ermessensspielraum wird mit dem Inkrafttreten des BilRUG in den Anhang verlagert. Durch die notwendige Zuordnung der außergewöhnlichen Aufwendungen zu den einzelnen Aufwendungen wird die Bilanzanalyse letztlich sogar aussagekräftiger. So werden sehr hohe Abfindungszahlungen für ausscheidende Mitarbeiter fortan zwingend als Personalaufwand benannt und der jeweilige Bilanzanalytiker kann selbst frei entscheiden, ob er den betreffenden Aufwandsposten um außergewöhnliche Elemente bereinigen möchte oder ob er darauf verzichtet. 69

Die Streichung der Positionen ao Erträge und Aufwendungen sowie der dazugehörigen Zwischensumme führt dazu, dass beim GKV die Nr. 14 bis 20 durch die Nr. 14 bis 17 und beim Umsatzkostenverfahren die Nr. 13 bis 19 bei ansonsten unveränderter Postenbezeichnung durch die Nr. 13 bis 16 ersetzt werden. Der Ausweis eines Ergebnisses der gewöhnlichen Geschäftstätigkeit erübrigt sich damit zwangsläufig. 70

Zudem entfällt die Notwendigkeit einer gesonderten Erläuterung der mit den ao Ergebniselementen verbundenen Steuerwirkungen (§ 285 Nr. 6 HGB wird aufgehoben).[74]

## 4.3 Weitere Implikationen der Änderungen durch das BilRUG

**Aufwendungen aus der Anwendung des Art. 67 Abs. 1 und 2 EGHGB, die bislang unter dem Posten ao Aufwand gesondert anzugeben waren,** sind nach den Bestimmungen des BilRUG in der GuV innerhalb der sonstigen betrieblichen Aufwendungen gesondert anzugeben (Artikel 67 Abs. 1 und 2 EGHGB). Erträge hieraus sind innerhalb der sonstigen betrieblichen Erträge als neuer Posten „Erträge nach Artikel 67 Abs. 1 und 2 EGHGB" anzugeben (Art. 2 Abs. 5 EGHGB). 71

Die Erläuterungspflicht für Aufwendungen und Erträge, die **einem anderen Gj zuzuordnen** sind, ist nicht mehr Gegenstand von § 277 HGB. Stattdessen ergibt sich diese Erläuterungspflicht innerhalb des Anhangs jetzt aus § 285 Nr. 32 HGB nF. 72

---

72 Eine ähnliche Einschätzung zur ausschließlichen Anhangangabe findet sich in BilRUG-RegE, BR-Drs. 23/15, 80.
73 BilRUG-RegE, BR-Drs. 23/15, S. 79.
74 Vgl. *Müller/Lange*, KOR 2014, S. 483.

# § 278 STEUERN

¹Die Steuern vom Einkommen und vom Ertrag sind auf der Grundlage des Beschlusses über die Verwendung des Ergebnisses zu berechnen; liegt ein solcher Beschluß im Zeitpunkt der Feststellung des Jahresabschlusses nicht vor, so ist vom Vorschlag über die Verwendung des Ergebnisses auszugehen. ²Weicht der Beschluß über die Verwendung des Ergebnisses vom Vorschlag ab, so braucht der Jahresabschluß nicht geändert zu werden.

DR. CHRISTIAN WOBBE

Inhaltsübersicht                                             Rz
1  Normenzusammenhang und Zweck .....................        1
2  Auswirkungen des SEStEG..........................         2
3  Änderungen durch das BilRUG ......................        3

**Ergänzendes Schrifttum**
*Dötsch/Pung*, SEStEG: Die Änderungen des KStG, DB 2006, S. 2648; *Ernsting*, Auswirkungen des SEStEG auf die Bilanzierung von Körperschaftsteuerguthaben in Jahresabschlüssen nach HGB und IFRS, DB 2007, S. 180; *Sender*, Jahresabschluß der GmbH und Berechnung des Körperschaftsteueraufwands, BB 1990, S. 1799.

## 1 Normenzusammenhang und Zweck

1   Der Ausweis der Steuern vom Einkommen unter dem Posten Nr. 18 (GKV) bzw. Nr. 17 (UKV) erfolgt im Falle von ergebnisverwendungsabhängigen Steuern auf Basis eigener Berechnungen der KapG. Welche Berechnungsgrundlage dafür heranzuziehen ist, wird in § 278 HGB geregelt. Er gibt die Annahmen hinsichtlich der Ergebnisverwendung vor. Bis zum Inkrafttreten des SEStEG besaß er einzig für den Ausweis des Aufwands aus der Körperschaftsteuerbelastung Relevanz. So diente er der Klärung von Zweifelsfragen hinsichtlich der zukünftigen Ergebnisverwendung und der Feststellung des JA. Für ausschüttungsunabhängige Steuern vom Einkommen und Ertrag ist er ohne Bedeutung. Dies gilt auch für die ausschüttungsabhängige **Kapitalertragsteuer**,[1] da diese keinen Steueraufwand der ausschüttenden Ges. darstellt.
§ 278 HGB ist von KapG und ihnen gleichgestellten KapCoGes, dem PublG unterliegenden Unt (§ 5 Abs. 1 PublG), Genossenschaften (§ 336 Abs. 2 HGB), Kreditinstituten (§ 340a Abs. 1 HGB) und VersicherungsUnt (§ 341a Abs. 1 HGB) zu beachten.
Dieser Paragraph trug den bis zum 31.12.2000 geltenden Besonderheiten des deutschen Körperschaftsteuerrechts, d. h. dem gespaltenen Körperschaftsteuersatz für

---

[1] Vgl. *Storg*, in *Frotscher*, EStG, § 43 EStG, Rz 29.

einbehaltene und ausgeschüttete Gewinne, Rechnung.² Durch das Steuersenkungsgesetz vom 23.10.2000 bzw. das Unternehmensteuerreformgesetz 2008 vom 14.8.2007 wurde das körperschaftssteuerliche Anrechnungsverfahren durch das **Halbeinkünfte- bzw. Teileinkünfteverfahren** ersetzt. Zwischen dem 1.1.2001 und 31.12.2006 konnten sich Körperschaftsteuererhöhungen oder -minderungen im Rahmen der Ergebnisverwendung lediglich infolge von Ausschüttungen aus Altrücklagen ergeben. Mit dem BilRUG ist eine Streichung der Regelung ab dem Gj 2016 vorgesehen.

## 2 Auswirkungen des SEStEG

Nach § 37 Abs. 4 KStG war das Körperschaftssteuerguthaben letztmalig zum 31.12.2006 zu ermitteln. Der Anspruch auf Auszahlung entstand mit Ablauf des 31.12.2006 und wird in zehn gleichen Jahresraten ausgezahlt. Die Auszahlung begann zum 30.9.2008 (§ 37 Abs. 5 KStG). Dementsprechend ergibt sich ein Auszahlungszeitraum von 2008 bis 2017. Der Auszahlungsanspruch ist unabhängig von den Ausschüttungen der Ges. Die Aktivierung des gesamten Anspruchs war erfolgswirksam in abgezinster Form vorzunehmen und führte zu einer Entlastung des GuV-Postens „Steuern vom Einkommen und Ertrag".³ Die mit diesem Posten verbundenen Erfolgswirkungen beschränken sich somit auf die Aufzinsungseffekte, deren Ausweis innerhalb des Zinsergebnisses vorzunehmen ist (§ 275 Rz 172f.).

Mit dem SEStEG hat § 278 HGB seine Bedeutung nach deutschem Steuerrecht verloren. Für nach dem 1.1.2001 gegründete Gesellschaften war er ohnehin ohne Bedeutung.

## 3 Änderungen durch das BilRUG

Wurde an dieser Stelle bereits seit der Erstauflage in entsprechender Kürze auf die Bedeutungslosigkeit des § 278 HGB verwiesen, wird diesem Umstand nun mit Streichung dieses Paragrafen Rechnung getragen.

---

2 Vgl. *Oser/Bischof*, in *Kütting/Pfitzer/Weber*, HdR, HGB § 278, Rz 3, Stand 11/2003; *Förschle/Büssow*, in Beck Bil.-Komm. 9. Aufl., § 278 HGB, Rz 10f.
3 Vgl. *Ernsting*, DB 2007, S. 183.

# § 284 ERLÄUTERUNG DER BILANZ UND DER GEWINN- UND VERLUSTRECHNUNG

(1) In den Anhang sind diejenigen Angaben aufzunehmen, die zu den einzelnen Posten der Bilanz oder der Gewinn- und Verlustrechnung vorgeschrieben oder die im Anhang zu machen sind, weil sie in Ausübung eines Wahlrechts nicht in die Bilanz oder in die Gewinn- und Verlustrechnung aufgenommen wurden.
(2) Im Anhang müssen
1. die auf die Posten der Bilanz und der Gewinn- und Verlustrechnung angewandten Bilanzierungs- und Bewertungsmethoden angegeben werden;
2. die Grundlagen für die Umrechnung in Euro angegeben werden, soweit der Jahresabschluß Posten enthält, denen Beträge zugrunde liegen, die auf fremde Währung lauten oder ursprünglich auf fremde Währung lauteten;
3. Abweichungen von Bilanzierungs- und Bewertungsmethoden angegeben und begründet werden; deren Einfluß auf die Vermögens-, Finanz- und Ertragslage ist gesondert darzustellen;
4. bei Anwendung einer Bewertungsmethode nach § 240 Abs. 4, § 256 Satz 1 die Unterschiedsbeträge pauschal für die jeweilige Gruppe ausgewiesen werden, wenn die Bewertung im Vergleich zu einer Bewertung auf der Grundlage des letzten vor dem Abschlußstichtag bekannten Börsenkurses oder Marktpreises einen erheblichen Unterschied aufweist;
5. Angaben über die Einbeziehung von Zinsen für Fremdkapital in die Herstellungskosten gemacht werden.

PROF. DR. STEFAN MÜLLER

| Inhaltsübersicht | Rz |
|---|---|
| 1 Überblick | 1–15 |
| 1.1 Allgemeines | 1–3 |
| 1.2 Zweck und Funktion | 4–7 |
| 1.3 Anforderung, Form und Umfang | 8–14 |
| 1.4 Normenzusammenhänge und Sanktionen | 15 |
| 2 Inhalt des Anhangs (Abs. 1) | 16–21 |
| 2.1 Pflichtangaben | 17–18 |
| 2.2 Wahlpflichtangaben | 19–20 |
| 2.3 Freiwillige Angaben | 21 |
| 3 Allgemeine Angaben (Abs. 2) | 22–52 |
| 3.1 Angaben zu Bilanzierungs- und Bewertungsmethoden (Abs. 2 Nr. 1) | 23–37 |
| 3.1.1 Bilanzierungsmethoden | 23–25 |
| 3.1.2 Bewertungsmethoden | 26–37 |
| 3.1.2.1 Allgemeines | 26–29 |
| 3.1.2.2 Aktivposten | 30–35 |
| 3.1.2.3 Passivposten | 36–37 |

| | | |
|---|---|---|
| 3.2 | Angabe der Grundlage der Fremdwährungsumrechnungen (Abs. 2 Nr. 2) | 38–41 |
| 3.3 | Angabe und Begründung von Abweichungen von Bilanzierungs- und Bewertungsmethoden (Abs. 2 Nr. 3) | 42–48 |
| 3.4 | Ausweis von Unterschiedsbeträgen (Abs. 2 Nr. 4) | 49–51 |
| 3.5 | Angabe über Einbeziehung von Fremdkapitalzinsen in die Herstellungskosten (Abs. 2 Nr. 5) | 52 |
| 4 | Änderungen durch das BilRUG | 53–55 |
| 4.1 | Neufassung Abs. 1 nF | 53 |
| 4.2 | Streichung von Erläuterungen zur Fremdwährungsumrechnung (Abs. 2 nF) | 54 |
| 4.3 | Umgliederung und Konkretisierung des Anlagespiegels aus § 268 in § 284 HGB (Abs. 3 nF) | 55 |

**Ergänzendes Schrifttum**
*Armeloh*, Der Anhang, in *Baetge/Kirchhoff* (Hrsg.), Der Geschäftsbericht: die Visitenkarte des Unternehmens, 1997, S. 209; *Bitter/Grasshoff*, Anwendungsprobleme des Kapitalgesellschaften- und Co-RL-Gesetzes, DB 2000, S. 833; *Döbel*, Leitfaden für die Erstellung des Anhangs von Kapitalgesellschaften, BB 1987, S. 512; *Farr*, Checkliste für die Prüfung des Anhangs im Rahmen der Jahresabschlussprüfung – unter Berücksichtigung der neuen größenabhängigen Erleichterungen des HGB, WPg 1995, S. 232; *Freidank*, Erfolgsrealisierung bei langfristigen Fertigungsprozessen, DB 1989, S. 1197; *Kusterer/Kirnberger/Fleischmann*, Der Jahresabschluss der GmbH & Co. KG nach dem Kapitalgesellschaften- und Co-RL-Gesetz, DStR 2000; *Lange*, Zur Publizitätspflicht „zusätzlicher Angaben" im Anhang – Zusatzinformationsinstrumente auf Basis der Generalnorm des handelsrechtlichen Jahresabschlusses, WPg 1991, S. 369; *Leker/Möhlmann*, Die Berichterstattung im Anhang und Konzernanhang von Kapitalgesellschaften: ein praktischer Leitfaden für Wirtschaftsprüfungsassistenten, 1997; *Ossadnik*, Wesentlichkeit als Bestimmungsfaktor für Angabepflichten im Anhang und Lagebericht, BB 1993, S. 1763; *Scheffler*, Neue Vorschriften zur Rechnungslegung, Prüfung und Offenlegung nach dem Kapitalgesellschaften- & Co.-RL-Gesetz, DStR 2000, S. 529; *Schülen*, Die Aufstellung des Anhangs, WPg, 1987, S. 223; *Schulte*, Inhalt und Gliederung des Anhangs, BB, 1986, S. 1468; *Selchert/Karsten*, Inhalt und Gliederung des Anhangs: Ein Gestaltungsvorschlag, BB 1985, S. 1889.

# 1 Überblick

## 1.1 Allgemeines

Gem. § 264 Abs. 1 HGB müssen alle KapG mit Ausnahme der KleinstKapG (§ 264 Rz 46 ff.) einen Anhang als einen gleichwertigen Pflichtbestandteil des JA neben der Bilanz und der GuV erstellen. Durch das Zusammenspiel von Bilanz, GuV und Anhang soll ein den tatsächlichen Verhältnissen entsprechendes Bild der berichtenden KapG unter Beachtung der GoB vermittelt werden. Sollte dieses **Ziel** aufgrund besonderer Umstände nicht erreicht sein, muss gem. § 264

1

Abs. 2 Satz 2 HGB der Anhang um weitere Angaben erweitert werden.[1] Für KleinstKapG müsste eine derartige Angabe unter der Bilanz erfolgen, wobei jedoch gem. § 264 Abs. 2 Satz 5 HGB zunächst vermutet wird, dass der verkürzte JA dieser Unt auch ohne Anhang ein den tatsächlichen Verhältnissen entsprechendes Bild der VFE-Lage zu vermitteln vermag.

2   Der **Anhang** muss zunächst die Pflichtangaben gem. §§ 284–286 HGB enthalten. Bei diesen **Mindestangaben** handelt es sich nicht um eine abschließende Aufzählung. Die Angaben im Anhang sind durch ergänzende Normen für Unt spezifischer Rechtsformen, wie z. B. AktG, GmbHG etc. sowie ggf. durch zusätzliche Angaben zur Erfüllung der Generalnorm des § 264 Abs. 2 HGB zu erweitern.[2] **Wahlpflichtangaben** ergeben sich aus vielen Ausweiswahlrechten, wonach Angaben in den jeweiligen Rechenwerken oder aber im Anhang zu erfolgen haben. Zudem kann der **Anhang** über die Mindestvorgaben hinaus durch **freiwillige Angaben** ergänzt werden. Während der Anhang das Zahlenwerk des JA erläutern und ergänzen soll, ist in dem davon abzugrenzenden LB über den Geschäftsverlauf und die Lage des Unt zu berichten.

3   Der Anhang muss mit Ausnahme der KleinstKapG (§ 267a Rz 1 ff.) von allen KapG, KapCoGes, VersicherungsUnt und Kreditinstituten aufgestellt werden. Kreditinstitute müssen gem. § 340a Abs. 2 Satz 1 HGB den § 284 Abs. 2 Nr. 4 HGB nicht anwenden. Genossenschaften müssen ebenfalls den Anhang erstellen, jedoch gelten Einschränkungen gem. § 338 Abs. 3 HGB. KapG und KapCoGes brauchen, auch wenn sie keine KleinstKapG sind, keinen Anhang zu erstellen, wenn sie als TU gem. § 264 Abs. 3, Abs. 4 HGB oder § 264b HGB befreit sind. Kleine und mittelgroße Ges. können **Erleichterungen** bei der Erstellung des Anhangs gem. § 288 HGB nutzen (§ 288 Rz 1 ff.). Sofern ein KA vorliegt, dürfen der Konzernanhang und der Anhang des MU zusammengefasst werden. Dieser Umstand sowie die Angaben, die nur KA oder JA betreffen, müssen kenntlich gemacht werden (§ 313 Rz 45). Ges., die zur Erstellung eines Anhangs nicht verpflichtet sind, können freiwillig einen Anhang unter Beachtung der Vorschriften über Mindestinhalt und Form erstellen.[3] Ansonsten darf der Begriff Anhang nicht verwendet werden.[4]

## 1.2 Zweck und Funktion

4   Der Anhang ist ein **integraler Bestandteil des JA** und erfüllt somit die zentrale **Informationsfunktion**, die unter Beachtung der GoB ein den tatsächlichen Verhältnissen entsprechendes Bild der VFE-Lage des Unt erbringen soll. Der Anhang unterliegt grds. denselben **Offenlegungsvorschriften** wie die Bilanz und die GuV (§ 325 Rz 56 ff.) und soll die Gesamtheit der Gesellschafter sowie die interessierte Öffentlichkeit informieren. Zu diesem Zweck enthält der Anhang zahlreiche Informationen und Interpretationshilfen. Neben der Informationsfunktion dient der Anhang auch der Rechenschaftslegung gegenüber den Anteilseignern.[5]

---

[1] Vgl. *Kütting/Reuter*, in *Küting/Pfitzer/Weber*, Das neue deutsche Bilanzrecht, S. 516 ff., Stand 11/2009.
[2] Vgl. *Wulf*, in *Baetge/Kirsch/Thiele*, Bilanzrecht, § 284 Rz 10, Stand 11/2009.
[3] Vgl. *Poelzig*, in MünchKomm HGB, 3. Aufl., § 284 Rn 6.
[4] Vgl. *Hoffmann/Luedenbach*, NWB-Kommentar Bilanzierung, 6. Aufl. 2015, § 284 Rz 3.
[5] Vgl. *Poelzig*, in MünchKomm HGB, 3. Aufl., § 284 Rn 2.

> **Beispiel**
> Vor der Finanzmarktkrise 2008 haben Kreditinstitute oftmals vergebene Kredite verbrieft, indem sie die Kredite von verbundenen ZweckGes. verkauft und zur besseren Refinanzierung Garantiezusagen an die ZweckGes. abgebeben haben. Die Garantien an nicht konsolidierte TU müssen zwar nach § 251 HGB als Haftungsrisiken benannt werden, hatten aber erhebliche Klumpenrisiken mit Einfluss auf die VFE-Lage des Unt und hätten daher gem. der Informationsfunktion deutlicher berichtet werden sollen. Ein prominentes Beispiel ist der Geschäftsbericht der Industriekreditbank AG (IKB), in dem auf die erheblichen Risiken nicht ausreichend hingewiesen wird. Diese haben zur erheblichen Schieflage der IKB geführt und schließlich eine staatliche Rettungsaktion notwendig gemacht.

Der Informationsvermittlung werden in der Literatur ferner die Erläuterungs-, Korrektur-, Entlastungs- und Ergänzungsfunktionen zugewiesen.[6] Die **Erläuterungsfunktion** in Form von allgemeinen Erläuterungen hilft bei der Interpretation von Posten der Bilanz und der GuV. So muss der Abschlussadressat die Nutzung der Wahlrechte und ggf. Einschätzungsspielräume wissen, um die in den Rechenwerken gegebenen Daten interpretieren zu können.

> **Beispiel**
> Die Kenntnis
> - der Berechnung der **HK** ist notwendig, um die aktivierten Eigenleistungen und die betroffenen Bilanzansätze,
> - der Angabe der Nutzungsdauern und Abschreibungsmethoden ist notwendig, um die Abschreibungen und Bilanzansätze,
> - der Prämissen der Pensionsrückstellungsbewertung sind notwendig, um die verrechneten Aufwendungen und angesetzten Pensionsrückstellungen richtig einordnen zu können.

Die Adressaten nutzen diese Informationen primär dazu einzuschätzen, ob der Bilanzierende sich eher konservativ (gewinnvermindernd) oder progressiv (gewinnerhöhend) dargestellt hat. Für ihn sind dies Signale, die er auch auf die durch ihn nicht beobachtbaren Einschätzungen des Bilanzierenden überträgt, wie z.B. die Notwendigkeit eine außerplanmäßigen Abschreibung oder eines RST-Ansatzes. Da die Anzahl der berichtspflichtigen Wahlrechte jedoch mit dem BilMoG stark eingeschränkt wurden und die verbleibenden Wahlrechte teilweise auch unter dem Aspekt der Vereinfachung zu interpretieren sind (wie z.B. die Regelung zur Verwendung eines Abzinsungssatzes mit pauschal angenommener Restlaufzeit von 15 Jahren bei Pensionsverpflichtungen (§ 253 Abs. 2 Satz 2 HGB) oder eines Nichtansatzes eines Aktivüberhangs von latenten Steuern (§ 274 Abs. 1 Satz 2 HGB), sind diese Signale aber nicht mehr ganz so eindeutig wie bisher. Dennoch dürften sie weiter beachtet werden, bis andere Verfahren entwickelt sind.

---

[6] Vgl. *Armeloh*, in *Baetge/Kirchhoff* (Hrsg.), Der Geschäftsbericht, S. 210.

Einleitend ist es angesichts der in Deutschland anwendbaren Rechenwerke auch notwendig darüber zu informieren, ob es sich um einen JA nach HGB oder etwa IFRS handelt. Ob auch die wesentlichen Bilanzierungsregelungen kurz darzustellen sind, für die keine konkreten Wahlrechte existieren, ist strittig. Einerseits stellen diese Angaben für einen sachverständigem Leser keine Informationen dar und es drohen die wirklich wichtigen Informationen in diesen allgemeinen Aussagen unterzugehen.[7] Andererseits ist nicht bei jedem Adressaten das Wissen über die Grundsachverhalte und damit etwa auch der Unterschiede von HGB und IFRS bei der Bilanzierung bekannt. Zudem fordert Abs. 2 Nr. 1 explizit die Angabe der auf die Bilanz- und GuV-Posten angewandten Bilanzierungs- und Bewertungsmethoden. Daher sind diese auch – in der gebotenen Kürze – darzustellen.[8]

6  Eine **Korrekturfunktion** kommt dem Anhang nur in Ausnahmefällen zu, insb. wenn besondere Umstände dazu führen, dass ein der Generalnorm entsprechendes Unternehmensbild nicht vermittelt werden kann (§ 264 Abs. 2 Satz 2 HGB).[9] Allerdings kann der Anhang keine i. S. v. unkorrekt verstandenen falschen Darstellungen in Bilanz und GuV heilen. Zur konkreteren Diskussion und zu Beispielen s. § 264 Rz 82 ff.
Zudem hat der Bilanzierende bestimmte Ausweiswahlrechte, die es ihm ermöglichen, Angaben ohne Informationsverlust wahlweise im Anhang oder in der Bilanz und GuV darzustellen.

> **Beispiel**
> - Nach § 268 Abs. 2 HGB werden (noch) Informationen über die Entwicklung des AV gefordert, die entweder in der Bilanz oder im Anhang gegeben werden können (mit dem BilRUG sind diese Informationen ab dem Gj 2016 immer im Anhang anzugeben Rz 55).
> - Nach § 268 Abs. 6 HGB ist ein Disagio in der Bilanz gesondert auszuweisen oder im Anhang anzugeben.
> - Nach § 277 Abs. 3 HGB sind außerplanmäßige Abschreibungen in der GuV gesondert auszuweisen oder im Anhang anzugeben.

Daher kommt dem Anhang auch eine **Entlastungsfunktion** zu.
Gemäß der **Ergänzungsfunktion** können im Anhang weitere Informationen nötig werden, die nach den geltenden Rechnungslegungsnormen nicht aus der Bilanz oder GuV ersichtlich sind und zu einer Beurteilung der Unternehmenslage benötigt werden.[10]

> **Beispiel**
> Nach § 285 Nr. 3 HGB sind Art und Zweck sowie Risiken und Vorteile von nicht in der Bilanz enthaltenen Geschäften anzugeben, soweit dies für die Beurteilung der Finanzlage notwendig ist.

---

[7] So etwa *Hoffmann/Lüdenbach*, NWB-Kommentar Bilanzierung, 6. Aufl. 2015, § 284 HGB, Rz 16.
[8] Auch das IDW betont die Verständlichkeit für den Adressaten, vgl. WP-Handbuch, Bd. I, 14. Aufl., Abschn. F, Rz 669.
[9] Vgl. *Leker/Möhlmann*, 1997, S. 6.
[10] Vgl. *Wulf*, in *Baetge/Kirsch/Thiele*, Bilanzrecht, § 284 Rz 7.

Der Anhang ist daher von besonderer Bedeutung für eine externe Unternehmensanalyse. Die Angaben im Anhang können z. b. im Zusammenhang mit der Aufdeckung von stillen Reserven bzw. Lasten eine bedeutende Informationsquelle darstellen.[11] Anders als in der Bilanz oder der GuV, die durch Gliederungsvorschriften stark vorgegeben sind, ist der Bilanzierende beim Anhang deutlich freier und kann in diesem Teil des JA sich sehr bewusst als transparentes oder eher verschlossenes Unt präsentieren.

7

## 1.3 Anforderung, Form und Umfang

Der Anhang hat unter Beachtung der GoB ein den tatsächlichen Verhältnissen entsprechendes Bild der VFE-Lage zu vermitteln.[12] Der Anhang muss vollständig und die Angaben müssen wahr sein, jedoch sind für Ersteres Ausnahmen zu beachten bzgl. von Schutzklauseln (§ 286 Abs. 1 HGB) und größenabhängiger Erleichterungen (z. B. § 288 HGB). Bei der Erstellung des Anhangs sind die Angaben durch den Grundsatz der **Wesentlichkeit** begrenzt. **Fehlangaben** sind nicht notwendig, können aber vor dem Hintergrund der Informationsfunktion sinnvoll sein. Die Angabe von **Vorjahreswerten** ist nur notwendig, soweit es sich um Wahlpflichtangaben handelt, die aus der Bilanz oder GuV in den Anhang verlegt wurden.[13] Nur für Bilanz und GuV sind nach § 265 Abs. 2 HGB Vorjahreswerte zu nennen (§ 265 Rz 10 ff.).

8

Die Anforderungen an die gesetzliche Berichterstattung des Anhangs werden durch eine Vielzahl von Einzelvorschriften geregelt. Um die vorgeschriebenen Funktionen erfüllen zu können, wird in den Vorschriften zwischen Angaben, Aufgliederungen, Ausweisen, Darstellungen, Erläuterungen und Begründungen unterschieden:[14]

9

- Unter **Angabe** ist die qualitative oder quantitative Nennung des Gegenstands bzw. der Tatsache ohne weitere Zusätze zu verstehen.
- Die **Aufgliederung** gibt durch die Teilkomponenten eines zusammengefassten Berichtsobjekts die Art der Zusammensetzung i. d. R. quantitativ an.
- Unter dem **Ausweis** ist eine gesonderte Nennung zu verstehen.
- Bei einer **Darstellung** wird der Sachverhalt so aufbereitet, dass er durch Aufgliederungen oder Erläuterungen aus sich selbst heraus anschaulich und verständlich wird.
- Die **Erläuterung** stellt eine verbale Erklärung, Kommentierung und Interpretation eines Sachverhalts dar.
- Durch die **Begründung** werden die Motive und Gründe für einen bestimmten Vorgang oder ein Verhalten offengelegt.

Eine besondere Form oder eine der Bilanz oder GuV entsprechende feste Struktur besitzt der Anhang nicht. Der Anhang muss als solcher gekennzeichnet sein, um eine Abgrenzung zu freiwilligen Angaben im Geschäftsbericht oder zum pflichtgemäß zu erstellenden LB zu erreichen. Damit wird gleichzeitig für einen Außenstehenden sichtbar, welche Informationen vom AP als geprüft anzusehen sind. Ferner ist der Anhang in deutscher Sprache und in Euro

---

[11] Vgl. *Lachnit*, Bilanzanalyse, 2004, S. 93;.
[12] Vgl. *Farr*, WPg 1995, S. 233; WP-Handbuch, Bd. I, 14. Aufl., Abschn F, Rz 666.
[13] Vgl. WP-Handbuch, Bd. I, 14. Aufl., Abschn. F, Rz 670.
[14] Vgl. *Schulte*, BB, 1986 S. 1468; *Selchert/Karten*, BB 1985, S. 1890.

aufzustellen. Eine enge Verknüpfung mit der Bilanz und der GuV ist notwendig, damit seine Zugehörigkeit zum JA eindeutig erkennbar ist. Aufgrund seiner Informationsfunktionen ist es zweckmäßig, den Anhang hinter der Bilanz und der GuV zu platzieren und durch numerische Verweise mit den erläuterten Bilanz- und GuV-Positionen zu verbinden. Da der JA unterzeichnet werden muss, kann die Unterschrift am Ende des Anhangs geboten sein, sofern der Anhang nach der Bilanz und der GuV platziert wird.

10 Da das Gesetz kein festes Schema zur **Strukturierung des Anhangs** vorschreibt, wurden in der Literatur und Praxis zahlreiche Vorschläge und Checklisten erarbeitet. Die Gliederung muss dem Prinzip der Klarheit und Übersichtlichkeit genügen.[15] Daher erscheint eine Gliederung nach sachlichen Aspekten als zweckmäßig. Eine Darstellung in Form von sog. „notes", die aus dem englischen Recht bekannt sind, kann als ausreichend angesehen werden.

11 I. d. R. wird in der Praxis folgende **Gliederung** des Anhangs vorgenommen:[16]
- Allgemeine Angaben und Bericht zum JA
- Erläuterung zur Bilanz und GuV
  - Allgemeine Erläuterungen zu Bilanzierungs- und Bewertungsmethoden sowie zur Währungsumrechnung
  - Erläuterungen zur Bilanz
  - Erläuterungen zur GuV
- Sonstige Angaben
- Mit dem BilRUG ist auf Basis europäischer Vorgaben eine etwas klarere Gliederungsvorgabe für den Anhang und einen einleitenden Teil zum JA ab dem Gj 2016 vorgeschrieben (Rz 53).

12 Die grundsätzliche Gestaltungsfreiheit kann nur unter Beachtung des **Grundsatzes der Klarheit und Übersichtlichkeit** (§ 243 Abs. 2 HGB) ausgelegt werden. Da der Anhang auch freiwillige Angaben enthalten kann, ist eine Strukturierung und Gruppierung nach sachlichen Kriterien geboten, was auch dem Gesetzeszweck entspricht. Eine Angabe der Pflichtangaben etwa in der Reihenfolge der Nennung in § 285 HGB ist unzweckmäßig. Dagegen ist eine Beibehaltung der Reihenfolge der Posten in Bilanz und GuV für die damit verbundenen Angaben im Anhang zweckmäßig und ab dem Gj 2016 auch gefordert (Rz 53).

13 Ferner hat die Darstellung im Anhang dem **Grundsatz der Stetigkeit** zu folgen, auch wenn dies nicht unmittelbar aus dem Gesetzestext (§ 265 Abs. 1 HGB) abgeleitet werden kann. In § 265 Abs. 1 HGB wird die formale Stetigkeit „insb." für die Bilanz und die GuV erwähnt. Da der JA als eine Einheit aus Bilanz, GuV und Anhang das Gesamtbild des Unt vermitteln soll, sind die Leitlinien der Berichterstattung auch im Anhang zu beachten. Zusätzlich ist der Anhang unter Beachtung der **GoB** zu erstellen. Angaben sind in jedem Jahr zu machen und die Darstellung darf nicht von Jahr zu Jahr wechseln. Analog dazu sollten auch Vj.-Angaben im Anhang erfolgen, wobei dies allerdings mit § 265 Abs. 2 HGB nur für solche, die sich auf die Bilanz und GuV beziehen, explizit gefordert ist. Somit sind Vj.-Angaben zu anderen Sachverhalten im Anhang lediglich als

---

[15] Vgl. *Farr*, WPg 1995, S. 234.
[16] Vgl. *Grottel*, in Beck Bil-Komm. 9. Aufl., § 284 Rz 30; *Wulf*, in *Baetge/Kirsch/Thiele* § 284 Rz 25, Stand 11/2009.

freiwillige Berichterstattung zu werten. Gleichwohl sind sie vielfach inzwischen in der Praxis üblich.[17]
Der Umfang der Berichterstattung wird gesetzlich lediglich in Form von Mindestangaben konkretisiert. Der Anhang kann durch Wahlangaben, die nicht zwingend in der Bilanz oder GuV berichtet werden müssen, sowie durch freiwillige Angaben erweitert werden. Zur genauen Abgrenzung wird in der Literatur unterschieden zwischen:[18]

- **Pflichtangaben**: Sie müssen in jedem JA gemacht werden.
- **Wahlpflichtangaben**: Angaben, die im JA anzugeben sind und bei denen vom Ausweiswahlrecht zugunsten des Anhangs Gebrauch gemacht wurde. Auf diese Weise wird die Entlastungsfunktion des Anhangs erfüllt.
- **Zusätzliche Angaben**: Sie sind gem. § 264 Abs. 2 Satz 2 HGB zu machen, wenn durch den JA ein den tatsächlichen Verhältnissen entsprechendes Bild der VFE-Lage der Ges. nicht erreicht wird.
- **Freiwillige Angaben**: Informationen, die über die gesetzlich geforderten Angaben hinausgehen, um den Adressaten des JA zusätzliche Informationen zukommen zu lassen. Freiwillige Angaben müssen den gleichen gesetzlichen Normen der Pflichtangaben genügen und dürfen insb. kein falsches oder verschleierndes Gesamtbild der berichtenden Ges. durch mengenmäßige, sinnentstellende oder irreführende Angaben entstehen lassen.

## 1.4 Normenzusammenhänge und Sanktionen

Der Anhang soll zusammen mit Bilanz und GuV ein den tatsächlichen Verhältnissen entsprechendes Bild der VFE-Lage unter Beachtung der GoB vermitteln. Daher gelten für die Erstellung des Anhangs die allgemeinen Vorschriften für den JA. Hierzu zählen:

- Grundsatz der Klarheit und Übersichtlichkeit,
- Grundsatz der Wahrheit,
- Grundsatz der Vollständigkeit (soweit die Schutzklausel des § 286 Abs. 1 HGB nicht betroffen ist), sowie der
- Grundsatz der Wesentlichkeit.[19]

Ferner gelten für den Anhang die allgemeinen Bewertungsvorschriften. Hierzu zählen neben dem Grundsatz der Klarheit und Übersichtlichkeit der Grundsatz der Bewertungsstetigkeit sowie das Vorsichtsprinzip.[20]
Verletzungen gegen die Angabepflichten sind mit unterschiedlichen **Rechtsfolgen** belegt. Verstöße gegen die Vorschriften über den Anhang können zur Nichtigkeit des JA führen. Fehlt ein Anhang im JA gänzlich, ist der JA nichtig. Zudem sind HV-Beschlüsse anfechtbar, wenn Angaben im Anhang fehlen und zur Beurteilung von Beschlussvorlagen wichtig gewesen wären. Fehlende oder unvollständige Angaben im Anhang können darüber hinaus eine Sonderprüfung nach § 258 AktG zur Folge haben. Mitglieder des Geschäftsführungsorgans oder

---

17 Vgl. *Wulf*, in *Baetge/Kirsch/Thiele*, Bilanzrecht, § 284 Rz 14 m.w.N., Stand 11/2009.
18 Vgl. z.B. *Poelzig*, in MünchKomm HGB, 3. Aufl., § 284 Rn 18.
19 Vgl. *Wulf*, in *Baetge/Kirsch/Thiele*, Bilanzrecht, § 284 Rz 13, Stand 11/2009; *Schülen*, WPg 1987, S. 224; *Ossadnik*, BB 1993, S. 1763;.
20 Vgl. *Poelzig*, in MünchKomm HGB, 3. Aufl., § 284 Rn 18; *Grottel*, in Beck Bil-Komm. 9. Aufl., § 284 Rz 21.

des AR können mit einer Freiheitsstrafe oder Geldstrafe belegt werden, wenn sie vorsätzlich oder leichtfertig die Verhältnisse der KapG oder der KapCoGes im Anhang unrichtig wiedergeben oder verschleiern. Eine vorsätzliche oder leichtfertige Zuwiderhandlung gegen Einzelvorschriften zum Anhang stellt eine Ordnungswidrigkeit dar, die mit einer Geldbuße geahndet wird. Ferner kann der AP, je nach Schwere des Verstoßes gegen die gesetzlichen Vorschriften, den BSV einschränken oder versagen.[21]

## 2 Inhalt des Anhangs (Abs. 1)

16 In den Anhang sind gem. Abs. 1 diejenigen Angaben aufzunehmen, die zu einzelnen Posten der Bilanz und der GuV nur im Anhang vorgeschrieben sind, und die Angaben, die wahlweise nicht in die Bilanz oder GuV aufgenommen wurden. Bei beiden Arten von Angaben handelt es sich um Pflichtangaben. Jedoch sind die ersten immer in den Anhang aufzunehmen, während die zweiten wahlweise in den Anhang aufgenommen werden können (Wahlpflichtangaben). Außerdem kann der Anhang freiwillige Angaben beinhalten.[22] Soweit bei den Verpflichtungen nicht explizit anders vermerkt (z. B. „wesentliche Risiken"), sind stets alle geforderten Angaben ohne Beachtung der Wesentlichkeit in den Anhang aufzunehmen. Daher kann dann auch auf Fehlangaben verzichtet werden, da eine Nichtnennung stets als „nicht vorhanden" zu interpretieren ist.

### 2.1 Pflichtangaben

17 **Rechtsform- und branchenunabhängige Pflichtangaben** im Anhang umfassen für Gj bis einschließlich 2015:

| Kurzerläuterung und evtl. Ausnahmen | Fundstelle |
|---|---|
| **Zusätzliche Angaben, falls** der JA trotz Beachtung der GoB aufgrund besonderer Umstände **kein den tatsächlichen Verhältnissen entsprechendes Bild** vermittelt. | § 264 Abs. 2 Satz 2 HGB |
| Angabe und Begründung von **Abweichungen in der Form der Darstellung und Gliederung** der Bilanz und der GuV im Vergleich zum Vorjahr. | § 265 Abs. 1 Satz 2 HGB |
| Angabe und Erläuterung von **nicht vergleichbaren Vorjahreszahlen** in der Bilanz und der GuV | § 265 Abs. 2 Satz 2 HGB |
| Angabe und Erläuterungen von **Anpassungen der Vorjahreszahlen** zu Vergleichszwecken in der Bilanz und GuV | § 265 Abs. 2 Satz 3 HGB |
| Angabe und Begründung der **Ergänzung des JA** nach der für die anderen Geschäftszweige vorgeschriebenen Gliederung. | § 265 Abs. 4 Satz 2 HGB |

---

[21] Vgl. *Poelzig*, in MünchKomm HGB, 3. Aufl., § 284 Rn 97 f.
[22] Vgl. *Wulf*, in *Baetge/Kirsch/Thiele*, Bilanzrecht, § 284 Rz 2, Stand 11/2009.

| Kurzerläuterung und evtl. Ausnahmen | Fundstelle |
|---|---|
| Gesonderter Ausweis der Einzelposten, falls zur Vergrößerung der Klarheit der Darstellungen in der Bilanz oder der GuV **Posten zulässigerweise zusammengefasst** ausgewiesen werden. | § 265 Abs. 7 Satz 1 Nr. 2 HGB |
| Erläuterung von größeren Beträgen im Posten „**sonstige Vermögensgegenstände**", die rechtlich erst nach dem Abschlussstichtag entstehen | § 268 Abs. 4 Satz 2 HGB |
| Erläuterung von größeren Beträgen unter dem Posten „**Verbindlichkeiten**", die rechtlich erst nach dem Abschlussstichtag entstehen | § 268 Abs. 5 Satz 3 HGB |
| Erläuterung der betriebsfremden **ao Erträge und Aufwendungen** hinsichtlich Betrag und Art, soweit nicht von untergeordneter Bedeutung. | § 277 Abs. 4 Satz 2 HGB |
| Erläuterung aller **periodenfremden Aufwendungen und Erträge** hinsichtlich Betrag und Art, soweit nicht von untergeordneter Bedeutung. | § 277 Abs. 4 Satz 3 HGB |
| Angabe der auf die Posten der Bilanz und der GuV angewandten **Bilanzierungs- und Bewertungsmethoden**. | § 284 Abs. 2 Nr. 1 HGB |
| Angaben zu den **Grundlagen der Währungsumrechnung** in Euro. | § 284 Abs. 2 Nr. 2 HGB |
| Angaben zu und Begründung der **Abweichungen von Bilanzierungs- und Bewertungsmethoden** sowie gesonderte Darstellung ihres Einflusses auf die VFE-Lage. | § 284 Abs. 2 Nr. 3 HGB |
| Ausweis von **Unterschiedsbeträgen bei Anwendung des Gruppenbewertungsverfahrens** mit Durchschnittswerten oder eines Verbrauchsfolgeverfahrens, wenn die Bewertung im Vergleich zu einer Bewertung auf der Grundlage des Börsenkurses oder Marktpreises einen erheblichen Unterschied aufweist. | § 284 Abs. 2 Nr. 4 HGB (§ 240 Abs. 4 HGB und § 256 Satz 1 HGB) |
| Angaben über die **Einbeziehung von Zinsen** für **Fremdkapital in die Herstellungskosten**. | § 284 Abs. 2 Nr. 5 HGB |
| Angabe der **Gesamtverbindlichkeit** mit einer Restlaufzeit von **über fünf Jahren**. | § 285 Nr. 1a HGB |
| Angabe des Gesamtbetrags von besicherten **Verbindlichkeiten** unter Angabe von Art und Form der Sicherheiten | § 285 Nr. 1b HGB |

| Kurzerläuterung und evtl. Ausnahmen | Fundstelle |
|---|---|
| **Aufgliederung** der nach § 285 Nr. 1 HGB verlangten Angaben für jeden einzelnen Posten.<br>**Keine Angabepflicht** für kleine KapG. | § 285 Nr. 2 HGB<br><br>§ 288 Abs. 1 HGB |
| Angaben über Art, Zweck, Vorteile und Risiken von **außerbilanziellen Geschäften**, sofern für die Beurteilung der Finanzlage notwendig.<br>**Keine Angabepflicht** für kleine KapG. | § 285 Nr. 3 HGB<br><br>§ 288 Abs. 1 HGB |
| Angabe der **sonstigen finanziellen Verpflichtungen**, die in der Bilanz nicht ausgewiesen und auch nicht nach § 251 oder § 285 Nr. 3 HGB anzugeben sind, sofern die Angaben für die Beurteilung der Finanzlage von Bedeutung sind. Angaben gegenüber verbundenen Unternehmen sind gesondert anzugeben.<br>**Keine Angabepflicht** für kleine KapG. | § 285 Nr. 3a HGB<br><br><br>§ 288 Abs. 1 HGB |
| **Aufgliederung der Umsatzerlöse** nach Tätigkeitsbereichen sowie nach geografisch bestimmten Märkten.<br>**Keine Angabepflicht:**<br>für kleine und mittelgroße KapG<br>oder wenn erhebliche Nachteile drohen. | § 285 Nr. 4 HGB<br><br>§ 288 Abs. 1 und 2 HGB<br>§ 286 Abs. 2 HGB |
| Angabe des **Ausmaßes der Belastung** des Ergebnisses der gewöhnlichen Geschäftstätigkeit und des ao Ergebnisses **durch Steuern vom Einkommen und Ertrag.**<br>**Keine Angabepflicht** für kleine KapG. | § 285 Nr. 6 HGB<br><br><br>§ 288 Abs. 1 HGB |
| Angabe der **durchschnittlichen Zahl von Mitarbeitern** während des Gj, getrennt nach Gruppen.<br>**Keine Angabepflicht** für kleine KapG. | § 285 Nr. 7 HGB<br><br>§ 288 Abs. 1 HGB |
| Angabe des **Materialaufwands** bei Anwendung des UKV.<br>**Keine Angabepflicht** für kleine KapG. | § 285 Nr. 8a HGB<br><br>§ 288 Abs. 1 HGB |
| Angabe des **Personalaufwands** bei Anwendung des UKV.<br>Es besteht eine Angabepflicht auch für kleine KapG, jedoch **keine Offenlegungspflicht** für kleine KapG. | § 285 Nr. 8b HGB<br><br>§ 326 HGB |

| Kurzerläuterung und evtl. Ausnahmen | Fundstelle |
|---|---|
| Angabe des **Gesamtbetrags für die Tätigkeit der Organmitglieder**. **Keine Angabepflicht** für kleine KapG. **Keine Angabepflicht**, soweit sich die Bezüge eines Mitglieds der Organe feststellen lassen. Börsennotierte AG können diese Schutzklausel **nicht beanspruchen**. Bzgl. der Angaben nach § 285 Nr. 9a Sätze 5–8 HGB enthält § 286 Abs. 5 HGB eine weitere Schutzklausel für AG, die von einer Beschlussfassung der HV abhängt. Bei Genossenschaften sind nur die Forderungen gegen die Organmitglieder anzugeben. Die Beträge können für jedes Organ in einer Summe angegeben werden. | § 285 Nr. 9a HGB § 288 Abs. 1 HGB § 286 Abs. 4 HGB § 285 Nr. 9a Sätze 5–8 HGB i. V. m. § 286 Abs. 5 HGB § 338 Abs. 3 HGB |
| Angabe der **Gesamtbezüge früherer Organmitglieder** und deren Hinterbliebenen für jede Personengruppe. **Keine Angabepflicht** für kleine KapG. **Keine Angabepflicht**, soweit sich die Bezüge eines Mitglieds der Organe feststellen lassen. Börsennotierte AG können diese Schutzklausel **nicht beanspruchen**. Bei Genossenschaften sind Besonderheiten zu beachten. | § 285 Nr. 9b HGB § 288 Abs. 1 HGB § 286 Abs. 4 HGB § 338 Abs. 3 HGB |
| Angabe über gewährte Vorschüsse und Kredite unter Angabe der Zinssätze und die zugunsten dieser Personen eingegangenen Haftungsverhältnisse (Diese Angabe ist von KleinstKapG nach § 264 Abs. 1 Satz 5 HGB unter der Bilanz notwendig, um auf den Anhang verzichten zu können.) Besonderheiten gelten für Genossenschaften. | § 285 Nr. 9c HGB § 338 Abs. 3 HGB |
| Angabe aller **Mitglieder des Geschäftsführungsorgans und eines Aufsichtsrats** sowie Zusatzangaben bei börsennotierten Ges. | § 285 Nr. 10 HGB |

| Kurzerläuterung und evtl. Ausnahmen | Fundstelle |
|---|---|
| Angabe über BetUnt.<br>**Keine Angabe,** wenn:<br>von untergeordneter Bedeutung<br>oder ein erheblicher Nachteil droht.<br>**Aber:** Die Schutzklausel des § 286 Abs. 3 Satz 1 Nr. 2 HGB ist nicht anwendbar, wenn die KapG oder eines ihrer TU am Abschlussstichtag i. S. d. § 264d HGB kapitalmarktorientiert ist.<br>**Angabe des EK und des letzten Jahresergebnisses können unterbleiben,** wenn das Unt seinen JA nicht offenzulegen hat und die berichtende KapG weniger als die Hälfte der Anteile besitzt. | § 285 Nr. 11 HGB<br>§ 286 Abs. 3 Satz 1 Nr. 1 HGB<br>§ 286 Abs. 3 Satz 1 Nr. 2 HGB<br>§ 286 Abs. 3 Satz 3 HGB<br><br>§ 286 Abs. 3 Satz 2 HGB |
| Angabe von **Name, Sitz und Rechtsform der Unt,** deren uneingeschränkt haftender Gesellschafter die Ges. ist.<br>Keine Angaben notwendig, wenn die Voraussetzungen für die Schutzklausel des § 286 Abs. 3 HGB vorliegen. | § 285 Nr. 11a HGB<br><br>§ 286 Abs. 3 HGB |
| Erläuterung der in der Bilanz nicht gesondert ausgewiesenen, **nicht unerheblichen sonstigen Rückstellungen.**<br>**Keine Angabepflicht** für kleine KapG.<br>**Keine Offenlegungspflicht** für mittelgroße KapG. | § 285 Nr. 12 HGB<br><br>§ 288 Abs. 1 HGB<br>§ 327 Nr. 2 HGB |
| Angabe der Gründe, die die Annahme einer **betrieblichen Nutzungsdauer eines entgeltlich erworbenen GoF** von mehr als fünf Jahren rechtfertigen. | § 285 Nr. 13 HGB |
| Abgabe **des Buchwerts und des beizulegenden Zeitwerts,** der Gründe sowie der Anhaltspunkte für das Unterlassen einer Abschreibung für zu den Finanzanlagen gehörende Finanzinstrumente, die über ihrem beizulegenden Zeitwert ausgewiesen werden. | § 266 Abs. 2 A. III. HGB i. V. m. § 285 Nr. 18 HGB |
| **Angaben zum MU.** | § 285 Nr. 14 HGB |

| Kurzerläuterung und evtl. Ausnahmen | Fundstelle |
|---|---|
| Angabe der **Art und Höhe der Honorare des AP** für das Gj.<br>**Keine Angabe**, soweit die Angaben in einem das Unt einbeziehenden KA enthalten sind.<br>**Keine Angabepflicht** für kleine und mittelgroße KapG.<br>Mittelgroße KapG müssen auf schriftliche Anfrage der WPK diese Angaben zur Verfügung stellen. | § 285 Nr. 17 HGB<br><br>§ 285 Nr. 17 2. Hs. HGB<br><br>§ 288 Abs. 1 und 2 HGB<br><br>§ 288 Abs. 2 Satz 3 HGB |
| Angaben zu jeder Kategorie **nicht zum beizulegenden Zeitwert bilanzierter derivativer Finanzinstrumente** über deren Art und Umfang, deren beizulegenden Zeitwert und die Bewertungsmethode, soweit der beizulegende Zeitwert sich nach § 255 Abs. 4 HGB verlässlich ermitteln lässt, deren Buchwert und die dazugehörigen Bilanzposten sowie ggf. die Gründe, warum sich der Zeitwert nicht bestimmen lässt.<br>**Keine Angabepflicht** für kleine KapG. | § 285 Nr. 19 HGB<br><br>§ 288 Abs. 1 HGB |
| Angaben für die gem. § 340e Abs. 3 Satz 1 HGB mit dem **beizulegenden Zeitwert bewerteten Finanzinstrumente** über die grundlegenden Annahmen, die zur Bestimmung des beizulegenden Zeitwerts mithilfe allgemein anerkannter Bewertungsmethoden zugrunde gelegt wurden, sowie zu Umfang und Art jeder Kategorie derivativer Finanzinstrumente einschließlich der wesentlichen Bedingungen, welche die Höhe, den Zeitpunkt und die Sicherheit künftiger Zahlungsströme beeinflussen können. | § 285 Nr. 20 HGB |

| Kurzerläuterung und evtl. Ausnahmen | Fundstelle |
|---|---|
| Angabe von zumindest **nicht zu marktüblichen Konditionen zustande gekommenen Geschäften mit nahe stehenden Unt und Personen**, soweit diese Geschäfte wesentlich sind, sowie Bezeichnung der nahe stehenden Personen und Unt und Angaben zur Art der Beziehung, zum wertmäßigen Umfang der Geschäfte und sonstige Informationen, die für die Beurteilung der Finanzlage der Ges. erforderlich sind.<br>**Ausgenommen von der Angabepflicht** sind generell Geschäfte mit und zwischen Unt, die in denselben KA einbezogen werden und mittelbar oder unmittelbar in 100 %igem Anteilsbesitz stehen.<br>Eine Zusammenfassung der Angaben über die Geschäfte nach Geschäftsarten ist zulässig, wenn eine getrennte Angabe für die Beurteilung der Auswirkungen auf die Finanzlage nicht notwendig ist.<br>**Keine Angabepflicht** für kleine KapG.<br>Mittelgroße Ges., die nicht die Rechtsform einer AG haben, werden **Erleichterungen der Angabepflicht** gewährt. Sie können die Berichtspflicht auf Geschäfte beschränken, die direkt oder indirekt mit dem Hauptgesellschafter oder Mitgliedern des Geschäftsführungs-, Aufsichts- oder Verwaltungsorgans abgeschlossen wurden. | § 285 Nr. 21 HGB<br><br>§ 288 Abs. 1 HGB<br><br><br>§ 288 Abs. 2 HGB<br>§ 288 Abs. 2 Satz 4 HGB |
| Angabe des **Gesamtbetrags der F&E-Kosten** des Gj sowie des davon auf selbst geschaffene immaterielle VG des AV entfallenden Betrags.<br>Angabe hat nur zu erfolgen, wenn eine Aktivierung von selbst geschaffenen immateriellen VG gem. § 248 Abs. 2 HGB erfolgt.<br>**Keine Angabepflicht** für kleine KapG. | § 285 Nr. 22 HGB<br><br>§ 255 Rz 181 ff. § 248 Rz 10 ff.<br><br>§ 288 Abs. 1 HGB |
| Zu den **Rückstellungen für Pensionen und ähnliche Verpflichtungen** Angabe des angewandten versicherungsmathematischen Berechnungsverfahrens sowie die grundlegenden Annahmen der Berechnung (insb. Zinssatz, erwartete Lohn- und Gehaltssteigerungen und zugrunde gelegte Sterbetafeln). | § 285 Nr. 24 HGB |

| Kurzerläuterung und evtl. Ausnahmen | Fundstelle |
|---|---|
| Angabe der **AK** und des **beizulegenden Zeitwerts** der verrechneten **VG**, des **Erfüllungsbetrags** der verrechneten **Schulden** sowie der **verrechneten Aufwendungen und Erträge**, soweit die Ges. eine Verrechnung von VG und Schulden nach § 246 Abs. 2 Satz 2 HGB vorgenommen hat. Unter entsprechender Anwendung des § 285 Nr. 20a HGB sind auch die grundlegenden Annahmen, die der Bestimmung des beizulegenden Zeitwerts mithilfe allgemein anerkannter Bewertungsmethoden zugrunde gelegt wurden, im Anhang anzugeben. | § 285 Nr. 25 HGB |
| Angaben zu **Anteilen an inländischen oder ausländischen Investmentvermögen** i.S.d. § 1 InvG oder vergleichbaren ausländischen Investmentanteilen i.S.d. § 2 Abs. 9 InvG, soweit die Ges. mehr als ein Zehntel der Anteile hält. Die Angaben müssen – aufgegliedert nach Anlagezielen – den Marktwert gem. § 36 InvG oder vergleichbarer ausländischer Vorschriften, die Differenz zum Buchwert, die für das Gj erfolgten Ausschüttungen sowie die etwaigen Beschränkungen in der Möglichkeit der täglichen Rückgabe umfassen. Ferner muss die Ges. die Gründe dafür angeben, dass eine Abschreibung gem. § 253 Abs. 3 Satz 4 HGB unterblieben ist, einschl. der Anhaltspunkte, die darauf hindeuten, dass die Wertminderung voraussichtlich nicht von Dauer ist; § 285 Nr. 18 HGB ist insoweit nicht anzuwenden. | § 285 Nr. 26 HGB |
| Angabe von **Gründen für die Einschätzung des Risikos der Inanspruchnahme** für die nach § 251 HGB unter der Bilanz oder nach § 268 Abs. 7 1. Hs. HGB im Anhang ausgewiesenen **Verbindlichkeiten und Haftungsverhältnisse**. | § 285 Nr. 27 HGB |
| Angabe des **Gesamtbetrags der Beträge** i.S.d. **§ 268 Abs. 8 HGB**, aufgegliedert in solche aus der Aktivierung von selbst geschaffenen immateriellen VG des AV, von latenten Steuern und von zum beizulegenden Zeitwert bewerteten VG, jeweils ggf. unter Abzug der entsprechenden passivierten latenten Steuern. | § 285 Nr. 28 HGB, § 268 Rz 81 ff. |
| Angabe, auf welchen Differenzen oder steuerlichen Verlustvorträgen **die latenten Steuern beruhen** und mit welchen **Steuersätzen** die Bewertung erfolgt ist. **Keine Angabepflicht** für kleine KapG. | § 285 Nr. 29 HGB § 288 Abs. 1 HGB |

| Kurzerläuterung und evtl. Ausnahmen | Fundstelle |
|---|---|
| Angabe über die **Anwendung der Schutzklausel des § 286 Abs. 3 Satz 1 Nr. 2 HGB** bei Unterlassen von Angaben über BetUnt aufgrund drohender erheblicher Nachteile im Fall der Angabe der Informationen. | § 286 Abs. 3 Satz 3 HGB |
| Angabe von **Name und Sitz des MU, das den befreienden KA und KLB aufstellt**, einen Hinweis auf die Befreiung von der Verpflichtung, einen KA und einen KLB aufzustellen, und eine Erläuterung der im befreienden KA vom deutschen Recht abweichend angewandten Bilanzierungs-, Bewertungs- und Konsolidierungsmethoden. | § 291 Abs. 2 Satz 1 Nr. 3 HGB |
| Angabe der **Anwendung der Übergangserleichterungen zum Bruttoverfahren** beim Anlagespiegel i. S. d. § 268 Abs. 2 HGB. Angabepflicht nur für KapG. | Art. 24 Abs. 6 Satz 3 EGHGB |
| Angabe der nicht in der Bilanz ausgewiesenen **Rückstellungen für laufende Pensionen, Anwartschaften auf Pensionen und ähnliche Verpflichtungen.** Art 28. Abs. 2 EGHGB gilt für KapG, Art. 67 Abs. 2 EGHGB darüber hinaus für Kreditinstitute und Finanzdienstleistungsinstitute i. S. d. § 340 HGB, Versicherungsunternehmen und Pensionsfonds i. S. d. § 341 HGB, eingetragene Genossenschaften und PersG i. S. d. § 264a HGB. | Art. 28 Abs. 2 EGHGB und Art. 67 Abs. 2 EGHGB |
| Erläuterung der **Aufwendungen für die Währungsumstellung** auf den Euro, die als Bilanzierungshilfen aktiviert wurden. Angabepflicht nur für KapG. | Art. 44 Abs. 1 Satz 4 EGHGB |
| Erläuterung der **aktivierten Bilanzierungshilfe** für Ausgleichsbeträge nach dem AltfahrzeugG. | Art. 53 Abs. 2 Satz 4 EGHGB |

**18** **Rechtsform- und branchenspezifische Pflichtangaben umfassen** für Gj bis einschließlich 2015:

Bei **AG**:

| Kurzerläuterung | Fundstelle |
|---|---|
| Angaben über den Bestand und den Zugang an **Vorratsaktien** einschl. deren Verwendung | § 160 Abs. 1 Nr. 1 AktG |
| Angaben über den Bestand an **eigenen Aktien**, über deren Erwerb oder die Veräußerung eigener Aktien unter Angabe der Zahl, des auf sie entfallenden Betrags des Grundkapitals, des Anteils am Grundkapital, des Zeitpunkts und der Gründe für den Erwerb. (Diese Angabe ist von KleinstKapG nach § 264 Abs. 1 Satz 5 HGB unter der Bilanz notwendig, um auf den Anhang verzichten zu können.) | § 160 Abs. 1 Nr. 2 AktG |
| Gattungsspezifische Angabe des Aktienbestands | § 160 Abs. 1 Nr. 3 AktG |
| Angaben über **das genehmigte Kapital** | § 160 Abs. 1 Nr. 4 AktG |
| Angaben zur Zahl der **Bezugsrechte** nach § 192 Abs. 2 Nr. 3 AktG, der **Wandelschuldverschreibungen** und vergleichbarer Wertpapiere | § 160 Abs. 1 Nr. 5 AktG |
| Angaben zu **Genussrechten**, Rechten aus **Besserungsscheinen** und ähnlichen Rechten | § 160 Abs. 1 Nr. 6 AktG |
| Angaben über das Bestehen einer **wechselseitigen Beteiligung** unter Angabe des Unt | § 160 Abs. 1 Nr. 7 AktG |
| Angabe über das Bestehen einer nach § 20 Abs. 1 oder Abs. 4 AktG oder nach § 21 Abs. 1 oder Abs. 1a WpHG **mitgeteilten Beteiligung** sowie den Inhalt der Mitteilung | § 160 Abs. 1 Nr. 8 AktG |
| Schutzklausel für die Angaben nach § 160 Abs. 1 AktG | § 160 Abs. 7 AktG (§ 286 HGB) |
| Erläuterungen über die Verwendung der aus einer Kapitalherabsetzung oder aus der Auflösung offener **Gewinnrücklagen** gewonnenen Beträge | § 240 Satz 3 AktG |
| Bei einer Sonderprüfung wegen unzulässiger Unterbewertung nach § 258 AktG, Angabe der **Begründung für eine niedrigere Bewertung** und Angabe und **Entwicklung des Werts** oder Betrags sowie Bericht über den Abgang von Gegenständen und die Verwendung von Erlösen | § 261 Abs. 1 Satz 3 AktG<br>§ 261 Abs. 1 Satz 4 AktG |
| Hinweis zu der nach § 161 AktG vorgeschriebenen Erklärung zum **Corporate Governance Kodex** für börsennotierte Ges. | § 285 Nr. 16 HGB |

Bei **PersG**:

| Kurzerläuterung | Fundstelle |
|---|---|
| Angabe des Betrags der im HR gem. § 172 Abs. 1 HGB eingetragenen und nicht geleistete Einlagen. | § 264c Abs. 2 Satz 9 HGB |
| Angabe von Name und Sitz der Ges., die **persönlich haftende Gesellschafter** sind, sowie deren **gezeichnetes Kapital**. | § 285 Nr. 15 HGB |

## 2.2 Wahlpflichtangaben

19  Rechtsform- und branchenunabhängige **Wahlpflichtangaben**, die wahlweise in der Bilanz bzw. der GuV oder im Anhang oder im Einzelfall im LB anzugeben sind, umfassen für Gj bis einschließlich 2015:

| Kurzerläuterung und Ausnahmen | Fundstelle |
|---|---|
| Angabe über die **Mitzugehörigkeit eines Postens** zu einem anderen Bilanzposten. | § 265 Abs. 3 HGB |
| Gesonderter Ausweis, falls zur Vergrößerung der Klarheit der Darstellung in Bilanz oder GuV **Einzelposten zulässigerweise zusammengefasst** wurden. | § 265 Abs. 7 Nr. 2 HGB |
| Angabe des **Gewinn- oder Verlustvortrags** bei Bilanzaufstellung unter Berücksichtigung der teilweisen Ergebnisverwendung. | § 268 Abs. 1 Satz 2 HGB |
| Darstellung der **Entwicklung der einzelnen Posten des AV**. **Keine Angabepflicht** für kleine KapG. | § 268 Abs. 2 Satz 1 HGB<br><br>§ 274a Nr. 1 HGB |
| Angabe der **Abschreibungen** des Gj in einer der Gliederung des AV entsprechenden Aufgliederung. **Keine Angabepflicht** für kleine KapG. | § 268 Abs. 2 Satz 3 HGB<br><br>§ 274a Nr. 1 HGB |
| Angabe eines **Unterschiedsbetrags nach § 250 Abs. 3 HGB**. **Keine Angabepflicht** für kleine KapG. | § 268 Abs. 6 HGB<br><br>§ 274a Nr. 4 HGB |
| Angabe der in § 251 HGB bezeichneten **Haftungsverhältnisse** und Angabe der gewährten Pfandrechte und sonstigen Sicherheiten. Gesonderte Angabe bei Verpflichtungen gegenüber verbundenen Unt. (Diese Angabe ist von Kleinst-KapG nach § 264 Abs. 1 Satz 5 HGB unter der Bilanz notwendig, um auf den Anhang verzichten zu können.) | § 268 Abs. 7 HGB |

| Kurzerläuterung und Ausnahmen | Fundstelle |
|---|---|
| Angabe **außerplanmäßiger Abschreibungen** nach § 253 Abs. 3 Sätze 3 und 4 HGB. | § 277 Abs. 3 Satz 1 HGB |
| Bei **Bildung von Bewertungseinheiten** gem. § 254 HGB ist anzugeben, mit welchem Betrag jeweils VG, Schulden, schwebende Geschäfte und mit hoher Wahrscheinlichkeit vorgesehene Transaktionen zur Absicherung welcher Risiken in welche Arten von Bewertungseinheiten einbezogen sind. Angabepflichtig ist auch die Höhe der mit Bewertungseinheiten abgesicherten Risiken. Für die jeweils abgesicherten Risiken ist darüber hinaus anzugeben, warum, in welchem Umfang und für welchen Zeitraum sich die gegenläufigen Wertänderungen oder Zahlungsströme künftig voraussichtlich ausgleichen (Effektivität der Sicherungsmaßnahmen). Dabei ist auch die Ermittlungsmethode anzugeben. Die mit hoher Wahrscheinlichkeit erwarteten Transaktionen, die in Bewertungseinheiten einbezogen wurden, sind zu erläutern. Sämtliche Angaben sind nur dann im Anhang zu machen, soweit diese Angaben nicht im **Lagebericht** gemacht werden. | § 285 Nr. 23 HGB |
| Angaben bestimmter Bilanzposten durch **mittelgroße KapG bei Verwendung des für kleine KapG geltenden Gliederungsschemas** für die Offenlegung. | § 327 Nr. 1 Satz 2 HGB |

**Rechtsform- und branchenspezifische Pflichtangaben**, die wahlweise in der Bilanz bzw. der GuV oder im Anhang anzugeben sind, umfassen für Gj bis einschließlich 2015: 20
Bei **AG**:

| Kurzerläuterung | Fundstelle |
|---|---|
| Angabe des in andere Gewinnrücklagen eingestellten Betrags des Eigenkapitalanteils von **Wertaufholungen** und von bei der steuerrechtlichen Gewinnermittlung gebildeten Passivposten. | § 58 Abs. 2a Satz 2 AktG |
| Angabe der während des Gj eingestellten und der für das Gj **entnommenen Beträge der Kapitalrücklage**. | § 152 Abs. 2 AktG |
| Angabe der **Beträge zu den einzelnen Posten der Gewinnrücklagen**, die die HV aus dem Bilanzgewinn des Vj. eingestellt hat, die aus dem Jahresüberschuss des Gj eingestellt und die für das Gj entnommen werden. | § 152 Abs. 3 AktG |

| Kurzerläuterung | Fundstelle |
|---|---|
| **Ergänzende Positionen** zur Darstellung der GuV. | § 158 Abs. 1 Satz 2 AktG |
| Angabe über die **Zahl** und bei Nennbetragsaktien den **Nennbetrag der Aktien jeder Gattung.** | § 160 Abs. 1 Nr. 3 AktG |

Bei **PersG**:

| Kurzerläuterung | Fundstelle |
|---|---|
| Angabe über Ausleihungen, Forderungen und Verbindlichkeiten gegenüber Gesellschaftern, wenn sie in der Bilanz nicht gesondert ausgewiesen sind. | § 264c Abs. 1 HGB |

Bei **GmbH**:

| Kurzerläuterung | Fundstelle |
|---|---|
| Angabe des in andere Gewinnrücklagen eingestellten Betrags des Eigenkapitalanteils von **Wertaufholungen** und von bei der **steuerrechtlichen Gewinnermittlung** gebildeten **Passivposten.** | § 29 Abs. 4 Satz 2 GmbHG |
| Angabe von **Ausleihungen, Forderungen und Verbindlichkeiten gegenüber Gesellschaftern.** | § 42 Abs. 3 GmbHG |

### 2.3 Freiwillige Angaben

21 Über die Pflicht- und Wahlpflichtangaben hinaus können freiwillige Angaben im so gekennzeichneten Anhang berichtet werden. Diese Angaben unterliegen dann der Offenlegungspflicht und bei mittelgroßen und großen KapG und KapCoGes der Prüfungspflicht des AP. Die freiwillige Berichterstattung findet Grenzen bei Beeinträchtigung der Klarheit und der Übersichtlichkeit der Darstellung.[23] Die im Anhang berichteten freiwilligen Angaben können auch im LB dargestellt werden.

## 3 Allgemeine Angaben (Abs. 2)

22 § 284 Abs. 2 HGB verlangt fünf verschiedene **Angaben zu Bilanzierungs- und Bewertungsmethoden.** Mit dieser Vorschrift sollen dem Abschlussadressaten wesentliche Informationen zur Interpretation der in der Bilanz und GuV enthaltenen Angaben geboten werden, damit insgesamt ein den tatsächlichen Verhältnissen entsprechendes Bild der VFE-Lage der Ges. unter Beachtung der GoB entstehen kann. Diese Angaben sind insb. dann notwendig, wenn durch gesetzlich zulässige Wahlrechte Unterschiede bei der Abbildung des Unt im JA entstanden sind. Mit dieser Verpflichtung ist jedoch keine allgemeine Pflicht zur Erläuterung der Posten in der Bilanz verbunden, da es nur um die Methoden von

---

[23] Vgl. *Grottel*, in Beck Bil-Komm. 9. Aufl., § 284 Rz 3; *Selchert/Karsten*, BB 1985, S. 1889; *Poelzig*, in MünchKomm HGB, 3. Aufl., § 284 Rn 24.

Bilanzierung und Bewertung geht (zur praktischen Anwendung s. Haufe HGB Bilanz Kommentar BilMoG Haufe HGB Bilanz Kommentar BilMoG Haufe HGB Bilanz Kommentar BilMoG Erfahrungsbericht, Rz 335 ff.).

## 3.1 Angaben zu Bilanzierungs- und Bewertungsmethoden (Abs. 2 Nr. 1)

### 3.1.1 Bilanzierungsmethoden

Obwohl der Begriff „**Bilanzierungsmethode**" nicht gesetzlich fixiert ist, lässt sich ableiten, dass unter einer Bilanzierungsmethode ein planmäßiges Vorgehen bei der Ansatzentscheidung eines Bilanzpostens zu verstehen ist. Im Rahmen der Ansatzentscheidung wird geprüft, ob **VG bzw. eine Schuld bilanzierungsfähig** ist und ob bilanziert werden muss oder im Rahmen von Wahlrechten bilanziert werden darf. Dies schließt die Betrachtung der Fragen des Umfangs und des Zeitraums der Bilanzierung ein. Somit sind auch Ausweiswahlrechte anzugeben. Bei eindeutigen gesetzlichen Ansatzvorgaben sind keine Angaben im Anhang notwendig. Dagegen sind Angaben zur Bilanzierungsmethode immer dann notwendig, wenn die Art des Bilanzierungsansatzes von Entscheidungen des Bilanzierenden abhängt.[24] Das HGB räumt folgende **Ansatzwahlrechte** ein (zur praktischen Anwendung s. Haufe HGB Bilanz Kommentar BilMoG Haufe HGB Bilanz Kommentar BilMoG Erfahrungsbericht, Rz 127 ff., 158 ff., 207 ff., 247 ff., 355 ff.):

23

24

- Ansatz von **selbst geschaffenen immateriellen VG** (§ 248 Abs. 2 HGB).
- Nichtansatz für **Pensionsrückstellungen** für Altzusagen; dies gilt auch für mittelbare Verpflichtungen aus einer Zusage und ähnliche unmittelbare sowie mittelbare Verpflichtungen (§ 249 Abs. 1 Satz 1 HGB i.V.m. Art. 28 Abs. 1 EGHGB).
- Einstellung eines **Disagios** in den aktiven RAP (§ 250 Abs. 3 HGB).
- Nichtansatz **aktiver latenter Steuern** (§ 274 Abs. 1 Satz 2 HGB).
- Unsaldierter Ausweis aktiver und passiver latenter Steuern (§ 274 Abs. 1 HGB).
- Teilweise Ergebnisverwendung (§ 268 Abs. 1 HGB).

Im Anhang ist nur die Angabe der Bilanzierungsmethode notwendig. Eine Begründung ist nicht gefordert.[25] Die im Rahmen des Übergangs auf das BilMoG aufgrund von Art. 67 EGHGB weiter bestehender Altwahlrechte, wie insb.

- aktivierte **Ingangsetzungs- und Erweiterungsaufwendungen** (§ 269 HGB a.F., Art. 67 Abs. 5 EGHGB),
- **Sonderposten mit Rücklagenanteil** (§ 247 Abs. 3 HGB a.F., § 273 HGB a.F., Art. 67 Abs. 3 EGHGB),
- **aktive RAP** (§ 250 Abs. 1 Satz 2 HGB a.F., Art. 67 Abs. 3 EGHGB),
- **Aufwandsrückstellungen** (§ 249 Abs. 2 HGB a.F., Art. 67 Abs. 3 EGHGB)

sind ebenfalls angabepflichtig.

Neben den explizit gewährten Wahlrechten können Ansatzentscheidungen auch durch die Auslegung von Einschätzungsspielräumen im Rahmen der Festlegung des Zeitpunkts der Bilanzierung beeinflusst werden. Bei Vorliegen von Sach-

25

---

24 Vgl. *Poelzig*, in MünchKomm HGB, 3. Aufl., § 284 Rn 40.
25 Vgl. *Grottel*, in Beck Bil-Komm. 9. Aufl., § 284 Rz 89.

verhalten, bei denen Einschätzungsspielräume bestehen, sind die Grundsätze der Ermittlung des Bilanzierungszeitpunkts anzugeben.[26]

> **Beispiel**
> Bilanzierung von unterwegs befindlichen Waren im Zeitpunkt des Gefährdungsübergangs oder der späteren Eigentumsübertragung, Bilanzierung von Beteiligungserträgen aus KapG phasengleich oder unter Berücksichtigung des Gewinnverwendungsbeschlusses sowie Bilanzierung von Zulagen.

Darüber hinaus sollten auch die Handhabung von **geringfügigen VG** berichtet werden (zur praktischen Anwendung s. Haufe HGB Bilanz Kommentar BilMoG Haufe HGB Bilanz Kommentar BilMoG Erfahrungsbericht, Rz 176 ff.).

### 3.1.2 Bewertungsmethoden

#### 3.1.2.1 Allgemeines

26 Unter dem Begriff der „**Bewertungsmethode**" ist nach h.M. ein planmäßiges Verfahren zur Ermittlung des Wertansatzes zu verstehen, das den GoB entspricht. Die Bewertungsmethode umfasst sowohl den formalen Ablauf als auch die Ermittlung der Messgröße. Anzugeben sind daher die zugrunde gelegten Wertmaßstäbe und das gewählte Verfahren. Die Bewertungsmethode ist eine grundlegende Voraussetzung, um das den tatsächlichen Verhältnissen entsprechende Bild der VFE-Lage unter Beachtung der GoB zu vermitteln.[27]

> **Beispiel**
> Eine AG bietet Aktienoptionen („stock options") als Teil des Entlohnungssystems an Mitarbeiter an. Im Anhang sind die angewandten Bewertungsmethode (z.B. Black-Scholes, Binomialbaumverfahren, Monte-Carlo-Simulationen) anzugeben und deren Fähigkeit, den entstehenden Aufwand aus dem Aktienoptionsplan abzubilden. Des Weiteren sind die eingesetzten Bewertungsparameter (Volatilität, Restlaufzeit, risikoloser Zinssatz, Ausübungsverhalten) sowie deren Ermittlungsart anzugeben, die zur Bestimmung der Optionspreise herangezogen wurden. Da die Volatilität den größten Einfluss auf den Optionspreis hat, ist die Angabe der Ermittlung vom Interesse (z.B. historische Volatilität der gehandelten Call-Optionen auf die eigene Aktie, historische Volatilität eigener Aktien (im Fall eines neu notierten U: Volatilität von Aktien vergleichbarer Unt). In ihrem Geschäftsbericht 2011 orientiert sich z.B. die Deutz AG („Long-Term-Incentive-Plan No. II") bei der Festlegung des risikolosen Zinssatzes an die Verzinsung der Bundesanleihen mit vergleichbarer Restlaufzeit, die Volatilität wird anhand der historischen Volatilität der eigenen Aktie bestimmt und es wird von einer möglichst frühen Optionsausübung bei einer Fluktuation von 0 % ausgegangen.

---

[26] Vgl. *Wulf*, in *Baetge/Kirsch/Thiele*, Bilanzrecht, § 284 Rz 56, Stand 11/2009.
[27] Vgl. *Schulte*, BB 1986, S. 1470; *Schülen*, WPg 1987, S. 226.

Die angewandten Bewertungsmethoden und die Art ihrer Anwendung sind, insb. bei den Bilanzposten, bei denen ein Bewertungswahlrecht eingeräumt ist, in jedem JA anzugeben. Die bloße Angabe der Bewertungsmethode ist ausreichend, solange keine weitergehenden Erläuterungen notwendig sind. Eine Begründung muss nicht gegeben werden. 27

Vom HGB eingeräumte zentrale **Bewertungswahlrechte** (zur praktischen Anwendung s. Haufe HGB Bilanz Kommentar BilMoG Haufe HGB Bilanz Kommentar BilMoG Erfahrungsbericht, Rz 108 ff., 114 ff., 133 ff.; 143 ff., 196 ff., 411, 422 ff.): 28
- Festwertbewertung bei Sachanlagen und RHB (§ 240 Abs. 3 i. V. m. § 256 Satz 2 HGB);
- Gruppenbewertung mit dem gewogenen Durchschnittswert für Vorratsvermögen und andere gleichartige oder annähernd gleichwertige bewegliche VG des AV und Schulden (§ 240 Abs. 4 i. V. m. § 256 Satz 2 HGB);
- außerplanmäßige Abschreibungen auf Finanzanlagen bei nur vorübergehender Wertminderung (§ 253 Abs. 3 Satz 4 HGB);
- Bildung von Bewertungseinheiten (§ 254 HGB)[28];
- Bemessung von HK (§ 255 Abs. 2 Satz 3 HGB). Dieses Wahlrecht wurde im Zuge des BilMoG durch die Einführung der Aktivierungspflicht von MGK, FGK und Abschreibungen auf AV eingeschränkt;
- Einbeziehung von Fremdkapitalkosten in die HK (§ 255 Abs. 3 HGB);
- Bemessung des beizulegenden Zeitwerts mit allgemein anerkannten Bewertungsverfahren (§ 255 Abs. 4 Satz 2 HGB);
- Anwendung der Verbrauchsfolgeverfahren Lifo und Fifo zur Bewertung von Vorratsvermögen (§ 256 Satz 1 HGB);
- Bewertung der Rückstellungen für Pensionen und ähnliche Verpflichtungen (§ 253 Abs. 2 HGB);
- Buchwertübernahmen nach § 24 UmwG beim übernehmenden Rechtsträger im Fall der Verschmelzung nach § 2 UmwG.[29]

Darüber hinaus sind im Rahmen von Übergangsregelungen noch einige Beibehaltungen denkbar:
- Wertbeibehaltung von niedrigeren Werten bei VG des AV bei Übergang auf das BiRiLiG (Art. 24 Abs. 1 EGHGB),
- Wertbeibehaltung von niedrigeren Werten bei VG des AV bei Übergang auf das KapCoG (Art. 48 Abs. 2 EGHGB),
- Verteilung des bei Erstanwendung des BilMoG notwendigen Zuführungsbetrags bei Pensionsverpflichtungen über maximal 15 Jahre (Art. 67 Abs. 1 Satz 1 EGHGB),
- Wertbeibehaltung von RST bei Übergang auf das BilMoG (Art. 67 Abs. 1 Satz 2 EGHGB),
- Beibehaltung steuerrechtlicher Mehrabschreibungen (§ 279 Abs. 2 i. V. m. § 254 HGB a. F., Art. 67 Abs. 3 EGHGB),
- Wertbeibehaltung von niedrigeren Werten von VG des UV bei Übergang auf das BilMoG (Art. 67 Abs. 4 EGHGB).

---

28 Vgl. zur Einschränkung des Wahlrechts mit Blick auf die Erfüllung der Generalnorm § 254 Rz 7.
29 Vgl. *Kreipl/Müller*, in *Federmann/Kußmaul/Müller*, HdB-Beitrag „Verschmelzung", Rz 47 ff., Stand 5/2011 und IDW RS HFA 42.33 und 57 ff.

29  Neben diesen berichtspflichtigen Bewertungswahlrechten kommen als Bewertungsmethode prinzipiell auch Methodeneinschätzungsspielräume in Betracht, die nur dann anzugeben sind, soweit ein bestimmtes Verfahren zur Anwendung kommt.[30]

### 3.1.2.2 Aktivposten

30  Die Erläuterung der **Anschaffungskosten** im AV ist grds. in keiner besonderen Weise notwendig, da diese eindeutig in § 255 Abs. 1 HGB definiert sind. In bestimmten Sonderfällen, z. B. Tausch, tauschähnliche Geschäfte, Verschmelzungen zum Buchwert, erhaltene Zuschüsse und Subventionen, kann jedoch eine Berichterstattung geboten sein.[31]

31  Die Angabe der **Herstellungskosten** muss erkennen lassen, ob und inwieweit vom Wahlrecht gem. § 255 Abs. 2 Satz 3 HGB oder § 255 Abs. 3 HGB Gebrauch gemacht wurde. Bei Anwendung des UKV ist die Art der Errechnung von Umsätzen anzugeben. Ferner sind die zugrunde gelegten Beschäftigungsgrade zu erläutern.[32]

32  Abweichend vom bisherigen strikten Anschaffungskostenprinzip ist für **Finanzinstrumente**, die von Kreditinstituten zu Handelszwecken erworben wurden, sowie **VG, die ausschließlich der Erfüllung von Schulden aus Altersversorgungsverpflichtungen** oder vergleichbaren Verpflichtungen dienen und dem Zugriff aller übrigen Gläubiger entzogen sind,[33] der beizulegende Zeitwert anzusetzen. Der beizulegende Zeitwert wird in § 255 Abs. 4 Satz 1 HGB als der Marktpreis definiert. Dabei ist gem. § 255 Abs. 4 HGB eine Ermittlungshierarchie zu beachten, nach der zunächst geprüft wird, ob ein Marktpreis an einem aktiven Markt beobachtbar ist. Ist dies nicht der Fall, ist der Preis nach einer anerkannten Bewertungsmethode zu bestimmen, die geeignet ist, „den beizulegenden Zeitwert angemessen an den Marktpreis anzunähern, wie er sich am Bewertungsstichtag zwischen unabhängigen Geschäftspartnern bei Vorliegen normaler Geschäftsbedingungen ergeben hätte".[34] Erst nachdem kein Marktpreis vorliegt, könnten sich somit Ermessensspielräume in der Bewertung ergeben. Als Verfahrensweisen werden beispielhaft Marktpreise vergleichbarer Geschäftsvorfälle aus der jüngeren Vergangenheit oder anerkannte wissenschaftliche Methoden genannt.[35] Falls sich ein zuverlässiger Preis weder durch Marktpreise noch durch anerkannte Bewertungsmethoden ermitteln lässt, soll dem **Vorsichtsprinzip** folgend die Bewertung anhand der fortgeführten AHK erfolgen.

33  Eine globale Angabe zur Bewertungsmethode des **Vorratsvermögens** ist nicht zulässig, da einerseits die Unterposten der Vorräte unterschiedlich bewertet werden können und andererseits für verschiedene Vorratsgruppen unterschiedliche Bewertungsmethoden angewendet werden können. Grundsätzlich sind für alle wesentlichen Gruppen die jeweiligen Verfahren zu nennen. Bei der Bewertung des Vorratsvermögens können als Abweichungen vom Grundsatz der Einzelbewertung Festwert-, Durchschnitts-, Gruppenbewertungs- oder Bewer-

---

[30] Vgl. *Wulf*, in *Baetge/Kirsch/Thiele*, Bilanzrecht, § 284 Rz 59, Stand 11/2009.
[31] Vgl. *Poelzig*, in MünchKomm HGB, 3. Aufl., § 284 Rn 51.
[32] Vgl. *Grottel*, in Beck Bil-Komm. 9. Aufl., § 284 Rz 115; *Wulf*, in *Baetge/Kirsch/Thiele*, Bilanzrecht, § 284 Rz 61, Stand 11/2009.
[33] Gilt gem. § 253 Abs. 1 HGB nicht für KleinstKapG, die diese Posten zu AK zu bewerten haben, wenn sie die Erleichterungen für diese Größenklasse nutzen möchten (§ 267a Rz 5).
[34] Vgl. BilMoG-BgrRegE, S. 61.
[35] Vgl. BilMoG-Bgr*Reg*E, S. 61.

tungsvereinfachungsverfahren i.S.d. § 256 HGB infrage kommen (zur praktischen Anwendung s. Haufe HGB Bilanz Kommentar BilMoG Haufe HGB Bilanz Kommentar BilMoG Erfahrungsbericht, Rz 196ff.). Das Durchschnittsverfahren kann auch bei gleichartigen oder annähernd gleichwertigen beweglichen VG angewandt werden (§ 240 Abs. 4 HGB). Das Festwertverfahren kann auch bei Sachanlagen zur Anwendung kommen (§ 240 Abs. 3 HGB).[36]

Bei der Angabe von **Abschreibungsmethoden** ist der Abschreibungsplan gem. § 253 Abs. 3 Satz 2 HGB von Bedeutung. Im Einzelfall müssen die zugrunde gelegte Nutzungsdauer sowie die Art der Abschreibung angegeben werden. Aus Vereinfachungsgründen kann auf die von der Finanzverwaltung ausgegebenen AfA-Tabellen verwiesen werden, jedoch ist gleichzeitig anzugeben, ob die Höchst- oder Mindestwerte angesetzt werden und dass diese als tatsachengemäß eingeschätzt werden (zur praktischen Anwendung s. Haufe HGB Bilanz Kommentar BilMoG Haufe HGB Bilanz Kommentar BilMoG Erfahrungsbericht, Rz 133ff.). Bei planmäßiger Abschreibung sind die Gründe, die Bemessung der Nutzungsdauer sowie die ihrer Schätzung zugrunde liegenden Erwägungen anzugeben. Bei außerplanmäßigen Abschreibungen gem. § 253 Abs. 3 Satz 3 HGB muss angegeben werden, für welche Gegenstände oder Gruppen von Gegenständen bzw. nach welchem Verfahren außerplanmäßige Abschreibungen vorgenommen bzw. errechnet werden. Ferner ist anzugeben, ob bei Finanzanlagen Abschreibungen aufgrund nicht dauernder Wertminderungen vorgenommen werden (§ 253 Abs. 3 Satz 4 HGB). Über sofortige Abschreibungen im Gj des Zugangs ist im Rahmen der Abschreibungsmethoden zu berichten.[37] Ferner müssen gem. § 285 Nr. 13 HGB Gründe genannt werden, die die Nutzungsdauer eines GoF von mehr als fünf Jahren rechtfertigen.

34

Falls im aktiven RAP ein **Disagio** enthalten ist (§ 250 Abs. 3 HGB), ist im Anhang die Ermittlungs- und Tilgungsmethode darzustellen, sofern darüber bei den Bilanzierungsmethoden nicht berichtet wurde.[38]

35

### 3.1.2.3 Passivposten

Die Berichtspflicht hinsichtlich der Passivposten bezieht sich vor allem auf **Fremdwährungsverbindlichkeiten**. Bei Rückstellungen für Verluste aus schwebenden Geschäften sind Angaben notwendig, ob die Wertermittlung nach dem Teil- oder Vollkostenverfahren erfolgte. Auch bei schwebenden Finanzgeschäften sind Angaben über die Bewertungsmethode notwendig.[39]

36

Die Bewertungsmethoden von **Pensionsrückstellungen** sind in jedem Fall zu erläutern, wobei es hierfür aber auch eine spezielle Norm nach § 285 Abs. 1 Nr. 24 HGB gibt, die die Pflichten konkretisiert.[40] Wird für mittelbare Pensionszusagen keine Rückstellung gebildet, ist der Betrag der unterbliebenen Passivierung im Anhang anzugeben. Dabei sind die versicherungsmathematischen Grundsätze, die angesetzten Zinssätze, die zugrunde gelegten Sterbetafeln sowie

37

---

36 Vgl. *Grottel*, in Beck Bil-Komm. 9. Aufl., § 284 Rz 116; *Poelzig*, in MünchKomm HGB, 3. Aufl., § 284 Rn 48.
37 Vgl. *Poelzig*, in MünchKomm HGB, 3. Aufl., § 284 Rn 53; *Schülen*, WPg 1987, S. 227; *Wulf*, in *Baetge/Kirsch/Thiele*, Bilanzrecht, § 284 Rz 63, Stand 11/2009.
38 Vgl. *Wulf*, in *Baetge/Kirsch/Thiele*, Bilanzrecht, § 284 Rz 66, Stand 11/2009.
39 Vgl. *Grottel*, in Beck Bil-Komm. 9. Aufl., § 284 Rz 132.
40 Vgl. IDW RS HFA 30, Tz. 89ff.

die Berechnungsmethode anzugeben. Ein Fehlbetrag muss genannt sowie erläutert werden, um ein den tatsächlichen Verhältnissen entsprechendes Unternehmensbild zu ermöglichen.[41]

### 3.2 Angabe der Grundlage der Fremdwährungsumrechnungen (Abs. 2 Nr. 2)

38 Da gem. § 244 HGB der JA in Euro aufzustellen ist, sind alle Geschäftsvorfälle in Fremdwährungen in Euro umzurechnen. Nach § 284 Abs. 2 Nr. 2 HGB sind nur solche Angaben zu machen, die nicht bereits über § 284 Abs. 2 Nr. 1 HGB eine Angabepflicht auslösen.

39 Die **Währungsumrechnung** stellt eine Bewertungsmethode dar. Daher sind die wesentlichen Methoden zur Umrechnung sowie die Behandlung entstehender Unterschiedsbeträge im Anhang anzugeben. Dazu zählen u. a. der Bewertungsstichtag, der Umrechnungskurs, die Umrechnungsgrundsätze von Devisentermingeschäften und die Beachtung des Niederstwertprinzips. Mit § 256a HGB werden Methoden zur Bilanzierung vorgegeben (§ 256a Rz 1 ff.). Dabei erlaubt § 256a Satz 2 HGB, VG und Verbindlichkeiten mit einer Laufzeit von weniger als einem Jahr mit dem Devisenkassakurs am Abschlussstichtag umzurechnen, ohne die Restriktionen des § 252 Abs. 1 Nr. 4 HGB (§ 252 Rz 97 ff.) und des § 253 Abs. 1 Satz 1 HGB beachten zu müssen. Die AK als Bewertungsobergrenze und das Verbot der Erfassung von am Abschlussstichtag nicht realisierten Gewinnen werden in diesem Bereich somit außer Kraft gesetzt. Die Vorschrift beruht auf Praktikabilitätsgründen.[42]

40 Von der **Berichtspflicht** sind insb. Fremdwährungsforderungen und Fremdwährungsverbindlichkeiten, aber auch AHK in fremden Währungen, Rückstellungen für drohende Verluste aus Fremdwährungsgeschäften sowie Währungssicherungsgeschäften und Bildung von Bewertungseinheiten betroffen (zur praktischen Anwendung s. Haufe HGB Bilanz Kommentar BilMoG Haufe HGB Bilanz Kommentar BilMoG Erfahrungsbericht, Rz 385 ff.).

41 Es genügt, wenn die zugrunde liegende Methode verbal umschrieben ist. Dabei muss erkennbar und nachvollziehbar sein, wie die Fremdwährungsumrechnung erfolgt. Gleiche Methoden, die bei mehreren Posten der Bilanz oder GuV angewandt werden, können zusammengefasst werden.[43] Da die Methode durch § 256a HGB inzwischen jedoch klar vorgegeben ist und damit die Darstellung regelmäßig eine Wiederholung der gesetzlichen Regelung gleichkommt, entfällt konsequenterweise diese Berichtspflicht mit dem BilRUG (Rz 54).

### 3.3 Angabe und Begründung von Abweichungen von Bilanzierungs- und Bewertungsmethoden (Abs. 2 Nr. 3)

42 Neben den Angaben der Bilanzierungs- und Bewertungsmethoden kommt der Angabe von **Abweichungen** im Anhang eine wesentliche Erläuterungsfunktion zu. Dabei sind neben der Nennung und Begründung der Abweichungen auch ihr Einfluss auf die VFE-Lage darzustellen. Die Vorschrift ergänzt andere Angabe-

---

[41] Vgl. *Poelzig*, in MünchKomm HGB, 3. Aufl., § 284 Rn 63.
[42] Vgl. BilMoG-BgrRegE, S. 62.
[43] Vgl. *Poelzig*, in MünchKomm HGB, 3. Aufl., § 284 Rn 68.

pflichten, z.B. aus § 265 Abs. 1 Satz 2 HGB, wobei eine zusammengefasste Darstellung sinnvoll erscheint.[44]
Eine berichtspflichtige **Abweichung** liegt vor, wenn die Grundsätze des Regelfalls nicht eingehalten werden oder wenn die im zeitlichen Ablauf angewandten Methoden und Grundsätze auf gleichartige Sachverhalte nicht beibehalten werden und zudem die Abweichung nicht unerheblich ist.[45] Hinsichtlich der Auswirkungen der Angabe der Abweichungen, wird eine verbale Berichterstattung und Berichterstattung mit Beschränkung auf wesentliche Aspekte für grds. zulässig erachtet.[46] Damit ist das Ziel der Vorschrift allerdings kaum zu erreichen, weshalb auch das IDW im RS HFA 38.25 auf quantifizierte Angaben zumindest für die Einschätzung der Größenordnung abstellt. Bei **nicht unwesentlichen Abweichungen** wird daher eine verbale Berichterstattung nicht ausreichen, den Einfluss auf die wirtschaftliche Unternehmenslage erkennen zu lassen. Dies impliziert in diesen Fällen zwangsläufig zahlenmäßige Angaben.[47] Aus den Angaben muss erkennbar sein, von welchen Methoden und Grundsätzen abgewichen wird und auf welche Posten die Abweichungen sich beziehen, sofern die Änderung nicht alle Bilanzpostionen betrifft.[48] Die Angaben müssen sich auf alle Posten beziehen, die von der Abweichung berührt sind. Es ist somit über die Bilanz und GuV hinaus ggf. auch auf die Posten in der KFR oder im Anlagespiegel einzugehen, soweit diese aufgestellt werden. Angaben können auch zusammengefasst werden, wenn sie mehrere Positionen betreffen.[49]

43

Mit dieser Vorschrift soll die **Vergleichbarkeit der JA** im Zeitablauf verbessert werden. Für eine Abweichung müssen sachliche Gründe vorliegen, um insb. willkürliche Abweichungen auszuklammern. Gesetzlich zwingende Änderungen müssen nicht berichtet werden.[50] Eine auch dahingehende Berichterstattung empfiehlt sich jedoch insb. dann, wenn die gesetzlichen Änderungen wesentliche Auswirkungen auf die VFE-Lage haben.[51]

44

Abweichungen von **Bilanzierungsmethoden** liegen dann vor, wenn einerseits Ansatzwahlrechte im Vergleich zum Vj. unterschiedlich ausgeübt und andererseits im Rahmen von Einschätzungsspielräumen die zeitlichen Voraussetzungen für bestimmte Bilanzansätze unterschiedlich festgelegt werden.

45

> **Beispiel**
> **Selbst geschaffene immaterielle VG des AV**
> Unt A entscheidet sich im Jahr 02 neue Entwicklungsprojekte zu aktivieren. Im Vj waren auch bereits Entwicklungsprojekte aktivierungsfähig. Hier liegt eine Abweichung vor, die mit Nennung der Bilanzposition, aber auch mit Angabe der Auswirkungen auf die GuV sowie der Darlegung der Überlegungen und Argumente, die zur Abweichung geführt haben, zu berichten ist.

---

44 Vgl. IDW RS HFA 38.18.
45 Vgl. IDW RS HFA 38.20.
46 Vgl. *Grottel*, in Beck Bil-Komm, 9. Aufl., § 284 HGB, Rz 143.
47 Vgl. *Schülen*, WPg 1987, S. 229 und IDW RS HFA 38.25.
48 Vgl. IDW RS HFA 38.19.
49 *Wulf*, in *Baetge/Kirsch/Thiele*, Bilanzrecht, § 284 Rz 78, Stand 11/2009.
50 Vgl. *Poelzig*, in MünchKomm HGB, 3. Aufl., § 284 Rn 72.
51 Zu der trotz Einschränkung mit Art. 67 Abs. 8 EGHGB erfolgten Beschreibung der BilMoG-Erstanwendung in JA vgl. Haufe HGB Bilanz Kommentar BilMoG Erfahrungsbericht, Rz 335ff.

> Unt B entscheidet sich im Jahr 02 neue Entwicklungsprojekte zu aktivieren. In den Vj bis zum Gj. 2010 waren jedoch keine Entwicklungsprojekte aktivierungsfähig, so dass letztlich das Bilanzierungswahlrecht seit Inkrafttreten nicht genutzt werden konnte. Es liegt dann keine berichtspflichtige Abweichung vor, da dieser auf die Gesetzesänderung zurückzuführen ist und diesbzgl. keine Angaben nach Art. 67 Abs. 8 Satz 1 EGHGB gefordert werden.
> Unt C entscheidet sich im Jahr 02 neue Entwicklungsprojekte zu aktivieren. In den Vj waren Entwicklungsprojekte aktivierungsfähig, aber nicht wesentlich, so dass diese nicht angesetzt wurden. Es liegt dann zwar eine berichtspflichtige Abweichung vor, allerdings braucht keine Begründung zu erfolgen, so dass der Hinweis auf die erstmalige Anwendung mit Nennung der Posten und der Auswirkungen ausreicht (IDW RS HFA 38.21).

**46** Gemäß § 246 Abs. 3 HGB gilt das Stetigkeitsgebot auch für Ansatzentscheidungen. Bei dennoch vorgenommenen Durchbrechungen muss über die Abweichungen berichtet werden. **Abweichungen von Bilanzierungsmethoden** liegen insb. vor, wenn im Rahmen desselben Bilanzwahlrechts aufgrund eines gleichen Sachverhalts eine andere Bilanzierungsentscheidung als bisher vorgenommen wird. Auch Einschätzungen hinsichtlich der Festlegung des Zeitpunkts der Bilanzierung, obwohl ein Bewertungsgrundsatz, ist berichtspflichtig nach § 284 Abs. 2 Nr. 3 HGB.

> **Beispiel**
> **Abweichungen von Bilanzierungsmethoden**
> Beispiele hierfür können sein:
> - Änderungen des Realisationszeitpunkts von Umsätzen und Gewinnen sind zu berichten.
> - Abweichungen vom Wesentlichkeitsgrundsatz sind stets anzugeben, da in diesem Fall eine Abweichung vom Regelfall vorliegt.
> - Besonders eine Durchbrechung des Vollständigkeitsgrundsatzes im Fall einer unterlassenen Bilanzierung von Pensionsrückstellungen ist gesondert anzugeben.
> - Ferner liegt eine Angabepflicht vor, wenn der Grundsatz der Unternehmensfortführung (§ 252 Abs. 1 Nr. 2 HGB) nicht mehr erfüllt erscheint und daher andere Bilanzierungsmethoden heranzuziehen sind.[52]

**47** **Abweichungen von Bewertungsmethoden** liegen vor, wenn Bestandteile eines angewandten Bewertungsverfahrens gegenüber dem Vorjahresabschluss nicht identisch sind. Änderungen von Parametern stellen dagegen keine Abweichung dar. Abweichungen resultieren i. d. R. aus einer Durchbrechung des Stetigkeitsgrundsatzes. Abweichungen vom Grundsatz der Bilanzidentität, der Unternehmensfortführung und der Periodenabgrenzung können zu Abweichungen von Bewertungsmethoden führen. Berichtspflichtige Abweichungen vom Vorsichtsprinzip können z.B. beim geänderten Realisationsprinzip entstehen. Abweichungen vom Grundsatz der Einzelbewertung sind zulässig, aber berichtspflich-

---

[52] Vgl. *Schulte*, BB 1986, S. 1471; *Wulf*, in Baetge/Kirsch/Thiele, Bilanzrecht, § 284 Rz 82, Stand 11/2009; *Poelzig*, in MünchKomm HGB, 3. Aufl., § 284 Rn 73 sowie IDW RS HFA 17.40.

tig. Auch über eine Änderung der Ausübung von Bewertungswahlrechten muss berichtet werden.[53]
Neben der Angabe und der Begründung von Abweichungen muss gleichzeitig der **Einfluss auf die VFE-Lage** dargestellt werden. Damit werden die Auswirkungen i. d. R über quantifizierte Wertangaben deutlich gemacht. Ein Einfluss auf die Vermögenslage (§ 264 Rz 65 ff.) ist gegeben, wenn infolge einer Abweichung die VG oder Schulden höher oder niedriger ausgewiesen werden. Ein Einfluss auf die Finanzlage ist einerseits gegeben, wenn Abweichungen die Vermögens- und Finanzverhältnisse ändern, die zur Beurteilung wichtig sind, und anderseits, wenn Abweichungen finanzwirksame Vorgänge in naher Zukunft beeinflussen. Geänderte Bilanzierungs- und Bewertungsmethoden werden i. d. R. Einfluss auf die Ertragslage (§ 264 Rz 74 ff.) haben. Die Darstellung der Auswirkungen ist gesondert für die VFE-Lage zu geben. Eine Saldierung von positiven und negativen Auswirkungen ist nicht zulässig, da eine gesonderte Darstellung verlangt ist. Ausnahmsweise ist eine Zusammenfassung zulässig, wenn ein einheitlicher Einfluss auf die VFE-Lage gegeben ist oder die Auswirkungen bei isolierter Betrachtung einen geringen Einfluss haben.[54] Die Darstellung der Auswirkungen erfordert quantitative Angaben, eine Vj-Angabe ist auch im Rahmen der Begründung empfehlenswert.[55]

48

### 3.4 Ausweis von Unterschiedsbeträgen (Abs. 2 Nr. 4)

Bei Anwendung einer **Gruppenbewertung** mit gewogenem Durchschnittswert oder eines **Verbrauchsfolgeverfahrens** müssen für jede Gruppe im Anhang Unterschiedsbeträge ausgewiesen werden, wenn im Vergleich zum Börsen- oder Marktpreis ein erheblicher Unterschied existiert. Kleine KapG sind von dieser Vorschrift befreit (§ 288 Abs. 1 HGB). Mit dieser Vorschrift werden Bewertungsreserven aufgedeckt. Die Vorschrift ist nur anzuwenden, wenn der Börsen- oder Marktpreis über dem Durchschnittswert liegt, da bei einem niedrigeren Preis eine außerplanmäßige Abschreibung vorzunehmen wäre.[56]

49

Von der Ausweispflicht sind Bilanzpositionen mit einer Bewertung nach § 240 Abs. 4 HGB oder § 256 Satz 1 HGB und damit die Bewertung von **gleichartigen VG des Vorratsvermögens** sowie **anderen gleichartigen oder annähernd gleichwertigen beweglichen VG und Schulden** betroffen. Für einen Ausweis muss grds. der letzte Börsen- oder Marktpreis vor dem Abschlussstichtag bekannt sein. Wenn kein Börsen- oder Marktpreis ermittelt werden kann, entfällt die Angabe; es ist jedoch darauf hinzuweisen.[57]

50

Der Ausweis kann pauschal für die jeweilige Gruppe erfolgen. Eine betragsgenaue Angabe ist nicht notwendig. Eine Voraussetzung für die Angabe besteht in der Erheblichkeit. Dabei kommt es auf die vernünftige kaufmännische Beurteilung im Einzelfall an. Von Erheblichkeit ist insb. dann auszugehen, wenn die Höhe des Unterschiedsbetrags im Verhältnis zum Wert des z. B. vereinfacht bewerteten VG

51

---

[53] Vgl. *Freidank*, DB 1989, S. 1202.
[54] Vgl. *Schülen*, WPg 1987, S. 223; *Poelzig*, in MünchKomm HGB, 3. Aufl., § 284 Rn 83.
[55] Vgl. IDW RS HFA 38.25.
[56] Vgl. *Wulf*, in *Baetge/Kirsch/Thiele*, Bilanzrecht, § 284 Rz 92, Stand 11/2009.
[57] Vgl. *Grottel*, in Beck Bil-Komm. 9. Aufl., § 284 Rz 180.

oder aber der Anteil des z. B. vereinfacht bewerteten VG am Bilanzposten hoch ist. Im Allgemeinen werden Beträge von mehr als 10 % als erheblich angesehen.[58]

### 3.5 Angabe über Einbeziehung von Fremdkapitalzinsen in die Herstellungskosten (Abs. 2 Nr. 5)

52 Wenn Fremdkapitalzinsen gem. § 255 Abs. 3 HGB in die HK einbezogen werden, ist eine besondere **Berichtspflicht** gegeben. Angabepflichtig ist, ob alle oder nur Teile der aktivierungsfähigen Fremdkapitalzinsen einbezogen worden sind, und, bei unterschiedlicher Inanspruchnahme des Wahlrechts, für welche VG das Wahlrecht ausgeübt wurde. Es ist ausreichend, wenn auf die Einbeziehung der Fremdkapitalzinsen hingewiesen wird. Eine Zahlenangabe wird nicht als erforderlich erachtet, ausgenommen bei außergewöhnlichen Erträgen oder wenn Wahlrechte unterschiedlich ausgeübt wurden.[59] Zur praktischen Anwendung s. Haufe HGB Bilanz Kommentar BilMoG Haufe HGB Bilanz Kommentar BilMoG Erfahrungsbericht, Rz 108 ff.

## 4 Änderungen durch das BilRUG

### 4.1 Neufassung Abs. 1 nF

53 Für Gj, die nach dem 31.12.2015 beginnen, stellt der Gesetzgeber den Inhalt des Anhangs klarer und gibt zumindest für die die Bilanz und GuV betreffenden Angaben eine Gliederung vor. Der neuformulierte Abs. 1 lautet:

> **§ 284 Abs. 1 nF**
> (1) In den Anhang sind diejenigen Angaben aufzunehmen, die zu den einzelnen Posten der Bilanz oder der Gewinn- und Verlustrechnung vorgeschrieben sind; sie sind in der Reihenfolge der einzelnen Posten der Bilanz und der Gewinn- und Verlustrechnung darzustellen. Im Anhang sind auch die Angaben zu machen, die in Ausübung eines Wahlrechts nicht in die Bilanz oder in die Gewinn- und Verlustrechnung aufgenommen wurden.

Damit wird eine Vorgabe aus der EU-RL 2013/34 umgesetzt. Inhaltlich wurde aber in der Praxis bereits überwiegend diese Gliederungsstruktur angewandt.

### 4.2 Streichung von Erläuterungen zur Fremdwährungsumrechnung (Abs. 2 nF)

54 Mit dem BilRUG wird in Übereinstimmung mit Art. 16 Abs. 1 (a) der EU-RL 2013/34 die gesonderte Pflicht zur Angabe der Grundlagen der Fremdwährungsumrechnung aus dem HGB entfernt, da die verbleibenden nötigen Angaben unter die angewandten Bewertungsmethoden nach Abs. 2 Nr. 1 zu subsummieren sind. Eine Änderung der materiellen Rechtslage ist mit der Streichung nicht

---

[58] Vgl. *Poelzig*, in MünchKomm HGB, 3. Aufl., § 284 Rn 92.
[59] Vgl. *Grottel*, in Beck Bil-Komm. 9. Aufl., § 284 Rz 190; *Poelzig*, in MünchKomm HGB, 3. Aufl., § 284 Rn 96.

verbunden. Durch § 256a HGB ist die Bewertungsmethode für die Umrechnung von VG und Schulden in Fremdwährung auf Euro klar bestimmt.

## 4.3 Umgliederung und Konkretisierung des Anlagespiegels aus § 268 in § 284 HGB (Abs. 3 nF)

Aufgrund der Vorgaben der EU-RL 2013/34 ist der Anlagespiegel stets im Anhang auszuweisen. Daher entfällt die bisherige Wahlrechtsangabe aus § 268 Abs. 2 HGB (§ 268 Rz 13 ff.) und wird inhaltlich leicht modifiziert als Anhangpflichtangabe – allerdings weiterhin mit der Erleichterungsmöglichkeit für kleine KapG gem. § 288 Abs. 1 HGB nF – in Abs. 3 nF angefügt:

55

> **§ 284 Abs. 3 HGB nF**
> (3) ¹Im Anhang ist die Entwicklung der einzelnen Posten des Anlagevermögens in einer gesonderten Aufgliederung darzustellen. ²Dabei sind, ausgehend von den gesamten Anschaffungs- und Herstellungskosten, die Zugänge, Abgänge, Umbuchungen und Zuschreibungen des Geschäftsjahrs sowie die Abschreibungen gesondert aufzuführen. ³Zu den Abschreibungen sind gesondert folgende Angaben zu machen:
> 1. die Abschreibungen in ihrer gesamten Höhe zu Beginn und Ende des Geschäftsjahrs,
> 2. die im Laufe des Geschäftsjahrs vorgenommenen Abschreibungen und
> 3. Änderungen in den Abschreibungen in ihrer gesamten Höhe im Zusammenhang mit Zu- und Abgängen sowie Umbuchungen im Laufe des Geschäftsjahrs.
> ⁴Sind in die Herstellungskosten Zinsen für Fremdkapital einbezogen worden, ist für jeden Posten des Anlagevermögens anzugeben, welcher Betrag an Zinsen im Geschäftsjahr aktiviert worden ist.

Zugleich wird die Vorgabe inhaltlich an die geänderten europäischen Vorgaben angepasst, indem auch eine Aufgliederung der kumulierten Abschreibungen gefordert wird. Demnach sind Abschreibungen künftig nicht mehr nur in ihrer gesamten Höhe, sondern etwa nach folgendem Schema darzustellen:[60]

| Kumulierte Abschreibungen | | | | | |
|---|---|---|---|---|---|
| Abschreibungen zu Beginn des Gj | Zugänge (Abschreibungen des Gj) | Zuschreibungen des vorangegangenen Gj | Abgänge (Abschreibungen auf Abgänge des Gj) | Umbuchungen (Abschreibungen auf Umbuchungen des Gj) | Abschreibungen zum Ende des Gj |
|  | + | - | - | +/- | = |

Schließlich sind ab dem Gj 2016 auch Angaben zum Umfang der in die HK von VG des AV einbezogenen Fremdkapitalzinsen gefordert.

---

[60] Vgl. *ADS*, 6. Aufl., § 268 HGB, Rz. 63–66.

# § 285 SONSTIGE PFLICHTANGABEN

¹Ferner sind im Anhang anzugeben:
1. zu den in der Bilanz ausgewiesenen Verbindlichkeiten
   a) der Gesamtbetrag der Verbindlichkeiten mit einer Restlaufzeit von mehr als fünf Jahren,
   b) der Gesamtbetrag der Verbindlichkeiten, die durch Pfandrechte oder ähnliche Rechte gesichert sind, unter Angabe von Art und Form der Sicherheiten;
2. die Aufgliederung der in Nummer 1 verlangten Angaben für jeden Posten der Verbindlichkeiten nach dem vorgeschriebenen Gliederungsschema;
3. Art und Zweck sowie Risiken und Vorteile von nicht in der Bilanz enthaltenen Geschäften, soweit dies für die Beurteilung der Finanzlage notwendig ist;
3a. der Gesamtbetrag der sonstigen finanziellen Verpflichtungen, die nicht in der Bilanz enthalten und nicht nach § 251 oder Nummer 3 anzugeben sind, sofern diese Angabe für die Beurteilung der Finanzlage von Bedeutung ist; davon sind Verpflichtungen gegenüber verbundenen Unternehmen gesondert anzugeben;
4. die Aufgliederung der Umsatzerlöse nach Tätigkeitsbereichen sowie nach geographisch bestimmten Märkten, soweit sich, unter Berücksichtigung der Organisation des Verkaufs von für die gewöhnliche Geschäftstätigkeit der Kapitalgesellschaft typischen Erzeugnissen und der für die gewöhnliche Geschäftstätigkeit der Kapitalgesellschaft typischen Dienstleistungen, die Tätigkeitsbereiche und geographisch bestimmten Märkte untereinander erheblich unterscheiden;
5. *(außer Kraft)*
6. in welchem Umfang die Steuern vom Einkommen und vom Ertrag das Ergebnis der gewöhnlichen Geschäftstätigkeit und das außerordentliche Ergebnis belasten;
7. die durchschnittliche Zahl der während des Geschäftsjahrs beschäftigten Arbeitnehmer getrennt nach Gruppen;
8. bei Anwendung des Umsatzkostenverfahrens (§ 275 Abs. 3)
   a) der Materialaufwand des Geschäftsjahrs, gegliedert nach § 275 Abs. 2 Nr. 5,
   b) der Personalaufwand des Geschäftsjahrs, gegliedert nach § 275 Abs. 2 Nr. 6;
9. für die Mitglieder des Geschäftsführungsorgans, eines Aufsichtsrats, eines Beirats oder einer ähnlichen Einrichtung jeweils für jede Personengruppe
   a) die für die Tätigkeit im Geschäftsjahr gewährten Gesamtbezüge (Gehälter, Gewinnbeteiligungen, Bezugsrechte und sonstige aktienbasierte Vergütungen, Aufwandsentschädigungen, Versicherungsentgelte, Provisionen und Nebenleistungen jeder Art). ²In die Gesamtbezüge sind auch Bezüge einzurechnen, die nicht ausgezahlt, sondern in Ansprüche anderer Art umgewandelt oder zur Erhöhung anderer Ansprüche verwendet werden. ³Außer den Bezügen für das Geschäftsjahr sind die weiteren Bezüge anzugeben, die im Geschäftsjahr gewährt, bisher aber

in keinem Jahresabschluss angegeben worden sind. ⁴Bezugsrechte und sonstige aktienbasierte Vergütungen sind mit ihrer Anzahl und dem beizulegenden Zeitwert zum Zeitpunkt ihrer Gewährung anzugeben; spätere Wertveränderungen, die auf einer Änderung der Ausübungsbedingungen beruhen, sind zu berücksichtigen. ⁵Bei einer börsennotierten Aktiengesellschaft sind zusätzlich unter Namensnennung die Bezüge jedes einzelnen Vorstandsmitglieds, aufgeteilt nach erfolgsunabhängigen und erfolgsbezogenen Komponenten sowie Komponenten mit langfristiger Anreizwirkung, gesondert anzugeben. ⁶Dies gilt auch für:

aa) Leistungen, die dem Vorstandsmitglied für den Fall einer vorzeitigen Beendigung seiner Tätigkeit zugesagt worden sind;

bb) Leistungen, die dem Vorstandsmitglied für den Fall der regulären Beendigung seiner Tätigkeit zugesagt worden sind, mit ihrem Barwert, sowie den von der Gesellschaft während des Geschäftsjahrs hierfür aufgewandten oder zurückgestellten Betrag;

cc) während des Geschäftsjahrs vereinbarte Änderungen dieser Zusagen;

dd) Leistungen, die einem früheren Vorstandsmitglied, das seine Tätigkeit im Laufe des Geschäftsjahrs beendet hat, in diesem Zusammenhang zugesagt und im Laufe des Geschäftsjahrs gewährt worden sind.

⁷Leistungen, die dem einzelnen Vorstandsmitglied von einem Dritten im Hinblick auf seine Tätigkeit als Vorstandsmitglied zugesagt oder im Geschäftsjahr gewährt worden sind, sind ebenfalls anzugeben. ⁸Enthält der Jahresabschluss weitergehende Angaben zu bestimmten Bezügen, sind auch diese zusätzlich einzeln anzugeben;

b) die Gesamtbezüge (Abfindungen, Ruhegehälter, Hinterbliebenenbezüge und Leistungen verwandter Art) der früheren Mitglieder der bezeichneten Organe und ihrer Hinterbliebenen. ²Buchstabe a Satz 2 und 3 ist entsprechend anzuwenden. ³Ferner ist der Betrag der für diese Personengruppe gebildeten Rückstellungen für laufende Pensionen und Anwartschaften auf Pensionen und der Betrag der für diese Verpflichtungen nicht gebildeten Rückstellungen anzugeben;

c) die gewährten Vorschüsse und Kredite unter Angabe der Zinssätze, der wesentlichen Bedingungen und der gegebenenfalls im Geschäftsjahr zurückgezahlten Beträge sowie die zugunsten dieser Personen eingegangenen Haftungsverhältnisse;

10. alle Mitglieder des Geschäftsführungsorgans und eines Aufsichtsrats, auch wenn sie im Geschäftsjahr oder später ausgeschieden sind, mit dem Familiennamen und mindestens einem ausgeschriebenen Vornamen, einschließlich des ausgeübten Berufs und bei börsennotierten Gesellschaften auch der Mitgliedschaft in Aufsichtsräten und anderen Kontrollgremien i.S.d. § 125 Abs. 1 Satz 5 des Aktiengesetzes. ²Der Vorsitzende eines Aufsichtsrats, seine Stellvertreter und ein etwaiger Vorsitzender des Geschäftsführungsorgans sind als solche zu bezeichnen;

11. Name und Sitz anderer Unternehmen, von denen die Kapitalgesellschaft oder eine für Rechnung der Kapitalgesellschaft handelnde Person mindestens den fünften Teil der Anteile besitzt; außerdem sind die Höhe des Anteils am Kapital, das Eigenkapital und das Ergebnis des letzten Geschäftsjahrs dieser Unternehmen anzugeben, für das ein Jahresabschluß

vorliegt; auf die Berechnung der Anteile ist § 16 Abs. 2 und 4 des Aktiengesetzes entsprechend anzuwenden; ferner sind von börsennotierten Kapitalgesellschaften zusätzlich alle Beteiligungen an großen Kapitalgesellschaften anzugeben, die fünf vom Hundert der Stimmrechte überschreiten;

11a. Name, Sitz und Rechtsform der Unternehmen, deren unbeschränkt haftender Gesellschafter die Kapitalgesellschaft ist;

12. Rückstellungen, die in der Bilanz unter dem Posten „sonstige Rückstellungen" nicht gesondert ausgewiesen werden, sind zu erläutern, wenn sie einen nicht unerheblichen Umfang haben;

13. die Gründe, welche die Annahme einer betrieblichen Nutzungsdauer eines entgeltlich erworbenen Geschäfts- oder Firmenwertes von mehr als fünf Jahren rechtfertigen;

14. Name und Sitz des Mutterunternehmens der Kapitalgesellschaft, das den Konzernabschluß für den größten Kreis von Unternehmen aufstellt, und ihres Mutterunternehmens, das den Konzernabschluß für den kleinsten Kreis von Unternehmen aufstellt, sowie im Falle der Offenlegung der von diesen Mutterunternehmen aufgestellten Konzernabschlüsse der Ort, wo diese erhältlich sind;

15. soweit es sich um den Anhang des Jahresabschlusses einer Personenhandelsgesellschaft i. S. d. § 264a Abs. 1 handelt, Name und Sitz der Gesellschaften, die persönlich haftende Gesellschafter sind, sowie deren gezeichnetes Kapital,

16. dass die nach § 161 des Aktiengesetzes vorgeschriebene Erklärung abgegeben und wo sie öffentlich zugänglich gemacht worden ist;

17. das von dem Abschlussprüfer für das Geschäftsjahr berechnete Gesamthonorar, aufgeschlüsselt in das Honorar für
a) die Abschlussprüfungsleistungen,
b) andere Bestätigungsleistungen,
c) Steuerberatungsleistungen,
d) sonstige Leistungen,
soweit die Angaben nicht in einem das Unternehmen einbeziehenden Konzernabschluss enthalten sind;

18. für zu den Finanzanlagen (§ 266 Abs. 2 A. III.) gehörende Finanzinstrumente, die über ihrem beizulegenden Zeitwert ausgewiesen werden, da eine außerplanmäßige Abschreibung nach § 253 Abs. 3 Satz 4 unterblieben ist,
a) der Buchwert und der beizulegende Zeitwert der einzelnen Vermögensgegenstände oder angemessener Gruppierungen sowie
b) die Gründe für das Unterlassen der Abschreibung einschließlich der Anhaltspunkte, die darauf hindeuten, dass die Wertminderung voraussichtlich nicht von Dauer ist;

19. für jede Kategorie nicht zum beizulegenden Zeitwert bilanzierter derivativer Finanzinstrumente
a) deren Art und Umfang,
b) deren beizulegender Zeitwert, soweit er sich nach § 255 Abs. 4 verlässlich ermitteln lässt, unter Angabe der angewandten Bewertungsmethode,

c) deren Buchwert und der Bilanzposten, in welchem der Buchwert, soweit vorhanden, erfasst ist, sowie
d) die Gründe dafür, warum der beizulegende Zeitwert nicht bestimmt werden kann;
20. für gem. § 340e Abs. 3 Satz 1 mit dem beizulegenden Zeitwert bewertete Finanzinstrumente
   a) die grundlegenden Annahmen, die der Bestimmung des beizulegenden Zeitwertes mit Hilfe allgemein anerkannter Bewertungsmethoden zugrunde gelegt wurden, sowie
   b) Umfang und Art jeder Kategorie derivativer Finanzinstrumente einschließlich der wesentlichen Bedingungen, welche die Höhe, den Zeitpunkt und die Sicherheit künftiger Zahlungsströme beeinflussen können;
21. zumindest die nicht zu marktüblichen Bedingungen zustande gekommenen Geschäfte, soweit sie wesentlich sind, mit nahe stehenden Unternehmen und Personen, einschließlich Angaben zur Art der Beziehung, zum Wert der Geschäfte sowie weiterer Angaben, die für die Beurteilung der Finanzlage notwendig sind; ausgenommen sind Geschäfte mit und zwischen mittel- oder unmittelbar in 100-prozentigem Anteilsbesitz stehenden in einen Konzernabschluss einbezogenen Unternehmen; Angaben über Geschäfte können nach Geschäftsarten zusammengefasst werden, sofern die getrennte Angabe für die Beurteilung der Auswirkungen auf die Finanzlage nicht notwendig ist;
22. im Fall der Aktivierung nach § 248 Abs. 2 der Gesamtbetrag der Forschungs- und Entwicklungskosten des Geschäftsjahrs sowie der davon auf die selbst geschaffenen immateriellen Vermögensgegenstände des Anlagevermögens entfallende Betrag;
23. bei Anwendung des § 254,
   a) mit welchem Betrag jeweils Vermögensgegenstände, Schulden, schwebende Geschäfte und mit hoher Wahrscheinlichkeit erwartete Transaktionen zur Absicherung welcher Risiken in welche Arten von Bewertungseinheiten einbezogen sind sowie die Höhe der mit Bewertungseinheiten abgesicherten Risiken,
   b) für die jeweils abgesicherten Risiken, warum, in welchem Umfang und für welchen Zeitraum sich die gegenläufigen Wertänderungen oder Zahlungsströme künftig voraussichtlich ausgleichen einschließlich der Methode der Ermittlung,
   c) eine Erläuterung der mit hoher Wahrscheinlichkeit erwarteten Transaktionen, die in Bewertungseinheiten einbezogen wurden,
   soweit die Angaben nicht im Lagebericht gemacht werden;
24. zu den Rückstellungen für Pensionen und ähnliche Verpflichtungen das angewandte versicherungsmathematische Berechnungsverfahren sowie die grundlegenden Annahmen der Berechnung, wie Zinssatz, erwartete Lohn- und Gehaltssteigerungen und zugrunde gelegte Sterbetafeln;
25. im Fall der Verrechnung von Vermögensgegenständen und Schulden nach § 246 Abs. 2 Satz 2 die Anschaffungskosten und der beizulegende Zeitwert der verrechneten Vermögensgegenstände, der Erfüllungsbetrag

der verrechneten Schulden sowie die verrechneten Aufwendungen und Erträge; Nummer 20 Buchstabe a ist entsprechend anzuwenden;
26. zu Anteilen an Sondervermögen im Sinn des § 1 Abs. 10 des Kapitalanlagegesetzbuchs oder Anlageaktien an Investmentaktiengesellschaften mit veränderlichem Kapital im Sinn der §§ 108 bis 123 des Kapitalanlagegesetzbuchs oder vergleichbaren EU-Investmentvermögen oder vergleichbaren ausländischen Investmentvermögen von mehr als dem zehnten Teil, aufgegliedert nach Anlagezielen, deren Wert im Sinn der §§ 168, 278 des Kapitalanlagegesetzbuchs oder des § 36 des Investmentgesetzes in der bis zum 21. Juli 2013 geltenden Fassung oder vergleichbarer ausländischer Vorschriften über die Ermittlung des Marktwertes, die Differenz zum Buchwert und die für das Geschäftsjahr erfolgte Ausschüttung sowie Beschränkungen in der Möglichkeit der täglichen Rückgabe; darüber hinaus die Gründe dafür, dass eine Abschreibung gem. § 253 Abs. 3 Satz 4 unterblieben ist, einschließlich der Anhaltspunkte, die darauf hindeuten, dass die Wertminderung voraussichtlich nicht von Dauer ist; Nummer 18 ist insoweit nicht anzuwenden;
27. für nach § 251 unter der Bilanz oder nach § 268 Abs. 7 Halbsatz 1 im Anhang ausgewiesene Verbindlichkeiten und Haftungsverhältnisse die Gründe der Einschätzung des Risikos der Inanspruchnahme;
28. der Gesamtbetrag der Beträge im Sinn des § 268 Abs. 8, aufgegliedert in Beträge aus der Aktivierung selbst geschaffener immaterieller Vermögensgegenstände des Anlagevermögens, Beträge aus der Aktivierung latenter Steuern und aus der Aktivierung von Vermögensgegenständen zum beizulegenden Zeitwert;
29. auf welchen Differenzen oder steuerlichen Verlustvorträgen die latenten Steuern beruhen und mit welchen Steuersätzen die Bewertung erfolgt ist.

PROF. DR. STEFAN MÜLLER

Inhaltsübersicht | Rz
---|---
1 Überblick | 1–6
2 Pflichtangaben im Einzelnen | 7–174
  2.1 In der Bilanz ausgewiesene Verbindlichkeiten (Nr. 1) | 7–11
  2.2 Aufgliederung der nach Nr. 1 verlangten Angaben (Nr. 2) | 12–14
  2.3 Angaben über in der Bilanz nicht enthaltene Geschäfte (Nr. 3) | 15–19
  2.4 Gesamtbetrag sonstiger Verpflichtungen (Nr. 3a) | 20–27
  2.5 Aufgliederung der Umsatzerlöse (Nr. 4) | 28–34
  2.6 Belastung durch Steuern (Nr. 6) | 35–39
  2.7 Beschäftigte Arbeitnehmer (Nr. 7) | 40–46
  2.8 Material- und Personalaufwand (Nr. 8) | 47–51
  2.9 Bezüge der Organvertreter (Nr. 9) | 52–80
    2.9.1 Grundsachverhalte | 52–56
    2.9.2 Angabepflicht für große und mittelgroße Kapitalgesellschaften (Nr. 9a Satz 1–3) | 57–62

|       |        |                                                                                              |          |
|-------|--------|----------------------------------------------------------------------------------------------|----------|
|       | 2.9.3  | Angaben zur aktienbasierten Vergütung (Nr. 9a Satz 4).......................................  | 63       |
|       | 2.9.4  | Erweiterte Angabepflicht für börsennotierte Unternehmen (Nr. 9a Satz 5–7).................... | 64–70    |
|       | 2.9.5  | Gesamtbezüge früherer Organmitglieder und deren Hinterbliebener (Nr. 9b)..................... | 71       |
|       | 2.9.6  | Gewährte Vorschüsse und Kredite sowie Haftungsverhältnisse (Nr. 9c).......................... | 72–80    |
| 2.10  |        | Personalien der Organvertreter (Nr. 10)..............                                         | 81–86    |
| 2.11  |        | Beteiligungen (Nr. 11)............................                                            | 87–95    |
| 2.12  |        | Angaben über Unternehmensbeteiligungen als haftender Gesellschafter (Nr. 11a)............     | 96–98    |
| 2.13  |        | In der Bilanz nicht gesondert ausgewiesene Rückstellungen (Nr. 12)........................   | 99–102   |
| 2.14  |        | Abschreibung des Geschäfts- oder Firmenwerts (Nr. 13)..                                       | 103–104  |
| 2.15  |        | Angaben über Mutterunternehmen mit Konzernabschluss (Nr. 14)..............................   | 105–114  |
| 2.16  |        | Persönlich haftende Gesellschafter (Nr. 15)..........                                         | 115–117  |
| 2.17  |        | Publizität der Entsprechenserklärung (Nr. 16).........                                        | 118–119  |
| 2.18  |        | Gesamthonorar des Abschlussprüfers (Nr. 17).........                                          | 120–125  |
| 2.19  |        | Unterlassene Abschreibung von Finanzinstrumenten (Nr. 18).................................   | 126–129  |
| 2.20  |        | Nicht zum beizulegenden Zeitwert bilanzierte derivative Finanzinstrumente (Nr. 19)...........| 130      |
| 2.21  |        | Bewertungsmethode, Umfang und Art mit dem Zeitwert bewerteter Finanzinstrumente (Nr. 20)..... | 131–134  |
| 2.22  |        | Geschäfte mit Nahestehenden (Nr. 21)..............                                            | 135–146  |
| 2.23  |        | Forschungs- und Entwicklungskosten (Nr. 22).........                                          | 147–148  |
| 2.24  |        | Absicherung von Risiken (Nr. 23).................                                             | 149–158  |
| 2.25  |        | Berechnung von Pensionsrückstellungen (Nr. 24).......                                         | 159      |
| 2.26  |        | Verrechnung von Vermögensgegenständen und Schulden (Nr. 25)...............................   | 160–161  |
| 2.27  |        | Sondervermögen (Nr. 26).........................                                              | 162–166  |
| 2.28  |        | Aufschlüsselung von Risiken (Nr. 27)...............                                           | 167–171  |
| 2.29  |        | Nicht ausschüttbare Beträge (Nr. 28)................                                          | 172      |
| 2.30  |        | Latente Steuern (Nr. 29)........................                                              | 173–174  |
| 3     |        | Änderungen durch das BilRUG......................                                             | 175–189  |
|       | 3.1    | Änderungen bestehender Angabepflichten............                                            | 175–183  |
|       | 3.2    | Erweiterte Angabepflichten.......................                                             | 184–189  |

**Ergänzendes Schrifttum**
*Bauer/Arnold*, Vorstandsverträge im Kreuzfeuer der Kritik, DB 2006, S. 260; *Baums*, Zur Offenlegung von Vorstandsvergütungen, ZHR 2005, S. 299; *Bischof*, Anhangangaben zu den Honoraren für Leistungen des Abschlussprüfers, WPg 2006, S. 705; *Breker/Kuhn*, Änderung von Jahres- und Konzernabschlüssen – Eine

Darstellung der Neuerungen aus der Überarbeitung von IDW RS HFA 6, WPg 2007, S. 7707; *Busack/Scharr*, Wesentliche Neuerungen bei der Abgrenzung des Kreises der nahe stehenden Unternehmen und Personen, IRZ 2011, S. 395; *Cahn/Zöller* (Hrsg.), Kölner Kommentar zum Aktiengesetz, Band 3, 1. Teil-Lfg., 3. Aufl., Köln 2006; *Heuser*, Bilanzrecht, in Centrale für GmbH Dr. Otto Schmidt (Hrsg.), GmbH-Handbuch, Teil II, 132. Lfg., Köln 2010; *Fleischer*, Aktienrechtliche Zweifelsfragen der Kreditgewährung an Vorstandsmitglieder, WM 2004, S. 1057; *Fleischer*, Organpublizität im Aktien-, Bilanz- und Kapitalmarktrecht, NZG 2005, S. 561 und S. 1611; *Fleischer*, Das Vorstandsvergütungs-Offenlegungsgesetz, DB 2005, S. 1611; *Führich*, Theorie und Praxis der Rückstellungsbildung für die Entsorgung von Kernbrennelementen nach deutschem Bilanzrecht, WPg 2006, S. 1271 und S. 1349; *Gahlen/Schäfer*, Bekanntmachung von fehlerhaften Rechnungslegungen im Rahmen des Enforcementverfahrens: Ritterschlag oder Pranger?, BB 2006, S. 1619; *Greven*, Die Bedeutung des VorstAG für die GmbH, BB 2009, S. 2154; *Hennke/Fett*, Vorstandsvergütungs-Offenlegungsgesetz: erste Praxiserfahrungen und Stellungnahme zu E-DRS 22, BB 2007, S. 1267; *Hoffmann-Becking*, Abfindungsleistungen an ausscheidende Vorstandsmitglieder, ZIP 2007, S. 2101; *Hoffmann/Lüdenbach*, Irrungen und Wirrungen in der Steuerlatenzrechnung nach dem BilMoG, NWB 2009, S. 1476; *Hohenstatt*, Das Gesetz zur Angemessenheit der Vorstandsvergütung, ZIP 2009, S. 1349; *Hülsmann*, Stärkung der Abschlussprüfung durch das Bilanzrechtsreformgesetz – Neue Bestimmungen zur Trennung von Beratung und Prüfung, DStR 2005, S. 166; *Kemsath/Wichmann*, Gebrauchte Lebensversicherungen im handelsrechtlichen Jahresabschluss, BB 2004, S. 2287; *Kiethe*, Höchstgrenzen für Vorstandsbezüge im Maßnahmenkatalog der Bundesregierung zur Aktienrechtsreform 2003 – verfassungswidrig und standortgefährdend, BB 2003, S. 1573; *Kirsch*, Latente Steuern im Jahres- und Konzernabschluss nach dem BilMoG, DStZ 2009, S. 510; *Kirsch*, Erweiterte Anhangangaben durch den BilRUG-RegE, BBK 2015, S. 321; *Kling*, Anhangangaben zu Honorierung des Abschlussprüfers nach dem BilMoG, WPg 2011, S. 209; *Küting/Seel*, Die Ungereimtheiten der Regelungen zu latenten Steuern im neuen Bilanzrecht, DB 2009, S. 922; *Lanfermann/Röhricht*, § 268 Abs. 8 HGB als neue Generalnorm für außerbilanzielle Ausschüttungssperren, *DStR 2009, S. 1216*; *Lentfer/Weber*, Das Corporate Governance Statement als neues Publizitätsinstrument, DB 2006, S. 2357; *Leuering/Simon*, Offene Fragen zur Offenlegung der Vorstandsvergütung, NZG 2005, S. 945; *Liese*, Sind Aufhebungsvereinbarungen von Vorstandsmitgliedern nach dem Vorstandsvergütungs-Offenlegungsgesetz individuell offenzulegen?, DB 2007, 209; *Lingemann*, Angemessenheit der Vorstandsvergütung – Das VorstAG ist in Kraft, BB 2009, S. 1918; *Loitz*, Latente Steuern nach dem Bilanzrechtsmodernisierungsgesetz (BilMoG) – ein Wahlrecht als Mogelpackung?, DB 2009, S. 913; *Müller*, Bereinigte Erfolgsspaltung bei HGB-Abschlüssen, BRg 2015, S. 20; *Niehus*, Berichterstattung über Geschäfte mit nahe stehenden natürlichen Personen nach dem BilMoG und dem Deutschen Corporate Governance Kodex, DB 2008, S. 2493; *Nießen*, Neue Regeln für die Vorstandsvergütung, NJW-Spezial 15/2009, S. 479; *Peemöller/Oehler*, Referentenentwurf eines Bilanzrechtsreformgesetzes. Neue Regelung zur Unabhängigkeit des Abschlussprüfers, BB 2004, S. 539; *Petersen/Zwirner/Busch*, Berichterstattungspflichten im Zusammenhang mit natürlichen Personen: nahestehende Personen und Abhängigkeitsbericht, BB

2009, S. 1854; *Pfitzer/Oser/Orth* (Hrsg.), Deutscher Corporate Governance Kodex, Ein Handbuch für Entscheidungsträger, 2. Aufl., Düsseldorf 2005; *Phillips,* Angaben zu nahe stehenden Unternehmen und Personen im Jahresabschluss, BBK 2011, S. 210.; *Phillips,* Konkretisierung der Anhangangaben zu außerbilanziellen Geschäften, DB 2011, S. 125; *Pradl/Uckermann,* Konkrete Auswirkungen des BilMoG auf betriebliche Pensionsverpflichtungen, GStB 2009, S. 178; *Ringleb/Kremer/Lutter/Werder, v.* (Hrsg.), Kommentar zum Deutschen Corporate Governance Kodex, 3. Aufl., München 2008; *Schüppen,* Vorstandsvergütung – (K)ein Thema für die Hauptversammlung?, ZIP 2010, S. 905; *Spindler,* Das Gesetz über die Offenlegung von Vorstandsvergütungen – VorstOG, NZG 2005, S. 689; *Strieder,* Anmerkungen zur individualisierten Angabe von Vorstandsbezügen im Anhang des Jahresabschlusses, DB 2005, S. 957; *Thüsing,* Das Gesetz über die Offenlegung von Vorstandsvergütungen, ZIP 2005, S. 1389; *Thüsing,* Das Gesetz zu Angemessenheit der Vorstandsvergütung, AG 2009, S. 519.

## 1 Überblick

Aus den §§ 284, 285 HGB folgen Anforderungen, die an den **Anhang des JA** einer KapG gestellt werden (§ 284 Rz 1). Der Anhang bildet mit der Bilanz und der GuV eine Einheit (§ 264 Abs. 1 Satz 1 HGB). Die Pflichtangaben erläutern die Angaben in der Bilanz und GuV und ergänzen diese um Informationen in Form von Zahlen oder durch verbale Angaben.[1] Die im Anhang abzugebenden umfangreichen Pflichtangaben sind in jedem JA vollständig vorzulegen. Die Angabe von Vj.-Werten ist nach § 265 Abs. 2 HGB nur notwendig, soweit diese über ein Ausweiswahlrecht konkret die Bilanz und GuV betreffen. Allerdings ist es üblich und sinnvoll, Vj.-Werte anzugeben. Verweise auf entsprechende Angaben in einem früheren JA sind unzulässig.[2]

Grundsätzlich sind die Pflichtangaben an alle KapG adressiert (§ 264 Abs. 1 Satz 1 HGB). Soweit einige wenige Angaben unter der Bilanz erfolgen, dürfen KleinstKapG auf die Aufstellung eines Anhangs verzichten (§ 264 Rz 46 ff.). Es gibt zudem **Erleichterungen** für kleine (§ 267 Abs. 1 HGB) und für mittelgroße KapG (§ 267 Abs. 2 HGB) aus §§ 274a, 288 Abs. 1 HGB bzw. § 288 Abs. 2 HGB, auf die im Folgenden jeweils hingewiesen wird.

Zur Abgabe der Pflichtangaben im Anhang des JA sind andererseits nach § 264a Abs. 1 HGB auch solche OHG und KG verpflichtet, bei denen nicht wenigstens ein phG
- eine natürliche Person oder
- eine OHG, KG oder andere PersG mit einer natürlichen Person als phG ist oder
- sich die Verbindung von Gesellschaften in dieser Art fortsetzt.

**Kreditinstitute** und **VersicherungsUnt** haben im Zusammenhang mit der Anwendung von § 285 HGB Sondervorschriften zu beachten (§ 340a Abs. 1 und Abs. 2 Satz 2 HGB, § 341a Abs. 1 und Abs. 2 Satz 2 HGB).

---

1  Vgl. zum Zweck des Anhangs *Kirsch,* in *Federmann/Kußmaul/Müller,* HdB-Beitrag Anhang nach HGB, Rz 4 ff. Stand 09/2014.
2  Vgl. *Wiedmann,* in *Ebenroth/Boujong/Joost/Strohm,* HGB, § 285, Rz 1; *Poelzig,* in MünchKomm. HGB, 3. Aufl., § 285 Rn 1; *Grottel,* in Beck Bil-Komm. 9. Aufl., § 285 HGB, Rz 1.

5 Aufgrund von § 5 PublG sind schließlich alle Unt, die die **Voraussetzungen des § 1 PublG** erfüllen, zur Vorlage eines JA verpflichtet. Die gesetzlichen Vertreter eines Unt, das nicht in der Rechtsform einer PersG oder des EKfm geführt wird, haben nach § 5 Abs. 2 PublG den JA ebenfalls um einen Anhang zu erweitern, der mit der Bilanz und der GuV eine Einheit bildet, sowie einen LB aufzustellen. Für den Anhang gelten bei diesen publizitätspflichtigen Unt, soweit sie nicht schon als KapG aufgrund von § 264 HGB zur Aufstellung des JA mit Anhang uneingeschränkt verpflichtet sind, § 285 Nrn. 1–4, 7–13 und 17–29 HGB und § 286 HGB sinngemäß.

6 Mit dem das Investmentgesetz zum 21.7.2013 ersetzenden KAGB[3] wurde in Nr. 26 eine Konkretisierung des berichtsnötigen **Sondervermögens (Investmentvermögens)** vorgenommen, die für Gj, die nach dem 21.7.2013 beginnen, anzuwenden ist.
Mit dem BilRUG sind erhebliche Veränderungen des § 285 HGB beschlossen worden, die ab dem Gj 2016 gelten (Rz 175 ff.).

## 2 Pflichtangaben im Einzelnen

### 2.1 In der Bilanz ausgewiesene Verbindlichkeiten (Nr. 1)

7 Zu den in der Bilanz anzugebenden Verbindlichkeiten (§ 266 Rz 142 ff. und § 268 Rz 61 ff.) ist nach Nr. 1 a) der Gesamtbetrag derjenigen sich nach § 266 Abs. 3 C. HGB bestimmenden Verbindlichkeiten summarisch auszuweisen, die eine **Restlaufzeit** von mehr als fünf Jahren haben, sowie nach Nr. 1b) unter Angabe von Art und Form der Sicherheiten der Gesamtbetrag derjenigen Verbindlichkeiten, die durch Pfandrechte oder ähnliche Rechte gesichert sind. Bei der nach §§ 186 ff. BGB vorzunehmenden Berechnung der Frist nach Nr. 1a) sind der Abschlussstichtag einerseits und der Fälligkeitstermin der Verbindlichkeit (als objektives sich aus Vertrag oder Gesetz ergebendes Datum und nicht etwa ein sich nach der Zahlungsbereitschaft oder -fähigkeit bemessender subjektiver Termin)[4] maßgebend. Besteht aber die Absicht, eine vorzeitige Tilgung vorzunehmen, und ist diese auch zulässig, so soll dieses vorzeitige Tilgungsdatum ebenso berücksichtigt werden dürfen[5] wie ein vorzeitiges Kündigungsrecht des Schuldners, wenn dieser vom Kündigungsrecht auch tatsächlich Gebrauch machen will. Es entspricht dem Vorsichtsprinzip aus § 252 Abs. 1 Nr. 4 HGB, dass der frühestmögliche Rückzahlungstermin zugrunde gelegt wird, was auch bei einer Kündigungsmöglichkeit des Gläubigers zu beachten ist, wenn dadurch der Fälligkeitstermin vorverlegt werden kann. Erfolgt die Tilgung in Raten, sind nur diejenigen zur Verbindlichkeit gehörenden Ratenzahlungen zu berücksichtigen, die noch eine Restlaufzeit von mehr als fünf Jahren haben.

8 Andere Verbindlichkeiten, die von § 266 Abs. 3 C. HGB nicht, insb. auch nicht von dessen Nr. 8, erfasst werden, brauchen nicht berücksichtigt zu werden. Zu denken wäre hier etwa an RST für ungewisse Verbindlichkeiten oder RAP.[6]

---

[3] KAGB eingeführt mit AIFM-UmsG v. 4.7.2013, BGBl 2013 I S. 1981.
[4] Vgl. *Wiedmann*, in *Ebenroth/Boujong/Joost/Strohm*, HGB, § 285, Rz 3; *Poelzig*, in MünchKomm. HGB, 3. Aufl., § 285 Rn 13.
[5] So *Poelzig*, in MünchKomm. HGB, 3. Aufl., § 285 Rn 13, mwN.
[6] Vgl. *Poelzig*, in MünchKomm. HGB, 3. Aufl., § 285 Rn 12.

Auch Haftungsverhältnisse gem. § 251 HGB brauchen hier nicht dargestellt zu werden.[7]

§ 285 Nr. 1 Buchst. b HGB verlangt die Angabe von Art und Form der **eigenen** Sicherheiten für **eigene**, nicht für fremde Verbindlichkeiten.[8] Offenzulegen sind die Art der Sicherung durch Angaben wie „Eigentumsvorbehalt", „Pfandrecht" oder „Hypothek" und die Form mit Angaben darüber, wie das **Sicherungsrecht** ausgestaltet wurde. Gibt es keine **Sicherheiten**, bedarf es keiner Angabe, auch nicht etwa als „Fehlanzeige" oder „keine Sicherheiten".

**Kreditinstitute** sind nicht zur Angabe nach Nr. 1 verpflichtet, sondern wenden die durch Rechtsverordnung erlassenen Formblätter und anderen Vorschriften an (§ 340a Abs. 2 Satz 2 HGB). Für **KleinstKapG** entfällt diese Angabe aufgrund der Anhangsaufstellungsbefreiung ersatzlos.

## 2.2 Aufgliederung der nach Nr. 1 verlangten Angaben (Nr. 2)

Die nach Nr. 2 vorzulegenden Angaben müssen im Anhang nach dem vorgegebenen **Gliederungsschema** für jeden einzelnen Posten der Verbindlichkeiten i. S. v. § 266 Abs. 3 C. HGB wie folgt aufgegliedert werden:
C. Verbindlichkeiten:
1. Anleihen,
   davon konvertibel;
2. Verbindlichkeiten gegenüber Kreditinstituten;
3. erhaltene Anzahlungen auf Bestellungen;
4. Verbindlichkeiten aus L&L;
5. Verbindlichkeiten aus der Annahme gezogener Wechsel und der Ausstellung eigener Wechsel;
6. Verbindlichkeiten gegenüber verbundenen Unternehmen;
7. Verbindlichkeiten gegenüber Unternehmen, mit denen ein Beteiligungsverhältnis besteht;
8. sonstige Verbindlichkeiten,
   davon aus Steuern,
   davon im Rahmen der sozialen Sicherheit.[9]

Zu jedem Posten sind etwaige **Sicherheiten** nach Art und Form gesondert auszuweisen. Im Anhang sind demnach die **Gesamtbeträge** der Verbindlichkeiten mit einer Restlaufzeit von mehr als 5 Jahren und, wenn sie gesichert sind, Art und Form der Sicherheiten anzugeben (Nr. 1) sowie die nach den sich aus § 266 Abs. 3 C. HGB ergebenden Posten aufgegliederten **Einzelangaben**. Die sich ergänzenden und sachlich zusammengehörenden Angaben müssen alle im Anhang aufgenommen werden.[10]

Bei umfangreicheren Angaben wird die Darstellung im Interesse der Übersichtlichkeit in Form eines **Verbindlichkeitsspiegels** empfohlen.[11] Darin sollten nicht nur

---

[7] *Vgl. Poelzig*, in MünchKomm. HGB, 3. Aufl., § 285 Rn 12.
[8] Ausführlich dazu *Poelzig*, in MünchKomm. HGB, 3. Aufl., § 285 Rn 12.
[9] Vgl. etwa die Gliederung der Deutschen Post AG in der Erläuterung der Bilanz: http://investors.dp-dhl.de/reports/2008/gb/de/konzernanhang/47-andere-verbindlichkeiten.html.
[10] S. dazu die BilMoG-BegrRegE, S. 68.
[11] So die BilMoG-BegrRegE, S. 69; s. das Muster bei *Wiedmann*, in *Ebenroth/Boujong/Joost/Strohm*, HGB, § 285, Rz 4; *Poelzig*, in MünchKomm. HGB, 3. Aufl., § 285, Rn 26.

die Restlaufzeiten von über 5 Jahren, sondern **alle** Restlaufzeiten angegeben werden, weil § 268 Abs. 5 Satz 1 HGB dazu verpflichtet, in der Bilanz die Restlaufzeiten bis zu einem Jahr anzugeben. Es liegt auf der Hand, dass es klar und übersichtlich ist, wenn alle Verbindlichkeiten, aufgeteilt nach den Restlaufzeiten von bis zu einem Jahr, von einem Jahr bis zu fünf Jahren und über fünf Jahren, tabellarisch im Verbindlichkeitsspiegel aufgeführt werden. Zwar verlangt § 268 Abs. 5 Satz 1 HGB ausdrücklich, dass die Angabe der Restlaufzeit von Verbindlichkeiten bis zu einem Jahr in die Bilanz und nicht in den Anhang gehört; dennoch wird im Interesse der größeren Übersichtlichkeit dieser Verstoß in Kauf genommen.[12] Zu Umsetzungsbeispielen vgl. Haufe HGB Bilanz Kommentar BilMoG Erfahrungsbericht Rz 389.

14   **Kleine KapG** brauchen die Angaben nach Nr. 2 gem. § 288 Abs. 1 HGB nicht zu machen, **mittlere KapG** brauchen die Angaben nach 327 Nr. 2 HGB nicht offenzulegen. Kreditinstitute sind nicht zur Angabe nach Nr. 2 verpflichtet, sondern wenden die durch Rechtsverordnung erlassenen Formblätter und anderen Vorschriften an (§ 340a Abs. 2 Satz 2 HGB).

### 2.3 Angaben über in der Bilanz nicht enthaltene Geschäfte (Nr. 3)

15   Die Pflicht zur Angabe im Anhang von Art und Zweck sowie von Risiken und Vorteilen der nicht in der Bilanz enthaltenen Geschäfte (Off-balance-Transaktion) ist für große und – mit Einschränkung auf Art und Zweck – auch für mittelgroße KapG obligatorisch, soweit dies für die Ges. wesentlich und für die Beurteilung der Finanzlage notwendig ist. Als **außerbilanzielle Geschäfte** sind alle Transaktionen rechtlicher oder wirtschaftlicher Art sowie Vereinbarungen zu verstehen, durch die der Bilanzierende Vorteile oder Risiken übernimmt, ohne dass diese als VG oder Schulden in der Bilanz erscheinen. Nach der Gesetzesbegründung[13] handelt es sich bei nicht in der Bilanz enthaltenen Geschäften um Transaktionen, die von vornherein dauerhaft keinen Eingang in die HB finden oder einen dauerhaften Abgang von VG oder Schulden aus der HB nach sich ziehen.[14] Beispielhaft nennt die Gesetzesbegründung Geschäfte, die mit der Errichtung oder Nutzung von ZweckGes, mit Offshore-Geschäften oder sonstigen Geschäften verbunden sind, mit denen gleichzeitig auch andere wirtschaftliche, rechtliche, steuerliche oder bilanzielle Ziele verfolgt werden. Die Gesetzesbegründung geht davon aus, dass nicht in der Bilanz enthaltene Geschäfte i.d.R. rechtsgeschäftliche Vereinbarungen sind. Der Erwägungsgrund Nr. 9 der AbänderungsRL nennt hier nicht abschließend das Factoring, Pensionsgeschäfte, Konsignationslagervereinbarungen, Verträge mit unbedingter Zahlungsverpflichtung („take or pay"-Verträge), Forderungsverbriefungen über gesonderte Gesellschaften oder nicht rechtsfähige Einrichtungen, die Verpfändung von Aktiva, Leasingverträge und die Auslagerung von Tätigkeiten. Inwiefern die Voraussetzung „nicht in der Bilanz enthalten" erfüllt ist, ist dabei zu jedem Abschlussstichtag zu prüfen.[15]

---

[12] Siehe § 268 Rz 61 ff.; vgl. auch *Poelzig*, in MünchKomm. HGB, 3. Aufl., § 285 Rn 26.
[13] Vgl. BilMoG-BegrRegE, S. 69.
[14] BilMoG-BegrRegE, S. 69.
[15] Vgl. IDW RS HFA 32, Tz 6.

In jedem Einzelfall ist zu prüfen, ob die Angabe über das Geschäft **notwendig** (anders Nr. 3a: von Bedeutung) ist. Ergibt eine Bewertung der Vorteile und Risiken der Transaktion, dass sie sich „in erheblicher Höhe"[16] auf die Finanzlage auswirken kann, hat die Angabe zu erfolgen. Unter der **Finanzlage eines Unt** versteht das Gesetz nach der Begründung zu Nr. 3 dessen Liquidität und seine Fähigkeit, vorhandenen Verpflichtungen in einem überschaubaren Zeitraum nachkommen zu können (§ 264 Rz 69ff.). Ergibt also die Bewertung von Vorteilen und Risiken, dass sich die Liquidität des Unt durch die Transaktion erheblich besser oder schlechter darstellen wird und es künftig erheblich besser oder schlechter in der Lage sein wird, seinen Verpflichtungen nachzukommen, sind Informationen darüber im Anhang zu geben. Dabei ist die Einschätzung von „erheblich" auf die Gesamtheit der außerbilanziellen Geschäfte zu beziehen, sodass auch mehrere Geschäfte mit unerheblicher Beeinflussung der Finanzlage in der Summe angabepflichtig werden können.[17] Ergeben sich diese Informationen über die Lage zum Bilanzstichtag bereits aus der Bilanz, ist über diese Risiken im Anhang nicht zu berichten. Nach dem Abschlussstichtag erkenntliche, wertaufhellende Ereignisse sind zu berücksichtigen. Werden außerbilanzielle Geschäfte dagegen nach dem Abschlussstichtag vereinbart oder modifiziert, hat keine Angabe im abgelaufenen Gj zu erfolgen. Diese sind ggf. im Nachtragsbericht zu erläutern.[18]

16

Es sind nicht nur die Vorteile und Risiken für die Finanzlage des Unt, sondern auch **Art des Geschäfts** (z. B. Pensionsgeschäft, Leasinggeschäft oder Forderungsverbriefung) und **Zweck** des Geschäfts (bei einem Leasinggeschäft etwa die Beschaffung liquider Mittel für ein Investitionsvorhaben) anzugeben. In der Praxis zeigt sich, dass diesen umfangreichen Angabepflichten nur sehr eingeschränkt nachgekommen wird. Dies könnte daran liegen, dass die Zwecke etwa bei Leasingverträgen vergleichsweise klar sind, sodass es in den meisten Fällen bei einer Nennung der Art belassen wird (s. Haufe HGB Bilanz Kommentar BilMoG Erfahrungsbericht Rz 398). Dass es durchaus anders geht, verdeutlicht folgendes Beispiel:[19]

17

> **Beispiel**
> **Nicht in der Bilanz enthaltene Geschäfte**[20]:
> **Factoring**
> Zum Bilanzstichtag hat die Ges. Forderungen im Rahmen eines sog. „echten" Factorings von 50.674 TEUR (Vj.: 41.773 TEUR) verkauft. Das Factoring dient der kurzfristigen Verbesserung der Kapitalstruktur und Liquidität des Unt. Sämtliche Forderungsausfallrisiken gehen auf die Käufer über.
> **Operating Lease**
> Der Nutzung von Kfz, Gabelstaplern, IT-Hardware sowie Kopierern liegen teilweise Operating-Leasingverträge zugrunde. Der Abschluss von Leasingverträgen dient der Verringerung der Kapitalbindung und verlagert das Risiko

---

16 Vgl. IDW RS HFA 32, Tz 10, in Tz 27 wird weiter konkretisiert auf „für die Beurteilung der Finanzlage „notwendig", d. h. unbedingt erforderlich …".
17 Vgl. IDW RS HFA 32, Tz 12.
18 Vgl. IDW RS HFA 32, Tz 11.
19 Zu weiteren Beispielen vgl. IDW RS HFA 32, Tz 16 ff. sowie *Phillips*, DB 2011, S. 127 f.
20 Entn. aus Automotive Lighting Reutlingen GmbH, JA 2011 gem. BAnz, S. 16.

> der Verwertung auf den Leasinggeber. Die Leasingverträge haben Laufzeiten bis maximal 2015. Die Gesamtverpflichtung aus den Leasingverträgen beträgt 1.641 TEUR.

18  Dem Normzweck entsprechend werden von dem Begriff Risiko nicht nur jene Risiken umfasst, die zum Abschlussstichtag ungewisse künftige negative Auswirkungen mit sich bringen, sondern auch feststehende finanzielle, nicht bilanzierte Nachteile. Als Gradmesser für das Vorliegen von Risiken oder Vorteilen kann dabei der Einfluss der Geschäfte auf die Liquidität oder die Fähigkeit des Unt zur Erfüllung von Verpflichtungen in einem absehbaren Zeitraum verstanden werden.[21]
Die Angaben sind auch dann zu machen, wenn sie etwa bei einem **Dauerschuldverhältnis** bereits in einem früheren JA enthalten waren.

19  **Kleine KapG** i. S. v. § 267 Abs. 1 HGB und kleine OHG und KG, die nach § 264a HGB ansonsten Normadressat sind, werden von der Anzeigepflicht durch § 288 Abs. 1 HGB ausgenommen. **Mittelgroße KapG** brauchen bei der Angabe nach § 285 Nr. 3 HGB gem. § 288 Abs. 2 HGB die Risiken und Vorteile nicht darzustellen.
Mit dem BilRUG wird die Angabepflicht ausgeweitet auf die finanziellen Auswirkungen dieser Geschäfte (Rz 175)

## 2.4 Gesamtbetrag sonstiger Verpflichtungen (Nr. 3a)

20  Die Art. 43 Abs. 1 Nr. 7 der 4. EG-RL umsetzende Angabepflicht nach Nr. 3a zielt darauf, die für die Finanzlage wesentlichen finanziellen Verpflichtungen aufzudecken, die sich nicht schon aus der Bilanz ergeben.[22] Hiernach sind die im JA nicht enthaltenen Angaben über „**sonstige finanzielle Verpflichtungen**" im Anhang aufzuführen. Bei diesen Verpflichtungen geht es um solche, die nicht schon als Verbindlichkeit oder als Rückstellung in der Bilanz passiviert wurden und auch nicht gem. § 251 HGB als Haftungsverhältnisse unter der Bilanz vermerkt (§ 251 Rz 1ff.) bzw. unter § 285 Nr. 19 HGB im Zusammenhang mit nicht zum beizulegenden Zeitwert bilanzierten derivativen Finanzinstrumenten zu nennen sind. Insofern stellt sich diese Angabepflicht als eine Auffangvorschrift dar.[23] Um angesichts der Überschneidung des sachlichen Anwendungsbereichs mit § 285 Nr. 3 HGB mögliche **Doppelerfassungen** auszuschließen, sollen hier nur Angaben aufgenommen werden, die nicht schon dort enthalten sind. Zur Vermeidung einer Doppelerfassung ist stets eine Einzelfallprüfung geboten.[24]

21  Eine **Legaldefinition** der „finanziellen Verpflichtung", die nicht mit dem Rechtsbegriff der „Verbindlichkeit" identisch ist, existiert nicht. Darunter sind solche zum Bilanzstichtag bestehenden Verpflichtungen zu verstehen, die erst in der

---

[21] Vgl. IDW RS HFA 32, Tz 18.
[22] Kritisch *Poelzig*, in MünchKomm. HGB, 3. Aufl., § 285 Rn 51, der zwar Informationsnachteile ausgeglichen sieht, weil Verpflichtungen aufzudecken sind, die im JA nicht enthalten sein dürfen, aber dennoch kein vollständiges, den tatsächlichen Verhältnissen entsprechendes Bild von der Finanzlage vermitteln würden.
[23] Vgl. auch *Poelzig*, in MünchKomm. HGB, 3. Aufl., § 285 Rn 56.
[24] Vgl. IDW RS HFA 32, Tz 27.

Zukunft zu Ausgabepflichten führen werden, ohne dass es sich dabei zwingend um vertragliche oder gesetzliche Pflichten handelt. In der Gesetzesbegründung zum BilMoG werden **finanzielle Verpflichtungen** als solche Verpflichtungen bezeichnet,
- die aus schwebenden Rechtsgeschäften oder gesellschaftsrechtlichen Verpflichtungen folgen,
- die zu einer wesentlichen Belastung der Finanzlage eines Unt führen können, sowie
- Verpflichtungen aus öffentlich-rechtlichen Rechtsverhältnissen, die sich noch nicht in einer Weise verdichtet haben, die einen Bilanzausweis rechtfertigt.[25]

Des Weiteren werden als **Beispiele** für sonstige finanzielle Verpflichtungen (soweit nicht bereits unter § 285 Nr. 3 HGB oder nach § 251 HGB benannt)
- zwangsläufige Folgeinvestitionen bereits begonnener Investitionsvorhaben,
- mehrjährige Verpflichtungen aus Miet- und Pachtverträgen oder anderen Dauerschuldverhältnissen,
- notwendig werdende Umweltschutzmaßnahmen,
- ungewöhnlich hohes Bestellobligo oder andere schwebende Geschäfte und
- künftige für das Unt unabwendbare Großreparaturen, bei denen noch keine vertraglichen Vereinbarungen vorliegen.

genannt.

> **Beispiel**
> **Sonstige finanzielle Verpflichtungen**[26]
> Es bestehen jährliche Zahlungsverpflichtungen aus Mietverträgen i.H.v. 2.135 TEUR. Darin enthalten sind 193 TEUR für die Containermiete (Mietbeginn war der 23.5.2011).
> Des Weiteren bestehen Bestellobligen i.H.v. 373 TEUR.
> Die übrigen sonstigen finanziellen Verpflichtungen liegen im Rahmen des üblichen Geschäftsverkehrs.

Der Begriff der „finanziellen Verpflichtungen" i.S.v. Nr. 3a ist dabei enger gefasst als der Begriff „Risiko" i.S.v. Nr. 3. Ist eine „finanzielle Verpflichtung" im Regelfall mit einem Ressourcenabfluss verknüpft, umfasst der Begriff „Risiko" auch unwahrscheinliche Ressourcenabflüsse.[27] In der Literatur wird als Abgrenzungskriterium vorgeschlagen, dass unter Nr. 3 die Geschäfte zu nennen sind, bei denen durch Nebenabreden oder besonderen Vereinbarungen bewusste Gestaltungsüberlegungen des Managements in Bezug auf die Finanzlage umgesetzt wurden, während unter Nr. 3a dies eben nicht erfolgte.[28]

Für die sich aus den beispielhaft aufgezählten Dauerschuldverhältnissen ergebenden finanziellen Verpflichtungen wird sich eine Einstufung als für die **Beurteilung der Finanzlage** bedeutsam aber nur dann ergeben, wenn eine Verpflichtung den

22

---

[25] BilMoG-BegrRegE, S. 69; weitere Beispiele hierzu bei *Wiedmann*, in *Ebenroth/Boujong/Joost/Strohm*, HGB, § 285, Rz 5; *Merkt*, in *Baumbach/Hopt/Merkt*, HGB, § 285 Rn 3; *Poeljster*, in MünchKomm. HGB, 3. Aufl., § 285 Rn 53ff., insb. 65ff.
[26] Entn. aus Automotive Lighting Reutlingen GmbH, JA 2011 gem. BAnz, S. 16.
[27] Vgl. IDW RS HFA 32, Tz 27.
[28] Vgl. *Phillips*, DB 2011, S. 128.

finanziellen Spielraum der KapG tatsächlich einschränkt.[29] Zu beachten ist, dass die Angaben für die Beurteilung der Finanzlage „von Bedeutung" sein müssen. Demgegenüber sind die Angaben über Art und Zweck sowie Risiken und Vorteile von nicht in der Bilanz enthaltenen Geschäften nach Nr. 3 nur zu machen, wenn sie für die Beurteilung der Finanzlage „notwendig, d.h. erforderlich" sind. „Von Bedeutung" ist der gegenüber „notwendig" umfassendere Begriff.

23 Anzugeben ist der **Gesamtbetrag**; eine Auflistung der einzelnen Verpflichtungen wird nicht verlangt, ist aber zweckmäßig, um ein den tatsächlichen Verhältnissen entsprechendes Bild der Finanzlage zu vermitteln. Sinnvoll ist auch die Angabe, ob der Betrag sich nur als Belastung in dem auf das dem Bilanzstichtag folgenden Gj darstellt oder sich über einen längeren Zeitraum verteilt.[30]

24 Sonstige finanzielle Verpflichtungen sind **nicht deckungsgleich mit Eventualverbindlichkeiten** nach IFRS. Nach IAS 37.10 sind diese zum einen mögliche Verpflichtungen, die aus einem vergangenen Ereignis resultieren und deren Existenz durch das Eintreten oder Nichteintreten eines oder mehrerer unsicherer künftiger Ereignisse erst noch bestätigt wird, die nicht vollständig unter der Kontrolle des Unt liegen. Diese stellen keine sonstigen finanziellen Verpflichtungen nach HGB dar, da die Zahlungsverpflichtung am Stichtag bereits fest bestehen muss.[31] Zum anderen sind Eventualverbindlichkeiten gegenwärtige Verpflichtungen, die auf vergangenen Ereignissen beruhen, jedoch nicht erfasst werden, weil der Ressourcenabfluss nicht wahrscheinlich ist oder die Höhe der Verpflichtung nicht ausreichend verlässlich geschätzt werden kann. Dieser Teil kann Überschneidungen mit dem HGB aufweisen. Eventualverbindlichkeiten sind nach IAS 37.86 im Anhang anzugeben, sofern die Möglichkeit eines Abflusses bei der Erfüllung nicht unwahrscheinlich ist. Zu dieser klaren Definition und Vorgehensweise hat sich die EU und der Gesetzgeber nicht durchringen können. Somit sind Sachverhalte, die nicht als RST angesetzt werden können, da die Wahrscheinlichkeit der Inanspruchnahme zu gering ist, nach HGB eher im Risikobericht des LB zu benennen als unter den Positionen Nr. 3 und 3a (zu Beispielen s. Haufe HGB Bilanz Kommentar BilMoG Erfahrungsbericht Rz 390 ff.).

25 Finanzielle Verpflichtungen, die gegenüber **verbundenen Unt** bestehen, sind mit einem Gesamtbetrag gesondert auszuweisen. Es gibt keine Vorgabe, ob die beiden Gesamtbeträge als zu addierende Teilbeträge des Gesamtbetrags nebeneinanderstehen oder ob die sich auf verbundene Unt beziehende finanzielle Verpflichtung als „Davon-Angabe" auszuweisen ist.[32] Verbindlichkeiten gegenüber GmbH-Gesellschaftern sind ebenfalls gesondert nach § 42 Abs. 3 GmbHG auszuweisen.

26 **Sachleistungsverpflichtungen** sind nicht als finanzielle Verpflichtung i.S.d. Nr. 3 anzusehen. Ist der Gesamtbetrag vage oder ist er nur zu schätzen, so ist eine verbale **Erläuterung** aufzunehmen.[33] Ansonsten erfolgt die Bewertung wie bei Verbindlichkeiten und Rückstellungen.

---

29 Näher dazu *Poelzig*, in MünchKomm. HGB, 3. Aufl., § 285 Rn 58.
30 Vgl. *Poelzig*, in MünchKomm. HGB, 3. Aufl., § 285 Rn 60.
31 Vgl. *Hoffmann/Lüdenbach*, NWB Kommentar Bilanzierung, 6. Aufl. 2015, § 285, Rz 20 ff.
32 Vgl. *Hoffmann/Lüdenbach*, NWB Kommentar Bilanzierung, 6. Aufl. 2015, § 285, Rz 27.
33 Vgl. *Grottel*, in Beck Bil-Komm. 9. Aufl., § 285 HGB, Rz 55; *Poelzig*, in MünchKomm. HGB, 3. Aufl., § 285 Rn 61.

Kleine KapG i. S. v. § 267 Abs. 1 HGB und kleine PersG, die nach § 264a HGB ansonsten Normadressat sind, werden von der Anzeigepflicht durch § 288 Abs. 1 HGB ausgenommen. Für Versicherungsunt gilt Nr. 3 mit der Maßgabe, dass die Angaben für solche finanziellen Verpflichtungen nicht zu machen sind, die im Rahmen des Versicherungsgeschäfts entstehen (§ 341a Abs. 2 Satz 5 HGB). 27
Mit dem BilRUG kommt es zu einer Änderung der Vorschrift aufgrund der Folgen der Darstellungsänderungen bei Haftungsverhältnissen (Rz 175).

## 2.5 Aufgliederung der Umsatzerlöse (Nr. 4)

Die Vorschrift transformiert Art. 43 Abs. 1 Nr. 8 der 4. EG-RL in nationales Recht. Danach sind die Nettoumsatzerlöse nach sachlichen Tätigkeitsbereichen und nach geografisch bestimmten Märkten aufzugliedern, soweit sie sich voneinander erheblich unterscheiden. Mit dem BilRUG kommt es zu einer Änderung der Vorschrift aufgrund der Folgen der geänderten Umsatzdefinition (Rz 176). 28

Die vom steuerrechtlichen Begriff abweichende handelsrechtliche Definition der „Umsatzerlöse" findet sich in § 277 Abs. 1 HGB.[34] Sie bezeichnen die aus der gewöhnlichen Geschäftstätigkeit stammenden Umsätze.[35] 29

Es gibt keine normative Vorgabe, nach der die **Aufgliederung** anhand absoluter Umsatzzahlen oder anhand prozentualer Angaben in Bezug auf den Gesamtumsatz zu erfolgen hat. Die Summe der Einzelangaben muss den in der GuV angegebenen Umsatzerlösen entsprechen. Auch beschriftete Diagramme vermögen einen guten Eindruck von der Aufgliederung nach Tätigkeitsbereichen respektive geografisch bestimmten Märkten zu vermitteln. Allein die Angabe der aufgegliederten Umsatzerlöse wird nicht ausreichen; vielmehr ist verbal zu erläutern, nach welchen sachlichen Tätigkeitsbereichen und geografisch bestimmten Märkten aufgegliedert wird. 30

Die Tätigkeitsbereiche wie auch die nach geografischen Kategorien unterschiedenen Märkte müssen deutliche **Unterschiede** aufweisen, sonst fehlt es vor dem Hintergrund des Erkenntnisinteresses, signifikante Abweichungen und Unterschiede bei den Umsatzerlösen zwischen den Tätigkeitsbereichen und den geografisch bestimmten Märkten erkennen zu können, am Informationsgehalt, eine Aufgliederung vorzunehmen. Dies bedeutet auch, dass in Fällen, in denen keine sinnvolle Aufgliederung erfolgen kann, die Angabe unterbleiben kann.[36] 31

Erfolgt eine Aufgliederung, so ist es geboten, diese über mehrere JA hinweg dem **Stetigkeitsgrundsatz** folgend beizubehalten, solange nicht nachvollziehbare Gründe, die auch anzugeben sind, für eine Abweichung von der gewählten Gliederung vorliegen.

**Abgrenzungskriterien** für die sachlichen Tätigkeitsbereiche können sich bspw. aus der Art der Dienstleistung oder des Produkts ergeben. Bei großen Unt können sich erhebliche Unterschiede, die als Abgrenzungskriterium 32

---

[34] Näher dazu *Zimmermann*, DStR 1998, S. 1974; *Poelzig*, in MünchKomm. HGB, 3. Aufl., § 285 Rn 93.
[35] Zur Einbeziehung der Erlöse aus dem Verkauf „gebrauchter Lebensversicherungen" und dem Ausweis innerhalb eines Postens mit den Erlösen aus anderen Verkäufen *Kemsat/Wichmann*, BB 2004, S. 2287, 2293.
[36] Vgl. *Hoffmann/Lüdenbach*, NWB Kommentar Bilanzierung, 6. Aufl. 2015, § 285, Rz 30.

herangezogen werden, aus der Differenzierung in die bestehenden Unternehmensbereiche ergeben (Medizin-, Verkehrs-, Lager- und Rüstungstechnik im einen oder Chemie, Pharmazeutik und Kosmetik im anderen Unt),[37] aber auch aus deutlich unterscheidbaren Absatzkanälen (private oder öffentliche Auftraggeber) oder aus anderen Kriterien, die eine klare Unterscheidung erkennen lassen.

33 Das Merkmal „**geografisch bestimmte Märkte**" ist weit zu fassen.

> **Beispiel**
> **Abgrenzung geografischer Märkte**
> Zunächst können geografisch bestimmte Märkte Kontinente wie Europa, Asien oder Afrika sein, aber auch Wirtschaftsunionen wie EU, EMEA,[38] NAFTA,[39] MERCOSUR[40] oder CARICOM.[41] Auch innerhalb Deutschlands lassen sich „geografisch bestimmte Gebiete" definieren, z. B. die Bundesländer, Nord- und Süddeutschland, Großstädte und ländlicher Raum, rechts- und linksrheinisch oder die Gebietsvertretungen, die je nach Marktpräsenz sehr unterschiedlich groß und keineswegs streng nach geografischen Kriterien zugeschnitten wurden. So kann bspw. ein Dachprodukte herstellendes Unt ein räumlich sehr kleines Gebiet, in dem eine bestimmte Dachpfanne landschaftstypisch stark verbreitet ist, einem anderen wesentlich größeren Gebiet gegenüberstellen, in dem baustilbedingt traditionell nur eine geringe Nachfrage besteht.

Es muss erkennbar sein, dass sich hier die Märkte wesentlich voneinander unterscheiden und dementsprechend die Vertriebsorganisation darauf eingestellt ist.

34 Kleine und mittelgroße KapG und ihnen gleichgestellte PersG, sind zur Aufgliederung der Umsatzerlöse nicht verpflichtet (§ 288 Abs. 1 und 2 Satz 1 HGB). VersicherungsUnt müssen anstelle der Pflichtangaben nach Nr. 4 die durch Rechtsverordnung erlassenen Formblätter beachten und andere Vorschriften anwenden (§ 341a Abs. 2 Satz 2 HGB).

## 2.6 Belastung durch Steuern (Nr. 6)

35 Unter der Nr. 6 ist bis einschließlich der Gj 2015 der Umfang aufgegliedert anzugeben, mit dem die Steuern vom Einkommen und Ertrag das Ergebnis der gewöhnlichen Geschäftstätigkeit und das außerordentliche Ergebnis[42] belasten (zu den Änderung des BilRUG Rz 177). Art. 30 Abs. 1 der 4. EG-RL räumt den Mitgliedstaaten ein **Wahlrecht** ein, ob in der GuV nach dem Gliederungsschema der Art. 23 bis 26 der 4. EG-RL Steuern vom Einkommen und Ertrag ausgewiesen werden oder ob sie zusammengefasst dargestellt werden und dafür die Aufglie-

---

[37] Weitere Beispiele bei *Poelzig*, in MünchKomm. HGB, 3. Aufl., § 285 Rn 99 f.
[38] Europe, Middle East and Africa.
[39] North American Free Trade Area mit Kanada, USA und Mexiko.
[40] Mercado Común del Sur.
[41] Caribbean Community and Common Market.
[42] Hierunter sind gem. § 277 Abs. 4 Satz 1 HGB solche Geschäftstätigkeiten zu verstehen, die unternehmensfremd sind sowie nicht regelmäßig und außerhalb der gewöhnlichen Geschäftstätigkeit der Ges. anfallen.

derung erst im Anhang erfolgt, wofür sich der deutsche Gesetzgeber entschieden hat. Während in der GuV die Steuern einheitlich ausgewiesen werden, müssen die Ertragsteuern im Anhang getrennt nach Steuern vom Einkommen und vom Ertrag aufgegliedert werden. Auf diese Weise ist ein besserer Einblick in die Ertragslage der Ges. durch Feststellung des ordentlichen bzw. außerordentlichen Ergebnisses nach Steuern zu erlangen.[43]

Die Berechnung der Steuerteilbeträge erfordert regelmäßig die Durchführung einer Steuerrechnung. Alternativ ist darüber hinaus jedoch auch die Vornahme der Ertragssteuerspaltung durch Schätzung gestattet.[44]

Die Angabe ist notwendig, um gem. § 264 Abs. 2 HGB ein den tatsächlichen Verhältnissen entsprechendes Bild der VFE-Lage der KapG zu vermitteln. Wegen der in der GuV nur zusammengefassten Darstellung ist ein den tatsächlichen Verhältnissen entsprechendes Bild i. S. v. § 264 Abs. 2 Satz 1 HGB nur durch vertiefende Angaben im Anhang zu gewinnen. Dementsprechend ist auch darauf hinzuweisen, wenn im ausgewiesenen Steueraufwand Nachzahlungen und Rückerstattungen enthalten sind. Diesbzgl. genügt eine **verbale Angabe**.[45] 36

Die Darstellung erfolgt in den GuV-Posten „Ergebnis der gewöhnlichen Geschäftstätigkeit" (§ 275 Abs. 2 Nr. 14, Abs. 3 Nr. 13 HGB), „außerordentliches Ergebnis" (§ 275 Abs. 2 Nr. 17, Abs. 3 Nr. 16 HGB) sowie „Steuern vom Einkommen und Ertrag" (§ 275 Abs. 2 Nr. 18, Abs. 3 Nr. 17 HGB). Die Steuern schließen die KSt inkl. SolZ, die GewSt sowie die KapSt ein. Unerheblich ist, ob die Steuern gezahlt oder abgegrenzt wurden, sowie ob latente Steuern enthalten sind.[46] Soweit ein Vorstand sich auf sein **Auskunftsverweigerungsrecht** aus § 131 Abs. 3 Satz 1 Nr. 2 AktG berufen will, wird dieses hierdurch eingeschränkt.[47] 37

Die Angabepflicht besteht nur dann, wenn ein positives **außerordentliches Ergebnis** erzielt und ausgewiesen wurde und Steuern auf den Ertrag geleistet wurden. Wurde in der GuV kein außerordentliches Ergebnis ausgewiesen, entfällt auch die Pflicht zur Angabe nach Nr. 6. Weil außerordentliche Ergebnisse nur bei unternehmensfremden Geschäften erzielt werden, ist die Angabe nach Nr. 6 auf diese wenigen Fälle mit einem außerordentlichen Ergebnis beschränkt. Über einen **negativen Steueraufwand** ist nicht zu berichten, weil dieser das Unt nicht „belastet".[48] 38

Kleine KapG sowie kleine OHG und KG und diesen gleichgestellte Unt sind zur Angabe nach Nr. 6 ebenso wenig verpflichtet (§§ 288 Abs. 1, 264a HGB) wie publizitätspflichtige Unt (§ 5 Abs. 2 Satz 2 PublG). 39

---

43 Vgl. *Hüttemann*, in *Canaris/Schilling/Ulmer*, Großkomm. HGB, § 285 Rn 54; kritisch *Poelzig*, in MünchKomm. HGB, 3. Aufl., § 285 Rn 110, der wegen der im Anhang anders als in der GuV möglichen verbalen Angabe (s. BT-Drs. 10/317, S. 93) einen Publizitätsverlust beklagt. Der dürfte allerdings gering sein, weil zumindest Angaben in Prozentsätzen oder in Bruchteilen vorzunehmen sind, ähnlich *Hüttemann*, in *Canaris/Schilling/Ulmer*, Großkomm. HGB, § 285 Rn 58.
44 Vgl. *Grottel*, in Beck Bil-Komm. 9. Aufl., § 285 HGB, Rz 130.
45 Ausführlich dazu *Grottel*, in Beck Bil-Komm. 9. Aufl., § 285 HGB, Rz 134.
46 Zur Berechnung der Ertragsteuerspaltung im Detail *Grottel*, in Beck Bil-Komm. 9. Aufl., § 285 HGB, Rz 130 ff.; *Harms/Kütting*, BB 1983, S. 1257.
47 S. aber *Ensthaler/Marsch-Barner*, GK-HGB § 285, Rz 21.
48 Ausführlich *Hüttemann*, in *Canaris/Schilling/Ulmer*, Großkomm. HGB, § 285 Rn 56; *Grottel*, in Beck Bil-Komm. 9. Aufl., § 285 HGB, Rz 120.

## 2.7 Beschäftigte Arbeitnehmer (Nr. 7)

**40** Im Anhang ist in Umsetzung des Art. 43 Abs. 1 Nr. 9 der 4. EG-RL die durchschnittliche Zahl der während des Gj beschäftigten Arbeitnehmer aufgegliedert nach Gruppen anzugeben, um nähere Angaben über die **Personalstrukturen** zu erhalten. Ergänzend sind die **Personalaufwendungen** bei Nr. 8b) aufzuführen. Angaben über die Vorjahreszahlen sind im Anhang nicht notwendig, nach § 265 Abs. 2 HGB wohl aber in der GuV und in der Bilanz.

**41** Wer Arbeitnehmer ist, ergibt sich aus den üblichen arbeitsrechtlichen Kriterien, bei denen § 84 Abs. 1 HGB dadurch ein wesentlicher Auslegungsmaßstab ist. Demnach ist Arbeitnehmer, wer nicht als selbstständiger Gewerbetreibender ständig damit betraut ist, für einen anderen Unternehmer Geschäfte zu vermitteln oder in dessen Namen abzuschließen, und nicht im Wesentlichen frei seine Tätigkeit gestalten und seine Arbeitszeit bestimmen kann. Wesentlich für die Feststellung der **Arbeitnehmereigenschaft** sind Weisungsgebundenheit und Abhängigkeit.[49] Organmitglieder, zu Wehrübungen einberufene Reservisten und Personen in Elternzeit gehören auch dann, wenn sie einen Anspruch auf Weiterbeschäftigung haben, ebenso wenig zu den Arbeitnehmern wie die Auszubildenden oder die im Rahmen einer Arbeitnehmerüberlassung Tätigen. Gleichwohl können diese im Rahmen einer freiwilligen Angabe zusätzlich genannt werden. Dagegen sind aber Arbeitnehmer auch diejenigen, die bei selbstständigen TU – bei Weisungsbefugnis der Vorgesetzten im anderen Unt – arbeiten, aber auf der „pay roll" des entsendenden Unt stehen.[50]

**42** Das Gesetz lässt offen, in welcher Weise bzw. nach welchen Kriterien Gruppen gebildet werden sollen. Naheliegt zunächst eine Unterteilung nach dem BetrVG in gewerbliche Arbeiter, Angestellte und außertariflich Angestellte. Denkbar sind aber auch andere Kriterien wie Vollzeitkräfte, Teilzeitkräfte und Kurzarbeiter. Sinnvoll ist auch eine **Untergliederung** nach Tätigkeitsbereichen (z.B. F&E, Produktion, Logistik, Vertrieb, Verwaltung, Außendienst), nach Unternehmenssparten (z.B. Medizin, Pharmazeutik, Chemie), nach Standorten, nach Alter und nach Geschlecht. Daneben sollten auch Angaben über Leiharbeitnehmer und Auszubildende gemacht werden, um die Personalstruktur und -entwicklung transparent zu machen.

**43** Die Angaben nach Nr. 7 brauchen sich nicht auf ein einziges Gruppenbildungskriterium zu beschränken; es muss nur jeweils klar sein, dass die durchschnittliche Gesamtzahl der Arbeitnehmer nach jeweils unterschiedlichen Gruppenkriterien angegeben wird.

**44** Wie der Durchschnitt zu berechnen ist, wird nicht vorgegeben. Denkbar wäre es, die Zahl der Arbeitnehmer am Ende eines Quartals zu addieren und durch vier zu dividieren (§ 267 Abs. 5 HGB). Es kann aber auch der zwölfte Teil der Summe aus der Zahl der am Monatsende beschäftigten Arbeitnehmer gebildet werden (gem. § 1 Abs. 2 Satz 5 PublG). Es empfiehlt sich jedoch, im Geschäftsbericht und im Anhang, wenn Durchschnittsangaben zu machen sind, durchgängig bei einer **Berechnungsmethode** zu bleiben. Durch die ggf. notwendige Erläuterung der Durchschnittsberechnung kann die bei Saisongeschäften sehr schwankende

---

[49] S. auch *Wulf*, in *Baetge/Kirsch/Thiele* Bilanzrecht, § 285 HGB Rn 124 ff. Stand 08/2014.
[50] Ebenso *Poelzig*, in MünchKomm. HGB, 3. Aufl., § 285 Rn 127.

Arbeitnehmerzahl erkennbar werden. Die nach einem Monat bzw. einem Quartal ausscheidenden Arbeitnehmer sind mitzuzählen, wenn sie am letzten Tag dieses Zeitabschnitts noch beschäftigt waren.

Die Angaben können in Zahlen als Teilmenge, in Prozenten oder als Bruchteil angegeben werden, soweit durch Angabe der Gesamtzahl die konkreten Zahlen mathematisch zu ermitteln sind. Auch eine grafische Darstellung in Diagrammform ist möglich, wenn dies dabei unterstützt, eine Information über die tatsächliche Lage schnell und zutreffend zu erlangen. Dabei ist der Stetigkeitsgrundsatz zu beachten, d. h. dass in den folgenden Gj die gleichen Gruppenbildungskriterien angelegt werden sollten, um eine **Vergleichbarkeit** über einen längeren Zeitraum zu ermöglichen und **Entwicklungstrends** zu erkennen. Abweichungen sind mit erläuternden Angaben zu begründen. 45

Kleine KapG und diesen gleichgestellte PersG sind zur Angabe nicht verpflichtet (§§ 288 Abs. 1, 264a HGB). 46

## 2.8 Material- und Personalaufwand (Nr. 8)

Wird das **UKV** gem. § 275 Abs. 3 HGB angewandt, ist der Material- und Personalaufwand in der GuV nicht erkennbar. In diesem Fall sind im Interesse der Transparenz der Material- und Personalaufwand des Gj im Anhang anzugeben. Die Angabepflicht bzgl. des Personalaufwands resultiert aus Art. 43 Abs. 1 Nr. 9 der 4. EG-RL. Die Pflicht, Angaben über den Materialaufwand zu machen, entspringt einer nicht auf EU-Recht zurückgehenden Entscheidung des Gesetzgebers. 47

Getrennt nach Material- und Personalaufwand sind die Angaben in Form des jeweils aufgewandten Betrags notwendig. Die Untergliederung erfolgt entsprechend der nach dem GKV üblichen Form (§ 275 Abs. 2 Nrn. 5 und 6 HGB; s. § 275 Rz 96 ff.). Bei den Personalaufwendungen sind die Altersvorsorgeaufwendungen als „Davon-Angabe" gesondert auszuweisen. 48

Der **Materialaufwand** ist gem. der Gliederung des § 275 Abs. 2 Nr. 5 HGB anzugeben, also unterschieden nach 49
1. Aufwendungen für RHB und für bezogene Waren sowie nach
2. Aufwendungen für bezogene Leistungen.

Diese Angabe brauchen nur große KapG i. S. v. § 267 Abs. 3 HGB offenzulegen. § 327 Nr. 2 HGB befreit die mittelgroßen KapG (§ 267 Abs. 2 HGB) von der Offenlegung. Die kleinen KapG (§ 267 Abs. 1 HGB) müssen gem. § 288 Abs. 1 HGB bereits bei der Aufstellung keine Angaben zum Materialaufwand machen.

Der **Personalaufwand** ist entsprechend der in § 275 Abs. 2 Nr. 6 HGB vorgegebenen Aufteilung in 50
1. Löhne und Gehälter,
2. soziale Abgaben und Aufwendungen für Altersversorgung und für Unterstützung, davon für Altersversorgung,

anzugeben.

Die Vj.-Angaben können zum Vergleich angegeben werden; eine Verpflichtung dazu besteht jedoch nicht,[51] da sich § 265 Abs. 2 HGB nur auf die Bilanz und GuV bezieht (§ 265 Rz 10).

---

[51] *Vgl. Poelzig*, in MünchKomm. HGB, 3. Aufl., § 285 Rn 136.

**51** Diese Angaben müssen alle KapG mit Ausnahme der KleinstKapG machen. Zwar befreit § 326 Satz 2 HGB kleine KapG von der Pflicht zur Angabe des Personalaufwands bei der Offenlegung; in der HV einer AG müssen die Angaben auf Verlangen eines Aktionärs aber gemacht werden. Bei einer GmbH kann ein Gesellschafter Auskunft über Material- und Personalaufwand verlangen (§ 51a Abs. 1 GmbHG). Zu beachten sind darüber hinaus branchenspezifische Ausnahmen. So sind **Kreditinstitute** von der Pflichtangabe nach § 340a Abs. 2 Satz 1 HGB befreit. **Versicherungsunternehmen** sind von der Pflichtangabe hinsichtlich Buchst. a (Materialaufwand) gem. § 341a Abs. 2 Satz 1 HGB befreit. Letztere müssen anstelle der Pflichtangaben nach Nr. 8 Buchst. b (Personalaufwand) die durch Rechtsverordnung erlassenen Formblätter und andere Vorschriften anwenden (§ 341a Abs. 2 Satz 2 HGB).

## 2.9 Bezüge der Organvertreter (Nr. 9)

### 2.9.1 Grundsachverhalte

**52** Anzugeben sind nach Nr. 9 Buchst. a) die gewährten **Gesamtbezüge** der aktuell tätigen Vorstands-[52] und AR-Mitglieder sowie aller sonstigen Mitglieder von Geschäftsführungsorganen oder Aufsichtsgremien im Gj. Auch börsennotierten Ges. ist zu empfehlen, die Vorstandsvergütung im Anhang darzustellen und es nicht bei Angaben zur Vorstandsvergütung im Vergütungsbericht als Teil des LB zu belassen.[53] Nach Nr. 9 Buchst. b) sind auch die Gesamtbezüge einschließlich der Abfindungen von früheren Mitgliedern dieser Organe und ihrer Hinterbliebenen sowie der Betrag der gebildeten und der nicht gebildeten Pensionsrückstellungen aufzuführen. Nr. 9 Buchst. c) verlangt die Angabe von Vorschüssen, Krediten und Haftungsverhältnissen.[54]

**53** Die Offenlegung der Gehälter von Organmitgliedern wurde aus unterschiedlichen Motiven seit vielen Jahren immer wieder gefordert. Im Interesse des Anlegerschutzes wurde im DCGK in Ziff. 4.2.4 die Empfehlung einer **individualisierten Offenlegung der Vorstandsbezüge** börsennotierter AG aufgenommen, der schon 80 % der im DAX notierten Unt nachkamen, bevor mit Art. 1 des VorstOG in Buchst. 9a die Pflicht zur Offenlegung der Bezüge auch gesetzlich verpflichtend wurde. Datenschutzrechtlichen Bedenken gegen diese individualisierte Offenlegung von Vergütungen und Abfindungen der Vorstandsmitglieder hielt der Rechtsausschuss seinerzeit das durch Art. 14 GG geschützte Anlegerinteresse entgegen, das bei einer Abwägung mit dem Persönlichkeitsrecht des Managers und seinem Geheimhaltungsinteresse überwiege.[55]

---

[52] Ausführlich zu den Bemühungen des Gesetzgebers, Transparenz über die Vorstandsvergütung herzustellen, *Hohenstatt/Wagner*, ZIP 2008, S. 945; zu den Informationsrechten und Entscheidungskompetenzen der HV bzgl. der Vorstandsvergütung *Schüppen*, ZIP 2010, 905.
[53] Dazu ausführlich mwN *Henke/Fett*, BB 2007, S. 1267.
[54] Zur Einordnung von Nr. 9 in die allgemeine Organpublizität *Fleischer*, NZG 2006, S. 561.
[55] BT-Drs. 15/5860, S. 6.

Mit dem Gesetz zur Angemessenheit der Vorstandsvergütung (VorstAG)[56] wurde in allen AG der AR verpflichtet, bei der Festsetzung der Gesamtbezüge ein angemessenes Verhältnis der Bezüge zu den Aufgaben und Leistungen des Vorstandsmitglieds im Blick zu behalten und eine Ausrichtung **variabler Vergütungsbestandteile** an einer nachhaltigen Unternehmensentwicklung vorzunehmen hat (§ 87 Abs. 1 AktG). Zudem fordert § 285 Nr. 9 Buchst. a HGB mit Satz 6 Transparenz über Leistungszusagen für den Fall des Ausscheidens von Vorstandsmitgliedern gegenüber den Aktionären herzustellen ist.[57]

54

Eine auf die einzelne Person bezogene **Offenlegung** ist nach Nr. 9 ausschließlich für die börsennotierten Ges. vorgesehen. Ansonsten bleibt es bei der Angabe von aggregierten Informationen über die Gesamtsumme der Bezüge aller Mitglieder einer Gruppe. Nach § 286 Abs. 4 HGB können die in § 285 Nr. 9 Buchst. a und b HGB verlangten Angaben über die Gesamtbezüge der dort bezeichneten Personen sogar ganz unterbleiben, wenn sich anhand dieser Angaben die Bezüge eines Mitglieds dieser Organe feststellen lassen. Der Gesetzgeber hat sich um eine Abwägung des Informationsinteresses zur Befriedigung unterschiedlicher Interessen mit dem Persönlichkeitsschutz der Betroffenen bemüht.

55

Nr. 9 geht auf das Gesetz über die Offenlegung von **Vorstandsvergütungen** (VorstOG) zurück[58] und wurde durch das VorstAG[59] geändert. Die im Jahr 2005 normierten Publizitätspflichten nach Nr. 9 unterstellen, dass der Markt unangemessene Bezüge durch Transparenz verhindert. Begründet wurde die Pflicht zur individualisierten Angabe der Bezüge von Vorständen börsennotierter AG mit der Notwendigkeit der Offenlegung zur besseren Kontrolle durch den AR, mit der aufgrund der Namensnennung präventiven Wirkung auf die Vorstände und schließlich mit der Möglichkeit, detaillierte Kapitalmarktinformationen zu vermitteln.[60] Im Vorfeld geäußerte verfassungsrechtliche Bedenken gegen die individualisierte Offenlegungspflicht verhinderten die Vorschrift für börsennotierte Ges. letztlich nicht.[61]

56

### 2.9.2 Angabepflicht für große und mittelgroße Kapitalgesellschaften (Nr. 9a Satz 1–3)

Von großen und mittelgroßen KapG sind die **Gesamtbezüge** „für die Mitglieder des Geschäftsführungsorgans, eines AR, eines Beirats oder einer ähnlichen Einrichtung" anzugeben. Aus den §§ 6, 35 und 52 GmbHG ergibt sich, dass die Geschäfts-

57

---

56 Gesetz zur Angemessenheit der Vorstandsvergütung (VorstAG) v. 31.7.2009, BGBl I S. 2509; s. dazu die Begründung des RegE, in BT-Drs. 16/12278. Näher zum VorstAG *Fleischer*, NZG 2009, S. 801; *Lingemann*, BB 2009, S. 1918; *Greven*, BB 2009, S. 2154; *Hohenstatt*, ZIP 2009, S. 1349; *Hohenstatt/Kuhnke*, ZIP 2009, S. 1981; *Nießen*, NJW-Spezial 15/2009, S. 479; *Thüsing*, AG 2009, S. 517. Die BT-Fraktion Bündnis 90/Die Grünen hatte zuvor weitergehende Anträge zur Verhinderung der „Exzesse bei Managergehältern" mit der Begründung gestellt, dass „unverhältnismäßig hohe und nur auf den kurzfristigen Erfolg ausgerichtete Vergütungen von Managern, gepaart mit nur einem sehr geringen persönlichen Haftungsrisiko der Unternehmenslenker … die gegenwärtige Krise mit vorangetrieben" haben; BT-Drs. 16/12112 v. 4.3.2009.
57 S. dazu BilMoG-BegrRegE, BT-Drs. 16/12278, S. 8 f.
58 Vorstandsvergütungs-Offenlegungsgesetz v. 3.8.2005, BGBl 2005 I S. 2267. Dazu ausführlich *Thüsing*, ZIP 2005, S. 1389; *Spindler*, NZG 2005, S. 689; *Baums*, ZHR 2005, S. 299; *Fleischer*, DB 2005, S. 1611.
59 Vgl. Gesetz zur Angemessenheit der Vorstandsvergütung (VorstAG) v. 31.7.2009, BGBl I S. 2509.
60 Dazu näher *Baums*, ZHR 2005, S. 299.
61 S. etwa *Kiethe*, BB 2003, S. 1573; *Menke/Porsch*, BB 2004, S. 2533.

führer und auch die Mitglieder eines fakultativen AR als Organmitglieder hierunter fallen. In der AG sind es die Vorstände und AR gem. §§ 76, 95 AktG. In den KapCoGes i.S.v. § 264a HGB ist als Geschäftsführungsorgan das Organ der Komplementär-KapG anzusehen. Die Erwähnung des gesetzlich nicht definierten „Beirats" weist darauf hin, dass auch die Personen solcher Gremien mit Verwaltungsfunktion, die auf Beschluss von Gesellschaftsorganen durch Gesellschaftsvertrag oder Satzung geschaffen wurden und den Vorstand beraten, überwachen oder in anderer Weise auf Vorstandsentscheidungen Einfluss nehmen, ebenfalls ihre Gesamtbezüge anzugeben haben.[62] Die Erweiterung der Aufzählung auf „ähnliche Einrichtungen" soll deutlich machen, dass es auf die Bezeichnung der Einrichtung, die eine vergleichbare Aufgabe wie ein AR wahrnimmt, nicht ankommt.

58 Die Angabepflicht trifft auch **Arbeitnehmervertreter** im AR oder im Beirat, und zwar selbst dann, wenn sie Teile der für ihre Tätigkeit als Organmitglied gezahlten Bezüge oder diese sogar insgesamt an Dritte abgeben.

59 Das Gesetz zählt zu den **Bezügen** namentlich die Gehälter, die Gewinnbeteiligungen, Bezugsrechte und sonstige aktienbasierten Vergütungen, Aufwandsentschädigungen, Versicherungsentgelte, Provisionen und Nebenleistungen auf. Auch Vorteile aus Aktienoptionsprogrammen gehören demnach zu den Bezügen,[63] wobei die Ansicht vertreten wird, dass eine Berichtspflicht nur hinsichtlich solcher **stock options** besteht, deren Zuteilung im entsprechenden Berichtsjahr erfolgte.[64] Bei der Angabe des Zeitwerts ist auf den Zeitpunkt der Gewährung abzustellen.[65] Unter „**Aufwandsentschädigungen**" sind die pauschalierten Zahlungen, nicht ein erstatteter Auslagenersatz zu verstehen;[66] auch von der Ges. gezahlte, gegenüber dem Organmitglied verhängte Straf-, Buß- und Zwangsgelder sind als Aufwandsentschädigung auszuweisen.[67] Der Begriff „Versicherungsentgelte" meint die vom Unt auf den Namen von Organmitgliedern gezahlten **Versicherungsprämien** für Lebens-, Pensions- oder Unfallversicherungen, aus denen die Organmitglieder berechtigt sind. Auch Haftpflichtversicherungen wie die D&O-Versicherung sind zu berücksichtigen, wenn das Organmitglied anspruchsberechtigt ist.

60 **Erfindervergütungen** sind dann einzubeziehen, wenn die Erfindung während der Tätigkeit als Organmitglied erfolgte und die erfinderische Tätigkeit auch zu den Aufgaben des Organmitglieds als solchem gehörte.[68] Der Begriff „Nebenleistungen" ist weit auszulegen; so gehören die vergünstigte Überlassung von Wohnraum, der Verkauf von Gütern unterhalb des Verkehrswerts oder die Einräumung von Darlehen zu Konditionen unterhalb des Marktüblichen ebenfalls zu den Bezügen.

---

[62] Ausführlich *Grottel*, in Beck Bil-Komm. 9. Aufl., § 285 HGB, Rz 162.
[63] Eingefügt durch das KonTraG, weil die Gewährung von Bezugsrechten nach § 192 Abs. 2 Nr. 3 AktG auch an Organmitglieder zulässig ist. Vgl. zur Berechnung *Grottel*, in Beck Bil-Komm. 9. Aufl., § 285 HGB, Rz 175. IFRS 2 ist bei der Ermittlung des beizulegenden Zeitwerts heranzuziehen (BT-Drs. 15/5343).
[64] Vgl. *Henke/Fett*, BB 2007, S. 1267 ff.
[65] Näher dazu *Wiedmann*, in *Ebenroth/Boujong/Joost/Strohm*, HGB, § 285, Rz 12.
[66] Vgl. *Baumbach/Hueck/Sculze-Osterloh*, § 42, Rz 433; *Poelzig*, in MünchKomm. HGB, 3. Aufl., § 285 Rn 161.
[67] Vgl. *Grottel*, in Beck Bil-Komm. 9. Aufl., § 285 HGB, Rz 175.
[68] Vgl. *Poelzig*, in MünchKomm. HGB, 3. Aufl., § 285 Rn 162.

Die Bezüge im vorgenannten Sinn müssen nicht ausgezahlt worden sein, um angegeben werden zu müssen.[69] Werden „Pensions"-Ansprüche gewährt, gehören auch diese **Zusagen** zu den Bezügen.[70] 61

Wurden zwar in einem früheren Gj Bezüge gewährt, aber noch nicht in einem JA bekannt gegeben, sind diese ebenfalls anzugeben. Es ist unerheblich, ob die Bezüge in Geld oder in anderer Form, z.B. als geldwerter Vorteil oder als **Naturalleistungen**, gewährt werden.[71] Die Bewertung hat sich am Zeitwert zu orientieren, d.h. es sind die einkommensteuerpflichtigen Werte zu verwenden. 62

### 2.9.3 Angaben zur aktienbasierten Vergütung (Nr. 9a Satz 4)

Zusätzlich zu ihrer wertmäßigen Einbeziehung in die nach Satz 1–3 anzugebenden Gesamtbezüge verpflichtet Satz 4 zu der Angabe der Anzahl der ausgegebenen Bezugsrechte und der sonstigen aktienbasierten Vergütungen mit dem beizulegenden Zeitwert. Damit erfolgt mit der durch das KapCoRiLiG um **Bezugsrechte** und mit dem TransPuG um **sonstige aktienbasierte Vergütungen** erfolgten Ergänzung der Liste der Gesamtbezüge eine Klarstellung, dass auch Aktienoptionspläne und ähnliche Entgeltformen als Bezüge der aktiven Organmitglieder anzugeben sind. Aus der Problematik der betriebswirtschaftlichen Diskussion um die sachgemäße Abbildung, was nicht zuletzt an den vielfältigen Formen der aktienbasierten Vergütung liegt,[72] hat der Gesetzgeber nun bestimmt, dass in Anlehnung an den IFRS 2 die Bezugsrechte und sonstigen aktienbasierten Vergütungen mit ihrer Anzahl und dem beizulegenden Zeitwert zum Zeitpunkt ihrer Gewährung anzugeben sind. Spätere Wertänderungen sind ebenfalls in Analogie zum IFRS 2.26 nur dann zu berücksichtigen, wenn sie auf einer Änderung der Ausübungsbedingungen beruhen. Somit sind Aktienoptionen oder ähnliche Vorteile einmalig zum Zeitpunkt der Gewährung mit dem Marktpreis vergleichbarer Optionen oder, falls diese nicht existieren, über finanzwirtschaftliche Optionspreismodelle zu bewerten.[73] Dabei wird einzig auf die Sichtweise des Unt und die beabsichtigte gewährte Entgeltung abgestellt. Die Berücksichtigung späterer Wertänderungen der Bezugsrechte durch Börsenkursschwankungen würde den Fokus auf das Gesamteinkommen der Organmitglieder lenken und – zumal zusammengefasst in einem Betrag – vom Unt nicht zu beeinflussende Sachverhalte als gewährte Bezüge ausweisen. Jedoch kann je nach Ausgestaltungsform die tatsächliche Belastung des Unt bei Einlösung der Option deutlich von der zum Zeitpunkt der Begebung erwarteten abweichen. Aufgrund der Problematik dieser Entgeltteile sollte eine ausführlichere Beschreibung im Anhang erfolgen, wobei die Pflichtangaben des IFRS 2.44–52 zur Orientierung dienen können; dabei fordert der Gesetzgeber die Angabe der Anzahl und des beizulegenden Zeitwerts zum Zeitpunkt der Gewährung explizit. DRS 17.69 verweist ebenfalls explizit auf diese Angabepflichten. Wichtige 63

---

[69] Zu denken wäre etwa an Deferred Compensation; vgl. auch *Strieder*, DB 2005, S. 957.
[70] Dazu näher *Hoffmann-Becking*, ZIP 2007, S. 2101, 2108; s. aber auch *Leuering/Simon*, NZG 2005, S. 945f.
[71] Zur Berechnung nach dem Zeitwert *Kessler*, in MünchKomm. AktG, Rz 131.
[72] Vgl. zur Ausgestaltung derartiger Entgelte z.B. OLG Stuttgart v. 13.6.2001, 20 U 75/00, DB 2001, S. 1604.
[73] So auch ADS, 6. Aufl., § 285 HGB n.F. Rz 13–17; *Grottel*, in Beck Bil-Komm. 9. Aufl., § 285 HGB Rz 175.

weitere Angaben wären insb. die Ausübungsbedingungen, die konkrete Ausgestaltung und die bestehenden Risiken bei noch zu erwerbenden Aktien oder Phantom Stocks.

### 2.9.4 Erweiterte Angabepflicht für börsennotierte Unternehmen (Nr. 9a Satz 5–7)

64 Nur bei börsennotierten Unt sind nach Satz 6 Leistungen, die dem Vorstandsmitglied für den Fall der Beendigung seiner Tätigkeit zugesagt worden sind, anzugeben, wozu auch **Abfindungszahlungen**, die bei Inanspruchnahme eines Sonderkündigungsrechts wegen eines Kontrollwechsels im Unt gezahlt werden, gehören (Change-of-Control-Klauseln/CoC-Klauseln bzw. Change-in-Control-Klauseln/CiC-Klauseln).[74] Auch **Aufhebungsvereinbarungen** sind nach Nr. 9 Buchst. a individualisiert offenzulegen,[75] nach dem DCGK in Ziff. 4.2.5 Abs. 3 zumindest dann, wenn der wesentliche Inhalt von Zusagen für den Fall der Beendigung der Tätigkeit als Mitglied des Vorstands nicht unerheblich von den Zusagen, wie sie Arbeitnehmern gemacht werden, abweichen.

65 **Karenzentschädigungen** nach dem Ausscheiden stellen keine Gegenleistung für die Vorstandstätigkeit, sondern eine zusätzliche Leistung nach dem Ausscheiden für die Enthaltung vom Wettbewerb dar.[76]

66 Werden **Bezüge mittelbar von dritter Seite**, etwa von verbundenen Unt für eine dort verrichtete Organtätigkeit, gewährt, sind sie nur dann anzugeben, wenn sie dem Dritten erstattet werden.

67 In **börsennotierten AG** ist eine auf jedes einzelne Vorstandsmitglied und unter dessen Namensnennung bezogene Aufteilung in erfolgsunabhängige und erfolgsbezogene Bestandteile sowie auch von langfristigen Anreizwirkungen gesondert vorzunehmen. Anders als es die EU-Empfehlung[77] und Vorschläge aus der Wissenschaft[78] vorsahen, ist eine in Details gehende Offenlegung nicht erforderlich. Die individualisierten Angaben über die Bezüge jedes einzelnen **Vorstandsmitglieds** sind unterteilt nach dem Fixum, den erfolgsbezogenen Zahlungen[79] sowie den Bezügen mit langfristig wirkender Anreizfunktion[80] vorzunehmen. Der DCGK empfiehlt, eine entsprechende Aufteilung auch bei **AR-Mitgliedern** vorzunehmen (Ziff. 5.4.6).

68 Individualisiert ist neben den Bezügen, wie sie in den Sätzen 1–4 bezeichnet wurden, auch anzugeben, welche Leistungen dem Vorstandsmitglied für den Fall

---

[74] *Bauer/Arnold*, DB 2006, S. 260, 264, *Leuering/Simon*, NZG 2005, S. 945f.; *Bittmann/Schwarz*, BB 2009, S. 1014; bzgl. des wesentlichen Inhalts der Zusage *Hoffmann-Becking*, ZIP 2007, S. 2101, 2109. Allerdings soll auch bei börsennotierten Ges. eine in Anspruch genommene und erfolgte Abfindungszahlung im Anhang des Abschlusses nach Ansicht von *Hoffmann-Becking*, ZIP 2007, S. 2101, 2108f., nicht individuell ausgewiesen werden müssen, sondern in den Ausweis der Gesamtbezüge einzubeziehen sein; a. A. zutreffend *Hohenstatt/Wagner*, ZIP 2008, S. 945, 948.

[75] Vgl. *Grottel*, in Beck Bil-Komm. 9. Aufl., § 285 HGB, Rz 185; *Leuering/Simon*, ZIP 2005, S. 1389f.

[76] Vgl. *Hoffmann-Becking*, ZIP 2007, S. 2101, 2108f.

[77] Empfehlung der EU-Kommission zur Einführung einer angemessenen Regelung für die Vergütung von Mitgliedern der Unternehmensleitung börsennotierter Gesellschaften v. 14.12.2005, ABl. EG, L 385, S. 55.

[78] S. nur den Vorschlag von *Baums*, ZIP 2004, S. 1877.

[79] S. zu der Frage, welche Bezüge unter die erfolgsbezogenen Vergütungskomponenten fallen, *Hohenstatt/Wagner*, ZIP 2008, S. 945f.

[80] Zu den aktienkursbasierten Bezügen mit Anreizwirkung *Hohenstatt/Wagner*, ZIP 2008, S. 945f.

der Beendigung seiner Tätigkeit zugesagt wurden.[81] Nach dem Buchst. a) Satz 6 i.d.F. d. VorstAG sind Leistungen anzugeben, die aufgrund einer dem Vorstandsmitglied gegenüber eingegangenen Verpflichtung der AG erst nach der Beendigung der Vorstandstätigkeit zu erbringen sind. Dazu gehören nicht nur die einmalig zu zahlenden Abfindungen, sondern auch **Ruhegehalts- und Hinterbliebenenbezüge**. Dabei wird auch nach der Art des Ausscheidens insofern differenziert, als zugesagte Leistungen im Fall der vorzeitigen Beendigung [Doppelbuchst. aa)] und im Fall der regulären Beendigung [Doppelbuchst. bb)] seiner Tätigkeit anzugeben sind. Im letzten Fall sind der Barwert der zugesagten Leistung und die von der Ges. dafür aufgewandten oder zurückgestellten Beträge auszuweisen. In der Pflicht der Ausweisung des Barwerts, zu dessen Berechnungsmethode und -grundlage das Gesetz schweigt, liegt die eigentliche durch das VorstAG in § 285 Nr. 9 HGB vorgenommene Verschärfung und zugleich die besondere Schwierigkeit in der Anwendung dieser Vorschrift. Mit der Angabe des Barwerts soll insb. die Vergleichbarkeit der zugesagten Leistungen ermöglicht werden. Vor dem Hintergrund der unterschiedlichen Vergütungssysteme, die auch externe Einflüsse auf die Bemessung der zugesagten Leistungen zum Zeitpunkt der Leistungserbringung vorsehen, wird es im Einzelfall schwierig – bzw. im Fall eines beitragsorientierten Pensionssystems unmöglich – sein, den Barwert zu benennen.[82] Ob die Nr. 9 Buchst. a Satz 6 i.d.F. d. VorstAG auch vor dem Hintergrund negativer Erfahrungen mit dem Bekanntwerden der Höhe des Barwerts der Altersversorgung im Fall des ehemaligen Vorstands der Deutschen Post AG, Zumwinkel, nun tatsächlich einen „Bedeutungsverlust der betrieblichen Altersvorsorge auf Vorstandsebene einleiten"[83] wird und nach Alternativen bspw. in Form einer höheren zu versteuernden Nebenleistung zur Vergütung für eine private Versorgungsabsicherung gesucht werden wird, bleibt abzuwarten.[84]

Anzugeben sind nach § 285 Nr. 9 Buchst. a) Satz 6 Doppelbuchst. cc) HGB auch etwaige während des Gj erfolgte **Änderungen** der vorgenannten Zusagen sowie solche Leistungen, die einem früheren Vorstandsmitglied im Zusammenhang mit der im laufenden Gj beendeten Tätigkeit zugesagt und gewährt wurden.

Aus dem Wortlaut von Satz 7 folgt, dass Bezüge, die dem Vorstandsmitglied von einem Dritten im Hinblick auf seine Tätigkeit zugesagt oder gezahlt wurden, anzugeben sind.[85] Allerdings dürfen Vorstandsmitglieder nach dem DCGK im Zusammenhang mit ihrer Tätigkeit Zuwendungen oder sonstige Vorteile nicht annehmen (Ziff. 4.3.2.). Gleichwohl ist eine Drittvergütung aktienrechtlich nicht grds. unzulässig, sondern nur in den ausdrücklich geregelten Fällen.[86] Der HGB-Gesetzgeber will durch die Veröffentlichung mögliche Interessenkonflikte offenlegen, ohne **Drittbezüge** generell als unzulässig anzusehen.[87]

---

81 Dazu im Detail *Grottel*, in Beck Bil-Komm. 9. Aufl., § 285 HGB, Rz 182 ff.
82 So auch *Hohenstatt*, ZIP 2009, S. 1349, 1357, mit Hinweisen auf entsprechende Stellungnahmen im Gesetzgebungsverfahren.
83 So *Hohenstatt*, ZIP 2009, S. 1349, 1357.
84 S. zu der bei der DPAG im Fall John Allan gezogenen Konsequenz den Vergütungsbericht 2008 der DPAG unter: http://investors.dp-dhl.de/reports/2008/gb/de/corporate-covernance/verguetungs-bericht-5.html.
85 Vgl. auch *Bauer/Arnold*, DB 2006, S. 260, 266; *Spindler*, NZG 2005, S. 691; *Thüsing*, ZIP 2005, S. 1393.
86 S. a. § 33 Abs. 3 WpÜG.
87 Vgl. dazu die Gesetzesbegründung BT-Drs. 15/5860, S. 10.

### 2.9.5 Gesamtbezüge früherer Organmitglieder und deren Hinterbliebener (Nr. 9b)

71 Nach Buchst. b) sind die Gesamtbezüge auch der **früheren Mitglieder der genannten Organe und ihrer Hinterbliebenen** auszuweisen. Genannt werden als Bezüge beispielhaft Abfindungen, Ruhegehälter, Hinterbliebenenbezüge und Leistungen verwandter Art.[88] Wechselt ein Organmitglied etwa vom Vorstand in den AR, so sind sowohl dessen früheren Bezüge als Vorstandsmitglied nach Buchst. b) als auch dessen jetzige Bezüge nach Buchst. a) auszuweisen – allerdings getrennt.

### 2.9.6 Gewährte Vorschüsse und Kredite sowie Haftungsverhältnisse (Nr. 9c)

72 Buchst. c) verlangt die Angabe von gewährten Vorschüssen und Krediten einschl. der Zinssätze, der wesentlichen Bedingungen und der ggf. im Gj zurückgezahlten Beträge sowie der zugunsten dieser Personen eingegangenen Haftungsverhältnisse. Selbst dann, wenn der in einem Gj gewährte Kredit im gleichen Gj getilgt wurde, ist die Angabe vorzunehmen. Die Regelung in Buchst. c) zielt insgesamt darauf ab, dass finanzielle **Verflechtungen** zwischen dem Unt und seinen Organen transparent werden.[89]

73 Unter „**Vorschüssen**" sind die Vorauszahlungen auf die dem Organmitglied zustehenden, aber zum Bilanzstichtag noch nicht fälligen Bezüge jeder Art zu verstehen.

74 Was unter „**Kredit**" erfasst werden muss, ist weit auszulegen; jede Form des Darlehens, wie z. B. das aus einem Abzahlungsgeschäft, aus einem Kontokorrent oder aus einer Warenlieferung mit gestundeter Zahlung, gehört dazu.

75 Die Bedeutung des Begriffs der „**Haftungsverhältnisse**" ergibt sich aus den §§ 251, 268 Abs. 7 HGB (§ 268 Rz 74 ff.).

76 Die „**Zinssätze**", nicht die jeweiligen Zinsbeträge, sind anzugeben. Unter den „wesentlichen Bedingungen" sind bspw. Laufzeiten, gegebene Sicherheiten, Tilgungsmodalitäten oder Stundungen zu verstehen.

77 Alle im Gj zurückgezahlten Beträge einschl. der Rückzahlungen von kurzfristigen, im Gj gewährten Krediten mit kurzen Laufzeiten sind zu erfassen. Mit dem BilRUG sind ab dem Gj 2016 auch nun explizit die erlassenen Beträge hierunter zu subsumieren (Rz 178).

78 Die in den Buchst. a-c geforderten Angaben sind für jede Gruppe von Mitgliedern getrennt als Summe der Bezüge dieser Gruppe auszuweisen. Es wird nicht verlangt, die Angaben in erfolgsunabhängige und in erfolgsabhängige Zahlungen oder in Zahlungen mit langfristiger **Anreizwirkung** aufzugliedern. Dies ist nach den Sätzen 5–9 nur mit individualisierten, d. h. auf die einzelne Person bezogenen Angaben bei börsennotierten Ges. der Fall. Allerdings ist nochmals auf Ziffer 4.2.4 des DCGK zu verweisen.

---

[88] Näher *Poelzig*, in MünchKomm. HGB, 3. Aufl., § 285 Rn 169 ff.
[89] Zu den aktienrechtlichen Vorschriften über Vorstandskredite *Fleischer*, WM 2004, S. 1057.

Das Fehlen der oder Fehler in den Angaben gelten als wesentlich und sind zu korrigieren.⁹⁰ 79
Kleine KapG sind von der Angabepflicht nach Nr. 9 Buchst. a) und b) befreit (§ 288 Abs. 1 HGB). Die Pflicht zur Offenlegung besteht bei einer AG allerdings auch dann nicht, wenn die HV mit einer ¾-Mehrheit des bei der Beschlussfassung anwesenden Kapitals eine Befreiung beschlossen hat und dieser Beschluss nicht älter als fünf Jahre ist (§ 286 Rz 19). Nach § 289 Abs. 2 Nr. 5 HGB können die nach Nr. 9 geforderten Angaben stattdessen im Vergütungsbericht als Teil des LB veröffentlicht werden (§ 289 Rz 94). 80
Die Angabepflichten nach Nr. 9 Buchst. c) sind auch von KleinstKapG zu beachten, wobei diese mangels Anhangsaufstellungspflicht unter der Bilanz zu erfolgen haben (§ 264 Rz 46).

## 2.10 Personalien der Organvertreter (Nr. 10)

Die Mitglieder und die stellvertretenden Mitglieder gem. § 44 GmbHG bzw. § 94 AktG sowie die Mitglieder des AR sind mit ihrem **Namen** und mindestens einem ausgeschriebenen Vornamen und mit der Bezeichnung des zum Zeitpunkt der Erstellung des Anhangs tatsächlich ausgeübten **Berufs** anzugeben. Dies gilt auch dann, wenn das Mitglied während des Gj aus dem Organ ausgeschieden ist. Bei Mitgliedern, die im Laufe des Gj oder danach in der Zeit bis zur Aufstellung (beim Geschäftsführungsorgan) bzw. bis zur Feststellung (beim AR) des JA in das Organ berufen wurden oder aus diesem ausschieden, ist mit Angabe des Datums der Beginn bzw. das Ende der Mitgliedschaft aufzuführen. Die Angabe des tatsächlich ausgeübten Berufs erfordert bei einem Geschäftsführungsorgan die genaue Bezeichnung der Tätigkeit, aus der sich der Verantwortungsbereich ergibt, z.B. Vertriebs-, Technik-, Finanz- oder Risk-Management-Vorstand, aber auch die in Gebrauch gekommenen englischen Bezeichnungen CEO, CFO, COO oder CIO sind möglich. Bei Geschäftsführern ist ebenfalls die Funktion entsprechend anzugeben, bspw. Geschäftsführer Marketing, Geschäftsführer Vertrieb. Bei den Mitgliedern des AR ist außerdem anzugeben, in welchem Unt die Tätigkeit ausgeübt wird. Bei sog. Berufs-AR ist verbal zum Ausdruck zu bringen, dass neben der Tätigkeit als AR in verschiedenen Ges. kein weiterer Beruf ausgeübt wird, aus dem sich eine Feststellung der Hauptberufstätigkeit ergeben könnte. Weitere Angaben wie der Wohnort, was bei verbreiteten Namen einer Verwechslungsgefahr vorbeugt, können aufgenommen werden. 81

Ein **Arbeitsdirektor** nach dem MitbestG braucht nicht angegeben zu werden.⁹¹ 82
Die börsennotierten Ges. haben im Anhang auch die Mitgliedschaft in anderen AR bzw. Kontrollgremien i.S.v. § 125 Abs. 1 Satz 5 AktG⁹² anzugeben. Bei Eintreten oder Ausscheiden im Laufe des Gj ist das Datum anzugeben. Durch 83

---

⁹⁰ S. IDW RS HFA 6, Tz 23: Pflicht zur Korrektur von Angabefehlern, die für die Darstellung der VFE-Lage wesentlich sind. S. dazu auch IDW PS 400. S. a. *Breker/Kuhn*, WPg 2007, S. 770, 773, und zum öffentlichen Interesse an der Veröffentlichung des Fehlers aus Präventionserwägungen *Gahlen/Schäfer*, BB 2006, S. 1619, 1621.
⁹¹ Vgl. *Poelzig*, in MünchKomm. HGB, 3. Aufl., § 285 Rn 227.
⁹² Durch das Gesetz zur Umsetzung der Aktionärsrechterichtlinie (ARUG) v. 30.7.2009, BGBl 2009 I S. 2479, wurde der Verweis von bisher § 125 Abs. 1 Satz 3 AktG auf nunmehr § 125 Abs. 1 Satz 5 AktG geändert.

diese Angabepflicht sollen mögliche Interessenkonflikte und die Belastbarkeit erkennbar werden.[93] Dementsprechend sind alle vergüteten oder unvergüteten vergleichbaren Funktionen[94] in in- wie ausländischen Ges. einschl. derjenigen in freiwillig gebildeten AR, Beiräten, Boards oder Verwaltungsräten anzugeben, wenn diese Organe die Aufgaben eines AR entsprechend der gesetzlichen Regelung für AR übernehmen.[95]

84 Auszuweisen ist, ob das AR-Mitglied **Vorsitzender** oder stellvertretender Vorsitzender ist. Hat das Geschäftsführungsorgan einen Vorsitzenden, ist dies bekannt zu machen; die Funktion des Sprechers dagegen nicht.[96] Die Angabe der Funktion des Stellvertreters ist nach dem Wortlaut der Norm nicht zwingend, empfiehlt sich jedoch aus Gründen der Transparenz auch bei den Geschäftsführungsorganen.[97]

85 Diese Angabepflichten gehen nicht auf die 4. EG-RL zurück, sondern stellen originäres nationales Recht dar (§ 160 Abs. 5 AktG aF), das durch das KonTraG bzgl. der weitergehenden Angaben durch börsennotierte Ges. erweitert wurde.

86 Die Pflicht zur Angabe trifft alle KapG mit Ausnahme der KleinstKapG und die dem PublG unterliegenden Unt, die zur Erstellung des Anhangs verpflichtet sind. In der KGaA sind die phG, die zur Geschäftsführung und zur Vertretung befugt sind, bekannt zu machen (§ 278 Abs. 2 HGB i.V.m. § 283 AktG). Für Genossenschaften gilt die vergleichbare Regelung in § 338 Abs. 2 Nr. 2 HGB.

## 2.11 Beteiligungen (Nr. 11)

87 Nach Nr. 11 müssen alle Unt, die direkt oder indirekt durch eine für ihre Rechnung handelnde Person[98] mindestens 20 % der **Anteile** am Kapital eines anderen Unt halten und nicht auch KleinstKapG sind, verschiedene Angaben machen. Börsennotierte Ges. haben zusätzlich alle **Beteiligungen** an großen KapG anzugeben, die 5 % der **Stimmrechte** überschreiten. Mit dem BilRUG kommt es hier zu einer erweiterten und klarstellenden Neufassung (Rz 179). Die für Anleger bedeutsame[99] Transparenz über **Kapitalverflechtungen**, über Anteils- und Stimmrechtsbesitz und über die VFE-Lage verpflichtet die genannten Ges., in einer der Übersichtlichkeit dienenden Form den Namen und den Sitz anderer Unt im In- oder Ausland, an denen die Beteiligung in der genannten Höhe besteht, sowie jeweils die Höhe des Anteils am Kapital, das EK und das

---

[93] Vgl. *Grottel*, in Beck Bil-Komm. 9. Aufl., § 285 HGB, Rz 222. Die Transparenz zugunsten der Finanzanleger hat *Hüttemann*, in *Canaris/Schilling/Ulmer*, HGB, § 285, Rz 78, im Blick.
[94] Näher dazu die Aufzählung bei *Grottel*, in Beck Bil-Komm. 9. Aufl., § 285 HGB, Rz 222.
[95] Zur Angabepflicht bei freiwillig gebildeten Aufsichtsräten *Poelzig*, in MünchKomm. HGB, 3. Aufl., § 285 Rn 232; *Grottel*, in Beck Bil-Komm. 9. Aufl., § 285 HGB, Rz 224; *Ebenroth/Boujong/Joost/Strohn/Wiedmann*, HGB, § 285, Rz 14.
[96] *Hüttemann*, in *Canaris/Schilling/Ulmer*, HGB, § 285 Rz 81; *Ensthaler/Marsch-Barner*, GK-HGB § 285 Rz 34; *Ebenroth/Boujong/ Joost/Strohn/Wiedmann*, HGB, § 285, Rz 14; *Grottel*, in Beck Bil-Komm. 9. Aufl., § 285 HGB, Rz 223.
[97] Eine Rechtspflicht zur Angabe der Stellvertreterfunktion nehmen unter Hinweis auf § 44 GmbHG an: *Baumbach/Hueck/Schulze-Osterloh*, GmbHG, § 42, Rz 530, und *Ensthaler/Marsch-Barner*, GK-HGB § 285, Rz 33; ohne Begründung auch *Ebenroth/Boujong/Joost/Strohn/Wiedmann*, HGB, § 285, Rz 14.
[98] Ein Treuhandverhältnis im wirtschaftlichen Sinn ist ausreichend, *Poelzig*, in MünchKomm. HGB, 3. Aufl., § 285 Rn 245, 251.
[99] Dazu relativierend *Poelzig*, in MünchKomm. HGB, 3. Aufl., § 285 Rn 235f.

Ergebnis des letzten Gj dieser Unt anzugeben, für das ein JA vorliegt. Anzugeben sind auch Beteiligungen an BGB-Ges., die – wie typischerweise bei bis zur Zweckerfüllung errichteten Arge und Joint Ventures – einen wirtschaftlichen Zweck verfolgen, über ein Gesamthandsvermögen verfügen und im wirtschaftlichen Verkehr beteiligt sind.[100]

Über Beteiligungen an Innenges. (**Stille Gesellschaften**) ist nicht zu berichten; die Beteiligung stellt eine Verbindlichkeit und keine Kapitalbeteiligung dar.[101] 88

Satz 1 spricht vom Besitz der Anteile. Darunter ist ausschließlich das Eigentum an den Anteilen, nicht etwa auch der für andere Unt erfolgende treuhänderische Besitz zu verstehen.[102] 89

Die Berechnung der **Beteiligungsquote** richtet sich nach der aktienrechtlichen Vorschrift des § 16 Abs. 2 und 4 AktG.[103] Die Berechnung der eigenen Anteile und der Zurechnung der von anderen gehaltenen Anteile erfolgt zum Bilanzstichtag.[104] Eine Kapitalerhöhung muss zu diesem Zeitpunkt wirksam geworden, also bei KapG in das HR eingetragen bzw. bei PersG eingezahlt worden sein. 90

Das unmittelbare oder über ein TU gehaltene mittelbare Beteiligungskapital ist als Beteiligungsquote in Prozenten genau und ungerundet anzugeben. Außerdem sind das sich aus der Bilanz ergebende EK und das ausweislich des letzten Gj, über das ein JA vorliegt, festgestellte Ergebnis des Gj des Unt, an dem eine Kapitalbeteiligung besteht, als Jahresüberschuss oder Jahresfehlbetrag in EUR (§ 244 HGB) auszuweisen. Besteht zwischen dem Beteiligungsunt und einem Dritten ein **Gewinnabführungsvertrag**, ist darauf hinzuweisen, da sonst über die Ertragslage des Unt im Anteilsbesitz kein den tatsächlichen Verhältnissen entsprechendes Bild vermittelt wird.[105] 91

Börsennotierte KapG haben auch Angaben über Beteiligungen an großen KapG (§ 267 Abs. 3 HGB) zu machen, die 5 % der Stimmrechte übersteigen; auf die Kapitalanteile kommt es also hier nicht an. Die Berechnung erfolgt gem. § 16 Abs. 3 AktG. 92

Die Möglichkeit, anstatt im Anhang die Angaben über den Anteilsbesitz auch in einer gesonderten Aufstellung zu erfassen, ist mit der Streichung des § 287 HGB nicht mehr erlaubt. 93

Ausnahmen von der Angabepflicht bestehen nach § 286 Abs. 3 HGB (§ 286 Rz 12) und für KleinstKapG. 94

Die Vorschrift transformiert Art. 43 Abs. 1 Nr. 2 der 4. EG-RL; das darin eingeräumte Wahlrecht zur Festlegung der Beteiligungshöhe wurde ausgeübt und auf den fünften Teil festgesetzt. Auf die im Übrigen für AG geltenden Vorschriften zur Angabe des Bestehens wechselseitiger Beteiligungen gem. § 160 Abs. 1 Nr. 7 AktG ist ebenso hinzuweisen wie auf Ziff. 7.1.4 des DCGK, wonach eine Liste 95

---

100 Vgl. *Poelzig*, in MünchKomm. HGB, 3. Aufl., § 285 Rn 241.
101 Vgl. *Poelzig*, in MünchKomm. HGB, 3. Aufl., § 285 Rn 242, mit einschränkendem Hinweis auf die wie eine KG strukturierte Stille Gesellschaft; *Grottel*, in Beck Bil-Komm. 9. Aufl., § 285 HGB, Rz 231, mit Hinweis auf eine Gegenmeinung.
102 S. a. *Poelzig*, in MünchKomm. HGB, 3. Aufl., § 285 Rn 245.
103 Ausführlich zur Berechnung *Grottel*, in Beck Bil-Komm. 9. Aufl., § 285 HGB, Rz 233 ff.; *Poelzig*, in MünchKomm. HGB, 3. Aufl., § 285 Rn 246 ff.
104 Näher dazu *Poelzig*, in MünchKomm. HGB, 3. Aufl., § 285 Rn 252.
105 Vgl. *Grottel*, in Beck Bil-Komm. 9. Aufl., § 285 HGB, Rz 250.

von Drittunternehmen vorzulegen ist, an denen die Ges. Beteiligungen von nicht nur untergeordneter Bedeutung hält.

## 2.12 Angaben über Unternehmensbeteiligungen als haftender Gesellschafter (Nr. 11a)

96 Nr. 11a wurde durch das KapCoRiLiG eingeführt; sie geht auf Art. 43 Abs. 1 Nr. 2 i.d.F. d. GmbH & Co-RL zurück und soll auf das mit der persönlichen Haftung verbundene erhöhte Risiko hinweisen. Danach sind die sich aus dem HR ergebenden Daten über Name, Sitz und Rechtsform derjenigen Unt anzugeben, bei denen die KapG allein oder neben anderen zum Bilanzstichtag **unbeschränkt haftender Gesellschafter** ist. Das Unt, an dem die Beteiligung besteht, muss selbst nicht rechnungslegungspflichtig sein.

97 Mit Abschluss des Vertrags mit den weiteren Gesellschaftern und der Fortsetzung der Geschäfte mit Zustimmung des Eintretenden ist der Eintritt wirksam, was die Angabepflicht auslöst. Auf den Zeitpunkt der Eintragung der nur deklaratorisch wirkenden HR-Eintragung kommt es nicht an.

98 Die Angabe nach Nr. 11a kann entfallen, wenn die Voraussetzungen des § 286 Abs. 3 Satz 1 HGB vorliegen (§ 286 Rz 12) bzw. generell für KleinstKapG.

## 2.13 In der Bilanz nicht gesondert ausgewiesene Rückstellungen (Nr. 12)

99 Im Anhang ist dann vom mittelgroßen und großen KapG eine Erläuterung aufzunehmen, wenn Rückstellungen,[106] die in der Bilanz unter dem Posten „**sonstige Rückstellungen**" nicht gesondert ausgewiesen worden sind, einen nicht unerheblichen Umfang haben; Steuer- und Pensionsrückstellungen sind hier nicht zu erläutern.[107] Die Art. 42 Satz 2 der 4. EG-RL umsetzende Pflicht zur näheren Erläuterungen gem. Nr. 12 besteht also nur dann, wenn von dem **Wahlrecht** des § 265 Abs. 5 Satz 1 HGB Gebrauch gemacht wurde und die Rückstellungsarten nicht gesondert ausgewiesen wurden.

100 Es ist verbal zu erläutern, in welcher Art, in welcher Größenordnung und zu welchem Zweck die Rückstellung gebildet wurde und in welcher Größenordnung sie erfolgte. Es gibt keine überzeugenden Gründe, weshalb im Rahmen der Erläuterung nicht auch eine **zahlenmäßige Angabe** erfolgen kann. Die Tatsache, dass der Normwortlaut sie nicht fordert, schließt nicht aus, dass Zahlen innerhalb der Erläuterung zur besseren und klareren Information herangezogen werden.[108] Immerhin erfolgen die Erläuterungen anstelle der Aufgliederung in der Bilanz und müssen deshalb einen entsprechenden Aussagewert haben.

101 Die Angabepflicht besteht nur dann, wenn die Rückstellungen einen nicht unerheblichen Umfang haben, was sehr vage und unbestimmt ist und einen Spielraum lässt. Die **Erheblichkeit** bestimmt sich aus der Gesamtschau, sinnvollerweise ausgehend von der Bilanz ist der Gesamtbetrag der sonstigen Rückstellungen und

---

[106] Vgl. zu den in der Bilanz in drei Gruppen aufgegliederten Rückstellungen § 266, Rz 126.
[107] Zur bilanzrechtlichen Behandlung der Rückstellungen für die Entsorgung von Kernbrennelementen bei den großen deutschen Versorgern *Führich*, WPg 2006, S. 1271 und 1349.
[108] Ebenso neben anderen *Grottel*, in Beck Bil-Komm. 9. Aufl., § 285 HGB, Rz 260.

auch die Belastung des Jahresergebnisses zu betrachten. Erweisen sich die Rückstellungen danach als nicht erheblich, bedarf es keiner Erläuterung.

Mittelgroße KapG/KapCoGes sind nicht von der Aufstellung, aber doch von der Offenlegung der Angabe aus Nr. 12, von der Pflicht zur Einreichung beim BAnz gem. § 327 Nr. 2 HGB befreit;[109] kleine KapG sind schon von der Aufstellung dieser Angabe und folgerichtig auch von der Angabepflicht gem. 288 Abs. 1 HGB befreit. Kreditinstitute sind von der Pflichtangabe nach § 340a Abs. 1 HGB ebenfalls befreit. Publizitätspflichtige Körperschaften, mittelgroße und große Genossenschaften und VersicherungsUnt haben die Angabepflicht zu beachten. 102

### 2.14 Abschreibung des Geschäfts- oder Firmenwerts (Nr. 13)

Nr. 13 dient der Umsetzung von Art. 37 Abs. 2 Satz 2 der BilanzRL, wonach die Mitgliedstaaten den Unt erlauben können, ihren **Geschäfts- oder Firmenwert** im Verlauf eines befristeten Zeitraums von mehr als fünf Jahren planmäßig abzuschreiben, wenn dieser Zeitraum die Nutzungsdauer nicht überschreitet und dies im Anhang begründet wird.[110] Nach Nr. 13 haben die Unt hier nachvollziehbar darzulegen, weshalb sie die Abschreibung planmäßig über einen Zeitraum von mehr als fünf Jahren erstrecken wollen. Die Erläuterungspflicht gilt nicht nur für neue GoF, sondern auch für Fälle vor dem Inkrafttreten des BilMoG, soweit bei der Umstellung auf das BilMoG hieraus noch ein GoF ausgewiesen wurde. Die Gesetzesbegründung[111] weist ausdrücklich darauf hin, dass ein Hinweis auf die steuerlichen Vorschriften (hier gem. § 7 Abs. 1 Satz 3 EStG Abschreibung über 15 Jahre) deshalb nicht genügt, weil die handelsrechtliche Nutzungsdauer vom Steuerrecht unabhängig zu beurteilen ist. Mit dem BilRUG sind zukünftig ohne Beschränkung auf einen Zeitraum alle Nutzungsdauern zu erläutern. 103

Als Beispiele für Anhaltspunkte der GoF-Nutzungsdauerschätzung und damit der Begründung können Vertragslaufzeiten, erwartete Nutzungsdauern von Reputation und Markennamen sowie Zeiträume von technologischen Vorsprüngen oder Synergieeffekten sein. Allerdings müssen die Sachverhalte auch als GoF erfasst sein, d. h. eine gesonderte Bilanzierung als VG ist nicht möglich. 104

> **Beispiel**
> **Geschäfts- oder Firmenwert**[112]
> „Die erworbenen Geschäfts- bzw. Firmenwerte resultieren aus den Käufen der Camps Prerow (1998), Born (2001), Tecklenburg (2002) und Nonnevitz (2003). Der Geschäfts- bzw. Firmenwert des Camps Prerow bezieht sich auf langfristige Nutzungsverträge, die insb. das Alleinstellungsmerkmal des Camps, nämlich die Dünennutzung beinhaltet. Bei den Camps Born und Nonnevitz bezieht sich der Geschäfts- bzw. Firmenwert auf die Übernahme der lukrativen Pachtverträge und der bereits hervorragenden Reputation der bestehenden Camps. Der Geschäfts- bzw. Firmenwert des Camps Teck-

---

109 So auch *Poelzig*, in MünchKomm. HGB, 3. Aufl., § 285 Rn 278, mit Nachweisen der Gegenansicht.
110 Vgl. zu dem durch das BilMoG eingeführten zusätzlichen Ermessensspielraum („verdecktes Wahlrecht") hinsichtlich der Nutzungsdauer eines erworbenen GoF *Kirsch*, BRZ 2009, S. 254, 257.
111 Vgl. BilMoG-BegrRegE, S. 70.
112 Entn. aus Regenbogen AG, JA 2011 i. d. F. des BAnz, S. 20.

> lenburg besteht lediglich i. H. eines Erinnerungswerts. Auf Grund der Laufzeit der Verträge sieht die Regenbogen AG eine Nutzungsdauer von 15 Jahren vor, in der die Geschäfts- bzw. Firmenwerte linear abgeschrieben werden.

Zu weiteren praktischen Beispielen s. Haufe HGB Bilanz Kommentar BilMoG Erfahrungsbericht Rz 400.

### 2.15 Angaben über Mutterunternehmen mit Konzernabschluss (Nr. 14)

105 Mit den Angaben nach Nr. 14, die Art. 56 Abs. 2 der 4. EG-RL umsetzt, soll im Interesse der Offenlegung von Konzernverflechtungen und der „Verbindungen in eine fremdbestimmte Interessensphäre"[113] bei konzernabhängigen Ges. der **Zugang zum KA** erleichtert werden. Verlangt wird (nur) von einem TU gem. § 290 HGB, die jedoch nicht KleinstKapG ist, die Angabe von Namen und Sitz einmal des MU, das den KA für den größten Kreis (Konzernspitze), und dann desjenigen MU, das den KA für den kleinsten Kreis von Unt aufstellt, also der MU mit dem größten und mit dem kleinsten KonsKreis.

106 Wer MU[114] ist, ergibt sich aus § 290 HGB. Allerdings ist es unerheblich, in welcher Rechtsform das MU organisiert ist.[115] Es ist auch ohne Belang, ob es sich um ein kleines oder großes Unt handelt und ob es im Inland oder im Ausland gelegen ist.

107 Gibt es in einem Gemeinschaftsunt (§ 310 HGB) mehrere MU, weil das angabepflichtige Unt unter der gemeinschaftlichen Leitung durch mehrere MU steht, so sind alle MU anzugeben.[116] Sind die beiden MU, für die die Angaben vorzunehmen sind, im Fall des zweistufigen Konzerns deckungsgleich, kann die Angabe auch nur zu diesem einen MU erfolgen.

108 Die Angabepflicht besteht dann, wenn die Mutter einen KA aufgestellt hat, unabhängig davon, ob eine Gesetzespflicht aus § 290 HGB besteht oder ob der KA freiwillig aufgestellt wurde, und auch unabhängig davon, ob das TU in den KA einbezogen wurde oder nicht.[117] Liegen Gründe vor, nach denen eine Befreiung von der Verpflichtung zur Aufstellung eines KA erfolgt, bezieht sich die Angabepflicht auf das nächst höhere MU.[118]

109 Ist entgegen einer entsprechenden Verpflichtung kein KA erstellt worden, hat das TU das pflichtwidrig handelnde MU gleichwohl anzugeben. Nur dann, wenn keine Pflicht zur Aufstellung des KA besteht und ein solcher auch nicht freiwillig erstellt wurde, bedarf es zu Nr. 14 überhaupt keiner Angabe, auch keiner Fehlanzeige.

110 Anzugeben ist der **Name**, der die Rechtsform des MU einschließt, und der **Sitz** des Unt.

---

[113] Vgl. *Grottel*, in Beck Bil-Komm. 9. Aufl., § 285 HGB, Rz 270; s. a. *Poelzig*, in MünchKomm. HGB, 3. Aufl., § 285 Rn 286.
[114] MU impliziert, dass eine unternehmerische Tätigkeit ausgeübt wird, was etwa bei einer reinen vermögensverwaltenden Tätigkeit nicht der Fall ist.
[115] Vgl. *Wulf*, in Baetge/Kirsch/Thiele Bilanzrecht, § 285 HGB Rn 232 Stand 08/2014.
[116] Vgl. *Grottel*, in Beck Bil-Komm. 9. Aufl., § 285 HGB, Rz 273.
[117] Ebenso *Poelzig*, in MünchKomm. HGB, 3. Aufl., § 285 Rn 292.
[118] Vgl. *Poelzig*, in MünchKomm. HGB, 3. Aufl., § 285 Rn 292.

Es ist weiter der Ort anzugeben, an dem die offengelegten KA erhältlich sind, also zunächst der Ort des Gerichts, bei dem das MU den KA einzureichen hat. Neben der geografischen Registerortsangabe sollten auch die Registernummer und die Nummer im BAnz bzw. bei ausländischen Ges. eines vergleichbaren ausländischen Amtsblatts bekannt gemacht werden.  **111**

Steht die Offenlegung (Einreichung zum Register und Bekanntmachung im BAnz, § 325 HGB) des KA noch bevor, ist darauf hinzuweisen, dass die Einreichung beim HR erfolgte und dass die Bekanntmachung im BAnz bzw. einem ausländischen Veröffentlichungsorgan folgen wird.  **112**

Ist der KA freiwillig erstellt worden und somit auch nicht einzureichen, braucht der Ort nicht angegeben zu werden.[119]  **113**

Ist ein KA nicht erstellt worden, besteht auch keine Pflicht zur Angabe nach Nr. 14, es sei denn, es hätte aufgrund einer gesetzlichen Pflicht ein KA erstellt werden müssen. In diesem Fall ist anstelle der Angabe des Orts der Offenlegung auf die nicht erfolgte Offenlegung hinzuweisen.[120]

Bei Vorliegen der in Nr. 14 genannten Voraussetzungen sind mit Ausnahme der KleinstKapG alle KapGes und KapCoGes sowie eingetragene Genossenschaften, Kreditinstitute und Versicherungsunt angabepflichtig, aufgrund von § 5 Abs. 2 Satz 2 PublG nicht jedoch die nach § 3 Abs. 1 PublG publizitätspflichtigen Unt.  **114**

Mit dem BilRUG kommt es zu einer Auftrennung der Angabepflichten, da kleinen KapG Erleichterungen eingeräumt werden sollen (Rz 181).

### 2.16 Persönlich haftende Gesellschafter (Nr. 15)

Die mit dem KapCoRiLiG eingefügte, nicht auf EG-Recht zurückgehende Nr. 15 verpflichtet PersG i.S.v. § 264a Abs. 1 HGB, Namen und Sitz ihrer **persönlich haftenden Gesellschafter** anzugeben. Außerdem ist das von ihnen gezeichnete Kapital auszuweisen. Bei KapG als phG ist das zum Bilanzstichtag im HR eingetragene Grund- und Stammkapital anzugeben. Bei PersG sind die Kapitalanteile der Gesellschafter zu benennen. Bei Stiftungen wird das Grundstockvermögen angegeben. Die zusammengefassten Kapitalanteile der Kommanditisten sind jeweils gesondert und entsprechend § 264c Abs. 2 HGB aufzuführen, wenn der phG eine KapCoGes ist. Die Angabepflicht beschränkt sich auf die Nennung der voll haftenden Ges.; voll haftende natürliche Personen brauchen nicht angegeben zu werden.  **115**

In dem Fall, dass die berichtende Ges. selbst die Anteile an ihrer Komplementärges. hält, kann es zu einer Doppelangabe mit Nr. 11 kommen; wird auf die Stellung als phG hingewiesen, können die Angaben zusammengefasst werden.  **116**

Unter den Voraussetzungen des § 286 Abs. 1 HGB braucht die Angabe nicht zu erfolgen. § 286 Abs. 3 HGB kann nicht herangezogen werden.[121] KleinstGes. sind mangels Anhangsaufstellungspflicht generell von dieser Angabe befreit.  **117**

---

[119] Vgl. *Hüttemann*, in *Canaris/Schilling/Ulmer*, HGB, § 285, Rz 101.
[120] Vgl. *Grottel*, in Beck Bil-Komm. 9. Aufl., § 285 HGB, Rz 277.
[121] Vgl. *Poelzig*, in MünchKomm. HGB, 3. Aufl., § 285 Rn 299.

## 2.17 Publizität der Entsprechenserklärung (Nr. 16)

118 Börsennotierte AG haben anzugeben, dass die nach § 161 AktG vorgeschriebene **Entsprechenserklärung**[122] zum DCGK abgegeben wurde und wo diese dauerhaft öffentlich zugänglich gemacht worden ist. Es ist damit leichter nachzuprüfen, ob Vorstand und AR erklärt haben, dass den im amtlichen Teil des BAnz bekannt gemachten und auch unter www.corporate-governance-code.de veröffentlichten Empfehlungen der Regierungskommission DCGK entsprochen wurde und wird bzw. welchen Empfehlungen nicht gefolgt wurde oder wird.[123] Diese Angabe ist als wesentlich anzusehen, sodass Fehler zu korrigieren sind.[124]

119 Öffentlich zugänglich ist die Entsprechenserklärung noch nicht, wenn sie i.S.v. § 325 HGB, also über das BAnz offengelegt wurde. Hat die angabepflichtige Ges. eine eigene **Webseite**, wovon heute auszugehen ist, ist die Entsprechenserklärung dort öffentlich zugänglich zu machen. Sie sollte mit einem Datum versehen werden, damit erkennbar ist, ob sie sich unter Berücksichtigung der im jährlichen Turnus erfolgenden Aktualisierung noch auf die jüngste Fassung des DCGK bezieht.

## 2.18 Gesamthonorar des Abschlussprüfers (Nr. 17)

120 Mit der Umsetzung von Art. 43 Abs. 1 Nr. 15 der Bilanz-RL i.d.F. d. AbschlussprüferRL mussten auch die Vorschriften über die Angabe des Gesamthonorars des **AP** im Anhang des JA und KA geändert werden.[125] Anlass für die europäische Regelung war die Empfehlung zur Unabhängigkeit des AP in der EU.[126] Die Pflicht zur Angabe des aufzuschlüsselnden Gesamthonorars des AP ist nun von allen Unt zu beachten.[127] Erleichterungen sieht § 288 HGB nur für kleine und mittlere KapG vor, wobei kleine KapG (wie auch KleinstKapG) mangels Pflichtprüfung ganz befreit sind, mittelgroße KapG haben die Information nur auf schriftlicher Nachfrage der WPK zu übermitteln. Die Angabepflicht entfällt nach dem letzten Hs. zudem dann, wenn die Angaben bereits in einem das Unt einbeziehenden KA enthalten sind. Die Anwendung der Konzernklausel erfolgt unter dem Vorbehalt, dass die Honorarangaben aller in den KA einbezogenen Unt im Anhang zum KA erfolgen. Dies wird in der Praxis verbreitet genutzt; zu den praktischen Konsequenzen s. Haufe HGB Bilanz Kommentar BilMoG Erfahrungsbericht Rz 402 ff.

121 Anzugeben ist nach dem Gesetzestext das für im Gj **erbrachte Leistungen** berechnete Gesamthonorar des gesetzlichen AP in EUR bzw. TEUR oder Mio. EUR; nach IDW RS HFA 36.8 wird dies zutreffend als das aus Sicht des

---

[122] Zu den Anforderungen an die Entsprechenserklärung vgl. ausführlich *Grottel*, in Beck Bil-Komm. 9. Aufl., § 285 HGB, Rz 281; *Ringleb*, in *Ringleb/Kremer/Lutter/Werder*, v., DCGK-Komm., S. 335, 353 Rz 1594; *Lutter*, in Kölner Kommentar zum-AktG, § 161 Rn 63.
[123] Zum Plädoyer für einen eigenständigen Corporate-Governance-Bericht neben Bilanz und LB vgl. *Lentfer/Weber*, DB 2006, S. 2357.
[124] Vgl. dazu *Breker/Kuhn*, WPg 2007, S. 770, 773.
[125] Eingefügt durch das am 4.12.2004 in Kraft getretene BilReG, BGBl 2004 I S. 3166.
[126] Empfehlung vom 16.5.2002, ABl. EG, L 191/22. Vgl. zur Stärkung der Unabhängigkeit des AP durch das BilReG *Hülsmann*, DStR 2005, S. 166; s.a. *Peemöller/Oehler*, BB 2004, S. 539, 544. Im Gesetzgebungsverfahren zum BilMoG wurde gegenüber dem RegE der Wortlaut der Vorschrift an den Wortlaut des Art. 43 Abs. 1 Nr. 15 Bilanz-RL i.d.F. d. Abschlussprüfer-RL angepasst, ohne dass es dadurch zu einer grundlegenden Änderung der bisherigen Praxis bei der Ermittlung der anzugebenden Honorare kommen soll.
[127] S. zum Anwendungsbereich auch *Bischof*, WPg 2006, S. 705 f.

Bilanzierenden auf das Gj entfallende Honorar angesehen, was letztlich auch als Aufwand in der GuV erfasst wurde.[128] Dazu gehören auch RST für noch nicht berechnete Leistungen.[129] Soweit es hier zu Fehleinschätzungen kommt, sind diese im nächsten Gj analog zur erfolgswirksamen Anpassung in der Angabe des Honorars zu berücksichtigen; bei wesentlichen Beträgen empfiehlt IDW RS HFA 36.9 einen Davon-Vermerk.

Das **Honorar** ist in seine Vergütungsbestandteile a) für die Abschlussprüfungsleistungen, b) für andere Bestätigungsleistungen, c) für Steuerberatungsleistungen und d) für sonstige Leistungen aufzuschlüsseln; eine Negativanzeige ist nicht erforderlich, wenn auf eine der vorgenannten Kategorien kein Teilbetrag entfällt. Das Gesamthonorar darf nicht in einer Gesamtsumme angegeben werden.[130] In der Kategorie a) sind die an den AP für den JA im GJ zu zahlenden Honorare einschließlich des geltend gemachten Auslagenersatzes für Übernachtungen, Fahrt- und Reisekosten, Schreibkosten und andere Aufwendungen anzugeben. Auch die Honorare für sonstige dem AP gesetzlich obliegende Prüfungen (z.B. nach § 313 AktG, nach § 53 HGrG oder nach § 29 Abs. 2 KWG) fallen unter die Angabepflicht nach Kategorie a), wenn sie in der GuV als Aufwand erfasst sind.[131] In die Kategorie b) fallen Angaben über Honorare für andere Bestätigungsleistungen, etwa freiwillige Prüfungen, Prüfungen nach dem UmwG oder nach Spezialgesetzen (z.B. nach § 36 WpHG) und für auf Zwischenabschlüsse bezogene Prüfungsleistungen.

122

Als Honorar für die Apr. zählen gem. Buchst. c) ausdrücklich auch diejenigen für Steuerberatungsleistungen. Zu den „anderen Bestätigungsleistungen" zählt der RefE andere berufstypische Prüfungsleistungen außerhalb der JAP, darunter für zulässigerweise erbrachte Bewertungsleistungen, die „wegen § 319 Abs. 3 Nr. 3 Buchst. d HGB kaum noch durch den AP erbracht werden dürfen".[132] Unter den Auffangtatbestand der „sonstigen Leistungen" können etwa Honorare für prüfungsnahe Beratungen verstanden werden.

123

Die **Umsatzsteuer** ist nicht Bestandteil des Honorars. Soweit das Unt Schadensersatzansprüche gegen den AP geltend macht, darf der Schaden nicht von dem hier anzugebenden Honorar abgezogen werden.

124

Vorjahreszahlen fallen nicht unter die Angabepflicht. Zu Umsetzungsbeispielen und ersten empirischen Erkenntnissen s. Haufe HGB Bilanz Kommentar BilMoG Erfahrungsbericht Rz 407 ff.

125

## 2.19 Unterlassene Abschreibung von Finanzinstrumenten (Nr. 18)

Die Art. 43 Abs. 1 Nr. 14b und Art. 42 Abs. 1 Bilanz-RL umsetzende Angabepflicht nach Nr. 18 wurde durch das BilReG aufgenommen. Es müssen danach für zu den Finanzanlagen nach § 266 Abs. 2 A. III. HGB gehörende Finanzinstrumente, die über ihrem beizulegenden Zeitwert ausgewiesen werden, Angaben gemacht werden, weil eine außerplanmäßige Abschreibung nach § 253 Abs. 3 Satz 4 HGB unterblieben ist. Es sind einmal nach Buchst. a der **Buchwert**

126

---

[128] Vgl. AKEU, BB 2008, S. 997.
[129] Vgl. *Kling*, WPg, S. 211.
[130] Zu den Kategorien näher *Bischof*, WPg 2006, S. 705, 709.
[131] Vgl. *Kling*, WPg, S. 213 ff.
[132] BilMoG-RefE v. 8.11.2007, S. 145.

und der beizulegende **Zeitwert** der einzelnen VG oder angemessener Gruppierungen sowie nach Buchst. b die **Gründe für das Unterlassen der Abschreibung** einschl. der konkreten, begründeten[133] Anhaltspunkte, die darauf hindeuten, dass die Wertminderung voraussichtlich nicht von Dauer ist, anzugeben. Unter Buchwert ist der Wert zu verstehen, mit dem die zu AHK bewerteten Aktiva und Passiva, vermindert um Abschreibungen und vermehrt um Zuschreibungen, in der Bilanz erfasst sind;[134] während der Zeitwert derjenige Wert ist, der beim Verkauf von VG zum aktuellen Zeitpunkt erreicht würde, also derjenige Wert, den ein Posten in der Bilanz etwa zum Bilanzstichtag hat.[135] Insbesondere sind keine Transaktionskosten zu berücksichtigen.[136] Die Herleitung erfolgt nach § 255 Abs. 4 Satz 1 und 2 HGB (§ 255 Rz 225 ff.). Diese Angabepflicht resultiert aus dem Wahlrecht des § 253 Abs. 3 Satz 4 HGB, bei Finanzanlagen eine außerplanmäßige Abschreibung wegen einer voraussichtlich nicht von Dauer bestehenden Wertminderung vorzunehmen oder nicht.

127 Eine Angabepflicht besteht also nur, wenn die Finanzinstrumente über dem Zeitwert ausgewiesen sind, wie er zum Bilanzstichtag beizulegen ist. Das ist der Fall, wenn entsprechend dem ganz oder teilweise ausgeübten **Wahlrecht** nicht auf den niedrigeren beizulegenden Zeitwert, der nicht als dauerhaft angesehen worden war, abgeschrieben wurde. Bei der Ermittlung des Zeitwerts ist wie bei Derivaten vorzugehen (s. Sätze 2 und 3).

128 Eine gesetzliche oder auch nur allgemein vereinheitlichte **Definition** des Begriffs „Finanzinstrumente" existiert nicht. Es sind alle Finanzanlagen i.S.d. § 266 Abs. 2 A. III. HGB als Finanzinstrumente anzusehen.[137]
Liegen gleichartige Gründe für das Unterlassen der Abschreibung vor, sollten die Finanzinstrumente bei entsprechend großer Zahl anzugebender Daten in Gruppierungen zusammengefasst werden. Zur praktischen Umsetzung s. Haufe HGB Bilanz Kommentar BilMoG Erfahrungsbericht Rz 411.

129 Der Angabepflicht unterliegen mit Ausnahme der KleinstKapG alle KapG und KapCoGes, die unter das Publizitätsgesetz fallenden Unt, die Kredit- und die Finanzdienstleistungsinstitute sowie die VersicherungsUnt. Eine Angabe nach Nr. 18 unterbleibt, wenn die Angaben nach der spezielleren Vorschrift der Nr. 26 vorzunehmen sind.

## 2.20 Nicht zum beizulegenden Zeitwert bilanzierte derivative Finanzinstrumente (Nr. 19)

130 Nr. 19 verlangt Angaben für den Fall, dass derivative Finanzinstrumente nicht zum beizulegenden Zeitwert bilanziert wurden. Aus Nr. 23 ergibt sich, dass die derivativen Finanzinstrumente, die in eine Bewertungseinheit einbezogen wur-

---

[133] Es muss anhand der Begründung erkennbar, plausibel und nachvollziehbar sein, dass der Angabepflichtige zur Unterlassung der Abschreibung berechtigt war.
[134] Vgl. *Grottel*, in Beck Bil-Komm. 9. Aufl., § 285 HGB, Rz 315.
[135] S. *Grottel*, in Beck Bil-Komm. 9. Aufl., § 285 HGB, Rz 328.
[136] IDW RH HFA 1.005. 10.
[137] Vgl. dazu *Grottel*, in Beck Bil-Komm. 9. Aufl., § 285 HGB, Rz 312; s.a. *Poelzig*, in MünchKomm. HGB, 3. Aufl., § 285 Rn 321; IDW RS HFA 1.005. 3.

den, von der Angabe ausgenommen sind.[138] Als derivative Finanzinstrumente gelten nach IDW RH HFA 1.005. 4f.
- als Fest- oder Optionsgeschäfte ausgestattete Termingeschäfte sowie
- Warentermingeschäfte, bei denen Veräußerer oder Erwerber zur Abgeltung in bar oder durch andere Finanzinstrumente berechtigt sind.

Zudem sind auch eingebettete Derivate eines strukturierten Finanzinstruments, die gem. IDW RS HFA 22 getrennt zu bilanzieren sind, hierunter zu subsumieren. Die Angabepflicht nach Nr. 19 ergänzt somit die nach Nr. 18 und 20 und führt in der Summe stets zur Angabe der beizulegenden Zeitwerte der derivativen Finanzinstrumente, soweit nicht eine Bilanzierung zum beizulegenden Zeitwert erfolgt ist.

Die analog zu Nr. 18 geforderten Angaben haben nach Kategorien und bezogen auf den Abschlussstichtag zu erfolgen; selbst wesentliche Einzelderivate sind nicht getrennt angabepflichtig. Kleine KapG und kleine KapCoGes. sind von der Angabe nach § 288 Abs. 1 HGB befreit.

## 2.21 Bewertungsmethode, Umfang und Art mit dem Zeitwert bewerteter Finanzinstrumente (Nr. 20)

Die Nr. 20 musste durch das BilMoG eingefügt werden, um dem Gesetzgebungsbefehl des Art. 42d Bilanz-RL i.d.F. d. Fair-Value-RL nachzukommen. Danach müssen im Anhang dann, wenn Finanzinstrumente entsprechend § 340e Abs. 3 Satz 1 HGB mit dem beizulegenden Zeitwert bewertet werden – was nur bei **Kreditinstituten** möglich ist –, ausweislich des Buchst. a) die grundlegenden Annahmen, die der **Bestimmung des beizulegenden Zeitwerts** mithilfe allgemein anerkannter Bewertungsmethoden zugrunde gelegt wurden, und nach Buchst. b) für jede Kategorie derivativer Finanzinstrumente deren **Umfang und Art** einschl. der wesentlichen Bedingungen, welche die Höhe, den Zeitpunkt und die Sicherheit künftiger Zahlungsströme beeinflussen können, angegeben werden.[139]

131

Nach der Gesetzesbegründung zum BilMoG sind ausführlichere Angaben nach Buchst. a) nur dann erforderlich, wenn der beizulegende Zeitwert der Finanzinstrumente nicht unmittelbar auf einem eigenen Marktwert basiert, sondern auf der Anwendung von allgemein anerkannten Bewertungsmethoden beruht.[140] Es müssen die zentralen Angaben, die die Gesetzesbegründung als „die wesentlichen nachvollziehbaren Parameter" bezeichnet, angegeben werden, die im Rahmen der Anwendung der Bewertungsmethode Berücksichtigung gefunden haben.

132

Die Angaben zu Art und Umfang jeder Kategorie der **derivativen Finanzinstrumente**, die nach Buchst. b) gefordert werden, sind identisch mit denjenigen Angaben, die gem. Nr. 19 gefordert werden.

133

Die **Kategorienbildung** muss sich an den dem jeweiligen derivativen Finanzinstrument zugrunde liegenden Basiswerten bzw. dem abgesicherten Risiko orientieren. Die Gesetzesbegründung hält etwa eine Einteilung in zinsbezogene, währungsbezogene oder aktienbezogene derivative Finanzinstrumente für denk-

134

---

[138] IDW RH HFA 1.005. 24.
[139] Vgl. IDW RS BFA 2 (Bilanzierung von Finanzinstrumenten des Handelsbestands bei Kreditinstituten), FN-IDW 4/2010, S. 154.
[140] BilMoG-BegrRegE, S. 71.

bar.¹⁴¹ Für jede Kategorie sind die wesentlichen Bedingungen anzugeben, die die Höhe, den Zeitpunkt und die Sicherheit künftiger Zahlungsströme beeinflussen können. Das soll die Risiken erhellen, mit denen die derivativen Finanzinstrumente konfrontiert werden. Um den Umfang des derivativen Finanzinstruments festzustellen, ist über den Nominalwert zu informieren.

### 2.22 Geschäfte mit Nahestehenden (Nr. 21)

135 Die dem Handelsrecht bisher fremde Regelung der Nr. 21 war aufgrund von Art. 43 Abs. 1 Nr. 7b Bilanz-RL i.d.F. d. Abänderungs-RL durch das BilMoG einzufügen. Sie verpflichtet mittelgroße und große KapG/KapCoGes. zu Angaben zumindest über die wesentlichen **marktunüblichen Geschäfte** der Ges. mit nahe stehenden Unt und Personen, einschl. der Angaben über deren Wertumfang und über die Art der **Beziehung zu den nahe stehenden Unt und Personen**.¹⁴² Außerdem sind weitere Angaben über solche Geschäfte zu machen, die für die Beurteilung der Finanzlage der Ges. notwendig sind. Der DRS 11 „Berichterstattung über Beziehungen zu nahe stehenden Personen" wurde gem. DRÄS 4 zum 31.12.2009 aufgehoben.

136 Die Regelung stellt es den Angabepflichtigen frei, entweder nur die wesentlichen marktunüblichen Geschäfte anzugeben oder über alle Geschäfte mit nahe stehenden Unt und Personen zu berichten. Mit der Angabepflicht werden die handelsrechtlichen Berichtspflichten an die internationale Rechnungslegung angepasst und mehr Transparenz geschaffen, dem Schlüsselfaktor für eine gute Corporate Governance.¹⁴³ Die Regelung im HGB ist trotz Hinweis auf die Verhältnismäßigkeit des Mehraufwands¹⁴⁴ aber komplexer als die entsprechenden Vorschriften des IAS 24 (Related Party Disclosures) und führt folglich auch zu einem entsprechend noch höheren Mehraufwand für HGB-Bilanzierer.

137 Schon vor dem 31.12.2009 kannte das Handelsrecht Vorschriften, die eine Transparenz
- über die Beziehungen zu verbundenen Unt (§ 271 Abs. 2 HGB i.V.m. §§ 266, 268, 275, 285 Nrn. 3 und 14 HGB),
- über die Mitglieder der Unternehmensführung und der Kontrollorgane (Nrn. 9 und 10),
- über Unt, deren Anteile gehalten werden (Nrn. 11 und 11a) und
- über Unt, die in den KA einbezogen werden (§§ 313, 314 HGB), herstellen.

Auch außerhalb des HGB regeln Vorschriften die Pflicht zur Angabe über nahe stehende Unt und Personen (§ 312 AktG; §§ 20f. AktG; §§ 21f. WpHG). Schließlich findet sich im DCGK in Ziff. 7.1.5 die Empfehlung, im KA Beziehungen zu Aktionären zu erläutern, die i. S. d. anwendbaren Rechnungslegungsvorschriften als „nahe stehende Personen" zu qualifizieren sind.

138 Als Rechnungslegungsvorschrift, die den Begriff der **nahe stehenden Unt und Personen** definiert, kommen hier nur die internationalen Rechnungslegungs-

---

¹⁴¹ BilMoG-BegrRegE, S. 71.
¹⁴² Ausführlich dazu *Petersen/Zwirner/Busch*, BB 2009, S. 1854, 1855 f. Vgl. auch IDW RS HFA 33, Tz 1 ff.
¹⁴³ Vgl. *Pfitzer/Oser/Orth*, DCGK, S. 21.
¹⁴⁴ BilMoG-BegrRegE, S. 34.

standards (IFRS) in Betracht.[145] Nach IAS 24.1 (Präambel) ist sicherzustellen, dass die Abschlüsse eines Unt die notwendigen Angaben enthalten, um auf die Möglichkeit hinzuweisen, dass die VFE-Lage eines Unt u. U. durch die Existenz nahe stehender Unt und Personen sowie durch Geschäftsvorfälle und ausstehende Salden beeinflusst werden kann. Als „nahe stehend" ist nach IAS 24.9 nach dessen Neufassung[146] anzusehen

- ein Unt aus dem KonsKreis, zu dem das berichtende Unt gehört,
- ein assoziiertes Unt oder ein GemeinschaftsUnt des Konzerns, zu dem das berichtende Unt gehört,
- ein GemeinschaftsUnt, wenn es ebenfalls dem herrschenden Unt gehört wie das berichtende (Gemeinschafts-)Unt,
- ein Unt, das in die betriebliche Versorgung von eigenen Arbeitnehmern (Pensionsplan) eingebunden ist,
- ein Unt, welches von einer als nahe stehend klassifizierten Person beherrscht wird oder worauf diese einen maßgeblichen Einfluss hat,
- eine Person, die das berichtende Unt beherrscht, an der gemeinschaftlichen Führung beteiligt ist oder einen maßgeblichen Einfluss ausüben kann,
- eine Person im Management des berichtenden Unt oder des beherrschenden MU eine Schlüsselrolle bekleidet,
- nahe Familienangehörige, d. h. Kinder, Ehegatten oder Lebenspartner, Kinder von Ehegatten und Lebenspartnern sowie abhängige Angehörige (auch von Ehegatten und Lebenspartnern) der vorgenannten Personen.

Diesen Bezug zu den internationalen Rechnungslegungsvorschriften stellt auch die Gesetzesbegründung zum BilMoG her, nach der „gemäß Art. 43 Abs. 1 Nr. 7b Bilanz-RL i. d. F. der Abänderungs-RL der Begriff „nahe stehende Unternehmen und Personen" im Sinn der gem. der IAS-Verordnung übernommenen internationalen Rechnungslegungsstandards – also gegenwärtig im Sinn von IAS 24 – zu verstehen" ist.[147]

139

Was als **Geschäft** i. S. d. Vorschrift zu qualifizieren ist, soll nach dem Willen des Gesetzgebers „funktional" ausgelegt werden, also über die Rechtsgeschäfte im rechtlichen Sinn hinausgehen. Auch insofern ergeben sich Abweichungen von der Berichtspflicht gem. § 312 AktG. Transaktionen nicht nur rechtlicher, sondern gerade wirtschaftlicher Art, die sich auf die Finanzlage eines Unt auswirken können, sollen erfasst werden. Es ist i. S. d. IAS 24.10 der wirtschaftliche Gehalt der Beziehung und nicht allein die rechtliche Gestaltung zu prüfen. Beispielhaft werden von der Gesetzesbegründung Käufe oder Verkäufe von Grundstücken und/oder Gebäuden oder fertigen oder unfertigen Waren oder Erzeugnissen, der Bezug oder die Erbringung von Dienstleitungen, die Nutzung oder Nutzungsüberlassung von Vermögensgegenständen, Finanzierungen, die Gewährung von Bürgschaften oder anderen Sicherheiten, Produktionsverlagerungen, Produktionsänderungen, Investitionen, Stilllegungen von Betriebsteilen, Abstimmungen im Ein- oder Verkauf oder die Übernahme der Erfüllung von Verbindlichkeiten genannt. Eine Liste mit Beispielen enthält auch IAS 24.20 sowie der Haufe HGB Bilanz Kommentar BilMoG Erfahrungsbericht ab Rz 414 ff.

140

---

145 Zur Übertragung der Definition vgl. auch IDW RS HFA 33, Tz 8.
146 Zu den Änderungen der Abgrenzung durch die Neufassung vgl. *Busack/Scharr*, IRZ 2011, S. 395 ff.
147 BilMoG-BegrRegE, S. 72; so auch WP-Handbuch, Bd. I, 14. Aufl., Abschn. F, Rz 1006.

141 Eine Angabepflicht hierüber besteht aber nur dann, wenn diese Geschäfte nicht zu **marktüblichen Bedingungen** zustande kamen. Das ist dann der Fall, wenn sich aus dem Vergleich mit einem (gedachten) Rechtsgeschäft mit einem fremden Dritten ergibt, dass diesem die Konditionen nicht eingeräumt worden wären, wie sie dem Geschäft mit dem nahe stehenden Unt oder Person zugrunde lagen. Aus der Angabe muss erkennbar sein, dass das Geschäft nicht zu marktüblichen Bedingungen abgeschlossen wurde.[148] Davon gibt es dann eine Befreiung, wenn alle Geschäfte mit nahe stehenden Personen oder Unt angegeben werden; in diesem Fall ist eine Untergliederung in Geschäfte mit marktüblichen und -unüblichen Konditionen nicht erforderlich.

142 Eine weitere Bedingung, ohne deren Vorliegen keine Angabepflicht besteht, ist, dass das Geschäft selbst auch „**wesentlich**" war; denn dann, wenn die Angabe nicht erforderlich ist, um den Einblick in die VFE-Lage zu gewährleisten, braucht sie nicht zu erfolgen (§ 264 Abs. 2 HGB).

143 Sind alle Voraussetzungen erfüllt, die zur Angabepflicht nach Nr. 21 führen, ist im Anhang über die **Art der Beziehung** zu den nahe stehenden Personen und Unt und über den Wertumfang des Geschäfts zu berichten. Die Berichterstattung ist so vorzunehmen, dass eine möglichst hohe Transparenz über die **Namen der Beteiligten**, den Wert der Geschäfte und die Bedingungen, zu denen die Geschäfte, insb. Kredite, abgewickelt wurden, gegeben ist. Bündelungen der Angaben sind zulässig, wenn eine getrennte Angabe für die Beurteilung der Auswirkungen auf die Finanzlage nicht notwendig ist.

144 Hier geht die Nr. 21 über das hinaus, was IAS 24 verlangt. Dies hat bereits zu der Forderung Anlass gegeben, eine Anpassung im Interesse der Aufwandsreduktion vorzunehmen.[149] Der Gesetzgeber verweist aber ausdrücklich nur bzgl. der Definition auf den IAS 24, die Angaben sind abweichend.[150]

145 Für hoch integrierte Konzerne, in denen es zwischen den Konzernunt zu einem intensiven Leistungsverkehr kommt, sieht die Vorschrift eine erheblich entlastende Freistellung vor, wenn das Geschäft mit oder zwischen mittelbar oder unmittelbar in 100 %igem Anteilsbesitz stehenden, in einen KA einbezogenen[151] TU des angabepflichtigen Unt abgewickelt wurde.

146 Kleine KapG sind in Übereinstimmung mit Art. 43 Abs. 1 Nr. 7b Bilanz-RL i.d.F. d. Abänderungs-RL von der Angabepflicht befreit; mittelgroße KapG brauchen die Angaben nicht zu machen, wenn sie keine AG sind. Mittelgroße AG können nach § 288 Abs. 2 Satz 4 HGB die Angabe nur auf die Geschäfte beschränken, die direkt oder indirekt mit dem Hauptgesellschafter oder Mitgliedern des Geschäftsführungs-, Aufsichts- oder Verwaltungsorgans abgeschlossen wurden (§ 288 Rz 6).

### 2.23 Forschungs- und Entwicklungskosten (Nr. 22)

147 Die mit dem BilMoG eingefügte Nr. 22 verpflichtet mittelgroße und große KapG/KapCoGes. zur Angabe des Gesamtbetrags der **F&E-Kosten** des Gj

---

[148] Vgl. *Kirsch* in *Federmann/Kußmaul/Müller*, HdB-Beitrag Anhang nach HGB, Rz 242 Stand 09/2014.
[149] S. etwa *Niehus*, DB 2008, S. 2493, 2498.
[150] Vgl. *Philipps*, BBK 2011, S. 212; WP-Handbuch, Bd. I, 14. Aufl., Abschn. F, Rz 1018 ff.
[151] Vgl. zur Verhinderung von Missbräuchen BilMoG-BegrRegE, S. 72.

sowie des davon auf selbst geschaffene **immaterielle VG des AV** entfallenden Betrags, der aufgegliedert in F&E-Kosten anzugeben ist.[152] Weil selbst geschaffene immaterielle VG des AV in den Grenzen von § 248 Abs. 2 HGB i.H.d. in der Entwicklungsphase angefallenen HK (Entwicklungskosten) **aktiviert werden können**, soll hier der Gesamtbetrag der F&E-Kosten des Gj sowie der davon auf selbst geschaffene immaterielle VG des AV entfallende, in F&E-Kosten aufzuschlüsselnde Betrag ausgewiesen werden. Dadurch werden die F&E-Kosten des Angabepflichtigen und ihr Verhältnis zueinander sowie seine **Innovationsfähigkeit** transparent. Zur praktischen Umsetzung s. Haufe HGB Bilanz Kommentar BilMoG Erfahrungsbericht ab Rz 419 ff.

Im § 248 Abs. 2 HGB ist ein Aktivierungswahlrecht für selbst geschaffene immaterielle VG des AV verankert. Danach sind Angaben zu den F&E-Kosten im Anhang nur zu machen, wenn selbst geschaffene immaterielle VG des AV aktiviert werden.[153] Wird das Wahlrecht nicht genutzt, haben Angabe zu F&E dann nur im LB zu erfolgen (§ 289, Rz 90 ff.).

148

### 2.24 Absicherung von Risiken (Nr. 23)

Aufgrund des mit dem BilMoG eingefügten Nr. 23 ist vom Angabepflichtigen dann, wenn nach § 254 HGB **Bewertungseinheiten** gebildet wurden, anzugeben, welche Arten von Bewertungseinheiten zur Absicherung welcher Risiken gebildet wurden und inwieweit der Eintritt der Risiken ausgeschlossen ist. Dadurch soll eine hinreichende Transparenz für die Abschlussadressaten erreicht werden. Es ist über das Gesamtvolumen der mit den am Bilanzstichtag bestehenden Bewertungseinheiten abgesicherten Risiken zu berichten. Zur praktischen Umsetzung s. Haufe HGB Bilanz Kommentar BilMoG Erfahrungsbericht ab Rz 422 ff.

149

Die Anwendung von § 254 HGB fordert Anhangangaben
- zur Art der Bewertungseinheit („ob die Risikoabsicherung mittels eines Micro-, Portfolio- oder Macro-Hedging betrieben wird"[154]),
- zu dem betragsmäßigen Umfang des Grundgeschäfts und insb. dem abgesicherten Risiko („mit welchem Betrag jeweils Vermögensgegenstände, Schulden, schwebende Geschäfte und mit hoher Wahrscheinlichkeit vorgesehene Transaktionen ... einbezogen sind", § 285 Nr. 23 Buchst. a HGB), wobei „als Risiken ... bspw. Zins-, Währungs-, Bonitäts- und Preisrisiken"[155] denkbar sein sollen,
- zu dem Gesamtvolumen der am Bilanzstichtag in bestehenden Bewertungseinheiten abgesicherten Risiken („die Höhe der mit Bewertungseinheiten abgesicherten Risiken" (§ 285 Nr. 23 Buchst. a HGB)),
- zu dem Sicherungsinstrument und zur Effektivität der Bewertungseinheit, wobei auch anzugeben ist, welches Verfahren das Unt heranzieht, um die Effektivität zu messen („für die jeweils abgesicherten Risiken, warum, in welchem Umfang und für welchen Zeitraum sich die gegenläufigen Wertände-

150

---

[152] Vgl. dazu *Seidel/Grieger/Muske*, BB 2009, S. 1286; *Hüttche*, BB 2009, S. 1346, 1350f.
[153] S. a. die Kommentierung zu § 248 Abs. 2 HGB, Rz 36ff., und § 255 Abs. 2a HGB, Rz 168ff.
[154] BilMoG-BegrRA, S. 115.
[155] BilMoG-BegrRA, S. 115.

rungen oder Zahlungsströme künftig voraussichtlich ausgleichen, einschl. der Methode der Ermittlung" (§ 285 Nr. 23 Buchst, b HGB)) und
- gesondert zu einem antizipativen Grundgeschäft („eine Erläuterung der mit hoher Wahrscheinlichkeit erwarteten Transaktionen, die in Bewertungseinheiten einbezogen werden" (§ 285 Nr. 23 Buchst. c HGB)).

An die Begründung antizipativer Grundgeschäfte stellt der Gesetzgeber hohe Anforderungen. Hier muss der Bilanzierende für Dritte nachvollziehbar und plausibel deutlich machen, warum das Tatbestandsmerkmal einer „hohen Wahrscheinlichkeit" erfüllt ist. Wird zur Absicherung eines antizipativen Grundgeschäfts ein derivatives Finanzinstrument verwendet, dessen Wert unterhalb der AK liegt, ist gesondert „zu erläutern, weshalb aus der ... mit hoher Wahrscheinlichkeit erwarteten Transaktion ein kompensierender Ertrag zu erwarten ist".[156]

Der Gesetzgeber stellt es dem Bilanzierenden frei, die beschriebenen Informationen statt im Anhang im LB zu veröffentlichen. Dadurch soll eine Zusammenfassung von Informationen ermöglicht werden.[157]

**151** Nach § 285 Nr. 23 Buchst. a HGB ist durch Offenlegung des Betrags der Umfang anzugeben, in dem jeweils VG, Schulden, schwebende Geschäfte und mit hoher Wahrscheinlichkeit erwartete[158] Transaktionen zur **Absicherung von Risiken** in eine Bewertungseinheit einbezogen wurden. Als Risiken sind bspw. Preisänderungs-, Zins-, Währungs-, Bonitäts- und Liquiditätsrisiken denkbar.

**152** Nach Nr. 23 Buchst. b ist eine Angabe zur Wirksamkeit der einzelnen am Bilanzstichtag bestehenden Bewertungseinheiten vorzunehmen. Der Offenlegungsadressat soll erkennen können, aus welchen Gründen und in welchem Umfang sich die gegenläufigen Wertänderungen (Fair Value Hedge) oder Zahlungsströme (Cash Flow Hedge) am Bilanzstichtag ausgleichen. Die Angaben sollen erhellen, warum und in welchem Umfang sie sich bis zum vorgesehenen Ende der Bewertungseinheit ausgleichen werden. Dazu bedarf es auch der Erläuterung, wie der Angabepflichtige zu seiner Beurteilung gekommen ist, welche **Methoden zur Ermittlung** dieser Feststellungen also angewandt worden sind.

**153** Nr. 23 Buchst. c bezieht sich auf **antizipative Bewertungseinheiten**. Der Gesetzgeber stellt strenge Anforderungen an die Begründung antizipativer Bewertungseinheiten.[159] Die Begründung einer antizipativen Bewertungseinheit setzt voraus, dass das gesicherte Grundgeschäft mit hoher Wahrscheinlichkeit eingegangen werden wird. Es soll dadurch, dass konkrete und plausible Gründe vorgetragen werden, nachvollziehbar sein, weshalb am Bilanzstichtag diese „hohe Wahrscheinlichkeit" besteht. Dabei ist der Umstand gesondert und mit Erläuterungen anzugeben, warum aus der in diesem Zusammenhang mit hoher Wahrscheinlichkeit erwarteten Transaktion ein kompensierender Ertrag erwartet wird, wenn derivative Finanzinstrumente, deren beizulegender Zeitwert unter den AK liegt, als Sicherungsinstrumente in eine antizipative Bewertungseinheit einbezogen werden.

**154** Die Gesetzesbegründung stellt klar, dass über **Risikomanagementziele** und -methoden in Bezug auf den Einsatz von Finanzinstrumenten zu berichten ist,

---

[156] BilMoG-BegrRA, S. 115.
[157] BilMoG-BegrRA, S. 116.
[158] Mit dem Gesetz zur Umsetzung der Aktionärsrechterichtlinie (ARUG) v. 30.7.2009, BGBl 2009 I S. 2479, wurde das im BilMoG enthaltene Wort „vorgesehene" in „erwartete" ersetzt.
[159] S. die Stellungnahme des Rechtsausschusses BT-Drs. 16/12407; dazu auch *Ernst/Seidler*, BB 2009, S. 766 f.

wobei Angaben über die bei Abschluss von Sicherungsgeschäften verwendete Systematik, über Art und Kategorie sowie über alle wichtigen geplanten Transaktionen zu machen sind. Der Angabepflichtige muss dementsprechend Transparenz über die Art der gesicherten Grundgeschäfte und der **Sicherungsinstrumente**, die Art der Risiken und das Ausmaß der **Effektivität** herstellen. Zu berichten ist im Hinblick auf den Absicherungszusammenhang, ob es sich um eine Mikro-, Portfolio- oder Makrosicherungsbeziehung handelt. Angaben werden auch über antizipative Bewertungseinheiten zu machen sein.[160] Der Adressat der Angaben soll die Effektivität der Bewertungseinheiten erkennen können, was impliziert, dass darüber zu berichten ist, inwieweit die abgesicherten Risiken nicht eintreten bzw. der Eintritt der abgesicherten Risiken ausgeschlossen ist. Nach der Begründung zum BilMoG ist „insb. für den Bereich des sog. macrohedging ausführlich auf die **Verknüpfungen mit dem Risikomanagement** einzugehen und (...) zu erläutern, wie Risiken verifiziert und gemessen werden und aus welchen Gründen davon auszugehen ist, dass die abgesicherten Risiken nicht eintreten".[161]

Die Ausführlichkeit und der Umfang der Angaben sind in eine vernünftige Relation zum Umfang der gebildeten Bewertungseinheiten zu bringen. 155

Die Angabepflicht gilt mit Ausnahme von KleinstKapG für alle KapG/KapCoGes, die die im Zusammenhang mit der nach § 254 HGB erlaubten Möglichkeit, VG, Schulden, schwebende Geschäfte oder mit hoher Wahrscheinlichkeit erwartete Transaktionen zur Absicherung von Risiken mit Finanzinstrumenten (und diesen nach § 254 Satz 2 HGB gleichgestellten Warentermingeschäften) in einer Bewertungseinheit zusammenzufassen, nutzen. 156

Diese Angabepflicht entfällt im Übrigen aufgrund der in Nr. 23 enthaltenen Öffnungsklausel, wenn die Informationen bereits im **LB** enthalten sind; die Angaben nach Nr. 23 können im LB mit den Angaben nach § 289 Abs. 2 Nr. 2 HGB zusammengefasst werden, um einen – wie die Gesetzesbegründung formuliert – „Risikobericht aus einem Guss" vorzulegen.[162] 157

Auf den engen Zusammenhang mit § 289 Abs. 2 Nr. 2 Buchst. a HGB und die vom Gesetzgeber in Kauf genommene Möglichkeit der Überschneidung ist hinzuweisen (§ 289 Rz 77 ff.). 158

### 2.25 Berechnung von Pensionsrückstellungen (Nr. 24)

Aufgrund der Komplexität der Berechnung der Pensionsverpflichtungen werden mit Nr. 24 ausdrücklich Angaben bzgl. der zur Bewertung der Pensionsrückstellungen angewandten versicherungsmathematischen **Berechnungsverfahren** und den **grundlegenden Annahmen**, insb. den Zinssatz und den erwarteten Lohn- und Gehaltssteigerungen, sowie die zugrunde gelegten biometrischen Annahmen von allen KapG mit Ausnahme der KleinstKapG gefordert.[163] Diese Angabepflicht konkretisiert die auch mit § 284 Abs. 2 Nr. 1 HGB notwendigen Erläuterungen (§ 284 Rz 15). Wenn es für die Berechnung der Rückstellung erforderlich ist, sind 159

---

[160] Vgl. BilMoG-BegrRegE, S. 73.
[161] BilMoG-BegrRegE, S. 73.
[162] Ausführlich zu den im Lagebericht zu kommunizierenden Risikomanagementzielen und -methoden der Ges. BilMoG-BegrRegE, S. 73.
[163] Vgl. auch IDW RS HFA 30, Tz 89.

die erwarteten Renditen auf etwaig ausgelagertes Planvermögen, bei entsprechenden Zusagen einer medizinischen Versorgung hier zu erwartende Kostentrends sowie vorgenommene weitere versicherungsmathematische Annahmen anzugeben.[164] Angestrebt wird dadurch eine Transparenz darüber, ob und nach welcher Methode eine realitätsnahe Bewertung von Pensionsrückstellungen, wie sie nach § 253 Abs. 1 HGB vorzunehmen ist, erfolgt.[165] Zumindest bei Änderungen der verwendeten Trendannahmen sollte eine Erläuterung erfolgen, da diese i.d.R. große Auswirkungen auf den Bilanzausweis haben und das Jahresergebnis aufgrund der Notwendigkeit der erfolgswirksamen Berücksichtigung stark beeinflussen können. Die Angaben sind nach IDW RS HFA 30 Tz 92 auch dann notwendig, wenn die Pensionsverpflichtung durch Vermögensverrechnung nach § 246 Abs. 2 Satz 2 HGB nicht als Pensionsrückstellung in der Bilanz erscheint. Zur praktischen Umsetzung s. Haufe HGB Bilanz Kommentar BilMoG Erfahrungsbericht Rz 434 ff.

### 2.26 Verrechnung von Vermögensgegenständen und Schulden (Nr. 25)

160 Sofern der Angabepflichtige nach § 246 Abs. 2 Satz 2 HGB VG und Schulden verrechnet, sind die AK und der beizulegenden Zeitwert der **verrechneten VG**, der Erfüllungsbetrag der verrechneten Schulden sowie die verrechneten Aufwendungen und Erträge anzugeben. Konkret ist diese Verrechnungspflicht auf Deckungsvermögen von Altersversorgungsverpflichtungen anzuwenden (§ 246 Rz 101). Voraussetzungen für die Verrechnung ist die Durchführung der Altersversorgung als Leistungszusage sowie eine Konkretisierung des Deckungsvermögens gem. § 246 Abs. 2 Satz 2 HGB, sodass einer Pensionsverpflichtung ein Deckungsvermögen gegenübersteht. Eine beitragsorientierte Zusage in Form eines versicherungsförmigen Tarifs mit voller Kapitaldeckung ist nach IDW RS HFA 30 Tz 93 nicht berichtspflichtig.

161 Durch die Angaben im Anhang soll Transparenz darüber hergestellt werden, welche Aktiv- und Passivposten der Bilanz sowie welche aus den verrechneten VG und Schulden resultierenden Aufwendungen und Erträge in der GuV verrechnet wurden.[166] Konkret sind die Effekte der Auf- bzw. Abzinsung von Verpflichtungen mit der erfolgswirksamen Wertänderung des Deckungsvermögens zu verrechnen. Dabei dürfen auch Auswirkungen aus der Änderung des Abzinsungssatzes mit einbezogen werden. Gesondert sind dagegen in der GuV die übrigen Komponenten, d.h. insb. der Dienstzeitaufwand und die Änderung der Trendannahmen im operativen Ergebnis auszuweisen.[167] Sollte von dem Ausweiswahlrecht Gebrauch gemacht werden und die Effekte aus der Änderung des Abzinsungssatzes sowie der Zeitwertänderung und der laufenden Erträge des Deckungsvermögens auch im operativen Ergebnis ausgewiesen werden, sind diese verrechneten Beträge entsprechend brutto im Anhang anzugeben, wobei eine Gesamtangabe der verrechneten Aufwendungen und Erträge grds. ausreichend

---

[164] Vgl. *Kirsch*, in *Federmann/Kußmaul/Müller*, HdB-Beitrag, Anhang nach HGB, Rz 78 Stand 09/2014.
[165] Vgl. *Pradl/Uckermann*, GStB 2009, S. 178.
[166] BilMoG-BegrRegE, S. 73.
[167] Vgl. IDW RS HFA 30, Tz 85–88.

ist. Um eine Einschätzung der Nachhaltigkeit des Ergebnisses von externer Seite zu ermöglichen, erscheint eine Trennung der regelmäßig wiederkehrenden Auf- und Abzinsung sowie laufenden Erträge aus dem Deckungsvermögen von den stark zufallsgetriebenen Zeitwertänderungen und erfolgswirksamen Effekten aus der Änderung der Prämissen überaus sinnvoll zu sein. Der letzte Hs. mit dem Verweis auf die entsprechende Anwendung der Nr. 20 Buchst. a verpflichtet dazu, dass im Fall der Bewertung von VG i.S.v. § 246 Abs. 2 Satz 2 HGB zum beizulegenden Zeitwert die grundlegenden Annahmen, die der Bestimmung des beizulegenden Zeitwertes mithilfe allgemein anerkannter Bewertungsmethoden zugrunde gelegt werden, im Anhang anzugeben sind. Zur praktischen Umsetzung s. Haufe HGB Bilanz Kommentar BilMoG Erfahrungsbericht Rz 443 ff.

KleinstKapG müssen eine auch bei dieser Größenklasse denkbare Verrechnung nicht angeben, dürfen jedoch, um als KleinstKapG klassifiziert zu werden und um die Erleichterungen nutzen zu können, die Bewertung des Deckungsvermögens nur zu AK vornehmen (§ 267a Rz 5).

## 2.27 Sondervermögen (Nr. 26)

Mit dem AIF-UmsG[168] wurde das Investmentgesetz zum 21.7.2013 aufgehoben. Daher ist bei der Angabepflicht für JA von Gj, die nach dem 21.7.2013 beginnen, die abgedruckte Neufassung zu beachten. Inhaltlich ergeben sich keine neuen Pflichten, lediglich die Verweise und Konkretisierungen der relevanten **Sondervermögen (Investmentanteile)** haben sich verändert. Nach Art. 71 Abs. 1 EGHGB sind somit nur solche KapG in Gj, die vor dem 22.7.2013 begannen, zu Angaben verpflichtet, die mehr als 10 % der Anteile oder Anlageaktien an inländischen **Investmentvermögen** i.S.v. § 1 InvG oder vergleichbaren ausländischen Investmentanteilen i.S.v. § 2 Abs. 9 InvG besitzen und nicht als KleinstkapG klassifiziert sind, die in Anteilen an Spezialfonds enthaltenen stillen Reserven oder stillen Lasten im Anhang anzugeben und detailliert aufzuschlüsseln.[169] Die Vorschrift berücksichtigt mit der Einbeziehung von Anlageaktien nach § 92 Abs. 1 InvG und vergleichbaren Anlagen in ausländischem Investmentvermögen, dass diese mit Anteilen an in- oder ausländischen Investmentfonds in vertraglicher Form wirtschaftlich vergleichbar sind.[170] Stimmberechtigte Aktien i.S.v. § 96 Abs. 1 InvG sowie vergleichbare Anlagen in ausländische Investmentanteile sind dagegen nach Nr. 26 nicht anzugeben, weil bei derartigen Anlagen vorrangig die Frage der Kons zu prüfen ist.[171] Für nach dem 21.7.2013 beginnende Gj. sind die Angaben notwendig für **Sondervermögen** i.S.d. § 1 Abs. 10 KAGB oder Anlageaktien an Investment-AG mit veränderlichem Kapital i.S.d. §§ 108 bis 123 KAGB oder vergleichbaren EU-Investmentvermögen oder vergleichbaren ausländischen Investmentvermögen. Der Verweis auf das aufgehobene InvG wurde deshalb noch nicht gestrichen, da noch eine Übergangsfrist für dessen Anwendung besteht.[172]

162

---

[168] AIFM-UmsG v. 4.7.2013, BGBl 2013 I S. 1981.
[169] S. dazu *Ernst/Seidler*, ZGR 2008, S. 653 f.
[170] BilMoG-BegrRegE, S. 73 f.
[171] BilMoG-BegrRegE, S. 74.
[172] Vgl. AIFM-UmsG-BegrRegE, BR-Drs. 791/12, S. 559.

163  Nach Nr. 26 ist dem in der Bilanz ausgewiesenen Buchwert der Wert nach § 36 InvG bzw. der §§ 168, 278 KAGB der Anteile oder Anlageaktien aufgegliedert nach **Anlagezielen** gegenüberzustellen. Bei ausländischen Investmentanteilen kann der nach ausländischen Vorschriften ermittelte Marktwert verwendet werden, wenn er dem Wert gem. § 36 InvG bzw. der §§ 168, 278 KAGB entspricht, andernfalls ist der Marktwert für die Ermittlung der stillen Reserven oder stillen Lasten nach deutschem Investmentrecht festzustellen. Dadurch erhalten die Adressaten des JA die erforderlichen Informationen, ohne dass eine Kons erfolgt; die Angaben im Anhang zu Nr. 26 stellen insofern ein Konsolidierungssurrogat dar.[173]

164  Sind **Abschreibungen** auf Anteile oder Anlageaktien gem. § 253 Abs. 3 Satz 4 HGB unterblieben, ist das im Anhang näher zu begründen. Wenn es Anhaltspunkte dafür gibt, dass eine Wertminderung nicht von Dauer sein wird, sind auch hierfür Gründe anzugeben, aus denen sich ergibt, dass die Abschreibungsnotwendigkeit nach den für Direktanlagen geltenden Kriterien geprüft worden ist. Nach der Gesetzesbegründung kann die unterbliebene Abschreibung einer stillen Last nicht lediglich damit begründet werden, dass es sich bei den Anteilen und Anlageaktien um Wertpapiere handelt, die üblicherweise Wertschwankungen unterliegen. Vielmehr ist auf die **Ursachen für den niedrigeren Wert** der Anteile oder Anlageaktien einzugehen.[174]

165  Wenn es Ausschüttungen mit Kapitalentnahmecharakter gab, die stille Lasten begründen oder erhöhen, folgt daraus zwingend eine Abschreibung auf die Buchwerte der Anteile oder Anlageaktien, weil sonst die Gefahr des doppelten Ausweises der Kapitalentnahme besteht.[175]

166  Der Gesetzgeber will mit der Aufgliederung der Anteile bzw. Anlageaktien nach Anlagezielen (z.B. in Aktienfonds, Rentenfonds, Immobilienfonds, Mischfonds, Hedgefonds, sonstige Spezial-Sondervermögen) erreichen, dass den Abschlussadressaten eine überschlägige **Einschätzung des Anlagerisikos** möglich ist und sie Kenntnis von den im Gj durch das Unt vereinnahmten Ausschüttungen erhalten. Außerdem sind rechtlich oder wirtschaftlich veranlasste Beschränkungen in Möglichkeit der täglichen Rückgabe der Anteile und Anlageaktien zu erläutern, damit die Abschlussadressaten „Hinweise auf ungewöhnliche Verhältnisse wie Investitionen in illiquide strukturierte Anlagevehikel, Hedgefonds mit langen Kündigungsfristen, Infrastrukturprojekte, unverbriefte Darlehensforderungen oder Private Equity Engagements"[176] erhalten. Zur praktischen Umsetzung s. Haufe HGB Bilanz Kommentar BilMoG Erfahrungsbericht Rz 445 ff.

## 2.28 Aufschlüsselung von Risiken (Nr. 27)

167  Durch die mit dem BilMoG neu aufgenommene Pflicht zur Angabe der Gründe der Einschätzung des Risikos der Inanspruchnahme für nach § 251 HGB unter der Bilanz oder nach § 268 Abs. 7 1. Hs. HGB im Anhang ausgewiesene Verbindlichkeiten und Haftungsverhältnisse soll für den Adressaten des handelsrechtlichen

---

[173] So *Ernst/Seidler*, ZGR 2008, S. 631, 654.
[174] BilMoG-BegrRegE, S. 74.
[175] Dieser doppelte Ausweis könnte einmal implizit als Bestandteil des aktivierten Anteils bzw. der aktivierten Anlageaktie und zum anderen über die aktivierte Forderung, d.h. den rechtlichen Anspruch auf Kapitalentnahme, erfolgen, vgl. BilMoG-BegrRegE, S. 74.
[176] BilMoG-BegrRegE, S. 74. S. dazu auch *Ernst/Seidler*, BB 2007, S. 2557, 2560.

JA mehr Transparenz über die **Eventualverbindlichkeiten** hergestellt werden,[177] wobei nach dem HGB hier anders als nach IAS 37.10 nur Haftungsverpflichtungen gemeint sind.
Weil diese unter der Bilanz regelmäßig nur in einer Gesamtsumme ausgewiesen werden, soll nun im Anhang erläutert werden, wie sich die zugrunde liegenden Verpflichtungen und Haftungsverhältnisse im Einzelnen aufschlüsseln und welche Risiken ihnen immanent sind.[178] Die Pflicht zur Angabe der Gründe für die Einschätzung des Risikos der Inanspruchnahme besteht aber auch, wenn die Angabe der Haftungsverhältnisse im Anhang erfolgt.

168

Selbst wenn in der Praxis eine Aufschlüsselung der Haftungsverhältnisse erfolgte, blieben doch die der **Risikoabschätzung** zugrunde liegenden Erwägungen weitgehend im Dunkeln. Erhellt werden sollen nunmehr die der Einschätzung des Risikos der Inanspruchnahme aus den für die VFE-Lage bedeutsamen (wesentlichen) Haftungsverhältnisse zugrunde liegenden Erwägungen dadurch, dass sie der Angabepflichtige im Anhang detailliert anzugeben hat. Es soll erkennbar werden, aus welchen Gründen Haftungsverhältnisse als solche unter der Bilanz oder im Anhang und nicht auf der Passivseite der Bilanz ausgewiesen werden.

169

Weil es sich hier um die Herstellung von Transparenz zur Risikoabschätzung handelt, wäre es, worauf auch die Gesetzesbegründung hinweist, aus rechtssystematischen Gründen auch denkbar, diese Erwägungen in den LB als den Ort, der Risikoabschätzungen erläutert, aufzunehmen. Gleichwohl entschied sich der Gesetzgeber dafür, die Angaben auch im Anhang „als ergänzende wichtige Erläuterung der ausgewiesenen Eventualverbindlichkeiten" aufzunehmen.[179] Gegen die gesonderte Angabe des den Haftungsverhältnissen innewohnenden Risikos spricht nichts.[180] Zur praktischen Umsetzung s. Haufe HGB Bilanz Kommentar BilMoG Erfahrungsbericht Rz 449.

170

Auch wenn KleinstKapG die nach § 251 HGB und nach § 268 Abs. 7 HGB geforderten Angaben zu Verbindlichkeiten und Haftungsverhältnissen unter der Bilanz zu machen haben, entfällt für diese die erläuternde Anhangangabepflicht nach Nr. 27 aufgrund des generell möglichen Anhangverzichts.

171

### 2.29 Nicht ausschüttbare Beträge (Nr. 28)

Die Vorschrift der Nr. 28 zielt auf den Schutz der Gläubiger des Unt. Es soll Transparenz darüber hergestellt werden, in welchem Umfang im Jahresergebnis Beträge enthalten sind, die nicht ausgeschüttet werden können, soweit nicht in zumindest derselben Höhe jederzeit auflösbare **Gewinnrücklagen** zzgl. eines Gewinnvortrags und abzgl. eines Verlustvortrags im Unt vorhanden sind. Alle KapG mit Ausnahme der KleinstKapG müssen danach den Gesamtbetrag der Beträge i.S.d. § 268 Abs. 8 HGB aufgeschlüsselt in die Beträge aus der Aktivierung selbst geschaffener immaterieller VG des AV, Beträge aus der Aktivierung latenter Steuern sowie aus der Aktivierung von VG zum beizulegenden Zeitwert angeben. Die Unternehmensleitung wird dafür den ausschüttungsfähigen Ge-

172

---

[177] Vgl. dazu näher *Ernst/Seidler*, ZGR 2008, S. 631, 654.
[178] So BilMoG-BegrRegE, S. 74.
[179] Vgl. BilMoG-BegrRegE, S. 74.
[180] So auch *Ernst/Seidler*, BB 2007, S. 2557, 2560.

winn in einer Nebenrechnung zur Bilanz festlegen (§ 268 Rz 81 ff.).[181] Zur praktischen Umsetzung s. Haufe HGB Bilanz Kommentar BilMoG Erfahrungsbericht Rz 450 ff.

### 2.30 Latente Steuern (Nr. 29)

173 Nach Nr. 29 sind die Gründe dafür anzugeben, auf welchen Differenzen oder steuerlichen Verlustvorträgen die **latenten Steuern** beruhen und mit welchen Steuersätzen die Bewertung erfolgt ist.[182] Soweit Steuergutschriften und Zinsvorträge bei der Berechnung der latenten Steuern berücksichtigt worden sind, ist auch hierüber eine Angabe vorzunehmen. Um Verständnis für die ausgewiesenen Posten zu schaffen, soll zur Information der Abschlussadressaten der ausgewiesene Steueraufwand/-ertrag in einer gesonderten Rechnung auf den erwarteten Steueraufwand/-ertrag übergeleitet werden.[183] Weil sich eine Verpflichtung zu einer solchen Überleitungsrechnung dem verabschiedeten Gesetzeswortlaut im Gegensatz zu den ersten Entwürfen aber nicht mehr entnehmen lässt, sieht es das IDW als regelmäßig ausreichend an, qualitative Angaben zur Art der bestehenden temporären Differenzen oder zu steuerlichen Verlustvorträgen zu geben, um die Erläuterungspflichten zu erfüllen und künftiges Nutzenpotenzial aufzuzeigen.[184] Somit ist es nicht notwendig, die aufgrund des Aktivierungswahlrechts des § 274 Abs. 1 HGB nicht angesetzten aktiven latenten Steuern im Anhang zu quantifizieren (§ 274 Rz 121). Es ist generell die Art des Bilanzpostens, die Art der Differenz sowie ob es sich um eine aktive oder passive Latenz handelt anzugeben. Hinsichtlich der Angaben zu den aktiven latenten Steuern unterteilt das WP-Handbuch: Werden diese im Rahmen der Gesamtdifferenzbehandlung mit den passiven Latenten Steuern verrechnet und es entsteht ein Passivüberhang – egal ob saldiert oder unsaldiert ausgewiesen – so haben Angaben hierzu zu erfolgen. Wurde hingegen das Aktivierungswahlrecht für einen Aktivüberhang genutzt, sollen nach dieser Meinung keine Erläuterungen der abziehbaren Differenzen oder Verlustvorträge nötig sein.[185] Somit werden den Unt hier Möglichkeiten zur Legung stiller Reserven eingeräumt, die auch durch Anhangangaben nicht einmal in der Tendenz zu erläutern sind. Ausführlicher hierzu sowie mit Beispielen und ersten empirischen Erkenntnissen s. Haufe HGB Bilanz Kommentar BilMoG Erfahrungsbericht Rz 452 ff.

174 Von der Angabepflicht nach § 285 Nr. 29 HGB sind kleine KapG gem. § 288 Abs. 1 HGB und mittelgroße KapG gem. § 288 Abs. 2 Satz 2 HGB befreit.

---

[181] S. die Berechnungsbeispiele bei *Lanfermann/Röhricht*, DStR 2009, S. 1216, 1218.
[182] Ausführlich zu den Angaben über die latenten Steuern *Hoffmann/Lüdenbach*, NWB Kommentar Bilanzierung, 6. Aufl. 2015, § 285 Rz 184 ff.; *Küting/Seel*, DB 2009, S. 922; *Loitz*, DB 2009, S. 913; WP-Handbuch, Bd. I, 14. Aufl., Abschn. F, Rz 751 ff.
[183] Vgl. *Kirsch*, DStZ 2009, S. 510, 517, unter Hinweis auf den RegE.
[184] Vgl. WP-Handbuch, Bd. I, 14. Aufl., Abschn. F, Rz 753; ebenso *Kirsch*, DStZ 2009, S. 510, 517.
[185] Vgl. WP-Handbuch, Bd. I, 14. Aufl., Abschn. F, Rz 751.

# 3 Änderungen durch das BilRUG

## 3.1 Änderungen bestehender Angabepflichten

Der Gesetzgeber hat weitgehend auf Basis europäischer Vorgaben den bestehenden § 285 HGB überarbeitet, wobei es sich in dem ersten Teil eher um Detailänderungen handelt, da nur einzelne Wörter ergänzt oder Anpassungen an Änderungen an anderen Stellen vorgenommen werden. Die Anwendung ist für Gj, die nach dem 31.12.2015 beginnen, obligatorisch.

175

> **§ 285 Nr. 3 und 3a HGB nF (Zentrale Änderungen durch Kursivsetzung hervorgehoben)**
> 3. Art und Zweck sowie Risiken, Vorteile *und finanzielle Auswirkungen* von nicht in der Bilanz enthaltenen Geschäften, *soweit die Risiken und Vorteile wesentlich sind* und die Offenlegung für die Beurteilung der Finanzlage des Unternehmens *erforderlich* ist;
> 3a. der Gesamtbetrag der sonstigen finanziellen Verpflichtungen, die nicht in der Bilanz enthalten sind und die nicht nach *§ 268 Absatz 7* oder Nummer 3 anzugeben sind, sofern diese Angabe für die Beurteilung der Finanzlage von Bedeutung ist; davon sind *Verpflichtungen betreffend die Altersversorgung und* Verpflichtungen gegenüber verbundenen *oder assoziierten* Unternehmen gesondert anzugeben;

Zentrale Änderung in Nr. 3 ist einerseits die Ausweitung der Angabepflichten durch die Notwendigkeit der Darstellung **finanzieller Auswirkungen** von nicht in der Bilanz enthaltenen Geschäften und andererseits die Einschränkung der Berichterstattung auf Geschäfte mit **wesentlichen Risiken und Chancen**.
Die Veränderung von Nr. 3a resultiert aus Folgeänderungen der Darstellung der finanziellen Verpflichtungen (Haftungsverhältnisse) (§ 268 Rz 89 ff.).
Im Rahmen der **Aufgliederung der Umsatzerlöse** in Nr. 4 wird die geänderte Umsatzdefinition (§ 277 Rz 46 ff.) in die Vorschrift eingearbeitete, ohne dass sich daraus für den Anhang inhaltliche Änderungen ergeben würden.

176

Mit § 275 HGB nF brauchen ao Erträge und Aufwendungen nicht mehr in der GuV dargestellt zu werden (§ 275 Rz 283). Folgerichtig entfällt damit auch jede weitergehende Angabepflicht, so dass Nr. 6 aufgehoben werden kann. Auf eine getrennte Darstellung, in welchem Umfang **Steuern vom Einkommen und vom Ertrag** verschiedene Ergebnisse belasten, kann damit verzichtet werden.

177

Mit der Änderung von Nr. 9 Buchstabe c wird klargestellt, dass die Angabe der im Gj zurückgezahlten **Vorschüsse oder Kredite** (Rz 77) auch erlassene Beträge inkludiert.

178

Im Rahmen der **Beteiligungsliste** erfolgt mit dem BilRUG aufgrund europäischer Vorgaben eine Ausweitung auf alle Beteiligungen:

179

> **§ 285 Nr. 11 und 11b nF**
> 11. Name und Sitz anderer Unternehmen, die Höhe des Anteils am Kapital, das Eigenkapital und das Ergebnis des letzten Geschäftsjahrs dieser Unternehmen, für das ein Jahresabschluss vorliegt, soweit es sich um Beteiligungen

> i.S.d. § 271 Absatz 1 handelt oder ein solcher Anteil von einer Person für Rechnung der Kapitalgesellschaft gehalten wird;
> (...)
> 11b. von börsennotierten Kapitalgesellschaften sind alle Beteiligungen an großen Kapitalgesellschaften anzugeben, die fünf Prozent der Stimmrechte überschreiten.

Die Änderung wurde vom Gesetzgeber zum Anlass genommen, die Vorschrift in doppelter Hinsicht zu vereinfachen: Einerseits wird durch eine Bezugnahme auf die Definition der Beteiligung in § 271 Abs. 1 HGB auf eine Wiederholung zahlreicher Kriterien verzichtet. Andererseits wird die Sonderregelung für börsennotierte Unt aus Nr. 11 ausgegliedert und in eine neue Nummer 11b verschoben. In diesem Zusammenhang wird auch die Ausnahmevorschrift des § 286 Abs. 3 HGB geändert.

180 Aufgrund der Vorgaben der EU-RL 2013/34 wird unter Nr. 13 nach dem BilRUG als Angabepflicht jeweils eine **Erläuterung des Zeitraums, über den ein entgeltlich erworbener GoF abgeschrieben wird**, verlangt. Die Beschränkung auf angenommene Nutzungsdauern über fünf Jahre entfällt somit.

181 Die **Angabe zur Gesellschaft, die den KA für den kleinsten Kreis von Unt aufstellt**, und zu der Ges., die den KA für den größten Kreis von Unt aufstellt (Nr. 14) wird mit dem BilRUG aufgeteilt auf Nr. 14 und Nr. 14a, da der Gesetzgeber für kleine KapG nur noch die Angabepflicht zum KA für den kleinsten Kreis von Unt verlangt (§ 288 Abs. 1 HGB nF). Der Gesetzgeber geht zurecht davon aus, dass der bürokratische Aufwand für diese Angabe im Verhältnis zum mit der Offenlegung von Konzernverbindungen erreichbaren Transparenzgewinn gering erscheint.[186]

182 Neu eingefügt wird **Nr. 15a**. Demnach ist für Gj ab 2016 folgende Angabe nötig:

> **§ 285 Nr. 15a HGB nF**
> 15a. das Bestehen von Genussscheinen, Genussrechten, Wandelschuldverschreibungen, Optionsscheinen, Optionen, Besserungsscheinen oder vergleichbaren Wertpapieren oder Rechten, unter Angabe der Anzahl und der Rechte, die sie verbriefen;

Die Änderung geht auf Art. 17 Abs. 1 (i) und (j) der EU-RL 2013/34 zurück. Demnach reicht es nicht mehr aus, diese Information wie bisher nur für AG und KGaA nach § 160 Abs. 1 Nr. 6 AktG zu fordern, sondern sie ist auf alle KapG auszuweiten. Daher erfolgt eine Verlagerung in das HGB.

183 In den Nr. 18, 26 und 27 werden mit dem BilRUG lediglich **Folgeänderungen** eingearbeitet, die zu keinen substanziellen Konsequenzen für die Anhangangaben führen.

---

[186] Vgl. Begr-BilRUG-RegE, BR-Drs. 23/15, S. 85.

## 3.2 Erweiterte Angabepflichten

Die folgenden Nr. 30 bis 34 werden mit dem BilRUG angefügt und sind ab dem Gj 2016 zu beachten: **184**

> **§ 285 Nr. 30–34 HGB nF**
> 30. wenn latente Steuerschulden in der Bilanz angesetzt werden, die latenten Steuersalden am Ende des Geschäftsjahrs und die im Laufe des Geschäftsjahrs erfolgten Änderungen dieser Salden;
> 31. jeweils der Betrag und die Art der einzelnen Ertrags- oder Aufwandsposten von außergewöhnlicher Größenordnung oder außergewöhnlicher Bedeutung, soweit die Beträge nicht von untergeordneter Bedeutung sind;
> 32. eine Erläuterung der einzelnen Aufwands- und Ertragsposten hinsichtlich ihres Betrags und ihrer Art, die einem anderen Geschäftsjahr zuzurechnen sind, soweit die Beträge nicht von untergeordneter Bedeutung sind;
> 33. Vorgänge von besonderer Bedeutung, die nach dem Schluss des Geschäftsjahrs eingetreten und weder in der Gewinn- und Verlustrechnung noch in der Bilanz berücksichtigt sind, unter Angabe ihrer Art und ihrer finanziellen Auswirkungen;
> 34. der Vorschlag für die Verwendung des Ergebnisses oder der Beschluss über seine Verwendung.

Mit Nr. 30 werden die **Angaben zu latenten Steuern** – wie bereits mit dem BilMoG-Entwürfen zunächst geplant – nun aufgrund europäischer Vorgaben deutlich ausgeweitet. Notwendig sind zukünftig quantitative Angaben zu den latenten Steuersalden und ihren Bewegungen im Gj, was insbesondere den Auf- oder Abbau einschließt.[187] Allerdings sind diese Angaben auf die angesetzten latenten Steuerschulden begrenzt, weshalb der Gesetzgeber eine Trennung zu den unter Nr. 29 geforderten allgemeinen Angaben vorgenommen hat. Kleine KapG sind von den Erläuterungspflichten des § 285 Nr. 29 und 30 HGB nF wie bisher befreit, was auch dann gilt, wenn sie freiwillig § 274 HGB anwenden. Mittelgroße KapG sind zwar weiter von den Erläuterungspflicht des § 285 Nr. 29 HGB befreit, müssen aber künftig § 285 Nr. 30 HGB nF anwenden. **185**

Da die EU-RL die Unterscheidung zwischen gewöhnlicher und außergewöhnlicher Geschäftstätigkeit aufgibt und die GuV-Gliederung dementsprechend vereinfacht sowie auch die Erläuterungspflicht ao Aufwendungen und Erträge in § 277 Abs. 4 Satz 2 HGB aF streicht, sind, um auch weiterhin Einblicke in die Qualität des Ergebnisses zu bekommen,[188] **Angaben zu Erträgen und Aufwendungen von außergewöhnlicher Größenordnung oder Bedeutung** notwendig. Unter Nr. 31 sind somit Betrag und Art von diesen Erträgen und Aufwendungen anzugeben, soweit sie nicht von untergeordneter Bedeutung sind. Neu im Vergleich zur bisherigen Angabepflicht zu den ao Erträgen und Aufwendungen ist zum einen die Notwendigkeit, dies postenbezogen vornehmen zu müssen. Somit ist im Anhang für jede relevante Position **186**
- der Name der Position,

---

187 Für ein Beispiel zur Ausgestaltung vgl. *Kirsch*, BBK 2015, S. 327.
188 Vgl. zu Vorgehen und Aussagekraft einer Erfolgsspaltung *Müller*, BRg 2015, S. 20–24.

- der entsprechende außergewöhnlich hohe/niedrige Betrag bzw. Betrag von besonderer Bedeutung sowie die Art des Aufwands und des Ertrags (ggf. bereits durch die Positionsbezeichnung deutlich) anzugeben,
- soweit die Beträge von nicht untergeordneter Bedeutung sind.

Zum anderen ist die Definition nicht deckungsgleich zu den bisherigen ao Erträgen und Aufwendungen, da es nicht mehr darauf ankommt, dass diese aus Sachverhalten außerhalb der gewöhnlichen Geschäftstätigkeit stammen. Somit sind zu den Erträgen und Aufwendungen von außergewöhnlicher Bedeutung, für die nach der Gesetzesbegründung weiterhin die von der Praxis bisher entwickelte (enge) Abgrenzung nach der gewöhnlichen Geschäftstätigkeit (§ 277 Rz 26 ff.) weiter herangezogen werden kann,[189] auch die Beträge von außergewöhnlicher Größenordnung hinzuzunehmen. Dabei ist die Größenordnung im Hinblick auf die das Unternehmen ansonsten bestimmenden Größenordnungen zu bewerten. Möglich sind dabei sowohl deutliche Ausreißer nach oben wie auch nach unten.

> **Beispiel**
> - Durch Währungseffekte stark gestiegene wie auch stark gesunkene Aufwendungen.
> - Stark gestiegene Umsätze aufgrund des Erwerbs einer größeren Betriebsstätte.
> - Stark gestiegene Zinsaufwendungen aufgrund eines veränderten Abzinsungssatzes für die Rückstellungen.
> - Umsatzschub durch den modebedingten starken Anstieg des Absatzes eines Produktes.

Allerdings dürfte wie bereits bei der bisherigen engen Auslegung der ao Sachverhalte auch hier an die außergewöhnliche Größenordnung vergleichsweise hohe Anforderungen zu stellen sein, so dass es auch weiterhin eher selten zu diesbezüglichen Angaben kommen dürfte. Nach dem Gesetzgeber ist dabei entscheidend, dass der Vergleichsmaßstab für die „Außergewöhnlichkeit" von Größe und Bedeutung dabei die konkreten Verhältnisse im Unt und insbesondere die allgemein üblichen Vorgänge in diesem Unt sind. Es ist daher zu beurteilen, ob der einzelne Ertrag oder die einzelne Aufwendung aus den sonstigen Erträgen oder Aufwendungen aufgrund seiner Größenordnung oder aufgrund seiner Bedeutung so deutlich hervortritt, dass eine gesonderte Nennung notwendig erscheint. Eine zunächst noch geforderte Erläuterung der Aufwendungen und Erträge von außergewöhnlicher Größenordnung ist zum Ende des Gesetzgebungsverfahrens mit Verweis auf eine Übererfüllung der EU-Richtlinie wieder gestrichen worden,[190] so dass eine Tabelle mit der Benennung von Position, Art und Betrag ausreicht. KapG können aber freiwillig eine Erläuterung in den Anhang aufnehmen.

Anders als nach bisherigem Recht sind kleine KapG von diesen Angabepflichten nicht mehr befreit (§ 288 Rz 9).

---

[189] Vgl. BilRUG-BgrRegE, BT-Drs. 23/15, S. 81.
[190] Vgl. BT-Drs. 18/5256, S. 17, 85.

Nach § 285 Nr. 32 ist eine entsprechende Angabe auch für Aufwendungen und **187**
Erträge notwendig, die periodenfremd und nicht von untergeordneter Bedeutung sind. Auch hier entfällt dafür die bisherige Angabepflicht in § 277 Abs. 4 Satz 3 HGB aF, deren Inhalt somit lediglich verschoben wurde. Die Erläuterung **periodenfremder Aufwendungen und Erträge** ist wichtig, um ein zutreffendes Bild von der VFE-Lage in einem bestimmten Gj zu erhalten. Die Erläuterung dient somit der Vergleichbarkeit von JA aufeinanderfolgender Gj. Zur Kommentierung siehe § 277 Rz 31 ff. Hier bleibt es auch bei der Befreiung für kleine KapG (§ 288 Rz 9) und auch mittelgroße KapG werden von dieser Angabe befreit (§ 288 Rz 10).

Ebenfalls eine Verlagerung von Angabepflichten – diesmal aus dem LB – stellt **188**
§ 285 Nr. 33 dar. Der **Nachtragsbericht** ist bisher unter § 289 Abs. 2 Nr. 1 HGB aF gefordert (§ 289 Rz 77 ff.). Abweichend dazu ergeben sich zwei Änderungen: Zum einen brauchen Vorgänge von besonderer Bedeutung, die in der Bilanz oder in der GuV schon berücksichtigt sind (z. B. in Rückstellungen), nicht noch einmal im Anhang dargestellt zu werden. Zum anderen sind künftig zusätzlich auch Art und finanzielle Auswirkung der Vorgänge von besonderer Bedeutung zu erläutern, was allerdings mit DRS 20.114 für Konzerne auf der Basis einer vermuteten GoB-Erfüllung bereits notwendig war. Auch hier bleibt es bei der Befreiung für kleine KapG (§ 288 Rz 9).

§ 285 Nr. 34 fordert auf Basis der EU-RL 2013/34 für mittelgroße und große **189**
KapG den Einbezug des Vorschlags für die **Ergebnisverwendung** oder des entsprechenden Beschluss in den Anhang. Bislang ist dieser nicht Bestandteil des JA aber dennoch nach § 325 HGB offenzulegen. Damit sind die Angaben von der Geschäftsführung schon zu einem Zeitpunkt vor der Prüfung, Billigung oder Feststellung des JA vorzunehmen. Daher dürfte im Anhang i.d.R. nur ein Vorschlag für die Ergebnisverwendung darstellbar sein. Relevant ist dabei die Darstellung der Ergebnisverwendung, d.h., wie das gesamte Ergebnis verwendet werden soll. Bei einem regelmäßig nur möglichen Vorschlag für die Gewinnausschüttung, dürfte aber nach der Gesetzesbegründung die Angabe genügen, welcher Teil des Gewinns ausgeschüttet werden soll.[191] Angaben zu den Bezugsberechtigten der Gewinnausschüttung können unterbleiben, was auch schon vor dem Hintergrund der Belange des Datenschutzes notwendig ist. Ebenso müssen wie bisher die Bezüge einzelner natürlicher Personen aus ihrer Gesellschafterstellung nicht offengelegt werden. Sind KapG bezugsberechtigt, lassen sich dagegen aus ihren JA Angaben zu Erträgen aus den Beteiligungen ableiten. Kleine KapG bleiben von dieser Angabe weiterhin befreit (§ 288 Rz 9).

---

[191] Vgl. BilRUG-BgrRegE, BT-Drs. 23/15, S. 84.

# § 286 UNTERLASSEN VON ANGABEN

(1) Die Berichterstattung hat insoweit zu unterbleiben, als es für das Wohl der Bundesrepublik Deutschland oder eines ihrer Länder erforderlich ist.
(2) Die Aufgliederung der Umsatzerlöse nach § 285 Nr. 4 kann unterbleiben, soweit die Aufgliederung nach vernünftiger kaufmännischer Beurteilung geeignet ist, der Kapitalgesellschaft oder einem Unternehmen, von dem die Kapitalgesellschaft mindestens den fünften Teil der Anteile besitzt, einen erheblichen Nachteil zuzufügen.
(3) ¹Die Angaben nach § 285 Nr. 11 und 11a können unterbleiben, soweit sie
1. für die Darstellung der Vermögens-, Finanz- und Ertragslage der Kapitalgesellschaft nach § 264 Abs. 2 von untergeordneter Bedeutung sind oder
2. nach vernünftiger kaufmännischer Beurteilung geeignet sind, der Kapitalgesellschaft oder dem anderen Unternehmen einen erheblichen Nachteil zuzufügen.

²Die Angabe des Eigenkapitals und des Jahresergebnisses kann unterbleiben, wenn das Unternehmen, über das zu berichten ist, seinen Jahresabschluß nicht offenzulegen hat und die berichtende Kapitalgesellschaft weniger als die Hälfte der Anteile besitzt. ³Satz 1 Nr. 2 ist nicht anzuwenden, wenn die Kapitalgesellschaft oder eines ihrer Tochterunternehmen (§ 290 Abs. 1 und 2) am Abschlussstichtag kapitalmarktorientiert im Sinn des § 264d ist. ⁴Im Übrigen ist die Anwendung der Ausnahmeregelung nach Satz 1 Nr. 2 im Anhang anzugeben.
(4) Bei Gesellschaften, die keine börsennotierten Aktiengesellschaften sind, können die in § 285 Nr. 9 Buchstabe a und b verlangten Angaben über die Gesamtbezüge der dort bezeichneten Personen unterbleiben, wenn sich anhand dieser Angaben die Bezüge eines Mitglieds dieser Organe feststellen lassen.
(5) ¹Die in § 285 Nr. 9 Buchstabe a Satz 5 bis 8 verlangten Angaben unterbleiben, wenn die Hauptversammlung dies beschlossen hat. ²Ein Beschluss, der höchstens für fünf Jahre gefasst werden kann, bedarf einer Mehrheit, die mindestens drei Viertel des bei der Beschlussfassung vertretenen Grundkapitals umfasst. ³§ 136 Abs. 1 des Aktiengesetzes gilt für einen Aktionär, dessen Bezüge als Vorstandsmitglied von der Beschlussfassung betroffen sind, entsprechend.

Prof. Dr. Stefan Müller

| Inhaltsübersicht | Rz |
|---|---|
| 1 Überblick | 1–19 |
| 1.1 Inhalt | 1–3 |
| 1.2 Schutzklausel | 4–7 |
| 1.3 Ausnahmeregelungen | 8–19 |
| 1.3.1 Angaben zu Umsatzerlösen (Abs. 2) | 8–11 |
| 1.3.2 Angaben zum Anteilsbesitz (Abs. 3) | 12–16 |
| 1.3.3 Angaben zu Gesamtbezügen (Abs. 4) | 17–18 |
| 1.3.4 Angaben zur Vorstandsvergütung börsennotierter Gesellschaften (Abs. 5) | 19 |
| 2 Änderungen durch das BilRUG | 20–21 |

**Ergänzendes Schrifttum**
*Baums,* Zur Offenlegung von Vorstandsvergütungen, ZHR, 2005, S. 299; *Fläming,* Erhebliche Nachteile, in *Hurb,* S. 141; *van Kann,* Das neue Gesetz über die Offenlegung von Vorstandsvergütungen, DStR 2005, S. 1496; *Ossadnik,* Wesentlichkeit als Bestimmungsfaktor für Angabepflichten in Jahresabschluss und Lagebericht, BB 1993, S. 1763; *Scheffler,* Neue Vorschriften zur Rechnungslegung, Prüfung und Offenlegung nach dem Kapitalgesellschaften- & Co.-RL-Gesetz, DStR, 2000, S. 529; *Schülen,* Die Aufstellung des Anhangs, WPg 1987, S. 223.

# 1 Überblick

## 1.1 Inhalt

§ 286 HGB beinhaltet ergänzende Vorschriften, nach denen die **Berichterstattung im Anhang** in Ausnahmefällen eingeschränkt wird. Dabei wird unterschieden nach Fällen, in denen die an sich gesetzlich notwendigen Angaben unterbleiben müssen (Abs. 1) und in denen die Angaben unterbleiben können (Abs. 2–5).

Die Regelung gilt sowohl nach der Gesetzessystematik als auch durch den unmittelbaren Bezug in § 286 Abs. 2–5 HGB nur für den Anhang.

Die Ausnahmeregelungen des § 286 HGB können von allen **KapG, eG, Kreditinstituten, Versicherungsunternehmen,** dem **PublG** unterliegenden Ges. sowie **KapCoGes** in Anspruch genommen werden.[1] Lediglich Abs. 5 enthält eine Spezialregelung für börsennotierte Ges.

Die Anwendung der Ausnahmeregelungen nach § 286 HGB ist an strenge Anforderungen geknüpft. Bei der Anwendung müssen die Vorschriften eng ausgelegt sowie der Grundsatz der Ausweisstetigkeit (§ 266 Rz 8) beachtet werden, soweit Ermessensspielräume bestehen. Ferner dürfen keine falschen Angaben im Anhang ausgewiesen werden. Erscheinen die übrigen Angaben über die VFE-Lage als nicht zutreffend, werden zusätzliche Angaben erforderlich. Ferner muss u. U. eine Abwägung zwischen den Datenschutzinteressen der Betroffenen und den Informationsinteressen der Abschlussadressaten erfolgen.[2]

## 1.2 Schutzklausel

Die allgemeine Schutzklausel nach § 286 Abs. 1 HGB stellt originäres deutsches Recht dar, nach der die Berichterstattung im Anhang zu unterbleiben hat, wenn dies **im öffentlichen Interesse** der Bundesrepublik Deutschland oder eines ihrer Länder ist. Da nur das Wohl der Bundesrepublik Deutschland oder eines ihrer Länder im Wortlaut des Gesetzes genannt wird, reichen kommunale Interessen oder Interessen anderer öffentlicher Anstalten bzw. Gebietskörperschaften nicht als Begründung zur Wahrnehmung der Schutzklausel aus.[3]

Die Schutzklausel regelt den Zielkonflikt zwischen einer getreuen Rechnungslegung und dem öffentlichen Interesse an Geheimhaltung bestimmter Angaben.

---

1 Vgl. *Wulf,* in *Baetge/Kirsch/Thiele,* Bilanzrecht, § 286 HGB, Rz 2 Stand 09/2009.
2 Vgl. *Poelzig,* in MünchKomm. HGB, 3. Aufl., § 286 Rn 3; *Wulf,* in *Baetge/Kirsch/Thiele,* Bilanzrecht, § 286 HGB, Rz 3 Stand 09/2009.
3 Vgl. *Grottel,* in Beck Bil-Komm. 9. Aufl., § 286 HGB, Rz 2.

Die Berichterstattung im Anhang muss unterbleiben, wenn die Ges. einer eindeutigen **Verschwiegenheitspflicht** unterliegt. Dies lässt sich aus gesetzlichen Normen (z. B. §§ 93 ff. StGB) oder aus vertraglichen Verpflichtungen gegenüber der Bundesrepublik Deutschland oder den Ländern ableiten.[4]

6 Die allgemeine Schutzklausel gilt für alle einzelnen **Angaben im Anhang**, unabhängig davon, ob es sich um Pflicht-, Wahlpflicht- oder freiwillige Angaben handelt, gleich nach welcher Vorschrift sie zu machen sind. Die Erstellung des Anhangs insgesamt darf dadurch nicht unterbleiben.[5]

7 Im Interesse der Abschlussadressaten ist eine **enge Auslegung** der Schutzklausel geboten. Die Anwendung ist nach pflichtgemäßer Prüfung und anhand objektiver Kriterien zu entscheiden. Die Inanspruchnahme der Schutzklausel darf nicht im Anhang berichtet werden und darf für Dritte nicht erkennbar sein. Dies folgt einerseits als Umkehrschluss aus § 286 Abs. 3 Satz 4 HGB und andererseits aus der Verpflichtung zur Geheimhaltung.[6]

### 1.3 Ausnahmeregelungen

#### 1.3.1 Angaben zu Umsatzerlösen (Abs. 2)

8 Die Angaben zu **Umsatzerlösen** nach § 285 Nr. 4 HGB, nach dem eine **Umsatzaufgliederung** nach geografischen Märkten und nach Tätigkeitsbereichen, soweit es um typische Erzeugnisse bzw. Dienstleistungen der Gesellschaft handelt, (§ 285 Rz 28 ff.) erfolgen soll, können unterbleiben, wenn diese **nach vernünftiger kaufmännischer Beurteilung** der Ges. oder einem Unt, an der/m die Ges. mit mindestens 20 % beteiligt ist, einen **wirtschaftlichen Nachteil** zufügen kann. Die **Befreiung von der Angabe** soll die Ges. vor Nachteilen abwehren, die durch die Weitergabe von Informationen an die Konkurrenz entstehen.[7]

> **Beispiel**
> Ein Unt betreibt eine Einheit Spezialbau. Da der Marktanteil des Unt unter 2 % sowie der Umsatz aus dieser Einheit gering ist, befürchtet es einen wirtschaftlichen Schaden bei der Neukundenakquise, da die Kunden aufgrund der scheinbar untergeordneten Bedeutung der Einheit für das Unt von einer Aufgabe des Geschäftsfelds ausgehen könnten. Daher kann von einer Umsatzaufgliederung nach Tätigkeitsbereichen für diesen Bereich abgesehen werden.

9 Die Vorschrift ist nur für große Ges. relevant, da kleine und mittlere Ges. ohnehin nach § 288 HGB von der Angabepflicht befreit sind.[8]

10 Für die **Inanspruchnahme der Befreiung** werden strenge Anforderungen gestellt. Nach vernünftiger kaufmännischer Beurteilung und unter Beachtung des Gebots der Stetigkeit muss ein erheblicher Nachteil für die berichtende Ges. oder für ein verbundenes Unt drohen. Die Befreiung von der Angabepflicht muss

---

[4] Vgl. *Poelzig*, in MünchKomm. HGB, 3. Aufl., § 286 Rn 14.
[5] Vgl. *Wulf*, in *Baetge/Kirsch/Thiele*, Bilanzrecht, § 286 HGB, Rz 24 Stand 09/2009.
[6] Vgl. *Schülen*, WPg 1987, S. 230.
[7] Vgl. *Ossadnik*, BB 1993, S. 1765; *Poelzig*, in MünchKomm. HGB, 3. Aufl., § 286 Rn 25.
[8] Vgl. *Poelzig*, in MünchKomm. HGB, 3. Aufl., § 286 Rn 24.

dabei getrennt für beide Umsatzaufgliederungen geprüft werden. Der Nachteil, z.B. drohender Umsatzrückgang, Verringerung der Wettbewerbsfähigkeit, Schwächung der Marktposition, Imageverluste etc., muss nicht konkret messbar, jedoch objektiv nachprüfbar sein und muss nicht sicher zu erwarten, jedoch wahrscheinlich sein. Das **Kriterium der Erheblichkeit** ist am Wesentlichkeitscharakter zu überprüfen. Daher muss der Nachteil von einigem Gewicht und spürbar sein. Geringe Nachteile sind in Kauf zu nehmen und dürfen nicht zu einer Befreiung von der Umsatzaufgliederung führen.[9]

Die **Anwendung der Ausnahmevorschrift** nach § 286 Abs. 2 HGB muss nach dem Gesetzeswortlaut nicht berichtet werden. Dies ist jedoch nicht konform zur 4. und 7. EG-RL. Daher ist eine richtlinienkonforme Auslegung anzuwenden[10] und somit über die Anwendung zu berichten. 11

### 1.3.2 Angaben zum Anteilsbesitz (Abs. 3)

Die Angaben nach § 285 Nrn. 11 und 11a HGB über andere Unt, an denen die Ges. oder eine für Rechnung der Ges. handelnde Person mit mindestens 20 % beteiligt ist, (§ 285 Rz 87ff.) müssen nicht berichtet werden, wenn die Darstellung der VFE-Lage der KapG nach § 264 Abs. 2 HGB **von untergeordneter Bedeutung** für die Ges. ist (Satz 1 Nr. 1) oder die Angaben geeignet sind, der Ges. oder dem beteiligten Unt einen **wirtschaftlichen Nachteil** zuzufügen (Satz 1 Nr. 2). Ferner kann auf die Angabe des EK und des Jahresergebnisses verzichtet werden, wenn das Unt, über das zu berichten ist, seinen JA nicht offenzulegen hat und die Ges. weniger als die Hälfte der Anteile besitzt (Satz 2). KM-orientierte Unt dürfen von der Vorschrift nach Satz 1 Nr. 2 keinen Gebrauch machen (Satz 3). Auch bei Abs. 3 handelt es sich um Ausnahmevorschriften, die daher eng auszulegen sind. Gleichzeitig muss der Grundsatz der Stetigkeit gewahrt bleiben. 12

**Voraussetzung für die Inanspruchnahme** des § 286 Abs. 3 Satz 1 Nr. 1 HGB ist die **untergeordnete Bedeutung von vorgeschriebenen Angaben** für die Ges. Von untergeordneter Bedeutung ist auszugehen, wenn die Angaben den Informationsadressaten in seiner Entscheidung nicht beeinflussen können. Die Bedeutung ist am Wesentlichkeitscharakter zu messen. Die untergeordnete Bedeutung muss von der Ges. nachgewiesen werden. Die Bedeutung eines Anteilsbesitzes muss für die berichtende Ges. an einer Vielzahl von Kennzahlen wie z.B. EK, Bilanzsumme, Umsatzerlöse oder Jahresergebnis gemessen werden, wobei die überwiegende Zahl der Kriterien von untergeordneter Bedeutung sein muss. Dabei kommt es auf das Gesamtbild der wirtschaftlichen Bedeutung an. Prozentuale Grenzen reichen daher i.d.R. nicht aus. Besteht Anteilsbesitz an mehreren Unt von untergeordneter Bedeutung, kann eine Berichterstattung geboten sein, wenn die Vielzahl solcher Beteiligungen insgesamt eine erhebliche Bedeutung für die Darstellung einer zutreffenden VFE-Lage der Ges. hat. Die fehlende Berichterstattung darf kein falsches Bild über die VFE-Lage der Ges. vermitteln. Auf eine Inanspruchnahme der Schutzklausel nach Satz 1 Nr. 1 muss nicht hingewiesen werden.[11] 14

---

[9] Vgl. *Wulf*, in *Baetge/Kirsch/Thiele*, Bilanzrecht, § 286 HGB, Rz 32 Stand 09/2009.
[10] Vgl. *Poelzig*, in MünchKomm. HGB, 3. Aufl., § 286 Rn 35.
[11] Vgl. *Poelzig*, in MünchKomm. HGB, 3. Aufl., § 286 Rn 44.

15 Nach § 286 Abs. 3 Satz 1 Nr. 2 HGB können die Angaben nach § 285 Nrn. 11 und 11a HGB unterbleiben, wenn die Angaben nach vernünftiger kaufmännischer Beurteilung geeignet sind, der berichtenden Ges. oder dem anderen Unt einen **erhebliche Nachteil** zuzufügen. Die Eignung einer Nachteilzufügung, die wahrscheinlich, von erheblicher Bedeutung und objektiv nachprüfbar sein muss, ist ausreichend für die Inanspruchnahme. Der Nachteil muss nicht konkret bezifferbar sein; auch immaterielle Nachteile kommen in Betracht. Geringe Nachteile sind in Kauf zu nehmen. Die Anwendung dieser Vorschrift muss im Anhang offengelegt werden. Eine Begründung ist jedoch nicht notwendig.[12]

16 Auf die Angabe des EK und des Jahresergebnisses von Unt kann gem. § 286 Abs. 3 Satz 2 HGB verzichtet werden, wenn das Unt, über das zu berichten ist, seinen JA nicht offenzulegen hat und die Ges. nicht weniger als die Hälfte der Anteile besitzt. Mit dieser Vorschrift soll sichergestellt werden, dass Informationen eines Unt, das selbst nicht berichten muss, im Anhang der Ges. nicht angegeben werden. Diese Regelung gilt insb. für PersG, die weder nach dem HGB noch nach dem PublG offenlegungspflichtig sind, und für ausländische Ges., die in ihrem Sitzstaat keinen Offenlegungspflichten unterliegen. Die Ausnahme gilt nur für die ausdrücklich genannten Angaben; somit sind insb. Name, Sitz und Beteiligungsquote weiterhin immer anzugeben. Die Angaben nach § 286 Abs. 3 Satz 2 HGB können auch teilweise berichtet werden. Dabei darf jedoch kein falsches Bild über die VFE-Lage der berichtenden Ges. vermittelt werden. Auf die Anwendung der Ausnahmeregelung muss nicht hingewiesen werden.[13] Von der Schutzklausel des § 286 Abs. 3 Satz 1 Nr. 2 kann nicht Gebrauch gemacht werden, wenn die KapG oder eines ihrer TU KM-orientiert i. S. d. § 264d HGB ist.

### 1.3.3 Angaben zu Gesamtbezügen (Abs. 4)

17 Die Ausnahmevorschrift des § 286 Abs. 4 HGB befreit alle KapG, jedoch nicht die KM-orientierten Ges., unabhängig von ihrer Größe von der Angabe der Gesamtbezüge der Organmitglieder, unbeschadet des Auskunftsanspruchs des Aktionärs nach § 131 Abs. 1 AktG in der HV, sofern sich durch die Angabe die Bezüge eines Mitglieds feststellen lassen.[14] Die Vorschrift zielt auf den Schutz persönlicher Daten von Organmitgliedern. Eine **Schutzbedürftigkeit** besteht nur, wenn der Name des einzelnen Organmitglieds den Adressaten des JA bekannt ist. Dafür kommen die nach § 285 Nr. 10 HGB genannten Personen in Betracht (§ 285 Rz 81 ff.). Im Übrigen sind die Angaben gem. § 285 Nr. 9c HGB (§ 285 Rz 72 ff.) weiterhin notwendig.[15] Aus dem Gesetzestext ergibt sich, dass der Betrag der gebildeten und der nicht gebildeten Pensionsrückstellungen für ehemalige Organmitglieder und deren Hinterbliebene sowie gewährte Vorschüsse und Kredite einschl. der Haftungsverhältnisse für alle Organmitglieder von mittelgroßen und großen KapG im Anhang angegeben werden müssen.

---

12 Vgl. *Grottel*, in Beck Bil-Komm. 9. Aufl., § 286 HGB, Rz 9.
13 Vgl. *Poelzig*, in MünchKomm. HGB, 3. Aufl., § 286 Rn 55; *Wulf*, in *Baetge/Kirsch/Thiele*, Bilanzrecht, § 286 HGB, Rz 48 Stand 09/2009.
14 Vgl. OLG Düsseldorf v. 26.6.1997, 19 W 2/97 AktE, AG 1997 S. 520.
15 Vgl. *Niessen*, WPg 1991, S. 199; *Grottel*, in Beck Bil-Komm. 9. Aufl., § 286, Rz 9.

Die Anwendung der Ausnahmevorschrift ist für jedes Organ und für jedes Gj getrennt zu prüfen. Die Ausnahmeregelung kann in Anspruch genommen werden, wenn sich die Bezüge eines Mitglieds feststellen lassen. Besteht also das Organ einer Ges. nur aus einer Person, kann die Angabe der Gesamtbezüge unterbleiben. Wenn die Bezüge bei zwei Organmitgliedern untereinander unbekannt bleiben sollen, ist die Angabe im Anhang wegzulassen. Bei einer AG/KGaA oder bei einer GmbH muss die Geschäftsführung keine volle Kenntnis der Bezüge aller Organmitglieder haben, da diese zwischen AR bei einer AG bzw. zwischen Gesellschaftern bei einer GmbH und dem Organmitglied vereinbart werden. Besteht das Organ aus mehr als zwei Mitgliedern und erhalten alle von der berichtenden Ges. Vergütungen, wird in der Literatur überwiegend die Auffassung vertreten, dass sich die Bezüge eines Mitglieds des Organs nicht feststellen ließen, außer, wenn die Vergütungsregel, z.B. durch Satzung, oder das Verhältnis der einzelnen Bezüge untereinander bekannt sind, z.B. wenn die Bezüge der Organmitglieder unbedeutend voneinander abweichen und diese Information bekannt ist. Auch wenn die Vergütungsregel unbekannt ist, aber sich die Bezugshöhe eines Organmitglieds annähernd verlässlich schätzen oder durch Durchschnittsbildung ermitteln lässt und der so ermittelte Betrag nur unwesentlich vom tatsächlichen Betrag abweicht, kann die Ausnahmeregelung angewandt werden. Darauf hat der AP zu achten. Auch wenn die Organe aus mehreren Mitgliedern bestehen, aber die Bezüge nur eines Mitglieds von der berichtenden Ges. bezahlt werden, kann die Ausnahmevorschrift angewandt werden.[16]

18

### 1.3.4 Angaben zur Vorstandsvergütung börsennotierter Gesellschaften (Abs. 5)

Gem. § 286 Abs. 5 HGB haben die Aktionäre auf der HV die Möglichkeit, sich gegen die Angaben individualisierter Vorstandsbezüge zu entscheiden. Durch die Vorschrift bleibt die **Pflicht zur Angabe** der Gesamtbezüge des Vorstands bestehen. Der Beschluss der HV muss durch eine satzungsändernde Mehrheit von mindestens drei Vierteln des anwesenden Grundkapitals gefasst werden. Der durch die Offenlegung unmittelbar betroffene Aktionär ist vom Stimmrecht ausgeschlossen. Der Beschluss kann für höchstens fünf Jahre und mit der Wirkung für den nächsten JA gefasst werden. Die Wiederholung des Beschlusses ist zulässig.[17]

19

## 2 Änderungen durch das BilRUG

Aufgrund der geänderten Bilanzrichtlinie war der Gesetzgeber zu Änderungen der Ausnahmeregelungen gezwungen. Konkret dürfen die Angaben zum Anteilsbesitz (Abs. 2) für Gj, die nach dem 31.12.2015 beginnen, nicht mehr unterlassen werden, wenn von einem Unt mindestens 20 % der Anteile gehalten werden. Zudem ist zukünftig generell die Anwendung der Ausnahmeregelung im Anhang anzugeben. In Abs. 3 entfällt die Ausnahmeregelung für die Angaben nach § 285 Nr. 11a HGB bez. der Angaben über Unternehmensbeteiligungen als haftender Gesellschafter aufgrund europarechtlicher Vorgaben. Die aus Nr. 11 ausgelagerten Angaben von börsennotierten KapG über alle Beteiligungen an großen KapG, die fünf Prozent

20

21

---

[16] Vgl. *Poelzig*, in MünchKomm. HGB, 3. Aufl., § 286 Rn 66.
[17] Vgl. *Wulf*, in *Baetge/Kirsch/Thiele*, Bilanzrecht § 286 HGB, Rz 71 Stand 09/2009.

der Stimmrechte überschreiten, kann dagegen unter den genannten Voraussetzungen zukünftig entfallen (§ 285 Rz 179). Zudem wird die Ausnahme von der Angabepflicht zu EK und Ergebnis nach § 285 Nr. 11 HGB auf Fälle begrenzt, in denen das betreffende Unt seine Bilanz nicht offenlegt und es darüber hinaus nicht vom berichtenden Unt i. S. d. Richtlinie 2013/34/EU kontrolliert wird, das berichtende Unt also keinen beherrschenden Einfluss ausüben kann.

# § 288 GRÖSSENABHÄNGIGE ERLEICHTERUNGEN

(1) Kleine Kapitalgesellschaften (§ 267 Abs. 1) brauchen die Angaben nach § 284 Abs. 2 Nr. 4, § 285 Nr. 2 bis 8 Buchstabe a, Nr. 9 Buchstabe a und b sowie Nr. 12, 17, 19, 21, 22 und 29 nicht zu machen.
(2) ¹Mittelgroße Kapitalgesellschaften (§ 267 Abs. 2) brauchen bei der Angabe nach § 285 Nr. 3 die Risiken und Vorteile nicht darzustellen. ²Sie brauchen die Angaben nach § 285 Nr. 4 und 29 nicht zu machen. ³Soweit sie die Angaben nach § 285 Nr. 17 nicht machen, sind sie verpflichtet, diese der Wirtschaftsprüferkammer auf deren schriftliche Anforderung zu übermitteln. ⁴Sie brauchen die Angaben nach § 285 Nr. 21 nur zu machen, soweit sie Aktiengesellschaft sind; die Angabe kann auf Geschäfte beschränkt werden, die direkt oder indirekt mit dem Hauptgesellschafter oder Mitgliedern des Geschäftsführungs-, Aufsichts- oder Verwaltungsorgans abgeschlossen wurden.

PROF. DR. STEFAN MÜLLER

Inhaltsübersicht

| | | Rz |
|---|---|---|
| 1 | Inhalt | 1–2 |
| 2 | Erleichterungen | 3–8 |
| | 2.1 Erleichterungen für kleine Kapitalgesellschaften (Abs. 1) | 3–4 |
| | 2.2 Erleichterungen für mittelgroße Kapitalgesellschaften (Abs. 2) | 5–8 |
| 3 | Änderungen durch das BilRUG | 9–10 |
| | 3.1 Erleichterungen für kleine KapG (Abs. 1 nF) | 9 |
| | 3.2 Erleichterungen für mittelgroße KapG (Abs. 2 nF) | 10 |

Ergänzendes Schrifttum
*Bitter/Grasshoff*, Anwendungsprobleme des Kapitalgesellschaften- und Co-RL-Gesetzes, DB 2000, S. 833; *Scheffler*, Neue Vorschriften zur Rechnungslegung, Prüfung und Offenlegung nach dem Kapitalgesellschaften- & Co.-RL-Gesetz, DStR 2000, S. 529; *Strobel*, Die Neuerungen des KapCoRiLiG für den Einzel- und den Konzernabschluss, DB 2000, S. 53.

## 1 Inhalt

§ 288 HGB sieht für kleine und mittelgroße Ges. i. S. d. § 267 Abs. 1 und 2 HGB ein Wahlrecht vor, das **größenabhängige Erleichterungen** der Berichterstattung im Anhang ermöglicht. Das Wahlrecht beinhaltet sowohl eine teilweise **Befreiung von der Berichterstattung** als auch einen teilweise eingeschränkten Berichtsumfang. Das Wahlrecht kann für jede einzelne Vorschrift nach

1

pflichtgemäßem Ermessen der Ges., jedoch unter Beachtung der Darstellungsstetigkeit (§ 265 Rz 5), ausgeübt werden.¹

2 Kreditinstitute (§ 340a Abs. 2 HGB), VersicherungsUnt (§ 341a Abs. 2 HGB), KM-orientierte Ges. (§ 267 Abs. 3 Satz 2 i.V.m. § 264d HGB) sowie dem PublG unterliegende Ges. können das Wahlrecht nicht in Anspruch nehmen. Zu beachten ist § 131 Abs. 1 Satz 3 AktG, nach dem ein Aktionär auf der HV die Vorlage des vollständigen Anhangs verlangen kann. Ebenso kann nach § 51a Abs. 1 GmbHG jeder Gesellschafter einer GmbH von der Ges. weitergehende Angaben verlangen.²

## 2 Erleichterungen

### 2.1 Erleichterungen für kleine Kapitalgesellschaften (Abs. 1)

3 Kleine Ges. i.S.d. § 267 Abs. 1 HGB können aktuell – zu Änderungen durch das BilRUG s. Rz 9 – gem. § 288 Abs. 1 HGB folgende Angaben im Anhang unterlassen:

- Unterschiedsbeträge bei Anwendung einer Bewertungsmethode nach § 240 Abs. 4 HGB, § 256 Satz 1 HGB (§ 284 Abs. 2 Nr. 4 HGB),
- Aufgliederung der Verbindlichkeiten nach § 285 Nr. 2 HGB,
- Art, Zweck, Risiken und Vorteile von außerbilanziellen Geschäften nach § 285 Nr. 3 HGB,
- Gesamtbetrag sonstiger finanzieller Verpflichtungen nach § 285 Nr. 3a HGB,
- Aufgliederung der Umsatzerlöse nach Tätigkeitsbereichen sowie nach geografisch bestimmten Märkten gem. § 285 Nr. 4 HGB,
- Umfang der Belastung des Ergebnisses der gewöhnlichen Geschäftstätigkeit und des außerordentlichen Ergebnisses durch Steuern vom Einkommen und vom Ertrag nach § 285 Nr. 6 HGB,
- durchschnittliche Anzahl von beschäftigten Arbeitnehmern während des Gj, getrennt nach Gruppen gem. § 285 Nr. 7 HGB,
- Materialaufwand, gegliedert nach Aufwendungen für RHB und für bezogene Waren sowie nach Aufwendungen für bezogene Leistungen bei Anwendung des UKV gem. § 285 Nr. 8a HGB,
- Betrag der Gesamtbezüge für die Organmitglieder gem. § 285 Nr. 9a HGB,
- Betrag der Gesamtbezüge früherer Organmitglieder und deren Hinterbliebene sowie der für diese Personengruppe gebildeten und nicht gebildeten Pensionsrückstellungen nach § 285 Nr. 9b HGB,
- Erläuterung von nicht gesondert ausgewiesenen sonstigen Rückstellungen von nicht unerheblichem Umfang nach § 285 Nr. 12 HGB,
- Art und Höhe der vom AP im Gj berechneten und nach § 285 Nr. 17 HGB aufgeschlüsselten Honorare,
- Informationen für jede Kategorie der nicht zum beizulegenden Zeitwert bilanzierten derivativen Finanzinstrumente nach § 285 Nr. 19 HGB,
- die nicht zu marktüblichen Konditionen zustande gekommenen Geschäfte mit nahe stehenden Unt und Personen nach § 285 Nr. 21 HGB,

---

1 Vgl. *Poelzig*, in MünchKomm. HGB, 3. Aufl., § 288 Rn 3.
2 Vgl. *Grottel*, in Beck Bil-Komm. 9. Aufl., § 288 HGB, Rz 1.

- die Angaben gem. § 285 Nr. 22 HGB: Im Fall der Aktivierung nach § 248 Abs. 2 HGB Angabe des Gesamtbetrags der Forschungs- und Entwicklungskosten des Gj sowie der davon auf die selbst geschaffenen immateriellen VG des AV entfallende Betrag,
- Angabe über Steuersätze und Basis für Differenzen bzw. steuerliche Verlustvorträge bei der Bewertung von latenten Steuern nach § 285 Nr. 29 HGB.

Ferner haben kleine Ges. i.S.d. § 267 Abs. 1 HGB die Möglichkeit, gem. § 266 Abs. 1 Satz 3 HGB Posten in der Bilanz zusammenzufassen und die Bilanz dadurch in verkürzter Form aufzustellen. Bei der Aufstellung der GuV haben die Ges. gem. § 276 Satz 1 HGB ebenfalls die Möglichkeit, Posten zusammenzufassen. Darüber hinaus brauchen kleine Ges. gem. § 277 Abs. 4 Satz 2 HGB Erläuterungen zu ao Erträgen und Aufwendungen sowie gem. Satz 3 zu periodenfremden Erträgen und Aufwendungen im Anhang nicht zu machen. Nach § 274a HGB sind kleine Ges. außerdem von der Anwendung folgender Vorschriften befreit: Aufstellung eines Anlagengitters (§ 268 Abs. 2 HGB), Pflicht zur Erläuterung bestimmter Forderungen im Anhang (§ 268 Abs. 4 Satz 2 HGB), Erläuterung bestimmter Verbindlichkeiten im Anhang (§ 268 Abs. 5 Satz 3 HGB), Angabe von RAP nach § 250 Abs. 3 HGB (§ 268 Abs. 6 HGB) sowie Steuerabgrenzung (§ 274 HGB). Weitere erhebliche Erleichterungen können kleine Ges. außerdem bei der **Einreichung des Anhangs** zum BAnz gem. § 326 HGB in Anspruch nehmen: Es müssen lediglich die Bilanz sowie der Anhang ohne die Angaben zur GuV eingereicht werden.

Generell will der Gesetzgeber einerseits mit diesen zusätzlichen Befreiungen der Tatsache Rechnung tragen, dass die Vorteile einer Berichterstattung gerade für kleine mittelständische KapG in einem besonders kritischen Verhältnis zu den Nachteilen stehen. Andererseits können Vereinfachungsgründe für die Befreiungen angeführt werden.[3]

## 2.2 Erleichterungen für mittelgroße Kapitalgesellschaften (Abs. 2)

Mittelgroße Ges. i.S.d. § 267 Abs. 2 HGB brauchen aktuell – zu Änderungen durch das BilRUG s. Rz 10 – folgende Angaben im Anhang nicht zu machen:
- Aufgliederung der Umsatzerlöse nach Tätigkeitsbereichen sowie nach geografisch bestimmten Märkten gem. § 285 Nr. 4 HGB;
- Art und Höhe der Honorare der AP nach § 285 Nr. 17 HGB; die Ges. sind jedoch verpflichtet, der WPK auf deren schriftliche Anfrage hin diese Informationen zu übermitteln;
- Geschäfte mit nahestehenden Personen gem. § 285 Nr. 21 HGB, die nicht zu marktüblichen Konditionen zustande gekommen sind, **soweit die berichtende Ges. keine AG ist**;
- auf welchen Differenzen oder steuerlichen Verlustvorträgen die latenten Steuern beruhen und mit welchen Steuersätzen die Bewertung erfolgt ist (§ 285 Nr. 29 HGB).

Ein **eingeschränkter Umfang der Berichterstattung** gilt bei folgenden Angaben:

---

[3] Zu der diesbezüglichen Problematik bei der Ausnahme von latenten Steuern nach § 274 HGB vgl. § 274 Rz 7 ff.

- Bei außerbilanziellen Geschäften i. S. d. § 285 Nr. 3 HGB müssen die Risiken und Vorteile nicht dargestellt werden.
- Bei Geschäften mit nahe stehenden Personen gem. § 285 Nr. 21 HGB, die nicht zu marktüblichen Konditionen zustande gekommen sind, kann der Umfang der Berichterstattung einer **berichtenden AG** auf die Angabe der Geschäfte beschränkt werden, die direkt oder indirekt mit dem Hauptgesellschafter oder Mitgliedern des Geschäftsführungs-, Aufsichts- oder Verwaltungsorgans abgeschlossen wurden. Der Begriff „Hauptgesellschafter" ist funktional zu verstehen.[4] Diejenige natürliche oder juristische Person oder eine PersG. ist als Hauptgesellschafter anzusehen, die die Möglichkeit besitzt, die Finanz- und Geschäftspolitik des Unt zu beeinflussen und insoweit das Eingehen eines marktunüblichen Geschäfts zum eigenen Nutzen durchsetzen kann.

7 Mittelgroße Ges. können außerdem bei der **Einreichung des Anhangs** zum BAnz gem. § 327 Nr. 2 HGB folgende Angaben weglassen: die Aufgliederung des Gesamtbetrags der Verbindlichkeiten nach dem vorgeschriebenen Gliederungsschema (§ 285 Nr. 2 HGB), den gegliederten Materialaufwand bei der Anwendung des UKV (§ 285 Nr. 8a HGB) sowie die Erläuterung von nicht gesondert ausgewiesenen sonstigen Rückstellungen von nicht unerheblichem Umfang (§ 285 Nr. 12 HGB).

8 Basierend auf dem Art. 43 Abs. 1 Nr. 1 der Bilanzrichtlinie sind mittelgroße Ges. von der Aufschlüsselung des Abschlussprüferhonorars befreit, müssen diese Information jedoch der WPK auf deren schriftliche Anfrage hin übermitteln. Die Übermittlung des Abschlussprüferhonorars muss durch die Ges. erfolgen. Der AP darf nicht von der Ges. zur Übermittlung beauftragt werden (§ 319 Sätze 2 und 3 HGB). Falls ein mittelgroßes TU in einen KA einbezogen ist und deren Abschlussprüferhonorarzahlungen im KA enthalten sind, kann es unter den Voraussetzungen des § 285 Nr. 17 2. Hs. HGB die Befreiungsvorschrift auch gegenüber einer Anforderung durch die WPK in Anspruch nehmen. Ebenfalls sind mittelgroße Ges. von der Angabe der Geschäfte mit nahestehenden Personen und Unt befreit.

## 3 Änderungen durch das BilRUG

### 3.1 Erleichterungen für kleine KapG (Abs. 1 nF)

9 Im Rahmen der mit der Bilanzrichtlinie 2013/34/EU geforderten Maximalharmonisierung der Anhangangaben kommt es bei der Umsetzung in das HGB für kleine KapG insgesamt zu einer Ausweitung der Befreiung, obwohl einige wenige zusätzliche Pflichtangaben zukünftig verlangt werden:

> **Gesetze, Vorschriften und Rechtsprechung**
> (1) Kleine Kapitalgesellschaften (§ 267 Absatz 1) brauchen nicht:
> 1. die Angaben nach § 264c Absatz 2 Satz 9, § 265 Absatz 4 Satz 2, § 284 Absatz 2 Nummer 3, Absatz 3, § 285 Nummer 2, 3, 4, 8, 9 Buchstabe a und b, Nummer 10 bis 12, 14, 15, 15a, 17 bis 19, 21, 22, 24, 26 bis 30, 32 bis 34 zu machen;

---

[4] Vgl. BilMoG-BgrRegE, S. 76.

> 2. eine Trennung nach Gruppen bei der Angabe nach § 285 Nummer 7 vorzunehmen;
> 3. bei der Angabe nach § 285 Nummer 14a den Ort anzugeben, wo der vom Mutterunternehmen aufgestellte Konzernabschluss erhältlich ist.

Konkret **entfallen damit neu die Angabepflichten** zu
- dem Betrag der im Handelsregister gem. § 172 Abs. 1 HGB eingetragenen Einlage, soweit dieser nicht geleistet ist gem. § 264c Abs. 2 Satz 9 HGB;
- der Gliederungsergänzung bei mehreren Geschäftszweigen gem. § 265 Abs. 4 Satz 2 HGB;
- Aufstellung des Anlagespiegels gem. § 284 Abs. 3 HGB (Verschiebung der Befreiung aus § 274a Nr. 1 HGB);
- dem Personalaufwand des Gj gem. § 285 Nr. 8b HGB (§ 285 Rz 50);
- Personalien der Organvertreter gem. § 285 Nr. 10 HGB (§ 285 Rz 81);
- Beteiligungen und Unternehmensbeteiligungen als haftender Gesellschafter gem. § 285 Nr. 11, 11a, 11b HGB (§ 285 Rz 87 und Rz 179);
- Abschreibungen des GoF gem. § 285 Nr. 14, HGB (§ 285 Rz 103);
- dem persönlich haftenden Gesellschafter gem. § 285 Nr. 15, 15a HGB (§ 285 Rz 115);
- unterlassenen Abschreibungen von Finanzinstrumenten gem. § 285 Nr. 18 HGB (§ 285 Rz 126);
- der Berechnung der Pensionsverpflichtungen gem. § 285 Nr. 24 HGB (§ 285 Rz 159);
- Sondervermögen gem. § 285 Nr. 26 HGB (§ 285 Rz 162);
- den Gründen der Einschätzung des Risikos der Inanspruchnahme bei Haftungsverpflichtungen § 285 Nr. 27 HGB (§ 285 Rz 167);
- nicht ausschüttbaren Beträgen gem. § 285 Nr. 28 HGB (§ 285 Rz 172);
- angesetzten latenten Steuern nach § 285 Nr. 30 HGB nF (§ 285 Rz 185);
- periodenfremden Erträgen und Aufwendungen gem. § 285 Nr. 32 HGB (§ 285 Rz 187);
- Vorgängen von besonderer Bedeutung nach Abschluss des Gj gem. § 285 Nr. 33 HGB (§ 285 Rz 188) und
- Ergebnisverwendung gem. § 285 Nr. 34 HGB (§ 285 Rz 189).

**Hinzu kommen folgende Angabepflichten**, wo es keine Befreiung mehr aufgrund europarechtlicher Vorgaben geben darf:
- Die durchschnittliche Zahl der während des Gj Beschäftigten gem. § 285 Nr. 7 HGB ist anzugeben. Kleine KapG müssen diese Zahl aber nicht getrennt nach Gruppen von Beschäftigten darstellen.
- Angaben zum kleinsten KonsKreis gem. § 285 Nr. 14a HGB (§ 285 Rz 181), wobei auf die Angabe des Ortes, wo der KA des MU erhältlich ist, verzichtet werden kann.
- Angaben des Betrags und der Art der einzelnen Ertrags- oder Aufwandsposten von außergewöhnlicher Größenordnung oder außergewöhnlicher Bedeutung gem. § 285 Nr. 31 HGB (§ 285 Rz 186).

## 3.2 Erleichterungen für mittelgroße KapG (Abs. 2 nF)

10 Bei mittelgroßen KapG kommt es dagegen zu einer **Ausweitung der Angabepflichten**:

> **Gesetze, Vorschriften und Rechtsprechung**
> (2) Mittelgroße Kapitalgesellschaften (§ 267 Absatz 2) brauchen die Angabe nach § 285 Nummer 4, 29 und 32 nicht zu machen. Wenn sie die Angaben nach § 285 Nummer 17 nicht machen, sind sie verpflichtet, diese der Wirtschaftsprüferkammer auf deren schriftliche Anforderung zu übermitteln. Sie brauchen die Angaben nach § 285 Nummer 21 nur zu machen, sofern die Geschäfte direkt oder indirekt mit einem Gesellschafter, Unternehmen, an denen die Gesellschaft selbst eine Beteiligung hält, oder Mitgliedern des Geschäftsführungs-, Aufsichts- oder Verwaltungsorgans abgeschlossen wurden.

So sind die Angaben zu den Risiken und Vorteilen nicht in der Bilanz erhaltener Geschäfte ab dem Gj 2016 notwendig. Zudem sind fast alle mit dem BilRUG zusätzlich in § 285 HGB nF eingefügten Angabepflichten zu erfüllen (§ 285 Rz 184 ff.). Einzig die Angabe nach § 285 Nr. 32 HGB nF bez. der Erläuterung der einzelnen Aufwands- und Ertragsposten hinsichtlich ihres Betrags und ihrer Art, die einem anderen Gj zuzurechnen sind, soweit die Beträge nicht von untergeordneter Bedeutung sind, kann weiterhin entfallen. Zudem ist die Erleichterung im Rahmen der Angaben zu Nahestehenden gem. § 285 Nr. 21 HGB nun auch für AG möglich.

# § 289 LAGEBERICHT

(1) ¹Im Lagebericht sind der Geschäftsverlauf einschließlich des Geschäftsergebnisses und die Lage der Kapitalgesellschaft so darzustellen, dass ein den tatsächlichen Verhältnissen entsprechendes Bild vermittelt wird. ²Er hat eine ausgewogene und umfassende, dem Umfang und der Komplexität der Geschäftstätigkeit entsprechende Analyse des Geschäftsverlaufs und der Lage der Gesellschaft zu enthalten. ³In die Analyse sind die für die Geschäftstätigkeit bedeutsamsten finanziellen Leistungsindikatoren einzubeziehen und unter Bezugnahme auf die im Jahresabschluss ausgewiesenen Beträge und Angaben zu erläutern. ⁴Ferner ist im Lagebericht die voraussichtliche Entwicklung mit ihren wesentlichen Chancen und Risiken zu beurteilen und zu erläutern; zugrunde liegende Annahmen sind anzugeben. ⁵Die gesetzlichen Vertreter einer Kapitalgesellschaft i.S.d. § 264 Abs. 2 Satz 3 haben zu versichern, dass nach bestem Wissen im Lagebericht der Geschäftsverlauf einschließlich des Geschäftsergebnisses und die Lage der Kapitalgesellschaft so dargestellt sind, dass ein den tatsächlichen Verhältnissen entsprechendes Bild vermittelt wird, und dass die wesentlichen Chancen und Risiken i.S.d. Satzes 4 beschrieben sind.

(2) Der Lagebericht soll auch eingehen auf:
1. Vorgänge von besonderer Bedeutung, die nach dem Schluß des Geschäftsjahrs eingetreten sind;
2. a) die Risikomanagementziele und -methoden der Gesellschaft einschließlich ihrer Methoden zur Absicherung aller wichtigen Arten von Transaktionen, die im Rahmen der Bilanzierung von Sicherungsgeschäften erfasst werden, sowie

   b) die Preisänderungs-, Ausfall- und Liquiditätsrisiken sowie die Risiken aus Zahlungsstromschwankungen, denen die Gesellschaft ausgesetzt ist,

   jeweils in Bezug auf die Verwendung von Finanzinstrumenten durch die Gesellschaft und sofern dies für die Beurteilung der Lage oder der voraussichtlichen Entwicklung von Belang ist;
3. den Bereich Forschung und Entwicklung;
4. bestehende Zweigniederlassungen der Gesellschaft;
5. die Grundzüge des Vergütungssystems der Gesellschaft für die in § 285 Nr. 9 genannten Gesamtbezüge, soweit es sich um eine börsennotierte Aktiengesellschaft handelt. ²Werden dabei auch Angaben entsprechend § 285 Nr. 9 Buchstabe a Satz 5 bis 8 gemacht, können diese im Anhang unterbleiben.

(3) Bei einer großen Kapitalgesellschaft (§ 267 Abs. 3) gilt Absatz 1 Satz 3 entsprechend für nichtfinanzielle Leistungsindikatoren, wie Informationen über Umwelt- und Arbeitnehmerbelange, soweit sie für das Verständnis des Geschäftsverlaufs oder der Lage von Bedeutung sind.

(4) ¹Aktiengesellschaften und Kommanditgesellschaften auf Aktien, die einen organisierten Markt i.S.d. § 2 Abs. 7 des Wertpapiererwerbs- und Übernahmegesetzes durch von ihnen ausgegebene stimmberechtigte Aktien in Anspruch nehmen, haben im Lagebericht anzugeben:

1. die Zusammensetzung des gezeichneten Kapitals; bei verschiedenen Aktiengattungen sind für jede Gattung die damit verbundenen Rechte und Pflichten und der Anteil am Gesellschaftskapital anzugeben, soweit die Angaben nicht im Anhang zu machen sind;
2. Beschränkungen, die Stimmrechte oder die Übertragung von Aktien betreffen, auch wenn sie sich aus Vereinbarungen zwischen Gesellschaftern ergeben können, soweit sie dem Vorstand der Gesellschaft bekannt sind;
3. direkte oder indirekte Beteiligungen am Kapital, die 10 vom Hundert der Stimmrechte überschreiten, soweit die Angaben nicht im Anhang zu machen sind;
4. die Inhaber von Aktien mit Sonderrechten, die Kontrollbefugnisse verleihen; die Sonderrechte sind zu beschreiben;
5. die Art der Stimmrechtskontrolle, wenn Arbeitnehmer am Kapital beteiligt sind und ihre Kontrollrechte nicht unmittelbar ausüben;
6. die gesetzlichen Vorschriften und Bestimmungen der Satzung über die Ernennung und Abberufung der Mitglieder des Vorstands und über die Änderung der Satzung;
7. die Befugnisse des Vorstands insbesondere hinsichtlich der Möglichkeit, Aktien auszugeben oder zurückzukaufen;
8. wesentliche Vereinbarungen der Gesellschaft, die unter der Bedingung eines Kontrollwechsels infolge eines Übernahmeangebots stehen, und die hieraus folgenden Wirkungen; die Angabe kann unterbleiben, soweit sie geeignet ist, der Gesellschaft einen erheblichen Nachteil zuzufügen; die Angabepflicht nach anderen gesetzlichen Vorschriften bleibt unberührt;
9. Entschädigungsvereinbarungen der Gesellschaft, die für den Fall eines Übernahmeangebots mit den Mitgliedern des Vorstands oder Arbeitnehmern getroffen sind, soweit die Angaben nicht im Anhang zu machen sind.

²Sind Angaben nach Satz 1 im Anhang zu machen, ist im Lagebericht darauf zu verweisen.

(5) Kapitalgesellschaften im Sinn des § 264d haben im Lagebericht die wesentlichen Merkmale des internen Kontroll- und des Risikomanagementsystems im Hinblick auf den Rechnungslegungsprozess zu beschreiben.

PROF. DR. KARSTEN PAETZMANN

Inhaltsübersicht                                                                 Rz
1 Überblick .......................................................   1–16
2 Grundsätze ordnungsmäßiger Lageberichterstattung ........  17–21
   2.1 Grundsatz der Wahrheit ........................  17–19
   2.2 Grundsatz der Vollständigkeit ...................    20
   2.3 Grundsatz der Klarheit ..........................    21
3 Elemente des Lageberichts nach Abs. 1 ...................  22–76
   3.1 Darstellung von Geschäftsverlauf einschließlich Geschäftsergebnis und Lage der Gesellschaft (Abs. 1 Satz 1) .......  22–26
   3.2 Analyse von Geschäftsverlauf und Lage der Gesellschaft (Abs. 1 Satz 2) .................................  27–36

3.3 Darstellung und Erläuterung der bedeutsamsten finanziellen Leistungsindikatoren (Abs. 1 Satz 3) . . . . . . . . . . . 37–41
3.4 Prognose-, Chancen- und Risikobericht (Abs. 1 Satz 4). . . 42–65
3.5 Lageberichtseid (Abs. 1 Satz 5) . . . . . . . . . . . . . . . . . . . . . 66–76
4 Elemente des Lageberichts nach Abs. 2 . . . . . . . . . . . . . . . . . . . 77–100
4.1 Nachtragsbericht (Abs. 2 Satz 1 Nr. 1) . . . . . . . . . . . . . . . 77–79
4.2 Berichterstattung über Finanzinstrumente (Abs. 2 Satz 1 Nr. 2a und b). . . . . . . . . . . . . . . . . . . . . . . . . . . . . . . . . 80–89
4.3 Forschung- und Entwicklungsbericht (Abs. 2 Satz 1 Nr. 3) 90–93
4.4 Zweigniederlassungsbericht (Abs. 2 Satz 1 Nr. 4) . . . . . . . 94–95
4.5 Vergütungsbericht durch börsennotierte Aktiengesellschaften (Abs. 2 Satz 1 Nr. 5) . . . . . . . . . . . . . . . . . . . . . . 96–100
5 Darstellung und Erläuterung der bedeutsamsten nichtfinanziellen Leistungsindikatoren durch große Kapitalgesellschaften (Abs. 3). . . . . . . . . . . . . . . . . . . . . . . . . . . . . . . . . . . . . . . . . . . 101–106
6 Zusätzliche Angaben durch kapitalmarktorientierte Gesellschaften (Abs. 4) . . . . . . . . . . . . . . . . . . . . . . . . . . . . . . . . . . . 107–117
7 Risikomanagement-Bericht durch kapitalmarktorientierte Kapitalgesellschaften (Abs. 5) . . . . . . . . . . . . . . . . . . . . . . . . . 118–126
8 Schlusserklärung zum Abhängigkeitsbericht durch AG, KGaA, SE (§ 312 Abs. 3 S. 3 AktG). . . . . . . . . . . . . . . . . . . . . . . . . . . 127–138
8.1 Überblick . . . . . . . . . . . . . . . . . . . . . . . . . . . . . . . . . . . . . 127–128
8.2 Anwendungsbereich . . . . . . . . . . . . . . . . . . . . . . . . . . . . 129–130
8.3 Berichtsinhalte . . . . . . . . . . . . . . . . . . . . . . . . . . . . . . . . 131–136
8.3.1 Allgemeine Anforderungen . . . . . . . . . . . . . . . . . . 131
8.3.2 Berichtspflichtige Beziehungen und Vorgänge . . . . 132–134
8.3.3 Nachteilsausgleich . . . . . . . . . . . . . . . . . . . . . . . . . 135
8.3.4 Schlusserklärung . . . . . . . . . . . . . . . . . . . . . . . . . . 136
8.4 Form der Berichterstattung . . . . . . . . . . . . . . . . . . . . . . . 137–138
9 Sanktionen . . . . . . . . . . . . . . . . . . . . . . . . . . . . . . . . . . . . . . . . 139–144
10 Änderungen durch das BilRUG . . . . . . . . . . . . . . . . . . . . . . . 145–146

**Ergänzendes Schrifttum**

*Bischof/Selch,* Neuerungen für den Lagebericht nach dem Regierungsentwurf eines Bilanzrechtsmodernisierungsgesetzes (BilMoG), WPg 2008, S. 1021; *Buchheim/Schmidt,* IFRS 7: Angaben zu Finanzinstrumenten – Darstellung und Würdigung, KoR 2005, S. 397; *Dörner/Bischof,* Zweifelsfragen zur Berichterstattung über die Risiken der künftigen Entwicklung im Lagebericht, WPg 1999, S. 445; *Flume,* Die abhängige Aktiengesellschaft und die Aktienrechtsreform, DB 1959, S. 190; *Freidank,* Unternehmensüberwachung: Die Grundlagen betriebswirtschaftlicher Kontrolle, Prüfung und Aufsicht, München 2012; *Freidank/ Mammen,* Reporting steuerlicher Risiken im Konzernlagebericht als Instrument der Corporate Governance, ZCG 2008, S. 285; *Freidank/Steinmeyer,* Fortentwicklung der Lageberichterstattung nach dem BilReG aus betriebswirtschaftlicher Sicht, BB 2005, S. 2512; *Gelhausen/Fey/Kämpfer,* Rechnungslegung und Prüfung nach dem Bilanzrechtsmodernisierungsgesetz, Düsseldorf 2009; *Hom-*

*melhoff/Mattheus*, Risikomanagementsystem im Entwurf des BilMoG als Funktionselement der Corporate Governance, BB 2007, S. 2787; *IASB*, ED 2009/6 Management Commentary; *IDW*, Besondere Prüfungsfragen im Kontext der aktuellen Wirtschafts- und Finanzmarktkrise, Stand 19.12.2008; *Kajüter*, Der Lagebericht als Instrument einer kapitalmarktorientierten Rechnungslegung, DB 2004, S. 197; *Kajüter/Bachert/Blaesing*, Ergänzung des IFRS-Abschlusses um einen Managementbericht – Wie ist die Resonanz auf das Management Commentary-Projekt des IASB in Deutschland, KoR 2010, S. 183; *Kajüter/Bachert/Blaesing/Kleinmann*, Die DRS zur Lageberichterstattung auf dem Prüfstand – Empirische Befunde zur Beurteilung und Anwendung der DRS, DB 2010, S. 462; *Kirsch/Scheele*, Die Auswirkungen der Modernisierungsrichtlinie auf die (Konzern-)Lageberichterstattung unter Berücksichtigung von E-DRS 20 und des Entwurfs eines Bilanzrechtsreformgesetzes vom 15.12.2003, WPg 2004, S. 1; *Küting/Hütten*, Darstellung und Prüfung der künftigen Entwicklungsrisiken und -chancen im Lagebericht, in *Lachnit/Freidank* (Hrsg.): Investororientierte Unternehmenspublizität, 2000, S. 399; *Lange*, Berichterstattung im Lagebericht und Konzernlagebericht nach dem geplanten Bilanzrechtsreformgesetz, ZIP 2004, S. 981; *Melcher/Mattheus*, Zum Referentenentwurf des Bilanzrechtsmodernisierungsgesetzes (BilMoG): Lageberichterstattung, Risikomanagement-Bericht und Corporate Governance-Statement, DB 2008, Heft 7, Beilage 1, S. 52; *Müller/Juchler/Ergün*, Risikoberichterstattung im Konzernlagebericht nach DRS 20: Verbesserungspotenziale und weiter bestehende Qualitätsrisiken, ZCG 2012, S. 281; *Paetzmann*, Enterprise Risk Management: Zum Einfluss der Governance-Reformen auf das Controlling und die Überwachung, ZP 2005, S. 267; *Paetzmann*, Corporate Governance – Strategische Marktrisiken, Controlling, Überwachung, 2. Aufl., Berlin, Heidelberg 2012; *Prigge*, Inhaltliche Redundanzen in Konzernlagebericht und IFRS-Konzernanhang, KoR 2006, S. 252; *Sieben*, Offene Fragen bei der Erstellung und Prüfung des Lageberichts, in FS Goerdeler, Düsseldorf 1987, S. 581; *Strieder*, Erweiterung der Lageberichterstattung nach dem BilMoG, BB 2009, S. 1002; *Tesch/Wissmann*, Lageberichterstattung nach HGB, 2. Aufl., Weinheim 2009.

## 1 Überblick

1 Nach § 264 Abs. 1 HGB haben mittelgroße und große KapG (§ 267 Abs. 2 und 3 HGB) sowie mittelgroße und große PersG i. S. d. § 264a Abs. 1 HGB, sofern sie als TU nicht nach § 264 Abs. 3 bzw. § 264b HGB befreit sind, einen LB aufzustellen. Unt, die dem PublG unterliegen, haben, sofern es sich bei ihnen nicht um EKfI oder reine PersG handelt, ebenfalls einen LB sinngemäß nach § 289 HGB aufzustellen (§ 5 Abs. 2 Satz 2 PublG). Gesonderte Normen finden sich zu eingetragenen Genossenschaften (§ 336 Abs. 1 Satz 1 HGB), europäischen Genossenschaften (§ 23 SCEAG), Kreditinstituten (§ 340a Abs. 1 HGB) und VersicherungsUnt (§ 341a Abs. 1 HGB).

2 Entsprechend seiner gesetzlichen Aufgabenstellung (§ 342 Abs. 1 HGB) hatte der DSR bis 2012 im DRS 15 die Konzernlageberichterstattung und in DRS 5 die Risikoberichterstattung im KLB konkretisiert. Auch aufgrund der **Ausstrahlungswirkung der DRS** auf den Einzelabschluss erscheint eine Anwendung im Sinne einer sinngemäßen Beachtung dort als angemessen. Für den LB sind die

Regelungen des DSR zum KLB auch deshalb von Relevanz, weil KLB und LB nach § 315 Abs. 3 HGB zusammengefasst werden können, zumal die Anforderungen von § 289 HGB und § 315 HGB sinngemäß übereinstimmen.[1] Jedoch deuten empirische Ergebnisse darauf hin, dass die DRS vor allem bei nicht börsennotierten Unt relativ geringe Akzeptanz besitzen.[2]

Der DSR legte 2011 einen E-DRS 27 „Konzernlagebericht" vor, der praktische Erfahrungen aus der KLB-Erstattung sowie aktuelle Entwicklungen, insb. das 2010 vom IASB veröffentlichte IFRS Practice Statement „Management Commentary", reflektierte und die DRS 5, DRS 5–10 (ergänzende Anforderungen zur Risikoberichterstattung von Kredit- und Finanzdienstleistungsinstituten), DRS 5–20 (ergänzende Anforderungen zur Risikoberichterstattung von VersicherungsUnt) und DRS 15 integrierte.[3] Der endgültige Standard wurde am 14.9.2012 als **DRS 20** „**Konzernlagebericht**" verabschiedet und am 4.12.2012 im BAnz veröffentlicht. Der DRS 20 zielt insb. auch darauf ab, die Risikoberichterstattung weiter zu verbessern.[4] Hingegen wurde eine von E-DRS 27 bezweckte Übereinstimmung des KLB mit dem veröffentlichten **IFRS Practice Statement** „**Management Commentary**" im DRS 20 nicht mehr verfolgt.

Daneben gelten von Seiten des **IDW**, nachdem der frühere Rechnungslegungsstandard RS HFA 1 „Aufstellung des Lageberichts" aufgehoben wurde, die Rechnungslegungshinweise RH HFA 1.005 und 1.007. Die Fortentwicklungen des DRS lassen wiederum erwarten, dass auch diese IDW-Verlautbarungen künftig angepasst werden.[5]

In der Entwicklung des § 289 HGB spiegelt sich letztlich die Entwicklung der vergangenen Jahre wider, die im Zuge eines Bemühens des Gesetzgebers um eine Erhöhung der Transparenz und damit der Verbesserung der **Corporate Governance** eine sukzessive Erweiterung der Lageberichterstattung mit sich brachte. Der Inhalt des LB wurde zunächst 2004 durch das **BilReG** deutlich erweitert. Dabei erfolgte eine Transformation der Bestimmungen der Fair-Value-RL (RL 2001/65/EG des Europäischen Parlaments und des Rates vom 27.9.2001) und der Modernisierungsrichtlinie (RL 2003/51/EG des Europäischen Parlaments und des Rates von 18.6.2003). Qualität und Aussagekraft der Lageberichterstattung sollten mit Blick auf die Vermittlung eines den tatsächlichen Verhältnissen entsprechenden Bilds erhöht werden. Durch das **VorstOG** (2005) wurden börsennotierte AG für nach dem 31.12.2005 beginnende Gj verpflichtet, den LB um einen Vergütungsbericht zu erweitern (Abs. 2 Nr. 4).

Das **BilMoG** (2009) baute im Wesentlichen auf der sog. Abschlussprüfer-RL (RL 2006/43/EG des Europäischen Parlaments und des Rates vom 17.5.2006) und der Abänderungsrichtlinie (RL 2006/46/EG des Europäischen Parlaments und des Rates vom 14.6.2006) auf und enthielt eine Reihe von Bestimmungen, die die Corporate Governance KM-orientierter Ges. verbessern sollten. Mit Blick auf die Berichterstattung im LB sind nun in Umsetzung von Art. 46a der Bilanzrichtlinie i.d.F. d. Abänderungsrichtlinie im LB bestimmter Ges., namentlich

---

1 Vgl. *Böcking/Dutzi/Gros*, in Baetge/Kirsch/Thiele, Bilanzrecht, § 289 HGB, Rz 50 Stand 12/2012.
2 Vgl. *Kajüter/Bachert/Blaesing/Kleinmann*, 2010, S. 460 f.; DRS 20.B4; *Kajüter* in *Küting/Pfitzer/Weber*, HdR, §§ 289, 289a, Rn. 38, Stand 04/2011.
3 Vgl. DRS 20nfd.B2–3.
4 Vgl. *Müller/Juchler/Ergün* 2012, S. 281 ff.
5 Vgl. *Kajüter* in *Küting/Pfitzer/Weber*, HdR, §§ 289, 289a, Rn. 40, Stand 04/2011.

KapG i.S.d. § 264d HGB, nun die wesentlichen Merkmale des internen Kontroll- und des Risikomanagementsystems im Hinblick auf den Rechnungslegungsprozess zu beschreiben (Abs. 5). Zudem haben sich die Ges. zur Unternehmensführung zu erklären (§ 289a HGB). Die Änderungen durch das BilMoG waren erstmals auf JA für das nach dem 31.12.2008 beginnende Gj anzuwenden (Art. 66 Abs. 2 Satz 1 EGHGB).

7 Der LB ist nach dem **FührposGleichberG**[6] von börsennotierten AG und KGaA sowie anderen verpflichteten Unt (**mitbestimmte GmbH, GmbH mit AR, Versicherungsunt**) nach § 289a HGB um einen Abschnitt zu ergänzen, in dem die Festlegung der Frauenquoten der 1. und 2. Führungsebenen und Angaben, ob die festgelegten Zielgrößen während des Bezugszeitraums erreicht worden sind, und wenn nicht, Angaben zu den Gründen, enthalten sind (§ 289a Rz 16 ff.).

8 Durch das **BilRUG** (2015) wurden Änderungen eingefügt, die sich aus der Umsetzung der sog. Bilanzrichtlinie (RL 2013/34/EU des Europäischen Parlaments und des Rates vom 26.6.2013) ergaben. Für den LB bringt dies nur geringfügige Anpassungen mit sich (Rz 145).

9 Der LB ist ein eigenständiger Teil im Rahmen der jährlichen Rechenschaftslegung, der neben dem JA steht. Trotz dieser formalen Trennung sind JA und LB jedoch inhaltlich nicht voneinander unabhängig, da die Aufgaben des LB in der **Verdichtung** der JA-Informationen und in der **zeitlichen und sachlichen Ergänzung** des JA bestehen. JA und LB müssen miteinander in Einklang stehen.[7] Die Zwecke bzw. Aufgaben der Berichterstattung im LB sind:

- **Informations- und Rechenschaftsfunktion**: Der JA einschließlich der erläuternden Angaben im Anhang allein vermag dem Adressaten nur begrenzt die tatsächliche Lage der Ges. zu vermitteln, zumal keine Erläuterungspflicht aller wesentlichen Einzelpositionen besteht. Dies verdeutlicht die hohe Bedeutung der Informations- und Rechenschaftsfunktion des LB.
- **Ergänzungsfunktion**: Die Aufgabe der Ergänzung wird seit dem BilReG insb. auch betont durch die Formulierung des Abs. 1 Satz 3 2. Hs.: „unter Bezugnahme auf die im Jahresabschluss ausgewiesenen Beträge und Angaben". Nach dem Willen des Gesetzgebers dient der JA der Darstellung, während der LB die Analyse und Kommentierung relevanter Kennzahlen und Sachverhalte beinhaltet.[8]

10 Die Verbindungslinie zwischen JA und LB wird auch durch die fast wortgleiche Kernaussage in den zugrunde liegenden **Generalnormen** deutlich: Nach Abs. 1 muss der LB ein den tatsächlichen Verhältnissen entsprechendes Bild des Geschäftsverlaufs (einschl. des Geschäftsergebnisses) und der Lage der Ges. vermitteln. Der § 264 Abs. 2 HGB fordert als Generalnorm des JA für diesen ein den tatsächlichen Verhältnissen entsprechendes Bild der VFE-Lage der Ges. Auch wenn eine Übertragung des Konzepts „**true and fair view**" auf den LB vorliegt, besteht eine Besonderheit des LB im Vergleich zum JA darin, dass nicht nur Rechenschaft über die Vergangenheit abgelegt wird, sondern der LB einen **Prognosebericht** über die zukünftigen Aussichten der Ges. einschl. Risiken und

---

[6] Gesetz für die gleichberechtigte Teilhabe von Frauen und Männern an Führungspositionen in der Privatwirtschaft und im öffentlichen Dienst v. 24.4.2015, BGBl. 2015 I S. 642.
[7] Vgl. DRS 20.4.
[8] Vgl. BilMoG-BegrRegE, S. 63; *Grottel*, in Beck Bil-Komm. 9. Aufl., § 289 HGB, Rz 4.

Chancen und einen **Nachtragsbericht** über Vorgänge von besonderer Bedeutung, die nach dem Ende des Gj. eingetreten sind, beinhaltet.
Im LB sind grds. alle Vorgänge anzugeben, die für die wirtschaftliche Gesamtbeurteilung der Gesellschaft erforderlich sind. Die geschäftsführenden Organe geben ihr persönliches Urteil über den Geschäftsverlauf, das Geschäftsergebnis, die Lage und die voraussichtliche Entwicklung ab. 11

Der Inhalt des LB ist nicht begrenzt, sodass Abs. 1 nur den **Mindestumfang** angibt, jedoch auch umfänglicher berichtet werden kann. In der Fassung des Abs. 1 bis zum BilReG war klarstellend das Wort „zumindest" enthalten, wobei aus dem Wegfall nicht auf eine Begrenzung geschlossen werden kann (zumal die dem BilReG zugrunde liegende europäische Modernisierungsrichtlinie das Wort „zumindest" enthielt).[9] Der LB kann somit um **freiwillige Angaben** erweitert werden. 12

Der LB ist in jedem Jahr neu zu erstellen, Verweise auf Vorjahre reichen nicht. Damit der LB vom JA unterschieden werden kann, ist er als solcher zu kennzeichnen. Dies erlangt besondere Bedeutung, da durch den Berichtsadressaten nachvollziehbar sein muss, welche Informationen als vom AP nach § 317 Abs. 2 HGB geprüft anzusehen sind. Es besteht die Möglichkeit, getrennte Sonderabschnitte mit zusätzlichen **freiwilligen Angaben** außerhalb des LB (und Anhangs) in einem Geschäftsbericht einzurichten, die keinen gesetzlichen Vorschriften und keiner Prüfungspflicht nach § 317 Abs. 2 HGB unterliegen. Diese Abschnitte sind gleichwohl vom AP kritisch zu lesen.[10] 13

An welcher Stelle der LB im Rahmen der jährlichen Rechenschaftslegung **platziert** sein muss, wird durch das HGB nicht vorgegeben. Während der LB der Struktur des Gesetzes entsprechend hinter JA und Anhang einzuordnen wäre, stellt die Praxis den LB üblicherweise an den Anfang der schriftlichen Berichterstattung. Der LB ist in deutscher Sprache und in Euro aufzustellen. Es genügt – wenn auch ohne praktische Relevanz – die handschriftliche Form, die gedruckte Form ist nicht vorgeschrieben. Anders als der JA braucht der LB nicht durch das geschäftsführende Organ unterzeichnet zu werden. 14

Sofern eine Ges. einen LB **freiwillig** aufstellt, unterliegt dieser nicht den Vorschriften des § 289 HGB. Dies ist dann anders, wenn die Ges. einen Bestätigungsvermerk zum LB nach § 322 Abs. 6 HGB erhalten will.[11] 15

Der § 289 HGB lässt durch die Nutzung zahlreicher unbestimmter Rechtsbegriffe unterschiedliche Interpretationsmöglichkeiten zu und erhöht dadurch den Gestaltungsspielraum des Lageberichterstellers. Zur Auslegung sind daher Kriterien heranzuziehen, die sich aus den allgemeinen Grundsätzen der Rechenschaftslegung ergeben.[12] Diese **Grundsätze ordnungsmäßiger Lageberichterstattung (GoL)** besagen, dass der LB wahr (richtig), vollständig und klar (übersichtlich) sein soll. Der DSR hatte im früheren DRS 15 fünf allgemeine Grundsätze formuliert, die teilweise über diese GoL hinausgehen, indem etwa ein „Grundsatz der Konzentration auf die nachhaltige Wertschaffung" integriert wird. In DRS 20.34–35 tritt an dessen Stelle ein Grundsatz der „Informationsabstufung". 16

---

[9] Vgl. BilMoG-BegrRegE, S. 62; *Lange*, ZIP 2004, S. 983; *Kajüter*, DB 2004, S. 197.
[10] Vgl. IDW PS 202, Tz. 7.
[11] Vgl. ADS, 6. Aufl., § 289 HGB, Rz 6; a. A. *Dörner/Bischof*, 1999, S. 378.
[12] Vgl. *Grottel*, in Beck Bil-Komm. 9. Aufl., § 289 HGB, Rz 8.

# 2 Grundsätze ordnungsmäßiger Lageberichterstattung

## 2.1 Grundsatz der Wahrheit

17 In der gesamten Rechnungslegung spielt der **Grundsatz der Wahrheit** eine dominierende Rolle. Er verlangt eine **der Realität entsprechende Darstellung** der Angaben im LB, die intersubjektiv nachprüfbar und willkürfrei ist. Objektiv falsche Angaben, die allein oder zusammen einen falschen Eindruck vermitteln, dürfen nicht gemacht werden. Bei **Tatsachenangaben** (Verlaufs- und Zustandsangaben) muss die Übereinstimmung mit der Realität jedoch nicht dokumentarisch exakt sein, sondern es reicht, wenn die Darstellung in der Tendenz mit der Realität übereinstimmt.

18 Dies gilt auch in **krisenbefangenen Unternehmenssituationen**, bei denen die Fortführung gefährdet ist. Berechtigte Interessen und Hoffnungen der Organe treten zurück, sodass ein Verschweigen oder eine Beschönigung der Situation nicht infrage kommt.[13] Insgesamt ist in Bezug auf **zukunftsgerichtete Angaben** des LB, die auf Prognosen der Organe beruhen und denen noch kein abgeschlossener Sachverhalt zugrunde liegt, die Anwendung des Grundsatzes der Wahrheit problematisch. Hier müssen die Prognosen jedoch schlüssig und widerspruchsfrei entwickelt und die zugrunde liegenden Annahmen und der Prognosehorizont offengelegt werden.

19 Der Grundsatz der Wahrheit verlangt eine **willkürfreie Berichterstattung**. Die Organe haben entsprechend bei **Beurteilungsangaben** mit der Sorgfalt eines gewissenhaften und ordentlichen Geschäftsführers für deren Willkürfreiheit Sorge zu tragen.

## 2.2 Grundsatz der Vollständigkeit

20 Nach dem Grundsatz der Vollständigkeit ist umfassend, unter Ausschöpfung aller erreichbaren Erkenntnisquellen, über die wirtschaftliche Situation des Unt zu berichten. Dieser Grundsatz ist im Zusammenhang mit dem **Grundsatz der Wesentlichkeit** zu sehen (quantitative oder qualitative Bedeutung eines betrieblichen Sachverhalts). Für die Auswahl der berichtspflichtigen Sachverhalte sind als Maßstab die schutzwürdigen Informationsinteressen der Lageberichtsadressaten heranzuziehen. Ziel kann nicht die lückenlose Berichterstattung über Geschäftsvorfälle sein, sondern das Übermitteln jener Informationen, die der Adressat für seine Dispositionen in Bezug auf die Ges. benötigt. In der Praxis variiert das Informationsinteresse des Adressaten stark je nach Unternehmensgröße, Branche, wirtschaftlicher Situation, Inanspruchnahme des KM etc.[14]

## 2.3 Grundsatz der Klarheit

21 Der Grundsatz der Klarheit und Übersichtlichkeit verlangt eine verständliche, prägnante und übersichtliche Darstellung der LB-Informationen. Dies bedingt, dass die Angaben **weder vage noch weitschweifig** sein dürfen. Hierzu gehört

---

13 Vgl. *Grottel*, in Beck Bil-Komm. 9. Aufl., § 289 HGB, Rz 11.
14 Vgl. *Sieben*, 1987, S. 588; DRS 20.34.

auch bereits die Kennzeichnung von Anfang und Ende des LB im Geschäftsbericht. Eine **systematische Gliederung** des LB sollte sich an den gesetzlich in § 289 HGB geforderten Elementen orientieren. In der Form der Darstellung im LB ist **Stetigkeit** nach § 265 Abs. 1 HGB zu wahren.[15] Sinngemäß sind weiterhin die folgenden Vorschriften auf die Lageberichterstattung anzuwenden:[16]

- Gliederung des LB nach Geschäftsbereichen (§ 265 Abs. 4 HGB),
- Anpassung der Darstellung an branchentypische Spezifika der Ges. (§ 265 Abs. 6 HGB),
- Zusammenfassungen, um die Klarheit der Darstellung zu erhöhen (§ 265 Abs. 7 HGB),
- Fehlanzeigen für vorgesehene Berichterstattungen können unterbleiben (§ 265 Abs. 8 HGB).

> **Beispiel**
> E-DRS 27 enthielt ein Beispiel für die Gliederung eines KLB, das aber nicht in DRS 20 übernommen wurde:
> „Um die Klarheit und Übersichtlichkeit zu erhöhen, gliedert Unternehmen A seinen Konzernlagebericht wie folgt:
> 1. Grundlagen des Konzerns
> 2. Wirtschaftsbericht
> 3. Nachtragsbericht
> 4. Prognosebericht
> 5. Chancen-/Risikobericht
> 6. Risikoberichterstattung über die Verwendung von Finanzinstrumenten
> 7. Internes Kontroll- und Risikomanagementsystem bezogen auf den Konzernrechnungslegungsprozess
> 8. Übernahmerelevante Angaben
> 9. Vergütungsbericht
> 10. Erklärung zur Unternehmensführung (§ 289a HGB)
> 11. Versicherung der gesetzlichen Vertreter"[17]

## 3 Elemente des Lageberichts nach Abs. 1

### 3.1 Darstellung von Geschäftsverlauf einschließlich Geschäftsergebnis und Lage der Gesellschaft (Abs. 1 Satz 1)

Das HGB definiert die Begriffe „Geschäftsverlauf", „Geschäftsergebnis" und „Lage" nicht. Die Darstellung von Geschäftsverlauf und Lage der Gesellschaft im **Wirtschaftsbericht** gehen Hand in Hand, denn zwischen beiden Angabepflichten bestehen Ursache-Wirkungs-Beziehungen. Während sich die Angaben zum **Geschäftsverlauf** auf die vergangene Periode beziehen, liegt bei den Angaben zur **Lage** der Ges. eine Zeitpunktbetrachtung zum Abschlussstichtag vor. Eine gemeinsame Berichterstattung ist zweckmäßig. Unter der „Lage" werden

22

---

[15] Vgl. *Lange*, in MünchKomm. HGB, 3. Aufl. § 289, Rn 37.
[16] Vgl. *Grottel*, in Beck Bil-Komm. 9. Aufl., § 289 HGB, Rz 13.
[17] E-DRS 27.A.3.1.

zumindest die VFE-Lage nach § 264 Abs. 2 HGB (darüber hinaus in der Literatur teilweise etwa auch die Struktur der Ges. und wesentliche Entwicklungstendenzen[18]) verstanden. Grundsätzlich soll die Betrachtung der Lage zum Zeitpunkt des Abschlussstichtags die zukünftige Entwicklung berücksichtigen. Die Lage der Ges. wird durch die Verhältnisse zum Stichtag wie auch durch Entwicklungserwartungen (insb. strategische Marktchancen und -risiken mit ihrer herausragenden Bedeutung[19]) charakterisiert.[20]

Durch das BilReG wurde in Abs. 1 Satz 1 die Pflicht expliziert, mit der Erläuterung des Geschäftsverlaufs im Wirtschaftsbericht auch das **Geschäftsergebnis** darzustellen. Während der zugrunde liegende europäische Art. 46 Abs. 1a der Bilanzrichtlinie i.d.F. d. Modernisierungsrichtlinie Geschäftsverlauf, Lage und Geschäftsergebnis gleichberechtigt nebeneinander nennt, hat der deutsche Gesetzgeber das Geschäftsergebnis in Abs. 1 Satz 1 als Annex zum Geschäftsverlauf („Geschäftsverlauf einschließlich des Geschäftsergebnisses") formuliert.[21] Hieraus kann geschlossen werden, dass nicht eine reine Wiederholung der Darstellung der Ertragslage aus der GuV, sondern vielmehr eine Darstellung, Einordnung und Wirkungsanalyse in Bezug auf den realwirtschaftlichen Geschäftsverlauf und ursächliche Ereignisse in der abgelaufenen Periode vom Gesetzgeber gewollt sind.

23 Die Darstellung des Geschäftsverlaufs, des Geschäftsergebnisses und der Lage muss dem Adressaten vermitteln, wie das Gj aus Sicht der Ges. verlaufen ist und wie die Situation zum Abschlussstichtag eingeschätzt wird. Hierzu kann, muss aber nicht, eine Erläuterung anhand einzelner **Segmente** der Ges. erfolgen.

24 Zunächst ist auf die **gesamtwirtschaftlichen und branchenspezifischen Rahmenbedingungen** einzugehen. Weiterhin kann die Darstellung anhand der einzelnen **Funktionsbereiche der Ges.** erfolgen. Hierzu gehören:
- **Beschaffung**: Wichtige Entwicklungen der Versorgungslage, Kosten für Roh-, Hilfs- und Betriebsstoffe, Energiekosten, Vorratshaltung etc.
- **Fertigung**: Wesentliche Änderungen des Produktionsprogramms, Investitionen, Öffnung oder Schließung von Betriebsstätten, Beschäftigung, Auslastung etc.
- **Produkt/Markt/Wettbewerb**: Aufgliederung der Absatzmengen und des Umsatzes nach Produkten und geografischen Märkten, neue Produkte, neue Märkte, Marktanteile, Konkurrenzprodukte, Wettbewerbssituation, Marktwachstum, Auftragseingänge und -bestände etc.

25 Weiterhin ist über **wichtige Ereignisse im Gj** (oder in naher Zukunft anstehende Ereignisse) zu berichten, wozu etwa der Erwerb oder die Veräußerung von Beteiligungen, die Eingehung oder Beendigung wichtiger Verträge, wichtige Prozesse, Rechtsformänderungen etc. gehören können.

26 Die im Gesetzgebungsprozess zum BilReG noch enthaltene **Strategieberichterstattung** im KLB, die gleichwohl nicht in die Gesetzesfassung des BilReG aufgenommen wurde, nahm der DSR im E-DRS 27 wieder auf, allerdings nur für den KLB KM-orientierter MU. Im DRS 20 haben KM-orientierte MU jedoch wie bisher lediglich freiwillig im KLB die wichtigsten strategischen Ziele und die zu ihrer Erreichung verfolgten Strategien (DRS 20.K39-K44), wesentliche Ver-

---

18 Vgl. *Kajüter*, in *Küting/Pfitzer/Weber*, HdR, §§ 289, 289a HGB, Rn 67 Stand 04/2011 mwN.
19 Vgl. *Paetzmann*, 2012, S. XXVII.
20 Vgl. *Kajüter*, in *Küting/Pfitzer/Weber*, HdR, §§ 289, 289a HGB, Rn 68.
21 Vgl. *Baetge/Kirsch/Thiele*, Bilanzen, 2014, S. 779.

Änderungen im Vergleich zum Vj (DRS 20.K.44) sowie Aussagen zum Stand der Erreichung der strategischen Ziele (DRS 20.56) anzugeben.

## 3.2 Analyse von Geschäftsverlauf und Lage der Gesellschaft (Abs. 1 Satz 2)

Im Zuge des BilReG wurde in den Abs. 1 der Satz 2 aufgenommen, der eine Analyse fordert, die über eine reine Darstellung hinausgeht. Unter **Analyse** ist die Untersuchung von **Geschäftsverlauf** und Lage der Ges. (die Modernisierungsrichtlinie, nicht jedoch Abs. 1 Satz 2, nennt auch das Geschäftsergebnis) zu verstehen. Die Analyse muss
- ausgewogen und
- umfassend sowie
- dem Umfang und
- der Komplexität der Geschäftstätigkeit entsprechend sein.

Auf wesentliche außerordentliche und/oder einmalige Faktoren, die einen Zeitvergleich oder eine Fortschreibung der historischen Lage auf die zukünftige Entwicklung beeinträchtigen, ist hinzuweisen, möglichst mittels quantitativer Angaben. Hierzu können auch Unt-Tansaktionen gehören.[22]

Instrumentelle Unterstützung bietet hierzu vor allem die **klassische Jahresabschlussanalyse** (bezogen auf die VFE-Lage) einschl. Rentabilitäts-, Erfolgsquellenanalyse, Kennzahlen etc. Zu beachten sind dabei stets die Wirkungen einer Bilanzpolitik und von Sachverhaltsgestaltungen auf die Ertragslage der Ges. Eine quantitative (Kennzahlen-)Analyse ist durch **qualitative Analysen** zu ergänzen, etwa mit Blick auf die Markt- und Wettbewerbslage, in der sich die Ges. befindet.

Bei der Darstellung, Analyse und Beurteilung der **Ertragslage** (§ 264 Rz 74) der Ges. ist auf die wesentlichen Ergebnisquellen sowie wesentliche Veränderungen einzugehen. Zudem sind die ursächlichen Faktoren für wesentliche Veränderungen einschl. etwaiger Trends und relevanter gesamtwirtschaftlicher Änderungen anzugeben. Die Darstellung und Analyse ist dabei an der Entscheidungsnützlichkeit der verständigen Adressaten auszurichten.

> **Beispiel**
> Zu den wesentlichen Faktoren, die eine Veränderung der Ertragslage bewirken können, gehören bspw.:[23]
> - Rohstoffmangel, Mangel an Fachkräften, unsichere Zulieferungsbedingungen,
> - Entwicklung von Patenten, Lizenzen oder Franchiseverträgen,
> - starke Abhängigkeit von bestimmten Zulieferern oder Kunden,
> - Produkthaftung,
> - Umweltschutzaufwendungen und mögliche Umweltschutzhaftung,
> - Änderung der rechtlichen oder regulatorischen Rahmenbedingungen, z.B. Einschränkung der Absatz- oder Beschaffungsmöglichkeiten,
> - Wechselkursschwankungen oder unterschiedliche Inflationsraten bei Aufwendungen und Erträgen oder auf verschiedenen Märkten.

---

[22] Vgl. DRS 20.63–64.
[23] Vgl. DRS 20.68.

31 Die Darstellung und Analyse der Ertragslage hat eine Aufgliederung der Umsatzerlöse nach wesentlichen Unt-Segmenten (etwa nach Märkten, Produkten, Währungen) zu beinhalten. Sofern die Umsatzerlöse nicht die relevante Größe darstellen, kann auch eine andere Dimension gewählt werden (bspw. die Gesamtleistung im Anlagenbau oder im Baugewerbe). Daneben kann, insb. in Unternehmen der langfristigen Auftragsfertigung, die Darstellung und Analyse der Auftragslage und ihrer Entwicklung entscheidungsnützlich sein.

32 Die **Finanzlage** (§ 264 Rz 69) der Ges. ist in den Dimensionen Kapitalstruktur, Investitionen und Liquidität darzustellen, zu analysieren und zu beurteilen. Mit Blick auf die Kapitalstruktur ist auf wesentliche Veränderungen einschl. neuer Finanzierungen oder geänderter Kreditkonditionen einzugehen. Dies kann bspw. auch Angaben und Analysen zum Working Capital Management, zur Fristigkeit aufgenommener Darlehen oder zum Fremdwährungsmanagement beinhalten. Ebenfalls sind außerbilanzielle Verpflichtungen und ihre möglichen Auswirkungen auf die Finanzlage zu beschreiben und zu analysieren.

33 Zu den Investitionen sind die wesentlichen im Berichtszeitraum durchgeführten und geplanten Investitionsvorhaben zu erläutern.

34 Die Liquidität soll grds. mithilfe einer Kapitalflussrechnung dargestellt und analysiert werden. Eingetretene oder absehbare Liquiditätsengpässe und die ergriffenen oder geplanten Maßnahmen zur Behebung sind darzustellen und zu erläutern.[24]

35 Neben der Ertrags- und Finanzlage ist auch die **Vermögenslage** (§ 264 Rz 65) darzustellen und zu analysieren, wobei wesentliche Veränderungen des Nettoreinvermögens der Ges. und wesentliche Inflations- und Wechselkurseinflüsse zu erläutern sind.

36 Insgesamt muss die nach Abs. 1 Satz 2 enthaltene Analyse mehr enthalten, als ein Unternehmensexterner aus publizierten JA-Daten ableiten bzw. als Kennzahl errechnen könnte.[25] Dies verdeutlicht, dass die Analysefunktion des LB durch das BilReG deutlich aufgewertet wurde.

### 3.3 Darstellung und Erläuterung der bedeutsamsten finanziellen Leistungsindikatoren (Abs. 1 Satz 3)

37 In die nach Abs. 1 Satz 2 durchzuführende Analyse von Geschäftsverlauf und Lage der Ges. sind nach Abs. 1 Satz 3 die für die Geschäftstätigkeit bedeutsamsten **finanziellen Leistungsindikatoren** einzubeziehen. Abs. 1 Satz 3 präzisiert damit die Regelung des Abs. 1 Satz 1, wobei für große KapG die Besonderheiten des Abs. 3 gelten (nichtfinanzielle Leistungsindikatoren).

> **Beispiel**
> Unter finanziellen Leistungsindikatoren können verstanden werden:[26]
> - Ergebniskomponenten wie Zins-, Beteiligungs- oder Wechselkursergebnis,
> - Cashflow (z. B. nach DFVA/SG),
> - Eigenkapitalrentabilität,
> - Return on Investment (ROI),

---

[24] Vgl. DRS 20.98.
[25] Vgl. *Kirsch/Scheele*, 2004, S. 8.
[26] Vgl. IDW RH HFA 1.007, Anm 7.

- Umsatzrentabilität,
- Return on Capital Employed (ROCE),
- Liquiditäts-/Verschuldungsgrade,
- Working Capital Requirement (WCR),
- Eigenkapitalquote.

Die finanziellen Leistungsindikatoren sind unter Bezugnahme auf die im JA ausgewiesenen Beträge und Angaben zu erläutern. Die Formulierung „Bezugnahme" bedeutet hierbei zunächst eine Einschränkung, indem eine Wiederholung der Angaben des JA im LB unterbleiben soll. Vor allem soll jedoch die Beziehung der im LB genannten Leistungsindikatoren zu den JA-Daten aufgezeigt werden, d. h., die Ermittlung der Leistungsindikatoren ist zu erläutern. 38

Neben den finanziellen sollten auch **nichtfinanzielle Leistungsindikatoren** mit einbezogen werden, soweit sie für das Verständnis des Geschäftsverlaufs und der Lage der Ges. bedeutsam sind. Dabei stehen jene Indikatoren im Vordergrund, die auch zur internen Steuerung der Ges. genutzt werden. 39

**Beispiel**
Nichtfinanzielle Leistungsindikatoren sind bspw.:[27]
- Kundenbelange (Kundenstamm, Kundenzufriedenheit etc.),
- Umweltbelange (Emissionswerte, Energieverbrauch etc.),
- Arbeitnehmerbelange (Mitarbeiterfluktuation, Mitarbeiterzufriedenheit, Betriebszugehörigkeit, Fortbildungsmaßnahmen etc.),
- Indikatoren zur Forschung und Entwicklung (sofern diese Angaben nicht im Forschungs- und Entwicklungsbericht erfolgen),
- gesellschaftliche Reputation der Ges. (Indikatoren zum sozialen und kulturellen Engagement, Wahrnehmung gesellschaftlicher Verantwortung etc.).

Nach DRS 20.K111 haben KM-orientierte MU im KLB gesonderte Angaben zu machen, sofern die berichteten finanziellen und nichtfinanziellen Leistungsindikatoren intern unter dem Aspekt der **Nachhaltigkeit** verwendet werden. 40

Mit dem Ziel eines **intertemporalen Vergleichs** sollten die Leistungsindikatoren **stetig** genutzt werden. Erfolgen von einem Jahr zum anderen Wechsel oder Neuaufnahmen von Kennzahlen, sollten Vorjahres-Vergleichswerte angegeben werden. 41

### 3.4 Prognose-, Chancen- und Risikobericht (Abs. 1 Satz 4)

Wenngleich mit dem BilReG vorwiegend die Etablierung der IFRS als weiterer Standard der externen Rechnungslegung in Deutschland in Verbindung gebracht wird, erweiterte dieser Reformschritt auch (nochmals) die Inhalte des LB: 42
- Ausgehend vom **BiRiLiG** (1985) hatten Unt, die nach § 264 Abs. 1 HGB verpflichtet waren, einen LB zu erstellen, zumindest den Geschäftsverlauf und die Lage so darzustellen, dass ein den tatsächlichen Verhältnissen entsprechendes Bild vermittelt wurde. Nach § 289 Abs. 2 HGB sollte u. a. auf die voraussichtliche Entwicklung des Unt ebenfalls eingegangen werden.

---

[27] Vgl. DRS 20.107.

- Durch das **KonTraG** (1998) war der Inhalt des LB dahingehend konkretisiert worden, dass bei der Darstellung des Geschäftsverlaufs und der Lage des Unt nach Abs. 1 „auch auf Risiken der künftigen Entwicklung einzugehen" war („Risikoberichterstattung").
- Seit dem **BilReG** (2004) ist im LB „die voraussichtliche Entwicklung mit ihren wesentlichen Chancen und Risiken zu beurteilen und zu erläutern; zugrunde liegende Annahmen sind anzugeben".[28]

43 Verglichen mit der durch das KonTraG eingeführten Regelung reicht seit dem BilReG nunmehr ein „Eingehen" (oder eine reine Nennung) nicht mehr aus. Vielmehr ist eine aussagekräftigere **„Beurteilung"** und **„Erläuterung"** einschließlich Angabe der zugrunde liegenden Annahmen notwendig, nun auch bezogen auf die Chancen der zukünftigen Entwicklung. Hierdurch sollen dem Lageberichtsadressaten laut Begründung im Regierungsentwurf zum BilReG **Soll-Ist-Vergleiche** ermöglicht werden.

44 Im **Prognoseberichtsteil** des LB hat nunmehr eine zusammengefasste Berichterstattung über die wirtschaftliche Entwicklung der Ges. **mit den wesentlichen Chancen und Risiken** unter Angabe der zugrunde liegenden Annahmen zu erfolgen. Die vor BilReG bestehende gesetzestechnische Trennung der Berichtsteile **„voraussichtliche Entwicklung"** und **„Risikoberichterstattung"** wurde aufgegeben. Aufgrund der engen sachlichen Verknüpfung der Ausführungen zur zukünftigen Entwicklung und den Angaben zu wesentlichen Chancen und Risiken kann die Berichterstattung nun zusammenhängend erfolgen. Nach Abs. 1 Satz 4 ist daher ein **zusammengehöriger Prognose- und Risikobericht** vorgeschrieben.

45 In diesem Zusammenhang bestand in den Regelungen des DSR bis zur Überarbeitung durch den DRÄS 5 im Jahre 2010 eine Inkonsistenz. Nach dem früheren DRS 5.32 hatte die Risikoberichterstattung getrennt von der Prognoseberichterstattung – geregelt in den DRS 15.84–91 – zu erfolgen.[29] Infolge des DRÄS 5 von 2010 war diese Inkonsistenz jedoch für Gj beginnend nach dem 31. Dezember 2009 beseitigt, denn nach dem neuen DRS 5.32 konnte die Darstellung der voraussichtlichen Entwicklung getrennt von der oder gemeinsam mit der Risikoberichterstattung erfolgen (Art. 3 Nr. 3 DRÄS 5). Dies wird in DRS 20.116 fortgeführt. Für den Einzelabschluss haben die DRS gleichwohl nur empfehlenden Charakter. Ob die Praxis den kodifizierten zusammengehörigen Risiko- und Prognosebericht annimmt (bisher eher nicht), bleibt abzuwarten. Erfolgt eine zusammenhängende Berichterstattung, sollte die Berichterstattung über die Finanzinstrumente (Abs. 2 Nr. 1) jedoch zumindest separat erfolgen.

46 Genaue **Inhalte** werden durch das HGB nicht vorgegeben. Auch ist der **Risikobegriff** im Gesetz nicht definiert, obwohl dies der Ausgangspunkt einer jeden Auseinandersetzung mit Risiken (und Chancen) sein sollte:
- In einer (auch umgangssprachlich üblichen) engen Begriffsabgrenzung wird Risiko als reine Verlustgefahr verstanden.
- Eine weite Begriffsdefinition begreift Risiko hingegen unter Einbeziehung der positiven Entwicklungen bzw. Abweichungen: Risiko ist hier die Möglichkeit, dass etwas anders kommt als erwartet (Risiko im weiteren Sinne).

---

[28] Vgl. *Freidank/Steinmeyer*, 2005, S. 2513f.
[29] Vgl. *Baetge/Kirsch/Thiele*, Bilanzen, 2014, S. 789.

**Wirtschaftswissenschaftliche Risikobegriffe** beziehen sich stets auf eine Abweichung zwischen dem tatsächlich eintretenden Ereignis und dem mit der größten Wahrscheinlichkeit erwarteten Ereignis (Erwartungswert) oder auf die Möglichkeit der Verfehlung eines (zuvor festgelegten) Ziels. Bei Letzterem wird dann von Zielverfehlung oder, bei Vorliegen der weiteren Abgrenzung, auch von Zielübererfüllung gesprochen. Dies verdeutlicht den Zusammenhang von Risiko und Ziel.[30]

47

Abweichend hiervon wird im Schrifttum zum LB unter Risiko ein **negatives Abweichen vom erwarteten Wert** begriffen (DRS 20 beschreibt Risiken als „mögliche künftige Entwicklungen oder Ereignisse, die zu einer für das Unt negativen Prognose- bzw. Zielabweichung führen können"). Derart verstandenen Risiken werden seit dem BilReG im LB die Chancen gleichwertig dazugestellt. DRS 20 greift die Parallelität der Risiko- und Chancenbegriffe auf und präzisiert Chancen als „mögliche künftige Entwicklungen oder Ereignisse, die zu einer für das Unt positiven Prognose- bzw. Zielabweichung führen können".

48

Über welche **wesentlichen** Chancen und Risiken der zukünftigen Entwicklung zu berichten ist, besagt das HGB ebenso nicht. Angelehnt an den inzwischen aufgehobenen IDW RS HFA 1 Anm 29 sind jene Risiken und Chancen wesentlich, die einen **wesentlichen Einfluss auf die VFE-Lage** der Ges. haben können (potenziell spürbarer Einfluss auf die künftige Entwicklung der Ges.). Hierzu gehören insb. auch solche **Risiken, die den Fortbestand der Gesellschaft gefährden** können (zur Berichterstattungspflicht in der Unternehmenskrise s.u.). DRS 20.148 verlangt hingegen, dass über jene wesentliche Risiken und Chancen zu berichten ist, die die Entscheidungen eines verständigen KLB-Adressaten beeinflussen können (was auch bestandsgefährdende Risiken einschließt). In jedem Fall muss die Bedeutung der Risiken und Chancen für das Unt aus der Darstellung hervorgehen (DRS 20.152).

49

> **Beispiel**
> E-DRS 27 enthielt folgendes Beispiel für die Darstellung der Bedeutung von Chancen und Risiken:
> „Auf die voraussichtliche Entwicklung von Unternehmen H wirken wesentliche Chancen und Risiken ein. Unternehmen H verdeutlicht deren unterschiedliche Bedeutung, indem es die Eintrittswahrscheinlichkeiten und möglichen Auswirkungen der Chancen und Risiken auf die voraussichtliche Entwicklung des Geschäftsverlaufs und der Lage des Unternehmens darstellt. Da die Veränderung von Rohstoffpreisen das Ergebnis von Unternehmen H stark beeinflusst, zeigt es deren Bedeutung durch eine Sensitivitätsanalyse auf, die angibt, wie sich ceteris paribus das Ergebnis vor Steuern bei einer 10 %igen Erhöhung (Reduzierung) des Rohstoffpreises gegenüber der Prognose verändert."[31]

**Risiken** und **Chancen** der zukünftigen Entwicklung sind nunmehr **gleichwertig** nebeneinandergestellt. Über diese ist ausgewogen zu berichten, womit das Vor-

50

---

[30] Vgl. *Paetzmann*, 2012, S. 39 ff.
[31] E-DRS 27.A.3.8 – Beispiele wurden nicht in den DRS 20 übernommen.

sichtsprinzip des § 252 Abs. 1 Nr. 4 HGB hier nicht greift. Über wesentliche Risiken und wesentliche Chancen ist getrennt zu berichten. Sie dürfen **nicht saldiert** werden, um nur über die verbleibende Restrisiken oder -chancen berichten zu müssen. Ebenso ist eine **Risikokompensation** (etwaig bestehende Risikoausgleichseffekte) bei der Berichterstattung unzulässig. Auch wenn nach Ansicht der Geschäftsführung Ausgleichspotenziale oder Sicherheitsreserven für potenzielle Risiken vorhanden sind oder Anpassungsmaßnahmen getroffen wurden, darf eine Berichterstattung über wesentliche Risiken nicht unterbleiben. Nur bei vorgenommener **Überwälzung von Risiken auf Dritte**, insb. Versicherungsunternehmen, ist nicht mehr zu berichten (vorausgesetzt, das evtl. aus einem Selbstbehalt verbleibende Restrisiko ist nicht mehr wesentlich).

51 Bei der Berichterstattung sollten die Risiken in geeigneten Risikokategorien zusammengefasst werden, wofür der ehemalige DRS 5.17 empfahl:
- Umfeld- und Branchenrisiken,
- unternehmensstrategische Risiken,
- leistungswirtschaftliche Risiken,
- Personalrisiken,
- informationstechnische Risiken,
- finanzwirtschaftliche Risiken (s. auch Abs. 2 Nr. 1),
- sonstige Risiken.

Über wesentliche steuerliche Risiken ist ebenfalls zu berichten.[32] Situationsspezifisch kann sich eine vertiefte, ergänzende Berichterstattung über bestimmte Risiken anbieten. So empfiehlt bspw. das IDW den von den Auswirkungen der Finanzmarktkrise betroffenen Unt, im LB gesondert z.B. über mögliche Probleme bei der Beschaffung liquider Mitteln, über Unwägbarkeiten bei der Bewertung derivativer Finanzinstrumente und/oder über drastische Nachfragerückgänge zu berichten.[33]

> **Beispiel**
> Der im LB (nach § 315 Abs. 2 HGB zusammengefasst mit dem KLB) 2010 der Daimler AG enthaltene Risikobericht ist nach folgenden Risikokategorien gegliedert:[34]
> - Risiken und Chancen
> - Risikomanagementsysteme (Bericht und Erläuterungen gem. § 315 Abs. 2 Nr. 5 und
> - § 289 Abs. 5 HGB,
> - volkswirtschaftliche Risiken,
> - branchen- und unternehmensspezifische Risiken,
> - finanzwirtschaftliche Risiken,
> - rechtliche Risiken,
> - Gesamtrisiko.

52 Um dem Lageberichtsadressaten ein Bild über die künftigen Risiken zu vermitteln, sollten die Risiken – soweit und sofern möglich – mit Eintrittswahrschein-

---

[32] Vgl. *Freidank/Mammen*, 2008, S. 290.
[33] Vgl. IDW 2008, Tz 40.
[34] Vgl. *Daimler AG*, Jahresabschluss 2010, S. 3; *Daimler AG*, Geschäftsbericht 2010, S. 104ff.

lichkeiten versehen und die Auswirkungen auf die wirtschaftliche Lage der Ges. beschrieben werden. Sofern eine **Quantifizierung** der Risiken auf Grundlage verlässlicher und anerkannter Methoden wirtschaftlich vertretbar ist und entscheidungsrelevante Informationen liefert, hat sie zu erfolgen, wobei die angewandten Methoden und Annahmen zu erläutern sind.

Für die **Chancen**, nach DRS 20.11 als „mögliche künftige Entwicklungen oder Ereignisse, die zu einer für das Unternehmen positiven Prognose- bzw. Zielabweichung führen können" definiert, hat eine entsprechende Berichterstattung zu erfolgen, wobei der ehemalige DRS 15 folgende beispielhafte Inhalte nannte: 53
- Änderungen der Geschäftspolitik,
- Erschließung neuer Absatzmärkte,
- Verwendung neuer Verfahren,
- Angebot neuer Produkte und Dienstleistungen am Markt.

Zugleich sollten diejenigen Bereiche, die Gegenstand der Berichterstattung über den Geschäftsverlauf und die Lage sind, grds. auch Inhalt des Prognoseberichts sein. Mögliche Inhalte mit Angabe der wesentlichen Chancen und Risiken sind etwa: 54
- die für das nächste Geschäftsjahr geplante Ertragsentwicklung (Umsatz- und Ergebnisentwicklung),
- geplante Investitions- und Finanzierungsvorhaben,
- Angaben zu noch nicht geschlossenen Verträgen, Großaufträgen, Unternehmensbeteiligungen,
- die Entwicklung einzelner Geschäftsfelder, Regionen, Sparten,
- Zielerreichung in Bezug auf unternehmerische wesentliche Steuerungsgrößen.

Die Prognoseberichterstattung ist geprägt von den **Einschätzungen und Erwartungen** der geschäftsführenden Organe. Um dem Lageberichtsadressaten ein eigenes Urteil über die Plausibilität der angegebenen Prognosen zu ermöglichen, sind nach Abs. 1 Satz 4 2. Hs. die den genannten Erwartungen zugrunde liegenden **Annahmen** anzugeben. Hierzu sollten wichtige Einflussgrößen (bspw. Erwartungen mit Blick auf Dollarkurs-, Zins- oder Ölpreisentwicklung) und wichtige Ursache-Wirkungs-Beziehungen benannt werden. 55

> **Beispiel**
> Der im LB (nach § 315 Abs. 2 HGB zusammengefasst mit dem KLB) 2010 der Daimler AG enthaltene Ausblick beginnt mit der folgenden Darstellung:
> „Die im Kapitel „Ausblick" getroffenen Aussagen basieren auf der im Dezember 2010 von Vorstand und Aufsichtsrat verabschiedeten operativen Planung der Daimler AG für die Jahre 2011 und 2012. Grundlage dieser Planung sind zum einen Prämissen zu den gesamtwirtschaftlichen Rahmenbedingungen, die sich aus den Einschätzungen renommierter Wirtschaftsforschungsinstitute ergeben, und zum anderen die Zielsetzungen unserer Geschäftsfelder. Die dargestellten Einschätzungen für den künftigen Geschäftsverlauf orientieren sich an den Chancen und Risiken, welche die erwarteten Marktbedingungen und die Wettbewerbssituation im Planungszeitraum bieten. Vor dem Hintergrund der aktuellen Prognosen zur Entwicklung der Weltwirtschaft und der Automobilmärkte sowie der jüngsten Ge-

> schäftsentwicklung passen wir unsere Erwartungen laufend an. Die im Folgenden getroffenen Aussagen basieren auf unserem Kenntnisstand im Februar 2011."[35]

56  Die Berichterstattung erfolgt i.d.R. **verbal** (dies ergibt sich aus der geforderten „Beurteilung" und „Erläuterung") **mit Unterstützung quantitativer Eckdaten.** Eine Quantifizierung der Risiken ist nach DRS 20.152 dann gefordert, wenn sie auch für interne Steuerungszwecke erfolgt und die quantitativen Angaben wesentlich für den verständigen Adressaten sind. Dann sind die internen Werte zu berichten, einschl. einer Darstellung und Erläuterung der verwendeten Modelle und zugrunde liegenden Annahmen. Der Unsicherheit der zukünftigen Entwicklung kann in der Berichterstattung durch Nennung einer Bandbreite (statt einwertiger Prognosen) und ggf. durch Aufzeigen von Alternativen in Form von Szenarien Rechnung getragen werden.

57  Die voraussichtliche Entwicklung der Ges. ist durch die Geschäftsführung **mit einer eigenen Meinung** zu beurteilen und zu kommentieren. Hierbei erfährt der Grundsatz der Wahrheit eine besondere Bedeutung, sollen sich doch Beurteilung und Erläuterung der voraussichtlichen Entwicklung an realistischen Erwartungen orientieren. Berichterstattende Ges. haben in den letzten Jahren begonnen, im angelsächsischen Raum verbreitete haftungsmindernde **Disclaimer** in den LB aufzunehmen.[36]

> **Beispiel**
> Der KLB 2010 der Audi AG endet mit folgendem Disclaimer:
> „Disclaimer:
> Der Lagebericht enthält zukunftsbezogene Aussagen über erwartete Entwicklungen. Diese Aussagen basieren auf aktuellen Einschätzungen und sind naturgemäß mit Risiken und Unsicherheiten behaftet. Die tatsächlich eintretenden Ergebnisse können von den hier formulierten Aussagen abweichen."[37]

58  Der **Prognosezeitraum** soll, im Einklang mit dem früheren DRS 15.86, einen überschaubaren Zeitraum von etwa zwei Jahren beinhalten. Ein einjähriger Prognosezeitraum erscheint zu kurz bemessen, da bei Veröffentlichung des LB regelmäßig bereits mehrere Monate des Folgejahrs vergangen sind. Gleichwohl wurde der geforderte Prognosezeitraum durch DRS 20.127 auf mindestens ein Jahr, gerechnet vom Abschlussstichtag, verkürzt. Längere Zeiträume (bspw. drei bis fünf Jahre) dürften eine zu geringe Prognosegüte aufweisen. Jedoch sind absehbare Sondereinflüsse nach dem Prognosehorizont dazustellen und zu analysieren (DRS 20.127).

---

[35] *Daimler AG*, Geschäftsbericht 2010, S. 114.
[36] Vgl. *Tesch/Wissmann*, 2006, S. 75.
[37] *Audi AG*, Geschäftsbericht 2010, S. 183.

> **Beispiel**
> E-DRS 27 enthielt folgendes Beispiel für eine KLB-Darstellung von Sondereinflüssen nach dem Prognosehorizont:
> „Im Konzernlagebericht für das Berichtsjahr X1 prognostiziert Unternehmen F für das Geschäftsjahr X2 einen leicht steigenden Umsatz. Für das folgende Jahr X3 ist jedoch aufgrund eines großen Sportereignisses, das alle vier Jahre stattfindet, mit einer hohen Umsatzsteigerung im Vergleich zu X2 zu rechnen. Unternehmen F stellt die Auswirkungen dieses absehbaren Sondereinflusses dar, auch wenn es jenseits des einjährigen Prognosehorizonts liegt."[38]

Zur **Prognosegenauigkeit** forderte DRS 15.88, dass die Prognosen mindestens als positiver oder negativer Trend zu beschreiben sind, während DRS 20.129 auch Aussagen zur Intensität (Stärke des Trends, etwa stark, erheblich, geringfügig, leicht) fordert. 59

Ist die Prognosefähigkeit wesentlich beeinträchtigt und die zukünftige Entwicklung aufgrund besonderer Umstände hochgradig unsicher, kann die Darstellung verschiedener Zukunftsszenarien unter Angabe der Annahmen ausreichen, wobei die wichtigsten zur internen Steuerung verwendeten finanziellen und nichtfinanziellen Leistungsindikatoren aufzuzeigen sind (DRS 20.133). 60

> **Beispiel**
> E-DRS 27 enthielt folgendes Beispiel für eine Angabe von Zukunftsszenarien bei außergewöhnlich hoher Unsicherheit:
> „Aufgrund einer globalen Wirtschaftskrise herrscht außergewöhnlich hohe Unsicherheit über die weitere gesamtwirtschaftliche Entwicklung. Die Fähigkeit von Unternehmen G, den Geschäftsverlauf im nächsten Jahr zu prognostizieren, ist daher in erheblichem Maße beeinträchtigt. Unternehmen G stellt deshalb zwei Zukunftsszenarien unter Angabe ihrer wesentlichen Annahmen dar. Szenario 1 geht von einem weiteren Rückgang des Bruttoinlandsprodukts aus, Szenario 2 unterstellt eine Stagnation auf dem Niveau des Berichtsjahres. Für beide Szenarien berichtet Unternehmen G die voraussichtliche Entwicklung von Umsatz und EBIT als wichtigste interne Steuerungsgrößen. Bei Szenario 1 erwartet Unternehmen G einen Rückgang von Umsatz und EBIT, bei Szenario 2 einen Umsatz und ein EBIT auf dem Niveau des Berichtsjahres. Eine Aussage zu den Eintrittswahrscheinlichkeiten der dargestellten Szenarien macht Unternehmen G aufgrund der außergewöhnlich hohen Unsicherheit nicht."[39]

Über **Geschäfts- und Betriebsgeheimnisse** sowie über Sachverhalte, deren Veröffentlichung der Ges. Schaden zufügen würde, ist grds. nicht zu berichten. Sofern mit derartigen Sachverhalten jedoch **wesentliche Risiken** verbunden sind, ist auf diese Sachverhalte auch dann einzugehen, wenn ihre Offenlegung schädlich oder bestandsgefährdend für die Ges. sein könnte. Dies ist insb. bei Ges. in der **Unternehmenskrise** relevant. Die durch die Offenlegung eintretende poten- 61

---

[38] E-DRS 27.A.3.6 – Beispiele wurden nicht in den DRS 20 übernommen.
[39] E-DRS 27.A.3.7 – Beispiele wurden nicht in den DRS 20 übernommen.

zielle Schadenswirkung kann nur dadurch abgeschwächt oder vermieden werden, dass zugleich über **durchgeführte oder eingeleitete Maßnahmen zur Krisenbewältigung** (bzw. Risikoabwehr) berichtet wird.[40]

62 Der Einbezug wesentlicher Chancen in den LB bringt zugleich nicht unerhebliche Auswirkungen auf die handelsrechtliche **Abschlussprüfung** mit sich, die sich weiter nach § 316 HGB auf JA und LB bezieht: Gem. § 317 Abs. 2 Satz 2 HGB ist neben der zutreffenden Darstellung der Risiken nun auch die zutreffende Darstellung der Chancen der künftigen Entwicklung im LB zu prüfen. Im Bestätigungsvermerk des AP ist nach § 322 Abs. 6 Satz 2 HGB auch darauf einzugehen, „ob die Chancen und Risiken der entsprechenden Entwicklung zutreffend dargestellt sind". Es wird in der Literatur bezweifelt, ob der AP hierfür eine eigene Chancenanalyse erbringen kann, sodass sich seine Tätigkeit auf eine Untersuchung der zugrunde liegenden Annahmen auf Plausibilität, Vollständigkeit und Widerspruchsfreiheit beschränkt.[41] Durch die Vorschriften des BilReG rückt nun noch stärker die Frage in den Vordergrund, inwieweit das **Controlling** Objekt der handelsrechtlichen Apr. ist.[42]

63 **Beispiel**
Den expliziten Einbezug von Chancen in den Risikobericht zeigt das Beispiel des LB 2010 der Beiersdorf AG:
„Risikobericht – Integriertes Risiko- und Chancenmanagement
Unternehmerischer Erfolg erfordert das bewusste Eingehen von Risiken. Das Risikomanagement unterstützt uns, die mit der strategischen Ausrichtung verbundenen Risiken zu bewältigen und strategische Potenziale optimal auszuschöpfen. Durch einen regelmäßigen Strategieabgleich sorgen wir dafür, dass Chancen und Risiken in einem sinnvollen Verhältnis zueinander stehen. Wir gehen Risiken nur dann ein, wenn ihnen die Chance auf eine angemessene Wertsteigerung entgegensteht und sie mit anerkannten Methoden und Maßnahmen innerhalb unserer Organisation handhabbar sind.
Das Risikomanagement ist ein integraler Bestandteil der zentralen sowie dezentralen Planungs-, Steuerungs- und Kontrollprozesse und folgt konzerneinheitlichen Standards. Eine offene Kommunikation, die periodisch vorgenommene Risikoinventur sowie das Planungs- und Steuerungssystem schaffen Transparenz über unsere Risikosituation. Das Risikomanagement wird in der Konzernzentrale koordiniert. ..."[43]

64 Insgesamt hat die deutsche Gesetzgebung mit dem BilReG eine Besonderheit verankert, indem – über die in der EU-Modernisierungsrichtlinie geforderte Beschreibung der wesentlichen Risiken und Ungewissheiten hinaus – die Berichterstattung über wesentliche Chancen und Risiken im LB festgeschrieben wurde.[44] So wird eine zukunftsorientierte Lageberichterstattung ermöglicht, die auf einem unternehmerischen Chancen-/Risikomanagement (Enterprise Risk

---

[40] Vgl. *Dörner/Bischof*, 1999, S. 449.
[41] Vgl. *Küting/Hütten*, 2000, S. 426; *Freidank/Steinmeyer*, 2005, S. 2516; IDW PS 350, Tz. 10.
[42] Vgl. *Paetzmann*, 2005, S. 270.
[43] *Beiersdorf AG*, Jahresabschluss und Lagebericht zum 31.12.2010, S. 36.
[44] Vgl. *Böcking/Dutzi/Gros*, in *Baetge/Kirsch/Thiele*, Bilanzrecht, § 289 HGB, Rz 102 Stand 12/2012.

Management) fußt und auch das Management strategischer Marktchancen und -risiken integrieren kann.[45]
Die spezifischen Anforderungen an den Prognose- und Risikobericht von **Kredit- und Finanzdienstleistungsinstituten** sowie **Versicherungen** (insb. mit spezifischen Risikokategorien) waren bislang in den DRS 5–10 und DRS 5–20 beschrieben. In DRS 20 sind diese nun als Anlagen 1 und 2 in diesem Standard integriert.

### 3.5 Lageberichtseid (Abs. 1 Satz 5)

Durch das Einfügen eines neuen Abs. 1 Satz 5 transformierte der deutsche Gesetzgeber den Art. 4 Abs. 2**EU-Transparenzrichtlinie**[46] in deutsches Recht. Gemeinsam mit dem neu eingefügten § 264 Abs. 2 Satz 3 HGB soll diese Vorschrift einen Beitrag dazu leisten, dass Adressaten der Berichterstattung zuverlässige und umfassende Informationen über die Wertpapieremittenten am KM erhalten. Art. 4 der EU-Transparenzrichtlinie sieht hierzu die Veröffentlichung eines sog. **Jahresfinanzberichts**, bestehend aus JA und LB, vor, dessen Inhalte durch Erklärungen seitens der gesetzlichen Vertreter zu bestätigen sind. Ergänzt wird dieser Jahresfinanzbericht durch einen **Halbjahresfinanzbericht** (aus verkürztem JA und Zwischenlagebericht), der nach Art. 5 Abs. 2c Transparenzrichtlinie ebenfalls Gegenstand derartiger Erklärungen ist.

Hiermit orientierte sich der europäische Gesetzgeber am US-amerikanischen **Sarbanes-Oxley Act**, der in Section 302 und 906 Gesellschaften verpflichtet, die Richtigkeit und Vollständigkeit der bei der Securities and Exchange Commission (SEC) eingereichten Berichte gesondert zu bestätigen. Der durch Chief Executive Officer (CEO) und Chief Financial Officer (CFO) zu unterzeichnende „Bilanzeid" schließt auch eine Bestätigung ein, dass ordnungsmäßige und wirksame interne Kontrollmechanismen(**„internal controls"**) bestehen.

Die deutsche Umsetzung der EU-Transparenzrichtlinie durch das **TUG**[47] entspricht mit Blick auf die abzugebende Erklärung weitgehend dem US-amerikanischen Vorbild. Als wesentlicher Unterschied wurde jedoch die Erklärung zu den internen Kontrollen nicht übernommen.[48] In diesem Zusammenhang ist gleichwohl auf die zeitlich nachlaufenden Umsetzungen von Änderungen der 4. RL (in nationales Recht umzusetzen bis 5.9.2008) durch das **BilMoG** hinzuweisen, die einen neuen Abs. 5 einfügen, nach dem im LB die wesentlichen Merkmale des internen Kontroll- und des Risikomanagementsystems im Hinblick auf den Rechnungslegungsprozess zu beschreiben sind. Dadurch sind die Unterschiede zu den US-amerikanischen Regelungen zumindest reduziert worden.

Die nach Abs. 1 Satz 5 abzugebende Erklärung bezieht sich allein auf den Inhalt des LB. Da u.a. die Angaben des LB überwiegend qualitativen (und nicht quantitativen) Charakter besitzen und bei Nichtabgabe der Erklärung keine

---

[45] Vgl. *Paetzmann*, 2005, S. 270f.
[46] Vgl. Richtlinie 2004/109/EG des Europäischen Parlaments und Rates vom 15.12.2004 zur Harmonisierung der Transparenzanforderungen in Bezug auf Informationen über Emittenten, deren Wertpapiere zum Handel auf einem geregelten Markt zugelassen sind, und zur Änderung der Richtlinie 2001/34/EG, Abl. EU Nr. L 390, S. 38ff.
[47] Vgl. Transparenzrichtlinie-Umsetzungsgesetz v. 5.1.2007, BGBl 2007 I S. 10ff.
[48] Vgl. *Böcking/Dutzi/Gros*, in *Baetge/Kirsch/Thiele*, Bilanzrecht, § 289 HGB, Rz 133 Stand 12/2012.

besonderen Sanktionen drohen (Ordnungswidrigkeit, die mit einer Geldbuße von bis zu 50.000 EUR geahndet werden kann), wird die rechtliche Bedeutung des **Lageberichtseids** im Schrifttum bereits als gering bezeichnet.[49] Auch handelt es sich beim Lageberichtseid im rechtlichen Sinne nicht um eine eidesgleiche Bekräftigung oder eidesstattliche Erklärung.

70 Zur Abgabe einer Erklärung i.S.d. Abs. 1 Satz 5 sind die gesetzlichen Vertreter jener KapG verpflichtet, die **Inlandsemittenten** nach § 2 Abs. 7 WpHG sind (alle Emittenten, für die Deutschland der Herkunftsstaat oder deren Herkunftsstaat ein anderer EU- oder EWR-Mitgliedstaat ist und die ihre Wertpapiere nur im Inland zum Handel an einem organisierten Markt zugelassen haben) und die keine KapG nach § 327a HGB sind.

71 Der nach dem (deutschen) Grundsatz der Gesamtverantwortung durch sämtliche (mit Bezug auf die Unterschriftspflichtigen geht Abs. 1 Satz 5 also über die US-amerikanischen Regelungen hinaus) gesetzlichen Vertreter abzugebende Lageberichtseid bezieht sich auf die Lageberichterstattung. Es ist zu versichern, dass der **Geschäftsverlauf einschließlich des Geschäftsergebnisses** und die **Lage** der KapG so dargestellt sind, dass der LB ein den tatsächlichen Verhältnissen entsprechendes Bild vermittelt. Die gewählte Formulierung entspricht weitgehend dem Gesetzeswortlaut des Abs. 1 Satz 1. Weiterhin ist zu versichern, dass die **wesentlichen Chancen und Risiken** i.S.d. Abs. 1 Satz 4 beschrieben sind (nach dem dem TUG zugrunde liegenden Art. 4 Abs. 2c EU-Transparenzrichtlinie sind nur die „wesentlichen Risiken und Ungewissheiten" zu beschreiben, was im Vergleich zu Abs. 1 Satz 4 inkonsistent erscheint).

72 Die abzugebende Versicherung der gesetzlichen Vertreter hat nach bestem Wissen zu erfolgen. Durch diesen im Gesetz – anders als zunächst im TUG-Regierungsentwurf – verankerten **Wissensvorbehalt** ist klargestellt, dass es auf den subjektiven Kenntnisstand ankommt, sodass nur vorsätzliches (und nicht auch fahrlässiges) Handeln bezogen auf die Richtigkeit der Angaben rechtliche Folgen auslösen kann. Zugleich gelten jedoch die **Sorgfaltspflichten** der gesetzlichen Vertreter („Sorgfalt eines ordentlichen und gewissenhaften Geschäftsleiters", vgl. u.a. § 93 Abs. 1 Satz 1 AktG), sodass vorhandenes Wissen allein nicht vollständig genügt, um eine richtige Erklärung zum Inhalt des LB abzugeben.[50] Vielmehr haben sich die gesetzlichen Vertreter nach besten Kräften um einen optimalen Wissensstand zu bemühen, um unrichtige Angaben in der Erklärung zum Lageberichtsinhalt zu vermeiden.

73 Insbesondere mit Blick auf die Versicherung hinsichtlich der Darstellung aller wesentlichen Chancen und Risiken im LB ist daher ein funktions- und leistungsfähiges **internes Überwachungssystem** eine conditio sine qua non. Das folgende Schaubild zeigt die Komponenten des unternehmerischen Überwachungssystems, bestehend aus internen und externen Überwachungskomponenten. Im Kern des internen Überwachungssystems befindet sich das (Chancen- und) Risikomanagement, eingebettet in die Komponenten organisatorische Sicherungsmaßnahmen, Controlling und interne Revision.

---

[49] Vgl. *Reiner*, in MünchKomm. HGB, 3. Aufl., § 264 HGB, Rn 98; *Böcking/Dutzi/Gros*, in *Baetge/Kirsch/Thiele*, Bilanzrecht, § 289 HGB, Rz 134 Stand 12/2012.

[50] Vgl. *Böcking/Dutzi/Gros*, in *Baetge/Kirsch/Thiele*, Bilanzrecht, § 289 HGB, Rz 141f. Stand 12/2012.

Abb. 1: Risikomanagement im internen Überwachungssystem[51]

Hinsichtlich Form und Ort des Lageberichtseids macht Abs. 1 Satz 5 (wie auch § 264 Abs. 2 Satz 3 HGB) keine Vorgabe. Der Lageberichtseid hat schriftlich zu erfolgen und eine Kombination mit dem Bilanzeid des § 264 Abs. 2 Satz 3 HGB in einer **kombinierten Erklärung** erscheint praktisch geboten.[52] Gegen eine kombinierte Erklärung spricht hingegen u. a., dass der Lageberichtseid im Vergleich zum Bilanzeid umfassendere Aussagen enthält und es sich bei JA und LB um zwei getrennte Rechnungslegungsinstrumente handelt.[53]

Anders als bei anderen Berichtselementen des LB sagt das Gesetz nichts darüber aus, ob der Lageberichtseid im LB zu erbringen ist. Aus § 37v Abs. 2 sowie § 37w Abs. 2 WpHG kann ebenfalls geschlossen werden, dass die Erklärungen nicht notwendigerweise in den einzelnen Rechnungslegungsinstrumenten, sondern **im Jahres- bzw. Halbjahresfinanzbericht** insgesamt enthalten sein müssen. Der DSR plädiert für eine kombinierte Erklärung von Bilanz- und Lageberichtseid und schlägt in DRS 16.56, eine Formulierung für eine „**Versicherung der gesetzlichen Vertreter**" vor (das folgende Beispiel lehnt sich an diesen Vorschlag an).

74

75

> **Beispiel**
> Kombinierte Erklärung der Vorstandsmitglieder der Daimler AG zum JA und LB 2010:
> „Wir versichern nach bestem Wissen, dass gem. den anzuwendenden Rechnungslegungsgrundsätzen der Konzernabschluss ein den tatsächlichen Verhältnissen entsprechendes Bild der Vermögens-, Finanz- und Ertragslage des Konzerns vermittelt und im Konzernlagebericht, der mit dem Lagebericht der Daimler AG zusammengefasst ist, der Geschäftsverlauf einschließlich des

---

51 Vgl. *Paetzmann*, 2005, S. 278; *Paetzmann*, 2012, S. 92.
52 Vgl. *Reiner*, in MünchKomm. HGB, 3. Aufl., § 264, Rn 102.
53 Vgl. *Winkeljohann/Schellhorn*, in Beck Bil-Komm. 9. Aufl., § 264 HGB, Rz 16; *Böcking/Dutzi/Gros*, in *Baetge/Kirsch/Thiele*, Bilanzrecht, § 289 HGB, Rz 146 Stand 12/2012.

> Geschäftsergebnisses und die Lage des Konzerns so dargestellt sind, dass ein den tatsächlichen Verhältnissen entsprechendes Bild vermittelt wird sowie die wesentlichen Chancen und Risiken der voraussichtlichen Entwicklung des Konzerns beschrieben sind. Stuttgart, den 28. Februar 2011" [es folgen die Unterschriften der sieben Vorstandsmitglieder der Daimler AG][54]

76  Ein separater Lageberichtseid nach Abs. 1 Satz 5 kann entfallen, sofern der LB nach § 315 Abs. 3 i. V. m. § 298 Abs. 3 HGB mit dem KLB zusammengefasst wird.[55]

## 4 Elemente des Lageberichts nach Abs. 2

### 4.1 Nachtragsbericht (Abs. 2 Satz 1 Nr. 1)

77  Der Bericht über besondere Vorgänge nach Abschluss des Gj im LB (**Nachtragsbericht**) bezieht sich inhaltlich auf die gleichen Bereiche wie die Berichterstattung nach Abs. 1. Es ist dabei über die Vorgänge von besonderer Bedeutung zwischen Abschlussstichtag und Zeitpunkt der Berichterstellung zu berichten. Vorgänge besitzen dann eine **besondere Bedeutung**, wenn sie zu einer anderen Darstellung der Lage der Ges. geführt hätten, wären sie schon vor Eintritt des Gj eingetreten. Zu berichten ist über **positive wie negative Vorgänge** von besonderer Bedeutung nach Abschluss des Gj. In der Literatur wird die Ansicht vertreten, dass dabei, dem Vorsichtsprinzip entsprechend, beunruhigenden Entwicklungen eine größere Bedeutung bei der Berichterstattung zukommt.[56]

78  Der Nachtragsbericht behebt die zeitliche Verzögerung zwischen Abschlussstichtag und Zeitpunkt der Berichterstellung und aktualisiert die Darstellung der Lage der Gesellschaft entsprechend. Für den Nachtragsbericht wird eine Grobstruktur vorgeschlagen, die auf drei Gruppen von Vorgängen mit besonderer Bedeutung eingeht.[57] Demnach ist zunächst über **die Branche betreffende wirtschaftliche und politische Ereignisse** zu berichten.

> **Beispiel**
> - Verschärfte Exportvorschriften,
> - Auf- und Abwertungseinflüsse,
> - Wettbewerbsverzerrungen.

Weiterhin sind **Abweichungen von der durch den JA vorgezeichneten Linie** darzustellen.

> **Beispiel**
> - Schwerwiegende Verluste,
> - stark rückläufige Marktpreise,
> - Marktumschwünge,

---

[54] *Daimler AG*, Geschäftsbericht 2010, S. 170.
[55] Vgl. *Böcking/Dutzi/Gros*, in *Baetge/Kirsch/Thiele*, Bilanzrecht, § 289 HGB, Rz 149, Stand 12/2012.
[56] Vgl. *Grottel*, in Beck Bil-Komm. 9. Aufl., § 289 HGB, Rz 62.
[57] Vgl. zu den folgenden Beispielen *Kajüter*, in *Küting/Pfitzer/Weber*, HdR, §§ 289. 289a HGB, Rn 115, Stand 04/2011.

- unvorhersehbare Kostensteigerungen,
- Umsatzrückgänge.

Schließlich ist auf **Vorgänge, die die Lage der Gesellschaft verändern**, einzugehen.

> **Beispiel**
> - Angaben über den Erwerb oder die Veräußerung von Beteiligungen, Grundstücken oder wichtigen Vermögenswerten,
> - Kapitalerhöhungs- und -herabsetzungsmaßnahmen,
> - Kurzarbeit, Streiks, Sozialpläne, Entlassungen,
> - Ausgang wichtiger Rechtsstreitigkeiten,
> - Abschluss oder Kündigung wichtiger Verträge,
> - Gründung oder Aufgabe von Niederlassungen,
> - Verlust von Großkunden,
> - Beitritt zu Interessensgemeinschaften oder Kartellen.

Da sich der Nachtragsbericht nur auf Vorgänge von besonderer Bedeutung nach Abschluss des Gj bezieht, ist er regelmäßig deutlich weniger umfangreich als die übrigen Teile des LB (auch der DSR behandelt den Nachtragsbericht recht knapp in den zwei Textziffern DRS 20.114–115). **79**

## 4.2 Berichterstattung über Finanzinstrumente (Abs. 2 Satz 1 Nr. 2a und b)

Abs. 2 Nr. 2a und b der Vorschrift gehen zurück auf das BilReG, das die Vorschriften des Art. 46 Abs. 2f der Bilanzrichtlinie i.d.F. d. Fair-Value-RL bez. der **Risikoberichterstattung über Finanzinstrumente** in deutsches Recht transformierte. Zweck der neuen Nr. 2a und b war es, den Informationsgehalt von Lageberichten und die Vergleichbarkeit zu verbessern. **80**

Abs. 2 Nr. 2a und b schreiben vor, dass mit Blick auf die Verwendung von Finanzinstrumenten auf **81**
- die Risikomanagementziele und -methoden (Nr. 2a) sowie
- die Preisänderungs-, Ausfall- und Liquiditätsrisiken sowie die Risiken aus Zahlungsstromschwankungen (Nr. 2b)

einzugehen ist, sofern dies für die Beurteilung der Lage oder der voraussichtlichen Entwicklung von Belang ist. Abs. 2 Satz 1 Nr. 2a und b beziehen sich auf Risiken aus Finanzinstrumenten, nicht aber auf andere Risiken. Die Berichtsinhalte orientieren sich weitgehend an den **IFRS-Regelungen** zu Finanzinstrumenten (IAS 32 bzw. IFRS 7). Wählt eine Ges. nach § 325a Abs. 2a HGB die Offenlegung eines IFRS-Jahresabschlusses anstelle eines nach HGB erstellten Jahresabschlusses, entfällt die Berichterstattungspflicht nach Abs. 2 Satz 1 Nr. 2a und b, da nach IFRS entsprechende Angaben zu machen sind.

Das HGB macht keine Vorgaben hinsichtlich der Form der Darstellung. Das „Eingehen" bedeutet, dass eine **verbale** Darstellung ausreichend ist. Vergleiche mit Vorjahres-Angaben sind nicht erforderlich. Der Umfang der Berichterstattung ist **82** grds. abhängig von der Risikoposition der Gesellschaft. Die Berichterstattung kann in einem gesonderten Abschnitt des LB oder innerhalb des Risikoberichts erfolgen. Das HGB wie auch die zugrunde liegende EU-RL definieren den Begriff **„Finanzinstrument"** nicht. Unter Finanzinstrumenten werden Vermögensgegenstände und Schulden verstanden, die auf vertraglicher Basis zu Geldzahlungen oder zum Zu- oder Abgang anderer Finanzinstrumente führen. Zu den berichterstattungspflichtigen Finanzinstrumenten gehören zum Bilanzstichtag verwendete Finanzanlagen, Wertpapiere, Derivate, Darlehensverbindlichkeiten, darüber hinaus ebenso Forderungen und Verbindlichkeiten aus L&L.[58] Unerheblich ist, ob sie in der Bilanz erfasst sind oder nicht. Schwebende Geschäfte sind zu berücksichtigen. Unklar ist, wie für den eigenen Bedarf abgeschlossene Warentermingeschäfte zu behandeln sind, da sich hier das HGB und die zugrunde liegende Bilanzrichtlinie i. d. F. d. Fair-Value-RL widersprechen.[59]

83 Die Berichterstattung unterliegt dem **Grundsatz der Wesentlichkeit**, indem sie nur zu erfolgen hat, sofern die Finanzinstrumente für die Beurteilung der Lage oder der voraussichtlichen Entwicklung von Belang sind. Es ist demnach bspw. zu berichten, wenn wesentliche mit Finanzinstrumenten einhergehende Risiken erst in einem zweijährigen Prognosezeitraum erwartet werden, für die Beurteilung der Lage zum Abschlussstichtag aber noch nicht von Belang sind. Das Kriterium der Wesentlichkeit wird an der VFE-Lage oder der voraussichtlichen Entwicklung der Ges. festgemacht (eines der Merkmale reicht aus).

84 Die Vorschrift des Abs. 2 Satz 1 Nr. 2a bezieht sich auf die Risikomanagementziele und -methoden in Bezug auf Finanzinstrumente, nicht auf das Risikomanagement des gesamten Unt (und aller seiner Ziele und Methoden). Bei der Berichterstattung reichen pauschale Hinweise auf ein existierendes Risikomanagementsystem nicht aus. Finanzinstrumente mit ähnlichen Merkmalen können in der Darstellung zusammengefasst werden. Die Erläuterungen zu den **Zielen des Risikomanagements** sollen insb. eingehen auf:
- die Grundeinstellung der Geschäftsführung zu Risiken (Risikoneigung) beim Einsatz von Finanzinstrumenten und dabei auf
- das Ziel der vollständigen Erfassung aller Risiken und
- die Bestimmung von Wesentlichkeitsgrenzen.

85 Zu den **Methoden des Risikomanagements** in Bezug auf Finanzinstrumente sind insb. zu erläutern:
- das Vorgehen der aktiven Beeinflussung der mit Finanzinstrumenten verbundenen Risiken sowie
- die Angaben zum Verzicht risikobehafteter Finanzinstrumente
  - zur Vermeidung unangemessener Risikokonzentrationen,
  - zur Überwälzung von Risiken auf Dritte und
  - zu verbleibenden Restrisiken.

86 Zu den Risikomanagementmethoden gehören auch die Methoden der **Absicherung** aller wichtigen Arten von Transaktionen, die bei der Bilanzierung von Sicherungsgeschäften erfasst werden, insb. Hedging. Dies betrifft neben den verwendeten zugrunde liegenden Systematiken auch Art und Kategorie der

---

[58] Vgl. IDW RH HFA 1.005, Anm 32.
[59] Vgl. *Grottel*, in Beck Bil-Komm. 9. Aufl., § 289 HGB, Rz 66.

eingesetzten Sicherungsgeschäfte. Anzugeben ist, welche Finanzinstrumente bzw. Derivate zur Absicherung wesentlicher Risiken eingesetzt wurden.
Die Vorschrift des Abs. 2 Satz 1 Nr. 2b bezieht sich nach dem Gesetzeswortlaut auf die Verwendung von Finanzinstrumenten in Bezug auf die vier Risikokategorien:[60] 87
- Preisänderungsrisiken (Währungs-, Zins-, Marktrisiken),
- Ausfallrisiken (Kreditrisiken),
- Liquiditätsrisiken,
- Risiken aus Zahlungsstromschwankungen (Cashflow-Risiken).

Art und Ausmaß dieser Risiken sind im Einzelnen zu erläutern, sofern sie mit Finanzinstrumenten – unabhängig von deren Bilanzierung – im Zusammenhang stehen. 88

Grundsätzlich ist aus der wörtlichen Übereinstimmung dieser Vorschrift bzw. des transformierten Art. 1 Nr. 4 der Fair-Value-RL mit IAS 32.43 a-d (rev 2000) in Verbindung mit dem Ziel des BilReG, die Vergleichbarkeit des deutschen Bilanzrechts mit internationalen Rechnungslegungsstandards zu verbessern, zu schließen, dass sich ihre Auslegung an den IFRS-Offenlegungsregeln hierzu zu orientieren hat. 89

### 4.3 Forschung- und Entwicklungsbericht (Abs. 2 Satz 1 Nr. 3)

Zweck dieser Vorschrift ist es, dem Lageberichtsadressaten weitere Informationen zur Beurteilung der Zukunftsaussichten und somit zur Lage der Ges. zu geben. Insbesondere bei forschungsintensiven Branchen (bspw. Pharma, Chemie, Luft- und Raumfahrt, Informationstechnologie) kann der Aussagewert der Lageberichterstattung durch diese Vorschrift deutlich erhöht werden. Zugleich erwachsen aus der **Branchenzugehörigkeit** einer Ges. Erwartungen, woraus Berichterstattungspflichten folgen können: 90
- Wird keine F&E-Tätigkeit betrieben und ist diese auch nicht branchenüblich, kann eine Berichterstattung darüber unterbleiben.
- Betreibt eine Ges. keine F&E-Tätigkeiten, obwohl diese aus der Branchenzugehörigkeit oder der Art der Produkte zu erwarten sind, sind hingegen hierzu Ausführungen im Rahmen der Lagedarstellung nach Abs. 1 erforderlich.

Für Dritte durchgeführte F&E-Tätigkeiten fallen nicht unter die Vorschrift des Abs. 2 Satz 1 Nr. 3. 91

Zu Art und Umfang der Berichterstattung besagt das Gesetz nichts Näheres, sodass es der Ges. überlassen bleibt, Erläuterungen zu geben bspw. hinsichtlich: 92
- der F&E-Ziele,
- der F&E-Felder,
- der Budgethöhe oder des Geschäftsjahresaufwands,
- der Zahl der engagierten Mitarbeiter,
- der Anzahl der Patentanmeldungen,
- der zukünftig beabsichtigten Investitionen.

Wesentliche Veränderungen der F&E-Aktivitäten gegenüber dem Vorjahr sind zu erläutern. Über **Geschäfts- und Betriebsgeheimnisse** ist nicht oder nicht detailliert zu berichten. Im Übrigen hat eine Berichterstattung zu unter- 93

---

[60] Vgl. IDW RH HFA 1.005, Anm 36.

bleiben, soweit es das Wohl der Bundesrepublik Deutschland oder eines ihrer Länder erfordert.

> **Beispiel**
> Dem LB 2007 der Körber AG ist entnommen:
> Forschung und Entwicklung – Innovationsquote bleibt überdurchschnittlich:
> Die Aufwendungen für Forschung und Entwicklung blieben auch im Geschäftsjahr 2007 überdurchschnittlich hoch.
> Zur Stärkung der technologischen Spitzenposition in seinen jeweiligen Sparten wandte der Körber-Konzern im Geschäftsjahr 2007 insgesamt 86 Mio. EUR oder 5,4 % vom Konzernumsatz auf. Damit liegt die F&E-Quote weiterhin deutlich über dem Branchendurchschnitt. Im abgelaufenen Geschäftsjahr wurden neue Produkte und Prozesse entwickelt, die unseren Kunden weltweit wirtschaftliche und technologische Wettbewerbsvorteile verschaffen.
> Die Sparte Tabak setzte mit der Entwicklung der Produktlinie PROTOS-M neue Maßstäbe. Die neu entwickelte Produktgeneration erzielte neue Höchstleistungen im Langzeittest und zeichnet sich gleichzeitig durch eine erhöhte Produktflexibilität aus. Durch weitere Innovationen konnten der Automatisierungsgrad erhöht und die Qualität der Zigaretten noch weiter verbessert werden. ...
> Im Geschäftsbereich Pharma-Verpackungssysteme wurde bei Dividella die Verpackungslinie NeoTOP 804 um die Funktion „Triple Mode" erweitert, die bei steigender Produktivität eine erhöhte Produktionsflexibilität gewährleistet. Bei MediSeal wurden die Late-Stage-Customization-Komponenten erweitert. Die Komponenten erhöhen bei steigender Flexibilität die Maschinenauslastung auch bei kleinen Losgrößen.[61]

### 4.4 Zweigniederlassungsbericht (Abs. 2 Satz 1 Nr. 4)

**94** Im LB sind Angaben zu den **in- und ausländischen Zweigniederlassungen** der Ges. zu machen. Als Zweigniederlassung angesehen wird „eine dauerhafte, räumlich von der Hauptniederlassung getrennte Einrichtung ..., die mit personeller und organisatorischer Eigenständigkeit im Rahmen der Unternehmenstätigkeit wie ein selbstständiges Unternehmen am Geschäftsverkehr teilnimmt."[62] Das Gesetz sagt nichts über den erforderlichen **Umfang** der Berichterstattung hierüber aus. Dieser ist in Abhängigkeit von der **Bedeutung** der Zweigniederlassung für die Lage der Ges. zu wählen. Zumindest dürften bspw. Angaben notwendig sein über:[63]
- die örtliche Gelegenheit der Zweigniederlassung,
- wesentliche Veränderungen gegenüber dem Vj mit Blick auf Errichtung, Aufhebung und Sitzverlegung von Zweigniederlassungen,
- Firmierung von Zweigniederlassungen, die die Zugehörigkeit zum Stammhaus nicht mehr eindeutig erkennen lassen.

Weitergehende Anforderungen sind bspw.:[64]

---

[61] *Körber AG*, Geschäftsbericht 2007, S. 48f.
[62] IDW RS HFA 1 Tz 48.
[63] Vgl. IDW RS HFA 1 Tz 49 und Anlage, Abschn. D5.
[64] Vgl. *Grottel*, in Beck Bil-Komm. 9. Aufl., § 289 HGB, Rz 90.

- Umsätze des Gj,
- Vertriebsprogramme,
- Investitionsvorhaben,
- beschäftigte Mitarbeiter.

Bestehen mehrere Zweigniederlassungen, empfiehlt sich aus Gründen der Klarheit und Übersichtlichkeit die Darstellung mittels einer Tabelle. Bei zahlreichen Zweigniederlassungen können diese nach regionalen Gesichtspunkten zusammengefasst werden; eine detaillierte Darstellung sollte sich dann auf die wesentlichen Zweigniederlassungen konzentrieren.[65] Sofern die Ges. über keine Zweigniederlassung verfügt, entfällt die Angabe. Eine Fehlanzeige kann unterbleiben.[66]

### 4.5 Vergütungsbericht durch börsennotierte Aktiengesellschaften (Abs. 2 Satz 1 Nr. 5)

Durch das **VorstOG** wurden börsennotierte Aktiengesellschaften i.S.v. § 3 Abs. 2 AktG verpflichtet, im LB auf die Grundzüge ihres Vergütungssystems einzugehen. In einem Vergütungsbericht nach Abs. 2 Satz 1 Nr. 5 sind die **Grundzüge des Vergütungssystems** der börsennotierten AG für die in § 285 Nr. 9 HGB genannten Gesamtbezüge darzustellen und zu erläutern. Die durch das VorstOG eingefügte neue Nr. 5 in Abs. 2 orientiert sich an der „Empfehlung der EU-Kommission vom 12.12.2004 zur Einführung einer angemessenen Regelung für die Vergütung von Mitgliedern der Unternehmensleitung börsennotierter Gesellschaften"[67] und nimmt Bezug auf die umfangreiche Diskussion in Deutschland über die **Verbesserung der Corporate Governance**. Die Diskussion um die angemessene Vergütung von Vorstandsmitgliedern börsennotierter Aktiengesellschaften und die personenspezifische Offenlegung der Vergütungsbestandteile hatte sich Mitte des ersten Jahrzehnts zu einem neuralgischen Thema in der Corporate-Governance-Diskussion entwickelt.

Daneben empfiehlt der **DCGK** in Ziff. 4.2.5 die Offenlegung eines Vergütungsberichts als Teil eines Corporate-Governance-Berichts. Der gesetzlich in Abs. 2 Satz 1 Nr. 5 verankerte Vergütungsbericht zielt darauf ab, mehr Transparenz gegenüber den Aktionären zu schaffen und diese in die Lage zu versetzen, sich ein Urteil über das Vergütungssystem zu bilden.

Die Berichterstattungspflicht ist in jedem LB neu zu erfüllen. Verweise auf Vj. allein sind unzulässig. Vorgaben über den genauen **Umfang der Berichterstattung** macht das HGB nicht. Im Vergütungsbericht sind lediglich die Grundzüge des Vergütungssystems und der Vergütungspolitik (verbal) darzustellen und zu erläutern.[68] Eine umfassende Berichterstattung ist auch nach der Begründung des Regierungsentwurfs zum VorstOG nicht gefordert.[69] Die Berichterstattungspflicht bezieht sich auf die in § 285 Nr. 9 HGB genannten Gesamtbezüge

- des Vorstands,
- der früheren Mitglieder des Vorstands und ihrer Hinterbliebenen,

---

65 Vgl. *Baetge/Kirsch/Thiele*, Bilanzen, 2014, S. 804 f.; *Grottel*, in Beck Bil-Komm. 9. Aufl., § 289 HGB, Rz 90.
66 Vgl. *Grottel*, in Beck Bil-Komm. 9. Aufl., § 289 HGB, Rz 90.
67 Vgl. Abl. EU Nr. L 385, 55, Abschn. II Nr. 3.3.
68 Vgl. *Grottel*, in Beck Bil-Komm. 9. Aufl., § 289 HGB, Rz 94.
69 Vgl. BilMoG-BegrRegE VorstOG, S. 8.

- des AR, eines Beirats oder einer ähnlichen Einrichtung und
- der früheren Mitglieder des AR, eines Beirats oder einer ähnlichen Einrichtung.

99 Die **Inhalte der Berichterstattung** beziehen sich jeweils auf die Gesamtbezüge der genannten Gremien, nicht auf individuelle Bezüge. Zu den Grundzügen der Vergütungspolitik gehören:
- ein Überblick über die grundlegende Gestaltung der Organverträge (Dauer, Kündigungsfristen, Regelungen zu einem vorzeitigen Ausscheiden),
- die Form der Vergütung (Höhe, Geldleistungen, Sachbezüge),
- erfolgsabhängige Vergütungsanteile in Anlehnung an die in § 285 Nr. 9 Buchst. a Satz 5 HGB genannten Komponenten (erfolgsunabhängig, erfolgsbezogen, mit langfristiger Anreizwirkung).
- Besondere Bedeutung kommt dabei den langfristig ausgelegten Anreizsystemen (Aktienoptionen, sonstige Bezugsrechte auf Aktien) zu.
- Zu den Grundzügen der Vergütungspolitik gehört auch die Darstellung der Versorgungs-, Vorruhestands- und Ruhegehaltsleistungen (Form, Struktur, Höhe).

Es sind jeweils die wesentlichen Änderungen gegenüber dem Vj. anzugeben.

100 Abs. 2 Satz 1 Nr. 5 Satz 2 enthält ergänzend den Hinweis, dass die durch das VorstOG vorgeschriebenen Anhangangaben nach § 285 Nr. 9 Buchst. a Sätze 5–8 HGB in den Vergütungsbericht einbezogen werden können und eine separate Darstellung im Anhang dann unterbleiben kann.[70] Hierbei handelt es sich um:
- Bezüge jedes einzelnen Vorstandsmitglieds unter Namensnennung (Satz 5),
- Vorstandsmitgliedern zugesagte Leistungen für den Fall der Beendigung der Tätigkeit mit Darstellung des wesentlichen Inhalts (Satz 6),
- Leistungen, die einem Vorstandsmitglied von einem Dritten zugesagt oder gewährt worden sind (Satz 7),
- weitergehende Angaben zu bestimmten Bezügen im JA (Satz 8).

## 5 Darstellung und Erläuterung der bedeutsamsten nichtfinanziellen Leistungsindikatoren durch große Kapitalgesellschaften (Abs. 3)

101 Große KapG, wozu nach § 267 Abs. 3 Satz 2 HGB auch alle KM-orientierten Ges. zählen, haben auch **nichtfinanzielle Leistungsindikatoren** in die Analyse von Geschäftsverlauf und Lage der Ges. nach Abs. 1 Satz 2 einzubeziehen. Wie bei Abs. 1 Satz 3 geht es dem Gesetzgeber hier um die „bedeutsamsten" Leistungsindikatoren (hier nichtfinanzieller Art), die für die Geschäftstätigkeit des Unt von Bedeutung und für das Verständnis seines Geschäftsverlaufs und seiner Lage erforderlich sind.

102 Ziel einer Nutzung nichtfinanzieller Leistungsindikatoren soll sein, die Prognostizierbarkeit künftiger Erträge zu verbessern. Eine freiwillige weitergehende Berichterstattung über sonstige nichtfinanzielle Leistungsindikatoren ist nur dann zulässig, wenn sie den Informationsgehalt des LB steigert. Werden hingegen die Klarheit und

---

[70] Vgl. *Grottel*, in Beck Bil-Komm. 9. Aufl., § 289 HGB, Rz 99.

Übersichtlichkeit der Analyse und die Konzentration auf das Wesentliche beeinträchtigt, hat eine weitergehende Berichterstattung zu unterbleiben.

"Indikator" ist ein für das Verständnis der wirtschaftlichen Lage der Ges. notwendiger Einflussfaktor. Die Messbarkeit ist für den nichtfinanziellen Indikator nicht primär ausschlaggebend. Indikatoren sollten **Branchenbesonderheiten** Rechnung tragen und darüber Betriebsvergleiche mit anderen Branchenunternehmen ermöglichen. Die Analyse mittels nichtfinanzieller Indikatoren soll den **Bezug zur Darstellung der VFE-Lage** wahren. 103

Abs. 3 nennt als nichtfinanzielle Leistungsindikatoren beispielhaft (nicht abschließend) „Informationen über Umwelt- und Arbeitnehmerbelange". Abhängig vom Einzelfall ist zu entscheiden, welche Indikatoren für den Adressaten des LB von Bedeutung sind. 104

> **Beispiel**
> Beispiele bezogen auf **Umweltbelange** sind:[71]
> - Emissionswerte,
> - Energieverbrauch,
> - Durchführung eines Umwelt-Audits.

Für **Arbeitnehmerbelange** könnten etwa die folgenden nichtfinanziellen Leistungsindikatoren genutzt werden: 105

> **Beispiel**
> - Fluktuation,
> - Betriebszugehörigkeit,
> - Vergütungsstrukturen,
> - Ausbildungsstrukturen,
> - Fortbildungsmaßnahmen,
> - interne Förderungsmaßnahmen.

Mit Blick auf **strategische Marktchancen und -risiken** können etwa die folgenden nichtfinanziellen Indikatoren gewählt werden:[72] 106

> **Beispiel**
> - Marktwachstum und -anteile,
> - Entwicklung des Kundenstamms und der Kundenzufriedenheit,
> - Produkt- und Prozessqualität,
> - Anzahl und Entwicklung von Konkurrenzprodukten,
> - Abhängigkeiten von Kunden und Lieferanten (ABC-Analysen),
> - Position wichtiger Produkte im Produktlebenszyklus,
> - Anzahl Patentanmeldungen, Neuprodukte und Innovationen.

---

[71] Vgl. IDW RH HFA 1.007, Anm. 12.
[72] Vgl. *Paetzmann*, 2012, S. 177 ff.

## 6 Zusätzliche Angaben durch kapitalmarktorientierte Gesellschaften (Abs. 4)

107 Durch die Übernahmerichtlinie von 2006 sind börsennotierte KapG verpflichtet, übernahmespezifische Angaben im LB aufzunehmen. Die Transformation von Art. 10 Übernahmerichtlinie erfolgte in Deutschland durch das ÜbernRUmsG.[73] mit dem ein neuer Abs. 4 in § 289 HGB eingefügt wurde, wonach im LB zahlreiche Angaben zur Kapitalstruktur und zu möglichen Übernahmehindernissen aufzunehmen sind. Zweck der Veränderung ist es, dass potenzielle Bieter sich vor Abgabe eines Angebots ein umfassendes Bild über die Zielgesellschaft und ihre Struktur sowie über etwaige Übernahmehindernisse machen können.[74]

108 Zu den Berichterstattungspflichten im Rahmen des Abs. 4 gehören dem Gesetzeswortlaut nach:

109 • **Zusammensetzung des Kapitals** (Abs. 4 Nr. 1): Gemeint ist das gezeichnete Kapital entsprechend § 272 Abs. 1 HGB. Sofern dieses in verschiedene **Aktiengattungen** gem. § 11 AktG unterteilt ist, sind diese einschl. des Anteils am Gesellschaftskapital und der entsprechenden Rechte und Pflichten anzugeben.[75] Anzugeben sind die Anzahl der ausgegebenen Aktien (bei mehreren Aktiengattungen die Zahl der pro Gattung ausgegebenen Aktien), der Nennbetrag der Aktien (sofern vorhanden) sowie Zahl der Aktien jeden Nennbetrags und die Art der ausgegebenen Aktien (Nennbetrags- oder Stückaktie sowie Inhaber-, Namens- oder vinkulierte Namensaktie).[76] Ebenfalls sind Wertpapiere anzugeben, die nicht auf einem geregelten Markt eines EU-Mitgliedstaats gehandelt werden. Diese Angaben treten neben jene der §§ 152 Abs. 1 Satz 2 und 160 Abs. 1 Nr. 3 AktG, sodass daraus bisher eine Doppelangabe resultierte.[77] Nach dem BilMoG entfallen jedoch die betreffenden Angaben im LB, soweit diese bereits im Anhang zu machen sind.

110 • **Beschränkungen betreffend Stimmrechte oder Übertragung** (Abs. 4 Nr. 2): Die Berichtspflicht nach Abs. 4 Nr. 2 bezieht sich primär auf Angaben zu evtl. bestehenden Mehrheitsstimmrechten gem. § 5 Abs. 1 EGAktG und Höchstgrenzen für die Stimmrechtsausübung, wie sie nach deutschem Recht bei börsennotierten Gesellschaften grds. unzulässig sind (§ 134 Abs. 1 Satz 2 AktG), jedoch als Ausnahme durch § 2 Abs. 1 HGB des Gesetzes über die Überführung der Anteilsrechte an der Volkswagenwerk Gesellschaft mit beschränkter Haftung in private Hand (VW-Gesetz) bislang fortbesteht. Die Darstellung der durch stimmrechtslose Aktien gegebenen Beschränkungen kann unterbleiben, da hierüber bereits nach § 289 Abs. 4 HGB zu berichten ist. Hingegen ist über Beschränkungen aus Vereinbarungen der Gesellschafter untereinander (Stimmbindungsverträge) Bericht zu erstatten.[78] Über alle Beschränkungen mit Blick auf die Übertragbarkeit von Aktien ist zu berichten,

---

[73] Vgl. Gesetz zur Umsetzung der Richtlinie 2004/25/EG des Europäischen Parlaments und des Rates v. 21.4.2004 betreffend Übernahmeangebote (Übernahmerichtlinie-Umsetzungsgesetz), BGBl 2006 I S. 1426.
[74] Vgl. *Lange*, in MünchKomm. HGB, 3. Aufl., § 289, Rn 134.
[75] Vgl. *Lange*, in MünchKomm. HGB, 3. Aufl., § 289, Rn 137.
[76] Vgl. DRS 20.K.191.
[77] Vgl. *Böcking/Dutzi/Gros*, in Baetge/Kirsch/Thiele, Bilanzrecht, § 289 HGB, Rz 280 Stand 12/2012.
[78] Vgl. *Böcking/Dutzi/Gros*, in Baetge/Kirsch/Thiele, Bilanzrecht, § 289 HGB, Rz 282 Stand 12/2012.

insb. über die aus der Ausgabe vinkulierter Namensaktien (§ 68 Abs. 2 AktG) und aus wechselseitigen Beteiligungen (§ 328 AktG) resultierenden Beschränkungen. Ebenfalls ist über Haltevereinbarungen (Lock-up-Verpflichtungen) mit der Ges. und unter Aktionären sowie über ähnliche Beschränkungen zu berichten.

- **Direkte und indirekte Beteiligungen** (Abs. 4 Nr. 3): Die Vorschrift zielt nach der Regierungsbegründung zum ÜbernRUmsG insb. auf Pyramidenstrukturen (Stimmrechtskontrolle über eine Ges. wird durch Zwischenschaltung von Holdinggesellschaften sowie ohne Kapitalanteilsmehrheit erreicht) und Beteiligungen über zwischengeschaltete Personen sowie wechselseitige Beteiligungen ab.[79] Die Vorschrift bestimmt, dass alle direkten und indirekten Beteiligungen am Kapital anzugeben sind, die 10 % der Stimmrechte überschreiten. Angaben hierzu entfallen, soweit die Angaben im Anhang zu machen sind. Dabei sind für die Zurechnung von indirekten Beteiligungen die §§ 22 f. WpHG anzuwenden.[80]   111

- **Sonderrechte, die Kontrollbefugnisse verleihen** (Abs. 4 Nr. 4): Die Vorschrift betrifft die namentliche Nennung der Inhaber von Aktien mit Sonderrechten, die Kontrollbefugnisse verleihen. Ebenfalls ist die Ausgestaltung der Sonderrechte anzugeben.   112

- **Die Art der Stimmrechtskontrolle bei Mitarbeiterbeteiligung** (Abs. 4 Nr. 5): Zu berichten ist über die Art der Stimmrechtskontrolle, sofern bei bestehenden Mitarbeiterbeteiligungsprogrammen Arbeitnehmer der Ges. am Kapital beteiligt sind und die Kontrollrechte von ihnen nicht unmittelbar ausgeübt werden.   113

- **Bestimmungen über die Ernennung und Abberufung der Mitglieder des Vorstands** (Abs. 4 Nr. 6): Die zu benennenden deutschen gesetzlichen Vorschriften zur Bestellung und Abberufung von Mitgliedern des Vorstands finden sich in §§ 84, 85 AktG. Etwaige Abweichungen oder Ergänzungen der Satzung sind anzugeben. Ebenfalls sind die Vorschriften zur Änderung der Satzung zu benennen (§§ 179, 133 AktG).   114

- **Befugnisse des Vorstands, Aktien auszugeben oder zurückzukaufen** (Abs. 4 Nr. 7): Bei dieser Vorschrift kommt der Ermächtigung zur Ausgabe und zum Rückerwerb eigener Aktien besondere Bedeutung zu.[81]   115

- **Wesentliche Vereinbarungen der Ges., die unter der Bedingung eines Kontrollwechsels infolge eines Übernahmeangebots stehen** (Abs. 4 Nr. 8): Diese Vorschrift betrifft alle bestehenden „Change of Control"-Klauseln, die bei Kontrollwechseln wirksam werden.   116

- **Entschädigungsvereinbarungen der Ges.** (Abs. 4 Nr. 9): Zu berichten ist über Entschädigungsvereinbarungen, die die Ges. mit Mitgliedern des Vorstands für den Fall getroffen hat, dass sie bei einem Übernahmeangebot gekündigt oder ohne triftigen Grund entlassen werden oder dass ihr Arbeitsverhältnis endet („Golden Parachutes"). Ebenso besteht eine Berichtspflicht für Entschädigungsvereinbarungen der Ges. mit bei ihr beschäftigten Arbeit-   117

---

[79] Vgl. ebenfalls die EU-Übernahmerichtlinie v. 21.4.2004, Abl.. EU Nr. L 142, S. 12.
[80] Vgl. DRS 20.K.199.
[81] Vgl. *Lange*, in MünchKomm. HGB, 3. Aufl., § 289, Rn 145.

nehmern ("Tin Parachutes").[82] Mit dem Ziel der Übersichtlichkeit und Klarheit sollten nur die wesentlichen Inhalte der Eintrittsvoraussetzungen und Entschädigungen genannt werden.[83] Die Berichtspflichten des Abs. 4 Nr. 9 ergänzen die durch das VorstOG eingeführten zusätzlichen Angaben im LB nach Abs. 2 Nr. 5 sowie im Anhang nach § 285 Nr. 9 HGB. Angaben hierzu im LB entfallen nach der durch das BilMoG erfolgten Ergänzung des Abs. 4 Nr. 9, soweit die Angaben im Anhang zu machen sind.

> **Beispiel**
> Der LB 2007 der Allianz Lebensversicherungs-AG enthält folgende Angaben nach § 289 Abs. 4 HGB:
> Zusammensetzung des gezeichneten Kapitals: Das Grundkapital der Allianz Lebensversicherungs-AG beträgt 273.000.000 EUR und ist eingeteilt in 10.500.000 auf den Namen lautende Stückaktien. Nach dem deutschen Aktienrecht gilt bei Namensaktien im Verhältnis zur Gesellschaft als Aktionär nur, wer als solcher im Aktienregister eingetragen ist (§ 67 Absatz 2 Aktiengesetz/AktG). ...
> Übertragungsbeschränkungen: Die Aktien können nur mit Zustimmung der Gesellschaft übertragen werden. Ein solches Zustimmungserfordernis ist in Deutschland in der Versicherungsbranche weit verbreitet. ...
> Beteiligungen am Kapital, die 10 Prozent der Stimmrechte überschreiten: Hauptaktionäre der Allianz Lebensversicherungs-AG sind die Allianz Deutschland AG und die Allianz SE, die mittelbar über die Jota Vermögensverwaltungsgesellschaft mbH (Jota) und die Allianz AZL Vermögensverwaltung GmbH & Co. KG (AZL) insgesamt mehr als 95 Prozent der Anteile an der Allianz Lebensversicherungs-AG halten (Stand: Januar 2008). Jota und AZL sind Gesellschaften der Allianz Gruppe.
> Gesetzliche Vorschriften und Satzungsbestimmungen über die Ernennung und die Abberufung von Vorstandsmitgliedern sowie über Satzungsänderungen: Vorstandsmitglieder werden durch den Aufsichtsrat für eine Amtsdauer von höchstens fünf Jahren bestellt, wobei eine Verlängerung der Amtszeit und eine wiederholte Bestellung zulässig sind (§ 84 AktG). ...
> Befugnisse des Vorstands, Aktien auszugeben oder zurückzukaufen: Gemäß § 2 Absatz 3 HGB der Satzung ist der Vorstand ermächtigt, mit Zustimmung des Aufsichtsrats das Grundkapital von 273.000.000 EUR durch Ausgabe von auf den Namen laufenden Stückaktien gegen Bareinlage einmalig oder mehrmals bis zum 22. April 2010 um bis zu insgesamt 50.000.000 EUR zu erhöhen und dabei einen vom Gesetz abweichenden Beginn der Gewinnberechtigung zu bestimmen. ...
> Wesentliche Vereinbarungen der Gesellschaft, die unter der Bedingung eines Kontrollwechsels infolge eines Übernahmeangebots stehen: Rechtsfolgen aufgrund eines Wechsels der Kontrolle über die Allianz Lebensversicherungs-AG infolge eines Übernahmeangebots sind in den Bedingungen des Group Equity Incentive (GEI)-Programms vorgesehen. ...[84]

---

[82] Vgl. *Böcking/Dutzi/Gros*, in *Baetge/Kirsch/Thiele*, Bilanzrecht, § 289 HGB, Rz 294 Stand 12/2012.
[83] Vgl. *Lange*, in MünchKomm. HGB, 3. Aufl., § 289, Rn 150.
[84] *Allianz Lebensversincherungs-AG*, Geschäftsbericht 2007, S. 132.

## 7 Risikomanagement-Bericht durch kapitalmarktorientierte Kapitalgesellschaften (Abs. 5)

Das BilMoG sieht in Umsetzung von Art. 46a Abs. 1 Buchst. c der Bilanzrichtlinie i.d.F. d. Abänderungsrichtlinie in einem neuen Abs. 5 vor, dass sog. KMorientierte KapG im LB in einem **Risikomanagement-Bericht** die wesentlichen Merkmale des internen Kontroll- und des Risikomanagementsystems im Hinblick auf den Rechnungslegungsprozess zu beschreiben haben.[85] Dies galt erstmals für JA für das nach dem 31.12.2008 beginnende Gj (Art. 66 Abs. 2 Satz 1 EGHGB). 118

Abs. 5 gilt nur für **kapitalmarktorientierte KapG** und ihnen gleichgestellte PersG (§ 264a HGB). Nach der neuen Legaldefinition des § 264d HGB sind dies Ges., die einen organisierten Markt i.S.d. § 2 Abs. 5 WpHG durch von ihnen ausgegebene Wertpapiere gem. § 2 Abs. 1 Satz 1 WpHG (Aktien oder vergleichbare Anlagewerte bzw. Zertifikate, die Aktien vertreten, Schuldtitel, etwa Inhaber- oder Orderschuldverschreibungen, Genuss- und Optionsscheine oder Zertifikate, die Schuldtitel vertreten) in Anspruch nehmen oder die Zulassung zum Handel an einem organisierten Markt beantragt haben. 119

Im Risikomanagement-Bericht sind die wesentlichen Merkmale des vorhandenen Risikomanagementsystems im Hinblick auf den Rechnungslegungsprozess zu erläutern, womit der **Fokus in zweierlei Hinsicht eingeschränkt** ist: 120
- zum einen bezieht sich der Bericht allein auf den **Rechnungslegungsprozess**,[86]
- zum anderen auf die **wesentlichen Merkmale** des Systems (während Art. 46a Abs. 1 Buchst. c der Bilanzrichtlinie i.d.F. d. Abänderungsrichtlinie von den „wichtigsten" Merkmalen sprach, hielt der deutsche Gesetzgeber am handelsrechtlich üblichen Begriff „wesentlich" fest).[87]

Umfang und Detailtiefe der Erläuterung hängen von den individuellen Gegebenheiten der Ges. ab, jedoch muss die Erläuterung den Rechnungslegungsadressaten eine Einsicht in das interne Kontroll- und Risikomanagementsystem in Bezug auf den Rechnungslegungsprozess ermöglichen. In der ursprünglichen Fassung des BilMoG-RegE war in Abs. 5 noch das „interne Kontroll- und interne Risikomanagementsystem" (in Bezug auf den Rechnungslegungsprozess) angesprochen. Die Streichung des zweiten Wortes „interne" erfolgte dann als redaktionelle Änderung.[88] Gemeint ist das **Interne Überwachungssystem (IÜS)** bzw. **Internal control system nach COSO** in Bezug auf den Rechnungslegungsprozess.[89] Hierunter fallen 121
- Grundsätze, Verfahren und Maßnahmen zur Sicherung der Wirksamkeit und Wirtschaftlichkeit der Rechnungslegung, zur Sicherung der Ordnungsmäßigkeit der Rechnungslegung sowie zur Sicherung der Einhaltung der maßgeb-

---

[85] Vgl. *Gelhausen/Fey/Kämpfer*, 2009, S. 433ff.
[86] Vgl. *Strieder*, 2009, S. 1003.
[87] Vgl. BilMoG-BegrRegE, S. 76.
[88] Vgl. BilMoG-BegrRA, S. 14.
[89] Vgl. *Freidank*, 2012, S. 52ff.; *Paetzmann*, 2012, S. 85ff.

lichen Rechtsvorschriften (**organisatorische Sicherungsmaßnahmen und das Controlling**, sofern rechnungslegungsrelevant),
- das **interne Revisionssystem**, soweit es auf den Rechnungslegungsprozess ausgerichtet ist,
- das **Risikomanagementsystem** im Hinblick auf den Risikomanagementprozess, was dann Bedeutung erlangt, wenn die Ges. Risikoabsicherungen betreibt, die handelsbilanziell abgebildet werden.[90]

122 Das Gesetz spricht in Abs. 5 zusammenfassend vom Risikomanagementsystem, meint jedoch das IÜS. Der Risikomanagement-Bericht hat den **Prozess** (die Organisation) des Risikomanagementsystems (bzw. des IÜS) mit seinen wesentlichen Merkmalen zu erläutern, nicht die Risiken als solche. Hierdurch unterbleibt auch eine zu umfangreiche Offenlegung, die der Gesetzgeber mit Blick auf die berechtigten schutzwürdigen Geheimhaltungsinteressen der berichtspflichtigen Ges. unterlassen wollte. Die Berichtspflicht erschöpft sich in der **Systembeschreibung** und enthält keine eigenständige Würdigung. Damit übermittelt das Geschäftsführungsorgan an die Rechnungslegungsadressaten **keine Einschätzung über die Funktionsfähigkeit** des Risikomanagementsystems. Jedoch geht der Gesetzgeber davon aus, dass bereits die Beschreibung des internen Risikomanagementsystems im Hinblick auf den Rechnungslegungsprozess zu einer Auseinandersetzung mit dem System und seiner Effektivität auf Seiten der Geschäftsführungsorgane zwingt.[91]

123 Sofern die Ges. kein Risikomanagementsystem eingerichtet hat, ist dies zu berichten, jedoch nicht zwingend zu begründen. Abs. 5 enthält explizit keine Verpflichtung zur Einrichtung oder inhaltlichen Ausgestaltung eines internen Risikomanagementsystems mit Blick auf den Rechnungslegungsprozess.[92] Es bleibt vielmehr den geschäftsführenden Organen im Rahmen ihrer rechtsformspezifischen Leitungsautonomie überlassen, ein derartiges System einzurichten. Nur für die **Aktiengesellschaft** normiert § 91 Abs. 2 AktG eine Systemverantwortung des Vorstands, begrenzt auf die **Früherkennung** aller (nicht nur rechnungslegungsbezogenen) **bestandsgefährdenden Risiken**. Weder enthält Abs. 5 eine implizite Verpflichtung zur Einrichtung eines Risikomanagementsystems für alle KM-orientierten KapG noch eine Erweiterungsverpflichtung von einem Risikofrüherkennungs- hin zu einem umfassenderen Risikomanagementsystem. Faktisch ist jedoch nach dem Grundsatz „tue Gutes und rede darüber" zu erwarten, dass die Berichterstattungspflicht des Abs. 5 KM-orientierte KapG und ggf. auch andere KapG und KapCoGes veranlassen wird, ein derartiges System einzurichten, um darüber berichten zu können.[93]

124 Die Berichterstattung über das interne Risikomanagementsystem nach Abs. 5 erfolgt im LB. Dabei kann die Berichterstattung zusammen mit den Angaben nach Abs. 2 Nr. 2 zu einem **einheitlichen Risikobericht** zusammengefasst werden.[94] Anders als bei der ebenfalls durch das BilMoG eingefügten Erklärung zur Unternehmensführung (§ 289a HGB) besteht keine Option, den **Risikomana-**

---

[90] Vgl. BilMoG-BegrRegE, S. 76.
[91] Vgl. BilMoG-BegrRegE, S. 76.
[92] Vgl. BilMoG-BegrRegE, S. 76.
[93] Vgl. *Hommelhoff/Mattheus*, 2007, S. 2787; *Melcher/Mattheus*, 2008, S. 53.
[94] Vgl. BilMoG-BegrRegE, S. 76.

gement-Bericht auf der Internetseite der Ges. zu veröffentlichen. Ferner ist der Risikomanagement-Bericht **Gegenstand der Lageberichtsprüfung durch den AP** nach § 317 Abs. 2 HGB.[95] Weiterhin ist in diesem Zusammenhang auf die Prüfung des Risikofrüherkennungssystems bei börsennotierten AG nach § 317 Abs. 4 HGB hinzuweisen.[96]

Die Prüfung kann sich neben der Einklangsprüfung nur auf die Frage erstrecken, ob die Erläuterung der wesentlichen Elemente des internen Risikomanagementsystems eine zutreffende Vorstellung von der Lage in der Ges. vermittelt. Die Apr. enthält keine Funktionsfähigkeitsprüfung des Systems mit entsprechendem Testat, auch dann nicht, wenn freiwillige Angaben zu seiner Wirksamkeit getroffen wurden.

125

Sofern der AP im Zuge seiner Prüfung Schwächen des internen Risikomanagementsystems bezogen auf den Rechnungslegungsprozess erkennt, hat er dem AR oder dessen Prüfungsausschuss hierüber nach § 171 Abs. 1 Satz 2 AktG in der Bilanzsitzung zu berichten. Unabhängig vom Vorstehenden gilt mit Blick auf die börsennotierte AG seit dem KonTraG, dass der AP das nach § 91 Abs. 2 AktG einzurichtende Risikofrüherkennungssystem auf seine Funktionsfähigkeit hin zu prüfen (§ 317 Abs. 4 HGB) und hierüber dem AR in einem gesonderten Abschnitt des Prüfungsberichts zu berichten hat (§ 321 Abs. 4 HGB).

126

> **Beispiel**
> Der KLB 2011 der Siemens AG enthält folgende Angaben nach § 289 Abs. 5 HGB (und § 315 Abs. 2 Nr. 5 HGB):
> „Das übergeordnete Ziel unseres rechnungslegungsbezogenen internen Kontroll- und Risikomanagementsystems lautet, die Ordnungsmäßigkeit der Finanzberichterstattung im Sinne einer Übereinstimmung des Konzernabschlusses und des Konzernlageberichts mit allen einschlägigen Vorschriften sicherzustellen.
> Wie in Abschnitt C.8.2 Risikomanagement beschrieben, basiert unser ERM-Ansatz auf dem weltweit akzeptierten Rahmenwerk „Enterprise Risk Management – Integrated Framework", das vom COSO entwickelt wurde. Da eines der Ziele dieses Rahmenwerks die Verlässlichkeit der Finanzberichterstattung ist, beinhaltet es auch eine rechnungslegungsbezogene Sichtweise. Darüber hinaus verbindet das Rahmenwerk den ERM-Prozess mit dem Prozess der Finanzberichterstattung und ist eng in das interne Kontrollsystem eingebunden. Das von uns eingeführte rechnungslegungsbezogene interne Kontrollsystem („Kontrollsystem") basiert auf dem ebenfalls vom COSO entwickelten und international anerkannten Rahmenwerk „Internal Control – Integrated Framework". Beide Systeme ergänzen sich gegenseitig. So können bspw. identifizierte Risiken Lücken im Kontrollsystem aufdecken, die durch die Implementierung und Überwachung neuer Kontrollen geschlossen werden könnten. Umgekehrt kann aus der Überwachung des Kontrollsystems die Feststellung resultieren, dass bestimmte Risiken nicht so wirksam gesteuert werden wie ursprünglich angenommen. ..."

---

[95] Vgl. IDW PS 350, Tz. 19b.
[96] Vgl. IDW PS 340, Tz. 2.

> Zusätzliche Informationen bezgl. des Einzelabschlusses (HGB) der Siemens AG:
> „Die Siemens AG ist als Mutterunternehmen des Siemens-Konzerns in das oben dargestellte konzernweite rechnungslegungsbezogene interne Kontrollsystem eingebunden. Die oben gemachten Angaben gelten grds. auch für den HGB-Einzelabschluss der Siemens AG. Der Konzernabschluss wird nach IFRS erstellt. Bei Bedarf (zum Beispiel zum Zweck des handelsrechtlichen Einzelabschlusses oder für steuerliche Zwecke) wird auf Kontenebene auf die jeweiligen nationalen Vorschriften übergeleitet. Damit stellen korrekt ermittelte IFRS-Abschlussinformationen auch für den Einzelabschluss der Siemens AG eine wichtige Grundlage dar. Für die Siemens AG und andere nach HGB bilanzierende Konzernunternehmen ergänzen eine verpflichtend anzuwendende HGB-Abschlussrichtlinie sowie ein HGB-Kontenplan den oben genannten konzeptionellen Rahmen. Die oben genannten manuellen und systemseitigen Kontrollmaßnahmen gelten grds. auch für die Überleitung der IFRS-Abschlussinformationen hin zum HGB-Einzelabschluss. Die Angaben bez. der systematischen Überwachung der Angemessenheit und Wirksamkeit des rechnungslegungsbezogenen internen Kontrollsystems gelten nur für den IFRS-Konzernabschluss."[97]

## 8 Schlusserklärung zum Abhängigkeitsbericht durch AG, KGaA, SE (§ 312 Abs. 3 S. 3 AktG)

### 8.1 Überblick

127 Sofern kein Beherrschungsvertrag besteht, hat der Vorstand einer abhängigen Ges. nach § 312 Abs. 1 AktG in den ersten drei Monaten des Gj einen Bericht über die Beziehungen der Ges. zu verbundenen Unt (**Abhängigkeitsbericht**) aufzustellen. Diese Vorschrift steht im Zusammenhang mit den Regelungen zum so genannten faktischen Konzern (§§ 311 bis 318 AktG), deren Zweck der Schutz einer abhängigen Ges. und ihrer außen stehenden Minderheitsaktionäre und Gläubiger vor Benachteiligung durch die herrschende Ges. ist.[98] Nach § 311 Abs. 1 AktG darf eine abhängige AG oder KGaA durch Einflussnahme seitens eines beherrschenden Unt nicht dazu veranlasst werden, „ein für sie nachteiliges Rechtsgeschäft vorzunehmen oder Maßnahmen zu ihrem Nachteil zu treffen oder zu unterlassen, es sei denn, dass die Nachteile ausgeglichen werden". Durch dieses **Benachteiligungsverbot** soll die abhängige AG wirtschaftlich so gestellt werden, als sei sie eine unabhängige Ges.[99] § 317 Abs. 1 AktG enthält eine Schadensersatzpflicht des herrschenden Unt für den Fall, dass ein erforderlicher Nachteilsausgleich nicht bis zum Ende des Gj erfolgt.

128 Die Schwierigkeit kann darin liegen, dass die Organmitglieder (Vorstand und AR) der abhängigen Ges., unter dem Einfluss des herrschenden Unt, nicht

---

[97] *Siemens AG*, Geschäftsbericht 2011, S. 150 u. 152.
[98] Vgl. *Förschle/Heinz*, in Beck Bil-Komm. 9. Aufl., § 289 HGB, Rz 200.
[99] Vgl. ADS, 6. Aufl., § 311 AktG Anm. 2.

willens oder geneigt sind, das Benachteiligungsverbot gegenüber dem herrschenden Unt durchzusetzen. An der Durchsetzung des Benachteiligungsverbots sind jedoch vor allem die außen stehenden Aktionäre (und bei Insolvenz die Gläubiger bzw. der Insolvenzverwalter) interessiert, denen jedoch zur Beurteilung unzureichende Informationen vorliegen. Der Abhängigkeitsbericht mit seiner Dokumentation der konzerninternen bzw. -veranlassten Rechtsgeschäfte und Maßnahmen soll die Erwartungen des genannten Adressatenkreises in dreierlei Hinsicht erfüllen:[100] Er enthält erstens eine **Dokumentation** aller benachteiligungsverdächtigen Rechtsgeschäfte und Maßnahmen einschl. den zur Beurteilung ihrer Angemessenheit erforderlichen Angaben. Damit bildet er eine wichtige Grundlage für die Überprüfung der Angemessenheit durch den AR (§ 314 AktG) und – bei Prüfungspflicht – durch den AP (§ 313 AktG).[101] Zweitens soll der Abhängigkeitsbericht eine ständige **Mahnung** für Vorstand und AR der abhängigen Ges. sein, das Interesse der Ges. auch gegenüber der herrschenden Ges. zu wahren. In der Literatur wie auch von der Praxis wird diese mahnende Wirkung besonders hervorgehoben, wirkt doch die vom Vorstand anzufertigende testatähnliche Schlusserklärung wie ein „Griff an's Portepée".[102] Drittens ergibt sich aus der Pflicht zur Offenlegung der Schlusserklärung des Vorstands und der Prüfungsergebnisse des Vorstands und AR eine **begrenzte Publizität**, auf deren Basis jeder Aktionär eine Sonderprüfung beantragen kann.

### 8.2 Anwendungsbereich

Die Pflicht zur Aufstellung eines Abhängigkeitsberichts besteht für inländische Ges. in der Rechtsform AG, nach hM auch für KGaA sowie für SE mit Sitz in Deutschland.[103] Sofern ein Beherrschungsvertrag i.S.d. § 291 AktG abgeschlossen ist, besteht nach § 312 Abs. 1 AktG keine Berichtspflicht, da dann § 311 AktG nicht anwendbar ist. Hierin wird im Schrifttum eine systemgerechte Nebenwirkung gesehen, die zum Abschluss eines Beherrschungsvertrags zwingt, weil mit der Dokumentation komplexer Konzernbeziehungen ein sehr hoher Aufwand verbunden sein kann.[104]

129

Weitere Ausnahmen von der Berichterstattungspflicht betreffen Fälle mit bestehendem Ergebnisabführungsvertrag i.S.d. § 291 AktG, Fälle mehrstufiger Abhängigkeit, wenn zwischen der abhängigen Ges. und einem übergeordneten Unt ein Beherrschungs- und/oder Ergebnisabführungsvertrag besteht, sowie Fälle, in denen abhängige Ges. in eine andere AG eingegliedert sind (§ 323 Abs. 1 Satz 3 AktG). Begründung für die genannten Ausnahmefälle ist, dass jeweils kein Schutzbedürfnis außen stehender Aktionäre und Gläubiger existiert.[105]

130

---

[100] Vgl. *Altmeppen*, in MünchKomm. AktG, 3. Aufl., § 312 AktG, Rn 2.
[101] Vgl. IDW HFA 1/1991, S. 91.
[102] *Flume*, in DB 1959, S. 191.
[103] Vgl. *Altmeppen*, in MünchKomm. AktG, 3. Aufl., § 312 AktG, Rn 23; *Förschle/Heinz*, in Beck Bil-Komm. 9. Aufl., § 289 HGB, Rz 210; ADS, 6. Aufl., § 312 AktG Anm. 15.
[104] Vgl. *Altmeppen*, in MünchKomm. AktG, 3. Aufl., § 312 AktG, Rn 6.
[105] Vgl. *Förschle/Heinz*, in Beck Bil-Komm. 9. Aufl., § 289 HGB, Rz 214.

## 8.3 Berichtsinhalte

### 8.3.1 Allgemeine Anforderungen

131 Nach § 312 Abs. 2 AktG hat der Abhängigkeitsbericht den Grundsätzen einer gewissenhaften und getreuen Rechenschaft zu entsprechen. Hieraus werden die allgemeinen Berichtsgrundsätze der **Wahrheit**, **Vollständigkeit** sowie **Klarheit und Übersichtlichkeit** abgeleitet.[106]

### 8.3.2 Berichtspflichtige Beziehungen und Vorgänge

132 Nach § 312 Abs. 1 Satz 2 AktG ist über alle Rechtsgeschäfte mit dem herrschenden Unt oder einem mit ihm verbundenen Unt und über alle anderen Maßnahmen auf Veranlassung oder im Interesse des herrschenden Unt Bericht zu erstatten. Zeitlich bezieht sich die **Berichterstattungspflicht** auf das vergangene Gj. Die zu berichtenden Vorgänge sind demnach Rechtsgeschäfte oder Maßnahmen, wobei aus dem Gesetzeswortlauf zu entnehmen ist, dass Maßnahmen der weitere, auch Rechtsgeschäfte mit einschließende, Oberbegriff ist. Diese Differenzierung ist auch für die Berichtspflicht von Bedeutung: Rechtsgeschäfte sind immer dann berichtspflichtig, wenn sie mit dem herrschenden oder mit einem mit ihm verbundenen Unt durchgeführt wurden. Hingegen ist über Maßnahmen lediglich dann Bericht zu erstatten, wenn sie auf Veranlassung oder im Interesse des herrschenden oder eines mit ihm verbundenen Unt vorgenommen oder unterlassen wurden.[107]

133 Einseitige Rechtsgeschäfte des herrschenden oder eines mit ihm verbundenen Unt gegenüber der abhängigen Ges.. unterliegen nicht der Berichtspflicht, sondern nur Rechtsgeschäfte und Maßnahmen, die die abhängige Ges. selbst vorgenommen hat. Die Vertreter der abhängigen Ges. müssen also bei Rechtsgeschäften die Willenserklärung selbst abgegeben und bei Maßnahmen eine Entscheidung über Vornahme oder Unterlassen selbst getroffen haben.[108]

134 Zu den berichtspflichtigen Rechtsgeschäften sind die Leistung und Gegenleistung anzugeben (§ 312 Abs. 1 Satz 3 AktG), wobei Umfang und Detaillierungsgrad die Prüfung und Beurteilung der Angemessenheit ermöglichen müssen. Dies dürfte i.d.R. eine Quantifizierung voraussetzen. Bei den zu berichtenden Maßnahmen sind neben den Gründen auch die Vor- und Nachteile anzugeben (§ 312 Abs. 1 Satz 3 AktG). Auch hier sollte – unter Vermeidung einer Saldierung – quantifiziert werden.

### 8.3.3 Nachteilsausgleich

135 Sofern sich bei den einzelnen Rechtsgeschäften Leistung und Gegenleistung bzw. bei den Maßnahmen Vor- und Nachteile nicht gleichwertig gegenüber stehen und dadurch eine **Ausgleichspflicht** nach § 311 AktG besteht, sind im Rahmen der Berichtspflicht Angaben zu machen, wie der Ausgleich während des Gj tatsächlich erfolgte oder auf welche Vorteile ein Rechtsanspruch gewährt wurde.

---

[106] Vgl. *Altmeppen*, in MünchKomm. AktG, 3. Aufl., § 312 AktG, Rn 132–139; *Förschle/Heinz*, in Beck Bil-Komm. 9. Aufl., § 289 HGB, Rz 261; ADS, 6. Aufl., § 312 AktG Anm. 82.

[107] Vgl. *Förschle/Heinz*, in Beck Bil-Komm. 9. Aufl., § 289 HGB, Rz 279; ADS, 6. Aufl., § 312 AktG Anm. 38.

[108] Vgl. *Förschle/Heinz*, in Beck Bil-Komm. 9. Aufl., § 289 HGB, Rz 280.

Auch hier sollten – in der gebotenen Ausführlichkeit – der Nachteil und der ausgleichende Vorteil einzeln angegeben und möglichst quantifiziert werden.

### 8.3.4 Schlusserklärung

Der Vorstand hat zum Schluss des Berichts eine zusammenfassende Aussage darüber abzugeben, ob die Ges. angemessene Gegenleistungen erhalten bzw. ob ihr entstandene Nachteile ausgeglichen wurden. Sind hingegen keinerlei berichtspflichtige Rechtsgeschäfte oder Maßnahmen angefallen, ist dies zu erklären (Negativtestat). Die Schlusserklärung des Vorstands ist jeweils gesondert der Sachlage anzupassen. 136

> **Beispiel**
> Der LB 2009 der EWE AG enthält folgende Schlusserklärung nach § 312 Abs. 3 AktG:
> „Gemäß § 312 Aktiengesetz (AktG) haben wir einen Bericht über die Beziehungen zu verbundenen Unternehmen aufgestellt. Dieser Bericht schließt mit folgender Erklärung des Vorstandes:
> „Wir erklären, dass die EWE Aktiengesellschaft, Oldenburg, bei den im Bericht über die Beziehungen zu verbundenen Unternehmen aufgeführten Rechtsgeschäften nach den Umständen, die uns zu dem Zeitpunkt der Vornahme des Rechtsgeschäftes bekannt waren, angemessene Gegenleistungen erhalten hat. Andere Maßnahmen i. S. von § 312 AktG sind weder getroffen noch unterlassen worden."" [109]

### 8.4 Form der Berichterstattung

Der **Abhängigkeitsbericht** ist in seiner Gesamtheit nicht zu publizieren, sondern nur dem AP und dem AR zugänglich zu machen.[110] Jedoch ist die Schlusserklärung des Vorstands nach § 312 Abs. 3 Satz 3 AktG in den LB aufzunehmen. Da nach § 264 Abs. 1 Satz 4 HGB (seit 1994) bestimmte kleine AG keinen LB mehr aufstellen müssen, ist eine Regelungslücke entstanden, die durch ein anderes geeignetes Publizitätsinstrument zu schließen ist. Nach hM ist die Schlusserklärung in diesen Fällen in den Anhang zum JA aufzunehmen. Für Ges., die nach § 264 Abs. 3 HGB von der Aufstellung eines Anhangs befreit sind, wird ein Vermerk unter dem JA gefordert.[111] 137 138

## 9 Sanktionen

Werden die Verhältnisse der Ges. im LB **unrichtig wiedergegeben oder verschleiert**, werden die Mitglieder der Geschäftsleitung oder des AR nach § 331 Nr. 1, Nr. 2 HGB mit Freiheitsstrafe bis zu drei Jahren oder mit Geldbuße bestraft. 139

---

[109] *EWE AG*, Jahresabschluss und Lagebericht 2009, S. 17.
[110] Vgl. *Altmeppen*, in MünchKomm. AktG, 3. Aufl., § 312 AktG, Rn 7.
[111] Vgl. *Altmeppen*, in MünchKomm. AktG, 3. Aufl., § 312 AktG, Rn 152; *Förschle/Heinz*, in Beck Bil-Komm. 9. Aufl., § 289 HGB, Rz 378.

140 Eine Wiedergabe der Verhältnisse ist unrichtig, sofern die im LB benannten Tatsachen den wahren Gegebenheiten objektiv nicht entsprechen. Eine Verschleierung liegt vor, wenn die zugrunde liegenden Tatsachen richtig sind, jedoch die Art der Darstellung objektiv geeignet ist, zu Fehlinterpretationen bei den Berichtsadressaten zu führen. Die Übergänge zwischen den Tatbeständen einer unrichtigen Wiedergabe und einer Verschleierung sind fließend.[112]

141 Darüber hinaus kann nach § 334 Abs. 1 Nr. 3 HGB als Ordnungswidrigkeit geahndet werden, wenn die gesetzlichen Vertreter der Ges. oder Aufsichtsratsmitglieder einer Vorgabe des § 289 Abs. 1 HGB über den Inhalt des LB zuwiderhandeln. Hingegen stellen reine Verstöße gegen Regelungen zu formalen Anforderungen weder eine Straftat noch eine Ordnungswidrigkeit dar, ebenso wenig inhaltlich fehlerhafte Angaben nach § 289 Abs. 2 HGB.

142 Erstellen die gesetzlichen Vertreter der Ges. entgegen dem Gebot des § 264 Abs. 1 Satz 1 HGB keinen LB, sind sie nach § 335 Satz 1 Nr. 1 durch ein **Zwangsgeld** zur Erfüllung ihrer Pflicht anzuhalten. Dieses Zwangsgeld ist auf Antrag einzelner Gesellschafter, Gläubiger oder des (Gesamt-)Betriebsrats vom Registergericht zu verhängen (§ 335 Satz 2 HGB).

143 Der AP hat nach §§ 322 Abs. 3 und 4, 317 Abs. 1 Satz 2 HGB je nach Stärke des Verstoßes den **Bestätigungsvermerk** einzuschränken oder ganz zu versagen.[113]

144 Aus einem schuldhaften Verstoß – vorsätzlich oder fahrlässig – können zusätzlich zivilrechtliche **Schadensersatzforderungen** entstehen.[114]

## 10 Änderungen durch das BilRUG

145 Das BilRUG führt nur zu geringfügigen Anpassungen,[115] insb. mit Blick auf eine nun verpflichtende Berichterstattung über Finanzinstrumente, F&E, Zweigniederlassungen und den Vergütungsbericht. Der Eingangssatz von § 289 Abs. 2 HGB wurde an Art. 19 Abs. 2 der RL 2013/34/EU angepasst, so dass künftig im LB stets die in § 289 Abs. 2 HGB nF genannten Angaben zu machen sind, soweit die Umstände vorliegen. Aus der früheren Soll-Vorschrift wurde eine Muss-Vorschrift. Nicht mehr im LB erfasst werden müssen bzw. sollen Vorgänge von besonderer Bedeutung, die nach dem Schluss des Gj eingetreten sind. Diese Angaben sind zukünftig im Anhang zu machen (§ 285 Nr. 33 HGB nF), so dass der bisherige § 289 Abs. 2 Nr. 1 HGB (Nachtragsbericht) entfällt. Hintergrund ist europäisches Recht. Anders als der frühere Art. 46 Abs. 2 Buchstabe a der RL 78/660/EWG verlangt Art. 17 Abs. 1 Buchstabe q der RL 2013/34/EU statt einer Angabe im LB nun eine Anhangangabe zur Art und finanziellen Auswirkung wesentlicher Ereignisse nach dem Bilanzstichtag, die weder in der Bilanz noch in der GuV berücksichtigt sind.[116] Hierdurch hat sich auch die Nummerierung geändert: Die früheren Nummern 2 bis 5 wurden die Nummern 1 bis 4.

---

[112] Vgl. *Steuber*, in MünchKomm. AktG, 3. Aufl., § 289 HGB, Rn 90–93; *Lange*, in MünchKomm. HGB, 3. Aufl., § 289 HGB, Rn 165.
[113] Vgl. IDW PS 350, Anm 326.
[114] Vgl. *Steuber*, in MünchKomm. AktG, 3. Aufl., § 289 HGB, Rn 101; *Lange*, in MünchKomm. HGB, 3. Aufl., § 289 HGB, Rn 167.
[115] Vgl. BilRUG-BegrRegE, S. 74.
[116] Vgl. BilRuG-BegrRegE, S. 75.

Sofern im Anhang Angaben zum Bestand an eigenen Aktien der Ges. (nach § 160 Abs. 1 Nr. 2 AktG) zu machen sind, ist darauf im LB zu verweisen. Die Änderungen durch das BilRUG sind erstmals auf JA und LB für das nach dem 31.12.2015 beginnende Gj anzuwenden.

Die Umsetzung der RL 2013/34/EU nahm der Gesetzgeber zum Anlass, dem § 289 HGB die amtliche Überschrift „**Inhalt des Lageberichts**" zu verleihen. Als Begr. hierfür wurde genannt, dass § 289 HGB zuvor eine der wenigen Vorschriften im Dritten Buch ohne eine amtliche Überschrift gewesen sei. Da die Pflicht zur Aufstellung des LB nicht in § 289 HGB, sondern in § 264 Abs. 1 HGB geregelt sei, wurde als Überschrift „Inhalt des Lageberichts" gewählt.

# § 289a ERKLÄRUNG ZUR UNTERNEHMENSFÜHRUNG

(1) ¹Börsennotierte Aktiengesellschaften sowie Aktiengesellschaften, die ausschließlich andere Wertpapiere als Aktien zum Handel an einem organisierten Markt im Sinn des § 2 Abs. 5 des Wertpapierhandelsgesetzes ausgegeben haben und deren ausgegebene Aktien auf eigene Veranlassung über ein multilaterales Handelssystem im Sinn des § 2 Abs. 3 Satz 1 Nr. 8 des Wertpapierhandelsgesetzes gehandelt werden, haben eine Erklärung zur Unternehmensführung in ihren Lagebericht aufzunehmen, die dort einen gesonderten Abschnitt bildet. ²Sie kann auch auf der Internetseite der Gesellschaft öffentlich zugänglich gemacht werden. ³In diesem Fall ist in den Lagebericht eine Bezugnahme aufzunehmen, welche die Angabe der Internetseite enthält.
(2) In die Erklärung zur Unternehmensführung sind aufzunehmen
1. die Erklärung gem. § 161 des Aktiengesetzes;
2. relevante Angaben zu Unternehmensführungspraktiken, die über die gesetzlichen Anforderungen hinaus angewandt werden, nebst Hinweis, wo sie öffentlich zugänglich sind;
3. eine Beschreibung der Arbeitsweise von Vorstand und Aufsichtsrat sowie der Zusammensetzung und Arbeitsweise von deren Ausschüssen; sind die Informationen auf der Internetseite der Gesellschaft öffentlich zugänglich, kann darauf verwiesen werden.
4. bei börsennotierten Aktiengesellschaften die Festlegungen nach § 76 Absatz 4 und § 111 Absatz 5 des Aktiengesetzes und die Angabe, ob die festgelegten Zielgrößen während des Bezugszeitraums erreicht worden sind, und wenn nicht, Angaben zu den Gründen.
(3) Auf börsennotierte Kommanditgesellschaften auf Aktien sind die Absätze 1 und 2 entsprechend anzuwenden.
(4) ¹Andere Unternehmen, deren Vertretungsorgan und Aufsichtsrat nach § 36 oder § 52 des Gesetzes betreffend die Gesellschaften mit beschränkter Haftung oder nach § 76 Absatz 4 des Aktiengesetzes, auch in Verbindung mit § 34 Satz 2 und § 35 Absatz 3 Satz 1 des Versicherungsaufsichtsgesetzes, oder nach § 111 Absatz 5 des Aktiengesetzes, auch in Verbindung mit § 35 Absatz 3 Satz 1 des Versicherungsaufsichtsgesetzes, verpflichtet sind, Zielgrößen für den Frauenanteil und Fristen für deren Erreichung festzulegen, haben in ihrem Lagebericht als gesonderten Abschnitt eine Erklärung zur Unternehmensführung mit den Festlegungen und Angaben nach Absatz 2 Nummer 4 aufzunehmen; Absatz 1 Satz 2 und 3 gilt entsprechend. ²Gesellschaften, die nicht zur Offenlegung eines Lageberichts verpflichtet sind, haben eine Erklärung mit den Festlegungen und Angaben nach Absatz 2 Nummer 4 zu erstellen und gem. Absatz 1 Satz 2 zu veröffentlichen. ³Sie können diese Pflicht auch durch Offenlegung eines unter Berücksichtigung von Satz 1 erstellten Lageberichts erfüllen.

PROF. DR. KARSTEN PAETZMANN

## Inhaltsübersicht

| | | Rz |
|---|---|---|
| 1 | Überblick | 1–4 |
| 2 | Anwendungsbereich | 5–7 |
| 3 | Elemente der Erklärung | 8–19 |
| 3.1 | Entsprechenserklärung nach § 161 AktG (Abs. 2 Nr. 1) | 8–10 |
| 3.2 | Unternehmensführungspraktiken (Abs. 2 Nr. 2) | 11–12 |
| 3.3 | Vorstand und Aufsichtsrat (Abs. 2 Nr. 3) | 13–15 |
| 3.4 | Gleichberechtigte Teilhabe von Frauen und Männern (Abs. 2 Nr. 4) | 16 |
| 3.5 | Börsennotierte KGaA (Abs. 3) | 17 |
| 3.6 | Weitere Unternehmen (Abs. 4) | 18–19 |
| 4 | Form der Erklärung | 20–22 |
| 5 | Pflichten des Abschlussprüfers | 23–25 |
| 6 | Sanktionen | 26–27 |

## Ergänzendes Schrifttum

*Bischof/Selch,* Neuerungen für den Lagebericht nach dem Regierungsentwurf eines Bilanzrechtsmodernisierungsgesetzes (BilMoG), WPg 2008, S. 1021; *EU-Kommission,* Empfehlung der Kommission (AR-Empfehlung), ABl L 52 S 51–63 v. 25.02.2005; IDW, IDW PS 345 Auswirkungen des Deutschen Corporate Governance Kodex auf die Abschlussprüfung, Stand 09.09.2009; IDW, Stellungnahme zum Vorschlag der EU-Kommission zur Änderung der 4. und 7. EU-RL (78/660/EWG und 83/349/EWG), WPg 2005, S. 176; IDW, Stellungnahme zum Referentenentwurf eines Gesetzes zur Modernisierung des Bilanzrechts (Bilanzrechtsmodernisierungsgesetz – BilMoG) v. 04.01.2008; *Kuthe/Geiser,* Die neue Corporate Governance Erklärung – Neuerung des BilMoG in § 289a HGB-RE, NZG 2008, S. 172; *Lanfermann/Maul,* Änderung der EU-Rechnungslegungsrichtlinien, BB 2006, S. 2011; *Lenfter/Weber,* Das Corporate Governance Statement als neues Publizitätsinstrument, DB 2006, S. 2357; *Melcher/Mattheus,* Zum Referentenentwurf des Bilanzrechtsmodernisierungsgesetzes (BilMoG): Lageberichterstattung, Risikomanagement-Bericht und Corporate Governance-Statement, DB 2008, Heft 7, Beilage 1, S. 52; *Müller,* Die Modernisierung des Bilanzrechts und dessen Auswirkungen auf die Corporate Governance – Chancen und Risiken des Bilanzrechtsmodernisierungsgesetzes (BilMoG), ZCG 2008, S. 36; *Paetzmann,* Corporate Governance, in *Freidank/Lachnit/Tesch* (Hrsg), Auditing Lexikon, 2007, S. 302; *Paetzmann,* Corporate Governance – Strategische Marktrisiken, Controlling, Überwachung, 2. Aufl., Berlin, Heidelberg 2012; *Paetzmann,* Das neue Corporate-Governance-Statement nach § 289a HGB, ZCG 2009, S. 64; *Strieder,* Erweiterung der Lageberichterstattung nach dem BilMoG, BB 2009, S. 1002; *Theusinger/Liese,* Rechtliche Risiken der Corporate Governance-Erklärung, DB 2008, S. 1419; *Weber/Lentfer/Köster,* Externes Corporate Governance Reporting – Kritische Würdigung der Umsetzung europäischer Vorgaben im Referentenentwurf eines Bilanzrechtsmodernisierungsgesetzes (BilMoG) – Teil 2, IRZ 2008, S. 35.

## 1 Überblick

1 Im Zuge der Reformmaßnahmen zur Modernisierung der Corporate Governance trat im September 2006 die EU-Abänderungsrichtlinie (RL 2006/46/EG des Europäischen Parlaments und des Rates v. 14.6.2006) in Kraft, die bis September 2008 in nationales Recht umzusetzen war. Diese enthält u.a. ein **Corporate-Governance-Statement**, das deutlich über die bestehende Entsprechenserklärung nach § 161 AktG hinausgeht.[1]

2 Der deutsche Gesetzgeber hat die Vorgaben des Art. 46a Abs. 1 Buchst. a und f der Bilanzrichtlinie i.d.F. d. Abänderungsrichtlinie umgesetzt, indem er 2009 durch das BilMoG ein Corporate-Governance-Statement in das HGB aufgenommen hat.[2] Entsprechend den europarechtlichen Vorgaben sah der ursprüngliche BilMoG-RegE eine erstmalige Anwendung auf JA für nach dem 5.9.2008 beginnende Gj vor. Infolge der Verzögerungen im Gesetzgebungsverfahren war der eingefügte § 289a HGB jedoch erstmals auf JA für das nach dem 31.12.2008 beginnende Gj anzuwenden (Art. 66 Abs. 2 Satz 1 EGHGB). Zweck der neuen **Erklärung zur Unternehmensführung** ist es, den Rechnungslegungsadressaten einen direkten Einblick in die Corporate Governance, also in die Praktiken der Unternehmensführung und -überwachung einschl. Struktur und Arbeitsweise der Leitungsorgane, zu geben.

3 Mit dieser Ausrichtung steht der § 289a HGB in engem Zusammenhang mit der Entsprechenserklärung zu den Empfehlungen des **Deutschen Corporate Governance Kodex (DCGK)** nach § 161 AktG.[3] Diese Entsprechenserklärung ist in das Corporate-Governance-Statement aufzunehmen.

4 Die Erklärung nach § 289a HGB umfasst, anders als durch die deutsche Formulierung „Erklärung zur Unternehmensführung" angedeutet, nicht nur die Praktiken der Unternehmensführung, sondern auch die installierten Instrumente der **Unternehmensüberwachung** und damit die **Corporate Governance** insgesamt. Corporate Governance als zielgerichtete Führung und Überwachung beinhaltet Mechanismen zur Regelung von Kompetenzen, Schaffung von Anreizen, Installierung von Überwachungsprozessen und Koordinierung von Außenbeziehungen des Unternehmens.[4] Durch die neue Erklärung zur Unternehmensführung wird die Corporate Governance teilweise selbst Gegenstand der Rechnungslegung.[5]

## 2 Anwendungsbereich

5 Entsprechend den europarechtlichen Vorgaben bezieht sich die Verpflichtung zur Abgabe des Corporate-Governance-Statements nach § 289a Abs. 1 Satz 1 HGB nur auf **börsennotierte AG** und solche AG, die ausschließlich **andere Wertpapiere** (etwa Schuldverschreibungen) zum Handel am organisierten Markt i.S.d. § 2 Abs. 5 WpHG ausgegeben haben und deren Aktien mit Wissen[6] der

---

1 Vgl. *Lentfer/Weber*, 2006, S. 2359; *Paetzmann*, 2009, S. 64; *Paetzmann*, 2012, S. 25.
2 Vgl. *Lanfermann/Maul*, 2006, S. 2013f.
3 Vgl. *Melcher/Mattheus*, 2008, S. 54.
4 Vgl. *Paetzmann*, 2007, S. 302.
5 Vgl. *Müller*, 2008, S. 43.
6 Vgl. BilMoG-BegrRegE, S. 104; *Theusinger/Liese*, 2008, S. 1423; *Grottel/Röhm-Kottmann*, in Beck Bil-Komm. 9. Aufl., § 289a HGB, Rz 6.

Ges. über ein multilaterales Handelssystem i. S. d. § 2 Abs. 3 Satz 1 Nr. 8 WpHG (in Deutschland grds. der Freiverkehr) gehandelt werden. Durch das BilMoG wurde hierdurch neben der börsennotierten AG nach § 3 Abs. 2 AktG und der KM-orientierten KapG nach § 264d HGB eine weitere Kategorie in das Gesetz eingefügt. Die Pflicht zur Abgabe einer Entsprechenserklärung nach § 161 AktG wurde entsprechend erweitert.[7] Die Erklärung zur Unternehmensführung kann daneben durch andere Unt auch freiwillig erfolgen.[8] 6

Wie schon zuvor, handelt es sich beim § 161 AktG um eine Erklärung des Vorstands und des AR der Ges.[9] Hiervon ausgehend bleibt es aus dem Gesetzeswortlaut des § 289a HGB heraus unklar, ob es sich bei der Erklärung zur Unternehmensführung um eine Erklärung allein der gesetzlichen Vertreter der Ges., also des Vorstands, handeln soll (wenig sachgerecht), um eine gemeinsame Erklärung von Vorstand und AR der Ges. entsprechend § 161 AktG oder etwa um zwei separate Erklärungen.[10] Die Notwendigkeit eines Einbezugs des AR in die Abfassung der Erklärung ergibt sich insb. auch mit Blick auf die nach Abs. 2 Nr. 3 geforderte Beschreibung der Arbeitsweise des AR und seiner Ausschüsse, die i. S. d. Corporate Governance durch den AR selbst erfolgen sollte. Die Erklärung hat jedenfalls **durch Vorstand und Aufsichtsrat** der Ges. zu erfolgen. 7

## 3 Elemente der Erklärung

### 3.1 Entsprechenserklärung nach § 161 AktG (Abs. 2 Nr. 1)

In § 289a Abs. 2 HGB sind die Bestandteile des **Corporate-Governance-Statements** im Einzelnen aufgeführt. Nach Abs. 2 Nr. 1 ist zunächst die **Entsprechenserklärung nach § 161 AktG** in die Erklärung aufzunehmen. Nach Art. 46a Abs. 1 Buchstaben a und b der Bilanzrichtlinie i. d. F. d. Abänderungsrichtlinie hat die Erklärung einen Hinweis auf den angewandten Corporate-Governance-Kodex und eine Erläuterung zu enthalten, in welchen Punkten und aus welchen Gründen von diesem abgewichen wird („**comply or explain**"). Obwohl die Entsprechenserklärung nach § 161 Abs. 2 AktG (weiterhin) auf der Internetseite zu veröffentlichen ist, ist sie nun (in einem gesonderten Abschnitt) Teil der Erklärung zur Unternehmensführung. Es kommt so zu einer **Doppelabgabe** der Erklärung, denn § 289a Abs. 2 Nr. 1 HGB enthält keine Möglichkeit, auf die Internetseite zu verweisen.[11] 8

Dies geht über die Inhalte hinaus, die zuvor durch § 161 AktG für die Entsprechenserklärung vorgegeben waren, denn diese Vorschrift forderte vor dem BilMoG keine Begründung, warum von einer Empfehlung des DCGK abgewichen wurde, sondern lediglich eine Erklärung, ob den Empfehlungen entsprochen wurde und wird und welche Empfehlungen nicht angewandt wurden oder werden. Entsprechend wurde § 161 AktG durch das BilMoG derart erweitert, 9

---

[7] Vgl. BilMoG-BegrRegE, S. 104.
[8] Vgl. *Grottel/Röhm-Kottmann*, in Beck Bil-Komm. 9. Aufl., § 289a HGB, Rz 8.; *Kajüter* in *Küting/Pfitzer/Weber*, HdR, §§ 289, 289a, Rn. 190, Stand 04/2011.
[9] Vgl. BilMoG-BegrRegE, S. 103; *Grottel/Röhm-Kottmann*, in Beck Bil-Komm. 9. Aufl., § 289a HGB, Rz 9.
[10] Vgl. auch den noch weitergehenden Vorschlag bei *Weber/Lentfer/Köster*, 2008, S. 37 f.
[11] Vgl. *Bischof/Selch*, 2008, S. 1027.

dass nun in der Entsprechenserklärung auch die **Gründe für ein etwaiges Abweichen** von den DCGK-Empfehlungen zu erläutern sind.

10 Hiervon unberührt bleibt die Anhangangabe nach § 285 Nr. 16 HGB, dass Vorstand und Aufsichtsrat eine Entsprechenserklärung abgegeben haben.

### 3.2 Unternehmensführungspraktiken (Abs. 2 Nr. 2)

11 Nach Abs. 2 Nr. 2 sind die angewandten wesentlichen **Unternehmenspraktiken anzugeben, die über die gesetzlichen Anforderungen aus dem deutschen Recht hinausgehen**. Dazu ist anzugeben, wo diese öffentlich zugänglich sind.

> **Beispiel**
> Die in den Lagebericht 2009 integrierte Erklärung zur Unternehmensführung der Oldenburgischen Landesbank AG enthält folgende Ausführungen zu den Unternehmensführungspraktiken:
> „Unternehmensführungspraktiken
> Um das Vertrauen der Anleger, Kunden, Mitarbeiter und Öffentlichkeit in die Oldenburgische Landesbank AG zu erhalten, gilt für alle Mitarbeiter, Führungskräfte und Mitglieder des Vorstands der Oldenburgische Landesbank AG zudem der für alle Gesellschaften des Allianz Konzerns gültige Verhaltenskodex für Business Ethik und Compliance (Code of Conduct). Der Code of Conduct setzt das UN Global Compact Programm um und legt verbindliche Grundsätze und Verhaltensregeln fest, mit Hilfe derer Situationen vermieden werden sollen, die das Vertrauen in die Integrität der einzelnen Gesellschaften und ihrer Mitarbeiter erschüttern könnten. Neben den Themenbereichen Korruption, Geldwäsche und Diskriminierung geht der Code of Conduct vor allem auch auf mögliche Interessenskonflikte und deren Vermeidung ein. Der Code of Conduct ist auf der Internetseite der Allianz SE unter www.allianz.com / de / investor_relations / corporate_governance / index.html veröffentlicht."[12]

12 Dem Gesetzgeber geht es laut BilMoG-RegE hierbei um solche grundlegenden Unternehmensführungsstandards, die praktische Umsetzungen des anzuwendenden DCGK beinhalten oder aber die Regelungsbereiche betreffen, die ein Unternehmensführungskodex abdecken könnte, wie etwa unternehmensweit gültige ethische Standards, Arbeits- oder Sozialstandards.[13] Mögliche Beispiele sind Verschärfungen im Rahmen der Besetzung des AR und seiner Ausschüsse über die gesetzlichen Vorgaben hinaus, etwa hinsichtlich der Unabhängigkeit der Kandidaten bzw. Mitglieder.[14]

### 3.3 Vorstand und Aufsichtsrat (Abs. 2 Nr. 3)

13 Im Corporate-Governance-Statement sind nach Abs. 2 Nr. 3 ebenfalls die **Arbeitsweisen von Vorstand und AR** sowie die **Zusammensetzung und Arbeitsweise seiner Ausschüsse** zu beschreiben. Dabei kann sich das Corporate-Gover-

---

[12] *Oldenburgische Landesbank AG*, Finanzbericht 2009, S. 17.
[13] Vgl. BilMoG-BegrRegE, S. 78; *Baetge/Kirsch/Thiele*, 2014, S. 810; DRS 20.K229.
[14] Vgl. *Melcher/Mattheus*, 2008, S. 55.

nance-Statement auf die Beschreibung der personellen Zusammensetzung der Ausschüsse beschränken, da die Angaben zu den Organen als Ganzes bereits nach § 285 Nr. 10 HGB im Anhang darzustellen sind. Hinsichtlich des AR und seiner Ausschüsse wird auf die AR-Empfehlung der EU verwiesen, nach der der AR eine ideale Besetzung mit Blick auf Fachkenntnis, Urteilsfähigkeit und Erfahrung festzulegen, regelmäßig zu überprüfen und im Fall von Abweichungen entsprechende Maßnahmen zu ergreifen hat.[15] Nach der AR-Empfehlung der Kommission sollen die AR-Mitglieder darüber hinaus eine jährliche Selbstevaluation durchführen, deren Ergebnisse einschl. Angaben zu Änderungen aufgrund der Selbstevaluationsergebnisse publiziert werden sollten.[16]

Die Darstellung der Arbeitsweise der Ausschüsse kann sich auf deren Ziele, Aufgaben, Entscheidungskompetenzen oder auf die Frequenz der Sitzungen beziehen. Hinsichtlich der personellen Besetzung der Ausschüsse reicht es aus, die Ausschussvorsitzenden und ihre Stellvertreter sowie die einzelnen Mitglieder mit Vor- und Nachnamen sowie ausgeübtem Beruf zu nennen.[17] 14

In der Praxis wird eine Orientierung an bestehenden Geschäftsordnungen sinnvoll sein. Die Beschreibungen zur Arbeitsweise der Gremien sollten Darstellungen zu Aufgabenabgrenzungen, Strukturen und Prozessen beinhalten.[18] In Bezug auf den AR sind die geforderten Informationen teilweise in seinem Bericht an die HV nach § 171 Abs. 2 Satz 2 AktG enthalten. Diese Informationen werden nun einem breiten Interessentenkreis zugänglich gemacht.[19] Erst im Zuge der Beratungen des Rechtsausschusses wurde der letzte Halbsatz in Abs. 2 Nr. 3 angefügt, wonach ein Verweis auf die Internetseite der Ges. ausreicht, sofern die geforderten Informationen dort öffentlich zugänglich sind. Dies soll im Interesse der Wirtschaft dazu dienen, Doppelangaben zu vermeiden.[20] 15

### 3.4 Gleichberechtigte Teilhabe von Frauen und Männern (Abs. 2 Nr. 4)

Durch das **FührposGleichberG**[21] wurde dem § 76 AktG ein Abs. 4 angefügt, wonach der Vorstand von Ges., die börsennotiert sind oder der Mitbestimmung unterliegen, in den beiden Führungsebenen unterhalb des Vorstands **Zielgrößen für den Frauenanteil** festzulegen hat. Dabei dürfen, sofern der Frauenanteil bei Festlegung der Zielgrößen unter 30 Prozent liegt, die Zielgrößen des jeweils erreichten Anteils nicht mehr unterschritten werden. Weiter sind Fristen zur Erreichung der Zielgrößen festzulegen, die nicht länger als fünf Jahre sein dürfen. Ebenfalls fügte das FührposGleichberG einen Abs. 5 in § 111 AktG ein, nach dem der AR für den Frauenanteil in AR und Vorstand Zielgrößen festzulegen hat. Nach dem FührposGleichberG ist nun im Corporate-Governance-Statement börsennotierter AG anzugeben, die **Festlegung der Frauenquoten der 1. und 2. Führungsebene** 16

---

15 Vgl. AR-Empfehlung, Art 11.
16 Vgl. AR-Empfehlung, Art 8 f.
17 Vgl. auch DRS 20.K230; Kajüter in Küting/Pfitzer/Weber, HdR, §§ 289, 289a, Rn. 203, Stand 04/2011.
18 Vgl. Strickmann, in Kessler/Leinen/Strickmann, BilMoG, 2009, S. 547 f.
19 Vgl. Melcher/Mattheus, 2008, S. 55.
20 Vgl. BilMoG-BegrRA, S. 14.
21 Gesetz für die gleichberechtigte Teilhabe von Frauen und Männern an Führungspositionen in der Privatwirtschaft und im öffentlichen Dienst v. 24.4.2015, BGBl. 2015 I S. 642.

und ob die nach §§ 76 Abs. 4, 111 Abs. 5 AktG festgelegten Zielgrößen während des Bezugszeitraums erreicht wurden, und wenn nicht, aus welchen Gründen. Diese Angabepflichten bestehen nach Art. 73 EGHGB bereits für alle LB von Gj, die nach dem 30.09.2015 enden, d. h. bereits für das Gj 2015. Nach Ziff. 4.1.5 des am 12.06.2015 bekannt gemachten überarbeiteten DCGK sind die Zielgrößen somit bis zum 30.09.2015 vom Vorstand festzulegen und eine Erreichungsfrist bis längstens 30.06.2017 zu terminieren.

Ab dem Gj 2016 haben börsennotierte AG und SE, die **Mindestfrauenanteile** im AR einzuhalten haben, nach § 289a Abs. 2 Nr. 5 HGB anzugeben, ob die Ges. bei der Besetzung des AR mit Frauen und Männern jeweils die vorgegebenen Mindestanteile im Gj eingehalten hat; wenn nicht, sind die Gründe dafür anzugeben.

### 3.5 Börsennotierte KGaA (Abs. 3)

17 Nach dem durch das FührposGleichberG neu angefügten § 289a Abs. 3 HGB sind die Abs. 1 und 2 ab dem Gj 2016 entsprechend auf die börsennotierte KGaA anzuwenden. Hierbei handelt es sich um eine Klarstellung.[22]

### 3.6 Weitere Unternehmen (Abs. 4)

18 Der durch das FührposGleichberG neu angefügte Abs. 4 erweitert ab dem Gj 2016 den Adressatenkreis des § 289a HGB über börsennotierte AG und KGaA hinaus auf all jene Unt (**mitbestimmte GmbH, GmbH mit AR, Versicherungsunt**), deren Organe nach gesetzlichen Vorgaben verpflichtet sind, Zielgrößen und Fristen für die Erhöhung des Frauenanteils festzulegen. Für diese Unt gelten nur die Berichtspflichten des § 289a Abs. 2 Nr. 4 HGB, nicht aber die weiteren Inhalte des § 289a Abs. 2 HGB.

19 Unt, die keinen LB zu erstellen haben, aber den Verpflichtungen des FührposGleichberG zur Festlegung von Zielgrößen und Fristen zur Erhöhung des Frauenanteils unterfallen, haben ab dem Gj 2016 eine eigenständige Erklärung zur Unternehmensführung zu erstellen und auf ihrer Internetseite zu veröffentlichen. Stellen solche Unt freiwillig einen LB mit den Angaben der Erklärung der Unternehmensführung auf, ist er ebenfalls zu publizieren. Von der Regelung erfasst werden daher auch kleine, nicht börsennotierte Ges. i. S. d. § 267 Abs. 1 HGB.

## 4 Form der Erklärung

20 Die Erklärung zur Unternehmensführung ist nach § 289a Abs. 1 Satz 1 HGB als **gesonderter Abschnitt in den LB** aufzunehmen bzw. im Falle des Konzerns in den KLB (§ 315 Abs. 3 HGB).[23] Hinzuweisen ist auf eine durch das **BilRUG** (2015) eingeführte Änderung für den KLB (neu eingefügter § 315 Abs. 5 HGB), nach der, sofern ein MU oder ein in den KA einbezogenes TU eine Ges. i. S. d. § 289a Abs. 1 Satz 1 HGB ist, das MU ab dem Gj 2016 in einem gesonderten

---

[22] Vgl. FührposGleichberG-BegrRegE, S. 133.
[23] Vgl. auch DRS 20.K226.

Abschnitt des KLB für jede dieser Ges. eine Erklärung zur Unternehmensführung nach § 289a Abs. 2 HGB aufzunehmen hat.[24]
Da die Erklärung zur Unternehmensführung, einschl. der Entsprechenserklärung, auch durch den AR zu unterzeichnen ist, sollte von einer Aufnahme in den LB jedoch abgesehen werden. Mit dem Ziel einer adressatenfreundlichen hohen Transparenz und einer Vermeidung von Missverständnissen hinsichtlich der Zuverlässigkeit unterschiedlicher Teilberichte des LB – der Lagebericht als Objekt der Abschlussprüfung – wird im Schrifttum vorgeschlagen, die Erklärung zur Unternehmensführung **aus der Lageberichterstattung herauszulösen**. Damit können die Angaben im LB auf die traditionelle Informationsfunktion über Rechnungslegungsaspekte fokussiert werden.[25]

Alternativ kann die Erklärung ebenfalls auf der **Internetseite** der Ges. in einem gesonderten Bereich öffentlich zugänglich gemacht werden. Darauf ist nach § 289a Abs. 1 Satz 2 HGB im LB Bezug zu nehmen und die Adresse der Internetseite anzugeben. Eine derartige Darstellung der Erklärung auf der Internetseite beeinträchtigt nicht die notwendige Klarheit und Übersichtlichkeit der Berichterstattung.[26] Die möglichen praktischen Probleme, die sich aus Umstrukturierungen und Umbenennungen von Internetseiten ergeben können (Verweise ins Leere), sind zu beachten.[27] Strittig ist bislang, ob die Erklärung unterjährig zu aktualisieren ist, wenn Unt Abweichungen vom DCGK noch nicht begründet haben. Einer Transparenz dient eine derartige Aktualisierung jedoch und es ist in Bezug auf § 161 AktG in der Praxis bisher eine Tendenz hierzu erkennbar.[28]

21

> **Beispiel**
> Der Geschäftsbericht 2009 der RWE AG, der in den der LB der Ges. integriert ist, enthält folgenden Verweis auf die Erklärung zur Unternehmensführung im Internet:
> „Weitergehende Informationen über unsere Corporate-Governance-Praxis geben wir im Internet unter www.rwe.com/IR. Hier finden sich auch unsere Satzung, die Geschäftsordnungen des Aufsichtsrats und des Vorstands, der RWE-Verhaltenskodex, sämtliche Corporate-Governance-Berichte und Entsprechenserklärungen sowie der Bericht zur Unternehmensführung gem. § 289a HGB."[29]

Die Publikation auf der Internetseite war auch für die aktienrechtliche Entsprechenserklärung bereits zuvor regelmäßig üblich. In § 161 Abs. 2 AktG ist nun eine derartige Veröffentlichung auf der Internetseite vorgeschrieben, um der Maßgabe

22

---

24 Vgl. BilRuG-BegrRegE, S. 81 f.
25 Vgl. IDW, 2005, S. 177; IDW, 2008, S. 20 f.; *Kuthe/Geiser*, 2008, 175; *Melcher/Mattheus*, 2008, S. 55; *Weber/Lentfer/Köster*, 2008, S. 36; *Grottel/Röhm-Kottmann*, in Beck Bil-Komm. 9. Aufl., § 289a HGB, Rz 12.; *Kajüter* in *Küting/Pfitzer/Weber*, HdR, §§ 289, 289a, Rn. 203, Stand 04/2011; *Böcking/Dutzi/Eibelshäuser*, in *Baetge/Kirsch/Thiele*, Bilanzrecht, § 289a HGB, Rz 56 Stand 04/2011.
26 Vgl. DRS 20.21.
27 Vgl. *Melcher/Mattheus*, 2008, S. 55.
28 Vgl. *Theusinger/Liese*, 2008, S. 1421 u. 1423.
29 *RWE AG*, Geschäftsbericht 2009, S. 123.

des Art. 46a der Bilanzrichtlinie i.d.F. der Abänderungsrichtlinie Rechnung zu tragen, dass die Erklärung zum DCGK nicht nur den Aktionären, sondern dauerhaft öffentlich zugänglich zu machen ist (ausgedehnter Adressatenkreis).

## 5 Pflichten des Abschlussprüfers

23 Die Erklärung zur Unternehmensführung ist (wie auch der Inhalt der Entsprechenserklärung) de lege lata **vom Umfang der handelsrechtlichen Apr. ausgenommen (§ 317 Abs. 2 Satz 3 HGB)**. Hier besteht ein Unterschied zu dem ebenfalls durch das BilMoG aufgenommenen Bericht zum internen Risikomanagement im Hinblick auf den Rechnungslegungsprozess nach § 289 Abs. 5 HGB, der obligatorischer Bestandteil des LB ist.

24 Der AP hat allenfalls eine Berichtspflicht, sofern er im Rahmen seiner Prüfung der Rechnungslegung auf entsprechende Gesetzes- oder Satzungsverletzungen (§ 321 Abs. 1 Satz 3 HGB) oder Unrichtigkeiten in der Entsprechenserklärung (Ziff. 7.2.3. DCGK) stößt. Gegenstand der Apr. ist jedoch die Anhangangabe nach § 285 Nr. 16 HGB, dass die Erklärung abgegeben wurde und wo sie öffentlich zugänglich gemacht worden ist.

25 Für den Fall, dass die Erklärung zur Unternehmensführung nach § 289a Abs. 1 Satz 1 HGB als gesonderter Abschnitt in den LB aufgenommen wird, enthält § 317 Abs. 2 Satz 3 HGB die Klarstellung, dass die Angaben nach § 289a HGB nicht in die Prüfung einzubeziehen sind. Dies bedeutet konkret, dass **ein Teil des LB nicht Gegenstand der Apr** ist und nicht vom Bestätigungsvermerk erfasst wird.[30] Der IDW empfiehlt zur Vermeidung von Missverständnissen, in den BSV einen Hinweis zum eingeschränkten Prüfungsumfang aufzunehmen.[31]

## 6 Sanktionen

26 Mitglieder eines vertretungsberichtigten Organs oder des AR handeln gem. § 334 Abs. 1 Nr. 3 HGB **ordnungswidrig**, wenn sie bei der Aufstellung des LB einer Vorschrift des § 289a HGB zuwider handeln. Nach § 334 Abs. 3 HGB kann eine derartige Ordnungswidrigkeit mit einer Geldbuße von bis zu 50.000 EUR geahndet werden. Dies betrifft sowohl die Nichtabgabe als auch die nicht vollständige oder fehlerhafte Erklärung:

- Die **Nichtabgabe,** auch das Unterlassen einer Erneuerung der Erklärung nach spätestens 12 Monaten, stellt eine so schwerwiegende Pflichtverletzung dar, dass eine Entlastung der Vorstands- und AR-Mitglieder anfechtbar ist. Hinweise allein im Geschäftsbericht, dass keine Entsprechenserklärung oder keine Erklärung zur Unternehmensführung abgegeben wurde, reichen nicht.[32]
- Bei fehlerhafter, **in bedeutsamem Umfang falscher vergangenheitsbezogener Erklärung** liegt eine schwerwiegende Pflichtverletzung vor, weshalb die Organe nicht entlastet werden dürfen und erteilte Entlastungen anfechtbar sind.

---

[30] Vgl. *Böcking/Dutzi/Eibelshäuser,* in *Baetge/Kirsch/Thiele,* Bilanzrecht, § 289a HGB, Rz 58 Stand 04/2011.
[31] Vgl. IDW PS 345, Tz. 22 Abs. 2.
[32] Vgl. *Theusinger/Liese,* 2008, S. 1422; *Grottel/Röhm-Kottmann,* in Beck Bil-Komm. 9. Aufl., § 289a HGB, Rz 33.

Gegenüber der Ges. (Innenhaftung) wie auch gegenüber Aktionären, Investoren 27
und Gläubigern (Außenhaftung) können Schadensersatzansprüche aus schuldhafter Verletzung von Sorgfaltspflichten von Vorstand (§ 93 AktG) und AR
(§ 116 AktG) entstehen. Die notwendige Kausalität zwischen Pflichtverletzung
und entstandenem Schaden dürfte jedoch schwer nachzuweisen sein.

# § 290 PFLICHT ZUR AUFSTELLUNG

(1) ¹Die gesetzlichen Vertreter einer Kapitalgesellschaft (Mutterunternehmen) mit Sitz im Inland haben in den ersten fünf Monaten des Konzerngeschäftsjahrs für das vergangene Konzerngeschäftsjahr einen Konzernabschluss und einen Konzernlagebericht aufzustellen, wenn diese auf ein anderes Unternehmen (Tochterunternehmen) unmittel- oder mittelbar einen beherrschenden Einfluss ausüben kann. ²Ist das Mutterunternehmen eine Kapitalgesellschaft im Sinn des § 325 Abs. 4 Satz 1, sind der Konzernabschluss sowie der Konzernlagebericht in den ersten vier Monaten des Konzerngeschäftsjahrs für das vergangene Konzerngeschäftsjahr aufzustellen.

(2) ¹Beherrschender Einfluss eines Mutterunternehmens besteht stets, wenn

1. ihm bei einem anderen Unternehmen die Mehrheit der Stimmrechte der Gesellschafter zusteht;
2. ihm bei einem anderen Unternehmen das Recht zusteht, die Mehrheit der Mitglieder des die Finanz- und Geschäftspolitik bestimmenden Verwaltungs-, Leitungs- oder Aufsichtsorgans zu bestellen oder abzuberufen, und es gleichzeitig Gesellschafter ist;
3. ihm das Recht zusteht, die Finanz- und Geschäftspolitik auf Grund eines mit einem anderen Unternehmen geschlossenen Beherrschungsvertrages oder auf Grund einer Bestimmung in der Satzung des anderen Unternehmens zu bestimmen, oder
4. es bei wirtschaftlicher Betrachtung die Mehrheit der Risiken und Chancen eines Unternehmens trägt, das zur Erreichung eines eng begrenzten und genau definierten Ziels des Mutterunternehmens dient (Zweckgesellschaft). ²Neben Unternehmen können Zweckgesellschaften auch sonstige juristische Personen des Privatrechts oder unselbständige Sondervermögen des Privatrechts sein, ausgenommen Spezial-Sondervermögen im Sinn des § 2 Abs. 3 des Investmentgesetzes oder vergleichbare ausländische Investmentvermögen oder als Sondervermögen aufgelegte offene inländische Spezial-AIF mit festen Anlagebedingungen im Sinn des § 284 des Kapitalanlagegesetzbuchs oder vergleichbare EU-Investmentvermögen oder ausländische Investmentvermögen, die den als Sondervermögen aufgelegten offenen inländischen Spezial-AIF mit festen Anlagebedingungen im Sinn des § 284 des Kapitalanlagegesetzbuchs vergleichbar sind.

(3) ¹Als Rechte, die einem Mutterunternehmen nach Absatz 2 zustehen, gelten auch die einem Tochterunternehmen zustehenden Rechte und die den für Rechnung des Mutterunternehmens oder von Tochterunternehmen handelnden Personen zustehenden Rechte. ²Den einem Mutterunternehmen an einem anderen Unternehmen zustehenden Rechten werden die Rechte hinzugerechnet, über die es oder ein Tochterunternehmen auf Grund einer Vereinbarung mit anderen Gesellschaftern dieses Unternehmens verfügen kann. ³Abzuziehen sind Rechte, die

1. mit Anteilen verbunden sind, die von dem Mutterunternehmen oder von Tochterunternehmen für Rechnung einer anderen Person gehalten werden, oder

2. mit Anteilen verbunden sind, die als Sicherheit gehalten werden, sofern diese Rechte nach Weisung des Sicherungsgebers oder, wenn ein Kreditinstitut die Anteile als Sicherheit für ein Darlehen hält, im Interesse des Sicherungsgebers ausgeübt werden.

(4) ¹Welcher Teil der Stimmrechte einem Unternehmen zusteht, bestimmt sich für die Berechnung der Mehrheit nach Absatz 2 Nr. 1 nach dem Verhältnis der Zahl der Stimmrechte, die es aus den ihm gehörenden Anteilen ausüben kann, zur Gesamtzahl aller Stimmrechte. ²Von der Gesamtzahl aller Stimmrechte sind die Stimmrechte aus eigenen Anteilen abzuziehen, die dem Tochterunternehmen selbst, einem seiner Tochterunternehmen oder einer anderen Person für Rechnung dieser Unternehmen gehören.

(5) Ein Mutterunternehmen ist von der Pflicht, einen Konzernabschluss und einen Konzernlagebericht aufzustellen, befreit, wenn es nur Tochterunternehmen hat, die gem. § 296 nicht in den Konzernabschluss einbezogen werden brauchen.

Prof. Dr. Stefan Müller

## Inhaltsübersicht

| | | Rz |
|---|---|---|
| 1 | Überblick | 1–15 |
| | 1.1 Inhalt und Regelungszweck | 1–7 |
| | 1.2 Anwendungsbereich | 8–9 |
| | 1.3 Normenzusammenhänge | 10–15 |
| 2 | Aufstellung des Konzernabschlusses (Abs. 1) | 16–26 |
| | 2.1 Voraussetzungen beim Mutterunternehmen | 16–17 |
| | 2.2 Mutter-Tochter-Verhältnis | 18–24 |
| | 2.3 Aufstellungspflicht und -zeitraum | 25–26 |
| 3 | Beherrschender Einfluss (Abs. 2) | 27–53 |
| | 3.1 Überblick | 27 |
| | 3.2 Stimmrechtsmehrheit (Abs. 2 Nr. 1) | 28–33 |
| | 3.3 Organbestellungsrecht (Abs. 2 Nr. 2) | 34–40 |
| | 3.4 Beherrschungsvertrag oder Satzungsbestimmung (Abs. 2 Nr. 3) | 41–44 |
| | 3.5 Risiken- und Chancentragung (Zweckgesellschaften) (Abs. 2 Nr. 4) | 45–53 |
| 4 | Rechtezurechnung (Abs. 3) | 54–62 |
| | 4.1 Grundsachverhalte | 54–55 |
| | 4.2 Hinzurechnungen von Rechten eines Tochterunternehmens (Abs. 3 Satz 1) | 56–58 |
| | 4.3 Hinzurechnung aufgrund von Vereinbarungen (Abs. 3 Satz 2) | 59 |
| | 4.4 Kürzungen (Abs. 3 Satz 3) | 60–62 |
| 5 | Berechnung der Stimmrechtsmehrheit (Abs. 4) | 63–66 |
| 6 | Befreiung von der Pflicht zur Konzernrechnungslegung (Abs. 5) | 67–70 |
| 7 | Änderungen durch das BilRUG | 71 |

**Ergänzendes Schrifttum**
*Burbach,* Die Personenhandelsgesellschaft als Tochterunternehmen i.S.d. § 290 Abs. 2 HGB, WPg 1990, S. 253; *Gelhausen/Deubert/Klöcker,* Zweckgesellschaften nach BilMoG: Mehrheit der Risiken und Chancen als Zurechnungskriterium DB 2010, S. 2005; *Glander/Blecher,* Die adäquate Abbildung von Zweckgesellschaften im Konzernabschluss, KoR 2011, S. 467; *Hoffmann/Hoffmann,* Einige Zweifelsfragen zur Konsolidierungspflicht von Zweckgesellschaften nach § 290 Abs. 2 Nr. 4 HGB, DB 2011, S. 1401; *Knorr/Buchheim/Schmidt,* Konzernrechnungslegungspflicht und Konsolidierungskreis – Wechselwirkungen und Folgen für die Verpflichtung zur Anwendung der IFRS, BB 2005, S. 2399; *Krietenstein,* Konzernrechnungslegungspflicht der Komplementär-GmbH einer GmbH & Co. KG, WPg 2005, S. 1200; *Krimpmann,* Konsolidierung nach IFRS/HGB, 2009; *Krimpmann,* Principles of Group Accounting under IFRS, 2015; *Küting/Eichenlaub,* Verabschiedung des MicroBilG – Der „vereinfachte" Jahresabschluss für Kleinstkapitalgesellschaften, DStR 2012, S. 2615; *Landgraf/Roos,* Pflicht zur Konzernrechnungslegung und Abgrenzung des Konsolidierungskreises nach DRS 19, KoR 2011, S. 366; *Lange/Müller,* Bilanzrechtsmodernisierungsgesetz (BilMoG) – Kritische Zwischenbetrachtung auf Basis vorliegender Erfahrungen, Stbg 2013, S. 272; *Maas/Schruff,* Der Konzernabschluss nach neuem Recht, WPg 1986, S. 201, 237; *Müller/Overbeck/Bührer,* Der Risk- and Rewards-Ansatz bei der Konsolidierung von Zweckgesellschaften nach IFRS, BB 2005, BB-Special 8, S. 26; *Nordmeyer,* Die Einbeziehung von Joint Ventures in den Konzernabschluss, WPg 1994, S. 301; *SABI,* Stellungnahme 1/1988: Zur Aufstellungspflicht für einen Konzernabschluß und zur Abgrenzung des Konsolidierungskreises, WPg 1988, S. 340; *Oser/Milanova,* Aufstellungspflicht und Abgrenzung des Konsolidierungskreises – Rechtsvergleich zwischen HGB/DRS 19 und dem neuen IFRS, BB 2011, S. 2027; *Schruff/Rothenburger,* Zur Konsolidierung von Special Purpose Entities im Konzernabschluss nach US-GAAP, IAS und HGB, WPg 2002, S. 755; *Ulmer,* Begriffsvielfalt im Recht der verbundenen Unternehmen als Folge des Bilanzrichtlinien-Gesetzes, in *Havermann,* (Hrsg.), Bilanz- und Konzernrecht, FS Goerdeler, 1987, S. 623; *Wysocki, von,* Konzernabschluß: Aufstellungs- und Einbeziehungspflichten nach neuem Recht, WPg 1987, S. 276.

# 1 Überblick

## 1.1 Inhalt und Regelungszweck

1 § 290 HGB beinhaltet die Bestimmung der Voraussetzungen für die Pflicht zur **Konzernrechnungslegung** einer KapG sowie die Vorgabe der Aufstellungspflicht des KA. Dabei orientiert sich der Gesetzgeber an dem Vorliegen bestimmter Unternehmensbeziehungen. Ein MU mit Sitz in Deutschland ist konkret nach Abs. 1 dann zur Aufstellung eines KA innerhalb von fünf Monaten nach Abschluss des Gj verpflichtet, wenn es ein TU direkt oder indirekt beherrschen kann. In Abs. 2 wird definiert, in welchen Fällen ein beherrschender Einfluss besteht. Abs. 3 und 4 dienen der Operationalisierung der einzelnen Kriterien bzgl. der Zuordnung der Rechte und der Berechnung der Stimmrechte. Abs. 5 enthält die Klarstellung zum Entfall der Verpflichtung zur Aufstellung

eines KA, wenn die einzubeziehenden TU alle unter die Einbeziehungswahlrechte des § 296 HGB fallen und diese Wahlrechte auch genutzt werden.
Obwohl der JA einer KapG gem. § 264 Abs. 2 Satz 1 HGB unter Beachtung der GoB ein den tatsächlichen Verhältnissen entsprechendes Bild der VFE-Lage zu vermitteln hat, reicht dieser zur Beurteilung der tatsächlichen Lage oftmals dann nicht aus, wenn es sich um ein verbundenes Unt handelt. In diesem Fall der auf die juristische Einheit Unt bezogenen Rechnungslegung kommt es immer dann zu Fehlabbildungen, wenn das Unt nicht isoliert, sondern im **Verbund mit anderen Wirtschaftssubjekten** zielorientiert handelt. So unterstellt das HGB, dass AK als Preis für einen VG in einem Prozess am Markt zustande gekommen sind und damit zumindest näherungsweise als objektiver Wertmaßstab für den Gegenstand verstanden werden können. Wenn aber das Geschäft von zwei rechtlich zwar selbstständigen, aber betriebswirtschaftlich verbundenen Unt abgewickelt wurde, ist es dabei möglich, Gewinn, Vermögen und Finanzsituation sehr weitgehend in der Darstellung zu gestalten, ohne dass die Regelungen des Handels- oder Steuerrechts verletzt würden.[1] Auch könnten bewusst handelsrechtliche Regelungen unterlaufen werden. So ist es etwa denkbar, dass zwei Unt durch den Austausch zwischen ihren F&E-Abteilungen das Aktivierungsverbot für Forschungsaufwendungen gem. § 255 Abs. 2 Satz 4 i.V.m. Abs. 2a HGB unterlaufen. Der AP müsste im JA das auf dieser Basis ermittelte, den tatsächlichen Verhältnissen entsprechende Bild der VFE-Lage unter Beachtung der GoB testieren. Somit können einem Konzern-Unt Bilanzvermögen oder auch nicht bilanziertes wirtschaftliches Potenzial entzogen und auf ein anderes Unt übertragen oder aber im umgekehrten Fall zugerechnet werden, was den JA verzerren kann.

Durch **vertikale Verbundbeziehungen**, die darauf beruhen, dass ein Unt ein anderes Unt gründet oder kauft, entsteht noch eine weitere Problematik. Das eingesetzte EK des gegründeten TU besteht aus Kapital des auf der übergeordneten Ebene angesiedelten MU. So kommt es zu einem Mehrfachausweis von Kapital, sodass z.B. die Funktion des EK als Verlustpuffer untergraben wird und es insb. bei mehrfach gestuften Konzernen bei Auftritt einer Krisensituation zu einem Kaskadeneffekt kommen kann.

Weitere mögliche **Verbundbeziehungen** sind zum einen **finanzielle Verflechtungen**, d.h. das Verleihen und Entleihen von Geldbeträgen, was bei dem verleihenden Unt als Aktivposten unter den Ausleihungen oder Forderungen auszuweisen wäre und bei dem empfangenden Unt als Schuldenposition auf der Passivseite der Bilanz. Zum anderen können **Lieferungs- und Leistungsverflechtungen** bestehen, d.h., die Erträge des liefernden Unt entsprechen Aufwendungen des empfangenden Unt im Konzern.

Die **Konzernrechnungslegung** hat die Prämisse, dass das „Konzern" genannte Gebilde verbundener, d.h. wirtschaftlich zusammengehörender, aber juristisch getrennter Unt so in einem Abschluss abgebildet wird, als würde es sich um eine einzelnes Unt handeln (**Einheitstheorie**).[2] Demnach müssen alle Verflechtungen zwischen den Unt aufgedeckt und eliminiert werden, was im Rahmen der Konzernrechnungslegung „**Konsolidierung**" genannt wird. Dies betrifft die

---

1 Vgl. *Müller*, in *Federmann/Kußmaul/Müller*, HDB-Beitrag Konzernabschluss nach HGB, Rz 53ff.
2 Vgl. *Ammann/Müller*, Konzernbilanzierung, 2005, S. 43.

KapKons (§ 301 HGB), die SchuldenKons (§ 303 HGB), die Zwischenergebniseliminierung (§ 304 HGB) und die Aufwands- und ErtragsKons (§ 305 HGB).[3]

6 Die **Verpflichtung zur Konzernrechnungslegung** fußt auf dem auch in international anerkannten Rechnungslegungssystemen angewandten Beherrschungssystem, das letztlich dem Control-Konzept entspricht.[4] Die in § 290 Abs. 2 HGB angegebenen, einen beherrschenden Einfluss i. S. d. **Control-Konzepts** begründenden Kriterien beinhalten auch explizit Regelungen zur konzerntypischen Beherrschung von ZweckGes. Die Konsolidierungspflicht für **ZweckGes.** wird dabei über eine wirtschaftliche Betrachtungsweise erreicht.

7 Konzeptionell ergeben sich aus der Formulierung von Abs. 1 und Abs. 2 Probleme für die Bestimmung des **Mutter-Tochter-Verhältnisses** über die Prüfung des Vorliegens einer Beherrschungsmöglichkeit. Abs. 1 stellt i. S. einer Generalnorm allgemein zunächst auf eine Beherrschungsmöglichkeit ab, wobei konkret die Pflicht zur Aufstellung eines KA an das Vorliegen einer unmittel- oder mittelbaren Beherrschungsmöglichkeit gekoppelt wird. In § 290 Abs. 2 HGB werden dann aber statt Vermutungstatbeständen scheinbar unabhängig von der in Abs. 1 geforderten Beherrschungsmöglichkeit Sachverhalte aufgeführt, die stets zu einem beherrschenden Einfluss führen sollen. Konkret sollen jeweils Stimmrechtsmehrheit, Organbesetzungsrecht, satzungsmäßige oder vertragliche Beherrschungsmöglichkeit sowie die wirtschaftliche Betrachtungsweise (ZweckGes.) stets zu einer Klassifikation eines Mutter-Tochter-Verhältnisses führen. Diese missglückte Gesetzesformulierung findet sich jedoch sinngemäß auch in Art. 22 RL EU/2013/34, dort werden die vom Gesetzgeber mit dem „stets" betonten Sachverhalte zunächst als Begründung eines Mutter-Tochter-Verhältnisses genannt (Abs. 1) und das Beherrschungskonzept erst als Mitgliedsstaatenwahlrecht in Abs. 2 (zusammen mit dem Konzept der einheitlichen Leitung) angehängt. Erst im Rahmen der Einbeziehungswahlrechte des § 296 Abs. 1 HGB könnten dann die unterstellten Beherrschungsmöglichkeiten mit dem Ergebnis widerlegt werden, dass keine Einbeziehung notwendig, gleichwohl aber möglich ist. Dieses erscheint insgesamt wenig plausibel, da es zur Mehrfacheinbeziehung von TU in verschiedene KA kommen könnte, was mit dem Abs. 1 nicht zu vereinbaren wäre, da letztlich die Beherrschungsmöglichkeit nur bei einem Unt liegen kann. Somit sollte Abs. 2 lediglich als Beispiel für die in Abs. 1 zu bestimmende Beherrschungsmöglichkeit verstanden werden, was eine Annäherung an die IFRS bedeuten würde und dazu führt, dass das Wahlrecht in § 296 Abs. 1 Nr. 1 HGB ins Leere laufen würde.[5] Dies ist aber mit dem Gesetzestext und auch der Auslegung mit GoB-Vermutung in DRS 19 nicht vereinbar, so dass im Ergebnis die „unwiderlegbaren Beherrschungstatbestände"[6] mit § 296 Abs. 1 Nr. 1 HGB doch widerlegt werden müssen (bzw. können) um ein sinnvolles, die Generalnorm des § 297 Abs. 2 HGB erfüllendes Ergebnis zu bekommen.

---

[3] Vgl. zur Anwendung der Techniken z. B. *Krimpmann*, Konsolidierung nach IFRS/HGB, 2009, S. 15 oder *Krimpmann*, Principles of Group Accounting under IFRS, 2015.
[4] Vgl. zur aktuellen Fortentwicklung der IFRS mit dem Beherrschungskonzept nach IFRS 10 *Lüdenbach*, in *Lüdenbach/Hoffmann/Freiberg*, Haufe IFRS-Kommentar, 13. Aufl., 2015, § 32 Rz 6 ff.
[5] Vgl. *Leinen*, in *Kessler/Leinen/Strickmann*, BilMoG, 2009, S. 557, aA z. B. DRS 19. Zur Diskussion s. Rz 18.
[6] So etwa *Grottel/Kreher*, in Beck Bil-Komm. 9. Aufl., § 290 HGB, Rz 30.

## 1.2 Anwendungsbereich

Der **sachliche Anwendungsbereich** des § 290 HGB bezieht sich auf die Definition des Mutter-Tochter-Verhältnisses und die grundsätzliche Pflicht zur Konzernrechnungslegung bei Vorliegen der Voraussetzungen für inländische MU in der **Rechtsform** einer KapG oder KapCoGes. 8

**Zeitlich** ist der Anwendungsbereich seit dem Gj 2010 hinsichtlich der Beherrschungsmöglichkeit von ZweckGes. erweitert worden. In der Praxis ergaben sich daraus im Durchschnitt gesehen nur geringe Veränderungen der Zusammensetzung des KonsKreis. In Einzelfällen ergaben sich aber relevante Veränderungen (s. Haufe HGB Bilanz Kommentar BilMoG Erfahrungsbericht Rz 476 ff.). Zudem ist seither einzig das Beherrschungskonzept relevant; das ehemals alternative Konzept der tatsächlich ausgeübten einheitlichen Leitung wurde gestrichen, was keine substanziellen Auswirkungen hatte, da das Beherrschungskonzept die einheitliche Leitung mit einschließt. 9

## 1.3 Normenzusammenhänge

**PersG** sind durch § 290 HGB nicht zur Konzernrechnungslegung verpflichtet. § 11 PublG regelt die hinsichtlich der ausschließlichen Geltung des Control-Konzepts gleichlautende Verpflichtung zur Aufstellung eines KA, wenn ein Unt mit Sitz im Inland unmittelbar oder mittelbar einen beherrschenden Einfluss auf ein anderes Unt ausüben kann und wenn für drei aufeinanderfolgende Konzernabschlussstichtage jeweils mindestens zwei der drei folgenden Merkmale zutreffen: 10

1. Die Bilanzsumme einer auf den Konzernabschlussstichtag aufgestellten Konzernbilanz übersteigt 65 Mio. EUR.
2. Die Umsatzerlöse einer auf den Konzernabschlussstichtag aufgestellten Konzern-GuV in den zwölf Monaten vor dem Abschlussstichtag übersteigen 130 Mio. EUR.
3. Die KonzernUnt mit Sitz im Inland haben in den zwölf Monaten vor dem Konzernabschlussstichtag insgesamt durchschnittlich mehr als 5.000 Arbeitnehmer beschäftigt.

In § 11 Abs. 6 PublG wird direkt auf § 290 Abs. 2–5 HGB verwiesen, sodass die Begründung einer Konzernrechnungslegungspflicht identisch wie bei KapG erfolgt.[7] Über die PersG hinaus gilt der § 11 PublG auch etwa für eG. 11

Nach den §§ 340i und 341i HGB haben **Banken** und **Versicherungen** unabhängig von Größe und Rechtsform die Konzernrechnungslegungspflichten des § 290 HGB und der weiteren Vorschriften des zweiten Unterabschnitts zu beachten. 12

§ 271 Abs. 2 HGB verweist bzgl. der Bestimmung eines **verbundenen Unt** explizit auf § 290 HGB (§ 271 Rz 40 ff.).

Bei Vorliegen der Tatbestände des § 290 HGB und keinen weiteren Befreiungen der §§ 291–293 HGB sind ein KA und ein KLB nach den §§ 297 ff. HGB innerhalb von fünf Monaten aufzustellen, durch einen AP nach § **316 Abs. 2 HGB** zu **prüfen** und gem. § **325 Abs. 3 HGB** innerhalb von zwölf Monaten **offenzulegen**. Eine Verkürzung der Offenlegungspflicht von max. zwölf auf vier Monate für **KM-orientierte Unt** gilt auch für den KA und den KLB (§ 325 Rz 139). Dies hat 13

---

[7] Vgl. *Küting/Koch,* in *Küting/Pfitzer/Weber* (Hrsg.), Das neue Bilanzrecht, 2009, S. 401.

somit auch einen Einfluss auf die Aufstellungspflicht, die demnach für diese Unt faktisch weniger als vier Monate beträgt.

Der **KonsKreis** wird zwar explizit in § 294 und § 296 HGB bestimmt, dennoch bildet § 290 HGB faktisch die Grundlage der Bestimmung des KonsKreis, da dieser das Mutter-Tochter-Verhältnis regelt.

14 Zu beachten ist außerdem, dass die Konzerndefinition des § 290 HGB, die der Konzernumschreibung der 7. EG-RL sowie der diese ersetzende RL EU/2013/34 entspricht und daher auch im Rahmen des BilRUG unverändert blieb, nicht deckungsgleich ist mit dem **aktienrechtlichem Konzernbegriff** in § 18 AktG bzw. dem **Verbundbegriff** in § 15 AktG. Dennoch finden sich angelehnte Regelungen, wie die Bestimmungen zum Beherrschungsvertrag (§§ 291 ff. AktG) und hinsichtlich der zurechenbaren Anteile (§ 16 AktG). Die vor 2010 bestehende Verbindung über § 18 AktG bzgl. eines Unterordnungskonzerns mit dem Tatbestandsmerkmal einer ausgeübten einheitlichen Leitung ist seither im HGB nicht mehr zu finden. Das Beherrschungskonzept beinhaltet stets auch die Fälle der einheitlichen Leitung.

15 Der § 290 HGB regelt die Verpflichtung zur Konzernrechnungslegung auch für die **KM-orientierten Unt**. Obwohl diese Unt nach der EU-VO 1606/2002 die IFRS für den KA anzuwenden haben, begründet sich die Verpflichtung zur Konzernbilanzierung einzig aus den Vorschriften des HGB. Daher sind die Verpflichtungsvorschriften in IFRS 10 für deutsche MU nicht hierfür relevant, wohl aber für die spätere Bestimmung des KonsKreises.[8] Zudem müssen die MU nach § 315a HGB bestimmte handelsrechtliche Regelungen zusätzlich beachten (§ 315a Rz 16).

## 2 Aufstellung des Konzernabschlusses (Abs. 1)

### 2.1 Voraussetzungen beim Mutterunternehmen

16 Voraussetzung für die Beachtung von § 290 HGB ist zunächst, dass das MU in der Rechtsform einer **KapG** geführt wird. Über einen Verweis in anderen gesetzlichen Regelungen sind KapCoGes (§ 264a HGB) sowie unabhängig von Größe und Rechtsform Banken und Versicherungen zur Konzernrechnungslegung verpflichtet. Große PersG, eG oder sonstige Rechtsformen sind bei Überschreiten der einschlägigen Größenkriterien über § 11 PublG zur Konzernrechnungslegung verpflichtet.

17 Allen diesen Unt ist gemein, dass sie ihren **Sitz im Inland** haben müssen, um durch das HGB zur Konzernrechnungslegung verpflichtet werden zu können. Als Sitz ist gem. § 24 BGB im Regelfall der Ort anzunehmen, an dem die Hauptverwaltung geführt wird. Die TU können dagegen weltweit verstreut sein, da die Inlandsvoraussetzung nur für die Bestimmung der MU relevant ist.

### 2.2 Mutter-Tochter-Verhältnis

18 Eine inländische KapG ist nur dann zur Konzernrechnungslegung verpflichtet, wenn gegenüber mindestens einem anderen Unt ein **Mutter-Tochter-Verhältnis** besteht. Ein solches Verhältnis besteht bei einer unmittel- oder mittelbaren **Beherrschungsmöglichkeit**, was dem **Control-Konzept** weitgehend entspricht.

---

[8] Vgl. *Lüdenbach*, in *Lüdenbach/Hoffmann/Freiberg*, Haufe IFRS-Kommentar, 13. Aufl., 2015, § 32, Rz 89 ff.

Dabei sieht der Gesetzgeber den Begriff „Kontrolle" von dem Begriff „beherrschender Einfluss" umfasst.[9] Mit dieser vom Gesetzgeber an IAS 27.4 (rev. 2008) und SIC 12 bzw. aktuell auch weiterhin an IFRS 10.5 ff. angelehnten Definition des Mutter-Tochter-Verhältnisses wird eine Bestimmung des KonsKreis einschl. bestimmter Ausprägungen von sog. „ZweckGes." erreicht.[10] Trotz der Anlehnung erfolgt dabei aber keine Übernahme der Regelungen der international anerkannten Rechnungslegungssysteme, die sich zudem mit dem ab dem Gj 2014 verpflichtend anzuwendenden IFRS 10 ohnehin bereits wieder weiterentwickeln. Ausgangspunkt der Betrachtung sind daher der Wortlaut des HGB und die relevante Regelung der 7. EG-RL bzw. der RL EU/2013/34; erst danach kann auf die IFRS zurückgegriffen werden. Der handelsrechtliche Beherrschungsbegriff unterscheidet sich dabei von dem aktienrechtlichen durch das Kriterium einer gesellschaftsrechtlichen Fundierung, die das AktG fordert. Nach § 290 HGB ist dies keine notwendige Bedingung, da sich eine Beherrschungsmöglichkeit hier auch zusätzlich durch schuldrechtliche Vereinbarungen oder über faktische Umstände konstituiert.[11]

Das MU muss das TU direkt oder indirekt beherrschen können (Art. 1 Abs. 2a der 7. EG-RL/der RL EU/2013/34). Der mit der Modernisierungs-RL vom 18.6.2003 erweiterte Passus bezieht nunmehr die **Möglichkeit der Beherrschung** mit ein. Auf eine tatsächliche Ausübung des beherrschenden Einflusses kommt es nicht an. Nach der Gesetzesbegründung sowie nach DRS 19.11 ff. ist ein beherrschender Einfluss dann anzunehmen,
- wenn ein Unt die Möglichkeit hat, die Finanz- und Geschäftspolitik eines anderen Unt dauerhaft zu bestimmen und
- es aus dessen Tätigkeit Nutzen ziehen kann.[12]

Dies setzt nach DRS 19.6 auch die Fähigkeit zur Durchsetzung der wesentlichen Entscheidungen in bedeutenden Unternehmensbereichen (z. B. Produktion, Vertrieb, Investition, F & E, Personal, Finanzierung) bei diesem Unt voraus.

Im Gegensatz zu IAS 27.4, in dem diese Definition fast wortgleich zu finden ist, zielt der Gesetzgeber nach der Gesetzesbegründung und der DRS 19.12 auf eine **dauerhafte Beherrschungsmöglichkeit** ab, obwohl dies oder indirekt etwa als notwendige Bedingung das Vorliegen einer Beteiligung im Wortlaut des § 290 HGB nicht ausgedrückt wird.

Als **Finanz- und Geschäftspolitik** eines Unt können die zielgerichtete Gestaltung und Steuerung der für den Bestand und den andauernden Erfolg eines Unt notwendigen Bereiche wie etwa „Forschung und Entwicklung", „Beschaffung und Lagerhaltung", „Distribution", „Personal" oder „Finanzwesen" angesehen werden.[13] Wesentliche Aspekte sind auch die Genehmigung der Budgetplanung des TU durch das MU sowie die Besetzung der Aufsichtsorgane des TU.[14]

---

9 Vgl. BilMoG-BegrRA, S. 117.
10 Vgl. *Küting/Koch*, in *Küting/Pfitzer/Weber*, Das neue deutsche Bilanzrecht, 2009, S 382; für Gj, die nach dem 1.1.2014 beginnen, ist IFRS 10 für die Bestimmungen des KonsKreis nach IFRS relevant, wobei die bisherigen Regelungen lediglich konkretisiert werden; vgl. *Lüdenbach*, in *Lüdenbach/Hoffmann/Freiberg*, IFRS-Kommentar, 13. Aufl., 2015, § 32 Rz 96 ff.
11 Vgl. *Gelhausen/Deubert/Klöcker*, DB 2010, S. 2005.
12 Vgl. BilMoG-BegrRA, S. 16.
13 Vgl. *Küting/Koch*, in *Küting/Pfitzer/Weber*, Das neue deutsche Bilanzrecht, 2009, S 387 und DRS 19.11.
14 Vgl. WP-Handbuch, Bd. I, 14. Aufl., Abschn. T, Rz 105.

21 Das Kriterium der **Nutzenziehung** ist mangels weiterer gesetzlicher Beschreibung in Anlehnung an IAS 27.4 dual zu verstehen: Einerseits beinhaltet der Nutzenbegriff die Möglichkeit des MU zur Generierung von Mittelzuflüssen aus der Tätigkeit des TU, andererseits deckt der Nutzenbegriff aber auch die eingesparten Finanzmittel, etwa aus Synergien oder eingeschränktem Wettbewerb. Nach DRS 19.15 wird die Nutzenziehung analog dahingehend konkretisiert, dass es regelmäßig zu der Möglichkeit führt, wirtschaftliche Vorteile aus der Tätigkeit des TU zu erlangen.

22 Es handelt sich jedoch stets um ein **Über-Unterordnungsverhältnis**, sodass Gleichordnungskonzerne mangels der Möglichkeit der Feststellung der Mutter und der Tochter ausscheiden. Es kommt einzig auf die Möglichkeit der Beherrschung an. Die Beherrschung muss demnach nicht ausgeübt werden. Daher ist in jedem Fall zu prüfen, ob ein MU vorliegt. Dazu ist zunächst auf die in Abs. 2 explizierten vier Tatbestände zurückzugreifen (Rz 27 ff.). Führt dies nicht zu einem Ergebnis, kann wie nach IFRS 3.B14f zusätzlich auf folgende Indikatoren abgestellt werden:[15]
- Es liegt ein signifikant höherer Zeitwert einer der beiden zusammengeschlossenen Einheiten vor.
- Ein Unt zahlt in Geld, während das andere Unt in Aktien zahlt.
- Es liegt die Fähigkeit vor, die Auswahl des Managements der zusammengeschlossenen Unt zu dominieren.

23 Das Vorliegen von **GemeinschaftsUnt** nach § 310 HGB oder **assoziierten Unt** nach § 311 HGB begründet kein Mutter-Tochter-Verhältnis aufgrund mangelnder Beherrschungsmöglichkeit und somit auch für sich genommen keine Notwendigkeit zur Konzernbilanzierung. In einen KA sind diese daher nur dann einzubeziehen, wenn noch mindestens ein TU vorliegt, das einbeziehungspflichtig ist und für das kein Wahlrecht des § 296 HGB genutzt wird.

> **Beispiel**
> Die A AG hält seit Jahren 50 % der Anteile an der B GmbH, die, da die X AG ebenfalls 50 % der Anteile an der B GmbH hält, als GemeinschaftsUnt zu klassifizieren ist. Zudem hat die A AG einen maßgeblichen Einfluss auf die C GmbH. Im Gj 07 verkauft die X AG der A AG ihre Anteile an der B GmbH. Eine Konzernrechnungslegungspflicht besteht erst ab dem Gj 07, da in diesem Jahr die B GmbH TU geworden ist. Vorher bestand keine Notwendigkeit, neben dem JA einen KA aufzustellen.

24 Abs. 1 der Vorschrift stellt eine Generalnorm dar, die in Abs. 2 durch bestimmte Tatbestände, bei denen stets von einer Beherrschungsmöglichkeit auszugehen ist, konkretisiert wird.

### 2.3 Aufstellungspflicht und -zeitraum

25 Einen KA und KLB haben MU mit Sitz im Inland aufzustellen, soweit ein TU vorliegt und keine der Befreiungstatbestände der §§ 291–293 HGB erfüllt sind

---

[15] Vgl. zu dem Fall des umgekehrten Unternehmenserwerbs *Lüdenbach*, in *Lüdenbach/Hoffmann/Freiberg*, Haufe IFRS-Kommentar, 13. Aufl., 2015, § 31, Rz 2.

sowie kein Einbeziehungswahlrecht nach § 296 HGB genutzt wird. Der Aufstellungszeitraum beträgt nach § 290 Abs. 1 Satz 1 HGB **fünf Monate**, wobei diese Frist für KM-orientierte Unt im Ergebnis aufgrund von früheren Offenlegungsfristen auf unter **vier Monate** verkürzt ist. Die Aufstellung kann nur von den gesetzlichen Vertretern vorgenommen werden, für die Erstellung können diese jedoch Gehilfen hinzuziehen. Der Umfang des KA ergibt sich aus § 297 HGB. Der KA besteht demnach aus Konzernbilanz, Konzern-GuV, Konzernanhang, KFR und Eigenkapitalspiegel. Er kann um eine SegmBer erweitert werden. Zusätzlich ist stets ein KLB nach § 315 HGB zu erstellen. Größenabhängige Erleichterungen, wie sie z. b. nach § 267 HGB für kleine und mittelgroße KapG gelten, sind für die Konzernrechnungslegung nicht vorgesehen.

**KM-orientierte Unt** haben ihren KA gem. § 315a Abs. 1 HGB verpflichtend nach den **IFRS** i. d. F. der jeweils aktualisierten EU-VO 1606/2002 zu erstellen. Wurde die Zulassung bestimmter Wertpapiere zum Handel an einem organisierten Markt beantragt, ergibt sich diese Verpflichtung aus § 315a Abs. 2 HGB. Alle übrigen Unt haben gem. § 315a Abs. 3 HGB ein Wahlrecht, die IFRS im KA mit befreiender Wirkung vom KA nach HGB anzuwenden. Der Umfang des KA richtet sich dann nach den IFRS, ergänzt um die in § 315a Abs. 1 HGB geforderten Zusatzangaben. Auch dieser KA ist um einen **KLB** nach § 315 HGB zu ergänzen. KM-orientierte Unt haben des Weiteren einen **Konzernbilanzeid** nach § 297 Abs. 2 Satz 4 HGB abzugeben. Konkret haben die gesetzlichen Vertreter des MU, das Inlandsemittent i. S. d. § 2 Abs. 7 WpHG und keine KapG i. S. d. § 327a HGB ist, bei der Unterzeichnung schriftlich zu versichern, dass nach bestem Wissen der KA ein den tatsächlichen Verhältnissen entsprechendes Bild i. S. v. § 297 Abs. 2 Satz 2 HGB vermittelt oder der Konzernanhang nach § 297 Abs. 2 Satz 3 HGB Angaben von Abweichungen hiervon enthält. Da nach § 325 Abs. 3 HGB eine Offenlegung der Konzerninformationen analog zum JA bereits vier Monate nach dem Geschäftsjahresende zu erfolgen hat, verringert sich die Aufstellungsfrist auf unter vier Monate.

26

## 3   Beherrschender Einfluss (Abs. 2)

### 3.1   Überblick

Während die Vorschrift in Abs. 1 prinzipienorientiert ein die Konzernrechnungslegungspflicht auslösendes Mutter-Tochter-Verhältnis lediglich über die unbestimmten Rechtsbegriffe der Möglichkeit der unmittel- und mittelbaren Beherrschung postuliert, werden in Abs. 2 Tatbestände benannt, bei deren Zutreffen „stets" von einer Beherrschungsmöglichkeit auszugehen sei. DRS 19.18 bestätigt diese unwiderlegbare Auslegung der aufgeführten Tatbestände und sieht daher immer ein Mutter-Tochter-Verhältnis als gegeben an. Die Unwiderlegbarkeit eines beherrschenden Einflusses infolge einer vorliegenden Rechtsposition i. S. d. Nr. 1–4 bereitet aber insofern Probleme, als dass denkbar ist, dass zwei unterschiedlichen Unt verschiedene Rechte i. S. d. Abs. 2 zustehen und somit beide die Beherrschung hätten, was auch im DRS 19.7 für akzeptabel, notfalls als über § 296 Abs. 1 Nr. 1 HGB zu heilendes Problem angesehen wird. Dies würde aber Abs. 1 widersprechen, da eine Beherrschung eben nicht vorliegen kann, wenn -

27

ein anderes Unternehmen bereits die Beherrschungsmöglichkeit besitzt.[16] Zudem wird so § 296 Abs. 1 Nr. 1 HGB zur Widerlegungsnorm für eigentlich unwiderlegbare Tatbestände.

> **Beispiel**
> Unt A besitzt das Organbestellungsrecht gem. § 290 Abs. 2 Nr. 2 HGB über das TU. Gleichzeitig hat aber Unt B eine Stimmrechtsmehrheit gem. § 290 Abs. 2 Nr. 1 HGB an dem TU, die jedoch nicht ausreicht, um das Organbestellungsrecht von A zu kippen.
> Die Frage der Beherrschungsbestimmung ist unter Rückgriff auf die grundlegende Normintention, die Konsolidierung bei vorliegender Möglichkeit zur dauerhaften Bestimmung der Finanz- und Geschäftspolitik eines anderen Unt zur Nutzengewinnung, zu lösen. Demnach hat Unt A die Beherrschung über das TU, Unt B verfügt trotz Stimmrechtsmehrheit nicht über eine Beherrschungsmöglichkeit, da die Stimmrechtsmehrheit nicht dazu ausreicht, dem anderen Unt die Beherrschung i.S.d. Abs. 2 Nr. 2 zu entziehen.

Wäre die Beherrschung zwischen zwei unabhängigen Unt teilbar, läge höchstens ein GemeinschaftsUnt vor. Insofern sollte trotz der anderen Gesetzesformulierung und der Auslegung im DRS 19 nur von unwiderlegbaren Rechtspositionen ausgegangen werden, sofern die Grundvoraussetzung eines beherrschenden Einflusses gegeben ist.

Somit kann bei gleichzeitigem Vorliegen von Rechtspositionen i.S.d. Abs. 2 die Beherrschungsmöglichkeit nicht bei zwei verschiedenen Unt liegen, sodass jenes Merkmal vorrangig zu behandeln ist, das in dieser Konstellation den Ausschlag bei der Bestimmung der Finanz- und Geschäftspolitik gibt. Das „stets" welches letztlich aus der unglücklichen Formulierung der EU-RL resultiert, sollte somit bei der materiellen Auslegung der Vorschrift im Ergebnis ignoriert werden, da es gegen die Grundvoraussetzungen des Abs. 1 verstößt.[17] Allerdings wird durch die Bestimmung eines Unt als TU über eine der Tatbestände nach Abs. 2 eine Berichtspflicht bei Nichteinbeziehung ausgelöst. Akzeptiert man daher das „stets" als rechtlich formale Auslegung, liegt wie bei dem § 290 Abs. 2 HGB aF zunächst eine Beherrschungsmöglichkeit als Vermutung vor, die dann in § 296 HGB per Wahlrecht widerlegt werden kann.[18] So wird § 296 Abs. 1 Satz 1 HGB nach DRS 19.81 zum Korrektiv für das bei dieser Sichtweise entstehende Problem bei Mehr-Mütter-Beziehungen.[19] Dies dürfte zwar nicht der Wille des Gesetzgebers gewesen sein, da nun Abs. 1 eindeutig eine Beherrschungsmöglichkeit verlangt, dennoch sollte vor dem Hintergrund der Berichtspflichten bei Nicht-

---

[16] GlA *Leinen*, in *Kessler/Leinen/Strickmann*, BilMoG, 2009, S. 559; *von Keitz/Ewelt-Knauer*, in *Baetge/Kirsch/Thiele*, Bilanzrecht, § 290 HGB, Rz 72, Stand 6/2014; aA DRS 19.13, *Grottel/Kreher*, in Beck Bil-Komm. 9. Aufl., § 290 HGB, Rz 31; *Gelhausen/Fey/Kämpfer*, Rechnungslegung und Prüfung nach dem Bilanzrechtsmodernisierungsgesetz, 2009, Abschnitt Q Rz 39; *Küting/Koch*, in *Küting/Pfitzer/Weber*, Das neue deutsche Bilanzrecht, 2009, S. 388; WP-Handbuch, Bd. I, 14. Aufl., Abschn. M, Rz 40ff.

[17] DRS 19.16 macht Abs. 1 (und DRS 19.8) lediglich zu einem Ergänzungstatbestand für eine faktische Beherrschung, die im Abs. 2 nicht erfasst werden würde. Vgl. auch *Landgraf/Roos*, KoR 2011, S. 387.

[18] Vgl. *Grottel/Kreher*, in Beck Bil-Komm. 9. Aufl., § 290 HGB, Rz 34.

[19] So auch WP-Handbuch, Bd. I, 14. Aufl., Abschn. M, Rz 67.

einbeziehung nach § 296 Abs. 3 HGB (§ 296 Rz 47) der rechtlich formale Weg über das Wahlrecht des § 296 Abs. 1 Nr. 1 HGB beschritten werden.

### 3.2 Stimmrechtsmehrheit (Abs. 2 Nr. 1)

Als ersten Tatbestand für eine Beherrschungsmöglichkeit und Hauptanwendungsfall in der Praxis sieht der Gesetzgeber die dem MU zustehende Mehrheit der Stimmrechte eines anderen Unt an, wobei die Berechnung der **Stimmrechtsmehrheit** in § 290 Abs. 3 und 4 HGB konkretisiert wird (Rz 54 ff.). 28

In Deutschland fallen die Stimmrechtsanteile häufig mit den Kapitalanteilen zusammen, doch sind Abweichungen bis hin zu dem Fall denkbar, dass Stimmrechte völlig von einer **Gesellschafterstellung** abgekoppelt sind.[20] Möglich sind stimmrechtslose Vorzugsaktien; die Ausgabe von Mehrfachstimmrechtsaktien ist dagegen nach § 12 Abs. 2 AktG unzulässig. Im Ausland sind jedoch derartige Kombinationen denkbar, sodass es dort ggf. möglich ist, Stimmrechte an einem ausländischen TU zu halten, ohne dass eine Gesellschafterstellung besteht. Der Gesetzgeber hat auf das Erfordernis einer Gesellschafterstellung hier verzichtet, sodass derartige Abweichungen vom deutschen Recht keine Auswirkungen auf die Erfüllung der Tatbestandsvoraussetzung haben. 29

Strittig ist, wie die Stimmrechtsmehrheit zu interpretieren ist. Nach hM war anders als bei den IFRS bislang von einer rechtlich bestehenden Stimmrechtsmehrheit auszugehen. Eine Mehrheit konnte somit nicht damit begründet werden, dass auf der HV regelmäßig weniger als 100 % der Stimmrechte vertreten sind und demnach für die Beherrschung bereits ein Anteil von unter 50 % ausreichen kann. In der Gesetzesbegründung weist der Gesetzgeber nun aber explizit darauf hin, dass sehr wohl bei lediglich bestehenden **Präsenzmehrheiten** die Notwendigkeit einer Konsolidierung zu prüfen ist, wenn ein möglicher Einfluss für eine gewisse Dauer und nicht nur vorübergehend ausgeübt werden kann.[21] 30

> **Beispiel**
> Auf der HV der A AG sind in den letzten Jahren nicht mehr als 80 % der Stimmrechte vertreten gewesen. Hält die M AG nun 45 % an der A AG, hat sie zwar keine rechtliche, jedoch eine faktische Mehrheit. Die faktische Mehrheit reicht für die Beherrschung der A AG aus.

Diese **faktische Mehrheit** ist ausreichend, wenn die **Dauerhaftigkeit** nachgewiesen werden kann.[22] DRS 19.22 verlangt hier jedoch eine rechtliche Absicherung der Stimmrechtsmehrheit für das Beherrschungskriterium des § 290 Abs. 2 Nr. 1 HGB, die für sonstige Beherrschungssachverhalte nach § 290 Abs. 1 HGB aber wieder entfallen sollen (DRS 19.69). 31

---

[20] Vgl. *ADS*, 6. Aufl., § 290 HGB, Rz 43.
[21] Vgl. BilMoG-BegrRA, S. 117.
[22] Vgl. *von Keitz/Ewelt-Knauer*, in *Baetge/Kirsch/Thiele*, Bilanzrecht, § 290 HGB, Rz 76, Stand 6/2014.

32  Für die Beherrschungsmöglichkeit kann eine formale Stimmrechtsmehrheit, wie es aus dem Gesetzestext zunächst zu entnehmen ist (... liegt stets vor ...[23]), alleine nicht für die Klassifikation eines TU ausreichen;[24] zu fordern ist das Vorliegen einer **materiellen Stimmrechtsmehrheit**.[25] Auch hier sieht DRS 19 den komplizierteren Weg einer formalen Stimmrechtsmehrheit zunächst als ausreichend an. Bei Vorliegen schuldrechtlicher Vereinbarungen zur Einschränkung von Stimmrechten wird erneut über § 296 Abs. 1 Nr. 1 HGB ein Einbeziehungswahlrecht konstatiert (DRS 19.23). Letzteres löst dann jedoch wieder Angabepflichten nach § 296 Abs. 3 HGB aus.

> **Beispiel**
> In der Satzung der B GmbH wird für wesentliche Unternehmensentscheidungen eine qualifizierte Mehrheit von 75 % gefordert. Die A AG hat einen Anteil von 60 % der Stimmrechte:
> Formal besteht eine Stimmrechtsmehrheit, unter dem Aspekt der Beherrschungsmöglichkeit reicht diese jedoch nicht aus, d. h., es ist eine materielle Stimmrechtsmehrheit zu fordern, die in diesem Fall bei mindestens 75 % liegt.

33  Durch die Notwendigkeit einer rechtlich formalen Auslegung reicht eine einfache Stimmrechtsmehrheit auch dann aus, wenn die Satzung für wesentliche Entscheidungen höhere Zustimmungsquoten vorschreibt.[26] Zudem sind Stimmbindungsverträge oder unwiderrufliche Stimmrechtsvollmachten bei der Berechnung der Stimmrechtsmehrheit nicht zu berücksichtigen (DRS 19.23).[27] Fehlt es jedoch an dem Stimmrecht aufgrund von dinglich wirkenden Ausübungsbeschränkungen, wie etwa eine gesetzliche Beschränkung nach § 328 AktG oder statutarische Beschränkungen, müssen diese bei der Ermittlung der Stimmrechtszahl beachtet werden (DRS 19.24).

### 3.3 Organbestellungsrecht (Abs. 2 Nr. 2)

34  Ein Mutter-Tochter-Verhältnis wird auch dann stets angenommen, wenn ein MU das Recht hat, die **Mehrheit der Mitglieder** des die Finanz- und Geschäftspolitik bestimmenden Verwaltungs-, Leitungs- oder Aufsichtsorgans eines Unt zu bestellen oder abzuberufen, und es gleichzeitig Gesellschafter des Unt ist. Die Mehrheit bezieht sich dabei auf die gesamte Anzahl etwa der Aufsichtsräte, wodurch es bei mitbestimmungspflichtigen Unt notwendig ist, dass alle von der Anteilseignerseite gewählten Vertreter bestimmt werden müssen, um die Mehrheit (durch das Doppelstimmengewicht des AR-Vorsitzenden) zu erlangen. DRS 19.29 fordert zudem, dass die Möglichkeit der Bestellung der Mehrheit der

---

[23] *Küting/Seel*, DStR 2009, Beilage. 26/2009, S. 40, kommentieren treffend: „Hieran wird deutlich, dass der im letzten Stadium des parlamentarischen Gesetzgebungsverfahrens in dieser Form geregelte § 290 HGB n. F. durch einen notdürftigen und unreflektierten Rückgriff auf die IFRS zustande kam.".
[24] GlA z. B. *Leinen*, in Kessler/Leinen/Strickmann, BilMoG, 2009, S. 557 f.; *Küting/Seel*, DStR, 2009, Beih. 26/2009, S. 39; a. A. *Künkele/Koss*, in Petersen/Zwirner (Hrsg.), BilMoG, 2009, S. 523.
[25] Vgl. *von Keitz/Ewelt-Knauer*, in Baetge/Kirsch/Thiele, Bilanzrecht, § 290 HGB, Rz 76, Stand 6/2014 sowie bereits *von Wysocki*, WPg 1987, S. 276.
[26] Vgl. WP-Handbuch, Bd. I, 14. Aufl., Abschn. M, Rz 44.
[27] Vgl. *Grottel/Kreher*, in Beck Bil-Komm. 9. Aufl., § 290 HGB, Rz 46.

Mitglieder der Organe rechtlich abgesichert ist – eine faktische Möglichkeit scheidet somit aus.
Die Aufzählung der **Organe** sind den weltweit unterschiedlichen Unternehmensverfassungskonzepten geschuldet. Entscheidend ist das Organ, welches die Finanz- und Geschäftspolitik bestimmt, d. h. es reicht das Organbestellungsrecht für das Leitungs- oder das Aufsichtsorgan aus. 35

> **Beispiel**
> Eine US-amerikanische Public Corporation weist ein monistisches System auf. Hier muss das MU demnach die Mehrheit des „Board of Directors" bestimmen können.

Bei dem in Deutschland verbreiteten **dualistischen System**, d. h. einer Geschäftsführung und einem getrennten Aufsichtsgremium, reicht es aus, wenn das MU die Mehrheit der Mitglieder an **einem Organ** bestellen und abberufen kann. 36

> **Beispiel**
> Bei einer AG reicht es aus, die Mehrheit der AR bestimmen zu können.

Üblicherweise werden die Kriterien in § 290 Abs. 2 Nr. 1 und 2 HGB zusammenfallen. Dennoch ist es denkbar, dass das MU als Gesellschafter unabhängig vom Stimmrecht die Möglichkeit hat, die Mehrheit der Mitglieder eines Organs zu bestimmen. 37

> **Beispiel**
> Ist das MU einziger Komplementär einer KG, steht ihr nach § 164 HGB die Geschäftsführung bzw. das Besetzungsrecht zu.

Voraussetzung für die Relevanz dieses Tatbestandsmerkmals ist, dass das MU oder eines von ihr beherrschten Unt in der **Stellung eines Gesellschafters** sein muss. 38
**Zeitlich** gesehen muss allein durch die Ausübung der Stimmrechte des MU die Mehrheit der Mitglieder des Verwaltungs-, Leitungs- oder Aufsichtsorgans des TU, die während des Gj. sowie des vorhergehenden Gj. bis zur Erstellung des KA im Amt sind, bestellt worden sein. 39
Bei einer KapCoGes kann die KomplementärKapG die Mitglieder des Leitungsorgans zwar nicht bestellen oder abberufen, sie ist jedoch selbst Leitungsorgan. Damit verfügt sie nach IDW RS HFA 7 nF Tz 67 über ein stärkeres Recht als die Bestellung und ist daher vorbehaltlich satzungsgemäßer Beschränkungen selber als Leitungsorgan anzusehen. 40

### 3.4 Beherrschungsvertrag oder Satzungsbestimmung (Abs. 2 Nr. 3)

Zudem ergibt sich eine Verpflichtung zur Konzernrechnungslegung, wenn dem MU das Recht zusteht, die Finanz- und Geschäftspolitik aufgrund eines mit diesem Unt geschlossenen Beherrschungsvertrags oder aufgrund einer Satzungsbestimmung dieses Unt zu bestimmen (§ 290 Abs. 2 Nr. 3 HGB). Auch hier 41 reicht das Bestehen der Möglichkeit aus, d.h., eine praktische Ausübung muss nicht gegeben sein. Dieser Tatbestand steht isoliert und benötigt keine Gesellschafterstellung. Das Recht kann dem MU auch über die Beherrschung eines TU zustehen, das den Beherrschungsvertrag mit einem anderen (Enkel-)Unt abgeschlossen hat.

42 Ein **Beherrschungsvertrag** liegt nach § 291 Abs. 1 Satz 1 AktG dann vor, wenn ein Unternehmensvertrag besteht, der eine **AG oder eine KGaA** der Leitung eines anderen Unt unterstellt. Auch die weiteren aktienrechtlichen Bestimmungen der §§ 293 ff. AktG müssen erfüllt sein, damit von einem Beherrschungsvertrag für diese Rechtsformen ausgegangen werden kann. Weitere Unternehmensverträge, wie Gewinnabführungsverträge, Betriebsverpachtungs- oder Betriebsüberlassungsverträge, begründen alleine regelmäßig kein Mutter-Tochter-Verhältnis, da in diesen Fällen nicht zwangsläufig auch eine Beherrschungsmöglichkeit gegeben ist. Bei diesen Rechtsformen ist eine Beherrschungsmöglichkeit durch Satzungsbestimmung aufgrund der gesetzlichen Mindestvorschriften ausgeschlossen.[28]

43 **Andere Rechtsformen** sind gesetzlich bzgl. eines Beherrschungsvertrags nicht reglementiert, sodass hier in Anlehnung an das AktG gestaltete Unternehmensverträge vorliegen können. Entscheidend für die Einschätzung, ob ein Beherrschungsvertrag vorliegt, ist die Möglichkeit des beherrschenden Einflusses auf die Finanz- und Geschäftspolitik des beherrschten Unt. Zudem muss der Vertrag rechtswirksam sein.

44 In Gesellschaftsverträgen oder **Satzungen** vereinbarte Weisungsrechte können die Voraussetzung des § 290 Abs. 2 Nr. 3 HGB erfüllen.[29]

### 3.5 Risiken- und Chancentragung (Zweckgesellschaften) (Abs. 2 Nr. 4)

45 Erklärtes Ziel der Änderung des § 290 HGB durch das BilMoG war es, die Einbeziehungspflicht auf ZweckGes. auszuweiten. ZweckGes. sind Unt, die im Interesse eines MU oder TU (sog. Sponsor) tätig sind. Sie werden gegründet, um ein enges und genau definiertes Ziel zu erreichen und können die Rechtsform einer KapG, eines Treuhandfonds (unselbstständiges Sondervermögen), einer PersG oder einer sonstigen juristischen Person haben.[30] Die Gründung von ZweckGes. geht i.d.R. mit rechtlichen Vereinbarungen einher, die der Entscheidungsmacht des Vorstands, Treuhänders oder des Managements der ZweckGes. strenge und häufig dauerhafte Grenzen vorgeben, die etwa die Geschäftspolitik an bei der Gründung festgelegte Vorgaben binden. Der Sponsor transferiert häufig VG zur ZweckGes. Im Gegenzug erhält er das Recht zur Nutzung von VG. Die Finanzierung der ZweckGes. wird dagegen – zumindest in großen Teilen – regelmäßig von anderen Parteien erbracht. Eine nutzbringende Beteiligung an einer ZweckGes. kann etwa in Form eines Schuldinstruments, eines Eigenkapitalinstruments, einer Gewinnbeteiligung, eines Residualanspruchs oder eines Leasingverhältnisses bestehen. Im Regelfall entsteht dem Sponsor aus dem Konstrukt

---

[28] Vgl. *ADS*, 6. Aufl., § 290, Rz 60.
[29] Vgl. *von Keitz/Ewelt-Knauer*, in *Baetge/Kirsch/Thiele*, Bilanzrecht, § 290 HGB, Rz 89, Stand 6/2014.
[30] Vgl. *von Keitz/Ewelt-Knauer*, in *Baetge/Kirsch/Thiele*, Bilanzrecht, § 290 HGB, Rz 121 ff., Stand 6/2014.

eine wesentliche nutzbringende Beteiligung an der Geschäftstätigkeit, wenngleich sein Eigenkapitalanteil gering ist.
Ihnen ist entsprechend gemein, dass sie für den Sponsor zwar Nutzen und Risiken generieren, der gesellschaftsrechtlich fixierte Einfluss des Sponsors aber gering ist. Typische Beispiele für ZweckGes. sind **Leasing-Objektgesellschaften**, **Conduits** und **Spezialfonds**.[31]

> **Beispiel**
> So stellen die sog. Conduits eine Refinanzierungsstruktur, die mittels einer ZweckGes. Forderungen wie bspw. langfristige Kredite, Handelsforderungen oder einem externen Rating unterzogene Wertpapiere einmalig oder revolvierend ankauft und diese über die Ausgabe von Geldmarktpapieren refinanziert, dar. Solche ZweckGes. werden auch als Structured Investment Vehicle (SIV) oder Spezial Purpose Vehicle (SPV) bezeichnet.[32]

Die hinter solchen Konstruktionen bestehende Intention liegt i.d.R. in der **Verbesserung von bilanziellen oder ergebnisorientierten Kennzahlen**, die erreicht wird, indem etwa Aktiva ausgelagert und dadurch Veräußerungsgewinne erzielt oder zukünftige Aufwendungen vermieden werden.[33]
Konkret will der Gesetzgeber die Einbeziehung von **ZweckGes.** in den KA des Sponsors sicherstellen, um diese Gestaltungen zu unterbinden.[34] Dafür wurde der eine Beherrschungsmöglichkeit avisierende Tatbestandskatalog in § 290 Abs. 2 HGB um ein viertes Kriterium erweitert. Demnach hat bei wirtschaftlicher Betrachtung das die Mehrzahl der Chancen und Risiken tragende Unt die ZweckGes. zu konsolidieren. Der Rechtsausschuss, der die von der Bundesregierung hierzu vorgeschlagenen Änderungen überarbeitet und konkretisiert hat, verweist in seiner Begründung explizit auf die Inhalte des durch IFRS 10 ersetzten SIC 12, die somit auf die handelsrechtlichen Regeln zur Aufstellungspflicht und Abgrenzung des KonsKreis übertragen werden. Die wesentlichen **Merkmale von ZweckGes.** sind nach SIC 12.1–3 (bzw. DRS 19.38 ff.):

- Gründung für ein eng und genau definiertes Ziel, wie die Durchführung von Leasing, Forschungs- und Entwicklungsaktivitäten oder Verbriefungen von Finanzinstrumenten;
- die Entscheidungsmacht des Leitungsorgans ist dauerhaft beschränkt oder nur sehr eng;
- es ist ein „Autopilot" zur Steuerung des Unt eingesetzt, der nur durch den Sponsor beeinflusst werden kann;
- der Sponsor wickelt Transaktionen mit dem Unt ab, während der Kapitalgeber lediglich die Finanzierung übernimmt.

46

Die **Konsolidierungspflicht** ist gegeben, wenn das Unt (die ZweckGes.) bei wirtschaftlicher Betrachtung beherrscht wird. Liegt eine Beherrschung in Form einer

47

---

31 Vgl. *Leinen*, in *Kessler/Leinen/Strickmann*, BilMoG, 2009, S. 559.
32 Vgl. *Mujkanovic*, StuB 2008, S. 140.
33 Vgl. *Küting/Seel*, DStR 2009, Beih. 26/2009, S. 41.
34 Zu den Gestaltungsmöglichkeiten, insbesondere im Zuge der Finanzkrise, siehe detaillierter *Mujkanovic*, StuB 2009, S. 374; *Thelen-Pischke*, IRZ 2010, S. 187. Bezüglich des Sonderfalls Bad Banks s. *von Keitz/Ewelt-Knauer*, in *Baetge/Kirsch/Thiele*, Bilanzrecht, § 290 HGB, Rz 131 ff., Stand 6/2014.

Vorbestimmung der Geschäftstätigkeit („Autopilot") oder in sonstiger Weise vor, ergibt sich eine Einbeziehung ggf. auch bereits aus § 290 Abs. 2 Nr. 3 HGB.

48 Zur Identifizierung von konsolidierungspflichtigen ZweckGes. ist eine **qualitative Gesamtschau** der Risiko- und Chancenverteilung erforderlich. Führt diese nicht zu einem eindeutigen Bild, kann etwa eine wahrscheinlichkeitsorientierte Szenarientechnik bei der Bestimmung helfen, wer im Wesentlichen die Chancen und Risiken trägt,[35] wobei die Problematik der Gestaltbarkeit auch durch dieses Verfahren nicht ausgeschaltet werden kann. Entscheidend ist, wer im Wesentlichen die Risiken trägt.

49 Indizien für die **wirtschaftliche Betrachtung** sind in Anlehnung an SIC 12.10, auf den sich der Rechtsausschuss bezieht,[36] die folgenden:
- Die Geschäftstätigkeit wird zugunsten des MU geführt, d.h. auf dessen Bedürfnisse abgestimmt.
- Das MU ist in der Lage, die Mehrheit des Nutzens aus dem Unt zu ziehen oder hat diese Macht delegiert.
- Das MU hat das Recht, die Mehrheit des Nutzens aus dem Unt zu ziehen und ist deshalb auch möglicherweise Risiken aus dessen Geschäftstätigkeit ausgesetzt.
- Das MU hält die Mehrheit der mit dem Unt verbundenen Residual- oder Eigentumsrisiken bzw. die VG.

50 Eine Diskussion, ob ZweckGes. dem in § 290 Abs. 2 Nr. 4 Satz 1 HGB verwendeten **Unternehmensbegriff** genügen, erübrigt sich. Um Umgehungen zu vermeiden, stellt Satz 2 derselben Regelungen klar, dass auch sonstige juristische Personen oder **unselbstständiges Sondervermögen des Privatrechts** eine ZweckGes. darstellen können. Explizit ausgenommen sind Spezialfonds i.S.d. § 2 Abs. 3 InvG oder vergleichbarer ausländischer Gesetze oder als Sondervermögen aufgelegte offene inländische Spezial-AIF mit festen Anlagebedingungen i.S.d. § 284 KAGB oder vergleichbare EU-Investmentvermögen oder ausländische Investmentvermögen, die den als Sondervermögen aufgelegten offenen inländischen Spezial-AIF mit festen Anlagebedingungen i.S.d. § 284 KAGB vergleichbar sind. Diese stellen Investmentvermögen dar, die von einer KapitalanlageGes. für Rechnung der Anleger nach Maßgabe des InvG bzw. seit 22.7.2013 KAGB oder vergleichbarer ausländischer Gesetze und der jeweiligen Vertragsbedingungen getrennt gehalten und treuhänderisch verwaltet werden. Der Verweis auf § 36 des aufgehobenen InvG wurde deshalb noch nicht gestrichen, da noch eine Übergangsfrist für dessen Anwendung besteht.[37] Für sie greift die Berichtspflicht im Anhang nach § 314 Abs. 1 Nr. 2 u. 2a HGB.

51 Eine ZweckGes. ist aber erst dann als TU zu klassifizieren, wenn das MU bei wirtschaftlicher Betrachtungsweise mittelbar oder unmittelbar die absolute Mehrheit der **Chancen und Risiken** aus der Geschäftstätigkeit der ZweckGes. trägt (DRS 19.50). Dabei ist auf das gesamte der Geschäftstätigkeit innewohnende Risiko abzustellen. Eine Auswirkung auf die Reputation, auf Kennzahlen, Ratings und Finanzierungskonditionen stellen nicht automatisch eine Mehrheit der Risiken und Chancen dar (DRS 19.53). Realisierte Chancen und Risiken sind bei der Feststellung aller Risiken und Chancen nicht zu beachten (DRS 19.55).

---

[35] Vgl. *Müller/Overbeck/Bührer*, BB 2005, BB-Special 8, S. 26; sowie *Lüdenbach*, in *Lüdenbach/Hoffmann/Freiberg*, Haufe IFRS-Kommentar, 13. Aufl., 2015, § 32, Rz 74 ff.
[36] Vgl. BilMoG-BegrRA, S. 117.
[37] Vgl. AIFM-UmsG- BegrRegE, BR-Drs. 791/12, S. 560.

I. S. d. Rechtssicherheit ist dies mit objektiv nachvollziehbaren Berechnungsmethoden zu bestimmen.[38] Gleichwohl ist die Abwägung subjektiv, weshalb das IASB mit dem IFRS 10 anders als in SIC 12 die Chancen und Risiken nur auf einen Indikator für die Beherrschung reduziert hat (IFRS 10.B20). Nach IFRS 10.B55 ff. können sich dabei Chancen und Risiken für ein MU ergeben aus[39]
- EK-Anteilen,
- FK mit erfolgsabhängigen Zinsen,
- Kapital mit Ausfall- bzw. Zusagen mit Inanspruchnahmerisiken,
- Vereinbarungen für erfolgsabhängige Vergütungen (z. B. Lizenzverträge),
- Steuervorteilen,
- Synergieeffekten,
- Restwertgarantien o. ä. als Leasingnehmer.

Die **Verteilung von Chancen und Risiken** sollte sowohl für die Zuordnung von VG im **JA** als auch im **KA** identisch interpretiert werden. Es ist zunächst kein Grund ersichtlich, warum bei der Frage, wem Vermögen zuzuordnen ist, aus Einzel- und Konzernsicht eine unterschiedliche Betrachtungsweise heranzuziehen wäre. Ob sich dies so darstellt, ist indes fraglich. Dazu folgendes Beispiel:

**Beispiel**[40]
Die B AG erwirbt eine Maschine X, die sie der C GmbH zur Nutzung überlässt. Der zwischen der B AG und der C GmbH geschlossene Leasingvertrag erfüllt die Merkmale eines erlasskonformen Vollamortisationsvertrags. Den Erwerb der Maschine hat die B AG über ein Bankdarlehen fremdfinanziert. Als Sicherheit dient der Bank die Forderung aus dem Leasingvertrag. Zudem gründet die B AG eine Ges., die Y GmbH. Alleiniger Gesellschaftszweck sind der fremdfinanzierte Erwerb der Maschine Y und deren Nutzungsüberlassung an die C GmbH auf Basis eines erlasskonformen Vollamortisationsvertrags. Die Y GmbH verfügt über ein im Verhältnis zum Wert der Maschine vernachlässigbares EK. Wiederum dient die Leasingforderung der Y GmbH gegenüber der C GmbH der Bank als Sicherheit.
Die Zuordnung von VG richtet sich im handelsrechtlichen JA nach dem wirtschaftlichen Eigentum. Dieser Grundsatz hat durch das BilMoG nunmehr in allgemeiner Form Eingang in das HGB gefunden (vgl. § 246 Abs. 1 Satz 2 HGB). Eine inhaltliche Veränderung gegenüber dem alten Rechtszustand will der Gesetzgeber hiermit nicht verbunden wissen, dies gilt insb. auch für die Berücksichtigung der steuerlichen Leasingerlasse als Auslegungshilfe bei der Bestimmung des wirtschaftlichen Eigentümers in der handelsrechtlichen Bilanzierung (vgl. BilMoG-BegrRegE, S. 47). Dem folgend haben im Sachverhalt die B AG die Maschine X und die Y GmbH die Maschine Y in ihren handelsrechtlichen JA abzubilden. In den handelsrechtlichen JA der C GmbH finden die VG hingegen keinen Eingang.
Im nächsten Schritt ist zu prüfen, ob die Y GmbH als TU in den KA der B AG oder der C GmbH einzubeziehen ist. Die B AG ist alleiniger Gesellschafter der

---

38 Vgl. *Hoffmann*, DB 2011, S. 1404.
39 Vgl. *Lüdenbach*, in *Lüdenbach/Hoffmann/Freiberg*, Haufe IFRS-Kommentar, 13. Aufl., 2015, § 32, Rz 66.
40 Entnommen aus *Leinen*, in *Kessler/Leinen/Strickmann*, BilMoG, 2009, S. 561.

Y GmbH, eine Beherrschungsmöglichkeit geht damit aber nicht einher. Der Zweck der Y GmbH besteht allein darin, der C GmbH die Maschine Y zur Nutzung zu überlassen. Chancen und Risiken aus dem in der Gesellschaft Y GmbH enthaltenen und sich in der Maschine Y verkörpernden Nutzenpotenzial liegen allein beim Leasingnehmer. Seine Wertschöpfung muss den Investitionswert der Maschine erwirtschaften. Die C GmbH trägt deshalb i.S.d. § 290 Abs. 2 Nr. 4 HGB bei wirtschaftlicher Betrachtung die Mehrheit der Risiken und hat spiegelbildlich dazu in aller Regel auch die Mehrheit der Chancen. Die C GmbH muss die Y GmbH deshalb konsolidieren. Damit findet die Maschine Y Eingang in den KA der C GmbH, nicht aber die Maschine X.

52 Es wird deutlich, dass **unterschiedliche wirtschaftliche Sichtweisen** im JA und im KA das Ergebnis sind. Während für die Leasingbilanzierung im JA steuerliches Gedankengut maßgeblich ist, wird über den geänderten § 290 im KA auf den Grundsatz der wirtschaftlichen Betrachtungsweise abgestellt, der stärker in Anlehnung an die internationale Rechnungslegung auszulegen ist. **Leinen** fordert daher im Ergebnis zu Recht, zu überdenken, ob die steuerlichen Leasingerlasse im neuen Handelsbilanzrecht noch ihren Platz haben.[41]

53 Für den Fall, dass ein Unt, an dem **keine Kapitalanteile** von MU oder anderen TU gehalten werden, in den KA einbezogen wird, werden die neubewerteten VG und Schulden in den KA übernommen und das neubewertete Reinvermögen im Ausgleichsposten für Anteile anderer Gesellschafter ausgewiesen. Da das MU keine Anteile am TU hält, findet keine Kapitalaufrechnung i.e.S. statt (E-DRS 30.21). Dennoch kann es sein, dass gerade bei der Kons. von schon länger bestehenden ZweckGes. in deren Bilanzen Gewinnvorträge ausgewiesen sind, die dem MU zustehen, es doch zu einer Kapitalaufrechnung kommt. In diesem Fall wäre der Differenzbetrag als passiver Unterschiedsbetrag aus der KapKons zu erfassen.

**Beispiel**[42]
Eine ZweckGes. hat Aktiva von 150 GE. Diesem stehen Schulden von 148 GE gegenüber. Das verbleibende EK stammt ausschließlich aus einem aufgelaufenen Bilanzgewinn (2 GE). In der Bilanz des MU, dem die Rechte und Chancen zustehen, ist kein Beteiligungsbuchwert enthalten, da keine Anteile erworben wurden. Bei der Buchung im Rahmen der ErstKons kommt es somit gem. § 301 Abs. 3 Satz 1 HGB zu einem Ausweis eines passiven Unterschiedsbetrags aus der KapKons von 2 GE.

| Datum | Konto | Soll | Haben |
|---|---|---|---|
| | Gewinnvortrag | 2 | |
| | Pass. UB aus KapKons | | 2 |

Eine Auflösung des Unterschiedsbetrags darf erfolgswirksam nur dann erfolgen, wenn am Abschlussstichtag feststeht, dass es sich aus Sicht des Konzerns um einen realisierten Gewinn handelt. Dies dürfte regelmäßig erst dann der Fall sein, wenn die ZweckGes. aufgelöst oder verkauft wird.

---

[41] Vgl. *Leinen*, in *Kessler/Leinen/Strickmann*, BilMoG, 2009, S. 562.
[42] Vgl. *Künkele/Koss*, in *Petersen/Zwirner*, BilMoG, 2009, S. 522.

## 4 Rechtezurechnung (Abs. 3)

### 4.1 Grundsachverhalte

Zur Bestimmung der dem MU zustehenden Rechte bei der Prüfung der Tatbestände, bei denen stets gem. Abs. 2 von einer Beherrschungsmöglichkeit auszugehen ist, regelt § 290 Abs. 3 HGB **Hinzurechnungen und Abzüge** (zu Änderungen durch das BilRUG s. Rz 71). Während unmittelbare Rechte vergleichsweise problemlos identifiziert werden können, bedürfen die hier behandelten mittelbaren Rechte einer gesonderten Betrachtung. Konkret sind die Regeln an die Mittlerfunktion des Abhängigkeitsverhältnisses gem. § 16 Abs. 4 AktG angelehnt, jedoch eigenständig zu interpretieren, da § 290 Abs. 3 HGB von TU und Rechten spricht, während im AktG abhängige Unt und Anteile genannt werden. Bei **mehrstufigen Konzernen** bewirkt dies, dass auch ein TU eines TU des MU als TU des MU i.S.v. § 290 HGB zu verstehen ist („Enkelgesellschaft").[43] Unerheblich ist dabei, ob das zwischengeschaltete TU in den KA einbezogen wird, solange das MU die Beherrschungsmöglichkeit über das TU auf das EnkelUnt ausüben kann. Liegt gar keine Beherrschungsmöglichkeit auf das TU vor, wie etwa bei Anwendung des DRS 19 mit zweiter Prüfung der Einschränkung der Beherrschungsmöglichkeit mit § 296 Abs. 1 Nr. 1 HGB, so dürfte grds. damit auch keine Beherrschungsmöglichkeit für das EnkelUnt vorliegen.

54

55

> **Beispiel**
> Die M AG hält 60 % der Stimmrechte an der T GmbH, die jedoch in der Rechteausübung durch vertragliche Gestaltungen eingeschränkt sind, d.h., es liegt keine Beherrschungsmöglichkeit nach § 290 Abs. 1 HGB sondern lediglich die Vermutung der „stets" vorliegenden Beherrschung nach § 290 Abs. 2 Nr. 1 HGB vor. Hält die T GmbH nun ihrerseits eine Beteiligung an der E GmbH, so dürften auch diese theoretisch zurechenbaren Rechte eingeschränkt sein.
> Ebenso wäre zu argumentieren, dass das TU, welches von einem zum Verkauf bestimmten TU gehalten wird, in aller Regel auch als zum Verkauf bestimmt zu behandeln ist.

Dagegen wäre die Nichteinbeziehung eines TU aufgrund von Unwesentlichkeit (§ 296 Abs. 2 HGB) kein Grund, an der Beherrschungsmöglichkeit des MU auf eine darunter liegende EnkelGes. zu zweifeln.

> **Beispiel**
> Die M AG hat zwischen sich und weiteren TU eine Zwischenholding Z GmbH angeordnet. Die Z GmbH verfügt über keine operative Geschäftstätigkeit und hält lediglich die Beteiligungen der darunter liegenden Ges. und hat keine Beschäftigten. M verzichtet – unabhängig von den dadurch ggf. auftretenden Komplikationen in der KA-Erstellung – auf die Einbeziehung von Z, müsste sich aber die Rechte von Z bzgl. der Beherrschungsmöglichkeit der darunter liegenden TU zurechnen, so dass diese Ges. zunächst einbeziehungspflichtig wären.

---

[43] Vgl. *Grottel/Kreher*, in Beck Bil-Komm. 9. Aufl., § 290 HGB, Rz 80.

## 4.2 Hinzurechnungen von Rechten eines Tochterunternehmens (Abs. 3 Satz 1)

**56** Hinzuzurechnen zu direkten Rechten des MU sind die folgenden indirekten Rechte gem. 290 Abs. 3 Satz 1:
- einem TU des MU zustehende Rechte,
- Rechte, die für Rechnung des MU handelnden Personen zustehen,
- Rechte, die für Rechnung der TU des MU handelnden Personen zustehen.

**57** Der erste Punkt weitet die zustehenden Rechte auf die **indirekten Rechte** aus, die bestehen, weil ein TU wiederum ein TU beherrscht. Kann das MU das TU beherrschen, so kann es demnach auch das TU der TU beherrschen. Dabei ist es irrelevant, ob das MU auch unmittelbare Rechte besitzt. Auch die Zahl der Zurechnungen ist nicht begrenzt, sodass durch jede weitere Stufe auch weitere TU des auf oberster Stufe stehenden MU hinzukommen. Relevant ist einzig, dass es sich bei den „weiterleitenden" TU um TU nach der Definition des § 290, HGB handelt, d. h. eine Beherrschung möglich ist.

> **Beispiel**
> Die M AG hat die Möglichkeit, ein im Ausland ansässiges TU zu beherrschen. Auch wenn dieses TU nach lokalem Recht einen KA zu erstellen hat, gelten nicht automatisch die dort einbezogenen TU als TU. Nur wenn der gleiche Beherrschungsbegriff Verwendung findet, kommt es zu einer kompletten Zurechnung der Rechte zum MU.

**58** Zudem werden Rechte dem MU zugerechnet, die einem **Dritten** für Rechnung des MU oder TU zustehen. Mit der Formulierung „auf Rechnung" ist gemeint, dass wirtschaftlich betrachtet die Chancen und Risiken aus diesen Rechten dem MU bzw. dem TU zustehen müssen. Beispiele sind eine uneigennützige Verwaltungstreuhand, Fälle der Sicherungstreuhand oder echte Pensionsgeschäfte.

## 4.3 Hinzurechnung aufgrund von Vereinbarungen (Abs. 3 Satz 2)

**59** Ausgehend von EU-Vorgaben hat der Gesetzgeber als weitere Notwendigkeit der Hinzurechnung von Rechten Vereinbarungen mit anderen Gesellschaftern des betreffenden Unt kodifiziert. Beispiele sind Rechte aus Stimmrechtsbindungsverträgen, Verwaltungsüberlassungsverträgen, Konsortialverträgen, Poolverträgen u. Ä. (DRS 19.65). Voraussetzung für die Hinzurechnung der Rechte zu denen des MU ist nach dem Wortlaut der Vorschrift zunächst, dass das MU oder übergeordnete TU eine Gesellschafterstellung bei dem betrachteten Unt innehaben. Zudem muss das MU auch über die Rechte verfügen können, d. h., paritätische Lösungen können nicht unter diese Regelung fallen. Die **Verfügungsmacht** steht dem MU nur zu, wenn es aus eigenem Willen heraus die Rechte ausüben kann und nicht an Weisungen von oder Absprachen mit anderen Gesellschaftern oder Dritten gebunden ist.[44]

---

[44] Vgl. *Grottel/Kreher*, in Beck Bil-Komm. 9. Aufl., § 290 HGB, Rz 85.

## 4.4 Kürzungen (Abs. 3 Satz 3)

Abzuziehen sind von diesen unmittelbar nach § 290 Abs. 2 HGB und mittelbar nach § 290 Abs. 3 Satz 1 und 2 HGB zustehenden Rechten zunächst gem. Abs. 3 Satz 3 Nr. 1 die Rechte, die mit Anteilen verbunden sind, die von dem MU bzw. einem TU für Rechnung einer anderen Person gehalten werden, was letztlich der Umkehrposition der Hinzurechnung von Abs. 3 Satz 1 entspricht. Zudem sind gem. Abs. 3 Satz 3 Nr. 2 die Rechte abzuziehen, die mit Anteilen verbunden sind, die als Sicherheit gehalten werden und soweit diese Rechte nach Weisung des Sicherungsgebers oder, wenn ein KI die Anteile als Sicherheiten für ein Darlehen hält, im Interesse des Sicherungsgebers ausgeübt werden.[45]

Abzustellen ist somit auf den wirtschaftlichen Inhaber der Rechte und nicht auf den rechtlichen Eigentümer. Dabei ist der Begriff „Darlehen" weit auszulegen und auch eine Sicherungsübereignung ist nicht explizit gefordert, sodass auch Pfandrechte u. Ä. hier subsumiert werden können.[46] Die Regelung trennt zwischen Nicht-Kreditinstitute und Kreditinstituten.

> **Beispiel**
> Die A AG bekommt vom Kunden K GmbH Anteile sicherungsübereignet. Diese sind der A AG nur zuzurechnen, wenn sie wie – üblicherweise vereinbart – die Rechte aus den Anteilen nach der Weisung des Sicherungsgebers (der K GmbH) auszuüben hat. Derartige Rechte sind von den der A AG als MU zustehenden Rechten abzuziehen.

Zur Darstellung der Gesamtwirkungen der Hinzurechnungen und Kürzungen dient folgendes Beispiel:

**Beispiel[47]**

---

[45] Vgl. WP-Handbuch, Bd. I, 14. Aufl., Abschn. M, Rz 69 ff.
[46] Vgl. ADS, 6. Aufl., § 290 HGB, Rz 149.
[47] In Anlehnung an WP-Handbuch, Bd. I, 14. Aufl., Abschn. T, Rz 397.

> Zweifelsfrei ist TU1 als TU von M zu identifizieren. Die TU2 AG ist dagegen nur deshalb auch TU von M, da zusätzlich zu der direkt zustehenden Hälfte der Stimmrechte aufgrund des satzungsgemäßen Beherrschungsrechts auch die TU3 Tochter von M ist. Somit wird dem MU die eine Aktie zugerechnet, die zur Beherrschungsmöglichkeit bei der TU2 führt. Wenn TU2 ein TU ist, dann können zusätzlich zu dem direkt gehaltenen Stimmrechtsanteil an der TU4 auch die 20 % der von TU2 gehaltenen Stimmrechte dem MU zugerechnet werden, sodass auch dort ein 51 % Anteil besteht, der dem MU eine Beherrschungsmöglichkeit eröffnet.

## 5 Berechnung der Stimmrechtsmehrheit (Abs. 4)

63 In Anlehnung an § 16 Abs. 2 u. 3 AktG wird in Abs. 4 der Vorschrift bestimmt, dass das Verhältnis der dem MU zustehenden Rechte zu der Gesamtzahl aller Stimmrechte die relevante **Verhältniszahl** zur Ermittlung der Stimmrechtsmehrheit darstellt:

$$\text{Stimmrechtsanteil} = \frac{\text{dem MU zustehende Rechte}}{\text{Gesamtzahl der Stimmrechte}}$$

64 Diese Regelung ist insoweit nicht systemkonform mit Abs. 2 Nr. 1, da in Abs. 4 im Gegensatz zu Abs. 2 auf den Anteilsbesitz abgestellt wird. Auch in Abs. 3 Satz 2 wurde die Hinzurechnung von Rechten gerade für nicht in Besitz befindliche Anteile (Stimmrechtsvereinbarungen) gefordert.[48] Es ist somit darauf abzustellen, dass Stimmrechte ausgeübt werden können. Bei der Ermittlung der dem MU zustehenden Stimmrechtsmehrheit bleiben deshalb die **Stimmrechte außer Betracht**, die (dauerhaft) nicht ausgeübt werden können.

> **Beispiel**
> Der A AG gehören 48 % der Anteile an der B AG. Die B AG hat zur Einziehung bereits 5 % der eigenen Aktien zurückgekauft. Demnach liegt die Mehrheit bei über 47,5 %, sodass gem. § 290 Abs. 1 i. V. m. Abs. 2 Nr. 1 die B AG aufgrund der Beherrschungsmöglichkeit TU der A AG ist.

65 Von der Gesamtzahl aller Stimmrechte des MU werden auch die Stimmrechte abgezogen, die einem seiner TU oder einer anderen Person für Rechnung dieser TU gehören.

66 Fraglich ist, wie mit **Optionsrechten** zu verfahren ist. Unstrittig ist, dass während der Sperrfrist den bestehenden Optionen keine Relevanz beizumessen ist. Können vorhandene Optionen vom MU jedoch jederzeit ausgeübt werden, sodass dann eine Stimmrechtsmehrheit besteht, und stehen der Stimmrechtsausübung keine Bedingung für die Ausübung dieser Rechte oder sonstige vertragliche Vereinbarungen entgegen, kann – auch in Anlehnung an IAS 27.14

---

[48] Vgl. *ADS*, 6. Aufl., § 290 HGB, Rz 152.

(rev. 2008) – von einer rechtlich abgesicherten Beherrschungsmöglichkeit infolge potenzieller Stimmrechte ausgegangen werden.

## 6 Befreiung von der Pflicht zur Konzernrechnungslegung (Abs. 5)

Ausgehend von einem Vorschlag der EU-Kommission[49] hat der Gesetzgeber mit dem Abs. 5 klargestellt, dass eine Verpflichtung zur Aufstellung eines KA nicht besteht, wenn die einzubeziehenden TU alle unter die Einbeziehungswahlrechte des § 296 HGB (Einschränkung der Beherrschungsmöglichkeit, unverhältnismäßig hohe Kosten oder Verzögerungen, Weiterveräußerungsabsicht, Unwesentlichkeit; § 296 Rz 11 ff.) fallen und diese Wahlrechte auch genutzt werden. Damit wurden die bereits diesbzgl. vorherrschenden GoB gesetzlich explizit bestätigt.

67

> **Beispiel**
> Ein MU hält 100 % an einer gemeinnützigen Unterstützungskasse. Weitere TU existieren nicht. Nach § 296 Abs. 1 Nr. 1 HGB liegt durch die Unmöglichkeit, auf das den Unterstützungsberechtigten zustehende Vermögen zuzugreifen, eine Beschränkung der Ausübung der Rechte des MU vor. Wird daher auf eine Einbeziehung verzichtet, kann und muss kein KA erstellt werden.

Diese Befreiung gilt auch für **KM-orientierte Unt**, sodass keine Rechnungslegungspflicht nach IFRS für diese Unt gegeben ist, da diese nur im KA verpflichtend anzuwenden sind. Damit wird nach der Gesetzesbegründung eine Unsicherheit hinsichtlich des IFRS-KA gem. § 315a HGB beseitigt. Für diesen ist § 290 HGB somit stets von Bedeutung, da sich die Konzernrechnungslegungspflicht auch bei kapitalmarktorientierten Unt ausschließlich aus dem Handelsrecht ergibt;[50] die IFRS gelten somit „lediglich" für den Inhalt eines danach aufzustellenden KA.

68

Allerdings müssen KM-orientierte Unt ohne einbeziehungspflichtige TU gem. § 264 Abs. 1 HGB für den Fall der Nichtaufstellung eines KA einen **umfangreicheren JA** vorlegen (§ 264 Rz 21 f.).

69

Da mit dem Wegfall des KA auch die nach § 296 Abs. 3 HGB geforderte Begründung im Konzernanhang ins Leere läuft, wäre i.S.d. Klarheit des Abschlusses im JA in der Aufstellung des Anteilsbesitzes gem. § 285 Nr. 11 HGB auf den Umstand **hinzuweisen**, dass ein oder mehrere TU vorliegen, deren Befreiung von der Einbeziehung zu einer Befreiung von der Konzernaufstellungspflicht geführt hat.

70

## 7 Änderungen durch das BilRUG

Die Änderungen an Abs. 3 durch das BilRUG sind lediglich klarstellend und erhöhen die Lesbarkeit und Verständlichkeit der Vorschrift:

71

---

[49] Vorschlag für eine RL zur Änderung der RL 76/660/EWG und 83/348/EWG, KOM 2008, 195 v. 17.4.2008; hier: Klarstellung in Art. 13 Abs. 2a der RL 83/349/EWG.
[50] Vgl. z.B. *Küting/Seel*, DStR 2009, Beilage. 26/2009, S. 42.

**§ 290 Abs. 3 HGB nF**
¹Als Rechte, die einem Mutterunternehmen nach Absatz 2 zustehen, gelten auch die einem anderen Tochterunternehmen zustehenden Rechte und die den für Rechnung des Mutterunternehmens oder von Tochterunternehmen handelnden Personen zustehenden Rechte. ²Den einem Mutterunternehmen an einem anderen Unternehmen zustehenden Rechten werden die Rechte hinzugerechnet, über die *es selbst* oder *eines seiner* Tochterunternehmen auf Grund einer Vereinbarung mit anderen Gesellschaftern dieses Unternehmens verfügen kann. ³Abzuziehen sind Rechte, die
1. mit Anteilen verbunden sind, die von dem Mutterunternehmen oder von *dessen* Tochterunternehmen für Rechnung einer anderen Person gehalten werden, oder
2. mit Anteilen verbunden sind, die als Sicherheit gehalten werden, sofern diese Rechte nach Weisung des Sicherungsgebers oder, wenn ein Kreditinstitut die Anteile als Sicherheit für ein Darlehen hält, im Interesse des Sicherungsgebers ausgeübt werden.

## § 291 BEFREIENDE WIRKUNG VON EU/EWR-KONZERN-ABSCHLÜSSEN

(1) ¹Ein Mutterunternehmen, das zugleich Tochterunternehmen eines Mutterunternehmens mit Sitz in einem Mitgliedstaat der Europäischen Union oder in einem anderen Vertragsstaat des Abkommens über den Europäischen Wirtschaftsraum ist, braucht einen Konzernabschluß und einen Konzernlagebericht nicht aufzustellen, wenn ein den Anforderungen des Absatzes 2 entsprechender Konzernabschluß und Konzernlagebericht seines Mutterunternehmens einschließlich des Bestätigungsvermerks oder des Vermerks über dessen Versagung nach den für den entfallenden Konzernabschluß und Konzernlagebericht maßgeblichen Vorschriften in deutscher Sprache offengelegt wird. ²Ein befreiender Konzernabschluß und ein befreiender Konzernlagebericht können von jedem Unternehmen unabhängig von seiner Rechtsform und Größe aufgestellt werden, wenn das Unternehmen als Kapitalgesellschaft mit Sitz in einem Mitgliedstaat der Europäischen Union oder in einem anderen Vertragsstaat des Abkommens über den Europäischen Wirtschaftsraum zur Aufstellung eines Konzernabschlusses unter Einbeziehung des zu befreienden Mutterunternehmens und seiner Tochterunternehmen verpflichtet wäre.

(2) ¹Der Konzernabschluß und Konzernlagebericht eines Mutterunternehmens mit Sitz in einem Mitgliedstaat der Europäischen Union oder in einem anderen Vertragsstaat des Abkommens über den Europäischen Wirtschaftsraum haben befreiende Wirkung, wenn

1. das zu befreiende Mutterunternehmen und seine Tochterunternehmen in den befreienden Konzernabschluß unbeschadet des § 296 einbezogen worden sind,
2. der befreiende Konzernabschluß und der befreiende Konzernlagebericht im Einklang mit der Richtlinie 83/349/EWG des Rates vom 13. Juni 1983 über den konsolidierten Abschluß (ABl. EG Nr. L 193 S. 1) und der Richtlinie 84/253/EWG des Rates vom 10. April 1984 über die Zulassung der mit der Pflichtprüfung der Rechnungslegungsunterlagen beauftragten Personen (ABl. EG Nr. L 126 S. 20) in ihren jeweils geltenden Fassungen nach dem für das aufstellende Mutterunternehmen maßgeblichen Recht aufgestellt und von einem zugelassenen Abschlußprüfer geprüft worden sind,
3. der Anhang des Jahresabschlusses des zu befreienden Unternehmens folgende Angaben enthält:
    a) Name und Sitz des Mutterunternehmens, das den befreienden Konzernabschluß und Konzernlagebericht aufstellt,
    b) einen Hinweis auf die Befreiung von der Verpflichtung, einen Konzernabschluß und einen Konzernlagebericht aufzustellen, und
    c) eine Erläuterung der im befreienden Konzernabschluß vom deutschen Recht abweichend angewandten Bilanzierungs-, Bewertungs- und Konsolidierungsmethoden.

²Satz 1 gilt für Kreditinstitute und Versicherungsunternehmen entsprechend; unbeschadet der übrigen Voraussetzungen in Satz 1 hat die Aufstellung des befreienden Konzernabschlusses und des befreienden Konzernlageberichts bei

Kreditinstituten im Einklang mit der Richtlinie 86/635/EWG des Rates vom 8. Dezember 1986 über den Jahresabschluß und den konsolidierten Abschluß von Banken und anderen Finanzinstituten (ABl. EG Nr. L 372 S. 1) und bei Versicherungsunternehmen im Einklang mit der Richtlinie 91/674/EWG des Rates vom 19. Dezember 1991 über den Jahresabschluß und den konsolidierten Jahresabschluß von Versicherungsunternehmen (ABl. EG Nr. L 374 S. 7) in ihren jeweils geltenden Fassungen zu erfolgen.

(3) Die Befreiung nach Absatz 1 kann trotz Vorliegens der Voraussetzungen nach Absatz 2 von einem Mutterunternehmen nicht in Anspruch genommen werden, wenn

1. das zu befreiende Mutterunternehmen einen organisierten Markt im Sinn des § 2 Abs. 5 des Wertpapierhandelsgesetzes durch von ihm ausgegebene Wertpapiere im Sinn des § 2 Abs. 1 Satz 1 des Wertpapierhandelsgesetzes in Anspruch nimmt,
2. Gesellschafter, denen bei Aktiengesellschaften und Kommanditgesellschaften auf Aktien mindestens 10 vom Hundert und bei Gesellschaften mit beschränkter Haftung mindestens 20 vom Hundert der Anteile an dem zu befreienden Mutterunternehmen gehören, spätestens sechs Monate vor dem Ablauf des Konzerngeschäftsjahrs die Aufstellung eines Konzernabschlusses und eines Konzernlageberichts beantragt haben.

DIPL.-KFM. STB TOBIAS DREIXLER

## Inhaltsübersicht

| | Rz |
|---|---|
| 1 Überblick | 1–4 |
| 1.1 Inhalt und Bedeutung | 1–2 |
| 1.2 Rechtsentwicklung | 3–4 |
| 2 Allgemeine Voraussetzungen für die Befreiung | 5–11 |
| 2.1 Konzernrechnungslegungspflicht | 5–11 |
| 2.1.1 Konzernverflechtung | 8–9 |
| 2.1.2 Anforderungen an den befreienden Konzernabschluss | 10–11 |
| 3 Besondere Voraussetzungen für die Befreiung (Abs. 2) | 12–18 |
| 3.1 Einbeziehung des inländischen Teilkonzerns (Abs. 2 Nr. 1) | 12 |
| 3.2 Aufstellung und Prüfung des befreienden Konzernabschlusses (Abs. 2 Nr. 2) | 13–14 |
| 3.3 Aufstellung und Prüfung des befreienden Konzernlagebericht (Abs. 2 Nr. 3) | 15–16 |
| 3.4 Angabepflicht beim zu befreienden inländischen Mutterunternehmen (Abs. 2 Nr. 4) | 17 |
| 3.5 Besonderheiten bei Kreditinstituten und Versicherungsunternehmen (Abs. 2 Satz 2) | 18 |
| 4 Ausnahmen von der Befreiung (Abs. 3) | 19–22 |
| 4.1 Inanspruchnahme eines organisierten Marktes (Abs. 3 Nr. 1) | 19–21 |
| 4.2 Minderheitenvotum (Abs. 3 Nr. 2) | 22 |
| 5 Publizitätsgesetz | 23 |

## Ergänzendes Schrifttum

*Busse von Colbe*, Kleine Reform der Konzernrechnungslegung durch das TransPuG, BB 2002, S. 1583; *Dusemond*, Zur Aufstellungspflicht von Konzernabschlüssen und Konzernlagebericht, BB 1994, S. 2034; *Giese/Rabenhorst/Schindler*, Erleichterungen bei der Rechnungslegung, Prüfung und Offenlegung von Konzerngesellschaften, BB 2001, S. 511; *Küting*, Vom Mythos eines „Konzerns im Konzern", DB 2012, S. 1049; *Küting/Hayn*, Der internationale Konzernabschluss als Eintrittskarte zum weltweiten Kapitalmarkt, BB 1995, S. 662; *Maas/Schruff*, Befreiende Konzernrechnungslegung von Mutterunternehmen mit Sitz außerhalb der EG, WPg 1991, S. 765; *Petersen/Zwirner*, Unternehmensbegriff, Unternehmenseigenschaft und Unternehmensformen, DB 2008, S. 481; *Petersen/Zwirner*, Neuerungen in der Konzernrechnungslegung nach HGB – Geplante Veränderungen gem. dem Regierungsentwurf zum BilMoG, DB 2008, S. 2093; *Zwirner*, EU-Bilanzrechtsreform: Änderungen der EU-Richtlinien zur Rechnungslegung und Änderungen auf Basis der EU-Richtlinie 2013/34/EU, StuB 2014, S. 315.

# 1 Überblick
## 1.1 Inhalt und Bedeutung

§ 291 HGB regelt die Voraussetzungen für die Befreiung von der Pflicht eines MU, gem. §§ 290, 293 HGB einen KA aufstellen zu müssen. Da nach § 290 Abs. 1 u. 2 HGB grds. jedes MU zur Konzernrechnungslegung verpflichtet ist, sofern auch die entsprechenden Größenkriterien nach § 293 HGB erfüllt sind, und sofern konsolidierungspflichtige TU vorliegen (§ 290 Abs. 5 HGB), kann dies in mehrstufigen Konzernen **zur Verpflichtung zur Konzernrechnungslegung** auf **jeder** übergeordneten **Konzernstufe** (nach dem **Tannenbaumprinzip**)¹ führen. Bei einer einfachen Konzernstruktur mit MU, TU und Enkel-Unt wären ggf. Stufenabschlüsse als KA (**Bereichs-KA = Teil-KA**) sowohl auf Ebene der Tochter als auch auf Ebene der Mutter die Folge, wenn keine entsprechende Befreiungsvorschrift existieren würde. Ausweislich der Gesetzesbegründung² soll die Befreiung daher in erster Linie dazu dienen, Konzerne unter bestimmten Voraussetzungen von der Aufstellung eines KA zu entlasten. Zudem sind solche Stufenabschlüsse aufwendig zu erstellen und wenig aussagekräftig.³ 1

Die Bedeutung der Befreiung nach § 291 HGB liegt darin, dass die **Verpflichtung zur Konzernrechnungslegung** für ein auf einer Konzernstufe verpflichtetes MU (**untergeordnetes bzw. zu befreiendes MU**) **entfallen** kann, wenn **ein** sog. **befreiender KA** auf der übergeordneten Konzernstufe **von einem MU (übergeordnetes MU) mit Sitz innerhalb der EU/des EWR aufgestellt** wird – sog. Teil-KA auf höherer Ebene.⁴ 2

Die **folgenden Voraussetzungen** müssen für die Befreiung nach § 291 HGB kumulativ erfüllt sein:⁵
- Bei dem zu befreienden MU handelt es sich um ein zur (Teil-)Konzernrechnungslegung verpflichtetes Unt (**untergeordnetes MU**), vgl. Rz 5–7.

---

1 Vgl. *Küting/Hayn*, BB 1995, S. 668. Im Gegensatz hierzu hat das Tannenbaumprinzip bei einem Konzern nach dem PublG keinen Einzug gefunden; zum Tannenbaum- bzw. Stufenkonzept vgl. auch WP-Handbuch, Bd. I, 14. Aufl., Abschn. M, Rz 75 ff.
2 Vgl. BT-Drs 10/4268, S. 112.
3 Vgl. *Küting*, DB 2012, S. 1049 mwN.
4 Dagegen regelt § 292 HGB die Voraussetzungen eines befreienden KA eines MU mit Sitz außerhalb der EU/des EWR (Drittstaat).
5 Vgl. auch *Dusemond*, BB 1994, S. 2039.

- Das zu befreiende MU muss wiederum in einer Mutter-Tochter-Beziehung zu einem übergeordneten Unt mit Sitz in einem EU-/EWR-Staat stehen (**übergeordnetes MU**), vgl. Rz 8–9.
- Das übergeordnete MU stellt einen KA auf, der den Anforderungen des Abs. 2 genügt und der zusammen mit dem BSV in deutscher Sprache offengelegt wird (Anforderungen an den befreienden KA), vgl. Rz 10–16.

Nach Abs. 2 müssen, um die Befreiungswirkung eintreten zu lassen, **folgende Voraussetzungen zusätzlich gegeben** sein:
- Der zu befreiende inländische Teilkonzern wird in den befreienden KA einbezogen (§ 291 Abs. 2 Nr. 1 HGB), vgl. Rz 12.
- Der KA muss inhaltlich nach dem für das übergeordnete MU geltende Recht aufgestellt und nach diesem Recht geprüft werden (§ 291 Abs. 2 Nr. 2 HGB), vgl. Rz 13–14.
- Ein ggf. aufgestellter KLB muss inhaltlich ebenfalls nach dem für das übergeordnete MU geltende Recht aufgestellt und nach diesem Recht geprüft werden (§ 291 Abs. 2 Nr. 3 HGB), vgl. Rz 15f.
- Der Anhang des JA des MU, das andernfalls zur Teilkonzernrechnung verpflichtet wäre, muss bestimmte Anhangangaben enthalten (§ 291 Abs. 2 Nr. 4 HGB), vgl. Rz 17.

**Eine befreiende Wirkung** tritt in folgenden Fällen trotz Vorliegens der oben genannten Voraussetzungen **nicht ein**:
- Der zu befreiende inländische Teilkonzern nimmt den KM in Anspruch (§ 291 Abs. 3 Nr. 1 HGB), vgl. Rz 19–20.
- Ein entsprechendes Quorum der Minderheiten im inländischen Teilkonzern beantragt die Aufstellung eines KA (§ 291 Abs. 3 Nr. 2 HGB), vgl. Rz 22.

Abb. 1: Überblick über die Befreiung nach § 291 HGB i.d.F. d. Bilanzrichtlinie-Umsetzungsgesetz

## 1.2 Rechtsentwicklung

Bezüglich der Rechtsentwicklung seit dem BiRiLiG wird auf die Vorauflage verwiesen.  3

Das **BilRUG**[6] (Bilanzrichtlinie-Umsetzungsgesetz) stellt für nach dem 31.12.2015 beginnende Gj klar, dass auch ein nach internationalen Rechnungsstandards (§ 315a HGB) aufgestellter und geprüfter KA befreiende Wirkung i.S.v. § 291 HGB entfalten kann. In der Folge wurde der KLB als eigenständiges Befreiungsmerkmal im Rahmen der Vorschrift geregelt, sofern hierfür nach dem Recht des übergeordneten MU eine Aufstellungserfordernis besteht. Dadurch hat der Gesetzgeber das Ziel umgesetzt, die befreiende Wirkung auch für solche KA nach Maßgabe der internationalen Rechnungsstandards (§ 315a HGB) zu ermöglichen, die keinen KLB nach deutschem Vorbild kennen.  4

Zugleich wurden die Bezugnahmen auf die europäischen Richtlinien in § 291 HGB aktualisiert und ein früheres Redaktionsversehen durch einen fehlerhaften Bezug auf § 2 Abs. 1 WpHG in der Vorschrift beseitigt.

## 2 Allgemeine Voraussetzungen für die Befreiung

### 2.1 Konzernrechnungslegungspflicht

Die Vorschrift setzt zunächst eine Konzernrechnungslegungspflicht eines inländischen MU (**inländischer Teilkonzern als Konzernspitze**) voraus, dessen KA wegfallen kann. Diese kann sich aus dem HGB (§ 290 HGB i.V.m. § 293 HGB) oder dem PublG (§ 11 PublG) ergeben. Dementsprechend sind diese Vorschriften vorrangig zu prüfen.[7]  5

Soweit die Konzernspitze kein Unt i.S.d. § 290 HGB ist, entfällt insoweit die Erleichterungsvorschrift des § 291 HGB.[8] Neben der Unternehmenseigenschaft des untergeordneten MU setzt **§ 291 Abs. 1 Satz 1 HGB einen Konzern voraus**, bei dem das zu befreiende Unt (**MU**) einen beherrschenden Einfluss (nach dem *Control*-Konzept) auf ein anderes Unt (**TU**) ausübt. Als Rechtsformen **für das zu befreiende (Mutter-)Unternehmen kommen** entsprechend zu § 290 HGB eine KapG (AG, KGaA oder GmbH) oder eine PersG i.S.d. § 264a Abs. 1 HGB (KapCoGes) in Betracht. Dessen Einfluss im Rahmen der Konzernverflechtung kann sich auf TU mit Sitz sowohl im In- als auch im Ausland (EU/EWR oder Drittstaaten) erstrecken (**sog. inländischer Teilkonzern**). Die Rechtsform(en) des/der TU ist/sind ebenfalls ohne Bedeutung für die Befreiung nach § 291 HGB. Bei einer reinen Beteiligungsbeziehung i.S.d. § 271 Abs. 1 HGB ohne Beherrschung ist somit eine Mutter-Tochter-Beziehung nicht erfüllt, auch wenn die Größenklassen des § 293 HGB dabei erfüllt wären.  6

> **Beispiel 1**
> Als natürliche Person ist an U1 als Konzernspitze mit Sitz im Inland (inländisches MU) mit Mehrheit beteiligt. Es besteht eine Konzernverflechtung

---

[6] Vgl. BT-Drs 18/5256.
[7] S. hierzu Abb. 1.
[8] Zum Unternehmensbegriff vgl. *Petersen/Zwirner*, DB 2008, S. 481.

nach dem *Control*-Prinzip gem. § 290 Abs. 2 Nr. 1 HGB. Daneben sind die Größenklassen nach § 293 HGB sowohl nach der Brutto- als auch nach der Nettomethode überschritten.

**Beurteilung**
A kann keinen befreienden KA für den inländischen Teilkonzern U1 gem. § 291 HGB aufstellen, da es an der Unternehmenseigenschaft von A fehlt.

**Fallvariante**
Die Tätigkeit von A geht mit anderen geschäftlichen Aktivitäten über die bloße Vermögensverwaltung hinaus und erfüllt damit die Unternehmenseigenschaft i. S. d. § 290 HGB.

**Beurteilung**
A kann gem. § 291 HGB einen befreienden KA für den inländischen Teilkonzern U1 aufstellen.

**Beispiel 2**
U1 ist an U2 als Konzernspitze mit Sitz im Inland (inländisches MU) mit 15 % beteiligt. Daneben sind die Größenklassen nach § 293 HGB sowohl nach der Brutto- als auch nach der Nettomethode für U1/U2 erfüllt.

**Beurteilung**
U1 kann U2 nicht gem. § 290 HGB beherrschen. Es liegt keine Mutter-Tochter-Beziehung vor. Ein befreiender KA durch U1 für U2 kann nicht nach § 291 HGB aufgestellt werden.

**Unbeschadet von § 291 HGB** sind die Vorschriften nach **§§ 264 Abs. 3 u. 4, 264b Abs. 3 HGB**, die von der Pflicht zur Aufstellung eines JA einer KapG oder einer PersG i. S. d. § 264a HGB befreien, gesondert zu beurteilen.[9] Allerdings kommt der Vorschrift des § 291 HGB mit Blick auf die Befreiungen beim Einzelabschluss insoweit Bedeutung zu, als ein nach § 291 HGB befreiender KA eine der Voraussetzungen nach §§ 264, 264b HGB erfüllen kann (vgl. § 264 Abs. 3 bzw. § 264b Nr. 1 HGB). Eine Erleichterung für den JA eines TU (keine Prüfung etc.) tritt daher nur ein, wenn das zu befreienden TU in einen (evtl. auch befreienden) KA einbezogen wird.

**Beispiel 3**
U1 ist an U2 als Konzernspitze mit Sitz im Inland (inländisches MU) nicht mit Mehrheit beteiligt. Ferner ist U2 an U3 mit Sitz im Inland beteiligt. U3 ist prüfungspflichtig gem. § 316 HGB. Für U3 hat U1 eine Verlustübernahme erklärt. Zudem wird U3 in den KA von U1 einbezogen.

---

[9] Vgl. *Giese/Rabenhorst/Schindler*, BB 2001, S. 513.

> **Beurteilung**
> U1 kann U2 nicht gem. beherrschen. Es liegt keine Mutter§ 290 HGB-Tochter-Beziehung i. S. d. § 290 HGB vor. Ein befreiender Konzernabschluss gem. § 291 HGB durch U1 für U2 kann nicht aufgestellt werden. Eine Befreiung für U3 scheidet damit aber ebenfalls aus.

Der inländische Teilkonzern bzw. das untergeordnete MU muss **nach den Vorschriften des HGB zur Konzernrechnungslegung verpflichtet** sein (sog. Pflicht-KA). Eine solche Verpflichtung ergibt sich dann, wenn das MU unter Einbezug des/der TU die Größenklassen nach § 293 HGB überschreitet. Hinzuweisen ist, dass die VO (EG) Nr. 1606/2002 des Europäischen Parlaments und des Rates vom 19.7.2002 betreffend die Anwendung internationaler Rechnungslegungsstandards (Abl. EG Nr. L 243 S. 1) keine eigenständige Konzernrechnungslegungspflicht festlegt, da diese nach hM[10] nach dem jeweiligen nationalen Recht zu prüfen ist. Sofern der inländische Teilkonzern nicht zur Konzernrechnungslegung verpflichtet ist, ist auch die Befreiungsnorm des § 291 HGB ohne Bedeutung. **Inländische Gleichordnungskonzerne** erfüllen jedoch nicht die Voraussetzungen des § 290 HGB, da für solche Konzerne auch keine Pflicht zur Konzernrechnungslegung besteht.[11] Eine Befreiungsnotwendigkeit entfällt daher in diesen Fällen ebenfalls. 7

> **Beispiel 4**
> A ist mit Mehrheit an U1 und U2 beteiligt, wobei U1 und U2 inländische Teilkonzerne sind. Für den Gleichordnungskonzern U1 / U2 stellt A für Bankenzwecke einen KA auf.
>
> **Beurteilung**
> Da A nicht die Unternehmenseigenschaft erfüllt, liegt keine Mutter-Tochter-Beziehung zu U1 bzw. U2 vor. Daher befreit der aufgestellte Gleichordnungs-KA nicht die Konzerne U1 und U2.

Der vom untergeordneten MU angewandte Konzernrechnungslegungsstandard (HGB oder IFRS) ist ebenfalls ohne Bedeutung für die Befreiungsnorm des § 291 HGB. Denn sofern eine Konzernrechnungslegungspflicht dem Grunde nach besteht, kann die Befreiung auch für solche inländische MU wirken, die
- nur nach handelsrechtlichen Vorschriften einen KA aufstellen oder
- anstelle eines nach handelsrechtlichen Vorschriften aufgestellten KA freiwillig einen den internationalen Rechnungslegungsstandards entsprechenden KA aufstellen (§ 315a Abs. 3 HGB).

§ 291 HGB kann demnach sowohl von einem HGB-KA als auch von einem IFRS/IAS-KA befreien. Dies gilt jedoch nicht, sofern die IFRS/IAS-Rechnungslegungsstandards gem. § 315a Abs. 1 HGB zwingend anzuwenden sind.[12]

---

10 Vgl. *Grottel/Kreher*, in Beck Bil-Komm. 9. Aufl., § 315a HGB, Rz 5.
11 Der deutsche Gesetzgeber hat das in Art. 12 der 7. EG-RL vorgesehene Mitgliedstaatenwahlrecht nicht in nationales Recht umgesetzt. S. auch § 290 HGB Rz 21.
12 Vgl. § 315a Rz 5. Sofern ein IFRS/IAS-KA nach § 315a Abs. 1 HGB zu erstellen ist, ist eine Befreiung nach § 291 Abs. 3 Nr. 1 HGB nicht möglich. S. hierzu Rz 9.

### 2.1.1 Konzernverflechtung

8 Der Wortlaut des § 291 Abs. 1 Satz 1 HGB **verlangt zusätzlich,** dass zwischen dem inländischen zu befreienden MU und dem übergeordneten MU, das den befreienden KA aufstellt, **eine Mutter-Tochter-Beziehung** besteht. Es reicht aus, dass diese nur am Stichtag des zu befreienden MU vorliegt und nicht das ganze Gj bestanden hat. Nicht erforderlich ist, dass es sich bei dem übergeordneten MU um das der nächsthöheren Konzernstufe handelt. Die Befreiung nach § 291 HGB gilt somit auch bei einem Gesamt-KA. Damit kann es sich um eine **weitere unmittelbare** oder **mittelbare Mutter-Tochter-Beziehung** handeln.

Ob dieses Kriterium nach innerstaatlichem Recht zu beurteilen ist oder nach ausländischem Recht des Sitzstaates des übergeordneten MU, ist fraglich. Dabei ist aber zu bedenken, dass die Vorschrift des § 291 HGB EU-Recht in nationales Recht transformiert, so dass m. E. darauf abzustellen ist, ob ein zu befreiendes MU gleichzeitig TU eines übergeordneten MU nach dem für das obere MU geltenden nationalen Recht ist.[13] Bei übergeordneten MU mit Sitz im Inland gilt somit als Beurteilungsmaßstab § 290 HGB. Andernfalls gilt das Recht des jeweiligen Sitzstaates der EU/des EWR. Daraus ergibt sich, dass im Einzelfall eine unterschiedliche Beurteilung je nach Betrachtung möglich ist, so dass z.B. nach ausländischem Recht eine Mutter-Tochter-Beziehung gegeben, während dies nach innerstaatlichem Recht zu verneinen ist. Daneben ist denkbar, dass die Voraussetzungen einer Mutter-Tochter-Beziehung zwar nach den anzuwendenden Konzernrechnungslegungsstandards vorliegen, wohl aber keine entsprechende Beziehung i.S.d. § 291 HGB durch Beherrschung besteht.

---

**Beispiel 5**
U1 ist ohne Beherrschungsmöglichkeit an U2 beteiligt, wobei U1 und U2 inländische Teilkonzerne sind. Allerdings besteht eine faktische Beherrschungsmöglichkeit über die HV-Präsenzmehrheit der U1 bei der U2. Daneben stellt U1 einen IFRS-KA nach § 315a Abs. 1 HGB auf, in der U2 einbezogen wird.

**Beurteilung**
Durch die Einbeziehung der U2 in den KA der U1 wird den Informationsinteressen der übrigen Anteilseigner der U2 angemessen Rechnung getragen. Daher bejaht der HFA des IDW in einem derartigen Fall die Befreiung nach § 291 HGB, obwohl keine Mutter-Tochter-Beziehung vorliegt.[14]
Hinzuweisen ist, dass sich im Zuge der Annäherung der Anwendungsvoraussetzungen von § 290 HGB i.d.F. BilMoG und von IFRS 10 nur noch geringe Anwendungsfälle ergeben, in denen trotz Fehlen einer Mutter-Tochter-Beziehung gleichwohl eine Befreiung nach § 291 HGB durch bloße Einbeziehung in Betracht kommt.

---

Das **zu befreiende MU kann** auch **in mehrfacher Hinsicht in einer Mutter-Tochter-Beziehung** stehen. So können mehrere übergeordnete MU über die verschiedenen Beherrschungstatbestände des § 290 HGB mit dem zu befreienden

---

[13] Vgl. zum Recht des jeweiligen Sitzstaats des übergeordneten MU *ADS*, 6. Aufl. § 291 HGB, Rz 13; *Grottel/Kreher*, in Beck Bil-Komm. 9. Aufl., § 291 HGB, Rz 6, mwN.
[14] Vgl. HFA FN 2005, S. 583.

MU verbunden sein.[15] Bei einem **Gleichordnungskonzern** ohne Mutter-Tochter-Beziehung besteht jedoch kein Anwendungsfall des § 291 HGB. Wegen der Maßgeblichkeit der nationalen Vorschriften zur Beurteilung einer Mutter-Tochter-Beziehung ist nach der hier vertretenen Auffassung auch ein in Übereinstimmung mit nationalen Regelungen aufgestellter **Gleichordnungs-KA eines in einem anderen EU-/EWR-Staat** ansässigen MU geeignet, eine Befreiung zu bewirken, auch wenn dies für deutsche Gleichordnungs-KA nicht gilt.
Eine **Mutter-Tochter-Beziehung liegt nicht** vor, wenn
- ohne Vorliegen der Voraussetzungen des § 290 HGB freiwillig ein KA aufgestellt wird,[16]
- die Verbindung in der Form eines Gleichordnungskonzerns eines im Inland ansässigen übergeordneten MU besteht, sofern die Voraussetzungen des § 290 HGB nicht vorliegen,[17]
- die Verbindung in der Form eines GemeinschaftsUnt besteht oder
- die Verbindung in der Form eines assoziierten Unt besteht.

Die Vorschrift des § 291 HGB setzt hinsichtlich des den befreienden KA aufstellenden MU wie auch § 290 HGB ein Unt voraus.[18]
Im Unterschied[19] zu § 290 HGB wird hierbei jedoch **keine bestimmte Rechtsform für das den befreienden KA aufstellende (übergeordnete) MU** gefordert.[20] Aus den Gesetzesmaterialien[21] lässt sich jedoch entnehmen, dass als Bedingung für die Befreiung von der Teilkonzernrechnungslegungspflicht das den befreienden KA aufstellende Unt auch in der Rechtsform einer KapG geführt werden könnte und in diesem Fall zur Konzernrechnungslegung verpflichtet wäre. Privatpersonen, Bund, Länder und Gemeinden scheiden damit als übergeordnetes MU für Zwecke des § 291 Abs. 1 HGB aus (vgl. auch § 291 Abs. 1 Satz 2 HGB).
Das **übergeordnete MU muss seinen Sitz in einem EU-/EWR-Staat** haben (§ 291 Abs. 1 Satz 1 HGB). Neben den Staaten der EU sind dies die Staaten des EWR (Island, Liechtenstein, Norwegen). Der Anwendungsbereich des § 291 HGB (Befreiung) erstreckt sich damit aber auch auf KA von MU mit Sitz im Inland, da auch diese Unt ihren Sitz in einem EU-Staat (Deutschland) haben.[22] Die Voraussetzung kann ggf. durch Gründung einer Zwischenholding in einem EU/EWR-Staat erreicht werden.

### 2.1.2 Anforderungen an den befreienden Konzernabschluss

Der **KA und der KLB, sofern dies dem Recht** des übergeordneten MU entspricht, sind **nach dem für dieses Unt maßgeblichen Recht aufzustellen** und von einem AP **zu prüfen** (s. Rz 13–16) und in deutscher Sprache **offenzulegen** (s. Rz 11).

---

15 Vgl. auch WP-Handbuch, Bd. I, 14. Aufl., Abschn. M, Rz 83.
16 Vgl. auch *ADS*, 6. Aufl. § 291 HGB, Rz 10.
17 Vgl. auch *ADS*, 6. Aufl. § 291 HGB, Rz 16.
18 Zum Unternehmensbegriff vgl. *Petersen/Zwirner*, DB 2008, S. 481.
19 Vgl. § 290 HGB Rz 8.
20 Vgl. *Grottel/Kreher*, in Beck Bil.Komm. 9. Aufl., § 291 HGB, Rz 6.
21 Vgl. BT-Drs 10/4268, S. 113. Fraglich ist aber, ob diese Ansicht des Gesetzgebers unter Berücksichtigung der Herkunft und Entstehung der Norm konform mit 7. EG-RL und damit rechtmäßig ist.
22 Vgl. *ADS*, 6. Aufl. § 291 HGB, Rz 9.

Eine befreiende Wirkung des KA ist jedoch **nicht davon abhängig**, ob eine **gesetzliche Verpflichtung zur Aufstellung** eines KA für das übergeordnete MU im Sitzstaat **existiert**. Dies ergibt sich auch daraus, dass Abs. 2 Nr. 2 für eine Befreiung ebenfalls erfordert, dass der befreiende KA dem Recht entsprechen muss, das für den KA des übergeordneten MU gilt **und** mit den Anforderungen der 7. EG-RL übereinstimmt.[23] Sofern daher in dem betreffenden Mitgliedstaat keine entsprechenden gesetzlichen Regelungen existieren, ist es ausreichend, wenn das befreiende MU freiwillig einen KA in Entsprechung mit der 7. EG- RL aufstellt.[24] Problematisch ist die Bestimmung der Aufstellung des befreienden KA in Übereinstimmung mit der 7. EG-RL dann, soweit das nationale Recht nicht an die 7. EG-RL angepasst wurde und aus diesem Grund eine Befreiung bezweifelt wird.[25]

11 Eine Befreiung kommt **nur dann** in Betracht, wenn der **KA und KLB** einschl. des **BSV** oder des Vermerks über dessen Versagung **nach den für den entfallenden KA und KLB maßgeblichen Vorschriften in deutscher Sprache offengelegt** wird (§ 291 Abs. 1 Satz 1 HGB).

Eine Umrechnung des befreienden KA in EUR ist dabei ebenso wenig erforderlich wie die Beglaubigung der Übersetzung der KA-Offenlegungsunterlagen eines ausländischen übergeordneten MU.[26] Mit **maßgeblichen Vorschriften** meint der Gesetzgeber die Vorschriften der §§ 325 ff. HGB. Die Offenlegung des ausländischen KA hat hierbei im Namen des befreiten MU im BAnz zu erfolgen.[27] Hierdurch wird die andernfalls bestehende Verpflichtung zur Offenlegung des KA nach § 325 Abs. 3 HGB ersetzt. Die Unterlagen sind beim Betreiber des elektronischen BAnz elektronisch spätestens bis zum Ablauf von 12 Monaten des dem KA-Stichtag des zu befreienden MU nachfolgenden Gj einzureichen und bekannt machen zu lassen (§ 325 Abs. 1 Satz 2 HGB).

Sofern der Abschlussstichtag des zu befreienden MU und der des KA voneinander abweichen, ist daher der Stichtag des zu befreienden MU für die Offenlegungsfrist maßgeblich.[28]

## 3 Besondere Voraussetzungen für die Befreiung (Abs. 2)

### 3.1 Einbeziehung des inländischen Teilkonzerns (Abs. 2 Nr. 1)

12 Der befreiende KA darf grds. frei nach dem Recht des Sitzstaates des übergeordneten MU aufgestellt werden (§ 291 Abs. 2 Satz 1 Nr. 2 HGB), jedoch mit der Einschränkung für den KonsKreis, wonach das zu befreiende MU und seine TU in den befreienden KA aufzunehmen sind, es sei denn, es liegt ein Grund vor, aufgrund dessen z. B. nach § 296 HGB auf deren Einbeziehung verzichtet werden könnte. Ob eine Ausnahme von der Befreiung nach § 296 HGB aus Sicht des zu befreienden MU oder des übergeordneten MU zu erfolgen hat, ist angesichts des Wort-

---

[23] S. hierzu auch § 292 HGB Rz 8. Dementsprechend wird auf das jeweils nationale Recht des Mitgliedstaates verwiesen, in dem das MU seinen Sitz hat.
[24] Vgl. auch *ADS*, 6. Aufl. § 291 HGB, Rz 38.
[25] Vgl. hierzu auch *ADS*, 6. Aufl. § 291 HGB, Rz 38.
[26] Vgl. *ADS*, 6. Aufl. § 291 HGB, Rz 21.
[27] Vgl. *Grottel/Kreher*, in Beck Bil-Komm. 9. Aufl., § 291 HGB, Rz 11.
[28] Zur hM vgl. statt vieler *ADS*, 6. Aufl. § 291 HGB, Rz 23.

lauts von Abs. 2 Nr. 1 umstritten.[29] Nach Sinn und Zweck der Norm ist eine über den Wortlaut hinausgehende Auslegung geboten, sodass die hM die Perspektive des übergeordneten MU zulässt.[30] Insoweit gilt, dass das KonsWahlrecht bei der Aufstellung des befreienden KA neu ausgeübt werden kann und ggf. auch muss. Zweifelhaft ist jedoch, ob dies auch für die Nichteinbeziehung des zu befreienden MU selbst gilt, da sich § 296 HGB in Bezug auf den Anwendungsbereich nur auf TU erstreckt.[31]

Sofern das zu befreiende MU am Abschlussstichtag des übergeordneten MU endkonsolidiert wurde, liegt ebenfalls keine Einbeziehung vor.[32]

## 3.2 Aufstellung und Prüfung des befreienden Konzernabschlusses (Abs. 2 Nr. 2)

Der befreiende KA muss nach § 291 Abs. 2 Nr. 2 HGB für nach dem 31.12.2015 beginnende Gj dem Recht entsprechen, das für den KA des übergeordneten MU gilt, und mit den Anforderungen der Richtlinie 2013/34/EU (Bilanzrichtlinie) (vorher 7. EG-RL) übereinstimmen oder in Einklang mit der in § 315a Abs. 1 bezeichneten internationalen Rechnungslegungsstandards aufgestellt und im Einklang mit der Richtlinie 2006/43/EG (Abschlussprüfer-Richtlinie) geprüft werden. Ein nach den von der EU übernommenen IFRS aufgestellter KA hat somit ebenfalls befreiende Wirkung.

Das Aufstellungserfordernis beinhaltet, dass der KA sowohl materiell als auch formell mit dem Recht des Sitzstaates des oberen MU übereinstimmen muss.[33] Soweit das nationale Recht auch mit den Anforderungen der Bilanzrichtlinie übereinstimmt, kann von einer Gleichwertigkeit des übergeordneten KA ausgegangen werden. Dies könnte aber schon für ein MU mit Sitz in einem Staat der EWR, der nicht EU-Mitglied ist, anders zu bewerten sein.[34]

Für eine KapG mit Sitz im Inland als übergeordnetes MU wird dies ohne Zweifel gegeben sein.

Ein nach dem PublG aufgestellter befreiender KA muss gleichfalls mit den Anforderungen der Bilanzrichtlinie im Einklang stehen. Klarstellend ist insoweit § 13 Abs. 3 Satz 3 PublG, wonach der aufgestellte KA nur dann befreiende Wirkung hat, wenn das befreite TU, das gleichzeitig MU ist, diese Erleichterungen für seinen KA hätte in Anspruch nehmen können.

Die Befreiung hängt weiter davon ab, dass der nach dem Recht des Sitzstaates des übergeordneten MU aufgestellte KA von einem zugelassenen AP geprüft wurde. Bei einem im Inland ansässigen, den befreienden KA aufstellenden MU ist dies erfüllt, wenn die Prüfung durch einen WP oder eine WPG erfolgt ist (§ 319 Abs. 1 Satz 1 HGB). Das in einem EU-/EWR-Staat ansässige, den befreienden KA aufstellende

13

14

---

29 Vgl. auch *ADS*, 6. Aufl. § 291 HGB, Rz 34.
30 Vgl. u. a. WP-Handbuch, Bd. I, 14. Aufl., Abschn. M, Rz 89.
31 Erhebliche rechtliche Bedenken gegen die Möglichkeit, auf die Einbeziehung des zu befreienden MU zu verzichten, bestehen daher nach *ADS*, 6. Aufl. § 291 HGB, Rz 35; ebenso *Grottel/Kreher*, in Beck Bil-Komm. 9. Aufl., § 291 HGB, Rz 17 mwN.
32 Vgl. *Grottel/Kreher*, in Beck Bil-Komm. 9. Aufl., § 291 HGB, Rz 17.
33 Vgl. *Küting/Hayn*, BB 1995, S. 668. Somit kommt in dem befreienden KA eine Bewertung auf Basis von Wiederbeschaffungskosten wie eine Begrenzung der Zwischenergebniseliminierung auf Beteiligungsquoten oder der Ausschluss der Quotenkons für GemeinschaftsUnt in Betracht.
34 Vgl. WP-Handbuch, Bd. I, 14. Aufl., Abschn. M, Rz 93 m. w. N.

MU hat diesen durch einen AP prüfen zu lassen, der nach den jeweiligen in Übereinstimmung mit der 8. EG-RL erlassenen nationalen Vorschriften hierzu befugt ist. Fraglich ist, ob die befreiende Wirkung davon abhängt, ob die Prüfung zu einem uneingeschränkten BSV geführt hat. Nach bisheriger hM[35] im Schrifttum mit Verweis auf den Wortlaut des § 291 Abs. 2 Satz 1 Nr. 2 HGB kam einem BSV mit einer Einschränkung gleichwohl befreiende Wirkung zu. Da die Neufassung der Regelung weiterhin nur von einer Prüfung als Anforderung spricht, kann m.E. von der Fortgeltung dieser Auffassung für das BilRUG ausgegangen werden. Sofern ein Versagungsvermerk erteilt wurde, wird jedoch danach differenziert, ob die Versagung zum Ausdruck bringt, dass der befreiende KA nach den Gesamtumständen nicht mehr als in Übereinstimmung mit der Bilanzrichtlinie aufgestellt angesehen werden kann.[36] In diesem Fall soll eine Versagung keine befreiende Wirkung haben. Von einer mangelnden Übereinstimmung in diesem Sinne kann insoweit ausgegangen werden, wenn ein Versagungsvermerk durch den AP wegen fehlender bzw. nicht beurteilbarer *Going-Concern*-Prämisse erteilt wird.

### 3.3 Aufstellung und Prüfung des befreienden Konzernlagebericht (Abs. 2 Nr. 3)

15 Mit dem BilRUG wurde Nr. 2 der bisherigen Fassung in 2 Nummern aufgeteilt, um den KA und den KLB getrennt zu behandeln, ohne dass sich daraus wesentliche inhaltlich Konsequenzen ergeben würden. Nach § 291 Abs. 2 Satz 1 Nr. 3 nF hat ein befreiender KLB dem Recht zu entsprechen, das für den KA des übergeordneten MU gilt, und mit den Anforderungen der RL 2013/34/EU (Bilanzrichtlinie) übereinzustimmen und in Einklang mit RL 2006/43/EG geprüft zu werden. Damit wird die befreiende Wirkung des KLB ab dem Gj 2016 davon abhängig gemacht, dass für den KLB als Berichtsbestandteil eines KA eine originäre Verpflichtung zur Aufstellung nach dem Recht des übergeordneten MU besteht. Nur in diesem Fall besteht eine weitere materielle und formelle Übereinstimmungspflicht dieses Berichtsinstruments mit dem Recht des übergeordneten MU hinsichtlich Aufstellung und Prüfung.

Mangels genereller Prüfungspflicht für einen KLB bleibt die Regelung damit hinter der allgemeinen (strengen) deutschen Regelung für deutsche KA **und** KLB zurück. Dort, wo keine Aufstellungs- und ggf. Prüfungspflicht für einen KLB verlangt wird, genügt es, dass der übergeordnete KA den Anforderungen des Rechts entspricht, das für das übergeordnete MU gilt. Damit wird mit Blick auf das gesetzgeberische Ziel erreicht, dass auch „reine" IFRS-Abschlüsse als befreienden KA in Betracht kommen, wenn die für das übergeordnete MU geltenden nationalen Vorgaben keine weiteren Pflichten hinsichtlich eines KLB enthalten.[37]

---

**Beispiel 6**
Ein deutsches übergeordnetes MU hat insoweit weiterhin einen KLB nach deutschem Recht aufstellen und prüfen zu lassen, damit dem übergeordneten

---

[35] Vgl. *ADS*, 6. Aufl. § 291 HGB, Rz 41; ebenso *Grottel/Kreher*, in Beck Bil-Komm. 9. Aufl., § 291 HGB, Rz 25 mwN.
[36] Hinweis: Beachte aber die andersartige Regelung in § 292 HGB, wonach ein Versagungsvermerk nicht ausreichen soll. Vgl. § 292 Rz. 4, 15.
[37] Vgl- BT-Drs. 18/5256, S. 88.

> KA befreiende Wirkung nach § 291 HGB für einen untergeordneten Teil-KA zukommt, während dies nach dem Recht eines anderen Staates der EU/des EWR ggf. nicht erforderlich ist.

Unter der Annahme der Pflicht zur Aufstellung eines KLB des übergeordneten MU beinhaltet das Aufstellungserfordernis, dass der KA sowohl materiell als auch formell mit dem Recht des Sitzstaates des oberen MU übereinstimmen muss.[38] Soweit das nationale Recht auch mit den Anforderungen der Bilanzrichtlinie übereinstimmt und entsprechend geprüft wurde, kann von einer Gleichwertigkeit des übergeordneten KA ausgegangen werden. Dies könnte aber schon für ein MU mit Sitz in einem Staat der EWR, der nicht EU-Mitglied ist, anders zu bewerten sein.[39]

16

### 3.4 Angabepflicht beim zu befreienden inländischen Mutterunternehmen (Abs. 2 Nr. 4)

Im Anhang des JA des zu befreienden MU müssen folgende Angaben gemacht werden, damit der aufgestellte KA des übergeordneten MU befreiende Wirkung entfaltet:

17

- Name und Sitz des Unt, das den befreienden KA und KLB aufstellt,
- einen Hinweis auf die Befreiung von der Verpflichtung, einen KA und einen KLB aufzustellen,
- eine Erläuterung der im befreienden KA vom deutschen Recht abweichend angewandten Bilanzierungs-, Bewertungs- und Konsolidierungsmethoden.

Diese Angaben dienen der Information der Minderheiten in dem von der Konzernrechnungslegung befreiten Teilkonzern. Die zusätzlichen Erläuterungen zur Bilanzierung sollen insb. diese Abschlussadressaten im Fall eines nach ausländischem Recht aufgestellten befreienden KA über die **wesentlichen** Bilanzierungsunterschiede in Kenntnis setzen. Für den Umfang der Erläuterung wird hierbei auf die nach § 313 Abs. 1 Satz 2 Nr. 1 und 3 HGB üblicherweise im Konzernanhang gegebenen Erläuterungen verwiesen.[40] Allerdings wird eine solche Erläuterung in der Praxis nur eine allgemeine Darstellung der Abweichungen umfassen. Quantitative Angaben sind nicht erforderlich. Für den Fall, dass der befreiende KA nach den IFRS, die von der EU übernommen wurden, aufgestellt wurde, besteht nach hM keine weitere Erläuterungspflicht.[41]

### 3.5 Besonderheiten bei Kreditinstituten und Versicherungsunternehmen (Abs. 2 Satz 2)

Nach § 291 Abs. 2 Satz 2 HGB gelten die zusätzlichen Anforderungen für die befreiende Wirkung für den KA nach § 291 Abs. 2 Satz 1 HGB auch für KI und Versicherungsunt Allerdings schränkt § 291 Abs. 2 Satz 2 2. Hs. HGB das Aufstellungserfordernis nach § 291 Abs. 2 Nr. 2 HGB insoweit ein, als der befreiende

18

---

[38] Vgl. Küting/Hayn, BB 1995, S. 668. Somit kommt in dem befreienden KA eine Bewertung auf Basis von Wiederbeschaffungskosten wie eine Begrenzung der Zwischenergebniseliminierung auf Beteiligungsquoten oder der Ausschluss der Quotenkons für GemeinschaftsUnt in Betracht.
[39] Vgl. WP-Handbuch, Bd. I, 14. Aufl., Abschn. M, Rz 93 m. w. N.
[40] Vgl. § 313 HGB Rz 44ff., Rz 64ff.
[41] Vgl. WP-Handbuch, Bd. I, 14. Aufl., Abschn. M, Rz 101.

KA des übergeordneten MU für einen inländischen Bank-/Versicherungs-Teilkonzern in Einklang mit der Bankbilanz- bzw. Versicherungsbilanz-RL stehen muss.

## 4 Ausnahmen von der Befreiung (Abs. 3)

### 4.1 Inanspruchnahme eines organisierten Marktes (Abs. 3 Nr. 1)

19 Ein befreiender KA eines übergeordneten MU kann nicht aufgestellt werden, wenn das zu befreiende MU einen organisierten Markt i.S.d. § 2 Abs. 5 WpHG durch von ihm ausgegebene Wertpapiere i.S.d. § 2 Abs. 1 WpHG am Abschlussstichtag in Anspruch nimmt.
Voraussetzung für die Versagung der befreienden Wirkung ist demnach, dass
- Wertpapiere i.S.d. § 2 Abs. 1 WpHG am Abschlussstichtag ausgegeben wurden (s. Rz 20) und
- dadurch ein organisierter Markt in Anspruch genommen wird (s. Rz 21).

Eine Befreiung kann demnach aber noch in Anspruch genommen werden, wenn am Abschlussstichtag nur ein Zulassungsantrag bei der zuständigen Börsenaufsicht gestellt wurde. Die Vorschrift in Abs. 3 Nr. 1 ist daher enger als die Definition für KM-orientierte KapG i.S.v. § 264d HGB.

20 Wertpapiere i.S.d. Vorschrift des § 2 Abs. 1 WpHG sind
- Aktien,
- andere Anteile an in- oder ausländischen juristischen Personen, PersG und sonstige Unt, soweit diese Anteile Aktien vergleichbar sind, sowie Zertifikate, die Aktien vertreten,
- Schuldverschreibungen,
  - insb. Genussscheine und Inhaberschuldverschreibungen und Orderschuldverschreibungen, sowie Zertifikate, die Schuldtitel vertreten,
  - sonstige Wertpapiere, die zum Erwerb oder zur Veräußerung von Wertpapieren nach Nr. 1 und 2 berechtigen oder zu einer Barzahlung führen (Differenzausgleich), die in Abhängigkeit von Wertpapieren, von Währungen, Zinssätzen oder anderen Erträgen, von Waren, Indizes oder Messgrößen bestimmt wird.

Wertpapiere sind daher sowohl nicht-festverzinsliche als auch festverzinsliche Papiere.

21 Ein **organisierter Markt i.S.d. § 2 Abs. 5 WpHG** ist ein **geregelter Markt gem. Art. 1 Nr. 13 der Wertpapierdienstleistungs-RL**. Diese Definition entspricht inhaltlich derjenigen des Art. 4 Abs. 1 Nr. 14 der **RL über Märkte für Finanzinstrumente**.[42] **Ein geregelter Markt** ist definiert als ein von einem Marktbetreiber betriebenes und/oder verwaltetes multilaterales System, das die Interessen einer Vielzahl Dritter am Kauf und Verkauf von Finanzinstrumenten innerhalb des Systems und nach seinen nicht diskretionären Regeln in einer Weise zusammenführt oder das Zusammenführen fördert, die zu einem Vertrag in Bezug auf Finanzinstrumente führt, die gem. den Regeln und/oder den Systemen des Marktes zum Handel zugelassen wurden, sowie eine Zulassung erhalten hat und ordnungsgemäß und gem. den Bestimmungen des Titels III der RL 2004/39/EG funktioniert.[43]

---

[42] Finanzmarkt-RL 2004/39/EG des Rates, Abl. L 145 v. 30.4.2004, S. 1.
[43] Zur Übersicht des geregelten Marktes in Deutschland s. die Übersicht in Abl. C 348 vom 21.12.2010, S. 9 ff.

Art. 4 Abs. 1 Nr. 14 der Finanzmarkt-RL wurde durch das Finanzmarktrichtlinienumsetzungsgesetz (FRUG)[44] in deutsches Recht umgesetzt. Danach wird ein geregelter Markt in § 2 Abs. 5 WpHG als organisierter Markt bezeichnet.

### 4.2 Minderheitenvotum (Abs. 3 Nr. 2)

Die Befreiung kann auch dann nicht in Anspruch genommen werden, wenn Minderheitsgesellschafter die Aufstellung eines (Teil-)KA beantragen. § 291 Abs. 3 Nr. 2 HGB beinhaltet einen **rechtsformabhängigen Minderheitenschutz** für an dem zu befreienden MU beteiligte Minderheiten.

22

Andere Gesellschafter können spätestens sechs Monate vor dem Ablauf des Konzern-Gj die Aufstellung eines KA und eines KLB beantragen, wenn ihnen mindestens 10 % der Anteile an der zu befreienden AG/KGaA bzw. mindestens 20 % der Anteile an der zu befreienden GmbH als MU gehören. Maßgeblich für die vorgenannte Sechs-Monatsfrist zur Antragstellung ist der Stichtag des KA des unteren MU.[45] Nach dem Ablauf der Frist stattfindende Veräußerungen lassen nicht erneut ein Antragsrecht für den Erwerber unter dem Gesichtspunkt der Wiedereinsetzung in den vorherigen Stand aufleben.[46] Daher ist die Frist eine **materielle Ausschlussfrist.** Sofern hingegen ein Minderheitsgesellschafter fristgerecht die Aufstellung eines KA beantragt, nach Ablauf der Frist seinen Anteil veräußert und der Erwerber erklärt, er habe kein Interesse an der Aufstellung eines Teil-KA, muss nach dem Schutzzweck der Rechtsnorm ein Zurückziehen des Antrags durch den Erwerber noch möglich sein. Ein Teil-KA braucht dann nicht aufgestellt werden. Dies gilt ebenso, wenn die gestellten Anträge nach Ablauf der Frist nur ein Votum erzielen, das die Schwellenwerte nicht erreicht.[47] Eigene Anteile sind analog § 16 Abs. 2 Sätze 2, 3 AktG abzuziehen.

Umgekehrt ist bei einer 100 %igen Beteiligung des den befreienden KA aufstellenden MU eine Befreiung nach Abs. 1 i. V. m. Abs. 2 generell möglich, sofern die Ausnahme nach Abs. 3 Nr. 1 nicht greift.

Die Beteiligungsverhältnisse beziehen sich auf den Tag des Endes der Sechs-Monatsfrist. Maßgeblich ist die Höhe der zurechenbaren Stimmrechte, die sich entsprechend § 290 Abs. 4 HGB bestimmen lässt.

Für die Zurechnung der Stimmrechte ist entweder auf das rechtliche oder auf das wirtschaftliche Eigentum abzustellen (§ 290 Abs. 2, 3 HGB).[48]

Ein bestimmtes Antragsverfahren ist nicht vorgesehen. Einschlägig und zu beachten sind die gesellschaftsrechtlichen Grundlagen des zu befreienden MU. Inhaltlich gewährt § 291 Abs. 3 Nr. 2 HGB ein sonst gesellschaftsrechtlich nicht vorgesehenes Minderheitenrecht.[49]

Bei einer Beteiligungsquote von mindestens 5 % am Grundkapital einer AG/KGaA besteht nach § 122 Abs. 1 AktG ein Recht auf Einberufung der HV. Das Verlangen ist durch Schreiben an den Vorstand geltend zu machen. In diesem Fall

---

44  Finanzmarktrichtlinieumsetzungsgesetz (FRUG) v. 16.7.2007, BGBl. I 2007, S. 1330.
45  Vgl. *Grottel/Kreher*, in Beck Bil-Komm. 9. Aufl., § 291 HGB, Rz 33.
46  Vgl. *Grottel/Kreher*, in Beck Bil-Komm. 9. Aufl., § 291 HGB, Rz 34.
47  Vgl. *Siebourg*, in HdKR, 2. Aufl., § 291 HGB Rz 40.
48  S. auch § 290 Rz 58 ff.
49  Hinweis: Nach Sinn und Zweck der Norm ist nach der hier vertretenen Auffassung aber auch ein Ausschluss des Antragsrechts möglich, sofern die Zustimmung der jeweiligen Betroffenen eingeholt wird.

kann die HV sich auch bei antragenden Minderheiten von weniger als 10 % zu einer Aufstellung eines (Teil-)KA entschließen, sofern die entsprechende Mehrheit von mindestens 10 % ein solches Votum abgibt. Auch ohne eigens eine HV einzuberufen, rechtfertigt eine Anteilshöhe von wenigstens 10 % in diesem Fall das Recht, den Antrag schriftlich dem Vorstand der zu befreienden AG/KGaA zur Kenntnis zu bringen. In diesem Fall ist der Vorstand zur Aufstellung eines (Teil-)KA verpflichtet.

Bei einer GmbH als zu befreiendes MU greift das Recht, eine GesV einzuberufen, wenn eine Beteiligung von mindestens 10 % am Stammkapital besteht (§ 50 Abs. 1 GmbHG). Für Zwecke des § 291 HGB ist jedoch eine Beteiligung von mindestens 20 % erforderlich (§ 291 Abs. 3 Nr. 2 HGB). Im Übrigen gelten die Ausführungen zur AG/KGaA entsprechend. Bei KapCoGes als zu befreiende MU ist vorrangig auf die Bestimmungen im Gesellschaftsvertrag zu achten. Andernfalls ist u. E. im Umkehrschluss bei der AG/KGaA & Co. KG eine Beteiligung von 10 % und bei der GmbH & Co. KG eine Beteiligung von 20 % erforderlich.[50] Das Antragsrecht ist nach hM[51] jedes Jahr neu auszuüben.

## 5 Publizitätsgesetz

23   Im Verhältnis zu **nach dem PublG konzernrechnungslegungspflichtigen Unt** gilt § 291 HGB ebenfalls (vgl. § 11 Abs. 6 Nr. 1 PublG). Das befreiende obere MU kann unterschiedlicher Rechtsform sein. Im Übrigen sind die o. g. Voraussetzungen zur Befreiung des handelsrechtlichen KA mit Ausnahme der unten dargestellten Besonderheiten identisch zu den Befreiungsmöglichkeiten eines KA nach dem PublG.

> **Beispiel 7**
> U1 ist an U2 mit Mehrheit beteiligt und ein in Frankreich ansässiges BeteiligungsUnt in der Form einer S.a.r.l. (entspricht einer GmbH). U2 ist ein im Inland ansässiger Teilkonzern in der Form einer KG mit einer natürlichen Person als Vollhafter, der nach dem PublG konzernrechnungs-legungspflichtig wäre. Es besteht eine Konzernverflechtung nach dem *Control*-Prinzip gem. § 290 Abs. 2 Nr. 1 HGB. Daneben sind die Größenklassen nach § 293 HGB sowohl nach der Brutto- als auch nach der Nettomethode überschritten.
>
> **Beurteilung**
> U1 kann gem. § 11 Abs. 6 Nr. 1 PublG i. V. m. § 291 HGB einen befreienden KA für den inländischen Teilkonzern aufstellen. Dabei richtet sich der Inhalt des befreienden ausländischen KA teilweise nach dem Inhalt des zu befreienden KA.[52] Insoweit wäre bei der Offenlegung des ausländischen KA an die Inanspruchnahme der Erleichterungen nach § 13 Abs. 3 Satz 1 u. § 5 Abs. 5 PublG zu denken.[53]

---

50   Vgl. *Grottel/Kreher*, in Beck Bil-Komm 9. Aufl., § 291 KGB, Rz 36.
51   Vgl. *ADS*, 6. Aufl. § 291 HGB, Rz 47.
52   S. auch WP-Handbuch, Bd. I, 14. Aufl., Abschn. O, Rz 47.
53   Vgl. *ADS*, 6. Aufl. § 13 PublG, Rz 75.

Eine **zusätzliche Einschränkung der allgemeinen Befreiungsvoraussetzungen nach § 291** HGB ist nach § 13 Abs. 3 Satz 2 PublG zu beachten, wonach die befreiende Wirkung des KA des **übergeordneten MU**, das **bestimmte Bilanzierungswahlrechte** (§ 13 Abs. 3 Satz 1 **und** § 5 Abs. 5 PublG) **in Anspruch nimmt**, demnach nur dann eintritt, wenn das befreite TU, das gleichzeitig MU ist, diese für seinen KA oder Teil-KA hätte in Anspruch nehmen können. Ggf. zwingt dies das obere MU auf die nach PublG zustehenden Erleichterungen zu verzichten, um das untergeordnete MU wirksam zu befreien.

**Beispiel 8**
U1 ist an U2 mit Mehrheit beteiligt. U2 ist ein im Inland ansässiger Teilkonzern in der Form einer GmbH. Hingegen ist U1 eine inländische GmbH & Co. mit einer natürlichen Person als Vollhafter, die nach dem PublG konzernrechnungslegungspflichtig wäre. Hierbei möchte U1 die Erleichterung des § 13 Abs. 3 Satz 1 PublG (keine Angabe von Organbezügen) in Anspruch nehmen.

**Beurteilung**
U1 kann gem. § 11 Abs. 6 Nr. 1 PublG i.V.m. § 291 HGB einen befreienden KA für den inländischen Teilkonzern aufstellen. Dabei richtet sich der Inhalt des befreienden KA teilweise nach dem Inhalt des zu befreienden KA.[54] Um befreiende Wirkung für U2 zu erzielen, müsste die U1 im befreienden KA auf die Inanspruchnahme der Erleichterungen nach § 13 Abs. 3 Satz 1 PublG verzichten.[55]

**Darüber hinaus ist** als weitere Einschränkung **§ 14 Abs. 2 PublG zu beachten**. Der von einem Prüfungsverband geprüfte KA oder Teil-KA hat nur dann befreiende Wirkung nach § 291 HGB, wenn das befreite TU, das gleichzeitig MU ist, seinen KA oder Teil-KA von dieser Person hätte prüfen lassen können (vgl. § 14 Abs. 2 PublG).
Schließlich ist trotz des Verweises des § 11 Abs. 6 PublG auf § 291 HGB strittig, ob das in Abs. 3 geregelte **Minderheitenvotum** auch die Befreiungsmöglichkeit für publizitätsgesetzliche KA durchbricht.[56] Nach einer Meinung im Schrifttum[57] soll der in Abs. 3 installierte Minderheitenschutz trotz Verweis in § 11 Abs. 6 PublG auf befreiende publizitätsgesetzliche KA nicht anzuwenden sein. Dies wird mit der Gesetzesbegründung und Entstehungsgeschichte der Regelung des PublG begründet. M. E. ist dies jedoch zweifelhaft, da dies einer klaren und berechenbaren Gesetzesauslegung unter Berücksichtigung der Grundsätze des BVerfG[58] zuwiderläuft, wenn hier Motive berücksichtigt werden, die nicht vom Gesetzeswortlaut gedeckt sind.

---

54 S. auch WP-Handbuch, Bd. I, 14. Aufl., Abschn. O, Rz 47.
55 Vgl. *ADS*, 6. Aufl. § 13 PublG, Rz 75.
56 Vgl. *Grottel/Kreher*, in Beck Bil-Komm 9. Aufl., § 291 HGB, Rz. 43.
57 Vgl. *ADS*, 6. Aufl., § 11 PublG, Rz 3; WP-Handbuch, Bd. I, 14. Aufl., Abschn. M, Rz 111 Fn 178.
58 BVerfGE 105, 135, 162.

# § 292 RECHTSVERORDNUNGS- ERMÄCHTIGUNG FÜR BEFREIENDE KONZERN- ABSCHLÜSSE UND KONZERNLAGEBERICHTE

(1) ¹Das Bundesministerium der Justiz wird ermächtigt, im Einvernehmen mit dem Bundesministerium der Finanzen und dem Bundesministerium für Wirtschaft und Technologie durch Rechtsverordnung, die nicht der Zustimmung des Bundesrates bedarf, zu bestimmen, daß § 291 auf Konzernabschlüsse und Konzernlageberichte von Mutterunternehmen mit Sitz in einem Staat, der nicht Mitglied der Europäischen Union und auch nicht Vertragsstaat des Abkommens über den Europäischen Wirtschaftsraum ist, mit der Maßgabe angewendet werden darf, daß der befreiende Konzernabschluß und der befreiende Konzernlagebericht nach dem mit den Anforderungen der Richtlinie 83/349/EWG übereinstimmenden Recht eines Mitgliedstaates der Europäischen Union oder eines anderen Vertragsstaates des Abkommens über den Europäischen Wirtschaftsraum aufgestellt worden oder einem nach diesem Recht eines Mitgliedstaates der Europäischen Union oder eines anderen Vertragsstaates des Abkommens über den Europäischen Wirtschaftsraum aufgestellten Konzernabschluß und Konzernlagebericht gleichwertig sein müssen. ²Das Recht eines anderen Mitgliedstaates der Europäischen Union oder Vertragsstaates des Abkommens über den Europäischen Wirtschaftsraum kann einem befreienden Konzernabschluß und einem befreienden Konzernlagebericht jedoch nur zugrunde gelegt oder für die Herstellung der Gleichwertigkeit herangezogen werden, wenn diese Unterlagen in dem anderen Mitgliedstaat oder Vertragsstaat anstelle eines sonst nach dem Recht dieses Mitgliedstaates oder Vertragsstaates vorgeschriebenen Konzernabschlusses und Konzernlageberichts offengelegt werden. ³Die Anwendung dieser Vorschrift kann in der Rechtsverordnung nach Satz 1 davon abhängig gemacht werden, daß die nach diesem Unterabschnitt aufgestellten Konzernabschlüsse und Konzernlageberichte in dem Staat, in dem das Mutterunternehmen seinen Sitz hat, als gleichwertig mit den dort für Unternehmen mit entsprechender Rechtsform und entsprechendem Geschäftszweig vorgeschriebenen Konzernabschlüssen und Konzernlageberichten angesehen werden.

(2) ¹Ist ein nach Absatz 1 zugelassener Konzernabschluß nicht von einem in Übereinstimmung mit den Vorschriften der Richtlinie 2006/43/EG zugelassenen Abschlußprüfer geprüft worden, so kommt ihm befreiende Wirkung nur zu, wenn der Abschlußprüfer eine den Anforderungen dieser Richtlinie gleichwertige Befähigung hat und der Konzernabschluß in einer den Anforderungen des Dritten Unterabschnitts entsprechenden Weise geprüft worden ist. ²Nicht in Übereinstimmung mit den Vorschriften der Richtlinie 2006/43/EG zugelassene Abschlussprüfer von Unternehmen mit Sitz in einem Drittstaat im Sinn des § 3 Abs. 1 Satz 1 der Wirtschaftsprüferordnung, deren Wertpapiere im Sinn des § 2 Abs. 1 Satz 1 des Wertpapierhandelsgeset

zes an einer inländischen Börse zum Handel am regulierten Markt zugelassen sind, haben nur dann eine den Anforderungen der Richtlinie gleichwertige Befähigung, wenn sie bei der Wirtschaftsprüferkammer gem. § 134 Abs. 1 der Wirtschaftsprüferordnung eingetragen sind oder die Gleichwertigkeit gem. § 134 Abs. 4 der Wirtschaftsprüferordnung anerkannt ist. ³Satz 2 ist nicht anzuwenden, soweit ausschließlich Schuldtitel im Sinn des § 2 Abs. 1 Satz 1 Nr. 3 des Wertpapierhandelsgesetzes mit einer Mindeststückelung von 50.000 Euro oder einem entsprechenden Betrag anderer Währung an einer inländischen Börse zum Handel am regulierten Markt zugelassen sind.

(3) ¹In einer Rechtsverordnung nach Absatz 1 kann außerdem bestimmt werden, welche Voraussetzungen Konzernabschlüsse und Konzernlageberichte von Mutterunternehmen mit Sitz in einem Staat, der nicht Mitglied der Europäischen Union und auch nicht Vertragsstaat des Abkommens über den Europäischen Wirtschaftsraum ist, im einzelnen erfüllen müssen, um nach Absatz 1 gleichwertig zu sein, und wie die Befähigung von Abschlußprüfern beschaffen sein muß, um nach Absatz 2 gleichwertig zu sein. ²In der Rechtsverordnung können zusätzliche Angaben und Erläuterungen zum Konzernabschluß vorgeschrieben werden, soweit diese erforderlich sind, um die Gleichwertigkeit dieser Konzernabschlüsse und Konzernlageberichte mit solchen nach diesem Unterabschnitt oder dem Recht eines anderen Mitgliedstaates der Europäischen Union oder Vertragsstaates des Abkommens über den Europäischen Wirtschaftsraum herzustellen.

(4) ¹Die Rechtsverordnung ist vor Verkündung dem Bundestag zuzuleiten. ²Sie kann durch Beschluß des Bundestages geändert oder abgelehnt werden. ³Der Beschluß des Bundestages wird dem Bundesministerium der Justiz zugeleitet. ⁴Das Bundesministerium der Justiz ist bei der Verkündung der Rechtsverordnung an den Beschluß gebunden. ⁵Hat sich der Bundestag nach Ablauf von drei Sitzungswochen seit Eingang einer Rechtsverordnung nicht mit ihr befaßt, so wird die unveränderte Rechtsverordnung dem Bundesministerium der Justiz zur Verkündung zugeleitet. ⁶Der Bundestag befaßt sich mit der Rechtsverordnung auf Antrag von so vielen Mitgliedern des Bundestages, wie zur Bildung einer Fraktion erforderlich sind.

Dipl.-Kfm. StB Tobias Dreixler

## Inhaltsübersicht

| | Rz |
|---|---|
| 1 Überblick | 1–5 |
|   1.1 Bedeutung und Inhalt | 1–3 |
|   1.2 Rechtsentwicklung | 4 |
|   1.3 Normenzusammenhang | 5 |
| 2 Der befreiende Konzernabschluss eines MU mit Sitz in einem Drittstaat | 6–20 |
|   2.1 Überblick über die Voraussetzungen von befreienden Drittstaaten-KA | 6 |
|   2.2 Einklang des befreienden Konzernabschlusses mit § 291 Abs. 2 HGB (§ 292 Abs. 1 Hs. 1 HGB) | 7 |

| | | | |
|---|---|---|---|
| 2.3 | | Weitere Anforderungen an den befreienden KA (§ 292 Abs. 1 Hs. 2 HGB).............................. | 8–16 |
| | 2.3.1 | Inhaltliche Anforderung an den befreienden KA (Abs. 1 Hs. 2 Nr. 1)........................ | 8–13 |
| | | 2.3.1.1 Nach Maßgabe des Rechts eines EU-Staates | 9 |
| | | 2.3.1.2 In Einklang mit dem Recht eines EWR-Staates..................... | 10 |
| | | 2.3.1.3 Im Einklang mit den in § 315a Abs. 1 bezeichneten internationalen Rechnungslegungsstandards.................. | 11 |
| | | 2.3.1.4 Gleichwertigkeit des befreienden KA... | 12 |
| | | 2.3.1.5 Im Einklang mit internationalen Rechnungslegungsstandards.......... | 13 |
| | 2.3.2 | Inhaltliche Anforderungen an den KLB (Nr. 2)... | 14 |
| | 2.3.3 | Prüfung des befreienden KA (Nr. 3)........... | 15 |
| | 2.3.4 | Offenlegung des befreienden KA (Nr. 4)........ | 16 |
| 2.4 | | Angabepflicht im Anhang des befreiten MU (Abs. 2).... | 17 |
| 2.5 | | Anforderungen an die Prüfung des befreienden ausländischen Konzernabschlusses...................... | 18–20 |
| | 2.5.1 | Prüfung durch qualifizierten Abschlussprüfer.... | 19 |
| | 2.5.2 | Prüfung des Konzernabschlusses.............. | 20 |

**Ergänzendes Schrifttum**
*Eisolt*, Aktuelle Überlegungen zu befreienden Konzernabschlüssen nach § 292 HGB, BB 1995, S. 1127; *Ernst/Seidler*, Kernpunkte des Referentenentwurfs eines Bilanzrechtsmodernisierungsgesetzes, BB 2007, S. 2557; *Inwinkl/Kortebusch/ Schneider*, Die Abschlussprüferrichtlinie: Rechtliche Umsetzung in deutsches Recht, S. 215; *Kolb/Roß*, Der Referentenentwurf des Bilanzrichtlinie-Umsetzungsgesetzes, WPg 2014, S. 1089; *Lotz*, Der „befreiende" Konzernlagebericht – Eine problematische Voraussetzung für den befreienden Konzernabschluss einer SEC-berichtspflichtigen US-Muttergesellschaft?, KoR 2004, S. 2541; *Lotz*, Die befreiende Prüfung der MD&A als Voraussetzung zur Erfüllung der qualitativen Gleichwertigkeit eines US-Konzernabschlusses, KoR 2007, S. 682; o.V., Befreiung deutscher TU mit ausländischem Mutterunternehmen vom Konzernabschluss, DB 1991, S. 2401; *Petersen/Zwirner*, Neuerungen in der Konzernrechnungslegung nach HGB – Geplante Veränderungen gem. dem Regierungsentwurf zum BilMoG, DB 2008, S. 2093; *Schneider/Kortebusch*, Die Zusammenarbeit von Abschlussprüfern im Rahmen der EU und mit Drittländern, PIR 2009, S. 134; *Wollmert/Oser*, Der IASC-Abschluss eines Drittlandsunternehmens als befreiender Konzernabschluss, DB 1995, S. 53.

# 1 Überblick

## 1.1 Bedeutung und Inhalt

1 Der deutsche Gesetzgeber sieht in den §§ 291, 292 HGB vor, dass inländische MU, die gleichzeitig TU eines anderen MU mit Sitz in einem EU-/EWR-Staat

oder außerhalb davon sind, dann von der Pflicht zur Aufstellung (und Prüfung) eines ansonsten nach dem sog. **Tannenbaumprinzip**[1] zwingend erforderlichen, eigenen deutschen Teil-KA und eines eigenen deutschen Teilkonzern-LB befreit sind, wenn ein übergeordnetes MU einen sog. „**befreienden**" **KA** sowie **KLB** aufstellt und prüfen lässt und dieser in deutscher Sprache offengelegt wird. In diesem Fall ist das untergeordnete MU, das andernfalls zur Konzernrechnungslegung verpflichtet wäre, von der Aufstellung eines KA befreit.
Bei einer einfachen Konzernstruktur mit Mutter-, Tochter- und Enkel-Unt wären ohne die Vorschriften der §§ 291, 291 HGB ggf. Stufenabschlüsse als KA (**Bereichs-KA = Teil-KA**) sowohl auf Ebene der Tochter als auch auf Ebene der Mutter die Folge.
Die Bedeutung der Befreiung nach § 292 HGB besteht im Kern ebenso wie bei § 291 HGB darin, die **Verpflichtung zur Konzernrechnungslegung** für ein auf einer Konzernstufe verpflichtetes MU **entfallen** zu lassen, wenn **ein sog. befreiender** – von der übergeordneten Konzernstufe (nicht Konzernspitze) – **KA** (**Teil-KA auf höherer Ebene**) **von einem anderen MU mit Sitz außerhalb der EU/des EWR (Drittstaat) aufgestellt** wird.[2]

Inhaltlich sieht § 292 HGB bisher neben weiteren Anwendungsvoraussetzungen für eine solche Befreiung eine Ermächtigung des Gesetzgebers vor, die näheren Anforderungen an befreiende KA durch **Rechts-VO (sog. Zustimmungs-VO)** zu bestimmen.

2

Unter der Überschrift „Befreiende Wirkung von Konzernabschlüssen aus Drittstaaten" wird mit dem BilRUG für Gj, die nach dem 31.12.2015 beginnen, nun die Konzernbefreiungs-VO in das Gesetz integriert. Somit regelt § 292 HGB nF die Voraussetzungen für die befreiende Wirkung eines von einem anderen MU mit Sitz außerhalb der EU/des EWR aufgestellten KA/KLB. Im Unterschied zur Fassung des § 292 i.d.F. vor BilRUG hat der Gesetzgeber nunmehr die Anwendungsvoraussetzungen hierfür zusammengefasst im Gesetz beschrieben, ohne den Regelungstext in Gesetz, Ermächtigungsgrundlage und Verordnung (KonBefrV) zu trennen, und insoweit für die Rechtsanwendung übersichtlicher ausgestaltet.[3] Abweichend zu anderen Kommentierungen der 6. Aufl. wird daher hier die inhaltlich weitgehend identische, aber übersichtlichere Neufassung kommentiert.
§ 292 HGB nF **ist wie folgt aufgebaut:**

3

- Abs. 1 nF bestimmt die Eingangsvoraussetzungen, unter denen ein anderes übergeordnetes MU einen befreienden KA/KLB aufstellen kann;
- Abs. 2 nF regelt zusätzliche Angabepflichten im Anhang des befreiten MU als weitere Anwendungsvoraussetzung.

### 1.2 Rechtsentwicklung

§ 292 HGB geht auf EU-Recht (Art. 28 Abs. 8 der Bilanzrichtlinie 2013/34/EU) zurück, wonach den Mitgliedstaaten ein Wahlrecht eingeräumt wird, unter bestimmten Voraussetzungen eine Befreiung von der Pflicht zur Aufstellung eines

4

---

[1] Das Tannenbaumprinzip hat über den Verweis in § 11 Abs. 6 Nr. 1 PublG auf § 290 Abs. 2 HGB auch bei einem Konzern nach dem PublG Einzug gefunden.
[2] Dagegen regelt § 291 HGB die Voraussetzungen eines befreienden KA eines MU mit Sitz innerhalb der EU/des EWR.
[3] S. auch Begr. zum BilRUG; BT-Drs. 18/4050, S. 71.

(Teil-) KA eines MU mit Sitz außerhalb der EU/des EWR zu regeln.[4] **Das Mitgliedstaatenwahlrecht wurde** durch das **BiRiLiG von 1985 umgesetzt.** Die Neufassung der Bilanzrichtlinie stellt nun klar, dass der übergeordnete KA nicht nur nach der Richtlinie 2013/34/EU oder gleichwertigen Vorgaben, sondern auch nach den im Einklang mit der Verordnung (EG) Nr. 1606/2002 angenommenen internationalen Rechnungslegungsstandards oder diesen gleichwertigen Standards aufgestellt werden kann. Durch das BilRUG verfolgt der Gesetzgeber das Ziel, diese weitere Befreiungsmöglichkeit ebenfalls im nationalen Recht in § 292 HGB zu ermöglichen.[5] Ebenfalls wurde in Übereinstimmung mit der Bilanzrichtlinie nunmehr geregelt, dass in jedem Fall der BSV offenzulegen ist und dass ein Versagungsvermerk für eine Befreiung nicht mehr ausreicht. Schließlich wurde ein gesetzgeberisches Redaktionsversehen in der Vorschrift mit den Verweisen auf § 2 WpHG beseitigt.

### 1.3 Normenzusammenhang

5 § 292 HGB ist **eine eigene Befreiungsvorschrift für die andernfalls greifende KA-Aufstellungspflicht** nach §§ 290, 293 HGB. § 292 HGB gilt nach § 13 Abs. 6 Nr. 1 PublG auch **für KA, Teil-KA, KLB und Teil-KLB** von **nach dem PublG konzernrechnungslegungspflichtige** und daher zu befreiende inländische Konzerne.

## 2 Der befreiende Konzernabschluss eines MU mit Sitz in einem Drittstaat

### 2.1 Überblick über die Voraussetzungen von befreienden Drittstaaten-KA

6 Die in § 292 HGB nF enthaltenen Voraussetzungen sind denen des § 291 HGB nachgebildet und entsprechen diesen in den Eingangsvoraussetzungen weitgehend.[6] Besonderheiten der Rechnungslegung durch übergeordnete MU in Drittstaaten wurden in der Vorschrift ergänzend berücksichtigt.
Die **folgenden Voraussetzungen** müssen für die Befreiung nach § 292 HGB erfüllt sein:
- Bei dem zu befreienden MU (**untergeordnetes MU**) muss es sich um ein zur (Teil-) Konzernrechnungslegung verpflichtetes Unt handeln (**inländischer Teilkonzern**).[7]
- Das zu befreiende MU muss wiederum in einer Mutter-Tochter-Beziehung zu einem übergeordneten Unt mit Sitz außerhalb eines EU-/EWR-Staates stehen (**übergeordnetes MU**).[8]

---

[4] Vgl. BT-Drs. 18/5256, S. 86 f.
[5] Vgl. BT-Drs. 18/5256, S. 86 f.
[6] Vgl. *Hoffmann/Lüdenbach*, NWB-Kommentar Bilanzierung, 6. Aufl. 2015, § 292 HGB Rz. 5.
[7] Vgl. hierzu § 291 Rz 2.
[8] Vgl. insoweit die Ausführungen zu den übergeordneten MU mit Sitz innerhalb der EU/des EWR bei § 291 Rz 11–13.

- Das übergeordnete MU muss einen KA aufstellen, der mit den Anforderungen des § 291 Abs. 2 Satz 1 HGB nF in Einklang steht (**Einklang des befreienden KA mit § 291 Abs. 2 HGB**).[9]
- Zusätzlich müssen **weitere Anforderungen** gegeben sein (§ 292 Abs. 1 S. 1 Hs. 2 Nr. 1 bis 4 HGB nF), um die Befreiungswirkung des Drittstaaten-KA eintreten zu lassen. Dies beinhaltet:
  a) Ein **inhaltliches Aufstellungserfordernis für den befreiende KA** (Nr. 1 lit. a) – d); Rz 8–12),
  b) Ein **inhaltliches Aufstellungserfordernis für den befreienden KLB**, der insoweit nach Maßgabe der in Nummer 1 lit. a) genannten Vorgaben aufgestellt oder nach diesen Vorgaben aufgestellten KLB gleichwertig ist (Nr. 2; Rz 14);
  c) Ein **Prüfungserfordernis**, wonach der befreiende KA von einem oder mehreren AP oder einem oder mehreren Prüfungsgesellschaften geprüft worden, die aufgrund der einzelstaatlichen Rechtsvorschriften, denen das Unternehmen unterliegt, das diesen Abschluss aufgestellt hat, zur Prüfung von Jahresabschlüssen zugelassen sind (Nr. 3; Rz 15);[10]
  d) Ein **Offenlegungserfordernis**, wonach der befreiende KA, der befreiende KLB und der BSV sind nach den für den entfallenden KA und KLB maßgeblichen Vorschriften in deutscher Sprache offenzulegen ist (Nr. 4; Rz 16);[11]
- Nach § 292 Abs. 2 HGB nF tritt die befreiende Wirkung nur dann ein, wenn im Anhang des JA des zu befreienden MU die § 291 Abs. 2 Satz 1 Nr. 4 HGB nF genannten Angaben sowie weitere Zusätze gemacht werden (s. Rz 17).
- Die Prüfung des befreienden KA muss den in § 292 Abs. 3 HGB nF genannten Anforderungen genügen (s. Rz 15).

---

[9] Vgl. hierzu Rz 7.
[10] Vgl. hierzu Rz 12–14.
[11] Vgl. hierzu § 291 Rz 20.

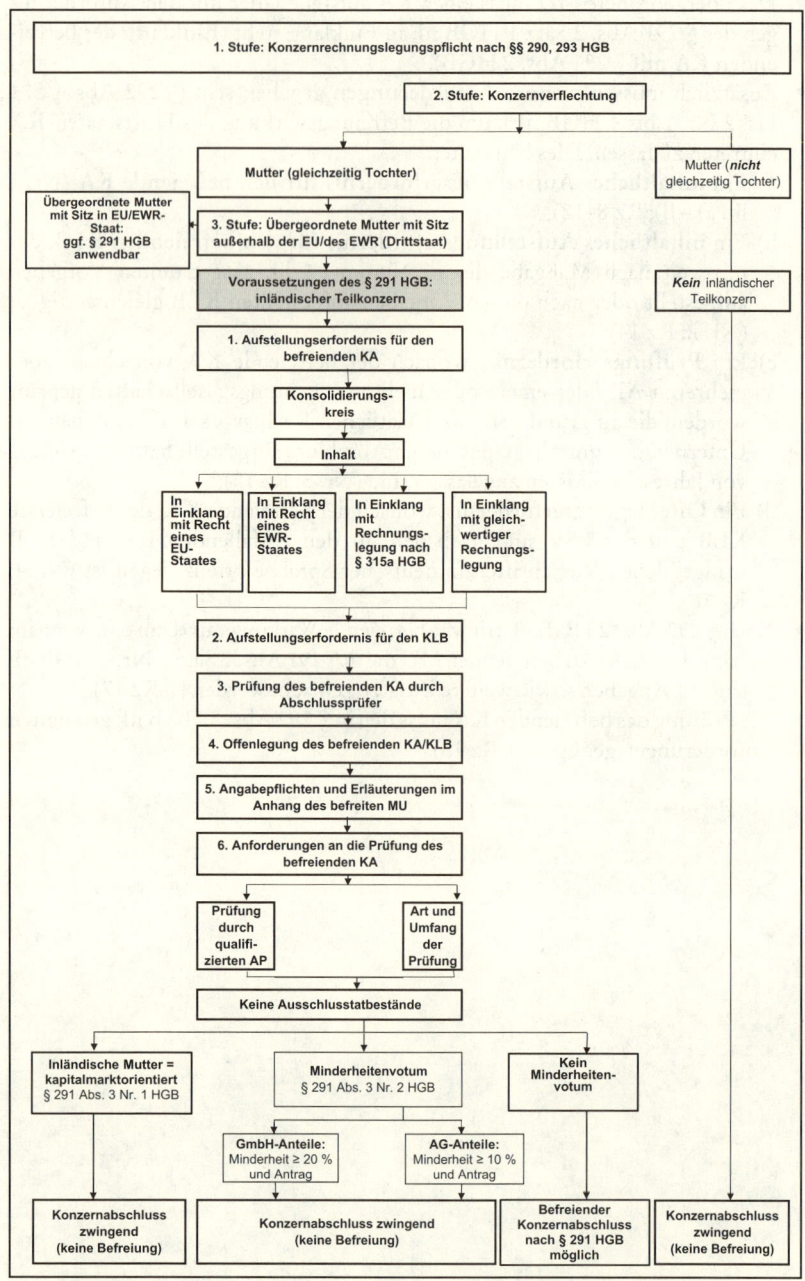

Abb. 1: Überblick über die Befreiung nach § 292 HGB i.d.F. BilRUG

## 2.2 Einklang des befreienden Konzernabschlusses mit § 291 Abs. 2 HGB (§ 292 Abs. 1 Hs. 1 HGB)

Nach den Vorgaben des § 292 Abs. 1 Hs. 1 HGB nF muss der befreiende KA in Einklang mit § 291 Abs. 2 Nr. 1 HGB nF stehen, d. h. das zu befreiende MU und seine TU sind in den befreienden KA unbeschadet des Konsolidierungswahlrechts nach § 296 HGB einzubeziehen.[12]

7

## 2.3 Weitere Anforderungen an den befreienden KA (§ 292 Abs. 1 Hs. 2 HGB)

### 2.3.1 Inhaltliche Anforderung an den befreienden KA (Abs. 1 Hs. 2 Nr. 1)

Der KA muss **inhaltlich** nach § 292 Abs. 1 Satz 1 Hs. 2 HGB nF wie folgt aufgestellt werden, um befreiende Wirkung zu entfalten:

8

- Nach Maßgabe des Rechts eines Mitgliedstaats der EU (s. Rz 9) oder eines EWR-Staates in Einklang mit der Richtlinie 2013/34/EU (Bilanzrichtlinie) (lit. a), (s. Rz 10) oder
- im Einklang mit den in § 315a Abs. 1 HGB bezeichneten internationalen Rechnungslegungsstandards (lit. b), (s. Rz 11) oder
- derart, dass er einen nach den in Buchstaben a) bezeichneten Vorgaben erstellten KA gleichwertig ist (lit. c), (s. Rz 12) oder
- derart, dass er internationalen Rechnungslegungsstandards entspricht, die gem. der Verordnung (EG) Nr. 1569/2007 der Kommission vom 21.12.2007 über die Einrichtung eines Mechanismus zur Festlegung der Gleichwertigkeit der von Drittstaatemittenten angewandten Rechnungslegungsgrundsätze gem. Richtlinie 2003/71/EG und 2004/19/EG des Europäischen Parlaments und des Rates, in ihrer jeweils geltenden Fassung (lit. d) festgelegt wurde (s. Rz13).

#### 2.3.1.1 Nach Maßgabe des Rechts eines EU-Staates

Das den befreienden KA aufstellende MU ist in der Wahl der Konzernrechnungslegungsvorschriften eines Mitgliedstaats der EU/des EWR (oder das nach diesem Recht jeweils gleichwertig ist) für den befreienden KA nicht frei. Das aufstellende MU ist nicht befugt, ohne sachlichen Grund das jeweilige Recht mit den geringsten Anforderungen zu wählen. § 292 Abs. 1 Hs. 2 Nr. 4 HGB nF bestimmt nämlich, dass der befreiende KA zwingend nach dem Recht eines Mitgliedstaats der EU dort offenzulegen ist, das für das aufstellende MU gilt. Nach dem Gesetzeszweck und der historischen Entstehung der Norm ist dieser Gedanke ebenfalls auf § 292 Abs. 1 Hs. 2 Nr. 1 a) HGB nF zu übertragen, so dass die Aufstellung des befreienden KA nur nach den Voraussetzungen des entfallenden KA erfolgen kann.[13]

9

Damit eine Befreiung durch ein übergeordnetes MU mit Sitz außerhalb der EU/des EWR tatsächlich eintritt, **muss ein KA** somit **nach dem Recht des MU aufgestellt** werden, **das andernfalls einen KA aufzustellen hätte**.[14] Diese Bedingung ist **nicht erfüllt**, wenn

---

[12] Dies steht insoweit auch in Einklang mit der Rechtslage vor BilRUG (vgl. § 292 Abs. 3 Satz 1 1. Alt HGB i. V. m. § 2 Abs. 1 Nr. KonBefrV i.d. F. BilMoG).
[13] Erkennbar kommt dieser Gedanke vormals bereits in § 3 KonBefrV zum Ausdruck.
[14] Kritisch zu dieser Voraussetzung *Wollmert/Oser*, DB 1995, S. 53.

- das Mitgliedstaatenwahlrecht nach Art. 28 der Bilanz-RL (Befreiung von der Konzernrechnungslegung durch MU mit Sitz außerhalb der EU) von dem betreffenden Mitgliedstaat nicht umgesetzt wurde,[15]
- aufgrund eines Minderheitenantrags tatsächlich keine Befreiung von der Pflicht zur (Teil-) Konzernrechnungslegung eintritt,
- aufgrund der KM-Orientierung des zu befreienden MU tatsächlich keine Befreiung von der Pflicht zur (Teil-)Konzernrechnungslegung erreicht wird oder
- aufgrund Unterschreitens der jeweiligen nationalen Größenklassen kein zu befreiendes MU existiert, da auch keine Pflicht zur (Teil-)Konzernrechnungslegung besteht.

In all diesen Fällen besteht kein maßgebliches Recht für die Konzernrechnungslegung des übergeordneten MU und ein befreiender KA kann nicht aufgestellt werden.[16]

#### 2.3.1.2 In Einklang mit dem Recht eines EWR-Staates

10 Dem KA eines Drittstaaten-MU kann ebenso befreiende Wirkung zukommen, wenn der **KA nach dem Recht eines EWR-Staates aufgestellt wird** und dieser den Vorschriften der Bilanzrichtlinie entspricht. So können dem befreienden KA auch die Vorschriften der §§ 290 ff. HGB zugrunde gelegt werden, sofern diese Vorschriften das maßgebliche Recht darstellen.[17]

Praktisch wird wohl **nur in Ausnahmefällen** ein ausländisches übergeordnetes MU einen befreienden KA nach dem Recht eines EU-/EWR-Staates aufstellen.

#### 2.3.1.3 Im Einklang mit den in § 315a Abs. 1 bezeichneten internationalen Rechnungslegungsstandards

11 Diese Befreiungsmöglichkeit war bislang nur als Auffassung im Schrifttum vertreten und wird durch das BilRUG nun explizit festgeschrieben.[18] Durch die Klarstellung im Rahmen des BilRUG werden IFRS-KA durch übergeordnete Drittstaaten-MU, soweit diese die von der EU übernommenen IFRS beachten, zukünftig als gleichwertig angesehen und erlauben die Befreiung von den Konzernrechnungslegungsvorschriften.[19] Relevant wird diese Befreiungsvorschrift somit für MU mit Sitz in den Drittstaaten, welche die IFRS bereits als maßgeblichen Rechnungslegungsstandard übernommen haben (z. B. Kanada oder Australien).

#### 2.3.1.4 Gleichwertigkeit des befreienden KA

12 § 292 Abs. 1 Hs. 2 Nr. 1 lit. c) HGB nF ermöglicht eine weitere Befreiungsoption, sofern der befreiende KA, der nach dem Recht eines Drittstaates, aufgestellt wurde, den nach lit. a) bezeichneten Vorgaben gleichwertig ist. Die Tatsache, dass dabei zugleich die Gleichwertigkeit mit einem KA und KLB, die nach der EU-Bilanzrichtlinie erstellt wurden, verlangt wird, unterstreicht, dass

---

15 Zur Ausübung des Mitgliedstaatenwahlrechts zum 1.7.2010 vgl. den Bericht der EU-Kommission v. 19.9.2011, „The use of Options within the Accounting Directives", S. 87.
16 Vgl. *ADS*, 6. Aufl. § 292 HGB, Rz 29.
17 Vgl. zum maßgeblichen Recht Rz 9.
18 Vgl. *Hoffmann/Lüdenbach*, NWB-Kommentar Bilanzierung, 6. Aufl. 2015, § 292 HGB, Rz. 13 f.
19 Vgl. *Kolb/Roß*, WPg 2014, S. 1089.

von IFRS-Anwendern bestimmte zusätzliche Informationen (z. B. die Aufstellung eines KLB) einzufordern sind, um Befreiungswirkung zu erreichen.[20] **Maßstab für die Gleichwertigkeit** war nach bisheriger Meinung im Schrifttum zu § 292 HGB aF i. V. m. KonBefrV **nicht die Bilanzrichtlinie**, da eine unmittelbare Berufung darauf ausscheidet, sondern **das Recht des EU-/EWR-Staates, in dem ansonsten eine Konzernrechnungslegungspflicht zu erfüllen** bzw. mit befreiender Wirkung offenzulegen wäre.[21] Diese Auffassung dürfte m. E. trotzt der Neufassung aufgrund des inhaltlich unverändert gebliebenen Regelungstextes weiterhin Bestand haben.

Die Voraussetzungen für die Gleichwertigkeit waren und sind – auch nicht durch das BilRUG – gesetzlich geregelt. Sofern man die bisherige Meinung hierzu in der Literatur gleichfalls heranzieht, wird eine exakte Anwendung etwa der deutschen Konzernrechnungslegungsvorschriften oder derjenigen anderer EU-/EWR-Staaten nicht gefordert werden können. **Entscheidend ist danach das Gesamtbild des befreienden Abschlusses,** der zumindest einen wesentlichen Einblick in die VFE-Lage gewähren muss.[22] Jedenfalls bedeutet Gleichwertigkeit daher nicht Gleichheit bis ins letzte Detail.

Nach einer Stellungnahme der EU-Kommission zur Auslegung des Begriffs der Gleichwertigkeit von KA aus Drittstaaten[23] sind diejenigen Vorschriften des Gemeinschaftsrechts zugrunde zu legen, denen alle innerhalb der EU erstellten KA/KLB entsprechen müssen, und zwar unabhängig von der Ausübung der in der RL eingeräumten Mitgliedstaatenwahlrechte. Die nationalen Umsetzungswahlrechte sind in der jeweils vom Mitgliedstaat vorgenommenen Form der Umsetzung als Maßstab heranzuziehen.[24] Da diese Auffassung zur Anerkennung eines befreienden KA führt, der ggf. dem Recht mehrerer EU-/EWR-Staaten entspricht und damit faktisch eine Gestaltungsmöglichkeit beinhaltet, kann diese Auslegung unter Verweis auf die Meinung zum früheren Recht als zu weitläufig erachtet und daher abgelehnt werden.[25]

Bei **Abweichungen** von dem maßgeblichen Mitgliedstaatenrecht ist im Einzelfall zu prüfen, ob der Tatbestand der Gleichwertigkeit insgesamt gefährdet ist. Allzu strenge Anforderungen sind dabei nicht anzulegen. Probleme ergeben sich hierbei regelmäßig bei der Frage der Gleichwertigkeit von ausländischen Konzernanhängen und KLB. Für die Beurteilung kommt es auf die Bilanzierungs-, Bewertungs- und sonstigen Berichterstattungspflichten in ihrer Gesamtheit an.[26] Sind Abweichungen vorhanden, jedoch nur von untergeordneter Bedeutung, so ist nach der hier vertretenen Auffassung eine Gleichwertigkeit gleichwohl gegeben.

---

[20] Vgl. *Kolb/Roß*, WPg 2014, S. 1089.
[21] Vgl. *ADS*, 6. Aufl. § 292 HGB, Rz 41.
[22] Vgl. WP-Handbuch, Bd. I, 14. Aufl., Abschn. M, Rz 115.
[23] Stellungnahme der Kommission v. 15.3.1991, Brüssel XV/109/90-DE (2. Rev.).
[24] Vgl. auch *Grottel/Kreher*, in *Beck* Bil-Komm. 9. Aufl., § 292 HGB, Rz 24. Entscheidende Bedeutung für die Feststellung der Gleichwertigkeit kommt dabei nach der hier vertretenen Auffassung der *Richtlinien-konformen Auslegung des Rechts des jeweiligen Mitgliedstaats* zu. Diese darf durch die Auslegung des nationalen Rechts nicht gefährdet sein (EuGH, Urteil v. 10.4.1984–14/83, C–14/83; *von Colson/Kamann*, Slg 1984 – S. 1984, 1891 Rn 26).
[25] Vgl. WP-Handbuch, Bd. I, 14. Aufl., Abschn. M, Rz 116f. mit Verweis auf § 3 Satz 1 KonBefrV.
[26] Vgl. *Grottel/Kreher*, in *Beck* Bil-Komm. 9. Aufl., § 292 HGB, Rz 25.

### 2.3.1.5 Im Einklang mit internationalen Rechnungslegungsstandards

13 Auch ein im Einklang mit dem jeweiligen ausländischen Recht eines Drittstaates und dementsprechend nach anderen internationalen Rechnungslegungsstandards aufgestellter KA kann für die Anerkennung der Gleichwertigkeit ausreichen. Insoweit können nach § 292 Abs. 1 Hs. 2 Nr. 1 d) HGB nF auch andere Abschlüsse, z. B. auch US-GAAP-Abschlüsse, befreiend sein.
Voraussetzung hierfür ist, dass der ausländische Rechnungslegungsstandard nach den in der Verordnung vom 21.12.2007 über die Einrichtung eines Mechanismus zur Festlegung der Gleichwertigkeit der von Drittstaatemittenten angewandten Rechnungslegungsgrundsätzen gem. RL 2003/71/EG und 2004/19/EG des EP und des Rates in ihrer jeweils geltenden Fassung als gleichwertig festgelegt bzw. anerkannt wurde. Die Gleichwertigkeit ausländischer Rechnungslegungssysteme wurde durch Entscheidung der Kommission vom 13.6.2013 für bestimmte Länder festgestellt.[27]
Nach diesem Verfahren zur Anerkennung ausländischen Rechts sind bislang bspw. die GAAP von Japan und den USA als gleichwertige Rechnungslegungsstandards angesehen worden.

### 2.3.2 Inhaltliche Anforderungen an den KLB (Nr. 2)

14 Problematisch war und ist die Beurteilung der Gleichwertigkeit bei Fehlen eines KLB, den die KonBefrV entgegen Art. 11 Abs. 1 b) der 7. EG-RL verlangte bzw. mit Verweis auf § 292 Abs. 1 Hs. 2 Nr. 2 HGB weiterhin Bestand hat. Nach § 292 HGB nF wird für die Befreiungswirkung des Drittstaaten-KA ein nach dem entfallenden KA maßgeblichen Recht eines EU-/EWR-Staates aufgestellter KLB oder eine entsprechend gleichwertige Berichterstattung verlangt. Nach bisheriger – und m. E. wegen der Bezugnahme auf § 292 Abs. 1 Hs. 2 Nr. 1 a) HGB nF – weiterhin geltender Auffassung kann dieses Kriterium auch als erfüllt angesehen werden, wenn bspw. eine andersartige Rechnungslegung im Drittstaat (z. B. durch Anhang- statt LB-Angaben oder Fehlen einzelner nebensächlicher Detailinformationen) erfolgt.[28] Ein um ein MD&A erweiterter US-GAAP oder IFRS-Abschluss wird daher gleichwertig i. S. d. Norm sein.[29]

### 2.3.3 Prüfung des befreienden KA (Nr. 3)

15 Nach § 292 Abs. 1 Hs. 2 Nr. 3 HGB nF wird für die befreiende Wirkung lediglich die Prüfung des befreienden KA und nicht des KLB (sic!) durch einen zugelassenen AP oder eine oder mehrere zugelassene Prüfungsgesellschaften verlangt. Die Prüfung hat dabei nach Maßgabe der einzelstaatlichen Regelungen zu erfolgen, denen das aufzustellende Drittstaaten-MU unterliegt. Die Regelung wurde durch das BilRUG nicht verändert und trägt dem Umstand Rechnung, dass der KLB oder ähnliche Berichte in Drittstaaten meistens nicht der Abschlussprüfung unterliegen.[30]

---

[27] Diese sind Abu Dhabi, Brasilien, das Dubai International Financial Centre, Guernsey, Indonesien, die Insel Man, Jersey, Malaysia, Taiwan und Thailand (vgl. EU Amtsblatt v. 15.6.2013, L 163/26).
[28] Zur Frage, ob ein MD&A eines amerikanischen MU gleichwertig zu einem deutschen KLB ist, vgl. Lotz, KoR 2007, S. 682.
[29] Vgl. Hoffmann/Lüdenbach, NWB-Kommentar Bilanzierung, 6. Aufl. 2015, § 292 HGB Rz. 17.
[30] Vgl. auch BT-Drs. 18/5256, S. 84 mit beispielhafte Verweis auf USA und Kanada; zustimmend insoweit IDW, Eingabe zum BilRUG, WPg 10/2015, S. 450.

## 2.3.4 Offenlegung des befreienden KA (Nr. 4)

Nach altem Recht (§ 292 Abs. 1 Satz 1 i.V.m. § 1 Satz 1 KonBefrV) setzte die Befreiung des deutschen MU von der Konzernrechnungslegungspflicht voraus, dass der befreiende ausländische KA nach den Vorschriften offengelegt wird, die für den entfallenden KA und KLB maßgeblich sind. Diese Regelung wurde durch die Neufassung des § 292 HGB modifiziert. Ab dem Gj 2016 reicht durch die gesetzliche Klarstellung ein mit einem Versagungsvermerk versehener KA nicht mehr aus. Verlangt wird vielmehr ein Bestätigungsvermerk.[31] Zudem wurde die Pflicht zur Hinterlegung der Offenlegungsbestätigung nach § 3 Satz 2 KonBefrV gestrichen. Weiterhin zu beachten sind für inländische zu befreiende MU die Vorschriften der §§ 325 ff. HGB.[32] Der befreiende KA muss daher in deutscher Sprache veröffentlicht werden.

16

## 2.4 Angabepflicht im Anhang des befreiten MU (Abs. 2)

Nach Abs. 2 nF tritt die befreiende Wirkung nur dann ein, wenn im Anhang des JA des zu befreienden MU die in § 291 Abs. 2 Satz 1 Nr. 4 HGB nF genannten Angaben sowie weitere Zusätze gemacht wurden. Dies beinhaltet:

17

- Name und Sitz des MU, das den befreienden KA und KLB aufstellt,
- einen Hinweis auf die Befreiung von der Verpflichtung, einen KA und einen KLB aufzustellen, und
- eine Erläuterung der im befreienden KA vom deutschen Recht abweichend angewandten Bilanzierungs-, Bewertungs- und Konsolidierungsmethoden.

Daneben sind folgende Zusätze im Anhang anzubringen:

- die Angabe, nach welchen der in § 292 Abs. 1 HGB nF genannten Vorgaben der KA aufgestellt wurde, sowie ggf.
- die Angabe, nach dem Recht welchen Staates der befreiende KA/KLB aufgestellt wurde.

Nach § 292 Abs. 2 Satz 2 HGB nF gelten die besonderen Anforderungen für einen befreienden KA von Versicherungen und Kreditinstitute (§ 291 Abs. 2 S. 2 HGB nF) sowie die fehlende Befreiungswirkung im Fall der Inanspruchnahme des Kapitalmarktes (§ 291 Abs. 3 HGB nF) im Verhältnis eines zu befreienden MU i.S.d. § 292 HGB entsprechend.

## 2.5 Anforderungen an die Prüfung des befreienden ausländischen Konzernabschlusses

Der befreiende KA, der nicht von einem nach Abs. 1 zugelassenen AP geprüft wurde, und der KLB haben gem. § 292 Abs. 3 Satz 1 HGB nF nur dann befreiende Wirkung, wenn dieser von einem AP

18

- der nach der 8. EG-RL zugelassen ist **oder** über eine gleichwertige Befähigung verfügt (s. Rz 19) **und**
- in einer den Anforderungen des Dritten Unterabschnitts (§§ 316 ff. HGB) entsprechenden Weise **geprüft** wurde (s. Rz 15).

Nicht in Übereinstimmung mit der 8. EG-RL zugelassene AP von Drittstaaten-MU i.S.v. § 3 Abs. 1 Satz 1 WPO, deren Wertpapiere i.S.d. § 2 Abs. 1 WpHG an einer inländischen Börse zum Handel am regulierten Markt zugelassen sind, haben nur

---

31 Zur Abgrenzung von Bestätigungsvermerk und Versagungsvermerk vgl. § 322 Abs. 4 S. 2 HGB.
32 Im Einzelnen s. hierzu § 291 Rz 16.

dann eine gleichwertige Befähigung, wenn Sie bei der WPK gem. § 134 Abs. 1 WPO eingetragen sind oder die Gleichwertigkeit gem. § 134 Abs. 4 WPO anerkannt ist (§ 292 Abs. 3 Satz 2). Dies soll nicht gelten, sofern es sich um Emissionen für institutionelle Anleger mit einer Mindeststückelung von 50.000 EUR oder einem entsprechenden Betrag anderer Währung handelt, die an einer inländischen Börse zum Handel am regulierten Markt zugelassen sind, der AP nach der 8. EG-RL zugelassen ist **oder** über eine gleichwertige Befähigung verfügt (s. Rz 19)

### 2.5.1 Prüfung durch qualifizierten Abschlussprüfer

19 Die befreiende Wirkung tritt nur ein, wenn eine Prüfung durch einen **in Übereinstimmung mit der 8. EG-RL zugelassenen AP** durchgeführt wurde. Nicht erforderlich ist demnach die Prüfung durch einen deutschen AP.
Bei Prüfung durch andere ausländische, nicht nach der 8. EG-RL zugelassene AP wird eine **gleichwertige Befähigung** gefordert. AP, die einer Mitgliedsorganisation der IFAC angehören, werden die Anforderungen der Gleichwertigkeit regelmäßig erfüllen. Ob die gleichwertige Befähigung die Kenntnisse des EU-Bilanzrechts voraussetzt, ist fraglich. Die gleichwertige Befähigung von AP von Drittstaaten-MU, die Wertpapiere i.S.v. § 2 Abs. 1 WpHG an einer inländischen Börse zum Handel an einem regulierten Markt ausgegeben haben, ist davon abhängig, dass der AP gem. § 134 Abs. 1 WPO registriert ist oder dass dessen gleichwertige Befähigung gem. § 134 Abs. 4 WPO anerkannt ist (§ 292 Abs. 3 Satz 2 HGB). Diese erhöhte Anforderung gilt hingegen nicht, soweit das obere MU nur Wertpapiere i.S.v. § 2 Abs. 1 Satz 1 WpHG an einer inländischen Börse handeln lässt und diese Papiere nur Schuldtitel i.S.v. § 2 Abs. 1 Nr. 3 WpHG mit einer Mindeststückelung von 50.000 EUR oder einem entsprechenden Betrag anderer Währung an einer inländischen Börse zum Handel am regulierten Markt zugelassen sind (§ 292 Abs. 3 Satz 3 HGB). Diese Voraussetzungen müssen analog zur Regelung über das Vorliegen einer wirksamen Teilnahmebescheinigung nach § 319 Abs. 1 Satz 3 HGB zu Beginn der Prüfung vorliegen. Der AP aus einem Drittstaat lässt sich seine Eintragung gem. § 134 Abs. 2a WPO von der WPK bescheinigen oder nach § 134 Abs. 4 Satz 8 WPO bestätigen, dass seine Eintragung nach § 134 Abs. 4 WPO nicht erforderlich ist. Die Eintragungsbescheinigung bzw. die Bestätigung der WPK über die Befreiung von der Eintragungsverpflichtung ist zusammen mit den übrigen Unterlagen der Rechnungslegung für das zu befreiende MU offenzulegen (§ 292 Abs. 3 Satz 3 HGB).

### 2.5.2 Prüfung des Konzernabschlusses

20 Die Prüfung hat sich nach hM wegen des eindeutigen Wortlauts des § 292 Abs. 2 Satz 1 HGB **nur auf den KA** und nicht auf den KLB zu erstrecken. Die Prüfung hat nach den Vorschriften des §§ 316 ff. HGB mit Ausnahme von § 321 HGB (Prüfungsbericht) zu erfolgen. Eine prüferische Durchsicht reicht demnach nicht aus. Demgegenüber ist auch § 322 HGB bzgl. des BSV zu beachten. Die Prüfung muss im Wesentlichen den Anforderungen nach deutschem Recht entsprechen. Eine Prüfung nach den ISA erfüllt diese Anforderungen.

## § 293 GRÖSSENABHÄNGIGE BEFREIUNGEN

(1) ¹Ein Mutterunternehmen ist von der Pflicht, einen Konzernabschluß und einen Konzernlagebericht aufzustellen, befreit, wenn
1. am Abschlußstichtag seines Jahresabschlusses und am vorhergehenden Abschlußstichtag mindestens zwei der drei nachstehenden Merkmale zutreffen:
   a) Die Bilanzsummen in den Bilanzen des Mutterunternehmens und der Tochterunternehmen, die in den Konzernabschluß einzubeziehen wären, übersteigen insgesamt nach Abzug von in den Bilanzen auf der Aktivseite ausgewiesenen Fehlbeträgen nicht 23.100.000 Euro.
   b) Die Umsatzerlöse des Mutterunternehmens und der Tochterunternehmen, die in den Konzernabschluß einzubeziehen wären, übersteigen in den zwölf Monaten vor dem Abschlußstichtag insgesamt nicht 46.200.000 Euro.
   c) Das Mutterunternehmen und die Tochterunternehmen, die in den Konzernabschluß einzubeziehen wären, haben in den zwölf Monaten vor dem Abschlußstichtag im Jahresdurchschnitt nicht mehr als 250 Arbeitnehmer beschäftigt;
   oder
2. am Abschlußstichtag eines von ihm aufzustellenden Konzernabschlusses und am vorhergehenden Abschlußstichtag mindestens zwei der drei nachstehenden Merkmale zutreffen:
   a) Die Bilanzsumme übersteigt nach Abzug eines auf der Aktivseite ausgewiesenen Fehlbetrags nicht 19.250.000 Euro.
   b) Die Umsatzerlöse in den zwölf Monaten vor dem Abschlußstichtag übersteigen nicht 38.500.000 Euro.
   c) Das Mutterunternehmen und die in den Konzernabschluß einbezogenen Tochterunternehmen haben in den zwölf Monaten vor dem Abschlußstichtag im Jahresdurchschnitt nicht mehr als 250 Arbeitnehmer beschäftigt.
²Auf die Ermittlung der durchschnittlichen Zahl der Arbeitnehmer ist § 267 Abs. 5 anzuwenden.
(2) (außer Kraft)
(3) (außer Kraft)
(4) ¹Außer in den Fällen des Absatzes 1 ist ein Mutterunternehmen von der Pflicht zur Aufstellung des Konzernabschlusses und des Konzernlageberichts befreit, wenn die Voraussetzungen des Absatzes 1 nur am Abschlußstichtag oder nur am vorhergehenden Abschlußstichtag erfüllt sind und das Mutterunternehmen am vorhergehenden Abschlußstichtag von der Pflicht zur Aufstellung des Konzernabschlusses und des Konzernlageberichts befreit war. ²§ 267 Abs. 4 Satz 2 ist entsprechend anzuwenden.
(5) Die Absätze 1 und 4 sind nicht anzuwenden, wenn das Mutterunternehmen oder ein in dessen Konzernabschluss einbezogenes Tochterunternehmen am Abschlussstichtag kapitalmarktorientiert im Sinne des § 264d ist.

Prof. Dr. Stefan Müller/Dr. Markus Kreipl

**Inhaltsübersicht**

| | | Rz |
|---|---|---|
| 1 | Überblick | 1–7 |
| | 1.1 Inhalt und Regelungszweck | 2–3 |
| | 1.2 Anwendungsbereich | 4–6 |
| | 1.3 Normenzusammenhänge | 7 |
| 2 | Befreiungsvoraussetzungen (Abs. 1) | 8–14 |
| 3 | Härteklausel (Abs. 4) | 15–16 |
| 4 | Wegfall der Befreiung (Abs. 5) | 17 |
| 5 | Rechtsfolgen bei Pflichtverletzung | 18 |
| 6 | Änderungen durch das BilRUG | 19–35 |
| | 6.1 Überblick | 19 |
| | 6.2 Schwellenwerte für die Größenklassenzuordnung im KA | 20–21 |
| | 6.3 Anrechnungszeitraum bei Erstaufstellung (Folgeänderung) | 22 |
| | 6.4 Anwendungszeitpunkte des BilRUG | 23 |
| | 6.5 Anhangangabe bei Erstanwendung | 24 |
| | 6.6 Neuregelung der Härteklausel (Abs. 4) | 25–35 |
| |     6.6.1 Überblick | 25 |
| |     6.6.2 Mutterunternehmen als formwechselnde Rechtsträger | 26 |
| |     6.6.3 Rechtsform der formwechselnden Rechtsträger | 27–33 |
| |     6.6.4 Formwechselbezogene Voraussetzungen | 34–35 |

**Ergänzendes Schrifttum**

*Beck* (Hrsg.), Rückwirkende Anhebung der Schwellenwerte durch das Bilanzrichtlinie-Umsetzungsgesetz (BilRUG), BC 2015, S. 5; *Beine/Roß*, BilRUG bringt in der Praxis gravierende Verschärfungen, Börsen-Zeitung 2015, Ausgabe 12, S. 8; *Busse von Colbe*, Der Ausbau der Konzernrechnungslegung im Lichte internationaler Entwicklungen, ZGR 2000, S. 651; *Claussen*, Wie ändert das KonTraG das Aktiengesetz?, DB 1998, S. 177; *Ebeling/Baumann/Pöller*, Konzernrechnungslegung mittelständischer Unternehmen unter besonderer Berücksichtigung der Personenhandelsgesellschaften, DStR 2001, S. 1131, 1171; *Geib/Ellenbürger/Kölschbach*, Ausgewählte Fragen zur EG-Versicherungsbilanzrichtlinie (VersBiRiLi), WPg 1992, S. 177; *Göhner*, Neue Größenklassenkriterien der §§ 267 und 293 Abs. 1 HGB: Besteht die Möglichkeit der Rückwirkung?, BB 2005, S. 207; *Haaker*, Problembereiche im BilRUG-RefE – Kritische Analyse ausgewählter Aspekte des Referentenentwurfs eines Bilanzrichtlinie-Umsetzungsgesetzes (BilRUG-RefE), StuB 2015, S. 11; *Haaker*, Beeinträchtigung von Bilanzanalyse und Unternehmenssteuerung durch das BilRUG, DB 2014, S. 5; *Kleinmanns*, BilRUG: Änderungen zum GuV-Ausweis und Einführung sog. Zahlungsberichte, StuB 2014, S. 794; *Kreipl*, Quantitative Befreiungstatbestände im Einzel- und Konzernabschluss – Eine Fallstudie zu den Konsequenzen der Änderung der Schwellenwerte im Rahmen der geplanten EU-Bilanzrichtlinie, KoR 2013, S. 163; *Kreipl/Müller*, Der freiwillige mittelständische Konzernabschluss – Optionen mit hohem Nutzwert für die interne Steuerung, BRg 2015, S. 152; *Maier-Siegert*, BilRUG im Wartestand, BC 2015, S. 1; *Müller/Stawinoga*, Implikationen der rückwirkenden Schwellenwerterhöhung mit dem BilRUG-RefE bei der Bestimmung der Unternehmensgrößenklassen, BB 2014, S. 2411; *Müller/Stawinoga*, Verschärfung der Voraussetzungen zur rückwirkenden Anwendung der Schwellenwerterhöhungen durch den BilRUG-RegE, BB 2015, S. 241; *Pellens/Bonse/Gassen*, Perspektiven der deutschen Konzernrechnungslegung, DB 1998, S. 785; *Prahl*, Die neuen Vorschriften des Handelsgesetzbuches für Kreditinstitute, WPg 1991, S. 401; *Prahl/ Naumann*, Bankkonzern-Rechnungslegung nach neuem Recht: grundsätzliche Konzepte, wichtige Vorschriften zum Übergang und andere ausgewählte Einzelfragen, WPg 1993, S. 235; *Strobel*, Die Neuerungen des KapCoRiLiG für den Einzel- und Konzernabschluß, DB 2000, S. 53; *Theile*, Der Regierungsentwurf zum Bilanzrichtlinie-Umsetzungsgesetz – Darstellung der wichtigsten Änderungen zum Jahresabschluss und Konsequenzen für die Praxis, BBK 2015, S. 133; *Theile*, Neue Schwellenwerte für den Jahresabschluss nach dem BilRUG-RefE – Mögliche Rückwirkung für den Abschluss 2014, BBK 2014, S. 1169; *Theile*, Publizität des Einzel- oder Konzernabschlusses bei der GmbH & Co KG nach neuem Recht, GmbHR 2000, S. 215; *Wirtz/Gersbacher*, Neudefinition der Umsatzerlöse durch das BilRUG – Praktische Auswirkungen der vorgesehenen Änderungen, StuB 2014, S. 711; *Zimmer*, Das Gesetz zur Kontrolle und Transparenz im Unternehmensbereich, NJW 1998, S. 3521; vgl. auch das ergänzende Schrifttum zu § 290 HGB

## 1 Überblick

Der Gesetzgeber hat mit dem BilRUG eine Anhebung der **monetären Größenklassenkriterien** – unter der Voraussetzung der Anwendung der geänderten Umsatzdefinition (§ 277 Rz 46 ff.) sowie der §§ 267, 267a Abs. 1 HGB nF (§ 267 Rz 38 ff. und § 267a Rz 16 ff.) – rückwirkend schon für Gj, die nach dem 31.12.2013 beginnen (Art. 74 Abs. 2 EGHGB), beschlossen. Dabei wird unter maximaler Ausnutzung der Grenzen der Bilanzrichtlinie 2013/34/EU für die Befreiung von der Konzernrechnungslegungspflicht lediglich eine **Erhöhung von etwa 4%** in Aussicht gestellt, was nicht einmal dem Inflationsausgleich entspricht. Der RegE geht von ca. 30 Konzernen aus, für die die Erleichterungen dadurch zusätzlich gelten. Das Ministerium veranschlagt die Erleichterungen je Konzern und Jahr auf ca. 11.800 EUR.[1] Zudem ergeben sich Folgewirkungen auch aus Änderungen von Regelungen des § 267 HGB durch das BilRUG (Rz 23 ff.).

### 1.1 Inhalt und Regelungszweck

Neben einer größenunabhängigen Freistellung von der Pflicht zur Konzernrechnungslegung aufgrund eines ersatzweisen Einbezugs in einen KA auf höherer Ebene (Vermeidung der Tannenbaumrechnungslegung[2]) durch ein übergeordnetes MU (§§ 291 und 292 HGB) sieht das HGB mit § 293 HGB eine ersatzlose Freistellung von der Konzernrechnungslegungspflicht durch Unterschreiten bestimmter Größenmerkmale vor. § 293 HGB spricht Konzerne, die diese Auf-

1

2

---

[1] Vgl. BilRUG-RegE, BR-Drs. 23/15, S. 65.
[2] Pflicht zur Aufstellung von KA auf mehreren Ebenen bei einem mehrstufigen inländischen Konzern.

lagen erfüllen, von der Pflicht zur Erstellung eines KA frei, obwohl ein Mutter-Tochter-Verhältnis besteht.

3 Die **Befreiung von der Pflicht zur Konzernrechnungslegung** nach § 293 HGB bezweckt die Reduzierung der durch die Rechnungslegung entstehenden Kosten.[3] § 293 HGB setzt Art. 6 und Art. 40 der 7. EG-RL um, wobei mit der Vorschrift das Wahlrecht des Art. 6 Abs. 1 der RL wahrgenommen wird.[4]

### 1.2 Anwendungsbereich

4 Der Geltungsbereich des § 293 HGB beschränkt sich auf **KapG** und **KapCoGes**. Eine KM-Orientierung i.S.d. § 264d HGB des MU oder eines TU steht der Anwendung der Abs. 1 und 4 gem. Abs. 5 entgegen.

5 Vor der Einführung des Bankrichtlinie-Gesetzes[5] sowie des VersRiLiG[6] galten die Vorschriften des § 293 HGB auch für MU in Gestalt eines Kreditinstituts oder eines VersicherungsUnt. Seit deren Einführung ist sowohl **Kreditinstituten** (§ 340i Abs. 2 Satz 2 HGB) als auch **VersicherungsUnt** (§ 341j Abs. 1 Satz 2 HGB) die Anwendung des § 293 HGB untersagt. Sie müssen entsprechend den Regelungen der §§ 340i Abs. 1 Satz 1 und 341i Abs. 1 Satz 1 HGB ungeachtet ihrer Größe einen KA und einen KLB aufstellen. Handelt es sich lediglich bei einem TU um ein Kreditinstitut oder ein VersicherungsUnt, sind die Vorschriften des § 293 HGB für den Konzern maßgeblich.[7]

6 Ist ein Unt zur Rechnungslegung nach dem **PublG** verpflichtet, sind die Größenklassen des § 11 Abs. 1 PublG für die Pflicht zur Konzernrechnungslegung bestimmend (§ 290 Rz 10).[8]

### 1.3 Normenzusammenhänge

7 Neben der größenabhängigen Freistellung von der Pflicht zur Konzernrechnungslegung bestehen mit den **§§ 291, 292 HGB** weitere, größenunabhängige Vorschriften, die eine Befreiung aufgrund eines ersatzweisen Einbezugs in einen KA auf höherer Ebene durch ein übergeordnetes MU vorsehen. Die §§ 291, 292 HGB sind dabei vorrangig zu prüfen. Die Befreiungsmöglichkeit bei Neugründung/Umwandlung/Erstkons wird mittels Verweis auf **§ 267 Abs. 4 Satz 2 HGB** geregelt.

## 2 Befreiungsvoraussetzungen (Abs. 1)

8 Ein MU ist ungeachtet der weiteren Befreiungsmöglichkeiten der §§ 290 Abs. 5, 291, 292 HGB dann von der Pflicht, einen KA und KLB aufzustellen, befreit, wenn von den drei in § 293 Abs. 1 HGB genannten Größenkriterien am Abschlussstichtag seines JA und am vorhergehenden Abschlussstichtag mindestens

---

[3] BilMoG-BegrRegE, BT-Drs. 10/3440, 44.
[4] Die Mehrzahl der EG-Mitgliedsstaaten lehnte die größenabhängige vollständige Befreiung von Konzernen ab. Dieses Wahlrecht wurde primär auf Betreiben der deutschen Delegation durchgesetzt.
[5] Bankrichtlinie-Gesetz v. 30.11.1990, BGBl 1990 I S. 2570.
[6] VersRiLiG v. 24.6.1994, BGBl 1994 I S. 1377.
[7] Vgl. *Kirsch/Berentzen*, in *Baetge/Kirsch/Thiele*, Bilanzrecht, § 293 HGB, Rz 8.
[8] Die Bilanzsumme sowie die Umsatzerlöse dürfen gem. PublG nur mittels der Nettomethode ermittelt werden. Die Schwellenwerte sind deutlich höher als jene des HGB.

zwei nicht überschritten werden. Die einer Befreiung zugrunde zu legenden Kriterien müssen dabei nicht über den Zeitverlauf hinweg identisch sein.[9] Auch besteht keine Pflicht zur Beibehaltung der Ermittlungsmethode. Eine Bindung an das Stetigkeitsgebot besteht somit nicht.[10] Zur Ermittlung der Größenkriterien können entweder die Einzelabschlüsse aller in den KA einzubeziehenden TU addiert (**Bruttomethode** gem. § 293 Abs. 1 Nr. 1 HGB) oder ein vollständig konsolidierter KA quasi als Probeabschluss aufgestellt werden (**Nettomethode** gem. § 293 Abs. 1 Nr. 2 HGB). Dieses Wahlrecht soll insb. in Grenzfällen Unsicherheiten in Bezug auf eine Erstellungspflicht vermeiden.[11]

Die EU hat zunächst – festgeschrieben in Art. 27 der 4. RL des Rates[12] – bei Rückgriff auf die Nettomethode Grenzwerte i.H.v. 17.500.000 EUR für die Bilanzsumme und 35.000.000 EUR für die Nettoumsatzerlöse vorgesehen. Art. 6 Abs. 2 der 7. RL des Rates[13] sieht zudem eine Erhöhung dieser Grenzwerte um 20 % vor, sofern die Bruttomethode verwendet wird. Im Einzelnen ergeben sich gem. HGB für JA und KA für das nach dem 31.12.2007 beginnende Gj die in Tab. 1 dargestellten Wertgrenzen. Die in der RL vorgegebenen Werte bei Verwendung der Nettomethode werden damit um 10 % überschritten. Diese 10 %ige Überschreitung der EU-Werte folgt der bisherigen Praxis des Gesetzgebers und erfolgt unter Rückgriff auf die von der EU gewährte Erhöhungsmöglichkeit gem. Art. 12 Abs. 2 der 4. RL[14], die aufgrund von möglichen Währungsumrechnungsdifferenzen gewährt wird.

9

Bei Anwendung der Bruttomethode ist der Abschlussstichtag des MU und bei Anwendung der Nettomethode infolge der Regelung des § 299 Abs. 1 HGB der fiktive einheitliche Abschlussstichtag des Konzerns maßgebend für die Bemessung der Schwellenwerte. Dies kann bei Anwendung der Bruttomethode zu Problemen führen, wenn die Abschlussstichtage der TU von jenem des MU abweichen. In diesen Fällen sind Schätzungen vorzunehmen.[15]

10

| für nach dem 31.12.2007 beginnende Gj | Bruttomethode | Nettomethode |
|---|---|---|
| | § 293 Abs. 1 Nr. 1 HGB | § 293 Abs. 1 Nr. 2 HGB |
| Bilanzsumme | 23.100.000 EUR | 19.250.000 EUR |
| Umsatzerlöse | 46.200.000 EUR | 38.500.000 EUR |
| Mitarbeiter | 250 | 250 |

Tab. 1: Wertgrenzen für die größenklassenabhängige Befreiung nach Rechtsstand vor BilRUG[16]

---

9 GlA *ADS*, 6. Aufl. § 293 HGB, Rz 11; *Grottel/Kreher*, in Beck Bil-Komm. 9. Aufl., § 293 HGB, Rz 20.
10 GlA *Grottel/Kreher*, in Beck Bil-Komm. 9. Aufl., § 293 HGB, Rz 2; ADS, 6. Aufl. § 293 HGB, Rz 11.
11 Vgl. *Grottel/Kreher*, in Beck Bil-Komm. 9. Aufl., § 293 HGB, Rz 2.
12 Richtlinie v. 25.7.1978, ABl. L 222 v. 14.8.1978, S. 21–22.
13 Richtlinie v. 13.6.1983, ABl. L 193 v. 18.7.1983, S. 8.
14 Richtlinie v. 25.7.1978, ABl. L 222 v. 14.8.1978, S. 16.
15 Vgl. *Hoffmann/Lüdenbach*, NWB-Kommentar Bilanzierung, 6. Aufl. 2015, § 293 HGB, Rz 10.
16 Die Ermittlung der durchschnittlichen Arbeitnehmerzahl hat gem. § 293 Abs. 1 Satz 2 HGB nach Maßgabe des § 267 Abs. 5 HGB zu erfolgen.

11 **Beispiel**
**Größenabhängige Befreiung/Pflicht zur Konzernrechnungslegung**
**Sachverhalt**
Im Rahmen von Nachfolgeüberlegungen ist folgender Unternehmensverbund entstanden: Die Mutter GmbH hält 100 % der Anteile an der Sohn GmbH und ebenfalls 100 % der Anteile an der Tochter GmbH. Es bestehen keine Lieferungs- und Leistungsbeziehungen.
Fraglich ist, ab wann eine Konzernrechnungslegungspflicht für die Mutter GmbH entsteht. Für die Gj $t_0$-$t_2$ liegen folgende (Plan-)Zahlen vor:

| (außer Mitarbeiter in Mio. EUR) | $t_0$ | $t_1$ | $t_2$ |
|---|---|---|---|
| **Mutter GmbH** | | | |
| Mitarbeiter | 105 | 110 | 110 |
| Beteiligung Sohn GmbH | 3 | 3 | 3 |
| Beteiligung Tochter GmbH | 4 | 4 | 4 |
| übriges Vermögen | 7 | 7 | 7 |
| Umsatz | 20 | 20 | 20 |
| **Sohn GmbH** | | | |
| Mitarbeiter | 55 | 60 | 60 |
| Vermögen | 6 | 6 | 6 |
| Umsatz | 10 | 10 | 10 |
| **Tochter GmbH** | | | |
| Mitarbeiter | 90 | 90 | 90 |
| Vermögen | 4 | 4 | 4 |
| Umsatz | 14 | 15 | 15 |

**Befreiung/Konzernrechnungslegungspflicht:**

| (außer Mitarbeiter in Mio. EUR) | $t_0$ | $t_1$ | $t_2$ |
|---|---|---|---|
| **Konzern (Summenbilanz)** | | | |
| Mitarbeiter | 250 | 260 | 260 |
| Vermögen | 24 | 24 | 24 |
| Umsatz | 44 | 45 | 45 |
| **Konzern (konsolidiert)** | | | |
| Mitarbeiter | 250 | 260 | 260 |
| Vermögen | 17 | 17 | 17 |
| Umsatz | 44 | 45 | 45 |

**Beurteilung**
Für das Jahr $t_0$ kann keine genaue Aussage getroffen werden, da die Werte für $t_{-1}$ unbekannt sind. Sofern nicht bereits $t_{-1}$ mindestens zwei der drei Schwellenwerte überschritten wurden, ergäbe sich eine Befreiung von der Konzernrechnungslegungspflicht. Handelt es sich $t_0$ um eine Erstkons, kann von einer Befreiung in Anlehnung an § 293 Abs. 4 HGB ausgegangen werden.
In $t_1$ erfolgt eine Befreiung (noch keine Überschreitung zwei Jahre in Folge), es sei denn, $t_{-1}$ lag keine Befreiung vor. Sofern $t_{-1}$ eine Pflicht zur Konzern-

> rechnungslegung bestand, hätte die nur einmalige Grenzwertunterschreitung $t_0$ nicht zu einer Aufhebung dieser geführt.
> In $t_2$ besteht die Pflicht zur Konzernrechnungslegung, da zwei der drei (konsolidiert) respektive drei der drei (Summenbilanz) Merkmale wiederholt überschritten werden.

Sowohl bei der Brutto- als auch bei der Nettomethode ist im Hinblick auf die Ermittlung der Größenmerkmale von dem KonsKreis auszugehen, der bei einer Überschreitung der Bezugsgrößen der späteren Kons. zugrunde liegen würde. Somit können die Einbeziehungswahlrechte des § 296 HGB vor der Berechnung und dem Vergleich mit den Schwellenwerten genutzt werden, soweit die Wahlrechte auch bei einem zu erstellenden KA genutzt werden würden.[17] Sofern bereits ein KA aufgestellt wurde, ist dabei das Stetigkeitsgebot zu beachten. Die Inanspruchnahme der Einbeziehungswahlrechte des § 296 HGB beschränkt sich in diesen Fällen auf die bisherige Vorgehensweise hinsichtlich deren Ausübung. Die Wahlrechte des § 296 HGB entfalten insofern erhebliche Ausstrahlungswirkung auf die Ermittlung der Größenklassen, als dass gem. § 296 HGB nicht einbezogene Unt lediglich ggf. über die Bewertung nach der Equity-Methode Einfluss auf die Bilanzsumme entfalten, jedoch grundsätzlich keine Berücksichtigung bei den Umsatzerlösen und Mitarbeiterzahlen finden. Mittels Ausnutzung der Wahlrechte respektive korrespondierender Planung bei noch nicht erfolgter Aufstellung eines KA kann so ggf. eine KA-Erstellungspflicht vermieden werden, wobei die Auswirkungen der Ausnutzung die (positiven) Folgen der Schwellenwertanpassung durch das BilRUG mitunter erheblich übersteigen können.

12

Bei der Ermittlung der Mitarbeiterzahl ist auf die durchschnittliche Arbeitnehmerzahl der letzten zwölf Monate oder die kürzere Konzernzugehörigkeit abzustellen. Dies gilt – sofern die Zeiträume vorhanden sind – auch im Fall eines Rumpf-Gj.[18] Nach § 293 Abs. Satz 2 i.V.m. § 267 Abs. 5 HGB gilt dabei als durchschnittliche Zahl der Arbeitnehmer „… der vierte Teil der Summe aus den Zahlen der jeweils am 31. März, 30. Juni, 30. September und 31. Dezember beschäftigten Arbeitnehmer…".[19] Anders als Beschäftigte im Ausland, sind zur Berufsausbildung Beschäftigte[20] sowie Organmitglieder von KapG nicht zu berücksichtigen.

Ergeben sich **Änderungen des KonsKreis**, ist zwischen dem Eintritt in diesen bzw. dem Austritt aus diesem zu unterscheiden. Eine Berücksichtigung von ausgeschiedenen Unt hat nach hM nicht zu erfolgen.[21] Kommen neue Unt zum KonsKreis hinzu, hat hingegen eine Behandlung in Abhängigkeit des jeweiligen Größenklassenmerkmals zu erfolgen. Die „Umsatzerlöse" und die „Zahl der Arbeitnehmer" sind zeitraumbezogene Größen und entsprechend nur zeitantei-

13

---

17 Vgl. *Busse von Colbe*, in MünchKomm. HGB, 3. Aufl., § 293, Rn 6.
18 Vgl. ADS, 6. Aufl. § 293 HGB, Rz 30; *Kirsch/Berentzen*, in *Baetge/Kirsch/Thiele*, Bilanzrecht, § 293 HGB, Rz 32.
19 Die für das PublG relevante Definition findet sich in § 1 Abs. 2 Satz 5 PublG.
20 Wie Auszubildende, Volontäre und Praktikanten.
21 Vgl. ADS, 6. Aufl. § 293 HGB, Rz 20; *Busse von Colbe*, in MünchKomm. HGB, 3. Aufl., § 293, Rn 9.

lig zu berücksichtigen.[22] Für die Festsetzung des Anrechnungszeitraums ist grundsätzlich der Zeitpunkt, an dem das Unt TU geworden ist (§ 301 Rz 75ff.), maßgeblich. Die Bilanzsumme muss in voller Höhe in die Berechnung einfließen, da es sich hier um eine zeitpunktbezogene Größe handelt.

14 Aus Tab. 1 wird deutlich, dass bei der **Bruttomethode** im Hinblick auf die Bilanzsumme und die Umsatzerlöse von Werten ausgegangen wird, die die entsprechenden Werte der Nettomethode um 20 % übersteigen. Bei der Nettomethode werden so die Auswirkungen der Kons. berücksichtigt, was bei der Beschäftigtenzahl, die bei beiden Methoden gleich hohe Wertgrenzen aufweist, zwangsläufig nicht notwendig ist. Da ein Unt bei der Wahl der Methode grds. frei ist, dürfte die Entscheidung für eine Methode, die zu jedem Abschlussstichtag neu getroffen werden kann, außer von Wirtschaftlichkeitsüberlegungen auch von Art, Form und Intensität der innerkonzernlichen Beziehungen beeinflusst werden. In wirtschaftlicher Hinsicht ist vor allem zu bedenken, dass die Nettomethode eine Probekonsolidierung erfordert. Dieser Nachteil relativiert sich jedoch, wenn man die so gewonnenen Daten als Grundlage eines umfassenden Beteiligungscontrollings oder sogar eines Konzernmanagements für die Planung, Steuerung und Kontrolle der einzelnen Unt und des Gesamtgebildes Konzern verwendet.

## 3 Härteklausel (Abs. 4)

15 § 293 Abs. 4 HGB bietet neben der Befreiung nach Abs. 1 eine zeitraumbezogene Härtefallregelung für Konzerne, die die Schwellenwerte einmalig überschreiten. Die Härteklausel befreit nicht nur Unt von der Pflicht zur Erstellung eines KA, die zwei der drei in § 293 Abs. 1 HGB genannten Größenkriterien am aktuellen und am vorhergehenden Abschlussstichtag unterschreiten, sondern auch jene, die zwei der drei Größenkriterien am aktuellen **oder** am davor liegenden Abschlussstichtag unterschreiten, am jeweilig anderen jedoch nicht die Voraussetzungen für eine Befreiung erfüllen bzw. erfüllt haben und für die am vor diesen Abschlussstichtagen gelegenen Stichtag ebenfalls ein Befreiungsrecht bestand. Der Verlust der Befreiung tritt somit nicht durch einmaliges Überschreiten der Schwellenwerte ein.

> **Beispiel**
> **Anwendung der Härteklausel**
> **Sachverhalt**
> Für die Wiesinger AG und ihre TU ergeben sich in den Jahren $t_0$ bis $t_2$ folgende Werte bei Anwendung der Brutto- sowie der Nettomethode nach aktuellem Rechtsstand:

---

[22] Bei Rumpf-Gj sind diese Größen dem jeweils vorhergehenden Gj zu entnehmen. Steht diese Datenbasis nicht zur Verfügung, sind die Größen auf zwölf Monate hochzurechnen. Vgl. dazu *Grottel/Kreher*, in Beck Bil-Komm. 9. Aufl., § 293 HGB, Rz 25. Hinsichtlich der Hochrechnung auf zwölf Monate aA *Hoffmann/Lüdenbach*, NWB-Kommentar Bilanzierung, 6. Aufl. 2015, § 293 HGB, Rz 15.

| (außer Mitarbeiter in Mio. EUR) | 0 | $t_1$ | $t_2$ |
|---|---|---|---|
| Konzern (Summenbilanz) | | | |
| Mitarbeiter | 255 | 260 | 260 |
| Vermögen | 22 | 24 | 25 |
| Umsatz | 47 | 45 | 45 |
| Konzern (konsolidiert) | | | |
| Mitarbeiter | 255 | 260 | 260 |
| Vermögen | 20 | 17 | 17 |
| Umsatz | 37 | 45 | 49 |

**Zusätzliche Annahmen**
In den Gj $t_{-2}$ und $t_{-1}$ wurden sämtliche Grenzwerte des § 293 HGB sowohl bei Anwendung der Brutto- als auch der Nettomethode unterschritten. Entsprechend hat die Wiesinger AG in $t_{-1}$ von der Möglichkeit zur Befreiung von der Konzernrechnungslegung Gebrauch gemacht.

**Beurteilung**
$t_0$: Obwohl bei der Anwendung der Brutto- und der Nettomethode zwei der drei Grenzwerte überschritten werden und damit die Voraussetzungen des § 293 Abs. 1 HGB nicht erfüllt sind, kann die Wiesinger AG bedingt durch die Härteklausel des § 293 Abs. 4 HGB auf eine Konzernrechnungslegung verzichten, da die Schwellenwerte noch nicht zwei Jahre in Folge (wieder) überschritten wurden.
**t1 und t2**: Hier ergibt sich eine Pflicht zur Konzernrechnungslegung. Die Grenzwerte wurden ab $t_1$ jeweils bereits zwei Mal in Folge überschritten.

Mit dem Verweis auf § 267 Abs. 4 Satz 2 HGB in § 293 Abs. 4 Satz 2 HGB hat der Gesetzgeber – wenngleich begrifflich nicht korrekt[23] – den Tatbestand der **Erstkons** klargestellt.[24] Entsprechend ist auch dann eine Befreiung gegeben, wenn mindestens zwei der drei Schwellenwerte am aktuellen Abschlussstichtag unterschritten werden, aufgrund eines fehlenden Mutter-Tochter-Verhältnisses (Neugründung des MU oder erstmalige Begründung eines Konzerns) am vorhergehenden Abschlussstichtag jedoch kein Befreiungsrecht bestand. Für die Erstkons weiterer neuer TU mit einem bestehenden Konzerngebilde gilt dies jedoch nicht. Der Gesetzgeber hat mit dem Verweis auf die mögliche Befreiung bei **Umwandlung** und **Neugründung** so die Regelungslücke i. S. d. Zielsetzung des § 293 HGB geschlossen.

## 4 Wegfall der Befreiung (Abs. 5)

Die Befreiung von der Pflicht zur Konzernrechnungslegung gem. § 293 Abs. 1 HGB gilt gem. § 293 Abs. 5 HGB nur, wenn das MU am Abschlussstichtag **nicht**

---

23 Die Ausführungen des § 267 Abs. 4 Satz 2 HGB wurden in § 293 Abs. 3 Satz 2 HGB nicht um den Begriff der Erstkons erweitert. So ist die Erstkons unter der Ausführung Umwandlung oder Neugründung zu subsumieren.
24 Siehe dazu auch *Küting*, DStR 2009, S. 37.

kapitalmarktorientiert i.S.d. § 264d HGB ist (§ 264d Rz 1ff.). Verknüpft ist diese Voraussetzung im Weiteren mit der Anforderung, dass zudem kein in den KA einbezogenes TU am Abschlussstichtag entsprechend § 264d HGB eingestuft ist. Die Einschränkung der Befreiung dient dem Anlegerschutz,[25] der eng mit dem Informationsinstrument des KA verknüpft ist.

## 5 Rechtsfolgen bei Pflichtverletzung

18 Wird eine Befreiung unrechtmäßig in Anspruch genommen, richten sich die **Sanktionen** nach den Regelungen des § 290 HGB. Ein direkter Verstoß gegen § 293 HGB kann aufgrund seines Wahlrechtscharakters nicht erfolgen.

## 6 Änderungen durch das BilRUG

### 6.1 Überblick

19 Mit dem BilRUG stehen infolge der Einführung der neuen EU-Bilanzrichtlinie[26] **leichte Erhöhungen der monetären Schwellenwerte** des § 293 HGB an.[27] Der deutsche Gesetzgeber hat sich dabei – wie auch im Zuge vergangener Bilanzrechtsreformen – an den maximal zulässigen Schwellenwerten gem. EU-Bilanzrichtlinie orientiert und mit dem BilRUG eine Anhebung der Schwellenwerte um rund 3,90 % vorgenommen. Der in der EU-Bilanzrichtlinie eingeräumten Möglichkeit zur Ausweitung der Konzernrechnungslegungspflicht auch auf kleine Gruppen folgt der deutsche Gesetzgeber in Konsequenz nicht.
Die Änderung soll – unter der Voraussetzung der Verwendung der neuen Umsatzdefinition nach § 277 Abs. 1 HGB nF[28] (§ 277 Rz 46ff.) sowie der §§ 267, 267a Abs. 1 HGB nF (§ 267 Rz 38ff. und § 267a Rz 16ff.) – rückwirkend für Gj, die nach dem 31.12.2013 beginnen, gelten (Rz 23). Wird von der Option auf vorzeitige Anwendung nicht Gebrauch gemacht, bleibt es bei der im Übrigen gem. Art. 75 Abs. 1 Satz 1 EGHGB geltenden Anwendung der Paragraphen des Handelsgesetzbuchs in der Fassung des BilRUG für das nach dem 31.12.2015 beginnende Gj. Da die Aufstellung des KA innerhalb von fünf Monaten nach dem Stichtag zu erfolgen hat, ist die Option auf vorzeitige Anwendung zumindest auf das nach dem 31.12.2013 beginnende Gj ohnehin nur bei wenigen Unt mit abweichendem Gj relevant. Ein Großteil der KA des Gj 2014 war bereits vor Inkrafttreten aufgestellt, geprüft und festgestellt. Zwar ist die Verletzung der Aufstellungspflicht nicht sanktionsbewehrt,[29] sodass in der Praxis letztlich wohl der Feststellungsbeschluss ausschlaggebend sein dürfte,[30] allerdings sind etwaig

---

[25] Vgl. *Busse von Colbe*, in MünchKomm. HGB, 3. Aufl., § 293 Rn 21.
[26] Richtlinie 2013/34/EU v. 29.6.2013, Abl. L 182/19–76.
[27] Während Art. 23 Abs. 1 EU-Bilanzrichtlinie vorsieht, dass kleine Gruppen, die nicht von öffentlichem Interesse sind, zwingend von der Verpflichtung zur Erstellung eines konsolidierten Abschlusses und eines konsolidierten Lageberichts ausgenommen sind, gewährt Art. 23 Abs. 2 ein Mitgliedstaatenwahlrecht zur Ausdehnung dieser Befreiung auch auf mittlere Gruppen, was dem Vorgehen des deutschen Gesetzgebers entspricht.
[28] *Haaker* spricht diesbezüglich von einer „…nicht zu Ende gedachten Neudefinition…" sowie von beträchtlichen Probleme für die Bilanzanalyse und die leistungsprozessorientierte Unternehmenssteuerung. Siehe *Haaker*, DB 2014, S. 5.
[29] Vgl. *Theile*, BBK 2015, S. 5.
[30] Vgl. *Theile*, BBK 2015, S. 5.

auch die Verträge der Prüfmandate und deren Erfüllungsstatus zu beachten, sodass es mitunter nicht (faktisch) auf den Feststellungsbeschluss ankommen kann. Ist die Prüfung bereits unter beiderseitiger Vertragserfüllung erfolgt, scheidet eine rückwirkende Anwendung der Schwellenwerte aus; die Pflichtprüfung kann insoweit nicht in eine freiwillige Prüfung umqualifiziert werden. Bei der überwiegenden Mehrheit der Unt beschränkt sich diese Option infolge der bereits erfolgten Aufstellung, Prüfung und Feststellung des KA für das Gj 2014 insofern letztlich darauf, nur noch die Offenlegung eines im Nachhinein etwaig als unnötig anzusehenden KA zu unterlassen.

Mit dem BilRUG wird mittels Verweis in § 293 Abs. 4 Satz 2 HGB nF auf den neu eingeführten § 267 Abs. 4 Satz 3 HGB nF ferner klargestellt, dass im Fall eines **Formwechsels** die Befreiung von der Konzernrechnungslegungspflicht bei Überschreitung der Schwellenwerte bei Umwandlung bereits am ersten Abschlussstichtag nach dieser keine Anwendung findet, sofern der formwechselnde Rechtsträger eine KapG oder eine PersG i. S. d. § 264a Abs. 1 HGB ist (Rz 25 ff.). Diese Regelung ist pflichtgemäß erst ab dem Gj 2016 anzuwenden (Rz 23).

Für ab dem Gj 2016 beginnende KA ist infolge der Neuregelung des § 301 Abs. 2 Satz 2 HGB nF darüber hinaus zu beachten, dass bei erstmaliger Aufstellung eines KA für die Festsetzung des **Anrechnungszeitraums** der Wertansätze zwar grundsätzlich der Zeitpunkt der Einbeziehung des TU in den KA – und nicht jener, an dem das Unt TU geworden ist – maßgeblich ist, dass in Ausnahmefällen aber auch die Wertansätze nach Satz 1 (Zeitpunkt, an dem das Unt TU geworden ist) angewendet werden dürfen.

## 6.2 Schwellenwerte für die Größenklassenzuordnung im KA

Analog zu den Grenzwerten im JA sieht § 293 Abs. 1 Nr. 1, 2 HGB nF eine **Anhebung der Schwellenwerte** für die Größenklassenzuordnung im KA vor. Unt, die pflichtgemäß einen KA nach den IFRS erstellen müssen, sind von der Erhöhung der Wertgrenzen für die Konzernrechnungslegung dabei grundsätzlich nicht betroffen, da diese KM-orientierten Unt nach Abs. 5 die Befreiung nicht nutzen können.

20

Tab. 2 zeigt die erhöhten Grenzwerte für eine Konzernrechnungslegungspflicht; anzuwenden frühestens für nach dem 31.12.2013 beginnende Gj (Rz 23).

| frühestens für nach dem 31.12.2013 beginnende Gj | Bruttomethode | Nettomethode |
|---|---|---|
| | § 293 Abs. 1 Nr. 1 HGB nF | § 293 Abs. 1 Nr. 2 HGB nF |
| Bilanzsumme | 24.000.000 EUR | 20.000.000 EUR |
| Umsatzerlöse | 48.000.000 EUR | 40.000.000 EUR |
| Mitarbeiter | 250 | 250 |

Tab. 2: Wertgrenzen für die größenklassenabhängige Befreiung nach BilRUG[31]

---

[31] Die Ermittlung der durchschnittlichen Arbeitnehmerzahl hat gem. § 293 Abs. 1 Satz 2 HGB nach Maßgabe des § 267 Abs. 5 HGB zu erfolgen.

**21** **Beispiel**[32]
**Konsequenzen der Anpassung der Schwellenwerte**
**Sachverhalt**
Die Nudel GmbH als MU hält 100 % der Anteile an der Spaghetti GmbH. Am 1.4.$t_1$ erwirbt die Nudel GmbH zudem 100 % der Anteile an der Spirelli GmbH. Ein Unterschiedsbetrag zwischen dem Buchwert der Beteiligungen beim MU und den EK-Ausweisen bestand beim Erwerb nicht. Lieferungs- und Leistungsbeziehungen zwischen den Unt sind nicht existent. Keines der Unt ist KM-orientiert i.S.d. § 264d HGB, von öffentlichem Interesse und weder in Form eines Kreditinstituts noch eines VersicherungsUnt organisiert. Die Beschäftigtenzahlen sind in den jeweiligen Jahren jeweils über alle Quartale hinweg konstant. Für die Gj $t_0$ bis $t_6$ liegen die folgenden (Plan-)Zahlen vor, wobei es sich bei den Umsatzerlösen lediglich um solche aus dem Verkauf von für die gewöhnliche Geschäftstätigkeit typischen Waren handelt (im Laufe des Beispiels folgt eine Erweiterung hinsichtlich der Umsatzkomponenten):

| Mio. EUR/Anzahl | $t_0$ | $t_1$* | $t_2$ | $t_3$ | $t_4$ | $t_5$ | $t_6$ |
|---|---|---|---|---|---|---|---|
| **Nudel GmbH** | | | | | | | |
| Beteiligung Spaghetti GmbH | 3 | 3 | 3 | 3 | 3 | 3 | 3 |
| Beteiligung Spirelli GmbH | | 3 | 3 | 3 | 3 | 3 | 3 |
| Übriges Vermögen | 1 | 7 | 7 | 7 | 7 | 6,5 | 6,5 |
| Umsatz | 10 | 20 | 18 | 20 | 20 | 20,5 | 21 |
| Mitarbeiter | 65 | 110 | 110 | 110 | 110 | 112 | 113 |
| **Spaghetti GmbH** | | | | | | | |
| Vermögen | 3,1 | 6 | 6 | 6 | 6 | 6 | 6 |
| Umsatz | 4 | 10 | 8 | 10 | 10 | 10,5 | 10,5 |
| Mitarbeiter | 35 | 60 | 60 | 60 | 60 | 63 | 62 |
| **Spirelli GmbH** | | | | | | | |
| Vermögen | | 5 | 5 | 5 | 5 | 5 | 5,3 |
| Umsatz | | 12 | 12 | 15 | 15 | 16 | 16,2 |
| Mitarbeiter | | 92 | 90 | 90 | 90 | 91 | 92 |
| * Die hier angegebenen Werte für $t_1$ beziehen sich auf das ganze Jahr! | | | | | | | |

Der Neueintritt der Spirelli GmbH in den KonsKreis ist im Rahmen der Prüfung auf Befreiung von der Konzernrechnungslegungspflicht zu berücksichtigen. Die Umsatzerlöse und Mitarbeiter sind als zeitraumbezogene Größen nur zeitanteilig zu berücksichtigen. Der Erwerbszeitpunkt der Spirelli GmbH (1.4.$t_1$) definiert dabei den Anrechnungszeitraum. Die Bilanzsumme als zeitpunktbezogene Größe ist vollumfänglich zu berücksichtigen. Für das Jahr $t_1$ ergeben sich infolge der Änderung des KonsKreises durch Eintritt der Spirelli GmbH in diesen zum 1.4. die folgenden Werte.

---

[32] Mit Änderungen entnommen aus *Kreipl*, KoR 2013, S. 164f.

| Spirelli GmbH (Mio. EUR/Anzahl) | $t_{1\,gesamt}$ | $t_{1\,ab\,April}$ |
|---|---|---|
| Vermögen | 5 | 5 |
| Umsatz | 12 | 9 |
| Mitarbeiter | 92 | 69 |

Quartalsgenaue Umrechnung der Werte der Spirelli GmbH für $t_1$

**Beurteilung**

**Konzernrechnungslegungspflicht bei Anwendung der Schwellenwerte vor BilRUG:**

| Mio. EUR/Anzahl/ Einordnung | $t_0$ | $t_1$* | $t_2$ | $t_3$ | $t_4$ | $t_5$ | $t_6$ |
|---|---|---|---|---|---|---|---|
| Bruttomethode | | | | | | | |
| Vermögen | 7,1 | 24 | 24 | 24 | 24 | 23,5 | 23,8 |
| Umsatz | 14 | 39 | 38 | 45 | 45 | 47 | 47,7 |
| Mitarbeiter | 100 | 239 | 260 | 260 | 260 | 266 | 267 |
| Grenzwerteinhaltung | Ja | Ja | Nein | Nein | Nein | Nein | Nein |
| Rechtsfolge | Unbekannt | Befreit | Befreit | Nicht befreit | Nicht befreit | Nicht befreit | Nicht befreit |
| Nettomethode | | | | | | | |
| Vermögen | 4,1 | 18 | 18 | 18 | 18 | 17,5 | 17,8 |
| Umsatz | 14 | 39 | 38 | 45 | 45 | 47 | 47,7 |
| Mitarbeiter | 100 | 239 | 260 | 260 | 260 | 266 | 267 |
| Grenzwerteinhaltung | Ja | Ja | Ja | Nein | Nein | Nein | Nein |
| Rechtsfolge | Unbekannt | Befreit | Befreit | Befreit | Nicht befreit | Nicht befreit | Nicht befreit |

In $t_0$ werden nach beiden Methoden drei der drei Grenzwerte für die Befreiung von der Konzernrechnungslegungspflicht eingehalten und entsprechend die Voraussetzungen für eine Befreiung erfüllt. Hinsichtlich der Rechtsfolgen für $t_0$ kann jedoch keine genaue Aussage getroffen werden, da die Werte für $t_{0-1}$ unbekannt sind. Sofern bereits in $t_{0-1}$ mindestens zwei der drei Schwellenwerte für eine Befreiung nicht überschritten wurden, ergäbe sich die Möglichkeit zur Inanspruchnahme einer Befreiung, sonst bliebe diese versagt. Handelt es sich in $t_0$ um eine Erstkons, kann von einer Befreiung in Anlehnung an § 293 Abs. 4 HGB i.V.m. § 267 Abs. 4 Satz 2 HGB ausgegangen werden.

In $t_1$ werden nach beiden Methoden zwei der drei Grenzwerte für die Befreiung von der Konzernrechnungslegungspflicht eingehalten und entsprechend die Voraussetzungen für eine Befreiung erfüllt. Da die Befreiungsvoraussetzungen auch am vorhergehenden Abschlussstichtag erfüllt sind, besteht die Möglichkeit zur Inanspruchnahme einer Befreiung.

In $t_2$ werden nach der Nettomethode zwei der drei Grenzwerte für die Befreiung von der Konzernrechnungslegungspflicht eingehalten und entsprechend die Voraussetzungen für eine Befreiung erfüllt. Da die Befreiungsvoraussetzungen auch am vorhergehenden Abschlussstichtag erfüllt sind, besteht die Möglichkeit zur Inanspruchnahme einer Befreiung.

In $t_3$ wird nach beiden Methoden nur einer der drei Grenzwerte für die Befreiung von der Konzernrechnungslegungspflicht eingehalten. Die Voraussetzungen für eine Befreiung liegen daher zunächst nicht vor. Da die Befreiungsvoraussetzungen jedoch am vorherigen Abschlussstichtag erfüllt sind und entsprechend die Härtefallregelung des § 293 Abs. 4 Satz 1 HGB bei nur einmaligem Überschreiten der Schwellenwerte greift, besteht weiterhin die Möglichkeit zur Inanspruchnahme einer Befreiung.

In $t_4$, $t_5$ und $t_6$ werden bei beiden Methoden jeweils mindestens zwei der drei Grenzwerte zum zweiten Mal in Folge nicht eingehalten, sodass die Voraussetzungen für eine Befreiung nicht erfüllt sind und auch keine Möglichkeiten zur Inanspruchnahme einer Befreiung auf Basis der Härtefallregelungen bestehen.

**Konzernrechnungslegungspflicht bei Anwendung der Grenzwerte gem. BilRUG**

Unter Berücksichtigung der bei der Erläuterung des Sachverhalts gesetzten Prämisse, dass es sich bei den Umsatzerlösen lediglich um solche aus dem Verkauf von für die gewöhnliche Geschäftstätigkeit typischen Erzeugnissen handelt und sich die Umsatzerlöse nach bisheriger Definition und jener nach § 277 Abs. 1 HGB nF nicht unterscheiden, ergibt sich die nachfolgend dargestellte Beurteilung hinsichtlich der Pflicht zur Erstellung eines KA.

| Mio. EUR/- Anzahl/ Einordnung | $t_0$ | $t_1^*$ | $t_2$ | $t_3$ | $t_4$ | $t_5$ | $t_6$ |
|---|---|---|---|---|---|---|---|
| **Bruttomethode** | | | | | | | |
| Vermögen | 7,1 | 24 | 24 | 24 | 24 | 23,5 | 23,8 |
| Umsatz (neue Definition nach § 277 Abs. 1 HGB nF) | 14 | 39 | 38 | 45 | 45 | 47 | 47,7 |
| Mitarbeiter | 100 | 239 | 260 | 260 | 260 | 266 | 267 |
| Grenzwerteinhaltung | Ja | Ja | Ja | Ja | Ja | Ja | Ja |
| Rechtsfolge | Unbekannt | Befreit | Befreit | Befreit | Befreit | Befreit | Befreit |
| **Nettomethode** | | | | | | | |
| Vermögen | 4,1 | 18 | 18 | 18 | 18 | 17,5 | 17,8 |
| Umsatz (neue Definition nach § 277 Abs. 1 HGB nF) | 14 | 39 | 38 | 45 | 45 | 47 | 47,7 |

| Mio. EUR/- Anzahl/ Einordnung | $t_0$ | $t_1^*$ | $t_2$ | $t_3$ | $t_4$ | $t_5$ | $t_6$ |
|---|---|---|---|---|---|---|---|
| Mitarbeiter | 100 | 239 | 260 | 260 | 260 | 266 | 267 |
| Grenzwerteinhaltung | Ja | Ja | Ja | Nein | Nein | Nein | Nein |
| Rechtsfolge | Unbekannt | Befreit | Befreit | Befreit | Nicht befreit | Nicht befreit | Nicht befreit |

In $t_0$ werden nach beiden Methoden drei der drei Grenzwerte für die Befreiung von der Konzernrechnungslegungspflicht eingehalten, sodass die Voraussetzungen für eine Befreiung zunächst erfüllt sind. Hinsichtlich der Rechtsfolgen für $t_0$ kann jedoch keine genaue Aussage getroffen werden, da die Werte für $t_{0-1}$ unbekannt sind. Sofern in $t_{0-1}$ nach einer der beiden Methoden mindestens zwei der drei Schwellenwerte nicht überschritten wurden, ergäbe sich die Möglichkeit zur Inanspruchnahme einer Befreiung, sonst bliebe diese versagt. Im Falle einer Erstkons (Neugründung/Umwandlung) – mit Ausnahme eines Formwechsels mit wechselndem Rechtsträger in der Rechtsform einer KapG oder einer PersG i.S.d. § 264a Abs. 1 HGB – besteht keine Konzernrechnungslegungspflicht, da gem. § 293 Abs. 4 Satz 2 HGB i.V.m. § 267 Abs. 4 Satz 2 HGB dann bereits das einmalige Einhalten der Grenzwerte zu einer Befreiung führt. Liegt dagegen der Fall eines Formwechsels mit korrespondierendem Rechtsformwechsel vor, scheidet eine Befreiung infolge des neu eingeführten § 267 Absatz 4 Satz 3 HGB nF i.V.m. dem Verweis des § 293 Abs. 4 Satz 2 HGB nF aus.

In $t_1$, $t_2$, $t_3$, $t_4$, $t_5$ und $t_6$ werden mindestens bei einer Methode mindestens zwei der drei Grenzwerte mindestens zwei Mal in Folge eingehalten, sodass die Voraussetzungen für eine Befreiung stets erfüllt sind und in jedem Jahr eine Befreiung in Anspruch genommen werden kann.

**Vergleich der Rechtsfolgen vor und nach Schwellenwertanhebung durch das BilRUG**

Da die Befreiung unter Inanspruchnahme sowohl der Netto- als auch der Bruttomethode gestattet ist, werden für den nachfolgenden tabellarischen Vergleich der Rechtsfolgen jeweils nur die im Sinne einer Befreiung günstigeren Methoden dargestellt.

| Rechtsfolgen | $t_0$ | $t_1$ | $t_2$ | $t_3$ | $t_4$ | $t_5$ | $t_6$ |
|---|---|---|---|---|---|---|---|
| HGB (aktueller Rechtsstand) | Unbekannt | Befreit | Befreit | Befreit | Nicht befreit | Nicht befreit | Nicht befreit |
| HGB (nach BilRUG) | Unbekannt | Befreit | Befreit | Befreit | Befreit | Befreit | Befreit |

**Erweiterung des Beispiels – Umsatzerlöse**

Für die Gj $t_0$ bis $t_6$ liegen die folgenden (Plan-)Zahlen vor, wobei es sich bei den Umsatzerlösen neben solchen aus dem Verkauf von für die gewöhnliche Geschäftstätigkeit typischen Waren auch um ao Erträge handelt. Darüber hinaus fallen sonst. direkt mit dem Umsatz verbundene Steuern (wie etwa Brandweinsteuern) an.

| Mio. EUR/Anzahl | $t_0$ | $t_1$* | $t_2$ | $t_3$ | $t_4$ | $t_5$ | $t_6$ |
|---|---|---|---|---|---|---|---|
| **Nudel GmbH** | | | | | | | |
| Beteiligung Spaghetti GmbH | 3 | 3 | 3 | 3 | 3 | 3 | 3 |
| Beteiligung Spirelli GmbH | | 3 | 3 | 3 | 3 | 3 | 3 |
| Übriges Vermögen | 1 | 7 | 7 | 7 | 7 | 6,5 | 6,5 |
| *Umsatz* | | | | | | | |
| – *Warenverkauf gewöhnl. Geschäftstätigk.* | *10* | *20* | *18* | *20* | *20* | *20,5* | *21* |
| – *ao Erträge* | *0,2* | *0,5* | *1* | *2,5* | *3,5* | *3,5* | *2,8* |
| – *Sonst. direkt mit dem Umsatz verbundene Steuern* | *0,2* | *0,3* | *0,4* | *0,4* | *0,4* | *0,4* | *0,5* |
| Mitarbeiter | 65 | 110 | 110 | 110 | 110 | 112 | 113 |
| **Spaghetti GmbH** | | | | | | | |
| Vermögen | 3,1 | 6 | 6 | 6 | 6 | 6 | 6 |
| *Umsatz* | | | | | | | |
| – *Warenverkauf gewöhnl. Geschäftstätigk.* | *4* | *10* | *8* | *10* | *10* | *10,5* | *10,5* |
| – *ao Erträge* | *0,5* | *1,2* | *1* | *1* | *1,5* | *1,4* | *1,4* |
| – *Sonst. direkt mit dem Umsatz verbundene Steuern* | *0,1* | *0,2* | *0,2* | *0,3* | *0,2* | *0,2* | *0,2* |
| Mitarbeiter | 35 | 60 | 60 | 60 | 60 | 63 | 62 |
| **Spirelli GmbH** | | | | | | | |
| Vermögen | | 5 | 5 | 5 | 5 | 5 | 5,3 |
| *Umsatz* | | | | | | | |
| – *Warenverkauf gewöhnl. Geschäftstätigk.* | | *12* | *12* | *15* | *15* | *16* | *16,2* |
| – *ao Erträge* | | *0,1* | *0,1* | *0,1* | *0,1* | *0,1* | *0,1* |
| *Sonst. direkt mit dem Umsatz verbundene Steuern* | | *1,1* | *0,9* | *0,9* | *1* | *0,8* | *1,1* |
| Mitarbeiter | | 92 | 90 | 90 | 90 | 91 | 92 |

\* Die hier angegebenen Werte für $t_1$ beziehen sich auf das ganze Jahr!

Der Neueintritt der Spirelli GmbH in den KonsKreis ist im Rahmen der Prüfung auf Befreiung von der Konzernrechnungslegungspflicht zu berücksichtigen. Die Umsatzerlöse und Mitarbeiter sind als zeitraumbezogene Größen nur zeitanteilig zu berücksichtigen. Der Erwerbszeitpunkt der Spirelli GmbH (1.4.$t_1$) definiert dabei den Anrechnungszeitraum. Die Bilanzsumme als zeitpunktbezogene Größe ist vollumfänglich zu berücksichtigen. Für das Jahr $t_1$ ergeben sich infolge der Änderung des KonsKreises durch Eintritt der Spirelli GmbH in diesen zum 1.4. die folgenden Werte.

| Spirelli GmbH (Mio. EUR/Anzahl) | $t_{1\,gesamt}$ | $t_{1\,ab\,April}$ |
|---|---|---|
| Vermögen | 5 | 5 |
| Umsatz | 11 | 8,25 |
| Mitarbeiter | 92 | 69 |
| Quartalsgenaue Umrechnung der Werte der Spirelli GmbH für $t_1$ | | |

**Konzernrechnungslegungspflicht bei Anwendung der Grenzwerte gem. BilRUG (erweitertes Beispiel)**
Unter Berücksichtigung der geänderten Definition der Umsatzerlöse ergibt sich die nachfolgend dargestellte Beurteilung hinsichtlich der Pflicht zur Erstellung eines KA.

| Mio. EUR/Anzahl/Einordnung | $t_0$ | $t_1^*$ | $t_2$ | $t_3$ | $t_4$ | $t_5$ | $t_6$ |
|---|---|---|---|---|---|---|---|
| **Bruttomethode** | | | | | | | |
| Vermögen | 7,1 | 24 | 24 | 24 | 24 | 23,5 | 23,8 |
| Umsatz (neue Definition nach § 277 Abs. 1 HGB nF) | 14,4 | 39,45 | 38,6 | 47 | 48,5 | 50,6 | 49,2 |
| Mitarbeiter | 100 | 239 | 260 | 260 | 260 | 266 | 267 |
| Grenzwerteinhaltung | Ja | Ja | Ja | Ja | Nein | Nein | Nein |
| Rechtsfolge | Unbekannt | Befreit | Befreit | Befreit | Befreit | Nicht befreit | Nicht befreit |
| **Nettomethode** | | | | | | | |
| Vermögen | 4,1 | 18 | 18 | 18 | 18 | 17,5 | 17,8 |
| Umsatz (neue Definition nach § 277 Abs. 1 HGB nF) | 14,4 | 39,45 | 38,6 | 47 | 48,5 | 50,6 | 49,2 |
| Mitarbeiter | 100 | 239 | 260 | 260 | 260 | 266 | 267 |
| Grenzwerteinhaltung | Ja | Ja | Ja | Nein | Nein | Nein | Nein |
| Rechtsfolge | Unbekannt | Befreit | Befreit | Befreit | Nicht befreit | Nicht befreit | Nicht befreit |

In $t_0$ werden nach beiden Methoden drei der drei Grenzwerte für die Befreiung von der Konzernrechnungslegungspflicht eingehalten, sodass die Voraussetzungen für eine Befreiung zunächst erfüllt sind. Hinsichtlich der Rechtsfolgen für $t_0$ kann jedoch keine genaue Aussage getroffen werden, da die Werte für $t_{0-1}$ unbekannt sind. Sofern in $t_{0-1}$ nach einer der beiden Methoden mindestens zwei der drei Schwellenwerte nicht überschritten wurden, ergäbe sich die Möglichkeit zur Inanspruchnahme einer Befreiung, sonst bliebe diese versagt. Im Falle einer Erstkons (Neugründung/Umwandlung) – mit Ausnahme eines Formwechsels mit wechselndem Rechtsträger in der Rechtsform einer KapG oder einer PersG i.S.d. § 264a Abs. 1 HGB – besteht keine Konzernrechnungslegungspflicht, da gem. § 293 Abs. 4 Satz 2 HGB i.V.m. § 267 Abs. 4 Satz 2 HGB dann bereits das einmalige Einhalten der Grenzwerte zu einer Befreiung führt. Liegt dagegen der Fall eines Formwechsels mit korrespondierender Rechtsform vor, scheidet eine Befreiung infolge des neu eingeführten § 267 Abs. 4 Satz 3 HGB nF i.V.m. dem Verweis des § 293 Abs. 4 Satz 2 HGB nF aus.

In $t_1$, $t_2$ und $t_3$ werden mindestens bei einer Methode mindestens zwei der drei Grenzwerte mindestens zwei Mal in Folge eingehalten, sodass die Voraussetzungen für eine Befreiung stets erfüllt sind und in jedem Jahr eine Befreiung in Anspruch genommen werden kann.

In $t_4$ werden bei beiden Methoden mindestens zwei der drei Grenzwerte überschritten. Infolge der Härtefallregelung bei nur einmaliger (Wieder-)Überschreitung der Schwellenwerte besteht bei Anwendung der Bruttomethode weiterhin die Option auf Befreiung.

In $t_5$ und $t_6$ werden bei beiden Methoden mindestens zwei der drei Grenzwerte mindestens zwei Mal in Folge überschritten. Eine Befreiung scheidet aus.

**Vergleich der Rechtsfolgen vor und nach Schwellenwertanhebung durch das BilRUG unter Berücksichtigung der geänderten Umsatzdefinition**
Da die Befreiung unter Inanspruchnahme sowohl der Netto- als auch der Bruttomethode gestattet ist, werden für den nachfolgenden tabellarischen Vergleich der Rechtsfolgen jeweils nur die im Sinne einer Befreiung günstigeren Methoden dargestellt.

| Rechtsfolgen | $t_0$ | $t_1$ | $t_2$ | $t_3$ | $t_4$ | $t_5$ | $t_6$ |
|---|---|---|---|---|---|---|---|
| HGB (aktueller Rechtsstand) | Unbekannt | Befreit | Befreit | Befreit | Nicht befreit | Nicht befreit | Nicht befreit |
| HGB (nach BilRUG) | Unbekannt | Befreit | Befreit | Befreit | Befreit | Befreit | Befreit |
| HGB (nach BilRUG erweitertes Beispiel) | Unbekannt | Befreit | Befreit | Befreit | Befreit | Nicht befreit | Nicht befreit |

### 6.3 Anrechnungszeitraum bei Erstaufstellung (Folgeänderung)

22 In Abweichung zur Festsetzung des Anrechnungszeitraums bei Änderungen des KonsKreis, für die gem. § 301 Abs. 2 Satz 1 HGB der Zeitpunkt, an dem das Unt TU geworden ist, maßgeblich ist, sind infolge des § 301 Abs. 2 Satz 3 und 4 HGB

nF bei erstmaliger Aufstellung eines KA die Wertansätze zum Zeitpunkt der Einbeziehung in den KA zugrunde zu legen, soweit das TU nicht in dem Jahr TU geworden ist, für das der KA aufgestellt wird. Neu eingeführt wurde mit § 301 Abs. 2 Satz 5 Halbsatz 1 HGB nF jedoch, dass in Ausnahmefällen auch die Wertansätze nach Satz 1 (Zeitpunkt, an dem das Unt TU geworden ist) angewendet werden dürfen. In diesen Fällen verlangt § 301 Abs. 2 Satz 5 Halbsatz 2 HGB nF allerdings, dies im Konzernanhang anzugeben und zu begründen (§ 301 Rz 229).

### 6.4 Anwendungszeitpunkte des BilRUG

Der Gesetzgeber hat das BilRUG zu verschiedenen Zeitpunkten anwendbar ausgestaltet. 23
- Der von der EU determinierte letzte Anwendungszeitpunkt ist das Gj, das nach dem 31.12.2015 beginnt, was der deutsche Gesetzgeber 1 zu 1 umgesetzt hat. Ab dem Gj 2016 hat eine Anwendung aller geänderten Vorschriften somit pflichtgemäß zu erfolgen.
- Zudem können nach Art. 75 Abs. 2 EGHGB die geänderten §§ 267, 267a Abs. 1, § 277 Abs. 1 sowie § 293 HGB nF für das nach dem 31.12.2013 beginnende Gj angewendet werden, jedoch nur insgesamt. Dies schließt insbesondere die neue Umsatzdefinition (§ 277 Rz 46ff.) ein, die dann zusammen mit den geänderten Schwellenwerten sowie den weiteren Regelungen zur Unternehmensklassifikation anzuwenden ist.
- Dem Wortlaut des Art. 75 Abs. 2 EGHGB betreffend die vorzeitige Änderung der §§ 267, 267a Abs. 1, § 277 Abs. 1 sowie § 293 HGB nF entsprechend beschränkt sich diese auf eine Anwendung für das nach dem 31.12.2013 beginnende Gj (nebst (Folge-)Anwendung für das nach dem 31.12.2014 beginnende Gj). Eine erstmalige Anwendung der Schwellenwertregelung (erst) für Abschlüsse mit Gj-Beginn nach dem 31.12.2014 wäre demnach nicht möglich.[33] Jedoch ist fraglich, warum eine Erstanwendung für das Gj 2015 nicht möglich sein sollte, zumal die Mehrheit der KA 2014 bei der Gesetzesverkündung bereits aufgestellt und geprüft sein dürfte und so von einer vorzeitigen Anwendung der erhöhten Schwellenwerten nicht profitieren könnten (Rz 23).[34] Zudem spricht der Gesetzgeber zwar von einer vorgezogenen Anwendung für das nach dem 31.12. 2013 beginnende Gj, verwendet allerdings gleichzeitig die Formulierung „... auf Jahres- und Konzernabschlüsse, Lageberichte und Konzernlageberichte...", was als Argument auch für eine vorgezogene Anwendung (erst) für Abschlüsse mit Geschäftsjahresbeginn nach dem 31.12.2014 gewertet werden kann. Vor dem Hintergrund mangelnder Klarheit in Art. 75 Abs. 2 EGHGB, in Ermangelung einer

---

[33] Vgl. BT-Drs. 18/5256 vom 17.06.2015, S. 52 und vgl. BilRUG-RegE, S. 33–34.
[34] Vgl. Kreipl/Müller, BRg 2015, S. 152–156.

Klärung dieses Sachverhalts in der Gesetzesbegründung sowie mangels sinnhafter Begründung für einen Ausschluss einer Erstanwendung für das Gj 2015 ist u. E. nach eine Erstanwendung der §§ 267, 267a Abs. 1, § 277 Abs. 1 sowie § 293 HGB nF für die nach dem 31.12.2013 beginnenden Gj möglich. Art 75 Abs. 2 EGHGB ist insofern als i.S.v. „… frühestens für das nach dem 31. Dezember 2013 beginnende GJ…" zu interpretieren.
- Zahlungsberichte und Konzernzahlungsberichte sind gem. Art. 75 Abs. 3 EGHGB bereits in dem Gj, das nach dem Inkrafttreten des BilRUG beginnt, aufzustellen und offenzulegen.
- Schließlich soll die Regelung in § 253 Abs. 3 Satz 3 und 4 HGB nF, dass bei den Ausnahmefällen, in denen die voraussichtliche Nutzungsdauer eines selbst geschaffenen immateriellen VG des AV oder eines GoF nicht verlässlich geschätzt werden kann, planmäßige Abschreibungen auf die HK über einen Zeitraum von zehn Jahren vorzunehmen sind, nur für im Jahr der Erstanwendung des BilRUG oder später aktivierte VG oder GoF gelten. Somit kommt es nicht zu einer rückwirkenden Anpassung von Abschreibungsplänen für bereits aktiviertes AV.

Eine Anwendung der Änderungen ist nach Art. 75 Abs. 1–3 EGHGB entsprechend in Abhängigkeit der jeweiligen Neuerung entweder rückwirkend für nach dem 31.12.2013 beginnende Gj, für nach dem Inkrafttreten beginnende Gj oder spätestens für nach dem 31.12.2015 beginnende Gj vorgesehen.

Hinsichtlich der Schwellenwerte für eine größenabhängige Befreiung von der Pflicht zur Erstellung eines KA ist eine rückwirkende Anwendung für nach dem 31.12.2013 beginnende Gj intendiert. Allerdings müssen dann auch die Umsatzerlöse nach der geänderten Definition rückwirkend neu berechnet sowie der § 267 HGB nF hinsichtlich der Verweise der auch für den KA relevanten Regelungen auf Ebene des KA berücksichtigt werden, was einen – zumindest kurzfristigen bzw. übergangsbezogenen – erheblichen Mehraufwand[35] und mitunter eine erhebliche Erhöhung der Umsatzerlöse[36] bedeutet. **Unklar** ist in diesem Kontext, ob eine Anwendung der §§ 267, 267a Abs. 1 HGB nF bez. der Bestimmung der Schwellenwerteinhaltung gem. KA auf der Ebene der JA von MU und TU Voraussetzung für die Anwendung des § 293 HGB nF für nach dem 31.12.2013 beginnende Gj bildet. UE sind die Sphären des KA und des JA klar zu trennen. Dementsprechend kann sich die Anforderung der nur insgesamten Anwendung im KA nur auf die Verweise und nicht auf die Erleichterungsregelung im JA beziehen.

Gemäß bisherigem Vorgehen bei Schwellenwertanpassungen ist entsprechend der Begr. zum BilRUG eine Rückbeziehung der neuen Schwellenwerte vorzunehmen.[37] Die neuen Schwellenwerte wirken spätestens bis zum JA bzw. KA für das Gj 2012 zurück, wenngleich in der Begr. zum BilRUG nur vom Abschluss

---

[35] Vgl. *Müller/Stawinoga*, BB 2015, S. 241 f. Ähnlich *Haaker*, DB 2014, S. 5; *Wirtz/Gersbacher*, StuB 2014, S. 712 f., die jedoch langfristig positive Effekte, explizit den Wegfall bislang schwieriger Abgrenzungsfragen, sehen. Ebenfalls eine Vereinfachung der Handhabung prognostizierend *Kolb/Roß*, WPg 2014, S. 1091; *Theile*, BBK 2014, S. 1172. Dagegen negative Effekte konstatierend *Haaker*, StuB 2015, S. 14 f.

[36] Vgl. dazu *Kleinmanns*, StuB 2014, S. 795.

[37] BilRUG- BegrRegE, BR-Drs. 23/15, 86 betreffend § 293 HGB verweist hier auf BilRUG- BegrRegE, BR-Drs. 23/15, 71 f. betreffend § 267 HGB.

auf den 31.12.2012 die Rede ist[38]; dies muss als mangelnde Präzision verstanden werden. Im Rahmen der Rückbeziehung auf den Abschluss zum 31.12.2012 und jenem zum 31.12.2013 (bzw. bei abweichendem Wirtschaftsjahr den korrespondierenden Abschlüssen) ist nicht die Umsatzdefinition vor BilRUG zu beachten.[39] Eine Rückbeziehung auch der Umsatzdefinition des § 277 HGB nF auf dieses Gj führt zwar erstens zu einer Differenz zwischen den Umsatzerlösen gem. GuV sowie jenen zwecks Größenklasseneinordnung[40] und ist zweitens aufwendig, da dieser längst auf- und festgestellt sowie offengelegt ist. Allerdings fordert der Gesetzgeber nun explizit in Art. 75 Abs. 2 EGHGB die Vergleichsangabe der Umsatzerlöse des Vj unter Anwendung der neuen Umsatzerlösedefinition. Da diese somit für die Angabe vorliegen muss, kann es auch keinen Grund geben, zwischen der rückwirkenden Anwendung auf nach dem 31.12.2013 beginnende Gj und der (weiteren) Rückbeziehung auf davor liegende Gj zu differenzieren.

**Beispiel**
**Rückbezug der neuen Schwellenwerte**
**Sachverhalt**
Für die Veh AG und ihre TU ergaben sich in den Jahren 2012 bis 2014 folgende Werte bei Anwendung der Brutto- sowie der Nettomethode nach altem Rechtsstand:

| (außer Mitarbeiter in Mio. EUR) | 2012 | 2013 | 2014 |
|---|---|---|---|
| Konzern (Summenbilanz) | | | |
| Mitarbeiter | 255 | 260 | 260 |
| Vermögen | 22 | 24 | 25 |
| Umsatz | 47 | 45 | 45 |
| Konzern (konsolidiert) | | | |
| Mitarbeiter | 255 | 260 | 260 |
| Vermögen | 20 | 17 | 17 |
| Umsatz | 37 | 45 | 49 |

**Zusätzliche Annahmen**
In den Gj 2010 und 2011 wurden sämtliche Grenzwerte des § 293 HGB i.d.F. vor BilRUG sowohl bei Anwendung der Brutto- als auch der Nettomethode unterschritten. Entsprechend hat die Veh AG 2011 von der Möglichkeit zur Befreiung von der Konzernrechnungslegung Gebrauch gemacht. Die geänderte Umsatzdefinition entfaltet in dem skizierten Beispiel keinen Einfluss auf die Höhe der Umsatzerlöse, da unterstellt wird, dass alle Verkäufe von Produkten und Dienstleistungen in den Umsatzerlösen erfasst wurden. Ein Formwechsel wurde im betrachteten Zeitraum nicht vorgenommen (Rz 25 ff.).

---

[38] BilRUG- BegrRegE, BR-Drs. 23/15, 71 f.
[39] AA *Theile*, BBK 2015, S. 139.
[40] Vgl. *Theile*, BBK 2015, S. 139.

| Beurteilung (Rechtsstand vor BilRUG mit Fortrechnung der alten Grenzwerte bis 2014) | | | |
|---|---|---|---|
| (außer Mitarbeiter in Mio. EUR) | 2012 | 2013 | 2014 |
| Konzern (Summenbilanz) | | | |
| Mitarbeiter | 255 | 260 | 260 |
| Vermögen | 22 | 24 | 25 |
| Umsatz | 47 | 45 | 45 |
| Konzern (konsolidiert) | | | |
| Mitarbeiter | 255 | 260 | 260 |
| Vermögen | 20 | 17 | 17 |
| Umsatz | 37 | 45 | 49 |

**2012:** Obwohl bei der Anwendung der Brutto- und der Nettomethode zwei der drei Grenzwerte überschritten wurden und damit die Voraussetzungen des § 293 Abs. 1 HGB i.d.F. vor BilRUG nicht erfüllt waren, konnte die Veh AG 2012 bedingt durch die Härteklausel des § 293 Abs. 4 HGB i.d.F. vor BilRUG auf eine Konzernrechnungslegung verzichten, da die Schwellenwerte noch nicht zwei Jahre in Folge (wieder) überschritten wurden.

**2013 und 2014:** Hier ergab sich eine Pflicht zur Konzernrechnungslegung. Die Grenzwerte wurden jeweils bereits mindestens zwei Mal in Folge überschritten.

**Beurteilung (Rechtsstand nach BilRUG)**
Vor dem Vergleich mit den Schwellenwerten ist zu beachten, dass die Umsatzerlöse neu berechnet werden müssen. Die Umsatzerlöse dürfen nicht mehr auf die für die Ges. typischen Umsatzerlöse der gewöhnlichen Geschäftstätigkeit beschränkt sein, sondern umfassen alle Erlöse aus dem Verkauf und der Vermietung oder Verpachtung von Produkten sowie aus der Erbringung von Dienstleistungen der Kapitalgesellschaft nach Abzug von Erlösschmälerungen und der Umsatzsteuer sowie sonstiger direkt mit dem Umsatz verbundener Steuern. Damit kommt es zu Umgliederungen aus den sonstigen betrieblichen Erträgen und ao Erträgen sowie je nach verwendetem GuV-Schema auch der damit zusammenhängenden Aufwendungen.[41] Einige Branchen, die direkt mit dem Umsatz verbundene Steuern abzuführen haben, könnten jedoch einen geringeren Umsatzausweis erreichen, da die Steuern nun sofort abzuziehen und die Umsätze somit netto auszuweisen sind. Diese Neuregelung ist nach dem EGHGB immer dann schon zu berücksichtigen, wenn von den erhöhten Schwellenwerten in § 293 HGB bereits rückwirkend für Gj, die nach dem 31.12.2013 begonnen haben, profitiert werden soll.[42] In diesem Fall ergeben sich annahmegemäß keine Unterschiede.

---

[41] Mit Beispielen *Wirtz/Gersbacher*, StuB 2014, S. 712f.
[42] Vgl. BilRUG-RegE, BR-Drs. 23/15, S. 33.

| (außer Mitarbeiter in Mio. EUR) | 2012 | 2013 | 2014 |
|---|---|---|---|
| Konzern (Summenbilanz) | | | |
| Mitarbeiter | 255 | 260 | 260 |
| Vermögen | 22 | 24 | 25 |
| Umsatz (neue Definition nach § 277 Abs. 1 HGB nF) | 47 | 45 | 45 |
| Konzern (konsolidiert) | | | |
| Mitarbeiter | 255 | 260 | 260 |
| Vermögen | 20 | 17 | 17 |
| Umsatz (neue Definition nach § 277 Abs. 1 HGB nF) | 37 | 45 | 49 |

**2012:** Bei der rückwirkenden Anwendung der neuen Schwellenwerte wurde sowohl bei Verwendung der Brutto- als auch der Nettomethode nur einer der drei Grenzwerte überschritten. Zusammen mit der Information, dass die Veh AG 2011 nicht konzernrechnungslegungspflichtig war, bestand auch für 2012 die Befreiungsmöglichkeit.

**2013:** Bei der Nettomethode kam es zwar zu einer Überschreitung von zwei der drei Grenzwerte, doch konnte dies durch Nutzung der Bruttomethode umgangen werden, da hier nur die Zahl der durchschnittlich beschäftigten Mitarbeiter überschritten und die monetären Grenzwerte unterschritten wurde. Daher blieb es bei der Möglichkeit der Inanspruchnahme der Befreiung.

**2014:** Obwohl bei der Anwendung der Brutto- und der Nettomethode zwei der drei Grenzwerte überschritten wurden und damit die Voraussetzungen des § 293 Abs. 1 HGB nF nicht erfüllt sind, konnte die Veh AG 2013 bedingt durch die Härteklausel des § 293 Abs. 4 HGB nF auf eine Konzernrechnungslegung verzichten, da die Schwellenwerte noch nicht zwei Jahre in Folge überschritten wurden.

## 6.5 Anhangangabe bei Erstanwendung

Gemäß Art. 75 Abs. 2 Satz EGHGB i.d.F. d. BilRUG ist bei der erstmaligen Anwendung der §§ 267, 267a Abs. 1, 277 Abs. 1 sowie 293 HGB im Anhang oder im Konzernanhang auf die fehlende Vergleichbarkeit der Umsatzerlöse hinzuweisen und unter nachrichtlicher Darstellung des Betrags der Umsatzerlöse des Vorjahres, der sich aus der Anwendung von § 277 Abs. 1 HGB nF ergeben haben würde, zu erläutern.   24

## 6.6 Neuregelung der Härteklausel (Abs. 4)

### 6.6.1 Überblick

Der bereits seit Einführung des BilMoG in § 293 Abs. 4 Satz 2 HGB verankerte explizite Verweis auf § 267 Abs. 4 Satz 2 HGB betreffend den Tatbestand der **Umwandlung/Erstkons** wurde mit dem BilRUG auf die in § 267 Abs. 4 Satz 3 HGB nF neu implementierte Einschränkung des Rechtsfolgeneintritts bei Umwandlung respektive Formwechsel bereits bei einmaliger Erfüllung der Voraus-   25 setzungen ausgedehnt. Für bestimmte Fälle eines **Formwechsels**, konkret wenn der formwechselnde Rechtsträger eine KapG oder eine PersG i.S.d. § 264a Abs. 1 HGB ist, findet § 293 Abs. 4 Satz 2 HGB keine Anwendung. Eine Befreiung von der KA-Erstellungspflicht bereits im ersten Jahr der Unterschreitung von 2 der 3 Schwellenwerte bei Erstkons scheidet damit genauso wie das Entstehen einer Konzernrechnungslegungspflicht bereits im ersten Jahr der Überschreitung aus. Die Formulierung des § 267 Abs. 4 Satz 3 HGB nF ist dabei als unpräzise respektive **interpretationswürdig** zu bezeichnen. **Unklar ist, ob** mit „wenn der formwechselnde Rechtsträger eine KapG oder eine PersG i.S.d. § 264a Abs. 1 HGB ist" neben dem Fall der entsprechenden **Rechtsform vor und nach Formwechsel auch** die Konstellation gemeint ist, dass die entsprechende Rechtsform **nur nach Formwechsel** vorliegt. Dazu im Detail Rz 31–35.

### 6.6.2 Mutterunternehmen als formwechselnde Rechtsträger

26  Die Einschränkung des Rechtsfolgeneintritts bereits bei einmaliger Erfüllung der Voraussetzungen in Fällen eines Formwechsels ist grundsätzlich auf einen **Wechsel der Rechtsform** auf der Ebene des **MU** beschränkt. Die Rechtsform des/der TU spielt im Kontext der Pflicht zur Aufstellung eines KA und folglich im Zuge der Anwendung des § 293 HGB keine Rolle (§ 290 Rz 18 ff.; § 294 Rz 7 ff.).

### 6.6.3 Rechtsform der formwechselnden Rechtsträger

27  Unter einem **Formwechsel i.S.d. UmwG** ist eine Umwandlung ohne Übertragung von Aktiva und Passiva zu verstehen, die neben Umwandlungen mit entsprechender Übertragung (Verschmelzung, Spaltung und Vermögensübertragung) zu einer der beiden (vier) Grundarten (Unterarten) von Umwandlungen i.S.d. UmwG gehört. Als Rechtsträger eines Formwechsels kommt dabei grundsätzlich ein Großteil der Rechtsformen des inländischen Rechts in Betracht. Einen Überblick über die vom **UmwG** erfassten Rechtsträger und deren Handlungsspielräume im Rahmen von Formwechseln liefert zunächst die nachfolgende Tab. 3.

| Wechselnder Rechtsträger | Neue Rechtsform | | | | | | |
|---|---|---|---|---|---|---|---|
| | GbR | PersG | Partnerschaft | GmbH | AG/-SE | KGaA | eG |
| PersG | | | | X | X | X | X |
| Partnerschaft | | | | X | X | X | X |
| GmbH | X | (X) | (X) | | X | X | X |
| AG/SE | X | (X) | (X) | X | | X | X |
| KGaA | X | (X) | (X) | X | X | | X |
| eG | | | | X | X | X | |
| eV/wV | | | | X | X | X | X |
| VVaG | | | | | (X) | | |
| Körp./Anstalten des öffentl. Rechts | | | | X | X | X | |

Tab. 3: Vom UmwG erfasste Rechtsträger beim Formwechsel[43]

---

[43] Mit (X) = eingeschränkte Übertragungsmöglichkeit.

Darüber hinaus gibt es **Formwechsel** bei Änderungen der Rechtsform, die **in anderen Gesetzen vorgesehen oder zugelassen** sind, wie dem identitätswahrenden Formwechsel zwischen Rechtsformen des Personengesellschaftsrechts Kraft Gesetz, der Registereintragung eines bisher nicht rechtsfähigen Vereins oder dem Vermögensübergang im Wege der registergerichtlichen Eintragung von Körperschaften. Das UmwG ist insofern nicht abschließend.

**Nicht alle Arten eines Formwechsels** – sowohl i. S. d. UmwG als auch außerhalb dessen – **spielen** im Kontext der ausschließenden Regelung des § 267 Abs. 4 Satz 3 HGB nF und damit korrespondierend von jener des § 293 HGB nF **eine Rolle**. In Abhängigkeit der **Auslegung des Gesetzeswortlautes** des § 267 Abs. 4 Satz 3 HGB nF ergeben sich unterschiedliche Eingrenzungen (Rz 32–35) der möglichen Rechtsformen/Konstellationen im Zuge eines Formwechsels mit Relevanz für die §§ 267, 267a, 293 HGB.  28

**KapG oder PersG i. S. d. § 264a Abs. 1 HGB vor und nach Formwechsel**
Von der ausschließenden Regelung des § 267 Abs. 4 Satz 3 HGB nF und damit korrespondierend von jener des § 293 HGB nF sind gem. dieser Interpretation **Formwechsel von der Rechtsform** der **GmbH, AG/SE, KGaA** oder von der Rechtsform der **oHG** oder **KG ohne natürlichem Vollhafter hin zu einer (anderen) KapG oder einer (anderen) PersG i. S. d. § 264a HGB** erfasst. Grundsätzlich keine Rolle spielt in diesem Zusammenhang der Formwechsel einer eG hin zu einer (anderen) KapG, da diese Rechtsform nicht von den Vorschriften der EU-Bilanzrichtlinie erfasst wird.[44]  29

In Fällen des Formwechsels durch Ges. dieser Rechtsform ist der Sachverhalt eines Formwechsels im Kontext der Konsolidierung dabei nur erheblich, wenn sich die Möglichkeit der Inanspruchnahme der Befreiung im ersten Jahr nach Formwechsel infolge einer Unter- oder Überschreitung der Schwellenwert ändert. Die Auswirkungen können dabei sowohl positiv als auch negativ sein (dazu nachfolgendes Beispiel).

---

**Beispiel**
**Folgen der Neuerung**
Sofern für ein MU in der Rechtsform einer GmbH zum 31.12.$t_{0-2}$ und 31.12.$t_{0-1}$ eine Befreiungsoption bestand, nach der Umwandlung des MU in eine AG (zum 1.1.$t_0$) zum 31.12.$t_0$ jedoch die Schwellenwerte für eine Befreiung überschritten werden, würden infolge des Formwechsels gem. Wortlaut der Altregelung bereits im ersten Jahr der Überschreitung der Schwellenwerte die Rechtsfolgen greifen – es wäre ein KA aufzustellen. Durch die Ausnahme vom Rechtsfolgeneintritt bereits im ersten Jahr in bestimmten Fällen des Formwechsels kann jedoch weiterhin auf diesen verzichtet werden.
Im umgekehrten Fall verhält es sich genau andersherum, d. h. sind negative Folgen zu erwarten. Sofern für ein MU in der Rechtsform einer GmbH zum 31.12.$t_{0-2}$ und 31.12.$t_{0-1}$ keine Befreiungsoption bestand, nach der Umwandlung des MU in eine AG (zum 1.1.$t_0$) zum 31.12.$t_0$ jedoch die Schwellenwerte für eine Befreiung unterschritten werden, würden infolge des Formwechsels gem. Altregelung bereits im ersten Jahr der Unterschreitung der Schwellen-

---

[44] Siehe Richtlinie 2013/34/EU, Abl. L 182/56 (Anhang I).

werte die Rechtsfolgen greifen – es wäre kein KA aufzustellen. Durch die Ausnahme vom Rechtsfolgeneintritt bereits im ersten Jahr in bestimmten Fällen des Formwechsels kann jedoch nicht auf diesen verzichtet werden.

**KapG oder PersG i. S. d. § 264a Abs. 1 HGB (nur) vor Formwechsel**

30 Beim Formwechsel eines MU in der Rechtsform einer KapG oder einer PersG ohne natürlichen Vollhafter hin zu einer PersG mit natürlichem Vollhafter, einer Partnerschaft, einer eG oder einer GbR entfällt die KA-Erstellungspflicht gem. § 290 HGB losgelöst von § 293 HGB. Die Neuerung ist hier insofern irrelevant respektive umfasst diesen Fall nicht.

**KapG oder PersG i. S. d. § 264a Abs. 1 HGB (nur) nach Formwechsel**

31 Auswirkungen auf die Konsolidierungspflicht durch einen Formwechsel können sich **auch** ergeben, wenn der formwechselnde Rechtsträger vor Formwechsel in einer Rechtsform organisiert ist bzw. war, die von der Konzernrechnungslegung des § 290ff. HGB grundsätzlich nicht erfasst wird und die Ges. in eine Rechtsform wechselt, für die die Vorschriften des § 290ff. HGB greifen.

Die Formulierung des Gesetzgebers kann sich mangels Präzisierung (zu welchem Zeitpunkt ist die Rechtsform des formwechselnden Rechtsträgers zu betrachten?) **uEn entsprechend auch** auf jene Fälle beziehen, in denen der **Wechsel einer PersG mit natürlichem Vollhafter** oder einer **anderen nicht-KapG** außerhalb des Anwendungsbereichs des § 264a Abs. 1 HGB zur Rechtsform einer **KapG** oder einer diesen gleichgestellten **PersG ohne natürlichem Vollhafter** vollzogen wird bzw. wurde. In diesem Fall kann es zu einer Relevanz eines Formwechsels im Kontext des § 293 HGB nF bzw. dazu kommen, dass trotz (theoretischer) Überschreitung bislang keine KA-Erstellungspflicht bestand, infolge des Formwechsels jedoch eine Konsolidierung vorzunehmen und die Regelung des § 293 HGB entsprechend von Bedeutung ist. Dies liegt darin begründet, dass PersG mit natürlichem Vollhafter oder andere nicht-KapG außerhalb des Anwendungsbereichs des § 264a Abs. 1 HGB – anders als KapG und PersG ohne natürlichen Vollhafter – nicht bzw. nur nach den hohen Vorgaben des PublG zur Konzernrechnungslegung verpflichtet sind (§ 290 Rz 8f.).

32 Einen **Überblick** über die vom UmwG erfassten und uEn für **die neu implementierte Einschränkung** des Rechtsfolgeneintritts bei Umwandlung/Formwechsel **relevanten Formwechsel** liefert die nachfolgende Tab. 4.

| Wechselnder Rechtsträger | Neue Rechtsform | | | |
| --- | --- | --- | --- | --- |
| | PersG ohne Vollhafter | GmbH | AG/SE | KGaA |
| PersG mit Vollhafter | X | X | X | X |
| PersG ohne Vollhafter | | X | X | X |
| Partnerschaft | X | X | X | X |
| GbmH | X | | X | X |
| AG/SE | X | X | | X |
| KGaA | X | X | X | |

| Wechselnder Rechtsträger | Neue Rechtsform | | | |
|---|---|---|---|---|
| | PersG ohne Vollhafter | GmbH | AG/SE | KGaA |
| eG | | X | X | X |
| eV/wV | | X | X | X |
| VVaG | | (X) | | |
| Körp./Anstalten des öfentl. Rechts | | X | X | X |

Tab. 4: Vom UmwG erfasste und für die Einschränkung des Rechtsfolgeneintritts bei Umwandlung respektive Erstkons relevante Arten des Formwechsels[45]

Sofern der Gesetzgeber eine anderweitige/eingeschränktere Auslegung intendiert, aber auch bereits zwecks Vermeidung von Fehlinterpretationen, ist eine **Überarbeitung/Präzisierung des Gesetzeswortlautes** geboten. Dies könnten bspw. unter Verwendung der Formulierung „...sofern der formwechselnde Rechtsträger *vor und nach Wirksamwerden* eine KapG oder eine PersG...ist" oder „...sofern der formwechselnde Rechtsträger *nach Wirksamwerden* eine KapG oder eine PersG...ist" erfolgen.

### 6.6.4 Formwechselbezogene Voraussetzungen

**Grundlage** für einen **Formwechsel** i. S. d. UmwG und damit in Konsequenz auch für die Einschränkung des Rechtsfolgeneintritts i. S. d. § 267 Abs. 4 Satz 3 HGB nF bildet die Erstellung eines **Umwandlungsberichts**[46] oder die Einholung von Erklärungen über den Verzicht auf dessen Erstellung durch das Vertretungsorgan des formwechselnden Rechtsträgers, der nach § 199 UmwG der **Anmeldung** des Formwechsels beim **Register** beizufügen ist. Darüber hinaus ist im Zuge eines Formwechsels i. S. d. UmwG ein **Umwandlungsbeschluss**[47] auszufertigen, der erst durch **Beschluss der Anteilsinhaber** in einer Versammlung wirksam wird, bevor die Einreichung zur Eintragung im Register zu erfolgen hat.

Das **Wirksamwerden des Formwechsels**, das die Voraussetzung für die Anwendung der neu implementierten Einschränkung bildet, bedingt nach § 198 Abs. 1 UmwG abschließend die Anmeldung zur Eintragung in das Register (Handelsregister, Partnerschaftsregister, Genossenschaftsregister oder Vereinsregister) des Sitzes des formwechselnden Rechtsträgers unter Einreichung der erforderlichen Unterlagen. Im Zuge der Anmeldung sind dabei nach § 199 UmwG folgende Unterlagen einzureichen:

- Umwandlungsbeschluss;
- nach dem UmwG erforderliche Zustimmungserklärungen einzelner Anteilsinhaber einschließlich der Zustimmungserklärungen nicht erschienener Anteilsinhaber;

---

[45] Mit (X) = eingeschränkte Übertragungsmöglichkeit.
[46] Siehe dazu im Detail *Kreipl/Müller* in *Federmann/Kußmaul/Müller*, HdB, Beitrag Formwechsel, Rz 5 ff.
[47] Siehe dazu im Detail *Kreipl/Müller* in *Federmann/Kußmaul/Müller*, HdB, Beitrag Formwechsel, Rz 8 ff.

- Umwandlungsbericht oder Erklärungen über den Verzicht auf seine Erstellung;
- Nachweis über die rechtzeitige Zustellung des Entwurfs des Umwandlungsbeschlusses an den zuständigen Betriebsrat.

Gem. § 198 Abs. 3 UmwG i. V. m. § 16 Abs. 2 UmwG ist in diesem Zuge von den Vertretungsorganen zudem zu erklären, dass keine Klage gegen die Wirksamkeit eines Umwandlungsbeschlusses vorliegt oder eine Klage nicht fristgemäß erhoben oder eine solche Klage rechtskräftig abgewiesen oder zurückgenommen worden ist.

In Abhängigkeit der Rechtsform des formwechselnden Rechtsträger sind ggf. weitere/andere Bestimmungen zum Wirksamwerden des Formwechsels zu beachten. Auf die einschlägige Literatur wird verwiesen.[48]

---

[48] Zu den weiteren Bestimmungen gem. UmwG siehe etwa *Kreipl/Müller* in *Federmann/Kußmaul/Müller*, HdB, Beitrag Formwechsel, Rz 30 ff.

## § 294 EINZUBEZIEHENDE UNTERNEHMEN. VORLAGE- UND AUSKUNFTSPFLICHTEN

(1) In den Konzernabschluß sind das Mutterunternehmen und alle Tochterunternehmen ohne Rücksicht auf den Sitz der Tochterunternehmen einzubeziehen, sofern die Einbeziehung nicht nach § 296 unterbleibt.
(2) Hat sich die Zusammensetzung der in den Konzernabschluß einbezogenen Unternehmen im Laufe des Geschäftsjahrs wesentlich geändert, so sind in den Konzernabschluß Angaben aufzunehmen, die es ermöglichen, die aufeinanderfolgenden Konzernabschlüsse sinnvoll zu vergleichen.
(3) ¹Die Tochterunternehmen haben dem Mutterunternehmen ihre Jahresabschlüsse, Einzelabschlüsse nach § 325 Abs. 2a, Lageberichte, Konzernabschlüsse, Konzernlageberichte und, wenn eine Abschlussprüfung stattgefunden hat, die Prüfungsberichte sowie, wenn ein Zwischenabschluß aufzustellen ist, einen auf den Stichtag des Konzernabschlusses aufgestellten Abschluß unverzüglich einzureichen. ²Das Mutterunternehmen kann von jedem Tochterunternehmen alle Aufklärungen und Nachweise verlangen, welche die Aufstellung des Konzernabschlusses und des Konzernlageberichts erfordert.

Prof. Dr. Stefan Müller/Dr. Markus Kreipl

Inhaltsübersicht | Rz
---|---
1 Überblick | 1–6
  1.1 Inhalt und Regelungszweck | 1–3
  1.2 Anwendungsbereich | 4
  1.3 Normenzusammenhänge | 5–6
2 Vollkonsolidierungsgebot (Abs. 1) | 7–18
3 Berichtspflichten bei Änderung des Konsolidierungskreises (Abs. 2) | 19–26
4 Vorlagepflichten und Auskunftsrechte (Abs. 3) | 27–35
  4.1 Vorlagepflichten der Tochterunternehmen | 27–32
  4.2 Auskunftsrechte des Mutterunternehmens | 33–35
5 Rechtsfolgen bei Pflichtverletzung | 36
6 Änderungen durch das BilRUG | 37–38

### Ergänzendes Schrifttum

*Haeger/Zündorf*, Abgrenzung des Konsolidierungskreises nach der wirtschaftlichen Zugehörigkeit, DB 1991, S. 1841; *Heydemann/Koenen*, Die Abgrenzung des Konsolidierungskreises bei Kapitalgesellschaften in Theorie und Praxis, DB 1992, S. 2253; *Husmann*, Betriebswirtschaftliche Abgrenzung des Konsolidierungskreises zur konzernbilanzanalytischen Untersuchung, BB 1997, S. 2043; *von Keitz/*

*Grote*, Die Erstellung von Als-ob-Abschlüssen i.S.d. Regelwerks Neuer Markt, KoR 2001, S. 25; *Küting/Dusemond*, Rechnungslegung im GmbH-Konzern, GmbHR 1993, S. 199; *Löffler/Müller*, Vorjahreszahlen im handelsrechtlichen Jahres- und Konzernabschluss, WPg 2013, S. 291; *Möhlmann/Diethard*, Zur Operationalisierung der „untergeordneten Bedeutung" in der Konzernrechnungslegung, BB 1996, S. 205; *Pellens*, Der Informationswert von Konzernabschlüssen, 1989; *Selchert/Baukmann*, Die untergeordnete Bedeutung von Tochterunternehmen im Konsolidierungskreis, BB 1993, S. 1325.

# 1 Überblick

## 1.1 Inhalt und Regelungszweck

1 § 294 HGB kodifiziert zunächst in Abgrenzung zu § 296 HGB, der die Einbeziehungswahlrechte regelt, das grundsätzliche Konsolidierungsgebot des HGB. Neben der Bestimmung des KonsKreises regelt § 294 HGB die sich daraus ergebenden Vorlagepflichten und Auskunftsrechte. Welche TU im Rahmen der VollKons[1] (§§ 300–309 HGB) in den KA einzubeziehen sind, sofern nicht die Inanspruchnahme eines Konsolidierungswahlrechts gem. § 296 HGB erfolgt, schreibt § 294 Abs. 1 HGB vor, der Art. 3 der 7. EG-RL in deutsches Recht umsetzt.

2 § 294 Abs. 2 HGB bestimmt die Voraussetzungen sowie die angabepflichtigen Informationen, die im Fall einer **Änderung der Zusammensetzung des KonsKreises** Eingang in den KA finden müssen.[2] Die Informationspflicht dient dem Zweck der Vergleichbarkeit zweier aufeinander folgender Abschlüsse.[3] Mit § 294 Abs. 2 HGB wurde Art. 28 der 7. EG-RL umgesetzt. Die nach § 294 Abs. 2 Satz 2 HGB aF alternativ auch gestattete Anpassung der Vergleichszahlen aus dem Vj an die Änderung des KonsKreises wurde im Zuge der Revision gestrichen.

3 Aus dem Konsolidierungsgebot ergeben sich zudem **Vorlagepflichten** seitens der TU und **Auskunftsrechte** seitens des MU. Diese werden in **§ 294 Abs. 3 HGB** geregelt. Abs. 3 sichert damit – zumindest theoretisch – insofern die Basis für den KA, als dass dessen Erstellung von der termingerechten Lieferung der notwendigen Unterlagen durch die TU abhängt. In der Praxis dürfte die gesetzliche Informationssicherung jedoch kaum von Bedeutung sein.

## 1.2 Anwendungsbereich

4 Relevant sind die Regelungen der §§ 294 u. 296 HGB, die die Abgrenzung des KonsKreises abschließend regeln, für alle Unt, die zur Aufstellung eines KA verpflichtet sind. Neben **KapG** müssen auch **KapCoGes** die Vorgaben der §§ 294 und 296 HGB einhalten. Unt, die gem. **PublG** einen KA zu erstellen haben, fallen ebenfalls unter den Anwendungsbereich der §§ 294 u. 296 HGB. § 13 Abs. 2 PublG enthält einen expliziten Verweis auf die handelsrechtliche Regelung. Sonderstatus in Bezug auf die uneingeschränkte Anwendung der §§ 294 u.

---

1 KonsKreis i.e.S.
2 Die Auswirkungen einer Änderung des KonsKreises auf die Konzern-GuV sind von § 294 Abs. 2 HGB nicht gedeckt. Eine Berichtspflicht zur Sicherstellung der Vergleichbarkeit ergibt sich in diesem Fall aus § 265 Abs. 2 Satz 2 u. 3 i.V.m. § 298 Abs. 1 HGB.
3 Vgl. *ADS*, 6. Aufl. § 294 HGB, Rz 4; *von Keitz*, in *Baetge/Kirsch/Thiele*, Bilanzrecht, § 294 HGB, Rz 5, Stand 8/2011.

296 HGB besitzen lediglich Kreditinstitute. Zwar verweist § 340i HGB für KA auf die §§ 294 u. 296 HGB, in Bezug auf die Abgrenzung des KonsKreises ist jedoch § 340j HGB ergänzend zu beachten.

### 1.3 Normenzusammenhänge

Voraussetzung für die Einbeziehung eines Unt in den KonsKreis ist das Bestehen eines Mutter-Tochter-Verhältnisses entsprechend den Vorschriften des § 290 HGB (§ 290 Rz 18 ff.). § 296 HGB relativiert die in § 294 HGB zunächst grds. kodifizierte Pflicht zur VollKons für jene Fälle, die die Voraussetzungen des § 296 HGB erfüllen und mithin den wahlweisen Einbezug der TU erlaubt. Trotz des engen Zusammenhangs mit der Aufstellungspflicht gem. § 290 HGB kann sich daraus ergeben, dass kein KA aufgestellt werden muss, was in § 290 Abs. 5 HGB explizit klargestellt ist. § 294 Abs. 2 HGB unterstreicht zudem die allgemeine Pflicht zur Angabe der entsprechenden Vorjahreszahlen – respektive zusätzlicher Angaben – jedes Bilanz- und GuV-Postens im KA (§ 265 Rz 10 ff.), die gem. § 265 Abs. 2 HGB i. V. m. § 298 Abs. 1 HGB (§ 298 Rz 36) besteht.[4]

5

6

## 2 Vollkonsolidierungsgebot (Abs. 1)

Für den Vollkonsolidierungskreis, d. h. den KonsKreis i. e. S., schreibt § 294 Abs. 1 HGB vor, dass das MU und grds. alle unmittelbaren und mittelbaren TU ohne Rücksicht auf deren Sitz in den KA einzubeziehen sind, sofern nicht ein Konsolidierungswahlrecht aufgrund der in § 296 HGB genannten Kriterien in Anspruch genommen wird. Damit schreibt das HGB einen **Weltabschluss** verbindlich vor. Diese Beschreibung des KonsKreises i. e. S. zielt auf die Einbeziehung im Rahmen der VollKons ab, die durchzuführen ist, wenn ein Mutter-Tochterverhältnis i. S. d. § 290 Abs. 1 HGB erfüllt ist. Auch nach dem **PublG** zur Aufstellung eines KA verpflichtete Unt unterliegen dem Weltabschlussprinzip, da § 13 Abs. 2 PublG explizit auf § 294 HGB verweist.

7

Durch die Abgrenzung des KonsKreises werden wesentliche Entscheidungen bzgl. des Informationsgehalts eines KA getroffen. Die zwingende Festschreibung des Prinzips des Weltabschlusses erfolgt dabei im Interesse einer **verbesserten Darstellung der VFE-Lage** des Konzerns.[5]

8

TU sind gegeben, wenn auf sie von einem MU unmittelbar oder mittelbar ein beherrschender Einfluss ausgeübt werden kann (§ 290 Rz 18 ff.). Die Definition des beherrschenden Einflusses eines MU erfolgt in § 290 Abs. 2 HGB (§ 290 Rz 27 ff.). Ein Anteilsbesitz von mehr als 50 % allein begründet somit nicht die Pflicht zur Einbeziehung in den KA.[6]

9

Die Einbeziehung in den KA über die VollKons von anderen Unt, die keine TU sind, ist ausgeschlossen. Eine **freiwillige Einbeziehung** in den Vollkonsolidierungskreis ist **nicht gestattet**.[7] Einerseits können solche Unt unter bestimmten

10

---

4   Vgl. *von Keitz*, in *Baetge/Kirsch/Thiele*, Bilanzrecht, § 294 HGB, Rz 9, Stand 8/2011.
5   Vgl. *Pfaff*, in MünchKomm. HGB, 3. Aufl., § 294 Rn 5.
6   Zur Konsolidierungspflicht etwa wegen Präsenzmehrheit s. *Lüdenbach*, StuB 2009, S. 581.
7   Vgl. *Förschle/Deubert*, in Beck Bil-Komm. 9. Aufl., § 294 HGB, Rz 6; *von Keitz*, in *Baetge/Kirsch/Thiele*, Bilanzrecht, § 294 HGB, Rz 26, Stand 8/2011; *Pfaff*, in MünchKomm. HGB, 3. Aufl., § 294 Rn 6.

Voraussetzungen im Wege der QuotenKons einbezogen werden (§ 310 Rz 14 ff.). Andererseits verlangt § 312 HGB grds. den Einbezug als assoziiertes Unt, wenn die in § 311 Abs. 1 HGB genannten Bedingungen erfüllt sind (§ 311 Rz 6 ff., 22 ff.). Ihre Einbeziehung bestimmt die Differenz zwischen dem KonsKreis i.w.S. zu dem i.e.S. Dabei ist kein Fall denkbar, dass ein GemeinschaftsUnt gleichzeitig TU ist.[8]

11 Ist die Einbeziehung in den KA auch nach diesen Regelungen ausgeschlossen, sind die Anteile an dem Unt als einfache Beteiligung höchstens mit ihren AK im KA zu bilanzieren.

12 **Unternehmensarten im Konzern** sind in TU, GemeinschaftsUnt, assoziierte Unt oder sonstige BetUnt zu unterteilen. Die Unterscheidung setzt eine Analyse im Hinblick auf die Höhe des Kapitalanteils und auf das Ziel, mit dem die Verbindung eingegangen worden ist, voraus. Zudem ist zu berücksichtigen, welche Einflussmöglichkeiten gegeben sind bzw. tatsächlich genutzt werden. Die folgende Abbildung zeigt die Stufenkonzeption des HGB hinsichtlich der in den KA einzubeziehenden Unternehmensarten im Überblick.

| TU | Mögliche Beherrschung (*Control*-Konzept) (§ 290 HGB) Ein beherrschender Einfluss wird unterstellt bei <br> – Stimmrechtsmehrheit, <br> – Organbesetzungs- oder Abberufungsrecht, <br> – Beherrschungsvertrag bzw. vergleichbarer Satzungsbestimmung oder <br> – Zweckgesellschaft (bei wirtschaftlicher Betrachtungsweise trägt das MU die Mehrheit der Risiken und Chancen des TU, welches zur Erreichung eines eng begrenzten und genau definierten Ziels des MU dient). |
|---|---|
| GemeinschaftsUnt (Joint Ventures) | Tatsächlich ausgeübte gemeinsame Führung mit einem oder mehreren anderen (konzernfremden) Unt (§ 310 Abs. 1 HGB). |
| Assoziiertes Unt | Tatsächlich ausgeübter maßgeblicher Einfluss auf die Geschäfts- und Finanzpolitik; dies wird ab einem Stimmrechtsanteil von 20 % vermutet (§ 311 Abs. 1 HGB). |
| Beteiligung | Herstellung einer dauerhaften Verbindung; dies wird ab einem Kapitalanteil von mehr als 20 % vermutet (§ 271 Abs. 1 HGB). |
| Sonstige Eigenkapitalinstrumente | Alle übrigen VG, die nicht als immaterielles oder SAV zu klassifizieren sind (§ 266 Rz 50). |

Tab. 1: Stufenkonzeption der Einbindung in den Konzernabschluss

---

[8] Vor dem BilMoG war dies noch strittig, vgl. *ADS*, 6. Aufl. § 290 HGB, Rz 98.

**Tochterunternehmen** liegen bei Erfüllung der Voraussetzungen des § 290 HGB vor (Rz 9) der auf die Möglichkeiten des MU direkt oder indirekt das TU zu beherrschen (*Control*-Konzept) abstellt.  13

Für den Begriff **GemeinschaftsUnt** gibt es keine ausdrückliche Definition im HGB. Aus § 310 Abs. 1 HGB lässt sich jedoch ableiten, dass ein Gemeinschafts-Unt ein Unt ist, das von einem in den KA einbezogenen Unt (MU oder TU) gemeinschaftlich mit einem oder mehreren nicht in den KA einbezogenen Unt geführt wird (§ 310 Rz 6 ff.). Gemeinschaftliche Führung bedeutet, dass keine Vorherrschaft eines der GesellschaftsUnt besteht. Die Zusammenarbeit der gleichberechtigt agierenden GesellschaftsUnt muss auf Dauer angelegt sein. Unt dürfen gem. § 310 Abs. 1 HGB nur als GemeinschaftsUnt in den KA einbezogen werden, wenn eine **gemeinsame Führung** mit einem oder mehreren anderen (konzernfremden) Unt **tatsächlich ausgeübt** wird.  14

Ein **assoziiertes Unt** ist gem. § 311 Abs. 1 HGB ein Unt, auf dessen Geschäfts- und Finanzpolitik ein in den KA einbezogenes Unt einen maßgeblichen Einfluss ausübt und an dem dieses Unt eine Beteiligung i. S. d. § 271 Abs. 1 HGB hält. Dabei ist handelsrechtlich zwischen assoziierten Unt i. e. S. und assoziierten Unt i. w. S. zu unterscheiden. Um ein assoziiertes Unt i. e. S. handelt es sich, wenn ein konsolidiertes Unt eine Beteiligung an einem nicht in den KA einbezogenen Unt hält und einen maßgeblichen Einfluss auf die Geschäfts- und Finanzpolitik des assoziierten Unt tatsächlich ausübt. Dabei sind zur Beurteilung des maßgeblichen Einflusses grds. qualitative Hinweise heranzuziehen. Gem. § 311 Abs. 1 HGB wird jedoch ab einem Stimmrechtsanteil von 20 % ein maßgeblicher Einfluss widerlegbar vermutet. Nicht durch eine VollKons in den KA einbezogene TU und nicht anteilmäßig konsolidierte GemeinschaftsUnt stellen assoziierte Unt i. w. S. dar. Der Grund für die Unterscheidung ist, dass der maßgebliche Einfluss geringer zu bewerten ist als der beherrschende Einfluss bei einem TU oder die gemeinsame Leitung bei einem Joint Venture.  15

Die schwächste Form der für den KA relevanten Unternehmensarten sind **BeteiligungsUnt**, die nicht Tochter-, Gemeinschafts- oder assoziierte Unt sind, und sonstige Unt. Sie sind entsprechend der Vorgehensweise beim EA mit ihren AK zu bewerten, wobei unter Ausweisgesichtspunkten und hinsichtlich der Strenge des Niederstwertprinzips (§ 253 Rz 208 ff., 266 ff.) zu unterscheiden ist, ob das Halten von Anteilen lediglich kurzfristig (Ausweis unter „Wertpapiere des Umlaufvermögens" und volle Abschreibungspflicht) oder auf Dauer (Ausweis unter „Finanzanlagen des Anlagevermögens" und Abschreibungspflicht nur bei dauernder Wertminderung; bei nicht dauerhafter Wertminderung besteht ein Wahlrecht) geplant ist.  16

Gem. § 294 Abs. 1 HGB sind zunächst alle MU und TU in den KA einzubeziehen. Allerdings sieht das HGB Einbeziehungswahlrechte in § 296 HGB vor.

Abb. 1: Konsolidierungskreis-Parameter

17 Bis Ende 2004 galt zudem noch das Einbeziehungsverbot des § 295 HGB. Nach § 295 Abs. 1 HGB durften in KA für Gj, die vor dem 1.1.2005 begannen, TU nicht in den KA einbezogen werden, wenn dadurch ein den tatsächlichen Verhältnissen entsprechendes Bild der VFE-Lage verhindert wurde. Nach hM war dieses **Einbeziehungsverbot**, wie auch der damalige § 295 Abs. 2 HGB verdeutlichte, sehr restriktiv auszulegen. So waren verschiedene Betätigungsfelder eines Konzerns kein Grund für einen Ausschluss eines Unt, da Konzerne häufig aus Diversifikationsüberlegungen heraus entstehen. Gedacht war vielmehr an diejenigen Fälle, in denen die Abbildung der betriebswirtschaftlichen Gegebenheiten der Wirklichkeit widersprach. So würde z.B. die Einbeziehung einer Unterstützungskasse in den KA dann verzerrend wirken, wenn Vermögen ausgewiesen werden würde, was den Unterstützungsberechtigten gehört. Ebenso verhält es sich mit Stiftungen, deren Vermögen ebenfalls nicht an den Konzern zurückfließen kann und somit bei dessen Abbildung die Finanzlage des Konzerns tatsachenwidrig besser erscheinen lassen würde. Die Praxis zeigte, dass im Zweifelsfall eher die **Konsolidierungswahlrechte** des § 296 HGB in Anspruch genommen wurden, die deutlich greifbarer sind. Vor diesem Hintergrund wurde § 295 HGB mit dem BilReG aus dem HGB gestrichen, wenngleich vor dem Hintergrund von § 297 Abs. 2 Satz 2 HGB eine Einbeziehung der zuvor genannten Beispiele weiterhin nicht in Betracht kommt (§ 296 Rz 22).

18 Erfolgt im Rahmen der freiwilligen KA-Erstellung eine Abgrenzung nach gesetzesfremden Kriterien und werden auch Unt einbezogen, die keine TU i.S.d. § 290 HGB sind, spricht man von „erweiterten Konzernabschlüssen", „combined statement" oder „Gruppenabschlüssen", die weder rechtliche Relevanz noch befreiende Wirkung i.S.d. § 291 HGB besitzen.[9]

---

[9] Vgl. *Pfaff*, in MünchKomm. HGB, 3. Aufl., § 294 Rn 10; *Förschle/Deubert*, in Beck Bil-Komm. 9. Aufl., § 294 HGB, Rz 6.

## 3 Berichtspflichten bei Änderung des Konsolidierungskreises (Abs. 2)

Hinsichtlich der Vergleichbarkeit aufeinanderfolgender KA stellt sich das Problem, dass sich die Zusammensetzung der in den KA einbezogenen Unt insb. aufgrund von Erwerb oder Veräußerung von Anteilen im Laufe des Gj ändern kann oder aus bilanzpolitischen Überlegungen modifiziert werden sollen. Für den Fall **wesentlicher Änderungen** des KonsKreis schreibt § 294 Abs. 2 HGB daher vor, dass in den KA Angaben aufzunehmen sind, die es ermöglichen, die aufeinanderfolgenden KA sinnvoll zu vergleichen, wobei der Begriff der **Wesentlichkeit im Einzelfall** zu konkretisieren ist. Grundsätzlich kann aber dann von wesentlichen Änderungen ausgegangen werden, wenn diese die Vergleichbarkeit in Bezug auf die VFE-Lage beeinträchtigen. Von einer Beeinträchtigung der Vergleichbarkeit ist insb. dann auszugehen, wenn die Änderung des KonsKreis die ursprüngliche änderungsfreie Entwicklung verschleiert.[10]

19

Nicht möglich ist die Herstellung der Vergleichbarkeit über die Anpassung der Vergleichszahlen aus dem Vorjahr an die Änderung des KonsKreises. Mit der Aufhebung des bis 2009 bestehenden Wahlrechts und der Fokussierung auf die in der Bilanzierungspraxis und in der internationalen Rechnungslegung gängige Methode geht der BilMoG-BgrRegE zufolge eine Erhöhung der Vergleichbarkeit von handelsrechtlichen KA auf nationaler und internationaler Ebene einher.[11] Gleichwohl ist eine Angabe der angepassten Vj-Zahlen als eine zusätzliche Spalte neben aktuellen Zahlen und (unangepassten) Vj-Zahlen (Drei-Spalten-Form) nach IDW RS HFA 44.15 denkbar. Voraussetzung dafür sind,[12] dass

20

- die Angaben der angepassten Vj-Zahlen vollständig für alle Positionen erfolgen,
- die Spalte eindeutig als angepasst bezeichnet wird,
- das Anlagegitter von nicht angepassten Werten ausgeht und somit die Entwicklung des Gj verdeutlicht,
- die angepassten Vj-Werte so dargestellt werden, als ob die Änderung im KonsKreis bereits im Vj erfolgt wäre, was auch eine (statische) Erst- bzw. EndKons bedingt (dies macht aufgrund oftmals fehlender Informationen hierzu insb. die Anpassung der Zahlen bei vergrößertem KonsKreis schwierig oder zumindest sehr aufwendig).

Alternativ könnte das im letzten Punkt aufgeführte Problem der Herstellung der Vergleichbarkeit bei erfolgten ErstKons auch durch das Einfügen einer Spalte mit Angabe der sich zum aktuellen Stichtag ergebender Zahlen unter Verwendung des alten KonsKreises (modifizierte Drei-Spalten-Form) gelöst werden.[13]

Für die in jedem Fall notwendige einzelfallbasierte Wesentlichkeitsprüfung können **Kennzahlen als Anhaltspunkte** herangezogen werden. Denkbar ist die Verwendung von Umsatzerlösen, des Jahresergebnisses, der Bilanzsumme oder der Zahl der Arbeitnehmer.[14] Aus der Anzahl der erstmals konsolidierten bzw. aus dem Konzern ausgeschiedenen Unt lassen sich dagegen keine generellen Schlüsse

21

---

[10] Vgl. IDW RS HFA 44, Tz.11.
[11] Vgl. BilMoG-BegrRegE, BT-Drs. 10/10067, S. 176.
[12] IDW RS HFA 44.15.
[13] IDW RS HFA 44.19.
[14] S. zur Beurteilung der Wesentlichkeit im Detail *ADS*, 6. Aufl. § 303 HGB, Rz 48.

ableiten. Hier ist vielmehr das Verhältnis der jeweiligen Abschlusspositionen der eintretenden respektive ausscheidenden TU zu den entsprechenden Positionen im Gesamt-KA von Bedeutung.[15] Hinzu kommt, dass TU für sich alleine genommen zwar von unwesentlicher Bedeutung sein können, eine Mehrzahl solcher TU für die Aussagefähigkeit des KA hingegen wesentlich sein kann.[16]

22 Abs. 2 besitzt **nicht nur für Fälle der VollKons** Gültigkeit. Die allgemein gehaltene Formulierung „…der in den Konzernabschluss einbezogenen Unternehmen…" schließt eine derartige Beschränkung aus. Unt, die im Rahmen der Quotenkonsolidierung einbezogen werden, fallen demnach auch unter den Anwendungsbereich des § 294 Abs. 2 HGB. Assoziierte Unt nach § 311 HGB werden dagegen nicht von den Vorschriften des Abs. 2 tangiert.

23 Werden **Konsolidierungswahlrechte** gem. § 296 HGB **in anderer Form** als bisher wahrgenommen, was ohne tatsächliche Ursachen nach dem Stetigkeitsgrundsatz des § 297 Abs. 3 Satz 2 HGB nur in Ausnahmefällen zulässig ist (§ 296 Rz 8), liegt ebenfalls eine Änderung des KonsKreises vor.

24 Die Berichtspflicht zur Änderung des KonsKreises und auch die Vj-Angaben entfallen in einem **erstmals** nach § 290 HGB **aufgestellten KA**.[17] Gleichwohl sind freiwillig Angaben möglich.

25 Sind zusätzliche Angaben zur Herstellung der Vergleichbarkeit aufeinanderfolgender KA aufgrund **wesentlicher Änderungen** des KonsKreises erforderlich, sind diese zweckmäßigerweise in den Konzernanhang zu integrieren. Die Erkennbarkeit der Auswirkung der Änderungen gegenüber dem letzten KA setzt in diesen Fällen mindestens die Angabe der wesentlichen, mit römischen Zahlen gekennzeichneten Bilanzposten sowie Positionen der Konzern-GuV (Gesamtaufwendungen und -erträge, Finanzergebnis, außerordentliches Ergebnis, Steuern, Jahresergebnis, Außenumsatzerlöse) mit den jeweiligen Beträgen vor und nach der Änderung des KonsKreises voraus.[18] Weitergehende Angaben können notwendig werden, wenn die angestrebte Vergleichbarkeit auch damit nicht zu erreichen ist.[19] Nach hM hat die Angabe der Änderungen unter Rückgriff auf Absolut- oder Prozentzahlen zu erfolgen. Bei der KFR ist analog zu verfahren, wobei dort abweichend zur Konzernbilanz, in der der Einzelerwerb der VG und Schulden fingiert wird, nach DRS 21.43 die Zahlungsströme im Zusammenhang mit der Änderung des KonsKreises in Zu- und Abgänge getrennt gesondert im Cashflow aus Investitionstätigkeit zu zeigen sind. Dennoch können die Veränderungen der Zahlungsströme etwa im Bereich der Umsatzeinzahlungen oder allgemein im Cashflow aus laufender Geschäftstätigkeit im Vergleich zum Vj Angaben notwendig machen. Rein verbale Angaben sind bei wesentlichen Änderungen nicht ausreichend (§ 313 HGB Rz 36, 74).[20]

---

[15] Vgl. *Pfaff*, in MünchKomm. HGB, 3. Aufl., § 294 Rn 10.
[16] Vgl. WP-Handbuch, Bd. I, 14. Aufl., Abschn. M, Rz 207.
[17] IDW RS HFA 44.4.
[18] Vgl. *Förschle/Deubert*, in Beck Bil-Komm. 9. Aufl., § 294 HGB, Rz 14; *Pfaff*, in MünchKomm. HGB, 3. Aufl., § 294 Rn 21.
[19] Vgl. *ADS*, 6. Aufl. § 294 HGB, Rz 20.
[20] Vgl. IDW HFA 44, Tz. 14; *Förschle/Deubert*, in Beck Bil-Komm. 9. Aufl., § 294 HGB, Rz 14; *Pfaff*, in MünchKomm. HGB, 3. Aufl., § 294 Rn 21.

> **Beispiel**
> Auszug aus dem KA der GFT AG zum 31.12.08 über die gesetzeskonform gestalteten Informationen zur Änderung des KonsKreises:
> Gegenüber dem KA zum 31.12.07 haben sich folgende Änderungen des KonsKreises und bei den TU ergeben:
> Mit Wirkung zum 1.1.2008 veräußerte die GFT AG ihre Anteile an der emagine GmbH, Eschborn, an die GFT Resource Management GmbH, Eschborn, und brachte ihren Betriebsteil emagine im Wege der Einzelrechtsnachfolge in die GFT Resource Management GmbH ein. Diese konzerninternen Transaktionen hatten keine Auswirkungen auf VFE-Lage des Konzerns.
> Seit 1.2.2008 firmiert die Tochtergesellschaft GFT Solutions GmbH unter GFT inboxx GmbH, Hamburg. Mit Wirkung zum 31.7.2008 hat die GFT inboxx GmbH ihren Betriebsteil inspire veräußert, wobei auch 5 Mitarbeiter auf den Erwerber übergingen.
> Am 29.2.2008 wurden durch die GFT AG 70 % der Anteile an der Tochtergesellschaft GFT Technologies (India) Private Limited, Trichy, Indien, veräußert. Die GFT Technologies (India) Private Limited schied zum 29.2.2008 aus dem KonsKreis aus; seither ist diese Ges. ein assoziiertes Unt, dessen Anteile nach der Equity-Methode bilanziert werden. Der Anteil der GFT Technologies (India) Private Limited an den Umsatzerlösen des Konzerns betrug in den ersten 9 Monaten des Gj 2008 und im Gj 2007 jeweils 0,0 %; ihr Anteil an den Vermögenswerten des Konzerns betrug zum 31.12.2007 und zum Ausscheidenszeitpunkt 0,3 %. Das Ausscheiden der GFT Technologies (India) Private Limited hatte keinen wesentlichen Einfluss auf die VFE-Lage des Konzerns; die Aufwendungen aus der Veräußerung betrugen -193 TEUR.
> Am 11.6.2008 wurde die GFT USA Inc. mit Sitz in New York, USA, als 100 %-TU der GFT Iberia Solutions, S.A., Sant Cugat del Vallés, Spanien, gegründet. Die GFT USA Inc. übte bis 30.9.2008 noch keine nennenswerte operative Tätigkeit aus.
> In Umsetzung des Beschlusses der HV vom 11.6.2008 ist der Sitz der GFT AG seit 25.8.2008 Stuttgart.

## 4 Vorlagepflichten und Auskunftsrechte (Abs. 3)

### 4.1 Vorlagepflichten der Tochterunternehmen

§ 294 Abs. 3 Satz 1 HGB erlegt TU Vorlagepflichten gegenüber dem MU auf. Die Vorschriften sollen das MU zur sachgerechten Aufstellung des KA befähigen. Die Vorlagepflichten bestehen **unabhängig** davon, ob die TU tatsächlich zum **KonsKreis i.e.S.** zählen und in den KA einbezogen werden oder nicht. Sie bestehen also auch, wenn ein Einbeziehungswahlrecht gem. § 296 HGB vorliegt. **Sonstige Auskunfts- und Einsichtsrechte** infolge gesellschaftsrechtlicher Bestimmungen bzw. deren Beschränkung stehen – wie auch eine Bilanzierung nach den IFRS, die dazu führt, dass das Unt der Regelung von § 294 Abs. 1 und 2 HGB gar nicht unterliegt[21] – den Vorlagepflichten nicht entgegen. **GemeinschaftsUnt**, assoziierte Unt oder sonstige BetUnt sind nicht zur Vorlage gem. Abs. 3 verpflichtet.

28 In der **Praxis** ist die gesetzliche Informationssicherung kaum von Bedeutung. Grundsätzlich dürfte nämlich davon auszugehen sein, dass das MU dazu in der Lage ist, die entsprechenden Unterlagen bei vorliegender Beherrschung auch ohne Rückgriff auf Rechtsmittel entsprechend § 294 Abs. 3 HGB zu erlangen. Zudem ist zu bedenken, dass – wenngleich sich Abs. 3 auf inländische und ausländische TU bezieht – deutsches Recht im Ausland nur bedingt durchsetzbar ist. Sollte der seltene Fall der mangelnden Informationsbereitstellung des TU dennoch eintreten, steht dem MU als letzte Möglichkeit nur die befreiende Vorschrift des § 296 Abs. 1 Nr. 1 oder 2 HGB zur Verfügung, wobei jedoch die vorzunehmende EndKons ebenfalls Informationen des TU bedarf.

29 Die Pflicht zur Vorlage bei **Ausscheiden eines TU** im Laufe des Gj oder kurz nach dessen Ablauf ist in Abs. 3 nicht explizit geregelt. Die dem TU auferlegte Pflicht, das MU mit den für die Aufstellung des KA notwendigen Informationen zu versorgen, erstreckt sich dennoch auch auf diesen Fall. § 294 Abs. 3 HGB soll dem MU die Datengrundlage verschaffen, um den KA und den KLB zu erstellen (vgl. Satz 2). Dieser Regelungszweck würde vereitelt, wenn das MU einen Informationsanspruch nur gegen Unternehmen hätte, die am Abschlussstichtag oder im Aufstellungszeitraum TU sind, nicht jedoch gegen solche Unt, die zwischenzeitlich aus dem KonsKreis ausgeschieden sind. Der Einwand, das MU könne sich bei fehlender Beschaffbarkeit der Informationen auf das Konsolidierungswahlrecht des § 296 Abs. 1 Nr. 1 bzw. Nr. 2 HGB zurückziehen,[22] überzeugt nicht. Dies erforderte eine EndKons des TU, die ohne entsprechende Informationsversorgung des MU nicht verlässlich darstellbar ist. Unabhängig davon empfiehlt sich im Vorfeld der Aufgabe der Beherrschungsmacht, die notwendige Bereitstellung weiterer Informationen vertraglich mit dem TU zu regeln.

30 Die Vorlagepflicht umfasst zunächst die **JA, LB, Einzelabschlüsse nach § 325 Abs. 2a HGB**, (Teil-)**KA** und -**KLB**, wobei die Befreiungsmöglichkeiten der §§ 291–293 HGB regelmäßig dazu führen dürften, dass KA und KLB nicht eingereicht werden.[23] Sofern eine Apr. stattgefunden hat, sind dem MU die **Prüfungsberichte** zur Verfügung zu stellen. Dabei ist nicht von Bedeutung, ob eine Pflicht zur Prüfung entsprechend den §§ 316 ff. HGB bestand oder die Prüfung freiwillig oder infolge satzungsmäßiger Bestimmungen erfolgt ist. Besteht darüber hinaus bei den TU die Pflicht zur Aufstellung von **Zwischenberichten**, sind auf den Stichtag des KA aufgestellte Zwischenabschlüsse an das MU weiterzureichen (vgl. dazu im Detail § 299 Rz 7 ff.). I. V. m. § 297 Abs. 1 HGB entsteht die Pflicht zur Vorlage der **KFR**, des **EK-Spiegels** und ggf. der **SegmBer** bzw. **der dafür benötigten Daten**.

31 **Form und Inhalt** der einzureichenden Unterlagen sind dem Wortlaut des Gesetzes nicht zu entnehmen. Grundsätzlich kann aber davon ausgegangen werden, dass die für die TU geltenden gesetzlichen Bestimmungen dafür maßgebend sind.[24]

---

21 Vgl. *Pfaff*, in MünchKomm. HGB, 3. Aufl., § 294 Rn 33.
22 Sowohl *Pfaff*, in MünchKomm. HGB, 3. Aufl., § 294 Rn 33.
23 GlA *Förschle/Deubert*, in Beck Bil-Komm. 9. Aufl., § 294 HGB, Rz 21.
24 GlA *Pfaff*, in MünchKomm. HGB, 3. Aufl., § 294 Rn 34; *Förschle/Deubert*, in Beck Bil-Komm. 9. Aufl., § 294 HGB, Rz 22; *Von Keitz*, in *Baetge/Kirsch/Thiele*, Bilanzrecht, § 294 HGB, Rz 52, Stand 8/2011.

Besteht bei TU keine Pflicht zur Aufstellung etwa eines Anhangs,[25] LB oder einer KFR, besteht zunächst auch keine Vorlagepflicht in Bezug auf diese Unterlagen. Da es dem MU nach § 294 Abs. 3 Satz 2 HGB jedoch frei steht, weitere Unterlagen für die Aufstellung des KA oder KLB von den TU zu fordern, sofern diese für die Abschlusserstellung erforderlich sind, kann sich daraus jedoch eine Verpflichtung zur Vorlage – und damit faktisch die Erstellung – dieser Unterlagen ergeben.[26]
§ 294 Abs. 3 HGB verlangt die **unverzügliche** Einreichung der oben aufgeführten Unterlagen beim MU. Unter „unverzüglich" ist „ohne schuldhaftes Zögern" zu verstehen.[27] Insbesondere wenn es sich bei den TU um PersG, ausländische Unt oder kleine KapG handelt, kann es zu Verzögerungen kommen, da der Gesetzgeber deren Abschlusserstellung weniger streng reglementiert hat. PersG etwa können den Zeitrahmen der „einem ordnungsmäßigen Geschäftsgang entsprechende[n] Zeit" geltend machen.[28] Im Interesse der Einhaltung der Aufstellungsfrist für den KA[29] empfiehlt sich die Vereinbarung eines Terminplans für den Erstellungsprozess. 32

### 4.2 Auskunftsrechte des Mutterunternehmens

Abs. 3 Satz 2 gewährt MU über die explizit aufgeführten Vorlagepflichten entsprechend Satz 1 hinaus weitere **Auskunftsrechte**. Eine Bilanzierung nach den IFRS (§ 315a HGB) steht dem Auskunftsrecht genauso wie das Vorliegen eines ausländischen TU analog zu Abs. 3 Satz 1 nicht entgegen. Die Auskunftspflichten des TU bestehen auch, wenn ein Einbeziehungswahlrecht gem. § 296 HGB vorliegt und das TU nicht in den KonsKreis i.e.S. einbezogen wird. 33

Die Auskunftsrechte beziehen sich auf alle **Aufklärungen** und **Nachweise**, die auch **für eine sorgfältige Prüfung erforderlich** sind. Unter Aufklärungen kommen entgegen den Nachweisen, die in erster Linie dem Charakter schriftlicher Unterlagen entsprechen, auch mündliche Aussagen oder Erläuterungen in Betracht. Das Auskunftsrecht kommt dabei in aller Regel bei der Erlangung **ergänzender Angaben** zu den JA,[30] LB und Prüfungsberichten sowie zu den im KA zu konsolidierenden Positionen der Bilanzen und GuV zum Tragen, ohne die eine einheitliche Bilanzierung, Kapital-, Schulden-, Aufwands- und ErtragsKons sowie Ermittlung der latenten Steuern nicht möglich sind.[31] Darüber hinaus gelten die Auskunftsrechte auch für die in §§ 313–315 HGB geforderten Angaben in **Konzernanhang** und **KLB**. 34

Wenngleich die Erforderlichkeit der Angaben für die Aufstellung des KA und des KLB das **Auskunftsrecht begrenzt**, begründet nach hM bereits jeder indi-

---

25 Z.B. nicht dem PublG unterliegende PersG.
26 GlA *Pfaff*, in MünchKomm. HGB, 3. Aufl., § 294 Rn 34; *Förschle/Deubert*, in Beck Bil-Komm. 9. Aufl., § 294 HGB, Rz 22.
27 Vgl. § 121 Abs. 1 BGB.
28 Vgl. § 243 Abs. 2 HGB; glA *ADS*, 6. Aufl. § 294 HGB, Rz 34; *Pfaff*, in MünchKomm. HGB, 3. Aufl., § 294 Rn 35; aA in Bezug auf die Gültigkeit der Erleichterungen *Förschle/Deubert*, in Beck Bil-Komm. 9. Aufl., § 294 HGB, Rz 42; *von Keitz*, in *Baetge/Kirsch/Thiele*, Bilanzrecht, § 294 HGB, Rz 54, Stand 8/2011.
29 Grundsätzlich beträgt die Frist fünf Monate. Ist das MU KM-orientiert i.S.d. § 325 Abs. 4 Satz 1 HGB und fällt es nicht in den Anwendungsbereich von § 327a HGB, beträgt die Frist nur vier Monate.
30 Insbesondere zur Erstellung der Handelsbilanzen II.
31 Vgl. zu den Einzelheiten die Kommentierungen zu den §§ 300–309 HGB.

rekte Zusammenhang mit der Aufstellung dieses Recht.[32] Schutzrechte, die das Auskunftsrecht des MU einschränken, bestehen für TU nicht.

35 In der **Praxis** ist die gesetzliche Informationssicherung des Abs. 3 Satz 2 genau wie die des Abs. 3 Satz 1 kaum von Bedeutung. Grundsätzlich dürfte davon auszugehen sein, dass das MU dazu in der Lage ist, die entsprechenden Unterlagen bei vorliegender Kontrollmacht auch ohne Rückgriff auf Rechtsmittel entsprechend § 294 Abs. 3 HGB zu erlangen. Zudem ist auch in Bezug auf Satz 2 zu bedenken, dass deutsches Recht im Ausland nur bedingt durchsetzbar ist.

## 5 Rechtsfolgen bei Pflichtverletzung

36 Die Nichtbeachtung der Vorschriften des § 294 Abs. 1 HGB erfüllt den Tatbestand einer Ordnungswidrigkeit i.S.d. § 334 HGB. Diese kann mit einer Geldbuße von bis zu 50 TEUR sanktioniert werden. Werden die Vorschriften der Abs. 2 und 3 missachtet, liegt nur indirekt – über den Verstoß gegen die §§ 298 Abs. 1 HGB i.V.m. 265 Abs. 2 HGB – eine Ordnungswidrigkeit vor, die jedoch regelmäßig bußgeldbewehrt ist. Zudem kommt die Bestrafung der Mitglieder des vertretungsberechtigten Organs oder des AR infolge der unrichtigen oder verschleiernden Wiedergabe der Verhältnisse des Unt gem. § 331 Nr. 1 bzw. Nr. 2 HGB in Betracht. Die Verletzung der Vorlage- und Auskunftspflichten durch ein TU wird nicht straf- oder ordnungsrechtlich belangt. Hier kommt lediglich eine zivilrechtliche Klage in Betracht, die bei ausländischen TU allerdings nur selten Erfolg haben dürfte.

## 6 Änderungen durch das BilRUG

37 Das grundsätzliche Gebot des § **294 Abs. 1 HGB** zur VollKons sofern nicht ein Konsolidierungswahlrecht aufgrund der in § 296 HGB genannten Kriterien in Anspruch genommen wird, wird mit dem BilRUG überarbeitet. In § 294 Abs. 1 werden nach dem Wort „Sitz" die Wörter „und die Rechtsform" eingefügt. Daraus ergibt sich eine Klarstellung hinsichtlich des Vollkonsolidierungskreises. Durch die Erweiterung um die Rechtsform wird präzisiert, dass diese für die Einbeziehung von TU in einen KA unbeachtlich ist, d.h. dass das MU und grds. alle unmittelbaren und mittelbaren TU ohne Rücksicht auf deren Sitz und deren Rechtsform in den KA einzubeziehen sind, sofern nicht ein Konsolidierungswahlrecht gem. § 296 HGB in Anspruch genommen wird.
Die Begr. zum BilRUG-RegE verweist auf Art. 2 Nr. 10 und Art. 22 Abs. 6 EU-Bilanzrichtlinie, was insofern irreführend ist, als dass die EU-Bilanzrichtlinie – wie bereits die handelsrechtliche Regelung vor BilRUG – auch lediglich von „… einschließlich jedes mittelbar kontrollierten TU…" und „… ohne Rücksicht auf deren Sitz…" spricht. Die Klarstellung kann entsprechend als überflüssig betrachtet werden.

38 Hinsichtlich des Anwendungszeitpunktes der Neuregelung wird auf die umfassenden Ausführungen unter § 293 Rz 23 verwiesen.

---

[32] Vgl. *Pfaff*, in MünchKomm. HGB, 3. Aufl., § 294 Rn 38.

# § 296 VERZICHT AUF DIE EINBEZIEHUNG

(1) Ein Tochterunternehmen braucht in den Konzernabschluß nicht einbezogen zu werden, wenn
1. erhebliche und andauernde Beschränkungen die Ausübung der Rechte des Mutterunternehmens in bezug auf das Vermögen oder die Geschäftsführung dieses Unternehmens nachhaltig beeinträchtigen,
2. die für die Aufstellung des Konzernabschlusses erforderlichen Angaben nicht ohne unverhältnismäßig hohe Kosten oder Verzögerungen zu erhalten sind oder
3. die Anteile des Tochterunternehmens ausschließlich zum Zwecke ihrer Weiterveräußerung gehalten werden.
(2) ¹Ein Tochterunternehmen braucht in den Konzernabschluß nicht einbezogen zu werden, wenn es für die Verpflichtung, ein den tatsächlichen Verhältnissen entsprechendes Bild der Vermögens-, Finanz- und Ertragslage des Konzerns zu vermitteln, von untergeordneter Bedeutung ist. ²Entsprechen mehrere Tochterunternehmen der Voraussetzung des Satzes 1, so sind diese Unternehmen in den Konzernabschluß einzubeziehen, wenn sie zusammen nicht von untergeordneter Bedeutung sind.
(3) Die Anwendung der Absätze 1 und 2 ist im Konzernanhang zu begründen.

PROF. DR. STEFAN MÜLLER/DR. MARKUS KREIPL

Inhaltsübersicht

| | | Rz |
|---|---|---|
| 1 | Überblick | 1–10 |
| | 1.1 Inhalt und Regelungszweck | 1–8 |
| | 1.2 Anwendungsbereich | 9 |
| | 1.3 Normenzusammenhänge | 10 |
| 2 | Beschränkungen der Rechtsausübung (Abs. 1 Nr. 1) | 11–27 |
| 3 | Unverhältnismäßig hohe Kosten oder Verzögerungen (Abs. 1 Nr. 2) | 28–34 |
| 4 | Weiterveräußerungsabsicht (Abs. 1 Nr. 3) | 35–40 |
| 5 | Untergeordnete Bedeutung von Tochterunternehmen (Abs. 2) | 41–45 |
| 6 | Begründungspflicht im Konzernanhang (Abs. 3) | 46–50 |
| 7 | Rechtsfolgen bei Pflichtverletzung | 51–54 |
| 8 | Änderungen durch das BilRUG | 55–56 |

Ergänzendes Schrifttum

*Bühner,* Aussagefähigkeit des Konzernabschlusses in der Management-Holding, DB 1994, S. 437; *Busse von Colbe/Ordelheide,* Konzernabschlüsse, 1993; *Dusemond,* Die Abgrenzung des Konsolidierungskreises im engeren und weiteren Sinne, DB 1994, S. 1733; *Haeger/Zündorf,* Abgrenzung des Konsolidierungskreises nach der wirtschaftlichen Zugehörigkeit, DB 1991, S. 1841; *Heydemann/Koenen,* Die Abgrenzung des Konsolidierungskreises bei Kapitalgesellschaften in Theorie und Praxis, DB 1992, S. 2253; *Husmann,* Betriebswirtschaftliche Abgrenzung des Konsolidierungskreises zur konzernbilanzanalytischen Untersuchung,

BB 1997, S. 2043; *Klar/Reinke*, Der Spartenkonzern – Abgrenzung des Konsolidierungskreises, WPg 1991, S. 693; *Küting/Dusemond*, Rechnungslegung im GmbH-Konzern, GmbHR 1993, S. 199, 265; *Möhlmann/Diethard*, Zur Operationalisierung der „untergeordneten Bedeutung" in der Konzernrechnungslegung, BB 1996, S. 205; *Ruhnke/Schmidt/Seidel*, Einbeziehungswahlrechte und -verbote im IAS-Konzernabschluss, DB 2001, S. 657; *Selchert/Baukmann*, Die untergeordnete Bedeutung von Tochterunternehmen im Konsolidierungskreis, BB 1993, S. 1325; *Von Keitz/Grote*, Die Erstellung von Als-ob-Abschlüssen i.S.d. Regelwerks Neuer Markt, KoR 2001, S. 25; *Zwingmann*, Zur Einbeziehung von Tochterunternehmen in den Konzernabschluß – Kritik an den Vorschriften der §§ 295 und 296 HGB, DStR 1994, S. 1547.

# 1 Überblick

## 1.1 Inhalt und Regelungszweck

1 § 296 HGB gewährt **Wahlrechte für die Einbeziehung von TU** in Bezug auf das in § 294 HGB kodifizierte Vollständigkeitsgebot für den KonsKreis. Dort ist die Pflicht zur Einbeziehung aller TU in den KonsKreis i.e.S. postuliert (§ 294 Rz 7ff.). Generell ist es bei Vorliegen bestimmter Sachverhalte gem. § 296 HGB erlaubt, Anteile an TU wahlweise nicht vollkonsolidiert in den KA einzubeziehen. **Abs. 1** hat für den Einbezug von TU i.S.d. § 294 Abs. 1 HGB befreiende Wirkung, wenn
- erhebliche und andauernde (nachhaltige) Beschränkungen **die Ausübung** der wesentlichen Rechte[1] des MU **nachhaltig beeinträchtigen** (Nr. 1),
- die für die Aufstellung des KA erforderlichen Angaben nicht ohne **unverhältnismäßig hohe Kosten oder Verzögerungen** zu erhalten sind (Nr. 2) oder
- die Anteile des TU ausschließlich **zum Zweck der Veräußerung** gehalten werden (Nr. 3).

Systematisch eher ungeeignet als VollKons-Wahlrecht statt eines KonsVerbots dargelegt soll gewährleistet werden, dass in den KA nur die TU einbezogen werden, die zur Zielerreichung des KA, die in der zeitgerechten, wirtschaftlichen und tatsachengetreuen Darstellung der VFE-Lage unter Beachtung der GoB gesehen werden muss, notwendig sind. Als Sonderfall soll mit § 296 Abs. 1 Nr. 1 HGB sichergestellt werden, dass nur die TU einbezogen werden, die tatsächlich zum Einflussbereich des MU gehören, bei denen also das MU seine ihm zustehenden (formalen) Rechte auch tatsächlich ausüben kann, nicht aber tatsächlich ausüben muss. Dieses Wahlrecht korrespondiert dabei mit den in § 290 Abs. 2 HGB kodifizierten Festlegungen, wann stets ein beherrschender Einfluss eines MU vorliegen soll. Entsprechend kann § 296 HGB die Rolle der Widerlegungsklausel zukommen.[2] Die Regelung des § 296 Abs. 1 Nr. 1 HGB kommt dabei als Korrektiv zu § 290 Abs. 2 HGB zum Tragen, sofern die Beherrschungstatbestände zwar formal, nicht jedoch tatsächlich gegeben sind (dazu im Detail Rz 4f.).

2 Darüber hinaus entfällt die Pflicht zur Einbeziehung in den VollKonsKreis gem. Abs. 2, wenn die TU für die Vermittlung eines den tatsächlichen Verhältnissen entsprechenden Bilds der VFE-Lage **von untergeordneter Bedeutung** sind.

---

[1] Rechte in Bezug auf das Vermögen oder die Geschäftsführung.
[2] Ebenso DRS 19.81.

Erfüllen mehrere TU diese Voraussetzung, müssen sie zusammengenommen von untergeordneter Bedeutung sein. Ausnahmetatbestände, die über jene des § 296 HGB hinausgehen, existieren nicht.

Werden Wahlrechte entsprechend Abs. 1[3] und 2 in Anspruch genommen, verlangt § 296 Abs. 3 HGB die **Angabe** einer Begründung **der Maßnahme im Anhang.**

§ 296 Abs. 1 Nr. 2 und Abs. 2 HGB sind als Folge einer Abwägung der Einbeziehungskosten respektive etwaiger Verzögerungen mit den Nutzenmomenten einer Einbeziehungspflicht entstanden. Während hier der **Grundsatz der Wirtschaftlichkeit** bzw. der **Wesentlichkeitsgrundsatz** den Gesetzgeber zu einer Gewährung der Wahlrechte bewogen hat, sind die Wahlrechte entsprechend § 296 Abs. 1 Nr. 1 und 3 HGB eingeführt worden, um eine Einbeziehung von TU, die faktisch nicht zur wirtschaftlichen Einheit des Konzerns gehören, aufgrund **formaler Gegebenheiten** aber einbezogen werden müssten, zu vermeiden.[4] Die für das Vorliegen einer Beherrschungsmöglichkeit vom Gesetzgeber explizit benannten Sachverhalte des § 290 Abs. 2 HGB bedingen diese beiden Ausnahmetatbestände, die den § 296 HGB zu einer Widerlegungsklausel für § 290 HGB werden lassen.

Einige Stimmen in der Literatur stellten – mitunter mit Verweis auf die IFRS, die als Vorlage für das Beherrschungskonzept dien(t)en – in diesem Zusammenhang den Sinn des Wahlrechts resultierend aus § 296 Abs. 1 Nr. 1 HGB infrage. Konsequenterweise müsse eine Einbeziehung der TU untersagt werden, sofern das MU seine Rechte nicht auch tatsächlich ausüben kann.[5] Dem ist grds. zuzustimmen – die Formulierung des § 290 HGB ließe eine Prüfung auf das tatsächliche Vorliegen der Beherrschungsmöglichkeit i.S.d. § 290 Abs. 2 HGB bereits im Rahmen des § 290 Abs. 1 HGB zu. De facto hat diese Prüfung jedoch aufgrund der rechtssystematisch wenig überzeugenden Ausgestaltung auf Ebene des § 296 HGB zu erfolgen, der in Konsequenz als Konkretisierung von § 290 Abs. 2 HGB zu verstehen ist. Diese Vorschrift stellt entsprechend die Widerlegungsklausel[6] für § 290 Abs. 2 HGB dar – § 290 Abs. 2 HGB enthält statt einer Ausdifferenzierung für eine „stets" vorliegende Beherrschung faktisch lediglich Vermutungstatbestände. Korrespondierend muss die Beherrschungsanforderung des § 290 Abs. 1 HGB als abstrakte Definition i.S. einer Generalnorm verstanden werden, während die vier konkreten Tatbestände des § 290 Abs. 2 HGB zunächst (d.h. auf Ebene des § 290 HGB) unwiderlegbar zur Annahme eines beherrschenden Einflusses führen.[7] Werden die formalen Voraussetzungen des § 290 Abs. 2 HGB erfüllt und liegt damit ein Beherrschungsverhältnis i.d.S. vor, kann sich dann über die als Wahlrecht ausgestaltete Regelung des § 296 Abs. 1 Nr. 1 HGB eine Befreiung ergeben.

Die Konsequenzen bei Ausübung des Wahlrechts i.S. eines Konsolidierungsverzichts bei erheblichen und andauernden Beschränkungen der Ausübung der Rechte des MU in Bezug auf das Vermögen oder die Geschäftsführung entsprechen jener, die sich auch bei einer Prüfung auf das tatsächliche Vorliegen der Beherrschungsmöglichkeit bereits auf Ebene des § 290 HGB ergeben würden – es

---

3   Umsetzung des Art. 13 Abs. 3 der 7. EG-Richtlinie in deutsches Recht.
4   Vgl. BT-Drs. 10/4268, S. 114; *von Keitz/Ewelt-Knauer* in *Baetge/Kirsch/Thiele*, Bilanzrecht, § 296 HGB, Rz 3, Stand 6/2014; *Pfaff*, in MünchKomm. HGB, 3. Aufl., § 296 Rn 2.
5   Vgl. *Baetge/Kirsch/Thiele*, Konzernbilanzen, 2013, S. 114; *Pfaff*, in MünchKomm. HGB, 3. Aufl., § 296 Rn 3.
6   Ebenso DRS 19.81.
7   Vgl. z.B. DRS 19.18; WP-Handbuch, 14. Aufl., Bd. I, M, Tz. 40.

kommt/käme zu keinem Einbezug von Unt, die nicht tatsächlich beherrscht werden können. Infolge des Wahlrechtscharakters der Regelung des § 296 Abs. 1 Nr. 1 HGB kann es problematischer Weise jedoch auch zu einer Einbeziehung bei nicht vorliegender faktischer Beherrschungsmöglichkeit kommen. Fraglich ist in diesem Zusammenhang, warum der Gesetzgeber dies als Wahlrecht ausgestaltet hat, ein Einbeziehungsverbot für Unt, die nicht beherrscht werden können, wäre konsequenter gewesen. Vor diesem Hintergrund sollte nach hM auf die Einbeziehung verzichtet werden, wenn § 296 Abs. 1 Nr. 1 HGB zur Anwendung kommt.[8] Dies kann auch mit der Generalnorm des § 297 Abs. 2 HGB begründet werden, die somit zur Begrenzung für eine Wahlrechtsnutzung wird, soweit die Einbeziehung eines TU mit andauernder eingeschränkter Beherrschungsmöglichkeit zu einer Verzerrung der abzubildenden tatsachengetreuen VFE-Lage unter Beachtung der GoB führt und nach Satz 3 zumindest diesbezüglicher Anhangangaben erforderlich sind (§ 297 Rz 84).

6 Infolge der Unbestimmtheit der Begriffe „unverhältnismäßig hohe Kosten" oder „Verzögerungen" und der daraus resultierenden Ermessensspielräume hat in Bezug auf das VollKons-Gebot (§ 294 Abs. 1 HGB) nach hM eine **restriktive Auslegung** zu erfolgen.[9]

7 Obwohl im Gesetz nicht ausdrücklich erwähnt, sind Unt, die aufgrund eines Einbeziehungswahlrechts nicht voll konsolidiert werden, nach der **Equity-Methode** in den KA einzubeziehen, wenn die Bedingungen des § 311 HGB erfüllt sind.[10] Da die Voraussetzungen für die Einbeziehung in den KonsKreis i. e. S. eine QuotenKons konzeptionell ausschließen, kommt diese alternativ auch hier nicht in Betracht.

8 Für die Einbeziehungswahlrechte gilt zudem der **Grundsatz der Stetigkeit.** Wenngleich § 297 HGB nur in Bezug auf die Konsolidierungsmethoden, nicht aber auf die VollKons-Wahlrechte explizit die Anwendung des Grundsatzes vorschreibt, ersetzt die Generalklausel des § 297 Abs. 2 HGB die explizite Anwendungsverpflichtung, trägt doch gerade die Beachtung der Stetigkeit maßgeblich zur Darstellung eines den tatsächlichen Verhältnissen entsprechenden Bilds der VFE-Lage bei; eine willkürliche Ausübung der Wahlrechte ist somit ausgeschlossen.

## 1.2 Anwendungsbereich

9 Relevant sind die Regelungen der §§ 294 und 296 HGB, die die Abgrenzung des KonsKreises abschließend regeln, für alle Unt, die zur Aufstellung eines KA verpflichtet sind. Neben **KapG** müssen demnach auch **KapCoGes** die Vorgaben der §§ 294 und 296 HGB einhalten. Unt, die gem. **PublG** einen KA zu erstellen haben, fallen ebenfalls in den Anwendungsbereich der §§ 294 und 296 HGB. § 13 Abs. 2 PublG enthält einen expliziten Verweis auf die handelsrechtliche Regelung.[11] **Sonderstatus** in Bezug auf die uneingeschränkte Anwendung der §§ 294 und 296 HGB besitzen lediglich **Kreditinstitute.** Zwar verweist § 340i HGB für

---

8 Anstatt vieler DRS 19.81.
9 Vgl. anstatt vieler *von Keitz/Ewelt-Knauer,* in *Baetge/Kirsch/Thiele,* Bilanzrecht, § 296 HGB, Rz 6–7, Stand 6/2014.
10 Vgl. *Pfaff,* in MünchKomm. HGB, 3. Aufl., § 296 Rn 6.
11 S. dazu auch BilMoG-BegrRegE zu § 278 (jetzt § 294), BR-Drs. 163/85, S. 37: „damit sich der Konsolidierungskreis [...] nicht von dem der Konzerne der AG, KGaA und GmbH unterscheidet".

KA auf die §§ 294 und 296 HGB, in Bezug auf die Abgrenzung des KonsKreises ist jedoch § 340j HGB ergänzend zu beachten.

### 1.3 Normenzusammenhänge

Grundsätzliche Voraussetzung für die Einbeziehung eines Unt in den KonsKreis ist das Bestehen eines Mutter-Tochter-Verhältnisses entsprechend den Vorschriften des § 290 HGB. § 296 HGB relativiert die in § 294 HGB kodifizierte Pflicht zur VollKons für jene Fälle, die die Voraussetzungen des § 296 HGB tangieren. Trotz des engen Zusammenhangs mit der Aufstellungspflicht gem. § 290 HGB kann sich daraus ergeben, dass kein KA aufgestellt werden muss, unabhängig davon, ob entsprechend § 290 HGB eine Pflicht zur Aufstellung besteht oder nicht (§ 290 Abs. 4 HGB). Die **Bedeutung der** §§ **294 und 296 HGB** darf daher nicht nur im Lichte einer Abgrenzung des KonsKreises gesehen werden.[12]

10

## 2 Beschränkungen der Rechtsausübung (Abs. 1 Nr. 1)

Das erste sachlich begründete Wahlrecht bei der VollKons von TU besteht gem. § 296 Abs. 1 Nr. 1 HGB dann, wenn **erhebliche** und **andauernde** Beschränkungen die Ausübung der Rechte des MU in Bezug auf das Vermögen oder die Geschäftsführung dieses Unt **nachhaltig** beeinträchtigen.

11

Die Voraussetzungen für das VollKons-Wahlrecht in § 296 Abs. 1 Nr. 1 HGB, die kumulativ zu erfüllen sind und jeweils restriktiv ausgelegt werden, lauten wie folgt:
- Die Art der Beeinträchtigung muss in der Beschränkung der Ausübung der Rechte bzgl. des Vermögens oder der Geschäftstätigkeit liegen.
- Das Ausmaß der Beeinträchtigung muss sich auf erhebliche Beschränkungen beziehen. Dabei muss die Beeinträchtigung die Beherrschungsmöglichkeit verhindern.
- Die Beeinträchtigung muss nachhaltig und andauernd sein, d.h. über einen längeren Zeitraum bestehen.

12

Denkbar sind somit lediglich Anwendungen in Grenzbereichen, wenn es etwa um die Frage der Abgrenzung der andauernden Beeinträchtigung geht.

Die Beschränkungen des MU in Bezug auf die Geschäftsführung oder das Vermögen des TU sind in erster Linie **tatsächlicher Natur**[13], wie etwa die Eröffnung von Zwangsverwaltungs- oder Konkursverfahren und die Auswirkungen politischer Verhältnisse, wie Tätigkeitsverbote für Ausländer in Geschäftsorganen oder staatliche Produktionsbeschränkungen. Vorübergehende oder geringfügige Beschränkungen sowie die bloße Möglichkeit einer Beeinträchtigung erfüllen nicht den Tatbestand einer tatsächlichen Beschränkung.[14]

13

Darüber hinaus kommen **rechtliche/vertragliche Restriktionen** wie Veto- oder Einstimmigkeitsklauseln in Unternehmensverträgen als Beschränkungen in Betracht.

14

Beeinträchtigungen auf Basis **gesellschaftsrechtlicher oder vertraglicher Vereinbarungen sowie gesetzlicher Vorschriften** sind dabei ebenfalls nur relevant,

15

---

12 Vgl. *Pfaff*, in MünchKomm. HGB, 3. Aufl., § 294 Rn 3.
13 Beschränkungen tatsächlicher Natur resultieren meist aus politischen oder sonstigen Veränderungen.
14 Vgl. *Sahner/Kammers*, in *Küting/Weber*, HdK, HGB § 296, Rn 9.

sofern diese tatsächlich die Ausübung des beherrschenden Einflusses verhindern. Geschieht dies nicht, hat eine Kons. zu erfolgen. Eine freiwillige nicht-Ausübung entsprechender Beeinträchtigungen qualifiziert nicht für die Inanspruchnahme des Wahlrechts.[15]

16 **Beschränkungen in der Rechtsausübung** können sich sowohl auf die Geschäftsführung des TU als auch auf das Vermögen beziehen. Eine Ausgestaltung der nach Abs. 1 Nr. 1 kumulativ zu erfüllenden Kriterien durch den Gesetzgeber ist dabei unterblieben. Die Literatur hat den auslegungsbedürftigen Tatbestand inhaltlich konkretisiert.

17 **Vermögensbeschränkungen** i.S.d. § 296 Abs. 1 Nr. 1 HGB müssen sich auf das gesamte Vermögen, mindestens aber auf dessen wesentliche Teile erstrecken. Werden nur einzelne VG tangiert, sind die Voraussetzungen für die Inanspruchnahme des Konsolidierungswahlrechts nicht erfüllt.[16]

18 **Beschränkungen in der Geschäftsführung** erfüllen die Wahlrechtsvoraussetzungen, wenn Pläne und Maßnahmen des MU nachhaltig verhindert werden. Die generelle Gültigkeit von Beeinträchtigungen – etwa für eine Branche – steht dem Wahlrecht des § 296 Abs. 1 Nr. 1 HGB ausschließend entgegen, sofern es sich nicht um ausländische TU handelt. Sind die Beschränkungen erheblich und andauernd und ist das Kriterium der Nachhaltigkeit erfüllt, kann für die Auslandstochter das Recht zur Anwendung des Wahlrechts bestehen. Dies ist etwa denkbar, wenn gesetzliche Bestimmungen der Ausübung des Vorstands- oder Aufsichtsratsmandats entgegenstehen.[17]

19 In Bezug auf die VollKons von TU besteht gem. § 296 Abs. 1 Nr. 1 HGB dann ein Wahlrecht, wenn **erhebliche** und **andauernde** Beschränkungen die Ausübung der Rechte des MU **nachhaltig** beeinträchtigen. Ob sich die Beeinträchtigung auf das Vermögen oder die Geschäftsführung dieses Unt bezieht, ist unerheblich.

20 **Erheblich** ist dabei i.S.v. „wesentlich" zu interpretieren, d.h., es müssen auch Beschränkungen bei wesentlichen Sachverhalten vorliegen, sodass das TU nicht mehr entsprechend der Konzernpolitik geführt werden kann.[18]

21 Eine **Dauerhaftigkeit** und **Nachhaltigkeit** kann dann angenommen werden, wenn die Beschränkungen während des Gj bis zur Abschlussstellung bestanden haben (**vergangenheitsorientierte Betrachtung**) und voraussichtlich nicht mit ihrer Aufhebung zu rechnen ist (**zukunftsorientierte Betrachtung**), d.h. unter Berücksichtigung bestehender Tatsachen mit einer Aufhebung in absehbarer Zeit nicht zu rechnen ist.

22 Vergegenwärtigt man sich die Reichweite der Begriffe erheblich, dauerhaft sowie nachhaltig, so stellt sich die Frage, ob das Einbeziehungswahlrecht überhaupt systemkonform ist oder ob nicht vielmehr ein **Einbeziehungsverbot** konsequent wäre, damit im KA nicht VG und Schulden ausgewiesen werden, über die das MU tatsächlich nicht verfügen kann. Informatorisch kann der Einbezug eines Unt, bei dem das MU direkt oder indirekt nicht über die Control-Möglichkeit

---

[15] Vgl. *Förschle/Deubert*, in Beck Bil-Komm. 9. Aufl., § 296 HGB, Rz 6; DRS 19.7.
[16] Vgl. *Pfaff*, in MünchKomm. HGB, 3. Aufl., § 294 Rn 15 f.; *Förschle/Deubert*, in Beck Bil-Komm. 9. Aufl., § 296 HGB, Rz 8.
[17] Siehe dazu im Detail *Pfaff*, in MünchKomm. HGB, 3. Aufl., § 294 Rn 24.
[18] Vgl. *Förschle/Deubert*, in Beck Bil-Komm. 9. Aufl., § 296 HGB, Rz 7, 8; *Pfaff*, in MünchKomm. HGB, 3. Aufl., § 294 Rn 22.

verfügt, nicht überzeugen. Daher führt ein solcher Sachverhalt nach den IFRS auch zu einem VollKons-Verbot (IAS 27.13).

Bei folgenden **Anwendungsfällen** kommt nach hM ein Wahlrecht zur VollKons gem. § 296 Abs. 1 Nr. 1 HGB in Betracht, wobei mitunter bestimmte Bedingungen erfüllt sein müssen: 23

- **Enteignung**, sofern diese nicht nur drohenden Charakter besitzt, sondern tatsächlich und nachweisbar vollzogen wird und von voraussichtlicher Dauer ist.[19]
- **Insolvenzverfahren**, da das MU mangels Befugnis nicht mehr über das TU verfügen kann.[20]
- **Liquidation**, sofern im Einzelabschluss des TU nicht noch eine Bilanzierung nach dem going concern-Prinzip erfolgt[21] und sofern absehbar keine (wesentliche) Vermögensauskehrung erfolgen wird.[22]
- **Unterstützungskassen**, wenn diese rechtlich selbstständig sind, gemeinnützig handeln und eine Unternehmenseigenschaft vorliegt.
- Wesentliche **Beschränkungen aufgrund gesetzlicher Regelungen** im Fall von TU mit Sitz im **Ausland**.[23]
- **Veräußerung der Mehrheit/Gesamtheit der Anteile an einem TU zu Beginn des folgenden Gj,** sofern damit eine Informationsbeschaffung zwecks Kons. ausgeschlossen wird.[24]

**Beispiel** 24
**Einbeziehungswahlrecht bei Liquidation eines TU**
**Sachverhalt**
Das MU P AG hat für das TU E GmbH Mitte des vergangenen Gj. die (freiwillige) Liquidation eingeleitet und möchte für dieses Gj. auf eine Einbeziehung der E GmbH in den KonsKreis unter Rückgriff auf § 296 Abs. 1 Nr. 1 HGB verzichten. Hinsichtlich der zu erwartenden, nach Liquidation verbleibenden Vermögenswerte sind folgende Szenarien denkbar:
1. Wesentliche Vermögensauskehrung zu erwarten
2. Zu Beginn absehbar keine (wesentliche) Vermögensauskehrung
**Beurteilung**
1. Die Einschränkung der Verfügungsgewalt über das Vermögen hinsichtlich der Verteilung[25] im Sperrjahr kann mangels Dauerhaftigkeit keine Anwendung des § 296 Abs. 1 Nr. 1 HGB begründen.[26] Da im Rahmen der Verteilung noch (wesentliche) Vermögenspositionen ausgekehrt werden, gehen diese (wieder) in den Verfügungsbereich des MU über.

---

19 Vgl. ADS, 6. Aufl., § 296 HGB, Rz 12.
20 Vgl. *Förschle/Deubert*, in Beck Bil-Komm. 9. Aufl., § 296 HGB, Rz 11; *Pfaff*, in MünchKomm. HGB, 3. Aufl., § 294 Rn 19.
21 Vgl. *Pfaff*, in MünchKomm. HGB, 3. Aufl., § 294 Rn 20.
22 Vgl. *Förschle/Deubert*, in Beck Bil-Komm. 9. Aufl., § 296 HGB, Rz 11.
23 Siehe dazu Rz 18 und *Pfaff*, in MünchKomm. HGB, 3. Aufl., § 294 Rn 25.
24 Vgl. DRS 19.85.
25 Die Verteilung darf gem. § 73 Abs. 1 GmbHG nicht vor Tilgung oder Sicherstellung der Schulden der Ges. und nicht vor Ablauf eines Jahres seit dem Tage vorgenommen werden, an welchem die Aufforderung an die Gläubiger (§ 65 Abs. 2 GmbHG) in den Gesellschaftsblättern erfolgt ist.
26 Im Ergebnis ebenso IDW RS HFA 17, Tz 45; *Pfaff*, in MünchKomm. HGB, 3. Aufl., § 296 Rn 18.

> 2. Ist bereits zu Beginn absehbar, dass keine (wesentliche) Vermögensauskehrung nach Ablauf des Sperrjahres erfolgen wird/kann, wird die Möglichkeit der Inanspruchnahme des Wahlrechts bejaht.[27]

25 Inwiefern gesellschaftsvertraglich festgeschriebene qualifizierte Mehrheitserfordernisse, die das MU alleine nicht erreicht, oder ein **Entherrschungsvertrag** zwischen MU und TU ein VollKons-Wahlrecht begründen können, ist dagegen strittig.[28] Ein Anwendungsfall für das Wahlrecht scheint hier zwar vor dem Hintergrund des in der Generalnorm des § 297 Abs. 2 HGB postulierten Zwecks der Konzernbilanzierung problematisch, muss sich aber aus der Konkretisierungslogik des § 296 Abs. 1 Nr. 1 HGB ergeben, sofern infolgedessen eine tatsächliche Beherrschungsmöglichkeit nicht gegeben ist und – hinsichtlich Entherrschungsverträgen – eine Mindestlaufzeit[29] unter Ausschluss einer ordentlichen Kündigung gegeben ist. Ein vertraglicher Ausschluss der Stimmrechtsausübung beseitigt nach hM die Möglichkeit vertragswidriger Stimmabgabe nicht – und damit auch nicht bereits ein Mutter-Tochter-Verhältnis nach § 290 Abs. 2 Nr. 1 HGB.[30]

> **Beispiel**
> **Einbeziehungswahlrecht bei vorliegendem Entherrschungsvertrag**
> **Sachverhalt**
> Das MU C AG hält 70 % der Stimmrechte an der S AG. Im Rahmen eines Entherrschungsvertrags hat sich die C AG gegenüber der S AG verpflichtet, von der Ausübung der Stimmrechtsmehrheit im Rahmen sämtlicher HV-Beschlüsse und aufsichtsratsbezogener Besetzungsfragen abzusehen bzw. nur weniger als die Hälfte der auf einer HV vertretenen Stimmrechte wahrzunehmen. Der Entherrschungsvertrag hat eine (Rest-)Laufzeit von elf Jahren bis ins Jahr 2025. Die ordentliche Kündigung ist ausgeschlossen. Die nächste AR-Wahl steht im Jahr 2018 auf der HV betreffend die Feststellung für das Gj. 2017 (in vier Jahren) an. Die C AG sieht aktuell (für das Gj. 2013) von einer Kons. der S AG unter Berufung auf § 296 Abs. 1 Nr. 1 HGB ab. Die C AG geht zudem davon aus, dass dieses Vorgehen auch in den kommenden zwölf Jahren praktiziert werden kann.
> **Beurteilung**
> Der Entherrschungsvertrag ist (aktuell; für das Gj. 2013) als erhebliche und andauernde Beschränkung der Ausübung der wesentlichen Rechte der C AG,

---

[27] Vgl. IDW RS HFA 17, Tz 45.
[28] Für ein Wahlrecht plädierend etwa WP-Handbuch, 14. Aufl. Bd. I, Abschn. M, Rz 276; DRS 19.85. Unter Voraussetzungen (Mindestlaufzeit ohne ordentliche Kündigung) ebenfalls einen Anwendungsfall sehend *Förschle/Deubert*, in Beck Bil-Komm. 9. Aufl., § 296 HGB, Rz 11. Dies ablehnend *von Keitz/Ewert-Knauer*, in *Baetge/Kirsch/Thiele*, Bilanzrecht, § 296 HGB, Rz 26, Stand 6/2014.
[29] *Förschle/Deubert*, in Beck Bil-Komm. 9. Aufl., § 296 HGB, Rz 11 fordern hier fünf Jahre, sodass eine Dominanz der nächsten AR-Wahl ausgeschlossen werden kann. Sinnvoller ist u.E. jedoch die Verknüpfung der Mindestlaufzeit mit der konkreten nächsten AR-Wahl des jeweiligen Unt anstatt des maximalen „HV/Entlastung für das 4. Gj.+Gj. des Amtszeitbeginns"-Zeitraums gem. § 102 AktG.
[30] GlA OLG Frankfurt, NZG 2007, S. 556. GlA *Förschle/Deubert*, in Beck Bil-Komm. 9. Aufl., § 296 HGB, Rz. 11. AA *Pfaff*, in MünchKomm. HGB, 3. Aufl., § 296 Rn 21.

der diese nachhaltig beeinträchtigt, zu sehen. Das Mutter-Tochter-Verhältnis gem. § 290 Abs. 2 Nr. 1 HGB wird durch den Entherrschungsvertrag nicht negiert.[31]
Eine Fortschreibung der Vorgehensweise für den gesamten Zwölf-Jahreszeitraum ist dagegen nicht zulässig, sofern keine Verlängerung der Laufzeit des Entherrschungsvertrags erfolgt. Unter andauernd ist im Kontext von Entherrschungsverträgen „die Dominanz der nächsten AR-Wahl ausschließend" zu verstehen (dazu Rz 25). Maximal mit der zweiten zukünftigen AR-Wahl 2023 auf der HV für das Gj. 2022 endet damit unter sonst gleichen Umständen die Möglichkeit der Berufung auf § 296 Abs. 1 Nr. HGB in diesem Fall. Für den KA für das Gj. 2023 und 2024 scheidet eine Berufung auf § 296 Abs. 1 Nr. 1 HGB mangels Erfüllung des Kriteriums „andauernd" aus, da die Restlaufzeit des Entherrschungsvertrags dann nicht mehr über die nächste AR-Wahl hinausgeht.

Ein **Vergleichsverfahren** bringt regelmäßig keine Einschränkung der Verfügungsgewalt mit sich, sodass eine Befreiung von der Pflicht zur VollKons hier nicht in Betracht kommt. 26

Bei Zweckges darf von dem Einbeziehungswahlrecht nicht lediglich mit dem Hinweis auf einen etwaig implementierten Autopilotmechanismus[32] oder ähnliche Regelungen Gebrauch gemacht werden.[33] 27

**Beispiel**
**Einbeziehungswahlrecht bei Zweckgesellschaften**
**Sachverhalt**
Der Frankfurter Investmentkonzern KH AG gründet gemeinsam mit der MA L.L.C. die in Irland ansässige Zweckges T-Investment L.L.C. Wenngleich der KH AG nicht die formal erforderlichen Rechte der Beherrschung der Geschäfts- und Finanzpolitik i.S.d. § 290 Abs. 2 Nr. 1–3 HGB zustehen, trägt Sie bei wirtschaftlicher Betrachtung die Mehrheit der Chancen und Risiken i.S.d. § 290 Abs. 2 Nr. 4 HGB. Zur Sicherung ihres Einflusses verlangt die KH AG im Rahmen der Gründung den Abschluss eines bindenden und nicht ordentlich kündbaren schuldrechtlichen Vertrags, der die wesentlichen geschäftspolitischen Entscheidungen und Handlungen der T-Investment L.L.C. im Voraus i.S.d. Zielsetzung/Interessen der KH AG festlegt (Autopilotmechanismus). Im Rahmen der Kons. unterlässt die KH AG die Kons. der T-Investment L.L.C. mit dem Verweis auf die fehlende tatsächliche Beherrschungsausübungsoption unter In-

---

[31] „Weil ein vertraglicher Ausschluss der Stimmrechtsausübung nach hM die Möglichkeit vertragswidriger Stimmabgabe nicht beseitigt, kann sich ein Unt der Mehrheit der Stimmrechte i.S.d. § 290 Abs. 2 Nr. 1 HGB nicht durch den Abschluss schuldrechtlicher Verträge (z.B. Stimmbindungs-, Entherrschungsverträge) begeben." OLG Frankfurt, NZG 2007, S. 556. GlA *Förschle/Deubert*, in Beck Bil-Komm. 9. Aufl., § 296 HGB, Rz. 11. AA *Pfaff*, in MünchKomm. HGB, 3. Aufl., § 296 Rn 37.

[32] Festlegung der wesentlichen Entscheidungen der Zweckges nach Maßgabe des MU in der Satzung oder Verträgen ohne nachgelagerte Einflussmöglichkeit, sofern keine gesellschaftsrechtliche Beziehung des MU zur Zweckges besteht oder die formale Beherrschungsmöglichkeit nicht beim MU liegt, dieses aber die wesentlichen Chancen und Risiken trägt.

[33] Anstatt vieler DRS 19.86.

> anspruchnahme des § 296 Abs. 1 Nr. 1 HGB (weitere Befreiungstatbestände liegen nicht vor). Der AP lehnt das Vorgehen der KH AG ab.
> **Beurteilung**
> Der AP lehnt das Vorgehen der KH AG zu Recht ab. Es liegt eine Beherrschung i. S. d. § 290 Abs. 2 Nr. 4 HGB vor. § 296 Abs. 1 Nr. 1 HGB greift in diesem Fall nicht. Erstens kommt es im Rahmen der Beurteilung einer Beherrschung i. S. d. § 290 Abs. 2 Nr. 4 HGB nicht auf die formellen Rechte, sondern die wirtschaftliche Betrachtungsweise an – das Recht der Beherrschung wird dem formellen Rechteinhaber eben gerade „weggerechnet".[34] Zweitens können die Rechte aufgrund der Einrichtung des Autopilotmechanismus als ausgeübt angesehen werden.[35]

## 3 Unverhältnismäßig hohe Kosten oder Verzögerungen (Abs. 1 Nr. 2)

28  Als zweites sachlich begründetes Einbeziehungswahlrecht sieht § 296 Abs. 1 Nr. 2 HGB vor, dass die Einbeziehung eines TU in den KA unterbleiben kann, wenn die für die Aufstellung des KA erforderlichen Angaben nicht ohne unverhältnismäßig hohe Kosten oder Verzögerungen zu erhalten sind.

29  In Bezug auf die **Kosten** ist für die Ausübung des VollKons-Wahlrechts ein deutlich erkennbares Missverhältnis zwischen den Kosten der Abschlusserstellung, d. h. den Kosten für die Beschaffung der Informationen, und dem zu erwartenden Informationsgewinn zu verlangen.[36] Dabei ist nur auf die Kosten abzustellen, die zusätzlich für eine VollKons im Gegensatz zur Bewertung at equity entstehen. Vergleichbare Unt können in Bezug auf die Konsolidierungskosten als Maßstab nicht herangezogen werden.[37] Ein objektives Ergebnis lässt sich so – wie auch grds. – nicht erreichen, da „Standardkosten" für eine Kons. nicht existieren und auch der mit der VollKons einhergehende Informationszuwachs etwa von der Wesentlichkeit des TU abhängig ist.

30  Auch das Zeitfenster für unverhältnismäßig hohe **Verzögerungen** ist nicht objektivierbar. Entsprechende Verzögerungen sind ohnehin nur denkbar, wenn die Einhaltung der Aufstellungsfrist von fünf Monaten i. S. d. § 290 Abs. 1 HGB bzw. der kürzeren Zeitspanne von vier Monaten bei nach § 325 Abs. 3 HGB offenlegungspflichtigen KM-orientierten Unt nicht möglich ist. Die Verletzung freiwillig verkürzter Abgabetermine erfüllt generell nicht den Tatbestand einer unverhältnismäßig hohen Verzögerung.[38] Auch „organisatorische Unzulänglichkeiten" begründen kein Einbeziehungswahlrecht gem. § 296 Abs. 1 Nr. 2 HGB.

---

[34] Vgl. *Förschle/Deubert*, in Beck Bil-Komm. 9. Aufl., § 296 HGB, Rz 12.
[35] Vgl. DRS 19.86
[36] Vgl. *Förschle/Deubert*, in Beck Bil-Komm. 9. Aufl., § 296 HGB, Rz 15 f.
[37] So vorgeschlagen von *Sahner/Kammers*, in *Küting/Weber*, HdK, HGB, § 296, Rn 16; ablehnend ADS, 6. Aufl., § 296 HGB, Rz 17; *Pfaff*, in MünchKomm. HGB, 3. Aufl., § 294 Rn 33; *Förschle/Deubert*, in Beck Bil-Komm. 9. Aufl., § 296 HGB, Rz 17.
[38] Vgl. dazu und im Folgenden *von Keitz/Ewert-Knauer*, in *Baetge/Kirsch/Thiele*, Bilanzrecht, § 296 HGB, Rz 33, Stand 6/2014.

Da die Begriffe unverhältnismäßig hohe Kosten oder Verzögerungen **objektiv nicht quantifizierbar** sind, für die Aufstellung eines KA eine bis zu fünfmonatige Frist besteht und die heutigen Kommunikationsmöglichkeiten einen umfassenden und zeitnahen Datentransfer ermöglichen, sollte dieses **an Wirtschaftlichkeitsüberlegungen orientierte Wahlrecht sehr restriktiv ausgelegt** werden und nur in Ausnahmefällen zur Anwendung kommen.³⁹

31

> **Beispiel**
> Als Ausnahmefall könnte z.b. die Integrationsphase eines TU nach dem Erwerb zum Ende des Gj gelten, d.h., das Buchführungs- und Informationssystem dieses TU konnte bis zum Bilanzstichtag noch nicht auf Konzernerfordernisse umgestellt werden. Auch außergewöhnliche Ereignisse, wie der Zusammenbruch der EDV oder die Vernichtung von Unterlagen aufgrund von Naturkatastrophen, können als Ausnahmefälle angesehen werden. Stets wäre aber zu fragen, warum dann nicht zumindest eine provisorische Erst-Kons gem. § 301 Abs. 2 Satz 2 HGB vorgenommen werden kann.

Systematisch höhere Konsolidierungskosten, wie sie etwa bei TU in **Hochinflationsländern** anzutreffen sind, begründen grds. kein Recht auf Inanspruchnahme der Möglichkeit der Befreiung gem. § 296 Abs. 1 Nr. 2 HGB. Allerdings kann im Rahmen der Prüfung nach Abs. 2 bei in Summe nicht wesentlichen Unt die Auswahl aktiv dahingehend gesteuert werden, dass insb. die einbeziehungsaufwendigeren (nicht wesentlichen) TU ausgeschlossen werden (Rz 44).

32

Das Wahlrecht zur Nichteinbeziehung eines TU kann nicht allein damit begründet werden, dass der KA **auf der bereits terminierten HV** nicht vorgelegt werden kann, soweit die Aufstellungsfrist noch nicht überschritten ist.⁴⁰

33

Das VollKons-Wahlrecht nach Abs. 1 Nr. 2 kann stets nur für ein Jahr gelten, da es – wenn überhaupt – lediglich durch extreme Ausnahmesituationen, wie außergewöhnliche Ereignisse oder Katastrophenfälle, begründbar ist.⁴¹ Die in § 301 Abs. 2 Satz 2 HGB vorgesehene Möglichkeit einer provisorischen ErstKons mit verlängertem Wertaufhellungszeitraum degradiert das Einbeziehungswahlrecht zusätzlich zu einem überwiegend bedeutungslosen Tatbestand. Eine Nichteinbeziehung wegen eintretender Verzögerungen ist kaum mehr vertretbar und in der Praxis bereits höchst selten. Sollte das MU selbst eine provisorische ErstKons nicht zeitnah durchführen können, muss sich das Management zudem mit der Frage konfrontiert sehen, auf welcher Grundlage es die Erwerbsentscheidung eigentlich getroffen hat.

34

## 4 Weiterveräußerungsabsicht (Abs. 1 Nr. 3)

Gem. § 296 Abs. 1 Nr. 3 HGB besteht ein weiteres sachlich begründetes Einbeziehungswahlrecht für TU, wenn deren Anteile **ausschließlich zum Zwecke ihrer Weiterveräußerung** gehalten werden. Die Vorschriften gelten für den beabsichtigten Tausch gegen Anteile an einem anderen Unternehmen analog.

35

---

39 Vgl. WP-Handbuch, 14. Aufl. Bd. I, Abschn. M, Rz 99; ADS, 6. Aufl., § 296 HGB, Rz 19; *Sahner/Kammers*, in *Küting/Weber*, HdK, HGB § 296, Rn 14.
40 Vgl. *Förschle/Deubert*, in Beck Bil-Komm. 9. Aufl., § 296 HGB, Rz 18.
41 Vgl. anstatt vieler WP-Handbuch, 14. Aufl. Bd. I, Abschn. M, Rz 99.

Dieses Wahlrecht ist insb. für institutionelle Anleger, wie Vermögensverwalter, Kreditinstitute und Versicherungen, von Bedeutung, die vielfach größere Anteilspakete ausschließlich zur Platzierung am Kapitalmarkt oder während einer vorübergehenden Sanierungsphase halten.

36 Die aktive Ausübung der Beherrschung kann dabei nicht als Indiz gegen eine beabsichtigte Weiterveräußerung der Anteile verstanden werden. Es kommt somit lediglich auf die Absicht der Konzernführung an.

37 In der Konzernbilanz sind die Anteile an dem TU aufgrund der beabsichtigten Veräußerung **als Teil des UV auszuweisen**. Ein Ausweis im UV begründet allein allerdings keine Veräußerungsabsicht.

38 Die unbestimmte Gesetzesformulierung, d. h. vor allem in Bezug auf den Nachweis der Weiterveräußerungsabsicht und den Zeitraum, in dem noch von einer Weiterveräußerungsabsicht ausgegangen werden kann, macht auch hier eine Einzelfallentscheidung und die Prüfung der folgenden **Kriterien** notwendig:
- Die Anteile müssen an **Konzernfremde** veräußert werden.[42]
- Die Weiterveräußerungsabsicht muss **intersubjektiv nachprüfbar** sein; Vorverträge oder andere Vereinbarungen als Indiz für eine Weiterveräußerungsabsicht sind jedoch nicht zwingend erforderlich, da die bloße Absicht genügt. Die Absicht muss aber ernsthaft bestehen und nachvollziehbar sein, was z. B. durch Verkaufsverhandlungen, das Einschalten eines Maklers oder entsprechende Entscheidungen des AR glaubhaft gemacht werden kann.[43]
- Die Weiterveräußerungsabsicht bestand **bereits beim Erwerb**. Die Absicht des Abverkaufs einer bisher als operative Einheit geführten Tochter fällt nach hM nicht unter das VollKons-Wahlrecht.[44]
- Das MU verfolgt keine Pläne für eine **alternative Verwendung** der Anteile außer der Weiterveräußerung.[45]
- Es sollen zumindest **so viele Anteile** verkauft werden, dass anschließend ein Mutter-Tochter-Verhältnis nicht mehr vorliegt.[46]

39 Wenn über einen längeren Zeitraum hinweg keine Veräußerung der Anteile stattfindet, ist von einer VollKons-Pflicht auszugehen, weil eine **dauerhafte Beziehung** zu vermuten ist.[47]

40 Im Interesse der **Konsolidierungsstetigkeit** und somit der Vergleichbarkeit der KA im Zeitverlauf wird das Wahlrecht in der vorherrschenden Literatur begrüßt.[48] Der positiven Wirkung einer Nichteinbeziehung kann beigepflichtet werden, wobei aber unverständlich bleibt, warum zur Sicherung der verbesserten Darstellung der VFE-Lage des Konzerns nicht regelmäßig ein VollKons-Verbot gefordert wird.

---

[42] Vgl. *von Keitz/Ewelt*, in *Baetge/Kirsch/Thiele*, Bilanzrecht, § 296 HGB, Rz 36, Stand 6/2014.
[43] Vgl. WP-Handbuch, 14. Aufl. Bd. I, Abschn. M, Rz 202; *ADS*, 6. Aufl., § 296 HGB, Rz 26; *Förschle/Deubert*, in Beck Bil-Komm. 9. Aufl., § 296 HGB, Rz 27.
[44] Vgl. *Pfaff*, in MünchKomm. HGB, 3. Aufl., § 296 Rn 41; *ADS*, 6. Aufl., § 296 HGB, Rz 23.
[45] Vgl. *von Keitz/Ewelt-Knauer*, in *Baetge/Kirsch/Thiele*, Bilanzrecht, § 296 HGB, Rz 39; s. dazu auch Rz 34, Stand 6/2014.
[46] Der Protokollerklärung zu Art. 13 Abs. 3 lit. c der 7. EG-RL ist zu entnehmen, dass sich eine Weiterveräußerung nicht auf alle Anteile zu beziehen hat. S. dazu *Biener/Schatzmann*, Konzernrechnungslegung, S. 25.
[47] Anstatt vieler WP-Handbuch, 14. Aufl. Bd. I, Abschnitt M, Rz 202.
[48] So etwa *Pfaff*, in MünchKomm. HGB, 3. Aufl., § 296 Rn 39.

## 5 Untergeordnete Bedeutung von Tochterunternehmen (Abs. 2)

Neben den in § 296 Abs. 1 HGB genannten drei Einbeziehungswahlrechten bei der Abgrenzung des KonsKreises hat ein MU gem. § 296 Abs. 2 HGB außerdem die Möglichkeit, auf die Einbeziehung eines TU zu verzichten, wenn es für die Verpflichtung, ein den tatsächlichen Verhältnissen entsprechendes Bild der VFE-Lage des Konzerns zu vermitteln, von **untergeordneter Bedeutung** ist. Besteht ein wesentlicher Zusammenhang zwischen der Darstellung einer dieser drei Aspekte und dem TU, ist keine Befreiung von der Pflicht zur Einbeziehung in den KonsKreis i. e. s. unter Berufung auf § 296 Abs. 2 HGB möglich. Die den **Grundsatz der Wesentlichkeit** konkretisierende Vorschrift[49] ist in Art. 13 Abs. 1 der 7. EG-RL festgeschrieben. Das Einbeziehungswahlrecht des Abs. 2 soll den mit der Abschlusserstellung verbundenen Aufwand reduzieren, sofern der Ausschluss der TU aus dem VollKons-Kreis und der damit einhergehende Informationsverlust für Abschlussadressaten von untergeordneter Bedeutung ist. Zum Tragen kommt die Erleichterung insb. bei Konzernen mit einer Vielzahl an kleinen TU.

41

Zur Klassifizierung des **Begriffs „untergeordnete Bedeutung"** enthält das Gesetz weder Kenngrößen noch numerische Grenzwerte. In der Praxis ist auf den Einzelfall abzustellen, wobei das **Gesamtbild aller Umstände** und nicht nur einzelne Verhältniszahlen die Beurteilungsgrundlage bildet.[50] Bei im Wesentlichen konstanter wirtschaftlicher Situation dürfte allerdings nicht zu beanstanden sein, wenn eine Konzernleitung zur Vereinfachung der Konzernrechnungslegung im Rahmen eines Ermessensspielraums in Einzelfällen feste Größenkriterien anwendet, wobei das Kriterium der Unwesentlichkeit bei einem (Umsatz-, Vermögens-, Ergebnis- oder Mitarbeitenden-) Anteil von mehr als 5 % am Gesamtkonzern kaum zu begründen sein wird.[51] Starre Kennzahlen – wie sie etwa auch in der US-amerikanischen Bilanzierungspraxis gebräuchlich sind – sind nach überwiegender Meinung nicht mit der gesetzlichen Regelung in Deutschland zu vereinbaren. So wird aufgeführt, dass dies der im Gesetz vorgesehenen flexiblen Regelung widerspricht und zu Zufallsergebnissen führen kann.[52] Insbesondere mangels alternativer operationaler Ermittlungsmethoden und unter Einhaltung bestimmter Voraussetzungen[53] plädieren einige Stimmen in der Literatur aber auch gegen die starre und ablehnende Haltung gegenüber der Verwendung von Verhältniszahlen im Allgemeinen.[54] Wägt man die beiden gegensätzlichen Meinungsbilder gegeneinander ab, erscheint die Verwendung von Verhältniszahlen zumindest in Einzelfällen und unter Berücksichtigung der Problemfelder (Rz 44) starrer Kenngrößen dann unproblematisch, wenn diese durch eine qualitative Beurteilung ergänzt wird. Die Voraussetzungen für eine

42

---

49 BilMoG-BegrRegE BT-Drs. 10/3440, S. 38.
50 Vgl. *Förschle/Deubert*, in Beck Bil-Komm. 9. Aufl., § 296 HGB, Rz 34; ADS, 6. Aufl., § 296 HGB, Rz 31.
51 Vgl. *Baetge/Kirsch/Thiele*, Konzernbilanzen, S. 134.
52 ADS, 6. Aufl., § 296 HGB, Rz 31.
53 Siehe dazu im Detail *von Keitz/Ewelt-Knauer*, in *Baetge/Kirsch/Thiele*, Bilanzrecht, § 296 HGB, Rz 43, Stand 6/2014.
54 So etwa *von Keitz/Ewelt-Knauer*, in *Baetge/Kirsch/Thiele*, Bilanzrecht, § 296 HGB, Rz 43; Kölner Kommentar zum HGB, § 296, Rn 26, Stand 6/2014.

untergeordnete Bedeutung sind von der Konzernleitung unabhängig von den Prüfkriterien für jeden KA erneut zu prüfen.

43 **Die Einbeziehung** eines TU **kann trotz niedriger anderer relativer Größenmerkmale insb. geboten sein**, wenn ein Verzicht auf die Einbeziehung mit der fehlenden Eliminierung bedeutender Zwischenergebnisse einhergeht, TU das Konzernergebnis mit strukturellen Verlusten belasten und ständige Zuflüsse notwendig machen sowie wenn eine Abbildung wesentlicher Verpflichtungen oder Risiken ansonsten unterbleiben würde. Die Wahrnehmung unternehmenstypischer Funktionen durch ein TU begründet dagegen keine zwingende Einbeziehung in den KA im Wege der VollKons, da der JA nicht als Ausdruck der Ausübung bestimmter Leitungs- und Verwaltungsfunktionen betrachtet werden kann und deshalb nicht zwingend Gegenstand der Kons. sein muss.[55]

44 Sind mehrere TU von untergeordneter Bedeutung, darf ihre Wesentlichkeit gem. **§ 296 Abs. 2 Satz 2 HGB** nur zusammengefasst beurteilt werden, was einem **zweistufigen Testverfahren** entspricht. Eine Befreiung unter Bezug auf die untergeordnete Bedeutung eines TU setzt im Falle des gleichzeitigen Vorliegens der Befreiungsvoraussetzung bei mehreren TU demnach eine Prüfung der Befreiungsbedingungen in ihrer Gesamtheit voraus. Sind die TU isoliert betrachtet unbedeutend, ist ihr Einfluss auf die Darstellung der VFE-Lage insgesamt jedoch wesentlich, sind diese grds. in den VollKonsKreis einzubeziehen.[56] Strittig ist in diesem Zusammenhang, inwieweit die Konzernleitung dazu berechtigt ist, diejenigen TU aus dem Kreis der einzelnen Unbedeutenden auszuwählen, die nicht in den KA einbezogen werden sollen.[57] Aufgrund der Praktikabilität der Regelung muss dies – jedoch unter Beachtung des Stetigkeitsgebots für die Einbeziehung in bzw. Ausklammerung aus dem KonsKreis – erlaubt sein.

> **Beispiel**
> Als Beispiel für ein System zur Bestimmung der (gemeinschaftlichen) Unwesentlichkeit könnte folgendes Prüfverfahren dienen, wobei eine kumulative Erfüllung der einzelnen Prüfungsstufen zu erfolgen hat:
> 1. Prüfung der **absoluten Kennzahlen**: Die Nichteinbeziehung von TU in den KonsKreis reduziert regelmäßig und grds. die KA-Positionen Umsatz, Bilanzsumme und Mitarbeiteranzahl jeweils um weniger als 5 %. Das Jahresergebnis wird absolut gesehen um nicht mehr als 10 % verändert.
> 2. Prüfung der **relativen Kennzahlen**: Die zentralen Renditekennzahlen (z. B. ROI oder Umsatzrentabilität) werden grds. um nicht mehr als ein Prozentpunkt verändert, die zentralen Umschlagskennzahlen (z. B. Kapitalumschlagshäufigkeiten) grds. um nicht mehr als 0,1 verändert.
> 3. **Gesamtschau**: Die Veränderung darf nicht dazu führen, dass Trends in den zentralen Kennzahlen durch die Nichteinbeziehung falsch dargestellt werden. Als zentrale, im Rahmen der Prüfung zu berücksichtigende Kenn-

---

[55] So etwa *Selchert/Baukmann*, BB 1993, S. 1330; *Förschle/Deubert*, in Beck Bil-Komm. 9. Aufl., § 296 HGB, Rz 35; *Pfaff*, in MünchKomm. HGB, 3. Aufl., § 296 Rn 49.

[56] Vgl. *von Keitz/Ewelt-Knauer* in *Baetge/Kirsch/Thiele*, Bilanzrecht, § 296 HGB, Rz 44, Stand 6/2014.

[57] Dies bejahend *Förschle/Deubert*, in Beck Bil-Komm. 9. Aufl., § 296 HGB, Rz 37; *Selchert/Baukmann*, BB 1993, S. 1331; *Pfaff*, in MünchKomm. HGB, 3. Aufl., § 296 Rn 52; dies für unzulässig erachtend etwa *Sahner/Sauermann*, in *Küting/Weber*, HdK, HGB § 296, Rn 30.

> zahlen sind insb. jene heranzuziehen, die bei der Außendarstellung in den letzten Gj. in den Vordergrund gestellt wurden, oder die im laufenden Abschluss in den Vordergrund gestellt werden. Vorübergehende Effekte mit Einfluss auf die im Rahmen der Wesentlichkeitsprüfung zu berücksichtigenden Kennzahlen begründen keine Anwendung des Wahlrechts des § 296 Abs. 2 HGB. Entsprechend ist auf einen Zwei-Jahres-Zeitraum abzustellen.
> Damit nicht gegen die Stetigkeit der Abgrenzung des KonsKreises verstoßen wird, sollte eine geringfügige einmalige Überschreitung der absoluten und relativen Grenzen ohne sofortige Änderung des KonsKreises toleriert werden. Erst wenn ein bisher als unwesentlich eingestuftes TU so groß wird, dass es dazu beiträgt, die Kriterien an zwei aufeinanderfolgenden Stichtagen zu überschreiten, muss es in den KonsKreis aufgenommen werden.

Auch bei der Gesamtbetrachtung bildet das umfassende Bild aller Umstände die Beurteilungsgrundlage für die Prüfung auf untergeordnete Bedeutung. Die Beurteilung der Wesentlichkeit eines TU, das selbst MU i.S.v. § 290 HGB ist, erfordert zudem die Berücksichtigung seiner TU (**Enkelunternehmen**).[58]

## 6 Begründungspflicht im Konzernanhang (Abs. 3)

§ 296 Abs. 3 HGB verlangt, dass der Rückgriff auf ein Konsolidierungswahlrecht entsprechend den Abs. 1 und 2 mit einer **Begründung im Konzernanhang** einherzugehen hat. Die Vorschriften ergänzen damit die Angabepflichten (Name des TU, dessen Sitz sowie dessen Anteil am Kapital) des § 313 Abs. 2 Nr. 1 HGB. Die ausreichende Begründung im Anhang ersetzt für den Fall der Nichteinbeziehung die Einreichung der JA und KA der betroffenen TU beim BAnz.[59]

**Kreditinstitute** haben dahingehend **Besonderheiten** zu beachten, dass sie gem. § 340j HGB den JA eines Tochterinstituts, das sie zur finanziellen Stützung erwerben, dem Konzernanhang beizufügen haben, sofern das Einbeziehungswahlrecht des § 296 Abs. 1 Nr. 3 HGB in Anspruch genommen wird. Damit ist zudem die Pflicht zur Angabe der Bedingungen und der Art der Stützungsaktion verbunden.

Der Gesetzgeber hat den Begriff der **Begründung** inhaltlich nicht näher präzisiert. Der Wortlaut des Gesetzes allerdings schließt einen reinen Verweis auf die Norm bereits aus; fordert er ja gerade eine Begründung der Anwendung. Ein **bloßer Verweis** auf die gesetzliche Vorschrift taugt auch nach hM nicht als Begründung.[60] Sie hat vielmehr Angaben über die jeweils genutzten Einbeziehungswahlrechte zu umfassen und muss für jedes nicht einbezogene TU darlegen, warum die gesetzlichen Voraussetzungen dafür als gegeben erachtet werden.[61]

Die Begründung hat zwar jedes TU zu umfassen, für das ein Einbeziehungswahlrecht i.S.v. Abs. 1 oder 2 in Anspruch genommen wird, eine separate Begrün-

---

58 Vgl. *Förschle/Deubert*, in Beck Bil-Komm. 9. Aufl., § 296 HGB, Rz 36.
59 Vgl. *Pfaff*, in MünchKomm. HGB, 3. Aufl., § 296 Rn 56.
60 Vgl. *Pfaff*, in MünchKomm. HGB, 3. Aufl., § 296 Rn 57.
61 Anstatt vieler vgl. *von Keitz/Ewelt-Knauer*, in *Baetge/Kirsch/Thiele*, Bilanzrecht, § 296 HGB, Rz 52, Stand 6/2014.

dung ist allerdings nicht notwendig.⁶² Bezieht sich die Begründung auf mehrere TU, sind Name und Sitz der Gesellschaften aufgeführt und ist erkennbar, dass sie sich nicht nur auf ein einzelnes TU bezieht, kann dies als ausreichend angesehen werden. Denkbar ist hier etwa die Kenntlichmachung durch Zwischenüberschriften.⁶³

50 Etwaige, aus der Begründungsverpflichtung resultierende Nachteile, wie bspw. die Veröffentlichung brisanter Details, die mit der Angabe über eine Veräußerungsabsicht einhergehen können, können nicht unter Rückgriff auf die Schutzklausel des § 313 Abs. 3 HGB beseitigt werden. Eine Anwendung der lockernden Vorschriften ist in diesem Fall nicht gestattet, da die Begründungspflicht nicht zu den explizit betroffenen Angaben entsprechend der Norm zählt. Einzig ein Verzicht auf die VollKons-Wahlrechte des § 296 Abs. 1 und 2 HGB rettet das MU vor den aus Abs. 3 resultierenden Konsequenzen.

## 7 Rechtsfolgen bei Pflichtverletzung

51 Liegen die Voraussetzungen für die Inanspruchnahme eines Konsolidierungswahlrechts nicht vor und werden TU unter Bezug auf § 296 HGB dennoch **vorsätzlich nicht** in den KA **einbezogen**, werden die Vorschriften des § 294 Abs. 1 HGB verletzt. Die Nichtbeachtung der Vorschriften des § 294 Abs. 1 HGB erfüllt den Tatbestand einer **Ordnungswidrigkeit** i. S. d. § 334 HGB. Diese kann mit einer Geldbuße von bis zu 50.000 EUR sanktioniert werden.⁶⁴

52 Ein Verstoß gegen § 296 HGB kann auch einen **Verstoß gegen § 297 Abs. 2 HGB** bedingen, sofern ein für die Darstellung der VFE-Lage des Konzerns wesentliches TU nicht einbezogen wird. Dieser Verstoß erfüllt ebenfalls den Tatbestand einer Ordnungswidrigkeit, die bußgeldbewehrt ist.⁶⁵

53 Zudem kommt die **Bestrafung der Mitglieder des vertretungsberechtigten Organs oder AR** infolge der unrichtigen oder verschleiernden Wiedergabe der Verhältnisse des Unt gem. § 331 Nr. 2 HGB in Betracht.

54 Für MU in Gestalt von **KapCoGes** (§ 335b HGB) und MU, die gem. § 11**PublG** (§ 20 Abs. 1 Nr. 2 Buchst. a PublG) zur KA-Erstellung verpflichtet sind, gelten die Rechtsfolgen sinngemäß.

## 8 Änderungen durch das BilRUG

55 Die Regelung des § 296 HGB betreffend die Wahlrechte für die Einbeziehung von TU in Bezug auf das in § 294 HGB kodifizierte Vollständigkeitsgebot für den KonsKreis wird mit dem BilRUG überarbeitet. In § 296 Abs. 1 Nr. 2 wird nach den Wörtern „hohe Kosten oder" das Wort „unangemessene" eingefügt. In Bezug auf die Verzögerungen wird damit der Passus „unverhältnismäßig hohe", der sich gem. der derzeit geltenden Fassung/Formulierung nicht nur auf die Kosten sondern auch auf etwaige Verzögerungen bezieht, durch das Wort

---

⁶² GlA *ADS*, 6. Aufl., § 296 HGB, Rz 33; *Förschle/Deubert*, in Beck Bil-Komm. 9. Aufl., § 296 HGB, Rz 42; *Pfaff*, in MünchKomm. HGB, 3. Aufl., § 296 Rn 57; a. A. etwa *Sahner/Sauermann*, in *Küting/Weber*, HdK, Hdb HGB § 296, Rn 32.
⁶³ Vgl. *Förschle/Deubert*, in Beck Bil-Komm. 9. Aufl., § 296 HGB, Rz 42.
⁶⁴ Vgl. *Pfaff*, in MünchKomm. HGB, 3. Aufl., § 294 Rn 13.
⁶⁵ Vgl. *Förschle/Deubert*, in Beck Bil-Komm. 9. Aufl., § 296 HGB, Rz 50.

"unangemessene" ersetzt. Inhaltliche Änderungen sind daraus nicht abzuleiten.[66] Es handelt sich insofern lediglich um eine Änderung redaktioneller Natur, die laut Begr. zum BilRUG-RegE aufgrund einer – gegenüber jener des Art. 13 Abs. 3 Buchst. b der Richtlinie 83/349/EWG – geänderten Formulierung in der EU-Bilanzrichtlinie vorgenommen wurde. Warum der deutsche Gesetzgeber bei einer ohnehin inhaltslosen, nicht klarstellenden und damit letztlich überflüssigen Änderung unter Bezugnahme auf eine geänderte Formulierung in der EU-Bilanzrichtlinie dann nicht die Formulierung dieser ("ungebührliche") übernimmt, muss dem HGB-Anwender ein Rätsel bleiben.

Hinsichtlich des Anwendungszeitpunktes der Neuregelung wird auf die umfassenden Ausführungen unter § 293 Rz 23 verwiesen. 56

---

[66] Vgl. Begr. BilRUG-RegE, S. 87.

## § 297 INHALT

(1) ¹Der Konzernabschluss besteht aus der Konzernbilanz, der Konzern-Gewinn- und Verlustrechnung, dem Konzernanhang, der Kapitalflussrechnung und dem Eigenkapitalspiegel. ²Er kann um eine Segmentberichterstattung erweitert werden.
(2) ¹Der Konzernabschluß ist klar und übersichtlich aufzustellen. ²Er hat unter Beachtung der Grundsätze ordnungsmäßiger Buchführung ein den tatsächlichen Verhältnissen entsprechendes Bild der Vermögens-, Finanz- und Ertragslage des Konzerns zu vermitteln. ³Führen besondere Umstände dazu, dass der Konzernabschluß ein den tatsächlichen Verhältnissen entsprechendes Bild i.S.d. Satzes 2 nicht vermittelt, so sind im Konzernanhang zusätzliche Angaben zu machen. ⁴Die gesetzlichen Vertreter eines Mutterunternehmens, das Inlandsemittent i.S.d. § 2 Abs. 7 des Wertpapierhandelsgesetzes und keine Kapitalgesellschaft i.S.d. § 327a ist, haben bei der Unterzeichnung schriftlich zu versichern, dass nach bestem Wissen der Konzernabschluss ein den tatsächlichen Verhältnissen entsprechendes Bild i.S.d. Satzes 2 vermittelt oder der Konzernanhang Angaben nach Satz 3 enthält.
(3) ¹Im Konzernabschluß ist die Vermögens-, Finanz- und Ertragslage der einbezogenen Unternehmen so darzustellen, als ob diese Unternehmen insgesamt ein einziges Unternehmen wären. ²Die auf den vorhergehenden Konzernabschluß angewandten Konsolidierungsmethoden sind beizubehalten. ³Abweichungen von Satz 2 sind in Ausnahmefällen zulässig. ⁴Sie sind im Konzernanhang anzugeben und zu begründen. ⁵Ihr Einfluss auf die Vermögens-, Finanz- und Ertragslage des Konzerns ist anzugeben.

WP STB BERND MACKEDANZ

| Inhaltsübersicht | Rz |
|---|---|
| 1 Überblick | 1–5 |
| 2 Bestandteile des Konzernabschlusses (Abs. 1) | 6–78 |
|    2.1 Konzernbilanz | 9 |
|    2.2 Konzern-Gewinn- und Verlustrechnung | 10 |
|    2.3 Konzernanhang | 11–13 |
|    2.4 Kapitalflussrechnung (KFR) | 14–49 |
|         2.4.1 Aufgaben und Grundsätze der Kapitalflussrechnung | 16–17 |
|         2.4.2 Abgrenzung des Finanzmittelfonds | 18–22 |
|         2.4.3 Ermittlung der Cashflows | 23 |
|         2.4.4 Darstellung der Kapitalflussrechnung | 24–48 |
|             2.4.4.1 Cashflow aus laufender Geschäftstätigkeit | 29–36 |
|             2.4.4.2 Cashflow aus Investitionstätigkeit | 37–43 |
|             2.4.4.3 Cashflow aus Finanzierungstätigkeit | 44–45 |
|             2.4.4.4 Sonderfragen | 46–48 |
|         2.4.5 Angaben im Konzernanhang | 49 |
|    2.5 Eigenkapitalspiegel | 50–62 |
|         2.5.1 Darstellungsschema des Eigenkapitalspiegels | 51–61 |
|         2.5.2 Angaben im Konzernanhang | 62 |

|  |  |  |  |
|---|---|---|---|
| 2.6 | Segmentberichterstattung | | 63–78 |
| | 2.6.1 | Bestimmung der anzugebenden Segmente | 66–72 |
| | 2.6.2 | Bilanzierungs- und Bewertungsmethoden in der Segmentberichterstattung | 73–74 |
| | 2.6.3 | Segmentangaben | 75–77 |
| | 2.6.4 | Erleichterungen bei der Aufstellung des Konzernanhangs | 78 |
| 3 | Änderungen durch das BilRUG: Zusätzliche Angaben zur Identifikation des MU (Abs. 1a) | | 79 |
| 4 | Klarheit und Übersichtlichkeit (Abs. 2 Satz 1) | | 80–82 |
| 5 | Vermittlung eines den tatsächlichen Verhältnissen entsprechenden Bilds der Vermögens-, Finanz- und Ertragslage (Abs. 2 Sätze 2 und 3) | | 83–87 |
| 6 | Erklärung der gesetzlichen Vertreter/Bilanzeid (Abs. 2 Satz 4) | | 88–93 |
| 7 | Fiktion der wirtschaftlichen Einheit (Abs. 3 Satz 1) | | 94–96 |
| 8 | Stetigkeit der Konsolidierungsmethoden (Abs. 3 Sätze 2–5) | | 97–102 |

**Ergänzendes Schrifttum**
*Gelhausen/Fey/Kämpfer*, Rechnungslegung und Prüfung nach dem Bilanzrechtsmodernisierungsgesetz, 2009; *Gelhausen/Gelhausen*: Gedanken zur Behandlung des Eigenkapitals im Konzernabschluss, FS für K.-H. Forster (1992); *Lorson/Müller*: Auswirkungen von DRS 21 auf das Controlling, DB 2014, S. 965; *Maas/Schruff*, Der Konzernabschluß nach neuem Recht, WPg 1986, S. 201; *Oser/Orth/Wirtz*, *Neue Vorschriften zur Rechnungslegung und Prüfung durch das Bilanzrichtlinie-Umsetzungsgesetz, DB 2015, S. 197*; *Scheffler*, Kapitalflussrechnung – Stiefkind in der deutschen Rechnungslegung, BB 2002, S. 295; *Wysocki, von*, DRS 2: Neue Regeln des Deutschen Rechnungslegungs Standards Committee zur Aufstellung von Kapitalflussrechnungen, DB 1999, S. 2373; *Zwirner/Petersen/König*, Erweiterung der handelsrechtlichen Berichtspflichten, Relevanz des § 264 Abs. 1 Satz 2 HGB und seine Konsequenzen für den Jahresabschluss, DB 2012, S. 61.

# 1 Überblick

§ 297 HGB regelt mit § 298 f. HGB („Dritter Titel") den Inhalt und die Form des KA. Für den KLB bestimmen sich Inhalt und Form aufgrund der eindeutigen gesetzlichen Überschrift nicht aus dem Dritten Titel, sondern aus § 315 HGB. In Abs. 1 werden die **Bestandteile** festgelegt. In Abs. 2 werden allg. Anforderungen an die **Form und** den **Inhalt** formuliert sowie die Pflicht zum **Bilanzeid** für die gesetzlichen Vertreter bestimmter MU vorgeschrieben. Abs. 3 enthält allg. konzernspezifische Bestimmungen (**Einheitsgrundsatz, Stetigkeit der Konsolidierungsmethoden**).
Durch das am 22.7.2015 im BGBl veröffentlichte **BilRUG** wurde die europäische RL 2013/34/EU in nationales Recht umgesetzt. Anzuwenden ist das Gesetz grundsätzlich für nach dem 31.12.2015 beginnende Gj. Mit Wirksamkeit des BilRUG wird ein Abs. 1a eingefügt, der zusätzliche Angaben zur leichteren Identifizierung des MU vorschreibt.

2   Der KA dient ausschließlich der **Informationsfunktion**. Er bildet rein rechtlich weder die Grundlage für die Gewinnverteilung noch für die Steuerbemessung. Dennoch hat die Bedeutung des KA in den letzten Jahren in der EU zugenommen, da durch die Fiktion der wirtschaftlichen Einheit sachverhaltsgestaltende Maßnahmen zwischen den KonzernUnt durch die Kons. eliminiert werden und dadurch der Darstellung eines den tatsächlichen Verhältnissen entsprechenden Bildes der VFE-Lage besser entsprochen werden kann.

3   Bei **AG** hat der Vorstand den KA und den KLB unverzüglich nach der Aufstellung dem AR vorzulegen. Der KA bedarf der **Billigung** durch den AR (§ 171 Abs. 1 AktG) oder durch die HV (§§ 173 Abs. 1 Satz 2, 175 Abs. 3 Satz 1 AktG). Sofern der KA prüfungspflichtig ist, besteht eine **Teilnahmepflicht des AP** an den Verhandlungen des AR. Das Gesetz sieht alternativ die Teilnahme des AP an der Bilanzsitzung des Gesamt-AR oder des Prüfungsausschusses vor. Der AP nimmt an beiden Sitzungen teil, sofern der AR eine Teilnahme nicht ausdrücklich ablehnt.[1] Nimmt der AP an der Bilanzsitzung des AR oder eines Ausschusses nicht teil, hat dies keinen Einfluss auf die Gültigkeit des gebilligten KA. Es können daraus jedoch Schadensersatzansprüche gegen den AR aus pflichtwidriger Handlung oder gegen den AP aus Verletzung des Prüfungsauftrags ausgelöst werden.[2]
Hinsichtlich der Vorschriften zur Prüfung durch den AR ist der KA dem JA weitestgehend gleichgestellt. Anders als beim JA wird der KA mit der Billigung durch den AR nicht festgestellt. Eine Feststellung des JA ist erforderlich, weil dieser Grundlage der Gewinnverwendung ist (§ 174 Abs. 1 AktG). Einer vergleichbaren Rechtswirkung für den KA bedarf es aufgrund der fehlenden Ausschüttungsfunktion nicht.

4   Handelt es sich bei der Mutterges. um eine **GmbH** oder eine **PersG i. S. d. § 264a HGB**, so haben die Geschäftsführer den KA und den KLB unverzüglich nach der Aufstellung bzw. bei einem prüfungspflichtigen KA und KLB zusammen mit dem Prüfungsbericht unverzüglich nach Eingang des Prüfungsberichts den Gesellschaftern zum Zweck der Billigung vorzulegen (bei GmbHs §§ 42a Abs. 4 i. V. m. Abs. 1, 46 Abs. 1b GmbHG).

5   Neben MU, die einen handelsrechtlichen KA nach §§ 290 ff. HGB aufstellen, gilt § 297 HGB sinngem. auch für KA nach §§ 11 ff. PublG (§ 13 Abs. 2, 3 PublG). Bei Aufstellung eines befreienden KA nach internationalen Rechnungslegungsstandards ist neben den IFRS-Vorschriften zusätzlich § 297 Abs. 2 Satz 4 HGB zu beachten (§ 315a HGB).

## 2   Bestandteile des Konzernabschlusses (Abs. 1)

6   Der KA besteht nach § 297 Abs. 1 HGB aus der **Konzernbilanz**, der **Konzern-GuV**, dem **Konzernanhang**, der **KFR** und dem **EK-Spiegel**. Er kann um eine SegmBer erweitert werden. Alle Bestandteile bilden jeweils **eigenständige Bestandteile des KA**. Es ist somit nicht zulässig, bspw. die KFR, den EK-Spiegel oder die SegmBer in den Konzernanhang aufzunehmen.

---

[1]   Vgl. IDW PS 470, Tz 1b.
[2]   Vgl. *Hüffer*, AktG, 11. Aufl., 2012, § 171, Rn 14.

Ein nach dem **PublG** aufgestellter KA von einem MU in der Rechtsform der PersG  7
oder des EKfm, soweit das MU nicht KM-orientiert i. S. d. § 264d HGB ist, braucht
eine KFR und einen EK-Spiegel nicht zu umfassen (§ 13 Abs. 3 Satz 2 PublG).
Auf eine inhaltliche Ausgestaltung der KFR, des EK-Spiegels und der SegmBer  8
hat der Gesetzgeber verzichtet. Es gelten somit die allg. Konzerngrundsätze und
insb. die Generalnorm des § 297 Abs. 2 HGB. Zur Ausfüllung dieser Regelungslücken und unbestimmten Rechtsbegriffe wurden vom DSR in den **DRS 2**
**(KFR)**[3], DRS 2–10 (KFR von Kreditinstituten), DRS 2–20 (KFR von VersicherungsUnt), **DRS 3 (SegmBer)**, DRS 3–10 (SegmBer von Kreditinstituten), DRS
3–20 (SegmBer von VersicherUnt), **DRS 7 (Konzern-EK und Konzerngesamtergebnis)**[4] und **DRS 21 (KFR)**[5] Empfehlungen ausgesprochen und vom BMJ
bzw. seit dem 17.12.2013 nach Erweiterung des Ministeriums BMJV im BAnz
bekannt gemacht. Durch diese Bekanntmachungen wird vermutet, dass bei
Beachtung der Empfehlungen die GoB von KonzernUnt beachtet werden. Die
in § 342 Abs. 2 HGB im Gesetz geäußerte **Vermutung** kann die Gerichte bei
ihrer Auslegung der GoB von KonzernUnt aber nicht binden.[6] Abweichungen
von den im BAnz veröffentlichten Empfehlungen des DSR führen somit nicht
zwingend zu Auswirkungen auf den BSV, weil das MU den gesetzlichen
Anforderungen zum Teil auch auf andere Weise nachkommen kann.

## 2.1 Konzernbilanz

§ 298 Abs. 1 HGB schreibt eine entsprechende Anwendung der Vorschriften für  9
die Bilanz großer KapG einschl. der rechtsformspezifischen Vorschriften vor,
soweit die Eigenart des KA keine Abweichungen bedingt oder in den Vorschriften der §§ 298 ff. HGB nichts anderes bestimmt ist. Somit ist die Konzernbilanz
in **Kontenform** aufzustellen und es sind die Posten grds. entsprechend den
**Gliederungsvorschriften des** § 266 Abs. 2, 3 **HGB** aufzuführen. Zu Ausnahmen
wird auf die Kommentierung zu § 298 HGB verwiesen.

## 2.2 Konzern-Gewinn- und Verlustrechnung

§ 298 Abs. 1 HGB schreibt eine entsprechende Anwendung der Vorschriften für  10
die GuV großer KapG einschließlich der rechtsformspezifischen Vorschriften
vor, soweit die Eigenart des KA keine Abweichungen bedingt oder in den
Vorschriften der §§ 298 ff. HGB nichts anderes bestimmt ist. Somit ist die
Konzern-GuV in **Staffelform** aufzustellen und es sind die Posten grds. entsprechend den Gliederungsvorschriften **des** § 275 **Abs. 2 HGB (GKV) oder des** § 275
**Abs. 3 HGB (UKV)** aufzuführen. Zu Ausnahmen wird auf die Kommentierung
zu § 298 HGB verwiesen.

---

[3] DRS 2, DRS 2–10 und DRS 2–20 wurden aufgehoben. Die Standards sind letztmalig anzuwenden auf das Gj, das vor dem oder am 31.12.2014 beginnt, s. DRS 21.56 ff.
[4] Es wurde ein Entwurf E-DRS 31 „Konzern-EK" veröffentlicht, der DRS 7 ersetzen soll.
[5] Der Standard ist gem. DRS 21.55 erstmals für nach dem 31.12.2014 beginnende Gj zu beachten. Eine frühere vollumfängliche Anwendung ist zulässig und wird empfohlen.
[6] Vgl. *Förschle*, in Beck Bil-Komm. 9. Aufl., § 342 HGB, Rz 18.

## 2.3 Konzernanhang

**11** Spezielle Vorschriften für die Form der Darstellung und die Gliederung des Konzernanhangs bestehen wie beim Anhang als Teil des JA bisher nicht. Zusammen mit den anderen KA-Bestandteilen bildet der Konzernanhang eine Einheit und im Vergleich zu den anderen KA-Bestandteilen ein gleichrangiges Informationsinstrument. Aufgrund der Generalnorm des § 297 Abs. 2 HGB sind die Anhangangaben in einer zweckgerechten Reihenfolge darzustellen. Pflichtangaben, die wahlweise auch in der Konzernbilanz, in der Konzern-GuV, in der KFR oder im EK-Spiegel gemacht werden können, unterliegen über § 298 Abs. 1 i.V.m. § 265 Abs. 1 HGB der Darstellungsstetigkeit. Im Übrigen empfiehlt sich die Beibehaltung einer einmal gewählten Gliederung des Konzernanhangs, soweit sie sich als zweckmäßig erwiesen hat; eine gesetzliche Verpflichtung hierzu existiert jedoch bislang nicht.

Mit Wirksamwerden des BilRUG, also für Gj, die nach dem 31.12.2015 beginnen, sieht § 313 Abs. 1 Satz 1 HGB eine Gliederungsvorgabe für den Konzernanhang vor. Danach sind die Angaben zu einzelnen Posten der Konzernbilanz und Konzern-GuV in der Reihenfolge der einzelnen Posten der Konzernbilanz und Konzern-GuV darzustellen. Nach hier vertretener Auffassung darf auch künftig in Anlehnung an die Grundsätze des § 298 i.V.m. § 265 Abs. 6 HGB die Gliederung des Konzernanhangs beibehalten werden, wenn dies zur Aufstellung eines klaren und übersichtlichen KA erforderlich ist. Dies betrifft beispielsweise

- eine Vorabdarstellung der angewandten Bilanzierungs- und Bewertungsmethoden auf die Posten der Konzernbilanz und Konzern-GuV in einem gesonderten Abschnitt im Konzernanhang.
- eine Zusammenfassung von Restlaufzeiten (bis zu einem Jahr, von mehr als einem Jahr und von mehr als 5 Jahren) in einem Verbindlichkeitenspiegel zu allen Posten der Verbindlichkeiten. Die Darstellung des Verbindlichkeitenspiegels oder der Verweis auf eine entsprechende Anlage ist dabei an den Anfang oder an das Ende der Angaben zu den Posten der Verbindlichkeiten vorzunehmen.

**12** Aufgrund der Vielzahl und zudem an unterschiedlichen Stellen im Gesetz geregelten Angabepflichten für den Konzernanhang empfiehlt sich zur Sicherstellung der Vollständigkeit der Angaben die Nutzung einer **Konzernanhangcheckliste**. Mögliche Konzernanhangangabe-Pflichten ergeben sich aus

- Vorschriften für den JA, die analog über § 298 Abs. 1 HGB auch für den KA gelten,
- konzernspezifischen Anhangangabe-Pflichten und
- rechtsform- und/oder geschäftszweigspezifischen Anhangvorschriften, die über § 298 Abs. 1 HGB auch für den KA gelten.

**13** Daneben bestehen **Empfehlungen des DSR** zu weiteren **Konzernanhangangaben** in den vom BMJ bzw. BMJV im BAnz veröffentlichten Standards. Es handelt sich hier in aller Regel um Empfehlungen zur Aufnahme von weiteren Angaben in den Konzernanhang, die über die im Gesetz im Einzelnen aufgeführten gesetzlichen Pflichtangaben hinausgehen und ihre gesetzliche Anspruchsgrundlage in der Generalnorm des § 297 Abs. 2 Satz 2 HGB haben. Die Beachtung dieser Vorschriften verbessert die Aussagekraft des KA. Mangels spezieller gesetzlicher Anhangangabevorschriften führt die **Nichtbeachtung** derartiger

Regeln aber grundsätzlich nicht dazu, dass von einem Verstoß gegen die Generalnorm des § 297 Abs. 2 Satz 2 HGB (unzureichende Wiedergabe der VFE-Lage) auszugehen ist. Der AP hat in diesen Fällen über solche, nicht den BSV beeinflussende, Abweichungen **im Prüfungsbericht** gesondert **zu berichten.**[7] Um diesem Erfordernis gerecht zu werden, ist auch zur Beurteilung der Vollständigkeit von veröffentlichten Anhangangabeempfehlungen des DSR die Nutzung einer Anhangcheckliste sinnvoll.

## 2.4 Kapitalflussrechnung (KFR)

Gesetzliche Regelungslücken hinsichtlich des Inhalts und der Ausgestaltung der KFR werden durch **DRS 21 (KFR)** ausgefüllt.[8] Gesonderte Empfehlungen für die Ausgestaltung der KFR ergab sich aus DRS 2–10 (KFR von Kreditinstituten) und DRS 2–20 (KFR von VersicherungsUnt). DRS 2, DRS 2–10 und DRS 2–20 wurden aufgehoben und durch den neuen DRS 21 (KFR) ersetzt. Die bisherigen Standards können letztmalig auf Gj angewendet werden, die vor dem oder am 31.12.2014 begannen.[9] DRS 21 ist spätestens für nach dem 31.12.2014 beginnende Gj zu beachten. Eine frühere Anwendung ist zulässig und wird empfohlen. Sie muss dann aber vollumfänglich sein, d. h. es sind bei vorzeitiger Anwendung alle neuen und geänderten Regelungen zu beachten.[10] **Abweichungen** von den Empfehlungen des DSR führen nicht zwingend zu Auswirkungen auf den BSV, weil das Unt den gesetzlichen Anforderungen zum Teil auch auf andere Weise nachkommen kann. Nur wenn der AP zur Beurteilung gelangt, dass die Widerlegung der GoB-Vermutung gem. § 342 Abs. 2 HGB im Einzelfall nicht gelungen ist, ergeben sich Auswirkungen auf den BSV.[11]

Bei kalenderjahrgleichen Gj führt bei KA zum 31.12. 2013 und zum 31.12.2014 sowohl die vollumfängliche Beachtung des DRS 2 als auch die vollumfängliche vorzeitige Beachtung des DRS 21 nicht zu einer Berichtspflicht des Konzernabschlussprüfers im Prüfungsbericht über Abweichungen zu den Empfehlungen des DRSC.

Ziel bei der Erstellung des DRS 2 im Jahre 1999 war es auch, dass der Standard zugleich mit US-GAAP (früher SFAS 95, seit 1.7.2009 Accounting Topic 230 der FASB Accounting Standards Codification) und IFRS (IAS 7) kompatibel ist. Dies wurde vom DSR durch die Einräumung von Wahlrechten gelöst. Somit konnte durch unterschiedliche Ausnutzung von Wahlrechten eine KFR nach DRS 2 erstellt werden, die zugleich den unterschiedlichen Anforderungen einer KFR nach US-GAAP und nach IFRS entsprechen konnte. Durch die Einräumung von Wahlrechten ergaben sich Einbußen hinsichtlich der Vergleichbarkeit mit KFR anderer Konzerne, die aber aufgrund vielfältiger zusätzlicher erläuternder Angaben hingenommen werden können.[12]

---

[7] Vgl. IDW PS 450, Tz 134.
[8] Vgl. auch WP-Handbuch, Bd. I, 14. Aufl., Abschn. M, Rz 786.
[9] So DRS 21.56 ff.
[10] Siehe DRS 21.55.
[11] Vgl. auch *Förschle*, in Beck Bil-Komm. 9. Aufl., § 342 HGB, Rz 19.
[12] Hinsichtlich der wesentlichen Unterschiede zwischen IAS 7 und DRS 2 s. im Einzelnen *Wysocki, von,* DB 1999, S. 2373.

### 2.4.1 Aufgaben und Grundsätze der Kapitalflussrechnung

**16** Mithilfe der KFR werden reine **Zahlungsströme** in einem Gj dargestellt. Da die Ein- und Auszahlungen im Gj die Grundlage für die Erstellung der KFR sind, kommt es nicht oder i.d.R. nur in unwesentlichem Umfang zu Bewertungseinflüssen (**Bewertungsunabhängigkeit**). Dadurch wird insoweit ein objektives Bild der Finanzlage vermittelt. Die KFR stellt Informationen über die Zahlungsströme und Zahlungsmittelbestände eines Unt dar und vermittelt somit Informationen darüber, auf welche Weise das Unt Zahlungsmittel und Zahlungsmitteläquivalente erwirtschaftet hat,[13] welche zahlungswirksamen Investitionen vorgenommen und wie diese finanziert wurden.

**17** Bei der Erstellung einer KFR sind folgende Grundsätze zu beachten:
- **Stetigkeit:** Es ist die gleiche Darstellung wie im Vorjahr anzuwenden, z.B. hinsichtlich der Fondsabgrenzung sowie der Gliederung und Zuordnung von Zahlungsströmen.[14]
- **Nachprüfbarkeit:** Die Werte der KFR müssen sich aus der Buchführung bzw. daraus abgeleiteten Konzernbilanz und Konzern-GuV der Ges. entwickeln lassen.[15] Nicht erforderlich ist, dass sich die Werte unmittelbar aus den Zahlen und Angaben des KA ergeben.
- **Wesentlichkeit:** Vorgänge von wesentlicher Bedeutung sind jeweils gesondert innerhalb des jeweiligen Tätigkeitsbereichs auszuweisen.[16] Die Bestimmung der Wesentlichkeit von Vorgängen oder Sachverhalten ergibt sich i.d.R. aus den absoluten oder relativen Werten. Vorgänge von unwesentlicher Bedeutung einschl. Wechselkursveränderungen müssen nicht gesondert ausgewiesen werden.
- **Einzubeziehende Gesellschaften:** Alle in den KA einbezogenen Ges. sind entsprechend ihrer Konsolidierungsmethode in die KFR aufzunehmen[17], d.h.
  – der dem KA zugrunde liegende KonsKreis ist auch für die KFR maßgeblich.
  – Zahlungsströme zwischen den in dem KA voll konsolidierten Unt sind zu konsolidieren.
  – GemeinschaftsUnt fließen quotal in die KFR ein. Der auf GemeinschaftsUnt entfallende Fonds ist gesondert anzugeben.[18]
  – Bei assoziierten Unt sind nur die Zahlungen zwischen dem assoziierten Unt und KonzernUnt bzw. bei einem Kauf/Verkauf die damit verbundenen Zahlungen zu erfassen.[19]

### 2.4.2 Abgrenzung des Finanzmittelfonds

**18** Die KFR geht von der Veränderung des sog. Finanzmittelfonds aus. Hinsichtlich der Abgrenzung des Finanzmittelfonds besteht zwischen den Empfehlungen in

---
13 Vgl. *Scheffler*, BB 2002, S. 295.
14 Vgl. DRS 2.10 und DRS 21.23.
15 Vgl. DRS 2.11 und DRS 21.10.
16 Vgl. DRS 2.25, 2.32 und 2.35; in DRS 21 ergibt sich dieser Grundsatz aus den grundlegenden Prinzipien, vgl. DRS 21. B5.
17 Vgl. DRS 2.14 und DRS 21.14.
18 Vgl. DRS 2.53 und DRS 21.52d.
19 Vgl. DRS 2.14 und DRS 21.14.

DRS 2 und DRS 21 ein wesentlicher Unterschied. Das Wahlrecht zur Einbeziehung jederzeit fälliger Bankverbindlichkeiten in den Finanzmittelfonds, soweit sie zur Disposition der liquiden Mittel gehören, wurde abgeschafft und stattdessen eine Einbeziehungspflicht jederzeit fälliger Verbindlichkeiten gegenüber Kreditinstituten sowie sonstiger Kreditaufnahmen, die zur Disposition der liquiden Mittel gehören, festgesetzt. Hierdurch sollen Gestaltungsräume vermieden und eine bessere Nachvollziehbarkeit gewährleistet werden.[20] Der Finanzmittelfonds umfasst somit:

| | |
|---|---|
| Nach DRS 2 | Zahlungsmittel |
| | + Zahlungsmitteläquivalente |
| | − Jederzeit fällige Bankverbindlichkeiten, soweit zur Disposition liquider Mittel gehörig (Wahlrecht[21]) |
| Nach DRS 21 | Zahlungsmittel |
| | + Zahlungsmitteläquivalente |
| | − Jederzeit fällige Verbindlichkeiten gegenüber Kreditinstituten sowie andere kurzfristige Kreditaufnahmen, die zur Disposition der liquiden Mittel gehören (Pflicht[22]) |

**Zahlungsmittel** sind Barmittel und täglich fällige Sichteinlagen. **Zahlungsmitteläquivalente** sind kurzfristige, äußerst liquide Finanzmittel, die jederzeit in Zahlungsmittel umgewandelt werden können, nur unwesentlichen Wertschwankungen bzw. Einlösungsrisiken unterliegen und als Liquiditätsreserve dienen. Zahlungsmittel und Zahlungsmitteläquivalente sind üblicherweise in folgenden Bilanzposten enthalten: 19

- Kassenbestand, Bundesbankguthaben, Guthaben bei Kreditinstituten und Schecks
  Durch Präzisierung der Definition der Zahlungsmitteläquivalente dürfen kurzfristige Mittel **im Erwerbszeitpunkt** nur eine **Restlaufzeit** von **maximal drei Monaten** haben.[23] Festgeldanlagen mit einer Gesamtlaufzeit von mehr als drei Monaten zum Zeitpunkt des Erwerbs gehören somit nicht zum Finanzmittelfonds. Nach z. T. vertretener Auffassung in der Literatur zu DRS 2[24] war die Beschränkung der Restlaufzeit von drei Monaten in DRS 2.18 nur als Anhaltspunkt zu verstehen, sodass auch eine Zuordnung von Zahlungsmitteläquivalenten mit einer Restlaufzeit von mehr als drei Monaten zum Finanzmittelfonds in besonderen Fällen gerechtfertigt sein konnte. Nach Neuformulierung der Definition in DRS 21 sind Ein- und Auszahlungen von Fest- oder Termingeldanlagen mit mehr als dreimonatiger Gesamtlaufzeit nunmehr grds. innerhalb der Investitionstätigkeit gesondert als

---

[20] Vgl. DRS 21.B14.
[21] DRS 2.19.
[22] DRS 21.34.
[23] DRS 21.9.
[24] Vgl. WP-Handbuch, Bd. I, 14. Aufl., Abschn. M, Rz 805; ADS, 6. Aufl., § 297 HGB, Rz 11.

„Ein- bzw. Auszahlungen aufgrund von Finanzmittelanlagen im Rahmen der kurzfristigen Finanzdisposition" zu erfassen.[25]

- Sonstige Wertpapiere
  Voraussetzung ist, dass es sich um liquide verzinsliche Anlagen handelt, die keinen wesentlichen Wertschwankungsrisiken (z. B. in Form von Einlösungs-, Zins- und Währungsrisiken) unterliegen. Langfristige festverzinsliche Anleihen erfüllen i. d. R. diese Voraussetzungen nicht.

20 Forderungen aus **Cash-Pooling**-Guthaben sind, sofern sie nicht im Rahmen der SchuldenKons weggelassen werden (Beispiele: Verzicht auf die Einbeziehung eines TU nach § 296 HGB, Bestehen eines *Cash-Managements* mit GruppenUnt, die nicht zum KonsKreis gehören), nach hier vertretener Auffassung aufgrund des inhärenten Risikos von Forderungsausfällen nicht dem Finanzmittelfonds zuzurechnen.[26]

21 Werden in den Finanzmittelfonds Zahlungsmittel und/oder Zahlungsmitteläquivalente einbezogen, die einer **Verwendungsbeschränkung** unterliegen (z. B. Verpfändung eines Sparbuchs als Mietkaution), sind diese Beschränkungen im Konzernanhang offenzulegen.[27]

22 Unter die **jederzeit fälligen Bankverbindlichkeiten** (Kontokorrentkredite), die zur Disposition der liquiden Mittel gehören und nach DRS 2.19 in den Finanzmittelfonds **einbezogen werden dürfen**, fallen in erster Linie Kontokorrentkredite. Die in dem Posten Verbindlichkeiten gegenüber Kreditinstituten enthaltenen Darlehensverbindlichkeiten gehören nicht dazu, auch wenn sie kurzfristig fällig werden oder bereits fällig sind. Tilgungen von Darlehensverbindlichkeiten sind im Cashflow aus der Finanzierungstätigkeit zu erfassen. Der Begriff nach DRS 21.34 der in den Finanzmittelfonds einzubeziehenden jederzeit fälligen Verbindlichkeiten gegenüber Kreditinstituten sowie anderen kurzfristigen Kreditaufnahmen ist weitgehender als nach DRS 2. Hierunter können z. B. auch kurzfristige zur Disposition der liquiden Mittel gehörende Überbrückungskredite eines Gesellschafters fallen. Nach DRS 21.34 sind die einzubeziehenden Verbindlichkeiten offen abzusetzen. Dies kann bei den ergänzenden Angaben zur KFR erfolgen.

### 2.4.3 Ermittlung der Cashflows

23 Die einzelnen Cashflows können nach der **originären** oder der **derivativen** Methode ermittelt werden.[28]
Die originäre Methode ordnet alle Geschäftsvorfälle, die zu einer Veränderung des Finanzmittelfonds führen, einzelnen Zahlungsströmen zu. Die Ein- und Auszahlungen werden somit unmittelbar aus den Daten der Finanzbuchhaltung entnommen. Dafür ist im Kontenplan die klare Trennung der Zahlungsströme Voraussetzung, was i. d. R. mit einem hohen Zeitaufwand verbunden ist. Bei der

---

[25] Auch nach DRS 2 bereits bejahend *Förschle/Rimmelspacher*, in Beck Bil-Komm. 9. Aufl., § 297 Rz 58.
[26] So auch *Förschle/Rimmelspacher*, in Beck Bil-Komm. 9. Aufl., § 297 HGB, Rz 58.
[27] Vgl. DRS 2.53 und DRS 21.52e.
[28] Vgl. DRS 2.12. Da die Praxis der KFR international und in Deutschland inzwischen so weit gediehen ist, wird in DRS 21 auf Angaben zur originären und derivativen Erstellung der KFR verzichtet, vgl. DRS 21.B4. Materielle Änderungen zu den bisherigen GoB ergeben sich dadurch nicht.

derivativen Methode bildet das Rechnungswesen die Basis zur Ermittlung der Zahlungsströme. Die einzelnen Zahlungsströme werden aus der Konzern-GuV und der Konzernbilanz (Top-down-Ansatz) bzw. der einzelnen KFR der einzubeziehenden Unt. (Bottom-up-Ansatz) abgeleitet. In der Praxis ist die derivative Methode vorherrschend.

### 2.4.4 Darstellung der Kapitalflussrechnung

Die KFR ist in Staffelform aufzustellen.[29] Die liquiditätswirksamen Veränderungen von Bilanz- und GuV-Posten, die die Nettoveränderung des Finanzmittelfonds ergeben, sind zweckmäßigerweise nach folgendem **Schema** darzustellen: 24

| Schema | |
|---|---|
| +/− | Cashflow aus der laufenden Geschäftstätigkeit |
| +/− | Cashflow aus der Investitionstätigkeit |
| +/− | Cashflow aus der Finanzierungstätigkeit |
| +/− | Wechselkurs-, konsolidierungskreis- und bewertungsbedingte Änderungen des Finanzmittelfonds |
| = | Nettoveränderung des Finanzmittelfonds |

DRS 2 und DRS 21 empfehlen **Mindestgliederungen** nach der **direkten** und **indirekten Methode**, die den Standards jeweils als Anlage beigefügt sind. Das Mindestgliederungsschema ist in DRS 21 erweitert worden und enthält nun bei der KFR nach der direkten Methode 41 Einzelposten (DRS 2: 25 Einzelposten) und nach der indirekten Methode 48 Einzelposten (DRS 2: 29 Einzelposten). Zusätzlich sind Vorgänge von besonderer Bedeutung,[30] wesentliche liquiditätswirksame außerordentliche Posten,[31] wesentliche Auswirkungen aus Wechselkursveränderungen[32] und wesentliche Auswirkungen aus Änderungen des KonsKreis, sofern sie nicht auf Käufen oder Verkäufen beruhen,[33] gesondert darzustellen. 25

**Einzahlungen der** und **Auszahlungen an Minderheitsgesellschafter** im Rahmen der Finanzierungstätigkeit (z.B. EK-Zuführungen, Dividenden, EK-Rückzahlungen, andere Ausschüttungen) sind gesondert anzugeben. Das Wahlrecht in DRS 2.51, diese Differenzierung zwischen Gesellschaftern des MU und anderen Gesellschaftern in der KFR durch zusätzliche Posten gesondert oder im Anhang darzustellen,[34] ist nach DRS 21 durch entsprechende Erweiterung des Mindestgliederungsschemas zugunsten der gesonderten Angabe von Ein- und Auszahlungen und von Gesellschaftern des MU und anderen Gesellschaftern in der KFR weggefallen. 26

Die KFR kann nach der **direkten** und nach der **indirekten Methode** aufgestellt werden. Für die Darstellung wird nach DRS 2.12 und DRS 21.24 **keine Vorgehensweise bevorzugt**. Die beiden Methoden unterscheiden sich ausschließlich 27

---

[29] Vgl. DRS 2.10 und DRS 21.21.
[30] Vgl. DRS 2.25, 2.32, 2.35 und DRS 21.27.
[31] Vgl. DRS 2.50 und DRS 21.28.
[32] Vgl. DRS 2.20 und DRS 21.37.
[33] Vgl. DRS 2.45 und DRS 21.36.
[34] Vgl. DRS 2.51.

in der Darstellung der Cashflows aus der laufenden Geschäftstätigkeit. Die Cashflows aus der Investitions- und Finanzierungstätigkeit sind immer nach der direkten Methode darzustellen.

28 Bei der direkten Methode werden die wesentlichen Bruttoeinzahlungen und Bruttoauszahlungen in der KFR gegenübergestellt.

**Schema**

+ Umsatzerlöse laut GuV
+/− Bestandsveränderung der Lieferungs- und Leistungsforderungen
+/− Zuschreibungen/Abschreibungen der Lieferungs- und Leistungsforderungen
= Umsatzeinzahlungen

Sofern wesentlich, sind zusätzlich Auswirkungen der USt zu berücksichtigen, da die Umsatzerlöse netto ohne USt, die Lieferungs- und Leistungsforderungen jedoch i.d.R. brutto mit USt ausgewiesen werden.

Bei der indirekten Methode wird das Periodenergebnis um alle nicht zahlungswirksamen Aufwendungen und Erträge (insb. Abschreibungen, Bestandsveränderungen, Veränderungen der RST und Veränderungen des übrigen Nettoumlaufvermögens) bereinigt.

#### 2.4.4.1 Cashflow aus laufender Geschäftstätigkeit

29 Durch DRS 21 werden neben den Erweiterungen der Mindestgliederung insb. Zuordnungen von Zahlungsströmen zum aktuell noch anwendbaren DRS 2[35] geändert. Während es nach DRS 2 noch weitreichende Zuordnungswahlrechte gibt, werden nach DRS 21 Zuordnungen von Zahlungsströmen zu der laufenden Geschäftstätigkeit, der Investitionstätigkeit und der Finanzierungstätigkeit konkreter bestimmt und vorgegeben. Zur Kritik § 264 Rz 32 ff.
DRS 2 grenzt den Bereich der laufenden Geschäftstätigkeit von den beiden anderen Bereichen **negativ ab**.[36] Zahlungen, die **weder** dem **Investitions- noch** dem **Finanzierungsbereich** eindeutig zugeordnet werden können, sind somit bei der laufenden Geschäftstätigkeit zu erfassen (z.B. Versicherungsleistungen, Spenden). Die wesentlichen Änderungen durch DRS 21 bezogen auf den Cashflow aus laufender Geschäftstätigkeit betreffen:
- Der unbestimmte Rechtsbegriff **Periodenergebnis** als Ausgangsgröße bei der KFR nach der indirekten Methode **wird** im Standard **definiert**.[37] Es ist nunmehr grds. vom Konzernjahresüberschuss/-fehlbetrag laut Konzern-GuV einschl. Ergebnisteilen anderer Gesellschafter und somit von einem im HGB definierten Wert auszugehen. Wird eine nach DRS 21.41 zulässige andere Ausgangsgröße (z.B. EBIT, EBITDA) gewählt, ist diese auf den Konzernjahresüberschuss/-fehlbetrag überzuleiten, oder es ist auf die separat ausgewiesene Größe in der Konzern-GuV zu verweisen.

---

[35] Zum Außerkrafttreten des DRS 2 vgl. DRS 21.56.
[36] Vgl. DRS 2.23.
[37] Vgl. DRS 21.9 und DRS 21B11.

- Im Gegensatz zu den Empfehlungen in DRS 2 werden erhaltene Zinsen und erhaltene Dividenden nicht mehr dem Cashflow aus laufender Geschäftstätigkeit zugeordnet, sondern dem Cashflow aus der Investitionstätigkeit (DRS 21.44). Begründet wird die Änderung damit, dass die Erträge als Entgelt für die Kapitalüberlassung in Form von auf der Aktivseite ausgewiesenen Investitionen interpretiert werden.
- Im Gegensatz zu den Empfehlungen in DRS 2 werden gezahlte Zinsen nicht mehr dem Cashflow aus laufender Geschäftstätigkeit zugeordnet, sondern dem Cashflow aus der Finanzierungstätigkeit (DRS 21.48). Begründet wird die Änderung damit, dass im Cashflow aus der Finanzierungstätigkeit sämtliche Zahlungen mit externen Kapitalgebern ausgewiesen werden sollen.

Es werden einzelne Zuordnungen klargestellt. Damit wird festgelegt, dass Auszahlungen im Zusammenhang mit aktivierten Entwicklungskosten sowie anderen aktivierten Eigenleistungen zur Vermeidung einer Verminderung des Buchwerts einer Beteiligung (z. B. Sanierungszuschüsse) und für den Erwerb oder die Herstellung von Deckungsvermögen nicht der laufenden Geschäftstätigkeit zuzuordnen sind.[38]

**Gliederungsschema** zur Darstellung des Cashflows aus der laufenden Geschäftstätigkeit nach der **direkten Methode** gem. DRS 2.26:

30

| Schema | | |
|---|---|---|
| 1. | | Einzahlungen von Kunden für den Verkauf von Erzeugnissen, Waren und Dienstleistungen |
| 2. | – | Auszahlungen an Lieferanten und Beschäftigte |
| 3. | + | Sonstige Einzahlungen, die nicht der Investitions- oder Finanzierungstätigkeit zuzuordnen sind |
| 4. | – | Sonstige Auszahlungen, die nicht der Investitions- oder Finanzierungstätigkeit zuzuordnen sind |
| 5. | +/– | Ein- und Auszahlungen aus außerordentlichen Posten |
| 6. | = | Cashflow aus laufender Geschäftstätigkeit |

**Mindestgliederungsschema** zur Darstellung des Cashflows aus der laufenden Geschäftstätigkeit nach der **direkten Methode** gem. DRS 21.39:

| Schema | | |
|---|---|---|
| 1. | | Einzahlungen von Kunden für den Verkauf von Erzeugnissen, Waren und Dienstleistungen |
| 2. | – | Auszahlungen an Lieferanten und Beschäftigte |
| 3. | + | Sonstige Einzahlungen, die nicht der Investitions- oder der Finanzierungstätigkeit zuzuordnen sind |
| 4 | – | Sonstige Auszahlungen, die nicht der Investitions- oder der Finanzierungstätigkeit zuzuordnen sind |
| 5. | + | Einzahlungen aus außerordentlichen Posten |

---

[38] Vgl. DRS 21.9, 21.45 und 21.49.

| 6. | – | Auszahlungen aus außerordentlichen Posten |
|---|---|---|
| 7. | –/+ | Ertragsteuerzahlungen |
| 8. | = | Cashflow aus laufender Geschäftstätigkeit |

Das Mindestgliederungsschema wurde im DRS 21 erweitert. Ein- und Auszahlungen aus ao Posten sind getrennt auszuweisen. Das Mindestgliederungsschema nach DRS 21 enthält im Vergleich zu DRS 2 zusätzlich den Gliederungspunkt Ertragsteuerzahlungen. Auch nach DRS 2 sind ertragsteuerbedingte Zahlungsströme gesondert anzugeben.[39] Durch die Aufnahme in das Mindestgliederungsschema entfällt aber das Wahlrecht, diese Angaben in die ergänzenden Angaben zu verlagern.

**31** **Gliederungsschema** zur Darstellung des Cashflows aus der laufenden Geschäftstätigkeit nach der **indirekten Methode** (DRS 2.27):

**Schema**

| 1. |  | Periodenergebnis (einschl. Ergebnisanteilen von Minderheitsgesellschaftern) vor ao Posten |
|---|---|---|
| 2. | +/– | Abschreibungen/Zuschreibungen auf Gegenstände des AV |
| 3. | +/– | Zunahme/Abnahme der RST |
| 4. | +/– | Sonstige zahlungsunwirksame Aufwendungen/Erträge |
| 5. | –/+ | Gewinn/Verlust aus dem Abgang von Gegenständen des AV |
| 6. | –/+ | Zunahme/Abnahme der Vorräte, der Forderungen aus L&L sowie anderer Aktiva, die nicht der Investitions- oder Finanzierungstätigkeit zuzuordnen sind |
| 7. | +/– | Zunahme/Abnahme der Verbindlichkeiten aus L&L sowie anderer Passiva, die nicht der Investitions- oder Finanzierungstätigkeit zuzuordnen sind |
| 8. | +/– | Ein- und Auszahlungen aus ao Posten |
| 9. | = | Cashflow aus der laufenden Geschäftstätigkeit |

**Mindestgliederungsschema** zur Darstellung des Cashflows aus der laufenden Geschäftstätigkeit nach der **indirekten Methode** (DRS 21.40):

**Schema**

| 1. |  | Periodenergebnis (Konzernjahresüberschuss/-fehlbetrag einschl. Ergebnisanteile anderer Gesellschafter) |
|---|---|---|
| 2. | +/– | Abschreibungen/Zuschreibungen auf Gegenstände des AV |
| 3. | +/– | Zunahme/Abnahme der RST |
| 4. | +/– | Sonstige zahlungsunwirksame Aufwendungen/Erträge |
| 5. | –/+ | Zunahme/Abnahme der Vorräte, der Forderungen aus L&L sowie anderer Aktiva, die nicht der Investitions- oder Finanzierungstätigkeit zuzuordnen sind |

---

[39] Vgl. DRS 2.40.

| 6. | +/− | Zunahme/Abnahme der Verbindlichkeiten aus L&L sowie anderer Passiva, die nicht der Investitions- oder Finanzierungstätigkeit zuzuordnen sind |
| 7. | −/+ | Gewinn/Verlust aus dem Abgang von Gegenständen des AV |
| 8. | +/− | Zinsaufwendungen/Zinserträge |
| 9. | − | Sonstige Beteiligungserträge |
| 10. | +/− | Aufwendungen/Erträge aus ao Posten |
| 11. | +/− | Ertragsteueraufwand/-ertrag |
| 12. | + | Einzahlungen aus ao Posten |
| 13. | − | Auszahlungen aus ao Posten |
| 14. | −/+ | Ertragsteuerzahlungen |
| 15. | = | Cashflow aus der laufenden Geschäftstätigkeit |

Die einzelnen darzustellenden Korrekturen zum Periodenergebnis aus den Gliederungspunkten 2 bis 14 resultieren aus sehr unterschiedlichen Gründen. Die Gliederungspunkte 2 bis 4 betreffen ganz überwiegend nicht liquiditätswirksame Erträge bzw. Aufwendungen, die vom Ergebnis zu korrigieren sind. Die Gliederungspunkte 5 und 6 stellen Änderungen des Finanzmittelfonds aufgrund von Veränderungen des *Working Capitals* dar. Die in den Gliederungspunkten 7 bis 9 dargestellten Posten betreffen Sachverhalte, deren Ein- und Auszahlungen im Bereich der Investitions- oder Finanzierungstätigkeit erfasst werden müssen und deren Erfolgswirksamkeit im Periodenergebnis deshalb hier zu neutralisieren ist. Die Position 10 korrigiert das ao Ergebnis, um die damit zusammenhängenden Zahlungsströme in den Positionen 12 und 13 getrennt nach Ein- und Auszahlungen zu erfassen. Analog werden in Position 11 die Aufwendungen und Erträge aus Ertragsteuern vom Jahresergebnis korrigiert, um dann in der Position 14 die Zahlungswirkung darzustellen. Durch diese das Periodenergebnis aus den unterschiedlichen Gründen zu korrigierenden Bestandteile wird die Interpretation der Daten erheblich erschwert.

Nach DRS 2.28 kann bei der indirekten Methode auch von einer **anderen Ausgangsgröße** ausgegangen werden, z. B. allg. bekannte oder betriebsindividuelle Kenngrößen wie z. B. EBT, EBIT, EBITDA. In diesen Fällen ist in der KFR oder im Konzernanhang eine Überleitung auf das Periodenergebnis vor ao Posten erforderlich. 32

Eine analoge Regelung enthält auch DRS 21.41. Die Überleitung auf das Periodenergebnis kann in der KFR, in einer geschlossenen Angabe im Konzernanhang oder durch Verweis auf die in der Konzern-GuV gesondert ausgewiesene Ausgangsgröße erfolgen.

Bei der **Zunahme/Abnahme der Rückstellungen** sind ggf. Anpassungen vorzunehmen, so dass die Differenz des Rückstellungsbetrags am Anfang und am Ende des Gj anzupassen ist. In diesem Fall ist die Postenbezeichnung nach hier vertretener Auffassung anzupassen („... die nicht der Investitionstätigkeit zuzuordnen sind", „Zunahme der um Abzinsungseffekte angepassten Rückstellungen" o. ä.). Beispiele sind 33

- Erhöhungen des Postens aufgrund der Aufzinsung langfristiger RSt.

> **Beispiel**
> Eine RSt für Rückbauverpflichtung ist vollständig mit 100.000 EUR passiviert. Der Rückbau wird voraussichtlich in drei Jahren erfolgen, bei einem unterstellten Diskontierungszinssatz von 4 % p.a. ergibt sich ein Rückstellungsbetrag i.H.v. (100.000 EUR / $1{,}04^3$) 88.899,64 EUR. Am nächsten Abschlussstichtag sollen sich mit Ausnahme der Aufzinsung der Verpflichtung keine Veränderungen ergeben. Der Rückstellungsbetrag beträgt nun (100.000 EUR / $1{,}04^2$) 92.455,62 EUR. Im Einklang mit § 298 Abs. 1 i.V.m. § 277 Abs. 5 HGB wird der Konzern buchen:
>
> | | |
> |---|---|
> | Zinsen und ähnliche Aufwendungen | 3.555,98 EUR |
> | an sonstige Rückstellungen | 3.555,98 EUR |
>
> Eine bloße Übernahme der Posten führt zu fehlerhaften Ergebnissen. Unter der Annahme, dass vor der Aufzinsung ein liquiditätswirksamer Periodengewinn i.H.v. 10.000 EUR vorliegt, ergibt sich unter Vernachlässigung von Ertragsteuern das folgende Bild:
>
> | | |
> |---|---|
> | Periodenergebnis | 6.444,02 EUR |
> | + Zunahme der RSt | 3.555,98 EUR |
> | + Zinsaufwendungen | 3.555,98 EUR |
> | = Cashflow aus der laufenden Geschäftstätigkeit | 13.555,98 EUR |
>
> Da im Finanzierungsbereich nur Zinsauszahlungen erfasst werden, geht die KFR nicht auf. Daher ist entweder bei den Rückstellungsveränderungen oder bei den Zinsaufwendungen eine Anpassung vorzunehmen.

- Erwerbe oder Verkäufe von TU. Der mit der Veränderung des KonsKreises verbundene Zu- oder Abgang von RSt ist als Einzahlungen aus Abgängen aus dem bzw. Auszahlungen für Zugänge zum KonsKreis im Cashflow aus der Investitionstätigkeit zu erfassen.

> **Beispiel**
> Das MU erwirbt am 1.8.00 alle Anteile an dem TU für einen sofort beglichenen Kaufpreis i.H.v. 450.000 EUR, das im Rahmen der VollKons zum Erwerbszeitpunkt in den KA einbezogen wird. Am 1.8.00 hatte TU RST i.H.v. 100.000 EUR und keine liquiden Mittel. Am 31.12.00 hat sich der Rückstellungsbetrag im KA um 60.000 EUR erhöht.
> Eine bloße Übernahme der Posten führt zu fehlerhaften Ergebnissen. Unter der Annahme, dass vor dem Beteiligungserwerb ein liquiditätswirksamer Periodengewinn i.H.v. 10.000 EUR vorliegt, ergibt sich das folgende Bild:
>
> | | |
> |---|---|
> | Periodenergebnis | 10.000,00 EUR |
> | + Zunahme der RSt | 60.000,00 EUR |
> | = Cashflow aus der laufenden Geschäftstätigkeit | 70.000,00 EUR |

> Da die übernommenen RSt die Kaufpreishöhe beeinflusst haben und damit in den Auszahlungen für Investitionen in das FAV enthalten sind, sind die RSt zunächst um Sachverhalte, die der Investitions- oder Finanzierungstätigkeit zuzuordnen sind, zu bereinigen. Es errechnet sich für die laufende Geschäftstätigkeit eine zu erfassende Abnahme der RSt i. H. v. 40.000,00 EUR.

Als sonstige **zahlungsunwirksame Aufwendungen/Erträge** kommen u. a. in Betracht: Abschreibungen auf ein aktiviertes Disagio, Abschreibungen auf Gegenstände des UV, Erträge aus der Auflösung von Sonderposten, Ergebnis aus Forderungsverzichten, Verschmelzungsgewinne und -verluste. 34

In der Konzernbilanz gilt die Einzelerwerbsfiktion. Dagegen ist für die KFR im Konzern der finanzwirtschaftliche Charakter maßgeblich. Daher sind **Ein- und Auszahlungen im Zusammenhang mit dem Erwerb und** der **Veräußerung von Anteilen an TU, GU und assoziierten Unt** sowie an sonstigen Beteiligungen ungeachtet der Einbeziehung in den KA als Investitionsauszahlungen bzw. Desinvestitionseinzahlungen (aus der Investitionstätigkeit) zu erfassen.[40] Daraus ergibt sich, dass bei indirekter Ermittlung der Zahlungsströme aus laufender Geschäftstätigkeit die zu berücksichtigenden Änderungen der Bestände (z. B. Vorräte) um die Werte aus solchen Änderungen des KonsKreis zu korrigieren sind („die nicht der Investitions- oder Finanzierungstätigkeit zuzuordnen sind"). Ein Unternehmenserwerb durch nicht liquiditätswirksame Ausgabe von eigenen Anteilen führt somit i. H. d. positiven erworbenen Finanzmittelfonds der erworbenen Einheit in der KFR zu einer Desinvestition.[41] 35

> **Beispiel**
> Das MU erwirbt zum 1.7.01 alle Geschäftsanteile der TU-GmbH für 550.000 EUR. Die voll zu konsolidierende TU-GmbH weist im Zwischenabschluss zum 1.7.01 in ihrer Bilanz auf der Aktivseite Vorräte (500.000 EUR) sowie liquide Mittel (50.000 EUR) und auf der Passivseite EK (550.000 EUR) aus. Es wird vereinbart, dass der Kaufpreis erst am 1.3.02 fällig ist. In der Konzernbilanz des MU zum 31.12.01 sind die Vorräte im Vergleich zum Vj.-Stichtag um 300.000 EUR gestiegen.
> Der Zugang der Vorräte durch den Erwerb der TU-GmbH am 1.7.01 ist der Investitionstätigkeit zuzuordnen. Somit ergibt sich aus der laufenden Geschäftstätigkeit eine zu erfassende Abnahme der Vorräte i. H. v. 200.000 EUR. Durch die Einbeziehung der TU-GmbH in den KA hat sich der Finanzmittelfonds i. H. d. liquiden Mittel um 50.000 EUR erhöht. Da noch keine Kaufpreiszahlung erfolgte, errechnet sich eine Einzahlung für Zugänge zum KonsKreis.

**Ertragsteuerzahlungen** sind i. d. R. der laufenden Geschäftstätigkeit zuzuordnen.[42] Sie sind nur dann der Investitions- oder der Finanzierungstätigkeit zuzuordnen, wenn sie einem Geschäftsanteil dieser Tätigkeitsbereiche eindeutig zurechen- 36

---

[40] Siehe das Praxisbeispiel in Rz 33.
[41] Vgl. *Förschle/Rimmelspacher*, in Beck Bil-Komm. 9. Aufl., § 297 HGB, Rz 78; WP-Handbuch, Bd. I, 14. Aufl., Abschn. M, Rz 801 f.
[42] Vgl. DRS 2.41 und DRS 21.18.

bar sind,⁴³ was wie in der bisherigen Praxis die Ausnahme sein dürfte. Durch DRS 21 werden einzelne steuerlich relevante Zahlungsströme, wie das Finanz- und Zinsergebnis, verpflichtend in den Investitions- bzw. Finanzierungsbereich verlagert. Da diese Verlagerung nicht auch für die entsprechenden Ertragsteuerzahlungen und eine entsprechende Zuordnung nur bei eindeutiger Zurechenbarkeit zu erfolgen hat, erschweren die Regelungen eine aussagefähige betriebswirtschaftliche Auswertung der KFR. Ohne eine entsprechende Zuordnung der Ertragsteuerzahlungen zu den diese verursachenden Einzahlungen kann es zu einer betriebswirtschaftlich verzerrten Darstellung der operativen Cashflows kommen.

#### 2.4.4.2 Cashflow aus Investitionstätigkeit

37 Zum Cashflow aus Investitionstätigkeit zählen Zahlungsströme im Zusammenhang mit den Ressourcen, mit denen langfristig (i. d. R. länger als ein Jahr) ertragswirksam gewirtschaftet werden soll⁴⁴ und Finanzmittelanlagen im Rahmen der kurzfristigen Finanzdispositionen, sofern diese nicht zum Finanzmittelfonds gehören oder zu Handelszwecken gehalten werden.⁴⁵ Hierbei kann es sich z. B. um Fest- oder Termingeldanlagen handeln, deren Gesamtlaufzeit drei Monate übersteigt. Damit soll eine Beurteilung darüber erleichtert werden, in welchem Ausmaß Kapital gebunden wurde, das zur Generierung von Erträgen und damit verbundenen Einzahlungen in späteren Perioden führen wird. Abweichend von DRS 2 werden nach DRS 21 alle mit den Investitionen verbundenen zahlungswirksamen Erfolge erfasst (also z. B. auch erhaltene Zinsen und Dividenden). Begründet wird dies vom Standardsetter damit, dass diese Erträge als Entgelt für die Kapitalüberlassung in Form von auf der Aktivseite ausgewiesenen Investitionen (ausgereichte Kredite oder Beteiligungen) interpretiert werden.⁴⁶

38 **Gliederungsschema** zur Darstellung des Cashflows aus der Investitionstätigkeit gem. DRS 2.32:

| Schema | | |
|---|---|---|
| 1. | | Einzahlungen aus Abgängen von Gegenständen des SAV |
| 2. | − | Auszahlungen für Investitionen in das SAV |
| 3. | + | Einzahlungen aus Abgängen von Gegenständen des IAV |
| 4. | − | Auszahlungen für Investitionen in das IAV |
| 5. | + | Einzahlungen aus Abgängen von Gegenständen des FAV |
| 6. | − | Auszahlungen für Investitionen in das FAV |
| 7. | + | Einzahlungen aus dem Verkauf von konsolidierten Unt und sonstigen Geschäftseinheiten |
| 8. | − | Auszahlungen aus dem Erwerb von konsolidierten Unt und sonstigen Geschäftseinheiten |
| 9. | + | Einzahlungen aufgrund von Finanzmittelanlagen im Rahmen der kurzfristigen Finanzdisposition |

---

43 Bisheriges Wahlrecht in DRS 2.42, Pflicht nach DRS 21.19.
44 Vgl. DRS 2.30.
45 Vgl. DRS 2.31.
46 Vgl. DRS 21.B25.

| 10. | − | Auszahlungen aufgrund von Finanzmittelanlagen im Rahmen der kurzfristigen Finanzdisposition |
| 11. | = | Cashflow aus der Investitionstätigkeit |

**Mindestgliederungsschema** zur Darstellung des Cashflows aus der Investitionstätigkeit gem. DRS 21.46:

| Schema | | |
|---|---|---|
| 1. | | Einzahlungen aus Abgängen von Gegenständen des IAV |
| 2. | − | Auszahlungen für Investitionen in das IAV |
| 3. | + | Einzahlungen aus Abgängen von Gegenständen des SAV |
| 4. | − | Auszahlungen für Investitionen in das SAV |
| 5. | + | Einzahlungen aus Abgängen von Gegenständen des FAV |
| 6. | − | Auszahlungen für Investitionen in das FAV |
| 7. | + | Einzahlungen aus Abgängen aus dem KonsKreis |
| 8. | − | Auszahlungen für Zugänge zum KonsKreis |
| 9. | + | Einzahlungen aufgrund von Finanzmittelanlagen im Rahmen der kurzfristigen Finanzdisposition |
| 10. | − | Auszahlungen aufgrund von Finanzmittelanlagen im Rahmen der kurzfristigen Finanzdisposition |
| 11. | + | Einzahlungen aus ao Posten |
| 12. | − | Auszahlungen aus ao Posten |
| 13. | + | Erhaltene Zinsen |
| 14. | − | Erhaltene Dividenden |
| 15. | = | Cashflow aus der Investitionstätigkeit |

Sowohl DRS 2 als auch DRS 21 sehen als **Mindestgliederung** eine Differenzierung der Zahlungsströme nach Gegenständen des **IAV**, des **SAV** und des **FAV** vor. Nach hier vertretener Auffassung ist auch für die KFR der konzernspezifische Grundsatz der Wirtschaftlichkeit und Wesentlichkeit anwendbar, sodass eine Zusammenfassung der Zahlungsströme möglich ist, wenn sie für die Beurteilung der VFE-Lage des Konzerns von untergeordneter Bedeutung sind. Dies kann in wenig anlageintensiven Konzernen der Fall sein. 39

Aus DRS 21 bzw. aus den Begründungen zur Neufassung wird die Auffassung des DRSC zur Behandlung nicht explizit im Standard aufgeführter Transaktionen deutlich: 40
- **Entwicklungskosten** sind danach als Auszahlungen für Investitionen in das IAV i. H. der Änderungen der Bestände zu erfassen, Sofern von dem handelsrechtlichen Aktivierungswahlrecht kein Gebrauch gemacht wird, verbleiben die Auszahlungen im Cashflow aus der laufenden Geschäftstätigkeit.
- **Andere aktivierte Eigenleistungen** sind ebenfalls korrespondierend zu den Änderungen der Bestände auszuweisen.
- **Sanierungszuschüsse an Beteiligungen** zur Vermeidung von Buchwertminderungen, die nicht zu einer Aktivierung in der Handelsbilanz führen, sind

dem Investitionsbereich zuzuordnen. Ausgaben für typische Erhaltungsaufwendungen von Anlagegegenständen sind aber im Cashflow aus der laufenden Geschäftstätigkeit zu erfassen.
- Bei **Deckungsvermögen** handelt es sich um VG, die nicht in der operativen Geschäftstätigkeit eingesetzt werden. Daher sind Zahlungsvorgänge im Zusammenhang mit Deckungsvermögen der Investitionstätigkeit zuzuordnen.[47]

41 Wenn für die beschriebenen Transaktionen weder im laufenden Gj noch im Vorjahr eine Ein- oder Auszahlung erfolgte, sollte der Posten bei der Darstellung der KFR weggelassen werden.

42 Die Auszahlungen für Investitionen in das Anlagevermögen sind in der Konzern-KFR i.d.R. nicht unmittelbar mit den Zugängen lt. **Anlagenspiegel** abstimmbar. Mögliche Abweichungsgründe hierfür sind vielfältig, in der Praxis trifft man folgende Abweichungsursachen häufig an:
- Zugänge/Abgänge im AV durch Erwerb oder Veräußerung von konsolidierten Unt sind im Rahmen des Unternehmenskaufs (Nr. 7 bzw. Nr. 8) zu erfassen,
- Zugänge/Abgänge von Gegenständen des AV sind im Zugangs- bzw. Abgangsjahr nicht bzw. nicht vollständig zahlungswirksam geworden, weil die Transaktion entweder in zeitlicher Nähe zum Ende des Gj erfolgte und eine Verbindlichkeit passiviert wurde oder weil eine Ratenzahlung des vereinbarten Kaufpreises über mehrere Gj vereinbart wurde,
- Zugänge von Gegenständen des AV sind aufgrund von Einbringungsvorgängen (z.B. Sacheinlagen, Verschmelzungen und Abspaltungen) nicht zahlungswirksam.

43 Die Auszahlungen aus dem Erwerb von konsolidierten Unt und sonstigen Geschäftseinheiten sind um den auf den Finanzmittelfonds des Konzerns am Erwerbsstichtag entfallenden Teil zu korrigieren.

> **Beispiel**
> MU erwirbt mit notariellem Vertrag vom 1.12.00 70 % der Anteile an TU. Der Kaufpreis beläuft sich auf 2 Mio. EUR, zahlbar in zwei gleichen Raten am 29.12.00 und am 29.12.01. Die erste Rate wird am 3.1.01 überwiesen. Das TU weist am 1.12.00 flüssige Mittel (= Finanzmittelfonds) i.H.v. 100 TEUR aus. Im Gj 00 war zwar eine Kaufpreisrate fällig; tatsächlich erfolgte der Mittelabfluss aber erst in 01. Durch die VollKons von TU hat sich der Finanzmittelfonds im Konzern bei der erstmaligen Einbeziehung um 100 TEUR erhöht. Es errechnet sich eine „Einzahlung aus dem Erwerb von konsolidierten Unt" i.H.v. 100 TEUR. Die Postenbezeichnung ist anzupassen.

### 2.4.4.3 Cashflow aus Finanzierungstätigkeit

44 Zum Cashflow aus Finanzierungstätigkeit zählen Transaktionen mit den Unternehmenseignern und Minderheitsgesellschaftern sowie Aufnahmen und Tilgungen von Finanzschulden.

45 **Gliederungsschema** zur Darstellung des Cashflows aus der Finanzierungstätigkeit gem. DRS 2.35:

---
[47] Vgl. DRS 21.45.

**Schema**

| | | |
|---|---|---|
| 1. | | Einzahlungen aus EK-Zuführungen (Kapitalerhöhungen, Verkauf eigener Anteile etc.) |
| 2. | – | Auszahlungen an Unternehmenseigner und Minderheitsgesellschafter (Dividenden, Erwerb eigener Anteile, EK-Rückzahlungen, andere Ausschüttungen) |
| 3. | + | Einzahlungen aus der Begebung von Anleihen und der Aufnahme von (Finanz-)Krediten |
| 4. | – | Auszahlungen aus der Tilgung von Anleihen und (Finanz-)Krediten |
| 5. | = | Cashflow aus der Finanzierungstätigkeit |

**Mindestgliederungsschema** zur Darstellung des Cashflows aus der Finanzierungstätigkeit gem. DRS 21.50:

**Schema**

| | | |
|---|---|---|
| 1. | | Einzahlungen aus EK-Zuführungen von Gesellschaftern des MU |
| 2. | + | Einzahlungen aus EK-Zuführungen von anderen Gesellschaftern |
| 3. | – | Auszahlungen aus EK-Herabsetzungen an Gesellschafter des MU |
| 4. | – | Auszahlungen aus EK-Herabsetzungen an andere Gesellschafter |
| 5. | + | Einzahlungen aus der Begebung von Anleihen und der Aufnahme von (Finanz-)Krediten |
| 6. | – | Auszahlungen aus der Tilgung von Anleihen und (Finanz-)Krediten |
| 7. | + | Einzahlungen aus erhaltenen Zuschüssen/Zuwendungen |
| 8. | + | Einzahlungen aus ao Posten |
| 9. | – | Auszahlungen aus ao Posten |
| 10. | – | Gezahlte Zinsen |
| 11. | – | Gezahlte Dividenden an Gesellschafter des MU |
| 12. | – | Gezahlte Dividenden an andere Gesellschafter |
| 13. | = | Cashflow aus der Finanzierungstätigkeit |

Zur Finanzierungstätigkeit gehören alle Ein- und Auszahlungen im Zusammenhang mit externen Kapitalgebern. Neben der umfangreicheren Gliederung, insb. der Differenzierung nach Gesellschaftern des MU und den anderen Gesellschaftern der TU unterscheidet sich DRS 21 im Wesentlichen von DRS 2 durch die Zuordnung gezahlter Zinsen in den Cashflow aus der Finanzierungstätigkeit. Klarstellend werden explizit Einzahlungen aus erhaltenen Zuschüssen/Zuwendungen dem Cashflow aus der Finanzierungstätigkeit zugeordnet.[48]

---

[48] Vgl. DRS 21.49.

#### 2.4.4.4 Sonderfragen

**46** Gesetzlich als nicht eindeutig geregelt galt die Frage, ob **Vorjahresangaben** erforderlich sind, weil eine explizite Vorschrift für die KFR (anders als für die Konzernbilanz und die Konzern-GuV, für die die Vorschrift nach § 265 Abs. 2 Satz 1 HGB über § 298 Abs. 1 HGB Anwendung findet) nicht besteht. Die Frage nach der Notwendigkeit von Vj.-Zahlen ist daher aus den allg. Bestimmungen (Grundsätze ordnungsmäßiger Konzernbuchführung) zu beurteilen. Nach teilweise in der Literatur vertretener Auffassung stellt das **Weglassen** von Vj.-Zahlen in der KFR einen **Verstoß gegen gesetzliche Vorschriften** dar.[49] Begründet wurde dieses mit der Eigenart des KA. Durch das BilMoG sind nunmehr auch bestimmte JA nach § 264 Abs. 1 Satz 2 HGB um eine KFR und einen EK-Spiegel zu erweitern, ohne dass die Vorschrift des § 265 Abs. 2 Satz 1 HGB, die für bestimmte, explizit aufgeführte Bestandteile des JA Vj.-Zahlen verlangt, geändert wurde. Angesichts des eindeutigen Gesetzeswortlauts ist *Gelhausen/Fey/Kämpfer*[50] und *Zwirner/Petersen/König*[51] zuzustimmen, dass die **Angabe von Vj.-Zahlen** für die JA-Bestandteile KFR, EK-Spiegel sowie SegmBer **sinnvoll, aber gesetzlich nicht zwingend erforderlich** ist. Durch die Neuregelungen im EA bedingt die Eigenart des KA keine Abweichung, sodass für den KA nichts anderes gelten kann. Bei fehlenden Vj.-Zahlen in der KFR ist im Prüfungsbericht über die Abweichungen von den Empfehlungen in DRS 2 zu berichten.[52] Bei vorzeitiger Anwendung des DRS 21 entfällt eine Berichterstattung, weil die Angabe von Vergleichszahlen der Vorperiode nicht mehr verpflichtend ist, sondern nur noch empfohlen wird.[53]

Bei der erstmaligen Anwendung des DRS 21 sollen Angaben von Vj.-Zahlen nur gemacht werden, wenn die Beträge der Vorperiode nach den gleichen Regeln ermittelt sind.[54] Werden die Zahlen des Vj.-Zeitraums nicht angepasst, unterbleibt folglich die Angabe von Vj-Zahlen. Es steht nicht im Einklang mit DRS 21, das laufende Geschäftsjahr nach den Regeln des DRS 21 und Vergleichszahlen des Vj. nach den Regeln des DRS 2 anzugeben, unabhängig von entsprechenden Erläuterungen in den ergänzenden Angaben.

**47** Zahlungsströme in **Fremdwährungen** sind grds. mit dem **Devisenkassakurs des jeweiligen Zahlungszeitpunkts** umzurechnen. Zur Vereinfachung können **gewogene Durchschnittskurse** verwendet werden.[55] Im Fall der unmittelbaren Ableitung der KFR aus dem KA entfällt eine Umrechnung. In diesem Fall sind lediglich im Finanzmittelfonds entstehende Währungsdifferenzen auszuweisen.

**48** Der AP eines KA sieht sich verschiedenen Verlautbarungen mit verschiedenen Empfehlungen bzw. Regeln über die Erstellung einer KFR gegenüber, ohne dass es Indizien, z.B. in Form von Aktivitäten des Gesetzgebers, Gerichten oder

---

[49] Vgl. z.B. DRS 2.10: „Vergleichszahlen der Vorperiode sind beizufügen"; *Förschle/Rimmelspacher*, in Beck Bil-Komm. 9. Aufl., § 297 HGB, Rz 16.
[50] Vgl. *Gelhausen/Fey/Kämpfer*, in Rechnungslegung und Prüfung nach dem Bilanzrechtsmodernisierungsgesetz, 2009, Abschn. K Tz. 8.
[51] Vgl. *Zwirner/Petersen/König*, Relevanz des § 264 Abs. 1 Satz 2 HGB und seine Konsequenzen für den Jahresabschluss in DB 2012, S. 61–68 (64).
[52] IDW PS 450, Tz 134.
[53] Vgl. DRS 21.22.
[54] Vgl. DRS 21.54.
[55] Vgl. DRS 2.22 und DRS 21.B13.

einschlägigem Schrifttum, für eine Änderung der KFR-GoB gibt. *Lorson/ Müller*[56] kommen daher zu dem Schluss, dass der AP zwar Abweichungen vom aktuellen DRS im Prüfungsbericht anzugeben hat, eine Auswirkung auf den uneingeschränkten BSV sich aber nicht ergibt, wenn
- die KFR auch nach 2015 unverändert nach den dann außer Kraft gesetzten DRS 2- Regeln weiter erstellt wird,
- eine vollständige Umsetzung der DRS 21-Regeln erfolgt,
- die KFR nach anderen anerkannten Regeln wie z. B. nach IAS 7 erstellt wird,
- die DRS 21-Regeln modifiziert angewendet werden, in dem man insb. das Aktivitätenformat noch trennschärfer anwendet und in der Literatur aufgezeigte Mängel an den DRS 21-Regeln beseitigt.

Hierdurch wird die Zahl an Konzern GoB- Alternativen in Bezug auf die KFR größer, was betriebswirtschaftliche Analysen und das Controlling im Unt erschweren.

### 2.4.5 Angaben im Konzernanhang

Hinsichtlich ergänzender Angaben zur KFR ergeben sich aus DRS 21 die folgenden zusätzlichen Verpflichtungen bzgl. des Orts der Angaben und Erleichterungen durch Wegfall von Angabepflichten:
Die Vorschriften zum **Ort der Angaben** wurden verschärft. DRS 21.53 sieht eine **geschlossene Darstellung** der ergänzenden Angaben **unter der KFR oder** im **Anhang** vor. Verweismöglichkeiten wie in DRS 2 dargestellt[57] sind zu Gunsten der Klarheit und Übersichtlichkeit gestrichen worden. Somit bestehen folgende Darstellungsmöglichkeiten:
- Die ergänzenden Angaben zur KFR werden mit entsprechender Überschrift in einem gesonderten Abschnitt im Konzernanhang dargestellt.
- Die geforderten Angaben werden als Anlage zur KFR gemacht.
- Die geforderten Angaben werden in die KFR aufgenommen, z. B. mittels Fußnote und/oder als davon-Vermerk. Wegen des Grundsatzes der Klarheit und Übersichtlichkeit kommt diese Möglichkeit nur dann in Betracht, wenn der Umfang der ergänzenden Angaben nicht sehr hoch ist.

**Weggefallen** sind neben Angaben zu Finanzmittelfondsänderungen, die durch den Wegfall von Wahlrechten grds. nicht mehr auftreten, ergänzende Angaben zum Erwerb und zum Verkauf von Unt, insb. zu den Kauf- bzw. Verkaufspreisen. Diese zusätzlichen Informationen sind nützlich, jedoch nicht zwingend für das Verständnis der KFR erforderlich.

Der DRS sieht unverändert folgende ergänzende Angaben als zwingend für das Verständnis der KFR erforderlich an:[58]
- Definition des Finanzmittelfonds einschl. ggf. Überleitung,
- Zusammensetzung des Finanzmittelfonds und Bestände des Finanzmittelfonds von quotal einbezogenen Unt,
- wesentliche zahlungsunwirksame Investitions- und Finanzierungsvorgänge und Geschäftsvorfälle.

---

[56] Vgl. *Lorson/Müller*, Auswirkung von DRS 21 auf das Controlling, DB 2014, S. 965–971 (968 f.).
[57] Vgl. DRS 2.52 f.
[58] Vgl. DRS 2.52 f und DRS 21.52.

- Informationen, wenn Zahlungsmittel bzw. Zahlungsmitteläquivalente Verfügungsbeschränkungen unterliegen.

### 2.5 Eigenkapitalspiegel

50 Der EK-Spiegel soll die Veränderungen des EK im KA für Außenstehende angesichts der Komplexität der Konzern-EK-Struktur zur **Steigerung des Informationswerts** darstellen.[59] Der Gesetzgeber hat bewusst darauf verzichtet, gesetzliche Vorgaben über die inhaltliche Ausgestaltung zu machen. Es existiert somit **kein gesetzliches Schema** für den EK-Spiegel. Hinsichtlich der erforderlichen Angaben hat der DSR in **DRS 7 „Konzerneigenkapital und Konzerngesamtergebnis"** Empfehlungen ausgesprochen, die vom BMJ bekannt gemacht worden sind. Nach § 342 Abs. 2 HGB wird vermutet, dass die die Konzernrechnungslegung betreffenden GoB bei Anwendung des Standards beachtet werden. Der DRS 7 wurde überarbeitet. Insbesondere sollen praktische Erfahrungen nach Inkrafttreten des BilMoG aufgegriffen und in einem neuen Standard berücksichtigt werden. Dies betrifft insbesondere die Vorgehensweisen bei der Bilanzierung eigener Anteile und von Rückbeteiligungen sowie Besonderheiten der Darstellung des Konzerneigenkapitals bei PersG. Des Weiteren sollen im EK-Spiegel nur noch gesetzlich definierte Begriffe verwendet und somit im DRS 7 noch neu definierte Begriffe wie z.B. erwirtschaftetes Konzerneigenkapital, Minderheitenkapital, übriges Konzernergebnis und Konzerngesamtergebnis gestrichen werden. Aufgrund der erheblichen Änderungen soll der DRS 7 nicht geändert, sondern ein neuer Standard herausgegeben werden. Bis zum 22.5.2015 hatten alle interessierten Personen und Organisationen die Möglichkeit, Stellungnahmen zum E-DRS 31 „**Konzerneigenkapital**" abzugeben. Bis zu einer Veröffentlichung durch den BMJV entfalten die DRS noch keine GoB-Vermutung.

#### 2.5.1 Darstellungsschema des Eigenkapitalspiegels

51 Nach DRS 7.7 hat der Konzern-EK-Spiegel die im Folgenden aufgeführten **Posten** zu enthalten. Ist das MU keine KapG, sind die Empfehlungen des DSR sinngem. anzuwenden.[60] Eine Ergänzung des Gliederungsschemas um weitere Posten ist möglich und widerspricht nicht den (Mindest-) Empfehlungen des DRS 7.[61]

| Schema | |
|---|---|
| | Gezeichnetes Kapital des MU |
| – | Nicht eingeforderte ausstehende Einlagen des MU |
| + | Kapitalrücklage |
| + | Erwirtschaftetes Konzern-EK |
| – | Eigene Anteile |
| + | Kumuliertes übriges Konzernergebnis, soweit es auf die Gesellschafter des MU entfällt |

---

[59] Vgl. DRS 7.1.
[60] Vgl. DRS 7.8 ff.
[61] Vgl. *Förschle/Rimmelspacher*, in Beck Bil-Komm. 9. Aufl., § 297 HGB, Rz 103.

|   |   |
|---|---|
| = | EK des MU gem. Konzernbilanz |
| + | EK der Minderheitsgesellschafter |
|   | davon: Minderheitenkapital |
|   | davon: Kumuliertes übriges Konzernergebnis, soweit es auf Minderheitsgesellschafter entfällt |
| = | Konzern-EK |

Ein Posten des EK-Spiegels, der keinen Betrag ausweist, braucht nicht aufgeführt zu werden.[62]   **52**

**Gezeichnetes Kapital des MU**   **53**
Das in § 272 Abs. 1 Satz 1 HGB definierte gezeichnete Kapital des MU entspricht dem Grundkapital (bei einer AG, SE und KGaA) bzw. dem Stammkapital (bei einer GmbH). Bei **unterschiedlichen Aktiengattungen** einer AG (z.B. Stamm- und Vorzugsaktien) betrifft die Pflicht zur gesonderten Angabe des Betrags jeder Aktiengattung nach § 152 Abs. 1 Satz 2 AktG auch den Ausweis im EK-Spiegel.

**Nicht eingeforderte ausstehende Einlagen des MU**   **54**
Der hier auszuweisende Betrag entspricht dem Posten des § 272 Abs. 1 Satz 3 HGB. Eingeforderte ausstehende Einlagen sind im Rahmen der SchuldenKons zu eliminieren (bei Forderungen gegen einbezogenen TU) oder gesondert auszuweisen.[63]

**Kapitalrücklage**   **55**
Hinsichtlich der Definition ergeben sich bei diesem Posten keine Abweichungen zu den Vorschriften des Handelsrechts. Die Kapitalrücklage ist **aus Sicht des MU** zu beurteilen: Kapitalrücklagen von einbezogenen Ges. sind entweder zu konsolidieren oder als Minderheitsanteile zu **erfassen**.

Durch den gesonderten Ausweis der Kapitalrücklage vom erwirtschafteten Konzern-EK ist die Herkunft des ausgewiesenen Kapitals von den Gesellschaftern erkennbar. Diese Information ist auch für den KA-Adressaten relevant. Durch aus Konzernsicht abweichend zum JA zu beurteilende Sachverhalte kann es zu dauerhaften Abweichungen der Kapitalrücklagen im JA und KA des MU kommen[64]:

> **Beispiel**
> Das MU erzielt im Gj 00 auf Einzelabschlussebene einen Jahresfehlbetrag von 100 GE, der durch Entnahme aus der Kapitalrücklage ausgeglichen wird. Im KA wird im Gj 00 ein Konzernjahresüberschuss erzielt, sodass eine Verlustabdeckung durch Entnahmen von Rücklagen im Konzern nicht erforderlich ist. Aus Konzernsicht ist somit das von außen zugeführte Kapital nicht geschmälert worden, sodass die Kapitalrücklage im KA unverändert auszuweisen ist.

Die im EK-Spiegel ausgewiesene Kapitalrücklage stimmt häufig mit dem Betrag der in der Bilanz des JA des MU ausgewiesenen Kapitalrücklage überein. Sie kann aber auch von der Kapitalrücklage des MU abweichen (z.B. nach Verschmelzungen, einer vor Wirksamwerden des BilMoG zulässigen Verrechnung   **56**

---

[62] Nunmehr explizit klargestellt in E-DRS 31.10.
[63] Vgl. E-DRS 31.28.
[64] Vgl. auch DRS 7.5 und *Gelhausen/Gelhausen*: Gedanken zur Behandlung des Eigenkapitals im KA, FS für K.-H. Forster (1992), S. 225.

eines GoF mit einer Kapitalrücklage nach § 272 Abs. 2 Nr. 4 HGB und einer abweichenden Ergebnisverrechnung wie im Beispiel der Rz. 55).
E-DRS 31.53 empfiehlt im Konzern-EK-Spiegel im Hinblick auf die unterschiedlichen aktienrechtlichen Verwendungsbeschränkungen eine gesonderte Darstellung der Veränderung der Kapitalrücklage nach § 272 Abs. 2 Nr. 1–3 und nach Nr. 4 HGB im Konzern-EK-Spiegel. Angesichts der fehlenden gesetzlichen Vorschrift einer entsprechenden Aufgliederung im JA, der formalrechtlich allein Grundlage für mögliche Entnahmen aus der Kapitalrücklage ist sowie aufgrund oben dargestellter möglicher Abweichungen der Höhe der Kapitalrücklage im Einzel- und Konzernabschluss, die fiktiv zuzuordnen wären, ist die empfohlene zusätzliche Differenzierung im Konzern-EK-Spiegel nach hier vertretener Auffassung nicht sinnvoll. Bestehende Verwendungsbeschränkungen durch § 150 Abs. 3 und 4 AktG sind aus Einzelabschlusssicht zu beurteilen und in den ergänzenden Angaben als Betrag, der gesetzlichen Ausschüttungssperren unterliegt, aufzunehmen.

**57 Erwirtschaftetes Konzern-EK**
Es handelt sich um den Teil des Konzern-EK, der **aus den Konzernergebnissen** des Gj und früherer Gj **gebildet** worden ist und nicht auf Minderheitsgesellschafter entfällt. Hierunter fallen:[65]
- Gewinnrücklagen des MU
- Ergebnisvortrag des MU
- Jahresergebnis des MU
- Kumulierte einbehaltene Jahresergebnisse der TU seit deren erstmaliger Einbeziehung
- Kumulierte Beträge aus ergebniswirksamen Konsolidierungsvorgängen, soweit sie nicht auf Minderheitsgesellschafter entfallen

Ziel des Standardentwurfs E-DRS 31 ist es u. a., über den Gesetzeswortlaut hinausgehende Begriffe nicht mehr zu verwenden. Aus diesem Grunde soll künftig das gesetzlich nicht definierte erwirtschaftete Konzern-EK in die separaten Posten Gewinnrücklagen, Gewinnvortrag/Verlustvortrag und Konzernjahresüberschuss/-fehlbetrag aufgeteilt werden. Die verschiedenen Kategorien des EK haben bei KapG insb. rechtliche Funktionen. Die Ausweisvorschriften im JA dienen den materiellen Vorschriften über Kapitalbindung und -erhaltung. Alle diese Funktionen hat der Kapitalausweis im KA nicht. Deshalb kann auch befürwortet werden, wie bisher den Eigenkapitalausweis im Konzern im Hinblick auf seinen betriebswirtschaftlichen Informationsgehalt auf die Unterscheidung zwischen von außen zugeführtem und selbst erwirtschaftetem Kapital zu beschränken.[66]

**58 Eigene Anteile**
Neben den in § 272 Abs. 1a HGB aufgeführten eigenen Anteilen sind hier auch Anteile zu erfassen, die ein in den KA einbezogenes Unt am MU hält (Rückbeteiligung).[67] Anschaffungsnebenkosten für den Erwerb eigener Anteile sind wie im JA Aufwand des Gj.[68] Hier kann es zu Bilanzierungskorrekturen zwischen den

---

[65] Vgl. auch DRS 7.5.
[66] Vgl. *Gelhausen/Gelhausen*: Gedanken zur Behandlung des Eigenkapitals im Konzernabschluss, FS für K.-H. Forster (1992).
[67] Vgl. DRS 7.13.
[68] §§ 272 Abs. 1a Satz 3 i. V. m. § 298 Abs. 1 HGB..

Wertansätzen im JA und KA kommen, wenn bei Rückbeteiligungen aus Einzelabschlusssicht zu aktivierende Anschaffungsnebenkosten vorliegen, die aus Konzernsicht als eigene Anteile nicht mit bilanziert werden dürfen.[69] Verbleibende Differenzen zwischen dem Nennbetrag oder dem rechnerischen Wert und den AK der eigenen Anteile sind mit frei verfügbaren Rücklagen (bei AG z. B. Kapitalrücklage nach § 272 Abs. 2 Nr. 4 HGB, andere Gewinnrücklagen, Gewinnvortrag) zu verrechnen.[70] Da der KA keine Ausschüttungsbemessungsfunktion hat, soll nach E-DRS 31 mit Wirksamwerden des Standards künftig abweichend eine Verrechnung mit allen Rücklagenkategorien möglich sein, also auch mit einer Kapitalrücklage nach § 272 Abs. 2 Nr. 1–3 HGB. Eine Verrechnung mit dem EK-Posten Eigenkapitaldifferenz aus Währungsumrechnung ist weiter nicht zulässig mit der Begründung, dass es sich bei diesem Posten materiell noch nicht um EK handelt.[71]

**Kumuliertes übriges Konzernergebnis, soweit es auf die Ges. des MU entfällt**     59
Unter diesem Posten sind nicht ergebniswirksame Veränderungen des Konzern-EK im laufenden Gj und in vorhergehenden Gj zu erfassen, sofern sie nicht das gezeichnete Kapital oder die Kapitalrücklage betreffen. Hierunter fallen nach DRS 7.19 die gem. § 308a HGB in einem gesonderten Posten „Eigenkapitaldifferenz aus Währungsumrechnung" darzustellenden Währungsumrechnungsdifferenzen[72] und „andere neutrale Transaktionen". Hierbei handelt es sich um einen unbestimmten Rechtsbegriff, unter den fallen können:
- erfolgsneutrale Verrechnung von GoF vor BilMoG mit den Rücklagen,[73]
- erfolgsneutrale Anpassungen der Bilanzierung und Bewertung an DRS-Empfehlungen sowie aus der erstmaligen Anwendung der Vorschriften durch das BiRiLiG, TransPuG und BilMoG.[74]

In E-DRS 31 wird der Begriff „kumuliertes übriges Konzernergebnis" nicht mehr verwendet, da grds. keine neuen, über den Gesetzeswortlaut hinausgehenden Begriffe mehr verwendet werden sollen.[75]

**EK der Minderheitsgesellschafter**     60
Das EK der Minderheitsgesellschafter ist gesondert zu erfassen und zu differenzieren nach:
- Minderheitenkapital
- Kumuliertes übriges Konzernergebnis, soweit es auf Minderheitsgesellschafter entfällt.

In E-DRS 31 wird der Begriff „Minderheitenkapital" durch die gesetzliche Bezeichnung „Nicht beherrschende Anteile" ersetzt und um die gesonderte Angabe der Eigenkapitaldifferenz aus Währungsumrechnung erweitert.
Gesetzlich nicht eindeutig geregelt ist die Frage, ob **Vorjahresangaben** erforderlich sind, weil eine explizite Vorschrift für den EK-Spiegel (anders als für die Konzernbilanz und die Konzern-GuV, für die die Vorschrift nach § 265 Abs. 2     61

---
69 Vgl. *im Einzelnen E-DRS 31.30f.*
70 Vgl. DRS 7.11.
71 Vgl. *E-DRS 31.29ff. und die Begründungen zu E-DRS 31 (B29ff.).*
72 Nach DRS 7.19 separat auszuweisen als „Ausgleichsposten aus der Fremdwährungsumrechnung".
73 Vgl. *Förschle/Rimmelspacher*, in Beck Bil-Komm. 9. Aufl., § 297 HGB Rz 112.
74 Ablehnend und den Ausweis unter dem erwirtschafteten KonzernEK befürwortend WP-Handbuch, Bd. I, 14. Aufl., Abschn. M, Rz 839 und *Förschle/Rimmelspacher*, in Beck Bil-Komm. 9. Aufl., § 297 HGB Rz 112.
75 In *E-DRS 31.63 ist geregelt, wie der noch vorhandene Saldo auf die entsprechenden Posten des Konzern-EK aufzuteilen ist.*

Satz 1 HGB über § 298 Abs. 1 HGB Anwendung findet) nicht besteht. Die Frage nach der Notwendigkeit von Vj-Zahlen ist daher aus den allg. Bestimmungen (Grundsätze ordnungsmäßiger Konzernbuchführung) zu beurteilen. Zum Teil wird in der Literatur beim **Weglassen** von Vj-Zahlen im EK-Spiegel noch ein **Verstoß gegen gesetzliche Vorschriften** gesehen.[76] Begründet wird dieses mit der Eigenart des KA. Durch das BilMoG sind nunmehr auch bestimmte JA nach § 264 Abs. 1 Satz 2 HGB um eine KFR und einen EK-Spiegel zu erweitern, ohne dass die Vorschrift des § 265 Abs. 2 Satz 1 HGB, die für bestimmte explizit aufgeführte Bestandteile des JA Vj-Zahlen verlangt, geändert wurde. Angesichts des eindeutigen Gesetzeswortlauts ist *Gelhausen/Fey/Kämpfer*[77] und *Zwirner/Petersen/König*[78] zuzustimmen, dass die **Angabe von Vj-Zahlen** für die JA-Bestandteile KFR, EK-Spiegel sowie SegmBer **sinnvoll, aber gesetzlich nicht zwingend erforderlich** ist. Durch die Neuregelungen im EA bedingt die Eigenart des KA keine Abweichung, sodass nach hier vertretender Auffassung für den KA nichts anderes gelten kann. Bei fehlenden Vj-Zahlen in der EK- Veränderungsrechnung ist im Prüfungsbericht über die Abweichungen von den Empfehlungen in DRS 7 zu berichten.[79] E-DRS 31.21 empfiehlt nur noch, den Konzern-EK-Spiegel auch für das Vj aufzustellen.

### 2.5.2 Angaben im Konzernanhang

62 DRS 7.15 ff. sieht weitergehende Erläuterungen vor. Da kein Ort der Angaben vorgegeben wird, können die Angaben innerhalb des Konzern-EK-Spiegels oder alternativ im Konzernanhang vorgenommen werden. Die ergänzenden Angaben sind in einer geschlossenen Darstellung zu machen.[80] Dies sind neben Angaben aus aktienrechtlichen Regelungen

- zum erwirtschafteten Konzern-EK:
  - der Betrag, der am Stichtag für Ausschüttungen an die Gesellschafter zur Verfügung steht,
  - die Beträge, die einer gesetzlichen oder satzungsmäßigen bzw. gesellschaftsvertraglichen Ausschüttungssperre unterliegen.
- Angabe und Erläuterung der „übrigen Veränderungen" sowie die Bestandteile des „übrigen Konzernergebnisses", sofern sie wesentlich sind.
- E-DRS 31 hält an diesen Anhangangaben fest, da das Konzernergebnis zwar keine rechtliche Ausschüttungsbemessungsfunktion, wohl aber eine faktische Wirkung für den Ausschüttungsbeschluss habe.[81]

---

[76] Vgl. z.B. DRS 7.3: „Der Konzerneigenkapitalspiegel ist für das Berichtsjahr und das Vorjahr aufzustellen"; vgl. auch *Förschle/Rimmelspacher*, in Beck Bil-Komm. 9. Aufl., § 297 HGB, Rz 16.
[77] Vgl. *Gelhausen/Fey/Kämpfer*, in Rechnungslegung und Prüfung nach dem Bilanzrechtsmodernisierungsgesetz, 2009, Abschn. K Tz. 8.
[78] Vgl. *Zwirner/Petersen/König*, Relevanz des § 264 Abs. 1 Satz 2 HGB und seine Konsequenzen für den Jahresabschluss in DB 2012, Seite 61–68 (64).
[79] IDW PS 450, Tz 134.
[80] Wegen des Grundsatzes der Klarheit und Übersichtlichkeit, in E-DRS 31.59 explizit gefordert.
[81] E-DRS 31.B47.

## 2.6 Segmentberichterstattung

Gem. § 297 Abs. 1 Satz 2 HGB **kann** der KA um eine SegmBer erweitert werden. Die **freiwillige Erstellung** einer SegmBer als zusätzlicher Teil des KA dient einer zusätzlichen und besseren Informationsgewinnung.[82] Gesetzliche Regelungslücken zum Inhalt und zur Ausgestaltung der SegmBer werden durch **DRS 3 (SegmBer)** ausgefüllt. Gesonderte Empfehlungen für die Ausgestaltung der SegmBer ergeben sich aus DRS 3–10 (SegmBer für Kreditinstitute) und DRS 3–20 (SegmBer für VersicherungsUnt).[83] 

DRS 3 ist von allen MU zu beachten, die ihren KA nach §§ 290ff. HGB freiwillig um eine SegmBer erweitern. Die Empfehlungen gelten ebenso für Unt, die nach § 11 PublG zur Konzernrechnungslegung verpflichtet sind und freiwillig eine SegmBer aufstellen.[84] Für Unt, die ihren KA aufgrund gesetzlicher Verpflichtung oder freiwillig nach den IFRS erstellen, gelten die Vorschriften des IFRS 8; DRS 3 ist für diese MU nicht zu beachten.

Die SegmBer soll Informationen über die wesentlichen Geschäftsfelder eines Unt geben und die Einschätzung von Chancen und Risiken einzelner Geschäftsfelder verbessern.[85] Durch die Segmentierung in einzelne Unt-Bereiche wird der Einblick in die VFE-Lage des Konzerns für die Adressaten des KA gerade in den Fällen verbessert, in denen sich die Gewinnspannen, Risiken und Wachstumsaussichten einzelner Unt-Bereiche stark voneinander unterscheiden. Die Konzernbilanz und Konzern-GuV allein geben keine Aussage über Erfolgs- und Risikopotenziale einzelner Bereiche wider.[86]

63

64

65

### 2.6.1 Bestimmung der anzugebenden Segmente

Ein **operatives Segment** ist ein Teil eines Unt, das Geschäftsaktivitäten entfaltet, die zu externen Umsatzerlösen oder intersegmentären Umsatzerlösen (Leistung wird an andere Segmente abgegeben, aufgrund der Aufwands- und ErtragsKons führen diese Leistungen nicht unmittelbar zu Umsatzerlösen in der Konzern-GuV) führen. Zusätzlich muss dieser Teil des Unt regelmäßig von der Unternehmensleitung überwacht werden, um seine wirtschaftliche Lage zu beurteilen.[87] Operative Segmente mit homogenen Chancen- und Risikostrukturen können nach DRS 3.13 zu einem operativen Segment zusammengefasst werden, wenn dadurch die Klarheit und Übersichtlichkeit verbessert wird.

Der **Segmentierung** sind grds. die Kriterien zugrunde zu legen, nach denen die Unternehmensleitung Teileinheiten des Unt bestimmt.[88] Sie ergibt sich somit aus der internen Organisations- und Berichtsstruktur des Unt (**management approach**). I. d. R. wird sich bei der Segmentierung eine produktorientierte oder

66

67

---

[82] DRS 3.1 f.
[83] Zu den Auswirkungen bei Abweichungen von den Empfehlungen des DSR s. Rz 13 und IDW PS 450 Tz 134.
[84] DRS 3.3a.
[85] DRS 3.1 f.
[86] Vgl. WP-Handbuch, Bd. I, 14. Aufl., Abschn. M, Rz 845.
[87] Vgl. zur Definition DRS 3.8 und *Förschle/Rimmelspacher*, in Beck Bil-Komm. 9. Aufl., § 297 HGB, Rz 152.
[88] DRS 3.9; vgl. auch *Förschle/Rimmelspacher*, in Beck Bil-Komm. 9. Aufl., § 297 HGB, Rz 152.

geografische Aufteilung ergeben.[89] Beide können aber auch nebeneinander bestehen. Gibt es verschiedene interne Organisations- und Berichtsstrukturen, ist für die SegmBer diejenige auszuwählen, die die Chancen- und Risikostruktur des Unt am besten widerspiegelt.[90] **Vorteil** des Ansatzes des *management approach* ist die kostengünstige und zeiteffiziente Informationsbeschaffung. Als **Nachteil** werden zum Teil häufige Veränderungen des internen Berichtswesens angeführt.

68 In der SegmBer sind operative Segmente gesondert aufzuführen, wenn sie wesentlich sind. DRS 3.15 definiert operative Segmente als **anzugebende Segmente**, wenn
- die externen und intersegmentären **Umsatzerlöse** mindestens 10 % der gesamten externen und intersegmentären Umsatzerlöse ausmachen **oder**
- das Ergebnis des operativen Segments mindestens 10 % der Summe der **positiven Ergebnisse** aller Segmente oder der höheren Summe der **negativen Ergebnisse** aller Segmente beträgt **oder**
- das **Vermögen** des operativen Segments mindestens 10 % des gesamten Vermögens aller operativen Segmente ausmacht.

69 Abweichend von diesen Regelungen werden in DRS 3 folgende **Ausnahmen** zugelassen:
- Operative Segmente können von der Geschäftsleitung als anzugebendes Segment bestimmt werden, wenn die Klarheit und Übersichtlichkeit der SegmBer dadurch nicht beeinträchtigt wird.[91]
- Bei erstmaliger Unterschreitung der Größenmerkmale bleibt ein operatives Segment ein anzugebendes Segment, wenn ihm die Konzernleitung weiterhin eine wesentliche Bedeutung beimisst.[92]
- Bei voraussichtlich nur einmaligem Überschreiten der Größenmerkmale aufgrund außergewöhnlicher Umstände kann von einem Ausweis als anzugebendes Segment abgesehen werden.[93]

70 Operative Segmente, die nicht anzugebende Segmente sind, werden als „**sonstige Segmente**" zusammengefasst.

71 Die auf die anzugebenden Segmente entfallenden externen Umsatzerlöse sollen nach Empfehlung des DSR mindestens 75 % der Umsatzerlöse lt. Konzern-GuV ausmachen.[94] Andernfalls sind zusätzliche operative Segmente als anzugebende Segmente zu bestimmen, z. B. durch Bestimmung von operativen Segmenten zu anzugebenden Segmenten oder durch Zusammenfassung mehrerer in den „sonstige Segmenten" erfasster operativer Segmente.

72 Anlage 1 zu DRS 3 enthält einen Entscheidungsbaum zur Bestimmung der anzugebenden Segmente.

---

[89] Vgl. hierzu WP-Handbuch, Bd. I, 14. Aufl., Abschn. M, Rz 859; in DRS 3.8 werden Abgrenzungsmerkmale eines produktorientierten und eines geografischen Segments aufgeführt.
[90] DRS 3.11.
[91] DRS 3.16; vgl. auch WP-Handbuch, Bd. I, 14. Aufl., Abschn. M, Rz 854.
[92] DRS 3.17.
[93] DRS 3.18.
[94] DRS 3.12.

### 2.6.2 Bilanzierungs- und Bewertungsmethoden in der Segmentberichterstattung

Für die SegmBer als Teil des KA gelten die für den KA festgelegten Bilanzierungs- und Bewertungsmethoden uneingeschränkt. Somit ist es unzulässig, kalkulatorische Kosten in die einzeln zu segmentierenden KA-Posten einzubeziehen.[95] 73
Die Beträge für die SegmBer sind **vor Konsolidierungsmaßnahmen** zu ermitteln. Innerhalb eines anzugebenden Segments sind jedoch wesentliche Konsolidierungen vorzunehmen,[96] was am häufigsten bei der Zusammenfassung mehrerer operativer Segmente Bedeutung haben dürfte. 74

### 2.6.3 Segmentangaben

Für folgende Angaben besteht nach DRS 3 eine Angabepflicht: 75
- **Beschreibung jedes anzugebenden Segments:**[97] z. B. Gebrauchtwagen/Neuwagen/Ersatzteile oder Deutschland/sonstige EU-Länder/Rest der Welt.
- Erläuterung der **Merkmale** für die **Abgrenzung der Segmente:**[98] z. B. die zuordenbaren Produkte, die Tätigkeiten oder die geografische Zusammensetzung.
- Erläuterung der **Merkmale** für die **Zusammenfassung von operativen Segmenten:**[99] Angabe, nach welchen Kriterien Zusammenfassungen erfolgten.
- **Angabe der** einem anzugebenden Segment **zuordenbaren Produkte und Dienstleistungen, wenn** das Segment **nicht produktorientiert abgegrenzt** ist (Beispiel: Die folgende Tabelle gibt die produktorientierten Beträge des Segmentbereiches Nordamerika an: …).[100]
- **Angabe** und **Begründung bei Zusammenfassung** von Geschäftsfeldern mit unterschiedlichen Risiken und Chancen in einem Segment.[101]
- **Betragsmäßige Angaben** je anzugebendes Segment und für den Posten „sonstige Segmente" sind anzugeben für folgende Sachverhalte:[102]
- **Umsatzerlöse**: Die Umsatzerlöse sind zu unterteilen in Umsatzerlöse mit externen Dritten und Intersegmenterlöse.
- **Segmentergebnis**: Das Segmentergebnis ist von der Unternehmensleitung zu definieren.[103] Möglich sind z. B.: Ergebnis der gewöhnlichen Geschäftstätigkeit, EBIT, EBT und Periodenergebnis. Das **Segmentergebnis** schließt die Ergebnisanteile anderer Gesellschafter mit ein.
- Gesondert anzugeben sind die im Segmentergebnis enthaltenen Abschreibungen, andere nicht zahlungswirksame Posten, das Ergebnis aus Beteiligungen aus assoziierten Unt und die Erträge aus sonstigen Beteiligungen. Auf die Angabe der Abschreibungen und anderer wesentlicher nicht zahlungswirksamer Pos-

---

[95] Vgl. Förschle/Rimmelspacher, in Beck Bil-Komm. 9. Aufl., § 297 HGB, Rz 160.
[96] DRS 3.19f.
[97] DRS 3.25.
[98] DRS 3.25f.
[99] DRS 3.25f.
[100] DRS 3.27f. und Anlage 2 zu DRS 3.
[101] DRS 3.28.
[102] DRS 3.29, DRS 3.31.
[103] DRS 3.24.

ten kann verzichtet werden, wenn der Cashflow aus laufender Geschäftstätigkeit je Segment angegeben wird.[104]
- Die **Zinserträge und -aufwendungen** sind zusätzlich anzugeben, wenn das Segmentergebnis als Ergebnis aus gewöhnlicher Geschäftstätigkeit definiert wird.[105]
- Die **Zinserträge, -aufwendungen und Ertragsteuern** sind zusätzlich anzugeben, wenn das Segmentergebnis als Periodenergebnis definiert wird.[106]
- **Vermögen** einschließlich der Beteiligungen.
- **Investitionen** in das langfristige Vermögen.
- **Schulden**: Die Segmentschulden betreffen direkt oder nach einem sachgerechten Schlüssel zuordenbare Schulden.

Des Weiteren sind anzugeben:
- **Überleitungsrechnung** auf die entsprechenden Abschlusszahlen, wesentliche Überleitungsposten sind dabei zu erläutern.[107]
- Bei geografisch anzugebenden Segmenten: Angabe der Umsatzerlöse, des Segmentvermögens und der Investitionen in das langfristige Vermögen je Produkt- oder Dienstleistungsgruppe.
- Bei produktorientierten anzugebenden Segmenten: Angabe der Umsatzerlöse (nach Standort der Kunden), des Segmentvermögens und der Investitionen in das langfristige Vermögen je unternehmensrelevante (mindestens 10 % der Umsatzerlöse oder des Vermögens) geografische Region (nach Standort des Vermögens).[108]
- Angabe der Größenordnung sowie der betroffenen Segmente bei Großkunden.[109]
- Erläuterung der Aufteilung gemeinsam genutzter Vermögenswerte.[110]
- Angabe der Grundsätze für die Verrechnungspreise zwischen den Segmenten.[111]

76 Bei erstmaliger SegmBer brauchen Vj-Zahlen nicht angegeben zu werden.[112] Nach Empfehlung des DSR sind jeweils anschließend auch die Vergleichszahlen des Vj. anzugeben.[113] Bei einer Veränderung der anzugebenden Segmente sind die Vergleichszahlen des Vj. anzupassen.[114]

Nach hier vertretener Auffassung ist die Angabe von Vj-Zahlen sinnvoll, aber gesetzlich nicht vorgeschrieben.[115]

77 Die SegmBer hat **stetig** zu erfolgen. In Ausnahmefällen darf davon abgewichen werden.[116]

---

[104] DRS 3.36.
[105] DRS 3.32.
[106] DRS 3.33.
[107] DRS 3.37.
[108] DRS 3.39 f.
[109] Vgl. im Einzelnen DRS 3.42.
[110] DRS 3.44.
[111] DRS 3.45, vgl. auch WP-Handbuch, Bd. I, 14. Aufl., Abschn. M, Rz 852.
[112] DRS 3.49.
[113] DRS 3.43.
[114] DRS 3.30.
[115] Vgl. hierzu die analog geltenden Ausführungen in Rz 43 und Rz 57.
[116] DRS 3.46 f.

Bei den Anforderungen des DRS 3 handelt es sich um Mindestanforderungen. Darüber hinausgehende Angaben stehen der Beachtung des Standards nicht entgegen.[117]

#### 2.6.4 Erleichterungen bei der Aufstellung des Konzernanhangs

Nach § 314 Abs. 1 Nr. 3 HGB sind im Konzernanhang die Umsatzerlöse nach Tätigkeitsbereichen und geografisch bestimmten Märkten aufzugliedern, soweit sich, unter Berücksichtigung der Organisation des Verkaufs von für die gewöhnliche Geschäftstätigkeit des Konzerns typischen Erzeugnissen und der für die gewöhnliche Geschäftstätigkeit des Konzerns typischen Dienstleistungen, die Tätigkeitsbereiche und geografisch bestimmten Märkten untereinander erheblich unterscheiden.[118] Die Konzernanhangangabepflicht **entfällt**, wenn der KA um eine SegmBer erweitert wird (§ 314 Abs. 2 HGB).

78

## 3 Änderungen durch das BilRUG: Zusätzliche Angaben zur Identifikation des MU (Abs. 1a)

Mit dem BilRUG ist für Gj, die nach dem 31.12.2015 beginnen, ein neuer Abs. 1a zu beachten. Die Vorschrift verlangt die folgenden Angaben zur erleichterten Identifikation des Mutterunternehmens:

79

- Firma
  Die Firma ist bei unterschiedlichen Schreibweisen vollständig aus der Eintragung im Handelsregister zu entnehmen. Wenn diese z.B. „ABC Gesellschaft mit beschränkter Haftung" lautet, sollte eine Abkürzung (z.B. „ABC GmbH") vermieden werden.
- Sitz
  Nach der Begründung zum Gesetzentwurf der Bundesregierung bestimmt sich der Sitz der Gesellschaft nach Maßgabe des Gesellschaftsvertrags oder der Satzung.
- Name des Registergerichts
- Nummer, unter der das MU in das HR eingetragen ist
  Die Angabepflicht schließt die Angabe der Abteilung (A für Einzelkaufleute und PersG, B für KapG) ein.
- Sofern sich das MU in Liquidation oder Abwicklung befindet, diese Tatsache
  Die Angabe wird durch einen Zusatz in der Firma erfüllt, der auf die laufende Liquidation oder Abwicklung hinweist, z.B. „A-GmbH in Liquidation" oder „A-GmbH i.L.".

Der Gesetzgeber schreibt nicht vor, an welcher Stelle die Angaben im KA zu machen sind. Die zusätzlichen Angaben sind kein eigenständiger Bestandteil des KA, denn diese sind abschließend in Abs. 1 aufgeführt. Zulässig sind nach hier vertretener Auffassung folgende Orte:

- in der Überschrift des KA (also bspw. auf einem gesonderten Deckblatt oder über der Konzernbilanz)

---

[117] DRS 3.7.
[118] Mit Wirksamwerden des BilRUG wird die Norm neugefasst und an die EU-RL angepasst. Zugleich wird der Wortlaut enger als bisher an die neue Definition der Umsatzerlöse in § 277 Abs. 1 HGB angepasst.

- an anderer herausgehobener Stelle. Dies ist insbesondere erfüllt durch Angabe am Anfang des Konzernanhangs.

Eine Angabe im KLB erfüllt aufgrund des eindeutigen Gesetzeswortlautes nicht die Anforderungen der Norm.

## 4 Klarheit und Übersichtlichkeit (Abs. 2 Satz 1)

80 Der Grundsatz der Klarheit und Übersichtlichkeit betrifft in erster Linie die **äußere Gestaltung** des KA im Hinblick auf die **Gliederung** und die **Lesbarkeit**. Für die Konzernbilanz und die Konzern-GuV ist dies über § 298 Abs. 1 HGB durch Verweis auf die Gliederungsvorschriften für große KapG bereits weitestgehend geregelt. Hinsichtlich des Ausweises konzernspezifischer Posten ist eine sachgerechte und eindeutige Postenbezeichnung sowie eine sachgerechte Ergänzung der Posten in die vorgeschriebene Gliederung i.S.d. Klarheit und Übersichtlichkeit vorzunehmen.

81 Für den **Aufbau und** die **Form des Konzernanhangs** bestehen für den KA wie bei den Vorschriften zum JA **keine detaillierten Gliederungsvorschriften**.[119] Der Grundsatz der Klarheit und Übersichtlichkeit besagt beim Konzernanhang im Wesentlichen, dass die Angaben so zu halten sind, dass der interessierte Leser sie verstehen kann. Die Bezugnahme im Konzernanhang auf Paragrafen ist grds. zulässig, dies darf aber nicht dazu führen, dass die entsprechenden Darlegungen nur unter Heranziehung der gesetzlichen Vorschriften verständlich sind. Hinsichtlich der Art der Darstellung existiert kein bestimmtes Schema. Aufgrund der Vielzahl von Informationen ist jedoch eine Einteilung und Gruppierung der Angaben nach sachlichen Gesichtspunkten geboten. In der Praxis hat sich folgende Gliederung des Konzernanhangs als häufig antreffend und damit auch sachgerecht erwiesen:
i) Bilanzierungs-, Bewertungs- und Konsolidierungsmethoden
ii) Erläuterungen zur Konzernbilanz
iii) Erläuterungen zur Konzern-GuV
iv) Sonstige Angaben

82 Konkretisierende Regelungen über Form und Aufbau der KFR, des EK-Spiegels und der SegmBer für den JA oder für den KA hat der Gesetzgeber nicht normiert. Dem Grundsatz der Klarheit und Übersichtlichkeit dieser Bestandteile des KA dient insb. die Beachtung der DRS, die konkrete Gliederungsempfehlungen aussprechen.

## 5 Vermittlung eines den tatsächlichen Verhältnissen entsprechenden Bilds der Vermögens-, Finanz- und Ertragslage (Abs. 2 Sätze 2 und 3)

83 Identisch mit dem Wortlaut der Vorschrift zum JA (§ 264 Abs. 2 HGB) besteht für den KA eine **eigenständige Generalnorm**. Danach hat der KA nach § 297 Abs. 2 Satz 2 HGB unter Beachtung der GoB ein den tatsächlichen Verhältnissen entsprechendes Bild der VFE-Lage zu vermitteln.

---

[119] Vgl. zu Änderungen durch BilRUG Rz 11.

Die jeweiligen Einzelvorschriften gehen als lex specialis der Generalnorm vor. Stehen die anzuwendenden Einzelvorschriften im Widerspruch zur Generalnorm, so sind sie dennoch anzuwenden. § 297 Abs. 2 Satz 3 HGB sieht in diesem Fall **ergänzende Angaben** im Konzernanhang vor, um dem geforderten Bild zu entsprechen. Die Vorschrift dient nicht dazu, dass über einzeln geregelte Vorschriften hinaus Konzernanhangangaben erforderlich sind. Aufgrund des AK-Prinzips nicht aufgedeckte erhebliche stille Reserven bei einzelnen VG sind z. B. aufgrund der Generalnorm nicht zusätzlich zu erläutern, auch wenn die Vermögenslage hierdurch erheblich beeinflusst wird. 84

Grundsätzlich kann davon ausgegangen werden, dass durch die Einzelvorschriften zum KA die Generalnorm erfüllt wird. Nach dem Gesetzeswortlaut ist dies nur bei „besonderen Umständen" nicht der Fall. In diesem Zusammenhang ist zu berücksichtigen, dass bei Beachtung der vom BMJ bekannt gemachten Empfehlungen des DSR gem. § 342 Abs. 2 HGB eine Vermutung hinsichtlich einer Übereinstimmung mit den **Grundsätzen ordnungsmäßiger Konzernbuchführung** besteht. 85

Das **Vorhandensein besonderer Umstände** wird so verstanden werden können, dass nur Sachverhalte von erheblicher Bedeutung und einmaliger Art, für die sonst keine Erläuterungspflicht besteht, zu zusätzlichen Angaben zwingen.[120] Mögliche Sachverhalte, die bei Wesentlichkeit eine Angabepflicht im KA auslösen, können sich aus den JA der einbezogenen Unt (z. B. unzureichende Darstellung der Ertragslage bei langfristiger Auftragsfertigung)[121] und aus konzernspezifischen Tatbeständen ergeben. Beispiele für konzernspezifische Tatbestände sind: 86

- Angabe schwebender Kartellverfahren, die unter Umständen zu wesentlichen Veränderungen des KonsKreises führen,
- unzureichende Daten, weil wesentliche TU im Einklang mit § 296 Abs. 1 HGB nicht in den KA einbezogen wurden,
- Umfang der fehlenden Verfügungsmacht über wesentliche VG, die im Rahmen der QuotenKons in den KA einbezogen wurden.

Der **Umfang** der Konzernanhangangaben ergibt sich aus dem Zweck der Vorschrift, ein den tatsächlichen Verhältnissen entsprechendes Bild der VFE-Lage zu vermitteln. Zum Teil werden Betragsangaben erforderlich sein, zum Teil sind verbale Angaben ausreichend. 87

# 6 Erklärung der gesetzlichen Vertreter/Bilanzeid (Abs. 2 Satz 4)

Aufgrund des durch das TUG in das HGB eingefügten Satzes 4 der Vorschrift ist der sog. **Bilanzeid** gem. § 264 Abs. 2 Satz 3 HGB auch für den KA abzugeben. Danach werden die gesetzlichen Vertreter eines MU, das Inlandsemittent i. S. d. § 2 Abs. 7 WPHG ist, verpflichtet, die Einhaltung der für den KA geltenden Vorgaben zu versichern. Ausgenommen sind KapG i. S. d. § 327a HGB, also KapG, die keine Aktien, sondern nur zum Handel an einem organisierten Markt zugelassene Schuldtitel (Schuldverschreibungen oder andere übertragbare Forderungen in verbriefter Form mit Ausnahme von Wertpapieren, die Aktien 88

---

[120] So auch WP-Handbuch, Bd. I, 14. Aufl., Abschn. F, Rz 1057.
[121] Vgl. zu weiteren Tatbeständen aus Einzelabschlüssen die Kommentierung zu § 264 HGB.

gleichgestellt sind, mit einer Mindeststückelung von 50.000 EUR oder dem entsprechenden Wert einer anderen Währung) ausgeben.

89 Die Vorschrift ist erstmals auf KA anzuwenden, die nach dem 31.12.2006 beginnen (Art. 62 EGHGB).

90 Die gesetzlichen Vertreter haben bei der Unterzeichnung des KA die Versicherung **schriftlich** abzugeben. Der Bilanzeid ist **nicht Bestandteil des KA oder KLB**. Eine Aufnahme des Bilanzeids in den Konzernanhang oder KLB kommt daher nicht in Betracht. Es empfiehlt sich, den Bilanzeid bereits bei der Aufstellung des KA auf einem separaten Blatt abzugeben und zu unterschreiben.

91 Der DSR empfiehlt folgende **Formulierung**[122]
- bei einer zusammengefassten Versicherung für den KA und den KLB (§ 315 Abs. 1 Satz 6 HGB):
„Wir versichern nach bestem Wissen, dass gem. den anzuwendenden Rechnungslegungsgrundsätzen der Konzernabschluss ein den tatsächlichen Verhältnissen entsprechendes Bild der Vermögens-, Finanz- und Ertragslage des Konzerns vermittelt und im Konzernlagebericht der Geschäftsverlauf einschl. des Geschäftsergebnisses und die Lage des Konzerns so dargestellt sind, dass ein den tatsächlichen Verhältnissen entsprechendes Bild vermittelt wird, sowie die wesentlichen Chancen und Risiken der voraussichtlichen Entwicklung des Konzerns beschrieben sind."
- bei getrennten Erklärungen für den KA und den KLB:
Für den KA: „Wir versichern nach bestem Wissen, dass gem. den anzuwendenden Rechnungslegungsgrundsätzen der Konzernabschluss ein den tatsächlichen Verhältnissen entsprechendes Bild der Vermögens-, Finanz- und Ertragslage des Konzerns vermittelt."
Für den KLB: „Wir versichern nach bestem Wissen, dass im Konzernlagebericht der Geschäftsverlauf einschl. des Geschäftsergebnisses und die Lage des Konzerns so dargestellt sind, dass ein den tatsächlichen Verhältnissen entsprechendes Bild vermittelt wird, sowie die wesentlichen Chancen und Risiken der voraussichtlichen Entwicklung des Konzerns beschrieben sind."

92 Bei vorsätzlich nicht richtiger Abgabe der Versicherung sieht § 331 Nr. 3a HGB eine Freiheitsstrafe von bis zu drei Jahren oder eine Geldstrafe vor. Ausreichend ist bedingter Vorsatz, d.h. die Möglichkeit einer erheblichen Unrichtigkeit der Aussage wird billigend in Kauf genommen. Die Nichtabgabe eines Bilanzeids kann lediglich als Ordnungswidrigkeit geahndet werden.[123]

93 MU, die einen IFRS-KA aufstellen und die zusätzlichen Vorschriften in § 315a HGB beachten müssen, haben durch den Verweis auf § 297 Abs. 2 Satz 4 HGB in § 315a Abs. 1 Satz 1 HGB ebenfalls einen Bilanzeid abzugeben. Die Formulierung ist entsprechend anzupassen.

## 7 Fiktion der wirtschaftlichen Einheit (Abs. 3 Satz 1)

94 Die sog. **Einheitstheorie** besagt, dass die rechtlich selbstständigen im KA konsolidierten Unt wie unselbstständige Betriebsstätten behandelt werden. Es ist daher von einer wirtschaftlichen, nicht jedoch auch von einer rechtlichen Einheit auszugehen. Die VFE-Lage ist somit so darzustellen, als ob die einbezogenen

---

[122] Vgl. DRS 20.K234 und DRS 20.K235.
[123] Vgl. *Grottel/Hoffmann*, in Beck Bil-Komm. 9. Aufl., § 331 HGB, Rz 35.

Unt insgesamt ein einziges Unt wären. Eine Ausnahme bilden die quotal nach
§ 310 HGB einbezogenen Unt.
Die Einheitstheorie ist ein wesentlicher Leitfaden für die Beurteilung aller nicht   95
gesetzlich geregelten Einzelfragen. Um das Ziel der wirtschaftlichen Einheit zu
erreichen, bestehen weitere konzernspezifische Einzelvorschriften wie z.B. das
Weltabschlussprinzip (§ 294 Abs. 1 HGB), das Stichtagsprinzip (§ 299 HGB),
das Prinzip der einheitlichen Bewertung (§ 308 HGB), die Vorschriften zur
Schulden- (§ 303 HGB), Aufwands- und ErtragsKons (§ 305 HGB) sowie zur
Zwischenergebniseliminierung (§ 304 HGB) und zur KapKons (§ 301 HGB).
Weiterhin ergibt sich aus dem Grundsatz der Einheitstheorie auch die Notwendigkeit der Umgliederung von aus Konzernsicht anders zu beurteilenden Posten
(z.B. können Rohstoffe aus Konzernsicht unfertige Erzeugnisse darstellen und
können von einem TU erworbene Sachanlagen aus Konzernsicht selbsterstellt
sein) und Eliminierungen von Anlagebewegungen zwischen den KonzernUnt im
Anlagenspiegel (aus Konzernsicht keine Zu- oder Abgänge).
Aus der Einheitstheorie heraus rechtfertigt sich auch die Aufrechnung von
Drittschuldverhältnissen.

> **Beispiel**
> Am Abschlussstichtag hat TU 1 eine fällige Forderung von 150 GE gegen das
> Kreditinstitut und TU 2 eine Kontokorrentverbindlichkeit von 120 GE
> gegenüber demselben Kreditinstitut. Die allg. Auftragsbedingungen des Kreditinstituts schränken die gesetzliche Aufrechnungsmöglichkeit des § 387
> BGB nicht ein. Eine SchuldenKons nach § 303 HGB scheidet aus, weil es an
> Forderungen und Verbindlichkeiten **zwischen** den in den KA einbezogenen
> Unt mangelt. Eine Verrechnung von 120 GE ist aber aufgrund der Fiktion der
> wirtschaftlichen Einheit möglich.

Zwischen dem Nutzen des KA und den Kosten für die Erstellung muss ein   96
angemessenes Verhältnis bestehen. Dieser Grundsatz der **Wirtschaftlichkeit** und
der **Wesentlichkeit** unterstreicht die Einheitstheorie, da nur bei unwesentlichen
Sachverhalten und restriktiv auszulegender Unwirtschaftlichkeit vom Grundsatz
der wirtschaftlichen Einheit abgewichen werden darf.

# 8 Stetigkeit der Konsolidierungsmethoden (Abs. 3 Sätze 2–5)

Grundsätzlich sind gesetzliche Wahlrechte bei der Aufstellung eines KA wie im   97
Vj. auszuüben, um eine Vergleichbarkeit der KA im Zeitablauf zu haben.
Hinsichtlich der notwendigen Stetigkeit der Bilanzierungs- und Bewertungsmethoden und der Form der Darstellung verweist § 298 Abs. 1 HGB auf die
entsprechenden Vorschriften für den EA (§§ 246 Abs. 3, 252 Abs. 1 Nr. 6, 265
Abs. 1 HGB). § 297 Abs. 3 Satz 2 HGB regelt, dass der Stetigkeitsgrundsatz grds.
auch hinsichtlich der Konsolidierungsmethoden gilt.
Der Begriff **Konsolidierungsmethode** ist **weit zu fassen**. Hierzu zählen alle   98
Maßnahmen, Methoden und Verfahren zur Entwicklung eines KA aus den JA
der einbezogenen Unt wie z.B. KapKons, SchuldenKons, Zwischenergebniseli-

minierung, Aufwands- und ErtragsKons, QuotenKons, Equity-Bewertung und Abgrenzung des KonsKreises. Zu den Konsolidierungsmethoden gehören ferner Verfahren und Techniken, die sich aus dem Einheitsgrundsatz ableiten lassen wie z. B. die Berechnung und Abgrenzung der latenten Steuern und Ergebnisübernahmen innerhalb des KonsKreises.

99 Neben der **zeitlichen Stetigkeit** (unveränderte Anwendung der Konsolidierungsmaßnahmen im Zeitablauf) gilt auch die **sachliche Stetigkeit** (gleichartige Sachverhalte sind nach den gleichen Konsolidierungsmethoden abzubilden).[124] Die sachliche Kontinuität ist aber nicht dahingehend zu verstehen, dass bei verschiedenen Sachverhalten nebeneinander unterschiedliche Konsolidierungsmethoden nicht zulässig sind. Die Beurteilung, ob jeweils sachlich gleichartige Fälle gegeben sind, kommt somit eine wesentliche Bedeutung zu.[125] Eine willkürliche und sachlich nicht gerechtfertigte Auslegung der vorliegenden Sachverhalte ist jedoch unzulässig.

100 **Abweichungen** von der Stetigkeit der Konsolidierungsmethoden sind in Ausnahmefällen zulässig (Abs. 3 Satz 3). Nach Auffassung des DSR sind Änderungen der Konsolidierungsmethoden nur unter den folgenden Voraussetzungen möglich:[126]
- Änderungen aufgrund rechtlicher Gegebenheiten (Gesetze, Richtlinien, Rechtsprechung),
- Anpassung an geänderte oder neue vom BMJ bzw. BMJV veröffentlichte Empfehlungen des DRSC,
- Verbesserung der Darstellung der VFE-Lage bei strukturellen Veränderungen im Konzern,
- Anpassung an konzerneinheitliche Bilanzierungsgrundsätze bei der erstmaligen Einbeziehung in den KA.

Darüber hinaus ist nach hier vertretender Auffassung eine Änderung der Konsolidierungsmethoden immer zulässig, wenn abweichend zum Vj. auf weiterhin bestehende Erleichterungsmöglichkeiten verzichtet wird (z. B. Verzicht auf Konsolidierungsmaßnahmen wegen untergeordneter Bedeutung).

101 Keine Durchbrechung der Stetigkeit der Kons. liegt vor, wenn die Durchbrechung gesetzlich zwingend ist (z. B. kann von dem Wahlrecht der Einbeziehung kein Gebrauch mehr gemacht werden, weil das TU für die VFE-Lage nicht mehr von untergeordneter Bedeutung ist). Die Einbeziehung des TU stellt in diesem Fall keine Änderung der Konsolidierungsmethode dar. Das gilt z. B. auch, wenn der Gesetzgeber bei der KapKons das Wahlrecht der Form der Anwendung der Erwerbsmethode aufhebt und aus diesem Grunde der Wechsel von der Buchwert- zur Neubewertungsmethode erforderlich wird.

102 Bei abweichenden Konsolidierungsmethoden zum Vj. sind folgende Konzernanhangangaben erforderlich:
- **Angabe der Abweichung**: Aus den Ausführungen muss ersichtlich werden, inwieweit ein Wechsel der Konsolidierungsmethode stattgefunden hat.
- **Begründung der Abweichung**: Es ist eine Erläuterung notwendig, warum der Wechsel vorgenommen wurde.
- **Angabe des Einflusses der Methodenänderung auf die VFE-Lage des Konzerns**: Sofern möglich, sind quantitative Auswirkungen anzugeben.

---

[124] Vgl. DRS 13.15.
[125] So auch *Förschle/Rimmelspacher*, in Beck Bil-Komm. 9. Aufl., § 297 HGB, Rz 202.
[126] DRS 13. 16 i. V. m. DRS 13.8.

Dritte müssen sich anhand der Angaben ein Bild machen können, wie der KA ohne die Änderung der Konsolidierungsmethode ausgesehen hätte. Die vom DSR geforderte Erstellung und Erläuterung von Pro-Forma-Angaben[127] ist sinnvoll. Eine entsprechende Verpflichtung kann aber aus dem Gesetz nicht abgeleitet werden. Ist der Einfluss der Methodenänderung auf die VFE-Lage des Konzerns unwesentlich, so reicht ein entsprechender Hinweis.

---

[127] DRS 13. 16 i. V. m. DRS 13.15.

# § 298 ANZUWENDENDE VORSCHRIFTEN. ERLEICHTERUNGEN

(1) Auf den Konzernabschluß sind, soweit seine Eigenart keine Abweichung bedingt oder in den folgenden Vorschriften nichts anderes bestimmt ist, die §§ 244 bis 256a, 265, 266, 268 bis 275, 277 und 278 über den Jahresabschluß und die für die Rechtsform und den Geschäftszweig der in den Konzernabschluß einbezogenen Unternehmen mit Sitz im Geltungsbereich dieses Gesetzes geltenden Vorschriften, soweit sie für große Kapitalgesellschaften gelten, entsprechend anzuwenden.
(2) In der Gliederung der Konzernbilanz dürfen die Vorräte in einem Posten zusammengefaßt werden, wenn deren Aufgliederung wegen besonderer Umstände mit einem unverhältnismäßigen Aufwand verbunden wäre.
(3) [1]Der Konzernanhang und der Anhang des Jahresabschlusses des Mutterunternehmens dürfen zusammengefaßt werden. [2]In diesem Falle müssen der Konzernabschluß und der Jahresabschluß des Mutterunternehmens gemeinsam offengelegt werden. [3]Aus dem zusammengefassten Anhang muss hervorgehen, welche Angaben sich auf den Konzern und welche Angaben sich nur auf das Mutterunternehmen beziehen.

WP STB BERND MACKEDANZ

### Inhaltsübersicht

| | Rz |
|---|---|
| 1 Einführung | 1 |
| 2 Anzuwendende Vorschriften für den Konzernabschluss (Abs. 1) | 2–69 |
| 2.1 Vorschriften des Jahresabschlusses, die analog für den Konzernabschluss anzuwenden sind | 7–68 |
| 2.1.1 Sprache. Währungseinheit (§ 244 HGB) | 7 |
| 2.1.2 Unterzeichnung (§ 245 HGB) | 8–10 |
| 2.1.3 Vollständigkeit. Verrechnungsverbot (§ 246 HGB) | 11 |
| 2.1.4 Inhalt der Bilanz (§ 247 HGB) | 12 |
| 2.1.5 Bilanzierungsverbote und -wahlrechte (§ 248 HGB) | 13 |
| 2.1.6 Rückstellungen (§ 249 HGB) | 14–15 |
| 2.1.7 Rechnungsabgrenzungsposten (§ 250 HGB) | 16 |
| 2.1.8 Haftungsverhältnisse (§§ 251, 268 Abs. 7 HGB) | 17 |
| 2.1.9 Allgemeine Bewertungsgrundsätze (§ 252 HGB) | 18–23 |
| 2.1.10 Zugangs- und Folgebewertung (§ 253 HGB) | 24–25 |
| 2.1.11 Bildung von Bewertungseinheiten (§ 254 HGB) | 26 |
| 2.1.12 Bewertungsmaßstäbe (§ 255 HGB) | 27 |
| 2.1.13 Bewertungsvereinfachungen (§ 256 HGB) | 28–30 |
| 2.1.14 Währungsumrechnung (§ 256a HGB) | 31 |
| 2.1.15 Allgemeine Grundsätze für die Gliederung (§ 265 HGB) | 32–41 |
| 2.1.16 Gliederung der Bilanz (§ 266 HGB) | 42–44 |

| | | |
|---|---|---|
| 2.1.17 | Vorschriften zu einzelnen Posten der Bilanz. Bilanzvermerke (§ 268 HGB) ............... | 45–49 |
| 2.1.18 | Bildung bestimmter Posten (§ 270 HGB)......... | 50–51 |
| 2.1.19 | Beteiligungen. Verbundene Unternehmen (§ 271 HGB)................................. | 52–53 |
| 2.1.20 | Eigenkapital (§ 272 HGB).................. | 54–56 |
| 2.1.21 | Größenabhängige Erleichterungen (§ 274a)...... | 57 |
| 2.1.22 | Gliederung der Gewinn- und Verlustrechnung (§ 275 HGB)........................... | 58–61 |
| 2.1.23 | Vorschriften zu einzelnen Posten der Gewinn- und Verlustrechnung (§ 277 HGB)................ | 62–66 |
| 2.1.24 | Steuern (§ 278 HGB). Latente Steuern (§ 274 HGB) | 67–68 |
| 2.2 | Besondere Bestimmungen für OHG und KG i.S.d. § 264a HGB (§ 264c HGB) ........................... | 69 |
| 3 | Rechtsform- und geschäftszweigspezifische Vorschriften ..... | 70–73 |
| 4 | Zusammenfassung der Vorräte (Abs. 2)................... | 74–78 |
| 5 | Zusammenfassung der Anhänge für den Einzel- und Konzernabschluss (Abs. 3)........................... | 79–81 |
| 6 | Änderungen durch das BilRUG ....................... | 82 |

**Ergänzendes Schrifttum**
*Gelhausen/Gelhausen,* in Rechnungslegung – Entwicklung bei der Bilanzierung und Prüfung von Kapitalgesellschaften: FS zum 65. Geburtstag von Prof. Dr. Dr. h. c. Karl-Heinz Forster, Hrsg. v. Moxter u.a.; 1992, S. 217; *Oser/Orth/Wirtz,* Neue Vorschriften zur Rechnungslegung und Prüfung durch das Bilanzrichtlinie-Umsetzungsgesetz, DB 2015, S. 197; *Petersen/Zwirner/Busch,* Anforderungen an die konzerneinheitliche Bilanzierung und Bewertung insbesondere bei Entwicklungsaufwendungen sowie latenten Steuern, DB 2011, S. 1707.

# 1 Einführung

Hinsichtlich diverser Einzelvorschriften zu Ausweis-, Bilanzierungs- und Bewertungsregeln sowie Anhangangaben verweist der Gesetzgeber auf entsprechende Vorschriften für den JA. Auf ein geschlossenes System von Konzernrechnungslegungsregeln hat der Gesetzgeber bewusst zu Gunsten einer gesetzestechnischen **Vereinfachung** sowie der **Einheitlichkeit** von Regeln in KA und JA verzichtet. 1

# 2 Anzuwendende Vorschriften für den Konzernabschluss (Abs. 1)

Nach § 298 Abs. 1 HGB sind grds. die folgenden Vorschriften für den JA im KA entsprechend anzuwenden: 2
**Allgemeine Vorschriften:**
- § 244 HGB Sprache. Währungseinheit
- § 245 HGB Unterzeichnung
- § 265 HGB Allgemeine Grundsätze für die Gliederung

**Ansatzvorschriften:**
- § 246 HGB Vollständigkeit. Verrechnungsverbot
- § 247 HGB Inhalt der Bilanz
- § 248 HGB Bilanzierungsverbote und -wahlrechte
- § 249 HGB Rückstellungen
- § 250 HGB Rechnungsabgrenzungsposten
- § 251 HGB Haftungsverhältnisse

**Bewertungsvorschriften:**
- § 252 HGB Allgemeine Bewertungsgrundsätze
- § 253 HGB Zugangs- und Folgebewertung
- § 254 HGB Bildung von Bewertungseinheiten
- § 255 HGB Bewertungsmaßstäbe
- § 256 HGB Bewertungsvereinfachungsverfahren
- § 256a HGB Währungsumrechnung

**Bilanz:**
- § 266 HGB Gliederung der Bilanz
- § 268 HGB Vorschriften zu einzelnen Posten der Bilanz. Bilanzvermerke
- § 270 HGB Bildung bestimmter Posten
- § 271 HGB Beteiligungen. Verbundene Unternehmen
- § 272 HGB Eigenkapital
- § 274 HGB Latente Steuern
- § 274a HGB Größenabhängige Erleichterungen

**Gewinn- und Verlustrechnung:**
- § 275 HGB Gliederung
- § 277 HGB Vorschriften zu einzelnen Posten der Gewinn- und Verlustrechnung
- § 278 HGB Steuern

Ferner sind zu beachten:
- die für die **Rechtsform** der in den KA einbezogenen Unt mit Sitz im Geltungsbereich des HGB geltenden Vorschriften,
- die für den **Geschäftszweig** der in den KA einbezogenen Unt mit Sitz im Geltungsbereich des HGB geltenden Vorschriften.

3 Die vorgenannten Vorschriften finden **Anwendung**, wie sie für große KapG gelten. Größenabhängige Erleichterungen für kleine und mittelgroße KapG finden im KA somit keine Anwendung. Somit ist sicherzustellen, dass insbesondere von einzubeziehenden TU, die größenabhängige Erleichterungen in Anspruch nehmen, erforderliche Informationen zur Verfügung stehen, z.B. durch Konzern-Bilanzierungsrichtlinien oder Konsolidierungspackages.

Von diesem Grundsatz gibt es zwei Ausnahmen:
- Die **Eigenart des KA** bedingt eine Abweichung (Bsp.: Waren im JA eines einbezogenen Unt sind aus Konzernsicht Rohstoffe).
- Aus den konzernspezifischen Vorschriften des **§ 290 ff. HGB** ergibt sich eine abweichende Regelung, die als **lex specialis** vorgeht.

4 Nicht für den KA gelten somit die folgenden handelsrechtlichen Vorschriften für den JA:
- Vorschriften, die in § 290 ff. HGB durch spezielle Bestimmungen für die Konzernrechnungslegung ersetzt sind:

- § 242 HGB Pflicht zur Aufstellung (Spezialregelung im Konzern in § 290 HGB);
- § 243 HGB Aufstellungsgrundsatz (Spezialregelungen im Konzern in § 297 Abs. 2 HGB bzgl. Klarheit und Übersichtlichkeit bzw. § 290 Abs. 1 HGB bzgl. Aufstellungszeitraum);
- § 264 HGB Pflicht zur Aufstellung (Spezialregelungen im Konzern in § 297 Abs. 1 HGB bzgl. des Inhalts des Abschlusses und der Pflicht zur Aufstellung eines LB, § 290 Abs. 1 HGB bzgl. Aufstellungszeitraum, § 297 Abs. 2 HGB bzgl. zusätzlicher Anhangangaben, wenn ein den tatsächlichen Verhältnissen entsprechendes Bild der VFE-Lage sonst nicht vermittelt wird und bzgl. des Bilanzeids);
- §§ 267, 267a HGB Größenklassen (Spezialregelung im Konzern in § 293 HGB);
- §§ 284–286 HGB Anhangvorschriften (Spezialregelungen im Konzern in § 313f. HGB);
- § 264d HGB KM-orientierte KapG (im HGB-KA wird jeweils der Anwenderkreis definiert, z.B. § 297 Abs. 2 Satz 4 HGB, § 314 Abs. 1 Nr. 8 HGB).
- Befreiungsvorschriften:
Wenn ein KA aufzustellen ist, sind alle für große KapG geltenden Vorschriften zu beachten; größenabhängige Erleichterungen bestehen nicht. Eine analoge Anwendung der Erleichterungen bei der Aufstellung von JA nach §§ 264 Abs. 3 u. 4, 264b, 276 und 288 HGB entfällt somit. Dass der Gesetzgeber § 274a HGB bisher nicht ausgeschlossen hat, ist ein redaktionelles Versehen[1] und wird mit Wirksamkeit des BilRUG behoben.
- Aufbewahrungs- und Vorlagepflichten:
§§ 257–261 HGB behandeln Aufbewahrungs- und Vorlagepflichten. Die Vorschriften enthalten bereits konkrete Regeln für KA, KLB und damit zusammenhängende Unterlagen. Ein Verweis in § 298 HGB, dass diese Rechtsnormen analog anzuwenden sind, ist somit entbehrlich.
- Landesrechtliche Vorschriften:
§ 263 HGB betrifft landesrechtliche Vorschriften, die für KA nicht relevant sind.

Zu § 264a HGB gilt dagegen: Nach § 264a HGB gelten für die dort beschriebenen PersG die Vorschriften des 1. bis 5. Unterabschnitts des 2. Abschnitts des Dritten Buches (§§ 264–330 HGB). Ein Verweis des § 298 HGB auf § 264a HGB ist nicht erforderlich, da § 264a HGB für den gesamten 2. Unterabschnitt des 2. Abschnitts des Dritten Buches (§§ 290 – 315a HGB) gilt und somit auch unmittelbar Konzernvorschriften mitgeregelt.[2] Die Vorschriften des 6. Unterabschnitts (§§ 331 – 335b HGB) gelten über § 335b HGB auch für OHG und KG i.S.d. § 264a Abs. 1 HGB.

Auch auf die Vorschriften zum LB (§ 289 HGB) wird nicht verwiesen, weil Spezialvorschriften für den KLB in § 315 HGB geregelt sind.

Durch den weitgehenden Verweis auf die Vorschriften zum JA kann zum Inhalt und zur Auslegung dieser Regelungen grds. auf die Kommentierungen zum JA

---

[1] Vgl. *Förschle/Deubert*, in Beck Bil-Komm. 9. Aufl, § 298 HGB, Rz 7.
[2] Zum Grund der gesonderten Regelung vgl. *ADS*, 6. Aufl. § 264a HGB, Rz 49.

verwiesen werden. Im Folgenden werden lediglich Besonderheiten durch die Eigenart des KA oder Sonderregeln in §§ 298 ff. HGB dargestellt.

## 2.1 Vorschriften des Jahresabschlusses, die analog für den Konzernabschluss anzuwenden sind

### 2.1.1 Sprache. Währungseinheit (§ 244 HGB)

7 Der KA ist in **deutscher Sprache** und in **Euro** aufzustellen. Die in der Praxis vorzufindende Verwendung von englischen Fachbegriffen (z. B. *Earnings before interest and taxes/EBIT*, *cash flow*) und englischen Bezeichnungen von IFRS-Standards erscheint zulässig, solange sachverständigen Dritten diese Begriffe geläufig sind und durch die Verwendung die Klarheit und Übersichtlichkeit des KA nicht wesentlich beeinträchtigt wird.[3] Hinsichtlich der Umrechnung von auf fremde Währung
- lautende VG, Schulden und RAP gelten die Vorschriften für den JA analog (§§ 253 Abs. 1 HGB, 252 Abs. 1 Nr. 4 HGB, 256a HGB),
- lautenden Abschlüssen gilt die Vorschrift des § 308a HGB (modifizierte Stichtagsmethode).

### 2.1.2 Unterzeichnung (§ 245 HGB)

8 Der KA ist durch **alle** gesetzlichen Vertreter des MU unter Angabe des Datums zu unterzeichnen. Es ist nicht ausreichend, wenn nicht **alle Geschäftsführer** oder **Mitglieder des Vorstands** unterzeichnen, auch dann nicht, wenn die Unterzeichnenden bei Rechtsgeschäften die Ges. vertreten könnten.[4] Maßgeblich ist die Organstellung zum Zeitpunkt der Bilanzaufstellung. Ein gesetzlicher Vertreter des MU hat daher den KA auch dann zu unterzeichnen, wenn er erst nach dem Bilanzstichtag die Organstellung erlangt hat.
An welcher Stelle der KA zu unterzeichnen ist, hat der Gesetzgeber nicht geregelt. Allgemein üblich und zweckmäßig ist die Unterzeichnung am Ende des Konzernanhangs als letztem Bestandteil des KA.

9 Bei KapG sind die gesetzlichen Vertreter die Vorstandsmitglieder bzw. Geschäftsführer. Bei PersG i. S. v. § 264a HGB gelten die Vorstandsmitglieder oder Geschäftsführer der vertretungsberechtigten Ges. als gesetzliche Vertreter (§ 264a Abs. 2 HGB).

10 Bei **PersG i. S. d. § 264a HGB** hat die **Unterzeichnung durch sämtliche Mitglieder der jeweiligen vertretungsberechtigten Organe** zu erfolgen. Es reicht nicht aus, wenn die vertretungsberechtigten Organe (i. d. R. die phG) nur in vertretungsberechtigtem Umfang den KA unterzeichnen.

### 2.1.3 Vollständigkeit. Verrechnungsverbot (§ 246 HGB)

11 In Bezug auf den KA ergeben sich keine Besonderheiten zum JA. Die Vollständigkeit ist **nach dem Recht des MU** zu beurteilen. Das Gebot der Vollständigkeit ist zusätzlich in § 300 Abs. 2 Satz 1 HGB als lex specialis für den

---

[3] Ähnlich *Förschle/Deubert*, in Beck Bil-Komm. 9. Aufl, § 298 HGB, Rz 12 unter Angabe auch abweichender engerer Auffassung.
[4] Vgl. auch WP-Handbuch, Bd. I, 14. Aufl., Abschn. F, Rz 7; *ADS*, 6. Aufl. § 298 HGB, Rz 61.

Konzern geregelt. Auch für den Konzern ist das wirtschaftliche Eigentum maßgeblich. Die im Vorjahr angewandten Ansatzmethoden (Bilanzierungsstetigkeit) sind grds. beizubehalten, § 246 Abs. 3 i.V.m. § 298 Abs. 1 HGB. Die Kapital-, Schulden- sowie Ertrags- und AufwandsKons. ist kein Verstoß gegen das Verrechnungsverbot, da mit der Kons. lediglich die Fiktion der wirtschaftlichen Einheit der KonzernUnt i.S.d. § 297 Abs. 3 HGB erreicht wird.
Vor Wirksamwerden des BilMoG durften GoF aus der KapKons erfolgsneutral offen mit Rücklagen verrechnet werden. Diese Verrechnung kann in KA nach dem 31.12.2009 weiterbestehen.[5]

### 2.1.4 Inhalt der Bilanz (§ 247 HGB)

Die Vorschriften zum Inhalt der Bilanz haben auf den KA keine Auswirkung. Durch den Hinweis in § 298 HGB, dass die Vorschriften für große KapG anzuwenden sind, gelten über die allg. Vorschriften zum Inhalt der Bilanz in § 247 Abs. 1 HGB die speziellen und weitergehenden Gliederungsvorschriften des § 266 HGB. Die in § 247 Abs. 2 HGB vorgenommene Definition des AV gilt uneingeschränkt auch für den KA. Die Beurteilung hat aus Konzernsicht, nicht aus Sicht des bilanzierenden KonzernUnt, zu erfolgen. Dies kann zu abweichenden Beurteilungen im KA führen.

12

### 2.1.5 Bilanzierungsverbote und -wahlrechte (§ 248 HGB)

Die Bilanzierungsverbote und -wahlrechte gelten auch für den KA und sind **nach dem Recht des MU zu beurteilen**. Dies ergibt sich aus § 300 Abs. 2 Satz 1 HGB. Im Rahmen von Akquisitionen erworbene, durch ein TU vor der Kons. selbst geschaffene nicht aktivierte immaterielle VG des AV (z.B. Markenrechte) sind aus Konzernsicht entgeltlich erworben und i.H.d. beizulegenden Zeitwerts im Rahmen der Neubewertungsmethode ansatzpflichtig.

13

### 2.1.6 Rückstellungen (§ 249 HGB)

Für den KA gibt es keine vom JA abweichenden konzernspezifischen Regelungen. Die Passivierung von RST richtet sich nach dem Recht des MU, § 300 Abs. 2 Satz 1 HGB. Aufgrund der Fiktion der wirtschaftlichen Einheit (§ 297 Abs. 3 HGB) können RST im JA aus Konzernsicht aufzulösen sein.

14

> **Beispiel**
> TU 1 liefert fertige Erzeugnisse an das verbundene Unt TU 2. Aufgrund der vertraglichen Gewährleistungsverpflichtung und der Erfahrungen aus der Vergangenheit bildet TU 1 am Abschlussstichtag eine Gewährleistungs-RST. Sofern diese auf die Lieferung an TU 2 entfällt und TU 2 noch wirtschaflicher Eigentümer der Erzeugnisse ist, ist sie aufgrund der Fiktion der wirtschaftlichen Einheit im KA mangels Drittverpflichtung aufzulösen.

15

---

[5] Art. 66 Abs. 3 Satz 4 EGHGB, IDW RS HFA 28, Tz 62.

### 2.1.7 Rechnungsabgrenzungsposten (§ 250 HGB)

**16** Für den KA ergeben sich keine vom JA abweichenden Besonderheiten. Das **Bilanzierungswahlrecht** kann im KA **unabhängig von** der **Ausübung in** den **JA** der in den KA einbezogenen Unt ausgeübt werden, vgl. § 300 Abs. 2 Satz 2 HGB. Durch den im Zuge des BilMoG kodifizierten Grundsatz der Ansatzstetigkeit (§ 246 Abs. 3 HGB) bedarf es im KA einer dem Recht des MU entsprechenden einheitlichen Methode bei gleichen Sachverhalten. Anpassungen sind ggf. in sog. HB II vorzunehmen. Ausnahmen hiervon sind zulässig, wenn eine sachliche Differenzierung möglich ist (Beispiel: Aktivierung von Disagien, wenn die daraus resultierenden zinsähnlichen Aufwendungen in künftigen Preisen einkalkuliert werden können, sonst Aufwand) oder eine Anpassung aufgrund der Wirtschaftlichkeit und Wesentlichkeit (in diesem Fall müssen alle unterlassenen Anpassungen in der Konzernbuchhaltung unwesentlich für die VFE-Lage des Konzerns sein) unterbleiben darf.[6]

### 2.1.8 Haftungsverhältnisse (§§ 251, 268 Abs. 7 HGB)

**17** Aufgrund der Fiktion der wirtschaftlichen Einheit des Konzerns (§ 297 Abs. 3 Satz 1 HGB) sind Haftungsverhältnisse zwischen den in den KA einbezogenen Unt i. R. d. SchuldenKons nach § 303 HGB wegzulassen, da es sich aus Konzernsicht nicht um Drittverpflichtungen handelt. Da die Vorschriften für große KapG auf den KA anzuwenden sind, ist die erweiterte Berichtspflicht nach § 268 Abs. 7 HGB („jeweils gesondert") zu beachten.

### 2.1.9 Allgemeine Bewertungsgrundsätze (§ 252 HGB)

**18** Die allg. Bewertungsgrundsätze sind in vollem Umfang auch bei der Aufstellung des KA zu beachten. Der **Bilanzenzusammenhang** (§ 252 Abs. 1 Nr. 1 HGB) ist im KA auch bei Änderungen des KonsKreis zu beachten. Zugänge und Abgänge von TU sind demnach zu dem Zeitpunkt, in dem das MU die **tatsächliche Verfügungsmacht** erhält bzw. verliert, als Zugang oder Abgang zu erfassen. Als konzernspezifische Vorschrift ist als lex specialis § 308 HGB („Einheitliche Bewertung") zu beachten.

**19**
> **Beispiel**
> Das MU erwirbt mit notariell beurkundetem Kaufvertrag vom 1.12.X0 alle Geschäftsanteile an der TU-GmbH. Der notarielle Kaufvertrag sieht vor, dass die Geschäftsanteile mit Wirkung zum 1.1.X1 übergehen.
> Der Zugangszeitpunkt bestimmt sich wie beim JA nach dem Erlangen der Verfügungsgewalt über die VG. Dies ist im vorliegenden Fall der vertraglich vereinbarte Zeitpunkt. Die einzelnen VG und Schulden der TU-GmbH gehen erst im Gj X1 zu und sind in diesem Gj als Zugänge zu erfassen.

**Wertaufhellende Tatsachen** (§ 252 Abs. 1 Nr. 4 HGB) sind bis zum Aufstellungstag des KA zu berücksichtigen. Da der KA zeitlich später aufgestellt wird

---

[6] Vgl. auch IDW RH HFA 1.018 Tz 3 f, 11 ff.

als die JA der in den KA einbezogenen TU, kann es in Einzelfällen zu Abweichungen kommen.[7]

> **Beispiel**
> Der JA des TU wird am 15.2.X0 aufgestellt. Passiviert ist eine RST für unterlassene Instandhaltung, die innerhalb der ersten 3 Monate des folgenden Gj durchgeführt werden soll. Mit der Fertigstellung der Reparatur wird bei der Aufstellung des JA noch im März X1 gerechnet. Zum Zeitpunkt der Aufstellung des KA am 31.3.X1 steht fest, dass die Reparatur erst im April X1 durchgeführt wird.

Bei wesentlichen Veränderungen empfiehlt es sich, im Anlagenspiegel die Spalten „Zugänge" und „Abgänge" zu unterteilen in „Zugänge durch Veränderung des KonsKreis/sonstige Zugänge" und „Abgänge durch Veränderung des KonsKreis/sonstige Abgänge". 20

Das **Erlangen der Verfügungsgewalt** kann durch vertragliche Vereinbarung **nicht rückwirkend** erfolgen. Entsprechende Regelungen in Verträgen sollen nur verdeutlichen, dass aufgelaufene Jahresergebnisse auf den Erwerber übergehen. 21

Steht ein Unternehmenskauf unter der Zusammenschlusskontrolle durch das **Bundeskartellamt**, erlangt der Erwerber frühestens die Verfügungsgewalt zum Zeitpunkt der Freigabe des Zusammenschlusses durch das Bundeskartellamt oder – sofern sich die Kartellbehörde nicht äußert – zum Zeitpunkt des Ablaufs der Untersagungsfrist. 22

Durch die Einheitlichkeit der Bewertung (§ 298 Abs. 1 i.V.m. § 252 Abs. 1 Nr. 6 HGB) verlangt der Gesetzgeber, dass gleiche Sachverhalte nicht unterschiedlich behandelt werden dürfen. Dies betrifft nicht nur die einheitliche Anwendung einer Methode, sondern auch die Verwendung gleicher Rechengrößen. Bei der Beurteilung, ob gleiche Sachverhalte vorliegen, sind strenge Maßstäbe anzulegen. Insbesondere kann in unterschiedlichen Ländern bei gleichen VG die Anwendung verschiedener Methoden bzw. verschiedener Rechengrößen (z.B. Nutzungsdauer) zulässig oder sogar geboten sein.[8] 23

> **Beispiel**
> Das deutsche MU schreibt ihre Pkw über die betriebsgewöhnliche Nutzungsdauer von sechs Jahren ab. Forderungen, die seit mehr als sechs Monaten fällig sind, werden pauschal mit einem Satz von 50 % einzelwertberichtigt.
> Das TU1 im Ausland schreibt ihre Pkw über die betriebsgewöhnliche Nutzungsdauer von vier Jahren ab. Die Abweichung ist sachlich im KA geboten, wenn die verwendeten Pkw im Ausland aufgrund der Bauweise oder schlechterer Straßenbedingungen regelmäßig nur vier Jahre nutzbar sind.
> Das TU2 in Deutschland schreibt Forderungen, die seit mehr als vier Monaten fällig sind, pauschal mit einem Satz von 40 % und solche, die seit mehr als

---

[7] Vgl. IDW RH HFA 1.018, Tz 6.
[8] Vgl. IDW RH HFA 1.018, Tz 3f.

> neun Monaten fällig sind, pauschal mit einem Satz von 60 % ab, ohne dass es sachliche Gründe für die unterschiedliche Bewertung im Vergleich zum MU gibt (andere Ausübung des Ermessens). Das Bewertungsverfahren ist anzugleichen.

### 2.1.10 Zugangs- und Folgebewertung (§ 253 HGB)

**24** Besonderheiten für den KA ergeben sich grds. nicht.
Die **planmäßigen Abschreibungen** auf abnutzbare VG des AV müssen den handelsrechtlichen GoB entsprechen und sind auf die Gj. zu verteilen, in denen der VG voraussichtlich genutzt wird. Steuerliche Wertansätze dürfen nicht in den KA übernommen werden, sofern diese nicht mit dem tatsächlichen Werteverzehr in Einklang stehen. Zulässig sind aber handelsrechtliche Vereinfachungsverfahren, sofern dadurch die VFE-Lage des Konzerns nicht wesentlich beeinträchtigt wird. Sofern nicht der voraussichtliche Nutzungsverlauf und der voraussichtliche Nutzungszeitraum eindeutig und in wesentlichem Umfang anders sind, können für den KA

- degressive Abschreibungen bei VG des SAV zugrunde gelegt werden,
- als Nutzungsdauer der einzelnen VG die in den steuerlichen Abschreibungstabellen festgelegten Nutzungsdauern übernommen werden, jedoch ausdrücklich nur dann, wenn die tatsächliche wirtschaftliche Nutzungsdauer dem im Wesentlichen entspricht,
- aus Vereinfachungsgründen bewegliche selbstständig nutzbare VG mit AK über 150 EUR und bis 1.000 EUR in einem Sammelposten zusammengefasst und nach Ablauf von 5 Jahren als Abgang im Anlagenspiegel erfasst werden, wenn der Posten insgesamt für die VFE-Lage des Konzerns von untergeordneter Bedeutung ist,
- aus Vereinfachungsgründen bewegliche selbstständig nutzbare VG mit AK bis 410 EUR sofort abgeschrieben werden.

Rückstellungen mit einer Restlaufzeit von mehr als einem Jahr sind nach § 253 Abs. 1 Satz 2 HGB mit einem laufzeitadäquaten durchschnittlichen Zinssatz der vergangenen 7 Jahre abzuzinsen. Dieser Zinssatz wird von der Deutschen Bundesbank veröffentlicht. Sofern sich der Erfüllungsbetrag nicht in Euro, sondern in fremder Währung bestimmt, sind bei sonst wesentlicher Beeinträchtigung nicht diese veröffentlichten Zinssätze, sondern währungskongruente Zinssätze heranzuziehen.[9]

**25** Aufgrund der Fiktion der wirtschaftlichen Einheit und der Vorschriften zur Bilanzierungs- und Bewertungsstetigkeit (§§ 246 Abs. 3, 252 Abs. 1 Nr. 6 HGB) sind ggf. Wertanpassungen zur Vereinheitlichung der Bilanzierung und Bewertung in den sog. HB II vorzunehmen, die dann die Grundlagen für die Kons. bilden.[10]

---

[9] Vgl. im Einzelnen *Förschle/Deubert*, in Beck Bil-Komm. 9. Aufl, § 298 HGB, Rz 40.
[10] Vgl. IDW RH HFA 1.018, Tz 8.

## 2.1.11 Bildung von Bewertungseinheiten (§ 254 HGB)

Für den KA ergeben sich grds. keine Besonderheiten gegenüber dem JA. Somit gelten die Grundsätze des IDW RS HFA 35 (Handelsrechtliche Bilanzierung von Bewertungseinheiten) auch für den KA. Die Einheitstheorie kann dazu führen, dass das Vorliegen einer Bewertungseinheit aus Konzernsicht anders zu beurteilen ist als aus Einzelabschlusssicht, weil 26

- Grund- und Sicherungsgeschäft von zwei verschiedenen einbezogenen Konzernges. abgeschlossen wurden und somit aus Konzernsicht eine Bewertungseinheit besteht, oder
- das Sicherungsgeschäft mit einem einbezogenen Unt abgeschlossen wurde und damit aus Konzernsicht eine offene Position besteht.

## 2.1.12 Bewertungsmaßstäbe (§ 255 HGB)

Hinsichtlich des Umfangs der AHK ist auf den Konzern als wirtschaftliche Einheit abzustellen. So können z. B. 27

- Vertriebskosten eines innerhalb des Konzerns liefernden Unt aus Konzernsicht aktivierungspflichtige innerbetriebliche Transportkosten darstellen,
- bei Lieferungen von VG aus Konzernsicht Zwischenergebnisse entstanden sein, die gem. § 304 HGB zu eliminieren sind.

## 2.1.13 Bewertungsvereinfachungen (§ 256 HGB)

Für den KA ergeben sich keine Besonderheiten gegenüber dem JA. 28
Aufgrund des Verweises in § 256 Satz 2 HGB auf § 240 Abs. 3 HGB (**Festwert**) 29
und § 240 Abs. 4 HGB (**Durchschnittsbewertung**) sind diese Bewertungsvereinfachungsverfahren auch für den KA zulässig, obwohl § 298 Abs. 1 HGB nicht direkt auf diese Vorschriften verweist. Nach der Änderung des § 256 Satz 1 HGB im Zuge des BilMoG (Streichung der Wörter „oder in einer sonstigen bestimmten Folge") sind im JA wie im KA als Verbrauchsfolgeverfahren nur noch die Lifo-Methode und die Fifo-Methode zulässig. Die Diskussion, ob auch weitere Verbrauchsfolgeverfahren (Hifo, Kifo, Kilo) im KA zulässig waren, ist damit beendet. Es bestehen keine Bedenken, die **Bewertungsvereinfachungen** jeweils **für separierbare Einheiten** (z. B. rechtlich selbstständige Unt, Betriebsteile, Segmente) vorzunehmen. Es ist somit nicht erforderlich, die zuletzt angeschafften oder hergestellten VG aus Konzernsicht zu ermitteln. Zu beachten sind die Methoden- und Bewertungsstetigkeit. 30

## 2.1.14 Währungsumrechnung (§ 256a HGB)

Für den KA ergeben sich keine Besonderheiten gegenüber dem JA. Alle TU haben zunächst in einer HB II auf fremde Währung lautende Posten gem. § 298 Abs. 1 i. V. m. § 256a HGB in die Landeswährung umzurechnen. Anschließend werden die Posten eines nicht in EUR aufgestellten nationalen Abschlusses nach § 308a HGB (Umrechnung von auf fremde Währung lautenden Abschlüssen) in EUR umgerechnet. Diese Reihenfolge ist auch dann anzuwenden, wenn das in fremder Währung bilanzierende TU Beträge in EUR ausweist. Die dann vorzunehmende doppelte Währungsumrechnung (i. R. d. § 256a und § 308a HGB) führt zu erfolgswirksamen Währungsumrechnungen. 31

## 2.1.15 Allgemeine Grundsätze für die Gliederung (§ 265 HGB)

**32** § 265 Abs. 1 HGB zur **Darstellungsstetigkeit** gilt auch für den KA. Von der Form der Darstellung des KA darf nur in Ausnahmefällen wegen besonderer Umstände abgewichen werden. Ein willkürlicher Wechsel (z. B. der Wechsel vom GKV zum UKV und eine weitere Postenuntergliederung in der Konzernbilanz und Konzern-GuV) ist unzulässig. Eine auf Dauer beabsichtigte Änderung zu einer anderen Darstellungsform ist aber nicht ausgeschlossen, wenn besondere Gründe vorliegen.[11]
In Betracht kommen bspw. folgende Fälle:[12]
- Nach dem Verkauf wesentlicher TU treffen die bislang angewandten geschäftszweigbedingten Gliederungsvorschriften (z. B. nach der Pflegebuchführungs-Verordnung) nunmehr weder auf die Mehrzahl noch auf die wesentlichen einbezogenen KonzernUnt zu,
- Anpassung der Darstellungsform zur besseren internationalen Vergleichbarkeit,
- Anpassung der Darstellungsform an Änderungen im gesetzlichen Gliederungsschema.

**33** Nach hM kann es sich nur um Ausnahmefälle handeln, in denen bspw. die Beibehaltung der alten Form zu einer Verletzung der Generalnorm nach § 297 Abs. 2 HGB oder die neue Form zu einer wesentlich besseren Erkenntnis führt.[13]

**34** Die Gliederung des KA braucht nicht der Gliederung des MU zu entsprechen. Die **Form der Darstellung** darf **unabhängig von** derjenigen des **JA des MU** gewählt werden;[14] das gesetzliche Wahlrecht wird nur durch die Grundsätze der Klarheit und Übersichtlichkeit und das Willkürverbot eingeschränkt. Eine Gliederung nach geschäftszweigbedingten Vorschriften ist deshalb nur dann zulässig, wenn die geschäftlichen Aktivitäten des Gliederungszweigs im Konzern nicht nur von untergeordneter Bedeutung sind.

**35** Nach § 298 Abs. 1 i. V. m. **§ 265 Abs. 2 HGB** sind die entsprechenden **Beträge des Vj.** zu jedem Posten der Konzernbilanz und Konzern-GuV anzugeben. Hinsichtlich der Angabepflicht von Vj-Beträgen im Konzernanhang gilt Folgendes: Der Gesetzgeber lässt dem Bilanzierenden häufig die Wahl, bestimmte Zusatzinformationen entweder im Konzernanhang oder in der Konzernbilanz/Konzern-GuV darzustellen („Wahlpflichtangaben"). Für die Frage der Angabepflicht von Vj.-Beträgen spielt es keine Rolle, in welchem KA-Bestandteil die gesetzlich vorgeschriebenen Angaben gemacht werden. Sofern der Bilanzierende die Angaben in den Konzernanhang aufnimmt, entfaltet der Konzernanhang insoweit eine **Entlastungsfunktion** für die Konzernbilanz und Konzern-GuV. Der in diesen Fällen lediglich zur Disposition stehende Ort des Ausweises darf hinsichtlich der zu gebenden Informationen nicht zur qualitativen Beeinträchtigung führen.
Für die Frage, ob Vj.-Angaben (in der Konzernbilanz bzw. Konzern-GuV oder im Konzernanhang) anzugeben sind, kommt es darauf an, wie der Begriff **„Posten"**

---

[11] So auch WP-Handbuch, Bd. I, 14. Aufl., Abschn. F, Rz 480, Abschn. F, Rz 85; *ADS*, 6. Aufl. § 265 HGB, Rz 18.
[12] Vgl. auch *Berndt*, in *Küting/Weber*, HdK, HGB § 297, Rn 23.
[13] Vgl. *Berndt*, in *Küting/Weber*, HdK, HGB § 297, Rn 23.
[14] So auch *Berndt*, in *Küting/Weber*, HdK, HGB § 298, Rn 23.

zu definieren ist. Vorgeschrieben sind nach §§ 265 Abs. 2 i.V.m. § 298 Abs. 1 HGB Vj.-Zahlen zu jedem Posten der Konzernbilanz und Konzern-GuV. In der Literatur wird z.T. die Auffassung vertreten, dass vom Gesetzgeber geforderte Angaben, Vermerke und dergleichen hierunter nicht fallen und bei dieser wortwörtlichen Auslegung des Begriffs „Posten" bei diversen Bilanzausweisen Vj.-Angaben gesetzlich nicht erforderlich sind (z.B. § 268 Abs. 2 Satz 3 HGB Abschreibungen des Gj auf die Posten des AV, § 268 Abs. 4 Satz 1 HGB Betrag der Forderungen mit einer Restlaufzeit von mehr als einem Jahr, § 268 Abs. 5 Satz 1 HGB Betrag der Verbindlichkeiten mit einer Restlaufzeit bis zu einem Jahr, § 268 Abs. 7 HGB Angabe der Haftungsverhältnisse).[15]

Da kein Grund ersichtlich ist, weshalb der Gesetzgeber in dieser Frage Posten und Vermerke unterschiedlich behandeln wollte, besteht nach der hier vertretenen Auffassung auch für gesetzlich geforderte und freiwillige Vermerke sowie für zusätzliche Untergliederungen eine Angabepflicht für Vj.-Zahlen.[16] Die Angabe von Vj.-Beträgen im Anlagenspiegel, der bis zum Wirksamwerden des BilRUG nach § 268 Abs. 2 i.V.m. § 298 Abs. 1 HGB auch noch in der Konzernbilanz dargestellt werden kann, ist nicht erforderlich, da die Darstellung der Entwicklung der einzelnen Postens des AV über den erweiterten Postenbegriff hinausgeht.

Vorjahresbeträge für reine Konzernanhangangaben (als Informations- oder Ergänzungsfunktion) sind nicht erforderlich, die Angabe ist in der Praxis aber üblich geworden. § 265 Abs. 2 Satz 1 HGB i.V.m. § 298 Abs. 1 HGB bezieht sich dem Wortlaut nach nur auf die Konzernbilanz und die Konzern-GuV. Hinsichtlich der Angabe von **Vorjahreszahlen** für die **Konzern-KFR** und den **Konzern-EK-Spiegel** vgl. die Kommentierung zu § 297 Abs. 1 HGB. Nach früherer Auffassung in der Literatur und im Berufsstand waren Vj-Zahlen **erforderlich**, weil diese Abschlussbestandteile bisher nicht Bestandteile des JA waren und sich aus der Besonderheit und Eigenart des KA die Angabe von Vorjahresbeträgen ergab. Seit Wirksamwerden des BilMoG sind auch bestimmte JA um eine KFR und einen EK-Spiegel zu ergänzen.[17] Die Vorschriften zum JA enthalten keine Regelungen zur Angabepflicht der entsprechenden Vj-Beträge. Die Angabe entsprechender Vj-Beträge ist üblich und zu empfehlen, aus dem Wortlaut der Vorschrift aber nicht zwingend. Auch DRS 21 (KFR) und E-DRS 31 (Konzerneigenkapital) **empfehlen** nur noch, Vj-Beträge anzugeben. DRS 2 (KFR) und DRS 7 (Konzerneigenkapital und Konzerngesamtergebnis) gehen noch von einer Verpflichtung zur Angabe von Vj-Zahlen aus.[18]

36

Sofern das MU **erstmals** einen **KA** nach §§ 290ff. HGB aufzustellen hat (weil erst innerhalb des Gj ein Mutter-Tochter-Verhältnis entstanden ist oder weil eine bisherige Befreiungsvorschrift weggefallen ist) oder erstmalig freiwillig aufstellt, brauchen die entsprechenden **Beträge** des **vorhergehenden Gj nicht angegeben** zu werden. Hiervon unberührt bleibt die Möglichkeit zur Angabe der Vj-Zahlen

37

---

15 So WP-Handbuch, Bd. I, 14. Aufl., Abschn. F. Rz 86, und zu den Restlaufzeiten bei Forderungen *ADS*, 6. Aufl. § 268 HGB, Rz 103.
16 So auch *Winkeljohann/Büssow*, in Beck Bil-Komm. 9. Aufl., § 265 HGB, Rz 5; IDW RS HFA 39, Tz 1; *ADS*, 6. Aufl. § 265 HGB, Rz 26ff. und *Hütten/Lorson*, in *Küting/Pfitzer/Weber*, HdR, § 265 HGB, Rz 30, jedoch Letzterer auch Vj.-Zahlen zum Anlagenspiegel fordernd.
17 Vgl. im Einzelnen § 264 Abs. 1 Satz 2 HGB.
18 Vgl. DRS 2, Tz 10, DRS 7, Tz 3, DRS 21, Tz 22 und E-DRS 31, Tz 67.

aus dem JA des MU, sofern diese als solche kenntlich gemacht werden.[19] Hat eine Pflicht zur Konzernrechnungslegung bereits im Vj. bestanden, darf die Angabe von Vj-Zahlen im Berichtsjahr nicht unterbleiben.[20]

38 Sind die **Vorjahresbeträge nicht vergleichbar**, so ist dies im Konzernanhang anzugeben und zu erläutern. Die Vergleichbarkeit ist nur dann beeinträchtigt i.S.d. Vorschrift, wenn ohne weitere Angaben ein falscher Eindruck von der Entwicklung des Konzerns entstehen könnte.

Angabepflichten im Konzernanhang sind somit nicht bei jeder Änderung des KonsKreis erforderlich, sondern **nur bei wesentlicher Beeinträchtigung** der VFE-Lage des Konzerns. Diese liegt nach IDW RS HFA 44 Tz 11 vor, wenn die Entwicklung, die ohne die Änderungen des KonsKreises zu verzeichnen war, nicht erkennbar ist. Zur Herstellung der Vergleichbarkeit aufeinanderfolgender KA bei wesentlichen Änderungen des KonsKreises wird auf die Kommentierung zu § 294 Abs. 2 HGB und IDW RS HFA 44 Tz 9ff. verwiesen.

39 Die **Mitzugehörigkeit** einzelner VG und Schulden zu mehreren Posten der Konzernbilanz ist zu vermerken oder anzugeben, wenn andernfalls die Klarheit und Übersichtlichkeit des KA wesentlich beeinträchtigt werden. Bei mehreren Mitzugehörigkeiten ist im KA darauf zu achten, dass die Zuordnung der VG und Schulden zu möglichen Posten einheitlich ausgeübt wird.[21]

40 Hinsichtlich der Gliederung bei mehreren Geschäftszweigen (§ 265 Abs. 4 HGB), der weiteren Untergliederung und neuer Posten (§ 265 Abs. 5 HGB) und der Änderung von Gliederungsnummern und Postenbezeichnungen (§ 265 Abs. 6 HGB) ergeben sich für den KA keine Besonderheiten. Durch die Zusammenfassung aller rechtlich selbstständigen KonzernUnt können die Vorschriften zur Wahrung des Grundsatzes der Klarheit und Übersichtlichkeit eher geboten sein als im JA.[22] Auch die für den EA großer KapG geltenden Zusammenfassungsmöglichkeiten einzelner Posten (§ 265 Abs. 7 HGB) sind in gleicher Weise auf den KA anwendbar.

41 Posten, die im Berichtsjahr und im Vj. keine Beträge ausweisen, brauchen nach § 265 Abs. 8 HGB i.V.m. § 298 Abs. 1 auch im KA nicht ausgewiesen zu werden.

### 2.1.16 Gliederung der Bilanz (§ 266 HGB)

42 Die Konzernbilanz ist in Kontoform aufzustellen (§ 266 Abs. 1 Satz 1 i.V.m. § 298 Abs. 1 HGB). Aufgrund der Eigenart des KA und konzernspezifischer Regelungen ergeben sich im Vergleich zu den Gliederungsvorschriften für große KapG folgende Besonderheiten:[23]

43 **Zusätzlich** zum JA sind im KA bei Vorhandensein im Gj oder im Vj. **folgende Posten** aufzunehmen:
- Beteiligungen an assoziierten Unt (§ 311 Abs. 1 HGB),
- Eigene Anteile des MU (§ 301 Abs. 4 HGB),
- EK-Differenz aus Währungsumrechnung (§ 308a Satz 3 HGB),

---

19 IDW RS HFA 44, Tz 4f.
20 IDW RS HFA 44, Tz 7.
21 Vgl. *Berndt*, in *Küting/Weber*, HdK, HGB § 297, Rn 25.
22 So *Förschle/Deubert*, in Beck Bil-Komm. 9. Aufl., § 298 HGB, Rz 50.
23 Vgl. auch WP-Handbuch, Bd. I, 14. Aufl., Abschn. M, Rz 235; 243ff.; *Förschle/Deubert*, in Beck Bil-Komm. 9. Aufl., § 298 HGB, Rz 58.

- Ausgleichsposten für Anteile anderer Gesellschafter (§ 307 Abs. 1 HGB),
- (passiver) Unterschiedsbetrag aus der KapKons (§ 301 Abs. 3 Satz 1 HGB).

Die **Vorräte können** im **KA unter bestimmten Voraussetzungen** nach § 298 Abs. 2 HGB **zusammengefasst werden**. Diese Erleichterung besteht mit Wirksamwerden des BilRUG nicht mehr.[24]

**44**

### 2.1.17 Vorschriften zu einzelnen Posten der Bilanz. Bilanzvermerke (§ 268 HGB)

Wird die Konzernbilanz unter vollständiger oder teilweiser Verwendung des Konzernjahresergebnisses aufgestellt, tritt an die Stelle der Posten Konzernjahresüberschuss/Konzernjahresfehlbetrag und Konzerngewinnvortrag/Konzernverlustvortrag der Posten **Konzernbilanzgewinn/Konzernbilanzverlust** (§ 268 Abs. 1 HGB i. V. m. § 298 Abs. 1 HGB).

**45**

Zulässig ist, den **Konzernbilanzgewinn i. H.** des **Bilanzgewinns des MU** auszuweisen, um auch im KA den zur Disposition stehenden Bilanzgewinn darzustellen.[25] Unterschiedsbeträge werden dann mit Konzerngewinnrücklagen verrechnet. Durch den Konzern-EK-Spiegel wird ein ausreichender Einblick in die EK-Struktur des Konzerns gegeben. Eine Zusammenfassung der Posten mit Gewinnrücklagen und des Bilanzgewinns zu einem vom DSR in DRS 7 empfohlenen Posten „erwirtschaftetes Eigenkapital" im Konzern-EK-Spiegel ist aufgrund der eindeutigen Gesetzesvorschrift in der Konzernbilanz nicht möglich.

Auch der KA hat einen **Anlagenspiegel** nach der direkten Bruttomethode zu enthalten (§ 268 Abs. 2 i. V. m. § 298 Abs. 1 HGB). Die Fiktion der wirtschaftlichen Einheit führt zu folgenden **Besonderheiten**:[26]

**46**

- Die Zu- und Abgänge aus den Anlagegittern in JA bei **Transfers** von VG des AV **von** einem **einbezogenen** zu einem anderen einbezogenen **KonzernUnt** sind im Konzernanlagenspiegel zu eliminieren.
- Entstehen durch den Transfer **Zwischenergebnisse**, sind diese grds. zu eliminieren.[27] Bei Zwischenergebniseliminierungen ergeben sich regelmäßig auch für die Folgejahre durch die im KA im Vergleich zum JA abweichenden Bemessungsgrundlagen Auswirkungen für die planmäßigen Abschreibungen.
- Bei **Unternehmensakquisitionen und -verkäufen** stellen sämtliche VG zum Konsolidierungsstichtag Zugänge/Abgänge aus Konzernsicht dar. Bei wesentlichen Zugängen/Abgängen aus Änderungen des KonsKreis empfiehlt sich eine Erweiterung des Anlagenspiegels (Zugänge/Abgänge aus Änderungen des KonsKreis/sonstige Zugänge/Abgänge).
- Bei Unternehmensakquisitionen oder anderen ErstKons sind die **historischen AK** die Restbuchwerte zzgl. der im Rahmen der KapKons aufgedeckten stillen Reserven zu Beginn der Konzernzugehörigkeit.

---

[24] Vgl. Rz 81a.
[25] Vgl. *Förschle/Deubert*, in Beck Bil-Komm. 9. Aufl., § 298 HGB, Rz 61; *Gelhausen/Gelhausen,* in FS Forster, S. 224; *Küting/Weber*, HdK, HGB § 298, Rn 34.
[26] Mit Wirksamwerden des BilRUG für Gj, die nach dem 31.12.2015 beginnen, ist der Konzernanlagenspiegel zwingend Bestandteil des KA.
[27] Zu den Ausnahmen vgl. die Kommentierung zu § 304 HGB. Zur Behandlung zulässigerweise nicht eliminierter Zwischengewinne vgl. *Förschle/Deubert*, in Beck Bil-Komm. 9. Aufl., § 298 HGB, Rz 64.

> **Beispiel**
> Die TU-GmbH wird mit Wirkung zum 1.1.X0 erstmals in den KA des MU einbezogen. Im AV der TU-GmbH ist ein Lkw enthalten, der vor 4 Jahren neu für 100 TEUR erworben wurde und eine voraussichtliche Nutzungsdauer von 8 Jahren hat. Der Buchwert des Lkw in der HB I beträgt 50 TEUR, im Rahmen der KapKons wurden stille Reserven i. H. v. 20 TEUR aufgedeckt. Die AK des Lkw aus Konzernsicht betragen 70 TEUR und weichen von den AK im JA der TU-GmbH (100 TEUR) ab.

47
- Nach überwiegender Literaturauffassung ist es **zulässig**, die **höheren AK** des TU (**unter Berücksichtigung kumulierter Abschreibungen** im Zeitpunkt der ErstKons) im Konzernanlagenspiegel anzusetzen.[28] Die Begründung des besseren Einblicks in die Altersstruktur des AV überzeugt nicht, weil entsprechende Überlegungen bei Anschaffung gebrauchter Anlagewerte nicht angestellt werden. Nach hier vertretener Auffassung ist die Zulässigkeit dieser Vereinfachung (**Übernahme der historischen AHK aus dem JA des TU**) nach den **Grundsätzen** der **Wirtschaftlichkeit** und **Wesentlichkeit** zu bestimmen.
- Bei Umrechnung der Buchwerte von Anlagegegenständen ausländischer TU außerhalb des Euro-Raums mithilfe der in § 308a HGB vorgeschriebenen modifizierten Stichtagsmethode ergeben sich zwangsläufig Umrechnungsdifferenzen. Die Erfassung dieser Umrechnungsdifferenzen im Anlagenspiegel ist gesetzlich nicht geregelt. Möglich ist die Erfassung in den Spalten Zugänge/ Abgänge[29] oder Zugänge/ Abschreibungen des Gj.[30] Alternativ kommen eine Erweiterung des Anlagenspiegels um eine zusätzliche Spalte oder zusätzliche Erläuterungen im Konzernanhang infrage.

48 Hinsichtlich der weiteren Vorschriften zu den einzelnen Posten der Konzernbilanz (§ 268 Abs. 3 bis 7 i. V. m. § 298 Abs. 1 HGB) ergeben sich keine Besonderheiten für den KA.

49 Der durch das BilMoG neu eingefügte § 268 Abs. 8 HGB behandelt Ausschüttungssperren. Weil der KA nicht rechtliche Basis für die Ausschüttungsbemessung ist, sondern sich die Ausschüttungsfähigkeit und Ausschüttungsbeschlüsse ausschließlich am Bilanzgewinn von JA orientieren, hat die Vorschrift trotz des Verweises in § 298 Abs. 1 HGB für den KA keine Bedeutung. Mit Wirksamwerden des BilRUG ist der Verweis des § 298 Abs. 1 HGB auf § 268 Abs. 8 HGB gestrichen.

### 2.1.18 Bildung bestimmter Posten (§ 270 HGB)

50 Die **Kapitalrücklage** im KA **umfasst nur die des MU**. Die in der Konzernbilanz ausgewiesene Kapitalrücklage **kann** von der Kapitalrücklage des MU **abweichen**

---

[28] So z. B. auch *Förschle/Deubert*, in Beck Bil-Komm. 9. Aufl., § 298 HGB, Rz 64; *ADS*, 6. Aufl. § 298 HGB, Rz 119 und IDW RS HFA 42, Rz 64 in vergleichbaren Verschmelzungsfällen (dann aber in Sonderspalte oder mit erläuternden Angaben im Anhang).
[29] So *Förschle/Deubert*, in Beck Bil-Komm. 9. Aufl., § 298 HGB, Rz 66.
[30] So WP-Handbuch, Bd. I, 14. Aufl., Abschn. M, Rz 723. In diesem Fall ist die Übereinstimmung der Abschreibungen des GJ laut Anlagenspiegel und GuV durch eine Konzernbuchung „Abschreibungen an sonstige betriebliche Erträge" herzustellen.

(z. B. nach Verschmelzungen³¹, durch offene Verrechnungen des GoF nach § 309 Abs. 1 HGB aF mit Kapitalrücklagen nach § 272 Abs. 2 Nr. 4 HGB³², durch Verrechnungen von Jahresfehlbeträgen einbezogener TU mit Kapitalrücklagen und aufgrund einer anderen Bewertung von Sacheinlagen in der HB II und im JA). Hinsichtlich der Bildung bestimmter Posten bestehen keine Besonderheiten für den KA. 51

### 2.1.19 Beteiligungen. Verbundene Unternehmen (§ 271 HGB)

Die handelsrechtlichen Definitionen der Beteiligungen und der verbundenen Unt gelten auch für den KA. Im KA werden als verbundene Unt nur Anteile, Forderungen oder Verbindlichkeiten gegenüber solchen Ges. ausgewiesen, die nicht zum KonsKreis gehören, da 52

- im Einklang mit § 296 HGB auf eine Einbeziehung des TU verzichtet wurde oder
- das verbundene Unt nicht zum Teilkonzern gehört, für den ein Teil-KA erstellt wurde.

Sofern es sich bei der Beteiligung um ein assoziiertes Unt handelt, gehen der Ausweis und die Bilanzierung nach § 311 f. HGB vor. Beteiligungen an assoziierten Unt sind gesondert im KA auszuweisen, § 311 Abs. 1 HGB. In der Konzern-GuV ist das auf assoziierte Beteiligungen entfallende Ergebnis unter einem gesonderten Posten auszuweisen, § 312 Abs. 4 HGB. 53

### 2.1.20 Eigenkapital (§ 272 HGB)

Die in § 272 HGB verwendeten Begriffe „Gezeichnetes Kapital" und „Kapitalrücklage" beziehen sich nur auf MU in der Rechtsform der KapG.³³ Der Begriff „Gewinnrücklagen" umfasst im KA sowohl Beträge des MU als auch von einbezogenen TU. 54

Das **Gezeichnete Kapital** im KA stimmt grds. mit dem Ausweis im JA des MU überein. Ausnahmen können sich bei Beteiligungen von TU am MU ergeben; solche Anteile sind nach § 301 Abs. 4 HGB i.H. des Nennbetrags bzw. des rechnerischen Nennbetrags im KA offen vom Gezeichneten Kapital abzusetzen. Bei der **Kapitalrücklage** können sich Abweichungen ergeben.³⁴ 55

Sofern die **Aufgliederung der Gewinnrücklagen** in der in § 266 Abs. 3 A. III. HGB für den JA vorgesehenen Form **nicht zu sachgerechten Aussagen** führt, kommt für den KA aufgrund der Aufgaben des KA (keine Ausschüttungsfunktion) auch ein **zusammengefasster Ausweis aller Gewinnrücklagen in Betracht**. Eine Trennung von Kapital- und Gewinnrücklagen ist wegen der unterschiedlichen Herkunft der Mittel beizubehalten.³⁵ 56

---

31 S. DRS 7, Tz 5.
32 Dies war möglich in Gj, die vor dem 1.1.2010 begonnen haben.
33 Zu MU in der Rechtsform der PersG i. S. d. § 264a HGB s. Rz 69.
34 S. Rz 51.
35 So auch *Förschle/Deubert*, in Beck Bil-Komm. 9. Aufl., § 298 HGB, Rz 73, und *Gelhausen/Gelhausen*, in FS Forster, S. 228.

## 2.1.21 Größenabhängige Erleichterungen (§ 274a)

57 Die in § 298 Abs. 1 HGB aufgeführten Normen sind für KA entsprechend anzuwenden, soweit sie für große KapG gelten. § 274a HGB enthält ausschließlich größenabhängige Erleichterungen für kleine KapG. Der Verweis auf § 274a HGB hat somit für KA keine praktische Bedeutung und fällt mit Wirksamkeit des BilRUG weg.

## 2.1.22 Gliederung der Gewinn- und Verlustrechnung (§ 275 HGB)

58 Die Konzern-GuV ist nach dem GKV oder dem UKV in Staffelform aufzustellen. Das **Wahlrecht** in § 275 Abs. 1 HGB kann **im KA unabhängig von der Ausübung im JA** ausgeübt werden.[36] Der Stetigkeitsgrundsatz ist zu beachten (§ 265 Abs. 1 i.V.m. § 298 Abs. 1 HGB). Im Rahmen der Konzernorganisation ist sicherzustellen, dass alle Informationen rechtzeitig vorliegen, die zur Aufstellung der Konzern-GuV nach dem gewählten Verfahren erforderlich sind.

59 Für beide Formen der Darstellung gelten die Erweiterungs-, Änderungs- und Zusammenfassungsmöglichkeiten gem. § 265 Abs. 5 bis 7 i.V.m. § 298 Abs. 1 HGB.

60 **Aufgrund** der **Eigenart des KA und konzernspezifischer Regelungen** ergeben sich im Vergleich zu den Gliederungsvorschriften für große KapG folgende **Besonderheiten:**

61 **Zusätzlich** zum JA sind in der Konzern-GuV bei Vorhandensein im Gj oder im Vj. folgende Posten aufzunehmen:
- Ergebnis (bzw. Erträge und Aufwendungen) aus assoziierten Unt (§ 312 Abs. 4 Satz 2 HGB),
- auf andere Gesellschafter entfallender Gewinn/Verlust (§ 307 Abs. 2 HGB).

## 2.1.23 Vorschriften zu einzelnen Posten der Gewinn- und Verlustrechnung (§ 277 HGB)

62 Als **Umsatzerlöse** sind nach § 277 HGB aF die Erlöse aus dem Verkauf und der Vermietung oder Verpachtung von für die gewöhnliche Geschäftstätigkeit des Konzerns typischen Erzeugnissen und Waren sowie aus der Erbringung von für die gewöhnliche Geschäftstätigkeit des Konzerns typischen Dienstleistungen nach Abzug von Erlösschmälerungen und der USt auszuweisen (§ 277 Abs. 1 i.V.m. § 298 Abs. 1 HGB). Die aus Konzernsicht vorzunehmende **Abgrenzung kann von** der **Abgrenzung in** den **JA abweichen**, z.B. bei Dienstleistungen, die lediglich Randaktivitäten darstellen, und bei Mieterträgen einbezogener WohnungsUnt. Bei der Abgrenzung ist der Stetigkeitsgrundsatz zu beachten.

63 Die §§ 267, 267a Abs. 1, § 277 Abs. 1 sowie § 293 HGB i.d.F. d. BilRUG dürfen gem. den Übergangsvorschriften zum BilRUG auf JA und KA für das nach dem 31.12.2013 beginnende Gj angewendet werden, jedoch nur insgesamt. Der Gesetzgeber verfolgt damit das Ziel, dass der Rechnungslegungspflichtige bei Anwendung der neuen Schwellenwerte zwingend auch die neue Definition der Umsatzerlöse zu beachten hat. Es ist aber kein Grund erkennbar, dass bei Ausübung des Wahlrechts einheitlich zu verfahren ist. Nach hier vertretener Auffassung kann daher das Wahlrecht im KA unabhängig von der Behandlung im JA ausgeübt werden.

---

[36] So auch *Förschle/Deubert*, in Beck Bil-Komm. 9. Aufl., § 298 HGB, Rz 75, und *Küting/Weber*, HdK, HGB § 298, Rn 46.

Nach der neuen Definition der Umsatzerlöse entfallen die beiden Tatbestandsmerkmale „gewöhnliche Geschäftstätigkeit" und „typisches Leistungsangebot", so dass alle Erlöse aus Produkten oder Dienstleistungen als Umsatzerlöse zu qualifizieren sind (z. B. auch Erlöse aus Miet- und Pachteinnahmen, Entgelte für die Verleihung von Arbeitskräften, Erlöse aus vereinnahmten Verwaltungskostenumlagen, aus Schrottverkäufen und aus Verkäufen an das Personal).[37]

Fraglich ist, ob **Erhöhungen oder Verminderungen des Bestands an fertigen und unfertigen Erzeugnissen** auszuweisen sind, wenn von der Erleichterungsvorschrift des § 298 Abs. 2 HGB Gebrauch gemacht und das GKV angewandt wird. In diesem Fall ist konsequenterweise auf einen getrennten Ausweis in der GuV zu verzichten.[38] Der Posten ist dann mit dem Materialaufwand zusammenzufassen.[39] 64

**Außerordentliche Aufwendungen und Erträge** sind nach § 277 Abs. 4 HGB Erträge bzw. Aufwendungen, die außerhalb der gewöhnlichen Geschäftstätigkeit anfallen. Bei der **Beurteilung** kann sich **aus Konzernsicht** eine **andere Sichtweise** ergeben, z. B. bei nur aus Einzelabschlusssicht erheblichen Restrukturierungen und dem Verkauf ganzer Geschäftsaktivitäten.[40] 65

Im Übrigen ergeben sich grds. keine Besonderheiten für den KA. 66

### 2.1.24 Steuern (§ 278 HGB). Latente Steuern (§ 274 HGB)

Seit der Abschaffung eines gespaltenen Steuersatzes (unterschiedliche Ertragsteuersätze für thesaurierte und ausgeschüttete Gewinne) in Deutschland hat § 278 HGB im JA keine praktische Bedeutung mehr.[41] Aus diesem Grunde wurde die Norm durch das BilRUG aufgehoben. 67

Der Verweis auf diese Norm im KA hat zur Folge, dass die Steuern der einbezogenen TU auf dieser Basis zu ermitteln sind. Theoretisch kann die Norm Anwendung finden, wenn ein TU in einem ausländischen Staat seinen Sitz hat, in dem ein gespaltener Steuersatz besteht und der Gewinnverwendungsbeschluss hinsichtlich des Bilanzgewinns des TU vom Gewinnverwendungsvorschlag abweicht.

Zum Teil wird die Vorschrift als anwendbar angesehen, wenn bei Vorliegen eines entsprechenden Gewinnverwendungsvorschlags auf Ebene des TU eine phasengleiche Ergebnisvereinnahmung beim MU erfolgt, die im Folgejahr bei entsprechendem Gesellschafterbeschluss zu einer Besteuerung nach § 8b KStG führt („**5 %- Besteuerung**").[42]

> **Beispiel**
> Die MU GmbH ist zu 100 % an der TU-GmbH beteiligt. Die TU-GmbH weist zum 31.12.X0 einen Bilanzgewinn i. H. v. 1.000 TEUR aus, der laut Gewinnverwendungsvorschlag ausgeschüttet werden soll. Die Voraussetzun-

---

[37] Vgl. *Oser/Orth/Wirtz*, DB 2015, S. 197–206, 203.
[38] Vgl. auch *Küting/Weber*, HdK, HGB § 298, Rn 48; a. A. *Förschle/Deubert*, in Beck Bil-Komm. 9. Aufl., § 298 HGB, Rz 96.
[39] Zu Änderungen mit Wirksamwerden des BilRUG siehe Rz 81a.
[40] Vgl. auch *Küting/Weber*, HdK, HGB § 298, Rn 51. Zu Änderungen mit Wirksamwerden des BilRUG siehe Rz 81a.
[41] S. hierzu die Kommentierung zu § 278 HGB.
[42] Vgl. die unterschiedlichen Auffassungen in *Förschle/Deubert*, in Beck Bil-Komm. 9. Aufl., § 298 HGB, Rz 35.

> gen der phasengleichen Gewinnvereinnahmung (Verlautbarung des HFA des IDW von 1998: Zur phasengleichen Vereinnahmung von Erträgen aus Beteiligungen an Kapitalgesellschaften nach dem Urteil des BGH vom 12.1.1998) sind gegeben.
> Mit entsprechendem Beschluss der GesV im Folgejahr ergibt sich bei einem individuellen Steuersatz i. H. v. 30 % eine Steuerbelastung von 1.000 TEUR × 30 % × 5 % (§ 8b KStG) = 15 TEUR. Hierfür ist eine passive latente Steuer bei der Berechnung der latenten Steuern zu berücksichtigen.

68 Unverändert gelten im KA bei der Bilanzierung und Bewertung latenter Steuern die §§ 274 i.V.m. § 298 Abs. 1 und 306 HGB nebeneinander. Zur Abgrenzung zwischen diesen Paragraphen wird auf die Kommentierung zu § 306 HGB verwiesen. Für den KA ergeben sich folgende Besonderheiten:
- In ihrem JA in Anspruch genommene größenabhängige Erleichterungen für kleine KapG nach § 274a Nr. 5 HGB können aufgrund des **Einheitsgrundsatzes** nicht für Zwecke der Konzernrechnungslegung in Anspruch genommen werden. Es muss unter Beachtung der Grundsätze der Wirtschaftlichkeit und Wesentlichkeit organisatorisch sichergestellt werden, dass die Informationen und Daten, die ohne Inanspruchnahme der größenabhängigen Erleichterungen erforderlich sind, bei der Berechnung der latenten Steuern für den Konzern vorliegen.
- Steuerliche Verlustvorträge, die bei der Berechnung aktiver latenter Steuern i. H. der innerhalb der nächsten 5 Jahre zu erwartenden Verlustverrechnung zu berücksichtigen sind, sind auf Konzernebene für die jeweiligen Steuersubjekte zu ermitteln. Dies gilt auch, wenn sich die vorliegenden Planungsrechnungen nur über einen kürzeren Zeitraum als 5 Jahre erstrecken. In diesem Fall sind sachgerechte und plausible Schätzungen vorzunehmen.[43]
- Nach hier vertretender Auffassung ist aufgrund der **Gesamtdifferenzbetrachtung** in § 274 HGB insgesamt ein Steuerabgrenzungsposten unter Berücksichtigung aller sich ergebenden Steuerbe- und -entlastungen sowie der zu erwartenden Verlustverrechnungen im Konzern innerhalb der nächsten fünf Jahre nach § 274 HGB zu ermitteln. Aktive und passive Salden der in den KA konsolidierten einbezogenen selbstständigen Steuersubjekte sind somit zunächst zu saldieren. Ergibt sich ein **aktiver Steuerabgrenzungsbetrag**, besteht insoweit ein Aktivierungswahlrecht, für einen **passiven Steuerabgrenzungsbetrag** eine Passivierungspflicht.[44] Die Ausübung des Aktivierungswahlrechts unterliegt dem Stetigkeitsgebot des § 246 Abs. 3 HGB. Zu den Ausweismöglichkeiten und Saldierungsmöglichkeiten wird auf die Kommentierungen zu §§ 274 und 306 HGB verwiesen.
Die Gesamtdifferenzbetrachtung führt im Konzern dazu, dass die Informationen und Daten, die aufgrund der gesetzlichen Erleichterungen bei der Aufstellung des

---

[43] DRS 18 Tz 19.
[44] So auch *Petersen/Zwirner/Busch*, Anforderungen an die konzerneinheitliche Bilanzierung und Bewertung insbesondere bei Entwicklungsaufwendungen sowie latenten Steuern, DB 2011, S. 1707 ff., Abschn. V.; a. A. *Förschle/Deubert*, in Beck Bil-Komm. 9. Aufl., § 298, Rz 33. Danach ist das einheitlich auszuübende Ansatzwahlrecht auf Ebene der TU zu beurteilen, nicht auf Ebene des Konzerns.

JA nicht ermittelt werden müssen (Befreiung von § 274 HGB für kleine KapG und nur überschlägige Berechnungen, weil sich offensichtlich ein aktiver Steuerabgrenzungsposten ergibt, der aufgrund des Aktivierungswahlrechts nicht angesetzt wird), für Konzernzwecke erforderlich sind und sich dadurch ein erheblicher zusätzlicher Zeitaufwand und zusätzliche Kosten für die Beschaffung und Prüfung der Informationen und Daten ergeben können.

**Beispiel**[45]
Die Weltall GmbH ist MU, die Mond GmbH und die Sonne GmbH sind TU. In den JA der Ges. resultieren jeweils auf Basis eines individuellen Ertragssteuersatzes folgende aktive bzw. passive latente Steuern:

|  |  | Aktive | Passive | Saldo |
|---|---|---|---|---|
|  |  | latente Steuern | | |
|  |  | GE | GE | GE |
| Weltall GmbH | | 400 | 200 | 200 |
| Mond GmbH | | 100 | 360 | −260 |
| Sonne GmbH | | 900 | 140 | 760 |
| Summe | | 1400 | 700 | 700 |

Wird von dem Aktivierungswahlrecht eines aktiven latenten Steuerüberhangs kein Gebrauch gemacht, sind auf Konzernsicht keine latenten Steuern zu bilanzieren. Bei Ausübung des Aktivierungswahlrechts ist im KA entweder der aktive Überhang von 700 GE zu aktivieren oder in einer Brutto-Darstellung werden aktive latente Steuern i. H. v. 1.400 GE als auch passive latente Steuern i. H. v. 700 GE ausgewiesen. Hinzu kommen ggf. nach § 306 HGB im Rahmen der Konzernrechnungslegung aus Konsolidierungsmaßnahmen resultierende Steuern.

## 2.2 Besondere Bestimmungen für OHG und KG i. S. d. § 264a HGB (§ 264c HGB)

§ 298 Abs. 1 HGB verweist bislang nicht auf § **264c HGB** (zu Änderungen durch BilRUG vgl. Rz 82). Da kein sachlicher Grund ersichtlich ist, warum die rechtsformspezifischen Regelungen des § 264c HGB nicht entsprechend im KA anzuwenden sein sollen, ist weiter davon auszugehen, dass die Anpassung von § 298 Abs. 1 HGB an § 264c HGB bislang aufgrund eines Versehens unterlassen wurde und die in § 264c HGB enthaltenen **Regelungen** auch in einem nach § 290ff. HGB aufgestellten KA einer haftungsbeschränkten PersG **entsprechend zu beachten** sind.[46] *Förschle/Deubert* bezeichnen dies als redaktionelles Versehen.[47]

69

---

[45] Übernommen aus *Petersen/Zwirner/Busch*, Anforderungen an die konzerneinheitliche Bilanzierung und Bewertung insbesondere bei Entwicklungsaufwendungen sowie latenten Steuern, DB 2011, S. 1707 ff., Abschn. V.
[46] IDW RS HFA 7, Tz 60.
[47] Vgl. *Förschle/Deubert*, in Beck Bil-Komm. 9. Aufl., § 298 HGB, Rz 59.

## 3 Rechtsform- und geschäftszweigspezifische Vorschriften

70 Neben den Vorschriften im HGB sind im KA nach § 298 Abs. 1 HGB auch die für die Rechtsform und den Geschäftszweig der in den KA einbezogenen Unt mit Sitz im Geltungsbereich des HGB (also inländische Konzernunternehmen) geltenden Vorschriften entsprechend anzuwenden, soweit die Eigenart des KA keine Abweichung bedingt. Sofern Vorschriften aus dem AktG oder dem GmbHG von einem einbezogenen Unt für den JA zu beachten sind, gelten diese somit grundsätzlich auch für den KA. Der Gesetzgeber beschränkt sich nicht auf das MU betreffende Angaben, sondern schließt alle einbezogenen Unt mit Sitz im Geltungsbereich des Gesetzes ein.

71 **Rechtsformspezifische Vorschriften** sind nicht zu beachten, sofern die Eigenart des KA eine Abweichung bedingt. Durch diese Einschränkung ist **bei jeder Vorschrift im Einzelnen zu prüfen**, ob aufgrund der Eigenart des KA die Einzelvorschrift entsprechend anwendbar ist. Ob und ggf. in welchem Umfang Forderungen und Verbindlichkeiten gegenüber Gesellschaftern bei einem KA mit einem MU in der Rechtsform der GmbH gesondert auszuweisen sind, wird in der Literatur kontrovers beurteilt.[48] Der gesonderte Ausweis von Forderungen und Verbindlichkeiten gegenüber Gesellschaftern in der Bilanz oder im Anhang nach § 42 Abs. 3 GmbHG ist nach hier vertretener Auffassung in einem Konzern nicht erforderlich. Sinn und Zweck des § 42 Abs. 3 GmbHG ist es, den Umfang finanzieller Beziehungen zwischen der häufig familiengeführten GmbH und ihren Gesellschaftern aufzuzeigen. Dieses Informationsbedürfnis tritt in KA aufgrund der Größe und abweichender Zielsetzungen in den Hintergrund. Für KA mit TU oder GU in der Rechtsform der AG ist es wegen mangelnder Kenntnis und fehlender Meldepflichten oftmals gar nicht möglich, entsprechende Informationen zu erlangen. Es ist nicht ersichtlich, warum ggf. danach differenziert werden soll, ob das MU entsprechende Informationen erlangen kann. Ergeben sich wesentliche Erkenntnisse aus erheblichen finanziellen Beziehungen mit Gesellschaftern, gibt es andere Vorschriften wie z.B. die Generalnorm, um den richtigen Einblick in die VFE des Konzerns zu gewährleisten.

72 Nach herrschender Literaturauffassung steht auch die Eigenart des KA einer Anwendung der Fortführung der Konzern-GuV gem. § 158 Abs. 1 AktG entgegen.[49]

73 Geschäftszweigspezifische Vorschriften, die auch beim KA zu beachten sind, betreffen insb. die Formblatt-Verordnungen. Hierunter fallen u.a.
- Kreditinstitute (vgl. § 340i Abs. 2 HGB),
- VersicherungsUnt (vgl. § 341j Abs. 1 HGB),
- VerkehrsUnt (vgl. BGBl 1988 I S. 1057),
- WohnungsUnt (vgl. BGBl 2009 I S. 1102),

---

[48] Vgl. *Förschle/Deubert*, in Beck Bil-Komm. 9. Aufl., § 298 HGB, Rz 85 (befürwortend für Beträge gegenüber Gesellschaftern des MU, auch bei Bestehen von TU und GemUnt in anderen Rechtsformen; abwägend für Beträge gegenüber Minderheitsgesellschaftern von TU) und WP-Handbuch, Bd. I, 14. Aufl., Abschn. M, Rz 222 (Angabepflicht erscheint vom Grundsatz her zweifelhaft, wenn im KA Unt verschiedener Rechtsformen zusammengefasst sind).

[49] Vgl. auch *Förschle/Deubert*, in Beck Bil-Komm. 9. Aufl., § 298 HGB, Rz 84 und WP-Handbuch, Bd. I, 14. Aufl., Abschn. M, Rz 616.

- Krankenhäuser (vgl. BGBl 1987 I S. 1045) und
- Pflegeeinrichtungen (vgl. Pflege-Buchführungsverordnung – PBV, BGBl 1995 I S. 1528).

Grundsätzlich hat sich die Gliederung der Konzernbilanz und Konzern-GuV nach dem Geschäftszweig auszurichten, der aus Konzernsicht die größte Bedeutung hat.

## 4  Zusammenfassung der Vorräte (Abs. 2)

Ist die Aufgliederung von Vorräten entsprechend § 266 HGB wegen besonderer Umstände nur mit einem unverhältnismäßigen Aufwand möglich, dürfen die nur mit unverhältnismäßigem Aufwand ermittelbaren Posten des Vorratsvermögens
1. RHB,
2. unfertige Erzeugnisse, unfertige Leistungen,
3. fertige Erzeugnisse und Waren,
in einem Posten zusammengefasst werden. Wegen Änderungen durch BilRUG wird auf Rz 82 verwiesen. 74

Die Schwierigkeit der Zuordnung zu den Posten kann sich z. B. ergeben, wenn die betreffenden VG aufgrund vertikal tief gegliederter Konzernstrukturen nicht eindeutig zuordenbar sind. Halbfabrikate innerhalb des Konzerns könnten sowohl weiterverarbeitet als auch an Dritte veräußert werden. Des Weiteren könnten z. B. PV- oder andere Module z. T. selbst hergestellt (fertige Erzeugnisse) und z. T. in einem unmittelbar weiter veräußerbaren Zustand (Waren) erworben worden sein. Grundsätzlich hat eine Unterscheidung in unfertige und fertige Erzeugnisse zu erfolgen. Sofern die Verwendung der Vorräte des abgelaufenen Gj noch nicht feststeht, kann eine Zuordnung nach dem dominierenden Bestimmungszweck erfolgen. Oftmals ist für die Bestimmung des Zuordnungskriteriums eine Schätzung notwendig. Ist die Aufgliederung der Konzernvorräte wegen besonderer Umstände mit einem unverhältnismäßigen Aufwand verbunden, so kann die Zuordnung unterbleiben. 75

Welche **Voraussetzungen für besondere Umstände mit** einem **unverhältnismäßigen Aufwand** verbunden sind, ist gesetzlich nicht festgelegt.[50] Die **Erleichterungsmöglichkeit**, die durch das BilRUG entfallen, sind **restriktiv auszulegen**. Der allg. verbundene Aufwand für den Ausweis mit den Unterposten 1–3 ist nicht ausreichend. Besondere Umstände treten z. B. ein, wenn die Informationsgewinnung mit einem unverhältnismäßig hohen zeitlichen oder finanziellen Aufwand verbunden ist. Die Voraussetzungen können in der Praxis nur bei vertikal tief gegliederten Konzernen vorliegen, in denen umfassende konzerninterne Lieferungen getätigt werden und selbst eine Schätzung der Zuordnung nach dem Bestimmungszweck nicht möglich ist. Folglich ist eine Zusammenfassung der Vorräte nur in Ausnahmefällen gestattet.[51] 76

Wird die Konzern-GuV nach dem GKV aufgestellt, kann bei zulässiger Zusammenfassung der Vorräte auf einen getrennten Ausweis der Bestandsver- 77

---

50  Vgl. *Förschle/Deubert*, in Beck Bil-Komm. 9. Aufl., § 298 HGB, Rz 96.
51  So auch *Förschle/Deubert*, in Beck Bil-Komm. 9. Aufl., § 298 HGB, Rz 96 und WP-Handbuch, Bd. I, 14. Aufl., Abschn. M, Rz 235.

änderungen und des Materialaufwands verzichtet werden. Die Posten sind dann im Materialaufwand zusammenzufassen.[52]

78 Die für große KapG vorzunehmende Zuordnung der Anzahlungen auf das UV gem. § 266 Abs. 2 B. I. 4. HGB ist von der Erleichterung nicht berührt, da nicht zu unterstellen ist, dass die Ermittlungen für diesen Ausweis mit einem unverhältnismäßigen Aufwand verbunden ist.[53]

## 5 Zusammenfassung der Anhänge für den Einzel- und Konzernabschluss (Abs. 3)

79 Der Konzernanhang darf mit dem Anhang des MU zusammengefasst werden. In diesem Fall sind der KA und der JA des MU gemeinsam offenzulegen. Werden der KA und der EA des MU nach unterschiedlichen Rechnungslegungsgrundsätzen aufgestellt (z. B. der KA nach IFRS und der EA des MU nach HGB), ist aus Gründen der Klarheit und Übersichtlichkeit eine Zusammenfassung nicht zulässig. Weder in § 298 Abs. 3 HGB noch an anderer Stelle sieht das Gesetz eine Zusammenfassung des Konzernanhangs nach IFRS mit dem Anhang des MU nach HGB vor. Eine erweiterte Auslegung des Gesetzestextes ist nicht angebracht.[54]

80 Die Form der Zusammenfassung ist gesetzlich nicht geregelt. Die Zusammenfassung ist gestattet, um Wiederholungen zu vermeiden und die Übersichtlichkeit der Angaben zu erhöhen. Inhaltlich müssen die Anhänge den Vorschriften für den JA und für den KA vollumfänglich entsprechen. Außerdem muss aus dem zusammengefassten Anhang hervorgehen, welche Angaben sich auf den Konzern und welche Angaben sich auf den JA des MU beziehen. Bei der Darstellung der Bilanzierungs- und Bewertungsmethoden und Währungsumrechnungen sowie auch in Bezug auf Angaben zum Beteiligungsbesitz, zur Besicherung und Fristigkeit von Verbindlichkeiten, zu den Haftungsverhältnissen und zu den sonstigen finanziellen Verpflichtungen ist eine Vereinfachung durch zusammengefasste Angaben möglich. Ferner ist eine Zusammenfassung der Angaben über die Aufgliederung der Umsatzerlöse denkbar. Ebenfalls ist es möglich, Verweise z. B. vom Konzernanhangteil auf den Anhangteil zum EA des MU anzubringen. Die verwendete Form muss den Grundsatz der Klarheit und Übersichtlichkeit erfüllen.[55]

81 Neben der Zusammenfassung der Anhänge dürfen auch Zusammenfassungen der Prüfungsberichte und der BSV zum EA des MU und zum KA vorgenommen werden, vorausgesetzt der Konzernanhang und der Anhang des MU werden zulässigerweise zusammengefasst und der KA und der JA des MU gemeinsam veröffentlicht.

---

[52] So auch *Küting/Weber*, HdK, HGB § 298, Rn 48; a. A. *Förschle/Deubert*, in Beck Bil-Komm. 9. Aufl., § 298 HGB, Rz 98.
[53] So auch WP-Handbuch, Bd. I, 14. Aufl., Abschn. M, Rz 235.
[54] Vgl. so auch die Beantwortung einer Anfrage durch die IDW Geschäftsstelle vom 11.10.2006 (https://www.idw.de/idw/portal/n281334/n281020/n281032/n390478/index.jsp).
[55] Vgl. auch *Förschle/Deubert*, in Beck Bil-Komm. 9. Aufl., § 298 HGB, Rz 105 f.

## 6 Änderungen durch das BilRUG

Durch das am 22.7.2015 im BGBl veröffentlichte **BilRUG** wurde die europäische RL 2013/34/EU in nationales Recht umgesetzt. Anzuwenden ist das Gesetz grundsätzlich für nach dem 31.12.2015 beginnende Gj. 82
**Klarstellungen** des § 298 HGB durch BilRUG ergeben sich
- durch Ergänzung der Aufzählung entsprechender Vorschriften für den JA um § **264c HGB**. Damit ergibt sich nun unmittelbar aus dem Gesetz, dass die für PersG bestehenden Besonderheiten auch im KA anzuwenden sind, sofern das MU eine PersG i.S.d. § 264a HGB ist. Bisher ging die Literatur bzgl. des Fehlens eines Verweises auf § 264c HGB bereits ganz überwiegend von einem redaktionellen Versehen aus;
- durch Streichung des Verweises auf § 268 Abs. 8 HGB (**Ausschüttungssperre**), weil der KA nicht als Ausschüttungsbemessungsgrundlage dient und damit der Verweis ins Leere geht.

Inhaltliche Änderungen des § 298 HGB durch BilRUG ergeben sich durch die Übernahme von **Ergänzungen, zusätzlichen Ausweisregelungen und Streichungen** in den Vorschriften zum JA. Diese betreffen im Wesentlichen
- die Vorgabe einer **Nutzungsdauer** für entgeltlich erworbene **GoF** von zehn Jahren, wenn die voraussichtliche Nutzungsdauer in Ausnahmefällen nicht verlässlich geschätzt werden kann (§ 298 i.V.m. § 253 Abs. 3 S. 4 HGB). Bei bestehenden Schätzungsunsicherheiten ist unter Beachtung des Vorsichtsprinzips eine im Rahmen möglicher Nutzungsdauern kürzere Nutzungsdauer zu wählen. Schätzungsunsicherheiten alleine rechtfertigen nicht die Anwendung dieser Ausnahmeregelung;
- die Möglichkeit der Einfügung ergänzender **Zwischensummen** im KA (§ 298 i.V.m. § 265 Abs. 5 HGB);
- die Pflicht zur Darstellung der **Verbindlichkeiten mit mehr als einjähriger Restlaufzeit** bei jedem gesondert ausgewiesenen Posten oder in einem Verbindlichkeitenspiegel (§ 298 i.V.m. § 268 Abs. 5 HGB);
- den Ausweis von **Haftungsverhältnissen** (zwingend im Konzernanhang, nicht mehr unter der Konzernbilanz möglich) und zusätzliche Angaben zu Verpflichtungen betreffend die Altersversorgung und Angaben zu Verpflichtungen gegenüber assoziierten Unt (§ 298 i.V.m. § 268 Abs. 7 HGB). Assoziierte Unternehmen sind dabei zwingend aus Konzernsicht nach § 311 f. zu beurteilen und können somit von der Abgrenzung aus JA- Sicht abweichen;
- die **Gliederungen der GuV** durch Streichung der Angaben zu ao Erträgen und Aufwendungen (§ 298 i.V.m. § 275 HGB). Ein gesonderter Ausweis von ao Posten ist auch unter Bezugnahme auf § 298 i.V.m. § 265 Abs. 5 HGB (Hinzufügung neuer Posten) nicht zulässig.[56] Ausnahmen ergeben sich bei Kreditinstituten und Versicherungsunternehmen, die im Einklang mit unveränderten besonderen europäischen Vorgaben weiterhin ao Posten in der GuV auszuweisen haben;
- die Definition der **Umsatzerlöse** (§ 298 i.V.m. § 277 Abs. 1 HGB). Auch im KA sind die Umsatzerlöse nicht mehr auf für die gewöhnliche Geschäftstätig-

---

[56] Art. 16 Abs. 1 Buchst. b der RL 2013/34/EU sieht zwingend den Ausweis im Anhang vor.

keit typische Erzeugnisse und Waren einerseits bzw. Dienstleistungen andererseits beschränkt;
- die Streichung des § 278 HGB. Weicht ein Ergebnisverwendungsbeschluss eines TU, bei dem die Höhe des Ertragsteuersatzes bei Thesaurierung und Ausschüttung abweicht, vom Vorschlag ab, so braucht der Abschluss bis Wirksamkeit des BilRUG nicht geändert zu werden (§ 298 i.V.m. § 278 HGB). Nach Streichung des § 278 HGB ist in derartigen Fällen nach dem Grundsatz der Wesentlichkeit zu entscheiden, ob eine Änderung des KA durch die vom Vorschlag abweichende Ergebnisverwendung erforderlich ist.[57]
- Des Weiteren ist eine **Zusammenfassung der Vorräte** aufgrund der Streichung des § 298 Abs. 2 HGB mit Begründung auf die Richtlinienregelung mit Wirksamkeit des BilRUG nicht mehr zulässig.

---

[57] Vgl. hierzu IDW RS HFA 6: Änderung von Jahres- und Konzernabschlüssen, Tz 37 ff.

# § 299 STICHTAG FÜR DIE AUFSTELLUNG

(1) Der Konzernabschluss ist auf den Stichtag des Jahresabschlusses des Mutterunternehmens aufzustellen.
(2) ¹Die Jahresabschlüsse der in den Konzernabschluß einbezogenen Unternehmen sollen auf den Stichtag des Konzernabschlusses aufgestellt werden. ²Liegt der Abschlußstichtag eines Unternehmens um mehr als drei Monate vor dem Stichtag des Konzernabschlusses, so ist dieses Unternehmen aufgrund eines auf den Stichtag und den Zeitraum des Konzernabschlusses aufgestellten Zwischenabschlusses in den Konzernabschluß einzubeziehen.
(3) Wird bei abweichenden Abschlußstichtagen ein Unternehmen nicht auf der Grundlage eines auf den Stichtag und den Zeitraum des Konzernabschlusses aufgestellten Zwischenabschlusses in den Konzernabschluß einbezogen, so sind Vorgänge von besonderer Bedeutung für die Vermögens-, Finanz- und Ertragslage eines in den Konzernabschluß einbezogenen Unternehmens, die zwischen dem Abschlußstichtag dieses Unternehmens und dem Abschlußstichtag des Konzernabschlusses eingetreten sind, in der Konzernbilanz und der Konzern-Gewinn- und Verlustrechnung zu berücksichtigen oder im Konzernanhang anzugeben.

WP StB Bernd Mackedanz

Inhaltsübersicht | Rz
--- | ---
1 Stichtag des Konzernabschlusses (Abs. 1) . . . . . . . . . . . . . . . . | 1–3
2 Abschlussstichtage der in den Konzernabschluss einbezogenen Unternehmen . . . . . . . . . . . . . . . . . . . . . . . . . . . . . . . . . . . . . | 4–30
   2.1 Gesetzliche Sollvorschrift (Abs. 2 Satz 1) . . . . . . . . . . . . . | 4–5
   2.2 Abweichender Stichtag von Tochter- und Mutter-Unternehmen. . . . . . . . . . . . . . . . . . . . . . . . . . . . . . . . . . . . . . . . | 6–30
      2.2.1 Erstellung eines Zwischenabschlusses . . . . . . . . . . | 7–18
      2.2.2 Keine Erstellung eines Zwischenabschlusses . . . . . | 19–30

## 1 Stichtag des Konzernabschlusses (Abs. 1)

Der KA ist auf den **Stichtag** des **JA** des **MU** aufzustellen. 1
Ein Wechsel des Gj beim MU hat aufgrund des eindeutigen Gesetzeswortlauts zwangsläufig auch den Wechsel des Stichtags des KA zur Folge und führt zu einem **Konzern-RumpfGj**.[1] Dies gilt selbst dann, wenn ein MU bspw. wegen *chance of control* zwei RumpfGj einlegt, deren Dauer zusammen zwölf Monate 2

---

[1] Vgl. Begründung zum RegE des TransPuG (2002), IDW RH HFA 1.019 Tz 2 und WP-Handbuch, Bd I, 14. Aufl., Abschn.M, Rz 152.

betragen und damit der Begrenzung des Zeitraums von Gj in § 240 Abs. 2 Satz 2 HGB nicht entgegenstehen würde.²

> **Beispiel**
> Der Stichtag des JA des MU wird vom 31.12. eines Jahrs auf den 30.6. eines Jahrs verlegt. Im Jahr der Umstellung legt das MU ein RumpfGj für den Zeitraum 1.1.-30.6. ein. Dieser Zeitraum ist auch das maßgebliche Konzern-RumpfGj. Die anzugebenden Vj-Zahlen in der Konzern-GuV betreffen den Zeitraum 1.1.-31.12.

3   Aufgrund der **unterschiedlichen Zeiträume der KonzernGj** sind die **Vergleichbarkeit** mit den Vj-Zahlen und die Aussagefähigkeit der Konzernbilanz und der Konzern-GuV **eingeschränkt**. Dies führt aber nicht dazu, dass Anpassungen hinsichtlich der Dauer des KonzernGj vorgenommen werden dürfen. Die fehlende Vergleichbarkeit führt zu einer Angabe- und Erläuterungspflicht im Konzernanhang nach § 298 Abs. 1 i.V.m. § 265 Abs. 2 Satz 2 HGB.³ Bei eingeschränkter Aussagefähigkeit schreibt § 297 Abs. 2 Satz 3 HGB zusätzliche Angaben im **Konzernanhang** vor, um ein den tatsächlichen Verhältnissen entsprechendes Bild der VFE-Lage des Konzerns zu vermitteln. Dies kann z.B. anhand von **Vergleichsrechnungen** mit gleicher Gj-Dauer erfolgen.

## 2 Abschlussstichtage der in den Konzernabschluss einbezogenen Unternehmen

### 2.1 Gesetzliche Sollvorschrift (Abs. 2 Satz 1)

4   Der Gesetzgeber gibt mit der **Sollvorschrift**, dass die JA der in den KA einbezogenen Unt auf den Stichtag des KA aufgestellt werden sollen, seine **Idealvorstellung** an. Ein **Abweichen** von dieser Sollvorschrift ist aber an keine einschränkenden Voraussetzungen gebunden und **bedarf** mangels gesetzlicher Vorschrift auch **keiner Begründung**. Die rechtlich selbstständigen TU sind somit in der Wahl ihres Abschlussstichtags grds. frei.⁴

5   Trotz dieser Freiheit bei der Wahl des JA-Stichtags dürften in den meisten KA zur Vermeidung von Verzögerungen und höheren Kosten nur dann abweichende Stichtage festgelegt werden, wenn es hierfür einen konkreten sachlichen Grund gibt (z.B. bei Saisonbetrieben oder Interessen von Minderheitsgesellschaftern sowie aus steuerlichen Gründen).

### 2.2 Abweichender Stichtag von Tochter- und Mutter-Unternehmen

6   Wenn der Abschlussstichtag des TU von dem KA-Stichtag abweicht, kommt es hinsichtlich der gesetzlichen Folgen auf den **Zeitraum zwischen diesen Stich-**

---

2   So *Förschle/Deubert*, in Beck Bil-Komm. 9. Aufl., § 299 HGB, Rz 4.
3   So auch *Förschle/Deubert*, in Beck Bil-Komm. 9. Aufl., § 299 HGB, Rz 4; vgl. auch IDW RS HFA 39 Tz 11.
4   So z.B. auch WP-Handbuch, Bd. I, 14. Aufl., Abschn. M, Rz 154; *ADS*, 6. Aufl., § 299 HGB, Rz 18 und *Förschle/Deubert*, in Beck Bil-Komm. 9. Aufl., § 299 HGB, Rz 8.

tagen an. Liegt der Abschlussstichtag um **mehr als drei Monate vor** dem KA-Stichtag, schreibt § 299 Abs. 2 Satz 2 HGB die Aufstellung eines **Zwischenabschlusses** vor.[5] Liegt der Abschlussstichtag **nicht mehr als drei Monate vor** dem KA-Stichtag, **braucht ein Zwischenabschluss nicht** aufgestellt zu werden. **Vorgänge von besonderer Bedeutung** innerhalb dieses Zeitraums sind aber nach Abs. 3 im KA **zu erfassen.** Abweichend zu den IFRS (IFRS 10.21 i. V. m. § B92f.) kann ein JA mit einem **Abschlussstichtag nach dem KA-Stichtag** aufgrund des eindeutigen Gesetzeswortlauts in keinem Fall Berücksichtigung finden.[6]

### 2.2.1 Erstellung eines Zwischenabschlusses

Der Zwischenabschluss **dient ausschließlich als Grundlage für** die **Aufstellung des KA.** Durch den Zwischenabschluss ist es möglich, für den Zeitraum des KonzernGj die Daten des TU mit abweichendem Stichtag in den KA einzubeziehen. Bei der Aufstellung des Zwischenabschlusses ist stets auf den KA-Stichtag abzustellen.[7]  7

Der Zeitraum der Konzern-GuV des Zwischenabschlusses entspricht i. d. R. dem Zeitraum des KonzernGj. Bei erstmaligem Einbezug oder EndKons von TU darf der Zwischenabschluss abweichend nur die Erträge und Aufwendungen enthalten, die auf die Zeit der Konzernzugehörigkeit entfallen.  8

Hat ein TU bislang auf die Aufstellung eines Zwischenabschlusses verzichtet und stellt das TU im Folgejahr sein Gj auf das KonzernGj um oder verzichtet es auf das bisherige Weglassen eines Zwischenabschlusses, kann der in den KA **einbezogene Zeitraum durch** eine **Umstellung länger als zwölf Monate** (maximal 15 Monate) betragen. Sofern dadurch der Einblick in die VFE-Lage des Konzerns beeinträchtigt ist, sind zusätzliche Angaben im Konzernanhang erforderlich.  9

Der Zwischenabschluss entfaltet keine Rechtsgrundlage für Zwecke der Besteuerung, Ansprüche der Gesellschafter auf einen ggf. im Zwischenabschluss ausgewiesenen Bilanzgewinn und andere ergebnisabhängige Zahlungen. Sofern gewinnabhängige Vergütungen vereinbart sind, müssen diese auf Basis des Zwischenabschlussergebnisses im Wege der Schätzung ermittelt werden. Aufgrund dieser fehlenden Rechtsfolgen sind eine Vorlagepflicht des Zwischenabschlusses an den AR sowie die **Feststellung und Offenlegung** gesetzlich nicht vorgesehen.  10

Der Zwischenabschluss muss aus den Büchern der Ges. entwickelt werden. Es ist ausreichend, **Abschlussbuchungen und Überleitungen in** statistischen **Nebenrechnungen** festzuhalten. Diese Nebenrechnungen müssen aber so vollständig sein, dass ein Sachverständiger jederzeit die Entwicklung des Zwischenabschlusses aus den Büchern und sonstigen Unterlagen vornehmen kann. Diese Aufzeichnungen unterliegen den gleichen **Aufbewahrungsfristen** wie andere Bücher der Ges.[8]  11

---

[5] Bei TU von VersicherungsUnt tritt an die Stelle des Drei-Monatszeitraums ein Sechs-Monatszeitraum, § 341i Abs. 3 Satz 2 HGB.
[6] So z. B. auch WP-Handbuch, Bd. I, 14. Aufl., Abschn. M, Rz 155. Eine im Referentenentwurf zum BilRUG vorgesehene Anpassung an die IFRS wurde nicht weiter verfolgt.
[7] Zu Ausnahmen (Vorliegen eines Zwischenabschlusses aufgrund regulatorischer Vorgaben, der innerhalb des Drei-Monatszeitraums liegt) vgl. IDW RH HFA 1.019 Tz 6 und *Förschle/Deubert*, in Beck Bil-Komm. 9. Aufl., § 299 HGB, Rz 10.
[8] Vgl. auch *Förschle/Deubert*, in Beck Bil-Komm. 9. Aufl., § 299 HGB, Rz 12, und WP-Handbuch, Bd. I, 14. Aufl., Abschn. M, Rz 159.

12  Besondere Konzernrechnungslegungsvorschriften hinsichtlich der **Aufstellung** eines Zwischenabschlusses **existieren nicht.** Es gelten die allg. Vorschriften zum Inhalt und zur Form des KA. Bei der Aufstellung des Zwischenabschlusses sind somit die GoB zu beachten. Die allg. Grundsätze, die bei der Aufstellung einer sog. HB II zu beachten sind, gelten demnach sinngem. auch für den Zwischenabschluss. Als Grundlage für die Aufstellung des KA sind insb. die angewandten Bilanzierungs- und Bewertungsmethoden zu beachten.[9]

13  Zwischenabschlüsse sind keine Abschlüsse minderer Qualität. Auch für Zwischenabschlüsse gelten die Konzerngrundsätze der **Wesentlichkeit** und **Wirtschaftlichkeit.** Die in DRS 16 niedergelegten Grundsätze für eine Zwischenberichterstattung hinsichtlich Ansatz und Bewertung lassen sich sinngemäß z.T. auch auf Zwischenabschlüsse für einen KA übertragen.[10] Somit **können** ins Einzelne gehende **Anforderungen** dann **vernachlässigt werden, wenn** realistische Schätzungen möglich sind und dadurch die **Aussagefähigkeit** des KA **nicht beeinträchtigt wird.** Dies könnte z.B. folgende Sachverhalte betreffen:
- **Einholung** eines neuen **versicherungsmathematischen Gutachtens** für Rückdeckungsansprüche sowie Pensions- und Jubiläumsverpflichtungen, wenn ein solches Gutachten zum Abschlussstichtag vorliegt, zwischenzeitlich keine wesentlichen Änderungen eingetreten sind und der Wert zum KA-Stichtag hinreichend genau festgestellt werden kann;
- **Inventur auf** den **KA-Stichtag,** wenn sich der Vorratsbestand durch Fortschreibungs- oder Rückrechnungsverfahren oder aufgrund anderer Verfahren wertmäßig hinreichend genau feststellen lässt. Die gesetzlichen Fristen des § 241 Abs. 3 Nr. 1 HGB und ein Erfordernis der körperlichen Bestandsaufnahme innerhalb des Zeitraums, für den der Zwischenabschluss aufzustellen ist, können vernachlässigt werden, wenn eine ausreichende Bewertung des Vorratsvermögens hinreichend gesichert ist.[11] Hierbei spielt auch die Bedeutung der Vorratsbestände für den KA eine Rolle;
- **Berechnung der Normalabschreibungen** bei unveränderten Anlagebeständen;
- Neuberechnungen von **abzugrenzenden Posten** (z.B. Urlaubsgeld, Weihnachtsgeld, Versicherungsprämien);
- pauschale Berücksichtigung der Bilanz- und GuV-Posten eines einbezogenen TU, das für die VFE-Lage des KA von untergeordneter Bedeutung ist und nach § 296 Abs. 2 HGB nicht konsolidiert werden müsste.

14  Bei Aufstellung eines Zwischenabschlusses sind die Bilanzierungs- und Bewertungsmethoden des Konzerns zu beachten. Abweichungen zu den Bilanzierungs- und Bewertungsmethoden im JA sind in der HB II zu korrigieren.

---

[9] Vgl. auch *IDW RH HFA 1.019 Tz 4.*
[10] Die Behandlung von laufenden Ertragssteuern ausnehmend *Förschle/Deubert*, in Beck Bil-Komm. 9. Aufl., § 299 HGB, Rz 21und WP-Handbuch, Bd. I, 14. Aufl., Abschn. M, Rz 163. Danach darf für den Zwischenabschluss ein gewichteter durchschnittlicher jährlicher Ertragssteuersatz analog DRS 16.24 nicht zur Anwendung kommen.
[11] So auch *Förschle/Deubert*, in Beck Bil-Komm. 9. Aufl., § 299 HGB, Rz 19, und *ADS*, 6. Aufl. § 299 HGB, Rz 35.

Das im Zwischenabschluss ausgewiesene Jahresergebnis kann z.T. schon einer   15
vollständigen oder teilweisen **Gewinnverwendung** unterlegen haben.

**Beispiel**
Das TU hat ein Gj vom 1.10.X0 bis 30.9.X1. Es erstellt für Zwecke der Einbeziehung in den KA einen Zwischenabschluss für den Zeitraum 1.1.X1 bis 31.12.X1. Es wurden folgende Ergebnisse erzielt:
- 1.10.X0 bis 30.9.X1: Jahresüberschuss = Bilanzgewinn 120 TEUR
- 1.1.X1 bis 31.12.X1: Jahresüberschuss = Bilanzgewinn 100 TEUR

Auf der GesV am 1.12.X1 wurde beschlossen, den Bilanzgewinn des vorangegangenen Gj X0/X1 (120 TEUR) anteilig i.H.v. 60 TEUR auszuschütten und den Restbetrag i.H.v. 60 TEUR in die anderen Gewinnrücklagen einzustellen.

Nach hier vertretener Auffassung sind alle **wirksamen Gewinnverwendungsbeschlüsse** im Zwischenabschluss **zu erfassen**. Der Zwischenabschluss ist sodann unter teilweiser Verwendung des Jahresergebnisses aufzustellen; hinsichtlich der Darstellung findet § 268 Abs. 1 HGB Anwendung. Sofern das TU neben dem gezeichneten Kapital am 30.9.X0 über kein weiteres EK verfügt, sind am 31.12.X1 im Zwischenabschluss neben dem gezeichneten Kapital folgende EK-Posten auszuweisen:

- andere Gewinnrücklagen                60 TEUR
- Bilanzverlust                         20 TEUR

Es wird ein Bilanzverlust ausgewiesen, weil der Jahresüberschuss im Kj X1 nicht ausreicht, die wirksame Gewinnausschüttung i.H.v. 60 TEUR und die wirksame Einstellung von 60 TEUR in die anderen Gewinnrücklagen auszugleichen.[12]

Die **Ergebnisanteile** des Zwischenabschlusses, die auf den **Zeitraum** vom **Stich-**   16
**tag des JA bis zum KA-Stichtag** entfallen, sind noch nicht endgültig und können z.B. noch durch Verluste in der zweiten Teilperiode aufgezehrt werden. Wenn derartige Ergebnisanteile dem MU zustehen, handelt es sich um **Ergebnisanteile, die nicht zur Ausschüttung an die Gesellschafter zur Verfügung stehen**. Der DSR empfiehlt in DRS 7.15a die gesonderte Angabe derartiger Beträge, sofern diese wesentlich sind.

Bei **Aufwendungen, deren Höhe vom Jahresergebnis abhängig** sind (z.B.   17
Steuern vom Einkommen und vom Ertrag, Tantiemen), sollten zunächst die **tatsächlichen Aufwendungen** des abgeschlossenen Gj maßgebend sein. Für den Zeitraum des Abschlussstichtags bis zum KA-Stichtag sind **sachgerechte Berechnungen im Schätzwege** vorzunehmen.[13] Zur Ermittlung sind Fiktionen unvermeidbar. **Unterschiedsbeträge** sind **im folgenden Zwischenabschluss ergebniswirksam** zu erfassen.

---

12  Zu den Auswirkungen von Ergebnisübernahmen aus Gewinnabführungsverträgen vgl. ausführlich *ADS*, 6. Aufl. § 299 HGB, Rz 43.
13  Vgl. auch WP-Handbuch, Bd. I, 14. Aufl., Abschn. M, Rz 161 ff., ausführlich *Förschle/Deubert*, in Beck Bil-Komm. 9. Aufl., § 299 HGB, Rz 16 ff.

> **Beispiel**
> Für den Zeitraum vom 1.10.X1 (Abschlussstichtag des TU) bis 31.12.X1 (KA-Stichtag) erwirtschaftet das TU einen Überschuss vor Ertragsteuern i. H. v. 500 TEUR. In den folgenden neun Monaten wird mit einem weiteren Überschuss vor Ertragsteuern i. H. v. 1.500 TEUR gerechnet. Wegen Anlaufverlusten bestehen ertragsteuerliche Verlustvorträge von mehr als 2.000 TEUR.
> Bei der Berechnung der Aufwendungen für die KSt ist die Mindestbesteuerung zu beachten. Sofern das steuerliche Ergebnis nicht wesentlich vom handelsrechtlichen Ergebnis abweicht, wird bei einem voraussichtlichen steuerlichen Ergebnis von 2.000 TEUR KSt i. H. v. 400 TEUR (steuerliche Bemessungsgrundlage nach § 10d EStG) × 15 % = 60 TEUR anfallen. Ein Viertel hiervon (15 TEUR) entfällt auf den Zeitraum vom 1.10.X1 bis 31.12.X1.

> **Beispiel**
> Für den Zeitraum vom 1.10.X1 (Abschlussstichtag des TU) bis 31.12.X1 (KA-Stichtag) erwirtschaftet das TU einen Überschuss vor Ertragsteuern i. H. v. 500 TEUR. In den folgenden neun Monaten wird mit einem Fehlbetrag i. H. v. 500 TEUR gerechnet.
> Obwohl für das Gj X1/X2 aufgrund des ausgeglichenen Ergebnisses voraussichtlich keine Ertragsteuern anfallen werden, sind für den Zeitraum vom 1.10.X1 bis 31.12.X2 Ertragsteuern abzugrenzen. Diese Ertragsteuerverpflichtung ist bei Eintritt des Verlusts wieder erfolgswirksam aufzulösen.

18 Der **Zwischenabschluss** ist in gleichem Maß wie der JA **vom Konzern-AP zu prüfen.** Der Gesetzgeber nennt in § 317 Abs. 3 HGB zwar nur JA. Es ergibt sich aber nach hM aus dem Gesamtzusammenhang, dass der Verweis nur auf JA keine Einschränkung des Prüfungsumfangs des Konzern-AP bedeutet.[14]

### 2.2.2 Keine Erstellung eines Zwischenabschlusses

19 Liegt der Abschlussstichtag nicht um mehr als drei Monate **vor** dem Stichtag des KA, **kann auf die Aufstellung** eines **Zwischenabschlusses verzichtet werden** (§ 299 Abs. 2 Satz 2 HGB). Grundlage für die Einbeziehung in den KA ist bei entsprechender Ausübung des gesetzlichen Wahlrechts der vom TU erstellte JA, ggf. nach Anpassungen an die konzerneinheitlichen Bilanzierungs- und Bewertungsmethoden in der HB II.

20 Auch in diesem Fall geht grds. ein Zeitraum von zwölf Monaten in den KA ein, jedoch mit einer Phasenverschiebung.

> **Beispiel**
> Der Stichtag des KA ist der 31.12.X1. Das Gj des TU läuft vom 1.10.X0 bis 30.9.X1. Der JA des TU wird in den KA einbezogen, sodass Erträge und Aufwendungen der Monate Oktober bis Dezember X0 im KA zum 31.12.X1 enthalten sind, solche der Monate Oktober bis Dezember X1 jedoch grds. nicht.

---

[14] Vgl. IDW RH HFA 1.019 Tz 14.

Auf **Vorgänge von besonderer Bedeutung** nach dem KA-Stichtag ist **nicht einzugehen**. Die Berichterstattung ist zeitlich auf Vorgänge vor dem KA-Stichtag beschränkt. Für Sachverhalte nach dem KA-Stichtag ergeben sich u. U. Berichtspflichten im KLB nach § 315 Abs. 2 Nr. 1 HGB. 21

Der JA eines TU, dessen Stichtag auch nur geringfügig nach dem Stichtag des KA liegt, kann in keinem Fall Grundlage der Einbeziehung sein. 22

Der **Verzicht auf die Aufstellung eines Zwischenabschlusses** bedarf neben der Drei-Monats-Regelung keiner weiteren Voraussetzungen.[15] Unbeachtlich sind insb. die Bedeutung des TU und der Umfang der Lieferungs- und Leistungsverflechtungen mit verbundenen Unt. 23

Sind die Zeiträume der Gj von einbezogenen KonzernUnt nicht deckungsgleich, ergeben sich zwangsläufig bei Geschäftsbeziehungen mit KonzernUnt im nicht deckungsgleichen Zeitraum Posten, die im Rahmen der Aufwands- und Ertrags-Kons sowie der SchuldenKons nicht eliminiert werden. Sind solche Restposten von besonderer Bedeutung, können sie durch Nachbuchungen in der HB II ausgeglichen oder im Konzernanhang angegeben werden. Bei Vorgängen von untergeordneter Bedeutung sind weder Nachbuchungen noch Konzernanhangangaben erforderlich. Dies kann dazu führen, dass bspw. Forderungen gegen verbundene Unt ausgewiesen werden, obwohl alle KonzernUnt im KA voll konsolidiert werden.[16] 24

Vorgänge von besonderer Bedeutung zwischen dem Abschlussstichtag des einbezogenen TU und dem Stichtag des KA sind gem. § 299 Abs. 3 HGB **in der Konzernbilanz und in der Konzern-GuV zu berücksichtigen oder im Konzernanhang anzugeben. Beide Alternativen** stehen **gleichberechtigt** nebeneinander.[17] Die besondere Bedeutung für die VFE-Lage muss nach dem Gesetzeswortlaut die Darstellung der VFE-Lage des einbezogenen Unt mit abweichendem Stichtag oder bei Lieferungs- oder Leistungsverkehr mit KonzernUnt eines der übrigen konsolidierten Unt betreffen. Dabei sind die Vorgänge einzeln und in ihrer Gesamtheit zu beurteilen.[18] Aufgrund der allg. **Konzerngrundsätze der Wirtschaftlichkeit und Wesentlichkeit** bedarf es nach hier vertretener Auffassung einer Berichterstattung oder Nachbuchung zusätzlich nicht, wenn sich der Vorgang nicht wesentlich auf die VFE-Lage des Konzerns auswirkt. Hierbei sind kumulativ die nicht erfassten Zeiträume aller TU mit abweichenden Abschlussstichtagen zu berücksichtigen. Der Schwierigkeit, dass aus Sicht des TU die Bedeutung von Geschäftsvorfällen für den KA nicht abschließend beurteilt werden kann, kann durch Konzernvorgaben begegnet werden. 25

Die Frage der **besonderen Bedeutung** von Vorgängen oder der Gesamtheit der Vorgänge ist **jeweils** im **Einzelfall** zu entscheiden. Die Erfolgswirksamkeit des Vorgangs spielt dabei keine Rolle, **auch erfolgsneutrale Transaktionen können von besonderer Bedeutung** im Sinne dieser Vorschrift **sein**, z. B. der Kauf oder 26

---

[15] Vgl. IDW RH HFA 1.019 Tz 3, *Förschle/Deubert*, in Beck Bil-Komm. 9. Aufl., § 299 HGB, Rz 26, WP-Handbuch, Bd. I, 14. Aufl., Abschn. M, Rz 155.

[16] Vgl. WP-Handbuch, Bd. I, 14. Aufl., Abschn. M, Rz 174, das entsprechende Nachbuchungen in der HB II empfiehlt.

[17] Vgl. IDW RH HFA 1.019 Tz 10.

[18] Vgl. IDW RH HFA 1.019 Tz 8; *Förschle/Deubert*, in Beck Bil-Komm. 9. Aufl., § 299 HGB, Rz 35; WP-Handbuch, Bd. I, 14. Aufl., Abschn. M, Rz 168.

Verkauf wesentlicher Beteiligungen und Immobilien, die Aufnahme oder Tilgung wesentlicher Darlehen sowie der Abschluss wesentlicher Sicherungsgeschäfte.[19]

27 Hinsichtlich der Art der Berücksichtigung der Vorgänge von besonderer Bedeutung hat das MU ein Wahlrecht, die Vorgänge in der Konzernbilanz und Konzern-GuV zu berücksichtigen oder im Konzernanhang anzugeben. Aufgrund der **Bilanzierungsstetigkeit** und des **Stetigkeitsgrundsatzes der Konsolidierungsmethoden** sind Sachverhalte bei vergleichbaren Unt mit abweichendem Stichtag im KA gleich zu behandeln.

28 Bei der **Berücksichtigung** in der **Konzernbilanz** und in der **Konzern-GuV** sind die Vorgänge von besonderer Bedeutung **in der HB II** des betreffenden Unt **nachzubuchen**. Sofern die Vorgänge erfolgswirksam sind, sind auch die damit verbundenen Ertragsteuerauswirkungen zu erfassen. Bei den Eröffnungsbilanzbuchungen im Folgejahr sind diese Nachbuchungen zu berücksichtigen, damit der **Bilanzenzusammenhang** im **Konzern** gewährleistet ist und eine nochmalige Erfassung des Vorgangs im KA vermieden wird.

29 Bei der **Berücksichtigung im Konzernanhang** müssen die Angaben inhaltlich einer Berücksichtigung dieser Vorgänge in der Konzernbilanz und Konzern-GuV **gleichwertig** sein. Daher sind **regelmäßig Zahlenangaben und Erläuterungen erforderlich**.[20] In Nebenrechnungen sind in der Vorperiode erfasste Vorgänge von besonderer Bedeutung fortzuschreiben, um eine mehrfache Berücksichtigung von Vorgängen in den KA verschiedener Stichtage zu vermeiden. **Gleichartige Sachverhalte** aus mehreren JA mit abweichenden Stichtagen **können zusammengefasst werden**.

30 Die Vorschrift ist auf **GemeinschaftsUnt analog** anzuwenden, § 310 Abs. 2 HGB verweist auf § 298 HGB. **DRS 9.9** verlangt **abweichend** die Einbeziehung auf der Grundlage von Zwischenabschlüssen für jeden Fall abweichender Gj.

---

[19] Vgl. auch WP-Handbuch, Bd. I, 14. Aufl., Abschn. M, Rz 170.
[20] So auch IDW RH HFA 1.019 Tz 13.

# § 300 KONSOLIDIERUNGSGRUND-SÄTZE. VOLLSTÄNDIGKEITS-GEBOT

(1) ¹In dem Konzernabschluß ist der Jahresabschluß des Mutterunternehmens mit den Jahresabschlüssen der Tochterunternehmen zusammenzufassen. ²An die Stelle der dem Mutterunternehmen gehörenden Anteile an den einbezogenen Tochterunternehmen treten die Vermögensgegenstände, Schulden, Rechnungsabgrenzungsposten und Sonderposten der Tochterunternehmen, soweit sie nach dem Recht des Mutterunternehmens bilanzierungsfähig sind und die Eigenart des Konzernabschlusses keine Abweichungen bedingt oder in den folgenden Vorschriften nichts anderes bestimmt ist.

(2) ¹Die Vermögensgegenstände, Schulden und Rechnungsabgrenzungsposten sowie die Erträge und Aufwendungen der in den Konzernabschluß einbezogenen Unternehmen sind unabhängig von ihrer Berücksichtigung in den Jahresabschlüssen dieser Unternehmen vollständig aufzunehmen, soweit nach dem Recht des Mutterunternehmens nicht ein Bilanzierungsverbot oder ein Bilanzierungswahlrecht besteht. ²Nach dem Recht des Mutterunternehmens zulässige Bilanzierungswahlrechte dürfen im Konzernabschluß unabhängig von ihrer Ausübung in den Jahresabschlüssen der in den Konzernabschluß einbezogenen Unternehmen ausgeübt werden. ³Ansätze, die auf der Anwendung von für Kreditinstitute oder Versicherungsunternehmen wegen der Besonderheiten des Geschäftszweigs geltenden Vorschriften beruhen, dürfen beibehalten werden; auf die Anwendung dieser Ausnahme ist im Konzernanhang hinzuweisen.

PROF. DR. STEFAN MÜLLER/DR. MARKUS KREIPL

Inhaltsübersicht | Rz
--- | ---
1 Überblick | 1–9
  1.1 Inhalt und Regelungszweck | 1–7
  1.2 Anwendungsbereich | 8
  1.3 Normenzusammenhänge | 9
2 Zusammenfassung der Jahresabschlüsse zum Konzernabschluss (Abs. 1) | 10–22
  2.1 Grundsatz der Zusammenfassung der Einzelabschlüsse (Abs. 1 Satz 1 und Satz 2 1. Hs.) | 10–17
  2.2 Einschränkungen der einheitlichen Bilanzierung (Abs. 1 Satz 2 2. Hs.) | 18–22
    2.2.1 Fähigkeit der Bilanzierung nach dem Recht der Mutter | 18–21
    2.2.2 Abweichungen wegen der Eigenart des Konzernabschlusses | 22

3  Ansatzwahlrechte im Konzernabschluss (Abs. 2) . . . . . . . . . .   23–37
   3.1  Grundsatz der Vollständigkeit und Unabhängigkeit (Abs. 2
       Satz 1). . . . . . . . . . . . . . . . . . . . . . . . . . . . . . . . . . . . . . .   23–31
   3.2  Ausübung von Ansatzwahlrechten (Abs. 2 Satz 2). . . . . . .   32–35
   3.3  Sondervorschriften für Kreditinstitute und Versicherungs-
       unternehmen (Abs. 2 Satz 3) . . . . . . . . . . . . . . . . . . . . . .   36–37
4  Rechtsfolgen bei Pflichtverletzung . . . . . . . . . . . . . . . . . . . . . .   38

**Ergänzendes Schrifttum**
*Angermayer/Oser*, Die Rechnungslegung im Versicherungskonzern, WPg 1996, S. 457; *Arbeitskreis „Externe Unternehmensrechnung" der Schmalenbach-Gesellschaft*, Aufstellung von Konzernabschlüssen, ZfbF, Sonderheft 21/1987; *Dusemond*, Bilanzierung und Bewertung im Konzernabschluß, DB 1996, S. 537; *Greth*, Konzernbilanzpolitik, Wiesbaden 1996; *Havermann*, Die HB II – Zweck, Inhalt und Einzelfragen ihrer Erstellung, in *Knobbe-Keuk/Klein/Moxter* (Hrsg.), Handels- und Steuerrecht, FS *Döllerer*, 1998, S. 185; IAS/US-GAAP/HGB im Vergleich: Synoptische Darstellung für den Einzel- und Konzernabschluss, 2. Aufl., 2000; *Ordelheide*, Bilanzansatz und Bewertung im Konzernabschluß, WPg 1985, S. 509; *Petersen/Zwirner*, Bilanzierungswahlrechte in der Konzernrechnungslegung: neue Problemfelder durch das BilMoG, DB 2011, S. 1707; *Pfitzer/Oser/Orth*, Zur Reform des Aktienrechts, der Rechnungslegung und Prüfung durch das TransPubG, DB 2002, S. 157; *Schruff*, Einflüsse der 7. EG-RL auf die Aussagefähigkeit des Konzernabschlusses, Berlin 1984; *Schülen*, Vereinheitlichung von Bilanzansatz und Bewertung im Konzernabschluß, in *Mellwig/Moxter/Ordelheide* (Hrsg.), Einzelabschluß und Konzernabschluß. Beiträge zum neuen Bilanzrecht, 1988, S. 123; *Schulz*, Der Stetigkeitsgrundsatz im Konzernabschluß, WPg 1990, S. 357; *Wiedmann*, Die Stetigkeit nach neuem Recht und ihr Einfluß auf Bilanzanalyse und Bilanzpolitik, BFuP 1988, S. 37.

# 1 Überblick

## 1.1 Inhalt und Regelungszweck

1    § 300 HGB regelt die Ableitung des KA aus den JA der einbezogenen Unt unter Rückgriff auf Konsolidierungsgrundsätze, die den **Grundsätzen ordnungsmäßiger Konzernrechnungslegung**[1] – kurz GoK – inhärent sind. Die Über-

---

[1] Bezogen auf die Konzernrechnungslegung ist zu berücksichtigen, dass die aus den Zwecken des Einzelabschlusses entwickelten GoB das geforderte Bild der wirtschaftlichen Lage der Einheit Konzern nicht vermitteln können. Viele GoK-relevante Probleme, wie z. B. Fragen hinsichtlich der Abgrenzung des KonsKreises oder auch Anforderungen an die Kons., haben zwangsläufig kein Äquivalent auf der Ebene des Einzelabschlusses. In Analogie zu den Zwecken der GoB dienen jedoch auch die GoK vor allem der Sicherung des Rechtsverkehrs im Geschäftsleben und der Erhöhung des Aussagewerts von Buchführung und JA. Dies erfordert die Entwicklung und Ausgestaltung von Normen, mittels derer mehr oder weniger offene Probleme im Bereich der KA-Erstellung gelöst werden können. Ausgehend von den Zwecken des KA ist dabei zwischen allgemeinen Anforderungen an die Handelsbilanzen II, den Summenabschluss und die Kons. zu unterscheiden. S. dazu detailliert etwa *Müller*, in *Federmann/Kußmaul/Müller*, HdB, Konzernbilanzierung (Grundlagen), Rz 28 ff.

schrift ist insofern irreführend, als § 300 HGB nicht sämtliche Konsolidierungsgrundsätze des HGB umfasst, sondern lediglich jene in Bezug auf die Zusammenfassung der JA mittels **VollKons** berührt.[2] Bei den weiteren in § 300 HGB geregelten Grundsätzen[3] handelt es sich nicht um Konsolidierungsgrundsätze.[4]

> **Beispiel**
> Wesentliche im Schrifttum dargestellte und nicht in § 300 HGB kodifizierte Konsolidierungsgrundsätze sind:[5]
> - Klarheit und Übersichtlichkeit (§ 297 Abs. 2 HGB),
> - Fiktion der rechtlichen Einheit des Konzerns (§ 297 Abs. 3 Satz 1 HGB),
> - Stetigkeit der Konsolidierungsmethoden (§ 297 Abs. 3 Satz 2 HGB),
> - Einheitlicher Abschlussstichtag (§ 299 Abs. 1 HGB)[6],
> - Einheitliche Bewertung (§ 308 Abs. 1 HGB),
> - Wirtschaftlichkeit (§§ 291 Abs. 1, 293 HGB),
> - Wesentlichkeit (§§ 296 Abs. 2, § 303 Abs. 2 HGB).

§ 300 Abs. 1 Satz 1 HGB verlangt, dass der JA des MU und die JA der TU im KA **zusammenzufassen sind**, soweit die TU in den KonsKreis einbezogen werden. Abs. 1 Satz 1 begründet selbst keine Einbeziehungspflicht.[7] Sofern die Eigenart des KA keine Abweichung bedingt oder in den folgenden Vorschriften nichts anderes vorgeschrieben ist, sind die **Anteile** im Besitz des MU gem. § 300 Abs. 1 Satz 2 HGB durch die Posten der TU zu ersetzen, sofern diese nach dem Recht des MU bilanzierungsfähig sind. Generell gelten für den **Bilanzansatz** im KA die Bilanzierungsvorschriften des MU. Gem. § 300 Abs. 2 Satz 1 HGB sind die VG, Schulden und RAP, Sonderposten sowie die Erträge und Aufwendungen der in den KA einzubeziehenden Unt **unabhängig von ihrer Berücksichtigung in den JA** dieser Unt **vollständig** in den KA aufzunehmen, soweit nach dem Recht des MU nicht ein Bilanzierungsverbot oder -wahlrecht besteht. Die Konzernleitung kann im KA über den Ansatz von VG und Schulden losgelöst von deren Ansatz in den zugrunde liegenden JA neu entscheiden. Sie muss dabei allein die für das MU geltenden Vorschriften beachten. Eine konzernweit einheitliche Anwendungsverpflichtung für vergleichbare Fälle besteht für Ansatzentscheidungen im Gegensatz zu den Bewertungsentscheidungen (§ 308 Rz 10ff.) somit nicht explizit, ist mit Blick auf die Generalnorm aber sinnvoll und auch vom IDW gefordert.[8]

2

3

4

---

[2] Vgl. *Förschle*, in Beck Bil-Komm. 9. Aufl., § 300 HGB, Rz 1; *Kirsch/Hepers/Dettrieder*, in Baetge/Kirsch/Thiele, Bilanzrecht, § 300 HGB, Rz 10, Stand 4/2012.
[3] Vgl. dazu Kapitel 2 und 3.
[4] Vgl. *Kirsch/Hepers/Dettrieder*, in Baetge/Kirsch/Thiele, Bilanzrecht, § 300 HGB, Rz 11, Stand 4/2012.
[5] Ähnlich auch *Förschle*, in Beck Bil-Komm. 9. Aufl., § 300 HGB, Rz 2; *Kirsch/Hepers/Dettrieder*, in Baetge/Kirsch/Thiele, Bilanzrecht, § 300 HGB, Rz 10, Stand 4/2012.
[6] Vgl. dazu detailliert *Müller*, in Federmann/Kußmaul/Müller, HdB, Konzernabschluss nach HGB, Rz 130f.
[7] Vgl. *ADS*, 6. Aufl., § 300 HGB, Rz 4.
[8] Vgl. IDW RH HFA 1.018, Tz. 3.

5 Die Anwendung von **Bilanzierungswahlrechten** ist gem. § 300 Abs. 2 Satz 2 HGB unabhängig von einer entsprechenden Anwendung in den JA der zu konsolidierenden Unt, einschl. des MU, möglich.

6 Für **Kreditinstitute** und **VersicherungsUnt** gelten seit Einführung des VersRiLiG gem. § 300 Abs. 2 Satz 3 HGB **Sondervorschriften** in Bezug auf die Beibehaltung von Ansätzen, die auf spezifischen Vorschriften zur Berücksichtigung von branchenbedingten Besonderheiten beruhen. Die Anwendung des Beibehaltungswahlrechts ist jedoch durch einen Hinweis im Konzernanhang kenntlich zu machen.

7 Der KA ist als **eigenständiges Informationsinstrument** zu verstehen,[9] das ein den tatsächlichen Verhältnissen entsprechendes Bild der VFE-Lage zu vermitteln hat. Das Informationsbild muss dabei so dargestellt werden, als handele es sich bei den einbezogenen Unt um eine rechtliche Einheit (**Einheitstheorie**). **Mehrfacherfassungen** als Folge konzerninterner Verflechtungen sind daher zu **eliminieren** und unterschiedliche Nutzungen von Ansatzwahlrechten zu unterlassen.

## 1.2 Anwendungsbereich

8 Der Geltungsbereich des § 300 HGB umfasst alle gem. § 290 HGB erstellten KA (§ 290 Rz 1 ff.). Ist ein Unt zur Konzernrechnungslegung nach dem **PublG** verpflichtet, gilt § 300 HGB über einen Verweis in § 13 Abs. 2 Satz 1 PublG für KA dieses Unt analog.
Die Vorschriften des § 300 HGB gelten sowohl für TU, die gem. den §§ 290 und 294 HGB in den KA einzubeziehen sind, als auch für GemeinschaftsUnt, die im Rahmen der QuotenKons einbezogen werden sollen (§ 310 Rz 14 ff.).

## 1.3 Normenzusammenhänge

9 Im Rahmen der Betrachtung von § 300 HGB sind insb. die weiteren Vorschriften des Vierten Titels zu berücksichtigen, die einzelne Konsolidierungsmaßnahmen regeln. Neben den Vorschriften der §§ 301–307 HGB steht die Norm in einem engen Zusammenhang mit § 308 HGB.[10] Diese Bindung kommt bei der Vereinheitlichung der JA zum Tragen. Die Regelungen in Bezug auf den Stichtag für die Aufstellung des KA gem. § 299 HGB sind ebenfalls eng mit denen des § 300 HGB verknüpft.[11]
Lediglich implizit ist die Verbindung zu den Normen, die die Vereinheitlichung der Währung[12] und deren Umrechnung (§ 308a Rz 1 ff.) sowie die Einheitlichkeit des Ausweises[13] tangieren.

---

[9] Vgl. *Trützschler*, in *Küting/Weber*, HdK, HGB § 300, Rn 10; *Försche*, in Beck Bil-Komm. 9. Aufl., § 300 HGB, Rz 11.
[10] § 308 Abs. 1 Satz 1 HGB schreibt explizit vor, dass die nach § 300 Abs. 2 HGB in den KA übernommenen VG und Schulden der in den KA einbezogenen Unt nach den auf den JA des MU anwendbaren Bewertungsmethoden einheitlich zu bewerten sind.
[11] Das MU hat seit dem Gj 2003 gem. § 299 Abs. 1 HGB den Stichtag des JA des MU für den KA zugrunde zu legen.
[12] §§ 244, 256a i.V.m. § 298 Abs. 1 HGB. Vgl. zur Währungsumrechnung im Konzern *Müller*, in *Federmann/Kußmaul/Müller*, HdB, Konzernabschluss nach HGB, Rz 132.
[13] §§ 265, 266 und 275 i.V.m. § 298 Abs. 1 HGB.

## 2 Zusammenfassung der Jahresabschlüsse zum Konzernabschluss (Abs. 1)

### 2.1 Grundsatz der Zusammenfassung der Einzelabschlüsse (Abs. 1 Satz 1 und Satz 2 1. Hs.)

Der **Grundsatz der Zusammenfassung der JA**[14] (§ 300 Abs. 1 Satz 1 HGB) verlangt, dass der JA des MU und die JA der TU im KA zusammenzufassen sind, soweit die TU in den KonsKreis einbezogen werden. Abs. 1 Satz 1 begründet selbst aber keine Einbeziehungspflicht. Sind TU in Ausnahmefällen nicht zur Aufstellung eines JA verpflichtet, kann eine Ableitung der in den KA zu übernehmenden VG und Schulden aus den Büchern erfolgen.[15] Die Durchführung der KapKons entsprechend den Regelungen des § 301 HGB bedingt allerdings die Ermittlung des EK.[16]   10

Der **KA**, der gem. § 297 Abs. 1 HGB aus Konzernbilanz, Konzern-GuV, Konzernanhang, KFR sowie EK-Spiegel besteht und um eine SegmBer erweitert werden kann, kann dabei jedoch **nur teilweise durch Zusammenfassung** erstellt werden. Entgegen der möglichen Zusammenfassung der Einzelbilanzen und der Einzel-GuV ist dies für den Konzernanhang nicht möglich. Die fehlende Möglichkeit der Zusammenfassung verbaler Angaben als auch konzernspezifische Anhangvorgaben verhindern dies. Auch sind einige TU nicht zur Erstellung eines Anhangs verpflichtet. § 300 Abs. 1 Satz 1 HGB selbst begründet analog zur JA-Erstellung keine Pflicht zur Aufstellung. Der EK-Spiegel kann direkt aus der Konzernbilanz und der GuV des Konzerns abgeleitet werden.   11

Neben konzerninternen Richtlinien zur Festschreibung von Gliederungs- und Ausweiswahlrechten stellt ein verbindlich vorgeschriebener einheitlicher **Kontenplan** für alle Konzerngesellschaften[17] ein wesentliches Hilfsmittel zur Vereinheitlichung des Rechnungswesens und damit zur Erleichterung des einheitlichen Ausweises dar. Eine Pflicht zur Konzernbuchführung besteht allerdings nicht und auch eine freiwillige Anwendung dürfte in der Praxis aufgrund des damit verbundenen hohen Aufwands nur selten zu finden sein.[18]   12

Unter dem Zusammenfassen der JA von MU und TU ist die postenweise Addition der Beträge in den JA im Rahmen einer Kons. zu verstehen.[19] Eine explizite Ausgestaltung der Zusammenfassung durch den Gesetzgeber ist an dieser Stelle unterblieben. Sie folgt in § 301 HGB (§ 301 Rz 23 ff.).[20]   13

---

[14] Der Bezeichnung des Vierten Titels folgend, ist auch der Terminus „Grundsatz der Vollkonsolidierung" gebräuchlich. Diese Bezeichnung verwenden etwa *ADS*, 6. Aufl. § 300 HGB, Rz 6; *Busse von Colbe*, in MünchKomm. HGB, 3. Aufl., § 300 Rn 1.
[15] Vgl. *Trützschler*, in *Küting/Weber*, HdK, HGB § 300, Rn 12; *Förschle*, in Beck Bil-Komm. 9. Aufl., § 300 HGB, Rz 12.
[16] Vgl. *Kirsch/Hepers/Dettrieder*, in *Baetge/Kirsch/Thiele*, Bilanzrecht, § 300 HGB, Rz 25, Stand 4/2012.
[17] Vgl. *Pelka*, Konzernbuchführung, 1994, S. 53–70.
[18] Vgl. WP-Handbuch, 14. Aufl. Bd. I, Abschn. M, Rz 14; *Kirsch/Hepers/Dettrieder*, in *Baetge/ Kirsch/Thiele*, Bilanzrecht, § 300 HGB, Rz 22, Stand 4/2012.
[19] Vgl. *Kirsch/Hepers/Dettrieder*, in *Baetge/Kirsch/Thiele*, Bilanzrecht, § 300 HGB, Rz 21, Stand 4/2012.
[20] Zu den Schritten der Zusammenfassung vgl. *Busse von Colbe*, in MünchKomm. HGB, 3. Aufl., § 300 Rn 2.

14 Das Gesetz schreibt für die Kons. der **Einheitstheorie** folgend grds. die Einbeziehung der Posten mit ihren vollen Werten, die sog. **Voll- oder Brutto-Kons** vor. Im Rahmen dieser VollKons werden die gesamten Aktiva und Passiva sowie Aufwendungen und Erträge eines TU nach Anwendung konzerneinheitlicher Ansatz- und Bewertungsvorschriften (= Erstellung der HB II) unabhängig von der Höhe der Beteiligung des MU in die Konzernbilanz übernommen. Eine quotale Kons. entsprechend den Anteilen des MU an den TU ist unzulässig (§ 300 Abs. 2 HGB) – eine Ausnahme bildet einzig die Einbeziehungsmöglichkeit von GemeinschaftsUnt nach § 310 HGB (§ 310 Rz 1ff.).

15 Das aus der VollKons folgende Problem der **Doppelerfassung**, das sich durch die Addition der EA zum Summenabschluss zwangsläufig ergibt, stellt sich dabei nur in den Fällen, in denen gem. § 300 Abs. 1 HGB der JA des MU mit den JA der TU zusammengefasst wird.[21]

16 Eine zutreffende Darstellung der VFE-Lage des Konzerns als wirtschaftliche Einheit (§ 297 Rz 94ff.) erfordert, dass **Mehrfacherfassungen** aufgrund konzerninterner Kapitalverflechtungen beseitigt werden. Deshalb kommt der Kap-Kons,[22] durch die eine Eliminierung der konzerninternen Beteiligungsverhältnisse erreicht werden soll, und der dabei angewandten Methode eine zentrale Bedeutung zu.

17 Durch Konsolidierungsmaßnahmen ist neben der Eliminierung der konzerninternen Beteiligungsverhältnisse im Rahmen der **KapKons** (§§ 301, 302 HGB), durch eine **Schulden-Kons** (§ 303 HGB) und **Zwischenerfolgseliminierung** (§ 304 HGB) sowie **Aufwands- und Ertrags-Kons** (§ 305 HGB) sicherzustellen, dass innerkonzernliche Beziehungen vor der Erstellung des KA aufgerechnet werden. Zudem ist gem. § 306 HGB eine **Steuerabgrenzung** und im Falle einer Beteiligung von weniger als 100 % ein gesonderter Ausweis für Anteile anderer Gesellschafter (§ 307 HGB) vorgeschrieben. Die Kons. ist folglich die Aufrechnung von Positionen aus den EA, die sich aus den juristischen Grenzen ergeben, aber unter der Fiktion des einheitlichen Gebildes Konzern im KA keinen Platz mehr haben. Hinsichtlich der konkreten Umsetzung ist zwar zwischen der Voll-Kons. für TU und der **Quotenkons für GemeinschaftsUnt** zu unterscheiden, gem. § 310 Abs. 2 HGB sind bei quotaler Einbeziehung von gemeinsam geführten Unt die bei der VollKons vorgeschriebenen Maßnahmen zur Eliminierung konzerninterner Geschäftsbeziehungen aber entsprechend anzuwenden.

## 2.2 Einschränkungen der einheitlichen Bilanzierung (Abs. 1 Satz 2 2. Hs.)

### 2.2.1 Fähigkeit der Bilanzierung nach dem Recht der Mutter

18 § 300 Abs. 1 Satz 2 2. Hs. HGB knüpft die Übernahme von Bilanzposten aus den Einzelabschlüssen in den KA an die Bedingung der Bilanzierungsfähigkeit nach dem Recht des MU. Die Bilanzierungsfähigkeit ist hier i.S.d. **Zulässigkeit des Ansatzes** zu verstehen, wenngleich der 7. EG-RL oder der Richtline 2013/34/EU keine Unterscheidung zwischen Bilanzierungs- und Bewertungsmethoden zu

---

[21] Vgl. *Müller*, in *Federmann/Kußmaul/Müller*, HdB, Konzernabschluss nach HGB, Rz 4.
[22] Die Vorschrift des Abs. 1 Satz 2, wonach bei dem MU an die Stelle der Anteile an den einzubeziehenden TU die Bilanzposten – ohne EK – treten, legt dabei die KapKons als Grundsatz fest.

entnehmen ist.[23] Der Vollständigkeitsgrundsatz lässt sich sinnvoll nur auf den Ansatz der Posten in der Konzernbilanz beziehen, zumal § 308 HGB, der explizit die einheitliche Bewertung innerhalb des Konzerns regelt, ausdrücklich auf die nach § 300 Abs. 2 HGB übernommenen Bilanzposten verweist.[24] Die Bilanzierungsfähigkeit nach Maßgabe des Rechts des MU ist auch bei der anteilsmäßigen Übernahme der Posten im Rahmen der **QuotenKons von GemeinschaftsUnt** entscheidend.

19

Entsprechen die JA der einzubeziehenden TU nicht den Ansatzvorschriften, die nach dem Recht des MU gelten, sind diese mittels einer **HB II** anzupassen. Die HB II kann dabei als eine sinnvolle Ergänzungsrechnung verstanden werden, in der die originären Handelsbilanzen durch Aufbereitungsmaßnahmen zu einer konsolidierungsfähigen Bilanz weiterentwickelt wurden. Die Aufbereitung hat unter Beachtung latenter Steuern auf Basis des § 274 HGB zu erfolgen (§ 306 Rz 4). Die vorgenommenen Aufbereitungsmaßnahmen sind auch in den Folgejahren fortzuführen bzw. abzuschreiben oder aufzulösen. Nach IDW RH HFA 1.018, Tz. 9 sind die HB II auch Gegenstand der Prüfung des KA und unterliegen den Aufbewahrungs- und Vorlagepflichten nach den §§ 257 – 261 HGB.

20

Abb. 1: Aufbereitungsablauf von der HB I zur HB II

Gewinnausschüttungen, Besteuerungssachverhalte oder Haftungstatbestände können aus den Handelsbilanzen II nicht abgeleitet werden; es handelt sich um Konsolidierungsinstrumente.[25] Diskrepanzen in Bezug auf den Ansatz können sich dabei etwa aus branchen- oder landesspezifischen Vorschriften ergeben. Sofern es sich bei der Konzernmutter um eine deutsche KapG oder KapCoGes handelt oder der KA freiwillig aufgestellt wird, sind die Rechnungslegungsvorschriften für **große KapG** entsprechend anzuwenden (§ 298 Abs. 1 HGB). Ist ein

21

---

[23] Vgl. *Förschle*, in Beck Bil-Komm. 9. Aufl., § 300 HGB, Rz 13; *Busse von Colbe*, in MünchKomm. HGB, 3. Aufl., § 300 Rn 8.
[24] Vgl. WP-Handbuch, Bd. I, 14. Aufl., Abschn. M, Rz 50 ff.; *Kirsch/Hepers/Dettrieder*, in Baetge/Kirsch/Thiele, Bilanzrecht, § 300 HGB, Rz 36, Stand 4/2012; *Förschle*, in Beck Bil-Komm. 9. Aufl., § 300 HGB, Rz 13.
[25] Vgl. *Kirsch/Hepers/Dettrieder*, in *Baetge/Kirsch/Thiele*, Bilanzrecht, § 300 HGB, Rz 43, Stand 4/2012.

MU zur Konzernrechnungslegung nach dem **PublG** verpflichtet, gilt dies über einen Verweis in § 13 Abs. 2 Satz 1 PublG analog.

#### 2.2.2 Abweichungen wegen der Eigenart des Konzernabschlusses

22 Sofern **die Eigenart des KA** keine Abweichung bedingt oder **in den folgenden Vorschriften nichts anderes vorgeschrieben** ist, sind die sich im Besitz des MU befindenden **Anteile** gem. § 300 Abs. 1 Satz 2 HGB durch die Bilanzposten der TU zu ersetzen, **sofern** diese nach dem Recht des MU bilanzierungsfähig sind. Die Bedingung, dass die Übernahme der VG, Schulden, RAP und Sonderposten eines TU der Eigenart des KA nicht entgegenstehen darf oder in den Vorschriften der §§ 301–312 HGB nichts anderes bestimmt ist, ist somit als **ergänzende Klausel** zur Bilanzierungsfähigkeit nach dem Recht des MU zu verstehen. Die Übernahme in den KA ist für jene Bilanzposten ausgeschlossen, deren Übernahme Konsolidierungsvorschriften entgegenstehen und die aus „Konzernsicht einen anderen Charakter bekommen als aus Sicht des einzelnen Unternehmens".[26]

## 3 Ansatzwahlrechte im Konzernabschluss (Abs. 2)

### 3.1 Grundsatz der Vollständigkeit und Unabhängigkeit (Abs. 2 Satz 1)

23 Generell gelten für den **Bilanzansatz** im KA die Bilanzierungsvorschriften des MU. Gem. § 300 Abs. 2 Satz 1 HGB sind die VG, Schulden und RAP sowie die Erträge und Aufwendungen der in den KA einzubeziehenden Unt **unabhängig** von ihrer Berücksichtigung in den JA dieser Unt **vollständig** in den KA aufzunehmen, soweit nach dem Recht des MU nicht ein Bilanzierungsverbot oder -wahlrecht besteht. Somit kann die Konzernleitung im KA über den Ansatz von VG und Schulden losgelöst von deren Ansatz in den zugrunde liegenden EA neu entscheiden.[27] Sie muss dabei allein die für das MU geltenden Vorschriften beachten.

24 Maßgeblich für den Ansatz nach dem Recht der Konzernmutter sind für alle konzernrechnungslegungspflichtigen Unt dabei die Rechnungslegungsvorschriften für **große KapG**. Wird freiwillig ein KA aufgestellt, gilt dies analog.

25 Der Vollständigkeitsgrundsatz gilt gem. § 310 Abs. 2 HGB auch bei der anteilsmäßigen Übernahme der Posten im Rahmen der **QuotenKons von GemeinschaftsUnt**.[28]

§ 307 Abs. 1 HGB verlangt für Anteile an einbezogenen TU, die Dritten zuzurechnen sind, den Ausweis eines **Ausgleichspostens** für die Anteile anderer Gesellschafter i.H. ihres Anteils am EK. Bei der QuotenKons entfällt der Ausweis dieses Ausgleichspostens.[29]

26 Bestehen **Bilanzierungsverbote oder -wahlrechte** nach dem Recht der Muttergesellschaft, muss oder kann eine Aufnahme in den KA ungeachtet des Ansatzes dieser Posten in den JA unterbleiben. Sonderposten werden aufgrund ihres Wahlrechtscharakters in § 300 Abs. 2 Satz 1 HGB nicht aufgelistet. Eine Pflicht

---

[26] *Busse von Colbe*, in MünchKomm. HGB, 3. Aufl., § 300 Rn 11.
[27] Vgl. IDW RH HFA 1.018, Tz. 5.
[28] Vgl. *Busse von Colbe*, in MünchKomm. HGB, 3. Aufl., § 300, Rn 13.
[29] Vgl. *Kirsch/Hepers/Dettrieder* in *Baetge/Kirsch/Thiele*, Bilanzrecht, § 300 HGB, Rz 55, Stand 4/2012.

zur Übernahme in den KA besteht daher nicht. Einen Überblick über die bestehenden relevanten Wahlrechte (für große KapG) liefert Tabelle 1.

| Ansatzwahlrechte |
|---|
| § 248 Abs. 1 HGB<br>Selbst geschaffene immaterielle VG. |
| § 249 Abs. 1 HGB i. V. m. Art. 28 EGHGB<br>Rückstellungen für unmittelbare Pensionszusagen, die vor dem 1.1.1987 erteilt wurden, und Rückstellungen für mittelbare Pensionszusagen und für ähnliche Verpflichtungen. |
| § 250 Abs. 3 HGB<br>Unterschiedsbetrag bei Verbindlichkeiten (Disagio). |
| § 274 Abs. 1 Satz 2 HGB<br>Aktive latente Steuern. |

Tab. 1: Ansatzwahlrechte bei der Erstellung der HB II

Aus Sicht des Konzerns sind die in Tabelle 2 aufgeführten Ansatzverbote zu beachten.

| Ansatzverbote |
|---|
| § 248 Nr. 1 HGB<br>Aufwendungen für die Unternehmensgründung. |
| § 248 Nr. 2 HGB<br>Aufwendungen für die Eigenkapitalbeschaffung. |
| § 248 Nr. 3 HGB<br>Aufwendungen für den Abschluss von Versicherungsverträgen. |
| § 248 Abs. 2 HGB<br>Aufwendungen für Marken, Drucktitel, Verlagsrechte, Kundenlisten oder vergleichbare immaterielle VG des AV, die nicht entgeltlich erworben wurden. |
| § 249 Abs. 2 Satz 1 HGB<br>Rückstellungen für andere als in § 249 Abs. 1 HGB bezeichnete Zwecke. |
| § 255 Abs. 2 Satz 4 HGB<br>Forschungsaufwendungen. |

Tab. 2: Bei der Aufstellung der HB II zu beachtende Ansatzverbote

**27** Sind Posten nach dem Recht des MU, d. h. nach dem HGB für große KapG, **ansatzpflichtig**, sind diese verpflichtend in den KA aufzunehmen. Ob diese in den JA bilanziert wurden oder nicht, ist für die Gültigkeit des Vollständigkeitsgebots irrelevant. Dies gilt für den Fall der reinen Ansatzfähigkeit analog.[30]

---

[30] Vgl. *Kirsch/Hepers/Dettrieder*, in *Baetge/Kirsch/Thiele*, Bilanzrecht, § 300 HGB, Rz 54, Stand 4/2012; *Busse von Colbe*, in MünchKomm. HGB, 3. Aufl., § 300 Rn 15.

| **Ansatzgebote** |
|---|
| § 246 Abs. 1 HGB<br>Sämtliche VG, Schulden, RAP, Aufwendungen und Erträge, soweit gesetzlich nichts anderes bestimmt ist. |
| § 249 Abs. 1 Satz 1 HGB<br>Rückstellungen für ungewisse Verbindlichkeiten und für drohende Verluste aus schwebenden Geschäften. |
| § 249 Abs. 1 Satz 2 Nr. 1 HGB<br>Rückstellungen für im Gj unterlassene Instandhaltungen, die in den ersten drei Monaten des folgenden Gj nachgeholt werden, sowie für unterlassene Abraumbeseitigung, die innerhalb des nächsten Gj nachgeholt wird. |
| § 249 Abs. 1 Satz 2 Nr. 2 HGB<br>Rückstellungen für Gewährleistungen ohne rechtliche Verpflichtung. |
| § 250 Abs. 1 Satz 1, Abs. 2 i. V. m. § 246 Abs. 1 HGB<br>Sämtliche aktivischen und passivischen RAP. |
| § 274 Abs. 1 HGB<br>Passive latente Steuern. |

Tab. 3: Bei der Aufstellung der HB II zu beachtende Ansatzgebote

28 **Ändert sich der KonsKreis unterjährig**, ergibt sich für Aufwendungen und Erträge eines TU, die vor Erwerb oder nach Veräußerung entstanden sind, ein Ansatzverbot.[31] Demnach sind auch nur jene Aufwendungen und Erträge aufzunehmen, die während der Zugehörigkeit zum Konzern von einem TU realisiert wurden. Nach der Einheitstheorie sollen Ansatzverbote im KA dem Bild der VFE-Lage der rechtlichen Einheit gerecht werden.

29 Das Problem der praktischen Umsetzbarkeit der unterjährigen Aufnahme respektive des unterjährigen Ansatzverbots kann – sofern kein **Zwischenabschluss** auf den Zeitpunkt des Erwerbs oder der Veräußerung erstellt wird, der zur Zuordnung der Aufwendungen und Erträge taugt – mittels **statistischer Methoden** gelöst werden. Bedingen einzelne Geschäftsereignisse oder saisonabhängige Besonderheiten Abweichungen von einem konstanten „normalen" Geschäftsverlauf, sind diese bei der statistischen Aufteilung zu berücksichtigen, die ansonsten zeitanteilig erfolgen darf.[32]

30 Werden **Anteile sukzessive erworben,** ist das anteilige Jahresergebnis des entsprechenden Unt in Form eines Beteiligungsergebnisses zu berücksichtigen. Die Einbeziehung in die KapKons ist unzulässig.

31 Auch wenn anders als in § 308 Abs. 2 Satz 3 HGB für die Vereinheitlichung des Ansatzes nicht explizit Erleichterungen vorgesehen sind, gilt der **Grundsatz der Wesentlichkeit.** Demnach sind grds. gebotene Anpassungen der Ansatzvor-

---

[31] IDW RS HFA 44.20; zu Problemen im Zusammenhang mit der Inanspruchnahme des Wahlrechts der Verschiebung des Zeitpunkts der ErstKons weg vom Beginn der Konzernzugehörigkeit, dem Wechsel der Konsolidierungsmethode sowie mit Verschmelzungen s. *Förschle*, in Beck Bil-Komm. 9. Aufl., § 300 HGB, Rz 46–48.

[32] Vgl. IDW RS HFA 44, Tz. 23 ff.; *Förschle*, in Beck Bil-Komm. 9. Aufl., § 300 HGB, Rz 45.

schriften der einzubeziehenden Unt entbehrlich, wenn dies für die Vermittlung eines den tatsächlichen Verhältnissen entsprechenden Bilds der VFE-Lage des Konzerns von untergeordneter Bedeutung ist.[33] Wie bei § 296 Abs. 2 HGB muss dabei der Maßstab angelegt werden, dass die Summe der nicht vorgenommenen Anpassungen unwesentlich sein muss. Eine Einzelbetrachtung ist daher nicht erlaubt. Zudem ist auf den Einzelfall und auf eine Betrachtung unter Berücksichtigung aller Umstände abzustellen, was die Angabe quantifizierter Werte verbietet.

### 3.2 Ausübung von Ansatzwahlrechten (Abs. 2 Satz 2)

§ 300 Abs. 2 Satz 2 HGB gestattet die **unabhängige Ausübung** von Wahlrechten **im KA**, losgelöst von der etwaigen Inanspruchnahme in den EA. Für den KA ist dabei weder die Ausübung von Ansatzwahlrechten in den EA der TU noch die Ausübung im EA des MU maßgebend.[34] Wenngleich sich aus sachlicher Sicht eine Zuordnung des Ansatzes von Sonderposten mit Rücklageanteil zu den Ansatzwahlrechten ergibt, sind hier die Bewertungsvorschriften des § 308 Abs. 2 HGB maßgebend.[35]

§ 300 HGB fordert die **einheitliche Ausübung** von Ansatzwahlrechten nicht explizit. Vielfach wird deshalb argumentiert, dass die Ausübung der Ansatzwahlrechte auch bei gleichartigen Sachverhalten nicht zwingend für alle KonzernUnt in gleicher Weise durchgeführt werden muss und folglich auch nicht dem **Stetigkeitsgebot** unterliegt, sodass die Entscheidung für einen wahlweisen Ansatz zu jedem Abschlussstichtag neu getroffen werden kann.[36] Gleichwohl ist eine einheitliche Ausübung als Voraussetzung für eine adäquate Darstellung eines den tatsächlichen Verhältnissen entsprechenden Bilds der VFE-Lage zu sehen.[37] Mit Bezug auf die **Generalnorm** kann zudem angenommen werden, dass der im HGB verwendete Begriff Bewertungsmethoden, deren Beibehaltung gem. § 298 Abs. 1 HGB i.V.m. § 252 Abs. 1 Nr. 6 HGB explizit gefordert wird, als Oberbegriff aller auf den JA angewandten Rechnungslegungsmethoden zu verstehen ist, was eine Subsumtion der Ansatzwahlrechte bedeutet.[38] Deshalb ist davon auszugehen, dass im KA die Ansatzentscheidung für gleichartige Sachverhalte einheitlich auszufallen hat und gleiche Sachverhalte im Zeitablauf gleich darzustellen sind[39], zumal durch das **Willkürverbot** eine weitere Grenze gesetzt wird.[40] Die Beurteilung der Gleichartigkeit hat nach strengen Maßstäben zu

---

33 Vgl. IDW RH HFA 1.018, Tz. 11.
34 Vgl. IDW RH HFA 1.018, Tz. 5.
35 Vgl. *ADS*, 6. Aufl., § 300 HGB, Rz 18.
36 So etwa *Ordelheide*, WPg 1985, S. 509; *ADS*, 6. Aufl., § 300 HGB, Rz 19; *Weirich*, WPg 1987, S. 77.
37 Vgl. *Kirsch/Hepers/Dettrieder*, in *Baetge/Kirsch/Thiele*, Bilanzrecht § 300 HGB, Rz 61, Stand 4/2012; die Nichteinhaltung des Stetigkeitsgebots kritisch betrachtend *Schülen*, in *Mellwig/Moxter/Ordelheide*, Einzelabschluß und Konzernabschluß, S. 123–128.
38 Auch Art. 31 Abs. 1b der 4. EG-Richtlinie differenziert bei Bewertungsregeln nicht zwischen Ansatz- und Bewertungsvorschriften. DRS 13.7 unterwirft die sachliche und zeitliche Erfassung von Posten grds. dem Stetigkeitsgebot.
39 Vgl. IDW RH HFA 1.018, Tz. 3. Im Ergebnis ebenso bereits *Petersen/Zwirner*, DB 2011, S. 1707 ff.
40 Vgl. *Küting/Seel*, DStR 2009, Beihefter zu 26, S. 37; *Kirsch/Hepers/Dettrieder*, in *Baetge/Kirsch/Thiele*, Bilanzrecht § 300 HGB, Rz 61–63, Stand 4/2012.

erfolgen, um eine Nivellierung im Ansatz art- und funktionsverschiedener VG und Schulden zu vermeiden.[41]

34 Eine Neuausübung von Ermessensentscheidungen im KA gegenüber den JA der einbezogenen Unt, etwa im Rahmen der Frage der Passivierung von RSt, ist aufgrund des Grundsatzes der Willkürfreiheit nur möglich, solange die Änderung für den Zweck der Einheitlichkeit des Ansatzes erforderlich ist.[42] Es ist somit auch das Ermessen einheitlich auszuüben. *Hoffmann/Lüdenbach* folgern daraus, dass immer dann, wenn die Geschäftsführungsorgane der Mutter und des TU identisch sind, keine Änderungen des Ansatzes (vorbehaltlich tatsächlicher neuer Erkenntnisse) möglich sind. Haben dagegen abweichende Geschäftsführungsorgane den Einzelabschluss aufgestellt und dabei Ermessensentscheidungen getroffen, hat die den KA aufstellende Geschäftsführung des MU die Sachverhalte auf die einheitliche Ermessensausübung zu überprüfen und ggf. Anpassungen vorzunehmen.[43] Aufgrund der der Aufstellung des JA nachgelagerten Aufstellung des KA können wertaufhellende Informationen bekannt werden, die eine bessere Einschätzung der Verhältnisse zum Stichtag ermöglichen. Diese wertaufhellenden Tatsachen sind bei den Ansatzentscheidungen im KA bis zum Tag der Aufstellung zu berücksichtigen (§ 252 Rz 62).

35 Die unabhängige Neuausübung von Ansatzwahlrechten in der Konzernbilanz bietet Konzernen, deren TU in verschiedenen Mitgliedsstaaten der EU ansässig sind, die Möglichkeit der Vermeidung von Konflikten, die aus der teils abweichenden Umsetzung der 4. EG-RL resultieren können. Auch werden bilanzpolitische Ziele der Einzelabschlüsse nicht durch die Ausübung von Wahlrechten im KA gefährdet.[44] Allerdings limitiert die Zahl der verbleibenden Ansatzwahlrechte das bilanzpolitische Potenzial erheblich.

### 3.3 Sondervorschriften für Kreditinstitute und Versicherungsunternehmen (Abs. 2 Satz 3)

36 **Kreditinstitute** und **VersicherungsUnt** können gem. § 300 Abs. 2 Satz 3 HGB seit Einführung des VersBiRiLiG[45] auch dann Ansätze und Ausweise aufgrund bestimmter **Sondervorschriften beibehalten**, wenn das den KA erstellende MU nicht dem Geltungsbereich der Sondervorschriften unterliegt. Wird von einem Beibehaltungswahlrecht Gebrauch gemacht, ist dies mittels eines Hinweises im Konzernanhang kenntlich zu machen. Eine Begründung ist nicht notwendig. Da ein Bilanzierungsverbot für die Sonderposten nicht vorhanden ist, resultiert eine **erfolgswirksame Auflösung** in einem Verstoß gegen das Vollständigkeitsgebot. Sie ist deshalb **nicht gestattet**.[46] Sollen die Sonderposten nicht beibehalten werden, kann eine Umgliederung in die sonstigen Rückstellungen oder anteilig – unter bestimmten Voraussetzungen – in die Gewinnrücklagen erfolgen.

---

41 Vgl. IDW RH HFA 1.018, Tz. 4.
42 Vgl. IDW RH HFA 1.018, Tz. 6.
43 Vgl. *Hoffmann/Lüdenbach*, NWB-Kommentar Bilanzierung, 6. Aufl. 2015, § 300, Rz. 16.
44 Vgl. WP-Handbuch, Bd. I, 14. Aufl., Abschn. M, Rz 65.
45 Art. 1 Nr. 5 des Versicherungsbilanzrichtlinie-Gesetzes vom 24.6.1994 basiert auf Art. 40 Abs. 1 Buchst. a der 7. EG-RL.
46 Vgl. *Busse von Colbe*, in MünchKomm. HGB, 3. Aufl., § 300 Rn 19.

Explizit kommt etwa i. V. m. § 340g Abs. 1 HGB zur Sicherung gegen allgemeine       37
Bankrisiken für Kreditinstitute die Bildung eines Sonderpostens „**Fonds für
allgemeine Bankrisiken**" auf der Passivseite der Bilanz in Betracht. § 300 Abs. 2
Satz 3 HGB gestattet für VersicherungsUnt bspw. i. V. m. § 341h Abs. 1 HGB die
Beibehaltung von **Schwankungsrückstellungen**.

## 4   Rechtsfolgen bei Pflichtverletzung

Ein Verstoß gegen die Vorschriften des § 300 HGB erfüllt, sofern er sich nicht auf     38
die Ausübung von Ansatzwahlrechten gem. Abs. 2 bezieht, sowohl gem. § 334
Abs. 1 Nr. 2 Buchst. c HGB als auch gem. § 20 Abs. 1 Nr. 2 Buchst. c PublG den
Tatbestand einer **Ordnungswidrigkeit**, die mit einer Geldbuße von bis zu
50.000 EUR geahndet werden kann. Für **Kreditinstitute** (§ 340n Abs. 1 Nr. 2
Buchst. c HGB) und **VersicherungsUnt** (§ 341n Abs. 1 Nr. 2 Buchst. c HGB)
ergeben sich die Rechtsfolgen aus den entsprechenden Sondervorschriften **analog**.

# § 301 KAPITALKONSOLIDIERUNG

(1) ¹Der Wertansatz der dem Mutterunternehmen gehörenden Anteile an einem in den Konzernabschluß einbezogenen Tochterunternehmen wird mit dem auf diese Anteile entfallenden Betrag des Eigenkapitals des Tochterunternehmens verrechnet. ²Das Eigenkapital ist mit dem Betrag anzusetzen, der dem Zeitwert der in den Konzernabschluß aufzunehmenden Vermögensgegenstände, Schulden, Rechnungsabgrenzungsposten und Sonderposten entspricht, der diesen an dem für die Verrechnung nach Absatz 2 maßgeblichen Zeitpunkt beizulegen ist. ³Rückstellungen sind nach § 253 Abs. 1 Satz 2 und 3, Abs. 2 und latente Steuern nach § 274 Abs. 2 zu bewerten.

(2) ¹Die Verrechnung nach Absatz 1 ist auf Grundlage der Wertansätze zu dem Zeitpunkt durchzuführen, zu dem das Unternehmen Tochterunternehmen geworden ist. ²Können die Wertansätze zu diesem Zeitpunkt nicht endgültig ermittelt werden, sind sie innerhalb der darauf folgenden zwölf Monate anzupassen. ³Ist ein Mutterunternehmen erstmalig zur Aufstellung eines Konzernabschlusses verpflichtet, sind die Wertansätze zum Zeitpunkt der Einbeziehung des Tochterunternehmens in den Konzernabschluß zugrunde zu legen, soweit das Unternehmen nicht in dem Jahr Tochterunternehmen geworden ist, für das der Konzernabschluß aufgestellt wird. ⁴Das Gleiche gilt für die erstmalige Einbeziehung eines Tochterunternehmens, auf die bisher gem. § 296 verzichtet wurde.

(3) ¹Ein nach der Verrechnung verbleibender Unterschiedsbetrag ist in der Konzernbilanz, wenn er auf der Aktivseite entsteht, als Geschäfts- oder Firmenwert und, wenn er auf der Passivseite entsteht, unter dem Posten „Unterschiedsbetrag aus der Kapitalkonsolidierung" nach dem Eigenkapital auszuweisen. ²Der Posten und wesentliche Änderungen gegenüber dem Vorjahr sind im Anhang zu erläutern.

(4) Anteile an dem Mutterunternehmen, die einem in den Konzernabschluß einbezogenen Tochterunternehmen gehören, sind in der Konzernbilanz als eigene Anteile des Mutterunternehmens mit ihrem Nennwert oder, falls ein solcher nicht vorhanden ist, mit ihrem rechnerischen Wert, in der Vorspalte offen von dem Posten „Gezeichnetes Kapital" abzusetzen.

PROF. DR. STEFAN MÜLLER

| Inhaltsübersicht | Rz |
|---|---|
| 1  Überblick | 1–22 |
| 1.1  Inhalt und Regelungszweck | 1–15 |
| 1.2  Anwendungsbereich | 16 |
| 1.3  Normenzusammenhänge | 17–22 |
| 2  Konsolidierungspflichtige Anteile und Ablauf der Aufrechnung (Abs. 1) | 23–74 |
| 2.1  Konsolidierungspflichtige Anteile (Abs. 1 Satz 1) | 26–33 |
| 2.2  Bewertung der Anteile (Abs. 1 Satz 1) | 34–41 |

|     |       |                                                                                          |         |
| --- | ----- | ---------------------------------------------------------------------------------------- | ------- |
|     | 2.3   | Bestimmung des zu konsolidierenden Eigenkapitals (Abs. 1 Satz 2)                         | 42–48   |
|     | 2.4   | Bewertung des zu konsolidierenden Eigenkapitals (Abs. 1 Satz 2)                          | 49–69   |
|     | 2.5   | Bewertung von Rückstellungen und latenten Steuern (Abs. 1 Satz 3)                        | 70–74   |
| 3   | Zeitpunkt der Bewertung der konsolidierungspflichtigen Anteile (Abs. 2)                          | | 75–103 |
|     | 3.1   | Zeitpunkt, zu dem das Unternehmen Tochterunternehmen geworden ist (Abs. 2 Satz 1)        | 78–91   |
|     |       | 3.1.1 Erwerb in einem Schritt                                                            | 78–86   |
|     |       | 3.1.2 Sukzessiver Anteilserwerb                                                          | 87–91   |
|     | 3.2   | Vereinfachte Kapitalkonsolidierung (Abs. 2 Satz 2)                                       | 92–97   |
|     | 3.3   | Erleichterung: Zeitpunkt der erstmaligen Einbeziehung (Abs. 2 Sätze 3–4)                 | 98–103  |
| 4   | Ausweis von Unterschiedsbeträgen aus der Erstkonsolidierung (Abs. 3)                             | | 104–119 |
|     | 4.1   | Entstehung eines Unterschiedsbetrags (Abs. 3 Satz 1)                                     | 104–116 |
|     |       | 4.1.1 Aktiver Unterschiedsbetrag                                                         | 105–113 |
|     |       | 4.1.2 Passiver Unterschiedsbetrag                                                        | 114–116 |
|     | 4.2   | Anhangangabepflichten (Abs. 3 Satz 2)                                                    | 117–119 |
| 5   | Behandlung von eigenen Anteilen (Abs. 4)                                                         | | 120–122 |
| 6   | Erstkonsolidierung                                                                               | | 123–158 |
|     | 6.1   | Vereinheitlichung von Ansatz, Bewertung, Ausweis, Währung und Stichtag                   | 125     |
|     | 6.2   | Neubewertung der Bilanz des Tochterunternehmens                                          | 126–129 |
|     | 6.3   | Zusammenfassung in der Summenbilanz und Aufrechnung                                      | 130–135 |
|     |       | 6.3.1 Ermittlung eines Geschäfts- oder Firmenwerts                                       | 131–133 |
|     |       | 6.3.2 Ermittlung und Behandlung eines passiven Unterschiedsbetrags aus der Kapitalkonsolidierung | 134–135 |
|     | 6.4   | Anwendungsbeispiel bei Einbeziehung einer 100-%-Tochter                                  | 136–143 |
|     | 6.5   | Vollkonsolidierung bei Minderheitsanteilen                                               | 144–146 |
|     | 6.6   | Anwendungsbeispiel bei Einbeziehung einer Nicht-100-%-Tochter (GoF)                      | 147–150 |
|     | 6.7   | Anwendungsbeispiel bei Einbeziehung einer Nicht-100-%-Tochter (passiver Unterschiedsbetrag) | 151–158 |
| 7   | Folgekonsolidierung                                                                              | | 159–182 |
|     | 7.1   | Grundsätzliche Vorgehensweise                                                            | 159–161 |
|     | 7.2   | Anwendungsbeispiel bei Nicht-100-%-Tochter (GoF)                                         | 162–173 |
|     | 7.3   | Anwendungsbeispiel bei Nicht-100-%-Tochter (passiver - Unterschiedsbetrag)               | 174–182 |
| 8   | Sonderfragen der Kapitalkonsolidierung                                                           | | 183–228 |
|     | 8.1   | Veränderung des Kapitalanteils ohne Änderung des Status als Tochterunternehmen           | 184–207 |
|     |       | 8.1.1 Abbildung als Erwerbsvorgang                                                       | 194–205 |
|     |       | 8.1.2 Abbildung als Transaktion zwischen den Gesellschaftergruppen                       | 206–207 |

8.2 Änderung des Beteiligungsbuchwerts ohne Kapitalanteils-
veränderung .................................... 208–209
8.3 Entkonsolidierung ............................. 210–213
8.4 Übergangskonsolidierung mit Wechsel der Einbeziehungsmethode ...................................... 214–222
8.5 Konsolidierung bei konzerninternen Umwandlungen .... 223
8.6 Konsolidierung im mehrstufigen Konzern............. 224–228
9 Änderungen durch das BilRUG ....................... 229–230

**Ergänzendes Schrifttum**
*Arbeitskreis "Externe Unternehmensrechnung" der Schmalenbach-Gesellschaft,* Aufstellung von Konzernabschlüssen, in *Busse von Colbe/Müller/Reinhard* (Hrsg.), ZfbF-Sonderheft 21/1987, 2. Aufl. 1989; *Baetge,* Änderung bestehender Beteiligungsverhältnisse im Konzernabschluß, in *Ballwieser* u. a. (Hrsg.), Bilanzrecht und Kapitalmarkt, FS *Moxter*, 1994, S. 531; *Baetge,* Kapitalkonsolidierung nach der Erwerbsmethode im mehrstufigen Konzern, in *Förschle* u. a. (Hrsg.), Rechenschaftslegung im Wandel, FS *Budde*, 1995, S. 19; *Baetge,* Der negative Unterschiedsbetrag aus der Kapitalkonsolidierung nach HGB, IAS und US-GAAP, in *Forster* u. a. (Hrsg.), Aktien- und Bilanzrecht, FS *Kropff*, 1997, S. 347; *Baetge/Herrmann,* Probleme der Endkonsolidierung im Konzernabschluß, WPg 1995, S. 225; *Baumann,* Kapitalerhöhung zur Durchführung der Verschmelzung von Schwestergesellschaften mbH im Konzern?, BB 1998, S. 2321; *Baumann,* Konsolidierung mehrstufiger Konzerne, 2000; *Busse von Colbe,* Kleine Reform der Konzernrechnungslegung durch das TransPuG, BB 2002, S. 1583; *Deubert/ Klöcker,* Handelsrechtliche Bilanzierung von Verschmelzungen, WP-Praxis 2013, S. 61; *Ebeling,* Die zweckmäßige Abbildung der Anteile fremder Gesellschafter im Konzernabschluß nach deutschem HGB, DBW 1995, S. 323; *Ebeling/Baumann,* Konsolidierung mehrstufiger Konzerne nach der Methode der integrierten Konsolidierungstechnik, BB 2000, S. 1667; *Eisele/Kratz,* Der Ausweis von Anteilen außenstehender Gesellschafter im mehrstufigen Konzern, ZfbF 1997, S. 291; *Deubert/Klöcker,* Handelsrechtliche Bilanzierung von Verschmelzungen, WP-Praxis 2013, S. 61; *Griesar,* Prinzipien zur Abbildung einer Verschmelzung im Konzernabschluß, WPg 1997, S. 768; *Hayn,* Aktuelle Probleme der Kapitalkonsolidierung, in *Küting/Weber* (Hrsg.), Das Rechnungswesen auf dem Prüfstand. Antworten auf die Konzernierung der deutschen Wirtschaft im Spannungsfeld der Globalisierung, 1997, S. 39; *Hayn,* Konsolidierungstechnik bei Erwerb und Veräußerung von Anteilen. Ein Leitfaden zur praktischen Umsetzung der Erst-, Übergangs- und Endkonsolidierung, 1999; *Hayn/Küting,* Beendigung der Vollkonsolidierung von Tochterunternehmen, BB 1999, S. 2072; *Herrmann,* Die Änderung von Beteiligungsverhältnissen im Konzernabschluß, 1994; *Herrmann,* Probleme der Übergangskonsolidierung im Konzernabschluß, WPg 1994, S. 821; *Hügel,* Verschmelzung und Einbringung, Unternehmensübertragung auf verbandsrechtlicher Grundlage im österreichischen und deutschen Gesellschafts-, Bilanz- und Ertragsteuerrecht der Kapitalgesellschaften, 1993; *Kahling,* Bilanzierung bei konzerninternen Verschmelzungen, 1999; *Kallmeyer,* Grenzüberschreitende Verschmelzung und Spaltungen?, ZIP 1996, S. 535; *Kessler/Leinen/Strick-*

*mann,* Mehr Rechte für Minderheiten, in *Weber* u.a., Berichterstattung für den Kapitalmarkt – FS *Küting,* 2009, S. 323; *Kessler/Strickmann,* Facelifting für das auslaufende Konzernbilanzrecht – Zu den Änderungen des Konzernbilanzrechts durch das TransPuG und den Deutschen Corporate Governance Kodex –, StuB 2002, S. 629; *Klaholz/Stibi,* Erstmalige Aufstellung eines handelsrechtlichen Konzernabschlusses nach neuem Recht: Kann es der Vereinfachung auch zu viel sein?, BB 2011, S. 2923; *Kröner,* Verlustverwertung bei der Verschmelzung von Kapitalgesellschaften, GmbHR 1996, S. 256; *Küting,* Konzernrechnungslegung nach HGB und IFRS: Kritische Würdigung konkurrierender Systeme anhand ausgewählter Einzelfragen, DB 2012, S. 2821; *Küting/Göth,* Minderheitenanteile im Konzernabschluß eines mehrstufigen Konzerns – Sachgerechte Ermittlung und Lösungen zur Konsolidierungstechnik, WPg 1997, S. 305; *Küting/Hayn,* Erst- und Endkonsolidierung nach der Erwerbsmethode, DStR 1997, S. 1941; *Küting/ Hayn/Hütten,* Die Abbildung konzerninterner Spaltungen im Einzel- und Konzernabschluß, BB 1997, S. 565; *Küting/Weber/Dusemond,* Kapitalkonsolidierung im mehrstufigen Konzern, BB 1991, S. 1082; *Küting/Weber/Wirth,* Kapitalkonsolidierung im mehrstufigen Konzern: Fallstudie zur Kapitalkonsolidierung von Enkelgesellschaften unter Berücksichtigung indirekter Fremdanteile, KoR 2013, S. 43; *Küting/Zündorf,* Die konzerninterne Verschmelzung und ihre Abbildung im konsolidierten Abschluß, BB 1994, S. 1383; *Lachnit/Müller,* Bilanzanalytische Behandlung von Geschäfts- oder Firmenwerten, KoR, 2003, S. 540; *Leinen,* Die Kapitalkonsolidierung im mehrstufigen Konzern, 2002; *Linßen,* Die Bilanzierung einer Ausgliederung im Einzel- und Konzernabschluß, 2002; *Lührmann/Schruff,* Negative Minderheitenanteile im Konzernabschluß eines mehrstufigen Konzerns, WPg 1996, S. 261; *Lutter,* Kölner Umwandlungsrechtstage, Verschmelzung, Spaltung, Formwechsel nach neuem Umwandlungsrecht und Umwandlungssteuerrecht, 1995; *Maas/Schruff,* Der Konzernabschluß nach neuem Recht, WPg 1986, S. 201 und S. 237; *Mandl/Königsmaier,* Kapitalkonsolidierung nach der Erwerbsmethode und die Behandlung von Minderheitsanteilen im mehrstufigen Konzern, in *Fischer/Hömberg (Hrsg.),* Jahresabschluß und Jahresabschlußprüfung, FS Baetge, 1997, S. 239; *Mayer,* Anteilsgewährung bei der Verschmelzung mehrerer übertragender Rechtsträger, DB 1998, S. 913; *Mujkanovic,* Zur Bewertung bei Verschmelzung am Beispiel von AG und GmbH, BB 1995, S. 1735; *Müller,* Anschaffungskosten und Buchwertverknüpfung bei der Verschmelzung – Freiräume und Grenzen bei der Bewertung, in *Ballwieser,* u.a. (Hrsg.), Rechnungslegung – Warum und Wie, FS *Clemm,* 1996, S. 243; *Müller/Reinke,* Konsolidierung von Tochterunternehmen im handelsrechtlichen Konzernabschluss, StuB, 2015, S. 376; *Müller/Reinke,* Übergangskonsolidierung im handelsrechtlichen Konzernabschluss unter Berücksichtigung von E-DRS 30, StuB, 2015, S. 408; *Müller/Reinke,* Behandlung von eigenen Anteilen im handelsrechtlichen Einzel- und Konzernabschluss unter Beachtung von E-DRS 31, DStR, 2015, S. 1127; *Müller/Wobbe,* Konkretisierung der Kapitalkonsolidierung nach HGB durch E-DRS 30 mit sanfter Orientierung an den IFRS, BB 2015, S. 1259; *Müller,* Konvergentes Management-Rechnungswesen, 2003; *Odenthal,* Management von Unternehmensteilungen, 1999; *Ordelheide,* Kapitalkonsolidierung nach der Erwerbsmethode, WPg 1984, S. 237; *Ordelheide,* Kapitalkonsolidierung und Konzernerfolg, ZfbF 1987, S. 292; *Ordelheide,* Endkonsolidierung bei Ausscheiden eines Unternehmens aus dem Konsolidierungskreis, BB 1986, S. 766; *Oser/Kropp,*

Eigene Anteile in Gesellschaft-, Bilanz- und Steuerrecht, Der Konzern 2012, S. 185; *Pellens/Sellhorn,* Goodwill-Bilanzierung nach SFAS 141 und 142 für deutsche Unternehmen, DB 2001, S. 1681; *Petersen/Zwirner/Künkele,* BilMoG in Praxisbeispielen, 2010; *Phillipp,* Ist die Verschmelzung von Aktiengesellschaften nach dem neuen Umwandlungsrecht noch vertretbar?, AG 1998, S. 264; *Rammert/Wilhelm,* Die Kapitalkonsolidierung in der Bilanzierungspraxis deutscher Konzerne, WPg 1991, S. 98; *Reige,* Offene Fragen der Folgekonsolidierung bei der Erwerbsmethode nach § 301 HGB, BB 1988, S. 1354; *Sauthoff,* Zum bilanziellen Charakter negativer Firmenwerte im Konzernabschluss, BB 1997, S. 619; *Scherrer,* Bilanzierung der Verschmelzung durch Aufnahme beim übernehmenden Rechtsträger, in *Martens* u.a. (Hrsg.), *FS Claussen,* 1997, S. 743; *Sellhorn,* Ansätze zur bilanziellen Behandlung des Goodwill im Rahmen einer kapitalmarktorientierten Rechnungslegung, DB 2000, S. 885; *Senger/Ewelt-Knauer/Hoehne,* Statuswahrende Aufstockung und Abstockung von Anteilen an Tochterunternehmen im HGB-Konzernabschluss, WPg 2012, S. 83; *Simons,* Bestimmung der effektiven Anteilsquoten für die Kapitalkonsolidierung bei wechselseitigen Beteiligungen mittels des Matrixverfahrens, WPg 1999, S. 773; *Warmbold,* Die Endkonsolidierung vollkonsolidierter Tochterunternehmen in der handelsrechtlichen Konzernrechnungslegung unter Berücksichtigung der konzeptionellen Grundlagen und der Generalnorm, 1995; *Weber/Zündorf,* Der Einfluß von Veränderungen des Beteiligungsbuchwertes auf die Kapitalkonsolidierung, BB 1989, S. 1852; *Weber/Zündorf,* Zur Abgrenzung der Eigenkapitalgröße im Rahmen der Kapitalkonsolidierung, AG 1989, S. 420; *Weilep,* „bad will" bei Verschmelzungen – alle Zweifelsfragen geklärt?, DB 1998, S. 2130; *Wirth,* Die Bilanzierung von sukzessiven Anteilserwerben nach Control-Erlangung, in *Weber* u.a., Berichterstattung für den Kapitalmarkt – *FS Küting,* 2009, S. 369.

## 1 Überblick

### 1.1 Inhalt und Regelungszweck

1   Eine zutreffende Darstellung der VFE-Lage des Konzerns und die der Konzernbilanzierung zugrunde liegende **Einheitstheorie**, der zufolge sich der Konzern als fiktive rechtliche Einheit darstellt, erfordern die Beseitigung von Mehrfacherfassungen aufgrund konzerninterner Kapitalverflechtungen. Im einheitlichen Unternehmenskonzern kann es weder Beteiligungen an Betriebsabteilungen geben, noch können diese selbst EK ausweisen. Dementsprechend sind die konzerninternen Beteiligungen gegen die auf diese Beteiligungen entfallenden Beträge des EK der TU aufzurechnen (= **zu konsolidieren**), sodass der Wert der TU in der Konzernbilanz ausschließlich durch deren VG, Schulden, RAP und Sonderposten sowie ggf. nötige Ausgleichsposten ausgewiesen wird. TU sind daher im Ergebnis bei der Aufstellung des KA als unselbständige Betriebsabteilungen zu betrachten. Deshalb kommen der in § 301 HGB geregelten **KapKons**, durch die eine Elimination der konzerninternen Beteiligungsverhältnisse erreicht werden soll, und der dabei angewandten Methode zentrale Bedeutung zu. Nach E-DRS 30.7 sorgt die KapKons für die Eliminierung der Kapitalverflechtungen zwischen dem MU und seinen TU, wobei zwischen Erst-, Folge- sowie Übergangs- und Entkonsolidierungsmaßnahmen unterschieden werden kann.

Entsprechend den gesetzlichen Regelungen des HGB liegt dem KA ein Stufenkonzept zugrunde, das eine Abstufung der in den KA einzubeziehenden Unt nach dem **Grad der Einflussnahme** des MU auf das jeweilige Unt vornimmt und zu entsprechend unterschiedlichen Methoden der Einbeziehung führt.[1] Dabei gilt die **Bewertung nach der AK-Methode** für die Beteiligung an verbundenen Unt gem. § 271 Abs. 1 HGB als geringste Form der Einflussnahme noch nicht als Konsolidierungsmethode. Auch die Equity-Methode (§ 312 Rz 12 ff.) stellt weniger eine Methode der Kons. als vielmehr eine spezielle Bewertungsmethode für solche Unt dar, die nicht den Tatbestand der Möglichkeit der Beherrschung, sondern unter dem Aspekt der Intensität der Einflussnahme lediglich den Tatbestand des maßgeblichen Einflusses erfüllen. 2

Das **Problem der Doppelerfassung,** das sich durch die Addition der JA zum Summenabschluss zwangsläufig ergibt, stellt sich folglich nur in den Fällen, in denen gem. § 300 Abs. 1 HGB der JA des MU mit den JA der TU zusammengefasst wird. Im Rahmen dieser VollKons werden die gesamten Aktiva und Passiva sowie Aufwendungen und Erträge eines TU nach Anwendung konzerneinheitlicher Ansatz- und Bewertungsvorschriften (= Erstellung der HB II) unabhängig von der Höhe der Beteiligung des MU in die Konzernbilanz übernommen.[2] Durch Konsolidierungsmaßnahmen ist neben der Eliminierung der konzerninternen Beteiligungsverhältnisse im Rahmen der KapKons (§ 301 HGB) durch eine SchuldenKons (§ 303 HGB) und Zwischenergebniseliminierung (§ 304 HGB) sowie Aufwands- und ErtragsKons (§ 305 HGB) sicherzustellen, dass innerkonzernliche Beziehungen vor der Erstellung des KA aufgerechnet werden. Zudem sind gem. § 306 HGB eine Steuerabgrenzung und im Fall einer Beteiligung von weniger als 100 % ein gesonderter Ausweis für Anteile anderer Gesellschafter (§ 307 HGB) vorgeschrieben. Die Kons. ist folglich die Aufrechnung von sich aus den juristischen Grenzen ergebenden Positionen aus den JA der einzubeziehenden Unt, die aber unter der Fiktion des einheitlichen Gebildes Konzern im KA keinen Platz mehr haben. Hinsichtlich der konkreten Umsetzung ist zwar zwischen der VollKons für TU und der QuotenKons für GemeinschaftsUnt zu unterscheiden, gem. § 310 Abs. 2 HGB sind bei quotaler Einbeziehung von gemeinsam geführten Unt die bei der VollKons vorgeschriebenen Maßnahmen zur Eliminierung konzerninterner Geschäftsbeziehungen aber entsprechend anzuwenden. 3

Die in § 301 HGB dargestellte **Erwerbsmethode** ist mit dem BilMoG spätestens seit dem Gj 2010 zur allein zulässigen VollKons-Methode für ErstKons geworden. Die in § 302 HGB aF geregelte **Interessenzusammenführungsmethode** (*Pooling-of-interest*-Methode), die bei Vorliegen bestimmter Tatbestandsvoraussetzungen alternativ zur Erwerbsmethode anwendbar war, wurde im Zuge des BilMoG gestrichen. Dies entspricht ihrer ohnehin geringen Bedeutung in der Bilanzierungspraxis. Auch in der internationalen Rechnungslegung existiert mit der Erwerbsmethode nur eine Abbildungsform für Unternehmenszusammen- 4

---

[1] Vgl. *Müller*, in *Federmann/Kußmaul/Müller*, HdB, Beitrag: Konzernabschluss nach HGB, Rz 92–114.
[2] Vgl. *Müller*, in *Federmann/Kußmaul/Müller:* HdB, Beitrag: Konsolidierung von Kapital und Schulden, Rz 3–16.

schlüsse.³ Nach Art. 67 Abs. 5 EGHGB darf eine vorgenommene Interessenzusammenführungsmethode beibehalten werden (Art. 67 Rz 144 ff.).
5 Art. 24 der aktuellen RL 2013/34/EU⁴ lässt keinen Raum für eine Wiedereinführung der Interessenzusammenführungsmethode.⁵
6 Mit dem BilMoG wurde für Gj seit 2010 die Erwerbsmethode über die **Neubewertungsvariante** für ErstKons **verpflichtend;** die von der Bilanzierungspraxis bis dahin eindeutig bevorzugte **Buchwertmethode** zur Abbildung von Unternehmenserwerben ist für Neufälle seither nicht mehr anwendbar. Altfälle sind nach Art. 66 Abs. 3 EGHGB aber **verpflichtend beizubehalten,** sodass die Buchwertmethode – soweit bisher angewandt – parallel zu nach der Neubewertungsmethode abgebildeten Erwerben weiter fortzuführen ist (Art. 66 Rz 14 ff.). Mit der Fokussierung auf die Neubewertungsmethode sollte ein Mehr an Informationen und eine bessere Vergleichbarkeit einhergehen.⁶ Die Neubewertungsmethode verlangt grundsätzlich zunächst die Bewertung der in die Konzernbilanz zu übernehmenden VG, Schulden und RAP zum beizulegenden Zeitwert im Zeitpunkt, zu dem das Unt TU geworden ist. Dabei sind latente Steuern zu berücksichtigen. Anschließend ist die Summenbilanz zu bilden und der Beteiligungsbuchwert des MU ist mit dem anteiligen neu bewerteten EK des TU zu verrechnen. Ein sich ergebender Unterschiedsbetrag ist aktivisch als GoF und passivisch als Unterschiedsbetrag aus der KapKons in der Konzernbilanz unsaldiert und gesondert auszuweisen. E-DRS 30.7 definiert die ErstKons wie folgt: Neubewertung des Reinvermögens eines TU zum maßgeblichen Erstkonsolidierungszeitpunkt und Aufrechnung der dem MU gehörenden Anteile mit dem darauf entfallenden anteiligen neubewerteten EK und Erfassung eines danach verbleibenden (aktiven oder passiven) Unterschiedsbetrags (§ 301 Abs. 1 bis 3 HGB).
7 Die folgende Abbildung verdeutlicht die Prüfungsreihenfolge für einzubeziehende Unt und die jeweils anzuwendende Einbeziehungsmethode.

---

3 Vgl. IFRS 3.14 bzw. SFAS 141.13 sowie auch im Folgenden *Leinen*, in *Kessler/Leinen/Strickmann*, BilMoG, 2009, S. 585 ff.
4 RL EU/2013/34 v. 26.6.2013, EU-Amtsblatt v. 29.6.2013, L 182/19 ff.
5 Zu Anwendungen vgl. z. B. *Ammann/Müller*, Konzernbilanzierung, 2005, S. 196.
6 Vgl. BilMoG-BgrRegE, S. 80.

Abb. 1: Formen und Einbeziehung von Unternehmen in den HGB Konzernabschluss

Die Durchführung der Neubewertung bzgl. der Wertverhältnisse für die **Kapitalaufrechnung** hat grds. auf Basis der Wertansätze des Zeitpunkts zu erfolgen, zu dem das Unt TU geworden ist (vgl. § 301 Abs. 2 HGB).

Die Bewertung des in den KA zu übernehmenden Reinvermögens des TU erfolgt gem. § 301 Abs. 1 Satz 2 HGB zum **beizulegenden Zeitwert**. Die Hinwendung zu einem (objektivierten) Marktwert beeinflusst die Höhe des zu übernehmenden Reinvermögens des TU. Eine Ausnahme greift für die Zugangsbewertung von RST und latenten Steuern. Ihr Wert ist gem. Abs. 1 Satz 3 auf Basis des einzelgesellschaftlichen Bewertungsmodells zu ermitteln.

Dem (zeitlichen) Informationsbeschaffungsproblem bei der Ermittlung des maßgeblichen Zeitwerts begegnet der Gesetzgeber mit der Implementierung eines **einjährigen Zeitfensters**, in dem die Wertfindung für das übernommene Reinvermögen des TU zu finalisieren ist.

Abs. 3 fordert den Ausweis des **Unterschiedsbetrags aus der KapKons** – soweit aktivisch – als GoF, ansonsten als Unterschiedsbetrag aus der KapKons – unabhängig von seinem Charakter – direkt nach dem EK. Sie sind unsaldiert und gesondert auf der Aktiv- bzw. Passivseite auszuweisen. Zudem ist eine Kommentierung für die Posten sowie wesentliche Änderungen zum Vj. im Konzernanhang gefordert (s. § 313 Rz 30).

Abs. 4 regelt schließlich den konzernbilanziellen Ausweis von Anteilen eines TU am MU (**Rückbeteiligung**) in der Weise, dass die Anteile, wie in § 272 Abs. 1a HGB (§ 272 Rz 78 ff.) für den JA geregelt, offen vom ausgewiesenen EK abzuziehen sind.

Angesichts der Komplexität der Fragestellung im Rahmen der KapKons sind die in § 301 HGB explizierten **Konsolidierungsprinzipien** sehr kurz gehalten und daher stark auslegungsbedürftig. So wird im Kern lediglich die ErstKons eines TU geregelt. Die sich in der Praxis anschließende FolgeKons sowie die ggf. später erfolgende Ent- bzw. ÜbergangsKons sind explizit nicht Gegenstand des Gesetzestextes und mussten erst als Grundsätze ordnungsmäßiger Konzernrechnungslegung (GoK) entwickelt werden. Zentral ist dabei der DRS 4, der am 31.12.2000 vom BMJ im Bundesanzeiger bekannt gegeben und zuletzt mit DRÄS 4 (Bundesanzeiger v. 18.2.2010) geändert wurde. Eine Ersetzung des **DRS 4 Unternehmenserwerbe im Konzernabschluss** durch einen neuen Standard ist auch vor dem Hintergrund der konsolidierten Rechnungslegungsrichtlinie EU/2013/34 vom DRSC bereits mit einem vorliegenden **E-DRS 30 Kapitalkonsolidierung (Einbeziehung von Tochterunternehmen in den Konzernabschluss)** weit vorangeschritten – wobei eine parallele Anwendung des ersetzenden Standards zur Kapitalkonsolidierung mit den Regelungen des BilRUG angestrebt wird, jedoch nicht verpflichtend gefordert wird, da der verabschiedete aber noch nicht vom BMJV bekannt gemachte DRS 23 erst ab dem nach dem 31.12.2016 beginnenden Gj zu beachten ist.[7]

Bei der **FolgeKons** (Rz 159 ff.) sind die im Rahmen der Neubewertung aufgedeckten stillen Reserven und Lasten fortzuführen und erfolgswirksam in Analogie zu der zugrunde liegenden Position zu behandeln. Ebenso sind der GoF erfolgswirksam abzuschreiben und ggf. der passivische Unterschiedsbetrag aus der KapKons aufzulösen. Zur FolgeKons i.w.S. gehören nach E-DRS 30.7 auch alle Maßnahmen, die auf Veränderungen der Beteiligungsquote des MU, sonstigen Veränderungen des Buchwerts konsolidierter Anteile sowie Kapitalveränderungen bei TU, die nicht zur Änderung der Beteiligungsquote führen, zurückzuführen sind.

Die **Ent- bzw. ÜbergangsKons** ist notwendig, wenn die Beherrschungsmöglichkeit nicht mehr besteht und das Unt nicht mehr als TU zu klassifizieren ist. Dabei ist eine EntKons, bei der das TU aus dem VollKonsKreis ausscheidet, grds. erfolgswirksam zu erfassen (Rz 210 ff.). Bei einer ÜbergangsKons mit einem (teilweisen) Anteilsverkauf ist ebenfalls eine erfolgswirksame Vorgehensweise für die veräußerten Teile notwendig. Die im Konzern verbleibenden Anteile mit dem dahinter stehenden Reinvermögen sind jedoch erfolgsneutral abzubilden (Rz 214 ff.).

Zu weiteren Spezialproblemen wie **innerkonzernlichen Umwandlungen** s. Rz 223 oder **mehrstufigen Konzernen** s. Rz 224 ff.

**14** Die durch das BilMoG geänderten Regeln sind nach Art. 66 Abs. 3 EGHGB obligatorisch erstmalig auf Unternehmenserwerbe anzuwenden, die in Gj getätigt werden, die nach dem 31.12.2009 beginnen. Die bis zu diesem Zeitpunkt vorgenommenen Unternehmenszusammenschlüsse können – soweit es die Interessenzusammenführungsmethode betrifft – abgebildet bleiben bzw. **sind** – für alle anderen Fälle – weiter **abzubilden** nach den bisher geltenden Regelungen (Art. 66 Rz 14 und Art. 67 Rz 137).

Obwohl der KA nicht Gegenstand der Besteuerung ist, können die Regelungen in § 301 HGB zu **steuerlichen Implikationen** im Hinblick auf die Zinsschrankenthematik (Bestimmung der Konzern-EK-Quote) führen.[8]

**15** Mit dem BilRUG kommt es für Gj ab 2016 zu kleineren inhaltlichen Änderungen im Abs. 2 (Rz 229).

---

[7] Vgl. E-DRS30.209 sowie zur Projektübersicht des DRSC, http://www.drsc.de/service/projects/details/index.php?ixprj_do=index&ixprj_lang=de&prj_sec=dsr&prj_id=1&filter_state=active&ixprj_do=details&prj_id=74, letzter Abruf am 16.10.2015.

[8] Vgl. *Richter/Meyering*, in *Federmann/Kußmaul/Müller* (Hrsg.): HdB-Beitrag Zinsaufwendungen, Rz. 40–45.

## 1.2 Anwendungsbereich

Der Geltungsbereich des § 301 HGB umfasst alle gem. § 290 HGB erstellten KA (§ 290 Rz 1 ff.). Somit haben alle MU in der Rechtsform der KapG oder einer KapCoGes, die keine der Befreiungen der §§ 291–293 HGB nutzen (können) und deren TU nicht alle unter § 296 HGB fallen (§ 290 Rz 66 ff.), für die KapKons ihrer TU die in § 301 HGB beschriebene Erwerbsmethode anzuwenden. Ist ein Unt zur Konzernrechnungslegung nach dem **PublG** verpflichtet, gilt § 301 HGB über einen Verweis in § 13 Abs. 2 Satz 1 PublG für KA dieses Unt analog. **Kreditinstitute, Finanzdienstleistungsinstitute** bzw. **Versicherungs-Unt** und **Pensionsfonds** haben ebenfalls für die Kons. der TU gem. § 340i Abs. 1 HGB bzw. 341j Abs. 1 HGB den § 301 HGB zu beachten, solange kein KA nach IFRS gem. § 315a HGB erstellt wird.. 16

## 1.3 Normenzusammenhänge

Die in § 301 HGB explizierte KapKons bedarf zunächst einer entsprechenden Vorbereitung. So fordert § 300 HGB die **grundsätzliche Einbeziehung** der VG, Schulden und RAP der TU anstelle der dem MU gehörenden Anteile in den KA. Die **Vereinheitlichung der Bewertung** der in den KA einbezogenen VG und Schulden fordert § 308 HGB; § 299 HGB verlangt die **Vereinheitlichung der Stichtage** der JA, die in den KA einbezogen werden sollen; § 308a HGB regelt die **Umrechnung** von auf fremde Währungen lautenden Abschlüssen von TU mit der Forderung der Anwendung der modifizierten Stichtagskursmethode. 17

Mit § 307 HGB wird die Durchführung der KapKons für die Fälle konkretisiert, in denen der Anteil des MU am EK des TU weniger als 100 % beträgt. Die auf konzernaußenstehenden Gesellschafter entfallenden EK-Anteile sind als „**Anteile anderer Gesellschafter**" bzw. „**nicht beherrschende Anteile**" in der Konzernbilanz auszuweisen (§ 290 Rz 1 ff.). 18

Verbleibt bei der KapKons nach der Verrechnung des Beteiligungsbuchwerts im JA des MU mit dem neu bewerteten anteiligen EK des TU ein **Unterschiedsbetrag**, so ist dieser nach dessen Ausweis in der Konzernbilanz gem. § 309 HGB zu behandeln. Dabei ist ein aktivischer Betrag als GoF gem. § 246 Abs. 1 Satz 4 HGB einem begrenzt nutzbaren VG gleichgesetzt und daher planmäßig abzuschreiben, ein passiver Unterschiedsbetrag aus der KapKons ist nur bei Eintritt der erwarteten negativen Entwicklung oder bei Feststehen eines realisierten Gewinns ergebniswirksam aufzulösen. 19

Darüber hinaus sind mit der SchuldenKons (§ 303 HGB), Zwischenergebniseliminierung (§ 304 HGB), Aufwands- und ErtragsKons (§ 305 HGB) sowie Steuerabgrenzung (§ 306 HGB) weitere **Tätigkeiten im Rahmen der VollKons** von TU notwendig. Die folgende Abb. zeigt diese Zusammenhänge im Überblick: 20

Abb. 2: Grundsätzliche Vorgehensweise der VollKons und Normenzusammenhänge

21 Schließlich verweist § 310 Abs. 2 HGB im Rahmen der Einbeziehung von GemeinschaftsUnt über die **anteilige Kons.** (QuotenKons) auf diese Vorschriften und somit auch auf die Erwerbsmethode des § 301 HGB (§ 310 Rz 1 ff.).

22 Ergänzend sind mit dem **DRS 4** die Regelungen zur Erwerbsmethode mit der Vermutung der GoB-Einhaltung bei einer Anwendung konkretisiert worden. Mit dem DRÄS 4 vom 4.2.2010 hat das DRSC auch den DRS 4 zuletzt angepasst. Mit DRS 23 (E-DRS 30) wird für die Gj ab 2017 leicht verschoben mit der Pflichtanwendung des BilRUG DRS 4 ersetzt.
Nach DRS 4.1b und c sollen die Regelungen zur Erwerbsmethode auch für die Abbildung der Übernahme der VG und ggf. der Schulden eines Unt (assetdeal) oder auch für Vorgänge im Wege der Verschmelzung aus Sicht des rechtlich einheitlichen Unt gelten.[9]

## 2 Konsolidierungspflichtige Anteile und Ablauf der Aufrechnung (Abs. 1)

23 Zulässig für die konzernbilanzielle Abbildung des Erwerbs eines TU ist seit dem Gj 2010 allein die **Neubewertungsmethode**. Dies entspricht der Regelung in DRS 4.23 und E-DRS 30.35. Bei Altfällen ist nach Art. 66 Abs. 3 EGHGB die damals angewandte KapKons-Methode verpflichtend beizubehalten. Bei der Neubewertungsmethode ist das in die Kapitalaufrechnung eingehende EK des TU mit dem Betrag anzusetzen, der sich nach vollständiger Aufdeckung der im Aufrechnungs-

---

[9] Vgl. zur Einschätzung m.w.N. *Förschle/Deubert*, in Beck Bil-Komm. 9. Aufl., § 301 HGB, Rz 6.

zeitpunkt in den VG, Schulden und RAP des TU ruhenden stillen Reserven und Lasten unter Beachtung von latenten Steuern ergibt. Eine Beschränkung auf die vom MU für die Anteile am TU gezahlten AK (Anschaffungskostenrestriktion) besteht nicht. Die Vorgehensweise erfordert im Anschluss an die Festlegung des Aufrechnungszeitpunkts zunächst eine Neubewertung des gem. § 300 und § 308 an die Bilanzierungs- und Bewertungsmethoden des Konzerns angepassten Reinvermögens des TU zu diesem Zeitpunkt.

Der neu bewertete JA des TU ergibt mindestens zusammen mit dem JA des MU den Summenabschluss. Es sind alle aufbereiteten JA der in den KonsKreis einzubeziehenden Unt in den Summenabschluss aufzunehmen. Bei der anschließenden Kapitalaufrechnung ist jeweils der Beteiligungsbuchwert des MU gegen das auf das MU entfallende neu bewertete EK der einzelnen TU aufzurechnen, wobei zwischen der Erst- und FolgeKons zu unterscheiden ist. Eine bei der ErstKons entstehende Differenz ist unmittelbar als GoF bzw. als passiver Unterschiedsbetrag aus der KapKons auszuweisen. Das etwaigen Minderheitsgesellschaftern des TU zuzurechnende neu bewertete Reinvermögen ist in einen Ausgleichsposten für Anteile anderer Gesellschafter umzubuchen (§ 307 HGB). Bei der FolgeKons sind die bei der ErstKons ermittelten Werte lediglich fortzuschreiben, eine erneute Neubewertung ist grundsätzlich ausgeschlossen. Eine Ausnahme kann sich ergeben bei der Aufstockungen von Anteilen an TU (E-DRS 30.166 ff.; s. Rz 188 ff.). 24

In den Details der einzelnen Konsolidierungsschritte hat der Gesetzgeber zudem Spezifika in Abhängigkeit vom Zeitverlauf geregelt: 25

- Der **Aufrechnungszeitpunkt** muss bei sukzessivem Anteilserwerb oder bei einer späteren Aufstellung des KA bzw. einer späteren erstmaligen Einbeziehung verschoben werden (Rz 58).
- Es ist ein Wertaufhellungszeitraum von einem Jahr für die Wertermittlung des Kaufpreises und der übernommenen VG und Schulden vorgesehen (Rz 92).
- Bezüglich der Wertermittlung sind folgende Spezifika zu beachten:
- Als Maßstab zur Bestimmung des neu bewerteten Vermögens dient mit Ausnahmen der **beizulegende Zeitwert** und nicht mehr der beizulegende Wert (Rz 61 ff.).
- Bei der Neubewertung des Reinvermögens eines TU sind **latente Steuereffekte** zu beachten (Rz 57 ff.).

## 2.1 Konsolidierungspflichtige Anteile (Abs. 1 Satz 1)

Der KA hat sämtliche dem MU gehörenden Anteile an TU des VollKonsKreises zu enthalten. Unter **Anteilen** sind alle Kapitalbeteiligungen mit Einlagencharakter zu verstehen.[10] Somit sind hierunter Mitgliedsrechte, die Vermögensrechte wie die Teilhabe am Gewinn und Verlust bzw. dem Liquidationserfolg sowie die nachrangige Bedienung im Insolvenzfall und Verwaltungsrechte (z.B. Mitwirkungs- und Informationsrechte), d.h. der Einfluss auf die Geschäftsführung, zu subsumieren (§ 271 Rz 7 ff.). Dazu zählen v. a. die gesellschaftsrechtlichen EK-Anteile an in- und ausländischen Kapitalgesellschaften und solchen Personenge- 26

---

[10] Vgl. WP-Handbuch, Bd. I, 14. Aufl. Abschn. M, Rz 349.

sellschaften, die über ein Gesamthandsvermögen verfügen (E-DRS 30.7). Für folgende Rechtsformen sind als Anteile insb. denkbar:[11]
- **AG**: Aktien, unabhängig von Aktiengattung und Stimmrechtsausstattung, Zwischenscheine (§ 10 Abs. 3 AktG).
- **KGaA**: Anteile der Kommanditaktionäre und Einlage des phG.
- **GmbH**: Geschäftsanteile gem. § 14 GmbHG.
- **PersG**: Mitgliedschaft oder Gesellschafterstellung begründende Anteile, unabhängig ob voll oder beschränkt haftend.
- **PersG**: Kapitaleinlage der phG oder der Kommanditisten sowie Anteile an GbR, sofern ein Gesamthandsvermögen besteht.

27 Die konsolidierungspflichtigen Anteile sind in den **Bilanzposten** „Anteile an verbundenen Unternehmen" des JA im AV oder UV ausgewiesen.

28 **Schuldrechtliche Ansprüche** jeder Art, d. h. auch Genussrechte, Wandelschuldverschreibungen, Optionsanleihen und kapitalersetzende Darlehen, sind entsprechend nicht als Anteile zu qualifizieren. Hier hat eine klare Trennung nach Eigen- und Fremdkapital zu erfolgen.[12] Letztere Anteile sind im Rahmen der SchuldenKons zu eliminieren.

29 Bei der **Errechnung der Anteile im Besitz des MU** sind sowohl die im juristischen Eigentum des MU stehenden Anteile als auch die von TU oder von einem Dritten für Rechnung eines KonzernUnt gehaltenen Anteile (z.B. echte Pensionsgeschäfte, Treuhandverhältnisse) zu berücksichtigen (§ 290 Rz 54ff.). Diese Betrachtung stellt somit auf das wirtschaftliche Eigentum ab (§ 246 HGB).

30 Insbesondere zählen zu den dem MU gehörenden Anteilen auch Anteile, die von **anderen voll zu konsolidierenden TU** gehalten werden, was sich aus dem Einheitsgrundsatz in § 297 Abs. 3 Satz 1 HGB ergibt. Anteile, die von nicht in den KA einbezogenen TU gehalten werden, sind der Aufrechnung somit entzogen – sie erscheinen nicht in der Konzernbilanz. Dies trifft auch für assoziierte Unt zu, die at equity zu bewerten sind. **GemeinschaftsUnt** sind dann zu betrachten, wenn sie anteilmäßig einbezogen werden (E-DRS 30.17). In diesem Fall hat eine Kons. der in der Summenbilanz erscheinenden von dem GemeinschaftsUnt gehaltenen Anteile des TU zu erfolgen, um eine Doppelerfassung zu vermeiden.[13] Allerdings setzt die Klassifikation als TU stets die Beherrschungsmöglichkeit voraus, wofür neben den Kapitalanteilen bei dem GemeinschaftsUnt auch weitere Indikatoren vorliegen müssen, da ein GemeinschaftsUnt und damit auch deren TU lediglich gemeinschaftlich beherrscht werden kann. Die Kons. bezieht sich jedoch nur auf die Anteile am TU, die bei einem Unt des KonsKreis liegen, unabhängig davon, ob beim MU oder einem anderen TU.

31 Anteile am MU, die von ihm selber (**eigene Anteile**) oder einem einbezogenen TU gehalten werden (**Rückbeteiligung**), sind nach Abs. 4 nicht in die KapKons einzubeziehen; sie sind mit dem EK zu verrechnen (E-DRS 30.19). Ebenso sind eigene Anteile des TU an sich selber mit deren EK zu verrechnen (§ 272 Abs. 1

---

[11] Vgl. *Baetge/Heidemann/Jonas*, in *Baetge/Kirsch/Thiele*, Bilanzrecht, Stand 8/2010, § 301 HGB, Rz 143.

[12] Vgl. grundsätzlich zur Trennung § 247 HGB Rz. 79–110 sowie zu EK-Verstärkungen im Detail § 272 Rz 213–229.

[13] Vgl. ADS, 6. Aufl., § 301 HGB, Rz 20; *Dusemond/Weber/Zündorf*, in *Küting/Weber*, HdK, HGB, § 301, Rz 25f.;a.A. *Baetge/Heidemann/Jonas*, in *Baetge/Kirsch/Thiele*, Bilanzrecht, Stand 8/2010, *§ 301 HGB*, Rz 28.

HGB), was den rechnerischen Anteil des MU sowie etwaiger Minderheitsgesellschafter am verbleibenden EK erhöht. Als einzige Ausnahme kann mit Verweis auf das Wirtschaftlichkeitsprinzip in Fällen vorgegangen werden, in denen die eigenen Anteile vom TU lediglich zur Weiterveräußerung z.b. an AN gehalten werden. In diesen Fällen wären ansonsten nach der Verrechnung mit dem EK und der Wertermittlung im Rahmen der KapKons bei dem Verkauf der Anteile die KapKons mit den dann neuen Beträgen anzupassen. Diese Nichtbeachtung des Gesetzestextes in diesem speziellen Fall bedarf aber eines klaren Ausweises in der Konzernbilanz[14] und einer entsprechenden Anhangerläuterung.[15]

Nach E-DRS 30.20 stellen direkte und indirekte **schuldrechtliche Ansprüche** des MU (z.B. aus Schuldverschreibungen oder Genussrechten) zum Zeitpunkt der erstmaligen Einbeziehung grundsätzlich keine zu verrechnenden Anteile dar. Nur wenn im Ausnahmefall solche Ansprüche EK-Charakter haben sollten, wären sie in die Kapitalkonsolidierung einzubeziehen. 32

Für den Fall, dass das MU weder direkt noch indirekt Kapitalanteile an einem konsolidierungspflichtigen TU hält, wie etwa bei einer **Zweckgesellschaft**, ist nach E-DRS 30.21 keine Verrechnung gem. § 301 Abs. 1 Satz 1 HGB vorzunehmen. Ein Unterschiedsbetrag gem. § 301 Abs. 3 HGB kann daher nicht entstehen. Allerdings sind die übrigen Regelungen des § 301 HGB hinsichtlich Ansatz und Bewertung und die Ermittlung der Anteile anderer Gesellschafter gem. § 307 Abs. 1 HGB anzuwenden, was im Ergebnis zu einem vollständigen Ausweis des sich ergebenden Reinvermögens des TU unter dem Posten „nicht beherrschende Anteile" führt (§ 290 Rz 53). 33

## 2.2 Bewertung der Anteile (Abs. 1 Satz 1)

Die im Weiteren zu verrechnenden Anteile sind nach § 301 Abs. 1 Satz 1 HGB mit ihren Wertansätzen in die Aufrechnung mit dem anteiligen EK des TU einzubeziehen. Die Wertansätze entsprechen den AK gem. § 255 Abs. 1 HGB, d.h. der für den Erwerb der Anteile bewirkten Gegenleistung, die ggf. um Anschaffungsnebenkosten oder sonstige direkt dem Erwerb zurechenbare Kosten zu erhöhen und ggf. um Anschaffungspreisminderungen zu verringern sind (DRS 4.12, E-DRS 30.22ff.). 34

> **Beispiel**
> Notariatskosten, Kapitalverkehrsteuern, Provisionen und Spesen sind werterhöhend zu berücksichtigen. Dagegen sind Bewertungsgutachten und eine Due-Diligence-Prüfung im Rahmen der Entscheidungsvorbereitung nicht Teil der Anschaffungs(neben)kosten, da eine bloße Ursächlichkeit zwischen diesen Aufwendungen und der Anschaffung nicht ausreicht (E-DRS 30.24).

Als Anschaffungsnebenkosten kommen demnach nur solche Ausgaben in Betracht, die nach der grundsätzlichen Kaufentscheidung anfallen. E-DRS 30.25

---

[14] *Förschle/Deubert* schlagen die Bezeichnung „davon zur Weiterveräußerung bestimmte Anteile an voll kons TU" vor, vgl. *Förschle/Deubert*, in Beck Bil-Komm. 9. Aufl., § 301 HGB, Rz 17.
[15] Vgl. *Busse von Colbe*, in MünchKomm HGB, 3. Aufl., § 301 HGB, Rz. 23, a.A. *Scherrer* in Kölner Komm HGB, § 301, Rz. 32.

empfiehlt, das Datum der grundsätzlichen Kaufentscheidung bspw. durch einen Letter of Intent oder ähnliche Absichtserklärungen zu konkretisieren, mit welchem dem Verkäufer das Interesse signalisiert wird, die Anteile eines bestimmten Unt erwerben zu wollen.

35 Es ist unerheblich, in welcher Form das erwerbende Unt die Gegenleistung bewirkt hat. Maßgeblich ist der Betrag in EUR, was ggf. eine **Währungsumrechnung** notwendig macht. Hierbei ist auf den Wechselkurs im Erwerbszeitpunkt abzustellen (§ 255 Rz 20 ff.).

36 Erfolgte der Erwerb durch einen **Tausch**, so soll sich nach DRS 4.13/E-DRS 30.27 der Wertansatz grds. nach dem Zeitwert der hingegebenen VG bzw. der ausgegebenen Anteile richten.[16] E-DRS 30.27 empfiehlt dabei eine Begrenzung auf den beizulegenden Zeitwert der erlangten Anteile. Handelsrechtlich ist jedoch anders als steuerrechtlich auch ein Tausch auf der Basis der fortgeführten Buchwerte denkbar. Im Zuge der Erwerbsfiktion erscheint dies jedoch nur schwer mit der anzustrebenden Abbildung der VFE-Lage des Konzerns vereinbar.

Die Konstellation des Tauschs bzw. des tauschähnlichen Vorgangs taucht häufiger bei **konzerninternen Einbringungsvorgängen** ohne die Beteiligung anderer Gesellschafter auf. Allerdings sind dabei entstehende Gewinne auf der Einzelabschlussebene i. d. R. im Konzern wieder zu eliminieren, da sie keine Gewinne mit Konzernfremden darstellen (E-DRS 30.165) (s. § 304 Rz 11).

37 Abzustellen ist auf die **Konzern-AK**. Werden daher Anteile von anderen in den KA einbezogenen TU gehalten, sind diese stets aus der Sicht des Konzerns zu bewerten[17]

> **Beispiel**
> **Sachverhalt**
> Die A-AG hat 20 % der Anteile der B-AG für 10 Mio. EUR im Gj 01 erworben. Anfang des Gj 04 übernimmt die M-AG die A-AG. Im Rahmen der Neubewertung der A-AG wird dem 20 %-Anteil aufgrund von Kurssteigerungen in der Konzernbilanz ein Wert von 20 Mio. EUR zugewiesen. Anfang des Gj 05 übernimmt die M-AG 40 % der Anteile der B-AG für 40 Mio. EUR.
>
> **Bewertung**
> Der 60-%-Anteil der B-AG, den die M-AG und die A-AG zusammengerechnet halten, ist mit 60 Mio. EUR in die Aufrechnung einzubeziehen.

38 Ebenso verhält es sich bei konzerninternen Einbringungsvorgängen oder Weiterverkäufen. Eventuelle Zwischenergebnisse durch Gewinnauf- oder -abschläge sind gem. § 304 Abs. 1 HGB zu eliminieren,[18] sodass es bei den Konzern-AK bleibt.

---

[16] Eingeschränkt zustimmend *Förschle/Deubert*, in Beck Bil-Komm. 9. Aufl., § 301 HGB, Rz 22.
[17] Vgl. *Baetge/Heidemann/Jonas*, in *Baetge/Kirsch/Thiele*, Bilanzrecht, Stand 8/2010, § 301 HGB, Rz 34.
[18] Zur Eliminierung dieser Effekte vgl. *Förschle/Deubert*, in Beck Bil-Komm. 9. Aufl., § 301 HGB, Rz 228, 24.

Fraglich ist die Bewertung von **bedingten AK**. Konkret hängt hier ein Teil der Gegenleistung für den Erwerb von Anteilen von künftigen Ereignissen oder sonstigen Transaktionen ab.

> **Beispiel**
> Bedingte AK können aus Klauseln in Kaufverträgen resultieren, die Nachzahlungen für den Fall der Überschreitung eines bestimmten Erfolgsniveaus (Earn-out-Klausel) oder des Ausgangs von zum Erwerbszeitpunkt anhängigen Rechtsstreitigkeiten festlegen. Es sind in der Praxis zudem auch Minderzahlungen in Form von Bilanzgarantien des Verkäufers anzutreffen.

Nach DRS 4.14 bzw. E-DRS 30.30 sind derartige Kaufpreiskomponenten grds. schon bei Erwerb im JA des erwerbenden Unt zu berücksichtigen, wenn die Kaufpreisanpassung wahrscheinlich ist und der zusätzlich zu entrichtende Betrag verlässlich geschätzt werden kann.

Abzugrenzen sind hiervon nach E-DRS 30.31 **Ausgleichszahlung vom Verkäufer an das erworbene Unt** oder **vom erworbenen Unt an den Verkäufer**, da diese die AK im JA des erwerbenden Unt nicht verändern. Auch das EK des TU wird hierdurch i.d.R. nicht beeinflusst. Entspricht die Höhe der Ausgleichszahlung nicht dem Betrag der an diese anknüpfenden Wertänderung im Vermögen des TU, sind die sich ergebenden Differenzen erfolgswirksam zu erfassen. Konsequenzen für die Kapitalkonsolidierung ergeben sich insofern nicht.

Der Gesetzgeber hat das Problem der Wahrscheinlichkeitseinschätzung insoweit entschärft, als Abs. 2 Satz 2 die Notwendigkeit zur nachträglichen Anpassung der AK innerhalb eines Jahres vorsieht. Dabei ist die Anpassung rückwirkend auf den Erwerbszeitpunkt zu erfassen.

> **Beispiel**
> Am 31.12.01 erwirbt die M-AG 100 % der Anteile an der TU. Neben einer sofort geleisteten fixen Zahlung von 1 Mio. EUR ist eine erfolgsabhängige Zahlung von 0,2 Mio. EUR vereinbart, wenn das Jahresergebnis 0,3 Mio. EUR und der Umsatz des Jahres 02 mehr als 10 Mio. EUR betragen. Per 31.12.01 geht die M-AG mit hoher Wahrscheinlichkeit von der Erreichbarkeit dieser Ziele aus.
>
> **Bewertung**
> Zum 31.12.01 ist als Wertansatz für die Beteiligung (unter Vernachlässigung von ggf. vorzunehmenden Abzinsungen) ein Wert von 1,2 Mio. EUR anzusetzen.

Die in die KapKons einzubeziehenden AK bei gestundeten oder bedingten Kaufpreisverpflichtungen hat nach E-DRS 30.33 grundsätzlich zum **Barwert im Erwerbszeitpunkt** zu erfolgen. Die in Folgeperioden vorzunehmende Aufzinsung einer entsprechenden Rückstellung für bedingte Kaufpreisverpflichtungen hat keinen Einfluss auf die Höhe der im Erwerbszeitpunkt erfassten (bedingten) AK der Anteile. Die Aufzinsung ist insofern aufwandswirksam zu erfassen. Auch die Differenz zwischen den nachträglichen AK der Beteiligung und der zum

Erfüllungsbetrag gem. § 253 Abs. 1 Satz 2 und 3 HGB zu bewertenden (bedingten) Kaufpreisverpflichtung ist nach E-DRS 30.33 als Zinsaufwand zu erfassen.

**39** Fehlt es – wie in der Praxis häufig zu erwarten – an den Voraussetzungen der Verlässlichkeit und Wahrscheinlichkeit, so besteht der einjährige Anpassungszeitraum; ansonsten müssen diese Werterhöhungen als nachträgliche AK behandelt werden und im Rahmen der FolgeKons Berücksichtigung finden.[19] Dennoch sollte im KA über derartige Vorgänge berichtet werden.

**40** **Wertkorrekturen** in Form von Abschreibungen auf den Beteiligungsbuchwert in den Einzelabschlüssen sind differenziert zu betrachten: Wertkorrekturen, die nach der ErstKons erfolgten, sind im Jahr der Abschreibung zugunsten des Konzernergebnisses erfolgserhöhend zu eliminieren. In den dem Abschreibungsjahr folgenden Gj hat dann eine erfolgsneutrale Eliminierung zu erfolgen..[20] Für den Fall, dass der Anteilserwerb und die ErstKons auseinanderfallen (Abs. 2, Rz 69 ff.) sind Abschreibungen in diesem Zeitraum denkbar. In diesen Fällen sind die Abschreibungen beizubehalten, soweit sie mit § 308 HGB vereinbar sind;[21] eine Zuschreibung der Beteiligung bis auf die AK ist ohne gestiegenen beizulegenden (Zeit-)Wert nicht zulässig (E-DRS 30.26).

**41** Werden die zu konsolidierenden Anteile von **ausländischen KonzernUnt** gehalten, sind die Konzern-AK nach Anwendung der Vereinheitlichungsregeln der §§ 300, 308 u. 308a HGB zu ermitteln. Demnach dürfen die zu verrechnenden Anteile nur die Wertbestandteile enthalten, die auch handelsrechtlich zulässig sind. So sind ggf. bestimmte Einbeziehungen, wie z.B. Kosten der Unternehmensbewertung, zu eliminieren und Bewertungen at equity sowie handelsrechtlich nicht zulässige Abschreibungen zu korrigieren.

## 2.3 Bestimmung des zu konsolidierenden Eigenkapitals (Abs. 1 Satz 2)

**42** Das **konsolidierungspflichtige EK** umfasst bei KapG die Positionen gezeichnetes Kapital, offene Rücklagen (Kapital- und Gewinnrücklagen) und Ergebnis einschließlich Ergebnisvortrag, deren Feingliederung in § 266 Abs. 3 HGB unter Position A. EK aufgeführt ist. Bei dem **Ergebnis** ist zu unterscheiden, ob es sich um ein erworbenes oder ein den bisherigen Gesellschaftern zustehendes Ergebnis handelt. Ein erworbenes Ergebnis ist in die Kapitalaufrechnung gem. § 301 Abs. 1 Satz 1 HGB einzubeziehen, ein noch den bisherigen Gesellschaftern zustehendes Ergebnis ist dagegen als Verbindlichkeit anzusehen und entsprechend auszuweisen.

**Eigene Anteile** sind nicht gesondert zu behandeln, da sie bereits auf JA-Ebene gem. § 272 Abs. 1a und 1b HGB verrechnet wurden;[22] zu Rückbeteiligungen s. Rz 120 f.

---

[19] Vgl. *Förschle/Deubert*, in Beck Bil-Komm. 9. Aufl., § 301 HGB, Rz 228, 250 ff.
[20] Vgl. *Baetge/Heidemann/Jonas*, in *Baetge/Kirsch/Thiele, Bilanzrecht, Stand 8/2010, § 301 HGB*, Rz 37.
[21] Vgl. *Dusemond/Weber/Zündorf*, in Küting/Weber, HdK, HGB, § 301, Rz 38 ff.
[22] Vgl. *Müller/Reinke*, DStR, 2015, S. 1127 ff.

Bei **Mezzanine-Kapital**[23] muss eine klare Zuordnung nach Eigen- oder Fremdkapital erfolgen. Nur eindeutig als EK zu klassifizierende Kapitalien sind in der KapitalKons zu berücksichtigen, ansonsten sind die Sachverhalte ggf. im Rahmen der SchuldenKons zu eliminieren. So sind etwa anlässlich der Ausgabe von Wandel- oder Optionsanleihen für Schuldverschreibungen in den Kapitalrücklagen gem. § 272 Abs. 2 Nr. 2 HGB erfasste Beträge nur dann konsolidierungspflichtig, wenn die **Bezugsrechte** im Erwerbszeitpunkt bereits ausgeübt oder verfallen sind. Bestehen die Bezugsrechte dagegen noch, so kommt das MU in die Rolle des Stillhalters, so dass die ggf. im EK erfassten Beträge des TU aus Sicht des MU eine Optionsprämie bedeuten, die als sonstige Verbindlichkeit anzusetzen und neu zu bewerten ist.[24] Werden die Optionen eingelöst, entspricht dies einer Kapitalerhöhung und es verändern sich damit die Anteilsverhältnisse bis hin zu einem ggf. möglichen Verlust der Beherrschungsmöglichkeit.

Bei TU in der Rechtsform von **PersG** ist ebenfalls das gesamte ausgewiesene EK konsolidierungspflichtig, was somit den Einbezug der EK-Konten der Gesellschafter bedeutet. 43

Sollte ein Unt einen EK-Fehlbetrag auf der Aktivseite der Bilanz ausweisen, da das EK aufgebraucht ist (§ 268 Abs. 3 HGB), so sind die konsolidierungspflichtigen Anteile mit dem „nicht durch Eigenkapital gedeckten Fehlbetrag" zu saldieren, was zu einer Addition der Beträge führt.[25] Es erscheint sinnvoll, einen auch nach der Neubewertung des TU verbleibenden nicht durch EK gedeckten Fehlbetrag in die einzelnen EK-Bestandteile aufzugliedern, um die KapKons und hier insb. die FolgeKons nicht unnötig zu erschweren.[26] 44

**Ausstehende Einlagen** auf das gezeichnete Kapital sind zunächst nach § 272 HGB zu behandeln. Dabei ist zu beachten, dass eingeforderte Einlagen von einem anderen in den KA einbezogenen Unt im Rahmen der SchuldenKons zu berücksichtigen sind, da es sich um eine konzerninterne Forderung respektive Verbindlichkeit handelt. Erfolgte die Einforderung gegenüber Dritten, so hat ein Ausweis als eingeforderte Einlagen unter den Forderungen und sonstigen VG zu erfolgen. Eine Verrechnung mit den Anteilen anderer Gesellschafter ist unzulässig.[27] Sind die Einlagen nicht eingefordert, bleibt es bei dem Nettoausweis im EK gem. den Regelungen in § 272 HGB (E-DRS 30.42). 45

Bei der Bestimmung des zu konsolidierenden EK gibt es einige Sonderfälle, die noch vor der eigentlichen Bewertung dem EK – unter Berücksichtigung latenter Steuerwirkungen – zuzuordnen sind. Diese sind zunächst **Sonderposten** mit Rücklageanteil, die nach Art. 67 Abs. 3 S. 1 EGHGB bei Umstellung auf das BilMoG beibehalten werden konnten, Sonderrücklagen nach § 17 Abs. 4 Satz 3 und § 24 Abs. 5 DMBilG oder nicht rückzahlbare Investitionszulagen oder -zuschüsse der öffentlichen Hand. Im KA sind diese Posten nicht auszuweisen und entsprechend ggf. unter Beachtung latenter Steuern in das konsolidierungspflichtige EK bereits im Rahmen der Ansatzanpassung nach § 300 Abs. 2 HGB auf- 46

---

23  Vgl. *Müller/Brackschulze/Mayer-Fiederich*, Finanzierung mittelständischer Unternehmen nach Basel III, 2. Aufl., 2011, S. 237–253 m. w. N.
24  Vgl. *Förschle/Deubert*, in Beck Bil-Komm. 9. Aufl., § 301 HGB, Rz 40; E-DRS 30.40.
25  Vgl. *Baetge/Heidemann/Jonas*, in Baetge/Kirsch/Thiele, Bilanzrecht, Stand 8/2010, *§ 301 HGB*, Rz 46.
26  Vgl. *Förschle/Deubert*, in Beck Bil-Komm. 9. Aufl., § 301 HGB, Rz 39.
27  Vgl. *Dusemond/Weber/Zündorf*, in *Küting/Weber*, HdK, HGB, § 301, Rz 52.

zulösen. Darüber hinaus kann es sein, dass bei Erwerb des TU beim MU **bestehende Forderungen und Verbindlichkeiten** gegen dieses Unt etwa durch Verlustübernahmeverpflichtungserklärung den Charakter ändern. So sind gegenüber dem MU bestehende Verbindlichkeiten des TU aus vor der Konzernzugehörigkeit bestehenden Lieferungs- und Leistungsbeziehungen dann dem konsolidierungspflichtigem EK zuzuordnen, wenn damit zukünftig in voller Höhe Verluste verrechnet werden können. Auch sind beim MU ggf. vorgenommene Abwertungen von bestehenden Forderungen an das TU bereits bei der Kaufpreisermittlung zu berücksichtigen und nicht erst im Rahmen der SchuldenKons.[28]

47 Die **Höhe der (relativen) kapitalmäßigen Beteiligung** am zu konsolidierenden EK richtet sich im Normalfall nach dem Verhältnis des Nennbetrags der dem MU gehörenden Anteile zu dem in der Bilanz ausgewiesenen gezeichnetm Kapital (§ 272 Abs. 1 HGB). Dies kann von der Bestimmung der beherrschten Anteile nach § 290 HGB abweichen, da hier nur die dem MU gehörenden und nicht die dem MU zuzurechnenden Anteile betrachtet werden. Bei Stückaktien bestimmt sich das Verhältnis an der Anzahl der dem MU gehörenden zu den ausgegebenen Aktien. Bei PersG kann die Bestimmung des Anteils aus dem Verhältnis des Kapitalkontos zum Gesamtkapital ermittelt werden, es sei denn, es existiert im Gesellschaftervertrag eine Festkapitalregelung, an dem der Anteil des MU abzuleiten ist. Herausforderungen bestehen dann, wenn etwa bei Zweckges. die Vermögens- und Gewinnrechte der Gesellschafter untereinander abweichend von dem gesetzlichen Normalfall geregelt sind. In diesen Fällen ist die Beteiligungsquote als effektive, wirtschaftliche Quote zu ermitteln. Dies bedingt einer noch genaueren Betrachtung als die Feststellung der Beherrschungsmöglichkeit, für die im Rahmen einer Gesamtbetrachtung lediglich zu bestimmen ist, ob die Mehrheit der Risiken und Chancen vom MU getragen wird (DRS 19.57), wobei DRS 19.61 zudem die Risiken stärker gewichtet haben möchte. Die Bestimmung des Anteils für Zwecke der Kons. bedarf aber eines genauen Ergebnisses, um etwa die im Rahmen einer Neubewertung anfallenden stillen Reserven zwischen MU und den anderen Gesellschaftern verteilen zu können. Einzige Orientierung bieten dabei die GoB, die in dieser Gemengelage zumindest eine willkürfreie Zuordnung fordern.[29]

48 Technisch bietet es sich an, auf den Zeitpunkt der erstmaligen Einbeziehung einen **Zwischenabschluss** für das TU aufzustellen, soweit nicht dem Bilanzstichtag des TU diesem Zeitpunkt entspricht. E-DRS 30.11 erlaubt auch, einen zeitnah zum Erwerbszeitpunkt erstellten Monats- oder Quartalsabschluss heranzuziehen, sofern zwischenzeitlich keine wesentlichen (Vermögens-)Veränderungen eingetreten sind. Sofern kein Zwischenabschluss aufgestellt wird, fordert E-DRS 30.13 zumindest ein Inventar mit allen VG, Schulden und sonstigen Posten zum Zeitpunkt der erstmaligen Einbeziehung (unabhängig von einem bisherigen Ansatz beim TU) zu erstellen. Das Inventar kann auch aus einem Jahres-, Quartals- oder Monatsabschluss abgeleitet werden. Die Abgrenzung des Ergebnisses kann vereinfachend auch durch statistische Rückrechnung aus dem JA des TU ermittelt werden. Sofern wesentliche Schwankungen, z.B. bei saison-

---

[28] Vgl. *Förschle/Deubert*, in Beck Bil-Komm. 9. Aufl., § 301 HGB, Rz 43–46.
[29] Vgl. *Förschle/Deubert*, in Beck Bil-Komm. 9. Aufl., § 301 HGB, Rz 48–50.

alem Geschäft, zu verzeichnen sind, sind nach dem DRS diese durch geeignete Anpassungen zu berücksichtigen.

## 2.4 Bewertung des zu konsolidierenden Eigenkapitals (Abs. 1 Satz 2)

Die nach dem HGB ausschließlich zulässige Methode der VollKons für TU ist gem. § 301 HGB ebenso wie bei den IFRS[30] die **Erwerbsmethode**. Mit dieser Methode wird die Übernahme im KA so abgebildet, als wären keine Anteile an dem TU erworben worden, sondern die einzelnen VG, Schulden, RAP und Sonderposten. Die Abb. entspricht somit dem **asset deal im Einzelabschluss**, bei dem die VG und Schulden in Summe aus einem Unt herausgelöst werden und von dem übernommenen Unt gedanklich ggf. nur der leere Mantel übrig bleibt. 49

Wenn aber fingiert wird, dass die VG, Schulden, RAP und Sonderposten einzeln erworben werden, so stellt sich die Frage nach deren **Bewertung**. Da ein Erwerber im Rahmen der Preisverhandlungen letztlich die Werte zum Zeitpunkt des Erwerbs zugrunde legen wird, verschiebt sich aus Konzernsicht der Zeitpunkt der Ermittlung der AK gem. § 255 HGB von der Anschaffung oder Herstellung des VG auf den Zeitpunkt des jeweiligen Erwerbs. Dies hat Auswirkungen auf den Wertansatz, da die historischen AHK, die in der Bilanz des TU die Wertobergrenze darstellen, nun nicht mehr relevant sind. Stattdessen ist wie nach IFRS zum Zeitpunkt des Erwerbs eine **Neubewertung** der VG und Schulden im Rahmen der Konzernbilanzierung vorzunehmen. Dabei ist der Kaufpreis der Anteile, den das MU für die Erlangung der Beherrschungsmöglichkeit über das TU bezahlen musste, nicht relevant. Somit muss die Bewertung unabhängig von den Anschaffungs- und Anschaffungsnebenkosten der Beteiligung aus der (Bilanz-)Sicht des MU zum beizulegenden Zeitwert erfolgen (keine Anschaffungskostenrestriktion). Die sog. pagatorische Obergrenze mit der (relativen) Begrenzung der aufzudeckenden stillen Reserven auf die AK des MU hat seit dem TransPuG ab dem Gj 2003 keine Bedeutung mehr. Es ist somit denkbar, dass durch die Auflösung von stillen Reserven letztlich ein passiver Unterschiedsbetrag aus der KapKons entsteht. 50

**Stille Reserven** sind EK-Bestandteile, die in der Bilanz nicht oder nicht als solche ausgewiesen werden.[31] Es handelt sich im Prinzip um die Differenz zwischen den Buchwerten in der hinsichtlich Ansatz, Bewertung und Währung vereinheitlichten HB II des TU und den stattdessen zu verwendenden beizulegenden Zeitwerten bzw. für RST Erfüllungsbeträgen, und zwar bei Vermögensposten um die Differenz zwischen Buchwerten[32] und höheren beizulegenden Zeitwerten bzw. bei FK-Posten um die Differenz zwischen Buchwerten und niedrigeren beizulegenden Zeitwerten bzw. Erfüllungsbeträgen. Neben stillen Reserven sind grds. auch stille Lasten denkbar. Dies ist der Fall, wenn FK-Posten zu niedrig bzw. gar nicht oder Aktivposten zu hoch angesetzt worden sind. Ersteres ist z. B. möglich 51

---

30 Vgl. *Baetge/Prigge*, in *Baetge/Kirsch/Thiele*, Bilanzrecht-Kommentar, Stand 8/2010, § 301 HGB, Rz 182; *Lüdenbach/Hoffmann/Freiberg*, in *Lüdenbach/Hoffmann/Freiberg*, Haufe IFRS-Kommentar, 13. Aufl. 2015, § 31, Rz 2ff.
31 Vgl. *Lachnit*, Bilanzanalyse, 2004, S. 109.
32 Hierunter fällt auch ein Buchwert von null bei als ansatznotwendig zu betrachtendem Vermögen.

bei der Bilanzierung von RST, Letzteres etwa beim FAV und vermeintlich nur vorübergehender Wertminderung.

52 Stille Reserven und Lasten sind nur bei solchen Bilanzposten möglich, die gem. HGB **dem Grunde nach ansatzfähig** sind, denn nur bei diesen Posten kann noch eine Verwerfung zwischen Buchwert und beizulegendem Zeitwert bzw. Erfüllungsbetrag auftreten. Im KA nicht ansatzfähige Positionen auf Ebene des JA der TU sind bereits im Rahmen der Ansatzvereinheitlichung mit § 300 Abs. 2 HGB zu bereinigen (Rz 46). Stille Reserven können hinsichtlich ihres Verhältnisses zu den gesetzlichen Ansatz- und Bewertungsvorschriften in stille Zwangs-, Wahlrechts-, Schätzungs- und Willkürreserven unterteilt werden:[33]

53 • Stille **Zwangsreserven** entstehen aufgrund der Bewertungsvorschriften automatisch, sobald der beizulegende Zeitwert von VG über die AHK dieser Güter bzw. der aktuelle Wert von Schulden unter die ursprünglichen Ansatzwerte dieser Schulden fällt. VG dürfen nach deutschem Bilanzrecht – von wenigen durch das BilMoG geschaffenen Ausnahmen wie bspw. kurzfristige Fremdwährungspositionen abgesehen – nicht über und langfristige Schulden nicht unter den Ursprungswertansätzen bilanziert werden. Diese sind im Rahmen der Neubewertung aufzulösen.

> **Beispiel**
> • Grundstücke sind in der HB II zu historischen AK bewertet, der beizulegende Zeitwert ist aufgrund von Preissteigerungen für Grund und Boden deutlich höher.
> • Gem. § 248 Abs. 2 Satz 2 HGB darf das TU keine selbst geschaffenen Kundenlisten aktivieren. Bei dem Erwerb durch das MU gelten diese Werte jedoch als entgeltlich erworben und sind damit ansatzpflichtig.

54 • Stille **Wahlrechtsreserven** entstehen durch eine bewusste und im JA darzulegende Entscheidung, indem das Unt gesetzlich gewährte Ansatz- und Bewertungswahlrechte dahin gehend nutzt, Vermögensteile nicht oder niedriger als erforderlich und FK-Posten höher als nötig anzusetzen. Die im KA notwendige Vereinheitlichung erfolgt jedoch schon bei der Erstellung der HB II über die §§ 300 u. 308 HGB. Dennoch können im Rahmen der Neubewertung hier weitere Auflösungen notwendig werden.

> **Beispiel**
> • Das übernommene TU weist in der HB II eine Deckungslücke aus Pensionsaltzusagen auf. Diese wurden vom Erwerber im Rahmen der Kaufpreiskalkulation berücksichtigt. Ein Ansatz als Pensionsverpflichtung ist trotz des auch im KA bestehenden Wahlrechts notwendig, da ansonsten ein hoher passiver Unterschiedsbetrag aus der KapKons anfallen würde.[34]
> • Der Konzern setzt aufgrund des Wahlrechts in § 248 Abs. 2 Satz 1 HGB keine Entwicklungskosten an. Bei dem Erwerb werden für diese Beträge

---

[33] Diese Unterteilung lässt sich analog auf stille Lasten übertragen.
[34] Vgl. IDW RS HFA 42, Tz. 36 und E-DRS 30.56.

> aber Kaufpreisanteile bezahlt. Damit handelt es sich durch den entgeltlichen Erwerb um eine Ansatzpflicht, wenn die weiteren Bilanzierungsvoraussetzungen gegeben sind.

- Stille **Schätzungsreserven** ergeben sich nicht gesetzlich gewährt über Wahlrechte, sondern unvermeidlich aufgrund ungewisser Zukunft und unvollständiger Information sowie wegen des allgemeinen Vorsichtsprinzips im JA. Sie entstehen vor allem, wenn die Nutzungsdauer von VG zu kurz, außerplanmäßige Abschreibungen zu hoch oder der erforderliche RST-Betrag zu hoch geschätzt werden. Im Rahmen der Neubewertung sind diese Beträge aufzulösen, wobei zu beachten ist, dass letztlich bei der Aufstellung des KA wiederum Einschätzungen erfolgen müssen. 55

> **Beispiel**
> In Bezug auf schwebende Risiken (anhängige Rechtsstreitigkeiten) sind häufig abweichende Einschätzungen zwischen dem Management des TU und dem des Erwerbers (MU) anzutreffen.

- Im Gegensatz zu den Zwangs-, Wahlrechts- und Schätzungsreserven sind stille **Willkürreserven** gesetzlich unzulässig. Sie beruhen auf einer ökonomisch unbegründeten, gem. Ansatz- und Bewertungsvorschriften rechtlich nicht gedeckten willkürlichen zu niedrigen Schätzung von VG bzw. willkürlichen zu hohen Schätzung von Schulden. Eine genaue Abgrenzung von Schätzungs- und Willkürreserven ist in der Praxis schwierig, da sich Willkürreserven nicht selten hinter dem Vorsichtsprinzip verbergen können. 56

> **Beispiel**
> Im Rahmen einer feindlichen Übernahme hat das Management des TU den JA bewusst abschlusspolitisch durch das Ausnutzen von Schätzungsspielräumen positiv beeinflusst. Im Rahmen der Neubewertung sind die beizulegenden Zeitwerte bzw. die Erfüllungsbeträge anzusetzen.

Aus dem nun auch explizit mit § 306 HGB geforderten bilanzorientierten *Temporary-Konzept* für die Bestimmung der latenten Steuern im KA folgt, dass bei der Auflösung der stillen Reserven und Lasten auch jeweils die **latenten Steuereffekte** zu berücksichtigen sind. Befreit von der Berechnung latenter Steuern ist lediglich der GoF bzw. der passive Unterschiedsbetrag aus der KapKons selbst. Somit sind in der HB II des TU das neu bewertete EK, die neu bewerteten VG, Schulden, RAP und Sonderposten sowie die im Rahmen der Umbewertung angefallenen latenten Steuern – ohne die Möglichkeit der Nutzung eines Aktivierungswahlrechts, aber mit dem Saldierungswahlrecht (§ 306 Rz 28) – anzusetzen. 57

Der **Zeitpunkt des Erwerbs** wird dabei bestimmt als der Zeitpunkt, an dem das Unt TU geworden ist, was im Regelfall der Zeitpunkt des Erwerbs der Anteile ist. Beim sukzessiven Beteiligungserwerb ist ebenfalls der Zeitpunkt maßgebend, an dem das betreffende Unt zum TU geworden ist. Nur für den Fall, dass erstmals 58 überhaupt ein KA aufgestellt oder das TU nach Nutzung eines Einbeziehungswahlrechts gem. § 296 HGB erstmals in den KA einbezogen wird, sind die Wertansätze zum Zeitpunkt der erstmaligen Einbeziehung maßgebend (§ 301 Abs. 2 HGB).

59 Im Rahmen der **Kaufpreisallokation** werden somit die konzernbilanziellen AK für das übernommene Reinvermögen eines TU ermittelt. Es sind alle stillen Reserven und Lasten unabhängig von der Anteilsquote des MU vollständig aufzudecken. Die ideellen Anteile der Gesellschafter des MU und der Minderheitsgesellschafter an den Konzern-AK entsprechen sich.

60 Die VG, Schulden, RAP und Sonderposten eines erworbenen TU sind fortan mit ihrem beizulegenden Zeitwert zum maßgeblichen Aufrechnungszeitpunkt vollständig und einzeln in den KA aufzunehmen (§ 301 Abs. 1 Satz 2 HGB; E-DRS 30.51). Demgegenüber sollen die konzernbilanziellen Zugangswerte für RST und latente Steuern nach den für die einzelgesellschaftliche Rechnungslegung geltenden **Bewertungsmodellen** bestimmt werden (vgl. § 301 Abs. 1 Satz 3 HGB).

61 Primärer Wertmaßstab für das in den KA aufzunehmende Reinvermögen bildet der **beizulegende Zeitwert**.[35] Dieser entspricht anderes als der beizulegende Wert, der einen betriebsindividuellen Wert darstellt, dem Betrag, zu dem sachverständige, vertragswillige und voneinander unabhängige Marktteilnehmer einen VG oder eine Schuld bewerten. In der Sprache der internationalen Rechnungslegung ist dies der *Fair Value*. Bei seiner Ermittlung ist die Bewertungshierarchie in § 255 Abs. 4 HGB zu beachten: Bevorzugt soll der beizulegende Zeitwert dem sich auf einem aktiven Markt bildenden Preis entsprechen (E-DRS 30.64). Ist ein solcher nicht vorhanden, ist der Rückgriff auf anerkannte Bewertungsmethoden zulässig (§ 255 Rz 243 ff.). Die Verwendung von einkommens- oder kapitalwertorientierten Bewertungsverfahren (Ertragswert oder DCF-Verfahren) kommt dabei nach E-DRS 30.65 nur in Betracht, wenn sich die Zahlungsströme den einzelnen, zu bewertenden VG verlässlich zuordnen lassen. Kostenorientierte Bewertungsverfahren (Reproduktions- oder Wiederbeschaffungskostenmethode) dürfen nach E-DRS 30.66 nur zur Ermittlung des beizulegenden Zeitwerts herangezogen werden, wenn eine marktpreis-, einkommens- oder kapitalwertorientierte Wertermittlung nicht möglich ist. Dem jeweiligen Nutzungszustand des zu bewertenden VG ist dabei durch angemessene Wertabschläge Rechnung zu tragen.

62 Der auf Objektivität zielende beizulegende Zeitwert führt im Rahmen der Kaufpreisallokation zu einer eher allgemeingültigen Betrachtung und blendet unternehmensindividuelle Vorteile aus.

> **Praxis-Beispiel**[36]
> **Sachverhalt**
> Die A-AG erwirbt ein TU. Dieses TU verfügt über ein Grundstück, über das 2 Betriebsstätten der A-AG nunmehr auf direktem Weg miteinander verbun-

---

[35] Vgl. zum Inhalt der Begriffe beizulegender Wert und beizulegender Zeitwert bspw. *Küting/Trappmann/Ranker*, DB 2007, S. 1703 ff., sowie auch im Folgenden *Leinen*, in *Kessler/Leinen/Strickmann*, BilMoG, 2009, S. 592 f.

[36] Beispiele im Folgenden in Anlehnung an *Leinen*, in *Kessler/Leinen/Strickmann*, BilMoG, 2009, S. 592 ff.

> den werden können. Bislang müssen Lieferungen zwischen den Betriebsstätten umständlich über das öffentliche Straßennetz erfolgen.
>
> **Beurteilung nach dem beizulegenden Wert**
> Bei der Bewertung des Grundstücks ist der Vorteil, die beiden Betriebsstätten nunmehr direkt miteinander verbinden zu können, irrelevant. Ein anderer Marktteilnehmer als die A-AG würde für das Grundstück nur den normalen Preis für Gewerbeflächen zahlen. Der unternehmensindividuelle Vorteil bleibt bei der Bewertung des Grundstücks außen vor. Er findet in die Konzernbilanz Eingang über den GoF.

Auch bei der Ermittlung des beizulegenden Zeitwerts von Verbindlichkeiten ist die Bonität des erworbenen Unt im Zeitpunkt des Erwerbs ohne Berücksichtigung der durch den Erwerb veränderten Gesellschaftsverhältnisse zu berücksichtigen (E-DRS 30.68).

Der Gesetzgeber sieht in § 255 Abs. 4 Satz 3 HGB den Fall vor, dass der beizulegende Zeitwert **nicht ermittelbar** ist. VG, Schulden, RAP und Sonderposten eines erworbenen TU, auf die dies zuträfe, wären mangels verlässlicher Bewertbarkeit ihrer Bilanzierungsfähigkeit beraubt. Die in § 255 Abs. 4 Satz 3 HGB vorgesehene Rückfalllösung auf die AHK kann nicht zur Anwendung kommen, da sie die Folgebewertung, nicht aber die Zugangsbewertung vor Augen hat. Vom erworbenen TU ggf. für das betreffende Bilanzierungsobjekt ermittelte Zeitwerte können damit nicht als konzernbilanzielle Zugangswerte herangezogen werden (E-DRS 30.67). In der Konsequenz geht der mit dem jeweiligen Sachverhalt verbundene Vermögensvor- oder -nachteil in der nach der Kapitalaufrechnung verbleibenden Residualgröße, d. h. dem GoF bzw. dem (passiven) Unterschiedsbetrag aus der KapKons auf.

Von praktischer Bedeutung ist die aufgeworfene Fragestellung einer hinreichend verlässlichen Bewertbarkeit im Bereich der **immateriellen VG**:

> **Beispiel**
> **Sachverhalt**
> Die A-AG erwirbt ein im Rohstoffhandel tätiges TU, das in der Vergangenheit stabile Erträge erwirtschaftete. Ein Werttreiber des TU ist ein sehr langfristiger Rohstoffeinkaufskontrakt. Dem Einkaufskontrakt seien keine bestehenden Verkaufskontrakte zuordenbar.
>
> **Beurteilung**
> Da das EnergiehandelsUnt auf Basis seines Geschäftsmodells aus dem langfristigen Einkaufskontrakt in der Vergangenheit einen wirtschaftlichen Nutzen in Form von Erlösen gezogen hat, ist auch im Erwerbszeitpunkt anzunehmen, dass dem Einkaufskontrakt ein positiver Wert beizumessen ist. Dieser ist entsprechend in der Kaufpreisfindung für das TU berücksichtigt. Da der Einkaufskontrakt die übrigen Kriterien, die an das Vorliegen eines VG zu knüpfen sind (Nutzenwert, Greifbarkeit und Übertragbarkeit), unzwei-

> felhaft erfüllt, kann eine Bilanzierung dem Grunde nach nur daran scheitern, dass die selbstständige Bewertbarkeit zu negieren ist.
>
> Deshalb ist zu überlegen, ob eine erhebliche Schätzungsunsicherheit dazu führen kann, dass der beizulegende Zeitwert als nicht ermittelbar i. S. v. § 298 Abs. 1 HGB i. V. m. § 255 Abs. 4 HGB anzusehen ist. Um den beizulegenden Zeitwert des Einkaufskontrakts bemessen zu können, müssen Erfüllungszeitpunkt und durchsetzbare Konditionen der dem Dauerbeschaffungsgeschäft nachfolgenden Veräußerungstransaktionen geschätzt werden. Da für beide Parameter eine Bandbreite argumentierbarer Werte zur Verfügung steht, wird der beizulegende Zeitwert in Abhängigkeit von ihrer Festlegung erheblich differieren. Bezogen auf den Wertansatz des Einkaufskontrakts droht damit eine beachtliche Überbewertung, die im KA indes regelmäßig durch den Ansatz eines niedrigeren GoF korrigiert wird.
>
> Hier wird die Auffassung vertreten, dass die unter dem Einfluss des Vorsichtsprinzips in § 255 Abs. 4 HGB formulierte seltene Möglichkeit der nicht verlässlichen Ermittelbarkeit eines beizulegenden Zeitwerts nicht in Betracht zu ziehen ist. Sie sollte zugunsten des Gedankens verworfen werden, die sich im identifizierbaren Mengengerüst des erworbenen Reinvermögens niederschlagenden Ertragserwartungen als solche zu zeigen und nicht in der Saldogröße GoF aufgehen zu lassen.
>
> Die angestrebte Vergleichbarkeit mit der internationalen Rechnungslegung[37] wäre damit in diesem Punkt erreicht. Mit IAS 38 (2008) hat das IASB eine verlässliche Ermittlung des Fair Value von immateriellen Vermögenswerten unwiderlegbar vermutet, um dem Anspruch, möglichst wenige vom kaufenden Unt bezahlte Ertragserwartungen im **goodwill** aufgehen zu lassen, konsequent gerecht zu werden.

**65** Selbst geschaffene **immaterielle VG** des TU, die aufgrund des Wahlrechts aus § 248 Abs. 2 Satz 1 oder dem Verbot aus Satz 2 HGB nicht in der HB I des TU ausgewiesen wurden, sind nach DRS 4.18/E-DRS 30.51 beim Erwerb durch das MU in der Konzernbilanz anzusetzen, da durch den Erwerbsvorgang unter Einzelerwerbsfiktion ein entgeltlicher Erwerb unterstellt wird. Ebenso sind in der HB I des TU nicht passivierte **Pensionsverpflichtungen** aufgrund von Art. 28 Abs. 1 EGHGB oder noch nicht zum Erfüllungsbetrag bewertete Verpflichtungen (Art. 67 Abs. 1 Satz 1 EGHGB) als Teil des (niedrigeren) Kaufpreises anzusehen, so dass hierfür im Rahmen der ErstKons ebenfalls kein Wahlrecht angewendet werden darf und diese ebenfalls in der Konzernbilanz auszuweisen sind (E-DRS 30.56).

**66** Strittig ist im Rahmen der Neubewertung der nach DRS 4.19f nur unter eng definierten Voraussetzungen verlangte Ausweis von **Restrukturierungs-RST**. Da Aufwands-RST nach § 249 HGB nur noch für eng beschriebene Sachverhalte gelten, die für Restrukturierungen nicht in Betracht kommen, liegt für eine derartige Verpflichtung keine gesetzliche Grundlage vor, da es sich im Erwerbszeitpunkt lediglich um Verpflichtungen aus Maßnahmen bzw. Entscheidungen des Erwerbers und nicht um Vermögensbelastungen des erworbenen TU han-

---

[37] Vgl. BilMoG-BgrRegE, S. 34.

delt. Gleichwohl sind die Aufwendungen für die Restrukturierung aus individueller Sicht des Erwerbes Teil der Gegenleistung für den Erwerb der Anteile. Würde keine Restrukturierungs-RST gebildet werden, wäre dieser Betrag ggf. Teil des passiven Unterschiedsbetrags aus der KapKons. DRS 4.19 fordert – in Anlehnung an die internationale Rechnungslegung – den gesonderten Ausweis, wenn folgende Punkte kumulativ erfüllt sind:
- Zum Zeitpunkt des Unternehmenserwerbs müssen die wesentlichen Bedingungen eines Plans zur Stilllegung oder Veräußerung des TU oder Teilen davon feststehen. Dazu gehören die Aufwendungen für die Abfindung von Mitarbeitern, die Schließung von Unternehmenseinrichtungen, die Aufgabe von Produktionslinien oder die vorzeitige Kündigung von Verträgen mit Dritten.
- Die wesentlichen Bedingungen des Plans müssen umgehend bekannt gemacht werden.
- Spätestens drei Monate nach dem Erwerb muss ein Plan vorliegen, der Angaben zu den betroffenen (Teil-)Geschäftsbereichen, den hauptsächlich betroffenen Standorten, den Funktionen und der annähernden Zahl der abzufindenden Mitarbeiter, den für die Restrukturierung voraussichtlich anfallenden Aufwendungen und dem Zeitpunkt der Ausführung des Restrukturierungsplans enthält.

E-DRS 30.58 lässt noch restriktiver Rückstellungen für Restrukturierungsmaßnahmen nur dann in der Neubewertungsbilanz zu, wenn hierfür im Zeitpunkt der erstmaligen Einbeziehung bereits eine **Außenverpflichtung des erworbenen TU** besteht.

**Schulden**, deren rechtliche Entstehung auf Maßnahmen oder Entscheidungen beruht, die der Erwerber erst nach der Erlangung der Beherrschungsmöglichkeit i.S.d. § 290 Abs. 1 Satz 1 HGB getroffen hat, dürfen dagegen in der Neubewertungsbilanz nicht angesetzt werden.[38] Dagegen gehören zu den in der Neubewertungsbilanz ansatzpflichtigen Schulden auch Verpflichtungen gegenüber AN oder sonstigen fremden Dritten, z.B. Lieferanten, deren Entstehung aufschiebend bedingt von einem Kontrollwechsel abhängig ist (*change of control*-Klauseln) und die nicht der Abgeltung für eine künftige (Arbeits-)Leistung dienen (E-DRS 30.60).

67

Die neu bewerteten Werte stellen die AK des Konzerns dar und sind die neuen Wertobergrenzen für die Zukunft. Bei in Fremdwährung bilanzierenden TU ist das neubewertete EK sowie analog auch die VG und Schulden mit dem Devisenkassamittelkurs zum ErstKons-Zeitpunkt in Euro umzurechnen. Dieser Kurs gilt in der Folge als historischer Kurs gem. § 308a Satz 1 HGB.[39] Die VG des AV sind mit diesen Werten im Konzernanlagespiegel auszuweisen, wobei es sinnvoll ist, das nach § 268 Abs. 2 HGB vorgeschriebene Schema um die Position „Veränderung des Konsolidierungskreises" zu erweitern.[40] Bei den notwendigen FolgeKons wird daher stets, ggf. unter Beachtung nachträglicher Wertkorrekturen, die **ErstKons** mit den dabei verwandten Wertansätzen wiederholt. Folglich können bei der KapKons die Buchwerte aus den Einzelbilanzen der einzubezie-

68

---

[38] Vgl. E-DRS 30.57.
[39] Vgl. E-DRS 30.38.
[40] Vgl. *Müller*, in *Federmann/Kußmaul/Müller*, HdB, Beitrag: Anlagespiegel, Rz 1.

henden TU weder bzgl. des Ansatzes noch hinsichtlich der Bewertung unverändert übernommen werden. Maßgeblich sind vielmehr ihre AK zum Zeitpunkt des Erwerbs.

69 Technisch ist für die Neubewertung ein gesonderter EK-Posten in der neubewerteten Bilanz des TU (sog. **Handelsbilanz III**) etwa mit der Bezeichnung „Neubewertungsrücklage" sinnvoll. Bei der Neubewertung gelten die GoB, wobei insb. der Grundsatz der Einzelbewertung zu beachten ist. Daraus folgt, dass jede aufgelöste stille Reserve oder Last einem bestimmten VG oder einer Schuld zuzuordnen und für spätere Konsolidierungsnotwendigkeiten auch ausreichend zu dokumentieren ist. Lediglich aus Wirtschaftlichkeitsgründen kann eine enge Gruppenbildung toleriert werden.[41] Zusätzlich müssen Vorkehrungen getroffen werden, dass in der Konzernbilanzierung auch die Informationen wie Verkäufe oder Wertänderungen der VG und Schulden aus den TU ankommen, was in der Praxis über entsprechend konzipierte Formblätter (Konzernpackage) sichergestellt wird.

### 2.5 Bewertung von Rückstellungen und latenten Steuern (Abs. 1 Satz 3)

70 Für RST und latente Steuern hat der Gesetzgeber eine Ausnahme von der Verwendung des beizulegenden Zeitwerts festgeschrieben. Diese beiden Positionen sind gem. den allgemeinen Bilanzierungsregeln zu erfassen. Für **RST** bedeutet dies, dass sie zum Erfüllungsbetrag anzusetzen sind (§ 253 Rz 30ff.).
Als notwendiger **Erfüllungsbetrag** ist der Betrag anzusehen, den der Konzern aller Voraussicht nach aufzubringen hat, um die bestehende (ggf. ungewisse) Verpflichtung zu erfüllen. Die Klarstellung, dass es sich um den notwendigen Erfüllungsbetrag sowie die Ausführungen in der Gesetzesbegründung handelt,[42] machen deutlich, dass der Gesetzgeber auf eine **zukunftsorientierte Verpflichtungsbewertung** abzielt. Zur Ermittlung ist demnach das im Zeitpunkt der Erfüllung geltende (zukünftige) Preis- und Kostenniveau auf Vollkostenbasis (§ 255 Abs. 2 HGB) zugrunde zu legen, wobei der dann errechnete Betrag allerdings bei RST mit einer Restlaufzeit von mehr als einem Jahr gem. § 253 Abs. 2 HGB abzuzinsen ist mit einem der Laufzeit entsprechenden und von der Deutschen Bundesbank veröffentlichten Durchschnittsmarktzinssatz. Somit sollen „den Abschlussadressaten realitätsnähere Informationen über die wahre Belastungswirkung ungewisser Verbindlichkeiten"[43] vermittelt werden. Konkret sind daher bei der Bewertung von RST sowohl **Preis- und Kostenänderungen** als auch eine **Abzinsung** zu berücksichtigen. Da die gesamte RST-Bewertung zukunftsorientiert auszurichten ist, sind neben den Preis- und Kostenentwicklungen ggf. auch Anpassungen im Mengengerüst notwendig. Im Regelfall dürften die auf der Ebene des JA gebildeten RST und im Rahmen der Vereinheitlichung von Ansatz und Bewertung in der HB II angepassten Beträge direkt in den KA übernommen werden. Im Rahmen der Neubewertung sind jedoch ggf. werter-

---

[41] Vgl. *Förschle/Deubert*, in Beck Bil-Komm. 9. Aufl., § 301 HGB, Rz 56.
[42] Vgl. BilMoG-BgrRegE, S. 52.
[43] *Kessler*, in *Kessler/Leinen/Strickmann*, Handbuch BilMoG, 2009, S. 278.

hellende Ereignisse zu berücksichtigen. Zu den Abweichungen im Zusammenhang mit Schätzungsreserven s. Rz 55 f.

Die für RST und latente Steuern in § 301 Abs. 1 Satz 3 HGB formulierte **Ausnahme** von der Verwendung des beizulegenden Zeitwerts als alleinigem Maßstab für die Bestimmung der konzernbilanziellen Zugangswerte des erworbenen Reinvermögens eines TU ist vergleichbar in der internationalen Rechnungslegung (IFRS 3.24 ff.) bekannt: Auch dort sind bestimmte Bilanzposten von der Verpflichtung zur Bewertung zum Fair Value im Rahmen der Kaufpreisallokation ausgenommen. Das nachstehende Beispiel verdeutlicht dies. 71

**Beispiel**
**Sachverhalt**
Die A-AG erwirbt ein ausländisches TU, zu dessen Reinvermögen eine langfristige RST und eine aktive latente Steuer auf einen in den nächsten fünf - Jahren zu nutzenden Verlustvortrag zählen.

**Beurteilung**
Ohne die Ausnahme von § 301 Abs. 1 Satz 3 HGB wären die RST und die aktive latente Steuer mit dem beizulegenden Zeitwert anzusetzen, was zwingend eine Abzinsung mit einem marktadäquaten Zinssatz voraussetzen würde. Ein so ermittelter Wertansatz gerät mit der (Folge-)Bewertung sowohl der RST als auch der aktiven latenten Steuer in Konflikt. Die RST ist nach § 253 Abs. 1 und 2 HGB auf Basis eines durchschnittlichen Marktzinses der vergangenen sieben Jahre gem. der Fristigkeit der Verpflichtung abzuzinsen (§ 253 Rz 122 ff.). Da dieser Zins regelmäßig von dem Zins für die Ermittlung des beizulegenden Zeitwerts abweichen wird, müsste der konzernbilanzielle Zugangswert der RST am ersten Konzernbilanzstichtag, zu dem das erworbene TU im KA abgebildet wird, bei gleichbleibendem Mengengerüst erfolgswirksam i. H. der Zinsdifferenz angepasst werden. Entsprechendes gilt für die aktive latente Steuer auf den Verlustvortrag. Sie ist in Anwendung des expliziten Abzinsungsverbots in § 274 Abs. 2 HGB (§ 274 Rz 103) am Konzernbilanzstichtag mit dem Nominal- statt mit dem Barwert anzusetzen. Nach § 301 Abs. 1 Satz 2 HGB sind die RST und die latenten Steuern im konzernbilanziellen Zugangszeitpunkt jedoch nicht mit ihren beizulegenden Zeitwerten anzusetzen. Stattdessen ist auf die Werte zurückzugreifen, die sich nach den einzelgesellschaftlichen Bewertungsmodellen in § 252 Abs. 1 u. 2 HGB und § 274 HGB ergeben.

Für steuerliche Be- oder Entlastungen, die aus dem Abbau abzugsfähiger oder zu versteuernder temporärer Differenzen der in der Neubewertungsbilanz angesetzten Vermögens- und Schuldposten sowie aus der Nutzung eines steuerrechtlichen Verlustvortrags resultieren, sind nach E-DRS 30.71 mit Verweis auf § 301 Abs. 1 i. V. m. § 306 Satz 1 HGB; DRS 18.25 latente Steuern anzusetzen. Der in § 301 Abs. 1 Satz 3 HGB enthaltene Verweis zur konzernbilanziellen **Zugangsbewertung von latenten Steuern** bezieht sich nur auf die Bewertungsvorschrift in § 274 Abs. 2 HGB. Hieraus ist nicht zu folgern, dass die in § 274 Abs. 1 Satz 4 HGB formulierte Beschränkung des Ansatzes aktiver latenter Steuern auf die innerhalb der nächsten 5 Jahre zu erwartenden Verlustverrechnungen für die 72 konzernbilanzielle Zugangsbewertung nicht gilt und entsprechend ein längerer Prognosehorizont für sie zumindest in Betracht kommt. Dies entspräche nicht der mit dem Verweis auf das einzelgesellschaftliche Bewertungsmodell für latente Steuern verbundenen Absicht.[44] Es käme wiederum zu der im vorstehenden Beispiel beschriebenen Diskrepanz zwischen der Zugangsbewertung (Prognosehorizont nicht beschränkt) und der Folgebewertung (Prognosehorizont auf 5 Jahre beschränkt).[45] Hinsichtlich der Bewertung sind latente Steuern in der Neubewertungsbilanz mit dem unternehmensindividuellen Steuersatz des betreffenden TU zu bewerten und nicht abzuzinsen (DRS 18.41 und 49, E-DRS 30.73). Für die Bilanzierung latenter Steuern auf steuerrechtliche Verlustvorträge des TU in der Neubewertungsbilanz sind ggf. bestehende Verlustabzugsbeschränkungen, die in Folge des Anteilserwerbs entstehen, z. B. gem. § 8c KStG, zu berücksichtigen. Für zu versteuernde temporäre Differenzen zu bildende passive latente Steuern sind – unter Berücksichtigung ggf. bestehender Verlustabzugsbeschränkungen – unabhängig von ihrem Realisationszeitpunkt geeignet, die Werthaltigkeit eines Verlustvortrags zu belegen (DRS 18.21).[46]

73 Indem sich der Verweis nur auf § 274 Abs. 2 HGB bezieht, wird indes klargestellt, dass das in § 274 Abs. 1 HGB enthaltene Wahlrecht zum Ansatz eines aktiven latenten Steuerüberhangs bei der ErstKons **nicht** gilt.[47] Hat sich das TU in seinem handelsrechtlichen Einzelabschluss (HB I) gegen einen Ansatz entschieden, muss es bei der ErstKons nachaktiviert werden, da auch diese Beträge Teil des Kaufpreises sein können (Rz 65). Dies entspricht dem Ansatzgebot für aktive latente Steuerüberhänge aus Konsolidierungsmaßnahmen in § 306 HGB. Für in der Folge neu entstehende aktive Steuerüberhänge besteht davon unabhängig über § 298 Abs. 1 HGB i. V. m. § 274 HGB ein konzerneinheitlich und stetig auszuübendes Ansatzwahlrecht.

> **Beispiel**
> **Sachverhalt**
> Die A-AG erwirbt am 8.10.01 ein TU (B-AG). Der Kaufpreis beträgt 100 Mio. EUR, das Reinvermögen des TU auf HB I-Basis im Erwerbszeitpunkt 80 Mio. EUR. Hierin ist eine Drohverlust-RST i. H. v. 10 Mio. EUR enthalten. Allein die Drohverlust-RST begründete einen Bewertungsunterschied zwischen den handels- und steuerbilanziellen Wertansätzen. Die konzernbilanziellen Zugangswerte entsprechen den Wertansätzen in der HB I der B-AG. Die B-AG macht in ihrem JA von dem Wahlrecht Gebrauch, aktive latente Steuerüberhänge nicht anzusetzen. Zum 31.12.01 passiviert die B-AG eine weitere Drohverlust-RST i. H. v. 5 Mio. EUR, die ihren Ansatzgrund in einem im November 01 abgeschlossenen noch schwebenden Rechtsgeschäft hat. Der Ertragsteuersatz der B-AG beträgt 30 %.

---

44 Vgl. BilMoG-BgrRA, S. 118.
45 Vgl. § 274 Abs. 1 Satz 4 i. V. m. § 298 Abs. 1 HGB; DRS 18.23 a) sowie *Leinen*, in *Kessler/Leinen/Strickmann*, BilMoG, 2009, S. 597 f.
46 Vgl. E-DRS 30.75.
47 A. A. wohl *Oser*, PiR 2009, S. 125.

> **Beurteilung**
> Bei der Ermittlung des der ErstKons der B-AG zugrunde zu legenden Reinvermögens ist die aus dem Ansatz der Drohverlust-RST resultierende aktive latente Steuer (3 Mio. EUR) zu berücksichtigen. Das Reinvermögen beträgt damit nicht 80 Mio. EUR, sondern 83 Mio. EUR. Durch den verpflichtenden Ansatz der aktiven Latenz wird verhindert, dass das sie begründende Steuerminderungspotenzial im GoF aufgeht.
> Ob der aktive Latenzüberhang aus der nach der ErstKons neu gebildeten Drohverlust-RST i. H. v. 5 Mio. EUR (1,5 Mio. EUR) im KA zum Ansatz kommt, richtet sich hingegen danach, wie im Konzern das Aktivierungswahlrecht nach § 274 Abs. 1 HGB ausgeübt wird.

Steuerrechtliche Verlustvorträge, die beim MU oder bei anderen TU bestehen und erst durch den Erwerb des TU werthaltig i. S. v. § 274 Abs. 1 Satz 4 i. V. m. § 298 Abs. 1 HGB werden, dürfen im Rahmen der KapKons nicht berücksichtigt werden. Die Nutzbarkeit betrifft die Vermögenssphäre des MU bzw. des anderen TU. Ihre Aktivierung erfolgt deshalb **erfolgswirksam**. Sie findet keine Berücksichtigung in der Kaufpreisallokation. Es mag zwar sein, dass die Nutzbarkeit des Verlustvortrags Eingang in die Kalkulation des Kaufpreises gefunden hat. Eine Aufteilung des Kaufpreises auf die Komponenten „erworbenes Reinvermögen TU" und „nutzbarer Verlustvortrag" scheidet indes aus. Der nutzbare Verlustvortrag entsteht originär beim MU und wird nicht erworben. Dies kann dazu führen, dass der beim MU entstehende Vorteil in der Konzernbilanz zweimal berücksichtigt wird: zum einen über den Ansatz aktiver latenter Steuern, zum anderen im GoF des TU.

## 3 Zeitpunkt der Bewertung der konsolidierungspflichtigen Anteile (Abs. 2)

Die Bestimmung der für die Kapitalaufrechnung maßgeblichen Wertansätze hat zu dem **Zeitpunkt** zu erfolgen, zu dem das Unt TU geworden ist. Bei unterjährigen Unternehmenserwerben ist damit unter Berücksichtigung von Wesentlichkeits- und Wirtschaftlichkeitsaspekten die Erstellung von Zwischenabschlüssen notwendig, wenngleich dies nicht explizit etwa von DRS 4.11/E-DRS 30.11 gefordert wird (Rz 48).

Für den Fall, dass aufgrund des Überschreitens der Größenkriterien in § 293 HGB oder der erstmaligen Einbeziehung eines bislang nach § 296 HGB nicht berücksichtigten TU eine KapKons notwendig wird, sieht § 301 Abs. 2 Satz 3 u. 4 HGB **Erleichterungen** vor. Die für die Kapitalaufrechnung notwendigen Wertansätze sind auf den Zeitpunkt der erstmaligen Einbeziehung in den KA zu ermitteln. Der Zeitpunkt der erstmaligen Einbeziehung sollte dabei durch den Gj-Beginn und nicht das Gj-Ende determiniert werden. Die Regelung vermeidet mögliche Datenbeschaffungsprobleme bei länger zurückliegenden Beteiligungserwerben. Vor diesem Hintergrund ist auch die Ausnahme der Vereinfachungsregel konsequent: Ist am Bilanzstichtag erstmals ein KA aufzustellen, so müssen im abgelaufenen Gj erworbene TU auf Basis der Wertverhältnisse des Stichtags konsolidiert werden, zu dem sie TU geworden sind (Erwerbszeitpunkt). Hier

77 vermutet der Gesetzgeber unwiderlegbar, dass die erforderlichen Informationen beschafft werden können.

77 Im Fall der vereinfachenden KapKons auf den Zeitpunkt der erstmaligen Einbeziehung eines TU können von TU thesaurierte Gewinne zu einem passiven Unterschiedsbetrag führen. Seinem Charakter entspräche eine **unmittelbare erfolgsneutrale** Erfassung im Konzern-EK (Rz 98 ff.).

## 3.1 Zeitpunkt, zu dem das Unternehmen Tochterunternehmen geworden ist (Abs. 2 Satz 1)

### 3.1.1 Erwerb in einem Schritt

78 Die Neubewertung des TU hat im Regelfall zu dem Zeitpunkt zu erfolgen, an dem das Unt TU geworden ist. Dies wird in der Praxis i. d. R. der Zeitpunkt sein, an dem das **wirtschaftliche Eigentum** an den die Beherrschung begründenden Anteilen auf das MU übergegangen ist. Denkbar ist aber auch, dass die zur Qualifikation eines Mutter-Tochter-Verhältnisses gem. § 290 HGB notwendige Beherrschungsmöglichkeit über ein TU auch ohne Anteilsbesitz bzw. zusätzlich zu einem die Beherrschung bislang noch nicht zulassenden Anteilsbesitz entsteht. Konkret ist dabei gem. § 290 Abs. 2 HGB ein beherrschender Einfluss anzunehmen, wenn

- dem MU die Mehrheit der Stimmrechte der Gesellschafter zusteht (§ 290 Rz 28 ff.),
- das Recht besteht, die **Mehrheit der Mitglieder des die Finanz- und Geschäftspolitik** bestimmenden Verwaltungs-, Leitungs- oder Aufsichtsorgans zu bestellen oder abzuberufen, und gleichzeitig eine Gesellschafterstellung gegeben ist (§ 290 Rz 34 ff.),
- auch ohne Gesellschafterstellung eine Beherrschungsmöglichkeit über einen **Beherrschungsvertrag oder Satzungsbestimmungen** gegeben ist (§ 290 Rz 41 ff.) oder
- die **Risiken- und Chancentragung** bzgl. eines Unt, das zur Erreichung eines eng begrenzten und genau definierten Ziels des MU dient (**Zweckgesellschaft**), bei wirtschaftlicher Betrachtung durch das MU erfolgt (§ 290 Rz 45 ff.).

79 Problematisch ist, dass trotz der scheinbar klaren Regelung im Detail Spielräume verbleiben. Nach § 290 Abs. 1 HGB kann der beherrschende Einfluss nämlich auch unabhängig von diesen gesellschaftsrechtlichen Verhältnissen gegeben sein. Es kann etwa als ausreichend angesehen werden, wenn der Erwerber aufgrund schuldrechtlicher Vereinbarungen mit dem Veräußerer schon vor dem dinglichen Übergang der Anteile eine Beherrschungsmöglichkeit über das Erwerbsobjekt hat. Es ist somit zu prüfen, ob eine **unentziehbare Erwerbsposition** vorliegt. So können als praxisrelevante Abgrenzungsfälle aufgeführt werden:

80 - Der **Erwerb wird vertraglich vorverlagert**, d.h., bei Vertragsabschluss am 12.1.X1 wird eine Übernahme der Anteile zum 1.1.X1 festgelegt. Wenn zu diesem Zeitpunkt tatsächlich die Beherrschungsmöglichkeit übergegangen ist, ist somit der 1.1. als relevanter Stichtag für die Erlangung des TU-Status anzunehmen. Im Normalfall sind solche unterjährigen Vereinbarungen aber für die Bestimmung des Erwerbszeitpunkts unbeachtlich, da es sich häufig lediglich um eine im Innenverhältnis zwischen Verkäufer und Erwerber getroffene Klarstellung handelt, die letztlich nur auf eine Gewinnverteilung

hinausläuft. Die Beherrschungsmöglichkeit kann demnach nur in seltenen Ausnahmefällen rückwirkend übertragen werden.[48]
- **Abweichende Gewinnaufteilungen**, d. h. etwa, dass dem Erwerber auch die Altgewinne des Gj zugerechnet werden, sind daher ebenfalls im Regelfall nicht als Vorverlagerung des Erwerbszeitpunkts zu interpretieren.[49]    81
- Bei **Erwerb der Anteile bei Umwandlungsvorgängen** ist das rechtliche Eigentum an den Anteilen erst mit der Eintragung in das HR gegeben. Unter den Voraussetzungen des HFA 2/1997[50] kann aber für den Erwerbszeitpunkt bereits als frühester Zeitpunkt der ausdrücklich vereinbarte Umwandlungsstichtag angesehen werden. Umwandlungsstichtag ist der Zeitpunkt, ab dem die Handlungen des die Anteile des TU übertragenden Rechtsträgers für Rechnung des übernehmenden Rechtsträgers vorgenommen werden (§ 5 Abs. 1 Nr. 6 bzw. § 136 Abs. 1 Nr. 6 UmwG).[51]    82
- Bei **Gremienvorbehalten** ist zu differenzieren: Bedarf die Wirksamkeit der Anteilsübertragung einer Zustimmung durch AR oder Geschäftsführung des Veräußerers, ist bis zur Erteilung der Zustimmung aus Sicht des Erwerbers völlig unsicher, ob der Vertrag wirksam wird. Der beherrschende Einfluss kann noch nicht übergehen. Besteht der Gremienvorbehalt hingegen nur noch zugunsten eines Organs des Erwerbers, liegt der Einfluss über das Erwerbsobjekt bereits in seiner Sphäre.[52]    83
- Bestehen **Kartellamtsvorbehalte**, so sind diese dahin gehend zu würdigen, wie hoch die Wahrscheinlichkeit des Versagens der Zustimmung ist und wie ggf. während des anhängigen Verfahrens die Handlungsoptionen aussehen. Darf der Erwerber lediglich mit Zustimmung des Veräußerers Geschäftshandlungen vornehmen, wird der Erwerbszeitpunkt erst auf den Tag der Genehmigungserteilung fallen können (s. § 298 Rz 22).[53]    84

Mit der Bestimmung des Zeitpunkts sind zwei Sachverhalte verbunden: Zum einen erfolgt im Erstkonsolidierungszeitpunkt die **Qualifikation von Gewinnen**. Während die bis zu diesem Zeitpunkt angefallenen (alten) Gewinne in die ErstKons eingehen, sind die ab dem Tag des Unternehmenserwerbs entstehenden Gewinne Bestandteil der Konzern-GuV. Zum anderen hat zu diesem Zeitpunkt die **Wertermittlung** der für die KapKons benötigten Posten zu erfolgen, d. h. des Werts der Anteile, der neubewerten JA des TU mit neu bewertetem EK, der VG, Schulden, RAP und Sonderposten sowie mittelbar damit auch des GoF.    85

Auf den Zeitpunkt des Erwerbs wird i. d. R. von dem TU ein **Zwischenabschluss** aufzustellen sein, auch wenn dieser nach DRS 4.11 nicht gefordert wird. Dieser kann jedoch, soweit verlässlich, auch zeitnah als Monats- oder sogar Quartalsanschluss ausgestaltet sein und dient der Dokumentation der erworbenen VG, Schulden, RAP und Sonderposten (Mengengerüst) und der Ermittlung des erworbenen EK einschl. der ggf. enthaltenen Jahresergebnisse. Nach RS HFA    86

---

48 Diesbezüglich nur bei Fällen eines tatsächlichen Übergangs zustimmend *Hoffmann/Lüdenbach*, NWB-Kommentar Bilanzierung, 6. Aufl. 2014, § 301 HGB, Rz 19.
49 Vgl. *Förschle/Hoffmann*, in Beck Bil-Komm. 9. Aufl., § 301 HGB, Rz 131.
50 Vgl. IDW RS HFA 42, Tz. 31 ff.
51 Vgl. *Kreipl/Müller*, in Federmann/Kußmaul/Müller, HdB, Beitrag: Umwandlungen, Rz 1.
52 Vgl. *Hoffmann/Lüdenbach/Hoffmann/Freiberg*, NWB-Kommentar Bilanzierung, 6. Aufl. 2014, § 301 HGB, Rz 20.
53 Vgl. BFH, Urteil v. 25.6.2009, DStR 2009, S. 2304.

44, Tz. 23 ff. darf alternativ aber auf die Aufstellung eines Zwischenabschlusses verzichtet werden, wenn es über statistische Verfahren möglich ist, das Jahresergebnis sowie die Aufwendungen und Erträge verlässlich zurückzurechnen. Für das Mengengerüst sollte ein Inventar zum Erwerbszeitpunkt erstellt werden, wobei auch darauf ggf. verzichtet werden kann, wenn eine verlässliche Rückrechnung aus dem JA möglich ist.

### 3.1.2 Sukzessiver Anteilserwerb

87 Erfolgt der Erwerb eines TU in einem Schritt, sollten sich der Zeitpunkt des Anteilserwerbs und der für die Kapitalaufrechnung maßgebliche Zeitpunkt, zu dem das Unt TU geworden ist, regelmäßig entsprechen. Anders im Fall des sukzessiven Anteilserwerbs: Das Gesetz stellt dabei auf den Zeitpunkt des Erwerbs der Anteilstranche ab, mit der das MU die Beherrschungsmöglichkeit über das TU erlangt. **Eine tranchenweise Kons. scheidet damit aus.**[54]

88 Auf frühere Beteiligungstranchen entfallende **thesaurierte Ergebnisse** des TU werden zu konsolidierungspflichtigem EK, was die Entstehung eines passiven Unterschiedsbetrags begünstigt. Da § 301 Abs. 2 HGB eine Einbeziehung von TU zu einem alternativen Zeitpunkt nicht zulässt, ist die angeordnete Verfahrensweise bei sukzessiven Erwerben nicht als Vereinfachungslösung zu der dem Erwerbsgedanken stärker Rechnung tragenden tranchenweisen Kons. aufzufassen. Von daher erscheint es konsequent, einen sich bei der ErstKons aufgrund von Gewinnthesaurierungen des TU während der Konzernzugehörigkeit ergebenden **negativen Unterschiedsbetrag** im Einklang mit § 309 HGB unmittelbar erfolgswirksam aufzulösen. Dieser aperiodische Ertrag entspräche indes nicht dem ökonomischen Charakter des Unterschiedsbetrags. Deshalb ist eine **erfolgsneutrale Umgliederung** in die Konzerngewinnrücklagen zu präferieren, was auch mit E-DRS 30.143 gefordert wird.

89 Die Entstehung eines passiven Unterschiedsbetrags kann indes nicht nur in Alttranchen zuzuordnenden thesaurierten Gewinnen begründet sein, sondern auch in der Wertsteigerung des auf die Alttranche entfallenden Vermögens. Hierzu ein einfaches Beispiel:

> **Beispiel**
> **Sachverhalt**
> Die B-AG erwirbt am 1.1.X1 10 % der Anteile an der C-AG zu einem Preis von 10 TEUR. Die C-AG hat ein buchmäßiges Reinvermögen von 100 TEUR, das allein aus einem steuerfrei veräußerbaren VG besteht. Der Zeitwert des VG beträgt bei Erwerb der 10 %-Tranche ebenfalls 100 TEUR. Nach dem Übergang auf das BilMoG erwirbt die B-AG weitere 50 % der Anteile an der C-AG, die damit als TU der B-AG zu klassifizieren ist. Weiterhin besteht das Reinvermögen der C-AG nur aus dem steuerfrei veräußerbaren VG, dessen Zeitwert nunmehr 200 TEUR beträgt. Der Kaufpreis für die 50 %-Tranche beträgt 100 TEUR.

---

[54] Vgl. E-DRS 30.9; *Förschle/Deubert*, in Beck Bil-Komm. 9. Aufl., § 301 HGB, Rz 126; *Leinen*, in *Kessler/Leinen/Strickmann*, BilMoG, 2009, S. 603 f.; *Oser* u. a., WPg 2008, S. 691.

> **Beurteilung**
> Da der VG steuerfrei veräußerbar ist, sind keine latenten Steuern zu berücksichtigen. Die im Zeitpunkt des Erwerbs der 50 %-Tranche vorzunehmende Kaufpreisaufrechnung führt zu folgendem Ergebnis: Den AK für den 60 %igen Anteilsbesitz i. H. v. 110 TEUR ist das hierauf entfallende neu bewertete Reinvermögen der C-AG (120 TEUR) gegenüberzustellen. Es entsteht ein passiver Unterschiedsbetrag von 10 TEUR. Der Minderheitenanteil ist mit 80 TEUR zu dotieren.

Der im Beispiel entstehende passive Unterschiedsbetrag aus der KapKons basiert – anders als ein aus thesaurierten Gewinnen resultierender Unterschiedsbetrag – nicht auf (in der Vergangenheit) realisierten Erfolgen. Eine unmittelbare Berücksichtigung im EK scheidet somit aus. Für ihn greift das Folgebewertungsmodell des § 309 HGB. Mit Veräußerung des VG und einhergehender Erfolgsrealisierung ist der passive Unterschiedsbetrag **erfolgswirksam** aufzulösen (E-DRS 30.144). 90

Wird die an einem TU in der Vergangenheit erworbene Beteiligungstranche vor dem Übergang auf die VollKons nach der Equity-Methode bewertet, so fließt der fortgeführte Equity-Wertansatz zusammen mit dem Kaufpreis für die das Überschreiten der Control-Grenze verursachende Tranche in die Kapitalaufrechnung ein (s. ÜbergangsKons Rz 214 ff.).[55] 91

### 3.2 Vereinfachte Kapitalkonsolidierung (Abs. 2 Satz 2)

Die Bestimmung des Mengengerüsts des erworbenen Reinvermögens eines TU und dessen Bewertung sind in der Konsolidierungspraxis regelmäßig mit einem nicht unerheblichen Aufwand verbunden. Um insb. bei einer zeitnah zum Konzernbilanzstichtag getätigten Akquisition eines TU die zeitliche Dimension der Ermittlungsprobleme zu reduzieren, stellt § 301 Abs. 2 Satz 2 HGB dem Bilanzierenden ein **Zeitfenster von einem Jahr** zur Verfügung, innerhalb dessen die Zugangswerte des übernommenen Reinvermögens endgültig zu ermitteln sind. 92

Somit beginnt einerseits die Jahresfrist im **Zugangszeitpunkt** des erworbenen Reinvermögens zu laufen. Andererseits ist die Anpassung des vorläufig ermittelten Werts nicht als Möglichkeit aufzufassen – sie ist pflichtgemäß vorzunehmen.[56] Der in § 301 Abs. 2 Satz 2 HGB verwendete Begriff der endgültigen Wertansätze ist so zu interpretieren, dass ein Wertansatz als endgültig anzusehen ist, wenn er den Ansprüchen einer normalen Abschlusserstellung genügt. 93

Innerhalb des Jahresfensters vorgenommene Änderungen an den Zugangswerten des übernommenen Reinvermögens sind – dem Postulat der Erfolgsneutralität von Anschaffungsvorgängen folgend – erfolgsneutral unter Anpassung des GoF bzw. des Unterschiedsbetrags aus der KapKons sowie etwaiger latenter Steuerpositionen zu erfassen. Eine vergleichbare Regelung findet sich mit IFRS 3.62 94

---

[55] Vgl. zum Übergang von der Equity-Methode auf die VollKons nach bisherigem Recht *Hayn*, Konsolidierungstechnik bei Erwerb und Veräußerung von Anteilen, 1999, S. 176 ff.
[56] Vgl. E-DRS 30.77; *Förschle/Hoffmann*, in Beck Bil-Komm. 9. Aufl., § 301 HGB, Rz 115.

auch in der internationalen und mit SFAS 141.F1 in der US-amerikanischen Rechnungslegung. Erfolgt die Anpassung erst in dem auf den Erwerb folgenden KA, sind die Anpassungsbeträge bis zum Beginn dieses Konzern-Gj nach E-DRS 30.78 fortzuschreiben und als Korrektur der Eröffnungsbilanzwerte zu berücksichtigen (retrospektive Korrektur). Ergebnisdifferenzen aus der Fortschreibung der Anpassungsbeträge sind dabei erfolgsneutral gegen den (Konzern-)Ergebnisvortrag zu erfassen. Sind an dem TU auch andere Gesellschafter beteiligt, ist der anteilig auf sie entfallende Ergebniseffekt aus der Fortschreibung der Anpassungsbeträge unmittelbar gegen den Ausgleichsposten gem. § 307 Abs. 1 HGB zu erfassen.

**95** Ziel der Regelung ist es, die Wertverhältnisse des Zeitpunkts transparent zu machen, zu dem das Unt TU geworden ist. Das Tatsachengerüst dieses Zeitpunkts ist maßgeblich. Es darf nicht durch zeitlich nachgelagerte Vorgänge verändert werden.

---

**Beispiel**
**Sachverhalt**
Die B-AG erwirbt am 30.12.X1 ein TU, zu dessen Reinvermögen ein Fertigungsverfahren zählt, mit dem es am Markt erfolgreich agiert. Das TU ist erstmalig in den zum 31.12.X1 zu erstellenden KA der B-AG einzubeziehen. Im August X2 tritt ein Wettbewerber mit einem völlig neuen Fertigungsverfahren an den Markt, welches das Produktionsverfahren des erworbenen TU nahezu wertlos werden lässt.

**Beurteilung**
Für die auf den 30.12.X1 vorzunehmende Kapitalaufrechnung ist das Fertigungsverfahren mit seinem beizulegenden Zeitwert anzusetzen. Für die Beschaffung der notwendigen Bewertungsinformationen und die Ermittlung des endgültigen beizulegenden Zeitwerts besteht ein Zeitfenster bis Ende X2. Bei dieser Ermittlung muss die Tatsache, dass ein KonkurrenzUnt Mitte X2 mit einem revolutionären Fertigungsverfahren an den Markt getreten ist, außen vor bleiben. Aus der Perspektive August X2 ist das Fertigungsverfahren des erworbenen TU zwar wertlos, nicht aber aus der des Erwerbszeitpunkts. Auch wenn es dem Willen der Bilanzierungspraxis manchmal zuwiderläuft: Der Wertverlust ist Teil des Konzernergebnisses der Periode X2, er darf nicht in der ErstKons „versteckt" werden.

---

**96** Die Unterscheidung zwischen **werterhellenden** und **wertbegründenden** Ursachen, die bei einem gesetzeskonformen Umgang mit dem Wertaufhellungszeitraum in § 252 Abs. 1 Nr. 4 HGB vorzunehmen ist, muss auch für die Wertfindung im Rahmen der konzernbilanziellen Zugangsbewertung beachtet werden. § 301 Abs. 2 Satz 2 HGB definiert in diesem Sinne einen verlängerten Wertaufhellungszeitraum. Die hieraus entstehenden **praktischen Probleme sind nicht zu unterschätzen**. Nicht umsonst hat der BFH im Hinblick auf die Ausdehnung des Wertaufhellungszeitraums auf „die kaum noch kontrollierbare Gefahr (hingewiesen, d. Verf.), dass einerseits im Verhältnis zu zeitgerechter Bilanzaufstellung nicht mehr maßgebliche spätere Umstände berücksichtigt, dass andererseits Umstände, die den Wert am

Bilanzstichtag erhellen, mit solchen, die eine spätere Wertveränderung anzeigen, unzulässiger Weise vermischt werden".[57]

**Beispiel**
**Sachverhalt**
Die B-AG erwirbt am 15.9.X1 ein TU. Dieses hat im Erwerbszeitpunkt eine im August X2 fällige Forderung aus einer Leistungsbeziehung gegenüber der D-GmbH. Im Dezember X1 entsteht eine weitere, ebenfalls im August X2 fällige Forderung gegenüber der D-GmbH. Am (Konzern-)Bilanzstichtag liegen dem TU keine Hinweise auf eine Wertminderung der Forderungen vor. In Variante (a) eröffnet die D-GmbH im Februar X2, in Variante (b) im Mai X2 ein Insolvenzverfahren. Der beizulegende Wert beider Forderungen sei daraufhin annahmegemäß Null. Die B-AG beendet den Prozess der Erstellung ihres KA Ende März X2.

**Beurteilung**
Eröffnet die D-GmbH im Februar X2 das Insolvenzverfahren (Variante (a)), hat die B-AG dies in ihrem handelsrechtlichen JA zum 31.12.X1 bei der Forderungsbewertung zu berücksichtigen. Die Eröffnung des Insolvenzverfahrens begründet einen Anscheinsbeweis dafür, dass beide in der Vergangenheit begründeten Forderungen bereits zum 31.12.X1 wertgemindert sind. Der Anscheinsbeweis ist widerlegt, wenn glaubhaft gemacht werden kann, dass die Insolvenzanmeldung ihre Ursache in Ereignissen des Jahrs X2 hat.
Im KA ist wie folgt zu verfahren: Die im Dezember X1 begründete Forderung ist genauso zu behandeln wie im JA des TU. Für die zum 15.9.X1 (ErstKons-Zeitpunkt) bereits bestehende Forderung gegenüber der D-GmbH ist zu überlegen, ob die Eröffnung des Insolvenzverfahrens im Februar X2 Anscheinsbeweis dafür ist, dass die Forderung bereits im ErstKons-Zeitpunkt wertgemindert war. Da der Zeitraum zwischen konzernbilanziellem Zugang der Forderung und Eröffnung des Insolvenzverfahrens um einiges länger ist als der für die Stichtagsbewertung zum 31.12.X1 zu betrachtende Zeitraum, fällt die Beantwortung der Frage, ob die Eröffnung des Insolvenzverfahrens ihre Ursache in Umständen hat, die bereits zum 15.9.X1 bestanden oder diesem Datum nachgelagert sind, deutlich schwerer. Lässt man das Insolvenzverfahren als Anscheinsbeweis für die Wertverhältnisse im ErstKons-Zeitpunkt gelten, ist sie mit einem Wert von null in der Konzernbilanz zu berücksichtigen,[58] entsprechend ist der GoF zu erhöhen bzw. ein passiver Unterschiedsbetrag zu verringern. Anderenfalls ist sie zunächst mit ihrem Nominalbetrag zu berücksichtigen und in der Folge zulasten des Konzernerfolgs außerplanmäßig abzuschreiben.[59]
Zu überlegen ist, ob für die zum 15.9.X1 bereits bestehende Forderung die Abgrenzung latenter Steuern erforderlich ist. Zum 31.12.X1 beträgt der

---

[57] BFH, Urteil v. 12.12.1972, VIII R 112/69, BStBl 1973 II S. 557.
[58] Der Unterschied zwischen beizulegendem Zeitwert und beizulegendem Wert kann an dieser Stelle vernachlässigt werden.
[59] Die fortgesetzte Lieferbeziehung, die sich im Entstehen der Dezemberforderung ausdrückt, ist weder Indiz noch widerlegbare Vermutung für die Werthaltigkeit der im Erwerbszeitpunkt bestehenden Forderung; vgl. BFH, Urteil v. 20.8.2003, I R 49/02, BStBl 2003 II S. 941 ff.

steuerbilanzielle Wertansatz der Forderung für den Besteuerungszeitraum X1 null. Zum 31.12.X1 ist ein Bewertungsunterschied zwischen (konzern)bilanziellem Wertansatz und steuerbilanziellem Wert damit nicht gegeben. Wird die Forderung im konzernbilanziellen Zugangszeitpunkt mit null angesetzt, ist auch der (objektive) steuerbilanzielle Wert in diesem Zeitpunkt null. Beim Ansatz der Forderung im konzernbilanziellen Zugangszeitpunkt mit ihrem Nominalbetrag mit anschließender außerplanmäßiger Abschreibung entspricht auch der (objektive) steuerbilanzielle Wertansatz in diesem Zeitpunkt dem Nominalbetrag. D. h., nach hier vertretener Ansicht kommt eine Berücksichtigung latenter Steuern bei der Kaufpreisallokation nicht in Betracht.

Welcher Unterschied ergibt sich, wenn in Variante (b) die Eröffnung des Insolvenzverfahrens im Mai X2 angenommen wird? Da die Eröffnung des Insolvenzverfahrens außerhalb des durch § 252 Abs. 1 Nr. 4 HGB beschriebenen Wertaufhellungszeitraums liegt, ist dieser Umstand bei der Bewertung beider Forderungen im handelsrechtlichen JA des TU nicht mehr zu berücksichtigen. Gleiches gilt im KA für die im Dezember X1 begründete Forderung. Für die im ErstKons-Zeitpunkt bereits bestehende Forderung ist wiederum zu überlegen, ob die Insolvenzanmeldung Anscheinsbeweis für eine bereits im damaligen Zeitpunkt gegebene Wertminderung ist. Die Lebenserfahrung lehrt, dass in den etwa 9 Monaten zwischen Erwerb des TU und Eröffnung des Insolvenzverfahrens viel passieren kann. Ob die Insolvenzanmeldung bereits im zum 15.9.X1 gegebenen Tatsachengerüst oder durch spätere Ereignisse begründet ist, lässt sich wohl häufig nicht mehr eindeutig sagen. Es greift das Bewertungsvorrecht des Bilanzierenden.

Kann er glaubhaft machen, dass die Insolvenzanmeldung Anscheinsbeweis für eine bereits im ErstKons-Zeitpunkt bestehende Wertminderung der Forderung ist, hat eine Anpassung der ErstKons zu erfolgen. Wiederum stellt sich die Frage nach der Abgrenzung latenter Steuern: Erfolgt keine Anpassung der ErstKons, ergeben sich keine Abweichungen zur steuerbilanziellen Behandlung der Forderung. Anders im Fall der Anpassung der ErstKons. Der steuerbilanzielle Wert für den Veranlagungszeitraum X1 entspricht dem Nominalbetrag der Forderung, ihre Abwertung wird erst in X2 berücksichtigt. Zwar beträgt der objektive Wert der Forderung am 15.9.X1 Null, die Regeln zur Abschnittsbesteuerung verhindern aber, dass dieser berücksichtigt wird. Entsprechend wäre bei Anpassung der ErstKons eine aktivische latente Steuer aus diesem Sachverhalt zu berücksichtigen.

**97** Die Zwölfmonatsperiode zur Anpassung der vorläufig in den KA aufgenommenen Wertansätze bezieht sich nicht nur auf Bewertungsfragen, sondern hat auch für die **Bilanzierung dem Grunde nach** Gültigkeit.[60] Dabei ist zu beachten, dass die Grundsätze zur Abgrenzung von ansatzerhellenden und ansatzbegründenden Umständen sinngemäß Anwendung finden.

---

[60] Vgl. BilMoG-BgrRA, S. 118.

> **Beispiel**
> **Sachverhalt**
> Die B-AG erwirbt am 30.12.X1 ein TU (C AG). Dieses hat eine bestrittene Forderung gegenüber der D-GmbH. Im Juni X2 ergeht ein letztinstanzliches Urteil zugunsten der C-AG.
>
> **Beurteilung**
> Die Aktivierung einer bestrittenen Forderung kommt erst in Betracht, wenn die Forderung anerkannt ist oder ein letztinstanzlich obsiegendes Urteil vorliegt.[61] Erst in diesem Zeitpunkt verfügt der Gläubiger über einen durchsetzbaren Anspruch. Ein Schuldanerkenntnis bzw. ein letztinstanzlich obsiegendes Urteil haben deshalb wertbegründenden Charakter. Die bei der erstmaligen Einbeziehung der C-AG in den KA der A-AG vorgenommene Kapitalaufrechnung ist nicht zu korrigieren.

Wesentliche bessere Erkenntnisse über die Verhältnisse im Erwerbszeitpunkt, die erst nach Ablauf der Korrekturfrist von zwölf Monaten, jedoch bis zum **Ende der Aufstellungsphase** für den KA erlangt werden, in dem die Erstkonsolidierung erfolgt, sind nach E-DRS 30.81 entsprechend der allgemeinen Grundsätze (§ 252 Abs. 1 Nr. 3 i.V.m. § 290 Abs. 1 HGB) unmittelbar bei der erstmaligen Erfassung des erfolgsneutralen Anschaffungsvorgangs zu berücksichtigen. Diese Grundsätze gelten nach E-DRS 30.82 entsprechend, wenn die ErstKons eines TU nicht zum Erwerbszeitpunkt gem. § 301 Abs. 2 Satz 1 HGB, sondern gem. § 301 Abs. 2 Satz 3 und 4 HGB zu einem späteren Zeitpunkt erfolgt.

Die Pflicht, **nachträglich festgestellte Fehler** bei der Erwerbsbilanzierung nach den allgemeinen Grundsätzen zu korrigieren (DRS 13.25 ff.), gilt unabhängig von der Korrekturpflicht nach § 301 Abs. 2 Satz 2 HGB. Ausgeschlossen von der erfolgsneutralen Korrektur sind außerdem nach E-DRS 30.83 auch

- Wertänderungen der Vermögens- und Schuldposten des TU, die eine Folge von Entscheidungen des MU sind, die erst nach dem Erwerbszeitpunkt getroffen werden, sowie
- bessere Erkenntnisse über die Höhe einer bedingten Gegenleistung, die vom MU für den Erwerb der Anteile am TU zu entrichten ist, weil diese (bedingte) Schuld nicht Teil des aus Konzernsicht erworbenen Reinvermögens ist und damit nicht von der Korrekturvorschrift erfasst wird.

### 3.3 Erleichterung: Zeitpunkt der erstmaligen Einbeziehung (Abs. 2 Sätze 3–4)

Von dem grds. anzuwendenden Konzept in der handelsrechtlichen Umsetzung des Erwerbsmodells (der Zeitpunkt, zu dem das Unt TU geworden ist) verlangt der Gesetzgeber 2 Abweichungen: Sowohl im Fall einer erstmaligen Erstellung eines KA mit der Einbeziehung von TU, die bereits länger als ein Jahr beherrscht werden können, als auch für den Fall, dass ein TU aufgrund von Einbeziehungswahlrechten gem. § 296 HGB bislang nicht in den VollKonsKreis einbezogen wurde, sollen die **Wertansätze zum Zeitpunkt der erstmaligen Einbeziehung**

---

[61] Vgl. BFH, Urteil v. 26.4.1989, I R 147/84, BStBl 1991 II S. 213 ff.

für die Kons. maßgeblich sein. Hierbei handelt es sich nicht um ein Wahlrecht. Vielmehr ist die **prospektive Handhabung** nach dem aktuellen Gesetzestext **verpflichtend anzuwenden** – mit dem BilRUG kommt es hier allerdings wieder zu einem Wahlrecht (Rz 229). Damit handelt es sich aber nicht zwangsläufig um eine Erleichterung.[62] Vielmehr kann es zur Notwendigkeit einer erneuten Bewertung kommen, wenn zwischen der Bewertung im Rahmen der Kaufpreisverhandlungen oder bei der Einbeziehung in einen freiwilligen KA und der notwendigen Neubewertung bei der Einbeziehung ein so langer Zeitraum liegt, dass neue Wertgutachten erforderlich sind. Dies ist besonders problematisch, wenn die notwendigen Daten zur Pflichtkonsolidierung aus einem freiwilligen oder internen KA bereits vorliegen, die einfach und gut dokumentiert fortgeführt werden könnten. Dies greift der Gesetzgeber im BilRUG auf und fordert ab dem Gj 2016 nicht mehr die Bewertung auf die Ersteinbeziehung in den pflichtgemäß zu erstellenden KA sondern lässt auch freiwillige KA zu (Rz 217). Auch in den Fällen, in denen TU nicht erworben (gekauft), sondern vom Konzern (der MU) selbst gegründet wurden, ergeben sich deutliche Belastungen statt Erleichterungen: Bei Gründung des TU sind zumeist keine stillen Reserven vorhanden, während zum Zeitpunkt der erstmaligen Einbeziehung des TU eine umfängliche Bewertung (z. B. der nicht bilanzierten immateriellen VG, wie Kundenstamm, Patente etc.) erforderlich ist. Vor dem Hintergrund des Zwecks der Norm, eine Erleichterung zu schaffen, erscheint für diese Fälle die Pflicht zum „Fresh-Start-Accounting", d. h. die KapKons erfolgt zum Zeitpunkt der erstmaligen Einbeziehung (erster Tag des ersten Gj), als nicht sinnvoll. Daher sollte in diesen begründeten Fällen von der Gesetzesformulierung abgewichen und die vorliegenden Werte fortgeführt werden.[63] Bedingung wäre aber eine einheitliche Anwendung auf alle bereits vorliegenden Konsolidierungsfälle und eine entsprechende Erläuterung und Begründung im Anhang. Auch E-DRS 30.15 erlaubt abweichend von der aktuellen Gesetzesfassung und im Vorgriff die Vornahme der KapKons auch auf der Grundlage von § 301 Abs. 2 Satz 1 HGB, soweit die hierzu erforderlichen Informationen vorliegen.

99 Zur **erstmaligen Verpflichtung zur Aufstellung eines KA** i. S. d. Vorschrift kann es kommen, wenn zwar bereits in der Vergangenheit ein Mutter-Tochter-Verhältnis gegeben war, aber der Verpflichtung des § 290 HGB zur Konzernrechnungslegung aufgrund von Befreiungstatbeständen nicht nachgekommen wurde. Als Befreiungstatbestand kommt die Befreiung nach §§ 291 u. 292 HGB in Betracht, da hier das MU selbst TU eines übergeordneten MU ist und in den von diesem zu erstellenden KA einbezogen wurde. Dabei gilt § 291 HGB über § 11 Abs. 6 PublG auch für die übrigen Rechtsformen (§ 291 Rz 5f.). Des Weiteren können größenabhängige Befreiungen vorliegen gem. § 293 HGB für KapG und denen gleichgestellte PersG (§ 293 Rz 2ff.) bzw. für alle übrigen Rechtsformen über § 11 Abs. 1 PublG, wobei rechtssystematisch hier keine Befreiung zu nutzen ist, sondern eine Verpflichtung erst bei Überschreitung der Größenkriterien besteht. Schließlich kann auch der in § 290 Abs. 5 HGB be-

---

[62] Nach der Gesetzesbegründung sollte mit dieser Vorschrift aber eine Vereinfachung geschaffen werden, vgl. BilMoG-BgrRegE, S. 177.
[63] Vgl. *Klaholz/Stibi*, BB 2011, S. 2923 und *Förschle/Deubert*, in Beck Bil-Komm. 9. Aufl., § 301 HGB, Rz 137.

schriebene Fall vorliegen, dass für alle einbeziehungspflichtigen TU ein Einbeziehungswahlrecht nach § 296 HGB genutzt wurde (§ 290 Rz 67 ff. und § 296 Rz 11 ff.).
Können die Befreiungen nicht mehr genutzt werden, da die entsprechenden Sachverhalte sich verändert haben, so sind (nach dem Gesetzestext) bzw. können (in der inzwischen verbreiteten Auslegung)[64] die für die KapKons relevanten Werte, d. h. Wert der Anteile, neu bewertete VG, Schulden, RAP und Sonderposten sowie neu bewertetes EK, zum **Zeitpunkt des Beginns des ersten im KA abzubildenden Gj** zu bewerten bzw. bewertet werden. Letztlich entstehen bei der Neubewertung zum Zeitpunkt der erstmaligen Einbeziehung vergleichbare Herausforderungen wie beim sukzessiven Anteilserwerb, wenngleich hier formal der Zeitpunkt relevant ist, zu dem das Unt TU geworden ist. Gleichwohl liegt auch hier ein (Teil-)Erwerb vor und die Einbeziehung fällt zeitlich auseinander, sodass fraglich ist, wie etwa mit zwischenzeitlich thesaurierten Gewinnen umzugehen ist.

100

**Beispiel**
**Sachverhalt**
Die M-AG erwirbt am 30.12.01 für 250 TEUR ein TU (A-GmbH), das zu diesem Zeitpunkt VG von 500 TEUR und Schulden von 300 TEUR ausweist. Die M-AG ist jedoch aufgrund von größenabhängigen Befreiungen erst im Jahr 05 zur Konzernbilanzierung verpflichtet. Zu diesem Zeitpunkt (Anfang des Gj 05) weist die A-GmbH in der Bilanz VG von 750 TEUR und Schulden von 500 TEUR aus. Stille Reserven liegen i. H. v. 100 TEUR vor (Steuersatz 30 %). Der Ansatz des Beteiligungsbuchwerts im JA des MU beträgt unverändert 250 TEUR.

**Beurteilung nach dem Gesetzestext bei Bewertung zum Einbeziehungszeitpunkt**
Für die Einbeziehung in den KA der M AG hat die Bilanz der A-GmbH folgendes Aussehen:

| Aktiva | | Bilanz 31.12.04 (A GmbH) | Passiva |
|---|---|---|---|
| VG | 850 | EK | 320 |
| | | FK | 500 |
| | | Latente Steuern | 30 |
| | 850 | | 850 |

Da der Wertansatz der Anteile lediglich 250 TEUR beträgt, entsteht bei der KapKons ein passiver Unterschiedsbetrag von 70 TEUR. Dieser ist nach den Vorschriften zunächst anzusetzen und dann gem. § 309 Abs. 2 HGB zu behandeln (§ 309 Rz 22 ff.). Da es sich bei dem **Unterschiedsbetrag** um bereits realisierte (thesaurierte) Gewinne handelt, sollte DRS 4.41 angewandt werden, wonach der Anteil, der die beizulegenden Zeitwerte der erworbenen

---

[64] Vgl. etwa E-DRS 30.15; *Förschle/Deubert*, in Beck Bil-Komm. 9. Aufl., § 301 HGB, Rz 137.

nicht-monetären Vermögenswerte nicht übersteigt, planmäßig über die gewichtete durchschnittliche Restnutzungsdauer der erworbenen abnutzbaren VG zu vereinnahmen ist. Der Anteil, der die beizulegenden Zeitwerte der erworbenen nichtmonetären VG übersteigt, ist zum Zeitpunkt der erstmaligen Einbeziehung als Ertrag zu vereinnahmen. Hier wäre der ermittelte Unterschiedsbetrag, der thesaurierte Gewinne des TU enthält, erfolgswirksam aufzulösen.

**Beurteilung nach hier vertretender Auffassung alternativ auch bei Bewertung zum Erwerbszeitpunkt**
Unter der Voraussetzung, dass die Wertansätze gut dokumentiert bereits für den Erwerbszeitpunkt des TU vorliegen, kann die erstmalige Einbeziehung im Ergebnis auch so gestaltet werden, als wäre das TU seither im KA einbezogen worden, d. h. es handelt sich um eine „Erstkonsolidierung" mit den Werten der 4. Folgekonsolidierung. Dann hätte für die Einbeziehung in den KA der M AG die Bilanz der A-GmbH folgendes Aussehen:

| Aktiva | Bilanz 31.12.04 (A GmbH) | | Passiva |
|---|---|---|---|
| VG | 750 | EK | 250 |
| | | FK | 500 |
| | 750 | | 750 |

Es entsteht bei der KapKons ein Unterschiedsbetrag von 50, da zum Zeitpunkt des Erwerbs das EK lediglich 200 TEUR hoch war. Diese GoF ist jedoch aus Konzernsicht über die Jahre der Nichteinbeziehung abzuschreiben, sodass je nach Nutzungsdauer nur ein Restbetrag verbleibt. Die EK-Erhöhung des TU (thesaurierte Gewinne) erhöhen abzgl. der bereits gedanklich vorgenommenen GoF-Abschreibungen das Konzern-EK.

101 Im Ergebnis erscheint die zweite Variante sachgerechter, da ein KA entsteht, als wäre das TU gleich einbezogen worden bzw. als wäre schon immer ein KA erstellt worden. Die Variante nach dem Gesetzestext verzerrt diese Darstellung, was nur dann zu akzeptieren wäre, wenn die konsolidierungsrelevanten Informationen zum Zeitpunkt des Erwerbs nicht ausreichend dokumentiert vorliegen. Gem. DRS 4.58d ist bei der Angabe der Veränderung des Unterschiedsbetrags im Gj sowie generell bei wesentlichen Beträgen als auch aus § 297 Abs. 2 Satz 2 HGB auf diese Vorgänge im Konzernanhang erläuternd einzugehen.

102 Dieses Vorgehen der Verlegung des Zeitpunkts der Wertermittlung auf den Einbeziehungszeitpunkt ist gem. § 301 Abs. 2 Satz 4 HGB analog auch anzuwenden, wenn ein TU bislang nicht konsolidiert wurde, da ein **Einbeziehungswahlrecht** nach § 296 HGB genutzt wurde.

103 **Ausgenommen** von dieser speziellen Behandlung sind Fälle, in denen Erwerbe im ersten im KA abzubildenden Gj erfolgen. Für diese gilt die grundsätzliche Regel des Abs. 2 Satz 1, d. h., relevant ist der Zeitpunkt, zu dem das Unt TU geworden ist, und damit i. d. R. der Erwerbszeitpunkt.

# 4 Ausweis von Unterschiedsbeträgen aus der Erstkonsolidierung (Abs. 3)

## 4.1 Entstehung eines Unterschiedsbetrags (Abs. 3 Satz 1)

Da die Aufrechnung der Beteiligung aus dem Abschluss des MU mit dem anteiligen neu bewerteten EK des TU im Regelfall eine Differenz ergeben dürfte, entsteht ein Unterschiedsbetrag.

### 4.1.1 Aktiver Unterschiedsbetrag

Ein **aktiver Unterschiedsbetrag** drückt aus, dass der Buchwert der Beteiligung höher ist als der Wert des anteiligen neu bewerteten EK. Unter der Annahme, dass die Auflösung der stillen Reserven im Rahmen der Neubewertung des TU komplett erfolgt ist, handelt es sich dann um einen GoF. Dieser weist den Betrag aus, der nicht durch die Neubewertung oder durch eine Nachaktivierung auf der Ebene der HB II des TU erklärt werden kann. Es handelt sich somit um isoliert nicht ansatzfähige Sachverhalte, wie erwartete Synergien, erwartete Gewinne durch die Ausschaltung eines Konkurrenten u. Ä. Der in der Praxis überwiegend anfallende aktive Unterschiedsbetrag resultiert aus den konkreten Verhandlungen unter Berücksichtigung der jeweiligen Interessen von Anteilskäufer und -verkäufer. So wird das eingeführte, Gewinn generierende Unt i.d.R. einen höheren Wert haben als die Summe der einzelnen VG abzgl. der Schulden.

Betriebswirtschaftlich problematisch bleibt in diesem Zusammenhang, dass die ansonsten mit hohen Anforderungen verbundene Aktivierungsfähigkeit immaterieller VG im Fall des GoF durch den Formalakt des Erwerbs von Dritten erfüllt ist. Im KA wird unterstellt, dass der GoF die Eigenschaft besitzt, einen **konkretisierbaren Vermögensbeitrag** zu leisten. Ein Konzern, der sich positive Erfolgspotenziale durch Forschungsaufwendungen selbst aufbaut und nicht durch Unternehmenskäufe erwirbt, kann diese selbst geschaffenen immateriellen Werte im Gegensatz zu Entwicklungskosten dagegen nicht ansetzen. Somit können bzw. müssen manche Wertkomponenten in bestimmten Fällen in der Konzernbilanz enthalten sein, während bei anderen KA hierfür ein Aktivierungsverbot besteht.

Zur Milderung der **GoF-Problematik** im Rahmen der Konzernrechnungslegung ist eine Behandlung des GoF in Analogie zum VG sinnvoll. Demgemäß sind Aktivierung und planmäßige Abschreibung vorzunehmen, wobei die unterstellte Nutzungsdauer aufgrund des konglomeraten Wesens des GoF i.d.R. schwer einschätzbar sein wird. Deshalb eine unendliche Nutzbarkeit zu unterstellen, wie zunächst mit der Maßgabe der jährlichen Überprüfung nach IFRS (*impairment test*), erscheint aber unangebracht. Auch wenn eine pauschalisierte Nutzungsdauer, evtl. mit konkret begründbaren Ausnahmehandhabungen, Einschätzungsspielräume eingedämmt hätte,[65] hat der Gesetzgeber bisher keine Vorgaben über die Nutzungsdauern gemacht. Lediglich die Gründe für die Annahme einer betrieblichen Nutzungsdauer von mehr als fünf Jahren müssen im Anhang angegeben werden (§ 314 Rz 98 f., 121). Die Werthaltigkeit des GoF ist zusätzlich jährlich, wie auch bei anderen VG, zu überprüfen, mit der Folge, dass ggf. neben

---

[65] Vgl. *Lachnit/Müller*, KoR 2003, S. 540.

den planmäßigen Abschreibungen fallweise außerplanmäßige Abschreibungen nötig werden. Als Besonderheit sind Zuschreibungen auf einen GoF aber ausgeschlossen. Mit dem BilRUG wird für Ausnahmefälle, in denen die Nutzungsdauer des GoF nicht verlässlich geschätzt werden kann, mit § 253 Abs. 3 HGB nF pauschal eine Nutzungsdauer von zehn Jahre bestimmt.[66]

108 Nach DRS 4.30/E-DRS 30.85 wird empfohlen ein sich ergebender GoF aus der ErstKons eines TU, welches aus mehreren **Geschäftsfeldern (Segmenten)** besteht, auf diese zugeordnet werden, was im Rahmen der Vereinfachung der notwendigen Werthaltigkeitsprüfungen, einer SegmBer sowie ggf. der internen Steuerung sinnvoll erscheint. Dabei besteht das Problem, dass die gesetzlich geforderte Aufrechnung des Beteiligungsbuchwerts mit dem anteiligen EK des TU erfolgt. Eine Aufteilung suggeriert, dass nicht ein TU, sondern verschiedene Untereinheiten von diesem konsolidiert würden. Dies führt zur Notwendigkeit, den Kaufpreis der Beteiligung einerseits sowie die VG und Schulden des TU auf die Geschäftsfelder andererseits zuzuordnen. Auch bei der SegmBer nach DRS 3 verbleibt aber häufig ein sonstiger und/oder gemeinschaftlich genutzter Bereich (insb. der Verwaltung), so dass dies nicht trivial ist. Daher sollte – wenn überhaupt die Aufteilung vorgenommen werden soll – eine Anlehnung an die (großzügigen) Regelungen nach DRS 3 für die Geschäftsfeldabgrenzung zur Anwendung kommen. Zudem können bei der segmentierten Betrachtung auch für ein TU sowohl Geschäftsfelder mit GoF als auch ggf. solche mit passivischem Unterschiedsbetrag parallel herauskommen. Da das DRSC jedoch von einer Aufteilung spricht, ist dies wohl nicht gewollt. Gleichwohl wird man dies – jedoch nach nochmaliger Prüfung der Berechnung[67] – wohl akzeptieren müssen. Allerdings darf keine Zusammenfassung von GoF mehrerer TU eines Geschäftsfelds erfolgen (E-DRS 30.88). Da die Forderung von DRS 4.30/E-DRS 30.85 nicht direkt aus dem Gesetz ableitbar ist und auf den KA eine Segmentierung des GoF durch den letztlich notwendigen Ausweis in einer Position keinen Informationsmehrwert bietet, sollte diese Regelung auch vor dem Hintergrund der Wesentlichkeit sehr großzügig ausgelegt werden.

109 Der **bei der ErstKons ermittelte GoF** ist als immaterielles AV in den Konzernanlagenspiegel aufzunehmen und zu aktivieren.

110 Bei der Fortführung des GoF im Rahmen der **FolgeKons** ist zunächst zu prüfen, ob der gem. § 301 Abs. 3 Satz 1 HGB ermittelte aktive Unterschiedsbetrag ganz oder teilweise Bestandteile enthält, die sich nur aufgrund der Konsolidierungstechnik ergeben und daher gesondert zu behandeln sind.[68] Diese können insbesondere Anschaffungsnebenkosten für den Erwerb der Anteile oder die Gründung eines TU sein, die beim erwerbenden Unt anzusetzen sind. Im Konzernfall werden diese jedoch Teil des GoF, obwohl sie keine Vor- oder Nachteile des TU oder einen Erfolg aus einem Gelegenheitskauf darstellen. Sie sind aufwandswirksam zu erfassen, möglichst gleich im Rahmen der ErstKons (E-DRS 30.110). Anders verhält es sich dagegen bei fälliger Grunderwerbsteuer, die nach E-DRS 30.112 als AK der erworbenen Grundstücke zu erfassen sind. Soweit ein TU erst nach dessen Erwerbszeitpunkt in den KA einbezogen wird, können auch zwi-

---

[66] Vgl. Art. 12 Abs. 11 RL EU/2013/34.
[67] Vgl. Förschle/Deubert, in Beck Bil-Komm. 9. Aufl., § 301 HGB, Rz 153.
[68] Vgl. auch im Folgenden Müller/Wobbe, BB, 2015, 1263.

schenzeitlich entstandene Verluste zu einem aktiven Unterschiedsbetrag führen. Der Unterschiedsbetrag repräsentiert in solchen Fällen allerdings bisher nicht im KA erfasste Minderungen des Konzernvermögens, so dass dieser mit dem Konzern-EK zu verrechnen ist (E-DRS 30.113).

Bei der **Abschreibung eines GoF** sind die gesetzlichen Regelungen zu beachten, nach denen dieser einem abnutzbaren VG bis auf eine Zuschreibung gleichgestellt ist. Sofern der GoF auf mehrere Geschäftsfelder des TU aufgeteilt wurde, ist für jedes Geschäftsfeld jeweils ein gesonderter Abschreibungsplan zu erstellen (E-DRS 30.116). E-DRS 30.119 schränkt die Abschreibungsmethoden grundsätzlich auf eine lineare Abschreibung ein. Für die Bestimmung der Nutzungsdauer schlägt E-DRS 30.121 folgende Anhaltspunkte vor: 111

- die voraussichtliche Bestandsdauer und Entwicklung des erworbenen Unternehmens einschließlich der gesetzlichen oder vertraglichen Regelungen,
- der Lebenszyklus der Produkte des erworbenen Unternehmens,
- die Auswirkungen von zu erwartenden Veränderungen der Absatz- und Beschaffungsmärkte sowie der wirtschaftlichen, rechtlichen und politischen Rahmenbedingungen auf das erworbene Unternehmen,
- die Höhe und der zeitliche Verlauf von Erhaltungsaufwendungen, die erforderlich sind, um den erwarteten ökonomischen Nutzen des erworbenen Unternehmens zu realisieren sowie die Fähigkeit des Unternehmens, diese Aufwendungen aufzubringen,
- die Laufzeit wesentlicher Absatz- und Beschaffungsverträge des erworbenen Unternehmens,
- die voraussichtliche Dauer der Tätigkeit wichtiger Schlüsselpersonen für das erworbene Unternehmen,
- das erwartete Verhalten von (potentiellen) Wettbewerbern des erworbenen Unternehmens sowie
- die Branche und deren zu erwartende Entwicklung.

**Außerplanmäßige Abschreibungen** sind vorzunehmen, soweit der Buchwert des am Abschlussstichtag ausgewiesenen GoF eines TU höher ist als der zu diesem Zeitpunkt ermittelte implizite GoF des TU. Der implizite GoF errechnet sich aus dem beizulegenden Zeitwert der Beteiligung des MU am TU abzüglich des anteilig beizulegenden Zeitwerts des Nettovermögens i.S.v. § 301 Abs. 1 Satz 2 HGB des TU. Sollte der Betrag negativ sein, so ist der Buchwert des GoF auf den Erinnerungswert abzuschreiben. Eine Bildung von RST i.H.d. verbleibenden Differenz zum negativen GoF ist nach E-DRS 30.126 nicht zulässig. Die Erfassung der Abschreibungen erfolgt nach dem GKV als Abschreibungen auf immaterielle VG und Sachanlagen sowie nach dem UKV möglichst bei den jeweiligen Funktionsbereichen, ansonsten in den sonstigen betrieblichen Aufwendungen.

Das DRSC sieht in E-DRS 30.130 weiterhin zwei Möglichkeiten zur **Behandlung der Währungsumrechnung** eines GoF vor, die von der Entscheidung abhängen, ob der GoF dem MU oder dem TU zugeordnet worden ist. Die Zuordnung richtet sich nach der Währung, in der die im GoF berücksichtigten künftigen Erfolgsbeiträge realisiert werden. Eine Aufteilung des GoF auf verschiedene Währungen ist regelmäßig nicht erforderlich. Wird der GoF dem MU zugerechnet, ist dieser in Euro zu führen und somit eine Währungsumrechnung nicht notwendig. Anders verhält es sich bei Zuordnung zum TU und Fortfüh- 112 rung in der ausländischen Währung. In diesem Fall sind an den folgenden Abschlussstichtagen der Buchwert des GoF gem. § 308a Satz 1 HGB mit dem Devisenkassamittelkurs am Abschlussstichtag und die auf den GoF entfallende Abschreibung gem. § 308a Satz 2 HGB zum Durchschnittskurs in Euro umzurechnen (E-DRS 30.133). Damit soll eine möglichst realitätsnahe und sachgerechte bilanzielle Abbildung sichergestellt werden (E-DRS 30.B38).

113 Der **Ausweis** erfolgt zusammen mit den GoF, die aus den Einzelabschlüssen der einbezogenen Unt übernommen wurden und aus Asset-Deals stammen, als gesonderte Position in der Konzernbilanz.

### 4.1.2 Passiver Unterschiedsbetrag

114 Ein **passiver Unterschiedsbetrag** bedeutet, dass der Beteiligungsbuchwert den Wert des anteiligen EK unterschreitet. Als Gründe hierfür sind ebenfalls unter der Annahme, dass die stillen Lasten im Rahmen der Neubewertung komplett berücksichtigt wurden, ein konsolidierungstechnischer Unterschiedsbetrag, „*badwill*" oder „*lucky buy*". In den letzten beiden Fällen war ein Erwerber nicht bereit, das neu bewertete anteilige EK auf der Basis der neu bewerteten VG, Schulden, RAP und Sonderposten für ein TU zu zahlen. Gründe können darin liegen, dass RestrukturierungsRST nötig sind, die jedoch noch nicht im Rahmen der Neubewertung berücksichtigt werden konnten, oder die erwarteten Gewinne eben nicht in gewünschter Höhe oder womöglich gar nicht absehbar sind. Dies erklärt, warum etwa am Kapitalmarkt Unt zeitweise mit deutlich weniger als dem ausgewiesenen EK-Betrag bewertet werden, wobei diese negativen Zukunftsaussichten mit dem Begriff „*badwill*" bezeichnet werden und in der Praxis weit seltener anzutreffen sind als der Fall des aktiven Unterschiedsbetrags. Schließlich ist es noch möglich, dass die Verhandlungsposition des Verkäufers so schlecht ist, dass der Erwerber die Ges. unter Wert übernehmen konnte. Denkbar sind hier etwa gesetzliche Auflagen, die der Verkäufer nicht mehr erfüllen kann, oder Streitigkeiten zwischen den Gesellschaftern, die zu einem übereilten Verkauf führen, wie auch der „Notverkauf" insolventer oder insolvenzgefährdeter Unt. Dieser aus Käufersicht einen „*lucky buy*" darstellende Fall ist aber nicht immer ohne Abgrenzungsprobleme von einem „*badwill*" zu trennen. Gleichwohl verlangt E-DRS 30.134 die **Ursachen für die Entstehung** des passiven Unterschiedsbetrags im Zeitpunkt der Erstkonsolidierung zu **dokumentieren**, da sich daran auch die spätere Auflösung richtet. E-DRS 30.92 überträgt die Empfehlung zur Zuordnung des GoF auf Geschäftsfelder (Rz 108) auch auf den passivischen Unterschiedsbetrag.

Ein **technischer Unterschiedsbetrag** kann dagegen entstehen in folgenden Fällen[69] und verlangt die dargestellte Auflösungssystematik:
- Bei Auseinanderfallen des Zeitpunkts der Entstehung des Mutter-Tochter-Verhältnisses (§ 290 Abs. 1 und 2 HGB) und des Zeitpunkts der erstmaligen Einbeziehung des TU in den KA (§ 301 Abs. 2 Satz 3 oder Satz 4 HGB) hat sich das zu konsolidierende EK des TU zwischen diesen Zeitpunkten aufgrund von Gewinnthesaurierungen erhöht. → Der Unterschiedsbetrag ist unmittelbar erfolgsneutral im EK zu erfassen (E-DRS 30.143).

---

[69] Vgl. E-DRS 30.142.

- Innerhalb dieses Zeitraums sind in den VG und Schulden des TU neue stille Reserven und/oder stille Lasten entstanden, die per Saldo zu einer Erhöhung des neubewerteten zu konsolidierenden EK führen. → Der Unterschiedsbetrag ist an den folgenden KA-Stichtagen nach Maßgabe der Fortschreibung der Konzernbuchwerte der erworbenen VG oder übernommenen Schulden des TU ertragswirksam aufzulösen (E-DRS 30.144).
- Das Mutter-Tochter-Verhältnis wurde durch eine Sacheinlage begründet und die Beteiligung des MU wurde nach den Grundsätzen für die Bewertung von Sacheinlagen zulässigerweise mit AK unterhalb ihres beizulegenden Werts angesetzt. Ein ähnlicher Anwendungsfall ergibt sich für Anteile, die das MU im Rahmen eines Tauschs erworben hat. → Soweit keine Auflösung im Rahmen der konzerneinheitlichen Bewertung im Rahmen der HB II erfolgt, ist eine erfolgswirksame Auflösung an den folgenden KA-Stichtagen nach Maßgabe der Fortschreibung der Konzernbuchwerte der erworbenen VG oder übernommenen Schulden des TU nötig (E-DRS 30.45).

Ein nichttechnischer **passiver Unterschiedsbetrag aus der KapKons** stellt dem Charakter nach eine RST für drohende Verluste (badwill) oder einen „Gewinn" aus Beteiligungserwerb (lucky buy) dar. Im ersten Fall darf er gem. § 309 Abs. 2 Nr. 1 HGB erst dann ergebniswirksam aufgelöst werden, wenn die zum Zeitpunkt des Erwerbs erwartete ungünstige Entwicklung der künftigen Ertragslage des Unt tatsächlich eingetreten ist, oder zu diesem Zeitpunkt erwartete Aufwendungen zu berücksichtigen sind. Vor allem mit Bezug auf das Realisations- und Vorsichtsprinzip ist davon auszugehen, dass eine Pflicht zur Auflösung besteht. Im zweiten Fall ist die erfolgserhöhende Auflösung des passiven Unterschiedsbetrags gem. § 309 Abs. 2 Nr. 2 HGB erst dann erlaubt, wenn am Abschlussstichtag feststeht, dass er einem realisierten Gewinn entspricht, wobei auch hier davon auszugehen ist, dass eine Auflösungspflicht besteht (§ 309 Rz 25ff.). Während die Realisierung im Fall einer entsprechenden tatsächlichen Veräußerung an Konzernfremde zweifelsfrei ist, erscheint es zumindest fraglich, ob der passive Unterschiedsbetrag auch bereits dann aufgelöst werden darf, wenn nach vernünftiger kaufmännischer Beurteilung aufgrund einer nachhaltig guten Ertragslage und erheblicher Gewinnthesaurierungen des TU eine Gewinnrealisierung angenommen werden kann. Spätestens wenn der Wert des anteiligen EK des TU den Beteiligungsbuchwert nachhaltig übersteigt, erscheint auch nach HGB eine Realisierung möglich.[70]

Nach **DRS 4.41** wird hierzu konkretisiert, dass ein als „lucky buy" zu klassifizierender Unterschiedsbetrag zunächst quasi als Kaufpreisminderung auf nichtmonetäre VG zu verrechnen ist. Konkret wird die gewichtete, durchschnittliche Nutzungsdauer der erworbenen abschreibbaren VG ermittelt und über diesen Zeitraum der passive Unterschiedsbetrag erfolgswirksam erfasst. Sollten die Zeitwerte der abschreibbaren VG niedriger sein als der passive Unterschiedsbetrag, so soll der Differenzbetrag schon im Zeitpunkt der Einbeziehung erfolgswirksam vereinnahmt werden. Diese Vorgehensweise entspricht den Regelungen zum negativen Goodwill, die nach dem mittlerweile aufgehobenen IAS 22.62 bis März 2004 galten.

---

[70] Vgl. *Kahling*, in *Baetge/Kirsch/Thiele*, Bilanzrecht, § 309 HGB, Rz 72.

Das BilRUG führt für Gj ab 2016 ebenso wie E-DRS 30.137–141 diese Auslegung konsequent fort (§ 309 Rz 35).
In Abb. 3 werden der schematische **Ablauf der KapKons** und die Erfassung der Unterschiedsbeträge in der Konzernbilanz im Überblick dargestellt.[71]

1. **Vereinheitlichung der Einzelbilanzen**
Gliederungs-, Ansatz- und Bewertungsmethoden, Währung, Stichtag

2. **Neubewertung der Einzelbilanzen**
Auflösung aller stiller Reserven und stillen Lasten und Anpassung des Eigenkapitals unter Berücksichtigung von latenten Steuern

Abb. 3: Ablauf der KapKons

115 Die erhöhten Aktiva in Fall A sind im Zeitverlauf durch erhöhte Aufwendungen mittels der Abschreibungen des GoF wieder aufzulösen. Ebenso sind die erhöhten Passiva in Fall C später im Konzernerfolg zu berücksichtigen. Daher kann bei der Erwerbsmethode generell von einer erfolgswirksamen Methode der KapKons gesprochen werden.

116 Eine **Saldierung** des GoF mit dem passiven Unterschiedsbetrag aus der KapKons darf nicht erfolgen. Gibt es in einem KA beide Fälle, so sind diese unsaldiert auf der Aktivseite als GoF innerhalb des immateriellen AV und auf der Passivseite als Unterschiedsbetrag aus der KapKons direkt nach dem EK auszuweisen.

---

[71] Entnommen aus *Ammann/Müller*, Konzernbilanzierung, 2005, S. 139.

## 4.2 Anhangangabepflichten (Abs. 3 Satz 2)

Zusätzlich zu den Angabepflichten nach § 314 Abs. 1 Nr. 20 HGB (anzugeben sind die Gründe, welche die Annahme einer betrieblichen Nutzungsdauer eines in der Konzernbilanz ausgewiesenen entgeltlich erworbenen GoF aus der KapKons von mehr als fünf Jahren rechtfertigen) sind Erläuterungen der aktiven und passiven Unterschiedsbeträge aus der KapKons sowie wesentlicher Veränderungen dieser Posten gegenüber dem Vj. gem. § 301 Abs. 3 Satz 2 HGB erforderlich. Hierzu konkretisiert DRS 4 folgende Angabepflichten, die für nicht KM-orientierte Unt bis auf die Tz 54a), Tz 57 und Tz 58 nach DRS 4.52 aber lediglich Empfehlungen darstellen: 117

| | |
|---|---|
| DRS 4.54 a | Im Jahr des Erwerbs Angabe des Namens des erworbenen Unt und Beschreibung des erworbenen Unt. |
| DRS 4.54 b bis f | Im Jahr des Erwerbs Angabe des Erwerbszeitpunkts, der Höhe des erworbenen Anteils, der AK für das erworbene Unt, des in den AK enthaltenen Goodwill und dessen geplanter Abschreibungsdauer, der bedingten Zahlungsverpflichtungen, die im Rahmen des Unternehmenserwerbs eingegangen wurden, und deren Behandlung im KA, sowie von Unt und Unternehmensteilen, die aufgrund behördlicher Auflagen veräußert werden sollen; Beschreibung der erbrachten Leistung. |
| DRS 4.56 | Für das Jahr des Erwerbs sowie für das Vj. Angabe der Umsatzerlöse, des Ergebnisses vor außerordentlichen Posten, des Jahresüberschusses und im Fall des Erwerbs eines börsennotierten Unt des Ergebnisses je Aktie des erworbenen Unt. |
| DRS 4.57 | Angaben über die Behandlung des GoF einschl. der Abschreibungsdauer und -methode sowie im Rahmen des Anlagespiegels über den Bruttobetrag einschl. kumulierter Abschreibungen zu Beginn des Gj, die Zugänge im Gj, die Abgänge infolge der Aufgabe von Geschäftsaktivitäten, aus denen sich der GoF ergab, die planmäßigen Abschreibungen, die außerplanmäßigen Abschreibungen mit der Bezeichnung der jeweiligen Ges., die übrigen Veränderungen und den Bruttobetrag einschließl. kumulierter Abschreibungen zum Ende des Gj; Begründung für eine Abschreibungsdauer von mehr als 5 Jahren sowie für die Wahl einer anderen Abschreibungsmethode als der linearen. |

| | |
|---|---|
| DRS 4.58 | Angabe über die Behandlung eines passiven Unterschiedsbetrags einschl. seiner Verrechnung, den Zeitraum, in dem er aufgelöst wird, die Posten der GuV, in denen die aufgelösten Beträge enthalten sind, sowie die Entwicklung des passiven Unterschiedsbetrags im Gj; dabei sind anzugeben der Bruttobetrag und die kumulierten erfolgswirksamen Verrechnungen zu Beginn des Gj, die Zugänge, die Abgänge infolge der Aufgabe von Geschäftsaktivitäten, aus denen sich der passiven Unterschiedsbetrag ergab, die Auflösungen, wobei der auf antizipierte Aufwendungen entfallende Anteil getrennt anzugeben ist, die übrigen Veränderungen, der Bruttobetrag und die aufgelaufenen erfolgswirksamen Verrechnungen zum Ende des Gj; Beschreibung von Aufwendungen oder Verlusten hinsichtlich Art, Höhe und zeitlichem Anfall, falls der Betrag im Zusammenhang mit erwarteten künftigen Aufwendungen oder Verlusten angesetzt wurde. |
| DRS 4.60 | Erläuterung von Betrag, Ursachen und Inhalt sowie der Entwicklung im Gj und im Vj., soweit bei der erstmaligen Einbeziehung eines erworbenen Unt eine RST für Restrukturierungsmaßnahmen gebildet wurde. |
| DRS 4.61 | Angaben im Jahr der Veräußerung eines Unt in Analogie zu DRS 4.54 Buchst. a-c und zum Veräußerungsgewinn bzw. Veräußerungsverlust. |

118 In der Praxis wird es demgegenüber bislang als ausreichend angesehen, dass lediglich der Posten GoF insgesamt beschrieben wird. Dies bedingt somit höchstens die Unterteilung von GoF aus den einbezogenen JA gem. § 246 Abs. 1 Satz 3 HGB und den bei der KapKons entstandenen Beträgen.[72] Zudem sind wesentliche Veränderungen zu erläutern. Außerplanmäßige Abschreibungen sind gem. § 277 Abs. 3 Satz 1 i.V.m. § 298 Abs. 1 HGB in jedem Fall anzugeben. Ein passiver Unterschiedsbetrag ist soweit zu erläutern, dass der Charakter des Postens erkennbar wird.[73]

119 Auch E-DRS 30 reduziert die Angabepflicht des § 301 Abs. 3 Satz 2 HGB bez. GoF oder passiven Unterschiedsbetrag auf folgende Posten, wobei wesentliche Änderungen ggü. dem Vj. jeweils gesondert zu erläutern und die Veränderungen des GoF aus dem Konzern-Anlagengitter (§ 268 Abs. 2 i.V.m. § 298 Abs. 1 HGB) zu erkennen sind. Darüber hinaus sind hinsichtlich des GoF zumindest die folgenden Angaben erforderlich:
- Aufgliederung des Postens, soweit dieser auch in der Konzernbilanz ausgewiesene GoF enthält, die in den JA der einbezogenen Unternehmen entstanden sind;
- Wesentliche Veränderungen aufgrund von Zu- und Abgängen, z.B. aus Veränderungen im KonsKreis und Kaufpreisanpassungen;

---

[72] Vgl. ADS, 6. Aufl., § 301 HGB, Rz 139.
[73] Vgl. Förschle/Deubert, in Beck Bil-Komm. 9. Aufl., § 301 HGB, Rz 161.

- Abschreibungsverfahren und ND (§ 313 Abs. 1 Satz 2 Nr. 1 HGB); bei einer ND von mehr als 5 Jahren sind auch die Gründe anzugeben, die dies rechtfertigen (§ 314 Nr. 20 HGB);
- Außerplanmäßige Abschreibungen, falls diese nicht gesondert in der GuV ausgewiesen werden (§ 277 Abs. 3 Satz 1 i. V. m. § 298 Abs. 1 HGB).

Hinsichtlich des passiven Unterschiedsbetrags sind zumindest die folgenden Angaben erforderlich:
- Einordnung hinsichtlich des Charakters als Eigen- oder Fremdkapital und deren Begründung;
- Einordnung als technischer passiver Unterschiedsbetrag und deren Begründung;
- Wesentliche Veränderungen aufgrund von Zu- und Abgängen, z. B. aus Veränderungen im KonsKreis und Kaufpreisanpassungen;
- Betrag des gem. im Gj jeweils ergebniswirksam aufgelösten passiven Unterschiedsbetrags.

Durch das BilRUG wird es hier noch zu Änderungen der Angabepflichten im endgültigen Standard kommen (§ 314 Rz 115 ff.).

## 5 Behandlung von eigenen Anteilen (Abs. 4)

Die Regelung in § 301 Abs. 4 HGB ist das konzernbilanzielle Pendant zu der über § 298 Abs. 1 Satz 1 HGB auch für den KA geltenden Regelungen des § 272 Abs. 1a HGB, die die Absetzung eigener Anteile vom EK verpflichtend macht (§ 272 Rz 78 ff.). Für den KA wird sie auf Anteile ausgedehnt, die ein TU am MU hält (**Rückbeteiligung**). Diese sind im JA des TU als VG des UV zu zeigen. Gleichzeitig ist eine Rücklage für Anteile an einem herrschenden Unt zu bilden.[74] Aus Konzernsicht haben diese Anteile ökonomisch jedoch den Charakter von eigenen Anteilen des MU und sind deshalb wie diese zu behandeln.[75] Für den Fall eines mehrstufigen Konzerns ist zu beachten, dass eine Rückbeteiligung stets zum obersten, den KA aufstellenden MU zu bestehen hat.

120

Bei der Absetzung eigener Anteile vom EK ist zu beachten, dass das Nennkapital bzw. der rechnerische Wert der eigenen Anteile offen vom gezeichneten Kapital abzusetzen ist. Die Anschaffungsnebenkosten sind ebenfalls erfolgsneutral zu verrechnen.[76] Nachstehend wird der **Ausweis** eigener Anteile und Rückbeteiligungen dargestellt.

121

---

**Beispiel**
**Sachverhalt**
Die B-AG ist das MU des B-Konzerns. Sie verfügt über eine 100 %ige Beteiligung an der T-AG. Zum 31.12.X1 weist die B-AG in ihrem vorläufigen KA vor Berücksichtigung eigener Anteile folgende EK-Beträge aus:

---

[74] Vgl. *Oser/Prasse/Reuter/Weigert*, in *Küting/Pfitzer/Weber*, Das neue deutsche Bilanzrecht, 2009, S. 465 f.
[75] Vgl. BilMog-BgrRegE, S. 82.
[76] Vgl. E-DRS 31. *Förschle/Deubert*, in Beck Bil-Komm. 9. Aufl., § 301 HGB, Rz 168.

- Gezeichnetes Kapital: 4 Mio. EUR
- Kapitalrücklage: 20 Mio. EUR
- Gewinnrücklagen: 35 Mio. EUR
- Konzernjahreserfolg: 7 Mio. EUR

Die B-AG hält zum 31.12.X1 eigene Anteile mit einem Nennwert von 200 TEUR, die sie zum Preis von 1 Mio. EUR zurückerworben hat. Die Anteile sind nicht zur Einziehung bestimmt. Die T-AG hält zum Abschlussstichtag ebenfalls Anteile an der B-AG. Diese weisen einen Nennwert von 100 TEUR auf. Ihre AK betragen 600 TEUR.

**Beurteilung**
Die von der B-AG erworbenen eigenen Anteile sind vom EK abzusetzen. Für den Nennbetrag (200 TEUR) fordert § 272 Abs. 1a HGB eine offene Absetzung vom gezeichneten Kapital. Für die von der T AG erworbenen Anteile (Nennbetrag: 100 TEUR) gilt Entsprechendes. Der übersteigende Anteil des Kaufpreises für die eigenen Anteile (800 TEUR + 500 TEUR) kürzt die Gewinnrücklagen. Die verkürzte Konzernbilanz hat damit folgendes Aussehen (Angaben in TEUR):

| Aktiva | Konzernbilanz zum 31.12.x1 | | Passiva |
|---|---|---|---|
| | Gezeichnetes Kapital | 4.000 | |
| | ./. Nennbetrag eigener Anteile | -300 | 3.700 |
| | Kapitalrücklage | | 20.000 |
| | Gewinnrücklagen | | 33.700 |
| | Konzernjahreserfolg | | 7.000 |
| | Summe EK | | 64.400 |

**Sachverhalt-Variante**
Abweichend vom Ausgangsfall sei angenommen, die B-AG halte nur 60 % der Anteile an der T-AG. Der Minderheitenposten weist vor Berücksichtigung eigener Anteile einen Betrag von 2 Mio. EUR auf.

**Beurteilung**
Der Nennbetrag der von der T-AG gehaltenen Anteile an der M-AG ist auch bei Existenz von Minderheiten in voller Höhe offen vom gezeichneten Kapital abzusetzen.
Der Mehrbetrag von 1.300 TEUR hat im 100-%-Fall die Gewinnrücklagen gekürzt. Er ist im 60-%-Fall auf das EK des MU und den Minderheitenposten aufzuteilen. Der Minderheitenposten ist um 240 TEUR (= 40 % von 600 TEUR) zu reduzieren. Der verbleibende Betrag von 1.060 TEUR kürzt das EK des MU (Angaben der folgenden Bilanz in TEUR).

| Aktiva | Konzernbilanz zum 31.12.x1 | | Passiva |
|---|---|---|---|
| | Gezeichnetes Kapital | 4.000 | |
| | ./. Nennbetrag eigener Anteile | -300 | 3.700 |
| | Kapitalrücklage | | 20.000 |
| | Gewinnrücklagen | | 33.940 |
| | Minderheitenposten | | 1.760 |
| | Konzernjahreserfolg | | 7.000 |
| | Summe EK | | 66.400 |

Die Verrechnung des Unterschiedsbetrags zwischen dem Nennbetrag und den AK der eigenen Aktien ist im KA anders als im JA nicht auf die frei verfügbaren Rücklagen beschränkt (E-DRS 31.29). Im Gegensatz zum JA hat der KA keine Ausschüttungsbemessungsfunktion, sodass für die Verrechnung des Unterschiedsbetrags zwischen dem Nennbetrag und den AK der eigenen Aktien die Begrenzung auf die frei verfügbaren Rücklagen im KA keine Bedeutung hat (E-DRS 31.B29). Die **Verrechnung** kann somit **mit allen Rücklagen** erfolgen, allerdings ist eine Verrechnung mit dem ggf. gem. § 308a Satz 3 HGB einzustellenden Posten „Eigenkapitaldifferenz aus Währungsumrechnung" ausgeschlossen (E-DRS 31.33). Sofern die frei verfügbaren Rücklagen im JA des MU oder im nach konzerneinheitlichen Bilanzierungs- und Bewertungsvorschriften aufgestellten Abschluss des MU am Bilanzstichtag nicht mehr in ausreichender Höhe vorhanden sind, erfolgt die Verrechnung des Unterschiedsbetrags zwischen dem Nennbetrag und den AK der eigenen Aktien auf Konzernebene mit den Konzernrücklagen. Stehen auch dort Konzernrücklagen am Bilanzstichtag nicht in ausreichen-dem Umfang zur Verrechnung zur Verfügung, ist die Verrechnung zu Lasten des Konzernbilanzgewinns oder Konzernbilanzverlusts vorzunehmen (E-DRS 31.34).[77]

122

## 6 Erstkonsolidierung

Hinsichtlich der konkreten **Umsetzung der Erwerbsmethode** ist mit. § 301 Abs. 1 HGB einzig die Neubewertungsmethode anzuwenden. Gleichwohl kommt es ggf. im KA auch zur parallelen Anwendung der Buchwertmethode, wenn diese nach § 301 Abs. 1 HGB vor Anwendung des BilMoG für eine Erst-Kons zur Anwendung kam.[78] Beiden Methoden liegt die Fiktion einer Anschaffung der einzelnen VG, Schulden, RAP und Sonderposten des TU zugrunde. Sie unterscheiden sich im Wesentlichen dadurch, dass die Auflösung der stillen Reserven und Lasten bei VG und Schulden nach (= Buchwertmethode) bzw. vor der Verrechnung des Beteiligungsbuchwerts und dem anteiligen EK (= Neu-

123

---

[77] Vgl. *Müller/Reinke*, DStR 2015, S. 1130.
[78] Vgl. für eine systematische Gegenüberstellung z.B. *Ammann/Müller*, 2005, S. 191 ff.

bewertungsmethode) erfolgt. Durch den **Wegfall der Anschaffungskostenrestriktion** können sich nicht nur im Fall des Vorhandenseins von Minderheitsgesellschaftern Unterschiede im KA in Anhängigkeit von der verwendeten Methode ergeben. Gem. DRS 4 wird die Neubewertungsmethode im Rahmen der vermuteten GoK bereits seit 2001 als die vorzugswürdige Methode betrachtet und auch nach IFRS ist im Ergebnis dieses Vorgehen gefordert, da eine Vermischung von Zeit- und Buchwerten vermieden wird.

124 Im Folgenden werden die einzelnen Schritte der Neubewertungsmethode dargestellt und erläutert. Zur Buchwertmethode und der parallelen Anwendungsnotwendigkeit s. Art. 66 EGHGB Rz 14–17.

## 6.1 Vereinheitlichung von Ansatz, Bewertung, Ausweis, Währung und Stichtag

125 Zunächst sind die Abschlüsse hinsichtlich Ansatz (§ 300 Rz 23 ff.), Bewertung (§ 308 Rz 1 ff.), Darstellung (§ 300 Rz 10 ff. bzw. § 298 Rz 32 ff.), Währung (§ 308a Rz 1 ff.) und ggf. Stichtag (§ 299 Rz 1 ff.) zu vereinheitlichen.[79] Die so entstandenen JA werden als HB II (HB II) bezeichnet.

## 6.2 Neubewertung der Bilanz des Tochterunternehmens

126 Im nächsten Schritt werden die VG, Schulden, RAP und Sonderposten in der Bilanz des TU i.d.R. zum Zeitpunkt, zu dem das Unt TU geworden ist (Rz 75 ff.), erfolgsneutral, d.h. mit direkter Verrechnung der Beträge im EK und in den passiven oder aktiven latenten Steuern des TU, neu bewertet. Das neu bewertete EK ergibt sich somit aus dem EK vor Neubewertung zzgl. der aufgelösten und um latente Steuereffekte bereinigten stillen Reserven und abzgl. der um latente Steuereffekte bereinigten aufgedeckten stillen Lasten. Für diesen zweiten Schritt wird zur Abgrenzung des Begriffs der HB II, in der die Buchwerte des TU abgebildet sind, die sog. **HB III** eingeführt, die durch den Bezug auf die Zeitwerte bereits vor der Aufrechnung des Unterschiedsbetrags die gesamten aufgelösten stillen Reserven und stillen Lasten enthält. Bei dieser Neubewertung werden somit alle stille Reserven und alle stillen Lasten aufgelöst. Konkret ist der Buchwert der Positionen in der HB II mit seinem beizulegenden Wert zu vergleichen. Als beizulegender Zeitwert kommt der Börsen- oder Marktpreis infrage, der aber in der Praxis nur selten zweifelsfrei feststehen dürfte. Darüber hinaus ist als wichtigste Hilfsgröße der Wiederbeschaffungswert heranzuziehen, bei geplanter Veräußerung aber auch der Einzelveräußerungswert (Rz 49 ff.).

127 Auf den Konzern übertragen bedeutet dies zunächst, dass der **beizulegende Zeitwert** die AK der einzelnen Bilanzpositionen aus Konzernsicht darstellt. Problematisch in diesem Zusammenhang ist, dass der Kaufpreis der Beteiligung in der Praxis eher vom Ertrags- als vom Substanzwert abhängt, sodass eine gesonderte Substanzwertermittlung für die Zuordnung des beizulegenden Zeitwerts erforderlich werden kann. Zwar können detaillierte Bewertungsgutachten das Problem mildern, eine zweifelsfreie Ermittlung stiller Reserven wird aber kaum möglich sein. Dies gilt insb. dann, wenn Erwerbszeitpunkt und Basiszeit-

---

[79] Vgl. *Müller*, in *Federmann/Kußmaul/Müller*, HdB, Beitrag: Konzernabschluss nach HGB, Rz 1 ff.

punkt der KapKons auseinanderfallen, was nur noch bei einer erst später bestehenden Konzernbilanzierungspflicht, einem sukzessiven Anteilserwerb oder der Nutzung von Einbeziehungswahlrechten gem. § 296 HGB denkbar ist. Da im Konzern quasi fiktive AK für die einzelnen Positionen des TU auf den Stichtag des Erwerbs bzw. der ErstKons zu ermitteln sind, dürfte anzunehmen sein, dass bei der Wertermittlung für die einzelnen Sachverhalte grds. vom Zeitwert i.S.d. Wiederbeschaffungskosten auszugehen ist. Generelle Leitlinie und Bezugspunkt bei Zweifelsfragen sind zunächst § 255 Abs. 4 HGB und sodann die Generalnorm des § 297 Abs. 2 Satz 2 HGB.

Durch die Auflösung verschieben sich die AK der VG aus Konzernsicht und stellen für die handelsrechtliche Bewertung im KA die zukünftigen Wertobergrenzen bei der Bewertung im KA dar. Folgende Abb. verdeutlicht dies schematisch:[80]

Abb. 4: Auflösung stiller Reserven im Rahmen der KapKons

Es wird deutlich, dass eine Auflösung stiller Reserven nur im Zeitpunkt des Erwerbs bzw. der erstmaligen Einbeziehung möglich ist. Anschließend neu entstehende stille Reserven sind im KA ebenso wenig zu beachten wie im JA. Im Hinblick auf den **Umfang der Auflösung stiller Reserven** sind die stillen Reserven komplett aufzulösen. Eine letztlich nach der Pagatorik notwendige AK-Restriktion, d.h., die Überprüfung, ob der Kaufpreis für das anteilige EK durch die Neubewertung überschritten wird, ist nicht notwendig.

### 6.3 Zusammenfassung in der Summenbilanz und Aufrechnung

Im dritten Schritt erfolgt die Addition der JA-Werte des MU mit allen einbezogenen JA-Werten auf der Basis der HB III zu sog. Summenbilanz und daran anschließend die **Aufrechnung** der Beteiligungsbuchwerte im JA des MU mit den anteiligen in der HB III ausgewiesenen neu bewerteten EK-Positionen der

---

[80] In Anlehnung an *Ammann/Müller*, Konzernbilanzierung 2005, S. 141.

jeweiligen TU. Der ermittelte Unterschiedsbetrag entspricht, soweit er aktiv ist, dem zu aktivierenden GoF, wenn er passiv ist, dem passiven Unterschiedsbetrag aus der KapKons.

### 6.3.1 Ermittlung eines Geschäfts- oder Firmenwerts

131 Neben den aus den JA übernommenen, aus Asset-Deals stammenden GoF resultiert der GoF im KA aus der KapKons. Hierbei handelt es sich letztlich um die im Rahmen von Share Deals bezahlten Mehrbeträge, die im Vergleich von Kaufpreis und anteiligem Wert des erworbenen neu bewerteten EK (nach Bewertung der VG und Schulden zum beizulegenden Zeitwert) verbleiben.

132 Der **GoF im JA** ist nach § 246 Abs. 1 Satz 3 HGB einem VG mit begrenzter Nutzungsdauer im Wesentlichen gleichgestellt. Einzig besteht nach § 253 Abs. 5 HGB ein Zuschreibungsverbot. Diese Bestimmung wurde auch in den KA übernommen, indem im § 309 Abs. 1 HGB ein entsprechender Verweis eingefügt wurde. Ab dem Gj 2010 durchgeführte Erwerbe bzw. ErstKons ist der GoF zu **aktivieren** und planmäßig über die Nutzungsdauer **erfolgswirksam abzuschreiben**. In DRS 4 wurde bereits ab dem 1.1.2001 für alle nach dem HGB bilanzierenden Konzerne für den GoF eine Ansatzpflicht mit erfolgswirksamer Abschreibung über eine Nutzungsdauer von zunächst max. 20 Jahren (widerlegbare Vermutung) festgelegt. Inzwischen wurde analog zum HGB, wo der Gesetzgeber eine Begründung nach § 314 Abs. 1 Nr. 20 HGB bereits bei einer Überschreitung von 5 Jahren Nutzungsdauer fordert, im DRS 4.31 eine länger als 5-jährige Nutzungsdauer als begründungsnötiger Ausnahmefall klassifiziert. Sowohl nach DRS als auch nach HGB ist eine Anpassung von zurückliegenden KA nicht notwendig bzw. nach HGB sogar ausgeschlossen (Art. 66 Rz 17 ff.). Nach dem BilRUG ist ab dem Gj 2016 nach § 314 Abs. 1 Nr. 20 HGB nF unabhängig von der Fünf-Jahres-Frist jeweils eine Erläuterung des Zeitraums, über den ein entgeltlich erworbener GoF abgeschrieben wird, in den Konzernanhang aufzunehmen.

133 Da es sich bei einem GoF um einen einem VG gleichgestellten Posten handelt, hat eine **planmäßige Abschreibung** und die Prüfung der Werthaltigkeit und der Restnutzungsdauer zu jedem Stichtag erneut zu erfolgen (Rz 111); ggf. sind **außerplanmäßige Abschreibungen** vorzunehmen bzw. wird eine Kürzung der Restnutzungsdauer notwendig. Als Besonderheit im Vergleich zu den üblichen VG besteht jedoch auch dann ein **Zuschreibungsverbot**, wenn die Gründe der außerplanmäßigen Abschreibung nicht mehr gegeben sind. Dies ist angesichts der Gefahr, dass originäre GoF-Bestandteile aktiviert werden könnten, plausibel. Zudem ist über die Zuordnung des GoF zum MU oder zum TU auch die spätere **Fremdwährungsumrechnung** festzulegen (Rz 112).

### 6.3.2 Ermittlung und Behandlung eines passiven Unterschiedsbetrags aus der Kapitalkonsolidierung

134 Ein **passiver Unterschiedsbetrag aus der KapKons** stellt dem Charakter nach eine RST für drohende Verluste (badwill), einen „Gewinn" aus Beteiligungserwerb (lucky buy) oder einen technischen Unterschiedsbetrag dar (Rz 114ff.). Im ersten Fall darf er gem. § 309 Abs. 2 Nr. 1 HGB erst dann ergebniswirksam aufgelöst werden, wenn die zum Zeitpunkt des Erwerbs erwartete ungünstige Entwicklung der künftigen Ertragslage des Unt tatsächlich eingetreten ist, fest-

steht, dass die Entwicklung nicht eintritt oder zu diesem Zeitpunkt erwartete Aufwendungen zu berücksichtigen sind. Vor allem mit Bezug auf das Realisations- und Vorsichtsprinzip ist davon auszugehen, dass eine Pflicht zur Auflösung besteht. Im zweiten Fall ist die erfolgserhöhende Auflösung des passiven Unterschiedsbetrags gem. § 309 Abs. 2 Nr. 2 HGB erst dann erlaubt, wenn am Abschlussstichtag feststeht, dass er einem realisierten Gewinn entspricht, wobei auch hier davon auszugehen ist, dass eine Auflösungspflicht besteht. Für die Behandlung des technischen Unterschiedsbetrag s. Rz 114.

Hinsichtlich des **Ausweises** des passiven Unterschiedsbetrags ist keine Saldierung mit Unterschiedsbeträgen auf der Aktivseite (GoF) erlaubt. Der passive Unterschiedsbetrag ist pflichtmäßig auf der Passivseite der Konzernbilanz zwischen EK und FK auszuweisen. Dies gilt auch für Altfälle, d. h., wenn noch GoF und ein passiver Unterschiedsbetrag aus vor dem Gj 2010 vorgenommenen ErstKons vorhanden sind, müssen diese getrennt auf der Aktiv- und Passivseite der Konzernbilanz ausgewiesen werden.

135

### 6.4 Anwendungsbeispiel bei Einbeziehung einer 100-%-Tochter

Mit den Beispiel Unt „M-GmbH" und „T-GmbH" soll die Vorgehensweise der Neubewertungsmethode bei der **erstmaligen Kons. von 100 %igen TU** dargestellt werden.[81] Das MU M-GmbH erwirbt Ende t0 100 % der Anteile an der T GmbH zu einem Preis von 6,0 Mio. EUR. Es wird vereinbart, dass das Jahresergebnis des gesamten Gj dem Erwerber zusteht.[82] Die aggregierten Jahresbilanzen der beiden Unt zum 31.12.t0 haben folgendes Aussehen:

136

| Bilanz der M-GmbH zum 31.12.t0 in Mio. EUR | | | |
|---|---:|---|---:|
| Sonstiges AV | 7,0 | Grundkapital | 4,0 |
| Beteiligung TU | 6,0 | Rücklagen | 3,0 |
| UV | 4,0 | Jahresüberschuss | 2,0 |
| | | Sonstige Verbindlichkeiten | 8,0 |
| | 17,0 | | 17,0 |

| Bilanz der T-GmbH zum 31.12.t0 in Mio. EUR | | | |
|---|---:|---|---:|
| Sonstiges AV | 3,0 | Grundkapital | 2,0 |
| Beteiligung TU | 2,0 | Rücklagen | 1,0 |
| UV | 2,0 | Jahresüberschuss | 1,0 |
| | | Sonstige Verbindlichkeiten | 3,0 |
| | 7,0 | | 7,0 |

Bei dem TU T-GmbH enthält die Position Maschinen 1,0 Mio. EUR **stille Reserven**. Vorausgesetzt, dass die Bedingungen des § 290 HGB erfüllt sind, und unter Ausblendung größenabhängiger Befreiungen ist von der M-GmbH ein KA aufzustellen. Angenommen wird aus Vereinfachungsgründen, dass für beide Unt bei der Überleitung der JA zu den HB II keine Anpassungsbuchungen erforderlich sind.

137

---

[81] Vgl. zu weiteren (EDV-gestützten) Fallstudien *Krimpmann*, 2009, S. 54 ff.; *Küting/Seel*, DStR, 2009, S. 47.
[82] Vgl. E-DRS 30.12 spricht von einem erworbenen Ergebnis, was in die KapKons einzubeziehen ist.

138 Die bei den Maschinen vorhandenen stillen Reserven (1,0 Mio. EUR) müssen zunächst in voller Höhe aufgelöst werden. Zur Verbesserung der Nachvollziehbarkeit erfolgt die Darstellung der Kons. spaltenorientiert. Die Positionen der HB II des MU und TU stehen nebeneinander. Der **Neubewertung des TU** wird in der spaltenorientierten Darstellungsweise insofern Rechnung getragen, als eine gesonderte Spalte eingeführt wird, in der die HB III des TU abgebildet wird.

139 Die im Beispiel erfolgte höhere Bewertung der Maschinen führt zwangsläufig zu einer Bilanzverlängerung auf der Aktivseite. Der Bilanzausgleich auf der Passivseite wird dadurch erreicht, dass die Rücklagen des TU um die aufgedeckten stillen Reserven in Form einer **Neubewertungsrücklage** erhöht werden. Dabei sind jedoch **latente Steuern** zu berücksichtigen,[83] sodass bei einem hier unterstellten Steuersatz von 40 % eine Erhöhung um 0,6 Mio. EUR sowie eine Bildung von passiven latenten Steuern von 0,4 Mio. EUR erfolgen. Der heranzuziehende Steuersatz soll derjenige des in den KA einbezogenen Unt sein, da sich bei diesem der Steuereffekt auch umkehrt. Damit wird die Fiktion des Konzerns als wirtschaftliche Einheit an dieser Stelle zugunsten einer stärker an den tatsächlichen Verhältnissen orientierten VFE-Lage zurückgedrängt.[84] Aus Wirtschaftlichkeits- und Wesentlichkeitsüberlegungen darf im Einzelfall für den Konzern aber auch ein einheitlicher Steuersatz angewandt werden (§ 306 Rz 28).[85] Die so ermittelte HB III des TU führt nach Summation mit der HB II des MU zum Summenabschluss.

140 Die folgende Tabelle verdeutlicht die Vorgehensweise:

| | M-GmbH (HB II) | | T-GmbH (HB II) | | T-GmbH (HB III) | | Sum.-bil. | Konsolidierung | | Konzernbilanz | |
|---|---|---|---|---|---|---|---|---|---|---|---|
| | A | P | A | P | A | P | A/P | S | H | A | P |
| GoF | | | | | | | | 1,4 (2) | | 1,4 | |
| Sonst. AV | 7,0 | | 3,0 | | 3,0 | | 10,0 | | | 10,0 | |
| Maschinen | | | 2,0 | | 3,0 | | 3,0 | | | 3,0 | |
| Bet. TU | 6,0 | | | | | | 6,0 | | (1) 6,0 | | |
| UV | 4,0 | | 2,0 | | 2,0 | | 6,0 | | | 6,0 | |
| KonsAP | | | | | | | | 1,4 (1) | (2) 1,4 | | |
| Gez. Kapital | | 4,0 | | 2,0 | | 2,0 | 6,0 | 2,0 (1) | | | 4,0 |
| Rücklagen | | 3,0 | | 1,0 | | 1,6 | 4,6 | 1,6 (1) | | | 3,0 |
| Jahresüberschuss | | 2,0 | | 1,0 | | 1,0 | 3,0 | 1,0 (1) | | | 2,0 |
| Pass. lat. St. | | | | | | 0,4 | 0,4 | | | | 0,4 |
| Verbindlichkeiten | | 8,0 | | 3,0 | | 3,0 | 11,0 | | | | 11,0 |
| Summe | 17,0 | 17,0 | 7,0 | 7,0 | 8,0 | 8,0 | 25,0 | 7,4 | 7,4 | 20,4 | 20,4 |

Tab. 1: ErstKons mittels Neubewertungsmethode mit einem Kapitalanteil von 100 %, den die M-GmbH an der T-GmbH hält

---

[83] Vgl. *Küting/Seel*, DStR, 2009, S. 47.
[84] Vgl. BilMoG-BgrRegE, S. 83.
[85] Vgl. *Bieg/Kußmaul/Petersen/Waschbusch/Zwirner*, Bilanzrechtsmodernisierungsgesetz, 2009, S. 187.

Die **Konsolidierungsbuchungen** vollziehen sich bei 100 %igen TU in 2 Schritten. Zunächst ist der Wert der Beteiligung (6,0 Mio. EUR) gegen das in voller Höhe neu bewertete EK des TU aufzurechnen. Dieser Schritt der KapKons nach der Neubewertungsmethode wird durch folgenden Buchungssatz (= Buchung (1)) wiedergegeben, wobei die entstehende Differenz zunächst in einem Konsolidierungsausgleichsposten (KonsAP) abgefangen wird: 141

| Datum | Konto | Soll | Haben |
|---|---|---|---|
| | Gezeichnetes Kapital | 2,0 Mio. | |
| | Rücklagen | 1,6 Mio. | |
| | Jahresüberschuss | 1,0 Mio. | |
| | KonsAP | 1,4 Mio. | |
| | Beteiligung TU | | 6,0 Mio. |

Im zweiten Schritt (= Buchung (2)) wird der **Konsolidierungsausgleichsposten** aufgelöst, indem er in den GoF umgebucht wird: 142

| Datum | Konto | Soll | Haben |
|---|---|---|---|
| | GoF | 1,4 Mio. | |
| | KonsAP | | 1,4 Mio. |

Die Berücksichtigung der beiden Konsolidierungsbuchungen lässt aus der Summenbilanz die Konzernbilanz entstehen, aus der nun die innerkonzernlichen Kapitalverflechtungen eliminiert sind. 143

### 6.5 Vollkonsolidierung bei Minderheitsanteilen

Da es sich bei der Neubewertungsmethode um eine **VollKons unter Erwerbsfiktion** handelt, setzt ihre Anwendung die Kons. eines TU voraus. Zu beachten ist jedoch, dass die in § 290 HGB genannten Kriterien für das Bestehen eines Mutter-Tochter-Verhältnisses nicht nur bei einer Beteiligung von 100 % gelten. Bei einer Beteiligungsquote von unter 100 % würde die vollständige Übernahme aller VG und Schulden des TU die Vermögenslage des Konzerns unzutreffend darstellen, wenn im KA nicht deutlich gemacht wird, dass ein der Beteiligungsquote entsprechender Anteil konzernfremden Minderheitsgesellschaftern zusteht (§ 307 Rz 1 ff.). Deshalb ist in solchen Fällen gem. § 307 Abs. 1 HGB ein Ausgleichsposten für nicht dem MU gehörende Anteile i. H. des Anteils anderer Gesellschafter am EK des TU zu bilden und gesondert im EK auszuweisen. 144

Bei der Neubewertungsmethode werden die **Anteile anderer Gesellschafter**, die mit dem BilRUG ab dem Gj 2016 als **nicht beherrschende Anteile** zu bezeichnen sind, auf der Basis des neu bewerteten EK ausgewiesen.[86] Ein nach der Aufrechnung des Beteiligungsbuchwerts mit dem anteiligen EK des MU evtl. verbleibender GoF muss mit Bezug auf § 307 Abs. 1 Satz 2 HGB ausschließlich dem MU zugerechnet werden. Eine quotale Aufteilung auf Mehrheits- und Minderheitsgesellschafter kommt nicht in Betracht. Im Hinblick auf FolgeKons bedeutet die vollständige Auflösung der stillen Reserven und Lasten, dass zusätzliche Abschreibungen aufgedeckter stiller Reserven quotal zulasten des Ergebnisanteils des MU und des Minderheitenanteils gehen, während die Abschreibung des GoF nur zulasten der Anteilseigner des MU erfolgt. 145

---

[86] Vgl. z.B. *Busse v. Colbe*, in MünchKomm HGB, 3. Aufl., § 301 Rn 45.

**146** Da sich die Neubewertungsmethode dadurch auszeichnet, dass die Kons des Beteiligungsbuchwerts auf Basis des neu bewerteten EK des TU erfolgt, bedeutet dies im Fall von Minderheitenanteilen, dass der Ausgleichsposten für Anteile anderer Gesellschafter auch stille Reserven oder Lasten enthält. Es wird unterstellt, „dass die Minderheiten im Zeitpunkt der erstmaligen Kons. einen Preis für die Anteile gezahlt haben, der ihrem Anteil am konsolidierungspflichtigen Kapital und an den aufgedeckten stillen Reserven entspricht."[87] Der **Ausgleichsposten für Anteile anderer Gesellschafter** stellt sich im Vergleich zu der vor dem BilMoG alternativ zulässigen Buchwertmethode folglich in seiner Zusammensetzung und Höhe anders dar. Nach der per Wahlrecht in IFRS KA anwendbaren *full goodwill method* nach IFRS 3.19 rev. 2008 (in US-GAAP KA verpflichtend anzuwenden) können die Anteile anderer Gesellschafter auch einen fiktiv zugerechneten GoF-Anteil beinhalten,[88] was mit dem HGB nicht vereinbar ist.[89]

### 6.6 Anwendungsbeispiel bei Einbeziehung einer Nicht-100-%-Tochter (GoF)

**147** Die erstmalige KapKons nach der Neubewertungsmethode bei Vorhandensein von **Minderheitsgesellschaftern** soll auf der Basis der Daten des Ausgangsbeispiels erfolgen, wobei eine Modifizierung in der Weise erfolgt, dass unterstellt wird, es wären von dem MU für die 6,0 Mio. EUR lediglich 75 % der Kapitalanteile der T-GmbH erworben worden.

| | M-GmbH (HB II) | | T-GmbH (HB II) | | T-GmbH (HB III) | | Sum.-bil. | | Konsolidierung | | Konzernbilanz | |
|---|---|---|---|---|---|---|---|---|---|---|---|---|
| | A | P | A | P | A | P | A/P | | S | H | A | P |
| GoF | | | | | | | | | 2,55 (2) | | 2,55 | |
| Sonst. AV | 7,0 | | 3,0 | | 3,0 | | 10,0 | | | | 10,0 | |
| Maschinen | | | 2,0 | | 3,0 | | 3,0 | | | | 3,0 | |
| Bet. TU | 6,0 | | | | | | 6,0 | | | (1) 6,0 | | |
| UV | 4,0 | | 2,0 | | 2,0 | | 6,0 | | | | 6,0 | |
| KonsAP | | | | | | | | | 2,55 (1) | (2) 2,55 | | |
| Gez. Kapital | | 4,0 | | 2,0 | | 2,0 | 6,0 | | 1,5 (1) 0,5 (3) | | | 4,0 |
| Rücklagen | | 3,0 | | 1,0 | | 1,6 | 4,6 | | 1,2 (1) 0,4 (3) | | | 3,0 |
| Jahresüberschuss | | 2,0 | | 1,0 | | 1,0 | 3,0 | | 0,75 (1) 0,25 (3) | | | 2,0 |
| Anteile and. Ges. | | | | | | | | | | 1,15 (3) | | 1,15 |
| Pass. lat. St. | | | | | | 0,4 | 0,4 | | | | | 0,4 |
| Verbindlichkeiten | | 8,0 | | 3,0 | | 3,0 | 11,0 | | | | | 11,0 |
| Summe | 17,0 | 17,0 | 7,0 | 7,0 | 8,0 | 8,0 | 25,0 | | 9,7 | 9,7 | 21,55 | 21,55 |

Tab. 2: ErstKons mittels Neubewertungsmethode mit einem Kapitalanteil von 75 %, den die M-GmbH an der T-GmbH hält, (Abwandlung 1)

---

[87] *Schildbach*, Konzernabschluß, 1994, S. 158.
[88] Vgl. *Lüdenbach/Hoffmann/Freiberg*, in *Lüdenbach/Hoffmann/Freiberg*, IFRS-Kommentar, 13. Aufl. 2015, § 31, Rz 130.
[89] Vgl. zur Diskussion *Kessler/Leinen/Strickmann*, in *Weber* u. a., 2009, S. 323 ff.

Die **ErstKons** nach der Neubewertungsmethode vollzieht sich bei Vorhandensein von Minderheitsgesellschaftern in drei Buchungsschritten.[90] Zunächst ist der Beteiligungsbuchwert (6,0 Mio. EUR) gegen das anteilige neu bewertete EK aufzurechnen (= Buchung (1)). Das anteilige EK ist zu berechnen durch die Addition des neu bewerteten EK (4,6 Mio. EUR) und zu multiplizieren mit dem Kapitalanteil, woraus sich der Wert von 3,45 Mio. EUR ergibt. Die Differenz zwischen dem Wert der Beteiligung und der Summe der anteiligen EK-Komponenten i.H.v. 6,0–3,45 = 2,55 Mio. EUR wird vorübergehend in den Konsolidierungsausgleichsposten (KonsAP) eingestellt:

148

| Datum | Konto | Soll | Haben |
|---|---|---|---|
| | Gezeichnetes Kapital | 1,5 Mio. | |
| | Rücklagen | 1,2 Mio. | |
| | Jahresüberschuss | 0,75 Mio. | |
| | KonsAP | 2,55 Mio. | |
| | Beteiligung TU | | 6,0 Mio. |

Im zweiten Schritt (= Buchung (2)) wird dieser durch die **Umbuchung in den GoF** aufgelöst:

149

| Datum | Konto | Soll | Haben |
|---|---|---|---|
| | GoF | 2,55 Mio. | |
| | KonsAP | | 2,55 Mio. |

Schließlich ist der Teil des EK, der auf die Minderheiten entfällt, in die Position **Anteile anderer Gesellschafter** einzustellen (Buchung (3)):

150

| Datum | Konto | Soll | Haben |
|---|---|---|---|
| | Gezeichnetes Kapital | 0,5 Mio. | |
| | Rücklagen | 0,4 Mio. | |
| | Jahresüberschuss | 0,25 Mio. | |
| | Anteile anderer Gesellschafter | | 1,15 Mio. |

## 6.7 Anwendungsbeispiel bei Einbeziehung einer Nicht-100-%-Tochter (passiver Unterschiedsbetrag)

In einer zweiten Abwandlung des Ausgangsbeispiels soll die Entstehung eines **passiven Unterschiedsbetrags** verdeutlicht werden. Dazu werden die Bilanzen wie folgt verändert:

151

Das MU M-GmbH erwirbt Ende t0 75 % der Anteile an der T-GmbH zu einem Preis von lediglich 2,5 Mio. EUR, da bei diesem Szenario **schlechte Zukunftsaussichten** bei dem TU angenommen werden. Bei dem bilanziell unveränderten TU T-GmbH enthält die Position Maschinen weiterhin 1,0 Mio. EUR stille Reserven. Vorausgesetzt, dass die Bedingungen des § 290 HGB erfüllt sind, und unter Ausblendung größenmäßiger Befreiungen ist von der M-GmbH ein KA aufzustellen. Im vorliegenden Beispiel waren weiterhin für beide Unt bei der Überleitung der Einzelbilanzen zu den HB II keine Anpassungsbuchungen notwendig.

152

Obwohl der Beteiligungsbuchwert (2,5 Mio. EUR) das **anteilige neu bewertete EK** des TU (4,6 × 0,75 = 3,45 Mio. EUR) unterschreitet, sind die bei den

153

---

[90] Vgl. auch *Baetge/Heidemann/Jonas*, in *Baetge/Kirsch/Thiele*, Bilanzrecht, § 301 HGB, Rz 101 ff., Stand 8/2010.

Maschinen vorhandenen stillen Reserven (1,0 Mio. EUR) zunächst in voller Höhe aufzulösen, da es unerheblich ist, dass damit das Anschaffungswertprinzip eindeutig verletzt wird. Offensichtlich ist es dem Verkäufer der Anteile nicht einmal gelungen, den Kapitalanteil zu EK-Werten zu veräußern. Die vorhandenen stillen Reserven sind daher auch nicht mitbezahlt worden. Gleichwohl könnten sie Bestandteil des Kaufpreises gewesen sein, da ansonsten der Erwerber einen noch geringeren Betrag gezahlt hätte. Daher ist in der HB III die Tochter ebenso abzubilden, wie im Ausgangsbeispiel.

| | M-GmbH (HB II) | | T-GmbH (HB II) | | T-GmbH (HB III) | | Sum.-bil. | Konsolidierung | | Konzernbilanz | |
|---|---|---|---|---|---|---|---|---|---|---|---|
| | A | P | A | P | A | P | A/P | S | H | A | P |
| Sonst. AV | 7,0 | | 3,0 | | 3,0 | | 10,0 | | | 10,0 | |
| Maschinen | | | 2,0 | | 3,0 | | 3,0 | | | 3,0 | |
| Bet. TU | 2,5 | | | | | | 2,5 | | (1) 2,5 | | |
| UV | 4,0 | | 2,0 | | 2,0 | | 6,0 | | | 6,0 | |
| KonsAP | | | | | | | | 0,95 (2) | (1) 0,95 | | |
| Gez. Kapital | | 4,0 | | 2,0 | | 2,0 | 6,0 | 1,5 (1) 0,5 (3) | | | 4,0 |
| Rücklagen | | 3,0 | | 1,0 | | 1,6 | 4,6 | 1,2 (1) 0,4 (3) | | | 3,0 |
| Jahresüberschuss | | 2,0 | | 1,0 | | 1,0 | 3,0 | 0,75 (1) 0,25 (3) | | | 2,0 |
| Anteile and. Ges. | | | | | | | | | 1,15 (3) | | 1,15 |
| Pass. UB | | | | | | | | | 0,95 (2) | | 0,95 |
| Pass. lat. St. | | | | | | 0,4 | 0,4 | | | | 0,4 |
| Verbindlichkeiten | | 4,5 | | 3,0 | | 3,0 | 7,5 | | | | 7,5 |
| Summe | 13,5 | 13,5 | 7,0 | 7,0 | 8,0 | 8,0 | 21,5 | 5,55 | 5,55 | 19,0 | 19,0 |

Tab. 3: ErstKons mittels Neubewertungsmethode mit einem Kapitalanteil von 75 %, den die M-GmbH an der T-GmbH hält (Abwandlung 2)

154 Im **ersten Konsolidierungsbuchungsschritt** (= Buchung (1)) ist der Beteiligungsbuchwert (2,5 Mio. EUR) gegen das anteilige neu bewertete EK (3,45 Mio. EUR) aufzurechnen. Die Differenz zwischen dem Wert der Beteiligung und der Summe der anteiligen EK-Komponenten i. H. v. 2,5–3,45 = –0,95 Mio. EUR wird vorübergehend in den Konsolidierungsausgleichsposten (KonsAP) eingestellt:

| Datum | Konto | Soll | Haben |
|---|---|---|---|
| | Gezeichnetes Kapital | 1,5 Mio. | |
| | Rücklagen | 1,2 Mio. | |
| | Jahresüberschuss | 0,75 Mio. | |
| | Beteiligung TU | | 2,5 Mio. |
| | KonsAP | | 0,95 Mio. |

Im zweiten Schritt (= Buchung (2)) wird dieser durch die Umbuchung in den **155**
passiven **Unterschiedsbetrag aus KapKons** aufgelöst:

| Datum | Konto | Soll | Haben |
|---|---|---|---|
| | KonsAP | 0,95 Mio. | |
| | Passiver Unterschiedsbetrag aus KapKons | | 0,95 Mio. |

Schließlich ist der Teil des EK, der auf die Minderheiten entfällt, mit einer **156**
identischen Buchung wie im Ausgangsbeispiel in die Position **Anteile anderer
Gesellschafter** einzustellen (Buchung (3)):

| Datum | Konto | Soll | Haben |
|---|---|---|---|
| | Gezeichnetes Kapital | 0,5 Mio. | |
| | Rücklagen | 0,4 Mio. | |
| | Jahresüberschuss | 0,25 Mio. | |
| | Anteile anderer Gesellschafter | | 1,15 Mio. |

Bei dem passiven Unterschiedsbetrag ist zu prüfen und nach E-DRS 30.134 zu **157**
dokumentieren, ob er eher **EK- oder FK-Charakter** besitzt oder als technischer
Unterschiedsbetrag zu verstehen ist. Der Ausweis muss bis auf wenige Ausnahmen beim technischen Unterschiedsbetrag (Rz 114) in der Konzernbilanz in jedem Fall zwischen EK und FK erfolgen, zudem sind Anhangangaben notwendig, damit der Charakter der Position von den Adressaten eingeschätzt werden kann (Rz 117f.). Im Fall negativer Zukunftsaussichten liegt ein *badwill* vor, der eine gedankliche Zuordnung des Postens vom Adressaten zum FK bedingt. Im Ergebnis wird somit zwar das aus betriebswirtschaftlicher Sicht überhöht ausgewiesene EK des TU bei der KapKons unkorrigiert übernommen, doch erfolgt durch den passiven Unterschiedsbetrag aus KapKons in der Konzernbilanz der Hinweis darauf, dass die übernommenen und ausgewiesenen VG in Summe weniger wert sein dürften, als die Einzelbewertung suggeriert. Eine solche Konstellation dürfte jedoch in der Praxis höchst selten anzutreffen sein, da unter diesen Bedingungen i.d.R. bereits im JA des TU Abschreibungen auf die VG hätten vorgenommen werden müssen. Bilanzrechtlich vereinbar ist die Entstehung eines passiven Unterschiedsbetrags in größerem Umfang nur, wenn unterschiedliche Einschätzungen der Zukunft vorliegen, wobei das Management des TU deutlich bessere Zukunftserwartungen haben muss als der Erwerber und letztlich auch der Verkäufer, da dieser ansonsten wohl kaum zu dem geringen Preis verkauft hätte. Nach IFRS wird aufgrund der Zuordnungsproblematik verlangt, dass in dem Fall, in dem ein negativer *goodwill* auftritt, die Bewertung der Vermögenswerte und Schulden ausdrücklich erneut zu überprüfen und ggf. anzupassen ist, wobei ein *badwill* erfasst werden soll, und der dann verbleibende Betrag, der eigentlich nur noch EK-Charakter haben kann, auch direkt erfolgswirksam zu vereinnahmen ist.

Gleichwohl eröffnet die Neubewertungsmethode ohne Beachtung der Anschaf- **158**
fungskostenrestriktion enorme **Einschätzungsspielräume** bei der Identifikation und Auflösung stiller Reserven, da die Kontrolle der Bewertung durch den Markt nicht mehr gegeben ist. Insbesondere beim SAV, wo Marktpreise für die einzelnen VG oft nur unter strengen Prämissen abgeleitet werden können, erscheint die Befürchtung überhöhter Bewertungen nicht unbegründet. Dies galt jedoch auch bisher schon, wenn damit etwa die ausgewiesene Höhe eines GoF minimiert werden sollte.

## 7 Folgekonsolidierung

### 7.1 Grundsätzliche Vorgehensweise

159 Im Rahmen der **FolgeKons** werden die Bilanzansatz- und Bewertungskorrekturen sowie der GoF bzw. der passive Unterschiedsbetrag aus der ErstKons weiterverrechnet, d. h., die vom TU übernommenen VG, Schulden, RAP und Sonderposten werden mit ihren neuen Werten aus der KapKons fortgeführt.[91] Die zugeordneten Beträge sind dabei analog zu den betreffenden Positionen fortzuführen, abzuschreiben oder aufzulösen, woraus sich die Erfolgswirksamkeit ergibt. Dabei gilt, dass die aufgelösten **stillen Reserven** oder Lasten das Schicksal der Position teilen, der sie zugeordnet worden sind.[92] Wird etwa im AV eine planmäßige lineare Abschreibung über eine bestimmte Nutzungsdauer vorgenommen, so wird auch die aufgelöste stille Reserve gleichmäßig über die verbleibende Nutzungsdauer verteilt und aus Konzernsicht als erhöhte Abschreibungen in der Konzern-GuV verrechnet. Findet keine planmäßige Abschreibung statt, wie etwa bei Vorräten, Forderungen, Finanzanlagen oder Grundstücken, so mindert die stille Reserve im Realisationszeitpunkt den im JA des TU ausgewiesenen Gewinn aus dem Abgang des Gegenstands. Umgekehrt mindert eine im Konzern erfasste stille Last etwa bei RST oder Forderungen für den Fall des Eintritts des Schadensereignisses die im JA der Tochter ausgewiesenen Verluste. Die Aufdeckungen bedingen daher eine ergänzende Fortschreibungsrechnung zu den Daten der JA, da eine andere Verteilung auf die Perioden erfolgt.

160 Besteht ein **Abschreibungswahlrecht**, so kann es im KA unabhängig von seiner Ausübung in den JA der in den KA einbezogenen Unt ausgeübt werden (vgl. § 308 Abs. 1 Satz 2 HGB). Technisch werden die Buchwertabschreibung im JA des TU und die Abschreibung des Korrekturbetrags in einer Ergänzungsrechnung nach dem gleichen Verfahren durchgeführt.

161 Auch die Behandlung des **GoF** bzw. des passiven Unterschiedsbetrags aus der KapKons hat in den Folgeperioden erfolgswirksame Konsequenzen. Bezogen auf den passiven Unterschiedsbetrag stellt sich die Erfolgswirksamkeit erst dann ein, wenn diese Position gem. § 309 Abs. 2 HGB aufgelöst wird, wobei DRS 4.41/E-DRS 30.109 ff. Anwendungshinweise liefert. Bei der FolgeKons ist zudem zu berücksichtigen, dass die Verrechnung des Beteiligungsbuchwerts mit dem anteiligen EK des TU nicht jährlich, sondern einmalig geschieht. Während die erworbenen Rücklagen im Rahmen der Kons. verrechnet werden, sind die in den Folgejahren neu erwirtschafteten Rücklagen in der Konzernbilanz als andere Gewinnrücklagen auszuweisen, soweit sie nicht anderen Gesellschaftern zustehen und deshalb den Ausgleichsposten für die Anteile anderer Gesellschafter erhöhen. Ein beim TU in den jeweiligen Folgejahren erwirtschafteter Jahresüberschuss bzw. -fehlbetrag, der die Gewinnrücklagen verändert, ist im Konzern nach Berücksichtigung von Aufwendungen und Erträgen, die im Zusammenhang mit der Fortschreibung stiller Reserven und Lasten sowie Abschreibungen auf den GoF stehen, zu berücksichtigen.

---

[91] Vgl. z. B. *Baetge/Klaholz/Jonas*, in *Baetge/Kirsch/Thiele*, Bilanzrecht, § 301 HGB, Rz 241 ff., Stand 8/2010; *Busse v. Colbe*, in MünchKomm HGB, 3. Aufl., § 301 Rn 98 ff.
[92] Vgl. z. B. E-DRS 30.103 und *Oser/Wirth*, in *Küting/Pfitzer/Weber*, Das neue deutsche Bilanzrecht, 2009, S. 445.

## 7.2 Anwendungsbeispiel bei Nicht-100-%-Tochter (GoF)

Erst mithilfe der **FolgeKons** wird deutlich, warum die Erwerbsmethode als Methode der erfolgswirksamen ErstKons bezeichnet wird. Es wird auf die Ausgangsdaten der BeispielUnt M-GmbH und T-GmbH zurückgegriffen und sowohl für die Buchwertmethode als auch für die Neubewertungsmethode die FolgeKons für den Fall vorgenommen, dass Minderheitsgesellschafter an dem TU zu 25 % beteiligt sind. Folgende zusätzlichen Informationen und Prämissen sind bei der FolgeKons zu berücksichtigen:

- Das MU M-GmbH schüttet den Jahresüberschuss des Jahrs t0 in voller Höhe aus und erwirtschaftet im nächsten Jahr einen Jahresüberschuss in gleicher Höhe.
- Das TU T-GmbH stellt den Jahresüberschuss des Jahrs t0 komplett in die Rücklagen ein und erwirtschaftet im nächsten Jahr einen Jahresüberschuss i. H. v. 0,8 Mio. EUR, der zur Erhöhung des UV führt.
- Das jeweilige AV wird von beiden Unt durch Reinvestitionen konstant gehalten.
- Ein sich bei der KapKons ergebender GoF wird linear über fünf Jahre abgeschrieben.
- Die Maschinen, bei denen die stillen Reserven aufgedeckt wurden, werden ausgehend vom Restbuchwert t0 ebenfalls linear über fünf Jahre abgeschrieben.

Somit haben die Bilanzen zum 31.12.t1 folgendes Aussehen:

| Bilanz der M-GmbH zum 31.12.t1 in Mio. EUR | | | |
|---|---|---|---|
| Sonstiges AV | 7,0 | Grundkapital | 4,0 |
| Beteiligung TU | 6,0 | Rücklagen | 3,0 |
| UV | 4,0 | Jahresüberschuss | 2,0 |
| | | Sonstige Verbindlichkeiten | 8,0 |
| | 17,0 | | 17,0 |

| Bilanz der T-GmbH zum 31.12.t1 in Mio. EUR | | | |
|---|---|---|---|
| Sonstiges AV | 3,0 | Grundkapital | 2,0 |
| Maschinen | 2,0 | Rücklagen | 2,0 |
| UV | 2,8 | Jahresüberschuss | 0,8 |
| | | Sonstige Verbindlichkeiten | 3,0 |
| | 7,8 | | 7,8 |

Tab. 4: Bilanzen der BeispielUnt M-GmbH und T-GmbH

Die FolgeKons soll zunächst mithilfe der Neubewertungsmethode angeknüpft an Abwandlung 1 (Vorhandensein von Minderheitsgesellschaftern) am Zahlenbeispiel demonstriert werden (Rz 147). Somit beträgt der Kapitalanteil, den das MU an dem TU hält, 75 %.

Jede FolgeKons beginnt mit der **Wiederholung der ErstKons** mit den dabei verwandten Werten. Dies ist notwendig, weil die Konzernbilanzierung in Deutschland in aller Regel nicht in dem geschlossenen System der doppelten

Buchhaltung stattfindet, sondern ausgehend von den einzelnen Abschlüssen zu jedem Erstellungszeitpunkt erneut durchgeführt werden muss. So ist etwa die Erhöhung von Wertansätzen bei VG durch die Auflösung von stillen Reserven im Rahmen der Kons. in der Bilanz des TU nicht durchgeführt worden. Hier muss mit den alten Wertansätzen weitergearbeitet werden. Daher sind vor der Kapitalaufrechnung wie bei der ErstKons die stillen Reserven/Lasten mit den ehemals verwandten Werten aufzudecken und in der HB III zu erfassen. Analog zur ErstKons folgen drei Buchungsschritte: Zunächst ist der damalige Beteiligungsbuchwert (6,0 Mio. EUR) gegen das damalige anteilige neu bewertete EK aufzurechnen. Das damalige anteilige EK hatte einen Wert von 3,45 Mio. EUR, der jetzt in t1 in den Positionen „Gezeichnetes Kapital" und „Rücklagen" ausgewiesen ist. Die Differenz zwischen dem Wert der Beteiligung und der Summe der anteiligen EK-Komponenten i. H. v. 6,0 Mio. EUR – 3,45 Mio. EUR = 2,55 Mio. EUR wird wiederum vorübergehend in den Konsolidierungsausgleichsposten (KonsAP) eingestellt (= Buchung (1)):

| Datum | Konto | Soll | Haben |
|---|---|---|---|
| | Gezeichnetes Kapital | 1,5 Mio. | |
| | Rücklagen | 1,2 Mio. | |
| | Rücklagen (bei ErstKons: Jahresüberschuss t0) | 0,75 Mio. | |
| | KonsAP | 2,55 Mio. | |
| | Beteiligung TU | | 6,0 Mio. |

166 Im zweiten Schritt (= Buchung (2)) wird der Konsolidierungsausgleichsposten (KonsAP) durch die Umbuchung in den **GoF** aufgelöst:

| Datum | Konto | Soll | Haben |
|---|---|---|---|
| | GoF | 2,55 Mio. | |
| | KonsAP | | 2,55 Mio. |

167 Schließlich ist der Teil des EK zum Zeitpunkt t0, der auf die Minderheiten entfällt, in die Position **Anteile anderer Gesellschafter** einzustellen (Buchung (3)):

| Datum | Konto | Soll | Haben |
|---|---|---|---|
| | Gezeichnetes Kapital | 0,5 Mio. | |
| | Rücklagen | 0,4 Mio. | |
| | Rücklagen (bei ErstKons: Jahresüberschuss t0) | 0,25 Mio. | |
| | Anteile anderer Gesellschafter | | 1,15 Mio. |

168 Im nächsten Schritt sind die in der Folgeperiode einerseits entstandenen neuen Werte in Form von Eigenkapitalerhöhungen und andererseits von notwendigen **Abschreibungen** auf die aufgedeckten stillen Reserven sowie den GoF zu berücksichtigen.[93] Da der GoF den Differenzbetrag zwischen dem vom MU gezahlten Beteiligungsbuchwert und dem auf das MU entfallenden Teil des EK

---

[93] Vgl. z. B. *Bieg/Kußmaul/Petersen/Waschbusch/Zwirner*, Bilanzrechtsmodernisierungsgesetz, 2009, S. 285 f.

darstellt, sind die Abschreibungen des GoF i.H.v. 2,55 Mio. EUR/5 Jahre = 0,51 Mio. EUR erfolgswirksam gegen den Jahresüberschuss zu buchen. Zudem sind auf die in voller Höhe aufgelösten stillen Reserven Abschreibungen vorzunehmen. Der gesamte Abschreibungsbetrag i.H.v. 1,0 Mio. EUR/5 Jahre = 0,20 Mio. EUR ist ebenfalls zunächst im Jahresergebnis zu verrechnen. Konzeptionell kann diese Berücksichtigung der Abschreibungen der aufgedeckten stillen Reserven aber auch bereits bei der Aufstellung der HB III im Rahmen der FolgeKons erfolgen, was insb. bei Vorhandensein anderer Gesellschafter in der Kons. Buchungen erspart.[94] Allerdings ist bei folgenden Kons. stets zwischen der Abschreibungsverrechnung mit den Rücklagen und dem Jahresergebnis des TU zu unterscheiden (Rz 195 ff.). Die die Abschreibungen betreffende Konsolidierungsbuchung sieht folgendermaßen aus (= Buchung (4)):

| Datum | Konto | Soll | Haben |
|---|---|---|---|
| | Jahresüberschuss | 0,71 Mio. | |
| | Maschinen | | 0,20 Mio. |
| | GoF | | 0,51 Mio. |

Da im Rahmen der Auflösung der stillen Reserven **passive latente Steuern** berücksichtigt wurden, sind diese zudem analog zur Minderung des Unterschieds ergebniserhöhend aufzulösen.[95] Im konkreten Fall sind 0,08 Mio. EUR als Ertrag in das Jahresergebnis zu buchen (= Buchung (5)). 169

| Datum | Konto | Soll | Haben |
|---|---|---|---|
| | Passive latente Steuern | 0,08 Mio. | |
| | Jahresüberschuss | | 0,08 Mio. |

Die Kons. schließt mit dem Ausweis des **Ergebnisanteils** der Anteile anderer Gesellschafter ab. Der zu verteilende Jahresüberschuss der Periode t1 beträgt lt. Ausweis im JA des TU 0,8 Mio. EUR. Allerdings sind hiervon noch die den Minderheitsanteilseignern zuzurechnenden Abschreibungen sowie die aufzulösenden latenten Steuern auf Konzernebene zu korrigieren. Diese betragen saldiert 0,12 Mio. EUR, sodass netto 0,68 Mio. EUR zu verteilen sind. Davon stehen den Minderheitsanteilseignern 25 % und somit 0,17 Mio. EUR zu, sodass der 6. Buchungssatz wie folgt aussieht: 170

| Datum | Konto | Soll | Haben |
|---|---|---|---|
| | Jahresüberschuss | 0,17 Mio. | |
| | Anteile anderer Gesellschafter | | 0,17 Mio. |

---

94 Vgl. z.B. *Baetge/Klaholz*, in *Baetge/Kirsch/Thiele, Bilanzrecht*, § 301 HGB, Rz 280, Stand 8/2010.
95 Vgl. z.B. *Oser/Wirth*, in *Küting/Pfitzer/Weber*, Das neue deutsche Bilanzrecht, 2009, S. 446.

171  Insgesamt ergibt sich folgendes Bild:

| | M-GmbH (HB II) | | T-GmbH (HB II) | | T-GmbH (HB III) | | Sum.-bil. | Konsolidierung | | Konzernbilanz | |
|---|---|---|---|---|---|---|---|---|---|---|---|
| | A | P | A | P | A | P | A/P | S | H | A | P |
| GoF | | | | | | | | 2,55 (2) | (4) 0,51 | 2,04 | |
| Sonst. AV | 7,0 | | 3,0 | | 3,0 | | 10,0 | | | 10,00 | |
| Maschinen | | | 2,0 | | 3,0 | | 3,0 | | (4) 0,2 | 2,80 | |
| Bet. TU | 6,0 | | | | | | 6,0 | | (1) 6,0 | | |
| UV | 4,0 | | 2,8 | | 2,8 | | 6,8 | | | 6,80 | |
| KonsAP | | | | | | | | 2,55 (1) | (2) 2,55 | | |
| Gez. Kapital | | 4,0 | | 2,0 | | 2,0 | 6,0 | 1,5 (1) 0,5 (3) | | | 4,00 |
| Rücklagen | | 3,0 | | 2,0 | | 2,6 | 5,6 | 1,95 (1) 0,65 (3) | | | 3,00 |
| Jahresüberschuss | | 2,0 | | 0,8 | | 0,8 | 2,8 | 0,71 (4) 0,17 (6) | (5) 0,08 | | 2,00 |
| Anteile and. Ges. | | | | | | | | | (3) 1,15 (6) 0,17 | | 1,32 |
| Pass. lat. St. | | | | | | 0,4 | 0,4 | 0,08 (5) | | | 0,32 |
| Verbindlichkeiten | | 8,0 | | 3,0 | | 3,0 | 11,0 | | | | 11,00 |
| Summe | 17,0 | 17,0 | 7,8 | 7,8 | 8,8 | 8,8 | 25,8 | 10,66 | 10,66 | 21,84 | 21,64 |

Tab. 5: FolgeKons mittels Neubewertungsmethode bei einem Anteilsbesitz von weniger als 100 % (hier 75 %) (Abwandlung 1 zum 31.12.t1)

172  Denkbar ist auch, den 4. Buchungsschritt direkt aufzuspalten in den Abschreibungsanteil, der auf die Eigentümer des MU, und denjenigen, der auf die Minderheitenanteile entfällt. Letzteren würden in einem separaten Buchungsschritt die auf sie entfallenden Abschreibungsbeträge direkt in der Position Anteile anderer Gesellschafter zugerechnet werden. Dadurch entfiele bei dem 6. Buchungssatz die genauere Betrachtung des zu verteilenden Jahresüberschusses. Allerdings gelingt der Ausweis des Gewinnanteils der anderen Gesellschafter dann erst bei einer genaueren Betrachtung, was insb. in den folgenden Jahren zu Nachteilen führt, in denen alle Schritte der Vorjahre zu wiederholen sind. Die zunehmend umfangreicheren Buchungen verdeutlichen die Notwendigkeit, die einzelnen Kons. stets sorgfältig zu dokumentieren und die Konzernabschlusserstellung mit geeigneten **EDV-gestützten Konsolidierungsprogrammen** abzuwickeln.[96]

173  Auch wird in diesem Beispiel deutlich, dass der KA hinsichtlich des EK-Ausweises deutliche Informationsvorteile gegenüber dem JA aufweist. Die thesaurierten Gewinne des TU finden im JA des MU keine Berücksichtigung. Auf Konzernebene werden diese Gewinne aber, korrigiert um die notwendigen Abschreibungserhöhungen, im Konzern-EK ausgewiesen. Insbesondere bei langjährigen Verbundbeziehungen kann es daher zu einer erheblichen Abweichung des EK-Ausweises in KA und JA kommen.

---

[96] Vgl. etwa *Krimpmann*, Konsolidierung nach IFRS/HGB, 2009, S. 38 ff.

## 7.3 Anwendungsbeispiel bei Nicht-100-%-Tochter (passiver Unterschiedsbetrag)

Die **FolgeKons** im Jahr t1 soll auch am Beispiel der **Abwandlung 2** (Rz 151 ff.) verdeutlicht werden, bei der das MU bedingt durch schlechte Zukunftsaussichten bei der Tochter lediglich 2,5 Mio. EUR für den Kapitalanteil von 75 % gezahlt hat.
Da die übrigen Prämissen ebenso gelten wie im Ausgangsbeispiel, hat die Bilanz des MU zum 31.12.t1 das identische Aussehen wie zum 31.12.t0. Die Bilanz des TU ist in Tab. 4 abgebildet. Auch hier sind zunächst die drei **Buchungssätze der ErstKons zu wiederholen** (= Buchungen (1) bis (3)), wobei jedoch das Jahresergebnis von t0 in den Rücklagen enthalten ist:

| Datum | Konto | Soll | Haben |
|---|---|---|---|
| | Gezeichnetes Kapital | 1,5 Mio. | |
| | Rücklagen | 1,2 Mio. | |
| | Rücklagen (bei ErstKons: Jahresüberschuss t0) | 0,75 Mio. | |
| | Beteiligung TU | | 2,5 Mio. |
| | KonsAP | | 0,95 Mio. |

| Datum | Konto | Soll | Haben |
|---|---|---|---|
| | KonsAP | 0,95 Mio. | |
| | Passiver Unterschiedsbetrag aus KapKons | | 0,95 Mio. |

| Datum | Konto | Soll | Haben |
|---|---|---|---|
| | Gezeichnetes Kapital | 0,5 Mio. | |
| | Rücklagen | 0,4 Mio. | |
| | Rücklagen (bei ErstKons: Jahresüberschuss t0) | 0,25 Mio. | |
| | Anteile anderer Gesellschafter | | 1,15 Mio. |

Daran anschließend sind in der Folgeperiode einerseits die entstandenen neuen Werte in Form von EK-Erhöhungen und andererseits notwendige **Abschreibungen** auf die aufgedeckten stillen Reserven sowie eine eventuelle Auflösung des passiven Ausgleichspostens aus der KapKons zu berücksichtigen. Da Letzterer den Differenzbetrag zwischen dem vom MU gezahlten Beteiligungsbuchwert und dem auf das MU entfallenden Teil des EK darstellt, sind die erfolgswirksamen Auflösungen dieses Postens gegen den Jahresüberschuss zu buchen.

Im hier dargestellten Fall hatte der Erwerber **negative Zukunftsaussichten** für den Abschlag vom EK-Betrag verantwortlich gemacht. Wie sich herausstellt, sind diese negativen Erwartungen aber doch nicht eingetreten, da die T-GmbH einen Jahresüberschuss von 0,8 Mio. EUR erwirtschaftet hat. Unter der Annahme, dass die negative Erwartung in der Periode 1 damit nicht mehr besteht, hat sich aus dem *badwill* ein *lucky buy* entwickelt. Hinsichtlich der Auflösung dieses Postens gibt es Interpretationsspielräume. Gem. § 309 Abs. 2 HGB ist eine Auflösung erst dann möglich, wenn der Grund für den Abschlag eingetreten ist oder der Abschlag realisiert wurde. Letzteres trifft in diesem Beispiel nur zu, wenn eine weite Auslegung des Realisationsbegriffs zugrunde gelegt wird.[97] Der DRSC schlägt mit DRS 4.41 bzw. aktuell mit E-DRS 30.140 in diesen Situationen eine Auflösung über die durchschnittliche Restlaufzeit der erworbenen abnutzbaren VG vor,[98] was im Ergebnis eine Kaufpreisminderung bedeutet.[99] Durch den Wegfall der AK-Restriktion erscheint diese Möglichkeit betriebswirtschaftlich zutreffender zu sein, sodass sie für das Beispiel hier angewandt wird. Unter der Annahme, die durchschnittliche Nutzungsdauer der erworbenen VG beträgt fünf Jahre, ergibt sich somit der Buchungssatz (4):

| Datum | Konto | Soll | Haben |
|---|---|---|---|
| | Passiver Unterschiedsbetrag aus der Kap-Kons | 0,19 Mio. | |
| | Jahresüberschuss | | 0,19 Mio. |

178 Zudem sind auf die in voller Höhe aufgelösten stillen Reserven Abschreibungen vorzunehmen. Der gesamte **Abschreibungsbetrag** i. H. v. 1,0 Mio. EUR/5 Jahre = 0,2 Mio. EUR ist ebenfalls zunächst im Jahresergebnis zu verrechnen. Die die Abschreibungen betreffende Konsolidierungsbuchung (= Buchung (5)) lautet wie folgt:

| Datum | Konto | Soll | Haben |
|---|---|---|---|
| | Jahresüberschuss | 0,20 Mio. | |
| | Maschinen | | 0,20 Mio. |

179 Da im Rahmen der Auflösung der stillen Reserven **passive latente Steuern** berücksichtigt wurden, sind diese analog zur Minderung des Unterschiedsbetrags ergebniserhöhend aufzulösen. Im konkreten Fall sind wieder 0,08 Mio. EUR als Ertrag in das Jahresergebnis zu buchen (= Buchung (6)).

| Datum | Konto | Soll | Haben |
|---|---|---|---|
| | Passive latente Steuern | 0,08 Mio. | |
| | Jahresüberschuss | | 0,08 Mio. |

180 Die Kons. schließt mit dem Ausweis des Ergebnisanteils der **Anteile anderer Gesellschafter** ab. Der zu verteilende Jahresüberschuss der Periode t1 beträgt lt. Ausweis des JA des TU 0,8 Mio. EUR. Allerdings sind hiervon noch die den Minderheitsanteilseignern zuzurechnenden Abschreibungen auf Konzernebene zu korrigieren. Diese betragen saldiert 0,12 Mio. EUR, sodass netto 0,68 Mio. EUR zu verteilen sind. Davon stehen den Minderheitsanteilseignern 25 % und somit 0,17 Mio. EUR zu, sodass der 7. Buchungssatz wie folgt aussieht:

---

[97] Vgl. etwa *Weber/Zündorf*, in *Küting/Weber*, HdK, HGB, § 309, Rz 88.
[98] Falls das erworbene Vermögen zu einem wesentlichen Teil aus nicht abnutzbaren VG besteht, orientiert sich die Behandlung des passiven Unterschiedsbetrags am Verbrauch oder Abgang der nicht abnutzbaren VG. Der passive Unterschiedsbetrag ist somit in dem Umfang erfolgswirksam aufzulösen, in dem die nicht abnutzbaren VG außerplanmäßig abgeschrieben oder z. B. aufgrund eines Verkaufs als Abgang erfasst werden (E-DRS 30.141).
[99] Vgl. *Kahling*, in *Baetge/Kirsch/Thiele*, Bilanzrecht, § 309 HGB, Rz 73, Stand 1/2005.

| Datum | Konto | Soll | Haben |
|---|---|---|---|
| | Jahresüberschuss | 0,17 Mio. | |
| | Anteile anderer Gesellschafter | | 0,17 Mio. |

Nach allen Buchungen ergibt sich folgendes Bild:

| | M-GmbH (HB II) | | T-GmbH (HB II) | | T-GmbH (HB III) | | Sum.-bil. | Konsolidierung | | Konzernbilanz | |
|---|---|---|---|---|---|---|---|---|---|---|---|
| | A | P | A | P | A | P | A/P | S | H | A | P |
| Sonst. AV | 7,0 | | 3,0 | | 3,0 | | 10,0 | | | 10,0 | |
| Maschinen | | | 2,0 | | 3,0 | | 3,0 | | (5) 0,20 | 2,8 | |
| Bet. TU | 2,5 | | | | | | 2,5 | | (1) 2,5 | | |
| UV | 4,0 | | 2,8 | | 2,8 | | 6,8 | | | 6,8 | |
| KonsAP | | | | | | | | 0,95 (2) | (1) 0,95 | | |
| Gez. Kapital | | 4,0 | | 2,0 | | 2,0 | 6,0 | 1,5 (1) 0,5 (3) | | | 4,0 |
| Rücklagen | | 3,0 | | 2,0 | | 2,6 | 5,6 | 1,95 (1) 0,65 (3) | | | 3,0 |
| Jahresüberschuss | | 2,0 | | 0,8 | | 0,8 | 2,8 | 0,20 (5) 0,17 (7) | (4) 0,19 (6) 0,08 | | 2,7 |
| Anteile and. Ges. | | | | | | | | | (3) 1,15 (7) 0,17 | | 1,32 |
| Pass. UB | | | | | | | | 0,19 (4) | (2) 0,95 | | 0,76 |
| Pass. lat. St. | | | | | | 0,4 | 0,4 | 0,08 (6) | | | 0,32 |
| Verbindlichkeiten | | 4,5 | | 3,0 | | 3,0 | 7,5 | | | | 7,5 |
| Summe | 13,5 | 13,5 | 7,8 | 7,8 | 8,8 | 8,8 | 22,3 | 6,19 | 6,19 | 19,6 | 19,6 |

Tab. 6: FolgeKons mittels Neubewertungsmethode mit einem Kapitalanteil von 75 %, den die M-GmbH an der T-GmbH hält (Abwandlung 2 zum 31.12.t1)

Bei dieser Abwandlung besteht somit ein erheblich **größerer Einschätzungsspielraum** hinsichtlich der Interpretation des passiven Unterschiedsbetrags aus der KapKons, wobei die Behandlungsmöglichkeiten von einer vollständigen Auflösung, bei Begründung, dass die negative Zukunftserwartung eingetreten ist, bis zur Nichtauflösung mit Verweis auf die nicht erfolgte Realisation reichen. Allerdings ist eine solche Konstellation in der Praxis im Vergleich zum GoF-Ausweis deutlich seltener anzutreffen.

## 8 Sonderfragen der Kapitalkonsolidierung

Im prinzipienorientierten HGB sind viele Fragen im Bereich der KapKons nicht explizit geregelt, wie etwa
- der Erwerb weiterer Anteile an bereits vollkonsolidierten TU und Anteilsveräußerungen an weiterhin zu konsolidierenden TU zu behandeln ist,
- mit Änderungen des Beteiligungsbuchwerts ohne den Kapitalanteil im JA des MU umzugehen ist,
- eine Beendigung eines Mutter-Tochter-Verhältnisses, d. h. die Entnahme des TU aus dem KonsKreis, zu behandeln ist,

- eine ÜbergangsKons im Fall der Änderung der Einbeziehungsart in den KA vorzunehmen ist oder
- eine Kons. in mehrstufigen Konzernen zu erfolgen hat.

Allerdings liegt mit E-DRS 30 inzwischen ein Standardentwurf vor, das weit über den bisherigen DRS 4 hinausgeht und für viele dieser Sachverhalte Empfehlungen gibt.

### 8.1 Veränderung des Kapitalanteils ohne Änderung des Status als Tochterunternehmen

184 **Kapitalerhöhungen beim TU** sind für den Fall, dass alle Gesellschafter in gleicher Höhe beteiligt sind und es somit nicht zu einer Verschiebung der Eigentumsverhältnisse kommt, für die KapKons unerheblich (E-DRS 30.161). Es ist lediglich darauf zu achten, dass der Buchwert der Beteiligung am TU in der Bilanz des MU in gleicher Höhe steigt wie das anteilige EK der TU. Ein sich dennoch ergebender Unterschiedsbetrag ist im Falle einer Kapitalerhöhung gegen Bareinlage regelmäßig auf Anschaffungsnebenkosten zurückzuführen, die aufwandswirksam wie Rechts- und Beratungskosten zu erfassen sind. Eine sich im Rahmen einer Sachkapitalerhöhung ggf. aufgrund der unterschiedlichen Bewertungsnotwendigkeiten der beim TU bilanzierten eingebrachten VG zum ehemaligen Buchwert der hingegebenen VG beim MU ist im Rahmen der Zwischenergebniseliminierung zu verrechnen.[100]

Dies gilt in analoger Weise auch für Kapitalausschüttungen oder Kapitalherabsetzungen. Kommt es aber durch diese Maßnahmen zu einer Veränderung des Kapitalanteils, so liegt entweder eine Auf- oder Abstockung des Anteils am TU ohne Auswirkungen auf die Beherrschungsmöglichkeit oder eine ErstKons oder EntKons (Erhöhung oder Verringerung des Anteils mit Entstehung oder Verlust der Beherrschungsmöglichkeit) vor.

185 Kommt es aber durch diese Maßnahmen zu einer **Veränderung des Kapitalanteils**, beeinflusst dies entweder den Status als KonzernUnt (z. B. wird aus einem ass. Unt durch die Erlangung der Beherrschungsmöglichkeit eine TU) oder der Status bleibt unverändert (z. B. statt 75 % der Anteile werden anschließend 95 % der Anteile gehalten), was lediglich Fragen der Verrechnung entstehender Unterschiedsbeträge auslöst. Im ersten Fall liegt dagegen entweder ein sukzessiver Beteiligungserwerb (Erhöhung des Anteils) oder eine EntKons (Verringerung des Anteils) vor.

186 Bei **erstmaliger Einbeziehung** ist nach § 301 Abs. 2. Satz 1 HGB wie nach IFRS der Zeitpunkt maßgeblich, zu dem das Unt TU geworden ist (Rz 75 ff.).[101] Für diesen sukzessiven Erwerb ist somit der Zeitpunkt des Statuswechsels relevant. Für den Fall, dass erstmals überhaupt ein KA aufgestellt oder das TU nach Nutzung eines Einbeziehungswahlrechts gem. § 296 HGB erstmals in den KA einbezogen wird, besteht ein Wahlrecht: Wertansätze zum Zeitpunkt der erstmaligen Einbeziehung oder aber zum Zeitpunkt, zu dem das Unt TU geworden ist – also ohne Neubewertung bei erstmaliger Einbeziehung, soweit die hierzu erforderlichen Informationen vorliegen. Letzteres kann bspw. bei einem zuvor freiwillig erstellten KA der Fall sein (E-DRS 30.15) (zur Klarstellung mit dem

---

[100] Vgl. E-DRS 30.161.
[101] Vgl. z.B. *Oser/Reichart/Wirth*, in *Küting/Pfitzer/Weber*, Das neue deutsche Bilanzrecht, 2009, S. 423.

BilRUG Rz 229). Eine tranchenweise Konsolidierung bei sukzessivem Anteilserwerb kommt grundsätzlich nicht in Betracht. Auch E-DRS 30.9 hält eine tranchenweise KapKons unter Zugrundelegung der Wertverhältnisse der einzelnen (historischen) Erwerbsschritte für nicht zulässig. Besonderheiten ergeben sich allerdings in den Fällen, in denen bisher die QuotenKons oder die at equity-Methode angewendet wurde und jetzt eine ÜbergangsKons erforderlich ist (E-DRS 30.9) (Rz 214 ff.).

Anders als in den **IFRS**[102] findet nach Meinung des DRSC anlässlich des Erwerbs der Anteilstranche, durch die das Mutter-Tochter-Verhältnis begründet wird, **kein Tauschvorgang** bezogen auf die zu diesem Zeitpunkt bereits bestehenden Anteilstranchen statt, so dass eine Neubewertung bereits vorhandener Anteile (Alterwerbe) zum beizulegenden Zeitwert ausgeschlossen ist. Somit berechnen sich die im Rahmen der VollKons zu verrechnenden Anteile grundsätzlich nach den Anschaffungskosten der Anteile gem. § 255 Abs. 1 HGB i. V. m. § 253 Abs. 1 Satz 1 HGB in allen Konzernunternehmen (E-DRS 30.22).   187

Bei der **Erhöhung des Kapitalanteils bei einem bereits vollkonsolidierten Tochterunternehmen** durch den Erwerb von Dritten kommt es zu einer Verschiebung zwischen den Eigentumsverhältnissen der Anteilseigner des Mutterunternehmens und der anderen Gesellschafter. Für die konzernbilanzielle Abbildung von **Zukäufen** an bereits vollkonsolidierten Tochterunternehmen werden zwei Varianten in Abhängigkeit der zugrunde gelegten Konzerntheorie diskutiert und nun auch im E-DRS 30.166 alternativ zugelassen:[103] die **Abb. als Erwerbsvorgang i. S. d. Interessentheorie**[104] (so bereits DRS 4) als auch neu das nach IFRS verlangte Vorgehen der **Abb. als Transaktion zwischen den Gesellschaftergruppen**[105] (Kapitalvorgang). Die gewählte Variante ist im Konzernabschluss einheitlich für alle Aufstockungsfälle – und ggf. auch Abstockungsfälle – sowie zeitlich und sachlich stetig anzuwenden (E-DRS 30.166).   188

- Nach überwiegender Meinung der handelsrechtlichen Literatur und auch nach DRS 4.26 sowie weiterhin nach E-DRS 30.167 als eine mögliche Alternative ist in einem solchen Fall der hinzuerworbene Anteil separat von dem bisherigen Anteil erst zu konsolidieren.[106] Für die hinzuerworbene Tranche ist somit eine eigenständige Kapitalaufrechnung vorzunehmen (**Abb. als Erwerbsvorgang i. S. d. Interessentheorie**). Diese tranchenweise Konsolidierung ist grundsätzlich abzulehnen, da sie nicht mit dem Gesetzestext vereinbar ist (so auch E-DRS 30.B45 und E-DRS 30.9). Es kommt dabei zu einer anteiligen Aufdeckung der stillen Reserven und stillen Lasten der neu bewerteten VG und   189

---

[102] Wird die Beherrschung nach IFRS sukzessive erworben, bleibt der Bewertungs- und Einbeziehungsstichtag der Tag, an dem die Beherrschungsmöglichkeit erlangt wurde. Letztlich wird der Anteil an einem assoziierten oder sonstigen nicht einbezogenen Unt erhöht, sodass dieses neue TU bereits vorher in der Konzernbilanz bereits mit einem Wert enthalten war, z. B. erfolgsneutral zum Fair Value als available for sale asset. Diese Altanteile werden dann nach IFRS 3.42 i. V. m. 32a zum Fair Value bewertet dem Kaufpreis der Neuanteile zugeschlagen, es wird somit ein Neukauf der Altanteile fingiert. Die Differenz zwischen Buchwert und Fair Value führt zu einem Erfolg in der GuV.
[103] Vgl. *Leinen*, in *Kessler/Leinen/Strickmann (Hrsg.)*, Leitfaden BilMoG, 2009, S. 605.
[104] Vgl. DRS 4.26; ADS, 6. Aufl., § 301 HGB, Rz 176; *Baetge/Klaholz/Jonas*, in *Baetge/Kirsch/Thiele*, Bilanzrecht, § 301 HGB, Rz 299, Stand 8/2010.
[105] Vgl. *Dusemond/Weber/Zündorf*, in *Küting/Weber*, HdK, HGB § 301, Rn 196 ff.
[106] Vgl. *Baetge/Klaholz/Jonas*, in *Baetge/Kirsch/Thiele* Bilanzrecht, § 301 HGB, Rz 297 ff., Stand 8/2010; *Herrmann*, Die Änderung von Beteiligungsverhältnissen im Konzernabschluß, 1994, S. 121–123.

Schulden i. H. d. Zuerwerbs, zu einem Vergleich zwischen den AK des MU und dem hinzuerworbenen anteiligen EK des TU sowie zur Aktivierung eines GoF bzw. der Passivierung eines Unterschiedsbetrages aus KapKons. Damit sind die stillen Reserven nur beteiligungsproportional aufzulösen, was im Ergebnis eher der Buchwertmethode nach § 301 Abs. 1 HGB entspricht, zumal auch konsolidierungstechnisch eine fortgeschriebene Neubewertungsbilanz schwierig darzustellen ist.[107] Abschließend ist der überschießende Betrag als GoF zu aktivieren bzw. als Unterschiedsbetrag aus der KapKons zu passivieren und in der Folge gesondert erfolgswirksam abzuschreiben bzw. in Abhängigkeit des Charakters des passiven Unterschiedsbetrags aufzulösen.

- Problem ist jedoch, dass der KA auch nach HGB primär nach der **Einheitstheorie** zu erstellen ist, wonach das Ziel der Konzernbilanzierung eine Darstellung des Konzerns als ein JA eines fiktiven rechtlich einheitlichen Unt ist (§ 297 Abs. 2 HGB). Wird dies unterstellt, muss es für die Darstellung der VG und Schulden unerheblich sein, ob auf der Gesellschafterebene, d. h. die Minderheitsgesellschafter verkaufen Anteile an die Gesellschafter des MU, zu einem Wechsel von in der Höhe insgesamt unveränderten Anteilen kommt. Daher wird es nach E-DRS 30.170 auch als zulässig angesehen, bzw. es wäre sogar mit Blick auf die Annäherung an die IFRS auch zunehmend stärker zu fordern,[108] den Unterschied zwischen dem Kaufpreis für die zusätzlichen Anteile und dem mit ihm korrespondierenden Buchvermögen des TU ohne erneute Kons. erfolgsneutral mit dem EK zu verrechnen (**Abb. als Transaktion zwischen den Gesellschaftergruppen**).[109] Bei einer derartigen Interpretation als Kapitalvorgang sind die VG und Schulden daher nicht neu zu bewerten. Vielmehr sind die AK der weiteren Anteile mit dem hierauf entfallenden Anteil anderer Gesellschafter am EK zum Zeitpunkt des Erwerbs dieser Anteile zu verrechnen. Diese Vorgehensweise erscheint für die Erreichung der Ziele der Konzernbilanzierung deutlich zweckmäßiger und wird auch nach den IFRS gefordert. Theoretisch noch überzeugender ist die Behandlung als Transaktion unter Anteilseignern bei Anwendung der *full-goodwill*-Methode,[110] da dann das Problem des letztlich nur anteilig ausgewiesenen GoF relativiert wird und die erfolgsneutrale Verrechnung deutlich geringer ausfällt. Wurde dagegen wie nach HGB – mangels einer vergleichbaren Möglichkeit – den nicht beherrschten Anteilen kein Anteil vom GoF zugerechnet, so muss der erst beim Erwerb der 25 %-Tranche gezahlte GoF letztlich erfolgsneutral gegen die Rücklagen gerechnet werden (E-DRS 30.170).[111] Die Transaktionskosten werden vom DRSC im Rahmen dieser Regelung nicht explizit behandelt. Nach E-DRS 30.161 sind die Anschaffungsnebenkosten jedoch aufwandswirksam wie Rechts- und Beratungskosten zu erfassen, was hier auch sinnvoll erscheint.[112]

---

[107] Vgl. *Förschle/Deubert*, in Beck'scher Bilanz-Kommentar, 9. Aufl., 2014, § 301 HGB, Rz 218; *Hoffmann/Lüdenbach*, NWB-Kommentar Bilanzierung, 6. Aufl., 2014, § 301, Rz. 112.
[108] Vgl. *Förschle/Deubert*, in Beck Bil-Komm. 9. Aufl., § 301 HGB, Rz 208.
[109] Vgl. *Dusemond/Weber/Zündorf*, in *Küting/Weber*, HdK, HGB § 301, Rn 196 ff.
[110] Vgl. auch mit ausführlichem Beispiel *Müller*, in *Federmann/Kußmaul/Müller*, HdB, Beitrag Konsolidierung von Kapital und Schulden, Rz. 84 ff..
[111] Ebenso nach den IFRS, vgl. hierzu *Lüdenbach/Hoffmann/Freiberg*, in: *Lüdenbach/Hoffmann/Freiberg*, Haufe IFRS Kommentar, 13. Aufl., 2015, § 31, Rz. 156.
[112] Vgl. *Müller/Reinke*, StuB 2015, S. 376 ff.

Beide Vorgehensweisen sind nach BilMoG zulässig, auch wenn DRS 4 bislang noch lediglich die Variante der Interessentheorie beschreibt,[113] Sind in E-DRS 30 beide Methoden aufgeführt. Die DRS gelten als vermutete GoB für den Konzern – das DRSC hat aber kein Monopol auf die GoB-Schaffung (s. § 342 Rz 14), weshalb es auch andere Varianten geben kann, die auch als GoB-konform anzusehen sind. Ein DRS ist weder ein Gesetz noch wird er einem Gesetz gleich gestellt.[114] Nach weit überwiegender Meinung im Schrifttum ist die Wertungsentscheidung des Gesetzgebers bzgl. der vermuteten GoB so zu verstehen, dass die Befolgung eines DRS nicht explizit begründet werden muss. Kommt ein Bilanzierender hingegen zu einer anderen Lösung, ist er in der Pflicht, deren Sachgerechtigkeit bzw. deren Konzern-GoB-Konformität nachzuweisen.[115] Dabei gilt es darzulegen, dass ein Spielraum besteht, der sachkundig und in Ausübung pflichtgemäßen Ermessens (sog. *professional judgement*) ausgeübt wurde.[116]

Die gewählte Vorgehensweise unterliegt der **Konsolidierungsmethodenstetigkeit**(E-DRS 30.166). Gegen die Behandlung des Erwerbs zusätzlicher Anteile an vollkonsolidierten TU spricht nicht, dass der Gesetzgeber die erfolgsneutrale Verrechnung des GoF in § 309 Abs. 1 HGB ersatzlos gestrichen hat.[117] Bei dieser Abbildungsvariante fehlt es an dem für ein Entstehen eines GoF notwendigen Erwerbsgedanken. Auch repräsentiert sie die gewollte Annäherung an die internationale Rechnungslegung. Nach IFRS 10.33 darf der Erwerb von zusätzlichen Anteilen an bereits vollkonsolidierten TU nur als Transaktion zwischen den Gesellschaftergruppen im Konzern abgebildet werden. Konkretisiert wird in IFRS 10.B96: Treten bei dem im Besitz nicht beherrschender Anteilseigner befindlichen Eigentumsanteil Veränderungen ein, berichtigt ein Unt die Buchwerte der beherrschenden und nicht beherrschenden Anteile in der Weise, dass die Veränderungen an ihren jeweiligen Anteilen am TU dargestellt werden. Das Unt erfasst jede Differenz zwischen dem Betrag, um den die nicht beherrschenden Anteile angepasst werden, und dem beizulegenden Zeitwert der gezahlten oder erhaltenen Gegenleistung unmittelbar im EK und ordnet sie den Eigentümern des MU zu. Dies fußt im Wesentlichen auf folgenden Gedanken: Die Anteilseigner des MU und die Minderheitsgesellschafter sind beide gleichwertige EK-Geber des Konzerns. Durch den Austausch der Anteile zwischen beiden Gesellschaftergruppen lässt sich keine Neubewertung des Nutzenpotenzials des bilanzierten Reinvermögens begründen. Es ändert sich lediglich die Verteilung des Nutzenstroms auf die beiden Gesellschaftergruppen. Der entscheidende Moment für die Neubewertung des Reinvermögens eines TU ist die Überschreitung der Control-Grenze. Die Vorgehensweise ist zudem konsistent zur Behandlung des Erwerbs von eigenen EK-Instrumenten.[118]

---

[113] Vgl. *Förschle/Deubert*, in Beck Bil-Komm. 9. Aufl., § 301 HGB, Rz 208; *Leinen*, in *Kessler/Leinen/Strickmann*, BilMoG, 2009, S. 605.
[114] Vgl. *Ebke/Paul* in MünchKomm HGB, Bd. 4, 3. Aufl., § 342 HGB, Rz. 23.
[115] Vgl. z.B. *Böcking/Dutzi*, in *Baetge/Kirsch/Thiele*, Bilanzrecht, § 342 HGB, Rz. 92–93 oder *Ebke/Paul*, in MünchKomm HGB, Bd. 4, 3. Aufl., § 342 HGB, Rz. 24. m.w.N.
[116] Vgl. *Lorson/Müller*, DB 2014, S. 965.
[117] So *Oser*, PiR 2009, S. 125.
[118] Vgl. *Leinen*, in *Kessler/Leinen/Strickmann*, BilMoG, 2009, S. 606. Eher ablehnend *Wirth*, in *Weber* u.a., 2009, S. 398f.

**191** Das vorstehend Gesagte gilt entsprechend für die **Veräußerung** von Anteilen an weiterhin zu konsolidierenden TU. Hier ist zwischen den Varianten „Abbildung als Veräußerungsvorgang"[119] und „Abbildung als Transaktion zwischen den Gesellschaftergruppen"[120] zu unterscheiden. Wird die Anteilsreduktion als erfolgswirksame Veräußerung abgebildet, sollte durch das BilMoG nunmehr eine die Fachwelt spaltende Frage geklärt sein:[121] Indem der GoF nach § 246 Abs. 1 Satz 4 HGB als VG gilt, ist kein Raum mehr, ihn konzernbilanziell im Zuge der Anteilsveräußerung teilweise abgehen zu lassen.[122] Stattdessen ist er anteilig den Minderheitsgesellschaftern zuzuordnen. Für eine andere Behandlung lieferte nach der hier vertretenen Auffassung bereits das bisherige Recht keine Grundlage. Schließlich stellt der bilanzierte GoF eine pagatorisch abgesicherte Größe dar. Ihn im Zuge der Anteilsveräußerung teilweise aus der Bilanz zu beseitigen, führt zu einem Konflikt mit einem Pfeiler der handelsrechtlichen Bilanzierung, dem Anschaffungskostenprinzip.[123] Besteht bei einer teilweisen Anteilsveräußerung der beherrschende Einfluss des MU über das TU fort, ist die Differenz zwischen dem Verkaufspreis der Anteile und dem hierauf entfallenden Anteil des EK zum Zeitpunkt der Veräußerung dieser Anteile erfolgsneutral in das Konzern-EK einzustellen. Der auf die verkauften Anteile entfallende Anteil des EK ist als „nicht beherrschende Anteile" auszuweisen (E-DRS 30.171).

**192** Die Auswirkung von Veränderungen des Kapitalanteils ohne Veränderung des TU-Status soll in Fortführung der Abwandlung 1 des Ausgangsbeispiels in der Periode t2 dargestellt werden, wobei nacheinander sowohl die **Abb. als Erwerbsvorgang** als auch die **Abb. als Transaktion zwischen den Gesellschaftergruppen** dargelegt werden:[124]

**193** Per 31.12.t2 erwirbt die M-GmbH für 2,0 Mio. EUR die restlichen 25 % der Anteile an der T-GmbH. Weitere stille Reserven sind bei den Maschinen des TU seit dem Ersterwerb i. H. v. 0,8 entstanden, der Steuersatz beträgt immer noch 40 %. Es wird erneut unterstellt, dass das anteilige Jahresergebnis von t2 mit von MU erworben wurde und somit keine Umgliederung als Verbindlichkeit notwendig ist. Die Bilanzen der beiden Unt haben folgendes Aussehen:

| Bilanz der M-GmbH zum 31.12.t2 in Mio. EUR | | | |
|---|---:|---|---:|
| Sonstiges AV | 7,0 | Grundkapital | 4,0 |
| Beteiligung TU | 8,0 | Rücklagen | 3,0 |
| UV | 2,0 | Jahresüberschuss | 2,0 |
| | | Sonstige Verbindlichkeiten | 8,0 |
| | 17,0 | | 17,0 |

---

[119] Vgl. DRS 4.47 f.
[120] Vgl. *Dusemond/Weber/Zündorf*, in *Küting/Weber*, HdK, HGB, § 301, Rn 210, 221 ff.
[121] Vgl. zum handelsrechtlichen Meinungsstand *Hayn*, 1999, S. 352 ff.
[122] Dies darf nicht damit verwechselt werden, dass der GoF bei der Ermittlung des Abgangserfolgs zu berücksichtigen ist.
[123] Vgl. zum Anschaffungskostenprinzip im Rahmen der KapKons *Leinen*, 2002, S. 55 ff.; *Leinen*, in *Kessler/Leinen/Strickmann*, BilMoG, 2009, S. 606.
[124] Vgl. zu anderen Beispielen *Müller/Reinke*, StuB 2015, S. 378 ff.; *Wirth*, in *Weber* u. a., 2009, S. 384 ff.

| Bilanz der T-GmbH zum 31.12.t2 in Mio. EUR | | | |
|---|---|---|---|
| Sonstiges AV | 3,0 | Grundkapital | 2,0 |
| Maschinen | 2,0 | Rücklagen | 2,8 |
| UV | 3,6 | Jahresüberschuss | 0,8 |
| | | Sonstige Verbindlichkeiten | 3,0 |
| | 8,6 | | 8,6 |

Tab. 7: Bilanzen der BeispielUnt M-GmbH und T-GmbH zum 31.12.t2

### 8.1.1 Abbildung als Erwerbsvorgang

Um zu vermeiden, dass die einzelnen ErstKons vermengt werden, ist bei sukzessivem Beteiligungserwerb bei Abb. nach der Erwerbsmethode eine **Übergangs-Kons** vorzunehmen. Zunächst ist im Jahr t2 die **ErstKons** zum Zeitpunkt 31.12.t0 mit den historischen Wertansätzen **zu wiederholen**, was die in Rz 165 ff. dargestellten Buchungen 1–3 erfordert. 194

Dann sind die bereits erfolgten **Abschreibungen aus t1** durch entsprechende Buchungsschritte zu berücksichtigen, wobei eine Verrechnung jetzt erfolgsneutral mit den Rücklagen erfolgen muss, sodass die Buchungssätze (4) und (5) wie folgt lauten: 195

| Datum | Konto | Soll | Haben |
|---|---|---|---|
| | Gewinnrücklagen | 0,71 Mio. | |
| | Maschinen | | 0,20 Mio. |
| | GoF | | 0,51 Mio. |

| Datum | Konto | Soll | Haben |
|---|---|---|---|
| | Passive latente Steuern | 0,08 Mio. | |
| | Gewinnrücklagen | | 0,08 Mio. |

Als 6. Buchungsschritt sind die **Abschreibungen des aktuellen Jahrs** im Jahresergebnis zu korrigieren, was zu folgendem Buchungssatz (6) führt: 196

| Datum | Konto | Soll | Haben |
|---|---|---|---|
| | Jahresergebnis | 0,71 Mio. | |
| | Maschinen | | 0,20 Mio. |
| | GoF | | 0,51 Mio. |

Zudem sind die latenten Steuern aufzulösen (Buchung (7)): 197

| Datum | Konto | Soll | Haben |
|---|---|---|---|
| | Passive latente Steuern | 0,08 Mio. | |
| | Jahresergebnis | | 0,08 Mio. |

Der **Anteil am Jahresüberschuss t1**, der den Anteilen anderer Gesellschafter zusteht und in den Rücklagen verrechnet wurde, betrug 0,17 Mio. EUR, der Anteil am aktuellen Gewinn beträgt wieder 0,17 Mio. EUR, was die folgenden klärenden Buchungen (8) und (9) erfordert: 198

| Datum | Konto | Soll | Haben |
|---|---|---|---|
| | Gewinnrücklage | 0,17 Mio. | |
| | Anteile anderer Gesellschafter | | 0,17 Mio. |

| Datum | Konto | Soll | Haben |
|---|---|---|---|
| | Jahresergebnis | 0,17 Mio. | |
| | Anteile anderer Gesellschafter | | 0,17 Mio. |

199 Die FolgeKons für den Fall der 75-%-Beteiligung zum 31.12.t2 ist damit durchgeführt. Auf dieser Basis sind nun aber die Wertansätze zu ermitteln, die für die ErstKons des neu erworbenen 25-%-Anteils notwendig sind.

200 Bei der Neubewertungsmethode besteht dabei aber das Problem, dass aus Konzernsicht bereits alle stillen Reserven zum Zeitpunkt der früheren ErstKons aufgedeckt wurden. Es ist strittig, ob der Bewertungszeitpunkt für die Ermittlung der Konzern-AK bei einem **Erwerb weiterer Anteile** auf den aktuellen Zeitpunkt mit der Konsequenz verschoben werden darf, dass die seit der ErstKons neu entstandenen stillen Reserven aufgedeckt wären. Dies verstößt ohne Zweifel gegen die generelle AK-Restriktion des HGB. Gleichwohl ist mit der grundsätzlichen Streichung dieser Restriktion bei der Neubewertungsmethode durch den Gesetzgeber genau dieses Ergebnis aber bewusst ermöglicht worden und wird von E-DRS 30.167 bei der Behandlung als Erwerbsvorgang mit der anteiligen Neubewertung von VG und Schulden i. H. d. Zuerwerbs so auch gefordert.

Dagegen waren nach der Buchwertmethode stets nur die anteiligen stillen Reserven und Lasten aufzulösen. In diesem Fall blieben dann die Wertansätze der zu früheren Zeitpunkten ermittelten stillen Reserven und Lasten unverändert, lediglich die auf die neu erworbenen Anteile bezogenen Beträge kamen mit aktuellen Werten hinzu. Dieses Vorgehen steht aber wiederum der Einheitstheorie des KA entgegen. Nach IFRS 3.59 (2004) war dagegen eine vollständige Neubewertung bei jedem Erwerbsschritt notwendig. Danach hatte der Ansatz des GoF zu den ursprünglichen Werten zu erfolgen, der Ansatz der VG und Schulden aber mit den zum letzten Erwerb relevanten Zeitwerten. Durch die nach IAS 27.30 (2008) bzw. IFRS 10.23 nun notwendige Behandlung als Transaktion zwischen den Gesellschaftergruppen entsteht dieses Problem nicht: Nur bei einem sukzessiven Unternehmenszusammenschluss mit Wechsel des Status hat der Erwerber gem. IFRS 3.42 und 3.32a (2008) bzw. IFRS 10.B88 seinen zuvor an dem erworbenen Unt gehaltenen EK-Anteil zu dem zum Erwerbszeitpunkt geltenden beizulegenden Zeitwert neu zu bestimmen und den daraus resultierenden Gewinn bzw. Verlust erfolgswirksam zu erfassen (Rz 206).

201 In diesem Beispiel hat das MU den **zusätzlichen Kapitalanteil** den anderen Gesellschaftern für 2,0 Mio. EUR abgekauft. Das anteilige neu bewertete EK beträgt ohne die aufgelöste stille Reserve 5,6 Mio. EUR. Per Ende t2 hat die stille Reserve aus der ErstKons noch einen Restbuchwert von 0,6 Mio. EUR (brutto) bzw. 0,36 Mio. EUR (netto), da sie in t5 aufgebraucht sein wird. Die neu aufzudeckende stille Reserve darf nur anteilig berücksichtigt werden (E-DRS 30.167). Demnach sind von den 0,8 Mio. EUR (brutto) bzw. 0,64 Mio. EUR (netto) nur 25 % zu verrechnen, d.h. in den Rücklagen sind zusätzliche 0,12 Mio. EUR zu erfassen.

Die 10. Konsolidierungsbuchung verdeutlicht die Kons. der zuerworbenen Tranche von 25 % und lautet unter Auslassung des Konsolidierungsausgleichspostens und direkter Buchung auf den GoF:

| Datum | Konto | Soll | Haben |
|---|---|---|---|
| | Gez. Kapital | 0,50 Mio. | |
| | Rücklagen – aus ErstKons<br>Rücklagen – aus Gewinnanteil Vj<br>Rücklagen – aus neuen stillen Reserven | 0,65 Mio.<br>+ 0,17 Mio.<br>+ 0,12 Mio. | |
| | Jahresergebnis (Gewinnanteil) | 0,17 Mio. | |
| | GoF | 0,39 Mio. | |
| | Beteiligungsbuchwert | | 2,0 Mio. |

Anschließend sind die Anteile anderer Gesellschafter auszubuchen, wobei letztlich genau die entgegengesetzten Buchungen nötig sind, wie bei der Einstellung des Postens, die 11. Konsolidierungsbuchung verdeutlicht:

| Datum | Konto | Soll | Haben |
|---|---|---|---|
| | Anteile anderer Gesellschafter | 1,49 Mio. | |
| | Gez. Kapital | | 0,50 Mio. |
| | Rücklagen – aus ErstKons<br>Rücklagen – aus Gewinnanteil Vj | | 0,65 Mio.<br>+ 0,17 Mio. |
| | Jahresergebnis (Gewinnanteil) | | 0,17 Mio. |

Nach dieser Vielzahl von Buchungen ergibt sich insgesamt folgendes Bild:

| | M-GmbH (HB II) | | T-GmbH (HB II) | | T-GmbH (HB III) | | Sum-.bil. | Konsolidierung | | Konzernbilanz | |
|---|---|---|---|---|---|---|---|---|---|---|---|
| | A | P | A | P | A | P | A/P | S | H | A | P |
| GoF | | | | | | | | 2,55<br>(2)<br>0,39<br>(10) | (4)<br>0,51<br>(6)<br>0,51 | 1,92 | |
| Sonst. AV | 7,0 | | 3,0 | | 3,0 | | 10,0 | | | 10,00 | |
| Maschinen | | | 2,0 | | 3,0<br>0,2 | | 3,0<br>0,2 | | (4) 0,2<br>(6) 0,2 | 2,80 | |
| Bet. TU | 8,0 | | | | | | 8,0 | | (1) 6,0<br>(10)<br>2,0 | | |
| UV | 2,0 | | 3,6 | | 3,6 | | 5,6 | | | 5,60 | |
| Gez. Kapital | | 4,0 | | 2,0 | | 2,0 | 6,0 | 1,5 (1)<br>0,5 (3)<br>0,5<br>(10) | (11)<br>0,5 | | 4,00 |
| Rücklagen | | 3,0 | | 2,8 | | 3,4<br>0,12 | 6,4<br>0,12 | 1,95<br>(1)<br>0,65<br>(3)<br>0,71<br>(4)<br>0,17<br>(8)<br>0,65<br>(10)<br>0,17<br>(10)<br>0,12<br>(10) | (5)<br>0,08<br>(11)<br>0,65<br>(11)<br>0,17 | | 3,00 |

|  | M-GmbH (HB II) | | T-GmbH (HB II) | | T-GmbH (HB III) | | Sum..bil. | Konsolidierung | | Konzernbilanz | |
|---|---|---|---|---|---|---|---|---|---|---|---|
|  | A | P | A | P | A | P | A/P | S | H | A | P |
| Jahres-über-schuss |  | 2,0 |  | 0,8 |  | 0,8 | 2,8 | 0,71 (6) 0,17 (9) 0,17 (10) | (7) 0,08 (11) 0,17 |  | 2,00 |
| Anteile and. Ges. |  |  |  |  |  |  |  | 1,49 (11) | (3) 1,15 (8) 0,17 (9) 0,17 |  | 0 |
| Pass. lat. St. |  |  |  |  |  | 0,4 | 0,4 0,08 | 0,08 (5) 0,08 (7) |  |  | 0,32 |
| Ver-bind-lichkei-ten |  | 8,0 |  | 3,0 |  | 3,0 | 11,0 |  |  |  | 11,00 |
| Summe | 17,0 | 17,0 | 8,6 | 8,6 | 9,6 | 9,6 | 26,6 | 14,13 | 14,13 | 20,32 | 20,32 |

Tab. 8: FolgeKons/ErstKons bei sukzessivem Beteiligungserwerb mittels Erwerbsmethode bei einem Anteilsbesitz von 100 % statt 75 % (Abwandlung 1 zum 31.12.t2)

204 Denkbar ist auch, die die Anteile anderer Gesellschafter betreffenden Buchungsschritte nicht durchzuführen und die Wertansätze in einer **Nebenrechnung** zu ermitteln. Hier wurde aus Gründen der besseren Nachvollziehbarkeit der längere Weg beschritten. Für den neu entstandene GoF sowie für die aufgedeckten stillen Reserven sind Abschreibungspläne zu erstellen und in den Folgejahren sind diese Positionen gesondert fortzuführen, was einen erheblichen Aufwand darstellen dürfte – zumal wenn mehrere derartige Transaktionen bei einer Tochter vorkommen (z.B. Erwerb bei einem 60 % TU von weiteren, 10 %, später nochmals 5 % und erst dann die restlichen 25 %).

205 Bei einer **teilweisen Anteilsveräußerung ohne Verlust der Beherrschung** ist nach E-DRS 30.168 die Differenz zwischen dem Verkaufspreis der Anteile und dem hierauf entfallenden Anteil des Eigenkapitals zum Zeitpunkt der Veräußerung dieser Anteile erfolgswirksam zu behandeln. Der auf die verkauften Anteile entfallende Anteil des EK, einschließlich eines hierin enthaltenen GoF, ist als „nicht beherrschende Anteile" auszuweisen.
Konsequenterweise ist bei einem TU, das seinen Abschluss in fremder Währung aufstellt, eine auf die verkauften Anteile entfallende Differenz aus der Währungsumrechnung nach § 308a Satz 3 HGB erfolgswirksam aufzulösen (E-DRS 30.169).

### 8.1.2 Abbildung als Transaktion zwischen den Gesellschaftergruppen

206 Nach E-DRS 30.170 darf bzw. nach den internationalen Rechnungslegungsstandards ist ein **Erwerb weiterer Anteile** an einem bereits beherrschten und in den KonsKreis einbezogenen TU als **EK-Transaktion** (d.h. als Transaktion mit Eigentümern, die in ihrer Eigenschaft als Eigentümer handeln) zu bilanzieren (IFRS 10.23). Unter diesen Umständen sind die Buchwerte der beherrschenden, und nicht beherrschenden Anteile anzupassen, sodass sie die Änderungen der an dem TU bestehenden Anteilsquoten widerspiegeln. Jede Differenz zwischen dem Betrag, um den die nicht beherrschenden

Anteile angepasst werden, und dem beizulegenden Zeitwert der gezahlten oder erhaltenen Gegenleistung ist unmittelbar im EK zu erfassen und den Eigentümern des MU zuzuordnen (IFRS 10.B96). Nach E-DRS 30.170 sind ebenso bei einer Interpretation als Kapitalvorgang die VG und Schulden nicht neu zu bewerten. Vielmehr sind die AK der weiteren Anteile mit dem hierauf entfallenden Anteil anderer Gesellschafter am EK zum Zeitpunkt des Erwerbs dieser Anteile zu verrechnen. Sofern sich nach dieser Verrechnung ein Unterschiedsbetrag ergibt, ist dieser ebenso wie nach IFRS erfolgsneutral mit dem Konzern-EK zu verrechnen.

Für das im vorangehenden Kapitel dargestellte Beispiel bedeutet dies, dass keine aufwendige Neubewertung des 25 %-Anteils nötig ist. Stattdessen wird lediglich die 10. und 11. Konsolidierungsbuchung vereinfachend zusammengefasst. Die Differenz zwischen dem Anstieg des Beteiligungsbuchwerts von 2,0 Mio. EUR im JA des MU wird direkt mit dem sich ergebenden Wert der Anteile anderer Gesellschafter mit den Konzernrücklagen verrechnet. Stille Reserven und Lasten werden nicht aufgelöst.

| Datum | Konto | Soll | Haben |
|---|---|---|---|
| | Anteile anderer Gesellschafter | 1,49 Mio. | |
| | Rücklagen | 0,51 Mio. | |
| | Beteiligungsbuchwert | | 2,0 Mio. |

Nach dieser veränderten Buchung ergibt sich folgendes Bild:

| | M-GmbH (HB II) | | T-GmbH (HB II) | | T-GmbH (HB III) | | Sum.-bil. | Konsolidierung | | Konzernbilanz | |
|---|---|---|---|---|---|---|---|---|---|---|---|
| | A | P | A | P | A | P | A/P | S | H | A | P |
| GoF | | | | | | | | 2,55 (2) | (4) 0,51 (6) 0,51 | 1,53 | |
| Sonst. AV | 7,0 | | 3,0 | | 3,0 | | 10,0 | | | 10,00 | |
| Maschinen | | | 2,0 | | 3,0 | | 3,0 | | (4) 0,2 (6) 0,2 | 2,60 | |
| Bet. TU | 8,0 | | | | | | 8,0 | | (1) 6,0 (10) 2,0 | | |
| UV | 2,0 | | 3,6 | | 3,6 | | 5,6 | | | 5,60 | |
| KonsAP | | | | | | | | 2,55 (1) | (2) 2,55 | | |
| Gez. Kapital | | 4,0 | | 2,0 | | 2,0 | 6,0 | 1,5 (1) 0,5 (3) | | | 4,00 |
| Rücklagen | | 3,0 | | 2,8 | | 3,4 | 6,4 | 1,95 (1) 0,65 (3) 0,71 (4) 0,17 (8) 0,51 (10) | (5) 0,08 | | 2,49 |
| Jahresüberschuss | | 2,0 | | 0,8 | | 0,8 | 2,8 | 0,71 (6) 0,17 (9) | (7) 0,08 | | 2,00 |
| Anteile and. Ges. | | | | | | | | 1,49 (10) | (3) 1,15 (8) 0,17 (9) 0,17 | | 0 |
| Pass. lat. St. | | | | | | 0,4 | 0,4 | 0,08 (5) 0,08 (7) | | | 0,24 |
| Verbindlichkeiten | | 8,0 | | 3,0 | | 3,0 | 11,0 | | | | 11,00 |
| Summe | 17,0 | 17,0 | 8,6 | 8,6 | 9,6 | 9,6 | 26,6 | 14,13 | 14,13 | 19,73 | 19,73 |

Tab. 9: FolgeKons/ErstKons bei sukzessivem Beteiligungserwerb mittels EK-Transaktionsmethode bei einem Anteilsbesitz von 100 % statt 75 % (Abwandlung 1 zum 31.12.t2)

207 Diese erfolgsneutrale Verrechnung führt somit zu einer geringeren Konzernbilanzsumme durch den Nichtansatz von GoF sowie der fehlenden Neubewertung der zuerworbenen Tranche und einer Verringerung des EK. Zudem entfällt im Vergleich zur Variante des Erwerbs der aufwendige zusätzliche Abschreibungsbedarf für einen neu entstandenen GoF sowie die aufzudeckenden stillen Reserven. Langfristig gleichen sich die Auswirkungen durch die erfolgswirksame Abschreibung jedoch wieder an.

### 8.2 Änderung des Beteiligungsbuchwerts ohne Kapitalanteilsveränderung

208 Nachträgliche **Änderungen des Beteiligungsbuchwerts** beim MU sind unterschiedlich zu behandeln. Handelt es sich um bestimmte Nach- bzw. Rückzahlungen, die sich aus dem Unternehmenserwerb direkt ergeben, wie etwa vertraglich festgelegte Ausgleichszahlungen zwischen Verkäufer und Erwerber bei bestimmten Ereignissen (z.B. bei Prozessen, Geschäftsabschlüssen etc.), sind die Wertansätze der ErstKons innerhalb des 12-monatigen Anpassungszeitraums nachträglich zu verändern (Rz 94). Es handelt sich somit um eine Veränderung der Konzern-AK.

209 Hängt der Grund für die Veränderung des Beteiligungsbuchwerts aber nicht direkt mit dem Erwerb zusammen, wie etwa im Fall **von außerplanmäßigen Abschreibungen** auf den Wert des TU, so ist dies für die KapKons unerheblich. Vielmehr kommt es in solchen Fällen zu einer Aufwands- und ErtragsKons mit eventueller Zwischenergebniseliminierung. Gleichwohl ist natürlich denkbar, dass in einem Abwertungsfall im JA des MU auch eine Wertkorrektur auf einen ggf. noch aktivierten GoF vorzunehmen ist, da dieser auch neben der planmäßigen Abschreibung auf ggf. bestehende außerplanmäßige Abschreibungsbedarfe hin zu überprüfen ist.

### 8.3 Entkonsolidierung

210 Scheidet ein TU aus dem KonsKreis aus, ist eine **EntKons** bzw. **EndKons**[125] durchzuführen. Das Ausscheiden kann durch kompletten oder anteiligen Verkauf geschehen, wobei es stets zu einer EntKons, bezogen auf die verkauften Anteile, kommt. Allerdings wird bei einem Teilverkauf oft lediglich von einer ÜbergangsKons gesprochen. Ist der verkaufte Anteil aber so hoch, dass hinsichtlich der Einbeziehungsart eines Unt in den KA eine Änderung gegenüber dem Vj. eintritt, so wird das Unt nicht mehr vollkonsolidiert, sondern ist gar nicht, als Beteiligung oder assoziiertes Unt zu bewerten bzw. im Ausnahmefall quotal zu konsolidieren. Es kommt zu einer EntKons i.e.S. Während dieser Vorgang im JA des verkaufenden KonzernUnt als Abgang im Posten „Anteile an verbundenen Unternehmen" behandelt wird, ist er im KA in Konsequenz zur einheitstheoretisch orientierten VollKons als Abgang der einzelnen VG, Schulden, RAP und

---

[125] Während z.B. *Baetge/Kirsch/Thiele* (Konzernbilanzen 2013, S. 396ff.) und *Förschle/Deubert* (in Beck Bil-Komm. 9. Aufl., § 301 HGB, Rz 300ff.) von einer Endkonsolidierung sprechen, bezeichnen etwa *Hoffmann/Lüdenbach* (NWB-Kommentar Bilanzierung, 6. Aufl. 2014, § 301 Rz 115ff.) und das DRSC (z.B. im E-DRS 30) diesen Vorgang als Entkonsolidierung.

Sonderposten des TU zu erfassen. Eine Ausnahme von dieser Annahme der Einzelveräußerung besteht im KA lediglich im Rahmen der KFR, wo die Zahlungswirkungen in einer gesondert auszuweisenden Position innerhalb der Berechnung des Cashflows aus Investitionstätigkeit zu erfassen ist (DRS 21.43). Die EntKons ist im Gesetz nur indirekt geregelt, da sich lediglich in § 308a Satz 4 HGB eine Regelung für den Abgang der erfolgsneutral erfassten Währungsumrechnungsdifferenzen im EK finden lässt. Daher ist die EntKons unter Berücksichtigung dieser Detailforderung aus dem Einheitsgrundsatz (§ 297 Abs. 3 HGB) und dem Grundsatz der Bilanzidentität (§ 298 Abs. 1 HGB i.V.m. § 252 Abs. 1 Nr. 1 HGB) abzuleiten. Die **generelle Vorgehensweise** behandelt den Abgang eines verbundenen Unt im KA wie den Abgang eines TeilUnt Damit sind alle betreffenden VG, Schulden, RAP und Sonderposten auszubuchen und ein ggf. verbleibender Überschuss ist als Erfolg in der Konzern-GuV auszuweisen. Hinsichtlich des Zeitpunkts ist in Analogie zur ErstKons der Verkaufszeitpunkt für die Bewertung heranzuziehen. Bis zu diesem Zeitpunkt der Beendigung der Möglichkeit des beherrschenden Einflusses ist das auf das TU entfallende Reinvermögen zu Konzernbuchwerten (VG, Schulden, RAP und Sonderposten, ein ggf. bilanzierter GoF oder passiver Unterschiedsbetrag sowie eine ggf. vorhandene Eigenkapitaldifferenz aus der Währungsumrechnung) fortzuschreiben. Dafür empfiehlt E-DRS 30.175 die Aufstellung eines **Zwischenabschlusses**. Anschließend ist das zum Zeitpunkt der Beendigung der Möglichkeit des beherrschenden Einflusses ermittelte Reinvermögen zu Konzernbuchwerten des TU in voller Höhe als Abgang auszubuchen. In diesem Zusammenhang ist eine auf das ausscheidende TU entfallende Eigenkapitaldifferenz aus der Währungsumrechnung erfolgswirksam aufzulösen (§ 308a Satz 4 HGB). Der dabei entstehende Unterschied zwischen dem Veräußerungspreis einerseits und dem zum Abgangszeitpunkt fortgeschriebenen Reinvermögen zu Konzernbuchwerten andererseits ist nach E-DRS 30.177 **ergebniswirksam als Veräußerungsgewinn bzw. -verlust** in dem Posten sonstige betriebliche Erträge bzw. Aufwendungen der GuV zu erfassen.

Die folgende Tabelle stellt die Ermittlung des Erfolgs aus der Veräußerung eines TU im Fall der EndKons im Überblick dar:[126]

---

[126] Vgl. z.B. *Baetge/Zülch*, in *Baetge/Kirsch/Thiele, Bilanzrecht*, Stand 8/2010, § 301 HGB, Rz 369.

|   | Veräußerungserlös des MU |
|---|---|
| − | anteilige Vermögenswerte des TU (zu Buchwerten der HB II) |
| + | anteilige Schulden des TU (zu Buchwerten der HB II) |
| − | noch nicht erfolgswirksam verrechnete anteilige stille Reserven aus der ErstKons |
| + | noch nicht erfolgswirksam verrechnete anteilige stille Lasten aus der ErstKons |
| − | noch nicht erfolgswirksam verrechneter GoF aus der ErstKons |
| + | noch nicht erfolgswirksam aufgelöster passiver Unterschiedsbetrag aus der ErstKons |
| − | noch nicht erfolgswirksam berücksichtigte anteilige Währungsumrechnungsverluste |
| + | noch nicht erfolgswirksam berücksichtigte anteilige Währungsumrechnungsgewinne |
| = | Erfolg aus der Veräußerung des TU |

Tab. 10: Ermittlung des Erfolgs aus der Veräußerung eines TU im Fall der EntKons

212 Durch die Anwendung der Neubewertungsmethode sind lediglich die anteiligen stillen Reserven und Lasten zu berücksichtigen. Die übrigen Teile werden mit den Anteilen anderer Gesellschafter verrechnet. Da der auf diese entfallende Anteil am Reinvermögen mit dem ausgewiesenen Anteil anderer Gesellschafter auf der Passivseite der Bilanz übereinstimmt, erfolgt der Abgang der **Anteile anderer Gesellschafter** erfolgsneutral.

213 Bei Anwendung der **IFRS** kann es neben den Währungsumrechnungsverlusten noch weitere Neubewertungsrücklagen im EK geben, die erfolgswirksam einem Veräußerungserlös gegenüberzustellen sind (IFRS 10.B99). Mit der Eliminierung der VG und Schulden sind auch die Anteile anderer Gesellschafter erfolgsneutral auszubuchen (IFRS 10.B98a ii).[127]

## 8.4 Übergangskonsolidierung mit Wechsel der Einbeziehungsmethode

214 Verändern sich die Verhältnisse von einem Unt zu dem MU, kann nach dem Stufenkonzept des HGB (§ 294 Rz 12) ein Auf- oder Abstieg geboten sein. So kann durch Hinzuerwerb von Anteilen aus einem assoziierten Unt ein TU werden, durch den Verkauf von Anteilen an einem TU ggf. ein GemeinschaftsUnt. Eine Veränderung des Status muss dann auch zu einer Veränderung der Einbeziehungsmethode führen, wenn keine Wahlrechtsnutzung dies verhindert. Die im Rahmen der Konzernbilanzierung notwendigen Schritte sind dann jeweils die Entflechtung

---

[127] Vgl. *Lüdenbach/Hoffmann/Freiberg*, in *Lüdenbach/Hoffmann/Freiberg* Haufe IFRS-Kommentar, 12. Aufl. 2014, § 31, Rz 163 ff.

der Altanteile, d.h. die Beendigung der Anwendung der bislang angewandten Methode, und dann die Neubewertung der Anteile und die Anwendung der zukünftig notwendigen Einbeziehungsmethode. Dabei ist eine **Stichtagsanpassung** notwendig. Wird aus einem assoziierten Unt ein TU durch Erwerb von zusätzlichen Anteilen, so muss zum Erwerbszeitpunkt die At-equity-Bewertung aufgelöst und das TU über eine ErstKons einbezogen werden.

Eine **retroaktive ÜbergangsKons**, nach dem zum Zeitpunkt des Übergangs eine Einbeziehung in der Weise erfolgt, als wäre schon vorher die zukünftige Einbeziehungsmethode angewandt worden, erscheint nicht mit den GoK und nun auch explizit nicht mit dem Gesetzestext in § 301 Abs. 2 Satz 1 HGB vereinbar.[128] Somit hat auch in diesem Fall bei **erstmaliger Einbeziehung** eines TU nach § 301 Abs. 2. Satz 1 HGB eine vollständige Neubewertung zu dem Zeitpunkt zu erfolgen, zu dem das Unt TU geworden ist (E-DRS 30.181). Allerdings kann das Vorgehen der Neubewertung dazu führen, dass in den VG und Schulden, die bei vorheriger Quotenkonsolidierung anteilig als solche oder mittelbar über eine at equity-Beteiligung im KA enthalten waren, erneut stille Reserven und Lasten aufgedeckt werden. Hier sieht das DRSC das Problem, dass die bisher bereits anteilig im KA enthaltenen VG und Schulden oberhalb ihrer historischen (ggf. fortgeführten) KAHK angesetzt sein könnten und damit der GoF (oder der passive Unterschiedsbetrag aus der KapKons) mit einem zu niedrigen oder zu hohen Betrag angesetzt wird (E-DRS 30.182 i.V.m. E-DRS 30.B43). Daher soll in diesem Fall bezogen auf das Altvermögen eine **anteilige Zwischenergebniseliminierung** nach § 304 HGB erfolgen (E-DRS 30.182), was im Ergebnis dazu führt, dass der Vermögens- und in der Folge auch der Ergebnisausweis nach der Zwischenergebniseliminierung demjenigen entspricht, der sich ergeben hätte, wenn eine tranchenweise KapKons erfolgt wäre (DRS 30.B44). Bei dieser Vorgehensweise wird nach Meinung des DRSC nur das auf die hinzuerworbenen Anteile, die i.d.R. den Statuswechsel auslösen (sog. Control-Tranche), entfallende anteilige Reinvermögen zu Beginn der VollKons zum beizulegenden Zeitwert bewertet und den AK dieser hinzuerworbenen Anteile gegenübergestellt, um den darauf entfallenden GoF bzw. passiven Unterschiedsbetrag zu ermitteln. Nach bislang in der Literatur häufig vertretener Auffassung waren dagegen die zuvor aufgelaufenen Differenzen erfolgsneutral auf die neue Konsolidierungsmethode zu übertragen.

Für das auf die zum Übergang auf die VollKons im Konzern enthaltene Beteiligung (**Alttranche**) entfallende Reinvermögen wird die historische QuotenKons bzw. der Wertansatz aus der bisherigen at equity-Bewertung fortgeführt. Reinvermögen, das auf Anteile anderer Gesellschafter entfällt, wird zum Zeitpunkt der Erlangung der Beherrschungsmöglichkeit ebenfalls zum beizulegenden Zeitwert übernommen. Da es bei dieser Vorgehensweise im Zuge der VollKons zu keinen zusätzlichen Wertanpassungen beim Altvermögen kommt, entfällt in diesem Fall hierfür die Notwendigkeit einer Zwischenergebniseliminierung, wodurch die KapKons vereinfacht wird (E-DRS 30.B44). Dies rechtfertigt nach Ansicht des DRSC auch eine tranchenweise KapKons (E-DRS 30.184) zu den jeweiligen Erwerbszeitpunkten beim Übergang von der QuotenKons oder at equity-Bewer-

---

[128] Vgl. z.B. *Baetge/Zülch*, in *Baetge/Kirsch/Thiele, Bilanzrecht, Stand 8/2010, § 301 HGB*, Rz 347; *Herrmann*, WPg 1994, S. 824f.

tung auf die VollKons, auch wenn dies nach dem Wortlaut des § 301 HGB formal nicht zulässig ist (DRS 30.B45) und nicht dem aktuellen IFRS-Stand entspricht.

217 Dies führt im Ergebnis zu einer ähnlichen Behandlung wie bei der Abbildung der Aufstockung ohne Statuswechsel nach der Erwerbsmethode (Rz 194ff.) und zu **erheblichem Aufwand** durch die getrennte Behandlung der GoF und stillen Reserven der einzelnen Tranchen.[129] Aus **Vereinfachungsgründen** darf daher gem. DRS 30.183 beim Übergang auf die VollKons jedoch auch auf eine Zwischenergebniseliminierung für das zuvor einbezogene Altvermögen verzichtet werden, wenn die damit verbundene Verzerrung des Vermögens- und Erfolgsausweises unwesentlich ist. Dies ist etwa dann der Fall, wenn im Zuge der Neubewertung für das hinter den Altanteilen stehende Vermögen stille Reserven aufgedeckt wurden, deren Abschreibungsdauer nicht wesentlich länger als die des im Fall einer Zwischenergebniseliminierung sonst entstandenen GoF wäre (E-DRS 30.183).

218 Ein TU könnte aufgrund eines der Wahlrechte des § 296 HGB bislang nicht in den KA einbezogen sein. In diesem Fall wäre bei der **erstmaligen Einbeziehung des bestehenden TU** der Zeitpunkt der erstmaligen Einbeziehung für die Wertansätze im Rahmen der KapKons maßgeblich. Bei einem **Aufwärtswechsel** würde eine Fortschreibung der Werte aus zurückliegenden at equity-Bewertungen eines Teils der Anteile jedoch letztlich gegen die explizite Konkretisierung des Neubewertungszeitpunkts nach § 301 Abs. 2 HGB verstoßen. Daher sind die hinzu erworbenen Anteile zusammen mit dem Wert der Altanteile mit dem zum Zeitpunkt der TU-Werdung neu bewerteten anteiligen EK des TU zu verrechnen (DRS 8.33 i. V. m. DRS 4.9 und E-DRS 30.181). Allerdings sollen zukünftig nach dem Willen des DRSC die dabei aufgedeckten stillen Reserven und stillen Lasten für die Altanteile erfolgsneutral zugunsten des GoF bzw. des passiven Unterschiedsbetrags eliminiert werden, was letztlich dem kritisch gesehenen[130] Vorgehen bei einer Kapitaländerung ohne Kontrollwechsel nach der Erwerbsmethode entspricht und zu mindestens zwei hinsichtlich Höhe und Abschreibungsdauer unterschiedlichen Anteilen an stillen Reserven bzw. stillen Lasten pro neubewertetem VG bzw. neubewerteter Schuld führt und die FolgeKons unnötig verkompliziert.

219 Eine wie vom DRSC in E-DRS 30.184 als technisch zulässig erachtete **tranchenweise Kons.** wird in der Literatur kritisch gesehen.[131] Im Rahmen der tranchenweisen Kons. wird bei einem Übergang von der Quotenkonsolidierung auf die Vollkonsolidierung für die Altanteile die bisherige KapitalKons fortgeführt und lediglich für die hinzuerworbenen Anteile eine ErstKons zum Erwerbszeitpunkt durchgeführt (E-DRS 30.184).

220 Analog hat beim **Abwärtswechsel** (Übergang von der VollKons auf die QuotenKons gem. § 310 HGB oder auf die at equity-Bewertung gem. § 312 HGB) nach dem Gesetzeswortlaut ebenfalls formal eine erneute Erwerbsbilanzierung auf den Zeitpunkt des Statuswechsels zu erfolgen. E-DRS 30.186 fordert dagegen in Fortführung der Regelungen des DRS 4.49ff., dass die bislang im Rahmen der Voll-

---

[129] Vgl. zu konkreten Beispielen *Müller/Reinke*, StuB 2015, S. 408ff.
[130] Vgl. *Müller/Reinke*, StuB 2015, S. 380.
[131] Vgl. *Hoffmann/Lüdenbach*, NWB Bilanzkommentar, 6. Aufl., 2014, § 301 HGB, Rz. 110; *Förschle/Deubert*, in Beck´scher Bilanz-Kommentar, 9. Aufl. 2014, § 301 HGB, Rz 126; *Leinen*, in *Kessler/Leinen/Strickmann (Hrsg.)*, Leitfaden BilMoG, 2009, S. 603f.; *Oser/Roß/Wader/Drögemüller*, WPg 2008, S. 691.

Kons vorgenommenen Konsolidierungsmaßnahmen nunmehr ohne Neubewertung quotal fortzuführen sind, und E-DRS 30.187, dass das nach einer VollKons verbleibende entsprechende Reinvermögen eines assoziierten Unt zu Konzernbuchwerten im Zeitpunkt des Abgangs als AK der Beteiligung anzunehmen ist. Das DRSC begründet die vom Gesetz abweichende Regelung gut nachvollziehbar: Der Sinn und Zweck einer vollständigen Erwerbsbilanzierung ist nur dann plausibel, wenn ein GemUnt oder ein ass. Unt erstmals in den KA einbezogen wird, also erstmals eine **gemeinsame Führung erfolgt** oder ein **maßgeblicher Einfluss auf die Geschäfts- und Finanzpolitik** ausgeübt wird. Dies sei aber bei der ÜbergangsKons gerade nicht der Fall. Da die Beherrschungsmöglichkeit der Geschäfts- und Finanzpolitik i. S. d. § 290 HGB, die bis zum Statuswechsel bestanden hat, die Einflussmöglichkeiten auf GemeinschaftsUnt oder ass. Unt mit umfasst, sei daher anlässlich des Statuswechsels **keine neuerliche Zeitwertbewertung** für das anteilig auf die im Konzern verbleiben Anteile entfallende Reinvermögen erforderlich (E-DRS 30.B46). Konkret sind die ausstehenden stillen Reserven und Lasten auf der Basis der Neubewertung bei damaligem Einbezug in den KA in die für die at equity-Bewertung notwendige Nebenrechnung zu überführen. Die abgehenden Anteile werden dagegen erfolgswirksam entkonsolidiert.

221

Nach internationaler Rechnungslegung hat der Erwerber gem. IFRS 3.42 (2008) seinen zuvor an dem erworbenen Unt gehaltenen EK-Anteil zu dem zum Erwerbszeitpunkt geltenden beizulegenden Zeitwert neu zu bestimmen und den daraus resultierenden Gewinn bzw. Verlust erfolgswirksam zu erfassen. Der GoF ist nach IFRS 3.32a (2008) dann unter Berücksichtigung der zum Fair Value bewerteten Altanteile zu berechnen.

222

## 8.5 Konsolidierung bei konzerninternen Umwandlungen

Bei konzerninternen Umwandlungen ist von rein rechtlichen Änderungen innerhalb des KonsKreises auszugehen, die wirtschaftlich für die Abb. der fiktiven Einheit „Konzern" keine Relevanz haben.[132] Daher sind Effekte aus Aufspaltungen, Verschmelzungen o. Ä. im Rahmen der Vereinheitlichung der jeweiligen JA der TU vor der Kons. zu korrigieren (E-DRS 30.165). Somit werden etwaige Verschmelzungsverluste oder -gewinne eliminiert. Sollten noch Unterschiedsbeträge aus der ErstKons vorhanden sein, so sind diese auch nach der juristischen Maßnahme unverändert fortzuführen und entsprechend der ursprünglichen Ausgestaltung zu behandeln.[133]

223

## 8.6 Konsolidierung im mehrstufigen Konzern

Der Gesetzgeber hat im HGB hinsichtlich der Regelungen für die KapKons explizit nur einstufige Konzerne behandelt. In der Praxis sind aber häufig **mehrstufige Konzerne** anzutreffen, d. h., ein TU ist gleichzeitig selbst MU eines anderen TU. In diesen Fällen wird aus Sicht des obersten MU von einem EnkelUnt gesprochen. Da

224

---

[132] Vgl. *Förschle/Deubert*, in Beck Bil-Komm. 9. Aufl., § 301 HGB, Rz 291, *Hoffmann/Lüdenbach*, NWB-Kommentar Bilanzierung, 6. Aufl. 2014, § 301 Rz 126.
[133] Vgl. *Baetge/Zülch*, in Baetge/Kirsch/Thiele, Bilanzrecht, Stand 8/2010, § 301 HGB, Rz 442.

auch dieses Unt als verbundenes Unt des MU gilt, da es von dem MU beherrscht werden kann, muss es auch in den KA des MU konsolidiert werden.

Folgendes Beispiel soll für die Erläuterungen herangezogen werden:

**Beispiel**
**Mehrstufiger Konzern**
Die M-GmbH erwirbt im Gj 01 80 % an der T-GmbH, die seit mehreren Jahren 60 % der Anteile an der E-GmbH hält. Die Bilanzen haben zum Ende des Gj 01 folgendes Aussehen (in TEUR), wobei latente Steuern von 50 % bei der Auflösung der stillen Reserven berücksichtigt wurden.

| (in TEUR) | M-GmbH HB II | T-GmbH HB II | HB III | E-GmbH HB II | HB III |
|---|---|---|---|---|---|
| (sonstiges) AV | 100 | 100 | 160 | 100 | 200 |
| Anteile an verb. Unt. | | | | | |
| M an T | 100 | | | | |
| T an E | | 100 | 100 | | |
| Umlaufvermögen | 160 | 100 | 100 | 100 | 100 |
| Summe Aktiva | 360 | 300 | 360 | 200 | 300 |
| EK | 150 | 50 | 80 | 100 | 150 |
| FK | 210 | 250 | 280 | 100 | 150 |
| Summe Passiva | 360 | 300 | 360 | 200 | 300 |

225 Als unterschiedliche Möglichkeiten der KapKons mehrstufiger Konzerne kommen die SimultanKons und die KettenKons in Betracht.[134] E-DRS 30.191 lässt grundsätzlich beide Varianten zu, präferiert aber die KettenKons. Zudem wird mit E-DRS 30.193 für die KonsMethode gefordert, dass stets sichergestellt ist, dass Unterschiedsbeträge unterer Konzernstufen nicht saldiert werden. Bei der **SimultanKons** werden alle Unt gleichzeitig in einer Summenbilanz zusammengefasst und für jedes einzelne eine Kons. mithilfe des Gleichungs- oder Matrizenverfahrens vorgenommen. Beim Gleichungsverfahren wird der gesamte Unterschiedsbetrag aus der KapKons bei einem zweistufigen Konzern unter Beachtung der indirekten Anteile der Minderheitsanteilseigner (§ 307 Rz 29ff.) mit folgender Formel errechnet, wobei die Werte des Beispiels eingefügt wurden:[135]

| | Beteiligungsbuchwert des TU in der Einzelbilanz der Mutter | 100 |
|---|---|---|
| – | Beteiligungsquote des MU am TU × neubewertetes EK des TU | 64 |
| + | Beteiligungsquote des MU am TU × Beteiligungsbuchwert des EnkelUnt in der Bilanz der Tochter | 80 |
| – | Beteiligungsquote des MU am TU × Beteiligungsquote des TU am EnkelUnt × neubewertetes EK des EnkelUnt | 72 |
| = | Gesamter Unterschiedsbetrag aus der KapKons | 44 |

Tab. 11: Ableitung des gesamten Unterschiedsbetrags eines zweistufigen Konzerns über das Gleichungsverfahren

---

[134] Vgl. *Förschle/Deubert*, in Beck Bil-Komm. 9. Aufl., § 301 HGB, Rz 371.
[135] Vgl. *Baetge/Kirsch/Thiele*, Konzernbilanzen, 2013, S. 393.

Die Anteile anderer Gesellschafter sind unter Berücksichtigung der indirekten Anteile wie folgt zu ermitteln, wobei die indirekten Anteile der anderen Gesellschafter des TU zu berechnen sind mit der Beteiligungsquote anderer Gesellschafter des TU × Beteiligungsquote des TU am EnkelUnt (hier 20 % × 60 % = 12 %):

|   | | |
|---|---|---|
|   | Direkte Beteiligungsquote der Anteile anderer Gesellschafter am TU × neubewertetes EK des TU | 16 |
| + | Indirekte Beteiligungsquote der Anteile anderer Gesellschafter des TU am EnkelUnt × neubewertetes EK des EnkelUnt | 18 |
| + | Direkte Beteiligungsquote der Anteile anderer Gesellschafter am EnkelUnt × neubewertetes EK des EU | 60 |
| = | Direkte Beteiligung der Anteile anderer Gesellschafter am TU × Buchwert der Beteiligung des TU am EnkelUnt | 20 |
| = | Anteile anderer Gesellschafter | 74 |

Tab. 12: Ableitung der Anteile anderer Gesellschafter eines zweistufigen Konzerns über das Gleichungsverfahren

Zur Diskussion der Berücksichtigung der indirekten Anteile bei der Berechnung der Anteile anderer Gesellschafter vgl. mit weiterem Beispiel § 307 Rz 30 ff.

Bei **weiteren Konzernstufen** bietet sich die Matrizenrechnung als mathematisches Verfahren an. Dieses pragmatische Verfahren wurde in der Vergangenheit deshalb abgelehnt, weil die Unterschiedsbeträge auf den jeweiligen Konsolidierungsstufen nicht ersichtlich sind. Diese waren aber notwendig, um die Anschaffungskostenrestriktion auf den Zwischenebenen nicht zu verletzen und die auf den jeweiligen Ebenen höchstens auflösbaren stillen Reserven zu ermitteln. Inzwischen besteht diese Notwendigkeit nicht mehr, sodass das Verfahren grds. angewandt werden kann.[136] Allerdings werden nicht nur für die Steuerung der einzelnen Konzernteileinheiten keine weiteren Informationen geliefert, sondern es kann auch zu einer nicht gesetzeskonformen Vermengung von GoF und passivischem Unterschiedsbetrag aus der KapKons kommen.[137]

**226**

Die daher genauere und von der Literatur ganz überwiegend und auch E-DRS 30 präferierte[138] **KettenKons** unterstellt die hierarchisch aufwärtsgerichtete Kons. in jeweils nacheinander durchzuführenden Einzelschritten bis zur Konzernspitze. Für jede Stufe kommt es somit zur Erstellung eines (vereinfachten) KA, der wiederum Ausgangsbasis für die nächsthöhere Konsolidierungsstufe und den dort zu erstellenden (vereinfachten) KA ist. Mit diesem Verfahren werden damit auch Informationen für die **interne Konzernsteuerung** generiert. Die KA sind insoweit vereinfacht, als dass die Minderheitsanteile an dem TU ausgewiesen werden müssen und nicht EK für die nächsthöhere Stufe darstellen (E-DRS 30.192).

**227**

---

[136] Vgl. *Baetge/Zülch*, in *Baetge/Kirsch/Thiele*, Bilanzrecht, § 301 HGB, Rz 420, Stand 8/2010.
[137] Vgl. *Förschle/Deubert*, in Beck Bil-Komm. 9. Aufl., § 301 HGB, Rz 371.
[138] Vgl. etwa *Busse von Colbe*, in MünchKomm HGB, 3. Aufl., § 301 Rz 134 ff.; *Förschle/Hoffmann*, in Beck Bil-Komm. 9. Aufl., § 301 HGB, Rz 371.

## Beispiel
## Kettenkonsolidierung

Für das Beispiel ergibt sich folgendes Schema:

| | T-G-mbH | E-G-mbH | Konsolidierung | | Zwischen-KA (T und E) | M-G-mbH | Konsolidierung | | KA |
|---|---|---|---|---|---|---|---|---|---|
| | HB III | HB III | S | H | | | S | H | |
| GoF | | | (1) 8 | | 8 | | (4) 36 | | 44 |
| (sonstiges) AV | 160 | 200 | | | 360 | 100 | | | 460 |
| Anteile an verb. Unt. | | | | | 0 | | | | 0 |
| M an T | | | | | 0 | 100 | | (4) 100 | 0 |
| T an E | 100 | | | (1) 80 (2) 20 | 0 | | | | 0 |
| Umlaufvermögen | 100 | 100 | | | 200 | 160 | | | 360 |
| Summe Aktiva | 360 | 300 | | | 568 | 360 | | | 864 |
| EK | 80 | 150 | (1) 72 (3) 78 | | 80 | 150 | (4) 64 (5) 16 | | 150 |
| Anteile and. Ges. | | | (2) 20 | (3) 78 | 58 | | | (5) 16 | 74 |
| FK | 280 | 150 | | | 430 | 210 | | | 640 |
| Summe Passiva | 360 | 300 | | | 568 | 360 | | | 864 |

Konkret sind folgende Buchungen durchzuführen:

Zunächst muss auf der Ebene von T ein Zwischenabschluss durch Einbezug der E erstellt werden, wobei dies aber keinen Teilkonzernabschluss darstellt,[139] da die Erstellung nur aus der Sicht des MU erfolgt. So ist der Beteiligungsbuchwert aufzuteilen in den Anteil der Eigentümer des MU (80 %) und der Anteil anderer Gesellschafter des TU (20 %). Unter Verzicht des Zwischenbuchungssatzes mit Ermittlung des Unterschiedsbetrags ergibt sich daher Buchung 1:

| Datum | Konto | Soll | Haben |
|---|---|---|---|
| | EK (E) | 72 TEUR | |
| | GoF (Zwischenabschluss) | 8 TEUR | |
| | Beteiligungsbuchwert (T) | | 80 TEUR |

---

[139] Vgl. *Baetge/Kirsch/Thiele*, Konzernbilanzen, 2013, S. 380 ff.

Buchungssatz 2 verrechnet den direkten Anteil anderer Gesellschafter mit den auszuweisenden Anteilen anderer Gesellschafter, damit es nicht zu einem Doppelausweis kommt:

| Datum | Konto | Soll | Haben |
|---|---|---|---|
| | Anteile anderer Gesellschafter (E) | 20 TEUR | |
| | Beteiligungsbuchwert (T) | | 20 TEUR |

Schließlich ist das verbleibende EK der E-GmbH in Anteile anderer Gesellschafter umzugliedern (Buchungssatz 3):

| Datum | Konto | Soll | Haben |
|---|---|---|---|
| | EK (E) | 78 TEUR | |
| | Anteile anderer Gesellschafter (Zwischenabschluss) | | 78 TEUR |

Durch Addition entsteht dann der Zwischenabschluss, der zu ergänzen ist um die Bilanz des MU und die auf dieser Ebene notwendigen Konsolidierungen. In Buchungssatz 4 erfolgt die Aufrechnung des Beteiligungsbuchwerts mit dem anteiligen neubewerteten EK mit Ermittlung des GoF:

| Datum | Konto | Soll | Haben |
|---|---|---|---|
| | EK (Zwischenabschluss) | 64 TEUR | |
| | GoF (KA) | 36 TEUR | |
| | Beteiligungsbuchwert (M) | | 100 TEUR |

Schließlich sind die verbleibenden EK-Beträge in Anteile anderer Gesellschafter umzubuchen (Buchungssatz 5):

| Datum | Konto | Soll | Haben |
|---|---|---|---|
| | EK (Zwischenabschluss) | 16 TEUR | |
| | Anteile anderer Gesellschafter (KA) | | 16 TEUR |

In dem KA sind nun die beiden Unt so abgebildet, als wäre es ein einziges Unt.

Sollte auf einer der Ebenen ein passivischer Unterschiedsbetrag entstehen, so ist dieser gesondert auszuweisen, eine Verrechnung mit dem GoF ist nicht erlaubt. Bei der FolgeKons sind die aufgedeckten stillen Reserven zusammen mit den gebildeten passiven latenten Steuern ergebniswirksam aufzulösen, wobei bei der Neubewertungsmethode die Beträge allen Anteilseignern zuzurechnen sind. Die Abschreibungen des GoF sind ebenfalls erfolgswirksam zu erfassen, wobei diese nur den Anteilseignern des MU zuzurechnen sind. **228**

## 9 Änderungen durch das BilRUG

Mit dem BilRUG wird für Gj ab 2016 die vermeintliche Erleichterung – im Ergebnis jedoch teilweise erschwerend wirkende Regelung – im Rahmen der Verpflichtung zur Neubewertung auf den Zeitpunkt der erstmaligen Einbeziehung in einen pflichtgemäß zu erstellenden KA relativiert (Rz 98 ff.), indem Abs. 2 Satz 3 bis 5 wie folgt gefasst werden: **229**

> **§ 301 Abs. 2 Satz 3–5 HGB nF**
> Stellt ein Mutterunternehmen erstmalig einen Konzernabschluss auf, sind die Wertansätze zum Zeitpunkt der Einbeziehung des Tochterunternehmens in den Konzernabschluss zugrunde zu legen, soweit das Tochterunternehmen nicht in dem Jahr Tochterunternehmen geworden ist, für das der Konzernabschluss aufgestellt wird. Das gleiche gilt für die erstmalige Einbeziehung eines Tochterunternehmens, auf die bisher gem. § 296 verzichtet wurde. In Ausnahmefällen dürfen die Wertansätze nach Satz 1 auch in den Fällen der Sätze 3 und 4 zugrunde gelegt werden; dies ist im Konzernanhang anzugeben und zu begründen.

Somit verschiebt sich die Neubewertung auf die erstmalige **Aufstellung eines freiwilligen KA**, wobei jedoch die Regeln des HGB dabei zu beachten sind. Eine spätere Konsolidierungspflicht verändert die Wertansätze dann nicht, da diese einfach fortgeführt werden. Eine erneute Neubewertung ist damit überflüssig. Dies war auch bisher bereits hM und findet sich auch in E-DRS 30.15, wird nun aber auch explizit im Gesetzestext so geregelt.

Zum Abschluss des Gesetzgebungsprozesses wurde dann noch das Wahlrecht eingefügt, dass statt der Verschiebung des Neubewertungszeitpunkts in Ausnahmefällen auch eine Bewertung zu dem Zeitpunkt erfolgen darf, an dem das TU ein solches geworden ist. Dies ist letztlich der angestrebten Vereinfachung geschuldet. So sollte es für im laufenden Gj erfolgende Erwerbe von TU beim Regelfall des § 301 Abs. 1 HGB bleiben. Auch kann es Fälle geben, in denen in den Unterlagen der Buchführung frühere Wertansätze vorhanden sind, was insbesondere der Fall sein dürfte bei vormaliger Nutzung der Befreiungen aus §§ 291 oder 292 HGB. Hier fehlte es zwar formal an einem KA des MU, da aber das übergeordnete MU das TU bereits konsolidieren musste, sollten die Bewertungen des TU vorliegen. Für diese Fälle hat der Gesetzgeber nun eine eng begrenzte Ausnahmemöglichkeit mit Rückkehr zur Bewertung zum Zeitpunkt des Erwerbs des TU geschaffen, deren Anwendung aber im Konzernanhang anzugeben und zu erläutern ist.

230 In Abs. 3 Satz 2 wird das Wort „Anhang" durch das Wort „Konzernanhang" ersetzt, was als **Beseitigung eines Redaktionsversehens** anzusehen ist.

# § 303 SCHULDENKONSOLIDIERUNG

(1) Ausleihungen und andere Forderungen, Rückstellungen und Verbindlichkeiten zwischen den in den Konzernabschluß einbezogenen Unternehmen sowie entsprechende Rechnungsabgrenzungsposten sind wegzulassen.
(2) Absatz 1 braucht nicht angewendet zu werden, wenn die wegzulassenden Beträge für die Vermittlung eines den tatsächlichen Verhältnissen entsprechenden Bildes der Vermögens-, Finanz- und Ertragslage des Konzerns nur von untergeordneter Bedeutung sind.

PROF. DR. HARALD KESSLER/PROF. DR. AXEL KIHM, CPA/DR. MARKUS LEINEN

Inhaltsübersicht                                                              Rz
1 Überblick ............................................                     1–7
   1.1 Inhalt und Anwendungsbereich ...................                      1–6
   1.2 Normenzusammenhang .........................                           7
2 Anwendungsfälle der Schuldenkonsolidierung ............                   8–15
3 Behandlung von Aufrechnungsdifferenzen ...............                   16–23
   3.1 Grundlagen ....................................                     16–21
   3.2 Fallbeispiele ..................................                    22–23
       3.2.1 Fallbeispiel 1: Schuldenkonsolidierung ohne Beteiligung von Minderheiten ...................   22
       3.2.2 Fallbeispiel 2: Schuldenkonsolidierung mit Beteiligung von Minderheiten ...................    23
4 Schuldenkonsolidierung und Währungsumrechnung .........                  24–27

**Ergänzendes Schrifttum**
*Bieg/Kußmaul*, Externes Rechnungswesen, 6. Aufl. 2012; *Coenenberg/Haller/Schulze*, Jahresabschluss und Jahresabschlussanalyse: Betriebswirtschaftliche, handelsrechtliche, steuerrechtliche und internationale Grundsätze – HGB, IFRS, US-GAAP, DRS, 23. Aufl. 2014; *Kessler/Strickmann*, Konzernrechnungslegung und Konzernbilanzpolitik nach HGB, DRS und IFRS, in *Küting* (Hrsg.), Saarbrücker Handbuch der Betriebswirtschaftlichen Beratung, 2008, S. 831; *Küting/Weber*, Der Konzernabschluss, 13. Aufl. 2012

## 1 Überblick

### 1.1 Inhalt und Anwendungsbereich

Gegenstand der **SchuldenKons** ist gem. § 303 Abs. 1 HGB die **Aufrechnung** der zwischen den in den **KA** einbezogenen Unt bestehenden **Ansprüche** und **Verpflichtungen**. Die Eliminierung dieser innerkonzernlichen Schuldverhältnisse trägt der Tatsache Rechnung, dass der Konzern als fiktives einheitliches Unt nur Forderungen und Verbindlichkeiten gegenüber fremden Dritten, nicht jedoch gegenüber sich selbst haben kann; diese Anordnung geht letztlich auf den in § 297 Abs. 1 Satz 1 HGB kodifizierten Einheitsgrundsatz zurück.   1

**2** Ebenso wie die KapKons soll auch die SchuldenKons eine Verlängerung der Konzernbilanz als Folge von Doppelzählungen beim **Vermögen und Kapital** vermeiden. Abb. 1 zeigt die Einordnung der SchuldenKons in die zur Realisierung des Einheitsgrundsatzes notwendigen Konsolidierungsmaßnahmen.

Abb. 1: Einordnung der Schuldenkonsolidierung

**3** Die SchuldenKons gem. § 303 HGB ist verpflichtend anzuwenden bei der Erstellung von KA im Wege der **VollKons**. Dies gilt über §§ 340i und 341j HGB auch für KA von **Kreditinstituten** und **VersicherungsUnt** sowie über § 13 Abs. 2 PublG für KA nach dem **PublG**. Nach § 310 Abs. 2 HGB gelten die Vorschriften zur SchuldenKons für **quotal** in den KA einbezogene GemeinschaftsUnt entsprechend. Für nach der **Equity-Methode** im KA abgebildete Unt (§ 312 HGB) sieht das HGB ebenso wie DRS 8 keine Verpflichtung zur SchuldenKons vor. Im Falle einer langfristigen beteiligungsähnlichen Forderung eines KonzernUnt gegenüber einem assoziierten Unt wird vorgeschlagen, durch die den *Equity*-Wertansatz erhöhende SchuldenKons das Verrechnungsvolumen für anteilig auf den Konzern entfallende Verluste zu erhöhen, um ein vorzeitiges Aussetzen der *Equity*-Fortschreibung zu verhindern.[1] Die ansonsten notwendige Überlegung zur Werthaltigkeit der beteiligungsähnlichen Forderung geht damit in der *Equity*-Fortschreibung auf.

**4** Nach § 306 HGB sind für aus Konsolidierungsmaßnahmen entstehende Differenzen zwischen den handelsrechtlichen Wertansätzen von VG, Schulden oder RAP und deren steuerlichen Wertansätzen latente Steuern zu bilden, sofern sich die Bewertungsunterschiede in späteren Perioden voraussichtlich wieder ausgleichen. Stehen sich eine zu eliminierende Forderung und Verbindlichkeit in gleicher Höhe gegenüber, hat die SchuldenKons keinen Einfluss auf das Nettovermögen im Konzern. Die Bildung latenter Steuern scheidet aus. Fallen die zu eliminierende Forderung und Verbindlichkeit betragsmäßig hingegen auseinander, sind im Rahmen der SchuldenKons regelmäßig latente Steuern zu berücksichtigen (vgl. § 306 Rz 10).

**5** Sind Abschlüsse in **ausländischer Währung** in den KA einzubeziehen, erfolgt eine Umrechnung der für die SchuldenKons relevanten Bilanzpositionen gem. dem neu eingefügten § 308a HGB nach der **modifizierten Stichtagskursmethode**.

**6** § 303 Abs. 2 HGB betont ausdrücklich die Geltung des **Wesentlichkeitsgrundsatzes** für die SchuldenKons. Danach müssen konzerninterne Ansprüche und Verpflichtungen nicht gegeneinander aufgerechnet werden, „wenn die wegzulassenden Beträge für die Vermittlung eines den tatsächlichen Verhältnissen entsprechenden Bildes der VFE-Lage des Konzerns nur von untergeordneter Be-

---

[1] Vgl. *Förschle/Deubert*, in Beck Bil-Komm. 9. Aufl., § 303, Rz 2.

deutung sind". Die Beurteilung der **untergeordneten Bedeutung** kann nicht isoliert oder nach allgemein gültigen Grundsätzen erfolgen, sondern muss einer Gesamtbetrachtung genügen, bei der bspw. auf die Relation zur Bilanzsumme, zu den Umsatzerlösen oder zum Konzernergebnis abgestellt wird. Bei der Ausübung des **Konsolidierungswahlrechts** ist das **Stetigkeitsgebot** des § 297 Abs. 3 Satz 2 HGB zu beachten.

### 1.2 Normenzusammenhang

Die SchuldenKons gem. § 303 HGB ist – wie die KapKons gem. § 301 HGB, die Behandlung der Zwischenergebnisse gem. § 304 HGB und die Aufwands- und ErtragsKons gem. § 305 HGB – eine Folge des in § 297 **Abs. 1 Satz 1 HGB** verankerten Einheitsgrundsatzes. Sofern Forderungen und Schulden erfolgswirksam konsolidiert werden, können latente Steuern i. S. d. § 306 HGB anfallen; des Weiteren sind insb. die Regelungen zur einheitlichen Bewertung (§ 308 HGB) und zur Währungsumrechnung (§ 308a HGB) zu beachten. Sowohl § 13 **Abs. 2 PublG** als auch branchenspezifisch die §§ **340i** und **341j HGB** verweisen (ebenfalls) auf § 303 HGB.

7

## 2 Anwendungsfälle der Schuldenkonsolidierung

Die SchuldenKons erschöpft sich nicht in der Aufrechnung konzerninterner Forderungen und Verbindlichkeiten. Gegenstand dieser Konsolidierungsmaßnahme sind vielmehr **alle Bilanzposten des Summenabschlusses** sowie **Angabepflichten**, die das Ergebnis von Schuldverhältnissen zwischen den in den KA einbezogenen Unt sind. Sprachlich genauer geht es damit bei der SchuldenKons um eine Kons. sämtlicher **innerkonzernlicher Ansprüche und Verpflichtungen**. Die Notwendigkeit einer SchuldenKons kann sich damit bspw. auch bei den nachfolgend aufgeführten Sachverhalten ergeben.

8

9

– **Ausstehende Einlagen:** Gegenstand der SchuldenKons können nur eingeforderte ausstehende Einlagen auf das gezeichnete Kapital gegenüber in den KA einbezogenen Unt sein. Einzahlungsforderungen gegenüber konzernfremden Dritten sind unverändert in den KA zu übernehmen. Nicht eingeforderte Beträge auf das gezeichnete Kapital sind vom Posten gezeichnetes Kapital offen abzusetzen. Sie können nicht Gegenstand der SchuldenKons sein. Soweit sie gegenüber in den KA einbezogenen Unt bestehen, korrigieren sie das in die KapKons einzubeziehende Kapital (vgl. § 301 Rz 45).

10

– **Anleiheverbindlichkeiten:** Hält ein in den KA einbezogenes Unt in seinem Wertpapierbestand von anderen KonzernUnt emittierte Anleihen, liegen innerkonzernliche Kreditverhältnisse vor, die grds. zu eliminieren sind. Zurückerworbene Anleihen sind nach verbreiteter Auffassung nur dann mit der passivierten Anleiheschuld zu saldieren, wenn die Wertpapiere nicht mehr an Dritte veräußert werden können.[2] Eine SchuldenKons ist daher nur vorzunehmen, wenn und soweit die von einem einbezogenen Unt gehaltenen Anleihen nicht wieder in den Verkehr gebracht werden können.

11

---

[2] Vgl. *Busse v. Colbe/Ordelheide/Gebhardt/Pellens*, Konzernabschlüsse, 9. Aufl., Wiesbaden 2010, S. 360.

12 – **Geleistete und erhaltene Anzahlungen:** Geleistete und erhaltene Anzahlungen zwischen in den KA einbezogenen Unt unterliegen der Eliminierungspflicht.
13 – **Rückstellungen:** Besteht eine **Verbindlichkeits-RST** gegenüber einem anderen in den KA einbezogenen Unt, ist die RST regelmäßig zu eliminieren. Etwas anderes gilt dann, wenn die ursprünglich gegenüber einem konsolidierten Unt eingegangene Verpflichtung am Bilanzstichtag (auch) gegenüber Dritten besteht, materiell also eine Außenverpflichtung vorliegt. Zu denken ist bspw. an passivierte Gewährleistungsverpflichtungen für Produkte, die unter Einschaltung eines weiteren KonzernUnt an Dritte verkauft wurden, oder an Drohverlust-RST für konzerninterne Lieferungen, die Teil eines Reihengeschäfts sind, das aus Konzernsicht mit einem fremden Dritten eingegangen wurde. Sind in den EA der zu konsolidierenden Unt **Aufwands-RST** i.S.d. § 249 Abs. 1 Satz 2 HGB ausgewiesen, dürfen diese nicht eliminiert werden, soweit für die betreffenden Innenverpflichtungen auch aus Konzernsicht Passivierungspflicht besteht. Dazu gehören bspw. RST für unterlassene Aufwendungen für Instandhaltung, die innerhalb von drei Monaten nach dem Abschlussstichtag nachgeholt werden. Entsprechendes gilt für vergleichbare konzerninterne Verbindlichkeits-RST, die aus Gesamtkonzernsicht den Charakter einer passivierungspflichtigen Aufwands-RST annehmen (z.B. Instandhaltungs-RST, die auf einem Pachtvertrag zwischen einbezogenen Unt beruhen).
14 – **Eventualschulden, Haftungsverhältnisse und sonstige finanzielle Verpflichtungen:** Beruhen nach § 251 HGB unter der Bilanz anzugebende Haftungsverhältnisse (z.B. Verbindlichkeiten aus der Begebung oder Übertragung von Wechseln) sowie die nach § 285 Nr. 3a HGB anzugebenden sonstigen finanziellen Verpflichtungen auf einer Rechtsbeziehung mit einem anderen KonzernUnt, unterliegen diese der SchuldenKons. D.h., die Angabe ist nicht in den KA zu übernehmen.
15 – **Drittschuldverhältnisse:** Ein Drittschuldverhältnis liegt vor, wenn ein in den KA einbezogenes Unt eine Forderung gegen einen konzernfremden Dritten ausweist, der seinerseits eine Forderung gegen ein anderes KonzernUnt hat. Gegenüber dem konzernfremden Dritten ist der Konzern damit sowohl Schuldner als auch Gläubiger. Eine Kons. von Drittschuldverhältnissen kommt nicht in Betracht, da § 303 HGB nur auf konzerninterne Ansprüche und Verpflichtungen abstellt.[3]

## 3 Behandlung von Aufrechnungsdifferenzen

### 3.1 Grundlagen

16 Bei der Kons. von konzerninternen Kreditverhältnissen, die sich wenigstens in einer Bilanz eines einzubeziehenden Unt niedergeschlagen haben, ist zwischen einer **erfolgsneutralen** und einer **erfolgswirksamen** SchuldenKons zu unterscheiden. Stehen sich die eliminierungspflichtigen Ansprüche und Verpflichtungen betragsgleich gegenüber, führt ihre Kons. zu einer erfolgsneutralen Kürzung der

---

[3] *Hoffmann/Lüdenbach* halten eine Aufrechnung für zulässig, wenn durch eine konzerninterne Forderungsabtretung an das verpflichtete KonzernUnt eine zivilrechtliche Aufrechnungslage nach § 387 BGB hergestellt werden könnte; vgl. *Hoffmann/Lüdenbach*, NWB-Kommentar Bilanzierung, 6. Aufl., 2015, § 303 Rz 11.

Konzernbilanzsumme. Häufig sind die aufzurechnenden Komponenten jedoch in unterschiedlicher Höhe in den Einzelbilanzen erfasst, sodass die SchuldenKons zu Aufrechnungsdifferenzen führt.

Mögliche **Ursachen** hierfür sind: 17
1. fehlerhafte Buchungen;
2. systembedingte, zeitverschobene Erfassung von Geschäftsvorfällen bei den konsolidierten Unt (z. B. Einbuchung der Forderung aus einem Versendungskauf vor dem Bilanzstichtag, Passivierung der Verbindlichkeit erst bei Erlangung des wirtschaftlichen Eigentums an der Ware im neuen Gj);
3. zeitverschobene Erfassung von Geschäftsvorfällen aufgrund unterschiedlicher Bilanzstichtage der konsolidierten Unt (nach § 299 Abs. 2 HGB darf der Abschlussstichtag eines TU oder GemeinschaftsUnt bis zu drei Monate vor dem KA-Stichtag liegen);
4. unterschiedliche Ansatz- und Bewertungsvorschriften für die eliminierungspflichtigen Ansprüche und Verpflichtungen.

In den ersten drei Fällen liegen **unechte Aufrechnungsdifferenzen** vor. Sie sind bei der Ableitung der konsolidierungsfähigen EA durch Korrektur der buchungstechnischen Unzulänglichkeiten oder durch fiktive (erfolgsneutrale oder erfolgswirksame) Anpassungsbuchungen zu beseitigen. 18

**Echte Aufrechnungsdifferenzen** beruhen auf unterschiedlichen Ansatz- und Bewertungsvorschriften für Ansprüche und Verpflichtungen. Anders als unechte Aufrechnungsdifferenzen, lassen sie sich durch organisatorische Maßnahmen im Vorfeld der Kons. wie Saldenabstimmungen, Buchungsstopp kurz vor dem Bilanzstichtag oder Vorgabe einheitlicher Bilanzstichtage für die in den KA einzubeziehenden Unt nicht vermeiden. 19

Echte Aufrechnungsdifferenzen können bspw. folgende **Ursachen** haben: 20
- RST für konzerninterne Verpflichtungen (ihnen stehen keine Aktivposten gegenüber);
- Abschreibung konzerninterner Forderungen auf einen niedrigeren beizulegenden Wert ohne entsprechende Anpassung der Verbindlichkeit beim Schuldner;
- Abzinsung unverzinslicher Darlehen beim Gläubiger auf den Barwert, während der Schuldner die entsprechende Verbindlichkeit zum Erfüllungsbetrag nach § 253 Abs. 1 Satz 2 HGB ansetzt.

Für die **Behandlung echter Aufrechnungsdifferenzen** gelten folgende Grundsätze: 21
1. Aufrechnungsdifferenzen, die im **laufenden Gj** durch einseitige **erfolgswirksame** Buchungen entstanden sind, müssen durch Stornierung des entsprechenden Erfolgs in der Summen-GuV eliminiert werden. Das führt regelmäßig zur Erfassung latenter Steuern.
2. Ebenfalls **erfolgswirksam** zu bereinigen sind sämtliche Veränderungen des Differenzbetrags aus der erstmaligen Aufrechnung in den **Folgeperioden**, die sich als Aufwand oder Ertrag in der Summen-GuV niedergeschlagen haben.
3. Aufrechnungsdifferenzen, die nicht in der Abrechnungsperiode, sondern in **Vj.** entstanden sind, sowie bereits erfolgswirksam erfasste Veränderungen dieser Differenzen sind **erfolgsneutral** (z. B. durch entsprechende Anpassung der Gewinnrücklagen) zu eliminieren. Da sie sich in der Vergangenheit auf den Konzernjahreserfolg ausgewirkt haben, dürfen sie diesen nicht ein weiteres Mal berühren.

## 3.2 Fallbeispiele

### 3.2.1 Fallbeispiel 1: Schuldenkonsolidierung ohne Beteiligung von Minderheiten

**22**

**Beispiel**
In ihrem JA zum 31.12.X1 hat die nach HGB bilanzierende M AG (MU) gegenüber ihrem TU, der T GmbH, eine RST wegen Schadensersatzes i. H. v. 400 GE gebildet. Der Steuersatz aller Unt des KonsKreis beträgt 30 %. Die Ausgangsdaten des Beispiels enthält die nachfolgende Übersicht (einschl. der Buchungen zur KapKons):

| Bilanzposten | MU | TU | Summen-abschluss | Konsolidierung S | Konsolidierung H | Konzern-abschluss |
|---|---|---|---|---|---|---|
| Bankguthaben | 800 | 200 | 1.000 | | | 1.000 |
| Beteiligung | 2.100 | – | 2.100 | | ❶ 2.100 | – |
| Sonstiges Vermögen | 7.500 | 6.000 | 13.500 | | | 13.500 |
| **Summe Aktiva** | **10.400** | **6.200** | **16.600** | | | **14.500** |
| Gezeichnetes Kapital | 2.000 | 1.500 | 3.500 | ❶ 1.500 | | 2.000 |
| Gewinnrücklage | 1.000 | 600 | 1.600 | ❶ 600 | | 1.000 |
| Jahresüberschuss | 800 | 500 | 1.300 | | | 1.300 |
| Rückstellungen | 400 | – | 400 | | | 400 |
| Sonstige Schulden | 6.200 | 3.600 | 9.800 | | | 9.800 |
| Latente Steuern | | | | | | |
| **Summe Passiva** | **10.400** | **6.200** | **16.600** | | | **14.500** |

| GuV-Posten | MU | TU | Summen-abschluss | Konsolidierung S | Konsolidierung H | Konzern-abschluss |
|---|---|---|---|---|---|---|
| Ertrag aus Rückstellungsauflösung sonstige Erträge | 18.000 | 8.000 | 26.000 | | | 26.000 |
| Aufwand aus Rückstellungsbildung sonstige Aufwendungen | 400 16.300 | – 7.200 | 400 23.500 | | | 400 23.500 |
| Steueraufwendungen | 500 | 300 | 800 | | | 800 |
| **Jahresüberschuss** | **800** | **500** | **1.300** | | | **1.300** |

**SchuldenKons zum 31.12.X1**
Zum 31.12.X1 sind die in der nachfolgenden Übersicht dargestellten Konsolidierungsbuchungen vorzunehmen:

| Bilanzposten | MU | TU | Summen-abschluss | Konsolidierung S | Konsolidierung H | Konzern-abschluss |
|---|---|---|---|---|---|---|
| Bankguthaben | 800 | 200 | 1.000 | | | 1.000 |
| Beteiligung | 2.100 | – | 2.100 | | ❶ 2.100 | – |
| Sonstiges Vermögen | 7.500 | 6.000 | 13.500 | | | 13.500 |
| **Summe Aktiva** | **10.400** | **6.200** | **16.600** | | | **14.500** |
| Gezeichnetes Kapital | 2.000 | 1.500 | 3.500 | ❶ 1.500 | | 2.000 |
| Gewinnrücklage | 1.000 | 600 | 1.600 | ❶ 600 | | 1.000 |
| Jahresüberschuss | 800 | 500 | 1.300 | | ❹ 280 | 1.580 |
| Rückstellungen | 400 | – | 400 | ❷ 400 | | 0 |
| Sonstige Schulden | 6.200 | 3.600 | 9.800 | | | 9.800 |
| Latente Steuern | | | | | ❸ 120 | 120 |
| **Summe Passiva** | **10.400** | **6.200** | **16.600** | | | **14.500** |

| GuV-Posten | MU | TU | Summen-abschluss | Konsolidierung S | Konsolidierung H | Konzern-abschluss |
|---|---|---|---|---|---|---|
| Ertrag aus Rückstellungsauflösung sonstige Erträge | – 18.000 | – 8.000 | – 26.000 | | | – 26.000 |
| Aufwand aus Rückstellungsbildung sonstige Aufwendungen | 400 16.300 | – 7.200 | 400 23.500 | | ❷ 400 | – 23.500 |
| Steueraufwendungen | 500 | 300 | 800 | ❸ 120 | | 920 |
| **Jahresüberschuss** | **800** | **500** | **1.300** | ❹ 280 | | **1.580** |

**Buchung 1:** KapKons
**Buchung 2:** Der Aufwand aus RST-Bildung des MU ist mit der gebildeten RST zu verrechnen:

| Datum | Konto | Soll | Haben |
|---|---|---|---|
| | RST | 400 | |
| | Aufwand aus RST-Bildung | | 400 |

**Buchung 3:** Da die Konsolidierungsbuchung das im KA ausgewiesene Nettovermögen im Vergleich zur Steuerbilanz erhöht, ist der ausgewiesene Steueraufwand zu niedrig. Die Anpassung erfordert daher nach § 306 HGB die erfolgswirksame Erfassung latenter Steuern von 120 (30 % von 400).

| Datum | Konto | Soll | Haben |
|---|---|---|---|
| | Latenter Steueraufwand | 120 | |
| | Passive latente Steuern | | 120 |

**Buchung 4** ist technischer Natur und berücksichtigt die nach der Doppik sich automatisch einstellende Änderung des Jahreserfolgs in der Bilanz.

Aufgrund besserer Erkenntnisse stockt die M AG die Rückstellung zum 31.12.X2 auf 450 auf. Die EA und der Summenabschluss stellen sich zum Stichtag wie folgt dar (einschl. der Buchung zur KapKons):

| Bilanzposten | MU | TU | Summen-abschluss | Konsolidierung S | Konsolidierung H | Konzern-abschluss |
|---|---|---|---|---|---|---|
| Bankguthaben | 800 | 200 | 1.000 | | | 1.000 |
| Beteiligung | 2.100 | – | 2.100 | | ❶ 2.100 | – |
| Sonstiges Vermögen | 8.700 | 6.500 | 15.200 | | | 15.200 |
| **Summe Aktiva** | **11.600** | **6.700** | **18.300** | | | **16.200** |
| Gezeichnetes Kapital | 2.000 | 1.500 | 3.500 | ❶ 1.500 | | 2.000 |
| Gewinnrücklage | 1.800 | 1.100 | 2.900 | ❶ 600 | | 2.300 |
| Jahresüberschuss | 1.150 | 500 | 1.650 | | | 1.650 |
| Rückstellungen | 450 | – | 450 | | | 450 |
| Sonstige Schulden | 6.200 | 3.600 | 9.800 | | | 9.800 |
| Latente Steuern | | | | | | |
| **Summe Passiva** | **11.600** | **6.700** | **18.300** | | | **16.200** |

| GuV-Posten | MU | TU | Summen-abschluss | Konsolidierung S | Konsolidierung H | Konzern-abschluss |
|---|---|---|---|---|---|---|
| Ertrag aus Rückstellungsauflösung sonstige Erträge | 18.000 | 8.000 | 26.000 | | | 26.000 |
| Aufwand aus Rückstellungsbildung sonstige Aufwendungen | 50 16.300 | – 7.200 | 50 23.500 | | | 50 23.500 |
| Steueraufwendungen | 500 | 300 | 800 | | | 800 |
| **Jahresüberschuss** | **1.150** | **500** | **1.650** | | | **1.650** |

Zum 31.12.X2 sind folgende Konsolidierungsbuchungen vorzunehmen:

| Bilanzposten | MU | TU | Summen-abschluss | Konsolidierung S | Konsolidierung H | Konzern-abschluss |
|---|---|---|---|---|---|---|
| Bankguthaben | 800 | 200 | 1.000 | | | 1.000 |
| Beteiligung | 2.100 | – | 2.100 | | ❶ 2.100 | – |
| Sonstiges Vermögen | 8.700 | 6.500 | 15.200 | | | 15.200 |
| **Summe Aktiva** | **11.600** | **6.700** | **18.300** | | | **16.200** |
| Gezeichnetes Kapital | 2.000 | 1.500 | 3.500 | ❶ 1.500 | | 2.000 |
| Gewinnrücklage | 1.800 | 1.100 | 2.900 | ❶❹ 720 | ❸ 400 | 2.580 |
| Jahresüberschuss | 1.150 | 500 | 1.650 | | ❻ 35 | 1.685 |
| Rückstellungen | 450 | – | 450 | ❷❸ 450 | | – |
| Sonstige Schulden | 6.200 | 3.600 | 9.800 | | | 9.800 |
| Latente Steuern | | | | ❹❺ 135 | | 135 |
| **Summe Passiva** | **11.600** | **6.700** | **18.300** | | | **16.200** |

| GuV-Posten | MU | TU | Summen-abschluss | Konsolidierung S | Konsolidierung H | Konzern-abschluss |
|---|---|---|---|---|---|---|
| Ertrag aus Rückstellungsauflösung sonstige Erträge | – 18.000 | – 8.000 | – 26.000 | | | – 26.000 |
| Aufwand aus Rückstellungsbildung sonstige Aufwendungen | 50 16.300 | – 7.200 | 50 23.500 | | ❷ 50 | – 23.500 |
| Steueraufwendungen | 500 | 300 | 800 | ❺ 15 | | 815 |
| **Jahresüberschuss** | **1.150** | **500** | **1.650** | ❻ 35 | | **1.685** |

**Buchung 1:** KapKons
**Buchung 2:** Die Aufstockung der RST ist gegen den gebuchten Aufwand aus RST-Bildung des MU zu stornieren.

| Datum | Konto | Soll | Haben |
|---|---|---|---|
| | RST | 50 | |
| | Aufwand aus RST-Bildung | | 50 |

**Buchung 3:** Da die RST i. H. v. 400 GE bereits im vergangenen Jahr erfolgswirksam eliminiert worden ist, muss die Aufrechnungsdifferenz zum Ende des Vj. per 31.12.X2 erfolgsneutral gegen die Rücklagen ausgebucht werden.

| Datum | Konto | Soll | Haben |
|---|---|---|---|
| | RST | 400 | |
| | Gewinnrücklagen | | 400 |

**Buchung 4:** Entsprechendes gilt für die Einbuchung der latenten Steuern für die Aufrechnungsdifferenz zum 31.12.X1. Auch der latente Steueraufwand darf sich nicht ein weiteres Mal auf den Jahreserfolg auswirken.

| Datum | Konto | Soll | Haben |
|---|---|---|---|
| | Gewinnrücklagen | 120 | |
| | Passive latente Steuern | | 120 |

**Buchung 5:** Die Aufstockung der latenten Steuern ist dagegen – ebenso wie die hierfür verantwortliche Eliminierungsbuchung (vgl. Buchung 2) – erfolgswirksam.

| Datum | Konto | Soll | Haben |
|---|---|---|---|
| | Latenter Steueraufwand | 15 | |
| | Passive latente Steuern | | 15 |

**Buchung 6** ist wiederum das Ergebnis der erfolgswirksamen Konsolidierungsbuchungen.

Im Verlauf des Jahrs X3 wird die Verpflichtung durch Zahlung i. H. v. 420 GE beglichen, i. H. v. 30 GE löst MU die RST auf. TU erfasst den erhaltenen Schadensersatz in den sonstigen Erträgen. Die EA und der Summenabschluss stellen sich zum Stichtag wie folgt dar:

| Bilanzposten | MU | TU | Summen-abschluss | Konsolidierung S | Konsolidierung H | Konzern-abschluss |
|---|---|---|---|---|---|---|
| Bankguthaben | 380 | 620 | 1.000 | | | 1.000 |
| Beteiligung | 2.100 | – | 2.100 | | ❶ 2.100 | – |
| Sonstiges Vermögen | 9.870 | 7.030 | 16.900 | | | 16.900 |
| **Summe Aktiva** | **12.350** | **7.650** | **20.000** | | | **17.900** |
| Gezeichnetes Kapital | 2.000 | 1.500 | 3.500 | ❶ 1.500 | | 2.000 |
| Gewinnrücklage | 2.950 | 1.600 | 4.550 | ❶ 600 | | 3.950 |
| Jahresüberschuss | 1.200 | 950 | 2.150 | | | 2.150 |
| Rückstellungen | – | – | – | | | – |
| Sonstige Schulden | 6.200 | 3.600 | 9.800 | | | 9.800 |
| Latente Steuern | | | | | | |
| **Summe Passiva** | **12.350** | **7.650** | **20.000** | | | **17.900** |

| GuV-Posten | MU | TU | Summen-abschluss | Konsolidierung S | Konsolidierung H | Konzern-abschluss |
|---|---|---|---|---|---|---|
| Ertrag aus Rückstellungsauflösung | 30 | – | 30 | | | 30 |
| sonstige Erträge | 18.000 | 8.420 | 26.420 | | | 26.420 |
| Aufwand aus Rückstellungsbildung | – | – | – | | | – |
| sonstige Aufwendungen | 16.330 | 7.020 | 23.350 | | | 23.350 |
| Steueraufwendungen | 500 | 450 | 950 | | | 950 |
| **Jahresüberschuss** | **1.200** | **950** | **2.150** | | | **2.150** |

Zum 31.12.X3 ergeben sich die folgenden Konsolidierungsbuchungen:

| Bilanzposten | MU | TU | Summen-abschluss | Konsolidierung S | Konsolidierung H | Konzern-abschluss |
|---|---|---|---|---|---|---|
| Bankguthaben | 380 | 620 | 1.000 | | | 1.000 |
| Beteiligung | 2.100 | – | 2.100 | | ❶ 2.100 | – |
| Sonstiges Vermögen | 9.870 | 7.030 | 16.900 | | | 16.900 |
| **Summe Aktiva** | **12.350** | **7.650** | **20.000** | | | **17.900** |
| Gezeichnetes Kapital | 2.000 | 1.500 | 3.500 | ❶ 1.500 | | 2.000 |
| Gewinnrücklage | 2.950 | 1.600 | 4.550 | ❶❷ 735 | ❷ 450 | 4.265 |
| Jahresüberschuss | 1.200 | 950 | 2.150 | ❻ 315 | | 1.835 |
| Rückstellungen | – | – | – | ❷ 450 | ❸ 450 | |
| Sonstige Schulden | 6.200 | 3.600 | 9.800 | | | 9.800 |
| Latente Steuern | | | | ❺ 135 | ❹ 135 | |
| **Summe Passiva** | **12.350** | **7.650** | **20.000** | | | **17.900** |

| GuV-Posten | MU | TU | Summen-abschluss | Konsolidierung S | Konsolidierung H | Konzern-abschluss |
|---|---|---|---|---|---|---|
| Ertrag aus Rückstellungsauflösung | 30 | – | 30 | ❸ 30 | | |
| sonstige Erträge | 18.000 | 8.420 | 26.420 | ❸ 420 | | 26.000 |
| Aufwand aus Rückstellungsbildung | – | – | – | | | |
| sonstige Aufwendungen | 16.330 | 7.020 | 23.350 | | | 23.350 |
| Steueraufwendungen | 500 | 450 | 950 | | ❺ 135 | 815 |
| **Jahresüberschuss** | **1.200** | **950** | **2.150** | | ❻ 315 | **1.835** |

**Buchung 1: KapKons**
**Buchung 2** eliminiert die Aufrechnungsdifferenz nach dem Stand am Ende des Vj. erfolgsneutral gegen die Rücklagen.

| Datum | Konto | Soll | Haben |
|---|---|---|---|
| | RST | 450 | |
| | Gewinnrücklagen | | 450 |

Mit **Buchung 3** ist zum einen der sonstige Ertrag des TU zu stornieren, zum anderen der Ertrag aus RST-Auflösung des MU. Da mit der Vortragsbuchung (Buchung 2) die zum 31.12.X3 im Summenabschluss nicht mehr enthaltene RST eliminiert wird, ist als Gegenposten die RST-Position anzusprechen.

| Datum | Konto | Soll | Haben |
|---|---|---|---|
| | Sonstige Erträge | 420 | |
| | Ertrag aus RST-Auflösung | 30 | |
| | RST | | 450 |

**Buchung 4** erfasst die latente Steuerverbindlichkeit des Konzerns zum Ende des Vj. Die Buchung ist ebenso wie die mit ihr korrespondierende Eliminierung der RST zum 31.12.X2 (vgl. Buchung 2) erfolgsneutral.

| Datum | Konto | Soll | Haben |
|---|---|---|---|
| | Gewinnrücklagen | 135 | |
| | Passive latente Steuern | | 135 |

**Buchung 5** berücksichtigt den latenten Steuerertrag aus dem Abbau des Bewertungsunterschieds zwischen KA und Steuerbilanz.

| Datum | Konto | Soll | Haben |
|---|---|---|---|
| | Passive latente Steuern | 135 | |
| | Steueraufwand | | 135 |

**Buchung 6** passt erneut den Jahreserfolg in der Bilanz statistisch an das Ergebnis der erfolgswirksamen Konsolidierungsbuchungen an.

### 3.2.2 Fallbeispiel 2: Schuldenkonsolidierung mit Beteiligung von Minderheiten

**Beispiel**
In ihrem EA hat die B AG zum 31.12.X1 eine Drohverlust-RST für ein mit der C AG geschlossenes, Verlust bringendes Dauerbeschaffungsgeschäft über nicht bilanzierungsfähige Leistungen i. H. v. 400 GE gebildet. Die B AG und die C AG werden in den KA der A AG einbezogen. Die A AG ist an der B AG mit 80 % und an der C AG mit 100 % beteiligt. Der Ertragsteuersatz beträgt für alle Gesellschaften 30 %. Aktive latente Steuern für erwartete Steuerentlastungen werden im KA angesetzt.
Zum 31.12.X2 beläuft sich die RST auf 250 GE. I. H. v. 200 GE wurde sie in Anspruch genommen, ein Betrag von 50 GE wurde aufgrund geänderter Marktverhältnisse zugeführt. Am 31.12.X3 ist das Dauerbeschaffungsgeschäft ausgelaufen, die zum 31.12.X2 bilanzierte RST wurde vollständig in Anspruch genommen.

**SchuldenKons zum 31.12.X1**
Zum Bilanzstichtag 31.12.X1 hat die B AG aus der Perspektive ihres EA eine RST nach § 249 Abs. 1 Satz 1 HGB i. H. v. 400 GE gebildet. Da die Drohverlust-RST steuerbilanziell keine Berücksichtigung findet, bildet die B AG für den Bewertungsunterschied zur Steuerbilanz aktive latente Steuern i. H. v. 120 GE. Der Jahresüberschuss wird somit nach Steuern mit 280 GE belastet. Hiervon entfallen 80 % auf den Konzernanteil, 20 % auf die an der B AG beteiligten Minderheitsgesellschafter. Dies ist in der nachstehend abgebildeten verkürzten Bilanz der B AG bereits berücksichtigt.

| Aktiva | | Bilanz B AG zum 31.12.X1 | | Passiva |
|---|---|---|---|---|
| ... | | ... | | |
| | | JÜ Konzern | | −224 |
| | | JÜ Minderheiten | | −56 |
| | | RST | | 400 |
| Aktive latente Steuern | 120 | | | |

Die C AG berücksichtigt in ihrem JA zum 31.12.X1 kein korrespondierendes Aktivum. Im KA der A AG ist die von der B AG gebildete RST im Zuge der SchuldenKons zu eliminieren. Dabei ist wie folgt zu verfahren:
Die RST ist erfolgserhöhend gegen die Aufwandsposition auszubuchen, über die sie gebildet wurde:

| Datum | Konto | Soll | Haben |
|---|---|---|---|
| | RST | 400 | |
| | Aufwand | | 400 |

Die aktive latente Steuer ist durch die Erfassung eines latenten Steueraufwands zu eliminieren.

| Datum | Konto | Soll | Haben |
|---|---|---|---|
| | Latenter Steueraufwand | 120 | |
| | Aktive latente Steuern | | 120 |

Aus dem Saldo der beiden vorstehenden Effekte ergibt sich ein Erfolg i. H. v. 280 GE.
Der Erfolg aus der Eliminierung der RST ist im Verhältnis 80 % zu 20 % auf den Konzern (Gesellschafter der A AG) und die Minderheitsgesellschafter der B AG aufzuteilen.

| Datum | Konto | Soll | Haben |
|---|---|---|---|
| | Minderheiten (GuV) | 56 | |
| | Minderheiten (Bilanz) | | 56 |

Letztere Buchung wird in der Bilanzierungspraxis häufig nicht umgesetzt. Während die Konsolidierungssysteme den Minderheitenposten auf Basis der (konsolidierungsfähigen) EA berechnen und damit den Aufwand aus der RST-Bildung den Minderheiten anteilig zuordnen, wird die als Konzernbuchung zu erfassende erfolgswirksame SchuldenKons allein dem Konzernanteil zugeordnet. Damit verbleiben im Konzern ein auf die Minderheitsgesellschafter entfallender Verlust von 56 GE und ein auf die Gesellschafter des MU entfallender Gewinn von 56 GE. Unter Wesentlichkeitsgesichtspunkten kann diese Vereinfachung vertretbar sein.

**SchuldenKons zum 31.12.X2**
Zum Bilanzstichtag 31.12.X2 hat sich der Wertansatz der Drohverlust-RST auf 250 GE vermindert. Die Abnahme von 150 GE ist das Ergebnis einer Inanspruchnahme von 200 und einer Erhöhung des berücksichtigten Verlusts um 50 GE. Der Sachverhalt hat auf den EA der B AG folgende Auswirkungen, wobei der aus der Konzernperspektive auf die Minderheitsgesellschafter entfallende Teil wiederum gesondert gezeigt wird.

| Aktiva | | Bilanz B AG zum 31.12.X2 | Passiva |
|---|---|---|---|
| ... | | ... | |
| | | Gewinnrücklagen Konzern | −224 |
| | | JÜ Konzern | −76 |
| | | Gewinnrücklagen Minderheiten | −56 |
| | | JÜ Minderheiten | −19 |
| Kasse | −200 | RST | 250 |
| Aktive latente Steuern | 75 | ... | |

Der zum 31.12.X1 bestehende Bewertungsunterschied zwischen dem Wertansatz der RST in der HB der B AG und der Steuerbilanz von 400 GE hat sich auf 250 GE reduziert. Entsprechend ist die aktive latente Steuer von 120 GE auf 75 GE zu vermindern. Der daraus resultierende latente Steueraufwand entfällt zu 80 % auf den Konzernanteil (36 GE) und zu 20 % auf die Minderheitsgesellschafter der B AG (9 GE). Auch die erfolgswirksame Erhöhung der RST (50 GE) ist auf die beiden Gesellschaftergruppen aufzuteilen. Damit entfällt auf den Konzern ein Verlust i. H. v. 76 GE (40 GE + 36 GE), auf die Minderheitsgesellschafter ein Aufwand von 19 GE (10 GE + 9 GE). Die Inanspruchnahme der RST (200) ist in der verkürzten Bilanz durch eine

Abnahme des Kassenbestands dargestellt. Die auf den Konzern bzw. die Minderheitsgesellschafter entfallende Veränderung der Gewinnrücklagen enthält den aus der Vorperiode vorgetragenen Verlust.
Im KA der A AG ist im Zuge der SchuldenKons zum 31.12.X2 wie folgt zu buchen:
Die Eliminierungsbuchung der Vorperiode ist erfolgsneutral vorzutragen.

| Datum | Konto | Soll | Haben |
|---|---|---|---|
| | RST | 400 | |
| | Aktive latente Steuern | | 120 |
| | Gewinnrücklagen Konzern | | 224 |
| | Gewinnrücklagen Minderheiten | | 56 |

Der in der Vorperiode aus der Eliminierungsbuchung resultierende Erfolg (280 GE) erhöht in der Periode X2 die Gewinnrücklagen und gleicht damit die in der verkürzten HGB-Bilanz der B AG zum 31.12.X2 enthaltenen negativen Gewinnrücklagen aus.
Der Vortrag der Eliminierungsbuchung aus dem Vj. führt zudem zu einem vorläufigen Stand der aktiven latenten Steuern i. H. v. −45 GE und der Rückstellung i. H. v. −150 GE.
Im nächsten Schritt wird die erfolgswirksame Erhöhung der RST eliminiert. Dabei ist die Aufwandsposition anzusprechen, über die die RST gebildet wurde. Die Eliminierung der erfolgswirksamen RST-Bildung führt, isoliert betrachtet, zu einer Reduktion der aktiven latenten Steuern von 15:

| Datum | Konto | Soll | Haben |
|---|---|---|---|
| | RST | 50 | |
| | Latenter Steueraufwand | 15 | |
| | Aufwand | | 50 |
| | Aktive latente Steuern | | 15 |

Nach dieser Buchung betragen der Stand der RST −200 GE und der aktiven latenten Steuern −60 GE. Der verbleibende Saldo der RST ist gegen die GuV-Position auszubuchen, in der die C AG den ihr aus dem Vertragsverhältnis mit der B AG zufließenden Ertrag erfasst hat. Der Saldo der aktiven latenten Steuern ist durch die Erfassung eines latenten Steuerertrags auszugleichen:

| Datum | Konto | Soll | Haben |
|---|---|---|---|
| | Ertrag | 200 | |
| | RST | | 200 |
| | Aktive latente Steuern | 60 | |
| | Latenter Steuerertrag | | 60 |

Die Eliminierungsbuchungen der Periode X2 haben einen Erfolgseffekt i. H. v. 95 GE, bezogen auf den aus dem EA der B AG stammenden Aufwandssaldo, und einen gegenläufigen Erfolgseffekt von 200 GE, bezogen auf die Erträge aus dem EA der C AG. Die Eliminierung des aus dem EA der B AG stammenden Aufwandssaldos ist wiederum auf den Konzern- und den Minderheitsanteil im Verhältnis 80 % zu 20 % zu verteilen. Die aus dem

EA der B AG in den KA einfließenden Erfolgsbeiträge der Gesellschaftergruppen werden damit auf null reduziert.

| Datum | Konto | Soll | Haben |
|---|---|---|---|
| | Minderheiten (GuV) | 19 | |
| | Minderheiten (Bilanz) | | 19 |

**SchuldenKons zum 31.12.X3**
In der Periode X3 wird die verbleibende RST i.H.v. 250 GE vollständig in Anspruch genommen (dargestellt als Kassenabgang). Da sich damit auch der Bewertungsunterschied zum steuerbilanziellen Nichtansatz der RST auf null reduziert, ist die zum 31.12.X2 noch aktivierte Steuerlatenz erfolgswirksam aufzulösen. Der zu erfassende latente Steueraufwand wird wieder den beiden Gesellschaftergruppen des Konzerns zugeordnet. Zudem sind die Buchungen aus den Perioden X1 und X2 kumulativ vorzutragen. Auf die verkürzte HGB-Bilanz der B AG zum Stichtag 31.12.X3 hat der Sachverhalt damit folgende Auswirkungen:

| Aktiva | Bilanz B AG zum 31.12.X3 | | Passiva |
|---|---|---|---|
| ... | ... | | |
| | Gewinnrücklagen Konzern | | –300 |
| | JÜ Konzern | | –60 |
| | Gewinnrücklagen Minderh. | | –75 |
| | JÜ Minderheiten | | –15 |
| Kasse | –450 | RST | 0 |
| Aktive latente Steuern | 0 | ... | |

Die SchuldenKons im KA der A AG erfordert zum 31.12.X3 folgende Maßnahmen:
Die Eliminierungsbuchungen der Vorperioden werden kumulativ vorgetragen:

| Datum | Konto | Soll | Haben |
|---|---|---|---|
| | RST | 250 | |
| | Aktive latente Steuern | | 75 |
| | Gewinnrücklagen Konzern | | 100 |
| | Gewinnrücklagen Minderheiten | | 75 |

Unter Berücksichtigung der Vortragsbuchung ergeben sich ein RST-Saldo i.H.v. –250 GE und ein Saldo der aktiven latenten Steuern i.H.v. –75 GE. Der Saldo der RST wird gegen die GuV-Position ausgebucht, in der die C AG den ihr aus dem Vertragsverhältnis mit der B AG zufließenden Ertrag erfasst hat. Der Saldo der aktiven latenten Steuern ist durch die Erfassung eines latenten Steuerertrags auszugleichen.

| Datum | Konto | Soll | Haben |
|---|---|---|---|
| | Ertrag | 250 | |
| | RST | | 250 |
| | Aktive latente Steuern | 75 | |
| | Latenter Steuerertrag | | 75 |

Der Erfolgseffekt aus dem Ausgleich des latenten Steuersaldos ist wieder im Verhältnis 80 % zu 20 % auf den Konzern und die Minderheitsgesellschafter aufzuteilen. Bei der Stornierung des Ertrags unterbleibt eine solche Aufteilung, da an der C AG keine Minderheiten beteiligt sind.

| Datum | Konto | Soll | Haben |
|---|---|---|---|
| | Minderheiten (GuV) | 15 | |
| | Minderheiten (Bilanz) | | 15 |

## 4 Schuldenkonsolidierung und Währungsumrechnung

**24** Erfolgt die Bewertung von innerkonzernlichen Fremdwährungsforderungen /-verbindlichkeiten in der Hauswährung eines KonzernUnt auf Basis der Wechselkurse am Bilanzstichtag, entstehen nach ihrer Umrechnung in die Berichtswährung im Rahmen der SchuldenKons, von anderen Bewertungsanpassungen abgesehen, **keine Aufrechnungsdifferenzen**. Nach § 256a HGB ist dies der Fall, wenn aufgrund von Wechselkursänderungen unrealisierte Verluste zu erfassen sind oder – bei Forderungen und Verbindlichkeiten mit einer Restlaufzeit von maximal einem Jahr – unrealisierte Währungsgewinne zum Ausweis gelangen.

**25** Fraglich ist, wie mit diesem Erfolg im KA umzugehen ist. Auf den ersten Blick scheint der Ausweis von **Währungseffekten** aus konzerninternen Vorgängen dem Gedanken des Konzerns als wirtschaftlich einheitliche Unt zu widersprechen. Dem ist nicht so. Der Währungseffekt trägt dem Umstand Rechnung, dass ein Teil des Konzernvermögens in Fremdwährung valutiert und damit sein Wert in der Währung des betreffenden Unt von der Entwicklung der Wechselkurse abhängt. Soweit sich diese Währungsrisiken und -chancen bei monetären Posten realisieren, sind die entsprechenden Erfolge im KA auszuweisen.

**26** Für die SchuldenKons bedeutet dies: Differenzen aus der Aufrechnung konzerninterner Forderungen und Verbindlichkeiten treten dann auf, wenn die Umrechnung bei den beteiligten Unt als Folge des (eingeschränkt zu beachtenden) Realisationsprinzips zu unterschiedlichen Forderungs- und Verbindlichkeitsbeträgen in der Berichtswährung des Konzerns führt. Dies ist der Fall, wenn für längerfristige Fremdwährungsforderungen/-verbindlichkeiten das Anschaffungskosten- und Realisationsprinzip nach § 256a HGB bei der Ableitung der konsolidierungspflichtigen Einzelabschlüsse weiterhin zu beachten ist. Dem entspricht, die daraus resultierende **Aufrechnungsdifferenz** durch Erfassung im EK erfolgsneutral zu behandeln, um den Ausweis eines fiktiven Erfolgs zu vermeiden. Ein durch das Imparitätsprinzip erzwungener einseitiger Umrechnungsverlust sollte dagegen ebenso wie ein erfasster Umrechnungsgewinn bei kurzfristigen Positionen erfolgswirksam im KA berücksichtigt werden. In beiden Fällen ist im KonsKreis eine nach den GoB zu erfassende Nettovermögensänderung eingetreten, deren Ausweis nicht mit dem Einheitsgrundsatz kollidiert.

**27** **Beispiel**
Die A AG (MU) mit Sitz in Deutschland gewährt ihrem in den USA ansässigen TU B Inc. zum 31.12.X0 einen Kredit über 120 TUSD mit einer

Laufzeit bis zum 31.12.X2. Die B Inc. stellt ihren Abschluss in USD auf. Der Devisenkassamittelkurs zum 31.12.X0 beträgt 1 EUR = 1,2 USD. In der Berichtswährung beläuft sich die Forderung somit auf 100 TEUR.
Zum 31.12.X1 wird der Devisenkassamittelkurs mit 1 EUR = 1 USD festgestellt. Umgerechnet zum Stichtagskurs beträgt die Forderung des MU gegen das TU nunmehr 120 TEUR. Die Ertragsteuerbelastung beider Unt beträgt 30 %.

**Beurteilung**
Der JA der B Inc. ist zum 31.12.X1 in die Berichtswährung (EUR) umzurechnen. Das geschieht nach § 308a HGB nach der modifizierten Stichtagskursmethode (vgl. § 308a Rz 7ff.). Die verkürzte in EUR umgerechnete Bilanz der B Inc. zum 31.12.X1 hat damit folgendes Bild:

| Aktiva | | Bilanz B Inc. zum 31.12.X1 | Passiva |
|---|---|---|---|
| ... | | ... | |
| Kasse | 120 | Verbindlichkeiten | 120 |
| ... | | ... | |

Die A AG rechnet in ihrem Abschluss zum 31.12.X1 die Fremdwährungsforderung mit dem Devisenkassamittelkurs am Stichtag um. Aufgrund der Veränderung der Währungsparität erhöht sich der Wert der Forderung von 100 TEUR auf 120 TEUR. Da die Forderung lediglich noch eine Restlaufzeit von einem Jahr hat, ist die Wertsteigerung **erfolgswirksam** zu erfassen. In der Steuerbilanz ist die Aufwertung über den Zugangswert nicht nachzuvollziehen (vgl. § 256a Rz 16ff.). Für die daraus resultierende zu versteuernde temporäre Differenz ist eine passive latente Steuer i. H. v. 6 TEUR zu bilden. Nachstehend ist die verkürzte Bilanz der A AG zum 31.12.X1 dargestellt:

| Aktiva | | Bilanz A AG zum 31.12.X1 | Passiva |
|---|---|---|---|
| ... | | ... | |
| Forderung | 120 | Jahresüberschuss | 14 |
| | | ... | |
| | | Passive latente Steuern | 6 |

Im Zuge der SchuldenKons sind die sich in gleicher Höhe gegenüberstehende Forderung und Verbindlichkeit auszubuchen. Im KA verbleibt ein Erfolg nach latenten Steuern von 14 TEUR. Dieser ist Ausdruck der Wertsteigerung des in USD angelegten Vermögens von 100 TEUR auf 120 TEUR. Es ergibt sich die folgende verkürzte Konzernbilanz:

| Aktiva | | Konzernbilanz zum 31.12.X1 | Passiva |
|---|---|---|---|
| ... | | ... | |
| Kasse | 120 | Jahresüberschuss | 14 |
| ... | | ... | |
| | | Passive latente Steuern | 6 |

**Variante**
Die Restlaufzeit der Forderung beträgt am 31.12.X1 noch zwei Jahre.

**Beurteilung**
Die Forderung aus der konzerninternen Kreditvergabe ist aufgrund des Realisationsprinzips im EA der A AG nicht aufzuwerten. Aus der SchuldenKons ergibt sich damit eine passivische Aufrechnungsdifferenz von 20 TEUR. Diese ist nach der hier vertretenen Auffassung **nicht erfolgswirksam** zu behandeln, sondern in die Währungsumrechnungsdifferenz umzugliedern. Der in die Währungsumrechnungsdifferenz eingestellte unrealisierte Gewinn ist Ausdruck der in EUR bemessenen Wertsteigerung des in den USA investierten Vermögens, er ist dem Beteiligungsinvestment zuzuordnen. Der Ansatz einer latenten Steuer auf diese Wertsteigerung entspräche der Steuerlatenzierung auf eine *outside basis difference*. Dies ist nach § 306 Satz 4 HGB unzulässig.

# § 304 BEHANDLUNG DER ZWISCHENERGEBNISSE

(1) In den Konzernabschluß zu übernehmende Vermögensgegenstände, die ganz oder teilweise auf Lieferungen oder Leistungen zwischen in den Konzernabschluß einbezogenen Unternehmen beruhen, sind in der Konzernbilanz mit einem Betrag anzusetzen, zu dem sie in der auf den Stichtag des Konzernabschlusses aufgestellten Jahresbilanz dieses Unternehmens angesetzt werden könnten, wenn die in den Konzernabschluß einbezogenen Unternehmen auch rechtlich ein einziges Unternehmen bilden würden.
(2) Absatz 1 braucht nicht angewendet zu werden, wenn die Behandlung der Zwischenergebnisse nach Absatz 1 für die Vermittlung eines den tatsächlichen Verhältnissen entsprechenden Bildes der Vermögens-, Finanz- und Ertragslage des Konzerns nur von untergeordneter Bedeutung ist.

Prof. Dr. Harald Kessler, CVA/Prof. Dr. Axel Kihm, CPA, CVA

## Inhaltsübersicht

| | | Rz |
|---|---|---|
| 1 | Überblick | 1–9 |
| 1.1 | Inhalt und Anwendungsbereich | 1–8 |
| 1.2 | Normenzusammenhang | 9 |
| 2 | Voraussetzungen der Zwischenergebniseliminierung | 10 |
| 3 | Ermittlung von Zwischenerfolgen | 11–35 |
| 3.1 | Ermittlungsschema | 11 |
| 3.2 | Ermittlung der Konzernbestände | 12–13 |
| 3.3 | Feststellung der Einzelabschlusswerte | 14 |
| 3.4 | Bestimmung der Konzernanschaffungs- oder Herstellungskosten | 15–26 |
| 3.5 | Ermittlung der Zwischenergebnisse | 27–30 |
| 3.6 | Verrechnung zu eliminierender Zwischenergebnisse | 31–35 |
| 4 | Praxis-Beispiele | 36–45 |
| 4.1 | Zwischenergebniseliminierung im Anlagevermögen | 36–37 |
| 4.2 | Zwischenergebniseliminierung im Vorratsvermögen | 38–40 |
| 4.3 | Zwischenergebniseliminierung bei unterschiedlichen Steuersätzen | 41 |
| 4.4 | Zwischenergebniseliminierung bei Geschäften mit assoziierten Unternehmen | 42–45 |

## Ergänzendes Schrifttum

*Bieg/Kußmaul*, Externes Rechnungswesen, 6. Aufl. 2012; *Coenenberg/Haller/Schulze*, Jahresabschluss und Jahresabschlussanalyse: Betriebswirtschaftliche, handelsrechtliche, steuerrechtliche und internationale Grundsätze – HGB, IFRS, US-GAAP, DRS, 23. Aufl. 2014; *Dusemond*, Die Konzernanschaffungs- und Konzernherstellungskosten nach § 304 HGB, 1994; *Küting/Weber*, Der Konzernabschluss, 13. Aufl. 2012; *Scherrer*, Konzernrechnungslegung nach HGB, 3. Aufl. 2012.

# 1 Überblick

## 1.1 Inhalt und Anwendungsbereich

1  Nach den für die einzelgesellschaftliche Rechnungslegung formulierten **Gewinnermittlungsprinzipien** – namentlich dem Realisationsprinzip und dem Imparitätsprinzip – gelten Gewinne erst dann als entstanden, wenn sie durch einen Umsatzakt mit einem fremden Dritten objektiviert wurden. Über § 298 Abs. 1 HGB gelten beide in § 252 Abs. 1 Nr. 4 HGB enthaltenen Prinzipien auch für die konsolidierte Rechnungslegung. In ihr sind die in den KA einbezogenen Unt nach dem Einheitsgrundsatz des § 297 Abs. 3 Satz 1 HGB so zu behandeln, als ob sie ein einziges Unt wären. Umsatzgewinne und -verluste können demnach erst durch die **Konzerngrenze überschreitende Austauschgeschäfte** entstehen. Für Gewinne und Verluste, die in den EA von KonzernUnt erfasst werden und ganz oder teilweise aus L&L an andere KonzernUnt stammen, fordert § 304 Abs. 1 HGB deshalb eine Eliminierungspflicht. Abb. 1 klassifiziert die Zwischenergebniseliminierung als eine zur Umsetzung des Einheitsgrundsatzes notwendige Konsolidierungsmaßnahme.

Abb. 1: Einordnung der Zwischenergebniseliminierung

2  Diese Regel zur **Zwischenerfolgseliminierung** ist als **Bewertungsvorschrift** konzipiert, die eine Neubewertung der innerkonzernlich transferierten und mit ihren Einzelabschlusswerten in die Summenbilanz eingegangenen VG aus Konzernsicht unter Beachtung der konzerneinheitlich gewählten Bilanzierungs- und Bewertungsmethoden vorsieht. Das erweitert den Anwendungsbereich der Zwischenergebniseliminierung insoweit, als mit ihr nicht nur Gewinne und Verluste aus innerkonzernlichen L&L, die sich in den Einzelabschlusswerten der VG niedergeschlagen haben, storniert werden. Die Neubewertung aus Konzernsicht beseitigt auch **Bewertungsdifferenzen**, die aus einer unterschiedlichen Abgrenzung der AHK aus Sicht des EinzelUnt und des Konzerns resultieren.

3  Das eigentliche Ziel der Regelung besteht damit in der Anpassung der auf Einzelabschlussebene für innerkonzernlich transferierte VG angesetzten Buchwerte an ihre höheren oder niedrigeren KA-Werte.[1] Die Eliminierung von Zwischenergebnissen i. e. S. ist nur ein Effekt – wenn auch der wichtigste – dieser Neubewertung.

4  Die Eliminierung von Zwischenergebnissen führt zu Abweichungen zwischen den konzernbilanziellen Wertansätzen der umbewerteten VG und deren steuerlichen Werten, die sich in den folgenden Gj regelmäßig abbauen. Diesem Umstand ist nach § 306 HGB durch die **Bildung von latenten Steuern** Rechnung zu tragen.

---

[1] Vgl. *ADS*, 6. Aufl., § 304 HGB, Rz 22.

Werden GemeinschaftsUnt auf der Grundlage der **QuotenKons** in den KA  5
einbezogen, sind die Bestimmungen des § 304 HGB entsprechend anzuwenden
(vgl. § 310 Abs. 2 HGB), sodass etwaige Zwischenergebnisse aus Geschäften mit
den GemeinschaftsUnt quotal, d. h. i. H. d. Beteiligungsquote am Gemeinschafts-
Unt zu eliminieren sind (vgl. DRS 9.10 f.).

Für nach der **Equity-Methode** in den KA einbezogene Unt sieht § 312 Abs. 5  6
Satz 3 HGB eine Verpflichtung zur Zwischenergebniseliminierung dann vor,
„soweit die für die Beurteilung maßgeblichen Sachverhalte bekannt oder zugänglich sind". Da bei Anwendung der *Equity*-Methode die VG und Schulden des
assoziierten Unt nicht in den KA übernommen werden, halten Teile der Literatur
nur eine Upstream-Eliminierung für geboten.[2] DRS 8.30 f. verlangt demgegenüber eine Zwischenergebniseliminierung auch bei Downstream-Lieferungen.

Favorisiert wird durchgängig eine quotale Zwischenergebniseliminierung, ob-  7
wohl § 312 Abs. 5 Satz 4 HGB bislang insoweit nur ein Wahlrecht vorsieht (zur
BilRUG-Regelung vgl. § 312 Rz 133 ff.). Eine Ausnahme soll nach vereinzelt
vertretener Auffassung für nicht vollkonsolidierte TU gelten, die nach der
*Equity*-Methode bewertet werden.[3]

Eingeschränkt wird die Anwendung der Zwischenergebniseliminierung durch  8
den in § 304 Abs. 2 HGB explizit formulierten allgemeinen **Wesentlichkeits-
vorbehalt** in Bezug auf die zu eliminierenden Zwischenergebnisse.

### 1.2 Normenzusammenhang

Die **Zwischenergebniseliminierung** gem. § 304 HGB ist – wie die KapKons  9
gem. § 301 HGB, die SchuldenKons gem. § 303 HGB und die Aufwands- und
ErtragsKons gem. § 305 HGB – eine Folge des in **§ 297 Abs. 1 Satz 1 HGB**
verankerten Einheitsgrundsatzes. Erfolgswirksame Zwischenergebniseliminierungen führen regelmäßig zur Bildung latenter Steuern i. S. d. **§ 306 HGB**; des
Weiteren sind die Regelungen zur einheitlichen Bewertung (**§ 308 HGB**) und zur
Währungsumrechnung (§ 308a HGB) zu beachten. Sowohl **§ 13 Abs. 2 PublG**
als auch branchenspezifisch die §§ 340i und 341j HGB verweisen auf § 304 HGB.

## 2 Voraussetzungen der Zwischenergebniseliminierung

Ausgehend vom Zweck der Zwischenergebniseliminierung und den Anforde-  10
rungen der einschlägigen HGB-Vorschrift, lassen sich vier kumulativ zu erfüllende **Voraussetzungen** für eine Zwischenergebniseliminierung anführen:
1. Es müssen Lieferungen **zwischen** in den KA einbezogenen Unt erfolgt sein.
   Für Dreiecksgeschäfte, also Lieferungen, die aus dem Konzernbereich über
   einen fremden Dritten zu anderen KonzernUnt gelangen, kommt eine Zwischenergebniseliminierung nicht in Betracht. Das gilt auch dann, wenn der
   Dritte ein nicht konsolidiertes TU ist. Ausgenommen hiervon sind Fälle
   missbräuchlicher Gestaltung.[4]
2. Die zu eliminierenden Zwischenergebnisse müssen sich im **Buchwert** von VG
   niedergeschlagen haben. Der Austausch von Leistungen, die bei den einbezo-

---

[2] Vgl. *ADS*, 6. Aufl., § 312 HGB, Rz 156 f.; WP-Handbuch, Bd. I, 14. Aufl., Abschn. M, Rz 573.
[3] Vgl. *Küting/Zündorf*, in *Küting/Weber*, HdK, HGB § 312 HGB, Rn 227 f.
[4] Vgl. zum HGB *Weber*, in *Küting/Weber*, HdK, HGB § 304, Rn 14.

genen Unt nur zu Aufwendungen und Erträgen führen, ist demgegenüber Gegenstand der Aufwands- und ErtragsKons (vgl. § 305 HGB).
3. Die zwischenergebnishaltigen VG müssen in den KA zu **übernehmen** sein. VG, die an nicht konsolidierte Unt veräußert wurden, fallen nicht unter die Konsolidierungsvorschrift.
4. Der Ansatz der Einzelabschlusswerte muss aus Konzernsicht **unzulässig** sein. Das ist der Fall, wenn der aus einzelgesellschaftlicher Sicht ermittelte Buchwert des betreffenden VG nicht unwesentlich von jenem Wertansatz abweicht, der sich nach den im KA angewandten Bewertungsmethoden ergibt.

## 3 Ermittlung von Zwischenerfolgen

### 3.1 Ermittlungsschema

11 Die Bestimmung der Bewertungsabweichung zwischen EA und KA bildet das Kernproblem der Zwischenergebniseliminierung. Sie erfolgt in drei Schritten.[5] Zunächst sind jene VG zu identifizieren, die ganz oder teilweise auf konzerninternen Lieferungen beruhen (**Konzernbestände**). Anschließend ist der **Wertansatz** zu bestimmen, mit dem diese VG in den Summenabschluss eingegangen sind. Diesem ist sodann der aus Konzernsicht gebotene Wert gegenüberzustellen. Aus der Differenz beider Größen ergibt sich das zu eliminierende Zwischenergebnis.

### 3.2 Ermittlung der Konzernbestände

12 Die am Abschlussstichtag vorhandenen Konzernbestände können individuell oder mithilfe von Vereinfachungsverfahren bestimmt werden. Die **individuelle Ermittlung** setzt voraus, dass über sämtliche VG, die Gegenstand konzerninterner Lieferungen waren, gesondert Buch geführt wird. Diese Verfahrensweise bietet sich insb. bei Anlagegütern an.[6] Im Vorratsvermögen ist sie regelmäßig nur eingeschränkt praktikabel. Das gilt vor allem dann, wenn gleichartige Güter sowohl von KonzernUnt als auch von Dritten bezogen werden. In diesem Fall kommt eine individuelle Ermittlung der Konzernbestände nur in Betracht, wenn die jeweiligen Bestände separat gelagert werden oder sich zumindest äußerlich unterscheiden, sodass im Zuge der Inventur eine Trennung des Konzernmaterials vom Fremdmaterial erfolgen kann.[7]

13 Scheidet eine individuelle Ermittlung der Konzernbestände aus praktischen oder wirtschaftlichen Erwägungen aus, ist auf **Vereinfachungsverfahren** zurückzugreifen, die die Zusammensetzung des Vorratsbestands anhand von Annahmen oder Fiktionen erklären. Gem. § 256 HGB kommen als Vereinfachungsverfahren die Durchschnittsmethode, die Fifo- oder die Lifo-Methode infrage.

---

[5] Vgl. hierzu auch *Kessler/Strickmann*, Konzernrechnungslegung und Konzernbilanzpolitik nach HGB, DRS und IFRS, in *Küting* (Hrsg.), Saarbrücker Handbuch der Betriebswirtschaftlichen Beratung, 3. Aufl., Herne/Berlin 2004, 2. Kapitel, Teil H, Rn 2706 ff.

[6] Vgl. mwN *Dusemond*, Die Konzernanschaffungs- und Konzernherstellungskosten nach § 304 HGB, 1994, S. 166 f.

[7] Vgl. *ADS*, 6. Aufl., § 304 HGB, Rz 59.

### 3.3 Feststellung der Einzelabschlusswerte

Liegen die für die Zwischenergebniseliminierung relevanten Konzernbestände vor, sind in einem zweiten Arbeitsschritt die für die Kons. maßgeblichen **Einzelabschlusswerte** festzustellen. Diese sind den zuvor an die konzerneinheitlichen Bewertungsmethoden angepassten JA der die VG haltenden Unt zu entnehmen (HB II). 14

### 3.4 Bestimmung der Konzernanschaffungs- oder Herstellungskosten

Zur Ermittlung der den Einzelabschlusswerten gegenüberzustellenden konzernspezifischen Zielwerte sind zunächst die Konzern-AK oder Konzern-HK der um Zwischenergebnisse zu bereinigenden VG zu bestimmen. Die Fortschreibung dieser Zugangswerte zum Konzernbilanzstichtag unter Beachtung der konzerneinheitlichen Bewertungsgrundsätze ergibt sodann den maßgeblichen Konzernabschlusswert. 15

VG, die aus Sicht des Konzerns von nicht konsolidierten Unt angeschafft wurden, sind mit ihren fortgeführten Konzern-AK anzusetzen. Die **Konzern-AK** umfassen die dem VG aus Konzernsicht zurechenbaren Beträge, die von den in den KA einbezogenen Unt aufgewandt wurden, um den VG zu erwerben und ihn in einen betriebsbereiten Zustand zu versetzen. 16

Der aus Konzernsicht ermittelte Zugangswert weicht von den im Einzelabschluss angesetzten AK ab, wenn 17
1. VG konzernintern mit Gewinn oder Verlust weiterveräußert wurden und/oder
2. in die AK des den VG bilanzierenden Unt Beträge eingeflossen sind, die aus Sicht des Konzerns nicht aktiviert werden dürfen.

Ein Beispiel für die zweite Möglichkeit sind Anschaffungsnebenkosten, die nicht angefallen wären, wenn die in den KA einbezogenen Unt ein einziges Unt bildeten. Hierzu rechnen etwa weiterbelastete Lager-, Zins- und Vertriebskosten[8] und die bei der innerkonzernlichen Veräußerung von Grundstücken entstehenden Transaktionskosten, wie GrESt, Gerichts- und Notariatskosten. 18

In den KA zu übernehmende VG, die im Konzernverbund hergestellt wurden, sind mit ihren **Konzern-HK** (vgl. Abb. 2) als Zugangswert anzusetzen. 19

---

[8] Vgl. *Winkeljohann/Schellhorn*, in Beck Bil-Komm. 9. Aufl., § 304 HGB, Rz 12.

| Komponenten der Herstellungskosten nach HGB | |
|---|---|
| **Aufwandsarten** | **§ 255 Abs. 2 u. 3** |
| Materialeinzelkosten | Pflicht |
| Fertigungseinzelkosten | Pflicht |
| Sondereinzelkosten der Fertigung | Pflicht |
| Materialgemeinkosten | Pflicht |
| Fertigungsgemeinkosten | Pflicht |
| Wertverzehr des Anlagevermögens | Pflicht |
| Verwaltungskosten des Material- und Fertigungsbereichs | Pflicht |
| Allgemeine Verwaltungskosten | Wahlrecht |
| Zinsen auf Fremdkapital bei Zurechenbarkeit | Wahlrecht |
| Betriebliche Altersversorgung, freiwillige soziale Leistungen / Einrichtungen | Wahlrecht |
| Entwicklungskosten | Bedingtes Wahlrecht |
| Forschungskosten | Verbot |
| Sondereinzelkosten des Vertriebs | Verbot |
| Vertriebsgemeinkosten, Lagerkosten der Fertigprodukte nach Absatzreife | Verbot |

Abb. 2: Herstellungskostenermittlung nach HGB

20 Die **Wertuntergrenze** der HK wird danach durch die dem VG zurechenbaren Einzelkosten sowie angemessene Teile der MGK und FGK und des Werteverzehrs des AV gebildet. Durch Einbeziehung der in § 255 Abs. 2 HGB aufgeführten aktivierungsfähigen Gemeinkosten sowie etwaiger Fremdkapitalzinsen nach § 255 Abs. 3 HGB gelangt man zur **Wertobergrenze**, die den Höchstwert der HK markiert.

21 Für Zwecke der Zwischenergebniseliminierung sind die HK der konzernintern erstellten VG aus der Sicht des Konzerns zu bestimmen. Aus diesem Grund können die einzelnen Kostenbestandteile nicht unbesehen aus den Kostenrechnungen der an der Herstellung beteiligten Unt übernommen werden. Zu eliminieren sind zum einen sämtliche Zwischenergebnisse i.e.S., also Gewinne und Verluste aus innerkonzernlichen L&L, die beim bilanzierenden Unt als Einzelkosten in den Wertansatz eingegangen sind. Weitere Anpassungen können aufgrund des abweichenden Kostencharakters bestimmter Herstellungsaufwendungen aus Sicht des Einzelunternehmens bzw. des Konzerns erforderlich sein. Zu unterscheiden ist zwischen **HK-Mehrungen, -minderungen** und **-umgliederungen**.

22 Als **Konzern-HK-Mehrungen** zusätzlich zu berücksichtigen sind solche Aufwendungen, die in den EA nicht aktivierungsfähig sind, vom Standpunkt des Konzerns dagegen Einzel- oder Gemeinkosten der Herstellung darstellen. Hierzu rechnen bspw. Vertriebskosten eines liefernden Unt, die aus Sicht des Konzerns als Einheitsunternehmen aktivierungspflichtige HK-Bestandteile darstellen,[9] sowie Mehrabschreibungen auf im Produktionsprozesseingesetzte Anlagegüter als Folge der Aufdeckung stiller Rücklagen im Zuge der ErstKons.

23 Umgekehrt dürfen solche auf Einzelabschlussebene aktivierten Aufwendungen nicht in die Konzern-HK einbezogen werden, die aus dem Blickwinkel des

---

[9] Vgl. *ADS*, 6. Aufl., § 304 HGB, Rz 22.

Konzerns den Charakter aktivierbarer HK verlieren. Als Beispiele für derartige **HK-Minderungen** sind innerkonzernlich angefallene Miet- und Pachtzinsen sowie Lizenzgebühren zu nennen, die ein KonzernUnt zur Herstellung eines VG aufgewandt hat.[10] Ggf. treten an ihre Stelle zu berücksichtigende Abschreibungen auf Produktionsgebäude und immaterielle VG.

**Unterschiede hinsichtlich der Untergrenze der HK** auf EA- und KA-Ebene können sich nach HGB schließlich daraus ergeben, dass bestimmte Aufwendungen, die aus Sicht des einzelnen KonzernUnt als Einzelkosten aktivierungspflichtig sind, für den Konzern als fiktives EinheitsUnt jedoch den Charakter von aktivierungsfähigen, aber nicht aktivierungspflichtigen Gemeinkosten annehmen. Derartige Änderungen in der Kostenstruktur, die eine Umgliederung der entsprechenden Kostenarten von der Gruppe der aktivierungspflichtigen in die Gruppe der aus Konzernsicht lediglich aktivierungsfähigen HK-Bestandteile erfordern, treten insb. auf, wenn ein VG in mehreren Fertigungsstufen bei unterschiedlichen KonzernUnt hergestellt wird. Für den Hersteller des Endprodukts stellen in diesem Fall die Aufwendungen für den Bezug der von anderen konsolidierten Unt produzierten unfertigen Erzeugnisse MEK dar. Aus Konzernsicht handelt es sich dagegen um ein Konglomerat verschiedener Kostenarten, das ggf. aktivierungsfähige, aber nicht aktivierungspflichtige Gemeinkosten enthält.[11] Seit der Anhebung der Wertuntergrenze der HK durch das BilMoG ist die Zahl der denkbaren Anwendungsfälle stark eingeschränkt worden.

24

In welcher Höhe die Konzern-HK tatsächlich anzusetzen sind, bestimmt sich nach den **konzerneinheitlichen Bewertungsvorschriften**. Mit dieser Entscheidung legt die Unternehmensleitung fest, ob die vom Konzern hergestellten VG mit dem Konzernmindestwert, dem Konzernhöchstwert oder mit einem Zwischenwert anzusetzen sind.

25

Die aus Konzernsicht ermittelten Zugangswerte sind in einem weiteren Schritt durch Vornahme etwaiger planmäßiger und außerplanmäßiger Abschreibungen auf den relevanten Stichtagswert fortzuschreiben. Auch insoweit sind die konzerneinheitlichen Bewertungsvorgaben zu beachten.

26

### 3.5 Ermittlung der Zwischenergebnisse

Die zu eliminierenden Zwischenergebnisse ergeben sich als Differenz zwischen dem in die Summenbilanz eingegangenen Wertansatz des VG und dem aus Konzernsicht anzusetzenden Abschlusswert. Dieser Vergleich kann insb. nach HGB in Abhängigkeit von den nach § 308 Abs. 1 Satz 1 HGB festgelegten konzerneinheitlichen Bewertungsmethoden zu unterschiedlichen Lösungen führen. Allgemein lassen sich drei Konstellationen unterscheiden.

27

Im ersten Fall (vgl. Abb. 3) liegt der Einzelabschlusswert über dem aus Konzernsicht maximal ansetzbaren Betrag.

28

---

10 Vgl. *Weber*, in *Küting/Weber*, HdK, HGB § 304, Rn 43.
11 Vgl. *Dusemond*, Die Konzernanschaffungs- und Konzernherstellungskosten nach § 304 HGB, 1994, S. 173.

Abb. 3: Ermittlung von Zwischenergebnissen (Fall 1)

In dieser Konstellation muss unabhängig von der Abgrenzung der HK im KA eine Abwertung des VG auf den Konzernhöchstwert erfolgen. Der in jedem Fall eliminierungspflichtige Zwischengewinn beträgt im Beispiel mithin 200 GE (850–650). Da der VG nach § 255 Abs. 2 u. 3 i.V.m. § 298 Abs. 1 HGB aber auch mit einem zwischen dem Konzernhöchst- (650 GE) und dem Konzernmindestwert (500 GE) liegenden Wert angesetzt werden darf, ergibt sich zusätzlich ein eliminierungsfähiger Zwischengewinn von 150 GE. Dieses Eliminierungswahlrecht kann allerdings nicht frei ausgeübt werden. Es besteht einmalig bei der Festlegung des **konzernbilanziellen Bilanzierungs- und Bewertungsrahmens** und verliert damit für die Zwischenergebniseliminierung im Einzelfall aufgrund des Gebots der konzerneinheitlichen Bewertung seine Bedeutung.

Abb. 4: Ermittlung von Zwischenergebnissen (Fall 2)

Liegt der **Einzelabschlusswert** wie im Fall 2 (vgl. Abb. 4) unterhalb des **Konzernmindestwerts**, ergibt sich i.H. der Differenz (im Beispiel: 350 GE) ein eliminierungspflichtiger Zwischenverlust. Durch eine Aufwertung des VG auf den Konzernhöchstwert können zusätzlich Zwischenverluste i.H.v. bis zu 100 GE eliminiert werden. Auch dieses Wahlrecht unterliegt dem Gebot der **konzerneinheitlichen Bewertung**.

Abb. 5: Ermittlung von Zwischenergebnissen (Fall 3)

30  Keine unmittelbare Verpflichtung zur Zwischenergebniseliminierung nach § 304 Abs. 1 HGB ergibt sich im **Fall 3**, da ein zwischen Konzernmindest- und Konzernhöchstwert liegender Einzelabschlusswert aus Konzernsicht grds. zulässig ist. Je nachdem, wie der zu aktivierende HK-Umfang im Konzern in Ausübung des Bewertungswahlrechts von § 255 Abs. 2 u. 3 i.V.m. § 298 Abs. 1 HGB festgelegt wird, ergibt sich jedoch die Notwendigkeit, Zwischengewinne i.H.v. bis zu 150 GE oder Zwischenverluste bis zu 200 GE zu eliminieren.

### 3.6 Verrechnung zu eliminierender Zwischenergebnisse

31  Bei der Verrechnung von Zwischenergebnissen ist danach zu unterscheiden, ob die zu eliminierenden Beträge im Gj erstmals aufgetreten sind oder aus Vj. resultieren.

32  Die Korrektur der Bestände um **neu entstandene** Zwischenergebnisse ist erfolgswirksam und beeinflusst in voller Höhe den Konzernjahreserfolg. Gemessen am Erfolg des Summenabschlusses führt die Eliminierung von Zwischengewinnen zu einer Verminderung, die Eliminierung von Zwischenverlusten zu einer Erhöhung des Konzernjahreserfolgs. Aufgrund des entstehenden Unterschieds zwischen dem handelsrechtlichen Wertansatz des VG und seinem steuerlichen Wert, der sich in den folgenden Gj wieder abbauen wird, sind jeweils latente Steuern zu erfassen.

33  Da der KA alljährlich neu aus den EA der zu konsolidierenden Unt abgeleitet wird, müssen die **aus früheren Gj** stammenden Zwischenergebnisse, die aus Sicht des Konzerns noch nicht realisiert sind, auch in den Folgejahren eliminiert werden. Da sie bereits erfolgswirksam verrechnet wurden, dürfen sie sich nicht ein weiteres Mal auf den Konzernjahreserfolg auswirken. Sie sind stattdessen erfolgsneutral zu konsolidieren. Die Gegenbuchung zur Anpassung der Bestände erfolgt dabei im Konzern-EK, verbreitet in den Gewinnrücklagen oder im Ergebnisvortrag.

34  Veräußert der Konzern die in die Zwischenergebniseliminierung einbezogenen VG, realisieren sich in Vj. eliminierte Zwischenergebnisse. Damit baut sich die ursprüngliche Bewertungsdifferenz zwischen EA und KA wieder ab. Dazu kann es auch kommen, wenn die betreffenden VG planmäßig oder außerplanmäßig abzuschreiben sind. In allen Fällen wirkt sich der Abbau der Zwischenergebnisse erfolgswirksam im KA aus.

35  Zusammenfassend bedeutet dies, dass Zwischenergebnisse nach dem Stand am Ende des Vj. erfolgsneutral zu eliminieren sind, während ihre Veränderung zwischen zwei Stichtagen den Konzernjahreserfolg berührt.

## 4 Praxis-Beispiele

### 4.1 Zwischenergebniseliminierung im Anlagevermögen

36  Beziehen KonzernUnt Anlagegüter von anderen in den KA einbezogenen Unt, erweist sich die **Ermittlung der Zwischenergebnisse** regelmäßig als unproblematisch. Bei langlebigen VG kann sie allerdings über Jahre hinweg entsprechende Anpassungsbuchungen erfordern. Um den damit verbundenen Aufwand zu vermeiden, sollten konzerninterne Lieferungen in das langfristige Vermögen nach Möglichkeit auf Basis der AHK oder wenigstens mit einem vernachlässigbaren Gewinnaufschlag erfolgen.

Das nachfolgende Fallbeispiel verdeutlicht die buchungstechnische **Umsetzung der Zwischenergebniseliminierung** bei konzernintern bezogenen Anlagegütern.

37

> **Beispiel**
> Die T GmbH (TU) hat am 2.1.X1 eine von ihr hergestellte Verpackungsmaschine an die M AG (MU) zum Preis von 120 GE geliefert. Die produktionsbezogenen Vollkosten belaufen sich auf 100 GE.
> Das MU setzt die Maschine in ihrem eigenen Betrieb ein. Die Abschreibung erfolgt linear über zehn Jahre. Die Unt stellen ihre GuV jeweils nach dem UKV auf. Das MU erfasst die Abschreibungen in den Vertriebskosten. Der Ertragsteuersatz beider Unt beträgt 30 %.
> Die relevanten Ausschnitte aus den EA der Unt und aus dem Summenabschluss enthält die nachstehende Übersicht.
>
> | Bilanzposten | MU | TU | Summen-abschluss | Konsolidierung S | Konsolidierung H | Konzern-abschluss |
> |---|---|---|---|---|---|---|
> | ... | ... | ... | ... | | | |
> | Maschine | 108 | ... | 108 | | | |
> | Aktive latente Steuern | ... | ... | ... | | | |
> | Summe Aktiva | ... | ... | ... | | | |
> | ... | ... | ... | ... | | | |
> | Jahresüberschuss | -12 | 20 | 8 | | | |
> | ... | ... | ... | ... | | | |
> | Summe Passiva | ... | ... | ... | | | |
>
> | GuV-Posten | MU | TU | Summen-abschluss | Konsolidierung S | Konsolidierung H | Konzern-abschluss |
> |---|---|---|---|---|---|---|
> | Umsatzerlöse | ... | 120 | 120 | | | |
> | ... | ... | ... | ... | | | |
> | Herstellungskosten | ... | 100 | 100 | | | |
> | Vertriebskosten | 12 | ... | 12 | | | |
> | Latenter Steueraufwand | ... | ... | ... | | | |
> | Jahresüberschuss | -12 | 20 | 8 | | | |
>
> **Zwischenergebniseliminierung zum 31.12.X1**
> Zum 31.12.X1 sind die in der nachfolgenden Übersicht dargestellten Konsolidierungsbuchungen vorzunehmen:

| Bilanzposten | MU | TU | Summen-abschluss | Konsolidierung S | Konsolidierung H | Konzern-abschluss |
|---|---|---|---|---|---|---|
| ... | ... | ... | ... | | | ... |
| Maschine | 108 | ... | 108 | ❷ 2 ❸ 5,4 | ❶ 20 | 90 |
| Aktive latente Steuern | ... | ... | ... | | | 5,4 |
| **Summe Aktiva** | ... | ... | ... | | | ... |
| ... | ... | ... | ... | | | ... |
| Jahresüberschuss | -12 | 20 | 8 | ❹ 12,6 | | -4,6 |
| ... | ... | ... | ... | | | ... |
| **Summe Passiva** | ... | ... | ... | | | ... |

| GuV-Posten | MU | TU | Summen-abschluss | Konsolidierung S | Konsolidierung H | Konzern-abschluss |
|---|---|---|---|---|---|---|
| Umsatzerlöse | ... | 120 | 120 | ❶ 120 | | 0 |
| ... | ... | ... | ... | | | |
| Herstellungskosten | ... | 100 | 100 | | ❶ 100 | 0 |
| Vertriebskosten | 12 | ... | 12 | | ❷ 2 | 10 |
| Latenter Steueraufwand | ... | ... | ... | | ❸ 5,4 | -5,4 |
| Jahresüberschuss | -12 | 20 | 8 | | ❹ 12,6 | -4,6 |

**Buchung 1:** Die AK der Maschine sind um den von dem TU realisierten Zwischengewinn i.H.v. 20 GE zu reduzieren. Gleichzeitig ist der Umsatzvorgang in der GuV zu stornieren:

| Datum | Konto | Soll | Haben |
|---|---|---|---|
| | Umsatzerlöse | 120 | |
| | HK | | 100 |
| | Maschine | | 20 |

**Buchung 2:** Als Folge der niedrigeren AK ergeben sich aus Konzernsicht um 2 GE geringere planmäßige Abschreibungen.

| Datum | Konto | Soll | Haben |
|---|---|---|---|
| | Maschine | 2 | |
| | Vertriebskosten | | 2 |

**Buchung 3:** Der konzernbilanzielle Wertansatz der Maschine beträgt 90 GE, sein steuerlicher Wert, der dem des EA des MU entspricht, 108 GE. Auf den Bewertungsunterschied ist eine aktive latente Steuer i.H.v. 5,4 GE (30 % von 18 GE) abzugrenzen.

| Datum | Konto | Soll | Haben |
|---|---|---|---|
| | Aktive latente Steuern | 5,4 | |
| | Latenter Steuerertrag | | 5,4 |

**Buchung 4:** Insgesamt vermindert sich der Konzernerfolg durch die Zwischenergebniseliminierung nach Steuern um 11,8 GE. Die entsprechende Anpassung in der Bilanz berücksichtigt die statistische Buchung 4.

### Zwischenergebniseliminierung zum 31.12.X2
Zum 31.12.X2 ergeben sich keine zusätzlichen konsolidierungspflichtigen Sachverhalte. Es sind die in der nachfolgenden Übersicht dargestellten Konsolidierungsbuchungen vorzunehmen:

| Bilanzposten | MU | TU | Summen-abschluss | Konsolidierung S | Konsolidierung H | Konzern-abschluss |
|---|---|---|---|---|---|---|
| ... | ... | ... | ... | | | ... |
| Maschine | 96 | ... | 96 | ❷ 2 ❶ | 18 | 80 |
| Aktive latente Steuern | ... | ... | ... | ❸ 5,4 ❹ | 0,6 | 4,8 |
| Summe Aktiva | ... | ... | ... | | | ... |
| ... | ... | ... | ... | | | ... |
| Gewinnrücklagen | -12 | 20 | 8 | ❶ 18 ❸ | 5,4 | -4,6 |
| Jahresüberschuss | -12 | ... | -12 | ❺ | 1,4 | -10,6 |
| ... | ... | ... | ... | | | ... |
| Summe Passiva | ... | ... | ... | | | ... |

| GuV-Posten | MU | TU | Summen-abschluss | Konsolidierung S | Konsolidierung H | Konzern-abschluss |
|---|---|---|---|---|---|---|
| Umsatzerlöse | ... | ... | ... | | | 0 |
| ... | ... | ... | ... | | | ... |
| Herstellungskosten | ... | ... | ... | | | 0 |
| Vertriebskosten | 12 | ... | 12 | | ❷ 2 | 10 |
| Latenter Steueraufwand | ... | ... | ... | ❹ 0,6 | | 0,6 |
| Jahresüberschuss | -12 | ... | -12 | ❺ 1,4 | | -10,6 |

**Buchung 1:** Die zum Ende des Gj X1 eliminierten Zwischenergebnisse sind erfolgsneutral gegen die Gewinnrücklagen zu eliminieren. Sie setzen sich aus dem stornierten Umsatzgewinn (20 GE) und der Abschreibungskorrektur (–2 GE) zusammen. Die Buchung vollzieht die zum Ende des Vj. erforderliche Bewertungsanpassung nach.

| Datum | Konto | Soll | Haben |
|---|---|---|---|
| | Gewinnrücklagen | 18 | |
| | Maschine | | 18 |

**Buchung 2:** Ebenso wie im Gj X1 sind die vom MU im Gj X2 vorgenommenen planmäßigen Abschreibungen aus Konzernsicht um 2 GE zu hoch. Zum 31.12.X2 betragen die eliminierungspflichtigen Zwischengewinne damit nur noch 16 GE. Ihre Veränderung im Vergleich zum Vj. ist erfolgswirksam durch Verminderung der Vertriebskosten zu berücksichtigen.

| Datum | Konto | Soll | Haben |
|---|---|---|---|
| | Maschine | 2 | |
| | Vertriebskosten | | 2 |

**Buchung 3** stellt den Stand der latenten Steuern zum Ende des Vj. her. Die Buchung ist wie die Nachholung der Anpassungsbuchung für die Maschine erfolgsneutral.

| Datum | Konto | Soll | Haben |
|---|---|---|---|
| | Aktive latente Steuern | 5,4 | |
| | Gewinnrücklagen | | 5,4 |

**Buchung 4:** Der Bewertungsunterschied zwischen dem konzernbilanziellen Wertansatz der Maschine und ihrem steuerlichen Wert hat sich von 18 GE auf 16 GE reduziert. Entsprechend ist die aktive latente Steuern um 0,6 GE (30 % von 2 GE) aufzulösen.

| Datum | Konto | Soll | Haben |
|---|---|---|---|
| | Latenter Steueraufwand | 0,6 | |
| | Aktive latente Steuern | | 0,6 |

**Buchung 5** schreibt den Jahreserfolg in der Bilanz um den Saldo der erfolgswirksamen Konsolidierungsbuchungen fort.

### Zwischenergebniseliminierung zum 31.12.X3

Zu Beginn des Gj X3 verkauft das MU die Maschine gegen Barzahlung an ein konzernfremdes Unt zum Preis von 85 GE. Der Kaufpreis geht auf dem Bankkonto ein. Den Veräußerungsverlust von 11 GE erfasst das MU in den sonstigen betrieblichen Aufwendungen. Die abschließende Behandlung des Vorgangs im KA macht die in der folgenden Übersicht dargestellten Konsolidierungsbuchungen erforderlich.

| Bilanzposten | MU | TU | Summen-abschluss | Konsolidierung S | Konsolidierung H | Konzern-abschluss |
|---|---|---|---|---|---|---|
| Maschine | ... | ... | ... | ❷ 16 | ❶ 16 | ... |
| Kasse | 85 | | 85 | | | 85 |
| Aktive latente Steuern | ... | ... | ... | ❸ 4,8 | ❹ 4,8 | ... |
| Summe Aktiva | ... | ... | ... | | | ... |
| | | | | | | |
| Gewinnrücklagen | -24 | 20 | -4 | ❶ 16 | ❸ 4,8 | -15,2 |
| Jahresüberschuss | -11 | ... | -11 | | ❺ 11,2 | 0,2 |
| | | | | | | |
| Summe Passiva | ... | ... | ... | | | ... |

| GuV-Posten | MU | TU | Summen-abschluss | Konsolidierung S | Konsolidierung H | Konzern-abschluss |
|---|---|---|---|---|---|---|
| s.b. Erträge | ... | ... | ... | | ❷ 5 | 5 |
| ... | ... | ... | ... | | | ... |
| Herstellungskosten | ... | ... | ... | | | ... |
| s.b. Aufwendungen | 11 | ... | 11 | | ❷ 11 | ... |
| Latenter Steueraufwand | ... | ... | ... | ❹ 4,8 | | 4,8 |
| Jahresüberschuss | -12 | ... | -11 | ❺ 11,2 | | 0,2 |

**Buchung 1:** Im ersten Schritt ist erneut der Betrag der zum Ende des Vj. eliminierten Zwischenergebnisse erfolgsneutral gegen den Ergebnisvortrag zu buchen. Der Betrag entspricht dem Saldo aus storniertem Umsatzgewinn (20 GE) und der Abschreibungskorrektur für die Gj X1 und X2 (–4).

| Datum | Konto | Soll | Haben |
|---|---|---|---|
| | Gewinnrücklagen | 16 | |
| | Maschine | | 16 |

**Buchung 2:** Aus Konzernsicht entsteht beim Verkauf der Verpackungsmaschine kein Veräußerungsverlust von 11 GE, sondern ein Gewinn von 5 GE (Differenz zwischen dem Konzernbuchwert per 31.12.X2 von 80 GE und dem Veräußerungspreis von 85 GE). Dieses Ergebnis stellt sich durch Berücksichtigung des im Vergleich zum EA um 16 GE verminderten Buchwerts der Maschine ein.

| Datum | Konto | Soll | Haben |
|---|---|---|---|
| | Maschine | 16 | |
| | s. b. Aufwendungen | | 11 |
| | s. b. Erträge | | 5 |

| Buchung 3 erfasst die latenten Steuern mit ihrem Stand zum Ende des Vj. i. H. v. 4,8 GE (30 % von 16 GE) erfolgsneutral gegen die Gewinnrücklagen. ||||
|---|---|---|---|
| Datum | Konto | Soll | Haben |
|  | Aktive latente Steuern | 4,8 |  |
|  | Gewinnrücklagen |  | 4,8 |
| **Buchung 4:** Durch die Veräußerung der Maschine hat sich der Bewertungsunterschied zwischen konzernbilanziellem und steuerlichem Wertansatz auf null reduziert. Entsprechend ist die gebildete aktive latente Steuer aufzulösen. ||||
| Datum | Konto | Soll | Haben |
|  | Latenter Steueraufwand | 4,8 |  |
|  | Aktive latente Steuern |  | 4,8 |
| **Buchung 5** schreibt wiederum den Jahreserfolg in der Bilanz um den Saldo der erfolgswirksamen Konsolidierungsbuchungen fort. ||||

### 4.2 Zwischenergebniseliminierung im Vorratsvermögen

Die Zwischenergebniseliminierung kann sich im Vorratsvermögen dann als problematisch erweisen, wenn gleichartige Güter sowohl von konzernfremden Dritten als auch von Unt des KonsKreis bezogen werden. In dieser Situation bieten sich zur Ermittlung der zwischenergebnishaltigen Vorratsbestände Vereinfachungsverfahren an, die die Anteile der konzernintern bezogenen VG auf Basis unterstellter Verbrauchsfolgen identifizieren. 38

Die Ermittlung der eliminierungspflichtigen Zwischenerfolge kann nach den Vorschriften des HGB zudem durch die Verwendung unterschiedlicher Bewertungsmethoden bei den einzelnen KonzernUnt erschwert sein. Das gilt etwa dann, wenn die Abgrenzung der HK im KA und in den EA der einbezogenen Unt abweichend erfolgt. Zwar können auch in diesem Fall die Konzern-HK der auf Lager liegenden Vorräte grds. **retrograd** durch Abzug der Bruttoergebnismarge von den Transferpreisen[12] ermittelt werden. In Abhängigkeit davon, ob die betreffenden Vorratsgüter in der laufenden oder einer früheren Periode produziert worden sind, können jedoch weitere Anpassungsbuchungen erforderlich werden. 39

Das folgende Beispiel verdeutlicht die Verfahrensweise bei der Zwischenergebniseliminierung in den aufgezeigten Problemfällen. 40

| **Beispiel** ||||
|---|---|---|---|
| Ein TU hat im Gj X1 die folgenden Lieferungen eines Vorratsguts erhalten: ||||
| Lieferung von | Menge [ME] | Preis pro ME | Gesamtpreis |
| Konzernfremden | 1.000 | 10,0 | 10.000 |
| Konzernunternehmen | 800 | 12,0 | 9.600 |
| Konzernunternehmen | 600 | 10,5 | 6.300 |
| Konzernfremden | 1.100 | 14,0 | 15.400 |
| Summe | 3.500 | 11,8 | 41.300 |

---

[12] Vgl. hierzu *Winkeljohann/Schellhorn*, in Beck Bil-Komm. 9. Aufl., § 304 HGB, Rz 39.

Der vollständig von Konzernfremden bezogene Anfangsbestand am 1.1.X1 belief sich auf 875 ME, sein Buchwert auf 8.750. Zum 31.12.X1 liegen 1.000 ME des Vorratsguts auf Lager. Da das TU keine Aufzeichnungen darüber führt, wie sich der Lagerbestand zusammensetzt, sollen die konzernintern bezogenen Bestandsmengen für Zwecke der Zwischenergebniseliminierung im KA anhand der periodischen Durchschnittsmethode bestimmt werden. D. h., der Endbestand setzt sich als gewogener Durchschnitt aus dem Anfangsbestand und allen Zugängen während der Berichtsperiode zusammen. Das liefernde KonzernUnt hat die Vorratsgüter selbst von Dritten erworben und mit einem Gewinnaufschlag von jeweils 20 % an das TU verkauft. Niederstwertabschreibungen auf die Vorräte sind nicht vorzunehmen. Der Ertragsteuersatz im Konzern beträgt einheitlich 30 %. Die GuV wird nach dem GKV erstellt.

**Zwischenergebniseliminierung zum 31.12.X1**
Von den während des Berichtsjahrs verfügbaren Vorratsgütern (4.375 ME = 875 ME + 3.500 ME) liegen am Jahresende noch 1.000 ME auf Lager. Das sind rund 22,86 %. Nach der Verbrauchsfolgefiktion, die der Durchschnittsmethode zugrunde liegt, sind damit vom Anfangsbestand und von jedem Zugang am 31.12.X1 noch jeweils rund 22,86 % vorhanden. Bezogen auf die konzernintern zugegangenen 1.400 ME an Vorratsgütern entspricht das 320 ME.
Der durchschnittliche Verkaufspreis der konzernintern an das TU gelieferten Vorräte beträgt 11,357 GE [(9.600 + 6.300) : 1.400], der Einkaufspreis damit 9,464 GE. Für jede am 31.12.X1 auf Lager liegende ME ist damit ein Zwischengewinn von 1,893 GE zu eliminieren. Insgesamt beläuft sich damit der Zwischengewinn auf 606 GE (1,893 GE × 320 ME).
Für die Anpassungsbuchung zum 31.12.X1 bedeutet dies: Zu stornieren sind zum einen die Innenumsatzerlöse von 15.900 GE. Zum anderen ist der Materialaufwand um 15.294 GE zu vermindern. Das entspricht dem konzerninternen Lieferwert der vom TU verkauften Vorratsgüter (12.266 GE = 1.080 ME × 11,357 GE) zzgl. des Einstandspreises der noch auf Lager liegenden Vorräte (3.028 GE = 320 ME × 9,464 GE). Die Differenz zwischen den Größen entspricht aus Konzernsicht dem unrealisierten Zwischengewinn des liefernden KonzernUnt (606 GE). Die Anpassungsbuchung lautet damit:

| Datum | Konto | Soll | Haben |
|---|---|---|---|
| | Umsatzerlöse | 15.900 | |
| | Materialaufwand | | 15.294 |
| | Fertige Erzeugnisse | | 606 |

I. H. d. Abwertung der fertigen Erzeugnisse entsteht eine Bewertungsdifferenz zu deren steuerlichem Wertansatz, auf den latente Steuern abzugrenzen sind.

| Datum | Konto | Soll | Haben |
|---|---|---|---|
| | Aktive latente Steuern | 181,8 | |
| | Latenter Steuerertrag | | 181,8 |

## 4.3 Zwischenergebniseliminierung bei unterschiedlichen Steuersätzen

Insb. bei international tätigen Konzernen werden die an der innerkonzernlichen Transaktion beteiligten Unt häufig unterschiedliche Steuersätze aufweisen. Das führt zu der Frage, ob der Steuersatz des liefernden oder des empfangenden Unt für die Bildung latenter Steuern heranzuziehen ist. Da zum einen die Regel zur Zwischenergebniseliminierung als Bewertungsvorschrift formuliert ist, zum anderen die Bildung latenter Steuern nunmehr bilanzorientiert erfolgt, ist auf den **Steuersatz des** den VG bilanzierenden **EmpfängerUnt** abzustellen (vgl. DRS 18.45). Dies entspricht der Vorgehensweise nach IAS 12.[13] Das nachstehende Fallbeispiel verdeutlicht die Verfahrensweise.

41

> **Beispiel**
> Das zu 80 % im Anteilsbesitz der A AG (MU) stehende österreichische TU Ö AG (TU) hat in Periode X1 100.000 Skimützen zum Preis von 15 EUR/Stück an die A AG geliefert. Die Einstandskosten der fremdbezogenen Waren betragen 12 EUR/Stück. Von den Skimützen befinden sich am 31.12.X1 bei der A AG noch 60.000 Stück auf Lager. Der Ertragsteuersatz beträgt in Deutschland 30 %, in Österreich 25 %.
>
> **Zwischenergebniseliminierung zum 31.12.X1**
> Zwischenerfolge sind auch bei Beteiligung von Minderheitsgesellschaftern stets in voller Höhe zu eliminieren. Im Fallbeispiel beträgt der zum 31.12.X1 zu eliminierende Zwischengewinn 180 TEUR (60.000 Stück × 3 EUR/Stück). Um diesen Betrag ist der Buchwert der bei der A AG auf Lager liegenden Skimützen zu reduzieren.
> Darüber hinaus sind die im Abschluss der Ö AG erfassten innerkonzernlichen Aufwendungen von 720 TEUR (60.000 Stück × 12 EUR/Stück) und Umsätze von 900 TEUR (= 60.000 Stück × 15 EUR/Stück) für die noch nicht an Dritte veräußerten Skimützen zu stornieren.
> Zusammengefasst ergibt sich damit zum 31.12.X1 die folgende Konsolidierungsbuchung (in TEUR):
>
> | Datum | Konto | Soll | Haben |
> |---|---|---|---|
> | | Umsatzerlöse | 900 | |
> | | Materialaufwand | | 720 |
> | | Vorräte | | 180 |
>
> Auf den Bewertungsunterschied zwischen dem konzernbilanziellen Wertansatz der Vorräte und dem steuerlichen Wert ist eine latente Steuer auf Basis des Steuersatzes der A AG (30 %) abzugrenzen.
>
> | Datum | Konto | Soll | Haben |
> |---|---|---|---|
> | | Aktive latente Steuern | 54 | |
> | | Latenter Steuerertrag | | 54 |

---

[13] Vgl. *Senger/Brune*, in Beck'sches IFRS-Handbuch, 4. Aufl. 2013, § 33, Rz 249.

Zu beachten ist, dass die Minderheiten der Ö AG nach hier vertretener Auffassung in diesem Fall nicht an der Erfolgswirkung der Zwischenergebniseliminierung zu beteiligen sind. Das auf sie entfallende Reinvermögen beinhaltet den aus der Perspektive der Ö AG realisierten Erfolg. Damit ist die Erfolgswirkung im Beispiel im vollen Umfang den Gesellschaftern des MU zuzuordnen.

**Zwischenergebniseliminierung zum 31.12.X2**
Veräußert die A AG in der Periode X2 sämtliche Skimützen mit Gewinn, sind die in der Vorperiode eliminierten Zwischengewinne zum 31.12.X2 zu realisieren. Der im EA des MU erfasste Umsatzgewinn ist daher um den im Vj. stornierten Zwischengewinn aus der Lieferung der Ö AG zu erhöhen. Dazu sind in einem ersten Schritt die einzelgesellschaftlichen AK der veräußerten Skimützen an die Konzern-AK anzupassen. Dies erfolgt mit der Buchung:

| Datum | Konto | Soll | Haben |
|---|---|---|---|
| | Gewinnrücklagen | 180 | |
| | Vorräte | | 180 |

In einem zweiten Schritt ist die AK-Korrektur in die GuV zu übernehmen. Der Materialaufwand vermindert sich dementsprechend um 180 TEUR.

| Datum | Konto | Soll | Haben |
|---|---|---|---|
| | Vorräte | 180 | |
| | Materialaufwand | | 180 |

Durch die Veräußerung der Vorräte hat sich die Differenz zwischen konzernbilanziellem Wertansatz der Vorräte und steuerlichem Wert vollständig abgebaut. Entsprechend sind die in der Vorperiode gebildeten latenten Steuern aufzulösen. Systematisch erfordert dies zunächst die erfolgsneutrale Einbuchung der in der Vorperiode gebildeten latenten Steuern, die sodann erfolgswirksam aufzulösen sind. Damit ergibt sich die folgende zusammengefasste Buchung:

| Datum | Konto | Soll | Haben |
|---|---|---|---|
| | Latenter Steueraufwand | 54 | |
| | Gewinnrücklagen | | 54 |

Korrespondierend zur Vorperiode, in der die Gesellschafter des MU den gesamten ergebnisbelastenden Effekt der Zwischenergebniseliminierung zu tragen hatten, entfällt nunmehr der positive Ergebniseffekt zum 31.12.X2 vollumfänglich auf sie.

### 4.4 Zwischenergebniseliminierung bei Geschäften mit assoziierten Unternehmen

42  Wie dargestellt (Rz 6), fordert DRS 8 nicht nur bei *Upstream*-Lieferungen von assoziierten Unt, sondern auch bei *Downstream*-Lieferungen an assoziierte Unt eine Zwischenergebniseliminierung. Die Ermittlung der eliminierungspflichtigen Zwischenergebnisse folgt dem Schema für Transaktionen zwischen vollkon-

solidierten Unt. Dabei ist eine nur i.H. der Anteilsquote vorgenommene Eliminierung zu präferieren.

Buchungstechnisch ergibt sich die Besonderheit, dass bei *Downstream*-Lieferungen die von der Zwischenergebniseliminierung intendierte Anpassung des gelieferten VG an seinen Konzernbuchwert nicht durchführbar ist, da dieser im KA nicht erfasst ist. Bei *Upstream*-Lieferungen ist der VG dagegen beim MU oder TU erfasst. Allerdings scheiden die üblichen Gegenkonten „Umsatzerlöse" oder „sonstige betriebliche Erträge/Aufwendungen" aus, da die im Abschluss des assoziierten Unt erfassten Erfolge aus dem Umsatzvorgang nicht in den KA eingehen.

43

Aus diesem Grund ist bei Transaktionen mit assoziierten Unt wie folgt zu verfahren: Bei **Downstream-Lieferungen** erfolgt die Zwischenergebniseliminierung statt gegen den nicht bilanzierten VG gegen die Anteile am assoziierten Unt.

44

Bei **Upstream-Lieferungen** ist das zu eliminierende Zwischenergebnis im Posten „Ergebnis aus assoziierten Unternehmen" zu erfassen. Die bilanzielle Korrektur ist nach DRS 8.32 gegen den Anteilswert vorzunehmen und nicht gegen den Buchwert des gelieferten VG. Das nachfolgende Beispiel illustriert die Buchungstechnik der Zwischenergebniseliminierung bei Transaktionen mit assoziierten Unt.

45

> **Beispiel**
> Zu betrachten ist ein Austauschgeschäft zwischen dem MU und einem assoziierten Unt, an dem es mit 30 % beteiligt ist. Gegenstand des Austauschgeschäfts sind fertige Erzeugnisse mit aus einzelgesellschaftlicher und Konzernsicht übereinstimmenden HK von 400 GE. Der Verkaufspreis beträgt 550 GE, der Ertragsteuersatz beider Unt jeweils 30 %. Die Lieferung erfolgt im Fall A vom MU an das assoziierte Unt (*downstream*), im Fall B vom assoziierten Unt an das MU (*upstream*). Die fertigen Erzeugnisse befinden sich am Bilanzstichtag X1 noch vollständig auf Lager. Im Gj X2 werden die fertigen Erzeugnisse mit Gewinn weiterverkauft.
>
> **Zwischenergebniseliminierung zum 31.12.X1 (Fall A)**
> Die im EA des MU erfassten Erfolge aus der Transaktion mit dem assoziierten Unt sind anteilig zu eliminieren. Das erfordert eine Verminderung der Umsatzerlöse um 165 GE (30 % von 550 GE) und des Materialaufwands um 120 GE (30 % von 400 GE). Die Differenz entspricht dem zum 31.12.X1 zu eliminierenden Zwischenerfolg von 45 GE (30 % von 150 GE). Da die Regelungen zur *Equity*-Bewertung außerhalb der in § 306 HGB genannten Konsolidierungsmaßnahmen (§§ 300–307 HGB) liegen, muss die Abgrenzung latenter Steuern nicht thematisiert werden; nach dem BilRUG sind zukünftig die „§§ 304 und 306 ... entsprechend anzuwenden (und latente Steuern abzugrenzen, d. Verf.), soweit die für die Beurteilung maßgeblichen Sachverhalte bekannt oder zugänglich sind."[14]

---

[14] § 312 Abs. 5 Satz 3 HGB i.d.F. d. BilRUG; vgl. die Kommentierung zu § 312 Rz 135 ff.

| Datum | Konto | Soll | Haben |
|---|---|---|---|
| | Umsatzerlöse | 165 | |
| | Materialaufwand | | 120 |
| | Anteile an assoziierten Unt | | 45 |

**Zwischenergebniseliminierung zum 31.12.X2 (Fall A)**
Die Verminderung der Anteile an assoziierten Unt ist mit folgender Buchung in die Periode X2 vorzutragen:

| Datum | Konto | Soll | Haben |
|---|---|---|---|
| | Gewinnrücklagen | 45 | |
| | Anteile an assoziierten Unt | | 45 |

Veräußert das assoziierte Unt im Gj X2 die gelieferten fertigen Erzeugnisse, ist der zum 31.12.X1 eliminierte Zwischenerfolg zu realisieren. Umsatzerlöse und Materialaufwand sind dementsprechend aus Konzernsicht zu erhöhen. Die sich ergebende Nettovermögensmehrung erhöht die Anteile an assoziierten Unt.

| Datum | Konto | Soll | Haben |
|---|---|---|---|
| | Materialaufwand | 120 | |
| | Anteile an assoziierten Unt | 45 | |
| | Umsatzerlöse | | 165 |

**Zwischenergebniseliminierung zum 31.12.X1 (Fall B)**
Im Fall einer Upstream-Lieferung kommt der Zwischenergebniseliminierung die Aufgabe zu, den Teil des Umsatzerfolgs des assoziierten Unt zu stornieren, der auf den Konzern entfällt. Latente Steuern sind wiederum nicht zu berücksichtigen. Die Buchung zum 31.12.X1 lautet damit:

| Datum | Konto | Soll | Haben |
|---|---|---|---|
| | Ergebnis aus assoziierten Unt | 45 | |
| | Anteile an assoziierten Unt | | 45 |

**Zwischenergebniseliminierung zum 31.12.X2 (Fall B)**
Veräußert das MU im darauffolgenden Gj die fertigen Erzeugnisse, ist der in der Vorperiode eliminierte Zwischengewinn zu realisieren. Fasst man die Folgewirkung mit der Vortragsbuchung zusammen, lautet die Anpassungsbuchung aus der Zwischenergebniseliminierung wie folgt:

| Datum | Konto | Soll | Haben |
|---|---|---|---|
| | Anteile an assoziierten Unt | 45 | |
| | Ergebnis aus assoziierten Unt | | 45 |

# § 305 AUFWANDS- UND ERTRAGSKONSOLIDIERUNG

(1) In der Konzern-Gewinn- und Verlustrechnung sind
1. bei den Umsatzerlösen die Erlöse aus Lieferungen und Leistungen zwischen den in den Konzernabschluß einbezogenen Unternehmen mit den auf sie entfallenden Aufwendungen zu verrechnen, soweit sie nicht als Erhöhung des Bestands an fertigen und unfertigen Erzeugnissen oder als andere aktivierte Eigenleistungen auszuweisen sind,
2. andere Erträge aus Lieferungen und Leistungen zwischen den in den Konzernabschluß einbezogenen Unternehmen mit den auf sie entfallenden Aufwendungen zu verrechnen, soweit sie nicht als andere aktivierte Eigenleistungen auszuweisen sind.

(2) Aufwendungen und Erträge brauchen nach Absatz 1 nicht weggelassen zu werden, wenn die wegzulassenden Beträge für die Vermittlung eines den tatsächlichen Verhältnissen entsprechenden Bildes der Vermögens-, Finanz- und Ertragslage des Konzerns nur von untergeordneter Bedeutung sind.

Prof. Dr. Harald Kessler, CVA/Dr. Markus Leinen, CVA

### Inhaltsübersicht

| | | Rz |
|---|---|---|
| 1 | Überblick | 1–3 |
| | 1.1 Inhalt und Anwendungsbereich | 1–2 |
| | 1.2 Normenzusammenhang | 3 |
| 2 | Gegenstand der Aufwands- und Ertragskonsolidierung | 4–9 |
| 3 | Konsolidierungstechnik | 10–15 |
| | 3.1 Eliminierung innerkonzernlicher Umsatzerlöse (Abs. 1 Nr. 1) | 10–11 |
| | 3.2 Eliminierung anderer innerkonzernlicher Erträge (Abs. 1 Nr. 2) | 12–13 |
| | 3.3 Bereinigung innerkonzernlicher Ergebnisübernahmen | 14–15 |

### Ergänzendes Schrifttum

*Bieg/Kußmaul*, Externes Rechnungswesen, 6. Aufl. 2012; *Coenenberg/Haller/ Schulze*, Jahresabschluss und Jahresabschlussanalyse: Betriebswirtschaftliche, handelsrechtliche, steuerrechtliche und internationale Grundsätze – HGB, IFRS, US-GAAP, DRS, 23. Aufl. 2014; *Kessler/Strickmann*, Konzernrechnungslegung und Konzernbilanzpolitik nach HGB, DRS und IFRS, in *Küting* (Hrsg.), Saarbrücker Handbuch der Betriebswirtschaftlichen Beratung, 2008, S. 831; *Küting/ Weber*, Der Konzernabschluss, 13. Aufl. 2012.

## 1 Überblick

### 1.1 Inhalt und Anwendungsbereich

1 Die Konzern-GuV als weiterer Bestandteil des KA wird durch Addition der Einzel-GuV-Rechnungen der zu konsolidierenden Unt zur **Summen-GuV** mit anschließender Bereinigung um innerkonzernliche Einflüsse gewonnen. Die **Aufwands- und Ertragskonsolidierung** bewirkt, dass in der Konzern-GuV ausschließlich **Erfolgsbeiträge** aus Geschäften mit **fremden Dritten** erfasst und dem Einheitsgrundsatz des § 297 Abs. 3 Satz 1 HGB entsprechend aufgeschlüsselt werden; dazu ist eine Aufrechnung korrespondierender innerkonzernlicher Aufwendungen und Erträge der Summen-GuV und/oder die Umgliederung einzelner Erfolgskomponenten in andere GuV-Posten erforderlich.

2 Die **Aufwands- und Ertragskonsolidierung** ist zwar eng mit der als Bewertungsvorschrift konzipierten Zwischenergebniseliminierung verflochten; sie **ist aber unabhängig** davon durchzuführen, ob Zwischenergebnisse zu eliminieren sind oder nicht. Abb. 1 zeigt die Einordnung der Aufwands- und ErtragsKons in die zur Realisierung des Einheitsgrundsatzes notwendigen Konsolidierungsmaßnahmen.

Abb. 1: Einordnung der Aufwands- und Ertragskonsolidierung

### 1.2 Normenzusammenhang

3 Die Aufwands- und ErtragsKons gem. § 305 HGB ist – wie die KapKons gem. § 301 HGB, die SchuldenKons gem. § 303 HGB und die Zwischenergebniseliminierung gem. § 304 HGB – eine Folge des in § 297 Abs. 3 Satz 1 HGB verankerten Einheitsgrundsatzes. Die Gliederung einer Konzern-GuV orientiert sich gem. § 298 Abs. 1 HGB an den für die Einzel-GuV einer großen KapG geltenden Gliederungsvorschriften des § 275 HGB. Sowohl § 13 Abs. 2 PublG als auch branchenspezifisch die §§ 340i und 341j HGB verweisen auf § 305 HGB.

## 2 Gegenstand der Aufwands- und Ertragskonsolidierung

4 Die Ertragslage der in den KA einbezogenen Unt ist so darzustellen, als ob diese ein einziges Unt wären. Daraus folgt, dass in die Konzern-GuV nur solche **Erfolgsbestandteile** eingehen dürfen, die aus **Beziehungen mit Konzernfremden** resultieren. Dazu sind die in der Summen-GuV erfassten **Aufwen-**

dungen und Erträge aus dem **konzerninternen Lieferungs- und Leistungsverkehr** gegeneinander aufzurechnen oder in andere Posten umzugliedern, wobei als Vorbild die Behandlung der ihnen zugrunde liegenden Geschäftsvorfälle in einem (fiktiven) einheitlichen Unternehmen dient.

Die in § 305 HGB explizit angesprochenen Fälle der Aufwands- und Ertragseliminierung sind **erfolgsneutral**:
- Abs. 1 Nr. 1 fordert die Verrechnung bzw. Umgliederung der aus Lieferungs- und Leistungsverflechtungen zwischen einbezogenen Unt resultierenden Innenumsatzerlöse;
- Abs. 1 Nr. 2 erweitert die Eliminierungspflicht auf andere Erträge aus konzerninternen L&L.

Keine expliziten gesetzlichen Regelungen finden sich für **innerkonzernliche Ergebnisübernahmen** sowie für **Abschreibungen bzw. Zuschreibungen** auf Anteile an einbezogenen Unt. Auch diese Erfolgsbeiträge müssen eliminiert werden, da sie aus Sicht des fiktiven EinheitsUnt Konzern keinen Bestand haben können. Im Gegensatz zu den in § 305 HGB genannten Verrechnungen oder Umgliederungen von Aufwendungen und Erträgen ist ihre Kons. **erfolgswirksam**.

Welche **Posten der GuV** – nach GKV oder nach UKV – vor allem für eine Aufwands- und ErtragsKons in Betracht kommen, fasst die nachfolgende Tabelle zusammen (+ = erfolgswirksame Eliminierung; – = erfolgsneutrale Eliminierung):

| GKV (§ 275 Abs. 2 HGB) | | UKV (§ 275 Abs. 3 HGB) | |
|---|---|---|---|
| • Nr. 1: Umsatzerlöse | – | • Nr. 1: Umsatzerlöse | – |
| • Nr. 2: Erhöhung oder Verminderung des Bestands an fertigen und unfertigen Erzeugnissen | – | • Nr. 2: HK der zur Erzielung der Umsatzerlöse erbrachten Leistungen | – |
| • Nr. 3: andere aktivierte Eigenleistungen | – | • Nr. 4: Vertriebskosten | – |
| • Nr. 4: sonstige betriebliche Erträge | –/+ | • Nr. 5: allgemeine Verwaltungskosten | – |
| • Nr. 5: Materialaufwand | – | • Nr. 6: sonstige betriebliche Erträge | –/+ |
| • Nr. 8: Sonstige betriebliche Aufwendungen | – | • Nr. 7: Sonstige betriebliche Aufwendungen | – |
| • Nr. 9: Erträge aus Beteiligungen | + | • Nr. 8: Erträge aus Beteiligungen | + |
| • Nr. 10: Erträge aus anderen Wertpapieren und Ausleihungen des FAV | – | • Nr. 9: Erträge aus anderen Wertpapieren und Ausleihungen des AV | – |
| • Nr. 11: sonstige Zinsen und ähnliche Erträge | – | • Nr. 10: sonstige Zinsen und ähnliche Erträge | – |
| • Nr. 12: Abschreibungen auf Finanzanlagen | + | • Nr. 11: Abschreibungen auf Finanzanlagen | + |

| GKV (§ 275 Abs. 2 HGB) | | UKV (§ 275 Abs. 3 HGB) | |
|---|---|---|---|
| • Nr. 13: Zinsen und ähnliche Aufwendungen | – | • Nr. 12: Zinsen und ähnliche Aufwendungen | – |
| • Erträge/Aufwendungen aus Verlustübernahmen und Gewinnabführungen (§ 277 Abs. 3 Satz 2 HGB) | + | • Erträge/Aufwendungen aus Verlustübernahmen und Gewinnabführungen (§ 277 Abs. 3 Satz 2 HGB) | + |

7   Auf die Aufwands- und Ertragseliminierung kann nach § 305 Abs. 2 HGB verzichtet werden, „wenn die wegzulassenden Beträge für die Vermittlung eines den tatsächlichen Verhältnissen entsprechenden Bildes der VFE-Lage des Konzerns nur von untergeordneter Bedeutung sind" (Grundsatz der **Wesentlichkeit**). Ein diesbzgl. Hinweis im Anhang ist nicht erforderlich, aber zulässig.[1]

8   § 310 Abs. 2 HGB regelt die analoge Anwendung der Aufwands- und Ertragseliminierung auf GemeinschaftsUnt, die auf der Grundlage der **QuotenKons** in den KA einbezogen werden. Dies bedeutet, dass die in quotaler Höhe in die Summen-GuV einfließenden Aufwendungen und Erträge des GemeinschaftsUnt aus Geschäften mit KonzernUnt in voller Höhe eliminiert werden, während die korrespondierenden Aufwendungen und Erträge der KonzernUnt i.H.d. Fremdanteils am GemeinschaftsUnt in die Konzern-GuV einfließen. Etwas anderes gilt für die generell nur i.H.d. Konzernanteils erfassten Beteiligungserträge des GesellschafterUnt. Sie sind in voller Höhe gegen den anteiligen Erfolg des GemeinschaftsUnt aufzurechnen.

9   Für nach der **Equity-Methode** einbezogene Unt kommt eine Aufwands- und ErtragsKons **nicht in Betracht**, da die Aufwendungen und Erträge der assoziierten Unt nicht in den KA zu übernehmen sind.

## 3   Konsolidierungstechnik

### 3.1   Eliminierung innerkonzernlicher Umsatzerlöse (Abs. 1 Nr. 1)

10   Die konsolidierungstechnische Umsetzung der Aufwands- und ErtragsKons bei innerkonzernlichen Umsatzerlösen aus **Lieferungen** hängt im Wesentlichen davon ab, ob
- gelieferte VG außerkonzernlich erworben oder vom Konzern selbst erstellt wurden,
- sie innerkonzernlich weiterverarbeitet wurden und
- sie dem AV oder UV zuzuordnen sind.

Zudem hängt die Konsolidierungstechnik davon ab, ob die Konzern-GuV nach dem GKV oder nach dem UKV erstellt wird. Bei Anwendung des **GKV** ergeben sich die folgenden Konsolidierungsalternativen:
- Verrechnung der innerkonzernlichen Umsatzerlöse mit den korrespondierenden Aufwendungen im Konzern;

---

[1] Vgl. *Winkeljohann/Schellhorn*, in Beck Bil-Komm 9. Aufl., § 306 HGB, Rz 51.

- Umgliederung der innerkonzernlichen Umsatzerlöse in die Bestandsveränderungen bei Lieferung ins UV;
- Umgliederung der innerkonzernlichen Umsatzerlöse in die anderen aktivierten Eigenleistungen bei Lieferung ins AV.

Bei Anwendung des **UKV** entfallen naturgemäß die letzten beiden Alternativen, es erfolgt eine Verrechnung der Umsatzerlöse mit den auf sie entfallenden HK.

> **Beispiel**
> Ein TU liefert einen selbst erstellten VG zu 30 GE (= produktionsbezogene HK) an das MU. Dort wird er als Gegenstand des AV im Prozess der betrieblichen Leistungserstellung eingesetzt. Der Konzern als einheitliche Unternehmung hat einen Gegenstand des AV selbst erstellt. Bei Anwendung des UKV sind in der Konzern-GuV kein Umsatz und entsprechend auch keine HK der zur Erzielung des Umsatzes erbrachten Leistungen zu zeigen. Damit ist folgende Konsolidierungsbuchung erforderlich:
>
> | GuV-Posten | MU | TU | Summen-abschluss | Konsolidierung S | H | Konzern-abschluss |
> |---|---|---|---|---|---|---|
> | Umsatzerlöse | ... | 30 | 30 | ❶ 30 | | 0 |
> | ... | | ... | ... | | | ... |
> | Herstellungskosten | ... | 30 | 30 | | ❶ 30 | 0 |
> | ... | ... | ... | ... | | | ... |
> | **Jahresüberschuss** | **0** | **0** | **0** | | | **0** |
>
> Im GKV wären die Umsatzerlöse in die anderen aktivierten Eigenleistungen umzusetzen. Ihnen ständen die beim TU angefallenen Primäraufwendungen gegenüber.

Die Eliminierung innerkonzernlicher Umsatzerlöse aus **Leistungen** (z.B. Mieten, Pachten, Verwaltungskostenumlagen oder sonstige Dienstleistungen) erfolgt regelmäßig durch Verrechnung mit den i.d.R. gleich hohen Aufwendungen. Im (seltenen) Fall einer aktivierungspflichtigen Leistung wird bei Anwendung des GKV eine Umgruppierung in andere aktivierte Eigenleistungen notwendig. 11

### 3.2 Eliminierung anderer innerkonzernlicher Erträge (Abs. 1 Nr. 2)

Auch innerkonzernliche L&L, die **nicht zu Umsatzerlösen**, sondern zu **anderen Erträgen** führen, sind zu eliminieren (vgl. § 305 Abs. 1 Nr. 2 HGB). Dies betrifft Erfolgsbeiträge, die nicht aus Leistungen resultieren, die der gewöhnlichen Geschäftstätigkeit eines Unt zuzuordnen sind. Sie werden im Gliederungsschema des § 275 HGB in einem anderen Ertragsposten als den Umsatzerlösen ausgewiesen. Ebenso wie Erträge sind auch Aufwendungen aus dem innerkonzernlichen Leistungsaustausch zu eliminieren. Als Beispiel ist die konzerninterne Veräußerung von AV zu nennen. Erfolgt die Veräußerung über oder unter Buchwert, so ist der entstehende sonstige betriebliche Ertrag oder Aufwand zu eliminieren. Dies geschieht, indem die betreffenden VG entsprechend der in § 304 Abs. 1 HGB enthaltenen Bewertungsvorschrift auf ihre Konzern-AK/-HK ab- bzw. aufgewertet werden. Eine Aufwertung steht unter dem Vorbehalt, dass der beizulegende 12

Zeitwert i.S.d. § 253 Abs. 3 Satz 3 HGB nicht überschritten wird. Andernfalls ist der vom liefernden Unt im sonstigen betrieblichen Aufwand erfasste Veräußerungsverlust seinem konzernbilanziellen Charakter entsprechend (teilweise) in die Abschreibungen umzugliedern.

13 Unproblematisch ist die Kons. anderer Erträge aus konzernintern erbrachten Leistungen, wie der Erträge aus Mieten, Pachten, Lizenzen und Zinsen. Die sich im Regelfall in der Summen-GuV in gleicher Höhe gegenüberstehenden Erträge und Aufwendungen sind miteinander zu verrechnen. Bei einer Aktivierung als Teil der HK von Erzeugnissen oder selbst erstellten Anlagegütern sind sie im GKV in den Posten „Bestandsveränderungen" bzw. „andere aktivierte Eigenleistungen" umzugliedern, im UKV mit den entsprechenden Aufwendungen des Leistenden zu verrechnen.

**Beispiel**
TU1 stellt Elektromotoren her, die MU noch in der Lieferperiode bei der Herstellung einer selbst genutzten technischen Anlage verbaut. Bei TU1 sind zur Herstellung der Motoren Personalaufwand (50 GE) und Materialaufwand (30 GE) angefallen. TU1 realisiert aus der Veräußerung der Elektromotoren Umsatzerlöse i. H. v. 100 GE. Den Transport der Elektromotoren übernahm TU2. TU2 stellt TU1 für die Transportdienstleistung einen Betrag von 5 GE in Rechnung und vereinnahmt einen sonstigen betrieblichen Ertrag von 5 GE. Bei TU2 fallen für die Erbringung der Transportdienstleistung Personalaufwand (1 GE) und sonstiger betrieblicher Aufwand (2 GE) an.

| GuV-Posten | MU | TU₁ | TU₂ | Summen-abschluss | Konsolidierung S | Konsolidierung H | Konzern-abschluss |
|---|---|---|---|---|---|---|---|
| Umsatzerlöse | ... | 100 | ... | 100 | ❶ 100 | | 0 |
| | ... | ... | ... | ... | | | ... |
| Aktivierte Eigenleistungen | 100 | ... | ... | 100 | ❸ 17 | | 83 |
| s. b. Erträge | ... | ... | 5 | 5 | ❷ 5 | | ... |
| Materialaufwand | 100 | 30 | ... | 130 | | ❶ 100 | 30 |
| Personalaufwand | ... | 50 | 1 | 51 | | | 51 |
| s. b. Aufwendungen | ... | 5 | 2 | 7 | | ❷ 5 | 2 |
| ... | | | | | | | |
| **Jahresüberschuss** | **0** | **15** | **2** | **17** | | | **0** |

Buchung 1 eliminiert den innerkonzernlichen Umsatz und Materialaufwand aus der Veräußerung der Elektromotoren von TU1 an MU, Buchung 2 entsprechend den bei TU2 anfallenden sonstigen betrieblichen Ertrag und den korrespondierenden sonstigen betrieblichen Aufwand bei TU1 aus dem innerkonzernlichen Transport. Die Verminderung der aktivierten Eigenleistungen um 17 GE (Buchung 3) findet ihre bilanzielle Entsprechung in der Herabsetzung des Buchwerts der selbst genutzten technischen Anlage. Die aktivierten Eigenleistungen (83 GE) umfassen die im Konzern für die Herstellung der Elektromotoren und ihre Verbringung an den Bestimmungsort angefallenen Primäraufwendungen.

## 3.3 Bereinigung innerkonzernlicher Ergebnisübernahmen

Bei der Bereinigung **innerkonzernlicher Ergebnisübernahmen** ist zwischen periodenungleichen und periodengleichen Vereinnahmungen von Beteiligungserträgen sowie Aufwendungen und Erträgen aus Ergebnisabführungsverträgen zu unterscheiden. Bei der **periodenungleichen** Vereinnahmung von Beteiligungserträgen ist zu beachten, dass der Gewinn eines vollkonsolidierten KonzernUnt nur in der Periode seiner Erwirtschaftung in die Konzern-GuV einfließen darf. Um eine nochmalige Erfassung dieses Erfolgs im KA in der Folgeperiode zu verhindern, ist der beim MU vereinnahmte Beteiligungsertrag gegen die thesaurierten Gewinne des Konzerns zu verrechnen. Werden Beteiligungserträge **periodengleich** vereinnahmt, wird die doppelte Erfassung dadurch verhindert, dass der Beteiligungsertrag gegen die vom MU eingebuchte Forderung gegen das vollkonsolidierte KonzernUnt eliminiert wird. Ist bereits eine Zahlung erfolgt (Vorabausschüttung), ist der Beteiligungsertrag des MU gegen das Vorabausschüttungskonto des KonzernUnt aufzurechnen.

14

Besteht zwischen MU und TU ein **Ergebnisabführungsvertrag**, sind die aus den EA in die Summen-GuV einfließenden Aufwendungen und Erträge aus der Gewinnabführung bzw. Verlustübernahme, die sich in gleicher Höhe gegenüberstehen, miteinander zu verrechnen.

15

## § 306 LATENTE STEUERN

¹Führen Maßnahmen, die nach den Vorschriften dieses Titels durchgeführt worden sind, zu Differenzen zwischen den handelsrechtlichen Wertansätzen der Vermögensgegenstände, Schulden oder Rechnungsabgrenzungsposten und deren steuerlichen Wertansätzen und bauen sich diese Differenzen in späteren Geschäftsjahren voraussichtlich wieder ab, so ist eine sich insgesamt ergebende Steuerbelastung als passive latente Steuern und eine sich insgesamt ergebende Steuerentlastung als aktive latente Steuern in der Konzernbilanz anzusetzen. ²Die sich ergebende Steuerbe- und die sich ergebende Steuerentlastung können auch unverrechnet angesetzt werden. ³Differenzen aus dem erstmaligen Ansatz eines nach § 301 Abs. 3 verbleibenden Unterschiedsbetrages bleiben unberücksichtigt. ⁴Das Gleiche gilt für Differenzen, die sich zwischen dem steuerlichen Wertansatz einer Beteiligung an einem Tochterunternehmen, assoziierten Unternehmen oder einem Gemeinschaftsunternehmen im Sinn des § 310 Abs. 1 und dem handelsrechtlichen Wertansatz des im Konzernabschluss angesetzten Nettovermögens ergeben. ⁵§ 274 Abs. 2 ist entsprechend anzuwenden. ⁶Die Posten dürfen mit den Posten nach § 274 zusammengefasst werden.

WP StB Thomas Budde/WP StB Georg van Hall

Inhaltsübersicht | Rz
--- | ---
1 Überblick | 1–3
2 Ansatz latenter Steuern im Konzern | 4–27
  2.1 Anwendungsbereich | 4–6
  2.2 Konsolidierungsmaßnahmen | 7–20
    2.2.1 Kapitalkonsolidierung | 8–9
    2.2.2 Schuldenkonsolidierung | 10
    2.2.3 Zwischenergebniseliminierung | 11–14
    2.2.4 Aufwands- und Ertragskonsolidierung | 15–16
    2.2.5 Konsolidierung von assoziierten Unternehmen | 17
    2.2.6 Steuerliche Verlustvorträge | 18–19
    2.2.7 Besonderheiten bei Personenhandelsgesellschaften | 20
  2.3 Ausnahmen vom Ansatz | 21–27
    2.3.1 Erstmaliger Ansatz eines Geschäfts- oder Firmenwerts | 21–24
    2.3.2 Outside basis differences | 25–27
3 Bewertung latenter Steuern im Konzern | 28
4 Ausweis und Erläuterung latenter Steuern im Konzern | 29
5 Stetigkeit | 30

### Ergänzendes Schrifttum

*Arbeitskreis Bilanzrecht der Hochschullehrer Rechtswissenschaft*, Stellungnahme zu dem Entwurf eines BilMoG: Einzelfragen zum materiellen Bilanzrecht, BB 2008, S. 209; *Bieg/Hossfeld/Kußmaul/Waschbusch*, Handbuch der Rechnungslegung nach IFRS, 2006; *Black*, Interperiod allocation of corporate income taxes, 1966; *Engels*, Aktive latente Steuern auf Verlustvorträge – Was erwartet den HGB-Bilanzierer bei Umsetzung des RegE BilMoG?, BB 2008, S. 1554; *Henselmann*, Umgekehrte Maßgeblichkeit und latente Steuern, in Steuerliche Gewinnermittlung nach dem Bilanzrechtsmodernisierungsgesetz, 2008, S. 255; *Herzig*, Modernisierung des Bilanzrechts und Besteuerung, DB 2008, S. 1; *Herzig*, Steuerlatenz im Einzel- und im Konzernabschluss, in Erfolgsabgrenzungen in Handels- und Steuerbilanz, 2001, S. 109; *Karrenbrock*, Latente Steuern, in HdJ, Abt. IIIa/1 (2008); *Karrenbrock*, Von der Steuerabgrenzung zur Bilanzierung latenter Steuern – Die Neuregelung der Bilanzierung latenter Steuerzahlungen nach dem Entwurf des Bilanzrechtsmodernisierungsgesetzes (BilMoG), WPg 2008, S. 328; *Kessler/Leinen/Strickmann*, Bilanzrechtsmodernisierungsgesetz-Regierungsentwurf (BilMoG-RegE), Freiburg 2008; *Kessler/Leinen/Strickmann*, Das BilMoG und die latenten Steuern – Teil 2, KoR 2009, S. 46 ff.; *Küting/Seel*, Latente Steuern, in Das neue deutsche Bilanzrecht, 2008, S. 489; *Küting/Seel*, Die Ungereimtheiten der Regelungen zu latenten Steuern im neuen Bilanzrecht, DB 2009, S. 922; *Liekenbrock/Vossel*, Latente Steuern im Organkreis nach DRS 18, DB 2012, S. 753; *Kußmaul*, Betriebswirtschaftliche Steuerlehre, 5. Aufl., 2008; *Loitz*, Aktuelle Fragen zu latenten Steuern, WPg 2008, S. 462; *Loitz*, Latente Steuern nach dem Bilanzrechtsmodernisierungsgesetz (BilMoG), DB 2008, S. 249; *Loitz*, Latente Steuern nach dem Bilanzrechtsmodernisierungsgesetz (BilMoG) – Nachbesserungen als Verbesserungen?, DB 2008, S. 1389; *Loitz*, Latente Steuern nach dem Bilanzrechtsmodernisierungsgesetz (BilMoG) – ein Wahlrecht als Mogelpackung?, DB 2009, S. 913; *Loitz*, DRS 18 – Bilanzierung latenter Steuern nach dem Bilanzierungsmodernisierungsgesetz, DB 2010, S. 2177; *Lüdenbach/Hoffmann*, Die langen Schatten der IFRS über der HGB-Rechnungslegung, DStR 2007, Beihefter zu Heft 50, S. 13; *Lührmann*, Latente Steuern im Konzernabschluß, 1997; *Oser/Roß/Wader/Drögemüller*, Ausgewählte Neuregelungen des Bilanzrechtsmodernisierungsgesetzes (BilMoG) – Teil 1, WPg 2008, S. 49; *Pagel/Tetzlaff*, Behandlung latenter Steuern bei Anwachsung, StuB 2013, S. 451; *Petersen/Zwirner*, Latente Steuern im Lichte des BilMoG – Mehrfache Ausweitung des Anwendungsbereichs, StuB 2008, S. 205; *Schäffeler*, Latente Steuern nach US-GAAP für deutsche Unternehmen, 2000; *Schulze-Osterloh*, Ausgewählte Änderungen des Jahresabschlusses nach dem Referentenentwurf eines Bilanzrechtsmodernisierungsgesetzes, DStR 2008, S. 63; *Stibi/Fuchs*, Zum Referentenentwurf des Bilanzrechtsmodernisierungsgesetzes (BilMoG): Erste Würdigung ausgewählter konzeptioneller Fragen, DB 2008, Beil. 1, S. 6; *Theile*, Die Auswirkungen des Referentenentwurfs zum Bilanzrechtsmodernisierungsgesetz auf die Rechnungslegung der GmbH: Übersicht der wesentlichen Änderungen für den Jahres- und den Konzernabschluss, GmbHR 2007, S. 1296; *Velte*, Auswirkungen des BilMoG-RefE auf die Informations- und Zahlungsbemessungsfunktion des handelsrechtlichen Jahresabschlusses: Würdigung ausgewählter novellierter Ansatz- und Bewertungsvorschriften unter besonderer Berücksichtigung kleiner und mittelständischer Unternehmen, KoR 2008, S. 61; *Wendholt/Wesemann*, Zum Referentenentwurf des Bilanzrechtsmodernisierungsgesetzes (BilMoG): Bilanzierung von latenten Steuern im Einzel- und Konzernabschluss, DB 2008, Beil. 1, S. 49.

## 1 Überblick

1  Die Abgrenzung latenter Steuern folgte im EA und KA nach HGB aF dem GuV-orientierten **Timing-Konzept**. Durch das BilMoG wird in §§ 274 u. 306 HGB ein Konzeptionswechsel vollzogen. Der Ansatz latenter Steuern erfolgt nunmehr nach dem in der internationalen Rechnungslegung üblichen bilanzorientierten **Temporary-Konzept**.[1] Materiell ergibt sich aus der Neufassung der §§ 274 u. 306 HGB eine deutliche Ausweitung der im KA auszuweisenden latenten Steuern. Denn im Gegensatz zum ehemals geltenden *Timing*-Konzept sind in Übereinstimmung mit IAS 12 künftig auch **erfolgsneutral entstandene Differenzen** in die Bilanzierung latenter Steuern einzubeziehen.[2]

2  Die Neufassung des § 306 HGB steht im Einklang mit Art. 29 Abs. 4, Art. 34 Nr. 11 der Konzernbilanzrichtlinie. Das nach dieser RL bestehende Ausweiswahlrecht – Konzernbilanz oder Anhang – wurde bereits im Wege des BiRiLiG zugunsten der Bilanz ausgeübt.[3]

3  Das DRSC hat den von ihm entwickelten Deutschen Rechnungslegungsstandard Nr. 18 (DRS 18) am 8.6.2010 verabschiedet. Er wurde am 3.9.2010 durch das BMJ im BAnz bekannt gemacht.[4] Dem DRS kommt zwar keine Gesetzeskraft zu, aber mit ihrer ordnungsgemäßen Anwendung ist die Vermutung verbunden, dass die die Konzernrechnungslegung betreffenden GoB beachtet werden (§ 342 Abs. 2 HGB). Der bisherige DRS 10 regelte in Ergänzung zu den §§ 274 u. 306 HGB die Bilanzierung latenter Steuern im KA. DRS 10 war allerdings letztmalig auf Gj, die vor dem oder am 31.12.2009 beginnen, anzuwenden.

## 2 Ansatz latenter Steuern im Konzern

### 2.1 Anwendungsbereich

4  Auf Ebene des Konzerns sind für alle in den KA einbezogenen Unt latente Steuern nach § 274 HGB nF i.V.m. § 298 HGB nF und auf **Konsolidierungsmaßnahmen** nach §§ 306 ff. HGB nF zu ermitteln. Die Bildung latenter Steuern erfolgt somit auf **drei Ebenen**.[5] Nachdem auf Ebene des EA der Konzernges. die latenten Steuern (HB I) gebildet wurden, sind im nächsten Schritt auf die Anpassung dieser Buchwerte der VG, Schulden und RAP durch die konzerneinheitliche Bewertung (HB II) folglich auch Anpassungen der latenten Steuern vorzunehmen. Schließlich stellt die Erfassung latenter Steuern auf Konsolidie-

---

1  Zu den Änderungen des BilMoG bei der latenten Steuerabgrenzung im EA vgl. § 274 HGB.
2  Vgl. *Karrenbrock*, WPg 2009, S. 334.
3  Vgl. BilMoG-BgrRegE, S. 83.
4  Vgl. http://www.standardsetter.de
5  Vgl. BilMoG-BgrRegE, S. 83.

rungsmaßnahmen die dritte Ebene der Ermittlung latenter Steuern dar.[6] § 306 ergänzt § 274 HGB für Zwecke der Kons., ihre Anwendungsbereiche sind aber verschieden. § 274 HGB regelt den Ansatz latenter Steuern im JA einschließlich der HB II (Stufen 1 und 2), während § 306 HGB auf die Konsolidierungsmaßnahmen der §§ 300–307 HGB Anwendung findet (Stufe 3).[7]

Hier stellt sich bei der Aufstellung des KA die Frage, ob das Ansatzwahlrecht für einen Aktivüberhang gem. § 274 Abs. 1 Satz 2 HGB, der durch Anpassungen an die konzerneinheitliche Bilanzierung und Bewertung entsteht, bereits in der Handelsbilanz II der einzubeziehenden Unt oder erst auf der Ebene der Summenbilanz ausgeübt wird.

**Beispiel**
**Ansatzwahlrecht Aktivüberhang nach § 274 i. V. m. § 298 HGB**
Die in den KA einbezogenen Unt stellen in ihren jeweiligen JA (HB I) die folgenden latenten Steuern fest, die sich bei der Erstellung der HB II nicht verändern:

|  | TEUR |
|---|---|
| • MU: aktive latente Steuern | 500 |
| • TU1: passive latente Steuern | – 300 |
| • TU2: aktive latente Steuern | 50 |

Folgende mögliche Ergebnisse bei der Ausübung des Ansatzwahlrechts ergeben sich in der Summenbilanz:

|  | Latente Steuern vor Konsolidierungsmaßnahmen TEUR |
|---|---|
| • das Ansatzwahlrecht wird auf Ebene der HB II ausgeübt | 250 |
| • das Ansatzwahlrecht wird in der HB II nicht ausgeübt | – 300 |
| • das Ansatzwahlrecht wird in der Summenbilanz nicht ausgeübt: | 0 |

In Ermangelung einer gesetzlichen Regelung sind wohl alle drei in dem Beispiel dargestellten Ausweisvarianten als zulässig zu erachten. Die Ausübung des Ansatzwahlrechts auf der Ebene der Summenbilanz erscheint dem Einheitsgrundsatz folgend als die zu bevorzugende Betrachtungsweise.

---

6 Vgl. *Wendholt/Wesemann*, DB 2009, Beil. 5, S. 73.
7 Vgl. *Kozikowski/Fischer*, in Beck Bil-Komm. 9. Aufl., § 306 HGB, Rz 3. Die Zuordnung der latenten Steuern aus der Anpassung der Bewertung bei der Überleitung der HB I auf die HB II zum EA ist sachlich nicht unumstritten, da die Umbewertung nur für den KA erfolgt. Da die Umbewertung allerdings nicht zu den Konsolidierungsmaßnahmen gem. §§ 300–307 HGB zählt, ist die Zuordnung zu § 274 HGB insoweit aber folgerichtig. Vgl. *Loitz*, DB 2010, S. 2177.

Nicht erlaubt jedenfalls ist die Aktivierung von latenten Steuern nur einzelner in den KA einbezogener Unt (Teilaktivierung). Diese widerspricht dem Stetigkeitsgrundsatz (vgl. Rz 30).

5 Es sind nunmehr nicht allein die sich im Zeitablauf ausgleichenden ergebniswirksamen Differenzen zu berücksichtigen, sondern auch alle sich im Zeitablauf abbauenden erfolgsneutral entstandenen Differenzen. Diese bilanzorientierte Betrachtungsweise wird in der im Vergleich zum RegE neuen Überschrift dadurch zum Ausdruck gebracht, dass begrifflich (Steuerabgrenzung) nicht mehr auf das ausgewiesene Jahresergebnis im Verhältnis der Summe der Einzelergebnisse der in den KA einbezogenen Unt abgestellt wird, sondern auf die Differenz zwischen den handelsrechtlichen Wertansätzen der VG oder Schulden und deren steuerlichen Wertansätzen.[8]

6 Nach § 306 HGB sind auf **Bewertungsunterschiede, die durch Konsolidierungsmaßnahmen des Vierten Titels des HGB** (§§ 300–307 HGB) entstehen, latente Steuern anzusetzen, soweit sich die Differenz in Zukunft voraussichtlich wieder abbauen wird. Ebenso wie § 274 HGB ist dabei auf eine Gesamtbetrachtung der entstehenden Latenzen abzustellen (§ 306 Satz 1 HGB). Anders als § 274 Abs. 1 HGB sieht § 306 HGB aber kein Wahlrecht für den Ansatz eines Aktivüberhangs vor. Dies galt auch schon im Verhältnis von § 274 HGB aF zu § 306 HGB aF. Der entstehende Aktiv- oder Passivüberhang darf zum einen saldiert oder unsaldiert ausgewiesen werden (§ 306 Satz 2 HGB), zum anderen ist eine Zusammenfassung mit dem oder den Posten aus § 274 HGB zulässig (§ 306 Satz 6 HGB).

## 2.2 Konsolidierungsmaßnahmen

7 Die Konsolidierungsmaßnahmen des relevanten Vierten Titels innerhalb der Konzernrechnungslegungsvorschriften des HGB beinhalten die **allg. Konsolidierungsgrundsätze und das Vollständigkeitsgebot** (§ 300 HGB), die **KapKons** (§ 301 HGB), die **SchuldenKons** (§ 303 HGB), die **Zwischenergebniseliminierung** (§ 304 HGB), die **Aufwands- und ErtragsKons** (§ 305 HGB) und die Ermittlung sowie den Ausweis der **Anteile anderer Gesellschafter** (§ 307 HGB). Die bis zur Einführung des BilMoG geltende Vorschrift zur KapKons bei Interessenzusammenführung (§ 302 HGB) wurde ersatzlos gestrichen. Damit sind nachfolgende sonstige Konsolidierungsmaßnahmen von der Regelung ausgenommen:
– einheitliche Bewertung (§ 308 HGB)
– Währungsumrechnung (§ 308a HGB)
– Behandlung des Unterschiedsbetrags (§ 309 HGB)
– anteilmäßige Kons. (§ 310 HGB)
– Wertansatz der Beteiligung an assoziierten Unt. (§§ 311 f. HGB)
Für diese Konsolidierungsmaßnahmen gelten meistenteils besondere Regelungen. Wertdifferenzen, die sich aus der einheitlichen Bewertung ergeben, werden durch § 274 HGB erfasst. Währungsdifferenzen werden nach der hierzu erlassenen Vorschrift – ohne latente Steuern hierauf zu berechnen – in einem nach den Rücklagen auszuweisenden gesonderten Posten ausgewiesen. Auch handelt es sich nicht um eine Konsolidierungsmaßnahme im eigentlichen Sinne. Die Bildung von latenten Steuern auf Unterschiedsbeträge gem. § 301 Abs. 3 i.V.m.

---

[8] Vgl. BilMoG-BgrRegE, S. 83.

§ 309 HGB wurde ausdrücklich ausgeschlossen. Auf die anteilmäßige Kons. sind die Regelungen der VollKons, somit auch § 306 HGB, entsprechend anzuwenden. Einzig für den Wertansatz der Beteiligung an assoziierten Unt wurde durch den Gesetzgeber keine Regelung getroffen. Das DRSC fordert – soweit es die sog. inside basis differences betrifft – die analoge Anwendung von § 306 HGB.[9]

### 2.2.1 Kapitalkonsolidierung

Nach Einführung des BilMoG ist von der bis dahin wahlweise anzuwendenden Buchwert- oder Neubewertungsmethode als KapKons-Methode nur noch die **Neubewertungsmethode** zulässig.[10] Danach ist das EK des TU mit dem zum ErstKons-Zeitpunkt beizulegenden Zeitwert der in den KA aufzunehmenden VG, Schulden, RAP und Sonderposten anzusetzen. Infolgedessen werden die zum Zeitpunkt der ErstKons auf den VG, Schulden, RAP und Sonderposten ruhenden „stillen" Reserven und Lasten aufgedeckt und als Wertansatz mit in den KA übernommen. Ausgenommen von der Zeitwertbewertung sind RST und latente Steuern, die nach den Regelungen für den JA anzusetzen sind (§ 301 Abs. 1 Satz 3 HGB). Sofern zwischen dem Buchwert der vom MU ausgewiesenen Beteiligung und dem neu bewerteten EK des TU ein aktiver bzw. passiver Unterschiedsbetrag entsteht, ist dieser als GoF bzw. als Unterschiedsbetrag aus der KapKons gem. § 301 Abs. 3 HGB auszuweisen (vgl. §§ 301 Rz 104 ff.). Die noch bis zur Verabschiedung des BilMoG zulässige erfolgsneutrale Verrechnung des GoF mit den Konzern-Rücklagen ist nicht mehr zulässig.

In der Steuerbilanz können diese Neubewertungen zumindest nicht unmittelbar nachgebildet werden, weil sie durch einen ausschließlich rechnungslegungsbezogenen Bewertungsvorgang initiiert werden, dem kein Erwerbsvorgang bzw. Übertragungsvorgang, bezogen auf die neu bewerteten VG, Schulden, RAP und Sonderposten, zugrunde liegt. Erworben wird lediglich eine Beteiligung, durch die ein beherrschender Einfluss des MU entsteht. Infolge der Neubewertung entstehen latente Steuern auf die Differenzen zwischen den Wertansätzen der in den KA übernommenen VG, Schulden, RAP und Sonderposten und deren Wertansätzen in der Steuerbilanz. Die Differenzen entstehen bereits zum **Zugangszeitpunkt**, d.h. zu dem Zeitpunkt, zu dem das Unt TU geworden ist.

Für im Zuge der **ErstKons entstehende GoF bzw. Unterschiedsbeträge** aus der KapKons dürfen keine latenten Steuern abgegrenzt werden (vgl. § 306 Satz 3 HGB), da der GoF nur eine Residualgröße darstellt und der Ansatz passiver latenter Steuern wiederum zu einer Erhöhung des GoF führen würde, was wiederum eine zusätzliche Abgrenzung latenter Steuern bedingen würde (Rz 18).

---

**Beispiel**
Unt A hat zum 31.12.01 eine 60 %ige Beteiligung zum Preis von 7 Mio. EUR an Unt B erworben. Das EK von B beträgt zum Erwerbsstichtag
- 4 Mio. EUR zu Buch- und steuerlichen Werten und
- 6 Mio. EUR nach Neubewertung.

---

[9] Vgl. DRS 18 Tz. 26, 28 und Anhang A7.
[10] Vgl. BilMoG-BgrRegE, S. 80.

B verfügt zum Zeitpunkt des Erwerbs über steuerlich nutzbare Verlustvorträge i.H.v. 1 Mio. EUR, die planmäßig in den nächsten 5 Jahren genutzt werden können. Bei der Neubewertung kommen folgende beizulegende Zeitwerte zum Ansatz (Buchwerte in Klammern) (Hinweis: Nach der Neubewertungsmethode sind die beizulegenden Zeitwerte vollständig, nicht nur i.H.d. Beteiligungsquote anzusetzen.):
- Grundstück: 2 Mio. EUR (1 Mio. EUR)
- Vorratsvermögen: 1,0 Mio. EUR (0,5 Mio. EUR)
- Immaterielle VG: 1,5 Mio. EUR (0,0 Mio. EUR)
- Pensions-RST: 5,0 Mio. EUR (4,0 Mio. EUR)

Die latenten Steuern sollen mit einem Steuersatz von 30 % zu bewerten sein. Es ergeben sich folgende aktive oder passive latente Steuern:
- Grundstück: passive latente Steuern 0,3 Mio. EUR
- Vorratsvermögen: passive latente Steuern 0,15 Mio. EUR
- Immaterielle VG: passive latente Steuern 0,45 Mio. EUR
- Pensions-RST: aktive latente Steuern 0,3 Mio. EUR
- GoF: 0,0 Mio EUR
- Verlustvorträge: Nach den Regelungen zur Verlustnutzung (vgl. § 8c KStG) geht der Verlustvortrag infolge der Veräußerung der Anteilsmehrheit an A verloren. Daher sind bei der ErstKons keine aktiven latenten Steuern auf den Verlustvortrag zu berücksichtigen.

Infolge des Ansatzes der latenten Steuern entsteht ein GoF i.H.v. 1,6 Mio. EUR, der sich wie folgt ermittelt:
- AK der Beteiligung (7 Mio. EUR), abzgl. neu bewertetes EK (6 Mio. EUR) = 1 Mio. EUR
- Summe der auf die neu bewerteten VG entfallenden saldierten passiven latenten Steuern: 0,6 Mio. EUR

Nachfolgende Tabelle fasst die dargestellten Werte zusammen.

| Beispiel | | | | | |
|---|---|---|---|---|---|
| | Buchwerte | Neubewertung | Abweichung | latente Steuern | Konzernabschluss |
| | Mio. EUR | Mio. EUR | Mio. EUR | Mio. EUR | Mio. EUR |
| Geschäfts- oder Firmenwert | | | | | 1,6 |
| Immaterielle VG | 0,0 | 1,5 | 1,5 | 0,45 | 1,5 |
| Grundstück | 1,0 | 2,0 | 1,0 | 0,30 | 2,0 |
| Vorratsvermögen | 0,5 | 1,0 | 0,5 | 0,15 | 1,0 |
| Sonstige Aktiva | 7,5 | 7,5 | 0,0 | 0,00 | 7,5 |
| Latente Steuern | | | | | 0,3 |
| Summe Aktiva | 9,0 | 12,0 | 3,0 | 0,90 | 13,9 |

|  | Buch-werte | Neube-wertung | Abwei-chung | latente Steuern | Konzern-abschluss |
|  | Mio. EUR | Mio. EUR | Mio. EUR | Mio. EUR | Mio. EUR |
|---|---|---|---|---|---|
| EK/Konsolidiertes Nettovermögen | 4,0 | 6,0 | 2,0 |  | 7,0 |
| – davon steuerlich nutzbare Verlustvorträge | –1,0 | –1,0 | 0,0 | 0,00 | –1,0 |
| Pensions-RST | 4,0 | 5,0 | 1,0 | 0,30 | 5,0 |
| Sonstige Passiva | 1,0 | 1,0 | 0,0 | 0,00 | 1,0 |
| Latente Steuern |  |  |  |  | 0,9 |
| Summe Passiva | 9,0 | 12,0 | 3,0 | 0,30 | 13,9 |

### 2.2.2 Schuldenkonsolidierung

Bilanzierte Ansprüche, Verbindlichkeiten und RST zwischen den in den KA einbezogenen Unt sind wegzulassen (§ 303 Abs. 1 HGB). Solange konzerninterne Geschäftsvorfälle in den betreffenden Konzernunt spiegelbildlich erfasst werden und sich Forderungen und Verbindlichkeiten gleichartig und gleichwertig gegenüberstehen, kommt es zu keinen konsolidierungsbedingten Anpassungsmaßnahmen. Zwar entfällt der Ansatz konsolidierungspflichtiger Forderungen bzw. Schulden im KA. Hierbei handelt es sich allerdings nicht um einen durch den Entfall des Ansatzes begründeten divergierenden Wertansatz zwischen KA und Steuerbilanz, sondern um eine erforderliche Konsolidierungsmaßnahme zur Vermeidung des Ausweises von „Innengeschäften". Sofern sie sich jedoch nicht in gleicher Höhe gegenüberstehen, sind i.d.R. erfolgswirksame Konsolidierungsmaßnahmen erforderlich. Damit kommt es infolge solcher Schuldenkonsolidierungsmaßnahmen dazu, dass die Wertansätze der betreffenden Ansprüche, Verbindlichkeiten und RST im KA zu verändern sind und damit von ihren steuerlichen Wertansätzen abweichen. Eine Steuerabgrenzung ist vorzunehmen, wenn diese Unterschiede auf **unterschiedlichen Bewertungsvorschriften**, so z.B. auf einem imparitätischen Ansatz- bzw. Bewertungserfordernis beruhen und sich diese Differenzen in späteren Jahren voraussichtlich wieder abbauen.[11]

**Beispiel 1**
TU A hat TU B Komponenten im Wert von netto 500 TEUR geliefert, die B als Hersteller von Maschinen in diese Maschinen einbaut. Infolge eines Einbruchs des Absatzmarkts gerät B in nachhaltige Zahlungsschwierigkeiten. A bewertet die gegen B bestehende Forderung aus Lieferung und Leistung daher in ihrem JA vorsichtshalber nur zu 50 % des Netto-Nennwerts und bildet eine entsprechende, auch steuerlich zulässige Einzelwertberichtigung. Bei der SchuldenKons im KA ist die auf die Forderung gebildete Einzelwertberichtigung i.H.v. 250 TEUR wieder aufzulösen. Die sich im Zeitablauf

---

[11] Vgl. *Eberhartinger/Polt/Siegel*, in *Baetge/Kirsch/Thiele*, Bilanzrecht, § 306 HGB, Rz 44, Stand 03/2012.

wieder abbauende Differenz führt zu passiven latenten Steuern i.H.v. 75 TEUR (bei einem unterstellten Steuersatz von 30 %).
In Abwandlung des zuvor genannten Beispiels gewährt A für die gelieferten Komponenten ein Zahlungsziel von 2 Jahren. Die wirtschaftliche Entwicklung von B lässt erkennen, dass B in 2 Jahren die Kaufpreisschuld wird begleichen können. Die Forderung von A gegen B ist wegen des gewährten Zahlungsziels beim erstmaligen Ansatz im JA auch steuerlich wirksam mit einem annahmegemäß marktgerechten Zinssatz von 5 % abzuzinsen. Die über 2 Jahre diskontierte Brutto-Forderung (500 TEUR zzgl. 19 % USt) ist bei ihrem Zugang mit einem Wert i.H.v. 539,7 TEUR anzusetzen. Bei der Kons. ist die Abzinsung erfolgswirksam wieder aufzulösen. Infolge der konsolidierungsbedingten Auflösung der Abzinsung i.H.v. 55,3 TEUR sind passive latente Steuern i.H.v. 16,6 TEUR zu bilanzieren.

**Beispiel 2**
TU A bildet im JA für gelieferte Komponenten an TU B auch steuerlich anerkannte Garantie- bzw. Gewährleistungs-RST i.H.v. 50 TEUR. Im JA von B sind im Zusammenhang mit den bei A gebildeten RST keine Ansprüche zu aktivieren, da Schäden an den gelieferten Komponenten noch nicht (übereinstimmend) festgestellt wurden. Im KA sind die Garantie- bzw. Gewährleistungs-RST erfolgswirksam aufzulösen. Infolge der Auflösung kommt es zu einem Ansatz von passiven latenten Steuern i.H.v. 15 TEUR.

**Beispiel 3**
TU A gewährt TU B ein Darlehen i.H.v. 100 TEUR. Es ist ein Disagio von 5 % vereinbart. A aktiviert die Darlehensforderung i.H.v. 100 TEUR und grenzt das Disagio passivisch ab. B setzt die Darlehensverbindlichkeit zum Erfüllungsbetrag von 100 TEUR an, verzichtet aber auf den Ansatz des Disagios als aktiven RAP. Da B in der Steuerbilanz das Disagio zu aktivieren hat, bildet er in der HB aktive latente Steuern i.H.v. 1,5 TEUR.
Die bei B vorgenommene aufwandswirksame Erfassung des Disagios ist im Rahmen der SchuldenKons wieder rückgängig zu machen.
Mit der Eliminierung der aufwandswirksamen Erfassung des Disagios wird der steuerliche Wertansatz wiederhergestellt, mit der Folge, dass die auf der Einzelabschlussebene für diesen Sachverhalt gebildeten aktiven latenten Steuern i.H.v. 1,5 TEUR wieder zu eliminieren sind.

### 2.2.3 Zwischenergebniseliminierung

11  Im Rahmen der Zwischenergebniseliminierung gem. § 304 HGB werden die aus L&L innerhalb des Konzerns entstehenden **Gewinn- bzw. Verlustbeiträge eliminiert**. Die ebenfalls dem Einheitsgedanken folgende Konsolidierungsmaßnahme verhindert, dass es bei konzerninternen Geschäftsvorfällen zu einem Gewinn- oder Verlustausweis kommt, der aus Konzernsicht nur bei Transaktionen mit außerhalb des Konzerns stehenden Dritten entstehen darf. Dabei ändert sich häufig der Charakter des Ertrags bzw. Aufwands. Dies gilt z.B. für von einem TU hergestellte

Erzeugnisse, die entweder zum langfristigen Verbleib bzw. zu Handels- oder Weiterverarbeitungszwecken an ein anderes TU geliefert werden. Im Fall der Aktivierung bei dem empfangenden TU im AV verwandeln sich die Umsatzerlöse im JA des TU in **Erträge aus anderen aktivierten Eigenleistungen** im KA (bei Anwendung des GKV). Sofern die Erzeugnisse in den Vorräten des empfangenden TU zu aktivieren sind, stellen sie für sich betrachtet **Erhöhungen des Bestands an unfertigen oder fertigen Erzeugnissen** dar. In jedem Fall lässt schon dieser Charakterwandel darauf schließen, dass in den betreffenden Erträgen oder Aufwendungen enthaltene Gewinn- oder Verlustanteile auf der Ebene des KA nicht realisiert sind und daher auch nicht aktiviert werden dürfen.

Im Ergebnis gilt dies auch für konzerninterne **Dienstleistungen**, die im JA des empfangenden TU nicht aktiviert, sondern im Aufwand erfasst werden. Mangels Aktivierungsfähigkeit der Dienstleistung beim Empfänger bedürfen diese konzerninternen Transaktionen keiner gesonderten Zwischenergebniseliminierung. Diese werden durch die Aufwands- und ErtragsKons mit erfasst. **12**

Durch die Zwischenergebniseliminierung wird der Wertansatz des betreffenden konzernintern gelieferten VG im KA gegenüber seinem steuerlichen Wertansatz verändert, woraus der Ansatz latenter Steuern abzuleiten ist. Die Differenzen werden bei den in der Nutzung zeitlich begrenzten VG des AV durch die Abschreibungen abgebaut. Bei in der Nutzung nicht zeitlich begrenzten VG des AV, z. B. Grundstücken und Beteiligungen, handelt es sich insoweit um quasi-permanente Differenzen, für die früher, d. h. vor Einführung des BilMoG, ein Ansatz versagt wurde.[12] Nach § 306 HGB i.d.F. des BilMoG sind hierauf zwingend latente Steuern anzusetzen. **13**

**14**

> **Beispiel 1**
> TU A liefert am 1.1.01 an TU B eine Maschine, die A selbst hergestellt hat. B plant, diese Maschine zukünftig für die eigene Produktion einzusetzen, und aktiviert die Maschine im AV. Die HK der Maschine betragen 250 TEUR. A hat einen Gewinnaufschlag von 20 % vereinbart und stellt B die Maschinen für 300 TEUR zzgl. USt in Rechnung.
> Im KA ist die Lieferung der Maschine von A an B als Innenumsatz zu eliminieren. Infolgedessen sind die von A im JA hierfür ausgewiesenen Umsatzerlöse im KA um den Gewinnanteil gekürzt in die Erträge aus anderen aktivierten Eigenleistungen umzugliedern. Der Wertansatz der Maschine im AV von B ist um den Gewinnaufschlag i. H. v. 50 TEUR auf die HK i. H. v. 250 TEUR zu reduzieren. Auf die Zwischengewinneliminierung entfallen bei einem Steuersatz von 30 % aktive latente Steuern i. H. v. 15 TEUR.
> Aufgrund von Erfahrungswerten aus der Vergangenheit wird die planmäßige Nutzungsdauer bei linearem Wertverbrauch für den KA mit 8 Jahren eingeschätzt. Danach wird noch ein Restwert von 50 TEUR erwartet, der durch den Verkauf der Maschine realisiert werden soll. Steuerlich soll die Maschine linear über 10 Jahre auf einen Restwert von 0 EUR abgeschrieben werden. Der Restbuchwert der Maschine im ersten KA nach dem Zugangszeitpunkt beträgt 225 TEUR, der steuerliche Wertansatz in der Steuerbilanz von B

---

12 Vgl. die bereits nach altem Recht geltende Kommentierung, stellvertretend für andere: *ADS*, 6. Aufl. § 306 HGB, Rz 32 ff.

270 TEUR. Die im Zugangszeitpunkt bilanzierten aktiven latenten Steuern von 15 TEUR sind auf 13,5 TEUR zu reduzieren.

**Beispiel 2**
TU A veräußert eine vor einigen Jahren erworbene 20-%-Beteiligung an einem ZulieferUnt an TU B. B beabsichtigt eine langfristige strategische Partnerschaft mit dem ZulieferUnt und aktiviert die Beteiligung in den Finanzanlagen. Die AK der Beteiligung für A betrugen ursprünglich 1 Mio. EUR. Der Verkaufspreis an B, der dem auf die Beteiligung entfallenden beizulegenden Zeitwert des ZulieferUnt entspricht, beträgt 2 Mio. EUR.
Im KA ist der bei A entstandene Veräußerungsgewinn zu eliminieren. Im KA kommt es insofern zu einem von dem steuerlichen Wertansatz bei B divergierenden Ansatz i.H.v. 1 Mio. EUR. Da die Beteiligung mangels zeitlicher Nutzungsbegrenzung nicht planmäßig abgeschrieben werden darf, wird diese Differenz allerdings erst bei der Weiterveräußerung durch B wieder abgebaut (quasi-permanente Differenz). Es sind aktive latente Steuern zu bilden. Gem. § 8b Abs. 3 KStG ist allerdings der Gewinn aus der Veräußerung einer Beteiligung steuerlich nicht anzusetzen, dafür aber i.H.v. 5 % als nicht abzugsfähige Betriebsausgabe zu berücksichtigen. Die Regelung wirkt sich auch auf die gewerbesteuerliche Bemessungsgrundlage aus.
Adjustierungen des handelsrechtlichen Wertansatzes im KA durch ggf. notwendige außerplanmäßige Abschreibungen auf den niedrigeren beizulegenden Wert gem. § 253 Abs. 3 HGB und das Wertaufholungsgebot gem. § 253 Abs. 5 HGB erfordern entsprechende Anpassungen des latenten Steuerpostens im Zeitablauf. Demgegenüber haben Abschreibungen auf den Beteiligungsbuchwert auf Ebene des JA von TU B keinen Einfluss auf die Steuerlatenz nach § 306 HGB, da sie steuerlich nicht berücksichtigt werden.
Nachfolgend wird das vorgenannte Beispiel tabellarisch wiedergegeben.

| Beispiel | | | | | | |
|---|---|---|---|---|---|---|
| | TU A | | | TU B | | |
| | $01_{Anfang}$ | Geschäftsvorfälle | $01_{Ende}$ | $01_{Anfang}$ | Geschäftsvorfälle | $01_{Ende}$ |
| Bilanz | | | | | | |
| Beteiligung | 1.000,0 | –1.000,0 | 0,0 | 0,0 | 2.000,0 | 2.000,0 |
| Bank | 0,0 | 2.000,0 | 2.000,0 | 2.000,0 | –2.000,0 | 0,0 |
| EK | –1.000,0 | –985,0 | –1.985,0 | –2.000,0 | 0,0 | –2.000,0 |
| Verbindlichkeiten | 0,0 | –15,0 | –15,0 | 0,0 | 0,0 | 0,0 |
| Summe | 0,0 | 0,0 | 0,0 | 0,0 | 0,0 | 0,0 |

# Latente Steuern § 306

| | TU A | | | TU B | | |
|---|---|---|---|---|---|---|
| | $01_{Anfang}$ | Geschäftsvor-fälle | $01_{Ende}$ | $01_{Anfang}$ | Geschäftsvor-fälle | $01_{Ende}$ |
| **GuV** | | | | | | |
| Sonstige betriebl. Erträge | | −1.000,0 | −1.000,0 | | 0,0 | 0,0 |
| Ertrag-steuern | | | | | | |
| § 8b Abs. 3 KStG | 5 % | | | | | |
| Steuer-satz | 30 % | 15,0 | 15,0 | | 0,0 | 0,0 |
| Jahres-ergebnis | | −985,0 | −985,0 | 0,0 | 0,0 | 0,0 |

**Beispiel**

| Konzern | | | | | |
|---|---|---|---|---|---|
| | $01_{Anfang}$ | Geschäftsvor-fälle | $01_{Ende}$ | Kons. | Summe |
| **Bilanz** | | | | | |
| Beteiligung | 1.000,0 | 1.000,0 | 2.000,0 | −1.000,0 | 1.000,0 |
| Bank | 2.000,0 | 0,0 | 2.000,0 | | 2.000,0 |
| EK | −3.000,0 | −985,0 | −3.985,0 | 985,0 | −3.000,0 |
| Verbindlich-keiten | 0,0 | −15,0 | −15,0 | | −15,0 |
| Latente Steuern | | | | 15,0 | 15,0 |
| Summe | 0,0 | 0,0 | 0,0 | 0,0 | 0,0 |
| **GuV** | | | | | |
| Sonstige betriebl. Erträge | | −1.000,0 | −1.000,0 | 1.000,0 | 0,0 |
| Ertragsteuern | 15,0 | 15,0 | | 0,0 | 15,0 |
| Latente Steuern | | 0,0 | 0,0 | −15,0 | −15,0 |
| Jahresergebnis | 0,0 | −985,0 | −985,0 | 985,0 | 0,0 |

**Beispiel**
Im nachfolgenden Gj 02 erfolgt als einziger Geschäftsvorfall bei TU B eine Abschreibung auf den Beteiligungsansatz infolge einer andauernden Wertminderung. Die Abschreibung wirkt sich, wie oben erläutert, ertragsteuerlich nicht aus.

| | TU A | | | TU B | | |
|---|---|---|---|---|---|---|
| | $02_{Anfang}$ | Geschäfts-vorfälle | $02_{Ende}$ | $02_{Anfang}$ | Geschäfts-vorfälle | $02_{Ende}$ |
| **Bilanz** | | | | | | |
| Beteiligung | 0,0 | | 0,0 | 2.000,0 | −500,0 | 1.500,0 |
| Bank | 2.000,0 | | 2.000,0 | 0,0 | 0,0 | 0,0 |
| EK | −1.985,0 | | −1.985,0 | −2.000,0 | 500,0 | −1.500,0 |
| Verbind-lichkeiten | −15,0 | | −15,0 | 0,0 | 0,0 | 0,0 |
| Latente Steuern | | | | | | |
| Summe | 0,0 | 0,0 | 0,0 | 0,0 | 0,0 | 0,0 |

|  | TU A | | | TU B | | |
| --- | --- | --- | --- | --- | --- | --- |
|  | 02$_{Anfang}$ | Geschäfts-vorfälle | 02$_{Ende}$ | 02$_{Anfang}$ | Geschäfts-vorfälle | 02$_{Ende}$ |
| **GuV** | | | | | | |
| Sonstige betriebl. Erträge | | 0,0 | 0,0 | | 0,0 | 0,0 |
| Abschr. FAV | | 0,0 | 0,0 | | 500,0 | |
| Ertragsteuern | | | | | | |
| § 8b Abs. 3 KStG | 5 % | | | | | |
| Steuersatz | 30 % | 0,0 | 0,0 | | 0,0 | 0,0 |
| Latente Steuern | | 0,0 | 0,0 | | 0,0 | 0,0 |
| Jahresergebnis | | 0,0 | 0,0 | | 500,0 | 0,0 |

| **Konzern** | | | | | | |
| --- | --- | --- | --- | --- | --- | --- |
|  | 02$_{Anfang}$ | Geschäfts-vorfälle | 02$_{Ende}$ | Kons. 01 | Kons. 02 | Konzern |
| **Bilanz** | | | | | | |
| Beteiligung | 2.000,0 | – 500,0 | 1.500,0 | – 1.000,0 | 500,0 | 1.000,0 |
| Bank | 2.000,0 | 0,0 | 2.000,0 | | | 2.000,0 |
| Eigenkapital | – 3.985,0 | 500,0 | – 3.485,0 | 985,0 | – 492,5 | – 2.992,5 |
| Verbindlichkeiten | – 15,0 | 0,0 | – 15,0 | | | – 15,0 |
| Latente Steuern | | | | 15,0 | – 7,5 | 7,5 |
| Summe | 0,0 | 0,0 | 0,0 | 0,0 | 0,0 | 0,0 |
|  | | | | | | |
| **GuV** | | | | | | |
| Sonstige betriebl. Erträge | | 0,0 | 0,0 | 1.000,0 | | 1.000,0 |
| Abschr. FAV | | | | | – 500,0 | – 500,0 |
| Ertragsteuern | | 0,0 | 0,0 | 0,0 | 0,0 | 0,0 |
| Latente Steuern | | 0,0 | 0,0 | – 15,0 | 7,5 | – 7,5 |
| Jahresergebnis | | 0,0 | 0,0 | 985,0 | – 492,5 | 492,5 |

Die Regelung gilt wegen §§ 312 Abs. 5, 304 HGB auch für Zwischengewinne aus Liefer- und Leistungsverhältnissen mit assoziierten Unt.

### 2.2.4 Aufwands- und Ertragskonsolidierung

15 Bei der Aufwands- und ErtragsKons gem. § 305 HGB werden konzerninterne Erträge, insb. Umsatzerlöse, aber auch sonstige Liefer- und Leistungstransaktionen, mit den auf sie entfallenden Aufwendungen, soweit sie nicht als Bestands-

veränderungen auszuweisen sind, verrechnet. I. d. R. stehen sich die zu konsolidierenden **Erträge und Aufwendungen in gleicher Höhe** gegenüber, sodass auch die mit den Erträgen und Aufwendungen korrespondierenden VG, z. B. Forderungen aus L&L oder AV, und Schulden sich gleichwertig gegenüberstehen. Mangels erforderlicher Anpassungen der Wertansätze durch die Konsolidierungsmaßnahme sind hierbei keine latenten Steuern zu erfassen.

Etwas anderes kann sich ergeben, wenn eine Transaktion zwischen zwei TU nur **einseitig** einen Ergebniseffekt auslöst. Dies ist regelmäßig bei Gewinnausschüttungen von KapG festzustellen. Die Ausschüttung der übertragenden Ges. erfolgt ergebnisneutral aus dem EK. Die empfangende Ges. weist ergebniswirksame Erträge aus Beteiligungen aus und aktiviert spätestens ab dem Zeitpunkt des Gewinnausschüttungsbeschlusses einen Gewinnanspruch.[13] Der Gewinnausschüttungsbeschluss erfolgt regelmäßig im Folge-Gj, sodass der ausgeschüttete Gewinn zum einen im KA des Gj seiner Entstehung ausgewiesen wird und zum anderen durch die Ausschüttung im Folgejahr oder in den Folgejahren ein weiteres Mal in den KA einfließt. Bei der dadurch erforderlichen Konsolidierungsmaßnahme ergeben sich zunächst keine Wertveränderungen des Gewinnanspruchs und der korrespondierenden Gewinnausschüttungsverpflichtung. Allerdings können sich je nach der Art der Besteuerung von Beteiligungserträgen Auswirkungen auf die Steuerschuld des empfangenden TU ergeben. Bei dem ausschüttenden TU ergibt sich regelmäßig keine steuerliche Auswirkung, da die Ausschüttung aus dem versteuerten Jahresergebnis erfolgt. Die durch die Kons. entstehende Differenz führt, solange hierdurch nicht eine permanente Differenz entsteht, grds. zum Ansatz latenter Steuern. Soweit die Beteiligungserträge (z. B. innerhalb eines Unternehmensverbunds) nicht besteuert werden und insoweit durch die Konsolidierungsmaßnahme die Steuerschuld nicht verändert wird, muss der Ansatz von latenten Steuern für diesen Teil unterbleiben.

16

Bei noch nicht erfolgtem Gewinnverwendungsbeschluss, aber handelsrechtlich zulässiger phasengleicher Übernahme von Ergebnissen aus Beteiligungen, entstehen aufgrund des steuerlichen Ansatzverbotes temporäre Differenzen, die ebenfalls dem Ansatzverbot für temporäre Differenzen , die sich zwischen dem steuerlichen Wertansatz einer Beteiligung an einem TU, assoziierten Unt oder GemeinschaftsUnt und dem handelsrechtlichen Wertansatz des im KA angesetzten Nettovermögens ergeben, unterliegen.[14]

### 2.2.5 Konsolidierung von assoziierten Unternehmen

Nach den Regelungen des DRS 18 soll § 306 HGB auch für die Bewertung von assoziierten Unt gelten (vgl. Rz 7).[15] Diese sich bis zum BilRUG nicht aus dem Gesetz ergebende Ausdehnung auf die Beteiligungen an assoziierten Unt beruht auf mit § 301 Abs. 1 HGB vergleichbaren Konsolidierungsmaßnahmen, die im Fall von assoziierten Unt nicht zu einer unterschiedlichen Behandlung führen sollen. Bei der Bewertung von Beteiligungen an assoziierten Unt im KA ist das auf die Beteiligung entfallende anteilige Eigenkapital des assoziierten Unt mit den Zeitwerten der VG, Schulden, RAP und Sonderposten zu bewerten. Diese Werte sind

17

---

13 Es sei denn, es liegen die Voraussetzungen für eine phasengleiche Gewinnvereinnahmung vor.
14 Vgl. DRS 18, Tz. 31.
15 Vgl. *DRS 18* Tz. 26, 28 und Anhang A7.

in den Folgeabschlüssen fortzuführen (vgl. § 312 Rz 45). Infolgedessen kommt es auch hier zu einer Aufdeckung stiller Reserven.

Anders als bei der KapKons gem. § 301 HGB kommt es beim erstmaligen Ansatz einer Beteiligung an einem assoziierten Unt nicht zu einem Ansatz latenter Steuern im KA. Vielmehr stellen sich die auf die Wertdifferenzen zwischen steuerlichen und gem. § 312 Abs. 2 HGB zu ermittelnden Wertansätze der betreffenden VG, Schulden, RAP und Sonderposten zu bildenden latenten Steuern, wie die Wertdifferenzen selbst, nur in einer Nebenrechnung dar. Gleiches gilt für die Fortentwicklung der latenten Steuern in Folgeabschlüssen.

Dem Ansatz von DRS 18 kann durch teleologische Reduktion von § 306 HGB insoweit gefolgt werden, als dass eine analoge Anwendung zulässig, ggf. sogar angebracht erscheint. Der hieraus entgegen den Regelungen des § 306 HGB, die nur Konsolidierungsmaßnahmen des Vierten Titels des den KA und KLB betreffenden Unterabschnitts des HGB einbeziehen, formulierte Anwendungsgrundsatz ist von der gesetzlichen Formulierung nicht gedeckt.[16]

Hiervon zu unterscheiden sind durch die Fortschreibung des Wertansatzes der *„at-equity"*-Beteiligung in Folgeabschlüssen gem. § 312 Abs. 4 HGB, nämlich um den Betrag der auf die Beteiligung entfallenden EK-Veränderung, entstehende Wertdifferenzen zwischen dem steuerlichen Wertansatz der Beteiligung und dessen Wertansatz im KA. Auf diese *outside basis difference* dürfen gem. § 306 Satz 4 HGB keine latenten Steuern angesetzt werden (vgl. Rz 26).

### 2.2.6 Steuerliche Verlustvorträge

18 Die Vorschrift des § 306 HGB verlangt, dass auf durch Konsolidierungsmaßnahmen bedingte temporäre Differenzen zwischen den steuerlichen und handelsrechtlichen Wertansätzen von VG, Schulden und RAP aktive bzw. passive latente Steuern zu bilden sind. Im Gegensatz zu § 274 HGB wird nicht nur auf ein Ansatzwahlrecht eines „Aktivüberhangs", sondern auch auf einen fünfjährigen Verlustverrechnungszeitraum bei bestehenden steuerlich nutzbaren Verlustvorträgen verzichtet. Letzteres ist deshalb nachvollziehbar, da sich die Regelung auf steuerlich nutzbare Verlustvorträge bezieht, die **durch Konsolidierungsmaßnahmen nicht beeinflusst** werden und insoweit auch nicht Regelungsbestandteil des § 306 HGB sein können. Die durch § 274 HGB bestehenden Wahlrechte, Ansatz eines Aktivüberhangs als aktive latente Steuern und Bruttoansatz aktiver und passiver latenter Steuern (vgl. § 274 Rz 25ff.), können gem. §§ 298, 300 Abs. 2 HGB im KA unabhängig von ihrer Anwendung im EA ausgeübt werden.

Die fehlende Einflussnahme von Konsolidierungsmaßnahmen auf steuerliche Verlustvorträge führt im Zusammenhang mit § 306 HGB grds. zu keinen weiteren Betrachtungen. Es wird daher nur auf die gleiche Grundannahme, nämlich die Realisierbarkeit des latenten Steueranspruchs, hingewiesen.[17] Diese ist nicht nur auf einen sich mechanisch darstellbaren temporären Abbaueffekt zu beschränken, sondern muss auch ökonomisch darstellbar sein. Insoweit ist auch in diesem Zusammenhang auf den Hinweis des Rechtsausschusses – allerdings zum § 274 HGB – zu verweisen, dass bei der Einschätzung der Werthaltigkeit der latenten

---

16 Ähnliche Auffassung: vgl. *Kessler/Leinen/Paulus*, KoR 2009, S. 46ff.
17 Vgl. eine ähnliche Betrachtungsweise bei *ADS*, 6. Aufl. § 306 HGB, Rz 42.

Steueransprüche „– wie im HGB allg. üblich – das Vorsichtsprinzip zu berücksichtigen und der Ansatz aktiver latenter Steuern sorgfältig zu prüfen"[18] sei.
In betragsmäßig wesentlichen Fällen mit langer Abbauphase werden hierzu ertragswert- oder *cashfloworientierte* Bewertungsverfahren, unter Berücksichtigung des für latente Steuern bestehenden Abzinsungsverbots, für die Bewertung des steuerlichen potenziellen Anspruchs zu Rate gezogen werden müssen (vgl. § 274 Rz 49ff.).
Nach § 301 Abs. 1 Satz 2 HGB ist das mit dem Beteiligungsbuchwert zu verrechnende EK mit dem Zeitwert der in den KA aufzunehmenden VG, Schulden, RAP und Sonderposten des TU anzusetzen. Zu den Sonderposten zählen nicht zuletzt auch die von TU im Zusammenhang mit steuerlich nutzbaren Verlustvorträgen bilanzierten oder ggf. mit passiven latenten Steuern saldierten aktiven latenten Steuern. Damit sind steuerlich nutzbare Verlustvorträge grds. in die Kaufpreisallokation mit einzubeziehen. Es sind allerdings die Bewertungsrestriktionen gem. §§ 301 Abs. 1 Satz 3, 306 Satz 5 HGB zu beachten. Der Wert des Postens kann allein schon deswegen vom ggf. bilanzierten Buchwert bei TU abweichen, da infolge des Beteiligungserwerbs Auswirkungen auf das Jahresergebnis von TU seitens MU erwartet werden können (z. B. durch Sanierungs- bzw. Restrukturierungsmaßnahmen und Synergieeffekte), die innerhalb des von TU gem. § 274 Abs. 1 Satz 4 HGB zu berücksichtigenden Verlustverrechnungszeitraums von fünf Jahren zu einem von den Erwartungen von TU abweichenden verrechenbaren steuerlichen Verlust führen. Die somit infolge der ErstKons entstehende Differenz zwischen den bei der TU ggf. angesetzten und im KA gem. § 301 Abs. 1 Satz 2 HGB auszuweisenden aktiven latenten Steuern ist allein schon deshalb kein Anwendungsfall von § 306 HGB, da dem handelsrechtlichen Wertansatz im KA kein steuerlicher Wertansatz gegenübersteht. Gleiches gilt für den Fall, dass ein TU in seinem Einzelabschluss wahlweise oder aufgrund nationaler Vorschriften auf den Ansatz von aktiven latenten Steuern verzichtet hat und erst im Zusammenhang mit der ErstKons im KA aktive latente Steuern zu bilanzieren sind; vgl. § 301 Tz. 66.[19]

**19** Steuerliche Verlustvorträge gehen teilweise oder vollständig verloren, wenn ein schädlicher Beteiligungserwerb i. S. d. Vorschrift entsteht. Dies gilt, soweit der Beteiligungserwerb in den zeitlichen Regelungsbereich der Vorschriften reicht, nur so lange nicht, wenn an dem übertragenden und an dem übernehmenden Rechtsträger dieselbe Person zu jeweils 100 % mittelbar oder unmittelbar beteiligt ist (vgl. § 8c Abs. 1 Satz 5 KStG), stille Reserven nutzbar sind (vgl. § 8c Abs. 1 Satz 6 KStG) oder der Beteiligungserwerb zu Sanierungszwecken erfolgte (vgl. § 8c Abs. 1a KStG). Die gewerbesteuerlichen Regelungen folgen den körperschaftsteuerlichen Vorschriften (vgl. § 10a Satz 10 GewStG). Die sog. Sanierungsklausel gem. § 8c Abs. 1a KStG, die die fortdauernde Nutzbarkeit bestehender steuerlicher Verlustvorträge auch bei der Übernahme von mehr als 50 % der Anteile des Unt ermöglichte, ist wegen der Einleitung eines förmlichen Prüfverfahrens durch die Europäische Kommission vom BMF ausgesetzt worden.[20] Die Nichtigkeitsklage der Bundesrepublik Deutschland gegen den Beschluss über die Einleitung des Prüf-

---

[18] BilMoG-BgrRA, S. 114.
[19] Vgl. eine ähnliche Betrachtungsweise: *Leinen*, in *Kessler/Leinen/Strickmann*, BilMoG, 2009, S. 597f.
[20] Vgl. BMF-Schreiben v. 30.4.2010, IV C 2 – S 2745-a/08/10005:002 – (2010/0332067).

verfahrens wurde seitens der Kommission wegen verspäteter Erhebung der Klage abgewiesen.[21] Auch wenn der Ausgang des Verfahrens ungewiss ist, haben betroffene Unt in ihrem KA bzw. JA den Ansatz von aktiven latenten Steuern auf steuerlich nutzbare Verlustvorträge vor diesem Hintergrund zu überprüfen.

Nachfolgendes Beispiel zeigt eine mögliche Interdependenz von konzerninternen Transaktionen und dem Verlustverrechnungszeitraum und weist insoweit auf eine Gestaltungsmöglichkeit hin.

> **Beispiel**
> TU A liefert an TU B eine Maschine zu einem Verkaufspreis von 1,1 Mio. EUR. Die HK der Maschine betragen 900 TEUR, der somit bei A entstandene Gewinn lautet 200 TEUR. A verfügt über steuerlich nutzbare Verluste von 100 TEUR, die erwartungsgemäß in den nächsten 5 Jahren mit Gewinnen in gleicher Höhe verrechnet werden können.
> TU B aktiviert die Maschine im AV mit ihren AK von 1,1 Mio. EUR und schreibt die Maschine über 10 Jahre vollständig ab. B verfügt über steuerlich nutzbare Verlustvorträge von 500 TEUR und erwartet in den nächsten 5 Jahren Gewinne von 500 TEUR.
> A und B sind 100 %ige TU der C, die ebenfalls steuerlich nutzbare Verlustvorträge von 1 Mio. EUR aufweist. C erwartet in den nächsten 5 Jahren Gewinne von 1 Mio. EUR.
> Bei der Erstellung des KA ist der bei A entstandene Zwischengewinn von 200 TEUR zu eliminieren. Im Gegenzug ist bei B die Abschreibung der Maschine um den zeitanteilig auf den Gewinnaufschlag entfallenden Betrag zu korrigieren. Dieser beträgt in jedem Gj, bei Außerachtlassen des konkreten Anschaffungszeitpunkts im Gj des Zugangs, 20 TEUR.
> Auf den eliminierten Zwischengewinn von 200 TEUR sind aktive latente Steuern von 60 TEUR (Steuersatz 30 %) zu aktivieren, die sich im Zeitablauf von 10 Jahren abbauen. Entsprechendes gilt für den bei B zu eliminierenden Anteil an der Abschreibung.
> Ein anderes Ergebnis stellt sich ein, wenn A die Maschine, z. B. im Zuge einer auch Dritten zugänglichen Rabattaktion, zu HK an B verkaufen würde. Mangels in den nächsten 5 Jahren erwarteter ausreichender Gewinne (s. o.) würden auf den zusätzlich entstehenden, annahmegemäß auch steuerlich nutzbaren Verlust(vortrag) bei A keine aktiven latenten Steuern gebildet werden dürfen.

### 2.2.7 Besonderheiten bei Personenhandelsgesellschaften

20 Bei der Ermittlung latenter Steuern im Rahmen der Kons. von PersG ist zu beachten, dass bei der Ermittlung der steuerlichen Wertansätze der VG, Schulden, RAP und Sonderposten nicht allein auf die Wertansätze in der Steuerbilanz des einzubeziehenden TU abzustellen ist, sondern dass darüber hinaus etwaige Ergänzungsbilanzen eines, mehrerer oder aller Gesellschafter in die

---

[21] Vgl. Beschluss des EuGH v. 18.12.2012 in der Rechtssache T-205/11.

Betrachtung einzubeziehen sind.[22] In der Ergänzungsbilanz spiegeln sich die über die steuerlichen Buchwerte der im Gesamthandsvermögen befindlichen VG, Schulden und RAP hinausgehenden bzw. die für den GoF geleisteten Kaufpreiszahlungen bei Eintritt eines Gesellschafters wider. Nicht einzubeziehen sind Sonderbilanzen, da das darin abgebildete Vermögen sich weder im rechtlichen Eigentum des TU befindet noch ihm wirtschaftlich zugerechnet wird (vgl. § 246 Abs. 1 HGB).[23] Sofern das Sonderbetriebsvermögen allerdings dem rechtlichen oder wirtschaftlichen Eigentum eines in den KA einzubeziehenden Unt zuzurechnen ist, gelangt es hierdurch zum Ausweis im KA.[24]
Nicht zuletzt wegen der unterschiedlichen Zurechnung des Sonderbetriebsvermögens in der jeweiligen Handels- und Steuerbilanz der betreffenden Unt kann es z.B. aufgrund unterschiedlicher Abschreibungen zu unterschiedlichen Entwicklungen der als Sonderbetriebsvermögen klassifizierten VG und ihrer steuerlichen Wertansätze kommen. Wegen der gewerbesteuerlichen Hinzurechnungs- und Kürzungsvorschriften (vgl. §§ 8 Nr. 8, 9 Nr. 2 GewStG) fallen beim MU (Gesellschafter) keine latenten Steuern an. Es kann aber der Ansatz von KSt erforderlich sein, wenn der Gesellschafter eine KapG ist.[25]
Eine weitere Besonderheit ist zu berücksichtigen, sofern bei der PersG die Gewinnverwendung einer gesellschaftsvertraglichen Bestimmung oder eines darauf gründenden Gesellschafterbeschlusses unterliegt, durch die bzw. den den Gesellschaftern der PersG die Verfügungsgewalt über den zu verteilenden Gewinn, z.B. durch Einstellung in die Rücklagen, entzogen wird. Dies kann dazu führen, dass im JA des Gesellschafters eine Forderung auf den Gewinnanteil erst zum Zeitpunkt einer Beschlussfassung durch die GesV und somit ggf. erst in einem anderen Gj entsteht.[26] Steuerlich erfolgt die Gewinnzuweisung in dem Veranlagungszeitraum, in dem der steuerliche Gewinn entstanden ist. Im JA führt dies zu einem Ansatz aktiver latenter Steuern, der im KA zu eliminieren ist.

> **Beispiel (Beträge in TEUR)**
> Eine GmbH ist an einer KG beteiligt (Buchwert der Beteiligung 100 GE). Zur Vereinfachung wird angenommen, dass der GmbH alle Anteile an der KG gehören. Einziger Geschäftsvorfall der GmbH im Gj ist die Abschreibung ihres SAV i.H.v. 30 GE, das gleichzeitig als Sonderbetriebsvermögen (SBV) der KG klassifiziert ist. Die KG erzielt in dem Gj Umsatzerlöse i.H.v. 100 GE, die als Forderungen ausgewiesen werden. Des Weiteren sind Abschreibungen auf das SAV i.H.v. 50 GE zu berücksichtigen, die in gleicher Höhe steuerlich berücksichtigt werden. Das SBV der KG wird im Gegensatz zu seiner handelsrechtlichen Abschreibung bei der GmbH aber i.H.v. 40 GE abgeschrieben. Die KG erzielt im Gj einen Jahresüberschuss i.H.v. 50 GE, der in Folge von gesellschaftsvertraglichen Gewinnverwendungsvorgaben in voller Höhe den Gewinnrücklagen zugeführt wird.

---

[22] Zur steuerlichen Bilanzierung bei Personenhandelsgesellschaften vgl. *Kaufmann/Herrmann*, in Frotscher, EStG, § 15 EStG, Rz 242.
[23] *M. Meyer/R. Loitz/R. Linder/P. Zerwas*, Latente Steuern, 2. Aufl. 2010, S. 156
[24] Vgl. D 18 Tz. 39.
[25] Vgl. IDW RS HFA 18 Tz. 42 ff.
[26] Vgl. IDW RS HFA 18 Tz. 20.

Nachfolgend wird die Behandlung der Geschäftsvorfälle in den JA und in den Steuerbilanzen der GmbH und KG und im KA der GmbH dargestellt:

| | | GmbH EA | | | GmbH EA | | KG GHB | | | KG SBV | | Summenbilanz HB I | | | Konsolidierungsbuchungen | | | Konzernbilanz (KA) GmbH | | |
|---|---|---|---|---|---|---|---|---|---|---|---|---|---|---|---|---|---|---|---|---|
| | | 1.1. | lfd. GJ. | 31.12. | 1.1. | lfd. GJ. | 31.12. | 1.1. | lfd. GJ. | 31.12. | 1.1. | lfd. GJ. | 31.12. | 1.1. | lfd. GJ. | 31.12. | 1.1. | lfd. GJ. | 31.12. |
| HB | Aktiva | | | | | | | | | | | | | | | | | | |
| | SAV (=SBV) | 60,0 | -30,0 | 30,0 | 180,0 | -50,0 | 130,0 | 60,0 | -40,0 | 20,0 | 240,0 | -80,0 | 160,0 | | | | 240,0 | -80,0 | 160,0 |
| | Beteiligung | 100,0 | | 100,0 | | | | | | | | | | 100,0 | | 100,0 | -100,0 | | 0,0 |
| | Forderungen | | | | | 100,0 | 100,0 | | | | | 100,0 | 100,0 | | | | | 100,0 | 100,0 |
| | lat St | | 7,5 | 7,5 | | | | | | | | 7,5 | 7,5 | | -7,5 | -7,5 | | 0,0 | 0,0 |
| | Σ | 160,0 | -22,5 | 137,5 | 180,0 | 50,0 | 230,0 | | | | 340,0 | 27,5 | 367,5 | | | | | 20,0 | 260,0 |
| | Passiva | | | | | | | | | | | | | | | | | | |
| | EK | 80,0 | -24,0 | 56,0 | | | | | | | 80,0 | -24,0 | 56,0 | | 42,5 | 42,5 | 80,0 | -24,0 | 56,0 |
| | Kap.kto | | | | 100,0 | 50,0 | 150,0 | | | | 100,0 | 50,0 | 150,0 | -100,0 | -50,0 | -150,0 | | 50,0 | 50,0 |
| | FK | 80,0 | | 80,0 | 80,0 | | 80,0 | | | | 160,0 | | 160,0 | | | | 160,0 | | 160,0 |
| | lat St | | 1,5 | 1,5 | | | | | | | | 1,5 | 1,5 | | | | | 1,5 | 1,5 |
| | Σ | 160,0 | -22,5 | 137,5 | 180,0 | 50,0 | 230,0 | | | | 340,0 | 27,5 | 367,5 | | -7,5 | -107,5 | | 27,5 | 367,5 |
| StB | | 1.1. | lfd. GJ. | 31.12. | 1.1. | lfd. GJ. | 31.12. | 1.1. | lfd. GJ. | 31.12. | | | | | | | | | |
| | Aktiva | | | | | | | | | | | | | | | | | | |
| | Kap.kto SBV | 60,0 | -40,0 | 20,0 | | | | 60,0 | -40,0 | 20,0 | | | | | | | | | |
| | Kap.kto Bet. | 100,0 | 50,0 | 150,0 | | | | | | | | | | | | | | | |
| | Forderungen | | | | 100,0 | | 100,0 | | | | | | | | | | | | |
| | Σ | 160,0 | 10,0 | 170,0 | 180,0 | | 180,0 | 60,0 | | 60,0 | | | | | | | | | |
| | Passiva | | | | | | | | | | | | | | | | | | |
| | EK | 80,0 | -40,0 | 40,0 | | | | | | | | | | | | | | | |
| | Kap.kto | | 50,0 | 50,0 | 100,0 | | 100,0 | 60,0 | | 60,0 | | | | | | | | | |
| | FK | 80,0 | | 80,0 | 80,0 | | 80,0 | | | | | | | | | | | | |
| | Σ | 160,0 | 10,0 | 170,0 | 180,0 | | 180,0 | 60,0 | | 60,0 | | | | | | | | | |

| | Wert-differenz (HB ./. StB) | Steuersatz | latente Steuer |
|---|---|---|---|
| | 10 | 15% | 1,5 |
| | -50 | 15% | -7,5 |

Es sind passive latente Steuern auf den Unterschiedsbetrag i.H.v. 10 GE zwischen dem handelsrechtlichen und steuerlichen Wertansatz des SAV bzw. SBV zu bilden. Wegen der gewerbesteuerlichen Hinzurechnung wirkt sich dies nur bei der KSt aus.

Wegen einer gesellschaftsvertraglichen Gewinnverwendungsregel, die eine Zuführung des Jahresüberschusses der KG in die Rücklagen erfordert, erlangt GmbH keinen Anspruch auf den Gewinn und hat somit auch keine Beteiligungserträge. Es entsteht ein latenter Steueranspruch wegen unabhängig von der gesellschaftsvertraglichen Regelung vorzunehmender steuerlicher Ergebniszuweisung an die GmbH.

## 2.3 Ausnahmen vom Ansatz

### 2.3.1 Erstmaliger Ansatz eines Geschäfts- oder Firmenwerts

**Ausgeschlossen** ist die Bildung einer Steuerlatenz aus dem erstmaligen Ansatz eines **GoF bzw. eines passiven Unterschiedsbetrags** (vgl. § 306 Satz 3 HGB). Da der GoF die Residualgröße der Kaufpreisallokation darstellt, führt der Ansatz passiver latenter Steuern zu einer Erhöhung des GoF, was wiederum eine zusätzliche Abgrenzung latenter Steuern bedingen würde. Der Verzicht auf die Abgrenzung latenter Steuern auf den GoF dient der Vermeidung dieser iterativen Endlosschleife.[27]

In diesem Punkt offenbart sich ein Bruch zur Regelung des § 274 HGB. Übernimmt ein Erwerber alle Aktiva und Passiva eines anderen Unt im Wege eines *asset deals*, richtet sich die Bildung latenter Steuern nach § 274 HGB. Das gilt auch für einen etwaigen nach § 246 Abs. 1 Satz 4 HGB anzusetzenden GoF. Wird der Erwerb als *share deal* abgewickelt, verbietet § 306 Satz 3 HGB einen Ansatz latenter Steuern für den sich ergebenden Konsolidierungsgoodwill.

> **Beispiel**
> Das Unt U, eine AG, ist das MU des U-Konzerns. U will den Konkurrenten T übernehmen. Zwei Szenarien zieht U in Betracht, nämlich den Erwerb sämtlicher Anteile an der T AG (share deal) und den Erwerb aller Aktiva und Passiva (asset deal) der T AG. Das in der HB erfasste Nettovermögen der T AG beträgt 20 Mio. EUR. Es umfasst keine stillen Reserven und keine stillen Lasten. Zu den Schulden gehört eine Drohverlust-RST i. H. v. 1 Mio. EUR. Da diese steuerlich keine Anerkennung gefunden hat, beläuft sich das Betriebsvermögen der T AG auf 21 Mio. EUR. U ist bereit, unabhängig von der Transaktionsstruktur einen maximalen Kaufpreis von 25 Mio. EUR zu zahlen.
> Erfolgt die Übernahme von T im Wege eines share deal, ermittelt sich im KA ein GoF von 5 Mio. EUR. Im Fall eines asset deal ergibt sich zunächst ebenfalls, wenn auch auf der Ebene des EA von U, ein GoF von 5 Mio. EUR. Da dieser in der Steuerbilanz wegen der Nichtpassivierung der Drohverlust-RST um 1 Mio. EUR niedriger ausgewiesen wird, liegt eine zu versteuernde temporäre Differenz von 1 Mio. EUR vor, für die passive latente Steuern zu berücksichtigen sind. Diese erhöhen ihrerseits wiederum den GoF, was Anlass zu einer erneuten Anpassung der latenten Steuern gibt. Der letztlich anzusetzende Betrag passiver latenter Steuern ermittelt sich nach folgender Formel:
>
> $$\frac{\text{Temporäre Differenz in Bezug auf den GoF} \times \text{Steuersatz}}{(1 - \text{Steuersatz})}$$
>
> Er beträgt im Beispiel 428.571 EUR. Das ergibt einen GoF in der HB von 5.428.571 EUR.

---

[27] Vgl. *Loitz*, WPg 2004, S. 1180; BilMoG-BgrRegE, S. 83.

Das Ergebnis ist unbefriedigend. Obwohl der Erwerb im KA wie ein *asset deal* abgebildet wird, weicht die bilanzielle Abbildung von jener des EA ab. Das ist allein die Folge der abweichenden tatsächlichen Transaktionsstruktur. Hiergegen mag man einwenden, auch bei Existenz stiller Reserven oder stiller Lasten führe ein *asset deal* zu einer anderen bilanziellen Darstellung als ein *share deal*. Hier geht es allerdings allein um die abweichende Behandlung des GoF. Im KA sollen für ihn keine latenten Steuern gebildet werden, weil er eine Residualgröße darstelle. Für den EA lässt § 274 HGB dieses Argument dagegen nicht gelten. Das erscheint wertungswidersprüchlich. Ursächlich für diesen Konflikt ist die mangelnde inhaltliche Abstimmung der Regelungen über latente Steuern im JA und KA. Eine einheitliche Regelung entsprechend dem Vorbild von IAS 12 vermeidet derartige Verwerfungen. Sie ist aufgrund der Eigenständigkeit von JA und KA nach HGB jedoch nicht umsetzbar.

23 Das BilMoG äußert sich nicht zu der Frage, wie im Fall eines **steuerlich abzugsfähigen GoF** zu verfahren ist. Der geänderten Konzeption zum Ansatz latenter Steuern entspräche es, analog zur Vorgehensweise nach IAS 12, für eine in der Folgebewertung entstehende Differenz zwischen dem GoF aus der Kons. und dem steuerlichen Firmenwert eine latente Steuer anzusetzen. Es wird allerdings vielmehr die Meinung vertreten, dass der zum Zeitpunkt der erstmaligen Bilanzierung entstehende Unterschiedsbetrag zwischen dem steuerlichen und dem handelsrechtlichen GoF sofort zum Ansatz latenter Steuern führen muss.[28] Ob die Ermittlung der latenten Steuern mit oder ohne Berücksichtigung der Iteration erfolgt, ist wohl im Einzelfall unter Wesentlichkeitsgesichtspunkten zu entscheiden (vgl. § 274 Rz 90 ff.).[29]

24 Als problematisch wird angesehen, dass mit dieser Regelung der GoF bzw. der passive Unterschiedsbetrag abweichend von den allg. Bewertungsgrundsätzen nur „*net of tax*" ausgewiesen wird. Dies beeinträchtige nicht nur den Einblick in die Vermögenslage des Konzerns, sondern ziehe erhebliche Komplikationen im Rahmen der Folgebewertung nach sich, wenn bspw. außerplanmäßige Abschreibungen je nach Umfang der Wertminderung ganz oder teilweise *net of tax* vorzunehmen seien und Änderungen der Steuersätze in späteren Jahren entsprechende Korrekturen des Geschäftswertansatzes erforderlich machen.[30]

### 2.3.2 Outside basis differences

25 Die Differenz zwischen dem im KA erfassten Vermögen eines TU und dem steuerbilanziellen Wert der vom MU am TU gehaltenen Anteile[31] wird in der internationalen Rechnungslegung als *outside basis difference* bezeichnet. Durch die Abgrenzung latenter Steuern auf *outside basis differences* werden steuerliche Wirkungen antizipiert, die in der Zukunft aus der Veräußerung der Anteile oder aus der Ausschüttung von Gewinnen resultieren können.

---

[28] Vgl. IDW ERS HFA 27, Tz 17, 33; der iterative Aspekt wird in dem Standardentwurf allerdings gar nicht aufgegriffen (der Entwurf IDW ERS HFA 27 wurde am 9.9.2010 aufgehoben).
[29] Vgl. *Loitz*, DB 2009, S. 917; *Kessler/Hall*, van, in *Kessler/Leinen/Strickmann*, BilMoG, 2009, S. 617 f.; zu den zu beachtenden Besonderheiten vgl. *ADS International*, Abschnitt 20, Tz 166 ff.
[30] Vgl. *Karrenbrock*, WPg 2008, S. 335.
[31] Zur steuerlichen Spiegelbildtheorie bei der Bilanzierung von Anteilen an Personenhandelsgesellschaften vgl. *Frotscher*, in *Frotscher*, EStG, § 5 EStG, Rz 204.

Der Gesetzgeber stellt nunmehr durch das BilMoG in § 306 Satz 4 HGB klar, dass latente Steuern auf *outside basis differences* nicht gebildet werden dürfen. Der diesbezügliche **Konzeptionsbruch** wird **eingeräumt** und ist **Praktikabilitätserwägungen geschuldet**.[32]

Mit Blick auf die Informationsfunktion des KA und die Regelungen zur internationalen Rechnungslegung mag man das Verbot bedauern. Die vom Gesetzgeber getroffene Kosten-Nutzen-Abwägung ist dennoch zu begrüßen. Insbesondere in mehrstufigen Konzernen verursacht die Ermittlung latenter Steuern auf outside basis differences nicht unerhebliche Schwierigkeiten, ja sie gehört zu den komplexesten Regelungen im *Tax Accounting* überhaupt.[33] Dies gilt zumindest, wenn man der Auffassung folgt, dass kaskadenartig auf jeder Konzernstufe steuerbilanzieller Beteiligungsansatz und ihm gegenüberstehendes Reinvermögen zu vergleichen wären.[34] Ob die in diesem Falle drohende Mehrfacherfassung latenter Steuern zu einer für den Bilanzadressaten nützlichen Information führt, darf indes bezweifelt werden.[35]

26

27

## 3 Bewertung latenter Steuern im Konzern

Die Berechnung latenter Steuern hat nach § 274 Abs. 2 HGB i.V.m. § 306 Satz 5 HGB auf dem Steuersatz desjenigen in den KA einbezogenen Unt zu basieren, bei dem sich der Steuereffekt auch abbaut. Damit wird die Fiktion des Konzerns als wirtschaftliche Einheit an dieser Stelle zugunsten einer stärker an den tatsächlichen Verhältnissen orientierten VFE-Lage zurückgedrängt.[36] Aus Wirtschaftlichkeits- und Wesentlichkeitsüberlegungen darf im Einzelfall für den Konzern ein einheitlicher Steuersatz angewandt werden.[37] Dies entspricht internationaler Praxis. Latente Steuern sind im Übrigen explizit nicht zu diskontieren (§ 274 Abs. 2 i.V.m. § 306 Satz 5 HGB). Die noch im RefE BilMoG angedachte Diskontierung aufgrund der Einordnung passiver latenter Steuern in die RST hat sich nicht durchgesetzt.[38]

28

## 4 Ausweis und Erläuterung latenter Steuern im Konzern

Nach § 306 Satz 6 HGB dürfen die Posten der latenten Steuern im Konzern mit den Posten nach § 274 HGB zusammengefasst werden. Durch diese Saldierung ist für den Abschlussadressaten die Ursache latenter Steuern nicht mehr ersichtlich,[39] jedoch wird dieser Mangel durch die nach § 314 Abs. 1 Nr. 21 HGB erforderlichen Anhangangaben geheilt. Wie § 285 Nr. 29 HGB für den EA postuliert § 314 Abs. 1 Nr. 21 HGB für den Konzernanhang, dass zu erläutern ist, auf welchen Differenzen oder steuerlichen Verlustvorträgen die latenten Steuern beruhen und

29

---

32 Vgl. BilMoG-BgrRA, S. 118f.
33 Vgl. *Loitz*, DB 2009, S. 917.
34 Vgl. *Loitz/Klevermann*, DB 2009, S. 413.
35 Vgl. *Kessler/Hall, van*, in *Kessler/Leinen/Strickmann*, BilMoG, 2009, S. 617.
36 Vgl. BilMoG-BgrRegE, S. 83.
37 Vgl. BilMoG-BgrRegE, S. 83.
38 Vgl. *Loitz*, DB 2009, S. 918.
39 Vgl. *Karrenbrock*, WPg 2009, S. 335.

mit welchen Steuersätzen die Bewertung erfolgt ist. Neben den für den EA geltenden Erläuterungspflichten dürften für den KA weitere Angaben erforderlich sein, wenn bspw. unter *Materiality*-Gesichtspunkten ein durchschnittlicher Konzernsteuersatz zugrunde gelegt wurde. Aber auch im Fall der Zusammenfassung konsolidierungsspezifischer latenter Steuern mit solchen nach § 274 HGB sind die Beträge jeweils gesondert anzugeben. Ebenso ist für den Betrag der erfolgsneutral gebildeten latenten Steuern ein gesonderter Ausweis zu fordern.[40]

## 5 Stetigkeit

30 Gegebenenfalls kommt es bei der Erstellung des KA zur Neubildung oder Auflösung von sich insgesamt ergebenden latenten Steuerentlastungen, die im Rahmen der konzerneinheitlichen Bilanzierung entstehen. Diese Anpassungsmaßnahme ist dann zu bedenken, wenn die einzubeziehenden TU das Wahlrecht zum Ansatz einer sich insgesamt ergebenden latenten Steuerentlastung unterschiedlich ausüben. Das auch im KA anzuwendende Stetigkeitsgebot (vgl. §§ 298 Abs. 1, 246 Abs. 3 Satz 1, 252 Abs. 1 Nr. 6 HGB) zwingt zur einheitlichen und stetigen Anwendung bei den gewählten Ansatz- und Bewertungsmethoden. Die Ansatz- und Bewertungsstetigkeit bezieht sich dabei auch auf **gleichartige** VG, Schulden, RAP und Sonderposten.[41] Es sprechen wohl mehr Gründe dafür als dagegen, die Stetigkeitsregeln auf KA-Ebene im Sinne einer einheitlichen Ausübung von Ansatzwahlrechten zu verstehen. Grundsätzlich handelt es sich hierbei nicht um einen Anwendungsfall des § 306 HGB, da diese latenten Steuern bei der Erstellung des KA auf der Ebene der HB II ermittelt und angesetzt werden (vgl. §§ 298 Abs. 1, 274 Abs. 1 HGB). In Ermangelung einer direkten Bezugnahme auf diesen Sachverhalt im Gesetz wird an dieser Stelle dazu Stellung genommen.

---

[40] Vgl. *Karrenbrock*, WPg 2009, S. 336.
[41] Vgl. IDW RS HFA 38, Tz. 14.

# § 307 ANTEILE ANDERER GESELLSCHAFTER

(1) In der Konzernbilanz ist für nicht dem Mutterunternehmen gehörende Anteile an in den Konzernabschluß einbezogenen Tochterunternehmen ein Ausgleichsposten für die Anteile der anderen Gesellschafter in Höhe ihres Anteils am Eigenkapital unter entsprechender Bezeichnung innerhalb des Eigenkapitals gesondert auszuweisen.
(2) In der Konzern-Gewinn- und Verlustrechnung ist der im Jahresergebnis enthaltene, anderen Gesellschaftern zustehende Gewinn und der auf sie entfallende Verlust nach dem Posten „Jahresüberschuß/Jahresfehlbetrag" unter entsprechender Bezeichnung gesondert auszuweisen.

PROF. DR. STEFAN MÜLLER/DR. MARKUS KREIPL

## Inhaltsübersicht

|  |  | Rz |
|---|---|---|
| 1 | Überblick | 1–11 |
| 1.1 | Inhalt und Regelungszweck | 1–6 |
| 1.2 | Anwendungsbereich | 7–10 |
| 1.3 | Normenzusammenhänge | 11 |
| 2 | Ansatz in der Konzernbilanz (Abs. 1) | 12–53 |
| 2.1 | Abgrenzung der Anteile anderer Gesellschafter | 12–15 |
| 2.2 | Höhe des Ausgleichspostens | 16–41 |
| 2.2.1 | Einstufiger Konzern | 16–28 |
| 2.2.1.1 | Einzubeziehende Posten des Eigenkapitals | 16–20 |
| 2.2.1.2 | Erstkonsolidierung | 21–24 |
| 2.2.1.3 | Folgekonsolidierung | 25–27 |
| 2.2.1.4 | Besonderheiten bei negativem Eigenkapital des Tochterunternehmens | 28 |
| 2.2.2 | Mehrstufiger Konzern | 29–38 |
| 2.2.3 | Wirkung anderer Konsolidierungsmaßnahmen | 39–41 |
| 2.3 | Änderung des Anteilsbesitzes anderer Gesellschafter | 42–45 |
| 2.3.1 | Erwerb von Anteilen | 42–43 |
| 2.3.2 | Verkauf von Anteilen | 44 |
| 2.3.3 | Erwerb eigener Anteile durch ein Tochterunternehmen | 45 |
| 2.4 | Bezeichnung und Ausweis des Ausgleichspostens | 46–53 |
| 3 | Konzern-Gewinn- und Verlustanteile anderer Gesellschafter (Abs. 2) | 54–62 |
| 3.1 | Höhe des Anteils | 54–60 |
| 3.2 | Ausweis | 61–62 |
| 4 | Rechtsfolgen bei Pflichtverletzung | 63–64 |
| 5 | Änderung durch das BilRUG | 65 |

**Ergänzendes Schrifttum**
*Busse von Colbe/Falkenhahn*, Neuere Entwicklung der Methoden der Kapitalkonsolidierung, FS Graßhoff, 2005 S. 3; *Ebeling*, Die zweckmäßige Abbildung der Anteile fremder Gesellschafter im Konzernabschluß nach deutschem HGB, DBW 1995, S. 323; *Falkenhahn*, Änderungen der Beteiligungsstruktur an Tochterunternehmen im Konzernabschluss, 2006; *Göth*, Das Eigenkapital im Konzernabschluß, 1997; *Kreipl/Müller*, Quantitative Analyse der Behandlung indirekter Anteile anderer Gesellschafter im mehrstufigen Konzern, KoR 2010, S. 280; *Küting*, Konzerninterne Umstrukturierungen, Stuttgart 2012; *Küting*, Zur Problematik des Ausgleichspostens für Anteile in Fremdbesitz im Rahmen des zukünftigen Konzernbilanzrechts, ZfB 1984, S. 548; *Küting/Göth*, Minderheiten im Konzernabschluß eines mehrstufigen Konzerns, WPg 1997, S. 305; *Küting/Göth*, Negatives Eigenkapital von Tochterunternehmen in der Kapitalkonsolidierung und die Auswirkungen auf den Konzernabschluß, BB 1994, S. 2446; *Küting/Weber*, Der Konzernabschluss, 13. Aufl., Stuttgart 2012; *Küting/Weber/Wirth*, Kapitalkonsolidierung im mehrstufigen Konzern – Fallstudie zur Kapitalkonsolidierung von Enkelkapitalgesellschaften unter Berücksichtigung indirekter Fremdanteile, KoR 2013, S. 43; *Leinen*, Die Kapitalkonsolidierung im mehrstufigen Konzern, 2002; *Mühlberger*, Die zweckadäquate Bilanzierung von Minderheitenanteilen im ein- und mehrstufigen Konzern nach HGB, IAS und US-GAAP, WPg 2001, S. 1312; *Müller/Reinke*, Konsolidierung von Tochterunternehmen im handelsrechtlichen Konzernabschluss, StuB, 2015, S. 376; *Müller/Reinke*, Übergangskonsolidierung im handelsrechtlichen Konzernabschluss unter Berücksichtigung von E-DRS 30, StuB, 2015, S. 408; *Müller/Reinke*, Behandlung von eigenen Anteilen im handelsrechtlichen Einzel- und Konzernabschluss unter Beachtung von E-DRS 31, DStR, 2015, S. 1127; *Müller/Wobbe*, Konkretisierung der Kapitalkonsolidierung nach HGB durch E-DRS 30 mit sanfter Orientierung an den IFRS, BB 2015, S. 1259; *Oechsle/Schipper*, Negative Fremdanteile im Konzernabschluß, WPg 1994, S. 344; *Philippi*, Die Ermittlung des goodwill nach IFRS 3 in einem mehrstufigen Konzern, PiR 2009, S. 61 ; *Schindler*, Der Ausgleichsposten für Anteile anderer Gesellschafter nach § 307 HGB, WPg 1986, S. 588; *Senger/Diersch*, Kommentierung zu § 35, in: Beck'sches IFRS-Handbuch – Bd II, 4. Aufl., München 2013; *Wirth*, Änderungen von Beteiligungsstrukturen in mehrstufigen Konzernen, Saarbrücker Institut für Rechnungslegung, 12. Fachtagung „Das Rechnungswesen im Konzern" 2013, F. 1–27.

# 1 Überblick

## 1.1 Inhalt und Regelungszweck

1 Das Gesetz schreibt für die Kons. der **Einheitstheorie** (§ 297 Abs. 3 Satz 1 HGB) folgend grds. die Einbeziehung der Posten mit ihren vollen Werten, die sog. **Voll- oder BruttoKons**, vor. Im Rahmen dieser VollKons werden die gesamten Aktiva und Passiva sowie Aufwendungen und Erträge eines TU nach Anwendung konzerneinheitlicher Ansatz- und Bewertungsvorschriften unabhängig von der Höhe der Beteiligung des MU in die Konzernbilanz übernommen.

2 Sind neben dem MU an einem TU **weitere** nicht der Konzernmutter zuzurechnende **Gesellschafter** beteiligt, ist der Anteil der anderen Gesellschafter am

Nettovermögen des Konzerns gem. § 307 Abs. 1 HGB gesondert innerhalb des EK auszuweisen. Nach dem BilRUG ist dafür die Bezeichnung des Postens analog zu den IFRS mit „nicht beherrschende Anteile" zu wählen (Rz 65). Lediglich in Fällen der Einbeziehung von GemeinschaftsUnt im Rahmen einer QuotenKons ist kein Minderheitenausweis vorgesehen.

Die auf die anderen Gesellschafter entfallenden Teile des Jahresergebnisses des TU sind entsprechend § 307 Abs. 2 HGB in der **GuV** des Konzerns gesondert auszuweisen. 3

Ein **Minderheitenausweis ist geboten**, da die Übernahme sämtlicher VG und Schulden des konsolidierten TU i.R. d. VollKons auch eine Übernahme des EK-Anteils, der auf die anderen Gesellschafter entfällt, in die Konzernbilanz bedingt. 4

Wenngleich die Einbeziehung eines TU in den KA verdeutlicht, dass die **Beherrschungsmöglichkeit** über das TU in der Hand des MU liegt und nicht den anderen Gesellschaftern zusteht, muss bedacht werden, dass die Anteile dieser Gesellschafter nicht an Bedeutung verlieren,[1] da der **Eigenkapitalcharakter** beim Übergang in den KA erhalten bleibt.[2] In Konsequenz werden die Anteile von Minderheitseignern auch nach den IFRS im Konzern-EK ausgewiesen. 5

Die Vorschriften des § 307 HGB tragen Art. 21 u. 23 der **7. EG-RL** Rechnung, die den Ausweis in der Konzernbilanz respektive in der Konzern-GuV regeln.[3] 6

## 1.2 Anwendungsbereich

Der Geltungsbereich des § 307 HGB umfasst **alle gem. § 301 HGB vollkonsolidierten Unt**, da hier einerseits die vollständige Übernahme der Positionen in den KA gefordert wird und andererseits bei der Übernahme der entsprechenden Posten aus den JA der TU keine Berücksichtigung von Anteilen anderer Gesellschafter erfolgt (§ 301 Rz 19). 7

Wird die Einbeziehung von GemeinschaftsUnt im Rahmen einer **QuotenKons** vorgenommen, kommt § 307 HGB nicht zum Tragen. Die Anteile der anderen Gesellschafter werden hier bereits durch den anteilmäßigen Ansatz berücksichtigt (§ 310 Rz 21 ff.). Keine Berücksichtigung findet § 307 HGB auch bei der Bewertung **assoziierter Unt**. 8

Ist ein Unt zur Konzernrechnungslegung nach dem **PublG** verpflichtet, gilt § 307 HGB über einen Verweis in § 13 Abs. 2 Satz 1 PublG für KA dieses Unt analog. 9

Die §§ 340i Abs. 2 und 341j Abs. 1 HGB verweisen auf § 307 HGB, sodass die Vorschriften der Norm auch für KA von **Kreditinstituten** und **Versicherungs-Unt** gelten; Sondervorschriften sind nicht vorgesehen. 10

## 1.3 Normenzusammenhänge

Die Bindung der Norm an die VollKons von TU bei der KA-Erstellung bedingt einen unmittelbaren Zusammenhang mit den §§ 301–306 HGB, die Vorschriften über die VollKons enthalten. Für die §§ 340i Abs. 2 und 341j Abs. 1 HGB wie auch für § 13 Abs. 2 Satz 1 PublG ergibt sich der Zusammenhang aus einem Verweis auf § 307 HGB. 11

---

[1] Vgl. BT-Drs. 10/3440, S. 39, Begründung zu § 288 HGB.
[2] Vgl. *Kraft*, in Großkomm. HGB, § 307 Rn 2; *Thiele/Linßen*, in *Baetge/Kirsch/Thiele*, Bilanzrecht, § 307 HGB, Rz 2, Stand 2/2002.
[3] Vgl. BT-Drs. 10/3440, S. 39, Begründung zu § 288 HGB.

## 2 Ansatz in der Konzernbilanz (Abs. 1)

### 2.1 Abgrenzung der Anteile anderer Gesellschafter

12 Anteile für andere Gesellschafter i. S. d. § 307 Abs. 1 HGB, für die ein Ausgleichsposten zu bilden ist, sind solche, die weder dem MU noch einem im Rahmen der KapKons in den KA einbezogenen TU gehören. § 307 HGB ist in Bezug auf die Anteile also als Ergänzung zu § 301 HGB zu verstehen.

13 Neben Anteilen, die von Gesellschaftern gehalten werden, die keinen Bezug zum Konzern haben, sind auch folgende Anteile als Anteile i. S. v. § 307 Abs. 1 HGB zu verstehen:
- Anteile, deren Rechte dem MU nach § 290 Abs. 3 Satz 2 HGB zugerechnet werden können (etwa über ein Treuhandverhältnis oder eine sonstige Vereinbarung);
- Anteile, die von GemeinschaftsUnt gehalten und nicht nach § 301 HGB verrechnet werden. Wird ein GemeinschaftsUnt im Wege der QuotenKons nach § 310 HGB einbezogen, sind nur die auf den Partner entfallenden Anteile zu berücksichtigen;[4]
- Anteile, die von assoziierten Unt gehalten werden;
- Anteile, die von nicht konsolidierten TU gehalten werden;
- Anteile, die von Unt gehalten werden, an denen der Konzern eine Beteiligung hält.

14 Unter **„gehören"** ist mangels Definition „nicht zustehen" i. S. v. § 290 Abs. 3 HGB respektive „gehören" i. S. v. § 16 Abs. 4 AktG zu verstehen, wobei der Terminus „gehören" nicht über alle denkbaren Konstellationen hinweg korrekt ist. Liegt der Anteilsbesitz an einem in den KA einbezogen TU teilweise bei einem TU, das nicht in den KA einbezogen wird, sind diese Anteile von der Konzernmutter wie Anteile anderer Gesellschafter zu behandeln.[5] Die Beträge des darauf entfallenden EK sind in einen Ausgleichsposten einzustellen, wenngleich der materielle Besitz beim MU liegt, ihm diese Anteile also „gehören". In der Literatur wird daher mit Blick auf die Aussagefähigkeit des KA vielfach empfohlen, einen **gesonderten Ausgleichsposten** für Anteile nicht konsolidierter TU an konsolidierten TU zu bilden.[6]

15 Liegt ein **mehrstufiger Konzern** vor (§ 301 Rz 224 ff.) und werden anstatt eines KA mehrere Teil-KA aufgestellt, ergibt sich ein ähnliches Problem, sofern die Unt der verschiedenen Teilkonzerne Beteiligungen an den Unt des jeweils anderen Teilkonzerns halten. Ein gesonderter Ausweis der auf diese Anteile entfallenden Eigenkapitalteile ist nicht erforderlich, woraus sich ergibt, dass ein Ausweis als Ausgleichsposten zu erfolgen hat (E-DRS 30.191 ff.).

---

[4] Vgl. *Busse von Colbe*, in MünchKomm. HGB, 3. Aufl., § 307 Rn 4.
[5] Vgl. *Weber/Zündorf*, in *Küting/Weber*, HdK, HGB, § 307, Rn 4; *Kraft*, in Großkomm. HGB, § 307 Rn 14; *ADS*, 6. Aufl., § 307 HGB, Rz 11.
[6] So etwa von *Wysocki/Wohlgemuth*, Konzernrechnungslegung, S. 99; *Busse von Colbe*, in MünchKomm. HGB, 3. Aufl., § 307 Rn 4; einen erheblichen Umfang als Voraussetzung für einen gesonderten Ausweis sehend *Förschle/Hoffmann*, in Beck Bil-Komm. 9. Aufl., § 307 HGB, Rz 9.

## 2.2 Höhe des Ausgleichspostens

### 2.2.1 Einstufiger Konzern

#### 2.2.1.1 Einzubeziehende Posten des Eigenkapitals

Der Ausgleichsposten hat gem. § 307 Abs. 1 HGB das **EK** des TU zu enthalten, **16**
das nicht auf das MU oder ein anderes einbezogenes TU entfällt. Die Basis der
Ermittlung dieses Postens im Rahmen der ErstKons bildet dabei das EK laut HB
II. Entsprechend § 266 Abs. 3 A. HGB sind bei **KapG** die folgenden Posten
quotal einzubeziehen:
- Gezeichnetes Kapital
- Kapitalrücklage
- Gewinnrücklagen (zu etwaigen Korrekturnotwendigkeiten s. Rz 29 ff.)
- Gewinn-/Verlustvortrag
- Jahresüberschuss/-fehlbetrag (Ggf. sind abweichende Gewinnverteilungsvereinbarungen zu beachten. Zudem kann bei der ErstKons das Jahresergebnis noch den Alteigentümern (anteilig) zuzurechnen sein (E-DRS 30.12).)

Der Kapitalanteil der anderen Gesellschafter am Bilanzstichtag ist dabei maß- **17**
gebend für deren Anteil an den aufgeführten EK-Posten. Evtl. abweichende
**Gewinnverteilungsabreden** sind bei der Aufteilung des Jahresergebnisses entsprechend zu berücksichtigen, die **Stimmrechtsverteilung** ist jedoch ohne Relevanz (E-DRS 30.95). Ist ein TU in der Rechtsform einer **PersG** organisiert, sind
**Gesellschafterkonten** mit EK-Charakter einzubeziehen.[7] Rechte, die lediglich
Schuldrechtscharakter besitzen, dürfen keine Berücksichtigung finden.[8]

Eine beim TU gem. § 272 Abs. 1a HGB zu verrechnende **Rücklage für eigene** **18**
**Anteile** bedingt keinen weiteren Ausweis der darauf entfallenden Teilbeträge
anderer Gesellschafter im Ausgleichsposten; sie mindern die Rücklagen und sind
daher indirekt durch den quotalen Einbezug berücksichtigt (§ 272 Rz 78 ff.).

Die Zuordnung der auf andere Gesellschafter entfallenden Teilbeträge einer **19**
**Rücklage für Anteile an einem herrschenden oder mit Mehrheit beteiligten**
**Unt** i.S.d. § 272 Abs. 4 HGB zum Ausgleichsposten ist ebenfalls unstrittig.
Inwieweit eine Rücklage für Anteile an einem herrschenden oder mit Mehrheit
beteiligten Unt jedoch zum zu konsolidierenden Kapital des TU gehört, wird
kontrovers diskutiert.[9] Nach E-DRS 31.48 sind diese Rückbeteiligungen in der
Konzernbilanz als eigene Anteile des MU zu behandeln.[10] Nach E-DRS 30.41 ist
daher die vom TU im JA gebildete Rücklage für Anteile am MU gem. § 272
Abs. 4 Satz 1 HGB (Rückbeteiligung) Teil des konsolidierungspflichtigen EK.
Dabei hat nach E-DRS 30.70 die Bewertung einer bereits bei Erwerb bzw. zum
Zeitpunkt der erstmaligen Einbeziehung in den KA bestehenden Rückbeteiligung des TU am MU mit dem beizulegenden Zeitwert aus Sicht eines unabhängigen Erwerbers zu erfolgen.[11]

---

[7] Vgl. *Thiele/Linßen*, in Baetge/Kirsch/Thiele, Bilanzrecht, § 307 HGB, Rz 25, Stand 9/2002.
[8] Vgl. *Kraft*, in Großkomm. HGB, § 307, Rn 17.
[9] Dies bejahend *Förschle/Hoffmann*, in Beck Bil-Komm. 9. Aufl., § 307 HGB, Rz 15; a.A. WP-Handbuch, Bd. I, 14. Aufl., Abschn. M, Rz 431–435; *ADS*, 6. Aufl., § 307 HGB, Rz 16–18.
[10] Vgl. *Müller/Reinke*, DStR 2015, S. 1127 ff.
[11] Vgl. *Müller/Reinke*, StuB 2015, S. 378.

20  Eine garantierte Ausgleichszahlung für die anderen Gesellschafter im Falle eines Gewinnabführungs- oder Beherrschungsvertrags zwischen der Konzernmutter und einem TU geht nicht in den Ausgleichsposten ein, da regelmäßig bereits ein Ausweis als Verbindlichkeit erfolgt ist.

### 2.2.1.2 Erstkonsolidierung

21  Entsprechend der **Neubewertungsmethode** gem. § 301 Abs. 1 Satz 2 HGB verläuft die **KapKons in drei Schritten**. Zunächst sind die Abschüsse hinsichtlich Ansatz, Bewertung, Darstellung, Währung und ggf. Stichtag zu vereinheitlichen. Im nächsten Schritt werden die VG und Schulden in der Bilanz des TU zum Zeitpunkt des Erwerbs erfolgsneutral, d. h. mit direkter Verrechnung der Beträge im EK und in den passiven oder aktiven latenten Steuern des TU, neu bewertet. Das neu bewertete EK ergibt sich somit aus dem EK vor Neubewertung, zzgl. der aufgelösten und um latente Steuereffekte bereinigten stillen Reserven und abzgl. der um latente Steuereffekte bereinigten aufgedeckten stillen Lasten. Für diesen zweiten Schritt wurde zur Abgrenzung des Begriffs der HB II, in der die Buchwerte des TU abgebildet sind, die sog. **HB III** eingeführt, die durch den Bezug auf die Zeitwerte bereits vor der Aufrechnung des Unterschiedsbetrags die gesamten stillen Reserven und stillen Lasten verdeutlicht. Bei dieser Neubewertung werden somit alle stille Reserven und alle stillen Lasten aufgelöst. Im dritten Schritt erfolgt die Aufrechnung des Beteiligungsbuchwerts im JA des MU mit dem anteiligen in der HB III ausgewiesenen neu bewerteten EK des TU. Nach der Streichung der Anschaffungskostenrestriktion im HGB ergeben sich keine Probleme mehr bei der Frage nach der Höhe der aufzulösenden stillen Reserven und deren Zuordnung – die Auflösung hat vollumfänglich bei den jeweils relevanten Positionen zu erfolgen.

22  Sind neben dem MU an einem TU weitere nicht der Konzernmutter zuzurechnende Gesellschafter beteiligt, werden die **Anteile anderer Gesellschafter** bei der Neubewertungsmethode auf der Basis des neu bewerteten EK ausgewiesen. Ein nach der Aufrechnung des Beteiligungsbuchwerts mit dem anteiligen EK des MU evtl. verbleibender GoF darf ausschließlich dem MU zugerechnet werden. Eine quotale Aufteilung auf Mehrheits- und Minderheitsgesellschafter kommt anders als bei der Full-Goodwill-Methode nach IFRS nicht in Betracht.[12] Im Hinblick auf FolgeKons bedeutet dies, dass lediglich zusätzliche Abschreibungen aufgedeckter stiller Reserven quotal zulasten des Ergebnisanteils des MU und des Minderheitenanteils gehen. Abschreibungen auf den GoF belasten dagegen ausschließlich den Ergebnisanteil des MU (zu Beispielen § 301 Rz 147 ff.).

23  Da sich die Neubewertungsmethode durch die Kons. des Beteiligungsbuchwerts auf Basis des neu bewerteten EK des TU auszeichnet, d. h., die stillen Reserven und Lasten vor der eigentlichen Kons. ohne Beachtung der Anschaffungskostenrestriktion aufgedeckt werden, bedeutet dies im Falle von Minderheitenanteilen, dass der **Ausgleichsposten** für Anteile anderer Gesellschafter auch stille Reserven oder Lasten enthält. Es wird unterstellt, „dass die Minderheiten im Zeitpunkt der erst-

---

[12] So auch *Förschle/Hoffmann*, in Beck Bil-Komm. 9. Aufl., § 307 HGB, Rz 26 f.; *Thiele/Linßen*, in *Baetge/Kirsch/Thiele*, Bilanzrecht, § 307 HGB, Rz 31, Stand 2/2002.

maligen Konsolidierung einen Preis für die Anteile gezahlt haben, der ihrem Anteil am konsolidierungspflichtigen Kapital und an den aufgedeckten stillen Reserven entspricht."[13]

Nach E-DRS 31.56 sind Veränderungen des Konzern-EK aufgrund von Änderungen des KonsKreis in einer gesonderten Zeile „Änderungen des Konsolidierungskreises" zu erfassen, was somit auch die nicht beherrschenden Anteile inkludiert. 24

### 2.2.1.3 Folgekonsolidierung

Im Rahmen der Folgekonsolidierung sind die aus der Anwendung der Neubewertungsmethode resultierenden Wertansätze in den Folgejahren fortzuschreiben. Der Ausgleichsposten für die Anteile anderer Gesellschafter ist entsprechend auf Basis der Neubewertungsbilanz (HB III), die auf den Stichtag der Folgekonsolidierung fortgeschrieben wird, zu ermitteln. Der Ausgleichsposten unterliegt somit anteilig den **Auswirkungen der späteren Abschreibungen** der bei der Neubewertung aufgedeckten stillen Reserven/Lasten.[14] 25

Eine **erfolgsneutrale Verrechnung** ohne Berührung der GuV ist mit dem Einheitsgrundsatz und den GoB nicht vereinbar und kommt daher nicht in Betracht.[15] Die einseitige erfolgswirksame Verrechnung ausschließlich mit dem auf das MU entfallenden Anteil am Ergebnis ist im Normalfall ebenso unzulässig.[16] Im Fall einer nur im Rahmen von Aufstockungen von Anteilen des MU am TU oder im Rahmen einer ÜbergangsKons nach E-DRS 30 möglichen tranchenweisen Kons. kann es jedoch zu einer quotalen Aufdeckung stiller Reserven kommen, die dann auch nur auf das dem MU zustehende Ergebnis abzuschreiben ist.[17] 26

**Änderungen im EK** des TU wirken sich anteilig auf den Ausgleichsposten aus, da der Ausgleichsposten im Rahmen der Folgekonsolidierung zu jedem Stichtag des KA aus der HB III neu zu berechnen ist. Der auf die anderen Gesellschafter entfallende Teil der beim TU nach der ErstKkons gebildeten Rücklagen ist entsprechend im Ausgleichsposten enthalten. 27

### 2.2.1.4 Besonderheiten bei negativem Eigenkapital des Tochterunternehmens

U. U. kann sich – infolge von in der Einzelbilanz enthaltenen negativen Kapitalkonten anderer Gesellschafter einer KG – ein negativer Ausgleichsposten für die Anteile von Minderheitsgesellschaftern ergeben. Bestehen neben negativen auch passive Posten, spricht grds. nichts gegen eine Saldierung.[18] Scheidet eine Saldierung mangels Verrechnungsposten aus, wird mitunter die Auffassung vertreten, dass der negative Ausgleichsposten alternativ zu einem Ausweis im EK unter gesonderter Bezeichnung als „Ausgleichsposten für negative Kapitalkonten an- 28

---

13 *Schildbach*, Konzernabschluß, S. 158.
14 Ebenso DRS 4.43/E-DRS 30.99 ff.
15 Vgl. *Weber/Zündorf*, in Küting/Weber, HdK, HGB § 307, Rn 9; *ADS*, 6. Aufl., § 307 HGB, Rz 36; im Ergebnis gleich, jedoch die Ablehnung der erfolgsneutralen Verrechnung mit dem Realisationsprinzip begründend *Förschle/Hoffmann*, in Beck Bil-Komm. 9. Aufl., § 307 HGB, Rz 29.
16 So auch *Busse von Colbe*, in MünchKomm. HGB, 3. Aufl., § 307 Rn 9; *ADS*, 6. Aufl., § 307 HGB, Rz 36.
17 Vgl. mit Beispielen *Müller/Reinke*, StuB 2015, S. 376 ff. und 408 ff.
18 GlA *Weber/Zündorf*, in Küting/Weber, HdK, HGB § 307, Rn 12.

derer Gesellschafter" auf der Aktivseite ausgewiesen werden kann.[19] Die Vorgabe des § 307 Abs. 1 HGB zum gesonderten Ausweis innerhalb des EK lässt dies u. E. nach ebenso wie der dadurch entstehende zu hohe EK-Ausweis jedoch nicht zu, weshalb ein Ausweis auf der Aktivseite ausscheidet und auch bei negativem Gesamtbetrag des Ausgleichspostens ein Ausweis innerhalb des EK geboten ist.[20] Nur sofern das gesamte Konzern-EK negativ ist, erfolgt ein Ausweis in Anlehnung an bzw. innerhalb einen/s nicht durch EK gedeckten Fehlbetrag/s gem. §§ 298 Abs. 1, 268 Abs. 3 HGB.

### 2.2.2 Mehrstufiger Konzern

29 Der Gesetzgeber hat im HGB hinsichtlich der Regelungen für die KapKons explizit nur einstufige Konzerne behandelt. In der Praxis sind aber häufig mehrstufige Konzerne anzutreffen, d. h., ein TU ist gleichzeitig selbst MU eines anderen TU. Als unterschiedliche Möglichkeiten der KapKons mehrstufiger Konzerne kommen die **Simultankonsolidierung (Gleichungsverfahren)** und die **Kettenkonsolidierung** in Betracht (E-DRS 30.191–193). Bei der Simultankonsolidierung werden alle Unt gleichzeitig in einer Summenbilanz zusammengefasst und für jedes einzelne wird eine Kons. mithilfe des Gleichungs- oder Matrizenverfahrens vorgenommen.[21] Die Kettenkonsolidierung unterstellt die hierarchisch aufwärtsgerichtete Kons. in jeweils nacheinander durchzuführenden Einzelschritten bis zur Konzernspitze. Für jede Stufe kommt es somit zur Erstellung eines (vereinfachten) KA, der wiederum Ausgangsbasis für die nächsthöhere Konsolidierungsstufe und den dort zu erstellenden (vereinfachten) KA ist. Die Abschlüsse sind insoweit vereinfacht, als die Minderheitsanteilseigner des den Abschluss aufstellenden TU in einem Teil-KA ausweispflichtig wären. Nach E-DRS 30.193 muss stets sichergestellt sein, dass Unterschiedsbeträge unterer Konzernstufen nicht saldiert werden, weshalb die KettenKons vom DRSC präferiert wird.

30 Die **Ermittlung des Ausgleichspostens** für die Anteile anderer Gesellschafter **in mehrstufigen Konzernen** ist umstritten, sofern Beteiligungen anderer Gesellschafter auf mehreren Stufen vorliegen.

31 **Einerseits** wird die Ansicht vertreten, dass sich der Ausgleichsposten für andere Gesellschafter der jeweiligen Konzernstufe ohne Berücksichtigung von Ausgleichsposten der jeweils darunter angehängten Stufen ergibt und die daraus resultierenden Ausgleichsposten addiert den Ausgleichsposten des Konzerns definieren (additive Ermittlung/additives Verfahren → „direkter Anteil"); das Teilkonzernergebnis enthalte auch die auf den Teilkonzern entfallenden Ergebnisanteile der nachfolgenden TU.[22] Gelten solle dies jedoch nur, sofern keine Beteiligungen eines TU an einem TU einer höheren Stufe oder einem anderen TU gleicher Stufe vorliegen. Ist diese Bedingung nicht erfüllt, bedürfe es zusätzlicher Ermittlungen. Folgt man dieser Argumentation, ist der Ausgleichsposten für andere Gesellschafter einer Zwischenholding auf Basis des anteiligen EK des Teilkonzerns nach Neubewertung der VG

---

[19] So etwa *ADS*, 6. Aufl., § 307 HGB, Rz 66.
[20] GlA etwa *Küting/Göth*, BB 1994, S. 2446; *Oechsle/Schipper*, WPg 1994, S344.
[21] Vgl. z. B. *Baetge/Kirsch/Thiele*, Konzernbilanzen, 10. Aufl., S. 393 ff.
[22] So *Förschle/Hoffmann*, in Beck Bil-Komm. 9. Aufl., § 307 HGB, Rz 35; *Senger*, in MünchKomm. Bilanzrecht, 3. Aufl., § 307 Rn 19.

und Schulden zu ermitteln.²³ Argumentiert wird damit, dass zum einen bei einem Asset Deal eine Berücksichtigung erworbener VG ebenfalls komplett erfolgen würde, ohne dass der Anteil anderer Gesellschafter angepasst werden würde. Zum anderen sei vom Gesetzgeber eine Zurechnung von GoF auf Anteile anderer Gesellschafter – anders als bei der Full-Goodwill-Methode nach IFRS 3.19 – nicht gewollt. Ein Erwerb wird somit lediglich aus Sicht der Anteilseigner des MU abgebildet.

*Andererseits* wird aufgeführt, dass die indirekten Anteile anderer Gesellschafter ebenfalls zu berücksichtigen seien, um den Ausgleichsposten anderer Gesellschafter zutreffend auszuweisen. Der von den anderen Gesellschaftern mit dem Kaufpreis für die Beteiligung anteilig bezahlte GoF sei gegen deren Ausgleichsposten zu kürzen (multiplikative Ermittlung/multiplikatives Verfahren → „Kreisanteil").²⁴ Mit E-DRS 30.203 wird dieses multiplikative Verfahren zur Bestimmung der effektiven Beteiligungsquote explizit als einzige Möglichkeit gefordert. Dahinter liegt der Gedanke, das Verhältnis der Anteilseigner des MU zu denen der anderen Gesellschafter im Konzern-EK zutreffender abzubilden und den anteiligen GoF der anderen Gesellschafter eben nicht auszuweisen, sondern direkt mit deren Anteilen zu verrechnen. Dann sind die nötigen Abschreibungen auf den verbleibenden GoF auch nur von den Anteilseignern des MU zu tragen. Zudem erlaubt diese Handhabung auch die Abbildung von Rückbeteiligungen und Beteiligungen zwischen SchwesterUnt.

32

*Baetge* et al schlagen eine **Kompromissvariante** vor, indem die Frage der additiven oder multiplikativen Ermittlung der Beteiligungsquote von der Entstehungsgeschichte des mehrstufigen Konzerns abhängig gemacht wird. Demnach soll eine Gründung bzw. der Erwerb eines EnkelUnt durch einen bestehenden Konzern (Ausdehnung des Konzerns nach unten) wirtschaftlich zutreffend ohne indirekte Anteile abgebildet werden, da der bestehende Konzern als MU gegenüber dem EnkelUnt aufzufassen ist. Eine Ausdehnung des Konzerns nach oben, d.h. der Erwerb eines bestehenden Konzerns durch ein MU, soll nach der multiplikativen Methode unter Berücksichtigung der indirekten Anteile ermittelt werden.²⁵ Dieser Logik verschließt sich auch das DRSC nicht, indem E-DRS 30.194 für den Fall, dass ein mehrstufiger Konzern durch den Erwerb eines TU durch ein anderes in den KonsKreis einbezogenes TU entsteht, die bisherigen Konzernbuchwerte inklusive des bislang ausgewiesenen GoF fortzuführen sind.

33

Wenngleich eine Außerachtlassung indirekter Anteile aus Sicht der Wirtschaftlichkeit zu begrüßen wäre, ist die **grundsätzliche Berücksichtigung indirekter Anteile anderer Gesellschafter** insb. im Hinblick auf einen zutreffenden Ausweis geboten.²⁶ Auch die Entstehung des Konzerns verhindert nicht, dass den Anteilen anderer Gesellschafter auf der Ebene des TU die anteiligen VG und Ergebnisse zuzurechnen sind. Zudem ist anzumerken, dass die Erstellung eines

34

---

23 Vgl. *Förschle/Hoffmann*, in Beck Bil-Komm. 9. Aufl., § 307 HGB, Rz 37.
24 So etwa *ADS*, 6. Aufl., § 307 HGB, Rz 46–50.
25 Vgl. *Baetge/Kirsch/Thiele*, Konzernbilanzen, 10. Aufl., S. 377 ff., *Baetge/Zülch*, in *Baetge/Kirsch/Thiele*, Bilanzrecht, § 301 HGB, Rz 387 ff., Stand 8/2010.
26 GlA *Küting*, Konzerninterne Umstrukturierungen, S. 151. Hinsichtlich der analogen Problematik bei den IFRS (siehe dazu den Einschub unter Rz 36a) ebenfalls für die multiplikative Ermittlung argumentierend *Senger/Diersch*, Beck'sches IFRS-Handbuch, 4. Aufl., § 35 Rz 74; *Wirth*, Änderungen von Beteiligungsstrukturen, F. 3; *Philippi*, PiR 2009, S. 62 f. Beide Verfahren als zulässig erachtend *Küting/Weber*, Der Konzernabschluss, S. 420. Beide Verfahren als zulässig erachtend mit Präferenzen für multiplikatives Verfahren *Küting/Weber/Wirth*, KoR 2013, S. 43 ff.

Teil-KA nicht erforderlich ist und Korrekturen bei bestehenden aufwärtsgerichteten Beteiligungen respektive Beteiligungen zwischen SchwesterGes ohnehin vorzunehmen sind. Entsprechend ist der Ausgleichsposten für Anteile anderer Gesellschafter auf Konzernebene um den Anteil der auf entsprechender Ebene beteiligten anderen Gesellschafter an dem Unterschiedsbetrag der jeweils darunter angehängten Stufen zu kürzen.

> **Beispiel**
> **Berücksichtigung indirekter Anteile bei lediglich abwärtsgerichteten innerkonzernlichen Beteiligungen**
> Das MU M hält 80 % der Anteile an dem TU T, 20 % der Anteile befinden sich im Besitz anderer Gesellschafter $A_1$. M sind für den Erwerb der Anteile AK i.H.v. 50 Mio. EUR entstanden. T hat ein EK von 40 Mio. EUR. 32 Mio. EUR davon entfallen auf M, 8 Mio. EUR auf $A_1$. Daraus ergibt sich bei T ein Unterschiedsbetrag (AK von M abzgl. der EK-Anteile von M) i.H.v. 18 Mio. EUR.
> T ist mit 60 % an einem untergeordneten EnkelUnt E beteiligt. 40 % der Anteile entfallen auf andere Gesellschafter $A_2$. T sind mit der Anschaffung Kosten i.H.v. 20 Mio. EUR entstanden. Daraus ergibt sich bei E ein Unterschiedsbetrag i.H.v. 5 Mio. EUR.
>
>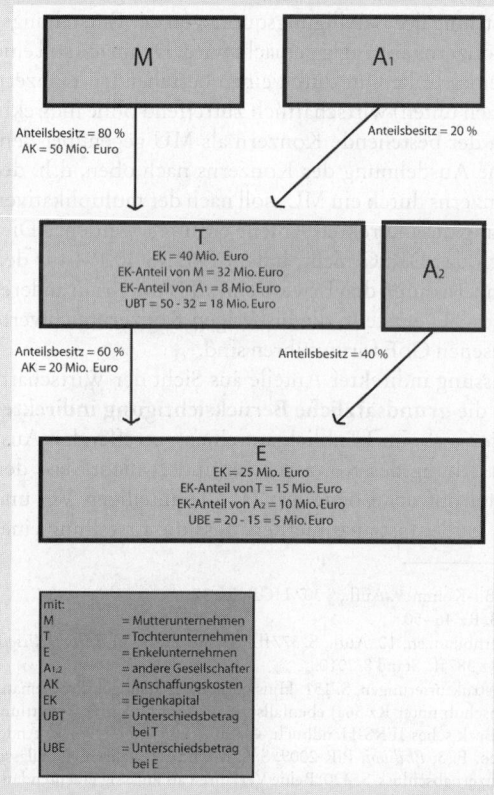

Ein evtl. entstehender Unterschiedsbetrag besteht aus Vereinfachungsgründen nur aus einem GoF.

**1) Berechnung des Ausgleichspostens ohne Berücksichtigung indirekter Anteile mittels einfacher Addition**
Ausgleichsposten = Beteiligungsquote von $A_1$ an T × EK von T + EK-Anteil von $A_2$ an E
$\Rightarrow$ Ausgleichsposten = EK-Anteil von $A_1$ an T + EK-Anteil von $A_2$ an E
$\Rightarrow$ Ausgleichsposten = 8 Mio. EUR + 10 Mio. EUR = 18 Mio. EUR
Der bei E entstehende Unterschiedsbetrag wird bei der einfachen Addition nur dem MU zugerechnet. Dies führt zu einer unrichtigen Darstellung. Aufgrund ihrer Beteiligung an T i.H.v. 20 % ist den anderen Gesellschaftern $A_1$ ein Teil dieses Betrags zuzurechnen. Entsprechend ist der Ausgleichsposten auf Konzernebene um den Anteil von $A_1$ an dem Unterschiedsbetrag zu kürzen. Der Ausgleichsposten ist demnach wie folgt zu ermitteln:

**2) Berechnung des Ausgleichspostens unter Berücksichtigung indirekter Anteile**
$\Rightarrow$ Ausgleichsposten = Beteiligungsquote von $A_1$ an T × (EK von T – UBE) + EK-Anteil von $A_2$ an E
$\Rightarrow$ Ausgleichsposten = 0,2 × (40 Mio. EUR – 5 Mio. EUR) + 10 Mio. EUR = 17 Mio. EUR

**35** Analog zur Berücksichtigung indirekter Anteile bei lediglich abwärtsgerichteten innerkonzernlichen Beteiligungen hat die Berechnung etwaiger Ausgleichsposten auch bei bestehenden innerkonzernlichen Beteiligungen uE zwischen Schwester-Ges. unter Berücksichtigung indirekter Anteile zu erfolgen. Die Vorgehensweise verdeutlicht folgendes Beispiel:

## Beispiel
**Berücksichtigung indirekter Anteile bei zusätzlich bestehenden innerkonzernlichen Beteiligungen zwischen SchwesterGes.**

Das MU M hält 80 % der Anteile an dem TU $T_1$, 20 % der Anteile befinden sich im Besitz anderer Gesellschafter A. M sind für die Anteile AK i.H.v. 50 Mio. EUR entstanden. $T_1$ hat ein EK von 40 Mio. EUR. 32 Mio. EUR davon entfallen auf M, 8 Mio. EUR auf A. Daraus ergibt sich bei $T_1$ ein Unterschiedsbetrag (AK von M abzgl. EK-Anteile von M) i.H.v. 18 Mio. EUR.

$T_1$ ist mit 40 % an einem gleichstufigen TU $T_2$ beteiligt. 60 % der Anteile entfallen auf M. $T_1$ sind mit der Anschaffung Kosten i.H.v. 15 Mio. EUR entstanden. Daraus ergibt sich bei $T_2$ ein Unterschiedsbetrag i.H.v. 5 Mio. EUR.

Ein evtl. entstehender Unterschiedsbetrag besteht aus Vereinfachungsgründen nur aus einem GoF.

**1) Berechnung des Ausgleichspostens ohne Berücksichtigung indirekter Anteile mittels einfacher Addition**
⇒ Ausgleichsposten = Beteiligungsquote von A an $T_1$ × EK von $T_1$
⇒ Ausgleichsposten = EK-Anteil von A an $T_1$
⇒ Ausgleichsposten = **8 Mio. EUR**

Der bei $T_2$ entstehende Unterschiedsbetrag wird bei der einfachen Addition nur dem MU zugerechnet. Dies führt zu einer unrichtigen Darstellung. Aufgrund ihrer Beteiligung an $T_1$ i.H.v. 20 % ist den anderen Gesellschaftern **A** ein Teil dieses Betrags zuzurechnen. Entsprechend ist der Ausgleichsposten auf Konzernebene um den Anteil von **A** an dem Unterschiedsbetrag zu kürzen. Der Ausgleichsposten ist demnach wie folgt zu ermitteln:

**2) Berechnung des Ausgleichspostens unter Berücksichtigung indirekter Anteile**
⇒ Ausgleichsposten = Beteiligungsquote von A an $T_1$ × (EK von $T_1$ – $UBT_2$)
⇒ Ausgleichsposten = 0,2 × (40 Mio. EUR – 5 Mio. EUR) = **7 Mio. EUR**

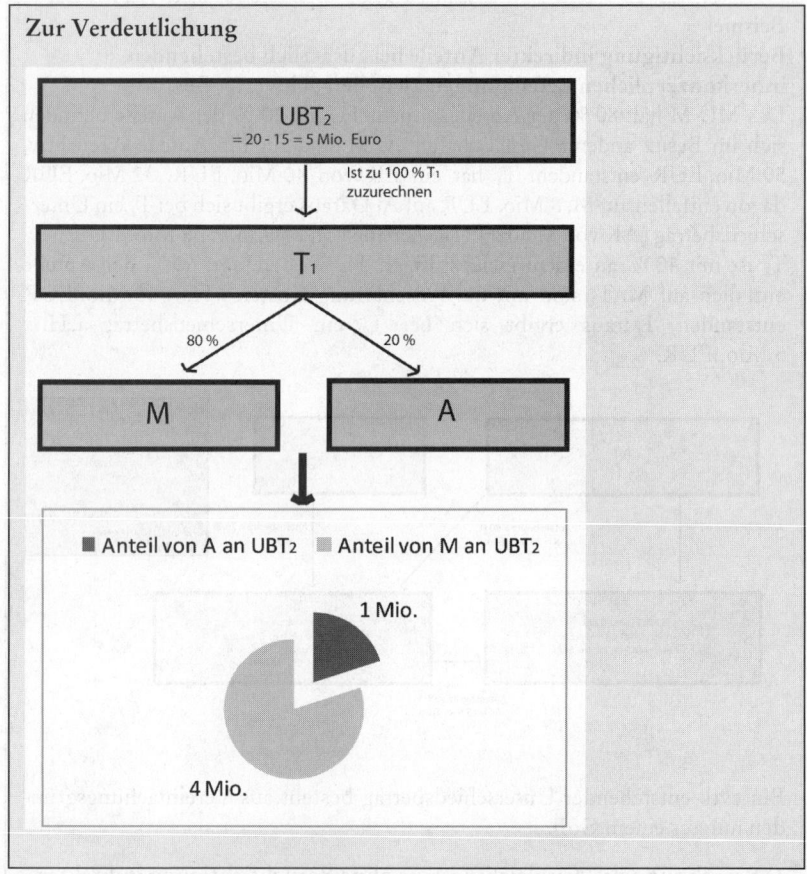

**36** Sind neben dem MU an einem TU weitere nicht der Konzernmutter zuzurechnende Gesellschafter beteiligt, ist der Anteil der anderen Gesellschafter am Nettovermögen des Konzerns gesondert innerhalb des EK auszuweisen. Der Minderheitenausweis ist geboten, da die Übernahme sämtlicher VG und Schulden des konsolidierten TU im Rahmen der VollKons auch eine Übernahme des EK-Anteils, der auf die anderen Gesellschafter entfällt, in die Konzernbilanz bedingt.

**37** Eine zutreffende Darstellung des Ausgleichspostens anderer Gesellschafter im Rahmen der KapKons bei mehrstufigen Konzernen bedingt zudem die Berücksichtigung indirekter Anteile anderer Gesellschafter. Der von anderen Gesellschaftern mit dem Kaufpreis für die Beteiligung anteilig bezahlte GoF ist gegen deren Ausgleichsposten zu kürzen (§ 301 Rz 224).

> **Hinweis** 38
> **Ermittlung des Ausgleichspostens für die Anteile anderer Gesellschafter nach den IFRS**
> IFRS 3.19 räumt Bilanzierenden seit 2008 ein Wahlrecht bzgl. der Ermittlung des Ausgleichspostens für die nicht beherrschenden Anteile ein. Waren bis zur Neuregelung in IFRS 3 im Jahr 2008 nach IAS 22 alle nicht beherrschenden Anteile an dem erworbenen Unt einzig zum entsprechenden Anteil des identifizierbaren Nettovermögens des erworbenen Unt zu bewerten, kann nach IFRS 3.19 mittlerweile auch eine Bewertung zum beizulegenden Zeitwert (*full goodwill method*) erfolgen – zu einer Pflicht zur Anwendung der *full goodwill method* in Anlehnung an die US-GAAP konnte sich das IASB im Rahmen der Revision des IFRS 3 nicht durchringen. Wird das Wahlrecht zur Anwendung der *full goodwill method* nicht in Anspruch genommen, ergibt sich eine zum HGB analoge Behandlung: Im einstufigen Konzern umfasst der Minderheitenanteil (Multiple aus identifizierbarem Nettovermögen und prozentualer Beteiligungsquote) entsprechend keinen Anteil am Unterschiedsbetrag. Im mehrstufigen Konzern ergibt sich bei Vorliegen eines Unterschiedsbetrags (auf einer anderen Stufe als jener zwischen MU und nachgelagertem TU) dann die gleiche Problematik bzgl. der indirekten Anteile wie im Handelsrecht. Unserer Einschätzung nach ist auch hier der von den nicht beherrschenden Anteilen mit dem Kaufpreis für die Beteiligung anteilig bezahlte GoF gegen deren Ausgleichsposten zu kürzen.[27]
> Die DPR vertritt Informationen aus dem Kreis geprüfter Unt zufolge wohl die Auffassung, dass eine Anwendung des multiplikativen Verfahrens nicht gewünscht bzw. zulässig sei. Diese Auffassung kann – auch vor dem Hintergrund der mehrheitlichen Präferenz für eine Anwendung des multiplikativen Verfahrens im Rahmen der IFRS – nicht nachvollzogen werden. Betroffenen Unt ist vor dem Hintergrund der faktischen Durchsetzungsmacht der DPR jedoch eine Anwendung des additiven Verfahrens zu empfehlen, wollen sie nicht eine Konfrontation wagen.
> Erfolgt eine Anwendung der *full goodwill method*, sind die nicht beherrschenden Anteile zum beizulegenden Zeitwert zum Erwerbszeitpunkt zu bewerten, woraus sich ein Ausweis eines auf die Minderheitenanteile entfallenden GoF bereits im einstufigen Konzern ergibt. I.d.R. werden in diesem Zuge die Anschaffungskosten des Erwerbers um die Minderheitenanteile – berechnet auf Basis der AK des Erwerbers – aufgestockt. Eine Bindung des beizulegenden Zeitwerts der Minderheitenanteile an die AK des Erwerbers ist in IFRS 3 allerdings nicht verankert, sodass die Bewertung der Anteile des Erwerbers und die der Anteile der Minderheiten getrennt voneinander vorgenommen werden können. So können die nicht beherrschenden Anteile etwa gem. IFRS 3.B44 auf Basis ihres Börsenpreises (sofern sich der Börsenpreis aus einem aktiven Markt ergibt) oder nach IFRS 3.B45 unter Berücksichtigung einer Kontrollprämie ermittelt werden. Die geschilderte Problematik im Fall eines

---

[27] *Müller/Kreipl*, KoR 5/2010, S. 283. GlA *Senger/Brune*, Beck´sches IFRS-Handbuch, § 30 Rz 66, § 35 Rz. 75.; *Wirth*, Änderungen von Beteiligungsstrukturen, F. 3; *Philippi*, PiR 2009, S. 62 f.; *Küting*, Konzerninterne Umstrukturierungen, S. 151.

> mehrstufigen Konzerns ergibt sich in Konsequenz der Anwendung der *full goodwill method* nicht, da auf jeder Stufe ohnehin ein auf die Minderheiten entfallender GoF berücksichtigt wird – auf eine weitere Veranschaulichung im Rahmen der Fallstudie wird deshalb verzichtet.[28]

### 2.2.3 Wirkung anderer Konsolidierungsmaßnahmen

39 Die Berücksichtigung der Auswirkungen der SchuldenKons, der EK-Korrekturen, der Zwischenergebniseliminierung und die Anwendung der Equity-Methode im Ausgleichsposten sind umstritten. Da die anderen Gesellschafter, der **Einheitstheorie** folgend, im KA ebenfalls wie EK-Geber des Konzerns behandelt und entsprechend an den erfolgswirksamen Konsolidierungsmaßnahmen beteiligt werden sollten, scheint eine **Berücksichtigung im Ausgleichsposten** naheliegen.[29] Mangels Begründung für einen Verzicht auf die Berücksichtigung und im Interesse der Einheitstheorie wird in der Literatur stellenweise gefordert, die Minderheitenanteile auch an den Gunsten/Lasten der **erfolgswirksamen Konsolidierungsmaßnahmen** zu beteiligen.[30] Lediglich der Grundsatz der Wesentlichkeit dürfte Einschränkungen der Beteiligungen begründen.[31]

40 Die Berücksichtigung der anderen Gesellschafter und die damit verbundene Aufteilung der erfolgswirksamen Konsolidierungsmaßnahmen sind jedoch problematisch. Die Zuordnung der Zwischengewinne und -verluste zu den entsprechenden TU oder deren Ermittlung auf jeder Konzernstufe etwa beinhalten **offene Fragen** und bergen **erhebliche Kosten**. Auch die Ermittlung von Mehrungen respektive Minderungen bei Konzern-AK bleibt ungeklärt.

41 **Überwiegend** wird daher die Meinung vertreten, dass der hohe mit der Berücksichtigung erfolgswirksamer Konsolidierungsmaßnahmen verbundene Arbeitsaufwand im Hinblick auf die Wirtschaftlichkeit der Konzernrechnungslegung zu einer **Ablehnung** der Beteiligung der Minderheiten an diesen Maßnahmen führen muss.[32] Im Hinblick auf den geringen Informationsgewinn und den erheblichen Aufwand wird hier ebenfalls die Auffassung vertreten, dass eine anteilige **Berücksichtigung nicht geboten** ist.

---

28 Vgl. *Müller/Kreipl*, KoR 5/2010, S. 283 f.
29 Vgl. *Thiele/Linßen*, in *Baetge/Kirsch/Thiele*, Bilanzrecht, § 307 HGB, Rz 35, Stand 9/2002.
30 So *Schmalenbach-Gesellschaft Deutsche Gesellschaft für Betriebswirtschaft*, Aufstellung internationaler Konzernabschlüsse, ZfbF, Sonderheft 9/1979, S. 77; *Busse von Colbe*, in MünchKomm. HGB, 3. Aufl., § 307 Rn 6; *Förschle/Hoffmann*, in Beck Bil-Komm. 9. Aufl., § 307 HGB, Rz 53–67, mit ausführlichen Beispielen; *Thiele/Linßen*, in *Baetge/Kirsch/Thiele*, Bilanzrecht, § 307 HGB, Rz 38, Stand 9/2002.
31 So *Förschle/Hoffmann*, in Beck Bil-Komm. 9. Aufl., § 307 HGB, Rz 53–67, mit ausführlichen Beispielen; *Thiele/Linßen*, in *Baetge/Kirsch/Thiele*, Bilanzrecht, § 307 HGB, Rz 38, Stand 9/2002.
32 So *Claussen/Scherrer*, in Kölner Kommentar zum HGB, § 307 Rn 37; ADS, 6. Aufl. § 307 HGB, Rz 40; *Weber/Zündorf*, in *Küting/Weber*, HdK, HGB § 307, Rn 11; *Küting*, ZfB 1984, S. 548; *Kraft*, in Großkomm. HGB, § 307 Rz 44.

## 2.3 Änderung des Anteilsbesitzes anderer Gesellschafter
### 2.3.1 Erwerb von Anteilen

Erfolgt ein Erwerb von weiteren Anteilen Dritter eines bereits konsolidierten TU durch das MU oder ein anderes einbezogenes Unt, vermindert sich der Ausgleichsposten. Der Erwerb von weiteren Anteilen kann grds. mittels einer **Erst-Kons der zusätzlichen Anteile** gem. § 301 HGB abgebildet werden. Nach den internationalen Rechnungslegungsstandards ist ein **Hinzuerwerb weiterer Anteile** an einem bereits beherrschten und im KonsKreis einbezogenen TU, als **Eigenkapitaltransaktionen** (d.h. als Transaktionen mit Eigentümern, die in ihrer Eigenschaft als Eigentümer handeln) zu bilanzieren (§ 301 Rz 184 ff.). Unter diesen Umständen sind die Buchwerte der beherrschenden und nicht beherrschenden Anteile anzupassen, sodass sie die Änderungen der an dem TU bestehenden Anteilsquoten widerspiegeln. Jede Differenz zwischen dem Betrag, um den die nicht beherrschenden Anteile angepasst werden, und dem beizulegenden Zeitwert der gezahlten oder erhaltenen Gegenleistung ist unmittelbar im EK zu erfassen und den Eigentümern des MU zuzuordnen. Nach E-DRS 30.166 sind beide Varianten nach HGB denkbar. Nach hier vertretender Auffassung erscheint eine Abbildung als Transaktion unter Eigentümern – insb. dem erklärten Reformziel der Annäherung an die IFRS bei Verabschiedung des BilMoG sowie einer deutlichen Vereinfachung im Rahmen der KonsVorgänge geschuldet – alternativ zu der noch vom überwiegenden Teil der Literatur vertretenen Erwerbsmethode (§ 301 Rz 194) unter Angabe und Beschreibung der Methode im Konzernanhang alternativ als sachgerechter.[33]

42

Wird zur Abbildung eines Erwerbs von weiteren Anteilen Dritter auf die **Erwerbsmethode** zurückgegriffen (§ 301 Rz 194 ff.), ergibt sich das Problem, dass in Anlehnung an § 301 HGB eine vollständige Neubewertung des konsolidierungspflichtigen Kapitals oder zumindest nach E-DRS 30.167 eine eigentlich untersagte tranchenweise Neubewertung und KapKons zu erfolgen hätte. Nach verbreiteter Literaturmeinung soll jedoch das EK, das auf die bereits konsolidierten Altanteile entfällt, von der Neubewertung unberührt bleiben, sodass sich ein Widerspruch ergibt. Weiter strittig ist darauf aufbauend, ob sich die Neubewertung nur auf die Teile des EK beziehen darf, die auf die neu erworbenen Anteile zurückzuführen sind – so auch das DRSC im E-DRS 30.167 –,[34] oder ob die fremden Anteile zusätzlich zu berücksichtigen sind.[35] Wird die Neubewertungsmethode angewandt, bedingt nach Ansicht der Autoren lediglich die entgeltliche Abfindung der scheidenden Gesellschafter eine Korrektur der Wertbasis; eine Neubewertung der weiter in Fremdbesitz verbleibenden Anteile kann damit nicht begründet werden.

43

Beide Probleme ergeben sich bei der Variante „Abbildung als Transaktion unter Eigentümern" grds. nicht, was u.E. nach zusätzlich für diese an den internationalen Standards orientierte und auch mit E-DRS 30.169 nun in Deutschland anerkannte Abbildung spricht.

---

[33] Vgl. *Leinen*, in *Kessler/Leinen/Strickmann*, BilMoG, 2009, S. 605 f.
[34] So *ADS*, 6. Aufl., § 307 HGB, Rz 57; *Kraft*, in Großkomm. HGB, § 307, Rn 54.
[35] *Weber/Zündorf*, in *Küting/Weber*, HdK, HGB § 301, Rn 208, erachten beide Methoden für zulässig.

### 2.3.2 Verkauf von Anteilen

**44** Ein Verkauf von Anteilen durch das MU oder ein anderes einbezogenes Unt resultiert in einer Erhöhung des Ausgleichspostens, sofern das vom Verkauf betroffene TU weiterhin einbezogen wird, das Control-Verhältnis also aufrechterhalten bleibt. Nach hM hat eine **partielle EntKons** zu erfolgen; alternativ kann auch hier die Abbildung als Transaktion zwischen den Gesellschaftern erfolgen (§ 301 Rz 206 f.). Im Falle einer Erhöhung des Ausgleichspostens ist analog zur Verringerung des Ausgleichspostens zu verfahren. Das EK ergibt sich entsprechend aus der fortgeschriebenen Neubewertungsbilanz.

### 2.3.3 Erwerb eigener Anteile durch ein Tochterunternehmen

**45** Erwirbt ein TU eigene Anteile von anderen einbezogenen Unt und sind an diesem TU Dritte beteiligt, ergibt sich eine Neuordnung der Besitzverhältnisse zwischen Mehrheits- und Minderheitsgesellschaftern. Der Ausgleichsposten ist **auf Basis der neuen Beteiligungsquote** zu berechnen, die eigenen Anteile sind dann im Konzern-EK zu berücksichtigen.

## 2.4 Bezeichnung und Ausweis des Ausgleichspostens

**46** § 307 Abs. 1 HGB schreibt noch den **gesonderten Ausweis** des Ausgleichspostens **innerhalb des EK** unter „entsprechender Bezeichnung" vor. Mit dem BilRUG wird er ab dem Gj 2016 pflichtgemäß als „nicht beherrschende Anteile" bezeichnet. Die Einbeziehung des Betrags in andere Posten oder eine Angabe im Konzernanhang ist unzureichend.

**47** Unter „**entsprechender Bezeichnung**" ist bislang eine Formulierung zu verstehen, die den Charakter des Postens – die Beteiligung anderer Gesellschafter am Konzern – zum Ausdruck bringt.[36]

> **Beispiel**
> Denkbar sind noch neben der Überschrift des § 307 HGB auch die Bezeichnungen „Ausgleichsposten für Anteile anderer Gesellschafter" oder „Anteile außenstehender Gesellschafter".[37]

**48** Der Gesetzgeber schreibt keine **weitere Untergliederung** vor. Ein differenzierter Ausweis in der Konzernbilanz oder im Anhang ist jedoch gestattet – und sinnvoll.[38] Entsprechend ist insb. ein gesonderter Ausgleichsposten für Anteile nicht konsolidierter TU an konsolidierten TU in Betracht zu ziehen (Rz 29 ff.).

**49** **An welcher Stelle** der Posten innerhalb des EK ausgewiesen wird, ist freigestellt. Der sinnvollerweise in der Literatur vorgeschlagene Ausweis als letzter Unterposten im EK hat sich auch in der Praxis[39] durchgesetzt.

---

[36] Vgl. *Förschle/Hoffmann*, in Beck Bil-Komm. 9. Aufl., § 307 HGB, Rz 75; *Thiele/Linßen*, in *Baetge/Kirsch/Thiele*, Bilanzrecht, § 307 HGB, Rz 41, Stand 9/2002.
[37] So etwa *Weber/Zündorf*, in *Küting/Weber*, HdK, § 307, Rn 12; *Förschle/Hoffmann*, in Beck Bil-Komm. 9. Aufl., § 307 HGB, Rz 75. Zu weiteren in der Praxis gebräuchlichen Formulierungen und deren teilweisen Widersprüchlichkeit im Hinblick auf die Einheitstheorie und die Konzeption des HGB vgl. *Busse von Colbe*, in MünchKomm. HGB, 3. Aufl., § 307 Rn 10.
[38] Vgl. *Kraft*, in Großkomm. HGB, § 307 Rn 60; *Damm/Zündorf*, DB 1984, S. 2631, 2633.
[39] Vgl. *Treuarbeit*, Jahres- und Konzernabschlüsse, S. 166.

Der gesonderte Ausweis des Ausgleichspostens innerhalb des EK betont dessen **EK-Charakter** und hebt die **Bedeutung der Einheitstheorie** für den KA hervor,[40] wenngleich dieser im HGB nicht konsequent gefolgt wird.[41] Die nicht beherrschenden Anteile sind auch im EK-Spiegel gesondert auszuweisen und entsprechend der jährlichen Änderungen fortzuschreiben. E-DRS 31.13 empfiehlt dabei auch, die auf die nicht beherrschenden Anteile entfallenden Währungsumrechnungsdifferenzen gesondert auszuweisen und fortzuschreiben. 50

In Einzelfällen – bspw. bei negativen Eigenkapitalkonten einer KG – kann es zu einem **negativen Ausgleichsposten** kommen. Ergeben sich aus der Einbeziehung sowohl aktive als auch passive Posten, kann eine **Verrechnung** als **zulässig** angesehen werden.[42] Wenngleich eine Aufgliederung der aktiven und passiven Teilbeträge der Klarheit des Abschlusses dient, ist der Norm jedoch keine entsprechende Pflicht zu entnehmen. 51

Auch wenn der positive Ausgleichsposten nicht zur Verrechnung des Negativbetrags ausreicht, scheidet **ein gesonderter Ausweis** des Ausgleichspostens **auf der Aktivseite** der Konzernbilanz unter Rückgriff auf einen entsprechenden Formalhinweis aus (Rz 28).[43] 52

Dem **generellen Ausweis** des Ausgleichspostens **innerhalb des EK**, der in der Literatur stellenweise gefordert wird, steht nach dem Wortlaut der Norm nichts entgegen. Solange das EK zur Verrechnung des negativen Gesamtbetrags des Ausgleichspostens genügt, ist diese Möglichkeit wahrzunehmen (Rz 28).[44] 53

## 3 Konzern-Gewinn- und Verlustanteile anderer Gesellschafter (Abs. 2)

### 3.1 Höhe des Anteils

Gem. § 307 Abs. 2 HGB ist der im Jahresergebnis enthaltene, anderen Gesellschaftern zustehende Gewinn respektive der auf sie entfallende Verlust **in der Konzern-GuV gesondert auszuweisen**. Der Ausweis hat unter entsprechender Bezeichnung nach dem Posten „Jahresüberschuss/Jahresfehlbetrag" zu erfolgen. Die Berücksichtigung als Aufwand oder Ertrag vor dem Posten „Konzernjahresüberschuss" ist unzulässig. 54

Die Anteile der anderen Gesellschafter am Jahresergebnis begründen keinen Anspruch bzw. keine Verpflichtung der anderen Gesellschafter im rechtlichen Sinne. Sie sind lediglich als **„ideeller Anteil"** zu verstehen.[45] 55

---

[40] Vgl. *ADS*, 6. Aufl., § 307 HGB, Rz 62; *Förschle/Hoffmann*, in Beck Bil-Komm. 9. Aufl., § 307 HGB, Rz 76.

[41] Vgl. *Thiele/Linßen*, in *Baetge/Kirsch/Thiele*, Bilanzrecht, § 307 HGB, Rz 41, Stand 9/2002.

[42] So auch ADS, 6. Aufl., § 307 HGB, Rz 65; *Kraft*, in Großkomm. HGB, § 307 HGB Rz 64; *Weber/Zündorf*, in *Küting/Weber*, HdK, HGB § 307, Rn 12.

[43] A.A. *ADS*, 6. Aufl., § 307 HGB, Rz 66, die dann etwa die Bezeichnung „Ausgleichsposten für negative Kapitalkonten anderer Gesellschafter" vorsehen. Hierbei die Anlehnung der Darstellung an den Ausweis eines nicht durch EK gedeckten Fehlbetrags gem. §§ 298 Abs. 1, 268 Abs. 3 HGB als empfehlenswert erachtend *Schindler*, WPg 1986, S. 588; *Kraft*, in Großkomm. HGB, § 307 Rn 62.

[44] Dem Ausweis innerhalb des EK gegenüber dem gesonderten Ausweis auf der Aktivseite dagegen lediglich Vorrang einräumend *Kraft*, in Großkomm. HGB, § 307, Rz 63; *Förschle/Hoffmann*, in Beck Bil-Komm. 9. Aufl., § 307 HGB, Rz 77.

[45] Vgl. WP-Handbuch, Bd. I, 14. Aufl., Abschn. M, Rz 656; *Weber/Zündorf*, in *Küting/Weber*, HdK, HGB § 307, Rn 13.

56 Unter der Bezeichnung Gewinn und Verlust ist hier der auf die anderen Gesellschafter entfallende Teil des **Jahresüberschusses/-fehlbetrags** lt. HB III, d. h. des neu bewerteten und fortgeschriebenen JA des TU, zu verstehen. Die in der Literatur teilweise vertretene Ansicht, den Anteil anderer Gesellschafter am Gewinn und Verlust auf Basis des Bilanzgewinns/-verlustes des TU lt. HB I auszuweisen,[46] ist nach hM abzulehnen.[47] Im Hinblick auf die Abgrenzungsfunktion des Postens sind die das Konzernergebnis beeinflussenden Faktoren auf der Ebene des einbezogenen Unt zu berücksichtigen. Die **Auswirkungen** über die KapKons hinausgehender **erfolgswirksamer Konsolidierungsmaßnahmen** sind nicht zu berücksichtigen (Rz 28 ff.).

57 Wird **keine Ergebnisverwendungsrechnung** erstellt, ergibt sich eine Differenz zwischen dem in der GuV des Konzerns ausgewiesenen Jahresüberschuss und dem nach der Konzernbilanz. Das in der Konzern-GuV ausgewiesene Jahresergebnis enthält den gesamten Konzernerfolg. Der in der Konzernbilanz ausgewiesene Jahresüberschuss/-fehlbetrag ist hingegen bereits um den Anteil gekürzt, der den anderen Gesellschaftern zusteht. Der in der GuV gesondert auszuweisende Posten entspricht genau diesem Differenzbetrag und kann daher als Bindeglied betrachtet werden.

58 Ein bestehender **Gewinnabführungsvertrag** zwischen dem MU und einem TU mit Beteiligung anderer Gesellschafter bedingt gem. § 304 AktG einen angemessenen Ausgleich für die außenstehenden Aktionäre durch eine auf die Anteile am Grundkapital bezogene wiederkehrende Geldleistung (Ausgleichszahlung). Ob die Ausgleichszahlung durch das MU oder das TU unter Garantie durch das MU geleistet wird, bleibt freigestellt.[48] Bei der Behandlung sind jedoch Unterschiede zu beachten.

59 Erfolgt die Begleichung der wiederkehrenden Geldleistung **seitens der Konzernmutter**, ist diese in deren EA vom übernommenen Gewinn abzusetzen respektive dem übernommenen Verlust hinzuzurechnen. Der Kons. der Aufwendungen und Erträge entspringt infolgedessen ein Restbetrag i. H. der Ausgleichszahlung, der in den Posten „anderen Gesellschaftern zustehender Gewinn" einzustellen ist.

60 Leistet das TU die Ausgleichszahlung, hat eine erfolgswirksame Stornierung des beim TU gebuchten Aufwands zu erfolgen. Die Ausgleichszahlung muss gleichzeitig in den Posten „anderen Gesellschaftern zustehender Gewinn" einbezogen werden. Das Bilanzergebnis des Konzerns wird nicht tangiert.

## 3.2 Ausweis

61 Sind auf andere Gesellschafter nicht nur Gewinne oder Verluste aus den Beteiligungen an einbezogenen TU zu verbuchen, sondern sind im KA sowohl Jahresüberschüsse als auch Jahresfehlbeträge zu berücksichtigen, hat – mit Blick auf das

---

[46] So *Busse von Colbe*, in MünchKomm. HGB, 3. Aufl., § 307 Rn 23.
[47] Vgl. *Förschle/Hoffmann*, in Beck Bil-Komm. 9. Aufl., § 307 HGB, Rz 81; *Kraft*, in Großkomm. HGB, § 307, Rn 68; WP-Handbuch, Bd. I, 14. Aufl., Abschn. M, Rz 655.
[48] Vgl. statt vieler *Thiele/Linßen*, in *Baetge/Kirsch/Thiele*, Bilanzrecht, § 307 HGB, Rz 56, Stand 9/2002.

**Saldierungsverbot** – ein getrennter Ausweis in der GuV des Konzerns zu erfolgen. Eine Saldierung unter Rückgriff auf § 298 Abs. 1 HGB i.V.m. § 265 Abs. 7 HGB bedingt eine aufgegliederte Angabe im Konzernanhang.[49]
Für die **Bezeichnung** des Postens bestehen aktuell über die Bedingung „entsprechend" hinaus noch keine weiteren Vorgaben.

62

> **Beispiel**
> Denkbar sind etwa die Formulierungen „Gewinn-/Verlustanteile anderer Gesellschafter", „Anteil anderer Gesellschafter am Konzernergebnis" oder „anderen Gesellschaftern zustehender Gewinn/Verlust".[50]

Eine Abstimmung der Bezeichnung mit der für die Anteile anderer Gesellschafter in der Konzernbilanz verwendeten Formulierung ist zu empfehlen. Ab dem Gj 2016 ist die Benennung mit **„nicht beherrschende Anteile"** notwendig.

## 4 Rechtsfolgen bei Pflichtverletzung

Ein Verstoß gegen die Vorschriften des § 307 HGB ist regelmäßig nicht straf- oder bußgeldbewehrt. Führt eine Pflichtverletzung i.S.d. § 307 HGB jedoch zu einer Nichterfüllung der Anforderungen des § 297 Abs. 2 und 3 HGB an den KA, liegt gem. § 334 Abs. 1 Nr. 2b HGB eine Ordnungswidrigkeit vor. Diese kann mit einem Bußgeld von bis zu 50.000 EUR belegt werden.

63

Verstöße gegen § 307 HGB bedingen die Einschränkung des **Bestätigungsvermerks** durch den AP. Ferner ist die nicht ordnungsgemäße Übernahme der Einzelabschlüsse im **Prüfungsbericht** zu erläutern.

64

## 5 Änderung durch das BilRUG

Auf Basis von Art. 24 Abs. 4 der Richtlinie 2013/34/EU ist die Vorgabe einer einheitlichen Postenbezeichnung zur Erhöhung der Vergleichbarkeit der Konzernbilanzen erforderlich. Daher werden in § 307 Abs. 1 und 2 HGB nF die Wörter „unter entsprechender Bezeichnung" jeweils durch die Wörter unter dem Posten **„nicht beherrschende Anteile"** ersetzt. Eine Anwendung ist ab dem Gj 2016 pflichtgemäß vorzunehmen.

65

---

[49] GlA *ADS*, 6. Aufl., § 307 HGB, Rz 79; *Thiele/Linßen*, in *Baetge/Kirsch/Thiele*, Bilanzrecht, § 307 HGB, Rz 59, Stand 9/2002. Die Aufgliederung im Konzernanhang für unnötig erachtend dagegen *Kraft*, in Großkomm. HGB, § 307 Rn 76–77, der dann jedoch eine abweichende Bezeichnung des Postens voraussetzt.

[50] Zu teilweise geforderten Bezeichnungen im Zusammenhang mit Sonderfällen s. *Kraft*, in Großkomm. HGB, § 307 Rn 77.

## § 308 EINHEITLICHE BEWERTUNG

(1) ¹Die in den Konzernabschluß nach § 300 Abs. 2 übernommenen Vermögensgegenstände und Schulden der in den Konzernabschluß einbezogenen Unternehmen sind nach den auf den Jahresabschluß des Mutterunternehmens anwendbaren Bewertungsmethoden einheitlich zu bewerten. ²Nach dem Recht des Mutterunternehmens zulässige Bewertungswahlrechte können im Konzernabschluß unabhängig von ihrer Ausübung in den Jahresabschlüssen der in den Konzernabschluß einbezogenen Unternehmen ausgeübt werden. ³Abweichungen von den auf den Jahresabschluß des Mutterunternehmens angewandten Bewertungsmethoden sind im Konzernanhang anzugeben und zu begründen.

(2) ¹Sind in den Konzernabschluß aufzunehmende Vermögensgegenstände oder Schulden des Mutterunternehmens oder der Tochterunternehmen in den Jahresabschlüssen dieser Unternehmen nach Methoden bewertet worden, die sich von denen unterscheiden, die auf den Konzernabschluß anzuwenden sind oder die von den gesetzlichen Vertretern des Mutterunternehmens in Ausübung von Bewertungswahlrechten auf den Konzernabschluß angewendet werden, so sind die abweichend bewerteten Vermögensgegenstände oder Schulden nach den auf den Konzernabschluß angewandten Bewertungsmethoden neu zu bewerten und mit den neuen Wertansätzen in den Konzernabschluß zu übernehmen. ²Wertansätze, die auf der Anwendung von für Kreditinstitute oder Versicherungsunternehmen wegen der Besonderheiten des Geschäftszweigs geltenden Vorschriften beruhen, dürfen beibehalten werden; auf die Anwendung dieser Ausnahme ist im Konzernanhang hinzuweisen. ³Eine einheitliche Bewertung nach Satz 1 braucht nicht vorgenommen zu werden, wenn ihre Auswirkungen für die Vermittlung eines den tatsächlichen Verhältnissen entsprechenden Bildes der Vermögens-, Finanz- und Ertragslage des Konzerns nur von untergeordneter Bedeutung sind. ⁴Darüber hinaus sind Abweichungen in Ausnahmefällen zulässig; sie sind im Konzernanhang anzugeben und zu begründen.

PROF. DR. STEFAN MÜLLER/DR. MARKUS KREIPL

### Inhaltsübersicht

| | Rz |
|---|---|
| 1 Überblick | 1–9 |
| 1.1 Inhalt und Regelungszweck | 1–4 |
| 1.2 Anwendungsbereich | 5–7 |
| 1.3 Normenzusammenhänge | 8–9 |
| 2 Grundsatz der einheitlichen Bewertung (Abs. 1) | 10–34 |
| 2.1 Anwendbare Bewertungsmethoden | 10–15 |
| 2.2 Einheitliche Anwendung von Bewertungsmethoden | 16–24 |
| 2.3 Neuausübung von Bewertungswahlrechten im Konzernabschluss (Abs. 1 Satz 2) | 25–31 |
| 2.4 Pflicht zur Angabe und Begründung bei abweichender Bewertung im Konzernanhang (Abs. 1 Satz 3) | 32–34 |

| | | |
|---|---|---|
| 3 | Neubewertungspflichten (Abs. 2) | 35–57 |
| 3.1 | Grundsatz der Neubewertung (Abs. 2 Satz 1) | 35–41 |
| 3.2 | Ausnahmetatbestände der Anpassungspflicht (Abs. 2 Sätze 2–4) | 42–57 |
| 3.2.1 | Sonderregelungen für Kreditinstitute und Versicherungsunternehmen | 42–48 |
| 3.2.2 | Ausnahme bei untergeordneter Bedeutung von Bewertungsanpassungen | 49–54 |
| 3.2.3 | Abweichungen in Ausnahmefällen | 55–57 |
| 4 | Rechtsfolgen bei Pflichtverletzung | 58 |
| 5 | Änderungen durch das BilRUG | 59 |

**Ergänzendes Schrifttum**
*Deubert/Vogel*, Aufhebung des § 308 Abs. 3 HGB durch das TransPuG, KoR 2004, S. 142; *Geib/König*, Einzelfragen zur Rechnungslegung von Versicherungskonzernen nach neuem Recht, WPg 1987, S. 661; *Müller/Wulf*, Jahresabschlusspolitik nach HGB, IAS und US-GAAP, BB 2001, S. 2206; *Pfitzer/Oser/Orth*, Zur Reform des Aktienrechts, der Rechnungslegung und Prüfung durch das TransPubG, DB 2002, S. 157; *Pfleger*, In welchen Ausnahmefällen darf vom Grundsatz der Bewertungsstetigkeit abgewichen werden?, DB 1986, S. 1133; *Reintges*, Die einheitliche Bewertung im Konzernabschluss, WPg 1987, S. 282; *Richter/Geib*, Auswirkungen des Bilanzrichtlinien-Gesetzes auf die Rechnungslegung von Versicherungsunternehmen, WPg 1987, S. 181; *Stobbe*, Die konzerneinheitliche Bewertung, DB 1986, S. 1833; *Weirich*, Die Bewertung im Konzernabschluss nach neuem Recht, WPg 1987, S. 77.

# 1 Überblick

## 1.1 Inhalt und Regelungszweck

Im Gegensatz zur Regelung der Ansatzwahlrechte (§ 300 Rz 33) schreibt § 308 Abs. 1 Satz 1 HGB explizit vor, dass die in den KA übernommenen VG und Schulden der in den KA einbezogenen Unt gem. § 300 Abs. 2 HGB nach den auf den JA des MU anwendbaren Bewertungsmethoden einheitlich zu bewerten sind (**Vereinheitlichung der Bewertung**). Die Verpflichtung zur einheitlichen Bewertung folgt dem Prinzip der **Einheitstheorie**, die die Darstellung der VFE-Lage im KA entsprechend einer wirtschaftlichen Einheit fordert.[1] § 308 HGB soll so der Informationsfunktion des KA gerecht werden. Eingeführt wurde die auf den Bestimmungen der Art. 18 und 29 Abs. 1–3 und 5 der 7. EG-RL basierende Norm mit dem BiRiLiG.

1

Grundsätzlich geht das Gesetz davon aus, dass die im EA des MU zulässige bzw. angewandte Bewertung auch im KA als Maßstab gilt. Durch die **Neuausübung von Bewertungswahlrechten** gem. § 308 Abs. 1 Satz 2 HGB gegenüber der im

2

---

[1] Vgl. *Kirsch/Dohrn/Gallasch*, in Baetge/Kirsch/Thiele, Bilanzrecht, § 308 HGB, Rz 4, Stand 3/2012; *Busse von Colbe*, in MünchKomm. HGB, 3. Aufl., § 308 Rn 4.

MU tatsächlich angewandten Bewertung wird deshalb gem. § 308 Abs. 1Satz 3 HGB eine **Angabe- und Begründungspflicht im Konzernanhang** ausgelöst.

3   Bei der Einbeziehung von Unt in den KA sind **Neubewertungen** zur Vereinheitlichung der Bewertung gem. § 308 Abs. 2 Satz 1 HGB erforderlich, wenn die in den KA aufzunehmenden VG und Schulden des MU oder der TU in den JA dieser Unt nach Methoden bewertet wurden, die sich von denen unterscheiden, die auf den KA anzuwenden sind oder von den gesetzlichen Vertretern des MU in Ausübung von Bewertungswahlrechten auf den KA angewandt werden.

4   Nicht nur aus Wirtschaftlichkeitsgründen, sondern auch zur Vereinfachung der Aufstellung des KA erlaubt der Gesetzgeber in § 308 Abs. 2 Sätze 2–4 HGB **drei Ausnahmen** vom Grundsatz der einheitlichen Bewertung. Gem. Abs. 2 Satz 2 dürfen diejenigen Wertansätze beibehalten werden, die aufgrund der Besonderheiten des Geschäftszweigs für **Kreditinstitute oder VersicherungsUnt** gelten. Voraussetzung ist, dass im Anhang darauf hingewiesen wird. Außerdem ist ein Verzicht auf eine Vereinheitlichung der Bewertung gem. Abs. 2 Satz 3 möglich, wenn die Übernahme abweichender Wertansätze für die Vermittlung eines den tatsächlichen Verhältnissen entsprechenden Bildes der VFE-Lage des Konzerns nur **von untergeordneter Bedeutung** ist. Auch bei **nicht näher definierten Ausnahmefällen** darf gem. Abs. 2 Satz 4 von einer einheitlichen Bewertung abgewichen werden, wenn dies **im Anhang angegeben und begründet** wird.

## 1.2 Anwendungsbereich

5   Der Geltungsbereich des § 308 HGB umfasst **alle** gem. § 290 HGB – unter Berücksichtigung der §§ 291–293 HGB – **zur Konzernrechnungslegung verpflichteten Unt**.

6   Ist ein Unt zur Konzernrechnungslegung nach dem **PublG** verpflichtet, gilt § 308 HGB über einen Verweis in § 13 Abs. 2 Satz 1 PublG für KA dieses Unt analog.

7   **Kreditinstitute** und **VersicherungsUnt** haben gem. §§ 340i Abs. 2 HGB und 341i Abs. 1 HGB unabhängig von ihrer Größe einen KA und einen KLB aufzustellen, auch wenn sie nicht in der Rechtsform einer KapG betrieben werden. Entsprechend ist § 308 HGB anzuwenden.

## 1.3 Normenzusammenhänge

8   Die Verpflichtung zur einheitlichen Bewertung basiert auf dem Grundsatz der Einheitlichkeit. § 308 HGB dient dem Zweck der **Generalnorm (§ 297 HGB)**, die eine Darstellung der VFE-Lage im KA entsprechend einer wirtschaftlichen Einheit fordert.

9   Im Rahmen der Anwendung von § 308 HGB sind insb. die in § 298 Abs. 1 HGB abgehandelten Vorschriften zu berücksichtigen, die sich auf die konkreten **Methoden für die Bewertung** im KA beziehen. Für Kreditinstitute und VersicherungsUnt bestehen in Bezug auf die Bewertung mit den §§ 340e-g, 341b-h HGB **Sondervorschriften**, woraus sich eine Anbindung des § 308 HGB ergibt. Darüber hinaus steht die Norm in einem engen Zusammenhang mit § 300 Abs. 2 HGB.[2]

---

[2]   § 308 Abs. 1 Satz 1 HGB schreibt explizit vor, dass die nach § 300 Abs. 2 HGB in den KA übernommenen VG und Schulden der in den KA einbezogenen Unt nach den auf den JA des MU anwendbaren Bewertungsmethoden einheitlich zu bewerten sind.

## 2 Grundsatz der einheitlichen Bewertung (Abs. 1)

### 2.1 Anwendbare Bewertungsmethoden

Für die auf den KA anwendbaren Bewertungsmethoden ist grds. auf die Bewertungsmethoden abzustellen, die für das MU maßgeblich sind. Zur Anwendung kommen bei MU in der Rechtsform der **KapG** entsprechend grds. die Bewertungsvorschriften der §§ 252–256a HGB, die durch § 274 HGB und ggf. weitere branchenspezifische Regelungen zu ergänzen sind. Aus Sicht des Konzerns sind im Wesentlichen folgende **explizite Bewertungswahlrechte** relevant:

| | |
|---|---|
| § 253 Abs. 2 Sätze 1 und 2 HGB | Zinssatz zur Ermittlung des Barwerts von Pensionsrückstellungen entweder auf Basis von laufzeitadäquaten, über sieben Jahre ermittelten durchschnittlichen Marktzinssätzen oder pauschal mit einer unterstellten Laufzeit von 15 Jahren ermittelten Marktzinssätzen |
| § 253 Abs. 3 und 4 HGB | Bestimmung der Abschreibungsmethode |
| § 253 Abs. 3 Satz 4 HGB | Abschreibungen auf Finanzanlagen bei voraussichtlich nur vorübergehender Wertminderung |
| § 255 Abs. 2 HGB | Bemessung der HK; Einbezug von angemessenen Teilen der Kosten der allgemeinen Verwaltung sowie angemessener Aufwendungen für soziale Einrichtungen des Betriebs, freiwillige soziale Leistungen und die betriebliche Altersvorsorge |
| § 255 Abs. 3 HGB | Bemessung der HK; Einbezug von Fremdkapitalkosten zur Finanzierung der Herstellung |
| § 255 Abs. 4 HGB | Wahl einer allgemein anerkannten Bewertungsmethode, wenn kein Marktpreis verfügbar |
| § 256 i. V. m. § 240 Abs. 3 und 4 HGB | Bewertungsvereinfachungsverfahren |

Tab. 1: Explizite Bewertungswahlrechte für KapG im EA mit Relevanz für den KA

Hinzu kommen noch einige **implizite Wahlrechte**, die an Bedeutung gewonnen haben, da einerseits mit dem BilMoG weitere explizite Wahlrechte gestrichen wurden und andererseits Neuregelungen zu impliziten Bewertungswahlrechten geführt haben. Konkret sind dies im Wesentlichen:

| | |
|---|---|
| § 252 Abs. 1 Nr. 2 HGB | Einschätzung der Erfüllung der going concern-Prämisse |
| § 252 Abs. 1 Nr. 4 HGB | Gebot der Vorsicht: Realisations- und Imparitätsprinzip |
| § 252 Abs. 1 Nr. 5 HGB | Zeitliche Abgrenzung von Aufwendungen und Erträgen |
| § 253 Abs. 1 HGB | Abschätzung des Erfüllungsbetrags bei Rückstellungen (insb. z. B. die Trendannahmen bei Pensionsverpflichtungen) sowie deren Laufzeit |
| § 253 Abs. 1 HGB | Zeitwertbewertung bei Rückstellungen und Planvermögen im Zusammenhang mit Altersversorgungsverpflichtungen |
| § 253 Abs. 3 HGB | Vornahme außerplanmäßiger Abschreibungen |
| § 253 Abs. 5 HGB | Zeitpunkt des Wegfalls der Gründe für vorgenommene außerplanmäßige Abschreibungen (Wertaufholungsgebot) |
| § 254 HGB | Bildung von Bewertungseinheiten |
| § 255 Abs. 1 HGB | Bemessung von Anschaffungskosten und Anschaffungsnebenkosten |
| § 255 Abs. 2a HGB | Trennung von Forschungs- und Entwicklungskosten |
| § 256a HGB | Währungsumrechnung |
| § 274 HGB | Bemessung der aktiven und passiven latenten Steuern |

Tab. 2: Zentrale implizite Bewertungswahlrechte für KapG im EA mit Relevanz für den KA

12   Die **Bewertungsvorschriften für KapG** gelten auch für Unt anderer Rechtsformen, sofern diese gem. § 13 Abs. 2 PublG zur Aufstellung eines KA verpflichtet sind und dieser **befreiende Wirkung** für eine untergeordnete KapG entfalten soll. § 13 Abs. 3 PublG relativiert die grds. aus Abs. 2 folgende Pflicht zur Anwendung der Vorschriften für KapG insofern wieder. Wird nicht auf eine befreiende Wirkung entsprechend § 291 HGB abgestellt, müssen die Vorschriften für KapG nicht angewandt werden.[3] Ist dennoch ein TU, das selbst MU ist, in der Rechtsform einer KapG organisiert, ist für dieses ein Teil-KA unter Beachtung der Vorschriften für KapG aufzustellen.

13   Ist das MU in der Rechtsform einer KapG organisiert und handelt es sich um ein **Kreditinstitut** oder ein **VersicherungsUnt**, sind die besonderen Bewertungsvorschriften der §§ 340e-g HGB (Kreditinstitute) und 341b-h HGB (Versiche-

---

[3] Vgl. *Kirsch/Dohrn/Gallasch*, in *Baetge/Kirsch/Thiele*, Bilanzrecht, § 308 HGB, Rz 23, Stand 3/2012.

rungsUnt) zu beachten. Bedingung für die Anwendung der Sondervorschriften auf ein TU ist jedoch, dass es sich bei diesem ebenfalls um ein Kreditinstitut respektive VersicherungsUnt handelt.[4]

Ein weder nach HGB noch PublG zur Aufstellung eines KA verpflichtetes Unt hat die Bewertungsvorschriften für große KapG zu beachten, sofern die **freiwillige** Erstellung eines KA erfolgt und dieser eine befreiende Wirkung für untergeordnete KapG entfalten soll. 14

Die Anwendung von **Bewertungsvorschriften anderer EU-Länder** auf den KA deutscher MU ist unzulässig. Das in Art. 29 Abs. 2 der 7. EG-RL kodifizierte Wahlrecht wurde nicht in deutsches Recht umgesetzt. 15

### 2.2 Einheitliche Anwendung von Bewertungsmethoden

Die in den KA gem. § 300 Abs. 2 HGB übernommenen VG und Schulden der in den KA einbezogenen Unt sind nach den auf den JA des MU anwendbaren Bewertungsmethoden **einheitlich** zu bewerten (Vereinheitlichung der Bewertung). Für gleichartige Sachverhalte ist unter gleichen wertbestimmenden Bedingungen folglich eine **unterschiedliche Ausübung** von Bewertungswahlrechten **unzulässig**. Eine Neuausübung von Ermessensentscheidungen im KA gegenüber den JA der einbezogenen Unt, etwa im Rahmen der Frage der Nutzungsdauer von VG, ist aufgrund des Grundsatzes der Willkürfreiheit nur möglich, solange die Änderung für den Zweck der Einheitlichkeit des Ansatzes erforderlich ist.[5] 16

> **Hinweis – Ansatzstetigkeit**
> Die §§ 300 bzw. 308 HGB fordern die **einheitliche Ausübung** von Ansatzwahlrechten nicht explizit. Vielfach wird deshalb argumentiert, dass die Ausübung der Ansatzwahlrechte auch bei gleichartigen Sachverhalten nicht zwingend für alle KonzernUnt in gleicher Weise durchgeführt werden muss und folglich auch nicht dem **Stetigkeitsgebot** unterliegt, sodass die Entscheidung für einen wahlweisen Ansatz zu jedem Abschlussstichtag neu getroffen werden kann.[6] Gleichwohl ist eine einheitliche Ausübung als Voraussetzung für eine adäquate Darstellung eines den tatsächlichen Verhältnissen entsprechenden Bildes der VFE-Lage zu sehen.[7] Mit Bezug auf die **Generalnorm** kann zudem angenommen werden, dass der im HGB verwendete Begriff Bewertungsmethoden, deren Beibehaltung gem. § 298 Abs. 1 HGB i.V.m. § 252 Abs. 1 Nr. 6 HGB explizit gefordert wird, als Oberbegriff aller auf den

---

[4] Vgl. *Kirsch/Dohrn/Gallasch*, in *Baetge/Kirsch/Thiele*, Bilanzrecht, § 308 HGB, Rz 25, Stand 3/2012.
[5] Vgl. IDW RH HFA 1.018, Tz. 6.
[6] So etwa *Ordelheide*, WPg 1985, S. 509; *ADS*, 6. Aufl., § 300 HGB, Rz 19; *Weirich*, WPg 1987, S. 77.
[7] Vgl. *Kirsch/Hepers/Dettenrieder*, in *Baetge/Kirsch/Thiele*, Bilanzrecht, § 300 HGB, Rz 61, Stand 4/2012; die Nichteinhaltung des Stetigkeitsgebots kritisch betrachtend *Schülen*, in *Mellwig/Moxter/Ordelheide*, Einzelabschluß und Konzernabschluß, S. 123–128.

> JA angewandten Rechnungslegungsmethoden zu verstehen ist, was eine Subsumtion der Ansatzwahlrechte bedeutet.[8] Deshalb ist davon auszugehen, dass im KA die Ansatzentscheidung **für gleichartige Sachverhalte einheitlich auszufallen hat** und gleiche Sachverhalte im Zeitablauf gleich darzustellen sind[9], zumal durch das **Willkürverbot** eine weitere Grenze gesetzt wird.[10]

17 Bei der Bewertung sind Sachverhalte als gleichartig anzusehen, wenn **art- und funktionsgleiche** VG oder Schulden unter **gleichen wertbestimmenden Bedingungen** zu bewerten sind, woraus im Umkehrschluss folgt, dass unterschiedliche Sachverhalte entsprechend unterschiedlich zu behandeln sind.[11] So können z. B. verschiedene Abschreibungsmethoden und -fristen bei gleichartigen Anlagen gerechtfertigt sein, wenn stark unterschiedliche Nutzungsbedingungen vorliegen.[12]

> **Beispiel**
> Ein Kran, der auf einer Wüstenbaustelle eingesetzt wird und dessen Abtransport aus Kostengründen nach Fertigstellung zugunsten einer Entsorgung vor Ort nicht vorgesehen ist, ist im KA über eine kürzere Nutzungsdauer abzuschreiben als ein gleicher Kran in einer Gegend mit besserer Infrastruktur.

Liegen solche Unterschiede nicht vor, ist unter Verwendung **gleicher Rechengrößen** zu verfahren. Bestehen in Bezug auf die Bewertung **Ermessensspielräume**, sind diese ebenfalls gleich auszufüllen.[13]

18 Problemresistent ist die **Definition der Art-, Funktions- und Wertebestimmungsgleichheit** dabei freilich nicht. Unstrittig ist, dass Unterschiede stets zu berücksichtigen sind. Die Beurteilung der Gleichartigkeit hat nach strengen Maßstäben zu erfolgen, um eine Nivellierung der Bewertung art- und funktionsverschiedener VG und Schulden zu vermeiden.[14] Strittig ist allerdings, welche Unterschiede für eine Gleichbehandlung ausschlaggebend sind und welche nicht.[15] Dieses Problem tritt etwa in Bezug auf die in die HK einzubeziehenden Gemeinkosten bei unterschiedlichen Fertigungsstandorten auf.[16]

---

8 Auch Art. 31 Abs. 1b der 4. EG-Richtlinie differenziert bei Bewertungsregeln nicht zwischen Ansatz- und Bewertungsvorschriften. DRS 13.7 unterwirft die sachliche und zeitliche Erfassung von Posten grds. dem Stetigkeitsgebot.
9 Im Ergebnis ebenso *Petersen/Zwirner*, DB 2011, S. 1707 ff.
10 Vgl. *Küting/Seel*, DStR 2009, Beihefter zu 26, S. 37; *Kirsch/Hepers/Dettenrieder*, in *Baetge/Kirsch/Thiele*, Bilanzrecht, § 300 HGB, Rz 61–63, Stand 4/2012.
11 Der Wertansatz selbst unterliegt nicht direkt dem Gebot der Einheitlichkeit.
12 Vgl. *Busse von Colbe/Ordelheide/Gebhardt/Pellens*, Konzernabschlüsse, 2003, S. 138.
13 So auch *Kirsch/Dohrn/Gallasch*, in *Baetge/Kirsch/Thiele*, Bilanzrecht, § 308 HGB, Rz 28, Stand 3/2012.
14 Vgl. IDW RH HFA 1.018, Tz. 4.
15 Vgl. dazu im Detail *ADS*, 6. Aufl., § 308 HGB, Rz 18–22.
16 Die Einbeziehung von Gemeinkosten in unterschiedlicher Höhe an die Bedingung knüpfend, dass unterschiedliche Produktions- und Kostenstrukturen vorliegen oder die Branche abweicht, etwa *ADS*, 6. Aufl., § 308 HGB, Rz 21.

> **Beispiel**
> Ein in den KA einzubeziehendes Unt, das in der Automobilbranche tätig ist, muss Gemeinkosten nicht in der gleichen Höhe in die HK einbeziehen wie ein ebenfalls zu konsolidierendes TU aus der Lebensmittelindustrie. Eine einheitliche Abgrenzung ist zudem auch dann nicht geboten, wenn zwei TU in der Automobilindustrie tätig sind, sich die Produktions- und Kostenstrukturen aber signifikant unterscheiden. Denkbar ist etwa die Serienfertigung von Standardfahrzeugen auf der einen Seite im Vergleich zur Fertigung exklusiver Fahrzeuge in Handarbeit auf der anderen Seite.
> Sind hingegen beide einzubeziehenden TU in der Automobilindustrie tätig, weichen ihre Produktions- und Kostenstrukturen aber nur minimal voneinander ab (etwa Serienproduktion auf gleichem Stand der Technik mit kaum abweichenden Kostenstrukturen), ist eine einheitliche Abgrenzung geboten.

Auch **länderspezifische Bedingungen** können bei gleichen VG und Schulden die Anwendung unterschiedlicher Bewertungsmethoden oder Rechengrößen bedingen.[17] Zu den bewertungsbestimmenden Faktoren können in diesem Zusammenhang auch unterschiedliche Gewinnspannen zählen. 19

> **Beispiel**
> In den KonsKreis sind zwei TU einzubeziehen, die im Bereich der Herstellung von Werkzeugen tätig sind. Beide Unt produzieren die gleichen Produkte (etwa die gleichen Schraubenzieher etc.). Unt **1** stellt seine Produkte in Deutschland her und setzt sie auch auf dem Heimatmarkt ab. Unt **2** produziert und verkauft die Produkte in einem Entwicklungsland. Der unterschiedliche Absatz- und Produktionsstandort bedingt bei Unt **1** Gewinnspannen, die jene von Unt **2** um das Zweifache übersteigen.
> Die einheitliche Ausübung von Wahlrechten in Bezug auf den Wertansatz (etwa das Gleichsetzen der angemessenen Gemeinkosten) bei der Abgrenzung der HK ist nicht gestattet.

Die Liquidation eines TU führt grds. zur Abkehr von dem Gebot der einheitlichen Bewertung. Die going concern-Prämisse des § 252 Abs. 1 Nr. 2 HGB ist hinfällig.[18] 20

Werden art- und funktionsgleiche VG oder Schulden nicht einheitlich bewertet, ist dies sachlich zu **begründen.** Willkür ist dabei zwar auszuschließen, de facto werden sich – wenn gewollt – in der Praxis aber immer Unterschiede finden lassen. 21

Für die gewählten Bewertungsmethoden gilt in allen Fällen gem. § 298 Abs. 1 HGB i.V.m. § 252 Abs. 1 Nr. 6 HGB[19] das **Gebot der Stetigkeit**, d.h., die auf den vorhergehenden JA angewandten Bewertungsmethoden müssen – im Inte- 22

---

17 Vgl. IDW RH HFA 1.018, Tz. 4.
18 Vgl. *Grottel/Huber*, in Beck Bil-Komm. 9. Aufl., § 308 HGB, Rz 8.
19 Der Grundsatz der Stetigkeit entfaltet somit nur mittelbar Wirkung auf die Bewertung.

resse der Vergleichbarkeit[20] – beibehalten werden.[21] Ausnahmen sind nur in begründeten Einzelfällen zulässig (§ 252 Rz 132 ff.).

23  In den Fällen, in denen Bewertungsmethoden für das MU zwar zulässig sind, von ihm aber nicht angewandt werden, weil es entsprechende VG und Schulden nicht besitzt, stehen die Bewertungsmethoden für den KA originär zur Verfügung.

24  Insgesamt betrachtet bietet die **Vereinheitlichung der Bewertung im KA** den Vorteil, dass sie einem Wertekonglomerat im KA entgegenwirkt. Andererseits ist zu bedenken, dass sich ein KA trotzdem auf eine Vielfalt von Werten stützt und der nicht operational fassbare Grundsatz der Einheitlichkeit durch wichtige Ausnahmen aufgeweicht wird. Des Weiteren muss berücksichtigt werden, dass die Vereinheitlichung der Bewertung im KA zwar die Möglichkeit einer eigenständigen Konzernbilanzpolitik eröffnet, die Fortschreibung und Weiterentwicklung der Differenzen zwischen JA und KA aber erhebliche Dokumentationsanforderungen bewirkt, die langfristig nur mithilfe einer eigenständigen Konzernbuchführung lösbar sein dürften.[22]

### 2.3 Neuausübung von Bewertungswahlrechten im Konzernabschluss (Abs. 1 Satz 2)

25  **Bewertungswahlrechte**, die nach dem Recht des MU zulässig sind, können im KA unabhängig von ihrer Ausübung in den EA aller einbezogenen Unt **neu ausgeübt** werden. Unter das Neuausübungsrecht fallen somit auch jene Wahlrechte, die im EA des MU wahrgenommen wurden.

26  Denkbar ist bspw., dass im EA ein möglichst steuer- und/oder ausschüttungsoptimales Ergebnis dargestellt werden soll, während im KA, der eine reine Informationsfunktion hat, ein möglichst positives Ergebnis gezeigt werden soll, um z. B. den Zugang zu internationalen KM vorzubereiten bzw. zu erleichtern. Ein solcher Fall liegt etwa dann vor, wenn **Bestandsmehrungen** bei fertigen und unfertigen Erzeugnissen im KA an der handelsrechtlichen Obergrenze bewertet werden, während im JA des MU ein Ansatz an der Untergrenze erfolgt. Auch die andersartige Bewertung abnutzbaren AV durch die Verwendung anderer Abschreibungsverfahren trägt divergierenden bilanzpolitischen Zielsetzungen des jeweiligen Abschlusses Rechnung.

27  Unter dem Begriff „**Bewertungswahlrechte**" sind hier grds. die gesetzlichen Wahlrechte in Bezug auf die Bewertungsmethoden zu verstehen (**explizite Wahlrechte**). Implizite oder faktische Bewertungswahlrechte (Rz 11), die entstehen können, wenn verschiedene Rechengrößen verwendet werden dürfen oder Ermessensspielräume bestehen, dürfen in engen Grenzen ebenfalls neu ausgeübt werden. Bedingen etwa Sachverhalte aus Sicht des Konzerns eine von der Position des Einzelunternehmens abweichende Beurteilung, ist eine Neuausübung gestattet. Auch eine Neuausübung im Interesse der Vereinheitlichung der Bewertung ist zulässig.[23] Als Grenze fungiert der **Grundsatz des Willkürverbots** (§ 252 Rz 145).[24] Davon zu

---

[20] Vgl. *Weirich*, WPg 1987, S. 77.
[21] So auch *Busse von Colbe*, in MünchKomm. HGB, 3. Aufl., § 308 Rn 10; *Kirsch/Dohrn/Gallasch*, in Baetge/Kirsch/Thiele, Bilanzrecht, § 308 HGB, Rz 32, Stand 3/2012.
[22] Vgl. *Müller*, in Federmann/Kußmaul/Müller (Hrsg.), HdB, Konzernabschluss nach HGB, Rz 127.
[23] Vgl. *Grottel/Huber*, in Beck Bil-Komm. 9. Aufl., § 308 HGB, Rz 12.
[24] Vgl. IDW RH HFA 1.018, Tz. 6.

trennen ist die Notwendigkeit zur Anpassung der Bewertung aufgrund von werterhellenden Informationen. Aufgrund der der Aufstellung des JA nachgelagerten Aufstellung des KA können wertaufhellende Informationen bekannt werden, die eine bessere Einschätzung der Verhältnisse zum Stichtag ermöglichen. Diese wertaufhellenden Tatsachen sind bei den Bewertungen im KA bis zum Tag der Aufstellung zu berücksichtigen (§ 252 Rz 62).

Die Neuausübung von Bewertungswahlrechten unterliegt neben dem Grundsatz des Willkürverbots dem Gebot der **Einheitlichkeit der Bewertung** (Rz 16 ff.) und dem **Grundsatz der Stetigkeit (§ 252 Abs. 1 Nr. 6 i. V. m. § 298 Abs. 1 HGB)**.[25] **28**

Der Maßgabe der **einheitlichen Bewertung** folgt die Bedingung, dass eine von den EA unabhängige Ausübung von Bewertungswahlrechten nur gestattet ist, sofern die Sachverhalte voneinander abweichen. **29**

Aus der Anwendung des **Grundsatzes der Stetigkeit** auf die Vorschriften des § 308 Abs. 1 Satz 2 HGB ergibt sich ein **Verbot der Neuausübung** der Bewertungswahlrechte zu jedem Stichtag. Die daraus resultierende Bindung an die Entscheidungen der Vj. dient der Vergleichbarkeit der KA im Zeitverlauf. Die Pflicht zur stetigen Bewertung erstreckt sich auch auf im Laufe des Gj neu zugegangene VG und Schulden, sofern art- und funktionsgleiche Positionen bereits im Vj. vorhanden waren.[26] **30**

Von dem Grundsatz der Stetigkeit darf nur in **begründeten Ausnahmefällen** abgewichen werden.[27] **31**

> **Beispiel**
> Abweichungen vom Grundsatz der Bewertungsstetigkeit kommen etwa in folgenden Fällen in Betracht:[28]
> - Änderung von Gesetzen,
> - Einleitung von Sanierungsmaßnahmen,
> - Einbeziehung in einen oder Entlassung aus einem Konzernverbund,
> - wesentliche Veränderungen der Gesellschafterstruktur,
> - grundlegende Änderung der Einschätzung der Unternehmensentwicklung,
> - erhebliche Kapazitäts- und Bestandsveränderungen in Verbindung mit dafür nunmehr ungeeigneten Bewertungsverfahren,
> - Anwendung von oder Verzicht auf die Anwendung von Bewertungsvereinfachungsverfahren,
> - Produktions- und Sortimentsumstellung,
> - wesentliche Änderung des Beschäftigungsgrads,
> - wesentliche Änderung der Finanz- und Kapitalstruktur,
> - relevante technische Umwälzungen.

---

[25] Vgl. IDW RH HFA 1.018, Tz. 5.
[26] Vgl. *Kirsch/Dohrn/Gallasch*, in *Baetge/Kirsch/Thiele*, Bilanzrecht, § 308 HGB, Rz 37, Stand 3/2012.
[27] Zu den in diesen Fällen grds. zu beachtenden Gesichtspunkten, wie der sachlichen Begründbarkeit, s. § 252 Rz 137 ff.
[28] *ADS*, 6. Aufl., § 252 HGB, Rz 113.

Eine Abweichung erfordert gem. § 313 HGB Abs. 1 Satz 2 Nr. 3 HGB dabei grds. die gesonderte Darstellung des Einflusses der Durchbrechung auf die VFE-Lage des Konzerns im Konzernanhang (§ 313 Rz 74 ff.).

### 2.4 Pflicht zur Angabe und Begründung bei abweichender Bewertung im Konzernanhang (Abs. 1 Satz 3)

32 Grundsätzlich geht das Gesetz davon aus, dass die im JA des MU zulässige bzw. angewandte Bewertung auch im KA als Maßstab gilt. Durch die Neuausübung von Bewertungswahlrechten gegenüber der im MU tatsächlich angewandten Bewertung entsprechend den Möglichkeiten des § 308 Abs. 1 Satz 2 HGB wird deshalb gem. § 308 Abs. 1 Satz 3 HGB eine **Angabe- und Begründungspflicht** im Konzernanhang ausgelöst. Dabei ist der Grundsatz der Wesentlichkeit auf die Abweichungen zwischen dem JA des MU und dem KA zu beachten. Eine Pflicht zur Quantifizierung der Abweichungen besteht nicht.[29]

33 Zwingende **Voraussetzung** für die Pflicht zur Angabe der im KA neu bewerteten Posten und der im KA angewandten Bewertungsmethoden sowie für die Pflicht zur Begründung der Abweichungen respektive deren Ergebniswirkung bildet die Anforderung, dass der Sachverhalt sowohl im JA des MU als auch im KA auftritt. Die Angabe- und Begründungspflicht wird indes nicht ausgelöst, wenn der Sachverhalt im EA eines TU – nicht aber im JA des MU – auftritt und eine fiktive Ausübung der Bewertungswahlrechte des MU unterstellt wird.[30]

34 Folgende Angabe- und Begründungspflichten sind mindestens zu berücksichtigen:[31]
- Angabe der im KA anders als im EA des MU bewerteten Posten;
- Angabe der im KA anders als im EA des MU angewandten Bewertungsmethoden;
- Begründung, warum im KA anders als im EA des MU bewertet wird. **Pauschale Begründungen**, wie etwa „aufgrund besonderer Umstände", sind **unzulässig**.[32] Vielmehr müssen die Motive der Konzernleitung, die zu der Abweichung geführt haben, erkennbar werden.

## 3 Neubewertungspflichten (Abs. 2)

### 3.1 Grundsatz der Neubewertung (Abs. 2 Satz 1)

35 Bei der Einbeziehung von Unt in den KA sind **Neubewertungen zur Vereinheitlichung der Bewertung** gem. § 308 Abs. 2 Satz 1 HGB erforderlich, wenn die in den KA aufzunehmenden VG und Schulden des MU oder der TU in den JA dieser Unt nach Methoden bewertet worden sind, die sich von denen unterschei-

---

[29] So auch *Grottel/Huber,* in Beck Bil-Komm. 9. Aufl., § 308 HGB, Rz 15; *Kirsch/Dohrn/Gallasch,* in *Baetge/Kirsch/Thiele,* Bilanzrecht, § 308 HGB, Rz 42, Stand 3/2012.
[30] Vgl. ADS, 6. Aufl., § 308 HGB, Rz 29; *Kirsch/Dohrn/Gallasch,* in *Baetge/Kirsch/Thiele,* Bilanzrecht, § 308 HGB, Rz 41, Stand 3/2012.
[31] Für Kreditinstitute und Versicherungsunternehmen sind nach § 308 Abs. 2 Satz 2 HGB diesbezüglich Besonderheiten zu beachten und auch die Ausnahmefälle gem. § 308 Abs. 2 Satz 4 HGB lösen gesonderte Angabe- und Begründungspflichten aus.
[32] So auch *Grottel/Huber,* in Beck Bil-Komm. 9. Aufl., § 308 HGB, Rz 17.

den, die auf den KA anzuwenden sind oder von den gesetzlichen Vertretern des MU in Ausübung von Bewertungswahlrechten auf den KA angewandt werden. Eine Neubewertung unter Verwendung der im KA geltenden Methoden ist auch für VG und Schulden erforderlich, die im JA nicht angesetzt werden, jedoch in den KA einbezogen werden sollen.[33] 36

Die **Bewertungsanpassung** erfolgt zweckmäßigerweise **mittels Aufstellung** einer **HB II**. Die durch Modifizierung der JA ermittelten Wertansätze werden im Wege der Kons. dann im Anschluss in die Konzernbilanz übernommen. 37

Anpassungsmaßnahmen zur Vereinheitlichung der Bewertung sind einerseits bei der Einbeziehung **ausländischer TU** notwendig, deren Rechnungslegung nicht den handelsrechtlichen GoB für eine große KapG, die gem. § 298 Abs. 1 HGB grds. für das MU gelten, entspricht. Andererseits sind auch bei **inländischen TU**, die keine KapG sind, Anpassungsmaßnahmen notwendig. 38

Als zentrale Anpassungspunkte für die Bewertung stellen sich dabei in der Praxis für ausländische TU folgende heraus: 39

| | |
|---|---|
| § 252 Abs. 1 Nr. 4 HGB | Vorsichtige Bewertung, Imparitäts- und Realisationsprinzip |
| § 252 Abs. 1 Nr. 5 HGB | Zeitliche Abgrenzung von Aufwendungen und Erträgen |
| § 253 Abs. 1 HGB | AHK-Obergrenze ggf. mit Ausnahme des saldierten schuldendeckenden Vermögens |
| § 253 Abs. 1 HGB | Wertansätze der Rückstellungen: Wahrscheinlichkeit des Eintritts und Bestimmung des Bewertungsbetrags (insb. Trendannahmen bei Pensionsrückstellungen) |
| § 253 Abs. 3 HGB | Verfahren und Nutzungsdauerschätzungen der planmäßigen Abschreibung |
| § 253 Abs. 4 HGB und § 256 HGB | Bewertung der VG des UV |
| § 254 HGB und § 252 Abs. 1 Nr. 3 HGB | Bildung von Bewertungseinheiten und Einzelbewertungsgrundsatz |
| § 255 Abs. 2 und 3 HGB | Bestimmung der HK |
| § 248 und § 255 Abs. 2a HGB | Ggf. Bewertung der selbst geschaffenen immateriellen VG des AV und Entwicklungskosten |
| § 255 Abs. 4 HGB | Bestimmung der beizulegenden Zeitwerte und ggf. der Ersatzbewertungsmethoden |
| § 256a HGB | Währungsumrechnung |
| § 272 HGB | Berechnung und Ausweis des EK |
| § 274 HGB | Berechnung der aktiven und passiven latenten Steuern |

Tab. 3: Zentrale Anpassungspunkte bei der Bewertung der HB II

---

[33] Vgl. *Grottel/Huber*, in Beck Bil-Komm. 9. Aufl., § 308 HGB, Rz 18.

40 Eventuell aus der Neubewertung resultierende **Unterschiedsbeträge** werden in § 308 Abs. 2 HGB nicht geregelt. Erfolgt eine **ErstKons**, sind die der Bewertungsanpassung zuzuschreibenden Beträge unter Berücksichtigung **latenter Steuern** (§ 306 Rz 8 f.) saldiert in die Gewinnrücklagen einzustellen, sofern der Zeitpunkt der ErstKons nicht später als der Erwerbszeitpunkt liegt (§ 301 Rz 126 ff.). Die Anpassung der Bewertung erfolgt somit **ohne Auswirkungen auf das Konzernergebnis erfolgsneutral**.

41 **Folgewirkungen** aus der Bewertungsanpassung können – in Abhängigkeit des betroffenen Gj – **erfolgsneutral oder erfolgswirksam** sein. **Erfolgsneutral** sind jene Anpassungen, die **vergangene Gj betreffen, erfolgswirksam** dagegen sind solche Anpassungen, die das **laufende Gj betreffen**. Sie sind bei der Erstellung der HB II grds. zu berücksichtigen, wobei wiederum latente Steuern zu beachten sind. Erfolgswirksame Bewertungsanpassungen können zu einer erheblichen Differenz zwischen dem Einzelergebnis des Unt und dem der HB II führen. Wurden **Dividenden** ausgeschüttet und übersteigen die ausgeschütteten Dividenden nach der Anpassung der Bewertung das Ergebnis der HB II, ist der Teil, der das Ergebnis übersteigt, als Entnahme aus den Gewinnrücklagen zu behandeln. Entsprechend hat eine Berücksichtigung im KA zu erfolgen.[34]

## 3.2 Ausnahmetatbestände der Anpassungspflicht (Abs. 2 Sätze 2–4)

### 3.2.1 Sonderregelungen für Kreditinstitute und Versicherungsunternehmen

42 Werden Kreditinstitute und/oder VersicherungsUnt in einen KA eines branchenfremden MU einbezogen, dürfen die Wertansätze für diese Unt gem. § 308 Abs. 2 Satz 2 HGB losgelöst von der Anforderung der einheitlichen Bewertung **beibehalten** werden, sofern sie auf branchenspezifischen Vorschriften beruhen. Die Ausnahmetatbestände sind für Kreditinstitute in den §§ 340e-g HGB und für VersicherungsUnt in den §§ 341b-h HGB geregelt. Werden Sachverhalte tangiert, die keinen branchenspezifischen Regelungen unterliegen, sind im Umkehrschluss die allgemeinen Vorschriften anzuwenden. Entsprechend hat dann eine Anpassung auf die im KA geltenden Bewertungsvorschriften zu erfolgen.[35]

43 Die Einbeziehung von **mehreren** Kreditinstituten und/oder VersicherungsUnt bedingt die Einhaltung der Einheitlichkeit der Bewertung über die Gesamtheit dieser Unt.

44 Die Sondervorschriften wurden für Kreditinstitute mit dem **Bankbilanzrichtlinie-Gesetz**[36] und für VersicherungsUnt mit dem **VersRiLiG**[37] aus der EG-Bankbilanzrichtlinie[38] und der EG-Versicherungsbilanzrichtlinie[39] in deutsches Recht umgesetzt. Das Beibehaltungswahlrecht wurde vom Gesetzgeber unter

---

[34] Vgl. *ADS*, 6. Aufl., § 308 HGB, Rz 36; *Kraft*, in Großkomm. HGB, § 308, Rn 33.
[35] Vgl. *Geib/König*, WPg 1987, S. 661.
[36] Gesetz zur Durchführung der Richtlinie des Rates der EG über den JA und den konsolidierten Abschluss von Banken und anderen Finanzinstituten v. 30.11.1990, BGBl 1990 I S. 2570.
[37] Gesetz zur Durchführung der Richtlinie des Rates der EG über den JA und den konsolidierten Abschluss von Versicherungsunternehmen v. 24.6.1994, BGBl 1994 I S. 1377.
[38] 86/635/EWG, Abl. L 372, S. 1.
[39] 91/674/EWG, Abl. L 374, S. 7.

Rückgriff auf das **Mitgliedsstaatenwahlrecht** des Art. 40 Abs. 1 Satz 1 Buchst. a der 7. EG-RL eingeführt, um den besonderen Risiken dieser Branchen Rechnung zu tragen.[40] In der Praxis dürften Kreditinstitute und/oder VersicherungsUnt aber wohl nur in seltenen Fällen in einen KA eines branchenfremden MU einbezogen werden.[41]

Aus den branchenspezifischen Bewertungsvorschriften für **Kreditinstitute** resultieren folgende Ansatzmöglichkeiten:

- außerplanmäßige Abschreibungen für bestimmte VG, die **dem Geschäftsbetrieb nicht dauernd dienen** (§ 340e HGB);
- außerplanmäßige Abschreibungen für bestimmte Forderungen an Kreditinstitute und Kunden, Schuldverschreibungen und andere festverzinsliche Wertpapiere sowie Aktien und andere nicht festverzinsliche Wertpapiere, soweit dies nach vernünftiger kaufmännischer Beurteilung **zur Sicherung** gegen die besonderen Risiken des Geschäftszweigs der Kreditinstitute **notwendig** ist und diese Vorsorgereserven 4 % des Gesamtbetrags der bezeichneten VG nicht übersteigen (§ 340f Abs. 1 HGB);
- **Sonderposten** „Fonds für allgemeine Bankrisiken" (§ 340g HGB).

Die Sonderregelungen für **VersicherungsUnt** bedingen folgende Ansatzmöglichkeiten:

- außerplanmäßige Abschreibungen für bestimmte VG des AV (§ 341b HGB);
- Rückstellungen für Beitragsüberträge[42] (§ 341e Abs. 2 Nr. 1 HGB);
- Rückstellungen für Beitragsrückerstattungen (§ 341e Abs. 2 Nr. 2 HGB);
- Rückstellungen für drohende Verluste aus dem Versicherungsgeschäft (§ 341e Abs. 2 Nr. 3 HGB);
- Deckungsrückstellungen (§ 341f HGB);
- Rückstellungen für noch nicht abgewickelte Versicherungsfälle (§ 341g HGB);
- Schwankungsrückstellungen sowie ähnliche Rückstellungen (§ 341h HGB).

Handelt es sich bei den in einen KA eines branchenfremden MU einzubeziehenden TU um **ausländische Ges.** in Form von Kreditinstituten und/oder VersicherungsUnt, können – sofern existent – die aus den landesspezifischen Sondervorschriften resultierenden Wertansätze beibehalten werden.[43] Tragen die relevanten Vorschriften nicht alleine den Besonderheiten von Kreditinstituten und VersicherungsUnt Rechnung, sondern handelt es sich um allgemeine Vorgaben, hat jedoch eine einheitliche Bewertung und damit eine Neubewertung der betroffenen Posten zu erfolgen. Wenngleich nicht vorgeschrieben, ist ein Ansatz unter Beachtung der HGB-inhärenten Sondervorschriften jedoch zu empfehlen.[44]

Die Inanspruchnahme der Möglichkeit der Beibehaltung von Wertansätzen abweichend vom Recht des MU löst gem. § 308 Abs. 2 Satz 2 2. Hs. HGB die

---

[40] Vgl. *Kirsch/Dohrn/Gallasch*, in *Baetge/Kirsch/Thiele*, Bilanzrecht, § 308 HGB, Rz 55, Stand 3/2012.
[41] Vgl. *Busse von Colbe*, in MünchKomm. HGB, 3. Aufl., § 308 Rn 23.
[42] Teil der Beiträge, der Ertrag für eine bestimmte Zeit nach dem Abschlussstichtag darstellt.
[43] So auch *Geib/König*, WPg 1987, S. 661; *ADS*, 6. Aufl., § 308 HGB, Rz 42; für eine sachgerechte Bewertung die Deduzierung aus den deutschen GoB verlangend vgl. *Grottel/Huber*, in Beck Bil-Komm. 9. Aufl., § 308 HGB, Rz 24.
[44] Vgl. *Kirsch/Dohrn/Gallasch*, in *Baetge/Kirsch/Thiele*, Bilanzrecht, § 308 HGB, Rz 58, Stand 3/2012.

Pflicht zum Hinweis auf die Anwendung der Sondervorschriften im **Konzernanhang** aus. Eine Erläuterung der Posten oder eine Begründung sind dagegen nicht notwendig.[45]

### 3.2.2 Ausnahme bei untergeordneter Bedeutung von Bewertungsanpassungen

49 § 308 Abs. 2 Satz 3 HGB sieht dem Grundsatz der Wesentlichkeit entsprechend einen Verzicht auf eine Neubewertung und damit eine Vereinheitlichung der Bewertung vor, wenn die Übernahme abweichender Wertansätze für die Vermittlung eines den tatsächlichen Verhältnissen entsprechenden Bildes der VFE-Lage (§ 297 Rz 83 ff.) des Konzerns nur **von untergeordneter Bedeutung** ist. Die Wertansätze dürfen dann unverändert in den KA übernommen werden.

50 Für die Auslegung des **Begriffs** „untergeordnete Bedeutung" liefert das Gesetz weder Kenngrößen noch numerische Grenzwerte. Auch das IDW sieht keine Möglichkeit zur Normierung quantitativer Kriterien für die Beurteilung der Unwesentlichkeit.[46] In der Praxis ist auf den Einzelfall abzustellen, wobei das **Gesamtbild aller Umstände** und nicht nur einzelne Verhältniszahlen die Beurteilungsgrundlage bilden.[47] Das Gesamtbild ist im Rahmen der Wesentlichkeitsprüfung **zu jedem Stichtag** und unter Beachtung des **Grundsatzes des Willkürverbots** (§ 252 Rz 145) erneut einer Prüfung zu unterziehen.[48]

51 Ergibt sich trotz isoliert gesehen unwesentlicher Einzelsachverhalte bei Gesamtbetrachtung keine untergeordnete Bedeutung, muss eine Neubewertung einzelner Sachverhalte vorgenommen werden, bis die verbleibenden Einzelsachverhalte auch in der Summe nicht mehr das Merkmal der Wesentlichkeit erfüllen.[49]

52 Ohne Kenntnis über die Folgen einer Neubewertung ist die Beurteilung einer untergeordneten Bedeutung dabei nicht möglich. Eine **überschlägige Ermittlung** der Wertansätze nach den für den KA angewandten Methoden kann deshalb als Voraussetzung für eine Befähigung zur Beurteilung der Wesentlichkeit angesehen werden.[50]

53 Entgegen den für Kreditinstitute und VersicherungsUnt gem. § 308 Abs. 2 Satz 2 2. Hs. HGB bestehenden Ausnahmetatbeständen löst ein Verzicht auf die Neubewertung unter Berufung auf eine untergeordnete Bedeutung keine Pflicht zum Hinweis auf die Anwendung der Sondervorschriften im **Konzernanhang** aus.

54 Darf gem. Abs. 2 Satz 3 von einer Neubewertung abgesehen werden und handelt es sich bei der von der Befreiung betroffenen Ges. um ein **ausländisches TU**, dessen Bewertungsmethoden den deutschen **GoB** entgegenstehen, darf eine Neubewertung dennoch unterbleiben, sofern die Verletzung unter Einhaltung der Vorschriften der 4. und 7. EG-RL erfolgt.[51]

---

45 Vgl. *Kraft*, in Großkomm. HGB, § 308, Rn 50; *Pohle*, in *Küting/Weber*, HdK, HGB § 308, Rn 47.
46 Vgl. IDW RH HFA 1.018, Tz. 13.
47 Vgl. *Grottel/Huber*, in Beck Bil-Komm. 9. Aufl., § 308 HGB, Rz 29; *ADS*, 6. Aufl., § 308 HGB, Rz 44.
48 Vgl. IDW RH HFA 1.018, Tz. 13.
49 Vgl. *ADS*, 6. Aufl., § 308 HGB, Rz 45.
50 Vgl. anstatt vieler *Kirsch/Dohrn/Gallasch*, in *Baetge/Kirsch/Thiele*, Bilanzrecht, § 308 HGB, Rz 65, Stand 3/2012.
51 So auch *Busse von Colbe*, in MünchKomm. HGB, 3. Aufl., § 308 Rn 24.

### 3.2.3 Abweichungen in Ausnahmefällen

Auch in **begründeten Ausnahmefällen** darf gem. § 308 Abs. 2 Satz 4 HGB von einer einheitlichen Bewertung abgewichen werden. Eine nähere Spezifizierung der Anwendungsfälle und der damit verbundenen Voraussetzungen liefert der Gesetzgeber nicht. Die Regelung folgt dem Ziel der Praktikabilität der Kons. Vor dem Hintergrund eines drohenden Informationsverlusts bei abweichender Bewertung und nur unzulänglicher Kompensation durch Angabe respektive Begründung im Konzernanhang[52] ist § 308 Abs. 2 Satz 4 HGB nach hM restriktiv auszulegen.[53]

55

> **Beispiel**
> In den folgenden Fällen sind Ausnahmen denkbar:
> - Die Neubewertung ist **unmöglich**. Wenngleich in der Praxis kaum von Relevanz,[54] ist denkbar, dass die Informationsbereitstellung zur Bestimmung der Werte der VG und Schulden von einem TU verweigert wird (§ 294 Rz 27–30), oder Einzelwerte nicht mehr verfügbar sind, da die Bewertung unter Rückgriff auf Bewertungsvereinfachungsverfahren gem. § 256 HGB erfolgt ist.
> - Die Neubewertung ist **wirtschaftlich unzumutbar** oder führt zu einer **unverhältnismäßigen Verzögerung**. Die erstmalige Einbeziehung eines neu erworbenen TU, bei dem eine Bewertungsanpassung an konzerneinheitliche Regelungen eine Verzögerung und damit einen Nichteinbezug gem. § 296 Abs. 1 Nr. 2 HGB zur Folge haben könnte, kann hier beispielhaft aufgeführt werden (§ 296 Rz 28 ff.).[55] Eine mit dem Verzicht auf eine Neubewertung verbundene Einbeziehung kann einer Nichteinbeziehung aus Sicht der Informationsvermittlung überlegen sein.[56] Eine Pflicht zur Umsetzung derjenigen Alternative mit dem höchsten Informationswert besteht für das MU aber auch unter Berücksichtigung der Generalnorm des § 297 Abs. 2 Satz 2 HGB nicht,[57] relativiert ja bereits Satz 3 die Vorgabe des Satzes 2 unter Verwendung der Formulierung „besondere Umstände".
> - Infolge der Neubewertung drohen **erhebliche finanzielle Nachteile**. Entfaltet eine Bewertungsanpassung negative Rückwirkungen auf den landesspezifischen Einzelabschluss des TU, ist möglicherweise von einem Aus-

56

---

52 Der Angabe im Konzernanhang etwa nur in Einzelfällen eine kompensierende Wirkung zusprechend, vgl. WP-Handbuch, Bd. I, 14. Aufl., Abschn. M, Rz 274; *Kirsch/Dohrn/Gallasch*, in *Baetge/Kirsch/Thiele*, Bilanzrecht, § 308 HGB, Rz 70, Stand 3/2012.
53 Vgl. IDW RH HFA 1.018, Tz. 14.
54 Grds. dürfte davon auszugehen sein, dass das MU dazu in der Lage ist, die entsprechenden Unterlagen bei vorliegender Kontrollmacht zu erlangen. Mit Blick auf ausländische TU und die Problematik der Durchsetzbarkeit deutschen Rechts im Ausland ist dieser Fall aber dennoch denkbar.
55 Vgl. IDW RH HFA 1.018, Tz. 15.
56 Vgl. WP-Handbuch, Bd. I, 14. Aufl., Abschn. M, Rz 274.
57 GlA *ADS*, 6. Aufl., § 308 HGB, Rz 50; a. A. *Kirsch/Dohrn/Gallasch*, in *Baetge/Kirsch/Thiele*, Bilanzrecht, § 308 HGB, Rz 69, Stand 3/2012.

> nahmefall auszugehen. Finanzielle Nachteile sind insb. steuerrechtlicher oder devisenrechtlicher Natur.[58] Abweichende nationale Bilanzierungs- bzw. Bewertungsvorschriften begründen dagegen alleine keinen Ausnahmetatbestand.[59]

Auch wenn eine Quantifizierung der Bewertungsabweichungen im Konzernanhang nicht verlangt wird, muss zumindest auch nach § 313 Abs. 1 HGB der Einfluss der Abweichung von Bewertungsmethoden auf die VFE-Lage gesondert dargestellt werden.[60]

**57** Wird ein TU liquidiert, greift § 308 Abs. 2 Satz 4 HGB nicht. Dies scheitert bereits daran, dass eine einheitliche Bewertung bei unterschiedlichen Verhältnissen dem Grundsatz widerspricht (Rz 16).
Wird die befreiende Ausnahmeregelung des § 308 Abs. 2 Satz 4 HGB in Anspruch genommen, löst dies eine Angabe- und Begründungspflicht im Konzernanhang aus. Pauschale respektive zusammenfassende Angaben und Begründungen sind nicht ausreichend.[61] Jeder Posten, der nicht neu bewertet wird, muss aufgeführt und mit einer Begründung versehen werden. Eine Quantifizierung muss nicht erfolgen, sofern die Nichtanwendung des § 308 Abs. 2 Satz 1 HGB keine Abweichung von Bewertungsmethoden i.S.v. § 313 Abs. 1 Nr. 3 HGB darstellt (§ 313 Rz 67).

## 4 Rechtsfolgen bei Pflichtverletzung

**58** Ein Verstoß gegen die Vorschriften des § 308 HGB erfüllt sowohl gem. § 334 Abs. 1 Nr. 2 Buchst. d und f HGB als auch § 20 Abs. 1 Nr. 2 Buchst. d und f PublG den Tatbestand einer **Ordnungswidrigkeit**, die mit einer Geldbuße von bis zu 50.000 EUR geahndet werden kann. Für **Kreditinstitute** (§ 340n Abs. 1 Nr. 2 Buchst. d und f HGB) und **VersicherungsUnt** (§ 341n Abs. 1 Nr. 2 Buchst. d und f HGB) ergeben sich die Rechtsfolgen aus den entsprechenden Sondervorschriften **analog**.

## 5 Änderungen durch das BilRUG

**59** § 308 HGB unterliegt keinen direkten Änderungen durch das BilRUG. Allerdings können sich Auswirkungen hinsichtlich der Abweichung vom Grundsatz der Stetigkeit in begründeten Ausnahmefällen ergeben (§ 252 Rz 165 ff.).

---

58 So auch *Kirsch/Dohrn/Gallasch*, in *Baetge/Kirsch/Thiele*, Bilanzrecht, § 308 HGB, Rz 68, Stand 3/2012; a. A. *Kraft*, in Großkomm. HGB, § 308, Rn 41.
59 So etwa auch *Busse von Colbe*, in MünchKomm. HGB, 3. Aufl., § 308 Rn 25.
60 Vgl. IDW RH HFA 1.018, Tz. 16.
61 Vgl. *ADS*, 6. Aufl., § 308 HGB, Rz 52.

# § 308a UMRECHNUNG VON AUF FREMDE WÄHRUNG LAUTENDEN ABSCHLÜSSEN

¹Die Aktiv- und Passivposten einer auf fremde Währung lautenden Bilanz sind, mit Ausnahme des Eigenkapitals, das zum historischen Kurs in Euro umzurechnen ist, zum Devisenkassamittelkurs am Abschlussstichtag in Euro umzurechnen. ²Die Posten der Gewinn- und Verlustrechnung sind zum Durchschnittskurs in Euro umzurechnen. ³Eine sich ergebende Umrechnungsdifferenz ist innerhalb des Konzerneigenkapitals nach den Rücklagen unter dem Posten „Eigenkapitaldifferenz aus Währungsumrechnung" auszuweisen. ⁴Bei teilweisem oder vollständigem Ausscheiden des Tochterunternehmens ist der Posten in entsprechender Höhe erfolgswirksam aufzulösen.

WP StB Dr. Michael Strickmann

## Inhaltsübersicht

| | Rz |
|---|---|
| 1 Allgemeines | 1–6 |
|   1.1 Rechtsentwicklung | 1–3 |
|   1.2 Anwendungsbereich | 4–6 |
| 2 Anzuwendende Umrechnungsgrundsätze | 7–14 |
|   2.1 Umrechnungsmethode | 7–10 |
|       2.1.1 Bilanzposten (Satz 1) | 7 |
|       2.1.2 GuV-Posten (Satz 2) | 8–10 |
|   2.2 Behandlung von Umrechnungsdifferenzen (Satz 3) | 11–12 |
|   2.3 Kursart | 13 |
|   2.4 Abgrenzung latenter Steuern | 14 |
| 3 Einzelfragen | 15–40 |
|   3.1 Umrechnung des Anlagenspiegels | 15–16 |
|   3.2 Abweichende Abschlussstichtage | 17–18 |
|   3.3 Kapitalkonsolidierung | 19–27 |
|       3.3.1 Vorbemerkung | 19 |
|       3.3.2 Stille Rücklagen und Lasten | 20 |
|       3.3.3 Geschäfts- oder Firmenwert | 21–23 |
|       3.3.4 Beteiligungen ausländischer Tochterunternehmen | 24–25 |
|       3.3.5 Ausscheiden aus dem Konsolidierungskreis (Satz 4) | 26–27 |
|   3.4 Schuldenkonsolidierung | 28–35 |
|   3.5 Umrechnung bei Hochinflation | 36–40 |
|       3.5.1 Vorbemerkung | 36 |
|       3.5.2 Bestimmung hochinflationärer Verhältnisse | 37 |
|       3.5.3 Umrechnungsanpassungen | 38–40 |

**Ergänzendes Schrifttum**
*Deubert,* Auflösung der „Eigenkapitaldifferenz aus Währungsumrechnung" nach § 308a HGB i.d.F. des RegE BilMoG, DStR 2009, S. 340; *Küting/Mojadadr,* Währungsumrechnung im Einzel- und Konzernabschluss nach dem RegE zum BilMoG, DB 2008, S. 1869; *Oser/Mojadadr/Wirth,* Fallstudie zur Kapitalkonsolidierung von Fremdwährungsabschlüssen, KoR 2008, S. 575; *Schildbach,* Der Konzernabschluss nach HGB, IFRS und US-GAAP, 7. Aufl. 2008; *Zwirner/Künkele,* Währungsumrechnung nach HGB: Erstmalige Kodifikation durch das BilMoG, StuB 2008, S. 636.

# 1 Allgemeines

## 1.1 Rechtsentwicklung

1   Nach § 298 Abs. 1 i.V.m. § 244 HGB ist der KA in **Euro** aufzustellen. Für Zwecke der Konzernrechnungslegung von den Unt des KonsKreises zur Verfügung gestellte EA sind daher in die Berichtswährung Euro umzurechnen, soweit sie auf eine fremde Währung lauten. Die Vereinheitlichung der Recheneinheit betrifft alle Angaben, die für die Ableitung von Bilanz, GuV, KFR und EK-Veränderungsrechnung des Konzerns sowie der Zahlenangaben im Konzernanhang von diesen Unt in Fremdwährung vorgelegt werden.

2   Bis zum Inkrafttreten des § 308a HGB enthielten die handelsrechtlichen Konzernrechnungslegungsnormen der §§ 290–315 HGB keine Vorgaben, auf welche Weise diese Umrechnung im Einzelnen vorzunehmen ist. Die gesetzliche Regelungslücke wurde bis dato durch den im Juni 2004 vom BMJ bekannt gemachten DRS 14 zur Währungsumrechnung geschlossen. Mit der Einfügung von § 308a HGB liegen nunmehr **erstmalig gesetzliche Vorschriften** zur Umrechnung von Fremdwährungsabschlüssen vor, weshalb der am 18.2.2010 bekannt gemachte DRÄS 4 den vormals gültigen DRS 14 außer Kraft gesetzt hat. Soweit im Folgenden Verweise auf Regelungen des ehemaligen DRS 14 erfolgen, werden diese sprachlich mittels Bezugnahme auf DRS 14 *aF* kenntlich gemacht.

3   In Anbetracht ihrer „**internationalen Prägung**" spricht indes nichts dagegen, die Umrechnungsregeln von DRS 14 aF, soweit sie sich auf ungeregelte Einzelfragen der durch § 308a HGB nunmehr im HGB-Konzernbilanzrecht gesetzlich verankerten Stichtagskursmethode beziehen, bei der Auslegung dieser Gesetzesnorm hinzuzuziehen.[1]

## 1.2 Anwendungsbereich

4   Der Anwendungsbereich der in § 308a HGB geregelten **(modifizierten) Stichtagskursmethode** erstreckt sich grds. auf die Umrechnung aller **Fremdwährungsabschlüsse** sowohl von voll und quotal konsolidierten Unt als auch von Unt, die nach der Equity-Methode im KA abgebildet werden.[2] Davon ausgenommen sind jedoch Fremdwährungsabschlüsse aus Hochinflationsländern.[3]

---

[1] So im Ergebnis auch *Kirsch/Dohrn/Köhling,* in *Baetge/Kirsch/Thiele,* Bilanzrecht, § 308a HGB, Rz 5, Stand 3/2012.
[2] Zur Anwendung von § 308a HGB im Rahmen der Equity-Methode vgl. auch *Grottel/Leistner,* in Beck Bil-Komm. 9. Aufl., § 308a HGB, Rz 60 ff.
[3] Vgl. BilMoG-BgrRegE, S. 84.

Diesbezüglich herrscht national und international ein allgemeiner Konsens, dass eine (unangepasste) Anwendung der Stichtagskursmethode auf „**Hochinflationsabschlüsse**" zu einem Umrechnungsergebnis führt, das der Forderung nach einem den tatsächlichen Verhältnissen genügenden Bild der VFE-Lage i.S.d. Generalnorm des § 297 Abs. 2 Satz 2 HGB nicht gerecht wird.[4]

Die Regelungen des § 308a HGB gelten nur für die Konzernrechnungslegung nach den **handelsrechtlichen Grundsätzen** der §§ 290–315 HGB; nach § 13 Abs. 2 Satz 1 PublG ist sie analog von Unt anzuwenden, die nach den Vorschriften des PublG zur Konzernrechnungslegung verpflichtet sind. Die Erstellung befreiender IFRS-KA gem. § 315a HGB bleibt dagegen von § 308a HGB unberührt. Im letzteren Fall gelten wie gehabt die Regelungen von IAS 21, die auf dem sog. Konzept der funktionalen Währung basieren.

§ 308a HGB ist ebenfalls nicht auf die Umrechnung von **Fremdwährungsgeschäften** im EA anzuwenden. Diese richtet sich nach dem im Rahmen des BilMoG ebenfalls neu eingefügten **§ 256a HGB**. Die für den EA geltenden Umrechnungsgrundsätze sind auch für etwaige Maßnahmen zur Vereinheitlichung der in den KA eingehenden EA zur sog. HB II maßgebend.

## 2 Anzuwendende Umrechnungsgrundsätze

### 2.1 Umrechnungsmethode

#### 2.1.1 Bilanzposten (Satz 1)

§ 308a Satz 1 HGB schreibt die Anwendung der **modifizierten Stichtagskursmethode** verbindlich vor. Danach sind sämtliche Aktiv- und Passivposten der **Fremdwährungsbilanz** grds. mit dem jeweils aktuellen Kurs zum Abschlussstichtag (Stichtagskurs) umzurechnen. Hiervon ausgenommen sind die EK-Posten, auf die deren (historische) Kurse anzuwenden sind. Damit sind die Kurse im Zeitpunkt des Entstehens des betreffenden EK-Postens gemeint (sog. **Einstandskurse**), die anschließend ohne eine neuerliche (Stichtags-) Umrechnung fortgeführt werden. So ist im Fall des Erwerbs eines ausländischen TU bspw. das in Fremdwährung ausgewiesene EK des TU im Rahmen der **ErstKons** mit dem Umrechnungskurs anzusetzen und in der Folge fortzuführen, der zum Zeitpunkt galt, zu dem das Unt TU geworden ist.[5] Bei Kapitalerhöhungen in späteren Jahren sind die Kurse der Zuführungszeitpunkte und bei Gewinnthesaurierungen nach der ErstKons der Umrechnungskurs im Gewinnentstehungsjahr als Einstandskurse anzusehen und anschließend fortzuführen.

#### 2.1.2 GuV-Posten (Satz 2)

Für die Aufwands- und Ertragsposten der **Fremdwährungs-GuV** ist nach § 308a Satz 2 HGB eine Umrechnung zum **Durchschnittskurs** des jeweiligen Gj vorzunehmen. Auf diese Weise erfolgt eine vereinfachende Berücksichtigung des Zeitraumbezugs der Erfolgsrechnung. Ungeachtet des Gesetzeswortlauts, der explizit eine Umrechnung aller GuV-Posten zum Durchschnittskurs vorsieht, ver-

---

[4] Vgl. dazu insb. die Regelungen von DRS 14.35ff. aF und IAS 21.42f. i.V.m. IAS 29; zur Umrechnung bei Vorliegen hochinflationärer Verhältnisse vgl. Rz 36ff.
[5] Vgl. zum Zeitpunkt der ErstKons § 301 Abs. 2 Satz 1 HGB.

weist die Gesetzesbegründung[6] darauf, dass § 308a HGB keine Vorgabe zur **Umrechnung des Jahreserfolgs** mache und sich dieser stattdessen als Saldo der umgerechneten Aufwands- und Ertragsposten ergäbe. Diese Unterscheidung hat jedoch nur dann materielle Auswirkungen, wenn eine Umrechnung einzelner Posten mit unterschiedlichen Durchschnittskursen erfolgt, was trotz der Verwendung der Formulierung „zum Durchschnittskurs" in § 308a Satz 2 HGB als zulässig anzusehen ist, wenn in seltenen Ausnahmefällen den tatsächlichen Verhältnissen in Bezug auf die Ertragslage mit Blick auf die Generalnorm des § 297 Abs. 2 Satz 2 HGB besser entsprochen wird. Bei der in der Praxis üblichen Verwendung eines einzigen Durchschnittskurses für alle Posten der GuV führt die Umrechnung auch des Jahreserfolgs mit dem (einen) Durchschnittskurs zum gleichen Ergebnis wie der Saldo von umgerechneten Aufwendungen und Erträgen. Werden ausnahmsweise abweichende Durchschnittskurse für die Umrechnung der GuV-Posten (einschl. des Jahreserfolgs) verwendet, ergibt sich das vom Gesetzgeber gewünschte Ergebnis, indem die auftretenden GuV-Umrechnungsdifferenzen in den entsprechenden gesonderten EK-Posten der Bilanz übernommen werden (vgl. dazu Rz 11 f.).

9 Die vorstehenden Ausführungen zur Umrechnung des Jahreserfolgs gelten für in der Fremdwährungs-GuV ausgewiesene **Zwischensummen** in entsprechender Weise.

10 Auf welcher zeitlichen Basis (bspw. Woche, Monat, Jahr) der angewandte Durchschnittskurs errechnet wird, obliegt der Entscheidung des berichtenden Unt nach dem Grundsatz der Wesentlichkeit. Das Gleiche gilt in Bezug auf mögliche zeitliche Gewichtungen zur **Ermittlung von Durchschnittskursen**, die vor allem bei stark schwankenden Wechselkursen und Aufwendungen und Erträgen, die zeitlich ungleichmäßig verteilt sind, in Betracht kommt.[7]

## 2.2 Behandlung von Umrechnungsdifferenzen (Satz 3)

11 Aufgrund der Veränderungen der Wechselkurse im Zeitablauf und der Umrechnung der Posten des Fremdwährungsabschlusses, insb. der Bilanz, zu abweichenden Kursen entstehen regelmäßig **Umrechnungsdifferenzen**. Nach § 308a Satz 3 HGB sind solche Differenzen zwingend **erfolgsneutral** mit dem EK zu verrechnen, sodass der Jahreserfolg hierdurch nicht beeinflusst wird. Dabei führt eine aktivische (passivische) Differenz zu einer Verminderung (Erhöhung) des EK.

12 Die Währungsumrechnungsdifferenzen sind gem. § 308a Satz 2 HGB in der Konzernbilanz als Teil des EK nach den Rücklagen in dem **gesonderten Posten** mit der Bezeichnung „Eigenkapitaldifferenz aus Währungsumrechnung" auszuweisen. Soweit dieser Differenzposten auf **Minderheitsgesellschafter** entfällt, hat eine anteilige Zurechnung auf diese zu erfolgen (vgl. DRS 14.33 aF), d.h. der Posten ist anteilig in die Ermittlung des Ausgleichspostens für andere Gesellschafter gem. § 307 HGB in Bezug auf das betreffende TU mit einzubeziehen.

## 2.3 Kursart

13 § 308a Satz 1 HGB schreibt verbindlich die Anwendung des **Devisenkassamittelkurses** für Zwecke der Umrechnung von Fremdwährungsabschlüssen vor.

---

[6] Vgl. BilMoG-BgrRegE, S. 84.
[7] Vgl. *Langenbucher*, in *Küting/Weber*, HdK, 2. Aufl., Kap. II, Rn 1104 f.

Eine theoretisch gebotene, nach Abschlussposten differenzierte Anwendung von Geld- und Briefkurs, die eine Umrechnung von Aufwendungen und Schuldposten mit dem Geldkurs und von Erträgen und Vermögensposten mit dem Briefkurs beinhaltet, ist damit ausgeschlossen.[8] Die einheitliche Verwendung des Mittelkurses entspricht der gängigen Praxis, die aus Wesentlichkeitsaspekten auf die beschriebene Differenzierung verzichtet.

## 2.4 Abgrenzung latenter Steuern

Aus der Umrechnung von Fremdwährungsabschlüssen nach § 308a HGB entstehende Differenzen führen nicht zu einem **Bewertungsunterschied** zwischen der lokalen HB des einzubeziehenden ausländischen Unt und dessen Steuerbilanz. Für **Veränderungen des (umgerechneten) Nettovermögens** des einzubeziehenden ausländischen Unt im Vergleich zum **steuerlichen Beteiligungsansatz** für dieses Unt (sog. **outside basis differences**) untersagt der Gesetzgeber in § 306 Satz 4 HGB ausdrücklich die Abgrenzung latenter Steuern. Die Umrechnung von Fremdwährungsabschlüssen nach § 308a HGB als solche ist für die latente Steuerabgrenzung daher **unbeachtlich**.[9]

14

## 3 Einzelfragen

### 3.1 Umrechnung des Anlagenspiegels

In Einklang mit den vorstehenden Grundsätzen sind für Zwecke der Umrechnung des Anlagenspiegels gem. § 298 Abs. 1 HGB i.V.m. § 268 Abs. 2 HGB die **Anfangs- und Endbestände** der kumulierten AHK und der kumulierten Abschreibungen sowie die Restbuchwerte mit dem aktuellen Stichtagskurs bzw. dem Stichtagskurs des Vj. umzurechnen. Für die Umrechnung der **Bewegungen** während der Berichtsperiode kann grds. entweder der aktuelle Stichtagskurs oder der Durchschnittskurs des Gj angewandt werden. Mit Blick auf den Zeitraumbezug der Jahresbewegungen erscheint eine **Umrechnung zum Durchschnittskurs** angezeigt, zumal dadurch Abweichungen zwischen dem Ausweis der Abschreibungen in GuV und Anlagenspiegel vermieden werden.

15

Unabhängig davon, welcher Kurs zur Umrechnung der Bewegungen der Berichtsperiode angewandt wird, geht bei Wechselkursänderungen im Zeitablauf die Überleitung der kumulierten AHK sowie der kumulierten Abschreibungen vom Beginn der Berichtsperiode zu deren Ende nicht auf. Daher ist die Entwicklung der beiden Größen sachgerecht anzupassen, wofür sich insb. die Einfügung **gesonderter Währungsumrechnungsspalten** in den Anlagenspiegel anbietet.

16

---

[8] Zur differenzierten Anwendung von Geld- und Briefkurs vgl. bspw. *Langenbucher*, in *Küting/Weber*, HdK, 2. Aufl., Kap.l II, Rn 1089; zu beachten ist, dass die Mengennotiz die Preisnotiz zwischenzeitlich abgelöst hat.
[9] Vgl. auch DRS 18.28 ff., *Grottel/Leistner*, in Beck Bil-Komm. 9. Aufl., § 308a HGB, Rz 102. Zur Frage der Abgrenzung latenter Steuern auf Aufrechnungsdifferenzen aus der SchuldenKons von umgerechneten Posten vgl. Rz 34f.

## 3.2 Abweichende Abschlussstichtage

**17** Wird unter Anwendung von § 299 Abs. 2 u. 3 i.V.m. § 310 HGB ein Fremdwährungsabschluss eines **voll oder quotal konsolidierten Unt** in den KA einbezogen, dessen Stichtag vom Stichtag des KA abweicht, ist bzgl. der Festlegung der maßgebenden Stichtags- und Durchschnittskurse auf den **abweichenden Abschlussstichtag** sowie die abweichende Berichtsperiode abzustellen.

**18** Dies gilt entsprechend, wenn die Abbildung eines assoziierten Unt nach der **Equity-Methode** in Einklang mit § 312 Abs. 6 HGB auf der Grundlage eines JA oder KA erfolgt, der einen abweichenden Abschlussstichtag aufweist. Eine Umrechnung mit dem am Konzernabschlussstichtag geltenden Kurs kommt nur aus Wesentlichkeitserwägungen in Betracht.[10]

## 3.3 Kapitalkonsolidierung

### 3.3.1 Vorbemerkung

**19** Die folgenden Ausführungen sind unmittelbar auf die VollKons von TU bezogen. Sie sind aber sinngemäß auch auf die QuotenKons von GemeinschaftsUnt sowie die Abbildung von assoziierten Unt nach der Equity-Methode anwendbar.

### 3.3.2 Stille Rücklagen und Lasten

**20** Stille Rücklagen und Lasten, die im Rahmen der **ErstKons** nach § 301 Abs. 1 HGB in der Neubewertungsbilanz des betreffenden Unt in Fremdwährung aufgedeckt werden, sind mit dem jeweils maßgebenden Stichtagskurs in die Berichtswährung umzurechnen.

### 3.3.3 Geschäfts- oder Firmenwert

**21** Ein GoF aus der KapKons ergibt sich als Residualgröße aller zum einheitlichen „Erstkonsolidierungskurs" umgerechneten Aufrechnungselemente, d.h. des Beteiligungsbuchwerts und der einzelnen EK-Posten der Neubewertungsbilanz. Ihm ist damit bei Zugang dieser einheitliche Umrechnungskurs zuzuordnen. In Bezug auf die **Folgekonsolidierung** lässt § 308a HGB (wie auch schon DRS 14 aF) offen, ob ein solcher GoF als VG des MU oder des einzubeziehenden TU anzusehen ist. Im Fall der **Zuordnung zum MU** hat eine unveränderte Fortführung des im Zugangszeitpunkt umgerechneten GoF zu erfolgen; d.h., Wechselkursschwankungen in den Perioden, die auf die ErstKons folgen, lassen den Buchwert des GoF in der Konzernbilanz unberührt.

**22** Sieht man im GoF dagegen einen **VG des TU**, ist dieser auf der Grundlage des jeweils maßgebenden Stichtagskurses jährlich **neu zu berechnen**. Änderungen des Wechselkurses zwischen der Fremdwährung und der Berichtswährung des Konzerns wirken sich in diesem Fall entsprechend auf den Buchwert des GoF aus. Die entstehenden Umrechnungsdifferenzen zum Wertansatz aus der ErstKons sind **erfolgsneutral** in dem nach § 308a Satz 3 HGB gesondert im EK auszuweisenden Währungsumrechnungsposten zu erfassen. In diesem Zusammenhang ist darauf hinzuweisen, dass diese Umrechnungsdifferenz nicht in die Fortschreibung des

---

[10] Weitergehend *Langenbucher*, in *Küting/Weber*, HdK, 2. Aufl., Kap. II, Rn 1190, der dies generell für vertretbar erachtet.

Minderheitenpostens gem. § 307 HGB einzubeziehen ist, da sich der GoF ausschließlich auf den EK-Anteil des MU am Konzern-EK bezieht.[11]
Die Behandlung von GoF als VG des TU entspricht der **international üblichen Sichtweise** (vgl. insb. IAS 21.47). Mit Blick auf die erklärte Zielsetzung des BilMoG, eine Annäherung an internationale Rechnungslegungsstandards anzustreben, ist diese Einordnung nach hier vertretener Auffassung zu favorisieren. Mangels einer eindeutigen gesetzlichen Vorgabe ist dies aber nicht zwingend. Eine entsprechende Erläuterung des gewählten Vorgehens im Konzernanhang ist daher angezeigt.[12]

### 3.3.4 Beteiligungen ausländischer Tochterunternehmen

In Fremdwährung ausgewiesene Beteiligungen von TU an Unt des KonsKreises sollten auch bei Anwendung der Stichtagskursmethode gem. § 308a HGB mit **historischen Kursen** umgerechnet werden, um das Auftreten umrechnungsbedingter Differenzen im Rahmen der KapKons zu verhindern. Sonstige nicht in die Kons. einbezogene Beteiligungen sind dagegen wie alle anderen Aktivposten von Fremdwährungsbilanzen mit dem jeweiligen Stichtagskurs umzurechnen.[13]
Sofern auch die in die Kons. einbezogenen Beteiligungen zum Stichtagskurs umgerechnet werden, ist die umrechnungsbedingt entstehende Differenz aus der Beteiligungseliminierung **erfolgsneutral** gegen den gesondert im EK auszuweisenden **Währungsumrechnungsposten** nach § 308a Satz 3 HGB zu erfassen.

### 3.3.5 Ausscheiden aus dem Konsolidierungskreis (Satz 4)

Bei Abgang eines Unt des KonsKreis stellt sich die Frage, ob die bis dahin insoweit aufgelaufenen und erfolgsneutral verrechneten Umrechnungsdifferenzen nunmehr in den **Abgangserfolg** mit einzubeziehen sind, folglich als Teil des vom MU erfolgswirksam in der GuV ausgewiesenen Abgangserfolgs zu zeigen sind.
Diesbezüglich regelt § 308a Satz 4 HGB explizit, dass der gesonderte EK-Posten aus der erfolgsneutralen Erfassung der **Umrechnungsdifferenzen** im Rahmen der EndKons wegen eines teilweisen oder vollständigen Ausscheidens des betreffenden Unt dem Abgang entsprechend **erfolgswirksam aufzulösen** ist.[14]

## 3.4 Schuldenkonsolidierung

Die Umrechnung von Fremdwährungsabschlüssen mit dem einheitlichen Devisenkassamittelkurs zum Abschlussstichtag kann im Fall einer **imparitätischen Behandlung** der gegeneinander aufzurechnenden konzerninternen Schuldbeziehungen zu **Aufrechnungsdifferenzen** führen. Eine solche imparitätische Behandlung ergibt sich nach § 298 Abs. 1 i.V. m. §§ 256a Satz 2, § 252 Abs. 1 Nr. 4 HGB insb. bei konzerninternen Forderungen und Verbindlichkeiten mit einer Restlaufzeit von mehr als einem Jahr.

---

[11] Vgl. hierzu ausführlich *Oser/Mojadadr/Wirth*, Fallstudie zur Kapitalkonsolidierung von Fremdwährungsabschlüssen, in KoR 2008, S. 575 ff.
[12] So auch *Grottel/Leistner*, in Beck Bil-Komm. 9. Aufl., § 308a HGB, Rz 76.
[13] Vgl. *Langenbucher*, in *Küting/Weber*, HdK, 2. Aufl., Kap. II, Rn 1139.
[14] Vgl. hierzu ausführlich *Deubert*, Auflösung der „Eigenkapitaldifferenz aus Währungsumrechnung" nach § 308a HGB i.d.F. d. BilMoG-RegIE, DStR 2009, S. 340 ff.

29   Kommt das Imparitätsprinzip nicht zum Tragen, nach § 298 Abs. 1 i. V. m. § 256a Satz 2 HGB also insb. bei konzerninternen Forderungen und Verbindlichkeiten mit einer Restlaufzeit von bis zu einem Jahr, entstehen bei Wechselkursänderungen zwar **keine Aufrechnungsdifferenzen**. Jedoch ergibt sich in den einzubeziehenden Fremdwährungsabschlüssen in diesem Fall eine **erfolgswirksame Umbewertungsdifferenz** der betreffenden Posten.

30   > **Beispiel 1:**
> Die M AG hat gegenüber ihrem TU, der US-amerikanischen T Inc., im aktuellen Gj 01 am 30.11.01 eine Forderung i. H. v. 1 Mio. EUR begründet, die zum 31.12.01 unverändert fortbesteht.
> Der Zugang der Verbindlichkeit wurde bei T Inc. zum Umrechnungskurs am 30.11.01 von 1,4 USD/EUR gebucht. Zum 31.12.01 hat sich der Wechselkurs auf 1,2 USD/EUR verändert.
> **Folgen der Veränderung des Umrechnungskurses:**
> Wenn es sich beim zuvor genannten Sachverhalt um ein kurzfristiges Schuldverhältnis i. S. v. § 256a Satz 2 HGB handelt (Imparitätsprinzip ist nicht anwendbar), ist die Verbindlichkeit im Fremdwährungsabschluss der T Inc. zum 31.12.01 nur noch mit 1,2 Mio. USD anzusetzen, woraus ein erfolgswirksam in der GuV zu erfassender Ertrag von 0,2 Mio. USD resultiert. Aus der Umrechnung des Fremdwährungsabschlusses zum Stichtagskurs von 1,2 USD/EUR ermittelt sich dann wieder eine Verbindlichkeit i. H. v. 1 Mio. EUR. Somit ist keine Aufrechnungsdifferenz im Rahmen der SchuldenKons gegeben.
> Handelt es sich nach § 256a Satz 2 HGB dagegen um ein langfristiges Schuldverhältnis (Imparitätsprinzip ist anwendbar), ist die Verbindlichkeit im Fremdwährungsabschluss der T Inc. zum 31.12.01 unverändert mit 1,4 Mio. USD anzusetzen. Die Umrechnung des Fremdwährungsabschlusses zum Stichtagskurs von 1,2 USD/EUR führt zu einer umgerechneten Verbindlichkeit von 1,167 Mio. EUR und bei der SchuldenKons demgemäß zu einer Aufrechnungsdifferenz von 0,167 Mio. EUR.

31   Da beide Fälle inhaltlich miteinander korrespondieren, ist eine **einheitliche** erfolgswirksame oder erfolgsneutrale Behandlung ihrer Währungseffekte im Rahmen der Konzernrechnungslegung angezeigt. Bei **erfolgswirksamer Behandlung** ist die im Fremdwährungsabschluss erfolgswirksam erfasste Umbewertungsdifferenz in den KA zu übernehmen bzw. die im Rahmen der SchuldenKons auftretende Aufrechnungsdifferenz erfolgswirksam zu buchen. Diese Vorgehensweise stimmt mit der international in IAS 21.45 grds. geregelten Behandlung überein. Ausgenommen von diesem Grundsatz sind nach IAS 21.15 i. V. m. IAS 21.32 lediglich Fälle, in denen ein beteiligungsähnliches Darlehen vorliegt, dessen Tilgung in absehbarer Zukunft weder geplant noch wahrscheinlich ist. Im letzteren Fall wird die Währungsumrechnungsdifferenz als Teil des sog. **Net investment** und damit als Quasi-EK verstanden und entsprechend erfolgsneutral erfasst.

32   Werden die Währungseffekte dagegen **erfolgsneutral verrechnet**, ist die Umbewertungsdifferenz des Fremdwährungsabschlusses im Zuge der Konzernrechnungslegung zunächst erfolgswirksam zu stornieren. Die dann im Rahmen der

SchuldenKons in beiden Fällen auftretende Aufrechnungsdifferenz ist in einem zweiten Schritt in den erfolgsneutral im EK ausgewiesenen Währungsumrechnungsposten einzustellen bzw. damit zu verrechnen.

Wenngleich mit Blick auf die Zielsetzung des BilMoG, eine **Annäherung an internationale Rechnungslegungsgrundsätze** zu erreichen, nach hier vertretener Ansicht die **erfolgswirksame** Behandlung zu bevorzugen ist, besteht wie bereits vor der Einfügung von § 308a HGB mangels einer klaren gesetzlichen Regelung insoweit **keine zwingende Vorgabe**. Die gewählte Vorgehensweise ist allerdings im Konzernanhang zu erläutern.[15]   33

Bei **imparitätischer Behandlung** der gegeneinander aufzurechnenden konzerninternen Schuldbeziehungen können Wechselkursveränderungen wie gezeigt zu Aufrechnungsdifferenzen führen. In diesem Fall ergeben sich (temporäre) Bewertungsunterschiede zwischen der Konzernbilanz und den HB II der einzubeziehenden Unt. Demzufolge ist eine **latente Steuerabgrenzung** auf die zu **eliminierenden Aufrechnungsdifferenzen** nach § 306 HGB geboten.[16] Diese Steuerlatenzen sind korrespondierend mit der Behandlung der zugrunde liegenden Aufrechnungsdifferenzen selbst erfolgswirksam oder erfolgsneutral zu erfassen.   34

Bei **nicht-imparitätischer Behandlung** der konzerninternen Schuldbeziehungen treten abgrenzungstechnisch relevante Bewertungsabweichungen im Fall der **erfolgsneutralen Verrechnung** von Währungseffekten nach der in Rz 32 beschriebenen Vorgehensweise auf. Dadurch wird auf Ebene der HB II regelmäßig eine Bewertungsabweichung zum steuerlichen Wertansatz des einzubeziehenden Unt erzeugt, was wiederum zu einer Aufrechnungsdifferenz bei der SchuldenKons führt. In diesem Fall ist die latente Steuerabgrenzung auf die Aufrechnungsdifferenz **erfolgswirksam** zu erfassen, um die Erfolgswirkung der grds. anzusetzenden Steuerlatenz aus der ebenfalls erfolgswirksamen Stornierung der Umbewertungsdifferenz zu neutralisieren. Weiterhin ist zu beachten, dass die für die **HB II** geltende Steuerabgrenzungsnorm des § 274 HGB hinsichtlich aktiver latenter Steuern ein Wahlrecht einräumt, während die für **Konsolidierungsmaßnahmen** geltende Regelung des § 306 HGB eine Verpflichtung zum Ansatz sowohl aktiver als auch passiver latenter Steuern beinhaltet. Nach hier vertretener Auffassung darf diese gesetzliche Abweichung nicht zu einer Abweichung in Bezug auf den Ansatz der latenten Steuern auf die beiden entstehenden Bewertungsabweichungen führen. Es sollte deshalb insoweit von einer Ansatzpflicht auch aktiver latenter Steuern ausgegangen werden.   35

---

15 Vgl. *Grottel/Leistner*, in Beck Bil-Komm. 9. Aufl., § 308a HGB, Rz 132 i.V.m. Rz 84ff.; zu den abweichenden Behandlungsweisen vgl. auch *Maas*, in Beck'sches Handbuch der Rechnungslegung, C 420, Rz 29f.; *Hoffmann/Lüdenbach*, NWB-Kommentar Bilanzierung, 6. Aufl. 2015, § 308a HGB, Rz 30ff.; zur Behandlung nach internationalen Rechnungslegungsgrundsätzen vgl. *Lüdenbach/Hoffmann/Freiberg*, in *Lüdenbach/Hoffmann/Freiberg*, Haufe IFRS-Kommentar, 13. Aufl., 2015, § 27, Rz 63ff.

16 So auch *Eberhartinger/Pott/Siegel*, in *Baetge/Kirsch/Thiele*, Bilanzrecht, § 306 HGB, Rz 44, Stand 3/2012.

## 3.5 Umrechnung bei Hochinflation

### 3.5.1 Vorbemerkung

36 Auf Fremdwährungsabschlüsse, die auf eine Hochinflationswährung lauten, sind die Regelungen des § 308a HGB nicht (unangepasst) anwendbar, da sich ansonsten ein Umrechnungsergebnis ergäbe, das der Generalnorm des § 297 Abs. 2 Satz 2 HGB zuwiderliefe (vgl. Rz 4). Die Abbildungsverzerrung ergibt sich daraus, dass sich die Hochinflation regelmäßig sehr stark in der Entwicklung des (Stichtags-)Wechselkurses niederschlägt, wohingegen die Umrechnungsbasis der Fremdwährungsposten, die nach § 298 Abs. 1 i.V.m. §§ 252 Abs. 1 Nr. 4, 253 Abs. 1 HGB grds. nach dem Anschaffungswertprinzip abgebildet werden, von der Inflation nicht berührt werden. Dadurch können sich unangemessene **Unterbewertungen** ergeben, insb. beim SAV (sog. **Vanishing plants effect**).[17]

### 3.5.2 Bestimmung hochinflationärer Verhältnisse

37 Allgemeingültige Maßstäbe zur Abgrenzung von Hochinflationswährungen, insb. in Bezug auf die Höhe der Inflationsrate des betreffenden Lands, existieren nicht. Vielmehr ist die Feststellung, ob Hochinflation im Einzelfall vorliegt, stets nach dem Gesamtbild der konkreten Verhältnisse zu treffen. In Einklang mit den Kriterien von IAS 29.3 (und entsprechend DRS 14.36 aF) deuten jedoch regelmäßig folgende Indizien auf das Vorliegen einer Hochinflationswährung hin:

- Die Bevölkerung bevorzugt es, ihr Vermögen in Sachwerten oder in einer relativ stabilen ausländischen Währung zu halten.
- Beträge in Inlandswährung werden unverzüglich investiert, um Kaufkraftverluste zu verhindern.
- Die Bevölkerung rechnet nicht in der eigenen Inlandswährung, sondern in einer relativ stabilen Auslandswährung; damit korrespondierend können Preise auch in dieser Währung angegeben werden.
- Verkäufe und Käufe auf Ziel werden selbst bei kurzen Kreditlaufzeiten zu Preisen vereinbart, die den für die Kreditperiode erwarteten Kaufkraftverlust berücksichtigen.
- Zinssätze, Löhne und Preise sind an einen Preisindex gebunden.
- Die kumulative Inflationsrate innerhalb von drei Jahren nähert sich oder übersteigt 100 %.

### 3.5.3 Umrechnungsanpassungen

38 Die notwendige Eliminierung der beschriebenen Inflationseffekte kann grds. auf zwei verschiedenen Wegen erfolgen. Soll unverändert die Stichtagskursmethode nach § 308a HGB angewandt werden, erfordert dies eine vorherige Anpassung des Fremdwährungsabschlusses an die **Kaufkraftverhältnisse des Abschlussstichtags** mittels **Indexierung** der nicht-monetären Aktiva und Passiva anhand von (offiziellen) landesspezifischen Preisindizes.[18] Das gleiche Ergebnis wird – ohne diese Inflationsanpassung – erreicht, wenn ein Fremdwährungsabschluss vorgelegt

---

[17] Vgl. *Schildbach*, Der Konzernabschluss nach HGB, IFRS und US-GAAP, 7. Aufl., 2008, S. 133.
[18] Vgl. dazu auch das Fallbeispiel bei *Hoffmann/Lüdenbach*, NWB-Kommentar Bilanzierung, 6. Aufl. 2015, § 308a HGB, Rz 59.

wird, in dem eine **Zeitwertbilanzierung** der nicht-monetären Posten erfolgt; die Wertansätze der monetären Posten spiegeln die Kaufkraftverhältnisse am Abschlussstichtag bereits unmittelbar wider.[19]

Alternativ kommt eine Umrechnung des Fremdwährungsabschlusses – ohne Durchführung einer Inflationsanpassung – nach der sog. **Zeitbezugsmethode** in Betracht. Diese Umrechnungsmethode zielt darauf ab, ein Umrechnungsergebnis zu bewirken, das sich ergäbe, wenn die im Fremdwährungsabschluss abgebildeten Posteninhalte unmittelbar in der Berichtswährung (Euro) gebucht worden wären. In Einklang damit werden historische Kurse für die Umrechnung der nicht-monetären Vermögens- und Schuldposten sowie des EK angewandt.[20] Auf diese Weise und mit der Durchführung von Niederstwert-/Höchstwerttests werden die Kaufkraftverhältnisse implizit berücksichtigt.[21] Eine weitere Möglichkeit, die Inflationseffekte bei der Umrechnung von Fremdwährungsabschlüssen zu eliminieren, besteht in der Erstellung von **Hartwährungsabschlüssen**. Sie beruht darauf, dass zumindest die nicht-monetären Posten und das EK oder sogar das gesamte Rechnungswesen in einer Hartwährung geführt werden. Konzeptionell stimmt diese Maßnahme mit der Anwendung der Zeitbezugsmethode überein, sodass darin keine eigenständige „Inflationsbereinigungsmethode" zu sehen ist. Wird der Hartwährungsabschluss in einer von der Berichtswährung des Konzerns abweichenden Währung erstellt, hat dessen Umrechnung mit der Stichtagskursmethode nach § 308a HGB zu erfolgen.

Ungeachtet der in der Vergangenheit teilweise diskutierten Frage, ob eine Indexierung dem **Anschaffungswertprinzip** genügt,[22] erscheinen alle zuvor genannten Maßnahmen mit Blick auf die Generalnorm des § 297 Abs. 2 Satz 2 HGB für Zwecke der Umrechnung von Hochinflationsabschlüssen im Rahmen der Konzernrechnungslegung zulässig. Die Vorgehensweise ist jedoch nach § 313 Abs. 1 Satz 2 Nr. 2 HGB im Konzernanhang zu beschreiben.

---

19  Vgl. *Kirsch/Dohrn/Köhling*, in *Baetge/Kirsch/Thiele*, Bilanzrecht, § 308a HGB, Rz 185, Stand 3/2012.
20  Zu den Umrechnungsgrundsätzen der Zeitbezugsmethode vgl. ausführlich etwa *Kessler/Strickmann*, Konzernrechnungslegung und Konzernbilanzpolitik nach HGB, DRS und IFRS, in *Küting*, Saarbrücker Handbuch der Betriebswirtschaftlichen Beratung, 4. Aufl., Teil I, Rz 2507 ff.
21  Vgl. *HFA des IDW*, Entwurf einer Stellungnahme: Zur Währungsumrechnung im Konzernabschluss, WPg 1998, S. 553 f.
22  Vgl. *Schildbach*, Der Konzernabschluss nach HGB, IFRS und US-GAAP, 7. Aufl., 2008, S. 133; *Küting/Weber*, Der Konzernabschluss, 13. Aufl., S. 276.

# § 309 BEHANDLUNG DES UNTERSCHIEDSBETRAGS

(1) Die Abschreibung eines nach § 301 Abs. 3 auszuweisenden Geschäfts- oder Firmenwertes bestimmt sich nach den Vorschriften des Ersten Abschnitts.
(2) Ein nach § 301 Abs. 3 auf der Passivseite auszuweisender Unterschiedsbetrag darf ergebniswirksam nur aufgelöst werden, soweit
1. eine zum Zeitpunkt des Erwerbs der Anteile oder der erstmaligen Konsolidierung erwartete ungünstige Entwicklung der künftigen Ertragslage des Unternehmens eingetreten ist oder zu diesem Zeitpunkt erwartete Aufwendungen zu berücksichtigen sind oder
2. am Abschlußstichtag feststeht, daß er einem realisierten Gewinn entspricht.

WP StB Prof. Dr. Georg Heni/WP StB Carsten Ernst

**Inhaltsübersicht**

| | | Rz |
|---|---|---|
| 1 | Überblick | 1–8 |
| | 1.1 Bedeutung und Inhalt | 1–3 |
| | 1.2 Rechtsentwicklung | 4–8 |
| 2 | Geschäfts- oder Firmenwert | 9–21 |
| | 2.1 Definition, Komponenten, Ausweis | 9–11 |
| | 2.2 Planmäßige Abschreibung | 12–15 |
| | 2.3 Außerplanmäßige Abschreibung | 16–20 |
| | 2.4 Wertaufholungsverbot | 21 |
| 3 | Passiver Unterschiedsbetrag aus der Kapitalkonsolidierung | 22–31 |
| | 3.1 Entstehungsursache und Ausweis | 22–23 |
| | 3.2 Auflösung wegen Eintritts erwarteter ungünstiger Ertragslage oder Berücksichtigung erwarteter Aufwendungen (Abs. 2 Nr. 1) | 24 |
| | 3.3 Auflösung als realisierter Gewinn (Abs. 2 Nr. 2) | 25–29 |
| | 3.4 Einstellung in die Rücklagen | 30 |
| | 3.5 Saldierung von Unterschiedsbeträgen | 31 |
| 4 | Auswirkungen auf latente Steuern | 32 |
| 5 | Unterschiedsbetrag nach dem Publizitätsgesetz | 33 |
| 6 | Sanktionen | 34 |
| 7 | Änderungen durch das BilRUG | 35 |

**Ergänzendes Schrifttum**
*Altenburger*, Erlaubt die Bilanzrichtlinie einen Verzicht auf die planmäßige Abschreibung des Goodwills?, WPg 2002, S. 806; *Arbeitskreis Bilanzrecht der Hochschullehrer Rechtswissenschaft*, Stellungnahme zu dem Entwurf eines BilMoG: Grundkonzept und Aktivierungsfragen, BB 2008, S. 152; *Arbeitskreis* der Schmalenbach-Gesellschaft „Immaterielle Werte im Rechnungswesen", Kategorisierung und bilanzielle Erfassung immaterieller Werte, DB 2001, S. 989;

*Beyer*, Auswirkungen des BilMoG auf die Steuerbilanz, BBK 5/2008, S. 247; *Busse von Colbe/Schurbohm-Ebneth*, Neue Vorschriften für den Konzernabschluss nach dem Entwurf für ein BilMoG, BB 2008, S. 98; *Füllbier/Gassen*, Das Bilanzrechtsmodernisierungsgesetz (BilMoG): Handelsrechtliche GoB vor der Neuinterpretation, DB 2007, S. 2605; *Günther/Ott*, Behandlung immaterieller Ressourcen bei Purchase Price Allocations – Ergebnisse einer explorativen empirischen Studie, WPg 2008, S. 917; *Hendler/Zülch*, Unternehmenszusammenschlüsse und Änderungen von Beteiligungsverhältnissen bei Tochterunternehmen – die neuen Regelungen des IFRS 3 und IAS 27, WPg 2008, S. 84; *Hennrichs*, Immaterielle Vermögensgegenstände nach dem Entwurf des Bilanzrechtsmodernisierungsgesetzes (BilMoG), DB 2008, S. 537; *Hoffmann/Lüdenbach*, Inhaltliche Schwerpunkte des BilMoG-Regierungsentwurfes, DStR, Beih. zu Heft 30/2008; *Kessler/Leinen/Paulus*, Stolpersteine beim Übergang auf die Vorschriften des BilMoG – macht IDW ERS HFA 28 den Weg frei?, BB 2009, S. 1910; *Kessler/Leinen/Strickmann*, Handbuch BilMoG, 2. Aufl., 2010; *Küting*, Der Geschäfts- oder Firmenwert als Schlüsselgröße der Analyse von Bilanzen deutscher Konzerne, DB 2005, S. 2757; *Küting, E*in Plädoyer für die Passivierung passiver latenter Steuern auf den Geschäfts- oder Firmenwert nach HGB und IFRS, DB 2009, S. 2053; *Leibfried/Brinkmann/Gutte/Redecker*, Aktuelle Standards: Referentenentwurf eines Gesetzes zur Modernisierung des Bilanzrechts (Bilanzrechtsmodernisierungsgesetz – BilMoG), KoR, InfoDienst 11/2007, S. 8; *Moser/Hüttche*, Begründung der Nutzungsdauer der Goodwill-Überlegungen vor dem Hintergrund des BilMoG, FB 2009, S. 394; *Mujkanovic/Roland*, Goodwill-Bilanzierung nach BilMoG – Rechtsverweigerung durch die Praxis?, NWB Unternehmensteuern und Bilanzen, StuB 2012, S. 379; *Müller/Wobbe*, Konkretisierung der Kapitalkonsolidierung nach HGB durch E-DRS 30 mit sanfter Orientierung an den IFRS, BB 2015, S. 1259; *Oser*, Absage an den Impairment-Only-Approach im HGB nach BilMoG, DB 2008, S. 361; *Oser/Roß/Wader/Drögemüller*, Eckpunkte des Regierungsentwurfs zum Bilanzrechtsmodernisierungsgesetz (BilMoG), WPg 2008, S. 675; *Petersen/Zwirner*, Die deutsche Rechnungslegung und Prüfung im Umbruch, KoR, Beil. 3 zu Heft 7/2008; *Petersen/Zwirner*, Neuerungen in der Konzernrechnungslegung nach HGB – geplante Veränderungen gem. dem Regierungsentwurf zum BilMoG, DB 2008, S 2093; *Petersen/Zwirner/Künkele*, Umstellung auf das neue deutsche Bilanzrecht: Übergangsregelungen des BilMoG nach IDW RS HFA 28, DB 2010, S. 1; *Prinz*, Der BilMoG-Regierungsentwurf und seine steuerlichen Auswirkungen, BBK 2008, S. 897; *Schultze*, Kombinationsverfahren und Residualgewinnmethode in der Unternehmensbewertung: konzeptioneller Zusammenhang, KoR 2003, S. 458; *Schulze-Osterloh*, Ausgewählte Änderungen des Jahresabschlusses nach dem Referentenentwurf eines Bilanzrechtsmodernisierungsgesetzes, DStR 2008, S. 63; *Schurbohm-Ebneth/Zoeger*, Zum Referentenentwurf des Bilanzrechtsmodernisierungsgesetzes (BilMoG): Internationalisierung des handelsrechtlichen Konzernabschlusses, DB, Beil. 1 zu Heft 7/2008, S. 40; *Steiner/Gross*, Geschäftswertbilanzierung – Behandlung des Geschäfts- oder Firmenwertes nach HGB, US-GAAP und IAS, BBK 2003, S. 309; *Stibi/Fuchs*, Die handelsrechtliche Konzernrechnungslegung nach dem Referentenentwurf des BilMoG, KoR 2008, S. 97; *Theile*, Reform des Bilanzrechts durch das Bilanzrechtsmodernisierungsgesetz, BBK 2007, S. 1233; *Wagner/Schomaker*, Die Abschreibung des Firmenwertes in Handels- und Steuerbilanz nach der Reform des Bilanzrechts, DB 1987, S. 1365; *Weiland*, Geplante Veränderungen in der HGB Konzernrechnungslegung, Acc 1/2008, S. 8; *Welling/Lewang*, Die bilanzielle Behandlung des passiven Unterschiedsbetrags nach BilMoG, DB 2011, S. 2737; *Wendholt/Wesemann*, Zum Referentenentwurf des Bilanzrechtsmodernisierungsgesetzes (BilMoG): Bilanzierung von latenten Steuern im Einzel- und Konzernabschluss, DB, Beil. 1 zu Heft 7/2008, S. 49; *Zwirner/Boecker*, Nutzungsdauer eines Geschäfts- oder Firmenwerts, StuB 2011, 399.

## 1 Überblick

### 1.1 Bedeutung und Inhalt

1 Die Bilanzierung des **Geschäfts- oder Firmenwerts** gehört zu den seit Langem im Schrifttum diskutierten Bilanzierungsproblemen, insb. die Frage nach seinem bilanziellen Charakter (s. Rz 10 f.) oder seiner Bewertung.[1] Der Gesetzgeber hat sich dafür entschieden, einen nach der Aufrechnung des neu bewerteten EK mit dem Buchwert der Beteiligung verbleibenden aktiven Unterschiedsbetrag als GoF oder passiven Unterschiedsbetrag (negativer Firmenwert bzw. **Badwill**) auszuweisen und einer eigenen Folgebewertung zugänglich zu machen, die das Konzernergebnis unmittelbar beeinflusst.[2]
Durch die planmäßige Verteilung eines als GoF oder negativer Firmenwert umschriebenen aktiven bzw. passiven Unterschiedsbetrags wird eine periodengerechte Konzernerfolgsermittlung bewirkt, die die Information der Abschlussadressaten hinsichtlich der Ertragslage verbessern soll.
Die praktische Bedeutung des § 309 HGB ist somit, zu regeln, wie mit solchen Unterschiedsbeträgen nach der ErstKons innerhalb der KapKons zu verfahren ist. Technisch wird damit das Vorgehen der FolgeKons im Rahmen der KapKons normiert. Im Gegensatz dazu regelt § 301 HGB, ob und in welchem Umfang solche zu bewertenden Unterschiedsbeträge aus der KapKons entstehen (Ansatz und Zugangsbewertung).[3]

2 Inhaltlich regelt § 309 HGB die **Folgebewertung** eines nach § 301 Abs. 3 HGB auszuweisenden GoF (**aktiver Unterschiedsbetrag**) aus der KapKons durch einen Verweis in § 309 Abs. 1 HGB auf die Vorschriften des Ersten Abschnitts sowie die Voraussetzungen für eine ergebniswirksame Auflösung eines gem. § 301 Abs. 3 HGB auf der Passivseite auszuweisenden Unterschiedsbetrags (§ 309 Abs. 2 HGB).[4]
Den Ausweis eines (aktiven oder passiven) Unterschiedsbetrags hingegen regelt die jeweilige KapKons-Methode selbst. Insoweit gilt § 301 Abs. 3 HGB unmittelbar für die VollKons und i. V. m. § 310 Abs. 2 HGB für die QuotenKons. Für die **Equity-Methode** gilt § 312 Abs. 1 HGB.

3 Der Anwendungsbereich des § 309 HGB umfasst nicht nur die typischen Anwendungsfälle der VollKons von TU, sondern gilt auch für die Kons. von

---

[1] Vgl. auch *Moser/Hüttche*, FB 2009, S. 394 mwN.
[2] Vgl. § 301 Abs. 3 HGB. Zur Bedeutung des GoF für die Beurteilung der Konzernlage vgl. *Küting*, DB 2005, S. 2757.
[3] Zu Methode, Zeitpunkt und Umfang der ErstKons vgl. § 301 Rz 23 ff.
[4] Zur Interpretation eines aktiven und passiven Unterschiedsbetrags s. Rz 9–21 und Rz 22–31.

GemeinschaftsUnt (§ 310 Abs. 2 HGB) und für Kapitalaufrechnungen im Rahmen der *Equity-Methode* (§ 312 Abs. 2 HGB).

### 1.2 Rechtsentwicklung

Eine Regelung für die Behandlung von Unterschiedsbeträgen als GoF oder als passiver Unterschiedsbetrag aus der KapKons wurde erstmalig mit dem BiRiLiG 1985 in das HGB eingefügt.[5] Diese Regelung wurde weitgehend in Übereinstimmung mit der 7. EG-RL (Konzernbilanz-RL 83/349/EWG) in nationales Recht umgesetzt.[6] Die Regelung des § 309 HGB entspricht insoweit inhaltlich Art. 30 und 31 der Konzernbilanz-RL.[7]

Die bisherige Regelung des § 309 HGB sah Wahlrechte vor, die es ermöglichten, einen sich aus der KapKons ergebenden GoF (aktiver Unterschiedsbetrag) über vier Jahre oder planmäßig über eine voraussichtliche Nutzungsdauer abzuschreiben oder auch sofort mit den Rücklagen zu verrechnen.

Mit der Neufassung des § 309 HGB durch das **BilMoG**[8] entfallen diese Wahlrechte zur Behandlung des GoF. Nach der Neuregelung ist nur noch eine Abschreibung nach Maßgabe des Ersten Abschnitts des Dritten Buchs des HGB zulässig, d.h. eine Abschreibung des GoF über die planmäßige Nutzungsdauer (§§ 246 Abs. 1 S. 4 i.V.m. 253 Abs. 3 HGB).

Die Umsetzung der Neufassung des HGB durch das BilMoG führt hinsichtlich der Behandlung des Unterschiedsbetrags aus der KapKons zu keiner Anpassung an die Bestimmungen der IFRS/IAS, die den GoF ausschließlich einem *Impairment-Only-Approach* unterwerfen.[9]

Die geänderte Rechnungslegungsrichtlinie sieht hinsichtlich der FolgeKons (Art. 25 RL 2013/34/EU)[10] keine materiell wesentlichen Änderungen vor. Allerdings wird darin betont, dass die Überführung eines negativen Unterschiedsbetrags in die GuV nur dann in Betracht kommt, wenn diese einem methoden- und prinzipienbasierten Vorgehen entspricht, ohne dafür aber konkrete Anwendungshinweise – wie bislang nach § 309 Abs. 2 HGB der Fall – zu geben.[11]

## 2 Geschäfts- oder Firmenwert

### 2.1 Definition, Komponenten, Ausweis

Nach § 301 Abs. 3 HGB ist ein nach Verrechnung gem. § 301 Abs. 1 HGB verbleibender **Unterschiedsbetrag**, wenn er auf der **Aktivseite** entsteht, **in der Konzernbilanz** als **GoF** auszuweisen. Durch die Verrechnung der AK der Anteile am

---

5 BiRiLiG 1985, BGBl I 1985, S. 2355.
6 Zur Umsetzung im alten Recht vgl. *ADS*, 6. Aufl., § 309 HGB, Rz 2–4. Hierzu auch *Oser*, DB 2008, S. 361.
7 Ob die 7. EG-Richtlinie zwingend die planmäßige Abschreibung des GoF vorschreibt, diskutiert *Altenburger*, WPg 2002, S. 806.
8 BilMoG v. 25.5.2009, BGBl I 2009, S. 1102.
9 Vgl. auch *Oser*, DB 2008, S. 362.
10 Vgl. Richtlinie 2013/34/EU über den Jahresabschluss, den konsolidierten Abschluss und damit verbundene Berichte von Unternehmen bestimmter Rechtsformen: verfügbar unter: http://eur-lex.europa.eu/LexUriServ/LexUriServ.do?uri=OJ:L:2013:182:0019:0076:DE:PDF, letzter Abruf am 11.8.2015.
11 Vgl. Art. 24 Abs. 3 EU RL.

TU mit den dahinter stehenden VG und Schulden des erworbenen TU (jeweils zu Zeitwerten bewertet) wird die rechtliche Sichtweise eines Beteiligungserwerbs im JA durch eine wirtschaftliche Sichtweise im KA ersetzt. Dahinter steht die Fiktion, dass der Konzern bei einem durch Share-Deal erworbenen TU ein Bündel einzelner VG und Schulden unmittelbar erworben hat.[12] Dies entspricht auch der Sichtweise des § 246 Abs. 1 Satz 4 HGB im EA, wonach ein unmittelbarer Erwerb von VG und Schulden erfolgt und ein derivativer GoF als positiver Unterschiedsbetrag aus dem gezahlten Kaufpreis und den Zeitwerten der übernommenen identifizierbaren VG und Schulden im Zeitpunkt der Übernahme entsteht.[13] § 246 Abs. 1 Satz 4 HGB gilt durch den Verweis in § 298 Abs. 1 HGB auch für die Konzernrechnungslegung. Zudem kann aus der Gesetzessystematik und dem Wortlaut der §§ 301 Abs. 3, 309 Abs. 1 HGB geschlossen werden, dass diese Fiktion auch für den KA gelten soll, so dass der **GoF definitionsgemäß** als ein **zeitlich begrenzt nutzbarer VG** aufzufassen und daher **aktivierungspflichtig** ist.[14]

10 Dieser Unterschiedsbetrag aus einem Unternehmenserwerb resultiert aus den spezifischen Chancen/Vorteilen eines Unternehmenserwerbs, die sich aus Know-how, Standortvorteilen, Mitarbeiterstamm und Management oder auch Organisationsstrukturen ergeben können. Im Unterschied zu den einzeln bilanzierungspflichtigen VG und Schulden fehlt es diesen Bestandteilen an der Einzelbewertbarkeit und Einzelveräußerbarkeit (-verkehrsfähigkeit) und daher auch an der Bilanzierungsfähigkeit in der Konzernbilanz. Eine Bewertung bzw. Übertragung dieser Chancen/Vorteile ist daher nur im Rahmen einer Gesamtbewertung bzw. eines Gesamtunternehmensverkaufs möglich. Ein **ausgewiesener GoF** beinhaltet daher alle insoweit **nicht bilanzierungsfähigen** Werte und ist als „**Sammelposten**" zu begreifen. Dies entspricht dem in der Literatur vertretenen „**Residuum**"-**Konzept**.[15]
Daneben schlägt sich im GoF auch die künftige Gewinnerwartung (diskontierte Gewinne) nieder. Der GoF beinhaltet daher auch kapitalisierte Übergewinne, die über die bloße Ertragserwartung der Unternehmenssubstanz (Substanzwert) hinausgehen.[16] Insoweit entspricht der GoF auch einem **Kapitalisierungsmehrwert**. Dies steht im Einklang mit dem in der Literatur bezeichneten „Übergewinn"-Konzept (*excess earnings*).[17]

11 Um den GoF näher zu erklären bzw. zu plausibilisieren, werden zwei Erklärungsansätze diskutiert.[18] Beim **Top-down-Ansatz** als Erklärungsansatz für den GoF wird der GoF als solcher, entsprechend seinem Charakter als Sammelposten undifferenziert übernommen. Als Erklärung dient hierbei der Differenzbetrag zwischen dem erwarteten und dem im Kaufpreis abgegoltenen Übergewinn, was dem o. g. Übergewinn-Konzept entspricht (s. Rz 10). Hingegen wird im Rahmen des **Bottom-up-Ansatzes** der GoF aus seinen einzelnen Komponenten zu

---

[12] Vgl. *ADS*, 6. Aufl., § 301 HGB, Rz 37.
[13] Vgl. auch *Füllbier/Gassen*, DB 2007, S. 2611.
[14] Vgl. *Stibi/Fuchs*, KoR 2008, S. 102, mwN; ebenso *Petersen/Zwirner*, DB 2008, S. 2098.
[15] Vgl. *Steiner/Gross*, BBK 2003, S. 309; *Küting*, DB 2005, S. 2757 mwN; zur Abgrenzung des GoF von anderen immateriellen VG s. auch Arbeitskreis der Schmalenbachgesellschaft „Immaterielle Werte im Rechnungswesen", DB 2009, S. 989 ff.
[16] Vgl. *Küting*, DB 2005, S. 2757.
[17] Vgl. auch *Sellhorn*, DB 2000, S. 891; *Hennrichs*, DB 2008, S. 539; *ADS*, 6. Aufl., § 309 HGB, Rz 8. Zu Fragen des Ausweises des GoF s. § 301 Rz 99 ff.
[18] Vgl. *Sellhorn*, DB 2000, S. 891; *Küting*, DB 2005, S. 2757.

erklären versucht. Aus beiden Ansätzen werden folgende **Einzelkomponenten des Goodwills** abgeleitet, deren zeitlicher Wertverlauf jeweils Indiz für eine Nutzungsdauerschätzung und damit für einen Abschreibungsplan des GoF sein kann:[19]
- nicht ansatzfähige immaterielle VG,
- Werte zukünftig geplanter immaterieller VG,
- Synergien-*Goodwill*,
- *Going-Concern-Goodwill*.[20]

Außerdem werden noch weitere Komponenten wie ein Restrukturierungs-, Strategie- und Flexibilitäts-Goodwill genannt.[21]

> **Beispiel zu Komponenten des GoF**[22]
> Die Spezial GmbH wurde im Wege eines Share-Deals zum 1.1.01 übernommen. Für die Übertragung der Anteile (100 %) wurde eine Gegenleistung von 600 Mio. EUR vereinbart. Bei den Kaufpreisverhandlungen ging der Erwerber von einem Unternehmenswert vor Synergien von 580 Mio. EUR (inkl. Terminal Value bei unbestimmter Nutzungsdauer) aus. Es wird erwartet, dass sich Synergien i. H. des Barwerts von 30 Mio. EUR realisieren lassen.
> Es bestehen weiterhin wirtschaftliche Vorteile, die nicht als VG zu qualifizieren sind, i. H. v. 5 Mio. EUR.
> Für immaterielle und materielle VG wie Kundenstamm, Sachanlagen und Basistechnologie wird bei beschränkter Nutzungsdauer ein Zeitwert von 511 Mio. EUR berechnet. Die Zeitwerte der immateriellen VG wie Kundenstamm und Basistechnologie sollen bei einer bestimmten Nutzungsdauer 154 Mio. EUR bzw. 162 Mio. EUR betragen, somit insgesamt 316 Mio. EUR. Der Zeitwert der Sachanlagen beträgt 175 Mio. EUR.
> Der Zeitwert des Goodwills aufgrund der Kaufpreisallokation beträgt somit 89 Mio. EUR (= 600 Mio. EUR ./. 511 Mio. EUR). Diesen gilt es nachfolgend zu erklären.
> **Erklärung der Goodwillkomponenten:**
> 1. Dieser setzt sich zunächst aus den im Kaufpreis vergüteten Synergien, die mit dem zugrunde liegenden Unternehmenszusammenschluss verbunden sind, i. H. v. 20 Mio. EUR zusammen.
> 2. Daneben bestehen rein wirtschaftliche Vorteile, die typischerweise nicht aktiviert werden können, wie z. B. Mitarbeiterstamm, Ausgaben für die Aus- und Weiterbildung oder Ausgaben für eine effiziente Neuorganisation des Unt i. H. v. 5 Mio. EUR. Der Goodwill nach Abzug von Synergien und den nicht ansatzbaren, reinen wirtschaftlichen Vorteilen beträgt somit 64 Mio. EUR.
> 3. Er beinhaltet sodann auch zukünftig ("zu schaffende") immaterielle VGe, die bisher im Rahmen der Kaufpreisallokation nicht berücksichtigt wurden, obwohl bei der Ableitung des Unternehmenswerts regelmäßig vom Ersatz

---

19 Vgl. *Sellhorn*, DB 2000, S. 893; ebenso *Moser*, FB 2008, S. 732; *Moser*, BWP 1/2012, S. 15.
20 Die Going-Concern-Komponente resultiert aus dem Zusammenwirken der VG des Unt ohne Berücksichtigung der der Kaufpreisallokation zugrunde liegenden Transaktion.
21 Vgl. *Sellhorn*, DB 2000, S. 891.
22 Beispiel nach *Moser/Hüttche*, FB 2009, S. 394.

> der VG mit bestimmter Nutzungsdauer nach deren Ablauf ausgegangen wurde, sodass sich in der Kaufpreisallokation zumeist nur die bereits vorhandenen immateriellen VG auswirken, nicht jedoch deren Substitute.
> Da Zeitwerte für immateriellen VG wie Kundenstamm und Basistechnologie im Rahmen der Kaufpreisverteilung noch unter einer bestimmten ND subsumiert wurden, sind zur Ermittlung dieser dritten Komponente deren Zeitwerte nunmehr unter der Annahme einer unbestimmten Nutzungsdauer zu berechnen. Diese sollen hier 306 Mio. EUR bzw. 142 Mio. EUR betragen, somit insgesamt 448 Mio. EUR. Die Änderung der Nutzungsdauerannahme führt somit bei diesem Teil des Goodwills aber zu einem Betrag von 132 Mio. EUR, der vom noch zu erklärenden Restbetrag abweicht. Hätte man diese Nutzungsdauerverlängerung bereits bei der Kaufpreisallokation berücksichtigt, hätte sich ein sog. „angepasster" Unternehmenswert i. H. d. Summe der Zeitwerte aller bei unbestimmter Nutzungsdauer anzusetzender VG von 643 Mio. EUR (= Zeitwert Kundenstamm, Sachanlagen und Basistechnologie) ergeben. Entsprechend würde ein sog. „angepasster" GoF i. H. v. 132 Mio. EUR (= 643 Mio. EUR ./. 511 Mio. EUR) resultieren, der den noch zu erklärenden Teilbetrag aus der Kaufpreisallokation von 64 Mio. EUR mit einschließt.

## 2.2 Planmäßige Abschreibung

**12** Aufgrund der Einstufung als zeitlich begrenzt nutzbarer VG (s. Rz 9) resultiert die Abschreibbarkeit des auszuweisenden GoF. Diese hat nach Maßgabe des Ersten Abschnitts zu erfolgen (§ 309 Abs. 1 HGB). Damit wird auf die für das AV maßgebliche Bewertungsnorm des § 253 Abs. 3 HGB verwiesen, weil ein GoF dem Betrieb dauernd zu dienen bestimmt (§§ 247 Abs. 2, 298 Abs. 1 HGB) und daher dem AV zuzuordnen ist. Wegen der Einstufung als zeitlich begrenzt nutzbarer VG hat demnach eine planmäßige Abschreibung des GoF über die voraussichtliche Nutzungsdauer zu erfolgen.[23]

Dies setzt die Festlegung eines Abschreibungsplans, der die **Bestimmung der Nutzungsdauer** und einer **Abschreibungsmethode** beinhaltet, voraus. Die Nutzungsdauer ist im Konzernanhang gem. § 313 Abs. 1 Nr. 1 HGB anzugeben. Außerdem sind die Angabepflichten gem. § 314 Nr. 20 HGB bei einer Nutzungsdauer von mehr als fünf Jahren zu beachten. Als Abschreibungsmethode kommen dabei sowohl lineare als auch degressive Abschreibungen in Betracht.[24] Die planmäßige Abschreibung beginnt im Zugangsjahr des Erwerbs; bei unterjährigem Erwerb ist eine zeitanteilige Abschreibung vorzunehmen.

**13** Jedoch ist fraglich, ob die **Nutzungsdauer eines GoF** überhaupt bestimmbar und, wenn ja, wie diese in der Folge für Zwecke der externen Rechnungslegung zuver-

---

[23] Daher bleibt auch für die Anwendung des *Impairment-Only-Approach* im Bereich der IFRS-Rechnungslegung, der allenfalls bei unbegrenzt nutzbaren VG bzw. VG mit unbestimmter Nutzungsdauer Anwendung finden könnte, kein Raum; ebenso *Stibi/Fuchs*, KoR 2008, S. 103. Dies stellt aber gleichzeitig einen gewichtigen Nachteil von HGB-Bilanzierenden gegenüber IFRS-Bilanzierenden dar.

[24] Zur Einschränkung bei der Anwendung einer anderen als der linearen Methode vgl. DRS 4.31.

lässig festzulegen ist.²⁵ Dies soll am nachfolgenden Beispiel verdeutlicht werden. In diesem Zusammenhang könnte mit Verweis auf die verpflichtende Anhangangabe bei Ansatz einer Nutzungsdauer von mehr als fünf Jahren (§ 314 Nr. 20 HGB) auf eine typisierte Nutzungsdauer von fünf Jahren geschlossen werden. Da diese Anhangangabe jedoch nach Sinn und Zweck keine Vorgaben zur Bewertung macht, sondern lediglich eine Erläuterung der Bewertungsgrundlagen im Anhang bezweckt, kann daraus keine typisierte Nutzungsdauer abgeleitet werden.²⁶

> **Beispiel (Fortsetzung)**
> Die am Beispiel der Übernahme durch die Spezial GmbH dargestellten Komponenten des Goodwills sollen nunmehr auf ihre voraussichtliche Nutzungsdauer untersucht werden.
> Während der Differenzbetrag aus dem Zeitwert der immateriellen VG eines Unt und deren Werte bei unbestimmter Nutzungsdauer bereits konzeptionell eine unbestimmte Nutzungsdauer aufweist, weisen die nicht bilanzierungsfähigen anderen wirtschaftlichen Vorteile dagegen sicherlich eine bestimmte Nutzungsdauer auf. Die Bestimmung der Nutzungsdauer von Synergien hängt vom Einzelfall ab und damit davon, ob von einer Nachhaltigkeit ausgegangen werden kann oder nicht.
> Die zuverlässige Bestimmung einer einheitlichen Nutzungsdauer für den gesamten (aggregierten) Goodwill i. H. v. 89 Mio. EUR wird sich vor diesem Hintergrund sehr schwierig gestalten.

Ungeachtet der Problematik der Bestimmbarkeit einer **typisierten Nutzungsdauer** für einen aggregierten GoF ist gleichwohl dessen planmäßige Nutzungsdauer anhand verschiedener Komponenten hinsichtlich der Zusammensetzung des GoF zu bestimmen bzw. zu schätzen.²⁷ Die **Bestimmungsfaktoren** für den GoF²⁸ können in folgende Gruppen eingeteilt werden, je nachdem, worin die Ursache ihres Einflusses auf den Erfolg des Unt besteht (Umweltanalyse):²⁹

a) unternehmensexterne Faktoren
b) unternehmensinterne Faktoren

**14**

> **Hinweise zu den unternehmensexternen und -internen Faktoren**
> **Zu a):**
> Hierunter kommen alle aus der externen Unternehmensumwelt herrührenden Einflussfaktoren in Betracht, wie z. B. Branchenentwicklungen, insb. Stabilität

---

25  Auf dieser Erwägung basiert der *Impairment-Only-Approach*, der davon ausgeht, dass sich die Nutzungsdauer eines GoF nicht verlässlich schätzen lässt, und daher von einer planmäßigen Abschreibung abzusehen ist, vgl. auch *Oser*, DB 2008, S. 362.
26  Vgl. *Schurbohm-Ebneth/Zoeger*, DB 2008, Beil. 1 zu Heft 7, S. 43; ebenso *Busse von Colbe/Schurbohm-Ebneth*, BB 2008, S. 100.
27  Vgl. WP-Handbuch, Bd. I, 14. Aufl., Abschn. M, Rz 400; zur Problematik der Schätzungen vgl. *Arbeitskreis Bilanzrecht der Hochschullehrer Rechtswissenschaft*, BB 2008, S. 156.
28  Zu den Anhaltspunkten vgl. auch BilMoG RegE, S. 105.
29  Vgl. *Moser/Hüttche*, FB 2009, S. 401 ff.; ebenso *Schultze*, KoR 2003, S. 458: Über den Erfolg eines einzelnen Unt entscheiden aber nicht nur die Umfeldbedingungen, sondern auch dessen besondere Eigenschaften, d. h. seine relative Positionierung innerhalb der Branche.

> und Bestandsdauer der Branche des erworbenen Unt, Auswirkungen von Veränderungen der Absatz- und Beschaffungsmärkte sowie der wirtschaftlichen Rahmenbedingungen des erworbenen Unt (Regulierung) sowie erwartetes Verhalten von Konkurrenten.
> **Zu b):**
> Unternehmensinterne Faktoren sind Faktoren, die an den Leistungspotenzialen eines Unt ansetzen. Hierzu zählen u. a. Art des Unt, Umfang der Erhaltungsaufwendungen, die erforderlich sind, um den erwarteten ökonomischen Nutzen des erworbenen Unt zu realisieren, Mitarbeiterstamm, Bezug zu immateriellen VG (Produktlebenszyklus, Laufzeit wichtiger Absatz- und Beschaffungsverträge) sowie Lebensdauer des erworbenen Unt (voraussichtliche Bestandsdauer und voraussichtliche Dauer der Beherrschung).[30]

Bewertungsrelevante Parameter wie Lebenszyklusdauern bedeutender Technologien, die bereits bei der Bewertung von bilanzierten VG zugrunde gelegt wurden, können nach der hier vertretenen Auffassung gleichwohl als Bewertungsgrundlage für die Bestimmung der Nutzungsdauer des GoF infrage kommen, wenn dadurch nicht nur der beizulegende Zeitwert der jeweiligen bilanzierten VG, sondern auch der Zukunftserfolg des Unt wertgemindert sein könnte. Insoweit wirken sich solche Umstände auf die *Going-Concern*-Komponente des GoF[31] nachteilig aus und sind daher ebenfalls zu berücksichtigen.

Die vorgenannten Faktoren und Kriterien sind nicht abschließend. Im Einzelfall muss eine Abwägung vorgenommen werden, da nicht auszuschließen ist, dass die Faktoren interdependent sind und kompensatorische Wirkungen bestehen.

Soweit aus einem Unternehmenserwerb **ein einheitlicher GoF** ggf. **auf mehrere Produktsparten** entfällt, ist der GoF aufzuteilen und für die einzelnen Produktsparten sind separate Nutzungsdauereinschätzungen vorzunehmen und damit separate Abschreibungspläne zu erstellen.[32]

Bei der **Ermittlung der voraussichtlichen Nutzungsdauer** kann neben der Nutzungsdauer einzelner *Goodwill*-Komponenten (s. Rz 12) auch das Übergewinn-Konzept (s. Rz 11) zugrunde gelegt werden. In diesem Fall wird gedanklich durch den Kaufpreis für ein Unt, abgesehen von nichtfinanziellen Beweggründen, der Ertragswert bezahlt.[33] Dies ist der Gegenwert, den der Käufer für die Zahlung des Kaufpreises vom Verkäufer eingeräumt bekommt. Der **Gegenwert** besteht dabei in der Form eines u. U. zeitlich begrenzten Stroms von finanziellen Vor-

---

[30] Vgl. DRS 4.33 und *Schubert/Andrejewski/Roscher*, in Beck Bil-Komm. 9. Aufl., § 253 HGB, Rz 673. Die genannten Beispiele sind nicht abschließend. Der Gesetzgeber führt in der Gesetzesbegründung zum BilMoG eine Reihe weiterer Anhaltspunkte zur Bestimmung der Nutzungsdauer des GoF auf, vgl. BilMoG-BgrRegE, S. 48.

[31] Vgl. hierzu Rz 10.

[32] Vgl. DRS 4.32 u. 35.

[33] Hieraus ergibt sich die Problematik, dass der ursprüngliche Ertragswert nachträglich im Laufe der Zeit durch einen selbst geschaffenen Firmenwert ersetzt wird. Theoretisch exakt wäre die Trennung in den ursprünglichen Ertragswert mit dessen Bestimmungsfaktoren und den nachträglich geschaffenen Ertragswert und den damit verbundenen Bestimmungsfaktoren. Vor diesem Hintergrund stellen sich die Frage der Dokumentation und deren Umfang für Zwecke der externen Rechnungslegung. Auch wenn eine exakte Trennung wohl nicht verlangt werden kann, muss dies für die Abschlussadressaten nachvollziehbar und plausibel dokumentiert sein, um willkürliche Festlegungen der Nutzungsdauer auszuschließen (so auch *Zwirner/Böcker*, StuB 2011, S. 400 mwN).

teilen. Hierbei entspricht theoretisch die Nutzungsdauer des Übergewinns dem Zeitraum, in dem der erworbene Ertragswert des Übergewinns auf den Substanzwert der erworbenen VG/des erworbenen Unt absinkt.[34] Aus dieser Überlegung wären dann die voraussichtliche Nutzungsdauer des GoF und damit die planmäßige Abschreibung eines GoF abzuleiten. Darüber hinaus wären theoretisch die Grundlagen dafür festzulegen, welche künftigen Zahlungen auf den erworbenen GoF entfallen, da nur diese bei einem späteren Niederstwerttest berücksichtigt werden sollten. Vereinfacht formuliert handelt es sich dabei um den Zeitraum, innerhalb dessen sich der GoF voraussichtlich verflüchtigt hat. Dementsprechend ist für die Bestimmung der **Nutzungsdauer des GoF** (die sog. **Goodwill-Reichweite**) die Angebots- und Kundenstruktur regelmäßig von zentraler Bedeutung: Je höher der Anteil an „Laufkundschaft" ist, desto geringer wird im Allgemeinen die Nutzungsdauer des GoF veranschlagt werden und umgekehrt. Denn für einen potenziellen Käufer ist das Risiko, solche Kunden zu verlieren tendenziell größer als bei einer vorhandenen Stammkundschaft.

Eine Übernahme der steuerrechtlichen Abschreibung über 15 Jahre (§ 7 Abs. 1 Satz 3 EStG) muss nachvollziehbar dargestellt werden; der **Verweis auf die steuerliche Behandlung** allein ist als Begründung ebenfalls wie bei einem Verweis auf § 285 Nr. 13 HGB (s. Rz 13) ausdrücklich **nicht ausreichend**.[35] Im Ergebnis hat eine gesonderte und insb. mit Blick auf das zu beachtende Vorsichtsprinzip eher zurückhaltende Einschätzung der Nutzungsdauer des GoF für handelsrechtliche Zwecke zu erfolgen.[36] Die steuerlich typisierte Nutzungsdauer eines GoF wird dabei nur zufällig mit der tatsächlichen Nutzungsdauer eines GoF übereinstimmen.

### 2.3 Außerplanmäßige Abschreibung

Im Fall einer **dauerhaften Wertminderung** ist der GoF **außerplanmäßig** abzuschreiben (§ 309 Abs. 1 i. V. m. § 253 Abs. 3 Satz 3 HGB). Diese außerplanmäßige Abschreibung ist unabhängig von der planmäßigen Abschreibung vorzunehmen.[37] Es besteht insoweit eine **Pflicht** zur außerplanmäßigen Abschreibung. Daher ergibt sich daraus auch der **Bewertungszeitpunkt**, zu dem eine Überprüfung des Wertansatzes eines GoF durchzuführen ist. Im Hinblick auf die Verpflichtung zur Aufstellung eines JA bzw. KA, der den gesetzlichen Bestimmungen genügt, hat eine solche **Überprüfung jährlich im Zeitpunkt der Aufstellung** zu erfolgen.

Eine außerplanmäßige Abschreibung ist dann vorzunehmen, wenn und soweit Bestimmungsfaktoren, die bei der Nutzungsdauerschätzung zugrunde gelegt wurden, im Bewertungszeitpunkt gegenüber der ursprünglichen Nutzungsdauerschätzung zur Bemessung der planmäßigen Abschreibung nachträglich weggefallen sind.[38] Die Gründe können dabei **unternehmensinterner** oder **-externer Art** sein.[39] **Gründe** hierfür können bspw. auf beschleunigten technologischen und

---

34 Vgl. *Wagner/Schomaker*, DB 1987, S. 1365.
35 Vgl. *Theile*, BBK 23/2007, S. 1237; ebenso bereits *Wagner/Schomaker*, DB 1987, S. 1366.
36 Vgl. *Förschle/Hoffmann*, in Beck Bil-Komm. 9. Aufl., § 309 HGB, Rz 12 a. E.
37 Vgl. *Prinz*, BBK 2008, S. 897.
38 Ebenso *Förschle/Hoffmann*, in Beck Bil-Komm. 9. Aufl., § 309 HGB, Rz 13.
39 Vgl. *Wagner/Schomaker*, DB 1987, S. 1368.

wirtschaftlichen Entwicklungen (technologische Veralterung des Produktsortiments, Wegfall eines maßgeblichen Exportmarkts oder maßgeblichen Hauptkunden), Änderungen der Rechtslage, geänderten Kostenstrukturen im erworbenen Unt (gesunkene Rentabilität) oder auch verschärften Konkurrenzsituationen beruhen.[40] Daneben muss das Absinken des Ertragswerts voraussichtlich dauerhaft erfolgen. Hiervon kann grds. ausgegangen werden, es sei denn, es liegen Anzeichen für eine voraussichtlich schnelle wertmäßige Erholung des Ertragswerts vor.

18  Die **Höhe der außerplanmäßigen Abschreibung** bestimmt sich als Unterschiedsbetrag zwischen Buchwert und niedrigerem beizulegenden Wert des GoF im Bewertungszeitpunkt. Der beizulegende Wert eines GoF kann jedoch aufgrund dessen Eigenschaft als Rest- bzw. Sammelposten (s. Rz 10) nur im Wege einer Gesamtbewertung der wirtschaftlichen Einheit, der er zugeordnet wurde, ermittelt werden, da für diesen VG im bilanziellen Sinn im Rahmen eines Unternehmenserwerbs kein Entgelt als solches bezahlt wird. Vielmehr ergibt sich der GoF als **Differenz** zwischen dem **zukunftsbezogenen Gesamtkaufpreis** für die wirtschaftliche Einheit, denen der GoF (regelmäßig die Anteile am TU) zugerechnet wurde, und deren **Substanzwert bzw. Zeitwert des Reinvermögens** (Summe der Zeitwerte aus einzelbewerteten und einzelveräußerungsfähigen VG und Schulden).[41]

Die **Ermittlung der außerplanmäßigen Abschreibung** auf den GoF bedarf daher zunächst der Ermittlung des Ertragswerts der wirtschaftlichen Einheit und deren Substanzwert, denen der GoF zugeordnet wurde, zum maßgeblichen Bewertungsstichtag (**Schritt 1**).[42] Sodann ist der beizulegende Wert des GoF als Saldogröße zwischen diesem tatsächlichen Ertragswert und dem Substanzwert am Bewertungsstichtag zu ermitteln und dem Buchwert des GoF gegenüberzustellen, um den Umfang der Wertminderung festzustellen (**Schritt 2**).[43] Allerdings werden dadurch die Bewertung der Unternehmenssubstanz und die Bewertung des Geschäftswerts vermischt.[44] Hier stellt sich dann das nur schwer zu lösende Problem der „Vermischung" des ursprünglichen und aktivierten derivativen GoF und des mittlerweile neu entstandenen originären GoF.

19  Die **Ermittlung der tatsächlichen Ertragskraft (Schritt 1)** der wirtschaftlichen Einheit, der der GoF angehört, muss auf Grundlage einer Unternehmensbewertung durchgeführt werden. Als **Ertragswert** kann hier der durch Abzinsung errechnete **Gegenwartswert** (Barwert) aller erwarteten Zukunftserfolge berücksichtigt werden. Dieser ist vom Bilanzierenden unter Berücksichtigung der gegenwärtigen Markt- und Unternehmenssituation unter Berücksichtigung aller möglichen echten und unechten Synergien sowie der vorhandenen individuellen Anlagealternative zu ermitteln. Es ist daher ein **subjektiver Ertragswert** zu

---

[40] Vgl. auch *Förschle/Hoffmann*, in Beck Bil-Komm. 9. Aufl., § 309 HGB, Rz 13.
[41] Vgl. auch *Wagner/Schomaker*, DB 1987, S. 1368.
[42] Ebenso wohl auch *ADS*, 6. Aufl., § 255 HGB, Rz 285, wonach eine außerplanmäßige Abschreibung nach § 253 Abs. 2 HGB aF dann als gerechtfertigt anzusehen ist, wenn der sich für den GoF ergebende Buchwert nicht durch die tatsächliche Ertragskraft gedeckt ist.
[43] Vgl. *Förschle/Hoffmann*, in Beck Bil-Komm. 9. Aufl., § 309 HGB, Rz 14.
[44] Anm.: Dies ist Ausfluss des Einzelbewertungsgrundsatzes in der Handelsbilanz; vgl. hierzu kritisch *Wagner/Schomaker*, DB 1987, S. 1367.

ermitteln.⁴⁵ Allerdings hat eine solche Neuermittlung des Ertragswerts, der den Informationsbedürfnissen der Konzernabschlussadressaten gerecht wird, zum Beurteilungszeitpunkt nur solche Korrekturen und Veränderungen hinsichtlich der genannten Parameter zum Erstbewertungszeitpunkt zu erfassen, die bis zum Folgebewertungszeitpunkt eingetreten sind. Andernfalls würde damit ein zukünftiger selbst geschaffener Zukunftserfolg angesetzt und damit werterhöhend berücksichtigt. Dieses Vorgehen stellt damit auch eine gewisse Objektivierung der Bewertung des GoF sicher. Da ein GoF nunmehr als VG aufzufassen ist, darf **keine Saldierung des erworbenen GoF mit dem vom Unt selbst geschaffenen GoF** erfolgen. Dies würde gegen das Aktivierungsverbot eines selbst geschaffenen GoF verstoßen.

Ob wegen der festgelegten begrenzten Nutzungsdauer des GoF die der **Ertragswertermittlung** zugrunde liegende Unternehmensbewertung auf Basis einer **ewigen Rente** beruhen darf, ist hingegen fraglich, da das Kalkül zur Feststellung der Werthaltigkeit nur die Feststellung verlangt, ob sich die in den AK für die wirtschaftliche Einheit manifestierten Ertragserwartungen, die zum erstmaligen Ansatz eines GoF geführt haben, nachhaltig auf einen niedrigeren beizulegenden Wert abgesenkt haben. Eine solche Forderung ist somit nicht zwingend. Zu bedenken ist, dass eine voraussichtliche Nutzungsdauer für den GoF (vgl. Rz 13) zu bestimmen ist, innerhalb derer der GoF auf den Substanzwert als Folge des nachträglichen allmählich eintretenden Wegfalls der Einflussfaktoren, die ursprünglich den Ertragswert für das Unt bestimmt haben, absinkt. Andererseits kann nicht unberücksichtigt bleiben, dass im Zugangszeitpunkt des GoF ein Ersatz von im Rahmen der Kaufpreisallokation angesetzten VG und Schulden in naher Zukunft implizit vorausgesetzt wird – resultierend aus der Art der Ermittlung des GoF im Zugangszeitpunkt auf Basis einer Unternehmensbewertung mit unbestimmter Planungsdauer (Phasenmethode und Terminal Value).

Die Forderung nach einer **begrenzten Planungsdauer** im Rahmen des Ertragswertkalküls zur Bemessung der Wertminderung würde daher voraussetzen, dass diesbezüglich auch bereits im Rahmen der **Zugangsbewertung des GoF** entsprechend verfahren wurde. Mangels dessen ist daher nach der hier vertretenen Auffassung weiterhin von einer unbegrenzten Planungsperiode für den Ertragswert des Unt zur Bestimmung des GoF im Folgebewertungszeitpunkt auszugehen.

Daneben ergibt sich wegen der Art der Ermittlung des GoF im Zugangszeitpunkt das Problem, dass der bislang bilanzierte und evtl. wertgeminderte GoF bislang noch zu schaffende immaterielle VG enthält, die sich nunmehr im Folgebewertungszeitpunkt konkretisiert haben (z. B. F&E-Projekte, die erst später die Marktreife erreicht haben). **Keinen Einfluss** auf die **Geschäftswertabschreibung** darf dementsprechend auch die Entwicklung haben, welcher der Substanzwert nach dem Unternehmenskauf unterliegt, da nur die Wertentwicklung des GoF nach dem Anschaffungsjahr relevant ist.⁴⁶ Daher kann bei der Ermittlung der Vergleichsgröße zum Buchwert des GoF auf den Ansatz des entsprechenden immateriellen VG im Folgebewertungszeitpunkt verzichtet werden.⁴⁷

---

45 Vgl. insoweit IDW S 1 i.d.F. 2008. Ähnlich *Wagner/Schomaker*, DB 1987, S. 1369.
46 Vgl. auch *Wagner/Schomaker*, DB 1987, S. 1368.
47 Vgl. auch *Förschle/Hoffmann*, in Beck Bil-Komm. 9. Aufl., § 309 HGB, Rz 14.

Soweit **Minderheiten an der wirtschaftlichen Einheit**, denen der GoF angehört, beteiligt sind, ist bei der Ermittlung des Substanzwerts der wirtschaftlichen Einheit der entsprechende Minderheitenanteil auszuscheiden.[48] Die Ermittlung des Ertragswerts der wirtschaftlichen Einheiten erfolgt im Gegensatz dazu ohne Korrekturen, wenn dieser bereits ohne Berücksichtigung von Minderheiten ermittelt wurde (**keine Gesamtbewertung**). Andernfalls wären sowohl beim Substanz- als auch beim Ertragswert der wirschaftlichen Einheit für die auf die Minderheiten entfallenden Anteile entsprechende Korrekturen vorzunehmen.[49]

20 Der **Umfang der außerplanmäßigen Abschreibung** ist auf den **Buchwert des GoF beschränkt**. Dies folgt aus dem Grundsatz der Einzelbewertung.

## 2.4 Wertaufholungsverbot

21 Nach § 253 Abs. 5 Satz 2 HGB darf beim GoF im Gegensatz zu anderen VG des AV und UV nach Wegfall der Gründe für eine vorgenommene außerplanmäßige Abschreibung **keine Wertaufholung** vorgenommen werden. Dies wird damit begründet, dass ein einmal verbrauchter bzw. vernichteter GoF nicht wiederaufleben kann, sondern ein originärer GoF neu geschaffen wird, für den gem. § 248 Abs. 2 Satz 2 HGB ein Bilanzierungsverbot besteht.[50]

# 3 Passiver Unterschiedsbetrag aus der Kapitalkonsolidierung

## 3.1 Entstehungsursache und Ausweis

22 Wenn im Zeitpunkt der **ErstKons** die AK der Beteiligung bzw. der Buchwert der Beteiligung niedriger sind als die zum Zeitwert bewerteten VG und Schulden, ist **ein passiver Unterschiedsbetrag** aus der KapKons **auszuweisen**. Mögliche **Ursachen** dafür sind eine Gewinnthesaurierung beim TU in der Zeit zwischen Kauf und ErstKons, schlechte Ertragsaussichten,[51] die ebenfalls bei den AK berücksichtigt wurden, ein aus einer starken Verhandlungsposition heraus unter den Wert des EK des TU gedrückter Kaufpreis oder auch Abschläge im Kaufpreis zur Berücksichtigung künftiger Verluste, die noch nicht im EK des erworbenen Unt berücksichtigt sind.[52] Die Einhaltung der Auflösungsregel des passiven Unterschiedsbetrags verlangt in der Praxis die Analyse und Dokumentation der Entstehungsursachen. Die im Kaufpreis antizipierten Abschläge sollten im Rahmen der ErstKons möglichst einzeln identifiziert und quantifiziert werden (ähnlich wie bei der Plausibilisierung des Goodwills; s. Rz 11).

---

48 Vgl. auch *Förschle/Hoffmann*, in Beck Bil-Komm. 9. Aufl., § 309 HGB, Rz 14.
49 Vgl. WP-Handbuch, Bd. I, 14. Aufl., Abschn. M, Rz 401.
50 Vgl. *Leibfried/Brinkmann/Gutte/Redecker*, KoR, InfoDienst 11/2007, S. 11.
51 Daneben können hierunter auch immer unzulängliche Kapitalrechte fallen. Die Überprüfung der Werthaltigkeit des GoF wird im HGB-KA grds. auf der Grundlage der rechtlichen Einheiten vorgenommen, sofern im ErstKons-Zeitpunkt der GoF nach DRS 4.30' auf Geschäftsfelder verteilt wurde, ist die Werthaltigkeit für jeden Teil der Gesamt-GoF, der auf ein Geschäftsfeld entfällt, gesondert zu prüfen. Vgl. WP-Handbuch, Bd. I, 14. Aufl., Abschn. M, Rz 402.
52 Vgl. auch *Förschle/Hoffmann,* in Beck Bil-Komm. 9. Aufl., § 309 HGB, Rz 20, und ADS, 6. Aufl., § 309 HGB, Rz 67.

> **Beispiel**
> Die Z-GmbH hat eine Beteiligung im Rahmen des Tausches durch Hingabe eines anderen VG erworben. Der Buchwert des hingegebenen VG betrug 3 Mio. EUR. Durch ein Bewertungsgutachten nach IDW S1 belegt beträgt der beizulegende Zeitwert der (zu erwerbenden) Beteiligung rund 5 Mio. EUR. Das neu bewertete EK der Beteiligung beträgt 4 Mio. EUR im Zeitpunkt des Erwerbs. Die konzernrechnungslegende Z-GmbH macht von dem handelsrechtlichen Wahlrecht im JA Gebrauch, die erworbene Beteiligung weiterhin mit 3 Mio. EUR zu bilanzieren.
> Im Rahmen der KapKons entsteht im KA durch diese Art der Bilanzierung im EA ein passiver Unterschiedsbetrag i. H. der Differenz zwischen dem Zeitwert des abgehenden VG, der durch den Zeitwert der erworbenen Beteiligung bestimmbar ist, und deren Buchwert.
> Im KA der Z-GmbH, der den hingegebenen VG mit Buchwert von 3 Mio. EUR enthielt, ist durch den Tausch ein sofort erfolgswirksam zu vereinnahmender Buchgewinn i. H. v. 2 Mio. EUR (= 5,0 Mio. EUR ./. 3,0 Mio. EUR) entstanden, wodurch der passive Unterschiedsbetrag betragsmäßig vollständig eliminiert wird. Dies entspricht zugleich einer Zugangsbewertung der Beteiligung mit deren Zeitwert als AK.[53]

**Dieser Unterschiedsbetrag** ist zwingend nach dem EK offen als Unterschiedsbetrag aus der KapKons auszuweisen (§ 301 Abs. 3 HGB). Das **Wahlrecht zur Verrechnung** mit einem GoF aus einem anderen Unternehmenserwerb wurde mit Streichung des § 301 Abs. 3 Satz 3 HGB **aufgehoben**.[54] Die Auflösung dieses Posten darf nur in dem Maße erfolgen, wie die Voraussetzungen des § 309 Abs. 2 Nr. 1 u. 2 HGB erfüllt sind. Es handelt sich hierbei um eine **Muss-Vorschrift**.[55]

### 3.2 Auflösung wegen Eintritts erwarteter ungünstiger Ertragslage oder Berücksichtigung erwarteter Aufwendungen (Abs. 2 Nr. 1)

Wenn die negativen Entwicklungen bzw. erwarteten Verluste im Zeitpunkt des Unternehmenserwerbs zum Ausweis eines **negativen Unterschiedsbetrags** aus der KapKons geführt haben und diese negative Entwicklung zum Zeitpunkt der FolgeKons eingetreten ist, ist der negative Unterschiedsbetrag gem. § 309 Abs. 2 Nr. 1 HGB erfolgswirksam aufzulösen.[56]
Im Fall der Unterverzinslichkeit des UntVermögens als Entstehungsursache, wird hingegen entgegen dem Wortlaut des § 309 Abs. 2 Nr. 1 HGB auch eine planmäßige Auflösung des Unterschiedsbetrags gem. DRS 4.41 (s. Rz 27) bevorzugt.[57] Eine sofortige Vereinnahmung wäre demnach nicht zulässig.

---

[53] Vgl. DRS 4.13.
[54] Damit wurde die Auffassung des DRS 4.39 zur Verrechnung aktiver und passiver Unterschiedsbeträge im Gesetz normiert.
[55] Vgl. auch *Förschle/Hoffmann*, in Beck Bil-Komm. 9. Aufl., § 309 HGB, Rz 25.
[56] Ebenso DRS 4.40.
[57] Vgl. *Förschle/Hoffmann*, in Beck Bil-Komm., 9. Aufl., § 309 HGB, Rz 23.

Gesetzlich weiter ungeregelt bleibt die Frage, wie zu verfahren ist, wenn die im Erwerbszeitpunkt **erwarteten Aufwendungen oder Verluste** wider Erwarten **nicht** eintreten. Hier gibt es zwei verschiedene Auffassungen. Es ist sowohl eine ertragswirksame Auflösung[58] als auch eine erfolgsneutrale Umgliederung in das EK[59] denkbar. Es wird hierzu die Meinung vertreten, dass ein solcher Unterschiedsbetrag **ergebniswirksam** aufgelöst werden darf.[60] Der Auflösungsbetrag darf den passiven Unterschiedsbetrag nicht überschreiten.[61]

### 3.3 Auflösung als realisierter Gewinn (Abs. 2 Nr. 2)

25  Ein negativer Unterschiedsbetrag darf nach § 309 Abs. 2 Nr. 2 HGB ergebniswirksam aufgelöst werden, wenn am Abschlussstichtag feststeht, dass er einem realisierten Gewinn entspricht. Mangels gesetzlicher Konkretisierungen wurde diese Auflösungsalternative durch DRS 4.41 näher konkretisiert.

26  Hierunter sind **Fälle** zu subsumieren, in denen der passive Unterschiedsbetrag auf einen günstigen Beteiligungserwerb („**lucky buy**")[62] oder auf die **Fortführung stiller Reserven beim Erwerb der Anteile** zurückzuführen ist.[63] Daneben kommen auch passive Unterschiedsbeträge, die auf der Abbildung von **Tauschgeschäften** beruhen, in Betracht.[64] Allerdings werden die sog. technischen passiven Unterschiedsbeträge wie die Fortführung stiller Reserven der Anteile nach der ErstKons ebenso wie passive Unterschiedsbeträge aufgrund von Tauschgeschäften nach hM nicht von § 309 Abs. 2 HGB erfasst.[65] In diesen Fällen ist deshalb auch eine erfolgsneutrale Umgliederung in die Rücklagen des Konzerns erlaubt (s. Rz 30).

27  Fraglich ist, zu welchem Zeitpunkt die Realisierung eines Gewinns i.S.v. Abs. 2 Nr. 2 feststeht, wenn es zu einem **passiven Unterschiedsbetrag** gekommen ist, **der nicht durch erwartete Verluste bzw. Aufwendungen entstanden** ist. Nach früherer und strenger Auffassung des IDW[66] ist dies der Zeitpunkt, zu dem entsprechend dem Realisationsprinzip feststeht, dass ein Gewinn während der Konzernzugehörigkeit tatsächlich entstanden ist. Also wäre dies der Zeitpunkt, in dem für die Anteile eine EndKons vorzunehmen wäre. Nach einer anderen Meinung kann bereits bei nachhaltig guter Ertragslage des erworbenen TU eine Realisierung nach vernünftiger kaufmännischer Beurteilung (Quasi-Sicherheit) angenommen werden, wenn entsprechend stichhaltige Gründe vorliegen.[67] Abweichend hierzu fordert DRS 4.41, dass der passive Unterschiedsbetrag in allen Fällen, in denen er nicht auf erwarteten künftigen Aufwendungen oder Verlusten

---

58  Vgl. *Ordelheie*, WPg 1987, S. 31; *Förschle/Hoffmann*, in Beck Bil-Komm. 9. Aufl., § 309 HGB, Rz 22 mwN.
59  Vgl. *ADS*, 6. Aufl., § 309 HGB, Rz 92.
60  Vgl. Rz 25; *Förschle/Hoffmann*, in Beck Bil-Komm. 9. Aufl., § 309 HGB, Rz 22 mwN.
61  Vgl. *ADS*, 6. Aufl., § 309 HGB, Rz 74.
62  Anmerkung: „Lucky" i.d.S. heißt, dass sich der Erwerb nachträglich (durch Zufall) als günstig erweist.
63  Vgl. *ADS*, 6. Aufl., § 309 HGB, Rz 75.
64  Vgl. hierzu das Beispiel in Rz 22; *Förschle/Hoffmann*, in Beck Bil-Komm. 9. Aufl., § 309 HGB, Rz 27 mwN.
65  Vgl. auch *Welling/Lewang*, DB 2011, S. 2737
66  Vgl. IDW, SABI 2/1988, Behandlung des Unterschiedsbetrags aus der Kapitalkonsolidierung, WPg 1988, S. 622 (aufgehoben vom IDW am 14.3.2011).
67  Vgl. *ADS*, 6. Aufl., § 309 HGB, Rz 76.

beruht, in einem **planmäßigen Verfahren aufgelöst** wird. Hierbei kann als Methode z.B. eine Verteilung über die gewichtete durchschnittliche Restnutzungsdauer der erworbenen abnutzbaren VG hinsichtlich des Anteils des passiven Unterschiedsbetrags, der die beizulegenden Zeitwerte der erworbenen nichtmonetären VG nicht übersteigt, in Betracht kommen. Der andere Teil wäre dementsprechend sofort erfolgswirksam zu vereinnahmen. Damit ist de facto eine indirekte Kaufpreiskorrektur für solche VG enthalten. Sofern die VG überwiegend nicht abnutzbar sind, wird die Auflösung am Verbrauch oder Abgang der nicht abnutzbaren VG befürwortet. Es ist nach der hier vertretenen Auffassung jedoch zweifelhaft, ob diese Bilanzierungsweise sachgerecht ist. Eine strenge Orientierung am Kriterium des Verbrauchs oder Abgangs (Leistungsbewirkung) verkennt den wirtschaftlichen Gebrauch bzw. Einsatz des nicht abnutzbaren VG im Unternehmen. Daher wäre nach der hier vertretenen Auffassung einer planmäßigen Verteilung des passiven UB nach dem Grundsatz einer periodengerechten Konzerngewinnermittlung auch in solchen Fällen der Vorzug zu geben.

Sofern der negative Unterschiedsbetrag bis zum Abgang des TU nicht oder nicht vollständig nach Abs. 2 aufgelöst ist, kommt es im Rahmen der EndKons zur Ertragsrealisierung, indem der Abgangswert der Beteiligung verringert und so der Veräußerungsgewinn erhöht wird.[68] 28

Kommt es zur EndKons wegen der Verringerung der Beteiligungshöhe (z.B. wird aus der Beteiligung ein assoziiertes Unt), so ist der verbleibende anteilige negative Unterschiedsbetrag mit den AK dieser Beteiligung (auf Konzernebene) zu verrechnen.[69] 29

### 3.4 Einstellung in die Rücklagen

Sofern zwischen dem Erwerb eines TU und dem Zeitpunkt der **ErstKons** ein Zeitraum liegt, in dem das TU Gewinne thesauriert hat, kann der negative Unterschiedsbetrag auf Gewinnthesaurierungen beruhen, die seit der Konzernzugehörigkeit entstanden sind. Dann war es bislang zulässig und ggf. angebracht, um die Ertragslage des Konzerns ab dem Zeitpunkt der erstmaligen Kons. dieses TU nicht zu verzerren, den **negativen Unterschiedsbetrag** direkt in die **Gewinnrücklagen** einzustellen.[70] Da es sich nicht um selbst erwirtschaftete Konzernergebnisbeiträge handelt, wäre nach einer Auffassung der Einstellung in die **Kapitalrücklage** der Vorzug zu geben.[71] Diesem Vorgehen entsprach die Kons. auf den Zeitpunkt der erstmaligen Einbeziehung in den KA (§ 301 Abs. 2 HGB aF) und wurde als gleichwertige Darstellungsalternative zur Kons. auf den Erwerbszeitpunkt gesehen. Dieses Vorgehen ist im Anhang angabepflichtig.[72] 30

---

[68] Vgl. *ADS*, 6. Aufl., § 309 HGB, Rz 79.
[69] Vgl. *Förschle/Hoffmann*, in Beck Bil-Komm. 9. Aufl., § 309 HGB, Rz 28.
[70] Vgl. auch *Weber/Zündorf*, in *Küting/Weber*, HdK, HGB § 309, Rn 87, die diesen Fall als Analogie zu § 309 Abs. 1 Satz 3 HGB sehen; vgl. auch *ADS*, 6. Aufl., § 309 HGB, Rz 68.
[71] Vgl. *Weber/Zündorf*, in *Küting/Weber*, HdK, HGB § 309, Rn 87; nach der hier vertretenen Auffassung ist dies abzulehnen, da ein entsprechender Ausweis eine stärkere Kapitalbindung und damit ein geringeres Ausschüttungspotenzial suggeriert, was de facto nicht vorhanden ist, und daneben auch inhaltlich mit dem Posteninhalt nach § 272 HGB nicht übereinstimmt (zum EK-Ausweis im Konzern vgl. insoweit *Küting*, DB 2010, S. 183).
[72] Vgl. *Förschle/Hoffmann*, in Beck Bil-Komm. 9. Aufl., § 309 HGB, Rz 30.

Auch nach der **Einführung des ErstKons-Zeitpunkts auf den Zeitpunkt des Erwerbs** und der Abschaffung des § 309 Abs. 1 Satz 3 HGB aF kann nach der hier vertretenen Auffassung **dieses Wahlrecht weiter angewandt werden**, soweit es sich um eine erstmalige Kons. von bislang nicht einbezogenen TU handelt und der entstandene Unterschiedsbetrag insoweit nur technisch bedingt ist.[73] Diese Unterschiedsbeträge können aus der erstmaligen Aufstellung eines KA oder aus der erstmaligen Kons. von bisher gem. § 296 HGB nicht einbezogenen TU resultieren. Gleiches gilt, wenn der Unterschiedsbetrag auf einer **Unterbewertung der Beteiligung** im Rahmen einer Sacheinlage beruht.

> **Beispiel**
> Die S-AG bekommt durch Sacheinlage des Hauptaktionärs die Mehrheitsbeteiligung an der Z-GmbH übertragen. Nach einem vorliegenden Bewertungsgutachten nach IDW S1 beträgt der Zeitwert der Beteiligung 5 Mio. EUR. Im Übertragungsvertrag wird geregelt, dass auf die Einlage das Grundkapital um 1 Mio. EUR erhöht wird. Ein Agio wird ausdrücklich nicht vereinbart.
> Die Z-GmbH verfügt im Zeitpunkt der Einbringung über ein neu bewertetes EK i. H. v. 3 Mio. EUR.
> Damit ist die Sacheinlage bei der S-AG als MU unterbewertet. Im Rahmen der ErstKons entsteht i. H. d. Differenz zwischen dem neu bewerten EK und dem Buchwert der Beteiligung (= 5 Mio. EUR./. 1 Mio. EUR) ein passiver Unterschiedsbetrag, der vorzugsweise innerhalb der Rücklagen als Kapitalrücklagen darzustellen wäre.[74]

Soweit es sich um eine FolgeKons handelt und dabei der **passive Unterschiedsbetrag** vor Anwendung des BilMoG (Altfall) bereits in die Rücklagen eingestellt wurde, kann nach der hier vertretenen Auffassung **keine „Reaktivierung" des in den Vorjahren mit Rücklagen verrechneten Unterschiedsbetrags** mit Verweis auf § 301 Abs. 3 HGB nF gefordert werden.[75]

### 3.5 Saldierung von Unterschiedsbeträgen

31 Aktive und passive Unterschiedsbeträge von mehreren TU dürfen nach BilMoG nicht mehr miteinander verrechnet werden (§ 301 Abs. 3 HGB). Damit entfällt ein gängiges Gestaltungsmittel der Konzernrechnungslegungspraxis zur Beeinflussung der Konzernbilanzsumme und damit zur Befreiungsmöglichkeit nach § 293 HGB hinsichtlich der Konzernrechnungslegungspflicht.

---

[73] Vgl. auch *Förschle/Hoffmann*, in Beck Bil-Komm. 9. Aufl., § 309 HGB, Rz 30, die aber noch weiter danach differenzieren, ob die erstmals konsolidierten Anteile bisher *at equity* oder mit den AK bewertet wurden. Im Unterschied zu den seit längerer Zeit bestehenden und nunmehr erstmals konsolidierten TU soll in diesen Fällen eine ergebniswirksame Auflösung nach § 309 Abs. 2 Nr. 2 HGB zu präferieren sein, sofern dieses EK in den Beteiligungen bislang vor der Konzernzugehörigkeit erwirtschaftet wurde und sich noch nicht – wie bei der Bewertung zu AK – einmal in der Konzern-GuV niedergeschlagen hat. A.A. WP-Handbuch, Bd. I, 14. Aufl., Abschn. M, Rz 405 (Fn. 468): **Mussvorschrift** (ebenso *Förschle/Hoffmann*, in Beck Bil-Komm., 9. Aufl., § 309 HGB, Rz 25).
[74] Vgl. *Förschle/Hoffmann*, in Beck Bil-Komm. 9. Aufl., § 309 HGB, Rz 30.
[75] Zur Reaktivierungsmöglichkeit eines aktiven Unterschiedsbetrags s. Rz 35.

## 4 Auswirkungen auf latente Steuern

Nach den steuerrechtlichen Vorschriften (§ 7 Abs. 1 Satz 3 EStG) ist ein GoF zwingend über 15 Jahre abzuschreiben. Da handelsrechtlich grds. nur noch die planmäßige Nutzungsdauer zugrunde gelegt werden darf, würden die Voraussetzungen zur Bildung latenter Steuern (§ 306 HGB) grds. vorliegen, wenn diese von der steuerlichen Nutzungsdauer und daher der buchmäßige Ansatz des GoF in der HB von dem Wertansatz in der Steuerbilanz abweicht.[76] Ebenfalls Auswirkung auf den Ansatz latenter Steuern hätte die unterschiedliche Behandlung des Wegfalls der Gründe einer außerplanmäßigen Abschreibung auf den GoF. Daneben hätte die **unterschiedliche Wertaufholungskonzeption** in Handels- und Steuerbilanz (§ 253 Abs. 5 Satz 2 HGB, § 6 Abs. 1 Nr. 1 Satz 4 EStG) Einfluss auf den Ansatz latenter Steuern. **Aktive latente Steuern** ergeben sich, wenn der GoF in der handelsrechtlichen Konzernbilanz über eine Nutzungsdauer abgeschrieben wird, die kürzer als 15 Jahre ist. **Passive latente Steuern** ergeben sich hingegen, wenn der GoF handelsrechtlich länger als 15 Jahre abgeschrieben wird. Im Fall aktiver latenter Steuern würde dies einen **aktiven Unterschiedsbetrag vermindern** bzw. im Fall **passiver latenter Steuern** einen **aktiven Unterschiedsbetrag** erhöhen. Die Einbeziehung latenter Steuern würde die Berechnung von Unterschiedsbeträgen aus der KapKons bereits beim erstmaligen Ansatz zu einem Zirkelproblem werden lassen.[77] Hierauf wurde gem. § 306 Satz 3 HGB verzichtet. Diese Differenzen bleiben u. E. auch in Folgejahren unberücksichtigt, soweit sie noch nicht (z. B. durch Abschreibungen gem. § 309 Abs. 1 i. V. m. 253 Abs. 3 HGB nF) abgebaut sind. Zu den jeweiligen Auswirkungen aus der Zugangs- und Folgebewertung des GoF auf die Bildung latenter Steuern vgl. insgesamt § 306 Rz 21–24.

32

## 5 Unterschiedsbetrag nach dem Publizitätsgesetz

§ 13 Abs. 2 Satz 1 PublG wurde durch das BilMoG nicht geändert. Demnach sind die Vorschriften zum KA (§§ 294–314 HGB) weiterhin sinngemäß anzuwenden.

33

## 6 Sanktionen

§ 309 HGB wird von der Bußgeldvorschrift § 334 HGB nicht unmittelbar erfasst. Ein Verstoß gegen die Vorschriften des § 309 HGB kann jedoch mittelbar von § 331 Nr. 2 HGB mit einer Freiheitsstrafe von bis zu drei Jahren oder mit Geldbuße sanktioniert werden, wenn dadurch die Verhältnisse im KA, KLB oder Konzernzwischenabschluss unrichtig wiedergegeben oder verschleiert werden. Ebenso ist ein Verstoß gegen die Generalnorm des § 297 Abs. 2 HGB mit einem Bußgeld nach § 334 Abs. 1 Nr. 2b HGB belegt, wenn die dargestellte VFE-Lage wesentlich von der tatsächlichen VFE-Lage abweicht.

34

---

[76] Vgl. *Wendholt/Wesemann*, DB, Beil. 1 zu Heft 7/2008, S. 51.
[77] Vgl. BilMoG-BgrRegE, S. 84 f.; ablehnend *Küting*, DB 2009, S. 2057.

Diese Vorschrift gewinnt bzgl. § 309 HGB durch den **Wegfall der Wahlrechte** und den damit zwingenden Ausweis des GoF an Bedeutung, da GoF wesentliche Bestandteile von Unternehmenszusammenschlüssen sind.[78]

## 7 Änderungen durch das BilRUG

35 Im Rahmen des BilRUG[79] wurde § 309 Abs. 2 HGB neu gefasst. An die Stelle der bisherigen Kasuistik tritt nun die folgende abstrakte Bilanzierungsanweisung: „Ein nach § 301 Absatz 3 auf der Passivseite auszuweisender Unterschiedsbetrag kann ergebniswirksam aufgelöst werden, soweit ein solches Vorgehen den Grundsätzen der §§ 297 und 298 in Verbindung mit den Vorschriften des Ersten Abschnitts entspricht." Bereits im Rahmen des Gesetzgebungsverfahrens erntete diese Regelung viel Kritik. Insbesondere die Unbestimmtheit durch die Verweise auf die Generalnorm des § 297 Abs. 2 und auf die Gewinnrealisationsgrundsätze führen zu einer Unklarheit bzgl. der Frage, wann und ob eine ergebniswirksame Auflösung erforderlich ist. Bei der Beantwortung dieser Frage wird sich die Praxis daher auch weiterhin an den oben dargestellten Regelungen des DRS 4 orientieren müssen. Das DRSC hat mit dem E-DRS 30 bereits eine sinnvolle Fortentwicklung der Regelungen vorgelegt, die nach der Einarbeitung des BilRUG noch im Jahr 2015 bekannt gemacht werden soll (§ 301 Rz 13).[80]

---

[78] Vgl. *Günther/Ott*, WPg 2008, S. 917.
[79] Vgl. § 293 Rz 21. § 293 Rz 21.
[80] Vgl. *Müller/Wobbe*, BB, 2015, S. 1259 ff.

# § 310 ANTEILMÄSSIGE KONSOLIDIERUNG

(1) Führt ein in einen Konzernabschluß einbezogenes Mutter- oder Tochterunternehmen ein anderes Unternehmen gemeinsam mit einem oder mehreren nicht in den Konzernabschluß einbezogenen Unternehmen, so darf das andere Unternehmen in den Konzernabschluß entsprechend den Anteilen am Kapital einbezogen werden, die dem Mutterunternehmen gehören.
(2) Auf die anteilmäßige Konsolidierung sind die §§ 297 bis 301, §§ 303 bis 306, 308, 308a, 309 entsprechend anzuwenden.

Prof. Dr. Stefan Müller/Dr. Markus Kreipl

Inhaltsübersicht                                                                 Rz
1  Überblick ..........................................................        1–5
   1.1  Inhalt und Regelungszweck ......................                         1–3
   1.2  Anwendungsbereich ..............................                         4
   1.3  Normenzusammenhänge ........................                             5
2  Voraussetzung für die anteilmäßige Konsolidierung ........                    6–20
   2.1  Begriff des Gemeinschaftsunternehmens ..............                     6–13
   2.2  Wahlrecht zur Quotenkonsolidierung oder der Bewertung
        at equity ....................................                           14–20
3  Durchführung der Quotenkonsolidierung .....................                   21–33
   3.1  Kapitalkonsolidierung ............................                       21–25
   3.2  Beispiel Teil 1 – Kapitalkonsolidierung ................                 26
   3.3  Schuldenkonsolidierung ..........................                        27–28
   3.4  Beispiel Teil 2 – Schuldenkonsolidierung .............                   29
   3.5  Aufwands- und Ertragskonsolidierung sowie Zwischenergebniseliminierung ......                                             30–31
   3.6  Beispiel Teil 3 – Aufwands- und Ertragskonsolidierung
        sowie Zwischenergebniseliminierung ................                      32
   3.7  Ent- und Übergangskonsolidierung .................                       33
4  Zurechnung von Beteiligungen von Gemeinschaftsunternehmen
   an untergeordnete Unternehmen auf ein gemeinschaftlich
   führendes Mutterunternehmen .........................                         34
5  Rechtsfolgen bei Pflichtverletzung .....................                      35
6  Änderung durch das BilRUG ..........................                          36

### Ergänzendes Schrifttum

*Beiersdorf/Schmidt,* Beteiligungen von Gemeinschaftsunternehmen – wer hat maßgeblichen Einfluss? IRZ 2014, S. 177; *Busch/Zwirner,* Neuregelung der Abbildung von Gemeinschaftsunternehmen im Konzernabschluss – Übergang von der Quotenkonsolidierung zur Equity-Bewertung, IRZ 2014, S. 227; *Ebeling,* Equity-Bewertung und Quotenkonsolidierung als Methoden der Konzernrechnungslegung, Wirtschaftsrechtliche Beratung 1995, S. 649; *Ebeling*, Die zweckgemäße Abbildung der Anteile fremder Gesellschafter im Konzernabschluß nach deutschem HGB, DBW 1995, S. 323; *Eisele/Rentschler*, Gemeinschaftsunternehmen im Konzernabschluß, BfuP 1989, S. 309; *Früh/Klar*, Joint Ventures – Bilanzielle Behandlung und Berichterstattung – Zur neuen HFA-Stellungnahme 1/1993 des IDW, WPg 1993, S. 493; *Harms/Knischewski*, Quotenkonsolidierung versus Equity-Methode im Konzernabschluß – Ein bilanzpolitisches Entscheidungsproblem, DB 1985, S. 1353; *Hayn*, Konsolidierungstechnik bei Erwerb und Veräußerung von Anteilen, 1999; *Hoffmann-Becking/Rellermeyer*, Gemeinschaftsunternehmen im neuen Recht der Konzernrechnungslegung, in *Havermann* (Hrsg.), Bilanz- und Konzernrecht, FS Goerdeler, 1987, S. 199; *Müller/Reinke*, Konsolidierung von Tochterunternehmen im handelsrechtlichen Konzernabschluss, StuB, 2015, S. 376; *Müller/Reinke*, Übergangskonsolidierung im handelsrechtlichen Konzernabschluss unter Berücksichtigung von E-DRS 30, StuB, 2015, S. 408; *Müller/Wobbe*, Konkretisierung der Kapitalkonsolidierung nach HGB durch E-DRS 30 mit sanfter Orientierung an den IFRS, BB 2015, S. 1259; *Nordmeyer*, Die Einbeziehung von Joint Ventures in den Konzernabschluß, WPg 1994, S. 301; *Roß*, Gemeinschaftsunternehmen als Gesellschafterunternehmen im Konzernabschluß – Zur Methode und zur Quote der Einbeziehung der Beteiligungsgesellschaft, WPg 1995, S. 617; *Ruhnke/Kluge*, Gemeinschaftsunternehmen im Konzernabschluß nach International Accounting Standards und HGB, RIW 1996, S. 577; *Schindler*, Konsolidierung von Gemeinschaftsunternehmen: Ein Beitrag zu § 310 HGB, BB 1987, S. 158; *Vaubel*, Joint-Ventures im Konzernabschluss des Partnerunternehmens, 2001; *Zündorf*, Quotenkonsolidierung versus Equity-Methode, 1987; *Zündorf*, Zum Begriff des Gemeinschaftsunternehmens in § 310 HGB, BB 1987, S. 1910; *Zündorf*, Zur Abgrenzung des Konsolidierungskreises für Gemeinschaftsunternehmen, DB 1987, S. 1852; *Zündorf*, Zur Problematik der Zwischenergebniseliminierung im Rahmen der Quotenkonsolidierung, BB 1987, S. 2124.

# 1 Überblick

## 1.1 Inhalt und Regelungszweck

1 Der Gesetzgeber hat für die Einbeziehung von Unt in den KA eine **Stufenkonzeption** vorgesehen.[1] Während TU voll zu konsolidieren (§ 301 Rz 30ff.) und assoziierte Unt nur *at equity* zu bewerten sind (§ 312 Rz 1ff.), können **GemeinschaftsUnt** anteilig in den KA einbezogen werden. Mit dieser Konzeption soll ein abgestufter Übergang unter Berücksichtigung der abnehmenden Intensität der Einflussnahme erreicht werden. Die VG und Schulden, Aufwendungen und Erträge sowie Zwischenergebnisse des gemeinschaftlich geführten Unt können daher höchstens mit einem dem MU gehörenden bzw. zuzurechnenden Kapitalanteil entsprechenden Bruchteil in den KA übernommen werden.

2 Diese sog. **Quotenkonsolidierung** ist erst im Rahmen der Übernahme eines Wahlrechts aus Art. 32 der 7. EG-RL mit dem BiRiLiG 1985 ins HGB auf-

---

[1] Vgl. *Ebeling*, in *Baetge/Kirsch/Thiele*, Bilanzrecht, § 310 HGB, Rz 2, Stand 8/2011.

genommen worden. Anders als in den USA und inzwischen auch nach den IFRS[2] ist die QuotenKons in vielen anderen europäischen Ländern als Alternative zur *Equity*-Methode (§ 312 Rz 1) zur Kons. von GemeinschaftsUnt vorgesehen.
Für die Einbeziehung von GemeinschaftsUnt wurde mit der Vermutung, es handele sich um GoB für Konzerne, am 11.12.2001 **DRS 9** „Bilanzierung von Anteilen an Gemeinschaftsunternehmen im Konzernabschluss" veröffentlicht. Zusätzlich ist auch **DRS 4** „Unternehmenserwerbe im Konzernabschluss" relevant, der Ausführungshinweise für die grundsätzlichen Konsolidierungsmaßnahmen enthält; beide wurden mit DRÄS 4 (Veröffentlichung 4.2.2010) an das BilMoG angepasst, DRS 4 befindet sich aktuell erneut in einer grundlegenden Überarbeitungsphase, wobei der deutlich umfangreichere E-DRS 30 inzwischen vorliegt und nach Bekanntmachung als DRS 23 den DRS 4 zum Gj 2017 mit der Möglichkeit zur freiwilligen früheren Anwendung ersetzen soll. 3

## 1.2 Anwendungsbereich

Die Vorschrift ist von allen **konzernrechnungslegungspflichtigen MU** anzuwenden (§ 290 Rz 8 ff.). Dies bedeutet, dass zumindest noch ein TU neben dem GemeinschaftsUnt vorhanden sein muss. Ein GemeinschaftsUnt alleine löst keine Konzernrechnungslegungspflicht aus. 4

## 1.3 Normenzusammenhänge

Die QuotenKons ist der Interessentheorie (Rz 17) zuzurechnen und widerspricht somit der in § 297 Abs. 3 Satz 1 HGB geforderten Einheitstheorie. Bezüglich der Durchführung der Konsolidierungsmaßnahmen wird auf die §§ 297–301, 303–306, 308, 308a und 309 HGB verwiesen. Wird keine QuotenKons vorgenommen, so ist gem. § 312 HGB die Einbeziehung des GemeinschaftsUnt *at equity* zu prüfen. Aus dem Wahlrecht folgt, dass gem. § 311 Abs. 2 HGB auch auf den Einbezug *at equity* verzichtet werden darf, wenn die Beteiligung an dem GemeinschaftsUnt für die Vermittlung eines den tatsächlichen Verhältnissen entsprechenden Bildes der VFE-Lage nur von untergeordneter Bedeutung ist.[3] 5

# 2 Voraussetzung für die anteilmäßige Konsolidierung

## 2.1 Begriff des Gemeinschaftsunternehmens

Verallgemeinert handelt es sich bei **GemeinschaftsUnt** um rechtlich selbstständige Unt mit vertraglichen Vereinbarungen über die Durchführung wirtschaftlicher Aktivitäten unter gemeinsamer Leitung zwischen zwei oder mehreren voneinander unabhängigen Parteien, wobei die wirtschaftliche Zusammenarbeit und somit die Verfolgung gemeinsamer Interessen im Vordergrund steht. Es handelt sich somit um Unt, die von einem in den KA einbezogenen MU oder TU und einem oder mehreren anderen, nicht zum Konzern gehörenden Unt gemeinsam geführt werden. 6

---

[2] Mit dem ab dem Gj 2014 in der EU anzuwendenden IFRS 11 wird die QuotenKons. für GemeinschaftsUnt abgeschafft, vgl. *Lüdenbach/Hoffmann/Freiberg*, in *Lüdenbach/Hoffmann/Freiberg*, Haufe IFRS-Kommentar, 13. Aufl., 2015, § 34, Rz 1 ff.
[3] Vgl. *Pellens/Fülbier*, in MünchKomm. HGB, 3. Aufl., § 310 Rn 22.

7   Unter dem Aspekt der **Intensität der Einflussnahme** bildet diese Gesellschaftsform die erste Übergangsstufe vom Kern der Unternehmensgruppe zur Umwelt. Im Gegensatz zum Beherrschungskonzept des § 290 HGB, das seinen Ausdruck darin findet, dass bei TU allein das Interesse des MU durchgesetzt werden kann, erfordern GemeinschaftsUnt einen Interessenausgleich der gleichberechtigten Gesellschafter.

8   Für die Einstufung als GemeinschaftsUnt sind also weder die Beteiligungsquoten noch die Gesellschafterzahl bestimmend. Konstitutive Merkmale sind vielmehr die **tatsächlich ausgeübte gemeinsame Führung**, die sich darin ausdrückt, dass die Geschäftspolitik in wesentlichen Fragen gemeinsam bestimmt wird, keinem Beteiligten besondere Leitungsbefugnisse zustehen, die **Gesellschafter voneinander unabhängig sind** und eine i.d.R. **auf Dauer ausgerichtete Zusammenarbeit vorliegt**. Die Möglichkeit zur Ausübung der gemeinschaftlichen Leitung in Analogie zum Beherrschungskonzept des § 290 HGB i.d.F. vor dem BilMoG ist somit nicht ausreichend. Denkbar ist jedoch, dass sich die Gesellschafter die Führungsrollen aufteilen, etwa in technische und kaufmännische Führung, wobei aber sichergestellt sein muss, dass bei unterschiedlichen Auffassungen einvernehmliche Entscheidungen herbeigeführt werden. DRS 9.3 unterstellt, dass eine gemeinschaftliche Führung dann gegeben ist, wenn die GesellschafterUnt strategische Geschäftsentscheidungen sowie Entscheidungen über Investitions- und Finanzierungstätigkeiten einstimmig treffen.

9   Auch wenn der Wortlaut von § 310 Abs. 1 HGB explizit eine Unternehmereigenschaft bei den anderen Gesellschaftern unterstellt, ist denkbar, dass auch eine **Privatperson** die Rolle eines „nicht in den Konzernabschluss einbezogenen Unternehmens" ausfüllen kann.[4] Dagegen hat das GemeinschaftsUnt selbst stets die Unternehmenseigenschaften zu erfüllen.

10  Bei **Arbeitsgemeinschaften**, deren Zusammenarbeit von Beginn an zeitlich befristet ist und die häufig in der Rechtsform der GbR geführt werden, ist die Zuordnung als GemeinschaftsUnt i.S.d. HGB im Schrifttum strittig. Im Zweifel ist eine Unternehmenseigenschaft nachzuweisen, welche gem. HFA 1/1993[5] dann als gegeben anzusehen ist, wenn

    • das Vermögen ganz oder teilweise gesamthänderisch gebunden ist,
    • keine reine vermögensverwaltende Tätigkeit ausgeübt wird,
    • erwerbswirtschaftliche Interessen verfolgt werden,
    • mittels einer Organisation nach außen in Erscheinung getreten wird sowie
    • Rechtsbeziehungen zu Dritten oder zu Unt des Konzernverbunds bestehen.

11  Wird eine **GbR** als GemeinschaftsUnt klassifiziert, so müssen die die Ges. führenden Unt eine Rechnungslegung nach handelsrechtlichen Normen vereinbaren, da für diese Rechtsform keine gesetzlichen Rechnungslegungsvorschriften bestehen.[6]

12  Hinsichtlich der **Anzahl der gemeinschaftlich führenden Gesellschafter** werden als Untergrenze zwei – ansonsten handelt es sich um ein TU – und als Obergrenze fünf Gesellschafter genannt, da gem. § 311 Abs. 1 Satz 2 HGB bei unter 20 % kein maßgeblicher Einfluss mehr vermutet wird.[7] Es handelt sich dabei aber lediglich um den Vermutungstatbestand des maßgeblichen Einflusses,

---

4   Vgl. *Ebeling*, in *Baetge/Kirsch/Thiele*, Bilanzrecht, § 310 HGB, Rz 38, Stand 8/2011.
5   Vgl. IDW HFA 1/1993, WPg 1993, S. 493.
6   Vgl. IDW HFA 1/1993, WPg 1993, S. 441.
7   Vgl. *ADS*, 6. Aufl., § 310 HGB, Rz 15.

sodass auch mehr als fünf Gesellschafter möglich sind.[8] Grundsätzlich denkbar ist auch, dass neben den Gesellschaftern, die die gemeinschaftliche Führung ausüben, noch weitere Gesellschafter an dem GemeinschaftsUnt beteiligt sind (sog. Streubesitz). Maßgebend sind die Stimmenverteilung sowie die tatsächlich durchgeführte gemeinschaftliche Leitung. Wenn die das GemeinschaftsUnt führenden Gesellschafter eine Vereinbarung über die Beschränkung der Stimmrechtsausübung oder eine Einstimmigkeitsvereinbarung getroffen haben, sind letztlich jedoch auch die Höhe der Kapitalbeteiligung und die der Anteile der Stimmrechte für die Klassifikation eines GemeinschaftsUnt nicht mehr relevant.[9]

> **Beispiel**
> GemeinschaftsUnt können bei folgenden Konstellationen vorliegen, soweit eine gemeinschaftliche Führung tatsächlich ausgeübt wird:
> - Paritätische Stimmrechtsverteilung, d. h. 50 % : 50 %, 33,33 % : 33,33 % : 33,33 %, 25 % : 25 % : 25 % : 25 %, ...
> - Stimmrechtsmehrheit, aber Einstimmigkeitsvereinbarung, d. h. z. B. 80 % : 20 %, 55 % : 45 %, ...
> - Vorhandensein von Minderheitsgesellschaftern, soweit die Hauptgesellschafter gemeinsam führen, z. B. 40 % : 40 % : 20 % (Streubesitz), ...

**Zwingend** ist jedoch, dass das konsolidierungspflichtige MU oder ein anderes KonzernUnt überhaupt einen **Kapitalanteil** an dem GemeinschaftsUnt hält, da ansonsten eine quotale Einbeziehung bei einer Quote von 0 % nicht erfolgen kann. 13

## 2.2 Wahlrecht zur Quotenkonsolidierung oder der Bewertung at equity

Für gemeinschaftlich geführte Unt ist gem. § 310 Abs. 1 HGB und DRS 9.4 im KA eine anteilmäßige Kons. (**QuotenKons**) erlaubt, wenn mindestens eines der gemeinschaftlich führenden Unt nicht zum KonsKreis gehört. Alternativ ist ein Einbezug nach der *Equity*-Methode gem. § 312 HGB zulässig, was auch entsprechend in DRS 9.4 nachgebildet ist.[10] Wird auf das Einbeziehungswahlrecht des § 311 Abs. 2 HGB zurückgegriffen, so hat der Ausweis als Beteiligung zu erfolgen (§ 311 Rz 42 ff.). 14

Das **Methodenwahlrecht** bezieht sich jedoch nur auf die GemeinschaftsUnt. Im umgekehrten Fall eines assoziierten Unt darf ebenso wenig statt der Equity-Methode die QuotenKons erfolgen, wie ein TU statt der VollKons nicht anteilmäßig einbezogen werden darf. 15

Die für das GemeinschaftsUnt gewählte Konsolidierungsmethode muss im Anhang angegeben werden und ist gem. § 297 Abs. 3 Satz 2 HGB stetig beizubehalten. Allerdings darf diese Entscheidung für **jedes einzelne GemeinschaftsUnt gesondert** getroffen werden, wobei im Folgenden wiederum die Methodenstetigkeit zu beachten ist.[11] 16

---

8 Vgl. *Ebeling*, in *Baetge/Kirsch/Thiele*, Bilanzrecht, § 310 HGB, Rz 41, Stand 8/2011.
9 Vgl. *Zündorf*, BB 1987, S. 1913.
10 Vgl. zur Equity-Methode *Müller*, in *Federmann/Kußmaul/Müller* (Hrsg.), HdB, Equitiy-Bewertung nach HGB und IFRS, Rz 1 ff.
11 Vgl. *Ebeling*, in *Baetge/Kirsch/Thiele*, Bilanzrecht, § 310 HGB, Rz 2, Stand 8/2011.

**17** Mit der QuotenKons wird der Zweck des konsolidierten Abschlusses, den Konzern als wirtschaftliche Einheit abzubilden, nicht erreicht. Zum einen gehören aus Sicht der Einheitstheorie die nicht in die Konzernbilanz aufgenommenen Anteile der anderen Gesellschafter ebenfalls zum EK. Zum anderen werden im KA VG und Schulden ausgewiesen, deren Wertansatz von der Beteiligungshöhe abhängt und der sich bei einer steigenden oder sinkenden Beteiligungshöhe entsprechend verändert, über die der Konzern nicht frei verfügen kann. Auch wenn die anteilige Einbeziehung die beschränkte Verfügungsmacht des Konzerns zum Ausdruck bringen soll, entspricht diese Abbildung nicht der tatsächlichen Rechtslage, denn es ist bspw. keine selbstständige Verwertbarkeit der Vermögenswerte gegeben. Die Aussagefähigkeit des KA kann durch die Vermischung von voll und quotal konsolidierten Daten beeinträchtigt werden, da dies zu einem von außen nicht differenzierbaren Bewertungskonglomerat führt. Die Lage des Konzerns wird dadurch nicht richtig wiedergegeben. Außerdem wird der Wertansatz eines Gegenstands von der Höhe des Kapitalanteils abhängig gemacht. Dies führt dazu, dass ein gleicher Sachverhalt bei ungleichen Kapitalanteilen unterschiedlich bewertet wird. Die QuotenKons verstößt in elementarer Weise gegen die Einheitstheorie; sie ist der **Interessentheorie** zuzurechnen, bei der der KA als erweiterter Abschluss des MU zu verstehen ist. Als kritisch wird auch erachtet, dass die innerkonzernlichen Beziehungen und Geschäftsvorfälle nur anteilsmäßig eliminiert werden.

**18** Als Resultat auf die Kritik an der QuotenKons werden von DRS 9 mit der Vermutung, es handele sich um GoB für den Konzern, **zusätzliche Anhangangaben** für KM-orientierte Unt gefordert, womit der Vorwurf des Wertekonglomerats entkräftet werden kann. So haben als Gesamtangabe zu erfolgen die Summen:
- der kurzfristigen Vermögenswerte,
- der langfristigen Vermögenswerte,
- der kurzfristigen Schulden,
- der langfristigen Schulden sowie
- der Aufwendungen und Erträge, die aus einbezogenen GemeinschaftsUnt resultieren.

Zudem ist eine gesonderte Angabe der nicht bilanzierten finanziellen Verpflichtungen, die im Zusammenhang mit dem GemeinschaftsUnt bestehen, d.h. gegenüber dem GemeinschaftsUnt selbst, gegenüber den anderen PartnerUnt oder gegenüber Dritten, notwendig (DRS 9.25).

**19** Ein Vorteil der QuotenKons ist die **umfassende Darstellung des wirtschaftlichen Handelns** des Konzerns. Berücksichtigt man, dass viele Konzerne aus Kapazitäts- und Risikogründen bestimmte Aktivitäten zunehmend rechtlich ausgliedern und in Form von GemeinschaftsUnt durchführen, ist die Ablehnung der QuotenKons folglich zu relativieren. Die GemeinschaftsUnt gehören zwar nicht zur wirtschaftlichen Einheit, aber die daran beteiligten KonzernUnt beeinflussen die Geschäftsführung aktiv und sind an den Gewinnen und Verlusten operativ beteiligt. Eine unzulässige Erweiterung des VollKonsKreises durch ein PartnerschaftsUnt erfolgt dadurch jedoch nicht. Außerdem ist zu vermuten, dass „die Auswirkungen der Quotenkonsolidierung auf die externe Rechnungslegung des Gesamtkonzerns zu einer intensiveren Betreuung des Rechnungswesens des GemeinschaftsUnt führen dürften."[12]

Will man die **wirtschaftlichen Aktivitäten** eines Konzerns **zutreffend abbilden,** 20 stellt die **QuotenKons** nach der hier vertretenen Ansicht durchaus eine **zieladäquate Konsolidierungsmethode** dar, zumal eine der Einheitstheorie entsprechende VollKons erst recht ein unzutreffendes Bild bieten würde. Unter Abbildungsaspekten sollte somit im Zweifel die QuotenKons einer Nettodarstellung, wie sie über die alternativ zulässige *Equity*-Bewertung, bei der die einzelnen Vermögens- und Erfolgskomponenten im Beteiligungsbuchwert untergehen, erfolgen würde (§ 312 Rz 12 ff.), vorgezogen werden.

## 3 Durchführung der Quotenkonsolidierung

### 3.1 Kapitalkonsolidierung

Im Zusammenhang mit der KapKons werden die Aktiva und Passiva des durch 21 die **konzerneinheitliche Bilanzierung** (§ 300 Rz 10 ff.) **und Bewertung** (§ 308 Rz 1 ff.) modifizierten JA des GemeinschaftsUnt entsprechend des direkt gehaltenen oder nach § 290 Abs. 5 HGB zuzurechnenden Kapitalanteils des MU quotal in den KA übernommen. Aus dem Konstrukt eines GemeinschaftsUnt mit mindestens zwei MU folgt das praktische Problem, dass das GemeinschaftsUnt i.d.R. in mindestens zwei KA einzubeziehen ist, was auch die Beachtung von mindestens zwei ggf. abweichenden Konzernrichtlinien zur jeweiligen Handhabung der Ansatz- und Bewertungsmethoden zur Folge hat. Da jedoch der explizite Verweis auf die Regelungen der Vereinheitlichung im Gesetz aufgenommen ist, bedeutet dies, dass das Rechnungswesen des GemeinschaftsUnt auch für jedes der gemeinsam leitenden Unt eine HB II erstellen muss, d.h. ggf. parallel mit unterschiedlichen Ansatz- und Bewertungsregelungen arbeiten muss. Allerdings sind Ausnahmen bei der Anpassung in § 308 Abs. 2 Satz 3 HGB für die Bewertung explizit und für die Ansatzvereinheitlichung implizit vorgesehen (§ 300 Rz 31). Demnach sind grds. gebotene Anpassungen der Ansatz- und Bewertungsvorschriften der einzubeziehenden Unt entbehrlich, wenn dies für die Vermittlung eines den tatsächlichen Verhältnisse entsprechenden Bilds der VFE-Lage des Konzerns von untergeordneter Bedeutung ist.[13]

Es handelt sich bei der QuotenKons um eine **VollKons mit der eigenen Beteiligungsquote.** Da die QuotenKons völlig von den Kapitalanteilen der anderen 22 Gesellschafter abstrahiert, ist **kein Ausgleichsposten** für Anteile anderer Gesellschafter auszuweisen. Der direkte Verweis auf § 301 HGB bedingt die pflichtgemäße Verwendung der **Neubewertungsmethode** für die ErstKons. Wurden GemeinschaftsUnt vor 2009 mit der Buchwertmethode erstkonsolidiert, so ist diese KonsMethode beizubehalten (Art. 66 EGHGB Rz 14).

Hinsichtlich des Ansatzes der Wertverhältnisse schreibt § 301 Abs. 2 HGB den 23 **Zeitpunkt** vor, an dem das Unt GemeinschaftsUnt geworden ist. Für den Fall, dass das MU erstmals einen KA aufstellt oder das GemeinschaftsUnt nach einer zuvor erfolgten Nutzung eines Konsolidierungswahlrechts gem. § 296 HGB erstmalig einbezogen wird, sind die Wertansätze zum Zeitpunkt der Einbeziehung des

---

12 *Küting/Weber,* Konzernabschluss, 2008, S. 412.
13 Vgl. IDW RH HFA 1.018, Tz. 11.

GemeinschaftsUnt in den KA zugrunde zu legen. Fraglich ist, ob diese Verschiebung des Zeitpunkts auch erreicht werden kann, indem zuvor die Bewertung des GemeinschaftsUnt *at equity* gem. § 311 HGB erfolgte. Dem Sinn der Vorschrift folgend, durch die Verschiebung des Zeitpunkts der Wertermittlung das Informationsproblem zu umgehen,[14] wird im E-DRS 30.181 die Auffassung vertreten, dass für den seltenen Fall, dass ein GemeinschaftsUnt zunächst *at equity* und erst in späteren Jahren ggf. durch Zukauf oder durch Methodenänderung quotal konsolidiert wird, bei der Wertermittlung zunächst ungeachtet der vorangegangenen Equity-Bewertung der Altanteile nach § 301 Abs. 1 Satz 2 und 3 HGB eine vollständige Neubewertung der VG und Schulden des GemeinschaftsUnt zum Zeitpunkt des Statuswechsels (§ 301 Abs. 2 Satz 1 HGB) zu erfolgen hat. Allerdings wird dann, wenn durch die Neubewertung neue stille Reserven oder Lasten in den Altanteilen aufgedeckt werden, nach E-DRS 30.182 eine Zwischenergebniseliminierung (erfolgsneutral) zu Lasten oder zu Gunsten der Residualgröße GoF oder passivischer Unterschiedsbetrag gefordert. Dies ergibt im Ergebnis eine tranchenweise Kons., die eigentlich ausgeschlossen ist.

24 Hinsichtlich der Ermittlung der **Quote für die Einbeziehung** ist auf die vom MU und/oder von TU des Konzerns gehaltenen Anteile am Kapital abzustellen.

> **Beispiel**
> Neben dem problemlosen Normalfall, dass ein Unt die Anteile neben mindestens einem weiteren konzernunabhängigen Unt hält und beide entsprechend als gemeinschaftlich leitendes Unt auftreten, bedürfen folgende Fälle aus der Sicht des einzelnen leitenden Unt einer gesonderten Betrachtung:
> - Die Kapitalanteile wurden zu verschiedenen Zeitpunkten erworben, etwa wenn eines der gemeinsam leitenden Unt aus dem GemeinschaftsUnt ausgestiegen ist und dessen Anteile von den verbleibenden leitenden Unt erworben wurden. In diesem Fall ist nach § 301 Abs. 2 HGB sowie DRS 4.26 eine gesonderte Kons. der einzelnen Quoten durchzuführen oder alternativ eine Abbildung als Transaktion zwischen den Gesellschaftern denkbar (E-DRS 30.166) (§ 301 Rz 194f.).
> - Das GemeinschaftsUnt wird nicht direkt vom MU, sondern von einem einbezogenen TU gehalten, an dem das MU weniger als 100 % der Anteile hält. In diesem Fall sind indirekte Anteile anderer Gesellschafter zu berücksichtigen, die jedoch implizit bereits in der Position der Anteile anderer Gesellschafter enthalten sind, die im Rahmen der VollKons des TU in die Konzernbilanz gelangen. Für den Ergebnisanteil ist dann jedoch darauf zu achten, dass diese Kons. auf Basis eines Teil-KA erfolgt, da ansonsten die von § 307 Abs. 2 HGB geforderte Angabe der Anteile anderer Gesellschafter in der Konzern-GuV nicht richtig erfolgen könnte (§ 301 Rz 212ff.).[15]
> - Wird das GemeinschaftsUnt von einem TU gehalten, welches aufgrund eines Konsolidierungswahlrechts nach § 296 HGB nicht voll konsolidiert ist, ist die Voraussetzung für die QuotenKons nach § 310 Abs. 1 Satz 1 HGB – „… einbezogenes Mutter- oder Tochterunternehmen …" – nicht

---

[14] Vgl. BilMoG-BegrRegE, S. 81.
[15] Vgl. *Ebeling*, in *Baetge/Kirsch/Thiele*, Bilanzrecht, § 310 HGB, Rz 83, Stand 8/2011.

> erfüllt. Zwar liegt nach § 271 Abs. 1 Satz 4 HGB i.V.m. § 16 Abs. 4 AktG eine Zuordnung der Anteile zum MU vor, für die Einbeziehung wäre jedoch ein Sonderposten notwendig, der im HGB nicht vorgesehen ist.[16]
> - Ein GemeinschaftsUnt kann seinerseits wieder ein GemeinschaftsUnt leiten. In diesem Fall wäre das erste GemeinschaftsUnt zwangsläufig im KonsKreis vertreten, allerdings nicht als TU. Dennoch kann durch den Verweis auf die Regelungen der VollKons das zweite GemeinschaftsUnt mit den dem MU zuzurechnenden Anteilen in den KA einbezogen werden.[17]

Für den Fall, dass das GemeinschaftsUnt selbst MU ist, sollte die quotale Einbeziehung des **Teil-KA** erfolgen, was ggf. auch zu einem quotalen Ausweis von Anteilen anderer Gesellschafter führt, die aus den TU des GemeinschaftsUnt resultieren.[18]

### 3.2 Beispiel Teil 1 – Kapitalkonsolidierung

Eine Konzernmutter M AG hält Anteile an verschiedenen TU. Da Befreiungsmöglichkeiten nicht genutzt werden können, besteht eine Konzernrechnungslegungspflicht. Am Ende des Gj 02 erwirbt M eine Beteiligung i.H.v. 50 % an dem GemeinschaftsUnt G GmbH für 38 Mio. EUR. G besitzt Grundstücke im Wert von 50 Mio. EUR mit stillen Reserven i.H.v. 20 Mio. EUR. Die Bilanzen (bei der M AG wird zur klareren Darstellung auf die Abbildung der Anteile der TU verzichtet) haben das folgende Aussehen:

| Aktiva | Bilanz (HB II) 31.12.02 M AG (in Mio. EUR) | | Passiva |
|---|---|---|---|
| Anteile an Beteiligungen | 38 | EK | 38 |
| | 38 | | 38 |

| Aktiva | Bilanz (HB II) 31.12.02 G GmbH (in Mio. EUR) | | Passiva |
|---|---|---|---|
| Grundstücke | 50 | EK | 50 |
| | 50 | | 50 |

1. Schritt
Die Ansätze und Bewertungen sind gem. § 300 Abs. 1 HGB und § 308 HGB zu vereinheitlichen. In diesem Beispiel ergibt sich dafür keine Notwendigkeit.

2. Schritt
Eine Neubewertung hat für die Grundstücke einen Wert von 70 Mio. EUR ergeben. Davon entfallen 50 % (35 Mio. EUR) auf M und 50 % auf andere Gesellschafter (35 Mio. EUR). Nach § 310 Abs. 2 i.V.m. § 301 Abs. 1 HGB

---

[16] Vgl. *ADS*, 6. Aufl., § 310 HGB, Rz 30; *Ebeling*, in *Baetge/Kirsch/Thiele*, Bilanzrecht, § 310 HGB, Rz 73–75, Stand 8/2011; *Pellens/Fülbier*, in MünchKomm. HGB, 3. Aufl., § 310 Rn 32; a.A. *Busse von Colbe/Müller/Reinhard*, Aufstellung von Konzernabschlüssen, 1989, S. 504.

[17] Vgl. *ADS*, 6. Aufl., § 310 HGB, Rz 30; *Ebeling*, in *Baetge/Kirsch/Thiele*, Bilanzrecht, § 310 HGB, Rz 76, Stand 8/2011; a.A. *Winkeljohann/Lewe*, in Beck Bil-Komm. 9. Aufl., § 310 HGB, Rz 30ff.

[18] Vgl. *Pellens/Fülbier*, in MünchKomm. HGB, 3. Aufl., § 310 Rn 37; *Winkeljohann/Lewe*, in Beck Bil-Komm. 9. Aufl., § 310 HGB, Rz 60.

muss diese Neubewertung in der Bilanz der G GmbH vor der KapKons vorgenommen werden. Dabei sind latente Steuern zu beachten, die mit einer Steuerquote von 30 % angesetzt werden. Die Differenz zwischen Handels- und Steuerbilanz beläuft sich auf 20 Mio. EUR. Bei 30 % sind entsprechend passive latente Steuern i. H. v. 6 Mio. EUR zu berücksichtigen. Damit ergibt sich die folgende modifizierte Bilanz:

| Aktiva | Bilanz (HB III) 31.12.02 G GmbH neu (in Mio. EUR) | | Passiva |
|---|---|---|---|
| Grundstücke | 70 | EK | 64 |
| | | Passive latente Steuern | 6 |
| | 70 | | 70 |

**3. Schritt**
Entsprechend der Beteiligungsquote ist die Summenbilanz zu bilden, in der zu den Werten der M AG (und den vollen Werten der einbeziehungspflichtigen TU, die hier aber aus Vereinfachungsgründen nicht dargestellt sind) die anteiligen Werte der G GmbH hinzuzuaddieren sind (Tabelle 1). Alternativ kann auch eine Summierung von G mit 100 % nebst Berücksichtigung der nur anteiligen Einbeziehung bei der Kons. erfolgen (Tabelle 2).

**4. Schritt**
Anschließend erfolgen die Aufrechnung des Beteiligungsbuchwerts mit dem neu bewerteten EK der G GmbH und die Ermittlung des Unterschiedsbetrags. Da alle stillen Reserven und Lasten bereits im 2. Schritt aufgelöst wurden, muss es sich bei einem aktiven Unterschiedsbetrag um einen GoF handeln, im umgekehrten Fall um einen passiven Unterschiedsbetrag aus der KapKons. Der GoF-„Anteil" von M beläuft sich hier auf 6 Mio. EUR. Tabelle 1 zeigt die Schritte 3 und 4 im Überblick und führt zur Konzernbilanz, wobei die einbeziehungspflichtigen TU nicht dargestellt sind.

| Bilanz (in Mio. EUR) | M | | G (neu) | | Summen-bilanz | | Kons. | | Konzern | |
|---|---|---|---|---|---|---|---|---|---|---|
| | A | P | A | P | A | P | A | P | A | P |
| Grundstücke | | | 70 | | 35 | | | | 35 | |
| Anteile an Beteiligungen | 38 | | | | 38 | | | 38 | | |
| GoF | | | | | | | 6 | | 6 | |
| EK | | 38 | | 64 | | 70 | 32 | | | 38 |
| Lat. Steuern | | | | 6 | | 3 | | | | 3 |
| | 38 | 38 | 70 | 70 | 73 | 73 | 38 | 38 | 41 | 41 |

Tab. 1: Konsolidierungsschritte bei anteiliger Berücksichtigung von G in der Summenbilanz

Die Summenbilanz setzt sich aus den Werten der M AG und den entsprechend der Beteiligungsquote anteilig berücksichtigten (50 %) Werten der G GmbH zusammen. Im Rahmen der Kons. werden die Position „Anteile an Beteiligungen" eliminiert, der GoF berücksichtigt sowie das EK aus der Summenbilanz um den anteiligen EK-Wert von G gekürzt.
Alternativ kann auch eine Summierung von G mit 100 % nebst Berücksichtigung der nur anteiligen Einbeziehung bei der Kons. erfolgen (Tabelle 2). Die alternative Berechnung ist auch bei den folgenden Aufgabenteilen möglich, wird allerdings nur bei Teil 1 erläutert.

| Bilanz (in Mio. EUR) | M | | G (neu) | | Summenbilanz | | Kons. | | Konzern | |
|---|---|---|---|---|---|---|---|---|---|---|
|  | A | P | A | P | A | P | A | P | A | P |
| Grundstücke |  |  | 70 |  | 70 |  | 35 |  | 35 |  |
| Anteile an Beteiligungen | 38 |  |  |  | 38 |  | 38 |  |  |  |
| GoF |  |  |  |  |  |  |  | 6 | 6 |  |
| EK |  | 38 |  | 64 |  | 102 | 64 |  |  | 38 |
| Lat. Steuern |  |  |  | 6 |  | 6 |  | 3 |  | 3 |
|  | 38 | 38 | 70 | 70 | 108 | 108 | 73 | 73 | 41 | 41 |

Tab. 2: Konsolidierungsschritte bei vollständiger Berücksichtigung von G in der Summenbilanz und entsprechender Korrektur im Rahmen der Kons.

Die Werte aus Tabelle 2 ergeben sich grds. wie bei Tabelle 1. Da die lediglich 50 %ige Beteiligung hier im Rahmen der Bildung der Summenbilanz nicht berücksichtigt wurde, wurden die im Rahmen der Kons. angewandten Korrekturwerte entsprechend um diese Anteile erhöht.

### 3.3 Schuldenkonsolidierung

Weitere innerkonzernliche Beziehungen mit GemeinschaftsUnt sind im Rahmen der QuotenKons ebenfalls anteilig zu eliminieren. Generelles Ziel ist, dass im KA nur noch die Forderungen und Schulden, Zwischenergebnisse sowie Aufwendungen und Erträge erscheinen, die dem Anteil der anderen Gesellschafter am GemeinschaftsUnt entsprechen. So sind Schuldbeziehungen zwischen den übrigen in den KA einbezogenen Unt und dem GemeinschaftsUnt nur entsprechend der Konsolidierungsquote zu konsolidieren. Die verbleibenden Teile werden als **Forderungen bzw. Verbindlichkeiten gegenüber Unt, mit denen ein Beteiligungsverhältnis besteht**, in der Konzernbilanz ausgewiesen.[19]

Die quotale Einbeziehungsnotwendigkeit in den KA bezieht sich auch auf die nach § 251 HGB anzugebenden **Haftungsverhältnisse** sowie auf die nach § 314 Abs. 1 Nr. 2a HGB auszuweisenden **sonstigen finanziellen Verpflichtungen**. Aufgrund der in der Gesetzesbegründung verlangten engen Auslegung des

---

[19] Vgl. *ADS*, 6. Aufl., § 310 HGB, Rz 38; *Ebeling*, in *Baetge/Kirsch/Thiele*, Bilanzrecht, § 310 HGB, Rz 86, Stand 8/2011.

Begriffs „Geschäft"[20] ist die Berichterstattung über Risiken und Vorteile von nicht in der Konzernbilanz enthaltenen Geschäften des MU und der in den KA einbezogenen TU nicht zwangsläufig auf nicht einbezogene Geschäfte des GemeinschaftsUnt auszuweiten.

> **Beispiel**
> Mit der Abänderungsrichtlinie der EU sollen Geschäfte wie z.B. Factoring, Pensionsgeschäfte, Konsignationslagervereinbarungen, Verträge mit unbedingter Zahlungsverpflichtung, Forderungsverbriefungen über gesonderte Ges. oder nicht rechtsfähige Einrichtungen, die Verpfändung von Aktiva, Leasingverträge, die Auslagerung von Tätigkeiten u. Ä. umfasst werden.

Bestehen im Zusammenhang mit dem GemeinschaftsUnt derartige Geschäfte, die gar nicht oder nur anteilig im KA erfasst sind, so ist nach § 314 Abs. 1 Nr. 2 HGB eine Anhangangabe notwendig.

### 3.4 Beispiel Teil 2 – Schuldenkonsolidierung

29 Aufbauend auf Teil 1 sei nun angenommen, dass M am Ende von Gj 02 ein zinsloses Darlehen i. H. v. 10 Mio. EUR an G vergibt. Die Tilgung beginnt erst im Gj 03. Aufbauend ergeben sich vor der Neubewertung des Grundstücks folgende Bilanzen:

| Aktiva | Bilanz (HB II) 31.12.02 (M AG) (in Mio. EUR) | | Passiva |
|---|---|---|---|
| Anteile an Beteiligungen | 38 | EK | 48 |
| Ford. ggü. Beteiligungen | 10 | | |
| | 48 | | 48 |

| Aktiva | Bilanz (HB II) 31.12.02 (G GmbH) (in Mio. EUR) | | Passiva |
|---|---|---|---|
| Grundstücke | 50 | EK | 50 |
| Kasse | 10 | Verb. ggü. Beteiligungen | 10 |
| | 60 | | 60 |

Wie in Teil 1 führen die Schritte 1 und 2 nach der Neubewertung und Berücksichtigung latenter Steuern (des Grundstücks) zu folgender Bilanz:

| Aktiva | Bilanz 31.12.02 (HB III) (G GmbH neu) (in Mio. EUR) | | Passiva |
|---|---|---|---|
| Grundstücke | 70 | EK | 64 |
| Kasse | 10 | Verb. ggü. Beteiligungen | 10 |
| | | Passive latente Steuern | 6 |
| | 80 | | 80 |

---

[20] Vgl. BilMoG-BgrRegE, S. 69.

Entsprechend der Beteiligungsquote ist dann die Summenbilanz zu bilden, in der zu den Werten der M AG (und der vollen Werte der einbeziehungspflichtigen TU, die hier aber nicht dargestellt sind) die anteiligen Werte der G GmbH hinzuzuaddieren sind (Tabelle 3). Die Hinleitung zur Konzernbilanz ist wie folgt durchzuführen:

| Bilanz (in Mio. EUR) | M | | G (neu) | | Summenbilanz | | Kons. | | Konzern | |
|---|---|---|---|---|---|---|---|---|---|---|
| | A | P | A | P | A | P | A | P | A | P |
| Grundstücke | | | 70 | | 35 | | | | 35 | |
| Anteile an Beteiligungen | 38 | | | | 38 | | | 38 | | |
| Ford. ggü. Beteiligungen | 10 | | | | 10 | | | 5 | 5 | |
| Kasse | | | 10 | | 5 | | | | 5 | |
| GoF | | | | | | | 6 | | 6 | |
| EK | | 48 | | 64 | | 80 | 32 | | | 48 |
| Verb. ggü. Beteiligungen | | | | 10 | | 5 | 5 | | | |
| Lat. Steuern | | | | 6 | | 3 | | | | 3 |
| | 48 | 48 | 80 | 80 | 88 | 88 | 43 | 43 | 51 | 51 |

Tab. 3: Konsolidierungsschritte bei anteiliger Berücksichtigung von G in der Summenbilanz

Die Summenbilanz setzt sich aus den Werten der M AG und den entsprechend der Beteiligungsquote anteilig berücksichtigten (50 %) Werten der G GmbH zusammen. Im Rahmen der Kons. werden die Positionen „Anteile an Beteiligungen" und „Verb. ggü. Beteiligungen" eliminiert. Die Position „Ford. ggü. Beteiligungen" ist um den konzerninternen Teil (50 % von 10 Mio. EUR) zu kürzen – die verbleibende Forderung i. H. v. 5 Mio. EUR besteht gegen die anderen Gesellschafter der G GmbH. Darüber hinaus wurde der Buchungssatz der KapKons wiederholt:

| Datum | Konto | Soll | Haben |
|---|---|---|---|
| | Anteiliges EK | 32 Mio. EUR | |
| | GoF | 6 Mio. EUR | |
| | Ant. an Beteiligungen | | 38 Mio. EUR |

## 3.5 Aufwands- und Ertragskonsolidierung sowie Zwischenergebniseliminierung

Bei der Behandlung von **Zwischenergebnissen** aus innerkonzernlichen Geschäften mit GemeinschaftsUnt ist unabhängig von der Lieferungsrichtung eine **quotale Eliminierung** i. H. d. Beteiligungsquote durchzuführen (DRS 9.11). Ebenso sind aus entsprechenden Geschäften stammende Aufwendungen und Erträge quotal gegeneinander aufzurechnen. Konsequenterweise sind auch die infolge dieser Eliminierungen notwendigen latenten Steuern nur anteilig zu berücksichtigen.

31  Eine Ausnahme von der Pflicht zur quotalen Korrektur existiert im Rahmen der Behandlung von Ausschüttungen, die von dem leitenden KonzernUnt als Beteiligungserträge erfasst sind. Wenn einem voll konsolidierten Unt im KonsKreis eine Ausschüttung aus dem GemeinschaftsUnt zufließt, ist diese komplett zu eliminieren, da die quotale Einbeziehung der Erträge und Aufwendungen bereits den Gewinnanteil zum Ausdruck bringt, der ansonsten doppelt erfasst würde. Da die Ausschüttung bereits auf Basis des Kapitalanteils berechnet ist, scheidet in diesem Fall auch eine quotale Behandlung aus.[21]

### 3.6 Beispiel Teil 3 – Aufwands- und Ertragskonsolidierung sowie Zwischenergebniseliminierung

32  Aufbauend auf Teil 1 und Teil 2 sei nun angenommen, dass M an G Fertigerzeugnisse mit HK von 18 Mio. EUR für einen Rechnungsbetrag von 20 Mio. EUR netto liefert, die G sofort bezahlt und in der gleichen Periode für 24 Mio. EUR an Dritte auf Ziel weiterverkauft. G wiederum liefert am Jahresende Fertigfabrikate für 30 Mio. EUR netto an M, die HK i. H. v. 24 Mio. EUR erforderten und nicht sofort verkauft werden. M begleicht die Rechnung noch im laufenden Jahr, wozu ein Kredit i. H. v. 30 Mio. EUR aufgenommen wird. Zinsen und Tilgungszahlungen werden erst im darauf folgenden Gj fällig. Der Steuersatz beträgt 30 %. Aufbauend ergeben sich vor der Neubewertung des Grundstücks folgende Bilanzen:

| Aktiva | Bilanz (HB II) 31.12.02 (M AG) (in Mio. EUR) | | Passiva |
|---|---|---|---|
| Anteile an Beteiligungen | 38 | EK | 48 |
| Vorräte | 30 | Gewinn | 1,4 |
| Bankguthaben | 20 | sonst. Verb. | 18 |
| Ford. ggü. Beteiligungen | 10 | Verb. aus Steuern | 0,6 |
| | | Bankkredit | 30 |
| | 98 | | 98 |

| Aktiva | Bilanz (HB II) 31.12.02 (G GmbH) (in Mio. EUR) | | Passiva |
|---|---|---|---|
| Grundstücke | 50 | EK | 50 |
| Forderung | 24 | Gewinn | 5 |
| Bankguthaben | 10 | sonst. Verb. | 24 |
| Kasse | 10 | Verb. ggü. Beteiligungen | 10 |
| | | Verb. aus Steuern | 5 |
| | 94 | | 94 |

---

[21] Vgl. ADS, 6. Aufl., § 310 HGB, Rz 46.

Wie in Teil 1 und Teil 2 führen die Schritte 1 und 2 nach der Neubewertung und Berücksichtigung latenter Steuern (auf das Grundstück) zu folgender Bilanz:

| Aktiva | Bilanz (HB III) 31.12.02 (G GmbH) (in Mio. EUR) | | Passiva |
|---|---|---|---|
| Grundstücke | 70 | EK | 64 |
| Forderung | 24 | Gewinn | 7 |
| Bankguthaben | 10 | sonst. Verb. | 24 |
| Kasse | 10 | Verb. ggü. Beteiligungen | 10 |
|  |  | Verb. aus Steuern | 3 |
|  |  | Passive latente Steuern | 6 |
|  | 114 |  | 114 |

Entsprechend der Beteiligungsquote ist dann die Summenbilanz zu bilden, in der zu den Werten der M AG (und der vollen Werte der einbeziehungspflichtigen TU, die hier aber nicht dargestellt sind) die anteiligen Werte der G GmbH hinzuzuaddieren sind (Tabelle 4). Die Hinleitung zur Konzernbilanz ist wie folgt durchzuführen:

| Bilanz (in Mio. EUR) | M | | G (neu) | | Summen-bilanz | | Kons. | | Konzern | |
|---|---|---|---|---|---|---|---|---|---|---|
|  | A | P | A | P | A | P | A | P | A | P |
| Grundstücke |  |  | 70 |  | 35 |  |  |  | 35 |  |
| Anteile an Beteiligungen | 38 |  |  |  | 38 |  |  | 38 |  |  |
| Vorräte | 30 |  |  |  | 30 |  |  | 3 | 27 |  |
| Forderungen |  |  |  | 24 | 12 |  |  |  | 12 |  |
| Ford. ggü. Beteiligungen | 10 |  |  |  | 10 |  |  | 5 | 5 |  |
| Bankguthaben | 20 |  | 10 |  | 25 |  |  |  | 25 |  |
| Kasse |  |  | 10 |  | 5 |  |  |  | 5 |  |
| GoF |  |  |  |  |  | 6 | 6 |  |  |  |
| EK |  | 48 |  | 64 |  | 80 | 32 |  |  | 48 |
| Gewinn |  | 1,4 |  | 7 |  | 4,9 | 2,1 |  |  | 2,8 |
| Verb. ggü. Beteiligungen |  |  |  | 10 |  | 5 | 5 |  |  |  |
| Lat. Steuern |  |  |  | 6 |  | 3 |  |  |  | 3 |
| Bankkredit |  | 30 |  |  |  | 30 |  |  |  | 30 |
| Sonstige Verb. |  | 18 |  | 24 |  | 30 |  |  |  | 30 |
| Verb. aus Steuern |  | 0,6 |  | 3 |  | 2,1 | 0,9 |  |  | 1,2 |
|  | 98 | 98 | 114 | 114 | 155 | 155 | 46 | 46 | 115 | 115 |

Tab. 4: Konsolidierungsschritte bei anteiliger Berücksichtigung von G in der Summenbilanz

Die **Summenbilanz** setzt sich wieder aus den Werten der M AG und den entsprechend der Beteiligungsquote anteilig berücksichtigten (50 %) Werten der G GmbH zusammen. Im Rahmen der Kapital- und SchuldenKons werden die Positionen „Anteile an Beteiligungen" und „Verb. ggü. Beteiligungen" eliminiert. Die Position „Ford. ggü. Beteiligungen" ist um den konzerninternen Teil (50 % von 10 Mio. EUR) zu kürzen – die verbleibende Forderung i. H. v. 5 Mio. EUR besteht gegen die anderen Gesellschafter der G GmbH. Darüber hinaus wird der GoF berücksichtigt sowie das EK aus der Summenbilanz um den anteiligen EK-Wert von G gekürzt.

Im Rahmen der **Aufwands- und ErtragsKons** und **Zwischenergebniseliminierung** ist zunächst das Lieferungsgeschäft von M an G zu betrachten: Da der Weiterverkauf der Erzeugnisse in der gleichen Periode stattgefunden hat, ergibt sich lediglich die Notwendigkeit, die Aufwendungen und Erträge zu korrigieren. Konkret lautet der Buchungssatz:

| Datum | Konto | Soll | Haben |
|---|---|---|---|
| | Umsatz (M) | 10 Mio. EUR | |
| | Bezogene Leistungen (G) | | 10 Mio. EUR |

Das andere Geschäft endet mit einer Lieferung des GemeinschaftsUnt an die Mutter (in deren Lager), d. h., dass auch der entstandene Zwischengewinn von 6 Mio. EUR zu eliminieren ist. Die Konsolidierungsbuchung hat – da nach der quotalen Einbeziehung nur noch 50 % der Beträge in der Summenbilanz stehen – folgendes Aussehen:

| Datum | Konto | Soll | Haben |
|---|---|---|---|
| | Umsatz (G) | 15 Mio. EUR | |
| | Bestandsveränderungen | | 12 Mio. EUR |
| | Vorräte | | 3 Mio. EUR |
| | (Steuern) | | (0,9) Mio. EUR |
| | (Gewinn) | | (2,1) Mio. EUR |

Da in der GuV die Beträge der Aufwendungen und Erträge nicht gleich sind, ergibt sich ein veränderter Gewinn, der hier in Klammern dargestellt ist. In der GuV stellt sich dies wie folgt dar:

| GuV (in Mio. EUR) | M | | G | | Summen-GuV | | Korrektur | | Konzern | |
|---|---|---|---|---|---|---|---|---|---|---|
| | A | P | A | P | A | P | A | P | A | P |
| Erlöse | | 20 | | 54 | | 47 | 25 | | | 22 |
| Bestandsveränderungen | | | | | | | 12 | | 12 | |
| Aufw./HK | 18 | | 44 | | 40 | | | 10 | 30 | |
| Steuern | 0,6 | | 3 | | 2,1 | | | 0,7 | 1,2 | |
| Gewinn | 1,4 | | 7 | | 4,9 | | | 2,1 | 2,8 | |

Tab. 5: Konsolidierungsschritte bei anteiliger Berücksichtigung von G in der Summenbilanz

Es wurden somit die internen Gewinne respektive Steuerverbindlichkeiten aus der Lieferung der Fertigerzeugnisse von G an M eliminiert, da die Erzeugnisse in den Bestand von M eingegangen sind und somit noch nicht an Externe veräußert wurden. Von den Gewinnen von G i. H. v. 7 Mio. EUR sind 4,2 Mio. EUR diesem Geschäft zuzuordnen. Entsprechend der Beteiligungsquote (50 %) erfolgte deshalb eine Korrektur um 2,1 Mio. EUR. Von der Steuerverbindlichkeit i. H. v. 3 Mio. EUR sind 1,8 Mio. EUR aus dem konzerninternen Geschäft entstanden. Unter Berücksichtigung der Beteiligungsquote ergibt sich so die Korrektur um 0,9 Mio. EUR.

### 3.7 Ent- und Übergangskonsolidierung

Für die **Änderung der Beteiligungsquote** gelten grds. die Regeln, die auch bei der VollKons zum Tragen kommen (§ 301 Rz 176 ff.): 33
- **Erhöhungen des Kapitalanteils** sind, soweit es beim Status des GemeinschaftsUnt bleibt, gesondert mit den Werten zum Erwerbszeitpunkt quotal zu konsolidieren.[22]
- Kommt es zu einer **Änderung der Konsolidierungsmethode**, d. h., aus dem GemeinschaftsUnt wird ein TU, so sind die alten Werte im Ergebnis insoweit fortzuführen und die Übergangskonsolidierung somit erfolgsneutral durchzuführen, als nach der notwendigen Neubewertung eine Zwischenergebniseliminierung zu erfolgen hat (E-DRS 30.184).[23]
- Im Fall der **Veräußerung von Anteilen** hat eine erfolgswirksame EndKons zu erfolgen.

## 4 Zurechnung von Beteiligungen von Gemeinschaftsunternehmen an untergeordnete Unternehmen auf ein gemeinschaftlich führendes Mutterunternehmen

Bei der Rechtezuordnung etwa zur Ermittlung der Beteiligungsquote sind neben direkten Beteiligungen nach § 290 Abs. 3 HGB auch Rechte zu berücksichtigen, die durch TU gehalten werden (§ 290 Rz 54). Da GemeinschaftsUnt nur gemeinschaftlich geführt werden, können die Rechte des GemeinschaftsUnt auf untergeordnete Unt nicht auf ein übergeordnetes (gemeinschaftlich führendes) Unt zugerechnet werden. Allerdings kann die Prüfung der Indikatoren der Beherrschungsmöglichkeit nach § 290 HGB oder des möglichen maßgeblichen Einflusses nach § 311 HGB auch dann geboten sein, wenn kein Beteiligungsverhältnis besteht, denn beide Einflüsse können sich auch auf vertraglicher oder anderer Grundlage ohne Vorliegen eines Beteiligungsverhältnisses ergeben. Die Prüfung kann dann dazu führen, dass auch auf indirekte Beteiligungen, die nicht durch TU, sondern GemeinschaftsUnt vermittelt werden, ein maßgeblicher oder sogar beherrschender Einfluss ausgeübt werden kann.[24] Im Normalfall müssten dagegen assoziierte Unt oder TU des GemeinschaftsUnt den gemeinschaftlich füh- 34

---

22 Vgl. *Müller/Reinke*, StuB, 2015, S. 376.
23 Vgl. *Müller/Reinke*, StuB, 2015, S. 408; *Müller/Wobbe*, BB 2015, S. 1259.
24 Vgl. für IFRS *Beiersdorf/Schmidt*, IRZ 2014, S. 179.

renden Unt quotal zugerechnet werden. **Ausgangspunkt für die Konsolidierung ist somit der KA** des GemeinschaftsUnt. Dies erfolgt analog auch bei der Anwendung der *Equity*-Methode (§ 312 Abs. 6 Satz 2 HGB, § 312 Rz 103).

## 5 Rechtsfolgen bei Pflichtverletzung

35 Wird auf eine notwendige Einbeziehung des GemeinschaftsUnt verzichtet, greifen die **Sanktionsregeln** des § 334 Abs. 1 Nr. 2e HGB bzw. des § 20 Abs. 1 Nr. 2e PublG, die Bußgelder bis zu 50.000 EUR nach sich ziehen können.

## 6 Änderung durch das BilRUG

36 Es ergeben sich neben einer Neufassung der Überschrift mit „Anteilmäßige Konsolidierung" durch das BilRUG lediglich implizite Änderungen etwa aus § 301 HGB nF.

## § 311 DEFINITION. BEFREIUNG

(1) ¹Wird von einem in den Konzernabschluß einbezogenen Unternehmen ein maßgeblicher Einfluß auf die Geschäfts- und Finanzpolitik eines nicht einbezogenen Unternehmens, an dem das Unternehmen nach § 271 Abs. 1 beteiligt ist, ausgeübt (assoziiertes Unternehmen), so ist diese Beteiligung in der Konzernbilanz unter einem besonderen Posten mit entsprechender Bezeichnung auszuweisen. ²Ein maßgeblicher Einfluß wird vermutet, wenn ein Unternehmen bei einem anderen Unternehmen mindestens den fünften Teil der Stimmrechte der Gesellschafter innehat.

(2) Auf eine Beteiligung an einem assoziierten Unternehmen brauchen Absatz 1 und § 312 nicht angewendet zu werden, wenn die Beteiligung für die Vermittlung eines den tatsächlichen Verhältnissen entsprechenden Bildes der Vermögens-, Finanz- und Ertragslage des Konzerns von untergeordneter Bedeutung ist.

RA StB WP Dr. HOLGER SEIDLER

### Inhaltsübersicht

| | | Rz |
|---|---|---|
| 1 | Überblick | 1–5 |
| 2 | Definition des assoziierten Unternehmens (Abs. 1 Satz 1) | 6–21 |
| 2.1 | In den Konzernabschluss einbezogenes Unternehmen | 6–7 |
| 2.2 | Beteiligung | 8–9 |
| 2.3 | Maßgeblicher Einfluss | 10–21 |
| 2.3.1 | Inhaltliche Bedeutung | 10–12 |
| 2.3.2 | Gegenstand | 13–14 |
| 2.3.3 | Tatsächliche Ausübung | 15–21 |
| 3 | Assoziierungsvermutung (Abs. 1 Satz 2) | 22–36 |
| 3.1 | Bedeutung | 22–23 |
| 3.2 | Berechnung | 24–28 |
| 3.3 | Widerlegung | 29–36 |
| 3.3.1 | Kein in den Konzernabschluss einbezogenes Unternehmen | 29 |
| 3.3.2 | Keine Beteiligung | 30 |
| 3.3.3 | Keine Ausübung maßgeblichen Einflusses | 31–34 |
| 3.3.4 | Keine ausreichenden Informationen zur Anwendung der Equity-Methode | 35–36 |
| 4 | Besonderheiten | 37–41 |
| 4.1 | Anwendung auf nach § 296 HGB nicht einbezogene Tochterunternehmen | 37–40 |
| 4.2 | Anwendung auf Gemeinschaftsunternehmen | 41 |
| 5 | Untergeordnete Bedeutung (Abs. 2) | 42–44 |
| 6 | Ausweis (Abs. 1 Satz 1) | 45–47 |

### Ergänzendes Schrifttum

*Baetge/Kirsch/Thiele*, Konzernbilanzen, 9. Aufl., 2011; *Biener/Bernecke*, Bilanzrichtlinien-Gesetz, 1986; *Biener/Schatzmann*, Konzern-Rechnungslegung, 1983; *Bühner/Hille*, Anwendungsprobleme der Equity-Methode für die Konzernrechnungslegung in der Europäischen Gemeinschaft, WPg 1980, S. 261; *Busse von Colbe*, Die Equity-Methode zur Bewertung von Beteiligungen im Konzernabschluss, FS Grochla, 1986, S. 249; *Gschrei*, Beteiligungen im Jahresabschluss und Konzernabschluss, 1990; *Havermann*, Die Equity-Bewertung von Beteiligungen, WPg 1987, S. 315; *Kirsch*, Die Equity-Methode im Konzernabschluss, 1990; *Küting/Zündorf*, Die Praxis des Equity-Accounting, BB 1988, S. 872; *Maas/Schruff*, Der Konzernabschluss nach neuem Recht, WPg 1986, S. 201; *Schäfer*, Bilanzierung von Beteiligungen an assoziierten Unternehmen nach der Equity-Methode, 1982; *Schmalenbach-Gesellschaft – Deutsche Gesellschaft für Betriebswirtschaft e. V.*, Aufstellung von Konzernabschlüssen, ZfbF Sonderheft 21/1987, 2. Aufl.

## 1 Überblick

1 Beteiligungen an **assoziierten Unt** sind im KA gesondert auszuweisen und nach der Equity-Methode zu bewerten. Während § 311 HGB den Begriff des assoziierten Unt definiert, ist die Anwendung der Equity-Methode in § 312 HGB geregelt.[1] Die Vorschriften werden durch DRS 8, Bilanzierung von Anteilen an assoziierten Unt im KA, ergänzt.
Assoziierte Unt sind Beteiligungen, die unter dem maßgeblichen Einfluss des beteiligten Unt stehen, das regelmäßig zwischen 20 % bis einschl. 50 % der Stimmrechte hält.[2] Mit dem assoziierten Unt wird neben dem TU und dem GemeinschaftsUnt für den KA eine weitere Unternehmenskategorie eingeführt. Diese verschiedenen Kategorien bringen die unterschiedliche **Einflussnahme** durch das MU zum Ausdruck. Durch verschiedene Methoden der Einbeziehung wird diesen unterschiedlichen Stufen der Einflussnahme im KA Rechnung getragen.[3]

2 Die Beteiligung an einem assoziierten Unt setzt die Ausübung **maßgeblichen Einflusses** auf die Geschäfts- und Finanzpolitik des nicht einbezogenen Unt voraus. Dabei handelt es sich im Vergleich zum beherrschenden Einfluss um eine schwächere Form der Einflussnahme. Der Begriff des maßgeblichen Einflusses ist gesetzlich nicht definiert. § 311 Abs. 1 Satz 2 HGB enthält aber eine widerlegbare Vermutung für die Ausübung **maßgeblichen Einflusses**, falls das beteiligte Unt mindestens 20 % der Stimmrechte innehat.

3 Mit der Definition des assoziierten Unt und der Verpflichtung zum gesonderten Ausweis wurde Art. 33 Abs. 1 Sätze 1 u. 2 der Konzernbilanzrichtlinie in deutsches Recht umgesetzt. Nach Art. 33 Abs. 1 Satz 3 der Konzernbilanzrichtlinie sind auch die von TU des MU gehaltenen Stimmrechte bei der **Berechnung** der Quote zu berücksichtigen. Auch ohne ausdrücklichen Hinweis in § 311 HGB sind daher die Absätze 3 u. 4 des § 290 HGB für die Berechnung anzuwenden.[4]

4 § 311 Abs. 2 HGB sieht – auf der Grundlage des Art. 33 Abs. 9 der Konzernbilanzrichtlinie – eine Befreiung von der Verpflichtung zum Ausweis unter einem

---

[1] Da der Gesetzgeber das Mitgliedstaatenwahlrecht des Art. 59 der Bilanzrichtlinie nicht an die Unt weitergegeben hat, ist die Equity-Methode auf den KA beschränkt. Gleichzeitig setzt die Anwendung der Equity-Methode voraus, dass überhaupt ein KA aufgestellt wird. Dies richtet sich nach Maßgabe des § 290 HGB.
[2] Vgl. *Winkeljohann/Lewe*, in Beck Bil-Komm. 9. Aufl., § 311 HGB, Rz 1.
[3] Vgl. *ADS*, 6. Aufl. § 311 HGB, Rz 4.
[4] Vgl. *ADS*, 6. Aufl., § 311 HGB, Rz 6.

gesonderten Posten mit entsprechender Bezeichnung und von der Verpflichtung zur Anwendung der Equity-Methode vor. Dies setzt voraus, dass die Beteiligung nur von **untergeordneter Bedeutung** für die nach § 297 Abs. 2 Satz 2 HGB gebotene Vermittlung eines den tatsächlichen Verhältnissen entsprechenden Bildes der VFE-Lage des Konzerns ist.

Gem. § 13 Abs. 2 Satz 1 **PublG** gilt § 311 HGB sinngem. für den KA oder Teil-KA. Demgem. müssen assoziierte Unt auch in einen KA nach PublG nach Maßgabe des § 312 HGB einbezogen werden. 5

## 2 Definition des assoziierten Unternehmens (Abs. 1 Satz 1)

### 2.1 In den Konzernabschluss einbezogenes Unternehmen

§ 311 Abs. 1 Satz 1 HGB enthält eine Legaldefinition des Begriffs assoziiertes Unt. 6
Ein assoziiertes Unt ist ein nicht in den KA einbezogenes Unt, an dem ein in den KA einbezogenes Unt nach § 271 Abs. 1 HGB beteiligt ist und einen maßgeblichen Einfluss auf dessen Geschäfts- und Finanzpolitik ausübt.[5] In den KA einbezogene Unt sind das **MU und die im Wege der VollKons einbezogenen TU**.[6]

**Assoziierte Unt** i.S.d. § 311 Abs. 1 Satz 1 HGB sind keine einbezogenen Unt.[7] 7
Das Gleiche gilt auch für **GemeinschaftsUnt**.[8] Aus der Sicht der an dem GemeinschaftsUnt beteiligten Unt üben beide zusammen zwar einen beherrschenden Einfluss auf das GemeinschaftsUnt aus. Jedes Unt für sich genommen übt jedoch allenfalls maßgeblichen Einfluss aus. Damit fallen Beteiligungen von assoziierten Unt oder GemeinschaftsUnt an anderen Unt aus dem Anwendungsbereich des § 311 Abs. 1 Satz 1 HGB heraus.[9]

### 2.2 Beteiligung

Erforderlich ist zudem, dass das in den KA einbezogene Unt an dem anderen Unt 8
eine Beteiligung i.S.d. § 271 Abs. 1 HGB hält.[10] Dies erfordert eine **Beteiligungsabsicht**.[11] Fehlt dem die Anteile haltenden in den KA einbezogenen Unt die Beteiligungsabsicht, soll also keine dauerhafte Verbindung zu dem erworbenen

---

[5] Assoziierte Unt sind keine „verbundenen Unternehmen" i.S.d. §§ 271 Abs. 2 HGB, 15 AktG; vgl. WP-Handbuch, Bd. I, 14. Aufl., Abschn. M, Rz 541.
[6] Vgl. *Winkeljohann/Lewe*, in Beck Bil-Komm. 9. Aufl., § 311 HGB, Rz 7.
[7] Das assoziierte Unt unterliegt gerade keinem beherrschenden Einfluss; so auch *Winkeljohann/Lewe*, in Beck Bil-Komm. 9. Aufl., § 311 HGB, Rz 5.
[8] So auch *Gschrei*, Beteiligungen im Jahresabschluss und Konzernabschluss, S. 138. Vgl. auch *ADS*, 6. Aufl. § 311 HGB, Rz 35, mit Diskussion der Argumente. A. A. wohl WP-Handbuch, Bd. I, 14. Aufl., Abschn. M, Rz 541.
[9] Hiervon streng zu unterscheiden ist die Frage, ob die von einem im Wege der QuotenKons in den KA einbezogenen GemeinschaftsUnt gehaltenen Anteile an einem assoziierten Unt in die Bewertung nach der Equity-Methode einzubeziehen sind, wenn Anteile an dem assoziierten Unt auch noch von vollkonsolidierten Unt gehalten werden; vgl. dazu auch *ADS*, 6. Aufl. § 312 HGB, Rz 27.
[10] Vgl. zur Beteiligungsvermutung und zur Beteiligungsdefinition § 271 HGB Rz 5 ff., 19 ff.
[11] Vgl. zur Beteiligungsabsicht § 271 HGB, Rz 12 ff.

Unt geschaffen werden, fehlt es am Tatbestandsmerkmal der Beteiligung i.S.d. § 311 Abs. 1 Satz 1 HGB.[12] Auch **Anteile an PersG** sind grds. als Beteiligung anzusehen.

9 Ebenso kann die Stellung als **atypisch stiller Gesellschafter** eine Beteiligung i.S.d. § 271 Abs. 1 HGB darstellen, wenn dem stillen Gesellschafter Kontroll- und Mitspracherechte eingeräumt worden sind und er als Mitunternehmer i.S.d. § 15 Abs. 1 Satz 1 Nr. 2 EStG anzusehen ist.[13]

## 2.3 Maßgeblicher Einfluss

### 2.3.1 Inhaltliche Bedeutung

10 Das Gesetz sieht keine **Definition** des Begriffs „maßgeblicher Einfluss" vor. Ähnlich wie der Begriff des beherrschenden Einflusses ist der Begriff des maßgeblichen Einflusses einer abstrakten Definition nur schwer zugänglich.[14] Zur Interpretation ist eine Einordnung in den Sinnzusammenhang der gesetzlichen Kategorien der Einflussnahme hilfreich.
Im Vergleich zum **beherrschenden Einfluss** ist der maßgebliche Einfluss eine **schwächere, mit geringerer Intensität** ausgestattete Form der Einflussnahme.[15] Es ist insb. nicht erforderlich, dass den Interessen des beteiligten Unt in sämtlichen Entscheidungen Rechnung getragen werden muss.[16]

11 Unter Beachtung der Systematik des Gesetzes dürfte nichts dagegen sprechen, die **gemeinsame Führung** i.S.d. § 310 HGB als einen Spezialfall des maßgeblichen Einflusses und Grenzfall zum beherrschenden Einfluss einzustufen. Der maßgebliche Einfluss erreicht äußerstenfalls die paritätische Mitwirkung in den unternehmenspolitischen Entscheidungen. In diesen Fällen besteht ein Wahlrecht zur Anwendung der **QuotenKons** oder der **Equity-Methode**.[17]

12 Maßgeblicher Einfluss lässt sich im Wege einer Negativabgrenzung also dahin gehend interpretieren, dass Entscheidungen von grundsätzlicher Bedeutung **nicht ohne Mitwirkung und nicht gegen den Willen des beteiligten Unt** getroffen werden.[18] Damit geht der maßgebliche Einfluss über den mit der Wahrnehmung von Gesellschafterrechten üblicherweise verbundenen Einfluss hinaus.[19]

### 2.3.2 Gegenstand

13 Der maßgebliche Einfluss muss nach § 311 Abs. 1 Satz 1 HGB auf die Geschäfts- und Finanzpolitik gerichtet sein. Dabei ist davon auszugehen, dass mit dem

---

12 Von einer dauernden Verbindung wird man grundsätzlich sprechen können, wenn die Anteile länger als ein Jahr gehalten werden. Indizien für eine dauerhafte Verbindung sind bspw. gemeinsame Projekte, personelle Verflechtungen oder bestehende vertragliche Bindungen; so auch *Baetge/Kirsch/Thiele*, Konzernbilanzen, 9. Aufl. 2011, S. 339 mwN.
13 So auch *ADS*, 6. Aufl. § 311 HGB, Rz 12.
14 So bereits *Maas/Schruff*, WPg 1986, S. 244, zur Abgrenzung der einheitlichen Leitung vom maßgeblichen Einfluss. Nach DRS 8.3 wird ein maßgeblicher Einfluss als Mitwirkung verstanden, ohne dass damit eine Beherrschung verbunden ist. Die in DRS 8 genannten Indizien stimmen mit den im Schrifttum erwähnten weitestgehend überein.
15 Vgl. WP-Handbuch, Bd. I, 14. Aufl., Abschn. M, Rz 543 mwN.
16 Vgl. *Schäfer*, Bilanzierung von Beteiligungen an assoziierten Unternehmen nach der Equity-Methode, S. 210.
17 Vgl. *ADS*, 6. Aufl. § 311 HGB, Rz 16.
18 Vgl. *Biener/Berneke*, Bilanzrichtlinien-Gesetz, S. 368.
19 Vgl. *Kirsch*, Die Equity-Methode im Konzernabschluss, S. 26.

Begriff der Geschäfts- und Finanzpolitik die wesentlichen Entscheidungen innerhalb der Unternehmenspolitik erfasst werden sollen.[20] Nicht erforderlich ist es hingegen, dass sich die Einflussnahme auf jede einzelne Entscheidung im täglichen Geschäft erstreckt.[21] Notwendig ist aber die Mitwirkung bei den **Grundsatzentscheidungen der Geschäftspolitik**.[22] Dazu können grundlegende Entscheidungen über Marketing-, Produkt-, Investitions-, Finanzierungsstrategien oder – in Anlehnung an § 290 Abs. 2 Nr. 2 HGB – die Besetzung von Führungspositionen gehören.[23] Der maßgebliche Einfluss muss zudem auf Dauer angelegt sein; die einmalige oder gelegentliche Einflussnahme genügt nicht.[24]

Erstreckt sich der Einfluss nur auf **einzelne Bereiche der Geschäftspolitik**, so können gleichwohl die Tatbestandsvoraussetzungen des § 311 Abs. 1 Satz 1 HGB erfüllt sein, wenn die betreffenden Bereiche für die Unternehmenspolitik von besonderer Bedeutung und/oder die Intensität und Regelmäßigkeit der Einflussnahme besonders ausgeprägt sind.[25]        14

### 2.3.3 Tatsächliche Ausübung

Im Gegensatz zu den IFRS und auch zu § 290 HGB verlangt § 311 HGB die **tatsächliche Ausübung** des **maßgeblichen Einflusses**; allein die Möglichkeit maßgeblichen Einflusses ist nicht ausreichend. Der Wortlaut des § 311 Abs. 1 Satz 1 HGB ist insoweit – auch im Verhältnis zu § 290 Abs. 1 HGB – eindeutig. Es ist daher erforderlich, dass aktiv an den Entscheidungen des assoziierten Unt mitgewirkt wird.        15

In Abhängigkeit von der jeweiligen **Unternehmensverfassung** wird der **Einfluss vermittelt durch die Organe** – regelmäßig die Aufsichtsorgane – des assoziierten Unt durch unter der Mehrheitsgrenze liegende Stimmrechtsausübung in der HV oder die Vertretung in Kontrollgremien ausgeübt. Dabei können grds. auch mehrere Unt gleichzeitig jeweils maßgeblichen Einfluss ausüben. Die Tatsache, dass einem anderen Unt die Mehrheit der Stimmrechte in der GesV zusteht – es also beherrschenden Einfluss ausübt –, schließt die Ausübung eines maßgeblichen Einflusses nicht aus.[26]        16

---

[20] Dafür spricht insb., dass die Finanzpolitik wesentlicher Bestandteil der Geschäftspolitik ist und sich aus dem Gesetz nichts dafür entnehmen lässt, dass der maßgebliche Einfluss insb. auf die Finanzpolitik ausgerichtet sein muss.
[21] Vgl. *ADS*, 6. Aufl. § 311 HGB, Rz 20; *Winkeljohann/Lewe*, in Beck Bil-Komm., 9. Aufl., § 311 HGB, Rz 15.
[22] Vgl. *Winkeljohann/Lewe*, in Beck Bil-Komm. 9. Aufl., § 311 HGB, Rz 15.
[23] Eine Beherrschung der Entscheidung über die Gewinnverwendung ist für die Annahme maßgeblichen Einflusses nicht erforderlich, vgl. *ADS*, 6. Aufl. § 311 HGB, Rz 23 mwN; a. A. *Kirsch*, Die Equity-Methode im Konzernabschluss, S. 29.
[24] Ebenso WP-Handbuch, Bd. I, 14. Aufl., Abschn. M, Rz 550. Dort wird ausdrücklich darauf hingewiesen, dass eine Befristung der Ausübung maßgeblichen Einflusses zumindest bis zum Fristablauf zur Widerlegung der Assoziierungsvermutung nicht genügt; so wohl auch DRS 8.6.
[25] Vgl. WP-Handbuch, Bd. I, 14. Aufl., Abschn. M, Rz 548; *ADS*, 6. Aufl. § 311 HGB, Rz 22. Vor dem Hintergrund dieser Interpretation des Begriffs der Geschäfts- und Finanzpolitik kann auch der Auffassung von *Biener/Bernecke*, Bilanzrichtlinien-Gesetz, S. 368, nicht gefolgt werden, wonach die Tatbestandsvoraussetzungen des § 311 Abs. 1 Satz 1 HGB nicht erfüllt sein sollen, wenn sich der Einfluss nur auf die Geschäftspolitik (i. e. S.) oder nur auf die Finanzpolitik erstrecke.
[26] Vgl. *Schäfer*, Bilanzierung von Beteiligungen an assoziierten Unternehmen nach der Equity-Methode, S. 208; WP-Handbuch, Bd. I, 14. Aufl., Abschn. M, Rz 549; *Winkeljohann/Lewe*, in Beck Bil-Komm. 9. Aufl., § 311 HGB, Rz 15.

17 Auch ist es **nicht erforderlich,** dass der maßgebliche Einfluss **allein von dem MU oder einem der einbezogenen TU** ausgeübt wird. Vielmehr kann der maßgebliche Einfluss auch durch das Zusammenwirken mehrerer einbezogener Unt ausgeübt werden.[27] Bspw. kann bei zwei oder mehr beteiligten TU, die unter dem beherrschenden Einfluss eines MU stehen, eine Bündelung des Einflusspotenzials erreicht werden. Hier wird der maßgebliche Einfluss dann mittelbar durch das MU ausgeübt.[28]

18 Wenn ausnahmsweise der tatsächliche Einfluss ausschließlich bei **nach § 296 HGB nicht einbezogenen TU** liegt und dieser auch nicht dem MU zuzurechnen ist, liegen die Tatbestandsvoraussetzungen des § 311 Abs. 1 Satz 1 HGB nicht vor.[29]

19 Bei einer AG begründet die **Ausübung der Stimmrechte** in der HV grds. noch keinen maßgeblichen Einfluss.[30] Hier wird regelmäßig zumindest ein Vertreter des in den KA einbezogenen Unt Mitglied des AR sein müssen, da dort regelmäßig die geschäftspolitischen Entscheidungen gefällt werden. Demgegenüber kann bei einer GmbH regelmäßig über die GesV – je nach Gestaltung des Gesellschaftsvertrags – auf die Geschäftspolitik Einfluss genommen werden.

20 Der maßgebliche Einfluss kann auch **außerhalb der gesellschaftsrechtlichen Strukturen** z.B. durch den Austausch von Führungskräften, intensive Lieferungs- und Leistungsbeziehungen oder technologische Abhängigkeit ausgeübt werden. Ein Assoziierungsverhältnis liegt allerdings nur dann vor, wenn gleichzeitig eine Beteiligung besteht.[31]

21 Die Beurteilung der Frage, ob ein maßgeblicher Einfluss vorliegt und tatsächlich ausgeübt wird, kann nur in jedem **Einzelfall** unter Berücksichtigung des **Gesamtbildes der tatsächlichen Verhältnisse** anhand von Indizien beurteilt werden.

## 3 Assoziierungsvermutung (Abs. 1 Satz 2)

### 3.1 Bedeutung

22 Der Nachweis tatsächlichen maßgeblichen Einflusses ist in der Praxis mit Schwierigkeiten verbunden. Um die Anwendung des § 311 Abs. 1 Satz 1 HGB zu erleichtern, wird die Ausübung maßgeblichen Einflusses **widerlegbar vermutet,** wenn das in den KA einbezogene Unt mindestens den fünften Teil – 20 % – der Stimmrechte der Gesellschafter innehat (§ 311 Abs. 1 Satz 2 HGB). Die Vorschrift führt zu einer Umkehr der Beweislast.[32]

23 Der Schwellenwert von 20 % entstammt Art. 33 der Konzernbilanzrichtlinie, der seinerseits auf international Üblichem beruht. Aus der Vermutung darf nicht geschlossen werden, dass im Fall einer Beteiligung von weniger als 20 % die Ausübung maßgeblichen Einflusses ausgeschlossen ist. In einem solchen Fall kommt es vielmehr auf die **positive Feststellung** des Einflusses an.

---

27 Vgl. *ADS*, 6. Aufl. § 311 HGB, Rz 33.
28 Dementsprechend sind auch bei Anwendung der Assoziierungsvermutung die Stimmrechte der TU dem MU analog § 290 Abs. 3 HGB zuzurechnen; vgl. ADS, 6. Aufl. § 311 HGB, Rz 33.
29 Vgl. *ADS*, 6. Aufl. § 311 HGB, Rz 34.
30 So auch *ADS*, 6. Aufl. § 311 HGB, Rz 26.
31 Vgl. *ADS*, 6. Aufl. § 311 HGB, Rz 27.
32 Die zur Widerlegung erforderlichen Tatsachen sind von dem den KA aufstellenden MU zu erbringen; ebenso *Biener/Schatzmann*, Konzern-Rechnungslegung, S. 53.

## 3.2 Berechnung

Die Assoziierungsvermutung des § 311 Abs. 1 Satz 2 HGB knüpft – anders als die Beteiligungsvermutung des § 271 Abs. 1 Satz 3 HGB – **ausschließlich** an den **Anteil der Stimmrechte** an. 24

Auf die Berechnung sind **§ 290 Abs. 3 und 4 HGB analog** anzuwenden.[33] Außer den dem MU unmittelbar zustehenden Stimmrechten sind danach auch die einem TU sowie die einem für Rechnung des MU oder TU handelnden Dritten zustehenden Stimmrechte zu berücksichtigen.[34] Die Zurechnung der Stimmrechte hat zur Folge, dass im Fall einer Verteilung des Stimmrechtsbesitzes auf mehrere TU desselben MU eine Gesamtbetrachtung aus Konzernsicht anzustellen ist. 25

Bei der Berechnung der Stimmrechtsquote kommt es nicht darauf an, ob die **TU in den KA einbezogen** werden.[35] Auch § 296 HGB bleibt daher hier – anders als bei der Frage, ob ein in den KA einbezogenes TU beteiligt ist – unberücksichtigt.[36] 26

Von der Zurechnung nicht umfasst sind Stimmrechte, die einem **Gemeinschafts-Unt** i. S. d. § 310 HGB oder einem **anderen assoziierten Unt** zustehen. 27

Aus der analogen Anwendung des § 290 Abs. 4 HGB ergibt sich, dass diejenigen **Stimmrechte**, die **nicht ausgeübt** werden **können** (z. B. Höchststimmrechtsklausel, § 134 Abs. 1 AktG), bei der Berechnung der Stimmrechtsquote nicht berücksichtigt werden. 28

## 3.3 Widerlegung

### 3.3.1 Kein in den Konzernabschluss einbezogenes Unternehmen

In den KA einbezogene Unt sind nur das MU oder die TU. Halten **assoziierte Unt oder GemeinschaftsUnt** eine Beteiligung, die ansonsten die Tatbestandsvoraussetzungen des § 311 Abs. 1 Satz 1 HGB erfüllt, ist die Anwendung der §§ 311, 312 HGB gleichwohl ausgeschlossen. 29

### 3.3.2 Keine Beteiligung

Da die Assoziierungsvermutung ausschließlich die Stimmrechtsquote berücksichtigt, könnte auch ein Anteilsbesitz erfasst werden, der weder aus der Sicht des einzelnen TU noch aus Sicht des MU als Beteiligung i. S. d. § 271 Abs. 1 HGB angesehen wird. Das gilt z. B. in dem Fall, in dem mehrere TU über geringe Stimmrechtsquoten verfügen, die aufgrund der Zurechnungsvorschriften aus Konzernsicht zur Beteiligungsvermutung (§ 271 Abs. 1 Satz 3 und 4 HGB) und zur Assoziierungsvermutung führen. Wird in diesem Fall die Beteiligungsvermutung widerlegt, weil bspw. **keine Beteiligungsabsicht** besteht, ist damit auch die Assoziierungsvermutung widerlegt. 30

---

[33] Vgl. *Biener/Berneke*, Bilanzrichtlinien-Gesetz, S. 368; WP-Handbuch, Bd. I, 14. Aufl., Abschn. M, Rz 145.

[34] Diese Zurechnung ist auch in Art. 33 Abs. 1 Satz 3 der Konzernbilanzrichtlinie zwingend vorgeschrieben. Die fehlende Verweisung in § 311 HGB wird daher ganz überwiegend als redaktionelles Versehen gewertet; vgl. bspw. WP-Handbuch, Bd. I, 14. Aufl., Abschn. M, Rz 545 (Fn 755).

[35] Ebenso *Winkeljohann/Lewe*, in Beck Bil-Komm, 9. Aufl., § 311 HGB, Rz 16.

[36] Vgl. *ADS*, 6. Aufl. § 311 HGB, Rz 42.

### 3.3.3 Keine Ausübung maßgeblichen Einflusses

**31** Die Vermutung eines maßgeblichen Einflusses kann durch den Nachweis widerlegt werden, dass tatsächlich kein maßgeblicher Einfluss ausgeübt wird. Dieser **Nachweis** ist schwierig zu führen. Liegen außer der Assoziierungsvermutung ergänzend auch noch Indizien für die Ausübung maßgeblichen Einflusses vor, so erscheint die Widerlegung der Vermutung ausgeschlossen. Besondere Schwierigkeiten dürfte es bereiten, den Nachweis zu erbringen, dass ein tatsächlich ausgeübter Einfluss graduell schwächer ist als ein maßgeblicher Einfluss.[37] Etwas anderes dürfte gelten, wenn der Nachweis erbracht werden kann, dass die Interessen des in den KA einbezogenen Unt dauerhaft keine Berücksichtigung gefunden haben. Denkbar ist dies bspw., wenn ein beherrschender Einfluss seitens eines anderen Unt ausgeübt wird.

**32** Kann der Nachweis erbracht werden, dass die Voraussetzungen für die Ausübung maßgeblichen Einflusses nicht vorliegen, ist die Vermutung widerlegt. Fallgestaltungen sind bspw. der ergebnislose Versuch, eine Vertretung in den Organen des Unt zu erreichen oder eine vertragliche Vereinbarung, nach der auf die Geltendmachung der eigenen Rechte verzichtet wurde. Liegt ein solches **Hindernis der Einflussnahme** vor, so ist gleichwohl im Einzelfall unter Berücksichtigung des Gesamtbildes der tatsächlichen Verhältnisse zu beurteilen, ob die Assoziierungsvermutung widerlegt ist. Dabei spielen auch die aufgrund von Lieferungs- und Leistungsbeziehungen oder technologischer Abhängigkeit ausgeübten Einflüsse eine Rolle.

**33** Mit einem Stimmrechtsanteil von 20 % ist in einer AG normalerweise noch kein Einflusspotenzial verbunden. Die HV entscheidet nur in besonderen Fällen über Fragen der Geschäftspolitik. Deshalb kommt eine Widerlegung der Assoziierungsvermutung in Betracht, wenn die Stimmrechte bei einer AG trotz intensiver Bemühungen nicht wenigstens zu einer Vertretung im Aufsichtsrat geführt haben.[38] Diese **rechtsformspezifische Begründung** lässt sich aber nicht ohne Weiteres auf andere Rechtsformen ausdehnen. Die Mitwirkung an Grundsatzentscheidungen ist bei der GmbH regelmäßig schon auf der Ebene der GesV gegeben.

**34** Die Ausübung eines maßgeblichen Einflusses ist ausgeschlossen, wenn über das Vermögen des Unt ein **Insolvenzverfahren** eröffnet worden ist (§ 80 InsO); die Assoziierungsvermutung ist dann generell widerlegt.

### 3.3.4 Keine ausreichenden Informationen zur Anwendung der Equity-Methode

**35** Die Assoziierungsvermutung kann auch durch den Nachweis widerlegt werden, dass die zur Anwendung der Equity-Methode erforderlichen **Angaben von den assoziierten Unt nicht zu erhalten** sind.[39] Dies ergibt sich aus der Protokollerklärung Nr. 20 zu Art. 33 der Konzernbilanzrichtlinie.[40] Damit wird den praktischen Problemen in der Anwendung der **Equity-Methode** Rechnung getragen, denn eine besondere Auskunftspflicht für die Konzernrechnungslegung besteht im Gegensatz zu den TU für assoziierte Unt nicht.

---

[37] Vgl. *ADS*, 6. Aufl., § 311 HGB, Rz 46.
[38] Vgl. *Biener/Schatzmann*, Konzern-Rechnungslegung, S. 55; ebenso *Schmalenbach-Gesellschaft – Deutsche Gesellschaft für Betriebswirtschaft e.V.*, AK „Externe Unternehmensrechnung", Aufstellung von Konzernabschlüssen, ZfbF Sonderheft 21/1987, 2. Aufl., S. 132.
[39] Vgl. BT-Drucks. 10/3440, S. 42.
[40] Abgedruckt bei *Biener/Berneke*, Bilanzrichtlinien-Gesetz, S. 856.

Wenn das Gesamtbild der tatsächlichen Verhältnisse dafür spricht, dass ein **36**
maßgeblicher Einfluss tatsächlich ausgeübt wird, ist fraglich, ob eine **schriftliche
Mitteilung der geschäftsführenden Organe**, dass die verlangten Informationen
nicht zur Verfügung gestellt werden dürfen oder sollen, als ausreichend angesehen werden kann.[41] Hier besteht die Gefahr, dass der maßgebliche Einfluss
genutzt wird, um die geschäftsführenden Organe zu einer Verweigerung der
Informationserteilung zu bewegen.[42]
Zur Widerlegung der Assoziierungsvermutung mit der Begründung unzureichender Information sind vielmehr **verschiedene Informationserfordernisse**
zu unterscheiden; der Hinweis auf ungenügende Information allein ist nicht
ausreichend.[43] Zur Anwendung der **Equity-Methode** sind Informationen über
stille Reserven und Lasten notwendig. Hingegen ist die Anwendung einheitlicher
Bilanzierung und Bewertung nach § 312 Abs. 5 HGB nicht unabdingbar für die
Equity-Methode. Die Eliminierung von Zwischenergebnissen wird nur verlangt,
wenn die Informationen vorhanden oder zugänglich sind. Soweit sich das Informationsproblem also nur auf die einheitliche Bilanzierung und Bewertung oder
die Eliminierung von Zwischenergebnissen bezieht, kann die Assoziierungsvermutung also nicht mit der Begründung widerlegt werden, die Daten seien nicht
oder nicht in der gewünschten Qualität vorgelegt worden.[44]

## 4 Besonderheiten

### 4.1 Anwendung auf nach § 296 HGB nicht einbezogene Tochterunternehmen

Auch ohne ausdrücklichen Hinweis kommt für TU, die aufgrund von § 296 HGB **37**
nicht im Wege der VollKons einbezogen werden, die **Behandlung als assoziierte
Unt in Betracht**.[45] Werden TU nicht in den KonsKreis einbezogen und liegen die
Voraussetzungen des § 311 Abs. 1 Satz 1 HGB vor, so kann auf die Behandlung
als assoziiertes Unt nur bei untergeordneter Bedeutung nach § 311 Abs. 2 HGB
verzichtet werden.
Das Wahlrecht, auf die Einbeziehung eines TU in den KA zu verzichten, wenn **38**
die **Ausübung der Rechte** in Bezug auf das Vermögen oder die Geschäftsführung **erheblich und andauernd beschränkt** ist (§ 296 Abs. 1 Nr. 1 HGB),
dürfte grds. auch eine Anwendung der Equity-Methode verhindern, da es in
diesem Fall regelmäßig am maßgeblichen Einfluss fehlt.[46]

---

[41] Vgl. *Havermann*, WPg 1987, S. 318.
[42] Vgl. *Bühner/Hille*, WPg 1980, S. 263.
[43] Vgl. *Küting/Köthner/Zündorf*, in *Küting/Weber*, HdK, § 311 HGB, Rn 89 ff.; *Winkeljohann/Lewe*, in Beck Bil-Komm., 9. Aufl., § 311 HGB, Rz 18.
[44] Vgl. *Havermann*, WPg 1987, S. 318.
[45] Vgl. WP-Handbuch, Bd. I, 14. Aufl., Abschn. M, Rz 551; *Busse von Colbe*, in FS *Grochla*, S. 254. Liegen die Voraussetzungen des § 311 HGB nicht vor, ist das TU zu AK im KA auszuweisen.
[46] Vgl. ADS, 6. Aufl. § 311 HGB, Rz 64. *Winkeljohann/Lewe*, in Beck Bil-Komm. 9. Aufl. § 311 HGB, Rz 6, plädieren unter Hinweis auf § 297 Abs. 2 HGB dafür, bei tatsächlicher und länger andauernder Beeinträchtigung weder die VollKons noch die Equity-Methode anzuwenden. Andernfalls würde im KA Vermögen ausgewiesen, das dem Zugriff der Unt des Konzernkreises entzogen sei. Das dürfte dann aber auch bedeuten, dass die Beteiligung ebenfalls nicht zu AK im KA gezeigt wird.

Besteht nach § 296 Abs. 1 Nr. 2 HGB ein Wahlrecht, wegen **unverhältnismäßiger Kosten oder Verzögerungen** auf die **VollKons zu verzichten**, so wird in den meisten Fällen die Behandlung als assoziiertes Unt in Betracht kommen, sofern tatsächlich ein maßgeblicher Einfluss ausgeübt wird.

39 Sind die Anteile an einem TU ausschließlich mit der **Absicht der Weiterveräußerung** erworben worden, kann die VollKons nach § 296 Abs. 1 Nr. 3 HGB unterbleiben. In diesem Fall besteht keine Beteiligung i.S.d. § 271 Abs. 1 HGB, sodass die Behandlung des TU als assoziiertes Unt ausgeschlossen ist.[47]

40 Für TU, die nach § 296 Abs. 2 HGB wegen **untergeordneter Bedeutung** nicht einbezogen werden, wird regelmäßig auch nach § 311 Abs. 2 HGB auf die Anwendung der Equity-Methode verzichtet.[48] Im Schrifttum wird vielfach die Auffassung vertreten, dass diese generell nicht nach den Vorschriften für assoziierte Unt behandelt werden müssen bzw. die Befreiung großzügig anzuwenden sei.[49] Die pauschale Anwendung des § 311 Abs. 2 HGB auf TU, die nach § 296 Abs. 2 HGB nicht konsolidiert werden, erscheint aber nicht gerechtfertigt, selbst wenn in vielen Fällen auch zugleich die Beteiligung von untergeordneter Bedeutung sein wird.[50]

### 4.2 Anwendung auf Gemeinschaftsunternehmen

41 Für GemeinschaftsUnt i.S.d. § 310 Abs. 1 HGB besteht das Wahlrecht zur Einbeziehung im Wege der QuotenKons. Wird diese Möglichkeit nicht genutzt, so ist die Anwendung der Equity-Methode zwingend, soweit die Voraussetzungen des § 311 Abs. 1 HGB vorliegen und die Beteiligung nicht von untergeordneter Bedeutung ist.[51] Die gemeinsame Führung i.S.d. § 310 Abs. 1 HGB ist gleichbedeutend mit der Ausübung maßgeblichen Einflusses.[52]

## 5 Untergeordnete Bedeutung (Abs. 2)

42 Sind die Voraussetzungen des § 311 Abs. 2 HGB erfüllt, ist die Beteiligung für die Darstellung der VFE-Lage also von untergeordneter Bedeutung, kann auf den **gesonderten Ausweis** und die **Anwendung der Equity-Methode verzichtet** werden. Ob eine Beteiligung von untergeordneter Bedeutung ist, lässt sich nur im **Einzelfall** beurteilen.

43 Die Beteiligung muss für sämtliche Teilaspekte der Lage des Konzerns von untergeordneter Bedeutung sein.[53] Zu berücksichtigen sind dabei die sich aus der Anwendung der Equity-Methode und dem gesonderten Ausweis ergebenden Änderungen im KA. Bei isolierter Betrachtung unwesentliche Beteiligungen sind einer **Gesamtbeurteilung** zu unterwerfen.[54]

---

[47] Ebenso DRS 8.6, soweit Anteile zum Zweck der Weiterveräußerung in naher Zukunft erworben worden sind.
[48] Vgl. nur *Winkeljohann/Lewe*, in Beck Bil-Komm. 9. Aufl., § 311 HGB, Rz 6.
[49] Vgl. *Schäfer*, Bilanzierung von Beteiligungen an assoziierten Unternehmen nach der Equity-Methode, S. 198; *Winkeljohann/Lewe*, in Beck Bil-Komm. 9. Aufl., § 311 HGB, Rz 20; *Schmalenbach-Gesellschaft – Deutsche Gesellschaft für Betriebswirtschaft e.V.*, AK „Externe Unternehmensrechnung", Aufstellung von Konzernabschlüssen, ZfbF Sonderheft 21/1987, 2. Aufl., S. 133.
[50] Vgl. auch *Küting/Zündorf*, BB 1988, S. 873.
[51] Vgl. auch *Baetge/Kirsch/Thiele*, Konzernbilanzen, 9. Aufl. 2011, S. 345.
[52] Vgl. *Busse von Colbe*, in FS Grochla, S. 252; *Havermann*, WPg 1987, S. 316.
[53] Vgl. dazu *Winkeljohann/Lewe*, in Beck Bil-Komm. 9. Aufl., § 311 HGB, Rz 21.
[54] Ebenso DRS 8.5.

Wird nach § 311 Abs. 2 HGB auf die Behandlung als assoziiertes Unt verzichtet, so ist dies mit entsprechender Begründung im **Konzernanhang** nach § 313 Abs. 2 Nr. 2 Satz 2 HGB anzugeben.

44

## 6 Ausweis (Abs. 1 Satz 1)

Nach § 311 Abs. 1 Satz 1 HGB besteht die Verpflichtung, die Beteiligung an einem assoziierten Unt in der Konzernbilanz unter einem **besonderen Posten** mit entsprechender Bezeichnung auszuweisen. Ein „Davon-Vermerk" wird den gesetzlichen Anforderungen nicht gerecht.[55]
Im Gliederungsschema nach § 266 HGB, das für die **Konzernbilanz** um diesen Sonderposten zu erweitern ist, kann die Beteiligung an einem assoziierten Unt entweder als gesonderte Kategorie der Beteiligungen (A. III. 3.) oder als zusätzlicher Posten innerhalb der Finanzanlagen ausgewiesen werden.[56] Ein zusätzlicher Posten sollte vor den Beteiligungen (§ 266 Abs. 2 III. 3. HGB) stehen, da assoziierte Unt ihrer Art nach zwischen den Anteilen an verbundenen Unt und anderen Beteiligungen stehen.[57]

45

Grundsätzlich können alle Beteiligungen, auf die § 311 HGB angewandt wird, zusammengefasst ausgewiesen werden. Bei Anwendung auf **Beteiligungen an TU** ist dann aber ein Vermerk der Mitzugehörigkeit zum Posten „Anteile an verbundenen Unternehmen" erforderlich.[58] Werden dagegen die nach der Equity-Methode bewerteten Beteiligungen an TU als „Anteile an verbundenen Unternehmen" (§ 266 Abs. 2 III. 1. HGB) ausgewiesen, so sind wegen der Besonderheiten der Equity-Methode zusätzliche Angaben im Konzernanhang erforderlich.[59]

46

Das Gesetz schließt zwar nicht aus, dass auch diejenigen Beteiligungen an assoziierten Unt, die wegen untergeordneter Bedeutung **nicht nach der Equity-Methode bewertet** werden, in den Sonderposten einbezogen werden. Im Interesse der Klarheit und Übersichtlichkeit sollten unter diesem Posten jedoch nur solche Beteiligungen ausgewiesen werden, auf die § 312 HGB angewandt wird.[60] Handelt es sich um eine Beteiligung an einem nicht einbezogenen TU, so ist sie unter den „Anteilen an verbundenen Unternehmen" auszuweisen; im Übrigen unter den „Beteiligungen".

47

---

55 A. A. *Küting/Köthner/Zündorf*, in *Küting/Weber*, HdK, § 311 HGB, Rn 130.
56 Vgl. *Küting/Köthner/Zündorf*, in *Küting/Weber*, HdK, § 311 HGB, Rn 130.
57 Vgl. *Winkeljohann/Lewe*, in Beck Bil-Komm. 9. Aufl., § 311 HGB, Rz 25; *ADS*, 6. Aufl. § 311 HGB, Rz 71.
58 Ebenso *Winkeljohann/Lewe*, in Beck Bil-Komm. 9. Aufl., § 311 HGB, Rz 25.
59 Vgl. *ADS*, 6. Aufl. § 311 HGB, Rz 72.
60 Vgl. ebenso *Küting/Köthner/Zündorf*, in *Küting/Weber*, HdK, § 311 HGB, Rn 131.

## § 312 WERTANSATZ DER BETEILIGUNG UND BEHANDLUNG DES UNTERSCHIEDSBETRAGS

(1) ¹Eine Beteiligung an einem assoziierten Unternehmen ist in der Konzernbilanz mit dem Buchwert anzusetzen. ²Der Unterschiedsbetrag zwischen dem Buchwert und dem anteiligen Eigenkapital des assoziierten Unternehmens sowie ein darin enthaltener Geschäfts- oder Firmenwert oder passiver Unterschiedsbetrag sind im Konzernanhang anzugeben.
(2) ¹Der Unterschiedsbetrag nach Absatz 1 Satz 2 ist den Wertansätzen der Vermögensgegenstände, Schulden, Rechnungsabgrenzungsposten und Sonderposten des assoziierten Unternehmens insoweit zuzuordnen, als deren beizulegender Zeitwert höher oder niedriger ist als ihr Buchwert. ²Der nach Satz 1 zugeordnete Unterschiedsbetrag ist entsprechend der Behandlung der Wertansätze dieser Vermögensgegenstände, Schulden, Rechnungsabgrenzungsposten und Sonderposten im Jahresabschluss des assoziierten Unternehmens im Konzernabschluss fortzuführen, abzuschreiben oder aufzulösen. ³Auf einen nach Zuordnung nach Satz 1 verbleibenden Geschäfts- oder Firmenwert oder passiven Unterschiedsbetrag ist § 309 entsprechend anzuwenden. ⁴§ 301 Abs. 1 Satz 3 ist entsprechend anzuwenden.
(3) ¹Der Wertansatz der Beteiligung und der Unterschiedsbetrag sind auf der Grundlage der Wertansätze zu dem Zeitpunkt zu ermitteln, zu dem das Unternehmen assoziiertes Unternehmen geworden ist. ²Können die Wertansätze zu diesem Zeitpunkt nicht endgültig ermittelt werden, sind sie innerhalb der darauf folgenden zwölf Monate anzupassen.
(4) ¹Der nach Absatz 1 ermittelte Wertansatz einer Beteiligung ist in den Folgejahren um den Betrag der Eigenkapitalveränderungen, die den dem Mutterunternehmen gehörenden Anteilen am Kapital des assoziierten Unternehmens entsprechen, zu erhöhen oder zu vermindern; auf die Beteiligung entfallende Gewinnausschüttungen sind abzusetzen. ²In der Konzern-Gewinn- und Verlustrechnung ist das auf assoziierte Beteiligungen entfallende Ergebnis unter einem gesonderten Posten auszuweisen.
(5) ¹Wendet das assoziierte Unternehmen in seinem Jahresabschluß vom Konzernabschluß abweichende Bewertungsmethoden an, so können abweichend bewertete Vermögensgegenstände oder Schulden für Zwecke der Absätze 1 bis 4 nach den auf den Konzernabschluß angewandten Bewertungsmethoden bewertet werden. ²Wird die Bewertung nicht angepaßt, so ist dies im Konzernanhang anzugeben. ³§ 304 über die Behandlung der Zwischenergebnisse ist entsprechend anzuwenden, soweit die für die Beurteilung maßgeblichen Sachverhalte bekannt oder zugänglich sind. ⁴Die Zwischenergebnisse dürfen auch anteilig entsprechend den dem Mutterunternehmen gehörenden Anteilen am Kapital des assoziierten Unternehmens weggelassen werden.

(6) ¹Es ist jeweils der letzte Jahresabschluß des assoziierten Unternehmens zugrunde zu legen. ²Stellt das assoziierte Unternehmen einen Konzernabschluß auf, so ist von diesem und nicht vom Jahresabschluß des assoziierten Unternehmens auszugehen.

RA StB WP Dr. Holger Seidler

**Inhaltsübersicht**      Rz
1 Überblick .................................................. 1–11
2 Die Technik der Equity-Methode ........................ 12–94
    2.1 Erstmalige Anwendung (Abs. 1) ................... 12–44
        2.1.1 Beteiligungsbuchwert (Abs. 1 Satz 1) .......... 12–17
        2.1.2 Anteiliges Eigenkapital (Abs. 1 Satz 2) ........ 18–23
        2.1.3 Buchwertmethode (Abs. 1 Sätze 1 und 2) ...... 24–36
            2.1.3.1 Kapitalaufrechnung ................. 24–26
            2.1.3.2 Aktiver Unterschiedsbetrag ......... 27–34
            2.1.3.3 Passiver Unterschiedsbetrag ........ 35–36
        2.1.4 Stichtag der Kapitalaufrechnung (Abs. 3) ...... 37–40
        2.1.5 Latente Steuern .............................. 41
        2.1.6 Angaben im Konzernanhang .................. 42–44
    2.2 Anwendung in Folgejahren (Abs. 2) ............... 45–70
        2.2.1 Fortschreibung des Unterschiedsbetrags ....... 45–52
        2.2.2 Berücksichtigung von Eigenkapitalveränderungen (Abs. 4) ..................................... 53–70
            2.2.2.1 Überblick ........................... 53
            2.2.2.2 Anteiliger Jahresüberschuss ......... 54–58
            2.2.2.3 Anteiliger Jahresfehlbetrag ......... 59–63
            2.2.2.4 Kapitalerhöhungen ................. 64–68
            2.2.2.5 Kapitalherabsetzungen ............. 69
            2.2.2.6 Gewinnausschüttungen ............ 70
    2.3 Einheitliche Bilanzierungs- und Bewertungsmethoden (Abs. 5 Sätze 1 und 2) .......................... 71–81
        2.3.1 Wahlrecht ................................... 71–73
        2.3.2 Anwendung auch auf den Bilanzansatz ........ 74–75
        2.3.3 Anpassung abweichender Wertansätze ........ 76–80
        2.3.4 Angaben im Konzernanhang (Abs. 5 Satz 2) ... 81
    2.4 Zwischenergebniseliminierung (Abs. 5 Satz 3) ...... 82–91
        2.4.1 Entsprechende Anwendung des § 304 HGB .... 82–84
        2.4.2 Downstream- und Upstream-Zwischenergebniseliminierung ................................. 85–87
        2.4.3 Verrechnungstechnik ........................ 88–90
        2.4.4 Verzicht auf die Zwischenergebniseliminierung ... 91
    2.5 Latente Steuern (Abs. 5 Satz 3) ................... 92–94
3 Zugrunde zu legender Jahresabschluss des assoziierten Unternehmens (Abs. 6 Satz 1) ............................ 95–100

| | | |
|---|---|---|
| 4 | Zugrunde zu legender Konzernabschluss des assoziierten Unternehmens (Abs. 6 Satz 2). | 101–105 |
| 5 | Sonderfragen. | 106–123 |
| | 5.1 Außerplanmäßige Abschreibungen nach § 253 Abs. 3 Satz 3 HGB | 106–109 |
| | 5.2 Währungsumrechnung | 110 |
| | 5.3 Erwerb weiterer Anteile | 111–115 |
| | 5.4 Veräußerung von Anteilen | 116–119 |
| |     5.4.1 Fortführung der Equity-Methode | 116–117 |
| |     5.4.2 Übergang von der Equity-Methode zur Anschaffungskosten-Methode | 118 |
| |     5.4.3 Vollständige Veräußerung | 119 |
| | 5.5 Übergang von der Vollkonsolidierung zur Equity-Methode | 120 |
| | 5.6 Übergang von der Quotenkonsolidierung zur Equity-Methode | 121–123 |
| 6 | Anhang: Kapitalanteilsmethode | 124–132 |
| | 6.1 Vorbemerkung | 124–125 |
| | 6.2 Kapitalanteilsmethode bei erstmaliger Anwendung der Equity-Methode | 126–130 |
| | 6.3 Kapitalanteilsmethode bei Fortschreibung der Equity-Methode | 131–132 |
| 7 | Auswirkungen des BilRUG. | 133–137 |

**Ergänzendes Schrifttum**

*Baetge/Kirsch/Thiele*, Konzernbilanzen, 9. Aufl., 2011; *Biener/Berneke*, Bilanzrichtlinien-Gesetz, 1986; *Blöink/Biermann*, Bilanzrichtlinie-Umsetzungsgesetz (BilRUG), Der Konzern 2015, S. 65; *Bühner/Hille*, Anwendungsprobleme der Equity-Methode für die Konzernrechnungslegung in der Europäischen Gemeinschaft, WPg 1980, S. 261; *Busse von Colbe*, Die Equity-Methode zur Bewertung von Beteiligungen im Konzernabschluss, FS Grochla, 1986, S. 249; *Busse von Colbe*, Harmonisierung der Konzernrechnungslegung in den Europäischen Gemeinschaften durch die 7. RL des Rates, ZfbF 1976, S. 667; *Fricke*, Rechnungslegung für Beteiligungen nach der Anschaffungskostenmethode und nach der Equity-Methode, 1983; *Gelhausen/Fey/Kämpfer*, Rechnungslegung und Prüfung nach dem Bilanzrechtsmodernisierungsgesetz, 2009; *Haase*, Zur Zwischenerfolgseliminierung bei Equity-Bilanzierung, BB 1985, S. 1702; *Harms*, Das Aussetzen der Equity-Methode, BB 1987, S. 1426; *Harms*, Ausweisfragen bei der Bewertung „at equity", BB 1987, S. 935; *Harms/Knischewski*, Quotenkonsolidierung versus Equity-Methode im Konzernabschluss, DB 1985, S. 1353; *Harms/Küting*, Equity-Accounting im Konzernabschluss, BB 1982, S. 2150; *Havermann*, Die Equity-Bewertung von Beteiligungen, WPg 1987, S. 315; *Havermann*, Methoden der Bilanzierung von Beteiligungen (einschließlich der Equity-Methode), in *IDW* (Hrsg.), Rechnungslegung und Prüfung in internationaler Sicht, 1978, S. 405; *Havermann*, Zur Bilanzierung von Beteiligungen an Kapitalgesellschaften in Einzel- und Konzernabschlüssen, WPg 1975, S. 233; *IDW*, Offene Fragen der Konzernrechnungslegung, Bericht über die Fachtagung

1986 des IDW, 1986, S. 43; Kommission Rechnungswesen im Verband der Hochschullehrer für Betriebswirtschaft e. V., Stellungnahme zur Umsetzung der 7. EG-RL, DBW 1985, S. 267; *Kunowski*, Bilanzierung von Anteilen an assoziierten Unternehmen sowie Gemeinschaftsunternehmen nach DRS 8 und DRS 9, StuB 2002, S. 261; *Kühne/Melcher/Wesemann*, Latente Steuern nach BilMoG – Grundlagen und Zweifelsfragen, WPg 2009, S. 1005 und S. 1057; *Küting/Pfitzer/ Weber*, Das neue deutsche Bilanzrecht, 2. Auflage; *Küting/Zündorf*, Die Equity-Methode im deutschen Bilanzrecht, BB, Beilage 7/1986; *Maas/Schruff*, Der Konzernabschluss nach neuem Recht, WPg 1986, S. 201, 237; *Melcher/Murer*, Die Auswirkungen des BilMoG auf die Equity-Methode nach § 312 HGB, DB 2010, S. 1597; *Oser/Orth/Wirtz*, Neue Vorschriften zur Rechnungslegung und Prüfung durch das Bilanzrichtlinie-Umsetzungsgesetz, DB 2015, S. 197; *Sahner/ Hager*, Zur Zwischenerfolgseliminierung beim Beteiligungsansatz „at equity", BB 1988, S. 1780; *Schäfer*, Bilanzierung von Beteiligungen an assoziierten Unternehmen nach der Equity-Methode, 1982; *Schmalenbach-Gesellschaft – Deutsche Gesellschaft für Betriebswirtschaft e. V.*, Aufstellung von Konzernabschlüssen, ZfbF, Sonderheft 21/1987, 2. Aufl.; *Schmidbauer*, Der DRS 8 zur Bilanzierung von Anteilen an assoziierten Unternehmen im Konzernabschluss, DStR 2001, S. 1540; *Schruff*, Bilanzierung von Anteilen an assoziierten Unternehmen nach dem E-DRS 8, BB 2001, S. 87; *Zündorf*, Der Anlagenspiegel im Konzernabschluss, 1990; *Zündorf*, Quotenkonsolidierung versus Equity-Methode, 1987.

## 1 Überblick

Beteiligungen an assoziierten Unt – und ggf. TU – sind im KA nach der **Equity-Methode** zu bewerten. Der wesentliche Unterschied im Vergleich zur VollKons oder zur QuotenKons besteht darin, dass die VG, Schulden, Sonderposten, RAP, Aufwendungen oder Erträge aus dem JA des assoziierten Unt nicht in den KA übernommen werden. Vielmehr wird der im KA angesetzte Beteiligungsbuchwert, ausgehend von den AK, entsprechend der Entwicklung des Werts des anteiligen bilanziellen EK des assoziierten Unt in einer außerbilanziellen Nebenrechnung fortgeschrieben (sog. **one-line consolidation**).[1] Die Bilanzierung der Beteiligung nach der Equity-Methode wird – jedenfalls im Vergleich zur Bilanzierung zu AK – als für die Abschlussadressaten informativer angesehen.

1

Mit dem **BilMoG** wurden die Abs. 1–3 des § 312 HGB neu gefasst. Der Zweck der Neufassung bestand in einer Vereinheitlichung und Vereinfachung der Abbildung von Beteiligungen an assoziierten Unt im KA. Gleichzeitig sollte die Vorschrift an die IFRS angenähert werden.[2] Mit der Neufassung des § 312 Abs. 1 Satz 1 HGB wurde die Kapitalaufrechnung bei erstmaliger Anwendung der

2

---

1  Vgl. *Baetge/Kirsch/Thiele*, Konzernbilanzen, 9. Aufl., 2011, S. 336; ADS, 6. Aufl., § 312 HGB, Rz 2.
2  Vgl. BilMoG-BgrRegE, S. 84.

Equity-Methode **auf die Buchwertmethode beschränkt**.[3] Die Buchwertmethode und die bisher alternativ zulässige Kapitalanteilsmethode unterscheiden sich im Grunde nur im Bilanzausweis.[4]

3 Die **erstmalige Anwendung der Equity-Methode** verlangt nach § 312 Abs. 2 Satz 1 HGB, ebenso wie bei der VollKons, die Analyse eines sich ergebenden Unterschiedsbetrags und dessen Zuordnung zu den betreffenden VG, Schulden, RAP und Sonderposten in der Bilanz des assoziierten Unt. Daraus ergibt sich gleichzeitig, dass die erstmalige Anwendung der Equity-Methode **erfolgsneutral ist**.[5]

4 Das anteilige EK ist bei der erstmaligen Einbeziehung eines assoziierten Unt nach § 312 Abs. 3 Satz 1 HGB zu dem Zeitpunkt zu ermitteln, zu dem das Unt assoziiertes Unt geworden ist. Dies galt bisher grds. auch dann, wenn das Unt bisher von untergeordneter Bedeutung für den KA war oder das MU wegen Überschreitens der Schwellenwerte des § 293 HGB erstmals zur Aufstellung eines KA verpflichtet war. Lag der Zeitpunkt, zu dem das Unt assoziiertes Unt geworden ist, schon lange zurück, wäre diese Vorgehensweise sehr aufwendig gewesen. Vor diesem Hintergrund und aufgrund der Bestrebungen des Gesetzgebers, einen weitestgehenden Gleichlauf zwischen § 301 und § 312 HGB zu erreichen, wurde bereits bisher vertreten, § 301 Abs. 2 Satz 3 und 4 HGB auf die Kons. assoziierter Unt entsprechend anzuwenden.[6] Die Anwendung dieser Erleichterungen wird mit dem neuen § 312 Abs. 3 Satz 3 HGB ausdrücklich gesetzlich eröffnet.[7]

5 Im Gegensatz zur VollKons erfolgt diese **Zuordnung ausschließlich in einer Nebenrechnung**; sie dient als Berechnungsgrundlage für die Fortschreibung in den Folgejahren. Der Unterschiedsbetrag sowie ein darin enthaltener GoF oder passiver Unterschiedsbetrag sind im Konzernanhang anzugeben (§ 312 Abs. 1 Satz 2 HGB).[8]

6 Die Neufassung des § 312 Abs. 2 HGB folgt aus der Aufgabe der Kapitalanteilsmethode. Materielle Änderungen gehen damit nicht einher.[9] Die Sätze 2 und 3 des § 312 Abs. 1 HGB betreffen die **Anwendung der Equity-Methode in den Folgejahren**. Im Gegensatz zur erstmaligen Anwendung ergeben sich aus der Anwendung der Equity-Methode in den Folgejahren **Auswirkungen auf den Unternehmenserfolg**.

---

3 Der Gesetzgeber weist darauf hin, dass die Kapitalanteilsmethode zu einer stärkeren Annäherung an die IFRS geführt hätte (anders DRS 8.17f., der die Buchwertmethode als internationalen Standard einstuft). Gleichwohl sei von einer ausschließlichen Beibehaltung der Kapitalanteilsmethode abgesehen worden, weil beide Methoden nur in seltenen Ausnahmefällen zu einem unterschiedlichen Ergebnis kämen und die Anwendung der Buchwertmethode gängige Praxis – so auch DRS 8.17f. – in Deutschland sei; vgl. BT-Drs. 10/10467, S. 85.
4 Vgl. *Winkeljohann/Lewe*, in Beck Bil-Komm. 9. Aufl., § 312 HGB, Rz 6.
5 Der mit dem BilMoG erfolgte Austausch des Begriffs „Wert" gegen den Begriff „beizulegender Zeitwert" hat für die Anwendung der Equity-Methode keine Bedeutung. Bereits davor war es – anders als bei § 301 HGB – für Zwecke der Equity-Bewertung nicht zulässig, dass ein Erwerber seine subjektiven Erwartungen über den Wert von VG und Schulden bei der Kaufpreisallokation berücksichtigt. Nur maßgeblicher Einfluss wurde schon bisher als nicht ausreichend angesehen, um entsprechende Nutzungsentscheidungen auch durchzusetzen, vgl. dazu auch *Melcher/Murer*, DB 2010, S. 1598.
6 So auch *Gelhausen/Fey/Kämpfer*, Rechnungslegung und Prüfung nach dem Bilanzrechtsmodernisierungsgesetz, Abschnitt Q, Rz 470ff.; *Melcher/Murer*, DB 2010, S. 1602.
7 Vgl. BGBl, 2015 I, S. 1251. Dazu auch *Oser/Orth/Wirth*, DB 2015, S. 202; *Blöink/Biermann*, Der Konzern 2015, S. 73.
8 Die Vorschrift lehnt sich an die in DRS 8.47 Buchstabe c enthaltene Regelung an.
9 Vgl. BilMoG-BgrRegE, S. 85.

Für Zwecke der Kapitalaufrechnung ist nach § 312 Abs. 3 Satz 1 HGB grundsätzlich auf den **Zeitpunkt** abzustellen, **zu dem das Unt assoziiertes Unt geworden** ist. Dadurch wird ein Gleichlauf mit § 301 HGB erreicht. Der Zeitpunkt, zu dem das Unt assoziiertes Unt geworden ist, dürfte regelmäßig auch der Zeitpunkt sein, zu dem die in dem KA nach der Equity-Methode abzubildende Beteiligung erworben worden ist. Die sich hier durch einen sukzessiven Aufbau des maßgeblichen Einflusses möglicherweise ergebenden Gestaltungsmöglichkeiten werden wohl grds. nur eine geringe Bedeutung haben. Mit § 312 Abs. 3 Satz 3 HGB wird die Anwendung der Erleichterungen des § 301 Abs. 2 Satz 3 und 4 HGB – die Vorschriften wurden bereits bisher entsprechend angewandt – nunmehr ausdrücklich gesetzlich eröffnet.[10]

7

§ 312 Abs. 4 Satz 1 HGB schreibt den **Grundgedanken der Equity-Methode** fest: Der im Rahmen der erstmaligen Anwendung der Equity-Methode ermittelte Wertansatz des Beteiligungsbuchwerts im KA ist in den Folgejahren um den Betrag der EK-Veränderungen, die den dem MU gehörenden Anteilen am Kapital des assoziierten Unt entsprechen, zu erhöhen oder zu vermindern.

8

Werden im JA des assoziierten Unt andere **Bewertungsmethoden** angewandt als im KA, ist gem. § 312 Abs. 5 Satz 1 HGB eine Bewertungsanpassung zugelassen; im Konzernanhang wird eine Angabe verlangt, wenn keine Bewertungsanpassung erfolgt (§ 312 Abs. 5 Satz 2 HGB).[11]

9

Die **Eliminierung von Zwischenergebnissen** aus Geschäften zwischen assoziierten Unt und einem in den KA einbezogenen Unt ist nur unter der Voraussetzung vorgeschrieben, dass die notwendigen Informationen verfügbar sind (§ 312 Abs. 5 Satz 3 HGB). Eine Schulden- oder Aufwands- und ErtragsKons sieht § 312 HGB auch nach der Novellierung durch das BilRUG nicht vor.[12] Hingegen sind die latenten Steuern gem. § 312 Abs. 5 Satz 3 HGB, der ausdrücklich die entsprechende Anwendung des § 306 HGB fordert, künftig bei der Bewertung von Anteilen an assoziierten Unt zu berücksichtigen, soweit die für die Beurteilung maßgeblichen Sachverhalte bekannt oder zugänglich sind.[13]

10

Für die Anwendung der Equity-Methode ist nach § 312 Abs. 6 HGB der letzte JA des assoziierten Unt zugrunde zu legen. Bei abweichendem Gj braucht daher kein Zwischenabschluss aufgestellt zu werden, auch wenn der Bilanzstichtag mehr als drei Monate vor dem **Stichtag** des KA liegt. Darüber hinaus kann aufgrund dieser Regelung der Vorjahresabschluss des assoziierten Unt verwendet werden, wenn der JA des Berichtsjahrs bis zur Aufstellung des KA noch nicht vorliegt. Stellt das assoziierte Unt einen KA auf, ist dieser nach § 312 Abs. 6 Satz 2 HGB für die Anwendung der Equity-Methode zugrunde zu legen.

11

---

10 Vgl. BGBl, 2015 I, S. 1251 sowie die Begründung zum RegE BilRUG, BT-Drucks. 18/4040, S. 73.
11 Vgl. auch DRS 8.8, wonach die für die Ermittlung des Beteiligungsbuchwerts anzuwendenden Vorschriften dem HGB und den Regelungen des DSR entsprechen müssen.
12 Diese war im Referentenentwurf zum BilRUG noch vorgesehen, wurde aber aufgrund der Kritik im Regierungsentwurf wieder fallen gelassen; dazu bspw. *Oser/Orth/Wirtz*, DB 2015, S. 202.
13 Vgl. BGBl, 2015 I, S. 1251; BgrRegE BilRUG, BT-Drucks. 18/4050, S. 73.

## 2 Die Technik der Equity-Methode
### 2.1 Erstmalige Anwendung (Abs. 1)
#### 2.1.1 Beteiligungsbuchwert (Abs. 1 Satz 1)

12 Nach § 312 Abs. 1 Satz 1 HGB ist eine Beteiligung an einem assoziierten Unt im KA mit dem im JA des MU oder des beteiligten TU ausgewiesenen Beteiligungsbuchwert anzusetzen. Soweit – was regelmäßig der Fall sein dürfte – von vornherein eine Beteiligung an einem assoziierten Unt erworben wird, **entspricht der Beteiligungsbuchwert den AK**.

13 Der Beteiligungsbuchwert des KA entspricht dem im JA des unmittelbar beteiligten MU oder TU angesetzten Buchwert der Beteiligung. Werden im JA vom KA **abweichende Bewertungsmethoden** angewandt, muss eine Neubewertung der Beteiligung in der HB II erfolgen, die dann auch auf die Equity-Methode durchschlägt (sog. Konzern-AK). Denkbar ist dies insb. dann, wenn ausländische TU die Beteiligung halten.[14]

14 Ist der Beteiligungsbuchwert durch konzerninterne Transaktionen beeinflusst, so treten an die Stelle der AK des beteiligten Unt die AK des Konzerns.[15]

15 Halten **mehrere** in den KA **einbezogene Unt Anteile** an einem assoziierten Unt, so ist es zweckmäßig, deren Buchwerte zu einem Beteiligungsbuchwert zusammenzufassen. Ob die Anteile in den JA der beteiligten Unt als „Beteiligungen" ausgewiesen sind, ist dabei für die Anwendung der Equity-Methode unerheblich.[16]

16 Werden neben den Anteilen, die die Grundlage des Assoziierungsverhältnisses bilden, auch weitere Anteile am assoziierten Unt mit konkreter **Weiterveräußerungsabsicht** gehalten und im UV ausgewiesen, so sind diese nicht zu berücksichtigen. Es fehlt hier am Beteiligungscharakter der Anteile.

17 Auch die von einem im Wege der QuotenKons einbezogenen **GemeinschaftsUnt** gehaltenen Anteile an einem assoziierten Unt sind in die Kapitalaufrechnung nach Maßgabe der Equity-Methode einzubeziehen.[17] Davon zu unterscheiden ist die Frage, ob die von GemeinschaftsUnt gehaltenen Anteile bei der Prüfung der Assoziierungsvermutung im Sinn des § 311 HGB zu berücksichtigen sind.[18]

#### 2.1.2 Anteiliges Eigenkapital (Abs. 1 Satz 2)

18 Das anteilige EK eines assoziierten Unt in der **Rechtsform einer KapG** ermittelt sich anhand der in § 266 Abs. 3 A. HGB aufgeführten Posten. Einzubeziehen sind zudem ein Ergebnisvortrag sowie das Jahresergebnis, vorausgesetzt, dass es nicht den früheren Anteilseignern zusteht. Darüber hinaus muss auch der auf der

---

[14] Vgl. *Winkeljohann/Lewe*, in Beck Bil-Komm. 9. Aufl., § 312 HGB, Rz 9.
[15] Denkbar ist bspw., dass die Beteiligung von einem anderen einbezogenen Unt erworben wurde und dabei Zwischenergebnisse entstanden sind. In diesem Fall ist vor der Kapitalaufrechnung eine Zwischenergebniseliminierung vorzunehmen.
[16] Vgl. auch ADS, 6. Aufl., § 312 HGB, Rz 25.
[17] Vgl. ADS, 6. Aufl., § 312 HGB, Rz 27 HGB; a.A. noch *Schäfer*, Bilanzierung von Beteiligungen an assoziierten Unternehmen nach der Equity-Methode, S. 237, der die Anwendung der Equity-Methode auf die unmittelbar von KonzernUnt gehaltenen Anteile – unter Hinweis auf den ursprünglichen Vorschlag zur Konzernbilanz-RL – beschränkt wissen will. Da die endgültige Regelung der Equity-Methode in der Konzernbilanz-RL von dem Vorschlag erheblich abweicht, kommt dieser Begründung aber keine Bedeutung mehr zu.
[18] Vgl. dazu § 311 HGB.

Aktivseite ausgewiesene, nicht durch EK gedeckte Fehlbetrag berücksichtigt werden.[19] Eigene Anteile sind mit der Neufassung des § 272 Abs. 1a u. 1b HGB auf der Passivseite der Bilanz offen vom gezeichneten Kapital abzusetzen. Hier besteht also für Zwecke der Equity-Methode kein ergänzender Korrekturbedarf. Das Gleiche gilt für die nicht eingeforderten ausstehenden Einlagen.

Die Höhe der **Beteiligungsquote am EK** des assoziierten Unt in der Rechtsform einer KapG richtet **sich** nach dem auf das beteiligte Unt entfallenden Anteil am Nennkapital. Dabei bleiben Anteile im Besitz von nicht einbezogenen TU unberücksichtigt, auch wenn sie für Zwecke der Anhangangaben nach § 285 Nr. 11 HGB wegen der Zurechnung nach § 16 Abs. 4 AktG zu berücksichtigen sind. Unberücksichtigt bleiben ferner Anteile im Besitz von anderen assoziierten Unt. 19

Bei assoziierten Unt in der **Rechtsform einer PersG** können sich Schwierigkeiten in der Abgrenzung des anteiligen EK ergeben, wenn neben den festen Kapitalkonten sonstige Gesellschafterkonten existieren. Hier ist anhand der zur Klassifizierung von EK entwickelten Kriterien in jedem Einzelfall gesondert festzustellen, ob den Konten EK- oder FK-Charakter zukommt.[20] 20

Bei PersG richtet sich die **Beteiligungsquote am EK** nach dem Stand der Kapitalkonten. Bei einer Beteiligung als Komplementär ohne Einlage liegt zwar ein Beteiligungsverhältnis vor, gleichwohl kommt die Anwendung der Equity-Methode so lange nicht in Betracht, wie es an einem Anteil am EK fehlt. 21

Bei **ausländischen assoziierten Unt** muss das EK, das möglicherweise nach anderen Kriterien klassifiziert und gegliedert ist, in einer HB II entsprechend umklassifiziert, umgegliedert und ggf. an die einheitliche Bewertung angepasst werden. 22

Stellt das assoziierte Unt einen KA auf, so ist dieser gem. § 312 Abs. 6 Satz 1 HGB zugrunde zu legen. Aus der Kons. resultierende Posten sind, soweit sie nicht in den Gewinnrücklagen oder im Ergebnisvortrag enthalten sind, nicht zu berücksichtigen. Dies betrifft in erster Linie den **Ausgleichsposten für Anteile anderer Gesellschafter** gem. § 307 HGB. 23

### 2.1.3 Buchwertmethode (Abs. 1 Sätze 1 und 2)

#### 2.1.3.1 Kapitalaufrechnung

Bei erstmaliger Anwendung der Equity-Methode ist – unter Berücksichtigung der allein zulässigen Buchwertmethode – der aus dem JA des MU oder des beteiligten TU übernommene Beteiligungsbuchwert[21] zur **Ermittlung des Unterschiedsbetrags** gegen das anteilige EK aus der Bilanz[22] des assoziierten Unt aufzurech- 24

---

[19] Die Abgrenzung des EK bei Anwendung der Equity-Methode ist grds. mit der Abgrenzung der konsolidierungspflichtigen EK eines TU bei der VollKons nach § 301 HGB identisch.
[20] Vgl. dazu auch IDW RS HFA 7 sowie IDW HFA 1/1994.
[21] Regelmäßig werden der Beteiligungsbuchwert und der Betrag des anteiligen EK nicht übereinstimmen, weil bspw. beim Erwerb der Beteiligung an dem assoziierten Unt stille Reserven oder stille Lasten mit erworben wurden.
[22] Bei der Anpassung von abweichenden Bilanzierungs- und Bewertungsmethoden im JA an die konzerneinheitliche Bilanzierung und Bewertung nach § 312 Abs. 5 Satz 1 HGB ist auf die HB II abzustellen.

nen.[23] Übersteigt der Beteiligungsbuchwert das anteilige EK, ergibt sich ein aktiver Unterschiedsbetrag. Ist der Beteiligungsbuchwert niedriger, ergibt sich ein passiver Unterschiedsbetrag.[24] Der Unterschiedsbetrag wird nach § 312 Abs. 2 Sätze 2 und 3 HGB in den Folgejahren fortgeführt, abgeschrieben oder aufgelöst, sodass sich der Beteiligungsbuchwert und der Wert des anteiligen bilanziellen EK theoretisch zu irgendeinem Zeitpunkt entsprechen.[25]

25 Ein aktiver Unterschiedsbetrag deutet auf die **Existenz stiller Reserven** in den VG, nicht aktivierte selbst geschaffene immaterielle VG des AV und einen erworbenen selbst geschaffenen GoF hin. Ein passiver Unterschiedsbetrag deutet auf im JA des assoziierten Unt zulässigerweise nicht berücksichtigte Schulden – regelmäßig unter Art. 28 EGHGB fallende Pensionsverpflichtungen – oder negative Ertragsaussichten wegen mangelnder Rentabilität oder der Sanierungsbedürftigkeit des assoziierten Unt hin, mithin auf **stille Lasten**. Denkbar ist aber auch, dass der passive Unterschiedsbetrag auf einer (zulässigen) Unterbewertung der Beteiligung – z. B. aufgrund der Anwendung der Tauschgrundsätze – beruht. Eher selten ist der sog. lucky buy. Zudem kann ein passiver Unterschiedsbetrag auch darauf zurückzuführen sein, dass auf die Beteiligung in der Vergangenheit außerplanmäßige Abschreibungen erfolgten, denen keine Verminderung des EK des assoziierten Unt gegenübersteht.

26 Bestehen **mehrere Beteiligungen an assoziierten Unt,** ist die Kapitalaufrechnung für jedes assoziierte Unt gesondert vorzunehmen.[26]

Hat das assoziierte Unt seinen JA in fremder Währung aufgestellt, sind das EK und das Jahresergebnis in EUR umzurechnen. Hierzu ist § 308a HGB entsprechend anzuwenden.

### 2.1.3.2 Aktiver Unterschiedsbetrag

27 Ein sich aus der Kapitalaufrechnung ergebender aktiver Unterschiedsbetrag ist, unter Beachtung des Einzelbewertungsgrundsatzes (§§ 252 Abs. 1 Nr. 3, 298 Abs. 1 HGB), den Wertansätzen der VG, Schulden, RAP und Sonderposten des assoziierten Unt gem. § 312 Abs. 2 Satz 1 HGB insoweit zuzuordnen, als deren beizulegender Zeitwert höher oder niedriger ist als ihr Buchwert.[27] Die **Zuordnung** des aktiven Unterschiedsbetrags ist erfolgsneutral vorzunehmen.[28]

28 Die Zuordnung erfolgt ausschließlich in einer **Nebenrechnung,** denn die einzelnen Posten der Bilanz des assoziierten Unt gehen nicht in die Konzernbilanz ein.[29]

---

[23] Früher war alternativ neben der Buchwert- die Kapitalanteilsmethode vorgesehen. Da die Beschränkung auf die Buchwertmethode nur für Erwerbsfälle Anwendung findet, die in Gj erfolgt sind, die nach dem 31.12.2009 begonnen haben (Art. 66 Abs. 3 Satz 4 EGHGB), kann die Kapitalanteilsmethode für Altfälle beibehalten werden. Auf sie wird daher unter Rz 126 ff. noch eingegangen.
[24] Die Technik der Kapitalaufrechnung entspricht grds. der KapKons nach § 301 HGB.
[25] So auch DRS 8.20 f.; vgl zum Ganzen auch *Havermann*, WPg 1987, S. 317.
[26] Vgl. *Winkeljohann/Lewe*, in Beck Bil-Komm. 9. Aufl., § 312 HGB, Rz 15.
[27] Können die stillen Reserven den einzelnen VG nicht mit angemessenem Aufwand zugeordnet werden, wird es als zulässig angesehen, eine Zuordnung auf abgrenzbare Gruppen vorzunehmen; vgl. *Förschle/Deubert*, in Beck Bil-Komm. 6. Aufl., § 301 HGB, Rz 90.
[28] Die Abschreibungen bzw. Auflösungen der zugeordneten Beträge werden erst in den Folgejahren im Konzernerfolg wirksam. Für die Zuordnung gelten daher die Anforderungen an die Dokumentation bei der VollKons entsprechend (vgl. § 301 HGB).
[29] Vgl. *Havermann*, WPg 1975, S. 236.

In der Nebenrechnung wird festgelegt, wie der zugeordnete aktive Unterschiedsbetrag in den Folgejahren fortzuführen, abzuschreiben oder aufzulösen ist.[30]

Die Zuordnung der stillen Reserven hat sich auch auf **selbst erstellte immaterielle VG** zu erstrecken, die von assoziierten Unt bisher nicht aktiviert werden durften bzw. deren Aktivierung nach § 248 Abs. 2 Satz 1 HGB i. d. F. d. BilMoG einem Wahlrecht unterliegt, denn aus Konzernsicht handelt es sich um entgeltlich erworbene VG. In der gleichen Weise ist schließlich auch ein selbst geschaffener GoF anzusetzen.    29

In § 312 Abs. 2 Satz 2 HGB wird ausdrücklich der beizulegende Zeitwert angesprochen. Die **Ermittlung** der in den VG, Schulden, RAP und Sonderposten ruhenden **stillen Reserven und stillen Lasten** hat demnach nach Maßgabe des auch international üblichen dreistufigen Konzepts zur Ermittlung des beizulegenden Zeitwerts zu erfolgen, das auch Eingang in den neuen § 255 Abs. 4 HGB gefunden hat.[31]    30

Als Ausnahme dazu wird in § 312 Abs. 2 Satz 4 HGB die entsprechende Anwendung des § 301 Abs. 1 Satz 3 HGB vorgeschrieben. In der Vorschrift, die durch den Rechtsausschuss des BT eingefügt worden ist, heißt es, dass RST nach § 253 Abs. 1 Sätze 2 und 3, Abs. 2 HGB und latente Steuern nach § 274 Abs. 2 HGB zu bewerten sind. Diese Vorschrift sieht mithin eine – aus Gründen der besseren Vergleichbarkeit – zwingend zu befolgende **Bewertungsvereinfachung** vor, um unnötige Anpassungsbuchungen zu vermeiden. Im JA werden die RST mit einer Restlaufzeit von mehr als einem Jahr, RST für wertpapiergebundene Pensionszusagen und die latenten Steuern gerade nicht – wie § 312 Abs. 2 Satz 1 HGB vorschreibt – mit dem beizulegenden Zeitwert bewertet. Die RST mit einer Restlaufzeit von mehr als einem Jahr sind zu dem von der Deutschen Bundesbank vorgegebenen Durchschnittszinssatz und nicht mit einem fristenadäquaten Marktzinssatz abzuzinsen, die wertpapiergebundenen Pensionszusagen sind mit dem beizulegenden Zeitwert der Wertpapiere zu bewerten, nach deren Höhe sich die aus den Pensionszusagen resultierenden Altersversorgungsverpflichtungen richten. Ferner sind die latenten Steuern nicht abzuzinsen.    31

Den stille Reserven und stille Lasten aufweisenden Bilanzposten des assoziierten Unt dürfen Teile des aktiven Unterschiedsbetrags nur **beteiligungsproportional** zugewiesen werden.    32

Ein **nach der Zuordnung verbleibender aktiver Unterschiedsbetrag** ist als GoF in die Nebenrechnung aufzunehmen. Auf diesen ist § 309 HGB in den Folgejahren entsprechend anzuwenden (§ 312 Abs. 2 Satz 3 HGB).    33

Nach § 312 Abs. 1 Satz 2 HGB ist der in dem Beteiligungsbuchwert enthaltene und damit in der Konzernbilanz ausgewiesene (gesamte) aktive Unterschiedsbetrag im **Konzernanhang** anzugeben.[32] Zudem ist der enthaltene GoF gesondert anzugeben. Dies macht vor dem Hintergrund Sinn, dass die offene Verrechnung mit den Rücklagen nicht möglich ist.    34

---

30  Vgl. auch *Winkeljohann/Lewe*, in Beck Bil-Komm. 9. Aufl., § 312 HGB, Rz 35.
31  Besondere Schwierigkeiten kann die Ermittlung der stillen Reserven und stillen Lasten des assoziierten Unt bereiten, wenn die notwendigen Informationen nicht unmittelbar zugänglich sind. Vgl. zu der daraus möglicherweise resultierenden Widerlegung der Assoziierungsvermutung § 311 HGB.
32  Der bei erstmaliger Anwendung der Equity-Methode auch mögliche Vermerk in der Konzernbilanz entfällt aus Gründen der besseren Vergleichbarkeit ersatzlos.

### 2.1.3.3 Passiver Unterschiedsbetrag

35 Ein passiver Unterschiedsbetrag entsteht, wenn der **Beteiligungsbuchwert niedriger als das anteilige EK** ist. Auch der passive Unterschiedsbetrag ist zu analysieren und gem. § 312 Abs. 2 Satz 1 HGB den Wertansätzen der VG, Schulden, RAP und Sonderposten des assoziierten Unt in einer Nebenrechnung insoweit zuzuordnen, als deren beizulegender Zeitwert höher oder niedriger als ihr Buchwert ist.[33]

36 Denkbar ist die Entstehung eines passiven Unterschiedsbetrags auch aus dem Umstand heraus, dass die stillen Reserven des assoziierten Unt den ermittelten aktiven Unterschiedsbetrag übersteigen. In diesem Fall entsteht kein GoF. Der aktive Unterschiedsbetrag reicht nicht einmal aus, um die anteiligen stillen Reserven aufzudecken. Die Entstehung eines solchen passiven Unterschiedsbetrags setzt aber voraus, dass die stillen Reserven nicht lediglich anteilig in den Grenzen des ermittelten Unterschiedsbetrags – also faktisch in den **Grenzen der AK** – aufgedeckt werden, sondern anteilig in der tatsächlich vorhandenen Höhe. Dem steht aber § 312 Abs. 2 Satz 1 HGB entgegen. Danach ist der Unterschiedsbetrag zuzuordnen und nicht umgekehrt aus den anteiligen stillen Reserven abzuleiten.[34]

### 2.1.4 Stichtag der Kapitalaufrechnung (Abs. 3)

37 Nach Maßgabe des § 312 Abs. 3 HGB sind der Wertansatz der Beteiligung – mithin der Beteiligungsbuchwert – und der Unterschiedsbetrag auf der Grundlage der Wertansätze zu dem **Zeitpunkt zu ermitteln, zu dem das Unt assoziiertes Unt geworden ist** (Satz 1). Zur Bestimmung des Stichtags der Kapitalaufrechnung rückt § 311 HGB in den Fokus. Die Kapitalaufrechnung hat grundsätzlich auf der Basis der Werte zu dem Zeitpunkt zu erfolgen, zu dem das Unt erstmals assoziiertes Unt i.S.d. § 311 HGB geworden ist. Damit kann künftig nicht mehr auf den Zeitpunkt des Erwerbs der Anteile oder den Zeitpunkt der erstmaligen Einbeziehung des assoziierten Unt in den KA abgestellt werden, wie dies § 312 Abs. 3 HGB aF noch erlaubte.[35] Zudem dürfte der Zeitpunkt, zu dem das Unt assoziiertes Unt geworden ist, regelmäßig mit dem Zeitpunkt des Anteilserwerbs übereinstimmen.

38 Mit dem im Wege des BilMoG neu gefassten § 312 Abs. 3 Satz 1 HGB werden insb. aus dem **sukzessiven Anteilserwerb** resultierende technische Probleme vermieden. Eine gesonderte Kapitalaufrechnung der verschiedenen Tranchen entweder durch rückwirkende Anpassung auf den Stichtag des jeweiligen Erwerbs oder auf den Zeitpunkt der erstmaligen Einbeziehung in den KA entfällt.

39 Ergänzend bezieht § 312 Abs. 3 Satz 3 HGB die **Erleichterungen des § 301 Abs. 2 Satz 3 und 4 HGB** in die Wertansatzermittlung für Beteiligungen an assoziierten Unt mit ein. Danach sind die Wertansätze eines assoziierten Unt – wenn ein MU erstmals zur Aufstellung eines KA verpflichtet ist – zum Zeitpunkt

---

[33] Die Ausführungen zum aktiven Unterschiedsbetrag gelten hier entsprechend.
[34] In diesem Punkt unterscheidet sich die letztlich durch die AK der Beteiligung begrenzte Aufdeckung der stillen Reserven und stillen Lasten auch von den internationalen Regelungen; vgl. dazu auch *Winkeljohann/Lewe*, in Beck Bil-Komm. 9. Aufl., § 312 HGB, Rz 12. Das BilMoG sah hier keine Änderung vor, vgl. dazu auch ausführlich *Melcher/Murer*, DB 2010, S. 1600 mwN.
[35] Nach Maßgabe des Art. 66 Abs. 3 Satz 4 EGHGB ändert sich aber für Erwerbsvorgänge nichts, die in Gj erfolgt sind, die vor dem 1.1.2010 begonnen haben.

seiner Einbeziehung in den KA zugrunde zu legen (§ 301 Abs. 2 Satz 3 HGB). Das Gleiche gilt nach § 301 Abs. 2 Satz 4 HGB für ein assoziiertes Unt, auf dessen Einbeziehung bisher gem. § 296 HGB verzichtet worden ist.[36]

Zudem bietet § 312 Abs. 3 Satz 2 HGB eine weitere Erleichterung an. Können die Wertansätze zu dem Zeitpunkt, zu dem das Unt assoziiertes Unt geworden ist, nicht endgültig ermittelt werden, sind sie **innerhalb der darauffolgenden zwölf Monate anzupassen.** Der Gesetzgeber reagiert damit auf folgendes Problem: In der Praxis ist es häufig aus unterschiedlichen Gründen nicht möglich, die endgültigen beizulegenden Zeitwerte auf den Zeitpunkt zu bestimmen, zu dem das Unt assoziiertes Unt geworden ist. Üblicherweise erfordert es gerade bei assoziierten Unt einen erheblichen Zeitraum, um ausreichende Kenntnisse zu sammeln, die eine endgültige Bewertung zulassen. Um den Unt zu ermöglichen, die beizulegenden Zeitwerte mit hinreichender Sicherheit zu ermitteln, erlaubt § 312 Abs. 3 Satz 2 HGB innerhalb der auf den Stichtag folgenden zwölf Monate Anpassungen vorzunehmen.[37] Wörtlich bezieht sich § 312 Abs. 3 Satz 2 HGB „nur" auf den Beteiligungsbuchwert und den Unterschiedsbetrag. Regelmäßig stecken die Bewertungsprobleme jedoch in der Zuordnung des Unterschiedsbetrags auf die VG, Schulden, RAP und Sonderposten. Natürlich sind vom Sinn und Zweck des § 312 Abs. 3 Satz 2 HGB auch die insoweit bestehenden Bewertungsprobleme von der Vorschrift umfasst. Sie stehen letztlich im Zusammenhang mit dem Unterschiedsbetrag.

40

### 2.1.5 Latente Steuern

Gemäß § 312 Abs. 5 Satz 3 HGB i.d.F. d. BilRUG ist § 306 HGB entsprechend anzuwenden, soweit die für die Beurteilung maßgeblichen Sachverhalte bekannt oder zugänglich sind.[38] Die Vorschrift stellt nur klar, was bereits gängig Praxis war. Auch bei Anwendung der Equity-Methode waren und sind latente Steuern abzugrenzen, und zwar – entgegen dem Wortlaut des § 306 HGB – nicht lediglich beschränkt auf Konsolidierungsmaßnahmen.

41

### 2.1.6 Angaben im Konzernanhang

§ 312 Abs. 1 Satz 2 HGB schreibt vor, dass der Unterschiedsbetrag sowie ein darin enthaltener GoF oder passiver Unterschiedsbetrag im **Konzernanhang** anzugeben sind.[39] Der Begriff „Unterschiedsbetrag" umfasst sowohl den aktiven als auch den passiven Unterschiedsbetrag. Zudem ist ein im Unterschiedsbetrag enthaltener GoF oder passiver Unterschiedsbetrag gesondert anzugeben. Die Angabepflicht ist nicht auf das Jahr der erstmaligen Anwendung der Equity-Methode beschränkt. Vielmehr soll den Abschlussadressaten die Entwicklung des gesamten Unterschiedsbetrags und eines darin enthaltenen GoF bzw. des passiven Unterschiedsbetrags gezeigt werden.

42

---

[36] Die Aufnahme der Vereinfachungsvorschrift in den § 312 Abs. 3 Satz 3 HGB erfolgte mit dem BilRUG, vgl. BGBl, 2015 I, S. 1251 sowie die BgrRegE BilRUG, BT-Drucks. 18/4050, S. 73.

[37] In BilMoG-BegrRegE, S. 13, wurde formuliert, dass die Anpassungen „innerhalb des folgenden Jahres" vorgenommen werden können. Nach Anregungen aus der Praxis wurde hier eine Präzisierung vorgenommen, um Auslegungsunsicherheiten zu vermeiden. Damit ist klar, dass die Frist zur Anpassung ab dem Stichtag der Kapitalaufrechnung zu laufen beginnt.

[38] Vgl. BGBl, 2015 I, S. 1251 sowie die BgrRegE BilRUG, BT-Drucks. 18/4050, S. 73; *Oser/Orth/Wirtz*, DB 2015, S. 2024; *Blöink/Biermann*, Der Konzern 2015, S. 73.

[39] Vgl. ebenso DRS 8.47.

43 Bestehen **mehrere Beteiligungen an assoziierten Unt,** sind die diesbezüglichen Unterschiedsbeträge und zugehörigen GoF oder passiven Unterschiedsbeträge einzeln darzustellen. Den Anforderungen des DRS 8.47 ff. ist Rechnung zu tragen.

44 Zusätzliche Angaben im Konzernanhang sind dann erforderlich, wenn die nach der Equity-Methode bewerteten **Beteiligungen an TU** (§ 296 HGB) als „Anteile an verbundenen Unternehmen" ausgewiesen werden.

## 2.2 Anwendung in Folgejahren (Abs. 2)

### 2.2.1 Fortschreibung des Unterschiedsbetrags

45 Gem. § 312 Abs. 2 Satz 2 HGB ist der zugeordnete Unterschiedsbetrag aus der erstmaligen Anwendung der Equity-Methode entsprechend der Behandlung der Wertansätze der VG, Schulden, RAP und Sonderposten im JA des assoziierten Unt in einer **Nebenrechnung** im KA fortzuführen, abzuschreiben oder aufzulösen. Sie wirken sich im KA auf das Konzernergebnis aus. Der Beteiligungsbuchwert kann sich vermindern oder auch über die ursprünglichen AK hinaus anwachsen.

46 Beträge, die als stille Reserven dem abnutzbaren **AV** zugeordnet worden sind, sind grds. über die Restnutzungsdauer dieser VG nach den im JA angewandten Verfahren abzuschreiben. Sind im Zusammenhang mit der Aufdeckung der stillen Reserven passive latente Steuern gebucht worden, sind diese den Abschreibungen entsprechend aufzulösen. Erforderliche außerplanmäßige Abschreibungen auf den niedrigeren beizulegenden Wert sind vorzunehmen. Beträge, die als stille Reserven dem nicht abnutzbaren AV zugeordnet worden sind, werden erst im Zeitpunkt des Abgangs dieser VG erfolgswirksam. Bei der Veräußerung sind dem Erlös nicht nur der Buchwert des VG, sondern auch die aufgedeckten stillen Reserven gegenüberzustellen, sodass der Veräußerungsgewinn oder -verlust aus Sicht des Konzerns von demjenigen im JA abweichen kann. In der gleichen Weise sind abgehende abnutzbare VG des AV zu behandeln.

47 Beim Verbrauch oder der Veräußerung von RHB und Waren des **UV** werden die zugeordneten stillen Reserven ebenfalls im Zeitpunkt des Abgangs erfolgswirksam. In der gleichen Weise ist grds. auch mit den unfertigen und fertigen Erzeugnissen zu verfahren.

48 **Zuschreibungen** sind nur insoweit zulässig, als sie einer Korrektur außerplanmäßiger Abschreibungen dienen, die zuvor in der Nebenrechnung erfolgswirksam geworden sind. Demgemäß können auch im JA vorgenommene Zuschreibungen nur insoweit berücksichtigt werden, als dadurch die Wertansätze der VG und Schulden nach Zuordnung des Unterschiedsbetrags nicht überschritten werden.

49 Ebenso werden zugeordnete **stille Lasten** in der gleichen Weise fortgeschrieben, wie die zugehörigen Bilanzposten. Es dürfte davon auszugehen sein, dass diese im Wesentlichen nur bei RST vorhanden sind. Die zugeordneten Beträge sind nach Maßgabe des JA als Inanspruchnahme oder Auflösung zu behandeln. Dies führt in der Nebenrechnung zu Aufwandsminderungen oder Erträgen.

50 Aus der Fortschreibung in der Nebenrechnung ergibt sich der **im Gj abzuschreibende bzw. aufzulösende Teil des Unterschiedsbetrags.** Im Hinblick darauf, dass die Auskunftsrechte bei assoziierten Unt beschränkt sind, sind ggf. Vereinfachungen der Fortschreibung (z. B. über eine durchschnittliche Restnutzungsdauer) zulässig.

Für die Abschreibung des nicht zuzuordnenden Teils eines aktiven Unterschiedsbetrags, der als **GoF** anzusehen ist, gilt nach § 312 Abs. 2 Satz 3 HGB der neue § 309 Abs. 1 HGB entsprechend.  51

Ein nicht zuzuordnender **passiver Unterschiedsbetrag** ist nach Maßgabe des § 309 Abs. 2 HGB erfolgswirksam aufzulösen, soweit ein solches Vorgehen den Grundsätzen der §§ 297 und 298 HGB in Verbindung mit den Vorschriften des Ersten Abschnitts entspricht. Mit dieser im Verhältnis zum früheren § 309 HGB aF abstrakteren Vorschrift sollen die bisherigen Fallgruppen weiterhin abgebildet werden und eine Öffnung für mögliche weitere Fallgruppen erfolgen.[40] Nicht geregelt und daher auch nicht eingeschränkt werden soll eine mögliche ergebnisneutrale Auflösung des passiven Unterschiedsbetrages etwa durch Übertragung in eine Rücklage.[41] Die Auflösung des passiven Unterschiedsbetrags erfolgt ebenfalls in der Nebenrechnung.[42] Da das Ergebnis der Nebenrechnung in den Posten „Beteiligungen an assoziierten Unternehmen" eingeht, wird die Auflösung erfolgswirksam. Dies führt zu einer Werterhöhung der Beteiligung auch über die AK hinaus.[43]  52

### 2.2.2 Berücksichtigung von Eigenkapitalveränderungen (Abs. 4)

#### 2.2.2.1 Überblick

Nach Maßgabe des § 312 Abs. 4 Satz 1 1. Hs. HGB ist der im KA angesetzte Beteiligungsbuchwert in den Folgejahren um den Betrag der Veränderungen des EK, die den dem MU gehörenden Anteilen am Kapital des assoziierten Unt entsprechen, zu erhöhen oder zu vermindern. Die auf die Beteiligung entfallenden Gewinnausschüttungen sind abzusetzen (§ 312 Abs. 4 Satz 1 2. Hs. HGB).[44] Das relevante EK determiniert § 266 Abs. 3 A. HGB. Zu berücksichtigen sind demgemäß anteilige Jahresüberschüsse, anteilige Jahresfehlbeträge, Kapitalerhöhungen, Kapitalherabsetzungen und Gewinnausschüttungen.[45]  53

#### 2.2.2.2 Anteiliger Jahresüberschuss

Der bei erstmaliger Anwendung der Equity-Methode im KA ausgewiesene Beteiligungsbuchwert des assoziierten Unt wird erfolgswirksam um den **anteiligen beteiligungsproportionalen Jahresüberschuss** erhöht, und zwar unabhängig davon, ob eine Gewinnausschüttung vorgenommen wird. Der anteilige Jahresüberschuss des assoziierten Unt wird aus dessen JA – bei Bewertungsanpassungen aus der HB II – übernommen.  54

---

[40] Vgl. nur *Blöink/Biermann*, Der Konzern 2015, S. 73.
[41] Vgl. *Blöink/Biermann*, Der Konzern 2015, S. 73 m.w.N.
[42] Vgl. *Havermann*, Methoden der Bilanzierung von Beteiligungen (einschl. der Equity-Methode), S. 435.
[43] Vgl. *Schäfer*, Bilanzierung von Beteiligungen an assoziierten Unternehmen nach der Equity-Methode, S. 267.
[44] Anteilige Jahresüberschüsse werden im Jahr ihrer Entstehung erfolgswirksam als gesonderter Posten in die Konzern-GuV übernommen und gleichzeitig dem Beteiligungsbuchwert zugeschrieben. Umgekehrt vermindern Jahresfehlbeträge den Beteiligungsbuchwert erfolgswirksam. Gewinnausschüttungen sind erfolgsneutral als Minderungen des Beteiligungsbuchwerts zu erfassen, da diese bereits in Vorperioden erfolgswirksam erfasst wurden. Ein wesentliches Merkmal der Equity-Methode ist damit die Synchronisierung der Gewinnentstehung bei dem assoziierten Unt mit der Gewinnvereinnahmung bei dem beteiligten Unt im KA.
[45] Vgl. *Winkeljohann/Lewe*, in Beck Bil-Komm. 9. Aufl., § 312 HGB, Rz 35.

55 Soweit in dem auf die Entstehung des Jahresüberschusses folgenden Gj oder in späteren Gj eine **Gewinnausschüttung** erfolgt, wird diese im KA als Aktivtausch erfolgsneutral behandelt. Sie mindert den Beteiligungsbuchwert. Es ist zudem sicherzustellen, dass im JA des beteiligten Unt enthaltene Beteiligungserträge einschl. der damit verbundenen steuerlichen Belastungen aufgrund vereinnahmter anteiliger Jahresüberschüsse i. H. d. Gewinnausschüttung im KA vollständig eliminiert werden.[46]

56 Besteht zwischen dem assoziierten und einem dritten Unt ein **Gewinnabführungsvertrag**, ist das Jahresergebnis des assoziierten Unt ausgeglichen. Abzuführende Gewinne und Erträge aus Verlustübernahme sind in der GuV vor dem Jahresüberschuss/Jahresfehlbetrag auszuweisen. Ein in der Konzernbilanz oder der Konzern-GuV zu berücksichtigender anteiliger Jahresüberschuss besteht nicht und kann daher auch nicht berücksichtigt werden. Gleichwohl ist eine von einem dritten Unt geleistete Ausgleichzahlung in der Konzern-GuV in dem Posten „Ergebnis aus Beteiligungen an assoziierten Unternehmen" zu berücksichtigen. Auf den Beteiligungsbuchwert in der Konzernbilanz hat diese Ausgleichszahlung aber keinen Einfluss, da ihr keine EK-Veränderung des assoziierten Unt zugrunde liegt.[47]

57 § 312 Abs. 4 Satz 2 HGB schreibt vor, dass das auf eine Beteiligung an einem assoziierten Unt entfallende Ergebnis in der **Konzern-GuV** unter einem gesonderten Posten auszuweisen ist. Der Ausweis erfolgt als „Ergebnisse aus Beteiligungen an assoziierten Unternehmen" zweckmäßigerweise vor dem Posten „Erträge aus übrigen Beteiligungen" oder zwischen den Posten „Erträge aus Beteiligungen" und „Erträge aus anderen Wertpapieren und Ausleihungen des Finanzanlagevermögens".[48]

58 Alle Auswirkungen der Equity-Methode auf das Konzernergebnis können in dem Posten „Ergebnis aus Beteiligungen an assoziierten Unternehmen" **zusammengefasst ausgewiesen werden**.[49] Der Posten wird in § 312 Abs. 4 Satz 2 HGB für das auf assoziierte Beteiligungen entfallende Jahresergebnis ausdrücklich vorgeschrieben und ist auch für die Wertänderungen aus der Fortschreibung der Unterschiedsbeträge zutreffend, bei denen es sich letztlich ebenfalls nur um eine Korrektur des anteiligen Jahresergebnisses handelt.[50] Nach DRS 8.45 sind die im

---

46 Vgl. *Winkeljohann/Lewe*, in Beck Bil-Komm. 9. Aufl., § 312 HGB, Rz 36.
47 Vgl. ADS, 6. Aufl., § 312 HGB, Rz 102; *Winkeljohann/Lewe*, in Beck Bil-Komm. 9. Aufl., § 312 HGB, Rz 38.
48 Vgl. ADS, 6. Aufl., § 312 HGB, Rz 98; *Harms*, BB 1987, S. 938; *Schmalenbach-Gesellschaft – Deutsche Gesellschaft für Betriebswirtschaft e. V.*, Aufstellung von Konzernabschlüssen, ZfbF, Sonderheft 21/1987, S. 154.
49 Vgl. ADS, 6. Aufl., § 312 HGB, Rz 93; einschränkend *Winkeljohann/Lewe*, in Beck Bil-Komm. 9. Aufl., § 312 HGB, Rz 42, wonach diese „Vereinfachung" nur dann angewandt werden soll, wenn die für den Bruttoausweis notwendigen Unterlagen nicht zur Verfügung stehen.
50 Nicht vertretbar ist die Verteilung der Abschreibungen auf den aktiven Unterschiedsbetrag auf die verschiedenen Abschreibungsposten der Konzern-GuV im Gliederungsschema des § 275 HGB, da die Vermögensposten der assoziierten Unt selbst nicht in der Konzernbilanz erscheinen. Der einzeiligen Darstellung in der Konzernbilanz entspricht die einzeilige Darstellung in der Konzern-GuV; anders *Zündorf*, Der Anlagenspiegel im Konzernabschluss, S. 69.

Ergebnis enthaltenen außerordentlichen Posten als „Davon-Vermerk" oder im Anhang gesondert anzugeben.⁵¹

### 2.2.2.3 Anteiliger Jahresfehlbetrag

Ein anteiliger Jahresfehlbetrag vermindert den in der Konzernbilanz ausgewiesenen **Beteiligungsbuchwert**. Die Ausführungen zur Behandlung eines anteiligen Jahresüberschusses in der Konzernbilanz gelten entsprechend. 59

Die Übernahme eines anteiligen Jahresfehlbetrags ist als gesonderter Posten der Konzern-GuV unter der Bezeichnung „Aufwendungen aus Verlustübernahme von assoziierten Unternehmen" nach den „Abschreibungen auf Finanzanlagen" auszuweisen.⁵² Es spricht bei mehreren Beteiligungen an assoziierten Unt aber nichts gegen eine **Zusammenfassung von positiven und negativen Ergebnisbeiträgen** in der Konzern-GuV im Posten „Ergebnis aus Beteiligungen an assoziierten Unternehmen".⁵³ Dieser Posten ist dann im Anhang entsprechend zu erläutern.⁵⁴ 60

Unerheblich ist, ob ein **Jahresfehlbetrag durch eine Entnahme aus den Rücklagen ausgeglichen** worden ist; er führt gleichwohl zu einer Minderung des Beteiligungsbuchwerts. Werden Rücklagen zwecks Ausschüttung aufgelöst, ist erst die tatsächliche Ausschüttung zu berücksichtigen. 61

Die Verminderung des Beteiligungsbuchwerts in der Konzernbilanz um anteilige Jahresfehlbeträge kann dazu führen, dass der **Beteiligungsbuchwert auf null** absinkt. Es stellt sich hier die Frage, ob auch ein negativer Beteiligungsbuchwert denkbar ist. Im Schrifttum wird ganz überwiegend die Auffassung vertreten, dass die Equity-Methode auszusetzen sei, wenn der Wert der Beteiligung auf null sinkt.⁵⁵ Der Wertansatz der Beteiligung bleibt mit einem Erinnerungswert bilanziert, während weitere Verluste beim assoziierten Unt lediglich statistisch erfasst und vorgetragen werden. Werden in den Folgejahren wieder Jahresüberschüsse vom assoziierten Unt erwirtschaftet, werden diese zunächst zur vollständigen Kompensation der statistisch vorgetragenen anteiligen Jahresfehlbeträge verwandt. Erst ein Ansteigen über die Null-Grenze hinaus hat eine Erhöhung des Beteiligungsbuchwerts im KA zur Folge. 62

Zu bedenken ist, dass dieses Vorgehen einen **Übergang von der Equity-Methode auf die Anschaffungskostenmethode,** wenn der Beteiligungsbuchwert 63

---

51 Strittig ist, ob der Ertrag aus assoziierten Unt vor oder nach den Ertragsteuern zu zeigen ist. Bei der Nettomethode, die DRS 8.46 fordert, ist die erfolgswirksame Änderung des Beteiligungsbuchwertes in der Konzern-GuV nach Kürzung um die Ertragsteuern auszuweisen. *Winkeljohann/Lewe*, in Beck Bil-Komm. 9. Aufl., § 312 HGB, Rz 44, sprechen sich dagegen für die Bruttomethode aus, wollen also den Ertragsteueraufwand in der Konzern-GuV erfassen.
52 Vgl. auch WP-Handbuch, Bd. I, 14. Aufl., Abschn. M, Rz 578.
53 Ebenso WP-Handbuch, Bd. I, 14. Aufl., Abschn. M, Rz 578; *Küting/Zündorf*, in *Küting/Weber*, HdK, HGB § 312, Rn 114; im Ergebnis wohl ebenso *Winkeljohann/Lewe*, in Beck Bil-Komm. 9. Aufl., § 312 HGB, Rz 42; a. A. *Harms*, BB 1987, S. 938.
54 Vgl. *Küting/Zündorf*, in *Küting/Weber*, HdK, HGB § 312, Rn 114, 117.
55 Vgl. *Küting/Zündorf*, in *Küting/Weber*, HdK, HGB § 312, Rn 125; *Winkeljohann/Lewe*, in Beck Bil-Komm. 9. Aufl., § 312 HGB, Rz 38. Ebenso auch DRS 8.27, der durch DRS 8.49 Buchstabe d flankiert wird, der eine Anhangangabe für die Summe der negativen und daher nicht bilanzierten Beteiligungsbuchwerte vorsieht.

unter null sinkt, und wiederum einen Übergang von der AK-Methode zur Equity-Methode bewirkt, sobald die Null-Grenze wieder überschritten wird.[56] Die zeitgleiche Vereinnahmung der Beteiligungsergebnisse wird ausgesetzt. Eine derartige Vorgehensweise stellt einen Bruch in der Bewertungskonzeption der Equity-Methode dar. Deren Ziel, einen Gleichlauf mit der Quoten- oder Voll-Kons zu erreichen, ohne die einzelnen Bilanzposten des assoziierten Unt quotal oder voll in den KA zu übernehmen, wird nicht erreicht. Nach der hier vertretenen Auffassung schließt § 312 HGB die Anwendung der Equity-Methode auch bei einem entstehenden negativen Beteiligungsbuchwert nicht aus.[57]

#### 2.2.2.4 Kapitalerhöhungen

64 Werden im Rahmen einer **Kapitalerhöhung gegen Einlagen** zusätzliche Anteile an einem bereits vorher nach der Equity-Methode einbezogenen assoziierten Unt erworben, ist für die neuen Anteile eine Kapitalaufrechnung nach Maßgabe des § 312 Abs. 1 und 2 HGB vorzunehmen. Für einen Verzicht auf die Kapitalaufrechnung besteht keine gesetzliche Grundlage.[58]

65 Die **Kapitalerhöhung gegen Bareinlage** führt allenfalls i. H. d. aktivierungspflichtigen Anschaffungsnebenkosten zu einem aktiven Unterschiedsbetrag. Eine Zuordnung dieses Unterschiedsbetrags als stille Reserve zu den VG oder Schulden ist nicht möglich. Der Unterschiedsbetrag wäre demnach als GoF zu behandeln. Da der Unterschiedsbetrag jedoch nicht auf bezahlte Ertragserwartungen zurückzuführen ist, erscheint es sachgerecht, ihn im KA sofort zulasten der sonstigen betrieblichen Aufwendungen auszubuchen.[59]

66 Grundsätzlich gilt dies auch für die **Kapitalerhöhung gegen Sacheinlagen**. Denkbar ist allerdings auch, dass der Zugang der neuen Anteile bei dem beteiligten Unt mit dem (höheren) beizulegenden Zeitwert der eingelegten VG erfolgt, während das assoziierte Unt den Buchwert der eingelegten VG fortführt. In diesem Fall ergibt sich ein aktiver Unterschiedsbetrag, der die stillen Reserven im Buchwert der eingelegten VG widerspiegelt und in den Folgejahren fortzuschreiben ist.

67 **Verringert** sich die **Beteiligungsquote** aufgrund von Kapitalerhöhungen, weil das einbezogene Unt nicht im Umfang seiner bisherigen Beteiligung neue Anteile übernimmt, so kann – je nach Ausgabekurs der neuen Anteile – eine Änderung (Verwässerung) des anteiligen EK eintreten.[60] Diese Veränderung des anteiligen EK ist gleichzeitig als Änderung des Beteiligungsbuchwerts erfolgswirksam in

---

[56] Vgl. *Havermann*, Methoden der Bilanzierung von Beteiligungen (einschl. der Equity-Methode), S. 425; *Fricke*, Rechnungslegung für Beteiligungen nach der Anschaffungskostenmethode und nach der Equity-Methode, S. 242.

[57] Ebenso ADS, 6. Aufl., § 312 HGB, Rz 114. Es ist insoweit auch gleichgültig, ob eine Einstandspflicht für Verluste des assoziierten Unt besteht, denn auch bei der Voll- und QuotenKons bleibt unberücksichtigt, ob eine solche Verpflichtung besteht; vgl. auch *Harms*, BB 1987, S. 1427.

[58] So *Fricke*, Rechnungslegung für Beteiligungen nach der Anschaffungskostenmethode und nach der Equity-Methode, S. 205; *Küting/Zündorf*, in *Küting/Weber*, HdK, HGB § 312, Rn 159.

[59] Vgl. ADS, 6. Aufl., § 312 HGB, Rz 184. DRS 8.42 bestimmt als grundsätzliche Regel, dass der Teil des Änderungsbetrags des anteiligen EK, der nicht auf Einlagen des beteiligten Unt beruht, erfolgswirksam im Beteiligungsbuchwert zu berücksichtigen ist.

[60] Vgl. hierzu die Beispiele bei *Küting/Zündorf*, in *Küting/Weber*, HdK, HGB § 312, Rn 161 ff., sowie *Fricke*, Rechnungslegung für Beteiligungen nach der Anschaffungskostenmethode und nach der Equity-Methode, S. 198.

der Konzernbilanz zu berücksichtigen.⁶¹ Außerdem ist wegen der Verringerung der Beteiligungsquote der Unterschiedsbetrag aus der früheren Kapitalaufrechnung – soweit noch nicht abgeschrieben oder aufgelöst – erfolgswirksam abzuschreiben bzw. aufzulösen.⁶²

Eine **Kapitalerhöhung aus Gesellschaftsmitteln** erfordert dagegen keine weitere Kapitalaufrechnung, weil sich weder der Beteiligungsbuchwert noch das anteilige EK des assoziierten Unt ändern. 68

#### 2.2.2.5 Kapitalherabsetzungen

Kapitalherabsetzungen führen nur dann zu einer Änderung des anteiligen EK, wenn sie zu einer Vermögensauskehrung führen. Die Minderung des anteiligen EK tritt erst mit der **Vermögensauskehrung** ein, die frühestens sechs Monate nach Eintragung der Kapitalherabsetzung vorgenommen werden darf.⁶³ Die Verminderung des Beteiligungsbuchwerts erfolgt – wie eine Gewinnausschüttung – im KA erfolgsneutral. 69

#### 2.2.2.6 Gewinnausschüttungen

Anteilige Jahresüberschüsse assoziierter Unt erhöhen im Gj ihrer Entstehung den Beteiligungsbuchwert im KA erfolgswirksam. Die Gewinnausschüttung dagegen erfolgt üblicherweise erst im folgenden Gj oder zu einem noch späteren Zeitpunkt. Da die Gewinnausschüttung als Beteiligungsertrag in der GuV des JA des beteiligten Unt enthalten ist, kann eine – in Abhängigkeit von der Höhe der Gewinnausschüttung – teilweise oder vollständige **Doppelerfassung** des anteiligen Jahresüberschusses des assoziierten Unt in zwei Konzern-Gj nur vermieden werden, indem der Beteiligungsertrag eliminiert und gleichzeitig der Beteiligungsbuchwert vermindert wird. Die Gewinnausschüttung wird damit in der Konzernbilanz als erfolgsneutraler Aktivtausch dargestellt. In der Konzern-GuV sind die Erträge aus Beteiligungen erfolgswirksam zu eliminieren.⁶⁴ 70

### 2.3 Einheitliche Bilanzierungs- und Bewertungsmethoden (Abs. 5 Sätze 1 und 2)

#### 2.3.1 Wahlrecht

Die Anwendung der Equity-Methode führt tendenziell zum Ausweis des Beteiligungsbuchwerts i.H.d. anteiligen EK und zur periodengleichen Übernahme des anteiligen Jahresergebnisses des assoziierten Unt in den KA. Im Verhältnis zu der AK-Methode werden stille Reserven im Beteiligungsbuchwert vermieden; zudem wird eine periodengerechte Erfolgsermittlung erreicht.⁶⁵ Dies setzt aber 71

---

61 Vgl. DRS 8.42; ADS, 6. Aufl., § 312 HGB, Rz 120; *Winkeljohann/Lewe*, in Beck Bil-Komm. 9. Aufl., § 312 HGB, Rz 51.
62 Vgl. *Fricke*, Rechnungslegung für Beteiligungen nach der Anschaffungskostenmethode und nach der Equity-Methode, S. 199, sowie *Küting/Zündorf*, in *Küting/Weber*, HdK, HGB § 312, Rn 161 ff. mit Beispielen.
63 Vgl. bspw. § 225 Abs. 2 AktG.
64 Je nach Vorbelastung der Ergebnisse assoziierter Unt mit KSt und je nach Ausschüttungsverhalten des empfangenden TU oder des MU ist eine Steuerabgrenzung vorzunehmen; vgl. *Winkeljohann/Lewe*, in Beck Bil-Komm. 9. Aufl., § 312 HGB, Rz 44 f.
65 Vgl. Begr. Kom. zum Vorschlag für eine 7. EG-Richtlinie v. 27.6.1976, BT-Drs. 7/5221, S. 21.

voraus, dass die **Bilanzierung und Bewertung im KA und im JA des assoziierten Unt einheitlich erfolgen**. Die Anwendung der Equity-Methode erfordert daher grds. eine vorherige Anpassung der JA der assoziierten Unt, sofern diese abweichende Bilanzierungs- und Bewertungsmethoden anwenden.[66]

72 Der maßgebliche Einfluss wird aber nicht immer ausreichen, das assoziierte Unt zur Anwendung der im KA angewandten Bilanzierungs- und Bewertungsmethoden oder zur Aufstellung einer HB II zu bewegen oder überhaupt die hierzu notwendigen Informationen zur Verfügung zu stellen. Auch DRS 8.8 sieht keine zwingende Anpassung an die Bilanzierungs- und Bewertungsmethoden des Konzerns vor, sondern allein die Beachtung der Vorschriften des HGB und des DSR. Zudem kann das Problem bestehen, dass das assoziierte Unt in den KA verschiedener beteiligter Unt einbezogen wird. Um den Unt unverhältnismäßigen Aufwand zu ersparen, hat der Gesetzgeber das **Wahlrecht** vorgesehen, auf die Anpassung zu verzichten.[67]

73 Demgemäß sieht § 312 Abs. 5 Satz 1 HGB vor, dass, soweit das assoziierte Unt in seinem JA vom KA abweichende Bewertungsmethoden anwendet, die abweichend bewerteten VG und Schulden für Zwecke der Abs. 1–4 des § 312 HGB nach den auf den KA angewandten Bewertungsmethoden bewertet werden können.[68] Aus der in § 312 Abs. 5 Satz 2 HGB enthaltenen Verpflichtung, die unterlassene Anpassung im **Konzernanhang** anzugeben, lässt sich die Präferenz des Gesetzgebers für eine Anpassung erkennen.

### 2.3.2 Anwendung auch auf den Bilanzansatz

74 Von seinem Wortlaut her sieht § 312 Abs. 5 Satz 1 HGB ein Wahlrecht zur Anpassung der Bewertung im JA des assoziierten Unt an die im KA angewandten Bewertungsmethoden vor. Die Anpassung an die Bilanzansatzvorschriften wird nicht erwähnt. Fraglich ist daher, ob eine **analoge Anwendung** der Vorschrift auch auf Bilanzansatzvorschriften geboten ist.[69] Voraussetzung dafür ist, dass Ansatz und Bewertung ein strukturgleiches Problem im Rahmen der Equity-Methode darstellen, im Gesetz aber eine Regelungslücke für den Bilanzansatz besteht.

75 Im Hinblick auf die einheitliche **Erfolgsermittlung** und die Höhe des **EK** sind Bilanzansatz- und Bewertungsregeln gleichermaßen bedeutend. Sowohl für die Voll- als auch QuotenKons wird eine Anpassung von Bewertung und Bilanzansatz verlangt. Auch hinsichtlich der Angabe und Begründungspflicht bei Abweichungen werden Bilanzierungs- und Bewertungsmethoden gem. § 313 Abs. 1

---

[66] Vgl. *Schmalenbach-Gesellschaft*, Aufstellung von Konzernabschlüssen, ZfbF, Sonderheft 21/1987, S. 134.
[67] Begr. RegE, BT-Drs. 10/3440, S. 42, zu § 293 HGB-EK.
[68] Eine Möglichkeit, auf die Anwendung der Equity-Methode insgesamt zu verzichten, wenn die Anpassungen nicht vorgenommen werden können, besteht ausweislich des Wortlauts des § 312 Abs. 5 Sätze 1 und 2 HGB nicht; so aber die Empfehlung der *Schmalenbach-Gesellschaft*, Aufstellung von Konzernabschlüssen, ZfbF, Sonderheft 21/1987, S. 134.
[69] Vgl. dazu auch ADS, 6. Aufl., § 312 HGB, Rz 132; *Winkeljohann/Lewe*, in Beck Bil-Komm. 9. Aufl., § 312 HGB, Rz 63.

Nr. 3 HGB gleichgestellt. Die Ausdehnung des § 312 Abs. 5 Satz 1 HGB unter Berücksichtigung der Wertungen des § 300 Abs. 2 Satz 1 HGB ist daher geboten.[70]

### 2.3.3 Anpassung abweichender Wertansätze

§ 308 Abs. 1 Satz 1 HGB verpflichtet zur einheitlichen Bewertung im Konzern nach den auf den JA des MU anwendbaren Bewertungsmethoden. Aufgrund des Verhältnisses der Equity-Methode zur Quoten- und VollKons kann die **Verpflichtung** zur konzerneinheitlichen Bewertung für Zwecke der Equity-Methode nicht weiter gehen als für Zwecke der VollKons.[71]

Eine einheitliche Bewertung kann erreicht werden, wenn die Bewertungsmethoden im KA auch im JA des assoziierten Unt angewandt werden. Auch für TU, die aufgrund des Konsolidierungswahlrechts gem. § 296 HGB ausnahmsweise nach der Equity-Methode bewertet werden, ist eine einheitliche Bewertung bereits im JA erreichbar. Für ausländische TU besteht diese Möglichkeit, wenn das jeweilige nationale Recht die für den KA vorgesehenen Bewertungsmethoden zulässt. Werden dagegen in den JA abweichende Bilanzierungs- und/oder Bewertungsmethoden angewandt, ist zu empfehlen, die erforderlichen **Anpassungen in der HB II** vorzunehmen. Kernproblem der Anpassungen dürfte aber die Frage sein, ob das MU überhaupt Zugriff auf die notwendigen Informationen erhält.[72] Ein assoziiertes Unt hat, anders als ein TU, keine Vorlage- und Auskunftspflichten i.S.d. § 294 Abs. 3 HGB. Umgekehrt steht dem MU auch kein Anspruch auf Information zu.

Es bestehen keine Bedenken, dass die **Ausnahmewahlrechte nach § 308 Abs. 2 Sätze 2–4 HGB** auch für die einheitliche Bewertung im Rahmen der HB II des assoziierten Unt gelten.[73] Ansonsten wären die assoziierten Unt strengeren Anforderungen unterworfen als die voll zu konsolidierenden TU. So können z.B. abweichende Wertansätze, die auf besonderen Bewertungsvorschriften für Kreditinstitute und VersicherungsUnt beruhen, nach Maßgabe des § 308 Abs. 2 Satz 2 HGB auch für die Equity-Bewertung beibehalten werden. Die Anwendung dieses Ausnahmewahlrechts von der Anpassungspflicht zieht eine Angabepflicht im Konzernanhang nach sich.

Sind die Auswirkungen von Bewertungsanpassungen nur von untergeordneter Bedeutung, d.h., beeinflussen sie die Darstellung der VFE-Lage **nicht wesentlich**, so kann nach § 308 Abs. 2 Satz 3 HGB auf eine Vereinheitlichung verzichtet werden. Eine Angabe im Konzernanhang ist in diesem Fall entbehrlich.[74]

---

[70] Dies gilt umso mehr, als sich eine bewusste Unterscheidung zwischen Bilanzansatz und Bewertung auch aus der Konzernbilanz-RL nicht ableiten lässt. Art. 33 Abs. 3 der Konzernbilanz-RL spricht nur von der Bewertungsanpassung. Durch den Verweis auf Art. 29 der Konzernbilanz-RL wird jedoch ersichtlich, dass der Bilanzansatz unter Beachtung des Art. 18 der Konzernbilanz-RL als bereits geregelt angesehen und in den darauf aufbauenden Artikeln nur noch die Bewertungsproblematik angesprochen wird. Nach *Havermann*, Offene Fragen der Konzernrechnungslegung, S. 51, handelt es sich bei den Anpassungsvorschriften des HGB für die Equity-Methode um eine unvollständige Transformation gesetzestechnisch notwendiger Verweisungen.

[71] Vgl. *Kommission Rechnungswesen im Verband der Hochschullehrer für Betriebswirtschaft e.V.*, Stellungnahme zur Umsetzung der 7. EG-Richtlinie, DBW 1985, S. 273.

[72] Vgl. *Havermann*, WPg 1987, S. 318.

[73] Ebenso ADS, 6. Aufl., § 312 HGB, Rz 140.

[74] Vgl. *Maas/Schruff*, WPg 1986, S. 238, Fn. 88.

80 § 308 Abs. 2 Satz 4 HGB lässt weitere, nicht näher konkretisierte **Ausnahmefälle** zu. Die Vorschrift kann – im Gegensatz zur vollumfänglichen Nichtanpassung aufgrund von Informationshindernissen – nur als Ausnahmeregelung in Bezug auf einzelne Posten verstanden werden. Wird von dieser postenbezogenen Ausnahme der Anpassung Gebrauch gemacht, ist dies im Konzernanhang anzugeben.

### 2.3.4 Angaben im Konzernanhang (Abs. 5 Satz 2)

81 Wird auf die Anpassung der Bilanzierung und Bewertung im Rahmen der Ausübung des Wahlrechts des § 312 Abs. 5 Satz 1 HGB verzichtet, ist dies nach § 312 Abs. 5 Satz 2 HGB im **Konzernanhang** anzugeben.[75] Die Angabepflicht bezieht sich sowohl auf die unterlassenen Bewertungsanpassungen, als auch auf abweichende Bilanzansatzmethoden.[76] Dementsprechend fordert DRS 8.49 generell die Angabe der vom assoziierten Unt angewandten Bilanzierungs- und Bewertungsmethoden. Eine Begründung oder Erläuterung ist nicht verlangt. Wurden Anpassungen vorgenommen, entfällt die zusätzliche Angabe im Konzernanhang.

## 2.4 Zwischenergebniseliminierung (Abs. 5 Satz 3)

### 2.4.1 Entsprechende Anwendung des § 304 HGB

82 § 312 Abs. 5 Satz 3 HGB schreibt vor, dass **§ 304 HGB über die Behandlung der Zwischenergebnisse entsprechend anzuwenden** ist, soweit die für die Beurteilung maßgeblichen Sachverhalte bekannt oder zugänglich sind.[77] Aus dem Umstand, dass der Gesetzgeber die Zwischenergebniseliminierung im Rahmen der im BilRUG vorgenommenen klarstellenden Erweiterung auf die Beachtung der Vorschriften zu den latenten Steuern beibehalten hat, ergeben sich für die praktische Anwendung keine materiellen Auswirkungen.

83 Weiterhin diskutabel ist, ob die Zwischenergebniseliminierung für Zwecke der Equity-Methode überhaupt geboten ist.[78] Für die in die VollKons einbezogenen TU lässt sich das Erfordernis der Zwischenergebniseliminierung aus der **Einheitstheorie und dem Realisationsprinzip** ableiten. Die zum KonsKreis gehörenden Unt werden wie unselbstständige Betriebsabteilungen der Einheit Konzern angesehen. Erfolgsbeiträge aufgrund von L&L zwischen TU können daher noch nicht als realisiert angesehen werden und müssen folglich eliminiert werden. Demgegenüber steht die Zwischenergebniseliminierung im Anwendungsbereich der Equity-Methode nach ganz überwiegender Auffassung im **Widerspruch zur**

---

[75] Die Angabepflicht nach § 312 Abs. 5 Satz 2 bezieht sich auch auf die Bilanzansatzmethoden; vgl. nur *Winkeljohann/Lewe*, in Beck Bil-Komm. 9. Aufl., § 312 HGB, Rz 68 mwN.

[76] Vgl. WP-Handbuch, 14. Aufl., Bd. I, Abschn. M, Rz 558.

[77] § 312 Abs. 5 Sätze 3 und 4 setzt die Vorgaben der Art. 33 Abs. 7, 26 Abs. 1 Buchstabe c der Konzernbilanz-RL um. Aus der Kommissionsbegründung zum Vorschlag für eine Konzernbilanz-RL v. 27.6.1976, BT-Drs. 7/5221, S. 21, geht hervor, dass es aufgrund des maßgeblichen Einflusses auf das assoziierte Unt für erforderlich gehalten wurde, das übernommene Jahresergebnis um Zwischenergebnisse zu bereinigen.

[78] Vgl. zur Diskussion ADS, 6. Aufl., § 312 HGB, Rz 149.

**Einheitstheorie und stellt einen Verstoß gegen das Realisationsprinzip dar.**[79] Gewinne oder Verluste aus Geschäften mit assoziierten Unt, die i. S. d. Einheitstheorie nicht dem Konzernkreis zuzurechnen sind, müssen eigentlich wie Geschäfte mit Dritten zu klassifizieren sein und daher als realisiert gelten. Zwischenergebnisse, die aus **Geschäften zwischen assoziierten Unt** (sog. Satelliten-Eliminierung) entstanden sind, brauchen nicht eliminiert zu werden. Es ist nicht davon auszugehen, dass der maßgebliche Einfluss des MU ausreicht, die Lieferbeziehungen solcher Unt und deren Verrechnungspreise zu steuern bzw. aus konzernbilanzpolitischen Erwägungen zu manipulieren. Sie sind daher wie Geschäfte zwischen fremden Dritten zu behandeln.[80]

84

### 2.4.2 Downstream- und Upstream-Zwischenergebniseliminierung

Nach § 304 Abs. 1 HGB unterliegen der Pflicht zur Zwischenergebniseliminierung die VG, die in die Konzernbilanz zu übernehmen sind und die ganz oder teilweise auf L&L von in den KA einbezogenen Unt beruhen.[81] Eine entsprechende Anwendung des § 304 HGB setzt mithin voraus, dass die VG, die auf L&L von assoziierten Unt beruhen, **in der Konzernbilanz** angesetzt sind. Damit werden solche L&L aus der Zwischenergebniseliminierung herausgenommen, die von dem MU oder einem TU an ein assoziiertes Unt erbracht werden und sich dort am Stichtag noch im Bestand befinden (sog. **Downstream-Geschäfte**). Umgekehrt kann im Rahmen der Equity-Methode nur die Eliminierung von Zwischenergebnissen aus sog. Upstream-Geschäften verlangt werden.[82] Im Schrifttum aber wird richtigerweise auch die Auffassung vertreten, dass die Zwischenergebniseliminierung nach § 312 Abs. 5 Satz 3 HGB bei **Up- und Downstream-Geschäften** vorzunehmen ist.[83] Diese Auffassung hat der DSR auch in DRS 8.31 übernommen, der eine Zwischenergebniseliminierungspflicht auch für Downstream-Geschäfte vorsieht.[84]

85

Grundsätzlich müssen Zwischenergebnisse aus L&L eliminiert werden, die von assoziierten Unt erbracht werden. Um diesen Erfolgsbeitrag quantifizieren zu können, werden die AK oder HK des assoziierten Unt nach den konzerneinheitlichen Bewertungsmethoden ermittelt und aktivierungspflichtige Nebenkos-

86

---

[79] Vgl. *Bühner/Hille*, WPg 1980, S. 263; *Harms/Küting*, BB 1982, S. 2159; *Fricke*, Rechnungslegung für Beteiligungen nach der Anschaffungskostenmethode und nach der Equity-Methode, S. 277; *Kommission Rechnungswesen im Verband der Hochschullehrer für Betriebswirtschaft e. V.*, DBW 1979, S. 275; *Haase*, BB 1985, S. 1703; *Busse von Colbe*, in FS Grochla, S. 263; *Küting/Zündorf*, BB, Beilage 7/1986, S. 18; *Sahner/Häger*, BB 1988, S. 1780.
[80] Vgl. *Winkeljohann/Lewe*, in Beck Bil-Komm. 9. Aufl., § 312 HGB, Rz 83; ADS, 6. Aufl., § 312 HGB Rz 154; *Harms/Küting* BB 1982, S. 2160; *Schmalenbach-Gesellschaft*, Aufstellung von Konzernabschlüssen, ZfbF Sonderheft 21/1987, S. 139.
[81] Im Rahmen der Equity-Methode werden die einzelnen VG und Schulden des assoziierten Unt nicht unmittelbar in den KA übernommen, sondern sind Bestandteil des in der Konzernbilanz ausgewiesenen Beteiligungsbuchwerts.
[82] Vgl. *Havermann*, WPg 1987, S. 319; *Busse von Colbe*, ZfbF 1976, S. 675; *Sahner/Häger*, BB 1988, S. 1783; ADS, 6. Aufl., § 312 HGB, Rz 159.
[83] Vgl. *Winkeljohann/Lewe*, in BeckBil-Komm., 9. Aufl., § 312 HGB, Rz 80; *Groß/Schruff/Wysocki*, v., Konzernabschluss, S. 260; *Schmalenbach-Gesellschaft*, Aufstellung von Konzernabschlüssen, ZfbF, Sonderheft 21/1987, S. 138, die darauf hinweisen, dass in der Konzernbilanz-RL keine ausdrücklichen Hinweise dafür zu finden sind, dass § 312 Abs. 5 Satz 3 HGB nur auf Upstream-Geschäfte zu beziehen ist.
[84] Vgl. dazu auch *Schmidbauer*, DStR 2001, S. 1534.

ten (z. B. Transportkosten) hinzugerechnet. Die so ermittelten **Konzern-AK bzw. -HK** stellen den Wert dar, zu dem die VG, vorbehaltlich der beteiligungsproportionalen Eliminierung, in der Konzernbilanz höchstens angesetzt werden dürfen bzw. mindestens angesetzt werden müssen.[85] Technisch erfolgt die Verrechnung der zu eliminierenden Zwischenergebnisse mit dem im KA ausgewiesenen Beteiligungsbuchwert des assoziierten Unt.[86]

87 Bedingt durch die Besonderheiten des Beteiligungsverhältnisses bei assoziierten Unt treten in der praktischen Anwendung der Equity-Methode regelmäßig Probleme auf, weil **notwendige Informationen** nicht bekannt oder zugänglich sind. Aus diesem Grund ist die Verpflichtung zur Zwischenergebniseliminierung nach § 312 Abs. 5 Satz 3 HGB auf die Fälle beschränkt, in denen solche Informationen bekannt oder zugänglich sind.[87] Soweit exakte Einzelrechnungen nicht möglich oder zumutbar sind, kann die Eliminierung auch unter Verwendung vereinfachender Pauschsätze (z. B. pauschale Zwischenergebnissätze, kalkulatorische Zuschlagssätze) vorgenommen werden.

### 2.4.3 Verrechnungstechnik

88 Der Verweis des § 312 Abs. 5 Satz 3 HGB auf § 304 HGB legt es nahe, die **Verrechnung eliminierter Zwischenergebnisse** auch im Rahmen der Equity-Methode bei den betreffenden Bilanzposten, den Beständen aus Upstream-Geschäften mit assoziierten Unt, vorzunehmen, wobei die erfolgswirksame Eliminierung in jedem Fall in der Konzern-GuV im Posten „Ergebnis aus Beteiligungen an assoziierten Unternehmen" vorzunehmen ist.[88] Der Wertansatz der Beteiligungen an assoziierten Unt bleibt bei dieser Vorgehensweise von der Eliminierung und Realisation des Zwischenergebnisses unberührt.

89 Nach der hier vertretenen Auffassung dürfte es aber eher dem Charakter der Equity-Methode entsprechen, die Eliminierung der Zwischenergebnisse im Schrifttum als eine **Korrektur des Wertansatzes der Beteiligung** anzusehen.[89] Mit der Verpflichtung zur Eliminierung von Zwischenergebnissen ginge ansonsten eine Ausweitung der Equity-Methode zu einer partiellen Kons. einher.[90]

90 In den Folgejahren ist nur noch die **Veränderung der Zwischenergebnisse** gegenüber dem Vj. **erfolgswirksam** zu berücksichtigen. Dieser Betrag ist beim Beteiligungswert und beim Beteiligungsergebnis zu berücksichtigen. Der Betrag zum Ende des Vj. ist erfolgsneutral im Ergebnisvortrag bzw. in den Gewinnrücklagen des Konzerns zu verrechnen.

---

85 Vgl. auch ADS, 6. Aufl., § 312 HGB, Rz 162.
86 Vgl. auch DRS 8.32.
87 Für die Zwischenergebniseliminierung bei Upstream-Geschäften müssen bspw. Informationen über die AK bzw. HK des assoziierten Unt zugänglich sowie Angaben über am Stichtag aktivierte Bestände der in den KA einbezogenen Unt erhältlich sein.
88 So auch *Fricke*, Rechnungslegung für Beteiligungen nach der Anschaffungskostenmethode und nach der Equity-Methode, S. 323.
89 Vgl. *Zündorf*, Quotenkonsolidierung versus Equity-Methode, S. 174; *Sahner/Häger*, BB 1988, S. 1783.
90 Vgl. *Sahner/Häger*, BB 1988, S. 1783.

### 2.4.4 Verzicht auf die Zwischenergebniseliminierung

Im Rahmen der VollKons kann grds. auf die Eliminierung von Zwischenergebnissen verzichtet werden, wenn die Bedingungen des § 304 Abs. 2 HGB erfüllt sind, wenn also die Zwischenergebniseliminierung für die Vermittlung eines den tatsächlichen entsprechenden Bilds der VFE-Lage des Konzerns nur von untergeordneter Bedeutung ist. Dies gilt selbst dann, wenn die Sachverhalte bekannt und zugänglich sind. Eine Angabe im Anhang ist nicht erforderlich.

### 2.5 Latente Steuern (Abs. 5 Satz 3)

Gemäß § 312 Abs. 5 Satz 3 HGB i.d.F. d. BilRUG ist § 306 HGB entsprechend anzuwenden, soweit die für die Beurteilung maßgeblichen Sachverhalte bekannt oder zugänglich sind.[91] Die Vorschrift stellt nur klar, was bereits gängige Praxis war. Auch bei Anwendung der Equity-Methode waren und sind latente Steuern abzugrenzen, und zwar – entgegen dem Wortlaut des § 306 HGB – nicht lediglich beschränkt auf Konsolidierungsmaßnahmen.

Demgemäß sind bei der Kons. assoziierter Unt auf die im Rahmen der Kaufpreisallokation ermittelten stillen Reserven und Lasten latente Steuern zu erfassen und in den Folgejahren fortzuschreiben. Für aktive latente Steuern, die sich auf temporäre Differenzen aus der Anpassung der HB I an die konzerneinheitlichen Bilanzierungs- und Bewertungsmethoden in der HB II ergeben, besteht – entsprechend dem Vorgehen bei der VollKons – ein Ansatzwahlrecht.[92]

Strittig ist, ob eine Abgrenzung latenter Steuern auch auf phasenverschobene Ergebnisübernahmen in Betracht kommt. Nach der hier vertretenen Auffassung ist dies zu verneinen. Durch die anteilig zuzurechnenden Ergebnisübernahmen, die nach der Equity-Methode unabhängig von der Ausschüttung vorgenommen werden, ergeben sich Differenzen zwischen der Bewertung im handelsrechtlichen KA und der Beteiligungsbewertung in der Steuerbilanz des MU. Hierbei handelt es sich um sog. Outside Basis Differences, die § 306 Satz 4 HGB ausdrücklich von der Steuerabgrenzung ausnimmt.[93]

## 3 Zugrunde zu legender Jahresabschluss des assoziierten Unternehmens (Abs. 6 Satz 1)

Für die Einbeziehung in den KA sieht § 312 Abs. 6 Satz 1 HGB vor, dass der **letzte JA** des assoziierten Unt zugrunde zu legen ist. Mit dieser Vereinfachung – im Gegensatz zur VollKons ist die Aufstellung eines Zwischenabschlusses nicht

---

[91] Vgl. BGBl, 2015 I, S. 1251 sowie die BgrRegE BilRUG, BT-Drucks. 18/4050, S. 73; *Oser/Orth/Wirtz*, DB 2015, S. 202; *Blöink/Biermann*, Der Konzern 2015, S. 73.
[92] Vgl. DRS 18.14 und .26.
[93] Vgl. *Melcher/Murer*, DB 2010, S. 1599; *Kühne/Melcher/Wesemann*, WPg 2009, S. 1063; anders *Gelhausen/Fey/Kämpfer*, Rechnungslegung und Prüfung nach dem Bilanzrechtsmodernisierungsgesetz, Abschnitt Q, Rz 315, für den Fall, dass die Ausschüttung in dem Folgejahr so gut wie sicher ist und als Folge davon Ertragsteuern anfallen.

erforderlich (§ 299 HGB) – wird wiederum den eingeschränkten Einflussmöglichkeiten des beteiligten Unt Rechnung getragen.[94]

96 DRS 8.12 und .13 **schränkt die Anwendung dieser Vereinfachungsvorschrift ein**. Die Regelung sieht eine analoge Anwendung der auch für die VollKons geltenden Vorschriften vor, nach denen entweder ein Zwischenabschluss aufzustellen ist oder nur ein JA verwendet werden darf, dessen Stichtag nicht mehr als drei Monate vor dem Stichtag des KA liegt. Das in § 299 HGB vorgesehene Wahlrecht, wesentliche Veränderungen zwischen dem Stichtag des JA des assoziierten Unt und dem Stichtag des KA entweder in der Konzernbilanz oder in der Konzern-GuV zu berücksichtigen oder im Konzernanhang anzugeben, wird in DRS 8.13 auf eine Berücksichtigung in der Konzernbilanz und der Konzern-GuV beschränkt. Zwar sind zeitnahe JA grds. zu befürworten, § 312 Abs. 6 HGB trägt jedoch dem Umstand Rechnung, dass der Einfluss des MU auf das assoziierte Unt regelmäßig sehr begrenzt ist. Weitere Probleme ergeben sich, wenn an dem assoziierten Unt mehrere MU mit unterschiedlichen KA-Stichtagen beteiligt sind. Nach der hier vertretenen Auffassung kann es daher nur in den Fällen, in denen TU ausnahmsweise nach der Equity-Methode in den KA einbezogen werden, bei der Anwendung des § 299 HGB bleiben.

97 Stimmen die Abschlussstichtage überein, so ist grds. der zu diesem Stichtag aufgestellte JA des assoziierten Unt zugrunde zu legen. Auch wenn im Gesetz nicht verlangt wird, dass der JA des assoziierten Unt festgestellt ist, sollte der JA zumindest in **wahrscheinlich endgültiger Fassung** vorliegen.[95] Jedenfalls ist nicht erforderlich, dass die Prüfung des JA abgeschlossen ist.[96] Ist bei Aufstellung des KA kein JA oder nur ein Entwurf verfügbar, muss auf den JA des Vorjahrs zurückgegriffen werden.[97] Dann kann der Bilanzstichtag des assoziierten Unt bis zu zwölf Monate vor dem Stichtag des KA liegen.[98]

98 Das HGB enthält keine Vorschrift, wie bei abweichenden Bilanzstichtagen zu verfahren ist. Gleichwohl ist davon auszugehen, dass eine Berichterstattung über den Stichtag des dem KA zugrunde gelegten JA des assoziierten Unt im Konzernanhang nach Maßgabe des § 313 Abs. 1 Satz 2 Nr. 1 HGB erforderlich ist. Die Anhangangabe ist erforderlichenfalls – in Anlehnung an § 299 Abs. 3 HGB – um Hinweise darauf zu ergänzen, in welchem Umfang wesentliche Größen auf Schätzungen beruhen.[99] Weichen die Abschlussstichtage des assoziierten Unt und des Konzerns voneinander ab, muss, anders aber DRS 8.12, **kein Zwischenabschluss** aufgestellt werden.[100]

99 Natürlich bleibt es unbenommen, freiwillig einen Zwischenabschluss aufzustellen. Ein **freiwillig** auf den Konzernstichtag aufgestellter und geprüfter **Zwischenabschluss** ist zwar kein JA und kann daher bei wörtlicher Auslegung von § 312 Abs. 6 Satz 1 HGB gar nicht berücksichtigt werden. Da Abs. 6 Satz 1

---

[94] Insb. bei assoziierten Unt, die in mehrere KA mit möglicherweise unterschiedlichen Bilanzstichtagen einbezogen werden, dürfte allein ein maßgeblicher Einfluss nicht zur Aufstellung eines oder mehrerer Zwischenabschlüsse ausreichen; so auch *Schäfer*, Bilanzierung von Beteiligungen an assoziierten Unternehmen nach der Equity-Methode, S. 347.
[95] Vgl. WP-Handbuch, Bd. I, 14. Aufl., Abschn. M, Rz 584.
[96] Vgl. auch IDW HFA 4/1988, Rz 9.
[97] Vgl. *Winkeljohann/Lewe*, in Beck Bil-Komm. 9. Aufl., § 312 HGB, Rz 90.
[98] Vgl. *Maas/Schruff*, WPg 1985, S. 6.
[99] So auch *Winkeljohann/Lewe*, in Beck Bil-Komm. 9. Aufl., § 312 HGB, Rz 91.
[100] Vgl. *Biener/Berneke*, BiRiLiG, S. 374.

jedoch nur eine Vereinfachung vorsieht, sollten gegen die Verwendung zumindest eines geprüften Zwischenabschlusses keine Bedenken bestehen, wenn dadurch eine exaktere Periodenabgrenzung im KA erreicht werden kann. Allerdings ist dann wegen des Gebots der Methodenstetigkeit auch in den Folgejahren die Equity-Methode auf der Basis von Zwischenabschlüssen anzuwenden.[101]

Von den Beteiligungen an assoziierten Unt sind die **Beteiligungen an TU** abzugrenzen, die aufgrund des § 296 HGB nur ausnahmsweise nach der Equity-Methode bewertet werden. In diesen Fällen besitzt das MU gem. § 294 Abs. 3 HGB das Recht, die rechtzeitige Vorlage eines JA zu verlangen. Die Erleichterungen des § 312 Abs. 6 Satz 1 HGB sind also nicht erforderlich.[102] Gleichwohl kann eine gesetzliche Verpflichtung zur Verwendung eines auf den Stichtag des KA aufgestellten JA nicht angenommen werden.[103]

100

## 4 Zugrunde zu legender Konzernabschluss des assoziierten Unternehmens (Abs. 6 Satz 2)

Stellt das assoziierte Unt – gleichgültig ob **freiwillig oder aufgrund einer gesetzlichen Verpflichtung** – einen KA auf, so ist dieser nach § 312 Abs. 6 Satz 2 HGB anstelle des JA für die Anwendung der Equity-Methode zwingend zugrunde zu legen (so auch DRS 8.9). Diese Vorschrift führt dazu, dass der Anwendungsbereich der Equity-Methode den Konzernkreis des assoziierten Unt umfasst.[104]

101

Für den KA gilt ebenso wie für den JA das Gebot einheitlicher Bilanzierung und Bewertung. Zudem sollten sich auch die angewandten **Konsolidierungsmethoden** entsprechen. Diese können, ebenso wie die Bilanzierungs- und Bewertungsmethoden, das anteilige EK beeinflussen.[105]

102

Auch wenn der **Ausgleichsposten für Anteile anderer Gesellschafter** nach § 307 Abs. 1 HGB im KA innerhalb des EK auszuweisen ist, kommt eine Berücksichtigung bei der Bemessung des anteiligen EK für Zwecke der Equity-Methode nicht in Betracht.[106]

103

Ob ein **passiver Unterschiedsbetrag** aus der KapKons dem anteiligen EK zuzurechnen ist, hängt vom bilanziellen Charakter des Postens im Einzelfall ab.[107]

104

Ergibt sich aus der Kapitalaufrechnung aus der Equity-Methode ein **aktiver Unterschiedsbetrag,** sind Informationen über die stillen Reserven nicht nur zu den Wertansätzen des assoziierten Unt, sondern auch zu den Konzernbilanzwerten der TU erforderlich. Hieraus resultieren in der Praxis besondere Schwierigkeiten für die Zuordnung und Fortschreibung.[108] Ohne Vereinfachungen (z.B. durch Gruppenbildung bzw. Annahme durchschnittlicher Restnutzungsdauern) ist die Anwendung der Equity-Methode auf der Grundlage von KA nicht praktikabel.

105

---

101 Vgl. IDW HFA 4/1988, Rz 4, Rz 5 u. 9.
102 So auch *Winkeljohann/Lewe,* in Beck Bil-Komm. 9. Aufl., § 312 HGB, Rz 88.
103 Vgl. *Küting/Zündorf,* in *Küting/Weber,* HdK, HGB § 312, Rn 182.
104 Vgl. *Harms/Knischewski,* DB 1985, S. 1359.
105 I. d. R. dürfte eine Anpassung der Bilanzierung, Bewertung und Kons. praktisch nicht durchführbar sein. Daher kommt der Angabe nach § 312 Abs. 5 Satz 2 HGB hier besondere Bedeutung zu.
106 Vgl. *Fricke,* Rechnungslegung für Beteiligungen nach der Anschaffungskostenmethode und nach der Equity-Methode, S. 118; *Winkeljohann/Lewe,* in Beck Bil-Komm. 9. Aufl., § 312 HGB, Rz 92.
107 Vgl. ebenso *Fricke,* Rechnungslegung für Beteiligungen nach der Anschaffungskostenmethode und nach der Equity-Methode, S. 119.
108 So auch *Winkeljohann/Lewe,* in Beck Bil-Komm. 9. Aufl., § 312 HGB, Rz 92.

## 5 Sonderfragen

### 5.1 Außerplanmäßige Abschreibungen nach § 253 Abs. 3 Satz 3 HGB

106 Nach § 298 Abs. 1 HGB sind auf die im KA ausgewiesenen „Beteiligungen an assoziierten Unternehmen" auch die **allgemeinen Bewertungsvorschriften** anzuwenden. Demgemäß kann bei Vorliegen der Voraussetzungen auch eine außerplanmäßige Abschreibung in Betracht kommen, wenn der innere Wert der Beteiligung unter dem nach Maßgabe der Equity-Methode ausgewiesenen Wert liegt.[109]

107 In diesem Zusammenhang stellt sich die Frage, ob § 312 HGB gegenüber den allgemeinen Bewertungsvorschriften nicht die speziellere Bewertungsvorschrift darstellt und die allgemeinen Bewertungsvorschriften daher im Anwendungsbereich des § 312 HGB keine Bedeutung haben. Der Grund dafür ist darin zu sehen, dass die Vornahme einer außerplanmäßigen Abschreibung letztlich einer **Aussetzung der Equity-Methode** gleichkommt. Ganz überwiegend wird eine außerplanmäßige Abschreibung nach Maßgabe der allgemeinen Bewertungsvorschriften gleichwohl für erforderlich gehalten.[110] DRS 8.28 folgt dieser Auffassung und schreibt eine Überprüfung des Beteiligungsbuchwerts zu jedem Bilanzstichtag vor. Übersteigt der Beteiligungsbuchwert den beizulegenden Zeitwert, ist danach eine außerplanmäßige Abschreibung bzw. bei Unterlassung einer außerplanmäßigen Abschreibung wegen nur vorübergehender Wertminderung (§ 253 Abs. 3 Satz 4 HGB) eine Anhangangabe nach § 314 Abs. 1 Nr. 10 HGB vorzunehmen. Die außerplanmäßige Abschreibung vermindert in der Nebenrechnung zuerst den im Beteiligungsbuchwert enthaltenen GoF und dann die anderen Posten (DRS 8.29).

108 Wird eine außerplanmäßige Abschreibung nach Maßgabe der allgemeinen Bewertungsvorschriften vorgenommen, muss sichergestellt werden, dass die durch die außerplanmäßige Abschreibung antizipierten, in den Folgejahren aber tatsächlich erst eintretenden anteiligen Jahresfehlbeträge nicht doppelt berücksichtigt werden. Die anteiligen Jahresfehlbeträge dürfen daher in den **Folgejahren** nur noch insoweit als Minderung des Beteiligungsbuchwerts berücksichtigt werden, als sie die vorherige außerplanmäßige Abschreibung übersteigen.[111]

109 Fällt der Grund für die außerplanmäßige Abschreibung weg, war gem. § 280 Abs. 1 HGB aF grds. eine Wertaufholung geboten. Durch das BilMoG wurde § 280 HGB aufgehoben und in § 253 Abs. 5 Satz 1 HGB nF ein umfassendes rechtsformunabhängiges Wertaufholungsgebot eingeführt. Die spätere Wertaufholung ist weiterhin auf den Wert begrenzt, der sich ergeben hätte, wenn die Fortschreibung des Beteiligungsbuchwerts ohne außerplanmäßige Abschreibungen fortgeführt worden wäre.[112] Darüber hinaus ist hinsichtlich der Wertaufholung künftig zwischen dem GoF und anderen VG bzw. Schulden zu differenzieren. § 253 Abs. 5 Satz 2 HGB normiert für den GoF ein ausdrückliches Wertaufholungsverbot, das über die §§ 312 Abs. 2 Satz 3, 309, 298 HGB auch

---

[109] Vgl. WP-Handbuch, Bd. I, 14. Aufl., Abschn. M, Rz 582.
[110] Vgl. ADS, 6. Aufl., § 312 HGB, Rz 195; WP-Handbuch, Bd. I, 14. Aufl., Abschn. M, Rz 582; *Küting/Zündorf*, in *Küting/Weber*, HdK, HGB § 312, Rn 78.
[111] Vgl. *Küting/Zündorf*, in *Küting/Weber*, HdK, HGB § 312, Rz 82.
[112] Vgl. DRS 8.29 sowie *Schmidbauer*, DStR 2001, S. 1543; *Kunowski*, StuB 2002, S. 268.

auf die Equity-Methode durchschlägt.[113] Demgemäß kommt eine Wertaufholung nur für VG und Schulden infrage, nicht aber für einen GoF. Für die Praxis folgt daraus, dass eine Zuschreibung nur durchgeführt werden kann, wenn der Zuschreibungsbetrag den Betrag des vorher abgeschriebenen GoF übersteigt. Dieser übersteigende Betrag ist dann auf die anderen zuvor abgeschriebenen VG und Schulden zu verteilen.

### 5.2 Währungsumrechnung

Besteht eine Beteiligung an einem ausländischen assoziierten Unt, dessen JA in fremder Währung aufgestellt wurde, ist im Rahmen der Kons. eine Umrechnung der Fremdwährungsbeträge in Euro durchzuführen. Zwar wurde in § 312 HGB im Gegensatz zu § 310 Abs. 2 HGB kein ausdrücklicher Verweis auf § 308a HGB aufgenommen; das Ziel des Gesetzgebers, die Umrechnung von JA in fremder Währung zu vereinheitlichen und zu vereinfachen, gilt auch für die Kons. assoziierter Unt und rechtfertigt eine analoge Anwendung des § 308a HGB. Eine Abweichung von § 308a HGB kann vor diesem Hintergrund – dem Sinn und Zweck des § 308a HGB – bei Kons. assoziierter Unt keine Rechtfertigung finden.[114]

110

### 5.3 Erwerb weiterer Anteile

Denkbar ist, dass eine bisher zu AK bilanzierte Beteiligung durch Erhöhung der Beteiligungsquote nach Maßgabe der §§ 311 ff. HGB im KA zu zeigen ist. Nach Maßgabe des § 312 Abs. 3 Satz 1 HGB ist in diesem Fall für die erstmals vorzunehmende Kaufpreisallokation auf den Zeitpunkt abzustellen, zu dem das Unt assoziiertes Unt geworden ist. Eine sukzessive oder tranchenweise Ermittlung der Unterschiedsbeträge kommt nicht in Betracht. Die ErstKons hat – auch bei sukzessivem Erwerb – erfolgsneutral zu erfolgen. Die fortgeführten AK der bereits erworbenen und zu AK bilanzierten Tranchen werden bei der erstmaligen Anwendung der Equity-Methode wie zusätzliche AK behandelt.

111

Problematisch ist in diesem Zusammenhang, dass seit dem Erwerb der ersten Tranche Gewinne thesauriert und stille Reserven gebildet oder Lasten entwickelt worden sein können, die mit den fortgeführten AK gar nicht abgegolten wurden und daher zu einer erheblichen Verzerrung der Darstellung der VFE-Lage führen können.[115] Schlägt ein aktiver Unterschiedsbetrag aufgrund thesaurierter Gewinne oder gebildeter stiller Reserven in einen passiven Unterschiedsbetrag um, soll nach in der Literatur vertretener Auffassung die AK-Restriktion nicht durchgreifen, sondern der passive Unterschiedsbetrag sofort nach §§ 312 Abs. 2 Satz 3, 309 Abs. 2 Nr. 2 HGB erfolgswirksam aufgelöst werden.[116] Nach anderer Auffassung ist der passive Unterschiedsbetrag in diesen Fällen erfolgsneutral in die Konzerngewinnrücklagen umzugliedern.[117]

112

---

[113] Ebenso *Melcher/Murer*, DB 2010, S. 1601, die insoweit auf ein mögliches Anpassungserfordernis in DRS 8.29 hinweisen.
[114] Anders aber *Gelhausen/Fey/Kämpfer*, Rechnungslegung und Prüfung nach dem Bilanzrechtsmodernisierungsgesetz, Abschnitt Q, Rz 353.
[115] Vgl. *Melcher/Murer*, DB 2010, S. 1603 mwN.
[116] Vgl. *Melcher/Murer*, DB 2010, S. 1603.
[117] Vgl. *Oser/Reichart/Wirth*, in Küting/Pfitzer/Weber, Das neue deutsche Bilanzrecht, S. 424.

113 Werden weitere Anteile an einem assoziierten Unt, das bereits nach der Equity-Methode in den KA einbezogen wurde, hinzuerworben – wird also **lediglich die Beteiligungsquote erhöht** –, so ist für diese neuen Anteile eine **Kapitalaufrechnung** nach § 312 Abs. 1 HGB vorzunehmen.[118] Die dabei entstehenden Unterschiedsbeträge sind **gesondert** fortzuschreiben und im Konzernanhang anzugeben.

114 Sind die Auswirkungen einer Zuordnung für die Fortschreibung in den Folgejahren nur von **untergeordneter Bedeutung**, so bestehen keine Bedenken, den Unterschiedsbetrag insgesamt aus Vereinfachungsgründen als GoF zu behandeln.[119]

115 Bewirkt der Erwerb der Anteile einen **Übergang zur Quoten- oder zur Voll-Kons**, so wird die Beteiligung nicht mehr „einzeilig" in der Konzernbilanz ausgewiesen. Der Beteiligungsbuchwert im Zeitpunkt des Übergangs zur Voll-Kons stellt die anteiligen AK der Beteiligung dar (DRS 8.33). Die noch nicht verrechneten Unterschiedsbeträge sind auf die entsprechenden Bilanzposten zu verteilen. Erfolgswirksame Buchungen ergeben sich daraus nicht.[120] Zudem ändert sich der KonsKreis; die dazu nach Maßgabe des § 294 Abs. 2 HGB erforderlichen Angaben im Konzernanhang sollten von den nach § 313 Abs. 2 HGB erforderlichen Einzelangaben getrennt werden.

## 5.4 Veräußerung von Anteilen

### 5.4.1 Fortführung der Equity-Methode

116 Die Veräußerung von Anteilen unter Beibehaltung der Equity-Methode führt in der Konzernbilanz zu einem entsprechenden „**Abgang**" i. H. d. auf die verkauften Anteile entfallenden „Equity"-Wertansatzes im Veräußerungszeitpunkt. Die Bewertung der verbleibenden Anteile bleibt von der Veräußerung unberührt.

117 Die Veräußerung ist in der Nebenrechnung zu berücksichtigen. Dort ist auch ein noch vorhandener **GoF** anteilig als Abgang zu behandeln.

Sämtliche Abgangswerte werden dem Verkaufserlös gegenübergestellt, sodass sich im Konzern ggf. ein anderer **Verkaufserfolg** ergeben kann als im JA des beteiligten Unt.

### 5.4.2 Übergang von der Equity-Methode zur Anschaffungskosten-Methode

118 Wird nach dem Verkauf eines Teils der Beteiligung kein maßgeblicher Einfluss mehr ausgeübt, kann die Beteiligung nicht länger als Beteiligung an einem assoziierten Unt im KA ausgewiesen werden.[121]

Für die auf die verbliebenen Anteile entfallenden Wertabweichungen gegenüber dem Buchwert im JA des beteiligten Unt oder den niedrigeren beizulegenden Wert ist eine **erfolgsneutrale Verrechnung** mit den entsprechenden Gegenposten in den Gewinnrücklagen (bzw. Ergebnisvortrag) der Konzernbilanz vorzunehmen (ebenso für Erfolgsneutralität DRS 8.38)[122] Davon abweichend

---

[118] So auch DRS 8.35; vgl. ebenso *Küting/Zündorf*, in *Küting/Weber*, HdK, HGB § 312, Rn 131.
[119] Ebenso *Küting/Zündorf*, in *Küting/Weber*, HdK, HGB § 312, Rn 137.
[120] Vgl. zum Ganzen auch ADS, 6. Aufl., § 312 HGB, Rz 206.
[121] Ebenso *Küting/Zündorf*, in *Küting/Weber*, HdK, HGB § 312, Rn 155. Für die veräußerten Anteile gelten die unter Rz 118 f. dargestellten Grundsätze.
[122] Vgl. *Küting/Zündorf*, in *Küting/Weber*, HdK, HGB § 312, Rn 154; *Winkeljohann/Lewe*, in Beck Bil-Komm. 9. Aufl., § 312 HGB, Rz 58.

sieht DRS 8.37 aber vor, dass als AK der verbleibenden Anteile der entsprechende Beteiligungsbuchwert im KA angesetzt wird („Einfrieren der Equity-Methode"). Gleiches gilt für den Fall, dass der maßgebliche Einfluss entfällt. Folge ist, dass die Beteiligung im KA mit einem über dem im JA angesetzten Buchwert liegenden Buchwert ausgewiesen wird.[123]

### 5.4.3 Vollständige Veräußerung

Wird die Beteiligung an einem assoziierten Unt vollständig veräußert, so gelten die dargestellten Grundsätze. 119

## 5.5 Übergang von der Vollkonsolidierung zur Equity-Methode

Der Übergang von der VollKons auf die Equity-Methode stellt sich aus der Sicht des Konzerns unter Berücksichtigung der Einzelveräußerungsfiktion als Abgang einzelner VG und Schulden des TU dar. Wird der Übergang – was regelmäßig der Fall sein dürfte – durch eine Anteilsveräußerung ausgelöst, ist der auf das MU entfallende Veräußerungserlös aufzuteilen. Das auf die veräußerten Anteile entfallende Reinvermögen – ggf. bewertet zu fortgeführten Konzern-AHK – ist dem dafür erzielten Veräußerungserlös gegenüberzustellen, d.h., es ist eine **erfolgswirksame EndKons** vorzunehmen. 120

Gleichzeitig ist i.H.d. beim MU verbleibenden anteiligen EK des TU (jetzt assoziiertes Unt) ein Zugang unter den Beteiligungen an assoziierten Unt auszuweisen. Die Beteiligung ist mit dem Betrag anzusetzen, der sich als anteiliges Reinvermögen im Zeitpunkt des Übergangs ergibt. Der **Übergang auf die Equity-Methode ist somit für die verbliebenen Anteile erfolgsneutral**.[124] Noch verbliebene stille Reserven und Lasten sowie ein GoF oder passiver Unterschiedsbetrag werden in der Nebenrechnung fortgeführt.

## 5.6 Übergang von der Quotenkonsolidierung zur Equity-Methode

Bei Übergang von der QuotenKons auf die Equity-Methode scheidet ein bisher nach § 310 HGB anteilig in den KA einbezogenes Unt, auf das weiterhin ein maßgeblicher Einfluss ausgeübt wird, aus dem KonsKreis aus. In der Konzernbilanz ist dieser Vorgang – ebenso wie beim Übergang von der VollKons zur Equity-Methode – einerseits als **Abgang** der einzelnen anteiligen Vermögens- und Schuldposten und andererseits als **Zugang** bei den Beteiligungen an assoziierten Unt i.H.d. anteiligen EK darzustellen. Der Beteiligungsbuchwert ergibt sich aus dem anteiligen Reinvermögen zu Konzernwerten im Zeitpunkt des Übergangs.[125] Soweit der Unterschied zwischen den AK im JA und dem Beteiligungsbuchwert im KA auf während der Anwendung der Equity-Methode thesaurierten Gewinnen beruht, sind die in den Folgejahren erfolgenden Ausschüttungen dieser Beträge als 121

---

[123] Im handelsrechtlichen Schrifttum wird dieser Ansatz teilweise als mit dem AK-Prinzip unvereinbar und daher unzulässig eingestuft; vgl. *Küting/Zündorf*, in *Küting/Weber*, HdK, HGB § 312, Rz 167, mwN; *Schmidbauer*, DStR 2001, S. 1544. Nach wieder a.A. sei die Behandlung vor dem Hintergrund einer zutreffenden Darstellung der VFE-Lage und der Anpassung an internationale Regelungen als zulässig hinnehmbar; vgl. *Schruff*, BB 2001, S. 87.
[124] Vgl. auch ADS, 6. Aufl., § 301 HGB, Rz 285.
[125] Vgl. ADS, 6. Aufl., § 312 HGB, Rz 215.

Minderung des Beteiligungsbuchwerts zu behandeln. Auf diese Weise wird die Doppelerfassung von Ergebnisbeiträgen im KA vermieden.[126]

122 Werden **keine Anteile veräußert**, ist der Übergang auf die Equity-Methode erfolgsneutral. Die Höhe des abgegangenen anteiligen Reinvermögens entspricht dem zugegangenen anteiligen EK.

123 Werden **Anteile veräußert**, gelten insoweit die Grundsätze der EndKons bei Übergang auf die Equity-Methode. Bezüglich der verbleibenden nach der Equity-Methode zu bewertenden Anteile gelten die vorstehenden Ausführungen.[127]

## 6 Anhang: Kapitalanteilsmethode

### 6.1 Vorbemerkung

124 Art. 66 Abs. 3 Satz 4 EGHGB schreibt die erstmalige Anwendung des § 312 HGB i.d.F. d. BilMoG auf **Erwerbsvorgänge** vor, die in Gj erfolgt sind, die nach **dem 31.12.2009** begonnen haben.[128] Mit der Vorschrift wird sichergestellt, dass sich bei den „Altfällen" kein Anpassungsbedarf ergibt. **Im Hinblick auf die Altfälle ist weiterhin nach den bisherigen Vorschriften des HGB zu verfahren.** Aus diesem Grund werden an dieser Stelle kurz auch die Grundsätze der Kapitalaufrechnung nach Maßgabe der Kapitalanteilsmethode dargestellt.

125 Im Grundsatz unterscheiden sich die Kapitalanteilsmethode (auch Neubewertungsmethode) und die künftig allein zulässige Buchwertmethode allein im **Ausweis**. Bei der Buchwertmethode war der gesamte Unterschiedsbetrag zwischen Buchwert und anteiligem EK vermerk- oder angabepflichtig, bei der Kapitalanteilsmethode wurden das anteilige neu bewertete EK und der GoF im KA getrennt ausgewiesen.

### 6.2 Kapitalanteilsmethode bei erstmaliger Anwendung der Equity-Methode

126 Das Gesetz enthielt bisher für die erstmalige Anwendung der Equity-Methode, ähnlich der VollKons, ein **Wahlrecht** zwischen der sog. Buchwertmethode und der sog. Kapitalanteilsmethode.

127 Das anteilige EK war bei der **Kapitalanteilsmethode** nicht auf der Grundlage von Buchwerten, sondern von Zeitwerten zu ermitteln. Daher war zunächst in einer Nebenrechnung eine Neubewertung des EK des assoziierten Unt vorzunehmen.[129] Die VG, Schulden, RAP, Bilanzierungshilfen und Sonderposten des assoziierten Unt wurden mit dem Zeitwert am Stichtag der Kapitalaufrech-

---

[126] Vgl. *Winkeljohann/Lewe*, in Beck Bil-Komm. 9. Aufl., § 312 HGB, Rz 58.
[127] Ergeben sich allein daraus, dass im Rahmen der Equity-Bewertung von den im Konzern anzuwendenden einheitlichen Bewertungsmethoden abgewichen wird (Abweichung des anteiligen EK des assoziierten Unt von dem anteiligen Reinvermögen zu Konzernwerten), ist eine erfolgswirksame Anpassung an den Beteiligungsbuchwert vorzunehmen; vgl. dazu auch ADS, 6. Aufl., § 312 HGB, Rz 218.
[128] Der Begriff „Erwerbsvorgang" ist hier weit auszulegen. Erfasst werden sollen alle Gestaltungen, die erstmals zur Anwendung der Equity-Methode zwingen, auch Fallgestaltungen, bei denen es aufgrund irgendwelcher Umstände nach dem 31.12.2009 zur Begründung eines maßgeblichen Einflusses kommt, also ein Erwerb im eigentlichen Sinn gar nicht vorliegt.
[129] Die Neubewertung wird üblicherweise vor der erstmaligen Anwendung der Equity-Methode in der HB II des assoziierten Unt vorgenommen.

nung angesetzt. Die Obergrenze für die Neubewertung des anteiligen EK bildeten die AK der Beteiligung. Mit dieser **Begrenzung** sollte die Einhaltung des Anschaffungswertprinzips bei erstmaliger Anwendung gewährleistet werden. Dies schloss nicht aus, dass die Berücksichtigung anteiliger Jahresüberschüsse des assoziierten Unt in Folgejahren zu einer Überschreitung der AK führte. Dies ist in der Systematik der Equity-Methode angelegt.[130]

Überstiegen die AK der Beteiligung den sich nach der Neubewertung ergebenden Betrag des anteiligen EK, so hatte ein entstehender **aktiver Unterschiedsbetrag den Charakter eines (anteiligen) GoF**. Für den GoF bestand bei erstmaliger Anwendung nach § 312 Abs. 1 Satz 3 2. Hs. HGB aF ein Wahlrecht, ihn entweder in der Konzernbilanz gesondert auszuweisen oder ihn im Konzernanhang anzugeben. Wurde er in der Konzernbilanz gesondert ausgewiesen, so sollte er – seinem Charakter entsprechend – unter dem Posten „GoF" (§ 266 Abs. 2 A. I. 2. HGB) gesondert ausgewiesen werden.[131] Statt eines Sonderausweises war es auch zulässig, den entstehenden Unterschiedsbetrag in den Posten A. I. 2. „GoF" einzubeziehen und bei erstmaliger Anwendung im Konzernanhang anzugeben. Außerdem wurde auch bei Anwendung der Kapitalanteilsmethode der Ausweis des gesamten Buchwerts der Beteiligung im Posten „Beteiligungen an assoziierten Unternehmen" für zulässig gehalten, wenn der darin enthaltene GoF z. B. durch einen „davon"-Vermerk gesondert ausgewiesen wurde.[132]

128

Ein **passiver Unterschiedsbetrag** entsteht, wenn der Buchwert (die AK) einer Beteiligung niedriger als das anteilige EK des assoziierten Unt ist. Die Neubewertung des anteiligen EK des assoziierten Unt war aber auf die Höhe der AK der Beteiligung beschränkt. Aus diesem Grund konnte ein passiver Unterschiedsbetrag nur unter der **Voraussetzung** entstehen, dass entweder vor der erstmaligen Anwendung der Equity-Methode eine außerplanmäßige Abschreibung auf die Beteiligung vorgenommen wurde oder beim assoziierten Unt Gewinne nach Erwerb der Anteile, aber vor dem Stichtag der Kapitalaufrechnung thesauriert wurden.

129

Der passive Unterschiedsbetrag aus der Kapitalaufrechnung nach der Kapitalanteilsmethode war wie bei der Buchwertmethode nur im Konzernanhang anzugeben.

130

## 6.3 Kapitalanteilsmethode bei Fortschreibung der Equity-Methode

Bei Anwendung der Kapitalanteilsmethode war der aktive Unterschiedsbetrag aus der Kapitalaufrechnung, der den Charakter eines (anteiligen) GoF besaß, unabhängig von seinem Ausweis nach den Regeln des § 309 Abs. 1 HGB aF abzuschreiben, soweit er nicht mit den Rücklagen verrechnet worden ist. Im Übrigen waren die Werte der **Neubewertungsbilanz fortzuschreiben**, sodass sich das anteilige Jahresergebnis aus der fortgeschriebenen Neubewertungsbilanz ergab. Dadurch war die Auswirkung auf das Konzernergebnis mit dem bei der Buchwertmethode identisch.[133]

131

---

[130] Vgl. *Havermann*, WPg 1975, S. 235.
[131] Vgl. *Busse von Colbe*, in FS Grochla, S. 62; *Küting/Zündorf*, in *Küting/Weber*, HdK, HGB § 312, Rz 17.
[132] Vgl. zum Ganzen auch WP-Handbuch, Bd. I, 13. Aufl., Abschn. M, Rz 468.
[133] Vgl. WP-Handbuch, Bd. I, 13. Aufl., Abschn. M, Rz 471.

132 Waren im Rahmen einer Neubewertung des EK stille Reserven im abnutzbaren AV des assoziierten Unt aufgedeckt worden, musste der zu übernehmende anteilige Jahreserfolg in den Folgejahren um zusätzliche Abschreibungen korrigiert werden, da sich die Neubewertung im JA des assoziierten Unt selbst nicht ausgewirkt hat. Entsprechende Korrekturen waren ggf. im UV und bei Abgängen erforderlich.

## 7 Auswirkungen des BilRUG

133 Mit dem BilRUG ist § 312 HGB letztlich nur redaktionell an die Vorgaben der Bilanzrichtlinie angepasst worden. Für die Praxis der Einbeziehung assoziierter Unt in den KA dürften sich aus den redaktionellen Änderungen grundsätzlich **keine wesentlichen Auswirkungen** ergeben.

134 Die Ergänzung des § 312 Abs. 2 HGB um einen weiteren Satz 3, wonach **§ 301 Abs. 2 Satz 3 und 4 HGB entsprechend gilt**, hat lediglich klarstellende Bedeutung. Bereits bisher wurde – von der ganz überwiegenden Auffassung – eine entsprechende Anwendung der Vorschrift innerhalb der Equity-Methode vertreten.

135 Mit der Streichung der bisherigen Sätze 3 und 4 des § 312 Abs. 5 HGB und deren Ersetzung durch den neuen Satz 3, wonach die §§ 304 und 306 HGB entsprechend anzuwenden sind, soweit die für die Beurteilung maßgeblichen Sachverhalte bekannt oder zugänglich sind, stellt, jedenfalls soweit die **Berücksichtigung latenter Steuern festgeschrieben** wird, ebenfalls nur klar, was bereits gängige Praxis war.

136 Die **Streichung des Wahlrechts zur (nur) beteiligungsproportionalen Zwischenergebniseliminierung** – Satz 4 aF – ist vor dem Hintergrund, dass auch nur das anteilige Jahresergebnis des assoziierten Unt übernommen wird, schwer verständlich und kann nur unter Vereinfachungsgesichtspunkten begründet werden. Letztlich hätte – wenn man denn die Zwischenergebniseliminierung will – zur Erreichung einer sachgerechten Darstellung die beteiligungsproportionale Zwischenergebniseliminierung als einzig mögliche Methode vorgeschrieben werden müssen.

137 Nach Art. 75 Abs. 1 Satz EGHGB ist **§ 312 HGB in der geänderten Fassung erstmals auf KA für nach dem 31.12.2015 beginnende Gj** anzuwenden. Daraus folgt, dass die Änderungen, soweit das Gj dem Kj entspricht, retrospektiv auf alle am 01.01.2016 noch offenen Sachverhalte anzuwenden sind. Dies gilt insbesondere auch für die Berechnung der latenten Steuern. Es erscheint systematisch vertretbar, die erstmalige Erfassung der latenten Steuern in der Nebenrechnung erfolgsneutral durch Erhöhung oder Verminderung des Restbuchswerts eines GoF zu erfassen.[134]

---

[134] So auch Oser/Orth/Wirtz, DB 2015, S. 202.

# § 313 ERLÄUTERUNG DER KONZERNBILANZ UND DER KONZERN-GEWINN- UND VERLUSTRECHNUNG. ANGABEN ZUM BETEILIGUNGSBESITZ

(1) [1]In den Konzernanhang sind diejenige Angaben aufzunehmen, die zu einzelnen Posten der Konzernbilanz oder der Konzern-Gewinn- und Verlustrechnung vorgeschrieben oder die im Konzernanhang zu machen sind, weil sie in Ausübung eines Wahlrechts nicht in die Konzernbilanz oder in die Konzern-Gewinn- und Verlustrechnung aufgenommen wurden. [2]Im Konzernanhang müssen
1. die auf die Posten der Konzernbilanz und der Konzern-Gewinn- und Verlustrechnung angewandten Bilanzierungs- und Bewertungsmethoden angegeben werden;
2. die Grundlagen für die Umrechnung in Euro angegeben werden, sofern der Konzernabschluß Posten enthält, denen Beträge zugrunde liegen, die auf fremde Währung lauten oder ursprünglich auf fremde Währung lauteten;
3. Abweichungen von Bilanzierungs-, Bewertungs- und Konsolidierungsmethoden angegeben und begründet werden; deren Einfluß auf die Vermögens-, Finanz- und Ertragslage des Konzerns ist gesondert darzustellen.

(2) Im Konzernanhang sind außerdem anzugeben:
1. Name und Sitz der in den Konzernabschluß einbezogenen Unternehmen, der Anteil am Kapital der Tochterunternehmen, der dem Mutterunternehmen und den in den Konzernabschluß einbezogenen Tochterunternehmen gehört oder von einer für Rechnung dieser Unternehmen handelnden Person gehalten wird, sowie der zur Einbeziehung in den Konzernabschluß verpflichtende Sachverhalt, sofern die Einbeziehung nicht auf einer der Kapitalbeteiligung entsprechenden Mehrheit der Stimmrechte beruht. [2]Diese Angaben sind auch für Tochterunternehmen zu machen, die nach § 296 nicht einbezogen worden sind;
2. Name und Sitz der assoziierten Unternehmen, der Anteil am Kapital der assoziierten Unternehmen, der dem Mutterunternehmen und den in den Konzernabschluß einbezogenen Tochterunternehmen gehört oder von einer für Rechnung dieser Unternehmen handelnden Person gehalten wird. [2]Die Anwendung des § 311 Abs. 2 ist jeweils anzugeben und zu begründen;
3. Name und Sitz der Unternehmen, die nach § 310 nur anteilmäßig in den Konzernabschluß einbezogen worden sind, der Tatbestand, aus dem sich die Anwendung dieser Vorschrift ergibt, sowie der Anteil am Kapital dieser Unternehmen, der dem Mutterunternehmen und den in den Konzernabschluß einbezogenen Tochterunternehmen gehört oder von einer für Rechnung dieser Unternehmen handelnden Person gehalten wird;

4. Name und Sitz anderer als der unter den Nummern 1 bis 3 bezeichneten Unternehmen, bei denen das Mutterunternehmen, ein Tochterunternehmen oder eine für Rechnung eines dieser Unternehmen handelnde Person mindestens den fünften Teil der Anteile besitzt, unter Angabe des Anteils am Kapital sowie der Höhe des Eigenkapitals und des Ergebnisses des letzten Geschäftsjahrs, für das ein Abschluß aufgestellt worden ist. ²Ferner sind anzugeben alle Beteiligungen an großen Kapitalgesellschaften, die andere als die in Nummer 1 bis 3 bezeichneten Unternehmen sind, wenn sie von einem börsennotierten Mutterunternehmen, einem börsennotierten Tochterunternehmen oder einer für Rechnung eines dieser Unternehmen handelnden Person gehalten werden und fünf vom Hundert der Stimmrechte überschreiten. ³Diese Angaben brauchen nicht gemacht zu werden, wenn sie für die Vermittlung eines den tatsächlichen Verhältnissen entsprechenden Bildes der Vermögens-, Finanz- und Ertragslage des Konzerns von untergeordneter Bedeutung sind. ⁴Das Eigenkapital und das Ergebnis brauchen nicht angegeben zu werden, wenn das in Anteilsbesitz stehende Unternehmen seinen Jahresabschluß nicht offenzulegen hat und das Mutterunternehmen, das Tochterunternehmen oder die Person weniger als die Hälfte der Anteile an diesem Unternehmen besitzt.
(3) ¹Die in Absatz 2 verlangten Angaben brauchen insoweit nicht gemacht zu werden, als nach vernünftiger kaufmännischer Beurteilung damit gerechnet werden muß, daß durch die Angaben dem Mutterunternehmen, einem Tochterunternehmen oder einem anderen in Absatz 2 bezeichneten Unternehmen erhebliche Nachteile entstehen können. ²Die Anwendung der Ausnahmeregelung ist im Konzernanhang anzugeben. ³Satz 1 gilt nicht, wenn ein Mutterunternehmen oder eines seiner Tochterunternehmen kapitalmarktorientiert im Sinn des § 264d ist.
(4) *(weggefallen)*

MBA CPA Andreas Krimpmann

| Inhaltsübersicht | Rz |
|---|---|
| 1 Überblick | 1–18 |
|   1.1 Inhalt | 1–3 |
|   1.2 Zweck | 4–5 |
|   1.3 Anwendungsbereich | 6–16 |
|     1.3.1 Persönlicher Anwendungsbereich | 6–10 |
|     1.3.2 Zeitlicher Anwendungsbereich | 11–16 |
|   1.4 Normenzusammenhänge | 17–18 |
| 2 Inhalte des Konzernanhangs (Abs. 1 Satz 1) | 19–43 |
|   2.1 Anforderungen, Form und Umfang | 19–25 |
|   2.2 Angaben zu den Posten des Konzernabschlusses | 26–43 |
|     2.2.1 Pflichtangaben | 28–34 |
|     2.2.2 Wahlpflichtangaben | 35–41 |
|     2.2.3 Freiwillige Angaben | 42–43 |

3 Angaben zu Bilanzierungs- und Bewertungsmethoden (Abs. 1 Satz 2 Nr. 1) .................................... 44–53
   3.1 Bilanzierungs- und Bewertungsmethoden ............. 44–47
   3.2 Konsolidierungsmethoden ....................... 48–53
4 Angaben zu Währungsumrechnungen (Abs. 1 Satz 2 Nr. 2). ... 54–63
5 Angaben und Begründungen zu Abweichungen von Bilanzierungs-, Bewertungs- und Konsolidierungsmethoden (Abs. 1 Satz 2 Nr. 3) ........................................ 64–78
   5.1 Allgemeines ................................. 64–65
   5.2 Methodenabweichungen ........................ 66–73
      5.2.1 Bilanzierungs- und Bewertungsmethoden ....... 66–70
      5.2.2 Konsolidierungsmethoden. ................ 71–73
   5.3 Erläuterung der Auswirkungen .................... 74–78
6 Angaben zu einbezogenen Unternehmen und zum Konzernanteilsbesitz (Abs. 2) ................................ 79–107
   6.1 Allgemeines ................................. 79–83
   6.2 Tochterunternehmen (Abs. 2 Nr. 1) ................. 84–89
   6.3 Assoziierte Unternehmen (Abs. 2 Nr. 2) .............. 90–96
   6.4 Anteilmäßig einbezogene Unternehmen (Abs. 2 Nr. 3) ... 97–100
   6.5 Anteile an sonstigen Unternehmen (Abs. 2 Nr. 4) ....... 101–107
7 Sonstige relevante Angabepflichten und Regelungen (Abs. 3) .. 108–113
   7.1 Befreiungsmöglichkeiten. ....................... 108–109
      7.1.1 Untergeordnete Bedeutung ................. 108
      7.1.2 Nicht publizitätspflichtige Unternehmen. ....... 109
   7.2 Schutzklauseln ............................... 110–112
   7.3 Sanktionen .................................. 113
8 Änderungen durch das BilRUG ........................ 114–124
   8.1 Neufassung Abs. 1 nF........................... 114
   8.2 Streichung von Erläuterungen zur Fremdwährungsumrechnung (Abs. 1 Nr. 2 nF). ....................... 115
   8.3 Ergänzende Angabepflichten im Anteilsverzeichnis (Abs. 2 nF) ......................................... 116–121
   8.4 Erleichterungen im Rahmen des Anteilsverzeichnisses (Abs. 3 nF) ..................................... 122
   8.5 Verweis auf § 284 Abs. 2 und 3 HGB nF (Abs. 4 nF) ..... 123–124

**Ergänzendes Schrifttum**
*Ammann/Müller,* Konzernbilanzierung – Grundlagen sowie Steuerungs- und Analysemöglichkeiten, Herne/Berlin 2005; *Armeloh,* Der Anhang, in *Baetge/ Kirchhoff* (Hrsg.), Der Geschäftsbericht – Die Visitenkarte des Unternehmens, Wien 1997, S. 209; *Hachmeister,* Konzernanhang, in Beck HdR, C 600; *Schülen,* Änderung von Bewertungsmethoden, BB 1994, S. 2312; *Schurbohm/Streckenbach,* Modernisierung der Konzernrechnungslegung durch das Transparenz- und Publizitätsgesetz, WPg 2002, S. 845.

# 1 Überblick

## 1.1 Inhalt

1   Gem. § 297 Abs. 1 HGB bildet der Konzernanhang mit der Konzernbilanz, der Konzern-GuV, der Konzern-KFR und dem Konzern-EK-Spiegel den KA. Er ist insofern ein gleichwertiger Bestandteil im KA. Ergänzt werden kann der KA um eine Konzern-SegmBer. Die wesentlichen **Inhalte des Konzernanhangs** sind in den §§ 313 und 314 HGB zusammengefasst. Grundlage hierfür bildet Art. 34 der 7. EG-RL.[1] **Zusätzliche Angabepflichten** können sich aus weiteren handelsrechtlichen Einzelvorschriften sowie anderen Gesetzen und Regelungen ergeben. Hierzu gehören im Besonderen verschiedene DRS sowie sich aus dem DCGK ergebende Angabenotwendigkeiten. Ferner sind **Wahlpflichtangaben** möglich, die sich aus der Verlagerung von Informationen aus Konzern-Bilanz, Konzern-GuV, Konzern-KFR, Konzern-EK-Spiegel und Konzern-SegmBer in den Konzernanhang ergeben.[2] Daneben steht es den Erstellern eines KA frei, weitere **freiwillige Informationen** zu geben. Aufgrund der Prüfungs- und Offenlegungspflicht wird eine Positionierung dieser Angaben in anderen Teilen des Geschäftsberichts allerdings bevorzugt.

2   Durch das KonTraG[3] wurde für Konzerne mit börsennotierten MU der Konzernanhang zunächst um eine vom Gesetzgeber nicht näher bestimmte **Kapitalflussrechnung** und eine **Segmentberichterstattung** erweitert. Zu beiden liegen als Ausgestaltungsempfehlungen mit GoB-Charakter mit dem DRS 2 (Kapitalflussrechnung) und dem DRS 3 (Segmentberichterstattung) Regelungen des DSR vor (§ 297 Rz 14ff., 63ff.). Mit Verabschiedung des TransPuG[4] sind diese Rechenwerke in ihrem Stellenwert aufgewertet worden. Sie sind als eigenständige Teile des KA zusammen mit dem neu hinzukommenden **Konzerneigenkapitalspiegel** (DRS 7) zu sehen. Ferner wurde der Kreis der Unt, die einen KA aufzustellen haben, um Unt, die direkt oder indirekt (durch TU) einen organisierten Markt i. S. d. § 2 WpHG in Anspruch nehmen, erweitert. Eine nochmalige Erweiterung der Erstellungspflicht auf alle konzernrechnungslegungspflichtigen Unt erfolgte mit dem BilReG.

3   Die **Aufgabe** des Konzernanhangs ist es, die anderen Elemente des KA durch Informationen zu ergänzen, zu erläutern, zu korrigieren sowie ggf. von bestimmten Angaben zu entlasten.[5] Grundlage dafür ist die Generalnorm des § 297 Abs. 2 HGB. Demnach ist der KA „klar und übersichtlich aufzustellen" und hat „unter Beachtung der Grundsätze ordnungsmäßiger Buchführung ein den tatsächlichen Verhältnissen entsprechendes Bild der VFE-Lage des Konzerns" zu vermitteln (§ 297 Rz 83ff.). Die Angabepflichten sind nach § 297 Abs. 2 Satz 3 HGB noch weitergehender, wenn der KA kein zutreffendes Bild vermittelt (§ 297 Rz 84ff.).

---

[1]   Vgl. *ADS*, 6. Aufl., § 313 HGB, Rz 2.
[2]   Vgl. WP-Handbuch, Bd. I, 14. Aufl., Abschn. M, Rz 684.
[3]   Gesetz zur Kontrolle und Transparenz im Unternehmensbereich v. 27.4.1998, BGBl 1998 I S. 786.
[4]   Transparenz- und Publizitätsgesetz v. 19.7.2002, BGBl 2002 I S. 2681.
[5]   Vgl. *Baetge/Kirsch/Thiele*, Bilanzen, 9. Aufl., S. 757.

## 1.2 Zweck

Als wesentlicher Bestandteil des KA hat auch der Konzernanhang die Aufgabe, die Abbildung eines **tatsächlichen Bildes der VFE-Lage** des Konzerns gem. § 297 Abs. 2 HGB sicherzustellen. Damit unterliegt er im Hinblick auf die Aufstellungs-, Publizitäts- und Prüfungspflichten denselben Anforderungen wie die übrigen Teile des KA. Aufgrund der Einheitstheorie dient der Konzernanhang nicht der Ausschüttungsbemessung und Steuerfestsetzung, sondern in erster Linie dem **Informationszweck** des KA. Dies hat der Gesetzgeber nicht zuletzt im Rahmen des TransPuG[6] erneut dadurch deutlich gemacht, dass der KA nunmehr keine steuerlichen Wertansätze mehr enthält.

Hinsichtlich der im Konzernanhang enthaltenen Informationen gelten die gleichen Grundsätze wie für die anderen Abschlussbestandteile. Danach soll sich der Abschlussadressat ein **zutreffendes Bild** verschaffen können. Dazu sind neben dem Grundsatz der Klarheit und Übersichtlichkeit die Vollständigkeit, Wahrheitspflicht, Wesentlichkeit und Darstellungsstetigkeit zu beachten.[7] Eine Aufstellung in deutscher Sprache und in Euro gem. § 298 Abs. 1 i.V.m. § 244 HGB ist verpflichtend. Fehlanzeigen sind im Konzernanhang gem. § 298 Abs. 1 i.V.m. § 265 Abs. 1 HGB zu unterlassen.

## 1.3 Anwendungsbereich

### 1.3.1 Persönlicher Anwendungsbereich

Der Konzernanhang ist bei **KapG** und bei **PersG** i.S.d. § 264a HGB, die der Konzernrechnungslegungspflicht des § 290 HGB unterliegen und bei denen keine Befreiungsgründe vorliegen (§ 290 Rz 16ff.), innerhalb von 5 Monaten nach Ablauf des Konzern-Gj aufzustellen.[8] Bei KM-orientierten KapG gem. § 264d HGB (§ 264d Rz 1ff.) reduziert sich die Frist um einen Monat auf 4 Monate. Maßgeblich ist der Zeitpunkt der Einreichung der Unterlagen.

**Befreiungsmöglichkeiten** ergeben sich aus der größenabhängigen Befreiung nach § 293 HGB sowie aus einer Befreiung durch übergeordnete KA nach §§ 291 und 292 HGB. Die befreiende Wirkung nach § 291 Abs. 2 Nr. 2 HGB bzw. § 292 Abs. 1 Satz 1 HGB ist dabei an einen den Vorschriften der 7. EG-RL entsprechenden KA oder einen gleichwertigen informativen Abschluss geknüpft. Ein entsprechender Konzernanhang oder vergleichbare Erläuterungen in dem übergeordneten KA werden vorausgesetzt.

Eine **weitere Befreiung von der Aufstellungspflicht** eines KA nach HGB ergibt sich aus der Anwendung der internationalen Rechnungslegungsstandards. Nach § 315a HGB haben deutsche MU, deren Wertpapiere in einem EU-Mitgliedstaat zum Handel zugelassen sind, nach Art. 4 der IAS-VO ihren KA verpflichtend nach den **IFRS** aufzustellen. Unt, die die Zulassung eines Wertpapiers zum Handel an einem organisierten Markt beantragt haben, sind ebenfalls zur Anwendung der IFRS gem. § 315a Abs. 2 HGB verpflichtet. Zur Sicherung des Informationsgehalts von Angaben über die IFRS hinaus regelt § 315a HGB, welche HGB-Vorschriften

---

[6] Vgl. TransPuG v. 19.7.2002, BGBl 2002 I S. 2681.
[7] Vgl. *Fülbier/Pellens*, in MünchKomm. HGB, 3. Aufl., § 313 Rn 22.
[8] Vgl. WP-Handbuch, Bd. I, 14. Aufl., Abschn. M, Rz 681.

zusätzlich zu befolgen sind. Nicht KM-orientierten MU ist es nach § 315a Abs. 3 HGB gestattet, freiwillig die IFRS für die Aufstellung des KA anzuwenden.

9 Angabepflichten im Konzernanhang ergeben sich rechtsformunabhängig auch aus § 11 PublG, sofern das MU die Voraussetzungen nach § 11 Abs. 1 PublG erfüllt.

10 **Branchenbezogene Erleichterungen** existieren gem. § 340i Abs. 2 Satz 2 HGB für Kreditinstitute und gem. § 341j Abs. 1 Satz 2 HGB für VersicherungsUnt, wobei branchenspezifische Angabepflichten zu beachten sind.

### 1.3.2 Zeitlicher Anwendungsbereich

11 Beteiligungen an großen Unt durch börsennotierte Unt (§ 313 Abs. 2 Nr. 4 Satz 2; Rz 106) unterliegen durch das KapCoRiLiG[9] erweiterten Angabepflichten für nach dem 31.12.1998 beginnende Gj (Art. 48 Abs. 1 Satz 2 EGHGB).

12 KA sind durch das EuroEG[10] für nach dem 31.12.1998 endende Gj verpflichtend in Euro zu erstellen.

13 Für nach dem 31.12.2003 beginnende Gj sind Angaben zu den derivativen Finanzinstrumenten und zu den zu Finanzanlagen gehörenden Finanzinstrumenten nach § 314 Abs. 1 Nr. 10 und 11 HGB gem. Art. 58 Abs. 2 EGHGB erstmals in den Konzernanhang aufzunehmen.

14 Für nach dem 31.12.2004 beginnende Gj sind nach Art. 58 Abs. 3 EGHGB Angaben des Honorars für den Abschlussprüfer des KA gem. § 314 Abs. 1 Nr. 9 HGB in den Konzernanhang aufzunehmen.

15 § 314 Abs. 1 Nr. 6 Buchst. a HGB wurde mit dem Vorstandsvergütungs-Offenlegungsgesetz[11] neu gefasst. Demnach sind umfangreiche Angaben zu Vorstandsgehältern von Vorständen börsennotierter AG im KA für nach dem 31.12.2005 beginnende Gj aufzunehmen. Ausnahmen sind gem. § 286 Abs. 5 HGB möglich. In diesem Fall kann eine Veröffentlichung für maximal 5 Jahre unterbleiben, soweit die HV mit drei Viertel-Mehrheit, bezogen auf das vertretene Grundkapital, dies beschließt (§ 314 Rz 34).

16 Die Vorschriften für den Konzernanhang sind mit dem TUG[12] auch für den verkürzten Halbjahres-KA gem. § 37w i.V.m. § 37y WpHG ab dem Gj 2007 relevant, sofern Unt die Voraussetzungen des § 2 Abs. 1 Satz 1 WpHG erfüllen.

### 1.4 Normenzusammenhänge

17 Grundlage der Aufstellung des Konzernanhangs ist § 297 HGB bzw. § 11 PublG. Größenabhängige Erleichterungen bestehen für den Konzernanhang nicht. Gleiches gilt bzgl. Erleichterungen hinsichtlich der Offenlegung. Auch hier ist vollumfänglich zu berichten.

18 Die in § 313 Abs. 2 und 3 HGB geforderten Angaben haben Unt, die von der befreienden Regelung des § 315a HGB Gebrauch machen und ihren KA nach den IFRS gem. der jeweils geltenden Fassung der VO (EG) Nr. 1606/2002 des Europäischen Parlaments und des Rates vom 19.7.2002 erstellen, zu machen (§ 315a Rz 16).

---

[9] KapCoRiLiG v. 24.2.2000, BGBl 2000 I S. 154.
[10] EuroEG v. 9.6.1998, BGBl 1998 I S. 1242.
[11] VorstOG v. 3.8.2005, BGBl 2005 I S. 2267.
[12] Transparenzrichtlinie-Umsetzungsgesetz v. 5.1.2007, BGBl 2007 I S. 10.

## 2 Inhalte des Konzernanhangs (Abs. 1 Satz 1)

### 2.1 Anforderungen, Form und Umfang

§ 313 HGB unterscheidet hinsichtlich der im Konzernanhang aufzunehmenden Informationen nach dem Informationsgehalt. Es werden sowohl qualitative als auch quantitative Informationen gefordert. Zu den qualitativen Informationen gehören stets **Angaben** und **Darstellungen**. Sie sind als grundlegende Anforderungen an die Berichterstattung i. S. v. „Angabe aufnehmen" zu verstehen. Darstellungen können allerdings auch einen qualitativen Charakter haben. **Begründungen** und **Erläuterungen** sind über die bloße Angabe hinausgehende weitere Informationen, die eher einen qualitativen Charakter haben.[13]

Der Konzernanhang ist ein eigenständiger Bestandteil des KA und als solcher **deutlich zu kennzeichnen**. Eine Platzierung von Informationen außerhalb des Konzernanhangs ist lediglich für ausgewählte Angaben zu Positionen der Konzernbilanz und Konzern-GuV sowie bei kapitalmarktorientierten Konzernen auch in Konzern-KFR, Konzern-EK-Spiegel und Konzern-SegmBer möglich. Eine Vermischung mit anderen Bestandteilen des KA ist zu unterlassen, um einer Verwässerung von Angaben und damit einer Verschlechterung des Informationsgehalts vorzubeugen. Hiervon unberücksichtigt sind Ausweiswahlrechte nach § 37w Abs. 4 Satz 2 WpHG, § 315 Abs. 2 Nr. 4 HGB i. V. m. § 314 Abs. 1 Nr. 6a HGB und § 315 Abs. 4 HGB.

Da der Konzernanhang ein eigenständiger Bestandteil des KA ist, ist er eigenständig zu entwickeln.[14] Eine explizite Nennung der Möglichkeit der Zusammenfassung von Prüfungsbericht und BSV ist mit dem BilReG[15] aus dem Gesetz gestrichen worden.

Werden KA und JA des MU gemeinsam offengelegt, dürfen nach § 298 Abs. 3 HGB der Konzernanhang und der Anhang des MU zusammengefasst werden (§ 298 Rz 79 ff.). Sinn und Zweck ist die Vermeidung von Wiederholungen und Doppelangaben. Bei der **Zusammenfassung** ist zu beachten, dass Sachverhalte, die ausschließlich den **KA** oder den **JA** betreffen, entsprechend kenntlich gemacht werden. Quantitative Angaben (z. B. Beträge, Anzahl der Mitarbeiter etc.) müssen eindeutig zuordenbar sein. Auch zusammengefasste Anhänge unterliegen den gleichen allgemeinen Formvorschriften wie der Konzernanhang.

Es gelten die **allgemeinen Formvorschriften** für die Erstellung des Konzernanhangs. Demnach ist

- der Konzernanhang nach § 298 Abs. 1 HGB i. V. m. § 244 HGB in deutscher Sprache und in Euro aufzustellen,
- die Angabe von Fehlanzeigen und Leerposten nicht erforderlich,
- auch für den Konzernanhang das Stetigkeitsprinzip zu beachten.

Eine Angabe von **Vorjahreszahlen** als Vergleichszahlen im Konzernanhang ist nicht zwingend, da nicht vorgeschrieben. Angabepflichten von Vorjahreszahlen

---

[13] Vgl. *ADS*, 6. Aufl., § 313 HGB, Rz 24.
[14] Vgl. *Fülbier/Pellens*, in MünchKomm. HGB, 3. Aufl., § 313 Rn 3.
[15] Gesetz zur Einführung internationaler Rechnungslegungsstandards und zur Sicherung der Qualität der Abschlussprüfung (Bilanzrechtsreformgesetz) v. 4.12.2004, BGBl 2004 I S. 316.

können sich aber durch andere Normen ergeben. IDW RS HFA 44[16] empfiehlt zusätzlich die Angabe von Vorjahreszahlen bei Änderungen im KonsK.

25 Der Konzernanhang unterliegt **keiner Gliederungspflicht.** Basierend auf dem Grundsatz einer Vermittlung eines zutreffenden Bildes der Lage des Konzerns ist eine Gliederung nach sachlichen, logischen und zweckmäßigen Kriterien geboten. Informationen sind entsprechend zusammenzufassen.[17] In der Praxis hat sich das folgende Gliederungsschema herausgebildet:
1. Allgemeine Informationen zu den Grundsätzen des KA.
2. Informationen zur Konsolidierung, zum KonsKreis sowie zu Konsolidierungsmethoden.
3. Allgemeine Informationen zu den Bilanzierungs- und Bewertungsmethoden und zur Währungsumrechnung (Rz 44 ff., Rz 54 ff.).
4. Erläuterungen zu den Posten von Konzernbilanz und Konzern-GuV, Konzern-KFR, Konzern-EK-Spiegel und Konzern-SegmBer hinsichtlich Bilanzierung und Bewertung (Rz 40 ff.).
5. Wahlpflichtangaben, die nicht in den Rechenwerken der Konzernbilanz und der Konzern-GuV, der Konzern-KFR, dem Konzern-EK-Spiegel und der Konzern-SegmBer erfolgt sind (Rz 35 ff.).
6. Erläuterungen zur Konzern-KFR, zum Konzern-EK-Spiegel zur und Konzern-SegmBer.
7. Sonstige Informationen des Konzernanhangs (Rz 108 ff.).

## 2.2 Angaben zu den Posten des Konzernabschlusses

26 Der Konzernanhang hat alle Angaben zu enthalten, die für die einzelnen Posten der Konzernbilanz und Konzern-GuV notwendig sind oder gem. einem Wahlrecht nicht in den übrigen Rechnungen ausgewiesen werden.

27 Aus der Rechtssystematik folgt, dass im Konzernanhang notwendige Angaben der anderen Teile des KA (KFR, Konzern-EK-Spiegel und SegmBer) erfolgen müssen. Die Pflichtangaben ergeben sich dabei aus den Empfehlungen des DSR, die vom BMJ unter der Vermutung, dass eine Beachtung dieser Regelungen nicht zu GoB-Verstößen führen kann, veröffentlicht werden.

### 2.2.1 Pflichtangaben

28 Die im Folgenden dargestellten Informationen **sind pflichtgemäß** im KA anzugeben.[18] Der Konzernanhang muss die nachfolgenden, nach dem Vorschlag zur Anhangstrukturierung gegliederten Pflichtangaben enthalten. Außerdem können die unter Rz 35 ff. aufgeführten Wahlpflichtangaben notwendig sein.[19] Die Aufstellung ist ergänzt um die für kapitalmarktorientierte Unt aufgrund der **Regelungen des DSR** erforderlichen weiteren Angaben sowie um die Angaben, die sich für börsennotierte Unt aufgrund **des DCGK** ergeben.

29 Sofern TU – seien es KapG oder PersG – von Angabepflichten nach §§ 264 ff. HGB gem. § 264 Abs. 3 HGB bzw. § 264b Nr. 3 HGB (§ 264 Rz 92 ff. bzw. § 264b

---
16 Vgl. IDW RS HFA 44, FN-IDW 1/2012, S. 32 ff.
17 Vgl. *Armeloh*, in *Baetge/Kirchhoff*, S. 214.
18 Vgl. *Fülbier/Pellens*, in MünchKomm. HGB, 3. Aufl., § 313 Rn 34.
19 Vgl. insb. *Fülbier/Pellens*, in MünchKomm. HGB, 3. Aufl., § 313 Rn 32–34; WP-Handbuch, Bd. I, 14. Aufl., Abschn. M, Rz 685.

Rz 28 f.) befreit sind, sind entsprechende Angaben über die Befreiung in den Konzernanhang aufzunehmen. Gleiches gilt für die Nichteinbeziehung von TU nach § 296 Abs. 3 HGB (§ 296 Rz 47 ff.).

Ändern sich Konsolidierungsgrundsätze und -methoden gegenüber den angewandten Grundsätzen und Methoden der Vj., sind entsprechende Angaben und Begründungen im Konzernanhang vorzunehmen. Explizit sind Angaben und Begründungen vorzunehmen für: **30**
- Abweichungen von den Konsolidierungsmethoden des Vj. (§ 297 Rz 102 ff.),
- Einfluss von Abweichungen von den Vorjahreskonsolidierungsmethoden auf die VFE-Lage des Konzerns,
- Abweichung des Konzernabschlussstichtags vom Abschlussstichtag des MU (§ 299 Rz 6),
- Beibehaltung von Bilanzansätzen von Kreditinstituten oder Versicherungs-Unt im KA (§ 300 Rz 36).

**Darüber hinaus** sind folgende Angaben zur Kons. vorzunehmen: **31**
- Angabe der Methoden der KapKons (§ 301 Rz 7),
- Angabe der Unterlassung der Eliminierung von Zwischenergebnissen bei marktüblichen Lieferungs- und Leistungsverrechnungen sowie unverhältnismäßig hohem Aufwand und Erläuterung eines wesentlichen daraus resultierenden Einflusses auf die VFE-Lage des Konzerns (§ 304 Rz 8),
- Angabe und Begründung bei Abweichungen der Konzernbewertungsmethoden von den Bewertungsmethoden im JA des MU (§ 308 Rz 32 ff.),
- Hinweis auf die Beibehaltung von Wertansätzen von Kreditinstituten oder VersicherungsUnt im KA (§ 308 Rz 42 ff.),
- Angabe und Begründung von Abweichungen von der einheitlichen Bewertung (§ 308 Rz 32 ff.),
- Angabe und Begründung von Abweichungen von den auf den vorhergehenden KA angewandten Methoden der anteilmäßigen Kons. (§ 310 Rz 16),
- Angabe des Einflusses dieser Abweichungen auf die VFE-Lage des Konzerns (§ 310 Rz 16),
- Angabe und Begründung der Abweichung des Stichtags des quotal konsolidierten Unt vom Stichtag des MU,
- Erläuterung des sich aus der KapKons ergebenden Unterschiedsbetrags (GoF bzw. negativer Unterschiedsbetrag aus der KapKons) und Erläuterung wesentlicher Änderungen dieses Postens gegenüber dem Vorjahr (§ 301 Rz 11),
- Angabe des Verzichts auf die Eliminierung von Zwischenergebnissen nach § 304 Abs. 2 Satz 1 HGB und Erläuterung eines daraus resultierenden Einflusses auf die VFE-Lage des Konzerns, soweit wesentlich (§ 304 Rz 8),
- Angabe und Begründung von Abweichungen von den auf den JA des MU angewandten Bewertungsmethoden im KA (§ 308 Rz 32 ff.),
- Hinweis auf die Beibehaltung von Wertansätzen von quotal konsolidierten Kreditinstituten oder VersicherungsUnt im KA,
- Angabe und Begründung von Abweichungen von den einheitlichen Bewertungsmethoden bei Quotenkons,
- Angabe des Unterschiedsbetrags zwischen dem Buchwert und dem anteiligen EK des assoziierten Unt sowie des enthaltenen GoF oder des passiven Unterschiedsbetrags (§ 312 Rz 5),

- Angabe der Unterlassung von Bewertungsanpassungen bei assoziierten Unt (§ 312 Rz 9),
- Angabe des Verzichts auf die Eliminierung von Zwischenergebnissen nach § 304 Abs. 2 Satz 1 HGB bei der Einbeziehung von assoziierten Unt und Erläuterung eines daraus resultierenden Einflusses auf die VFE-Lage des Konzerns, soweit wesentlich,
- Angabe im Jahr des Erwerbs des Namens des erworbenen Unt und Beschreibung des erworbenen Unt nach DRS 4.[20]

32 Zu den Pflichtangaben gehören die Grundlagen der Währungsumrechnung (Rz 54 ff.).

33 **Angaben zur Konzernbilanz**
- Angabe der angewandten Bilanzierungs- und Bewertungsmethoden bei der Konzernbilanz und Konzern-GuV (Rz 44 ff.),
- Angabe und Begründung von Abweichungen von Bilanzierungs-, Bewertungs- und Konsolidierungsmethoden und gesonderte Darstellung von deren Einfluss auf die VFE-Lage des Konzerns (Rz 64 ff.),
- Anwendungsverbot des § 313 Abs. 1 Nr. 3 nach Art. 67 Abs. 8 EGHGB, sofern sich die Darstellung oder die Bewertungsmethoden durch die Anwendung des BilMoG ändern. Vorjahreswerte brauchen nicht angepasst zu werden. Im Konzernanhang ist darauf hinzuweisen,
- darüber hinaus sind Angaben nach DRS 13 zu beachten.

34 **Angaben zur Konzern-GuV**
- zusätzliche Angaben bei Nichtentsprechung der Vermittlung eines den tatsächlichen Verhältnissen entsprechenden Bildes des KA wegen besonderer Umstände (§ 297 Rz 83 ff.),
- Angabe und Begründung von Darstellungs- und Gliederungsabweichungen in Konzernbilanz oder Konzern-GuV im Vergleich zum Vj.,
- Angabe und Erläuterung der Vorjahreszahlen in Konzernbilanz oder Konzern-GuV, sofern diese nicht vergleichbar sind (§ 265 Rz 10 ff.),
- Angabe und Erläuterung der Anpassungen von Vorjahreszahlen in Konzernbilanz und Konzern-GuV für Vergleichszwecke (§ 265 Rz 13),
- Angabe und Begründung der Ergänzung des KA nach der für die anderen Geschäftszweige vorgeschriebenen Gliederung (§ 265 Rz 19),
- gesonderter Ausweis der Einzelposten, falls zur Erhöhung der Darstellungsklarheit in Konzernbilanz oder Konzern-GuV Posten zusammengefasst ausgewiesen werden,
- Erläuterung von Posten in den sonstigen VG, die erst nach dem Abschlussstichtag rechtlich entstehen, soweit sie einen größeren Umfang haben (§ 268 Rz 57 ff.),
- Erläuterung von Posten in den Verbindlichkeiten, die erst nach dem Abschlussstichtag rechtlich entstehen, soweit sie einen größeren Umfang haben (§ 268 Rz 69 f.),
- Erläuterung eines aktivierten Postens zur Steuerabgrenzung (§ 285 Rz 173 f.),

---

[20] DRS 4 ist von MU, die nach § 292a HGB oder § 315a HGB einen KA nach international anerkannten Normen aufstellen, letztmals in dem Gj zu beachten, das am oder nach dem 31.12.2004 endet.

- Erläuterung der außerordentlichen Erträge und Aufwendungen hinsichtlich Betrag und Art, soweit nicht von untergeordneter Bedeutung für die Ertragslage (§ 277 Rz 26 ff.),
- Erläuterung der periodenfremden Erträge und Aufwendungen hinsichtlich Betrag und Art, soweit nicht von untergeordneter Bedeutung für die Ertragslage (§ 277 Rz 31 ff.),
- zusätzliche Angaben, bei Nichtvermittlung eines den tatsächlichen Verhältnissen entsprechenden Bildes des KA wegen besonderer Umstände (§ 297 Rz 80 ff.),
- Angabe des Gesamtbetrags der Konzernverbindlichkeiten mit einer Restlaufzeit von mehr als 5 Jahren und der gesicherten Konzernverbindlichkeiten unter Angabe von Art und Form der Sicherheiten (§ 314 Rz 5 ff.),
- Art und Zweck sowie Risiken und Vorteile von nicht in der Konzernbilanz enthaltenen Geschäften des MU und der in den KA einbezogenen TU, soweit dies für die Beurteilung der Finanzlage des Konzerns notwendig ist (§ 314 Rz 9 ff.),[21]
- Gesamtbetrag der sonstigen finanziellen Verpflichtungen, die nicht in der Konzernbilanz enthalten und nicht nach § 298 Abs. 1 i.V.m. § 251 HGB oder nach Nr. 2 anzugeben sind, sofern diese Angabe für die Beurteilung der Finanzlage des Konzerns von Bedeutung ist,[22] davon und von den Haftungsverhältnissen nach § 251 HGB sind Verpflichtungen gegenüber TU, die nicht in den KA einbezogen werden, jeweils gesondert anzugeben (§ 314 Rz 12 ff.),
- Aufgliederung der Umsatzerlöse des Konzerns nach Tätigkeitsbereichen sowie nach geografisch bestimmten Märkten (§ 314 Rz 16 ff.); entfällt bei freiwilliger Erstellung einer SegmBer gem. § 297 Abs. 1 Satz 2 HGB,
- Angabe des aus den Ansatzwahlrechten resultierenden Fehlbetrags bei den Rückstellungen für laufende Pensionen, Anwartschaften auf Pensionen und ähnliche Verpflichtungen im Konzern nach Art. 28 Abs. 2 EGHGB,
- Angabe des Fehlbetrags aus der Umstellung der Bewertung der Rückstellungen für laufende Pensionen, Anwartschaften auf Pensionen und ähnliche Verpflichtungen im Konzern auf das BilMoG nach Art. 67 Abs. 2 EGHGB,[23]
- hinsichtlich weiterer Angaben im Konzernanhang sind DRS 4.57–58,[24] DRS 8.47–49, DRS 9.23–24, DRS 10.39–40, 46,[25] DRS 12.24, 28–31,[26] zu beachten.

---

[21] Neuregelung durch das BilMoG; erstmalige Anwendung im Gj, das nach dem 31.12.2008 beginnt.
[22] Neuregelung durch das BilMoG; erstmalige Anwendung im Gj, das nach dem 31.12.2008 beginnt.
[23] Die Erfassung der Bewertungsdifferenz darf bis zum 31.12.2024 mit Zuführungen von mindestens 1/15 pro Gj erfolgen. Erstmalige Anwendung im Gj, das nach dem 31.12.2009 beginnt, ggf. freiwillig auch schon ein Jahr früher.
[24] Der DRS 4 ist von MU, die nach § 292a HGB oder § 315a HGB einen KA nach international anerkannten Normen aufstellen, letztmals in dem Gj zu beachten, das am oder nach dem 31.12.2004 endet.
[25] Der DRS 10 ist von MU, die nach § 292a HGB oder § 315a HGB einen KA nach international anerkannten Normen aufstellen, letztmals in dem Gj zu beachten, das am oder nach dem 31.12.2004 endet.
[26] Der DRS 12 ist von MU, die nach § 292a HGB oder § 315a HGB einen KA nach international anerkannten Normen aufstellen, letztmals in dem Gj zu beachten, das am oder nach dem 31.12.2004 endet.

### 2.2.2 Wahlpflichtangaben

**35** Für Wahlpflichtangaben besteht **bezüglich des Orts** der Angabe **ein Wahlrecht**, sodass eine Nennung auch im Rahmen der Konzernbilanz oder Konzern-GuV (bzw. in der Konzern-KFR, der Konzern-EK-Spiegel oder dem Konzern-SegmBer) erfolgen kann. Eine konkrete Ausgestaltungsempfehlung kann nur insoweit erfolgen, als stets auf die Klarheit und Übersichtlichkeit der Darstellung abzustellen ist.

**36** Allgemeine Wahlpflichtangaben
- Angaben zur Ermöglichung der Herstellung der Vergleichbarkeit aufeinanderfolgender Abschlüsse trotz wesentlicher Änderung des KonsKreis (§ 294 Rz 25 f.),
- Angaben zu VG und Schulden, die unter mehrere Posten der Bilanz fallen (§ 265 Rz 14 ff.),
- gesonderte Angabe des Gewinn- oder Verlustvortrags, wenn die Konzernbilanz unter Berücksichtigung der teilweisen Verwendung des Jahresergebnisses aufgestellt wird und der Gewinn-/Verlustvortrag in den Konzernbilanzgewinn/-verlust einbezogen ist (§ 268 Rz 8 ff.),
- Darstellung des Bruttoanlagespiegels (§ 268 Rz 13 ff.),
- Angabe der Abschreibungen des Gj (§ 268 Rz 26 ff.),
- gesonderter Ausweis eines aktivierten Disagios (§ 268 Rz 71 ff.),
- gesonderte Angabe der in § 251 HGB bezeichneten einzelnen Gruppen der Haftungsverhältnisse unter Angabe der gewährten Pfandrechte und sonstigen Sicherheiten (§ 268 Rz 74 ff.),
- gesonderte Angabe der Haftungsverhältnisse gegenüber nicht einbezogenen verbundenen Unt nach einzelnen Gruppen (§ 268 Rz 79 f.),
- Angabe von außerplanmäßigen Abschreibungen im AV nach § 253 Abs. 3 Satz 3 HGB,
- Angabe von Vorgängen von besonderer Bedeutung im Zeitraum zwischen Abschlussstichtag und Konzernabschlussstichtag bei Einbeziehung von Unt mit einem abweichenden Abschlussstichtag (§ 299 Rz 25),
- gesonderte Angabe des aktiven oder passiven Steuerabgrenzungspostens oder Zusammenfassung mit Posten nach § 274 HGB (§ 306 Rz 28),
- Angabe von Vorgängen von besonderer Bedeutung im Zeitraum zwischen Abschlussstichtag und Konzernabschlussstichtag bei quotaler Einbeziehung von Unt mit einem abweichenden Abschlussstichtag,
- Angabe des Unterschiedsbetrags (ab 2010: sowie des darin enthaltenen GoF) bei erstmaliger Anwendung der Buchwertmethode bei der Einbeziehung von assoziierten Unt (§ 312 Rz 45 ff.),
- Angabe des Personalaufwands des Gj (bei Anwendung des UKV, § 314 Rz 26).

**37** Die Angabepflichten zur **Konzern-KFR**, zum **Konzern-EK-Spiegel** und zur **Konzern-SegmBer** gelten für Gj, die nach dem 31.12.2005 beginnen, und für alle Unt, die einen KA nach § 290 HGB zu erstellen haben, sowie für gleichgestellte Unt gem. § 264a HGB. Unt, die gem. § 315a HGB einen KA nach international anerkannten Rechnungslegungsstandards erstellen, sind von den Angabepflichten befreit.
- Die Angabeempfehlungen zur Konzern-KFR ergeben sich aus den Regelungen des DRS 2.51–53.
- Die Angabeempfehlungen zum Konzern-EK-Spiegel ergeben sich aus den Regelungen des DRS 7.15–16.

- Die Angabeempfehlungen zur Konzern-SegmBer ergeben sich aus den Regelungen des DRS 3.25–28 sowie DRS 3.37–48.

**Sonstige Wahlpflichtangaben** im Konzernanhang sind: 38
- Angaben über in den KA einbezogene Unt (Rz 84),
- Angaben über die nicht einbezogenen TU,
- Angaben über die assoziierten Unt (Rz 90),
- Angabe und Begründung bei Inanspruchnahme der Ausnahmeregelungen für assoziierte Unt von untergeordneter Bedeutung (§ 311 Abs. 2; Rz 44),
- Angaben über anteilmäßig einbezogene Unt (Rz 97 ff.),
- Angaben über weitere im Konzernanteilsbesitz stehende Unt (Rz 101 ff.),
- Angabe über die Anwendung der Ausnahmeregelung bei Weglassen von Angaben über im Konzernanteilsbesitz stehende Unt,
- Angaben nach DRS 8 Rz 51 über den Namen und Sitz jedes assoziierten Unt sowie die jeweiligen Anteile am Kapital und an den Stimmrechten sowie Anzahl der assoziierten Unt, die wegen Unwesentlichkeit nicht nach der *Equity*-Methode bilanziert werden.

Neben diesen Wahlpflichtangaben sind auch die Anhangangaben nach § 314 HGB zwingender Bestandteil des Konzernanhangs (§ 314 Rz 5 ff.).

Zu den sonstigen Wahlpflichtangaben im Konzernanhang **börsennotierter Unt** 39
gehören Vergütungsangaben nach DCGK Rz 4.2.4 und Rz 5.4.7, Beteiligungsangaben nach DCGK Rz 7.1.4 und Angaben zu nahe stehenden Personen nach DRS 11.7, DRS 11.11–12 und DCGK Rz 7.1.5. Obwohl nur für KM-orientierte Unt verpflichtend, wird die freiwillige Anwendung für alle übrigen Unt empfohlen.

**Weitere Angaben bzw. Erleichterungen** können sich aus Einzelvorschriften des 40
HGB oder anderen Gesetzen ergeben. Hier ist das Vollständigkeitsgebot zu beachten, das auch für den Anhang gilt.

Sofern Wahlpflichtangaben aus anderen Teilen des KA in den Konzernanhang 41
verlagert werden, besteht die Gefahr des Verwaschens und Auseinanderreißens relevanter Angaben. Daher ist es geboten, durch das Einfügen von Verweisnummern in allen Teilen des KA die Nachvollziehbarkeit zu gewährleisten.

### 2.2.3 Freiwillige Angaben

Der verkürzte Konzernanhang im Rahmen der unterjährigen Berichterstattung 42
gem. § 37w i.V.m. § 37y WpHG von MU, die als Inlandsemittenten Aktien oder Schuldtitel i.S.d. § 2 Abs. 1 Satz 1 WpHG begeben, muss grds. den gleichen Rechnungslegungsgrundsätzen genügen wie der JA.

Aufgrund der verkürzten Bilanz und GuV mit den wesentlichen Gliederungs- 43
positionen nach DRS 16 reduzieren sich somit auch die Anhangangaben. Das Weglassen einzelner Positionen kann im Konzernanhang des Zwischenberichts nicht durch zusätzliche Angaben kompensiert werden. Wesentliche Änderungen von Positionen sind so zu beschreiben, dass ein angemessenes Verständnis des Zahlenmaterials und der Entwicklung des Konzerns in der Zwischenberichtsperiode ermöglicht wird.

## 3 Angaben zu Bilanzierungs- und Bewertungsmethoden (Abs. 1 Satz 2 Nr. 1)

### 3.1 Bilanzierungs- und Bewertungsmethoden

44 Analog zum Einzelabschluss nach § 284 Abs. 2 Nr. 1 HGB (§ 284 Rz 23 ff.) **sind** für den KA die angewandten **Bilanzierungs- und Bewertungsmethoden** für Posten der Konzernbilanz und Konzern-GuV **anzugeben**. Im Vordergrund stehen nicht betragsmäßige Angaben, sondern die verbale Nennung der allgemeinen Rechnungslegungsgrundsätze, der angewandten Methoden und ausgeübten Wahlrechte für die Erstellung des KA. Wie in JA sind die einzelnen angewandten Bilanzierungs- und Bewertungsmethoden anzugeben. Ein allgemeiner Verweis auf einheitlich angewandte Bilanzierungs- und Bewertungsmethoden reicht nicht aus.

45 Wird gem. § 298 Abs. 3 HGB der Konzernanhang mit dem Anhang des JA des MU zusammengefasst, so ist ein **Verweis** auf die entsprechenden Anhangangaben des Einzelabschlusses bei gleicher Methodenanwendung möglich. Aus dem zusammengefassten Anhang muss deutlich hervorgehen, welche Angaben sich auf den Konzern und welche sich nur auf das MU beziehen. Insofern sind die konzernspezifischen Methoden gesondert anzugeben. Dies ergibt sich auch aus § 313 Abs. 1 Satz 2 Nr. 3 HGB, da neben den Bilanzierungs- und Bewertungsmethoden auch über die Konsolidierungsmethoden zu berichten ist.

46 Die angewandten Bilanzierungs- und Bewertungsmethoden erstrecken sich auf alle Bestandteile des KA, also auch auf die Konzern-KFR, den Konzern-EK-Spiegel und die Konzern-SegmBer. Zu beachten sind die Gestaltungswahlrechte nach DRS 2 und 3. Ein Verweis auf diese Standards reicht alleine nicht aus. Beim EK-Spiegel können die entsprechenden Erläuterungen an den jeweiligen Stellen direkt vorgenommen werden.

47 Im Rahmen von Zwischenberichten sind gem. DRS 16.31 nur die übereinstimmende Anwendung der Bilanzierungs- und Bewertungsmethoden wie auch im KA zu bestätigen oder bei wesentlichen Abweichungen diese in Art und betragsmäßigen Auswirkungen zu beschreiben.

### 3.2 Konsolidierungsmethoden

48 Unter Konsolidierungsmethoden werden alle Methoden subsumiert, die für eine **Aufbereitung von Einzelabschlüssen** zur Erstellung eines KA verwendet werden. Die Angabe der Konsolidierungsmethoden steht im engen Zusammenhang mit den angewandten Bewertungs- und Bilanzierungsmethoden. Zu den **Pflichtangaben** gehören
- Darstellung der angewandten Methoden. Hierzu gehören auch die Schulden- und die Aufwands-/Ertragskonsolidierung,
- einheitliche Anwendung von Bilanzierungs- und Bewertungsmethoden gem. § 300 und § 308 HGB sowie Abweichungen davon,[27]
- Vorgehensweise zur Vereinheitlichung der Bilanzstichtage einbezogener Unt nach § 299 Abs. 2 und 3 HGB,

---

[27] Vgl. *Hachmeister*, in *Küting/Weber*, HdR, C 600, Rz 153 f., Stand 07/2002.

- Angaben zur Währungsumrechnung nach § 313 Abs. 1 Satz 2 Nr. 2 HGB können bereits hier erfolgen (Rz 54).

**Bisherige Angabepflichten** zur **KapKons** wurden mit dem BilMoG **ersatzlos gestrichen.** Soweit eine Nennung der Erwerbsmethode nach § 301 HGB bei der KapKons erfolgt, dient dies lediglich der Klarheit, berührt aber keine Wahlrechte. Ansonsten sind Angabepflichten nach DRS 4 zu beachten, die für Gj, die nach dem 31.12.2005 beginnen, von Unt anzuwenden sind, die nach § 290 HGB, § 264a HGB oder nach § 11 PublG zur Aufstellung eines KA verpflichtet sind. 49

Für Unt, die **erstmalig in einen KA einbezogen** oder TU wurden, **sind** nach § 301 Abs. 2 HGB Erläuterungen zu dem Zeitpunkt der erstmaligen Einbeziehung und der Werte zu diesem Zeitpunkt vorzunehmen. Durch die Neufassung des § 301 Abs. 2 HGB im Zuge des BilMoG hat die Einbeziehung in den KA nunmehr zwingend zu dem Zeitpunkt zu erfolgen, zu dem das Unt zum TU geworden ist, das MU also die Beherrschung über das TU erlangt hat. 50

Zu den **weiteren Angaben** bzgl. der Konsolidierungsmethoden, **gehören** regelmäßig Angaben zur Zwischenergebniseliminierung und die damit verbundene Behandlung latenter Steuern. Es ist besonders auf die **ausgeübten Wahlrechte** einzugehen. 51

Angabepflichten zu ausgeübten Wahlrechten bei der Anwendung der **Equity-Methode** nach § 312 HGB sind zu beachten. Zu nennen ist, ob von einer Vereinheitlichung der Bewertung abgesehen wurde (§ 312 Rz 83). Bei der **Quotenkonsolidierung** sind nach § 310 Abs. 2 HGB Angaben wie bei vollkonsolidierten Unt zu machen. Diese Berichtspflicht wird durch § 313 Abs. 2 Nr. 3 HGB darüber hinaus erweitert, da die Unt und die jeweiligen Tatsachen, aus denen sich die Anwendung des § 310 HGB ergibt, im Rahmen der Aufstellung des Anteilsbesitzes zu benennen sind. 52

Nicht explizit geregelt ist die **EndKons.**, wobei hierunter das Verlassen eines TU aus dem KonsKreis verstanden wird.[28] Die Veränderung des KonsKreises ist nach § 294 Abs. 2 HGB anzugeben (§ 294 Rz 19ff.). Darüber hinaus sind für KM-orientierte Unt Veräußerungsgewinne bzw. -verluste nach DRS 4.61 anzugeben. Empfehlenswert, aber keine Pflichtangabe ist die Angabe der Methode der Entkonsolidierung, der Behandlung erfolgsneutral verrechneter Beträge mit dem Konzern-EK sowie der Effekte aus Währungsumrechnungen, wobei diese auch separat nach § 308a HGB anzugeben sind. Nach DRS 16.31 sind diese Angaben auch in den verkürzten Konzernanhang im Rahmen der unterjährigen Berichtspflicht aufzunehmen. 53

## 4 Angaben zu Währungsumrechnungen (Abs. 1 Satz 2 Nr. 2)

Mit dem BilMoG wurde die Währungsumrechnung für JA und KA explizit im HGB geregelt. Die Umrechnung von Geschäftsvorfällen in **Fremdwährung** im JA, bisher in der Praxis durch Anwendung der GoB gehandhabt, sind nun in § 256a HGB ausdrücklich normiert. Währungsumrechnungen im KA beziehen sich auf die Umrechnung ausländischer Abschlüsse, für die nun nach § 308a 54

---

[28] Vgl. *Ammann/Müller*, Konzernbilanzierung, S. 190f.; *Baetge/Hermann*, WPg 1995, S. 225ff.

HGB die modifizierte Stichtagskursmethode anzuwenden ist. Diese ist im Anhang zu beschreiben, eine bloße Nennung aufgrund der künftig fehlenden Methodenfreiheit bei Währungsumrechnungen sollte aber hinreichend sein. Durch die Art der geforderten Angaben gehört die Währungsumrechnung konzeptionell zu den allgemeinen Bewertungs- und Bilanzierungsgrundsätzen des KA. Innerhalb der Gliederung des Konzernanhangs sollten die Angaben zu den Währungsumrechnungen an dieser Stelle vorgenommen werden (vgl. Rz 25).

55 Die **Methode der Währungsumrechnung** nach § 308a HGB sowie die geforderten Anhangangaben beziehen sich auf Bilanzen aller ausländischen Abschlüsse als Bestandteil des KA. Dies beinhaltet auch die Umrechnung **assoziierter Unt**. Sofern aufgrund des Fehlens von Informationen eine vereinfachte Währungsumrechnung erfolgt, sind hierüber Angaben im Anhang zu machen.

56 Posten ausländischer Abschlüsse, die auf EUR basieren, können bei der **Rückrechnung** in EUR zu Differenzen führen. Sofern die ursprünglichen EUR-Beträge in KA angesetzt werden, stellt dies eine Abkehr von den angewendeten und vorgeschriebenen Umrechnungsverfahren dar. Hierüber ist gesondert Bericht zu erstatten.

57 Ebenso ist eine gesonderte Berichterstattung hinsichtlich der Methode bei Umrechnungen des JA bei Unt aus **Hochinflationsländern** vorzunehmen.

58 Der **Ausweis** der erfolgsneutral verrechneten Währungsumrechnungsdifferenz im KA ist innerhalb des EK vorzunehmen. Es ist ein eigener Unterposten „Eigenkapitaldifferenz aus Währungsumrechnung" nach den Rücklagen auszuweisen.

59 Zu den notwendigen Angaben gehören sämtliche **Umrechnungsgrundsätze**. Bestandteile der Umrechnungsgrundsätze sind
- Umrechnungsmethode
- Umrechnungskurs
- Stichtagsprinzip
- Behandlung von Umrechnungsdifferenzen

60 Zu den Grundlagen der Umrechnung in Euro gehört auch die Wahl des **Umrechnungskurses**. § 308a HGB fordert die Verwendung des Devisenkassamittelkurses für die Bilanz (mit Ausnahme des EK, das zum historischen Kurs umzurechnen ist) und einen Durchschnittskurs für die GuV. Hier ist die Angabe der Ermittlung des Durchschnittskurses nebst den zugrunde liegenden Kassakursen erforderlich.

61 Die Durchführung der Währungsumrechnung zum Bilanzstichtag erfordert einen Verweis auf das Stichtagsprinzip.

62 Durch die erfolgsneutrale Verrechnung von **Währungsumrechnungsdifferenzen** im EK ist eine Angabe des Differenzbetrags notwendig, um den Einfluss der Währungsumrechnung auf den KA darzustellen. Bei wesentlichen Wechselkursänderungen ist über die Auswirkungen auf das EK und das Jahresergebnis zu berichten.[29]

63 Durch DRÄS 4 Art. 11 wurde DRS 14 außer Kraft gesetzt. Begründet wird dies mit der Aufnahme der Umrechnung von Fremdwährungsgeschäften in das HGB durch das BilMoG. Gleichwohl bleibt der Berichtsumfang aufgrund der angewendeten Umrechnungsmethoden erhalten, sodass für den Konzernanhang nur marginale Änderungen vorzunehmen sind.

---

[29] Vgl. *Fülbier/Pellens*, in MünchKomm. HGB, 3. Aufl., § 313 Rn 55.

## 5 Angaben und Begründungen zu Abweichungen von Bilanzierungs-, Bewertungs- und Konsolidierungsmethoden (Abs. 1 Satz 2 Nr. 3)

### 5.1 Allgemeines

Liegen Abweichungen von Bilanzierungs- und Bewertungsmethoden sowie von Konsolidierungsmethoden vor, ist analog § 284 Abs. 2 Nr. 3 HGB nach § 313 Abs. 1 Satz 2 Nr. 3 HGB im Konzernanhang darüber zu berichten. Die Abweichungen sind zu erläutern und zu begründen. Ferner ist der Einfluss auf die VFE-Lage darzustellen.  64

Eine **Ausnahme** von den Berichtspflichten ist in Art. 67 Abs. 8 EGHGB geregelt. Danach braucht § 313 Abs. 1 Satz 2 Nr. 3 HGB bei dem Übergang auf die Rechnungslegung nach dem BilMoG nicht angewandt zu werden. Ebenso ist eine Anpassung der Vorjahreszahlen nicht erforderlich.  65

### 5.2 Methodenabweichungen

#### 5.2.1 Bilanzierungs- und Bewertungsmethoden

Bei einem KA können sich Abweichungen von den Bilanzierungs- und Bewertungsmethoden sowohl aus der Erstellung des KA als auch aus den zugrunde liegenden Einzelabschlüssen ergeben. Selbst die Anpassung von Methoden in Einzelabschlüssen an die Methoden des MU oder des KA lösen Berichtspflichten aus. Des Weiteren können Abweichungen bei der Vereinheitlichung der Bilanzierungs- und Bewertungsmethoden einzelner Abschlüsse von KonzernUnt zum Gesamtkonzern und aus Methodenabweichungen zwischen dem Einzelabschluss des MU und dem KA entstehen.[30]  66

Bei **Abweichungen** von Bilanzierungs- und Bewertungsmethoden ist der **Abschluss der Vorperiode** (§ 284 Rz 42 ff.) die **Vergleichsgrundlage**. Eine regelmäßig abweichende Ausübung von Bilanzierungs- und Bewertungswahlrechten ist nach § 313 Abs. 1 Satz 2 Nr. 3 HGB generell berichtspflichtig. Abweichungen vom Grundsatz der einheitlichen Bewertung sind nach § 308 Abs. 2 Satz 4 HGB anzugeben und zu begründen, da hier eine Verletzung des Stetigkeitsgrundsatzes vorliegt. **Abweichungen**, die zwischen dem **Einzelabschluss des MU und dem KA** bestehen, **sind** nach § 308 Abs. 1 Satz 3 HGB ebenfalls anzugeben und zu begründen. Eine Quantifizierung ist dagegen nicht erforderlich (§ 308 Rz 32 ff.).[31]  67

Die bisherigen Methoden und die neue angewandte Methode sind zu beschreiben. Aus der Begründung zur Anwendung der neuen Methode sollte der Grund ersichtlich sein, dass vom Stetigkeitsgrundsatz berechtigt abgewichen wurde.  68

Typische Abweichungen von Bilanzierungs- und Bewertungsmethoden im KA können z. B. resultieren aus:  69

- Nichteinbeziehung von wesentlichen TU in den KA,

---

30  Vgl. WP-Handbuch, Bd. I, 14. Aufl., Abschn. M, Rz 724.
31  Vgl. *ADS*, 6. Aufl., § 308 HGB, Rz 30.

- bewusste Abweichung von den konzerneinheitlichen Bewertungs- und Bilanzierungsmethoden bei TU in Hochinflationsländern,
- nachträglichen Neubewertungen von VG und Schulden im Rahmen von Unternehmenserwerben.

70 **Keine Abweichungen** bei regelmäßig angewandten Methoden sind wiederkehrende Wechsel im Rahmen von Bewertungsmethoden.[32] Eine allgemeine Beschreibung nach § 313 Abs. 1 Satz 2 Nr. 1 HGB ist ausreichend (Rz 44).

### 5.2.2 Konsolidierungsmethoden

71 Analog zu Änderungen bei Bilanzierungs- und Bewertungsmethoden können auch Änderungen von Konsolidierungsmethoden eine **Verletzung des Stetigkeitsgrundsatzes** bedeuten. Sie sind ebenfalls anzugeben und zu begründen, sowohl nach § 313 Abs. 1 Satz 2 Nr. 3 als auch nach § 297 Abs. 3 Sätze 4 und 5 HGB. Aus der Begründung hat der Ausnahmetatbestand hervorzugehen.[33] Ebenso sind die Auswirkungen auf die VFE-Lage anzugeben. Neben der Verletzung des Stetigkeitsgrundsatzes können sich auch Änderungen aus einer Verletzung der Einheitlichkeit ergeben, z.B. wenn abweichende Methoden auf den gleichen Sachverhalt angewandt werden.[34] Änderungen von Konsolidierungsmethoden ergeben sich auch aus dem BilMoG. Explizit ist dies in den Übergangsregelungen unter Art. 67 Abs. 5 EGHGB genannt.

72 Zu den Abweichungen von den Konsolidierungsmethoden gehören regelmäßig die folgenden Sachverhalte:
- Abweichungen vom Einheitsgrundsatz,
- abweichende Ausübungen bzw. Wechsel von Konsolidierungsmethodenwahlrechten, z.B. Wechseln von der QuotenKons zur *Equity*-Methode und umgekehrt,
- Einbeziehung von TU mit Zwischenabschlüssen in den KA,
- Einbeziehung von JA mit einer Abweichung von mehr als drei Monaten vom Bilanzstichtag des KA,
- Abweichung bei der Anwendung der modifizierten Stichtagskursmethode für die Einbeziehung ausländischer TU, z.B. durch Anwendung von Rückumrechnungen,
- Einbeziehung von JA des TU, die selbst wiederum MU sind.

73 **Ist** eine andere Konsolidierungsmethode **verpflichtend anzuwenden**, weil sich der Status einer Beteiligung geändert hat, stellt dies **keine Methodenänderung** i.S.d. § 313 Abs. 1 Satz 2 Nr. 3 HGB dar. Derartige Sachverhalte sind bei den Änderungen des KonsKreises nach § 294 Abs. 2 HGB zu beschreiben (§ 294 Rz 19 ff.).

### 5.3 Erläuterung der Auswirkungen

74 Durch die Abweichung von Bilanzierungs-, Bewertungs- oder Konsolidierungsmethoden können sich anders bewertete Posten im KA ergeben, sodass u.U. eine Vergleichbarkeit mit dem letzten KA nicht mehr gegeben ist. Folglich wird auch

---

[32] Vgl. *ADS*, 6. Aufl., § 313 HGB, Rz 80.
[33] Vgl. *Grottel*, in Beck Bil-Komm. 9. Aufl., § 313 HGB Rz 127.
[34] Vgl. *ADS*, 6. Aufl., § 313 HGB Rz 86.

kein den tatsächlichen Verhältnissen entsprechendes Bild der VFE-Lage unter Beachtung der GoB vermittelt; die Auswirkungen sind daher entsprechend zu erläutern. Eine verbale Beschreibung ist ausreichend, sofern sich daraus der Umfang der Auswirkungen ersehen lässt.[35] Gleichwohl erscheint eine genaue Vergleichbarkeit nur dann herzustellen zu sein, wenn konkrete Zahlenangaben gegeben werden.[36]

Eine **erweiterte Angabepflicht** ergibt sich aus DRS 13 (Grundsatz der Stetigkeit und Berichtigung von Fehlern). Als Konkretisierung des § 313 Abs. 1 Nr. 3 HGB sind umfangreiche Angabepflichten gefordert. DRS 13.8 sieht Änderungen von Bilanzierungs-, Bewertungs- und Konsolidierungsmethoden nur in begründeten Ausnahmefällen, wie bei Änderung der rechtlichen Gegebenheiten, Anpassung an geänderte oder neue DRS, verbesserte Darstellung der VFE-Lage sowie Anpassungen an konzerneinheitliche Bilanzierungsgrundsätze bei der erstmaligen Einbeziehung in den KA vor. Die Angabepflichten nach DRS 13 beziehen sich insb. auf die betragsmäßige und individualisierte Darstellung der Auswirkungen eines anderen Bilanzierungsgrundsatzes auf die betreffenden Bilanzposten. 75

Für die Erläuterung der Auswirkungen ist der **Wesentlichkeitsgrundsatz** zu beachten. Auswirkungen von untergeordneter Bedeutung brauchen nicht erläutert zu werden, da hierdurch der Informationsgehalt des KA nicht verzerrt wird. 76

Zu den Bilanzierungs- und Bewertungsmethoden gehören auch **Schätzungen**, wobei Schätzungen durch den DSR als Ermittlung des Wertansatzes von Abschlussposten im Fall der Unsicherheit definiert werden. Bei abweichenden Schätzungen sind nach DRS 13.30 die Auswirkungen auf die VFE-Lage betragsmäßig anzugeben und zu erläutern. Ferner sind Angaben zu den Auswirkungen auf Folgeperioden zu machen. 77

**Fehler**, die sich aus Unrichtigkeiten oder Verstößen gegen Bilanzierungsvorschriften ergeben, sind analog zu den Schätzungen zu behandeln. Im Konzernanhang sind nach DRS 13.25 Angaben über die Art des Fehlers, den Korrekturbetrag für jede anzupassende frühere Periode sowie den kumulierten Betrag bei der Korrektur von Fehlern aufzunehmen. Die Korrekturbeträge sind so zu erläutern, dass eine zuverlässige Beurteilung möglich ist (DRS 13.31). 78

## 6 Angaben zu einbezogenen Unternehmen und zum Konzernanteilsbesitz (Abs. 2)

### 6.1 Allgemeines

Ein **Pflichtbestandteil** im Konzernanhang sind **Angaben und Erläuterungen** zu in den KonsKreis **einbezogenen Unt** und **sonstige Beteiligungsbeziehungen**. Üblicherweise erfolgt dies in Form von Aufstellungen oder Listen der zum Konzern gehörenden Unt. Diese Anhangangabe ist unabhängig von Veränderungen im KonsKreis vorzunehmen. Ein Ausweiswahlrecht ist nicht vorhanden. Aufstellungen über den Anteilsbesitz können analog zu den Anhangangaben im JA des MU nach § 285 Nr. 11 HGB (§ 285 Rz 87 ff.) erfolgen. 79

---

[35] Vgl. ADS, 6. Aufl., § 313 HGB Rz 90; *Grottel*, in Beck Bil-Komm. 9. Aufl., § 313 HGB, Rz 136.
[36] Vgl. *Schülen*, BB 1994, S. 2312.

80  Es gilt das **Stichtagsprinzip**. Demnach sind alle zum Stichtag des KA in den KA einbezogenen sowie nicht einbezogenen Unt aufzuführen.

81  Die Rechtsform der Unt ist unerheblich. Auch stille Beteiligungen, Arge, GbR sowie sonstige juristische Personen können als Unt in den KonsKreis einbezogen werden, da ausschließlich auf die Unternehmenseigenschaft abgestellt wird. Gleiches gilt für den Sitz des Unt.

82  Aus dem Wesentlichkeitskriterium in § 313 Abs. 2 Nr. 4 Satz 3 HGB folgt, dass Aufstellungen zu TU, assoziierten Unt und anteilmäßig konsolidierten Unt nach § 313 Abs. 2 Nrn. 1–3 HGB vollständig zu erfolgen haben. Lediglich Unt, die unter die Vorschrift des § 313 Abs. 2 Nr. 4 Satz 3 HGB fallen, brauchen – sofern sie für die VFE-Lage von untergeordneter Bedeutung sind – nicht in die Aufstellung aufgenommen zu werden. Auch der DCGK sieht in Rz 7.1.4 die Aufnahme einer Beteiligungsliste im KA börsennotierter Unt mit Angaben zu allen Beteiligungen, die nicht von untergeordneter Bedeutung sind, vor.

Unt, die nach § 315a HGB ihren KA nach den IFRS erstellen, haben die Anforderungen des § 313 Abs. 2 HGB auch bei der Erstellung des Konzernanhangs nach IFRS/IAS zu erfüllen. Dies gilt für sämtliche Arten von Beteiligungen.

83  Unberührt von den Angaben zu einbezogenen Unt ist die **Veränderung** bei den Beteiligungen des MU, sowohl direkte als auch indirekte Beteiligungen. Hierüber ist separat zu berichten. Gleiches gilt für Veränderungen im KonsKreis.

### 6.2  Tochterunternehmen (Abs. 2 Nr. 1)

84  **Sämtliche Unt**, die die Voraussetzungen des § 290 Abs. 1 Satz 1 HGB erfüllen (§ 290 Rz 18 ff.), sind im Konzernanhang aufzulisten. Es ist dabei unerheblich, ob ein TU in den KA einbezogen wird oder nicht, da § 313 Abs. 2 Nr. 1 Satz 2 HGB eine Anwendung des § 296 HGB außer Kraft setzt (s. ferner das Wesentlichkeitskriterium Rz 82). Dies gilt auch für Anteile an Unt, die von einem Treuhänder oder einer ähnlichen Person gehalten werden.

Wurden TU bisher im Rahmen der **Interessenzusammenführung** nach § 302 Abs. 3 HGB in den KA einbezogen, ist eine Fortführung nach Art. 67 Abs. 5 EGHGB zulässig. In diesem Fall ist eine gesonderte Angabe erforderlich.

85  Im Konzernanhang sind für TU **folgende Angaben** zu machen:
- Name,
- Sitz,
- Anteil am Kapital,
- Sachverhalt, der eine Einbeziehung bei fehlender Stimmrechtsmehrheit erfüllt.

86  Der **Name** und der **Sitz** sind entsprechend den Angaben im HR anzugeben. Bei ausländischen Unt sind die Angaben aus vergleichbaren Einrichtungen oder bei deren Nichtexistenz aus statutarischen Quellen abzuleiten.[37] Als Sitz ist nach § 24 BGB derjenige Ort zu werten, an dem sich die Hauptverwaltung befindet.

87  Der **Anteil am Kapital** des TU ist prozentual für alle Anteile anzugeben. Eine Verteilung zwischen Unt im Konzernverbund ist somit unerheblich. Gleiches gilt bei indirekt gehaltenen Beteiligungen. Werden Anteile treuhänderisch durch

---

[37] Vgl. *ADS*, 6. Aufl., § 313 HBG, Rz 96.

Dritte gehalten, sind diese mit zu berücksichtigen; werden Anteile dagegen für Dritte gehalten, sind diese wiederum nicht zu berücksichtigen.

Ist eine Beherrschung eines TU trotz **fehlender Stimmrechtsmehrheit** und damit der Einbezug in den KonsKreis gegeben, ist über den Sachverhalt im Konzernanhang zu berichten.[38] Zu nennen sind die Art und der Umstand der Beherrschung, wobei eine Beherrschung nach dem BilMoG grds. nach § 290 Abs. 2 HGB (§ 290 Rz 27 ff.) gegeben ist bei 88
- der Mehrheit der Stimmrechte,
- dem Bestellungs- und Abberufungsrecht für die Mehrheit der Mitglieder der Leitungsorgane i. V. m. einer Gesellschafterstellung,
- dem vertraglichen oder satzungsgemäßen Beherrschungsrecht oder
- der wirtschaftlichen Betrachtungsweise der Chancen und Risiken (ZweckGes).

Ist das TU selbst MU weiterer TU sowie anderer Unt, sind all diese Unt mit aufzuführen. 89

## 6.3 Assoziierte Unternehmen (Abs. 2 Nr. 2)

Wie bei den TU ist eine Aufstellung der assoziierten Unt – wie in § 311 Abs. 1 HGB (§ 311 Rz 6 ff.) definiert – nach § 313 Abs. 2 Nr. 2 HGB in den KA aufzunehmen. Die Aufstellung hat alle assoziierten Unt zu berücksichtigen. Dabei ist eine Assoziierung mit einem Unt aus dem Konzernverbund hinreichend. 90

Vergleichbar den TU sind im Konzernanhang für assoziierte Unt **folgende Angaben** zu machen: 91
- Name,
- Sitz,
- Anteil am Kapital.

Assoziierte Unt von untergeordneter Bedeutung sind getrennt aufzuführen. Die getrennte Angabe leitet sich aus § 313 Abs. 2 Nr. 2 Satz 2 i. V. m. § 311 Abs. 2 HGB indirekt ab. 92

**Name, Sitz** und **Anteil am Kapital** des assoziierten Unt sind analog zu den Kommentierungen der TU zu bestimmen (Rz 86 ff.). 93

Ist das assoziierte Unt selbst MU, brauchen dessen TU nicht angegeben zu werden. 94

Wird ein assoziiertes Unt nicht „*at equity*" konsolidiert, sind nach § 313 Abs. 2 Nr. 2 Satz 2 i. V. m. § 311 Abs. 2 HGB die Gründe hierfür darzulegen. Ein Grund können z. B. Wesentlichkeitserwägungen sein. 95

**Zusätzliche Angaben** zu assoziierten Unt im Konzernanhang ergeben sich aus DRS 8: 96
- Anzahl der Stimmrechte (DRS 8.48),
- angewandte Bilanzierungs- und Bewertungsmethoden, finanzielle Verpflichtungen im Zusammenhang mit dem assoziierten Unt sowie bei Wesentlichkeit eine zusammengefasste Bilanz und GuV (DRS 8.49),
- bei der erstmaligen Einbeziehung zusätzlich der Stichtag der Einbeziehung, die Höhe der AK, der entstandene Unterschiedsbetrag, die gewählte Abschreibungsdauer des *Goodwill* und ggf. eine Begründung für eine länger als 20 Jahre veranschlagte Nutzungsdauer sowie die Anwendung einer von der linearen Abschreibung abweichenden Abschreibungsmethode (DRS 8.49),

---

[38] Vgl. WP-Handbuch, Bd. I, 14. Aufl., Abschn. M, Rz 690.

- die Summen der *Goodwills* und der negativen Unterschiedsbeträge (DRS 8.49c),
- die Zahl der nicht *at equity* bilanzierten assoziierten, unwesentlichen Unt (DRS 8.48b).

### 6.4 Anteilmäßig einbezogene Unternehmen (Abs. 2 Nr. 3)

97 Alle Unt, die nach § 310 Abs. 1 HGB nur anteilmäßig in den KA einbezogen werden, unterliegen denselben Berichtspflichten wie TU und assoziierte Unt. Aufgrund des Wahlrechts zur quotalen Einbeziehung in den KA oder der Einbeziehung *at equity* ist eine entsprechende Angabe im Anhang aufzuführen. I. d. R. ist dies die Voraussetzung zur quotalen Einbeziehung, die auf sachlichen oder rechtlichen Gründen basiert, wobei diese Angabepflicht nicht unumstritten ist.[39]

98 Wie bei TU sind im Konzernanhang für anteilmäßig einbezogene Unt **folgende Angaben** zu machen:
- Name,
- Sitz,
- Anteil am Kapital.

99 **Name, Sitz** und **Anteil am Kapital** des assoziierten Unt sind analog zu den Kommentierungen der TU zu bestimmen (Rz 86 ff.). Die Angabe des Namens und des Sitzes der anderen Anteilseigner an dem Gemeinschaftsunternehmen brauchen nicht in den Konzernanhang aufgenommen zu werden.

100 **Zusätzliche Angaben** zu anteilig konsolidierten Unt im Konzernanhang ergeben sich aus DRS 9. Hierzu gehören nach DRS 9.23–24 umfangreiche Angaben zum Goodwill, zum negativen Unterschiedsbetrag und damit verbundenen Bilanzierungspraktiken, nach DRS 9.21 Angaben zu den erworbenen Anteilen und Zahlungsverpflichtungen und nach DRS 9.26 analoge Angaben für vorgenommene Veräußerungen. Weitere zusätzliche Angaben beziehen sich auf verkürzte Angaben zu Vermögenswerten, Schulden, Aufwendungen, Erträgen und nicht bilanzierten finanziellen Verpflichtungen von anteilig einbezogenen Unt nach DRS 9.25, wobei diese Angabepflicht bei Anwendung der IFRS entfällt.

### 6.5 Anteile an sonstigen Unternehmen (Abs. 2 Nr. 4)

101 Alle im Konzernbesitz befindlichen Beteiligungen, die nicht die Kriterien des § 313 Abs. 2 Nrn. 1–3 HGB erfüllen, sind gesondert aufzustellen und auszuweisen, sofern der Anteil an diesen Unt mindestens 20 % beträgt. Insofern handelt es sich bei dieser Vorschrift um einen Auffangtatbestand. Es ist dabei unerheblich, welches Unt die Anteile hält – sei es direkt, indirekt oder über mehrere Unt verteilt. Anders als bei TU wird auf den Kapitalanteil abgestellt, auf Stimmrechte kommt es somit nicht an.

102 Unerheblich ist die Intention der Beteiligung. Es kommt weder auf die Absicht der Beteiligung noch auf die Beteiligungsdauer und somit auch nicht auf den Ausweis im JA des haltenden Unt an. Zur Bestimmung der Anteilsquote sind sämtliche im Konzern gehaltenen Anteile zusammenzufassen. Werden Anteile

---

[39] So ist diese Methode nach US-GAAP grds. nicht vorgesehen. Vgl. zur generellen Kritik z. B. *Küting/Weber*, Konzernabschluss, 10. Aufl., S. 449.

durch einen Treuhänder gehalten, sind auch diese bei der Bestimmung der Anteilsquote heranzuziehen.

Wie bei TU sind im Konzernanhang für sonstige Unt **folgende Angaben** zu machen: 103
- Name,
- Sitz,
- Anteil am Kapital.

Darüber hinaus sind nach § 313 Abs. 2 Nr. 4 Satz 1 HGB das EK und das Ergebnis des letzten Gj anzugeben.

**Name, Sitz** und **Anteil am Kapital** des sonstigen Unt sind analog zu den Kommentierungen der TU zu bestimmen (Rz 86 ff.). Die Bestimmung des Anteils am Kapital des sonstigen Unt umfasst allerdings sämtliche – auch nicht konsolidierte – TU. Somit werden die von nicht konsolidierten TU gehaltenen Anteile auch voll in die Berechnung der Angabe unter § 313 Abs. 2 Nr. 4 HGB einbezogen.[40] 104

Angaben zu **EK** und **Jahresergebnis** beziehen sich auf das letzte Gj, für das ein Abschluss aufgestellt wurde. Demnach ist nicht zwangsläufig der letzte JA heranzuziehen. Es genügt, wenn der letzte vorliegende JA verwendet wird, selbst wenn das Unt ein MU ist. Dies sollte entsprechend kenntlich gemacht werden.[41] Dabei spielt der zurückliegende Zeitraum keine Rolle. Auch wenn der vorliegende JA mehr als drei Monate zurückliegt, braucht kein Zwischenabschluss aufgestellt werden. Für ausländische Abschlüsse ist entsprechend zu verfahren. Hier ist allerdings ggf. eine Währungsumrechnung durchzuführen.[42] 105

Beteiligungen an großen KapG mit mehr als 5 % der Stimmrechte unterliegen einer gesonderten Berichtspflicht. Eine Summation sämtlicher im Konzernverbund gehaltenen Anteile ist zu unterlassen, da explizit auf von börsennotierten Unt gehaltene Anteile abgestellt wird. § 313 Abs. 2 Nr. 4 Satz 2 HGB ist als Ergänzung zu den anderen Angabepflichten zu verstehen. Eine Wiederholung der unter § 313 Abs. 2 Nr. 4 Satz 1 HGB genannten Unt ist nicht erforderlich. 106

Ist das Unt selbst MU, sind dessen TU mangels einer expliziten Vorschrift nicht in die Liste der einbezogenen Unt aufzunehmen. 107

# 7 Sonstige relevante Angabepflichten und Regelungen (Abs. 3)

## 7.1 Befreiungsmöglichkeiten

### 7.1.1 Untergeordnete Bedeutung

Analog den Einzelabschlussregelungen des § 286 Abs. 3 Satz 1 Nr. 1 HGB können Angaben nach § 313 Abs. 2 Nr. 4 Sätze 1 und 2 HGB ersatzlos entfallen, wenn die Angaben für die Vermittlung eines den tatsächlichen Verhältnissen entsprechenden Bilds der VFE-Lage von nachrangiger Bedeutung sind. Die nachrangige Bedeutung umfasst sowohl das einzelne Unt als auch kumulativ alle betroffenen Unt (§ 286 Rz 12 ff.). 108

---

[40] Vgl. WP-Handbuch, Bd. I, 14. Aufl., Abschn. M, Rz 698.
[41] Vgl. *Fülbier/Pellens*, in MünchKomm. HGB, 3. Aufl., § 313 Rn 91.
[42] Vgl. *Grottel*, in Beck Bil-Komm. 9. Aufl., § 313 HGB, Rz 190, 208.

### 7.1.2 Nicht publizitätspflichtige Unternehmen

**109** Anhangangaben zu EK und Ergebnis des letzten vorliegenden Abschlusses einer Beteiligung brauchen nach § 286 Abs. 3 Satz 2 HGB nicht gemacht zu werden, sofern das entsprechende Unt nicht publizitätspflichtig ist und das gehaltene Kapital am Unt unterhalb 50 % liegt. Die Befreiungsmöglichkeiten gelten auch für MU, die einen KA gem. § 315a HGB erstellen. Von dem Verzicht der Offenlegung profitieren i. d. R. PersG, GbR, stille Beteiligungen und ähnliche Rechtsformen.

## 7.2 Schutzklauseln

**110** Ein **Verzicht auf Angaben** ist immer dann möglich, wenn einem Unt unter vernünftiger kaufmännischer Beurteilung ein erheblicher Nachteil zugefügt werden könnte. Grundlage hierfür ist eine auf das Mitgliedstaatenwahlrecht der 7. EG-RL zurückzuführende Schutzklausel. Ein erheblicher Nachteil bedeutet eine Abwägung zwischen den Eigeninteressen des Unt und dem Publizitätsinteresse Außenstehender (§ 286 Rz 4 ff.). Auf den Konzern als Ganzes ist dabei nicht abzustellen. Der Verzicht von Angaben ist selektiv für das betroffene Unt (und nicht den Konzern) und den entsprechenden Sachverhalt auszuüben. Eine entsprechende Angabe ist im Konzernanhang aufzunehmen, wobei ein bloßer Hinweis für ausreichend erachtet wird.[43]

**111** Ein **Verzicht** auf Angaben greift dann **nicht**, wenn Angaben aufgrund anderer Normen im Konzernanhang aufzunehmen sind.

**112** Konzerne, deren MU oder eines ihrer TU KM-orientiert i. S. d. § 264d HGB sind (§ 264d Rz 1 ff.), haben diese Befreiungsmöglichkeit nicht, was einer Angleichung an die Regelung des IAS 27 entspricht.[44] Daher sind auch MU, die nach § 315a Abs. 1 oder Abs. 2 HGB pflichtgemäß ihren KA nach internationalen Rechnungslegungsstandards erstellen, von dieser Regelung bei der Erstellung des Konzernanhangs nach IAS/IFRS ausgenommen.

## 7.3 Sanktionen

**113** Ein nicht ordnungsgemäß erstellter Konzernanhang sowie unrichtige Angaben darin können einen **Straftatbestand** nach § 331 Nr. 2 HGB (§ 331 Rz 50 ff.) oder eine **Ordnungswidrigkeit** nach § 334 Abs. 1 Nr. 2 Buchst. f HGB (§ 334 Rz 23) darstellen. Straftatbestände werden mit einer Freiheitsstrafe bis zu 3 Jahren oder einer Geldbuße geahndet. Die Geldbuße für Ordnungswidrigkeiten beträgt maximal 50.000 EUR. Als Folgeeffekt ist der **BSV** durch den Konzern-AP gem. § 322 Abs. 4 HGB einzuschränken oder zu versagen (§ 322 Rz 58 ff.). Bei Verstößen gegen die Offenlegungspflicht gem. § 325 Abs. 3 HGB ist ein Ordnungsgeld gem. § 335 Abs. 1 Satz 4 HGB zwischen 2.500 und 25.000 EUR anzudrohen.

---

[43] Vgl. *Fülbier/Pellens*, in MünchKomm. HGB, 3. Aufl., § 313 Rn 101.
[44] Vgl. *Schurbohm/Streckenbach*, WPg 2002, S. 845, 851.

## 8 Änderungen durch das BilRUG

### 8.1 Neufassung Abs. 1 nF

Für Gj, die nach dem 31.12.2015 beginnen, stellt der Gesetzgeber den Inhalt des Konzernanhangs weitgehend analog zu den Inhalten des Anhangs (§ 284 Rz 53 ff.) klarer und gibt zumindest für die Bilanz und GuV betreffenden Angaben eine Gliederung vor. Der neuformulierte Abs. 1 lautet: 114

> **§ 313 Abs. 1 HGB nF**
> (1) In den Konzernanhang sind diejenigen Angaben aufzunehmen, die zu einzelnen Posten der Konzernbilanz oder der Konzern-Gewinn- und Verlustrechnung vorgeschrieben sind; diese Angaben sind in der Reihenfolge der einzelnen Posten der Konzernbilanz und der Konzern-Gewinn- und Verlustrechnung darzustellen. Im Konzernanhang sind auch die Angaben zu machen, die in Ausübung eines Wahlrechts nicht in die Konzernbilanz oder in die Konzern-Gewinn- und Verlustrechnung aufgenommen wurden.

Damit wird eine Vorgabe aus der EU-RL 2013/34 umgesetzt. Inhaltlich wurde aber in der Praxis bereits überwiegend diese Gliederungsstruktur angewandt.

### 8.2 Streichung von Erläuterungen zur Fremdwährungsumrechnung (Abs. 1 Nr. 2 nF)

Die gesonderte Pflicht zur Angabe der Grundlagen der Fremdwährungsumrechnung wurde aus dem HGB entfernt, da die verbleibenden nötigen Angaben unter die angewandten Bewertungsmethoden nach Abs. 2 Nr. 1 zu subsummieren sind. Eine Änderung der materiellen Rechtslage ist mit der Streichung nicht verbunden. Durch § 256a HGB ist die Bewertungsmethode für die Umrechnung von VG und Schulden und in § 308a HGB die der einzubeziehenden TU in Fremdwährung auf Euro klar bestimmt. 115

### 8.3 Ergänzende Angabepflichten im Anteilsverzeichnis (Abs. 2 nF)

In Übereinstimmung mit § 285 Nr. 11 HGB ist auch im Konzernanhang eine Liste des übrigen Konzernanteilsbesitzes aufzustellen. Mit dem BilRUG wird nun einerseits neu gefordert, dass es sich um Beteiligungen i.S.v. § 271 Abs. 1 HGB handelt. Damit ist es nicht mehr unerheblich, ob diese Unt als Beteiligung bilanziert werden. Somit ist eine Berichterstattung über Kapitalengagements ohne Beteiligungsabsicht sowie Kapitalbeteiligungen, die nicht dauerhaft gehalten werden sollen, mit dem BilRUG ab dem Gj 2016 nicht mehr nötig. Weiterhin wird einzig auf den Kapitalanteil abgestellt; eine Einbeziehung von Stimmrechten in die Betrachtung ist nicht erforderlich. Andererseits wird konkretisiert, dass bei der Zurechnung der Anteile auch die von einer außenstehenden Person für Rechnung eines der Konzernunt gehaltenen Anteile einzubeziehen sind. 116

Zudem wurden zur Verbesserung der Lesbarkeit und aus systematischen Gründen zum einen die weiteren Angabepflichten für börsennotierte MU und TU in einen gesonderten Punkt verschoben sowie die bislang ebenfalls unter dieser 117

Nr. aufgeführten Befreiungsmöglichkeiten in den schon bestehenden Befreiungskatalog des § 313 Abs. 3 HGB integriert.

118 Außerdem sind nach der umzusetzenden Bilanz-RL 2013/34/EU auch im Konzernanhang ab dem Gj 2016 Angaben zu Unt, für die das MU bzw. die Gesamtheit der in den KA einbezogenen Unt unbeschränkt haftet, sowie Angaben zu dem MU zum kleinsten und größten KonsKreis, wenn das MU zugleich TU eines oder mehrerer größerer KonsKreise ist, notwendig, weshalb an dieser Stelle die neuen Nummern 6 bis 8 angefügt wurden.

---

**§ 313 Abs. 2 Nr. 4–8 HGB**
(3) ¹Im Konzernabschluss sind außerdem anzugeben: (…)
4. Name und Sitz anderer Unternehmen, die Höhe des Anteils am Kapital, das Eigenkapital und das Ergebnis des letzten Geschäftsjahrs dieser Unternehmen, für das ein Jahresabschluss vorliegt, soweit es sich um Beteiligungen i.S.d. § 271 Absatz 1 handelt oder ein solcher Anteil von einer Person für Rechnung des Mutterunternehmens oder eines anderen in den Konzernabschluss einbezogenen Unternehmens gehalten wird;
5. alle nicht nach den Nummern 1 bis 4 aufzuführenden Beteiligungen an großen Kapitalgesellschaften, die fünf Prozent der Stimmrechte überschreiten, wenn sie von einem börsennotierten Mutterunternehmen, börsennotierten Tochterunternehmen oder von einer für Rechnung eines dieser Unternehmen handelnden Person gehalten werden;
6. Name, Sitz und Rechtsform der Unternehmen, deren unbeschränkt haftender Gesellschafter das Mutterunternehmen oder ein anderes in den Konzernabschluss einbezogenes Unternehmen ist;
7. Name und Sitz des Unternehmens, das den Konzernabschluss für den größten Kreis von Unternehmen aufstellt, dem das Mutterunternehmen als Tochterunternehmen angehört, und im Falle der Offenlegung des von diesem anderen Mutterunternehmen aufgestellten Konzernabschlusses der Ort, wo dieser erhältlich ist;
8. Name und Sitz des Unternehmens, das den Konzernabschluss für den kleinsten Kreis von Unternehmen aufstellt, dem das Mutterunternehmen als Tochterunternehmen angehört, und im Falle der Offenlegung des von diesem anderen Mutterunternehmen aufgestellten Konzernabschlusses der Ort, wo dieser erhältlich ist.

---

Für **börsennotierte MU** und/oder TU sind auch Beteiligungen an großen KapG mit mehr als **5 % der Stimmrechte** berichtspflichtig. Diese Regelung ist auch weiterhin von MU, die nach § 315a HGB pflichtgemäß ihren KA nach internationalen Rechnungslegungsstandards gem. der jeweils geltenden Fassung der Verordnung (EG) Nr. 1606/2002 des Europäischen Parlamentes und des Rates vom 19.7.2002 erstellen, zu beachten. Anders als in den Angabepflichten von § 313 Abs. 2 Nr. 1–4 HGB ist dabei der Kapitalanteil unerheblich und es kommt auch nach dem BilRUG nicht zu einer Addition von auf verschiedene Unt verteilten Stimmrechten, da der Gesetzgeber die Formulierung „einem börsennotierten Mutterunternehmen, einem börsennotierten Tochterunternehmen oder von einer …" beibehalten hat. Weiterhin werden dagegen nach § 21 WpHG aber Mitteilungspflichten ausgelöst, wenn die unmittelbaren und die mittelbaren Anteile zusammen 5 % überschreiten. Explizit anzugeben ist nur der Name, doch erscheint zumindest die Angabe von Sitz, Stimmrechtsanteil sowie Kapitalanteil sinnvoll[45] und überdies die Höhe des EK und des Ergebnisses des letzten Gj wünschenswert. Letztere sind aber auf Grund der Publizitätspflicht der großen KapG i.d.R. auch extern ermittelbar. § 313 Abs. 2 Nr. 5 ist aus der Systematik dieser Vorschrift als Ergänzung zu den vorgenannten Angabepflichten zu verstehen, so dass eine Wiederholung der unter § 313 Abs. 2 Nr. 4 HGB genannten Unt nicht notwendig ist. Nach dem DCGK 7.1.4 sollen die börsennotierten AG eine Liste von Drittunt veröffentlichen, an denen sie eine Beteiligung von für das Unt nicht untergeordneter Bedeutung halten, in der Folgendes angegeben werden soll: Name und Sitz der Ges., Höhe des Anteils, Höhe des EK und Ergebnis des letzten Gj. Handelsbestände von Kredit- und Finanzdienstleistungsinstituten, aus denen keine Stimmrechte ausgeübt werden, bleiben hierbei unberücksichtigt.

Analog zu § 285 Nr. 11a HGB muss in § 313 Abs. 2 Nr. 6 HGB Name, Sitz und Rechtsform der Unt, deren **unbeschränkt haftender Gesellschafter** das MU, das einbezogene TU oder ein einbezogenes GemeinschaftsUnt ist, angegeben werden. Danach sind die sich aus dem HR ergebenden Daten über Name, Sitz und Rechtsform derjenigen Unt anzugeben. Das Unt, an dem die Beteiligung besteht, muss selbst nicht rechnungslegungspflichtig sein. Mit Abschluss des Vertrags mit den weiteren Gesellschaftern und der Fortsetzung der Geschäfte mit Zustimmung des Eintretenden ist der Eintritt wirksam, was die Angabepflicht auslöst. Auf den Zeitpunkt der Eintragung der nur deklaratorisch wirkenden HR-Eintragung kommt es nicht an. Die Angabepflicht gilt nicht nur für das MU, sondern auch für die anderen in den KA einbezogenen Unt, so dass es theoretisch auch zu mehreren Angaben kommen kann. Die dafür notwendigen Informationen ergeben sich jedoch aus den jeweiligen JA der betroffenen Unt, soweit diese unter Beachtung der sich auf RL 2013/34/EU basierenden Rechnungslegungsnormen erstellt wurden.

Schließlich werden neu für den Konzernanhang nun auch Angaben nach § 313 Abs. 2 Nr. 7 und 8 HGB, die im JA unter § 285 Nr. 14 HGB bereits bislang gefordert wurden und zukünftig in die Nr. 14 und 14a aufgespalten werden, gefordert. Im Interesse der Offenlegung von Konzernverflechtungen und der „Verbindungen in eine fremdbestimmte Interessensphäre"[46] soll bei konzernabhängigen Ges. der **Zugang zu den übergeordneten KA** erleichtert werden. Verlangt wird die Angabe von Namen und Sitz einmal des MU, das den KA für den größten Kreis (Konzernspitze), und dann desjenigen MU, das den KA für den kleinsten Kreis von Unt aufstellt, also der MU mit dem größten und mit dem kleinsten KonsKreis, und im Falle der Offenlegung der Ort, des von diesem anderen MU aufgestellten KA, wo dieser KA erhältlich ist.

---

[45] Vgl. *Fülbier/Pellens* in MünchKomm. HGB, 3. Aufl., § 313 HGB Rz. 95.
[46] Vgl. *Grottel*, in Beck Bil-Komm. 9. Aufl., § 285 HGB, Rz 270; s.a. *Poelzig*, in MünchKomm. HGB, 3. Aufl., § 285 Rn 286.

Wer MU[47] ist, ergibt sich aus § 290 HGB. Allerdings ist es unerheblich, in welcher Rechtsform das übergeordnete MU organisiert ist.[48] Es ist auch ohne Belang, ob es sich um ein kleines oder großes Unt handelt und ob es im Inland oder im Ausland gelegen ist.

Gibt es in einem Gemeinschaftsunt (§ 310 HGB) mehrere MU, weil das angabepflichtige Unt unter der gemeinschaftlichen Leitung durch mehrere MU steht, so sind alle MU anzugeben.[49] Sind die beiden MU, für die die Angaben vorzunehmen sind, im Fall des zweistufigen Konzerns deckungsgleich, kann die Angabe auch nur zu diesem einen MU erfolgen.

121 Die Angabepflicht besteht dann, wenn die Mutter einen KA aufgestellt und offengelegt hat, unabhängig davon, ob eine Gesetzespflicht aus § 290 HGB besteht oder ob der KA freiwillig aufgestellt wurde, und auch unabhängig davon, ob das TU in den KA einbezogen wurde oder nicht.[50] Liegen Gründe vor, nach denen eine Befreiung von der Verpflichtung zur Aufstellung eines KA erfolgt, bezieht sich die Angabepflicht auf das nächst höhere MU.[51] Ist entgegen einer entsprechenden Verpflichtung kein KA erstellt worden, hat in dem KA des angabepflichtigen MU das pflichtwidrig handelnde übergeordnete MU gleichwohl anzugeben. Nur dann, wenn keine Pflicht zur Aufstellung des KA besteht und ein solcher auch nicht freiwillig erstellt wurde, bedarf es zu Nr. 7 und 8 überhaupt keiner Angabe, auch keiner Fehlanzeige. Anzugeben ist der **Name**, der die Rechtsform des MU einschließt, und der **Sitz** des Unt sowie der Ort, an dem die offengelegten KA erhältlich sind, also die Adresse der elektronisch eingereichten Fassung im UR oder BAnz. Steht die Offenlegung (z. B. Bekanntmachung im BAnz, § 325 HGB) des KA noch bevor, ist darauf hinzuweisen.

Ist der KA freiwillig erstellt worden und somit auch nicht einzureichen, braucht der Ort nicht angegeben zu werden.[52] Ist ein KA nicht erstellt worden, besteht auch keine Pflicht zur Angabe nach Nr. 7 und 8, es sei denn, es hätte aufgrund einer gesetzlichen Pflicht ein KA erstellt werden müssen. In diesem Fall ist anstelle der Angabe des Orts der Offenlegung auf die nicht erfolgte Offenlegung hinzuweisen.[53]

### 8.4 Erleichterungen im Rahmen des Anteilsverzeichnisses (Abs. 3 nF)

122 Allein aufgrund der besseren Lesbarkeit und Gesetzessystematik wurden die Erleichterungen aus § 313 Abs. 2 Nr. 4 HGB aF nun neu in den Abs. 3 verschoben.

### 8.5 Verweis auf § 284 Abs. 2 und 3 HGB nF (Abs. 4 nF)

123 Aufgrund der Vorgaben der EU-RL 2013/34 ist der Anlagespiegel stets im Konzernanhang und nicht mehr alternativ auch in der Konzernbilanz auszuwei-

---

[47] MU impliziert, dass eine unternehmerische Tätigkeit ausgeübt wird, was etwa bei einer reinen vermögensverwaltenden Tätigkeit nicht der Fall ist.
[48] Vgl. *Wulf*, in *Baetge/Kirsch/Thiele* Bilanzrecht, § 285 HGB Rn 232 Stand 08/2014.
[49] Vgl. *Grottel*, in Beck Bil-Komm. 9. Aufl., § 285 HGB, Rz 273.
[50] Ebenso *Poelzig*, in MünchKomm. HGB, 3. Aufl., § 285 Rn 292.
[51] Vgl. *Poelzig*, in MünchKomm. HGB, 3. Aufl., § 285 Rn 292.
[52] Vgl. *Hüttemann*, in *Canaris/Schilling/Ulmer*, HGB, § 285, Rz 101.
[53] Vgl. *Grottel*, in Beck Bil-Komm. 9. Aufl., § 285 HGB, Rz 277.

sen. Daher entfällt die bisherige Wahlrechtsangabe aus § 268 Abs. 2 i.V.m. § 298 Abs. 1 HGB aF (§ 268 Rz 13 ff.) und wird inhaltlich leicht modifiziert als Anhangpflichtangabe über einen Verweis auf § 284 Abs. 2 Nr. 4 HGB nF neu im Konzernanhang gefordert, wobei den wesentlichen Bedingungen Rechnung zu tragen ist, die sich aus den Besonderheiten des KA im Vergleich zum JA ergeben. Zugleich wird die Vorgabe inhaltlich an die geänderten europäischen Vorgaben angepasst, indem auch eine **Aufgliederung der Abschreibungen** gefordert wird. Demnach sind Abschreibungen künftig nicht mehr nur in ihrer gesamten Höhe, sondern etwa nach folgendem Schema darzustellen:[54]

| Kumulierte Abschreibungen | | | | | |
|---|---|---|---|---|---|
| Abschreibungen zu Beginn des Gj | Zugänge (Abschreibungen des Gj) | Zuschreibungen des vorangegangenen Gj | Abgänge (Abschreibungen auf Abgänge des Gj) | Umbuchungen (Abschreibungen auf Umbuchungen des Gj) | Abschreibungen zum Ende des Gj |
| | + | - | - | +/- | = |

Um den besonderen Umständen des KA gerecht zu werden, sollten im Anlagespiegel jeweils in gesonderten Spalten (falls relevant) die Änderungen des KonsKreises und die Effekte aus der Währungsumrechnung zur besseren Nachvollziehbarkeit eingefügt werden.

Ebenfalls ist im Konzernanhang auch eine Angabe erforderlich, ob Fremdkapitalzinsen in die Herstellungskosten von VG des AV oder UV einbezogen wurden. Auch dies entspricht der Anhangangabepflicht im JA in § 284 Abs. 2 Nr. 4 HGB (Angabe zu Fremdkapitalzinsen).

124

---

[54] Vgl. *ADS*, 6. Aufl., § 268 HGB, Rz. 63–66.

## § 314 SONSTIGE PFLICHTANGABEN

(1) Im Konzernanhang sind ferner anzugeben:
1. der Gesamtbetrag der in der Konzernbilanz ausgewiesenen Verbindlichkeiten mit einer Restlaufzeit von mehr als fünf Jahren sowie der Gesamtbetrag der in der Konzernbilanz ausgewiesenen Verbindlichkeiten, die von in den Konzernabschluß einbezogenen Unternehmen durch Pfandrechte oder ähnliche Rechte gesichert sind, unter Angabe von Art und Form der Sicherheiten;
2. Art und Zweck sowie Risiken und Vorteile von nicht in der Konzernbilanz enthaltenen Geschäften des Mutterunternehmens und der in den Konzernabschluss einbezogenen Tochterunternehmen, soweit dies für die Beurteilung der Finanzlage des Konzerns notwendig ist;
2a. der Gesamtbetrag der sonstigen finanziellen Verpflichtungen, die nicht in der Konzernbilanz enthalten und nicht nach § 298 Abs. 1 in Verbindung mit § 251 oder nach Nummer 2 anzugeben sind, sofern diese Angabe für die Beurteilung der Finanzlage des Konzerns von Bedeutung ist; davon und von den Haftungsverhältnissen nach § 251 sind Verpflichtungen gegenüber Tochterunternehmen, die nicht in den Konzernabschluss einbezogen werden, jeweils gesondert anzugeben;
3. die Aufgliederung der Umsatzerlöse nach Tätigkeitsbereichen sowie nach geographisch bestimmten Märkten, soweit sich, unter Berücksichtigung der Organisation des Verkaufs von für die gewöhnliche Geschäftstätigkeit des Konzerns typischen Erzeugnissen und der für die gewöhnliche Geschäftstätigkeit des Konzerns typischen Dienstleistungen, die Tätigkeitsbereiche und geographisch bestimmten Märkte untereinander erheblich unterscheiden;
4. die durchschnittliche Zahl der Arbeitnehmer der in den Konzernabschluß einbezogenen Unternehmen während des Geschäftsjahrs, getrennt nach Gruppen, sowie der in dem Geschäftsjahr verursachte Personalaufwand, sofern er nicht gesondert in der Konzern-Gewinn- und Verlustrechnung ausgewiesen ist; die durchschnittliche Zahl der Arbeitnehmer von nach § 310 nur anteilmäßig einbezogenen Unternehmen ist gesondert anzugeben;
5. *(weggefallen)*
6. für die Mitglieder des Geschäftsführungsorgans, eines Aufsichtsrats, eines Beirats oder einer ähnlichen Einrichtung des Mutterunternehmens, jeweils für jede Personengruppe:
    a) die für die Wahrnehmung ihrer Aufgaben im Mutterunternehmen und den Tochterunternehmen im Geschäftsjahr gewährten Gesamtbezüge (Gehälter, Gewinnbeteiligungen, Bezugsrechte und sonstige aktienbasierte Vergütungen, Aufwandsentschädigungen, Versicherungsentgelte, Provisionen und Nebenleistungen jeder Art). [2]In die Gesamtbezüge sind auch Bezüge einzurechnen, die nicht ausgezahlt, sondern in Ansprüche anderer Art umgewandelt oder zur Erhöhung anderer Ansprüche verwendet werden. [3]Außer den Bezügen für das Geschäftsjahr sind die weiteren Bezüge anzugeben, die im Geschäftsjahr gewährt, bisher aber in keinem Konzernabschluss angegeben worden sind. [4]Be-

zugsrechte und sonstige aktienbasierte Vergütungen sind mit ihrer Anzahl und dem beizulegenden Zeitwert zum Zeitpunkt ihrer Gewährung anzugeben; spätere Wertveränderungen, die auf einer Änderung der Ausübungsbedingungen beruhen, sind zu berücksichtigen. [5]Ist das Mutterunternehmen eine börsennotierte Aktiengesellschaft, sind zusätzlich unter Namensnennung die Bezüge jedes einzelnen Vorstandsmitglieds, aufgeteilt nach erfolgsunabhängigen und erfolgsbezogenen Komponenten sowie Komponenten mit langfristiger Anreizwirkung, gesondert anzugeben. [6]Dies gilt auch für:

aa) Leistungen, die dem Vorstandsmitglied für den Fall einer vorzeitigen Beendigung seiner Tätigkeit zugesagt worden sind;

bb) Leistungen, die dem Vorstandsmitglied für den Fall der regulären Beendigung seiner Tätigkeit zugesagt worden sind, mit ihrem Barwert, sowie den von der Gesellschaft während des Geschäftsjahrs hierfür aufgewandten oder zurückgestellten Betrag;

cc) während des Geschäftsjahrs vereinbarte Änderungen dieser Zusagen;

dd) Leistungen, die einem früheren Vorstandsmitglied, das seine Tätigkeit im Laufe des Geschäftsjahrs beendet hat, in diesem Zusammenhang zugesagt und im Laufe des Geschäftsjahrs gewährt worden sind.

[7]Leistungen, die dem einzelnen Vorstandsmitglied von einem Dritten im Hinblick auf seine Tätigkeit als Vorstandsmitglied zugesagt oder im Geschäftsjahr gewährt worden sind, sind ebenfalls anzugeben. [8]Enthält der Konzernabschluss weitergehende Angaben zu bestimmten Bezügen, sind auch diese zusätzlich einzeln anzugeben;

b) die für die Wahrnehmung ihrer Aufgaben im Mutterunternehmen und den Tochterunternehmen gewährten Gesamtbezüge (Abfindungen, Ruhegehälter, Hinterbliebenenbezüge und Leistungen verwandter Art) der früheren Mitglieder der bezeichneten Organe und ihrer Hinterbliebenen; Buchstabe a Satz 2 und 3 ist entsprechend anzuwenden. [2]Ferner ist der Betrag der für diese Personengruppe gebildeten Rückstellungen für laufende Pensionen und Anwartschaften auf Pensionen und der Betrag der für diese Verpflichtungen nicht gebildeten Rückstellungen anzugeben;

c) die vom Mutterunternehmen und den Tochterunternehmen gewährten Vorschüsse und Kredite unter Angabe der Zinssätze, der wesentlichen Bedingungen und der gegebenenfalls im Geschäftsjahr zurückgezahlten Beträge sowie die zugunsten dieser Personengruppen eingegangenen Haftungsverhältnisse;

7. der Bestand an Anteilen an dem Mutterunternehmen, die das Mutterunternehmen oder ein Tochterunternehmen oder ein anderer für Rechnung eines in den Konzernabschluß einbezogenen Unternehmens erworben oder als Pfand genommen hat; dabei sind die Zahl und der Nennbetrag oder rechnerische Wert dieser Anteile sowie deren Anteil am Kapital anzugeben;

8. für jedes in den Konzernabschluss einbezogene börsennotierte Unternehmen, das die nach § 161 des Aktiengesetzes vorgeschriebene Erklärung abgegeben und wo sie öffentlich zugänglich gemacht worden ist;

9. das von dem Abschlussprüfer des Konzernabschlusses für das Geschäftsjahr berechnete Gesamthonorar, aufgeschlüsselt in das Honorar für
    a) die Abschlussprüfungsleistungen,

b) andere Bestätigungsleistungen,
  c) Steuerberatungsleistungen,
  d) sonstige Leistungen;
10. für zu den Finanzanlagen (§ 266 Abs. 2 A. III.) gehörende Finanzinstrumente, die in der Konzernbilanz über ihrem beizulegenden Zeitwert ausgewiesen werden, da eine außerplanmäßige Abschreibung gem. § 253 Abs. 3 Satz 4 unterblieben ist,
  a) der Buchwert und der beizulegende Zeitwert der einzelnen Vermögensgegenstände oder angemessener Gruppierungen sowie
  b) die Gründe für das Unterlassen der Abschreibung einschließlich der Anhaltspunkte, die darauf hindeuten, dass die Wertminderung voraussichtlich nicht von Dauer ist;
11. für jede Kategorie nicht zum beizulegenden Zeitwert bilanzierter derivativer Finanzinstrumente
  a) deren Art und Umfang,
  b) deren beizulegender Zeitwert, soweit er sich nach § 255 Abs. 4 verlässlich ermitteln lässt, unter Angabe der angewandten Bewertungsmethode,
  c) deren Buchwert und der Bilanzposten, in welchem der Buchwert, soweit vorhanden, erfasst ist, sowie
  d) die Gründe dafür, warum der beizulegende Zeitwert nicht bestimmt werden kann;
12. für gem. § 340e Abs. 3 Satz 1 mit dem beizulegenden Zeitwert bewertete Finanzinstrumente
  a) die grundlegenden Annahmen, die der Bestimmung des beizulegenden Zeitwertes mit Hilfe allgemein anerkannter Bewertungsmethoden zugrunde gelegt wurden, sowie
  b) Umfang und Art jeder Kategorie derivativer Finanzinstrumente einschließlich der wesentlichen Bedingungen, welche die Höhe, den Zeitpunkt und die Sicherheit künftiger Zahlungsströme beeinflussen können;
13. zumindest die nicht zu marktüblichen Bedingungen zustande gekommenen Geschäfte des Mutterunternehmens und seiner Tochterunternehmen, soweit sie wesentlich sind, mit nahe stehenden Unternehmen und Personen, einschließlich Angaben zur Art der Beziehung, zum Wert der Geschäfte sowie weiterer Angaben, die für die Beurteilung der Finanzlage des Konzerns notwendig sind; ausgenommen sind Geschäfte mit und zwischen mittel- oder unmittelbar in 100-prozentigem Anteilsbesitz stehenden in einen Konzernabschluss einbezogenen Unternehmen; Angaben über Geschäfte können nach Geschäftsarten zusammengefasst werden, sofern die getrennte Angabe für die Beurteilung der Auswirkungen auf die Finanzlage des Konzerns nicht notwendig ist;
14. im Fall der Aktivierung nach § 248 Abs. 2 der Gesamtbetrag der Forschungs- und Entwicklungskosten des Geschäftsjahres der in den Konzernabschluss einbezogenen Unternehmen sowie der davon auf die selbst geschaffenen immateriellen Vermögensgegenstände des Anlagevermögens entfallende Betrag;
15. bei Anwendung des § 254 im Konzernabschluss,
  a) mit welchem Betrag jeweils Vermögensgegenstände, Schulden, schwebende Geschäfte und mit hoher Wahrscheinlichkeit erwartete Trans-

aktionen zur Absicherung welcher Risiken in welche Arten von Bewertungseinheiten einbezogen sind sowie die Höhe der mit Bewertungseinheiten abgesicherten Risiken;
b) für die jeweils abgesicherten Risiken, warum, in welchem Umfang und für welchen Zeitraum sich die gegenläufigen Wertänderungen oder Zahlungsströme künftig voraussichtlich ausgleichen einschließlich der Methode der Ermittlung;
c) eine Erläuterung der mit hoher Wahrscheinlichkeit erwarteten Transaktionen, die in Bewertungseinheiten einbezogen wurden,
soweit die Angaben nicht im Konzernlagebericht gemacht werden;
16. zu den in der Konzernbilanz ausgewiesenen Rückstellungen für Pensionen und ähnliche Verpflichtungen das angewandte versicherungsmathematische Berechnungsverfahren sowie die grundlegenden Annahmen der Berechnung, wie Zinssatz, erwartete Lohn- und Gehaltssteigerungen und zugrunde gelegte Sterbetafeln;
17. im Fall der Verrechnung von in der Konzernbilanz ausgewiesenen Vermögensgegenständen und Schulden nach § 246 Abs. 2 Satz 2 die Anschaffungskosten und der beizulegende Zeitwert der verrechneten Vermögensgegenstände, der Erfüllungsbetrag der verrechneten Schulden sowie die verrechneten Aufwendungen und Erträge; Nummer 12 Buchstabe a ist entsprechend anzuwenden;
18. zu den in der Konzernbilanz ausgewiesenen Anteilen an Sondervermögen im Sinn des § 1 Abs. 10 des Kapitalanlagegesetzbuchs oder Anlageaktien an Investmentaktiengesellschaften mit veränderlichem Kapital im Sinn der §§ 108 bis 123 des Kapitalanlagegesetzbuchs oder vergleichbaren EU-Investmentvermögen oder vergleichbaren ausländischen Investmentvermögen von mehr als dem zehnten Teil, aufgegliedert nach Anlagezielen, deren Wert im Sinn der §§ 168, 278 des Kapitalanlagegesetzbuchs oder des § 36 des Investmentgesetzes in der bis zum 21. Juli 2013 geltenden Fassung oder vergleichbarer ausländischer Vorschriften über die Ermittlung des Marktwertes, die Differenz zum Buchwert und die für das Geschäftsjahr erfolgte Ausschüttung sowie Beschränkungen in der Möglichkeit der täglichen Rückgabe; darüber hinaus die Gründe dafür, dass eine Abschreibung gem. § 253 Abs. 3 Satz 4 unterblieben ist, einschließlich der Anhaltspunkte, die darauf hindeuten, dass die Wertminderung voraussichtlich nicht von Dauer ist; Nummer 10 ist insoweit nicht anzuwenden;
19. für nach § 251 unter der Bilanz oder nach § 268 Abs. 7 Halbsatz 1 im Anhang ausgewiesene Verbindlichkeiten und Haftungsverhältnisse die Gründe der Einschätzung des Risikos der Inanspruchnahme;
20. die Gründe, welche die Annahme einer betrieblichen Nutzungsdauer eines in der Konzernbilanz ausgewiesenen entgeltlich erworbenen Geschäfts- oder Firmenwertes aus der Kapitalkonsolidierung von mehr als fünf Jahren rechtfertigen;
21. auf welchen Differenzen oder steuerlichen Verlustvorträgen die latenten Steuern beruhen und mit welchen Steuersätzen die Bewertung erfolgt ist.

(2) ¹Mutterunternehmen, die den Konzernabschluss um eine Segmentberichterstattung erweitern (§ 297 Abs. 1 Satz 2), sind von der Angabepflicht

gem. Absatz 1 Nr. 3 befreit. ²Für die Angabepflicht gem. Absatz 1 Nr. 6 Buchstabe a Satz 5 bis 8 gilt § 286 Abs. 5 entsprechend.

MBA CPA Andreas Krimpmann

| Inhaltsübersicht | Rz |
|---|---|
| 1 Überblick | 1–4 |
| 1.1 Allgemeines | 1–2 |
| 1.2 Anwendungsbereich | 3–4 |
| 2 Pflichtangaben (Abs. 1) | 5–105 |
| 2.1 Angaben zu Verbindlichkeiten mit mehr als fünf Jahren Restlaufzeit und zu gesicherten Verbindlichkeiten (Abs. 1 Nr. 1) | 5–8 |
| 2.2 Angaben zu außerbilanziellen Geschäften (Abs. 1 Nr. 2) | 9–11 |
| 2.3 Angaben zu sonstigen Verpflichtungen (Abs. 1 Nr. 2a) | 12–15 |
| 2.4 Aufgliederung der Umsatzerlöse (Abs. 1 Nr. 3) | 16–20 |
| 2.5 Angaben zur Mitarbeiteranzahl und zum Personalaufwand (Abs. 1 Nr. 4) | 21–27 |
| 2.5.1 Zahl der Arbeitnehmer | 21–25 |
| 2.5.2 Personalaufwand | 26–27 |
| 2.6 Angaben zu Organbezügen sowie Krediten und sonstigen Rechtsgeschäften mit Organmitgliedern (Abs. 1 Nr. 6) | 28–42 |
| 2.6.1 Angaben für tätige Organmitglieder (Abs. 1 Nr. 6 Buchst. a) | 33–38 |
| 2.6.2 Angaben für ehemalige Organmitglieder und ihre Hinterbliebenen (Abs. 1 Nr. 6 Buchst. b) | 39–40 |
| 2.6.3 Angaben über Vorschüsse und Kredite (Abs. 1 Nr. 6 Buchst. c) | 41–42 |
| 2.7 Angaben zu Anteilen am Mutterunternehmen (Abs. 1 Nr. 7) | 43–45 |
| 2.8 Angabe zur Erklärung gem. § 161 AktG (Abs. 1 Nr. 8) | 46 |
| 2.9 Angaben zum Honorar des Abschlussprüfers (Abs. 1 Nr. 9) | 47–58 |
| 2.10 Angaben zu oberhalb des beizulegenden Zeitwerts ausgewiesenen Finanzinstrumenten (Abs. 1 Nr. 10) | 59–62 |
| 2.11 Angaben zu derivativen Finanzinstrumenten (Abs. 1 Nr. 11) | 63–66 |
| 2.12 Angaben zum Handelsbestand (Abs. 1 Nr. 12) | 67–69 |
| 2.13 Angaben zu nahestehenden Personen (Abs. 1 Nr. 13) | 70–82 |
| 2.14 Angaben zu Forschungs- und Entwicklungskosten (Abs. 1 Nr. 14) | 83–85 |
| 2.15 Angaben zu Bewertungseinheiten (Abs. 1 Nr. 15) | 86–89 |
| 2.16 Angaben zur Bewertung der Pensionsverpflichtungen (Abs. 1 Nr. 16) | 90 |
| 2.17 Angaben zu saldiertem Planvermögen (Abs. 1 Nr. 17) | 91–92 |
| 2.18 Angaben zu Sondervermögen (Abs. 1 Nr. 18) | 93–96 |
| 2.19 Angaben zu Haftungsverhältnissen (Abs. 1 Nr. 19) | 97 |

| | | |
|---|---|---|
| 2.20 | Angaben zu Geschäfts- oder Firmenwerten (Abs. 1 Nr. 20) | 98–99 |
| 2.21 | Angaben zu latenten Steuern (Abs. 1 Nr. 21)............ | 100–105 |
| 3 | Wahlpflichtangaben ................................. | 106–108 |
| 4 | Sonstige relevante Regelungen........................ | 109–114 |
| 4.1 | Befreiungsmöglichkeiten......................... | 109 |
| 4.2 | Schutzklauseln (Abs. 2).......................... | 110–111 |
| 4.3 | Sanktionen .................................... | 112–114 |
| 5 | Änderungen durch das BilRUG ....................... | 115–127 |
| 5.1 | Änderungen bestehender Angabepflichten (Abs. 1 nF) ... | 115–122 |
| 5.2 | Erweiterte Angabepflichten (Abs. 1 nF) .............. | 123–126 |
| 5.3 | Änderungen in Erleichterungsregelungen (Abs. 2 nF) .... | 127 |

**Ergänzendes Schrifttum**
*Ernst/Seidler*, Der Regierungsentwurf eines Gesetzes zur Modernisierung des Bilanzrechts, ZGR 2008, S. 631; *Haller*, Wertschöpfungsrechnung, Stuttgart 1997; *Heuser/Theile*, Auswirkungen des Bilanzrechtsreformgesetzes auf den Jahresabschluß und Lagebericht der GmbH, GmbHR 2005, S. 201; *Klatte*, Möglichkeiten des Verzichts auf Angaben von Organbezügen und Ergebnisverwendung, BB 1995, S. 35; *Kling*, Argumente für den Verzicht auf die Angabe von Organbezügen, BB 1995, S. 349; *Kling*, Anhangangaben zur Honorierung des Abschlussprüfers nach dem BilMoG, WPg 2011, S. 209; *Lenz*, Beschränkung von Beratungstätigkeiten durch Abschlussprüfer: Mangelhafter Umgehungsschutz im Entwurf des BilReG, BB 2004, S. 707; *Müller*, Bereinigte Erfolgsspaltung bei HGB-Abschlüssen, BRg 2015, S. 20; *Niehus*, Bilanzierung bei Beziehungen zu nahe stehenden Unternehmen und Personen, in HdJ, Abt. V/6; *Petersen/Zwirner/Busch*, Berichterstattungspflichten im Zusammenhang mit natürlichen Personen: nahestehende Personen und Abhängigkeitsbericht, BB 2009, S. 1854; *Pfitzer/Oser/Orth*, Offene Fragen und Systemwidrigkeiten des Bilanzrechtsreformgesetzes (BilReG), DB 2004, S. 2593; *Pfitzer/Oser/Orth*, Reform des Aktien-, Bilanz- und Aufsichtsrechts 2004. Ein Überblick der Auswirkungen auf Rechnungslegung, Prüfung und Corporate Governance, Stuttgart 2004; *Prystawik/Schauf*, Steuerliche Anhangangaben nach HGB – was ist erforderlich?, Betriebswirtschaft 2011, S. 313; *Rimmelspacher/Fey*, Anhangangaben zu nahe stehenden Unternehmen und Personen nach dem BilMoG, WPg 2010, S. 180; *Selchert*, Die sonstigen finanziellen Verpflichtungen, DB 1987, S. 545.

# 1 Überblick

## 1.1 Allgemeines

§ 314 HGB erweitert die Angabepflichten des § 313 HGB. Diese **weiteren Pflichtangaben** beziehen sich auf Sachverhalte, die aus keiner Regelung des HGB hervorgehen, aber Bestandteil des Konzernanhangs sind. Die Angaben sind an die Angabepflichten des JA für KapG nach § 285 HGB angelehnt, allerdings um Konzernspezifika angepasst. 1

Hinsichtlich der **Ausgestaltung der Angaben** wird mangels Angaben zur Art der Darstellung auf die Ausführungen zu § 313 HGB verwiesen (§ 313 Rz 19 ff.). 2

Dabei gilt, dass die Angaben jeweils gesondert darzustellen sind, die gewählte Darstellungsform aber beizubehalten ist. Eine Angabenreihenfolge ist aus der Norm nicht abzuleiten.

## 1.2 Anwendungsbereich

3   Mit dem **BilMoG**[1] sind die Angabepflichten nach § 314 HGB erheblich erweitert worden. Ursächlich hierfür sind die umzusetzenden EU-Richtlinien, die sich in der Neufassung der Nr. 2, 2a, 8, 9 u. 13 niedergeschlagen haben. Anzuwenden sind diese für KA für nach dem 31.12.2008 beginnende Gj. Des Weiteren sind aufgrund geänderter Ansatz- und Bewertungsvorschriften die Nr. 10–11 inhaltlich neu gefasst und die Nr. 14–21 hinzugefügt worden.

4   Ferner erfolgten mit dem **VorstAG**[2] weitere Ergänzungen zu Abs. 1 Nr. 6 Buchst. a hinsichtlich der Erläuterungspflicht möglicher Leistungen und Zusagen an Vorstandsmitglieder. Mit dem das Investmentgesetz zum 21.7.2013 ersetzenden KAGB[3] wurde in Abs. 1 Nr. 18 eine Konkretisierung der berichtsnötigen Investmentvermögen vorgenommen, die für Gj, die nach dem 21.7.2013 beginnen, anzuwenden ist.

## 2 Pflichtangaben (Abs. 1)

### 2.1 Angaben zu Verbindlichkeiten mit mehr als fünf Jahren Restlaufzeit und zu gesicherten Verbindlichkeiten (Abs. 1 Nr. 1)

5   Der **Gesamtbetrag der Verbindlichkeiten mit einer Restlaufzeit von mehr als fünf Jahren** ist im Konzernanhang gesondert ohne eine weitere Aufgliederung anzugeben. Eine Aufgliederung, wie für den Einzelabschluss nach § 285 Nr. 2 HGB sowie nach § 298 Abs. 1 HGB i.V.m. § 268 Abs. 5 HGB zwingend geboten, ist allerdings gängige Praxis. Die Angabe für den KA impliziert eine vorher durchzuführende SchuldenKons; eine bloße Zusammenfassung aus den Einzelabschlüssen ist nicht zulässig.

6   Analog sind **gesicherte Verbindlichkeiten** als Gesamtbetrag für den Konzern anzugeben. Auch hier ist eine vorherige SchuldenKons vorzunehmen.[4] Gesicherte Verbindlichkeiten sind zu quantifizieren und nach Art und Form der Sicherheiten zu benennen (§ 285 Rz 7 ff.).

7   Die Gesamtbeträge der Verbindlichkeiten mit einer Restlaufzeit von mehr als fünf Jahren und der gesicherten Verbindlichkeiten beinhalten auch Beträge gegenüber nicht in den KonsKreis einbezogenen KonzernUnt sowie die nicht-konsolidierten Beträge gegenüber GemeinschaftsUnt. Eine gesonderte Angabe dieser Beträge ist nicht erforderlich.

8   Aufgrund der geforderten Angabepflichten ist ein **Verbindlichkeitenspiegel** empfehlenswert, in dem eine Aufgliederung der langfristigen und der gesicherten

---

1   BilMoG v. 25.5.2009, BGBl I 2009, S. 1102.
2   Gesetz zur Angemessenheit der Vorstandsvergütung v. 31.7.2009, BGBl 2009 I S. 2509.
3   KAGB eingeführt mit AIFM-UmsG v. 4.7.2013, BGBl 2013 I S. 1981.
4   Vgl. WP-Handbuch, Bd. I, 14. Aufl., Abschn. M, Rz 734.

Beträge auf die Einzelposten vorgenommen werden kann. Dies kommt dann allerdings einer freiwilligen Angabe gleich.

## 2.2 Angaben zu außerbilanziellen Geschäften (Abs. 1 Nr. 2)

Unter außerbilanziellen Geschäften werden Geschäfte verstanden, die von KonzernUnt getätigt werden, aber keinen Einzug in den KA finden. Beispiele hierfür sind Factoring, Pensionsgeschäfte, Konsignationslagervereinbarungen, Verträge mit unbedingter Zahlungsverpflichtung, Forderungsverbriefungen über gesonderte Ges. oder nicht rechtsfähige Einrichtungen, Verpfändung von Aktiva, Leasingverträge oder die Auslagerung von Tätigkeiten. Zweck der Anhangangaben ist die Berichterstattung über Risiken und Chancen, die sich aus diesen Geschäften ergeben und sich auf die VFE-Lage des Konzerns auswirken können. Dies ist dann der Fall, wenn sich aus den außerbilanziellen Geschäften ein künftiger Ressourcenabfluss ergeben könnte, wobei immer auf den Einzelfall abzustellen ist. Ist dies gegeben, ist eine Anhangangabe zwingend. Dabei sind nicht nur die Chancen und Risiken zu nennen, es ist auch auf die Art und den Zweck des Geschäfts einzugehen. 9

Mit der Änderung des § 290 Abs. 2 HGB sind nun **Zweckges.** in den KA einzubeziehen. Sollten dennoch Gründe dafür sprechen, Zweckges. nicht in den KA einzubeziehen, sind zumindest Angaben über die Zweckges. zu machen. § 314 Abs. 1 Nr. 2 HGB hat somit eine Auffangfunktion. 10

Nicht angabepflichtig sind außerbilanzielle Geschäfte von nicht in den KA einbezogenen KonzernUnt. Hierzu gehören regelmäßig nicht konsolidierte TU, GemeinschaftsUnt und assoziierte Unt.[5] Gleiches gilt für im Rahmen der Kons. eliminierte außerbilanzielle Geschäfte. Mit dem BilRUG werden Nr. 2 und 2a überarbeitet (Rz 115 ff.). 11

## 2.3 Angaben zu sonstigen Verpflichtungen (Abs. 1 Nr. 2a)

Der **Gesamtbetrag der sonstigen finanziellen Verpflichtungen** ist anzugeben, sofern dieser für die Finanzlage des Konzerns von Bedeutung ist. Dabei handelt es sich um eine Wahlpflichtangabe (Rz 106), die dann von Bedeutung ist, wenn die finanziellen Verpflichtungen für die Beurteilung des künftigen finanziellen Spielraums des Konzerns erheblich sind.[6] Zusätzlich ist ein Davon-Vermerk für die finanziellen Verpflichtungen gegenüber nicht einbezogenen TU aufzunehmen. 12

Eine gesonderte Angabepflicht besteht dabei nach Art. 28 Abs. 2 EGHGB für nicht passivierte **Pensionsaltzusagen**. Sie sind als Fehlbetrag gesondert im Konzernanhang aufzuführen. Die Regelung ist deckungsgleich mit der des Einzelabschlusses.[7] 13

Empfehlenswert ist die Aufgliederung der einzelnen Verpflichtungen mit Angaben zu den Fristigkeiten, um eine bessere Darstellung der tatsächlichen Verhältnisse des Konzerns zu vermitteln. 14

---

5  Vgl. IDW RS HFA 32 Rz 32.
6  Vgl. *Grottel*, in Beck Bil-Komm. 9. Aufl., § 314 HGB, Rz 17.
7  Vgl. *Selchert*, DB 1987, S. 545 ff.

15 Ferner sind die Angaben gem. § 298 Abs. 1 HGB i. V. m. § 251 HGB bzgl. der Haftungsverhältnisse des Konzerns um die darin enthaltenen **Haftungsverhältnisse**, die sich auf nicht einbezogene TU beziehen, zu erweitern.

### 2.4 Aufgliederung der Umsatzerlöse (Abs. 1 Nr. 3)

16 Umsatzerlöse sind sowohl nach Tätigkeitsbereichen als auch nach geografisch bestimmten Märkten aufzugliedern. Dies impliziert, dass sich Tätigkeitsbereiche von Märkten unterscheiden. Bei Unt mit monolithischen Produkt- oder Vertriebsstrukturen ist diese Unterscheidung nicht notwendig; ein Berichtsformat ist dann ausreichend.[8] Umsatzerlöse basieren auf den gewöhnlichen Geschäftstätigkeiten des Konzerns und spiegeln die Liefer- und Leistungsbeziehungen gegenüber Dritten wider.[9] Innenumsätze nach § 305 Abs. 1 HGB sind zu eliminieren und nicht in die Aufgliederung einzubeziehen. Somit ist stets auf die konsolidierten, mit Dritten realisierten Erträge abzustellen. Innenumsätze können aber auf freiwilliger Basis mit aufgenommen werden.

17 Für die Aufgliederung der Umsatzerlöse **nach Tätigkeitsbereichen** ist eine Anlehnung an die SegmBer nach DRS 3 mangels einer Konkretisierung im Gesetzestext empfehlenswert. Allerdings ist hier zu beachten, dass sich DRS 3 an international anerkannte Rechnungslegungsvorschriften, insb. an den bisherigen IAS 14 anlehnt. Eine Anlehnung der Aufgliederung der Umsatzerlöse an den IFRS 8 oder die US-GAAP-Regelung der FASB Accounting Standards Codification (Accounting Topic 280 Segment Reporting, vormals SFAS 131) ist mit Vorsicht durchzuführen, da eine Umsatzaufgliederung nach diesen Standards auf dem Management Approach, also auf der Abbildung der internen Berichts- und Managementstrukturen, basiert. Diese Strukturen müssen nicht zwangsläufig mit Tätigkeitsbereichen deckungsgleich sein. Dies eröffnet einen nicht zu unterschätzenden Handlungsspielraum bei der Aufgliederung.[10]

18 Für die Aufgliederung der Umsatzerlöse **nach geografisch bestimmten Märkten** ist auf Absatzmärkte abzustellen.[11] Dies ergibt sich aus der Forderung im Gesetz nach Berücksichtigung der Organisation des Verkaufs von für die gewöhnliche Geschäftstätigkeit des Konzerns typischen Erzeugnissen und Dienstleistungen. Entscheidend ist demnach der Sitz des Kunden, also der finale Absatzmarkt. Bei stark divergierenden Vertriebsgebieten, uneinheitlichen Absatzkanälen oder verstreuten Kundenstandorten können diese auch zu einem geografisch bestimmten Markt zusammengefasst werden, wenn dadurch eine bessere Darstellung der tatsächlichen Verhältnisse der Umsatzaufgliederung erreicht wird. Hier ist insb. der Wesentlichkeitsgrundsatz zu beachten und die Aufgliederung so zu wählen, dass die relevanten Märkte einzeln dargestellt werden.

19 Die Aufgliederung der Umsatzerlöse für das aktuelle Jahr ist um **Vorjahresangaben** zu ergänzen. Bei erheblichen Änderungen von Konzernstrukturen sind ggf. Pro-Forma-Angaben notwendig, sofern eine Vergleichbarkeit ansonsten nicht mehr gewährleistet ist.

---

[8] Vgl. ADS, 6. Aufl., § 314 HGB, Rz 22.
[9] Vgl. WP-Handbuch, Bd. I, 14. Aufl., Abschn. M, Rz 737.
[10] Vgl. WP-Handbuch, Bd. I, 14. Aufl., Abschn. M, Rz 848.
[11] Vgl. Grottel, in Beck Bil-Komm. 9. Aufl., § 314 HGB, Rz 26; Fülbier/Pellens, in MünchKomm. HGB, 3. Aufl., § 314, Rz 23; WP-Handbuch, Bd. I, 14. Aufl., Abschn. M, Rz 740.

Unt, die eine **SegmBer**, sei es verpflichtend oder auf freiwilliger Basis, erstellen, sind nach § 314 Abs. 2 Satz 1 HGB von den Angabepflichten zur Aufgliederung von Umsatzerlösen befreit. Insofern handelt es sich hier nur um ein Anwendungswahlrecht.

### 2.5 Angaben zur Mitarbeiteranzahl und zum Personalaufwand (Abs. 1 Nr. 4)

#### 2.5.1 Zahl der Arbeitnehmer

Im Konzernanhang hat eine Angabe der **durchschnittlichen Zahl der Arbeitnehmer** zu erfolgen. Durch die Beschränkung auf die einbezogenen Unt kommen nur die Mitarbeiter des MU sowie von voll- und quotal konsolidierten TU in Betracht. Doppelzählungen sind dabei zu vermeiden. Im Umkehrschluss dürfen konzernzugehörige Mitarbeiter nicht konsolidierter Unt, assoziierter Unt sowie sonstiger Beteiligungen nicht einbezogen werden. Die Vorschrift ist identisch mit den Anhangangaben zum Einzelabschluss nach § 285 Nr. 7 HGB (§ 285 Rz 40ff.). Die Art der Berücksichtigung von Mitarbeiterzahlen **quotal einbezogener Unt** ist in der Literatur gegenwärtig umstritten. Er werden sowohl eine volle[12] als auch eine anteilmäßige[13] Berücksichtigung präferiert, wobei die erstere Meinung dem Wortlaut des Gesetzes am nächsten kommt. Unabhängig vom Meinungsstreit ist die durchschnittliche Anzahl der Arbeitnehmer quotal einbezogener Unt entweder gesondert oder als „Davon"-Vermerk anzugeben. Mit dem BilRUG hat der Gesetzgeber durch eine gesonderte Angabe der Mitarbeiter der quotal einbezogenen Unt hier dem Konflikt die Schärfe genommen (Rz 117).

Als **durchschnittliche Anzahl** ist der Jahresmittelwert der Mitarbeiter einbezogener Unt anzusetzen. Veränderungen des KonsKreises haben auch stets Auswirkungen auf die Berechnung der durchschnittlichen Anzahl der Mitarbeiter. Gleiches gilt für quotal einbezogene Unt, wobei hier eine anteilmäßige Einbeziehung von Mitarbeitern möglich erscheint.[14]

Die durchschnittliche Anzahl der Arbeitnehmer ist zu **gruppieren**. Hierbei ist auf Arbeitnehmergruppen abzustellen. Eine Gruppierung für Mitarbeiterzahlen quotal einbezogener Unt ist bisher nicht gefordert, kommt aber mit dem BilRUG (Rz 117).

Es gilt **Methodenfreiheit** für die Berechnung der durchschnittlichen Mitarbeiteranzahl. Es ist allerdings auf Methodenstetigkeit in der Anwendung zu achten.

#### 2.5.2 Personalaufwand

Erfolgt die **Gliederung** der GuV **nach dem UKV**, ist der Personalaufwand im Konzernanhang anzugeben. Anders als im Einzelabschluss ist eine Aufteilung in einzelne Komponenten bisher nicht erforderlich, wird aber künftig mit dem BilRUG (Rz 118) gefordert.[15] Die Gesamtangabe ist insb. für Wertschöpfungsrechnungen[16] und Relationen wie Personalaufwand/Mitarbeiter von Interesse.

---

[12] Vgl. *ADS*, 6. Aufl., § 314 HGB, Rz 31.
[13] Vgl. *Grottel*, in Beck Bil-Komm. 9. Aufl., § 314 HGB, Rz 35.
[14] Vgl. *Fülbier/Pellens*, in: MünchKomm. HGB, 3. Aufl., § 314, Rn 27.
[15] Vgl. WP-Handbuch, Bd. I, 14. Aufl., Abschn. M, Rz 741 f.
[16] Vgl. zu Wertschöpfungsrechnungen z. B. *Haller*, Wertschöpfungsrechnung, 1997.

27  MU, die gem. § 315a HGB ihren KA pflichtgemäß oder freiwillig nach den IFRS erstellen, haben diese Angaben zusätzlich in den Konzernanhang aufzunehmen (§ 315a Rz 16).

## 2.6 Angaben zu Organbezügen sowie Krediten und sonstigen Rechtsgeschäften mit Organmitgliedern (Abs. 1 Nr. 6)

28  Im Konzernanhang **sind** Angaben über die Organbezüge, Kredite und sonstige Rechtsgeschäfte mit Organmitgliedern **aufzunehmen**. Getrennt nach Personengruppen (Mitglieder des Geschäftsführungsorgans, AR, Beirats oder einer ähnlichen Einrichtung des MU) sind die Gesamtbezüge des Gj zu nennen. Gleiches gilt für die Bezüge früherer Mitglieder der Organe und ihrer Hinterbliebenen im Gj. Pensionsverpflichtungen dieses Personenkreises sind gesondert darzustellen. Gewährte Vorschüsse und Kredite für diese Personenkreise sind zu erläutern, wobei neben der Angabe des Zinssatzes, der Bedingungen und der ggf. im Gj getilgten Beträge außerdem eingegangene Haftungsverhältnisse darzulegen sind. Diese Angabepflichten sind durch DRS 17 konkretisiert worden, der über § 315a Abs. 1 HGB auch für Unt gilt, die ihren KA nach den IFRS erstellen.

29  Bei den **Organmitgliedern** im Konzern ist ausschließlich auf das MU abzustellen. Damit wird die Berichterstattung des Personenkreises mit dem des Einzelabschlusses des MU identisch sein. Üben Organmitglieder weitere Funktionen bei anderen Unt im Konzern aus und erhalten sie daraus weitere Einkünfte, können die Bezugsangaben zwischen JA und KA divergieren. Für den KA sind allerdings alle Bezüge aufzunehmen, unabhängig vom KonsKreis, von der Einstufung des betroffenen TU und von Art und Umfang der Tätigkeit. Es gilt stets eine konzernweite Betrachtung, wobei allerdings Bezüge aus Tätigkeiten bei GemeinschaftsUnt oder assoziierten Unt oder im Fall eines Teil-KA aus Tätigkeiten bei übergeordneten Ges. auszuklammern sind.[17]

30  **Tätigkeiten** von Organmitgliedern, aus denen Bezüge entstehen, umfassen sämtliche Tätigkeiten, nicht nur Organtätigkeiten. Der Begriff ist weit auszulegen, wobei es ausreicht, dass die Tätigkeiten im Interesse des MU stehen. Demgegenüber sind nebenamtliche Tätigkeiten sowie Aufgaben als Freiberufler nicht einzubeziehen.[18]

31  Obwohl nur zeitanteilig gezahlt, sollten Bezüge von Organmitgliedern unterjährig erworbener oder veräußerter TU vollständig berücksichtigt werden.[19]

32  Eine **Differenzierung** von Bezügen nach den Ursprüngen im Konzern ist nicht notwendig. Werden Einzel- und Konzernanhang gem. § 298 Abs. 3 HGB zusammengefasst, sind allerdings getrennte Angaben gem. § 285 Nr. 9 HGB u. § 314 Nr. 6 HGB erforderlich.

### 2.6.1 Angaben für tätige Organmitglieder (Abs. 1 Nr. 6 Buchst. a)

33  Gesamtbezüge tätiger Organmitglieder umfassen Gehälter, Gewinnbeteiligungen, Bezugsrechte und sonstige aktienbasierte Vergütungen, Aufwandsentschä-

---

[17] Vgl. WP-Handbuch, Bd. I, 14. Aufl., Abschn. M, Rz 774.
[18] Vgl. *Grottel*, in Beck Bil-Komm., 9. Aufl., § 314 HGB, Rz 62 f.
[19] Vgl. zu einer nur anteiligen Berücksichtigung *Fülbier/Pellens*, in MünchKomm. HGB, 3. Aufl., § 314, Rn 43.

digungen, Versicherungsentgelte, Provisionen, Nebenleistungen jeder Art sowie nicht ausgezahlte Bezüge. Unter nicht ausgezahlten Bezügen werden Erhöhungen von Ansprüchen und Bezüge des Gj, die bisher in keinem KA angegeben worden sind, verstanden. Zu entrichtende gesetzliche Arbeitgeberanteile zur Sozialversicherung nach DRS 17.18 fallen jedoch nicht unter diese Bezüge. Gleiches gilt für die den Mitgliedern des AR, Beirats oder ähnlicher Einrichtungen erstattete USt, die als durchlaufender Posten zu behandeln ist. Bezüge und Zusagen, die mit einer aufschiebenden Bedingung versehen sind, sind erst mit vollständigem Eintritt der Bedingung angabepflichtig.

Die Angabe im Konzernanhang kann nach bisheriger Rechtsprechung analog § 286 Abs. 4 HGB (§ 286 Rz 17f.) dann unterbleiben, wenn aus der Angabe auf die Bezüge eines einzelnen Organmitglieds geschlossen werden kann.[20] Das Auskunftsrecht der Anteilseigner des MU (z.B. gem. § 131 AktG) bleibt davon unberührt.[21] Dies gilt nicht für Vorstände **börsennotierter AG**. Deren Bezüge sind analog den Empfehlungen des DCGK, Ziff. 4.2.4 und nach DRS 17.40 individualisiert anzugeben. Die in § 286 Abs. 5 i.V.m. § 286 Abs. 2 Satz 2 HGB eingeräumte Möglichkeit der Unterlassung von Angaben nach § 314 Abs. 1 Nr. 6 Buchst. a Sätze 5–8 HGB für einen Zeitraum von fünf Jahren aufgrund eines Beschlusses der HV bleibt ebenfalls hiervon unberührt.

34

**Vergütungen von Vorstandsmitgliedern** börsennotierter AG sind in **drei Kategorien** zu unterteilen: erfolgsunabhängige, erfolgsabhängige Komponenten und Komponenten mit langfristiger Anreizwirkung. Beispiele hierzu gibt DRS 17.42–44:

35

- **Erfolgsunabhängige Komponenten:**
  - Gehälter,
  - feste jährliche Einmalzahlungen (z.B. erfolgsunabhängige Tantiemen, Urlaubsgelder),
  - von der Ges. für auf den Namen des Vorstandsmitglieds lautende Lebens-, Pensions- oder Unfallversicherungen gezahlte Versicherungsprämien,
  - Aufwandsentschädigungen.
- **Erfolgsabhängige Komponenten:**
  - Gewinnbeteiligungen,
  - variable Tantiemen und Boni,
  - sonstige Prämien für besondere Leistungen.
- **Langfristige Anreizwirkung:**
  - unentgeltliche Gewährung von Aktien mit mehrjähriger Veräußerungssperre,
  - Ausgabe von Wandelschuldverschreibungen,
  - Aktienoptionen,
  - sonstige aktienbasierte Vergütungen.

Sachbezüge und Nebenleistungen sind nach DRS 17.45 entsprechend einer der drei Kategorien zuzuordnen.

Die Angabe hat individualisiert mit Nennung des Namens des Vorstandsmitglieds zu erfolgen. Die Angabe bzgl. der gesamten Höhe muss mit den Angaben

---

[20] Vgl. *ADS*, 6. Aufl., § 314 HGB, Rz 50; LG Köln v. 18.12.1996, 91 O 147/96, DB 1997, S. 320; *Klatte*, BB 1995, S. 35; *Kling*, BB 1995, S. 349, 350.
[21] Vgl. OLG Düsseldorf v. 26.6.1997, 19 W 2/97 AktE, DB 1997, S. 1609.

gem. § 315 Abs. 1 Nr. 6a Satz 1 HGB übereinstimmen (vgl. zu weiteren Wahlrechten § 315 Rz 135 ff.).

36 **Börsennotierte** Unt haben **zusätzliche Angaben** in den Konzernanhang nach § 314 Abs. 1 Nr. 6a Satz 6 HGB aufzunehmen. Nach dieser Vorschrift in der Fassung des **VorstAG** handelt es sich dabei um folgende Angaben:[22]
- Leistungen, die dem Vorstandsmitglied für den Fall einer vorzeitigen Beendigung seiner Tätigkeit zugesagt worden sind;
- Leistungen, die dem Vorstandsmitglied für den Fall der regulären Beendigung seiner Tätigkeit zugesagt worden sind, mit ihrem Barwert sowie den von der Ges. während des Gj hierfür aufgewandten oder zurückgestellten Betrag;
- während des Gj vereinbarte Änderungen dieser Zusagen;
- Leistungen, die einem früheren Vorstandsmitglied, das seine Tätigkeit im Laufe des Gj beendet hat, in diesem Zusammenhang zugesagt und im Laufe des Gj gewährt worden sind.

Hierzu gehören **Leistungen für den Fall der Beendigung der Tätigkeit**, die von künftigen Ereignissen abhängen und somit i. d. R. mit einer aufschiebenden Bedingung versehen und damit noch nicht gewährt sind. Typische Beispiele sind Pensionen, Versorgungsleistungen und Abfindungen, die bis zur Beendigung des Organverhältnisses zugesagt wurden. Die Angabepflicht umfasst sämtliche zum Abschlussstichtag bestehenden Leistungen, unabhängig davon, ob sie zugesagt wurden.

37 Des Weiteren sind Bezüge gem. § 314 Abs. 1 Nr. 6a Satz 7 HGB individualisiert anzugeben, die einem einzelnen Vorstandsmitglied von einem Dritten im Hinblick auf seine Tätigkeit als Vorstandsmitglied zugesagt oder gewährt worden sind. Ein Zusammenhang zwischen der Leistung und der Vorstandstätigkeit muss dabei gegeben sein. Als Dritter kommt jede Person infrage, die nicht dem aufstellenden Unt zuzuordnen ist. Die Angabe ist entweder gesondert oder als „Davon"-Vermerk vorzunehmen.

38 **Aktienoptionspläne und ähnliche Entgeltformen** sind auch als Bezüge aktiver Organmitglieder anzugeben. In Anlehnung an IFRS 2 sind die Bezugsrechte und sonstigen aktienbasierten Vergütungen mit ihrer Anzahl und dem beizulegenden Zeitwert zum Zeitpunkt ihrer Gewährung anzugeben. Wertänderungen sind nur bei geänderten Ausübungsbedingungen zu berücksichtigen. Damit ist klargestellt, das eine Marktpreisbewertung zum Zeitpunkt der Gewährung aus Sichtweise des Unt zu erfolgen hat, unabhängig davon, ob sie auf Marktpreisen vergleichbarer Optionen oder auf Optionspreismodellen basieren.[23] Spätere Wertänderungen dürfen nicht berücksichtigt werden, da sie von dem Unt nicht beeinflusst werden können, obwohl hier i. d. R. eine abweichende Belastung vorliegen wird. Daher wird empfohlen, eine ausführliche Beschreibung in Anlehnung an die Pflichtangaben des IFRS 2 in den Konzernanhang aufzunehmen. Weitere Angaben zu Ausübungsbedingungen, Ausgestaltung und Risiken sind

---

[22] Zu den Details dieser Neuregelungen wird auf die Kommentierung zu § 285 Nr. 9 HGB (§ 285 Rz 51 ff.) verwiesen. Die aufgrund des VorstAG geänderten Vorschriften in § 285 Nr. 9 und § 314 Abs. 1 Nr. 6 HGB sind im Wortlaut deckungsgleich.

[23] So auch *ADS*, 6. Aufl., § 285 HGB, Rz 13 ff.; a. A. *Grottel*, in Beck Bil-Komm. 9. Aufl., § 285 HGB, Rz 170.

wünschenswert. Explizit gefordert sind allerdings nur die Angaben der Anzahl und zum beizulegenden Zeitwert.

### 2.6.2 Angaben für ehemalige Organmitglieder und ihre Hinterbliebenen (Abs. 1 Nr. 6 Buchst. b)

Angabepflichtig sind die **Gesamtbezüge der ehemaligen Organmitglieder** des MU und deren Hinterbliebenen. Hierzu gehören Abfindungen, Ruhegehälter, Hinterbliebenenbezüge und Leistungen verwandter Art. Die Gesamtbezüge umfassen alle Bezüge, die von allen Unt des Konzerns, also auch den TU, gewährt wurden. Hier liegt eine systematische Abweichung zu den Angaben nach § 285 Nr. 9 Buchst. b HGB vor, der für Zwecke des Einzelabschlusses einzig auf die gewährten Bezüge des MU abstellt (§ 285 Rz 52ff.). Leistungen von Pensions- oder Unterstützungskassen sind nur bei einem unmittelbaren Anspruch des MU oder TU auf die Auszahlungen einzubeziehen oder wenn diese Pensions- und Unterstützungskassen als TU zu klassifizieren sind. 39

Bei **Pensionsverpflichtungen** sind – anders als im Einzelabschluss – alle Unt des Konzerns einzubeziehen. Auf eine einheitliche Bewertung der Pensionszusagen ist zu achten, da zum einen über die Kons. auch die Zusagen von TU einbezogen werden und zum anderen die Zusagen nicht konsolidierter Unt und Beteiligungen zu berücksichtigen sind.[24] Für die Pensionsverpflichtungen ist eine Unterteilung nach passivierten und nicht gebildeten Pensionsrückstellungen sowie nach den jeweiligen Personengruppen vorzunehmen. 40

### 2.6.3 Angaben über Vorschüsse und Kredite (Abs. 1 Nr. 6 Buchst. c)

Neben den Gesamtbezügen tätiger Organmitglieder sind Angaben zu **gewährten Vorschüsse, Krediten** sowie **eingegangenen Haftungsverhältnissen** im Konzernanhang zu berichten. Rechtsgeschäfte ehemaliger Organmitglieder und ihrer Hinterbliebenen fallen nicht unter diese Angabepflicht. Allerdings sind Rechtsgeschäfte zwischen den aktiven Organmitgliedern und TU angabepflichtig.[25] 41

Es sind alle gewährten Vorteile unsaldiert anzugeben. Darunter fallen nicht nur Beträge, sondern auch Zinskonditionen und wesentliche Bedingungen der zugrunde liegenden Rechtsgeschäfte. Unsaldiert bedeutet, dass eine Saldierung von Verpflichtungen des Konzerns (bzw. sämtlicher Unt des Konzerns) mit den gewährten Vorschüssen und Krediten nicht vorgenommen werden darf. Es ist dabei unerheblich, auf welcher Ebene im Konzern Vorschüsse und Schulden gegenüber Organmitgliedern bestehen. Nach dem BilRUG sind zukünftig auch erlassene Beträge angabepflichtig (Rz 118). 42

## 2.7 Angaben zu Anteilen am Mutterunternehmen (Abs. 1 Nr. 7)

Über Anteile am MU, die von dem MU, einem TU oder einem Dritten treuhänderisch gehalten werden, sind Angaben in den Konzernanhang aufzunehmen. Damit fallen Anteile am MU, die von Gemeinschafts- oder assoziierten Unt gehalten werden, aus der Angabepflicht heraus. Zu den Pflichtangaben gehören Anzahl, Nennbetrag (bzw. der rechnerische Wert bei nennwertlosen Aktien) und 43

---

[24] Vgl. *Grottel*, in Beck Bil-Komm. 9. Aufl., § 314 HGB, Rz 76.
[25] Vgl. *Dörner/Wirth*, in *Küting/Weber*, HdK, §§ 313, 314 HGB, Rz 390.

der prozentuale Anteil am gezeichneten Kapital. Diese Vorschrift steht in Analogie zu § 160 Abs. 1 Nr. 2 AktG, der identische Angaben fordert. Somit besteht für AG eine entsprechende Angabepflicht auch im Einzelabschluss. Auszuweisen sind die Anteile in der Bilanz als offen abgesetzte Rücklage gem. § 301 Abs. 4 HGB unter § 266 Abs. 3 A. III. 2. HGB.

44 Von einem Dritten treuhänderisch gehaltene Anteile an dem MU umfassen Anteile, die sowohl erworben als auch als Pfand genommen wurden. Nach hM ist diese Einschränkung entgegen der Formulierung in § 314 Abs. 1 Nr. 7 HGB, die zu einem Ausschluss der nichtkonsolidierten TU führt, als Ungenauigkeit zu werten, da diese auch nicht aus der 7. EG-RL abzuleiten ist.[26] Folglich sind auch treuhändisch gehaltene Anteile nicht konsolidierter TU zu berücksichtigen.[27] Eine Differenzierung bzgl. des Besitzers der Anteile oder dem Ort der Hinterlegung ist nicht notwendig.

45 Die Anteile des MU fallen nicht unter die Angabepflichten zum sonstigen Anteilsbesitz nach § 313 Abs. 2 Nr. 4 HGB (§ 313 Rz 101 ff.); eine Inanspruchnahme der Schutzklausel des § 313 Abs. 3 HGB (§ 313 Rz 110 f.) ist ausgeschlossen.[28]

### 2.8 Angabe zur Erklärung gem. § 161 AktG (Abs. 1 Nr. 8)

46 Vorstand und AR einer börsennotierten Ges. haben gem. § 161 AktG jährlich darüber zu berichten, ob den Verhaltensempfehlungen des **DCGK** entsprochen wurde und wird oder welche Empfehlungen nicht angewandt werden oder wurden. Sofern Empfehlungen des DCGK nicht angewendet bzw. von ihnen abgewichen werden oder wurden, ist eine Begründung abzugeben, warum von diesen Empfehlungen abgewichen wird oder wurde. Diese Erklärung ist auch für alle voll und anteilig einbezogenen börsennotierten Unt abzugeben. Die Erklärung zum DCGK selbst ist damit aber nicht Gegenstand des Konzernanhangs. Im Konzernanhang ist anzugeben, dass die Erklärung nach § 161 AktG abgegeben und **wo** sie dauerhaft öffentlich zugänglich gemacht worden ist.

> **Beispiel**
> Die Angabe zur Erklärung gem. § 161 AktG könnte wie folgt formuliert werden:
> „Der Vorstand und der Aufsichtsrat der xyz AG haben die gem. § 161 AktG geforderte Entsprechenserklärung zum Deutschen Corporate Governance Kodex abgegeben und den Aktionären im Internet unter folgender Adresse dauerhaft zugänglich gemacht: www.Internetadresse.de"

### 2.9 Angaben zum Honorar des Abschlussprüfers (Abs. 1 Nr. 9)

47 Alle Unt haben im KA Angaben zum Honorar des AP zu machen. Eine Beschränkung auf Unt, die einen organisierten Markt i. S. d. § 2 Abs. 5 WpHG in Anspruch nehmen, wurde mit dem BilMoG aufgehoben. Die Angabepflicht gilt gem. § 315a HGB auch dann, wenn der KA verpflichtend oder freiwillig nach den IFRS aufgestellt wird. Der Gesetzgeber bezweckt mit den Honorarangaben

---

[26] Vgl. stellvertretend *Fülbier/Pellens*, in MünchKomm. HGB, 3. Aufl., § 314, Rn 51.
[27] Vgl. *ADS*, 6. Aufl., § 314 HGB, Rz 53.
[28] Vgl. WP-Handbuch, Bd. I, 14. Aufl., Abschn. M, Rz 744.

eine erhöhte **Transparenz** der Beziehungen zwischen AP und Prüfungsmandant, um so eine verbesserte Einschätzung der Unabhängigkeit des AP vornehmen zu können. Diese Pflichtangabe ist im Kontext des § 319 HGB zur Vereinbarkeit bzw. Nichtvereinbarkeit von bestimmten Beratungsdienstleistungen mit der Tätigkeit und der Unabhängigkeit des AP zu sehen. Die Angabe ist auch aus Sicht des DCGK von Bedeutung, da der Prüfer Auskunft über seine Unabhängigkeit und seine finanziellen Verflechtungen im Rahmen des Auswahlverfahrens des AP durch den AR bzw. Prüfungsausschuss zu geben hat. Ferner steht die Angabe nun vollständig im Einklang mit der vierten RL.[29]

**Erleichterungsvorschriften** greifen **nicht**. Es ist unabhängig von der Größenklasse eines Konzerns zu berichten. 48

Als **AP** wird die Person oder Ges. verstanden, die zur Apr. bestellt wurde. Werden mehrere Personen oder Ges. zur Apr. bestellt, umfasst die Anhangangabe sämtliche Honorare aller bestellten Personen oder Ges. 49

**Offenzulegen** sind alle Honorare des AP des Konzerns i. S. d. § 319 Abs. 1 HGB. Diese Angabepflicht umfasst damit Leistungen, die für das MU und alle TU erbracht wurden. GemeinschaftsUnt sind quotal einzubeziehen. Somit beinhaltet die Honorarangabe erbrachte Leistungen für den KA als auch die JA der geprüften Unt. Ist als AP eine Prüfungsges. bestellt, sind die Honorare aller erbrachten Leistungen anzugeben. Nicht anzugeben sind Prüfungs- und Beratungsleistungen, die von Netzwerken von Prüfungsges. erbracht werden. Hierdurch wird die Aussagekraft der Honorarangaben allerdings erheblich verwässert.[30] Die Angabe des Honorars im Rahmen des KA weist dabei regelmäßig von den Angaben zu den Honoraren im Anhang zum JA ab. 50

Honorare sind **betragsmäßig** anzugeben. Gefordert ist eine absolute, wertmäßige Honorarangabe für alle im Gj erbrachte Leistungen. Die Angabe der als Aufwand erfassten Honorare ist dabei nicht hinreichend. Zu berücksichtigen sind ebenfalls erbrachte, aber noch nicht abgerechnete Leistungen des AP. Davon abzugrenzen sind im Nachgang abgerechnete Leistungen des Vj. Insofern ist auf den Zeitpunkt der Leistungserbringung abzustellen, soweit nicht durch die Periodenabgrenzung RST zu bilden sind, z.B. für Abschlussprüfungsleistungen.[31] 51

Anzugeben ist das **Gesamthonorar**, im Fall von mehreren AP aufgeteilt pro AP. Eine weitere Untergliederung bzw. die Angabe von Details ist nicht erforderlich. Zum Gesamthonorar gehört neben den in Rechnung gestellten Leistungen auch der Auslagenersatz, nicht jedoch die USt, sofern diese als Vorsteuer vom Finanzamt erstattet wird. Sind mehrere Personen oder Ges. zum AP bestellt, ist die betragsmäßige Angabe getrennt pro bestelltem AP vorzunehmen. 52

Die Angabe von **Vorjahresbeträgen** ist differenziert zu betrachten. Eine Verpflichtung zur Abgabe der Vorjahresbeträge nach dem HGB ist im KA nicht gegeben. Freiwillige Angaben dürfen gemacht werden. Im Rahmen eines befreienden IFRS-KA sind aufgrund der Vorschriften der IFRS Vorjahresangaben erforderlich. 53

Seitens des Gesetzgebers ist eine **differenzierte** Angabe gefordert, wobei eine Differenzierung nach den Kategorien Abschlussprüfungsleistungen, andere Be- 54

---

29  Vgl. Vierte Richtlinie 78/660/EWG Art. 15.
30  Vgl. *Lenz*, 2004, S. 711.
31  Vgl. *Pfitzer/Oser/Orth*, DB 2004, S. 2593, 2595.

stätigungsleistungen, Steuerberatungsleistungen und sonstige Leistungen zu erfolgen hat. Hinsichtlich der Zuordnung von erbrachten Leistungen des AP zu den Kategorien sind **Wertungsspielräume** vorhanden. Aufgrund des Stetigkeitsgebots sind einmal getroffene Zuordnungswahlrechte in den Folgeperioden beizubehalten.

**Beispiel**
Die Angabe zum Honorar des AP kann nach dem folgenden Schema erfolgen:

|  | Geschäftsjahr | Vorjahr |
| --- | --- | --- |
| Abschlussprüfungsleistungen |  |  |
| Andere Bestätigungsleistungen |  |  |
| Steuerberatungsleistungen |  |  |
| Sonstige Leistungen |  |  |
| Gesamt |  |  |

**Beispiel**
Die Angabe zum Honorar bei mehreren AP kann nach dem folgenden Schema erfolgen, hier dargestellt ohne Vorjahreshonorare:

|  | AP A | AP B | Gesamt |
| --- | --- | --- | --- |
| Abschlussprüfungsleistungen |  |  |  |
| Andere Bestätigungsleistungen |  |  |  |
| Steuerberatungsleistungen |  |  |  |
| Sonstige Leistungen |  |  |  |
| Gesamt |  |  |  |

55  Zu den Honoraren der **Abschlussprüfung** zählen die im Gj erfassten Aufwendungen für
- pflichtgemäße Apr. von zu erstellenden KA und JA einschl. der BSV über das Ergebnis der Prüfungen;
- freiwillige Apr.;
- prüferische Durchsichten von Zwischenabschlüssen, sei es freiwillig oder verpflichtend nach § 37w WpHG oder anderen gesetzlichen oder sonstigen Vorgaben wie bspw. Börsenvorschriften;
- sonstige gesetzliche Prüfungsaufträge. Hierzu gehören regelmäßig Prüfungsleistungen im Zusammenhang mit den internen Kontrollsystemen, IT- und Risikomanagementsystemen sowie Ordnungsmäßigkeitsprüfungen der Geschäftsführung i.S.d. § 53 HGrG, Prüfungen im Zusammenhang mit der Erfüllung von Einreichungspflichten bei Behörden sowie hinsichtlich der Einhaltung weiterer gesetzlicher Bestimmungen;
- Tätigkeiten im Rahmen eines Enforcement-Verfahrens der DPR oder der BaFin.[32]

---

[32] Vgl. *Kling*, WPg 2011, S. 214.

Unter die Honorare für **andere Bestätigungsleistungen** fallen Aufwendungen für prüfungsnahe Leistungen, die nicht mit dem geprüften Abschluss und der Rechnungslegung zusammenhängen.
Hierzu gehören u. a.
- freiwillige Prüfungsleistungen;
- Gründungsprüfungen;
- sonstige aktienrechtliche Prüfungen.

Zu den Honoraren für **Steuerberatungsleistungen** gehören Aufwendungen für die Erstellung von Steuererklärungen sowie die Beratung und Vertretung der KonzernUnt in steuerlichen Angelegenheiten.

Unter Honorare für **sonstige Leistungen** werden alle Leistungen subsumiert, die nicht unter die 3 vorgenannten Kategorien fallen. Diese Position dient als Auffangposition, um sämtliche Leistungen des AP zu erfassen. Hierzu gehören regelmäßig Sonderprüfungen und weiterführende Beratungsleistungen.[33]

## 2.10 Angaben zu oberhalb des beizulegenden Zeitwerts ausgewiesenen Finanzinstrumenten (Abs. 1 Nr. 10)

§ 314 Abs. 1 Nr. 10 HGB verlangt Angaben zu Finanzinstrumenten, die über ihrem beizulegenden Zeitwert ausgewiesen werden. Ein erhöhter Ausweis resultiert durch das Wahlrecht des gemilderten Niederstwertprinzips gem. § 298 Abs. 1 HGB i.V.m. § 253 Abs. 3 HGB, wobei ein über dem beizulegenden Zeitwert ausgewiesener Buchwert aus dem Verzicht einer außerplanmäßigen Abschreibung resultiert.[34] Daher beschränkt sich die Angabe auf Finanzinstrumente, die dem AV zuzurechnen sind und unter § 266 Abs. 2 A. III. HGB ausgewiesen werden. Eine abweichende Bewertung kann sich neben der Unterlassung von außerplanmäßigen Abschreibungen auch durch abweichende Wertansätze gegenüber dem Einzelabschluss ergeben, z. B. durch eine Neubewertung im Rahmen der ErstKons.

Angabepflichtig sind nach Buchst. a der Vorschrift der beizulegende Zeitwert sowie der Buchwert, woraus sich der Betrag der unterlassenen Abschreibung ermitteln lässt. Die Angabe sollte stets pro VG erfolgen. Eine Gruppierung ist allerdings zulässig.

Neben den Angaben zu Buch- und Zeitwert sind die Gründe für das Unterlassen der Abschreibung zu nennen. Explizit sollen die Anhaltspunkte für eine nicht dauerhafte Wertminderung genannt werden. Ziel der Angabe ist letztendlich die Begründung, warum eine nicht dauerhafte Wertminderung vorliegt, da nur dann keine außerplanmäßige Abschreibung vorzunehmen ist.

Auf die Angabe kann verzichtet werden, sofern es sich bei den Finanzinstrumenten um Anteile an Investmentvermögen handelt, über die nach Abs. 1 Nr. 18 zu berichten ist (vgl. Rz 93 ff.).

---

[33] Zu weiteren Details bzgl. der Honorarangaben wird auf die Kommentierung zu § 285 Nr. 17 HGB (§ 285 Rz 118 ff.) verwiesen, die auch auf den am 11.3.2010 vom HFA des IDW verabschiedeten IDW RS HFA 36 zu den Anhangangaben nach § 285 Nr. 17 HGB und § 314 Abs. 1 Nr. 9 HGB Bezug nimmt.

[34] Vgl. IDW-Stellungnahme, WPg 2004, S. 143, 145.

## 2.11 Angaben zu derivativen Finanzinstrumenten (Abs. 1 Nr. 11)

63 Die Art und der Umfang von Angaben zu derivativen Finanzinstrumenten (identisch mit § 285 Abs. 1 Nr. 19 HGB) verpflichten zu einer umfassenden Berichterstattung hinsichtlich schwebender Geschäfte und den damit verbundenen Risiken. Der Berichtsumfang bezieht sich auf das MU sowie alle einbezogenen TU und soll somit eine Gesamtbeurteilung ermöglichen. Dabei ist es unerheblich, ob die derivativen Finanzinstrumente bilanzwirksam erfasst wurden oder ob dies noch nicht erfolgte.[35] Der **Begriff** „derivatives Finanzinstrument" ist seitens des Gesetzgebers nicht definiert.[36] Daher wird ersatzweise auf die Definitionen nach KWG, WpHG und IFRS zurückgegriffen. Wie im Regierungsentwurf wird auch hier der Begriff der Finanzinstrumente als Oberbegriff verwendet,[37] womit eine möglichst umfassende Definition erreicht werden soll.[38] Zu den derivativen Finanzinstrumenten gehören somit typischerweise Zinsswaps, -Futures, -optionsgeschäfte und Devisentermingeschäfte, -optionsgeschäfte sowie Währungsswaps, aktien-/indexbezogene Instrumente und Warentermingeschäfte.

64 Finanzinstrumente sind zu kategorisieren. Für jede **Kategorie** sind die folgenden Angaben offenzulegen:
- Art und Umfang,
- Buchwert und korrespondierender Bilanzposten,
- beizulegender Zeitwert nebst der angewandten Bewertungsmethoden. Kann ein beizulegender Zeitwert nicht bestimmt werden, sind stattdessen die Gründe hierfür anzugeben.

Als Kategorien für derivative Finanzinstrumente eignen sich in Anlehnung an § 1 Abs. 11 Nr. 2 Satz 4 KWG die zugrunde liegenden Risiken. Beispiele hierfür sind zinsbezogene, währungsbezogene oder aktien-/indexbezogene Risiken. Bestehen Zuordnungsschwierigkeiten, sind derivative Finanzinstrumente entweder als eigenständige Kategorie oder gesondert innerhalb der sonstigen Geschäfte zu erfassen.[39]

65 **Art und Umfang** können über die Natur der Finanzinstrumente, deren Einsatzbereiche und deren Volumen bestimmt werden. So sind als **Arten** z.B. Optionen, Futures, Forwards und Swaps zu nennen.[40] Der **Umfang** kann über Nominalwerte und Volumen verdeutlicht werden. Der **beizulegende Zeitwert** ist für jede Art von derivativen Finanzinstrumenten zu nennen, sofern er verlässlich ermittelbar ist. Demnach sind als zuverlässigster Maßstab Marktwerte zu verwenden. Mangelt es an deren Verfügbarkeit, ist ein mehrstufiges Ermittlungsschema nach § 255 Abs. 4 HGB anzuwenden, das an den international üblichen Verfahren angelehnt ist. Erst wenn keines der Verfahren greift, ist auf fortgeführte AK abzustellen. In diesem Kontext sind die Angaben zu den angewandten Bewertungsmethoden anzusiedeln. Zu den Angaben bzgl. der Bewertungsmodelle gehören nicht nur die Modelle an sich, sondern auch die zugrunde liegenden Annahmen. Ebenso sind hier die Gründe zu nennen, falls keine Bewertungsmethode für eine Bestimmung des beizulegenden

---

[35] Vgl. BT-Drs. 15/3419 v. 24.6.2004 S. 30.
[36] Vgl. BT-Drs. 15/4054 v. 27.10.2004 S. 73.
[37] Vgl. BT-Drs. 15/3419 v. 24.6.2004 S. 30.
[38] Vgl. *Pfitzer/Oser/Orth*, DB 2004, S. 2593, 2595.
[39] Vgl. IDW RH HFA 1/2005, WPg 2005, S. 531, 532.
[40] Vgl. *Heuser/Theile*, GmbHR 2005, S. 201, 202.

Zeitwerts geeignet ist. Bei der Angabe des **Buchwerts** und des **Bilanzpostens**, in dem der Buchwert erfasst wurde, ist stets auf den Wertansatz des KA abzustellen, da durch Neubewertungen der Bilanzansatz vom Bilanzansatz des Einzelabschlusses abweichen kann. Da es sich bei derivativen Finanzinstrumenten häufig um schwebende Geschäfte handelt, ist bzgl. des Wertansatzes zu unterscheiden. Liegt ein negativer Wertansatz vor, ist aufgrund des Imparitätsprinzips eine Drohverlustrückstellung nach § 249 Abs. 1 Satz 1 HGB zu bilden. Dann sind entsprechende Anhangangaben im Rahmen dieses Bilanzpostens vorzunehmen. Bei einem beizulegenden Zeitwert über den AK erfolgt eine Begrenzung auf die AK. Damit sind schwebende Gewinne der externen Seite im Konzernanhang enthalten, sodass ein um stille Reserven bzw. Lasten bereinigter Bilanzansatz derivativer Finanzinstrumente für die Beurteilung der Erfolgs- und Finanzlage des Konzerns möglich ist.

Wegen der **gesonderten Angabepflichten** zu Bewertungseinheiten (Rz 86 ff.) beschränkt sich die Angabepflicht nach Nr. 11 auf reine Finanzinstrumente. Ferner brauchen hier **keine Angaben** zu Finanzinstrumenten des Handelsbestands von Kreditinstituten gemacht werden (Rz 67 ff.). 66

## 2.12 Angaben zum Handelsbestand (Abs. 1 Nr. 12)

Die Pflichtangabe nach Abs. 1 Nr. 12 für Finanzinstrumente, die mit dem beizulegenden Zeitwert zu bewerten sind, beschränkt sich aufgrund des Verweises auf § 340e Abs. 3 Satz 1 HGB ausschließlich auf Kreditinstitute. Ziel der Bewertung mit dem beizulegenden Zeitwert ist es, die Bewertung des meist sehr kurzfristig angelegten Handelsbestands der Banken ohne Anwendung des Imparitätsprinzips einfacher zu gestalten. Die sich daraus ergebenden Buchgewinne sind nach § 6 Abs. 1 Nr. 2b EStG für die Kreditinstitute auf Ebene der Steuerbilanz allerdings auch steuerpflichtig. Auf Konzernebene sind nur latente Steuern relevant. 67

Im KA ist die Angabe zum Handelsbestand dann relevant, wenn das MU ein Kreditinstitut ist. TU sind nur dann in die Angabepflicht einzubeziehen, wenn sie ebenfalls Kreditinstitute sind und über einen Handelsbestand an Finanzinstrumenten verfügen. Eine Angabe ist zu unterlassen, wenn das MU im Gegensatz zum TU kein Kreditinstitut ist. In diesem Fall ist eine Zuordnung des Handelsbestands zu den Wertpapieren des UV vorzunehmen. Die AK-Obergrenze ist zu beachten. 68

Aufgrund der Bewertung mit dem beizulegenden Zeitwert sind die grundlegenden Annahmen, die der Bestimmung des beizulegenden Zeitwerts mithilfe allgemein anerkannter Bewertungsmethoden zugrunde gelegt wurden, anzugeben. Analog den Vorgaben in Abs. 1 Nr. 11 sind Finanzinstrumente zu kategorisieren sowie Art und Umfang anzugeben (Rz 59 ff.). Zusätzlich sind für jede Kategorie die wesentlichen Bedingungen anzugeben, die die Höhe, den Zeitpunkt und die Sicherheit künftiger Zahlungsströme beeinflussen können. Die Angaben sollen über den Umfang der den Finanzinstrumenten anhaftenden Risiken informieren. 69

## 2.13 Angaben zu nahestehenden Personen (Abs. 1 Nr. 13)

Angaben sind zumindest über wesentliche marktunübliche Geschäfte des MU und der TU mit nahestehenden Unt und Personen, einschl. der Angaben über deren Wert, über die Art der Beziehung zu den nahestehenden Unt und Personen, in den Konzernanhang aufzunehmen. Dabei ist es freigestellt, ob nur über die wesentlichen marktunüblichen Geschäfte oder über alle Geschäfte mit nahe- 70 stehenden Unt und Personen berichtet wird. Mit dieser Regelung werden die handelsrechtlichen Berichtspflichten an die internationale Rechnungslegung (IAS 24) angepasst und mehr Transparenz entsprechend der Corporate Governance geschaffen.[41] Diese Pflichtangabe steht im Zusammenhang mit § 312 AktG, §§ 20f. AktG, §§ 21f. WpHG und Ziff. 7.1.5 des DCGK, die ähnliche Angaben verlangen.

71 **Nahestehende Personen** können natürliche oder juristische Personen sein. Zu den juristischen Personen zählen u. a. Unt, die das berichtende Unt oder eines seiner TU beherrschen können oder die auf das berichtende Unt oder auf seine TU unmittelbar oder mittelbar einwirken können. Gleiches gilt für natürliche Personen und für Zusammenschlüsse natürlicher Personen oder Unt, die einen gemeinsamen Einfluss gewährleisten.

72 Organmitglieder (Vorstand, AR) sowie Manager in Schlüsselpositionen im Konzern sind demnach stets als nahestehende Personen zu qualifizieren, da sie aufgrund ihrer Funktion eine Beherrschung begründen können. Gleiches gilt für Aktionäre, sofern diese einen entsprechenden Einfluss auf das MU ausüben können.[42]

73 Die Angaben zu nahestehenden Personen erstrecken sich auf das MU und alle TU des KonsKreis. Unt, an denen ein MU mittel- oder unmittelbar einen Anteil von 100 % hält, gelten nicht als nahestehende Personen. Diese Unt sind von der Berichtspflicht ausgenommen. Ausgenommen sind auch Geschäfte mit nahestehenden Personen von assoziierten Unt und GemeinschaftsUnt. Ebenfalls von den Berichtspflichten ausgenommen sind Geschäfte, die durch Konsolidierungsmaßnahmen eliminiert wurden.

74 Nicht unter die Regelung fallen natürliche Personen, die mittels **Anstellungsvertrag** an das Unt gebunden sind. Explizit ist dies in DRS 11.14 geregelt. Eine Überschneidung mit den Vorschriften des § 314 Abs. 1 Nr. 6 Buchst. a und b HGB sowie den Regelungen des DRS 17 ist somit ausgeschlossen.

75 Die **Art der Beziehung** ist offenzulegen. Dabei ist es unerheblich, ob Geschäfte mit nahestehenden Personen stattgefunden haben. Haben nahestehende Personen lediglich die Möglichkeit einer wesentlichen Einwirkung, ist über diese Personen nur dann zu berichten, wenn tatsächlich Geschäfte getätigt wurden. Sofern mehrere nahestehende Personen unterschiedliche Arten von Beziehungen mit den KonzernUnt haben, ist eine Gruppierung nach Art der Geschäfte geboten.

> **Beispiel**
> Arten nahestehender Personen:
> - Unt und natürliche Personen die das berichtende Unt direkt oder indirekt beherrschen,
> - Unt, die vom berichtenden Unt direkt oder indirekt beherrscht werden und keine TU sind,
> - Unt, die einen maßgeblichen Einfluss auf das berichtende Unt haben,
> - Personen in Schlüsselpositionen,
> - Nahe Familienangehörige beherrschender Personen oder Schlüsselpersonen,
> - Unt, die beherrschenden Unt, beherrschenden natürlichen Personen, Schlüsselpersonen oder nahen Familienangehörigen gehören.

---

[41] Vgl. *Pfitzer/Oser/Orth*, DCGK, S. 21.
[42] Vgl. *DCGK*, Ziff. 7.1.5.

Liegt eine Vielzahl von Geschäften vor, ist eine Gruppierung nach **Art der** 76
**Geschäfte** empfehlenswert. Geschäfte müssen in diesem Fall hinreichend gleichartig ein. Ist dies nicht gewährleistet, ist über die Geschäfte getrennt zu berichten. Unter Berücksichtigung der Art der Beziehung ist die Berichterstattung in Form einer Matrixstruktur zu bevorzugen.

Der **Wert der Geschäfte** ist betragsmäßig anzugeben, auch wenn ein Geschäft 77 unentgeltlich ist. Angabepflichtig sind die wesentlichen Geschäfte, die zu marktunüblichen Konditionen getätigt wurden. Für alle weiteren Geschäfte liegt die Nennung durch das Wahlrecht der Angabe im Ermessen des Konzerns. Unter Geschäften werden alle Tätigkeiten und Maßnahmen verstanden, die direkt oder indirekt vorteilhaft oder nachteilig für den Konzern sind. Wesentlich sind Geschäfte, wenn sie sich auf die Finanzlage des Konzerns, mithin auf die gegenwärtige und künftige Liquidität, also der Mittelzu- und -abflüsse des MU und aller TU, auswirken. Marktunüblich sind Geschäfte, wenn sie einem Drittvergleich nicht standhalten. Ist eine quantitative Wertangabe nicht möglich, sind zumindest qualitative Angaben in Form ausführlicher Erläuterungen zu machen.

Bei Geschäften in Form von **Dauerschuldverhältnissen** ist als Wert die Ver- 78 pflichtung während der Restlaufzeit anzusetzen.

Rechtlich nicht geregelt ist die Art der Angabe des Werts der Geschäfte. Demnach 79 dürfen Geschäfte einzeln, in Gruppen oder in der Gesamtheit aufgeführt werden. Gleiches gilt für mehrere unwesentliche Geschäfte, die in ihrer Gesamtheit allerdings als wesentlich einzustufen sind. Zweckmäßig ist daher eine **Zusammenfassung** gleichartiger oder wirtschaftlich identischer Geschäfte. Gegenläufige Geschäfte dürfen nicht zusammengefasst werden, da sie sonst ein unzutreffendes Bild liefern würden.

Liegen **weitere Sachverhalte** von, die sich auf die Finanzlage des Konzerns 80 auswirken, ist auch hierüber Bericht zu erstatten.

Im direkten Zusammenhang mit § 314 Abs. 1 Nr. 13 HGB steht DRS 11, der 81 nunmehr eine verpflichtende Wirkung für alle KA entfalten kann. Im Rahmen der Aufnahme dieser Berichtspflicht durch das BilMoG werden auch einige Angaben nach dem DCGK erwartet,[43] wobei eine Nichtbeachtung berichtspflichtig ist.

**Schutzklauseln** für die Angaben zu nahe stehenden Personen gibt es nicht. Es 82 sind vollumfängliche Angaben zu machen, auch zum Nachteil des Konzerns.

## 2.14 Angaben zu Forschungs- und Entwicklungskosten (Abs. 1 Nr. 14)

Wird vom **Ansatzwahlrecht** des § 248 Abs. 2 HGB Gebrauch gemacht, **sind** für 83 KA, deren Gj nach dem 31.12.2009 beginnen, die **Gesamtbeträge der F&E-Kosten** des Konzerns **anzugeben**. Anzugeben sind der Gesamtbetrag sowie der davon auf die selbst geschaffenen immateriellen VG des AV entfallende Anteil. Die Angabe im Konzernanhang steht im Zusammenhang mit den Erläuterungspflichten zu F&E im KLB nach § 315 Abs. 2 Nr. 3 HGB (§ 315 Rz 80f.). Aufgrund der konzerneinheitlichen Bilanzierungs- und Bewertungsvorschriften werden die angegebenen Beträge im Konzernanhang i.d.R. deutlich höher als im Einzelabschluss ausfallen. Konzerninterne Leistungsbeziehungen bei ausgela-

---

[43] Vgl. *Niehus*, HdJ, Abt. V/6 2005, Rz 32.

gerten Entwicklungseinheiten und Aktivierungen von konzernintern erworbenen F&E-Leistungen sind zu eliminieren, sodass nur die reinen F&E-Aufwendungen im Konzern in den Anhangangaben zu berücksichtigen sind.

84 Aufgrund der konzerneinheitlichen Bilanzierungs- und Bewertungsvorschriften werden die angegebenen Beträge im Konzernanhang i. d. R. deutlich höher als im Einzelabschluss ausfallen. Konzerninterne Leistungsbeziehungen bei ausgelagerten Entwicklungseinheiten und Aktivierungen von konzernintern erworbenen F&E-Leistungen sowie darauf anfallende Zwischengewinne sind zu eliminieren. Kostenkomponenten des JA, die einer Ansatzpflicht bzw. einem Ansatzverbot unterliegen, sind für Zwecke des KA hinsichtlich der Ansatzpflicht neu zu bewerten und sofern ansatzpflichtig als Bestandteile der F&E-Aufwendungen zu berücksichtigen. **Nur** die **reinen F&E-Aufwendungen** im Konzern **sind** in den Anhangangaben **zu berücksichtigen.**

85 Eine weitere Aufgliederung in F&E-Kosten ist nicht erforderlich. Ferner brauchen keine Angaben zu den Folgeeffekten, insb. zu den Abschreibungen der nach § 248 Abs. 2 HGB aktivierten Aufwendungen, gemacht zu werden.

## 2.15 Angaben zu Bewertungseinheiten (Abs. 1 Nr. 15)

86 Mit der Neufassung des § 254 HGB durch das BilMoG sind nun erstmals dezidierte Vorschriften zur Bilanzierung von Bewertungseinheiten (Sicherungsgeschäfte/Hedging) in das HGB aufgenommen worden. Analog dazu sind nach Abs. 1 Nr. 15 umfangreiche Angaben zu den Geschäftsvorfällen in den Konzernanhang aufzunehmen. Konkret sind **Angaben zum Betrag** der jeweiligen VG, Schulden, schwebenden Geschäfte und mit hoher Wahrscheinlichkeit erwarteten Transaktionen **gefordert.** Der Betrag bezieht sich dabei auf das **abgesicherte Grundgeschäft**, jedoch nicht auf die einzelne Bewertungseinheit und spiegelt somit das Gesamtvolumen des gesicherten Risikos wider. Das Risiko ist zu benennen, wobei dies in erster Linie Zins-, Währungs- und Preisrisiken sein werden. Aufgrund unterschiedlicher Sicherungsarten von Risiken sind zudem die Arten der Bewertungseinheiten anzugeben. Als **Minimalanforderung** ist hier nach **Mikro-, Portfolio- oder Makrohedge** zu unterscheiden. Analog zur betragsmäßigen Angabe ist das Gesamtvolumen des gesicherten Risikos anzugeben.

87 Über **Bewertungseinheiten** ist hinsichtlich der Wirksamkeit der Sicherung des inhärenten Risikos zu berichten Hierzu gehören Angaben zum Umfang und zum Sicherungszeitraum, in dem sich die gegenläufigen Wertänderungen oder Zahlungsströme voraussichtlich ausgleichen. Ferner sind **Ausführungen zur Ermittlungsmethode** aufzunehmen. Ein besonderes Augenmerk ist dabei auf die Makrohedges zu legen, die oftmals eng mit dem **Risikomanagementsystem** verbunden sind. Hier sind ebenso Angaben zur Verifizierung und Messung von Risiken gefordert wie auch zur Begründung des Absicherungszusammenhangs.[44] Durch die unterschiedlichen Sicherungsstrategien und die Natur des Risikos des Grundgeschäfts ist schließlich eine Erläuterung der **mit hoher Wahrscheinlichkeit erwarteten Transaktionen,** die in die Bewertungseinheiten einbezogen wurden, notwendig.

---

[44] Vgl. BilMoG-BgrRegE, S. 86 i. V. m. S. 73.

Im Unterschied zu der Vorschrift zum Einzelabschluss (§ 285 Nr. 23 HGB) sind  **88**
Bewertungseinheiten im Konzern weiter zu fassen. So sind auch Bewertungseinheiten über Unternehmensgrenzen hinweg denkbar.
Eine Angabe zu den Bewertungseinheiten im KLB ist zulässig. Dieses Wahlrecht  **89**
ist jedoch abzulehnen, weil der KLB eine andere Aufgabe als die Offenlegung von Detailinformationen hat.
Bei den geforderten Angaben handelt es sich um Detailinformationen und Erläuterungen von Bilanzpositionen, die konzeptionell dem Konzernanhang vorbehalten sein sollten.

### 2.16 Angaben zur Bewertung der Pensionsverpflichtungen (Abs. 1 Nr. 16)

Mit der Konkretisierung der Bilanzierung und Bewertung von Pensionsverpflich-  **90**
tungen durch das BilMoG für KA für Gj, die nach dem 31.12.2009 beginnen, erfolgt eine Abkehr von der bisherigen Praxis der Anlehnung an die steuerliche Berechnung nach § 6a EStG hin zu einer Anlehnung an die IFRS. Künftig sind Angaben bzgl. der **versicherungsmathematischen Berechnungsverfahren** und der grundlegenden Annahmen der Berechnungen zu treffen. Angabepflichtig ist der Abzinsungszinssatz, insb. auch hinsichtlich der Ausübung des Wahlrechts zwischen dem laufzeitabhängigen oder pauschalierten, von der Deutschen Bundesbank veröffentlichten Zinssatz. Ferner sind die **erwarteten Lohn- und Gehaltssteigerungen** angabepflichtig, die zugrunde liegenden Sterbetafeln sowie ggf. Details zu den einzelnen Pensionsplänen der einbezogenen Unt bei abweichenden Bewertungsmethoden. Generell gilt allerdings, dass ein kumulierter Ausweis ausreichend ist, sofern keine Detailangaben gemacht werden. Eine Angabe von Bandbreiten bei den verwendeten Berechnungsgrößen ist in Anlehnung an IAS 19.120 nicht notwendig. Getrennte Darstellungen, wie sie von vielen IFRS-Anwendern geboten werden, sind vorzuziehen.[45]

### 2.17 Angaben zu saldiertem Planvermögen (Abs. 1 Nr. 17)

Durch das BilMoG wird die Saldierungspflicht von zur Erfüllung von Alters-  **91**
vorsorgeverpflichtungen dienenden VG mit den korrespondierenden Schulden bei Vorliegen bestimmter Voraussetzungen eingeführt. War eine Saldierung bislang nur bei unmittelbaren Zusagen gem. § 112 AVmG möglich, ist eine Saldierung nach § 246 Abs. 2 Satz 2 HGB künftig Pflicht. Die Saldierungspflicht greift immer dann, wenn VG der Erfüllung von Altersvorsorgeverpflichtungen und vergleichbaren langfristig fälligen Verpflichtungen dienen und wenn sie dem Zugriff aller übrigen Gläubiger entzogen sind. Hierunter fallen regelmäßig die Planvermögen von Pensionsfonds, wobei diese nach § 253 Abs. 1 Satz 4 HGB zum Zeitwert zu bewerten sind. Die Bewertung hat unabhängig vom tatsächlichen späteren Erfüllungsbetrag zu erfolgen. Im Fall einer Überdeckung nach Saldierung ist ein offener Ausweis als „Aktiver Unterschiedsbetrag aus der Vermögensverrechnung" unter § 266 Abs. 2 E HGB vorzunehmen.

---

[45] Vgl. *Müller*, IFRS, Fremdkapital, 2008, S. 122.

92  Vor dem unter Rz 91 erläuterten Hintergrund sind umfangreiche Angabepflichten erforderlich, wobei die Angabepflichten für Finanzinstrumente nach Nr. 12 Buchst. a (Rz 67 ff.) entsprechend anzuwenden sind. Anzugeben sind immer die AK, der beizulegende Zeitwert sowie der Erfüllungsbetrag der verrechneten Schulden. Ferner sind Angaben zu den verrechneten Aufwendungen und Erträgen zu machen. Aus den Angabepflichten für Finanzinstrumente nach Nr. 12 Buchst. a sind zudem die grundlegenden Annahmen, die zur Bestimmung des beizulegenden Zeitwerts mithilfe allgemein anerkannter Bewertungsmethoden angewandt wurden, mit aufzunehmen.

### 2.18 Angaben zu Sondervermögen (Abs. 1 Nr. 18)

93  Mit dem AIF-UmsG[46] wurde das Investmentgesetz zum 21.7.2013 aufgehoben. Daher ist bei der Angabepflicht für KA von Gj, die nach dem 21.7.2013 beginnen, die abgedruckte Neufassung zu beachten. Inhaltlich ergeben sich keine neuen Pflichten, lediglich die Verweise und Konkretisierungen der relevanten Investmentanteile haben sich verändert. Nach Art. 71 Abs. 1 EGHGB sind somit Angaben zu Sondervermögen (Investmentanteilen) nach Nr. 18 für Gj, die vor dem 22.7.2013 begannen, dann in den Konzernanhang aufzunehmen, wenn es sich bei diesen Anteilen um inländisches **Investmentvermögen** i.S.d. § 1 InvG oder um vergleichbares ausländisches Investmentvermögen i.S.d. § 2 Abs. 9 InvG handelt und mindestens 10 % der Anteile an diesen Vermögen gehalten und in der Konzernbilanz ausgewiesen werden. Von Investmentanteilen abzugrenzen sind stimmberechtigte Unternehmensaktien i.S.d. § 96 Abs. 1 InvG, bei denen vorrangig die Frage der Kons. zu prüfen ist.[47] Für nach dem 21.7.2013 beginnende Gj. sind die Angaben notwendig für **Sondervermögen** i.S.d. § 1 Abs. 10 KAGB oder Anlageaktien an Investment-AG mit veränderlichem Kapital i.S.d. §§ 108 bis 123 KAGB oder vergleichbaren EU-Investmentvermögen oder vergleichbaren ausländischen Investmentvermögens. Der Verweis auf das aufgehobene InvG wurde deshalb noch nicht gestrichen, da noch eine Übergangsfrist für dessen Anwendung besteht.[48]

94  Durch die Angabepflicht des Buchwerts in der Konzernbilanz und des Marktwerts i.S.d. § 36 InvG bzw. der §§ 168, 278 KAGB sind somit die stillen Reserven und Lasten im Konzernanhang nicht nur anzugeben, sondern auch nach Anlagezielen aufzugliedern. Bei ausländischen Investmentanteilen darf der nach ausländischen Vorschriften ermittelte Marktwert verwendet werden, sofern er dem Wert gem. § 36 InvG bzw. der §§ 168, 278 KAGB entspricht. Ist dies nicht der Fall oder die Ermittlung nicht möglich, ist nach deutschem Investmentrecht zu verfahren.

95  In Ausübung des Wahlrechts des **gemilderten Niederstwertprinzips** nach § 253 Abs. 3 Satz 4 HGB kann eine Abschreibung auf Sondervermögen/Investmentanteile unterbleiben, sofern es sich nur um eine vorübergehende Wertminderung handelt. In diesem Fall sind die Gründe hierfür anzugeben, aus der auch die Prüfung hinsichtlich einer notwendigen Abschreibung hervorgeht. Dabei ist auf die Kriterien für Direktanlagen abzustellen. Nach der Gesetzesbegründung kann

---

[46] AIFM-UmsG v. 4.7.2013, BGBl 2013 I S. 1981.
[47] Vgl. BilMoG-BgrRegE, S. 86 i.V.m. S. 74.
[48] Vgl. AIFM-UmsG-BegrRegE, BR-Drs. 791/12, S. 560.

die unterbliebene Abschreibung einer stillen Last nicht lediglich damit begründet werden, dass es sich bei den Anteilen und Anlageaktien um Wertpapiere handelt, die üblicherweise Wertschwankungen unterliegen. Auf die Ursachen für den niedrigeren Wert der Anteile oder Anlageaktien ist explizit einzugehen.[49]
Gefordert ist eine **Aufgliederung der Investmentanteile bzw. des Sondervermögens nach Anlagezielen**. Diese Aufgliederung nach Anlagezielen kann dabei z. B. nach Aktienfonds, Rentenfonds, Immobilienfonds, Mischfonds, Hedgefonds oder sonstige Spezial-Sondervermögen erfolgen. Die Aufgliederung soll der Erhöhung der Transparenz des Anlagerisikos dienen. Ferner sind rechtlich oder wirtschaftlich veranlasste Beschränkungen bei der Möglichkeit der täglichen Rückgabe der Anteile zu erläutern, damit die Interessenten „Hinweise auf ungewöhnliche Verhältnisse wie Investitionen in illiquide strukturierte Anlagevehikel, Hedgefonds mit langen Kündigungsfristen, Infrastrukturprojekte, unverbriefte Darlehensforderungen oder Private Equity Engagements"[50] erhalten.

### 2.19 Angaben zu Haftungsverhältnissen (Abs. 1 Nr. 19)

Mit dem BilMoG neu aufgenommen wurden Angabepflichten zu den Gründen der Einschätzung des Risikos der Inanspruchnahme aus Haftungsverhältnissen nach § 251 HGB u. § 268 Abs. 7 1. Hs. HGB. Sinn der Angabe ist eine erhöhte Transparenz von Eventualverbindlichkeiten.[51] Hierzu sind im Konzernanhang eingegangene **Haftungsverhältnisse** nach Art der Verpflichtung aufgeschlüsselt anzugeben. Dabei sind Ausführungen zum inhärenten Risiko aufzunehmen. Diese Angabe ist auch bei einem Vorliegen von reinen Eventualverbindlichkeiten im Konzernanhang zu machen. Konkret sollen nunmehr die der Einschätzung des Risikos der Inanspruchnahme aus den für die VFE-Lage des Konzerns bedeutsamen (wesentlichen) Eventualverbindlichkeiten zugrunde liegenden Erwägungen deutlich werden.

### 2.20 Angaben zu Geschäfts- oder Firmenwerten (Abs. 1 Nr. 20)

Mit der Neuregelung des § 246 Abs. 1 Satz 4 HGB i.V.m. § 309 Abs. 1 HGB wird ein entgeltlich erworbener GoF nunmehr kraft gesetzlicher Fiktion als ein eigenständiger VG betrachtet. Für diesen VG sind mit Verweis auf den 1. Abschnitt Schätzungen zur betrieblichen Nutzungsdauer durchzuführen, die eine planmäßige Abschreibung zur Folge hat.
Hinsichtlich der Einschätzung zur betrieblichen Nutzungsdauer sind die Gründe anzugeben, die eine Nutzungsdauer von länger als fünf Jahren rechtfertigen. Anders als im Einzelabschluss, in dem ein GoF i.d.R. nur im Rahmen eines *Asset-Deal* entstehen kann, ist im KA auch ein GoF aus einem *Share-Deal* anzutreffen. Beiden Arten von GoF werden unterschiedliche Nutzungsdauern zurechenbar sein, sodass es in der Konzernbilanz zu einer Vermengung kommt. Es sollte daher auf die systembedingten Abschreibungsunterschiede bei der Angabe der Gründe eingegangen werden.

---

[49] Vgl. BilMoG-BgrRegE, S. 86 i.V.m. S. 74.
[50] BilMoG-BgrRegE, S. 86 i.V.m. S. 74.
[51] Vgl. dazu näher *Ernst/Seidler*, ZGR 2008, S. 631 (654f.).

## 2.21 Angaben zu latenten Steuern (Abs. 1 Nr. 21)

100 Die Angabepflicht bzgl. latenter Steuern nach Nr. 21 wurde mit dem BilMoG neu eingefügt. Die Angaben sollen die Grundlagen für die bilanzierten latenten Steuern erläutern. Aufgrund der **Gesamtdifferenzbetrachtung** beschränkt sich die Angabepflicht nicht auf die Bilanzposten, es ist vielmehr eine **differenzierte Darstellung** vorzunehmen. Hierzu gehören auch Angaben zu nicht bilanzierten temporären Differenzen. Des Weiteren sind wegen des Wahlrechts zum Ansatz aktiver latenter Steuern im Einzelabschluss die Latenzen aus Differenzen und steuerlichen Verlustvorträgen auch bei Nichtaktivierung aufzuführen. Die Verwendung eines Latenzenspiegels wird empfohlen.

101 Der **Berichtsumfang** erstreckt sich dabei auf alle in den KonsKreis des Konzerns einbezogene Unt. Hierzu gehören auch quotal einbezogene Unt.

102 Im Rahmen der Anhangangaben zu latenten Steuern sind die **Steuersätze** anzugeben, mit denen die latenten Steuern bewertet werden. Diese Angabe ist aufgrund des KA weitreichender als die korrespondierende Angabe im JA (§ 285 Rz 173f.). Eine allgemeine Aussage zu den verwendeten Steuersätzen reicht somit nicht aus. Allerdings können sich aufgrund des Umfangs des KonsKreises umfangreiche Berichtspflichten ergeben. Bei ausländischen Beteiligungen sind die jeweiligen Steuersätze zu verwenden, die in den jeweiligen Ländern gelten, wobei eine Zusammenfassung der Steuersätze der Unt pro Land sachgerecht ist. Unterschiedliche Steuersätze ergeben sich in Deutschland durch unterschiedliche gewerbesteuerliche Hebesätze bei Beteiligungen. Hier dürfte mit der Angabe von Bandbreiten der Berichtspflicht Genüge getan werden.

103 Wird ein konzerneinheitlicher durchschnittlicher Steuersatz zur Berechnung latenter Steuern angewendet, ist dieser anstelle der individuellen Steuersätze anzugeben.

104 Eine weitere notwendige Angabe ergibt sich aus der **Entstehung** latenter Steuern. Die bei der **Neubewertungsmethode** im Rahmen der KapKons anfallenden **Steuerlatenzen** sind nach § 306 HGB **ansatzpflichtig** (§ 306 Rz 8f.). Dagegen besteht für aktive Steuerlatenzen auf Ebene der TU (HB I und HB II) ein Ansatzwahlrecht. Hier bietet sich aufgrund der abweichenden Regelungen bzgl. der latenten Steuern im JA bzw. KA eine Orientierung an den Berichtspflichten zu latenten Steuern nach IAS 12 an.

105 Nach DRS 18.67 ist für den KA zusätzlich eine **steuerliche Überleitungsrechnung** in den Konzernanhang aufzunehmen.

## 3 Wahlpflichtangaben

106 § 314 HGB beinhaltet eine Reihe von Wahlpflichtangaben, die wahlweise in der Konzernbilanz, in der Konzern-GuV, im Konzernanhang oder im KLB aufgenommen werden können.

107 Wahlweise dürfen im Konzernanhang oder im KLB aufgenommen werden
- individualisierte Angaben der Vorstandsbezüge börsennotierter AG nach § 315 Abs. 2 Nr. 4 Satz 2 HGB,
- Angaben zur Aufgliederung von Umsatzerlösen nach Tätigkeitsbereichen nach Nr. 3, sofern sie im Rahmen der SegmBer erfolgen (Rz 16).

- Angaben zu Bewertungseinheiten nach Nr. 15. Aufgrund der vorgeschriebenen Angabepflichten werden Angaben zu Bewertungseinheiten im KLB üblicherweise im Rahmen der Risikoberichterstattung gemacht.

Angaben zum Personalaufwand sind nach Nr. 4 dann in den Konzernanhang aufzunehmen, wenn der Konzern das UKV anwendet. Wird das GKV angewandt und der Personalaufwand dadurch in der Konzern-GuV offen ausgewiesen, ist keine weitere Anhangangabe erforderlich.

108

## 4 Sonstige relevante Regelungen

### 4.1 Befreiungsmöglichkeiten

Erleichterungs- und Befreiungsvorschriften bestehen seit dem TransPuG[52] nicht mehr. Daher sind die handelsrechtlich vorgeschriebenen Anhangangaben vollständig zu machen. Befreiungsvorschriften können sich aber aus anderen Vorschriften ergeben:

109

- Unterlassung der Offenlegung von Vorstandsvergütungen börsennotierter AG aufgrund des Verweises nach Abs. 2 Satz 2 (Rz 111)
- Kreditinstitute sind nach § 340i Abs. 2 HGB von den Angaben nach § 314 Abs. 1 Nr. 1, 3 u. 6 Buchst. c HGB befreit. Die Befreiung nach Nr. 6 gilt aber nur dann, wenn das den KA aufstellende MU ein Kreditinstitut ist.
- VersicherungsUnt sind nach § 341j Abs. 1 HGB von den Angaben nach § 314 Abs. 1 Nr. 2a HGB befreit. Diese Befreiung ist beschränkt auf finanzielle Verpflichtungen im Rahmen des Versicherungsgeschäfts und denen in § 314 Abs. 1 Nr. 3 HGB.
- MU, die keine KapG sind und nur nach dem PublG zur Aufstellung des Konzernanhangs verpflichtet sind, sind nach § 13 Abs. 3 Satz 1 PublG von der Angabepflicht nach § 314 Abs. 1 Nr. 6 HGB entbunden.

### 4.2 Schutzklauseln (Abs. 2)

Unt, die freiwillig eine SegmBer nach § 297 Abs. 1 Satz 2 HGB erstellen, brauchen keine Aufgliederung der Umsatzerlöse nach § 314 Abs. 2 HGB aufzunehmen. Die direkte Angabepflicht entfällt. Aus der Gesetzesbegründung kann aber geschlossen werden, dass die nach § 314 Abs. 1 Nr. 3 HGB geforderten Angaben in der SegmBer enthalten sind, wie dies insb. DRS 3.31 Buchst. a sowie DRS 3.38–39 fordern. Die SegmBer hat somit einen Ersatzinformationscharakter. Der Ort der SegmBer ist nicht explizit festgelegt. Sie kann in den Konzernanhang oder in den KLB aufgenommen werden. Die Aufnahme in den Konzernanhang analog zu den IFRS ist schon aus Gründen der Vergleichbarkeit der Angaben zu empfehlen.

110

**Angaben** zur individuellen **Offenlegung von Vorstandsvergütungen** gem. § 314 Abs. 1 Nr. 6 Buchst. a Sätze 5–8 HGB können für **maximal fünf Jahre unterlassen** werden, sofern dies durch die HV beschlossen wird. Eröffnet wird diese Möglichkeit der Unterlassung von Pflichtangaben durch § 314 Abs. 2 Satz 2 i. V. m. § 286 Abs. 5 HGB. Hintergrund dieser Vorschrift ist die Ermöglichung einer verhältnisgerechten Anwendung. Die Unterlassung der Angaben bedarf eines **Mehrheitsbeschlusses** von mindestens drei Viertel des bei der Beschluss-

111

---

[52] TransPuG v. 19.7.2002, BGBl I 2002, S. 2681.

fassung vertretenen Grundkapitals und soll somit sicherstellen, dass eine breite Basis unter den Anteilseignern diesen Beschluss stützt. Von der Abstimmung **ausgenommen** sind Vorstandsmitglieder, die zugleich Aktionäre sind. Sie unterliegen nach § 136 Abs. 1 AktG einem Abstimmungsverbot, wenn sie persönlich betroffen sind. Wirksam anzuwenden ist der Beschluss der HV auf den nächsten, der HV folgenden JA. Eine Beschlusswiederholung ist zulässig. DCGK, Ziff. 4.2.4, gilt dann aber weiterhin; eine Entsprechenserklärung nach § 161 AktG ist abzugeben.

### 4.3 Sanktionen

112 Verstöße gegen das **Vorstandsvergütungs-Offenlegungsgesetz**,[53] die sich aus einer unzulässigen Nichtanwendung der Nr. 6 ergeben, können mit einer Geldbuße für Ordnungswidrigkeiten bis zu einer Höhe von 50.000 EUR geahndet werden.

113 Verstöße gegen die Offenlegungspflicht gem. § 325 Abs. 3 HGB können im Ordnungsgeldverfahren mit einem anzudrohenden Ordnungsgeld gem. § 335 Abs. 1 HGB zwischen 2.500 und 25.000 EUR geahndet werden. Die pflichtgemäße Offenlegung ist von dem Betreiber des BAnz nach § 329 Abs. 1 HGB zu prüfen.

114 Zu den Folgen eines Verstoßes gegen die Vorschriften zum Anhang s. auch § 313 Rz 113.

## 5 Änderungen durch das BilRUG

### 5.1 Änderungen bestehender Angabepflichten (Abs. 1 nF)

115 Die Anhangangaben im Konzern wurden weitgehend auf Basis europäischer Vorgaben und überwiegend parallel zu den im Anhang des JA (§ 285 HGB) überarbeitet. Während die bestehenden Angabepflichten bis Nr. 21 durch teilweise kleinere Änderungen konkretisiert wurden, sind mit den Nr. 22–26 neue Angabenotwendigkeiten hinzugekommen. Die Anwendung ist für Gj, die nach dem 31.12.2015 beginnen, obligatorisch.

> **§ 314 Abs. 1 Nr. 2 und 2a HGB nF (Zentrale Änderungen durch Kursivsetzung hervorgehoben)**
> 2. Art und Zweck sowie Risiken, Vorteile *und finanzielle Auswirkungen* von nicht in der Konzernbilanz enthaltenen Geschäften des Mutterunternehmens und der in den Konzernabschluss einbezogenen Tochterunternehmen, *soweit die Risiken und Vorteile wesentlich sind* und die Offenlegung für die Beurteilung der Finanzlage des Konzerns *erforderlich* ist;
> 2a. der Gesamtbetrag der sonstigen finanziellen Verpflichtungen, die nicht in der Konzernbilanz enthalten sind und die nicht nach § 298 Absatz 1 in Verbindung mit § 268 Absatz 7 oder nach Nummer 2 anzugeben sind, sofern diese Angabe für die Beurteilung der Finanzlage des Konzerns von Bedeutung ist; davon sind *Verpflichtungen betreffend die Altersversorgung sowie Verpflichtungen* gegenüber Tochterunternehmen, die nicht in den Konzernabschluss einbezogen werden, *oder gegenüber assoziierten Unternehmen* jeweils gesondert anzugeben;

---
[53] Vorstandsvergütungs-Offenlegungsgesetz v. 3.8.2005, BGBl 2005 I S. 2267.

Somit kommt es einerseits zu einer Ausweitung der Angabepflichten durch die Notwendigkeit der Darstellung **finanzieller Auswirkungen** von nicht in der Bilanz enthaltenen Geschäften und andererseits zu einer Einschränkung der Berichterstattung auf Geschäfte mit **wesentlichen Risiken und Chancen**.
Die Veränderung von Nr. 2a resultiert aus Folgeänderungen der Darstellung der finanziellen Verpflichtungen (Haftungsverhältnisse; § 268 Abs. 7 HGB nF (§ 268 Rz 91), wobei die Verpflichtungen aus Altersversorgung und Verpflichtungen gegenüber assoziierten Unt gesondert darzustellen sind.

Im Rahmen der **Aufgliederung der Umsatzerlöse** in Nr. 3 wird die geänderte Umsatzdefinition aus § 277 Abs. 1 HGB (§ 277 Rz 46 ff.) in die Vorschrift eingearbeitet, ohne dass sich daraus für den Anhang inhaltliche Änderungen ergeben würden. Es sind daher die Umsatzerlöse nach Tätigkeitsbereichen und geographisch bestimmten Märkten aufzugliedern, soweit sich unter Berücksichtigung der Organisation des Verkaufs, der Vermietung oder Verpachtung von Produkten und der Erbringung von Dienstleistungen der KapGes die Tätigkeitsbereiche und geografisch bestimmten Märkte untereinander erheblich unterscheiden. 116

Mit der Überarbeitung des § 314 Abs. 1 Nr. 4 HGB nF muss zukünftig der Personalaufwand wie bisher bereits im JA nun auch im KA unterteilt angegeben werden: 117

> **§ 314 Abs. 1 Nr. 4 HGB nF (Zentrale Änderungen durch Kursivsetzung hervorgehoben)**
> 4. die durchschnittliche Zahl der Arbeitnehmer der in den Konzernabschluss einbezogenen Unternehmen während des Geschäftsjahrs, getrennt nach Gruppen und gesondert für die nach § 310 nur anteilmäßig konsolidierten Unternehmen, sowie, falls er nicht gesondert in der Konzern-Gewinn- und Verlustrechnung ausgewiesen ist, der in dem Geschäftsjahr entstandene gesamte Personalaufwand, *aufgeschlüsselt nach Löhnen und Gehältern, Kosten der sozialen Sicherheit und Kosten der Altersversorgung;*

Die gesonderte Angabepflicht für die Arbeitnehmer aus anteilmäßig konsolidierten Unt wurde in den Text eingebettet und damit klargestellt, dass auch für diese Angabe eine gesonderte Gruppierung zu erfolgen hat. Durch die gesonderte Angabe erscheint die volle Anzahl zukünftig hier sinnvoll zu sein. Die durchschnittliche Anzahl der Arbeitnehmer der voll und der anteilig einbezogenen Unt ist zu **gruppieren** nach Arbeitnehmergruppen.

Mit der Änderung von Nr. 6 Buchstabe c wird klargestellt, dass die im Rahmen der Vergütungsangaben von Mitgliedern des Geschäftsführungsorgans, eines Aufsichts- oder Beirats oder einer ähnlichen Einrichtung des MU jeweils nach diesen Personengruppen notwendige Angabe der im Gj zurückgezahlten **Vorschüsse oder Kredite** auch erlassene Beträge inkludiert. Ferner sind **übernommene Haftungsverhältnisse** anzugeben. Die Angabepflicht ist konzernweit auszulegen, d.h. es sind alle Unternehmen des KonsKreises (MU und alle TU) für diese Angabepflicht zu berücksichtigen. 118

Mit Abs. 1 Nr. 7a und 7b wird der KA um Angabepflichten erweitert, die jedoch für AG und KGaA bereits nach § 160 AktG gefordert werden. 119

> **§ 314 Nr. 7a und 7b HGB nF**
> 7a. die Zahl der Aktien jeder Gattung der während des Geschäftsjahrs im Rahmen des genehmigten Kapitals gezeichneten Aktien des Mutterunternehmens, wobei zu Nennbetragsaktien der Nennbetrag und zu Stückaktien der rechnerische Wert für jede von ihnen anzugeben ist;
> 7b. das Bestehen von Genussscheinen, Wandelschuldverschreibungen, Optionsscheinen, Optionen oder vergleichbaren Wertpapieren oder Rechten, aus denen das Mutterunternehmen verpflichtet ist, unter Angabe der Anzahl und der Rechte, die sie verbriefen;

Während die Angaben nach Nr. 7a letztlich nur für AG und KGaA relevant sind, haben nun Unt aller Rechtsformen im KA Angaben zu EK-ähnlichen Papieren und Rechten zu geben.

120 Im Rahmen der **Berichterstattung zu nahe stehenden Personen** erfolgt mit dem BilRUG aufgrund europäischer Vorgaben eine Konkretisierung:

> **§ 314 Ab. 1 Nr. 13 HGB nF (Zentrale Änderungen durch Kursivsetzung hervorgehoben)**
> 13. zumindest die nicht zu marktüblichen Bedingungen zustande gekommenen Geschäfte des Mutterunternehmens und seiner Tochterunternehmen, soweit sie wesentlich sind, mit nahe stehenden Unternehmen und Personen, einschließlich Angaben zur Art der Beziehung, zum Wert der Geschäfte sowie weiterer Angaben, die für die Beurteilung der Finanzlage des Konzerns notwendig sind; ausgenommen sind Geschäfte *zwischen in eine Konsolidierung einbezogenen nahe stehenden Unternehmen, wenn diese Geschäfte bei der Konsolidierung weggelassen werden*; Angaben über Geschäfte können nach Geschäftsarten zusammengefasst werden, sofern die getrennte Angabe für die Beurteilung der Auswirkungen auf die Finanzlage des Konzerns nicht notwendig ist;

Die bisherige Formulierung suggerierte, dass lediglich mittel- oder unmittelbar in 100-prozentigem Anteilsbesitz stehende in den KA einbezogene Unt aus der Berichterstattung auszuschließen waren. Nun wird dies auch im Text klar ausgeweitet auf alle Geschäfte mit einbezogenen nahe stehenden Unt, soweit diese konsolidiert wurden. Daher sind einbezogene TU und GemeinschaftsUnt, soweit die Konsolidierung nach § 303, 304 und 305 HGB erfolgte, nicht in die Darstellung einzubeziehen. Assoziierte Unt gelten zwar als nahe stehende Unt, so dass Geschäfte zwischen dem MU oder einbezogenen TU anzugeben sind, nicht aber Geschäfte des assoziierten Unt mit konzernfremden Dritten.[54]

121 Aufgrund der Vorgaben der EU-RL 2013/34 wird unter Nr. 20 nach dem BilRUG als Angabepflicht jeweils eine **Erläuterung des Zeitraums, über den ein entgeltlich erworbener GoF jeweils abgeschrieben wird**, verlangt. Die Beschränkung auf angenommene Nutzungsdauern über fünf Jahre entfällt somit.

---

[54] Vgl. *Poelzig* in MünchKomm HGB, 3. Aufl., § 314 HGB, Rz. 88.

In den Nr. 10, 18 und 19 werden mit dem BilRUG lediglich **Folgeänderungen** eingearbeitet, die zu keinen substanziellen Konsequenzen für die Anhangangaben führen.

### 5.2 Erweiterte Angabepflichten (Abs. 1 nF)

Die folgenden Nr. 22 bis 26 werden mit dem BilRUG angefügt und sind ab dem Gj 2016 zu beachten:

> **§ 314 Abs. 1 Nr. 22–26 HGB nF**
> 22. wenn latente Steuerschulden in der Konzernbilanz angesetzt werden, die latenten Steuerschulden am Ende des Geschäftsjahrs und die im Laufe des Geschäftsjahrs erfolgten Änderungen dieser Salden;
> 23. jeweils den Betrag und die Art der einzelnen Ertrags- oder Aufwandsposten von außergewöhnlicher Größenordnung oder außergewöhnlicher Bedeutung, soweit die Beträge nicht von untergeordneter Bedeutung sind;
> 24. eine Erläuterung der einzelnen Aufwands- und Ertragsposten hinsichtlich ihres Betrages und ihrer Art, die einem anderen Konzerngeschäftsjahr zuzurechnen sind, soweit die Beträge für die Beurteilung der Vermögens-, Finanz- und Ertragslage des Konzerns nicht von untergeordneter Bedeutung sind;
> 25. Vorgänge von besonderer Bedeutung, die nach dem Schluss des Konzerngeschäftsjahrs eingetreten und weder in der Konzern-Gewinn- und Verlustrechnung noch in der Konzernbilanz berücksichtigt sind, unter Angabe ihrer Art und ihrer finanziellen Auswirkungen;
> 26. der Vorschlag für die Verwendung des Ergebnisses des Mutterunternehmens oder gegebenenfalls der Beschluss über die Verwendung des Ergebnisses des Mutterunternehmens.

Mit Nr. 22 werden die **Angaben zu latenten Steuern** – wie bereits mit den BilMoG-Entwürfen zunächst geplant – nun aufgrund europäischer Vorgaben deutlich ausgeweitet. Notwendig sind zukünftig quantitative Angaben zu den latenten Steuersalden und ihren Bewegungen im Gj, was insbesondere den Auf- oder Abbau einschließt. Allerdings sind diese Angaben auf die angesetzten latenten Steuerschulden begrenzt, weshalb der Gesetzgeber eine Trennung zu den unter Nr. 21 geforderten allgemeinen Angaben vorgenommen hat.

Da die EU-RL die Unterscheidung zwischen gewöhnlicher und außergewöhnlicher Geschäftstätigkeit aufgibt und die GuV-Gliederung dementsprechend vereinfacht sowie auch die Erläuterungspflichten in § 277 HGB streicht, sind, um auch weiterhin Einblicke in die Qualität des Ergebnisses zu bekommen,[55] **Angaben zu Erträgen und Aufwendungen von außergewöhnlicher Größenordnung oder Bedeutung** sowie **periodenfremde Aufwendungen und Erträge** – wie auch im Anhang des JA – notwendig (siehe ausführlicher § 285 Rz 186 f.).

Ebenfalls eine Verlagerung von Angabepflichten – diesmal aus dem KLB – stellt § 314 Abs. 1 Nr. 25 dar. Der **Nachtragsbericht** ist bisher unter § 315 Abs. 2 Nr. 1 HGB aF gefordert (§ 315 Rz 71 ff.). Abweichend dazu ergeben sich 2 Änderun-

---

[55] Vgl. zu Vorgehen und Aussagekraft einer Erfolgsspaltung *Müller*, BRg 2015, S. 20–24.

gen: Zum einen brauchen Vorgänge von besonderer Bedeutung, die in der Konzernbilanz oder in der Konzern-GuV schon berücksichtigt sind (z. B. in Rückstellungen), nicht noch einmal im Anhang dargestellt zu werden. Zum anderen sind künftig zusätzlich auch Art und finanzielle Auswirkung der Vorgänge von besonderer Bedeutung zu erläutern, was allerdings mit DRS 20.114 für Konzerne auf der Basis einer vermuteten GoB-Erfüllung bereits notwendig war.

**126** § 314 Abs. 1 Nr. 26 fordert schließlich auf Basis der EU-RL 2013/34 auch im Konzern den Einbezug des Vorschlags für die **Ergebnisverwendung des MU** oder des entsprechenden Beschluss des MU in den Konzernanhang. Bislang ist dieser nicht Bestandteil des JA aber dennoch nach § 325 HGB vom MU offenzulegen. I. d. R. dürfte im Anhang nur ein Vorschlag für die Ergebnisverwendung des MU darstellbar sein, da der Beschluss regelmäßig erst nach der Aufstellung erfolgen dürfte. Relevant ist dabei die Darstellung der Ergebnisverwendung, d. h., wie das gesamte Ergebnis des MU verwendet werden soll. Bei einem regelmäßig nur möglichen Vorschlag für die Gewinnausschüttung, dürfte aber nach der Gesetzesbegründung die Angabe genügen, welcher Teil des Gewinns ausgeschüttet werden soll.[56] Angaben zu den Bezugsberechtigten der Gewinnausschüttung können unterbleiben, was auch schon vor dem Hintergrund der Belange des Datenschutzes notwendig ist. Ebenso müssen wie bisher die Bezüge einzelner natürlicher Personen aus ihrer Gesellschafterstellung nicht offengelegt werden.

### 5.3 Änderungen in Erleichterungsregelungen (Abs. 2 nF)

**127** Die bisherigen Erleichterungsregeln des § 314 Abs. 2 werden um folgende Erleichterung ergänzt:

> **§ 314 Abs. 2 Satz 3 HGB nF**
> Für die Angabepflicht gem. Absatz 1 Nummer 6 Buchstabe a und b gilt § 286 Absatz 4 entsprechend.

Diese Änderung stellt die Umsetzung der Mitgliedstaatenoption aus Artikel 28 Absatz 1 i. V. m. Artikel 17 Absatz 1 Buchstabe d Unterabsatz 2 der Richtlinie 2013/34/EU dar und dient dem Schutz personenbezogener Daten zu einzelnen Mitgliedern der Organe des MU im Konzernanhang. Die Ausnahmevorschrift des § 286 Abs. 4 HGB befreit alle KapG, jedoch **nicht die KM-orientierten Unt**, von der Angabe der Gesamtbezüge der Organmitglieder, unbeschadet des Auskunftsanspruchs des Aktionärs nach § 131 Abs. 1 AktG in der HV, sofern sich durch die Angabe die Bezüge eines Mitglieds feststellen lassen.[57] Die Vorschrift zielt auf den Schutz persönlicher Daten von Organmitgliedern. Eine Schutzbedürftigkeit besteht nur, wenn der Name des einzelnen Organmitglieds den Adressaten des KA bekannt ist (§ 286 Rz 17). Somit kann auf die **Angabe der Vergütungen und Pensionen** verzichtet werden, wenn die Gefahr besteht, dass der finanzielle Status eines bestimmten Mitglieds des Organs festgestellt werden kann.

---

[56] Vgl. BilRUG-BgrRegE, BT-Drs. 23/15, S. 84.
[57] Vgl. OLG Düsseldorf v. 26.6.1997, 19 W 2/97 AktE, AG 1997 S. 520.

# § 315 KONZERNLAGEBERICHT

(1) ¹Im Konzernlagebericht sind der Geschäftsverlauf einschließlich des Geschäftsergebnisses und die Lage des Konzerns so darzustellen, dass ein den tatsächlichen Verhältnissen entsprechendes Bild vermittelt wird. ²Er hat eine ausgewogene und umfassende, dem Umfang und der Komplexität der Geschäftstätigkeit entsprechende Analyse des Geschäftsverlaufs und der Lage des Konzerns zu enthalten. ³In die Analyse sind die für die Geschäftstätigkeit bedeutsamsten finanziellen Leistungsindikatoren einzubeziehen und unter Bezugnahme auf die im Konzernabschluss ausgewiesenen Beträge und Angaben zu erläutern. ⁴Satz 3 gilt entsprechend für nichtfinanzielle Leistungsindikatoren, wie Informationen über Umwelt- und Arbeitnehmerbelange, soweit sie für das Verständnis des Geschäftsverlaufs oder der Lage von Bedeutung sind. ⁵Ferner ist im Konzernlagebericht die voraussichtliche Entwicklung mit ihren wesentlichen Chancen und Risiken zu beurteilen und zu erläutern; zugrunde liegende Annahmen sind anzugeben. ⁶Die gesetzlichen Vertreter eines Mutterunternehmens i. S. d. § 297 Abs. 2 Satz 4 haben zu versichern, dass nach bestem Wissen im Konzernlagebericht der Geschäftsverlauf einschließlich des Geschäftsergebnisses und die Lage des Konzerns so dargestellt sind, dass ein den tatsächlichen Verhältnissen entsprechendes Bild vermittelt wird, und dass die wesentlichen Chancen und Risiken i. S. d. Satzes 5 beschrieben sind.

(2) Der Konzernlagebericht soll auch eingehen auf:
1. Vorgänge von besonderer Bedeutung, die nach dem Schluß des Konzerngeschäftsjahrs eingetreten sind;
2. a) die Risikomanagementziele und -methoden des Konzerns einschließlich seiner Methoden zur Absicherung aller wichtigen Arten von Transaktionen, die im Rahmen der Bilanzierung von Sicherungsgeschäften erfasst werden, sowie
   b) die Preisänderungs-, Ausfall- und Liquiditätsrisiken sowie die Risiken aus Zahlungsstromschwankungen, denen der Konzern ausgesetzt ist, jeweils in Bezug auf die Verwendung von Finanzinstrumenten durch den Konzern und sofern dies für die Beurteilung der Lage oder der voraussichtlichen Entwicklung von Belang ist;
3. den Bereich Forschung und Entwicklung des Konzerns;
4. die Grundzüge des Vergütungssystems für die in § 314 Abs. 1 Nr. 6 genannten Gesamtbezüge, soweit das Mutterunternehmen eine börsennotierte Aktiengesellschaft ist. ²Werden dabei auch Angaben entsprechend § 314 Abs. 1 Nr. 6 Buchstabe a Satz 5 bis 8 gemacht, können diese im Konzernanhang unterbleiben;
5. die wesentlichen Merkmale des internen Kontroll- und des Risikomanagementsystems im Hinblick auf den Konzernrechnungslegungsprozess, sofern eines der in den Konzernabschluss einbezogenen Tochterunternehmen oder das Mutterunternehmen kapitalmarktorientiert im Sinn des § 264d ist.

(3) § 298 Abs. 3 über die Zusammenfassung von Konzernanhang und Anhang ist entsprechend anzuwenden.

(4) ¹Mutterunternehmen, die einen organisierten Markt i.S.d. § 2 Abs. 7 des Wertpapiererwerbs- und Übernahmegesetzes durch von ihnen ausgegebene stimmberechtigte Aktien in Anspruch nehmen, haben im Konzernlagebericht anzugeben, soweit die Angaben nicht im Konzernanhang zu machen sind:
1. die Zusammensetzung des gezeichneten Kapitals; bei verschiedenen Aktiengattungen sind für jede Gattung die damit verbundenen Rechte und Pflichten und der Anteil am Gesellschaftskapital anzugeben, soweit die Angaben nicht im Konzernanhang zu machen sind;
2. Beschränkungen, die Stimmrechte oder die Übertragung von Aktien betreffen, auch wenn sie sich aus Vereinbarungen zwischen Gesellschaftern ergeben können, soweit sie dem Vorstand des Mutterunternehmens bekannt sind;
3. direkte oder indirekte Beteiligungen am Kapital, die 10 vom Hundert der Stimmrechte überschreiten, soweit die Angaben nicht im Konzernanhang zu machen sind;
4. die Inhaber von Aktien mit Sonderrechten, die Kontrollbefugnisse verleihen; die Sonderrechte sind zu beschreiben;
5. die Art der Stimmrechtskontrolle, wenn Arbeitnehmer am Kapital beteiligt sind und ihre Kontrollrechte nicht unmittelbar ausüben;
6. die gesetzlichen Vorschriften und Bestimmungen der Satzung über die Ernennung und Abberufung der Mitglieder des Vorstands und über die Änderung der Satzung;
7. die Befugnisse des Vorstands insbesondere hinsichtlich der Möglichkeit, Aktien auszugeben oder zurückzukaufen;
8. wesentliche Vereinbarungen des Mutterunternehmens, die unter der Bedingung eines Kontrollwechsels infolge eines Übernahmeangebots stehen, und die hieraus folgenden Wirkungen; die Angabe kann unterbleiben, soweit sie geeignet ist, dem Mutterunternehmen einen erheblichen Nachteil zuzufügen; die Angabepflicht nach anderen gesetzlichen Vorschriften bleibt unberührt;
9. Entschädigungsvereinbarungen des Mutterunternehmens, die für den Fall eines Übernahmeangebots mit den Mitgliedern des Vorstands oder Arbeitnehmern getroffen sind, soweit die Angaben nicht im Konzernanhang zu machen sind.
²Sind Angaben nach Satz 1 im Konzernanhang zu machen, ist im Konzernlagebericht darauf zu verweisen.

MBA CPA Andreas Krimpmann/Prof. Dr. Stefan Müller

### Inhaltsübersicht

| | Rz |
|---|---|
| 1 Überblick | 1–9 |
| 1.1 Inhalt | 1 |
| 1.2 Zweck | 2 |
| 1.3 Anwendungsbereich | 3–4 |
| 1.4 Normenzusammenhänge | 5–9 |
| 2 Inhalte | 10–95 |
| 2.1 Anforderungen, Form und Umfang | 10–18 |

2.2 Pflichtangaben .................................. 19–69
    2.2.1 Angaben zum Geschäftsverlauf und Analyse von Geschäftsverlauf und Lage des Konzerns (Abs. 1 Satz 1 und 2) ............................ 19–44
    2.2.2 Angaben zu den bedeutsamen finanziellen Leistungsindikatoren (Abs. 1 Satz 3) ........... 45–46
    2.2.3 Angaben zu den bedeutsamen nicht finanziellen Leistungsindikatoren (Abs. 1 Satz 4) ........... 47–51
    2.2.4 Erläuterungen zur voraussichtlichen Entwicklung mit ihren wesentlichen Chancen und Risiken (Abs. 1 Satz 5)..................................... 52–66
    2.2.5 Bilanzeid (Abs. 1 Satz 6) ................... 67–69
2.3 Sollangaben (Abs. 2) .............................. 70–95
    2.3.1 Vorgänge von besonderer Bedeutung nach Schluss des Konzerngeschäftsjahrs (Abs. 2 Nr. 1)........ 71–74
    2.3.2 Risiken bei Finanzinstrumenten (Abs. 2 Nr. 2) ... 75–79
    2.3.3 Angaben zur Forschung und Entwicklung (Abs. 2 Nr. 3) ..................................... 80–83
    2.3.4 Grundzüge des Vergütungssystems für Organmitglieder (Abs. 2 Nr. 4)...................... 84–86
    2.3.5 Wesentliche Merkmale des internen Kontroll- und Risikomanagementsystems (Abs. 2 Nr. 5) ....... 87–95
3 Zusammenfassung von Konzernlagebericht und Lagebericht des Mutterunternehmens (Abs. 3)......................... 96–98
4 Pflichtangaben börsennotierter Aktiengesellschaften (Abs. 4) .. 99–134
  4.1 Angaben zum gezeichneten Kapital (Abs. 4 Nr. 1)....... 102–103
  4.2 Beschränkungen (Abs. 4 Nr. 2).................... 104–106
  4.3 Kapitalbeteiligungen mit mehr als 10 % der Stimmrechte (Abs. 4 Nr. 3) ................................. 107–110
  4.4 Aktien mit Sonderrechten (Abs. 4 Nr. 4).............. 111–112
  4.5 Stimmrechtskontrolle bei Arbeitnehmerbeteiligungen (Abs. 4 Nr. 5) ................................. 113–115
  4.6 Ernennung und Abberufung von Vorstandsmitgliedern und Satzungsänderungen (Abs. 4 Nr. 6).................. 116–118
  4.7 Befugnisse des Vorstands (Abs. 4 Nr. 7) .............. 119–121
  4.8 Wesentliche Vereinbarungen im Rahmen von Übernahmeangeboten (Abs. 4 Nr. 8)......................... 122–129
  4.9 Entschädigungsvereinbarungen im Rahmen von Übernahmeangeboten (Abs. 4 Nr. 9)...................... 130–134
5 Wahlpflichtangaben ................................. 135–137
6 Sonstige relevante Regelungen.......................... 138–142
  6.1 Befreiungsmöglichkeiten.......................... 138
  6.2 Schutzklauseln ................................ 139
  6.3 Offenlegung .................................. 140
  6.4 Sanktionen ................................... 141–142
7 Zentrale Änderungen durch das BilRUG.................. 143–148
  7.1 Änderungen der Angabepflichten (Abs. 2 nF) .......... 143–145
  7.2 Erklärung zur Unternehmensführung (Abs. 5 nF)....... 146–148

**Ergänzendes Schrifttum**
Arbeitskreis Immaterielle Werte im Rechnungswesen der Schmalenbach-Gesellschaft für Betriebswirtschaft e. V., Freiwillige externe Berichterstattung über immaterielle Werte, DB 2003, S. 1233; *Baetge/Armeloh*, Konzernbilanzrecht, Teil J: Konzernanhang und Konzernlagebericht, BBK 1997, Fach 18, S. 627; *Baetge/Brüggemann/Haenelt*, Erweiterte Offenlegungspflichten in der handelsrechtlichen Lageberichterstattung, BB 2007, S. 1887; *Baetge/Hippel/Sommerhoff*, Anforderungen und Praxis der Prognoseberichterstattung, Betriebswirtschaft 2011, S. 365; *Baetge/Prigge*, Anforderungen an verpflichtende, empfohlene und freiwillige Angaben des Konzernlageberichts, DB 2006, S. 401; *Bitter/Grashoff*, Anwendungsprobleme des Kapitalgesellschaften- und Co-RL-Gesetzes, DB 2000, S. 833; *Böcking*, Corporate Governance und Transparenz, in *Werder, von/Wiedmann* (Hrsg.), Internationalisierung der Rechnungslegung und Corporate Governance, FS *Pohle*, 2003, S. 247; *Böcking*, Zum Verhältnis von neuem Lagebericht, Anhang und IFRS, BB, Beilage 2005, Nr. 3, S. 5; *Böcking/Stein*, Der Konzernlagebericht als ein Instrument einer wertorientierten Unternehmensberichterstattung – Neue Anforderungsprofile für Vorstände, Aufsichtsräte und Abschlussprüfer im Sinne einer gesetzlichen Konkretisierung der Corporate Governance, Der Konzern 2006, S. 753; *Busse von Colbe/Ordelheide*, Konzernabschlüsse, 8. Aufl. 2006; *Dörner/Bischof*, Aufstellung des Lageberichts und Konzernlageberichts, in *Dörner/Menold/Pfitzer* (Hrsg.), Reform des Aktienrechts, der Rechnungslegung und Prüfung, 1999, S. 369; *Ergün/Juchler/Müller*, Prognoseberichterstattung nach DRS 20 – Verbesserung der Konzernlageberichterstattung?, StuB 2012, S. 897; *Ergün/Juchler/Müller*, Risikoberichterstattung im Konzernlagebericht nach DRS 20, ZCG 2012, S. 281; *Ergün/Lange/Müller*, Darstellung des konzernweiten Risikomanagementsystems nach DRS 20 – eine erste empirische Evidenz, in StuB 2013, S. 909; *Ergün/Müller*, Das rechnungslegungsbezogene interne Kontrollsystem – Analyse der praktischen Umsetzung am Beispiel von Nichtfinanzunternehmen, zrfc 2012, S. 102; *Ergün/Müller/Panzer*, Finanzinstrumente in der Lageberichterstattung von mittelständischen Groß- und Außenhandelsunternehmen, StuB 2014, S. 756; *Freidank/Müller/Velte* (Hrsg.), Handbuch Integrated Reporting, 2015; *Hofmann/Lorson/Melcher*, Wesentliche Auswirkungen der Wirtschaftskrise auf den Lagebricht, DB 2010, S. 233; *Gödel*, Unverzichtbarkeit der Prognoseberichterstattung im (Konzern-)Lagebericht, DB 2010, S. 431; *Kaiser*, Der Lagebericht als Bestandteil der Rechenschaftslegung gegenüber Minderheitsaktionären in Mutter- und Tochterunternehmen, in *Förschle/Kaiser/Moxter* (Hrsg.), Rechenschaftslegung im Wandel, FS *Budde*, München 1995, S. 327; *Kajüter*, Der Entwurf des DRS 5 zur Risikoberichterstattung, WPg, 2001, S. 205; *Kajüter/Bachert/Blaesing/Kleinmanns*, Die DRS zur Lageberichterstattung auf dem Prüfstand, Betriebswirtschaft 2010, S. 457; *Kasperzak/Beiersdorf*, Diskussionspapier Management Commentary: eine erste Auswertung der Stellungnahmen an das IASB, KoR 2007, S. 121; *Kirsch/Scheele*, Neugestaltung von Prognose- und Risikoberichterstattung im Lagebericht durch das Bilanzrechtsreformgesetz, WPg 2005, S. 1149; *Krawitz/Hartmann*, Internationalisierung der Lageberichterstattung, in *Wollmert/Schönbrunn/Jung/Siebert/Henke* (Hrsg.), Wirtschaftsprüfung und Unternehmensüberwachung, FS *Lück*, 2003, S. 287; *Kupfernagel*, Die Generalnorm für den Jahresabschluß von Kapitalgesellschaften, 1991; *Müller/Stute/Withus* (Hrsg.), Handbuch Lagebericht Kommentar von § 289 und § 315 HGB, DRS 20 und IFRS Management Commentary, Berlin 2013; *Paetz-*

*mann*, Corporate Governance – Strategische Marktrisiken, Controlling, Überwachung, 2. Aufl. 2012; *Stute*, IFRS: Lagebericht und Konzernlagebericht, Berlin 2010; *Weißenberger/Sieber/Kraft*, Strategieberichterstattung deutscher Aktiengesellschaften im Lagebericht nach HGB: Eine Bestandsaufnahme, KoR 2011, S. 254; s.a. ergänzendes Schrifttum zu § 289 HGB.

# 1 Überblick

## 1.1 Inhalt

Gem. § 290 Abs. 1 Satz 1 HGB ist der Konzernlagebericht (KLB) zusammen mit dem KA innerhalb der ersten fünf Monate aufzustellen. Insofern ist der KLB ein eigenständiger Bericht, der losgelöst vom KA aufzustellen ist. Die wesentlichen **Inhalte des KLB** sind in § 315 HGB zusammengefasst. 1

## 1.2 Zweck

Zweck des KLB ist es, in Ergänzung zum KA ein **umfassendes Bild der tatsächlichen wirtschaftlichen Situation des Konzerns** als wirtschaftliche Einheit aus Sicht des Managements zu geben. Hierzu zählen neben der Darstellung der VFE-Lage des Konzerns auch sonstige relevante Aspekte wie z.B. Produkte, Märkte, Technologien, politisches und soziales Umfeld oder rechtliche Rahmenbedingungen. Ferner soll der KLB einen Ausblick auf die erwartete künftige Entwicklung mit Chancen und Risiken des Konzerns geben. Insofern hat der KLB einen **Informations- und Rechenschaftszweck** zu erfüllen. Eine reine Zusammenfassung der LB der Unt des KonsKreises ist somit nicht hinreichend, der KLB ist vielmehr eigenständig auf Basis des Konzerns als wirtschaftliche Einheit zu entwickeln. 2

## 1.3 Anwendungsbereich

Der KLB ist nach § 290 Abs. 1 Satz 1 HGB grds. von den gesetzlichen Vertretern jedes MU in der Rechtsform der KapG zu erstellen, das einen beherrschenden Einfluss auf ein anderes Unt (TU) ausüben kann. Dieser Anwendungsbereich wird nach § 11 PublG auf Unt anderer Rechtsformen erweitert, die einen KA aufstellen. 3

Eine **Befreiung** von der Aufstellung eines KLB ist generell bei Vorliegen einer Konzernrechnungslegungspflicht nicht gegeben. Die Aufstellungspflicht ist somit an die des JA gebunden; kann dieser Aufgrund von Befreiungen aus § 290 Abs. 5 HGB i.V.m. § 296 HGB sowie der §§ 291–293 HGB entfallen, so ist auch kein KLB aufzustellen, s. Rz 138. 4

## 1.4 Normenzusammenhänge

Die **Pflicht zur Aufstellung** eines KLB ergibt sich aus § 290 Abs. 1 Satz 1 HGB. Demnach ist ein KLB innerhalb der ersten fünf Monate nach dem Stichtag für das vergangene Konzern-Gj zu erstellen. Die Frist verringert sich bei KM-orientierten Unt mit § 325 Abs. 4 Satz 1 HGB auf vier Monate. Obwohl sich die Pflicht zur Erstellung nach § 290 HGB auf KapG bezieht, greift die Aufstellungspflicht auch für Kreditinstitute nach § 340i Abs. 1 Satz 1 HGB, für VersicherungsUnt nach § 341i Abs. 1 Satz 1 HGB und rechtsformunabhängig nach § 13 Abs. 1 Satz 1 PublG. 5

6 Während § 290 HGB die Pflicht zur Aufstellung des KLB regelt, ergibt sich der Inhalt des KLB aus § 315 HGB. Darüber hinaus können sich weitere **Inhalte** aus Ansatz-, Bewertungs- und Ausweisvorschriften anderer Vorschriften des HGB ergeben. Konkret kann jedoch auch bei Erfüllung der in § 314 Abs. 1 Nr. 6 HGB beschriebenen Angabepflichten bez. der Organbezüge im Konzernanhang, der nach § 315 Abs. 4 Nr. 1 HGB geforderte Vergütungsbericht im KLB kürzer ausfallen und auch auf die entsprechenden Stellen im Konzernanhang verweisen.[1]

7 Zusätzlich gelten die Vorschriften der DRS 17 und 20, die die Normen zur Konzernrechnungslegung des HGB mit der Vermutung konkretisieren, dass eine Beachtung zu einer Erfüllung der GoB führt (§ 342 Rz 14).[2] DRS 20 gibt explizit Empfehlungen zum Inhalt der einzelnen Bestandteile des KLB (Rz 16ff.). Die Anwendung des DRS 20 ist seit dem Gj 2013 verpflichtend. Da der DRS 20 teilweise Forderungen enthält, die über die gesetzlichen Verpflichtungen hinausgehen, ist er nicht unumstritten und sollte lediglich auf Basis von weitgehend sinnvollen Empfehlungen genutzt werden.

8 Unt, die nach § 315a HGB ihren KA nach den IFRS verpflichtend (Abs. 1 und 2) oder freiwillig (Abs. 3) erstellen, haben die Anforderungen des § 315a Abs. 1 HGB zu beachten. Dieser fordert von IFRS-Anwendern einen vollständigen KLB nach diesem Paragrafen. Nur so entfaltet der IFRS-Abschluss die befreiende Wirkung hinsichtlich des KA nach HGB. Aufgrund der unterschiedlichen Rechtsnormen kommt es in einigen Teilen zu Überschneidungen von Inhalten des IFRS-KA und dem (HGB-)KLB. Dennoch verlangt DRS 20.20 grds. eine Aufstellung in geschlossener Form für den KLB, d.h. ohne Verweise auf den Konzernanhang. Ausnahmen stellen dar:
- die Erklärung zur Unternehmensführung gem. § 289a HGB (kann auf der Internetseite des Konzerns erfolgen),
- Angaben zur Vergütung der Organmitglieder (separat innerhalb des Corporate Governance-Berichts im Geschäftsbericht),
- Angaben aufgrund § 315 Abs. 4 HGB von KM-orientierten Unt (auch im Konzernanhang, s. auch DRS 20.K192, K198, K219 und K231).

Somit sind ggf. Angaben sowohl im Konzernanhang als auch im KLB nötig, was zu gewollten Doppelausweisen führt.

9 KLB, die nach DRS 20 erstellt werden, erfüllen nicht wie noch im E-DRS 27 angestrebt sowohl HGB als auch IFRS. Allerdings handelt es sich beim *Practice Statement* ausschließlich um Empfehlungen des IASB, die nicht verpflichtend anzuwenden sind, und der Überschneidungsbereich ist vergleichsweise groß, so dass mit wenigen Zusatzangaben bzw. konkreteren Angaben eine duale Anforderungserfüllung möglich erscheint.

---

[1] Vgl. dazu auch DRS 17.12.
[2] Vgl. *Müller/Stawinoga*, in *Müller/Stute/Withus* (Hrsg.), Handbuch Lagebericht, Teil A, Rz. 14. Bezüglich der praktischen Erfahrungen vgl. z. B. *Kajüter/Bachert/Blaesing/Kleinmanns*, Betriebswirtschaft *2010*, S. 457.

## 2 Inhalte

### 2.1 Anforderungen, Form und Umfang

Der KLB ist aufgrund seiner Bedeutung nach § 290 Abs. 1 HGB als ein **eigenständiges Element** klar und deutlich als solcher zu kennzeichnen. Aufgrund seiner eigenständigen Bedeutung muss er grds. eigenständig lesbar sein, ohne auf andere Bestandteile im KA zu verweisen (Ausnahmen sind explizit in Abs. 4 beschrieben). Dabei sind positive wie auch negative Aspekte separat darzustellen (DRS 20.16). Im Rahmen des Geschäftsberichts eines Konzerns befindet sich der KLB regelmäßig vor dem KA.[3]

Nach DRS 20.12 hat der KLB „sämtliche Informationen zu vermitteln, die ein verständiger Adressat benötigt, um die Verwendung der anvertrauten Ressourcen und um den Geschäftsverlauf im Berichtszeitraum und die Lage des Konzerns sowie die voraussichtliche Entwicklung mit ihren wesentlichen Chancen und Risiken beurteilen zu können."

Dazu hat der KLB **materiellen und formellen Anforderungen** zu genügen. Hierzu gehören in Anlehnung an die GoB und § 297 Abs. 2 HGB insb. die Grundsätze der Vollständigkeit, Verlässlichkeit und Ausgewogenheit, Klarheit und Übersichtlichkeit, Vermittlung der Sicht der Konzernleitung, Wesentlichkeit und Informationsabstufung.[4] Wie für den KA ist auch für den KLB das Gebot der Stetigkeit und der Wahrheit zu beachten.

**Stetigkeit** bedeutet, dass der KLB hinsichtlich Form und Inhalt stetig fortzuführen ist. Ist durch eine geänderte Berichterstattung eine bessere Klarheit und Übersichtlichkeit im KLB gegeben, kann der Stetigkeitsgrundsatz durchbrochen werden. Wird der Stetigkeitsgrundsatz durchbrochen, ist hierüber Bericht zu erstatten. Insb. sind die Gründe hierfür anzugeben. Vj.-Angaben sind – wenn möglich – anzupassen (DRS 20.26).

**Wesentlichkeit** für den KLB bedeutet, dass Informationen aus Sicht des Konzerns und nicht aus Sicht des MU von Bedeutung sein müssen. Zudem ist der Grundsatz der **Informationsabstufung** zu beachten, wonach Ausführlichkeit und Detaillierungsgrad der Ausführungen im KLB von den spezifischen Gegebenheiten des Konzerns, wie insbesondere von der Art seiner Geschäftstätigkeit, seiner Größe und der Inanspruchnahme des KM, abhängen (DRS 20.34).

Die im KLB getätigten Aussagen müssen **verlässlich** sein. Dies bedeutet, dass sie zutreffend und nachvollziehbar sein müssen und einseitige Darstellungen nicht getätigt werden dürfen. Die im KLB getätigten Aussagen müssen ferner frei von Widersprüchen zum KA und konsistent mit diesem sein (DRS 20.19).

Mit dem **BilRUG** kommt es ab den Gj 2016 zu Änderungen des § 315 HGB, insbesondere durch die Übertragung der bisher auf den LB beschränkten Erklärung zur Unternehmensführung aus § 289a HGB auf den KLB (Rz 143 ff.).

Wie beim Konzernanhang hat der Gesetzgeber für den KLB **keine zwingenden Gliederungsvorgaben** vorgesehen. Basierend auf den allgemeinen Grundsätzen, soll der KLB ein zutreffendes Bild der Lage des Konzerns geben. Insofern ist eine **Gliederung** nach **sachlichen**, **logischen** und **zweckmäßigen** Kriterien geboten.

---

[3] Vgl. *Stute*, 2010, S. 173 f.
[4] Vgl. DRS 20.12–35.

Informationen sind dementsprechend zusammenzufassen. In der **Praxis** haben sich **unterschiedliche Gliederungen** herausgebildet, die aber alle nach einem ähnlichen Muster aufgebaut sind. DRS 20 gliedert hier wie folgt:
- **Grundlagen des Konzerns:** Geschäftsmodell, Ziele und Strategien (freiwillig), Steuerungssystem, Forschungs- und Entwicklungsbericht;
- **Wirtschaftsbericht:** Bestandteile des Wirtschaftsberichts sind immer die Darstellung und Analyse des Geschäftsverlaufs nebst Rahmenbedingungen, Geschäftsergebnis und aktueller Lage, bedeutende Leistungsindikatoren sowie Ausführungen zur VFE-Lage, wobei diese Ausführungen getrennt für jedes Element (VFE-Lage) vorzunehmen sind;
- **Nachtragsbericht;**
- **Vergütungsbericht (DRS 17);**
- **Forschungs- und Entwicklungsbericht;**
- **Prognose-, Chancen- und Risikobericht:** Der Prognosebericht sollte zum einen eine Entwicklungsprognose und zum anderen eine Sensitivitätsanalyse beinhalten. Ferner ist es sinnvoll, Ausführungen zu den Risikozielen von Finanzinstrumenten aufzunehmen; der Risikobericht sollte nicht nur auf die Risikoanalyse eingehen, sondern auch Ausführungen zu den Risiken von Finanzinstrumenten und dem internen Kontroll- und Risikomanagementsystem enthalten. Sofern der Risikoteil im Rahmen des Prognoseberichts aufgenommen wurde, kann ein separater Risikobericht entfallen; zudem hat ein Chancenbericht zu erfolgen;
- **Internes Kontrollsystem und Risikomanagementsystem** bezogen auf den Konzernrechnungslegungsprozess (nur KM-orientierte Unt);
- **Risikoberichterstattung in Bezug auf die Verwendung von Finanzinstrumenten;**
- **Übernahmerelevante Angaben** (nur KM-orientierte Unt);
- **Eigentumsstrukturbericht;**
- **Versicherung der gesetzlichen Vertreter** des MU (umgangssprachlich auch als Bilanz- oder Lageberichtseid bezeichnet).

17 Sofern geboten, kann ein Inhaltsverzeichnis bzw. eine Gliederung den Ausführungen im KLB vorangestellt werden. Die einzelnen Abschnitte sind durch Überschriften deutlich kenntlich zu machen (DRS 20.25).

18 § 315 HGB unterscheidet hinsichtlich des Umfangs im KLB zwischen Pflicht- und Sollbestandteilen. Während Pflichtbestandteile stets im KLB aufzuführen sind und einen Mindestumfang in der Berichterstattung definieren, bleibt es dem Ersteller nach eigenem Ermessen überlassen, Sollbestandteile aufzunehmen. Eine Aufnahme der Sollbestandteile in den KLB wird aber gleichwohl empfohlen; DRS 20 fordert diese unter Beachtung des Grundsatzes der Informationsabstufung regelmäßig.

## 2.2 Pflichtangaben

### 2.2.1 Angaben zum Geschäftsverlauf und Analyse von Geschäftsverlauf und Lage des Konzerns (Abs. 1 Satz 1 und 2)

19 Der **Geschäftsverlauf** des Gj ist in einem **Wirtschaftsbericht** zu analysieren, zusammenzufassen und wiederzugeben. Hierbei sind die Geschäftsfelder des Konzerns sowie die Struktur und Komplexität des Konzerns ausgewogen und

umfassend zu berücksichtigen. Es sind nicht nur finanzielle Angaben, sondern auch nicht finanzielle Leistungsindikatoren in den Wirtschaftsbericht aufzunehmen.

Für den in § 315 Abs. 1 Sätze 1–4 HGB verlangten, unter das Gebot der Vermittlung tatsächlicher Verhältnisse gestellten **Wirtschaftsbericht,** der als Herzstück des KLB bezeichnet werden kann,[5] genügt es nicht, den Geschäftsverlauf und die Lage des Konzerns zu analysieren und darzustellen. **Ausgangspunkt** für eine fundierte Analyse des Geschäftsverlaufs und der wirtschaftlichen Lage stellen die **Geschäftstätigkeit und deren Rahmenbedingungen** dar. Zum besseren Verständnis fordert DRS 20.36 als Ausgangspunkt für die Darstellung, Analyse und Beurteilung des Geschäftsverlaufs und der wirtschaftlichen Lage Angaben zu den Grundlagen des Konzerns. Konkret ist bzgl. des **Geschäftsmodells**, soweit für das Verständnis der Ausführungen im KLB erforderlich, einzugehen auf die organisatorische Struktur des Konzerns, Segmente, Standorte, Produkte und Dienstleistungen, Geschäftsprozesse, Absatzmärkte sowie externen Einflussfaktoren für das Geschäft.[6] Die nach DRS 20.39 im Folgenden gewünschten Angaben zu **Zielen und Strategien** des Konzerns lassen sich nicht aus dem Gesetz ableiten und erfolgen somit freiwillig. KM-orientierte Unt sollen nach DRS 20.K45 daran anschließend auf das **Steuerungssystem** eingehen

20

Angaben zu den **Zielen** und **Strategien** des Konzerns sollen den Abschlussadressaten dabei unterstützen, die im KLB publizierten Informationen besser in das wirtschaftliche Umfeld einzuordnen. Allerdings bleibt es bei der freiwilligen Angabe. Insb. nennt DRS 20.40 hier die verbesserte Möglichkeit für den Abschlussadressaten, den Geschäftsverlauf, die wirtschaftliche Lage und die voraussichtliche Entwicklung im Hinblick auf die angestrebten Ziele im Rahmen einer Strategieberichterstattung besser einordnen zu können.

21

---

**Beispiele zu strategischen Zielen**
Im Bereich Kunden und Märkte:
- Marktanteile, Marktpositionierung, Marktdurchdringung,
- Markenentwicklung,
- Kundenakzeptanz, Kundenzufriedenheit.

Im Bereich Anteilseigner:
- Unternehmenswert,
- Dividendenpolitik.

Im Bereich Produkte:
- Produktmix/Portfolios,
- Produktdiversifizierung.

---

Unter **Strategien** wird üblicherweise das längerfristige Ausrichten eines Unt unter Berücksichtigung der vorhandenen Ressourcen verstanden, um gesetzte Ziele zu erreichen. Die freiwilligen Angaben zur Strategie des Konzerns im Hinblick auf die Ziele beschränken sich somit auf den Konzern selbst und betreffen nicht untergeordnete Organisationsstrukturen wie z.B. Geschäftsbereiche. DRS 20 lässt dabei den freiwilligen Berichtsumfang und die Berichtstiefe offen. Neben den allgemeinen

22

---

[5] Vgl. *Ergün/Müller*, in *Müller/Stute/Withus* (Hrsg.), Handbuch Lagebericht, Teil B2, Rz. 1.
[6] Vgl. *Ergün/Müller*, in *Müller/Stute/Withus* (Hrsg.), Handbuch Lagebericht, Teil B1, Rz. 1ff.

Ausführungen zu den strategischen Zielen können im Rahmen des Wirtschaftsberichts zusätzlich Aussagen zur Zielerreichung mit aufgenommen werden.

23  DRS 20 erweitert die Angaben zur Darstellung des Geschäftsmodells, der Strategien und Ziele sowie den Steuerungssystemen **über die gesetzlichen Vorgaben hinaus**. Je nach Detaillierungsgrad und Struktur im Konzern kann dies u. U. zu unerwünschten Publizitätseffekten von Unternehmensinterna führen. Ähnlich dem *Practice Statement* zum Management Commentary des IASB können sie nur als Empfehlungen betrachtet werden. Es bleibt abzuwarten, ob diese Angaben zur Akzeptanz bei den Anwendern führen werden und hier detaillierte Aussagen getätigt werden oder ob nur allgemeine Angaben vorzufinden sind. Untersuchungen zur Strategieberichterstattung haben Angaben im KLB in unterschiedlichster Weise vorgefunden, die mangels einer Normierung aber nicht zu einer generellen Aussage bzgl. des Umfangs und der Qualität einer Strategieberichterstattung führen.[7] Eine **Nichtangabe** im KLB kann nicht zu Konsequenzen führen, soweit der KLB ansonsten im Rahmen der rechtlichen Vorschriften erstellt wird und im Einklang mit diesen ist (§ 342 Rz 16).

24  Das im Konzern eingesetzte **Steuerungssystem** ist von KM-orientierten MU darzustellen (DRS 20.K45). Unter dem Steuerungssystem ist dabei das Managementsystem zu verstehen, das zur Zielerreichung und Strategieumsetzung verwendet wird und mit den Beteiligungen sowie der Leistungsprozess von der Beschaffung zum Absatz gesteuert wird. Eine einfache verbale Beschreibung des Systems kann dabei als hinreichend betrachtet werden. Die Pflicht zur Angabe von **Kennzahlen**, nach denen der Konzern gesteuert wird, beschränkt sich auf Angaben im Kontext der Konzernsteuerung. I. d. R. werden sich diese Kennzahlen auf betriebswirtschaftliche Größen zur VFE-Lage sowie zur Unternehmenswertsteuerung beschränken. Sofern erforderlich, sind die Kennzahlen zu erläutern, wobei sich die Erläuterung auch auf die Berechnung der Kennzahlen erstreckt. Die Angabe zur Berechnung der Kennzahlen ist nicht neu, sie wurde bisher lediglich für finanzielle Leistungsindikatoren gefordert und nun in den Angaben zum Steuerungssystem integriert. Mit der Berichtspflicht von Steuerungssystem und Kennzahlen erfolgt die Umsetzung des in den IFRS implementierten Management Approach auf für HGB basierte KA und KLB. Wie für die Ziele und Strategien ist die Angabepflicht zu den Steuerungssystemen des Konzerns nur von KM-orientierten MU zu erfüllen.

25  Erhöhte Berichtspflichten ergeben sich auch, sofern das MU im Rahmen des KA eine **SegmBer** veröffentlicht. Neben den Erläuterungen zur Entwicklung der Segmente im Wirtschaftsbericht sind im KLB von KM-orientierten Unt Erläuterungen zu den Steuerungssystemen der Segmente aufzunehmen. Voraussetzung für diese Angabepflicht ist, dass sich die für die Segmente verwendeten Kennzahlen grundlegend voneinander unterscheiden. Ursachen für heterogene Segmentstrukturen können z. B. in der Aufbauorganisation eines Konzerns oder in den unter dem Konzerndach vereinten unterschiedlichen Geschäftsmodellen sein.

26  Die in DRS 20 geforderten Angaben zu den Steuerungssystemen von KM-orientierten Unt sind auch im **Mehrjahresvergleich** zu betrachten. Liegen wesentliche Veränderungen in den Steuerungssystemen oder in den Berechnungsmethoden von Kennzahlen vor, ist über die jeweiligen Sachverhalte im KLB zu berichten.

---

[7] Vgl. *Weißenberger/Sieber/Kraft*, KoR 2011, S. 254.

Insb. sind die Veränderungen gegenüber dem Vj. darzustellen. Unter wesentlichen Veränderungen sind die Veränderungen zu verstehen, die die VFE-Lage des Konzerns beeinflussen.

Basierend auf diesen vorgeschalteten Erläuterungen der Grundlagen kann der KLB im Wirtschaftsbericht seinen Adressaten aufzeigen, wie sich der Konzern im abgelaufenen Konzern-Gj entwickelt hat und welche Gegebenheiten zu dieser Entwicklung geführt haben.[8] Diese Aussagen sind nicht nur beschreibender, sondern teilweise auch wertender Art. Letzteres gilt bspw. für Aussagen der Konzernleitung darüber, ob sie die jüngste Konzernentwicklung als günstig oder ungünstig beurteilt, wobei die wirtschaftliche Gesamtbeurteilung des Konzerns aus der Sicht der Konzernleitung im Vordergrund des Berichts steht und nicht die Erläuterung einzelner Posten des KA. Welche Angaben hier zu machen sind, hängt von den spezifischen Gegebenheiten des Einzelfalls ab.

27

Ein Überblick über den Geschäftsverlauf und die Lage des Konzerns kann nur vor dem Hintergrund der gesamtwirtschaftlichen und branchenspezifischen Rahmenbedingungen erfolgen.[9] Deshalb ist es erforderlich, u.a. kurz auf die gesamtwirtschaftliche Entwicklung einzugehen und über die Gegebenheiten und Entwicklungen der konzernrelevanten Branchen zu berichten. Zudem empfiehlt es sich, über den Bereich Personal- und Sozialwesen sowie sonstige wichtige Vorgänge und Ereignisse zu informieren.[10]

28

> **Beispiel**[11]
> Zu den Angaben zur **gesamtwirtschaftlichen Entwicklung** gehören u.a. Angaben zur konjunkturellen Entwicklung (z.B. Nachfrageentwicklung), zu konjunkturpolitischen Maßnahmen auf den Gebieten der Steuer-, Geld-, Zins- und Außenwirtschaftspolitik, zu gesellschaftspolitischen Ereignissen (z.B. wirtschaftspolitische Reformen) etc., soweit der Konzern von diesen gesamtwirtschaftlichen Entwicklungen bzw. Maßnahmen betroffen ist.
> Zu den Angaben über **konzernrelevante Branchen** gehören u.a. Angaben über die Strukturen der konzernrelevanten Branchen (z.B. Wettbewerbs- und Marktverhältnisse), deren Konjunkturlage (z.B. Branchenumsatz, Branchenrentabilität, Branchenproduktionsleistung, Branchenpreis- und Lohnentwicklung) sowie Aussagen über die Position des Konzerns innerhalb dieser Branchen (z.B. Marktanteil, gewählte Marktstrategie).

Mit den Angaben zum Bereich **Personal und Soziales** ist über die **Arbeitnehmerschaft** (z.B. Anzahl und Qualifikation der Mitarbeiter, Altersaufbau, Fluktuation), über **Arbeitszeitregelungen**, **Arbeitsbedingungen**, **Mitbestimmungsregelungen**, über die **Struktur des Personalaufwands** (z.B. gesetzliche, tarifliche, freiwillige Bestandteile), über **Entlohnungssysteme** (z.B. Akkordlohn, Monatslohn, Fremdlohn), über **besondere Vergütungsregelungen** (z.B. Gewinnbeteiligung, Gratifikationen, Belegschaftsaktien), über **betriebliche Sozialleistungen** (z.B.

29

---

8 Vgl. *Busse von Colbe/Ordelheide*, Konzernabschlüsse, 2006, S. 634.
9 Vgl. DRS 20.59.
10 Vgl. *Ergün/Müller*, in *Müller/Stute/Withus* (Hrsg.), Handbuch Lagebericht, Teil B2, Rz. 17 ff.
11 Vgl. *Müller/Peffekoven*, in *Federmann/Kußmaul/Müller* (Hrsg.), HdB, Beitrag Konzernlagebericht, Rz 36.

betriebliche Altersversorgung, Betriebskrankenkassen, Fürsorgeeinrichtungen, Unfallschutz, Werkswohnungen, Erholungsheime, Betriebskindergärten, Werksverpflegung) und über **Aus- und Fortbildung** (z. B. über das Angebot an Aus- und Weiterbildungsmaßnahmen einschließlich dafür unterhaltene Einrichtungen, Ausgaben für Schulung und Fortbildung wie auch über den Umfang, in dem die Belegschaft Aus- und Weiterbildungsmöglichkeiten genutzt hat bzw. nutzt) zu informieren. Gleichzeitig ist auf **betriebsinterne** wie auch **betriebsexterne Gegebenheiten** oder Ereignisse einzugehen mit besonderem Einfluss auf die Bereiche Personal und Soziales, insb. wesentliche Betriebsvereinbarungen, tarifliche Vereinbarungen und Streiks.[12]

30   Im Rahmen der Darstellung des Konzerngeschäftsverlaufs ist auch auf **sonstige wichtige Vorgänge** und/oder Ereignisse des abgelaufenen Konzern-Gj einzugehen.

> **Beispiel**
> Zu diesen **berichtspflichtigen Vorgängen/Ereignissen** gehören u. a. wesentliche Veränderungen der rechtlichen Rahmenbedingungen, der Abschluss oder die Beendigung wichtiger Verträge (z. B. Kooperationsvereinbarungen, Gewinnabführungs-, Beherrschungs-, Eingliederungsverträge, Lizenzverträge). Zu berichten ist auch über wichtige laufende bzw. abgeschlossene Rechtsstreitigkeiten, über den Erwerb oder die Veräußerung von konzernwesentlichen Anteilen/Beteiligungen, über wettbewerbsrechtlich bzw. kartellrechtlich bedeutsame Fragen für den Konzern, über Betriebsgrößenveränderungen, über Änderungen der Rechtsform und der Gesellschafterstruktur wichtiger Konzernges., über besondere Unglücksfälle, Naturkatastrophen, über Arbeitskampfmaßnahmen, Restrukturierungsmaßnahmen, Personalveränderungsmaßnahmen, Umstrukturierungs- und Rationalisierungsmaßnahmen sowie über damit verbundene Mitarbeiterumsetzungen, Entlassungen etc. und über Vorruhestandsregelungen sowie damit verbundene Abfindungsregelungen.

31   Zu informieren ist auch über **Vorgänge bzw. Ereignisse**, welche die **rechtlichen**, **wirtschaftlichen** und **gesellschaftlichen Rahmenbedingungen** ändern (z. B. Währungskrisen, politische Veränderungen, Veränderungen in den Absatz- und Beschaffungsmarktbedingungen, Umweltauflagen, Ausgliederungen von Unternehmensbereichen).[13]

32   Neben dem Geschäftsverlauf sind **Angaben zur Lage** des Konzerns in den KLB aufzunehmen. Hier wird es zwangsläufig zu Überschneidungen kommen. Im Prinzip ist die Lage eine Weiterentwicklung des Geschäftsverlaufs auf den Konzernbilanzstichtag mit einem Ausblick auf künftige Entwicklungen, die bereits zum Konzernbilanzstichtag bekannt sind. Insofern kann bereits aus dem Geschäftsverlauf auf die Lage geschlossen werden. Im Kontext der Rechnungslegung kann unter der Lage die gegenwärtige und zukünftige VFE-Lage verstanden werden. Da auch nichtfinanzielle Indikatoren in die Analyse nach § 315 Abs. 1 HGB einzubeziehen sind, sind auch diese, die Lage beeinflussenden Faktoren zu benennen.

---

12   Vgl. *Busse von Colbe/Ordelheide*, Konzernabschlüsse, 2006, S. 634.
13   Vgl. *Scherrer*, Kommentierung § 315 HGB, in BoHdR, § 315 HGB, Anm. 10.

> **Beispiel**
> Konkret können in Anlehnung an DRS 20.60 Angaben in folgenden Bereichen im Rahmen der Erläuterung des Geschäftsverlaufs erforderlich sein:
> - Umstrukturierungs- und Rationalisierungsmaßnahmen,
> - Unternehmenserwerbe/-veräußerungen,
> - Veränderungen bei Kooperationsvereinbarungen,
> - Veränderungen der rechtlichen oder wirtschaftlichen Rahmenbedingungen,
> - Veränderungen der Markt- und Wettbewerbsbedingungen,
> - Veränderungen des Marktanteils oder der Wettbewerbsposition,
> - besondere saisonale Einflüsse,
> - besondere Schadens- und Unglücksfälle.

Ein **grundlegendes Element** des KLB ist dabei die Darstellung der **VFE-Lage**. Bzgl. der **Ertragslage** (§ 264 Rz 74 ff.) soll die Ergebnisentwicklung des Konzerns analysiert und erläutert werden. Im Zusammenhang mit der Darstellung der Ertragslage des Konzerns ist u. a. konkret über dessen Ergebnisentwicklung, seine Ergebnisstruktur (abgebildet z. B. durch Strukturkennzahlen) und über seine wesentlichen Ergebnisquellen zu berichten, wobei das Ergebnis in betriebliches und betriebsfremdes Ergebnis aufzuteilen ist; gleichzeitig müssen geschäftsgewöhnliche und ungewöhnliche oder nicht wiederkehrende Ergebniskomponenten voneinander getrennt quantifiziert werden.[14] Soweit erforderlich, sind auch etwaige periodische und/oder aperiodische Ergebniskomponenten einzeln darzustellen. Zum Zwecke umfassender und sachgerechter Informationsdarbietung zur Ertragslage kann es evtl. auch erforderlich sein, Aufwandsstruktur- sowie Rentabilitätskennzahlen zu bilden.[15] Verschiedene Einflüsse sind – soweit wesentlich – gem. DRS 20.67 in der Rangfolge ihrer Bedeutung darzustellen. So kann etwa die Aufschlüsselung in Mengen und Preiseffekte notwendig sein. Sind verschiedene Erklärungen für die Veränderung eines Postens verantwortlich, so sind diese bei Wesentlichkeit alle aufzuführen.

33

> **Beispiel**
> Als Beispiele können nach DRS 20.68 dienen:
> - Rohstoffmangel, Mangel an Fachkräften, unsichere Zulieferungsbedingungen,
> - Entwicklung von Patenten, Lizenzen oder Franchiseverträgen,
> - starke Abhängigkeit von bestimmten Zulieferern oder Kunden,
> - Produkthaftung,
> - Umweltschutzaufwendungen und mögliche Umweltschutzhaftung,
> - Änderung der rechtlichen oder regulatorischen Rahmenbedingungen, z. B. Einschränkung der Absatz- oder Beschaffungsmöglichkeiten,
> - Wechselkursschwankungen oder unterschiedliche Inflationsraten bei Aufwendungen und Erträgen oder auf verschiedenen Märkten.

---

[14] Vgl. DRS 20.66.
[15] Vgl. *Coenenberg*, Ertragslage, in *Leffson/Rückle/Großfeld* (Hrsg.): Handwörterbuch unbestimmter Rechtsbegriffe im Bilanzrecht, HGB, 1986, S. 162.

34  Integraler Bestandteil der Ertragslage ist die Auftrags- und Umsatzentwicklung im Konzern. Im Rahmen der Analyse der Ertragslage ist hierauf gesondert einzugehen. Werden Ausführungen zur Auftrags- und Umsatzreichweite getätigt, ist auf eine konsistente Aussage mit den Ausführungen im Prognosebericht zu achten. Dies gilt im Besonderen für Auftragseingänge von Langfristaufträgen, die erst in kommenden Berichtsperioden ihre volle Wirkung entfalten werden. Haben die Umsatzerlöse aufgrund der Art des Geschäftsmodells für den Konzern keine große Bedeutung, so ist die Position nach DRS 20.71 in der Berichterstattung durch relevantere gleichwertige Angaben zu ersetzen.

35  Bei der **Vermögenslage** (§ 264 Rz 65ff.) soll die Zusammensetzung des Konzernvermögens erläutert werden. Zudem soll auf wesentliche Veränderungen gegenüber dem Vj. eingegangen werden. Dazu werden zweckmäßigerweise Vermögenskennzahlen, Aussagen zur Zusammensetzung des Vermögens wie auch Angaben zur Investitions- und Abschreibungspolitik, zu wesentlichen Unterschiedsbeträgen zwischen den Buchwerten der VG und ihren Zeit- bzw. Verkehrswerten, zu betriebsindividuell begründeten Abweichungen von ansonsten üblichen Werten, zum bilanzmäßig nicht ausgewiesenen Vermögen etc. erläutert. Einzugehen ist auch darauf, inwieweit die Vermögenswerte durch außerbilanzielle Geschäfte und Haftungsverhältnisse wesentlich beeinflusst werden und ob Vermögensteile aufgrund politischer oder sonstiger Einflüsse bedroht sind. Weiterhin ist auf wesentliches nicht betriebsnotwendiges Vermögen hinzuweisen.

36  Die Darstellung der Lage des Konzerns wird vervollständigt durch Angaben über bereits begonnene oder beabsichtigte bedeutende Vorhaben, schwebende Geschäfte und wesentliche Entwicklungstendenzen. Auch hinsichtlich dieser Berichtspflicht kommt es grds. nur auf die Darstellung solcher Entwicklungen an, die den **Konzern in seiner Gesamtheit** und nicht nur einzelne KonzernUnt beeinflussen. Gleichwohl kann auch über einzelne KonzernUnt zu berichten sein, wenn sich aufgrund neuer Entwicklungen für die überschaubare Zukunft abzeichnet, dass bspw. einzelne KonzernUnt stillzulegen sind und dies gleichzeitig für die Lage des Konzerns bedeutsam ist.[16]

37  Bei der **Finanzlage** (§ 264 Rz 69ff.) soll die Kapitalstruktur des Konzerns erläutert werden. Dabei ist von KM-orientierten Unt auch auf Grundsätze des Finanzmanagements einzugehen (DRS 20.K79) Darüber hinaus sind Aussagen zur zukünftigen Erreichbarkeit bzw. Beibehaltung des finanziellen Gleichgewichts notwendig (Liquiditätslage). Dieses Gleichgewicht besteht dann, wenn die zukünftigen Auszahlungen durch vorhandene liquide Mittel und zukünftige Einzahlungen gedeckt werden. Aussagen zur Finanzlage sind somit Aussagen über die Fähigkeit des Konzerns, seine Zahlungsverpflichtungen zu erfüllen.[17] Nach DRS 20.78 werden im Zusammenhang mit der Darstellung der Finanzlage auch Aussagen zur **Kapitalstruktur** (Deckungsgrade, horizontale Bilanzstrukturkennzahlen), zu **Investitionen** und zur **Liquiditätslage** (Liquiditätsgrade 1., 2. oder 3. Ordnung aber auch Finanzierungsrechnungen i.S.v. Cashflow-Rechnungen bzw. Rechnungen zur Cashflow-Rentabilität oder auch Aussagen zur KFR) erwartet.[18] Letztere ist Basis der Liquiditätsanalyse, wobei neben der zukunftsorientierten Betrachtung auch die

---

[16] Vgl. WP-Handbuch, Bd. I, 14. Aufl., Abschn. F, Rz 1113.
[17] Vgl. DRS 20.95.
[18] Vgl. *Lachnit*, Bilanzanalyse, 2004, S. 267.

abgelaufene Periode mit ihren Veränderungen des Zahlungsbestands darzustellen und zu kommentieren ist.

DRS 20.81 ff. verlangt eine ausführliche Darstellung und Analyse der **Kapitalstruktur** des Konzerns. Hier ist insb. auf Verbindlichkeiten mit Strukturangaben zu Fälligkeiten, Währung und Zinsen einzugehen. Ferner sind Aussagen zu Finanzierungsmaßnahmen zu tätigen, sei es durch Eigen- oder Fremdfinanzierung. Bei KM-orientierten MU ist zudem auf die Kreditwürdigkeit aufgrund eines durchgeführten Ratings einzugehen. Sämtliche Angaben sind mit einem Vorjahresvergleich zu versehen, sofern die Änderungen gegenüber dem Vj. wesentlich sind. 38

Sind **Investitionen** wesentlich für den Konzern, sind entsprechende Ausführungen im Wirtschaftsbericht aufzunehmen. Investitionen können sich dabei auf Finanz- und Sachanlagen sowie auf immaterielle VG erstrecken. Der Umfang erstreckt sich von abgeschlossenen über laufende bis hin zu geplanten Investitionen, wobei neben der eigentlichen Investition auch auf die Finanzierung der Investition einzugehen ist. 39

Aussagen zur **Liquidität** sollen anhand der KFR erläutert werden. Im Mittelpunkt soll die Fähigkeit des Konzerns stehen, seinen Zahlungsverpflichtungen nachzukommen, künftige Liquiditätsengpässe zu identifizieren und diese zu beheben. Ein Abgleich mit der künftigen Geschäftsentwicklung ist damit unabdingbar. Insofern müssen die Aussagen kongruent zu den im Prognosebericht gegebenen Informationen sein. Mögliche Liquiditätsbelastungen durch vorzeitige Rückzahlungsverpflichtungen sind ebenfalls aufzunehmen. Diese können sowohl bilanzierte als auch außerbilanzielle Verpflichtungen, z. B. durch Garantien, Leasingverträge oder Optionen, beinhalten. Es sind ebenfalls Aussagen zu Liquiditätspotenzialen zu tätigen. Gefordert werden explizit Angaben zu nicht ausgenutzten Kreditlinien. Da die KFR aber Bestandteil des KA ist, können u. U. Verweise auf die KFR erforderlich werden, die konträr zur Intention des KLB als eigenständiges Dokument sind. Insofern sind bei den Ausführungen zur Liquidität auf eine eigenständige Lesbarkeit zu achten und Verweise zwischen KA und KLB möglichst zu vermeiden. 40

Die **Darstellung der Finanzlage** erfordert auch Aussagen zur **Konzernfinanzierung**. Hierzu ist u. a. auf finanzwirtschaftlich relevante Vorgänge und/oder Entwicklungen des Konzerns einzugehen. Detailliert zu informieren ist insb. über den durch bestimmte Kapitalbindungs- bzw. -entzugsentscheidungen verursachten **Kapitalbedarf** wie über die vom Konzern im Rahmen seiner Finanzierungspolitik zur Kapitalbedarfsdeckung geplanten bzw. im abgelaufenen Konzern-Gj begonnenen oder abgeschlossenen Finanzierungsmaßnahmen. Dabei ist u. a. über die **Art der Kapitalbeschaffungsalternativen** (z. B. Emissionen von Gesellschaftsanteilen, Genussscheinen, Anleihen etc. wie auch über eine Kapitalbeschaffung durch Kreditaufnahme, Finance Leasing, Subventionen und über mit diesen Subventionen verbundene Auflagen etc.) wie auch über den **Umfang und die Fristigkeit der geplanten,** schon **beschlossenen** bzw. **bereits begonnenen Kapitalbedarfsdeckung** zu informieren. Wenn notwendig, ist die Begründetheit der jeweiligen Maßnahme anzugeben. Erforderlichenfalls ist im KLB auch auf die – nur teilweise aus dem KA erkennbaren – finanzwirtschaftlich relevanten Verhältnisse einzugehen und über die **Höhe der Kreditlinien** bzw. deren etwaige Änderungen zu berichten. Zu informieren ist auch über die – ggf. 41

inzwischen geänderten – Grundsätze finanzwirtschaftlicher Planungen bzw. Entscheidungen der gesetzlichen Vertreter wie auch über die von den gesetzlichen Vertretern verfolgten Strategien zur Absicherung von Währungs-, Zins- und Kursrisiken. Zu berichten ist auch über **Geschäfte mit derivativen Finanzinstrumenten**, wobei dies auch im Kontext des Risikoberichts erfolgen kann.

42  Bestandteil der Darstellung zur Finanzlage sind auch Ausführungen zum **Finanzmanagement** des Konzerns. Neben den Zielen sollten auch Aussagen zu den Grundsätzen getätigt werden. Für die Ausführungen zum Finanzmanagement ist eine konzernweite Betrachtung erforderlich, in der auch TU einzubeziehen sind. Dabei reicht eine verbale Beschreibung aus. Die Angabepflicht ist auf Konzernen mit KM-orientierten MU beschränkt (DRS 20.K79).

43  Ein besonderes Augenmerk ist auf **außerbilanzielle Finanzierungsinstrumente** zu richten, die zu beschreiben und hinsichtlich ihrer erwarteten Wirkung zu erläutern sind. Auch sind **geplante Finanzierungen** im Rahmen der **Investitionsplanung** Gegenstand der Beschreibung der Finanzlage.

44  Neben den detaillierten Ausführungen zum Geschäftsverlauf und zur VFE-Lage des Konzerns ist eine **zusammenfassende Gesamtaussage** zu tätigen, die die Einschätzung der Konzernleitung zur Geschäftsentwicklung beinhaltet.

### 2.2.2 Angaben zu den bedeutsamen finanziellen Leistungsindikatoren (Abs. 1 Satz 3)

45  In die Analyse des Geschäftsverlaufs sind **finanzielle Leistungsindikatoren** einzubeziehen. Unter **finanziellen Leistungsindikatoren** werden insb. **Kennzahlen** verstanden, die Aufschluss über **wesentliche** finanzielle Entwicklungen des Konzerns geben. Hier sind neben **Bilanz-**, **Ertrags-** und **Liquiditätskennzahlen** auch wertorientierte Kennzahlen zu nennen, die in den Wirtschaftsbericht aufzunehmen sind. Neben der Angabe und der Interpretation sind auch die **Berechnungsgrundlagen dieser Kennzahlen** zur Wahrung von Klarheit und Transparenz aufzuführen.[19]

> **Beispiel**
> **Typische finanzielle Leistungsindikatoren**
> - Renditekennzahlen (Umsatz, EK, Gesamtkapital),
> - *Cashflow*,
> - *Working Capital*,
> - EBIT, EBITA, EBITDA,
> - Wertschöpfungs- und *Shareholder Value* Kennzahlen.

46  Erfolgt die Steuerung des Konzerns anhand von finanziellen Indikatoren, sind diese im KLB zu nennen. Ein Unterlassen der Angaben zu diesen Kenngrößen kann als Fehler gewertet werden.

---

[19] Vgl. *Ergün/Müller*, in *Müller/Stute/Withus* (Hrsg.), Handbuch Lagebericht, Teil B2, Rz. 86 ff.

## 2.2.3 Angaben zu den bedeutsamen nicht finanziellen Leistungsindikatoren (Abs. 1 Satz 4)

Angaben zu **nichtfinanziellen Leistungsindikatoren** sollen Aufschluss über die aktuellen und künftig zu erwartenden wesentlichen Parameter des Geschäftsumfelds geben. 47

> **Beispiel**
> Hierzu gehören z. B. Erläuterungen zu Kunden, Lieferanten, Arbeitnehmern, Umweltaspekte, F&E, gesellschaftliche Reputation oder soziales Umfeld. DRS 20.107 nennt exemplarisch:
> - Kundenbelange (Indikatoren zum Kundenstamm, Kundenzufriedenheit etc.),
> - Umweltbelange (Emissionswerte, Energieverbrauch etc.),
> - Arbeitnehmerbelange (Indikatoren zur Mitarbeiterfluktuation, Mitarbeiterzufriedenheit, Betriebszugehörigkeit, Fortbildungsmaßnahmen etc.),
> - Indikatoren zu F&E (sofern diese Angaben nicht im Forschungs- und Entwicklungsbericht gemacht werden) und
> - die gesellschaftliche Reputation des Konzerns (Indikatoren zum sozialen und kulturellen Engagement, Wahrnehmung gesellschaftlicher Verantwortung etc.).

In welchem Umfang über **nichtfinanzielle Leistungsindikatoren** zu berichten ist, ist nicht explizit vorgeschrieben, soll sich aber an der Lage und Struktur des Konzerns orientieren. Sofern nichtfinanzielle Größen die Grundlage der Beurteilung der VFE-Lage des Konzerns sind, diese zur Entscheidungsfindung herangezogen werden oder anderweitig für die Geschäftstätigkeit von Bedeutung sind, sind diese nichtfinanziellen Größen im KLB aufzunehmen. Hier sind qualitative Angaben gefordert, die um quantitative Angaben ergänzt werden können, sofern dies die Lage des Konzerns erfordert (DRS 20.108). 48

Gem. DRS 20.106 soll sich die Berichtspflicht nicht finanzieller Leistungsindikatoren auf diejenigen Parameter beschränken, die von der Konzernleitung regelmäßig zur Beurteilung und Entscheidungsfindung herangezogen werden. 49

DRS 20.104 verlangt eine weitergehende Erläuterung von Kennzahlen mit Angabe der Maßgrößen. Werden Kennzahlen als interne Steuerungsgrößen verwendet, sind deren Komponenten zu erläutern und aus dem KA in Form einer Überleitungsrechnung abzuleiten. 50

In DRS 20 sind in diesem Kontext Aussagen zur **Nachhaltigkeit** neu aufgenommen worden. Verfolgt der Konzern ein Nachhaltigkeitskonzept, so ist dies anzugeben.[20] Neben dem BilRUG ist durch die CSR-Richtlinie[21] in Kürze mit weiteren diesbezüglichen gesetzgeberischen Maßnahmen mit Wirkung auf den KLB zu rechnen. 51

---

[20] Vgl. zu Nachhaltigkeitskonzepten *Wulf/Sackbrock*, in *Müller/Stute/Withus* (Hrsg.), Handbuch Lagebericht, Teil B13, Rz. 1 ff. sowie *Freidank/Müller/Velte* (Hrsg.), Handbuch Integrated Reporting, 2015.
[21] EU-Richtlinie 2014/95/EU v. 22.10.2014 zur Erhöhung der Unternehmenstransparenz in Sozial- und Umweltbelangen,

### 2.2.4 Erläuterungen zur voraussichtlichen Entwicklung mit ihren wesentlichen Chancen und Risiken (Abs. 1 Satz 5)

**52** Die voraussichtliche Entwicklung des Konzerns ist zusammen mit den daraus resultierenden wesentlichen Chancen und Risiken bzgl. der VFE-Lage aus Sicht der Konzernleitung in einem **Prognosebericht** zusammenzufassen.[22] Der Prognosebericht hat alle wesentlichen Entwicklungen und Tendenzen des Konzerns zu berücksichtigen. Die künftigen Entwicklungen sollen auf den zugrunde liegenden Prognoseprämissen basieren. Insofern sind auch diese Prämissen in den Bericht aufzunehmen.

Sofern Entwicklungen und Tendenzen bei einzelnen Unt des Konzerns für den Konzern relevant sind, sind diese in den Prognosebericht zu integrieren. Die aus der voraussichtlichen Entwicklung resultierenden wesentlichen **Chancen** und **Risiken** sind darzustellen. Dabei haben Chancen und Risiken einen **gleichwertigen Stellenwert** (DRS 20.166). Es ist somit dezidiert auf **beide Komponenten** einzugehen; eine **Saldierung** mit Angaben zu den daraus resultierenden Effekten ist **nicht zulässig**. Chancen und Risiken sind zu bewerten und Angaben zur Eintrittswahrscheinlichkeit und den daraus resultierenden Auswirkungen zu machen. Insb. ist auf künftige Faktoren zu Beschaffung, Produktion, Absatz und Personal einzugehen, die für die Lage des Konzerns von besonderer Bedeutung sind. Dies sollte im Kontext der erwarteten wirtschaftlichen Rahmenbedingungen und künftigen Branchenentwicklung erfolgen.[23] Die im Wirtschaftsbericht einbezogenen finanziellen und nichtfinanziellen Leistungsindikatoren sind weiterzuentwickeln und auch im Prognosebericht aufzunehmen. Die detaillierten Aussagen zur Prognose sind zu einer Gesamtaussage zu verdichten (DRS 20.118). Die Gesamtaussage soll die Einschätzung der Konzernleitung widerspiegeln.

**53** Die **Annahmen**, auf denen die Prognose der künftigen Geschäftsentwicklung beruht, sind anzugeben (DRS 20.120). Die Annahmen müssen mit dem KA im Einklang stehen. Ferner sollten die Annahmen kongruent zu den Markt- und Branchenentwicklungen sein. Zu den Annahmen gehören sowohl finanzielle als auch nichtfinanzielle Größen. Vorstellbar sind externe Annahmen bzgl. prognostiziertem Marktvolumen und -wachstum, Preisgestaltungen im Markt, Technologietrends, Finanzmarktentwicklungen sowie dem wirtschaftlichen Umfeld. Interne Annahmen können auf Produktportfolios, Kosten- und Mengengerüsten, interne Strukturen, Entwicklungsaktivitäten sowie laufenden oder beendeten Investitionsprojekten basieren. Stützen sich die eigenen Prognosen auf Prognosen Dritter, ist dies nach DRS 20.123 anzugeben.

**54** Im Rahmen der Aussagen zu künftigen **Risiken** sollten zumindest Aussagen zu Marktentwicklungen getätigt werden, die sich nachteilig auf die Konzernentwicklung auswirken könnten. Hierzu sind neben Markttendenzen auch Aussagen zu Produkttendenzen und -entwicklungen vorstellbar. Der Risikobericht muss so ausgestaltet sein, dass die Adressaten entscheidungsnützliche Informationen bekommen. Daher ist nach DRS 20.135 auf das Risikomanagementsystem einzugehen, was für KM-orientierte Unt nach § 315 Abs. 2 Nr. 5 HGB explizit bzgl. der internen Kontroll- und Risikomanagementsystems im Hinblick auf den Kon-

---

[22] Vgl. *Withus*, in *Müller/Stute/Withus* (Hrsg.), Handbuch Lagebericht, Teil B5, Rz. 1 ff.
[23] Vgl. *Baetge/Hippel/Sommerhoff*, Betriebswirtschaft 2011, S. 365.

zernrechnungslegungsprozess gefordert ist; es sind die (wesentlichen) einzelnen Risiken sowie eine zusammenfassende Darstellung der Risikolage erforderlich.

Sollten **einzelne Risiken** bestandsgefährdend sein, muss dies auch klar zum Ausdruck gebracht werden. Als Betrachtungszeitraum muss dafür mindestens der Prognosehorizont zugrunde gelegt werden und es ist grds. von einer Stichtagsbetrachtung auszugehen. Sollten sich während der Aufstellungszeit Gründe für eine Änderung von Einschätzungen ergeben, so wäre ein zusätzlicher Hinweis notwendig, falls ansonsten dem Adressaten ein falscher Eindruck vermittelt werden könnte. 55

Zudem sind für alle wesentlichen Risiken die bei Eintritt zu erwartenden Konsequenzen zu analysieren und zu beurteilen. Dabei muss deren Bedeutung für den Konzern oder für wesentliche, in den KA einbezogene Unt erkennbar werden. Die Risiken sind quantifiziert darzustellen, soweit diese Informationen auch intern vorliegen und für die Steuerung genutzt werden. DRS 20.152 verlangt für diesen Fall die intern ermittelten Werte anzugeben sowie die verwendeten Modelle und deren Annahmen darzustellen und zu erläutern.

> **Beispiel nach DRS 20.153**
> Marktpreisrisiken sind etwa mit Hilfe von Sensitivitätsanalysen und Kennzahlen wie *Value at Risk* quantifizierbar.

Die Unt können bei der Darstellung der Risiken nach DRS 20.157 auf zwei Arten vorgehen: 56
- Bei der Bruttodarstellung sind die Risiken vor den ergriffenen Maßnahmen sowie gesondert die Maßnahmen zur Risikobegrenzung darzustellen;
- bei der Nettobetrachtung sind die Risiken nach Risikobegrenzungsmaßnahmen darzustellen, allerdings müssen auch hier gesondert die ergriffenen Maßnahmen dargestellt werden.

> **Beispiel nach DRS 20.158**
> Die Auswirkungen von Risiken können z.B. durch den Abschluss eines Termingeschäfts oder einer Versicherung begrenzt werden. Sofern Risiken betrachtet werden, die sich auf bilanzielle Positionen auswirken (Ertragsperspektive), kann eine bilanzielle Vorsorge, wie z.B. Abschreibungen und die Bildung von Rückstellungen, eine Risikobegrenzungsmaßnahme sein.

Sind wesentliche Änderungen von Risiken im Vergleich zum Vj. aufgetreten, so ist darauf konkret erläuternd hinzuweisen. DRS 20.162 fordert für die Darstellung der Risiken i.S. der Klarheit und Übersichtlichkeit eine Zusammenfassung nach Risikogruppen, eine Gliederung nach einer Rangfolge oder aber segmentbezogen vorzugehen.

Seine Grenze hat die Darstellung von Risiken da, wo die Position des Konzerns geschwächt werden könnte. In diesem Fall kann von einer Quantifizierung abgesehen werden, was aber zu begründen ist. Zudem ist es erlaubt, die Darstellung im KLB zu aggregieren, so dass sie quantitativ nicht mit dem internen Risiko übereinstimmen muss (DRS 20.154). 57

58 Die **Risikolage** ist zu einem Gesamtbild zusammenzuführen, wobei auch auf die Risikotragfähigkeit des Konzerns eingegangen werden kann.

59 Bei der Berichterstattung über **Chancen** ist analog wie bei den Risiken vorzugehen. Es ist konzernspezifisch zu entscheiden, ob eine Darstellung zusammengefasst oder getrennt erfolgen soll. I.d.R. liegt in jeder Chance auch ein Risiko und umgekehrt.[24]

60 Hinsichtlich der **Finanzlage** und deren Entwicklung sollten im Prognosebericht Aussagen über das Investitionsvolumen, über wesentliche Mittelabflüsse und über Finanzierungen gemacht werden.

61 Hinsichtlich der **Ertragslage** werden Aussagen zu Umsatzentwicklungen, Aufwendungen und Finanzergebnissen erwartet. Aussagen zur steuerlichen Belastung und zur Steuerquote sollten diese Aussagen abrunden. Daneben sind auch Aussagen zur Dividendenpolitik möglich.

62 Der **Prognosezeitraum** hat nach DRS 20.127 **mindestens ein Jahr** zu umfassen. Dabei ist von dem Konzern in der zum Stichtag existierenden Zusammensetzung auszugehen. Die Prognosen müssen Aussagen zur erwarteten Veränderung der prognostizierten Leistungsindikatoren gegenüber dem entsprechenden Istwert des Berichtsjahrs enthalten und dabei die **Richtung und Intensität der Veränderung** verdeutlichen. Abweichende Bezugspunkte der Prognosen sind anzugeben (DRS 20.128).

Im Gegensatz zu den nach DRS 15 bislang weniger konkreten Regelungsinhalten müssen hier somit explizit bei den abgegebenen Prognosen neben der **Richtung** (als positiver oder negativer Trend) auch die **Intensität** (Stärke des Trends) der erwarteten Veränderung gegenüber dem Istwert des Berichtsjahrs ersichtlich sein (DRS 20.128). Während Punkt-, Intervall und qualifiziert-komparative Prognosen nach DRS 20.130 die gestiegenen Anforderungen an die Prognosepräzision erfüllen, ist dies für komparative und qualitative Prognosen nicht der Fall, da zwar den Adressaten die Veränderungsrichtung bekannt gemacht wird, jedoch nicht die erwartete Intensität der Veränderung. Abzugeben sind Prognosen dabei zu allen finanziellen und nichtfinanziellen Leistungsindikatoren, welche auch zur internen Steuerung verwendet werden.[25]

63 Der **Prognosebericht** ist ein unverzichtbarer, integraler Bestandteil des KLB. Ein **Weglassen** aufgrund interner oder externer Gründe ist **nicht zulässig** und würde als wesentlicher Fehler gewertet werden.[26] Die Prognose ist unter Berücksichtigung der Einschätzung der künftigen wirtschaftlichen Entwicklung des Unt durch das Management aus der bisherigen Unternehmensentwicklung abzuleiten. Sollten Gründe vorliegen, die eine qualifizierte Prognose nicht ermöglichen, bestehen vielmehr erweiterte Berichtspflichten. Hier kommen neben allgemeineren Prognoseaussagen auch Beschreibungen der Gründe und der Auswirkungen auf den KA mit Nennung der wesentlichen Einflussfaktoren infrage. Sind keine verlässlichen quantitativen Angaben möglich, ist auch vorstellbar, dass Bandbreitenangaben oder Szenarien in den Prognosebericht aufgenommen werden. In diesen Fällen sind die zugrunde liegenden jeweiligen Annahmen mit anzugeben. Auf die sich hieraus ergebenden Risiken ist entsprechend einzugehen, insb. ist auf die Auswirkung auf die VFE-Lage des Konzerns einzugehen.

---

[24] Vgl. *Lachnit/Müller*, Unternehmenscontrolling, 2012, S. 223 ff.
[25] Vgl. zur aktuellen Umsetzung *Ergün/Juchler/Müller*, StuB 2012, S. 897.
[26] OLG Frankfurt, Az. WpÜG 11/09 und 12/09.

> **Beispiel**
> Folgende Gründe können zu einer erschwerten Erstellung eines Prognoseberichts führen:
> Interne Gründe
> - Insolvenzen,
> - Managementwechsel.
>
> Externe Gründe
> - Nicht einschätzbares wirtschaftliches Umfeld,
> - starke Strukturverschiebungen am Markt,
> - Inflationsrisiken.

Beinhaltet der KA eine **SegmBer**, ist gem. DRS 20 eine Berichterstattung im KLB grds. auch auf Segmentebene erforderlich. Somit sind die Entwicklung je Segment zu prognostizieren und zu erläutern. Die Angaben je Segment sind separat von der voraussichtlichen Entwicklung des Konzerns zu machen, können aber Bestandteil des Prognoseberichts sein. Dabei müssen die zum SegmBer getätigten Aussagen konsistent hinsichtlich der Unternehmensentwicklung im KLB und konsistent zum KA sein. Allerdings geht dies über die gesetzliche Anforderung hinaus und ist daher lediglich als Empfehlung zu verstehen. 64

Durch die Angabe von Risiken als Bestandteil des Prognoseberichts ist ein eigenständiger **Risikobericht** nicht zwingend erforderlich. DRS 20.117 lässt offen, ob eine geschlossene oder getrennte Darstellung angewandt werden soll.[27] Die Form der Darstellung sollte sich danach richtet, wie die voraussichtliche Entwicklung und die Risiken im konkreten Einzelfall klarer zum Ausdruck gebracht werden können. Im Sinne der Stetigkeit ist eine einmal gewählte Variante beizubehalten. 65

Die im Prognosebericht getätigten Aussagen zur künftigen Entwicklung des Konzerns haften naturgemäß Unsicherheiten bzgl. des späteren Eintritts an. Insofern wird empfohlen, auf diesen Sachverhalt im KLB hinzuweisen. 66

> **Beispiel zur Eintrittswahrscheinlichkeit der getätigten Aussagen**
> Die im LB erfolgten Ausführungen zu künftigen Ereignissen und Entwicklungen der Ges. basieren auf Annahmen, Einschätzungen und Erwartungen, die zum Zeitpunkt der Erstellung des KA getroffen wurden. Annahmen, Einschätzungen und Erwartungen künftiger Ereignisse und Entwicklungen haften naturgemäß Unsicherheiten und Risiken an. Daher können die tatsächlich eintretenden künftigen Ereignisse und Entwicklungen von den hier getätigten Aussagen abweichen.

### 2.2.5 Bilanzeid (Abs. 1 Satz 6)

Die gesetzlichen Vertreter eines MU haben zu versichern, dass sie nach bestem Wissen den Geschäftsverlauf so im KLB dargestellt haben, dass dieser ein den tatsächlichen Verhältnissen entsprechendes Bild vermittelt. Diese im Zusammenhang mit § 264 Abs. 2 Satz 3 HGB auch als **Bilanzeid** umschriebene Angabe nach 67

---

[27] Zu Ausgestaltung vgl. *Ergün/Juchler/Müller*, ZCG 2012, S. 281.

Abs. 1 Satz 6 ist im Rahmen des TUG[28] in den KLB aufgenommen worden (§ 264 Rz 88 ff.). Sie soll nochmals das Bemühen des Managements unterstreichen, dass der KLB frei von unrichtigen Angaben ist und ein den tatsächlichen Verhältnissen entsprechendes Bild vermittelt.

68 Der Bilanzeid kann getrennt für KA und KLB oder einheitlich für KA und KLB ausgeführt werden.

> **Beispiel**
> Der Deutsche Standardisierungsrat schlägt für den Eid bezogen auf den KLB folgende Fassung vor (DRS 20.K234): „Wir versichern nach bestem Wissen, dass im Konzernlagebericht der Geschäftsverlauf einschließlich des Geschäftsergebnisses und die Lage des Konzerns so dargestellt sind, dass ein den tatsächlichen Verhältnissen entsprechendes Bild vermittelt wird, sowie die wesentlichen Chancen und Risiken der voraussichtlichen Entwicklung des Konzerns beschrieben sind."

> **Beispiel**
> Wird von der Wahl eines einheitlichen Bilanzeids Gebrauch gemacht, schlägt DRS 20.K235 folgende Formulierung vor: „Wir versichern nach bestem Wissen, dass gem. den anzuwendenden Rechnungslegungsgrundsätzen der Konzernabschluss ein den tatsächlichen Verhältnissen entsprechendes Bild der Vermögens-, Finanz- und Ertragslage des Konzerns vermittelt und im Konzernlagebericht der Geschäftsverlauf einschließlich des Geschäftsergebnisses und die Lage des Konzerns so dargestellt sind, dass ein den tatsächlichen Verhältnissen entsprechendes Bild vermittelt wird, sowie die wesentlichen Chancen und Risiken der voraussichtlichen Entwicklung des Konzerns beschrieben sind."

69 Rechtlich bedeutet ein **Verstoß gegen den Bilanzeid**, dass auch explizit gegen andere Vorschriften, insb. gegen Abs. 1 Satz 1, verstoßen wurde. Hier greifen die strafrechtlichen Vorschriften des § 331 HGB (§ 331 Rz 58 ff.), insb. § 331 Abs. 1 Nr. 1 HGB, die für einen Verstoß eine Geldstrafe oder Freiheitsstrafe von bis zu drei Jahren vorsehen (Rz 141). Weitere rechtliche Konsequenzen aufgrund eines Verstoßes gegen den Bilanzeid sind dagegen fraglich.

## 2.3  Sollangaben (Abs. 2)

70 Abs. 2 listet eine Reihe von Angaben auf, die in den KLB eingehen sollen. Als Sollbestandteile unterliegen sie jedoch einer grundsätzlichen Angabepflicht und sind daher nicht als Wahlrecht einzustufen, das nach Ermessen durch den Abschlussersteller ausgeübt werden kann. Das „soll" ist in diesem Zusammenhang zu verstehen als „müssen, wenn nicht können", was eine Angabepflicht impliziert, solange nicht gute Gründe für eine Nichtangabe bestehen.[29] Daher ist die Aufnahme der Sollangaben in den KLB notwendig und nach DRS 20 auch im Ergebnis verlangt, so dies für das Ziel der Lageberichterstattung notwendig

---

[28] Transparenzrichtlinie-Umsetzungsgesetz (TUG) v. 5.1.2007, BGBl 2007 I S. 10.
[29] Vgl. m. w. N. *Fülbier/Pellens*, MünchKomm HGB, 3. Aufl., § 315, Rz. 25.

ist. Nach dem BilRUG werden die Angaben ab dem Gj 2016 explizit zu Pflichtangaben erklärt (Rz 143 ff.).

### 2.3.1 Vorgänge von besonderer Bedeutung nach Schluss des Konzerngeschäftsjahrs (Abs. 2 Nr. 1)

Vorgänge von besonderer Bedeutung, die nach dem Schluss des Gj eingetreten sind, sind im Rahmen des **Nachtragsberichts** noch im LB[30] zu berücksichtigen.[31] Die Vorschrift ist somit identisch mit den Vorschriften zum LB des Einzelabschlusses nach § 289 Abs. 2 Nr. 1 HGB (§ 289 Rz 77 ff.). 71

Strittig ist der **Zeitpunkt**, bis wann diese Vorgänge nach dem Konzernbilanzstichtag berücksichtigt werden sollen. Nach hM ist als frühester Zeitpunkt der Zeitpunkt der Aufstellung des KA zu wählen. Darüber hinaus kann dieser Zeitraum bis zur Billigung des KA reichen. 72

Nicht weiter spezifiziert ist die **besondere Bedeutung**. Allgemein werden hierunter Vorgänge verstanden, die eine materielle, wesentliche Auswirkung auf den KA haben. Unwesentliche Vorgänge sind somit nicht in den KLB aufzunehmen. Ebenso sind Vorgänge, die für den Einzelabschluss eines Unt des KonsKreises wesentlich, für den KA aber unwesentlich sind, nicht in den Nachtragsbericht aufzunehmen. Vorgänge von besonderer Bedeutung i.S.d. § 315 Abs. 2 Nr. 1 HGB sind nach Literaturmeinung Vorgänge nach Abschluss des Konzern-Gj, die sowohl Auswirkungen auf die Lage des Konzerns wie auch auf seine Fortbestandsfähigkeit haben können. Danach kommt einem nach Abschluss des Konzern-Gj eingetretenen Vorgang eine besondere Bedeutung immer dann zu, wenn dieser Vorgang eine andere Darstellung der Lage des Konzerns im Rahmen der Berichtspflicht nach § 315 Abs. 1 HGB erzwingen würde, hätte er sich bereits vor Ablauf des Konzern-Gj vollzogen. Dabei ist sowohl über positive wie auch über negative Vorgänge zu berichten. An diese Berichtspflichten sind umso schärfere Anforderungen zu stellen, je ungünstiger das berichtspflichtige Ereignis ist. 73

> **Beispiel**
> Im Einzelnen können u.a. folgende Vorgänge oder Ereignisse, soweit sie nach Abschluss des Konzern-Gj eingetreten sind, von besonderer Bedeutung sein:
> - Wirtschaftliche oder politische Ereignisse mit der Folge verschärfter Exportvorschriften, Auf- und Abwertungseinflüsse, Wettbewerbsverzerrungen etc., soweit sie eine bzw. verschiedene konzernrelevante Branchen betreffen,
> - Abweichungen von der aus dem KA erkennbaren zukünftigen Entwicklung, bedingt z.B. durch bisher unvorhergesehene Marktänderungen, Kostensteigerungen, Umsatzrückgänge, schwerwiegende Verluste, stark rückläufige Marktpreise etc.,
> - Erwerbe oder Veräußerungen von Beteiligungen oder anderen relevanten Anteilen,
> - Kapitalerhöhungs- oder Kapitalherabsetzungsmaßnahmen,
> - Gründungen oder Auflösungen von Niederlassungen/TU etc.,

---

30 Mit dem BilRUG wird diese Angabepflicht ab dem Gj 2016 in den Anhang verschoben (Rz 144 ff.).
31 Vgl. ausführlich *Paetzmann*, in *Müller/Stute/Withus* (Hrsg.), Handbuch Lagebericht, Teil B4, Rz. 1 ff.

> - Beitritte zu Interessengemeinschaften oder Kartellen,
> - Abschlüsse außerordentlicher Verträge,
> - Ergebnisse wichtiger Prozesse,
> - Arbeitskämpfe in für den Konzern wesentlichen Tarifgebieten,
> - erhebliche Belegschaftsreduzierungen,
> - Zusammenbrüche von Großkunden,
> - Rückgängigmachung von Bilanzmaßnahmen, die der Verbesserung des Bilanzbilds dienen.

74　Liegen keine berichtspflichtigen Ereignisse vor, ist eine Fehlanzeige nach DRS 20.115 erforderlich.

### 2.3.2 Risiken bei Finanzinstrumenten (Abs. 2 Nr. 2)

75　Sind Finanzinstrumente wesentlicher Bestandteil der gewöhnlichen Geschäftstätigkeit eines Unt, sind hierüber **Angaben im KLB** erforderlich.[32] Die Angaben zu Risiken der Finanzinstrumente sollten getrennt von den sonstigen Risiken erfolgen, können aber in dem Risikobericht integriert werden, solange das die Klarheit und Übersichtlichkeit nicht beeinträchtigt (DRS 20.180). Die zu machenden Angaben richten sich dabei nach dem Umfang und der Art der eingesetzten Finanzinstrumente. Unabhängig hiervon sind immer Angaben zu den **Risikomanagementzielen und -methoden** sowie den Risiken, die sich aus dem Einsatz der Finanzinstrumente ergeben, in den KLB aufzunehmen. Insb. sind Ausführungen zu der Risikoneigung der Unternehmensleitung im Rahmen der Risikomanagementziele zu machen.

76　Zu den Risikomanagementzielen und -methoden gehören Angaben zu den Absicherungsmethoden der wichtigsten Transaktionen, insb. der Behandlung bei Sicherungsgeschäften.[33]

77　Risiken aus dem Einsatz der Finanzinstrumente sind nach Preisänderungs-, Ausfall-, Liquiditäts- und Zahlungsstromrisiken zu unterscheiden. Je nach Risikoart empfiehlt sich eine Angabe zu den voraussichtlichen Entwicklungen. In jedem Fall sind Chancen und Risiken entsprechend darzustellen. Der Umfang der Ausführungen richtet sich dabei nach dem Umfang des Einsatzes von Finanzinstrumenten.

78　Hinsichtlich des Umfangs und des Inhalts der Angaben zu Finanzinstrumenten empfiehlt sich ein Rückgriff auf die IFRS, insb. auf IAS 32 und IFRS 7. Zudem bestehen auch für den Konzernanhang bereits diesbezügliche Angabepflichten.

> **Beispiel**
> Aufgrund des Wahlrechts der Angaben zu den Finanzinstrumenten im KLB und im Konzernanhang empfiehlt sich eine Arbeitsteilung beider Berichte. Während im KLB allgemeine Ausführungen zu den Risiken, Risikomanagementzielen und -methoden aufgenommen werden sollten, bleiben detaillierte und quantitative Aussagen zu den Finanzinstrumenten dem Konzernanhang vorbehalten.

---

[32] Vgl. ausführlich *Ergün/Müller*, in *Müller/Stute/Withus* (Hrsg.), Handbuch Lagebericht, Teil B6, Rz. 1 ff.
[33] Vgl zu praktischen Ausgestaltungen *Ergün/Müller/Panzer*, StuB 2014, S. 756 ff.

Nach DRS 20.181 ist in Bezug auf die Verwendung von Finanzinstrumenten im Konzern gesondert einzugehen auf
- die aus der Verwendung von Finanzinstrumenten resultierenden **Risikoarten**, denen der Konzern ausgesetzt ist (Marktpreisrisiken, Ausfallrisiken, Liquiditätsrisiken), und deren jeweiliges Ausmaß, wobei sich dies nur erstreckt auf offene Risikopositionen und nicht auf durch konkrete Sicherungsgeschäfte gedeckte Marktpreisrisiken, Ausfallrisiken bzw. Liquiditätsrisiken. Bei Letzteren ist daher nur das Restrisiko nach Liquiditätszusagen und eingeräumten Kreditlinien darzustellen;
- die **Risikomanagementziele** für die einzelnen Arten von Risiken aus der Verwendung von Finanzinstrumenten, denen der Konzern ausgesetzt ist;
- die **Risikomanagementmethoden** bzgl. der Risiken aus der Verwendung von Finanzinstrumenten, wobei relevant ist, wie der Konzern eingegangene Risiken in Bezug auf die Verwendung von Finanzinstrumenten steuert. Dies beinhaltet Ausführungen zu Maßnahmen der Risikoreduktion und Risikoüberwälzung. Dabei sind ggf. auch vom Unt eingegangenen Sicherungsgeschäfte, sofern diese bestimmten, risikoverursachenden Geschäften nachweislich zuordenbar sind, bedeutsam. Unabhängig davon, ob die Finanzinstrumente Teil einer Sicherungsbeziehung sind oder isoliert behandelt werden, ist einzugehen auf: die Art der Risiken, die gesichert werden, die Art der Sicherungsbeziehung, Maßnahmen zur Sicherstellung der beabsichtigten Effektivität der Risikoabsicherungen und antizipative Sicherungsbeziehungen.

Es ist zudem anzugeben, ob ökonomische Sicherungsbeziehungen als bilanzielle Sicherungsbeziehungen im KA abgebildet werden.

### 2.3.3 Angaben zur Forschung und Entwicklung (Abs. 2 Nr. 3)

Der KLB soll auf Forschungs- und Entwicklungsaktivitäten des Konzerns eingehen. Hier sind Angaben zu den wesentlichen Aktivitäten und zur Intensität notwendig, da sie Auskunft über die künftige Wettbewerbsfähigkeit des Konzerns geben. Nach DRS 20.48 ist auch der F&E-Bericht Teil der Darstellung der Grundlagen des Konzerns.[34] Werden oder wurden F&E-Leistungen ausgelagert, sind auch die ausgelagerten Aktivitäten im KLB in dem Umfang und in der Art zu berücksichtigen wie sie für die konzerninternen Aktivitäten erfolgen (DRS 20.48). Eine separate Angabe ist dabei nicht erforderlich.

Eine **Aufgliederung** der Angaben in Grundlagenforschung, angewandte Forschung sowie Entwicklungstätigkeiten mit separaten Erläuterungen wird **empfohlen**.[35] Da für KonzernUnt, die keine Aktivierung von Entwicklungskosten vornehmen, die Angabe im Konzernanhang bzgl. F&E-Kosten entfällt, kommt dieser Lageberichtsbenennungspflicht hohe Bedeutung zu. Die Angabe ist unabhängig von der Aktivierung von Entwicklungskosten vorzunehmen.

Die **Angaben zu Forschungs- und Entwicklungsaktivitäten** beziehen sich auf die Aktivitäten für **eigene Zwecke**. Hierzu gehören sowohl die eigenen Aktivitä-

---

[34] Vgl. ausführlich *Ergün/Müller*, in *Müller/Stute/Withus* (Hrsg.), Handbuch Lagebericht, Teil B1, Rz. 69ff.
[35] Vgl. *Müller/Peffekoven*, in *Federmann/Kußmaul/Müller* (Hrsg.), HdB, Beitrag Konzernlagebericht, Rz 55.

ten als auch die an Dritte vergebenen F&E-Aktivitäten. Die verbalen Ausführungen zu den Aktivitäten sind mit quantitativen Angaben zu untersetzen.

> **Beispiel**
> **Beispiele zu quantitativen Aussagen**
> DRS 20.50 listet eine Vielzahl von quantitativen Angaben zu F&E-Aktivitäten auf:
> - Aufwendungen für F&E-Aktivitäten (absolut oder in Prozent),
> - Investitionsvolumen in F&E,
> - Anzahl Mitarbeiter,
> - Anzahl von Patenten, Lizenzen und Produktentwicklungen.

Wesentliche Veränderungen der F&E-Aktivitäten gegenüber dem Vj. sind anzugeben. Gründe für wesentliche Veränderungen können in geänderten Konzernstrukturen und -strategien, veränderten Forschungsschwerpunkten, neuen Produktportfolios oder Technologiegründen gegeben sein.

83 Über F&E-Aktivitäten für **fremde Zwecke** als Dienstleistung braucht hingegen **nicht** berichtet zu werden.

### 2.3.4 Grundzüge des Vergütungssystems für Organmitglieder (Abs. 2 Nr. 4)

84 Grundzüge des Vergütungssystems für Organmitglieder sind in einem **Vergütungsbericht** zu erläutern. Diese Erläuterungen sind nur für börsennotierte AG relevant. Während der KLB nur auf die Grundzüge des Vergütungssystems eingehen soll, bleiben dem Konzernanhang die Detailangaben vorbehalten.[36] DRS 17.13 fordert zudem die Angabe von Vorjahreszahlen und Vergleichsinformationen, sofern diese für das Verständnis von Bedeutung sind. Wird vom Wahlrecht nach Abs. 2 Nr. 4 Satz 2 Gebrauch gemacht und die Angaben nach § 314 Abs. 1 Nr. 6 Buchst. a Sätze 5 bis 8 HGB in den KLB aufgenommen, kann eine Angabe im Konzernanhang unterbleiben. Entsprechend der Klarheit und Übersichtlichkeit wird in DRS 17.12 die Zusammenfassung auch mit den Angaben nach dem DCGK zu einem Vergütungsbericht empfohlen, der im KLB enthalten sein soll.

85 Der **Vergütungsbericht** soll insb. auf die folgenden Punkte eingehen (§ 289 Rz 96 ff.):
- Verhältnis erfolgsabhängiger zu erfolgsunabhängigen Vergütungskomponenten,
- Komponenten mit langfristiger Anreizwirkung,
- einzelne Parameter der Erfolgsbindung,
- Bedingungen für Aktienoptionen und sonstige Bezugsrechte,
- Bedingungen für Bonusleistungen.

86 Abs. 2 Nr. 4 ist im Wortlaut weitgehend mit § 289 Abs. 2 Nr. 5 HGB identisch. Anders als die Vorschrift zum LB entfaltet die Vorschrift nach Abs. 2 Nr. 4 jedoch Wirkung für den gesamten Konzern. Insofern sind das Vergütungssystem bzw. die Vergütungssysteme aller Ges. in den KLB aufzunehmen. Bei gravierenden Unterschieden in unterschiedlichen Vergütungssystemen ist hierauf explizit einzugehen.

---

[36] Vgl. *Krimpmann*, in *Müller/Stute/Withus* (Hrsg.), Handbuch Lagebericht, Teil B9, Rz. 1 ff.

## 2.3.5 Wesentliche Merkmale des internen Kontroll- und Risikomanagementsystems (Abs. 2 Nr. 5)

Die wesentlichen Merkmale des **internen Kontroll- und Risikomanagementsystems** im Hinblick auf den **Konzernrechnungslegungsprozess** sind in den KLB aufzunehmen, sofern KM-orientierte Unt i.S.d. § 264d HGB (§ 264d Rz 1 ff.) dem Konzernverbund angehören.[37] Dabei ist es gleichgültig, ob das MU oder ein TU die Kriterien des § 264d HGB erfüllt. Auch ein nicht börsennotiertes MU hat diese Angaben zu machen, wenn ein TU KM-orientiert ist.

Eine Berichtspflicht kann sich auch aus weiteren Vorschriften ergeben:
- Für publizitätspflichtige Unt nach § 13 PublG.
- Für Kreditinstitute nach § 340i HGB.
- Für Versicherungen nach § 341i HGB.

Die Position des Berichts über die wesentlichen Merkmale des internen Kontroll- und Risikomanagementsystems im Hinblick auf den Konzernrechnungslegungsprozess im KLB ist nicht explizit vorgeschrieben. Es ist daher zulässig, diese Angaben in den Risikobericht zu integrieren.

Die **Angaben** über die **wesentlichen Merkmale** des internen Kontroll- und Risikomanagementsystems im Hinblick auf den Konzernrechnungslegungsprozess sind dann **erforderlich**, wenn ein **entsprechendes System** im Konzern implementiert ist. Ist kein derartiges System vorhanden, ist dies ebenfalls anzugeben. Im KLB sind lediglich Ausführungen zu diesem System zu machen. Die Ausführungen sind über den Rechnungslegungsprozess des gesamten Konzerns zu machen, eine Beschränkung auf nur KM-orientierte Unt ist nicht zulässig. Ein Zwang zur Einführung eines solchen Systems lässt sich generell jedoch nicht ableiten.[38]

Gegenstand der Angabepflicht sind diejenigen Teile des internen Kontroll- und Risikomanagementsystems, die sich auf den Konzernrechnungslegungsprozess beziehen.[39] Somit sind andere Elemente des internen Kontroll- und Risikomanagementsystems explizit von den Berichtspflichten ausgenommen. Hierdurch soll dem Schutzbedürfnis des Konzerns Rechnung getragen werden.

**Angaben zur Effizienz** des Systems sind **nicht** erforderlich (DRS 20.K178). Aus der Gesetzesbegründung zum BilMoG ergibt sich, dass sich bereits mit der Auseinandersetzung mit diesem System die Frage nach der Effizienz stellt.[40] Die Ausführungen zum System sind auf jeden Fall so zu gestalten, dass sich ein fremder Dritter ein angemessenes Bild über das interne Kontroll- und Risikomanagementsystem im Hinblick auf den Konzernrechnungslegungsprozess machen kann.

Zu nennen sind die wesentlichen Merkmale des Systems, insb. deren Strukturen und Prozesse. Hierunter ist eine **Systembeschreibung** zu verstehen, die eine Darstellung der Struktur und der relevanten Kontroll-, Organisations- und Überwachungsmaßnahmen beinhaltet. Hinsichtlich der Ausführungen ist grds. nach Kontroll- und Risikomanagementsystemen zu trennen, wo sinnvoll, können sie aber zusammengefasst werden (DRS 20.K171). Dabei sind die Ausführungen auf die für einen externen Adressaten relevanten Informationen zu beschränken.

---

[37] Vgl. ausführlich *Withus*, in *Müller/Stute/Withus* (Hrsg.), Handbuch Lageberricht, Teil B7, Rz. 1 ff.
[38] Vgl. BilMoG-BgrRegE, S. 76 i.V.m. S. 86.
[39] Vgl. zu Ausgestaltungen z.B. *Ergün/Lange/Müller*, StuB 2013, S. 909.
[40] Vgl. BilMoG-BgrRegE, S. 76 i.V.m. S. 86.

| 94 | Hinsichtlich der **Kontrollsysteme** sind Ausführungen zu den **Grundsätzen und Verfahren** der Wirksamkeit von Kontrollen zu machen (DRS 20.K174). Daneben sind über die **Sicherung der Einhaltung maßgeblicher Vorschriften** Ausführungen zu machen. Zu den maßgeblichen Vorschriften gehören neben externen Anforderungen durch Gesetze, Richtlinien und sonstige Vorschriften auch interne Anforderungen und Regelungen des Konzerns. Unterhält der Konzern eine interne Revision, ist über die Revisionssysteme zu berichten, die sich auf die Konzernrechnungslegung beziehen. |
| 95 | Hinsichtlich der **Risikomanagementsysteme** ist auf Maßnahmen zur **Identifizierung und Bewertung von Risiken** einzugehen (DRS 20.K177). Bei bekannten und erkannten Risiken sind im KLB zusätzlich Ausführungen zu deren Begrenzung und Überprüfung im Hinblick auf den Einfluss auf den KA aufzunehmen. Nach dem DCGK ist der Vorstand für ein angemessenes Risikomanagement und -controlling verantwortlich.[41] |

## 3 Zusammenfassung von Konzernlagebericht und Lagebericht des Mutterunternehmens (Abs. 3)

| 96 | Werden KA und JA des MU gemeinsam offengelegt, dürfen nach § 298 Abs. 3 HGB der KLB und der LB des MU zusammengefasst werden (§ 298 Rz 79ff.). Sinn und Zweck ist die Vermeidung von Wiederholungen und redundanten Angaben. In diesem Fall sind die Vorschriften der §§ 298 und 315 gleichermaßen zu erfüllen. |
| 97 | Der zusammengefasste LB muss inhaltlich gleichermaßen auf die Geschäftsverläufe des MU und des Konzerns eingehen. Bei der Zusammenfassung ist zu beachten, dass Sachverhalte, die ausschließlich den **KLB** oder den LB betreffen, entsprechend kenntlich gemacht werden. Quantitative Angaben (z.B. Beträge, Anzahl der Mitarbeiter etc.) müssen eindeutig zuzuordnen sein. |
| 98 | Auch zusammengefasste LB unterliegen den gleichen allgemeinen Formvorschriften wie der KLB. |

## 4 Pflichtangaben börsennotierter Aktiengesellschaften (Abs. 4)

| 99 | Der KLB ist um weiterführende Angaben zu der Eigentumsstruktur zu erweitern, sofern eigene, stimmrechtsberechtigte Aktien an einem organisierten Markt ausgegeben werden.[42] Als ein organisierter Markt ist ein Markt i.S.d. § 2 Abs. 7 WpHG zu verstehen. |
| 100 | Vom Wortlaut ist Abs. 4 identisch mit § 289 Abs. 4 HGB. Konkretisiert wird Abs. 4 durch DRS 20 – Übernahmerechtliche Angaben (K188-K223) im KLB (§ 289 Rz 107ff.). Aufgrund der **Einheitstheorie** und der Fiktion der wirtschaftlichen Einheit eines Konzerns wird folglich die Angabe zur Eigentumsstruktur eines Konzerns nahezu identisch mit der Eigentumsstruktur des MU sein. Neben der Eigentumsstruktur des MU ist jedoch zusätzlich noch eine Prüfung von |

---

[41] Vgl. *Ergün/ Müller*, zrfc 2012, S. 102.
[42] Vgl. *Paetzmann*, in *Müller/Stute/Withus* (Hrsg.), Handbuch Lagebericht, Teil B8, Rz. 1ff.

gleichlautenden Sachverhalten bei den TU vorzunehmen und in den KLB zu integrieren, sofern sie von Bedeutung sind.

Durch die gem. Abs. 4 Satz 1 geforderte explizite Nennung der Angaben im KLB ist ein bloßer Verweis auf andere Bestandteile des KA, insb. auf den Konzernanhang nicht zulässig. Bei den Angaben sind die Verhältnisse vom Bilanzstichtag zugrunde zu legen. 101

### 4.1 Angaben zum gezeichneten Kapital (Abs. 4 Nr. 1)

Lässt sich das gezeichnete Kapital in unterschiedliche Gattungen unterteilen, ist für jede Gattung gesondert anzugeben: 102
- Anteil am Gesellschaftskapital,
- damit verbundene Pflichten und
- damit verbundene Rechte.

Die Anteile pro Gattung müssen in Summe der Zusammensetzung des gezeichneten Kapitals entsprechen.

Die Zusammensetzung des gezeichneten Kapitals ist aufzugliedern in die Art der Aktien, den Nennbetrag pro Aktie und die Anzahl der ausgegebenen Aktien. Bei mehreren Gattungen sind diese Angaben pro Gattung zu machen. 103

### 4.2 Beschränkungen (Abs. 4 Nr. 2)

Unter Beschränkungen werden Beschränkungen bei der Übertragung von Aktien, der Stimmrechtsbegrenzung und -ausübung verstanden. Beschränkungen können durch **unterschiedliche Ursachen** initiiert sein: 104
- gesetzliche Vorschriften,
- Satzungsbestimmungen,
- Vereinbarungen zwischen Gesellschaftern und/oder Aktionären.

Im KLB sind die Regelungen zu erläutern, die sich auf die Beschränkungen beziehen.

Beschränkungen können zeitlicher und/oder inhaltlicher Natur sein. Während sich zeitliche Beschränkungen auf einen Zeitraum, z.B. eine definierte Halteperiode, beziehen, können inhaltliche Beschränkungen unterschiedliche Gründe haben. Dabei ist zu unterscheiden zwischen Beschränkungen 105
- der Höhe nach (z.B. prozentuale Beschränkungen, Volumen oder Mengen) und
- der Art nach (Ausgestaltung der Beschränkung).

Die Ausführungen zu den Beschränkungen unter Rz 104 gelten auch für Beschränkungen zwischen Aktionären und Gesellschaftern. Insofern sind diese Beschränkungen in den KLB aufzunehmen, sofern diese dem Vorstand der Ges. bekannt sind. Aktionäre und Gesellschafter sind nicht zu einem Auskunftsrecht verpflichtet. Da dem Vorstand daher nicht alle Sachverhalte bekannt sein werden, führt dies im Zweifelsfall zu unvollständigen Angaben im KLB. 106

### 4.3 Kapitalbeteiligungen mit mehr als 10 % der Stimmrechte (Abs. 4 Nr. 3)

107 Übersteigen direkte oder indirekte Beteiligungen am Kapital einen Satz von mehr als 10 %, sind gesonderte Angaben erforderlich. Der Anteil ist kumulativ über alle gehaltenen Anteile zu ermitteln.

108 Diese Angabe soll die tatsächlichen Anteile an einem Unt offenlegen. Ziel ist es, einer Verschleierung der tatsächlichen Anteile durch Pyramidenstrukturen, wechselseitige Beteiligungen und zwischengeschalteten Konstrukten vorzubeugen.

109 Pflichtangaben sind
- die Höhe des Anteils am Kapital,
- bei natürlichen Personen: Name und Staat des Wohnsitzes und
- bei juristischen Personen: Name, Sitz und Staat.

Die Angaben sind Minimalangaben und können durch weiterführende Angaben ergänzt werden.

110 Die Berechnung der Höhe des Anteils am Kapital kann nach § 21 WpHG erfolgen.

### 4.4 Aktien mit Sonderrechten (Abs. 4 Nr. 4)

111 Aktionäre, die Aktien mit Sonderrechten halten, sind in den KLB aufzunehmen. Sie sind namentlich zu nennen. Sofern Aktien mit unterschiedlichen Sonderrechten ausgestattet sind, können die Inhaber der Aktien sortiert nach Sonderrechten im KLB aufgeführt werden.

112 Neben der reinen Nennung der Inhaber der Aktien mit Sonderrechten sind die den Aktien anhaftenden Sonderrechte zu beschreiben. Gefordert sind hier qualitative Angaben zu den Rechten. Insb. ist dabei auf die Art und den Umfang der Kontrollrechte einzugehen.

### 4.5 Stimmrechtskontrolle bei Arbeitnehmerbeteiligungen (Abs. 4 Nr. 5)

113 Werden Arbeitnehmer am Kapital ihres Unt beteiligt, sind im Rahmen des Eigentumsstrukturberichts gesonderte Angaben aufzunehmen. Unter Arbeitnehmern werden Mitarbeiter verstanden, die bei der Konzernmutter oder bei TU angestellt sind. Zu berichten ist über
- die Art der Stimmrechtskontrolle und
- die Art der Ausübung der Kontrolle.

114 Hinsichtlich der Art der Stimmrechtskontrolle sind Strukturangaben gefordert, wie eine unmittelbare Ausübung der Kontrollrechte erfolgt. Hierzu gehören auch Angaben, wie die Anteile gehalten werden.

115 Bzgl. der Art der Ausübung der Kontrollrechte sind – soweit möglich – Auskünfte über den Umfang und die Weise der Ausübung der Stimmrechte in den KLB aufzunehmen.

### 4.6 Ernennung und Abberufung von Vorstandsmitgliedern und Satzungsänderungen (Abs. 4 Nr. 6)

116 Für die Ernennung und Abberufung von Vorstandsmitgliedern und für Satzungsänderungen sind die gesetzlichen Vorschriften und die Bestimmungen der Satzung anzugeben.

Die Angabe der **gesetzlichen Vorschriften** bezieht sich auf die Nennung der relevanten Vorschriften. Zu nennen sind hier insb. die §§ 84 und 85 AktG bzgl. der Ernennung und Abberufung von Vorstandsmitgliedern und die §§ 133 und 176 AktG bez. Satzungsänderungen. Eine Auflistung der gesetzlichen Vorschriften ist nicht erforderlich. Nach DRS 20.K207 reicht ein Verweis auf die entsprechenden Vorschriften aus.

Anders als bei den Angaben zu den gesetzlichen Vorschriften ist ein Verweis auf die **Bestimmungen der Satzung** nicht ausreichend, da dem Informationsbedürfnis potenzieller Bieter nicht genügend Rechnung getragen wird.[43] DRS 20.K207 fordert eine Darstellung. Die wesentlichen Elemente und Bestimmungen der Satzung sind somit gesondert im KLB darzustellen. Änderungen, Abweichungen oder Ergänzungen der Satzung sind anzugeben.

### 4.7 Befugnisse des Vorstands (Abs. 4 Nr. 7)

Die Befugnisse des Vorstands hinsichtlich der Möglichkeit, Aktien auszugeben oder zurückzukaufen, sind in den KLB aufzunehmen. Hier sind die tatsächlichen Befugnisse anzugeben, ein Verweis auf gesetzliche Vorschriften ist nicht notwendig.

Die Befugnisse des Vorstands können sich aus satzungsmäßigen Ermächtigungen sowie aus Ermächtigungen aufgrund von Beschlüssen der HV ergeben. Dabei sind insb. die Befugnisse bzw. Ermächtigungen zu nennen, die für potenzielle Bieter von Bedeutung sind.

Die Befugnisse des Vorstands erstrecken sich auf
- den Erwerb eigener Aktien,
- die Ausgabe erworbener eigener Aktien,
- die Ausgabe von Aktien aus dem genehmigten Kapital und
- die Ausgabe von Wandel- oder Gewinnschuldverschreibungen sowie Genussrechten i. S. d. § 221 AktG.

### 4.8 Wesentliche Vereinbarungen im Rahmen von Übernahmeangeboten (Abs. 4 Nr. 8)

Unter **wesentlichen Vereinbarungen** des MU werden solche Vereinbarungen verstanden, die für die VFE-Lage des Konzerns von **besonderer Bedeutung** sind und im Fall von Übernahmeangeboten wirksam werden, sich ändern oder enden. Mangels Konkretisierung einer wesentlichen Vereinbarung ergibt sich ein Ermessensspielraum für den Ersteller des KLB, welche Vereinbarungen zu berücksichtigen sind.

---

**Beispiel**
DRS 20.K214 nennt unter wesentlichen Vereinbarungen die folgenden Beispiele:
- Finanzierungsverträge,
- Joint-Venture-Verträge,
- Lizenzverträge,
- Einkaufsverträge,
- Lieferverträge.

---

[43] Vgl. *Baetge/Brüggemann/Haenelt*, BB 2007, S. 1887.

| | |
|---|---|
| 123 | Obwohl sich die Vereinbarungen auf das MU beziehen, entfalten sie eine konzernweite Wirkung und sind daher auch aus Sicht des Konzerns zu beurteilen. Nicht berichtspflichtig sind hingegen Vereinbarungen von TU. |
| 124 | **Wesentliche Vereinbarungen** sind diejenigen des MU. Dies umfasst auch Vereinbarungen mit TU. Insofern brauchen nach Wortlaut des Gesetzestextes keine wesentlichen Vereinbarungen der TU berücksichtigt zu werden. Durch den Bezug auf die VFE-Lage als Kriterium einer wesentlichen Vereinbarung entfalten wesentliche Vereinbarungen von TU allerdings eine indirekte Wirkung, die im Rahmen der Erstellung des KLB entsprechend zu würdigen ist. |
| 125 | Vereinbarungen, die als **unwesentlich** klassifiziert sind, brauchen nicht in den KLB aufgenommen werden. Erweisen sich jedoch unwesentliche Vereinbarungen kumulativ betrachtet als wesentlich, sind auch hierfür im KLB entsprechende qualitative Ausführungen zu machen. |
| 126 | Der Begriff Kontrollwechsel ist nicht weiter erläutert und daher unbestimmt. In Anlehnung an § 29 WpÜG wird von einer Kontrolle im Rahmen von Übernahmen gesprochen, wenn mindestens 30 % der Stimmrechte gehalten werden. Insofern ist von einem **Kontrollwechsel** auszugehen, wenn diese Schwelle im Rahmen eines Übernahmeangebots nach § 29 Abs. 1 WpÜG überschritten wird. |
| 127 | Die **Folgewirkungen** aus den Vereinbarungen, die im Fall eines Übernahmeangebots wirksam werden, sind darzustellen. Hier ist eine **qualitative Beschreibung** erforderlich. |
| 128 | Entsteht dem MU ein **erheblicher Nachteil**, kann eine Angabe zu den wesentlichen Vereinbarungen **unterlassen** werden. Ein erheblicher Nachteil ist nach vernünftiger kaufmännischer Beurteilung zu werten. Der Nachteil sollte anhand sachgerechter und sinnvoller Kriterien messbar sein und zu einem materiellen Schaden führen. Im Fall der unterlassenen Angabe ist eine entsprechende Anmerkung im KLB einzufügen. |
| 129 | Durch die explizite Angabe, dass andere gesetzliche Vorschriften unberührt bleiben, wird deutlich, dass diese anderen Vorschriften weiterhin zu beachten sind. Zu nennen sind hier insb. die Vorschriften des AktG, insb. die dezidierten Angaben zur Eigentumsstruktur. |

### 4.9 Entschädigungsvereinbarungen im Rahmen von Übernahmeangeboten (Abs. 4 Nr. 9)

| | |
|---|---|
| 130 | Unter **Entschädigungsvereinbarungen** werden Zahlungen an Vorstandsmitglieder und Arbeitnehmer verstanden, die im Fall einer Übernahme fällig werden. Ursächlich hierfür sind entweder **vertragliche Vereinbarungen** oder die **Beendigung eines Arbeits- oder Dienstvertrags**, sei es aufgrund von Kündigungen, Vertragsauflösungen oder ähnlichen Ursachen. |
| 131 | Die Vereinbarungen sind **so darzustellen**, dass die wesentlichen Inhalte unter dem **Aspekt der Klarheit und Übersichtlichkeit** wiedergegeben werden. Hierzu gehören auch die sich im Falle einer Übernahme ergebenden finanziellen Verpflichtungen samt ihren Berechnungsgrundlagen. Soweit absolute Verpflichtungen, z.B. in Form von Fixbeträgen, vorhanden sind, sind diese kumulativ anzugeben. Eine zusammenfassende Darstellung ist hinreichend. |
| 132 | Die zu **berichtenden Entschädigungsvereinbarungen** beziehen sich auf **Zusagen des MU**. Je nach Art und Umfang können sich diese Zusagen auch auf TU |

erstrecken. Daher sind alle vom MU gemachten direkten und indirekten Zusagen in die Angabepflichten einzubeziehen. Zusagen der TU sind hiervon allerdings nicht erfasst und somit auch nicht berichtspflichtig.
Die Zielgruppe der Begünstigten erstreckt sich nicht nur auf Vorstandsmitglieder. Auch Arbeitnehmer sind als Begünstigte zu berücksichtigen. Der Kreis der einzubeziehenden Arbeitnehmer richtet sich dabei nach den vom MU gegebenen Zusagen und kann somit auch Arbeitnehmer von TU umfassen. Sofern es der Klarheit dient, ist eine Gliederung der Entschädigungsvereinbarungen nach Status des Mitarbeiters geboten. 133

> **Beispiel**
> Entschädigungsvereinbarungen lassen sich bspw. nach folgendem Schema gliedern:
> - Vorstand des MU,
> - Vorstände von TU,
> - leitende Mitarbeiter (Geschäftsbereiche, Leiter, Manager, GF von TU etc.),
> - sonstige Mitarbeiter.

Die Angaben zu den Entschädigungsvereinbarungen können wahlweise in den KLB oder in den Konzernanhang aufgenommen werden. Erfolgt eine Angabe im Konzernanhang, ist in den KLB ein entsprechender Verweis aufzunehmen. 134

## 5 Wahlpflichtangaben

§ 315 HGB beinhaltet eine Reihe von Wahlpflichtangaben, die wahlweise im KLB oder im Konzernanhang gemacht werden können. Sofern Angaben im Konzernanhang erfolgen, sind in den KLB je nach Vorschrift entsprechende Verweise auf den Konzernanhang aufzunehmen. 135

Wahlweise dürfen in den KLB oder in den Konzernanhang aufgenommen werden: 136
- die Grundzüge des Vergütungssystems nach Abs. 2 Nr. 4, soweit diese nicht bereits alternativ nach § 314 Abs. 1 Nr. 6a HGB im Konzernanhang erfolgten (Rz 84);
- die Zusammensetzung des gezeichneten Kapitals nach Abs. 4 Nr. 1 (Rz 102);
- direkte oder indirekte Beteiligungen am Kapital, soweit sie 10 % der Stimmrechte nach Abs. 4 Nr. 3 übersteigen (Rz 107);
- Entschädigungsvereinbarungen des MU nach Abs. 4 Nr. 9 (Rz 130). Soweit im Rahmen der Vergütungsangaben von Organmitgliedern entsprechende Angaben im Konzernanhang vorhanden sind, entfällt die Angabepflicht im KLB.

Abs. 4 Satz 2 verpflichtet zu einem Verweis im KLB, sofern die entsprechenden Angaben im Konzernanhang erfolgen. DRS 20.20 fordert eine geschlossene Form des KLB und erlaubt ebenfalls nur die gesetzlichen Ausnahmen. 137

## 6 Sonstige relevante Regelungen

### 6.1 Befreiungsmöglichkeiten

138 Eine **Befreiung von der Aufstellung** eines KLB ist nur möglich, wenn keine Pflicht zur Aufstellung des KA besteht (§ 290 Abs. 5 HGB i.V.m. § 296 HGB, §§ 291–293 HGB).

### 6.2 Schutzklauseln

139 Schutzklauseln analog § 286 HGB für den JA sind für den KA **nicht vorgesehen** und greifen auch nicht für den KLB. Ein Unterlassen von Angaben, die zu einem unrichtigen Bild der VFE-Lage des Konzerns führen könnten, haben Sanktionen zur Folge (Rz 141f.).

### 6.3 Offenlegung

140 Wie der KA ist der KLB nach § 325 Abs. 3 HGB offenzulegen. Die Offenlegung hat innerhalb von zwölf Monaten nach Ablauf des betreffenden Gj durch Einreichung beim HR und durch Bekanntgabe im BAnz zu erfolgen. Für KM-orientierte Unt verkürzt sich die Frist gem. § 325 Abs. 4 HGB auf vier Monate.

### 6.4 Sanktionen

141 Nicht ordnungsgemäß erstellte KLB sowie unrichtige Angaben im KLB unterliegen denselben Sanktionen wie Verstöße beim KA. Sie können einen **Straftatbestand** nach § 331 Nr. 2 HGB (§ 331 Rz 50ff.) oder eine **Ordnungswidrigkeit** nach § 334 Abs. 1 Nr. 4 HGB (§ 334 Rz 23) erfüllen. Straftatbestände werden mit einer Freiheitsstraße bis zu drei Jahren oder einer Geldbuße geahndet. Die Geldbuße für Ordnungswidrigkeiten beträgt maximal 50.000 EUR. Als Folgeeffekt ist der **BSV** durch den Konzern-AP gem. § 322 Abs. 4 HGB i.V.m. § 322 Abs. 6 HGB einzuschränken oder zu versagen (§ 322 Rz 58ff.). Bei Verstößen gegen die Offenlegungspflicht gem. § 325 Abs. 3 HGB ist ein Ordnungsgeld gem. § 335 Abs. 1 HGB zwischen 2.500 und 25.000 EUR anzudrohen.

142 Unterliegt das Unternehmen, das einen KA und KLB erstellt, den Vorschriften des **WpHG**, können weitere Straf- oder Bußgeldvorschriften der §§ 38ff. WpHG einschlägig sein.

## 7 Zentrale Änderungen durch das BilRUG

### 7.1 Änderungen der Angabepflichten (Abs. 2 nF)

143 Auf Basis der Vorgaben der RL 2013/34/EU wird in Abs. 2 sprachlich konkretisiert, dass aus „Der Konzernlagebericht soll auch eingehen auf:" neu „Im Konzernlagebericht ist auch einzugehen auf:" wird. Somit wird analog zur Änderung im LB klargestellt, dass es sich nicht um freiwillige, sondern um Pflichtbestandteile des KLB handelt, was allerdings bisher schon in der Literatur und Praxis entsprechend ausgelegt wurde (Rz 70).

Ebenfalls analog zum LB wird der Nachtragsbericht (§ 315 Abs. 2 Nr. 1 HGB) auf Basis europäischer Vorgaben in den Konzernanhang verschoben, wo er ab dem Gj 2016 unter § 314 Abs. 1 Nr. 25 HGB nF gefordert wird.  144

Neben der dadurch nötigen Nummerierungsänderung der folgenden KLB-Pflichtbestandteile wird in § 315 Abs. 2 Nr. 3 HGB nF gefordert, dass im KLB auch einzugehen ist auf für das Verständnis der Lage des Konzerns wesentliche Zweigniederlassungen der insgesamt in den KA einbezogenen Unt. Dieser Zweigniederlassungsbericht war bislang nur nach § 289 Abs. 2 Nr. 4 HGB im LB notwendig (§ 289 Rz 94) und ist nun auf Basis der RL 2013/34/EU auch in den KLB aufzunehmen.  145

## 7.2 Erklärung zur Unternehmensführung (Abs. 5 nF)

Mit dem BilRUG wird erneut als Umsetzung der Vorgabe der Bilanz-RL (Art. 29 Abs. 1 i. V. m. Art. 20 RL 2013/34/EU) ein neuer Abs. 5 angefügt, der MU, die börsennotierte AG sind, zu einer **Erklärung zur Unternehmensführung** für den Konzern verpflichtet. Danach sind die in § 289a HGB umgesetzten und bereits durch das Gesetz für die gleichberechtigte Teilhabe von Frauen und Männern an Führungspositionen in der Privatwirtschaft und im öffentlichen Dienst[44] erweiterten speziellen Vorgaben für börsennotierte AG auf konsolidierter Ebene auch im KLB notwendig. Der Gesetzgeber unterstellt, dass das MU für den Konzern und für sich selbst gleiche Unternehmensführungsgrundsätze zu Grunde legt.[45] Somit kommt es diesbezüglich in großen Teilen zu Wiederholungen der Aussagen aus dem LB. Fraglich ist jedoch, wie vorzugehen ist, wenn dies etwa aufgrund von kürzlich erfolgten Übernahmen noch nicht der Fall ist oder bei einer Finanzholding mit auch in der Ausgestaltung der Unternehmensführung weitgehend freien TU gar nicht angestrebt ist. Auch gibt es etwa mit der **Berichterstattung über den vorgenommenen und erreichten Frauenanteil** auf der obersten und den beiden darunter folgenden Unternehmensführungsebenen weitere Ausgestaltungsfragen im Konzern. In der Begründung des RefE wurde noch formuliert: „Bei der Anwendung von Absatz 5 soll ein Mutterunternehmen keine neuen Angaben beschaffen müssen."[46] Allerdings kann eine bloße Wiederholung der Erklärung des LB des MU auch nicht gewollt sein. Zumindest sind auch die Unternehmensführungsberichte von ggf. börsennotierten TU in die Erklärung im KLB einzubeziehen.  146

Angaben sind nur erforderlich, wenn das **MU eine börsennotierte AG** ist; sollten nur ein TU börsennotiert sein, löst dies keine Berichterstattungspflicht im KLB aus – es bleibt bei der Pflicht für dieses TU nach § 289a HGB oder vergleichbaren auf sie anwendbaren ausländischen Vorschriften. Nach § 289a Abs. 3 HGB i. d. F. d. Gesetzes für die gleichberechtigte Teilhabe von Frauen und Männern an Führungspositionen in der Privatwirtschaft und im öffentlichen Dienst ist die Pflicht im LB erweitert worden auf börsennotierte KGaA (§ 289a Rz 16 ff.), was nach dem BilRUG für den KLB rechtssystematisch bislang unterblieben ist.  147

---

[44] Vom 24.4.2015, BGBl I/2015, v. 30.4.2015, S. 642 ff.
[45] Vgl. BilRUG-BgrRegE, BR-Drs 23/15, S. 93.
[46] Vgl. BilRUG-BgrRefE, Bearbeitungsstand: 28.07.2014, S. 81.

148 Der Gesetzgeber verweist komplett auf den § 289a HGB, so dass auch das **Ausgliederungswahlrecht** des § 289a Abs. 1 HGB genutzt werden kann, wonach die Angaben gesondert auf einer Internetseite statt im KLB veröffentlicht werden können, was jedoch die Angabe der Seite und das dauerhafte Vorhalten voraussetzt (§ 289a Rz 20ff.).

# § 315a RECHNUNGSLEGUNGSSTANDARDS

(1) Ist ein Mutterunternehmen, das nach den Vorschriften des Ersten Titels einen Konzernabschluss aufzustellen hat, nach Artikel 4 der Verordnung (EG) Nr. 1606/2002 des Europäischen Parlaments und des Rates vom 19. Juli 2002 in der jeweils geltenden Fassung verpflichtet, die nach den Artikeln 2, 3 und 6 der genannten Verordnung übernommenen internationalen Rechnungslegungsstandards anzuwenden, so sind von den Vorschriften des Zweiten bis Achten Titels nur § 294 Abs. 3, § 297 Abs. 2 Satz 4, § 298 Abs. 1, dieser jedoch nur in Verbindung mit den §§ 244 und 245, ferner § 313 Abs. 2 und 3, § 314 Abs. 1 Nr. 4, 6, 8 und 9, Abs. 2 Satz 2 sowie die Bestimmungen des Neunten Titels und die Vorschriften außerhalb dieses Unterabschnitts, die den Konzernabschluss oder den Konzernlagebericht betreffen, anzuwenden.
(2) Mutterunternehmen, die nicht unter Absatz 1 fallen, haben ihren Konzernabschluss nach den dort genannten internationalen Rechnungslegungsstandards und Vorschriften aufzustellen, wenn für sie bis zum jeweiligen Bilanzstichtag die Zulassung eines Wertpapiers i.S.d. § 2 Abs. 1 Satz 1 des Wertpapierhandelsgesetzes zum Handel an einem organisierten Markt i.S.d. § 2 Abs. 5 des Wertpapierhandelsgesetzes im Inland beantragt worden ist.
(3) [1]Mutterunternehmen, die nicht unter Absatz 1 oder 2 fallen, dürfen ihren Konzernabschluss nach den in Absatz 1 genannten internationalen Rechnungslegungsstandards und Vorschriften aufstellen. [2]Ein Unternehmen, das von diesem Wahlrecht Gebrauch macht, hat die in Absatz 1 genannten Standards und Vorschriften vollständig zu befolgen.

WP StB Carsten Ernst

Inhaltsübersicht | Rz
---|---
1 Überblick | 1–7
  1.1 Inhalt, Bedeutung und Verfassungsmäßigkeit | 1–2
  1.2 Rechtsentwicklung | 3
  1.3 Normenzusammenhang | 4–7
2 Anwendung internationaler Rechnungslegungsvorschriften auf den Konzernabschluss | 8–21
  2.1 Allgemeine Pflicht zur Aufstellung eines Konzernabschlusses nach IFRS/IAS (Abs. 1) | 8–17
    2.1.1 Pflicht zur Konzernrechnungslegung nach HGB/PublG | 8
    2.1.2 Mutterunternehmen i.S.v. Art. 4 VO (EG) Nr. 1606/2002 | 9–14
    2.1.3 Umfang der Konzernrechnungslegungspflicht | 15–17
  2.2 Erweiterte Pflicht zur Aufstellung eines Konzernabschlusses nach IFRS/IAS (Abs. 2) | 18–19
  2.3 Wahlrecht zur Aufstellung eines Konzernabschlusses nach IFRS/IAS (Abs. 3) | 20–21
3 Änderungen durch das BilRUG | 22

**Ergänzendes Schrifttum**

*Albert,* Zur Rechtsverbindlichkeit der internationalen Rechnungslegungsstandards (IAS/IFRS), IFSt-Schrift Nr. 448, 2008.; *Buchheim/Knorr/Schmidt,* Anwendung der IFRS in Europa: Das neue Endorsement-Verfahren, KoR 2008, S. 334; *Engelmann/Zülch,* Pflicht zur Aufstellung eines IFRS-Konzernabschlusses trotz nach HGB unwesentlicher Tochterunternehmen?, DB 2006, S. 293; *Ernst,* Verordnungsentwurf zur Anwendung von IAS: Europäisches Bilanzrecht vor weitreichenden Änderungen, BB 2001, S. 823; *Heintzen,* Der EU-Verordnungsentwurf zur Anwendung von IAS: Kein Verstoß gegen Unionsverfassungsrecht, BB 2001, S. 825; *heuermann,* Geltung der IFRS als Verfassungsproblem, in FS Spindler, 2011, S. 83; *Küting/Lam,* Umstellung der Rechnungslegung von HGB auf IFRS – (k)eine echte Option für den Mittelstand, GmbHR 2012, S. 1041; *Küting/Mojadadr,* Pflicht zur Konzernrechnungslegung und Abgrenzung des Konsolidierungskreises nach dem neuen DRS 19, GmbHR 2012, S. 897.; *Petersen/Zwirner,* BilMoG Gesetze, Materialien, Erläuterungen, 2009; *Pfitzer/Oser/Orth,* Offene Fragen und Systemwidrigkeiten des Bilanzrechtsreformgesetzes (BilReG), DB 2004, S. 2593; *Pöschke,* Effektiver Rechtsschutz gegen fehlerhaft übernommene IFRS, KoR 2008, S. 325; *Prigge,* Inhaltliche Redundanzen in Konzernlagebericht und IFRS-Konzernanhang, KoR 2006, S. 252; *Waschbusch/Steiner,* Grundlagen der IFRS-Konzernrechnungslegung, StB 2008, S. 19 ff.; *Wendlandt/Knorr,* Das Bilanzrechtsreformgesetz, KoR 2005, S. 53; *Zeyer/Maier,* Pflichtangaben nach § 315a Abs. 1 HGB im IFRS-Abschluss, PIR 2010, S. 189; *Zwirner,* Kapitalmarktorientierung versus Börsennotierung, PIR 2010, S. 93.

# 1 Überblick

## 1.1 Inhalt, Bedeutung und Verfassungsmäßigkeit

1   § 315a HGB regelt, nach welchen (nationalen oder internationalen) Rechnungslegungsvorschriften der KA eines MU aufzustellen ist. Dies setzt daher zunächst eine Pflicht zur Konzernrechnungslegung voraus.[1]

2   Der **Inhalt** der Vorschrift umfasst nicht die Frage, **ob** ein KA aufzustellen ist, sondern vielmehr die Frage, nach welchen Vorschriften dies zu geschehen hat.[2] Sofern aufgrund der **KM-Orientierung**[3] des Konzerns die Voraussetzungen des **§ 315a Abs. 1 oder Abs. 2 HGB** vorliegen, **muss (Pflicht)** der KA unter Anwendung der internationalen Rechnungslegungsstandards aufgestellt werden. Ein **Wahlrecht** zur Konzernrechnungslegung nach internationalen Standards **gewährt § 315a Abs. 3 HGB** für nicht KM-orientierte Konzerne.[4]

§ 315a HGB regelt damit die materiellen Anforderungen an den KA. **Diese Bestimmung ergänzt die sog. IFRS-VO (EG) Nr. 1606/2002** des EU-Parlaments und des Rates vom 19.7.2002 betreffend die Anwendung internationaler Rechnungslegungsstandards (ABl. EG Nr. L 243 S. 1) und bildet mit dieser einen

---

1   Vgl. Rz 5.
2   Dies ergibt sich aus dem Wortlaut des § 315a HGB. Dort heißt es in Satz 1: „Ist ein Mutterunternehmen, das nach den Vorschriften des Ersten Titels einen Konzernabschluss aufzustellen hat, ...". So auch *Kozikowski/Kreher,* in Beck-Bil-Komm. 9. Aufl., § 315a HGB, Rz 2.
3   Zur Definition der Kapitalmarktorientierung vgl. § 264d Rz 1 ff. und *Zwirner,* PIR 4/2010, S. 93.
4   Nach einer Studie von *Küting/Lam* (GmbHR 2012, S. 1042) nutzen dies derzeit jedoch nur wenige nicht-KM-orientierte MU.

einheitlichen Rechtsrahmen für die Konzernrechnungslegung nach internationalen Standards.⁵ Mit der IAS-VO trägt der europäische Gesetzgeber dazu bei, die Funktionsweise des Binnenmarktes respektive des KM zu verbessern. Die Übernahme internationaler Rechnungslegungsstandards in deutsches Recht, wirft auf den ersten Blick **verfassungsrechtliche Probleme und Bedenken**, insb. hinsichtlich der faktischen Abgabe der Gesetzgebungskompetenz, auf. Diese Bedenken werden mittlerweile als unbegründet erachtet, so dass die Regelung verfassungsrechtlichen Bedenken Stand hält.⁶

Abb. 1: Konzernrechnungslegung nach internationalen Standards

## 1.2 Rechtsentwicklung

Mit dem **BilReG**⁷ wurde die Vorschrift erstmals ins HGB eingefügt. Durch § 315a Abs. 3 HGB wird das in Art. 5 der IAS-VO vorgesehene Mitgliedstaatenwahlrecht – auch für alle nicht KM-orientierten MU einen KA nach internationalen Standards freiwillig zuzulassen – in nationales Recht umgesetzt. 3

## 1.3 Normenzusammenhang

§ 315a HGB gilt auch für nach PublG konzernrechnungslegungspflichtige Unt mit der Einschränkung, dass Abs. 2 nur dann Anwendung findet, wenn das MU seiner Rechtsform nach in den Anwendungsbereich der IFRS-VO fällt (§ 11 Abs. 6 Satz 1 Nr. 2 PublG). Insoweit wird die verpflichtende Anwendung der IAS/IFRS auf den KA im Fall der Beantragung der Zulassung von Wertpapieren zum Handel in einem geregelten Markt begrenzt auf unter die IFRS-VO fallende Unt. Damit sind „KM-orientierte" Einzelkaufleute oder eine Stiftung in diesen Fällen ausgeschlossen.⁸ 4

§ 315a HGB regelt nicht, ob eine Pflicht zur Konzernrechnungslegung besteht. Diese beurteilt sich nach den Vorschriften des HGB (§§ 290–293 HGB) oder des PublG (§ 11 ff. PublG).⁹ **Nicht maßgebend** bzgl. der Verpflichtung zur Aufstellung eines KA ist IFRS 10. 5

---

5  BT-Drs. 15/3419, S. 33.
6  Vgl. *Heintzen*, BB 2001, S, 825, insbes. 827 ff.; *Albert*, Zur Rechtsverbindlichkeit internationaler Rechnungslegungsstandards (IAS/IFRS), IFSt-Schrift Nr. 448, S. 27, 32 ff.; *Heuermann*, FS Spindler, 2011, S. 83, 89 f.
7  Bilanzrechtsreformgesetz (BilReG) v. 4.12.2004, BGBl 2004 I S. 3166; zum Entwurf der IAS-VO vgl. *Ernst*, BB 2001, S. 823.
8  RefE BilReG, S. 77.
9  Vgl. *Pfitzer/Oser/Orth*, DB 2004, S. 2593; ebenso *Waschbusch/Steiner*, StB 2008, S. 22 mwN; vgl. *Kozikowski/Kreher*, in Beck Bil-Komm. 9. Aufl., § 315a HGB, Rz 5.

6   Im Verhältnis zu den **Befreiungen der §§ 291, 292 HGB** von der (Teil-)Konzernrechnungslegung gilt grds., dass zwar ein befreiender KA auch nach internationalen Standards in Betracht kommt. Allerdings kommt nur einem KA nach Abs. 3 befreiende Wirkung für ein konzernrechnungslegungspflichtiges TU, das gleichzeitig MU ist, zu, da bei Zulassung von Wertpapieren zum Handel auf einem organisierten Markt gem. § 291 Abs. 3 Nr. 1 HGB weiterhin eine Pflicht zur Konzernrechnungslegung für das zu befreiende TU besteht, und zwar nach der Vorschrift des Abs. 1. Sofern nur ein Antrag auf Zulassung zum Handel durch das zu befreiende TU gestellt wurde, besteht zwar dem Grunde nach eine Konzernrechnungslegungspflicht, eine Befreiung durch einen KA auf übergeordneter Ebene ist aber noch möglich. Dieser kann nach Abs. 3 aufgestellt sein.

7   Eine andere Problemstellung besteht darin, nach welchen Vorschriften (HGB oder IFRS) eine Abgrenzung des KonsKreises erfolgt, wenn ein KM-orientiertes MU mit einem TU von untergeordneter Bedeutung vorliegt. Hat demnach ein Unt einen KA nach internationalen Standards (§ 315a Abs. 1 oder Abs. 2 HGB) aufzustellen, so ist nach der hier vertretenen Auffassung die Abgrenzung des KonsKreis bei der Aufstellung des KA nach den IFRS, also unter Beachtung von IFRS 10, zu beurteilen.[10] Eine Anwendung des Wahlrechts zur Einbeziehung nach § 296 Abs. 2 HGB scheidet dabei aus.

## 2 Anwendung internationaler Rechnungslegungsvorschriften auf den Konzernabschluss

### 2.1 Allgemeine Pflicht zur Aufstellung eines Konzernabschlusses nach IFRS/IAS (Abs. 1)

#### 2.1.1 Pflicht zur Konzernrechnungslegung nach HGB/PublG

8   Eine Pflicht zur Aufstellung eines KA nach IFRS/IAS setzt eine Verpflichtung zur Konzernrechnungslegung des MU voraus.[11] Diese ergibt sich aus §§ 290–293 HGB bzw. § 11 ff. PublG. Mit dem BilMoG wurde das für die **Verpflichtung zur Konzernrechnungslegung** bislang geltende duale System von einheitlicher Leitung (§ 290 Abs. 1 HGB) i.V.m. einer Beteiligung nach § 271 Abs. 1 HGB einerseits und Control-Verhältnis (§ 290 Abs. 2 HGB) andererseits ersetzt durch das auch in international anerkannten Rechnungslegungssystemen inzwischen angewandte Beherrschungssystem, das letztlich dem Control-Konzept entspricht.[12] Besteht nach Feststellung der Konzernrechnungslegungspflicht keine Verpflichtung nach § 315a Abs. 1 oder 2, den KA nach IFRS aufzustellen, kann gem. § 315a Abs. 3 freiwillig ein KA nach internationalen Standards aufgestellt

---

[10] Hingegen beurteilt sich die Pflicht zur Konzernrechnungslegung unter Einschluss von §§ 294, 296 HGB i.V.m. DRS 19. Dabei dürfen die Wahlrechte des § 296 Abs. 1 HGB ausgeschöpft werden; dieser kann sich daher von dem für die Aufstellung maßgeblichen KonsKreis unterscheiden (vgl. auch *Küting/Mojadadr*, GmbHR 2011, S. 904). Zum Meinungsstand vgl. *Engelmann/Zülch*, DB 2006, S. 293 ff.
[11] Vgl. Rz 1 u. 5.
[12] Vgl. *Künkele/Koss*, in *Petersen/Zwirner* (Hrsg.), BilMoG, 2009, S. 520. Zur alten Rechtslage hinsichtlich der Konzernrechnungslegungspflicht s. auch § 290 Rz 6 f.

werden. Die freiwillige Aufstellung eines KA nach IFRS hat befreiende Wirkung, sodass nicht etwa zusätzlich ein KA nach HGB aufzustellen ist.

### 2.1.2 Mutterunternehmen i. S. v. Art. 4 VO (EG) Nr. 1606/2002

Ist ein MU nach §§ 290–293 HGB konzernrechnungslegungspflichtig, ist zu prüfen, ob das MU gem. Art. 4 der IFRS-VO verpflichtet ist, seinen KA nach den in EU-Recht übernommenen internationalen Rechnungslegungsstandards aufzustellen.[13] **Adressat der VO** sind damit **nur MU, die einen KA aufzustellen haben**.[14] Dabei wird zusätzlich eine KM-Orientierung i. S. d. IFRS-VO des MU vorausgesetzt.[15] Keine Rolle spielt dabei, ob dieses MU selbst wieder ein TU eines übergeordneten MU ist, für das eine uneingeschränkte Pflicht zur Konzernrechnungslegung nach handelsrechtlichen Grundsätzen besteht. Eine Anwendung des Abs. 1 kommt daher auch für solche MU in Betracht.[16]

**I. S. d. Art. 4 der IAS-VO** sind dies solche MU, die als Ges. zu qualifizieren sind und
- die dem Recht eines Mitgliedstaats unterliegen (s. Rz 11) und
- deren **Wertpapiere** (s. Rz 12)[17]
- an einem **geregelten Markt** i. S. d. Art. 1 Abs. 13 der RL 93/22/EWG des Rates vom 10.5.1993 über Wertpapierdienstleistungen zum Handel in einem beliebigen Mitgliedstaat der EU **zugelassen** sind (s. Rz 13).

Unter **Ges.** werden nach Art. 48 des Vertrags von Rom solche **Unt** verstanden, die nach dem Zivil- oder dem Handelsrecht gegründet wurden, einschl. Genossenschaften und andere juristische Personen, die unter das öffentliche Recht oder unter das Privatrecht fallen, **ausgenommen jener**, die keinen Erwerbscharakter haben.[18] Die IFRS-VO **gilt somit nur für EU-Ges., also für solche, die nach dem Recht eines Mitgliedstaats gegründet wurden und auch ihren Sitz in einem Mitgliedstaat der EU haben**. Für nicht nach dem Recht eines Mitgliedstaats gegründete Ges. (Nicht-EU-Ges.) ist Art. 4 daher nicht anwendbar; es gilt insoweit das jeweils anwendbare nationale Recht.

Wenngleich die VO keine **Definition von Wertpapieren** enthält, ist es nach der hier vertretenen Auffassung wegen des Verweises auf die Wertpapierdienstleistungs-RL hinsichtlich des geregelten Markts in Art. 4 sachgerecht, diese ebenfalls zur Auslegung des Begriffs Wertpapiere heranzuziehen.[19] **Wertpapiere** sind demnach (Art. 1 Nr. 4 der RL)
- Aktien,
- andere, Aktien vergleichbare Wertpapiere,
- Schuldverschreibungen und sonstige verbriefte Schuldtitel,
- die auf einem KM gehandelt werden können, und

---

[13] Hinweis: Art. 4 der VO ist unmittelbar geltendes EU-Recht und muss nicht gesondert in deutsches Recht umgesetzt werden.
[14] Vgl. auch *Kozikowski/Kreher*, in Beck Bil-Komm. 9. Aufl., § 315a HGB, Rz 3.
[15] Zur KM-Orientierung allg. vgl. § 264d Rz 1 ff. und *Zwirner*, PIR 4/2010, S. 93.
[16] Vgl. hierzu *Zeyer/Maier*, PIR 7/2010, S. 190.
[17] Im Gegensatz hierzu nennt Abs. 2 den Begriff des organisierten Marktes, ohne inhaltliche Unterschiede zu implizieren (vgl. WP-Handbuch, Bd. I, 14. Aufl., Abschn. N, Rz 4).
[18] Vgl. Kommentar der Kommission der EG vom November 2003, S. 6 f. Diese Definition entspricht jener der 4. und 7. EG-RL sowie der Bank-/Versicherungs-RL.
[19] Vgl. WP-Handbuch, Bd. I, 14. Aufl., Abschn. N, Rz 5 f.

- alle anderen üblicherweise gehandelten Titel, die zum Erwerb solcher Wertpapiere durch Zeichnung oder Austausch berechtigen oder zu einer Barzahlung führen,
- mit Ausnahme von Zahlungsmitteln.

Die Definition ist **mit der des § 2 Abs. 1 Satz 1 WpHG vergleichbar**, jedoch nicht identisch. Es handelt sich daher sowohl um festverzinsliche als auch um nicht festverzinsliche Papiere.

13 **Der Begriff des geregelten Markts** umschreibt **einen Markt für Finanzinstrumente** und **entspricht daher** inhaltlich den in **Art. 4 Abs. 1 Nr. 14 der Finanzmarkt-RL**[20] formulierten Eigenschaften eines solchen Markts. Art. 4 Abs. 1 Nr. 14 der Finanzmarkt-RL wurde durch das Finanzmarktrichtlinienumsetzungsgesetz[21] in deutsches Recht umgesetzt. Danach wird ein geregelter Markt in § 2 Abs. 5 WpHG auch als organisierter Markt bezeichnet. **Ein geregelter Markt** ist definiert als ein von einem Marktbetreiber betriebenes und/oder verwaltetes multilaterales System, das die Interessen einer Vielzahl Dritter am Kauf und Verkauf von Finanzinstrumenten innerhalb des Systems und nach seinen nichtdiskretionären Regeln in einer Weise zusammenführt oder das Zusammenführen fördert, die zu einem Vertrag in Bezug auf Finanzinstrumente führt, die gem. den Regeln und/oder den Systemen des Markts zum Handel zugelassen wurden, sowie eine Zulassung erhalten hat und ordnungsgemäß und gem. den Bestimmungen des Titels III der RL 2004/39/EG funktioniert.[22]

14 Als **Anwendungsbeispiele für Abs. 1** kommen in Betracht:

> **Beispiel**
> **Beispiel 1:** Ein MU, das selbst einen geregelten Markt durch Ausgabe von Wertpapieren (Schuldtitel oder Aktien an einem organisierten Markt) in Anspruch nimmt und das **aufgrund der Überschreitung der Größenklassen** in § 293 HGB einer Pflicht zur Konzernrechnungslegung nach §§ 290–293 HGB unterliegt.
> **Beispiel 2:** Ein MU, das selbst einen geregelten Markt (nicht Freiverkehr) durch Ausgabe von Wertpapieren (Schuldtitel oder Aktien) in Anspruch nimmt, aber **trotz der Unterschreitung der Größenklassen** (§ 293 HGB) einer Pflicht zur Konzernrechnungslegung nach §§ 290–293 HGB unterliegt (§ 293 Abs. 5 HGB).
> **Beispiel 3:** Ein TU eines übergeordneten MU, das selbst MU ist (Teilkonzern) und das eine Zulassung seiner Wertpapiere zum Handel an einem geregelten Markt (nicht Freiverkehr) beantragt hat oder das den KM bereits

---

[20] Richtlinie über Märkte für Finanzinstrumente (Finanzmarktrichtlinie) 2004/39/EG des Rates, Abl. L 145 v. 30.4.2004, S. 1.
[21] Finanzmarktrichtlinienumsetzungsgesetz v. 16.7.2007, BGBl 2007 I S. 1330.
[22] Zur Übersicht des geregelten Markts in Deutschland s. die Übersicht über die geregelten Märkte in Abl. EU 2011/C 209/13 v. 15.7.2011.

durch Ausgabe von solchen Wertpapieren in Anspruch nimmt (ungeachtet der Größenklassen).²³

### 2.1.3 Umfang der Konzernrechnungslegungspflicht

Abs. 1 der Vorschrift bestimmt den Umfang der anzuwendenden Vorschriften auf den internationalen KA eines MU, das einen organisierten Markt in Anspruch nimmt. Neben den internationalen Rechnungslegungsvorschriften sind auf diesen KA ergänzend auch nationale Vorschriften anzuwenden.²⁴ Die **Angaben nach Abs. 1** müssen mit dem HGB und den IFRS **zweierlei Maßstäben** gerecht werden. Für das HGB muss beachtet werden, dass die Rechnungslegung auf die Erfüllung der durch Abs. 1 bezweckten Angaben ausgerichtet ist. Zur Erfüllung der IFRS ist zu fordern, dass die nach Abs. 1 insoweit zu erfolgenden freiwilligen Angaben der Systematik und der Verständlichkeit des Abschlusses gerecht werden und zur Steigerung der Entscheidungsnützlichkeit des Abschlusses beitragen.²⁵ Dies beinhaltet auch die Angabe von Vorjahresangaben.²⁶ Hintergrund für den erweiterten Umfang der Konzernrechnungslegung bei KM-Orientierung ist, dass bestimmte Bereiche der Konzernrechnungslegung nicht von der IFRS-VO abgedeckt sind, die nach Auffassung des Rates und der Kommission²⁷ auch für einen KA nach IFRS von grundlegender Bedeutung sind.

Die **Positionierung der Angaben** nach Abs. 1 im KA ist nicht gesetzlich geregelt. Üblicherweise werden die Angaben im IFRS-Anhang gemacht und nicht in einem eigenständigen Abschnitt außerhalb des IFRS-Anhangs.²⁸ Hierbei stellt sich aber die Frage der sachlogischen Positionierung, wobei einmal eine Präsentation der Angaben innerhalb eines eigenständigen zusammenhängenden Abschlusses in Betracht kommt. Daneben ist auch die inhaltliche Zuordnung zu den Erläuterungen der einzelnen Bilanz-/GuV-Posten möglich.

---

23 Die größenabhängige Befreiung des § 293 HGB ist wegen § 293 Abs. 5 HGB nicht anwendbar; es besteht daher grds. eine Pflicht zur Konzernrechnungslegung, sofern keine Befreiung nach §§ 291, 292 HGB eintritt. Ein befreiender KA nach §§ 291, 292 HGB ist aber dann ausgeschlossen, wenn eine KM-Orientierung vorliegt (vgl. § 291 Abs. 3 Nr. 1 HGB bzw. § 292 Abs. 1 Satz 1 HGB i.V.m. § 2 Abs. 2 KonBefrV i.V.m. § 293 Abs. 3 Nr. 1 HGB). Dabei ist im Hinblick auf die KM-Orientierung wie folgt zu differenzieren: a) Bei bloßer Stellung eines Zulassungsantrags durch das TU, das gleichzeitig MU ist, besteht zwar eine Konzernrechnungslegungspflicht, jedoch (noch) mit der Möglichkeit der Befreiung durch einen übergeordneten KA. b) Besteht hingegen für das TU, das gleichzeitig MU ist, bereits eine Zulassung, ist hingegen – ungeachtet der Größe des Teilkonzerns – eine Konzernrechnungslegungspflicht anzunehmen und eine Befreiung nach §§ 291, 292 nicht mehr möglich. Im Fall a) bestünde eine Pflicht zur Konzernrechnungslegung nach Abs. 2, wenn kein befreiender KA (entweder nach nationalen oder internationalen Vorschriften) aufgestellt wird. Im Fall b) bestünde eine Pflicht zur Konzernrechnungslegung ohne Befreiungsmöglichkeit nach Abs. 1.
24 S. auch BT-Drs. 15/3419 S. 34; ebenso *Wendlandt/Knorr*, KoR 2005, S. 55.
25 Vgl. auch *Zeyer/Maier*, PIR 7/2010, S. 190.
26 Hinweis: Werden die ergänzenden Anhangangaben nach § 315a in einem separaten Abschnitt dargestellt, sollen Vorjahresangaben nicht erforderlich sein, da damit gezeigt werden würde, dass es sich eben nicht um freiwillige Angaben handele (so *Kozikowski/Kreher*, in Beck Bil-Komm. 9. Aufl., § 315a HGB, Rz 10).
27 Vgl. die gemeinsame Erklärung des Rates und der Kommission anlässlich der Verabschiedung der Modernisierungs-RL 2003/51/EG, die die 4. und 7. EG-RL zusammenfasst, v. 18.6.2003, Abl v. 17.7.2003 L 178/17, S. 1.
28 Vgl. die Feststellung für DAX-Unternehmen von *Zeyer/Maier*, PIR 7/2010, S. 190.

**16** Folgende nationale Vorschriften sind dabei von Bedeutung für einen KA nach IFRS und daher ergänzend anzuwenden, wobei zahlenmäßige Angaben – soweit erforderlich und möglich – auf Basis der IFRS zu erfolgen haben:[29]
- Vorlage- und Auskunftspflichten der TU gegenüber dem MU nach § 294 Abs. 3 HGB;
- Erklärung der Unternehmensleitung nach § 297 Abs. 2 Satz 4 HGB;
- Pflicht zur Erstellung des KA in deutscher Sprache und in EUR sowie Unterzeichnungspflicht nach § 298 Abs. 1 i. V. m. §§ 244, 245 HGB;
- Anteilsbesitz des Konzerns nach § 313 Abs. 2 bis 3 HGB, sofern nicht die Schutzklausel des § 313 Abs. 3 HGB Anwendung findet;
- bestimmte Anhangangaben im KA nach § 314 Abs. 1 Nr. 4, 6, 8 und 9, wobei bei der Angabe nach § 314 Abs. 1 Nr. 6 die Vorschrift des § 298 Abs. 2 Satz 2 zu beachten ist;
- KLB (Neunter Titel) i. V. m. DRS 20;
- Vorschriften außerhalb des 2. Unterabschnitts, die den KA oder den KLB betreffen (insb. Prüfung).

Die gleichzeitige Anwendung nationaler Vorschriften und internationaler Standards führt zu inhaltlichen Redundanzen zwischen den Angaben im KLB und im IFRS-Anhang.[30]

**17** Der **Umfang** der anzuwendenden internationalen Rechnungslegungsstandards ist gem. § 315a Abs. 1 HGB davon abhängig, ob diese nach den Art. 2, 3 und 6 der IAS-VO übernommen wurden.[31] Der Abschluss muss damit auf Standards beruhen, die durch einen Rechtsetzungsakt auf EU-Ebene legitimiert sind, da die Verlautbarungen des privatrechtlich organisierten IASB als Standardsetter für die internationale Rechnungslegung keine unmittelbare Rechtswirkung entfalten.[32] IFRS bzw. IAS, die erst nach dem Bilanzstichtag, aber vor Unterzeichnung des KA durch die EU *„endorsed"* werden, dürfen (Wahlrecht) berücksichtigt werden, wenn eine frühzeitige Anwendung in der VO und in dem entsprechenden IFRS bzw. IAS gestattet ist.[33]

Diese Transformation der IFRS in EU-Recht wird in Art. 2, 3 und 6 der VO geregelt. Dies geschieht durch ein sog. **Komitologieverfahren**.[34] Mit der Änderung der IAS-VO durch die VO 297/2008/EG vom 11.3.2008[35] wurde ein neues

---

[29] Vgl. BT-Drs. 15/3419 S. 34 f. mit Erläuterungen. Hinweis: Die Heranziehung der IFRS als Grundlage zur Ermittlung der geforderten zahlenmäßigen Angaben ist für einen IFRS-KA sachgerecht.

[30] Vgl. *Prigge*, KoR 2006, S. 252.

[31] Zum aktuellen Übernahmestatus (EU Endorsement status report) vgl. http://www.efrag.org/Front/c1–306/Endorsement-Status-Report_EN.aspx, letzter Abruf am 27.8.2015.

[32] Vgl. auch *Kozikowski/Kreher*, in Beck Bil-Komm. 9. Aufl., § 315a HGB, Rz 8, und BT-Drs. 15/3419 S. 34. Im Rahmen der Apr. stellt sich dabei insb. das Problem der Fehlerauswirkungen bei Nichtbeachtung der „full IFRS/IAS" auf den BSV nach § 322 HGB, wenn gleichzeitig ein Auftrag zur Prüfung der Beachtung der „full IFRS/IAS" erteilt wurde. S. hierzu *Förschle/Küster*, in Beck Bil-Komm. 9. Aufl., § 322 HGB, Rz 135 f.

[33] Vgl. CESR-Erklärung v. 21.1.2006 bzgl. der Angaben zu Bilanzierungs- und Bewertungsmethoden nach IFRS.

[34] Beim Komitologieverfahren entscheiden das Europäische Parlament und der Rat über die grundsätzlichen Bestimmungen in den Rechtsakten und übertragen einem Fachausschuss die Regelung der technischen Durchführung. Diese Fachausschüsse existieren in allen Bereichen und sind mit Vertretern der Mitgliedstaaten unter Leitung der Kommission besetzt. Zum Rechtsschutz gegen fehlerhaft übernommene IFRS vgl. *Pöschke*, KoR 2008, S. 325.

[35] VO 297/2008/EG v. 11.3.2008, Abl. Nr. L 97 v. 9.4.2008, S. 62.

## 2.2 Erweiterte Pflicht zur Aufstellung eines Konzernabschlusses nach IFRS/IAS (Abs. 2)

Abs. 2 der Vorschrift trägt dem Informationsbedürfnis potenzieller Anleger Rechnung, das mit der bevorstehenden Börseneinführung zum Tragen kommt, und bestimmt, dass internationale Standards und die in Abs. 1 genannten ergänzenden Vorschriften auch im Fall eines Antrags auf Zulassung eines Wertpapiers zum Handel an einem geregelten Markt anzuwenden sind. Damit wird das Qualifikationsmerkmal „KM-Orientierung" in zeitlicher Hinsicht ausgedehnt.[37] Dies führt dazu, dass der Anwendungsbereich weiter ist, als dies durch Art. 4 u. 5 der IFRS-VO vorgesehen ist.[38]

Für den Antrag auf Zulassung wird in gleicher Weise wie bei Abs. 1 nur auf den Antrag des MU abgestellt.[39] Der Antrag muss nach Abs. 2 bis zum jeweiligen Bilanzstichtag, für den eine Pflicht zur Konzernrechnungslegung in Betracht kommt, gestellt worden sein.

Soweit die Voraussetzungen des Abs. 2 erfüllt sind, besteht eine Pflicht zur Aufstellung eines KA nach internationalen Standards im Umfang von Abs. 1.[40] Sofern eine entsprechende Zulassung besteht, ist Abs. 1 und damit eine Pflicht zur internationalen Konzernrechnungslegung ohnehin zu beachten.

Als **Anwendungsbeispiele des Abs. 2** kommen in Betracht:

> **Beispiel**
> **Beispiel 1:** Ein MU, das selbst einen Antrag auf Zulassung zum Handel seiner Wertpapiere (Schuldtitel oder Aktien) auf einem geregelten Markt (nicht Freiverkehr) gestellt hat und das aufgrund des Überschreitens der Größenklassen in § 293 Abs. 1 und 2 HGB eine Pflicht zur Konzernrechnungslegung nach §§ 290–293 HGB hat.
> **Beispiel 2:** Ein MU, das selbst einen Antrag auf Zulassung zum Handel seiner Wertpapiere (Schuldtitel oder Aktien) auf einem geregelten Markt (nicht Freiverkehr) gestellt hat und das daher trotz Unterschreitens der Größenklassen (§ 293 HGB) eine Pflicht zur Konzernrechnungslegung nach §§ 290–293 HGB hat (§ 293 Abs. 5 HGB).
> **Beispiel 3:** Ein TU eines übergeordneten MU, das selbst MU ist (Teilkonzern) und das eine Zulassung seiner Wertpapiere (Schuldtitel oder Aktien) zum Handel auf einem geregelten Markt (nicht Freiverkehr) beantragt hat (ungeachtet der Größenklassen), soweit kein befreiender KA nach §§ 291, 292 HGB aufgestellt wird.[41]

---

[36] Vgl. zum neuen Verfahren *Buchheim/Knorr/Schmidt*, KoR 2008, S. 334.
[37] Vgl. BT-Drs. 15/3419 S. 35.
[38] Vgl auch *Kozikowski/Kreher*, in Beck Bil-Komm. 9. Aufl., § 315a HGB, Rz 12.
[39] Soweit ein TU, das gleichzeitig ein MU ist, einen Zulassungsantrag gestellt hat, besteht evtl. für dieses Unt eine Pflicht zur Konzernrechnungslegung nach Abs. 2. Siehe die Übersicht über die geregelten Märkte in Abl. EU 2011/C 209/13 v. 15.7.2011.
[40] Siehe dazu Rz 15–17.
[41] Siehe die Übersicht über die geregelten Märkte in Abl. EU 2011/C 209/13 v. 15.7.2011.

## 2.3 Wahlrecht zur Aufstellung eines Konzernabschlusses nach IFRS/IAS (Abs. 3)

20 Für alle nicht KM-orientierten MU, die konzernrechnungslegungspflichtig sind, besteht ein **Wahlrecht nach Abs. 3**, anstelle eines KA nach den Vorschriften des HGB einen **KA nach den internationalen Standards (IFRS/IAS)** aufzustellen. Damit setzt der deutsche Gesetzgeber das Mitgliedstaatenwahlrecht in Art. 5 b) der IAS-VO insoweit in nationales Recht um, als es sich um die Aufstellung eines KA handelt.
Der **Umfang der Konzernrechnungslegung** bei Inanspruchnahme des Wahlrechts hat dabei dem **bei Anwendung des Abs.** 1 vollständig zu entsprechen, um von der Konzernrechnungslegung nach HGB befreit zu werden.[42]

21 Als **Anwendungsbeispiele des Abs. 3** kommen in Betracht:

> Beispiel
> **Beispiel 1:** Ein MU, das weder einen Antrag auf Zulassung seiner Wertpapiere (Schuldtitel oder Aktien) zum Handel auf einem geregelten Markt gestellt hat noch einen organisierten KM aufgrund einer solchen Zulassung in Anspruch nimmt und das aufgrund des Überschreitens der Größenklassen in § 293 Abs. 1 und 2 HGB eine Pflicht zur Konzernrechnungslegung nach §§ 290–293 HGB hat.
> **Beispiel 2:** Ein TU, das gleichzeitig MU und mangels Befreiung nach §§ 291, 292 HGB zur Konzernrechnungslegung nach §§ 290–293 HGB verpflichtet ist, kann wahlweise einen KA nach IFRS/IAS nach Abs. 3 anstelle eines KA nach HGB aufstellen, sofern keine KM-Orientierung i.S.v. Abs. 1 und 2 besteht.

## 3 Änderungen durch das BilRUG

22 Im Rahmen des BilRUG[43] werden an den Regelungen des § 315a HGB lediglich redaktionelle Änderungen vorgenommen; insbesondere in Bezug auf Querverweise zu § 297 HGB. Materielle Änderungen sind damit nicht verbunden. Allerdings schlagen Änderungen bei den Anhangaben auch auf IFRS-Bilanzierer durch (§ 314 Rz 115 ff.).

---

[42] S. Rz 15–17.
[43] Vgl. § 293 Rz 21.

# § 316 PFLICHT ZUR PRÜFUNG

(1) ¹Der Jahresabschluß und der Lagebericht von Kapitalgesellschaften, die nicht kleine i. S. d. § 267 Abs. 1 sind, sind durch einen Abschlußprüfer zu prüfen. ²Hat keine Prüfung stattgefunden, so kann der Jahresabschluß nicht festgestellt werden.
(2) ¹Der Konzernabschluß und der Konzernlagebericht von Kapitalgesellschaften sind durch einen Abschlußprüfer zu prüfen. ²Hat keine Prüfung stattgefunden, so kann der Konzernabschluß nicht gebilligt werden.
(3) ¹Werden der Jahresabschluß, der Konzernabschluß, der Lagebericht oder der Konzernlagebericht nach Vorlage des Prüfungsberichts geändert, so hat der Abschlußprüfer diese Unterlagen erneut zu prüfen, soweit es die Änderung erfordert. ²Über das Ergebnis der Prüfung ist zu berichten; der Bestätigungsvermerk ist entsprechend zu ergänzen.

WP StB Dirk Veldkamp

| Inhaltsübersicht | Rz |
|---|---|
| 1 Überblick | 1–2 |
| 2 Gesetzlich vorgeschriebene Abschlussprüfungen | 3–46 |
|   2.1 Prüfungspflicht für den Jahresabschluss (Abs. 1 Satz 1) | 3–9 |
|     2.1.1 Prüfungspflichtige Kapitalgesellschaften | 3–7 |
|     2.1.2 Andere prüfungspflichtige Unternehmen | 8 |
|     2.1.3 Prüfungspflicht bei Abwicklung/Liquidation | 9 |
|   2.2 Prüfungspflicht für den Konzernabschluss (Abs. 2) | 10–14 |
|     2.2.1 Mutterunternehmen in der Rechtsform der Kapitalgesellschaft | 10–13 |
|     2.2.2 Mutterunternehmen anderer Rechtsformen | 14 |
|   2.3 Nachtragsprüfungen (Abs. 3) | 15–23 |
|   2.4 Rechtsfolgen unterlassener (Pflicht-)Prüfungen (Abs. 1 Satz 2) | 24–46 |
|     2.4.1 Jahresabschluss | 24–26 |
|     2.4.2 Ergänzende Hinweise zu den Konsequenzen unterlassener Pflichtprüfungen | 27–43 |
|       2.4.2.1 Kapitalgesellschaften | 27–30 |
|       2.4.2.2 Personenhandelsgesellschaften | 31–34 |
|       2.4.2.3 Konsequenzen für Abschlussprüfung, Bestätigungsvermerk und Prüfungsbericht im Folgejahr | 35–43 |
|     2.4.3 Konzernabschluss | 44–46 |
| 3 Freiwillige und satzungsgemäße Prüfungen | 47–49 |
| 4 Prüfungen nach dem PublG | 50 |

## 1 Überblick

1 § 316 HGB bestimmt die **Pflicht zur Prüfung** von KapG und KapCoGes und die wesentlichen Prüfungsgegenstände. Nähere Einzelheiten zu den Prüfungsgegenständen finden sich in § 317 HGB.[1] Wer zur Prüfung beauftragen kann, regelt § 318 HGB.
**Nicht prüfungspflichtig** i. S. v. § 316 HGB sind etwa:
- kleine Gesellschaften i. S. v. § 267 Abs. 1 HGB,
- gem. § 293 HGB nicht konzernrechnungslegungspflichtige Konzerne,
- gem. §§ 291, 292 HGB befreite MU,
- Tochter-KapG, die sämtliche Voraussetzungen des § 264 Abs. 3 HGB erfüllen,
- Tochter-KapCoGes, die die Anforderungen des § 264b HGB erfüllen.

2 AP dürfen nur WP und WPG sein. Mittelgroße Ges. dürfen allerdings auch von vBP und BPG geprüft werden.

## 2 Gesetzlich vorgeschriebene Abschlussprüfungen

### 2.1 Prüfungspflicht für den Jahresabschluss (Abs. 1 Satz 1)

#### 2.1.1 Prüfungspflichtige Kapitalgesellschaften

3 Eine KapG ist nach § 316 Abs. 1 HGB **prüfungspflichtig**, wenn sie an 2 aufeinanderfolgenden Stichtagen jeweils mindestens 2 der 3 **Größenmerkmale** des § 267 Abs. 1 HGB überschreitet. Im Fall einer Umwandlung oder Neugründung besteht die Prüfungspflicht bereits am ersten Abschlussstichtag nach einer solchen Maßnahme, sofern die erforderlichen Größenmerkmale gegeben sind (§ 267 Abs. 4 Satz 2 HGB). Nachfolgend sind die Größenkriterien des § 267 HGB dargestellt:

|  | klein | mittelgroß | groß |
|---|---|---|---|
| Bilanzsumme TEUR | ≤ 4.840 | > 4.840<br>≤ 19.250 | > 19.250 |
| Umsatzerlöse TEUR | ≤ 9.680 | > 9.680<br>≤ 38.500 | > 38.500 |
| Arbeitnehmer | ≤ 50 | > 50<br>≤ 250 | > 250 |

Tab. 1: Überblick über die Größenklassen für die Jahresabschlussprüfung

4 Die im Prinzip allein von der Größe einer KapG abhängige Prüfungspflicht kennt eine Reihe von **Ausnahmen**. So sind **KM-orientierte** KapG immer prüfungspflichtig, weil sie kraft gesetzlicher Fiktion (§ 267 Abs. 3 Satz 2 HGB) immer als groß gelten.
Eine weitere Ausnahme von der Prüfungspflicht nach § 316 HGB besteht gem. **§ 264 Abs. 3 HGB** für KapG, die TU eines nach § 290 HGB zur Aufstellung eines KA verpflichteten MU sind, sofern sie die in § 264 Abs. 3 HGB geregelten

---

[1] Die „Technik" der Prüfung ist im Gesetz nicht umfassend geregelt. Daher hat das IDW entsprechende berufsständische Prüfungsgrundsätze, insb. die IDW PS, in einem sog. *due process* festgelegt.

Voraussetzungen erfüllen. Gleiches gilt für KapG, die TU eines nach § 11 PublG zur Aufstellung eines KA verpflichteten MU sind (§ **264 Abs. 4**).

Für KapG bestimmter **Wirtschaftszweige** gelten Spezialvorschriften, z. B. für Kreditinstitute und Versicherungsunternehmen, die die Prüfungspflicht ebenfalls grds. unabhängig von der Unternehmensgröße regeln.

Die vorgenannten Ausführungen gelten für **KapCoGes** über § 264a HGB analog.

Durch das **BilMoG** sind die **Größenkriterien** des § 267 HGB **rückwirkend** für nach dem 31.12.2007 beginnende Geschäftsjahre **angehoben** worden (Art. 66 Abs. 1 EGHB i.d.F. d. BilMoG). Zu der ggf. rückwirkend wegfallenden Prüfungspflicht hat das IDW am 31.3.2009[2] zusammenfassend wie folgt Stellung genommen:
- Sofern mit der **Apr. noch nicht begonnen** worden ist, kommt eine Auflösung des Prüfungsvertrags bzw. bei noch nicht vorliegendem Prüfungsvertrag trotz Wahl ein Nichtabschluss des Prüfungsvertrags in Betracht.
- Ist die **Apr. vollständig abgeschlossen**, ist eine rückwirkende Anhebung der Schwellenwerte für Zwecke der Prüfungspflicht nicht zulässig.[3]
- Bei **begonnener, aber noch nicht abgeschlossener Apr.** ist mit dem zu prüfenden Unt abzustimmen, wie weiter vorgegangen werden soll.[4]

### 2.1.2 Andere prüfungspflichtige Unternehmen

Eine Apr. i.S.d. Vorschriften des HGB ist auch für eine Reihe von Unt vorgeschrieben, die nicht die Rechtsform einer KapG bzw. KapCoGes haben. Die **Prüfungspflicht** gilt etwa für
- publizitätspflichtige Unt gem. § 6 i.V.m. § 3 PublG,
- bestimmte Genossenschaften (§§ 53 ff. GenG),
- Kredit- und Finanzdienstleistungsinstitute (§ 340k HGB),
- Versicherungsunternehmen (§ 341k HGB),
- Eigenbetriebe, Beteiligungen von Gebietskörperschaften u. v. m.[5]

### 2.1.3 Prüfungspflicht bei Abwicklung/Liquidation

Aus § 270 Abs. 3 AktG bzw. § 71 Abs. 3 GmbHG ergibt sich, dass die Prüfungspflicht im Stadium der Abwicklung/Liquidation für die AG und GmbH grds. fortbesteht. Allerdings kann das Gericht von der Prüfung befreien, wenn die Verhältnisse der Ges. so überschaubar sind, dass eine Prüfung im Interesse der Gläubiger und der Aktionäre/Gesellschafter nicht geboten erscheint.[6]

---

[2] IDW, Rückwirkende Anhebung der Schwellenwerte durch das BilMoG, IDW-FN 2009, S. 254 f.
[3] Unabhängig davon wäre die Inanspruchnahme von Erleichterungen für spätere Offenlegungszwecke zulässig.
[4] Infrage kommt hier z. B. die Fortführung der Apr. als freiwillige Prüfung oder die einvernehmliche Beendigung des Prüfungsauftrags mit Abrechnung der bislang durchgeführten Arbeiten.
[5] Vgl. ergänzend *Schmidt/Küster*, in Beck Bil-Komm. 9. Aufl., § 316 HGB, Rz 3 ff.
[6] Eine kleine Ges. i.S.v. § 267 Abs. 1 HGB ist auch im Stadium der Abwicklung/Liquidation grds. von der Prüfungspflicht befreit. Vgl. *ADS*, 6. Aufl., § 316 HGB, Rz 34.

## 2.2 Prüfungspflicht für den Konzernabschluss (Abs. 2)

### 2.2.1 Mutterunternehmen in der Rechtsform der Kapitalgesellschaft

10 Da der Konzernrechnungslegung die bei kleinen KapG vorgesehene Trennung zwischen der Verpflichtung zur Aufstellung des Abschlusses und dessen Prüfungspflicht fremd ist, kann bei der Abgrenzung der **prüfungspflichtigen Konzerne** auf die §§ 290–293 HGB verwiesen werden. Ist ein MU zur **Aufstellung** eines KA verpflichtet, muss dieser **geprüft** werden. Die Prüfungspflicht erstreckt sich auch auf einen nach internationalen Rechnungslegungsgrundsätzen aufgestellten KA nach § 315a HGB.

Die (Aufstellungs- und) Prüfungspflicht ergibt sich aufgrund der nachfolgend skizzierten Größenkriterien (§ 293 HGB):

|  | addiert<br>(§ 293 Abs. 1 Satz 1 Nr. 1) | konsolidiert<br>(§ 293 Abs. 1 Satz 1 Nr. 2) |
|---|---|---|
| Bilanzsumme TEUR | > 23.100 | > 19.250 |
| Umsatzerlöse TEUR | > 46.200 | > 38.500 |
| Arbeitnehmer | > 250 | > 250 |

Tab. 2: Überblick über die Größenklassen der Konzernabschlussprüfung

Um von der Pflicht, einen KA aufstellen und prüfen zu lassen, befreit zu sein, muss eine Ges. entweder die Größenmerkmale nach § 293 Abs. 1 Satz 1 Nr. 1 oder von Nr. 2 HGB unterschreiten (grds. 2 Kriterien an 2 aufeinanderfolgenden Stichtagen).

11 Nach § 293 Abs. 5 i. V. m. § 264d HGB sind auch „kleine" Konzerne aufstellungs- und **prüfungspflichtig**, wenn das MU oder ein in den KA einbezogenes TU **KM-orientiert** ist.

12 **Freiwillig** aufgestellte **KA** sind **nicht prüfungspflichtig**. Sollen freiwillig aufgestellte KA aber **befreiende Wirkung haben**, müssen diese KA nach §§ 316 ff. HGB geprüft sein.

13 Die vorgenannten Ausführungen gelten für **KapCoGes** über § 264a HGB analog.

### 2.2.2 Mutterunternehmen anderer Rechtsformen

14 Apr. i. S. d. Vorschriften des HGB sind auch für bestimmte Konzerne vorgeschrieben, deren MU nicht die Rechtsform einer KapG aufweist. Die **Prüfungspflicht** gilt etwa für
- Kreditinstitute, Versicherungsunternehmen und deren Holding-Ges. jeder Größe und Rechtsform (§§ 340k, 340i Abs. 3, 341k, 341i Abs. 2 HGB),
- Unt, die unter das PublG fallen (§ 14 PublG).

## 2.3 Nachtragsprüfungen (Abs. 3)

15 Bei **Änderungen** eines bereits **geprüften JA**, IFRS-EA nach § 325 Abs. 2a HGB oder KA respektive LB oder KLB hat eine **erneute Prüfung** stattzufinden, **soweit es die Änderungen erfordern** (§ 316 Abs. 3 Satz 1 HGB).

Über das **Ergebnis der Nachtragsprüfung** ist gem. § 316 Abs. 3 Satz 2 HGB **zu berichten**.

Zu einer Änderung von Abschlüssen und damit einer **Nachtragsprüfung** führen insb. folgende **Sachverhalte**: 16
- Änderung des Gewinnverwendungsvorschlags,
- Bekanntwerden von wertaufhellenden Tatsachen,
- Berichtigung von Fehlern.

Ferner können auch fehlerfreie JA geändert werden, wenn dafür gewichtige Gründe vorliegen.[7] 17

Der **Umfang einer Nachtragsprüfung** hängt vom Ausmaß der Änderungen sowie von der Zeitspanne seit Beendigung der ursprünglichen Prüfung ab.[8] Der AP hat bei jeder Änderung alle Unterlagen erneut zu prüfen, aber nur, soweit es die Änderung erfordert. 18

Das bedeutet, dass zunächst die **Änderung** selbst auf ihre **Zulässigkeit** zu prüfen ist. Daraufhin muss festgestellt werden, ob aufgrund dieser Änderung auch **Änderungen an anderen Stellen** erforderlich sind und diese auch vorgenommen worden sind. Schließlich muss auch geprüft werden, ob sich die Änderungen auf das **Gesamtbild** des JA/KA auswirken. Zu weitergehenden Prüfungshandlungen ist der AP weder verpflichtet noch berechtigt.[9]

Werden dem AP jedoch bei der Nachtragsprüfung andere Tatsachen bekannt, die – hätte er sie schon vorher gekannt – sein bisheriges Urteil zum JA beeinflusst hätten, muss er die gesetzlichen Vertreter zur weiteren Änderung des JA veranlassen und bzgl. dieser Änderungen wiederum eine Nachtragsprüfung durchführen. 19

Über das **Ergebnis der Nachtragsprüfung** ist zu berichten.[10] Entsprechend § 321 Abs. 1 Satz 1 HGB ist die Berichterstattung **schriftlich** vorzunehmen. Diese erfolgt grds. in Form eines **eigenständigen Nachtragsprüfungsberichts**. Der Nachtragsprüfungsbericht hat zwingend einen **Hinweis** zu enthalten, dass der ursprünglich erstattete Prüfungsbericht und der Nachtragsprüfungsbericht nur gemeinsam verwendet werden dürfen. Er **bezieht** sich ausschließlich auf vorgenommene **Änderungen**, sodass die allgemeinen Gliederungsanforderungen grds. nicht zur Anwendung gelangen. Sofern die Berichterstattung **ausnahmsweise** durch eine **Ergänzung des ursprünglichen Prüfungsberichts** erfolgt, ist sicherzustellen, dass dem AP **sämtliche Exemplare** des ursprünglich erstatteten Prüfungsberichts **ausgehändigt** werden.[11] 20

Im **Nachtragsprüfungsbericht** sind **einleitend** Angaben zum Auftrag an den AP zur Prüfung der Änderungen im JA oder KA, LB oder KLB zu machen, wobei Hinweise zur Wahl des Nachtragsprüfers entfallen, da die Nachtragsprüfung zwingend durch den AP durchzuführen ist (§ 316 Abs. 3 HGB). Wird der ursprünglich erstattete Prüfungsbericht ergänzt, sind nur die Angaben zur Beauftragung erforderlich.[12] 21

---

[7] Vgl. IDW RS HFA 6, Tz 10ff. Änderungen bei geprüften, noch nicht festgestellten Abschlüssen sind jederzeit möglich. Bei festgestellten Abschlüssen ist das nur bei gewichtigen Gründen möglich.
[8] Längere Zeitspannen können sich insb. auf den LB auswirken, da der Kenntnisstand im Zeitpunkt der erneuten Aufstellung zugrunde zu legen ist.
[9] Vgl. *Förschle/Küster*, in Beck Bil-Komm. 9. Aufl., § 316 HGB, Rz 27.
[10] Vgl. IDW PS 450, Tz 144ff.
[11] Vgl. IDW PS 450, Tz 145.
[12] Vgl. IDW PS 450, Tz 146.

22  Die **vorgenommenen Änderungen** sind darzulegen und Art und Umfang der Nachtragsprüfung zu erläutern, wobei es sich empfiehlt, darauf hinzuweisen, dass die gesetzlichen Vertreter für die Änderungen die Verantwortung tragen und es Aufgabe des AP ist, diese im Rahmen einer pflichtgemäßen Prüfung zu beurteilen.[13]
23  Eine Änderung des JA führt nicht zur Unwirksamkeit des BSV. Der **BSV** ist jedoch gem. § 316 Abs. 3 Satz 2 HGB um das Ergebnis der Nachtragsprüfung zu **ergänzen**.[14]

## 2.4 Rechtsfolgen unterlassener (Pflicht-)Prüfungen (Abs. 1 Satz 2)

### 2.4.1 Jahresabschluss

24  Soweit **Apr.** (einschl. Nachtragsprüfungen) gesetzlich vorgeschrieben sind, dürfen sie selbst dann nicht unterlassen werden, wenn alle Anteilseigner und gesetzlichen Vertreter damit einverstanden sind. Zur Durchsetzung der Prüfungspflicht sieht der Gesetzgeber für den Fall, dass eine Apr. nicht erfolgt, eine Reihe von Sanktionen vor.

Wenn keine Prüfung stattgefunden hat, kann der JA einer KapG **nicht festgestellt** werden. Handelt es sich um den JA einer AG, so ist dieser gem. § 256 Abs. 1 Nr. 2 AktG **nichtig**. Eine entsprechende Vorschrift gilt für Unt, die nach dem PublG Rechnung legen müssen (§ 10 Nr. 1 PublG). Für die GmbH hat der Gesetzgeber auf eine explizite Regelung, welche die Nichtigkeit des JA vorsieht, verzichtet. Es ist nach der herrschenden Meinung aber davon auszugehen, dass § 256 AktG sinngemäß auf die GmbH angewendet wird, sodass bei fehlender Prüfung auch die Nichtigkeit des JA der GmbH gegeben ist.[15]

25  Eine für die Feststellung des JA erforderliche Prüfung hat erst dann stattgefunden, wenn die Prüfung gem. §§ 316 ff. HGB durchgeführt und abgeschlossen worden ist. Als abgeschlossen gilt eine Prüfung, wenn der AP den gesetzlichen Vertretern der KapG (bzw. dem AR) den Prüfungsbericht einschließlich des BSV (oder Versagungsvermerks) vorlegt.

Sofern bei einer AG oder KGaA der JA nicht durch den Vorstand und AR, sondern durch die HV festgestellt wird und die HV den geprüften JA ändert, kommt der **Nachtragsprüfung** besondere Bedeutung zu. Denn die von der HV gefassten Beschlüsse über die Feststellung des JA und die Gewinnverwendung werden erst dann wirksam, wenn aufgrund einer Nachtragsprüfung ein hinsichtlich der Änderungen uneingeschränkter BSV erteilt worden ist (§ 173 Abs. 3 Satz 1 AktG). Geschieht dies nicht binnen zwei Wochen nach der Beschlussfassung, so sind die genannten Beschlüsse der HV unwirksam (§ 173 Abs. 3 Satz 2 AktG). Eine analoge Anwendung des § 173 Abs. 3 AktG auf die GmbH ist umstritten.[16]

26  Neben den unmittelbaren Auswirkungen auf die Gültigkeit des JA sieht das Gesetz weitere Maßnahmen vor, die die Durchführung der Apr. sicherstellen sollen. Gegen die gesetzlichen Vertreter des prüfungspflichtigen Unt kann ein

---

13  Vgl. IDW PS 450, Tz 147.
14  Ein Formulierungsvorschlag findet sich in IDW PS 400, Tz 108.
15  Vgl. *Baetge/Fischer/Siefke*, in *Küting/Weber*, HdR, HGB § 316, Rn 28, mwN, Stand 11/2009.
16  Vgl. die Quellenangaben bei *Baetge/Fischer/Siefke*, in *Küting/Weber*, HdR, HGB § 316, Rn 32, Stand 11/2009.

**Ordnungsgeld** festgesetzt werden, wenn sie ihre Pflichten hinsichtlich der Apr. nicht erfüllen (§ 335 HGB, § 21 PublG).

### 2.4.2 Ergänzende Hinweise zu den Konsequenzen unterlassener Pflichtprüfungen

#### 2.4.2.1 Kapitalgesellschaften

Eine **Heilung der Nichtigkeit** ist nur durch eine JAP möglich.[17] 27

Zu berücksichtigen ist, dass die Nichtigkeit eines festgestellten JA auch zur 28 **Unwirksamkeit** der auf dem Feststellungsbeschluss aufbauenden **Ergebnisverwendungsbeschlüsse** führt.
Eine Rücklagendotierung kann etwa nicht wirksam erfolgt sein. Eine bereits buchmäßig erfasste, aber nicht wirksame Rücklagendotierung wäre daher unter Erhöhung des dem Folgeabschluss zugrunde zu legenden Ergebnisvortrags zu stornieren.

Sofern bei einer GmbH aufgrund eines nichtigen Gewinnverwendungsbeschlus- 29 ses ein **Vermögenstransfer** von der Ges. an die Gesellschafter erfolgte, entsteht grds. ein **Rückforderungsanspruch** nach § 812 BGB. Allerdings müssen die Gesellschafter nach § 32 GmbHG Beträge nicht zurückzahlen, die sie in gutem Glauben (leichte Fahrlässigkeit) erhalten haben und wenn die Voraussetzungen des § 31 GmbHG nicht vorliegen. Bei einer AG besteht ein Rückforderungsanspruch nur bei fahrlässiger Unkenntnis der Unwirksamkeit.

Wird die Nichtigkeit des Vorjahresabschlusses nicht beseitigt, so folgt hieraus 30 nicht zwangsläufig die Nichtigkeit des **Folgeabschlusses**, was damit zu begründen ist, dass § 256 AktG eine abschließende Aufzählung von Nichtigkeitsgründen enthält und dort die Nichtigkeit eines vorhergehenden JA nicht als eigenständiger Nichtigkeitsgrund aufgeführt wird.

#### 2.4.2.2 Personenhandelsgesellschaften

Eine **Heilung** der Nichtigkeit ist auch bei der PersG nur durch eine JAP 31 möglich.[18]

Weil aufgrund eines nichtigen JA kein Gläubigerrecht der Kommanditisten 32 gegenüber der Ges. hinsichtlich eines Gewinnanteils entstehen kann, kommt ein **Ausweis von Gewinnanteilen** unter den Verbindlichkeiten gegenüber Gesellschaftern in den Saldovorträgen für den Folgeabschluss nicht in Betracht. Vielmehr ist das EK vor Ergebnisverwendung, also unter Ausweis eines Jahresüberschusses, darzustellen.

Wird der Folgeabschluss geprüft und wirksam festgestellt, wird bei der PersG, 33 deren Gesellschaftsvertrag keine gesonderte Beschlussfassung über die Gewinnverteilung vorsieht, die gesetzlich vorgesehene Gewinnverteilung auch hinsichtlich der Gewinne aus dem Vj. wirksam. Ist eine Beschlussfassung der Gesellschafter über die Ergebnisverwendung im Gesellschaftsvertrag vorgesehen, kann bei Vorliegen eines wirksamen Folgeabschlusses auch über die Gewinne aus dem nichtigen Vorjahresabschluss disponiert werden.

---

[17] Vgl. zu den nachfolgenden Ausführungen IDW, Fachausschuss Recht, IDW-FN 2002, S. 214 ff.
[18] Vgl. zu den nachfolgenden Ausführungen IDW, Fachausschuss Recht, IDW-FN 2002, S. 217 ff.

34  Auch bei PersG folgt aus der Nichtigkeit des Vorjahresabschlusses nicht zwangsläufig die Nichtigkeit des Folgeabschlusses. Begründet wird dies mit § 10 PublG, der wie § 256 AktG eine abschließende Aufzählung von Nichtigkeitsgründen enthält; auch in § 10 PublG wird die Nichtigkeit eines vorhergehenden JA nicht als eigenständiger Nichtigkeitsgrund aufgeführt.

### 2.4.2.3 Konsequenzen für Abschlussprüfung, Bestätigungsvermerk und Prüfungsbericht im Folgejahr

35  Sofern der **Vorjahresabschluss nicht geprüft** worden ist, sind bei der Apr. des Folgeabschlusses die **Grundsätze über Erstprüfungen** zu beachten.[19] Falls der AP des Folgeabschlusses gegen die Bilanz des Vorjahresabschlusses keine Einwendungen aufgrund von Verstößen gegen handelsrechtliche Rechnungslegungsvorschriften zu erheben hat, ergeben sich aus der Nichtigkeit des Vorjahresabschlusses keine Auswirkungen auf die Einschätzung der Ordnungsmäßigkeit des zu prüfenden Folgeabschlusses.[20]

36  Anderenfalls ist der **Folgeabschluss** nur dann als **ordnungsmäßig** zu beurteilen, wenn den Einwendungen entweder durch eine Änderung des Vorjahresabschlusses entsprochen worden ist oder die Fehler im Folgeabschluss unter Beachtung des Bilanzzusammenhangs ergebniswirksam korrigiert und die daraus resultierenden Erfolgswirkungen gesondert ausgewiesen und angemessen erläutert wurden.

37  Sofern der nichtige Vorjahresabschluss (unwirksam) festgestellt und ein (ebenfalls unwirksamer) Ergebnisverwendungsbeschluss gefasst worden ist, ist die Ordnungsmäßigkeit des Folgeabschlusses ferner danach zu beurteilen, ob die **Rechtsfolgen aus der Nichtigkeit** des Vorjahresabschlusses im Folgeabschluss zutreffend berücksichtigt worden sind (z. B. Stornierung einer auf einem unwirksamen Ergebnisverwendungsbeschluss beruhenden Rücklagendotierung zugunsten des Ergebnisvortrags).

38  Vor diesem Hintergrund ist über eine **Einschränkung des BSV** oder die Erteilung eines Versagungsvermerks ausschließlich nach Maßgabe der Ordnungsmäßigkeit des zu prüfenden JA zu entscheiden.
Die Möglichkeit der Erteilung eines uneingeschränkten oder eingeschränkten BSV zu dem Folgeabschluss ist weiterhin danach zu beurteilen, ob die zuständigen Gesellschaftsorgane die Feststellung des Vorjahresabschlusses unterlassen haben oder ein – wenn auch wegen der fehlenden Prüfung unwirksamer – Feststellungsbeschluss vorliegt.

39  Auch bei einem unwirksamen Feststellungsbeschluss ist davon auszugehen, dass dieser den Willen der zuständigen Organe zum Ausdruck bringt, den (nichtigen) Abschluss für verbindlich zu erklären. Sofern nicht im Einzelfall abweichende Umstände bestehen, kann somit von einer hinreichend sicheren Grundlage für die Urteilsfindung des AP und damit für die Erteilung eines BSV für den Folgeabschluss ausgegangen werden.

40  Dem steht nicht entgegen, dass der **nichtige Vorjahresabschluss** noch **geändert** werden könnte, da auch wirksam festgestellte Abschlüsse grds. durch das Feststellungsorgan geändert werden können. Es besteht somit keine besondere

---

[19] Vgl. IDW PS 205 und IDW PS 318.
[20] Vgl. zu den nachfolgenden Ausführungen IDW, Fachausschuss Recht, IDW-FN 2002, S. 216 f.

Unsicherheit, die zusätzliche Ausführungen zu der unterlassenen Prüfung des Vorjahresabschlusses im BSV geboten erscheinen lassen.

Etwas anderes gilt, wenn die Feststellungsorgane **keinen** (unwirksamen) **Feststellungsbeschluss** gefasst haben, da es in diesem Fall mangels Vorjahreszahlen an einer sicheren Grundlage für die Urteilsbildung des AP zu dem zu prüfenden JA mangelt. 41

Dementsprechend kommt die Erteilung eines uneingeschränkten oder eingeschränkten BSV nicht in Betracht.

Ein Urteil des AP über den JA kann in diesem Fall nur auf der Basis der Annahme einer Beschlussfassung der Gesellschafter über den Vorjahresabschluss in der dem AP vorgelegten Form getroffen werden, sofern diese Beschlussfassung mit Sicherheit erwartet werden kann. 42

Der BSV kann in diesem Fall nur schwebend unwirksam unter dem Vorbehalt der Beschlussfassung über den Vorjahresabschluss erteilt werden (bedingte Erteilung des BSV).

In allen anderen Fällen ist der **BSV** unter Hinweis auf die Unmöglichkeit der abschließenden Urteilsbildung **zu versagen**. 43

Sofern als Ergebnis der JAP eine Einschränkung oder bedingte Erteilung des BSV erfolgt, ist der Grund dafür zu erläutern.²¹

### 2.4.3 Konzernabschluss

Der **KA** wird im Gegensatz zum JA nicht festgestellt, sondern gebilligt (§ 171 Abs. 2 Sätze 4 und 5 AktG, § 42a Abs. 4 GmbHG). Sofern der KA nicht von einem AP geprüft worden ist, kann der KA nicht gebilligt werden (§ 316 Abs. 2 Satz 2 HGB). Die fehlende Billigung des KA hat aber keine unmittelbaren Folgen, da der KA lediglich eine Informationsfunktion hat und sich nicht auf die Gewinnverwendung auswirkt. Im Fall der AG hat der AR in seinem Bericht über die Prüfung des KA allerdings auch darauf einzugehen, ob er den KA gebilligt hat. Dieser Bericht des AR ist gem. § 325 Abs. 3 Satz 1 HGB zusammen mit dem KA und dem KLB offenzulegen. Auf diese Weise wird die Öffentlichkeit über die Versagung der Billigung informiert. Rechtsfolgen sind mit der fehlenden Billigung nicht verknüpft, da der KA weder rechtsbegründende noch rechtsbegrenzende Wirkungen hat. 44

Ein ungeprüfter KA hat darüber hinaus **keine befreiende Wirkung** i. S. d. §§ 291, 292 HGB und § 11 Abs. 6 PublG. Insofern wären TU ggf. zur Aufstellung von Teilkonzernabschlüssen verpflichtet. 45

Auch hier sieht der Gesetzgeber Maßnahmen vor, die die Durchführung von KAP gewährleisten sollen (Verhängung von **Ordnungsgeld** gegen die gesetzlichen Vertreter, § 335 HGB, § 21 PublG). 46

## 3 Freiwillige und satzungsgemäße Prüfungen

Auch bei kleinen und damit gesetzlich nicht prüfungspflichtigen Ges. finden häufig Apr. statt. **Freiwillige** Prüfungen werden i. d. R. von **Banken** verlangt, die 47

---

²¹ Vgl. IDW PS 400, Tz 58. Eine Berichtspflicht über die Nichtigkeit des Vorjahresabschlusses ergibt sich aus IDW PS 450, Tz 42 ff.

dies in ihren Kreditverträgen vorsehen. Weiterhin bestehen Konzernleitungen häufig auch auf der Prüfung von „kleinen" TU.

48 Darüber hinaus kann auch die **Satzung** oder der **Gesellschaftsvertrag** einer kleinen Ges. eine Prüfung vorschreiben. Satzung und Gesellschaftsvertrag können gesetzliche Prüfungen weder einschränken noch aufheben. Sie können sie aber erweitern.

49 In den vorgenannten Fällen resultieren keine Rechtsfolgen wegen Verletzung von § 316 Abs. 1 Satz 2 HGB, wenn gegen satzungsgemäße oder vertragliche Prüfungspflichten verstoßen worden ist. Allerdings liegen Satzungsverstöße vor oder es entstehen Schadensersatzansprüche. Darüber hinaus entsteht eine Berichtspflicht des AP nach § 321 HGB.[22]

## 4 Prüfungen nach dem PublG

50 Die JA von PersG, die nicht unter § 264a HGB fallen, Ekfl, Stiftungen, Körperschaften des öffentlichen Rechts sowie von anderen, in § 3 Abs. 1 PublG genannten Unt sind bei Erfüllung der Voraussetzungen prüfungspflichtig.
**Voraussetzungen** für eine **Prüfungspflicht** des JA nach PublG ist, dass für 3 aufeinanderfolgende Abschlussstichtage mindestens 2 der 3 Größenmerkmale des § 1 Abs. 1 PublG überschritten werden. Für die Prüfung von JA nach PublG gelten gem. § 6 Abs. 1 PublG im Wesentlichen die §§ 316 ff. HGB.
Voraussetzung für die Prüfungspflicht eines **KA** nach § 11 PublG ist, dass mindestens 2 der 3 Größenmerkmale zum 3. Mal überschritten werden. Auch hier entsprechen die Prüfungsvorschriften weitgehend den §§ 316 ff. HGB (§ 14 Abs. 1 PublG).

---

[22] Vgl. hierzu auch IDW PS 450, Tz 42 ff.

## § 317 GEGENSTAND UND UMFANG DER PRÜFUNG

(1) ¹In die Prüfung des Jahresabschlusses ist die Buchführung einzubeziehen. ²Die Prüfung des Jahresabschlusses und des Konzernabschlusses hat sich darauf zu erstrecken, ob die gesetzlichen Vorschriften und sie ergänzende Bestimmungen des Gesellschaftsvertrags oder der Satzung beachtet worden sind. ³Die Prüfung ist so anzulegen, daß Unrichtigkeiten und Verstöße gegen die in Satz 2 aufgeführten Bestimmungen, die sich auf die Darstellung des sich nach § 264 Abs. 2 ergebenden Bildes der Vermögens-, Finanz- und Ertragslage des Unternehmens wesentlich auswirken, bei gewissenhafter Berufsausübung erkannt werden.
(2) ⁴Der Lagebericht und der Konzernlagebericht sind darauf zu prüfen, ob der Lagebericht mit dem Jahresabschluß, gegebenenfalls auch mit dem Einzelabschluss nach § 325 Abs. 2a und der Konzernlagebericht mit dem Konzernabschluß sowie mit den bei der Prüfung gewonnenen Erkenntnissen des Abschlußprüfers in Einklang stehen und ob der Lagebericht insgesamt eine zutreffende Vorstellung von der Lage des Unternehmens und der Konzernlagebericht insgesamt eine zutreffende Vorstellung von der Lage des Konzerns vermittelt.⁵ Dabei ist auch zu prüfen, ob die Chancen und Risiken der künftigen Entwicklung zutreffend dargestellt sind. ⁶Die Angaben nach § 289a sind nicht in die Prüfung einzubeziehen.
(3) ¹Der Abschlußprüfer des Konzernabschlusses hat auch die im Konzernabschluß zusammengefaßten Jahresabschlüsse, insbesondere die konsolidierungsbedingten Anpassungen, in entsprechender Anwendung des Absatzes 1 zu prüfen. ²Sind diese Jahresabschlüsse von einem anderen Abschlussprüfer geprüft worden, hat der Konzernabschlussprüfer dessen Arbeit zu überprüfen und dies zu dokumentieren.
(4) Bei einer börsennotierten Aktiengesellschaft ist außerdem im Rahmen der Prüfung zu beurteilen, ob der Vorstand die ihm nach § 91 Abs. 2 des Aktiengesetzes obliegenden Maßnahmen in einer geeigneten Form getroffen hat und ob das danach einzurichtende Überwachungssystem seine Aufgaben erfüllen kann.
(5) Bei der Durchführung einer Prüfung hat der Abschlussprüfer die internationalen Prüfungsstandards anzuwenden, die von der Europäischen Kommission in dem Verfahren nach Artikel 26 Abs. 1 der Richtlinie 2006/43/EG des Europäischen Parlaments und des Rates vom 17. Mai 2006 über Abschlussprüfungen von Jahresabschlüssen und konsolidierten Abschlüssen, zur Änderung der Richtlinien 78/660/EWG und 83/349/EWG des Rates und zur Aufhebung der Richtlinie 84/253/EWG des Rates (ABl. EU Nr. L 157 S. 87) angenommen worden sind.
(6) Das Bundesministerium der Justiz wird ermächtigt, im Einvernehmen mit dem Bundesministerium für Wirtschaft und Technologie durch Rechtsverordnung, die nicht der Zustimmung des Bundesrates bedarf, zusätzlich zu den bei der Durchführung der Abschlussprüfung nach Absatz 5 anzuwendenden internationalen Prüfungsstandards weitere Abschlussprüfungsanforderungen oder die Nichtanwendung von Teilen der internationalen Prüfungsstan-

dards vorzuschreiben, wenn dies durch den Umfang der Abschlussprüfung bedingt ist und den in den Absätzen 1 bis 4 genannten Prüfungszielen dient.

WP StB CVA Klaus Bertram/CPA StB M.B.L.T. (jur.) Prof. Ralph Brinkmann

| Inhaltsübersicht | Rz |
|---|---|
| 1 Überblick | 1–21 |
|    1.1 Inhalt und Zweck | 1–7 |
|    1.2 Anwendungsbereich und Normenzusammenhang | 8–21 |
| 2 Prüfung des Jahresabschlusses (Abs. 1) | 22–40 |
|    2.1 Gegenstand (Abs. 1 Satz 1) | 22–28 |
|    2.2 Umfang (Abs. 1 Sätze 2 und 3) | 29–40 |
| 3 Prüfung des Konzernabschlusses (Abs. 1 und 3) | 41–75 |
|    3.1 Gegenstand | 41–43 |
|    3.2 Umfang | 44–49 |
|    3.3 Prüfung der zusammengefassten Jahresabschlüsse | 50–67 |
|       3.3.1 Geprüfte Jahresabschlüsse von Tochterunternehmen | 50–64 |
|       3.3.2 Ungeprüfte Jahresabschlüsse von Tochterunternehmen | 65–67 |
|    3.4 Prüfung der konsolidierungsbedingten Anpassungen | 68–75 |
|       3.4.1 Überleitung der HB I zur HB II | 68–70 |
|       3.4.2 Konsolidierungsmaßnahmen | 71–75 |
| 4 Prüfung des Lageberichts und Konzernlageberichts (Abs. 2) | 76–116 |
|    4.1 Gegenstand und Umfang | 76–77 |
|    4.2 Einklangprüfung (Abs. 2 Satz 1) | 78–91 |
|    4.3 Chancen und Risiken der künftigen Entwicklung (Abs. 2 Satz 2) | 92–110 |
|    4.4 Angaben nach § 289a HGB (Abs. 2 Satz 3) | 111–116 |
| 5 Prüfung des Risikofrüherkennungssystems (Abs. 4) | 117–132 |
|    5.1 Prüfungspflicht | 117–120 |
|    5.2 Prüfungsdurchführung | 121–128 |
|    5.3 Berichterstattung | 129–132 |
| 6 ISA-Anwendung (Abs. 5) | 133–143 |
| 7 Rechtsverordnung (Abs. 6) | 144–148 |
| 8 Änderungen durch das BilRUG | 149 |

**Ergänzendes Schrifttum**
*Almeling*, Internationale Grundsätze für die Durchführung von Assurance-Aufträgen, WPg 2011, S. 607 (Teil 1) und S. 653 (Teil 2); *Almeling/Boer/Küster*, Erstellung von Abschlüssen nach deutschen und internationalen Normen – Entwicklungen und Vergleiche, DB 2011, S. 1761; *Baumann*, Praktische Anwendung der ISA in Deutschland – Die Prüfung geschätzter Werte (ISA 540), WPg 2014, S. 1179; *Bihr/Kalinowsky*, Risikofrüherkennungssystem bei nicht börsennotierten Aktiengesellschaften – Haftungsfalle für Vorstand, Aufsichtsrat und Wirtschaftsprüfer,

DStR 2008, S. 620; *Böcking/Orth/Brinkmann*, Die Anwendung der International Standards on Auditing (ISA) im Rahmen der handelsrechtlichen Konzernabschlussprüfung und deren Berücksichtigung im Bestätigungsvermerk, WPg 2000, S. 216; *Brinkmann/Spieß*, Abschlussprüfung nach International Standards on Auditing, Überblick über aktuelle Entwicklungen durch die 8. EU-RL und das Clarity-Project des IAASB sowie Auswirkungen auf die IDW-Prüfungsstandards, KoR 2006, S. 395 (Teil I); *Brinkmann*, Abschlussprüfung nach International Standards on Auditing, Überblick über aktuelle Entwicklungen durch die 8. EU-RL und das Clarity-Project des IAASB sowie Auswirkungen auf die IDW-Prüfungsstandards, KoR 2006, S. 668 (Teil II); *Eibelshäuser/Stein*, Modifikation der Zusammenarbeit des Prüfungsausschusses mit dem Abschlussprüfer durch den Gesetzentwurf des BilMoG, Der Konzern 2008, S. 486; *Farr/Niemann*, Anforderungen an die Dokumentation bei der Prüfung des Jahresabschlusses nach IDW PS bzw. ISA – Ein Hindernis für die skalierte Prüfung? DStR 2013, S. 668; *Fischer/Neubeck/Stibi/Thoms-Meyer*, HGB-Jahresabschluss – Erstellung – Prüferische Durchsicht – Prüfung 2008/09, 2009; *Gelhausen*, Aufsichtsrat und Abschlussprüfer – eine Zweckgemeinschaft, BFuP 1999, S. 390; *Gewehr/Harrison*, Praktische Anwendung der ISA in Deutschland – Externe Bestätigungen (ISA 505) und schriftliche Erklärungen (ISA 580), WPg 2014, S. 130; *Göb/Karrer*, Die neue Aktualität der statistischen Stichprobenprüfung, WPg 2010, S. 593; *Gödel*, Unverzichtbarkeit der Prognoseberichterstattung im (Konzern-) Lagebericht, DB 2010, S. 431; *Heese/Kreisel*, Prüfung von Geschäftsprozessen, WPg 2010, S. 907; *Hommelhoff/Mattheus*, Risikomanagementsystem im Entwurf des BilMoG als Funktionselement der Corporate Governance, DB 2008, S. 2787; *IDW*, International Standards on Auditing (ISAs), IDW Textausgabe Englisch – Deutsch, Düsseldorf 2011; *IDW*, Anwendung des Deutschen Rechnungslegungs Standards Nr. 20 „Konzernlagebericht" (DRS 20), IDW-FN 2014, S. 195; IFAC/IAASB, Handbook of International Quality Control, Auditing, Review, Other Assurance, and Related Services Pronouncements, 2014 Edition (Volume I, Volume II, Volume III); *Kämpfer/Schmidt*, Die Auswirkungen der neueren Prüfungsstandards auf die Durchführung von Abschlussprüfungen, WPg 2009, S. 47; *Köhler/Liu*, Internationale Prüfungsforschung – Überblick über aktuelle Entwicklungen im zweiten Halbjahr 2014, WPg 2015, S. 424; *Köhler/Ruhnke/Schmidt*, Nutzen der Abschlussprüfung für die Aufsichtsräte – eine empirische Untersuchung vor dem Hintergrund des Grünbuchs der EU, DB 2011, S. 773; *Köppe/Pöhlmann*, Praktische Anwendung der ISA in Deutschland – Überlegungen bei der Abschlussprüfung von Einheiten, die Dienstleister in Anspruch nehmen (ISA 402), WPg 2014, S. 7; *Köster/Kuschel/Ribbert*, Risiko- und prozessbasierte Vorbereitung und Durchführung von Journal-Entry-Tests auf Basis von IDW PS 210, WPg 2010, S. 727; *Link/Giese/Kunellis*, Geschäftsorientierte Prüfung des Konzernabschlusses: neue Anforderungen und Handlungsspielräume bei einer Prüfung nach ISA 600, BB 2008, S. 378; *Martens/Oldewurtel/Kümpel*, Praktische Anwendung der ISA in Deutschland – (Wechselseitige) Kommunikation mit dem Aufsichtsorgan (ISA 260 und ISA 265), WPg 2014, S. 1025; *Mochty/Wiese*, Die Netzwerkstruktur der Buchhaltung als Grundlage des risikoorientierten Prüfungsansatzes, BFuP 2012, S. 479; *Naumann/Herkendell*, Regulierung der Abschlussprüfung – Update zum aktuellen Stand der Diskussion in Brüssel, WPg 2014, S. 177; *Naumann/Herkendell*, Regulierung der Abschlussprüfung – Aktueller Stand der Diskussion in Brüssel, WPg 2013, S. 1181; *Neubeck*, Prüfung des Risikoberichts, in *Lachnit/Freidank/*

*Tesch*, Vahlens Großes Auditing Lexikon, München 2007; *Niemann/Bruckner*, Qualitätssicherung bei der Konzernabschlussprüfung, DStR 2010, S. 345.; *Noodt/ Kunellis*, Die Anpassung von IDW Prüfungsstandards an die im Rahmen des Clarity-Projekts überarbeiteten ISA, WPg 2011, S. 557; *Oser/Roß/Wader/Drögemüller*, Ausgewählte Neuregelungen des Bilanzrechtsmodernisierungsgesetzes (BilMoG) – Teil 2, WPg 2008, S. 105*Poll/Simon-Heckroth:* Praktische Anwendung der ISA in Deutschland – Grundsätze der Qualitätssicherung in der Wirtschaftsprüfung (ISQC 1 und ISA 220), WPg 2015, S. 505; *Ruhnke*, Prüfungsdifferenzen – State of the art und Ergebnisse einer empirischen Untersuchung deutscher Prüfungsaufträge, WPg 2009, S. 677; *Ruhnke/Michel*, Geschäftsrisikoorientierte Aufdeckung von Fraud nach internationalen Prüfungsnormen, BB 2010,S. 3074; *Ruhnke/Schmiele/ Schwind*, Die Erwartungslücke als permanentes Phänomen der Abschlussprüfung – Definitionsansatz, empirische Untersuchung und Schlussfolgerungen, zfbf 2010,S. 394; *Ruhnke/Schmitz*, Wesentlichkeitsüberlegungen bei der Prüfung von Konzernabschlüssen, IRZ 2011, S. 193; *Schindler/Hauser*, Praktische Anwendung der ISA in Deutschland – Die Pflichten des Abschlussprüfers im Zusammenhang mit dolosen Handlungen und Verstößen gegen Gesetze und andere Rechtsvorschriften (ISA 240 und ISA 250), WPg 2014, S. 977; *Schmidt*, Geschäftsverständnis, Risikobeurteilungen und Prüfungshandlungen des Abschlussprüfers als Reaktion auf beurteilte Risiken, WPg 2005, S. 873; *Schmidt*, Handbuch risikoorientierte Abschlussprüfung – Fachliche Regeln für Auftragsabwicklung und Qualitätssicherung, Düsseldorf 2008; *Schmidt*, Das Grünbuch der EU-Kommission zur Abschlussprüfung, DB 2010, S. 727; *Senger/Brune*, DRS 20: neue und geänderte Anforderungen an den Konzernlagebericht, WPg 2012, S. 1285; *Skirk/Wirtz*, Praktische Anwendung der ISA in Deutschland – Verwertung der Arbeit interner Prüfer sowie der Arbeit eines Sachverständigen des Abschlussprüfers (ISA 610, ISA 620), WPg 2014, S. 768; *Stibi/Kuhn*, Praktische Anwendung der ISA in Deutschland – Die Pflichten des Abschlussprüfers im Zusammenhang mit sonstigen Informationen (ISA 720), WPg 2014, S. 403; *Toebe/Lorson*, Die Festlegung von wertmäßigen Wesentlichkeitsgrenzen in der Rechnungslegung und Abschlussprüfung, WPg 2012, S. 1200; *Verheugen*, Die öffentliche Erwartung an die Abschlussprüfung – Was ist der Wert dieser Dienstleistung für die Öffentlichkeit?, IDW-FN 2012, Sonderheft 1, S. 3; *Withus*, Internes Kontrollsystem und Risikomanagementsystem – Neue Anforderungen an die Wirtschaftsprüfer durch das BilMoG, WPg 2009, S. 858; *Wolf*, Interne Kontroll- und Risikomanagementsysteme in der Unternehmenspraxis – Status quo und Möglichkeiten einer Integration zu einem ganzheitlichen Kontroll- und Risikomanagement, WPg 2010, S. 867; *WPK*, Bilanzrechtsmodernisierungsgesetz – Auswirkungen auf die beruflichen Rahmenbedingungen des Abschlussprüfers, WPKM 2/2009, S. 4; *WPK*, Vorschläge der EU-Kommission zur Reform des Abschlussprüfungsmarktes, WPKM 4/2011, S. 16; *Zülch/Hoffmann*, Neue Eckpfeiler für Bilanzierung und Prüfung – das BilMoG, Der Aufsichtsrat 2008, S. 22.

# 1 Überblick

## 1.1 Inhalt und Zweck

1 § 317 HGB regelt Gegenstand und Umfang der gesetzlichen Apr. Die Vorschrift legt fest, wie die Apr. durchzuführen ist bzw. welche Anforderungen an die

Verrichtung der Prüfung gestellt werden.[1] Der Zweck der Vorschrift liegt somit in der Sicherstellung der Qualität der Apr.[2] Aus theoretischer Sicht dient eine Apr. i.S.v. § 317 HGB dem Abbau von Informationsasymmetrien zwischen dem Management und allen am Unternehmenserfolg Beteiligten.[3]

**Abs. 1** definiert in den Sätzen 1 und 2 die Prüfungsgegenstände für JAP und KAP. Satz 3 beschreibt die Zielsetzung der Apr., nämlich das Erkennen wesentlicher Unrichtigkeiten und Verstöße im Rahmen der anwendbaren Normensysteme (im Regelfall HGB, bei KA nach § 315a HGB auch IFRS, wie sie in der EU anzuwenden sind). 2

Das Einklangerfordernis des LB mit dem JA (ggf. auch mit dem IFRS-EA) bzw. des KLB mit dem KA wird in **Abs. 2** der Vorschrift postuliert. Außerdem ist zu prüfen, ob im LB bzw. KLB die Chancen und Risiken der künftigen Entwicklung zutreffend dargestellt sind. Satz 3 stellt klar, dass die Erklärung zur Unternehmensführung (§ 289a HGB) nicht Gegenstand der Apr. ist. 3

Besondere Bestimmungen für den Konzern-AP enthält **Abs. 3** der Vorschrift. Dieser hat die im KA zusammengefassten JA sowie insb. die konsolidierungsbedingten Anpassungen zu prüfen. Die Regelung soll die volle Verantwortlichkeit des Konzern-AP für die KAP betonen. Eine Verwertung der von AP der TU durchgeführten Apr. ist zulässig. Der Konzern-AP hat in diesen Fällen die Arbeiten von AP einbezogener TU zu überprüfen und dies zu dokumentieren. 4

Die Prüfung des Risikofrüherkennungssystems bei börsennotierten AG ist in **Abs. 4** der Vorschrift geregelt. 5

**Abs. 5** der Vorschrift regelt die direkte Anwendbarkeit derjenigen ISA, die von der EU angenommen worden sind. Die Regelung ist im Zuge der Umsetzung der 8. EU-RL geschaffen worden. Da bislang keine ISA von der EU angenommen worden sind, hat die Regelung derzeit noch keine materielle Bedeutung (Rz 141). 6

**Abs. 6** steht im Zusammenhang mit der direkten Anwendung der ISA. Die Vorschrift ermächtigt das BMJ, im Einvernehmen mit dem BMWi eine Rechtsverordnung zu erlassen, in der neben den ISA zusätzliche Anforderungen an die Apr. (z.B. zur Berücksichtigung deutscher Besonderheiten, die in den ISA nicht oder nicht ausreichend geregelt sind) gestellt werden können oder die Nichtanwendung von Teilen der von der EU übernommenen ISA beschlossen werden kann. Auch diese Vorschrift ist mangels Vorliegen einer derartigen Rechtsverordnung bislang noch ohne praktische Relevanz. 7

### 1.2 Anwendungsbereich und Normenzusammenhang

§ 317 HGB ist auf alle gesetzlichen Apr. anzuwenden. Betroffen sind somit KapG und KapCoGes., die den zweiten Abschnitt des dritten Buchs des HGB zu beachten haben. Eigentlich „Betroffener" sind aber nicht die prüfungspflichtigen Ges., sondern deren AP, die diese Vorschrift im Rahmen ihrer Apr. zu beachten haben. 8

Die Vorschrift ist auch anzuwenden bei der Prüfung von **nach internationalen Rechnungslegungsstandards aufgestellten KA** (§ 315a HGB) sowie bei der Prüfung eines **IFRS-EA** (§ 324a i.V.m. § 325 Abs. 2a HGB). 9

---

[1] Vgl. *Marten/Köhler/Neubeck*, in *Baetge/Kirsch/Thiele*, Bilanzrecht, § 317 HGB, Rz 1, Stand 04/2012.
[2] Vgl. *Böcking/Orth*, WPg 1998, S. 362.
[3] Vgl. *Marten/Quick/Ruhnke*, Wirtschaftsprüfung, 5. Aufl., 2015, S. 48.

10 Das Zusammenspiel der Vorschriften des HGB zur Apr. (Dritter Unterabschnitt des Zweiten Abschnitts des Dritten Buchs) verdeutlicht Abb. 1.

Abb. 1: Vorschriften des HGB zur Abschlussprüfung

11 Neben den handelsrechtlichen Regelungen zur Apr. haben WP/vBP sowie WPG/BPG die Vorschriften der WPO und der BS WP/vBP zu beachten.

12 **AP von Kreditinstituten und Finanzdienstleistungsinstituten** sowie von **Versicherungsunternehmen und Pensionsfonds** unterliegen durch die Verweise in § 340k Abs. 1 bzw. § 341k Abs. 1 HGB ebenfalls den Regelungen des § 317 HGB. Außerdem haben AP dieser Unt branchenspezifische Erweiterungen des Prüfungsgegenstands zu berücksichtigen. Bei Kreditinstituten und Finanzdienstleistungsinstituten hat bspw. eine Prüfung der wirtschaftlichen Verhältnisse, Groß-,[4] Millionen-[5] und Organkredite[6] sowie eine Depotprüfung[7] zu erfolgen. Versicherungsunternehmen und Pensionsfonds sind an die Formblattverordnungen gebunden.

13 Nach **PublG** prüfungspflichtige Unt haben § 317 HGB durch die Verweise in § 6 Abs. 1 PublG (JA) bzw. § 14 Abs. 1 PublG (KA) gleichermaßen zu beachten. Der Gegenstand der Apr. umfasst für Vereine, Stiftungen und Körperschaften den JA (Bilanz, GuV und Anhang) sowie den LB. Einzelkaufleute und reine PersG sind jedoch von der Aufstellung eines Anhangs und LB befreit (§ 5 Abs. 2 Satz 1 PublG). Unt i. S. d. § 264d HGB, die unter das PublG fallen, haben unabhängig von ihrer Rechtsform den JA um einen Anhang zu erweitern (§ 5 Abs. 2a PublG).

---

[4] Vgl. §§ 13–13b KWG.
[5] Vgl. § 14 Abs. 1 KWG.
[6] Vgl. § 15 KWG.
[7] Vgl. § 29 Abs. 2 Satz 2 KWG.

Auch für **Genossenschaften** findet die Regelung Anwendung, da § 53 Abs. 2 GenG auf § 317 verweist. Allerdings beschränkt sich die Anwendung auf § 317 Abs. 1 Sätze 2 und 3, Abs. 2 (alle Genossenschaften) sowie auf die Abs. 5 und 6 für große Genossenschaften i.S.v. § 58 Abs. 2 GenG (der wiederum auf die Größenmerkmale in § 267 Abs. 3 HGB Bezug nimmt). Bei Genossenschaften ist der Gegenstand der AP über § 317 HGB hinaus erweitert, da eine Prüfung der wirtschaftlichen Verhältnisse und der Ordnungsmäßigkeit der Geschäftsführung vorzunehmen ist (§ 53 Abs. 1 GenG).  **14**

KapG, an denen Gebietskörperschaften mehrheitlich beteiligt sind, haben über § 317 HGB hinaus die Ordnungsmäßigkeit der Geschäftsführung prüfen zu lassen (**§ 53 HGrG**).[8] Unt, die unter das Eigenbetriebsgesetz fallen, haben eine Prüfung der wirtschaftlichen Verhältnisse vornehmen zu lassen.  **15**

Für **freiwillige Apr.** gilt § 317 HGB nicht. Soweit allerdings bei freiwilligen Apr. ein BSV gem. § 322 HGB erteilt werden soll, ist § 317 HGB gleichermaßen anzuwenden.[9] Anderenfalls darf bei freiwilligen Apr. nur eine Bescheinigung erteilt werden (§ 322 Rz 169).  **16**

Verstöße des AP gegen § 317 HGB können zivilrechtlich, berufsrechtlich und strafrechtlich sanktioniert werden.  **17**

Die **zivilrechtliche Haftung** des AP ergibt sich aus § 323 HGB, der eine lex specialis zu den Regelungen des BGB darstellt (zu Einzelheiten s. § 323 Rz 77ff.).  **18**

**Berufsrechtlich** können Verstöße gegen § 317 HGB im Rahmen der Berufsaufsicht bzw. der Berufsgerichtsbarkeit mit den dort zur Verfügung stehenden Maßnahmen geahndet werden. Diese sind  **19**
- Belehrung (abgeleitet aus § 57 Abs. 2 Nr. 1 WPO),[10]
- Rüge (§ 63 WPO),
- Geldbuße bis zu 500.000 EUR (§ 68 Abs. 1 Nr. 1 WPO),
- zeitlich befristetes Verbot der Ausübung bestimmter Tätigkeiten (§ 68 Abs. 1 Nr. 2 WPO),
- Berufsverbot von einem bis zu fünf Jahren (§ 68 Abs. 1 Nr. 3 WPO) sowie
- Ausschließung aus dem Beruf des WP (§ 68 Abs. 1 Nr. 4 WPO).

Berufsrechtliche Pflichtverletzungen können im Rahmen der für gesetzliche AP verbindlichen externen Qualitätskontrollen (§ 57a WPO), der für AP von Unt des öffentlichen Interesses i.S.v. § 319a HGB obligatorischen anlassunabhängigen Sonderuntersuchungen der WPK (§ 62b WPO) oder im Rahmen sonstiger Erkenntnisse der Berufsaufsicht (z.B. durch die Bundesanzeigerdurchsicht der WPK, durch Mitteilungen der DPR [§ 342b Abs. 8 Satz 2 HGB] oder der BaFin [§ 37r Abs. 2 Satz 1 WpHG]) festgestellt und sanktioniert werden.  **20**

**Strafrechtliche Sanktionen** für Verstöße gegen § 317 enthält § 332 Abs. 1 HGB implizit, da die Erteilung eines unrichtigen BSV i.S.v. § 322 einen Verstoß gegen § 317 bedingt (§ 332 Rz 27).  **21**

---

[8] Zu Einzelheiten vgl. IDW PS 720.
[9] Vgl. IDW PS 400, Tz 5.
[10] Vgl. *Marten/Köhler/Neubeck*, in *Baetge/Kirsch/Thiele*, Bilanzrecht, § 317 HGB, Rz 183, Stand 04/2012.

## 2 Prüfung des Jahresabschlusses (Abs. 1)

### 2.1 Gegenstand (Abs. 1 Satz 1)

22 Der in § 316 Abs. 1 HGB formulierte Prüfungsgegenstand bestimmt u.a. den JA als Gegenstand der Apr. § 317 Abs. 1 Satz 1 HGB postuliert die Einbeziehung der **Buchführung** (§§ 238, 239 HGB) in die Prüfung des JA. Hierzu rechnen nicht nur die eigentliche Finanzbuchführung, sondern auch die rechnungslegungsbezogenen Teile der Nebenbuchhaltungen, wie bspw.
- Anlagenbuchhaltung,
- Lohn- und Gehaltsbuchhaltung,
- Lagerbuchhaltung,
- Debitoren- und Kreditorenbuchhaltung.

23 Zur Prüfung der Buchführung rechnet zwar nicht unmittelbar die **Kostenrechnung**, sodass diese nicht der Prüfung unterliegt. Die Kostenrechnung wird aber häufig im Rahmen der JAP zumindest in Teilen in die Prüfungshandlungen des AP eingebunden, da aus ihr Informationen zur Aufstellung des JA (z.B. Bewertung von Vorräten, s. § 255 Rz 110 ff.) oder zur Gliederung von JA-Bestandteilen (z.B Aufstellung der GuV nach dem UKV, s. § 275 Rz 17) stammen.

24 Explizit in der Vorschrift nicht genannt ist das **Inventar** (§ 240 HGB), das aber ebenfalls Gegenstand der JAP ist, da es eine notwendige Zwischenstufe zwischen Buchführung und JA darstellt (§ 240 Rz 2).

25 Der **Jahresabschluss** besteht im Regelfall aus den Bestandteilen
- Bilanz,
- GuV,
- Anhang.

26 Bei **KM-orientierten KapG** i.S.v. § 264d HGB, die keinen KA aufstellen müssen, bestimmt § 264 Abs. 1 Satz 2 HGB, dass diese zusätzlich eine KFR und einen EK-Spiegel als JA-Bestandteile aufstellen müssen; fakultativ können diese Ges. auch eine SegmBer als Bestandteil des JA aufnehmen (zu Einzelheiten s. § 264 Rz 34).

27 Eine **Beschränkung** des gesetzlichen Prüfungsgegenstands durch den AP oder durch Regelungen im Prüfungsvertrag ist unzulässig.[11] Dagegen sind **Erweiterungen des Prüfungsgegenstands** durch den Auftraggeber zulässig.

> **Beispiel**
> Der AR erteilt dem AP der prüfungspflichtigen AG gem. § 111 Abs. 2 Satz 3 AktG den Prüfungsauftrag und gibt ihm in diesem Zusammenhang auf, das IKS im Zusammenhang mit der Bewertung von Beteiligungen intensiv zu prüfen und darüber in der Bilanzsitzung des AR zu berichten.

28 **Nicht** zum **Prüfungsgegenstand** der Prüfung des JA zählen branchenspezifische gesetzliche Erweiterungen der AP (Rz 12) sowie die Prüfung des Versicherungsschutzes der Ges.

---

[11] Vgl. WP-Handbuch, Bd. I, 14. Aufl., Abschn. R, Rz 13.

## 2.2 Umfang (Abs. 1 Sätze 2 und 3)

Der Umfang der Prüfung des JA wird in Abs. 1 Sätze 2 und 3 nur indirekt geregelt, indem dort bestimmte Aussagen über den Prüfungsgegenstand gefordert werden.[12]  29

Satz 2 der Vorschrift verlangt vom AP die Prüfung, ob der JA den gesetzlichen Vorschriften und den ergänzenden Vorschriften des Gesellschaftsvertrags bzw. der Satzung entspricht. Zu den **gesetzlichen Vorschriften** rechnen in erster Linie die Vorschriften des HGB:  30
- zur Buchführung (§§ 238, 239, 257 HGB),
- zum Inventar (§§ 240–241 HGB) und
- zur Aufstellung des JA (§§ 242–288 HGB sowie die maßgeblichen Übergangsregelungen des EGHGB).

Darüber hinaus sind **rechtsformspezifische Bestimmungen** zu beachten:  31
- für die AG/KGaA/SE (§§ 56, 71–71e, 58, 150, 152, 158, 160, 161, 286, 288 AktG),
- für die GmbH (§§ 29–33, 42 GmbHG),
- für KapCoGes (§§ 120–121, 128a, 167–168, 172a, 264a-c HGB),
- für Genossenschaften (§§ 336–338 HGB, §§ 33, 48 GenG).

**Branchenspezifische Regelungen** sehen die folgenden gesetzlichen Bestimmungen vor:  32
- Kreditinstitute und Finanzdienstleistungsinstitute (§§ 340a – 340h HGB, VO über die Rechnungslegung der Kreditinstitute und Finanzdienstleistungsinstitute [Kreditinstituts-Rechnungslegungs-VO – RechKredV][13]),
- Versicherungsunternehmen und Pensionsfonds (§§ 341a-341h HGB, VO über die Rechnungslegung von Versicherungsunternehmen [Versicherungsunternehmens-Rechnungslegungs-VO – RechVersV][14], VO über die Rechnungslegung von Pensionsfonds [Pensionsfonds-Rechnungslegungs-VO – RechPensV][15]),
- Zahlungsinstitute, VO über die Rechnungslegung der Zahlungsinstitute (Zahlungsinstitute-Rechnungslegungs-VO – RechZahlV)[16],
- Kapitalanlagegesellschaften (§§ 19d, 44 InvG), VO über Inhalt, Umfang und Darstellung der Rechnungslegung von Sondervermögen, Investmentaktiengesellschaften und Investmentkommanditgesellschaften sowie über die Bewertung der zu dem Investmentvermögen gehörenden VG (Kapitalanlage-Rechnungslegungs- und Bewertungsverordnung – KARBV)[17]
- Investmentaktiengesellschaften (§ 110 InvG),
- Unternehmensbeteiligungsgesellschaften (§ 8 UBGG),
- Verkehrsunternehmen (VO über die Gliederung des Jahresabschlusses von Verkehrsunternehmen),[18]
- Wohnungsbauunternehmen (VO über Formblätter für die Gliederung des Jahresabschlusses von Wohnungsunternehmen),[19]

---

12  Vgl. *Baetge/Stellbrink/Janko* in *Küting/Pfitzer/Weber*, HdR, HGB § 317, Rn 5, Stand 07/2011.
13  BGBl 1998 I S. 3658, zuletzt geändert am 28.8.2013, BGBl 2013 I S. 3395.
14  BGBl 1994 I S. 3378, zuletzt geändert am 4.7.2013, BGBl 2013 I S. 1981.
15  BGBl 2003 I S. 246, zuletzt geändert am 4.7.2013, BGBl 2013 I S. 1981.
16  BGBl 2009 I S. 3680, zuletzt geändert am 4.7.2013, BGBl 2013 I S. 1981.
17  BGBl 2013 I S. 2483.
18  BGBl 1968 I S. 193, zuletzt geändert am 13.7.1988, BGBl 1988 I S. 1057.
19  BGBl 1970 I S. 1334, zuletzt geändert am 25.5.2009, BGBl 2009 I S. 1102.

- Krankenhäuser (VO über die Rechnungs- und Buchführungspflichten von Krankenhäusern [Krankenhaus-Buchführungs-VO – KHBV][20]),[21]
- Pflegeeinrichtungen (VO über die Rechnungs- und Buchführungspflichten der Pflegeeinrichtungen [Pflege-Buchführungs-VO – PBV][22])
- Werkstätten für behinderte Menschen (VO zur Durchführung des Schwerbehindertengesetzes [Werkstätten-VO – WVO][23]).[24]

33 In Insolvenz befindliche Unt haben weiterhin die **Rechnungslegungsvorschriften der InsO** zu beachten (§§ 66, 155 InsO). Unter das **PublG** fallende Unt unterliegen den Regelungen des § 5 PublG.

34 Zu den gesetzlichen Vorschriften zählen auch die **GoB**, unabhängig davon, ob diese kodifiziert sind (§ 243 Abs. 1 HGB) oder nicht. Dies erfordert für den AP die Verpflichtung zur laufenden Auseinandersetzung mit fachlichen Entwicklungen. Bei Zweifelsfragen hat er alles Geeignete zu tun, um sich Klarheit zu verschaffen. Er hat darüber hinaus die höchstrichterliche handelsrechtliche Rechtsprechung in Deutschland und der EU zu berücksichtigen.[25]

35 Neben den gesetzlichen Vorschriften hat der AP auch **ergänzende Bestimmungen des Gesellschaftsvertrags bzw. der Satzung**, soweit sie sich auf Buchführung, Inventar und JA beziehen, zu berücksichtigen. Derartige Bestimmungen sind bei KapG und PersG häufig anzutreffen und umfassen bspw.
- Regelungen zur Gewinnverwendung (z.B. obligatorische Rücklagendotierungen bei PersG),
- Regelungen zur Inanspruchnahme zweckgebundener Rücklagen,
- den Verzicht auf größenabhängige Erleichterungen bei Aufstellung und/oder Offenlegung des JA,
- Regelungen zur Verzinsung von Gesellschafterkonten,
- Bestimmungen zu Vergütungen von Gesellschaftern und Organen (z.B. Haftungsvergütung des Komplementärs, Bezüge des AR).

36 **Satz 3** der Vorschrift verlangt vom AP, dass die Prüfung so angelegt wird, dass Unrichtigkeiten und Verstöße gegen die gesetzlichen Vorschriften (Rz 30–34) und ggf. ergänzende Bestimmungen des Gesellschaftsvertrags bzw. der Satzung (Rz 35) bei gewissenhafter Berufsausübung erkannt werden. Allerdings sind nur solche Unrichtigkeiten und Verstöße bei gewissenhafter Berufsausübung vom AP zu erkennen, die sich wesentlich auf die VFE-Lage des zu prüfenden JA auswirken. Bestimmungen, wann eine Unrichtigkeit oder ein Verstoß wesentlich oder was unter gewissenhafter Berufsausübung zu verstehen ist, enthält § 317 HGB nicht (zur Definition von Unrichtigkeiten und Verstößen s. § 321 Rz 64ff.). Mit Satz 3 der Vorschrift hat der Gesetzgeber über die reine Ordnungsmäßigkeitsprüfung gem. Sätzen 1 und 2 hinaus die **Problemorientierung der Apr.** betont.[26]

---

20 BGBl 1987 I S. 1045, zuletzt geändert am 20.12.2012, BGBl 2012 I S. 2751.
21 Vgl. zu Einzelheiten IDW RS KHFA 1.
22 BGBl 1995 I S. 1528, zuletzt geändert am 20.12.2012, BGBl 2012 I S. 2751.
23 BGBl 1980 I S. 1365, zuletzt geändert am 22.12.2008, BGBl 2008 I S. 2959.
24 Zu Einzelheiten vgl. IDW RS KHFA 2.
25 Vgl. WP-Handbuch, Bd. I, 14. Aufl., Abschn. R, Rz 11.
26 Vgl. *Marten/Köhler/Neubeck*, in *Baetge/Kirsch/Thiele*, Bilanzrecht, § 317 HGB, Rz 63, Stand 04/2012.

Der Umfang der Apr. wird zwar durch Anforderungen in anderen gesetzlichen 37
Bestimmungen zur Apr. weiter konkretisiert (z.B. in § 321 Abs. 2 Satz 4 HGB
bez. im Prüfungsbericht vorzunehmender Ausführungen zu wesentlichen Bewertungsgrundlagen und der Ausübung von Bilanzierungs- und Bewertungswahlrechten). Eine hinreichende Konkretisierung des Umfangs der Apr. wird
aber vom Gesetzgeber nicht vorgenommen. Durch das Abstellen auf die
**gewissenhafte Berufsausübung** in Satz 3 der Vorschrift wird deutlich, dass
der Umfang der Apr. je nach Prüfungssituation vom AP so zu bestimmen ist,
dass wesentliche Unrichtigkeiten und Verstöße von ihm erkannt werden.[27] Zur
Verdeutlichung des Zusammenhangs zwischen Ordnungsmäßigkeitsprüfung
und Problemorientierung der Apr. vgl. Abb. 2 zum Umfang der Apr.

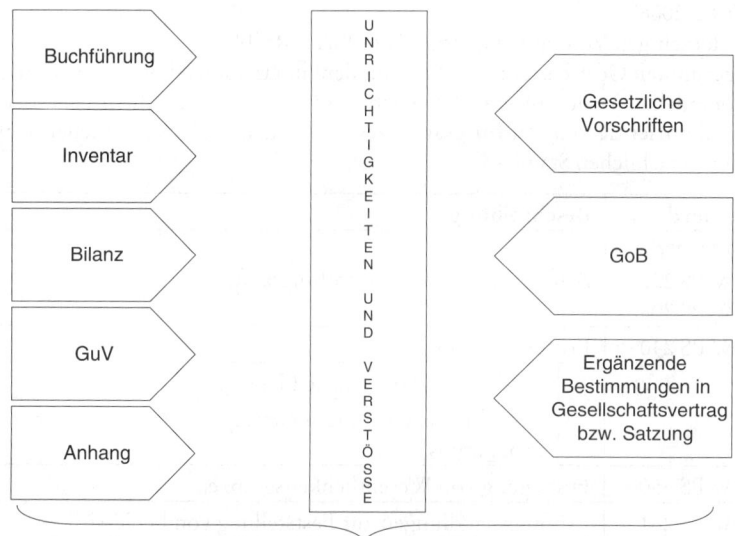

Abb. 2: Umfang der Abschlussprüfung

Die in § 317 Abs. 1 Satz 3 HGB angesprochene gewissenhafte Berufsausübung 38
des AP konkretisiert sich in den **GoA**, die den vom Gesetzgeber gesteckten
Rahmen ausfüllen. Zu den gesetzlichen Öffnungsklauseln zur direkten Anwendung der ISA in § 317 Abs. 5 HGB bzw. ergänzender deutscher Prüfungsgrundsätze in § 317 Abs. 6 s. Rz 133 u. 143.

Die derzeit in Deutschland gültigen GoA sind in IDW PS 200 und IDW PS 201 39
grundlegend dargestellt. Der Umfang der durchzuführenden Prüfungshandlungen
wird demnach bestimmt durch die vom Gesetzgeber geforderten Aussagen zum
Prüfungsgegenstand.[28] Das Ziel der Apr. – die geforderten Aussagen – bestimmt

---

[27] Vgl. hierzu auch IDW PS 200, Tz 2.
[28] Vgl. IDW PS 200, Tz 8ff.

somit letztlich den Umfang der Apr. Der AP hat berufliche und fachliche Prüfungsgrundsätze zu berücksichtigen. Die **beruflichen Grundsätze** umfassen:[29]
- bestimmte handelsrechtliche Vorschriften zur Apr. (§§ 318, 319–319b, 323–324 HGB, vgl. Rz 10),
- die maßgeblichen Vorschriften der WPO (§§ 43, 44 und 49 WPO),
- die Regelungen der BS WP/vBP (insb. §§ 20–27a BS WP/vBP),
- die VO 1/2006.

**Fachliche Prüfungsgrundsätze** stellen dar:[30]
- handelsrechtliche Vorschriften zur Apr. (§§ 316–317, 320–322 HGB, vgl. Rz 10),
- IDW PS,
- IDW PH,
- VO 1/2006.

Zum derzeitigen Verbindlichkeitsgrad der ISA s. Rz 141.

40 Die genannten GoA basieren letztlich auf dem international üblichen Prüfungsrisikomodell. Die nachfolgende Übersicht verdeutlicht die einzelnen Teilaspekte des **risikoorientierten Prüfungsansatzes** und benennt die wesentlichen maßgeblichen fachlichen Standards.

| Standard | Beschreibung |
|---|---|
| VO 1/2006 IDW PS 220 IDW PS 208 | Auftragsannahme und Prüfungsauftrag |
| IDW PS 240 | Prüfungsplanung |
| | Zeitliche und personelle Planung |
| | Erstellung einer Prüfungsstrategie und eines Prüfungsprogramms |
| IDW PS 250 | Festlegung von Wesentlichkeitsgrenzen |
| IDW PS 261 IDW PS 210 IDW PS 230 | Prüfungshandlungen zur Feststellung von Fehlerrisiken |
| | Analyse des Unternehmensumfelds |
| | Beschäftigung mit den Merkmalen, Zielen und Erfolgsfaktoren des Unternehmens |
| IDW PS 261 IDW PS 210 IDW PS 300 | Verschaffung eines Überblicks über das IKS und Aufbauprüfung des IKS |
| | Beurteilung der festgestellten Fehlerrisiken und Risikoklassifizierung |
| | Prüfungshandlungen als Reaktion auf die beurteilten Risiken |
| | Allgemeine prüferische Reaktionen auf Abschlussebene |
| | Spezielle prüferische Reaktionen auf Aussageebene<br>• Funktionsprüfungen des IKS<br>• Aussagebezogene Prüfungshandlungen (analytische Prüfungshandlungen und Einzelfallprüfungen) |

---

[29] Vgl. IDW PS 201, Tz 24.
[30] Vgl. IDW PS 201, Tz 27.

| Standard | Beschreibung |
|---|---|
| Diverse | Durchführung weiterer Pflichtprüfungshandlungen |
| IDW PS 300 | Abschließende Prüfungshandlungen |
| IDW PS 460 | Erstellung der Arbeitspapiere und Abschluss der Auftragsdokumentation |
| | Berichterstattung |
| IDW PS 400 | Bestätigungsvermerk |
| IDW PS 450 | Prüfungsbericht |
| IDW PS 470 | Mündliche Berichterstattung an das Aufsichtsorgan |

Tab. 1: Prüfungsprozess der risikoorientierten Abschlussprüfung[31]

## 3 Prüfung des Konzernabschlusses (Abs. 1 und 3)

### 3.1 Gegenstand

Der im Rahmen einer KAP durch den Konzern-AP zu beurteilende Gegenstand setzt sich aus den Bestandteilen des KA zusammen. Bei einem **HGB-KA** umfasst dies somit gem. § 297 Abs. 1 HGB:
- Konzernbilanz,
- Konzern-GuV,
- Konzernanhang,
- KFR,
- EK-Spiegel sowie
- fakultativ eine SegmBer (zu Einzelheiten hierzu s. § 297 Rz 63ff.).

Bei einem **nach internationalen Rechnungslegungsstandards aufgestellten KA** gem. § 315a HGB sind entsprechend die nach IFRS, wie sie in der EU anzuwenden sind, geforderten Abschlussbestandteile zu prüfen:[32]
- Konzernbilanz (Darstellung der Vermögenslage),
- Gesamtergebnisrechnung,
- GuV (soweit nicht in die Gesamtergebnisrechnung integriert),
- EK-Veränderungsrechnung,
- KFR (Darstellung der Zahlungsströme),
- Konzernanhang.

§ 317 Abs. 3 Satz 1 HGB ordnet die Prüfung der „konsolidierungsbedingten Anpassungen, in entsprechender Anwendung des Absatzes 1" an. Die **konsolidierungsbedingten Anpassungen** umfassen neben den Konsolidierungsmaßnahmen auch die Anpassungen in der HB II an die einheitlichen Bilanzierungs- und Bewertungsgrundsätze.[33]

41

42

43

---

[31] Entnommen aus: *Schmidt*, Handbuch Risikoorientierte Abschlussprüfung, Düsseldorf 2008, S. 7.
[32] Vgl. *Lüdenbach/Hoffmann*, in *Lüdenbach/Hoffmann/Freiberg*, Haufe IFRS-Kommentar, 13. Aufl., 2015, § 2 Rz 4.
[33] Vgl. WP-Handbuch, Bd. I, 14. Aufl., Abschn. M, Rz 914.

## 3.2 Umfang

**44** Wie beim JA auch, umfasst die Prüfung des KA die Feststellung der Ordnungsmäßigkeit bzgl. der für den KA relevanten Aufstellungsvorschriften. Dies sind für einen HGB-KA in erster Linie die §§ 290–314 HGB sowie ggf. **ergänzende Vorschriften des Gesellschaftsvertrags bzw. der Satzung des MU**. Die Prüfung des KA umfasst gem. § 317 Abs. 3 Satz 1:
- die im KA zusammengefassten JA (Rz 50ff.),
- die Abgrenzung des KonsKreises,[34]
- die konsolidierungsbedingten Anpassungen (Rz 71ff.).

**45** Für **nach PublG konzernrechnungslegungspflichtige Kaufleute** umfasst die Ordnungsmäßigkeitsprüfung die Beachtung der §§ 11–13 PublG sowie ggf. ergänzender Vorschriften des Gesellschaftsvertrags bzw. der Satzung. Soweit ein EKfm oder eine PersG gem. § 5 Abs. 5 Satz 3 i. V. m. § 13 Abs. 3 Satz 2 PublG anstelle der Konzern-GuV die dort genannten Daten veröffentlichen möchte, hat der Konzern-AP sowohl die Konzern-GuV als auch die offenzulegende Anlage zur Konzernbilanz zu prüfen.[35]

**46** Die für bestimmte Rechtsformen maßgeblichen Spezialgesetze und branchenspezifischen Bilanzierungs-, Bewertungs- und Ausweisvorschriften gelten für den KA analog (Einzelheiten s. Rz 31).

**47** Auch im Rahmen der KAP sind, wie bei der JAP, bestehende **GoB** zu beachten (Rz 34). Im Rahmen der Konzernrechnungslegung gelten die vom BMJ bekannt gemachten **DRS** nach gesetzlicher Vermutung als GoB (§ 342 Abs. 2 HGB).

**48** Bei einem nach **IFRS, wie sie in der EU anzuwenden sind,** aufgestellten KA nach § 315a HGB sind die relevanten, von der EU übernommenen IFRS zu beachten[36] sowie darüber hinaus hierzu ergangene Interpretationen (IFRIC, SIC, DRSC AH) und fachliche Grundsätze.

**49** Neben der Ordnungsmäßigkeitsprüfung, ob der KA den zugrunde liegenden Rechtsvorschriften entspricht, ist, wie bei der JAP auch, der KA auf **Unregelmäßigkeiten** (Unrichtigkeiten und Verstöße) zu prüfen, die sich wesentlich auf die Darstellung der VFE-Lage des Konzerns auswirken (Rz 36).

## 3.3 Prüfung der zusammengefassten Jahresabschlüsse

### 3.3.1 Geprüfte Jahresabschlüsse von Tochterunternehmen

**50** § 317 Abs. 3 HGB sieht vor, dass der Konzern-AP die Arbeit eines (anderen) AP eines einbezogenen TU zu überprüfen und dies zu dokumentieren hat.[37] Anstelle der früher zulässigen Übernahme ist lediglich eine Verwertung des Prüfungsergebnisses eines lokalen AP vorgesehen, um die **volle Verantwortlichkeit des Konzern-AP für die KAP** zu betonen.

---

[34] Die Abgrenzung des KonsKreises wird in der Vorschrift nicht explizit genannt. Jedoch erfordert die Prüfung der im KA zusammengefassten JA auch die Prüfung, ob ggf. JA nicht im KA zusammengefasst (enthalten) sind, die aber nach §§ 294 Abs. 1, 296 HGB einbeziehungspflichtig wären. GlA *Schmidt/Almeling*, in Beck Bil-Komm. 9. Aufl., § 317 HGB, Rz 34.

[35] Vgl. WP-Handbuch, Bd. I, 14. Aufl., Abschn. O, Rz 122.

[36] Der jeweils aktuelle *Endorsement*-Status kann abgerufen werden unter http://www.efrag.org/Endorsement Status.

[37] Zu Auswirkungen auf die Qualitätssicherung bei KAP vgl. *Niemann/Bruckner*, DStR 2010, S. 345.

Die **Überprüfung der Arbeit eines anderen externen AP** erfolgt im Rahmen der 51
Eigenverantwortlichkeit des Konzern-AP. Er hat zu beurteilen, in welchem
Ausmaß und mit welcher Gewichtung die Prüfungsergebnisse verwertet werden
können.[38] Hierzu wird sich der Konzern-AP insb. mit folgenden Aspekten
beschäftigen:
- Bedeutung der vom anderen AP geprüften Teileinheit für den KA,
- fachliche Kompetenz und berufliche Qualifikation des anderen AP,
- Grad der Beurteilung durch den anderen AP, d.h., welches Prüfungsurteil
  dieser abgegeben hat (positive oder negative assurance):
  – Bestätigungsvermerk,
  – Bescheinigung nach prüferischer Durchsicht oder
  – Erstellung des JA mit Plausibilitätsbeurteilungen der vorgelegten Unterlagen.[39]

Die Bedeutung der von einem anderen AP geprüften Teileinheit für den KA 52
bemisst sich nach den **Wesentlichkeitseinschätzungen** des Konzern-AP. Üblicherweise kann ein Überschreiten eines Prozentsatzes von 15 % der konsolidierten VG, Schulden, Cashflows, des Konzernjahresüberschusses oder der
Konzernumsatzerlöse als Anhaltspunkt für das Vorliegen einer bedeutsamen
Teileinheit verwendet werden.[40]

**Beispiel**
Der Konzern-AP prüft neben dem KA die JA des MU und der inländischen
TU. Die ausländischen TU (USA, Frankreich, Spanien und Italien) werden
jeweils von lokalen AP geprüft. Im Rahmen der Prüfungsplanung zur KAP
versucht der Konzern-AP, sich einen Überblick über die Bedeutung der
Teileinheiten zu verschaffen, und stellt auf Basis der für das laufende Jahr
aufgestellten Konzernplanung folgende Relationen zusammen:

|  | kons. VG | kons. Schulden | kons. Cashflows | Konzernjahresüberschuss | Konzernumsatzerlöse |
|---|---|---|---|---|---|
| MU und inländische TU | 53 % | 70 % | 45 % | 37 % | 62 % |
| USA | 12 % | 9 % | 22 % | 25 % | 27 % |
| Frankreich | 10 % | 8 % | 14 % | 13 % | 5 % |
| Spanien | 13 % | 5 % | 6 % | 12 % | 4 % |
| Italien | 12 % | 8 % | 13 % | 13 % | 2 % |

Auf Basis dieser Relationen und Anwendung der 15-%-Grenze ergäbe sich
lediglich für das TU in den USA eine Klassifizierung als bedeutsam. Aufgrund
der Erfahrungen aus der vergangenen KAP, in deren Verlauf der JA der
spanischen Ges. noch wesentlich verändert worden ist, entschließt sich der
Konzern-AP, auch die spanische Ges. als bedeutsam zu klassifizieren.

---

[38] Vgl. IDW PS 320, Tz 5.
[39] Vgl. IDW S 7, Tz 37 ff.
[40] Vgl. ISA 600RR.A5; IDW PS 320 nF, Anhang A 5.

53 Die Bestimmung von bedeutsamen und nicht bedeutsamen Teileinheiten ist von den Einschätzungen des Konzern-AP zur Wesentlichkeit und zum Vorliegen von Risiken abhängig. Dies ist letztlich Ausfluss des risikoorientierten Prüfungsansatzes.

54 Die **Feststellung der fachlichen Kompetenz und beruflichen Qualifikation** der anderen AP wird sich der Konzern-AP regelmäßig durch Vorlage geeigneter Nachweise (z. B. Teilnahmebescheinigung über eine durchgeführte externe Qualitätskontrolle) und sonstige Erklärungen (z. B. zu besonderen Branchenkenntnissen) des anderen AP bestätigen lassen.

55 Der **Grad der Beurteilung durch den anderen AP** ist Grundlage für die vom Konzern-AP vorzunehmende Einschätzung der Verlässlichkeit der Prüfungsergebnisse. So kommt einem erteilten BSV (*positive assurance*) regelmäßig höhere Verlässlichkeit zu als einer Bescheinigung nach prüferischer Durchsicht (*negative assurance*).

56 Da der Konzern-AP die volle Verantwortung für den BSV zum KA trägt, hat er sicherzustellen, dass im Rahmen der KAP wesentliche Verstöße gegen die maßgeblichen Rechnungslegungsvorschriften (Rz 44) erkannt werden. Hierzu wird er geeignete Maßnahmen zur **Kommunikation mit den anderen AP** vornehmen müssen. In Betracht kommen dabei:
- Vorgabe von Art und Umfang vorzunehmender Prüfungshandlungen (*audit instructions*),
- Vorgabe von zu beachtenden Wesentlichkeitsgrenzen und mitteilungspflichtigen Prüfungsdifferenzen,[41]
- besondere Berichterstattungspflichten für spezielle Ereignisse (z. B. bei Vorliegen von bestandsgefährdenden Tatsachen oder Prüfungshemmnissen),
- Berichterstattungspflichten nach unmittelbarem Abschluss der Apr. für den anderen AP (z. B. *audit questionnaire*),
- Berichterstattungspflichten kurz vor Abschluss der Konzern-Apr. für den anderen AP (z. B. zu Ereignissen nach dem Abschlussstichtag, *subsequent events reporting*).

57 Eine Differenzierung nach bedeutsamen oder nicht bedeutsamen Teileinheiten bietet sich an und ist nach ISA 600 ohnehin obligatorisch (zur unmittelbaren Anwendung der ISA s. Rz 141). Neben der Vorgabe von Berichterstattungspflichten an die anderen AP wird der Konzern-AP eigenverantwortlich **Art, Umfang und Intensität seiner eigenen Prüfungshandlungen** zur Beurteilung der Arbeiten anderer AP bestimmen. Da der Konzern-AP über ein umfassendes Auskunftsrecht gegenüber dem MU, den TU und den AP der TU verfügt (§ 320 Rz 41) kann er über das Lesen des Prüfungsberichts und weiterer ihm vom anderen AP zur Verfügung gestellter Informationen (Rz 56) hinaus auch direkt an der Apr. des anderen AP teilnehmen (z. B. Teilnahme an der Inventurbeobachtung oder Schlussbesprechung), einzelne TU besuchen (**site visits**) und Befragungen anstellen oder auch die Arbeitspapiere des anderen AP durchsehen (**working paper review**). Vgl. hierzu auch § 320 Rz 43. Einen Überblick zur Bestimmung von Art und Umfang der Prüfungshandlungen in Teileinheiten des Konzerns, deren JA nicht vom Konzern-AP geprüft werden, zeigt Abb. 3 (s. Rz 59).

---

[41] Zu Einzelheiten bzgl. Prüfungsdifferenzen vgl. *Ruhnke*, WPg 2009, S. 677.

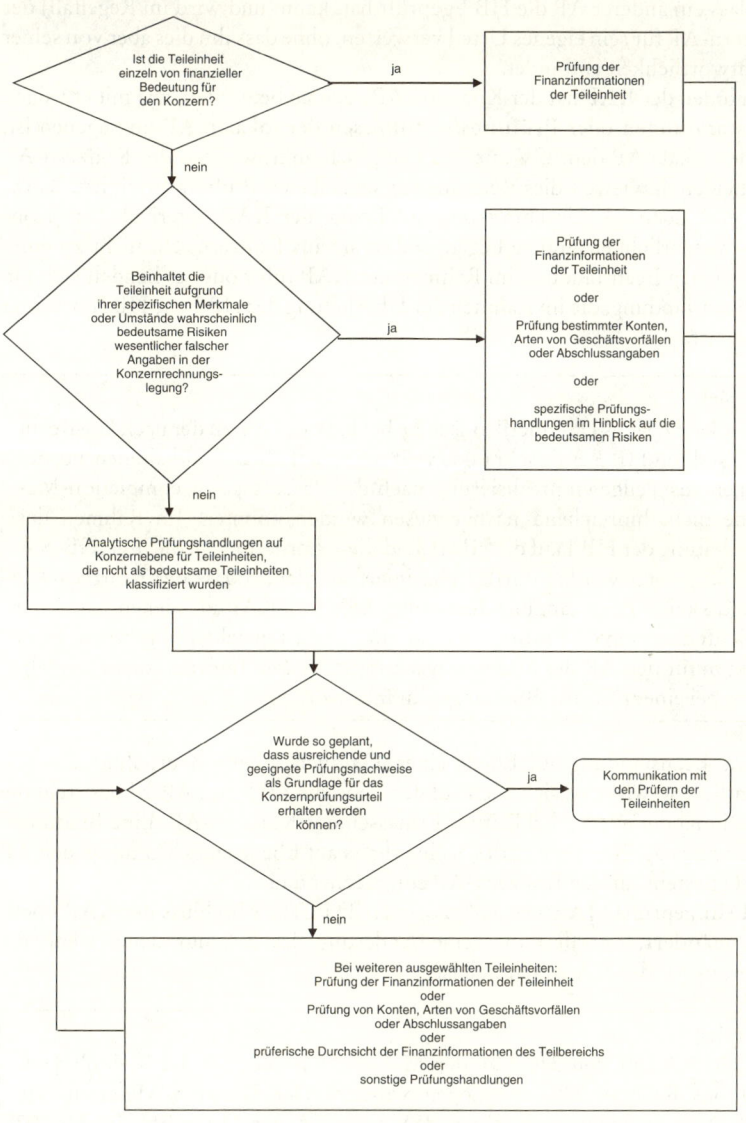

Abb. 3: Bestimmung von Art und Umfang der Prüfungshandlungen in den Teileinheiten des Konzerns nach ISA 600RR[42]

Die Verantwortlichkeit des Konzern-AP für den BSV zur KAP bedeutet aber nicht nur, dass er die Überleitung der HB I zur HB II zu prüfen hat. Vielmehr stellt die Anweisung in § 317 Abs. 3 Satz 1 HGB klar, dass die JA einbezogener TU „in entsprechender Anwendung des Absatzes 1 zu prüfen" sind. Die Tatsa-

58

---

[42] Entnommen aus: *Kämpfer/Schmidt*, WPg 2009, S. 51.

che, dass ein anderer AP die HB I geprüft hat, kann (und wird im Regelfall) der Konzern-AP für sein eigenes Urteil verwerten, ohne dass ihn dies aber von seiner Verantwortlichkeit entbindet.

59 Im Rahmen der KAP hat der Konzern-AP auch zu beurteilen, wie mit etwaigen **Beanstandungen oder Prüfungshemmnissen der lokalen AP** umzugehen ist. Hat der lokale AP den BSV zur HB I eingeschränkt, so muss der Konzern-AP entscheiden, inwieweit dies Relevanz für sein eigenes Prüfungsurteil hat. Bspw. kann eine derartige Einschränkung auf Ebene der KAP unterhalb der (Konzern-)Wesentlichkeitsgrenze liegen, sodass sie aus Konzernsicht nicht zu einer wesentlichen Beanstandung im Rahmen der KAP führt oder es handelt sich um eine Beanstandung, die im Rahmen der Überleitung der HB I zur HB II beseitigt worden ist.

> **Beispiel**
> Der lokale AP des US-amerikanischen TU hat den BSV zu der nach US-Recht aufgestellten HB I eingeschränkt, weil die in der Bilanz enthaltenen Forderungen aus Teilgewinnrealisierung nach der Percentage-of-completion-Methode nicht hinreichend nachgewiesen werden konnten. Im Rahmen der Überleitung der HB I auf die HB II sind diese Forderungen, die im HGB-KA nicht angesetzt werden dürfen, eliminiert worden, sodass der Konzern-AP hieraus keine Beanstandung für seinen BSV zur KAP zu ziehen hat. Eine Berichterstattung im Prüfungsbericht zur KAP ist gleichwohl geboten, da es sich um für den AR des MU überwachungsrelevante Informationen handelt, wenn bei einem TU der BSV eingeschränkt worden ist.[43]

60 Ist eine Beanstandung auf Ebene eines TU auch für die Beurteilung des KA wesentlich, so wirkt sie sich auch auf den BSV zur KAP aus. Allerdings steht die Beurteilung der Wesentlichkeit im Ermessen des Konzern-AP. Eine Bindungswirkung aus der Beurteilung des Sachverhalts auf Ebene eines TU durch den AP des TU besteht für den Konzern-AP entsprechend nicht.

61 **Wird ein** geprüfter **JA** eines einbezogenen TU nach Abschluss der KAP nochmals **geändert**, erfordert dies eine Änderung des KA nur dann, wenn die Änderung für den KA wesentlich ist.

> **Beispiel**
> In den KA auf den 31.12.01 der M-GmbH ist der JA der T-GmbH als vollkonsolidiertes TU einbezogen worden. Der Konzern-AP erteilt am 15.3.02 einen uneingeschränkten BSV zum KA der M-GmbH. Im Mai 02 wird der JA der T-GmbH nochmals (zulässigerweise[44]) geändert und einer Nachtragsprüfung durch den AP unterzogen. Der AP erteilt wiederum einen uneingeschränkten BSV zum geänderten JA der T-GmbH.
> Der Konzern-AP hat nach Bekanntwerden der Änderung des JA der T-GmbH zu beurteilen, welche Auswirkungen diese Änderungen auf den zum KA erteilten BSV haben. Wenn diese Änderungen (aus Konzernsicht)

---

[43] Vgl. IDW PS 450, Tz 128.
[44] Zur Zulässigkeit von Änderungen an JA vgl. IDW RS HFA 6, Tz 4ff.

> nicht wesentlich sind, braucht er die gesetzlichen Vertreter der M-GmbH nicht aufzufordern, den KA ebenfalls zu ändern und einer Nachtragsprüfung zu unterziehen.

Der Konzern-AP hat nach § 317 Abs. 3 Satz 2 HGB nicht nur die Arbeiten der AP von JA einbezogener TU zu überprüfen, sondern diese Überprüfung auch zu dokumentieren. Diese **Dokumentation** umfasst die Arbeitspapiere des Konzern-AP, die seine Planungshandlungen, Prüfungshandlungen und die Kommunikation mit anderen AP enthalten.[45] Er hat darüber hinaus auch im **Prüfungsbericht** zur KAP die Verwertung und Einschätzung von für die Beurteilung wesentlichen Arbeiten anderer AP darzustellen (zu Einzelheiten der Darstellung im Prüfungsbericht s. § 321 Rz 156).[46]

62

Zu beachten ist weiterhin § 51b Abs. 4a WPO. Danach kann die WPK vom Konzern-AP schriftlich die **Unterlagen von externen Prüfern aus Drittstaaten über die Prüfung eines in den KA einbezogenen TU** anfordern. Als Drittstaaten gelten Staaten, die nicht Mitglied der EU, des Abkommens über den Europäischen Wirtschaftsraum (EWR) oder der Schweiz sind.[47] Dies gilt aber nicht für solche AP aus Drittstaaten, die bei der WPK in Deutschland gem. § 134 Abs. 1 WPO registriert sind[48] oder deren Sitzstaat ein Gegenseitigkeitsabkommen mit der WPK gem. § 57 Abs. 9 Satz 5 Nr. 3 WPO abgeschlossen hat.

63

Für den Konzern-AP erfordert dies, mit externen AP aus derartigen Drittstaaten Vereinbarungen zu treffen, die den Zugang der WPK zu diesen Unterlagen in angemessener Frist sicherstellen, sofern diese Unterlagen nicht Bestandteil der eigenen Arbeitspapiere des Konzern-AP sind.[49] Zweckmäßigerweise sollte sich der Konzern-AP dieses Zugriffsrecht im Rahmen der Anerkennung der Prüfungsvorgaben (audit instructions) durch die externen AP ausdrücklich bestätigen lassen.[50]

64

### 3.3.2 Ungeprüfte Jahresabschlüsse von Tochterunternehmen

Soweit JA von TU nicht geprüft sind, hat der Konzern-AP diese gem. § 317 Abs. 3 Satz 1 HGB „in entsprechender Anwendung des Absatzes 1 zu prüfen". Diese Prüfung entspricht hinsichtlich Umfang und Gegenstand einer **Vollprüfung**, allerdings ohne Prüfungsbericht und BSV. Durch die nicht erfolgte Bezugnahme auf § 317 Abs. 4 und § 316 HGB wird deutlich, dass diese Prüfung nicht das Risikofrüherkennungssystem und den LB des TU umfasst.[51] Der Konzern-AP kann außerdem im Rahmen von Wesentlichkeitsüberlegungen die Intensität und den Umfang der Prüfung des JA eines TU aus Konzernsicht

65

---

45 Zu Einzelheiten vgl. IDW PS 320 nF, Tz 48.
46 Vgl. IDW PS 320, Tz 31.
47 Vgl. BilMoG-BgrRegE, S. 87.
48 Informationen zu Details der Registrierung ausländischer AP bei der WPK sind unter http://www.apak-aoc.de/index.php/de/auslaendische-pruefer/registrierung abrufbar (letzter Abruf am 06.07.2015).
49 Vgl. IDW PS 320 n. F., Tz A49.
50 Vgl. hierzu im Einzelnen IDW PS 320 nF, Tz 37ff. sowie Anhang 3.
51 Vgl. *Marten/Köhler/Neubeck*, in *Baetge/Kirsch/Thiele*, Bilanzrecht, § 317 HGB, Rz 131, Stand 04/2012.

bestimmen, sodass für den Konzern gänzlich unbedeutende TU überhaupt nicht geprüft werden müssen.[52]

66 Im Rahmen dieser Wesentlichkeitsüberlegungen hat der Konzern-AP außerdem eigenverantwortlich zu entscheiden, von welchen TU er **Vollständigkeitserklärungen der gesetzlichen Vertreter** einholt (§ 320 Rz 44). Darüber hinaus kann es im Einzelfall geboten sein, zu bestimmten Einzelsachverhalten über die Vollständigkeitserklärung hinaus schriftliche Erklärungen der gesetzlichen Vertreter eines TU einzuholen.

67 Ein JA eines TU, der einer **prüferischen Durchsicht** unterzogen wurde, ist geprüft, allerdings nur mit einer gewissen, nicht mit einer – für die KAP erforderlichen – hinreichenden Sicherheit.[53]

## 3.4 Prüfung der konsolidierungsbedingten Anpassungen

### 3.4.1 Überleitung der HB I zur HB II

68 Da im KA die JA einbezogener TU nach den für das MU maßgeblichen Bilanzierungs- und Bewertungsvorschriften zusammenzufassen sind (§ 308 Abs. 1 HGB), ergibt sich mindestens bei ausländischen TU das Erfordernis der Prüfung der sog. **HB II (HB II)**. Ausgangspunkt hierzu stellen die einheitlichen Bilanzierungs- und Bewertungsregeln des MU dar, die häufig in einer Konzernbilanzrichtlinie (group accounting manual) o. Ä. zusammengefasst sind. Die **Beurteilung der Angemessenheit der Konzernbilanzrichtlinie** ist eine wesentliche Prüfungshandlung des Konzern-AP, da eine unangemessene Konzernbilanzrichtlinie (z. B. widersprüchliche oder schwer verständliche Ausführungen, Unvollständigkeit) das Einhalten einheitlicher Rechnungslegungsregeln im Konzern erschwert bzw. im Extremfall verhindert. Ist keine (schriftliche) **Konzernbilanzrichtlinie** vorhanden, muss der Konzern-AP beurteilen, durch welche Maßnahmen das MU sichergestellt hat, dass die TU einheitliche Regelungen befolgen. In einfachen Konzernstrukturen mit z. B. ausschließlich inländischen TU dürfte das Aufstellen einer Konzernbilanzrichtlinie nicht zwingend erforderlich sein, wenn über wesentliche Bilanzierungs- und Bewertungswahlrechte konzernweite Absprachen zur einheitlichen Ausübung vorliegen.

69 Die auf Basis der Konzernbilanzrichtlinie aufgestellte HB II des TU ist ein wesentliches Prüfungsobjekt im Rahmen der KAP. In der Praxis erfolgt die Prüfung der Überleitung der HB I (nach lokalem Recht aufgestellte und geprüfte HB) zur HB II (nach den konzerneinheitlichen Bilanzierungs- und Bewertungsmethoden aufgestellte HB II) häufig durch den lokalen AP des TU. Dieser verfügt aufgrund seiner Apr. der HB I zumeist über die notwendigen Kenntnisse, welche Abweichungen sich zur konzerneinheitlichen Bilanzierung und Bewertung ergeben, sodass auch aus Kostengesichtspunkten der lokale AP die Prüfung der Überleitung der HB I auf die HB II vornimmt. In Konstellationen, in denen die Einhaltung der konzerneinheitlichen Bilanzierungs- und Bewertungswahlrechte unsicher erscheint, ist die Prüfung der Überleitung der HB I zur HB II durch den Konzern-AP zweckmäßig.

---

[52] Vgl. *Schmidt/Almeling*, in Beck Bil-Komm. 9. Aufl., § 317 HGB, Rz 36.
[53] Vgl. IDW PS 900, Tz 6.

> **Beispiel**
> Der deutsche WP ist Konzern-AP der A-AG mit Sitz in Köln. Die A-AG hält 100 % der Anteile an einem TU in Brasilien. Die nach brasilianischen Rechnungslegungsvorschriften aufgestellte HB I wird von einem brasilianischen AP geprüft. Nach den Feststellungen des Konzern-AP verfügt der brasilianische AP über keine ausreichenden Kenntnisse zur Prüfung der nach deutschem Handelsrecht aufzustellenden HB II des TU.
> Da es sich bei dem brasilianischen TU um eine bedeutsame Teileinheit des Konzerns handelt, prüft der Konzern-AP die HB II selbst. Hierzu muss er sich ausreichende Kenntnisse über die nach brasilianischen Grundsätzen aufgestellte HB I verschaffen. Er bindet daher einen ihm bekannten WP als freien Mitarbeiter in sein Prüfungsteam ein, der über die entsprechenden Kenntnisse verfügt.

Soweit bei in den KA einbezogenen TU **ein vom KA-Stichtag abweichender Abschlussstichtag** vorliegt, kann die Überleitung der HB I auf die HB II auch die Prüfung der Überleitung auf einen **Zwischenabschluss** (§ 299 Abs. 2 HGB) bzw. die Beurteilung von besonderen Vorgängen zwischen dem Abschlussstichtag des TU und dem KA-Stichtag (§ 299 Abs. 3 HGB) erfordern. Zu Einzelheiten s. § 299 Rz 7 und 25.

### 3.4.2 Konsolidierungsmaßnahmen

Die Prüfung der Konsolidierungsmaßnahmen umfasst das Nachvollziehen folgender Schritte:
- Kapitalkonsolidierung (§§ 301, 309 HGB),
- Schuldenkonsolidierung (§ 303 HGB),
- Zwischenergebniseliminierung (§ 304 HGB),
- Aufwands- und Ertragskonsolidierung (§ 305 HGB),
- Ansatz latenter Steuern auf Konsolidierungsmaßnahmen (§ 306 HGB),
- Ausweis von EK-Anteilen anderer Gesellschafter (§ 307 HGB),
- quotale Einbeziehung von GemeinschaftsUnt (§ 310 HGB),
- *Equity*-Bewertung von assoziierten Unt (§§ 311, 312 HGB).

Die Durchführung dieser Konsolidierungsmaßnahmen erfolgt häufig durch eine zentrale Konzernbuchführungsstelle. In größeren Konzernstrukturen sind hier aber auch dezentrale Strukturen („Tannenbaumprinzip" bei Teil-KA) möglich. Der Konzern-AP wird hier regelmäßig die Verfahren zur Erfassung der für die Durchführung der KonsMaßnahmen erforderlichen Daten prüfen. Dies betrifft sehr häufig **Konzern-Packages**, mit denen die TU dem MU die für die Erstellung des KA benötigten Informationen bereitstellen. Die Prüfungshandlungen des Konzern-AP werden sich bzgl. der Konzern-Packages häufig auf die Beurteilung der Angemessenheit (Aufbau, Inhalt, Verständlichkeit) sowie die zutreffende Verarbeitung in der Konzernbuchführungsstelle konzentrieren. Diese Konzern-Packages enthalten weitergehende Informationen über die HB II, z. B.
- zu konzerninternen L&L (zur Aufwands- und Ertragskonsolidierung),
- zu konzerninternen Margen aus L&L (zur Zwischenergebniseliminierung bei VG des AV bzw. des Vorratsvermögens),

- zu konzerninternen Forderungen und Verbindlichkeiten (Schuldenkonsolidierung),
- zu latenten Steuern auf Ebene der HB II,
- zu für den Konzernanhang, die Konzern-KFR und den EK-Spiegel benötigten Informationen.

73 Die inhaltliche Prüfung der von den TU an das MU zu liefernden Konzern-Packages erfolgt regelmäßig durch den AP, der die HB II prüft, häufig also den lokalen AP des TU. Dieser wird zumeist auch eine Bescheinigung über das Ergebnis seiner Prüfung an den Konzern-AP und/oder das MU abgeben.[54]

74 Die von der Konzernbuchführungsstelle vorzunehmende Verarbeitung der Konzern-Packages in der Konzernbuchführung zur Durchführung der Kons-Maßnahmen wird häufig einen Schwerpunkt der Prüfungshandlungen des Konzern-AP darstellen. Nur mittels der aus den Konzern-Packages zur Verfügung gestellten Daten kann bspw. vom Konzern-AP beurteilt werden, ob das Unterlassen einer Zwischenergebniseliminierung wegen Unwesentlichkeit für die VFE-Lage des Konzerns nach § 304 Abs. 2 HGB zulässig ist.

75 Bestimmte KonsMaßnahmen werden häufig direkt vom MU bzw. der zentralen Konzernbuchführungsstelle vorgenommen. Hiervon betroffen sind insb. Maßnahmen der KapKons, z. B.
- Ermittlung des Reinvermögens eines erworbenen Anteils an einem TU im Erwerbszeitpunkt gem. § 301 Abs. 1 Satz 2 HGB (**Kaufpreisallokation**),
- Fortführung von im Rahmen einer KapKons aufgedeckten stillen Reserven und Lasten (z. B. Abschreibung aufgedeckter stiller Reserven im AV),
- planmäßige und außerplanmäßige Abschreibung aktivierter Geschäftswerte aus KapKons,
- Auflösung eines passiven Unterschiedsbetrags nach § 309 Abs. 2 HGB,
- Ermittlung des (Konzern-)Abgangserfolgs bei Anteilsveräußerungen von TU bzw. Anteilen an assoziierten Unt (**Endkonsolidierung**).

Auch diese KonsMaßnahmen sind vom Konzern-AP im Rahmen seiner KAP zu beurteilen.

## 4 Prüfung des Lageberichts und Konzernlageberichts (Abs. 2)

### 4.1 Gegenstand und Umfang

76 **Gegenstand** der Prüfung nach § 317 Abs. 2 HGB ist der LB gem. § 289 HGB sowie der KLB nach § 315 HGB. Der **Umfang** der Prüfung des LB bzw. KLB bezieht sich nach der Vorschrift
- auf den Einklang mit dem JA/KA sowie den bei der Apr. gewonnenen Erkenntnissen und der Vermittlung einer zutreffenden Vorstellung von der Lage der Ges./des Konzerns (Abs. 2 Satz 1, Rz 78),
- auf die Prüfung der zutreffenden Darstellung der Chancen und Risiken der künftigen Entwicklung (Abs. 2 Satz 2, Rz 92),
- jedoch **nicht** auf die Angaben nach § 289a HGB (Abs. 2 Satz 3, Rz 111).

---

[54] Vgl. IDW PS 320 nF, Anhang 4.

Gesetzliche Vorgaben zum Umfang der Prüfung des LB bestehen darüber hinaus auch gem. § 321 und § 322 HGB.[55] Die in § 321 Abs. 1 Satz 2 vorgesehene Berichterstattung des AP über bestandsgefährdende und entwicklungsbeeinträchtigende Tatsachen konkretisiert den Prüfungsumfang gem. § 317 Abs. 2 Satz 2 HGB zur Prüfung der Chancen und Risiken der künftigen Entwicklung. § 321 Abs. 2 Satz 1 HGB verlangt die weitergehende Feststellung des AP im Prüfungsbericht, ob der LB/KLB den gesetzlichen Vorschriften und ggf. ergänzenden Bestimmungen in Gesellschaftsvertrag bzw. Satzung entspricht. Zu Einzelheiten zur Berichterstattung im Prüfungsbericht über die Prüfung des LB s. § 321 Rz 47, 101 u. 136.

§ 322 HGB enthält in Abs. 6 die Anforderung, dass sich die **Beurteilung des Prüfungsergebnisses** auch auf die **Einklangprüfung** und die zutreffende Darstellung der Chancen und Risiken der zukünftigen Entwicklung im LB/KLB zu erstrecken hat. Während § 322 Abs. 6 HGB damit nahezu wortgleich die Regelungen von § 317 Abs. 2 Sätze 1 und 2 HGB aufgreift, betont § 322 Abs. 2 Satz 3 HGB das besondere Gewicht der Feststellung bestandsgefährdender Tatsachen, auf die dann auch im BSV selbst einzugehen ist. § 322 Abs. 2 Satz 4 HGB stellt für die Prüfung des KLB klar, dass auf bestandsgefährdende Risiken von für den Konzern unbedeutenden TU im BSV zur KAP nicht einzugehen ist. Zu Einzelheiten bzgl. bestandsgefährdender Risiken im BSV s. § 322 Rz 107, zur Beurteilung der Prüfung des LB im BSV s. § 322 Rz 52 und 78.

77

### 4.2 Einklangprüfung (Abs. 2 Satz 1)

**Prüfungsobjekt** ist der LB gem. § 289 HGB bzw. der KLB gem. § 315 HGB. Die dortigen gesetzlichen Anforderungen werden durch GoB konkretisiert, die mit DRS 20 Konzernlagebericht kodifiziert sind (Rz 47). Auch wenn die DRS qua Gesetzesvermutung nur Konzern-GoB darstellen, kommt ihnen wegen der weitgehenden inhaltlichen Übereinstimmung der Gesetzesvorschriften von § 289 HGB mit § 315 HGB auch für den LB Ausstrahlungswirkung zu.[56]

78

Der LB ist mit derselben Intensität und Sorgfalt wie der JA zu prüfen, d. h., es sind dieselben Grundsätze (GoA) anzuwenden. Dies erfordert bei der Beurteilung des Prüfungsergebnisses die Erzielung einer hinreichenden Sicherheit, ob im LB wesentliche Falschaussagen enthalten sind. Alle Ausführungen im LB sind daraufhin zu prüfen, ob sie im Einklang stehen mit den im JA enthaltenen Informationen sowie den sonstigen im Rahmen der JAP gewonnenen Informationen. Dieses **Einklangerfordernis** kann sich primär nur auf Sachverhalte beziehen, die im abgelaufenen Gj realisiert und damit Eingang in das Zahlenwerk, den JA, gefunden haben. Der AP hat daher vergangenheitsorientierte Zahlenangaben im LB/KLB mit ihrer Übereinstimmung mit dem JA/KA zu prüfen.[57]

79

---

[55] Vgl. IDW PS 350, Tz 5.
[56] Vgl. IDW PS 350 Tz 2 sowie IDW, Anwendung des Deutschen Rechnungslegungs Standards Nr. 20 „Konzernlagebericht" (DRS 20), IDW-FN 2014, S. 195.
[57] Vgl. WP-Handbuch, Bd. I, 14. Aufl., Abschn. R, Rz 653.

> **Beispiel**
> Im Lagebericht der prüfungspflichtigen B-GmbH sind zahlenmäßige Angaben zu im Berichtsjahr getätigten Investitionen enthalten. Der AP hat diese zahlenmäßigen Angaben im Rahmen seiner Einklangprüfung mit dem Anlagespiegel, sonstigen Unterlagen der B-GmbH zum JA (Anlagenbuchhaltung) bzw. seinen Arbeitspapieren zur Prüfung des AV abzustimmen. Ergeben diese Abstimmungen eine Übereinstimmung dieser Zahlen, stehen diese Zahlen des Lageberichts im Einklang mit dem JA.

80 Schon durch das in § 317 Abs. 2 Satz 1 HGB angesprochene Einklangerfordernis wird deutlich, dass die Prüfung des LB in engem Zusammenhang mit der Prüfung des JA steht.[58] Daher hat der AP bereits bei der **Prüfungsplanung** anhand der ihm vorliegenden Informationen die Lage des Unt bzw. des Konzerns vorläufig zu beurteilen, da dies wesentliche Grundlage seiner Risikobeurteilung und damit Schwerpunktsetzung im Rahmen der Apr. ist. Insbesondere sollte bereits in diesem Stadium eine vorläufige Beurteilung der Going-concern-Prämisse (§ 252 Abs. 1 Nr. 2 HGB) vorgenommen werden.

81 Zur **Prüfungsdurchführung** sehen die berufsständischen Grundsätze für die **vergangenheitsorientierte Prüfung** insb. folgende Prüfungshandlungen vor:[59]
- Analyse des globalen Umfelds, d. h. Analyse des gesamtwirtschaftlichen, des rechtlich-politischen, des wissenschaftlich-technischen sowie des ökologischen Umfelds als Rahmenbedingungen der Unternehmenstätigkeit,
- Analyse des Unternehmensumfelds, d. h. Analyse der Branchenentwicklung, der Marktbedingungen auf Absatz- und Beschaffungsmärkten sowie der Wettbewerbsverhältnisse,
- Analyse der unternehmensinternen Erfolgsfaktoren, d. h. Analyse der Leistungs- und Produktpalette, der Beschaffungs- und Absatzpolitik, der strategischen Ausrichtung des Unternehmens, des Rationalisierungspotenzials, der Finanzierungsstrategie etc.,
- Analyse der internen Organisation und Entscheidungsfindung,
- Analyse der Beziehungen zu nahestehenden Personen,
- Analyse des Geschäftsergebnisses und der wesentlichen finanziellen Leistungsindikatoren (z. B. durch Branchenvergleich oder Soll-Ist-Abgleich mit der Planung für das abgelaufene Gj),
- wertende Aussagen im LB sind daraufhin zu überprüfen, ob nicht trotz sachlich zutreffender Einzelfeststellungen durch die vorgenommene Wortwahl oder Darstellungsform ein unzutreffender Eindruck vermittelt wird (z. B. durch unzutreffende Gewichtung oder Weglassen von Aussagen).

82 Prüfungshandlungen zur Beurteilung der Ausführungen im LB/KLB zu den Angaben nach § 289 Abs. 2 Nr. 2 bzw. § 315 Abs. 2 Nr. 2 HGB (**Risikomanagementziele und -methoden sowie zu den Risiken in Bezug auf die Verwendung von Finanzinstrumenten**) können bspw. sein:[60]
- Durchsicht der internen Richtlinien für das Finanz- und Rechnungswesen,

---

[58] Vgl. IDW PS 350, Tz 15.
[59] Vgl. IDW PS 350, Tz 18 ff.
[60] Vgl. IDW PS 350, Tz 31.

- Durchsicht von Berichten des Controllings oder des Risikomanagements,
- Durchsicht von Prüfungsprogrammen und Arbeitspapieren der Internen Revision,
- Beobachtung der Einhaltung der internen Richtlinien und Kontrollmaßnahmen, ggf. ergänzt durch stichprobenweise Einzelfallprüfungen,
- Plausibilisierung der Angaben anhand der in der Rechnungslegung abgebildeten korrespondierenden quantitativen Werte, z. B. aus der Bildung von Bewertungseinheiten (§ 254 HGB) und der hierzu vorgenommenen Erläuterungen in Anhang/Konzernanhang oder LB/KLB (§ 285 Nr. 23 bzw. § 314 Nr. 15).

Die nach § 285 Abs. 2 Nr. 3 bzw. § 315 Abs. 2 Nr. 3 HGB erforderlichen **Angaben zu Forschung und Entwicklung** variieren branchenabhängig.[61] Die Einklangprüfung durch den AP erfordert u. a. die Abstimmung mit den in der GuV enthaltenen Aufwendungen. Bei Unt mit hoher F&E-Intensität (z. B. Pharma-, Chemie-, Software und Automotive-Branche) kann bei Anwendung des UKV und eines nach § 265 Abs. 5 HGB um F&E-Aufwendungen ergänzten GuV-Gliederungsschemas der F&E-Aufwand direkt aus der GuV abgelesen werden. Häufig werden aber wegen der überwiegenden Verbreitung des GKV die im LB angegebenen Zahlenangaben mit separaten Rechenwerken des bilanzierenden Unt, z. B. der Kostenrechnung, abzustimmen sein. Soweit Entwicklungskosten nach § 248 Abs. 2 Satz 1 HGB aktiviert worden sind, sind Abstimmungen mit den diesbezüglichen Zahlenangaben lt. Anlagespiegel und Anhang (§§ 285 Nr. 22 u. 314 Nr. 14) sowie den Detailangaben in der Anlagenbuchführung vorzunehmen.

83

Die im LB (nicht: KLB) nach § 285 Abs. 2 Nr. 4 HGB vorzunehmenden **Angaben zu Zweigniederlassungen** variieren in der Praxis zwischen einer reinen Auflistung (z. B. Liste mit Orten bzw. auch Tätigkeitsschwerpunkten) und weitergehenden Angaben, z. B. zu Umsatzerlösen, Ergebnisbeiträgen oder Mitarbeiterzahlen der Zweigniederlassungen. Derartige Zahlenangaben sind mit den entsprechenden Zahlen des JA im Rahmen der Einklangprüfung abzustimmen. Die schlichte Auflistung der Niederlassungen der Ges. kann bzgl. der inländischen Niederlassungen mit den Eintragungen im HR der Ges. abgestimmt werden, auch wenn die Eintragung im HR nur deklaratorischen Charakter hat. Bei ausländischen Niederlassungen bestehen regelmäßig vom deutschen Recht abweichende Rechtsvorschriften zur Registrierung bzw. Eintragung, sodass nicht immer vom Vorliegen dem deutschen HR vergleichbarer Register ausgegangen werden kann. Soweit im LB die Berichterstattung auf die wesentlichen Zweigniederlassungen beschränkt ist oder wenn nicht angabepflichtige Geschäftsstellen, Vertriebsbüros o. Ä. mit angegeben werden, ist dies vom AP nicht zu beanstanden.[62]

84

Bei börsennotierten AG sind gem. § 289 Abs. 2 Nr. 5 bzw. § 315 Abs. 2 Nr. 4 HGB die **Grundzüge des Vergütungssystems für die Gesellschaftsorgane** (Vorstand, AR) anzugeben. Diese Angaben sind mit den entsprechenden Grundlagen (z. B. Vorstandsanstellungsverträge, Satzung) auf Richtigkeit und Vollständigkeit zu überprüfen. Soweit die Angaben nach § 285 Nr. 9 Buchst. a Sätze 5–9 bzw. § 314 Abs. 1 Nr. 6 Buchst. a Sätze 5–9 HGB anstelle im Anhang/Konzernanhang im LB/KLB enthalten sind, hat der AP diese Zahlenangaben mit den

85

---

61 Zur Konkretisierung der GoB zur F&E-Berichterstattung im Konzernlagebericht vgl. DRS 20.48 ff.
62 Vgl. WP-Handbuch, Bd. I, 14. Aufl., Abschn. R, Rz 685.

im JA/KA enthaltenen Zahlenangaben (z. B. Personalaufwand lt. GuV, Pensionsrückstellungen, Rückstellungen für Tantieme) abzustimmen.

86 § 289 Abs. 3 bzw. § 315 Abs. 1 Satz 4 HGB fordert die **Angabe von nicht finanziellen Leistungsindikatoren** im LB von großen KapG/KapCoGes bzw. im KLB soweit diese für das **Verständnis** des Geschäftsverlaufs oder der Lage wesentlich sind. Der Ermessensspielraum des Vorstands bzw. der Geschäftsleitung bei Angabe dieser nicht finanziellen Leistungsindikatoren ist größer als bei finanziellen Leistungsindikatoren, bei denen die gesetzliche Vorschrift eine Angabepflicht bei wesentlicher **Bedeutung** (im Unterschied zu Verständnis) fordert.[63] Soweit Zahlenangaben z. B. zu Mitarbeiterentwicklung, Umweltemissionen oder Investitionen in Umweltschutzanlagen gegeben werden, sind diese mit den entsprechenden Zahlenangaben des JA/KA oder anderen betrieblichen Statistiken abzustimmen. Weitere Konkretisierungen der Berichterstattungserfordernisse zu nicht finanziellen Leistungsindikatoren finden sich in DRS 20.[64]

87 Die Berichterstattung für bestimmte börsennotierte AG/KGaA zu **übernahmerechtlichen Angaben und Erläuterungen** gem. § 289 Abs. 4 bzw. § 315 Abs. 4 HGB ist anhand der vertraglichen Regelungen (z. B. Stimmrechtsbindungsverträge) sowie durch Befragungen von Vorstand, AR und ggf. anderen relevanten Auskunftspersonen (z. B. Rechtsberater der Ges.) zu prüfen.

88 Die Berichterstattungspflicht im LB von KM-orientierten KapG i. S. v. § 264d HGB zu den **wesentlichen Merkmalen des internen Kontroll- und Risikomanagementsystems im Hinblick auf den Rechnungslegungsprozess** (§ 289 Abs. 5, § 315 Abs. 2 Nr. 5 HGB) unterliegt ebenfalls der Einklangprüfung nach § 317 Abs. 2 Satz 1 HGB. Art und Umfang der Darstellung im LB ist mangels konkreter Angaben im Gesetz bzw. der Gesetzesbegründung zunächst unklar.[65] Durch die jüngst erfolgte Konkretisierung von GoB zu dieser Berichterstattungspflicht[66] werden sich auch die Prüfungsanforderungen an den AP weiter konkretisieren. Derzeit wird sich die Einklangprüfung des AP vor allem auf die Vollständigkeit und Richtigkeit der hierzu gemachten Angaben konzentrieren.

89 Gem. § 312 Abs. 3 Satz 3 AktG hat der LB einer abhängigen AG/KGaA die **Schlusserklärung zum Abhängigkeitsbericht** des Vorstands zu enthalten. Da der Abhängigkeitsbericht im Falle einer prüfungspflichtigen AG/KGaA ohnehin durch den AP zu prüfen ist, ergibt sich hieraus keine Erweiterung des Prüfungsumfangs im Zusammenhang mit dem LB.[67] Ist die Wiedergabe der Schlusserklärung zum Abhängigkeitsbericht nicht im LB enthalten, unvollständig oder fehlerhaft, ist allerdings der BSV einzuschränken.[68] Eine Wiedergabe der Schlusserklärung zum Abhängigkeitsbericht im KLB der abhängigen AG ist mangels gesetzlicher Regelung in § 312 Abs. 3 AktG nicht vorgesehen.

90 § 315 Abs. 3 HGB ermöglicht die **Zusammenfassung des LB des MU mit dem KLB**. In diesem Fall hat der AP zu prüfen, ob im zusammengefassten LB der Ges. und des Konzerns die erforderlichen Angaben nach § 289 bzw. § 315 HGB sowohl für das MU wie auch für den Konzern enthalten sind.

---

[63] Vgl. WP-Handbuch, Bd. I, 14. Aufl., Abschn. R, Rz 687.
[64] Vgl. DRS 20.107 ff.
[65] Vgl. *Withus*, WPg 2009, S. 859.
[66] Vgl. DRS 20.K 169 ff.
[67] Vgl. WP-Handbuch, Bd. I, 14. Aufl., Abschn. R, Rz 691.
[68] Vgl. *Schmidt/Almeling*, in Beck Bil-Komm. 9. Aufl., § 317 HGB, Rz 60.

§ 317 Abs. 2 Satz 1 HGB erfordert die Einklangprüfung des LB nicht nur mit dem JA, sondern auch mit einem **IFRS-EA nach § 325 Abs. 2a HGB**. Auch wenn das Gesetz von einem einheitlichen LB ausgeht, wird es nicht zu beanstanden sein, wenn die Ges. zwei LB aufstellt, die sich lediglich in Bezug auf die Darstellung der VFE-Lage und die Beurteilung des Geschäftsergebnisses unterscheiden (§ 321 Rz 138, § 324a Rz 17).

91

> **Beispiel**
> Die A-AG stellt einen handelsrechtlichen JA und für Zwecke der Offenlegung einen IFRS-EA nach § 325 Abs. 2a HGB auf. Zu beiden Abschlüssen wird jeweils ein LB aufgestellt. Beide LB unterscheiden sich inhaltlich nur bzgl. der Bezugnahme auf den handelsrechtlichen JA bzw. den IFRS-EA. Durch die Wortwahl in der Überschrift („Lagebericht zum IFRS-EA") wird dem Adressaten der Rechnungslegung verdeutlicht, dass noch ein zweiter Lagebericht mit Bezugnahme (Einklang) zum handelsrechtlichen JA existiert. Im Rahmen der Offenlegung sind gem. § 325 Abs. 2b HGB der JA, der IFRS-EA sowie beide LB und der BSV des AP zum IFRS-EA zu veröffentlichen, um die für den IFRS-EA gewünschte Befreiungswirkung zu erzielen.

### 4.3 Chancen und Risiken der künftigen Entwicklung (Abs. 2 Satz 2)

Die im LB anzugebenden Chancen und Risiken der künftigen Entwicklung betreffen zukunftsgerichtete Aussagen. Regelmäßig sind hiervon folgende Berichtsteile erfasst:
- Nachtragsbericht,
- Prognosebericht und
- Risikobericht.

92

Der **Nachtragsbericht** nach § 289 Abs. 2 Nr. 1 HGB hat Vorgänge von besonderer Bedeutung nach dem Abschlussstichtag bis zum Testatdatum[69] zu enthalten. Die berichtspflichtigen Vorgänge umfassen solche Vorgänge, deren Eintritt vor dem Abschlussstichtag zu einer anderen Darstellung der VFE-Lage geführt hätte, bzw. auch nicht abgeschlossene Entwicklungen und Einflüsse, die eine abweichende Darstellung der wirtschaftlichen Lage nach sich ziehen können.[70] Zu den Berichtspflichten im Einzelnen s. § 289 Rz 77. Berichtspflichtig sind somit u. a. solche Chancen und Risiken, die sich bereits konkretisiert haben.

93

Eine umfassende Prüfung der Geschäftsvorfälle nach dem Abschlussstichtag durch den AP ist nicht erforderlich. Mögliche Prüfungshandlungen sind:[71]
- Durchsicht von Zwischenberichten (Monats- und Quartalsberichte),
- Durchsicht von Protokollen über Sitzungen der gesetzlichen Vertreter,
- Durchsicht von Protokollen über Sitzungen der Aufsichtsgremien,
- Durchsicht von Protokollen über Gesellschafterversammlungen,

94

---

[69] Vgl. IDW PS 203 nF, Tz 10; glA *Schmidt/Almeling*, in Beck Bil-Komm. 9. Aufl., § 317 HGB, Rz 59; a. A.: *Marten/Köhler/Neubeck*, in *Baetge/Kirsch/Thiele*, Bilanzrecht, § 317 HGB, Rz 104, Stand 04/2012, die den Zeitraum auf die Datierung des LB beschränken, andererseits bei „besonders wichtigen Ereignissen" den Zeitraum bis zur Feststellung des JA verlängern möchten.
[70] Vgl. DRS 20.115.
[71] Vgl. IDW PS 350, Tz 27; IDW PS 203 nF, Tz 13, 14.

- Befragungen der gesetzlichen Vertreter, des AR und anderer Auskunftspersonen,
- Durchsicht von Berichten der Internen Revision,
- Durchsicht der Aufwendungen für Rechtsberatung und andere Sachverständige zwecks Erlangung von Hinweisen auf wichtige Verträge, Prozesse oder sonstige Ereignisse,
- Beschaffung von neuen Informationen über den Stand schwebender Geschäfte sowie über laufende bzw. drohende Rechtsstreitigkeiten (Aktualisierung der Rechtsanwaltsbestätigung),
- Beschaffung von Informationen über den Stand der steuerlichen Verhältnisse (Veranlagungen, Außenprüfung),
- Einholung und kritische Würdigung einer Vollständigkeitserklärung, die sich auch auf den LB und die Angaben von besonderer Bedeutung nach dem Abschlussstichtag bezieht.

95 Besondere Bedeutung kommt diesen Angaben bei der Prüfung des KA zu, soweit einbezogene JA von TU nicht durch den Konzern-AP, sondern durch andere AP geprüft worden sind. Hier wird der Konzern-AP durch geeignete Maßnahmen sicherstellen müssen, dass er von berichtspflichtigen Vorgängen erfährt (zur Kommunikation mit anderen AP s. Rz 56).[72]

> **Beispiel**
> Die konzernrechnungslegungspflichtige GmbH & Co. KG stellt einen KLB nach § 315 HGB auf, der durch den Konzern-AP zu prüfen ist. Neben den vom Konzern-AP geprüften JA des MU und der inländischen TU gehören zum KonsKreis noch drei ausländische Vertriebs-TU, die für die VFE-Lage des Konzerns von Bedeutung sind. Die nationalen JA sowie die nach handelsrechtlichen Grundsätzen aufgestellten HB II dieser ausländischen TU werden jeweils von lokalen AP geprüft.
> Der Konzern-AP verpflichtet die lokalen AP, bereits bei der **Prüfungsplanung** im Rahmen der **audit instructions** über festgestellte Vorgänge von besonderer Bedeutung nach dem Abschlussstichtag zu berichten. Da die Prüfung der nationalen JA und der HB II der ausländischen TU bis Ende Februar des Folgejahrs abgeschlossen sein soll, die Aufstellung von KA und KLB voraussichtlich bis Ende März des Folgejahrs dauert, vereinbart der Konzern-AP, dass die lokalen AP auch nach Abschluss ihrer eigentlichen Prüfungstätigkeiten gegen Ende März nochmals Prüfungshandlungen zu ggf. berichtspflichtigen Ereignissen nach dem Abschlussstichtag durchzuführen und darüber zu berichten haben.

96 Die Pflicht des AP zur Prüfung der Vorgänge nach dem Abschlussstichtag endet mit der Erteilung des BSV (Rz 93). Treten danach **berichtspflichtige Vorgänge** ein, sind die gesetzlichen Vertreter verpflichtet, den AP hiervon in Kenntnis zu setzen.[73] Soweit sich eine **Änderung des LB/KLB** ergibt, hat nach § 316 Abs. 3 HGB eine **Nachtragsprüfung** zu erfolgen (Einzelheiten hierzu s. § 316 Rz 15).

---

[72] Vgl. IDW PS 203 nF, Tz 16.
[73] Vgl. *Baetge/Stellbrink/Janko*, in *Küting/Pfitzer/Weber*, HdR, HGB § 317, Rn 89, Stand 07/2011.

Die Angaben zu Chancen und Risiken der künftigen Entwicklung können vom AP nicht auf Einklang mit dem JA/KA geprüft werden, da sie zukünftige Zeiträume betreffen, die aufgrund des Stichtagsprinzips im JA/KA nicht abgebildet sind. Hier kann eine **Einklangprüfung** nur dahingehend erfolgen, ob die den Aussagen zugrunde liegenden Prämissen plausibel erscheinen.[74]

97

> **Beispiel**
> Der AP der prüfungspflichtigen AG stellt für das abgelaufene Gj gegenüber dem Vorjahr einen Anstieg der Materialeinsatzquote aufgrund gestiegener Rohölpreise fest. Der Vorstand ist bei der Aufstellung der Planung für das Folgejahr sowie der darauf aufbauenden Mehrjahresplanung davon ausgegangen, dass sich die Rohölpreise um rund 25 % gegenüber dem Niveau zum Zeitpunkt der Planerstellung (im Oktober des abgelaufenen Gj) vermindern. Der Rohölpreis hat erhebliche Bedeutung für die Aufwandsstruktur der AG. Der AP kann zu den diesbezüglichen Ausführungen im LB keinen Einklang mit dem JA feststellen. Er kann aber feststellen, ob es Hinweise gibt, die die Annahme des Vorstands stützen, z.B. Branchenreporte und andere externe Quellen. Soweit nach diesen Feststellungen die erwartete Rohölpreisentwicklung als wesentliche Planannahme im LB angegeben und erläutert wurde, sind diese Darstellungen nicht zu beanstanden.

Aus der **fehlenden Möglichkeit der Einklangprüfung** mit dem JA/KA abzuleiten, die Prüfung dieser zukunftsbezogenen Angaben im LB wäre weniger streng oder intensiv als bei den übrigen Berichtsteilen, ist allerdings nicht zutreffend; die Prüfung ist in diesem Bereich eher als qualitative Prüfung anzulegen. Die Prüfung dieser Angaben hat allerdings zu berücksichtigen, dass der rechnungslegenden Ges. bei den **prognostischen Angaben** ein **größerer Ermessensspielraum** zuzubilligen ist als z.B. bei der Darstellung des Geschäftsverlaufs im abgelaufenen Gj.[75]

98

DRS 20 ermöglicht einen zusammengefassten **Prognose-, Chancen- und Risikobericht**, in den auch die Berichterstattung in Bezug auf die Verwendung von Finanzinstrumenten sowie zum IKS im Hinblick auf den (Konzern-) Rechnungslegungsprozess integriert werden kann.[76] DRS 20 eröffnet den Unt allerdings eine Flexibilität der Berichterstattung,[77] wobei der Grundsatz der Stetigkeit bei der Berichterstattung gleichwohl zu beachten ist. Es ist demnach ebenfalls zulässig, separate Berichtsabschnitte für den Prognose-, Chancen- und Risikobericht zu verwenden.

99

Die **Darstellungen** haben die wesentlichen Chancen und Risiken der künftigen Entwicklungen zu enthalten. Auch wenn in § 317 Abs. 2 Satz 2 HGB das Wort „wesentlich" nicht genannt wird, ergibt sich dies aus der maßgeblichen Rechnungslegungsvorschrift (§ 289 Abs. 2 Satz 4 HGB). Ebenso sind die Begriffspaare „**voraussichtliche Entwicklung**" (§ 289 Abs. 2 Satz 4 HGB) und „künf-

100

---

[74] Vgl. WP-Handbuch, Bd. I, 14. Aufl., Abschn. R, Rz 654.
[75] Vgl. *Fischer*, 1988, S. 19.
[76] Vgl. DRS 20.K169.
[77] Vgl. DRS 20.117.

tige Entwicklung" (§ 317 Abs. 2 Satz 2 HGB) synonym zu verstehen.[78] Zu Einzelheiten zu den Berichtsinhalten s. § 289 Rz 42.

101 Für den AP sind bei der Prüfung von Prognose-, Chancen- und Risikobericht insb. folgende Prüfungshandlungen relevant:[79]

102 • Bei **prognostischen und wertenden Angaben** beurteilt der AP vor dem Hintergrund der Angaben im JA deren Plausibilität und Übereinstimmung mit seinen während der Apr. gewonnenen Erkenntnissen.

> **Beispiel**
> Der Prognosebericht nennt für das Folgejahr einen erwarteten Umsatzanstieg von 15 % bei dem Hauptumsatzträger. Der AP hat festgestellt, dass der Hauptumsatzträger in den letzten drei Jahren kontinuierlich Umsatzrückgänge erzielt hat. Die dem AP zugänglichen Informationen (ermittelt aus Gesprächen mit der Vertriebsleitung sowie aus internen Berichten, in denen negative Planabweichungen kommentiert werden) erklären den Umsatzrückgang vor allem mit einem technisch ausgereifteren Konkurrenzmodell.
> Soweit die Geschäftsführung nicht plausibel begründen kann, warum sie für das Folgejahr diese beachtlichen Zuwachsraten plant (z. B. gesteigerte Werbemaßnahmen, technische Überholung [relaunch] des Produkts), erscheinen die prognostischen Angaben nicht plausibel.

103 • Die Prüfung der prognostischen Angaben und Wertungen setzt zunächst voraus, dass der AP sich von der **Zuverlässigkeit und Funktionsfähigkeit des unternehmensinternen Planungssystems** überzeugt, soweit dieses für die Herleitung der Angaben des LB von Bedeutung ist. Außerdem ist zu prüfen, ob Prognosen und Wertungen als solche gekennzeichnet sind und diesen die tatsächlichen Verhältnisse zugrunde liegen, d. h., ob die Prognosen und Wertungen wirklichkeitsnah sind. Zur Einschätzung der **Prognosesicherheit** des Unternehmens ist ein Vergleich der Vorjahreslageberichte mit der tatsächlich eingetretenen Entwicklung vorzunehmen.[80]

> **Beispiel**
> Bereits im Rahmen der im November 2014 anberaumten Vorprüfung zur JAP 2014 setzt sich der AP mit der unlängst vom AR genehmigten Planungsrechnung für das Folgejahr auseinander. Im Gj. 2014 ist eine signifikante Planabweichung festzustellen, die auf den im Frühjahr 2014 erfolgten Verlust eines Großkunden (durch Insolvenz) zurückzuführen ist. Hieraus ein unzuverlässiges Planungssystem abzuleiten, wäre eine vorschnelle Beurteilung. Der AP führt daher einen mehrjährigen Plan-Ist-Vergleich zur Ermittlung der Planungstreue durch, da das Planungssystem sich im Laufe der letzten Jahre nicht grds. verändert hat.
> Da dem Prozess der Planerstellung große Bedeutung für die Qualität der daraus abgeleiteten Prognosen zukommt, lässt sich der AP durch Vorlage von

---

[78] Vgl. WP-Handbuch, Bd. I, 14. Aufl., Abschn. R, Rz 664.
[79] Vgl. IDW PS 350, Tz 22.
[80] Vgl. IDW PS 350, Tz 23.

> Unterlagen und Befragungen von Mitarbeitern verdeutlichen, wie die Planungsrechnung zustande gekommen ist.
> Die wesentlichen Planannahmen (geplante Umsatz- und Kostenentwicklung der bedeutendsten Kostenarten Material und Personal) werden vom AP durch vom Unt zur Verfügung gestellte Unterlagen (periodischer Branchenreport des Industrieverbands, dessen Mitglied das prüfungspflichtige Unt ist) und eigene Internet-Recherchen plausibilisiert.

- Daneben sind die der Prognose zugrunde liegenden Annahmen über die zukünftige Entwicklung der wesentlichen Einflussfaktoren der wirtschaftlichen Lage vor dem Hintergrund der tatsächlichen Lage auf Vollständigkeit und Plausibilität zu prüfen. Die Prognosen im LB dürfen nicht von den internen Erwartungen des Unt abweichen. Die Erwartungen müssen realitätsnah sein und die Absichten sowie die Möglichkeiten der Unternehmensführung, bestimmte Handlungen durchzuführen, in angemessener Weise widerspiegeln. Sofern der Eintritt wesentlicher Annahmen nicht mit überwiegender Wahrscheinlichkeit erwartet wird, ist zu erwägen, ob alternative Betrachtungen und ihre Auswirkungen im LB darzustellen sind, damit die wirtschaftliche Lage ausreichend dargestellt wird.[81]

104

> **Beispiel**
> Im LB der prüfungspflichtigen GmbH wird ausgeführt, dass für das Folgejahr mit einem Umsatzanstieg in einer Bandbreite von 15–20 % gerechnet wird. Diese Aussage stützt sich auf die im Herbst erstellte Planungsrechnung, die dem AP plausibel erscheint. Im Prüfungszeitpunkt (Februar des Folgejahrs) stellt der AP aufgrund der Entwicklung in den ersten beiden Monaten fest, dass ggf. eine deutlich schlechtere Umsatzentwicklung auftreten könnte, da der Auftragseingang bislang signifikant hinter den erwarteten Werten zurückbleibt. In einer ersten Wirkungsanalyse hat das Controlling ein gegenüber der Planung um ca. 30 % reduziertes Vorsteuerergebnis als mögliche Konsequenz aufgezeigt.
> Nach den Feststellungen des AP ist der Eintritt des geplanten Umsatzzuwachses nicht mehr überwiegend wahrscheinlich. Er fordert den Geschäftsführer der GmbH auf, im LB auf mögliche Unsicherheiten bei der Umsatzerwartung vor dem Hintergrund der neuesten Informationen hinzuweisen und das Alternativszenario aufzuzeigen.

- Schließlich ist zu prüfen, ob das verwendete **Prognosemodell** für die jeweilige Problemstellung sachgerecht ist und richtig gehandhabt wurde. So ist z. B. eine **Trendextrapolation** nur dann sinnvoll, wenn von einer relativen Konstanz der unterstellten Ursache-Wirkung-Beziehung ausgegangen werden kann und sich die wesentlichen Einflussgrößen nicht grds. geändert haben (etwa das Produktprogramm bei der Prognose der Umsatzentwicklung).[82]

105

---

[81] Vgl. IDW PS 350, Tz 24. Weitergehende Prüfungshandlungen zur Beurteilung geschätzter Werte enthält IDW PS 314, Tz 9 ff.
[82] Vgl. IDW PS 350, Tz 25.

> **Beispiel**
> Die prüfungspflichtige GmbH führt die Hausmüllentsorgung im Stadtgebiet nebst näherem Umland einer süddeutschen Universitätsstadt durch. Laut LB der GmbH ist für das Folgejahr ein Anstieg der zu erwartenden Entsorgungsgebühren von 15 % mit entsprechenden Auswirkungen auf die Ergebnissituation geplant. Auf Befragen des AP legt der Geschäftsführer der Entsorgungs-GmbH hierzu mehrjährige Statistiken vor, die einen eindeutigen Zusammenhang zwischen der Entwicklung der Einwohnerzahlen und der Entsorgungsgebühren zeigen. Weiterhin legt er eine von den amtlichen Stellen veröffentlichte voraussichtliche Entwicklung der Einwohnerzahl für das laufende und die nächsten drei Jahre vor. Hieraus ist ein Anstieg der Einwohnerzahlen für das Folgejahr von 15 % zu entnehmen.
> Bei näherer Prüfung der vorgelegten Unterlagen stellt der AP fest, dass der aufgezeigte Wirkungszusammenhang zwischen Einwohnerzahl und Entsorgungsgebühr tatsächlich nachweisbar ist. Allerdings erkennt er, dass die erwartete deutliche Zunahme der Einwohnerzahlen im Wesentlichen aus der Tatsache resultiert, das bislang nur Personen mit Erstwohnsitz in der Statistik erfasst werden, während zukünftig auch Personen mit Zweitwohnsitz in der Stadt – dies sind vor allem die Studenten – erfasst werden. Tatsächlich nimmt die Zahl der Personen, die Hausmüll entsorgen, somit nicht in der von der Entsorgungs-GmbH prognostizierten Größenordnung zu, sodass sich die Planung als unplausibel erweist.

106 • Neben der Realitätsnähe der Prognosen ist bei wertenden Aussagen zusätzlich zu prüfen, ob nicht durch **Darstellungsform und Wortwahl** möglicherweise ein beabsichtigtes irreführendes Bild der tatsächlich erwarteten Verhältnisse vermittelt wird.[83]

107 Den **zukunftsgerichteten Aussagen** im LB kommt für die Adressaten der Rechnungslegung eine hohe Bedeutung zu. Gerade in **wirtschaftlich angespannten Situationen** mit Unsicherheiten bzgl. der Fortführungsannahme hat die Prüfung dieser Angaben besonders kritisch zu erfolgen.[84] In derartigen Fällen sind vom geprüften Unt ggf. zusätzliche **mittelfristige Erfolgs- und Finanzplanungen** anzufordern und die Einstellung oder Aufgabe einzelner Betriebsteile oder Geschäftsfelder zu überlegen.[85] Weiterhin sind ggf. die für die Prüfung bez. insolvenzrechtlicher Überschuldung und Zahlungsunfähigkeit entwickelten Grundsätze[86] heranzuziehen.[87]

108 Im **Konzernlagebericht** sind zukunftsgerichtete Aussagen aus Konzernsicht vorzunehmen. Ausführungen zu einzelnen KonzernUnt sind nur dann von Belang, wenn es sich um ein für den Konzern wesentliches KonzernUnt handelt.[88] Mit steigender Größe des Konzerns nimmt die Komplexität eines kon-

---

[83] Vgl. IDW PS 350, Tz 26.
[84] Vgl. WP-Handbuch, Bd. I, 14. Aufl., Abschn. R, Rz 669.
[85] Vgl. *Schmidt/Almeling*, in Beck Bil-Komm. 9. Aufl., § 317 HGB, Rz 59.
[86] Vgl. IDW S 11.
[87] Vgl. IDW, IDW-FN 2009, S. 11.
[88] Vgl. *Marten/Köhler/Neubeck*, in *Baetge/Kirsch/Thiele*, Bilanzrecht, § 317 HGB, Rz 121, Stand 04/2012.

zernweiten Planungssystems zu, wodurch sich für den Konzern-AP eine entsprechende Erhöhung der Prüfungsintensität ergibt. Dies betrifft insb. stark vertikal integrierte Konzernstrukturen mit vielen konsolidierungspflichtigen Geschäften.

Soweit das Unternehmen wegen besonderer gesamtwirtschaftlicher Umstände (z.B. umfassende Finanz- und Wirtschaftskrise) und der damit verbundenen hohen Unsicherheit **keine verlässliche Prognose** abgeben kann, kann von konkreten Aussagen zur voraussichtlichen wirtschaftlichen Entwicklung abgesehen werden. Dies bedeutet aber nicht, dass überhaupt keine zukunftsgerichteten Angaben vorzunehmen sind. Vielmehr sind die besonderen gesamtwirtschaftlichen Umstände darzulegen und deren Auswirkungen auf die Prognosefähigkeit und die VFE-Lage zu beschreiben sowie verschiedene Zukunftsszenarien aufzuzeigen oder komparative Prognosen vorzunehmen.[89] Derartige besondere gesamtwirtschaftliche Umstände sind als extreme Ausnahmesituationen zu verstehen; normale zyklische Schwankungen der gesamtwirtschaftlichen Tätigkeit sind hiervon nicht erfasst, sodass dieses Mittel nicht bei jedem konjunkturellen Abschwung zur Verfügung steht. Ein Verzicht auf die Prognoseberichterstattung ist unzulässig und wird z.B. im Rahmen des *Enforcement* durch die DPR als Fehler beanstandet.[90] Unsicherheit ist jeder Planung immanent. Da es sich bei Prognosen um zukunftsgerichtete Aussagen handelt, kann nicht ex ante geprüft werden, ob sie per se richtig oder falsch sind.[91]

109

Soweit das Unt über **kein Planungswesen** verfügt (z.B. wegen „überschaubarer" Verhältnisse), sind gleichwohl zukunftsgerichtete Aussagen im LB zu Chancen und Risiken der künftigen Entwicklung erforderlich. Mangels detaillierter Grundlagen kommt hierbei der kritischen Würdigung der Aussagen der gesetzlichen Vertreter besondere Bedeutung zu. Dies auch vor dem Hintergrund, dass nur prüfungspflichtige Ges. zur Aufstellung eines LB verpflichtet sind (§ 264 Abs. 1 Satz 4 HGB), sodass bei **Vorliegen einer Prüfungspflicht** schon eine gewisse Größe und Komplexität zu konstatieren ist. Zu beachten ist hierbei auch, dass bei einem nicht vorhandenen Planungswesen ggf. ein Verstoß gegen § 91 Abs. 2 AktG zur Einrichtung eines Risikofrüherkennungssystems möglich ist (s. hierzu im Einzelnen, auch zur Ausstrahlungswirkung auf Geschäftsführungsorgane anderer Rechtsformen, Rz 119 ff.).

110

### 4.4 Angaben nach § 289a HGB (Abs. 2 Satz 3)

§ 289a HGB verpflichtet börsennotierte AG sowie bestimmte andere AG, im LB eine Erklärung zur Unternehmensführung abzugeben (§ 289a Abs. 1 Satz 1 HGB) bzw. in den LB einen Verweis auf die Angabe der Internetseite aufzunehmen, welche die Erklärung enthält (§ 289a Abs. 1 Satz 2 HGB).

111

§ 317 Abs. 2 Satz 3 HGB stellt klar, dass auch in dem Fall, dass die Erklärung zur Unternehmensführung im LB enthalten ist, diese **nicht Gegenstand der Apr.** ist.[92] Da in derartigen Fällen der LB sowohl geprüfte als auch ungeprüfte

112

---

89 Vgl. DRS 20.133.
90 Vgl. *Barth/Thormann*, DB 2015, S. 993.
91 Vgl. *Marten/Köhler/Neubeck*, in *Baetge/Kirsch/Thiele*, Bilanzrecht, § 317 HGB, Rz 112.1, Stand 04/2012, mwN.
92 Vgl. BilMoG-BgrRegE, S. 86.

Bestandteile enthält, kann dies bei den Adressaten des BSV bzw. des Prüfungsberichts ggf. zu einer Vergrößerung der **Erwartungslücke** führen. Daher ist es ratsam, im LB lediglich den Verweis auf die Internetseite aufzunehmen, unter der die Erklärung zur Unternehmensführung abgerufen werden kann.[93] Wird die Erklärung gleichwohl in den LB aufgenommen, ist die Aufnahme eines entsprechenden Hinweises im Prüfungsbericht in Analogie zur inhaltlich nicht geprüften Entsprechenserklärung nach § 161 AktG zu beachten (§ 321 Rz 77).[94] Eine Kennzeichnung der Erklärung zur Unternehmensführung im LB selbst als „ungeprüft" kann nicht verlangt werden, wäre aber wohl nicht zu beanstanden.[95]

113 Auch wenn die Erklärung zur Unternehmensführung selbst nicht Gegenstand der Apr. ist, ergeben sich für den Apr. in gewissem Umfang **Prüfungspflichten**. Er hat nämlich für den Fall, dass der LB die Erklärung zur Unternehmensführung nicht enthält, zu prüfen, ob der nach § 289a Abs. 1 Satz 2 HGB erforderliche Verweis auf die Internetseite enthalten ist. Er hat darüber hinaus zu prüfen, ob die Erklärung zur Unternehmensführung auch **tatsächlich auf der Internetseite öffentlich zugänglich** gemacht worden ist.[96]

114 Ist die Erklärung zur Unternehmensführung Bestandteil des LB, hat der AP festzustellen, ob sie in einem **eigenen Berichtsabschnitt**, eindeutig getrennt von den übrigen prüfungspflichtigen Angaben im LB dargestellt wird.[97]

115 Ist die Erklärung zur Unternehmensführung Bestandteil des LB, nimmt die Ges. aber bez. der Beschreibung der Arbeitsweise von Vorstand und AR sowie der Zusammensetzung und Arbeitsweise von deren Ausschüssen die Verweismöglichkeit nach § 289a Abs. 2 Nr. 3 HGB auf die Internetseite der Ges. in Anspruch, hat der AP zu prüfen, ob die betreffenden Angaben tatsächlich auf der Internetseite öffentlich zugänglich sind.[98]

116 Auch wenn die Erklärung zur Unternehmensführung nicht der Apr. unterliegt, ist sie einer **kritischen Durchsicht durch den AP** zu unterziehen.[99]

## 5 Prüfung des Risikofrüherkennungssystems (Abs. 4)

### 5.1 Prüfungspflicht

117 Abs. 4 der Vorschrift sieht für börsennotierte AG eine Beurteilung der nach § 91 Abs. 2 AktG zu treffenden Maßnahmen hinsichtlich deren Geeignetheit vor.

118 **Börsennotiert** bestimmt sich nach § 3 Abs. 2 AktG und setzt die Zulassung von Aktien zu einem von staatlich anerkannten Stellen geregelten und überwachten Markt voraus. Dieser Markt muss regelmäßig stattfinden und unmittelbar oder mittelbar für das Publikum zugänglich sein. In Deutschland erfüllt diese Kriterien der **regulierte Markt**. Nicht börsennotiert i.S.v. § 3 Abs. 2 AktG sind AG/KGaA/SE, die Aktien am Open Market (Freiverkehr) begeben haben, z.B. Entry Standard der Börse Frankfurt oder M:access der Börse München. Für den

---

[93] Vgl. *Marten/Köhler/Neubeck*, in *Baetge/Kirsch/Thiele*, Bilanzrecht, § 317 HGB, Rz 93.1, Stand 04/2012.
[94] Vgl. IDW PS 450, Tz 52a.
[95] Vgl. *Gelhausen/Fey/Kämpfer*, BilMoG, 2009, Abschn. S, Rz 16.
[96] Vgl. IDW PS 350, Tz 9a.
[97] Vgl. IDW PS 350, Tz 12.
[98] Vgl. IDW PS 350, Tz 9a.
[99] Vgl. *Eibelshäuser/Stein*, Der Konzern 2008, S. 493; IDW PS 202, Tz 10a.

JA von Unt, die Aktien am Open Market begeben haben, besteht somit keine Prüfungspflicht nach § 317 Abs. 4.

Eine **Prüfungspflicht** kann sich auch für nicht börsennotierte Ges. ergeben, wenn diese im Risikobericht des LB auf das **Risikofrüherkennungssystem** eingehen.[100] Allerdings ist diese Prüfung dann Teil der Prüfung des LB, was Konsequenzen für die Berichterstattung des AP im Prüfungsbericht hat, da auch in diesen Fällen nicht in einem separaten Abschnitt des Prüfungsberichts gem. § 321 Abs. 4 HGB zu berichten ist (§ 321 Rz 123). Ist allerdings der Prüfungsauftrag bei nicht börsennotierten Ges. um die Prüfung des Risikofrüherkennungssystems erweitert, so hat die **Berichterstattung** in einem separaten Berichtsabschnitt zu erfolgen. Für eine derartige Erweiterung des Prüfungsauftrags bedarf es einer ausdrücklichen Vereinbarung im Prüfungsauftrag. Als Folge daraus ist dann das Risikofrüherkennungssystem in einem § 317 Abs. 4 HGB entsprechenden Umfang zu prüfen.[101]

119

§ 91 Abs. 2 AktG gilt nicht nur für börsennotierte AG/KGaA/SE, sondern für sämtliche Ges. dieser Rechtsformen. Die vom Gesetzgeber in der Gesetzesbegründung bei Einführung von § 91 Abs. 2 AktG erwartete **Ausstrahlungswirkung** auf Geschäftsführer anderer Gesellschaftsformen – insb. die GmbH –, die eine vergleichbare Größe und Komplexität der Struktur aufweisen,[102] ist hinreichend diskutiert worden.[103] Während die Beurteilung von Risikofrüherkennungssystemen anderer Gesellschaftsformen als AG/KGaA/SE auch aus anderen Gründen für den AP erforderlich sein kann (z.B. Beurteilung des Vorliegens von Unregelmäßigkeiten wegen Verletzung von Sorgfaltspflichten, s. § 321 Rz 129, oder im Rahmen der Prüfung der Ordnungsmäßigkeit der Geschäftsführung nach § 53 HGrG[104]), ist die Prüfungspflicht nach § 317 Abs. 4 HGB auf börsennotierte AG/KGaA/SE beschränkt und bei allen anderen Gesellschaftsformen nicht unmittelbarer Gegenstand der Apr.[105] Dies gilt auch für nicht in der Rechtsform der AG betriebene Kreditinstitute und Versicherungen, die dennoch nach § 25a KWG bzw. § 34 Abs. 2 VAG explizit ein Risikofrüherkennungssystem entsprechend § 91 Abs. 2 AktG einzurichten haben.[106]

120

### 5.2 Prüfungsdurchführung

**Prüfungsobjekt** ist das **Risikofrüherkennungssystem** i.S.v. § 91 Abs. 2 AktG, das Teil des umfassenderen **Risikomanagementsystems** ist. Das Risikomanagementsystem umfasst auch die Reaktionen des Vorstands auf erfasste und kommunizierte Risiken, die nicht der Prüfung durch den AP unterliegen. Es handelt sich bei der Prüfung nach § 317 Abs. 4 HGB um eine System- und nicht um eine Geschäftsführungsprüfung.[107]

121

---

[100] Vgl. *Marten/Köhler/Neubeck*, in *Baetge/Kirsch/Thiele*, Bilanzrecht, § 317 HGB, Rz 152.1, Stand 04/2012.
[101] Vgl. *Gelhausen*, BFuP 1999, S. 395; *Eggemann/Konradt*, BB 2000, S. 506.
[102] Vgl. BT-Drs. 13/9712, S. 15.
[103] Zustimmend *Lück*, DB 1998, S. 1925; ADS, 6. Aufl., § 317 HGB, Rz 18; *Schmidt/Almeling*, in Beck Bil-Komm. 9. Aufl., § 317 HGB, Rz 76; ablehnend: *Lenz/Ostrowski*, BB 1997, S. 1527.
[104] Vgl. IDW PS 720, Tz 20, Fragenkreis 4.
[105] Vgl. WP-Handbuch, Bd. I, 14. Aufl., Abschn. R, Rz 634.
[106] Vgl. *Marten/Köhler/Neubeck*, in *Baetge/Kirsch/Thiele*, Bilanzrecht, § 317 HGB, Rz 156, Stand 04/2012.
[107] Vgl. IDW PS 340, Tz 6, 19.

122 In der praktischen Arbeit relativiert sich diese Trennung zwischen Risikofrüherkennungssystem und Risikomanagementsystem, da für den AP gerade auch die Maßnahmen zur Risikosteuerung und -überwachung Bedeutung haben. Diese Maßnahmen haben auch Auswirkung auf die Darstellung der Risikoberichterstattung im LB, da es für den Adressaten der Rechnungslegung u. U. entscheidungserheblich ist, ob identifizierte Risiken durch Gegenmaßnahmen reduziert oder eliminiert worden sind.[108]

> **Beispiel**
> Die börsennotierte AG wird von einem wichtigen Kunden auf Schadenersatz wegen fehlerhafter Produkte (Nichteinhaltung von technischen Standards) verklagt. Zur Prüfung des Risikofrüherkennungssystems gehört die Beurteilung der eingerichteten Verfahrensweisen, die eine schnelle Identifikation und Bewertung des Risikos aus der Klage sicherstellen.
> Darüber hinaus ist aber auch der weitere Umgang mit den Risiken für den AP von Bedeutung. Wenn bspw. durch geeignete Maßnahmen des Risikomanagements vom Vorstand ein Vergleich mit dem klagenden Kunden herbeigeführt werden kann, bevor von der Gegenseite öffentlichkeitswirksam das Verschulden der AG kommuniziert wird, kann dies Auswirkungen für den AP hinsichtlich der Beurteilung der bilanziellen Behandlung des Risikos und der Darstellung des Risikos im LB haben.

123 Ein Risikofrüherkennungssystem soll insb. dazu dienen, bestandsgefährdende und entwicklungsbeeinträchtigende Risiken rechtzeitig zu erkennen. Die konkrete Ausgestaltung von Risikofrüherkennungssystemen hängt von den Umständen des jeweiligen Einzelfalls ab. Als **Mindestrahmen** kann die Berücksichtigung folgender Maßnahmen angesehen werden:[109]
- Festlegung der Risikofelder, die zu bestandsgefährdenden Entwicklungen führen können,
- Risikoerkennung und Risikoanalyse,
- Risikokommunikation,
- Zuordnung von Verantwortlichkeiten und Aufgaben,
- Einrichtung eines Überwachungssystems und
- Dokumentation der getroffenen Maßnahmen.

124 Die Prüfung des Risikofrüherkennungssystems ist in die **Prüfungsplanung** der Apr. einzubinden. Das Risikofrüherkennungssystem ist konzernweit auszurichten,[110] sodass der AP frühzeitig Sorge dafür zu tragen hat, wie die Prüfung der Konzernunternehmen bzgl. des Risikofrüherkennungssystems vorzunehmen ist. Dies gilt insb. dann, wenn die JA der Konzernunternehmen von anderen AP geprüft werden (zur Kommunikation des Konzern-AP mit anderen externen AP s. Rz 56).

125 Die **Prüfungsdurchführung** betrifft die Bereiche
- Feststellung der getroffenen Maßnahmen i. S. v. § 91 Abs. 2 AktG,
- Beurteilung der Eignung der getroffenen Maßnahmen und

---

[108] Vgl. WP-Handbuch, Bd. I, 14. Aufl., Abschn. R, Rz 625.
[109] Zu Einzelheiten vgl. IDW PS 340, Tz 7 ff.
[110] Vgl. BT-Drs. 13/9712, S. 15.

- Prüfung der Einhaltung der vorgesehenen Maßnahmen (Wirksamkeit).

Die **Feststellung der getroffenen Maßnahmen** erfolgt anhand der **Dokumentation des Risikofrüherkennungssystems**, sofern diese nicht offensichtlich fehlerhaft ist.[111] Die **Dokumentation** des Risikofrüherkennungssystems obliegt dem Vorstand des zu prüfenden Unt. Regelmäßig bietet sich die Dokumentation in einem **Risikohandbuch** an, in dem die o. g. Maßnahmen beschrieben und damit nachvollziehbar dokumentiert sind. Der AP sollte frühzeitig auf die Notwendigkeit einer Dokumentation hinweisen, um dem Unt ggf. die Möglichkeit zur nachträglichen Dokumentation vor Beginn der Apr. zu geben. Eine **fehlende Dokumentation** des Risikofrüherkennungssystems wird von der Rechtsprechung als **schwerwiegender Verstoß** gegen die gesetzlichen Pflichten beurteilt.[112] Für den AP bedeutet das Nichtvorhandensein einer Dokumentation, dass er die Maßnahmen i. S. e. zumeist aufwändigen Systemaufnahme selbst dokumentieren muss. Dies wird nach dem Abschlussstichtag regelmäßig nicht mehr möglich sein, sodass dies spätestens im Rahmen einer Vorprüfung zu erfolgen hat.[113]

126

Die **Beurteilung der Eignung der getroffenen Maßnahmen**, ob diese grds. geeignet sind, bestandsgefährdende Risiken rechtzeitig zu erkennen, umfasst Prüfungshandlungen zur Feststellung, ob alle wesentlichen Risikoarten systematisch erkannt, bewertet und kommuniziert werden und ob alle Risikofelder durch die identifizierten Risiken bzw. Risikoarten abgedeckt sind.[114] Dies kann auch die Hinzuziehung von Sachverständigen erfordern.[115]

127

> **Beispiel**
> Die Beurteilung, ob der Versicherungsschutz für bestimmte Risiken (z. B. Betriebsunterbrechungsversicherung) angemessen ist, erfordert häufig das Hinzuziehen eines Versicherungsfachmanns.
> In der Praxis wird dies zumeist vom Unt in der Form vorgenommen, dass regelmäßig die Angemessenheit des Versicherungsschutzes durch Versicherungsfachleute beurteilt wird. Der AP wird sich in diesen Fällen insb. davon zu überzeugen haben, welche Konsequenzen aus der Beurteilung des Versicherungsfachmanns gezogen wurden, ob z. B. Versicherungssummen an ein gestiegenes Geschäftsvolumen angepasst wurden.

Die **Prüfung der Einhaltung der vorgesehenen Maßnahmen** zielt auf die Wirksamkeit der eingerichteten Maßnahmen ab. Übliche Prüfungshandlungen sind die Prüfung erfolgter Vorgänge sowie Befragung und Beobachtung. Als **Funktionsprüfungen** kommen in Betracht:[116]
- Durchsicht von Unterlagen zur Risikoerfassung, um beurteilen zu können, ob die zuständigen Stellen die ihnen zugewiesenen Aufgaben verstanden und wie vorgesehen wahrgenommen haben,

128

---

[111] Vgl. IDW PS 340, Tz 24.
[112] Vgl. LG München I, Urteil v. 5.4.2007, 5 HKO 15964/06, ZIP 2007, S. 1951.
[113] Vgl. IDW PS 340, Tz 25.
[114] Vgl. IDW PS 340, Tz 27.
[115] Vgl. WP-Handbuch, Bd. I, 14. Aufl., Abschn. R, Rz 629.
[116] Vgl. IDW PS 340, Tz 31.

- Durchsicht der Unterlagen zur Risikokommunikation auf den verschiedenen hierarchischen Stufen und in unterschiedlichen Funktionsbereichen, um beurteilen zu können, ob die erkannten Risiken ordnungsgemäß analysiert und die Informationen an die zuständige Stelle weitergeleitet wurden,
- Befragungen und Beobachtungen zur Einhaltung der eingerichteten Kontrollmaßnahmen (z. B. Einhaltung von Meldegrenzen),
- Durchsicht von Prüfungsprogrammen und Arbeitspapieren der internen Revision.

### 5.3 Berichterstattung

**129** § 321 Abs. 4 HGB sieht die Berichterstattung des AP über die Ergebnisse der Prüfung nach § 317 Abs. 4 HGB in einem gesonderten Abschnitt des **Prüfungsberichts** vor (§ 321 Rz 123).

**130** Eine Berichterstattung im **Bestätigungsvermerk** kommt grds. nicht in Betracht, es sei denn, dass ein Prüfungshemmnis (§ 322 Rz 81) vorliegt oder festgestellte Mängel gleichzeitig als Mängel in der Buchführung zu qualifizieren sind.

**131** Gegen die Nichtberücksichtigung festgestellter Mängel im BSV ist verschiedentlich Kritik vorgebracht worden, da dies das Ziel einer Apr., die Beseitigung der **Informationsasymmetrie** zwischen dem Management und allen am Unternehmenserfolg Beteiligten, nicht berücksichtige.[117] Hiergegen kann vorgebracht werden, dass dies vom Gesetzgeber aus gutem Grund nicht vorgenommen wurde, da der BSV, anders als der Prüfungsbericht, gerade auch für die Öffentlichkeit bestimmt ist (zu den Adressaten des BSV s. § 322 Rz 10). Die Berichterstattung des AP ist vom Gesetzgeber dreistufig vorgesehen, nämlich im BSV, im Prüfungsbericht und in der mündlichen Berichterstattung an den AR gem. § 171 Abs. 1 AktG. Dem BSV kommt als komprimiertem Gesamturteil zur Apr. die Aufgabe der Information der Öffentlichkeit über die Ordnungsmäßigkeit der Rechnungslegung zu. Nach der hier vertretenen Auffassung erscheint es sachgerecht, festgestellte Mängel im Risikofrüherkennungssystem nicht an derart prominenter Stelle in die Öffentlichkeit zu bringen, da dies auch eine ansonsten ordnungsgemäße Rechnungslegung in ihrer Wahrnehmung durch die Öffentlichkeit beeinträchtigen könnte. Soweit allerdings bestandsgefährdende Risiken festzustellen sind, hat der AP – unabhängig davon, ob diese vom Risikofrüherkennungssystem rechtzeitig, verspätet oder gar nicht identifiziert, bewertet und kommuniziert wurden – hierauf im BSV einzugehen (§ 322 Abs. 2 Satz 3 HGB).

**132** Da die angesprochene **Informationsasymmetrie** besteht, hat der Gesetzgeber die Berichterstattung im LB um die wesentlichen Merkmale des internen Kontroll- und Risikomanagementsystems im Hinblick auf den Rechnungslegungsprozess für KM-orientierte KapG vorgesehen (§ 289 Abs. 5 HGB) und auch die mündliche Berichterstattung des AP an den AR um die Berichterstattung über wesentliche Schwächen des internen Kontroll- und Risikomanagementsystems bezogen auf den Rechnungslegungsprozess ergänzt (§ 171 Abs. 1 Satz 2 AktG).

---

[117] Vgl. *Marten/Quick/Ruhnke*, Wirtschaftsprüfung, 5. Aufl., 2015, S. 329; *Pollanz*, DB 2001, S. 1325.

## 6 ISA-Anwendung (Abs. 5)

Abs. 5 der Vorschrift dient der Umsetzung von Art. 26 Abs. 1 der Abschlussprüferrichtlinie,[118] nach dem die EU-Mitgliedstaaten die AP zu verpflichten haben, die nach Art. 48 Abs. 2 der Abschlussprüferrichtlinie von der EU übernommenen internationalen Prüfungsstandards bei der Durchführung von Apr. anzuwenden.[119] Entsprechend diesen Vorgaben weist § 317 Abs. 5 HGB den AP an, die von der EU übernommenen ISA bei der Durchführung von Apr. anzuwenden. Auch wenn in § 317 Abs. 5 HGB allgemein von „internationalen Prüfungsstandards" gesprochen wird, sind die in Art. 2 Nr. 11 der Abschlussprüferrichtlinie genannten **International Standards of Auditing (ISA)** des IAASB der IFAC[120] gemeint.[121]

133

Bislang sind von der EU noch keine ISA übernommen worden, obwohl die der Regelung zugrunde liegende Abschlussprüferrichtlinie schon einige Jahre vorliegt. Der Hintergrund dafür war zunächst, dass vor Übernahme der ISA die Beendigung des sog. *Clarity Project* durch den die ISA erlassenden Standardsetter, das IAASB, abgewartet werden sollte. Mit dem *Clarity Project* wurden die ISA insgesamt harmonisiert und in diesem Zusammenhang entweder „*redraftet"* (neu strukturiert und formuliert) oder „*revised and redrafted"* (inhaltlich aktualisiert sowie neu strukturiert und formuliert). Nachdem das *Clarity Project* abgeschlossen ist, wurden die sog. *clarified ISA* am 3.3.2009 vom PIOB (*Public Interest Oversight Board*), dem Aufsichtsorgan über das *Standard-Setting*-Verfahren des IAASB, genehmigt.[122] Die **clarified ISA** sehen eine verpflichtende Anwendung für am oder nach dem 15.12.2009 beginnende Berichtsperioden vor. Weiterhin soll eine sog. „*stable platform for auditing standards*" erreicht werden, indem zumindest für zwei Jahre keine neuen ISA herausgegeben und keine Änderungen an bestehenden ISA vorgenommen werden, damit ausreichend Zeit für die Implementierung der Standards und die Sammlung von Erfahrungen durch die AP weltweit zur Verfügung steht.[123] Neben der vorgesehenen Übernahme der ISA durch die EU sind auch andere nationale und internationale Organisationen an einer Übernahme interessiert, so z.B. die IOSCO (internationaler Verband der Börsenaufsichtsbehörden)[124] oder INTOSAI (internationaler Verband der nationalen Rechnungshöfe).

134

Die ISA entfalten bereits seit längerer Zeit Wirkung auch auf die deutschen Prüfungsgrundsätze. Da sowohl IDW als auch WPK Mitglied der IFAC sind, werden die ISA seit 1998 im Rahmen der Entwicklung der IDW PS in **deutsche**

135

---

[118] Richtlinie 2006/43 EG des Europäischen Parlaments und des Rates vom 17. Mai 2006 über Abschlussprüfungen von Jahresabschlüssen und konsolidierten Abschlüssen, ABl. EU 2006 Nr. L 157, S. 87.

[119] Vgl. BilMoG-BgrRegE, S. 87.

[120] Zur Bedeutung der ISA im Rahmen der handelsrechtlichen KAP und deren Berücksichtigung im BSV in der Zeit vor dem *Clarity Project* des IAASB vgl. *Böcking/Orth/Brinkmann*, WPg 5/2000, S. 216 ff.

[121] Vgl. BilMoG-BgrRegE, S. 87.

[122] Vgl. *Ferlings*, WPg 6/2009, S. M 1.

[123] Vgl. *Erchinger/Melcher*, WPg 2008, S. 961.

[124] So hat die IOSCO am 11.6.2009 ein *Endorsement* der *clarified ISA* ausgesprochen, das die weltweite Anerkennung der ISA voraussichtlich erheblich unterstützen wird. Vgl. dazu die Pressemeldung der IOSCO unter http://www.iosco.org/library/statements/pdf/statements-7.pdf.

Prüfungsgrundsätze transformiert. Somit werden die *clarified ISA* auch ohne Übernahme durch die EU in den deutschen Prüfungsstandards eine inhaltliche Berücksichtigung finden, soweit dies nicht ohnehin bereits im Rahmen der **ISA-Transformation** des IDW erfolgt ist.[125] Grundsätzliche materielle Neuerungen werden sich durch die Übernahme der ISA und deren direkte Anwendung für den deutschen Berufsstand der WP/vBP nicht ergeben.[126]

136 Nachdem das *Clarity Project* abgeschlossen wurde, war die Übernahme der ISA durch die EU absehbar und letztlich nur noch eine Frage der Zeit. Die EU-Kommission hat am 22.6.2009 eine öffentliche Konsultation zur Übernahme der ISA eingeleitet.[127] Das IDW hat sich im Rahmen dieser Konsultation für eine Übernahme der ISA ausgesprochen.[128] Gleichzeitig wird vom IDW vorgeschlagen, dass vor einer ISA-Übernahme durch die EU Einvernehmen zwischen IAASB, EU-Kommission, Europäischem Parlament und zuständigen nationalen Stellen für die Prüferaufsicht über die universelle Anwendbarkeit der ISA zu erzielen ist. Im Fokus hat das IDW insb. die Anwendbarkeit der ISA auf Apr. von Unt, die nicht im öffentlichen Interesse stehen, also die überwiegende Anzahl der prüfungspflichtigen Unt in Deutschland. Hintergrund hierbei ist die Befürchtung, dass eine unreflektierte Anwendung der ISA zu einem enormen Dokumentationsaufwand bei den AP dieser Unt führen könnte, da die ISA primär für die Durchführung von Apr. börsennotierter Unt entwickelt worden sind.[129] Daher kommt dem Verständnis der **ISA** als **prinzipienbasiertem Regelwerk** große Bedeutung zu, damit insb. die **Skalierbarkeit**, d.h. die größengerechte Anwendung bei Apr. von KMU gemeinsames Verständnis aller Beteiligten am Abschlussprüfungsprozess (Unt, AP, Abschlussprüferaufsichtsbehörden) sein wird.[130] Auch die sog. Stoiber-Gruppe,[131] eine von der EU-Kommission eingesetzte Expertengruppe zum Bürokratieabbau, unterstützt die Bestrebungen des IDW zum gemeinsamen Verständnis der Skalierbarkeit der ISA. In Deutschland ist zwischenzeitlich § 24b BS WP/vBP um einen neuen Abs. 1 zur skalierten Prüfungsdurchführung ergänzt worden.[132]

137 Eine von der Universität Duisburg-Essen im Auftrag der EU-Kommission durchgeführte Studie[133] zu den Kosten-Nutzen-Effekten einer Einführung der ISA zeigt den erwarteten Nutzenüberhang, den weltweit einheitlich gültige Prüfungsstandards für Unt und deren AP bringen können.

138 Ausgelöst durch das Grünbuch der EU-Kommission zur Apr. vom 13.10.2010[134] haben sich langwierige Diskussionen über die Fortentwicklung der Regelungen

---

[125] Vgl. *Ferlings*, WPg 6/2009, S. M 1.
[126] Vgl. *Petersen/Zwirner*, StuB 2008, S. 51; *Marten/Köhler/Neubeck*, in *Baetge/Kirsch/Thiele*, Bilanzrecht, § 317 HGB, Rz 175, Stand 07/2009.
[127] Abrufbar unter http://europa.eu/rapid/pressReleasesAction.do?reference=IP/09/975&format=HTML &aged=0&language=DE&guiLanguage=de.
[128] Vgl. IDW, Schreiben v. 17.9.2009, abrufbar unter http://www.idw.de/idw/portal/d592070/index.jsp.
[129] Vgl. IDW, Schreiben an die EU-Kommission v. 17.9.2009, S. 2.
[130] Vgl. *Heininger*, BB 25/2009, S. M 1.
[131] High Level Group of Independent Stakeholders on Administrative Burdens.
[132] Verabschiedet vom Beirat der WPK am 6.7.2012. Die WPK hat weiterhin einen Hinweis zur skalierten Prüfungsdurchführung auf Grundlage der ISA veröffentlicht; abrufbar unter www.wpk.de/Praxishinweise/Skalierte Prüfungsdurchführung.
[133] Vgl. *Köhler/Böhm*, WPg 2009, S. 1002.
[134] Abrufbar unter: http://ec.europa.eu/internal_market/auditing/otherdocs/index_de.htm.

zur Apr. ergeben. Zuletzt wurden im Zuge der sog. Trilogverhandlungen zwischen EU-Parlament, EU-Kommission und dem EU-Ministerrat die Weichenstellungen für eine ISA-Übernahme vorgenommen. Die am 16. und 17.12.2013[135] erzielte vorläufige Einigung ist zwischenzeitlich auch formal bestätigt worden, zuletzt durch die Zustimmung des Ministerrats, die am 14.4.2014 erfolgt ist.[136] Die geänderte Abschlussprüferrichtlinie[137] sieht – wie auch derzeit schon in § 317 Abs. 5 HGB angelegt – die direkte Anwendung der von der EU übernommenen ISA vor. Die Umsetzung der ISA-Anwendung wird noch etwas Zeit in Anspruch nehmen, aber zum jetzigen Zeitpunkt scheint § 317 Abs. 5 HGB zumindest in absehbarer Zeit aus seinem bisherigen „Dornröschenschlaf" zu erwachen.

Die sich durch die ISA-Adoption ergebende direkte Anwendung der ISA bedeutet, dass die englischsprachigen Originaltexte, bzw. die amtlichen Übersetzungen in die deutsche Sprache, als Amtssprache der EU für deutsche Apr. verbindlich sein werden. Es gilt, die z.T. leidvollen Erfahrungen bei den IFRS bzgl. der Übersetzungen der Originaltexte bei der Übersetzung der ISA in die jeweiligen Amtssprachen der EU zu vermeiden. Für Deutschland hat das IDW bereits für nahezu alle ISA Übersetzungen vorgelegt,[138] um der EU-Kommission eine fachlich korrekte und verständliche deutsche Übersetzung als Grundlage für die amtliche Übersetzung zu liefern.[139] Im Juni 2011 hat das IDW dann in Kooperation mit dem Institut der Österreichischen Wirtschaftsprüfer und der Treuhand-Kammer, Schweizer Kammer der Wirtschaftsprüfer und Steuerexperten, eine vollständige Textausgabe der ISA und des ISQC 1 (Stand: 2010) in synoptischer Darstellung Englisch – Deutsch vorgelegt.[140]

139

Die zu den jeweiligen ISA ergangenen **Anwendungshinweise** (sog. *application and other explanatory material*) werden nicht von der EU übernommen, werden gleichwohl aber materielle Bedeutung haben (müssen) für die Prüfungsdurchführung. Neben den ISA soll auch ISQC 1 (*International Standard on Quality Control*) von der EU übernommen werden.

140

Die derzeitigen **Rechtsfolgen** der Regelung in § 317 Abs. 5 HGB stellen sich wie folgt dar: Soweit ISA von der EU übernommen worden sind (Rz 133), entfalten diese eine direkte Gültigkeit für alle Apr. in Deutschland. Da bislang keine ISA von der EU übernommen worden sind, haben die ISA derzeit demzufolge noch keine unmittelbare Rechtswirkung für deutsche Apr.[141] Keine direkte Rechtsfolge, aber gleichwohl absehbare Konsequenz wird sein, dass diejenigen IDW PS ab dem Erstanwendungszeitpunkt der ISA in der EU aufgehoben werden, die

141

---

135 Die Verhandlungsergebnisse sind abrufbar unter http://www.europarl.europa.eu/meetdocs/2009_2014/documents/juri/pv/1014/1014015/1014015de.pdf.
136 http://www.consilium.europa.eu/uedocs/cms_Data/docs/pressdata/en/intm/142180.pdf.
137 Die geänderte Abschlussprüferrichtlinie ist am 27.5.2014 im Amtsblatt der EU veröffentlicht worden und am 17.6.2014 in Kraft getreten. Eine deutsche Übersetzung findet sich unter http://www.wpk.de/neu-auf-wpkde/eu-reform-der-abschlusspruefung/.
138 Abrufbar im Mitgliederbereich des IDW unter www.idw.de/Mitgliederbereich/Aus der Facharbeit/ISA-Übersetzungen.
139 Vgl. *Ferlings*, WPg 6/2009, S. I.
140 Vgl. IDW, International Standards on Auditing (ISAs), IDW Textausgabe Englisch – Deutsch, 2011.
141 Vgl. IDW PS 201, Tz 32; *Pfitzer/Orth*, in *Baetge/Kirsch/Thiele*, Bilanzrecht, § 322 HGB, Rz 501, Stand 06/2005; a.A.: *Marten/Quick/Ruhnke*, Wirtschaftsprüfung, 4. Aufl., 2011, S. 102 f. die bei gegenüber den deutschen GoA im Ausnahmefall weitergehenden Anforderungen der ISA davon ausgehen, dass diese bereits nach jetziger Rechtslage zu berücksichtigen sind.

Inhalte regeln, für die durch die dann von der EU übernommenen ISA gesetzlich verbindliche Regelungen vorliegen werden.

142 Da auch bei **freiwilligen Apr.** regelmäßig ein BSV erteilt werden soll, gelten die vorgenannten Rechtsfolgen auch in diesen Fällen, anderenfalls darf kein BSV nach § 322 HGB, sondern lediglich eine Bescheinigung erteilt werden (§ 322 Rz 168).

143 Bezüglich des **möglichen Erstanwendungszeitpunkts** für von der EU übernommene ISA gibt es immer noch Unsicherheiten. Der deutsche Gesetzgeber hat sich durch § 317 Abs. 6 HGB vorbehalten, ggf. Teile der ISA von der Anwendung auszunehmen (Rz 144). Tabelle 2 gibt einen Überblick über die Struktur der *clarified ISA*.

| ISA | Bezeichnung |
|---|---|
| **200–299** | **Allgemeine Grundsätze und Verantwortlichkeiten** |
| 200 | Übergreifende Zielsetzungen des unabhängigen Prüfers und Grundsätze einer Prüfung in Übereinstimmung mit den ISA |
| 210 | Vereinbarung der Auftragsbedingungen für Prüfungsaufträge |
| 220 | Qualitätssicherung bei einer Abschlussprüfung |
| 230 | Prüfungsdokumentation |
| 240 | Die Verantwortung des Abschlussprüfers bei dolosen Handlungen |
| 250 | Berücksichtigung von Auswirkungen von Gesetzen und anderen Rechtsvorschriften auf den Abschluss bei einer Abschlussprüfung |
| 260 | Kommunikation mit den für die Überwachung Verantwortlichen |
| 265 | Mitteilung über Mängel im internen Kontrollsystem an die für die Überwachung Verantwortlichen und das Management |
| **300–499** | **Risikobeurteilung und Reaktionen auf beurteilte Risiken** |
| 300 | Planung einer Abschlussprüfung |
| 315 | Identifizierung und Beurteilung der Risiken wesentlicher falscher Darstellungen aus dem Verstehen der Einheit und ihres Umfelds |
| 320 | Die Wesentlichkeit bei der Planung und Durchführung einer Abschlussprüfung |
| 330 | Die Reaktionen des Abschlussprüfers auf beurteilte Risiken |
| 402 | Überlegungen bei der Abschlussprüfung von Einheiten, die Dienstleister in Anspruch nehmen |
| 450 | Die Beurteilung der während der Abschlussprüfung festgestellten falschen Darstellungen |
| **500–599** | **Prüfungsnachweise** |

| ISA | Bezeichnung |
|---|---|
| 500 | Prüfungsnachweise |
| 501 | Prüfungsnachweise – besondere Überlegungen zu ausgewählten Sachverhalten |
| 505 | Externe Bestätigungen |
| 510 | Eröffnungsbilanzwerte bei Erstprüfungsaufträgen |
| 520 | Analytische Prüfungshandlungen |
| 530 | Stichprobenprüfungen |
| 540 | Die Prüfung geschätzter Werte in der Rechnungslegung einschließlich geschätzter Zeitwerte und der damit zusammenhängenden Abschlussangaben |
| 550 | Nahestehende Personen |
| 560 | Ereignisse nach dem Abschlussstichtag |
| 570 | Fortführung der Unternehmenstätigkeit |
| 580 | Schriftliche Erklärungen |
| **600–699** | **Verwertung der Arbeiten Anderer** |
| 600 | Besondere Überlegungen zu Konzernabschlussprüfungen (einschl. der Tätigkeit von Teilbereichsprüfern) |
| 610 | Verwertung der Arbeit interner Prüfer |
| 620 | Verwertung der Arbeit eines Sachverständigen des Abschlussprüfers |
| **700–799** | **Schlussfolgerungen der Abschlussprüfung und Erteilung des Vermerks** |
| 700 | Bildung eines Prüfungsurteils und Erteilung eines Vermerks zum Abschluss |
| 705 | Modifizierungen des Prüfungsurteils im Vermerk des unabhängigen Abschlussprüfers |
| 706 | Hervorhebung eines Sachverhalts und Hinweis auf sonstige Sachverhalte durch Absätze im Vermerk des unabhängigen Abschlussprüfers |
| 710 | Vergleichsinformationen – Vergleichszahlen und Vergleichsabschlüsse |
| 720 | Die Pflichten des Abschlussprüfers im Zusammenhang mit sonstigen Informationen in Dokumenten, die den geprüften Abschluss enthalten |
| **800–899** | **Besondere Bereiche** |
| 800 | Besondere Überlegungen bei Prüfungen von Abschlüssen, die aufgestellt sind in Übereinstimmung mit einem Regelwerk für einen speziellen Zweck |

| ISA | Bezeichnung |
|---|---|
| 805 | Besondere Überlegungen bei Prüfungen von einzelnen Finanzaufstellungen und bestimmten Bestandteilen, Konten oder Posten einer Finanzaufstellung |
| 810 | Auftrag zur Erteilung eines Vermerks zu einem verdichteten Abschluss |

Tab. 2: Struktur der ISA[142]

## 7 Rechtsverordnung (Abs. 6)

144 Abs. 6 stellt eine Ermächtigung für das BMJ dar, eine Rechtsverordnung zu erlassen, um zusätzlich zu den gem. Abs. 5 zwingend anzuwendenden ISA weitere Abschlussprüfungsanforderungen vorzuschreiben (sog. *add-ons*) oder die Nichtanwendung von Teilen der ISA vorzugeben, wenn dies durch den Umfang der Apr. bedingt ist und den Prüfungszielen der Abs. 1–4 des § 317 HGB dient (sog. *carve-outs*). Der Erlass der Rechtsverordnung hat im Einvernehmen mit dem Bundesministerium für Wirtschaft und Technologie zu erfolgen und bedarf nicht der Zustimmung des Bundesrats.

145 Auch früher schon wäre der deutsche Gesetzgeber durch die EU-Vorgaben ermächtigt gewesen, eigene nationale Prüfungsgrundsätze vorzugeben, wie dies in anderen Ländern teilweise erfolgt ist. Von dieser Ermächtigung hat der deutsche Gesetzgeber aber keinen Gebrauch gemacht, da er keinen Bedarf gesehen hat, über die vom Berufsstand entwickelten Prüfungsgrundsätze hinaus weitere Prüfungsvorgaben zu machen. Er hat allerdings sehr wohl in der Vergangenheit ergänzende Anforderungen in die gesetzlich vorgegebenen Prüfungsziele aufgenommen, indem er bspw. die Prüfung des Risikofrüherkennungssystems börsennotierter AG im Zuge des KonTraG als Prüfungsgegenstand definiert hat. Die jetzt im Gesetz angelegte Möglichkeit, zusätzliche nationale Anforderungen zu definieren bzw. Teile der ISA von der Anwendung auszunehmen, geht auf eine entsprechende Ermächtigung in Art. 26 Abs. 3 der Abschlussprüferrichtlinie[143] zurück, die auch in den vorgeschlagenen Änderungen zur Abschlussprüferrichtlinie enthalten ist.

146 Unabhängig von der Übernahme der ISA durch die EU könnte das BMJ von der Ermächtigungsvorschrift bereits jetzt Gebrauch machen und zusätzliche Prüfungsanforderungen per Rechtsverordnung vorgeben. Derzeit ist aber nicht ersichtlich, dass hier entsprechende Absichten bestehen.

147 Während die Abschlussprüferrichtlinie die Mitgliedstaaten ermächtigt, nationale Prüfungsstandards, Prüfverfahren und Prüfungsanforderungen zur Berücksichtigung nationaler Besonderheiten als gesetzliche Regelungen vorzuschreiben, hat der deutsche Gesetzgeber in § 317 Abs. 6 HGB ausschließlich zusätzliche Prüfungsanforderungen vorgesehen. Diese zusätzlichen Prüfungsanforderungen aufgrund nationaler Besonderheiten könnten bspw. auf die Prüfung des Risikofrüh-

---

[142] Vgl. IFAC/IAASB-Handbook 2012, Übersetzungen entnommen aus IDW, *International Standards on Auditing* (ISAs), IDW Textausgabe Englisch-Deutsch, 2011, S. IX–XI.
[143] Richtlinie 2006/43 EG des Europäischen Parlaments und des Rates vom 17. Mai 2006 über Abschlussprüfungen von Jahresabschlüssen und konsolidierten Abschlüssen, ABl. EU 2006 Nr. L 157, S. 87.

erkennungssystems bei börsennotierten AG abstellen, da es sich hierbei um deutsche Besonderheiten handelt. Die Beschränkung auf **Prüfungsanforderungen** bringt den Willen des deutschen Gesetzgebers zum Ausdruck, die bewährte Praxis im Berufsstand, Abschlussprüfungsverfahren und Prüfungsmethodik durch selbst auferlegte Vorgaben (IDW PS) zu bestimmen, beizubehalten.[144] Eine Übernahme bzw. Ersetzung dieser IDW PS zu nationalen Besonderheiten – z.B. IDW PS 350 Prüfung des LB – durch nationale Prüfungsstandards mit Gesetzescharakter ist somit nicht vorgesehen.[145]

Die in § 317 Abs. 6 HGB vorgesehene Möglichkeit, Teile der von der EU übernommenen ISA von der Anwendung auszunehmen (*carve-outs*), soweit dies den Prüfungszielen des § 317 Abs. 1–4 HGB dient, ist vermutlich eher dem Sicherheitsempfinden des Gesetzgebers geschuldet, aus deutscher Sicht etwaig nicht akzeptable ISA dann doch von der Anwendung wieder auszunehmen. Die Gesetzesmaterialien lassen nicht erkennen, ob hier derzeit überhaupt ein konkreter Anwendungsbereich gesehen wird, sondern stellen lediglich auf die Umsetzung der durch die Abschlussprüferrichtlinie gewährten Optionen ab.[146] Es bleibt i.S. e. einheitlichen Anwendung der ISA zu hoffen, dass von der *Carve-out*-Option in Deutschland und auch in den übrigen EU-Mitgliedstaaten kein Gebrauch gemacht wird.

## 8 Änderungen durch das BilRUG

Mit dem BilRUG steht infolge der Einführung der neuen EU-Bilanzrichtlinie[147] eine Änderung des Gesetzeswortlauts an. In Abs. 2 werden in Satz 1 die Wörter „eine zutreffende Vorstellung" durch „ein zutreffendes Bild" ersetzt. Es handelt sich um eine redaktionelle Änderung, um den Gesetzeswortlaut in § 317 an die entsprechenden Regelungen in § 289 Abs. 1, § 315 Abs. 1 und § 322 Abs. 2 anzupassen, die ebenfalls vom „Bild" der Lage des Unt sprechen.

Ferner wird in § 317 Abs. 2 S. 3 ersetzt durch die Sätze: „Die Prüfung des Lageberichts und des Konzernlageberichts hat sich auch darauf zu erstrecken, ob die gesetzlichen Vorschriften zur Aufstellung des Lage- oder Konzernlageberichts beachtet worden sind. Die Angaben nach § 289a Absatz 2 und § 315 Absatz 5 sind nicht in die Prüfung einzubeziehen; insoweit ist im Rahmen der Prüfung lediglich festzustellen, ob diese Angaben gemacht wurden.

Auch diese Änderungen durch das BilRUG haben für den deutschen Rechtskreis nur klarstellenden Charakter und diesen der Anpassung der Formulierung an die entsprechenden Passagen der Abschlussprüferrichtlinie.[148]

Eine sachliche Änderung des heutigen Prüfungsumfangs ist damit nicht verbunden. Zum zeitlichen Anwendungszeitpunkt des § 317 i.d.F. des BilRUG vgl. § 298 Rz 257.

---

[144] Vgl. BilMoG-BgrRegE, S. 88.
[145] A. A. *Marten/Köhler/Neubeck*, in *Baetge/Kirsch/Thiele*, Bilanzrecht, § 317 HGB, Rz 179, Stand 04/2012.
[146] Vgl. BilMoG-BgrRegE, S. 88.
[147] Richtlinie 2013/34/EU v. 29.06.2013, Abl. L 182/19–76.
[148] Vgl. Artikel 34 der Richtlinie 2013/34/EU v. 29.06.2013, Abl. L 182/19–76.

## § 318 BESTELLUNG UND ABBERUFUNG DES ABSCHLUSSPRÜFERS

(1) ¹Der Abschlußprüfer des Jahresabschlusses wird von den Gesellschaftern gewählt; den Abschlußprüfer des Konzernabschlusses wählen die Gesellschafter des Mutterunternehmens. ²Bei Gesellschaften mit beschränkter Haftung und bei offenen Handelsgesellschaften und Kommanditgesellschaften i. S. d. § 264a Abs. 1 kann der Gesellschaftsvertrag etwas anderes bestimmen. ³Der Abschlußprüfer soll jeweils vor Ablauf des Geschäftsjahrs gewählt werden, auf das sich seine Prüfungstätigkeit erstreckt. ⁴Die gesetzlichen Vertreter, bei Zuständigkeit des Aufsichtsrats dieser, haben unverzüglich nach der Wahl den Prüfungsauftrag zu erteilen. ⁵Der Prüfungsauftrag kann nur widerrufen werden, wenn nach Absatz 3 ein anderer Prüfer bestellt worden ist.

(2) ¹Als Abschlußprüfer des Konzernabschlusses gilt, wenn kein anderer Prüfer bestellt wird, der Prüfer als bestellt, der für die Prüfung des in den Konzernabschluß einbezogenen Jahresabschlusses des Mutterunternehmens bestellt worden ist. ²Erfolgt die Einbeziehung auf Grund eines Zwischenabschlusses, so gilt, wenn kein anderer Prüfer bestellt wird, der Prüfer als bestellt, der für die Prüfung des letzten vor dem Konzernabschlußstichtag aufgestellten Jahresabschlusses des Mutterunternehmens bestellt worden ist.

(3) ¹Auf Antrag der gesetzlichen Vertreter, des Aufsichtsrats oder von Gesellschaftern, bei Aktiengesellschaften und Kommanditgesellschaften auf Aktien jedoch nur, wenn die Anteile dieser Gesellschafter bei Antragstellung zusammen den zwanzigsten Teil des Grundkapitals oder einen Börsenwert von 500 000 Euro erreichen, hat das Gericht nach Anhörung der Beteiligten und des gewählten Prüfers einen anderen Abschlussprüfer zu bestellen, wenn dies aus einem in der Person des gewählten Prüfers liegenden Grund geboten erscheint, insb. wenn ein Ausschlussgrund nach § 319 Abs. 2 bis 5 oder §§ 319a und 319b besteht. ²Der Antrag ist binnen zwei Wochen nach dem Tag der Wahl des Abschlussprüfers zu stellen; Aktionäre können den Antrag nur stellen, wenn sie gegen die Wahl des Abschlussprüfers bei der Beschlussfassung Widerspruch erklärt haben. ³Wird ein Befangenheitsgrund erst nach der Wahl bekannt oder tritt ein Befangenheitsgrund erst nach der Wahl ein, ist der Antrag binnen zwei Wochen nach dem Tag zu stellen, an dem der Antragsberechtigte Kenntnis von den befangenheitsbegründenden Umständen erlangt hat oder ohne grobe Fahrlässigkeit hätte erlangen müssen. ⁴Stellen Aktionäre den Antrag, so haben sie glaubhaft zu machen, dass sie seit mindestens drei Monaten vor dem Tag der Wahl des Abschlussprüfers Inhaber der Aktien sind. ⁵Zur Glaubhaftmachung genügt eine eidesstattliche Versicherung vor einem Notar. ⁶Unterliegt die Gesellschaft einer staatlichen Aufsicht, so kann auch die Aufsichtsbehörde den Antrag stellen. ⁷Der Antrag kann nach Erteilung des Bestätigungsvermerks, im Fall einer Nachtragsprüfung nach § 316 Abs. 3 nach Ergänzung

des Bestätigungsvermerks nicht mehr gestellt werden. ⁸Gegen die Entscheidung ist die Beschwerde zulässig.
(4) ¹Ist der Abschlußprüfer bis zum Ablauf des Geschäftsjahrs nicht gewählt worden, so hat das Gericht auf Antrag der gesetzlichen Vertreter, des Aufsichtsrats oder eines Gesellschafters den Abschlußprüfer zu bestellen. ²Gleiches gilt, wenn ein gewählter Abschlußprüfer die Annahme des Prüfungsauftrags abgelehnt hat, weggefallen ist oder am rechtzeitigen Abschluß der Prüfung verhindert ist und ein anderer Abschlußprüfer nicht gewählt worden ist. ³Die gesetzlichen Vertreter sind verpflichtet, den Antrag zu stellen. ⁴Gegen die Entscheidung des Gerichts findet die Beschwerde statt; die Bestellung des Abschlußprüfers ist unanfechtbar.
(5) ¹Der vom Gericht bestellte Abschlußprüfer hat Anspruch auf Ersatz angemessener barer Auslagen und auf Vergütung für seine Tätigkeit. ²Die Auslagen und die Vergütung setzt das Gericht fest. ³Gegen die Entscheidung findet die Beschwerde statt; die Rechtsbeschwerde ist ausgeschlossen. ⁴Aus der rechtskräftigen Entscheidung findet die Zwangsvollstreckung nach der Zivilprozeßordnung statt.
(6) ¹Ein von dem Abschlußprüfer angenommener Prüfungsauftrag kann von dem Abschlußprüfer nur aus wichtigem Grund gekündigt werden. ²Als wichtiger Grund ist es nicht anzusehen, wenn Meinungsverschiedenheiten über den Inhalt des Bestätigungsvermerks, seine Einschränkung oder Versagung bestehen. ³Die Kündigung ist schriftlich zu begründen. ⁴Der Abschlußprüfer hat über das Ergebnis seiner bisherigen Prüfung zu berichten; § 321 ist entsprechend anzuwenden.
(7) ¹Kündigt der Abschlußprüfer den Prüfungsauftrag nach Absatz 6, so haben die gesetzlichen Vertreter die Kündigung dem Aufsichtsrat, der nächsten Hauptversammlung oder bei Gesellschaften mit beschränkter Haftung den Gesellschaftern mitzuteilen. ²Den Bericht des bisherigen Abschlußprüfers haben die gesetzlichen Vertreter unverzüglich dem Aufsichtsrat vorzulegen. ³Jedes Aufsichtsratsmitglied hat das Recht, von dem Bericht Kenntnis zu nehmen. ⁴Der Bericht ist auch jedem Aufsichtsratsmitglied oder, soweit der Aufsichtsrat dies beschlossen hat, den Mitgliedern eines Ausschusses auszuhändigen. ⁵Ist der Prüfungsauftrag vom Aufsichtsrat erteilt worden, obliegen die Pflichten der gesetzlichen Vertreter dem Aufsichtsrat einschließlich der Unterrichtung der gesetzlichen Vertreter.
(8) Die Wirtschaftsprüferkammer ist unverzüglich und schriftlich begründet durch den Abschlussprüfer und die gesetzlichen Vertreter der geprüften Gesellschaft von der Kündigung oder dem Widerruf des Prüfungsauftrages zu unterrichten.

WP StB Dirk Veldkamp

| Inhaltsübersicht | Rz |
|---|---|
| 1 Überblick | 1–2 |
| 2 Bestellung des Abschlussprüfers für den Jahres- und den Konzernabschluss (Abs. 1) | 3–30 |

| | | |
|---|---|---|
| 2.1 | Überblick | 3 |
| 2.2 | Wahl des Abschlussprüfers | 4–8 |
| | 2.2.1 Wahlverfahren bei der AG | 4 |
| | 2.2.2 Wahlverfahren bei der KGaA | 5 |
| | 2.2.3 Wahlverfahren bei der GmbH | 6 |
| | 2.2.4 Wahlverfahren bei § 264a-HGB-Gesellschaften | 7 |
| | 2.2.5 Wahlverfahren für den Konzernabschluss | 8 |
| 2.3 | Zeitpunkt der Wahl | 9 |
| 2.4 | Wählbarer Personenkreis | 10 |
| 2.5 | Erteilung, Annahme und Widerruf des Prüfungsauftrags | 11–15 |
| 2.6 | Bestellung des Abschlussprüfers bei der Europäischen AG | 16 |
| 2.7 | Prüfungsvertrag | 17–29 |
| | 2.7.1 Allgemeines | 17 |
| | 2.7.2 Auftragsbestätigung i. S. v. IDW PS 220 | 18–29 |
| |     2.7.2.1 Grundsätze | 18–20 |
| |     2.7.2.2 Regelungen zum Prüfungsauftrag in einem Auftragsbestätigungsschreiben | 21–24 |
| |     2.7.2.3 Inhalt des Prüfungsauftrags | 25–26 |
| |     2.7.2.4 Besonderheiten bei Folgeprüfungen | 27–29 |
| 2.8 | Exkurs: Prüfungsauftrag des Abschlussprüfers im Insolvenzfall | 30 |
| 3 | Fiktion der Bestellung des Jahresabschlussprüfers zum Konzernabschlussprüfer (Abs. 2) | 31–34 |
| 4 | Ersetzung des Abschlussprüfers durch das Gericht (Abs. 3) | 35–46 |
| | 4.1 Allgemeines | 35–36 |
| | 4.2 Antragsberechtigter Personenkreis | 37 |
| | 4.3 Antragsfrist | 38 |
| | 4.4 Antragsverfahren | 39 |
| | 4.5 Antragsgründe | 40–46 |
| 5 | Bestellung des Abschlussprüfers durch das Gericht (Abs. 4) | 47–54 |
| | 5.1 Allgemeines | 47 |
| | 5.2 Antragsberechtigter Personenkreis | 48 |
| | 5.3 Antragsvoraussetzungen | 49–54 |
| |     5.3.1 Fehlende Wahl des Abschlussprüfers | 49–50 |
| |     5.3.2 Sonstige Antragsgründe | 51–54 |
| 6 | Vergütung des gerichtlich bestellten Abschlussprüfers (Abs. 5) | 55 |
| 7 | Kündigung des Prüfungsauftrags (Abs. 6) | 56–73 |
| | 7.1 Allgemeines | 56–58 |
| | 7.2 Kündigungsgrund | 59–65 |
| | 7.3 Kündigungserklärung | 66 |
| | 7.4 Wirkung der Kündigung | 67–73 |
| 8 | Mitteilungs- und Vorlagepflichten als Konsequenz der Kündigung des Abschlussprüfers (Abs. 7) | 74–76 |
| | 8.1 Allgemeines | 74 |
| | 8.2 Kündigungsfolgen | 75–76 |
| 9 | Information der Wirtschaftsprüferkammer bei Kündigung oder Widerruf des Prüfungsauftrags (Abs. 8) | 77–78 |

## 1 Überblick

§ 318 HGB regelt Zuständigkeit und Form für die Bestellung und Abberufung des AP bei allen prüfungspflichtigen KapG und KapCoGes. Weiterhin regelt die Vorschrift das Kündigungsrecht des **AP** sowie eine Informationspflicht an die WPK bei Kündigung oder Widerruf. § 318 HGB gilt unmittelbar für die Prüfung des JA und KA sowie über § 324a Abs. 1 HGB auch für den IFRS-EA nach § 325 Abs. 2a HGB.

§ 318 HGB folgt im Gesetz den Vorschriften zur Prüfungspflicht und zu den Prüfungsgegenständen (§§ 316, 317 HGB).

## 2 Bestellung des Abschlussprüfers für den Jahres- und den Konzernabschluss (Abs. 1)

### 2.1 Überblick

Zur Bestellung des AP bedarf es neben der **Wahl** des AP durch die Gesellschafter zusätzlich des Abschlusses eines **Prüfungsvertrags** zwischen dem AP und den gesetzlichen Vertretern des prüfungspflichtigen Unt. Der Begriff „Bestellung" umfasst also neben der Wahl des AP auch die Auftragserteilung durch die Vertreter der Ges. sowie die Auftragsannahme durch den AP.[1]

### 2.2 Wahl des Abschlussprüfers

#### 2.2.1 Wahlverfahren bei der AG

Das AktG schreibt zwingend die **Wahl** des AP **durch** die **HV** vor (§ 119 Abs. 1 Nr. 4 AktG). Hierdurch soll eine unparteiische, von den Organen der AG unabhängige Prüfung erreicht werden. Nur für das erste Gj wird der AP ausnahmsweise durch die Gründer gewählt (§ 30 Abs. 1 Satz 1 AktG).

Das Wahlrecht der HV ist dabei unbeschränkt. Die HV ist nicht an die Vorschläge des AR gebunden.[2]

Der Wahlvorgang ist durch detaillierte aktienrechtliche Vorschriften geregelt. Für die Einberufung der HV ist der Vorstand zuständig, der auf Vorschlag des AR die Wahl des AP als Tagesordnungspunkt bekannt zu machen hat. Wahlvorschläge können auch von den Aktionären unterbreitet werden.[3] Der Wahlbeschluss muss mit **einfacher Stimmenmehrheit** gefasst werden (§ 133 Abs. 1 AktG). Die Satzung kann allerdings abweichende Regelungen enthalten.[4]

Der Wahlbeschluss muss bei börsennotierten AG in der HV notariell beurkundet werden. Bei anderen AG reicht eine vom AR-Vorsitzenden unterschriebene Niederschrift, sofern nicht aufgrund anderer Tagesordnungspunkte (z.B. Beschlussfassung über Kapitalmaßnahmen) eine notarielle Beurkundung erforderlich ist.

---

[1] Zur Beauftragung des AP vgl. auch IDW PS 220.
[2] Vgl. *Schmidt/Heinz*, in Beck Bil-Komm. 9. Aufl., § 318 HGB, Rz 4.
[3] Dazu müssen die Aktionäre spätestens zwei Wochen vor dem Tag der HV dem Vorstand einen Wahlvorschlag machen (§ 127 Satz 1 AktG).
[4] Vgl. *Schmidt/Heinz*, in Beck Bil-Komm. 9. Aufl., § 318 HGB, Rz 4; *Baetge/Thiele*, in *Küting/Pfitzer/Weber*, HdR, HGB § 318, Rn 9, Stand 10/2010.

### 2.2.2 Wahlverfahren bei der KGaA

5 Die **Wahl** bei der KGaA erfolgt – nach Vorschlag durch den AR – ebenfalls **durch die HV** (§ 285 Abs. 1 AktG). Dabei ist zu beachten, dass nach § 285 Abs. 1 Satz 2 Nr. 6 AktG die persönlich haftenden Gesellschafter ihr Stimmrecht bei der Wahl des AP nicht ausüben dürfen. Sinn und Zweck dieser Regelung ist es, einen Einfluss der Komplementäre, die den JA aufstellen, auf die Wahl des AP auszuschließen.[5] Allerdings steht den Komplementären das Recht zu, Widerspruch zu erheben und die Ersetzung des AP durch das Gericht gem. § 318 Abs. 3 HGB zu betreiben.[6]

### 2.2.3 Wahlverfahren bei der GmbH

6 Auch bei der GmbH wird der AP im Regelfall von den **Gesellschaftern gewählt**. Allerdings kann der Gesellschaftsvertrag diese Kompetenz auch auf ein **anderes Gremium** (AR, Beirat, Gesellschafterausschuss) übertragen, nicht aber auf die Geschäftsführung.[7]
Die Ausgestaltung des Wahlvorgangs liegt weitgehend in der Kompetenz der Gesellschafter bzw. in der Gestaltungsfreiheit des Gesellschaftsvertrags. So ist etwa auch eine rein schriftliche Beschlussfassung („Umlaufverfahren") grds. zulässig.[8]

### 2.2.4 Wahlverfahren bei § 264a-HGB-Gesellschaften

7 Im Fall der KapCoGes nach § 264a HGB wird der AP von den **Gesellschaftern gewählt**, bei der KG unter Einbeziehung der Kommanditisten. Wie bei der GmbH ist es aber auch bei KapCoGes zulässig, die Wahlkompetenz auf ein anderes Gremium zu übertragen.[9]

### 2.2.5 Wahlverfahren für den Konzernabschluss

8 Das Wahlverfahren ist identisch mit der Wahl des AP für den JA des MU. Erfolgt keine gesonderte Wahl des Konzern-AP, gilt der **Prüfer** des JA des **MU** als bestellter Konzern-AP (vgl. § 318 Abs. 2 Satz 1 HGB).

## 2.3 Zeitpunkt der Wahl

9 Die Wahl des AP soll jeweils **vor Ablauf des Gj**, auf das sich die Prüfungstätigkeit des AP erstreckt, erfolgen (§ 318 Abs. 1 Satz 3 HGB). AP können nur für ein Gj bestellt werden: Das in § 318 Abs. 1 Satz 3 HGB verwendete Wort „jeweils" bedeutet, dass ein AP jedes Jahr neu gewählt und immer nur für die Prüfung des jeweiligen Abschlusses bestellt werden darf.[10] Eine nicht vor Ablauf des Gj erfolgte Wahl kann für die Gesellschafter den Verlust des Wahlrechts bedeuten, weil nach § 318 Abs. 4 HGB die gesetzlichen Vertreter der prüfungs-

---

[5] Vgl. *Schmidt/Heinz*, in Beck Bil-Komm. 9. Aufl., § 318 HGB, Rz 5; *Baetge/Thiele*, in *Küting/Weber*, HdR, HGB § 318, Rn 12, Stand 10/2010.
[6] Vgl. *Baetge/Thiele*, in *Küting/Pfitzer/Weber*, HdR, HGB § 318, Rn 14, Stand 10/2010.
[7] Zu abweichenden Regelungen im Gesellschaftsvertrag vgl. *Baetge/Thiele*, in *Küting/Pfitzer/Weber*, HdR, HGB § 318, Rn 28 ff., Stand 10/2010.
[8] Vgl. dazu etwa *Baetge/Thiele*, in *Küting/Pfitzer/Weber*, HdR, HGB § 318, Rn 18, Stand 10/2010.
[9] Weiterführend *Schmidt/Heinz*, in Beck Bil-Komm. 9. Aufl., § 318 HGB, Rz 9.
[10] Vgl. *Baetge/Thiele*, in *Küting/Pfitzer/Weber*, HdR, HGB § 318, Rn 38, Stand 10/2010.

pflichtigen Ges. verpflichtet sind, unmittelbar nach Ablauf des Gj beim Gericht einen Antrag auf Bestellung eines AP zu stellen.[11]

## 2.4 Wählbarer Personenkreis

Als AP ist der in § 319 Abs. 1 HGB genannte Personenkreis wählbar, also **WP** und **WPG**. Für die Prüfung mittelgroßer GmbH und KapCo-Ges können auch vBP und BPG gewählt werden. AP eines KA können nur WP und WPG sein.[12] Wählbar sind auch mehrere AP mit dem Auftrag, entweder eine gemeinsame oder eine voneinander unabhängige Prüfung durchzuführen. Bei einer gemeinsamen Prüfung müssen alle AP gemeinsam bestellt werden.[13]

10

## 2.5 Erteilung, Annahme und Widerruf des Prüfungsauftrags

Das zuständige Organ der prüfungspflichtigen Ges. muss dem AP unverzüglich nach dessen Wahl den **Prüfungsauftrag erteilen**. Bei der AG und der KGaA liegt diese Kompetenz beim AR (§ 111 Abs. 2 Satz 3 AktG). Dies gilt auch für die GmbH, sofern bei dieser ein AR eingerichtet ist (§ 52 Abs. 1 GmbHG i. V. m. § 111 Abs. 2 Satz 3 AktG). Im Übrigen sind die gesetzlichen Vertreter für die Auftragserteilung zuständig.

11

Der Prüfungsauftrag wird durch **Annahme** des gewählten AP wirksam. Die Annahme ist zwar formlos möglich, sollte aber schriftlich erfolgen. Eine Ablehnung durch den AP muss unverzüglich erfolgen (§ 51 WPO). Eine Begründung der Ablehnung ist zwar vom Gesetzeswortlaut her nicht erforderlich, nach der hier vertretenen Auffassung jedoch empfehlenswert.

12

Der Prüfer darf den **Auftrag nicht annehmen**, wenn der Annahme gesetzliche Bestimmungen entgegenstehen oder der Prüfer den Auftrag voraussichtlich nicht ordnungsgemäß ausführen kann. Der **AP** hat in jedem Fall vor Annahme **gewissenhaft zu prüfen**, ob nach den Berufspflichten ein Prüfungsauftrag angenommen werden darf und ob die besonderen Kenntnisse und Erfahrungen vorliegen, um die Prüfung sachgerecht durchführen zu können. Der AP hat sich insb. **zu vergewissern**, dass dem Prüfungsauftrag keine Ausschlussgründe nach §§ 319, 319a, 319b HGB, §§ 49 und 53 WPO sowie §§ 20ff. BS WP/vBP entgegenstehen.[14]

13

Der AP hat zu prüfen, ob die **Bestellung ordnungsgemäß** erfolgt ist, und bis zur Beendigung der Prüfung weiter darauf zu achten, ob zwischenzeitlich Umstände eingetreten sind, die eine Pflicht zur Kündigung begründen. Werden Mängel der Wahl oder Beauftragung festgestellt, sind diese durch Nachholung der entsprechenden Maßnahmen spätestens bis zur Unterzeichnung des BSV zu beseitigen.[15]

14

---

11 Die Wahl nach Ablauf des Gj ist aber so lange zulässig, als eine gerichtliche Bestellung noch nicht erfolgt ist; vgl. *Schmidt/Heinz*, in Beck Bil-Komm. 9. Aufl., § 318 HGB, Rz 11; *ADS*, 6. Aufl., § 318 HGB, Rz 136.
12 Wird jemand gewählt, der nicht nach §§ 319, 319a und 319b HGB AP sein darf, ist die Wahl nichtig.
13 Weiterführend *Schmidt/Heinz*, in Beck Bil-Komm. 9. Aufl., § 318 HGB, Rz 12f.; *Baetge/Thiele*, in *Küting/Pfitzer/Weber*, HdR, HGB § 318, Rn 47f., Stand 10/2010. Zum Vorgehen beim „Joint Audit" vgl. IDW PS 208.
14 Vgl. IDW PS 220, Tz 11. Anders sind die Fälle z.B. bei Ausschreibungen oder bei börsennotierten Unt gelagert: Dort erfolgt die entsprechende Prüfung des AP nicht erst bei Auftragsannahme, sondern zeitlich vorverlegt.
15 Vgl. IDW PS 220, Tz 12.

15 Nach Annahme des Prüfungsauftrags sind sowohl der AP als auch die zu prüfende Ges. an den abgeschlossenen Prüfungsvertrag gebunden. § 318 Abs. 1 Satz 5 HGB lässt einen **Widerruf** des Prüfungsauftrags nur unter der Voraussetzung zu, dass gem. § 318 Abs. 3 HGB ein neuer AP bestellt worden ist. Dies bedeutet, dass die Ges. einen einmal bestellten AP nur wechseln kann, wenn dies aus einem in der Person des AP liegenden Grund geboten erscheint, insb. wenn Besorgnis der Befangenheit besteht (§ 318 Abs. 3 Satz 1, vgl. Rz 35 ff.). Der AP selbst darf den Prüfungsvertrag nur dann kündigen, wenn ein wichtiger Grund vorliegt (§ 318 Abs. 6 Satz 1, vgl. Rz 56 ff.).

## 2.6 Bestellung des Abschlussprüfers bei der Europäischen AG

16 Auch bei der SE wird der AP von der HV gewählt. Die VO Statut SE verweist diesbezüglich auf die Regelungen für AG. Der Prüfungsauftrag wird vom AR (SE mit dualistischem System) oder vom Verwaltungsrat (SE mit monistischem System) erteilt.

## 2.7 Prüfungsvertrag

### 2.7.1 Allgemeines

17 Der Prüfungsvertrag sollte die wichtigsten Voraussetzungen des Vertragsverhältnisses beschreiben. Dazu gehören etwa:
- Honorarvereinbarungen,
- Beschreibung der Leistungspflichten, die im Rahmen des Pflichtprüfungsauftrags vom AP erbracht werden sollen,
- Pflichten des prüfungspflichtigen Unt,
- Folgen bei Verletzung der Pflichten beider Vertragsparteien,
- Haftung des AP.

Das Auftragsverhältnis ist zivilrechtlicher Natur. Vertragsinhalt ist eine Geschäftsbesorgung (§ 675 BGB) mit überwiegend werkvertraglichen Elementen.[16]

### 2.7.2 Auftragsbestätigung i. S. v. IDW PS 220

#### 2.7.2.1 Grundsätze

18 Hinsichtlich der Ausgestaltung des Prüfungsvertrags in Form eines **Auftragsbestätigungsschreibens** finden sich Hinweise für den AP in **IDW PS 220**.

19 Das Gesetz selbst enthält keine Regelungen hinsichtlich der für den Abschluss des Prüfungsauftrags erforderlichen Erklärungen. Das Unt und der AP haben sich über die Inhalte des Prüfungsauftrags zu einigen, soweit nicht das Gesetz zwingende Regelungen enthält. **Wesentliche Abreden** sind **schriftlich** zu treffen, um Zweifel zu vermeiden, mit welchem Inhalt der Prüfungsauftrag zustande kommt. Folgende **Fallgestaltungen** können unterschieden werden:[17]
- Das Unt erteilt dem AP den Auftrag zur Durchführung der JAP. Enthält die Erklärung des Unt bereits sämtliche erforderlichen Vertragsbestandteile, wird dieses Angebot durch ein Auftragsbestätigungsschreiben angenommen.

---

[16] So *Schmidt/Heinz*, in Beck Bil-Komm. 9. Aufl., § 318 HGB, Rz 14. Ausführlich zum Prüfungsvertrag ADS, 6. Aufl., § 318 HGB, Rz 191 ff.; *Baetge/Thiele*, in *Küting/Pfitzer/Weber*, HdR, HGB § 318, Rn 61 ff., Stand 10/2010.
[17] Vgl. IDW PS 220, Tz 7.

- In vielen Fällen wird das Schreiben des AP zusätzliche Bestandteile für den Auftragsinhalt aufweisen. In diesem Fall bedarf es der Annahme dieses veränderten Angebots durch das Unt. Dieses kann zwar konkludent geschehen, sollte aber aus Gründen der Rechtssicherheit ausdrücklich erklärt werden. Hierzu empfiehlt sich die Rücksendung des vom Unt gegengezeichneten Auftragsschreibens.
- Gibt der AP nach entsprechender Aufforderung vor der Wahl ein Angebot zur Durchführung der JAP ab, das alle wesentlichen Bestandteile enthält, kann dieses Angebot von dem Unt ohne zusätzliche weitere Absprache durch Erklärung nach der Wahl zum AP angenommen werden. Dadurch wird der Prüfungsauftrag mit dem Inhalt des Angebots wirksam.

Auch für **freiwillige JAP** ist eine **Vereinbarung** zwischen dem Unt und dem AP **abzuschließen**. Dabei handelt das Unt durch einen zur Vertretung Berechtigten. Die Auswahl des AP obliegt als Grundlagengeschäft dem Unternehmensinhaber oder den Gesellschaftern, sofern im Gesellschaftsvertrag nichts anderes bestimmt ist.[18]

### 2.7.2.2 Regelungen zum Prüfungsauftrag in einem Auftragsbestätigungsschreiben

**Auftragsbestätigungsschreiben** können vertragsrechtlich unterschiedliche Bedeutung haben: Sie können der **Dokumentation** getroffener Vereinbarungen dienen oder lediglich eine **Willenserklärung** zum Vertragsabschluss darstellen bzw. dokumentieren. Diese Auftragsbestätigungsschreiben enthalten die Festlegungen zu **Ziel und Umfang** der Apr., zu den Pflichten des AP gegenüber dem Auftraggeber und zur **Form der Berichterstattung**.

Im Fall der gesetzlichen AP ergeben sich wesentliche Inhalte für den Auftrag bereits aus dem Gesetz. Doch ist auch in diesen Fällen ein entsprechendes Auftragsbestätigungsschreiben zur Verdeutlichung des Prüfungsauftrags und zur Vermeidung von Missverständnissen und falschen Erwartungen beim Auftraggeber sinnvoll.[19]

Ergibt sich aus der Beauftragung, dass die Apr. nicht erweitert, sondern durch einen **zusätzlichen Auftrag** ergänzt werden soll, ist es sachgerecht, diesen gesondert zu bestätigen.[20]

Gilt der AP des MU zugleich als **AP des Konzerns**, so ist hierauf im Auftragsbestätigungsschreiben ausdrücklich hinzuweisen. Ist der AP des MU zugleich AP von TU, ist i.d.R. für Letzteres der Auftrag gesondert zu bestätigen, da insoweit selbstständige Auftragsverhältnisse bestehen. Dies schließt nicht aus, dass ggf. die Auftragsbestätigungen in einem Schreiben erfolgen können.[21]

Im Fall der **Nachtragsprüfung** (§ 316 Abs. 3 HGB) bedarf es keiner erneuten Bestellung (Wahl und Beauftragung), weil sich der ursprüngliche Prüfungsauftrag dem Grunde nach auch hierauf erstreckt. Ergänzende Vereinbarungen sind zu treffen, soweit dies wegen veränderter Umstände erforderlich ist, z. B. für Einzelheiten der Prüfungsdurchführung oder bzgl. der Anpassung der Vergütung. Der AP wird tätig, wenn das Unt den geänderten Abschluss zur Prüfung vorlegt.[22]

---

[18] Vgl. IDW PS 220, Tz 9. Zu beachten ist bei freiwilligen JAP, dass keine gesetzliche Haftungsbeschränkung besteht. Vgl. zur Haftung des AP die Ausführungen zu § 323 HGB.
[19] Vgl. IDW PS 220, Tz 14.
[20] Denkbar ist etwa die Prüfung nach § 53 HGrG.
[21] Vgl. IDW PS 220, Tz 16.
[22] Vgl. IDW PS 220, Tz 17.

#### 2.7.2.3 Inhalt des Prüfungsauftrags

25 Bei gesetzlichen Apr. ergeben sich die Pflichten des AP aus §§ 317 ff. HGB und der Berufsauffassung, die insb. in IDW PS festgelegt ist. Zur Verdeutlichung empfiehlt es sich, auch insoweit den **wesentlichen Auftragsinhalt** ausdrücklich in die Auftragsformulierung aufzunehmen. Bei freiwilligen Apr. muss der Umfang der Prüfung entsprechend §§ 317 ff. HGB vereinbart werden. Hierfür empfiehlt sich eine Bezugnahme auf die gesetzliche Regelung.

26 Die in einem Auftragsbestätigungsschreiben regelmäßig anzusprechenden Punkte sind in IDW PS 220, Tz 18 ff., aufgeführt.

#### 2.7.2.4 Besonderheiten bei Folgeprüfungen

27 Die Bestellung zum AP muss auch bei Folgeprüfungen für jedes Gj neu erfolgen. Der AP hat stets **erneut zu klären**, ob der Prüfungsauftrag angenommen werden darf.

28 Bei jeder Bestellung ist eine **neue Vereinbarung** erforderlich. Dabei sollten die **wesentlichen Vertragsmerkmale** bei jeder Beauftragung vereinbart und aus Gründen der Klarheit eine Bezugnahme auf frühere Abreden vermieden werden. Der AP kann zur Vermeidung von Wiederholungen im Auftragsbestätigungsschreiben auf die sonstigen Bedingungen für den Auftrag bei vorherigen Prüfungen Bezug nehmen.

29 Die Regelungen zu Form und Inhalt von Auftragsbestätigungsschreiben sind grds. auch bei Folgeprüfungen zu beachten. Der AP hat in diesem Zusammenhang insb. abzuwägen, ob Umstände vorliegen, die eine Änderung der Bedingungen für den Auftrag erfordern, oder ob die Notwendigkeit besteht, den Auftraggeber auf bestimmte bestehende Vereinbarungen ausdrücklich hinzuweisen.[23]

### 2.8 Exkurs: Prüfungsauftrag des Abschlussprüfers im Insolvenzfall

30 Umstritten ist das Vorgehen im **Insolvenzfall**. Nach einem Urteil des OLG Dresden endet der zwischen einem prüfungspflichtigen Unt und dem AP geschlossene Prüfungsvertrag, wenn nicht das Gj vor der Eröffnung des Insolvenzverfahrens betroffen ist, jedenfalls dann mit der Eröffnung des Insolvenzverfahrens, wenn der Insolvenzverwalter nicht die Erfüllung wählt. Für davorliegende Gj hat die Bestellung nach § 155 Abs. 3 Satz 1 InsO auf Antrag des Insolvenzverwalters durch das Registergericht zu erfolgen.[24] Das Gericht hat in seiner Entscheidung offengelassen, ob der Prüfungsvertrag gem. §§ 115, 116 InsO erlischt oder – weil die Geschäftsbesorgung sich nicht auf das zur Masse gehörende Vermögen bezieht – dessen Schicksal nach § 103 InsO von der Erfüllungswahl des Insolvenzverwalters abhängt.

---

[23] Vgl. IDW PS 220, Tz 26.
[24] OLG Dresden, Beschluss v. 30.9.2009, 13 W 281/09, ZInsO 2010, S. 46.

## 3 Fiktion der Bestellung des Jahresabschlussprüfers zum Konzernabschlussprüfer (Abs. 2)

Der Gesetzgeber geht davon aus, dass der **AP des JA** des MU i.d.R. auch den **KA** prüft. Der AP des JA gilt als zum Konzern-AP gewählt, wenn keine separate Wahl erfolgt (**Wahl kraft Fiktion**, § 318 Abs. 2 Satz 1 HGB). Für eine Prüfung des KA durch den AP des MU spricht, dass er die Verhältnisse des MU und häufig auch der wichtigsten Konzernunternehmen am ehesten kennt.[25]

Vor einem Wahlvorschlag, der auf eine gesonderte Wahl eines Konzern-AP verzichtet, haben sich die Vorschlagenden davon zu überzeugen, dass der Prüfer des JA auch die KAP ordnungsmäßig durchführen kann. Sie haben hierzu insb. die **personelle** und **sachliche Ausstattung** des Prüfers zu berücksichtigen. Der Prüfer muss von der zu prüfenden Gesellschaft über den Umfang der einzubeziehenden Abschlüsse, insb. der Abschlüsse ausländischer TU, informiert werden, damit er beurteilen kann, ob er personell und sachlich dem Prüfungsauftrag gerecht werden kann und ob er die **Kenntnisse** besitzt, die zur Durchführung dieser speziellen **KAP** erforderlich sind. Die „automatische" Bestellung des Jahresabschlussprüfers zum Konzern-AP entbindet die im zu prüfenden Unt für die Bestellung des AP zuständigen Gremien somit nicht von ihrer Pflicht, die **Eignung** des vorgesehenen AP für die anstehende KAP **zu beurteilen**.

Ein Konzern-AP ist gem. § 318 Abs. 2 HGB auch dann bestellt, wenn die gesetzlichen Vertreter bzw. die Gesellschafter des MU versehentlich annehmen, dass ein KA weder aufzustellen noch zu prüfen ist.[26] Der Prüfer des JA hat alle Rechte eines Konzern-AP und muss beurteilen, ob ggf. ein KA aufzustellen und zu prüfen ist.

Es ist denkbar, dass auch lediglich der KA, nicht aber der JA des MU prüfungspflichtig ist, weil Letzterer die relevanten Größenkriterien nach § 267 HGB nicht überschreitet. Eine automatische Bestellung des Jahresabschlussprüfers zum Konzern-AP greift in diesem Fall nicht, da die freiwillige Prüfung des JA anderen Regelungen unterliegt als die Pflichtprüfung des KA.[27] Insofern empfiehlt sich hier die gesonderte Wahl eines Konzern-AP.

Die Wahl des **Konzern-AP** kann bei einer **GmbH** oder einer **PersG** ebenso wie die Wahl des Jahresabschlussprüfers im Gesellschaftsvertrag abweichend von den gesetzlichen Vorgaben geregelt sein (§ 318 Abs. 1 Satz 2 HGB). Dabei kann die Zusammensetzung des den Konzern-AP wählenden Personenkreises von der für den JA relevanten Regelung abweichen. In diesem Fall geht die gesellschaftsvertragliche Regelung, die die Kompetenz zur Wahl der verschiedenen AP bewusst unterschiedlich regelt, der gesetzlichen Fiktion der Bestellung des Jahresabschlussprüfers zum Konzern-AP vor. Dies hat zur Folge, dass § 318 Abs. 2 HGB in diesem Fall nicht greift. Der Jahresabschlussprüfer ist auch dann, wenn kein Konzern-AP bestellt wird, nicht automatisch zum Konzern-AP bestellt. Dasselbe gilt, wenn bspw. gesellschaftsvertraglich festgelegt ist, dass JA und KA von unterschiedlichen AP zu prüfen sind und nur ein Jahresabschlussprüfer bestellt wird.

---

25 Vgl. *Baetge/Thiele*, in *Küting/Pfitzer/Weber*, HdR, HGB § 318, Rn 76, Stand 10/2010.
26 Vgl. *Baetge/Thiele*, in *Küting/Pfitzer/Weber*, HdR, HGB § 318, Rn 78, Stand 10/2010.
27 Vgl. *Baetge/Thiele*, in *Küting/Pfitzer/Weber*, HdR, HGB § 318, Rn 78, Stand 10/2010. ADS sehen diesen Fall dagegen vom Wortlaut des § 318 Abs. 2 HGB erfasst: ADS, 6. Aufl., § 318 HGB, Rz 292a.

## 4 Ersetzung des Abschlussprüfers durch das Gericht (Abs. 3)

### 4.1 Allgemeines

35 Auf Antrag hat das Gericht einen anderen AP zu bestellen, wenn dies aus einem **in der Person des gewählten AP** liegenden Grund geboten erscheint, insb. wenn ein Ausschlussgrund nach §§ 319 Abs. 2–5, 319a, 319b HGB besteht. **Ersetzung bedeutet**, dass der bisherige AP abberufen und ein neuer AP bestellt wird.

36 Ist der JA nicht kraft Gesetzes, sondern aufgrund der Satzung/des Gesellschaftsvertrags von einem AP zu prüfen, ist in den Fällen des § 318 Abs. 3 HGB nicht das Gericht zuständig, sondern das gem. Satzung/Gesellschaftsvertrag zuständige Wahlgremium.

### 4.2 Antragsberechtigter Personenkreis

37 Die Antragsberechtigten sind im Gesetz abschließend genannt: Die **gesetzlichen Vertreter**, der **AR**, die **Gesellschafter**. Das Antragsrecht steht dem jeweiligen **Organ insgesamt** zu. Daher ist ein entsprechender Beschluss des Organs erforderlich.[28]
Das Verfahren kann bei der GmbH und der GmbH & Co. KG von jedem Gesellschafter eingeleitet werden. Bei **Aktionären** müssen weitere Bedingungen erfüllt sein:
- Die Aktionäre müssen gegen die Wahl des AP bei der Beschlussfassung Widerspruch erklärt haben.
- Ihre Anteile am Grundkapital müssen 20 % des Grundkapitals oder einen Börsenwert von 500 TEUR betragen.
- Sie müssen seit mindestens 3 Monaten vor dem Tag der Wahl des AP Inhaber dieser Aktien sein.

### 4.3 Antragsfrist

38 Der Antrag ist binnen **2 Wochen** seit dem Tag der Wahl des AP zu stellen. Es handelt sich um eine zwingende Ausschlussfrist. Wird der Antrag nicht rechtzeitig gestellt, ist die Antragstellung nicht mehr möglich.[29] Die Antragsfrist verschiebt sich entsprechend, wenn ein Befangenheitsgrund erst nach der Wahl bekannt wird oder erst nach der Wahl eintritt.

### 4.4 Antragsverfahren

39 Für den Antrag nach § 318 Abs. 3 HGB ist **örtlich** und **sachlich** das Amtsgericht am Sitz des zu prüfenden Unt **zuständig**. **Antragsteller** sind die in § 318 Abs. 3 Satz 1 oder Satz 6 HGB genannten Personen. **Antragsgegner** ist die Ges., vertreten durch ihre gesetzlichen Vertreter. Ebenfalls **Beteiligter** ist der gewählte AP. Allen Beteiligten ist rechtliches Gehör zu gewähren.
Gibt das Gericht dem Antrag statt, hat es gleichzeitig einen AP zu bestellen. Es kann dabei Vorschlägen der Beteiligten folgen.

---

[28] Vgl. *Schmidt/Heinz*, in Beck Bil-Komm. 9. Aufl., § 318 HGB, Rz 18, mwN.
[29] Vgl. *ADS*, 6. Aufl., § 318 HGB, Rz 340.

## 4.5 Antragsgründe

§ 318 Abs. 3 Satz 1 HGB besagt, dass das Gericht einen anderen AP zu bestellen hat, wenn dies aus einem **in der Person des gewählten AP** liegenden Grund geboten erscheint, insb. wenn ein **Ausschlussgrund**
- nach § 319 Abs. 2–5 HGB oder
- nach § 319a HGB und
- nach § 319b HGB

besteht.

Der Antrag an das Gericht muss die **Gründe erläutern**, derentwegen die Bestellung eines anderen AP verlangt wird. Die Antragsgründe müssen Zweifel begründen, dass der AP eine ordnungsgemäße Durchführung der Prüfung im Interesse der Gesellschaft und der Öffentlichkeit gewährleistet.[30]

Das Gesetz verlangt ausdrücklich, dass nur in der Person des Prüfers liegende Gründe die gerichtliche Ersetzung rechtfertigen. Der in § 318 Abs. 3 Satz 1 HGB genannte Begriff „Befangenheit" ist dabei als umfassender, generalisierter Tatbestand zu interpretieren.[31]

Der in § 318 Abs. 3 Satz 1 HGB verwendete Begriff der **Besorgnis der Befangenheit** findet sich ebenfalls in der WPO und der BS WP/vBP.

Dort wird auf „nahe Beziehungen" zu einem Beteiligten oder zum Gegenstand der Beurteilung abgestellt. Der AP muss nach § 49 WPO seine Tätigkeit versagen, wenn ein **unabhängiger Dritter** bei objektiver Betrachtung **Zweifel** an der Unbefangenheit des AP haben könnte. Dabei kommt es also nicht darauf an, ob der Prüfer sich subjektiv für befangen hält, sondern darauf, ob die Besorgnis der Befangenheit bei anderen zu Recht besteht. Eine gerichtliche Ersetzung muss damit aus der Sicht eines verständigen Dritten geboten sein.[32]

**Anhaltspunkte**, die bei objektiver Betrachtung die Besorgnis der Befangenheit rechtfertigen, können etwa freundschaftliche oder verwandtschaftliche Beziehungen mit den gesetzlichen Vertretern des zu prüfenden Unt, geschäftliche Interessen oder wirtschaftliche Abhängigkeiten sein.

Wird ein Unt in jährlich aufeinanderfolgenden Prüfungen von **demselben Prüfer** geprüft, so liegt dagegen **keine Besorgnis** der Befangenheit vor. Gleiches gilt, wenn der AP gleichzeitig TU oder Konkurrenzunternehmen prüft.[33]

Ob **mangelnde fachliche Qualifikation**, fehlende Spezialkenntnisse des AP, **mangelnde personelle** oder **sachliche Ausstattung** seine Befangenheit begründen, richtet sich danach, ob der AP objektiv in der Lage ist, die Durchführung der Apr. zu überwachen und sich das Prüfungsergebnis zu eigen macht, auch wenn er zulässigerweise sachkundige Dritte oder andere Hilfskräfte hinzuzieht.[34]

**Berufsgerichtliche Verfahren**, die zu einer schweren Bestrafung des AP geführt haben, ohne dass ein Berufsausschluss erfolgt ist, können ein Antragsgrund sein,

---

30 Vgl. *Schmidt/Heinz*, in Beck Bil-Komm. 9. Aufl., § 318 HGB, Rz 22.
31 Vgl. *Baetge/Thiele*, in *Küting/Pfitzer/Weber*, HdR, HGB § 318, Rn 99, Stand 10/2010.
32 Vgl. *ADS*, 6. Aufl., § 318 HGB, Rz 353.
33 Vgl. *Baetge/Thiele*, in *Küting/Pfitzer/Weber*, HdR, HGB § 318, Rn 103, Stand 10/2010. Die Prüfung von Konkurrenzunternehmen wird allerdings zum Teil von Unt kritisch gesehen.
34 Vgl. *Schmidt/Heinz*, in Beck Bil-Komm. 9. Aufl., § 318 HGB, Rz 23.

soweit ernsthaft zu erwarten ist, dass die berufsgerichtliche Bestrafung im Zusammenhang mit anderen Gründen zu einer Beeinträchtigung der Apr. führt.[35]

46 Durch das **BilMoG** ist § 318 Abs. 3 Satz 1 HGB um einen Verweis auf § 319b HGB ergänzt worden. Hintergrund ist die Ausdehnung von Ausschlussgründen auf Netzwerkmitglieder in dem in das HGB eingefügten § 319b HGB.
Mit der Ergänzung des § 318 Abs. 3 Satz 1 HGB werden die Antragsgründe des **gerichtlichen Ersetzungsverfahrens erweitert**. Das Gericht hat auch dann einen neuen AP zu bestellen, wenn die Voraussetzungen des **§ 319b** HGB vorliegen, also ein Mitglied des Netzwerks des AP einen der Ausschlussgründe nach §§ 319, 319a HGB erfüllt, der den Ausschluss des AP von der Apr. nach sich zieht.

## 5 Bestellung des Abschlussprüfers durch das Gericht (Abs. 4)

### 5.1 Allgemeines

47 **Sinn und Zweck** des gerichtlichen Bestellungsverfahrens ist es, die rechtzeitige Durchführung der Apr. zu gewährleisten. Der Vorrang der Bestellung durch das Unt gilt so lange, bis das Gericht seinerseits einen AP bestellt hat. Das **Gericht interveniert** in den Fällen der **Untätigkeit** des Wahlorgans der Ges., der **Unwirksamkeit** der Wahl oder bei **sonstigen Ereignissen**, die eine Durchführung der Apr. durch den gewählten AP verhindern. § 318 Abs. 4 HGB greift also dann ein, wenn

- bis zum Ende des Gj kein AP gewählt ist (Abs. 4 Satz 1),
- der gewählte AP den Auftrag ablehnt (Abs. 4 Satz 2 1. Alt.),
- der gewählte AP aus anderen Gründen wegfällt (Abs. 4 Satz 2 2. Alt.) oder
- der gewählte AP verhindert ist (Abs. 4 Satz 2 3. Alt.).

Im Unterschied zu § 318 Abs. 3 HGB zielt das Verfahren nach § 318 Abs. 4 HGB also nicht darauf ab, eine Bestellung durch die Ges. zu überprüfen und ggf. zu korrigieren.

Das HGB verpflichtet die **gesetzlichen Vertreter**, den **Antrag unverzüglich** nach Ablauf des Gj zu stellen, wenn ein Tatbestand nach § 318 Abs. 4 Satz 1 oder Satz 2 HGB gegeben ist. Der Kreis der **Antragsberechtigten** ist im Gesetz abschließend genannt. Während die **Leitungsorgane** den Antrag nach § 318 Abs. 4 Satz 3 HGB stellen müssen, ist die Antragstellung durch den AR oder die Gesellschafter fakultativ. Abweichend zu § 318 Abs. 3 HGB steht das Antragsrecht jedem Aktionär zu, auch dem Vorzugsaktionär, nicht aber dem Inhaber von Genussscheinen oder Obligationen.[36]

Gegen die Entscheidung des Gerichts kann **sofortige Beschwerde** eingelegt werden (§ 318 Abs. 4 Satz 4 HGB). Darüber hinaus ist eine Anfechtung der Bestellung des AP nicht zulässig. Bis zur Bestellung durch das Gericht kann der AP durch eine, wenn auch verspätet einberufene, HV oder GesV gewählt werden.

---

[35] Vgl. *Baetge/Thiele*, in *Küting/Pfitzer/Weber*, HdR, HGB § 318, Rn 108, Stand 10/2010; *ADS*, 6. Aufl., § 318 HGB, Rz 373.
[36] Vgl. *Schmidt/Heinz*, in Beck Bil-Komm. 9. Aufl., § 318 HGB, Rz 27.

## 5.2 Antragsberechtigter Personenkreis

Der **antragsberechtigte Personenkreis** umfasst die gesetzlichen Vertreter der Ges., den AR oder einzelne Gesellschafter.[37] Andere Personen als die genannten sind nicht antragsberechtigt. Im Fall der Insolvenz der Ges. bestellt das Registergericht den AP auf Antrag des Insolvenzverwalters. § 318 Abs. 4 Satz 3 HGB statuiert eine **Antragspflicht** nur für die gesetzlichen Vertreter der Ges. Entsteht aus der Pflichtverletzung ein Schaden für die Ges., sind die gesetzlichen Vertreter ersatzpflichtig (§§ 93 AktG, 43 GmbHG). 48

## 5.3 Antragsvoraussetzungen

### 5.3.1 Fehlende Wahl des Abschlussprüfers

Der AP ist nicht gewählt, wenn 49
- das Wahlorgan untätig geblieben ist oder
- der Wahlbeschluss nichtig gewesen ist oder
- die Wahl erfolgreich angefochten worden ist.

Die Anfechtung muss im Verfahren nach § 246 AktG im Wege einer Anfechtungsklage geltend gemacht werden. Gemäß § 248 AktG steht infolge der Urteilswirkung dann fest, dass ein AP nicht wirksam gewählt worden ist. Auf die GmbH finden die Regelungen in §§ 246 f. AktG analog Anwendung.[38]

Der **Antrag** auf gerichtliche Bestellung eines AP kann erst **nach Ablauf des Gj** gestellt werden. Dies gilt auch, wenn abzusehen ist, dass das zuständige Gremium sein Recht nicht fristgemäß ausüben wird. 50

Eine außerordentliche HV oder GesV muss nicht zwangsläufig immer dann einberufen werden, wenn die ordentliche HV oder GesV keinen Wahlbeschluss gefasst hat. Der Vorstand einer AG oder die Geschäftsführung einer GmbH müssen vielmehr zwischen dem für die Einberufung und Abhaltung einer HV/GesV entstehenden Aufwand und der – allerdings erheblichen – Bedeutung der Abschlussprüferbestellung durch die Ges. abwägen.[39]

Die Wahlbefugnis des zuständigen Organs endet mit der Bestellung des AP durch das Gericht. Eine dennoch durchgeführte Wahl ist nicht wirksam. Jedoch kann ein **Ersatzprüfer** gewählt werden für den Fall, dass der gerichtlich bestellte AP wegfällt. Entscheidender Zeitpunkt für das Erlöschen der Wahlbefugnis der Gesellschafter ist der Zeitpunkt des Ergehens der gerichtlichen Entscheidung.[40]

### 5.3.2 Sonstige Antragsgründe

Nach § 318 Abs. 2 Satz 2 HGB liegen „sonstige Gründe" vor, wenn 51
- der gewählte AP die Auftragsannahme abgelehnt hat oder

---

[37] Für die Antragsberechtigung der Gesellschafter kommt es auf die Höhe ihrer Beteiligung nicht an, vgl. *Schmidt/Heinz*, in Beck Bil-Komm. 9. Aufl., § 318 HGB, Rz 27; *ADS*, 6. Aufl., § 318 HGB, Rz 390.
[38] Gegen die Beschlüsse einer KapCoGes ist dagegen keine Anfechtungsklage, sondern nur eine allgemeine Feststellungsklage zulässig, vgl. *Schmidt/Heinz*, in Beck Bil-Komm. 9. Aufl., § 318 HGB, Rz 28.
[39] Vgl. *ADS*, 6. Aufl., § 318 HGB, Rz 402.
[40] Weiterführend *Schmidt/Heinz*, in Beck Bil-Komm. 9. Aufl., § 318 HGB, Rz 28; *ADS*, 6. Aufl., § 318 HGB, Rz 405.

- der gewählte und ordnungsgemäß bestellte AP nachträglich weggefallen ist oder
- der gewählte und bestellte AP an der rechtzeitigen Beendigung der Apr. verhindert ist.

Aufgrund des Verweises auf § 318 Abs. 4 Satz 1 HGB kann der Antrag auf gerichtliche Bestellung aus sonstigen Gründen ebenfalls erst nach Ablauf des Gj gestellt werden.

52 Die **Ablehnung des Prüfungsauftrags** muss gem. § 51 WPO durch den AP unverzüglich erfolgen, sodass i. d. R. genug Zeit für die Wahl eines anderen AP bleibt. Bei nicht unverzüglicher Ablehnung macht sich der AP schadensersatzpflichtig (§ 51 Satz 2 WPO). Eine gerichtliche Bestellung des AP kommt dann infrage, wenn nach Ablehnung durch den ursprünglich vorgesehenen AP kein neuer AP gewählt wird.

53 Gründe für den **nachträglichen Wegfall** des gewählten Prüfers sind Tod oder Geschäftsunfähigkeit sowie Erlöschen, Rücknahme oder Widerruf der Bestellung als WP (§§ 19, 20 WPO) und die Kündigung des Prüfungsauftrags gem. § 318 Abs. 6 HGB. Der Wegfall des gewählten Prüfers schließt alle tatsächlichen oder rechtlichen Gründe ein, die eine Weiterführung der Prüfung durch den gewählten Prüfer verhindern.[41]

In § 318 Abs. 4 HGB nicht ausdrücklich geregelt sind die Fälle, in denen der Bestellungsakt insgesamt aus Gründen der §§ 319, 319a, 319b HGB nichtig ist. Auch in diesen Fällen fällt der AP nachträglich weg. Das Gleiche gilt, wenn der Wahlakt der HV/GesV z. B. wegen Besorgnis der Befangenheit angefochten wird und die Anfechtungsklage Erfolg hat. In diesen beiden Fällen erfolgt die „Vernichtung" des Bestellungsakts erst nach der HV/GesV, sodass diese nicht mehr reagieren kann. § 318 Abs. 4 HGB dürfte daher entsprechend anzuwenden sein.

54 Eine **nicht rechtzeitige Beendigung** der Prüfung kann sich durch Krankheit, Zeitmangel, Mitarbeitermangel oder anderweitigen Ausfall des AP ergeben. Ein Antragsgrund nach § 318 Abs. 4 Satz 2 3. Alt. HGB ist allerdings nur gegeben, wenn die Verzögerung nicht durch das zu prüfende Unt zu vertreten ist. Eine fehlende Prüfungsbereitschaft bzw. eine fehlende Mitwirkung des prüfungspflichtigen Unt wäre vom AP in seinem Prüfungsergebnis (Prüfungsbericht und/oder BSV) zu berücksichtigen.[42]

Im Fall der Verhinderung des gewählten AP erlischt sein Mandat. Der durch das Gericht zu bestellende AP tritt regelmäßig aus Gründen der Rechtssicherheit an die Stelle des verhinderten AP.[43]

---

[41] Vgl. *Baetge/Thiele*, in *Küting/Pfitzer/Weber*, HdR, HGB § 318, Rn 132, Stand 10/2010.
[42] Vgl. *Baetge/Thiele*, in *Küting/Pfitzer/Weber*, HdR, HGB § 318, Rn 133, Stand 10/2010. Zu Prüfungshemmnissen und deren Auswirkung auf Prüfungsbericht und BSV vgl. IDW PS 400, Tz 50, 68a f., sowie IDW PS 450, Tz 59.
[43] Nach *Schmidt/Heinz*, in Beck Bil-Komm. 9. Aufl., § 318 HGB, Rz 31, wäre es bei einem sehr weit fortgeschrittenen Prüfungsablauf denkbar, dass das Gericht ausnahmsweise dem gewählten AP einen anderen AP zur Seite stellt, wenn gewährleistet ist, dass der Ablauf dadurch beschleunigt oder die Verwertung der bereits vorhandenen Prüfungsergebnisse ermöglicht wird.

## 6 Vergütung des gerichtlich bestellten Abschlussprüfers (Abs. 5)

§ 318 Abs. 5 HGB regelt die **Ansprüche** des nach § 318 Abs. 3 oder Abs. 4 HGB vom Gericht bestellten AP. Er ersetzt **auf Antrag** die allgemeinen vertraglichen Regelungen in §§ 612, 632 BGB. Nach Bestellung durch das Gericht und Annahme durch den AP kommt zwischen der zu prüfenden Ges. und dem AP ein Prüfungsvertrag zustande, der den üblichen Regelungen des Prüfungsvertrags entspricht (Rz 17 ff.).
Der gerichtlich bestellte AP kann wie der gewählte AP mit der zu prüfenden Ges. Vereinbarungen über das Honorar und den Auslagenersatz treffen. Es gilt dabei der übliche Grundsatz der Vertragsfreiheit. Wenn eine solche besondere Vergütungsvereinbarung geschlossen wird, entfällt regelmäßig die Veranlassung, das Beschlussverfahren nach § 318 Abs. 5 HGB zu beantragen.[44]

55

## 7 Kündigung des Prüfungsauftrags (Abs. 6)

### 7.1 Allgemeines

Grundsätzlich gelten für das Auftragsverhältnis zwischen WP und Unt die Regelungen des BGB und somit auch die Vorschriften über die Kündigung nach §§ 626, 627, 649 BGB. Eine Ausnahme von der Möglichkeit der Kündigung nach den vorgenannten Paragrafen besteht für den Bereich der gesetzlich vorgeschriebenen Apr. Dem gem. § 318 Abs. 1 HGB bestellten AP kann der Auftrag nicht durch Kündigung seitens des zu prüfenden Unt entzogen werden. Der AP kann vielmehr nur aus den in § 318 Abs. 3 HGB genannten Gründen auf Antrag der insoweit Berechtigten durch das Gericht abberufen werden. Demgegenüber kann der WP den angenommenen Prüfungsauftrag kündigen, allerdings nur aus wichtigem Grund.

56

§ 318 Abs. 6 HGB regelt die **Kündigung des Prüfungsauftrags** durch den AP. Eine Kündigung ist nur aus **wichtigem Grund** möglich. Meinungsverschiedenheiten über Inhalt, Einschränkung oder Versagung des BSV sind ausdrücklich als Kündigungsgrund ausgeschlossen (§ 318 Abs. 6 Satz 2 HGB).

57

Dem **prüfungspflichtigen Unt** steht **kein Kündigungsrecht** zu. Daher kann es den Prüfungsauftrag auch nicht wegen pflichtwidrigen Verhaltens des AP kündigen. Hier wäre das Unt auf das Ersetzungsverfahren nach § 318 Abs. 3 HGB angewiesen.

58

### 7.2 Kündigungsgrund

Der AP kann den Prüfungsauftrag aus wichtigem Grund kündigen, wenn ihm die Fortsetzung seiner Tätigkeit nicht zugemutet werden kann.

59

**Persönliche Differenzen** zwischen AP und prüfungspflichtigem Unt berechtigen i. d. R. nicht zur Kündigung.[45]

60

---

[44] Für den Fall der Nichtleistung der Vergütung durch die geprüfte Ges. ist die Forderung im Wege der Leistungsklage vor dem ordentlichen Gericht durchzusetzen. S. dazu *Schmidt/Heinz*, in Beck Bil-Komm. 9. Aufl., § 318 HGB, Rz 32.
[45] Vgl. *Baetge/Thiele*, in *Küting/Pfitzer/Weber*, HdR, HGB § 318, Rn 150, Stand 10/2010; *Schmidt/Heinz*, in Beck Bil-Komm. 9. Aufl., § 318 HGB, Rz 34.

61 Sachliche Differenzen über die zutreffende Beurteilung des Prüfungsobjekts sind ebenfalls kein zulässiger Kündigungsgrund, da § 318 Abs. 6 Satz 2 HGB ausdrücklich Differenzen über die Art und den Inhalt des BSV ausschließt.
62 Auch eine **Verletzung der Vorlage- und Auskunftspflichten** des prüfungspflichtigen Unt stellt keinen wichtigen Grund dar. § 320 HGB verpflichtet prüfungspflichtige Unt, dem AP alle für die Prüfung notwendigen Unterlagen zu Verfügung zu stellen. Bei Verstößen gegen § 320 HGB hat der Prüfer zum einen im Prüfungsbericht gesondert auf diese Umstände hinzuweisen, zum anderen den BSV des prüfungspflichtigen Unt einzuschränken oder zu versagen.[46]
63 **Zweifel an der Vertrauenswürdigkeit des geprüften Unt** werden sich im Regelfall auch eher im Prüfungsergebnis niederschlagen. In besonderen Extremfällen, in denen z. B. eine kriminelle Betätigung entdeckt wird, dürfte jedoch eine Kündigung aus wichtigem Grund gerechtfertigt sein.[47]
64 Ein Kündigungsgrund liegt dagegen vor, wenn für den AP die **Durchführung der Apr. unmöglich** geworden ist. Ein Beispiel dafür ist eine schwerwiegende Erkrankung des AP. Aber auch wenn der AP erst während der Apr. erkennt, dass ihm die nötigen Kenntnisse oder Fähigkeiten zur Durchführung der Apr. fehlen und er dieses Problem nicht beheben kann, ist ein wichtiger Grund zur Kündigung des Prüfungsauftrags gegeben.[48]
65 Schließlich stellt es einen wichtigen Grund dar, wenn der AP bei einer Fortführung der Apr. gegen **gesetzliche Vorschriften verstoßen** würde und dies nicht anders als durch eine Kündigung des Prüfungsauftrags verhindert werden kann. Der wichtigste Fall ist ein sich erst während der Prüfung ergebender Verstoß gegen die Unabhängigkeitsanforderungen der §§ 319, 319a, 319b HGB.

## 7.3 Kündigungserklärung

66 Die Kündigung kann formlos, also auch mündlich erklärt werden. Allerdings muss der AP die Kündigung gem. § 318 Abs. 6 Satz 3 HGB schriftlich begründen; dabei muss der **Kündigungsgrund** schriftlich deutlich gemacht werden. Die Kündigung ist dem Gesellschaftsorgan gegenüber zu erklären, das den Prüfungsauftrag erteilt hat.

## 7.4 Wirkung der Kündigung

67 Mit der Kündigung des AP endet seine Stellung als gesetzlicher AP; zugleich **endet** der **Prüfungsvertrag**. Es muss ein neuer AP gewählt bzw. vom Gericht bestellt werden.
Der AP hat nach der Kündigung unter bestimmten Voraussetzungen einen **Vergütungsanspruch** für seine Tätigkeit. Kündigt der AP aus einem in der Verantwortung des Unt liegenden Grund, hat er Anspruch auf eine angemessene Vergütung für seine bisher geleistete Arbeit.[49]
68 Kündigt der AP den Prüfungsauftrag aus wichtigem Grund (§ 318 Abs. 6 und 7 HGB), ist gem. § 318 Abs. 6 Satz 4 HGB über das Ergebnis der bisherigen

---

[46] Vgl. IDW PS 400, Tz 50, 68af., sowie IDW PS 450, Tz 59.
[47] Vgl. *ADS*, 6. Aufl., § 318 HGB, Rz 440, mwN.
[48] Vgl. *Baetge/Thiele*, in *Küting/Pfitzer/Weber*, HdR, HGB § 318, Rn 148, Stand 10/2010.
[49] Vgl. *Baetge/Thiele*, in *Küting/Pfitzer/Weber*, HdR, HGB § 318, Rn 155, Stand 10/2010.

Prüfung gegenüber den Organen der zu prüfenden Ges. zu berichten. Für diesen Bericht sind die Grundsätze des IDW PS 450 entsprechend anzuwenden.[50]

Die Berichtspflicht gilt nur für **Kündigungen nach § 318 Abs. 6** und 7 HGB, nicht jedoch für Kündigungen durch die zu prüfende Ges. in den Fällen des § 318 Abs. 1 Satz 5 i.V.m. Abs. 3 HGB nach gerichtlicher Ersetzung oder in den Sonderfällen der Kündigung bei nichtiger Prüferwahl und Wegfall des Prüfers. 69

Die Angaben zum **Prüfungsauftrag** müssen klar erkennen lassen, dass es sich um einen **Bericht anlässlich einer Kündigung** des Prüfungsauftrags handelt. Daher empfiehlt es sich, die Begründung der Kündigung des Prüfungsauftrags nach § 318 Abs. 6 Satz 3 HGB in diesen Abschnitt des Berichts aufzunehmen.[51] 70

Die Berichterstattungspflichten erstrecken sich grds. auf die **nach IDW PS 450 bestehenden Berichtspflichten**, soweit dies dem AP nach den bis zur Kündigung des Prüfungsauftrags durchgeführten Prüfungshandlungen möglich ist. Ob und inwieweit der AP die geforderten Feststellungen treffen kann, ist nach den Verhältnissen des Einzelfalls zu entscheiden. Insbesondere die Berichterstattung nach § 321 Abs. 1 Satz 3 und Abs. 2 Satz 2 HGB wird nur in Ausnahmefällen, wenn eine Kündigung erst gegen Ende der Prüfung erfolgt, vorgenommen werden können.[52] 71

Der AP hat darauf hinzuweisen, wenn bestimmte Vorgänge bis zum Ende der Prüfungshandlungen noch **nicht abschließend beurteilt** werden konnten, diese sich nach Einschätzung des AP aber auf die Ordnungsmäßigkeit der Rechnungslegung auswirken können. 72

Nach erklärter Kündigung hat der AP **über das bisherige Ergebnis** seiner bisherigen Prüfungshandlungen **Bericht zu erstatten**. Dieser Prüfungsbericht muss den gesetzlichen Vertretern oder dem AR vorgelegt werden. Im Prüfungsbericht sollten für jedes Prüffeld, das der kündigende Prüfer geprüft hat, Urteile enthalten sein. Alle außergewöhnlichen Sachverhalte müssen aufgeführt werden, um dem neuen Prüfer eine schnelle Einarbeitung zu ermöglichen. Der scheidende AP ist verpflichtet, dem neuen AP verlangte Auskünfte zu erteilen.[53] 73

## 8 Mitteilungs- und Vorlagepflichten als Konsequenz der Kündigung des Abschlussprüfers (Abs. 7)

### 8.1 Allgemeines

Kündigt der AP gem. § 318 Abs. 6 HGB aus wichtigem Grund, so hat im prüfungspflichtigen Unt das Organ, an das die Kündigungserklärung gerichtet ist, bestimmte, in § 318 Abs. 7 HGB geregelte **Mitteilungs- und Vorlagepflichten**. Diese Pflichten treffen grds. die **gesetzlichen Vertreter** des prüfungspflich- 74

---

[50] Vgl. IDW PS 450, Tz 150 ff.
[51] Vgl. IDW PS 450, Tz 151.
[52] Vgl. IDW PS 450, Tz 152.
[53] Vgl. ADS, 6. Aufl., § 318 HGB, Rz 451 ff. Nach § 26 Abs. 3 BS WP/vBP ist der bisherige AP verpflichtet, dem neuen AP die Kündigung und den Prüfungsbericht zu erläutern, wenn dem bisherigen AP nicht entgegenstehen. Die Einsichtnahme in die Arbeitspapiere des scheidenden AP dürfte von der Auskunftspflicht nicht umfasst sein.

tigen Unt. Wenn allerdings der Prüfungsauftrag vom **AR** erteilt worden ist, ist dieser auch Adressat der Kündigungserklärung. Den AR treffen dann auch die entsprechenden Folgepflichten.

### 8.2 Kündigungsfolgen

75 Der jeweilige Adressat der Kündigungserklärung hat die Kündigung dem AR, der nächsten HV bzw. bei der GmbH den **Gesellschaftern mitzuteilen**. Ist der AR Adressat der Kündigungserklärung, hat dieser die gesetzlichen Vertreter zu unterrichten.
Der Empfänger der Kündigungserklärung ist ferner zur Vorlage des **Berichts des AP** verpflichtet. Dieser ist nach § 318 Abs. 7 Satz 2 HGB unverzüglich dem AR vorzulegen.[54] Jedes AR-Mitglied hat das Recht, den Bericht nach § 318 Abs. 7 Satz 3 HGB zur Kenntnis zu nehmen und außerdem den Bericht des AP zu erhalten, sofern der AR nicht nach § 318 Abs. 7 Satz 4 HGB beschlossen hat, den Prüfungsbericht nur an die Mitglieder eines Ausschusses auszuhändigen.[55]

76 Auch der **neue AP** hat Anspruch auf Aushändigung des Prüfungsberichts seines Vorgängers. Früher war dies zwar gesetzlich nicht explizit geregelt. Dennoch gehörte der Prüfungsbericht schon bisher zu den Unterlagen, die die prüfungspflichtige Ges. dem AP nach § 320 HGB aushändigen musste. Durch die **Ergänzung** von § 320 HGB um einen **Abs. 4** im Rahmen des **BilMoG** ist dies nunmehr auch ausdrücklich im Gesetz geregelt.[56] Danach hat der neue AP gegenüber dem bisherigen AP jetzt auch einen direkten, gesetzlich normierten Anspruch auf die Aushändigung des Prüfungsberichts.
Auf die Einsicht in den Prüfungsbericht seines Vorgängers darf der neue AP nicht verzichten, da er sonst gegen die Verpflichtung zur gewissenhaften Prüfung nach § 323 Abs. 1 HGB bzw. § 43 WPO verstoßen würde. Dazu gehört zwingend auch die Einsicht in die schriftliche Kündigungsbegründung seines Vorgängers.[57]

## 9 Information der Wirtschaftsprüferkammer bei Kündigung oder Widerruf des Prüfungsauftrags (Abs. 8)

77 Mit § 318 Abs. 8 HGB ist Art. 38 Abs. 2 der Abschlussprüferrichtlinie in nationales Recht umgesetzt worden.
Der **Zweck** von § 318 Abs. 8 HGB besteht darin, zu verhindern, dass sich der AP und das zu prüfende Unt während der Laufzeit des Prüfungsvertrags unzulässigerweise – und unbemerkt – möglicherweise sogar einvernehmlich trennen.
Die Beendigung eines bestehenden Prüfungsauftrags ist für den AP und das zu prüfende Unt zum Schutz der Unabhängigkeit des AP im Fall der gesetzlichen Apr. bislang schon nur sehr eingeschränkt – nämlich grds. allein durch Widerruf oder Kündigung – möglich. Der Widerruf eines bestehenden Prüfungsauftrags

---

[54] Vgl. *Schmidt/Heinz*, in Beck Bil-Komm. 9. Aufl., § 318 HGB, Rz 36.
[55] Vgl. *Baetge/Thiele*, in *Küting/Pfitzer/Weber*, HdR, HGB § 318, Rn 159, Stand 10/2010.
[56] Vgl. die Ausführungen zu § 320 Abs. 4 HGB.
[57] Hinsichtlich der Pflichten bei vorzeitiger Beendigung eines Prüfungsauftrags enthält § 26 BS WP/vBP konkrete berufsrechtliche Gebote.

nach § 318 Abs. 1 Satz 5 HGB setzt die Bestellung eines anderen AP voraus, die nur unter den einschränkenden Voraussetzungen des § 318 Abs. 3 HGB überhaupt möglich ist. Die Kündigung eines bestehenden Prüfungsauftrags ist gem. § 318 Abs. 6 Satz 2 HGB nur aus wichtigem Grund und nur durch den AP möglich. Neben diesen sehr stark eingeschränkten Möglichkeiten der Beendigung eines bestehenden Prüfungsauftrags zur Durchführung einer gesetzlich vorgeschriebenen Apr. tritt das Erfordernis, die zuständige Stelle mit einer ausreichenden Begründung unverzüglich über die Beendigung zu unterrichten. Nach den Vorgaben der Abschlussprüferrichtlinie muss die entsprechende **zuständige Stelle** – in Deutschland die WPK – über die Abberufung bzw. den Rücktritt eines Prüfers **unverzüglich informiert** werden. Die **Unterrichtung** hat **sowohl durch den WP als auch durch die gesetzlichen Vertreter** der Ges. zu erfolgen.[58] Eine Beendigung eines laufenden Prüfungsvertrages ist schriftlich und ausführlich zu begründen, um die WPK in die Lage zu versetzen, die Rechtmäßigkeit dieser Beendigung zu überprüfen.[59] In der Begründung sollen beide Seiten ihre Einschätzung der Lage darlegen, damit die WPK die Argumente hinreichend würdigen kann. Durch die Einbeziehung der WPK soll der Prozess der Kündigung bzw. des Widerrufs zukünftig stärker objektiviert werden.[60]

78

---

[58] Da diese gesetzliche Anforderung dem betroffenen Unt zumindest nicht immer bekannt sein dürfte, ist ein diesbezüglicher Hinweis des AP an die gesetzlichen Vertreter empfehlenswert.
[59] Gefordert ist eine detaillierte Darlegung des zugrunde liegenden Sachverhalts nebst der hieraus gezogenen Schlussfolgerung.
[60] Zum Verfahren der WPK bei Mitteilungen nach § 318 Abs. 8 HGB vgl. WPK Magazin, 2/2010, S. 30.

## § 319 AUSWAHL DER ABSCHLUSSPRÜFER UND AUSSCHLUSSGRÜNDE

(1) ¹Abschlussprüfer können Wirtschaftsprüfer und Wirtschaftsprüfungsgesellschaften sein. ²Abschlussprüfer von Jahresabschlüssen und Lageberichten mittelgroßer Gesellschaften mit beschränkter Haftung (§ 267 Abs. 2) oder von mittelgroßen Personenhandelsgesellschaften i. S. d. § 264a Abs. 1 können auch vereidigte Buchprüfer und Buchprüfungsgesellschaften sein. ³Die Abschlussprüfer nach den Sätzen 1 und 2 müssen über eine wirksame Bescheinigung über die Teilnahme an der Qualitätskontrolle nach § 57a der Wirtschaftsprüferordnung verfügen, es sei denn, die Wirtschaftsprüferkammer hat eine Ausnahmegenehmigung erteilt.

(2) Ein Wirtschaftsprüfer oder vereidigter Buchprüfer ist als Abschlussprüfer ausgeschlossen, wenn Gründe, insbesondere Beziehungen geschäftlicher, finanzieller oder persönlicher Art, vorliegen, nach denen die Besorgnis der Befangenheit besteht.

(3) ¹Ein Wirtschaftsprüfer oder vereidigter Buchprüfer ist insbesondere von der Abschlussprüfung ausgeschlossen, wenn er oder eine Person, mit der er seinen Beruf gemeinsam ausübt,

1. Anteile oder andere nicht nur unwesentliche finanzielle Interessen an der zu prüfenden Kapitalgesellschaft oder eine Beteiligung an einem Unternehmen besitzt, das mit der zu prüfenden Kapitalgesellschaft verbunden ist oder von dieser mehr als zwanzig vom Hundert der Anteile besitzt;
2. gesetzlicher Vertreter, Mitglied des Aufsichtsrats oder Arbeitnehmer der zu prüfenden Kapitalgesellschaft oder eines Unternehmens ist, das mit der zu prüfenden Kapitalgesellschaft verbunden ist oder von dieser mehr als zwanzig vom Hundert der Anteile besitzt;
3. über die Prüfungstätigkeit hinaus bei der zu prüfenden oder für die zu prüfende Kapitalgesellschaft in dem zu prüfenden Geschäftsjahr oder bis zur Erteilung des Bestätigungsvermerks
    a) bei der Führung der Bücher oder der Aufstellung des zu prüfenden Jahresabschlusses mitgewirkt hat,
    b) bei der Durchführung der internen Revision in verantwortlicher Position mitgewirkt hat,
    c) Unternehmensleitungs- oder Finanzdienstleistungen erbracht hat oder
    d) eigenständige versicherungsmathematische oder Bewertungsleistungen erbracht hat, die sich auf den zu prüfenden Jahresabschluss nicht nur unwesentlich auswirken,

sofern diese Tätigkeiten nicht von untergeordneter Bedeutung sind; dies gilt auch, wenn eine dieser Tätigkeiten von einem Unternehmen für die zu prüfende Kapitalgesellschaft ausgeübt wird, bei dem der Wirtschaftsprüfer oder vereidigte Buchprüfer gesetzlicher Vertreter, Arbeitnehmer, Mitglied des Aufsichtsrats oder Gesellschafter, der mehr als zwanzig vom Hundert der den Gesellschaftern zustehenden Stimmrechte besitzt, ist;

4. bei der Prüfung eine Person beschäftigt, die nach den Nummern 1 bis 3 nicht Abschlussprüfer sein darf;
5. in den letzten fünf Jahren jeweils mehr als dreißig vom Hundert der Gesamteinnahmen aus seiner beruflichen Tätigkeit von der zu prüfenden Kapitalgesellschaft und von Unternehmen, an denen die zu prüfende Kapitalgesellschaft mehr als zwanzig vom Hundert der Anteile besitzt, bezogen hat und dies auch im laufenden Geschäftsjahr zu erwarten ist; zur Vermeidung von Härtefällen kann die Wirtschaftsprüferkammer befristete Ausnahmegenehmigungen erteilen.
²Dies gilt auch, wenn der Ehegatte oder der Lebenspartner einen Ausschlussgrund nach Satz 1 Nr. 1, 2 oder 3 erfüllt.
(4) ¹Wirtschaftsprüfungsgesellschaften und Buchprüfungsgesellschaften sind von der Abschlussprüfung ausgeschlossen, wenn sie selbst, einer ihrer gesetzlichen Vertreter, ein Gesellschafter, der mehr als zwanzig vom Hundert der den Gesellschaftern zustehenden Stimmrechte besitzt, ein verbundenes Unternehmen, ein bei der Prüfung in verantwortlicher Position beschäftigter Gesellschafter oder eine andere von ihr beschäftigte Person, die das Ergebnis der Prüfung beeinflussen kann, nach Absatz 2 oder Absatz 3 ausgeschlossen sind. ²Satz 1 gilt auch, wenn ein Mitglied des Aufsichtsrats nach Absatz 3 Satz 1 Nr. 2 ausgeschlossen ist oder wenn mehrere Gesellschafter, die zusammen mehr als zwanzig vom Hundert der den Gesellschaftern zustehenden Stimmrechte besitzen, jeweils einzeln oder zusammen nach Absatz 2 oder Absatz 3 ausgeschlossen sind.
(5) ¹Absatz 1 Satz 3 sowie die Absätze 2 bis 4 sind auf den Abschlussprüfer des Konzernabschlusses entsprechend anzuwenden.

WP StB HARM DODENHOFF

### Inhaltsübersicht

| | | Rz |
|---|---|---|
| 1 | Überblick | 1–12 |
| | 1.1 Anwendungsbereich und Normenzusammenhang | 1–5 |
| | 1.2 Grundlagen der Vorschriften zur Unabhängigkeit des Abschlussprüfers | 6–7 |
| | 1.3 Grundstruktur der Vorschrift | 8–12 |
| 2 | Voraussetzungen für die Eignung als Abschlussprüfer (Abs. 1) | 13–21 |
| | 2.1 Als Abschlussprüfer zugelassener Personenkreis (Abs. 1 Sätze 1 und 2) | 13–18 |
| | 2.2 Teilnahme an der Qualitätskontrolle (Abs. 1 Satz 3) | 19–21 |
| 3 | Allgemeiner Ausschlussgrund: Besorgnis der Befangenheit (Abs. 2) | 22–34 |
| 4 | Besondere Ausschlussgründe (Abs. 3) | 35–71 |
| | 4.1 Gemeinsame Berufsausübung (Abs. 3 Satz 1) | 35–37 |
| | 4.2 Finanzielle Interessen (Abs. 3 Satz 1 Nr. 1) | 38–43 |
| | 4.3 Organzugehörigkeit und Arbeitnehmereigenschaft in der zu prüfenden Kapitalgesellschaft (Abs. 3 Satz 1 Nr. 2) | 44–47 |

| | | |
|---|---|---|
| 4.4 | Ausübung bestimmter Tätigkeiten (Abs. 3 Satz 1 Nr. 3) .. | 48–63 |
| | 4.4.1 Allgemeines................................. | 48–49 |
| | 4.4.2 Buchführung und Aufstellung des Jahresabschlusses | 50–55 |
| | 4.4.3 Interne Revision ........................... | 56 |
| | 4.4.4 Unternehmensleitungs- und Finanzdienstleistungen | 57–59 |
| | 4.4.5 Versicherungsmathematische oder Bewertungsleistungen.................................... | 60–63 |
| 4.5 | Einsatz von befangenen Personen (Abs. 3 Satz 1 Nr. 4) ... | 64–67 |
| 4.6 | Umsatzabhängigkeit (Abs. 3 Satz 1 Nr. 5)............. | 68–70 |
| 4.7 | Ehegatten und Lebenspartner ....................... | 71 |
| 5 | Ausschlussgründe für Prüfungsgesellschaften (Abs. 4)......... | 72–77 |
| 6 | Ausschlussgründe für Konzernabschlussprüfer (Abs. 5) ...... | 78–80 |
| 7 | Rechtsfolgen bei Verstößen gegen § 319 HGB.............. | 81–85 |

**Ergänzendes Schrifttum**
*Baetge/Brötzmann*, Neue Regelungen des Regierungsentwurfs zum Bilanzrechtsreformgesetz zur Stärkung der Unabhängigkeit des Abschlussprüfers, Der Konzern 2004, S. 724; *EU-Kommission*, Empfehlung vom 16.5.2002 „Unabhängigkeit des AP in der EU: Grundprinzipien", Abl. EG Nr. L 191, S. 22; *Gelhausen*, Stärkung der Unabhängigkeit des AP durch das BilReG, in *Freidank* (Hrsg.), Reform der Rechnungslegung und Corporate Governance in Deutschland und Europa, 2004, S. 162; *Gelhausen/Buchenau*, Besorgnis der Befangenheit bei Mitgliedschaft im Beirat der Komplementärgesellschaft der geprüften GmbH & Co. KG, Anmerkung zu LG Berlin vom 25.2.2010, WPKM 2/2010, S. 42; *Gelhausen/ Heinz*, Der befangene Abschlussprüfer – Eine aktuelle Bestandsaufnahme auf der Grundlage des Bilanzrechtsreformgesetzes, WPg 2005, S. 693; *Gelhausen/Kuss*, Vereinbarkeit von Abschlussprüfung und Beratungsleistungen durch den Abschlussprüfer, NZG 9/2003, S. 424; *Hommelhoff*, Abschlussprüfung und Abschlussberatung (Besprechung BGH vom 21.4.1997), ZGR 1997, S. 550; *Hommelhoff*, Zur Mitwirkung des AP nach § 319 Abs 2 Nr. 5 HGB, Gedächtnisschrift Knobbe-Keuk, 1997, S. 471; *Moxter*, Zur Abgrenzung von unzulässiger Mitwirkung und gebotener Einwirkung des AP bei der Abschlussprüfung (krit. Würdigung zu OLG Karlsruhe vom 23.11.1995), BB 1996, S. 683; *Pfitzer/Orth/Hettich*, Stärkung der Unabhängigkeit des Abschlussprüfers?, DStR 2004, S. 328; *Polt/Winter*, Der Honoraranspruch des Abschlussprüfers – zugleich Besprechung des Urteils des BGH vom 3.6.2004, WPg 2004, S. 1127; *Schmidt*, Neue Anforderungen an die Unabhängigkeit des Abschlussprüfers; *Schulze-Osterloh*, Anm zu OLG Karlsruhe vom 23.11.1995 (Vorinstanz zu BGH vom 21.4.1997), EWiR 1996, S. 129; *SEC*, Final Rule: Strengthening the Commissions Requirements Regarding Auditor Independence, http://www.sec.gov/rules/final/33-8183.htm; *WPK*, Vereinbarkeit von Lohn- und Gehaltsabrechnung mit Abschlussprüfung, WPKM 3/2009, S. 36.

# 1 Überblick

## 1.1 Anwendungsbereich und Normenzusammenhang

§ 319 HGB regelt die bei gesetzlich vorgeschriebenen Apr. an die Unabhängigkeit des AP zu stellenden Anforderungen. Die Vorschrift gilt für alle Apr., bei denen ein BSV erteilt wird, und ist von den betreffenden AP und den beauftragenden Organen der prüfungspflichtigen Unt zu beachten.

Der vorgesehene AP hat vor Annahme eines Mandats zur Durchführung einer Apr. sowie während der gesamten Dauer der Auftragsdurchführung zu prüfen, ob die Unbefangenheit gefährdende Umstände vorliegen bzw. ein gesetzlicher Ausschlusstatbestand erfüllt ist.[1]

Der AR bzw. der Prüfungsausschuss soll nach dem **DCGK** vor Unterbreitung des Wahlvorschlags eine Erklärung des vorgesehenen AP einholen, ob und ggf. welche beruflichen, finanziellen oder sonstigen Beziehungen zwischen dem Prüfer und seinen Organen und dem Prüfungsteam einerseits und dem Unt und seinen Organmitgliedern andererseits bestehen, die Zweifel an der Unabhängigkeit des AP begründen können. Außerdem soll der AR mit dem AP vereinbaren, dass der Vorsitzende des AR bzw. des Prüfungsausschusses über während der Prüfung auftretende mögliche Ausschluss- oder Befangenheitsgründe unverzüglich unterrichtet wird, soweit diese nicht umgehend beseitigt werden.[2] Mit dem BilMoG wurde zudem die Unabhängigkeit des AP durch die Einfügung von § 107 Abs. 3 Satz 2 AktG in den Pflichtenbereich des Prüfungsausschusses aufgenommen.

Bei § 319 HGB handelt es sich um **zwingendes Recht**. Durch Satzungsbestimmungen bzw. gesonderte Regelungen können keine nach § 319 HGB ausgeschlossenen Personen als AP zugelassen werden. Dagegen sind über das HGB hinausgehende gesonderte Bestimmungen hinsichtlich des AP soweit zulässig, als sie mit dem Prüfungszweck im Einklang stehen und die Auswahl des AP nicht wesentlich einengen.[3]

Über § 319 HGB hinausgehend, sind bei Apr. von Unt von öffentlichem Interesse weitergehende Anforderungen an die Unabhängigkeit des AP zu stellen, die in § 319a HGB konkretisiert werden.

Durch § 319b HGB wird die Anwendung der Unabhängigkeitsvorschriften der § 319 und § 319a HGB unter bestimmten Voraussetzungen auf sog. Netzwerke ausgedehnt.

## 1.2 Grundlagen der Vorschriften zur Unabhängigkeit des Abschlussprüfers

Art. 24 und 25 der **8. EU-RL** (84/253/EWG) verpflichten die Mitgliedstaaten dazu, Regelungen zu treffen, dass AP eine Pflichtprüfung weder in eigenem noch im Namen einer Prüfungsgesellschaft durchführen dürfen, wenn sie nach dem Recht des betreffenden Mitgliedstaats nicht unabhängig sind.

Als Grundlage für die Harmonisierung der Unabhängigkeitsvorschriften in den EU-Mitgliedstaaten hat die EU-Kommission dazu im Mai 2002 eine Empfehlung

---

[1] Vgl. BS WP/vBP, § 21 Abs. 5.
[2] Vgl. hierzu IDW PS 345, Tz 36.
[3] Vgl. *Schmidt*, in Beck Bil-Komm. 9. Aufl., § 319 HGB, Rz 5.

veröffentlicht, nach der ein AP eine gesetzlich vorgeschriebene Apr. nicht durchführen darf, wenn zwischen ihm und dem zu prüfenden Unt finanzielle, geschäftliche oder sonstige Beziehungen bestehen, die einen sachverständigen und informierten Dritten veranlassen würden, die Unabhängigkeit des AP infrage zu stellen.[4] Als die Unabhängigkeit des AP gefährdende Faktoren werden in der Empfehlung genannt:
- Eigeninteresse,
- Überprüfung eigener Leistungen,
- Interessenvertretung,
- Vertrautheit oder Vertrauen,
- Einschüchterung.

Wenn diese Faktoren vorliegen, hat der AP geeignete Maßnahmen zu ergreifen, um die Besorgnis der Befangenheit zu vermeiden oder auf ein akzeptables Maß zu reduzieren. Sofern dies nicht möglich ist, hat er seine Tätigkeit zu versagen.

7  Die Umsetzung der wesentlichen Punkte dieser EU-Empfehlung in nationales Recht ist durch den deutschen Gesetzgeber mit dem BilReG erfolgt, wobei in § 319 HGB Unabhängigkeitsanforderungen aufgenommen wurden, die bei allen Pflichtprüfungen gelten, und in § 319a HGB solche, die nur bei der Prüfung von Unt von öffentlichem Interesse zu beachten sind.

Mit dem BilMoG wurde die Anwendung der Unabhängigkeitsvorschriften durch die Einfügung von § 319b HGB bei entsprechender Zugehörigkeit des AP unter bestimmten Voraussetzungen auf Netzwerke ausgedehnt.

### 1.3 Grundstruktur der Vorschrift

8  Abs. 1 bestimmt, dass AP nur WP oder WPG sowie für bestimmte Unt auch vBP oder BPG sein dürfen, die zudem über eine Bescheinigung über die Teilnahme an der Qualitätskontrolle nach § 57a WPO oder über eine Ausnahmegenehmigung der WPK verfügen müssen.

9  Abs. 2 enthält als **allgemeinen Ausschlusstatbestand** den Grundsatz, dass ein WP oder vBP als AP ausgeschlossen ist, wenn die **Besorgnis der Befangenheit** besteht.

10  In Abs. 3 wird der allgemein in Abs. 2 definierte **Unabhängigkeitsgrundsatz** durch die Aufzählung einzelner nicht mit der Unabhängigkeit des AP zu vereinbarender Sachverhalte konkretisiert. Bei Vorliegen einer der in Abs. 3 aufgeführten Tatbestände besteht die unwiderlegbare Vermutung, dass der betreffende WP bzw. vBP als AP ausgeschlossen ist.

Bei nicht in der Liste des Abs. 3 aufgeführten Sachverhalten, die aber von Abs. 2 erfasst werden, ist dagegen nach den Umständen des Einzelfalls zu entscheiden, ob eine Besorgnis der Befangenheit vorliegt.

11  In Abs. 4 wird die Anwendung der Ausschlusstatbestände der Abs. 2 und 3 auf WPG und BPG übertragen.

12  Abs. 5 bestimmt die entsprechende Anwendung des Abs. 1 Satz 3 sowie der Abs. 2 und 4 auf die KAP.

---

[4] Empfehlung der Kommission vom 16.5.2002, Unabhängigkeit der Abschlussprüfer in der EU: Grundprinzipien, 2002/590/EG.

## 2 Voraussetzungen für die Eignung als Abschlussprüfer (Abs. 1)

### 2.1 Als Abschlussprüfer zugelassener Personenkreis (Abs. 1 Sätze 1 und 2)

Gem. Abs. 1 sind als AP generell nur **WP** und **WPG** sowie für die Prüfung mittelgroßer GmbH (§ 267 Abs. 2 HGB) und mittelgroßer KapCoGes (§ 264a HGB) auch **vBP** und **BPG** zugelassen. 13

Mit der Reform des GmbH-Rechts durch das MoMiG[5] ist die Möglichkeit einer vereinfachten Gründung von UG in das GmbHG aufgenommen worden. Da es sich bei der UG um eine besondere Form der GmbH handelt, für die spezielle Regeln gelten, können JA mittelgroßer UG auch von vBP und BPG geprüft werden.

WP bzw. vBP werden öffentlich bestellt.[6] WPG bzw. BPG unterliegen einem Anerkennungsverfahren.[7] Alle WP, WPG, vBP und BPG sind Pflichtmitglieder der WPK und werden von dieser in einem öffentlichen Berufsregister geführt.[8] 14

Die **Bestellung** zum WP bzw. vBP oder die **Anerkennung** als WPG bzw. BPG muss zum Zeitpunkt der Wahl und danach bis zum Abschluss der Prüfung, d.h. bis zur Erteilung des BSV bzw. zur Auslieferung des Prüfungsberichts, gegeben sein. 15

Gem. § 27 WPO können WPG in der Rechtsform der AG, SE, KGaA, GmbH, OHG, KG, als KapCoGes oder als Partnerschaftsgesellschaft anerkannt werden. 16

Eine BGB-Ges. kann nicht als WPG anerkannt werden (§ 27 WPO), weshalb eine **Sozietät** mehrerer WP oder vBP, die i.d.R. als BGB-Ges. betrieben wird, nicht als AP gewählt werden kann. 17

Für Unt, die Ende 1989 als gemeinnützige Wohnungsunternehmen oder als Organe der staatlichen Wohnungspolitik anerkannt waren, darf gem. Art. 25 Abs. 1 EGHGB auch der zuständige Prüfungsverband als AP bestellt werden. 18

### 2.2 Teilnahme an der Qualitätskontrolle (Abs. 1 Satz 3)

Nach § 57a Abs. 1 bzw. 6 WPO sind WP/WPG/vBP/BPG, die gesetzlich vorgeschriebene Apr. durchführen, verpflichtet, sich einer **externen Qualitätskontrolle** zu unterziehen. Die Qualitätskontrolle dient der Überwachung, ob das in der Praxis des AP eingerichtete Qualitätssicherungssystem angemessen ist und die Regelungen des Qualitätssicherungssystems eingehalten werden (§ 57a Abs. 2 Satz 1 WPO). Sie wird von bei der WPK registrierten Prüfern für Qualitätskontrolle durchgeführt,[9] die in einem Qualitätskontrollbericht über die Durchführung der Qualitätskontrolle und deren Ergebnisse zu berichten haben.[10] In seinem Prüfungsurteil, das Bestandteil des Qualitätskontrollberichts ist, stellt der Prüfer 19

---

[5] Gesetz zur Modernisierung des GmbH-Rechts und zur Bekämpfung von Missbräuchen vom 23.10.2008, BGBl 2008 I S. 2026.
[6] § 1 Abs. 1 WPO.
[7] § 1 Abs. 3 WPO.
[8] Vgl. http://www.wpk.de/wpverzeichnis/auswahl.asp.
[9] § 57a Abs. 3 Satz 1 WPO.
[10] § 57a Abs. 5 Satz 1 WPO.

für Qualitätskontrolle fest, ob das in der Prüfungspraxis eingeführte Qualitätssicherungssystem im Einklang mit den gesetzlichen Vorschriften und der Berufssatzung steht und mit hinreichender Sicherheit eine ordnungsgemäße Abwicklung von Prüfungsaufträgen nach § 2 Abs. 1 WPO, bei denen das Berufssiegel verwendet wird, gewährleistet.[11] Sofern das Prüfungsurteil des Prüfers für Qualitätskontrolle nicht versagt wurde, erteilt die WPK nach Vorlage des Qualitätskontrollberichts eine Teilnahmebescheinigung.[12]

20 Nach Abs. 1 Satz 3 müssen AP über eine wirksame **Bescheinigung** über die Teilnahme an der Qualitätskontrolle nach **§ 57a WPO** oder über eine von der WPK erteilte **Ausnahmegenehmigung** von der Pflicht zur Teilnahme an diesem Verfahren verfügen.

21 Die wirksame Bescheinigung über die Teilnahme an der Qualitätskontrolle oder die Ausnahmegenehmigung der WPK muss spätestens zum Zeitpunkt der Wahl des AP durch das zuständige Gesellschaftsorgan (§ 318 Rz 4 ff.) vorliegen. Wenn dies nicht der Fall ist, wird ein Wahlbeschluss, der unter der Bedingung gefasst wird, dass eine Teilnahmebescheinigung bzw. eine Ausnahmegenehmigung bis zum Beginn der Prüfungshandlungen vorliegt, für zulässig gehalten. Nach dem Wortlaut des § 57a Abs. 1 Satz 1 WPO muss die Teilnahmebescheinigung bzw. die Ausnahmegenehmigung jedenfalls spätestens bei Annahme des Prüfungsauftrags durch den AP und für die gesamte Dauer der Apr. vorliegen.[13]

Für den Fall, dass die Teilnahmebescheinigung vor Beendigung der Apr. nach § 57e Abs. 2 Satz 3 oder Abs. 3 Satz 2 WPO widerrufen wird, liegt ein wichtiger Kündigungsgrund nach § 318 Abs. 6 HGB vor und der AP ist aus berufsrechtlichen Gründen zur Kündigung des Prüfungsauftrags verpflichtet.

## 3 Allgemeiner Ausschlussgrund: Besorgnis der Befangenheit (Abs. 2)

22 Gem. Abs. 2 ist ein WP bzw. vBP als AP ausgeschlossen, wenn Gründe vorliegen, nach denen die Besorgnis der Befangenheit besteht. Dies können insb. Beziehungen geschäftlicher, finanzieller oder persönlicher Art sein. Es handelt sich hierbei um den allgemeinen Grundsatz der Unabhängigkeit des AP. In der Vorschrift sind Sachverhalte aufgeführt, aus denen sich die Besorgnis der Befangenheit ergeben kann. Eine Aussage zu den Wirkungsmechanismen, durch die die Freiheit der Urteilsbildung beeinträchtigt werden kann, ist dagegen in der Vorschrift nicht enthalten.[14]

Folgende **Faktoren** (Wirkungsmechanismen) sind bei der Beurteilung, ob **Besorgnis der Befangenheit** vorliegt, relevant:[15]

- wirtschaftliches oder sonstiges Eigeninteresse des AP von nicht nur untergeordneter Bedeutung am Ergebnis der Prüfung,
- Darstellungen im Abschluss, an deren Gestaltung der AP mitgewirkt hat (Selbstprüfung),

---

11 § 57a Abs. 5 Satz 3 WPO.
12 § 57a Abs. 6 Satz 7 WPO.
13 Vgl. LG Berlin, Beschluss v. 8.11.2011, WiL 2/11, in WPKM 1/2012 S. 46f.
14 Vgl. *Schmidt*, in Beck Bil-Komm. 9. Aufl., § 319 HGB, Rz 20.
15 Vgl. BT-Drs. 15/3419, S. 38.

- Vertretung der Interessen für oder gegen das zu prüfende Unt durch den AP,
- übermäßiges Vertrauen bzw. Vertrautheit des AP durch Beziehungen zur Unternehmensleitung,
- besondere Einflussnahmen durch das zu prüfende Unt.

Dies sind auch die Faktoren, die den in Abs. 3 und § 319a Abs. 1 Satz 1 geregelten Katalogtatbeständen zugrunde liegen.

Ob im Einzelfall eine **Besorgnis der Befangenheit** besteht, bestimmt sich nicht danach, ob tatsächlich Befangenheit gegeben ist oder der AP sich selbst für befangen hält, sondern nach der Sicht eines vernünftigen und sachverständigen Dritten und nach Art und Umfang objektiver Gründe, die bei dem Dritten Zweifel an der Unvoreingenommenheit des AP wecken können (**independence in appearance**).[16] Der Anwendungsbereich des Abs. 2 setzt sich dabei nur aus Sachverhalten zusammen, die entweder nicht in Abs. 3, § 319a und § 319b HGB genannt sind oder die zwar vom Grunde her von diesen Vorschriften erfasst sind, bei denen aber aufgrund des Nichterreichens von darin festgelegten quantitativen Grenzen (z.B. im Zusammenhang mit den Vorschriften zur Umsatzabhängigkeit oder zur internen Rotation) die diesen Katalogtatbeständen immanente unwiderlegbare Vermutung, dass die Besorgnis der Befangenheit besteht, nicht gegeben ist. Dazu wird in § 22a Abs. 3 BS WP/vBP ausgeführt, dass in Fällen, in denen die Tatbestandsmerkmale der §§ 319 Abs. 3, 319a HGB nicht vollständig erfüllt sind, Besorgnis der Befangenheit nur dann bestehen kann, wenn zusätzliche Umstände (z.B. eine besondere wirtschaftliche Bedeutung des betreffenden Sachverhalts) eine nicht unbedenkliche Gefährdung der Unbefangenheit begründen.

23

§ 2 BS WP/vBP konkretisiert den Grundsatz der Unabhängigkeit als **allgemeine Berufspflicht** des WP/vBP gem. § 43 Abs. 1 WPO. Dort werden in Abs. 2 Tatbestände genannt, die mit dem Grundsatz der Unabhängigkeit nicht vereinbar und damit berufswidrig sind.

24

> **Beispiel**
> Im Einzelnen sind dies:
> - Vereinbarung von **Erfolgshonoraren**
>
> **Beispiel**
> Der AP und das zu prüfende Unt vereinbaren, dass sich das Prüfungshonorar um 15 % des unter normalen Umständen abrechenbaren Honorarvolumens erhöht, wenn der in dem geprüften JA ausgewiesene Jahresüberschuss einen bestimmten Betrag übersteigt.
>
> **Ergebnis**
> Es besteht die Besorgnis der Befangenheit, weil der AP ein wirtschaftliches Eigeninteresse am Ergebnis der Apr. hat.
>
> - **Verknüpfung** der Honorarvereinbarung für die Apr. mit weiteren Bedingungen

---

[16] Vgl. BT-Drs. 15/3419, S. 38.

**Beispiel**
Der AP akzeptiert ein besonders niedriges Honorar für die Durchführung der Apr. unter der Bedingung, dass er durch Beratungsaufträge ein bestimmtes zusätzliches Honorarvolumen von dem zu prüfenden Unt erhält.

**Ergebnis**
Es besteht die Besorgnis der Befangenheit, weil in der Verknüpfung der Apr. mit den zusätzlichen Beratungsaufträgen ein besonderes wirtschaftliches Eigeninteresse des AP zum Ausdruck kommt.

- Entgegennahme oder Zahlung von **Vermittlungsprovisionen**

**Beispiel**
Der AP und ein Dritter vereinbaren, dass der Dritte für die Vermittlung eines Prüfungsmandats 5 % der für dieses Mandat abgerechneten Honorarumsätze erhält.

**Ergebnis**
Es besteht die Besorgnis der Befangenheit, weil in der Bereitschaft des AP, eine Vermittlungsprovision zu zahlen, ein besonderes wirtschaftliches Eigeninteresse an der Durchführung der Prüfung zum Ausdruck kommt.

- Übernahme von **Mandantenrisiken**

**Beispiel**
Der AP übernimmt gegenüber dem geprüften Unt oder einem Dritten die Garantie, dass der Wert bestimmter im JA bilanzierter VG einen bestimmten Betrag nicht unterschreitet (Ausbietungsgarantie).

**Ergebnis**
Aufgrund übernommener Mandantenrisiken besteht die Besorgnis der Befangenheit, weil der AP dadurch ein wirtschaftliches Eigeninteresse am Ergebnis der Prüfung hat und darüber hinaus in der Risikoübernahme eine besondere Nähe zum geprüften Unt zum Ausdruck kommt.

- Annahme von **Versorgungsbezügen**

**Beispiel**
Der AP und das geprüfte Unt vereinbaren anstelle eines festen Prüfungshonorars, dass der AP mit Vollendung des 65. Lebensjahrs monatliche Versorgungsbezüge in einer bestimmten Höhe erhält.

**Ergebnis**
Durch die Vereinbarung von Versorgungsbezügen besteht die Besorgnis der Befangenheit, weil sich der AP durch die lange wirtschaftliche Bindung in eine besondere Nähe zu dem geprüften Unt begibt.

25 Nach § 21 Abs. 2 Satz 4 BS WP/vBP können sich bei der **Durchführung von Prüfungen** Umstände, die eine Besorgnis der Befangenheit begründen, insb. aus

Beziehungen geschäftlicher, finanzieller oder persönlicher Art ergeben. In § 21 Abs. 2 Satz 2 BS WP/vBP werden als Umstände in diesem Sinne hervorgehoben:
- Eigeninteresse (s. Rz 26 ff.),
- Selbstprüfung (s. Rz 29),
- Interessenvertretung (s. Rz 30),
- persönliche Vertrautheit (s. Rz 31).

In § 21 Abs. 2 Satz 3 BS WP/vBP wird klargestellt, dass eine Beeinträchtigung der Unbefangenheit nur dann gegeben sein kann, wenn die Umstände selbst für die Urteilsbildung offensichtlich wesentlich oder auch unter Berücksichtigung von Schutzmaßnahmen insgesamt bedeutend sind.

Der in der EU-Empfehlung erwähnte Befangenheitsgrund der „Einschüchterung" ist berufsrechtlich nicht ausdrücklich geregelt worden. In der Begründung zur BS WP/vBP wird dazu ausgeführt, dass dies unterblieben ist, weil die Absicherung vor Einschüchterungsversuchen bereits durch gesetzliche Regelungen (§ 318 Abs. 1 Satz 5) erfolgt.[17]

In § 23 BS WP/vBP werden Tatbestände genannt, bei denen **Eigeninteressen** vorliegen können. Dabei werden finanzielle Eigeninteressen und Eigeninteressen sonstiger Art unterschieden.

26

Als Tatbestände, die auf **finanzielle Eigeninteressen** hindeuten, werden in Abs. 1 angeführt:
- kapitalmäßige oder sonstige finanzielle Bindungen (s. Rz 39 ff.),
- übermäßige Umsatzabhängigkeit (s. Rz 68 ff.),
- über normalen Geschäfts- und Lieferverkehr mit Dritten hinausgehende Leistungsbeziehungen.

27

**Beispiel**
Das geprüfte Unt ist Autohändler und liefert dem AP einen neuen Pkw. Dabei gewährt es dem AP einen Rabatt von 20 % auf den Listenpreis. Üblich sind Rabatte bis zu 12 % vom Listenpreis.

**Ergebnis**
Bei der Beurteilung, ob Besorgnis der Befangenheit besteht, ist zu prüfen, ob derartige Konditionen auch fremden Dritten gewährt werden. Wenn dem AP, wie in dem Beispiel dargestellt, besonders begünstigende, ungewöhnliche Konditionen eingeräumt werden, besteht die Besorgnis der Befangenheit.

- Forderungen aus einem **Kredit- oder Bürgschaftsverhältnis**

**Beispiel**
Der AP hat dem geprüften Unt ein Darlehen über 1 Mio. EUR zu einem marktüblichen Zinssatz gewährt. Sicherheiten sind nicht vereinbart.

**Ergebnis**
Es besteht die Besorgnis der Befangenheit, weil der AP in seinem Prüfungsurteil durch die Befürchtung negativer Konsequenzen auf die Solvenz des geprüften Unt beeinflusst sein könnte. Bei der Beurteilung sind insb. auch die

---

[17] Vgl. BS WP/vBP, Begründung zu § 21 Abs. 2 Satz 2.

Bedeutung des Betrags für die Vermögensverhältnisse des AP und die bestehenden Sicherheiten zu würdigen.

**Beispiel**
Der AP hat bei dem geprüften Unt (Kreditinstitut) ein Darlehen i. H. v. 1 Mio. EUR zu marktüblichen Konditionen aufgenommen.

**Ergebnis**
Eine Besorgnis der Befangenheit des AP besteht nicht. Nur wenn der Gläubiger aufgrund besonderer Konditionen die Möglichkeit hätte, einen erheblichen wirtschaftlichen Druck auf den AP auszuüben, könnte sich daraus eine Besorgnis der Befangenheit ableiten.

- Erhebliche und über einen längeren Zeitraum **offenstehende Honorarforderungen**

**Beispiel**
Aus den vorangegangenen beiden Apr. stehen Honorarforderungen des AP i. H. v. 1 Mio. EUR aus, die 30 % des EK und 20 % des Jahresergebnisses des AP ausmachen.

**Ergebnis**
Bei derart lange ausstehenden Honorarforderungen, die für die Vermögensverhältnisse des AP offensichtlich von Bedeutung sind, besteht Besorgnis der Befangenheit.

**28** Gem. § 23 Abs. 2 BS WP/vBP können **Eigeninteressen sonstiger Art** insb. bei den folgenden Tatbeständen vorliegen:

**Beispiel**
- **Pflichtverletzungen** aus vorangegangenen Prüfungen, sofern ein Verdeckungsrisiko besteht

**Beispiel**
Bei der Prüfung des Vorjahresabschlusses hat der AP einen wesentlichen Fehler bei der Bewertung der Pensionsrückstellungen nicht bemerkt. Nach der Wiederwahl zum AP hat das zu prüfende Unt den AP darauf aufmerksam gemacht und die Korrektur im laufenden JA vorgenommen.

**Ergebnis**
Da der Fehler im vom AP zu prüfenden JA des laufenden Jahres korrigiert wurde, besteht kein Verdeckungsrisiko und damit auch keine Besorgnis der Befangenheit. Nur wenn der AP einen in der Vorjahresprüfung nicht erkannten wesentlichen Fehler in der Rechnungslegung nicht offenbart, besteht ein Verdeckungsrisiko bei der laufenden bzw. anstehenden Apr. Bei erheblichem materiellem Gewicht des Fehlers könnte sich daraus die Besorgnis der Befangenheit ableiten.

- Offene **Rechtsstreitigkeiten** über Regress- oder Gewährleistungsfragen aus früheren Aufträgen

> **Beispiel**
> Das geprüfte Unt macht gegen den AP wegen in Vorjahren durchgeführter fehlerhafter Beratungsleistungen erhebliche Schadenersatzansprüche geltend.
>
> **Ergebnis**
> Eine Besorgnis der Befangenheit kann in diesem Fall dadurch begründet sein, dass das zu prüfende Unt mit der Durchsetzung behaupteter Ansprüche für den Fall droht, dass der AP sich in wesentlichen Bilanzierungsfragen nicht der Meinung des Unt anschließt. Für den Fall, dass die Schadenersatzansprüche bereits gerichtsanhängig sind, wird aufgrund der Tatsache, dass auf die richterliche Entscheidung kein Einfluss ausgeübt werden kann, von einer wesentlich verminderten Möglichkeit, auf den AP Druck auszuüben, auszugehen sein.

Das **Selbstprüfungsverbot** wird in § 23a BS WP/vBP konkretisiert. Danach liegt Selbstprüfung vor, wenn ein Sachverhalt zu beurteilen ist, an dessen Entstehung der Prüfer selbst unmittelbar beteiligt war und diese Beteiligung nicht von untergeordneter Bedeutung ist. In der Begründung zur BS WP/vBP wird als Grund für das Selbstprüfungsverbot angeführt, dass in Fällen, in denen der WP selbst unmittelbar an der Entstehung des Prüfungsgegenstands mitgewirkt hat, die Gefahr besteht, dass bei der Prüfung Fehler nicht erkannt (fachliche Voreingenommenheit) oder aber zur Vermeidung von Nachteilen nicht offenbart werden (Selbstschutz). Wenn es sich bei der früheren Befassung mit der Tätigkeit um eine Prüfung gehandelt hat, kommt eine Besorgnis der Befangenheit nicht in Betracht (§ 23a Abs. 2 BS WP/vBP). Von einem generellen Verdeckungsrisiko bei Feststellung eines objektiven Fehlers im Rahmen einer Folgeprüfung kann danach nicht ausgegangen werden.[18]

29

Weitere Tatbestände, bei denen ein Verstoß gegen das Selbstprüfungsverbot vorliegen kann, werden in § 23a Abs. 3–6 BS WP/vBP aufgeführt. Im Wesentlichen entsprechen diese Tatbestände den in § 319 Abs. 3 Nr. 3 HGB genannten Ausschlussgründen (vgl. Rz 48 ff.).

In § 23b Abs. 1 BS WP/vBP wird zur **Interessenvertretung** ausgeführt, dass die Unbefangenheit dann gefährdet sein kann, wenn der WP in anderer Angelegenheit beauftragt war, Interessen für oder gegen das zu prüfende Unt zu vertreten. Eine Interessenvertretung für das zu prüfende Unt liegt nach Abs. 2 insb. vor, wenn der WP einseitig und nachhaltig für das zu prüfende Unt eintritt, für das Unt Werbung betreibt oder dessen Produkte vertreibt, weil dadurch persönliche Gewinn- und Honorarinteressen begründet werden und eine besonders enge berufliche Verflechtung mit dem Unt eingegangen wird. Als problematisch werden insb. solche Fälle angesehen, in denen der WP als oder wie ein Generalbevollmächtigter des Unt auftritt. Steuerliche und rechtliche Vertretung sind dagegen unschädlich. Eine Interessenvertretung gegen das Unt liegt insb. bei einseitiger und nachhaltiger Wahrnehmung von gegen das Unt gerichteten Interessen Dritter oder von Treuhandfunktionen im Auftrag von einzelnen Gesellschaftern oder Gesellschafter-Gruppen vor. Un-

30

---

[18] Vgl. BS WP/vBP, Begründung zu § 23a Abs. 2.

schädlich sind dagegen treuhänderische Tätigkeiten für alle Gesellschafter oder die Übernahme ergänzender Kontrollaktivitäten (z. B. Bucheinsicht nach § 166 HGB und § 51a GmbHG oder die Prüfung der Verwendung eingezahlter Gelder) im Auftrag einzelner Gesellschafter, sofern die anderen Gesellschafter ihre Zustimmung erteilt haben.[19]

31 Nach § 24 BS WP/vBP liegt **persönliche Vertrautheit** vor, wenn der WP enge persönliche Beziehungen zu dem zu prüfenden Unt, den Mitgliedern der Unternehmensleitung oder Personen, die auf den Prüfungsgegenstand Einfluss haben, unterhält. Dabei werden allerdings nicht alle Fälle persönlicher Vertrautheit erfasst. Entscheidend ist nach der Begründung zur BS WP/vBP das Gesamtbild der Verhältnisse, das zu der Annahme einer übermäßigen Vertrautheit führen kann, durch welche die Urteilsbildung des AP beeinflusst wird. Dabei kommt es vor allem auf die Art (z. B. nahe Verwandtschaft, Freundschaft oder Bekanntschaft), die Dauer und die Intensität der Beziehung an. Bedeutsam ist auch die Funktion, die von dem anderen im zu prüfenden Unt in Bezug auf die Apr. ausgeübt wird.[20]

---

**Beispiel 1**
Der Schwager des AP ist in dem zu prüfenden Unt in der Verwaltungsabteilung als Elektriker beschäftigt.

**Ergebnis**
Durch die verwandtschaftliche Beziehung kann in dem vorliegenden Fall eine persönliche Vertrautheit zwischen dem AP und seinem Schwager angenommen werden. Aufgrund der untergeordneten und rechnungslegungsfernen Funktion des Schwagers im zu prüfenden Unt ist kein Grund zur Besorgnis der Befangenheit anzunehmen.

---

**Beispiel 2**
Der Schwager des AP ist Leiter der Verwaltung des zu prüfenden Unt.

**Ergebnis**
In diesem Fall führt die durch die verwandtschaftliche Beziehung anzunehmende persönliche Vertrautheit dazu, dass die Besorgnis der Befangenheit besteht, weil der Schwager des AP als Verwaltungsleiter zumindest in für die Rechnungslegung relevante Teilbereiche involviert sein wird.

---

32 Im Unterschied zu den von § 319 Abs. 3 HGB erfassten Sachverhalten, bei denen Schutzmaßnahmen nicht berücksichtigt werden können (§ 22a Abs. 2 BS WP/vBP), kann der vorgesehene AP im Anwendungsbereich des Abs. 2 Schutzmaßnahmen ergreifen, um der Besorgnis der Befangenheit entgegenzuwirken. Solche Schutzmaßnahmen sind zu unterscheiden von Maßnahmen, die den Grund für die Besorgnis der Befangenheit beseitigen (Vermeidungsmaßnahmen). Vermeidungsmaßnahmen verhindern die Erfüllung der Tatbestandsvoraussetzungen für

---

[19] Vgl. BS WP/vBP, Begründung zu § 23b Abs. 3.
[20] Vgl. BS WP/vBP, Begründung zu § 24.

die Besorgnis der Befangenheit und können sowohl im Geltungsbereich von Abs. 2 als auch für Abs. 3 zum Tragen kommen.

§ 22 Abs. 1 BS WP/vBP nennt die folgenden **Schutzmaßnahmen**: 33

> **Beispiel**
> - Erörterungen mit dem Aufsichtsgremium
>
> **Beispiel**
> Die Honorarforderungen des AP sind in einer für die Vermögensverhältnisse des AP bedeutenden Höhe noch nicht beglichen.
> Der AP erörtert diesen Sachverhalt mit dem AR-Vorsitzenden und setzt bei der Durchführung der Apr. einen nicht an der Prüfung beteiligten WP zur auftragsbegleitenden Qualitätssicherung ein.
>
> **Ergebnis**
> Durch die ausstehenden Honorarforderungen besteht aufgrund des daraus resultierenden wirtschaftlichen Eigeninteresses des AP die Besorgnis der Befangenheit. Diese wird durch die ergriffenen Schutzmaßnahmen auf ein akzeptables Maß reduziert.
>
> - Erörterungen mit **Aufsichtsstellen** außerhalb des Unt (z.B. BaFin oder Rechnungshöfe)
>
> **Beispiel**
> Der zur Wahl vorgesehene AP hat das zu prüfende Unt der öffentlichen Hand im laufenden Geschäftsjahr beim Erwerb einer Beteiligung beraten.
> Der vorgesehene AP legt Art und Umfang dieser Beratungstätigkeit im Rahmen des von der öffentlichen Hand zu betreibenden Abstimmungsverfahrens gegenüber dem zuständigen Rechnungshof offen.
>
> **Ergebnis**
> Im Hinblick auf das Selbstprüfungsverbot könnte in Bezug auf die Bewertung der von dem zu prüfenden Unt erworbenen Beteiligung die Besorgnis der Befangenheit bestehen. Durch die Offenlegung dieses Sachverhalts gegenüber dem zuständigen Rechnungshof hat dieser die Möglichkeit, die Frage der Besorgnis der Befangenheit für sich zu prüfen und die Zustimmung zur Bestellung des AP nur zu erteilen, wenn nach seiner Auffassung keine Besorgnis der Befangenheit besteht.
>
> - **Transparenzregelungen** (z.B. Offenlegung von Honoraren)
>
> **Beispiel**
> Der bestellte AP erbringt regelmäßig in großem Umfang Beratungsleistungen für das zu prüfende Unt. Diese sind einschl. der dafür angefallenen Honorare zum einen grds. im Anhang anzugeben und zum anderen i.d.R. Gegenstand einer jährlichen Berichterstattung gegenüber den Aufsichtsgremien des geprüften Unt.

**Ergebnis**
Der durch die umfangreiche Beratungstätigkeit hervorgerufenen Besorgnis der Befangenheit in Bezug auf Selbstprüfung und wirtschaftliche Interessen kann durch die systematische Herstellung von Transparenz gegenüber den Aufsichtsgremien entgegengewirkt werden. Ob die Besorgnis der Befangenheit hierdurch beseitigt wird, ist nach den Gesamtumständen des Einzelfalls zu beurteilen.

- Einschaltung von Personen in den Prüfungsauftrag, die nicht schon anderweitig damit befasst waren

**Beispiel**
Ein enger Schulfreund des Prüfungsleiters wirkt an der Aufstellung des zu prüfenden JA mit. Als Reaktion darauf setzt der AP bei der Durchführung der Apr. einen nicht an der Prüfung beteiligten WP zur auftragsbegleitenden Qualitätssicherung ein.

**Ergebnis**
Durch die Mitwirkung des Schulfreunds des Prüfungsleiters an der Aufstellung des JA besteht im Hinblick auf eine besondere Vertrautheit die Besorgnis der Befangenheit. Diese wird durch die als Schutzmaßnahme eingerichtete auftragsbegleitende Qualitätssicherung auf ein akzeptables Maß reduziert.

- Beratung mit Kollegen, die in Fragen der Unbefangenheit erfahren sind

**Beispiel**
Ein Mitglied des Prüfungsteams wechselt zum zu prüfenden, nicht börsennotierten Unt und wird dort Leiter des Rechnungswesens. Der AP berät sich mit einem erfahrenen Kollegen über Art und Umfang der zu ergreifenden Schutzmaßnahmen. Der Kollege schlägt vor, der durch den Wechsel des Mitarbeiters begründeten besonderen Vertrautheit dadurch Rechnung zu tragen, dass das Prüfungsteam mit Personen besetzt wird, die bisher möglichst wenig mit dem wechselnden Mitarbeiter zusammengearbeitet haben, und dass schwierige Bilanzierungsfragen mit dem Mandanten auch auf der dem Rechnungswesenleiter übergeordneten Ebene besprochen werden. Außerdem werden die Arbeitsergebnisse des wechselnden Mitarbeiters einer internen Nachschau unterzogen.

**Ergebnis**
Der Wechsel des Mitarbeiters zum zu prüfenden Unt begründet die Besorgnis der Befangenheit aufgrund der dadurch entstehenden besonderen Vertrautheit. Durch die Konsultation eines erfahrenen Kollegen werden wirksame Schutzmaßnahmen ergriffen, um die Besorgnis der Befangenheit auf ein akzeptables Maß zu reduzieren.

- Personelle und organisatorische Maßnahmen, durch die sichergestellt wird, dass Informationen aus der zusätzlichen Tätigkeit, die zu einer Befangenheit als AP führen können, den für die Apr. Verantwortlichen nicht zur Kenntnis gelangen (sog. „Firewalls").

> **Beispiel**
> Ein Mitarbeiter des Rechnungswesen des zu prüfenden Unt wechselt zum AP. Bei der Apr. wird der Mitarbeiter ausschließlich in Bereichen eingesetzt, für die er auf Seiten des zu prüfenden Unt nicht zuständig war.
>
> **Ergebnis**
> Im Hinblick auf die durch den Wechsel des Mitarbeiters verursachte besondere Vertrautheit und durch die Gefahr der Selbstprüfung besteht die Besorgnis der Befangenheit. Diese kann durch die beschriebenen organisatorischen Schutzmaßnahmen im Einzelfall auf ein akzeptables Maß reduziert werden. Die Besorgnis der Befangenheit könnte in dem vorliegenden Fall gänzlich vermieden werden, wenn der wechselnde Mitarbeiter überhaupt nicht bei der Apr. des Unt eingesetzt wird, von dem er zum AP wechselt.

In der Begründung zur BS WP/vBP wird ausgeführt, dass bei Einschaltung Dritter grds. die Verschwiegenheitspflicht zu beachten ist. Eine ausdrückliche Entbindung von der Verschwiegenheitspflicht ist allerdings dann entbehrlich, wenn die Einschaltung des Dritten für die Durchführung des Auftrags erforderlich ist.[21]

Ob ein Sachverhalt nach § 319 Abs. 2 HGB die Besorgnis der Befangenheit begründet, ist regelmäßig einzelfallabhängig zu würdigen und entzieht sich einer typisierenden Betrachtungsweise. Die Beurteilung hat unter Berücksichtigung von Art und Bedeutung des Sachverhalts, des dargestellten Bezugsrahmens, der getroffenen Vermeidungs- und Schutzmaßnahmen sowie der möglichen Auswirkungen des Sachverhalts auf die Sichtweise eines objektiven und verständigen Dritten für den jeweiligen Einzelfall zu erfolgen. Wenn die Besorgnis der Befangenheit nicht durch Vermeidungs- oder Schutzmaßnahmen beseitigt oder in ausreichendem Maß gemindert werden kann, ist die Annahme bzw. Fortführung des Prüfungsauftrags ausgeschlossen.[22]

## 4 Besondere Ausschlussgründe (Abs. 3)

### 4.1 Gemeinsame Berufsausübung (Abs. 3 Satz 1)

Ein WP/vBP ist von der Apr. ausgeschlossen, wenn er die Tatbestandsvoraussetzungen des Abs. 3 erfüllt. Nach dieser Vorschrift liegt ein Ausschlussgrund auch dann vor, wenn die Tatbestandsvoraussetzungen von einer Person erfüllt werden, mit der der WP/vBP seinen Beruf gemeinsam ausübt. Mit dieser **Sozietätsklausel** sollen Umgehungen der einzelnen Tatbestände des Abs. 3 verhindert werden. Die Begründung für diese Klausel liegt in der Gleichgerichtetheit der Interessen, die zwischen den in derselben Praxis freiberuflich oder im Angestelltenverhältnis tätigen WP und den bei der Apr. beschäftigten Personen grds. anzunehmen sind.[23]

---

[21] Vgl. BS WP/vBP, Begründung zu § 22 Abs. 1 Nrn. 9 und 5.
[22] Vgl. *Schmidt*, in Beck Bil-Komm. 9. Aufl., § 319 HGB, Rz 31.
[23] Vgl. Begründung RegE BiRiLiG, BT-Drs. 10/317, S. 96.

Die Sozietätsklausel ist auch auf RA, StB oder andere Angehörige freier Berufe, mit denen der WP-Beruf gemeinsam ausgeübt wird, anzuwenden, da eine Gleichrichtung der Interessen in wirtschaftlicher Hinsicht zumindest bei vereinbartem Gewinn-Pooling auch dann gegeben ist, wenn eine Sozietät mit einem Angehörigen eines anderen Berufs gebildet worden ist.[24] Eine gemeinsame Berufsausübung kommt auch mit einer juristischen Person in Betracht.

Nach dem Zweck der Vorschrift ist als gemeinsame Berufsausübung jede Zusammenarbeit zu verstehen, in der eine Gleichrichtung des wirtschaftlichen Interesses durch ganzes oder teilweises Pooling der Einnahmen und Ausgaben erfolgt.[25] Dabei sind die gemeinsamen wirtschaftlichen Interessen jedoch nicht allein das entscheidende Kriterium, wesentlich ist auch ein gemeinsames Auftreten nach außen, z. B. als Sozietät.[26]

36 Auf reine **Bürogemeinschaften** ist die Sozietätsklausel nicht anwendbar, soweit keine gemeinsamen Prüfungs- und Beratungstätigkeiten ausgeübt werden.[27] Lediglich die gemeinsame Nutzung der Büroräume und der Infrastruktur begründet mangels gemeinsamer wirtschaftlicher Interessen keinen Ausschlussgrund.[28]

37 Wegen der **Mitgliedschaft in einem Netzwerk** wird auf § 319b HGB verwiesen.

### 4.2 Finanzielle Interessen (Abs. 3 Satz 1 Nr. 1)

38 Wer Anteile oder andere nicht nur unwesentliche finanzielle Interessen an der zu prüfenden KapG/KapCoGes oder eine Beteiligung an einem Unt besitzt, das mit der zu prüfenden KapG/KapCoGes verbunden ist, oder von dieser mehr als 20 % der Anteile besitzt, darf nicht AP sein.

39 Als Anteilsbesitz gilt jede **Beteiligung am gezeichneten Kapital** der zu prüfenden KapG. Dies gilt auch für Beteiligungen an KapCoGes. Auf die Höhe der Beteiligung kommt es dabei nicht an. Bei einer **Personenhandelsgesellschaft** sind Gesellschafter die phG und die Kommanditisten.

40 Eine stille Beteiligung führt grds. nicht zu Anteilsbesitz i. S. v. Abs. 3 Satz 1 Nr. 1, da keine gesellschaftsrechtliche Beteiligung vorliegt.[29] Bei atypischen stillen Beteiligungen kann dies anders zu beurteilen sein, wenn der stille Gesellschafter Rechte hat, die denen eines Gesellschafters einer KapG entsprechen.[30]

41 Der Ausschlusstatbestand wird auch durch das **Halten von Gesellschafts-Anteilen** durch den AP als **Treuhänder** erfüllt, weil er die Interessen des Treugebers zu vertreten hat und dadurch sein Urteil beeinflusst werden könnte. Anders ist die Situation im Fall der Sicherungstreuhand, bei der die Funktionen des Treu-

---

[24] Vgl. *ADS*, 6. Aufl., § 319 HGB, Rz 60; *Baetge/Thiele/Moser*, in *Küting/Pfitzer/Weber*, HdR, HGB § 319, Rz 59, Stand: 2/2011.
[25] Vgl. *ADS*, 6. Aufl., § 319 HGB, Rz 57; *Baetge/Thiele/Moser*, in *Küting/Pfitzer/Weber*, HdR, HGB § 319, Rz 57, Stand: 2/2011.
[26] Vgl. *ADS*, 6. Aufl., § 319 HGB, Rz 58; *Baetge/Thiele/Moser*, in *Küting/Pfitzer/Weber*, HdR, HGB § 319, Rz 61, Stand: 2/2011.
[27] Vgl. *Baetge/Thiele/Moser*, in *Küting/Pfitzer/Weber*, HdR, HGB § 319, Rz 61, Stand: 2/2011.
[28] Vgl. BS WP/vBP, Begründung zu § 21 Abs. 4 Satz 1.
[29] Vgl. *Schmidt*, in Beck Bil-Komm. 9. Aufl., § 319 HGB, Rz 35.
[30] Vgl. *ADS*, 6. Aufl., § 319 HGB, Rz 75.

händers beschränkt sind. Wenn der WP Treugeber ist, sind ihm die vom Treuhänder gehaltenen Anteile zuzurechnen.[31]

Nach Abs. 3 Satz 1 Nr. 1 können auch **mittelbare Beteiligungen** am zu prüfenden Unt zum Ausschluss führen. Dies gilt allerdings nur dann, wenn es sich um Beteiligungen an einem Unt handelt, das mit der zu prüfenden KapG/KapCoGes verbunden ist oder von dieser mehr als 20 % der Anteile besitzt. Der mittelbare Anteilsbesitz über Anteile an Wertpapier-Investmentfonds ist auch nach den Änderungen durch das BilReG kein gesetzlicher Ausschlussgrund.[32] Dies wird damit begründet, dass die Inhaber solcher Anteile – soweit es sich um Publikumsgesellschaften handelt – keine Einflussmöglichkeiten auf die Anlageentscheidungen des Fonds haben; zudem ist im Regelfall davon auszugehen, dass die finanziellen Interessen wegen der Zusammensetzung des Fondsvermögens nicht wesentlich sind. 42

**Andere finanzielle Interessen** sind z. B. Schuldverschreibungen, Schuldscheine, Optionen, Genussrechte oder sonstige Wertpapiere. Derartige finanzielle Interessen begründen nur dann die unwiderlegbare Vermutung der Besorgnis der Befangenheit, wenn sie nicht unwesentlich sind. Bei der Beurteilung der Wesentlichkeit wird es aus der Sicht eines verständigen und objektiven Dritten insb. darauf ankommen, ob es sich bei den finanziellen Interessen um unbedingte Forderungsrechte handelt oder ob die Höhe der Forderung von den wirtschaftlichen Verhältnissen des zu prüfenden Unt abhängt.[33] Danach dürften gesicherte Forderungen (z. B. Pfandbriefe und Kommunalobligationen) im Allgemeinen als unwesentlich einzustufen sein.[34] Andere kapitalmäßige oder finanzielle Bindungen, wie z. B. Darlehen oder langfristige Mietverträge, erfüllen den Ausschlusstatbestand im Regelfall nicht, wenn die Vereinbarungen wie unter fremden Dritten ausgestaltet sind.[35] 43

> **Beispiel**
> WP A ist Inhaber einer nachrangigen Anleihe des zu prüfenden Unt über 1 Mio. EUR. Die Anleihe nimmt bis zur Höhe des Nennbetrags an den etwaigen Verlusten des zu prüfenden Unt teil. Die Verzinsung der Anleihe ist vom Ergebnis des Unt abhängig.
>
> **Ergebnis**
> WP A ist als AP des Unt ausgeschlossen, weil er durch die Höhe und die Ausgestaltung der von ihm gehaltenen nachrangigen Anleihe nicht nur unwesentliche sonstige finanzielle Eigeninteressen an dem zu prüfenden Unt besitzt.

---

31 Vgl. *ADS*, 6. Aufl., § 319 HGB, Rz 82.
32 Vgl. *ADS*, 6. Aufl., § 319 HGB, Rz 71; *Baetge/Thiele/Moser*, in *Küting/Pfitzer/Weber*, HdR, HGB § 319, Rz 79, Stand: 2/2011.
33 Vgl. *Schmidt,* in Beck Bil-Komm. 9. Aufl., § 319 HGB, Rz 36.
34 Vgl. *Gelhausen*, in *Freidank* (Hrsg.), Reform der Rechnungslegung und Corporate Governance in Deutschland und Europa, 2001, S. 170.
35 Vgl. *Schmidt,* in Beck Bil-Komm. 9. Aufl., § 319 HGB, Rz 36.

### 4.3 Organzugehörigkeit und Arbeitnehmereigenschaft in der zu prüfenden Kapitalgesellschaft (Abs. 3 Satz 1 Nr. 2)

**44** WP/vBP sind als AP ausgeschlossen, wenn sie gesetzliche Vertreter, Mitglied des AR oder Arbeitnehmer der zu prüfenden KapG/KapCoGes sind.[36] Wenn der AP diese Funktionen bei einem mit dem Mandanten verbundenen Unt oder einer Ges. ausübt, die von der zu prüfenden Ges. mehr als 20 % der Anteile besitzt, wird der Ausschlussgrund ebenfalls verwirklicht. Abs. 3 Nr. 2 gilt auch, wenn der AP Liquidator, Insolvenzverwalter o. Ä. ist, weil er in dieser Funktion gesetzlicher Vertreter ist.[37]

**45** Gesetzliche **Vertreter** sind bei der AG die Vorstandsmitglieder (§ 76 AktG), bei GmbH die Geschäftsführer (§ 35 GmbHG), bei KGaA die Komplementäre (§ 282 AktG), bei SE der Vorstand bzw. der Verwaltungsrat und bei Vereinen die Vorstandsmitglieder. Für KapCoGes gelten als gesetzliche Vertreter die Mitglieder des vertretungsberechtigten Organs der vertretungsberechtigten Ges. (§ 264a Abs. 2 HGB). Bei PersG ist von der Vorschrift die Stellung als phG erfasst.

**46** Der WP/vBP ist auch von der Apr. ausgeschlossen, wenn er Mitglied in einem gesetzlich vorgeschriebenen (§ 30 Abs. 1, § 95 f AktG) oder fakultativen **AR** ist. AR i.S.d. Abs. 3 Satz 1 Nr. 2 ist jedes unternehmenseigene Aufsichtsgremium, z.B. Beirat oder Kuratorium, das unternehmensinterne Überwachungsfunktionen ausübt. Durch eine Regelung, nach der ein WP/vBP als Mitglied des Überwachungsorgans für solche Sachverhalte, die den JA der Ges. betreffen, von der Abstimmung ausgeschlossen ist, kann die Besorgnis der Befangenheit nicht beseitigt werden, weil ihm als Organmitglied durch die Teilnahme am Meinungsbildungsprozess eine wesentliche Einflussmöglichkeit verbleibt.[38]

**47** **Arbeitnehmer** sind alle Personen, die in einem festen Arbeitsverhältnis mit dem zu prüfenden Unt stehen (§ 611 BGB) und jeder Mitarbeiter in einem vergleichbaren Abhängigkeitsverhältnis.[39] Kurzfristige Hospitanten- oder Praktikantentätigkeiten sowie freiberufliche Tätigkeiten werden von der Vorschrift grds. nicht erfasst.

### 4.4 Ausübung bestimmter Tätigkeiten (Abs. 3 Satz 1 Nr. 3)

#### 4.4.1 Allgemeines

**48** Abs. 3 Satz 1 Nr. 3 konkretisiert das sog. **Selbstprüfungsverbot**. Danach können WP/vBP als AP einen Tatbestand nur beurteilen, wenn sie an dessen Zustandekommen über die Prüfungstätigkeit hinaus selbst nicht maßgeblich mitgewirkt haben. Deshalb darf der AP in dem zu prüfenden Gj und bis zur Erteilung des BSV nicht bei der Führung der Bücher oder der Aufstellung des JA sowie in verantwortlicher Position nicht an der internen Revision mitwirken sowie keine Bewertungsleistungen erbringen, wenn diese sich auf den zu prüfenden JA nicht nur unwesentlich auswirken.

---

[36] Vgl. zur Anwendung auf KapCoGes *Gelhausen/Buchenau*, Besorgnis der Befangenheit bei Mitgliedschaft im Beirat der Komplementärgesellschaft der geprüften GmbH & Co. KG, Anmerkung zu LG Berlin v. 25.2.2010, WPKM, S. 42.
[37] Vgl. *Schmidt*, in Beck Bil-Komm. 9. Aufl., § 319 HGB, Rz 38.
[38] Vgl. LG Berlin, Beschluss v. 25.2.2010, Wil 18/09, WPKM, S. 54.
[39] Vgl. *Baetge/Thiele/Moser*, in *Küting/Weber*, HdR, HGB § 319, Rz 96, Stand: 2/2011.

Um eine Umgehung der entsprechenden Vorschriften zu verhindern, gilt dies nach Abs. 3 Satz 1 Nr. 3 Hs. 2 auch dann, wenn derartige Tätigkeiten von einem Unt für die zu prüfende KapG ausgeübt werden, auf das der WP/vBP einen maßgeblichen Einfluss hat (gesetzlicher Vertreter, Arbeitnehmer, Mitglied des AR oder Gesellschafter mit einem Stimmrechtsanteil von mehr als 20 %).

Bei der Beurteilung der Beachtung des Selbstprüfungsverbots ist die **unzulässige Mitwirkung** an der Gestaltung des Prüfungsgegenstands von der **zulässigen Beratung** abzugrenzen. Bei einer eigenverantwortlichen Entscheidung des Leitungsorgans über den vom AP beratenen Gegenstand liegt eine unzulässige Mitwirkung, welche die Besorgnis der Befangenheit begründet, nicht vor. Eine Mitwirkung ist damit unzulässig, wenn der beratende AP dem Leitungsorgan nicht nur Handlungsalternativen aufzeigt, sondern ganz oder teilweise unternehmerische Entscheidungen selbst trifft. Kann aus faktischen Gründen keine Handlungsalternative aufgezeigt werden, ist auch ein alternativloser Entscheidungsvorschlag zulässig.[40] Wenn sich aus einer Beratungstätigkeit des AP für den Prüfungsmandanten Haftungsrisiken ergeben, die den AP dazu bewegen können, im Rahmen der Apr. bestimmte Sachverhalte nicht pflichtgemäß zu würdigen, um mögliche Beratungsfehler zu verschleiern, kann sich daraus die Besorgnis der Befangenheit ableiten.[41] In solchen Fällen kann die Besorgnis der Befangenheit beseitigt werden, indem der Sachverhalt rechtzeitig gegenüber dem Auftraggeber offengelegt wird.[42]

49

### 4.4.2 Buchführung und Aufstellung des Jahresabschlusses

Eine Mitwirkung bei der Führung der Bücher oder der Aufstellung des zu prüfenden JA führt nach Buchst. a) zu einem Ausschluss von der Apr. Die technische Durchführung der Lohn- und Gehaltsabrechnung durch den AP (Durchführung der Datenverarbeitung, Erstellung der Lohn- und Gehaltsabrechnungen, DATEV-Eingaben) stellt keinen Ausschlussgrund dar, wenn die inhaltliche Verantwortung beim Mandanten verbleibt, d. h. er für die Kontierung der Belege verantwortlich ist. Dies gilt auch für die Meldungen an Sozialversicherungsträger und Krankenkassen.[43]

50

Die Beratung zum Aufbau der **Arbeits- und Ablauforganisation** ist dagegen weiterhin **zulässig**.[44] Dazu gehören die Beratung

51

- bei der Ausgestaltung von Erfassungs-, Bearbeitungs- und Überwachungssystemen,
- bei der Entwicklung von Kontenplänen,
- von Inventuranweisungen,
- von Bilanzierungsanweisungen.

Im Rahmen der Prüfungstätigkeit muss vom AP auf **Fehler** bei der Erstellung des JA hingewiesen werden; der AP darf dabei beraten oder alternative Korrekturmöglichkeiten nennen, konkrete Hinweise geben oder Vorschläge machen.[45]

---

40 Vgl. *Schmidt*, in Beck Bil-Komm. 9. Aufl., § 319 HGB, Rz 47.
41 Vgl. BGH, Urteil v. 25.11.2002, II ZR 49/01, GmbHR 2003, S. 419.
42 Vgl. *Gelhausen/Kuss*, NZG 9/2003, S. 425.
43 Vgl. WPK, WPKM 3/2009, S. 36, unter Bezugnahme auf § 23a Abs. 6 Satz 2 BS WP/vBP.
44 Vgl. *Baetge/Thiele/Moser*, in *Küting/Weber*, HdR, HGB § 319, Rz 57, Stand: 2/2011.
45 Vgl. BGH, Urteil v. 30.4.1992, III ZR 151/91 , DB 1992, S. 1466.

Dies ist unschädlich, wenn nach dem Gesamtbild der Verhältnisse die Verarbeitung des Buchungsstoffs beim Unt verbleibt; unter dieser Voraussetzung ist auch eine größere Anzahl von Korrekturhinweisen unbedenklich. In der Begründung zu § 23a Abs. 3 BS WP/vBP wird dargelegt, dass eine Besorgnis der Befangenheit nicht ausgelöst wird, wenn der AP lediglich Hinweise zur möglichen oder rechtlich gebotenen Behandlung von Sachverhalten oder Geschäftsvorfällen gibt. Die prüfungsvorbereitende oder –begleitende Beratung entstammt dabei der Korrekturfunktion des AP, der dem geprüften Unt festgestellte Fehler mitzuteilen und auf eine Korrektur hinzuwirken hat. Voraussetzung für die Zulässigkeit der prüfungsvorbereitenden oder prüfungsbegleitenden Beratung ist dass die Entscheidung im Verantwortungsbereich des zu prüfenden Unt bleibt.[46] Dies gilt auch für Beratungsleistungen im Bereich bilanzpolitischer Maßnahmen oder dem Aufbau des internen Kontrollsystems oder des Risikomanagementsystems.[47]

52  Eine **unzulässige Mitwirkung** nach Buchst. a) liegt vor, wenn der AP
- die laufenden Geschäftsvorfälle kontiert,
- die Konten abschließt und in den JA überführt,
- das Anlagenverzeichnis führt,
- die Abschreibungen auf das AV berechnet,
- die Vorratsinventur durchführt,
- die erforderlichen Abwertungen zum UV ermittelt,
- die zum Bilanzstichtag erforderlichen Rückstellungen berechnet,
- einen unfertigen JA selbst fertigstellt,
- den Anhang oder LB erstellt,[48]
- ein Sanierungsgutachten nach IDW S 6 für das zu prüfende Unt erstellt.[49]

53  In Buchst. a) ist die Mitwirkung des AP bei der **Aufstellung des Vorjahresabschlusses** nicht unmittelbar aufgeführt. Ein Ausschluss nach Abs. 3 kommt daher nicht in Betracht. Da die Prüfung des JA aber auch die Vergleichszahlen des Vj. einschließt, muss im Einzelfall untersucht werden, ob die Besorgnis der Befangenheit nach Abs. 2 begründet ist. Dies dürfte jedenfalls dann nicht der Fall sein, wenn der Vorjahresabschluss von einem anderen AP geprüft worden ist und damit einer unabhängigen Beurteilung unterlag.[50]

54  Im Hinblick auf das Selbstprüfungsverbot kann auch die Mitwirkung bei der **Einrichtung von Rechnungslegungsinformationssystemen** unzulässig sein. Bei der Beurteilung derartiger Sachverhalte ist allerdings zu berücksichtigen, dass der Gesetzgeber in § 319a Abs. 1 Satz 1 Nr. 3 HGB die grundsätzliche Unvereinbarkeit der Entwicklung, Einrichtung und Einführung von Rechnungslegungsinformationssystemen ausdrücklich nur für die Pflichtprüfung bei Unt von öffentlichem Interesse festgeschrieben hat. Es kann deshalb im Umkehr-

---

46  Vgl. aber OLG Hamm, Urteil v. 27.1.2009, 25 U 57/08, DStR 2009, S. 1978, wonach die Überführung eines lückenhaften, unvollständigen oder unbrauchbaren Entwurfs in einen testierfähigen JA auch bei Entscheidungsverantwortung der Geschäftsführung hinsichtlich der vorgenommenen Korrekturen zu einer unzulässigen Mitwirkung des AP führt.
47  Vgl. *Schmidt*, in Beck Bil-Komm. 9. Aufl., § 319 HGB, Rz 49.
48  Vgl. *Schmidt*, in Beck Bil-Komm. 9. Aufl., § 319 HGB, Rz 50.
49  Vgl. *WPKM 4/2011, S. 45.*
50  Vgl. BGH, Urteil v. 21.4.1997, II ZR 317/95, WM 1997, S. 1385.

schluss davon ausgegangen werden, dass bei anderen Unt diese Beratungsleistungen unter Beachtung des Selbstprüfungsverbots grds. zulässig sind.[51]
Für die **Erbringung von Steuerberatungsleistungen** hat der Gesetzgeber in § 319a HGB ebenfalls eine Sonderregelung für Pflichtprüfungen bei Unt von öffentlichem Interesse getroffen, sodass in anderen Fällen Apr. und gleichzeitige Steuerberatung grds. vereinbar sind. Zu beachten ist allerdings auch in diesen Fällen das Selbstprüfungsverbot. Für den Fall, dass der AP die bilanziellen Auswirkungen von ihm ausgearbeiteter und von ihm beim Prüfungsmandanten eingeführter steuerrechtlicher Gestaltungen beurteilt, kann hierin eine unzulässige Mitwirkung an der Aufstellung des JA gesehen werden, wenn die Auswirkungen auf den JA wesentlich sind. Wenn neben der HB eine Steuerbilanz aufgestellt wird und der AP diese Steuerbilanz erstellt, sieht der BGH dies aufgrund des Vorrangs der HB unter der Voraussetzung als unschädlich an, dass die HB vom Leitungsorgan der KapG/KapCoGes alleinverantwortlich erstellt wird.[52] Allerdings sind auch dabei die Gesamtumstände des Einzelfalls im Hinblick auf das Selbstprüfungsverbot zu würdigen. Wenn eine vom AP erstellte Steuerbilanz im Rahmen der eigenverantwortlichen Übernahmeentscheidung des Mandanten im Wesentlichen unverändert in die HB übernommen wird, hätte der AP sein eigenes Werk zu prüfen, so dass er in einer derartigen Konstellation von der Prüfung ausgeschlossen ist.[53]

55

Die **Berechnung der Steuerrückstellungen** für die HB durch den AP dürfte im Rahmen der zulässigen Steuerberatung unschädlich sein.[54] Die Beratung durch den AP zu der Frage, ob geplante Rückstellungen in bestimmter Höhe steuerlich anerkannt werden, führt gleichermaßen nicht zum Ausschluss von der Apr.

### 4.4.3 Interne Revision

Die **Durchführung der internen Revision** in verantwortlicher Position ist mit der Apr. nicht vereinbar (Buchst. b)), weil es sich dabei um die Übernahme einer Unternehmensleitungsaufgabe handelt. Durch diese Vorschrift ist lediglich die vollständige Übernahme oder Leitung der internen Revision durch den AP ausgeschlossen. Dies ergibt sich unmittelbar aus dem Gesetzestext, der die Durchführung der internen Revision „in verantwortlicher Position" ausschließt. Zulässig ist aber die Übernahme einzelner Prüfungsaufträge im Auftrag der internen Revision, und zwar unabhängig davon, ob sie im Rahmen der Apr. oder als eigenständige Prüfungsaufträge durchgeführt werden.[55]

56

### 4.4.4 Unternehmensleitungs- und Finanzdienstleistungen

In Buchst. c) wird bestimmt, dass die Erbringung von **Unternehmensleitungs- und Finanzdienstleistungen** zu einem Ausschluss als AP führen, wenn sie nicht von untergeordneter Bedeutung sind. Es handelt sich hierbei um Tätigkeiten, mit

57

---

51 Vgl. *Schmidt*, in Beck Bil-Komm. 9. Aufl., § 319 HGB, Rz 51.
52 Vgl. BGH, Urteil v. 21.4.1997, II ZR 317/95, WM 1997, S. 1385.
53 Vgl. WPKM 2/2010, S 36.
54 Vgl. WP-Handbuch, Bd. I, 14. Aufl., Abschn. A, Rz 291; aA: *Schmidt*, in Beck Bil-Komm. 9. Aufl., § 319 HGB, Rz. 52.
55 Vgl. IDW PS 321, Tz 28.

denen häufig eine nach außen erkennbare Interessenwahrung des Mandanten verbunden ist.[56]

**58** Die Übernahme von **Unternehmensleitungsfunktionen** begründet nach Buchst. c) unwiderlegbar die Besorgnis der Befangenheit, weil mit solchen Funktionen eine Ausrichtung auf die Interessen des zu prüfenden Unt verbunden ist, die einer unbefangenen Apr. entgegensteht. Außerdem kann in einem solchen Fall die Gefahr einer Selbstprüfung bestehen, wenn der AP die Auswirkungen von im Rahmen der Ausübung der Unternehmensleitungsfunktion getroffenen Entscheidungen auf die Rechnungslegung zu beurteilen hat.

Die Übernahme von Unternehmensleitungsfunktionen kann im Rahmen eines Dienstleistungsvertrags mit dem oder als Organ des zu prüfenden Unt erfolgen. Es kann sich um Führungsaufgaben in der Unternehmensleitung oder in nachgeordneten Bereichen handeln. Bei der Frage, ob eine im Vj. ausgeübte Unternehmensleitungsfunktion schädlich sein kann, kommt es darauf an, ob sich aus der Tätigkeit unmittelbare Auswirkungen im zu prüfenden Gj ergeben. Auch wenn Unternehmensleitungsfunktionen im Folgejahr vor Beendigung der Apr. übernommen werden, wird im Allgemeinen die Besorgnis der Befangenheit begründet sein.

In der Begründung zu § 23a Abs. 5 BS WP/vBP wird darauf hingewiesen, dass die Übernahme von Unternehmensleitungsfunktionen durch einen beurlaubten Angestellten des AP unschädlich ist, wenn die vertraglichen Beziehungen ausschließlich zwischen dem beurlaubten Angestellten und dem Unt bestehen. In diesem Fall hat der AP weder negative Folgen aus möglichen Pflichtverletzungen zu erwarten, noch ist er am Erfolg der Tätigkeit des beurlaubten Angestellten beteiligt.[57]

**59** Nach der Entstehungsgeschichte der deutschen Vorschriften in Anlehnung an die Regelungen der SEC[58] sind folgende **Finanzdienstleistungen** für Prüfungsmandanten ausgeschlossen:
- Tätigkeiten eines „broker-dealers",
- Entscheidungen über den Erwerb oder die Verwaltung von Finanzanlagen,
- Abwicklung von Geschäften über Kauf oder Verkauf von Finanzanlagen,
- Treuhandtätigkeiten,
- Werbung für Anlagen des Prüfungsmandanten.

Die Beratung im Zusammenhang mit dem Erwerb von Beteiligungen dürfte danach weiter zulässig sein, wenn die Abgrenzungskriterien zwischen unzulässiger Mitwirkung und zulässiger Beratung eingehalten werden (s. Rz 49).[59]

Auch bei den folgenden Dienstleistungen dürfte eine Besorgnis der Befangenheit nicht begründet sein, weil es sich nicht um Finanzdienstleistungen i.S.v. Buchst. c) handelt:
- Erarbeitung von Finanzierungskonzepten,
- Vorbereitung von Verhandlungen mit potenziellen Investoren,
- Shareholder-Value-Analysen, bei denen es sich nicht um Bewertungsleistungen mit unmittelbaren Auswirkungen auf die Rechnungslegung handelt,
- Wirtschaftlichkeitsanalysen im Bereich der Vermögensanlagen.

---

56 Vgl. zum Folgenden *Schmidt*, in Beck Bil-Komm. 9. Aufl., § 319 HGB, Rz 60.
57 Vgl. BS WP/vBP, Begründung zu § 23a Abs. 5.
58 Vgl. SEC, Final Rule: Strengthening the Commissions Requirements Regarding Auditor Independence, http://www.sec.gov/rules/final/33-8183.htm.
59 Vgl. *Schmidt*, in Beck Bil-Komm. 9. Aufl., § 319 HGB, Rz 60.

### 4.4.5 Versicherungsmathematische oder Bewertungsleistungen

Nach Buchst. d) ist die Erbringung eigenständiger **versicherungsmathematischer** oder **Bewertungsleistungen**, die sich auf den JA nicht nur unwesentlich auswirken, durch den AP ausgeschlossen. Die Berechnung der Pensionsrückstellungen oder – bei Versicherungsunternehmen – der Deckungsrückstellungen ist nach Buchstabe d) ausgeschlossen, wenn die Entwicklung und Umsetzung der Berechnungsmethodik sowie die Festlegung der maßgeblichen Annahmen beim AP liegt. Die formale Entscheidung der Unternehmensleitung über die Übernahme der Werte in den Abschluss hat dann für die Frage der Besorgnis der Befangenheit keine Bedeutung.[60]

60

In der Begründung zur BS WP/vBP werden folgende Bewertungsleistungen erörtert:[61]

61

| Bewertungs-leistung | Würdigung im Hinblick auf die mögliche Begründung der Besorgnis der Befangenheit |
|---|---|
| Bewertung einer zur Veräußerung bestimmten Beteiligung | Die Bewertung einer zur Veräußerung bestimmten Beteiligung begründet im Allgemeinen nicht die Besorgnis der Befangenheit, weil sich das Bewertungsergebnis nicht unmittelbar auf den zu prüfenden Abschluss auswirkt. Wenn die Beteiligung zum Abschlussstichtag noch nicht veräußert ist, erfolgt die Bewertung zu fortgeführten AK. Wurde die Beteiligung vor Ablauf des Gj veräußert, ist der Kaufpreis und nicht das Ergebnis der Bewertungsleistung für die Bilanzierung entscheidend. Die Bewertungsleistung wirkt sich in diesem Fall nicht unmittelbar auf den Abschluss aus. Sofern bei einer noch nicht veräußerten Beteiligung aufgrund der Bewertungsleistung ein Abschreibungsbedarf ersichtlich wird, ist dies unschädlich, wenn das Unt die Höhe der Abschreibung letztlich selbst festlegt; dies wird aufgrund der unterschiedlichen Bewertungsstichtage im Allgemeinen der Fall sein. |
| Bewertung einer zu erwerbenden Beteiligung | Die Bewertung einer zu erwerbenden Beteiligung kann die Besorgnis der Befangenheit begründen, wenn der Kaufpreis i. H. d. Gutachtenwerts vereinbart wird. Im Rahmen der Apr. müsste dann der AP den von ihm selbst ermittelten Wert beurteilen (Selbstprüfung). Die Unabhängigkeitsgefährdung ist geringer oder ausgeschlossen, wenn die Bewertungsleistung keinen bestimmten Wert, sondern eine größere Bandbreite von Werten beinhaltet. Dies gilt auch dann, wenn keine Wertermittlung erfolgt, sondern nur wesentliche Parameter für die Bewertung ermittelt werden und wenn lediglich eine grobe indikative Einschätzung des Werts vorgenommen wird. |

---

60 Vgl. BS WP/vBP, Begründung zu § 23a Abs. 6.
61 Vgl. BS WP/vBP, Begründung zu § 23a Abs. 6.

| Bewertungs-leistung | Würdigung im Hinblick auf die mögliche Begründung der Besorgnis der Befangenheit |
|---|---|
| Bewertung für Zwecke der Apr. | Für die Apr. notwendige Bewertungsleistungen sind grds. unschädlich. Als Beispiel kann der Niederstwerttest genannt werden, bei dem die Werthaltigkeit von bilanzierten Vermögenswerten zu beurteilen ist. Eine solche Bewertungsleistung begründet auch dann keine Besorgnis der Befangenheit, wenn der Mandant selbst keine Bewertung vorgenommen hat. Stellt der AP Abschreibungsbedarf fest, kann aber eine unreflektierte Übernahme der Ergebnisse der Bewertungsleistung durch das Unt in den Abschluss schädlich sein. |
| Kaufpreis-allokation | Die Aufteilung eines Gesamtkaufpreises auf einzelne VG und Schulden durch den AP begründet im Allgemeinen die Besorgnis der Befangenheit, weil sich das Ergebnis dieser Bewertungsleistung unmittelbar auf den zu prüfenden Abschluss auswirkt. Für die Unterstützung bei der Aufteilung in Form einer Erl. möglicher Methoden und der Diskussion von Zweifelsfragen gilt dies allerdings nicht. |
| Prüfung der Werthaltigkeit von Sacheinlagen nach §§ 33 f., 183 Abs. 3 AktG | Bei der Prüfung der Werthaltigkeit von Sacheinlagen handelt es sich nicht um eine Bewertungsleistung, sondern um eine Prüfungstätigkeit. Die nochmalige Beurteilung des Prüfungsgegenstands im Rahmen der Apr. begründet für sich betrachtet keine Besorgnis der Befangenheit. Etwas anderes gilt, wenn der AP den Wert der Sacheinlage selbst ermittelt und die Bilanzierung nicht nach den Tauschgrundsätzen erfolgsneutral erfolgt. |
| Bewertungs-leistungen bei Umwandlungs-vorgängen zur Ermittlung von Umtauschver-hältnissen | Bewertungsleistungen zur Ermittlung von Umtauschverhältnissen können nur dann die Besorgnis der Befangenheit begründen, wenn sie sich unmittelbar auf die Bilanzierung des bewerteten Vermögens auswirken. Eine solche Auswirkung ergibt sich z. B. dann nicht, wenn von der Buchwertfortführung Gebrauch gemacht wird. |

62  Nach dem Gesetzeswortlaut behandelt Abs. 3 nur Bewertungsleistungen des lfd Gj. Bewertungsleistungen, die in einem früheren Gj erbracht wurden, fallen dagegen in den Anwendungsbereich des Abs. 2 und sind daraufhin zu beurteilen, ob sie sich wesentlich auf den zu prüfenden JA auswirken. Je weiter die Bewertungsleistung in der Vergangenheit liegt, desto unwahrscheinlicher ist es, dass sie eine Besorgnis der Befangenheit begründen könnte. In diesem Sinne dürften die Bewertungsleistungen des AP aus früheren Gj für die Frage der Besorgnis der Befangenheit keine Bedeutung mehr haben, wenn z. B. aktuelle Wertindikationen von Sachverständigen Dritten vorliegen. Außerdem ist zu berücksichtigen, ob zwischenzeitlich eine Prüfung des Bewertungsergebnisses durch einen anderen

Prüfer erfolgt ist. Wenn dies geschehen ist, dürfte die Besorgnis der Befangenheit ebenfalls nicht begründet sein.[62]
Ob sich Bewertungsleistungen wesentlich auf den zu prüfenden Abschluss auswirken, ist für sämtliche Bewertungsleistungen mit Auswirkungen auf den Abschluss, die im Gj erbracht werden, einheitlich zu beurteilen.[63]

### 4.5 Einsatz von befangenen Personen (Abs. 3 Satz 1 Nr. 4)

Abs. 3 Satz 1 Nr. 4 bestimmt, dass bei der Prüfung keine Person beschäftigt sein darf, die nach den Nrn 1–3 als AP ausgeschlossen ist. Bei der Prüfung beschäftigt ist eine Person, deren Tätigkeit der Prüfung eindeutig zugeordnet werden kann und die Einfluss auf Umfang, Ablauf oder Ergebnis der Prüfung hat (Prüfungsplanung, Bearbeitung einzelner Prüffelder, Berichterstattung). Diese Vorschrift bezieht sich damit in erster Linie auf diejenigen **Fachkräfte**, die als Mitglieder des Prüfungsteams bei der Durchführung der Apr. eingesetzt sind. Dazu zählen die Prüfungsgehilfen, d. h. vom Prüfungsassistenten angefangen alle Mitarbeiter, die noch kein Berufsexamen abgelegt haben, und alle WP/vBP. Auch Mitarbeiter, die z. B. für die Durchführung von (IT-)Systemprüfungen und die Prüfung des Risikofrüherkennungssystems, für die Prüfung der steuerrechtlichen Verhältnisse und der Steuerrückstellungen oder im Rahmen von speziellen Qualitätssicherungsmaßnahmen (z. B. materielle Berichtskritik oder auftragsbegleitende Qualitätssicherung nach § 24d BS WP/vBP) oder von Konsultationen zu schwierigen fachlichen Fragen in die Prüfung eingebunden sind, können von der Vorschrift erfasst werden. Dies gilt allerdings nur, soweit sie bei der Prüfung nicht nur punktuell eingebunden sind. Bei einer nur punktuellen Einbindung werden im Allgemeinen die Einflussmöglichkeiten auf die Ergebnisse der Prüfung zu gering sein, um eine Besorgnis der Befangenheit begründen zu können.[64]
Mit der Vorschrift wird der Tatsache Rechnung getragen, dass mit der Prüfung inhaltlich befasste Mitarbeiter (trotz der verantwortlichen Leitung der Apr. durch WP/vBP und ihrer angemessenen Beaufsichtigung und Kontrolle) einen nicht unerheblichen Einfluss auf die Qualität der Prüfung haben können.[65]
**Verwaltungskräfte** (Schreib- und Sekretariatskräfte, Bibliothek, formelle Berichtskritik) sind lediglich formal mit der Apr. befasst. Sie werden von der Vorschrift nicht erfasst. Als bei der Prüfung beschäftigte Personen gelten nicht nur Arbeitnehmer, sondern auch **freie Mitarbeiter**.[66]
Der Ausschlusstatbestand ist nur erfüllt, wenn der WP einen befangenen Arbeitnehmer im Rahmen der betrieblichen Apr. tatsächlich einsetzt. Nicht relevant ist in diesem Zusammenhang die Tatsache, dass Mitarbeiter durch ihre hierarchische Stellung oder dadurch, dass sie in der gleichen Niederlassung beschäftigt sind, eine gewisse Nähe zu den bei einer Prüfung beschäftigten Mitarbeitern haben können. Ein Ausschlussgrund liegt ebenfalls in den Fällen nicht vor, in denen

---

[62] Vgl. *Schmidt*, in Beck Bil-Komm. 9. Aufl., § 319 HGB, Rz 64.
[63] Vgl. *Schmidt*, in Beck Bil-Komm. 9. Aufl., § 319 HGB, Rz 66.
[64] Vgl. *Schmidt*, in Beck Bil-Komm. 9. Aufl., § 319 HGB, Rz 67.
[65] Vgl. ADS, 6. Aufl., § 319 HGB, Rz 73; *Baetge/Thiele/Moser*, in *Küting/Pfitzer/Weber*, HdR, HGB § 319, Rz 125, Stand: 2/2011.
[66] Vgl. ADS, 6. Aufl., § 319 HGB, Rz 143; *Baetge/Thiele/Moser*, in *Küting/Pfitzer/Weber*, HdR, HGB § 319, Rz 127, Stand 2/2011.

Mitarbeiter bei der Durchführung anderer Aufträge für den Prüfungsmandanten, nicht aber im Rahmen der Apr. tätig werden.

Das interne Qualitätssicherungssystem der WP-/vBP-Praxis muss für die von Abs. 3 Satz 1 Nr. 4 erfassten Fälle eine Analyse der möglichen Unabhängigkeitsgefährdung und Maßnahmen zu deren Beseitigung vorsehen. Im Zweifel darf die Fachkraft bei der betrieblichen Prüfung nicht eingesetzt werden.

### 4.6 Umsatzabhängigkeit (Abs. 3 Satz 1 Nr. 5)

**68** Nach Abs. 3 Satz 1 Nr. 5 ist ein WP/vBP von der Apr. ausgeschlossen, wenn er in den letzten 5 Jahren jeweils mehr als 30 % der Einnahmen seiner beruflichen Tätigkeit aus der Prüfung und Beratung der KapG/KapCoGes erzielt hat und auch im laufenden Gj voraussichtlich erzielen wird. Mit der Vorschrift wird die mögliche Unabhängigkeitsgefährdung durch das wirtschaftliche Eigeninteresse des WP/vBP berücksichtigt. Bei Meinungsverschiedenheiten über die Richtigkeit des JA wird es dem AP umso schwerer fallen, seine Auffassung durchzusetzen und notfalls die Beendigung des Auftragsverhältnisses in Kauf zu nehmen, je höher die damit verbundene finanzielle Einbuße ist.[67]

Als **Gesamteinnahmen** gelten alle Einnahmen, die aus beruflichen Tätigkeiten i.S.v. § 2 bzw. § 129 WPO erzielt werden. Besitzt der AP eine Zusatzqualifikation (z.B. RA) sind auch die Einnahmen aufgrund dieser Qualifikation Bestandteil seiner Gesamteinnahmen. Sonstige Einnahmen aus Leistungsbeziehungen mit dem Mandanten, die nicht der beruflichen Tätigkeit zuzuordnen sind, z.B. Mieteinnahmen sowie Auslagenersatz[68] und Umsatzsteuer, werden nicht erfasst.[69]

Bei **gemeinsamer Berufsausübung** sind aufgrund der Sozietätsklausel die Einnahmen aller Personen, die mit dem AP den Beruf gemeinsam ausüben, zu addieren.[70]

Für die Berechnung der Einhaltung der Umsatzgrenze ist das gesamte aus dem **Bereich des geprüften Unt** bezogene Honorar maßgebend. Zu diesem Honorar gehört auch das Honorar von allen in- und ausländischen Unt, an denen die zu prüfende KapG/KapCoGes mehr als 20 % der Anteile besitzt, unabhängig davon, ob ein KA aufzustellen ist oder freiwillig aufgestellt wird. Das ist darin begründet, dass die zu prüfende KapG/KapCoGes in diesen Unt die Auftragsvergabe beeinflussen könnte.[71] Zur Bestimmung des Anteilsbesitzes kommt eine Durchrechnung der Quote (z.B. Prüfungsmandat hält an Unt A 60 %, Unt A an Unt B 40 %, durchgerechnete Quote ist 24 %) nicht in Betracht. Als dem MU zustehende Rechte werden nach § 290 Abs. 3 HGB auch die einem TU zustehenden Rechte und die den für Rechnung des MU oder von TU handelnden Personen zustehenden Rechte berücksichtigt. Diese Vorschrift ist bei der Ermittlung des Gesamthonorars entsprechend anzuwenden.[72]

**69** Nachdem die Umsatzabhängigkeit fünf Jahre hintereinander bestanden hat, entsteht der **Ausschlussgrund im sechsten Jahr**. Dem AP wird damit eine genügend

---

[67] Vgl. *Schmidt*, in Beck Bil-Komm. 9. Aufl., § 319 HGB, Rz 70.
[68] Soweit es sich nicht um Auslagenersatz im Rahmen der Apr. handelt.
[69] Vgl. *ADS*, 6. Aufl., § 319 HGB, Rz 152, 158.
[70] Vgl. *ADS*, 6. Aufl., § 319 HGB, Rz 161; *Baetge/Thiele/Moser*, in *Küting/Pfitzer/Weber*, HdR, HGB § 319, Rz 139, 141, Stand: 2/2011.
[71] Vgl. *ADS*, 6. Aufl., § 319 HGB, Rz 158; *Baetge/Thiele/Moser*, in *Küting/Pfitzer/Weber*, HdR, HGB § 319, Rz 137; Stand: 2/2011.
[72] Vgl. *ADS*, 6. Aufl., § 319 HGB, Rz 155.

lange Frist eingeräumt, das Überschreiten der kritischen Grenze durch geeignete Maßnahmen zu vermeiden. Die „fünf Jahre" betreffen jeweils das Gj des AP und beinhalten somit z.B. auch Rumpfgeschäftsjahre, sodass die „fünf Jahre" in derartigen Fällen bereits vor Ablauf von fünf Kj. erreicht sind.[73] Für das laufende Gj ist das erwartete Honoraraufkommen zu schätzen. Maßgebend für den Fristbeginn ist der Zeitpunkt der Wahl zum AP, nicht der der Auftragsannahme.[74]
Wenn die Umsatzgrenze z.B. im sechsten Jahr unterschritten wird, kann in den folgenden fünf Jahren grds. kein Ausschlussgrund nach Abs. 3 Satz 1 Nr. 5 eintreten. Dies gilt nicht, wenn durch gezielte Beeinflussung der Honorarzahlungen das Überschreiten der Schwelle in einem oder mehreren Jahr(en) bewusst verhindert wird. Außerdem muss die Art der Einkommensermittlung im Zeitablauf konsistent sein.
Zur **Vermeidung von Härtefällen** kann die WPK nach Nr. 5 letzter Hs. befristete Ausnahmegenehmigungen erteilen. Die Gewährung liegt im pflichtgemäßen Ermessen der WPK. Ein Härtefall kann insb. bei Eröffnung, Verlegung oder Schließung einer Praxis vorliegen.[75]

70

### 4.7 Ehegatten und Lebenspartner

Wenn der **Ehegatte** oder der **Lebenspartner** des AP einen Ausschlussgrund nach Satz 1 Nrn. 1–3 erfüllt, liegt nach Abs. 3 Satz 2 ebenfalls ein Ausschlussgrund vor. Nach § 1 Abs. 1 Satz 1 LPartG sind Lebenspartner zwei Personen gleichen Geschlechts, die persönlich, gegenseitig und bei gleichzeitiger Anwesenheit unter Abgabe übereinstimmender Willenserklärungen erklären, miteinander eine Partnerschaft auf Lebenszeit führen zu wollen.
Zu welchem Zeitpunkt die Ehegemeinschaft oder die Partnerschaft eingegangen wird, ist unerheblich. Es kommt ausschließlich darauf an, dass sie während der Zeit, in der die Apr. stattfindet, bestanden hat. Wird die Ehegemeinschaft oder Partnerschaft vor Beendigung der Prüfung aufgehoben, entfällt der Ausschlussgrund nach Abs. 3 Satz 2.[76]

71

## 5 Ausschlussgründe für Prüfungsgesellschaften (Abs. 4)

Durch Abs. 4 werden die Anforderungen der Abs. 2 und 3 in der Weise auf WPG/BPG übertragen, dass diese von der Apr. ausgeschlossen sind, wenn sie selbst oder
- ein gesetzlicher Vertreter,
- ein Gesellschafter, der mehr als 20 % der den Gesellschaftern zustehenden Stimmrechte besitzt,
- ein verbundenes Unt,
- ein bei der Prüfung in verantwortlicher Position beschäftigter Gesellschafter,
- eine andere von ihr beschäftigte Person, die das Ergebnis der Prüfung beeinflussen kann,

72

---

[73] Vgl. *Baetge/Thiele/Moser*, in *Küting/Pfitzer/Weber*, HdR, HGB § 319, Rz 133, Stand: 2/2011.
[74] Vgl. *ADS*, 6. Aufl., § 319 HGB, Rz 155.
[75] Vgl. *ADS*, 6. Aufl., § 319 HGB, Rz 163; *Baetge/Thiele/Moser*, in *Küting/Pfitzer/Weber*, HdR, HGB § 319, Rz 143, Stand: 2/2011.
[76] Vgl. *Schmidt*, in Beck Bil-Komm. 9. Aufl., § 319 HGB, Rz 73.

einen der in den Abs. 2 und 3 definierten Ausschlusstatbestände verwirklicht. Dies gilt auch, wenn ein Mitglied des AR nach Abs. 3 Satz 1 Nr. 2 ausgeschlossen ist (Organstellung beim Prüfungsmandanten, einem mit diesem verbundenen Unt oder einem Unt, von dem das zu prüfende Unt mehr als 20 % der Anteile besitzt). Der maßgebliche **Stimmrechtsanteil** eines Gesellschafters errechnet sich aus dem eigenen Anteilsbesitz und ggf. aus ihm zuzurechnenden Stimmrechten.[77] Im Fall von Treuhandschaften sind die Anteile grds. dem Treugeber zuzurechnen, es sei denn, der Treugeber verzichtet auf die Ausübung der ihm zustehenden Entscheidungs- und Weisungsrechte. Die Vorschrift ist nicht nur auf Fälle anzuwenden, in denen einzelne Gesellschafter, denen mehr als 20 % der Stimmrechte zuzurechnen sind, einen Ausschlusstatbestand erfüllen. Sie ist auch anzuwenden auf mehrere Gesellschafter, die zusammen mehr als 20 % der den Gesellschaftern zustehenden Stimmrechte besitzen, wenn diese jeweils einzeln oder zusammen einen der Ausschlusstatbestände nach Abs. 2 oder 3 erfüllen. Erfüllt ein Mitglied mit weniger als 20 % der Stimmrechte einen Ausschlusstatbestand nach Abs. 2 oder 3, ist die WPG/BPG als AP ausgeschlossen, wenn die ihm zuzurechnenden Stimmrechte zusammen mit den Stimmrechten der übrigen Sozietätsmitglieder die Quote von 20 % überschreiten. Aber auch, wenn ein solcher Gesellschafter einen Ausschlusstatbestand nur zusammen mit den anderen Gesellschaftern erfüllt, führt dies zu einem Ausschluss der WPG/BPG. Dies gilt z. B. für die Ermittlung der finanziellen Interessen nach Abs. 3 Satz 1 Nr. 1 und die Bestimmung der Grenze für die Umsatzabhängigkeit nach Abs. 3 Satz 1 Nr. 5.

> **Beispiel**
> WP A und WP B halten jeweils 15 % der Anteile an der X WPGmbH. Beide WP sind zugleich Gesellschafter der Y StB GmbH, die den JA der prüfungspflichtigen Z GmbH unter der Leitung von WP A erstellt hat. Kann die X WPG GmbH bei der Z GmbH zum AP bestellt werden?
>
> **Ergebnis**
> WP A ist als Person von der Apr. bei der Z GmbH ausgeschlossen, weil er an der Erstellung des zu prüfenden JA mitgewirkt hat. Für die Beurteilung der Frage, ob auch die X WPG GmbH von der Apr. bei der Z GmbH ausgeschlossen ist, sind die Anteile der WP A und B. i.H.v. jeweils 15 % zusammen zu betrachten. Damit ist der Schwellenwert von 20 % der Stimmrechtsanteile überschritten und die X WPG GmbH als AP der Z GmbH ausgeschlossen.

73 Zur Auslegung des Begriffs „**verbundenes Unternehmen**" ist § 271 Abs. 2 HGB heranzuziehen (§ 271 Rz 31).

74 Als **in verantwortlicher Position beschäftigte Gesellschafter** werden zunächst diejenigen Gesellschafter einzustufen sein, die nach den internen Regelungen der Prüfungsgesellschaft für die Abwicklung des Prüfungsauftrags verantwortlich sind und diese Verantwortung durch Unterzeichnung des BSV und des Prüfungsberichts auch erkennbar dokumentieren. Dabei handelt es sich um den sog. verantwortlichen WP und den Mitunterzeichner, soweit es sich bei diesen um

---

[77] Vgl. *Baetge/Thiele/Moser*, in *Küting/Pfitzer/Weber*, HdR, HGB § 319, Rz 159, Stand: 2/2011.

Gesellschafter der Prüfungsgesellschaft handelt. Außerdem sind diesem Personenkreis solche Gesellschafter zuzurechnen, die für bestimmte Teilbereiche der Prüfung verantwortlich sind, z. B. für (IT-)Aufbau- und Funktionsprüfungen oder die Prüfung des Risikofrüherkennungssystems. Trotz der im Gesetz verwendeten unterschiedlichen Begriffe dürfte der Personenkreis der in verantwortlicher Position beschäftigten Gesellschafter mit dem der verantwortlichen Prüfungspartner nach § 319a HGB (§ 319a Rz 20) identisch sein.

Darüber hinaus sind von Abs. 4 Satz 1 **von der WPG/BPG beschäftigte Personen erfasst, die das Ergebnis der Prüfung beeinflussen können**. Es handelt sich dabei um den gleichen Personenkreis, der in Abs. 3 Satz 1 Nr. 4 als „bei der Prüfung beschäftigt" bezeichnet wird. Damit werden von der Vorschrift alle Mitarbeiter erfasst, die dem Prüfungsteam angehören, einschl. der im Rahmen der Prüfung eingesetzten Spezialisten für bestimmte Prüffelder oder für Bereiche, bei denen besondere Kenntnisse erforderlich sind (z. B. bei Risiken für Unregelmäßigkeiten oder bei Zweifeln an der Angemessenheit der *Going-Concern-*-Annahme). Ausnahmsweise können hierzu auch Mitarbeiter aus fachlichen Kompetenzzentren zählen, wenn diese Stellungnahmen oder Gutachten zu Fachfragen erstellen und diese Mitwirkung über eine nur punktuelle Befassung hinausgeht (s. im Übrigen Rz 64 f.).

75

Nach Abs. 4 Satz 2 gilt für **Mitglieder des AR** einer Prüfungsgesellschaft, dass ausschließlich die Übernahme der Funktion eines gesetzlichen Vertreters, die Mitgliedschaft im AR und die Stellung als Arbeitnehmer des zu prüfenden Unt zu einem Ausschluss der Prüfungsgesellschaft als AP führen.

76

> **Beispiel**
> A hält sämtliche Anteile an der prüfungspflichtigen Z GmbH und ist zugleich Mitglied des AR der X AG WPG. Kann die X AG WPG zum AP der Z GmbH bestellt werden?
>
> **Ergebnis**
> Da A weder gesetzlicher Vertreter noch Mitglied im AR, noch Arbeitnehmer der Z GmbH ist, liegt kein Ausschlussgrund nach § 319 Abs. 4 HGB vor und die X AG WPG könnte insoweit zum AP bestellt werden. Zu prüfen bleibt in einem solchen Fall allerdings, ob sich nach dem Gesamtbild der Verhältnisse eine Besorgnis der Befangenheit nach Abs. 2 ergibt.

In Abs. 4 sind ausschließlich Zurechnungsvorschriften enthalten. Für die einzelnen **Ausschlusstatbestände** und deren Auslegung gelten die Ausführungen zu Abs. 2 und 3. Durch den Verweis in Abs. 4 auf die Ausschlussgründe nach Abs. 3 ist auch bei WPG/BPG die Sozietätsklausel anzuwenden. Dies bedeutet, dass eine WPG/BPG z. B. dann als AP ausgeschlossen ist, wenn mehr als 20 % ihrer Stimmrechte von einem Gesellschafter gehalten werden, der gleichzeitig Sozius einer Anwaltssozietät ist, die den zu prüfenden JA erstellt hat.[78]

77

---

[78] Vgl. *Schmidt*, in Beck Bil-Komm. 9. Aufl., § 319 HGB, Rz 82.

> **Beispiel 1**
> Die Bücher der prüfungspflichtigen Z GmbH werden von der Y GmbH StBG geführt, bei der es sich um ein verbundenes Unt der X AG WPG handelt. Kann die X AG WPG zum AP der Z GmbH bestellt werden?
>
> **Ergebnis**
> Aufgrund der Sozietätsklausel ist die X AG WPG von der Apr. der Z GmbH ausgeschlossen (Abs. 4 i.V.m. Abs. 3 Satz 1 Nr. 3 Buchst. a).
>
> **Beispiel 2**
> Die WP A und B sind Gesellschafter-Geschäftsführer der X WPG mbH. Der JA der prüfungspflichtigen Z GmbH ist von der Y StB GmbH erstellt worden, an der die Ehefrauen der beiden WP sämtliche Anteile besitzen. Kann die X WPG mbH zum AP der Z GmbH bestellt werden?
>
> **Ergebnis**
> Aufgrund der Sozietätsklausel ist die X WPGmbH von der Apr. der Z GmbH ausgeschlossen (Abs. 4 Satz 1 i.V.m. Abs. 3 Satz 2, Satz 1 Nr. 3 2. Hs., Nr. 3 1. Hs. Buchst. a).

## 6 Ausschlussgründe für Konzernabschlussprüfer (Abs. 5)

**78** Gem. Abs. 5 gelten die Unvereinbarkeitsregelungen nach Abs. 2–4 für den AP des KA entsprechend. Dies gilt auch für die Pflicht zur Teilnahme am Verfahren der Qualitätskontrolle nach § 57a WPO; auch Konzern-AP müssen über eine wirksame Teilnahmebescheinigung oder eine Ausnahmegenehmigung der WPK verfügen. Nach Abs. 5 i.V.m. Abs. 2–4 führen die Ausschlussgründe, die einen Ausschluss als AP des MU zur Folge haben, gleichzeitig zu einem Ausschluss als Konzern-AP. Fraglich könnte sein, ob diese Folge auch eintritt, wenn Ausschlussgründe in Bezug auf einzelne in den KA einbezogene TU vorliegen. Bei nicht in den KA einbezogenen TU stellt sich diese Frage nicht, weil hier aufgrund der eingeschränkten Prüfungspflichten (insb. Prüfung der Abgrenzung des KonsKreises) eine Besorgnis der Befangenheit im Hinblick auf die Prüfung des KA nicht erkennbar ist.[79]

**79** Wenn in Bezug auf ein einbezogenes TU ein Ausschlussgrund nach den Abs. 2–4 vorliegt, dürfte dies grds. einen Ausschluss als Konzern-AP zur Folge haben, weil sich Abs. 5 auf die Prüfung des KA bezieht, der sich aus den Abschlüssen des MU und der TU zusammensetzt. Nach § 317 Abs. 3 HGB hat der Konzern-AP im Fall der Prüfung der JA von einbezogenen TU durch andere AP deren Arbeit zu überprüfen,[80] mit der Folge, dass die gesetzlichen Ausschlusstatbestände auch in diesen Fällen greifen.
Diese Überlegungen gelten auch für die Prüfung der für Zwecke der Kons aufgestellten Handelsbilanzen II von ausländischen TU. Im Falle einer Prüfung

---
[79] Vgl. *Schmidt,* in Beck Bil-Komm. 9. Aufl., § 319 HGB, Rz 87.
[80] Vgl. BilMoG-BgrRegE, S. 87.

des JA (HB I) von ausländischen TU führt die Erfüllung von Ausschlussgründen im Hinblick auf die HB II (z.B. Erstellung der HB II oder Erbringung von Bewertungsleistungen, die unmittelbar vom Mandanten in die HB II übernommen werden) zu einem Ausschluss als Konzern-AP.
Ferner stellt sich die Frage, ob die Vorschriften der Abs. 2–4 auch von den AP von TU, die nicht Konzern-AP sind, eingehalten werden müssen. Wenn der JA von in den KA einbezogenen TU nicht nach § 317 Abs. 3 Satz 1 HGB vom AP des KA selbst, sondern zulässigerweise nach Satz 2 durch einen anderen AP geprüft wurde und der Konzern-AP zu diesem Zweck dessen Arbeiten verwertet, sind die Anforderungen des IDW PS 320 „Verwertung der Arbeit eines anderen externen Prüfers" zu beachten. Danach hat der Konzern-AP die fachliche Kompetenz und berufliche Qualifikation dieses anderen AP nach Maßgabe der für den Konzern-AP geltenden Erfordernisse der Unabhängigkeit, Gewissenhaftigkeit, Unparteilichkeit, Unbefangenheit und Eigenverantwortlichkeit sowie unter Berücksichtigung des Auftrags des anderen externen Prüfers zu beurteilen.[81] In Bezug auf die Unabhängigkeit ist es in der Praxis der Konzern-Apr. üblich, dass der Konzern-AP im Rahmen der Verwendung von *Audit Instructions* an die anderen AP auf die Einhaltung von Unabhängigkeitsvorschriften hinweist und sich deren Beachtung durch die anderen AP bestätigten lässt (zu Einzelheiten s. § 317 Rz 56). Dies gilt unabhängig davon, ob das TU seinen Sitz im Inland oder im Ausland hat.
In der Prüfungspraxis kann es sich für den Konzern-AP empfehlen, mit ausländischen Prüfern von in den KA einbezogenen TU die Einhaltung der Unabhängigkeitsregeln des *IFAC Code of Ethics* zu vereinbaren. Diese entsprechen in allen wesentlichen Aspekten den Empfehlungen der EU-Kommission zur Unabhängigkeit des AP vom 16.5.2002. Auf eine ins Detail gehende Information der ausländischen Prüfer über die deutschen Unabhängigkeitsvorschriften kann in diesem Fall verzichtet werden.
Zu den einzelnen für Konzern-AP entsprechend geltenden Ausschlussgründen wird auf die Erl. zu den Abs. 2–4 verwiesen.

80

## 7 Rechtsfolgen bei Verstößen gegen § 319 HGB

Bei den sich aus einem Verstoß gegen § 319 HGB ergebenden Folgen für den Wahlbeschluss und den JA ist danach zu unterscheiden, ob es bereits an der Qualifikation als WP bzw. vBP nach Abs. 1 fehlt oder ob ein Ausschlussgrund nach den Abs. 2–4 vorliegt.
Die Wahl einer Person zum AP, die bereits die Voraussetzungen des Abs. 1 nicht erfüllt, ist nichtig. Im Fall einer gesetzlichen Prüfungspflicht ist ein von dieser Person geprüfter JA nach § 256 Abs. 1 Nr. 3 AktG ebenfalls nichtig.
Liegt dagegen ein Verstoß gegen die Abs. 2–4 vor, sind gegen den Wahlbeschluss gerichtete Anfechtungs- und Nichtigkeitsklagen, die sich auf eine Befangenheit des gewählten AP stützen, unzulässig (§§ 243 Abs. 3, 249 Abs. 1 AktG). Die Prüfung einer möglichen Befangenheit des gewählten AP erfolgt insoweit unabhängig davon, zu welchem Zeitpunkt die Befangenheit eingetreten ist, aus-

81

---

[81] Vgl. IDW PS 320, Tz 19.

schließlich im Ersetzungsverfahren nach § 318 Abs. 3 HGB. Ein Verstoß gegen die Abs. 2–4 führt gem. § 256 Abs. 1 Nr. 3 AktG nicht zur Nichtigkeit des JA.

82 Bei Verstößen gegen § 319 HGB verliert der AP wegen der Nichtigkeit des schuldrechtlichen Prüfungsauftrags (§ 134 BGB) seinen vertraglichen Vergütungsanspruch.[82] Ein Anspruch aus ungerechtfertigter Bereicherung gem. § 817 Satz 2 BGB scheidet ebenfalls aus, wenn der AP vorsätzlich gegen ein gesetzliches Verbot verstoßen hat.[83] Dies dürfte in den eindeutigen Fällen des Abs. 3 regelmäßig der Fall sein, während hinsichtlich eines Verstoßes gegen die allgemeine Befangenheitsvorschrift des Abs. 2 wegen der Unbestimmtheit des verwendeten Rechtsbegriffs nicht zwangsläufig von vorsätzlichem Handeln ausgegangen werden kann. Letzteres gilt auch für die Fälle des Abs. 3, soweit diese durch Verwendung unbestimmter Rechtsbegriffe schwierige Abgrenzungsfragen aufwerfen.[84]

83 Aus **Delikt** können sich bei einem Verstoß gegen § 319 HGB Schadenersatzansprüche des Mandanten nur im Hinblick auf wirtschaftliche Nachteile wegen der notwendig gewordenen Bestellung eines anderen Prüfers ergeben, nicht dagegen aus inhaltlichen Prüfungsmängeln.[85] Dementsprechend kommt auch eine Haftung gegenüber Dritten nicht in Betracht (zur Dritthaftung des AP s. § 323 Rz 85ff.).

84 Nach § 334 Abs. 2 HGB handelt der AP ordnungswidrig, wenn er trotz Vorliegens eines Ausschlussgrunds einen BSV erteilt, und kann daher mit einem **Bußgeld** belegt werden. Der WP kann den Bußgeldtatbestand jedoch dadurch vermeiden, dass er bestehende Ausschlussgründe vor Testatserteilung beseitigt, sofern es sich nicht der Sache nach um nachwirkende Ausschlussgründe handelt.[86] Die **Ordnungswidrigkeit** setzt Vorsatz voraus (§ 10 OWiG), wobei Eventualvorsatz genügt. Unkenntnis der gesetzlichen Ausschlussgründe exkulpiert nicht, weil diese Bestandteil der Berufsgrundsätze zur Unabhängigkeit sind, deren Unkenntnis nicht unvermeidbar (§ 11 Abs. 2 OWiG) ist. Unkenntnis des unterzeichnenden WP über das Vorliegen von Tatbestandsvoraussetzungen kann den Vorsatz ausschließen; dies kann auch der Fall sein, wenn die Inhabilität begründende Tatsachen zwar der Geschäftsführung oder dem Vorstand einer WPG/BPG, nicht hingegen dem unterzeichnenden WP bekannt sind.[87]

85 Wird trotz Vorliegens eines Ausschlussgrundes ein BSV erteilt, wird dies regelmäßig eine **Berufspflichtverletzung** darstellen, die nach §§ 67ff. WPO berufsgerichtlich geahndet wird.[88]

---

[82] Vgl. zum Umfang des Vergütungsanspruchs BGH, Urteil v. 21.1.2010, Xa ZR 175/07, WPKM, S. 46.
[83] Vgl. BGH, Urteil v. 30.4.1992, III ZR 151/91, DB 1992, S. 1466.
[84] Vgl. *Schmidt,* in Beck Bil-Komm. 9. Aufl., § 319 HGB, Rz 93.
[85] Vgl. *ADS*, 6. Aufl., § 319 HGB, Rz 256.
[86] Vgl. *ADS*, 6. Aufl., § 319 HGB, Rz 258.
[87] Vgl. *Schmidt,* in Beck Bil-Komm. 9. Aufl., § 319 HGB, Rz 95.
[88] Vgl. *Schmidt,* in Beck Bil-Komm. 9. Aufl., § 319 HGB, Rz 96, LG Berlin, Beschluss v. 8.11.2011, WiL 2/11, in WPKM 1/2012, S. 46f.

# § 319a BESONDERE AUSSCHLUSSGRÜNDE BEI UNTERNEHMEN VON ÖFFENTLICHEM INTERESSE

(1) ¹Ein Wirtschaftsprüfer ist über die in § 319 Abs. 2 und 3 genannten Gründe hinaus auch dann von der Abschlussprüfung eines Unternehmens, das kapitalmarktorientiert im Sinn des § 264d ist, ausgeschlossen, wenn er
1. in den letzten fünf Jahren jeweils mehr als fünfzehn vom Hundert der Gesamteinnahmen aus seiner beruflichen Tätigkeit von der zu prüfenden Kapitalgesellschaft oder von Unternehmen, an denen die zu prüfende Kapitalgesellschaft mehr als zwanzig vom Hundert der Anteile besitzt, bezogen hat und dies auch im laufenden Geschäftsjahr zu erwarten ist,
2. in dem zu prüfenden Geschäftsjahr über die Prüfungstätigkeit hinaus Rechts- oder Steuerberatungsleistungen erbracht hat, die über das Aufzeigen von Gestaltungsalternativen hinausgehen und die sich auf die Darstellung der Vermögens-, Finanz- und Ertragslage in dem zu prüfenden Jahresabschluss unmittelbar und nicht nur unwesentlich auswirken,
3. über die Prüfungstätigkeit hinaus in dem zu prüfenden Geschäftsjahr an der Entwicklung, Einrichtung und Einführung von Rechnungslegungsinformationssystemen mitgewirkt hat, sofern diese Tätigkeit nicht von untergeordneter Bedeutung ist, oder
4. für die Abschlussprüfung bei dem Unternehmen bereits in sieben oder mehr Fällen verantwortlich war; dies gilt nicht, wenn seit seiner letzten Beteiligung an der Prüfung des Jahresabschlusses zwei oder mehr Jahre vergangen sind.

²§ 319 Abs. 3 Satz 1 Nr. 3 letzter Teilsatz, Satz 2 und Abs. 4 gilt für die in Satz 1 genannten Ausschlussgründe entsprechend. ³Satz 1 Nr. 1 bis 3 gilt auch, wenn Personen, mit denen der Wirtschaftsprüfer seinen Beruf gemeinsam ausübt, die dort genannten Ausschlussgründe erfüllen. ⁴Satz 1 Nr. 4 findet auf eine Wirtschaftsprüfungsgesellschaft mit der Maßgabe Anwendung, dass sie nicht Abschlussprüfer sein darf, wenn sie bei der Abschlussprüfung des Unternehmens einen Wirtschaftsprüfer beschäftigt, der als verantwortlicher Prüfungspartner nach Satz 1 Nr. 4 nicht Abschlussprüfer sein darf. ⁵Verantwortlicher Prüfungspartner ist, wer den Bestätigungsvermerk nach § 322 unterzeichnet oder als Wirtschaftsprüfer von einer Wirtschaftsprüfungsgesellschaft als für die Durchführung einer Abschlussprüfung vorrangig verantwortlich bestimmt worden ist.

(2) ¹Absatz 1 ist auf den Abschlussprüfer des Konzernabschlusses entsprechend anzuwenden. ²Als verantwortlicher Prüfungspartner gilt auf Konzernebene auch, wer als Wirtschaftsprüfer auf der Ebene bedeutender Tochterunternehmen als für die Durchführung von deren Abschlussprüfung vorrangig verantwortlich bestimmt worden ist.

WP STB HARM DODENHOFF

**Inhaltsübersicht**                           Rz
1 Überblick ........................................... 1–6
2 Besondere Ausschlussgründe bei Unternehmen von öffentlichem Interesse ........................................... 7–27
    2.1 Umsatzabhängigkeit (Abs. 1 Satz 1 Nr. 1) ............. 7
    2.2 Ausübung bestimmter Tätigkeiten .................. 8–18
        2.2.1 Rechts- und Steuerberatungsleistungen (Abs. 1 Satz 1 Nr. 2) ............................... 8–14
        2.2.2 Entwicklung, Einrichtung und Einführung von Rechnungslegungsinformationssystemen (Abs. 1 Satz 1 Nr. 3) ............................... 15–17
        2.2.3 Verbundene Unternehmen und Beteiligungsunternehmen (Abs. 1 Satz 2 i. V. m. § 319 Abs. 3 Satz 1 Nr. 3 letzter Teilsatz HGB) .................. 18
    2.3 Interne Rotation (Abs. 1 Satz 1 Nr. 4 und Sätze 4 und 5) .. 19–23
    2.4 Sozietätsklausel (Abs. 1 Satz 3) ..................... 24
    2.5 Ausschlussgründe bei Prüfungsgesellschaften (Abs. 1 Satz 2 i. V. m. § 319 Abs. 4) ............................. 25
    2.6 Ausschlussgründe bei der Prüfung von Konzernabschlüssen (Abs. 2) ........................................... 26–27
3 Rechtsfolgen von Verstößen gegen § 319a HGB ............. 28–29

**Ergänzendes Schrifttum**

*Baetge/Brötzmann*, Neue Regelungen des Regierungsentwurfs zum Bilanzrechtsreformgesetz zur Stärkung der Unabhängigkeit des Abschlussprüfers, Der Konzern 2004, S. 724; *EU-Kommission*, Empfehlung vom 16.5.2002 „Unabhängigkeit des AP in der EU: Grundprinzipien", Abl. EG Nr. L 191, S. 22; *Gelhausen*, Stärkung der Unabhängigkeit des Abschlussprüfers durch das BilReG, in *Freidank* (Hrsg.), Reform der Rechnungslegung und Corporate Governance in Deutschland und Europa, 2004, S. 162; *Gelhausen/Heinz*, Der befangene Abschlussprüfer – Eine aktuelle Bestandsaufnahme auf der Grundlage des Bilanzrechtsreformgesetzes, WPg 2005, S. 693; *Gelhausen/Kuss*, Vereinbarkeit von Abschlussprüfung und Beratungsleistungen durch den Abschlussprüfer, NZG 9/2003, S. 424; *Heininger*, Die Abschlussprüferrichtlinie und ihre Folgen – Berufsaufsicht quo vadis?, WPg 2008, S. 535; *Hommelhoff*, Abschlussprüfung und Abschlussberatung (Besprechung BGH vom 21.4.1997), ZGR 1997, S. 550; *Hommelhoff*, Zur Mitwirkung des Abschlussprüfers nach § 319 Abs. 2 Nr. 5 HGB, Gedächtnisschrift Knobbe-Keuk, 1997, S. 471; *Moxter*, Zur Abgrenzung von unzulässiger Mitwirkung und gebotener Einwirkung des Abschlussprüfers bei der Abschlussprüfung (krit. Würdigung zu OLG Karlsruhe vom 23.11.1995), BB 1996, S. 683; *Petersen/Zwirner*, Besondere Ausschlussgründe für Wirtschaftsprüfer bei Unternehmen von öffentlichem Interesse – Anmerkungen zu § 319a HGB, WPg 2009, S. 769; *Pfitzer/Orth/Hettich*, Stärkung der Unabhängigkeit des Abschlussprüfers?, DStR 2004, S. 328; *Polt/Winter*, Der Honoraranspruch des Abschlussprüfers – zugleich Besprechung des Urteils des BGH vom 3.6.2004, WPg 2004, S. 1127; *Schmidt*, Neue Anforderungen an die Unabhängigkeit des Abschlussprüfers; *Schulze-Osterloh*, Anmerkung zu OLG Karlsruhe vom 23.11.1995 (Vorinstanz zu BGH vom 21.4.1997), EWiR 1996, S. 129; SEC, Final Rule: Strengthening the Commissions Requirements Regarding Auditor Independence, http://www.sec.gov/rules/final/33–8183.htm.

# 1 Überblick

In § 319a HGB werden besondere Ausschlussgründe definiert, die über die Vorschriften von § 319 HGB hinausgehend nur bei der Apr. von Unt, die KM-orientiert i.S.v. § 264d HGB sind, beachtet werden müssen.

Ein Unt ist **kapitalmarktorientiert**, wenn es einen organisierten Markt i.S.d. § 2 Abs. 5 WpHG durch von ihm ausgegebene Wertpapiere i.S.d. § 2 Abs. 1 Satz 1 WpHG in Anspruch nimmt oder die Zulassung solcher Wertpapiere zum Handel an einem organisierten Markt beantragt hat (s. § 264d HGB).

Bei einem **organisierten Markt** i.S.d. § 2 Abs. 5 WpHG handelt es sich um einen Markt, der von staatlich anerkannten Stellen geregelt und überwacht wird, regelmäßig stattfindet und für das Publikum unmittelbar oder mittelbar zugänglich ist. Diese Kriterien erfüllt an den deutschen Wertpapierbörsen der regulierte Markt.[1] Nicht erfasst sind damit Unt, deren Wertpapiere im Freiverkehr gehandelt werden. Zu den organisierten KM zählen auch die übrigen geregelten Märkte i.S.d. EU-Wertpapierdienstleistungs-RL (92/22/EWG). Ob ein KM in einem Drittland die Anforderungen eines organisierten Markts erfüllt, ist im Einzelfall unter Zugrundelegung der Kriterien des § 2 Abs. 5 WpHG zu entscheiden.[2]

Die allgemeinen Ausschlussgründe nach § 319 Abs. 2 und 3 HGB sind auch bei der Pflichtprüfung von Unt von öffentlichem Interesse zu beachten. Danach sind WP als AP ausgeschlossen, wenn Gründe vorliegen, nach denen die Besorgnis der Befangenheit besteht. Dies ist insb. bei Beziehungen geschäftlicher, finanzieller und persönlicher Art anzunehmen. Bei der Beurteilung, ob Besorgnis der Befangenheit besteht, ist die Sicht eines verständigen und objektiven Dritten maßgebend. In den Fällen des § 319 Abs. 2 HGB kann der WP Vermeidungs- und Schutzmaßnahmen ergreifen, um die Besorgnis der Befangenheit zu beseitigen bzw. zu mindern. Wenn keine geeigneten Vermeidungs- oder Schutzmaßnahmen verfügbar sind, ist der WP von der Apr. ausgeschlossen. Verwirklicht der WP die in § 319 Abs. 3 und in § 319a HGB festgelegten besonderen Ausschlussgründe, ist er ebenfalls von der Apr. ausgeschlossen. Im Unterschied zu § 319 Abs. 2 HGB besteht in diesen Fällen die **unwiderlegbare Vermutung**, dass Besorgnis der Befangenheit gegeben ist, mit der Folge, dass Schutzmaßnahmen die Besorgnis der Befangenheit nicht beseitigen können.[3] Maßnahmen zur Vermeidung der Verwirklichung der Tatbestandsvoraussetzungen sind dagegen grds. möglich.

Gem. § 43 Abs. 3 WPO dürfen AP oder bei WPG die als verantwortliche Prüfer eingesetzten WP frühestens 2 Jahre nach Beendigung der letzten Apr. eine wichtige Führungstätigkeit bei dem geprüften Unt übernehmen, sofern es sich hierbei um ein Unt von öffentlichem Interesse handelt. Bei einem Verstoß gegen

---

1 Der regulierte Markt entstand am 1.11.2007 aufgrund des Finanzmarktrichtlinie-Umsetzungsgesetzes durch die Fusion von geregeltem Markt und amtlichem Markt.
2 Vgl. *Schmidt*, in Beck Bil-Komm. 9. Aufl., § 319a HGB, Rz 2.
3 Vgl. § 22a Abs. 2 BS WP/vBP.

diese Vorschrift kann die WPK eine Geldbuße bis zu TEUR 50 verhängen.[4] Unter dem Gesichtspunkt der Unabhängigkeit des AP wird in einem solchen Fall zu prüfen sein, ob nach § 319 Abs. 2 HGB Besorgnis der Befangenheit vorliegt.

6   Über § 319 HGB hinausgehend sind in § 319a Abs. 2 HGB weitere Tatbestände aufgeführt, bei deren Verwirklichung ein WP als AP eines von einem Unt von öffentlichem Interesse aufgestellten KA ausgeschlossen ist.

## 2 Besondere Ausschlussgründe bei Unternehmen von öffentlichem Interesse

### 2.1 Umsatzabhängigkeit (Abs. 1 Satz 1 Nr. 1)

7   Wenn ein WP in den letzten 5 Jahren mehr als 30 % der Gesamteinnahmen aus seiner beruflichen Tätigkeit von der zu prüfenden KapG oder von Unt, an denen die zu prüfende KapG mehr als 20 % der Kapitalanteile besitzt, bezogen hat und dies auch im laufenden Jahr zu erwarten ist, besteht gem. § 319 Abs. 3 Satz 1 Nr. 5 HGB Besorgnis der Befangenheit. Bei Unt von öffentlichem Interesse geht der Gesetzgeber von einem erhöhten Schutzbedürfnis der Adressaten der Apr. aus und hat deshalb in Abs. 1 Satz 1 Nr. 1 bestimmt, dass für die Apr. dieser Unt die Besorgnis der Befangenheit des WP bereits bei einer Einnahmenquote von 15 % unwiderleglich vermutet wird. Zu Einzelfragen der Ermittlung und Anwendung der Einnahmenbegrenzung s. § 319 Rz 68 ff.

### 2.2 Ausübung bestimmter Tätigkeiten

#### 2.2.1 Rechts- und Steuerberatungsleistungen (Abs. 1 Satz 1 Nr. 2)

8   Ein WP ist gem. Abs. 1 Satz 1 Nr. 2 von der Apr. eines Unt von öffentlichem Interesse ausgeschlossen, wenn er in dem zu prüfenden Gj über die Prüfungstätigkeit hinaus Rechts- oder Steuerberatungsleistungen erbracht hat, die über das Aufzeigen von Gestaltungsalternativen hinausgehen und die sich auf die Darstellung der VFE-Lage in dem zu prüfenden JA unmittelbar und nicht nur unwesentlich auswirken. Diese Regelung soll insb. die Beachtung des Selbstprüfungsverbots bei Rechts- und Steuerberatungsleistungen gewährleisten. Das Erbringen von Rechts- und Steuerberatungsleistungen bei Unt von öffentlichem Interesse durch den AP ist nach der Begr RegE BilReG auch weiterhin im weitaus überwiegenden Umfang zulässig.[5] Dabei hat der WP allerdings die Grenzen seiner funktionellen Zuständigkeit zu beachten. Dies bedeutet insb., dass der AP im Rahmen der Beratungstätigkeit keine unternehmerischen Entscheidungen treffen darf, sondern sich auf das Aufzeigen von Handlungsalternativen beschränken muss.

9   Die Vorschrift erfasst alle Beratungsleistungen, die dem Geltungsbereich des Rechtsberatungsgesetzes und des Steuerberatungsgesetzes unterliegen, und damit um alle dort definierten Arten von Hilfeleistung in rechtlichen und steuerrechtlichen Angelegenheiten.[6] Diese Beratungsleistungen sind für die Feststellung, ob eine Besorgnis der Befangenheit nach Nr. 2 vorliegt, **nur relevant, wenn** sie

---

[4] Vgl. WPK-Magazin 2/2009, S. 7.
[5] Vgl. RegE BilReG, BT-Drs. 15/3419, S. 41.
[6] Vgl. *Schmidt*, in Beck Bil-Komm. 9. Aufl., § 319a HGB, Rz 12 ff.

- im zu prüfenden Gj erbracht werden (s. Rz 10),
- außerhalb der Prüfungstätigkeit erbracht werden (s. Rz 11),
- über das Aufzeigen von Gestaltungsalternativen hinausgehen (s. Rz 12),
- sich im zu prüfenden JA auf die Darstellung der VFE-Lage unmittelbar und nicht nur unwesentlich auswirken (s. Rz 13).

Um die unwiderlegbare Besorgnis der Befangenheit nach Nr. 2 zu begründen, müssen diese Kriterien kumulativ erfüllt sein.

Für die Besorgnis der Befangenheit nach Nr. 2 sind nur **Beratungsleistungen, die im zu prüfenden Gj erbracht worden sind**, von Bedeutung. Beratungsleistungen, die in einem früheren Gj erbracht worden sind, können aber unter dem Gesichtspunkt des Selbstprüfungsverbots Anlass zur Besorgnis der Befangenheit geben (s. dazu auch § 319 Rz 29).

10

Nach Nr. 2 können Rechts- und Steuerberatungsleistungen darüber hinaus nur dann schädlich sein, wenn sie **außerhalb der Prüfungstätigkeit** erbracht worden sind. Es muss sich daher im Regelfall um eigenständige Beratungsaufträge handeln, in denen der Prüfer gegenüber dem Mandanten eine gesonderte Leistung erbringt.[7]

11

Außerdem müssen zur Begründung einer Inhabilität des AP die Rechts- und Steuerberatungsleistungen über das **Aufzeigen von Gestaltungsalternativen** hinausgehen. Dazu wird in der Begr RegE BilReG ausgeführt, „dass die Regelung nur greift, wenn der AP Vorschläge und Empfehlungen gemacht und nicht lediglich Hinweise auf eine bestehende Rechtslage zu bestimmten Situationen gegeben hat, die ein Handeln des Mandanten nahe legen oder es – zur Wahrung von Vorteilen – sogar erfordern".[8] Wenn der AP die Rechtslage abstrakt oder zu bestimmten Sachverhalten erläutert, besteht nach der Begründung zu § 23a Abs. 7 BS WP/vBP keine Besorgnis der Befangenheit.[9]

12

Wenn Rechts- oder Steuerberatungsleistungen vorliegen, die im Gj außerhalb der Prüfungstätigkeit durchgeführt wurden und die über das Aufzeigen von Gestaltungsalternativen hinausgehen, ist zur Feststellung einer möglichen Besorgnis der Befangenheit im nächsten Schritt zu prüfen, ob sie sich auf die **Darstellung der Vermögens-, Finanz- und Ertragslage** des zu prüfenden JA auswirken, weil nur in diesem Fall das Risiko eines Verstoßes gegen das Selbstprüfungsverbot besteht. Wenn diese Voraussetzungen gegeben sind, muss in einem weiteren Schritt festgestellt werden, ob die Auswirkungen unmittelbar und für die Darstellung der VFE-Lage nicht nur unwesentlich sind.[10]

13

Rechts- und Steuerberatung wirken sich in den meisten Fällen zumindest mittelbar auf die im JA dargestellte VFE-Lage aus, weil sie unternehmerische Entscheidungen unterstützen, durch die im JA abzubildende Geschäftsvorfälle ausgelöst werden. So haben steuerrechtliche Beratungen im Allgemeinen Änderungen der im JA darzustellenden Steuerlast des beratenen Unt zur Folge. Für die Frage, ob das Selbstprüfungsverbot verletzt ist, hat der Gesetzgeber daher die zusätzlichen Kriterien der „**Unmittelbarkeit**" und der „**Wesentlichkeit**" eingeführt.[11] Damit bleiben Rechts- und Steuerberatungsleistungen, die sich nur mittelbar auswirken, außer Betracht.

---

[7] Vgl. BT-Drs. 15/3419, S. 41.
[8] Vgl. BT-Drs. 15/3419, S. 42.
[9] Vgl. BS WP/vBP, Begründung zu § 23a Abs. 7.
[10] Vgl. *Schmidt*, in Beck Bil-Komm. 9. Aufl., § 319 HGB, Rz 15.
[11] Vgl. RegE BilReG, BT-Drs. 15/3419, S. 41f.

Von Abs. 1 Satz 1 Nr. 2 werden damit Beratungsfälle erfasst, in denen die Auswirkungen auf die im JA dargestellte VFE-Lage mit in die Gestaltung einbezogen werden und die Beratung von vornherein darauf ausgerichtet ist, ein gewünschtes bilanzielles Ergebnis zu erzielen. In diesen Fällen besteht die Besorgnis der Befangenheit, weil der AP die bilanziellen Konsequenzen der von ihm entwickelten rechtlichen Konstruktion im Rahmen der Apr. nicht mehr unvoreingenommen beurteilen kann. Bezogen auf die Steuerberatung bedeutet dies, dass eine Besorgnis der Befangenheit wegen eines Verstoßes gegen das Selbstprüfungsverbot nur anzunehmen ist, wenn die Beratung unmittelbar auch eine bilanzielle Wirkung erzielen soll, weil der AP in diesem Fall eine Gewähr für den Eintritt der abschlussgestaltenden Wirkungen übernimmt.[12]

Die Auswirkungen auf die Darstellung der VFE-Lage im JA müssen zudem nicht nur unwesentlich sein. Wesentlich sind solche Auswirkungen, wenn sie eine Relevanz für Entscheidungen der Abschlussadressaten haben.

14  Aus den folgenden steuerlichen Beratungsleistungen dürfte sich in Abhängigkeit von den Verhältnissen des Einzelfalls **keine Besorgnis der Befangenheit** nach Nr. 2 ergeben:[13]
- Erstellung von Steuererklärungen,
- Beratung zu bereits verwirklichten Sachverhalten (z. B. in Betriebsprüfungen und Einspruchsverfahren),
- Beratung in steuerrechtlichen Fragen, soweit der Inhalt der Beratung in steuerrechtlichen Auskünften zu geplanten Maßnahmen des Mandanten besteht,
- Stellungnahmen zu Steuermodellen, die von anderen Beratern entwickelt wurden,
- Umsatzsteuerberatung mit dem Schwerpunkt auf der Erfüllung und Optimierung von steuerrechtlichen Verpflichtungen,
- steuerrechtliche Due-Diligence-Aufträge bei Kauf und Verkauf von Unt,
- Vertretung des Mandanten bei Betriebsprüfungen,
- Vertretung in außergerichtlichen und gerichtlichen Rechtsbehelfsverfahren.

Bei Aufträgen zur Analyse und Darstellung der steuerrechtlichen Folgen von Gestaltungsmöglichkeiten oder Handlungsalternativen hängt die Beurteilung der Besorgnis der Befangenheit entscheidend davon ab, inwieweit das beratene Unt selbst in der Lage ist, die Ergebnisse der Beratung vor der Entscheidung über die Umsetzung zu würdigen.[14] Bei größeren Unt werden im Regelfall hinreichende Ressourcen zur Verfügung stehen, um eine eigenständige fachliche Beurteilung und Entscheidung über die Umsetzung der Beratungsergebnisse zu leisten. Solange der Berater nicht die Steueroptimierung als den letztlich angestrebten Erfolg schuldet, sondern eine fachgerechte Analyse, die auch eine Einschätzung der Chancen und Risiken steuerrechtlicher Zweifelsfragen beinhalten kann, dürfte eine Besorgnis der Befangenheit nicht bestehen. Für Rechtsberatungsleistungen gelten diese Überlegungen entsprechend.[15]

---

[12] Vgl. *Schmidt*, in Beck Bil-Komm. 9. Aufl., § 319a HGB, Rz 15.
[13] Vgl. *Schmidt*, in Beck Bil-Komm. 9. Aufl., § 319a HGB, Rz 16.
[14] Vgl. BS WP/vBP, Begründung zu § 23a Abs. 7.
[15] Vgl. *Schmidt*, in Beck Bil-Komm. 9. Aufl., § 319a HGB, Rz 16.

### 2.2.2 Entwicklung, Einrichtung und Einführung von Rechnungslegungsinformationssystemen (Abs. 1 Satz 1 Nr. 3)

Ein WP ist von der Apr. eines Unt von öffentlichem Interesse auch ausgeschlossen, wenn er über die Prüfungstätigkeit hinaus an der Entwicklung, Einrichtung und Einführung von Rechnungslegungsinformationssystemen mitgewirkt hat, sofern diese Tätigkeit nicht von untergeordneter Bedeutung ist. **Rechnungslegungsinformationssysteme** sind alle manuellen und automatisierten Verfahren, mit denen Geschäftsvorfälle und sonstige buchführungs- und berichtspflichtigen Sachverhalte des Unt erfasst, verarbeitet und sowohl für unternehmensinterne als auch für Zwecke der externen Rechnungslegung aufbereitet werden. Dies umfasst das Buchführungssystem (Finanzbuchhaltung sowie die Nebenbücher, z.B. Material-, Anlagen- und Lohnbuchhaltung) und das interne Rechnungswesen (Kostenrechnung, Planungsrechnung, Budgetierung, Cash Management, Lager- und Produktionssteuerung, Management-Informationssystem usw.).[16]

Eine Mitwirkung an der Entwicklung, Einrichtung und Einführung von Rechnungslegungsinformationssystemen begründet eine Besorgnis der Befangenheit, weil deren Beurteilung Bestandteil der JAP ist. Dies kann wie folgt verdeutlicht werden:
- Die Buchführung als Bestandteil des Rechnungslegungsinformationssystems ist nach § 317 Abs. 1 Satz 1 HGB Gegenstand der Prüfung (§ 317 Rz 22).
- Die Qualität des Rechnungslegungsinformationssystems wirkt sich im Rahmen der risikoorientierten Durchführung der Apr. unmittelbar auf Art, Zeitpunkt und Umfang der vom AP durchzuführenden aussagebezogenen Prüfungshandlungen aus.
- Das Management-Informationssystem liefert Informationen, die im Rahmen der Aufstellung des JA verwendet werden und vom AP zu prüfen sind (z.B. zur Ermittlung von Gemeinkostenzuschlägen, Planungen für die Beurteilung der Annahme der Unternehmensfortführung, Risiken der künftigen Entwicklung für den LB, Soll-Ist-Vergleiche als Grundlage für die Durchführung analytischer Prüfungshandlungen).

Nach dem Gesetzeswortlaut begründet jede Mitwirkung an der Entwicklung, Einrichtung oder Einführung von Rechnungslegungsinformationssystemen über die Prüfungstätigkeit hinaus die Besorgnis der Befangenheit. Vom AP ggf. ergriffene **Schutzmaßnahmen sind** bei dieser Beurteilung **unmaßgeblich** (unwiderlegbare Vermutung).

> **Beispiel**
> Ein WP ist von einem Unt von öffentlichem Interesse beauftragt worden, in dem zu prüfenden Gj an der Gestaltung und Implementierung eines Managementinformationssystems mitzuwirken, das u.a. Finanzinformationen generiert, die Eingang in den JA des zu prüfenden Unt finden.
> Der WP, der auch als AP vorgeschlagen werden soll, prüft daraufhin folgende Schutzmaßnahmen:
> - schriftliche Bestätigung der Unternehmensleitung, dass sie die Verantwortung für das gesamte IKS übernimmt;

---

[16] Vgl. zum Folgenden *Schmidt*, in Beck Bil-Komm. 9. Aufl., § 319a HGB, Rz 21 ff.

> - Vergewisserung, dass sich die Unternehmensleitung nicht vorrangig auf die vom WP entwickelten und implementierten Bestandteile des Managementinformationssystems stützt;
> - Sicherstellung, dass das Managementinformationssystem anhand von Spezifikationen der Unternehmensleitung erfolgt sind;
> - Sicherstellung, dass der Beratungsauftrag des WP nicht alle Projektbestandteile und -phasen erfasst.
>
> **Ergebnis**
> Die Mitwirkung an der Konzeptionierung und Implementierung des Managementinformationssystems begründet die Besorgnis der Befangenheit nach § 319a Abs. 1 Nr. 3 HGB. Die Befangenheitsvermutung ist nicht widerlegbar. Die ergriffenen umfassenden Schutzmaßnahmen sind für diese Beurteilung unmaßgeblich.

Zulässig sind aber weiterhin sog. projektbegleitende Prüfungen, bei denen vom AP unter Beachtung des Selbstprüfungsverbots im Vorfeld der Apr. festgestellt wird, ob bei der Einführung neuer oder der Umgestaltung bestehender Rechnungslegungsinformationssysteme die gesetzlichen Anforderungen beachtet werden.[17] Im Zusammenhang mit der im Gesetz aufgeführten Entwicklung, Einrichtung und Einführung von Rechnungslegungsinformationssystemen können u. a. folgende Projektphasen betroffen sein:[18]

- Konzeption des Rechnungslegungsinformationssystems (Grob- und Feinkonzept),
- Einpassung in die vorhandene Systemumgebung,
- vorbereitende technische und organisatorischen Maßnahmen (z.B. Schulung der Mitarbeiter, Datenmigration),
- Sicherstellung der Einhaltung von Vorschriften zur Datensicherheit und zur Ordnungsmäßigkeit des Buchführungssystems,
- Durchführung von Hard- und Softwaretests,
- Freigabe des Systems für den produktiven Einsatz.

### 2.2.3 Verbundene Unternehmen und Beteiligungsunternehmen (Abs. 1 Satz 2 i. V. m. § 319 Abs. 3 Satz 1 Nr. 3 letzter Teilsatz HGB)

18 Nach Abs. 1 Satz 2 i. V. m. § 319 Abs. 3 Satz 1 Nr. 3 letzter Teilsatz HGB stellt auch die Erbringung von Rechts- und Steuerberatungsleistungen i. S. d. Nr. 2 sowie die Mitwirkung an der Entwicklung, Einrichtung und Einführung von Finanzinformationssystemen i. S. d. Nr. 3 für die zu prüfende KapG/KapCoGes durch ein Unt, bei dem der WP gesetzlicher Vertreter, Mitglied des AR oder Gesellschafter ist, der mehr als 20 % der den Gesellschaftern zustehenden Stimmrechte besitzt, einen Ausschlusstatbestand dar.[19]

---

[17] Vgl. hierzu IDW PS 850.
[18] Vgl. *Schmidt*, in Beck Bil-Komm. 9. Aufl., § 319a HGB, Rz 23.
[19] Vgl. *Schmidt*, in Beck Bil-Komm. 9. Aufl., § 319a HGB, Rz 30.

## 2.3 Interne Rotation (Abs. 1 Satz 1 Nr. 4 und Sätze 4 und 5)

Bereits mit dem KonTraG wurde eine Regelung zur internen Rotation in § 319 HGB eingeführt. Diese Vorschrift wurde mit Inkrafttreten des BilReG in § 319a HGB übernommen und ist durch das BilMoG hinsichtlich des von der Rotation betroffenen Personenkreises und der Dauer der zu beachtenden sog. „Abkühlungsphase" modifiziert worden. Nach der früheren Fassung des § 319a Abs. 1 Satz 1 Nr. 4 HGB war für den dortigen Ausschlussgrund ausschließlich die Unterzeichnung des BSV in sieben oder mehr Fällen maßgeblich. Durch die mit dem BilMoG eingefügten Änderungen wird nunmehr auf denjenigen abgestellt, der für die Prüfung in sieben oder mehr Fällen verantwortlich war (verantwortlicher Prüfungspartner). In den Gesetzesmaterialien wurde nochmals klargestellt, dass in den Fällen, in denen der AP des JA gleichzeitig der Konzern-AP ist, keine Mehrfachzählung vorzunehmen ist, sondern für jedes Prüfungsmandat (JAP, KAP sind separate Prüfungsmandate) die Sieben-Fälle-Grenze isoliert zu beurteilen ist.[20] Bei sog. Mischfällen in denen der WP z.B. zunächst in vier Fällen den JA und anschließend in drei Fällen den KA geprüft hat, ist nach Sinn und Zweck der Vorschrift davon auszugehen, dass für die Ermittlung der Fallzahl im Rahmen der Rotationsvorschriften die Tätigkeiten in Bezug auf den JA und auf den KA gleich zu behandeln sind, so dass in dem vorstehenden Beispiel eine Rotationspflicht für den verantwortlichen Prüfungspartner sowohl des JA als auch des KA besteht.[21] Zugleich wurde der Mindestzeitraum, nach dessen Ablauf erneut bei dem Mandanten geprüft werden darf, (Abkühlungsphase) von 3 auf 2 Jahre verkürzt.[22]

In Abs. 1 Satz 5 wird der Begriff des verantwortlichen Prüfungspartners definiert. Danach ist **verantwortlicher Prüfungspartner** der AP, der den BSV nach § 322 HGB unterzeichnet hat, und der AP, der von einer Prüfungsgesellschaft für ein bestimmtes Prüfungsmandat als für die Durchführung der Apr. vorrangig verantwortlich bestimmt worden ist. Der persönliche Anwendungsbereich des § 319a Abs. 1 Nr. 4 HGB ist danach auf WP beschränkt,[23] wobei verschiedene Personen gleichzeitig als verantwortliche Prüfungspartner klassifiziert werden können. Dies ist zum einen der den BSV unterzeichnende WP und zum anderen der WP, der für die Durchführung der JAP durch eine WPG als vorrangig verantwortlich bestimmt worden ist, also dazu bestimmt ist, die JAP verantwortlich zu leiten. Inwieweit diese natürlichen Personen identisch oder verschieden sind, ist an den Verhältnissen des Einzelfalls festzumachen und wird sich aus den Arbeitspapieren zu der jeweiligen Apr. ergeben. Da der den BSV unterzeichnende WP die Apr. i.d.R. auch verantwortlich leitet, ergeben sich aus der Vorschrift jedenfalls für die interne Rotation keine wesentlichen Änderungen im Verhältnis zur bisherigen Rechtslage.[24] Die Pflicht zur Rotation ist von jedem einzelnen als verantwortlicher Prüfungspartner einzustufenden WP zu beachten.

Nach Abs. 1 Satz 4 ist die Vorschrift zur internen Rotation auf eine **WPG** mit der Maßgabe anzuwenden, dass sie nicht AP sein darf, wenn sie bei der Apr. des Unt

---

20 Vgl. BilMoG-BgrRA, S. 120.
21 Vgl. *Gelhausen/Fey/Kämpfer*, Rechnungslegung und Prüfung nach dem Bilanzrechtsmodernisierungsgesetz, 2009, Teil T, Tz 19.
22 Vgl. WPK Magazin 2/2009, S. 7.
23 Vgl. BilMoG-BgrRegE, S. 88 f.
24 Vgl. BilMoG-BgrRegE, S. 89.

einen WP beschäftigt, der nach Abs. 1 Satz 1 Nr. 4 nicht AP sein darf. Dies bedeutet, dass der ausgeschlossene WP nach der Rotation innerhalb der Abkühlungsphase nicht mehr in einer Weise an der Durchführung der Apr. beteiligt sein darf, in der er Entscheidungsbefugnisse hat, die es ihm erlauben, das Prüfungsurteil maßgeblich zu beeinflussen.[25]

22 **Unzulässig** dürften damit insb. folgende Tätigkeiten sein:[26]
- Einsatz als Mitglied des Prüfungsteams,
- Wahrnehmung von Mandantenkontakten, die im Rahmen der Prüfung erforderlich sind,
- Teilnahme und Berichterstattung in der Bilanzsitzung des AR i.S.d. § 171 Abs. 1 Satz 2 AktG (in Ausnahmefällen dürfte aber die Anwesenheit als Gast zulässig sein),
- alleinige Übernahme der auftragsbegleitenden Qualitätssicherung (§ 24d Abs. 2 BS WP/vBP) für dieses Mandat.

23 Dagegen ist es ohne Weiteres **zulässig**, dass der ausgeschlossene WP dem Prüfungsteam zu einzelnen Fragen Auskünfte erteilt. Außerdem umfasst das Rotationsgebot nicht Leistungen für den Mandanten, die außerhalb der Apr. erbracht werden. Hierzu gehören insb. Beratungsleistungen, Gutachten sowie sonstige betriebswirtschaftliche Prüfungen.[27]

Nicht von § 319a HGB erfasst, aber gleichwohl von materieller Bedeutung für die Durchführung von Apr. bei Unt von öffentlichem Interesse ist die Regelung in § 24d Abs. 2 Satz 5 BS WP/vBP, wonach auch für den auftragsbegleitenden Qualitätssicherer ein Rotationsgebot gilt, soweit er siebenmal die auftragsbegleitende Qualitätssicherung bei dieser Apr. durchgeführt oder den BSV gezeichnet hat.[28] Auch hier gilt eine Abkühlungsphase von 2 Jahren (§ 24d Abs. 2 Satz 6 BS WP/vBP).

### 2.4 Sozietätsklausel (Abs. 1 Satz 3)

24 Nach Abs. 1 Satz 3 gelten die Vorschriften des Abs. 1 Satz 1 Nrn. 1–3 auch, wenn Personen, mit denen der WP seinen Beruf gemeinsam ausübt, die dort genannten Ausschlussgründe erfüllen (Sozietätsklausel). In Abs. 1 Satz 3 wird nicht auf Abs. 1 Satz 1 Nr. 4 verwiesen, der die Rotation regelt. Deshalb kann ein Sozius ohne weiteres anstelle des ausgeschlossenen WP als AP bestellt werden.[29] Zu Einzelheiten zur Sozietätsklausel s. § 319 Rz 35 ff.

### 2.5 Ausschlussgründe bei Prüfungsgesellschaften (Abs. 1 Satz 2 i.V.m. § 319 Abs. 4)

25 Bei WPG sind die Ausschlussgründe nach Abs. 1 Satz 1 entsprechend anzuwenden. Da dies der Systematik des § 319 HGB entspricht, kann insoweit auf § 319 Rz 72 ff. verwiesen werden. Zur Anwendung des Rotationsgebots bei WPG s. Rz 21 ff.

---

[25] Vgl. *Schmidt*, in Beck Bil-Komm. 9. Aufl., § 319a HGB, Rz 35.
[26] Vgl. *Schmidt*, in Beck Bil-Komm. 9. Aufl., § 319a HGB, Rz 33.
[27] Vgl. *Schmidt*, in Beck Bil-Komm. 9. Aufl., § 319a HGB, Rz 33.
[28] Vgl. *Gelhausen/Fey/Kämpfer*, Rechnungslegung und Prüfung nach dem Bilanzrechtsmodernisierungsgesetz, 2009, Teil T, Tz 19.
[29] Vgl. *Schmidt*, in Beck Bil-Komm. 9. Aufl., § 319a HGB, Rz 7.

## 2.6 Ausschlussgründe bei der Prüfung von Konzernabschlüssen (Abs. 2)

Bei der Prüfung von KA ist Abs. 1 entsprechend anzuwenden (Abs. 2 Satz 1). Dazu wird auf § 319 Rz 78 ff. verwiesen.  26

Die für die JAP bei Unt von öffentlichem Interesse geltenden Vorschriften zur internen Rotation gelten auch für die KAP, sodass insoweit auf Rz 20 ff. verwiesen wird.  27

Abs. 2 Satz 2 dehnt den Begriff des **verantwortlichen Prüfungspartners** auf solche WP aus, die von einer WPG auf Ebene bedeutender TU vorrangig bestimmt worden sind. Mit der Vorschrift wird die Rotation bei KAP auf solche WP ausgeweitet, die zwar nicht den BSV unterzeichnen oder die gesamte KAP verantwortlich leiten, jedoch Teilbereiche der KAP, nämlich auf Ebene bedeutender TU, verantworten. Damit sind WP der mit der KAP beauftragten WPG zur Rotation verpflichtet, die mit der JAP bedeutender TU befasst sind. Das gilt auch für solche WP der mit der KAP beauftragten WPG, die zwar nicht den JA bedeutender TU, jedoch die HB II und damit die Anpassung an konzerneinheitliche Bilanzierungs- und Bewertungsmethoden verantwortlich prüfen. Eigentlich steht nichts entgegen, die für die KAP auf der Ebene bedeutender TU vorrangig verantwortlichen WP im Wege der Rotation bei anderen konzernangehörigen TU des geprüften MU einzusetzen.[30] Die Beschäftigung eines WP, für den die Pflicht zur Rotation bei der KAP besteht, im Rahmen der Apr. bei in den KA einbezogenen TU ist allerdings unzulässig, wenn hierin eine Beschäftigung einer Person i.S.v. Abs. 2 Satz 1 i.V.m. Abs. 1 Satz 4 zu sehen ist. Das ist dann der Fall, wenn das Ergebnis der Apr. bzw. des reporting package vom Konzern-AP verwertet wird, weil hier das Ergebnis zum JAP in die Beurteilung im Rahmen der KAP einfließt.[31]

Für das Rotationserfordernis ist Voraussetzung, dass die betreffenden WP als für die Durchführung der KAP. auf der Ebene **bedeutender TU** vorrangig verantwortlich bestimmt worden sind. Bedeutende TU sind solche, deren Einbeziehung in den KA sich erheblich auf die VFE-Lage des Konzerns auswirkt. Die Einstufung als bedeutendes TU ist in jedem Fall gesondert zu beurteilen. Erforderlich ist, dass die Einbeziehung des zu beurteilenden TU sowohl die VFE-Lage des Konzerns erheblich beeinflusst. Davon ist regelmäßig auszugehen, wenn das TU mehr als 20 % des Konzernvermögens hält oder mit mehr als 20 % zum Konzernumsatz jeweils vor Kons beiträgt. Diese Interpretation eines bedeutenden TU entspricht den Vorgaben der SEC.[32] Die Frage ist zu jedem Bilanzstichtag neu zu prüfen. Wird aus einem einbezogenen, aber für die VFE-Lage unbedeutenden Unt ein bedeutendes Unt, setzt die Rotationspflicht erst ein, wenn der WP dieses Unt „in seiner bedeutenden Phase" sieben Jahre in Folge geprüft hat. Sinkt das Unt zu einem unbedeutenden Unt herab und wird es zu

---

[30] Vgl. BilMoG-BgrRegE, S. 89.
[31] Vgl. *Schmidt*, in Beck Bil-Komm. 9. Aufl., § 319a HGB, Rz 37.
[32] Vgl. *Erchinger/Melcher*, DB 2009, Beil. 5, S. 93. Demgegenüber wird in ISA 600.A5 ein TU bei Überschreiten von 15 % des (konsolidierten) Vermögens, der Schulden, des Gewinns oder Umsatzes als bedeutend klassifiziert.

einem späteren Zeitpunkt wieder bedeutend, beginnt die Frist zu dem späteren Zeitpunkt wieder neu zu laufen.[33]

Klarstellend ist darauf hinzuweisen, dass mit den vorgenannten, in der RegBegr aufgeführten Schwellenwerten Vermögen und Umsatz des zu prüfenden Geschäftsjahrs vor Kons gemeint sind.[34] Neben den als Anhaltspunkte für die Bedeutung von TU für den KA zu verstehenden quantitativen Schwellenwerten kommen auch qualitative Aspekte in Betracht. Von Bedeutung für die VFE-Lage des KA können bspw. auch TU bzw. Teilbereiche sein, bei denen Sachverhalte mit wesentlichen Ermessensspielräumen oder sachverhaltsgestaltenden Maßnahmen bzw. andere spezifische Merkmale oder Umstände vorliegen.[35]

Im Übrigen ist für die Frage nach dem Rotationserfordernis zu differenzieren, ob das bedeutende TU KM-orientiert ist und in welcher Funktion der WP tätig wird. Wenn das bedeutende Unt selbst KM-orientiert ist, finden die Rotationsvorschriften nach § 319a Abs. 1 und Abs. 2 HGB nebeneinander Anwendung. Ist dies nicht der Fall, richtet sich die Frage der Rotation nur nach § 319a Abs. 2 HGB. Wird der WP von der den KA des MU prüfenden WPG als AP des bedeutenden TU tätig, ist § 319a Abs. 2 HGB anzuwenden. Führt er hingegen nur eine sog. **Package-Prüfung** durch, trifft ihn keine Rotationspflicht. Dies ergibt sich daraus, dass § 319a Abs. 2 Satz 2 HGB ausdrücklich auf die Apr. des bedeutenden TU abstellt.[36]

Denkbar sind auch Fälle, in denen der WP von der das MU prüfenden WPG als vorrangig verantwortlich für die Apr. von mehreren unbedeutenden TU bestimmt ist, die insgesamt betrachtet gleichwohl bedeutend sind. Sinn und Zweck der Rotationsvorschrift bestehen darin, die Unabhängigkeit des WP dadurch sicherzustellen, dass eine zu enge Bindung an die Geschäftsführungs- und Aufsichtsorgane des zu prüfenden Unt nicht entstehen kann. Hierfür ergeben sich keine Gefahren, wenn die Geschäftsführungs- und Aufsichtsorgane für sich genommen unbedeutender TU nicht identisch sind. Anders ist bei Personenidentität zu entscheiden.[37]

## 3 Rechtsfolgen von Verstößen gegen § 319a HGB

28  Zu den Rechtsfolgen von Verstößen gegen § 319a HGB wird auf § 319 Rz 81 ff. verwiesen.

29  Gem. § 43 Abs. 3 WPO dürfen AP oder bei WPG die als verantwortliche Prüfer eingesetzten Berufsangehörigen frühestens 2 Jahre nach ihrer Beendigung der letzten Prüfung eine wichtige Führungstätigkeit bei dem Mandanten übernehmen, sofern es sich hierbei um ein Unt von öffentlichem Interesse handelt. Bei Zuwiderhandlung kann die WPK nach § 133a WPO eine Geldbuße bis zu 50.000 EUR verhängen.[38]

---

[33] Vgl. BilMoG-BgrRegE, S. 89; WPK-Magazin 2/2009, S. 7.
[34] Vgl. BilMoG-BgrRA, S. 120.
[35] Zu weiteren Ausführungen über quantitativ und/oder qualitativ bedeutsame Teilbereiche eines Konzerns vgl. IAASB, ISA 600.9m, Special Consideration-Audits of Group Financial Statements (Including the Work of Component Auditors), Revised and Redrafted 2007.
[36] Vgl. BilMoG-BgrRA, S. 120.
[37] Vgl. BilMoG-BgrRA, S. 91.
[38] Vgl. WPK Magazin 2/2009, S. 7.

## § 319b NETZWERK

(1) ¹Ein Abschlussprüfer ist von der Abschlussprüfung ausgeschlossen, wenn ein Mitglied seines Netzwerks einen Ausschlussgrund nach § 319 Abs. 2, 3 Satz 1 Nr. 1, 2 oder Nr. 4, Abs. 3 Satz 2 oder Abs. 4 erfüllt, es sei denn, dass das Netzwerkmitglied auf das Ergebnis der Abschlussprüfung keinen Einfluss nehmen kann. ²Er ist ausgeschlossen, wenn ein Mitglied seines Netzwerks einen Ausschlussgrund nach § 319 Abs. 3 Satz 1 Nr. 3 oder § 319a Abs. 1 Satz 1 Nr. 2 oder 3 erfüllt. ³Ein Netzwerk liegt vor, wenn Personen bei ihrer Berufsausübung zur Verfolgung gemeinsamer wirtschaftlicher Interessen für eine gewisse Dauer zusammenwirken.
(2) Absatz 1 ist auf den Abschlussprüfer des Konzernabschlusses entsprechend anzuwenden.

WP STB HARM DODENHOFF

### Inhaltsübersicht

| | Rz |
|---|---|
| 1 Überblick | 1–3 |
| 2 Netzwerkdefinition | 4–10 |
| 3 Ausschlussgründe bei Zugehörigkeit zu einem Netzwerk | 11–18 |
|    3.1 Ausschlussgründe mit Widerlegbarkeit des Netzwerkeinflusses | 11–14 |
|    3.2 Ausschlussgründe ohne Widerlegbarkeit des Netzwerkeinflusses | 15–17 |
|    3.3 Ausschlussgründe bei der Prüfung von Konzernabschlüssen (Abs. 2) | 18 |
| 4 Rechtsfolgen von Verstößen gegen § 319b HGB | 19 |

### Ergänzendes Schrifttum

*Fölsing*, Unabhängigkeit in Prüfungs- und Beratungsnetzwerken, ZCG 2/2009, S. 76; *WPK*, Bilanzrechtsmodernisierungsgesetz – Auswirkungen auf die beruflichen Rahmenbedingungen des Abschlussprüfers, WPKM 2/2009, S. 4.; *Petersen/Zwirner/Boecker*, Ausweitung der Ausschlussgründe für Wirtschaftsprüfer bei Vorliegen eines Netzwerks – Anmerkungen zu § 319b HGB, WPg 2010, S. 464.

## 1 Überblick

Mit der Einführung des § 319b HGB wird die in Art. 22 Abs. 2 der Abschlussprüferrichtlinie vorgeschriebene netzwerkweite Ausdehnung der Unabhängigkeitsvorschriften umgesetzt. Die Vorschrift soll sicherstellen, dass AP oder Prüfungsgesellschaften von der Durchführung einer Apr. absehen, wenn zwischen ihnen oder ihrem Netzwerk und dem geprüften Unt unmittelbar oder mittelbar eine finanzielle oder geschäftliche Beziehung, ein Beschäftigungsverhältnis oder eine sonstige Verbindung besteht, aus der ein objektiver, verständi- 1 ger und informierter Dritter den Schluss ziehen würde, dass ihre Unabhängigkeit gefährdet ist. Unter einer sonstigen Verbindung ist dabei auch die Erbringung zusätzlicher Leistungen zu verstehen, die keine Prüfungsleistungen sind.[1]

2 Wenn ein die Besorgnis der Befangenheit begründender Tatbestand nicht beim AP oder einer Prüfungsgesellschaft selbst, sondern bei einem Dritten vorliegt, war der AP bzw. die Berufsgesellschaft aufgrund der sog. Sozietätsklausel auch nach der früheren Rechtslage von einer gesetzlichen Apr. ausgeschlossen (s. § 319 Rz 35 ff.).[2] Durch § 319b HGB wird der persönliche Anwendungsbereich für einen Teil der in § 319 und § 319a HGB kodifizierten Unabhängigkeitsvorschriften auf etwaige Netzwerkpartner ausgedehnt.[3]

3 In Abs. 1 Satz 3 wird der Begriff des Netzwerks definiert.
Durch Verweise auf § 319 HGB werden in Abs. 1 Satz 1 Ausschlussgründe für Netzwerkmitglieder bestimmt, bei denen die Möglichkeit besteht, die gesetzliche Vermutung der Besorgnis der Befangenheit zu widerlegen.
In Abs. 1 Satz 2 werden durch Bezugnahme auf § 319 und § 319a HGB Ausschlussgründe bestimmt, bei denen die Besorgnis der Befangenheit unwiderleglich vermutet wird.
Abs. 2 der Vorschrift regelt die entsprechende Anwendung von Abs. 1 auf den Konzern-AP.

## 2 Netzwerkdefinition

4 Nach Abs. 1 Satz 3 liegt ein Netzwerk vor, wenn Personen bei ihrer Berufsausübung zur Verfolgung gemeinsamer wirtschaftlicher Interessen für eine gewisse Dauer zusammenwirken.

5 Gem. dieser Netzwerkdefinition müssen Personen bei ihrer Berufsausübung gemeinsam zusammenwirken. Nach der Gesetzesbegründung ist der Begriff „Personen" dem BGB entlehnt. Er umfasst sowohl natürliche als auch juristische Personen, wobei auch teilrechtsfähige Personenvereinigungen (z. B. GbR) unter den Begriff zu subsumieren sind.[4]

6 Dem Tatbestandsmerkmal **bei ihrer Berufsausübung** kommt **einschränkende** Bedeutung zu. Gemeinsame wirtschaftliche Interessen sind nur relevant, wenn sie bei der Berufsausübung verfolgt werden. Damit fällt – umgekehrt – die Verfolgung wirtschaftlicher Interessen gelegentlich der Berufsausübung nicht in die Netzwerkdefinition. Folglich werden Mitgliedschaften in Berufsverbänden oder Ähnlichem, die zwar dauerhaft eingegangen werden, aber die Berufsausübung lediglich flankieren, soweit sie nicht bereits mangels Verfolgung gemeinsamer wirtschaftlicher Interessen aus der Netzwerkdefinition herausfallen, von der Vorschrift nicht erfasst.[5]

7 Nach der Gesetzesbegründung soll durch die Verwendung des Begriffs „zusammenwirken" zum Ausdruck gebracht werden, dass es auf die rechtliche Ausgestaltung des Netzwerks – schon zur Vermeidung von Umgehungen – nicht ankommt, sondern jedes Zusammenwirken zur Begründung eines Netzwerks

---

1 Vgl. BilMoG-BgrRegE, S. 89.
2 Vgl. BilMoG-BgrRegE, S. 89.
3 Vgl. WPKM 2/2009, S. 4.
4 Vgl. BilMoG-BgrRegE, S. 91.
5 Vgl. BilMoG-BgrRegE, S. 91.

ausreichen kann. Darüber hinaus ist dem Begriff „Kooperation" immanent, dass das Zusammenwirken für eine gewisse Dauer erfolgen muss. Ein einmaliges oder nur gelegentliches Zusammenwirken genügt für die Annahme eines Netzwerks keinesfalls.[6]

Zur Auslegung des Tatbestandsmerkmals der **Verfolgung gemeinsamer wirtschaftlicher Interessen** ist auf die in Art. 2 Nr. 7 der Abschlussprüferrichtlinie aufgeführten Merkmale abzustellen. Danach ist als Netzwerk eine breitere Struktur definiert, die auf Kooperation ausgerichtet ist und der ein AP oder eine Prüfungsgesellschaft angehört und die eindeutig auf Gewinn- und Kostenteilung abzielt. Ein **Netzwerk** liegt nach dieser **Definition** auch vor bei

- gemeinsamem Eigentum,
- gemeinsamer Kontrolle,
- gemeinsamer Geschäftsführung,
- gemeinsamen Qualitätssicherungsmaßnahmen und -verfahren,
- einer gemeinsamen Geschäftsstrategie,
- der Verwendung einer gemeinsamen Marke,
- der Verwendung gemeinsamer fachlicher Ressourcen.

Nach dem Wortlaut der Abschlussprüferrichtlinie und der Gesetzesbegründung ist dabei schon ausreichend, wenn die Netzwerkmitglieder mit ihrem Zusammenwirken ein einziges der in Art. 2 Nr. 7 Spiegelstrich 2 genannten Kriterien verfolgen.[7]

Wird eine gemeinsame, den Außenauftritt bestimmende **Marke** verwandt, soll ohne Weiteres von einem Netzwerk ausgegangen werden können, weil dies als Indiz für das Vorliegen gemeinsamer wirtschaftlicher Interessen gewertet wird.[8] Bei Marken spielen insb. Wortmarken (sprachliches Zeichen), Bildmarken (grafisches Zeichen) und Bild-/Wortmarken eine Rolle. Dabei ist es unerheblich, ob es sich um eine geschützte Marke handelt. Die WPK sieht das Merkmal einer gemeinsamen Marke als erfüllt an, wenn sich ein prägender Namensbestandteil des Zusammenschlusses in der Firma der Mitgliedsgesellschaften wiederfindet. Daneben ist die Verwendung einer gemeinsamen Marke immer dann gegeben, wenn der Außenauftritt durch ein gemeinsames Logo oder einen gleichlautenden Hinweis auf einen Zusammenschluss bestimmt wird. Dies ist nach Auffassung der WPK der Fall, wenn das Logo oder der Hinweis auf den Zusammenschluss auf dem Briefpapier bzw. im Internet auf der Startseite geführt wird oder dort mit „wenigen Seitenklicks" aufgerufen werden kann.[9] Die in der Praxis anzutreffende Verwendung eines gemeinsamen Logos (bspw. eines internationales Netzwerks) als Ganzes oder Teil des Firmennamens des AP dürfte danach unstreitig auf eine Verbindung mit den anderen Logoträgern in einem Netzwerk hindeuten. Hiervon abzugrenzen sind jedoch Organisationen, bei denen das gemeinsam geführte Logo (bspw. einer internationalen Assoziation oder Allianz, nicht eines Netzwerks) bereits eine Erläuterung bzw. eine selbsterklärende Kooperationsbezeichnung enthält, dass kein Netzwerk vorliegt (z.B. „unabhängiges Mitglied

---

6 Vgl. BilMoG-BgrRegE, S. 90.
7 Vgl. BilMoG-BgrRegE, S. 90; *Fölsing*, ZCG 2009, S. 761.
8 Vgl. BilMoG-BgrRegE, S. 90; WPKM 2/2009, S. 4.
9 Vgl. WPKM 2/2010, S. 31.

von ABC")[10] und Fälle, in denen das Logo nach dem Gesamtbild in einer den Außenauftritt nicht *bestimmenden* Art und Weise verwendet wird.

10  Die Verwendung des Begriffs „Netzwerk" oder „network" kann nach der Gesetzesbegründung bei einem objektiven, verständigen und informierten Dritten die Besorgnis der Befangenheit (§ 319 Abs. 2) hervorrufen, sofern diese Bezeichnung werbend im Geschäftsverkehr verwandt wird. Danach würde jeder objektive, verständige und informierte Dritte bei Verwendung des Worts **Netzwerk** schließen, dass ein Netzwerk i. S. d. § 319b Abs. 1 Satz 3 HGB vorliegt.[11]

## 3 Ausschlussgründe bei Zugehörigkeit zu einem Netzwerk

### 3.1 Ausschlussgründe mit Widerlegbarkeit des Netzwerkeinflusses

11  Nach Abs. 1 Satz 1 ist ein AP von der Apr. grds. ausgeschlossen, wenn ein Mitglied seines Netzwerks einen der folgenden Ausschlussgründe erfüllt:
- **Besorgnis der Befangenheit** nach § 319 Abs. 2 HGB (s. § 319 Rz 22 ff.),
- **Finanzielle Interessen** gem. § 319 Abs. 3 Satz 1 Nr. 1 HGB (s. § 319 Rz 38 ff.),
- **Organzugehörigkeit** oder **Arbeitnehmereigenschaft** in dem zu prüfenden Unt gem. § 319 Abs. 3 Satz 1 Nr. 2 HGB (s. § 319 Rz 44 ff.),
- **Einsatz von befangenen Personen** gem. § 319 Abs. 3 Satz 1 Nr. 4 HGB (s. § 319 Rz 64),
- Erfüllung der Ausschlusstatbestände durch **Ehegatten und Lebenspartner** gem. § 319 Abs. 3 Satz 2 HGB (s. § 319 Rz 71),

12  Im Unterschied zu den Fällen des § 319 Abs. 3 HGB, in denen eine Besorgnis der Befangenheit unwiderlegbar vermutet wird, indizieren die in § 319b Abs. 1 Satz 1 HGB durch die Verweisung genannten Ausschlussgründe zwar eine Inhabilität, führen aber dann nicht zum Ausschluss als AP, wenn der Netzwerkpartner auf das Ergebnis der Apr. keinen Einfluss nehmen kann.[12]

13  Wie bei Vorliegen eines der genannten Ausschlussgründe das Nichtbestehen eines Einflusses des Netzwerkpartners nachzuweisen ist, lassen die Gesetzesmaterialien weitgehend offen. Zwar wird klargestellt, dass der AP darzulegen hat, warum der Netzwerkpartner keinen Einfluss nehmen kann. Außer einem Verweis auf ähnlich gelagerte Fälle bei der Apr. von genossenschaftlichen Kreditinstituten (§ 340k Abs. 2 HGB) schweigen sich die Gesetzesmaterialien hierzu aus.[13] Es kann derzeit in Zweifelsfällen nur geraten werden, dass der AP in seinen Arbeitspapieren ausführliche Sachverhaltsdarstellungen und Beurteilungen insb. zu den Strukturen und deren Funktionsweise in seinem Netzwerk vornimmt.[14] Ein möglicher Anhaltspunkt kann die Quantifizierung von erbrachten Leistungen durch das Netzwerkmitglied (Honorarvolumen) sein, um deren Bedeutung

---

[10] Vgl. WPKM 3/2010, S. 31.
[11] Vgl. BilMoG-BgrRegE, S. 91; *Petersen/Zwirner/Boecker*, WPg 2010, S. 466.
[12] Vgl. WPKM 2/2009, S. 4.
[13] Vgl. BilMoG-BgrRegE, S. 90.
[14] Vgl. *Gelhausen/Fey/Kämpfer*, Rechnungslegung und Prüfung nach dem Bilanzrechtsmodernisierungsgesetz, 2009, Teil T, Tz. 181 ff.

für einen sachverständigen Dritten transparent darzulegen. Die weitere Rechtsauslegung in diesem Zusammenhang wird zu beobachten sein.
Durch die Verweisung in Abs. 1 Satz 1 auf § 319 Abs. 4 HGB gelten die Ausschlussgründe auch für Prüfungsgesellschaften (s. hierzu im Einzelnen § 319 Rz 72 ff.). Der pauschale Verweis auf § 319 Abs. 4 HGB führt dazu, dass nach dem Gesetzeswortlaut für alle Ausschlussgründe (z. B. auch bei einer Mitwirkung an der Erstellung) die Möglichkeit eröffnet wäre, eine fehlende Einflussmöglichkeit auf das Prüfungsergebnis geltend zu machen.[15] Nach der Gesetzesbegründung zum BilMoG geht der Gesetzgeber aber ausdrücklich davon aus, dass die Erfüllung der Ausschlusstatbestände des § 319 Abs. 3 Satz 1 Nr. 3 HGB auch in einem Netzwerk zu einer unwiderlegbaren Vermutung der Besorgnis der Befangenheit führen muss.[16] Die pauschale Verweisung auf § 319 Abs. 4 HGB ist daher als ein gesetzestechnisches Versehen zu werten,[17] mit der Folge, dass in den betreffenden Fällen vom Vorliegen der Besorgnis der Befangenheit auszugehen ist.

14

### 3.2 Ausschlussgründe ohne Widerlegbarkeit des Netzwerkeinflusses

Von einem Ausschluss als AP ist nach dem Gesetzeswortlaut ohne Weiteres nur dann auszugehen, wenn die in § 319b Abs. 1 Satz 2 HGB genannten Ausschlussgründe nach § 319 Abs. 3 Satz 1 Nr. 3 HGB oder § 319a Abs. 1 Satz 1 Nr. 2 oder 3 HGB vorliegen.[18] Im Einzelnen sind damit folgende Ausschlussgründe von der Vorschrift erfasst:

15

- **Buchführung und Aufstellung des Jahresabschlusses** gem. § 319 Abs. 3 Satz 1 Nr. 3a) HGB (s. § 319 Rz 50 ff.),
- **Interne Revision** gem. § 319 Abs. 3 Satz 1 Nr. 3b) HGB (s. § 319 Rz 56),
- **Unternehmensleitungs- und Finanzdienstleistungen** gem. § 319 Abs. 3 Satz 1 Nr. 3c) HGB (s. § 319 Rz 57 f.),
- **Versicherungsmathematische** oder **Bewertungsleistungen** gem. § 319 Abs. 3 Satz 1 Nr. 3d) HGB (s. § 319 Rz 60 ff.),
- **Rechts- und Steuerberatungsleistungen** gem. § 319a Abs. 1 Satz 1 Nr. 2 HGB (s. § 319a Rz 8 ff.),
- **Entwicklung, Einrichtung und Einführung von Rechnungslegungsinformationssystemen** gem. § 319a Abs. 1 Satz 1 Nr. 3 HGB (s. § 319a Rz 15 ff.).

Bei diesen Ausschlussgründen geht es um die Erbringung von Beratungs- oder Bewertungsleistungen, deren Ergebnis sich letztlich unabhängig von einem weiteren Zutun des Netzwerkmitglieds unmittelbar im handelsrechtlichen JA oder KA niederschlägt. Nach Auffassung des Gesetzgebers wird ein objektiver, verständiger und informierter Dritter in diesen Fällen immer den Schluss ziehen, dass der AP bei der Beurteilung der Leistung seines Netzwerkangehörigen befangen ist.[19]

Nach der Gesetzesbegründung ist die Erbringung von Beratungsleistungen durch den AP nur dann nicht zulässig, wenn sich das Ergebnis der Beratung unmittelbar im JA oder KA widerspiegelt. Damit soll es insb. mittelständischen

16

---

15 Vgl. *Fölsing*, ZCG 2009, S. 76.
16 Vgl. BilMoG-BgrRegE, S. 90.
17 Vgl. *Fölsing*, ZCG 2009, S. 76.
18 Vgl. WPKM 2/2009, S. 6.
19 Vgl. BilMoG-BgrRegE, S. 90.

17 AP weiterhin ermöglicht werden, sich im Rahmen eines Netzwerks mit Spezialisten auf dem Gebiet der Unternehmensberatung zusammenzuschließen und so eine breite Produktpalette anzubieten.[20]

17 Abs. 1 Satz 2 verweist weder auf § 319 Abs. 4 HGB noch auf § 319a Abs. 1 Satz 2 HGB. Daraus könnte geschlossen werden, dass Prüfungsgesellschaften von den Bestimmungen dieser Vorschrift nicht erfasst werden. Dieses Ergebnis ist mit dem in der Gesetzesbegründung dokumentierten Willen des Gesetzgebers nicht vereinbar.[21] Danach sollen z. B. zu einem unwiderlegbaren Ausschluss diejenigen Fälle führen, in denen der Netzwerkpartner an der Erstellung des zu prüfenden JA oder in sonstiger Weise von nicht nur untergeordneter Bedeutung für diesen mitwirkt. Es ist daher von einem eindeutigen gesetzgeberischen Versehen auszugehen,[22] mit der Folge, dass in den betreffenden Fällen vom Vorliegen der Besorgnis der Befangenheit auszugehen ist.

### 3.3 Ausschlussgründe bei der Prüfung von Konzernabschlüssen (Abs. 2)

18 Abs. 1 ist auf den AP des KA entsprechend anzuwenden. Die zu § 319 Abs. 2 HGB angestellten Überlegungen gelten daher sinngemäß (§ 319 Rz 78 ff.). Gerade bei KAP wird die Regelung des § 319b HGB vermutlich den breitesten Anwendungsbereich finden. Der Konzern-AP hat durch geeignete Maßnahmen sicherzustellen, dass keine Ausschlussgründe von Netzwerkmitgliedern verwirklicht werden bzw. bestehende Ausschlussgründe erkannt und die erforderlichen Schritte (z. B. Schutzmaßnahmen, s. § 319 Rz 33) eingeleitet werden.

## 4 Rechtsfolgen von Verstößen gegen § 319b HGB

19 Zu den Rechtsfolgen von Verstößen gegen § 319b HGB wird auf § 319 Rz 81 ff. und § 319a Rz 28 f. verwiesen.

---

20 Vgl. BilMoG-BgrRegE, S. 90.
21 Vgl. BilMoG-BgrRegE, S. 89.
22 Vgl. WPKM 2/2009, S. 6.

# § 320 VORLAGEPFLICHT. AUSKUNFTSRECHT

(1) ¹Die gesetzlichen Vertreter der Kapitalgesellschaft haben dem Abschlußprüfer den Jahresabschluß und den Lagebericht unverzüglich nach der Aufstellung vorzulegen. ²Sie haben ihm zu gestatten, die Bücher und Schriften der Kapitalgesellschaft sowie die Vermögensgegenstände und Schulden, namentlich die Kasse und die Bestände an Wertpapieren und Waren, zu prüfen.
(2) ¹Der Abschlußprüfer kann von den gesetzlichen Vertretern alle Aufklärungen und Nachweise verlangen, die für eine sorgfältige Prüfung notwendig sind. ²Soweit es die Vorbereitung der Abschlußprüfung erfordert, hat der Abschlußprüfer die Rechte nach Absatz 1 Satz 2 und nach Satz 1 auch schon vor Aufstellung des Jahresabschlusses. ³Soweit es für eine sorgfältige Prüfung notwendig ist, hat der Abschlußprüfer die Rechte nach den Sätzen 1 und 2 auch gegenüber Mutter- und Tochterunternehmen.
(3) ¹Die gesetzlichen Vertreter einer Kapitalgesellschaft, die einen Konzernabschluß aufzustellen hat, haben dem Abschlußprüfer des Konzernabschlusses den Konzernabschluß, den Konzernlagebericht, die Jahresabschlüsse, Lageberichte und, wenn eine Prüfung stattgefunden hat, die Prüfungsberichte des Mutterunternehmens und der Tochterunternehmen vorzulegen. ²Der Abschlußprüfer hat die Rechte nach Absatz 1 Satz 2 und nach Absatz 2 bei dem Mutterunternehmen und den Tochterunternehmen, die Rechte nach Absatz 2 auch gegenüber den Abschlußprüfern des Mutterunternehmens und der Tochterunternehmen.
(4) Der bisherige Abschlussprüfer hat dem neuen Abschlussprüfer auf schriftliche Anfrage über das Ergebnis der bisherigen Prüfung zu berichten; § 321 ist entsprechend anzuwenden.

WP StB CVA Klaus Bertram

| Inhaltsübersicht | Rz |
|---|---|
| 1 Überblick | 1–8 |
|    1.1 Inhalt | 1–2 |
|    1.2 Zweck | 3–5 |
|    1.3 Anwendungsbereich | 6–8 |
| 2 Jahresabschluss | 9–34 |
|    2.1 Vorlagepflicht (Abs. 1 Satz 1) | 9–11 |
|    2.2 Auskunftsrechte | 12–34 |
|       2.2.1 Prüfungsrecht (Abs. 1 Satz 2) | 12–19 |
|       2.2.2 Aufklärungen und Nachweise (Abs. 2 Sätze 1 und 2) | 20–29 |
|       2.2.3 Rechte gegenüber Mutter- und Tochterunternehmen (Abs. 2 Satz 3) | 30–34 |
| 3 Konzernabschluss (Abs. 3) | 35–47 |
|    3.1 Vorlagepflicht (Abs. 3 Satz 1) | 35–40 |
|    3.2 Auskunftsrechte (Abs. 3 Satz 2) | 41–47 |

| 4 | Durchsetzung und Grenzen der Auskunftsrechte | 48–55 |
|---|---|---|
| | 4.1 Durchsetzung der Auskunftsrechte | 48–52 |
| | 4.2 Grenzen der Auskunftsrechte | 53–55 |
| 5 | Berichterstattung an den Folgeprüfer (Abs. 4) | 56–61 |

**Ergänzendes Schrifttum**
*Erchinger/Melcher*, Anwendung, Entwicklung und Zukunft der International Standards on Auditing (ISA): Eine aktuelle Bestandsaufnahme im Kontext globaler und nationaler Neuerungen, WPg 2008, S. 959; *Gutmann*, Anspruch auf Herausgabe von Arbeitspapieren des Wirtschaftsprüfers, BB 2010, S. 171; IDW, Besondere Prüfungsfragen im Kontext der aktuellen Wirtschafts- und Finanzmarktkrise, IDW-FN 2009, S. 3; *Hiller/Bernardi*, Auskunftsrechts vs.Schweigepflicht – der Abschlussprüfer im Spannungsfeld der Organe, WP-Praxis 2013, S. 48; *Kämpfer/Schmidt*, Die Auswirkungen der neueren Prüfungsstandards auf die Durchführung von Abschlussprüfungen, WPg 2009, S. 47; *Link/Giese/Kunellis*, Geschäftsorientierte Prüfung des Konzernabschlusses: neue Anforderungen und Handlungsspielräume bei einer Prüfung nach ISA 600, BB 2008, S. 378; *Niemann/Bruckner*, Qualitätssicherung bei der Konzernabschlussprüfung, DStR 2010, S. 345.; *Oser/Roß/Wader/Drögemüller*, Ausgewählte Neuregelungen des Bilanzrechtsmodernisierungsgesetzes (BilMoG) – Teil 2, WPg 2008, S. 105; *Thiessen*, Zur Prüfung des Jahresabschlusses eines ausländischen Tochterunternehmens nach § 317 HGB, BB 1987, S. 1981; WPK, Bilanzrechtsmodernisierungsgesetz – Auswirkungen auf die beruflichen Rahmenbedingungen des Abschlussprüfers, WPKM 2/2009, S. 4.

## 1 Überblick

### 1.1 Inhalt

1 § 320 HGB verpflichtet die gesetzlichen Vertreter einer prüfungspflichtigen Ges. (§ 316 Rz 3), dem Jahres- bzw. Konzernabschlussprüfer die zu prüfenden Unterlagen (JA und LB bzw. KA und KLB) vorzulegen. Darüber hinaus sind dem AP alle Bücher, Schriften und Unterlagen vorzulegen, alle notwendigen Auskünfte zu erteilen sowie alle sonstigen Informationen zur Verfügung zu stellen, die dieser für eine ordnungsgemäße Apr. benötigt.

2 Abs. 4 der Vorschrift beinhaltet eine **Auskunftspflicht** des bisherigen AP gegenüber dem neuen AP (**Folgeprüfer**), um diesem den Zugang zu relevanten Informationen zu gewähren. Er ist gem. Art. 66 Abs. 2 EGHGB auf Apr. für nach dem 31.12.2008 beginnende Gj anzuwenden. Bei einem dem Kj. entsprechenden Gj ist die Vorschrift somit erstmals auf Apr. des Gj 2009 anzuwenden.

### 1.2 Zweck

3 § 320 HGB soll sicherstellen, dass der AP alle Informationen, Unterlagen und Auskünfte erhält, damit er eine ordnungsgemäße Apr. durchführen kann. Die Vorschrift sichert dem AP die für eine unabhängige und gewissenhafte Apr. erforderliche **starke Position gegenüber den gesetzlichen Vertretern**. Eine

Vorlagepflicht. Auskunftsrecht § 320

ordnungsgemäße Apr. erfordert die Durchführung angemessener Prüfungshandlungen, die Einholung aussagekräftiger Prüfungsnachweise und Auskünfte, die der AP ohne die Verpflichtung zur Unterstützung für die gesetzlichen Vertreter der geprüften Ges. nur schwer durchführen bzw. erlangen kann.
Materiell etwa gleiche Rechte wie § 320 HGB gewährt § 145 Abs. 1 bis 3 AktG 4 dem Sonderprüfer bei der Prüfung von Vorgängen bei der Gründung einer AG oder der Geschäftsführung sowie bei Maßnahmen der Kapitalbeschaffung und -herabsetzung.[1]
Die starke Position des AP aus § 320 HGB hat ihr Pendant in der umfassenden 5 Pflicht zur Verschwiegenheit und dem Verbot der Verwertung von Geschäfts- und Betriebsgeheimnissen des geprüften Unt nach § 323 HGB (§ 323 Rz 72).

### 1.3 Anwendungsbereich

§ 320 HGB gilt für **gesetzliche Jahres- und Konzernabschlussprüfungen** nach 6 § 316 HGB. Die Vorschrift ist entsprechend auch bei **Nachtragsprüfungen** nach § 316 Abs. 3 HGB anzuwenden. Die Vorschrift ist darüber hinaus anzuwenden bei Apr. nach

- §§ 6 Abs. 1, 14 Abs. 1 PublG,
- § 324a HGB (IFRS-EA, s. § 324a Rz 8)
- § 340a Abs. 1 HGB (Kreditinstitute und Finanzdienstleistungsinstitute),
- § 341a Abs. 1 HGB (Versicherungsunternehmen und Pensionsfonds)

sowie sinngemäß bei Prüfungen

- des Abhängigkeitsberichts nach § 313 Abs. 1 Satz 3 AktG,[2]
- einer Kapitalerhöhung aus Gesellschaftsmitteln nach § 209 Abs. 4 Satz 2 AktG, §§ 57f. Abs. 3 Satz 2 GmbHG,
- einer Verschmelzungsprüfung nach § 11 Abs. 1 Satz 1 UmwG,
- einer prüferischen Durchsicht eines Halbjahres- oder Quartalsfinanzberichts gem. § 37w Abs. 5 Satz 7, Abs. 3 Satz 3 WpHG.[3]

Für **Genossenschaften** gilt § 320 HGB nicht, auch nicht im Wege des Analogie- 7 schlusses. Die speziellen genossenschaftlichen Regelungen in § 57 Abs. 1 GenG eröffnen dem Prüfer des JA einer Genossenschaft allerdings materiell ähnliche Rechte wie dem AP nach § 320 HGB.

Demgegenüber findet § 320 HGB bei **freiwilligen Prüfungen** grds. keine An- 8 wendung.[4] Bei freiwilligen Prüfungen ist im Prüfungsvertrag die (analoge) Anwendung von § 320 HGB zu vereinbaren.[5]

## 2 Jahresabschluss

### 2.1 Vorlagepflicht (Abs. 1 Satz 1)

Die Vorschrift verpflichtet die gesetzlichen Vertreter der prüfungspflichtigen 9 Ges., dem AP den zu prüfenden JA und LB **unverzüglich** vorzulegen. Die

---

1 Vgl. *Baetge/Göbel/Brembt*, in *Küting/Pfitzer/Weber*, HdR, HGB § 320, Rn 6, Stand 11/2009.
2 Vgl. WP-Handbuch, Bd. I., 14. Aufl., Abschn. F, Rz 1380.
3 Vgl. *Winkeljohann/Küster*, in *Budde/Förschle/Winkeljohann*: Sonderbilanzen, 4. Aufl., Abschn. G, Rz 113.
4 Vgl. *Schmidt/Heinz*, in Beck Bil-Komm. 9. Aufl., § 320 HGB, Rz 4.
5 Vgl. IDW PS 303, Tz 10.

unverzügliche Vorlage, d.h. ohne schuldhaftes Zögern (§ 121 Abs. 1 Satz 1 BGB), gründet auf der Vorstellung, dass zunächst die gesetzlichen Vertreter JA und LB aufstellen und erst dann der AP mit seiner Prüfung beginnt. Diese eher „klassische Sichtweise" ist in der Praxis oftmals nicht mehr anzutreffen.

10 Die Komplexität der Rechnungslegung für den JA und KA, verbunden mit dem zunehmenden Termindruck (**fast close**) bei Abschlusserstellung und -prüfung, haben zu einer **zeitlichen Überlappung von Erstellung und Prüfung** geführt, sodass im Zuge der Apr. von den gesetzlichen Vertretern vorgelegte Unterlagen auch bis zum Abschluss der Apr. wieder geändert werden können. Hier wird die **Korrektivfunktion des AP** deutlich, der bei der Apr. festgestellte Fehler, die von der geprüften Ges. berichtigt werden, nicht in sein Prüfungsurteil einzubeziehen hat.[6]

> **Beispiel**
> Der AP der prüfungspflichtigen GmbH stellt während der Apr. fest, dass für einen laufenden Rechtsstreit keine Rückstellung gebildet worden ist, obwohl nach seinen Feststellungen eine Rückstellung nach § 249 Abs. 1 Satz 1 HGB geboten ist.
> Nachdem der AP dem Geschäftsführer der GmbH diese Feststellung mitgeteilt hat, entscheidet der Geschäftsführer, den JA zu ändern und eine Rückstellung für den Rechtsstreit (sowie die gebotenen Folgeänderungen, z.B. Steuerrückstellung, Tantiemeaufwand) in den JA aufzunehmen. Da der endgültige geprüfte JA den festgestellten Fehler nicht mehr enthält, hat der AP keine Auswirkungen auf den Bestätigungsvermerk zu berücksichtigen.

11 § 320 Abs. 2 Satz 2 HGB stellt die gesetzliche Grundlage dieser Korrektivfunktion des AP dar, da hiermit dem AP auch schon vor Aufstellung des JA die Auskunftsrechte zugestanden werden (Rz 21).

## 2.2 Auskunftsrechte

### 2.2.1 Prüfungsrecht (Abs. 1 Satz 2)

12 Die Vorschrift gibt dem AP das Recht zur Prüfung der Bücher und Schriften der zu prüfenden Ges. sowie der VG und Schulden. Da § 317 Abs. 1 HGB den AP verpflichtet, den JA nicht nur auf formale, sondern auch auf materielle Richtigkeit zu prüfen (§ 317 Rz 22), müssen ihm neben den prüfungspflichtigen Unterlagen selbst (JA und LB) auch die diesen zugrunde liegenden Aufzeichnungen zugänglich sein.

13 Abs. 1 Satz 2 ist umfassend auszulegen. Der AP kann Zugang zu sämtlichen Unterlagen der zu prüfenden Ges. verlangen; die im Gesetz vorgenommene Aufzählung ist als beispielhaft zu verstehen.[7] Da der AP eine Prüfung durchführt, gewährt ihm das Prüfungsrecht die Durchführung aller dafür von ihm als notwendig erachteten Prüfungshandlungen, z.B.[8]

---

[6] Vgl. IDW PS 400, Tz 52.
[7] Vgl. *Baetge/Göbel/Brembt*, in *Küting/Pfitzer/Weber*, HdR, HGB § 320, Rn 13 f, Stand 11/2009.
[8] Vgl. IDW PS 300, Tz 14.

- Einsichtnahme,[9]
- Inaugenscheinnahme (z. B. Zutritt zu den Geschäftsräumen des zu prüfenden Unt, Inaugenscheinnahme von durchgeführten Investitionen in das SAV),[10]
- Beobachtung (z. B. der Vorratsinventur),[11]
- Berechnung,[12]
- Nachvollziehen.[13]

Welche Aufzeichnungen für die Prüfung des JA und LB vorgelegt werden müssen bzw. sollen, liegt im Ermessen des AP, nicht etwa der gesetzlichen Vertreter der zu prüfenden Ges. **14**

> **Beispiel**
> Der AP der prüfungspflichtigen GmbH fordert Einblick in die Reisekostenabrechnungen des Geschäftsführers. Der kaufmännische Leiter möchte die Reisekostenabrechnungen nicht vorlegen, da sie nach seiner Ansicht nicht wesentlich für die Prüfung des JA und LB sind.
> Es liegt ein Verstoß gegen das Prüfungsrecht nach § 320 Abs. 1 Satz 2 HGB vor. Der AP kann von dem Geschäftsführer die Vorlage der Reisekostenabrechnungen fordern. Kommt der Geschäftsführer dieser Aufforderung nicht nach, liegt ein Prüfungshemmnis vor, das ggf. Auswirkungen auf den Bestätigungsvermerk haben kann.

Der im Gesetzestext angeführte Begriff **Bücher** umfasst neben dem Grund- und Hauptbuch auch sämtliche Nebenbücher der Buchführung, also z. B. auch die Betriebsbuchhaltung (Kostenrechnung, Kalkulation) und andere Aufzeichnungen (zum Begriff der Bücher s. § 238 Rz 43). Unter den Begriff fallen auch Arbeitsanweisungen und andere Organisationsunterlagen, da diese für eine Aufbau- und Funktionsprüfung des rechnungslegungsbezogenen IKS unerlässlich sind.[14] Da die Bücher regelmäßig in großem Umfang elektronisch geführt werden, sind von dem Begriff auch die Prüfung der verwendeten EDV-Systeme sowie erforderliche Maßnahmen zur Lesbarmachung von Daten erfasst. **15**

Der zeitliche Umfang der vorzulegenden Bücher ist nicht nur auf das zu prüfende Gj beschränkt. Vielmehr darf der AP auch die Vorjahresbücher einsehen und hat gleichfalls Zugriffsrechte auf zukunftsgerichtete Unterlagen, z. B. Planungsrechnungen, Finanzpläne. **16**

Der Begriff **Schriften** umfasst z. B.[15] **17**
- alle Arten von Geschäftspapieren (Briefe, E-Mails, Verträge, Bestellungen, Rechnungen, Lieferscheine, Frachtpapiere und sonstiger Schriftverkehr),
- Unterlagen zu Rechtsstreitigkeiten,
- Unterlagen zu Haftungsverhältnissen,
- Personalunterlagen,

---

[9] Vgl. IDW PS 300, Tz 29.
[10] Vgl. IDW PS 300, Tz 30.
[11] Vgl. IDW PS 301, Tz 7, 16.
[12] Vgl. IDW PS 300, Tz 34.
[13] Vgl. IDW PS 300, Tz 35.
[14] Vgl. *Baetge/Göbel/Brembt*, in *Küting/Pfitzer/Weber*, HdR, HGB § 320, Rn 11, Stand 11/2009.
[15] Vgl. *Ruhnke/Schmidt*, in *Baetge/Kirsch/Thiele*, Bilanzrecht, § 320 HGB, Rz 33, Stand 6/2010.

- Unterlagen zu Vorstands- und Aufsichtsratssitzungen sowie Gesellschafterversammlungen (Protokolle, Vorlagen etc.),
- Steuerbescheide und Steuererklärungen, Schriftverkehr mit Finanzbehörden (z. B. zu Rechtsbehelfsverfahren),
- Unterlagen zu Finanzinstrumenten (Verträge, Abrechnungen, Nettingvereinbarungen, Dokumentation von Bewertungseinheiten, vgl. § 254 Rz 35),
- Unterlagen der internen Revision,
- Unterlagen zum rechnungslegungsrelevanten IKS (z. B. Organisationshandbücher, Arbeitsanweisungen, Stellenbeschreibungen, Ablaufdiagramme, Dokumentationen von vorgenommenen Zertifizierungen [z. B. ISO 9001]).

18 Der Gesetzeswortlaut spricht von **Vermögensgegenständen** und **Schulden**. Gleichwohl umfasst das Prüfungsrecht auch solche Posten des JA, die nicht diesen Begriff erfüllen, also z. B. EK, RAP, GoF. Dementsprechend sind die in Abs. 1 Satz 2 explizit aufgeführten VG **Kasse** und **Bestände an Wertpapieren und Waren** nur exemplarisch zu verstehen (Rz 13).

19 Das Prüfungsrecht des AP umfasst auch das Recht, **Kopien** von Unterlagen anzufertigen und **Saldenbestätigungen** von Kreditinstituten (Bankbestätigungen), Rechtsanwälten, Debitoren/Kreditoren u. a. einzuholen.[16]

### 2.2.2 Aufklärungen und Nachweise (Abs. 2 Sätze 1 und 2)

20 Das Prüfungsrecht wird durch Abs. 2 Satz 1 ergänzt, mit dem die gesetzlichen Vertreter zur aktiven Unterstützung des AP verpflichtet werden. Unter **Aufklärungen** sind insb. Auskünfte, Erklärungen und Begründungen zu verstehen.[17] Auch wenn das Gesetz nur von den gesetzlichen Vertretern spricht, fallen hierunter nach hM auch die von diesen beauftragten Mitarbeiter oder sonstigen Auskunftspersonen (z. B. StB der Ges.).[18] **Nachweise** sind alle für die verlangten Aufklärungen erheblichen Unterlagen, d. h. i. d. R. schriftliche Unterlagen. Die Beschaffung von Unterlagen von Dritten, wie z. B. Grundbuch- oder Handelsregisterauszüge, zählt ebenfalls hierzu.

21 Abs. 2 Satz 2 stellt klar, dass die Auskunftsrechte des AP auch schon vor der (endgültigen) Aufstellung des JA bestehen. Die Vorschrift ermöglicht es ihm, ab dem Zeitpunkt der Bestellung (§ 318 Rz 3) erforderliche Prüfungshandlungen durchzuführen. In der Praxis hat diese Regelung große Bedeutung, da eine Reihe von Prüfungshandlungen aus Gründen der zeitlichen Entzerrung des zumeist engen Terminplans einer Apr. zeitlich vorgelagert wird. In **Vorprüfungen** oder **Zwischenprüfungen** werden regelmäßig folgende Prüfungshandlungen durchgeführt:
- Prüfungshandlungen zur Risikobeurteilung (inkl. Aufbauprüfung des rechnungslegungsbezogenen IKS),
- Prüfung der Wirksamkeit des rechnungslegungsbezogenen IKS (Funktionsprüfung) und abschließende Beurteilung der Fehlerrisiken,
- Prüfung organisatorischer Umstellungen (z. B. Wechsel des IT-Systems),
- Prüfung der Vorratsinventur (Inventurbeobachtung),[19]
- Prüfung des Risikofrüherkennungssystems nach § 317 Abs. 4 HGB.

---

[16] Vgl. zu Einzelheiten IDW EPS 302 n. F.
[17] Vgl. *Schmidt/Heinze*, in Beck Bil-Komm. 9. Aufl., § 320 HGB, Rz 12.
[18] Vgl. *ADS*, 6. Aufl. § 320 HGB, Rz 70.
[19] Vgl. IDW PS 301, Tz 18.

Oftmals stellen Auskünfte oder Erklärungen der gesetzlichen Vertreter einen 22
wichtigen Prüfungsnachweis zur Erlangung hinreichender Prüfungssicherheit
dar.[20] Für den AP bedeutsame Erklärungen der gesetzlichen Vertreter hat der AP
nicht nur mündlich (z.B. im Rahmen der Schlussbesprechung), sondern auch
schriftlich einzuholen. In der Praxis erfolgt dies zumeist durch die **Vollständigkeitserklärung** der gesetzlichen Vertreter, mittels derer sich der AP zum Abschluss
der Apr. die Vollständigkeit der erteilten Erklärungen und Nachweise durch die
gesetzlichen Vertreter der geprüften Ges. bestätigen lässt.[21] Ob aus § 320 HGB eine
Verpflichtung der gesetzlichen Vertreter zur Abgabe einer Vollständigkeitserklärung abgeleitet werden kann, kann dahingestellt bleiben, da regelmäßig die zu
prüfende Ges. über die im Auftragsschreiben des AP vereinbarten AAB die Abgabe
einer Vollständigkeitserklärung vertraglich vereinbart ist.

In der Praxis werden regelmäßig vom Berufsstand entwickelte standardisierte
Formulare verwendet, die für verschiedene Arten von Apr. vorliegen und mit
optionalen Modulen kombinierbar sind.[22] In diesen Vollständigkeitserklärungen
wird nicht nur die Vollständigkeit der erteilten Erklärungen und Nachweise
bestätigt, sondern sind darüber hinaus vom AP einzuholende schriftliche Auskünfte bzw. Erklärungen der gesetzlichen Vertreter vorgesehen. Dies betrifft z.B.:

- besondere Umstände, die der Fortführung der Ges. (Going-concern-Prämisse) entgegenstehen können,[23]
- Besicherung von Verbindlichkeiten und eingegangene Haftungsverhältnisse,
- für die Beurteilung der wirtschaftlichen Lage der Ges. bedeutsame Verträge oder Rechtsstreitigkeiten,
- Störungen oder wesentliche Mängel im IKS,[24]
- Täuschungen, Vermögensschädigungen oder sonstige Gesetzesverstöße, die Bedeutung für den Inhalt des JA oder des LB oder auf die Darstellung des sich nach § 264 Abs. 2 HGB ergebenden Bilds der VFE-Lage haben können,[25]
- wesentliche Chancen und Risiken, auf die im LB einzugehen ist,[26] und Ereignisse nach dem Abschlussstichtag,[27]
- Aussagen über die zur Bestimmung von Zeitwerten bedeutenden Annahmen und Absichten,[28]
- Erklärungen zur Einrichtung und Dokumentation eines Risikofrüherkennungssystems gem. § 317 Abs. 4 HGB.[29]

Die Vollständigkeitserklärung ist von denjenigen gesetzlichen Vertretern ein- 23
zuholen, welche für die Aufstellung von JA und LB verantwortlich sind (z.B.
CFO, kaufmännischer Geschäftsführer) und die über die Kenntnisse der entsprechenden Sachverhalte verfügen.[30] Soweit der für die Aufstellung von JA und
LB verantwortliche gesetzliche Vertreter nicht einzelvertretungsberechtigt ist, ist

---

20 Vgl. IDW PS 300, Tz 32.
21 Vgl. IDW PS 303 n.F., Tz 23.
22 Vgl. IDW Verlag GmbH, www.idw-verlag.de.
23 Vgl. IDW PS 270, Tz 28.
24 Vgl. IDW PS 261, Tz 89.
25 Vgl. IDW PS 210, Tz 26ff.
26 Vgl. IDW PS 350, Tz 28.
27 Vgl. IDW PS 203, Tz 14.
28 Vgl. IDW PS 315, Tz 50.
29 Vgl. IDW PS 340, Tz 24.
30 Vgl. IDW PS 303 n.F., Tz 8.

die Erklärung in vertretungsberechtigter Zahl von den gesetzlichen Vertretern zu unterschreiben. Es gibt kein Erfordernis, dass alle gesetzlichen Vertreter die Vollständigkeitserklärung zu unterschreiben haben; gleichwohl ist dieses vielfach üblich.

24 Die Vollständigkeitserklärung kann kein Ersatz für solche Prüfungsnachweise sein, von deren Verfügbarkeit der AP normalerweise ausgehen kann.[31]

> **Beispiel**
> Zum Nachweis der zutreffenden Umsatzrealisierung von kurz vor oder am Abschlussstichtag gebuchten Umsatzerlösen bei Lieferungen liegen im Regelfall geeignete Prüfungsnachweise in Form von Verträgen, Lieferscheinen, Frachtpapieren, Abnahmeprotokollen o. Ä. vor, denen zumeist höhere Verlässlichkeit nachkommt, als eine diesbezügliche Erklärung der Geschäftsführung.

25 In bestimmten Fällen kann es erforderlich sein, neben der Vollständigkeitserklärung der gesetzlichen Vertreter weitere **schriftliche Erklärungen von anderen Personen** einzuholen, z. B. von Mitgliedern des Aufsichtsrats oder Anteilseignern der Gesellschaft.

> **Beispiel**
> Die prüfungspflichtige AG befindet sich in einer wirtschaftlich schwierigen Situation, da die Auftragseingänge infolge einer anhaltenden Nachfrageschwäche deutlich hinter den Planungen zurückbleiben. Der Vorstand beabsichtigt mit Zustimmung des AR eine kurzfristige Kapitalzufuhr in Form der Aufnahme eines Investors im Wege einer Barkapitalerhöhung mit Ausschluss des Bezugsrechts der Altaktionäre. Zum Zeitpunkt der Beendigung der Apr. (Februar 02) ist noch kein Durchbruch bei den Verhandlungen mit dem Investor erzielt worden. Zur Sicherstellung der weiteren Unternehmensfinanzierung und damit der Bestätigung der *Going-Concern*-Prämisse, die dem zu prüfenden JA zum 31.12.01 zugrunde liegt, wird in den nächsten 4 bis 6 Monaten zusätzliches Kapital benötigt, das durch die weitgehend ausgeschöpften Kreditlinien bei den Hausbanken nicht gedeckt werden kann.
> Der Vorstand erklärt dem AP schriftlich, dass er von einem positiven Ausgang der Verhandlungen mit dem Investor überzeugt ist und auch die Zustimmung der HV erhalten wird. Die diesbezüglichen Ausführungen im LB der Ges. sind nach den Feststellungen des AP nicht zu beanstanden.
> Da dem AP aufgrund der Einsicht in Aufsichtsratsprotokolle bekannt ist, dass auch der AR zeitweilig Kontakt mit dem möglichen Investor gehabt hat, bittet er den Aufsichtsratsvorsitzenden, ihn schriftlich über seinen Kenntnisstand zu den Verhandlungen zu informieren.

26 Zur Weigerung der gesetzlichen Vertreter zur Abgabe einer Vollständigkeitserklärung vgl. Rz 49.

---

[31] Vgl. IDW PS 303 n. F., Tz 17.

Zusammen mit der Vollständigkeitserklärung hat der AP von den gesetzlichen Vertretern eine **Aufstellung nicht korrigierter Prüfungsdifferenzen** einzuholen sowie die Erklärung, dass nach Auffassung der gesetzlichen Vertreter die Auswirkungen dieser nicht korrigierten Angaben sowohl einzeln als auch insgesamt unwesentlich sind.[32] Soweit im Rahmen der Apr. festgestellte Fehler vom Unternehmen korrigiert werden, braucht diese Erklärung nicht eingeholt zu werden, da sie sich nur auf im geprüften Abschluss noch enthaltene Fehler beziehen (Rz 10). 27

> **Beispiel**
> Der AP stellt im Rahmen seiner Apr. fest, dass bei der Bewertung der RHB das strenge Niederstwertprinzip gem. § 253 Abs. 4 HGB nicht eingehalten wurde und eine Abschreibung auf den niedrigeren Börsenkurs am Abschlussstichtag i. H. v. 10 TEUR geboten wäre. Der Fehler ist nach Einschätzung des AP für sein Prüfungsurteil unwesentlich. Der Geschäftsführer der geprüften Ges. entscheidet nach Mitteilung des Fehlers durch den AP, dass der JA zu ändern und die Abschreibung bei den RHB zu berücksichtigen ist.
> Da im (endgültig) geprüften JA kein Fehler mehr enthalten ist, hat der AP keine Erklärung über nicht korrigierte Prüfungsdifferenzen einzuholen.

Neben der **Vollständigkeitserklärung** ist die **Schlussbesprechung** ein in der Praxis wesentliches Element der Auskunftserteilung. In der Schlussbesprechung berichtet der AP über seine getroffenen Feststellungen und lässt sich von den gesetzlichen Vertretern im Prüfungsverlauf aufgetretene Zweifelsfragen oder wichtige Aussagen (z.B. zu Ereignissen nach dem Abschlussstichtag) nochmals bestätigen. Regelmäßig stellt die Schlussbesprechung das Ende der materiellen Prüfungshandlungen dar, weshalb dann die Vollständigkeitserklärung und der Bestätigungsvermerk auf diesen Tag datiert werden.[33] 28

Soweit zwischen dem Datum der Vollständigkeitserklärung und der Auslieferung des Bestätigungsvermerks bzw. Prüfungsberichts ein **längerer Zeitraum** liegt, hat der AP mündliche oder schriftliche Erklärungen der gesetzlichen Vertreter über diesen Zeitraum einzuholen.[34] Was unter einem längeren Zeitraum zu verstehen ist, kann nicht allgemeinverbindlich festgelegt werden, sondern ist an den Verhältnissen des Einzelfalls auszurichten. In unproblematischen Fällen können zwischen dem Datum der Vollständigkeitserklärung und Auslieferung des Bestätigungsvermerks durchaus mehrere Wochen liegen. Bestehen aber z.B. wirtschaftliche Schwierigkeiten mit Unsicherheiten bzgl. der weiteren Unternehmensfinanzierung, können bereits wenige Tage verstrichene Zeit Anlass geben, eine aktualisierte Erklärung der gesetzlichen Vertreter einzuholen.[35] 29

---

[32] Vgl. IDW PS 303 n. F., Tz 28.
[33] Vgl. IDW PS 400, Tz 81.
[34] Vgl. IDW PS 303 n. F. Tz 30.
[35] Vgl. IDW, IDW-FN 2009, S. 7 zu Sonderkündigungsrechten von Gläubigern bei Verletzung von Kreditvereinbarungen (*Covenants*).

### 2.2.3 Rechte gegenüber Mutter- und Tochterunternehmen (Abs. 2 Satz 3)

30 Der AP erhält nach Abs. 2 Satz 3 der Vorschrift die Auskunftsrechte zu Aufklärungen und Nachweisen gem. Abs. 2 Satz 1 und 2 auch in Bezug zu MU und TU der zu prüfenden Ges. Es besteht hinsichtlich der MU und TU demgegenüber kein Prüfungsrecht i.S.v. Abs. 1 Satz 2 der Vorschrift, sodass den Aufklärungen und Nachweisen von MU und TU besondere Bedeutung zukommt.[36] Bedeutsam ist dies insb. in solchen Fällen, in denen der AP des zu prüfenden Unternehmens nicht der Konzern-AP ist, da ihm die Prüfungsrechte nach § 317 Abs. 3 HGB in Bezug auf MU und TU der zu prüfenden Ges. nicht zustehen.

31 Materiell entsprechen die Auskunftsrechte nach Abs. 2 Satz 3 denen nach Abs. 2 Satz 1 und 2 (Rz 20 ff.) vollinhaltlich, sodass der AP z.B. auch Einsicht in Kalkulationsunterlagen oder Planungsrechnungen des TU nehmen darf.

32 Auskunftsverpflichtet sind die gesetzlichen Vertreter des TU im Zeitpunkt des Auskunftsbegehrens. Ein Auskunftsrecht gegenüber ehemaligen Organmitgliedern des TU eröffnet § 320 Abs. 2 Satz 3 HGB nicht. Es kann sich aber anbieten, das TU zu veranlassen, aus dem Anstellungsvertrag des ehemaligen Organmitglieds Auskunftsansprüche durchzusetzen.[37]

33 Die Begriffe **MU** und **TU** bestimmen sich nach § 290 HGB (§ 290 Rz 16 ff.). Die Auskunftsrechte bestehen unabhängig davon, ob das betreffende TU in den KA einbezogen ist oder gem. § 296 HGB nicht konsolidiert wird. Das Auskunftsrecht ist daran gekoppelt, dass es sich um ein TU handelt, sodass es auch dann Anwendung findet, wenn die Unternehmensverbindung nicht während des gesamten Gj bestand (z.B. Erwerb des TU im laufenden Gj). Allerdings gilt das Auskunftsrecht erst ab dem Zeitpunkt, zu dem die betreffende Ges. TU geworden ist.

34 Gegenüber **assoziierten Unt** (§ 311 HGB), **GemeinschaftsUnt** (§ 310 HGB) und **BeteiligungsUnt** (§ 271 Abs. 1 HGB) bestehen die Auskunftsrechte nicht.

## 3 Konzernabschluss (Abs. 3)

### 3.1 Vorlagepflicht (Abs. 3 Satz 1)

35 Die gesetzlichen Vertreter des MU haben dem Konzern-AP folgende Unterlagen vorzulegen:
- Konzernabschluss,
- Konzernlagebericht,
- Jahresabschlüsse der TU,
- Lageberichte der TU,
- Prüfungsberichte der AP von prüfungspflichtigen oder freiwillig geprüften JA oder Handelsbilanz II der TU.

36 Die **Vorlagepflicht** besteht unmittelbar nur für die gesetzlichen Vertreter des MU, nicht für die der TU. § 294 Abs. 3 HGB verpflichtet jedoch die gesetzlichen Vertreter der TU, dem MU den JA, LB, (Teil-) KA, (Teil-) KLB, die entsprechenden Prüfungsberichte der AP sowie einen etwaigen Zwischenabschluss unverzüglich zur Verfügung zu stellen (zu Einzelheiten s. § 294 Rz 27). Auch wenn in

---

[36] Vgl. *Baetge/Göbel/Brembt*, in *Küting/Pfitzer/Weber*, HdR, HGB § 320, Rn 18, Stand 11/2009.
[37] Vgl. *Schmidt/Heinz*, in Beck Bil-Komm. 9. Aufl., § 320 HGB, Rz 17.

Abs. 3 nicht explizit erwähnt, gilt die Vorlagepflicht gegenüber dem Konzern-AP genauso **unverzüglich**, wie gegenüber dem AP des JA gem. Abs. 1 (Rz 9).[38]

Von der Vorlagepflicht erfasst sind auch die **Konsolidierungsunterlagen**, d. h. die Unterlagen, die Grundlage der Konzernbuchführung darstellen, aus denen sich Details zur Durchführung der Konsolidierungsmaßnahmen sowie zur Erstellung des Konzernanhangs ergeben (sog. **Konzern-Package**), die Überleitung von nach abweichendem Recht erstellten JA auf die konzerneinheitlichen Bilanzierungs- und Bewertungsmethoden (sog. **HB II**) und die im Zuge der Neubewertungsmethode bei der Kapitalkonsolidierung aufgestellte Zeitwertbilanz von erworbenen TU (sog. **HB III**).

Die Definition von **MU und TU** knüpft wiederum an § 290 HGB an. Die Vorlagepflicht besteht unabhängig davon, ob die TU in den KA einbezogen werden oder nicht. Es ist auch unerheblich, ob der KA nach HGB oder nach IFRS, wie sie in der EU anzuwenden sind (§ 315a HGB), aufgestellt ist.

Für nach PublG konzernrechnungslegungspflichtige Unt ergibt sich die Vorlagepflicht aus dem gesetzlichen Verweis in § 14 Abs. 1 PublG auf § 320 HGB (Rz 6).

Für **freiwillige KA-Prüfungen** ist § 320 Abs. 3 HGB nicht anwendbar. Der Konzern-AP sollte sich daher die entsprechenden Auskunfts- und Prüfungsrechte im Prüfungsvertrag zusichern (Rz 8).

### 3.2 Auskunftsrechte (Abs. 3 Satz 2)

Die Auskunftsrechte des Konzern-AP bestehen gegenüber
- dem MU,
- den TU,
- dem AP des MU (soweit nicht identisch mit Konzern-AP) und
- den AP der TU.

Gegenüber dem MU und den TU bestehen sowohl **Auskunfts- als auch Prüfungsrechte**, während gegenüber den AP des MU bzw. der TU ein **Auskunftsrecht** besteht. Diese Unterscheidung hat spätestens seit dem Wegfall der früher zulässigen gesetzlichen Übernahme von geprüften JA einbezogener TU (zu Einzelheiten vgl. § 317 Rz 57) keine größere praktische Bedeutung mehr, da dem Konzern-AP die Verantwortung für den BSV zum KA obliegt[39] und er bei der KAP entscheiden und dokumentieren muss, inwieweit er die Prüfungsergebnisse von lokalen AP in den KA einbezogener TU verwertet.[40] Die Dokumentationspflichten bestehen nicht nur für die Arbeitspapiere des Konzern-AP, sondern in bestimmtem Umfang auch für den Prüfungsbericht des Konzern-AP (§ 321 Rz 159).

Im Rahmen von KAP kommt der zeitlichen Planung eine besondere Bedeutung zu, da der Konzern-AP sicherstellen muss, dass er rechtzeitig die benötigten Informationen erhält. Daher werden regelmäßig folgende Maßnahmen zu ergreifen sein (vgl. § 317 Rz 56 ff.):[41]

---

[38] Vgl. *ADS*, 6. Aufl. § 320 HGB, Rz 61.
[39] Vgl. *Oser/Roß/Wader/Drögemöller*, WPg 2008, S. 110, die zutreffend darauf hinweisen, dass auch vor dem BilMoG der Konzern-AP die volle Verantwortung für den BSV zum KA trägt.
[40] Vgl. *Heininger*, BB 25/2009, S. M 1; WPK, WPKM 2/2009, S. 7.
[41] Vgl. *Link/Giese/Kunellis*, BB 2008, S. 380; *Niemann/Bruckner*, DStR 2010, S. 348.

- Erstellung von **Prüfungsvorgaben (audit instructions)** an die lokalen AP (Regelungen zu zeitlichen Vorgaben, Berichterstattungserfordernissen [*audit questionnaire*], Prüfungsschwerpunkten, Wesentlichkeitsüberlegungen),
- Vorgabe von **Berichterstattungspflichten** des lokalen AP bei besonderen Ereignissen (z. B. Prüfungshemmnisse, Einschränkungen oder Versagungen des BSV, Ereignisse nach dem Abschlussstichtag),[42]
- **Planung vorzunehmender Prüfungshandlungen** bei der Prüfung von JA einbezogener TU in Abhängigkeit von Wesentlichkeitsüberlegungen, und der Tatsache, ob die JA dieser TU geprüft oder nicht geprüft werden. Infrage kommen
  - Beurteilung der Qualifikation des lokalen AP und der von diesem angewandten Prüfungsstandards,
  - Durchsicht von Prüfungsberichten lokaler AP,
  - zeitweise Teilnahme an der Apr. des lokalen AP (z. B. Inventurbeobachtung, Schlussbesprechung),
  - Einsichtnahme von Arbeitspapieren des lokalen AP (**working paper review**).

44 Das Auskunftsrecht des Konzern-AP betrifft auch die Einholung von Vollständigkeitserklärungen von gesetzlichen Vertretern von TU. Der AP hat zu entscheiden, für welche TU er Vollständigkeitserklärungen einholen möchte. Ein Kriterium hierfür kann sein, dass der JA des TU bereits von einem AP geprüft und in diesem Zusammenhang von dem lokalen AP eine Vollständigkeitserklärung eingeholt wurde.

> **Beispiel**
> In den KonsKreis der konzernrechnungslegungspflichtigen AG werden fünf TU einbezogen, deren JA der Konzern-AP nicht selbst geprüft hat. Von diesen fünf TU sind bei zwei – für den KA wesentlichen – TU die JA von einem lokalen AP geprüft und mit einem uneingeschränkten BSV versehen worden. Bei den drei nicht geprüften JA handelt es sich um eine operativ tätige GmbH & Co. KG, deren Komplementärgesellschaft sowie eine unbedeutende Vorrats-GmbH.
> Der Konzern-AP entscheidet aus Risiko- und Wesentlichkeitsüberlegungen, von den gesetzlichen Vertretern der operativ tätigen GmbH & Co. KG, nicht aber der Komplementärgesellschaft und der Vorrats-GmbH eine Vollständigkeitserklärung einzuholen. Darüber hinaus holt er von den gesetzlichen Vertretern der zwei durch lokale AP geprüften TU eine Vollständigkeitserklärung ein.

45 Für die Prüfungspraxis bedeutsam ist in diesem Zusammenhang auch, dass die WPK vom Konzern-AP nach § 51b Abs. 4a WPO die Vorlage von Unterlagen über die Arbeit anderer externer AP aus Drittstaaten[43] verlangen kann (zu Einzelheiten vgl. § 317 Rz 63).

46 Für **assoziierte Unt** oder **GemeinschaftsUnt** besteht kein Auskunftsrecht nach § 320 Abs. 3 HGB, sodass sich der Konzern-AP in derartigen Fällen an die gesetzlichen Vertreter des MU zu wenden hat, damit diese die Informations-

---

[42] Zu Einzelheiten vgl. IDW PS 320 n. F., Tz 28 f.
[43] Externe Prüfer aus Drittstaaten sind Abschlussprüfer oder Abschlussprüfungsgesellschaften, die ihren Sitz in einem Staat haben, der nicht Mitgliedstaat der Europäischen Union oder des EWR ist.

rechte auf gesellschaftsrechtlicher Grundlage geltend machen.[44] Allerdings besteht die Vorlagepflicht gem. Abs. 3 Satz 1 auch für die Abschlüsse dieser Gesellschaften, da der AP prüfen muss, ob die Einbeziehung nach § 311 HGB bzw. § 310 HGB zu Recht erfolgt ist.[45]

Für die auskunftspflichtigen AP des MU und der TU stellt § 320 Abs. 3 Satz 2 HGB eine gesetzliche Durchbrechung von der **Verschwiegenheitspflicht** nach § 323 Abs. 1 Satz 1 HGB dar (§ 323 Rz 61). 47

## 4 Durchsetzung und Grenzen der Auskunftsrechte

### 4.1 Durchsetzung der Auskunftsrechte

Die Rechte aus § 320 HGB haben für den AP zum JA und KA elementare Bedeutung, sodass deren Durchsetzung gegen die gesetzlichen Vertreter große praktische Bedeutung zukommt. 48

§ 331 Nr. 4 HGB sieht zwar für eine **Verletzung der Auskunftspflicht** (unrichtige Angaben, unrichtige Wiedergabe oder Verschleierung) eine Freiheitsstrafe von bis zu 3 Jahren oder Geldstrafe vor. Mit dieser „Drohgebärde" von den gesetzlichen Vertretern verweigerte Auskunftsrechte durchzusetzen, ist für den AP wohl nur im Ausnahmefall möglich. Dem AP steht als wesentliches Element zur Durchsetzung der Auskunftsrechte die Einschränkung des BSV (im Extremfall auch die Erteilung eines Versagungsvermerks) zu. Verweigerte Auskunftserteilung oder die Weigerung, die Durchführung erforderlicher Prüfungshandlungen zu dulden, stellen **Prüfungshemmnisse** dar, die vom AP zu würdigen sind und – bei Wesentlichkeit – zu einer Einschränkung oder Versagung des BSV führen müssen.[46] Die Weigerung der gesetzlichen Vertreter zur Abgabe einer Vollständigkeitserklärung hat die Erteilung eines Versagungsvermerks zur Folge.[47] 49

> **Beispiel**
> Im JA der prüfungspflichtigen GmbH & Co KG wird eine Beteiligung an einer französischen Ges. ausgewiesen, die vor zwei Jahren von der GmbH & Co. KG erworben wurde. Zur Beurteilung der Werthaltigkeit der unverändert zu AK bewerteten Beteiligung fordert der AP von den gesetzlichen Vertretern der GmbH & Co. KG die Vorlage des letzten JA nebst Prüfungsbericht des französischen AP. Die Geschäftsführer der Komplementär-GmbH verweigern die Vorlage dieser Unterlagen und sind auch nach mehrfachen (zuletzt auch schriftlich vorgetragenen) Nachfragen nicht bereit, dem AP diese oder andere Informationen zu der Beteiligung zur Verfügung zu stellen. „Die Beteiligung haben wir vor gut zwei Jahren zu den in der Bilanz ausgewiesenen AK erworben und die ist sie auch heute noch wert" ist die lapidare Auskunft, die der AP in der Schlussbesprechung erhält.

---

[44] Vgl. WP-Handbuch, Bd. I, 14. Aufl., Abschn. M, Rz 925.
[45] Vgl. *Ruhnke/Schmidt*, in *Baetge/Kirsch/Thiele*, Bilanzrecht, § 320 HGB, Rz 84, Stand 6/2010.
[46] Vgl. IDW PS 400, Tz 50f.
[47] Vgl. IDW PS 303 n.F., Tz 23; IDW PS 400, Tz 68a. A.A. *Schmidt/Heinz*, in Beck Bil-Komm. 9. Aufl., § 320 HGB, Rz 13, die auch eine Einschränkung bzw. reine Erläuterung im Prüfungsbericht für ausreichend sehen.

> Da er auch durch alternative Prüfungshandlungen keine hinreichende Prüfungssicherheit hinsichtlich der Bewertung der Beteiligung erzielen kann, liegt ein Prüfungshemmnis vor, das – bei unterstellter Wesentlichkeit für den JA – zu einer Einschränkung des BSV führt.

50 Der AP hat zur Vermeidung des Vorliegens eines Prüfungshemmnisses alle ihm zumutbaren Möglichkeiten zur Erlangung hinreichender Sicherheit auszuschöpfen. So kann er den **Aufsichtsrat** auffordern, die gesetzlichen Vertreter nach § 90 Abs. 3 AktG zur Auskunftserteilung zu veranlassen.[48] Der AR kann die Auskunftserteilung auch aus seinem eigenen Prüfungsrecht gem. § 111 Abs. 2 Satz 1 AktG fordern. Über § 52 GmbHG gelten diese Regelungen auch für einen fakultativen AR mit Überwachungsfunktion bei einer GmbH.

51 Soweit eine AG einen Abhängigkeitsbericht nach § 311 Abs. 1 AktG aufstellen und nach § 313 Abs. 1 AktG durch den AP prüfen lassen muss, gibt § 407 Abs. 1 AktG die Möglichkeit der **Festsetzung eines Zwangsgelds** gegen den Vorstand, falls dieser den Auskunftspflichten für den Abhängigkeitsbericht (Rz 6) nicht nachkommt.

52 Eine **Kündigung des Prüfungsauftrags** kann vom AP nur aus einem wichtigen Grund erfolgen (§ 318 Abs. 6 HGB). Da § 322 Abs. 2 Nr. 4, Abs. 5 HGB die Erteilung eines Versagungsvermerks aufgrund der Unmöglichkeit der Abgabe eines Prüfungsurteils vorsieht (§ 322 Rz 95) bzw. eine Einschränkung aufgrund eines Prüfungshemmnisses möglich ist,[49] wird ein solcher wichtiger Grund im Regelfall nicht gegeben sein (zu Einzelheiten vgl. § 318 Rz 59). Soweit das prüfungspflichtige Unt aber keinerlei Bereitschaft zur Mitwirkung zeigt, dem AP sämtliche Auskunfts- und Prüfungsrechte verweigert und darüber hinaus Prüfungshandlungen behindert, Täuschungen vornimmt o. Ä., dürfte ein wichtiger Grund für eine Kündigung des Prüfungsauftrags nach § 318 Abs. 6 HGB gegeben sein.[50] Auch die fachlichen Regeln für die Durchführung von Apr. sehen in Fällen fehlender Vertrauensgrundlage und/oder Täuschung die Möglichkeit einer Kündigung nach § 318 Abs. 6 HGB vor.[51]

### 4.2 Grenzen der Auskunftsrechte

53 Die in Abs. 2 Satz 1 und Satz 3 enthaltene einschränkende Formulierung „soweit für eine sorgfältige Prüfung notwendig" stellt die Grenzen der Auskunftsrechte dar. Der AP ist nur soweit auskunftsberechtigt, wie dies für eine Aufgabenbewältigung nach §§ 316, 317 HGB erforderlich ist. Was im Einzelnen für eine sorgfältige Prüfung notwendig ist, entscheidet der AP eigenverantwortlich; er ist auch nicht gegenüber den gesetzlichen Vertretern begründungspflichtig.

54 Durch die in den letzten Jahren vom Gesetzgeber vorgenommene Erweiterung der Prüfungsgegenstände gerade im Hinblick auf den LB bzw. KLB dürften sich sachliche Gründe für eine Weigerung der gesetzlichen Vertreter zur Vorlage von

---

[48] Vgl. *Baetge/Göbel/Brembt*, in *Küting/Pfitzer/Weber*, HdR, HGB § 320, Rn 53, Stand 11/2009.
[49] IDW PS 400, Tz 50f.
[50] Vgl. *Burg/Müller* in: *KölnKomm* HGB, § 320 HGB, Rz 48; a. A.: *Baetge/Göbel/Brembt*, in *Küting/Pfitzer/Weber*, HdR, HGB § 320, Rn 56, Stand 11/2009.
[51] Vgl. IDW PS 210, Tz 76.

Unterlagen bzw. Erteilung von Auskünften nur selten finden lassen.[52] Vorgebrachte Einwände des geprüften Unt gegen die **Einsichtnahme in Vorstands-, Aufsichtsrats- oder Gesellschafterprotokollen** werden zumeist mit der strengen Geheimhaltungsbedürftigkeit begründet. Diese wird für den AP und dessen Gehilfen über § 323 Abs. 1 HGB sichergestellt (§ 323 Rz 22), sodass hierin kein sachlicher Grund für die Verweigerung der Einsichtnahme zu sehen ist,[53] zumal derartige Protokolle häufig wesentliche Anhaltspunkte für die vom AP vorzunehmende Beurteilung der Fehlerrisiken liefern.

Letztlich findet das Auskunftsrecht Grenzen durch die Grundsätze von Treu und Glauben (§ 242 BGB), insb. durch das Schikaneverbot des § 226 BGB.

## 5 Berichterstattung an den Folgeprüfer (Abs. 4)

Abs. 4 der Vorschrift räumt dem **Folgeprüfer** ein unmittelbar gegenüber dem bisherigen AP geltendes Informationsrecht ein. Dieses Informationsrecht gilt nicht nur für einen regulären Prüferwechsel, sondern auch für einen vorzeitigen Abschlussprüferwechsel (gerichtliche Ersetzung, Kündigung aus wichtigem Grund).[54]

Die Vorschrift kodifiziert nicht nur ein Auskunftsrecht des Folgeprüfers, sondern auch eine Auskunftspflicht des bisherigen AP. Der Auskunftspflicht hat der bisherige AP aber nur dann nachzukommen, wenn er vom Folgeprüfer hierzu **schriftlich aufgefordert** wird. Sofern keine Zweifel an der Identität des neuen AP bestehen, wird neben der gesetzlich geforderten Schriftform (§ 126a BGB) auch eine Anforderung per Telefax oder E-Mail zulässig sein.[55]

**Umfang und Form der Berichterstattung** erfordern eine schriftliche Berichterstattung i.S.v. § 321 HGB, wie der 2. Hs. der Vorschrift verdeutlicht. Die Berichterstattung hat somit die Grundsätze ordnungsmäßiger Berichterstattung bei Apr. zu berücksichtigen.[56] Im Fall eines regulären Prüferwechsels hat die Vorschrift keine größere praktische Relevanz, da dem Folgeprüfer regelmäßig der Prüfungsbericht des bisherigen AP von der zu prüfenden Ges. zur Verfügung gestellt wird.

> **Beispiel**
> Die prüfungspflichtige GmbH hat WP A zum AP des JA zum 31.12.01 bestellt. WP A hat die Apr. durchgeführt, einen uneingeschränkten BSV erteilt und einen Prüfungsbericht nach § 321 HGB erstattet. Die Gesellschafterversammlung, die über die Feststellung des JA zum 31.12.01 befindet, wählt zum AP des JA zum 31.12.02 WP B.
> WP B hat gegenüber WP A ein Auskunftsrecht nach § 320 Abs. 4 HGB und WP A entsprechend eine Auskunftspflicht gegenüber WP B. Da die GmbH den Prüfungsbericht für das Gj 01 WP B zur Verfügung stellt, wird WP B von seinem Auskunftsrecht keinen Gebrauch machen.

---

52 Vgl. *Ruhnke/Schmidt*, in *Baetge/Kirsch/Thiele*, Bilanzrecht, § 320 HGB, Rz 72, Stand 6/2010.
53 Vgl. *Baetge/Göbel/Brembt*, in *Küting/Pfitzer/Weber*, HdR, HGB § 320, Rn 44, Stand 11/2009.
54 Vgl. BilMoG-BgrRegE, S. 91.
55 Vgl. *Gelhausen/Fey/Kämpfer*, BilMoG, 2009, Abschn. S, Rz 47.
56 Vgl. IDW PS 450, Tz 150.

**59** Das Auskunftsrecht des Folgeprüfers bzw. die Auskunftspflicht des bisherigen AP umfasst den Prüfungsbericht, nicht jedoch die Arbeitspapiere des bisherigen AP.[57] Derartige **Einsichtnahmen in Arbeitspapiere**[58] gehen über die gesetzliche Regelung hinaus und setzen ein gegenseitiges Einvernehmen sowie insb. die Entbindung des bisherigen AP von der Verschwiegenheitspflicht durch die geprüfte Ges. voraus (§ 323 Rz 68).[59]

**60** Das gesetzliche Recht auf Auskunftsverweigerung bei Gefahr der Selbstbelastung (§ 323 Rz 66) bleibt durch § 320 Abs 4 HGB unberührt.[60]

Praktische Bedeutung erlangt die Vorschrift vor allem in Fällen der vorzeitigen Beendigung von Prüfungsaufträgen, die auftreten können bei:
- Wegfall des bisherigen AP (§ 318 Abs. 4 Satz 2 HGB),
- gerichtlicher Ersetzung des AP (§ 318 Abs. 3 HGB),
- Kündigung des Prüfungsauftrags aus wichtigem Grund durch den AP (§ 318 Abs. 6 HGB).

**61** Da für den Fall der Kündigung des Prüfungsauftrags aus wichtigem Grund handelsrechtlich nach § 318 Abs. 6 Satz 4 HGB sowie berufsrechtlich nach § 26 Abs. 3 BS WP/vBP ohnehin Berichtspflichten des bisherigen AP bestehen, ergibt sich auch in diesen Fällen durch Abs. 4 der Vorschrift keine materielle Verschärfung der Berichtspflicht.

Einzig in dem **Fall der gerichtlichen Ersetzung** des AP nach § 318 Abs. 3 HGB schafft § 320 Abs. 4 HGB **materiell neue Berichtspflichten**.[61] Dem trägt § 26 BS WP/vBP entsprechend Rechnung.[62] Die Berichterstattung hat sich an den zu § 318 Abs. 6 HGB entwickelten Grundsätzen zu orientieren (§ 318 Rz 67ff.).[63]

---

[57] Vgl. IDW PS 205, Tz 12.
[58] Zum Anspruch auf Herausgabe der Arbeitspapiere an staatliche Stellen und dem Mandanten vgl. *Gutmann*, BB 2010, S. 171.
[59] Vgl. *Erchinger/Melcher*, DB 2009, Beil. 5, S. 94.
[60] Vgl. BilMoG-BgrRegE, S. 91.
[61] Vgl. WPK, WPKM 2/2009, S. 7; IDW PS 450, Tz 150.
[62] Vgl. *Gelhausen/Precht*, WPKM 1/2010, S. 33.
[63] GlA: *Gelhausen/Fey/Kämpfer*, BilMoG, 2009, Abschn. S, Rz 45.

# § 321 PRÜFUNGSBERICHT

(1) ¹Der Abschlußprüfer hat über Art und Umfang sowie über das Ergebnis der Prüfung schriftlich und mit der gebotenen Klarheit zu berichten. ²In dem Bericht ist vorweg zu der Beurteilung der Lage des Unternehmens oder Konzerns durch die gesetzlichen Vertreter Stellung zu nehmen, wobei insbesondere auf die Beurteilung des Fortbestandes und der künftigen Entwicklung des Unternehmens unter Berücksichtigung des Lageberichts und bei der Prüfung des Konzernabschlusses von Mutterunternehmen auch des Konzerns unter Berücksichtigung des Konzernlageberichts einzugehen ist, soweit die geprüften Unterlagen und der Lagebericht oder der Konzernlagebericht eine solche Beurteilung erlauben.³ Außerdem hat der Abschlussprüfer über bei Durchführung der Prüfung festgestellte Unrichtigkeiten oder Verstöße gegen gesetzliche Vorschriften sowie Tatsachen zu berichten, die den Bestand des geprüften Unternehmens oder des Konzerns gefährden oder seine Entwicklung wesentlich beeinträchtigen können oder die schwerwiegende Verstöße der gesetzlichen Vertreter oder von Arbeitnehmern gegen Gesetz, Gesellschaftsvertrag oder die Satzung erkennen lassen.

(2) ¹Im Hauptteil des Prüfungsberichts ist festzustellen, ob die Buchführung und die weiteren geprüften Unterlagen, der Jahresabschluss, der Lagebericht, der Konzernabschluss und der Konzernlagebericht den gesetzlichen Vorschriften und den ergänzenden Bestimmungen des Gesellschaftsvertrags oder der Satzung entsprechen. ²In diesem Rahmen ist auch über Beanstandungen zu berichten, die nicht zur Einschränkung oder Versagung des Bestätigungsvermerks geführt haben, soweit dies für die Überwachung der Geschäftsführung und des geprüften Unternehmens von Bedeutung ist. ³Es ist auch darauf einzugehen, ob der Abschluss insgesamt unter Beachtung der Grundsätze ordnungsmäßiger Buchführung oder sonstiger maßgeblicher Rechnungslegungsgrundsätze ein den tatsächlichen Verhältnissen entsprechendes Bild der Vermögens-, Finanz- und Ertragslage der Kapitalgesellschaft oder des Konzerns vermittelt. ⁴Dazu ist auch auf wesentliche Bewertungsgrundlagen sowie darauf einzugehen, welchen Einfluss Änderungen in den Bewertungsgrundlagen einschließlich der Ausübung von Bilanzierungs- und Bewertungswahlrechten und der Ausnutzung von Ermessensspielräumen sowie sachverhaltsgestaltende Maßnahmen insgesamt auf die Darstellung der Vermögens-, Finanz- und Ertragslage haben. ⁵Hierzu sind die Posten des Jahres- und des Konzernabschlusses aufzugliedern und ausreichend zu erläutern, soweit diese Angaben nicht im Anhang enthalten sind. ⁶Es ist darzustellen, ob die gesetzlichen Vertreter die verlangten Aufklärungen und Nachweise erbracht haben.

(3) ¹In einem besonderen Abschnitt des Prüfungsberichts sind Gegenstand, Art und Umfang der Prüfung zu erläutern. ²Dabei ist auch auf die angewandten Rechnungslegungs- und Prüfungsgrundsätze einzugehen.

(4) ¹Ist im Rahmen der Prüfung eine Beurteilung nach § 317 Abs. 4 abgegeben worden, so ist deren Ergebnis in einem besonderen Teil des Prüfungsberichts darzustellen. ²Es ist darauf einzugehen, ob Maßnahmen erforderlich sind, um das interne Überwachungssystem zu verbessern.

(4a) Der Abschlussprüfer hat im Prüfungsbericht seine Unabhängigkeit zu bestätigen.

(5) ¹Der Abschlußprüfer hat den Bericht zu unterzeichnen und den gesetzlichen Vertretern vorzulegen. ²Hat der Aufsichtsrat den Auftrag erteilt, so ist der Bericht ihm vorzulegen; dem Vorstand ist vor Zuleitung Gelegenheit zur Stellungnahme zu geben.

WP StB CVA Klaus Bertram

**Inhaltsübersicht**

| | | Rz |
|---|---|---|
| 1 | Überblick | 1–21 |
| | 1.1 Inhalt | 1–3 |
| | 1.2 Normenzusammenhang und Zweck | 4–21 |
| 2 | Allgemeine Berichtsgrundsätze | 22–38 |
| | 2.1 Vorbemerkungen | 22 |
| | 2.2 Schriftlichkeit | 23–25 |
| | 2.3 Klarheit | 26–29 |
| | 2.4 Wahrheit | 30–31 |
| | 2.5 Vollständigkeit | 32–37 |
| | 2.6 Unparteilichkeit | 38 |
| 3 | Inhalt des Prüfungsberichts | 39–138 |
| | 3.1 Prüfungsauftrag und Erklärung der Unabhängigkeit (Abs. 4a) | 39–44 |
| | 3.2 Grundsätzliche Feststellungen (Abs. 1) | 45–75 |
| |     3.2.1 Lage des Unternehmens | 47–63 |
| |         3.2.1.1 Stellungnahme zur Lagebeurteilung (Abs. 1 Satz 2) | 47–56 |
| |         3.2.1.2 Bestandsgefährdende und entwicklungsbeeinträchtigende Tatsachen (Abs. 1 Satz 3 zweiter Teilsatz) | 57–63 |
| |     3.2.2 Unregelmäßigkeiten (Abs. 1 Satz 3 erster und dritter Teilsatz) | 64–75 |
| |         3.2.2.1 Unregelmäßigkeiten in der Rechnungslegung | 69–73 |
| |         3.2.2.2 Sonstige Unregelmäßigkeiten | 74–75 |
| | 3.3 Gegenstand, Art und Umfang (Abs. 3) | 76–86 |
| | 3.4 Feststellungen und Erläuterungen zur Rechnungslegung (Abs. 2) | 87–122 |
| |     3.4.1 Ordnungsmäßigkeit der Rechnungslegung | 88–104 |
| |         3.4.1.1 Buchführung und weitere geprüfte Unterlagen | 88–95 |
| |         3.4.1.2 Jahresabschluss | 96–100 |
| |         3.4.1.3 Lagebericht | 101–104 |
| |     3.4.2 Gesamtaussage des Jahresabschlusses | 105–122 |
| |         3.4.2.1 Feststellungen zur Gesamtaussage | 105–108 |
| |         3.4.2.2 Wesentliche Bewertungsgrundlagen | 109–113 |

|  |  | 3.4.2.3 | Änderungen in den Bewertungsgrundlagen.......................... | 114–117 |
|  |  | 3.4.2.4 | Sachverhaltsgestaltende Maßnahmen ... | 118–119 |
|  |  | 3.4.2.5 | Aufgliederungen und Erläuterungen.... | 120–122 |
|  | 3.5 | \multicolumn{2}{l}{Feststellungen zum Risikofrüherkennungssystem (Abs. 4)} | 123–129 |
|  | 3.6 | \multicolumn{2}{l}{Feststellungen aus der Erweiterung des Prüfungsauftrags .} | 130–133 |
|  | 3.7 | \multicolumn{2}{l}{Wiedergabe des Bestätigungsvermerks (§ 322 Abs. 7 Satz 2)} | 134–136 |
|  | 3.8 | \multicolumn{2}{l}{Anlagen zum Prüfungsbericht...................} | 137 |
|  | 3.9 | \multicolumn{2}{l}{Besonderheiten bei einem IFRS-Einzelabschluss nach § 325 Abs. 2a HGB.............................} | 138 |

3.4.2.3 Änderungen in den Bewertungsgrundlagen........................... 114–117
3.4.2.4 Sachverhaltsgestaltende Maßnahmen ... 118–119
3.4.2.5 Aufgliederungen und Erläuterungen.... 120–122
3.5 Feststellungen zum Risikofrüherkennungssystem (Abs. 4) 123–129
3.6 Feststellungen aus der Erweiterung des Prüfungsauftrags . 130–133
3.7 Wiedergabe des Bestätigungsvermerks (§ 322 Abs. 7 Satz 2) 134–136
3.8 Anlagen zum Prüfungsbericht...................... 137
3.9 Besonderheiten bei einem IFRS-Einzelabschluss nach § 325 Abs. 2a HGB.............................. 138
4 Unterzeichnung und Vorlage (Abs. 5).................... 139–150
5 Prüfungsbericht bei Konzernabschlussprüfungen ........... 151–172
5.1 Prüfungsauftrag und Erklärung der Unabhängigkeit..... 152
5.2 Grundsätzliche Feststellungen ..................... 153–155
5.3 Gegenstand, Art und Umfang der Prüfung ............ 156–159
5.4 Feststellungen und Erläuterungen zur Konzernrechnungslegung......................................... 160–172
6 Sonderfragen der Berichterstattung...................... 173–219
6.1 Freiwillige Prüfungen ........................... 173–179
6.2 Erstattung von Teilberichten...................... 180–183
6.3 Erstprüfungen................................. 184–186
6.4 Berichterstattung bei Prüfung von nach internationalen Rechnungslegungsnormen aufgestellten Abschlüssen .... 187–192
6.5 Nachtragsprüfungen............................ 193–201
6.6 Gemeinschaftsprüfungen (joint audit)................ 202
6.7 Prüfungsbericht in fremder Sprache ................ 203–207
6.8 Prüfungen nach internationalen Prüfungsgrundsätzen.... 208–210
6.9 Zusammengefasster Prüfungsbericht................. 211–213
6.10 Kündigung des Prüfungsauftrags.................... 214–215
6.11 Mängel des Prüfungsberichts...................... 216–219

**Ergänzendes Schrifttum**

*Baetge*, Möglichkeiten einer Objektivierung der Redepflicht, in *Havermann/Lanfermann*, Internationale Wirtschaftsprüfung, Festschrift zum 65. Geburtstag von Prof. Dr. Dr. h.c. Hans *Havermann*, Düsseldorf S. 1995, S. 1; *Baetge/Linßen*, Beurteilung der wirtschaftlichen Lage durch den Abschlussprüfer und Darstellung des Urteils im Prüfungsbericht und Bestätigungsvermerk, BFuP 1999, S. 369; *Bormann*, Zusammenspiel von Abschlussprüfung und Prüfung durch den Aufsichtsrat, DStR 2011, S. 368; *Bormann/Gucht*, Übermittlung des Prüfungsberichts an den Aufsichtsrat – ein Beitrag zu § 170 Abs. 3 S. 2 AktG, BB 2003, S. 1887; *Clemm*, Der Abschlussprüfer als Krisenwarner und der Aufsichtsrat – Anmerkungen zu einem – wieder einmal – aktuellen Thema, in *Havermann/Lanfermann*, Internationale Wirtschaftsprüfung, Festschrift zum 65. Geburtstag von Prof. Dr. Dr. h.c. Hans *Havermann*, 1995, S. 83; *Dörner*, Zusammenarbeit von Aufsichtsrat und Wirtschaftsprüfer im Lichte des KonTraG, DB 2000, S. 101; *Forster*, Zur Lagebeurteilung im Prüfungsbericht nach dem Referentenentwurf zum KonTraG, in, *Fischer*, Jahresabschluss und Jahresabschlussprüfung – Festschrift zum 60. Geburtstag von Jörg Baetge, 1997, S. 935; *Gelhausen*, Aufsichtsrat und Abschlussprüfer – eine Zweckgemeinschaft, BFuP 1999, S. 390; *Gelhausen*, Organisation der Abschlussprüfung, Unterzeichnung von Bestätigungsvermerken und berufsrechtliche Verantwortung, WPKM 4/2007, S. 58; *Grewe/Plendl*, Redepflicht des Abschlussprüfers, in HWRP, Sp. 2006; *Gross/Möller*, Auf dem Weg zu einem problemorientierten Prüfungsbericht, WPg 2004, S. 317; *Hoffmann/Lüdenbach*, Die imparitätische Berichterstattung des Abschlussprüfers nach § 321 Abs. 2 Satz 4 HGB nF, DB 2003, S. 781; *Hommelhoff*, Der Zusatzbericht des Abschlussprüfers und dessen Rolle im EU-Reformprozess zur Corporate Governance, DB 2012, S. 389 (Teil 1), S. 445 (Teil 2); IDW, Besondere Prüfungsfragen im Kontext der aktuellen Wirtschafts- und Finanzmarktkrise, IDW-FN 2009, S. 3; *Jundt*, Abschlussprüfung in der Insolvenz, WPKM 4/2007, S. 41; *Klein*, Unparteilichkeit, in HWRP, Sp. 2406; *Lück*, Anforderungen an die Redepflicht des Abschlußprüfers, BB 2001, S. 404; *Ludewig*, KonTraG – Aufsichtsrat und Abschlussprüfer, DB 2000, S. 634; *Ludewig/Olbrich*, Die gesteigerte Verantwortung des Abschlussprüfers nach dem KonTraG – Hilfsmittel zu deren Bewältigung, WPg 1999, S. 381; *Müller, Markus*, Der Prüfungsbericht des Abschlussprüfers als Instrument der Corporate Governance, Baden Baden 2013; *Olbrich/Ludewig*, Prüfungsberichterstattung, in *Förschle/Peemöller*, Wirtschaftsprüfung und interne Revision, Heidelberg 2004; *Petersen/Zwirner*, Abschlussprüfung nach dem Regierungsentwurf zum BilMoG, WPg 2008, S. 967; *Pfitzer*, Aufbau und Inhalt des Prüfungsberichts nach neuem Recht, in *Dörner/Menold/Pfitzer*, Reform des Aktienrechts, der Rechnungslegung und Prüfung, Stuttgart 1999, S. 649; *Pfitzer/Oser/Orth*, Zur Reform des Aktienrechts, der Rechnungslegung und Prüfung durch das TransPuG, DB 2002, S. 157; *Plendl*, Prüfungsbericht, in HWRP, Sp. 1777; *Rabenhorst*, Neue Anforderungen an die Berichterstattung des Abschlussprüfers durch das TransPuG, DStR 2003, S. 436; *Scheffler*, Die Berichterstattung des Abschlussprüfers aus der Sicht des Aufsichtsrats, WPg 2002, S. 1289; *Velte*, Die Gehilfenfunktion des Abschlussprüfers für den Aufsichtsrat bei der Rechnungslegungsprüfung, StuB 2010, S. 451; *Velte*, Reform der Abschlussprüfung nach der Richtlinie 2014/56/EU und der Verordnung (EU) Nr. 537/2014, DStR 2014, S. 1688; *Windmöller/Hönsch*, Abschlussprüfer in der Pflicht, Zfbf 2003, S. 722; *WPK/IDW*, Anforderungen an die Qualitätssicherung in der Wirtschaftsprüferpraxis (VO 1/2006), WPg 2006, S. 629; *WPK*, Bilanzrechtsmodernisierungsgesetz – Auswirkungen auf die beruflichen Rahmenbedingungen des Abschlussprüfers, WPKM 2/2009, S. 4; *WPK*, Prüfungsberichte bei Jahresabschlussprüfungen als PDF-Dateien: Berufsrechtliche Zulässigkeit und Haftungsgefahren, WPKM 4/2008, S. 37.

# 1 Überblick

## 1.1 Inhalt

1 § 321 HGB ist eine für alle nach HGB prüfungspflichtigen Ges. (große und mittelgroße KapG, KapCoGes) zu beachtende Vorschrift. Eigentlich „Betroffener" der Regelung ist aber nicht der Bilanzierende, sondern dessen AP. Die

Vorschrift regelt die Mindestinhalte für den Prüfungsbericht, die der Gesetzgeber dem gesetzlichen AP auferlegt hat.
Anders als der BSV gem. § 322 HGB, der in Anlehnung an internationale Vorgaben in Form eines Bestätigungsberichts erteilt wird, hat der Prüfungsbericht nach deutschen handelsrechtlichen Vorschriften kein internationales Vorbild.[1] Allerdings wird der deutsche Prüfungsbericht vor dem Hintergrund der geänderten Vorschriften für AP zum Vorbild in der EU werden.[2]
Die Vorschrift des § 321 HGB wird für den AP ergänzt um die berufsüblichen Grundsätze ordnungsmäßiger Berichterstattung bei Abschlussprüfungen.[3]

## 1.2 Normenzusammenhang und Zweck

§ 321 HGB ist für alle gesetzlichen Apr. (JAP, KAP) anzuwenden. In den §§ 316–324a HGB sind die **gesetzlichen Grundlagen für die Abschlussprüfung** kodifiziert. Etliche andere Gesetze verweisen auf diese und lehnen sich dementsprechend an die handelsrechtlichen Grundsätze an (z.B. § 6 Abs. 1 PublG, § 34 KHG NRW, § 6b Abs. 1 EnWG). Neben § 321 HGB sind teilweise branchenspezifische Sonderregelungen zu beachten, etwa die Prüfungsberichtsverordnung für **Kreditinstitute und Finanzdienstleistungsinstitute (PrüfbV)**[4] sowie Stellungnahmen der BaFin und die Prüfungsberichteverordnung (**PrüfV**) für **Versicherungsunternehmen und Pensionsfonds**.[5]

Die WPO enthält **berufsrechtliche Vorschriften**, die der WP (auch) im Rahmen von Apr. zu beachten hat (z.B. §§ 43–44, 48, 50–51b, 53–54a, 55a–56, 57a WPO). Darüber hinaus sind die Vorschriften der gem. § 57 Abs. 3 WPO erlassenen BS WP/vBP zu beachten, in der besondere Berufspflichten bei der Durchführung von Prüfungen und der Erstattung von Gutachten niedergelegt sind (§§ 20–27a BS WP/vBP).

Neben den gesetzlichen Vorschriften existieren für AP die **berufsständischen Grundsätze**. Dies sind in Deutschland die vom IDW veröffentlichten Prüfungsstandards und Prüfungshinweise, die im Wesentlichen auf den entsprechenden internationalen Vorbildern, namentlich den ISA, beruhen und darüber hinaus auf Besonderheiten der deutschen Rechtslage eingehen, sowie die Gemeinsame

---

[1] Vgl. WP-Handbuch, Bd. I, 14. Aufl., Abschn. Q, Rz 3.
[2] Die geänderte Abschlussprüferrichtlinie ist am 27.5.2014 im Amtsblatt der EU veröffentlicht worden und am 17.6.2014 in Kraft getreten. Eine deutsche Übersetzung findet sich unter http://www.wpk.de/neu-auf-wpkde/eu-reform-der-abschlusspruefung/. Die außerdem erlassene „Verordnung über spezifische Anforderungen an die Abschlussprüfer von Unternehmen von öffentlichem Interesse" (abrufbar unter: http://www.wpk.de/uploads/tx_templavoila/EU-Parlament_Reform_Abschlusspruefung_Entwurf_Verordnung_01.pdf) sieht in Art. 11 die Abgabe eines Prüfungsberichts an den Prüfungsausschuss von Unt des öffentlichen Interesses vor. Zu Einzelheiten vgl. *Velte*, DStR 2014, S. 1692.
[3] Vgl. IDW PS 450.
[4] Verordnung über die Prüfung der Jahresabschlüsse der Kreditinstitute und Finanzdienstleistungsinstitute sowie die darüber zu erstellenden Berichte (Prüfungsberichtsverordnung – PrüfbV), v. 23.11.2209, BGBl 2009 I S. 3793, zuletzt geändert 28.8.2013, BGBl 2013 I S. 3395.
[5] Verordnung über den Inhalt der Prüfungsberichte zu den Jahresabschlüssen von Versicherungsunternehmen (Prüfungsberichteverordnung – PrüfV), BGBl I 1998, S. 1209, zuletzt geändert am 4.7.2013, BGBl 2013 I S. 1981.

Stellungnahme von WPK und IDW VO 1/2006.[6] Zum Grad der Verbindlichkeit von PS und PH für den AP enthält IDW PS 201 diesbezügliche Hinweise.[7]

7 Der AP führt seine Prüfung aufgrund einer **öffentlich-rechtlichen Verpflichtung des Bilanzierenden** durch. Das Ergebnis der Apr. wird den zuständigen Organen des geprüften Unt in der mündlichen Berichterstattung an den AR[8] sowie mittels des Prüfungsberichts mitgeteilt. Der Prüfungsbericht ist aufgrund seiner Vertraulichkeit im Regelfall nicht für die Öffentlichkeit bestimmt (zu Ausnahmen § 321a Rz 3), sondern nur einem beschränkten Kreis von Adressaten zugänglich. Zum Kreis der gesetzlichen Adressaten vgl. Rz 8. In Erfüllung der öffentlich-rechtlichen Verpflichtung erteilt der AP darüber hinaus einen BSV bzw. einen Versagungsvermerk gem. § 322 HGB. Dieser ist insb. für die Öffentlichkeit bestimmt, weshalb er vom prüfungspflichtigen Bilanzierenden im Rahmen der Offenlegung gem. § 325 HGB dem Betreiber des BAnz einzureichen ist (§ 325 Rz 68).

8 Der Prüfungsbericht richtet sich **originär an das Überwachungsorgan** des geprüften Unt, also den AR oder ähnliche Einrichtungen (z. B. Beirat). Soweit mangels gesetzlicher Verpflichtung kein derartiges Organ besteht, richtet sich der Prüfungsbericht an das Organ, das den AP gewählt hat (i.d.R. die GesV, zu Einzelheiten § 318 Rz 3 ff.).

9 Bei **Kreditinstituten und Finanzdienstleistungsinstituten, Zahlungsinstitute** sowie **Versicherungsunternehmen und Pensionsfonds** besteht zudem für den AP die Verpflichtung, der BaFin und der Deutschen Bundesbank den Prüfungsbericht zuzuleiten sowie darüber hinaus für Erläuterungen gegenüber der BaFin zur Verfügung zu stehen (vgl. § 26 Abs. 1 Satz 3 KWG, § 17 Abs. 1 Satz 3 ZAG, § 59 Sätze 1 und 2 VAG).

10 Bei Prüfungen von **Unt der öffentlichen Hand** zählen ferner Prüfungsämter sowie Rechnungshöfe aufgrund verschiedener länderspezifischer Regelungen zum Empfängerkreis.

11 Bei **kapitalmarktorientierten Kapitalgesellschaften** führt die DPR Prüfungen gem. § 342b HGB dahin gehend durch, ob der zuletzt festgestellte JA und LB bzw. der zuletzt gebilligte KA und KLB den gesetzlichen Vorschriften entsprechen (sog. **enforcement**). Im Rahmen dieser Prüfungen wird regelmäßig von der DPR der Prüfungsbericht des AP angefordert. Soweit die betroffenen Unt an der (grds. freiwilligen) Prüfung durch die DPR nicht teilnehmen wollen bzw. in Fällen, in denen das Unt mit den Feststellungen der DPR nicht übereinstimmt, wird eine weitere, dann verpflichtende Prüfung durch die BaFin vorgenommen (sog. **2. Stufe des enforcement**), die in diesen Fällen ebenfalls Einsichtnahme in den Prüfungsbericht nimmt (zu Einzelheiten § 342b Rz 3).

12 Im Rahmen von **externen Qualitätskontrollen** gem. § 57a WPO nimmt der Prüfer für Qualitätskontrolle Einsicht in die vom AP erstatteten Prüfungsberichte.[9]

---

[6] Vgl. WPK/IDW, WPg 2006, S. 629.
[7] Vgl. im Einzelnen IDW PS 201, Tz 20 ff.
[8] Bedeutsame Schwächen des rechnungslegungsbezogenen IKS sind dem AR *schriftlich* in angemessener Zeit mitzuteilen, vgl. IDW PS 261 n. F., Tz 89.
[9] Vgl. IDW PS 140, Tz 66 ff.

Bei **anlassunabhängigen Sonderuntersuchungen** gem. § 62b WPO bei Apr. 13
von Unt des öffentlichen Interesses i.S.v. § 319a HGB wird im Rahmen der
Berufsaufsicht die Einhaltung der Berufspflichten beurteilt. Hierzu gehört regelmäßig auch die Einsichtnahme in die Prüfungsberichte.

Auch die **Finanzverwaltung** hat Zugriff auf den Prüfungsbericht des AP, da gem. 14
§ 150 Abs. 4 AO und § 60 Abs. 3 EStDV ein Einsichtnahmerecht besteht.

Regelmäßig wird der Prüfungsbericht darüber hinaus vom prüfungspflichtigen 15
Unt an ausgewählte Dritte, insb. **Fremdkapitalgeber**, weitergegeben. Kreditgebende Banken sind im Rahmen der Prüfung der wirtschaftlichen Verhältnisse
gem. § 18 KWG verpflichtet, den Prüfungsbericht des AP zu den Kreditunterlagen
zu nehmen. Aber auch andere Fremdkapitalgeber (z.B. Genussrechtskapitalgeber,
Stille Gesellschafter) lassen sich oftmals ein vertragliches Recht zur Einsichtnahme
in den Prüfungsbericht einräumen. Für den AP bestehen hier Haftungsrisiken, da
ggf. ein Vertrag mit Schutzwirkung zugunsten Dritter oder sogar ein Auskunftsvertrag zwischen AP und dem Fremdkapitalgeber zustande kommen kann. Es ist
dem AP anzuraten, den Prüfungsbericht nur dann selbst an Dritte weiterzuleiten,
wenn er zuvor mit diesen einen Auskunftsvertrag abgeschlossen hat, in den die
AAB für WP und WPG in der jeweils gültigen Fassung ausdrücklich einbezogen
werden (§ 323 Rz 90).

Soweit das prüfungspflichtige Unt in einen KA einbezogen wird, besteht gem. 16
§ 294 Abs. 3 Satz 1 HGB die Verpflichtung des geprüften Unt, den Prüfungsbericht dem **Mutterunternehmen** einzureichen.

Der **Wirtschaftsausschuss** eines Unt kann die Vorlage des Prüfungsberichts fordern, wenn ein entsprechender Beschluss der Einigungsstelle nach § 109 BetrVG 17
vorliegt.[10]

Dem Prüfungsbericht kommen mehrere Funktionen zu, die am Empfängerkreis 18
ausgerichtet sind:[11]

- **Unterstützungsfunktion**: Der Prüfungsbericht soll den AR bzw. die GesV
  des geprüften Unt bei der Unternehmensüberwachung unterstützen.
- **Unterrichtungsfunktion**: Aufsichtsbehörden (z.B. BaFin) werden durch
  den Prüfungsbericht unterrichtet und hierdurch in ihrer Aufsichtsfunktion
  unterstützt.
- **Dokumentations- und Nachweisfunktion**: Der AP ist aufgrund der berufsrechtlichen Anforderungen zum Nachweis der von ihm durchgeführten Apr.
  verpflichtet. Im Prüfungsbericht werden neben den Arbeitspapieren des AP
  Prüfungshandlungen und -feststellungen dokumentiert.

Verstößt der AP gegen die Berichtspflicht des § 321 HGB, hat er zivilrechtlich 19
Schadensersatzpflichten gem. § 323 HGB (§ 323 Rz 77), strafrechtlich Freiheits-
oder Geldstrafen gem. § 332 HGB und § 403 AktG (§ 332 Rz 44) sowie berufsrechtlich ggf. Maßnahmen gem. §§ 67, 68 WPO zu beachten.

Abs. 4a der Vorschrift zur Erklärung der Unabhängigkeit im Prüfungsbericht 20
(Rz 39) ist gem. Art. 66 Abs. 2 Satz 1 EGHGB erstmals auf Apr. von Gj anzuwenden, die nach dem 31.12.2008 beginnen.

Da auch § 317 Abs. 3 Satz 2 HGB erstmals auf Apr. von Gj anzuwenden war, die 21
nach dem 31. 12. 2008 beginnen, kann entsprechend für davor liegende Gj die bis

---

10 Vgl. BAG, Beschluss v. 8.8.1989, 1 ABR 61/88, DB 1989, S. 2621.
11 Vgl. *Orth*, in *Baetge/Kirsch/Thiele*, Bilanzrecht, § 321 HGB, Rz 9, Stand 2/2014.

dahin geltende Fassung der Vorschrift, die im Rahmen von KAP die **gesetzliche Übernahme von geprüften JA einbezogener TU** vorsah, angewandt werden.

## 2 Allgemeine Berichtsgrundsätze

### 2.1 Vorbemerkungen

22 Abs. 1 Satz 1 der Vorschrift enthält einige, längst nicht aber alle der an einen Prüfungsbericht zu stellenden Grundanforderungen. Die aus den allgemeinen Berufsgrundsätzen des WP abgeleiteten Grundanforderungen sind:[12]
- Schriftlichkeit (Rz 23),
- Klarheit Rz 26),
- Wahrheit (Rz 30),
- Vollständigkeit (Rz 32),
- Unparteilichkeit (Rz 38).

### 2.2 Schriftlichkeit

23 Der Prüfungsbericht ist gem. Abs. 1 Satz 1**schriftlich** zu erstatten. Schriftlichkeit hat zur Folge, dass Wesentliches nicht etwa deshalb weggelassen werden darf, weil der AP darüber bereits in anderer Form (z. B. im Rahmen der Berichterstattung an den AR[13]) berichtet hat.[14]

24 Schriftlichkeit bedeutet auch, dass der Prüfungsbericht in **Papierform** auszudrucken ist. Dies begründet sich in dem Erfordernis der eigenhändigen Unterzeichnung und der Siegelführung (Rz 141).

25 In der Praxis werden vermehrt von Auftraggebern elektronische Ausfertigungen des Prüfungsberichts (**pdf-Dateien**) gewünscht. Dies ist aus haftungsrechtlicher Sicht problematisch, da die Gefahr besteht, dass nicht mehr nachvollzogen werden kann, wie viele Berichtsexemplare herausgegeben wurden und an wen (zur Dritthaftung § 323 Rz 85 ff.). Derartige pdf-Dateien sollten – neben einem Passwortschutz – zusätzlich mit einem Hinweis versehen werden, dass es sich insoweit nur um ein „Ansichtsexemplar" handelt und nur der Prüfungsbericht in Papierform maßgeblich ist.[15]

### 2.3 Klarheit

26 Der Grundsatz der Klarheit ist in Abs. 1 Satz 1 explizit angesprochen. Der Grundsatz verlangt eine verständliche, eindeutige und problemorientierte Berichterstattung. Hierzu gehört eine übersichtliche, möglichst kontinuierliche Gliederung, die nach den Berufsgrundätzen wie folgt empfohlen wird:[16]
- Prüfungsauftrag,
- grundsätzliche Feststellungen,
- Gegenstand, Art und Umfang der Prüfung,

---

[12] Vgl. IDW PS 450, Tz 8 ff.
[13] Neben der mündlichen Berichterstattung (vgl. IDW PS 470) sind dem AR bedeutsame Schwächen des rechnungslegungsbezogenen IKS *schriftlich* mitzuteilen, vgl. IDW PS 261 n. F., Tz 89.
[14] Vgl. *Kuhner/Päßler*, in *Küting/Pfitzer/Weber*, HdR, § 321 HGB, Rn 9, Stand 04/2011.
[15] Vgl. WPK, WPKM 4/2008, S. 37; FAIT: Auslieferung von Prüfungsberichten auf elektronischem Datenträger, IDW-FN 2013, S. 500.
[16] Vgl. IDW PS 450, Tz 12.

- Feststellungen und Erläuterungen zur Rechnungslegung,
- Feststellungen zum Risikofrüherkennungssystem,
- Feststellungen aus Erweiterungen des Prüfungsauftrags,
- Wiedergabe des Bestätigungsvermerks.

Es ist ein **sachlicher Stil** zu verwenden und eine **Beschränkung auf das Wesentliche** vorzunehmen. Zu Letzterem empfiehlt der Berufsstand, über die gesetzlichen Pflichtbestandteile hinausgehende Darstellungen in die Anlagen zum Prüfungsbericht aufzunehmen, damit sie die gesetzlich verlangten wesentlichen Feststellungen und Sachverhalte nicht überlagern. Dies gilt insb., wenn umfangreiche Zahlentabellen oder andere Zusammenstellungen (z.B. zu rechtlichen, steuerlichen oder wirtschaftlichen Verhältnissen) aufgenommen werden sollen. 27

Der AP hat eine **eindeutige Berichterstattung** im Prüfungsbericht vorzunehmen. Dies erfordert Formulierungen, die Fehldeutungen und Fehlinterpretationen durch den Berichtsleser ausschließen. Ein Verstoß gegen den Grundsatz der Klarheit liegt dann vor, wenn Aussagen nur verschlüsselt, versteckt oder beschönigend gemacht werden.[17] Im Haftungsfall wird sich der AP nicht auf versteckte Vorbehalte berufen können, wenn im Prüfungsbericht ein beanstandungsfreies Bild von der Rechnungslegung bzw. der Lage der Ges. dargestellt wird.[18] 28

Das **Gebot der Verständlichkeit** des Prüfungsberichts ist **einzelfallbezogen** an den Adressaten des Prüfungsberichts auszurichten. Der AP kann dabei von einem Grundverständnis für die wirtschaftlichen Gegebenheiten des Unt und für die Grundlagen der Rechnungslegung ausgehen. Für besonders komplexe betriebswirtschaftliche und rechtliche Sachverhalte besteht die Gelegenheit, diese in der Bilanzsitzung des AR oder der GesV eingehender zu erläutern.[19]

Nicht allgemein gebräuchliche Fachausdrücke, Fremdwörter und Abkürzungen sollten an geeigneter Stelle erläutert werden,[20] z.B. durch Verwendung eines Abkürzungsverzeichnisses. 29

## 2.4 Wahrheit

Der Grundsatz der Wahrheit des Prüfungsberichts erfordert, dass der Inhalt des Prüfungsberichts den tatsächlichen Gegebenheiten entsprechen muss. Der AP hat im Prüfungsbericht darzustellen, wenn er sich im Zuge einer eigenverantwortlichen Verwertung auf die Ergebnisse anderer AP (z.B. durchgeführte Apr. von Tochtergesellschaften), der Internen Revision oder sachverständiger Dritter (z.B. versicherungsmathematischer Gutachter) gestützt hat. 30

Der AP muss von der **Richtigkeit** seiner Feststellungen und den daraus abgeleiteten **Schlussfolgerungen** überzeugt sein. Insbesondere darf der Prüfungsbericht nicht den Eindruck erwecken, dass Sachverhalte geprüft wurden, obwohl deren Prüfung (noch) nicht möglich war.[21] Ist es dem AP mittels seiner Prüfungshandlungen nicht gelungen, einen Sachverhalt gesichert zu beurteilen, so ist dies 31

---

17 Vgl. WP-Handbuch, Bd. I, 14. Aufl., Abschn. Q, Rz 66.
18 Vgl. *Grewe*, in BoHdR, § 321 HGB, Rz 29.
19 Vgl. *Böcking/Orth*, BFuP 1999, S. 426.
20 Vgl. *Kuhner/Päßler*, in *Küting/Pfitzer/Weber*, HdR, § 321 HGB, Rn 12, Stand 04/2011.
21 Vgl. WP-Handbuch, Bd. I, 14. Aufl., Abschn. Q, Rz 46.

im Prüfungsbericht anzugeben.[22] Zu Meinungsverschiedenheiten bei sog. Joint audits vgl. Rz 202.

### 2.5 Vollständigkeit

32 Der Grundsatz der Vollständigkeit beinhaltet die Forderung, dass der Prüfungsbericht alle in den jeweiligen gesetzlichen Vorschriften oder vertraglichen Vereinbarungen geforderten Feststellungen enthält. Der Grundsatz der Vollständigkeit wird durch den Grundsatz der Klarheit begrenzt. Daher sind insb. **wesentliche Feststellungen und Ergebnisse der Prüfung** darzustellen. Wesentlich sind dabei solche Feststellungen, die für eine ausreichende Information der Berichtsadressaten für die Vermittlung eines klaren Bildes über das Prüfungsergebnis von Bedeutung sind.

33 Der Umfang der Berichterstattung hat sich an dem Adressatenkreis zu orientieren. Ein Berichtsadressat, der über die zum Verständnis einer gesetzlichen Rechnungslegung erforderlichen Kenntnisse verfügt, sollte sich anhand des Prüfungsberichts ein eigenes Urteil über die Ordnungsmäßigkeit von Buchführung, JA und LB sowie über die wirtschaftliche Lage des Unt bilden können. Daher ist es bei Abfassung des Prüfungsberichts im Einzelfall erforderlich, die Struktur des Empfängerkreises des Prüfungsberichts zu berücksichtigen (**Empfängerbezogenheit** des Prüfungsberichts). Nach Sinn und Zweck der Durchführung einer Apr. ist es geboten, über Sachverhalte, deren Ordnungsmäßigkeit festgestellt wird, eher knapp zu berichten, während bei problematischen oder zu beanstandenden Sachverhalten eine ausführliche Berichterstattung vorzunehmen ist.[23]

34 Da der Prüfungsbericht nur einem eingeschränkten Adressatenkreis zugänglich ist, sind auch **vertrauliche Angaben** in den Prüfungsbericht aufzunehmen, falls dies für eine angemessene Information der Adressaten erforderlich ist. Der AP darf insb. nicht abwägen zwischen dem Wert einer Angabe für die Information des Aufsichtsorgans und dem der Gefährdung ihrer Vertraulichkeit. Der AP muss vielmehr davon ausgehen, dass die Mitglieder des Aufsichtsorgans ihre Verschwiegenheitspflicht[24] kennen und beachten. Der Gesetzgeber hat im Übrigen auch keine Schutzklausel (etwa vergleichbar § 286 HGB für den Anhang) vorgesehen.

35 Wünsche des Auftraggebers nach Einschränkung der Berichterstattung dürfen nicht gegen den Grundsatz der Vollständigkeit verstoßen. Ein **Schweigerecht** besteht für den Prüfungsbericht über eine gesetzliche Apr. nicht.[25] Die Bedeutung des Verschweigens erheblicher Umstände (sog. **negativer Inhalt**, § 321a Rz 47) wird deutlich an den dafür vorgesehenen Strafen (§ 332 Rz 23, vgl. auch § 403 Abs. 1 AktG).

36 Der Grundsatz der Vollständigkeit umfasst auch das Gebot der **Einheitlichkeit** des Prüfungsberichts. Etwaige Teil-, Zwischen- oder Sonderberichte sind daher als einheitliches Ganzes anzusehen, soweit sie sich auf die Pflichtprüfung des gleichen Zeitraums beziehen. Daher ist im Prüfungsbericht auf diese Berichte hinzuweisen und deren Ergebnis aufzunehmen.

---

[22] Vgl. *Grewe*, in BoHdR, § 321 HGB, Rz 32.
[23] Vgl. WP-Handbuch, Bd. I, 14. Aufl., Abschn. Q, Rz 50.
[24] Vgl. z. B. § 116 Satz 2 AktG.
[25] Vgl. *ADS*, 6. Aufl., § 321 HGB, Rz 43.

> **Beispiel**
> Der AP führt im November 01 eine Vorprüfung bei dem von ihm geprüften Maschinenbau-Unternehmen durch. Im Rahmen der Vorprüfung werden insb. Aufbau- und Funktionsprüfungen des rechnungslegungsbezogenen IKS, hier im Bereich Umsatzrealisierung, vorgenommen. Der AP stellt hierbei Schwachstellen fest, da mangels Kenntnis der rechtlichen Bedeutung von Lieferungsbedingungen (sog. *Incoterms*) zu früh fakturiert wird. Diese Schwachstellen teilt er der Geschäftsführung unmittelbar nach Abschluss der Vorprüfung mit; der AR wird ebenfalls von ihm in Kenntnis gesetzt.
> Im Rahmen der Hauptprüfung im März 02 kann der AP durch Ausweitung des Stichprobenumfangs trotz der festgestellten Schwachstellen eine hinreichende Sicherheit bei der Prüfung der Forderungen aus L&L/Umsatzerlöse erzielen, zumal das Unt aufgrund vom AP getroffener Feststellungen zu zwei unzutreffend in 01 als Umsatz berücksichtigten Lieferungen den JA entsprechend korrigiert hat. Aufgrund dieser Korrekturen sinkt der Umsatz für 01 gegenüber den vorgelegten Zahlen um rund 15 %, obwohl die Geschäftsführung diesen mit dem Vorbehalt der noch nicht beendeten Apr. bereits dem zuständigen Firmenkundenberater der Hausbank mitgeteilt hatte. Der AP erteilt als Ergebnis seiner Prüfungsfeststellungen einen uneingeschränkten BSV.
> Auch wenn die getroffenen Beanstandungen zum Prüfungsende behoben sind, sind diese für das Aufsichtsorgan wesentlich, da sie Schwächen im internen Kontrollsystem betreffen. Dies auch vor dem Hintergrund, dass die Hausbank bereits vorläufige Umsatzzahlen erhalten hat, die nunmehr nach unten zu korrigieren sind. Die Schwächen im internen Kontrollsystem sind in den Prüfungsbericht aufzunehmen, auch wenn der AP den AR bereits darüber informiert hat. Die Tatsache, dass der Hausbank bereits Umsatzzahlen genannt wurden, die von den testierten abweichen, wird den AP erst recht veranlassen, die Schwächen im Prüfungsbericht zu benennen, da die Hausbank hiervon keine Kenntnis haben kann (Empfängerbezogenheit) und der AP davon ausgehen kann, dass der Hausbank der Prüfungsbericht vorgelegt werden wird.

In einem **Management Letter** sind ergänzende, z.B. organisatorische Hinweise des AP enthalten, die anlässlich der Prüfung festgestellt worden sind. Der Management Letter kann aber kein (teilweiser) Ersatz für den Prüfungsbericht sein; für die Adressaten notwendige Informationen sind zwingend im Prüfungsbericht darzulegen. Der Management Letter ist auch kein Teilbericht und daher nicht in den Prüfungsbericht aufzunehmen.[26]

## 2.6 Unparteilichkeit

Der Grundsatz der Unparteilichkeit wird in § 323 Abs. 1 HGB, § 43 Abs. 1 Satz 2 WPO sowie in § 20 BS WP/vBP explizit betont. Er verlangt, dass der AP alle getroffenen Feststellungen unter Berücksichtigung der verfügbaren Informa-

---

[26] Vgl. IDW PS 450, Tz 17.

tionen sachlich und unvoreingenommen darzulegen hat und verpflichtet ihn damit zu einer objektiven Berichterstattung.[27]

Zum Grundsatz der Unparteilichkeit gehört auch, dass der AP auf ggf. abweichende Auffassungen der gesetzlichen Vertreter hinweist.[28]

## 3 Inhalt des Prüfungsberichts

### 3.1 Prüfungsauftrag und Erklärung der Unabhängigkeit (Abs. 4a)

39 § 321 HGB verlangt keine Angaben zum Prüfungsauftrag. Gleichwohl sind sie aus dem Grundsatz der Klarheit abzuleiten. Die berufsständischen Vorgaben sehen in dem Abschnitt Prüfungsauftrag regelmäßig Angaben vor zu:[29]
- Firma und Sitz des geprüften Unt,
- Abschlussstichtag (bei Rumpfgeschäftsjahren Beginn und Ende),
- Hinweis darauf, dass es sich um eine Apr. handelt,
- Angaben zur Wahl und Beauftragung des AP,
- Erklärung der Unabhängigkeit des AP,
- Hinweis darauf, dass die Berichterstattung gem. IDW PS 450 erfolgt,
- Hinweis auf die dem Prüfungsauftrag zugrunde gelegten Auftragsbedingungen (regelmäßig: Allgemeine Auftragsbedingungen für Wirtschaftsprüfer und Wirtschaftsprüfungsgesellschaften in der jeweils bei Auftragsbestätigung gültigen Fassung).

40 Bei gesetzlichen Apr. ergibt sich der Adressat des Prüfungsberichts aus der gesetzlichen Regelung, sodass hierzu keine Ausführungen erforderlich sind. Bei freiwilligen Apr. (Rz 176) sollte dementsprechend ausgeführt werden, dass der Prüfungsbericht an die geprüfte Ges. gerichtet ist.

41 Soweit der AP neben der Apr. des JA und LB auch die Prüfung des KA und KLB und/oder die Prüfung des Abhängigkeitsberichts vorgenommen hat, empfiehlt es sich, auf diese separaten Prüfungsberichte im Abschnitt Prüfungsauftrag hinzuweisen.

42 Abs. 4a dient der Dokumentation der Beachtung der **Unabhängigkeitsgrundsätze** der §§ 319–319b, § 43 Abs. 1 WPO, §§ 2, 20–24 BS WP/vBP. Der AP ist gem. § 51b Abs. 4 WPO verpflichtet, in seinen Arbeitspapieren diejenigen Maßnahmen darzustellen, die er zur Überprüfung seiner Unabhängigkeit ergriffen hat. Darüber hinaus hat er in den Arbeitspapieren etwaige Umstände, die seine Unabhängigkeit gefährden können, sowie die ergriffenen Schutzmaßnahmen zur Beseitigung dieser Gefährdung darzustellen.[30] Abs. 4a ergänzt diese internen Dokumentationspflichten des AP und verlangt, auch gegenüber den Adressaten des Prüfungsberichts die Einhaltung der Grundsätze der Unabhängigkeit zu dokumentieren (**Erklärung zur Unabhängigkeit**).

43 Der deutsche Gesetzgeber geht mit dieser Vorschrift bewusst über die EU-rechtlich eigentlich nur für Prüfer KM-orientierter Unt vorgesehene Verpflichtung

---

27 Vgl. *Schmidt/Poullie*, in Beck Bil-Komm. 9. Aufl., § 321 HGB, Rz 5.
28 Vgl. IDW PS 450, Tz 11.
29 Vgl. IDW PS 450, Tz 22–25.
30 Vgl. WPK, WPKM 2/2009, S. 6.

hinaus.³¹ Sinn und Zweck der Vorschrift bestehen in der Dokumentation der Unabhängigkeit gegenüber dem Auftraggeber des AP.
Eine Pflicht zur Erklärung der Unabhängigkeit vor der Bestellung des AP besteht mit Ausnahme der für Prüfer von KM-orientierten Unt vorgesehenen Unabhängigkeitserklärung nach Ziff. 7.2.1 des DCGK nicht.³²
Für die Erklärung zur Unabhängigkeit wird folgende Formulierung empfohlen.³³ „Ich/Wir bestätige/n hiermit gem. § 321 Abs. 4a HGB, dass wir bei unserer Abschlussprüfung die anwendbaren Vorschriften zur Unabhängigkeit beachtet haben". 44

## 3.2 Grundsätzliche Feststellungen (Abs. 1)

Die sog. Vorwegberichterstattung verlangt, dass der AP zur Beurteilung der Lage durch die gesetzlichen Vertreter Stellung zu nehmen hat. Dabei ist insb. auf die Beurteilung des Fortbestands und der zukünftigen Entwicklung des Unt unter Berücksichtigung des LB einzugehen.³⁴ Außerdem ist im Rahmen der sog. **Redepflicht** über bei der Durchführung der Apr. festgestellte Tatsachen zu berichten, die 45
- den Bestand des Unt gefährden können,
- die Entwicklung des geprüften Unt wesentlich beeinträchtigen können,
- Unrichtigkeiten oder Verstöße gegen gesetzliche Vorschriften darstellen,
- schwerwiegende Verstöße der gesetzlichen Vertreter oder von Arbeitnehmern gegen Gesetz, Gesellschaftsvertrag oder Satzung erkennen lassen.

Die Tatsache, dass der AP nicht an beliebiger Stelle im Prüfungsbericht, sondern **vorweg** über die wirtschaftliche Lage sowie über festgestellte Unregelmäßigkeiten zu berichten hat, zeigt, welche Bedeutung der Gesetzgeber diesem Berichtsteil zugemessen und die problemorientierte Sicht des Prüfungsberichts normiert hat.³⁵ Hiermit wird bezweckt, dass die Berichtsadressaten durch den AP über eine negative Unternehmensentwicklung oder festgestellte Unregelmäßigkeiten informiert werden, damit rechtzeitig geeignete Maßnahmen eingeleitet werden können. Durch die Stellungnahme eines unabhängigen Dritten zu den möglicherweise subjektiv gefärbten Darlegungen des Vorstands zur Lage des Unt soll dem Berichtsadressaten eine Objektivierung der Lagebeurteilung ermöglicht werden.³⁶ 46

### 3.2.1 Lage des Unternehmens

#### 3.2.1.1 Stellungnahme zur Lagebeurteilung (Abs. 1 Satz 2)

Der AP hat in seiner Stellungnahme zur Lagebeurteilung durch die gesetzlichen Vertreter deren wesentliche Aussagen im Lagebericht zu würdigen. Im Vordergrund hierbei steht die **Beurteilung des Fortbestands** und der **zukünftigen Entwicklung** des Unt, wie sie im JA und LB ihren Ausdruck gefunden haben.³⁷ Gelangt der AP im Rahmen seiner diesbezüglichen Prüfung zu keiner anderen 47

---

31 Vgl. BilMoG-BgrRegE, S. 91.
32 Vgl. IDW PS 345, Tz 36 ff.
33 Vgl. IDW PS 450, Tz 23a.
34 Vgl. WP-Handbuch, Bd. I, 14. Aufl., Abschn. Q, Rz 88.
35 Vgl. BT-Drs. 13/9712, S. 28.
36 Vgl. *Hommelhoff*, BB 1998, S. 2571.
37 Vgl. IDW PS 450, Tz 28.

Einschätzung als die gesetzlichen Vertreter, so genügt für den Fall einer **positiven Fortbestands- und Entwicklungsprognose** grds. eine **knappe Feststellung im Prüfungsbericht**.[38] Bei **unsicherer** oder **negativer Fortbestandsprognose** der gesetzlichen Vertreter sind **regelmäßig ausführliche Darstellungen** des AP unter expliziter Bezugnahme auf die Angaben und Ausführungen der gesetzlichen Vertreter im Anhang und LB erforderlich.[39]

48  In seinen Ausführungen im Prüfungsbericht zur Lagebeurteilung durch die gesetzlichen Vertreter hat der AP die für die Berichtsadressaten **wesentlichen Aussagen** des LB **hervorzuheben**. Diese Hervorhebungen können durch analysierende Darstellungen wesentlicher Aspekte der wirtschaftlichen Lage ergänzt werden.[40] Grundsätzlich sind verbale Ausführungen hierzu ausreichend. Im Einzelfall ist es aber zweckmäßig oder sogar geboten, zahlenmäßige Darstellungen vorzunehmen, wenn diese quantitativen Angaben für die Beurteilung durch die Berichtsadressaten von besonderer Bedeutung sind. Mit der Verwendung von zahlenmäßigen Darstellungen sollte im Einzelfall maßvoll umgegangen werden, um zu vermeiden, dass die Berichtsadressaten mit zu vielen Details belastet werden. Andererseits kann sich eine knapp gehaltene zahlenmäßige Aufbereitung zur Veranschaulichung von Entwicklungstendenzen anbieten. Als Grundlage für die Lagebeurteilung können sich zusammenfassende Übersichten unter Angabe von Vorjahreszahlen zur Struktur von Bilanz und GuV empfehlen.[41]

49  Die Hervorhebungspflicht des AP umfasst eine **kurze Darstellung der Kernaussagen** des Lageberichts zur wirtschaftlichen Lage und zum Geschäftsverlauf. Anhaltspunkte für wesentliche Angaben zur wirtschaftlichen Lage und zum Geschäftsverlauf können z. B. folgende Bereiche betreffen:[42]
- Entwicklung von Gesamtwirtschaft und Branche sowie Entwicklung des Unternehmens im Branchenvergleich (z. B. Marktanteile, Umsatzwachstum),
- Umsatz- und Auftragsentwicklung,
- Produktion (z. B. Änderung von *Make-or-buy*-Entscheidungen, Änderungen des Produktsortiments, Rationalisierungsmaßnahmen),
- Beschaffung (z. B. Preisrisiken, Lieferantenabhängigkeiten),
- Investitionen (durchgeführte und verschobene bzw. gestrichene),
- Finanzierung (z. B. Kreditlinien, Maßnahmen zur EK- und FK-Beschaffung),
- Personal- und Sozialbereich (z. B. besondere Vergütungsvereinbarungen, Tarifverträge, Betriebsvereinbarungen),
- wichtige Kennzahlen zur VFE-Lage und deren Entwicklung im Zeitablauf sowie *benchmarking*,
- wichtige Segmente/Sparten.

50  **Hervorheben** bedeutet Auswahl und Wiedergabe solcher Angaben des JA und LB, die wichtige Veränderungen und Entwicklungstendenzen aufzeigen.[43] **Analysierende Darstellungen** umfassen vor allem vertiefende Erläuterungen wesentlicher Angaben, die Beschreibung von Ursachen sowie die kritische Würdigung von Annahmen, wobei diese unabhängig davon hervorzuheben und zu

---
[38] Vgl. WP-Handbuch, Bd. I, 14. Aufl., Abschn. Q, Rz 37.
[39] Vgl. hierzu im Einzelnen IDW PS 270.
[40] Vgl. IDW PS 450, Tz 29.
[41] Vgl. IDW PS 450, Tz 30.
[42] Vgl. *Plendl*, HWRP, Sp. 1782.
[43] Vgl. WP-Handbuch, Bd. I, 14. Aufl., Abschn. Q, Rz 92.

analysieren sind, ob sie eine positive oder negative Entwicklung des Unternehmens betreffen.⁴⁴

Zu beachten ist auch der unterschiedliche Adressatenkreis von LB und Prüfungsbericht. Der LB ist (auch) für die Öffentlichkeit bestimmt, da er im BAnz offenzulegen ist (§ 325 Rz 68). Demgegenüber ist der Prüfungsbericht lediglich einem sehr begrenzten Adressatenkreis zugänglich (Rz 7). Der AP hat also im Einzelfall die Möglichkeit, aus Vertraulichkeitsüberlegungen zulässigerweise nicht im LB enthaltene Angaben in seiner Stellungnahme zur Lagebeurteilung aufzugreifen. 51

**Beurteilungsspielräume** können **unterschiedliche Lageeinschätzungen** zur Folge haben. Auch wenn die Lageeinschätzung durch die gesetzlichen Vertreter vom AP als grds. vertretbar beurteilt wird, kann auf die mit dieser Beurteilung verbundenen alternativen Einschätzungen einzugehen sein.⁴⁵ Wird allerdings die Lagebeurteilung der gesetzlichen Vertreter durch den AP als nicht mehr vertretbar beurteilt, so ist dies im Prüfungsbericht zu erläutern und ggf. der BSV einzuschränken. Der AP kann eigene Feststellungen zur Lage des Unt treffen. Er ist aber nicht verpflichtet, anstelle der gesetzlichen Vertreter sämtliche im Einzelfall im LB erforderlichen Angaben vorzunehmen.⁴⁶ 52

Besondere Bedeutung kommt der im LB vorzunehmenden Einschätzung der zukünftigen Entwicklung des Unt zu. Gerade in wirtschaftlich schwierigen Zeiten sind prognostische und wertende Angaben der gesetzlichen Vertreter im LB besonders kritisch zu würdigen.⁴⁷ In diesem Fall sind erforderlichenfalls die für die Prüfung im Hinblick auf **Überschuldung bzw. Zahlungsunfähigkeit** entwickelten Grundsätze der (Prognose-)Prüfung von Unternehmenskonzepten heranzuziehen.⁴⁸ 53

Wird zulässigerweise kein LB aufgestellt, besteht keine Verpflichtung des AP, anstelle der gesetzlichen Vertreter zur Beurteilung der wirtschaftlichen Lage des Unt die ansonsten im LB auszuführenden Angaben im Prüfungsbericht vorzunehmen. Allerdings kann es geboten sein, auf bestehende Zweifel an der von den gesetzlichen Vertretern unterstellten Fortführungsannahme wegen bestandsgefährdender oder entwicklungsbeeinträchtigender Tatsachen hinzuweisen (Rz 57 ff.).⁴⁹ 54

Wird von den gesetzlichen Vertretern unzulässigerweise⁵⁰ kein LB aufgestellt, gilt das Vorstehende analog. Der AP hat in diesen Fällen zu Beginn der Vorwegberichterstattung festzustellen, dass die gesetzlichen Vertreter unzulässigerweise keinen LB aufgestellt haben und dass deshalb eine Stellungnahme zur Beurteilung der Lage durch die gesetzlichen Vertreter nach § 321 Abs. 1 Satz 2 HGB nicht möglich war⁵¹ (zu den Auswirkungen auf den BSV § 322 Rz 79). 55

---

44  Vgl. *Forster*, 1997, S. 947.
45  Vgl. WP-Handbuch, Bd. I, 14. Aufl., Abschn. Q, Rz 39.
46  Vgl. IDW PS 450, Tz 33.
47  Vgl. IDW, IDW-FN 2009, S. 11.
48  Vgl. IDW PS 800.
49  Vgl. IDW PS 450, Tz 34.
50  Unzulässigkeit ist auch dann gegeben, wenn eine kleine KapG/KapCoGes aufgrund gesellschaftsvertraglicher oder satzungsmäßiger Regelung zur Aufstellung eines Lageberichts verpflichtet ist.
51  Vgl. IDW PS 450, Tz 34.

**56** Soweit eine börsennotierte und bestimmte andere AG die **Erklärung zur Unternehmensführung** gem. § 289a Abs. 1 Satz 1 HGB in einen gesonderten Abschnitt des LB aufgenommen hat, ist hierauf nicht einzugehen, da diese Erklärung nicht der Prüfung durch den AP unterliegt (§ 317 Rz 112). Zur Abgrenzung des Prüfungsgegenstands in derartigen Fällen vgl. Rz 77.

### 3.2.1.2 Bestandsgefährdende und entwicklungsbeeinträchtigende Tatsachen (Abs. 1 Satz 3 zweiter Teilsatz)

**57** Eine **Bestandsgefährdung** liegt nach allgemeiner Auffassung grds. dann vor, wenn ernsthaft damit zu rechnen ist, dass das Unt in absehbarer Zeit seinen Geschäftsbetrieb nicht mehr fortführen kann und ggf. Insolvenz anmelden oder in Liquidation gehen muss.[52] Als „absehbare Zeit" wird nach berufsständischen Grundsätzen ein Zeitraum von mindestens zwölf Monaten, gerechnet vom Abschlussstichtag, angenommen.[53] In Einzelfällen sowie insb. für Unt mit längeren Produktionszyklen müssen auch deutlich längere Zeiträume in Betracht gezogen werden. Die Gefährdung muss sich auf den rechtlichen Bestand des Unt beziehen, nicht nur auf Zweigniederlassungen oder andere abgrenzbare Unternehmensteile.[54]

**Indikatoren** für eine Bestandsgefährdung können z. B. sein:[55]
- nicht kostendeckende Fertigungen,
- häufige Liquiditätsengpässe,
- drohender Abzug von Fremdkapital ohne Ersatzaussichten,
- Nichteinhaltung von Darlehenskonditionen (*Covenants*),
- ständige Zuschüsse der Anteilseigner,
- erhebliche laufende Verluste,
- nachhaltige Preisveränderungen im Beschaffungs- oder Absatzbereich,
- Ausfall wesentlicher Forderungen,
- Unterbilanz oder der Verlust der Hälfte des Grund- oder Stammkapitals (§ 92 Abs. 1 AktG, § 49 Abs. 3 GmbHG),
- bilanzielle Überschuldung.

**58** In Einzelfällen kann es aus Gründen der Eilbedürftigkeit erforderlich sein, vorab einen gesonderten **Teilbericht** zu erstatten. Aufgrund der Bedeutung der Kenntnis über Bestandsgefährdungen oder Entwicklungsbeeinträchtigungen sind diese Teilberichte vollständig in den Prüfungsbericht aufzunehmen[56] und um bis zum Prüfungsende erfolgte weitere Entwicklungen zu ergänzen.

---

**Beispiel**
Der AP stellt im Rahmen der Vorprüfung im November 01 fest, dass aufgrund des im laufenden Gj bislang erzielten Verlusts das Stammkapital der prüfungspflichtigen GmbH zu mehr als 50 % aufgezehrt ist. Eine gemeinsam mit der Geschäftsführung vorgenommene überschlägige Hochrechnung ergibt, dass zum 31.12.01 durch den Verlust die mit einem Kreditinstitut vereinbar-

---

[52] Vgl. *Orth*, in *Baetge/Kirsch/Thiele*, Bilanzrecht, § 321 HGB, Rz 61, Stand 2/2014.
[53] Vgl. IDW PS 270, Tz 8.
[54] Vgl. WP-Handbuch, Bd. I, 14. Aufl., Abschn. Q, Rz 111.
[55] Vgl. *Schmidt/Poullie*, in Beck Bil-Komm. 9. Aufl., § 321 HGB, Rz 34 mwN.
[56] Vgl. IDW PS 450, Tz 41.

> ten *Covenants* aus einem Darlehensvertrag, nämlich die Eigenkapitalquote, nicht eingehalten werden können, sodass dem Kreditinstitut ein Sonderkündigungsrecht für das Darlehen zustünde.
> Der AP informiert die GesV, die vom Geschäftsführer gem. § 49 Abs. 3 GmbHG unverzüglich einberufen wurde, in Form eines Teilberichts. Die Gesellschafter führen noch vor dem Abschlussstichtag der GmbH weiteres EK zu. Im Rahmen der im März 02 erfolgenden Hauptprüfung stellt der AP fest, dass aufgrund der Eigenkapitalzufuhr die *Covenants* zum 31.12.01 nun doch nicht verletzt wurden. Wie er dem zwischenzeitlichen Schriftverkehr des Geschäftsführers mit der Hausbank sowie der von ihm eingeholten Saldenbestätigung entnehmen kann, bestehen keine Hinweise, dass die Hausbank die Finanzierung nicht mehr in dem bislang vorgenommenen Umfang vornimmt. Für das Gj 02 wird zum Prüfungsende aufgrund einer zwischenzeitlich seit Jahresbeginn eingetretenen Erhöhung der Auftragseingänge mit einem leicht positiven, mindestens aber einem ausgeglichenen Ergebnis gerechnet.
> Auch wenn der AP zum Abschluss seiner Prüfung keine konkreten Entwicklungsbeeinträchtigungen oder Bestandsgefährdungen (mehr) erkennen kann, hat er in seinem Prüfungsbericht den erstatteten Teilbericht sowie die weitere Entwicklung bis zum Prüfungsende darzustellen.

**Entwicklungsbeeinträchtigende Tatsachen** beziehen sich auf Brüche in der Kontinuität der wirtschaftlichen Entwicklung des geprüften Unt..[57] Zwischen bestandsgefährdenden und entwicklungsbeeinträchtigenden Tatsachen ist keine objektivierte Grenzziehung möglich.[58] Daher kommen grds. dieselben Tatbestände wie bei einer Bestandsgefährdung in Betracht, wobei die Berichtspflicht schon durch weniger schwerwiegende Auswirkungen, die zu mehr als nur zu einer angespannten Lage des Unt führen, ausgelöst wird.[59] Weitere Indikatoren für entwicklungsbeeinträchtigende Tatsachen können bspw. sein:[60] 59

- drohende längerfristige Dividendenlosigkeit,
- deutliche Verschlechterung der Rentabilität,
- Verkauf von Beteiligungen oder Teilbetrieben zur Deckung kurzfristiger Liquidität,
- Umsatzrückgang wegen des Verlusts wichtiger Märkte oder generellem Nachfragerückgang,
- drohende Sanierungsmaßnahmen,
- Regulierungen mit langfristigen Auswirkungen auf die Rentabilität (z.B. Verschärfung behördlicher Umweltauflagen, Auslaufen von zeitlich befristeten Genehmigungen ohne konkrete Aussicht auf Verlängerung).

**Entwicklungsbeeinträchtigende Tatsachen** treten oftmals zeitlich vorgelagert vor bestandsgefährdenden Tatsachen auf. Daher sind derartige Tatsachen bereits dann zu nennen, wenn sie eine Entwicklungsbeeinträchtigung oder eine Gefährdung der Unternehmensfortführung zur Folge haben können, nicht erst dann, 60

---

[57] Vgl. *Kuhner/Päßler*, in *Küting/Pfitzer/Weber*, HdR, § 321 HGB, Rn 36, Stand 04/2011.
[58] Vgl. *Plendl*, 1990, S. 12.
[59] Vgl. IDW PS 450, Tz 41.
[60] Vgl. *ADS*, 6. Aufl., § 321 HGB, Rz 77.

wenn die Entwicklungsbeeinträchtigung bereits eingetreten ist.[61] Ziel dieser vom Gesetzgeber gewollten Berichterstattung ist eine frühzeitige Information der Überwachungsgremien, damit ausreichend Zeit für Maßnahmen bleibt, den Entwicklungsbeeinträchtigungen zu begegnen und ggf. Bestandsgefährdungen zu verhindern. Daher sollte der **AP im Zweifel** über die festgestellten Tatsachen **berichten**. Hierfür spricht auch, dass der Gesetzgeber mit dem im Zuge des BilReG geschaffenen § 321a HGB den Gesellschaftern und Gläubigern ein Einsichtnahmerecht in die Prüfungsberichte der letzten drei Gj eröffnet hat, um feststellen zu können, ob der AP rechtzeitig auf erkennbare Entwicklungen hingewiesen hat (§ 321a Rz 3).

61 Die Berichterstattung erfolgt durch Schilderung der betreffenden Sachverhalte und den sich daraus möglicherweise ergebenden Auswirkungen. Bestehen größere Beurteilungsrisiken über zukünftige Sachverhalte oder Entwicklungen, ist darüber ebenfalls zu berichten. Es empfiehlt sich, die Ausführungen zu bestandsgefährdenden und entwicklungsbeeinträchtigenden Tatsachen in einem gesonderten Abschnitt des Prüfungsberichts vorzunehmen. Soweit dies nicht erfolgt und die Ausführungen mit denen zur Stellungnahme zur Lagebeurteilung durch die gesetzlichen Vertreter zusammengefasst werden, ist eindeutig darauf hinzuweisen, dass es sich um nach § 321 Abs. 1 Satz 3 HGB berichtspflichtige Tatsachen handelt.[62]

62 Die **Berichterstattung des AP** kann nur Tatsachen bzw. Sachverhalte umfassen, die von ihm im **Prüfungsverlauf** festgestellt worden sind. Allerdings sind im Prüfungsverlauf die Prüfungsintensität und Schwerpunktsetzung anzupassen, sodass bei Unt in wirtschaftlich angespannten Verhältnissen oder bei festgestellten Schwächen im IKS regelmäßig erhöhte Aufmerksamkeit des AP geboten sein wird. Der AP darf auch unternehmensextern gewonnene Tatsachen berücksichtigen, es sein denn, sie unterliegen seiner Verschwiegenheitsverpflichtung.[63]

> **Beispiel**
> Der AP der prüfungspflichtigen A-GmbH stellt im Zuge der Prüfung des JA zum 31.12.01 fest, dass in den Forderungen aus L&L eine wesentliche Forderung gegen den Hauptauftraggeber, die B-GmbH, ausgewiesen wird. Die Forderung ist nicht wertberichtigt, da der A-GmbH keine Erkenntnisse bekannt sind, die für eine Wertberichtigung sprechen könnten. Der AP ist zufällig auch bei der betreffenden B-GmbH zum AP bestellt und weiß, dass sich die B-GmbH in erheblichen Liquiditätsschwierigkeiten befindet und eine Insolvenz nicht auszuschließen ist.
> Der AP darf die Kenntnis von den Liquiditätsschwierigkeiten der B-GmbH im Rahmen der Abschlussprüfung der A-GmbH nicht verwenden und im Prüfungsbericht ggf. als entwicklungsbeeinträchtigende Tatsache aufführen, da er als AP der B-GmbH der Verschwiegenheitspflicht nach § 323 HGB unterliegt.

---

[61] Vgl. IDW PS 450, Tz 36.
[62] Vgl. IDW PS 450, Tz 40.
[63] Vgl. IDW PS 450, Tz 37.

Der AP hat nur über festgestellte Bestandsgefährdungen oder Entwicklungsbeeinträchtigungen zu berichten. Eine **Negativerklärung** ist nicht erforderlich. Eine positive Feststellung, dass keine berichtspflichtigen Tatsachen vorliegen, kann der AP nicht abgeben.[64]

### 3.2.2 Unregelmäßigkeiten (Abs. 1 Satz 3 erster und dritter Teilsatz)

In die **Vorwegberichterstattung** einzubeziehen sind auch im Verlauf der Apr. gewonnene Erkenntnisse über Unrichtigkeiten oder Verstöße gegen gesetzliche Vorschriften sowie Tatsachen, die schwerwiegende Verstöße der gesetzlichen Vertreter oder von Arbeitnehmern gegen Gesetz, Gesellschaftsvertrag oder die Satzung erkennen lassen (Abs. 1 Satz 3). Für die Berichterstattungspflichten des AP bzgl. dieser unter dem Oberbegriff **Unregelmäßigkeiten** subsumierten Sachverhalte ist folgende Kategorisierung zu beachten:[65]

Abb. 1: Unregelmäßigkeiten

**Unrichtigkeiten** i.S.d. Vorschrift sind **unbewusste Fehler** (z.B. Schreib- und Rechenfehler, Fehleinschätzungen, unbeabsichtigt falsche Anwendung von Rechnungslegungsgrundsätzen in Buchführung, JA und LB). **Verstöße** sind demgegenüber **bewusste Handlungen und Unterlassungen**, die im Widerspruch zu Gesetzen oder sonstigen Vorschriften stehen.[66]

---

[64] Vgl. IDW PS 450, Tz 39.
[65] Vgl. IDW PS 210, Tz 7.
[66] Vgl. *IDW* PS 210, Tz 7.

66  Eine Berichtspflicht für Unregelmäßigkeiten besteht nur, soweit der AP solche feststellt. Eine **Negativerklärung**, dass keine berichtspflichtigen Unregelmäßigkeiten vorliegen, sollte nicht abgegeben werden.[67]
67  Bei festgestellten Unregelmäßigkeiten hat der AP die daraus ggf. bestehenden Auswirkungen auf den BSV zu erläutern.
68  Die für bestandsgefährdende oder entwicklungsbeeinträchtigende Tatsachen bestehende Pflicht zur Erstattung von Teilberichten bei Eilbedürftigkeit (Rz 58) ist auch auf Unregelmäßigkeiten anzuwenden;[68] insb. dann, wenn es sich um von der Geschäftsführung durchgeführte bzw. veranlasste Unregelmäßigkeiten (sog. *top management fraud*) handelt.

### 3.2.2.1 Unregelmäßigkeiten in der Rechnungslegung

69  Bei der Berichterstattung über Verstöße gegen Vorschriften zur Rechnungslegung sind neben den **gesetzlichen Vorschriften** auch die (kodifizierten oder nicht kodifizierten) **GoB** zu beachten.[69] Zu den GoB rechnen gem. der Fiktion des § 342 Abs. 2 HGB die vom DRSC verabschiedeten und vom BMJV bekannt gemachten DRS. Weiterhin können auch **rechnungslegungsbezogene Vorschriften des Gesellschaftsvertrags bzw. der Satzung** zu beachten sein. Beispiele für solche Regelungen sind:
- verkürzte Frist zur Aufstellung des JA und LB,
- Regelungen bei Personengesellschaften zur Verzinsung von Gesellschafterkonten oder zur Berechnung der Haftungsvergütung der Komplementärin,
- Satzungsregelungen bei KGaA zur Berechnung von Vergütungen (Tätigkeitsvergütungen, Gewinnanteil, Tantieme) des phG,
- gesellschaftsrechtliche Regelungen bei Personengesellschaften über die Dotierung von Rücklagen bei Aufstellung des JA.

70  Das **Gebot der Wesentlichkeit** erfordert, nicht sämtliche festgestellten Unregelmäßigkeiten, sondern nur die für die Überwachungstätigkeit der Geschäftsführung bzw. der geprüften Ges. **bedeutsamen im Prüfungsbericht** aufzuführen.[70]

> **Beispiel**
> Der AP stellt im Rahmen seiner Prüfung fest, dass Aufwendungen für Personaleinstellungen i. H. v. 100 EUR unter den Löhnen und Gehältern, die sich insgesamt auf 1.500 TEUR belaufen, ausgewiesen werden. Es handelt sich um eine Unrichtigkeit, da ein Ausweis unter Sonstige betriebliche Aufwendungen geboten ist.
> Der Fehler liegt unterhalb der Wesentlichkeits- und Nichtaufgriffsgrenze des AP, sodass für das Prüfungsergebnis keine Konsequenzen zu ziehen waren. Die Unrichtigkeit ist für die Überwachung der Geschäftsführung von keiner bzw. sehr geringer Relevanz, sodass im Prüfungsbericht unter Unregelmäßigkeiten in der Rechnungslegung keine Ausführungen erforderlich sind.

---

[67] Vgl. IDW PS 450, Tz 43.
[68] Vgl. IDW PS 210, Tz 62.
[69] Vgl. BT-Drs. 13/9712, S. 28.
[70] Vgl. IDW PS 450, Tz 47.

Die **Wesentlichkeit** bestimmt sich in derartigen Fällen nicht allein an den betragsmäßigen Auswirkungen einer Unrichtigkeit, wie nachfolgendes Beispiel illustriert: 71

> **Beispiel**
> Im Zuge der Prüfung des IKS im Bereich Personal stellt der AP bei Auswertung seiner Stichproben fest, dass der Allein-Geschäftsführer mehrfach gegen die Reisekostenrichtlinien der prüfungspflichtigen GmbH verstoßen und überhöhte Spesenabrechnungen von insgesamt 2.000 EUR vorgenommen hat. Auf Befragen erklärt der Geschäftsführer, dass ihm diese Fehler bislang nicht bekannt waren und er sich die Sachverhalte nur als Versehen erklären kann.
> Der eigentlich zu bilanzierende Rückforderungsanspruch gegen den Geschäftsführer liegt unter der Wesentlichkeitsgrenze des AP, sodass keine Konsequenzen für das Prüfungsergebnis (BSV) zu ziehen sind. Infrage kann aber trotz der betragsmäßig geringen Höhe eine Berichterstattung als Unregelmäßigkeit kommen. Dies ist vom AP eigenverantwortlich unter Berücksichtigung des Empfängerkreises des Prüfungsberichts (existiert ein AR, ist der Geschäftsführer gleichzeitig Alleingesellschafter?) zu entscheiden.

Grundsätzlich sind nur solche Unregelmäßigkeiten berichtspflichtig, die bis zum Prüfungsende nicht behoben sind. Soweit aber Unrichtigkeiten oder Verstöße im Prüfungsverlauf behoben wurden, kann der AP eigenverantwortlich gleichwohl darüber berichten, wenn dies nach seinem Ermessen für die Überwachungsfunktion des Aufsichtsrats wesentlich erscheint. Dies betrifft insb. solche Unregelmäßigkeiten, die auf Schwächen im IKS der Ges. hindeuten.[71] 72

Eine Berichtspflicht kann sich auch dadurch ergeben, dass trotz Auskunftsbereitschaft des Unt vom AP nicht festgestellt werden kann, ob eine Täuschung, Vermögensschädigung oder ein Gesetzesverstoß vorliegt.[72] 73

### 3.2.2.2 Sonstige Unregelmäßigkeiten

Hierunter sind solche Verstöße der gesetzlichen Vertreter oder Arbeitnehmer gegen Gesetz, Gesellschaftsvertrag oder Satzung zu erfassen, die sich nicht unmittelbar auf die Rechnungslegung beziehen. Es sind bereits solche Tatsachen berichtspflichtig, die einen substanziellen Hinweis auf schwerwiegende Verstöße enthalten, ohne dass der AP eine abschließende rechtliche Würdigung zu treffen hat.[73] 74

Derartige Verstöße betreffen Gesetze, die das Unt oder deren Organe als solche verpflichten oder im Rahmen der Tätigkeit der gesetzlichen Vertreter als Arbeitnehmer für die Ges. anfallen.[74] Demgegenüber sind Verstöße der gesetzlichen Vertreter oder Arbeitnehmer, die deren Privatbereich betreffen, nicht von der Berichtspflicht erfasst. **Beispiele** für **berichtspflichtige Gesetzesverstöße** sind: 75
- Verstoß gegen Vorschriften der Kapitalerhaltung (z.B. entgegen § 92 Abs. 2 AktG, § 49 Abs. 3 GmbHG keine Einberufung einer Haupt- bzw. Gesell-

---

[71] Vgl. IDW PS 450, Tz 47.
[72] Vgl. *Schmidt/Poullie*, in Beck Bil-Komm. 9. Aufl., § 321 HGB, Rz 33.
[73] Vgl. BT-Drs. 14/8769, S. 28.
[74] Vgl. WP-Handbuch, Bd. I, 14. Aufl., Abschn. Q, Rz 130.

schafterversammlung bei Verlust i. H. von 50 % des Grund- bzw. Stammkapitals),
- Verstoß gegen Aufstellungsvorschriften (z. B. Nichtaufstellung eines KA),
- Verstoß gegen Offenlegungsvorschriften,[75]
- bei börsennotierten Unternehmen: Tatsachen, die erkennen lassen, dass die nach § 161 AktG abgegebene Entsprechenserklärung zum DCGK inhaltlich unzutreffend ist,
- Maßnahmen der Geschäftsführung, die ohne die erforderliche Zustimmung der GesV oder des AR durchgeführt werden (zustimmungspflichtige Rechtsgeschäfte),
- Nichtdurchführung einer erforderlichen Pflichtprüfung nach § 316 HGB des Vorjahresabschlusses (und damit Nichtigkeit des Vorjahresabschlusses),
- Verstöße gegen das Geldwäschegesetz, Steuergesetze, Insolvenzrecht, Strafrecht (z. B. Untreue), BetrVG, MitbestG.

### 3.3 Gegenstand, Art und Umfang (Abs. 3)

76 Abs. 3 der Vorschrift verpflichtet den AP, in einem besonderen Abschnitt des Prüfungsberichts Gegenstand, Art und Umfang der Apr. zu erläutern. Dies gilt im Übrigen auch für die Abfassung des BSV (§ 322 Rz 34). Darüber hinaus ist im Prüfungsbericht auch auf die angewandten Rechnungslegungs- und Prüfungsgrundsätze einzugehen. Aufgrund der Adressatenausrichtung des Prüfungsberichts sind hier zur Schaffung einer besseren Beurteilungsmöglichkeit der Prüfungstätigkeit des AP[76] weitaus detailliertere Erläuterungen zu geben, als dies in dem für die Öffentlichkeit bestimmten BSV erfolgt. Ziel ist es, das Aufsichtsorgan bei seiner eigenen Prüfung des JA und LB (vgl. § 171 Abs. 1 AktG) zu unterstützen, indem der AP seine Vorgehensweise darzulegen hat.
**Gegenstand** der Apr. sind gem. § 317 HGB
- die Buchführung,
- der JA,
- der LB sowie
- ggf. das Risikofrüherkennungssystem nach § 91 Abs. 2 AktG (nur bei börsennotierten AG/KGaA/SE).

77 Bei börsennotierten und bestimmten anderen AG, die nach § 289a HGB in einem gesonderten Abschnitt des LB eine Erklärung zur Unternehmensführung bzw. die Angabe der Internetseite aufzunehmen haben, auf der die Erklärung dauerhaft öffentlich zugänglich gemacht wird, ist darauf hinzuweisen, dass dieser Abschnitt des LB gem. § 317 Abs. 2 Satz 3 HGB nicht Gegenstand der Prüfung war.[77]

78 Der AP hat anzugeben, nach welchen **Rechnungslegungsgrundsätzen** der JA aufgestellt wurde. Dies können bspw. sein:
- deutsche handelsrechtliche Vorschriften,[78]
- IFRS, wie sie in der EU anzuwenden sind („EU-IFRS" gem. § 315a Abs. 1 HGB),
- vollständige IFRS („full IFRS"),

---

[75] A.A.: *Hoffmann/Lüdenbach*, NWB-Kommentar Bilanzierung, 6. Aufl., 2015, § 321 HGB, Rz 44.
[76] BT-Drs. 13/9712, S. 29.
[77] Vgl. IDW PS 450, Tz 52a.
[78] Vgl. IDW PS 201, Tz 5 ff.

- IFRS for SME,
- US-GAAP oder
- andere nationale Rechnungslegungsstandards.

Ist aufgrund größenabhängiger, rechtsform- oder wirtschaftszweigspezifischer gesetzlicher Regelungen (z.B. § 53 GenG, § 29 KWG, § 57 VAG) oder im Rahmen der Auftragserteilung der Gegenstand der Apr. gegenüber § 317 HGB erweitert worden, ist **auf Erweiterungen des Prüfungsgegenstands** im Prüfungsbericht einzugehen, unabhängig davon, ob auf diese Erweiterungen im BSV einzugehen ist oder nicht.[79]

79

Bei KapG bzw. KapCoGes, die als TU unter Inanspruchnahme von § 264 Abs. 3 oder 4 bzw. § 264b HGB ausschließlich die für alle Kfl. geltenden Vorschriften beachten, aber die Prüfungserleichterung nicht in Anspruch nehmen (Pflichtprüfung[80]), kann darauf hingewiesen werden, dass der JA nach den Vorschriften des Ersten Abschnitts des Dritten Buchs des HGB aufgestellt wurde. Zweckmäßig erscheint in diesem Zusammenhang darüber hinaus der Hinweis, dass im Zeitpunkt der Beendigung der Apr. die Erfüllung der Voraussetzungen des § 264 Abs. 3 oder Abs. 4 HGB insoweit nicht beurteilt werden konnte, als diese Voraussetzungen ihrer Art nach erst zu einem späteren Zeitpunkt erfüllbar sind; die fehlenden Voraussetzungen sollten hierbei genannt werden (zu Auswirkungen auf den BSV, § 322 Rz 104).

80

Es empfiehlt sich, in diesem Berichtsabschnitt darauf hinzuweisen, dass für die Rechnungslegung sowie die Angaben gegenüber dem AP die gesetzlichen Vertreter die Verantwortung tragen und die Aufgabe des AP darin besteht, die Unterlagen, die zugrunde liegende Buchführung sowie die gemachten Angaben zu prüfen.[81]

81

Soweit der AP vorab Teilberichte über Prüfungsergebnisse erstattet hat (Rz 180), hat er eine Übersicht der erstatteten Teilberichte und deren Gegenstand zu geben.[82]

82

Weiterhin hat der AP Angaben zu **Art und Umfang** der Apr. vorzunehmen. Hierbei sind zunächst die angewandten **Prüfungsgrundsätze** zu bezeichnen. Dies werden im Regelfall die vom IDW festgestellten Grundsätze ordnungsmäßiger Apr. sein. Sofern ergänzend andere Prüfungsgrundsätze, insb. die ISA, angewandt wurden, sollte dies ebenfalls angegeben werden (Rz 208).[83] Bezüglich der Angabepflichten zu den angewandten Prüfungsgrundsätzen im BSV vgl. § 322 Rz 36. Soweit der AP in sachlich begründeten Einzelfällen von den deutschen Prüfungsgrundsätzen abweicht, hat er dies im Prüfungsbericht darzulegen und zu begründen.[84]

83

Der AP hat darüber hinaus seine **Prüfungsstrategie** und seine Prüfungsdurchführung näher zu erläutern, wobei auch Angaben zur zeitlichen Durchführung, insb. bei längeren Unterbrechungen z.B. wegen fehlender Prüfungsbereitschaft des Unt, empfohlen werden.[85] Im Einzelnen können folgende Angaben in Betracht kommen:[86]

84

---

79 Vgl. IDW PS 450, Tz 54.
80 Vgl. IDW PH 9.200.1, Tz 4.
81 Vgl. IDW PS 450, Tz 53.
82 Vgl. IDW PS 450, Tz 60.
83 Vgl. *Orth*, in *Baetge/Kirsch/Thiele*, Bilanzrecht, § 321 HGB, Rz 105, Stand 2/2014.
84 Vgl. IDW PS 450, Tz 55.
85 Vgl. *Kuhner/Päßler*, in *Küting/Pfitzer/Weber*, HdR, § 321 HGB, Rn 73, Stand 04/2011.
86 Vgl. IDW PS 450, Tz 57; *Schmidt/Poullie*, in Beck Bil-Komm. 9. Aufl., § 321 HGB, Rz 68.

- Prüfung des rechnungslegungsbezogenen IKS,
- Prüfungsschwerpunkte (auch solche, die mit dem AR vereinbart wurden),
- Verwendung stichprobengestützter Prüfungsverfahren,
- Angaben zu den Bestandsnachweisen (z. B. Anlagenkartei, Grundbuchauszüge, Teilnahme an Inventuren durch den AP, Einholung von Saldenbestätigungen und andere Bestätigungen Dritter),
- Prüfung von rechnungslegungsbezogenen organisatorischen Umstellungen (z. B. im Berichtsjahr erfolgter IT-Systemwechsel),
- Verwendung der Prüfungsergebnisse Dritter (z. B. AP von TU),
- Prüfung von Zweigniederlassungen, Werken, Betriebsstätten,
- Prüfung zukunftsbezogener Angaben im LB,
- Zusammenarbeit mit der internen Revision,
- Auswirkungen aus dem Vorjahresabschluss (z. B. bei nicht geprüftem Vorjahresabschluss),
- Besonderheiten bei Erstprüfungen[87] (Rz 184),
- Auswirkungen eines erweiterten Prüfungsauftrags.

85 Eine Darstellung einzelner Prüfungshandlungen oder eine Begründung des Prüfungsvorgehens ist nicht erforderlich, zumal dies ggf. die Effizienz und Vertraulichkeit von Folgeprüfungen beeinträchtigen könnte.[88]
Die Darstellung muss so angelegt sein, dass das Überwachungsgremium erkennen kann, auf welche **externen Nachweise** sich der AP gestützt und wie die **Grundzüge des Prüfungsvorgehens** erfolgt sind, um ggf. Konsequenzen für die eigene Überwachungstätigkeit erkennen zu können.[89] Wenn trotz ggf. durchgeführter alternativer Prüfungshandlungen eine Beurteilung wesentlicher Sachverhalte aufgrund von Prüfungshemmnissen nicht oder nicht mit der hinreichenden Sicherheit möglich ist, ist dies im Prüfungsbericht darzulegen.[90]

86 Gem. § 321 Abs. 2 Satz 6 HGB hat der AP im Prüfungsbericht anzugeben, ob die gesetzlichen Vertreter die verlangten **Auskünfte und Nachweise** erbracht haben. Kommen die gesetzlichen Vertreter ihren Auskunfts- und Nachweispflichten gem. § 320 Abs. 2 HGB nach, genügt eine Feststellung, dass alle erbetenen Auskünfte und Nachweise erbracht wurden. Außerdem ist auf die Abgabe einer **Vollständigkeitserklärung** durch die gesetzlichen Vertreter hinzuweisen. Soweit der AP Zweifel an der Richtigkeit von Auskünften hat oder wenn Nachweise oder Auskünfte nicht oder nur verzögert erteilt bzw. vorgelegt worden sind, hat der AP darzulegen, inwieweit sich dadurch Auswirkungen auf eine abschließende und verlässliche Beurteilung der Prüfungsgegenstände und damit auch auf den BSV ergeben haben.[91]

### 3.4 Feststellungen und Erläuterungen zur Rechnungslegung (Abs. 2)

87 Abs. 2 Satz 1 verpflichtet den AP festzustellen, ob die Buchführung und die weiteren geprüften Unterlagen, der JA sowie der LB den gesetzlichen Vorschrif-

---

[87] Vgl. IDW PS 205, Tz. 17 ff.
[88] Vgl. *Kuhner/Päßler*, in *Küting/Pfitzer/Weber*, HdR, § 321 HGB, Rn 75, Stand 04/2011.
[89] Vgl. IDW PS 450, Tz 56.
[90] Vgl. WP-Handbuch, Bd. I, 14. Aufl., Abschn. Q, Rz 165.
[91] Vgl. WP-Handbuch, Bd. I, 14. Aufl., Abschn. Q, Rz 170; IDW PS 450, Tz 59.

ten und den ergänzenden Vorschriften des Gesellschaftsvertrags bzw. der Satzung entsprechen. Da es sich um die **Feststellung**[92] **der Ordnungsmäßigkeit** handelt, kann auf die Darstellung von unwesentlichen und unproblematischen Teilen des JA verzichtet werden.[93]

Abs. 2 Satz 2 verlangt demgegenüber eine Berichterstattung über solche Beanstandungen, die zwar nicht zu einer Einschränkung oder Beanstandung des BSV geführt haben, für die Überwachung der Geschäftsführung und des geprüften Unt aber von Bedeutung sind.[94] In Betracht kommen hierbei wohl insb. Feststellungen zu Schwachstellen im rechnungslegungsbezogenen IKS (Rz 91).

Abs. 2 Satz 3 fordert das Eingehen darauf, ob der Abschluss insgesamt unter Beachtung der GoB oder sonstiger maßgeblicher Rechnungslegungsgrundsätze ein den tatsächlichen Verhältnissen entsprechendes Bild der VFE-Lage der Ges. vermittelt.[95]

Abs. 2 Satz 4 verpflichtet den AP zur Beurteilung der Gesamtaussage des JA unter besonderer Berücksichtigung von
- wesentlichen Bewertungsgrundlagen,
- Änderungen in den Bewertungsgrundlagen und
- sachverhaltsgestaltenden Maßnahmen.

Abs. 2 Satz 5 erfordert angemessene Aufgliederungen und Erläuterungen einzelner Posten des JA, soweit diese Angaben nicht im Anhang enthalten sind.

### 3.4.1 Ordnungsmäßigkeit der Rechnungslegung

#### 3.4.1.1 Buchführung und weitere geprüfte Unterlagen

Die Beurteilung der Ordnungsmäßigkeit der Buchführung betrifft die Verpflichtungen aus §§ 238–241 HGB. Hierzu gehören: 88
- die Organisation und das System der Buchführung,
- das Beleg- und Ablagewesen,
- die zeitnahe, vollständige und fortlaufende Erfassung von Geschäftsvorfällen,
- die Bestandsnachweise,
- die Herleitung des Abschlusses aus der Buchführung,
- das rechnungslegungsrelevante interne Kontrollsystem.

In Betracht kommen nicht sämtliche der angesprochenen Punkte, sondern die für den Berichtsadressaten aus Sicht des AP relevanten. Daher werden insb. Veränderungen gegenüber dem Vorjahr (z.B. organisatorische Veränderungen, Wechsel des Buchführungssystems) anzusprechen sein.[96]

Die Beurteilung der Ordnungsmäßigkeit der Buchführung erfordert keine Feststellungen zum gesamten Rechnungswesen, sondern zur **Finanzbuchführung**, soweit auf ihr der JA aufbaut. Bestandteile der Finanzbuchführung sind das Hauptbuch, die verschiedenen Nebenbücher (z.B. Anlagenbuchhaltung, Debitoren- und Kreditorenbuchhaltung, Lohn- und Gehaltsbuchhaltung), das Bestandswesen sowie Inventare und Saldenlisten.[97] 89

---

[92] Vgl. *Gross/Möller*, WPg 2004, S. 329.
[93] BT-Drs. 14/8769, S. 28.
[94] Vgl. IDW PS 450, Tz 62.
[95] Vgl. WP-Handbuch, Bd. I, 14. Aufl., Abschn. Q, Rz 172.
[96] Vgl. *Kuhner/Päßler*, in *Küting/Pfitzer/Weber*, HdR, § 321 HGB, Rn 49, Stand 04/20011.
[97] Vgl. WP-Handbuch, Bd. I, 14. Aufl., Abschn. Q, Rz 174.

90 Hierzu werden regelmäßig auch Ausführungen zum verwendeten **IT-System** erforderlich sein. Soweit im Zuge der Apr. Mängel hinsichtlich der Sicherheit der für Zwecke der Rechnungslegung verarbeiteten Daten festgestellt werden, sind diese im Prüfungsbericht darzustellen.[98] Eine Negativerklärung, dass derartige Mängel nicht festgestellt worden sind, ist nicht gefordert.

91 Soweit im Rahmen der Apr. im Rechnungswesen wesentliche Mängel festgestellt worden sind, die auf **organisatorische Schwächen** (z.B. mangelnde Sorgfalt, mangelnde Anweisung und Ausbildung von Mitarbeitern, fehlende Abstimmung von IT-Systemen) hindeuten, ist über diese zu berichten, auch wenn sie bis zum Prüfungsende behoben sind.[99] Sind derartige Feststellungen oder Mängel nach Einschätzung des AP für die Berichtsadressaten nicht von Bedeutung, kann er von einer Aufnahme in den Bericht absehen und auf sie stattdessen mündlich oder in einem Management Letter (Rz 37) hinweisen.

92 Besondere Bedeutung in der Berichterstattung des AP haben festgestellte **wesentliche Mängel des internen Kontrollsystems**, z.B. fehlende Funktionstrennung, fehlende Kontrollmaßnahmen. Eine Berichterstattungspflicht besteht in besonderem Maße, wenn die festgestellten Mängel im IKS auf eine Verletzung der Sorgfaltspflicht der gesetzlichen Vertreter schließen lassen.[100]

93 Es empfiehlt sich für den AP auch über festgestellte wesentliche Mängel in den nicht rechnungslegungsbezogenen Bereichen des IKS zu berichten und hierbei darauf hinzuweisen, dass Systemschwächen zwar als Prüfungsergebnis festgestellt wurden, die Apr. aber nicht darauf gerichtet ist, die Wirksamkeit des IKS für Geschäftsführungszwecke zu beurteilen.[101]

94 Bei den **weiteren geprüften Unterlagen** handelt es sich um solche Unterlagen, die der AP im Rahmen seiner Prüfung der Ordnungsmäßigkeit der Rechnungslegung ergänzend herangezogen hat. Dies können bspw. sein:
- Kostenrechnung, BAB,
- Planungsrechnungen,
- Verträge,
- Protokolle von Aufsichtsrats- oder Gesellschafterversammlungen,
- Unternehmensinternes Reporting an Geschäftsführung, AR, GesV.

95 Der AP hat hinsichtlich dieser weiteren geprüften Unterlagen festzustellen, ob die aus ihnen hervorgehenden Informationen zu einer ordnungsgemäßen Abbildung in Buchführung, JA und LB geführt haben.

### 3.4.1.2 Jahresabschluss

96 Der AP hat gem. Abs. 2 Satz 1 auszuführen, ob der JA den gesetzlichen Vorschriften und den ergänzenden Bestimmungen des Gesellschaftsvertrags bzw. der Satzung entspricht.
Dies umfasst die Beurteilung, ob im JA die maßgeblichen gesetzlichen Vorschriften einschließlich der GoB und alle größenabhängigen, rechtsformgebundenen

---

[98] Vgl. IDW PS 450, Tz 65.
[99] Vgl. WP-Handbuch, Bd. I, 14. Aufl., Abschn. Q, Rz 179.
[100] Vgl. WP-Handbuch, Bd. I, 14. Aufl., Abschn. Q, Rz 180.
[101] Vgl. IDW PS 261, Tz 93.

oder wirtschaftszweigspezifischen Regelungen sowie JA-bezogene Regelungen des Gesellschaftsvertrags oder der Satzung beachtet worden sind.[102]
Die Aussage bezieht sich auf die Bestandteile des JA, d.h. Bilanz, GuV und Anhang. Bei KM-orientierten Gesellschaften i.S.d. § 264d HGB, die nicht konzernrechnungslegungspflichtig sind, umfasst der JA darüber hinaus eine KFR und einen Eigenkapitalspiegel sowie fakultativ eine Segmentberichterstattung (§ 264 Rz 34).  97

In diesem Berichtsabschnitt ist auch einzugehen auf etwaige Durchbrechungen der Ansatz- und Bewertungsstetigkeit[103] sowie auf fehlende oder eingeschränkte Vergleichbarkeit zum Vorjahresabschluss.[104]  98

Bezüglich des **Anhangs** ist festzustellen, ob dieser alle gesetzlich vorgeschriebenen Pflichtangaben enthält.[105] Im Fall einer Zusammenfassung von Anhang/Konzernanhang nach § 298 Abs. 3 HGB sollte dies sowohl für die Pflichtangaben des Anhangs wie auch des Konzernanhangs erfolgen. Nimmt der Bilanzierende im Anhang eine eingeschränkte Berichterstattung unter Bezugnahme auf § 286 HGB oder § 160 Abs. 2 AktG vor, so hat der AP darzustellen, ob dies zu Recht erfolgt ist.[106] Weiterhin ist im Fall einer zulässigen Inanspruchnahme der Befreiungsregelung nach § 285 Nr. 17 letzter Satzteil HGB (Nichtangabe des AP-Honorars wegen Angabe im KA) darauf einzugehen, wenn im Zeitpunkt der Beendigung der Apr. nicht beurteilt werden konnte, ob alle im KA zu machenden Angaben zur Inanspruchnahme der Befreiungsregelung dort enthalten sind.[107]  99

Soweit der geprüfte JA **nicht korrigierte Fehler** enthält, ist gem. Abs. 2 Satz 2 der Vorschrift hier (auch) darüber zu berichten (zur Berichterstattung über Unregelmäßigkeiten in der Rechnungslegung vgl. Rz 65). Ein Verweis auf die ggf. ausführlichere Berichterstattung im Rahmen der Darstellung von Unregelmäßigkeiten erscheint zweckmäßig. Soweit der AP eine **Abweichung von IDW RS** toleriert, hat er dies im Prüfungsbericht darzulegen und zu begründen, auch wenn als Grund für die Abweichung eine höchstrichterliche Rechtsprechung angegeben wird.[108]  100

### 3.4.1.3 Lagebericht

Da bereits in der Vorwegberichterstattung eine Beurteilung der Lageberichterstattung der gesetzlichen Vertreter erfolgt ist (Rz 47), erstreckt sich die hier vorzunehmende Beurteilung auf die Einhaltung der gesetzlichen Vorschrift von § 289 HGB.[109] Liegen **Mängel** vor, hat der AP diese hier darzulegen (zur Berichterstattung über Unregelmäßigkeiten in der Rechnungslegung vgl. Rz 69), unabhängig davon, ob sie zu einer Einschränkung des BSV geführt haben oder nicht.[110]  101

Sofern im LB bspw. entsprechend DRS 20.104 die Berechnung finanzieller Leistungsindikatoren (z.B. ein um Sondereffekte bereinigtes EBITDA) erläutert  102

---

[102] Vgl. IDW PS 450, Tz 67.
[103] Zur Zulässigkeit vgl. IDW RS HFA 38, Tz 15.
[104] Vgl. hierzu IDW PS 318.
[105] Vgl. *Schmidt/Poullik*, in Beck Bil-Komm. 9. Aufl., § 321 HGB, Rz 53.
[106] Vgl. IDW PS 450, Tz 69.
[107] Vgl. IDW PH 9.200.2, Tz 8.
[108] Vgl. IDW PS 201, Tz 13.
[109] Vgl. *Orth*, in *Baetge/Kirsch/Thiele*, Bilanzrecht, § 321 HGB, Rz 91, Stand 2/2014.
[110] Vgl. WP-Handbuch, Bd. I, 14. Aufl., Abschn. Q, Rz 199.

wird, ist dies nicht zu beanstanden (und dementsprechend nicht im Prüfungsbericht explizit zu erwähnen).[111]

103 Wird im LB ausgeführt, dass dieser unter Beachtung von DRS 20 aufgestellt wurde und stellt der AP fest, dass nicht alle einschlägigen Anforderungen des DRS 20 beachtet wurden, hat der AP diese Abweichungen zu würdigen und bei Wesentlichkeit einen Mangel festzustellen, der eine Einschränkung des BSV erfordert.[112]

104 Der AP hat darzulegen, ob nach dem Ergebnis seiner Prüfung im LB die **wesentlichen Chancen und Risiken der künftigen Entwicklung** zutreffend dargestellt sind und ob die **Angaben nach § 289 Abs. 2 HGB** sowie ggf. weiterer gesetzlicher Vorschriften (z. B. Schlusserklärung zum Abhängigkeitsbericht gem. § 312 Abs. 3 Satz 3 AktG) vollständig und zutreffend sind.[113]
Im Fall einer Zusammenfassung von LB und KLB (§§ 315 Abs. 3, 298 Abs. 3 HGB) sollte festgestellt werden, ob sowohl für den LB als auch für den KLB die Pflichtangaben enthalten sind.

### 3.4.2 Gesamtaussage des Jahresabschlusses

#### 3.4.2.1 Feststellungen zur Gesamtaussage

105 Abs. 2 Satz 3 der Vorschrift verlangt vom AP ein Eingehen auf die Einhaltung der Generalnorm des § 264 Abs. 2 HGB. Danach hat der Abschluss unter Beachtung der GoB oder sonstiger maßgeblicher Rechnungslegungsgrundsätze insgesamt ein den tatsächlichen Verhältnissen entsprechendes Bild der VFE-Lage der Ges. zu vermitteln.

106 Die Einhaltung der Generalnorm ist nicht automatisch gegeben, wenn im Rahmen der Darstellung der Ordnungsmäßigkeit der Rechnungslegung (Rz 88 ff.) keine Mängel festgestellt wurden. Soweit nämlich bspw. KapG die Erleichterungen des § 264 Abs. 3 HGB zulässigerweise teilweise in Anspruch nehmen und keinen Anhang aufstellen, entspricht dies – bei Vorliegen der übrigen Voraussetzungen – zwar den Rechnungslegungsvorschriften; die Einhaltung der Generalnorm ist in diesen Fällen aber nur durch zusätzliche Angaben gewährleistet.[114]

107 Die Gesamtaussage bezieht sich ausschließlich auf den JA, nicht auf den LB, sodass auf Letzteren in diesem Berichtsteil nicht einzugehen ist. Über das Ergebnis der Beurteilung ist im Prüfungsbericht zu berichten, auch wenn sich keine Besonderheiten ergeben haben.[115] Damit der Berichtsadressat die Beurteilung des AP zur Gesamtaussage nachvollziehen kann, hat er diese zu begründen und dabei auf die in Abs. 2 Satz 4 der Vorschrift genannten Erläuterungen einzugehen. Diese Erläuterungen werden nachfolgend dargestellt:

---

[111] Vgl. IDW, Berichterstattung über die 232. Sitzung des HFA, FN-IDW 2013, S. 359.
[112] Vgl. IDW, Berichterstattung über die 234. Sitzung des HFA, FN-IDW 2014, S. 195.
[113] Vgl. IDW PS 450, Tz 71.
[114] Zu Einzelheiten vgl. IDW PH 9.200.1, Tz 10.
[115] Vgl. IDW PS 450, Tz 72.

Abb. 2: Erläuterungen gem. § 321 Abs. 2 Satz 4 HGB[116]

Ergibt die Beurteilung der Gesamtaussage keine Besonderheiten, ist es ausreichend, in diesem Berichtsabschnitt festzustellen, dass der JA insgesamt unter Beachtung der GoB ein den tatsächlichen Verhältnissen entsprechendes Bild der VFE-Lage der Ges. vermittelt.[117]

Kommt der AP zu der Beurteilung, dass kein BSV, sondern ein Versagungsvermerk erteilt werden muss, wird damit eine positive Beurteilung der Gesamtaussage des JA verneint. Über die Ausführungen zu den Versagungsgründen hinaus sind in diesen Fällen keine weiteren Erläuterungen zur Beurteilung der Gesamtaussage erforderlich. Bei einem eingeschränkten BSV sind dagegen Erläuterungen zur Beurteilung der Gesamtaussage erforderlich und sinnvoll.[118]

### 3.4.2.2 Wesentliche Bewertungsgrundlagen

Hierunter werden **Bilanzierungs- und Bewertungsmethoden** und **wertbestimmende Faktoren** erfasst. Die Erläuterungspflicht umfasst demgemäß das Eingehen auf die Ausübung von Ansatz- und Bewertungswahlrechten und die Bestimmung maßgeblicher Faktoren (Parameter, Annahmen, Ausübung von Ermessensspielräumen). Die Erläuterungspflicht verlangt nicht eine Wiederholung der bereits im Anhang enthaltenen Bilanzierungs- und Bewertungsmethoden für sämtliche Posten des Abschlusses. Vielmehr sind die für den Berichtsadressaten **relevanten Bewertungsgrundlagen** darzustellen und hierbei insb. auf bestehende **Ermessensspielräume** (z.B. aufgrund von Bandbreiten für Schätzungen) hinzuweisen. Insbesondere bei einseitiger Ausübung von Ermessensspielräumen zur Beeinflussung der Gesamtaussage sind vom AP zahlenmäßige Erläuterungen der Auswirkungen vorzunehmen; eine Beurteilung der wirtschaftlichen Zweckmäßigkeit der Bilanzie-

---

[116] Vgl. IDW PS 450, Tz 74.
[117] Vgl. WP-Handbuch, Bd. I, 14. Aufl., Abschn. Q, Rz 203.
[118] Vgl. IDW PS 450, Tz 77.

rungs- und Bewertungsentscheidungen obliegt allerdings nicht dem AP. Diese sind vielmehr als geschäftspolitische Entscheidungen der gesetzlichen Vertreter durch die Berichtsadressaten zu beurteilen.

> **Beispiel**
> Ein Unt bildet im JA zum 31.12.01 eine Rückstellung für einen Schadensersatzprozess, in dem das Unt von einem Kunden auf die Zahlung eines Gesamtschadens von 1.000 TEUR verklagt worden ist. Für die zu erwartende Schadensersatzzahlung ist im JA eine Rückstellung i. H. von 200 TEUR gebildet. Im Rahmen seiner Apr. hat der AP, gestützt auf Auskünfte des Rechtsanwalts des Unt, die Höhe der Rückstellung als noch zulässig erachtet. Nach seinen Feststellungen beläuft sich der zulässige Ermessensspielraum für die Rückstellung auf 200–350 TEUR. Die im Gj 01 gebildete Rückstellung hat wesentliche Auswirkungen auf die Ertragslage der Ges. gehabt, da unter Berücksichtigung der Rückstellung ein Ergebnis vor Steuern von 100 TEUR erzielt wurde. Im Rahmen der Berichterstattung über die Bewertungsgrundlagen hat der AP darzulegen, dass die Bewertung der Rückstellung mit dem unteren Ende des zulässigen Ermessensspielraums bemessen wurde und dass bei vorsichtigerer Einschätzung des Risikos durch die gesetzlichen Vertreter sich ein Vorsteuerverlust im Gj 01 ergeben hätte.

110 **Bilanzierungs- und Bewertungswahlrechte** ergeben sich insb. bei folgenden Bilanzpositionen bzw. Sachverhalten:[119]
- Aktivierung von selbst geschaffenen immateriellen VG des AV,
- gemildertes Niederstwertprinzip beim AV,
- Festwert bei Sachanlagen oder bestimmten Vorräten,
- Ansatz eines Aktivüberhangs von latenten Steuern,
- Behandlung eines Disagios,
- Passivierung von sog. Altzusagen bei Pensionsrückstellungen und Unterdeckungen bei mittelbaren Verpflichtungen.

111 Soweit ein Bilanzierender unter Bezugnahme auf § 246 Abs. 3 Satz 2 HGB eine zulässige Durchbrechung der **Ansatzstetigkeit** geltend macht, wird hierüber im Prüfungsbericht zu berichten sein, soweit es sich um wesentliche Auswirkungen handelt.

112 Parameter sind i. d. R. durch Marktpreise oder allgemein akzeptierte Standardwerte objektivierte Faktoren.[120] Beispiele für **wertbestimmende Parameter** sind:[121]
- Wechselkurse,
- Börsenkurse,
- Steuersätze,
- Zinssätze,
- biometrische Rechnungsgrundlagen,
- Vertragslaufzeiten.

---

[119] Vgl. IDW PS 450, Tz 79; WP-Handbuch, Bd. I, 14. Aufl., Abschn. Q, Rz 210.
[120] Vgl. WP-Handbuch, Bd. I, 14. Aufl., Abschn. Q, Rz 211.
[121] Vgl. IDW PS 450, Tz 82.

**Wertbestimmende Annahmen** der gesetzlichen Vertreter zur Ausübung von Ermessensspielräumen sind z. B.:[122]
- künftige Auslastung des Unternehmens,
- Nutzungsdauern,
- Restwerte und Abbruchkosten,
- künftige Zahlungsein- oder -ausgänge,
- Fluktuationsraten,
- Gehaltsentwicklung,
- künftige Preisentwicklungen von Vorleistungen (Rohstoffe, Dienstleistungen),
- Inflationsraten,
- Wahrscheinlichkeit künftiger Inanspruchnahme (z. B. Gewährleistungen, Prozessrisiken).

### 3.4.2.3 Änderungen in den Bewertungsgrundlagen

Für Bewertungsmethoden ist in § 252 Abs. 1 Nr. 6 HGB ein Stetigkeitsgebot kodifiziert. Der Gesetzgeber lässt nur in sachlich begründeten Ausnahmefällen eine Durchbrechung der Bewertungsstetigkeit gem. § 252 Abs. 2 HGB zu (§ 252 Rz 123 ff.). Ein Abweichen von bisher angewandten Bewertungsmethoden kommt demnach nur in sehr eingeschränktem Umfang in Betracht,[123] sodass hierzu im Prüfungsbericht Stellung zu nehmen ist. Dabei geht es weniger um die Zulässigkeit der Durchbrechung, die unter der Ordnungsmäßigkeit des JA zu beurteilen ist (Rz 96), als vielmehr um die Auswirkungen auf die Gesamtaussage des Abschlusses.

Da die Bewertungsgrundlagen auch die Ausübung von Ermessensspielräumen umfassen (Rz 109), ist über deren Änderungen durch die gesetzlichen Vertreter zu berichten.[124]

> **Beispiel**
> Sachverhalt wie im Ausgangsbeispiel (Rz 109). Bei Aufstellung des JA zum 31.12.02 ist der Schadensersatzprozess aufgrund umfänglicher Beweisaufnahmen immer noch anhängig. Die Auskünfte des Rechtsanwalts des Unt sind bzgl. der Risikoeinschätzung unverändert gegenüber dem Vorjahr. Der AP erachtet wiederum einen Ermessensspielraum von 200–350 TEUR als zulässig. Im JA zum 31.12.02 wird die Vorjahresrückstellung von 200 TEUR auf nunmehr 350 TEUR erhöht. Unter Berücksichtigung dieser Rückstellungsdotierung beläuft sich das Vorsteuerergebnis für das Gj 02 auf 750 TEUR.
> Der AP sollte – auch wenn die veränderte Ausübung des Ermessensspielraums durch die gesetzlichen Vertreter durch ihn nicht beanstandet wird – im Prüfungsbericht die geänderte Ausübung darzustellen. Hierbei empfiehlt es sich auch, darzustellen, wie die Vorsteuerergebnisse der Gj 01 und 02 ausgefallen wären, wenn in beiden Gj der Ermessensspielraum in gleicher Weise ausgeübt worden wäre.

---

122 Vgl. IDW PS 450, Tz 83.
123 Vgl. IDW RS HFA 38, Tz 14. Vertiefend hierzu vgl. *Löffler/Roß*, WPg 2012, S. 366.
124 Vgl. IDW PS 450, Tz 90.

116 Nicht immer verfügt der AP über eindeutig zahlenmäßig bestimmbare Informationen, wie in dem vorstehenden Beispiel. Soweit quantitative Aussagen wegen bestehender Unsicherheiten nicht aussagefähig erscheinen, sollte der AP zumindest tendenzielle Aussagen zu den Auswirkungen auf die Gesamtaussage des Abschlusses treffen, ohne hierbei Wertungen der Änderungen vorzunehmen.[125]

117 In zeitlicher Hinsicht ist die Berichterstattung dergestalt beschränkt, dass nur die Änderungen des zu prüfenden Gj, nicht die in Vorjahren vorgenommenen, darzustellen sind. Daher sind nur zukünftige Umkehreffekte darzustellen und soweit möglich zu quantifizieren.[126]

### 3.4.2.4 Sachverhaltsgestaltende Maßnahmen

118 Sachverhaltsgestaltende Maßnahmen können die Momentaufnahme des JA über die Bilanzierungs- und Bewertungswahlrechte hinaus zielorientiert beeinflussen.[127] Hierunter sind Maßnahmen zu verstehen, die sich auf **Ansatz** oder **Bewertung** von VG und Schulden auswirken, sofern
- sie von der üblichen Gestaltung abweichen, die nach Einschätzung des AP den Erwartungen der Abschlussadressaten entspricht, und
- sich die Abweichung von der üblichen Gestaltung auf die Gesamtaussage des JA wesentlich auswirkt.[128]

119 Häufig werden sachverhaltsgestaltende Maßnahmen nicht ausschließlich zur Beeinflussung des betreffenden JA durchgeführt, sondern beruhen auf unternehmerischen Entscheidungen. Gleichwohl ist darüber zu berichten, wenn sie geeignet sind, die Darstellung der VFE-Lage wesentlich zu beeinflussen.[129] Beispiele für sachverhaltsgestaltende Maßnahmen sind:[130]
- Forderungsverkäufe im Rahmen von *asset backed securities*-Transaktionen,
- Pensionsgeschäfte,[131]
- *Sale-and-lease-back*-Transaktionen,
- Gestaltungen mit dem Ergebnis der Aktivierung von Entwicklungskosten oder anderen selbst geschaffenen immateriellen VG (soweit nicht ohnehin nach § 248 Abs. 1 HGB aktiviert),
- *window dressing*, d. h. abschlussstichtagsbezogene Beeinflussung der Gesamtaussage des JA (z. B. Tilgung von Verbindlichkeiten kurz vor dem Abschlussstichtag bei Neuaufnahme der Verbindlichkeiten kurz nach dem Abschlussstichtag),
- Übergang von Kauf zu Leasing im Rahmen der Anschaffung von VG,
- der Einsatz von Zweckgesellschaften (*special purpose entities*, z. B. Leasingobjektgesellschaften),
- Tauschumsätze,

---

125 Vgl. IDW PS 450, Tz 92, 93.
126 Vgl. *Orth*, in *Baetge/Kirsch/Thiele*, Bilanzrecht, § 321 HGB, Rz 96.9, Stand 2/2014.
127 Vgl. *Schmidt/Poullie*, in Beck Bil-Komm. 9. Aufl., § 321 HGB, Rz 61.
128 Vgl. IDW PS 450, Tz 94.
129 Die in IDW ERS HFA 13 nF aufgeführten Fallkonstellationen zum Übergang des wirtschaftlichen Eigentums sowie zur Gewinnrealisierung nach HGB stellen ebenfalls mögliche Berichtspunkte dar, die im Einzelfall hier anzugeben sind.
130 Vgl. WP-Handbuch, Bd. I, 14. Aufl., Abschn. Q, Rz 223.
131 Vgl. § 340b HGB.

- die Ausgestaltung von Aktienoptionsplänen,
- konzerninterne Transaktionen bzw. solche mit nahestehenden Personen.

### 3.4.2.5 Aufgliederungen und Erläuterungen

Die in Abs. 2 Satz 5 der Vorschrift geforderte Aufgliederung und Erläuterung von Abschlussposten sind nur dann obligatorisch, wenn durch die Aufgliederung und Erläuterung eine wesentliche Verbesserung des Verständnisses der Gesamtaussage erreicht wird.[132] Sofern einzelne Posten aufgegliedert werden, sind sie auch zu erläutern. Dies erfordert regelmäßig Ausführungen, welchen Einfluss bspw. die geänderte Ausübung eines Wahlrechts oder die Durchführung einer Sachverhaltsgestaltung auf Ansatz, Bewertung oder Zusammensetzung einzelner Abschlussposten hat.[133] Hierzu kann es bspw. empfehlenswert sein, über die Darstellungen im Anhang hinaus auf Rechte Dritter an bilanzierten VG (Verfügungsbeschränkungen, Belastungen) einzugehen.[134] Da die gesetzlich geforderten Aufgliederungen und Erläuterungen in direktem Zusammenhang mit der Gesamtaussage stehen, werden sie regelmäßig bei den Ausführungen zu den Bilanzierungs- und Bewertungsmethoden und deren Änderungen sowie den sachverhaltsgestaltenden Maßnahmen und nicht in einem separaten Berichtsabschnitt vorgenommen.

120

Von den gesetzlich erforderlichen Aufgliederungen und Erläuterungen sind weitergehende sonstige Aufgliederungen und Erläuterungen zu unterscheiden. Aufgrund gesonderter Beauftragung oder den Erwartungen der Berichtsadressaten wird der AP i.d.R. eine Analyse des JA vornehmen, indem die **VFE-Lage** – oftmals die einzelnen Lagen jeweils separat – **in Strukturdarstellungen** aufbereitet, Veränderungen analysiert und daraus abgeleitete oder auch weitergehende Kennzahlen dargestellt werden.[135] Diese Analyse ist dem Gebot der Klarheit der Berichterstattung folgend (Rz 26) in einem von den Ausführungen zur Gesamtaussage getrennten Berichtsabschnitt (z.B. im Anschluss an die Ausführungen zur Gesamtaussage oder in einer Anlage zum Prüfungsbericht) vorzunehmen.[136] Ein Verzicht auf eine Darstellung der VFE-Lage ist insb. in folgenden Konstellationen denkbar:[137]

121

- Anhang und LB enthalten bereits entsprechend detaillierte Darstellungen, sodass eine (erneute) Aufnahme in den Prüfungsbericht lediglich eine Wiederholung wäre,
- im Rahmen der Stellungnahme zur Lagebeurteilung (Rz 47) oder im Rahmen der Darstellung der Erläuterungen i.S.v. § 321 Abs. 2 Satz 4 HGB (Rz 105 ff.) sind bereits entsprechend aussagekräftige Darstellungen im Prüfungsbericht enthalten,
- bei einem Prüfungsbericht über den JA eines TU, das in den KA des MU einbezogen wird und dessen wirtschaftliche Lage im Wesentlichen von den

---

[132] Vgl. Orth, in Baetge/Kirsch/Thiele, Bilanzrecht, § 321 HGB, Rz 97.1, Stand 2/2014.
[133] Vgl. IDW PS 450, Tz 98.
[134] Vgl. ADS, 6. Aufl., § 321 HGB, Rn 115.
[135] Zu Einzelheiten über Möglichkeiten der Darstellung vgl. WP-Handbuch, Bd. I, 14. Aufl., Abschn. Q, Rz 235 ff.
[136] Vgl. IDW PS 450, Tz 112; weitere Gründe für eine grundsätzlich vorzunehmende Analyse der VFE-Lage vgl. WP-Handbuch, Bd. I, 14. Aufl., Abschn. Q, Rz 232.
[137] Vgl. WP-Handbuch, Bd. I, 14. Aufl., Abschn. Q, Rz 234.

Verhältnissen des MU geprägt ist; dabei ist zusätzlich vorauszusetzen, dass im Prüfungsbericht über die KAP des MU die wirtschaftliche Lage ausreichend dargestellt wird,
- wenn auf die Darstellung der VFE-Lage im Prüfungsbericht auftragsgemäß (insb. bei freiwilligen Apr.) verzichtet werden soll; dies ist jedoch nur zulässig, soweit sich das betreffende Unt nicht in einer wirtschaftlichen Schieflage befindet und der AP sich im Übrigen von der Funktionsfähigkeit des internen Informationssystems überzeugt hat.

122 Eine **detaillierte Aufgliederung aller Posten der Bilanz und GuV** zur Sicherung der Unternehmensdokumentation hat in einer Anlage zum Prüfungsbericht oder ggf. in einem separaten Anlagenband zu erfolgen. Bei mittelständischen Unt ohne ausgeprägte eigene Dokumentation können diese Aufgliederungen und Erläuterungen ein wichtiges Informations- und Kontrollinstrument darstellen.[138] Zu beachten ist hierbei, dass der AP mit der Aufnahme dieser Aufgliederungen und Erläuterungen auch die Verantwortlichkeit für deren Richtigkeit übernimmt, wodurch sich regelmäßig eine Ausweitung der Prüfungshandlungen im Rahmen der Apr. ergibt, da ein reines Übernehmen von unternehmensinternen Aufstellungen unzulässig ist.[139] Zu beachten ist außerdem, dass durch die Aufgliederungen der Posten der Bilanz und der GuV die Wesentlichkeitsgrenze für die Prüfungsfeststellungen im Zusammenhang mit diesen Aufgliederungen und Erläuterungen ggf. anzupassen ist.[140]

### 3.5 Feststellungen zum Risikofrüherkennungssystem (Abs. 4)

123 Bei einer börsennotierten AG (§ 3 Abs. 2 AktG) umfasst der Prüfungsgegenstand gem. § 317 Abs. 4 HGB auch die dem Vorstand nach § 91 Abs. 2 AktG obliegenden Maßnahmen (Risikofrüherkennungssystem). Abs. 4 der Vorschrift verpflichtet den AP, in einem gesonderten Abschnitt des Prüfungsberichts auszuführen, ob der Vorstand die nach § 91 Abs. 2 AktG erforderlichen Maßnahmen getroffen, insb. ein **Risikofrüherkennungssystem** eingerichtet hat, und ob das Überwachungssystem seine Aufgaben erfüllen kann. Zur Prüfung des Risikofrüherkennungssystems s. § 317 Rz 117.

124 Die Berichterstattungspflicht betrifft somit die Prüfungsberichte von börsennotierten AG. Da sich die Vorschrift auf die geprüfte Gesellschaft bezieht und folglich das Risikofrüherkennungssystem lediglich Bestandteil der JAP ist, ist ein Abschnitt im Prüfungsbericht lediglich zur JAP dieser Ges. zwingend, auch wenn die Ausgestaltung des Risikofrüherkennungssystems konzernweit zu erfolgen hat. Insbesondere bei börsennotierten AG, die zugleich MU eines (Teil-)Konzerns sind, braucht der Konzern-AP im Prüfungsbericht zum (Teil-)Konzernabschluss grds. keine Feststellungen zum Risikofrüherkennungssystem des MU zu treffen.[141]

125 Der AP hat festzustellen, ob das Risikofrüherkennungssystem geeignet ist, den Fortbestand der Ges. gefährdende Entwicklungen frühzeitig zu erkennen, und ob Maßnahmen zu dessen Verbesserung erforderlich sind. Konkrete **Verbes-**

---

[138] Vgl. IDW PS 450, Tz 99.
[139] Vgl. *Gross/Möller*, WPg 2004, S. 323.
[140] Vgl. IDW PS 450, Tz 112; weitere Gründe für eine grundsätzlich vorzunehmende Analyse der VFE-Lage vgl. WP-Handbuch, Bd. I, 14. Aufl., Abschn. Q, Rz 232.
[141] Vgl. WP-Handbuch, Bd. I, 14. Aufl., Abschn. Q, Rz 262, 671.

serungsvorschläge sind nicht Gegenstand der Berichterstattung, es sind lediglich die betreffenden Bereiche zu benennen.[142] Der AP hat auch keine Darstellung des Risikofrüherkennungssystems vorzunehmen.

Soweit **keine Beanstandungen** festgestellt werden, empfiehlt sich folgende For- 126 mulierung:[143] „Unsere Prüfung hat ergeben, dass der Vorstand die nach § 91 Abs. 2 AktG geforderten Maßnahmen, insb. zur Einrichtung eines Überwachungssystems, in geeigneter Weise getroffen hat und dass das Überwachungssystem geeignet ist, Entwicklungen, die den Fortbestand der Gesellschaft gefährden, frühzeitig zu erkennen."

Soweit das Risikofrüherkennungssystem **offenkundig völlig unzureichende** 127 **Maßnahmen** des Vorstands umfasst, handelt es sich um eine sonstige Unregelmäßigkeit, über die gem. § 321 Abs. 1 Satz 3 HGB zu berichten ist (Rz 74).[144]

Diese Redepflicht besteht für alle AG, da die Vorschrift des § 91 Abs. 2 AktG keine 128 Differenzierung hinsichtlich Börsennotierung nach § 3 Abs. 2 AktG vornimmt.

Nach hM entfaltet § 91 Abs. 2 AktG eine **Ausstrahlungswirkung** auf Ges. anderer 129 Rechtsform, da die Implementierung eines angemessenen Überwachungssystems zu den Sorgfaltspflichten der gesetzlichen Vertreter zu zählen ist.[145] Eine Berichterstattung als Unregelmäßigkeit bei diesen Ges. kann dann in Betracht kommen, wenn die Geschäftsführung im Rahmen des Risikoberichts bzw. Prognoseberichts als Teil des LB (vgl. DRS 20) keine angemessenen Instrumentarien zur Risikofrüherkennung implementiert hat und der LB deshalb in den genannten Bereichen unvollständig sein kann.

## 3.6 Feststellungen aus der Erweiterung des Prüfungsauftrags

Soweit der Prüfungsauftrag **aufgrund gesellschaftsvertraglicher bzw. satzungs-** 130 **mäßiger Regelung** oder aufgrund **freiwilliger Beauftragung** erweitert ist und sich diese Erweiterung nicht auf den JA oder LB bezieht, ist über das Ergebnis dieser Erweiterung in einem separaten Abschnitt des Prüfungsberichts zu berichten.[146] Über diejenigen Erweiterungen des Prüfungsauftrags, die sich auf den JA oder LB beziehen, ist nicht hier, sondern im Rahmen der Ordnungsmäßigkeit der Rechnungslegung (Rz 96 ff.) zu berichten.

In Betracht kommen insb. Prüfungen nach **§ 53 HGrG** (Prüfung der Ordnungs- 131 mäßigkeit der Geschäftsführung und der wirtschaftlichen Verhältnisse), Prüfung einer REIT-AG nach § 11 Abs. 4 ReitG,[147] Prüfung der Angaben zum DCGK oder Prüfung der Entflechtung der Rechnungslegung gem. § 6b Abs. 5 EnWG.[148] Wichtig ist eine klare Trennung von eigenständigen Prüfungsaufträgen, wie z. B. Prüfung des Abhängigkeitsberichts und Prüfung von Lizenzentgelten an Duale Systeme, über die separat zu berichten ist. Die Abgrenzung zwischen der Erweiterung des Prüfungsauftrags und eigenständiger Prüfung kann im Einzelfall von den mit dem Auftraggeber getroffenen Vereinbarungen abhängen.[149]

---

[142] Vgl. IDW PS 450, Tz 106.
[143] Vgl. IDW PS 450, Tz 105.
[144] Vgl. *Kuhner/Päßler*, in *Küting/Pfitzer/Weber*, HdR, § 321 HGB, Rn 78, Stand 04/2011.
[145] Vgl. *Orth*, in *Baetge/Kirsch/Thiele*, Bilanzrecht, § 321 HGB, Rz 119, Stand 2/2014, mwN.
[146] Vgl. IDW PS 450, Tz 108.
[147] Zu Einzelheiten vgl. IDW PH 9.950.2.
[148] Zu Einzelheiten vgl. IDW PS 610.
[149] Vgl. IDW PS 450, Tz 19.

132  Die Berichterstattung umfasst die Darstellung der **wesentlichen Ergebnisse**. Bei einer Prüfung nach § 53 HGrG ist auf die Beantwortung der Fragen des betr. Fragenkatalogs zu verweisen, der als Anlage dem Prüfungsbericht beizufügen ist.[150] Weiterhin sind Angaben zur Berücksichtigung der Vorjahresbeanstandungen und -empfehlungen zu machen.[151]

133  Eine Prüfung nach § 53 HGrG umfasst auch die Prüfung des Risikofrüherkennungssystems der Gesellschaft. Da diese Prüfungspflicht aber nicht auf § 317 Abs. 4 HGB beruht, sollte hierüber ebenfalls in dem Abschnitt über die Erweiterung des Prüfungsauftrags und nicht in dem Abschnitt über die Prüfung des Risikofrüherkennungssystems (Rz 123) berichtet werden.[152]

### 3.7 Wiedergabe des Bestätigungsvermerks (§ 322 Abs. 7 Satz 2)

134  Der BSV bzw. der Versagungsvermerk sind gem. § 322 Abs. 7 Satz 2 HGB in den Prüfungsbericht aufzunehmen. Hierbei handelt es sich um eine Wiedergabe des an anderer Stelle erteilten BSV, der nicht im Prüfungsbericht selbst enthalten sein darf.[153] Die Ursache dieser scharfen Trennung liegt in dem unterschiedlichen Adressatenkreis von Prüfungsbericht und BSV. Der Prüfungsbericht ist nur einem eingeschränkten Adressatenkreis zugänglich (Rz 7), während der BSV für die Öffentlichkeit bestimmt ist. Daher wird in der Praxis zumeist ein sog. **Testatsexemplar**, bestehend aus BSV, JA, LB und AAB, ausgefertigt. In diesen Fällen ist der BSV dem Prüfungsbericht nicht als Anlage beizufügen. Wird kein Testatsexemplar ausgefertigt, ist das Original des BSV als Anlage zum Prüfungsbericht beizufügen[154] (Rz 137).

135  Die Wiedergabe des BSV im Prüfungsbericht ist unter Angabe von Ort, Datum und Name des bzw. der unterzeichnenden WP vorzunehmen, allerdings nicht zu unterzeichnen und nicht zu siegeln.[155] Hiervon zu unterscheiden sind die zumeist direkt im Anschluss erfolgende Unterzeichnung und Siegelung des Prüfungsberichts selbst (Rz 139).

136  Wird der Prüfungsbericht von denselben Personen unterzeichnet, die auch den BSV gezeichnet haben (Regelfall), kann bei der Wiedergabe des BSV auf die Angabe der Namen der den BSV zeichnenden WP verzichtet werden. Gleiches gilt für die Angabe des Ortes und des Datums der Erteilung des BSV, wenn diese Angaben identisch zu den Angaben im Prüfungsbericht sind (Regelfall).[156]

### 3.8 Anlagen zum Prüfungsbericht

137  Zu unterscheiden sind obligatorische und fakultative Anlagen zum Prüfungsbericht. **Obligatorische Anlagen** zum Prüfungsbericht sind:
- geprüfter JA,
- geprüfter LB,

---

150 Vgl. IDW PS 720, Tz 15.
151 Vgl. IDW PH 9.450.1, Tz 5.
152 GlA: *Schmidt/Poullie*, in Beck Bil-Komm. 9. Aufl., § 321 HGB, Rz 90.
153 Vgl. IDW PH 9.450.2, Tz 4.
154 Vgl. IDW PH 9.450.2, Tz 3.
155 Vgl. IDW PS 450, Tz 109.
156 Vgl. WP-Handbuch, Bd. I, 14. Aufl., Abschn. Q, Rz 282.

- Fragenkatalog des IDW PS 720 bei Erweiterung des Prüfungsauftrags nach § 53 HGrG (Rz 127).

An **fakultativen Anlagen** kommen in Betracht:
- BSV (soweit kein Testatsexemplar ausgefertigt wurde, Rz 134),
- AAB des WP (Anlage ist zwar fakultativ, sollte für den WP aber obligatorisch sein),
- Darstellung der rechtlichen, steuerlichen und wirtschaftlichen Verhältnisse,[157]
- Analyse der VFE-Lage (Rz 122),
- Aufgliederungen und Erläuterungen der Posten von Bilanz und GuV (Rz 122),
- weitere Anlagen nach individueller Vereinbarung mit dem Auftraggeber.

### 3.9 Besonderheiten bei einem IFRS-Einzelabschluss nach § 325 Abs. 2a HGB

Nach § 325 HGB offenlegungspflichtige Unt können anstelle ihres nach handelsrechtlichen Grundsätzen aufgestellten und geprüften JA auch einen Einzelabschluss nach den in § 315a Abs. 1 HGB bezeichneten internationalen Rechnungslegungsstandards aufstellen, prüfen lassen und offenlegen (§ 325 Rz 117). Für diesen IFRS-EA gilt gem. § 324a Abs. 1 HGB die Vorschrift des § 321 HGB. Für den Prüfungsbericht zum IFRS-EA ergeben sich im Einzelnen folgende Besonderheiten:[158]

138

- Als **Rechnungslegungsgrundsätze** sind die „IFRS, wie sie in der EU anzuwenden sind," zu bezeichnen.
- **Prüfungsgegenstand** sind die nach den EU-IFRS geforderten Unterlagen, d.h. neben Bilanz, GuV und Anhang auch die KFR, der Eigenkapitalspiegel, ggf. die SegmBer. Auch der LB gehört zum Prüfungsgegenstand.

Es ist festzustellen, ob der IFRS-EA ordnungsgemäß aufgestellt wurde und die geprüften Unterlagen den IFRS, wie sie in der EU anzuwenden sind, entsprechen. Weiterhin ist festzustellen, ob die gem. § 325 Abs. 2a Satz 3 HGB genannten Vorschriften beachtet wurden.

- Ein IFRS-EA ist nicht an die handelsrechtlichen GoB gebunden. Insoweit ist bei der Berichterstattung ausschließlich darauf einzugehen, ob der IFRS-EA ein den tatsächlichen Verhältnissen entsprechendes Bild der VFE-Lage vermittelt.
- Bei der Stellungnahme zur Beurteilung der Darstellung der Lage der Ges. durch die gesetzlichen Vertreter ist zu beachten, dass, soweit ein einheitlicher LB erstellt wird, dieser in erforderlichem Umfang auch auf den IFRS-EA Bezug nehmen muss. Es wird aber nicht zu beanstanden sein, wenn die Ges. zwei LB aufstellt, die sich lediglich in Bezug auf die Darstellung der VFE-Lage und des Geschäftsergebnisses unterscheiden (§ 324a Rz 17).
- Der Prüfungsbericht zum IFRS-EA kann gem. § 324a Abs. 2 Satz 2 HGB mit dem Prüfungsbericht zum JA, KA oder IFRS-KA zusammengefasst werden. Dies erscheint allerdings nur in solchen Fällen zweckmäßig und den Grund-

---

[157] Vgl. zu Einzelheiten möglicher Berichterstattung WP-Handbuch, Bd. I, 14. Aufl., Abschn. Q, Rz 290 ff.
[158] Vgl. *Schmidt/Poullie*, in Beck Bil-Komm. 9. Aufl., § 321 HGB, Rz 99.

sätzen einer klaren Berichterstattung entsprechend, wenn es sich bei dem KA um einen gem. § 315a HGB nach IFRS aufgestellten KA handelt (§ 324a Rz 18).

## 4 Unterzeichnung und Vorlage (Abs. 5)

139 Abs. 5 der Vorschrift betrifft die Unterzeichnung und Vorlage des Prüfungsberichts durch den AP.
Die Unterzeichnung des Prüfungsberichts ist zu unterscheiden von der Unterzeichnung des BSV; es handelt sich um zwei separate Elemente der Berichterstattung mit unterschiedlichem Adressatenkreis (Rz 7).

140 Auch wenn nicht explizit vom Gesetzgeber verlangt, ist der Prüfungsbericht unter Angabe von Ort und Datum zu unterzeichnen.[159] Bei gesetzlichen Apr. ist außerdem das Berufssiegel zu führen (§ 48 Abs. 1 Satz 1 WPO, § 18 Abs. 1 BS WP/vBP). Bei freiwilligen Apr. kann das Siegel geführt werden (§ 48 Abs. 1 Satz 2 WPO, § 18 Abs. 2 Nr. 2 BS WP/vBP).

141 Die Unterzeichnung hat eigenhändig zu erfolgen. Es wird als ausreichend angesehen, wenn zumindest ein Exemplar des Prüfungsberichts vom WP eigenhändig unterzeichnet wird. Für weitere Ausfertigungen genügen auch mechanische Vervielfältigungen der Unterschrift.[160]

142 Der unterzeichnende WP hat die **Bezeichnung** „Wirtschaftsprüfer/Wirtschaftsprüferin" zu verwenden (§ 18 Abs. 1 Sätze 1 u. 2 WPO). vBP haben entsprechend die Berufsbezeichnung „vereidigter Buchprüfer/vereidigte Buchprüferin" zu verwenden (§ 128 Abs. 2 WPO). Eine Hinzufügung anderer Berufsbezeichnungen bei Mehrfachqualifikation ist nur zulässig, wenn es sich um einen amtlich verliehenen **ausländischen Prüfertitel** handelt (§ 18 Abs. 1 Satz 3 WPO), wie z. B. der US-amerikanische CPA.

143 In aller Regel werden Prüfungsbericht und BSV durch den bzw. dieselben Personen unterzeichnet. Ein Abweichen hiervon ist rechtlich zwar nicht ausgeschlossen, in der Praxis aber sehr ungewöhnlich, da Prüfungsbericht und BSV eng aufeinander bezogen sind.[161]

> **Beispiel**
> Die WPG führt bei dem Mandanten eine Prüfung des JA zum 31.12.01 durch. Die Schlussbesprechung mit der Geschäftsführung (Beendigung der materiellen Prüfungshandlungen) erfolgt am 12.3.02. Am 15.3.02 wird – unter dem Datum 12.3.02 – ein Testatsexemplar ausgeliefert. Den BSV haben die beiden für die WPG vertretungsberechtigten WP Müller und Meier unterzeichnet. Am 18.3.02 verstirbt Müller aufgrund eines tragischen Autounfalls. Da der Prüfungsbericht noch nicht unterschrieben worden ist, innerhalb der WPG jedoch organisatorisch die Unterzeichnung von Prüfungsberichten durch zwei WP angeordnet ist, hat ein anderer WP gemeinsam mit WP Meier den Prüfungsbericht zu unterzeichnen.

---

[159] Vgl. IDW PS 450, Tz 114.
[160] Vgl. Orth, in Baetge/Kirsch/Thiele, Bilanzrecht, § 321 HGB, Rz 121, Stand 2/2014, mwN.
[161] Vgl. Gelhausen, WPKM 2/2007, S. 61.

Bei **Berufsgesellschaften** als AP erfolgt die Unterzeichnung durch vertretungs- 144
berechtigte natürliche Personen, die WP bzw. vBP (bei Prüfungen von mittelgroßen Ges. i. S. v. § 267 HGB) sind. Die Unterzeichnung durch einen WP und
einen sonstigen mit der Apr. betrauten Mitarbeiter ist unzulässig (§ 32 Satz 2
WPO). Vertretungsberechtigte Personen können nicht nur die gesetzlichen Vertreter der Berufsgesellschaft (z. B. Vorstandsmitglieder, Geschäftsführer, persönlich haftende Gesellschafter), sondern auch rechtsgeschäftlich bevollmächtigte
Vertreter (insb. Prokuristen) sein.[162]

Der Prüfungsbericht ist gem. Abs. 5 Satz 1 den gesetzlichen Vertretern vorzule- 145
gen. Soweit der AR den Auftrag erteilt hat, ist gem. Abs. 5 Satz 2 der Prüfungs-
bericht diesem vorzulegen. Dieser Verpflichtung wird durch die Vorlage an den
Aufsichtsratsvorsitzenden entsprochen.[163] Die Regelung ist analog auch für
Beiräte und andere Aufsichtsgremien anzuwenden, soweit diese dem AP den
Prüfungsauftrag erteilt haben.

Abs. 5 Satz 2 verpflichtet den AP, vor Zuleitung des Prüfungsberichts an den AR 146
dem Vorstand Gelegenheit zur Stellungnahme zu geben. In der Praxis erfolgt dies
üblicherweise durch Übersendung eines **Vorabexemplars** (auch bezeichnet als
Entwurfsexemplar, Leseexemplar) des Prüfungsberichts. Die Übersendung eines
Vorabexemplars dient nicht nur der Gelegenheit zur Stellungnahme des Vorstands, sondern auch zur Beseitigung letzter Unrichtigkeiten aus der Berichterstattung.[164] Vorabexemplare sind zur Vermeidung von Missbräuchen eindeutig
als solche zu bezeichnen.[165]

Angesichts des Gesetzeswortlauts wird auch die Auffassung vertreten, dem Vorstand sei kein Berichtsentwurf, sondern der unterschriebene Prüfungsbericht
zuzuleiten.[166] Dem AR würde in diesem Fall neben dem Prüfungsbericht des AP
auch die Stellungnahme des Vorstands vorgelegt werden. Auch wenn dieser Fall in
der praktischen Handhabung nur sehr selten auftreten dürfte, sind die dieser
Rechtsauffassung zugrunde liegenden Argumente bzgl. des Verhältnisses von AP,
AR/Gesellschafter sowie Vorstand bzw. Geschäftsführung durchaus valide.[167]

Die **Anzahl auszufertigender Prüfungsberichte** wird vom Auftraggeber be- 147
stimmt. Gem. den AAB[168] besteht Anspruch auf fünf Exemplare. Bzgl. der
Problematik bei Prüfungsberichten als pdf-Dateien vgl. Rz 25.

Die Auslieferung des Prüfungsberichts stellt die **Beendigung der Apr.** dar. Erst 148
dann liegen die Voraussetzungen des § 316 Abs. 1 Satz 2 HGB vor, sodass erst ab
diesem Zeitpunkt eine Feststellung des JA vorgenommen werden kann.[169]

---

[162] Vgl. *Gelhausen*, WPKM 2/2007, S. 59.
[163] Vgl. IDW PS 450, Tz. 117.
[164] Vgl. *Ebke*, in *MünchKomm HGB*, 3. Aufl., § 321 HGB, Rz 92 f.
[165] Vgl. WP-Handbuch, Bd. I, 14. Aufl., Abschn. Q, Rz 305.
[166] Vgl. *Hommelhoff*, BB 1998, S. 2628.
[167] GlA: *Ebke*, in *MünchKomm HGB*, 3. Aufl., § 321 HGB, Rz 94 ff.
[168] Vgl. IDW-Verlag, Ziff. 10.3 der Allgemeinen Auftragsbedingungen für Wirtschaftsprüfer und
Wirtschaftsprüfungsgesellschaften nach dem Stand v. 1.1.2002.
[169] Vgl. OLG Stuttgart v. 1.7.2009, 20 U 8/08, IDW-FN 2010, S. 52, bestätigt vom BGH mit Beschluss
v. 21.6.2010, II ZR 166/09, BB 2010, S. 1649. Das OLG Stuttgart hat es als Mindestanforderung an
den Prüfungsbericht für zulässig erachtet, wenn ein zuvor übersandtes Entwurfsexemplar des
Prüfungsberichts vor der Beschlussfassung des AR vom AP unterzeichnet wird und der AP gegenüber dem AR erkennen lässt, dass dieser unterzeichnete Entwurfsbericht als rechtsverbindliche
Erklärung gelten solle.

149 Die gesetzlichen Vertreter haben den Prüfungsbericht der GesV vorzulegen (vgl. z.B. § 42a Abs. 1 Satz 2 GmbHG), während bei einer AG/KGaA die HV – auch wenn diese gem. § 173 AktG den JA feststellt – den Prüfungsbericht nicht erhält. TU haben gem. § 294 Abs. 3 ihren Prüfungsbericht dem MU einzureichen.

150 Bei der Prüfung von **Kreditinstituten und Finanzdienstleistungsinstituten** hat der AP gem. § 26 Abs. 1 Satz 3 KWG den Prüfungsbericht unmittelbar der BaFin und der Deutschen Bundesbank zu übermitteln. Gleiches gilt für AP von **Zahlungsinstituten** gem. § 17 Abs. 1 Satz 3 ZAG. **Versicherungsunternehmen und Pensionsfonds** haben den Prüfungsbericht der BaFin vorzulegen (§ 59 VAG).

## 5 Prüfungsbericht bei Konzernabschlussprüfungen

151 Für KAP gelten die in Rz 22–148 dargestellten Grundsätze analog, da § 321 HGB auch auf KAP i.S.v. § 316 Abs. 2 HGB anzuwenden ist. Im Folgenden wird lediglich auf konzernspezifische Besonderheiten eingegangen. Die KAP stellt einen eigenständigen Prüfungsauftrag dar. Daher ist grds. ein separater Prüfungsbericht zu erstatten (zu Ausnahmen Rz 211).

### 5.1 Prüfungsauftrag und Erklärung der Unabhängigkeit

152 Im Rahmen der Ausführungen zur Wahl und Beauftragung des Konzern-AP ist – sofern kein Konzern-AP gewählt ist – auf die Fiktion des § 318 Abs. 2 HGB einzugehen.[170]

### 5.2 Grundsätzliche Feststellungen

153 Die Berichterstattungspflicht bezieht sich auch auf entwicklungsbeeinträchtigende oder bestandsgefährdende Tatsachen sowie Unregelmäßigkeiten der in dem KA zusammengefassten JA. Im KA zusammengefasst sind vollkonsolidierte TU und nach der QuotenKons einbezogene TU. At equity bewertete Unt fallen demnach grds. nicht hierunter. Insbesondere in Konstellationen, bei denen zukünftig zu erwartende negative Ergebnisbeiträge von assoziierten Unt wesentliche Größenordnungen für die Ertragslage des Konzerns ausmachen, ist aber auch hier eine Berichterstattung des Konzern-AP erforderlich, soweit die Voraussetzungen für die Vorwegberichterstattung (Entwicklungsbeeinträchtigung, Bestandsgefährdung) gegeben sind.

154 Für den Konzern-AP gilt einerseits zu beachten, dass auf Ebene der JAP eines einbezogenen TU berichtspflichtige Tatsachen auf Konzern-Ebene ggf. keine Berichterstattung mehr begründen. Andererseits hat der Konzern-AP zu beachten, dass der Zeitpunkt der Aufstellung des KA regelmäßig später als die der einbezogenen TU liegt, sodass der Konzern-AP auch solche berichtspflichtigen Sachverhalte und Tatsachen von TU aufzunehmen hat, die ggf. erst nach Aufstellung des JA des TU auftreten bzw. bekannt werden. Stellt der Konzern-AP fest, dass die Voraussetzungen für die Inanspruchnahme von § 264 Abs. 3 HGB bzw. § 264b HGB für ein TU nicht vorgelegen haben, hat er darüber zu berichten.

---

[170] Vgl. IDW PS 450, Tz 119.

> **Beispiel**
> In den KA des MU wird eine Vielzahl in- und ausländischer TU einbezogen. Im Prüfungsbericht zum JA eines in den KA einbezogenen, gleichwohl unbedeutenden TU hat der lokale AP im Rahmen der Vorwegberichterstattung ausgeführt, dass aufgrund eines unerwarteten Verlusts im abgelaufenen Gj das Stammkapital von 25 TEUR zu mehr als 50 % durch Verluste aufgezehrt ist und die Geschäftsführung zwischenzeitlich eine GesV einberufen hat, in der eine Dotierung einer Kapitalrücklage zum Ausgleich des Bilanzverlustes durch den Alleingesellschafter beschlossen wurde.
> Im Rahmen der Berichterstattung zur KAP hat der Konzern-AP zu entscheiden, ob es sich aus Konzernsicht ebenfalls um berichtspflichtige Tatsachen i.S.v. § 321 Abs. 1 Satz 3 HGB handelt. Häufig wird dies in der geschilderten Konstellation nicht der Fall sein, sodass keine Ausführungen im Prüfungsbericht zur KAP vorzunehmen sind.

Soweit im Bericht über die JAP des MU eine Vorwegberichterstattung über bestandsgefährdende oder entwicklungsbeeinträchtigende Tatsachen oder Unregelmäßigkeiten erfolgt ist, ist eine Nichtaufnahme dieser Feststellungen in den Prüfungsbericht zur KAP nur zulässig, wenn der Konzern-AP zugleich AP des JA des MU ist.[171]

155

### 5.3 Gegenstand, Art und Umfang der Prüfung

Zum Gegenstand der KAP ist anzugeben, nach welchen Rechnungslegungsgrundsätzen der KA und der KLB aufgestellt wurden. Darüber hinaus sind Angaben zum Prüfungsgegenstand erforderlich betreffend die Prüfung[172]
- der Konzernbuchführung,
- der Abgrenzung des KonsKreises,
- der Ordnungsmäßigkeit der in den KA einbezogenen JA,
- der Konsolidierungsmaßnahmen,
- der Beachtung der gesetzlichen Vorschriften und der sie ergänzenden Regelungen des Gesellschaftsvertrags bzw. der Satzung des MU, wenn im KA zusammengefasste JA bisher ungeprüft sind,
- der Überleitung der im KA zusammengefassten JA auf die für den KA geltenden Vorschriften (sog. HB II).

156

Abs. 2 Satz 6 der Vorschrift fordert explizit die Feststellung, ob die verlangten Aufklärungen und Nachweise erbracht wurden. Im Falle einer KAP bezieht sich dies auf die in § 320 Abs. 3 HGB geregelten Vorlage-, Duldungs- und Auskunftspflichten der gesetzlichen Vertreter des MU und der TU sowie der AP dieser Unt. Im Allgemeinen genügt eine positive Feststellung, dass die erbetenen Aufklärungen und Nachweise erbracht worden sind. Wurden allerdings Auskünfte nicht erteilt oder Unterlagen nicht vorgelegt, ist dieses im Prüfungsbericht anzugeben.[173]

157

---

[171] Vgl. IDW PS 450, Tz 121.
[172] Vgl. IDW PS 450, Tz 122.
[173] Vgl. WP-Handbuch, Bd. I, 14. Aufl., Abschn. Q, Rz 694.

**158** Das Auskunftsrecht des § 320 Abs. 3 HGB umfasst nach dem Gesetzeswortlaut nicht assoziierte Unt sowie GemeinschaftsUnt. Gleichwohl wird im Rahmen einer ordnungsgemäßen Durchführung der KAP der AP das MU veranlassen, benötigte Auskünfte einzuholen oder eine unmittelbare Kontaktaufnahme zwischen Konzern-AP und den gesetzlichen Vertretern dieser Unt bzw. deren AP herzustellen.[174]

**159** Der Konzern-AP hat im Rahmen der Beschreibung seiner **Prüfungsstrategie** auch darzulegen, wie er die Verwertung von einbezogenen Abschlüssen, die von lokalen AP geprüft worden sind, vorgenommen hat. In diesem Zusammenhang kann es sich empfehlen auf im Rahmen der Prüfungsplanung versandte **audit instructions** und vorgenommene Prüfungshandlungen einzugehen, wie z. B.
- Auswertung der Prüfungsberichte,
- Einholung und Auswertung von weitergehenden Berichterstattungen des lokalen AP an den Konzern-AP (z. B. Konsolidierungsfragebogen),
- Teilnahme an Besprechungen oder Inventuren im Rahmen der lokalen Apr.,
- Einsichtnahme in die Arbeitspapiere des lokalen AP.

## 5.4 Feststellungen und Erläuterungen zur Konzernrechnungslegung

**160** Im Rahmen der **Berichtspflichten** nach Abs. 2 Satz 1 hat der AP zu folgenden Bereichen Ausführungen in den Prüfungsbericht aufzunehmen:
- KonsKreis und Konzernabschlussstichtag,
- Ordnungsmäßigkeit der in den KA einbezogenen Abschlüsse,
- Ordnungsmäßigkeit des KA.

**161** Bezüglich des **KonsKreises** ist – da entsprechende Angaben im Konzernanhang ohnehin enthalten sind – festzustellen, ob die diesbezüglichen Anhangangaben zutreffend sind. Es empfiehlt sich auf Veränderungen im KonsKreis gegenüber dem Vorjahr einzugehen. Der AP hat außerdem festzustellen, ob bei der Abgrenzung des KonsKreises das Gebot der Stetigkeit (§ 297 Abs. 3 Satz 2 HGB) sowie die Vorschriften zur Nichteinbeziehung (§ 296 HGB), zur QuotenKons (§ 310 HGB) und zur *Equity*-Bilanzierung (§§ 311, 312 HGB) eingehalten wurden.[175]

**162** Weicht bei einbezogenen TU der Stichtag des JA vom **Konzernabschlussstichtag** ab und ist von dem TU kein Zwischenabschluss aufgestellt worden (§ 299 Abs. 2 Satz 2 HGB), so hat der AP festzustellen, ob die Voraussetzungen hierfür vorgelegen haben. Ergänzend ist in diesen Fällen darauf einzugehen, ob sich Vorgänge von besonderer Bedeutung auf die VFE-Lage des TU zwischen diesen beiden Stichtagen ergeben haben.[176]

**163** Durch den Wegfall von § 317 Abs. 3 Satz 3 HGB a. F. im Zuge des BilMoG ist die früher zulässige **gesetzliche Übernahme von geprüften JA nicht mehr möglich**. Damit hat der AP grds. sämtliche einbezogenen JA einer Prüfung zu unterziehen, unabhängig davon, ob diese von einem anderen AP geprüft worden sind oder nicht. Der Konzern-AP darf allerdings die Arbeiten derartiger externer Prüfer verwerten, sodass sich materiell an den bisherigen Prüfungsgrundsätzen

---

[174] Vgl. WP-Handbuch, Bd. I, 14. Aufl., Abschn. Q, Rz 695.
[175] Vgl. IDW PS 450, Tz 126.
[176] Vgl. WP-Handbuch, Bd. I, 14. Aufl., Abschn. Q, Rz 699.

nichts Wesentliches geändert hat.[177] Im Konzernprüfungsbericht ist daher auf die Prüfung der **Ordnungsmäßigkeit der einbezogenen JA** von TU einzugehen. In Abhängigkeit von der Größe des KonsKreises kann es sich empfehlen, im Prüfungsbericht diejenigen Prüfungsberichte bzw. Bestätigungsvermerke von anderen AP anzugeben, die vom Konzern-AP verwertet wurden. Im Interesse der Klarheit der Berichterstattung empfiehlt es sich darzulegen, wie der Konzern-AP mit einbezogenen Abschlüssen prüferisch umgegangen ist, die entweder von einem lokalen AP geprüft wurden oder gar keiner Apr. unterlegen haben. Wesentliche Einwendungen gegen die Ordnungsmäßigkeit dieser JA sind in den Konzernprüfungsbericht aufzunehmen.

164

> **Beispiel**
> Der Konzern-AP stellt fest, dass der lokale AP eines in den KA einbezogenen US-amerikanischen TU den BSV eingeschränkt hat, da er die im lokalen US-amerikanischen JA aktivierten Forderungen aus Teilgewinnrealisierung (*percentage-of-completion*-Methode) als fehlerhaft beurteilt hat.
> Im Zuge der Erstellung der nach deutschen handelsrechtlichen Grundsätzen erstellten HB II sind diese aktivierten Forderungen eliminiert worden, da im KA die Umsatzrealisierung erst nach Fertigstellung und Abnahme erfolgt (*completed-contract*-Methode). Der Konzern-AP kommt zum Ergebnis, dass die Einschränkung des BSV bei dem TU keine Auswirkungen auf die Ordnungsmäßigkeit der einbezogenen HB II und damit auf die Ordnungsmäßigkeit des KA hat. Im Prüfungsbericht erfolgt eine Berichterstattung über den Sachverhalt und die Begründung, warum die Ordnungsmäßigkeit des einbezogenen Abschlusses gleichwohl gegeben ist.

Soweit Einwendungen von lokalen AP gegen JA einbezogener TU nicht wie in dem vorstehenden Beispiel aufgrund von Konsolidierungsmaßnahmen gegenstandslos werden, ist eine Einschätzung der Wesentlichkeit der Einwendungen für die Aussage des KA vorzunehmen. Wesentliche Einwendungen gegen die Ordnungsmäßigkeit dieser JA sind in den Konzern-Prüfungsbericht aufzunehmen.[178]

165

In diesem Berichtsabschnitt ist außerdem anzugeben, ob die Anpassungen der JA der einbezogenen TU an die konzerneinheitlichen Bilanzierungs- und Bewertungsmethoden (HB II) ordnungsgemäß durchgeführt wurde (§ 300 Rz 20).[179] Hierzu empfiehlt es sich, auf organisatorische Maßnahmen zur Sicherstellung der einheitlichen Bilanzierung und Bewertung (z.B. Konsolidierungsrichtlinie) einzugehen.

166

Im Rahmen der Berichterstattung über die **Ordnungsmäßigkeit des KA** hat der Konzern-AP das System der **Konzernbuchführung** darzulegen.[180] Im Einzelnen können folgende Aspekte darzustellen sein:[181]
- konzerneinheitlicher Kontenplan,
- Konsolidierungsrichtlinie,

167

---

[177] Vgl. IDW PS 320, Tz 5.
[178] Vgl. WP-Handbuch, Bd. I, 14. Aufl., Abschn. Q, Rz 700.
[179] Vgl. IDW PS 450, Tz 130.
[180] Vgl. *Orth*, in *Baetge/Kirsch/Thiele*, Bilanzrecht, § 321 HGB, Rz 137, Stand 2/2014.
[181] Vgl. *Schmidt/Poullie*, in Beck Bil-Komm. 9. Aufl., § 321 HGB, Rz 114.

- Internes Berichts- und Formularwesen,
- dezentrale oder zentrale Erstellung der HB II,
- mehrstufige oder einstufige Konsolidierungsmethodik,
- Konsolidierungssoftware.[182]

Die Ausführungen zur Konzernbuchführung können auch in einem separaten Berichtsabschnitt vorgenommen werden.[183]

168 Die Berichterstattung über die Ordnungsmäßigkeit des KA erfordert die Feststellung, ob der KA den gesetzlichen Vorschriften und den ergänzenden Bestimmungen des Gesellschaftsvertrag bzw. der Satzung des MU entspricht.[184] Weiterhin ist einzugehen auf:
- Übereinstimmung der angewandten Konsolidierungsmethoden mit den gesetzlichen Vorschriften,
- zutreffende Berücksichtigung der Vortragsbuchungen des Vorjahres-KA,
- Angaben im Konzernanhang vollständig und zutreffend,
- KFR in Übereinstimmung mit DRS 2 bzw. zukünftig DRS 21,
- Eigenkapitalspiegel in Übereinstimmung mit DRS 7 bzw. zukünftig mit E-DRS 29,
- SegmBer in Übereinstimmung mit DRS 3.

169 Soweit gesetzliche Wahlrechte (z. B. Beibehaltung der Buchwertmethode im Rahmen der KapKons für Altfälle vor dem Inkrafttreten des BilMoG, Art. 66 Abs. 3 Satz 4 EGHGB) durch einen DRS eingeschränkt werden, ist im Prüfungsbericht über eine zulässige Abweichung von den DRS zu berichten, auch wenn dies keine Auswirkungen auf den BSV hat.[185]

170 Im Rahmen der Berichterstattung zur **Gesamtaussage des KA** wird insb. auf im Rahmen der Konsolidierungsmaßnahmen ausgeübte Wahlrechte und Ermessensspielräume sowie sachverhaltsgestaltende Maßnahmen einzugehen sein, die sich auf die VFE-Lage des Konzerns auswirken. Beispiele hierfür sind:[186]
- Abgrenzung des KonsKreises,
- Behandlung von Differenzen aus der Zwischenergebniseliminierung und SchuldenKons,
- Ermittlung und Behandlung von Geschäfts- und Firmenwerten (Kaufpreisallokation, Bestimmung der Nutzungsdauer des Geschäfts- oder Firmenwerts),
- Behandlung eines Aktivüberhangs latenter Steuern gem. § 274 Abs. 2 HGB.

171 Die bei mittelständischen Konzernen oftmals gewünschte Dokumentation sämtlicher Konsolidierungsmaßnahmen geht über die gesetzlichen Anforderungen zu **Aufgliederungen und Erläuterungen** gem. § 321 Abs. 2 Satz 5 HGB hinaus und sollte daher im Bedarfsfall in einer Anlage zum Prüfungsbericht vorgenommen werden. Je nach Empfängerkreis kann sich eine **Analyse des KA** innerhalb des Prüfungsberichts – aber in einem von den Ausführungen zur Gesamtaussage getrennten Berichtsabschnitt – oder in einer Anlage zum Prüfungsbericht empfehlen.

172 Zur Zusammenfassung des Prüfungsberichts zum JA und KA vgl. Rz 211.

---

[182] Vgl. hierzu IDW RS FAIT 4.
[183] Vgl. WP-Handbuch, Bd. I, 14. Aufl., Abschn. Q, Rz 706.
[184] Vgl. IDW PS 450, Tz 132.
[185] Vgl. IDW PS 450, Tz 134.
[186] Vgl. IDW PS 450, Tz 137.

## 6 Sonderfragen der Berichterstattung

### 6.1 Freiwillige Prüfungen

Bei freiwilligen Apr. können Prüfungsgegenstand, Prüfungsdurchführung und Berichterstattung über die Prüfung zwischen Auftraggeber und AP grds. frei vereinbart werden. Soweit allerdings ein BSV nach § 322 HGB bei solchen Prüfungen erteilt werden soll, sind die für gesetzliche Apr. geltenden Regelungen analog zu beachten (§ 322 Rz 169). Darüber hinaus ist dann auch ein Prüfungsbericht zu erstellen, der den für gesetzliche JAP zu beachtenden Vorschriften des § 321 HGB entspricht. In diesen Fällen darf mit dem Auftraggeber keine Berichterstattung mit einem geringeren Umfang vereinbart werden.[187]

173

Freiwillige Apr. werden bei solchen Unt durchgeführt, die keiner gesetzlichen Abschlussprüfungspflicht (auch nicht nach §§ 6, 14 PublG) unterliegen, z. B.:

174

- Einzelunternehmen,
- Personenhandelsgesellschaften, die nicht § 264a HGB unterliegen,
- kleine KapG/KapCoGes,
- Konzernabschlüsse von MU i.S.v. § 290 HGB, die die Voraussetzungen von § 293 HGB erfüllen.

Bei KapG, die unter § 264 Abs. 3 HGB fallen, oder KapCoGes, die unter § 264b HGB fallen, können die Befreiungsvorschriften auch nur teilweise in Anspruch genommen werden. Soweit bei diesen Unt eine Apr. durchgeführt wird, handelt es sich um eine Pflichtprüfung.[188]

175

> **Beispiel**
> Eine mittelgroße KapCoGes, die in einen KA eines übergeordneten MU einbezogen wird, lässt ihren JA durch einen AP prüfen. Für Offenlegungszwecke nimmt die KapCoGes die Befreiungsvorschrift des § 264b HGB in Anspruch. Bezüglich Aufstellung und Prüfung des Abschlusses werden die Befreiungsregelungen nicht in Anspruch genommen.
> Es handelt sich um eine gesetzliche Apr. i.S.v. § 316 Abs. 1 HGB, über die gem. § 321 HGB zu berichten ist.

Besonderheiten des Prüfungsberichts zu **freiwilligen Abschlussprüfungen** sind:

176

- Adressierung des Prüfungsberichts (einleitend im Berichtsabschnitt Prüfungsauftrag),
- bei zulässigem Wegfall bestimmter Rechnungslegungsbestandteile entfallen die hierauf gerichteten Berichtsteile, z.B. bei Nichtaufstellung eines LB gem. § 264 Abs. 1 Satz 3 HGB entfällt die Stellungnahme zur Lagebeurteilung durch die gesetzlichen Vertreter. Die Regelungen zur Redepflicht bei entwicklungsbeeinträchtigenden und bestandsgefährdenden Tatsachen sowie zu Unregelmäßigkeiten bleiben auch in diesen Fällen bestehen (Rz 64ff.),

---

[187] Vgl. IDW PS 450, Tz 20.
[188] Vgl. WP-Handbuch, Bd. I, 14. Aufl., Abschn. Q, Rz 154.

- Soweit bei Nichtkapitalgesellschaften zulässigerweise kein Anhang aufgestellt wird, ist im Rahmen der Ausführungen zur Gesamtaussage darauf einzugehen, inwieweit ggf. auf andere Weise die Angaben gemacht werden, die unter Beachtung der GoB erforderlich sind, damit ein zutreffendes Bild der VFE-Lage durch den Abschluss vermittelt wird;[189] Gleiches gilt auch für KapG/KapCoGes, die die Aufstellungserleichterungen von § 264 Abs. 3 bzw. § 264b HGB in Anspruch nehmen.[190]
- Falls das zu prüfende Unt keinen Anhang aufstellen muss (z. B. nach § 5 Abs. 1 PublG) oder nicht der Generalnorm des § 264 Abs. 2 HGB unterliegt, hat der AP im Prüfungsbericht die Bewertungsgrundlagen, ihre Änderungen und sachverhaltsgestaltende Maßnahmen insoweit darzustellen, als dies im Interesse einer Einschätzung der Aussage des JA erforderlich ist. Hierdurch sollen die Gesellschafter und ein evtl. freiwillig gebildetes Aufsichtsorgan in die Lage versetzt werden, die erforderlichen Grundsatzentscheidungen zu treffen bzw. vorzubereiten.[191]

177 Prüfungsberichte über freiwillige Apr., die von einer WPG als AP erstattet werden, sind durch einen vertretungsberechtigten WP zu **unterzeichnen**. Im Unterschied zu Pflichtprüfungen darf neben einem WP auch ein Nicht-WP den Prüfungsbericht unterzeichnen.[192] Gleiches gilt entsprechend bei BPG für vBP. Eine **Siegelführung** ist zulässig, aber gem. § 48 Abs. 1 Satz 2 WPO nicht obligatorisch (Rz 140).

178 Die Prüfung eines IFRS-EA (Rz 188) stellt eine gesetzliche Apr. dar (§ 322 Rz 180).

179 Zu Prüfungsberichten bei freiwilligen Apr., bei denen lediglich eine Bescheinigung erteilt werden soll, wird auf das einschlägige berufsständische Schrifttum verwiesen.[193]

## 6.2 Erstattung von Teilberichten

180 Eine Erstattung von Teilberichten kommt insb. dann in Betracht, wenn aus Gründen der Eilbedürftigkeit vor Abschluss der Prüfung bestimmte Feststellungen dem AR mitzuteilen sind. Dies betrifft vor allem die **Ausübung der Redepflicht** zu
- bestandsgefährdenden oder entwicklungsbeeinträchtigenden Tatsachen (Rz 57) und
- Unregelmäßigkeiten und Verstößen (Rz 64).

181 Darüber hinaus können Teilberichte dann in Betracht kommen, wenn die Apr. zeitlich unterbrochen wird (z. B. in Vor- und Hauptprüfung) und der Auftraggeber nach der Vorprüfung eine Vorabberichterstattung wünscht (z. B. über die Prüfung des internen Kontrollsystems im Rahmen der Vorprüfung) oder der AP dies für geboten erachtet.

182 Eine **Teilberichterstattung** kann auch bei der **Prüfung des Risikofrüherkennungssystems** nach § 317 Abs. 4 HGB in Betracht kommen, wenn es sich um ein sehr komplexes Risikofrüherkennungssystem handelt und die nach Abs. 4 Satz 1

---

[189] Vgl. WP-Handbuch, Bd. I, 14. Aufl., Abschn. Q, Rz 193.
[190] Vgl. IDW PH 9.200.1, Tz 10.
[191] Vgl. IDW PS 450, Tz 76.
[192] Vgl. WP-Handbuch, Bd. I, 14. Aufl., Abschn. Q, Rz 850; § 27a Satz 1 BS WP/vBP.
[193] Vgl. WP-Handbuch, Bd. I, 14. Aufl., Abschn. Q, Rz 853; IDW S 7; IDW PS 900.

gebotene Berichterstattung sehr umfangreich ausfällt. In diesem Fall ist im Prüfungsbericht in dem gesonderten Abschnitt zur Prüfung des Risikofrüherkennungssystems das Ergebnis darzustellen und bzgl. der Details auf den Teilbericht zu verweisen. Im Hinblick auf den Grundsatz der Einheitlichkeit der Berichterstattung (Rz 36) sollte allerdings im Zweifelsfall der Darstellung im Prüfungsbericht der Vorzug vor einer Berichterstattung in einem Teilbericht gegeben werden.[194]

Soweit Teilberichte erstattet werden, ist im Prüfungsbericht eine **geschlossene Übersicht über die Teilberichte** und deren Gegenstand zu geben, um sicherzustellen, dass die Empfänger des Prüfungsberichts sämtliche für sie bestimmte Informationen erhalten (Rz 82).[195] Soweit der AP Vorabberichte aufgrund festgestellter entwicklungsbeeinträchtigender oder bestandsgefährdender Tatsachen erstattet hat, sind diese wegen ihrer Bedeutung vollinhaltlich in den Prüfungsbericht aufzunehmen (Rz 59).[196]

183

### 6.3 Erstprüfungen

Unter Erstprüfungen sind solche Apr. zu verstehen, bei denen der AP erstmals AP ist. Ursache hierfür ist entweder, dass
- der Vorjahresabschluss durch einen anderen AP geprüft worden ist,
- der Vorjahresabschluss nicht durch einen AP geprüft worden ist oder
- es sich um den ersten JA des zu prüfenden Unt handelt.

184

Der AP hat bei Erstprüfungen im Prüfungsbericht festzustellen, ob die Eröffnungsbilanzwerte ordnungsgemäß aus dem Vorjahresabschluss übernommen worden sind. Außerdem hat er auf zusätzlich erforderliche Prüfungshandlungen zur Feststellung der Eröffnungsbilanzwerte im Prüfungsbericht hinzuweisen.[197] Die Berichterstattung erfolgt in dem Berichtsabschnitt zu Gegenstand, Art und Umfang der Apr. (Rz 76).

185

Eine **ausgeweitete Berichterstattung** im Prüfungsbericht kann dann erforderlich sein, wenn z. B. folgende Sachverhalte bei Erstprüfungen auftreten:
- Der BSV zum Vorjahresabschluss ist eingeschränkt oder versagt worden.
- Der Vorjahresabschluss ist trotz gesetzlicher Verpflichtung nicht geprüft worden und hinsichtlich der Bestandsnachweise kann der AP für die Vorjahreszahlen keine hinreichenden Nachweise erlangen.
- Im Fall der Erstprüfung eines Abschlusses, die wegen einer Umwandlung (Verschmelzung, Spaltung) erforderlich wird, stellen sich das rechtmäßige Zustandekommen der Umwandlung oder die bei Abbildung der Umwandlung angesetzten Werte (z. B. Zeitwerte) als problematisch dar.
- Im Fall der erstmaligen Aufstellung eines JA oder KA nach IFRS wird es regelmäßig erforderlich sein, über das Zustandekommen und die Prüfung der IFRS-Eröffnungsbilanz zu berichten.

186

---

[194] Vgl. *ADS*, 6. Aufl., Tz 137.
[195] Vgl. IDW PS 450, Tz 60.
[196] Vgl. WP-Handbuch, Bd. I, 14. Aufl., Abschn. Q, Rz 54.
[197] Vgl. IDW PS 205, Tz 18.

## 6.4 Berichterstattung bei Prüfung von nach internationalen Rechnungslegungsnormen aufgestellten Abschlüssen

**187** Hauptanwendungsfall für die Berichterstattung über die Prüfung von nach internationalen Rechnungslegungsnormen aufgestellten Abschlüssen ist die Prüfung von KA, die nach § 315a HGB aufgestellt sind. MU, die aufgrund gesetzlicher Verpflichtung oder freiwillig einen KA nach IFRS, wie sie in der EU anzuwenden sind, aufstellen, haben diesen gem. § 316 Abs. 2 Satz 1 HGB durch einen AP prüfen zu lassen. Der AP hat entsprechend § 321 HGB über diese Apr. zu berichten.

**188** Gem. § 324a Abs. 1 HGB findet § 321 auch Anwendung auf IFRS-EA gem. § 325 Abs. 2a HGB (§ 324a Rz 8).

**189** Bei Abschlüssen nach § 315a HGB bzw. § 325 Abs. 2a HGB hat der AP im Rahmen der **Stellungnahme zur Beurteilung der Lagedarstellung der gesetzlichen Vertreter** des Konzerns bzw. Unt die in Rz 47ff. beschriebenen Grundsätze zu beachten.

**190** Im Rahmen der Berichterstattung zu **Gegenstand, Art und Umfang** sind die nach IFRS, wie sie in der EU anzuwenden sind, geforderten Unterlagen anzugeben, die auf die Beachtung der entsprechenden Standards zu prüfen sind.[198] Im Einzelnen sind dies:
- Bilanz (Darstellung der Vermögenslage),
- GuV (sofern nicht in der Gesamtergebnisrechnung enthalten),[199]
- Gesamtergebnisrechnung,
- KFR (Darstellung der Zahlungsströme),
- Anhang inkl. ergänzender handelsrechtlicher Angaben nach § 315a Abs. 1 HGB bzw. § 325 Abs. 2a Satz 3 HGB,
- LB / KLB.

**191** Die Berichterstattung über die **Ordnungsmäßigkeit des KA** (bzw. des IFRS-EA) hat darauf einzugehen, ob die geprüften Unterlagen den IFRS, wie sie in der EU anzuwenden sind, entsprechen. Insbesondere ist darauf einzugehen, ob die gem. § 315a Abs. 1 HGB (bzw. § 325 Abs. 2a Satz 3 HGB) genannten Vorschriften beachtet wurden.

**192** § 321 HGB findet aber auch auf freiwillige Apr. von JA oder KA, die z.B. nach US-GAAP aufgestellt sind, Anwendung. Ein US-GAAP-KA kann nach Auslaufen der Übergangsregelung von Art. 57 EGHGB keine Befreiungswirkung mehr für KM-orientierte MU entfalten. Die Verpflichtung des AP zur Stellungnahme zur Beurteilung der Lage durch die gesetzlichen Vertreter des Unt bzw. des Konzerns besteht grds. nur, soweit die geprüften Unterlagen eine solche Beurteilung durch den AP erlauben.[200]

## 6.5 Nachtragsprüfungen

**193** § 316 Abs. 3 Satz 2 HGB verpflichtet den AP, über eine durchgeführte **Nachtragsprüfung** zu berichten. Es handelt sich nicht um einen eigenständigen

---

[198] Vgl. WP-Handbuch, Bd. I, 14. Aufl., Abschn. Q, Rz 736.
[199] Vgl. *Lüdenbach/Hoffmann/Freiberg*, in *Lüdenbach/Hoffmann/Freiberg*, Haufe IFRS-Kommentar, 13. Aufl., 2015, § 2, Rz 4.
[200] Vgl. IDW PS 450, Tz 141.

Prüfungsauftrag, sondern infolge vorgenommener Änderungen am geprüften JA und LB um die „Wiederaufnahme" des eigentlich schon beendeten Prüfungsauftrags. Gleichwohl wird im Regelfall ein eigenständiger Nachtragsprüfungsbericht vom AP erstellt (§ 316 Rz 20).

Der Verzicht auf einen eigenständigen **Nachtragsprüfungsbericht**, indem der ursprüngliche Prüfungsbericht ergänzt wird, wobei sichergestellt sein muss, dass sämtliche Exemplare (Originale und Mehrfertigungen) des ursprünglich erstatteten Prüfungsberichts diese Ergänzung erfahren, wird wohl nur in seltenen Ausnahmefällen vorkommen.[201]

194

Für den Nachtragsprüfungsbericht gilt ebenfalls der Grundsatz der **Schriftlichkeit** (Rz 23). Der Nachtragsprüfungsbericht hat einen Hinweis darauf zu enthalten, dass er nur gemeinsam mit dem Prüfungsbericht verwendet werden darf.[202] Dies begründet sich damit, dass im Nachtragsprüfungsbericht ausschließlich auf die vorgenommenen Änderungen Bezug genommen wird, die zu der Nachtragsprüfung geführt haben, sodass die **allgemeinen Gliederungsanforderungen** der Prüfungsberichterstattung grds. **nicht anzuwenden** sind.[203]

195

Im Nachtragsprüfungsbericht sind zunächst einleitend **Angaben zum Auftrag** an den AP vorzunehmen. Hinweise zur Wahl des Nachtragsprüfers entfallen, da die Nachtragsprüfung zwingend durch den AP durchzuführen ist (§ 316 Abs. 3 HGB).[204]

196

Anschließend sind die **vorgenommenen Änderungen** an JA und LB darzulegen, wobei es sich empfiehlt, auf die Verantwortlichkeit der gesetzlichen Vertreter für die vorgenommenen Änderungen hinzuweisen. Weiterhin sind Angaben über **Art und Umfang** der Nachtragsprüfung vorzunehmen. Art und Umfang der Nachtragsprüfung sind abhängig vom Umfang der vorgenommenen Änderungen sowie vom zeitlichen Abstand der Nachtragsprüfung zur Apr.

197

> **Beispiel**
> Die mittelgroße GmbH stellt im März 01 JA und LB auf. Der AP testiert im April 01 und liefert ebenfalls im April 01 seinen Prüfungsbericht aus. Im Mai 01 wird der JA durch die GesV festgestellt. Der JA ist wesentlich beeinflusst von einer für einen Schadensersatzprozess gebildeten Rückstellung. Im August 01 werden Tatsachen bekannt, die die Geschäftsführung veranlassen, den JA und LB nochmals zu ändern.
> Da seit der im April abgeschlossenen Apr. mehrere Monate vergangen sind, holt der AP zur Beurteilung der vorgenommenen Änderungen aktualisierte Rechtsanwaltsbestätigungsschreiben ein. Auch die vorgenommenen Änderungen im LB erfordern Prüfungshandlungen, um die seit April eingetretenen Veränderungen würdigen zu können. Die Grundsätze einer ordnungsgemäßen Berichterstattung erfordern, dass diese Prüfungshandlungen – zumindest in Grundzügen – im Nachtragsprüfungsbericht angegeben werden.

---

[201] Vgl. *Orth*, in *Baetge/Kirsch/Thiele*, Bilanzrecht, § 321 HGB, Rz 153, Stand 2/2014.
[202] Vgl. IDW PS 450, Tz 145.
[203] Vgl. *Orth*, in *Baetge/Kirsch/Thiele*, Bilanzrecht, § 321 HGB, Rz 152, Stand 2/2014.
[204] Vgl. IDW PS 450, Tz 146.

198 Der AP hat im **Nachtragsprüfungsbericht** darzulegen, ob die an JA und LB vorgenommenen Änderungen den **gesetzlichen Vorschriften** und den **Vorschriften des Gesellschaftsvertrags** bzw. **der Satzung** entsprechen und ob der geänderte Abschluss insgesamt unter Beachtung der GoB ein den tatsächlichen Verhältnissen entsprechendes Bild der VFE-Lage der Ges. vermittelt.[205]

199 Wenn der LB geändert wurde, ist eine erneute **Stellungnahme zur Lagebeurteilung der gesetzlichen Vertreter** nach § 321 Abs. 1 Satz 2 HGB abzugeben; gleichermaßen ist die Beurteilung des LB entsprechend § 317 Abs. 2 HGB zu erneuern.[206]

200 Im **Nachtragsprüfungsbericht** ist der ergänzte bzw. ggf. geänderte BSV wiederzugeben. Da der ergänzte bzw. ggf. geänderte BSV mit einem **Doppeldatum** versehen wird (§ 322 Rz 155), gilt dies auch für den Nachtragsprüfungsbericht.

201 Als obligatorische **Anlagen** zum Nachtragsprüfungsbericht sind der geänderte JA und LB beizufügen. Es empfiehlt sich darüber hinaus die AAB mit beizufügen.

## 6.6 Gemeinschaftsprüfungen (joint audit)

202 Bei Gemeinschaftsprüfungen ist ein gemeinsamer Prüfungsbericht der Gemeinschaftsprüfer zu erstatten.[207] Folgende Besonderheiten gilt es zu berücksichtigen:[208]
- Die Ausführungen zum Prüfungsauftrag müssen Angaben zur gemeinsamen Bestellung mehrerer WP/vBP bzw. WPG/BPG enthalten.
- Da die Gemeinschaftsprüfer jeweils die Gesamtverantwortung für das Prüfungsergebnis haben, sind bei Art und Umfang der Apr. keine Darstellungen über die sachliche und/oder zeitliche Aufteilung von Prüfungsgebieten auf die Gemeinschaftsprüfer vorzunehmen.
- Soweit zwischen den Gemeinschaftsprüfern **Meinungsverschiedenheiten** über Prüfungsfeststellungen bestehen, die bis zur Erstattung des Prüfungsberichts nicht ausgeräumt werden können, ist dies im Prüfungsbericht darzustellen. Hierbei kann es sich empfehlen, dies in einem separaten Berichtsabschnitt vorzunehmen, in dem diese Meinungsverschiedenheiten sowie deren Auswirkungen auf den geprüften Abschluss und LB dargestellt werden.
- Stellen die Gemeinschaftsprüfer Beanstandungen fest, ist dies in der Vorwegberichterstattung (Rz 64) darzustellen. Dies gilt auch, wenn die Beanstandung nur von einem der Gemeinschaftsprüfer erhoben wird.
- Kommen die Gemeinschaftsprüfer zu einem unterschiedlichen Prüfungsergebnis, wird jeder Gemeinschaftsprüfer einen **eigenen BSV** erstatten. Im Prüfungsbericht sind dann beide BSV wiederzugeben. Die abweichenden Auffassungen sind im Prüfungsbericht zu erläutern.

## 6.7 Prüfungsbericht in fremder Sprache

203 Die Berichterstattung über eine gem. § 316 HGB durchgeführte Apr. erfolgt regelmäßig in deutscher Sprache. Aufgrund der Adressatenorientierung des Prüfungsberichts (Rz 33) stellt sich oftmals das Erfordernis, den Prüfungs-

---

[205] Vgl. WP-Handbuch, Bd. I, 14. Aufl., Abschn. Q, Rz 314.
[206] Vgl. *Kuhner/Päßler*, in *Küting/Pfitzer/ Weber*, HdR, § 321 HGB, Rn 99, Stand 04/2011.
[207] Vgl. IDW PS 208, Tz 21.
[208] Vgl. IDW PS 208, Tz 22 ff.

bericht auch in fremder Sprache zu erstatten. Hierbei sind zwei Möglichkeiten zu unterscheiden:
- Übersetzung des in deutscher Sprache erstatteten Prüfungsberichts in eine fremde Sprache,
- Erstattung des originären Prüfungsberichts in fremder Sprache.

Soweit der Prüfungsbericht in deutscher Sprache erstattet ist und darüber hinaus eine **Übersetzung des in deutscher Sprache erstatteten Prüfungsberichts in eine fremde Sprache** vorgenommen wird, ist es erforderlich, dass aus dem übersetzten Prüfungsbericht ersichtlich wird, dass es sich um eine Übersetzung aus der deutschen Sprache handelt. Dies hat nicht nur deklaratorischen Charakter, sondern es sollte vielmehr klargestellt werden, dass nur der in deutscher Sprache erstattete Prüfungsbericht rechtlich verbindlich ist.[209]

204

Der im Prüfungsbericht wiedergegebene BSV wird in diesem Fall gleichfalls übersetzt und daher nur in der fremden Sprache wiedergegeben. Der übersetzte Prüfungsbericht sollte weder gesiegelt noch unterschrieben werden, da hierdurch die Gefahr besteht, dass der Empfänger davon ausgeht, dass der siegelnde und unterschreibende AP die mit der Übersetzung des Prüfungsberichts wiedergegebenen Aussagen in der fremden Sprache bestätigt – gerade dies soll aber durch den Hinweis auf die Übersetzung in die fremde Sprache vermieden werden.

205

Grundsätzlich ist auch **die Erstattung des originären Prüfungsberichts in fremder Sprache** zulässig. Dies folgt allein schon aus der Adressatenorientierung des Prüfungsberichts. Etwas anderes gilt für den BSV, der genauso wie der zu prüfende JA nach § 244 HGB in deutscher Sprache zu erteilen ist (§ 322 Rz 201). Das sog. Testatsexemplar (Rz 134) enthält somit den in deutscher Sprache abgefassten JA und LB sowie den BSV. Im originär in fremder Sprache abgefassten Prüfungsbericht kann die Wiedergabe des BSV in fremder Sprache erfolgen. Als Anlage zum Prüfungsbericht sind aber obligatorisch der geprüfte JA und LB beizufügen, die wie dargestellt in deutscher Sprache abgefasst sind. In derartigen Fällen können dem Prüfungsbericht fakultativ Übersetzungen des JA und LB beigefügt werden.

206

Grundsätzlich empfiehlt sich nach der hier vertretenen Auffassung allein schon aus Haftungsgesichtspunkten die Abfassung des Prüfungsberichts in deutscher Sprache und die Zurverfügungstellung von Übersetzungen des Prüfungsberichts für nicht der deutschen Sprache mächtige Adressaten.

207

## 6.8 Prüfungen nach internationalen Prüfungsgrundsätzen

Die Berichterstattung über Prüfungen nach internationalen Prüfungsgrundsätzen folgt den dort hierfür maßgeblichen Grundsätzen.[210] Die in Deutschland an unterschiedliche Adressatenkreise ausgerichtete Trennung der Berichterstattung in den BSV und den Prüfungsbericht gem. § 321 HGB ist international bislang weitgehend unbekannt.[211] Allerdings wird sich dies durch die in 2014 verabschie-

208

---

[209] Vgl. *Orth*, in *Baetge/Kirsch/Thiele*, Bilanzrecht, § 321 HGB, Rz 166, Stand 2/2014.
[210] Vgl. *Schmidt/Poullie*, in Beck Bil-Komm. 9. Aufl., § 321 HGB, Rz 145.
[211] Eine Ausnahme findet sich derzeit bereits in Österreich, da die dortigen Prüfungsvorschriften stark an das deutsche HGB angelehnt sind und dementsprechend eine § 321 HGB vergleichbare Regelung existiert.

209 dete „Verordnung über spezifische Anforderungen an die Abschlussprüfer von Unternehmen von öffentlichem Interesse"[212] in absehbarer Zeit ändern (Rz 2).
Die Berichterstattung über nach **ISA** durchgeführte Apr. richtet sich nach ISA 700, 705 und 706. Nach ISA 700 hat der AP ein Prüfungsurteil in Form eines sog. **Bestätigungsberichts**, dem sog. Auditor's Report, abzugeben, der durch Anpassung der gesetzlichen Regelungen zum BSV im Zuge des BilReG auch in Deutschland Eingang gefunden hat. Einen Prüfungsbericht analog § 321 HGB kennen die ISA (bislang) nicht.

210 Ähnlich sind die Regelungen nach den *US-Generally Accepted Auditing Standards* (**US-GAAS**) des AICPA und nach den *Auditing Standards* des PCAOB, die ebenfalls nur den Bestätigungsbericht des AP kennen. Es finden sich zwar in einzelnen Prüfungsvorschriften Berichterstattungspflichten des AP, wie insb. nach SAS 61 bzw. AU 380, wonach der AP dem *Audit Committee* bzw. einem vergleichbar eingerichteten Organ (in Deutschland: AR oder Prüfungsausschuss des AR) über bestimmte Fragen der Apr. zu berichten hat. Die Form dieser Berichterstattung ist aber nicht bestimmt, d. h., der AP kann gem. AU 380.03 mündlich oder schriftlich berichten.[213]

### 6.9 Zusammengefasster Prüfungsbericht

211 § 325 Abs. 3a 2. Hs. HGB gestattet die Zusammenfassung des Prüfungsberichts zum JA mit dem Prüfungsbericht zum KA, wenn JA und KA zusammen im eBAnz veröffentlicht werden. Zudem ist es erforderlich, dass der AP des JA zugleich auch Konzern-AP ist. § 324 Abs. 2 Satz 2 HGB erlaubt zudem die Zusammenfassung des Prüfungsberichts zum JA mit dem Prüfungsbericht zum IFRS-EA (§ 324a Rz 16).

212 Die Zusammenfassung von Prüfungsberichten widerspricht eigentlich dem Grundsatz der Klarheit der Berichterstattung (Rz 26). Deshalb wird hiervon **in der Praxis nur selten Gebrauch** gemacht und sollte nach der hier vertretenen Auffassung nur bei ausdrücklichem Wunsch des Auftraggebers vorgenommen werden. Der Berufsstand empfiehlt eine Zusammenfassung nur dann vorzunehmen, wenn die Rechnungslegung gemeinsame Teile aufweist, z.B. zusammengefasster Anhang/Konzernanhang nach § 298 Abs. 3 HGB bzw. zusammengefasster LB/KLB nach § 315 Abs. 3 HGB.[214]

213 Im Fall eines zusammengefassten Prüfungsberichts muss dieser die gesetzlich geforderten Feststellungen (z.B. Vorwegberichterstattung, Ordnungsmäßigkeit, Gesamtaussage) sowohl für den JA als auch für den KA enthalten.[215]

### 6.10 Kündigung des Prüfungsauftrags

214 Erfolgt durch den AP eine Kündigung des Prüfungsauftrags aus wichtigem Grund (§ 318 Abs. 6 und 7 HGB) hat er gem. § 318 Abs. 6 Satz 4 HGB über das

---

[212] Abrufbar unter: http://www.wpk.de/uploads/tx_templavoila/EU-Parlament_Reform_Abschluspruefung_Entwurf_Verordnung_01.pdf.
[213] Vgl. *Orth*, in *Baetge/Kirsch/Thiele*, Bilanzrecht, § 321 HGB, Rz 503, Stand 2/2014.
[214] Vgl. IDW PS 450, Tz 138.
[215] Vgl. IDW PS 450, Tz 138.

Ergebnis der bisherigen Prüfung gegenüber den Organen der zu prüfenden Ges. zu berichten.²¹⁶ Zu Einzelheiten der Berichterstattung vgl. § 318 Rz 67 ff.

Neben den gesetzlichen Vertretern hat der AP gem. § 320 Abs. 4 HGB dem neuen AP über das Ergebnis der bisherigen Prüfung zu berichten. Dies betrifft neben der o. a. Kündigung des Prüfungsauftrags durch den AP auch die Fälle des Widerrufs des Prüfungsauftrags durch die zu prüfende Ges. gem. § 318 Abs. 1 Satz 5 i. V. m. Abs. 3 HGB (zu Einzelheiten vgl. § 318 Rz 15.).  **215**

### 6.11 Mängel des Prüfungsberichts

Der AP hat den gesetzlichen Vertretern einen fachlich einwandfreien und den Grundsätzen des § 321 HGB entsprechenden Prüfungsbericht vorzulegen. Enthält der Prüfungsbericht demgegenüber Sachverhaltsfehler oder fachliche Mängel, so hat der Auftraggeber nach allgemeinen Grundsätzen **Anspruch auf Mängelbeseitigung** durch den AP (§ 633 BGB).²¹⁷ Ein wesentliches Hilfsmittel zur Vermeidung von Sachverhaltsfehlern stellen die sog. Vorab- oder Entwurfsexemplare (Rz 146) dar.  **216**

Enthält der Prüfungsbericht Mängel, so hat der AP sämtliche Ausfertigungen des mangelbehafteten Prüfungsberichts zurückzufordern und gegen mangelfreie Berichtsexemplare zu ersetzen. Die AAB sehen gem. Ziff. 8 vor, dass der Mangelbeseitigungsanspruch unverzüglich schriftlich geltend gemacht werden muss und nach Ablauf von zwölf Monaten ab dem gesetzlichen Verjährungsbeginn verjährt. In der Praxis besonders problematisch sind Fälle, in denen der mangelbehaftete Prüfungsbericht neben der Aushändigung in Papierform als pdf-Datei in elektronischer Form zur Verfügung gestellt wurde, da nicht nachvollzogen werden kann, wie viele Exemplare der Mandant tatsächlich herausgegeben hat und an wen.²¹⁸  **217**

Kommt der AP dem Verlangen nach Mängelbeseitigung nicht nach oder schlägt diese fehl, wären nach allgemeinem Werkvertragsrecht die Gewährleistungsansprüche des § 634 BGB (Rücktritt vom Vertrag, Minderung der Vergütung, Schadensersatz) anzuwenden. Eine Herabsetzung der Vergütung kann der Auftraggeber nach Ziff. 8 Abs. 1 der AAB allerdings nur bei fehlgeschlagener Nachbesserung verlangen. Ein Rücktritt vom Vertrag auf Initiative des Auftraggebers ist nur in den engen Grenzen des § 318 Abs. 1 Satz 5 HGB möglich und somit im Fall eines mangelhaften Prüfungsberichts ausgeschlossen.  **218**

Zu haftungsrechtlichen, berufsrechtlichen und strafrechtlichen Konsequenzen einer mangelhaften Berichterstattung vgl. Rz 19.  **219**

---

[216] Vgl. IDW PS 450, Tz 150.
[217] Vgl. WP-Handbuch, Bd. I, 14. Aufl., Abschn. Q, Rz 327.
[218] Vgl. WPK, WPKM 4/2008, S. 37.

# § 321a OFFENLEGUNG DES PRÜFUNGSBERICHTS IN BESONDEREN FÄLLEN

(1) ¹Wird über das Vermögen der Gesellschaft ein Insolvenzverfahren eröffnet oder wird der Antrag auf Eröffnung des Insolvenzverfahren mangels Masse abgewiesen, so hat ein Gläubiger oder Gesellschafter die Wahl, selbst oder durch einen von ihm zu bestimmenden Wirtschaftsprüfer oder im Fall des § 319 Abs. 1 Satz 2 durch einen vereidigten Buchprüfer Einsicht in die Prüfungsberichte des Abschlussprüfers über die aufgrund gesetzlicher Vorschriften durchzuführende Prüfung des Jahresabschlusses der letzten drei Geschäftsjahre zu nehmen, soweit sich diese auf die nach § 321 geforderte Berichterstattung beziehen. ²Der Anspruch richtet sich gegen denjenigen, der die Prüfungsberichte in seinem Besitz hat.
(2) ¹Bei einer Aktiengesellschaft oder einer Kommanditgesellschaft auf Aktien stehen den Gesellschaftern die Rechte nach Absatz 1 Satz 1 nur zu, wenn ihre Anteile bei Geltendmachung des Anspruchs zusammen den einhundertsten Teil des Grundkapitals oder einen Börsenwert von 100 000 Euro erreichen. ²Dem Abschlussprüfer ist die Erläuterung des Prüfungsberichts gegenüber den in Absatz 1 Satz 1 aufgeführten Personen gestattet.
(3) ¹Der Insolvenzverwalter oder ein gesetzlicher Vertreter des Schuldners kann einer Offenlegung von Geheimnissen, namentlich Betriebs- oder Geschäftsgeheimnissen, widersprechen, wenn die Offenlegung geeignet ist, der Gesellschaft einen erheblichen Nachteil zuzufügen. ²§ 323 Abs. 1 und 3 bleibt im Übrigen unberührt. ³Unbeschadet des Satzes 1 sind die Berechtigten nach Absatz 1 Satz 1 zur Verschwiegenheit über den Inhalt der von ihnen eingesehenen Unterlagen nach Absatz 1 Satz 1 verpflichtet.
(4) Die Absätze 1 bis 3 gelten entsprechend, wenn der Schuldner zur Aufstellung eines Konzernabschlusses und Konzernlageberichts verpflichtet ist.

WP STB CVA KLAUS BERTRAM

### Inhaltsübersicht

| | Rz |
|---|---|
| 1 Überblick | 1–4 |
| 2 Einsichtnahme in den Prüfungsbericht (Abs. 1) | 5–27 |
|   2.1 Einsichtnahmeberechtigter Personenkreis (Abs. 1 Satz 1) | 5–9 |
|   2.2 Betroffene Gesellschaften (Abs. 1 Satz 1) | 10–16 |
|   2.3 Geltendmachung des Einsichtsrechts (Abs. 1 Satz 2) | 17–22 |
|   2.4 Umfang des Einsichtsrechts (Abs. 1 Satz 1) | 23–27 |
| 3 Begrenzung des Einsichtnahmerechts und Erläuterungsrecht des Abschlussprüfers (Abs. 2) | 28–38 |
|   3.1 Begrenzung des Einsichtnahmerechts (Abs. 2 Satz 1) | 28–33 |
|   3.2 Erläuterungsrecht des Abschlussprüfers (Abs. 2 Satz 2) | 34–38 |
| 4 Widerspruchsrecht und Verschwiegenheitspflicht | 39–49 |
|   4.1 Widerspruchsrecht (Abs. 3 Satz 1) | 39–43 |

| 4.2 | Verschwiegenheitspflicht | 44–49 |
| 4.2.1 | Abschlussprüfer (Abs. 3 Satz 2) | 44 |
| 4.2.2 | Einsichtnehmende (Abs. 3 Satz 3) | 45–49 |
| 5 | Einsichtnahme in Prüfungsberichte zu Konzernabschlüssen | 50–55 |

**Ergänzendes Schrifttum**
*Arbeitskreis Bilanzrecht der Hochschullehrer Rechtswissenschaft (AK Bilanzrecht)*, Stellungnahme zum Referentenentwurf eines Bilanzrechtsreformgesetzes, BB 2004, S. 546; *Baums*, Bericht der Regierungskommission „Corporate Governance", Unternehmensführung – Unternehmenskontrolle – Modernisierung des Aktienrechts, Köln 2001; *Forster/Gelhausen/Möller*, Das Einsichtsrecht nach § 321a HGB in Prüfungsberichte des gesetzlichen Abschlussprüfers, WPg 2007, S. 191; *IDW*, Stellungnahme zum Referentenentwurf eines Bilanzrechtsreformgesetzes, IDW-FN 2004, S. 1; *IDW*, IDW zu den Regierungsentwürfen des Bilanzrechtsreform- und des Bilanzkontrollgesetzes, IDW-FN 2004, S. 285; IDW, Zusammenfassende Darstellung der Änderungen von IDW Prüfungsstandards aufgrund des BilMoG, IDW-FN 2009, S. 533; *IDW*, Rückwirkende Anhebung der Schwellenwerte durch das BilMoG, IDW-FN 2009, S. 254; *Pfitzer/Oser/Orth*, Reform des Aktien-, Bilanz- und Aufsichtsrechts, Stuttgart, 2. Aufl., 2006; *Pfitzer/Oser/Orth*, Reform des Aktien-, Bilanz- und Aufsichtsrechts, Stuttgart, 3. Aufl., 2008.

# 1 Überblick

§ 321a HGB regelt die **Offenlegung von Prüfungsberichten** in Insolvenzfällen. Der Gesetzgeber hat im Rahmen des BilReG die Vorschrift neu geschaffen und damit Gläubigern und Gesellschaftern von insolventen Unt Zugriffsmöglichkeiten auf den Prüfungsbericht eingeräumt.

Hintergrund der Schaffung dieser Vorschrift war, in Fällen einer öffentlichen Diskussion über die **Qualität der Tätigkeit des Abschlussprüfers** im Zusammenhang mit einer insolventen Ges., diesen durch die Offenlegung des Prüfungsberichts von Vermutungen und Mutmaßungen zu entlasten.[1] Bis dahin war es dem AP aufgrund der gesetzlichen Verschwiegenheitsverpflichtung (§ 323 Abs. 1 HGB) nicht möglich, gegenüber Anschuldigungen Stellung zu nehmen. Hierzu bedurfte es regelmäßig zunächst der Entbindung von der Verschwiegenheit durch das geprüfte Unt (§ 323 Rz 68).

Die Vorschrift ermöglicht somit einem begrenzten Personenkreis die Möglichkeit, nachzuprüfen, ob der AP seinen gesetzlichen Berichterstattungspflichten nachgekommen ist. Hieraus ergibt sich zugleich eine **präventive Wirkung** für den AP, damit dieser angehalten wird, seinen Prüfungsbericht entsprechend § 321 HGB zu erstatten, da er mit einer Offenlegung rechnen muss.

Art. 58 Abs. 3 Satz 1 EGHGB bestimmt, dass die Vorschrift **erstmals** auf das nach dem 31.12.2004 beginnende Gj **anzuwenden** ist, d.h. bei Gj = Kj erstmals für das Gj 2005. Da sich das Einsichtsrecht gem. Abs. 1 Satz 1 der Vorschrift auf

---

1 Vgl. *Orth*, in *Baetge/Kirsch/Thiele*, Bilanzrecht, § 321a HGB, Rz 6, Stand 12/2012.

die Prüfungsberichte der letzten drei Gj bezieht, können somit Prüfungsberichte von Gj, die nach dem 31.12.2002 beginnen, in den zeitlichen Anwendungsbereich von § 321a HGB gelangen.

> **Beispiel**
> Die prüfungspflichtige I-GmbH hat ein mit dem Kj. übereinstimmendes Gj. Im Mai 2005 wird über das Vermögen der I-GmbH ein Insolvenzverfahren eröffnet. Die letzten drei vorliegenden Prüfungsberichte betreffen zwar die Jahre 2002–2004. Das Jahr 2002 wird aber von der Anwendungsregelung des Art. 58 Abs. 3 Satz 1 EGHGB nicht erfasst, sodass in diesem Fall nur die Prüfungsberichte 2003 und 2004 offenzulegen sind.

Soweit die Eröffnung des Insolvenzverfahrens oder die Ablehnung des Antrags mangels Masse vor dem 1.1.2005 erfolgte, entsteht auch nach diesem Zeitpunkt kein Einsichtsrecht i. S. v. § 321a HGB.[2]

## 2 Einsichtnahme in den Prüfungsbericht (Abs. 1)

### 2.1 Einsichtnahmeberechtigter Personenkreis (Abs. 1 Satz 1)

5 Das Einsichtnahmerecht besteht für Gläubiger und Gesellschafter des insolventen Unt. Unter **Gläubiger** sind alle Gläubiger der Ges. im zivilrechtlichen Sinne zu verstehen. Gläubiger sind somit auch die Inhaber von gewinnabhängigen Zahlungsansprüchen, wie z. B. aus Nachrangdarlehen, Genussrechten oder stille Ges.[3] Nicht zu den einsichtsberechtigten Gläubigern rechnen somit Gläubiger von TU oder des MU, sodass in Fällen der Insolvenz eines Konzerns oder einer Unternehmensgruppe ein Gläubiger nur Prüfungsberichte derjenigen Ges. einsehen darf, bei denen er auch Gläubiger ist. Werden Forderungen abgetreten,[4] geht das Einsichtnahmerecht mit über.[5] Das Einsichtnahmerecht besteht für sämtliche Forderungen, unabhängig von deren Höhe oder zeitlicher Fälligkeit.[6] Soweit ein Gläubiger jedoch seine Forderung vollumfänglich realisiert (z. B. wegen bestehender Aus- oder Absonderungsrechte), besteht kein berechtigtes Interesse mehr an einem Einsichtnahmerecht in die Prüfungsberichte.[7]

6 **Gesellschafter** des Unt sind alle direkt am EK der insolventen Ges. Beteiligten. Maßgeblicher Zeitpunkt der Gesellschafterstellung ist hierbei der Zeitpunkt der Geltendmachung des Einsichtsrechts.[8] Stille Gesellschafter rechnen nicht zum Kreis der Gesellschafter, da sie gem. § 230 HGB ihre Einlage dergestalt geleistet haben, dass diese in das Vermögen der (nunmehr insolventen) Ges. übergegangen ist. Sie sind aber Gläubiger des Unt und erhalten hierüber das entsprechende Einsichtsrecht (Rz 5). Darüber hinaus bestehen die in § 233 HGB genannten

---

2 Vgl. *Forster/Gelhausen/Möller*, WPg 2007, S. 201.
3 Vgl. *Forster/Gelhausen/Möller*, WPg 2007, S. 193.
4 Z. B. gehen gem. § 9 Abs. 2 BetrAVG Pensionsansprüche und Pensionsanwartschaften auf den PSV über.
5 Vgl. *Forster/Gelhausen/Möller*, WPg 2007, S. 193.
6 Gem. § 41 Abs. 1 InsO gelten noch nicht fällige Forderungen auf den Eröffnungszeitpunkt des Insolvenzverfahrens als fällig.
7 Vgl. *Forster/Gelhausen/Möller*, WPg 2007, S. 193.
8 Vgl. *Orth*, in *Baetge/Kirsch/Thiele*, Bilanzrecht, § 321a HGB, Rz 27, Stand 12/2012.

Kontrollrechte der stillen Gesellschafter. Handelt es sich bei dem Gesellschafter um eine juristische Person, kann diese nicht nur durch einen gesetzlichen Vertreter, sondern auch durch einen vertretungsberechtigten Mitarbeiter (z. B. Prokurist, Syndikusanwalt) vertreten werden. Es handelt sich hierbei nicht um einen Fall der Beauftragung eines WP (vgl. nachfolgend), sondern um eine Einsichtnahme durch den Berechtigten selbst.[9]

Gläubiger und Gesellschafter können gem. Abs. 1 Satz 1 der Vorschrift ihr **Einsichtsrecht** auch durch einen **WP** oder **vBP** ausüben lassen. vBP können diese Funktion allerdings nur für mittelgroße Ges. i. S. v. § 267 HGB ausüben, wobei dies für jedes der drei Jahre separat zu beurteilen ist.[10]

> **Beispiel**
> Die mittelgroße I-GmbH geht im Gj 04 insolvent. Bis einschl. Gj 02 handelte es sich um eine große KapG i. S. v. § 267 HGB. Ein Gläubiger bestimmt einen vBP zur Einsichtnahme in die Prüfungsberichte der Jahre 01–03. Der vBP darf die Einsichtnahme nur für die Prüfungsberichte der Gj vornehmen, in denen er die Voraussetzungen des § 319 Abs. 1 Satz 2 HGB erfüllt. Dies ist im vorliegenden Fall ausschließlich für das Gj 03 erfüllt.

Das Einsichtnahmerecht kann auch auf WPG/BPG übertragen werden.[11] Die WPG ihrerseits wird regelmäßig die Auftragsverantwortung Mitarbeitern übertragen, die selbst WP bzw. vBP sind. Dies ist aber nicht zwingend, weil das Erfordernis aus Abs. 1 Satz 1 durch die Beauftragung der WPG / BPG erfüllt ist und die Mitarbeiter nach § 50 WPO zur Verschwiegenheit verpflichtet sind.[12] Somit können auch von der WPG/BPG beauftragte Nicht-Berufsträger das Einsichtnahmerecht für die WPG/BPG ausüben.

Die Übertragung des Einsichtnahmerechts auf einen WP schließt zwar nach dem Gesetzeswortlaut („oder") die eigene Wahrnehmung des Einsichtnahmerechts durch den Gesellschafter oder Gläubiger aus. Nach Sinn und Zweck der Regelung dürfte aber eine Einsichtnahme sowohl durch den Gesellschafter bzw. Gläubiger und dessen WP möglich sein. Dies erscheint gerade in solchen Fällen sachgerecht, in denen zunächst der Berechtigte sein Einsichtsrecht selbst wahrnimmt und dabei zur Erkenntnis gelangt, dass er zum besseren Verständnis des Prüfungsberichts einen WP (oder ggf. vBP) benötigt.[13] Bei derartigen sachlich begründeten Fällen wird somit auch eine **mehrfache Ausübung des Einsichtnahmerechts** in Betracht kommen.[14]

### 2.2 Betroffene Gesellschaften (Abs. 1 Satz 1)

Die Vorschrift findet gem. Abs. 1 Satz 1 Anwendung auf Fälle, in denen über das Vermögen der Ges. ein **Insolvenzverfahren eröffnet** (§ 27 Abs. 1 InsO) oder ein

---

[9] Vgl. *Forster/Gelhausen/Möller*, WPg 2007, S. 197.
[10] GlA: *Pfitzer/Oser/Orth*, Reform des Aktien-, Bilanz- und Aufsichtsrechts, 2. Aufl., 2006, S. 185.
[11] BT-Drs. 15/3419 S. 43.
[12] Somit können auch von der WPG/BPG beauftragte Nicht-Berufsträger das Einsichtnahmerecht für die WPG/BPG ausüben.
[13] GlA: *Orth*, in *Baetge/Kirsch/Thiele*, Bilanzrecht, § 321a HGB, Rz 30, Stand 12/2012.
[14] GlA: *Forster/Gelhausen/Möller*, WPg 2007, S. 198.

Antrag auf Eröffnung des Insolvenzverfahrens **mangels Masse abgelehnt** worden ist (§ 26 Abs. 1 InsO).[15]

11 Weitere Voraussetzung ist, dass bei der Ges. eine gesetzliche Pflichtprüfung erfolgt ist. Prüfungspflichtig nach Handelsrecht sind:
- große und mittelgroße KapG (AG, KGaA, GmbH, SE),
- große und mittelgroße KapCoGes.

12 Ges. i. S. v. § 1 PublG sind zwar **gem. § 6 Abs. 1 Satz 2 PublG** unter Verweis auf §§ 321–324 HGB **prüfungspflichtig**. Natürliche Personen als Einzelkaufleute und Personenhandelsgesellschaften mit natürlichen Personen als Vollhafter sind allerdings **nicht insolvenzfähig**, sodass die Voraussetzungen von Abs. 1 Satz 1 nicht erfüllt sind und kein Einsichtnahmerecht besteht.[16]

13 Bei **Genossenschaften** besteht zwar ebenfalls Prüfungspflicht aufgrund gesetzlicher Vorschriften (§§ 53 ff. GenG). Dort existiert aber keine dem Regelungsgehalt von § 321a HGB entsprechende Vorschrift oder eine Verweisung auf § 321a HGB, sodass bei Prüfungsberichten von Genossenschaften kein Einsichtnahmerecht besteht.

14 Soweit die **Prüfungspflicht aufgrund spezialgesetzlicher Regelung** mit Verweis auf die analoge Anwendung der Vorschriften über die handelsrechtliche Pflichtprüfung beruht, entsteht auch ein Einsichtnahmerecht gem. § 321a HGB. So ordnet § 8 Abs. 1 UBGG für kleine UBG in der Rechtsform der KapG an, dass für diese die für mittelgroße KapG geltenden Vorschriften, d. h. auch die zur Pflichtprüfung, anzuwenden sind.[17] Zum Umfang des Einsichtsrechts vgl. Rz 23.

15 Bei Ges., die unter Inanspruchnahme von **§ 264 Abs. 3** bzw. **§ 264b** HGB keinen JA haben prüfen lassen, erscheint es fraglich, ob die Gläubiger ein Einsichtsrecht für den Prüfungsbericht des befreienden KA haben.[18] Der KA ist zwar in diesen Fällen das einzige Informationsinstrument für die Gläubiger. Wenn der Gesetzgeber hier aber Gläubigern von TU entgegen Abs. 4 der Vorschrift ein Einsichtsrecht gewähren wollte, hätte er dies regeln müssen. In den Fällen, in denen das den befreienden KA aufstellende MU selbst die Befreiung gem. § 264 Abs. 3 bzw. § 264b HGB für den JA in Anspruch nimmt, ist das Einsichtsrecht in den Konzernprüfungsbericht in Abs. 4 geregelt (vgl. Rz 50).

16 **Freiwillige Abschlussprüfungen** sind ebenfalls nicht vom Regelungsbereich des § 321a HGB erfasst,[19] sodass auch hier kein gesetzliches Einsichtnahmerecht besteht. Soweit der Insolvenzverwalter in Fällen freiwilliger Abschlussprüfung ungeachtet des Nichtbestehens eines gesetzlichen Einsichtsrechts den Prüfungsbericht Gläubigern, Gesellschaftern oder sonstigen Dritten zugänglich machen möchte, macht er sich ggf. **strafbar** (z. B. gem. § 404 Abs. 1 Nr. 1 AktG, § 85 Abs. 1

---

[15] Gleiches muss wohl auch im Fall der Einstellung eines bereits eröffneten Insolvenzverfahrens mangels Masse (§ 207 Abs. 1 InsO) gelten.
[16] Vgl. *Forster/Gelhausen/Möller*, WPg 2007, S. 192.
[17] Enger: *Forster/Gelhausen/Möller*, WPg 2007, S. 192, die ein Einsichtnahmerecht nur für Fälle vorsehen, bei denen die Prüfungspflicht nicht ausschließlich für Zwecke einer Aufsichtsbehörde, sondern auch im Interesse der Gläubiger und Gesellschafter besteht und als Indikator hierfür eine Publizitätspflicht des geprüften JA und des BSV ansehen.
[18] Bejahend: *Forster/Gelhausen/Möller*, WPg 2007, S. 200.
[19] Vgl. IDW PS 450, Tz 152c.

GmbHG).[20] Da auch bei freiwilligen Apr. dem Prüfungsvertrag regelmäßig allgemeine Auftragsbedingungen inkl. Haftungs- und Weitergabebeschränkungen[21] zugrunde liegen,[22] macht er sich darüber hinaus gegenüber dem AP ggf. **schadensersatzpflichtig**.

### 2.3 Geltendmachung des Einsichtsrechts (Abs. 1 Satz 2)

Die gesetzliche Formulierung, wonach sich das Einsichtsrecht „gegen denjenigen (richtet), der die Prüfungsberichte in seinem Besitz hat", lässt bewusst mehrere Möglichkeiten offen. Der Anspruch könnte sich demgemäß richten gegen  17
- den Insolvenzverwalter,
- sonstige Personen, die den Prüfungsbericht **für** die Ges. verwahren,
- den AP,
- andere Personen, die Prüfungsberichte der Ges. in ihrem Besitz haben.

Mit der Eröffnung des Insolvenzverfahrens erhält der **Insolvenzverwalter** die Verfügungszuständigkeit für das Massevermögen (§ 80 Abs. 1 InsO). Zum Massevermögen rechnen auch die Prüfungsberichte (§ 36 Abs. 2 Nr. 1 InsO). Ein **vorläufiger Insolvenzverwalter** ist nicht zur Einsichtsgewährung befugt, da die Voraussetzung von Abs. 1 Satz 1 (Eröffnung des Insolvenzverfahrens oder Ablehnung des Antrags mangels Masse) nicht vorliegt. Entsprechendes muss für den Sachwalter im insolvenzrechtlichen Schutzschirmverfahren (§ 270 Abs. 1 InsO) gelten.  18

Neben dem Insolvenzverwalter können aber auch **sonstige Personen, die den Prüfungsbericht für die Ges. verwahren**, in Betracht kommen. Dies können die gesetzlichen Vertreter, im Fall der Liquidation die Liquidatoren (§§ 146 Abs. 1, 161 Abs. 2 HGB, § 66 Abs. 1 GmbHG) bzw. bei Abwicklung die Abwickler (§§ 265, 278 Abs. 3 AktG) sowie nach Beendigung der Liquidation bzw. Abwicklung ehemalige Gesellschafter, aber auch Dritte, denen die Unterlagen zur Erfüllung der handelsrechtlichen Aufbewahrungspflichten übergeben worden sind, sein.  19

Der **AP** verfügt zwar regelmäßig über Belegexemplare der von ihm erstatteten Prüfungsberichte. Er verwahrt diese allerdings nicht für die geprüfte Ges., sondern aufgrund eigener gesetzlicher und berufsrechtlicher Aufbewahrungspflichten. Außerdem verfügt er auch nicht über das Widerspruchsrecht gem. Abs. 3 Satz 1 für Betriebs- und Geschäftsgeheimnisse, sodass dem AP kein Recht zur Einsichtsgewährung zusteht.[23] Es ist aber wohl nicht zu beanstanden, wenn der AP in Abstimmung mit dem Insolvenzverwalter die Einsichtnahme gem. Abs. 1 Satz 1 gewährt. Hierbei sollte aber vom AP zuvor die Ausübung des Widerspruchsrechts nach Abs. 3 Satz 1 mit dem Insolvenzverwalter erörtert werden (Rz 39 ff.).

**Andere Personen, die den Prüfungsbericht in ihrem Besitz haben,** sind bspw. ehemalige Gesellschafter oder Organe (Vorstände, Geschäftsführer, AR). Da diese über kein Widerspruchsrecht i. S. v. Abs. 3 Satz 1 verfügen, haben sie kein Recht zur Einsichtsgewährung. Darüber hinaus gibt es weitere Personen, die im Besitz des Prüfungsberichts sind, z.B. das Finanzamt, DPR, WPK, APAK sowie insb. Fremd-  20

---

20 Vgl. WP-Handbuch, Bd I, 14. Aufl., Abschn. Q, Rz 26.
21 Vgl. z.B. IDW-Verlag GmbH: Allgemeine Auftragsbedingungen für Wirtschaftsprüfer und Wirtschaftsprüfungsgesellschaften, Stand 1.1.2002, Ziff. 7, 9.
22 Vgl. IDW PS 220, Tz 9, 19.
23 GlA: *Schmidt/Poullie*, in Beck Bil-Komm. 9. Aufl., § 321a HGB, Rz 12; a.A.: *Forster/Gelhausen/Möller*, WPg 2007, S. 195.

kapitalgeber (Kreditinstitute). Auch diese Personen dürfen keine Einsichtnahme gewähren, da sie die Prüfungsberichte nur für eigene, eng begrenzte Zwecke erhalten haben und ihre Aufgabenstellung sowie ihre Verschwiegenheitspflicht eine darüber hinaus gehende Verwendung nicht zulassen.[24] Zwar wird in der Gesetzesbegründung auf „sonstige Fälle" Bezug genommen, ohne diese aber näher zu spezifizieren.[25] Eine allzu extensive Auslegung würde aber gegen die Zielsetzung der Vorschrift und insb. gegen das Widerspruchsrecht aus Abs. 3 Satz 1 verstoßen.[26]

21 Die Vorschrift enthält keine Regelungen über die Art und den Ort der Geltendmachung der Einsichtsgewährung. Daher kommen die für die jeweiligen Rechtsformen gültigen Regelungen, wie, in welcher Form und wo die Einsicht zu gewähren ist, zur Anwendung (vgl. §§ 118, 166 HGB, §§ 52 Abs. 2, 175 Abs. 2, 179a Abs. 2, 293f, 319 Abs. 3 AktG, §§ 51a, 51b GmbHG, §§ 42, 47, 49 Abs. 2, 63 UmwG).[27] Das Einsichtnahmerecht wird an dem **Ort** ausgeübt, an dem die Prüfungsberichte aufbewahrt werden. In Fällen eines laufenden Insolvenzverfahrens hat der Insolvenzverwalter die Prüfungsberichte im Besitz, sodass dieser den Ort der Einsichtnahme bestimmt. Soweit das Insolvenzverfahren abgeschlossen oder mangels Masse gar nicht eröffnet wurde, wird das Einsichtnahmerecht dort ausgeübt, wo sich die Prüfungsberichte befinden. Die **Aufbewahrungspflicht** richtet sich auch in diesen Fällen nach rechtsformspezifischen Vorschriften (vgl. §§ 157 Abs. 2, 166 Abs. 2 HGB, §§ 273 Abs. 2, 278 Abs. 3 AktG, § 74 Abs. 2 GmbHG).

22 Der Gesetzgeber hat ein Einsichtnahmerecht geschaffen. I. d. R. wird die Einsichtnahme in ein Original des Prüfungsberichts in Betracht kommen; die Vorlage einer Kopie des Prüfungsberichts wird aber auch möglich sein. Der Einsichtnehmende hat **keinen Anspruch auf die Anfertigung und Mitnahme von Kopien**, da dies die Vertraulichkeit in hohem Maße gefährden würde.[28]

## 2.4 Umfang des Einsichtsrechts (Abs. 1 Satz 1)

23 Das Einsichtsrecht bezieht sich auf die Prüfungsberichte der **letzten drei Gj**. Hierbei kommen aber nur Prüfungsberichte in Betracht, bei denen es sich um die Berichterstattung über eine gesetzliche Apr. handelt. Soweit wegen Unterschreitens der Größenkriterien gem. § 267 HGB keine Prüfungspflicht bestand, aber dennoch eine (freiwillige) Apr. durchgeführt wurde, unterliegen diese Prüfungsberichte nicht dem Einsichtnahmerecht (vgl. Rz 16).

> **Beispiel**
> Bei der mittelgroßen Z-GmbH wird im September 05 das Insolvenzverfahren eröffnet. Die Gj 01 bis 04 sind durch einen AP geprüft worden. Bei der Apr. für das Gj 02 und 03 handelte es sich um freiwillige Apr.; die Gj 01 und 04 betrafen Pflichtprüfungen.
> Es besteht ein Einsichtnahmerecht lediglich für den Prüfungsbericht des Gj 04. Bei den Gj 02 und 03 handelte es sich um freiwillige Prüfungen, bei denen

---

24 Vgl. *Forster/Gelhausen/Möller*, WPg 2007, S. 195.
25 BT-Drs. 15/3419 S. 43.
26 Vgl. *Pfitzer/Oser/Orth*, DB 2004, S. 2593.
27 Vgl. *Forster/Gelhausen/Möller*, WPg 2007, S. 198.
28 Vgl. *Pfitzer/Oser/Orth*, DB 2004, S. 2593.

> kein Einsichtnahmerecht besteht. Der Prüfungsbericht für das Gj 01 betrifft zwar eine gesetzliche Apr., die allerdings einen mehr als drei Gj vor Insolvenzeröffnung liegenden Zeitraum betrifft.

Das Einsichtsrecht betrifft den Prüfungsbericht des AP. Dieser umfasst die **gesetzlichen Bestandteile inklusive der obligatorischen Anlagen** (geprüfter JA und LB[29]). Damit hat der Einsichtsberechtigte auch Zugriff auf die Rechnungslegung für die betreffenden Gj, auch wenn diese – ggf. pflichtwidrig – nicht oder nur unter Ausnutzung von größenabhängigen Erleichterungen (§ 327 Rz 13) offengelegt wurden. Das Einsichtsrecht umfasst gleichermaßen den Prüfungsbericht über etwaig durchgeführte **Nachtragsprüfungen**.[30] Vorweg-, Lese- oder Entwurfsexemplare des Prüfungsberichts, die dem Vorstand bzw. der Geschäftsführung vom AP überlassen wurden, unterliegen genauso wenig dem Einsichtnahmerecht wie ein Management Letter oder die Arbeitspapiere des AP. 24

Soweit der Prüfungsauftrag über § 321 HGB hinaus erweitert wurde, greift die **inhaltliche Beschränkung des Einsichtsrechts** gem. Abs. 1 Satz 1 letzter Hs. der Vorschrift. Damit **unterliegen dem Einsichtsrecht** insb. **nicht** Berichtsteile über:[31] 25
- rechtsform- oder wirtschaftszweigspezifische Vorschriften,[32]
- sonstige gesetzliche Erweiterungen des Prüfungsauftrags, z. B. Prüfung nach § 53 HGrG,
- freiwillige Erweiterungen des Prüfungsauftrags, z. B. weitere Anlagen zum Prüfungsbericht (detaillierte Aufgliederungen und Erläuterungen der Posten des JA, Darstellung rechtlicher, wirtschaftlicher und steuerlicher Verhältnisse).

Derartige Berichtspassagen sind von dem Einsichtsgewährenden **von der Einsichtnahme auszuschließen** (z. B. durch Schwärzung, Herausnahme, Anfertigung von Teilkopien).[33] 26

Für den Prüfungsbericht zu einem **IFRS-EA nach § 325 Abs. 2a HGB** gilt dagegen das Einsichtsrecht, da § 324a Abs. 1 Satz 1 HGB auf § 321a HGB verweist.[34] Dies erscheint auch sachgerecht, da der IFRS-EA nach § 325 Abs. 2a HGB gerade für Offenlegungszwecke erstellt wird und diesem die Befreiungswirkung für Offenlegungszwecke auch nur zukommt, wenn zugleich der Bestätigungsvermerk des AP offengelegt wird (§ 325 Rz 136). 27

# 3 Begrenzung des Einsichtnahmerechts und Erläuterungsrecht des Abschlussprüfers (Abs. 2)

## 3.1 Begrenzung des Einsichtnahmerechts (Abs. 2 Satz 1)

Die **Begrenzung des Einsichtnahmerechts** gilt für KapG in der Rechtsform der 28
- Aktiengesellschaft,

---

[29] Vgl. IDW PS 450, Tz 110.
[30] Vgl. *Forster/Gelhausen/Möller*, WPg 2007, S. 195.
[31] Vgl. IDW PS 450, Tz 152c; glA: *Forster/Gelhausen/Möller*, WPg 2007, S. 196; a. A.: *Schmidt/Poullie*, in Beck Bil-Komm., 9. Aufl. § 321a HGB, Rz 8 betreffend die Berichterstattung nach § 53 HGrG.
[32] Z. B. Kreditbericht nach § 29 Abs. 4 KWG i. V. m. §§ 59ff. PrüfbV.
[33] Vgl. *Forster/Gelhausen/Möller*, WPg 2007, S. 196.
[34] GlA: *Orth*, in *Baetge/Kirsch/Thiele*, Bilanzrecht, § 321a HGB, Rz 11, Stand 12/2012; nunmehr auch *Schmidt/Poullie*, in Beck Bil-Komm. 9. Aufl., § 321a HGB, Rz 6.

- Kommanditgesellschaft auf Aktien,
- SE (vgl. § 3 SE-AG[35]).

29 Das Einsichtnahmerecht kann bei diesen Gesellschaften nur von solchen **Gesellschaftern** ausgeübt werden, die mindestens
- **1 % des Grundkapitals** oder
- einen **Börsenwert von 100.000 EUR**

auf sich vereinigen. Sinn und Zweck der Regelung ist es, bei Publikumsgesellschaften das Verfahren der Einsichtnahme mit Rücksicht auf die große Zahl von Gesellschaftern praktikabel zu halten.[36]

30 Die Grenzwerte sind an die in §§ 142 Abs. 2, 148 Abs. 1 AktG geregelten Grenzwerte für die gerichtliche Bestellung eines Sonderprüfers angelehnt und bewusst nicht an die 5-fach höheren Grenzwerte in § 318 Abs. 3 HGB zur gerichtlichen Ersetzung eines AP. Begründet wird dies mit dem höheren Gewicht, dem eine Ersatzbestellung des AP im Vergleich zur Einsichtnahme in den Prüfungsbericht zukommt.[37]

31 Der erforderliche Grenzwert muss bei Geltendmachung des Einsichtnahmerechts erreicht werden. Das Kriterium **Börsenwert** ist somit an den im Insolvenzfall regelmäßig stark gesunkenen Aktienkurs nach Eröffnung des Insolvenzverfahrens bzw. Ablehnung des Antrags auf Eröffnung mangels Masse gebunden. Gleichermaßen sind Anteilsübertragungen nach Eröffnung des Insolvenzverfahrens zu berücksichtigen, z. B. wenn ein Konkurrenzunternehmen zum Zweck der Einsichtnahme in die Prüfungsberichte nach Insolvenzeröffnung Aktien erwirbt. Der für die Sonderprüfung nach § 142 Abs. 2 AktG maßgebliche 3-Monatszeitraum kommt mangels gesetzlichen Verweises nicht zur Anwendung.[38]

32 Für **nicht börsennotierte Ges.** kommt dem zweiten Grenzwert naturgemäß keine Bedeutung zu. Hier knüpft das Einsichtnahmerecht ausschließlich an die 1-%-Grenze des Grundkapitals an. Ein Nichterreichen dieser Grenze erscheint in der Praxis lediglich bei ausgesprochen weit gefächerten Gesellschafterkreisen von Familiengesellschaften denkbar.

33 Die Beschränkung des Einsichtnahmerechts gilt nur für Gesellschafter, nicht aber für **Gläubiger**, die auch bei geringen Forderungen gegen das insolvente Unt einsichtnahmeberechtigt sind (Rz 5).

## 3.2 Erläuterungsrecht des Abschlussprüfers (Abs. 2 Satz 2)

34 Das Erläuterungsrecht des AP stellt eine gesetzliche Ausnahme von der ansonsten bestehenden Verschwiegenheitsverpflichtung des AP gem. § 323 Abs. 1 und 3 HGB dar. Der AP benötigt kraft der gesetzlichen Regelung hierfür **keine Entbindung von der Verschwiegenheitsverpflichtung** durch die Unternehmensorgane. Diese können auch nur im Rahmen ihres Widerspruchsrechts nach Abs. 3 Satz 1 dagegen vorgehen (Rz 39ff.).

---

[35] Die SE ist in § 321a Abs. 2 Satz 1 HGB nicht genannt. Bei Einführung der Vorschrift existierte das SE-AG noch nicht. Da selbst DAX-Unt zwischenzeitlich die Rechtsform der SE gewählt haben, erscheint die dargestellte Rechtsfolge zwingend.
[36] BT-Drs. 15/3419 S. 43.
[37] BT-Drs. 15/3419 S. 44.
[38] Vgl. *Forster/Gelhausen/Möller*, WPg 2007, S. 194; a. A.: *Orth*, in *Baetge/Kirsch/Thiele*, Bilanzrecht, § 321a HGB, Rz 65, Stand 12/2012.

Ziel des Erläuterungsrechts ist, dem AP die Möglichkeit der Entlastung zu geben, wenn z. B. im Rahmen öffentlicher Berichterstattung Zweifel an der Qualität der durchgeführten Apr. bzw. der Berichterstattung darüber geäußert werden. Der AP erhält dieses Erläuterungsrecht aber erst, wenn das Einsichtnahmerecht gem. Abs. 1 Satz 1 ausgeübt wird, und es besteht auch nur gegenüber den Einsichtnehmenden. Es handelt sich um ein Recht des AP, nicht um eine Verpflichtung, auch wenn dies von den Einsichtnehmenden gewünscht wird. 35

Da gem. Abs. 3 Satz 3 die Verschwiegenheitspflicht „im Übrigen" bestehen bleibt, wird das Erläuterungsrecht des AP so zu verstehen sein, dass sich der AP auf Berichtsteile beschränkt, die ggf. missverständlich oder die zum Verständnis der für die im Prüfungszeitpunkt bestandenen wirtschaftlichen Situation der geprüften Ges. erforderlich sind. Nicht zulässig wäre es somit, den gesamten Prüfungsbericht zu kommentieren oder ihn sogar den Einsichtnehmenden zu überlassen.[39] 36

Das Erläuterungsrecht des AP wird weiter beschränkt durch das Widerspruchsrecht gem. Abs. 3 Satz 1 (Rz 39ff.); es empfiehlt sich daher für den AP, sich vor Ausübung des Erläuterungsrechts mit den Widerspruchsberechtigten abzustimmen, ob sie ihr Widerspruchsrecht ausüben. 37

Da auch der Prüfungsbericht den Einsichtnehmenden nicht überlassen oder in Kopie zur Verfügung gestellt werden darf (Rz 22), ist das Erläuterungsrecht **ausschließlich mündlich** auszuüben.[40] Bei den Erläuterungen kann sich der AP an den berufsüblichen Grundsätzen für die mündliche Berichterstattung an den AR orientieren.[41] Durch die Wahrnehmung des Erläuterungsrechts entsteht kein Auskunftsvertrag oder sonstiges Schuldverhältnis zwischen AP und Einsichtsberechtigten. Gleichwohl erscheint es für den AP zweckmäßig, vor einer Erläuterung des Prüfungsberichts Haftungsausschlüsse oder -begrenzungen mit dem Einsichtnehmenden zu vereinbaren.[42] 38

## 4 Widerspruchsrecht und Verschwiegenheitspflicht

### 4.1 Widerspruchsrecht (Abs. 3 Satz 1)

Die Vorschrift eröffnet ein Widerspruchsrecht, das im Regelfall mehreren Personen zusteht, nämlich dem Insolvenzverwalter und den gesetzlichen Vertretern der insolventen Ges. Jede dieser Personen hat ein eigenes Widerspruchsrecht und darf dieses unabhängig von den anderen Widerspruchsberechtigten ausüben. 39

> **Beispiel**
> Über das Vermögen der T-GmbH wird im August 01 das Insolvenzverfahren eröffnet. Im Oktober 01 meldet ein Gläubiger sein Einsichtnahmerecht beim Insolvenzverwalter an. Der AP möchte sein Erläuterungsrecht ausüben und fragt den Insolvenzverwalter, ob dieser sein Widerspruchsrecht in Anspruch nimmt.

---

39 Vgl. *Forster/Gelhausen/Möller*, WPg 2007, S. 199.
40 A. A.: *Forster/Gelhausen/Möller*, WPg 2007, S. 199, die auch eine schriftliche Erläuterung für zulässig erachten.
41 Vgl. IDW PS 470; glA: *Schmidt/Poullie*, in Beck Bil-Komm. 9. Aufl., § 321a HGB, Rz 11.
42 Vgl. *Orth*, in *Baetge/Kirsch/Thiele*, Bilanzrecht, § 321a HGB, Rz 8, Stand 12/2012, der in außergewöhnlichen, sachverhaltsabhängigen Ausnahmefällen einen Dritthaftungsanspruch für möglich hält.

> Neben dem Insolvenzverwalter sind die Geschäftsführer der T-GmbH ebenfalls widerspruchsberechtigt. Da diese den Einsicht begehrenden Gläubiger üblicherweise besser kennen als der Insolvenzverwalter, können diese auch eher Gründe für einen Widerspruch erkennen, weil es sich bei dem Gläubiger z. B. gleichzeitig um einen direkten Konkurrenten handelt.

40 Sobald einer der Berechtigten Widerspruch erhebt, darf dem Einsichtnehmenden der Prüfungsbericht nur insoweit zugänglich gemacht werden, dass die geheimhaltungsbedürftigen Tatsachen nicht erkennbar sind. Dies kann bspw. durch Schwärzen bzw. Herausnahme der Berichtspassagen oder durch Vorlage von Teilkopien des Prüfungsberichts erreicht werden.

41 Den Widerspruchsberechtigten untereinander stehen gegenseitig keine Rechtsmittel zu, wenn sie der Auffassung sind, ein geltend gemachter Widerspruch sei unzulässig. Der Einsicht nehmende Gläubiger oder Gesellschafter kann allerdings seinen Anspruch auf Einsichtnahme der durch Widerspruch entzogenen Berichtsteile durch Leistungsklage geltend machen.[43] Ob auch Zwangsmittel wie ein Ordnungsgeld gem. § 335 HGB geltend gemacht werden können, ist strittig.[44]

42 Obwohl es sich nach dem Gesetzeswortlaut um ein Widerspruchsrecht handelt, besteht in den Fällen, in denen die Einsichtnahme zugelassen und dadurch der im Gesetz genannte **erhebliche Nachteil** für die Ges. bewirkt wird, faktisch eine **Widerspruchspflicht**, da sich bei Nichtausübung des Widerspruchsrechts der Insolvenzverwalter bzw. die gesetzlichen Vertreter gegenüber der insolventen Ges. ggf. schadensersatzpflichtig machen.

43 Das Widerspruchsrecht stellt ab auf **Geheimnisse**, insb. Betriebs- oder Geschäftsgeheimnisse, deren Offenlegung geeignet ist, der insolventen Ges. einen erheblichen Nachteil zuzufügen. Geheimnisse stellen wohl stets solche Informationen dar, die bei Offenlegung im regulären Geschäftsbetrieb zu einem Verstoß von Geheimhaltungsverpflichtungen der gesetzlichen Vertreter oder des AR geführt hätten.[45] Dies können bspw. im Prüfungsbericht angeführte Herstellungsverfahren, Liefer- oder Absatzbeziehungen oder Kennzahlen (z.B. Deckungsbeiträge, Margen einzelner Produktlinien) sein. Der Begriff des **erheblichen Nachteils** ist gesetzlich nicht geregelt und daher auf den Einzelsachverhalt zu beziehen. Es dürfte im Regelfall ausreichend sein, die Eignung zur Nachteilszufügung geltend zu machen, um das Widerspruchsrecht auszuüben. Der Begriff ist eher eng auszulegen und es ist von einer hohen Wahrscheinlichkeit der Nachteilszufügung auszugehen.[46]

## 4.2 Verschwiegenheitspflicht

### 4.2.1 Abschlussprüfer (Abs. 3 Satz 2)

44 Die Verschwiegenheitspflicht des AP und seiner Mitarbeiter richtet sich nach § 323 Abs. 1 und 3 HGB (§ 323 Rz 45), wie Satz 2 der Vorschrift nochmals

---

[43] Vgl. *Forster/Gelhausen/Möller*, WPg 2007, S. 197.
[44] Bejahend: *Orth*, in *Baetge/Kirsch/Thiele*, Bilanzrecht, § 321a HGB, Rz 141, Stand 12/2012; ablehnend: *Forster/Gelhausen/Möller*, WPg 2007, S. 197.
[45] Vgl. *Kuhner*, in *Küting/Pfitzer/Weber*, HdR, § 321a HGB, Rn 29; Stand 07/2011.
[46] Vgl. *Orth*, in *Baetge/Kirsch/Thiele*, Bilanzrecht, § 321a HGB, Rz 94, Stand 12/2012.

klarstellt. Eine Ausnahme von dieser Regelung stellt die Regelung des Abs. 2 Satz 2 dar, die dem AP das Erläuterungsrecht gegenüber den Einsichtnehmenden eröffnet (vgl. Rz 34), das jedoch wiederum durch das Widerspruchsrecht gem. Abs. 3 Satz 1 begrenzt werden kann (Rz 39).

#### 4.2.2 Einsichtnehmende (Abs. 3 Satz 3)

Die Vorschrift verpflichtet alle Einsichtnehmenden zur Verschwiegenheit über sämtliche bei der Einsichtnahme gewonnenen Erkenntnisse. Die Verschwiegenheitsverpflichtung besteht somit nicht nur für einsichtnehmende Gläubiger oder Gesellschafter, sondern auch für von diesen beauftragte WP/vBp (Rz 7). 45

Die Verschwiegenheitsverpflichtung ergänzt das Widerspruchsrecht des Abs. 3 Satz 1 (Rz 39) insoweit, als die Einsichtnehmenden auch dann zur Verschwiegenheit verpflichtet sind, wenn ihnen Betriebs- und Geschäftsgeheimnisse durch die Einsichtnahme zur Kenntnis gelangen, weil die Widerspruchsberechtigten ihr Widerspruchsrecht nicht ausgeübt haben.[47] 46

Die Verschwiegenheitsverpflichtung der Einsichtnehmenden beinhaltet das Verbot der Weitergabe von Informationen an Dritte über den Inhalt der Prüfungsberichte. Dies umfasst auch den sog. **negativen Inhalt**, d. h. eigentlich erforderliche Inhalte des Prüfungsberichts (z.B. über entwicklungsbeeinträchtigende oder bestandsgefährdende Tatsachen), die aber tatsächlich fehlen. Außerdem sind die vom AP ggf. gegebenen (mündlichen) Erläuterungen gem. Abs. 2 Satz 2 von der Verschwiegenheitspflicht umfasst.[48] 47

Die Verschwiegenheitsverpflichtung gilt auch gegenüber anderen Einsichtnehmenden.[49] 48

Während dem AP in § 323 Abs. 1 Satz 2 HGB die Verwertung von erlangten Erkenntnissen verboten ist, ist dies für die Einsichtsberechtigten nicht ausdrücklich gesetzlich geregelt. Nach dem Regelungsziel der Vorschrift scheint eine Verwertung zur Durchsetzung von Ansprüchen gegen Organmitglieder der insolventen Ges. oder den AP wohl zulässig.[50] Bezüglich des AP weist die Gesetzesbegründung jedoch ausdrücklich darauf hin, dass „keine über § 323 HGB hinaus gehenden Haftungsansprüche geschaffen werden" sollen.[51] 49

## 5 Einsichtnahme in Prüfungsberichte zu Konzernabschlüssen

Wenn die betroffene Ges. konzernrechnungslegungspflichtig ist, gelten die für den JA vorgesehenen Einsichtsrechte für den KA analog (s. Rz 23 ff.). 50

Einsichtsberechtigt sind allerdings nur die **Gesellschafter** des MU, nicht solche von TU (außenstehende Gesellschafter). 51

---

47 Vgl. *Forster/Gelhausen/Möller*, WPg 2007, S. 200.
48 Vgl. *Orth*, in *Baetge/Kirsch/Thiele*, Bilanzrecht, § 321a HGB, Rz 94, Stand 12/2012.
49 Vgl. *Orth*, in *Baetge/Kirsch/Thiele*, Bilanzrecht, § 321a HGB, Rz 94, Stand 12/2012.
50 GlA: *Forster/Gelhausen/Möller*, WPg 2007, S. 200.
51 BT-Drs. 15/4054 S. 39.

> **Beispiel**
> Die mittelständische Unternehmensgruppe weist folgende Beteiligungsstruktur zu:
>
>
>
> MU ist insolvent. Einsichtnahmeberechtigt in den Prüfungsbericht des Konzernabschlussprüfers sind nur die Gesellschafter des MU, nicht diejenigen von TU2 (außenstehende Gesellschafter).

52  Auch für **Gläubiger** gilt, dass diese Gläubiger des MU sein müssen, da Abs. 4 der Vorschrift ausdrücklich von dem zur Konzernrechnungslegung verpflichteten Schuldner spricht. Eine Forderung gegen ein TU reicht mithin nicht aus (Rz 15).

53  Wie beim JA auch, betrifft das Recht zur Einsichtnahme nur gesetzliche KAP. Prüfungsberichte über **freiwillige KAP**, z. B. von gem. § 291 Abs. 1 HGB nicht prüfungspflichtigen Teilkonzernen, sind somit von der Vorschrift nicht erfasst (Rz 16).[52]

54  Das Einsichtsrecht bezieht sich lediglich auf den Prüfungsbericht über die KAP, nicht aber auf die Prüfungsberichte von in den KA einbezogenen **Tochtergesellschaften**. Hier würden von Seiten der Tochtergesellschaften berechtigte Interessen gegen die Einsichtnahme bestehen, da ihnen hierdurch ggf. erhebliche Nachteile entstehen könnten, zumal ihre gesetzlichen Vertreter nicht über das Widerspruchsrecht des Abs. 3 Satz 1 verfügen.[53] Besonders offensichtlich ist dies in Fällen, in denen zwar die Muttergesellschaft, nicht aber die Tochtergesellschaft insolvent ist. Zur Inanspruchnahme von § 264 Abs. 3 bzw. § 264b HGB durch Tochtergesellschaften vgl. Rz 15.

55  Das **Widerspruchsrecht** gem. Abs. 3 Satz 1 steht dem Insolvenzverwalter bzw. den Organen des MU zu. Bei der Ausübung des Widerspruchsrechts haben diese aber nicht nur die Interessen des MU, sondern auch die Interessen von in den KA einbezogenen TU zu beachten.

---

[52] Vgl. *Forster/Gelhausen/Möller*, WPg 2007, S. 200.
[53] Vgl. *Orth*, in *Baetge/Kirsch/Thiele*, Bilanzrecht, § 321a HGB, Rz 121, Stand 12/2012.

## § 322 BESTÄTIGUNGSVERMERK

(1) ¹Der Abschlussprüfer hat das Ergebnis der Prüfung in einem Bestätigungsvermerk zum Jahresabschluss oder zum Konzernabschluss zusammenzufassen. ²Der Bestätigungsvermerk hat Gegenstand, Art und Umfang der Prüfung zu beschreiben und dabei die angewandten Rechnungslegungs- und Prüfungsgrundsätze anzugeben; er hat ferner eine Beurteilung des Prüfungsergebnisses zu enthalten.
(2) ¹Die Beurteilung des Prüfungsergebnisses muss zweifelsfrei ergeben, ob
1. ein uneingeschränkter Bestätigungsvermerk erteilt,
2. ein eingeschränkter Bestätigungsvermerk erteilt,
3. der Bestätigungsvermerk aufgrund von Einwendungen versagt oder
4. der Bestätigungsvermerk deshalb versagt wird, weil der Abschlussprüfer nicht in der Lage ist, ein Prüfungsurteil abzugeben.
²Die Beurteilung des Prüfungsergebnisses soll allgemein verständlich und problemorientiert unter Berücksichtigung des Umstandes erfolgen, dass die gesetzlichen Vertreter den Abschluss zu verantworten haben. ³Auf Risiken, die den Fortbestand des Unternehmens oder eines Konzernunternehmens gefährden, ist gesondert einzugehen. ⁴Auf Risiken, die den Fortbestand eines Tochterunternehmens gefährden, braucht im Bestätigungsvermerk zum Konzernabschluss des Mutterunternehmens nicht eingegangen zu werden, wenn das Tochterunternehmen für die Vermittlung eines den tatsächlichen Verhältnissen entsprechenden Bildes der Vermögens-, Finanz- und Ertragslage des Konzerns nur von untergeordneter Bedeutung ist.
(3) ¹In einem uneingeschränkten Bestätigungsvermerk (Absatz 2 Satz 1 Nr. 1) hat der Abschlussprüfer zu erklären, dass die von ihm nach § 317 durchgeführte Prüfung zu keinen Einwendungen geführt hat und dass der von den gesetzlichen Vertretern der Gesellschaft aufgestellte Jahres- oder Konzernabschluss aufgrund der bei der Prüfung gewonnenen Erkenntnisse des Abschlussprüfers nach seiner Beurteilung den gesetzlichen Vorschriften entspricht und unter Beachtung der Grundsätze ordnungsmäßiger Buchführung oder sonstiger maßgeblicher Rechnungslegungsgrundsätze ein den tatsächlichen Verhältnissen entsprechendes Bild der Vermögens-, Finanz- und Ertragslage des Unternehmens oder des Konzerns vermittelt. ²Der Abschlussprüfer kann zusätzlich einen Hinweis auf Umstände aufnehmen, auf die er in besonderer Weise aufmerksam macht, ohne den Bestätigungsvermerk einzuschränken.
(4) ¹Sind Einwendungen zu erheben, so hat der Abschlussprüfer seine Erklärung nach Absatz 3 Satz 1 einzuschränken (Absatz 2 Satz 1 Nr. 2) oder zu versagen (Absatz 2 Satz 1 Nr. 3). ²Die Versagung ist in den Vermerk, der nicht mehr als Bestätigungsvermerk zu bezeichnen ist, aufzunehmen. ³Die Einschränkung oder Versagung ist zu begründen. ⁴Ein eingeschränkter Bestätigungsvermerk darf nur erteilt werden, wenn der geprüfte Abschluss unter Beachtung der vom Abschlussprüfer vorgenommenen, in ihrer Tragweite erkennbaren Einschränkung ein den tatsächlichen Verhältnissen im Wesentlichen entsprechendes Bild der Vermögens-, Finanz- und Ertragslage vermittelt.
(5) ¹Der Bestätigungsvermerk ist auch dann zu versagen, wenn der Abschlussprüfer nach Ausschöpfung aller angemessenen Möglichkeiten zur Klärung

des Sachverhalts nicht in der Lage ist, ein Prüfungsurteil abzugeben (Absatz 2 Satz 1 Nr. 4). ²Absatz 4 Satz 2 und 3 gilt entsprechend.
(6) ¹Die Beurteilung des Prüfungsergebnisses hat sich auch darauf zu erstrecken, ob der Lagebericht oder der Konzernlagebericht nach dem Urteil des Abschlussprüfers mit dem Jahresabschluss und gegebenenfalls mit dem Einzelabschluss nach § 325 Abs. 2a oder mit dem Konzernabschluss in Einklang steht und insgesamt ein zutreffendes Bild von der Lage des Unternehmens oder des Konzerns vermittelt. ²Dabei ist auch darauf einzugehen, ob die Chancen und Risiken der zukünftigen Entwicklung zutreffend dargestellt sind.
(7) ¹Der Abschlussprüfer hat den Bestätigungsvermerk oder den Vermerk über seine Versagung unter Angabe von Ort und Tag zu unterzeichnen. ²Der Bestätigungsvermerk oder der Vermerk über seine Versagung ist auch in den Prüfungsbericht aufzunehmen.

WP STB CVA Klaus Bertram

| Inhaltsübersicht | Rz |
|---|---|
| 1 Überblick | 1–23 |
| 1.1 Inhalt | 1–3 |
| 1.2 Normenzusammenhang und Zweck | 4–23 |
| 2 Inhalt und Bestandteile des Bestätigungsvermerks bei gesetzlichen Jahresabschlussprüfungen | 24–111 |
| 2.1 Überschrift | 24–25 |
| 2.2 Einleitender Abschnitt (Abs. 1 Satz 2) | 26–33 |
| 2.3 Beschreibender Abschnitt (Abs. 1 Satz 2) | 34–41 |
| 2.4 Beurteilung durch den Abschlussprüfer | 42–106 |
| 2.4.1 Grundsätze | 42 |
| 2.4.2 Formen des Prüfungsergebnisses (Abs. 2 Satz 1) | 43–98 |
| 2.4.2.1 Uneingeschränkter Bestätigungsvermerk (Abs. 3 Satz 1) | 46–57 |
| 2.4.2.2 Eingeschränkter Bestätigungsvermerk (Abs. 4) | 58–88 |
| 2.4.2.3 Versagungsvermerk | 89–98 |
| 2.4.3 Ergänzungen des Prüfungsurteils | 99–101 |
| 2.4.4 Hinweis auf besondere Umstände (Abs. 3 Satz 2) | 102–106 |
| 2.5 Hinweis auf Bestandsgefährdungen (Abs. 2 Satz 3) | 107–111 |
| 3 Erteilung des Bestätigungsvermerks (Abs. 7) | 112–122 |
| 4 Bestätigungsvermerk bei Konzernabschlussprüfungen | 123–140 |
| 4.1 Einleitender Abschnitt | 124–127 |
| 4.2 Beschreibender Abschnitt | 128 |
| 4.3 Beurteilung durch den Abschlussprüfer | 129–136 |
| 4.4 Konzernabschlüsse nach § 315a HGB | 137–140 |
| 5 Sonderfälle und Einzelfragen | 141–208 |
| 5.1 Bedingte Erteilung von Bestätigungsvermerken | 141–148 |
| 5.2 Tatsachen nach Erteilung des Bestätigungsvermerks | 149–167 |
| 5.2.1 Nachtragsprüfungen | 149–158 |
| 5.2.2 Widerruf von Bestätigungsvermerken | 159–167 |

| | | |
|---|---|---|
| 5.3 | Freiwillige Abschlussprüfungen | 168–181 |
| 5.4 | Prüfungen nach PublG | 182–185 |
| 5.5 | Zusammengefasster Bestätigungsvermerk | 186–192 |
| 5.6 | Einzelabschluss nach § 325 Abs. 2a HGB | 193–195 |
| 5.7 | Gemeinschaftsprüfungen (joint audits) | 196–197 |
| 5.8 | Prüfungen nach internationalen Prüfungsgrundsätzen | 198–200 |
| 5.9 | Bestätigungsvermerk in fremder Sprache | 201–204 |
| 5.10 | Offenlegung des Bestätigungsvermerks | 205–208 |
| 6 | Änderungen durch das BilRUG | 209–210 |

**Ergänzendes Schrifttum**
*Almeling,* Internationale Grundsätze zur Durchführung von Assurance-Aufträgen, WPg 2011, S. 604 (Teil 1), S. 653 (Teil 2); *Baetge,* Möglichkeiten einer Objektivierung der Redepflicht, in *Havermann/Lanfermann,* Internationale Wirtschaftsprüfung, Festschrift zum 65. Geburtstag von Prof. Dr. Dr. h.c. Hans Havermann, S. 1995, S. 1; *Baetge/Linßen,* Beurteilung der wirtschaftlichen Lage durch den Abschlussprüfer und Darstellung des Urteils im Prüfungsbericht und Bestätigungsvermerk, BFuP 1999, S. 369; *Bärenz,* Haftung des Abschlussprüfers bei Bestätigung fehlerhafter Jahresabschlüsse gem. § 323 Abs. 1 S. 3 HGB, BB 2003, S. 1781; *Böcking/Orth,* Kann das „Gesetz zur Kontrolle und Transparenz im Unternehmensbereich (KonTraG)" einen Beitrag zur Verringerung der Erwartungslücke leisten? – eine Würdigung auf Basis von Rechnungslegung und Kapitalmarkt, WPg 1998, S. 351; *Böcking/Orth,* Mehr Kontrolle und Transparenz im Unternehmensbereich durch eine Verbesserung der Qualität der Abschlussprüfung, BFuP 1999, S. 419; *Clemm,* Der Abschlussprüfer als Krisenwarner und der Aufsichtsrat – Anmerkungen zu einem – wieder einmal – aktuellen Thema, in *Havermann/Lanfermann,* Internationale Wirtschaftsprüfung, Festschrift zum 65. Geburtstag von Prof. Dr. Dr. h.c. Hans Havermann, 1995, S. 83; *Dörner,* Zusammenarbeit von Aufsichtsrat und Wirtschaftsprüfer im Lichte des KonTraG, DB 2000, S. 101; *Elkart/Naumann,* Zur Fortentwicklung der Grundsätze für die Erteilung von Bestätigungsvermerken bei Abschlussprüfungen nach § 322 HGB, WPg 1995, S. 357 (Teil I), S. 402 (Teil II); *Forster,* Gedanken beim Unterzeichnen eines Bestätigungsvermerkes, WPKM 1995, S. 151; *Forster,* Zum Zusammenspiel von Aufsichtsrat und Abschlussprüfer nach dem KonTraG, AG 1999, S. 193; *Gelhausen,* Organisation der Abschlussprüfung, Unterzeichnung von Bestätigungsvermerken und berufsrechtliche Verantwortung, WPKM 4/2007, S. 58; *Grewe/Plendl,* Redepflicht des Abschlussprüfers, in HWRP, Sp. 2006; *Hirsch,* Voraussetzungen für den Widerruf eines Bestätigungsvermerks – Anmerkungen zur Entscheidung des Kammergerichts Berlin vom 19.9.2000, WPg 2001, S. 606; *Hoffmann/Knierin,* Falsche Berichterstattung des Abschlussprüfers, BB 2002, S. 2275; *Hommelhoff,* Die neue Position des Abschlussprüfers im Kraftfeld der aktienrechtlichen Organisationsverfassung, BB 1998, S. 2567; IDW, FAR: Berufsrechtliche Verantwortlichkeit des Mitunterzeichners eines Bestätigungsvermerks IDW-FN 2013, S. 294; IDW, Besondere Prüfungsfragen im Kontext der aktuellen Wirtschafts- und Finanzmarktkrise, IDW-FN 2009, S. 3; IDW, Ergänzende Anmerkungen des IDW zum

Referentenentwurf des Bilanzrechtsmodernisierungsgesetzes, IDW-FN 2008, S. 133; *Jundt,* Abschlussprüfung in der Insolvenz, WPKM 4/2007, S. 41; *Köhler,* Künftige Anforderungen an den Bestätigungsvermerk des Abschlussprüfers aus europäischer und internationaler Sicht, WPg 2015, S. 109; *Lehwald,* Die Erteilung des Bestätigungsvermerks bei Abschlussprüfungen, DStR 2000, S. 259; *Lück,* Anforderungen an die Redepflicht des Abschlussprüfers, BB 2001, S. 404; *Oser/Roß/Wader/Drögemüller,* Ausgewählte Neuregelungen des Bilanzrechtsmodernisierungsgesetzes (BilMoG) – Teil 2, WPg 2008, S. 105; *Pfitzer/Oser/Orth,* Reform des Aktien-, Bilanz- und Aufsichtsrechts, 3. Aufl., 2008; *Pfitzer/Oser/Orth,* Zur Reform des Aktienrechts, der Rechnungslegung und Prüfung durch das TransPubG, DB 2002, S. 157; *Quick,* Die Einschätzungen von Bankvorständen zu potenziellen inhaltlichen Erweiterungen des Bestätigungsvermerks, WPg 2015, S. 207; *Rabenhorst,* Neue Anforderungen an die Berichterstattung des Abschlussprüfers durch das TransPuG, DStR 2003, S. 436; *Ruhnke,* Die Erwartungslücke in der Abschlussprüfung, ZfB 1997, S. 923; *Sarx,* Ausgewählte Einzelfragen zum Bestätigungsvermerk beim Einzelabschluss, in *Ballwieser/Moxter/Nonnenmacher,* Rechnungslegung – warum und wie, FS Clemm, 1996, S. 337; *Scheffler,* Die Berichterstattung des Abschlussprüfers aus der Sicht des Aufsichtsrats, WPg 2002, S. 1289; *Windmöller/Hönsch,* Abschlussprüfer in der Pflicht, ZfbF 2003, S. 722; WPK, Bilanzrechtsmodernisierungsgesetz – Auswirkungen auf die beruflichen Rahmenbedingungen des Abschlussprüfers, WPKM 2/2009, S. 4; WPK/IDW, Anforderungen an die Qualitätssicherung in der Wirtschaftsprüferpraxis (VO 1/2006), WPg 2006, S. 629; *Wysocki, von,* Zur Objektivierbarkeit von Prüfungsurteilen im Bereich der Abschlussprüfung – Anmerkungen zur Neufassung der Grundsätze ordnungsmäßiger Abschlussprüfung, DStR 2002, S. 370.

# 1 Überblick

## 1.1 Inhalt

1 § 322 HGB beinhaltet mit den Regelungen zum Bestätigungsvermerk den für die Öffentlichkeit wohl bedeutendsten Teil der Apr., nämlich den (auch) für die Öffentlichkeit bestimmten BSV als zusammenfassendes Prüfungsergebnis.

2 Entsprechend internationalen Vorbildern ist der BSV in Form eines **Bestätigungsberichts** zu erteilen. Das frühere „Formeltestat", das sich nach Ansicht des Gesetzgebers nicht bewährt hatte, sollte einem frei formulierten BSV weichen.[1] Aufgrund der **hohen Außenwirkung** des BSV haben sich in der Praxis gleichwohl standardisierte Formulierungen für BSV herausgebildet,[2] sodass die (in der überwiegenden Anzahl) uneingeschränkten Testate in der Praxis auch heute einheitlich formuliert werden. Hieraus zu folgern, der Gesetzgeber habe sein mit dem KonTraG gestecktes Ziel nicht erreicht, wäre aber falsch. Es entspricht den Erwartungen der Adressaten des BSV, dass in den „unproblematischen" Fällen eines uneingeschränkten BSV dieser in standardisierter Form erteilt wird. Die Möglichkeit zur freien Formulierung erhält insb. dann Relevanz, wenn es

---

[1] Vgl. BT-Drs. 13/9712, S. 29.
[2] Vgl. IDW PS 400, Anhang 1 und 2.

darum geht, auch bei uneingeschränkten Testaten ergänzende Hinweise abzugeben (Abs. 3 Satz 2) bzw. vorgenommene Einschränkungen des BSV zu begründen (Abs. 4 Satz 3). Hiermit wird der international verwendete Grundsatz „emphasis of matter" auch im deutschen Recht abgebildet.[3] Bzgl. der bereits verabschiedeten bzw. zukünftig zu erwartenden Änderungen vgl. Rz 209 ff.[4]

§ 322 HGB regelt **Mindestbestandteile** des BSV, die der Gesetzgeber dem AP vorgeschrieben hat, um den problemorientierten Charakter des BSV zu stärken. Der Leser des BSV soll – wenn auch in stark komprimierter Form – erfahren, was Gegenstand der Apr. war, welche Beurteilung der AP vorgenommen hat, welche Bestandsgefährdungen vorliegen und welche ergänzenden Hinweise der AP für erforderlich hält. Folgende Bestandteile des BSV sind zu unterscheiden:[5]

- Überschrift,
- einleitender Abschnitt,
- beschreibender Abschnitt,
- Beurteilung durch den AP,
- ggf. Hinweis zur Beurteilung des Prüfungsergebnisses,
- ggf. Hinweis auf Bestandsgefährdungen.

### 1.2 Normenzusammenhang und Zweck

§ 322 HGB ist für alle gesetzlichen Apr. (JAP, KAP) anzuwenden. In den §§ 316–324a HGB sind die **gesetzlichen Grundlagen für die Abschlussprüfung** kodifiziert. Die Vorschrift ist gleichermaßen bei Apr. von **Kredit- und Finanzdienstleistungsinstituten** gem. § 340k HGB sowie bei **Versicherungsunternehmen und Pensionsfonds** gem. § 341k HBG anzuwenden. Für Genossenschaften sieht § 58 Abs. 2 GenG eine entsprechende Anwendung der Bestimmungen des § 322 HGB vor, sofern die **Genossenschaften** die Größenkriterien des § 267 Abs. 3 HGB für große Gesellschaften erfüllen. Etliche andere Gesetze verweisen auf diese gesetzlichen Grundlagen und lehnen sich dementsprechend an die handelsrechtlichen Grundsätze an (z. B. § 6 Abs. 1 PublG, § 34 KHG NRW, § 10 Abs. 1 EnWG).

Die WPO enthält **berufsrechtliche Vorschriften**, die der WP (auch) im Rahmen von Apr. zu beachten hat (z. B. §§ 43–44, 48, 50–51b, 53–54a, 55a–56, 57a WPO). Darüber hinaus sind die Vorschriften der gem. § 57 Abs. 3 WPO erlassenen BS WP/vBP zu beachten, in der besondere Berufspflichten bei der Durchführung von Prüfungen und der Erstattung von Gutachten niedergelegt sind (§§ 20–27a BS WP/vBP).

Neben den gesetzlichen Vorschriften existieren für AP die **berufsständischen Grundsätze.** Dies sind in Deutschland die vom IDW festgestellten Prüfungsstandards und Prüfungshinweise, die im Wesentlichen auf den entsprechenden internationalen Vorbildern, namentlich den ISA, beruhen und darüber hinaus auf Besonderheiten der deutschen Rechtslage eingehen, sowie die Gemeinsame Stellungnahme von WPK und IDW VO 1/2006.[6]

---

[3] Vgl. ISA 706: emphasis of matter paragraphs and other matter paragraphs in the independent auditor's report.
[4] Vgl. auch *Köhler*, WPg 2015, S. 109 ff.
[5] Vgl. IDW PS 400, Tz 17.
[6] Vgl. WPK/IDW, WPg 2006, S. 629.

7   Der AP führt seine Prüfung aufgrund einer öffentlich-rechtlichen Verpflichtung des Bilanzierenden durch. Das Ergebnis seiner Apr. wird zunächst dem geprüften Unternehmen mitgeteilt, zum einen in der mündlichen Berichterstattung an den AR,[7] zum anderen in Form des Prüfungsberichts gem. § 321 HGB. Der Prüfungsbericht ist aufgrund seiner Vertraulichkeit im Regelfall nicht für die Öffentlichkeit bestimmt (zu Ausnahmen § 321a Rz 3), sondern nur einem beschränkten Kreis von Adressaten zugänglich (§ 321 Rz 7).

8   In Erfüllung der öffentlich-rechtlichen Verpflichtung erteilt der AP darüber hinaus einen Bestätigungsvermerk bzw. einen Versagungsvermerk gem. § 322 HGB. Dieser ist insb. für die Öffentlichkeit bestimmt, weshalb er vom prüfungspflichtigen Bilanzierenden im Rahmen der Offenlegung gem. § 325 HGB beim BAnZ einzureichen ist (§ 325 Rz 68).

9   Ein weiterer Unterschied zum Prüfungsbericht liegt darin, dass ein BSV bzw. Versagungsvermerk nur erteilt wird, wenn die Apr. abgeschlossen wird. Wird demgegenüber ein **Prüfungsauftrag aus wichtigem Grund gekündigt**, so ist weder ein BSV noch eine Bescheinigung zu erteilen, sondern nach Maßgabe von § 318 Abs. 6 Satz 4 HGB lediglich ein Bericht über das Ergebnis der bisherigen Prüfung zu erstatten (§ 318 Rz 67 ff.).[8]

10  § 2 Abs. 1 WPO bestimmt, dass es zu den beruflichen Aufgaben eines WP gehört, BSV über die Vornahme und das Ergebnis durchgeführter Prüfungen von JA wirtschaftlicher Unt zu erteilen bzw. zu versagen.[9] Durch den BSV werden vom AP auch diejenigen Adressaten der Rechnungslegung, die kein Recht zur Einsichtnahme in den Prüfungsbericht haben, über das Ergebnis der Prüfung unterrichtet.[10] Derartige externe **Adressaten des BSV** sind somit z. B.:
    - nicht in den Prüfungsbericht einsichtsberechtigte Gesellschafter, z. B. Aktionäre,[11]
    - Gläubiger des geprüften Unt,
    - (potenzielle) Geschäftspartner des Unt,
    - Ratingagenturen,
    - Finanzanalysten,
    - Wirtschaftsauskunfteien,
    - Mitarbeiter des geprüften Unt sowie
    - die interessierte Öffentlichkeit.

11  Der BSV ist ein Positivbefund, der auch im Fall eines eingeschränkten BSV noch – mit Ausnahme der eingeschränkten Teilbereiche – eine positive Aussage zur Rechnungslegung vermittelt. Daher wird anstelle der gesetzlichen Bezeichnung „Bestätigungsvermerk" häufig auch der Begriff „**Testat**" verwendet.[12] Demgegenüber hat der Versagungsvermerk kein entsprechendes Pendant im Sprachgebrauch. Hier wird zumeist von einem „versagten Testat" gesprochen.

12  Der international verwendete Begriff „Vermerk" als Oberbegriff für „Bestätigungsvermerk" und „Versagungsvermerk" hat sich in Deutschland (noch) nicht

---

[7] Vgl. IDW PS 470.
[8] Vgl. IDW PS 400, Tz 10.
[9] Vgl. *Jansen/Pfitzer*, Stuttgart 1999, S. 679.
[10] Vgl. WP-Handbuch, Bd. I, 14. Aufl., Abschn. Q, Rz 331.
[11] Anders bei der GmbH, da dort gem. § 42a Abs. 1 Satz 1 GmbHG der Prüfungsbericht der Gesellschafterversammlung vorzulegen ist.
[12] Vgl. *Orth/Schaefer*, in *Baetge/Kirsch/Thiele*, Bilanzrecht, § 322 HGB, Rz 4.

durchgesetzt, da aufgrund der langjährigen Verwendung des Begriffs Bestätigungsvermerk der Gesetzgeber diesen (bislang) fortgeführt hat.

Zur Information dieses weit gefassten Adressatenkreises hat der Gesetzgeber die Offenlegung des BSV zusammen mit dem geprüften JA und LB sowie weiteren Unterlagen vorgeschrieben (§ 325 Rz 68). Der BSV als Ergebnis einer gesetzlichen Apr. ist dementsprechend auch nicht zu adressieren, da sich die Adressaten aus der gesetzlichen Regelung ergeben.[13] 13

Der BSV dient dem Zweck, den Adressatenkreis über die **Gesetz- und Ordnungsmäßigkeit** des JA und LB sowie der zugrunde liegenden Buchführung zu unterrichten. Er vermittelt somit eine Aussage über die **Verlässlichkeit der Rechnungslegung**. Darüber hinaus übt er eine **Warnfunktion** aus, um Marktteilnehmer bei Vorliegen bestimmter Anzeichen, z.B. bestandsgefährdende Risiken, frühzeitig auf etwaige wirtschaftliche „Schieflagen" hinzuweisen. 14

Aufgrund des weit gefassten Adressatenkreises haben sich unterschiedliche Vorstellungen über Inhalt und Tragweite des BSV herausgebildet. Unter der **Erwartungslücke** wird die Diskrepanz zwischen den Erwartungen der Informationsempfänger und dem gesetzlich normierten Zweck und Umfang der JAP verstanden.[14] Ursachen der Erwartungslücke liegen oftmals in der fehlenden Kenntnis der Rechnungslegungs- und Prüfungsnormen. Die Aussagefähigkeit des BSV muss daher an den tatsächlichen Möglichkeiten gemessen werden. Die durch das KonTraG vorgenommenen Erweiterungen der Vorschriften zum BSV dienten u.a. dem Abbau der Erwartungslücke. Die öffentliche Diskussion im Zusammenhang mit Unternehmenszusammenbrüchen zeigt, dass trotz dieser Bestrebungen unverändert eine Erwartungslücke besteht. Angesichts der z.T. unreflektierten Berichterstattung in den Medien bei Unternehmensinsolvenzen darf bezweifelt werden, dass es gelingen wird, die Erwartungslücke aller Adressaten des BSV zu schließen. Aus rein ökonomischer Sicht obliegt der Apr. und damit vor allem dem BSV die Funktion der Senkung von Transaktionskosten auf den Kapitalmärkten.[15] 15

Die **rechtliche Wirkung** des BSV ergibt sich unmittelbar aus dem Gesetz. § 316 Abs. 1 Satz 2 HGB stellt klar, dass bei gesetzlicher Prüfungspflicht ein ungeprüfter JA nicht festgestellt werden kann. Damit kann auch kein wirksamer Gewinnverwendungsbeschluss gefasst werden. Für den KA stellt § 316 Abs. 2 Satz 2 HGB gleichermaßen fest, dass dieser ohne eine gesetzlich vorgeschriebene Prüfung nicht gebilligt werden kann. 16

Eine **Änderung** eines geprüften JA oder KA führt kraft Gesetzes zu einer Nachtragsprüfung (§ 316 Abs. 3 HGB), für die dieselben rechtlichen Wirkungen gelten. Zu Einzelheiten s. Rz 149, § 316 Rz 15 ff. 17

Soweit ein BSV eingeschränkt oder ein Versagungsvermerk erteilt wurde, kann sich dies nachteilig auf die **Entlastung** der für die Aufstellung des JA und LB verantwortlichen Gesellschaftsorgane (Vorstand, Geschäftsführung) auswirken.[16] Soweit die Einschränkung oder Versagung allerdings auf Nichtigkeitsgründe des JA zurückzuführen ist (vgl. § 256 AktG), kann auch trotz Vor- 18

---

13 Vgl. IDW PS 400, Tz 22.
14 Vgl. WP-Handbuch, Bd. I, 14. Aufl., Abschn. Q, Rz 349.
15 Vgl. *Orth/Schaefer*, in *Baetge/Kirsch/Thiele*, Bilanzrecht, § 322 HGB, Rz 5.
16 Vgl. *Schmidt/Küster*, in Beck Bil-Komm. 9. Aufl., § 322 HGB, Rz 14.

liegens eines BSV bzw. Versagungsvermerks kein wirksamer Gewinnverwendungsbeschluss getroffen werden.[17]

19 In folgenden Fällen hat die Erteilung eines uneingeschränkten BSV direkte, unmittelbare Bedeutung für die Wirksamkeit von Beschlüssen der Gesellschaftsorgane:[18]

- **Ändert** die HV den JA, so werden ihre vor Beendigung der dann folgenden Nachtragsprüfung gefassten Beschlüsse über die Feststellung dieses JA und die Gewinnverwendung nach § 173 Abs. 3 AktG erst wirksam, wenn der AP binnen zwei Wochen seit der Beschlussfassung einen hinsichtlich der Änderungen uneingeschränkten BSV erteilt hat, anderenfalls werden sie nichtig.
- Dem Beschluss der HV über eine **Kapitalerhöhung aus Gesellschaftsmitteln** kann gem. § 290 Abs. 1 AktG die letzte Jahresbilanz nur zugrunde gelegt werden, wenn diese mit dem uneingeschränkten BSV des AP versehen ist. Anderenfalls hat das Registergericht die Eintragung der Kapitalerhöhung abzulehnen.[19] Entsprechendes gilt für eine andere dem Kapitalerhöhungsbeschluss zugrunde gelegte Bilanz (z.B. Zwischenbilanz, § 290 Abs. 3 Satz 2 AktG).[20]
- Besteht ein **genehmigtes Kapital** und sieht die Satzung vor, dass die neuen Aktien an Arbeitnehmer der Ges. ausgegeben werden können (§ 202 Abs. 4 AktG), so kann die auf diese Aktien zu leistende Einlage in bestimmten Grenzen auch aus dem Jahresüberschuss gedeckt werden, wenn der betreffende JA mit dem uneingeschränkten BSV des AP versehen ist (§ 204 Abs. 3 AktG).
- Nach § 57e Abs. 1 GmbHG gilt bei einer **Kapitalerhöhung aus Gesellschaftsmitteln einer GmbH** ebenfalls die Pflicht zur Vorlage einer mit einem uneingeschränkten BSV versehenen Jahresbilanz.[21]

20 Das geprüfte Unternehmen hat Anspruch auf einen Bestätigungs- oder Versagungsvermerk, da § 322 Abs. 1 Satz 1 HGB den AP hierzu eindeutig anweist. Dieser Rechtsanspruch kann gerichtlich verfolgt werden, es kommt auch eine Zwangsvollstreckung nach § 888 Abs. 1 ZPO in Betracht.[22]

21 Soweit beim AP Ausschlussgründe gem. § 319 Abs. 2–4, § 319a Abs. 1, § 319b Abs. 1 HGB vorliegen, führt dies nicht zur Nichtigkeit des JA (vgl. § 256 Abs. 1 Nr. 3 AktG). Verfügt der AP aber nicht über die Qualifikation des § 319 Abs. 1 HGB (WP bzw. WPG, im Fall mittelgroßer Gesellschaften auch vBP bzw. BPG), ist ein von diesem geprüfter JA nichtig und kann folglich keine Rechtswirkung entfalten. Wird der JA von einem WP/vBP bzw. einer WPG/BPG geprüft, der bzw. die nicht über die gem. § 319 Abs. 1 Satz 3 HGB erforderliche Teilnahmebescheinigung nach § 57a WPO oder eine entsprechende Ausnahmegenehmigung der WPK verfügt, führt dies zur Nichtigkeit des JA. Zu Einzelheiten s. § 319 Rz 81.

22 Wird die gerichtliche Bestellung des AP später aufgehoben, bleibt ein bereits erteilter BSV wirksam.[23]

---

[17] Vgl. *Orth/Schaefer*, in Baetge/Kirsch/Thiele, Bilanzrecht, § 322 HGB, Rz 25.
[18] Vgl. WP-Handbuch, Bd. I, 14. Aufl., Abschn. Q, Rz 359.
[19] Vgl. *Hüffer*, AktG, 11. Aufl. 2014, § 210 AktG, Rn 6.
[20] Zur Prüfung solcher Zwischenbilanzen vgl. IDW PH 9.400.6.
[21] Vgl. *Baumbach/Hueck*, GmbHG, 20. Aufl. § 57e GmbHG, Rn 2.
[22] Vgl. WP-Handbuch, Bd. I, 14. Aufl., Abschn. Q, Rz 944.
[23] Vgl. OLG Düsseldorf, Urteil v. 26.2.1996, 3 Wx 279/95, DB 1996, S. 1178.

Für ein unrichtiges Testat i.S.v. § 322 hat der AP zivilrechtlich Schadensersatz- 23
pflichten gem. § 323 HGB (§ 323 Rz 77), strafrechtlich Freiheits- oder Geldstrafen gem. § 332 HGB (§ 332 Rz 44) sowie berufsrechtlich ggf. Maßnahmen
gem. §§ 67, 68 WPO zu beachten.[24]

## 2 Inhalt und Bestandteile des Bestätigungsvermerks bei gesetzlichen Jahresabschlussprüfungen

### 2.1 Überschrift

§ 322 HGB enthält keine Anforderung an eine Überschrift für den BSV bzw. 24
Versagungsvermerk. Damit ein BSV von anderen, abgeschwächteren Formen von
Prüfungsurteilen (z.B. Bescheinigung) eindeutig unterschieden werden kann, hat
sich in der Praxis die **Verwendung einer Überschrift** bewährt.

Angelehnt an die Bezeichnung der gesetzlichen Vorschrift des § 322 HGB emp- 25
fiehlt der Berufsstand die Überschrift „Bestätigungsvermerk des Abschlussprüfers"
bzw. „Versagungsvermerk des Abschlussprüfers".[25] Der Zusatz „des Abschlussprüfers" dient der Abgrenzung des BSV des gesetzlich bestellten, unabhängigen
und dem Berufseid verpflichteten AP von etwaigen Vermerken zu dem JA, die von
Organen des Unternehmens oder von Dritten gegeben werden.[26]

### 2.2 Einleitender Abschnitt (Abs. 1 Satz 2)

Im einleitenden Abschnitt des BSV ist der Prüfungsgegenstand zu beschreiben 26
sowie die Abgrenzung der Verantwortlichkeit des AP vorzunehmen.

Als **Prüfungsgegenstand** sind der JA unter Einbeziehung der Buchführung sowie
der LB zu bezeichnen. Sämtliche Bestandteile des geprüften Abschlusses sind – ggf.
angepasst an die vom Unt benutzten Bezeichnungen – zu nennen.[27] Bei KapG/
KapCoGes, die die Aufstellungserleichterungen des § 264 Abs. 3 bzw. § 264b
HGB in Anspruch nehmen, sind nur die tatsächlich auch aufgestellten **Bestandteile
des JA** zu nennen, d.h., wird kein Anhang aufgestellt, ist dieser in der Aufzählung
auch nicht anzugeben. Außerdem sind gem. § 322 Abs. 1 Satz 2 HGB die **Rechnungslegungsvorschriften** anzugeben, nach denen der JA aufgestellt wurde.

**Erweiterungen** des Prüfungsgegenstands aufgrund gesetzlicher, gesellschafts- 27
vertraglicher, satzungsmäßiger oder vertraglicher Erweiterung des Prüfungsgegenstands der JAP sind ebenfalls hier zu nennen, z.B. eine freiwillig aufgestellte Kapitalflussrechnung. Sehr häufig finden sich bei PersG Regelungen im
Gesellschaftsvertrag, die in zulässiger Weise die gesetzlichen Vorschriften für
den JA ergänzen, z.B.

- Verzinsung von Gesellschafterkonten,
- Berechnung der Haftungsvergütung,
- Vorschriften zur Rücklagendotierung.

Derartige Regelungen im Gesellschaftsvertrag bzw. der Satzung sind nicht einzeln zu bezeichnen. Es genügt, auf die ergänzenden Bestimmungen des Gesell-

---

[24] Vgl. zur Haftung eines WP wegen sittenwidrig erteiltem Testat: WPK, WPKM 3/2014, S. 55.
[25] Vgl. IDW PS 400, Tz 19.
[26] Vgl. IDW PS 400, Tz 20.
[27] Vgl. WP-Handbuch, Bd. I, 14. Aufl., Abschn. Q, Rz 371.

28 Sehen gesetzliche Vorschriften eine **Beurteilung weiterer Prüfungsgegenstände und eine Aussage darüber im BSV** vor, so ist dies im einleitenden Abschnitt anzugeben. Beispiele hierfür sind § 30 KHG NRW,[28] § 8 Abs. 3 UBGG, § 37 SKHG, § 6b Abs. 5 EnWG. Gleiches gilt, wenn zwar das anwendbare Landesrecht solche Erweiterungen nicht vorsieht, diese aber parallel zum Gegenstand der JAP gemacht werden. Die Berichterstattung im BSV erstreckt sich in diesen Fällen auf den einleitenden und beschreibenden Abschnitt sowie das Prüfungsurteil.[29]

29 Aufgrund § 289a HGB stellt sich bei der Prüfung von JA börsennotierter und bestimmter anderer AG (§ 289a Rz 4) die Frage, ob im einleitenden Abschnitt des BSV klarzustellen ist, dass die im LB enthaltene **Erklärung zur Unternehmensführung** bzw. die im LB enthaltene Angabe der Internetseite, auf der die Erklärung abrufbar ist, nicht zum Prüfungsgegenstand des AP gehört und somit hierüber keine Aussage getroffen werden kann. Da ein derartiger „Disclaimer" im BSV eher dazu geeignet wäre, Missverständnisse bei den Adressaten des BSV hervorzurufen, sollte dies unterbleiben.[30] Die Bezugnahme im beschreibenden Abschnitt des BSV auf die gesetzliche Regelung in § 317 Abs. 2 Satz 3 HGB erscheint ausreichend für die erforderliche Abgrenzung.

30 Darüber hinaus sind im einleitenden Abschnitt des BSV die **Firma** der geprüften Ges. sowie das **Gj** anzugeben.

31 Weiterhin ist im einleitenden Abschnitt die **Abgrenzung der Verantwortung des AP** von der der gesetzlichen Vertreter vorzunehmen. Abs. 2 Satz 2 der Vorschrift fordert, die Beurteilung des Prüfungsergebnisses allgemeinverständlich und problemorientiert unter Berücksichtigung des Umstands vorzunehmen, dass die gesetzlichen Vertreter der Ges. den Abschluss zu verantworten haben. Dies wird im einleitenden Abschnitt durch die explizite Bezugnahme auf die Verantwortung der gesetzlichen Vertreter klargestellt.

32 Für den einleitenden Abschnitt empfiehlt sich folgende Formulierung:[31]

> **Beispiel**
> „Ich habe/Wir haben den Jahresabschluss – bestehend aus Bilanz, Gewinn- und Verlustrechnung sowie Anhang – unter Einbeziehung der Buchführung und den Lagebericht der ... [Gesellschaft] für das Geschäftsjahr vom ... [Datum] bis ... [Datum] geprüft. Die Buchführung und die Aufstellung von Jahresabschluss und Lagebericht nach den deutschen handelsrechtlichen Vorschriften [und den ergänzenden Bestimmungen des Gesellschaftsvertrags/der Satzung] liegen in der Verantwortung der gesetzlichen Vertreter der Gesellschaft. Meine/Unsere Aufgabe ist es, auf der Grundlage der von mir/uns durchgeführten Prüfung eine Beurteilung über den Jahresabschluss unter Einbeziehung der Buchführung und über den Lagebericht abzugeben."

---

[28] Zur Erteilung des BSV bei Krankenhäusern vgl. IDW PH 9.400.1.
[29] Vgl. WP-Handbuch, Bd. I, 14. Aufl., Abschn. Q, Rz 374.
[30] Vgl. auch IDW PS 400, Tz 24–27.
[31] Vgl IDW PS 400, Tz 27.

Verzichtet ein TU gem. § 264 Abs. 3 HGB bzw. § 264b HGB bei der Aufstellung 33
des JA zulässigerweise auf die Anwendung der ergänzenden Vorschriften für
KapG/KapCoGes, ist im zweiten Satz des einleitenden Abschnitts des BSV
darauf hinzuweisen, dass der JA nach den Vorschriften des Ersten Abschnitts
des Dritten Buchs des HGB aufgestellt wurde.[32]

> **Beispiel**
> „Ich habe/Wir haben den Jahresabschluss – bestehend aus Bilanz und Gewinn- und Verlustrechnung – unter Einbeziehung der Buchführung der … [Gesellschaft] für das Geschäftsjahr vom … [Datum] bis … [Datum] geprüft. Die Buchführung und die Aufstellung des Jahresabschlusses **nach den Vorschriften des Ersten Abschnitts des Dritten Buchs des HGB** [und den ergänzenden Bestimmungen des Gesellschaftsvertrags/der Satzung] liegen in der Verantwortung der gesetzlichen Vertreter der Gesellschaft. Meine/Unsere Aufgabe ist es, auf der Grundlage der von mir/uns durchgeführten Prüfung eine Beurteilung über den Jahresabschluss unter Einbeziehung der Buchführung abzugeben."

## 2.3 Beschreibender Abschnitt (Abs. 1 Satz 2)

Die Anforderung der Vorschrift nach Beschreibung von Gegenstand, Art und 34
Umfang der Prüfung wird bez. des Gegenstands im einleitenden Abschnitt erfüllt
(Rz 26). Art und Umfang der Prüfung werden im beschreibenden Abschnitt des
BSV ausgeführt. Diese Beschreibung erfolgt im BSV naturgemäß weit weniger
ausführlich als deren Erläuterung im Prüfungsbericht (§ 321 Rz 76 ff.).[33]
Zur Beschreibung der **Art** der Prüfung genügt es, darauf hinzuweisen, dass es sich
um eine JAP handelt.[34]
Die Beschreibung des **Umfangs** beschränkt sich auf das grundsätzliche Prü- 35
fungsvorgehen, um hierdurch weitergehenden oder unzutreffenden Erwartungen der Öffentlichkeit an die Tragweite der Apr. zu begegnen.[35] Hierzu wird der
AP regelmäßig auf folgende Gesichtspunkte eingehen:[36]
- die Berücksichtigung der Kenntnisse über die Geschäftstätigkeit und das wirtschaftliche und rechtliche Umfeld der Ges. sowie der Erwartungen über mögliche Fehler bei der Festlegung der einzelnen Prüfungshandlungen,
- die Beurteilung der Wirksamkeit des rechnungslegungsbezogenen IKS sowie der Nachweise für die Angaben in der Rechungslegung auf Basis von Stichproben,
- die Beurteilung der bei der Rechnungslegung angewandten Grundsätze,
- die Beurteilung der wesentlichen in die Rechnungslegung eingeflossenen Einschätzungen der gesetzlichen Vertreter sowie
- die Würdigung der Gesamtdarstellung des JA – wie sie sich aus dem Zusammenwirken von Bilanz, GuV und Anhang unter Beachtung der GoB ergibt – und des LB durch den AP.

---

[32] Vgl. WP-Handbuch, Bd. I, 14. Aufl., Abschn. Q, Rz 386; IDW PH 9.200.1, Tz 8 i. V. m. Tz 1; IDW PS 400, Tz 26.
[33] Vgl. *Orth/Schaefer*, in *Baetge/Kirsch/Thiele*, Bilanzrecht, § 322 HGB, Rz 36.
[34] Vgl. *Hell/Küster*, in *Küting/Pfitzer/Weber*, HdR, HGB § 322, Rn 25, Stand 10/2010.
[35] Vgl. WP-Handbuch, Bd. I, 14. Aufl., Abschn. Q, Rz 391.
[36] Vgl. IDW PS 400, Tz 31.

36 § 322 Abs. 1 Satz 2 HGB verpflichtet den AP außerdem, die angewandten Prüfungsgrundsätze anzugeben. Hierzu erfolgt im Regelfall eine Bezugnahme auf die vom IDW festgestellten deutschen Grundsätze ordnungsmäßiger Apr. Soweit der Apr. auch die ISA zugrunde liegen, kann hierauf ergänzend verwiesen werden (Rz 198). Nicht sachgerecht ist es derzeit, ausschließlich auf die ISA zu verweisen, da mangels Anerkennung der ISA durch die EU für Pflichtprüfungen derzeit ausschließlich die nationalen Vorschriften einzuhalten sind und dies im BSV zum Ausdruck kommen muss.[37] Zu den Rechtsgrundlagen für eine verpflichtende Anwendung der ISA bei gesetzlichen Apr. in Deutschland s. § 317 Rz 133.

37 **Erweiterungen des Prüfungsgegenstands** aufgrund wirtschaftszweigspezifischer und ähnlicher Regelungen, Bestimmungen in Gesellschaftsvertrag oder Satzung sowie vertraglicher Vereinbarung dürfen im BSV nur berücksichtigt werden, soweit sie sich auf die Rechnungslegung beziehen. Zusätzliche Beauftragungen, z.B. Prüfung der Geschäftsführung, sind nicht im BSV zu berücksichtigen, sondern sind im Prüfungsbericht gesondert darzustellen.[38]

38 Wenn im Einzelfall **besondere Prüfungshandlungen** erforderlich waren, sind hierzu im BSV keine Hinweise erforderlich. Gleiches gilt für die Verwertung von Prüfungsergebnissen anderer AP oder sonstiger Sachverständiger. Der AP hat abschließend zum Umfang zu erklären, dass die Prüfung eine hinreichend sichere Grundlage für das Prüfungsurteil darstellt.[39]

39 Im Regelfall wird für den beschreibenden Abschnitt folgende Formulierung empfohlen:[40]

> **Beispiel**
> „Ich habe meine/Wir haben unsere Jahresabschlussprüfung nach § 317 HGB unter Beachtung der vom Institut der Wirtschaftsprüfer (IDW) festgestellten deutschen Grundsätze ordnungsmäßiger Abschlussprüfung vorgenommen. Danach ist die Prüfung so zu planen und durchzuführen, dass Unrichtigkeiten und Verstöße, die sich auf die Darstellung des durch den Jahresabschluss unter Beachtung der Grundsätze ordnungsmäßiger Buchführung und durch den Lagebericht vermittelten Bilds der Vermögens-, Finanz- und Ertragslage wesentlich auswirken, mit hinreichender Sicherheit erkannt werden. Bei der Festlegung der Prüfungshandlungen werden die Kenntnisse über die Geschäftstätigkeit und über das wirtschaftliche und rechtliche Umfeld der Gesellschaft sowie die Erwartungen über mögliche Fehler berücksichtigt. Im Rahmen der Prüfung werden die Wirksamkeit des rechnungslegungsbezogenen internen Kontrollsystems sowie Nachweise für die Angaben in Buchführung, Jahresabschluss und Lagebericht überwiegend auf der Basis von Stichproben beurteilt. Die Prüfung umfasst die Beurteilung der angewandten Bilanzierungsgrundsätze und der wesentlichen Einschätzungen der gesetzlichen Vertreter sowie die Würdigung der Gesamtdarstellung des Jahresabschlusses und des Lageberichts. Ich bin/Wir sind der Auffassung, dass meine/unsere Prüfung eine hinreichend sichere Grundlage für meine/unsere Beurteilung bildet."

---

[37] Vgl. WP-Handbuch, Bd. I, 14. Aufl., Abschn. Q, Rz 394.
[38] Vgl. *Schmidt/Küster*, in Beck Bil-Komm. 9. Aufl., § 322 HGB, Rz 22.
[39] Vgl. IDW PS 400, Tz 33–35.
[40] Vgl. IDW PS 400, Tz 36.

Die regelmäßige Verwendung dieser standardisierten Beschreibung des Umfangs wird empfohlen, unabhängig von dem individuellen Beitrag zur Prüfungssicherheit, der mit den in der Beschreibung genannten Prüfungshandlungen erzielt wurde.

> **Beispiel**
> Im Rahmen der Apr. einer mittelgroßen GmbH prüft der AP auch das rechnungslegungsbezogene interne Kontrollsystem der Gesellschaft. Die hierbei erzielte geringe Verlässlichkeit führt dazu, dass der AP umfängliche analytische Prüfungshandlungen und insb. Einzelfallprüfungen mit hohen Stichprobenumfängen durchführt. Auf diese Weise erzielt er letztlich nach seiner Auffassung hinreichende Prüfungssicherheit, sodass er sich für ein uneingeschränktes Prüfungsurteil entscheidet.
> Auch wenn im konkreten Fall die Prüfung des rechnungslegungsbezogenen internen Kontrollsystems keinen wesentlichen Beitrag zur Gewinnung des Prüfungsurteils geleistet hat, sollte dennoch im BSV die vom Berufsstand empfohlene Formulierung zum beschreibenden Abschnitt verwendet werden. Im Prüfungsbericht wird allerdings zu den Ergebnissen der Prüfung des rechnungslegungsbezogenen internen Kontrollsystems zu berichten sein.

Soweit bei der Apr. ein Prüfungshemmnis auftritt, ist dies bereits im beschreibenden Abschnitt des BSV anzugeben.[41] Zu einem Formulierungsvorschlag vgl. Rz 87.

### 2.4 Beurteilung durch den Abschlussprüfer

#### 2.4.1 Grundsätze

Nach Abs. 2 Satz 2 der Vorschrift hat die **Beurteilung des Prüfungsergebnisses** allgemeinverständlich und problemorientiert zu erfolgen. Einschränkungen der Prüfbarkeit (**Prüfungshemmnisse**) und Prüfungserschwernisse erfordern zusätzliche Ausführungen.

#### 2.4.2 Formen des Prüfungsergebnisses (Abs. 2 Satz 1)

Es existieren folgende Formen des Prüfungsergebnisses:
- uneingeschränkter Bestätigungsvermerk,
- eingeschränkter Bestätigungsvermerk,
- Versagungsvermerk aufgrund von Einwendungen,
- Versagungsvermerk aufgrund von Prüfungshemmnissen.

Da auch bei einem eingeschränkten Bestätigungsvermerk zwischen Einwendungen und Prüfungshemmnissen als Grund für die Einschränkung differenziert wird, ergibt sich folgendes Schaubild:

---

[41] Vgl. IDW PS 400, Tz 62.

Abb. 1: Formen des Prüfungsurteils

**45** In der internationalen Praxis existiert ein sog. **Nichterteilungsvermerk** („disclaimer of opinion")[42], der nicht gleichzusetzen ist mit einem Versagungsvermerk. Da die geprüfte Ges. Anspruch auf Erteilung eines Bestätigungs- oder Versagungsvermerks hat (Rz 20) und – entgegen der international üblichen Praxis – ein AP bei Vorliegen von Prüfungshemmnissen im Allgemeinen keine Kündigung aus wichtigem Grund nach § 318 Abs. 6 Satz 1 HGB vornehmen darf, ist anstelle eines Nichterteilungsvermerks analog ISA 705.9 ein Versagungsvermerk zu erteilen. Insoweit ist die schlichte Übersetzung der international üblichen „adverse opinion" mit Versagungsvermerk zwar zutreffend, allerdings nur für den Versagungsvermerk aufgrund von Einwendungen (zum Begriff der Einwendungen s. Rz 58).

#### 2.4.2.1 Uneingeschränkter Bestätigungsvermerk (Abs. 3 Satz 1)

**46** Wenn nach dem abschließenden Ergebnis der Prüfung der AP keine wesentlichen Beanstandungen gegen die Buchführung, den JA und den LB zu erheben hat, ist der BSV in uneingeschränkter Form zu erteilen.[43] Ein uneingeschränkter BSV trifft somit die **positive Gesamtaussage** des AP, dass[44]
- die von ihm durchgeführte Prüfung zu keinen Einwendungen geführt hat und dass **Buchführung und JA den gesetzlichen Vorschriften** (und ggf. ergänzenden Regelungen des Gesellschaftsvertrags bzw. der Satzung) **entsprechen**,
- der JA unter Beachtung der GoB oder sonstiger maßgeblicher Rechnungslegungsgrundsätze ein den tatsächlichen Verhältnissen entsprechendes Bild der VFE-Lage der Ges. vermittelt (**Generalnorm** des § 264 Abs. 2 HGB),
- der **LB mit dem JA in Einklang** steht und insgesamt ein zutreffendes Bild von der Lage der Ges. vermittelt sowie
- im LB die Chancen und Risiken der zukünftigen Entwicklung zutreffend dargestellt sind.

---

42 Vgl. ISA 705.9.
43 Vgl. IDW PS 400, Tz 42.
44 Vgl. WP-Handbuch, Bd. I, 14. Aufl., Abschn. Q, Rz 409.

Die Bestätigung, dass der JA der Generalnorm des § 264 Abs. 2 HGB entspricht, ist auch dann abzugeben, wenn kleine KapG gesetzliche Erleichterungen für die Aufstellung des JA – z.B. Ausweis eines Rohergebnisses in der GuV nach § 276 Satz 1 HGB – wahrnehmen.[45] Nehmen KapG/KapCoGes die Aufstellungserleichterungen gem. § 264 Abs. 3 HGB bzw. § 264b HGB in Anspruch und stellen keinen Anhang auf, kann die Generalnorm allerdings nicht bestätigt werden.[46] In diesen Fällen ist Satz 2 der empfohlenen Formulierung (Rz 54) somit wegzulassen. Gleiches gilt für Apr. von Ges., die aufgrund ihrer Rechtsform nicht verpflichtet sind, die Anforderungen der Generalnorm des § 264 Abs. 2 HGB zu erfüllen.[47]  47

Die Einhaltung der Generalnorm des § 264 Abs. 2 HGB kann auch für Branchen bestätigt werden, die über spezielle Bewertungsvorschriften verfügen (z.B. Kreditinstitute und Finanzdienstleistungsinstitute sowie Versicherungsunternehmen und Pensionsfonds).[48]  48

Ein uneingeschränkter BSV setzt voraus, dass auf die Rechnungslegung bezogene **Vorschriften des Gesellschaftsvertrags bzw. der Satzung** eingehalten wurden.[49]  49

> **Beispiel**
> Eine i.S.d. § 267 HGB mittelgroße GmbH nimmt bei Aufstellung des JA die größenabhängigen Erleichterungen nach §§ 276 Satz 1, 288 Satz 2 HGB in Anspruch. Der Gesellschaftsvertrag der GmbH enthält die Regelung, dass der JA nach den für große KapG geltenden Vorschriften aufzustellen ist.
> Der JA ist nicht in Übereinstimmung mit dem Gesellschaftsvertrag aufgestellt worden. Der AP hat einen eingeschränkten BSV zu erteilen.

Wurde bei Aufstellung des JA eine **gesetzeswidrige Bestimmung** des Gesellschaftsvertrags oder Satzung angewandt (z.B. zur Rücklagendotierung entgegen § 58 AktG), ist bei Wesentlichkeit der Beanstandung der BSV einzuschränken oder ggf. zu versagen.[50]  50

Ist im Fall einer **Erstprüfung**[51] der Vorjahresabschluss nicht geprüft oder zu diesem ein Versagungsvermerk erteilt worden, schließt dies die Erteilung eines uneingeschränkten BSV nicht aus, sofern die Voraussetzungen (materielle Richtigkeit des Abschlusses) hierfür vorliegen.[52]  51

Die Bestätigung, dass der LB ein zutreffendes Bild von der Lage der Ges. vermittelt und die Chancen und Risiken der zukünftigen Entwicklung zutreffend darstellt, darf nur abgegeben werden, wenn der LB die Anforderungen von § 289 HGB erfüllt. Werden nicht zur Lagedarstellung erforderliche gesetzliche Angabepflichten (z.B. zu Zweigniederlassungen) weggelassen, steht dies einem uneingeschränkten BSV nicht entgegen.[53]  52

---

45 Vgl. IDW PS 400, Tz 43.
46 Vgl. IDW PH 9.200.1, Tz 10; IDW PS 400, Tz 49.
47 Zu Einzelheiten hinsichtlich der Einhaltung der Generalnorm vgl. WP-Handbuch, Bd. I, 14. Aufl., Abschn. Q, Rz 419.
48 Vgl. *Schmidt/Küster*, in Beck Bil-Komm. 9. Aufl., § 322 HGB, Rz 30.
49 Vgl. IDW PS 400, Tz 44.
50 Vgl. IDW PS 400, Tz 70.
51 Zum Begriff Erstprüfung vgl. IDW PS 205, Tz 1.
52 Vgl. IDW PS 400, Tz 45; zur Anpassung von Vorjahresfehlern in laufender Rechnung vgl. IDW RS HFA 6, Tz 16ff.
53 Vgl. IDW PS 400, Tz 49.

53 Der BSV bezieht sich beim Anhang auch auf freiwillige Angaben, die über die Mindestangaben hinaus aufgenommen werden. Da der Anhang in der aufgestellten Form nach § 317 Abs. 1 HGB Gegenstand der Apr. ist, sind auch diese Angaben in den BSV mit einzubeziehen.[54] Gleiches gilt analog für freiwillige Angaben im LB. Ausnahmen hiervon stellen die entgegen den Willen des Gesetzgebers mit vollem Wortlaut in den Anhang oder LB aufgenommene Entsprechenserklärung nach § 161 AktG[55] sowie die Erklärung zur Unternehmensführung nach § 289a HGB (Rz 1 ff.) dar.

54 Die **Formulierung** eines uneingeschränkten Prüfungsurteils wird **wie folgt empfohlen**:[56]

> **Beispiel**
> „Meine/Unsere Prüfung hat zu keinen Einwendungen geführt. Nach meiner/unserer Beurteilung aufgrund der bei der Prüfung gewonnenen Erkenntnisse entspricht der Jahresabschluss den gesetzlichen Vorschriften [und den ergänzenden Vorschriften des Gesellschaftsvertrags/der Satzung] und vermittelt unter Beachtung der Grundsätze ordnungsmäßiger Buchführung ein den tatsächlichen Verhältnissen entsprechendes Bild der Vermögens-, Finanz- und Ertragslage der Gesellschaft. Der Lagebericht steht im Einklang mit dem Jahresabschluss, vermittelt insgesamt ein zutreffendes Bild von der Lage der Gesellschaft und stellt die Chancen und Risiken der zukünftigen Entwicklung zutreffend dar."

55 Die Formulierungsempfehlung soll auch bei solchen gesetzlichen JAP angewandt werden, für die eine entsprechende (z. B. §§ 58 Abs. 2 GenG, 340k Abs. 1 Satz 1 HGB, 341k Abs. 1 Satz 1HGB) oder sinngemäße (§ 6 Abs. 1 PublG) Anwendung der Vorschriften über den BSV vorgeschrieben ist.[57]

56 Ist der **Grundsatz der Fortführung des Unternehmens** (§ 252 Abs. 1 Nr. 2 HGB) unzweifelhaft nicht mehr gegeben (z. B. bei insolvenzrechtlicher Zahlungsunfähigkeit), hat die Bewertung unter Veräußerungs- bzw. Liquidationsgesichtspunkten zu erfolgen. Außerdem sind ergänzende Hinweise im Anhang sowie eine Darlegung der Situation im LB erforderlich. Nur unter diesen Voraussetzungen kann in derartigen Fällen ein uneingeschränkter BSV erteilt werden.

57 Im Fall eines uneingeschränkten BSV bedarf es regelmäßig keiner weiteren Beurteilung. Zu ergänzenden Hinweisen wegen besonderer Umstände vgl. Rz 102 oder wegen Bestandsgefährdungen vgl. Rz 107.

---

54 Vgl. *Schmidt/Küster*, in Beck Bil-Komm. 9. Aufl., § 322 HGB, Rz 27.
55 Vgl. IDW PS 345, Tz 22. Danach ist in derartigen Fällen im einleitenden Abschnitt des BSV ein Hinweis aufzunehmen, dass der AP keine Prüfung der Entsprechenserklärung vorgenommen hat.
56 Vgl. IDW PS 400, Tz 46.
57 Vgl. IDW PS 400, Tz 47.

## 2.4.2.2 Eingeschränkter Bestätigungsvermerk (Abs. 4)

### 2.4.2.2.1 Einschränkung aufgrund von Einwendungen

Eine Einschränkung ist nach Abs. 4 Satz 1 der Vorschrift geboten, wenn Einwendungen gegen die Rechnungslegung zu erheben sind und eine Versagung nicht in Betracht kommt. Grundlage des gesetzlich nicht definierten Begriffs **Einwendung** können 58

- wesentliche Beanstandungen gegen den JA, LB oder die Buchführung als auch
- Prüfungshemmnisse sein, also besondere Umstände, aufgrund derer der AP Teile der Rechnungslegung nicht mit hinreichender Sicherheit beurteilen kann (Rz 81).[58]

Nach der so vorgenommenen Definition stellt Einwendung den Oberbegriff für Beanstandung und Prüfungshemmnis dar. Allerdings verwendet der Gesetzgeber in Abs. 2 Nr. 3 den Begriff Einwendung im Zusammenhang mit dem Versagungsvermerk, der wohl nicht die „umfassenden" Prüfungshemmnisse i.S.v. Abs. 2 Nr. 4 beinhaltet. Aufgrund des Fehlens einer gesetzlichen Definition des Begriffs Einwendung ergibt sich in der praktischen Anwendung für den AP die Notwendigkeit, über die „Schwere" festgestellter Verstöße bzw. über deren Wesentlichkeit für den zu testierenden Abschluss zu befinden.[59] 59

Die **Abgrenzung zwischen eingeschränktem BSV und Versagungsvermerk** formuliert der Gesetzgeber in Abs. 4 Satz 4. Danach ist eine Einschränkung nur dann zulässig, wenn trotz Einschränkung der JA im Wesentlichen ein zutreffendes Bild der VFE-Lage der Gesellschaft vermittelt. Die Einwendung muss **abgrenzbare Teilbereiche** der Rechnungslegung betreffen, sodass gleichwohl aber wesentliche Teilbereiche der Rechnungslegung (noch) positiv beurteilt werden können. Soweit Fehler quantifizierbar sind, erscheint eine Einschränkung des BSV mit einem höheren Informationsgehalt für den Adressaten verbunden, als bei einem Versagungsvermerk, da in diesem die zusätzliche Angabe fehlt, welche Teile der Rechnungslegung einwandfrei sind.[60] 60

> **Beispiel**[61]
> Der AP stellt im Zuge der Prüfung des JA der prüfungspflichtigen GmbH fest, dass die Werthaltigkeit einer Forderung, die 95 % der Bilanzsumme ausmacht, nicht gegeben ist, da der Schuldner bereits vor dem Abschlussstichtag einen Insolvenzantrag gestellt hatte. Sämtliche übrige Posten des JA sind unzweifelhaft zutreffend abgebildet.
> Bei der Beurteilung der Einwendung hat der AP nicht nur zu berücksichtigen, dass es sich um einen abgrenzbaren Teilbereich handelt, sondern dass ggf. ein Insolvenzgrund vorliegt. Insoweit könnte die Aufrechterhaltung der Fortführungsprämisse nach § 252 Abs. 1 Nr. 2 HGB fraglich sein, sodass sich Auswirkungen auf den gesamten JA, nicht nur auf abgrenzbare Teilbereiche, ergeben können.

---

[58] Vgl. WP-Handbuch, Bd. I, 14. Aufl., Abschn. Q, Rz 459.
[59] Vgl. *Orth/Schaefer*, in *Baetge/Kirsch/Thiele*, Bilanzrecht, § 322 HGB, Rz 85.
[60] Vgl. *Elkart/Naumann*, WPg 1995, S. 403; *Hell/Küster*, in *Küting/Weber*, HdR, HGB § 322, Rn 40, Stand 10/2010, die diese Auffassung als strittig bezeichnen.
[61] Vgl. *Orth/Schaefer*, in *Baetge/Kirsch/Thiele*, Bilanzrecht, § 322 HGB, Rz 86.

61  Ob ein festgestellter Verstoß die Nichtigkeit des JA bewirken kann, hat grds. keine Auswirkung darauf, ob eine Einschränkung oder eine Versagung vorzunehmen ist. Die aus Einwendungen zu ziehenden Schlussfolgerungen haben die Adressaten der Rechnungslegung zu ziehen; der BSV weist „lediglich" auf einen bestehenden Mangel hin.[62] Allerdings wird ein die Nichtigkeit des JA bewirkender Verstoß wohl regelmäßig als so schwerwiegend anzusehen sein, dass der AP den BSV einschränkt.

62  Nicht jede Beanstandung, die der AP im Rahmen seiner Apr. zur Rechnungslegung feststellt, begründet eine Einschränkung.[63] Die Beanstandung muss das **Wesentlichkeitskriterium** erfüllen, um zu einer Einschränkung des BSV zu berechtigen.[64] Ob das Wesentlichkeitskriterium erfüllt ist, hat der AP dabei nach pflichtgemäßem Ermessen zu beurteilen.[65] Das pflichtgemäße Ermessen des AP wird im Rahmen der JAP durch die Gesetze, die Rechtsprechung und die im Berufsstand der WP entwickelten Grundsätze ordnungsmäßiger Apr. umschrieben.[66]

63  Das Wesentlichkeitskriterium dürfte insb. dann erfüllt sein, wenn die Beanstandung wegen ihrer relativen Bedeutung zu einer unzutreffenden Beurteilung der Rechnungslegung führen kann.[67] Die Wesentlichkeit einer Beanstandung lässt sich somit häufig mittels einer **quantitativen Komponente**, d.h. der Relation zwischen der Auswirkung eines Fehlers und einer sinnvollen Bezugsgröße, ermitteln. Darüber hinaus kann bei Verstößen gegen besonders bedeutsame Einzelvorschriften das Wesentlichkeitskriterium mittels der **qualitativen Komponente** erfüllt sein.[68] Zu beachten ist weiterhin, dass mehrere für sich genommen unwesentliche Mängel in ihrer Gesamtheit wesentlich sein können, sodass eine Einschränkung des BSV geboten ist.[69]

64  Aufgrund seiner Treuepflicht hat der AP festgestellte Unrichtigkeiten zunächst der Gesellschaft anzuzeigen und zur Berichtigung der Mängel aufzufordern.[70] Werden fehlerhafte Ansatz-, Gliederungs- oder Bewertungsentscheidungen sowie Anhang- oder Lageberichtsangaben bis zum Prüfungsende korrigiert, führt dies nicht zu einer Einschränkung des BSV. Gleiches gilt für Vorjahresmängel, soweit die Durchführung der Korrektur im zu prüfenden Abschluss nicht zu beanstanden ist.[71]

65  Inwieweit das Kriterium der **Wesentlichkeit** auch **für Anhangangaben** gilt, ist nicht in allen Fällen eindeutig. Im Rahmen der Umsetzung des ISA-Wesentlichkeitskonzepts ist bzgl. Anhangangaben zwischen originären Informationen und Aufgliederungen bzw. Erläuterung von Bilanz- oder GuV-Posten zu unterscheiden. **Originäre Informationen** sind solche, die originär nur im Anhang zu machen sind, während **Aufgliederungen bzw. Erläuterungen** dem besseren Verständnis eines **Bilanz- oder GuV-Postens** dient. Wird weiter differenziert zwischen quan-

---

62 Vgl. *Elkart/Naumann*, WPg 1995, S. 403.
63 Dies gilt in der internationalen Praxis gleichermaßen, vgl. ISA 700.35, 36.
64 Vgl. *Hell/Küster*, in *Küting/Weber*, HdR, HGB § 322, Rn 33, Stand 10/2010.
65 Vgl. WP-Handbuch, Bd. I, 14. Aufl., Abschn. Q, Rz 476.
66 Vgl. IDW PS 400, Tz 37.
67 Vgl. IDW PS 400, Tz 51; IDW EPS 250 n. F., Tz 22.
68 Vgl. *Hell/Küster*, in *Küting/Weber*, HdR, HGB § 322, Rn 33, Stand 10/2010.
69 Vgl. WP-Handbuch, Bd. I, 14. Aufl., Abschn. Q, Rz 473.
70 Vgl. *Orth/Schaefer*, in *Baetge/Kirsch/Thiele*, Bilanzrecht, § 322 HGB, Rz 85.
71 Vgl. IDW PS 400, Tz 52.

titativen und qualitativen Angaben, ergibt sich folgende Übersicht, anhand derer das Erfordernis einer Einschränkung beurteilt werden kann:[72]

| Anhang/ Konzernanhang | Originäre Anhangangabe | Aufgliederung bzw. Erläuterung von Bilanz- oder GuV-Posten |
|---|---|---|
| Quantitative Angaben | **Unterlassene Angabe**, die Einblick in die VFE-Lage gewährt: Würdigung unter Berücksichtigung der Entscheidungsrelevanz für die Adressaten **Unterlassene Angabe**, die anderen Einblickszielen dient: grundsätzlich wesentlich **Fehlerhafte Angaben:** Würdigung unter Berücksichtigung der Entscheidungsrelevanz für die Adressaten und der Bedeutung der verletzten Rechtsnorm | Bilanz- oder GuV-Posten unwesentlich: Unterlassene oder fehlerhafte Anhangangaben sind grundsätzlich unwesentlich Bilanz- oder GuV-Posten wesentlich: <ul><li>Unterlassene Anhangangaben sind grds. wesentlich</li><li>Fehlerhafte Anhangangaben: Würdigung unter Berücksichtigung der Entscheidungsrelevanz für die Adressaten</li></ul> |
| Qualitative Angaben | **Unterlassene Angabe**, die anderen Einblickszielen dient: grundsätzlich wesentlich **unvollständige oder fehlerhafte Details:** Nur dann nicht wesentlich, wenn zweifelsfrei unbeachtlich | |

**Beispiel**
Bei der Prüfung des Anhangs einer großen GmbH stellt der AP fest, dass die nach § 285 Nr. 4 HGB erfolgte Aufgliederung der Umsatzerlöse nach geographisch bestimmten Märken fehlerhaft ist. Die im Anhang erfolgte Aufgliederung und die nach den Feststellungen des AP zutreffende Aufgliederung stellen sich wie folgt dar:

|  | Anhang | zutreffend |
|---|---|---|
| Inland | 80 TEUR | 82 TEUR |
| Ausland | 20 TEUR | 18 TEUR |
| Gesamt | 100 TEUR | 100 TEUR |

Es handelt sich um einen Verstoß gegen § 285 Nr. 4 HGB, der aber nach Einschätzung des AP nicht wesentlich ist. Eine Einschränkung des BSV ist nach dem Ermessen des AP daher nicht erforderlich.

---

[72] Vgl IDW PS 250 n. F., Tz 28.

66 Der Anwendungsbereich der in dem obigen Beispiel illustrierten quantitativen Wesentlichkeitsbetrachtung im Anhang ist vergleichsweise weit. Weitere mögliche Anwendungsfälle können z.B. sein:
- Gesamtbetrag der sonstigen finanziellen Verpflichtungen (§ 285 Nr. 3a HGB),
- durchschnittliche Beschäftigtenzahlen (§ 285 Nr. 7 HGB),
- Angabe von Materialaufwand und Personalaufwand bei Anwendung des UKV (§ 285 Nr. 8 HGB),
- Bezüge der Gesellschaftsorgane (§ 285 Nr. 9 HGB),
- Abschlussprüferhonorar (§ 285 Nr. 17 HGB),
- zahlenmäßige Angaben zu über ihrem beizulegenden Zeitwert ausgewiesenen Finanzanlagen (§ 285 Nr. 18 HGB) und zu nicht zum beizulegenden Zeitwert ausgewiesenen derivativen Finanzinstrumenten (§ 285 Nr. 19 HGB),
- Angaben zu Forschungs- und Entwicklungsaufwendungen (§ 285 Nr. 22 HGB),
- zahlenmäßige Angaben zu Bewertungseinheiten (§ 285 Nr. 23 HGB),
- zahlenmäßige Angaben zu Pensionsverpflichtungen sowie Deckungsvermögen (§ 285 Nr. 24, 25 HGB, Art 67 Abs. 1 Satz 4 HGB).

67 Dass neben der quantitativen Komponente auch die qualitative Komponente der Wesentlichkeitsbetrachtung zu beachten ist, wird besonders deutlich an der Angabe des nach § 268 Abs. 8 HGB ausschüttungsgesperrten Betrags (§ 285 Nr. 28 HGB), da ein überhöhter Gewinnverwendungsbeschluss nach § 241 Nr. 3 AktG nichtig wäre.[73] Die **Beurteilung derartiger qualitativer Komponenten ist weitaus schwieriger** als bei quantitativen Überlegungen. Entsprechend verantwortungsvoll sollte der AP mit derartigen Überlegungen umgehen und im Zweifel bei fehlerhaften oder unvollständigen Anhangangaben eher von Wesentlichkeit ausgehen und auf Korrektur des Anhangs drängen.

68 Während ein Verstoß gegen gesetzliche oder gesellschaftsvertragliche bzw. satzungsmäßige Einzelbestimmungen (z.B. fehlende Anhangangabe, Nichtberücksichtigung einer Satzungsregelung zur Rücklagendotierung bei Aufstellung des JA) vergleichsweise einfach zu bestimmen ist, ist bei einem **Verstoß gegen die Generalklausel des § 264 Abs. 2 HGB** die Grenzziehung zwischen einem Verstoß und einem gerade noch tolerierbaren Mangel schwer.[74]

**Beispiel**
Der zu prüfende JA einer mittelgroßen KapG ist durch Sachverhaltsgestaltungen vor dem Abschlussstichtag (Tilgung von Gesellschafterdarlehen kurz vor dem Abschlussstichtag, Neuaufnahme der Darlehen kurze Zeit nach dem Abschlussstichtag) wesentlich beeinflusst. Die Eigenkapitalquote am Abschlussstichtag liegt infolge der niedrigeren Bilanzsumme deutlich höher, als dies während des überwiegenden Zeitraums des Gj der Fall ist.
Es liegt kein Verstoß gegen Einzelvorschriften oder die GoB vor, gleichwohl ist fraglich, ob die Vermögenslage der Gesellschaft zutreffend i.S.v. § 264 Abs. 2 HGB abgebildet ist. Der AP hat eigenverantwortlich zu entscheiden, ob hier ergänzende Angaben nach § 264 Abs. 2 Satz 2 HGB zwingend geboten sind.

---

[73] Vgl. *Gelhausen/Althoff*, WPg 2009, S. 590.
[74] Vgl. *Schmidt/Küster*, in Beck Bil-Komm. 9. Aufl., § 322 HGB, Rz 60.

Nach der hier vertretenen Meinung stellt die (alleinige) Verletzung der General- **69** klausel des § 264 Abs. 2 HGB eher einen Ausnahmefall dar. Der handelsrechtliche JA ist auch nach BilMoG durch wesentliche **Ansatzwahlrechte** (z. B. selbst geschaffene immaterielle VG, Aktivüberhang latenter Steuern, Altzusagen bei Pensionsrückstellungen) und faktische Bewertungswahlrechte (z. B. bei der Bestimmung von Eintrittswahrscheinlichkeiten für Risiken) geprägt. Die vom Gesetzgeber darüber hinaus geschaffenen Einzelregelungen zur Erläuterung im Anhang dienen gerade dazu, trotz dieser Wahlrechtsmöglichkeiten den Anforderungen der Generalnorm zu entsprechen. Werden diese Einzelregelungen eingehalten, ist im Regelfall davon auszugehen, dass auch die Generalnorm des § 264 Abs. 2 HGB erfüllt ist. Nur in Ausnahmefällen bei Vorliegen besonderer Umstände wird daher ein (alleiniger) Verstoß gegen die Generalnorm festzustellen sein. Zu Einzelheiten s. § 264 Rz 82 ff.

**Beispiele für Einschränkungen** wegen wesentlicher Beanstandungen können **70** sein:[75]

- **Buchführung**: Verstöße gegen §§ 238, 239 HGB, z. B. Fehlen erforderlicher Handelsbücher, Mängel der Ordnungsmäßigkeit, unzureichende Abstimmung bei mehreren EDV-Kreisen, Differenzen zwischen Haupt- und Nebenbüchern, Nichtbeachtung sonstiger Grundsätze für die Buchführungsdokumente (Belegprinzip, Aufbewahrungsfristen), Verstöße gegen Inventarvorschriften (§§ 240, 241 HGB), z. B. mangelhafte Bestandsnachweise.
- **Gliederungsvorschriften**: z. B. kein gesonderter Ausweis der Kapitalrücklage nach § 272 Abs. 2 HGB.
- **Ansatzvorschriften**: z. B. keine oder nicht ausreichende Bildung von notwendigen Rückstellungen für drohende Verluste aus schwebenden Geschäften.
- **Bewertungsvorschriften**: z. B. Überbewertung durch Nichtbeachtung des Niederstwertprinzips nach § 253 Abs. 4 HGB, wesentliche Unterbewertung von Rückstellungen.
- Verstoß gegen gesetzliche und gesellschaftsvertragliche Vorschriften zur Ergebnisverwendung und Rücklagendotierung.
- Die Nichtberücksichtigung von **nicht abschließend beurteilbaren Risiken** führt in der Praxis mitunter zu Einschränkungen unter Angabe des Risikopotenzials.
- **Anhang**: fehlende, fehlerhafte oder unvollständige Anhangangaben (Rz 65).
- **Lagebericht**: unvollständige, unrichtige oder irreführende Darstellung, soweit dadurch die Lage und/oder die voraussichtliche Entwicklung mit ihren wesentlichen Chancen und Risiken nicht zutreffend dargestellt sind.[76]
- Fehlende, fehlerhafte oder unvollständige **Schlusserklärung zum Abhängigkeitsbericht** im Lagebericht.
- Verstoß gegen die **Generalnorm des § 264 Abs. 2 HGB** (Rz 76 ff.).

---

[75] Vgl. *Schmidt/Küster*, in Beck Bil-Komm. 9. Aufl., § 322 HGB, Rz 61; WP-Handbuch, Bd. I, 14. Aufl., Abschn. Q, Rz 463.
[76] IDW PS 250 n. F., Tz 27c qualifiziert das Weglassen einer gesetzlichen Angabe im LB als i. d. R. wesentlich, während fehlerhafte Angaben unter dem Blickwinkel der Wesentlichkeit (Entscheidungsrelevanz für Rechnungslegungsadressaten) zu würdigen sind.

71 § 322 Abs. 4 Satz 3 und 4 HGB erfordert eine **Begründung der Einschränkung**, sodass die Tragweite der festgestellten Verstöße erkennbar wird.[77] Aus der Formulierung der Einschränkung muss der **Beanstandungsgrund** (Angabe der verletzten Rechtsvorschrift) eindeutig hervorgehen und die relative Bedeutung des Mangels ist erkennbar zu machen. Soweit möglich und sachgerecht, ist die **Größenordnung durch Zahlenangaben** zu verdeutlichen.[78] Bei Verstößen, die darauf beruhen, dass bestimmte Beträge nicht angegeben werden, erscheint die Angabe dieser Zahlen fraglich.[79] Die Praxis zeigt, dass bei vergleichsweise häufig anzutreffenden Fällen der Nichtangabe der Geschäftsführerbezüge (§ 285 Nr. 9 Buchst. a) und b) HGB) regelmäßig im BSV zwar der Grund der Einschränkung, nicht aber die nicht angegebene Zahl selbst angeführt wird.[80]

72 Zur Darstellung der Tragweite der Einschätzung gehört grds. nicht das Eingehen auf Rechtsfolgen des Verstoßes (z. B. Nichtigkeit des JA). Diese Würdigung ist nicht Aufgabe des AP.[81]

73 Der Forderung eines klaren und eindeutigen Prüfungsurteils entsprechend hat der BSV das Wort „Einschränkung" zu enthalten. Die Formulierung des Prüfungsurteils wird daher regelmäßig eingeleitet mit:[82]

> **Beispiel**
> „Meine/Unsere Prüfung hat mit Ausnahme der folgenden Einschränkung zu keinen Einwendungen geführt."

74 Der sich anschließende Einschränkungsgrund ist nach den zuvor beschriebenen Aussagen zur **Tragweite** zu formulieren. Es können unterschieden werden:[83]
- Einschränkungen, die sich ausschließlich auf die Gesetzmäßigkeit beziehen (Rz 75),
- Einschränkungen, die sich auf die Gesetzmäßigkeit einschl. der Generalnorm beziehen (Rz 76),
- Einschränkungen, die sich auf die Gesetzmäßigkeit einschl. der Generalnorm und des LB beziehen (Rz 77),
- Einschränkungen, die sich ausschließlich auf den LB beziehen (Rz 78),
- Einschränkungen, die sich wegen pflichtwidrig fehlendem LB ergeben (Rz 79).

75 Einschränkungen, die sich **ausschließlich auf die Gesetzmäßigkeit** beziehen, beinhalten Verstöße gegen Gesetz oder auf die Rechnungslegung bezogene Regelungen des Gesellschaftsvertrags bzw. der Satzung. Es handelt sich bei derartigen Verstößen zumeist um fehlende, fehlerhafte oder unvollständige Anhangangaben. Hierzu wird folgende Formulierung empfohlen:[84]

---

[77] Vgl. zur fehlenden Begründung und Verdeutlichung der Tragweite einer Einschränkung, WPK, WPKM 4/2007, S. 39.
[78] Vgl. IDW PS 400, Tz 58.
[79] Vgl. *Orth/Schaefer*, in *Baetge/Kirsch/Thiele*, Bilanzrecht, § 322 HGB, Rz 98.
[80] Vgl. Zusammenstellung der eingeschränkten oder ergänzten Bestätigungsvermerke für das Jahr 2014 (Anlage zum Bericht der WPK über die Berufsaufsicht im Jahr 2014), www.wpk.de/oeffentlichkeit/berichte/berufsaufsicht/ (letzter Abruf am 02.07.2015).
[81] Vgl. WP-Handbuch, Bd. I, 14. Aufl., Abschn. Q, Rz 481.
[82] Vgl. IDW PS 400, Tz 59.
[83] Vgl. WP-Handbuch, Bd. I, 14. Aufl., Abschn. Q, Rz 485.
[84] Vgl. IDW PS 400, Anhang 8.

> **Beispiel**
> „Meine/Unsere Prüfung hat **mit Ausnahme der folgenden Einschränkung zu keinen Einwendungen geführt. Entgegen § 285 Nr. 9 Buchst. a HGB wurden im Anhang die Gesamtbezüge der Geschäftsführung/des Vorstands nicht angegeben.**
> Nach meiner/unserer Beurteilung aufgrund der bei der Prüfung gewonnenen Erkenntnisse entspricht der Jahresabschluss **mit der genannten Einschränkung** den gesetzlichen Vorschriften [und den ergänzenden Bestimmungen des Gesellschaftsvertrags/der Satzung]. Der Jahresabschluss vermittelt unter Beachtung der Grundsätze ordnungsmäßiger Buchführung ein den tatsächlichen Verhältnissen entsprechendes Bild der Vermögens-, Finanz- und Ertragslage der Gesellschaft. Der Lagebericht steht im Einklang mit **einem den gesetzlichen Vorschriften entsprechenden Jahresabschluss**, vermittelt insgesamt ein zutreffendes Bild von der Lage der Gesellschaft und stellt die Chancen und Risiken der zukünftigen Entwicklung zutreffend dar."

Einschränkungen, die sich **auf die Gesetzmäßigkeit einschließlich der Generalnorm** beziehen, sich ausnahmsweise aber nicht auf den LB auswirken, sind selten, da die Analyse des Geschäftsverlaufs im LB das Eingehen auf die VFE-Lage erfordert, sodass Verstöße gegen die Generalnorm regelmäßig zu Auswirkungen auf den LB führen. Tritt dieser seltene Fall dennoch auf, so wird für die Formulierung des zweiten Absatzes des Prüfungsurteils empfohlen:[85]

76

> **Beispiel**
> „**Mit dieser Einschränkung** entspricht der Jahresabschluss nach meiner/unserer Beurteilung aufgrund der bei der Prüfung gewonnenen Erkenntnisse den gesetzlichen Vorschriften [und den ergänzenden Bestimmungen des Gesellschaftsvertrags/der Satzung] und vermittelt unter Beachtung der Grundsätze ordnungsmäßiger Buchführung ein den tatsächlichen Verhältnissen entsprechendes Bild der Vermögens-, Finanz- und Ertragslage der Gesellschaft. Der Lagebericht steht im Einklang mit dem Jahresabschluss; **die Aussage des Lageberichts wird durch den Mangel des Jahresabschlusses nicht beeinträchtigt.** Der Lagebericht vermittelt insgesamt ein zutreffendes Bild von der Lage der Gesellschaft und stellt die Chancen und Risiken der zukünftigen Entwicklung zutreffend dar."

Einschränkungen, die sich **auf die Gesetzmäßigkeit einschließlich der Generalnorm und des Lageberichts** beziehen, betreffen oftmals Verstöße im Zusammenhang mit Ansatz, Bewertung oder Ausweis von Posten der Bilanz und GuV, da sich derartige Verstöße regelmäßig auch auf die Darstellung der VFE-Lage und den LB auswirken. Sie können wie folgt formuliert werden:[86]

77

---

[85] Vgl. WP-Handbuch, Bd. I, 14. Aufl., Abschn. Q, Rz 487.
[86] Vgl. IDW PS 400, Anhang 9.

> **Beispiel**
> „Meine/Unsere Prüfung hat **mit Ausnahme der folgenden Einschränkung zu keinen Einwendungen geführt. In einer Größenordnung von ... EUR wurden Umsatzerlöse ausgewiesen, obwohl sie am Abschlussstichtag nicht i. S. v. § 252 Abs. 1 Nr. 4 HGB realisiert waren.**
> Mit dieser Einschränkung entspricht der Jahresabschluss nach meiner/unserer Beurteilung aufgrund der bei der Prüfung gewonnenen Erkenntnisse den gesetzlichen Vorschriften [und den ergänzenden Bestimmungen des Gesellschaftsvertrags/der Satzung] und vermittelt unter Beachtung der Grundsätze ordnungsmäßiger Buchführung ein den tatsächlichen Verhältnissen entsprechendes Bild der Vermögens-, Finanz- und Ertragslage der Gesellschaft. **Mit der genannten Einschränkung** steht der Lagebericht im Einklang mit **einem den gesetzlichen Vorschriften entsprechenden Jahresabschluss**, vermittelt insgesamt ein zutreffendes Bild von der Lage der Gesellschaft und stellt die Chancen und Risiken der zukünftigen Entwicklung zutreffend dar."

78    Einschränkungen, die sich **ausschließlich auf den Lagebericht** beziehen, sind wie folgt zu formulieren:[87]

> **Beispiel**
> „Meine/Unsere Prüfung hat **mit Ausnahme der folgenden Einschränkung zu keinen Einwendungen geführt. Im Lagebericht sind die Preisänderungsrisiken aus Devisentermingeschäften entgegen § 289 Abs. 2 Nr. 2 Buchst. b) HGB nicht dargestellt.**
> Nach meiner/unserer Beurteilung aufgrund der bei der Prüfung gewonnenen Erkenntnisse entspricht der Jahresabschluss den gesetzlichen Vorschriften [und den ergänzenden Bestimmungen des Gesellschaftsvertrags/der Satzung] und vermittelt unter Beachtung der Grundsätze ordnungsmäßiger Buchführung ein den tatsächlichen Verhältnissen entsprechendes Bild der Vermögens-, Finanz- und Ertragslage der Gesellschaft. **Mit der genannten Einschränkung** steht der Lagebericht im Einklang mit dem Jahresabschluss, vermittelt insgesamt ein zutreffendes Bild von der Lage der Gesellschaft und stellt die Chancen und Risiken der zukünftigen Entwicklung zutreffend dar."

79    Einschränkungen, die sich wegen **pflichtwidrig fehlendem Lagebericht** ergeben, können wie folgt formuliert werden:[88]

> **Beispiel**
> „Meine/Unsere Prüfung hat **mit Ausnahme der folgenden Einschränkung zu keinen Einwendungen geführt. Entgegen der gesetzlichen Verpflichtung nach § 264 Abs. 1 Satz 1 HGB ist ein Lagebericht nicht aufgestellt worden.**

---

[87] Vgl. IDW PS 400, Anhang 10, bei dem Einschränkungsgrund wurde die verletzte Rechtsnorm mit angegeben.
[88] Vgl. IDW PS 400, Anhang 11, bei dem Einschränkungsgrund wurde die verletzte Rechtsnorm mit angegeben.

> Nach meiner/unserer Beurteilung aufgrund der bei der Prüfung gewonnenen Erkenntnisse entspricht der Jahresabschluss den gesetzlichen Vorschriften [und den ergänzenden Bestimmungen des Gesellschaftsvertrags/der Satzung] und vermittelt unter Beachtung der Grundsätze ordnungsmäßiger Buchführung ein den tatsächlichen Verhältnissen entsprechendes Bild der Vermögens-, Finanz- und Ertragslage der Gesellschaft. **Da ein Lagebericht nicht aufgestellt worden ist, vermittelt die Rechnungslegung insoweit kein zutreffendes Bild von der Lage der Gesellschaft und stellt die Chancen und Risiken der zukünftigen Entwicklung nicht dar.**"

Eine Einschränkung des BSV wegen unzutreffender Annahme der Fortführungsprämisse ist unzulässig, da es sich hierbei nicht um eine auf einen abgrenzbaren Teilbereich bezogene Beanstandung handelt, sondern sie sich auf den JA insgesamt auswirkt. Daher ist in solchen Fällen ein Versagungsvermerk zu erteilen (Rz 92).[89]    **80**

#### 2.4.2.2.2 Einschränkung aufgrund von Prüfungshemmnissen

Neben Einschränkungen aufgrund von Einwendungen sind auch Einschränkungen aufgrund von Prüfungshemmnissen möglich. Ein **Prüfungshemmnis** liegt dann vor, wenn der AP abgrenzbare Teile der Rechnungslegung aufgrund besonderer Umstände nicht mit hinreichender Sicherheit beurteilen kann.[90]    **81**

Für Einschränkungen aufgrund von Prüfungshemmnissen kommen die für Einschränkungen aufgrund von Einwendungen geltenden Grundsätze analog zur Anwendung (Rz 58ff.). Darüber hinaus gilt es folgende **Besonderheiten** zu beachten.    **82**

Im Gegensatz zu einer Einwendung besteht bei einem Prüfungshemmnis Unsicherheit, ob die Rechnungslegung in dem betreffenden Teilbereich zu beanstanden ist. Da die Zielsetzung der JAP die Abgabe eines Positivbefunds zur Rechnungslegung darstellt, muss der AP alle ihm zur Verfügung stehenden Möglichkeiten ausschöpfen, um diesen Positivbefund abzugeben. Erst wenn unter Ausschöpfung aller Möglichkeiten des AP keine positive Aussage zu einem Teilbereich der Rechnungslegung möglich ist, darf eine Einschränkung aufgrund von Prüfungshemmnissen vorgenommen werden. Dies folgt aus dem Anspruch des geprüften Unt auf Erteilung eines Bestätigungs- oder Versagungsvermerks (Rz 20) sowie der aus den allgemeinen Berufsgrundsätzen abgeleiteten Treuepflicht des AP gegenüber dem Auftraggeber. Der AP hat demzufolge den Mandanten vor Erteilung eines derartigen Testats von dem Prüfungshemmnis zu unterrichten.    **83**

> **Beispiel**
> Die prüfungspflichtige mittelgroße GmbH hat enge Termine bei Aufstellung und Prüfung ihres JA zu beachten, da sie in den KA ihres MU einbezogen wird. Der AP des JA zum 31.12.01 der GmbH kann aufgrund krankheitsbedingtem Ausfalls des Buchhaltungsleiters erst zwei Wochen später als eigentlich geplant mit der Hauptprüfung beginnen. Der eigentlich für das

---

[89] Vgl. IDW PS 270, Tz 41
[90] Vgl. IDW PS 400, Tz 50.

> Ende der KW 7/02 vorgesehene Abschluss der Apr. inkl. Erteilung des Testats kann möglicherweise nicht eingehalten werden.
> Gegen Ende der KW 7/02 hat der AP im Prüffeld Forderungen aus L&L, die einen wesentlichen JA-Posten darstellen, noch keine hinreichende Prüfungssicherheit erlangen können. Er teilt dem Geschäftsführer der GmbH mit, dass er aufgrund dieser noch nicht abschließend geprüften Position des JA bis Ende der Woche kein Testat erteilen kann. Der GF möchte nach Rücksprache mit der Konzerngeschäftsführung den AP veranlassen, ein eingeschränktes Testat abzugeben, in dem hinsichtlich der Forderungen aus L&L ein Prüfungshemmnis enthalten ist. Da die Forderungen aus L&L bezogen auf den KA des MU unwesentlich sind, werden daraus keine Konsequenzen für den BSV zum KA erwartet.
> Der AP sollte nicht einfach dem Begehren des Geschäftsführers nachkommen, sondern ihn sowie ggf. die Gesellschafterversammlung der GmbH auf mögliche Konsequenzen eines eingeschränkten Testats hinweisen (z.B. Herabstufung der Kreditwürdigkeit bei Wirtschaftsauskunfteien oder Kreditinstituten, negative Konsequenzen für die von der Gesellschafterversammlung der GmbH vorzunehmende Entlastung des Geschäftsführers nach § 46 Nr. 5 GmbHG). Wird von der GmbH unverändert auf die Erteilung eines Testats bis Ende KW 7/02 bestanden, kann der AP dann allerdings nur einen aufgrund des Prüfungshemmnisses eingeschränkten BSV erteilen.

**84**  Beispiele für Prüfungshemmnisse, die zu einer Einschränkung des BSV führen können, sind:[91]
- vom Unternehmen **verweigerte direkte Kontaktaufnahme** mit Auskunftspersonen (z.B. Rechtsanwalt des Unt, Sachverständige),[92]
- **Beschränkungen beim Einholen von Saldenbestätigungen** (z.B. Übermittlungsschwierigkeiten aufgrund von Poststreiks oder langen Postlaufzeiten, Beschränkungen bei der Zurverfügungstellung benötigter Daten und Informationen),[93]
- **mangelnde Nachprüfbarkeit von Geschäftsvorfällen mit nahe stehenden Personen und Unternehmen** (z.B. wenn die Mitwirkung verweigert wird oder bei im Ausland ansässigen nahe stehenden Personen und Unternehmen wegen politischer Restriktionen die erforderlichen Prüfungsnachweise nicht eingeholt werden können),
- **unzureichende Erfüllung der Auskunfts- und Nachweispflichten des § 320 HGB**, die zu einer Nichtbeurteilung des zu prüfenden Sachverhalts führen (z.B. keine Vorlage benötigter Buchhaltungsunterlagen oder sonstiger JA-relevanter Dokumente [Verträge, Berechnungen, Inventurunterlagen], Verweigerung der Auskunftserteilung durch verbundene Unternehmen),

---

[91] Vgl. WP-Handbuch, Bd. I, 14. Aufl., Abschn. Q, Rz 464; *Schmidt/Küster*, in Beck Bil-Komm. 9. Aufl., § 322 HGB, Rz 61.
[92] Vgl. IDW PS 302, Tz 34 ff.
[93] Vgl. WP-Handbuch, Bd. I, 14. Aufl., Abschn. Q, Rz 464.

- **fehlende Verwertbarkeit** der Ergebnisse anderer Prüfer[94] und der Arbeitsergebnisse von Sachverständigen,[95]
- mangelnde Aufklärbarkeit von Unregelmäßigkeiten,[96]
- **mangelnde Prüfungssicherheit aufgrund eines hohen Entdeckungsrisikos** (z. B. ist aufgrund eines hohen Fehlerrisikos in einem Prüffeld mit „Massendaten"[97] die Erzielung einer hinreichenden Sicherheit durch weitergehende Prüfungshandlungen unmöglich).[98]

Bei Prüfungshemmnissen im Zusammenhang mit **nicht abschließend beurteilbaren Risiken** sind vom AP die Auswirkungen auf die Rechnungslegung zu würdigen, z. B. ob bei Rechtsstreitigkeiten eine angemessene Rückstellungsbildung vorgenommen wurde oder Rückstellungen für drohende Verluste aus schwebenden Geschäften entsprechend den erkannten Sachverhalten in ausreichendem Umfang gebildet wurden. Auch in Fällen, in denen die Wertansätze von Beteiligungen nicht ausreichend oder gar nicht geprüft werden können, stellt sich die Frage der Auswirkung auf den BSV. Hinweise in Anhang und LB allein sind in derartigen Fällen zumeist nicht ausreichend, sodass auch hier häufig eine Einschränkung des BSV geboten ist.[99] 85

Prüfungshemmnisse sind nur solche, die sich im Verlauf der Apr. bei der Prüfung einzelner Prüffelder ergeben. Legt der Auftraggeber bereits bei Auftragserteilung im Rahmen der Auftragsbedingungen Beschränkungen fest, handelt es sich – auch wenn die Bezeichnung des Auftragsschreibens ggf. anders lautet – nicht um eine Beauftragung zu einer JAP mit der Folge, dass kein BSV, sondern nur eine Bescheinigung über die durchgeführten Tätigkeiten erteilt werden kann.[100] 86

Bei Vorliegen von Prüfungshemmnissen ist dies bereits im beschreibenden Abschnitt des BSV (Rz 41) anzugeben, wobei hierfür folgende Formulierung empfohlen wird:[101] 87

> **Beispiel**
> „Mit Ausnahme des im folgenden Absatz dargestellten Prüfungshemmnisses** habe ich meine/haben wir unsere Jahresabschlussprüfung nach § 317 HGB unter Beachtung der vom Institut der Wirtschaftsprüfer (IDW) festgestellten deutschen Grundsätze ordnungsmäßiger Abschlussprüfung vorgenommen. Danach ist die Prüfung so zu planen und durchzuführen, dass Unrichtigkeiten und Verstöße, die sich auf die Darstellung des durch den Jahresabschluss unter Beachtung der Grundsätze ordnungsmäßiger Buchführung und durch den Lagebericht vermittelten Bilds der Vermögens-, Finanz- und Ertragslage wesentlich auswirken, mit hinreichender Sicherheit erkannt werden. Bei der Festlegung der Prüfungshandlungen werden die Kenntnisse über die Geschäftstätigkeit und über das wirtschaftliche und rechtliche Umfeld der Gesellschaft sowie die Erwartungen über mögliche

---

[94] Vgl. IDW PS 320, Tz 35.
[95] Vgl. IDW PS 322, Tz 25.
[96] Vgl. IDW PS 210, Tz 72.
[97] Vgl. IDW PS 261, Tz 68.
[98] Vgl. *Hell/Küster*, in *Küting/Weber*, HdR, HGB § 322, Rn 34, Stand 10/2010.
[99] Vgl. *Schmidt/Küster*, in Beck Bil-Komm. 9. Aufl., § 322 HGB, Rz 62.
[100] Vgl. IDW PS 400, Tz 57.
[101] Vgl. IDW PS 400, Tz 61.

> Fehler berücksichtigt. Im Rahmen der Prüfung werden die Wirksamkeit des rechnungslegungsbezogenen internen Kontrollsystems sowie Nachweise für die Angaben in Buchführung, Jahresabschluss und Lagebericht überwiegend auf der Basis von Stichproben beurteilt. Die Prüfung umfasst die Beurteilung der angewandten Bilanzierungsgrundsätze und der wesentlichen Einschätzungen der gesetzlichen Vertreter sowie die Würdigung der Gesamtdarstellung des Jahresabschlusses und des Lageberichts. Ich bin/Wir sind der Auffassung, dass meine/unsere Prüfung **mit der im nachfolgenden Absatz dargestellten Ausnahme** eine hinreichend sichere Grundlage für meine/unsere Beurteilung bildet."

88   Die Formulierung des Prüfungsurteils kann dann wie folgt erfolgen:[102]

> **Beispiel**
> „Meine/Unsere Prüfung hat **mit Ausnahme der folgenden Einschränkung zu keinen Einwendungen geführt. Das Vorhandensein der ausgewiesenen Vorräte i. H. v. ... EUR ist nicht hinreichend nachgewiesen, weil ich/wir nicht an der Inventur teilnehmen und durch alternative Prüfungshandlungen keine hinreichende Sicherheit über den Bestand der Vorräte gewinnen konnte(n). Es kann daher nicht ausgeschlossen werden, dass der Jahresabschluss insoweit fehlerhaft ist.**
> **Mit dieser Einschränkung** entspricht der Jahresabschluss nach meiner/unserer Beurteilung aufgrund der bei der Prüfung gewonnenen Erkenntnisse den gesetzlichen Vorschriften [und den ergänzenden Bestimmungen des Gesellschaftsvertrags/der Satzung] und vermittelt unter Beachtung der Grundsätze ordnungsmäßiger Buchführung ein den tatsächlichen Verhältnissen entsprechendes Bild der Vermögens-, Finanz- und Ertragslage der Gesellschaft. **Mit der genannten Einschränkung** steht der Lagebericht im Einklang mit **einem den gesetzlichen Vorschriften entsprechenden Jahresabschluss**, vermittelt insgesamt ein zutreffendes Bild von der Lage der Gesellschaft und stellt die Chancen und Risiken der zukünftigen Entwicklung zutreffend dar."

### 2.4.2.3  Versagungsvermerk

#### 2.4.2.3.1  Versagungsvermerk aufgrund von Einwendungen (Abs. 4 Sätze 1–3)

89   Der BSV ist zu versagen, wenn aufgrund der zu erhebenden Einwendungen ein Positivbefund zur Rechnungslegung insgesamt nicht mehr möglich ist (**negative Gesamtaussage**).[103] Dieser Fall tritt dann auf, wenn wesentliche Beanstandungen gegen den JA zu erheben sind, die sich auf diesen als Ganzen auswirken und so bedeutend und zahlreich sind, dass nach der Beurteilung des AP eine Einschränkung des BSV nicht mehr angemessen ist, um die missverständliche oder unvoll-

---

[102] Vgl. IDW PS 400, Tz 59, 61 sowie Anhang 12.
[103] Vgl. *Hell/Küster*, in *Küting/Weber*, HdR, HGB § 322, Rn 38, Stand 10/2010.

ständige Darstellung im JA zu verdeutlichen.[104] Aus der Tatsache, dass es sich nach Beurteilung des AP um eine insgesamt negative Gesamtaussage handelt, folgert, dass auch der Begriff Bestätigungsvermerk in diesen Fällen nicht mehr verwendet werden darf, sondern stattdessen der Begriff **Versagungsvermerk** in der Überschrift anzuwenden ist (Rz 24).[105]

Zur Abgrenzung zu einem wegen Einwendungen eingeschränkten BSV vgl. Rz 60. 90

Gem. Abs. 4 Satz 3 der Vorschrift ist die **Versagung zu begründen**. Im Gegensatz zur Einschränkung ist eine Darstellung der Tragweite nicht gefordert. Da ein Versagungsvermerk die äußerste Stufe der Kritik darstellt, sind weitere Aussagen über die Tragweite entbehrlich. Auch wenn die Tragweite eines Versagungsvermerks aus sich heraus erkennbar und abschätzbar wäre, kann die Darstellung der Tragweite, insb. die Angabe von quantitativen Größen der Mängel, die zu der Versagung geführt haben, für die Adressaten des Versagungsvermerks von Interesse sein. Dies wird sich i.d.R. auch aus der allgemeinen Anforderung des § 322 Abs. 2 Satz 2 HGB nach einer klaren, eindeutigen und allgemein verständlichen Formulierung ergeben. Im Hinblick auf die trotz der Erteilung des Versagungsvermerks gegebene Möglichkeit zur Feststellung des JA erscheint es sachgerecht, wenn der AP eine Quantifizierung vornimmt, soweit ihm dies möglich ist.[106] 91

Anwendungsfälle **für einen Versagungsvermerk** aufgrund von Einwendungen können sein:[107] 92

- **Buchführung**: Wesentliche nicht behebbare Mängel, wie z.B. unvollständige Erfassung von wichtigen Geschäftsvorfällen bzw. Unmöglichkeit einer sicheren Beurteilung wegen fehlender Beweiskraft.
- **Gliederungsvorschriften**: Versagung nur, wenn die Klarheit und Übersichtlichkeit des JA insb. bei mehreren Verstößen insgesamt nicht mehr gegeben sind. Zumeist wird bei Verstößen gegen Gliederungsvorschriften nur eine Einschränkung in Betracht kommen.
- **Ansatz- und Bewertungsvorschriften**: Wesentliche Überbewertung bei den Aktivposten oder Weglassen von Schuldposten mit gravierender Auswirkung auf das Bilanzergebnis. Aufstellen des JA unter Fortführungsgesichtspunkten, obwohl diese unzweifelhaft nicht gegeben sind.[108]
- **Anhang**: Ein unvollständiger oder fehlerhafter Anhang ist danach zu gewichten, ob die mangelhaften Angaben noch ein positives Gesamturteil ermöglichen. Wird überhaupt kein Anhang aufgestellt, erscheint nach § 322 Abs. 4 Satz 3 HGB eine Versagung zwingend, da keine positive Aussage zur Generalnorm mehr abgegeben werden kann.
- **Lagebericht**: Wird entgegen § 264 Abs. 1 HGB kein Lagebericht aufgestellt oder ist er in wesentlichen Teilen unvollständig oder fehlerhaft, ist eine Einschränkung der Versagung vorzuziehen, da der LB nur einen Teil der Rechnungslegung darstellt und ein Versagungsvermerk nicht erkennen lässt, dass zum JA ggf. eine positive Aussage möglich ist.

---

[104] Vgl. IDW PS 400, Tz 65.
[105] Vgl. *Orth/Schaefer*, in *Baetge/Kirsch/Thiele*, Bilanzrecht, § 322 HGB, Rz 102.
[106] Vgl. WP-Handbuch, Bd. I, 14. Aufl., Abschn. Q, Rz 500.
[107] Vgl. *Schmidt/Küster*, in Beck Bil-Komm. 9. Aufl., § 322 HGB, Rz 67; WP-Handbuch, Bd. I, 14. Aufl., Abschn. Q, Rz 510 ff.
[108] Vgl. IDW PS 270, Tz 41.

- **Vollständigkeitserklärung:** Weigern sich die gesetzlichen Vertreter, eine Vollständigkeitserklärung gegenüber dem AP abzugeben, mit der sie ihre Gesamtverantwortung für die Rechnungslegung dokumentieren, ist ein Versagungsvermerk zu erteilen.[109]

93 Eine Versagung kommt auch dann in Betracht, wenn mehrere Verstöße vorliegen, die einzeln betrachtet eine Einschränkung des BSV rechtfertigen würden, in ihrer Gesamtheit aber so weitreichend sind, dass ein Positivbefund zur Generalnorm nicht mehr möglich ist.

94 Für einen Versagungsvermerk aufgrund von Einwendungen wird folgende Formulierung vorgeschlagen:[110]

> **Beispiel**
> „Versagungsvermerk des Abschlussprüfers
> Ich habe/Wir haben den Jahresabschluss- bestehend aus Bilanz, Gewinn- und Verlustrechnung sowie Anhang – unter Einbeziehung der Buchführung und den Lagebericht der … [Gesellschaft] für das Geschäftsjahr vom … [Datum] bis … [Datum] geprüft. Die Buchführung und die Aufstellung von Jahresabschluss und Lagebericht nach den deutschen handelsrechtlichen Vorschriften [und den ergänzenden Bestimmungen des Gesellschaftsvertrags/der Satzung] liegen in der Verantwortung der gesetzlichen Vertreter. Meine/Unsere Aufgabe ist es, auf der Grundlage der von mir/uns durchgeführten Prüfung eine Beurteilung über den Jahresabschluss unter Einbeziehung der Buchführung und den Lagebericht abzugeben.
> Ich habe meine/Wir haben unsere Jahresabschlussprüfung nach § 317 HGB unter Beachtung der vom Institut der Wirtschaftsprüfer (IDW) festgestellten deutschen Grundsätze ordnungsmäßiger Abschlussprüfung vorgenommen. Danach ist die Prüfung so zu planen und durchzuführen, dass Unrichtigkeiten und Verstöße, die sich auf die Darstellung des durch den Jahresabschluss unter Beachtung der Grundsätze ordnungsmäßiger Buchführung und durch den Lagebericht vermittelten Bilds der Vermögens-, Finanz- und Ertragslage wesentlich auswirken, mit hinreichender Sicherheit erkannt werden. Bei der Festlegung der Prüfungshandlungen werden die Kenntnisse über die Geschäftstätigkeit und über das wirtschaftliche und rechtliche Umfeld der Gesellschaft sowie die Erwartungen über mögliche Fehler berücksichtigt. Im Rahmen der Prüfung werden die Wirksamkeit des rechnungslegungsbezogenen internen Kontrollsystems sowie Nachweise für die Angaben in Buchführung, Jahresabschluss und Lagebericht überwiegend auf der Basis von Stichproben beurteilt. Die Prüfung umfasst die Beurteilung der angewandten Bilanzierungsgrundsätze und der wesentlichen Einschätzungen der gesetzlichen Vertreter sowie die Würdigung der Gesamtdarstellung des Jahresabschlusses und Lageberichts. Ich bin/wir sind der Auffassung, dass meine/unsere Prüfung eine hinreichend sichere Grundlage für meine/unsere Beurteilung bildet.
> **Meine/Unsere Prüfung hat zu folgender Einwendung geführt. Der Jahresabschluss wurde unzulässigerweise unter der Annahme der Fortfüh-**

---

[109] Vgl. IDW PS 303 n. F., Tz 27.
[110] Vgl. IDW PS 400, Anhang 13.

> rung der Unternehmenstätigkeit aufgestellt, obwohl wegen der ungesicherten Liquiditätsausstattung der Gesellschaft hiervon nicht ausgegangen werden kann. Aufgrund der Bedeutung dieser Einwendung versage ich/versagen wir den Bestätigungsvermerk.
> Nach meiner/unserer Beurteilung aufgrund der bei der Prüfung gewonnenen Erkenntnisse entspricht der Jahresabschluss **nicht** den gesetzlichen Vorschriften [und den ergänzenden Bestimmungen des Gesellschaftsvertrags/der Satzung] und vermittelt **kein** unter Beachtung der Grundsätze ordnungsmäßiger Buchführung den tatsächlichen Verhältnissen entsprechendes Bild der Vermögens-, Finanz- und Ertragslage der Gesellschaft. Der Lagebericht steht **nicht** in Einklang mit dem Jahresabschluss, vermittelt insgesamt **kein** zutreffendes Bild von der Lage der Gesellschaft und stellt die Chancen und Risiken der zukünftigen Entwicklung **nicht** zutreffend dar."

### 2.4.2.3.2 Versagungsvermerk aufgrund von Prüfungshemmnissen (Abs. 5)

Neben der Versagung aufgrund von Einwendungen kann es in bestimmten Fällen vorkommen, dass der BSV versagt werden muss, da nach Ausschöpfung aller angemessenen Möglichkeiten zur Klärung des Sachverhalts der AP nicht in der Lage ist, ein Urteil zur Rechnungslegung abzugeben (zum international üblichen Nichterteilungsvermerk vgl. Rz 45). In diesem Fall werden die Auswirkungen des Prüfungshemmnisses auf den JA als so weitgehend erachtet, dass eine Einschränkung des BSV nicht ausreicht. 95

Die Abgrenzung von einer Einschränkung des BSV aufgrund von Prüfungshemmnissen ist an Abs. 4 Satz 3 der Vorschrift auszurichten, wonach eine Einschränkung nur dann in Betracht kommt, wenn insgesamt noch ein Positivbefund zur Generalnorm möglich ist (Rz 60). 96

Ist der AP mangels Aufklärungen und Nachweisen trotz alternativer Prüfungshandlungen nicht in der Lage, ein Gesamturteil über die Rechnungslegung abzugeben, hat er den BSV zu versagen.[111] Anwendungsfälle für derartige Konstellationen sind die bei den zum Versagungsvermerk aufgrund von Einwendungen dargestellten Anwendungsfälle (Rz 92) nur mit dem Unterschied, dass dem AP eine Beurteilung nicht möglich ist. Dies gilt auch für den Fall, dass der JA unter der Annahme der Fortführung der Ges. aufgestellt wurde und der AP nicht beurteilen kann, ob dies zutrifft.[112] 97

Die Formulierung des Versagungsvermerks ist bei Vorliegen von Prüfungshemmnissen anzupassen. Der beschreibende Abschnitt entfällt gänzlich. Im Prüfungsurteil hat der AP das Prüfungshemmnis darzustellen und zudem infolge der Schwere des Prüfungshemmnisses auf die Versagung zu verweisen.[113] Folgende Formulierung wird empfohlen:[114] 98

---

[111] Vgl. IDW PS 400, Tz 68a.
[112] Vgl. IDW PS 270, Tz 36, 42; IDW, IDW-FN 2009, S. 12.
[113] Vgl. *Orth/Schaefer*, in *Baetge/Kirsch/Thiele*, Bilanzrecht, § 322 HGB, Rz 112.
[114] Vgl. IDW PS 400, Tz 69.

> **Beispiel**
> „Versagungsvermerk des Abschlussprüfers
> Ich habe/Wir haben den Jahresabschluss – bestehend aus Bilanz, Gewinn- und Verlustrechnung sowie Anhang – unter Einbeziehung der Buchführung und den Lagebericht der ... [Gesellschaft] für das Geschäftsjahr vom ... [Datum] bis ... [Datum] geprüft. Die Buchführung und die Aufstellung von Jahresabschluss und Lagebericht nach den deutschen handelsrechtlichen Vorschriften [und den ergänzenden Bestimmungen des Gesellschaftsvertrags/der Satzung] liegen in der Verantwortung der gesetzlichen Vertreter. Meine/Unsere Aufgabe ist es, auf der Grundlage der von mir/uns durchgeführten Prüfung eine Beurteilung über den Jahresabschluss unter Einbeziehung der Buchführung und den Lagebericht abzugeben.
> Als Ergebnis meiner/unserer Prüfung stelle ich/stellen wir fest, dass ich/wir nach Ausschöpfung aller angemessenen Möglichkeiten zur Klärung des Sachverhalts aus folgendem Grund nicht in der Lage war(en), ein Prüfungsurteil abzugeben: Durch die Unternehmensleitung wurde die Einsichtnahme in die Kalkulationsunterlagen zur Ermittlung der Herstellungskosten der unfertigen und fertigen Erzeugnisse sowie das Einholen von Saldenbestätigungen zu Forderungen aus L&L verweigert. Aus diesem Grund war es nicht möglich, eine hinreichende Sicherheit über die tatsächliche Höhe der Vorratsbestände und Forderungen zu erzielen, die im Jahresabschluss i.H.v. etwa 80 % der Bilanzsumme ausgewiesen sind. Aufgrund der Bedeutung des dargestellten Prüfungshemmnisses versage ich/versagen wir den Bestätigungsvermerk.
> Aussagen darüber, ob der Jahresabschluss den gesetzlichen Vorschriften [und den ergänzenden Bestimmungen des Gesellschaftsvertrags/der Satzung] entspricht und ein unter Beachtung der Grundsätze ordnungsmäßiger Buchführung entsprechendes Bild der Vermögens-, Finanz- und Ertragslage der Gesellschaft vermittelt, sind wegen des dargestellten Prüfungshemmnisses nicht möglich. Ebenso **kann nicht beurteilt werden**, ob der LB in Einklang mit einem den gesetzlichen Vorschriften entsprechenden JA steht, ein zutreffendes Bild von der Lage der Gesellschaft vermittelt und die Chancen und Risiken der zukünftigen Entwicklung zutreffend darstellt."

### 2.4.3 Ergänzungen des Prüfungsurteils

**99** Nur in bestimmten Fällen sind Erweiterungen des Prüfungsauftrags aus gesetzlicher, gesellschaftsvertraglicher oder satzungsmäßiger Regelung bzw. vertraglicher Vereinbarung im BSV zu berücksichtigen (Rz 27). Der BSV enthält ausschließlich ein auf die Rechnungslegung bezogenes Prüfungsurteil, sodass auch nur solche Erweiterungen des Prüfungsauftrags für die Aufnahme in den BSV in Betracht kommen, die sich auf die Rechnungslegung beziehen. **Nicht im BSV** sind somit Erweiterungen des Prüfungsauftrags **aufzunehmen** zur

- Prüfung des Risikofrüherkennungssystems nach § 317 Abs. 4 HGB,[115]
- Prüfung der Ordnungsmäßigkeit der Geschäftsführung nach § 53 HGrG,[116]
- Erweiterung der Abschlussprüfung nach § 16d Abs. 1 Satz 2 Rundfunkstaatsvertrag.[117]

Soweit der Gegenstand der Apr. durch gesetzliche Vorschriften über den JA und LB hinaus erweitert und hierüber eine Aussage im BSV vorgesehen ist (z. B. durch § 30 KHG NRW, § 6b Abs. 5 EnWG[118], vgl. Rz 28), ist das hierzu abzugebende Prüfungsurteil in einem gesonderten Abschnitt des BSV nach dem Prüfungsurteil über den JA und LB aufzunehmen.[119] **100**

Eine Ergänzung des Prüfungsurteils ist nicht zu verwechseln mit einer weitergehenden Beurteilung des Prüfungsurteils gem. § 322 Abs. 3 Satz 2 HGB (Rz 102) und mit Hinweisen auf Bestandsgefährdungen gem. § 322 Abs. 2 Satz 3 HGB (Rz 107). **101**

### 2.4.4 Hinweis auf besondere Umstände (Abs. 3 Satz 2)

Die in Abs. 2 Satz 2 der Vorschrift enthaltene Anforderung nach einer allgemein verständlichen und problemorientierten Beurteilung wird ergänzt durch Abs. 3 Satz 2, wonach der AP zusätzliche Hinweise auf Umstände aufnehmen kann, auf die er in besonderer Weise aufmerksam machen möchte. Mit diesen Regelungen wollte der Gesetzgeber dem AP die Abkehr vom reinen „Formeltestat" zum problemorientierten BSV ermöglichen (Rz 2), indem über das eigentliche Prüfungsurteil hinaus eine weitere Beurteilung des Prüfungsergebnisses vorgenommen wird. Der Hinweis auf besondere Umstände wird gelegentlich auch als „sonstiger ergänzender Hinweis" bezeichnet.[120] Er ist aber **strikt zu unterscheiden von Ergänzungen des Prüfungsurteils** (Rz 99). **102**

Es handelt sich bei der Regelung um eine „**Kann-Vorschrift**", während der Hinweis auf Bestandsgefährdungen gem. Abs. 2 Satz 3 obligatorisch ist (Rz 107). Die Formulierung „besondere Umstände" verdeutlicht, dass im Regelfall keine derartigen Hinweise erforderlich sind. In Einzelfällen können Hervorhebungen von Sachverhalten oder weitergehende Erläuterungen zum Inhalt der Rechnungslegung oder zur Tragweite des Prüfungsergebnisses sachgerecht sein. Zusätzliche Hinweise sind allerdings auf die Sachverhalte begrenzt, auf die der AP. trotz ordnungsgemäßer Darstellung in JA und LB aufmerksam machen möchte wegen verbleibender Unsicherheiten, die vom Ergebnis zukünftiger Vorgänge oder Ereignisse abhängen und nicht von der Gesellschaft unmittelbar beeinflusst werden können (z. B. noch laufende Verhandlungen, schwebende Rechtsstreitigkeiten).[121] **103**

Derartige Hinweise haben keinen Einfluss auf das Prüfungsurteil des AP und können somit auch nicht eine Einschränkung oder Versagung des BSV ersetzen.[122] Daher ist für den AP eine eindeutige Abgrenzung dieser Hinweise von Prüfungshemmnissen oder Einwendungen vorzunehmen. **104**

---

[115] Vgl. IDW PS 340, Tz 2.
[116] Vgl. IDW PS 720, Tz 1.
[117] Vgl. IDW PS 721, Tz 3.
[118] Zu Einzelheiten vgl. IDW PS 610.
[119] Vgl. IDW PS 400, Tz 70.
[120] Vgl. *Schmidt/Küster*, in Beck Bil-Komm. 9. Aufl., § 322 HGB, Rz 36.
[121] Vgl. WP-Handbuch, Bd. I, 14. Aufl., Abschn. Q, Rz 537.
[122] Vgl. *Orth/Schaefer*, in *Baetge/Kirsch/Thiele*, Bilanzrecht, § 322 HGB, Rz 76.3.

**Beispiele** für derartige Hinweise auf besondere Umstände sind:[123]
- **verbleibende wesentliche Unsicherheiten**: z.B. laufende Verhandlungen, schwebende Prozesse, Risiken aus langfristigen Aufträgen, steuerliche Risiken, Risiken im Zusammenhang mit geschätzten Werten, Risiken bez. der Aufrechterhaltung wesentlichen Fremdkapitals.[124]
- **Hinweis zur Erfüllung der Generalnorm**: In kritischen Grenzfällen, in denen es zweifelhaft sein könnte, ob die Rechnungslegung die Generalnorm erfüllt und in denen keine Einschränkung des BSV erforderlich ist, könnte es sachgerecht sein, im Rahmen der Beurteilung des Prüfungsergebnisses auf die Unsicherheit hinzuweisen.
- **Hinweis aufgrund ergänzender Rechnungslegungsnormen des Gesellschaftsvertrags oder der Satzung**: Gegenstand eines derartigen Hinweises könnten z.B. Unsicherheiten über die Auslegung von derartigen Vorschriften sein. Kann der Sachverhalt bis zum Abschluss der Prüfung nicht geklärt werden und erscheint die der Bilanzierung zugrunde liegende Interpretation der Regelung nicht unvertretbar, kann ein Hinweis durch den AP sachgerecht sein.
- **Hinweis aufgrund prognostischer Angaben im Lagebericht**: Wenn der AP seine Beurteilung von wesentlichen prognostischen Aussagen im LB weitgehend nur auf Erklärungen der gesetzlichen Vertreter der Ges. stützen kann, kann hierauf in Form eines Hinweises einzugehen sein.
- **Hinweis auf abweichende Prüfungsergebnisse bei Gemeinschaftsprüfungen**: Können sich die Gemeinschaftsprüfer nicht auf ein gemeinsames Prüfungsurteil einigen, hat jeder Gemeinschaftsprüfer sein Prüfungsurteil in einem eigenen BSV zu formulieren. In dem jeweiligen BSV ist im Rahmen der Beurteilung des Prüfungsergebnisses auf die abweichenden Ergebnisse der anderen beteiligten Prüfer hinzuweisen (Rz 197).[125]
- **Hinweis aufgrund zulässiger Inanspruchnahme von § 264 Abs. 3 HGB**: Nimmt eine Tochter-KapG Erleichterungen bei der Aufstellung des JA und LB in Anspruch, kann der AP grds. auch dann davon ausgehen, dass § 264 Abs. 3 HGB zu Recht in Anspruch genommen wurde, wenn bei Beendigung der Apr. ausschließlich die Erfüllung der Voraussetzungen des § 264 Abs. 3 Nr. 3 oder 4 HGB aussteht, aber keine Anhaltspunkte bestehen, dass diese voraussichtlich nicht erfüllt werden. In diesem Fall ist ein Hinweis darauf zu geben, dass im Zeitpunkt der Beendigung der Apr. die Erfüllung der Voraussetzungen des § 264 Abs. 3 HGB insoweit nicht beurteilt werden konnte, als diese Voraussetzungen ihrer Art nach erst zu einem späteren Zeitpunkt erfüllbar sind. Die noch ausstehenden Voraussetzungen sind zu benennen.[126]

Die Formulierung eines Hinweises auf besondere Umstände hat in einem gesonderten Absatz im Anschluss an das Prüfungsurteil zu erfolgen, wobei zur Abgrenzung von Beanstandungen oder Prüfungshemmnissen folgende Einleitung empfohlen wird:[127]

---

[123] Vgl. WP-Handbuch, Bd. I, 14. Aufl., Abschn. Q, Rz 539 ff.
[124] Vgl. hierzu ergänzend zu Hinweisen im Zusammenhang mit der Wirtschafts- und Finanzkrise IDW, IDW-FN 2009, S. 12.
[125] Vgl. IDW PS 208, Tz 29.
[126] Vgl. IDW PH 9.200.1, Tz 9.
[127] Vgl. IDW PS 400, Tz 75.

> **Beispiel**
> „Ohne diese Beurteilung einzuschränken, weise ich/weisen wir darauf hin, dass ..."

Bei einem eingeschränkten BSV oder einem Versagungsvermerk ergibt sich die Beurteilung des Prüfungsergebnisses aus der Begründung der Einschränkung oder Versagung.[128] Ist im Einzelfall zusätzlich zu einer Einschränkung (z.B. wegen Nichtangabe der Geschäftsführerbezüge gem. § 285 Nr. 9 Buchst. a) HGB) ein Hinweis auf besondere Umstände erforderlich, sollte dieser wie folgt eingeleitet werden:[129]

106

> **Beispiel**
> „Ohne diese Beurteilung **weiter** einzuschränken, weise ich/weisen wir darauf hin, dass ..."

### 2.5 Hinweis auf Bestandsgefährdungen (Abs. 2 Satz 3)

Während im Prüfungsbericht gem. § 321 Abs. 1 Satz 3 HGB auf bestandsgefährdende und entwicklungsbeeinträchtigende Risiken im Rahmen der **Redepflicht** zu berichten ist, ergibt sich im BSV eine Hinweispflicht nur für bestandsgefährdende Risiken gem. Abs. 2 Satz 3 der Vorschrift.

107

Mit dieser Hinweispflicht hat der Gesetzgeber die **Warnfunktion** des BSV betont. Es erfolgt eine Hervorhebung der Bestandsgefährdung, die den BSV nicht einschränkt. Sie kann deshalb auch nicht eine unzureichende Risikodarstellung in JA und LB ersetzen, sondern soll an prominenter Stelle dem Leser des zusammen mit dem geprüften JA und LB offengelegten BSV die Situation der Ges. verdeutlichen.

Da ein **uneingeschränkter BSV** nur erteilt werden kann, wenn im LB die bestandsgefährdenden Risiken angemessen dargestellt worden sind, kann sich der AP bei der Formulierung des Hinweises auf eine Nennung der Risiken beschränken und im Übrigen auf die Ausführungen im LB Bezug nehmen.[130] Der im Anschluss an das Prüfungsurteil in einem gesonderten Abschnitt des BSV aufzunehmende Hinweis kann bspw. wie folgt formuliert werden:[131]

108

> **Beispiel**
> „Ohne diese Beurteilung einzuschränken, weise ich/weisen wir auf die Ausführungen im Lagebericht hin. Dort ist im Abschnitt ... ausgeführt, dass der Fortbestand der Gesellschaft aufgrund angespannter Liquidität bedroht ist."

Zu Beispielen für mögliche bestandsgefährdende Tatsachen vgl. § 321 Rz 57. Soweit bestandsgefährdende Risiken **im Lagebericht nicht dargestellt** sind, hat der AP im BSV die von ihm im Rahmen der Apr. festgestellten Bestandsrisiken

109

---

[128] Vgl. IDW PS 400, Tz 76.
[129] Vgl. Orth/Schaefer, in Baetge/Kirsch/Thiele, Bilanzrecht, § 322 HGB, Rz 76.1.
[130] Vgl. IDW PS 270, Tz 36; IDW, IDW-FN 2009, S. 12.
[131] Vgl. IDW PS 400, Tz 77.

und ihre möglichen Auswirkungen anzugeben und den BSV einzuschränken.[132] Wird im LB zwar über bestandsgefährdende Tatsachen berichtet, werden diese aber nicht deutlich und unter Nennung der Gründe bzw. Anhaltspunkte dargestellt, und wird durch die Darstellungsform und Wortwahl ein irreführendes Bild vermittelt, sodass die **Bestandsgefährdung nicht erkennbar** wird, ist die Lagedarstellung nicht in Übereinstimmung mit den Anforderungen des § 289 Abs. 1 HGB, sodass der BSV einzuschränken ist.[133]

110 Soweit im Einzelfall neben dem gesetzlich zwingenden Hinweis auf Bestandsgefährdung gem. Abs. 2 Satz 3 der Vorschrift ein weiterer Hinweis auf besondere Umstände gem. Abs. 3 Satz 2 (Rz 102) im BSV aufgenommen werden soll, sollte zunächst der Hinweis auf die bestandsgefährdenden Risiken und dann im Anschluss der Hinweis auf besondere Umstände gegeben werden.

111 Zu bestandsgefährdenden Risiken bei TU im BSV zum KA und KLB des MU vgl. Rz 133.

## 3 Erteilung des Bestätigungsvermerks (Abs. 7)

112 Der BSV ist nach Abs. 7 Satz 1 der Vorschrift vom AP unter Angabe von Ort und Tag zu unterzeichnen. **Ort** wird regelmäßig die berufliche Niederlassung des den BSV zeichnenden WP sein. Die Datierung des BSV hat an dem **Tag** zu erfolgen, an dem die **Apr. materiell abgeschlossen** ist.[134] Dies ist erst dann der Fall, wenn sämtliche erforderlichen Auskünfte erteilt und Nachweise erbracht worden sind, sodass das Testatsdatum zeitlich nicht vor der Durchführung einer Schlussbesprechung oder dem Datum der einzuholenden Vollständigkeitserklärung liegen darf.[135]

113 Liegt zwischen dem Datum des BSV und seiner Auslieferung ein längerer Zeitraum oder ist bis zur Auslieferung des BSV das Eintreten wesentlicher Ereignisse zu erwarten, hat der AP ergänzende mündliche oder schriftliche Erklärungen der gesetzlichen Vertreter über die Vollständigkeit der erteilten Auskünfte und Nachweise für diesen Zeitraum einzuholen.[136]

> **Beispiel**
> Am 20.2.01 findet die Schlussbesprechung zur JAP 01 der prüfungspflichtigen GmbH statt. Im Rahmen der Schlussbesprechung erhält der AP letzte noch benötigte Auskünfte. Wenige Tage nach der Schlussbesprechung erhält er die vom Geschäftsführer ausgefüllte und mit Datum vom 20.2.01 unterschriebene Vollständigkeitserklärung. Das Testatsdatum bestimmt der AP mit dem 20.2.01. Infolge Arbeitsüberlastung kommt der AP erst am 15.3.01 dazu, das Testatsexemplar auszufertigen und an den Auftraggeber zu schicken. Er hat sich vor der Auslieferung des BSV von dem Geschäftsführer bestätigen zu lassen, dass in der Zwischenzeit keine Ereignisse eingetreten sind, die eine Änderung des JA oder LB erfordern oder die Auswirkungen auf den BSV haben.

---

[132] Vgl. IDW PS 270, Tz 37.
[133] Vgl. WP-Handbuch, Bd. I, 14. Aufl., Abschn. Q, Rz 616, 564.
[134] Vgl. *Orth/Schaefer*, in *Baetge/Kirsch/Thiele*, Bilanzrecht, § 322 HGB, Rz 133.
[135] Vgl. IDW PS 303 n. F., Tz 29.
[136] Vgl. IDW PS 203 nF, Tz 19; IDW PS 303, Tz 25.

Die **Unterzeichnung** des BSV erfolgt bei Berufsgesellschaften, die zum gesetzlichen AP bestellt sind, gem. § 32 WPO durch vertretungsberechtigte WP bzw. im Fall der Prüfung einer mittelgroßen Gesellschaft auch durch vertretungsberechtigte vBP (zur Vertretungsberechtigung vgl. § 321 Rz 144).[137] Zu beachten ist weiterhin § 27a Abs. 1 BS WP / vBP, wonach bei gesetzlichen Apr. von WPG / BPG der BSV zumindest von dem für die Auftragsdurchführung verantwortlichen WP (§ 24a Abs. 2 BS WP / vBP) zu unterzeichnen ist. Sofern eine Sozietät zum AP bestellt ist, ist der BSV von allen WP, die zum Zeitpunkt der Wahl des AP der Sozietät als Sozien angehört haben, zu unterzeichnen. Daher empfiehlt sich aus praktischen Gründen, in derartigen Fällen nur einen Sozius zum AP wählen zu lassen.[138] 114

Im Regelfall werden diejenigen WP, die den BSV unterzeichnen, dieselben sein, die den Prüfungsbericht unterzeichnen. Zu Ausnahmen vgl. § 321 Rz 143. 115

Die Unterzeichnung hat **eigenhändig** zu erfolgen, sodass die Verwendung von mechanischen, faksimilierten oder gescannten Unterschriften nicht ausreichend ist.[139] 116

Der unterzeichnende WP hat die **Bezeichnung** „Wirtschaftsprüfer/Wirtschaftsprüferin" zu verwenden (§ 18 Abs. 1 Sätze 1 und 2 WPO). Unterzeichnende vBP haben entsprechend die Berufsbezeichnung „vereidigter Buchprüfer/vereidigte Buchprüferin" zu verwenden (§ 128 Abs. 2 WPO). Eine Hinzufügung anderer Berufsbezeichnungen bei Mehrfachqualifikation ist nur zulässig, wenn es sich um einen amtlich verliehenen ausländischen Prüfertitel handelt (§ 18 Abs. 1 Satz 3 WPO[140]), wie z.B. der US-amerikanische CPA oder der britische CA.[141] 117

Oberhalb der Berufsbezeichnung ist der **Name** des WP in Druckschrift wiederzugeben, wobei grds. der Nachname ausreicht. Zur Vermeidung von Verwechslungen kann es u.U. sinnvoll sein, bei Namensidentität mehrerer WP in einer Wirtschaftsprüferpraxis auch die Vornamen oder eine Abkürzung des Vornamens mit anzuführen (z.B. Werner Meier oder W. Meier). Die Ergänzung um einen geschlechterspezifischen Zusatz „Frau" oder „Herr" sollte nicht erfolgen, auch wenn im Einzelfall aus dem Vornamen nicht auf das Geschlecht geschlossen werden kann.[142] 118

Der Bestätigungsvermerk ist außerdem mit dem **Berufssiegel** nach § 48 Abs. 1 WPO zu versehen (zur Siegelführung bei freiwilligen Apr. vgl. Rz 179). 119

Prüfungsbericht nach § 321 HGB und BSV nach § 322 HGB sind 2 unabhängige Berichterstattungselemente des AP (Rz 7). Daher ist der BSV im Regelfall auch unabhängig vom Prüfungsbericht zu erteilen. Die Anforderung der festen Verbindung mit dem JA und dem LB[143] erfolgt in der Praxis mittels eines sog. **Testatsexemplars**, bestehend aus BSV, JA, LB und AAB (§ 321 Rz 134). 120

---

137 Zur Verantwortlichkeit des Mitunterzeichners vgl. IDW, IDW-FN 2013, S. 294.
138 Vgl. *Orth/Schaefer*, in *Baetge/Kirsch/Thiele*, Bilanzrecht, § 322 HGB, Rz 135.
139 Vgl. WP-Handbuch, Bd. I, 14. Aufl., Abschn. Q, Rz 571.
140 Die Vorschrift wurde im Zuge des BARefG v. 3.9.2007 neu eingefügt, BGBl I 2007, S. 2178.
141 Vgl. *Teckenmeyer*, in *Hense/Ulrich*: WPO-Kommentar, 2. Aufl., Düsseldorf 2013, § 18 WPO, Rz 4 und 12.
142 Vgl. *Orth/Schaefer*, in *Baetge/Kirsch/Thiele*, Bilanzrecht, § 322 HGB, Rz 136.2.
143 Vgl. IDW PS 400, Tz 80.

121 Der BSV ist gem. Abs. 7 Satz 2 der Vorschrift im Prüfungsbericht wiederzugeben (§ 321 Rz 134 ff.). Wird kein Testatsexemplar erteilt, ist das Original des BSV als Anlage zum Prüfungsbericht beizufügen (§ 321 Rz 137).

122 Die Ausführungen zur Vorlage des BSV gelten für einen Versagungsvermerk analog.

## 4 Bestätigungsvermerk bei Konzernabschlussprüfungen

123 § 322 HGB gilt für Jahres- und Konzernabschlussprüfungen gleichermaßen, sodass die dargestellten Grundsätze zu Bestätigungs- und Versagungsvermerken bei gesetzlichen JAP für KAP analog anzuwenden sind. Darüber hinaus ergeben sich nachfolgende Besonderheiten.

### 4.1 Einleitender Abschnitt

124 Bei der Nennung des geprüften Unternehmens ist die Firma des MU, das den KA aufstellt, anzugeben. Die Beschreibung des Prüfungsgegenstands erfolgt durch Hinweis auf den KA und KLB, anstelle Buchführung, JA und LB. Ein Hinweis auf die Konzernbuchführung, die vom Prüfungsergebnis ebenfalls erfasst wird, ist nicht erforderlich. Die Bestandteile des KA sind zu nennen, d.h. gem. § 297 Abs. 1 HGB Konzernbilanz, Konzern-GuV, Konzernanhang, Kapitalflussrechnung, Eigenkapitalspiegel und ggf. Segmentberichterstattung.[144]

125 Bei Prüfung eines KA, der gleichzeitig Teilkonzern eines übergeordneten KA ist, ist es zulässig, im BSV anstelle KA auch „Teilkonzernabschluss" anzugeben.

126 Soweit der Gesellschaftsvertrag bzw. die Satzung des MU ergänzende Vorschriften über den KA bzw. den KLB enthält, sind diese wie beim BSV zur JAP anzugeben.[145] Gleichermaßen ist auch auf Regelungen im Gesellschaftsvertrag bzw. in der Satzung des MU, die sich auf den JA beziehen, hinzuweisen.

127 Der einleitende Abschnitt bei KAP kann wie folgt formuliert werden:[146]

> **Beispiel**
> „Ich habe/Wir haben den von der … (Mutterunternehmen) aufgestellten Konzernabschluss – bestehend aus Bilanz, Gewinn- und Verlustrechnung, Anhang, Kapitalflussrechnung und Eigenkapitalspiegel [sowie Segmentberichterstattung] – und den Konzernlagebericht für das Geschäftsjahr vom … [Datum] bis … [Datum] geprüft. Die Aufstellung von Konzernabschluss und Konzernlagebericht nach den deutschen handelsrechtlichen Vorschriften [und den ergänzenden Bestimmungen des Gesellschaftsvertrags der Satzung] liegt in der Verantwortung der gesetzlichen Vertreter der Gesellschaft. Meine/Unsere Aufgabe ist es, auf der Grundlage der von mir/uns durchgeführten Prüfung eine Beurteilung über den Konzernabschluss und den Konzernlagebericht abzugeben."

---

[144] Vgl. WP-Handbuch, Bd. I, 14. Aufl., Abschn. Q, Rz 742.
[145] Vgl. WP-Handbuch, Bd. I, 14. Aufl., Abschn. Q, Rz 743.
[146] Vgl. IDW PS 400, Anhang 2.

## 4.2 Beschreibender Abschnitt

Aufgrund der Besonderheiten der KAP ist die Beschreibung des Umfangs der Prüfung zu ergänzen um Angaben 128
- zum Konsolidierungskreis,
- zu den angewandten Konsolidierungsgrundsätzen,
- zu den einbezogenen Abschlüssen.[147]

Der beschreibende Abschnitt kann wie folgt formuliert werden:[148]

> **Beispiel**
> „Ich habe meine/Wir haben unsere Konzernabschlussprüfung nach § 317 HGB unter Beachtung der vom Institut der Wirtschaftsprüfer (IDW) festgestellten deutschen Grundsätze ordnungsmäßiger Abschlussprüfung vorgenommen. Danach ist die Prüfung so zu planen und durchzuführen, dass Unrichtigkeiten und Verstöße, die sich auf die Darstellung des durch den Konzernabschluss unter Beachtung der Grundsätze ordnungsmäßiger Buchführung und durch den Konzernlagebericht vermittelten Bilds der Vermögens-, Finanz- und Ertragslage wesentlich auswirken, mit hinreichender Sicherheit erkannt werden. Bei der Festlegung der Prüfungshandlungen werden die Kenntnisse über die Geschäftstätigkeit und über das wirtschaftliche und rechtliche Umfeld des Konzerns sowie die Erwartungen über mögliche Fehler berücksichtigt. Im Rahmen der Prüfung werden die Wirksamkeit des rechnungslegungsbezogenen internen Kontrollsystems sowie Nachweise für die Angaben im Konzernabschluss und Konzernlagebericht überwiegend auf der Basis von Stichproben beurteilt. Die Prüfung umfasst die Beurteilung der Jahresabschlüsse der in den Konzernabschluss einbezogenen Unternehmen, der Abgrenzung des Konsolidierungskreises, der angewandten Bilanzierungs- und Konsolidierungsgrundsätze und der wesentlichen Einschätzungen der gesetzlichen Vertreter sowie die Würdigung der Gesamtdarstellung des Konzernabschlusses und des Konzernlageberichts. Ich bin/Wir sind der Auffassung, dass meine/unsere Prüfung eine hinreichend sichere Grundlage für meine/unsere Beurteilung bildet."

## 4.3 Beurteilung durch den Abschlussprüfer

Hinweise auf die Verwertung von Prüfungsergebnissen anderer AP (z.B. von AP 129 ausländischer TU) sind nicht sachgerecht, da die Gesamtverantwortung beim Konzernabschlussprüfer verbleibt.[149]

Die Formulierungsempfehlung für einen uneingeschränkten BSV entspricht 130 derjenigen zum uneingeschränkten BSV im Rahmen einer JAP; eine Erweiterung der Aussage zur Generalnorm um die Zahlungsströme der Gesellschaft ist nicht erforderlich.[150]

---

[147] Vgl. *Schmidt/Küster*, in Beck Bil-Komm. 9. Aufl., § 322 HGB, Rz 118.
[148] Vgl. IDW PS 400, Anhang 2.
[149] Vgl. PS 400, Tz 93.
[150] Vgl. WP-Handbuch, Bd. I, 14. Aufl., Abschn. Q, Rz 749.

> **Beispiel**[151]
> „Meine/Unsere Prüfung hat zu keinen Einwendungen geführt. Nach meiner/unserer Beurteilung aufgrund der bei der Prüfung gewonnenen Erkenntnisse entspricht der Konzernabschluss den gesetzlichen Vorschriften [und den ergänzenden Bestimmungen des Gesellschaftsvertrags/der Satzung] und vermittelt unter Beachtung der Grundsätze ordnungsmäßiger Buchführung ein den tatsächlichen Verhältnissen entsprechendes Bild der Vermögens-, Finanz- und Ertragslage des Konzerns. Der Konzernlagebericht steht in Einklang mit dem Konzernabschluss, vermittelt insgesamt ein zutreffendes Bild von der Lage des Konzerns und stellt die Chancen und Risiken der zukünftigen Entwicklung zutreffend dar."

**131** Ergeben sich wesentliche Unsicherheiten aus der Tatsache, dass ein Zwischenabschluss für ein in den KA einbezogenes TU gem. § 299 Abs. 2 HGB nicht aufgestellt wurde, ist dies im Rahmen der Beurteilung des Prüfungsergebnisses als Hinweis auf besondere Umstände (Rz 102) gem. § 322 Abs. 3 Satz 2 HGB anzugeben.[152]

**132** Ein derartiger Hinweis ist auch dann geboten, wenn der Konzern-AP feststellt, dass die **Voraussetzungen für die Inanspruchnahme von § 264 Abs. 3 HGB bzw. § 264b HGB** durch ein TU hierfür nicht vorgelegen haben. Er hat den Verstoß im Prüfungsbericht darzulegen (§ 321 Rz 154) und im BSV einen Hinweis aufzunehmen, ohne dass hierdurch das Gesamturteil des Konzern-AP hiervon negativ beeinflusst wird.[153]

**133** Auf **bestandsgefährdende Risiken** ist analog zur Vorgehensweise bei einer JAP einzugehen (Rz 107). Da der Konzern eine wirtschaftliche, aber keine rechtliche Einheit darstellt, beziehen sich die bestandsgefährdenden Risiken sowohl auf die rechtliche Einheit des MU wie auch der einbezogenen TU.[154] Bestandsgefährdende Risiken bei solchen TU, die für die Beurteilung der VFE-Lage des Konzerns von untergeordneter Bedeutung sind, brauchen gem. § 322 Abs. 2 Satz 4 HGB nicht angegeben werden. Der Beurteilungsmaßstab, wann ein TU für die Beurteilung der VFE-Lage des Konzerns von untergeordneter Bedeutung ist, entspricht den zu § 296 Abs. 2 HGB entwickelten Grundsätzen (§ 296 Rz 41).[155]

**134** Die Formulierung eines eingeschränkten BSV oder eines Versagungsvermerks zur KAP entspricht den zur JAP entwickelten Grundsätzen (Rz 58 und 89). **Einwendungen** im Rahmen einer KAP betreffen zumeist die Besonderheiten des KA, z. B. Verstöße gegen:[156]

---

[151] Vgl. IDW PS 400, Anhang 2.
[152] Vgl. IDW PS 400, Tz 92.
[153] Vgl. *Orth/Schaefer*, in *Baetge/Kirsch/Thiele*, Bilanzrecht, § 322 HGB, Rz 158; IDW PH 9.200.1, Tz 16.
[154] Vgl. WP-Handbuch, Bd. I, 14. Aufl., Abschn. Q, Rz 750.
[155] Vgl. BT-Drs. 15/3419, S. 44.
[156] Vgl. *Schmidt/Küster*, in Beck Bil-Komm. 9. Aufl., § 322 HGB, Rz 125; WP-Handbuch, Bd. I, 14. Aufl., Abschn. Q, Rz 752.

- die Abgrenzung des Konsolidierungskreises,
- allgemeine Konsolidierungsgrundsätze und Vollständigkeitsgebot, z. B. Kapitalkonsolidierung, Schuldenkonsolidierung, Aufwands- und Ertragskonsolidierung, Zwischenergebniseliminierung,
- die einheitliche Bewertung, z. B. Übernahme von nach abweichendem ausländischen Recht bewerteten Posten in die HB II,
- assoziierte Unternehmen, z. B. Verstoß gegen die Vorschriften zum Wertansatz der Beteiligungen,
- Währungsumrechnung im KA,
- Gliederungsvorschriften,
- Konzernanhang,
- Kapitalflussrechnung,
- Eigenkapitalspiegel,
- Segmentberichterstattung,
- Konzernlagebericht,
- mangelhafte Aufbereitung der konsolidierten JA und eine nicht ausreichende Dokumentation der Konsolidierung und sie vorbereitende Maßnahmen,
- die Wahl eines vom Abschlussstichtag des MU abweichenden Abschlussstichtags,
- Vorlagepflicht oder Auskunftsrecht des Konzern-AP in Bezug auf das MU und die TU.

Eine Einschränkung oder Versagung eines BSV eines in den KA einbezogenen JA führt nur dann zu einer Einschränkung oder Versagung des BSV zum KA und KLB, wenn die festgestellten Mängel der Einzelabschlüsse nicht mehr im Rahmen der Konsolidierung behoben wurden und für den KA von wesentlicher Bedeutung sind.[157] 135

Zu Auswirkungen einer abweichenden Abgrenzung des Konsolidierungskreises bei freiwilligen Apr. vgl. Rz 178. 136

## 4.4 Konzernabschlüsse nach § 315a HGB

Über die zu KAP nach HGB erfolgten Ausführungen hinaus (Rz 123 ff.) ergeben sich folgende Besonderheiten. 137

Im einleitenden Abschnitt sind die dem KA zugrunde liegenden Rechtsvorschriften zu bezeichnen. Dies sind die nach den Artikeln 2, 3 und 6 der Verordnung (EG) Nr. 1606/2002 des Europäischen Parlaments und des Rats vom 19. Juli 2002 betreffend die Anwendung internationaler Rechnungslegungsstandards von der EU übernommenen IFRS.

Die Tatsache, dass der KA nach internationalen Rechnungslegungsstandards aufgestellt ist, hat keinen Einfluss darauf, dass dieser nach deutschen Prüfungsgrundsätzen zu prüfen ist (zur Prüfung nach internationalen Prüfungsgrundsätzen Rz 198). Daher ist auch im BSV zu einem nach § 315a HGB erstellten KA auf die deutschen Prüfungsgrundsätze Bezug zu nehmen. Bei der Beurteilung des Prüfungsergebnisses sind bei der Aussage zur Generalnorm anstelle der GoB- 138

---

[157] Vgl. IDW PS 400, Tz 95; IDW PS 320, Tz 34.

Restriktion die **IFRS, wie sie in der EU anzuwenden sind,** und die **ergänzenden Vorschriften des § 315a Abs. 1 HGB** zu nennen.[158]

139 Für einen uneingeschränkten BSV zu einem KA und KLB nach § 315a HGB empfiehlt sich folgende Formulierung:[159]

> **Beispiel**
> Bestätigungsvermerk des Abschlussprüfers
> „Ich habe/Wir haben den von der ... (Mutterunternehmen) aufgestellten Konzernabschluss – bestehend aus Bilanz, Gesamtergebnisrechnung, Eigenkapitalveränderungsrechnung, Kapitalflussrechnung und Anhang – und den Konzernlagebericht für das Geschäftsjahr vom ... [Datum] bis ... [Datum] geprüft. Die Aufstellung von Konzernabschluss und Konzernlagebericht **nach den IFRS, wie sie in der EU anzuwenden sind, und den ergänzend nach § 315a Abs. 1 HGB anzuwendenden handelsrechtlichen Vorschriften** [sowie den ergänzenden Bestimmungen des Gesellschaftsvertrags/der Satzung] liegt in der Verantwortung der gesetzlichen Vertreter der Gesellschaft. Meine/Unsere Aufgabe ist es, auf der Grundlage der von mir/uns durchgeführten Prüfung eine Beurteilung über den Konzernabschluss und den Konzernlagebericht abzugeben.
> Ich habe meine/Wir haben unsere Konzernabschlussprüfung nach § 317 HGB unter Beachtung der vom Institut der Wirtschaftsprüfer (IDW) festgestellten deutschen Grundsätze ordnungsmäßiger Abschlussprüfung vorgenommen. Danach ist die Prüfung so zu planen und durchzuführen, dass Unrichtigkeiten und Verstöße, die sich auf die Darstellung **des durch den Konzernabschluss unter Beachtung der anzuwendenden Rechnungslegungsvorschriften und durch den Konzernlagebericht vermittelten Bilds** der Vermögens-, Finanz- und Ertragslage wesentlich auswirken, mit hinreichender Sicherheit erkannt werden. Bei der Festlegung der Prüfungshandlungen werden die Kenntnisse über die Geschäftstätigkeit und über das wirtschaftliche und rechtliche Umfeld des Konzerns sowie die Erwartungen über mögliche Fehler berücksichtigt. Im Rahmen der Prüfung werden die Wirksamkeit des rechnungslegungsbezogenen internen Kontrollsystems sowie Nachweise für die Angaben im Konzernabschluss und Konzernlagebericht überwiegend auf der Basis von Stichproben beurteilt. Die Prüfung umfasst die Beurteilung der Jahresabschlüsse der in den Konzernabschluss einbezogenen Unternehmen, der Abgrenzung des Konsolidierungskreises, der angewandten Bilanzierungs- und Konsolidierungsgrundsätze und der wesentlichen Einschätzungen der gesetzlichen Vertreter sowie die Würdigung der Gesamtdarstellung des Konzernabschlusses und des Konzernlageberichts. Ich bin/Wir sind der Auffassung, dass meine/unsere Prüfung eine hinreichend sichere Grundlage für meine/unsere Beurteilung bildet.
> Meine/Unsere Prüfung hat zu keinen Einwendungen geführt.
> Nach meiner/unserer Beurteilung aufgrund der bei der Prüfung gewonnenen Erkenntnisse entspricht der Konzernabschluss **den IFRS, wie sie in der EU anzuwenden sind, und den ergänzend nach § 315a Abs. 1 HGB anzuwen-**

---

[158] Vgl. WP-Handbuch, Bd. I, 14. Aufl., Abschn. Q, Rz 765.
[159] Vgl. IDW PS 400, Anhang 4.

> denden Vorschriften [sowie den ergänzenden Bestimmungen des Gesellschaftsvertrags/der Satzung] und vermittelt **unter Beachtung dieser Vorschriften** ein den tatsächlichen Verhältnissen entsprechendes Bild der Vermögens-, Finanz- und Ertragslage des Konzerns. Der Konzernlagebericht steht in Einklang mit dem Konzernabschluss, vermittelt insgesamt ein zutreffendes Bild von der Lage des Konzerns und stellt die Chancen und Risiken der zukünftigen Entwicklung zutreffend dar."
> (Ort)
> (Datum)
> (Unterschrift)
> Wirtschaftsprüfer

Sofern für einen KA die gleichzeitige Entsprechung mit den IFRS, wie sie in der EU anzuwenden sind, und den IFRS insgesamt geprüft werden soll, ist dies im einleitenden Abschnitt des BSV darzustellen und im Prüfungsurteil die Beurteilung der Übereinstimmung des KA mit den neben den gesetzlichen Vorschriften zu berücksichtigenden Regelungen zu erweitern.[160]

## 5 Sonderfälle und Einzelfragen

### 5.1 Bedingte Erteilung von Bestätigungsvermerken

Der AP kann den BSV unter eine Bedingung stellen. Dabei kommt nur eine aufschiebende Bedingung in Betracht. Eine **auflösende Bedingung**, d.h. eine nachträglich wegfallende Wirksamkeit, ist im Hinblick auf das öffentliche Interesse an der Verlässlichkeit des BSV und aufgrund bestehender Rechtsfolgewirkungen (Feststellung des JA) als **unzulässig** anzusehen.[161]

Eine Erteilung des BSV unter einer **aufschiebenden Bedingung** kommt dann in Betracht, wenn im geprüften JA Sachverhalte berücksichtigt wurden, die erst nach dem Ende der Apr. abgeschlossen werden, entsprechend dem Stichtagsprinzip aber noch für das abgelaufene Geschäftsjahr Bedeutung haben.[162] Wird in diesen Fällen keine aufschiebende Bedingung vorgenommen, ist eine Einschränkung des BSV geboten.[163]

Weitere **Voraussetzungen** für die Erteilung eines aufschiebend bedingten BSV sind, dass[164]
- die zum Abschluss noch nicht erfüllte Bedingung in einem formgebundenen Verfahren inhaltlich bereits festgelegt ist,
- es zur rechtlichen Verwirklichung noch der Beschlussfassung von Organen oder formeller Akte bedarf und
- die anstehende Erfüllung der Voraussetzung mit an Sicherheit grenzender Wahrscheinlichkeit erwartet werden kann.

---

[160] Vgl. IDW PS 400, Tz 97; Formulierungsbeispiel für einen derartigen BSV IDW PS 400, Anhang 5.
[161] Vgl. *ADS*, 6. Aufl., § 322 HGB, Rz 50.
[162] Vgl. *Elkart/Naumann*, WPg 1995, S. 363.
[163] Vgl. IDW PS 400, Tz 98.
[164] Vgl. *Orth/Schaefer*, in *Baetge Kirsch/Thiele*, Bilanzrecht, § 322 HGB, Rz 78.

144 Insbesondere die letzte Voraussetzung führt dazu, dass die in der Praxis oftmals auftretenden Fälle, dass in einer Haupt- oder Gesellschafterversammlung bereits Beschlüsse auf Basis eines geprüften Abschlusses gefasst werden sollen, in denen der Beschluss bereits „antizipiert" wurde,[165] nicht zu einer Anwendung eines aufschiebend bedingten BSV führen, da die erforderlichen Beschlussmehrheiten nicht mit an Sicherheit grenzender Wahrscheinlichkeit erwartet werden können.

145 Anwendungsfälle für aufschiebend bedingte BSV können z. B. folgende Konstellationen darstellen:

146 **Ausstehende Feststellung des Vorjahresabschlusses**: Wurde der Vorjahresabschluss noch nicht festgestellt, steht dies jedoch an (und ist auch zu erwarten), so kann der BSV unter einer aufschiebenden Bedingung erteilt werden. Die Bedingung ist nicht erforderlich, wenn mit hinreichender Sicherheit davon ausgegangen werden kann, dass der noch nicht festgestellte Vorjahresabschluss ohne Feststellung beibehalten werden soll.[166]

> **Beispiel**[167]
> „Unter der Bedingung, dass der Jahresabschluss zum ... [Datum] in der Fassung festgestellt wird, die diesem Jahresabschluss zugrunde gelegt worden ist, erteile ich/erteilen wir den nachstehenden Bestätigungsvermerk:
> Bestätigungsvermerk des Abschlussprüfers ..."

Erfolgt die Feststellung des JA des laufenden Jahres (dessen BSV unter der aufschiebenden Bedingung der Feststellung des Vorjahresabschlusses steht) wird damit konkludent auch der Vorjahresabschluss festgestellt, sodass diesbezüglich Rechtssicherheit besteht.[168]

147 **Sanierungsbilanzen**: Voraussetzung für die Bilanzierung unter der Annahme des Fortbestands der Gesellschaft ist, dass Sanierungsbeschlüsse der Gesellschafter gefasst und im Handelsregister eingetragen werden. Der Inhalt der Sanierungsmaßnahmen muss aber schon feststehen und ihre Rechtswirksamkeit darf nur noch von der Erfüllung formaler Voraussetzungen abhängen.[169]

> **Beispiel**[170]
> „Unter der Bedingung, dass die beschlossene, im Jahresabschluss berücksichtigte vereinfachte Kapitalherabsetzung mit anschließender Kapitalerhöhung im Handelsregister eingetragen wird, erteile ich/erteilen wir den nachstehenden Bestätigungsvermerk:
> Bestätigungsvermerk des Abschlussprüfers ..."

148 Ein unter einer aufschiebenden Bedingung erteilter BSV ist **schwebend unwirksam**, d. h., er kann keine Rechtskraft entfalten und somit kann der JA auch nicht festgestellt werden. Erst mit Bedingungseintritt ist der BSV erteilt und der JA

---

[165] Vgl. IDW PS 400, Tz 98.
[166] Vgl. IDW PS 400, Tz 99.
[167] Vgl. WP-Handbuch, Bd. I, 14. Aufl., Abschn. Q, Rz 588.
[168] Vgl. *ADS*, 6. Aufl., § 322 HGB, Rz 58.
[169] Vgl. *Schmidt/Küster*, in Beck Bil-Komm. 9. Aufl., § 322 HGB, Rz 183.
[170] Vgl. IDW PS 400, Tz 101.

geprüft.[171] Der Nachweis des Bedingungseintritts ist durch die Ges. zu führen. Der AP ist nicht verpflichtet, den Bedingungseintritt zu prüfen und zu bestätigen.[172] Zur Offenlegung eines unter einer aufschiebenden Bedingung erteilten BSV s. Rz 208.

## 5.2 Tatsachen nach Erteilung des Bestätigungsvermerks

### 5.2.1 Nachtragsprüfungen

Werden der geprüfte JA und LB bzw. KA und Konzernlagebericht nach Erteilung des BSV geändert, erfolgt gem. § 316 Abs. 3 HGB eine erneute Prüfung, soweit es die Änderung erfordert (§ 316 Rz 15). Die Nachtragsprüfung kann nur durch den bestellten AP erfolgen (§ 316 Rz 21), bei Wegfall des bestellten AP vgl. Rz 157. 149

Änderungen an der geprüften Rechnungslegung erfolgen im Regelfall durch die gesetzlichen Vertreter der Gesellschaft oder werden von der Gesellschafter- bzw. Hauptversammlung vorgenommen.[173] Allerdings kann die Initiative auch vom AP ausgehen. Zwar ist er nach Auslieferung des BSV nicht verpflichtet, den geprüften JA und LB weiterzuverfolgen. Werden dem AP aber nach Erteilung des BSV Tatsachen bekannt, die bereits zum Zeitpunkt der Testaterteilung bestanden und die zur Erteilung eines eingeschränkten BSV oder Versagungsvermerks geführt hätten, hat der AP das Unternehmen zu veranlassen, den Abschluss zu ändern, woraus eine Nachtragsprüfung folgt. Kommt das Unternehmen dieser Aufforderung nicht nach, kommt ein Widerruf des BSV (Rz 159) in Betracht.[174] 150

Eine Nachtragsprüfung ändert nichts an der Wirksamkeit des ursprünglich erteilten BSV. Dieser bleibt unverändert wirksam und ist nach Beendigung der Nachtragsprüfung entsprechend zu ergänzen (§ 316 Abs. 3 Satz 2 HGB). Unter die Formulierung „entsprechend zu ergänzen" fallen jedwede Änderungen am BSV, d.h. die Einschränkung oder Versagung eines bislang uneingeschränkten BSV genauso wie der Wegfall einer Einschränkung oder Versagung. Führt die Nachtragsprüfung zu dem Ergebnis, dass der ursprünglich erteilte BSV unverändert aufrecht gehalten werden kann, ändert sich der Wortlaut des BSV nicht. Es ist allerdings erforderlich, das Prüfungsurteil um einen **gesonderten Abschnitt** zu ergänzen, um deutlich zu machen, dass sich der BSV auf einen geänderten JA und LB bezieht.[175] Für den gesonderten Abschnitt wird folgende Formulierung empfohlen:[176] 151

> **Beispiel**
> „Diese Bestätigung erteile ich/erteilen wir aufgrund meiner/unserer pflichtgemäßen, am … [Datum] abgeschlossenen Abschlussprüfung und meiner/unserer Nachtragsprüfung, die sich auf die Änderung des/der … [geänderte Posten bzw. Angaben] bezog. Auf die Begründung der Gesellschaft im geänderten Anhang, Abschnitt … wird verwiesen. Die Nachtragsprüfung hat zu keinen Einwendungen geführt."

---

[171] Vgl. IDW PS 400, Tz 100.
[172] Vgl. WP-Handbuch, Bd. I, 14. Aufl., Abschn. Q, Rz 584.
[173] Zu Voraussetzungen zu Änderungen von JA vgl. IDW RS HFA 6, Tz 6ff.
[174] Vgl. IDW PS 400, Tz 104.
[175] Vgl. WP-Handbuch, Bd. I, 14. Aufl., Abschn. Q, Rz 597; IDW PS 400, Tz 108.
[176] Vgl. IDW PS 400, Tz 108.

152 In der Praxis gibt es Fälle, in denen zwischen Abschluss der ursprünglichen Apr. und Abschluss der Nachtragsprüfung nur ein kurzer Zeitraum liegt und die Änderung spätestens bis zur Feststellung des JA durchgeführt wird. In derartigen Fällen ist der gesonderte Absatz zum Hinweis auf die Nachtragsprüfung entbehrlich.[177] Nach der hier vertretenen Auffassung sollten diese Fälle Ausnahmecharakter haben und im Interesse einer klaren und problemorientierten Berichterstattung im Zweifel der gesonderte Absatz aufgenommen werden.

153 Handelt es sich um den besonderen Fall einer Nachtragsprüfung nach § 173 Abs. 3 AktG i.V.m. § 316 Abs. 3 HGB (die Hauptversammlung ist für die Feststellung des JA zuständig und ändert diesen), so ergibt sich die Notwendigkeit der Ergänzung des BSV bereits aus formalen Gründen, auch wenn die Nachtragsprüfung zu keiner Änderung des Prüfungsurteils geführt hat. Daher kommt die zuvor angesprochene Ausnahmeregelung in derartigen Fällen nicht in Betracht, da nach hM eine explizite Aussage im BSV erforderlich ist, ob sich eventuelle Einwendungen des AP auf die ursprüngliche Fassung oder eben gerade auf die Änderung des JA durch die Hauptversammlung beziehen.[178]

154 Die vorgenommenen Änderungen an JA und LB können aber auch zu einer Änderung des BSV führen. Soweit ein bisher uneingeschränkter BSV infolge der am JA vorgenommenen Änderungen einzuschränken ist, ist der Wortlaut des BSV nach den Grundsätzen für Einschränkungen anzupassen (Rz 58). Der auch in diesen Fällen aufzunehmende gesonderte Abschnitt zur Nachtragsprüfung wäre dann wie folgt zu formulieren:[179]

> **Beispiel**
> „Diese Bestätigung erteile ich/erteilen wir aufgrund meiner/unserer pflichtgemäßen, am ... [Datum] abgeschlossenen Abschlussprüfung und meiner/unserer Nachtragsprüfung, die sich auf die Änderung des/der ... [geänderte Posten bzw. Angaben] bezog. Auf die Begründung der Gesellschaft im geänderten Anhang, Abschnitt ... wird verwiesen. **Die Einschränkung bezieht sich auf eine Änderung, die Gegenstand der Nachtragsprüfung war.**"

155 Das bei der Unterzeichnung des BSV anzugebende Datum sollte im Fall einer Nachtragsprüfung ein sog. **Doppeldatum** sein. Es sind somit sowohl das Datum des BSV der ursprünglichen Apr. als auch das Datum der Ergänzung des BSV im Rahmen der Nachtragsprüfung anzugeben.

> **Beispiel**
> ... Die Nachtragsprüfung hat zu keinen Einwendungen geführt.
> (Ort)
> Datum ursprünglicher BSV/Datum Nachtragsprüfung

---

[177] Vgl. IDW PS 400, Tz 108.
[178] Vgl. *Orth/Schaefer*, in *Baetge/Kirsch/Thiele*, Bilanzrecht, § 322 HGB, Rz 196.
[179] Vgl. WP-Handbuch, Bd. I, 14. Aufl., Abschn. Q, Rz 597, 600.

Zu beachten ist außerdem, dass bei der zweiten Datumsangabe dargestellt werden muss, auf welche Änderung des ursprünglichen Abschlusses sich das zweite Datum bezieht.[180]

156

Es sind auch Konstellationen möglich, in denen der ursprüngliche AP zwischenzeitlich weggefallen ist und die Nachtragsprüfung nicht durchführen kann (z. B. durch Tod oder das zwischenzeitliche Entstehen von Ausschlussgründen i. S. v. §§ 319–319b HGB). In derartigen Fällen greift das Verfahren der gerichtlichen Bestellung eines Nachtragsprüfers (§ 318 Rz 47). Fraglich ist, wie der BSV des nicht mit dem ursprünglichen AP personenidentischen Nachtragsprüfers zu formulieren ist.

157

Der Nachtragsprüfer kann das **Prüfungsurteil** des ursprünglichen AP insoweit übernehmen, als es sich nicht auf die Nachtragsprüfung bezieht.[181] Diese gesetzliche Übernahme des Prüfungsergebnisses ergibt sich aus Sinn und Zweck der Regelung von § 316 Abs. 3 HGB, da es nicht Aufgabe des Nachtragsprüfers sein soll, nochmals eine vollumfängliche Apr. durchzuführen. Hierfür hätte der Gesetzgeber eine entsprechende Grundlage treffen müssen, wenn er dies beabsichtigt hätte. Für die geänderten Bereiche der Rechnungslegung kann der Nachtragsprüfer die Prüfungsergebnisse des ursprünglichen AP zwar verwerten, nicht aber übernehmen.[182] Die **Gesamtverantwortung für die Nachtragsprüfung** liegt somit beim Nachtragsprüfer. Im Ergebnis bedeutet dies, dass der Nachtragsprüfer im Rahmen des von ihm zu erteilenden BSV nur insoweit das Prüfungsergebnis des bisherigen AP verwerten darf, als es nicht Gegenstand der Nachtragsprüfung ist. Kommt der Nachtragsprüfer zu dem Ergebnis, dass die Nachtragsprüfung zu keinen Einwendungen geführt hat, kann der gesonderte Abschnitt zur Nachtragsprüfung bspw. wie folgt formuliert werden:[183]

158

**Beispiel**
„Diese Bestätigung erteile ich/erteilen wir aufgrund der durch ... [bisheriger Abschlussprüfer] pflichtgemäß durchgeführten und am ... mit einem uneingeschränkten Bestätigungsvermerk abgeschlossenen Abschlussprüfung sowie der von mir/uns als gerichtlich bestellter Nachtragsprüfer pflichtgemäß durchgeführten und am ... [Datum] abgeschlossenen Nachtragsprüfung, die sich auf die Änderung des/der ... [geänderte Posten bzw. Angaben] bezog. Auf die Begründung der Gesellschaft im geänderten Anhang, Abschnitt ... wird verwiesen. Die Nachtragsprüfung hat zu keinen (weiteren) Einwendungen geführt."

### 5.2.2 Widerruf von Bestätigungsvermerken

Mangels gesetzlicher Regelung hat sich der unter bestimmten Voraussetzungen gebotene Widerruf eines BSV nach allgemeinen Rechtsgrundsätzen sowie Berufs-

159

---

[180] Vgl. IDW PS 203 n. F., Tz 24.
[181] Vgl. *Orth/Schaefer*, in *Baetge/Kirsch/Thiele*, Bilanzrecht, § 322 HGB, Rz 198.2.
[182] Vgl. IDW PS 320, Tz 5.
[183] Vgl. *Orth/Schaefer*, in *Baetge/Kirsch/Thiele*, Bilanzrecht, § 322 HGB, Rz 198.3.

grundsätzen zu vollziehen.[184] Soweit der AP erkennt, dass die Voraussetzungen zur Erteilung des von ihm abgegebenen BSV nicht vorgelegen haben und die geprüfte Ges. nicht bereit ist, die notwendigen Schritte zu einer Änderung des geprüften Abschlusses (mit anschließender Nachtragsprüfung) vorzunehmen, ist er zum Widerruf des BSV verpflichtet.[185] Die Entscheidung zum Widerruf hat nach pflichtgemäßem Ermessen und unter Wahrung des Verhältnismäßigkeitsgrundsatzes zu erfolgen.[186] Danach ergibt sich eine Pflicht zum Widerruf aus der Schutzfunktion, die der BSV gegenüber solchen Adressaten der Rechnungslegung hat, die keine unmittelbare Einsichtnahmemöglichkeit in den Prüfungsbericht haben und im Vertrauen auf den JA vermögenswirksame Entscheidungen treffen.[187]

160 Eine Verpflichtung zum Widerruf ist grds. gegeben, wenn der JA oder LB einen bedeutungsvollen Fehler aufweist und die Nichtigkeit des JA noch geltend gemacht werden kann.[188]
Gründe für einen Widerruf können sein:[189]
- Der AP gewinnt neue Erkenntnisse, die im Zeitpunkt der Testatserteilung schon vorlagen.
- Der AP ist getäuscht worden.
- Der AP hat im Rahmen der Apr. Tatsachen übersehen, die er bei gewissenhafter Prüfung nicht hätte übersehen dürfen.
- Der AP hat bestimmte Sachverhalte falsch gewürdigt.

161 Keine Begründung für einen Widerruf stellen wertaufhellende Informationen dar, die erst nach Beendigung der Aufstellungsphase des JA bekannt werden und die der AP erst nach Testatserteilung erhält.[190]

162 Ein Widerruf ist dann nicht erforderlich, wenn die Vermeidung eines falschen Eindrucks über das Ergebnis der Apr. aufgrund von Informationen der Adressaten des BSV bereits auf andere Weise sichergestellt ist.

> **Beispiel**
> Im Zuge der Prüfung des JA 02 der prüfungspflichtigen GmbH stellt der AP fest, dass der im Vorjahr uneingeschränkt testierte JA 01 einen wesentlichen Fehler enthielt (Überbewertung von Vorräten). Im JA 02 ist der Fehler offen korrigiert worden, indem im Anhang ergänzende Erläuterungen vorgenommen wurden.
> Ein Widerruf des BSV zum JA 01 ist nicht erforderlich, da die Adressaten des BSV über den Fehler im Folgeabschluss informiert werden.

163 Soweit im Zuge einer Überprüfung eines JA bzw. KA durch die **DPR** oder die **BaFin** Fehler in der Rechnungslegung festgestellt werden, kommt ebenfalls ein Widerruf in Betracht. Soweit aber die Ges. eine Fehlerkorrektur in Überein-

---

[184] Vgl. Sarx, in Ballwieser/Moxter Nonnenmacher, FS Clemm, 1996, S. 345; WP-Handbuch, Bd. I, 14. Aufl., Abschn. Q, Rz 609.
[185] Vgl. IDW PS 400, Tz 111.
[186] Vgl. WP-Handbuch, Bd. I, 14. Aufl., Abschn. Q, Rz 608.
[187] Vgl. Kammergericht Berlin, Beschluss v. 19.9.2000, 2 W 5362/00, AG 2001, S. 187.
[188] Vgl. ADS, 6. Aufl., § 322 HGB, Rz 365.
[189] Vgl. WP-Handbuch, Bd. I, 14. Aufl., Abschn. Q, Rz 611.
[190] Vgl. Schmidt/Küster, in Beck Bil-Komm. 9. Aufl., § 322 HGB, Rz 173.

stimmung mit IDW RS HFA 6 vornimmt, ist ein Widerruf nicht erforderlich.[191]
Die **Wirkung** eines Widerrufs liegt darin, dass die geprüfte Ges. den BSV nicht 164
mehr verwenden darf. Erfolgt der Widerruf vor der Feststellung des JA, kann
keine Feststellung erfolgen, da kein geprüfter JA vorliegt. Erfolgt allerdings der
Widerruf erst nach Feststellung des JA, wird die Feststellung durch den Widerruf
nicht unwirksam. Dies gilt allerdings nicht, soweit der materielle Grund für den
Widerruf des BSV zu einer Nichtigkeit des JA führt.[192]
Soweit ein Widerruf eines BSV vorgenommen wird, ist die Erteilung eines davon 165
abweichenden BSV (bzw. ggf. eines Versagungsvermerks) vorzunehmen, da die
geprüfte Ges. Anspruch auf Erteilung eines BSV hat (Rz 20).[193]
Der Widerruf durch den AP ist dem Auftraggeber schriftlich zu begründen, sodass 166
die Ges. die Begründung nachvollziehen und ggf. einer rechtlichen Überprüfung
unterziehen kann.[194] In der Begründung sind der Fehler und seine Auswirkung auf
den JA darzustellen.
Die Unterrichtung von allen Personen, die von dem BSV Kenntnis haben (z.B. 167
Gesellschafter, Fremdkapitalgeber), ist durch den AP vorzunehmen, wobei sich eine
zeitnahe Unterrichtung empfiehlt. Ist der JA nebst BSV bereits offengelegt, muss
auch der Widerruf offen gelegt werden.[195] Verweigert das Unt die Offenlegung des
Widerrufs, kann der AP den Widerruf selbst in geeigneter Weise bekannt machen.
Es empfiehlt sich in jedem Fall eine Einholung von rechtlichem Rat angesichts der
erheblichen Auswirkungen eines Widerrufs oder seiner Unterlassung.

### 5.3 Freiwillige Abschlussprüfungen

Freiwillige Apr. werden aufgrund gesellschaftsvertraglicher oder satzungsmäßi- 168
ger Vorgaben, vertraglicher Vereinbarungen mit Kreditgebern, Vorgaben eines
zur Aufstellung eines KA verpflichteten MU oder sonstiger Gründe beauftragt.
Der Anwendungsbereich betrifft z. B.:
- KapG/KapCoGes, die als klein i. S. von § 267 HGB einzustufen sind,
- KA von Mutterunternehmen i. S. von § 290 HGB, die die Voraussetzungen von § 293 HGB erfüllen,
- Personenhandelsgesellschaften, die nicht unter § 264a HGB fallen,
- Einzelkaufleute.

Bei freiwilligen Apr. ist die Erteilung eines dem § 322 HGB entsprechenden BSV 169
nur zulässig, wenn die Prüfung nach Art und Umfang der Pflichtprüfung nach
§§ 316ff. HGB entspricht.[196] Bei etwaigen Beschränkungen des Prüfungsumfangs (z. B. durch den Auftraggeber) oder der Berichterstattung im Prüfungsbericht (§ 321 Rz 171) ist lediglich die Erteilung einer Bescheinigung möglich.[197]
Daher empfiehlt es sich bei einer freiwilligen Apr. die Anwendung der §§ 316ff.
HGB ausdrücklich zu vereinbaren.[198]

---

[191] Vgl. IDW PH 9.400.11, Tz 9.
[192] Vgl. WP-Handbuch, Bd. I, 14. Aufl., Abschn. Q, Rz 619.
[193] Vgl. IDW PS 400, Tz 113.
[194] Vgl. Kammergericht Berlin, Beschluss v. 19.9.2000, 2 W 5362/00, AG 2001, S. 187.
[195] Vgl. WP-Handbuch, Bd. I, 14. Aufl., Abschn. Q, Rz 621.
[196] Vgl. *IDW PS 400*, Tz 5.
[197] Zu Bescheinigungen vgl. WP-Handbuch, Bd. I, 14. Aufl., Abschn. Q, Rz 840, 851; IDW S 7.
[198] Vgl. IDW PS 220, Tz 18.

170 Für eine freiwillige Apr., zu der ein BSV erteilt werden soll, gelten die allgemeinen Grundsätze für die Erteilung von BSV (Rz 24 ff.). Besonderheiten ergeben sich aus folgenden Gesichtspunkten:

171 Im Unterschied zur gesetzlichen Apr., bei der sich der Adressat des BSV aus der gesetzlichen Regelung ergibt, ist bei freiwilligen Prüfungen eine **Adressierung** des BSV vorzunehmen.[199] Der BSV ist – analog zum Prüfungsbericht (§ 321 Rz 176) – an das geprüfte Unternehmen zu adressieren.

> **Beispiel**[200]
> Bestätigungsvermerk des Abschlussprüfers
> An die ... [Personenhandelsgesellschaft/kleine Kapitalgesellschaft]
> Ich habe/Wir haben den Jahresabschluss ...

172 Bei KapG, die unter § 264 Abs. 3 HGB fallen, oder KapCoGes, die unter § 264b HGB fallen, können die Befreiungsvorschriften auch lediglich teilweise in Anspruch genommen werden. Soweit bei diesen Unternehmen eine Apr. durchgeführt wird, handelt es sich um eine Pflichtprüfung.[201] Zur Inanspruchnahme von Aufstellungserleichterungen bei diesen Gesellschaften vgl. Rz 33.

173 Im **einleitenden Abschnitt** hat die Bezeichnung der Bestandteile des JA auch etwaige freiwillige Bestandteile (z. B. Anhang oder LB von Personenhandelsgesellschaften, die nicht unter § 264a HGB fallen) zu umfassen, da auch diese in den BSV mit einzubeziehen sind.[202]

> **Beispiel**
> Die Meier KG, bei der der Firmengründer, Herr Meier, Komplementär ist, lässt eine freiwillige Apr. des JA durchführen. Die pflichtgemäß nach § 242 HGB aufgestellte Bilanz und GuV hat die Meier KG freiwillig um einen Anlagespiegel als weiteren Bestandteil des JA erweitert.
> Der Anlagespiegel ist als Bestandteil des JA in die Prüfung und damit auch in den BSV des AP mit einzubeziehen.

174 Da für freiwillige Apr. dieselben Prüfungsgrundsätze anzuwenden sind, wie bei gesetzlichen Apr., ergeben sich bei der Formulierung des **beschreibenden Abschnitts** des BSV keine Besonderheiten. Zur freiwilligen Anwendung der ISA vgl. Rz 198.

175 Im Abschnitt zur Beurteilung durch den AP ist bei JA, die zulässigerweise keinen Anhang enthalten (Einzelkaufleute, Personenhandelsgesellschaften, die nicht unter § 264a HGB fallen), keine Aussage zur Generalnorm möglich, sodass lediglich die Übereinstimmung mit den gesetzlichen Vorschriften einschließlich der GoB bestätigt werden kann. Gleichermaßen entfällt die Aussage zum LB, wenn zulässigerweise kein LB aufgestellt wurde. Der Abschnitt zur Beurteilung durch den AP kann in diesen Fällen wie folgt formuliert werden:[203]

---

[199] Vgl. IDW PS 400, Tz 23.
[200] Vgl. IDW PS 400, Anhang 7.
[201] Vgl. WP-Handbuch, Bd. I, 14. Aufl., Abschn. Q, Rz 837.
[202] Vgl. IDW PS 400, Tz 13.
[203] Vgl. IDW PS 400, Anhang 7.

> **Beispiel**
> „Nach meiner/unserer Beurteilung aufgrund der bei der Prüfung gewonnenen Erkenntnisse entspricht der Jahresabschluss den gesetzlichen Vorschriften [und den ergänzenden Bestimmungen des Gesellschaftsvertrags]."

Bei kleinen KapG, die einen Anhang – unter Inanspruchnahme der größenabhängigen Erleichterungen – aufstellen, aber gem. § 264 Abs. 1 Satz 3 HGB **keinen Lagebericht** aufstellen, kann die Erfüllung der Generalnorm bestätigt werden. Die Formulierung des Abschnitts zur Beurteilung durch den AP lautet:[204]

> **Beispiel**
> „Nach meiner/unserer Beurteilung aufgrund der bei der Prüfung gewonnenen Erkenntnisse entspricht der Jahresabschluss den gesetzlichen Vorschriften [und den ergänzenden Bestimmungen des Gesellschaftsvertrags/der Satzung] und vermittelt unter Beachtung der Grundsätze ordnungsmäßiger Buchführung ein den tatsächlichen Verhältnissen entsprechendes Bild der Vermögens-, Finanz- und Ertragslage der Gesellschaft."

176

Auch bei freiwilligen Apr., für die ein BSV erteilt werden soll, sind nach § 322 Abs. 2 Satz 3 HGB **bestandsgefährdende Risiken** im BSV zu nennen (Rz 107). Soweit die Ges. zulässigerweise keinen LB aufgestellt hat, ist der Apr. zwar nicht verpflichtet, im BSV auf bestandsgefährdende Risiken hinzuweisen.[205] Nach der hier vertretenen Auffassung ist dieser Hinweis gleichwohl zu empfehlen, da auch bei freiwillgen Apr. nicht ausgeschlossen werden kann, dass der BSV Personen zur Kenntnis gebracht wird, die keinen Zugang zum Prüfungsbericht haben (zur Redepflicht im Prüfungsbericht bei freiwilligen Apr vgl. § 321 Rz 176).

177

Bei **freiwilligen Konzernabschlussprüfungen** kann ebenfalls ein BSV entsprechend § 322 HGB erteilt werden, sofern die für freiwillige Apr. geltenden Voraussetzungen (Rz 168) erfüllt sind. Bei der Wahl eines von den gesetzlichen Vorschriften abweichenden Konsolidierungskreises (z.B. bei der Aufstellung eines Gruppen- oder Spartenabschlusses) kann ausnahmsweise dann von einer Einschränkung des BSV abgesehen werden, wenn die angewandten Abgrenzungsgrundsätze im Konzernanhang angegeben werden.[206] Im BSV ist die andere Abgrenzung des Konsolidierungskreises durch die Bezeichnung des Abschlusses (z.B. als Gruppen- oder Spartenabschluss) und durch klarstellende Hinweise im einleitenden und beschreibenden Abschnitt sowie im Rahmen der Beurteilung des Prüfungsergebnisses zu verdeutlichen. Weitere Voraussetzung ist, dass für den abweichend abgegrenzten Konsolidierungskreis die Beherrschungsmöglichkeit (§ 290 Abs. 1 und 2 HGB) gegeben ist.

178

BSV über freiwillige Abschlussprüfungen, die von einer WPG als AP erstattet werden, sind durch einen vertretungsberechtigten WP zu **unterzeichnen**. Neben einem WP kann auch ein Nicht-WP den BSV unterzeichnen.[207] Gleiches gilt

179

---

[204] Vgl. IDW PS 400, Anhang 7.
[205] Vgl. IDW PS 400, Tz 79.
[206] Vgl. WP-Handbuch, Bd. I, 14. Aufl., Abschn. Q, Rz 865; *ADS* 6. Aufl., § 322 HGB, Rz 420.
[207] Vgl. WP-Handbuch, Bd. I, 14. Aufl., Abschn. Q, Rz 868; § 27a S. 1 BS WP/vBP.

entsprechend bei BPG für vBP. Eine **Siegelführung** ist zulässig, aber gem. § 48 Abs. 1 Satz 2 WPO nicht obligatorisch.

180 Die Prüfung eines **IFRS-EA** (Rz 193) stellt eine gesetzliche Abschlussprüfung dar. Wenn sich ein Unt für die – grds. freiwillige – Anwendung von § 325 Abs. 2a HGB entscheidet, besteht gem. § 324a Abs. 1 HGB Prüfungspflicht (§ 324a Rz 8).

181 Die Regelungen zur **Nachtragsprüfung** sind bei ausdrücklicher Vereinbarung der §§ 316 ff. HGB im Rahmen von freiwilligen Apr. ebenfalls anwendbar.[208]

### 5.4 Prüfungen nach PublG

182 Die Regelung von § 322 HGB gilt gem. § 6 Abs. 1 Satz 2 PublG für nach dem PublG zur Rechnungslegung verpflichtete Unternehmen sinngemäß. Sinngemäß bedeutet, dass die für gesetzliche Apr. entwickelten Grundsätze (Rz 24 ff.) nur insoweit anzuwenden sind, als die nach PublG rechnungslegungspflichtigen Unternehmen entsprechende Rechnungslegungspflichten haben.

183 Die für freiwillige Apr. dargestellten Grundsätze zur Formulierung des BSV bei Unternehmen, die zulässigerweise keinen Anhang aufstellen bzw. keine entsprechende Angaben in Bilanz und GuV aufnehmen, nicht die Generalnorm des § 264 Abs. 2 HGB zu beachten haben oder die zulässigerweise keinen LB aufstellen (Rz 175 ff.), gelten für nach PublG aufgestellte JA gleichermaßen.

184 Eine **Adressierung** des BSV kommt nicht in Betracht, da es sich bei einer JAP nach § 6 Abs. 1 PublG um eine gesetzliche Apr. handelt.[209]

185 Bei der Bezeichnung der **angewandten Rechnungslegungsvorschriften** im einleitenden Abschnitt des BSV genügt die Angabe der deutschen handelsrechtlichen Vorschriften. Eine gesonderte Bezugnahme auf die damit eingeschlossenen Regelungen des PublG ist nicht erforderlich.[210]

§ 5 Abs. 4 PublG schreibt vor, dass das **Privatvermögen** und die Privatschulden von Einzelkaufleuten sowie von Gesellschaftern von Personengesellschaften nicht im JA enthalten sein dürfen. Einer gesonderten Bestätigung bedarf es hierzu im BSV nicht.[211] Erkennt allerdings der AP, dass das Geschäftsvermögen des Kaufmanns durch private Schulden erheblich gefährdet ist, kann sich eine Hinweispflicht im BSV ergeben.

Für den KA nach § 13 PublG gelten die vorstehenden Grundsätze gem. § 14 PublG entsprechend.

### 5.5 Zusammengefasster Bestätigungsvermerk

186 § 325 Abs. 3a HGB ermöglicht die Zusammenfassung des BSV zum KA mit dem BSV zum JA oder dem BSV zum IFRS-EA. Voraussetzung hierfür ist, dass der KA und der JA bzw. IFRS-EA zusammen im BAnZ offengelegt werden. Bezüglich der dann ebenfalls erforderlichen Zusammenfassung der Prüfungsberichte s. § 321 Rz 211.

---

[208] Vgl. WP-Handbuch, Bd. I, 14. Aufl., Abschn. Q, Rz 866.
[209] Vgl. IDW PS 400, Tz 22.
[210] Vgl. WP-Handbuch, Bd. I, 14. Aufl., Abschn. Q, Rz 806.
[211] Vgl. WP-Handbuch, Bd. I, 14. Aufl., Abschn. Q, Rz 811.

Die Zusammenfassung des BSV zum JA mit dem BSV zum IFRS-EA ist gesetzlich nicht geregelt und entspricht auch nicht den Berufsgrundsätzen.[212] 187

Auch wenn im Gesetz nicht angesprochen, ist weitere Voraussetzung, dass der Konzern-AP zugleich auch AP des JA bzw. IFRS-EA ist (zur Bestellungsfiktion des Konzern-AP vgl. § 318 Rz 31). 188

Eine Zusammenfassung der BSV ist nach der gesetzlichen Regelung auch zulässig, wenn sich die beiden zusammengefassten BSV auf nach unterschiedlichen Rechnungslegungsvorschriften aufgestellte Abschlüsse beziehen (z.B. KA nach IFRS, JA nach HGB).[213] 189

Der Berufsstand empfiehlt, eine Zusammenfassung nur in solchen Fällen vorzunehmen, wenn die Rechnungslegung gemeinsame Teile aufweist (z.B. zusammengefasster Konzernanhang und Anhang des MU nach § 298 Abs. 2 HGB).[214] Zur Formulierung eines zusammengefassten BSV enthält IDW PS 400 entsprechende Vorschläge.[215] 190

Eine Zusammenfassung kommt auch dann in Betracht, wenn zu einem Abschluss ein uneingeschränkter BSV, zu dem anderen ein eingeschränkter BSV erteilt worden ist.[216] Eine Zusammenfassung ist allerdings unzulässig, wenn zu einem der Abschlüsse ein Versagungsvermerk erteilt worden ist, da § 322 Abs. 4 HGB ausdrücklich bestimmt, dass ein Versagungsvermerk nicht als BSV bezeichnet werden darf.[217] 191

Nach der hier vertretenen Auffassung sollte von der gesetzlichen Möglichkeit der Zusammenfassung der BSV kein Gebrauch gemacht werden, da dies einer klaren Berichterstattung eher entgegenwirkt und zudem unsicher erscheint, dass beide Abschlüsse immer gemeinsam mit dem zusammengefassten BSV verwendet werden. 192

## 5.6 Einzelabschluss nach § 325 Abs. 2a HGB

Auch für den IFRS-EA gilt gem. § 324a Abs. 1 HGB die Regelung des § 322 HGB. Insoweit sind die für JAP entwickelten Grundsätze analog anzuwenden (Rz 24 ff.). Bei einer Prüfung des IFRS-EA handelt es sich um eine gesetzliche Apr (Rz 180). 193

Im einleitenden Abschnitt des BSV sind als maßgebliche Rechnungslegungsgrundsätze die IFRS, wie sie in der EU anzuwenden sind, zu bezeichnen. Eine Bezugnahme im beschreibenden Abschnitt auf die GoB entfällt (analog zum BSV zu einem KA nach § 315a HGB), da die GoB auf IFRS-Abschlüsse nicht übertragbar sind. Ebenso erscheint eine Bezugnahme auf die Angaben in der Buchführung im beschreibenden Abschnitt entbehrlich, zumindest in den Fällen, in denen der IFRS-EA im Weg einer Überleitungsrechnung aus dem JA entwickelt wird (ebenfalls analog zum KA). 194

Der uneingeschränkte BSV zu einem IFRS-EA könnte wie folgt formuliert werden: 195

---

212 Vgl. IDW PS 400, Tz 96.
213 Vgl. *Schmidt/Küster*, in Beck Bil-Komm. 9. Aufl., § 322 HGB, Rz 145.
214 Vgl. IDW PS 400, Tz 96.
215 Vgl. IDW PS 400, Anhang 3.
216 Vgl. *Schmidt/Küster*, in Beck Bil-Komm. 9. Aufl., § 322 HGB, Rz 146.
217 Vgl. WP-Handbuch, Bd. I, 14. Aufl., Abschn. Q, Rz 761.

**Beispiel**
Bestätigungsvermerk des Abschlussprüfers
„Ich habe/Wir haben den von der … (Gesellschaft) aufgestellten Einzelabschluss – bestehend aus Bilanz, Gesamtergebnisrechnung, Eigenkapitalveränderungsrechnung, Kapitalflussrechnung und Anhang – und den Lagebericht für das Geschäftsjahr vom … [Datum] bis zum … [Datum] geprüft. Die Aufstellung von Einzelabschluss und Lagebericht **nach den IFRS, wie sie in der EU anzuwenden sind, und den ergänzend nach § 325 Abs. 2a HGB anzuwendenden handelsrechtlichen Vorschriften** [sowie den ergänzenden Bestimmungen des Gesellschaftsvertrags/der Satzung] liegt in der Verantwortung der gesetzlichen Vertreter der Gesellschaft. Meine/Unsere Aufgabe ist es, auf der Grundlage der von mir/uns durchgeführten Prüfung eine Beurteilung über den Einzelabschluss und den Lagebericht abzugeben.
Ich habe meine/Wir haben unsere Abschlussprüfung nach § 317 HGB unter Beachtung der vom Institut der Wirtschaftsprüfer (IDW) festgestellten deutschen Grundsätze ordnungsmäßiger Abschlussprüfung vorgenommen. Danach ist die Prüfung so zu planen und durchzuführen, dass Unrichtigkeiten und Verstöße, die sich auf die Darstellung des durch den **Einzelabschluss unter Beachtung der anzuwendenden Vorschriften** und durch den Lagebericht vermittelten Bilds der Vermögens-, Finanz- und Ertragslage wesentlich auswirken, mit hinreichender Sicherheit erkannt werden. Bei der Festlegung der Prüfungshandlungen werden die Kenntnisse über die Geschäftstätigkeit und über das wirtschaftliche und rechtliche Umfeld der Gesellschaft sowie die Erwartungen über mögliche Fehler berücksichtigt. Im Rahmen der Prüfung werden die Wirksamkeit des rechnungslegungsbezogenen internen Kontrollsystems sowie Nachweise **für die Angaben im Einzelabschluss und Lagebericht** überwiegend auf der Basis von Stichproben beurteilt. Die Prüfung umfasst die Beurteilung der angewandten Bilanzierungsgrundsätze und der wesentlichen Einschätzungen der gesetzlichen Vertreter sowie die Würdigung der Gesamtdarstellung des Einzelabschlusses und des Lageberichts. Ich bin/Wir sind der Auffassung, dass meine/unsere Prüfung eine hinreichend sichere Grundlage für meine/unsere Beurteilung bildet.
Meine/Unsere Prüfung hat zu keinen Einwendungen geführt.
Nach meiner/unserer Beurteilung aufgrund der bei der Prüfung gewonnenen Erkenntnisse entspricht der Einzelabschluss **den IFRS, wie sie in der EU anzuwenden sind, und den ergänzend nach § 325 Abs. 2a HGB anzuwendenden Vorschriften** [sowie den ergänzenden Bestimmungen des Gesellschaftsvertrags/der Satzung] und vermittelt **unter Beachtung dieser Vorschriften** ein den tatsächlichen Verhältnissen entsprechendes Bild der Vermögens-, Finanz- und Ertragslage der Gesellschaft. Der Lagebericht steht in Einklang mit dem Einzelabschluss, vermittelt insgesamt ein zutreffendes Bild von der Lage der Gesellschaft und stellt die Chancen und Risiken der zukünftigen Entwicklung zutreffend dar."
(Ort)
(Datum)
(Unterschrift)
Wirtschaftsprüfer

## 5.7 Gemeinschaftsprüfungen (joint audits)

Soweit mehrere WP zum Gemeinschaftsprüfer bestellt worden sind, werden diese im Regelfall einen gemeinsamen BSV erstatten, der dann von den Gemeinschaftsprüfern gemeinsam unterzeichnet wird.[218] Hierfür sind die allgemeinen Grundsätze für die Erstattung von BSV anzuwenden (Rz 24 ff.). 196

Können sich die Gemeinschaftsprüfer nicht auf ein gemeinsames Prüfungsurteil einigen, hat **jeder Gemeinschaftsprüfer einen eigenen BSV** zu erstatten, wobei in Form eines Hinweises auf besondere Umstände nach § 322 Abs. 3 Satz 2 HGB das abweichende Ergebnis des anderen Gemeinschaftsprüfers anzugeben ist (Rz 104). Hat ein Gemeinschaftsprüfer einen eingeschränkten BSV erteilt, so gilt der BSV insgesamt als eingeschränkt, auch wenn der andere Gemeinschaftsprüfer seinen BSV nicht einschränkt.[219] 197

## 5.8 Prüfungen nach internationalen Prüfungsgrundsätzen

Nach der derzeitigen Rechtslage sind für gesetzliche Abschlussprüfungen in Deutschland deutsche Prüfungsgrundsätze anzuwenden. Zwar besteht in § 317 Abs. 5 HGB eine „Öffnungsklausel" für die ISA. Mangels bislang erfolgter Annahme der ISA durch die EU geht diese Regelung derzeit (noch) ins Leere.[220] 198

Soweit neben den deutschen Prüfungsgrundsätzen auch auf freiwilliger Basis die ISA angewandt werden, wird exemplarisch für einen nach § 315a HGB nach IFRS aufgestellten KA und KLB derzeit nachfolgende Formulierung empfohlen:[221] Ergänzend sei darauf hingewiesen, dass in dem Formulierungsbeispiel davon ausgegangen wird, dass keine ergänzenden Bestimmungen des Gesellschaftsvertrags bzw. der Satzung zu berücksichtigen sind. 199

> **Beispiel**
> Bestätigungsvermerk des unabhängigen Abschlussprüfers
> „An die ... [Gesellschaft]
> **Vermerk zum Konzernabschluss**
> Ich habe/Wir haben den beigefügten Konzernabschluss der ... [Gesellschaft] und ihrer Tochtergesellschaften – bestehend aus Konzernbilanz, Konzerngesamtergebnisrechnung, Konzerneigenkapitalveränderungsrechnung, Konzernkapitalflussrechnung und Konzernanhang für das Geschäftsjahr vom ... [Datum] bis zum ... [Datum] – geprüft.
> *Verantwortung der gesetzlichen Vertreter für den Konzernabschluss*
> Die gesetzlichen Vertreter der ... [Gesellschaft] sind verantwortlich für die Aufstellung dieses Konzernabschlusses. Diese Verantwortung umfasst, dass dieser Konzernabschluss in Übereinstimmung mit den IFRS, wie sie in der EU anzuwenden sind, und den ergänzend nach § 315a Abs. 1 HGB anzuwendenden deutschen gesetzlichen Vorschriften aufgestellt wird und unter Be-

---

[218] Vgl. IDW PS 208, Tz 28.
[219] Vgl. IDW PS 208, Tz 29.
[220] A. A.: *Marten/Quick/Ruhnke*, Wirtschaftsprüfung, 5. Aufl., 2015, S. 120, die bei gegenüber den deutschen Grundsätzen ordnungsmäßiger Abschlussprüfung im Ausnahmefall weitergehenden Anforderungen der ISA davon ausgehen, dass diese vom AP bereits nach jetziger Rechtslage zu berücksichtigen sind.
[221] Vgl. IDW PS 400 Anlage 4a; zur künftigen Struktur des BSV vgl. IDW, IDW-FN 2015, S. 54.

achtung dieser Vorschriften ein den tatsächlichen Verhältnissen entsprechendes Bild der Vermögens-, Finanz- und Ertragslage des Konzerns vermittelt. Die gesetzlichen Vertreter sind auch verantwortlich für die internen Kontrollen, die sie als notwendig erachten, um die Aufstellung eines Konzernabschlusses zu ermöglichen, der frei von wesentlichen – beabsichtigten oder unbeabsichtigten – falschen Darstellungen ist.

*Verantwortung des Abschlussprüfers*
Meine/Unsere Aufgabe ist es, auf der Grundlage meiner/unserer Prüfung ein Urteil zu diesem Konzernabschluss abzugeben. Ich habe meine/Wir haben unsere Abschlussprüfung in Übereinstimmung mit § 317 HGB unter Beachtung der vom Institut der Wirtschaftsprüfer (IDW) festgestellten deutschen Grundsätze ordnungsmäßiger Abschlussprüfung sowie unter ergänzender **Beachtung der International Standards on Auditing (ISA)** durchgeführt. Danach habe ich/haben wir die Berufspflichten einzuhalten und die Abschlussprüfung so zu planen und durchzuführen, dass hinreichende Sicherheit darüber erlangt wird, ob der Konzernabschluss frei von wesentlichen falschen Darstellungen ist.

Eine Abschlussprüfung umfasst die Durchführung von Prüfungshandlungen, um Prüfungsnachweise für die im Konzernabschluss enthaltenen Wertansätze und sonstigen Angaben zu erlangen. Die Auswahl der Prüfungshandlungen liegt im pflichtgemäßen Ermessen des Abschlussprüfers. Dies schließt die Beurteilung der Risiken wesentlicher – beabsichtigter oder unbeabsichtigter – falscher Darstellungen im Konzernabschluss ein. Bei der Beurteilung dieser Risiken berücksichtigt der Abschlussprüfer das interne Kontrollsystem, das relevant ist für die Aufstellung eines Konzernabschlusses, der ein den tatsächlichen Verhältnissen entsprechendes Bild vermittelt. Ziel hierbei ist es, Prüfungshandlungen zu planen und durchzuführen, die unter den gegebenen Umständen angemessen sind, jedoch nicht ein Prüfungsurteil zur Wirksamkeit des internen Kontrollsystems des Konzerns abzugeben. Eine Abschlussprüfung umfasst auch die Beurteilung der Angemessenheit der angewandten Rechnungslegungsmethoden und der Vertretbarkeit der von den gesetzlichen Vertretern ermittelten geschätzten Werte in der Rechnungslegung sowie die Beurteilung der Gesamtdarstellung des Konzernabschlusses.

Ich bin/Wir sind der Auffassung, dass die von mir/uns erlangten Prüfungsnachweise ausreichend und geeignet sind, um als Grundlage für mein/unser Prüfungsurteil zu dienen.

*Prüfungsurteil*
Gemäß § 322 Abs. 3 Satz 1 HGB erkläre ich/erklären wir, dass unsere Prüfung des Konzernabschlusses zu keinen Einwendungen geführt hat.
Nach meiner/unserer Beurteilung aufgrund der bei der Prüfung gewonnenen Erkenntnisse entspricht der Konzernabschluss in allen wesentlichen Belangen den IFRS, wie sie in der EU anzuwenden sind, und den ergänzend nach § 315a Abs. 1 HGB anzuwendenden deutschen gesetzlichen Vorschriften und vermittelt unter Beachtung dieser Vorschriften ein den tatsächlichen Verhältnissen entsprechendes Bild der Vermögens- und Finanzlage des Konzerns zum ... [Datum] sowie der Ertragslage für das an diesem Stichtag endende Geschäftsjahr.

> **Vermerk zum Konzernlagebericht**
> Ich habe/Wir haben den beigefügten Konzernlagebericht der ... [Gesellschaft] für das Geschäftsjahr vom ... [Datum] bis ... [Datum] geprüft. Die gesetzlichen Vertreter der ... [Gesellschaft] sind verantwortlich für die Aufstellung des Konzernlageberichts in Übereinstimmung mit den nach § 315a Abs. 1 HGB anzuwendenden deutschen gesetzlichen Vorschriften. Ich habe/Wir haben unsere Prüfung in Übereinstimmung mit § 317 Abs. 2 HGB und unter Beachtung der für die Prüfung des Konzernlageberichts vom Institut der Wirtschaftsprüfer (IDW) festgestellten deutschen Grundsätze ordnungsmäßiger Abschlussprüfung durchgeführt. Danach ist die Prüfung des Konzernlageberichts so zu planen und durchzuführen, dass hinreichende Sicherheit darüber erlangt wird, ob der Konzernlagebericht mit dem Konzernabschluss sowie mit den bei der Abschlussprüfung gewonnenen Erkenntnissen in Einklang steht, insgesamt ein zutreffendes Bild von der Lage des Konzerns vermittelt und die Chancen und Risiken der zukünftigen Entwicklung zutreffend darstellt.
> Gemäß § 322 Abs. 3 Satz 1 HGB erkläre ich/erklären wir, dass meine/unsere Prüfung des Konzernlageberichts zu keinen Einwendungen geführt hat.
> Nach meiner/unserer Beurteilung aufgrund der bei der Prüfung des Konzernabschlusses und Konzernlageberichts gewonnenen Erkenntnisse steht der Konzernlagebericht in Einklang mit dem Konzernabschluss, vermittelt insgesamt ein zutreffendes Bild von der Lage des Konzerns und stellt die Chancen und Risiken der zukünftigen Entwicklung zutreffend dar."
> (Ort)
> (Datum)
> (Unterschrift)
> Wirtschaftsprüfer

Soweit keine deutschen Prüfungsgrundsätze, sondern ausschließlich die ISA angewandt wurden, handelt es sich nicht um eine gesetzliche Apr., sondern um eine freiwillige. In diesem Fall wäre auch der BSV an die Regelungen der ISA anzupassen. Der Berufsstand der WP hat hierzu bereits Musterformulierungen vorgelegt.[222]

### 5.9 Bestätigungsvermerk in fremder Sprache

Der BSV bezieht sich auf den geprüften JA, der wiederum nach § 244 HGB zwingend in deutscher Sprache aufzustellen ist. Damit ist nach hM auch der BSV nach § 322 HGB zwingend in deutscher Sprache zu erteilen.[223] Dies gilt auch für die Offenlegung gem. § 325 HGB.

Darüber hinaus besteht die Möglichkeit, **Übersetzungen** des BSV anzufertigen, wie dies zur Information der Organe oder der Öffentlichkeit oftmals erforderlich ist. Zur Vermeidung von Missverständnissen empfiehlt es sich bei derartigen Übersetzungen, auf die maßgebliche deutsche Fassung des BSV zu verweisen. Dies könnte z. B. folgendermaßen formuliert werden:[224]

---

[222] Vgl. IDW, International Standards on Auditing (ISAs), Düsseldorf, 2011.
[223] Vgl. *Orth/Schaefer*, in *Baetge/Kirsch/Thiele*, Bilanzrecht, § 322 HGB, Rz 221.
[224] Vgl. WP-Handbuch, Bd. I, 14. Aufl., Abschn. Q, Rz 631.

> **Beispiel**
> „Zu dem vollständigen Jahresabschluss und Lagebericht habe ich/haben wir gem. § 322 HGB einen uneingeschränkten Bestätigungsvermerk erteilt. Die Übersetzung des Bestätigungsvermerks lautet wie folgt: …"

203 Im Rahmen **freiwilliger Apr.** kann ein dem gesetzlichen BSV nachgebildeter BSV auch **originär in fremder Sprache** erteilt werden. Grundsätzlich sollte dies nur in der Sprache erfolgen, in der der geprüfte Abschluss (und ggf. LB) aufgestellt ist. Weitere Voraussetzung ist, dass der AP sich der Tragweite und des Aussagegehalts seiner Ausführungen bewusst ist, um insb. einen Erklärungsirrtum zu vermeiden.[225] Nach der hier vertretenen Auffassung sollte von einer originären Erteilung in fremder Sprache nur in Ausnahmefällen Gebrauch gemacht werden und im Regelfall eine Übersetzung des in deutscher Sprache erteilten BSV für die nicht der deutschen Sprache mächtigen Adressaten angefertigt werden.

204 Zur Übersetzung des Prüfungsberichts in deutscher Sprache vgl. § 321 Rz 203.

### 5.10 Offenlegung des Bestätigungsvermerks

205 Im Rahmen der Offenlegung gem. § 325 HGB haben große und mittelgroße Gesellschaften i.S.v. § 267 HGB auch den BSV bzw. Versagungsvermerk beim BAnz einzureichen. Mittelgroße KapG/KapCoGes können gem. § 327 HGB größenabhängige Erleichterungen für die Offenlegung in Anspruch nehmen. Der BSV bezieht sich auf den aufgestellten und geprüften JA. Nimmt die offenlegungspflichtige Ges. nur für Zwecke der Offenlegung die größenabhängigen Erleichterungen in Anspruch, ist darauf bei der Offenlegung des BSV gem. § 328 Abs. 1 Nr. 1 Satz 3 HGB hinzuweisen.[226]

206 Soll als ergänzende Beauftragung durch den Auftraggeber die zutreffende Inanspruchnahme von Offenlegungserleichterungen im zur Offenlegung bestimmten JA geprüft werden, ist dies getrennt vom BSV in einer gesonderten Bescheinigung zu bestätigen, wobei folgende Formulierung empfohlen wird:[227]

> **Beispiel**
> „In dem vorstehenden, zur Offenlegung bestimmten verkürzten Jahresabschluss wurden die größenabhängigen Erleichterungen nach § 327 HGB zutreffend in Anspruch genommen. Zu dem vollständigen Jahresabschluss und dem Lagebericht haben wir am … [Datum des Bestätigungsvermerks] den folgenden Bestätigungsvermerk erteilt:
> Bestätigungsvermerk des Abschlussprüfers …"

207 In analoger Weise kann die Inanspruchnahme von **Offenlegungserleichterungen** von kleinen KapG/KapCoGes bescheinigt werden, wobei anstelle von § 327 HGB der für diese Ges. maßgebliche § 326 HGB anzugeben ist. Bei derartigen

---

[225] Vgl. *Orth/Schaefer*, in *Baetge/Kirsch/Thiele*, Bilanzrecht, § 322 HGB, Rz 224.
[226] Vgl. IDW PS 400, Tz 15.
[227] Vgl. WP-Handbuch, Bd. I, 14. Aufl., Abschn. Q, Rz 629.

freiwilligen Apr. besteht allerdings für den AP keine gesetzliche Haftungsbegrenzung, sodass zu empfehlen ist, die – ohnehin gesetzlich nicht erforderliche – Offenlegung des BSV bei freiwilligen Apr. zu vermeiden.

Die Offenlegung eines BSV, der unter einer Bedingung erteilt worden ist (Rz 141), ist unter Angabe der Bedingung vorzunehmen, soweit diese zum Zeitpunkt der Offenlegung noch nicht eingetreten ist. Auch wenn damit ein BSV ohne Rechtswirkung offengelegt wird, entspricht dies dem Informationsbedürfnis der Adressaten. In den meisten Fällen wird aber im Zeitpunkt der Offenlegung des BSV die Bedingung eingetreten sein. Daher ist es sachgerecht, in diesen Fällen, die Bedingung bei Offenlegung des BSV wegzulassen.[228] Der AP ist nicht verpflichtet, den Eintritt der Bedingung zu prüfen und zu bestätigen. Es sollte jedoch nach Eintritt der Bedingung die Verwendung des BSV ohne Bedingungszusatz mit dem AP abgestimmt werden.[229] Erkennt dieser, dass die Voraussetzungen zur Verwendung des BSV ohne Bedingungszusatz nicht vorliegen, hat er der Verwendung zu widersprechen.[230]

208

## 6 Änderungen durch das BilRUG

Mit dem BilRUG steht infolge der Einführung der neuen EU-Bilanzrichtlinie[231] eine Änderung des Gesetzeswortlauts an. Die in Abs. 1 vorgenommene Ergänzung bzgl. eines einleitenden Absatzes stellt materiell nur eine Klarstellung dar, da dies auch bislang schon über die deutschen Prüfungsgrundsätze üblich ist.[232] Auch die in Abs. 6 zukünftig zu beachtende Ergänzung bzgl. der Einhaltung der gesetzlichen Vorschriften zum LB/KLB stellt materiell keine Verschärfung gegenüber der derzeitigen Rechtslage dar. Die schließlich in Abs. 7 vorgesehene Ergänzung, dass bei WPG/BPG der BSV von dem für den Prüfungsauftrag verantwortlichen WP zu unterzeichnen ist, stellt zwar eine materielle Änderung des HGB dar. Durch die seit längerem bestehende Regelung in § 27a Abs. 1 BS WP/vBP ist dieses Erfordernis bereits in der deutschen Berufspraxis obligatorisch, sodass zusammenfassend gesagt werden kann, dass § 322 vom BilRUG zwar betroffen, aber ohne größerer materielle Relevanz ist. Zum zeitlichen Anwendungszeitpunkt des § 322 i.d.F. des BilRUG vgl. § 298 Rz 82.

209

Neben dem jüngst verabschiedeten BilRUG steht mit dem AReG die Umsetzung der EU-Vorgaben zur Abschlussprüfung[233] an, die umfassende Änderungen von § 322 nach sich ziehen werden.[234] Da das Gesetzgebungsverfahren zum Zeitpunkt des Redaktionsschlusses noch nicht abgeschlossen ist bleibt die Fortentwicklung der Regelungen des § 322 einer zukünftigen Aktualisierung dieser Kommentierung vorbehalten.[235]

210

---

228 Vgl. *Orth/Schaefer*, in *Baetge/Kirsch/Thiele*, Bilanzrecht, § 322 HGB, Rz 80.1.
229 Vgl. WP-Handbuch, Bd. I, 14. Aufl., Abschn. Q, Rz 584.
230 Vgl. IDW PS 400, Tz 100.
231 Richtlinie 2013/34/EU vom 29.06.2013, Abl. L 182/19–76.
232 Vgl. IDW PS 400, Tz 24ff.
233 Richtlinie 2014/56/EU vom 27.05.2014, Abl. L 158/196 sowie Verordnung Nr. 537/2014, Abl. L 158/77.
234 Vgl.zu den Anforderungen *Köhler*, WPg 2015, S. 109 ff, sowie zu der Einschätzung der Adressaten *Quick*, WPg 2015, S. 207.
235 Vgl. zur künftigen Struktur des Bestätigungsvermerks und möglichen Formulierungsbeispielen IDW, IDW-FN 2015, S. 54.

## § 323 VERANTWORTLICHKEIT DES ABSCHLUSSPRÜFERS

(1) ¹¹Der Abschlußprüfer, seine Gehilfen und die bei der Prüfung mitwirkenden gesetzlichen Vertreter einer Prüfungsgesellschaft sind zur gewissenhaften und unparteiischen Prüfung und zur Verschwiegenheit verpflichtet; § 57b der Wirtschaftsprüferordnung bleibt unberührt. ²Sie dürfen nicht unbefugt Geschäfts- und Betriebsgeheimnisse verwerten, die sie bei ihrer Tätigkeit erfahren haben. ³Wer vorsätzlich oder fahrlässig seine Pflichten verletzt, ist der Kapitalgesellschaft und, wenn ein verbundenes Unternehmen geschädigt worden ist, auch diesem zum Ersatz des daraus entstehenden Schadens verpflichtet. ⁴Mehrere Personen haften als Gesamtschuldner.

(2) ¹Die Ersatzpflicht von Personen, die fahrlässig gehandelt haben, beschränkt sich auf eine Million Euro für eine Prüfung. ²Bei Prüfung einer Aktiengesellschaft, deren Aktien zum Handel im regulierten Markt zugelassen sind, beschränkt sich die Ersatzpflicht von Personen, die fahrlässig gehandelt haben, abweichend von Satz 1 auf vier Millionen Euro für eine Prüfung. ³Dies gilt auch, wenn an der Prüfung mehrere Personen beteiligt gewesen oder mehrere zum Ersatz verpflichtende Handlungen begangen worden sind, und ohne Rücksicht darauf, ob andere Beteiligte vorsätzlich gehandelt haben.

(3) Die Verpflichtung zur Verschwiegenheit besteht, wenn eine Prüfungsgesellschaft Abschlußprüfer ist, auch gegenüber dem Aufsichtsrat und den Mitgliedern des Aufsichtsrats der Prüfungsgesellschaft.

(4) Die Ersatzpflicht nach diesen Vorschriften kann durch Vertrag weder ausgeschlossen noch beschränkt werden.

(5) (weggefallen)

WP StB CVA Klaus Bertram

| Inhaltsübersicht | Rz |
|---|---|
| 1 Überblick | 1–19 |
|    1.1 Inhalt | 1–4 |
|    1.2 Zweck | 5–8 |
|    1.3 Anwendungsbereich | 9–19 |
| 2 Pflichten des Abschlussprüfers | 20–76 |
|    2.1 Kreis der Verpflichteten | 20–25 |
|    2.2 Gewissenhaftigkeit | 26–40 |
|    2.3 Unparteilichkeit | 41–44 |
|    2.4 Verschwiegenheitspflicht | 45–71 |
|       2.4.1 Reichweite | 45–60 |
|       2.4.2 Gesetzliche Ausnahmen | 61–67 |
|       2.4.3 Entbindung von der Verschwiegenheitspflicht | 68–71 |
|    2.5 Verbot der unbefugten Verwertung von Geschäfts- und Betriebsgeheimnissen | 72–76 |

3 Haftung des Abschlussprüfers............................. 77–102
  3.1 Haftung gegenüber Auftraggeber .................... 77–84
  3.2 Haftung gegenüber Dritten.......................... 85–92
    3.2.1 Verbundene Unternehmen der geprüften Gesellschaft................................... 85
    3.2.2 Sonstige Dritte............................ 86–92
  3.3 Haftungsbegrenzung................................ 93–101
    3.3.1 Haftsummen (Abs. 2) ...................... 93–99
    3.3.2 Haftungsausschluss oder -begrenzung (Abs. 4) ... 100–101
  3.4 Verjährung......................................... 102
4 Freiwillige Abschlussprüfungen......................... 103–106

**Ergänzendes Schrifttum**
*Bärenz*, Haftung des Abschlussprüfers bei Bestätigung fehlerhafter Jahresabschlüsse gem. § 323 Abs. 1 S. 3 HGB, BB 2003, S. 1781; *Berger*, Haftung für unrichtige Bankauskunft – Abschied vom stillschweigend abgeschlossenen Auskunftsvertrag, ZBB 2001, S. 238; *Ebke*, Keine Dritthaftung des Abschlussprüfers für Fahrlässigkeit nach den Grundsätzen des Vertrags mit Schutzwirkung für Dritte, BB 1997, S. 1731; *Ebke*, Zum Ausschluss der Dritthaftung im Rahmen des Entwurfs eines Gesetzes zur Kontrolle und Transparenz im Unternehmensbereich, WPKM 1997, S. 108; *Emmerich/Schaum*, Auswirkungen des Sarbanes-Oxley Act auf deutsche Abschlussprüfer – Berufsaufsicht, Registrierung, Unabhängigkeit, WPg 2003, S. 677; *EU-Kommission*, Empfehlung der Kommission v. 5. Juni 2008 zur Beschränkung der zivilrechtlichen Haftung von Abschlussprüfern und Prüfungsgesellschaften, Abl. EU 2008 v. 21.6.2008, L 162/39; *Ewert*, Abschlussprüfung, Dritthaftung und Prüfungsgrundsätze – Ergebnisse einer ökonomischen Analyse, BFuP 1999, S. 94; *Feddersen*, Die Dritthaftung des Wirtschaftsprüfers nach § 323 HGB, WM 1999, S. 105; *Fischer*, Vertragliche Dritthaftung von Rechtsanwälten, Steuerberatern und Wirtschaftsprüfern, DB 2012, S. 1489; *Grunewald*, Die Haftung des Abschlussprüfers gegenüber Dritten – Besprechung des Urteils des BGH ZIP 1998, 826, ZGR 1999, S. 583; *Gutmann*, Anspruch auf Herausgabe von Arbeitspapieren des Wirtschaftsprüfers, BB 2010, S. 171; *Hartmann*, Das Problem der sog. Dritthaftung – Möglichkeit der Haftungsbeschränkung?, Stbg 2002, S. 527; *Hense/Ulrich*, WPO – Kommentar, Düsseldorf, 2008; *Heppe*, Nach dem Vertrauensverlust – Ist es an der Zeit die Dritthaftung deutscher Abschlussprüfer zu verschärfen, WM 2003, S. 714 (Teil I) und 753 (Teil II); *Hilber/Hartung*, Auswirkungen des Sarbanes-Oxley Act auf deutsche WP-Gesellschaften: Konflikte mit der Verschwiegenheitspflicht der Wirtschaftsprüfer und dem Datenschutzrecht, BB 2003, S. 1054; *Hiller/Bernardi*, Auskunftsrecht vs. Schweigepflicht – der Abschlussprüfer im Spannungsfeld der Organe, WP-Praxis 2013, S. 48; *Hirsch*, Voraussetzungen für den Widerruf eines Bestätigungsvermerks – Anmerkungen zur Entscheidung des Kammergerichts Berlin vom 19.9.2000, WPg 2001, S. 606; *Hoffmann/Knierin*, Falsche Berichterstattung des Abschlussprüfers, BB 2002, S. 2275; *Hommelhoff*, Die neue Position des Abschlussprüfers im Kraftfeld der aktienrechtlichen Organisationsverfassung, BB 1998, S. 2567 (Teil I), S. 2625 (Teil II); IDW, FAR: Begrenzung der Dritt-

haftung bei Jahresabschlussprüfungen, IDW-FN 2010, S. 179; *Kiethe,* Der befangene Abschlussprüfer – Schadensersatz bei Interessenkollision?, NZG 2003, S. 937; *Mock,* Die Verschwiegenheitspflicht des Abschlussprüfers und Interessenkonflikte, DB 2003, S. 1996; *Möllers,* Zu den Voraussetzungen einer Dritthaftung des Wirtschaftsprüfers bei fahrlässiger Unkenntnis der Testatverwertung, JZ 2001, S. 909; *Otto/Mittag,* Die Haftung des Jahresabschlussprüfers gegenüber Kreditinstituten, WM 1996, S. 325; *Pfitzer/Oser/Orth,* Zur Reform des Aktienrechts, der Rechnungslegung und Prüfung durch das TransPubG, DB 2002, S. 157; *Pfitzer/Oser/Orth,* Reform des Aktien-, Bilanz- und Aufsichtsrechts, 3. Aufl., Stuttgart 2008; *Quick,* Nationale und internationale Haftungsrisiken deutscher Abschlussprüfer, DBW 2000, S. 60; *Quick,* Geheimhaltungspflicht des Abschlussprüfers: strafrechtliche Konsequenzen, BB 2004, S. 1490; *Schuster,* Dritthaftung des Wirtschaftsprüfers am Beispiel der Haftung für Prospektgutachten, BB 2005, S. 98; *Streck,* Haftungsfall Testat, Stb 1991, S. 98; *Weber,* Die Haftung des Abschlussprüfers gegenüber Dritten, NZG 1999, S. 1; *Westphalen,* Wirtschaftsprüfung – Serienschaden – Haftungsbegrenzung, DB 2000, S. 861; *Windmöller/Hönsch,* Abschlussprüfer in der Pflicht, ZfbF 2003, S. 722; WPK/IDW, Anforderungen an die Qualitätssicherung in der Wirtschaftsprüferpraxis (VO 1/2006), WPg 2006, S. 629; WPK, Keine Dritthaftung des Abschlussprüfers allein aufgrund vorgeschriebener Aufnahme des Bestätigungsvermerks in den Prospekt/Grenzen der Dritthaftung, WPKM 3/2006, S. 41; WPK, Die nicht entdeckte Unterschlagung, WPKM 1/2007, S. 50; WPK, Täuschung des Abschlussprüfers durch den Vorstand, WPKM 3/2008, S. 58; WPK, Keine Dritthaftung des Abschlussprüfers aus Auskunftsvertrag nach Hinweis zum Prüfungsergebnis gegenüber Anlagevermittler, WPKM 1/2009, S. 31; WPK, Bilanzrechtsmodernisierungsgesetz – Auswirkungen auf die beruflichen Rahmenbedingungen des Abschlussprüfers, WPKM 2/2009, S. 4; WPK, Mitverschulden bei der Haftung des Abschlussprüfers, WPKM 1/2010, S. 40; *Zacher/Stöcker,* Die Haftung von Wirtschaftsprüfern bei steuerorientierten Kapitalanlagen – Überblick und aktuelle Tendenzen, DStR 2004, S. 1494; *Zugehör,* Uneinheitliche Rechtsprechung des BGH zum (Rechtsberater-)Vertrag mit Schutzwirkung zu Gunsten Dritter, NJW 2008, S. 1105.

# 1 Überblick

## 1.1 Inhalt

1 § 323 HGB regelt die Pflichten des AP bei der Durchführung von gesetzlichen Apr. und kodifiziert Haftungsregelungen bei etwaiger Pflichtverletzung des AP. Der **Pflichtenrahmen** des gesetzlichen AP umfasst demnach:
- die Apr. **gewissenhaft** und **unparteiisch** durchzuführen (Abs. 1 Satz 1),
- die **Verschwiegenheitspflicht** (Abs. 1 Satz 1 und Abs. 3),
- das **Verbot der unbefugten Verwertung von** gelegentlich der Apr. erlangten **Geschäfts- und Betriebsgeheimnissen** der zu prüfenden Gesellschaft (Abs. 1 Satz 2).

2 Dieser Pflichtenrahmen ist dem AP bereits aufgrund berufsrechtlicher Vorgaben auferlegt. So bestimmen die allgemeinen Berufspflichten (§ 43 Abs. 1 Satz 1 WPO), dass der WP seine Tätigkeit unabhängig, gewissenhaft, verschwiegen und eigenverantwortlich durchzuführen hat. § 43 Abs. 1 Satz 2 WPO verlangt

insb. bei der Erstattung von Prüfungsberichten oder Gutachten, dass sich der WP unparteiisch verhält. Die BS WP/vBP enthält Konkretisierungen dieser allgemeinen Berufspflichten:
- § 4 BS WP/vBP: Gewissenhaftigkeit,
- § 9 BS WP/vBP: Verschwiegenheit,
- § 20 BS WP/vBP: Unparteilichkeit.

Während die berufsrechtlichen Regelungen in der WPO bzw. der BS WP/vBP den Pflichtenrahmen des WP zwar bestimmen, diesen aber „nur" mit berufsrechtlichen Sanktionen bewehren, verschafft § 323 HGB dem Auftraggeber der Apr. eine vertragliche **Haftung** des WP und seiner Mitarbeiter, die auch nicht durch Prüfungsvertrag ausgeschlossen werden kann (§ 323 Abs. 4 HGB).[1] 3

Soweit der AP seinen Pflichtenrahmen verletzt, ist er **schadensersatzpflichtig**. Die Ersatzpflicht besteht gegenüber der geprüften Gesellschaft sowie ihrer verbundenen Unternehmen (Abs. 1 Satz 3). Während für vorsätzliche Pflichtverletzungen keine Haftungsbeschränkungen vorgesehen sind, bestimmt Abs. 2 der Vorschrift Haftungshöchstsummen für fahrlässige Verstöße des AP. Diese Haftung kann gem. Abs. 4 der Vorschrift nicht vertraglich abbedungen werden. Zur **Verjährung** der Ansprüche vgl. Rz 102. 4

## 1.2 Zweck

§ 323 HGB enthält spezielle zivilrechtliche Regelungen, die teilweise „**Sondervertragsrecht**" **für den Prüfungsvertrag** zwischen AP und geprüfter Ges. darstellen.[2] Der Pflichtenrahmen des AP bestimmt sich dem Grund nach bereits aus den zivilrechtlichen Vorschriften (§§ 675 Abs. 1, 631, 633, 242 BGB); Gleiches gilt für die Haftung (vgl. § 280 Abs. 1 BGB). Beides wird von § 323 HGB aufgegriffen und modifiziert. Der Pflichtenrahmen gilt nicht nur für den AP, sondern auch für seine Gehilfen sowie im Fall einer WPG/BPG auch deren gesetzliche Vertreter persönlich. Die Haftung des AP ist der Höhe nach durch Abs. 2 der Vorschrift begrenzt (Rz 93); andererseits gibt es aber auch Haftungsberechtigte, die gar nicht Vertragspartner des Prüfungsvertrags sind, nämlich verbundene Unt der geprüften Ges. 5

Die Vorschrift des § 323 HGB ist zum **Schutz der geprüften Gesellschaft** erlassen worden. Deutlich wird dies an der Verschwiegenheitspflicht sowie an dem Verbot der Verwertung von Geschäfts- und Betriebsgeheimnissen. Die Tatsache, dass der AP im Rahmen seiner Prüfung tiefe Einblicke in Unternehmensinterna erhält, ist nur tolerierbar, wenn der AP im Gegenzug zur umfassenden Verschwiegenheit verpflichtet wird.[3] 6

> **Beispiel**
> Der AP prüft den JA eines Maschinenbauunternehmens. Dem Geschäftsführer des Maschinenbauunternehmens ist bekannt, dass der AP außerdem auch den JA eines wichtigen Kunden des Maschinenbauunternehmens prüft.

---

[1] Vgl. *Kuhner/Päßler*, in *Küting/Pfitzer/Weber*, HdR, 5. Aufl., § 323 HGB, Rn 2, Stand 5/2013.
[2] Vgl. *Hennrichs*, in *Baetge/Kirsch/Thiele*, Bilanzrecht, § 323 HGB, Rz 3, Stand 12/2014.
[3] Vgl. WP-Handbuch, Bd. I., 14. Aufl., Abschn. A Rz 344.

> Aufgrund der Verschwiegenheitspflicht des § 323 Abs. 1 HGB kann der Geschäftsführer des Maschinenbauunternehmens dem AP Einblicke in die Kalkulationsgrundlagen der diesen Kunden betreffenden Aufträge gewähren, ohne dass er befürchten muss, dass Deckungsbeiträge, Margen etc. dem Kunden ggf. bekannt werden können.

7 § 323 HGB übt weiterhin einen **institutionellen Schutzcharakter** aus, indem durch die vertragliche Haftung eine präventive Wirkung zur Einhaltung der erforderlichen Prüfungsqualität und damit auch Sicherstellung der Qualität der Rechnungslegung der geprüften Ges. geschaffen wird.[4]

8 Das Haftungsrecht der AP war europaweit auf dem Prüfstand. Die EU-Kommission hatte im Januar 2007 einen öffentlichen Konsultationsprozess zu europaweiten Überlegungen zur Reform der Haftungsbestimmungen für AP eingeleitet. Die Ergebnisse der Konsultation wurden am 18.6.2007 veröffentlicht.[5] Als Konsequenz der daran anschließenden Diskussion veröffentlichte die EU-Kommission am 5.6.2008 eine Empfehlung zur Beschränkung der zivilrechtlichen Haftung von Abschlussprüfern und Prüfungsgesellschaften.[6] Danach sollten Haftungsgrenzen für AP europaweit durchgesetzt werden, wie das in Deutschland mit § 323 HGB bereits der Fall ist.

Da längst nicht alle Jurisdiktionen in der EU ähnlich „komfortable" Haftungsbeschränkungen für AP aufweisen wie in Deutschland mit § 323 HGB, kann nicht grds. ausgeschlossen werden, dass sich für deutsche AP in Zukunft eine Verschärfung der Haftungssituation ergeben kann. Allerdings finden sich in der unlängst überarbeiteten Abschlussprüferrichtlinie[7] hierzu keine Verschärfungen, so dass für die überschaubare Zukunft der derzeitige Haftungsrahmen des § 323 HGB als maßgeblich bleibt.

### 1.3 Anwendungsbereich

9 § 323 HGB gilt für gesetzliche Jahres- und Konzernabschlussprüfungen nach § 316 HGB. Darüber hinaus erfolgt bei vielen anderen gesetzlichen Prüfungen ein Verweis auf die Anwendung von § 323 HGB:
- Gründungsprüfung (§ 49 AktG),
- Nachgründungsprüfung (§ 53 AktG),
- Aktienrechtliche Sonderprüfungen (§§ 144, 258 Abs. 5 Satz 1 AktG),
- Prüfungen nach dem UmwG:
  - Verschmelzung (§§ 9, 11 Abs. 2 UmwG),
  - Spaltung (§ 125 UmwG),
  - Vermögensübertragung (§ 176 Abs. 1 UmwG),
  - Formwechsel (§ 197 UmwG),

---

[4] Vgl. *Hennrichs*, in *Baetge/Kirsch/Thiele*, Bilanzrecht, § 323 HGB, Rz 5, Stand 12/2014.
[5] Vgl. Konsultationsbericht über die Haftungsregelungen für Abschlussprüfer und ihre Auswirkungen auf die europäischen Kapitalmärkte, abrufbar unter http://ec.europa.eu/finance/auditing/liability/index_de.htm, letzter Abruf am 15.9.2015.
[6] Vgl. Abl. EU v. 21.6.2008, L 162/39.
[7] Abrufbar unter http://eur-lex.europa.eu/legal-content/DE/TXT/?uri=CELEX:02006L0043-20140616, letzter Abruf am 15.9.2015.

- Prüfung einer Kapitalerhöhung aus Gesellschaftsmitteln (§ 209 Abs. 4 Satz 2 AktG, § 57f Abs. 3 Satz 2 GmbHG),
- Prüfung von Unternehmensverträgen (§ 293d Abs. 2 AktG),
- Prüfung von Eingliederungen (§ 320 Abs. 3 AktG),
- Prüfung bzw. prüferische Durchsicht von Halbjahres- oder Quartalsfinanzberichten (§§ 37w ff. WpHG),
- Prüfung des Jahresberichtes von Sondervermögen (§ 44 Abs. 5 InvestmentG),
- Prüfung des JA und LB einer Investmentaktiengesellschaft (§ 110a Abs. 2 InvestmentG),
- Externe Qualitätskontrolle (§ 57b Abs. 4 WPO).

Für die Prüfung von JA von **Genossenschaften** gilt § 323 HGB demgegenüber nicht. Hier enthält § 62 GenG eine Spezialregelung.   **10**

Nach hM gilt § 323 HGB auch ohne expliziten Gesetzesverweis bei allen anderen gesetzlich angeordneten Prüfungen.[8]   **11**

Demgegenüber findet § 323 HGB bei **freiwilligen Prüfungen** keine Anwendung (Rz 103).[9] Gleiches gilt auch für Prüfungshandlungen, die über den gesetzlichen Pflichtrahmen hinausgehen und somit nicht mehr als Teil der gesetzlichen Apr. angesehen werden können.[10]   **12**

§ 323 HGB ist in der derzeitigen Fassung seit 2004 anzuwenden. Mit dem Wirtschaftsprüfungsexamens-Reformgesetz (WPRRefG) wurde der frühere Abs. 5 der Vorschrift, der eine Sonderregelung zur Verjährung enthielt, mit Wirkung zum 1.1.2004 aufgehoben (vgl. zur Verjährung Rz 102).   **13**

Pflichtverstöße i. S. v. § 323 Abs. 1 und 3 HGB lösen nicht nur die in der Vorschrift angesprochenen zivilrechtlichen Haftungsfolgen (Rz 77) aus, sondern bewirken auch ggf. straf- und berufsrechtliche Konsequenzen. **Strafrechtliche Konsequenzen** enthalten §§ 332, 333 HGB. § 332 HGB regelt **Pflichtverletzungen gegen Berichterstattungspflichten** des AP (§ 332 Rz 19). § 333 HGB stellt die **Verletzung von Geheimhaltungspflichten** unter Strafe (§ 333 Rz 38).   **14**

**Berufsrechtlich** werden Pflichtverletzungen gleichermaßen geahndet, auch wenn ggf. keine zivilrechtlichen Schadensersatzansprüche vom geprüften Unt geltend gemacht werden.   **15**

> **Beispiel**
> Im Rahmen der Durchsicht des BAnz stellt die WPK fest, dass der vom AP mit einem uneingeschränkten BSV versehene JA und LB Fehler enthalten (unvollständige Angaben zum Beteiligungsbesitz). Nach Sachverhaltsermittlung durch Nachfrage beim AP leitet die WPK ein berufsaufsichtliches Verfahren gegen den AP ein.

Die von der WPK vorgenommene Berufsaufsicht verhängt gegen WP, die eine Pflichtverletzung begehen, eine berufsgerichtliche Maßnahme (§ 67 WPO). Danach kommen nach § 68 WPO als Maßnahmen bei Pflichtverstößen in Betracht:   **16**

---

[8] Vgl. *ADS*, 6. Aufl., § 323 HGB, Rz 7; *Schmidt/Feldmüller*, in Beck Bil-Komm. 9. Aufl., § 323 HGB, Rz 4; *Kuhner/Päßler*, in *Küting/Pfitzer/Weber*, HdR, 5. Aufl., § 323 HGB, Rn 1, Stand 5/2013.
[9] Vgl. *ADS*, 6. Aufl., § 323 HGB, Rz 9.
[10] Vgl. *Ebke*, in MünchKomm HGB, 3. Aufl., § 323, Rn 14.

- Geldbußen bis zu 500.000 EUR,
- ein auf bestimmte Tätigkeitsgebiete beschränktes Tätigkeitsverbot für die Dauer von einem bis fünf Jahre,
- ein Berufsverbot von einem bis fünf Jahre oder
- ein Ausschluss aus dem Beruf.

Geldbuße und Tätigkeitsverbote bzw. Berufsverbote können auch nebeneinander verhängt werden.

17 Außerdem kann der Vorstand der WPK eine **Rüge** gegen einen WP wegen eines Pflichtverstoßes erteilen (§ 69 WPO). Hat ein WP durch die Verurteilung in einem Strafprozess die Fähigkeit zur Bekleidung öffentlicher Ämter verloren, ist ein **Widerruf der Bestellung** nach § 20 Abs. 2 Nr. 2 WPO gesetzlich vorgeschrieben.[11]

18 Der frühere Abs. 5 der Vorschrift, der eine spezielle **fünfjährige Verjährungsfrist** vorsah, wurde durch Art. 6 des Wirtschaftsprüfungsexamens-Reformgesetzes (WPRRefG) mit Wirkung ab 1.1.2004 aufgehoben. Die Übergangsregelung in Art. 55 EGHGB hierzu sieht vor, dass die neue Verjährungsregelung auch für alle am 1.1.2004 bestehenden und noch nicht verjährten Altansprüche anzuwenden ist.

19 Die **Haftungshöchstsummen** von § 323 Abs. 2 HGB sind gem. Art. 51 EGHGB auf Schadensfälle anzuwenden, die die Prüfung von Gj, die nach dem 31.12.2001 beginnen, betreffen.

## 2 Pflichten des Abschlussprüfers

### 2.1 Kreis der Verpflichteten

20 Abs. 1 Satz 1 der Vorschrift präzisiert den Kreis der durch die Vorschrift verpflichteten Personen. Danach sind vom Pflichtenrahmen des § 323 HGB direkt erfasst:
- der AP,
- die Gehilfen des AP und
- die bei der Prüfung mitwirkenden gesetzlichen Vertreter einer Prüfungsgesellschaft.

21 **Abschlussprüfer** i.S.d. Vorschrift ist der gem. § 318 HGB bestellte AP. Dieser kann durch Wahl durch das zuständige Organ der zu prüfenden Ges und anschließender Beauftragung, durch gerichtliche Bestellung (§ 318 Abs. 4 HGB) oder durch gerichtliche Ersetzung (§ 318 Abs. 3 HGB) bestellt worden sein (zu Einzelheiten § 318 Rz 4, 47 und 35). Im Fall einer WPG/BPG ist diese selbst AP, auch wenn sie selbst nicht handeln kann, sondern durch ihre Organe vertreten wird.

22 Unter **Gehilfen des Abschlussprüfers** sind alle bei der Apr. eingesetzten Personen zu verstehen, mit Ausnahme des AP selbst bzw. der bei der Prüfung mitwirkenden gesetzlichen Vertreter einer Prüfungsgesellschaft. Hierunter fallen eingesetzte WP/vBP, Prüfungsassistenten und sonstige Personen, die Arbeiten im Zusammenhang mit der Apr. erbringen, auch wenn sie keinen Einfluss auf das Prüfungsergebnis haben (z.B. reine Schreibarbeiten). Denn auch diese Personen erlangen Informationen über das geprüfte Unt, die unter die Verschwiegenheits-

---

[11] Vgl. *Kuhner/Päßler*, in *Küting/Pfitzer/Weber*, HdR, 5. Aufl., § 323 HGB, Rn 51, Stand 5/2013.

pflicht von Abs. 1 der Vorschrift fallen.¹² Es ist im Übrigen auch unerheblich, ob die Personen in einem festen oder freien Anstellungsverhältnis stehen oder ggf. nur einmalig tätig werden. Es ist auch unerheblich, ob die Personen eine die in § 50 WPO vorgesehene Verpflichtungserklärung zur Verschwiegenheit abgegeben haben, da § 323 Abs. 1 HGB die in § 50 WPO angesprochene gesetzliche Verschwiegenheitspflicht unmittelbar begründet.¹³ Der Kreis der Verpflichteten geht somit über das eigentliche Prüfungsteam hinaus. Den Gehilfen des AP steht das gesetzliche **Zeugnisverweigerungsrecht** zu (§§ 53a StPO, 102 Abs. 2 AO, 383 Abs. 1 Nr. 6ZPO).

**Gesetzliche Vertreter** einer Prüfungsgesellschaft sind je nach Rechtsform der Prüfungsgesellschaft deren vertretungsberechtigte Organe:
- bei der AG der Vorstand,
- bei der GmbH die Geschäftsführer,
- bei einer PersG (OHG, KG) die zur Geschäftsführung berechtigten Gesellschafter,
- bei einer SE der Vorstand (dualistisches System) bzw. der Verwaltungsrat (monistisches System),
- bei einer KGaA der oder die persönlich haftenden Gesellschafter,
- bei einer PartG die Partner,
- bei einer PersG oder KGaA, deren Geschäftsführung und Vertretung durch eine WPG/BPG als phG erfolgt, die für die Rechtsform dieser WPG/BPG betreffenden gesetzlichen Vertreter.

23

Die **Mitwirkung** der gesetzlichen Vertreter einer Prüfungsgesellschaft an einer Apr. ist nicht erst dann gegeben, wenn sie unmittelbar an Prüfungshandlungen teilnehmen. Mitwirkung bei der Prüfung umfasst auch schon die Auswahl und Überwachung von Mitarbeitern.¹⁴

24

Zum Regelungsbereich des § 323 HGB in Bezug auf den Prüfer für Qualitätskontrolle (§ 57a Abs. 3 WPO) und dessen Gehilfen, Mitarbeitern der WPK und der APAK vgl. Rz 62.

25

## 2.2 Gewissenhaftigkeit

Gewissenhaftigkeit i. S. v. § 323 HGB stellt eine Konkretisierung der allgemeinen vertragsrechtlichen Sorgfaltspflicht des § 276 Abs. 2 BGB für die Apr. dar. Gewissenhaftigkeit beinhaltet demnach zwei Merkmale, nämlich den Aspekt der **Sorgfalt** und das **Handeln nach bestem Wissen und Gewissen**. Die gesetzliche Anforderung nach Gewissenhaftigkeit erfordert somit einerseits die sorgfältige Beachtung der für die Apr. geltenden gesetzlichen und fachlichen Regelungen sowie andererseits die Beurteilung im Einzelfall, ob und wie diese Regelungen anzuwenden sind.¹⁵ Gewissenhaftigkeit umfasst demnach auch das eigenverantwortliche Urteil des AP.¹⁶

26

---

12 Vgl. *Hennrichs*, in *Baetge/Kirsch/Thiele*, Bilanzrecht, § 323 HGB, Rz 22, Stand 12/2014; a. A: ADS, 6. Aufl., § 323 HGB, Rz 13f., die nur solche Personen als Gehilfen des AP betrachten, die inhaltlich am Zustandekommen des Prüfungsergebnisses beteiligt sind.
13 Vgl. WP-Handbuch, Bd. I, 14. Aufl., Abschn. A, Rz 345.
14 Vgl. *Hennrichs*, in *Baetge/Kirsch/Thiele*, Bilanzrecht, § 323 HGB, Rz 23, Stand 12/2014; *Schmidt/Feldmüller*, in Beck Bil-Komm. 9. Aufl., § 323 HGB, Rz 63.
15 Vgl. *Kuhner/Päßler*, in *Küting/Pfitzer/Weber*, HdR, 5. Aufl., § 323 HGB, Rn 4, Stand 5/2013.
16 Vgl. WP-Handbuch, Bd. I, 14. Aufl., Abschn. A, Rz 386.

27 § 4 BS WP/vBP enthält eine Konkretisierung dessen, was unter Gewissenhaftigkeit zu verstehen ist. Danach fallen hierunter folgende Aspekte:
- **Bindung an das Gesetz und Beachtung** der für die Berufsausübung geltenden Bestimmungen sowie **fachlichen Regelungen** (Rz 28–35),
- Verbot der Auftragsannahme aufgrund **mangelnder Sachkunde** oder **nicht ausreichend verfügbarer Zeit** (Rz 36–38),
- Vornahme einer sachgerechten **Gesamtplanung** zur Sicherstellung einer ordnungsgemäßen und zeitgerechten Auftragsabwicklung (Rz 39),
- **Beendigung des Auftragsverhältnisses**, wenn nach Auftragsannahme Umstände eintreten, die zur Ablehnung des Auftrags hätten führen müssen (Rz 40).

28 Die WPO enthält **berufsrechtliche Vorschriften**, die der WP (auch) im Rahmen von Apr. zu beachten hat (z. B. §§ 43–44, 48, 50–51b, 53–54a, 55a–56, 57a WPO). Darüber hinaus sind die Vorschriften der gem. § 57 Abs. 3 WPO erlassenen BS WP/vBP zu beachten, in der besondere Berufspflichten bei der Durchführung von Prüfungen und der Erstattung von Gutachten niedergelegt sind (§§ 20–27a BS WP/vBP).

29 **Fachliche Prüfungsgrundsätze** sind gesetzlich in den §§ 316–322 HGB niedergelegt. Daneben können im Rahmen von Apr. wirtschaftszweigspezifische oder rechtsformabhängige Vorschriften, gesellschafterbezogene (§ 53 HGrG) sowie gesellschaftsvertragliche oder satzungsmäßige Bestimmungen zu beachten sein.[17]

30 Neben den gesetzlichen Vorschriften existieren für AP die **fachlichen Grundsätze**. Dies sind in Deutschland die vom IDW festgestellten PS und PH, die im Wesentlichen auf den ISA, beruhen und darüber hinaus auf Besonderheiten der deutschen Rechtslage eingehen, sowie die gemeinsame Stellungnahme von WPK und IDW VO 1/2006.[18] Zum Grad der Verbindlichkeit von PS und PH für den AP enthält IDW PS 201 Vorgaben. Danach ist eine **Abweichung von IDW PS nur in Ausnahmefällen** zulässig; eine Abweichung von einem IDW PS ohne Vorliegen gewichtiger Gründe kann im Rahmen der Berufsaufsicht zum Nachteil des AP ausgelegt werden.[19] Der Auffassung, dass mangels „Rechtssetzungsbefugnis eines privaten Standard-Setters [diesen Standards] keinerlei Rechtsnormqualität zukommt"[20], ist zwar rechtssystematisch zuzustimmen. Faktisch wird sich die Judikative im Fall der Beurteilung eines zivil- und haftungsrechtlich relevanten Verstoßes i.S.v. § 323 HGB auf die berufsrechtliche Beurteilung abstützen. Da ein Verstoß gegen das Gebot der Gewissenhaftigkeit regelmäßig im Weg eines berufsaufsichtlichen Verfahrens festgestellt wird (Rz 15) und hierbei die IDW PS – vor allem aufgrund des Verfahrens ihres Zustandekommens – hohe Bedeutung haben, begründen sie faktisch eine Umkehrung der Beweislast, d.h., der davon abweichende AP hat darzulegen, dass er dennoch ordnungsgemäß geprüft hat..

31 IDW PH haben nicht den gleichen Verbindlichkeitsgrad wie IDW PS, sondern dienen der Orientierung des AP; ihre Anwendung wird lediglich empfohlen.[21]

---

[17] Vgl. IDW PS 201, Tz 27.
[18] Vgl. WPK/IDW, WPg 2006, S. 629.
[19] Vgl. im Einzelnen IDW PS 201, Tz 27 ff.
[20] *Hennrichs*, in *Baetge/Kirsch/Thiele*, Bilanzrecht, § 323 HGB, Rz 26, Stand 12/2014.
[21] Vgl. IDW PS 201, Tz 28.

Faktisch wird ein Abweichen von IDW PH gleichwohl auf einen Verstoß gegen die Gewissenhaftigkeit hindeuten, sodass es sich für den AP empfiehlt, auch in derartigen Fällen angemessen zu dokumentieren, worin sich die Abweichung begründet und weshalb er dennoch hinreichende Prüfungssicherheit erzielt hat. Bspw. können im Einzelfall atypische Sachverhalte ein Abweichen von IDW PH erfordern.

Allerdings wäre es wohl zu weitgehend, IDW PS oder IDW PH Weisungscharakter zuzusprechen, zumal dies mit den Grundsätzen der Unabhängigkeit und Eigenverantwortlichkeit (§ 43 WPO) nicht vereinbar wäre.[22] IDW PS und IDW PH stellen demzufolge auch keine Mindestanforderungen für den AP dar, die in jedem Einzelfall vom AP einzuhalten sind.[23]  32

Nach der derzeitigen Rechtslage sind für gesetzliche Abschlussprüfungen in Deutschland **deutsche Prüfungsgrundsätze** anzuwenden.[24] Zwar ist durch das BilMoG in § 317 Abs. 5 HGB eine „Öffnungsklausel" für die ISA bereits angelegt worden. Mangels bislang erfolgter Annahme der ISA durch die EU geht diese Regelung derzeit (noch) ins Leere (§ 317 Rz 133 ff).[25]  33

Gegenstand einer Apr. ist ein JA/LB bzw. KA/KLB, die nach bestimmten, im Regelfall handelsrechtlichen Rechnungslegungsstandards aufgestellt sind. Die handelsrechtlichen **Rechnungslegungsvorschriften** sind in §§ 238 ff. HGB dargelegt, sodass deren Kenntnis für den AP ebenso Teil der Anforderungen zur Gewissenhaftigkeit darstellt, wie dies gleichermaßen für GoB, für vom DSR verabschiedete und vom BMJ bekannt gemachte DRS sowie die vom IDW festgestellten IDW RS und IDW RH gilt.  34

Soweit der zu prüfende JA bzw. KA nach internationalen Rechnungslegungsstandards aufgestellt worden ist, ist dementsprechend die Kenntnis dieser Standards und hierzu ergangener Interpretationen für den AP erforderlich. Für die **IFRS** sind dies neben den IAS und IFRS die IFRIC und SIC sowie die zu Fragestellungen der IFRS festgestellten IDW RS und IDW RH.  35

Das in § 4 Abs. 2 BS WP/vBP enthaltene Merkmal der Gewissenhaftigkeit hinsichtlich **ausreichender Sachkunde** steht eng im Zusammenhang mit § 4a BS WP/vBP, der die fachliche Fortbildung der WP/vBP selbst, sowie mit § 6 WP/vBP, der die Aus- und Fortbildung der Mitarbeiter des WP/vBP regelt. Nur durch ausreichende und angemessene Aus- und Fortbildung in den benötigten Fachgebieten kann die Sachkunde nachprüfbar nachgewiesen werden.  36

> **Beispiel**
> Die quantitativen Anforderungen des § 4a BS WP/vBP (mindestens 40 Stunden Fortbildung p.a.) kann ein WP durch die Belegung eines einwöchigen Seminars zum internationalen Steuerrecht erfüllen. Zum Nachweis der erforderlichen Sachkunde als AP eines IFRS-KA hilft ihm dieses Seminar aber nicht.

---

[22] GlA: *Schmidt/Feldmüller*, in Beck Bil-Komm. 9. Aufl., § 323 HGB, Rz 12.
[23] A.A.: *Baumbach/Hopt/Merkt*, HGB, 36. Aufl., 2013, § 323 HGB, Rn 1.
[24] Vgl. *Pfitzer/Orth*, in *Baetge/Kirsch/Thiele*, Bilanzrecht, § 322 HGB, Rz 501, Stand 12/2014.
[25] A.A.: *Marten/Quick/Ruhnke*, Wirtschaftsprüfung, 4. Aufl., 2011, S. 103, die bei gegenüber den deutschen Grundsätzen ordnungsmäßiger Abschlussprüfung im Ausnahmefall weitergehenden Anforderungen der ISA davon ausgehen, dass diese vom AP bereits nach jetziger Rechtslage zu berücksichtigen sind.

37 Erforderliche Sachkunde erfordert neben der Kenntnis fachlicher Regelungen auch eine **sachgerechte Organisation** der Apr. Dies schließt die ausreichende Einteilung von Mitarbeitern (Prüfungsleitern, Prüfungsassistenten) für den betreffenden Auftrag sowie die Überwachung der Mitarbeiter ein. Abschn. 4.6 der VO 1/2006 enthält diesbezügliche Konkretisierungen, die bei der Durchführung von betriebswirtschaftlichen Prüfungen zu beachten sind.[26]

38 Gewissenhaftigkeit erfordert nach § 4 Abs. 2 BS WP/vBP außerdem **ausreichend Zeit** zur ordnungsgemäßen Bearbeitung des Auftrags. Dies setzt eine angemessene Auftragsplanung durch den AP sowie die Vereinbarung realistischer Zeitpläne mit dem Mandanten voraus. Zeitmangel ist kein Entschuldigungsgrund für eine nicht ordnungsgemäße Berufsausübung. Daher hat der AP unverzüglich darauf hinzuweisen, wenn er eine Apr. nicht in der gesetzten Frist durchführen kann.

39 Die Forderung nach einer angemessenen **Gesamtplanung** (§ 4 Abs. 3 BS WP/vBP) gründet sich auf denselben Überlegungen. Nur durch eine angemessene Gesamtplanung aller Aufträge ist der AP in der Lage, mit der erforderlichen Sachkunde (insb. den erforderlichen Mitarbeitern) und ausreichender Zeit die AP durchzuführen. Die Anforderung an eine angemessene Gesamtplanung ist stark abhängig von Größe und Struktur der WP-Praxis, sodass diesem Gesichtspunkt bei größeren Prüfungseinheiten weit größere Bedeutung zukommt, als z. B. bei einer Kanzlei eines Einzel-WP mit nur wenigen Mitarbeitern. Konkretisierungen zur Ausgestaltung der Gesamtplanung enthält Abschn. 4.4 der VO 1/2006.[27]

40 § 4 Abs. 4 BS WP/vBP stellt klar, dass zur gewissenhaften Berufsausübung auch gehört, einen **Auftrag vorzeitig zu beenden**, wenn Umstände eintreten, die eine Auftragsannahme verhindert hätten. Auch hierzu enthält die VO 1/2006 in Abschn. 4.2 weitergehende Konkretisierungen. Typische Anwendungsfälle sind das nachträgliche Auftreten von die Unabhängigkeit ausschließenden Sachverhalten oder das nachträgliche Bekanntwerden von Zweifeln an der Integrität des Mandanten. Vgl. zur Kündigung des Prüfungsauftrags aus wichtigem Grund auch § 318 Rz 56ff.

### 2.3 Unparteilichkeit

41 Die Apr. dient insb. dem öffentlichen Interesse. Daher bestimmt § 323 Abs. 1 Satz 1 HGB, dass eine Apr. **unparteiisch** durchzuführen ist, womit vor allem gemeint ist, dass der AP nicht allein die Interessen der zu prüfenden Ges. und deren Organe im Auge haben darf.[28]

42 § 20 BS WP/vBP stellt klar, dass Unparteilichkeit bedeutet, **keinen der Beteiligten zu benachteiligen oder zu bevorzugen**, wobei dies bzgl. einer Apr. insb. auf die Form der Berichterstattung, d. h. die Ausführungen im Prüfungsbericht, ankommt bzw. bei der mündlichen Berichterstattung an den AR von Belang ist.[29] Da der Prüfungsbericht mehreren „Beteiligten" zugänglich ist, kommt der **unparteiischen Berichterstattung** große Bedeutung zu (zu den Adressaten des Prüfungsberichts vgl. § 321 Rz 7). Daher dürfen wesentliche Sachverhalte nicht

---

[26] Vgl. WPK/IDW, WPg 2006, S. 638 ff.
[27] Vgl. WPK/IDW, WPg 2006, S. 637.
[28] Vgl. ADS, 6. Aufl., § 323 HGB, Rz 28.
[29] Zur mündlichen Berichterstattung an den AR vgl. IDW PS 470, Tz 8 ff.

verschwiegen oder verklausuliert dargestellt werden.³⁰ Es widerspricht aber nicht dem Gebot der Unparteilichkeit, eine Schlussbesprechung mit der Unternehmensleitung durchzuführen und dieser den Prüfungsbericht im Entwurf zu überlassen (§ 321 Rz 146).

Die Pflicht zur Unparteilichkeit korrespondiert mit dem persönlichen Ausschlussgrund der **Besorgnis der Befangenheit** (§ 319 Abs. 2 HGB), d. h. wenn die Unabhängigkeit des AP durch geschäftliche, finanzielle oder persönliche Umstände beeinträchtigt wird.³¹ Auch hierzu enthält die BS WP/vBP Konkretisierungen:

- Eigeninteressen (§ 23 BS WP/vBP),
- Selbstprüfung (§ 23a BS WP/vBP),
- Interessenvertretung (§ 23b BS WP/vBP) und
- persönliche Vertrautheit (§ 24 BS WP/vBP).

43

Besorgnis der Befangenheit kann nicht nur in der Person des AP, sondern auch durch o.g. Umstände begründet werden, die im Verhältnis zu einer Person auftreten, mit der der AP gemeinsam den Beruf ausübt oder die zur Teilnahme an der Apr. vorgesehen bzw. eingesetzt ist (vgl. § 21 Abs. 4 Satz 1 Nr. 1–5 BS WP/vBP). Dies gilt entsprechend auch für WPG/BPG bez. deren gesetzlichen Vertreter oder Gesellschafter, die einen maßgeblichen Einfluss ausüben können oder bei der Apr. in verantwortlicher Position beschäftigt werden (§ 22 Abs. 4 Satz 2 BS WP/vBP). Einzelheiten zum Ausschlussgrund Besorgnis der Befangenheit s. § 319 Rz 22 ff.

44

## 2.4 Verschwiegenheitspflicht

### 2.4.1 Reichweite

Die in Abs. 1 Satz 1 der Vorschrift dem AP auferlegte Verschwiegenheitspflicht ist ein zentraler Eckpfeiler zum Schutz der geprüften Ges. (Rz 6). Sie ist daher umfassend und **weit auszulegen** und bezieht sich somit grds. auf alles, was der AP (und die übrigen der Verschwiegenheitspflicht unterliegenden Personen, vgl. Rz 20) im Rahmen der Durchführung der Apr. bekannt geworden ist. Nur eine derartig weite Auslegung lässt das dem AP zustehende Einblicks- und Informationsrecht i.S.v. § 320 HGB vertretbar erscheinen.³² Auch die in § 43 WPO als allgemeine Berufspflicht bestehende Verschwiegenheitspflicht wird im Übrigen ähnlich weit ausgelegt (zum Verhältnis § 43 WPO zu § 323 HGB vgl. Rz 2).³³

45

Die Reichweite der Verschwiegenheitspflicht findet dann ihre Grenzen, wenn es um Sachverhalte geht, die **allgemein bekannt oder jedermann ohne Weiteres zugänglich** sind. Hierunter fallen solche Sachverhalte und Tatsachen, die von der geprüften Ges. offiziell bekannt gemacht (z.B. im BAnz) oder in Form von Presseberichten, Pressemitteilungen erkennbar von der Ges. veranlasst oder bestätigt worden sind.³⁴ Ohne Weiteres zugänglich sind Informationen, die im HR eingetragen sind oder von der geprüften Ges. auf ihrer Internetseite publiziert werden. Nicht ohne Weiteres zugänglich sind demgegenüber Eintragungen

46

---

30 Vgl. *Kuhner/Päßler*, in *Küting/Pfitzer/Weber*, HdR, 5. Aufl., § 323 HGB, Rn 13, Stand 5/2013.
31 Vgl. *Hennrichs*, in *Baetge/Kirsch/Thiele*, Bilanzrecht, § 323 HGB, Rz 34, Stand 12/2014.
32 Vgl. *Mock*, DB 2003, S. 1996.
33 Vgl. *Maxl*, in *Hense/Ulrich*, WPO-Kommentar, 2. Aufl., § 43 WPO, Rn 119.
34 Vgl. *Schmidt/Feldmüller*, in Beck Bil-Komm. 9. Aufl., § 323 HGB, Rz 32.

im Grundbuch, da hier eine Einsichtnahme nur bei berechtigtem Interesse möglich ist (§ 12 Abs. 1 GBO). Entscheidend für die Reichweite der Verschwiegenheit ist weiterhin der wirkliche oder mutmaßliche Wille der geprüften Ges., bestimmte Informationen nicht an Dritte weiterzugeben. Im Zweifel ist daher vom Bestehen der Verschwiegenheitspflicht auszugehen.

47 § 9 BS WP/vBP konkretisiert die Anforderungen von § 43 WPO. Die in § 9 Abs. 3 BS WP/vBP vorgenommene Klarstellung, dass die Verschwiegenheitspflicht auch nach Beendigung des Auftragsverhältnisses fortbesteht, gilt für § 323 HGB gleichermaßen. Da der Prüfungsauftrag mit Auslieferung von BSV und Prüfungsbericht abgeschlossen ist (zu Einzelheiten vgl. § 321 Rz 148), ist evident, dass dann nicht bereits die Verschwiegenheitspflicht enden kann. Es entspricht hM, dass die Verschwiegenheitspflicht i.S.v. § 323 Abs. 1 Satz 1 HGB **keine zeitliche Begrenzung** kennt.[35]

48 Sie endet bspw. auch nicht durch Untergehen der geprüften Ges., z.B. durch Löschung im HR infolge Ablehnung eines Antrags auf Insolvenzeröffnung mangels Masse (§ 26 Abs. 1 InsO i.V.m. § 394 Abs. 1 Satz 2 FGG). Im Fall einer Verschmelzung gehen die Ansprüche aus § 323 HGB auf die aufnehmende Ges. über, sodass auch nur diese Ges. den AP erforderlichenfalls von der Verschwiegenheitspflicht entbinden kann (Rz 68).

49 Die Verschwiegenheitspflicht besteht gegenüber **außenstehenden Dritten**, dagegen nicht gegenüber den vertretungsberechtigten Organen der Ges. selbst. Hieraus allerdings zu folgern, der Vorstand der zu prüfenden AG sei laufend über den Stand der Apr. zu unterrichten, würde zu weit gehen, da hierdurch die Kontrollfunktion der Apr. beeinträchtigt werden könnte. Gegenüber Mitarbeitern der geprüften Ges., die von deren gesetzlichen Vertretern als Auskunftspersonen bestimmt worden sind, ist der AP mitteilungsberechtigt.[36]

> **Beispiel**
> Der Geschäftsführer der prüfungspflichtigen GmbH hat dem AP als Auskunftsperson den Buchhalter Fleißig benannt. Der AP ist berechtigt, dem Fleißig mitzuteilen, für welche ausgewählte Debitoren und Kreditoren Saldenbestätigungen einzuholen sind.

50 Gegenüber dem **Aufsichtsrat** oder dem **Prüfungsausschuss** der geprüften Ges. besteht keine Verschwiegenheitspflicht des AP, da er diesem nach §§ 171 Abs. 1 Satz 2 AktG, 321 Abs. 5 Satz 2 HGB mündlich und schriftlich zu berichten hat.[37] Gleiches gilt bei einem überwachenden Aufsichtsrat einer GmbH bzw. vergleichbaren Überwachungsgremien bei Gesellschaften anderer Rechtsformen.

51 Gegenüber **Aktionären** einer AG oder KGaA ist der AP zur Verschwiegenheit verpflichtet (§ 176 Abs. 2 Satz 3 AktG). **Gesellschafter einer GmbH** haben dagegen gem. § 42a Abs. 3 GmbHG ein Auskunftsrecht gegen den AP. Zu

---

[35] Vgl. *ADS*, 6. Aufl., § 323 HGB, Rz 37; *Ebke*, in MünchKomm HGB, 3. Aufl., § 323, Rn 55; *Kuhner/Päßler*, in *Küting/Pfitzer/Weber*, HdR, 5. Aufl., § 323 HGB, Rn 14, Stand 5/2013; *Hennrichs*, in *Baetge/Kirsch/Thiele*, Bilanzrecht, § 323 HGB, Rz 35, Stand 12/2014.

[36] Vgl. *Kuhner/Päßler*, in *Küting/Pfitzer/Weber*, HdR, 5. Aufl., § 323 HGB, Rn 14, Stand 11/2013.

[37] Vgl. zu Einzelheiten der mündlichen Berichterstattung an den Aufsichtsrat IDW PS 470 und zur Berichterstattung im Prüfungsbericht IDW PS 450.

beachten ist allerdings, dass dieses Auskunftsrecht nicht den einzelnen Gesellschafter, sondern der GesV als Einheit zusteht. Einzelne Gesellschafter haben demgemäß nur ein Auskunftsrecht gegen den AP, wenn sie von der GesV dazu ermächtigt worden sind.

Innerhalb des **Prüfungsteams** besteht keine Verschwiegenheitspflicht, da alle im Rahmen der Prüfung beschäftigten Personen der Verschwiegenheitspflicht unterliegen (Rz 22). Für eine effiziente Prüfungsdurchführung sind eine umfassende und fortlaufende Information innerhalb des Prüfungsteams unerlässlich. 52

Nicht der Verschwiegenheitspflicht unterliegt eine innerhalb der Prüfungsgesellschaft durchgeführte **Konsultation** (§ 24b Abs. 2 BS WP/vBP), z.B. mit einer Grundsatzabteilung. Auch die hier eingesetzten WP/vBP bzw. Mitarbeiter sind über § 43 bzw. § 50 WPO zur Verschwiegenheit verpflichtet. Eine angemessene Konsultation erfordert die Darstellung des zugrunde liegenden Sachverhalts. Hierzu darf auch nicht unmittelbar mit dem Prüfungsauftrag befassten Mitarbeitern der Prüfungsgesellschaft Einblick in die Arbeitspapiere gewährt bzw. benötigte Informationen mitgeteilt werden. 53

Wird eine externe Konsultation z. B. bei einem Berufskollegen vorgenommen, so ist dieser entweder zur Verschwiegenheit zu verpflichten oder der von diesem zu beurteilende Sachverhalt ist vorher durch den AP so zu anonymisieren, dass der Konsultierte keine der Verschwiegenheitspflicht entgegenstehenden Informationen erhält. 54

> **Beispiel**
> Der Einzel-WP, der den JA der prüfungspflichtigen GmbH & Co. KG prüft, stößt im Zuge der Apr. auf einen für ihn schwierig zu beurteilenden Sachverhalt im Zusammenhang mit einer Bewertungseinheit zwischen einem am Bilanzstichtag schwebenden Beschaffungsgeschäft und einem Devisentermingeschäft. Nachdem er den Sachverhalt aufgenommen und selbst beurteilt hat, möchte er aufgrund der Tragweite der Beurteilung für den zu prüfenden JA eine Konsultation durchführen. Er stellt eine fachliche Anfrage bei einem Fachreferenten des IDW, indem er den Sachverhalt anonymisiert darlegt und um grundsätzliche Beurteilung der konkreten Rechnungslegungsfrage zu Bewertungseinheiten bittet.
> Soweit die anonymisierte Darstellung des Sachverhalts keine Rückschlüsse auf die zu prüfende Gesellschaft ermöglicht, liegt kein Verstoß gegen die Verschwiegenheitspflicht durch den AP vor.

Auch gegenüber Mitarbeitern der Prüfungsgesellschaft, die für die **laufende Qualitätssicherung** zuständig sind, besteht keine Verschwiegenheitspflicht. Hauptanwendungsfälle sind die auftragsbezogene Qualitätssicherung in Form der Berichtskritik (§ 24d Abs. 1 BS WP/vBP) und der auftragsbegleitenden Qualitätssicherung (§ 24d Abs. 2 und 3 BS WP/vBP) sowie die Nachschau zur Auftragsabwicklung, zu der WP verpflichtet sind (§ 33 BS WP/vBP). 55

Bei größeren Prüfungsverbünden werden Qualitätssicherungsmaßnahmen, wie z.B. die Nachschau, häufig gesellschaftsübergreifend durchgeführt. Soweit Mitarbeiter von anderen Prüfungsgesellschaften des Prüfungsverbunds auftragsbezogene Nachschauen bei einer Prüfungsgesellschaft durchführen, sind sie 56 zuvor zur Verschwiegenheitspflicht zu verpflichten, da sie insoweit wie ein freier Mitarbeiter zu behandeln sind.[38]

> **Beispiel**
> Fünf Einzel-WP (A, B, C, D und E) haben aus Gründen der Effizienzsteigerung und Qualitätsverbesserung ein gemeinsames Qualitätssicherungssystem für die Durchführung von Abschlussprüfungen entwickelt. Ein Bestandteil dieses gemeinsamen Qualitätssicherungssystems stellt die gegenseitige Durchführung von Nachschauen von Prüfungsaufträgen dar.
> WP A soll bei WP B eine Nachschau für einen von B abgewickelten Prüfungsauftrag durchführen. WP B hat WP A gem. § 50 WPO zur Verschwiegenheit zu verpflichten.

57 Die Verschwiegenheitspflicht besteht nicht gegenüber Mitgliedern des gesetzlichen Vertretungsorgans der Prüfungsgesellschaft (Rz 23).[39] Entweder gehören diese als an der Prüfung Mitwirkende ohnehin schon zum Kreis der der Verschwiegenheitspflicht unterliegenden Personen (Rz 22) oder sie sind aufgrund ihrer allumfassenden Zuständigkeit und Verantwortlichkeit für die WPG/BPG befugt, sich über die Prüfungstätigkeit der WPG/BPG zu informieren (zum Verwertungsverbot der hierdurch gewonnenen Erkenntnisse vgl. Rz 72).

58 Eine spezielle Regelung enthält § 323 Abs. 3 HGB für den **Aufsichtsrat** und die **Mitglieder des Aufsichtsrats einer Prüfungsgesellschaft**. Zu diesem Organ bzw. dessen Mitgliedern besteht eine explizite Verschwiegenheitspflicht der an dem Prüfungsauftrag beteiligten Personen (Rz 20). Durch die Vorschrift wird die Berichtspflicht des Vorstands der Prüfungsgesellschaft nach § 90 AktG eingeschränkt[40] und gleichermaßen die Überwachungstätigkeit des AR zumindest partiell beeinträchtigt. Die Regelung ist bei einem **fakultativen AR** oder Beirat gleichermaßen anzuwenden.

59 Gegenüber **Gesellschaftern der Prüfungsgesellschaft** gilt die Verschwiegenheitspflicht ebenfalls. Hier tritt das Kollisionsinteresse innerhalb der Prüfungsgesellschaft hinter die Interessen der zu prüfenden Ges. zurück.[41]

60 Die Verschwiegenheitspflicht umfasst nicht nur den Verzicht auf aktives Tun, sondern auch die Verhinderung der Einsichtnahme Dritter.[42] Daher hat der AP geeignete Vorkehrungen zu treffen, die die unbefugte Einsichtnahme Dritter verhindern (vgl. § 9 Abs. 2 BS WP/vBP). Hierzu können im Einzelnen Regelungen zur Aufbewahrung und Sicherung von Arbeitspapieren[43] und sonstigen mandantenbezogenen Informationen gehören.[44]

---

[38] Vgl. WP-Handbuch, Bd. I, 14. Aufl., Abschn. A, Rz 348.
[39] Vgl. *Schmidt/Feldmüller*, in Beck Bil-Komm. 9. Aufl., § 323 HGB, Rz 37.
[40] Vgl. *Hennrichs*, in *Baetge/Kirsch/Thiele*, Bilanzrecht, § 323 HGB, Rz 81, Stand 12/2014.
[41] Vgl. *Poll*, DZWiR 1995, S. 95 ff.
[42] Vgl. *Kuhner/Päßler*, in *Küting/Pfitzer/Weber*, HdR, 5. Aufl., § 323 HGB, Rn 20, Stand 5/2013.
[43] Zum Anspruch auf die Herausgabe von Arbeitspapieren des Wirtschaftsprüfers vgl. *Gutman*, BB 2010, S. 171.
[44] Vgl. VO 1/2006, Tz 50; IDW PS 460, Tz 31 ff.

## 2.4.2 Gesetzliche Ausnahmen

Der Gesetzgeber hat verschiedene Ausnahmen von der Verschwiegenheitspflicht vorgesehen. Danach besteht eine Auskunftspflicht des gesetzlichen AP
- gegenüber dem **Konzern-AP** nach § 320 Abs. 3 Satz 2 HGB (vgl. § 320 Rz 47),
- gegenüber dem **Sonderprüfer** einer AG nach § 258 Abs. 5 Satz 2 i.V.m. § 145 Abs. 2 AktG,
- in Form einer **Mitteilungspflicht an die BAFiN und die Deutsche Bundesbank** bei Vorliegen bestimmter Tatsachen nach § 29 Abs. 3 KWG[45],
- in Form einer **Offenlegung des Prüfungsberichts** nach § 321a HGB, wenn für die geprüfte Ges. ein Insolvenzverfahren eröffnet bzw. ein Antrag auf Eröffnung eines Insolvenzverfahrens mangels Masse abgelehnt wurde (zu Einzelheiten vgl. § 321a Rz 34, 44),
- in Form einer Abgabe einer Verdachtsanzeige im Hinblick auf **Geldwäsche** nach § 11 Abs. 3 GwG,
- im Rahmen von **Berufsaufsichtsverfahren** (z.B. anlassunabhängige Sonderuntersuchungen gem. § 62b WPO) nach § 62 Abs. 3 WPO.

§ 323 Abs. 1 Satz 1 2. Hs. HGB eröffnet über den Verweis auf § 57b WPO eine gesetzliche Ausnahme von der Verschwiegenheitspflicht im Rahmen der für gesetzliche AP obligatorischen **externen Qualitätskontrolle gem. § 57a WPO**. § 57b Abs. 3 WPO entbindet den AP insoweit von der Verschwiegenheitspflicht, als er dem Prüfer für Qualitätskontrolle die für dessen Zwecke benötigten Informationen zur Verfügung stellt. Der Prüfer für Qualitätskontrolle selbst, seine Mitarbeiter, die Bediensteten der WPK und die Mitglieder der Qualitätskontrollkommission unterliegen gem. § 57b Abs. 1 und 2 WPO ihrerseits einer Verschwiegenheitspflicht für im Rahmen ihrer Tätigkeiten erlangte Kenntnisse. Für die Mitglieder der APAK gilt gem. § 66b Abs. 1 WPO ebenfalls eine Verschwiegenheitspflicht.

Ob und inwieweit sich durch den **PCAOB** für dort registrierte deutsche WP bzw. WPG Auswirkungen auf eine weitere gesetzliche Ausnahme von der Verschwiegenheitspflicht ergeben werden, bleibt der weiteren Entwicklung vorbehalten. Derzeit können sich die dort registrierten WP bzw. WPG auf ihre Verschwiegenheitspflicht berufen. Soweit im Zuge sog. **joint inspections** im Rahmen einer anlassunabhängigen Sonderuntersuchung nach § 62b WPO auch ausländische Prüferaufsichten an diesen Untersuchungen teilnehmen, gilt für diesen Personenkreis unverändert die Verschwiegenheitspflicht; eine Einsichtnahme in Arbeitspapiere des AP ist für diesen Personenkreis nur durch Entbindung von der Verschwiegenheitspflicht durch den Auftraggeber möglich, während für die deutschen Sonderuntersucher über § 62 Abs. 3 WPO eine gesetzliche Ausnahme von der Verschwiegenheitspflicht besteht.[46]

Keine gesetzliche Ausnahme liegt vor, wenn sich ein AP oder eine Prüfungsgesellschaft auf freiwilliger Basis einer **Zertifizierung nach ISO 9001** unterzieht. Soweit hierbei der Verschwiegenheitspflicht unterliegende Informationen dem

---

[45] Vgl. IDW, Weitergabe von Informationen bzw. Unterlagen an die BaFin nach § 36 Abs. 1 WpHG, IDW-FN 2012, S. 409.
[46] Vgl. zu Einzelheiten *Krauß*, in *Hense/Ulrich*, WPO-Kommentar, 2. Aufl., § 62 WPO, Rn 47.

Zertifizierer offengelegt werden müssen, ist zuvor eine Entbindung von der Verschwiegenheit von der geprüften Ges. einzuholen.⁴⁷

65 Weiterhin kann eine gesetzliche Ausnahme von der Verschwiegenheitspflicht dann in Betracht kommen, wenn dies zur Abwendung einer schweren Straftat nach § 138 StGB erforderlich ist.⁴⁸ Diskutiert wird auch, ob eine gesetzliche Ausnahme vorliegt, wenn für den AP ein allgemeiner Rechtfertigungsgrund vorliegt (§§ 34, 193 StGB). Ein berechtigtes Eigeninteresse des AP könne demnach in Regressprozessen oder Honorarstreitigkeiten vorliegen sowie in straf- oder bußgeldrechtlichen Verfahren.⁴⁹ In derartigen Fällen ist vom AP eine Interessenabwägung vorzunehmen, da das öffentliche Interesse an die Verschwiegenheitspflicht des AP ein hohes Gut darstellt und daher an die Zumutbarkeit für den AP hohe Anforderungen zu stellen sind (Durchbrechung der Verschwiegenheitspflicht als *ultima ratio*).⁵⁰

66 Für den AP kann sich eine Auskunftspflicht als Zeuge im Rahmen von Verfahren vor staatlichen Gerichten oder Ermittlungsbehörden ergeben. Die Verschwiegenheitspflicht nach § 323 Abs. 1 HGB hat allerdings Vorrang vor der grds. für jeden Bürger bestehenden Aussagepflicht (z.B. §§ 48, 51, 161a StPO). Prozessual wurde dies durch ein **Zeugnisverweigerungsrecht** hergestellt, das in folgenden Rechtsgebieten geregelt ist:
- im **Zivilprozessrecht** nach § 383 Abs. 1 Nr. 6 ZPO,
- im **Strafprozessrecht** nach § 53 Abs. 1 Nr. 3 StPO, das über § 161a Abs. 1 Satz 2 StPO auch für das staatsanwaltschaftliche Ermittlungsverfahren gilt,
- im **Steuerermittlungs- und Finanzgerichtsverfahren** nach § 102 Abs. 1 Nr. 3b AO i.V.m. § 84 FGO.

67 Das Recht zur Zeugnisverweigerung stellt für den AP über § 323 Abs. 1 Satz 2 HGB, § 43 WPO, § 203 Abs. 1 Nr. 3 StGB, § 38 Abs. 1 Nr. 2c WpHG eine **Pflicht** dar. Wird der AP allerdings von der Verschwiegenheitspflicht entbunden (Rz 68), entfällt hiermit auch das Zeugnisverweigerungsrecht, sodass der AP dann nach § 385 Abs. 2 ZPO, § 53 Abs. 2 StPO, § 102 Abs. 3 AO i.V.m. § 84 FGO zur Aussage verpflichtet ist.⁵¹

### 2.4.3 Entbindung von der Verschwiegenheitspflicht

68 Soweit keine gesetzliche Ausnahme von der Verschwiegenheitspflicht vorliegt, kann der der Verschwiegenheitspflicht unterliegende Personenkreis (Rz 20) nur durch den Auftraggeber von der Verschwiegenheitspflicht entbunden werden. Bestehen mehrere Auftraggeber, müssen alle Auftraggeber der Entbindung zustimmen. Die Entbindung von der Verschwiegenheitspflicht kann sich auf alle ihr unterliegenden Umstände oder nur auf Teile davon beziehen. Die Entbindung sollte aus Nachweisgründen schriftlich vorgenommen werden. Es empfiehlt sich außerdem, die Entbindung nur für einen **bestimmten Adressatenkreis** vorzunehmen.⁵²

---

47 Vgl. *Kuhner/Päßler*, in *Küting/Pfitzer/Weber*, HdR, 5. Aufl., § 323 HGB, Rn 16, Stand 5/2013.
48 Vgl. *ADS*, 6. Aufl., § 323 HGB, Rz 63.
49 Vgl. *Hennrichs*, in *Baetge/Kirsch/Thiele*, Bilanzrecht, § 323 HGB, Rz 40.1, Stand 12/2014.
50 Vgl. *Ebke*, in MünchKomm HGB, 3. Aufl., § 323, Rn 57.
51 Vgl. WP-Handbuch, Bd. I., 14. Aufl., Abschn. A, Rz 369.
52 Vgl. *Schmidt/Feldmüller*, in Beck Bil-Komm. 9. Aufl., § 323 HGB, Rz 43.

> **Beispiel**
> Bei der prüfungspflichtigen GmbH bestehen Überlegungen, einen weiteren finanzkräftigen Gesellschafter im Weg einer Kapitalerhöhung aufzunehmen. Der potenzielle Investor führt Untersuchungen über die GmbH im Weg einer *due diligence* durch. Im Rahmen dieser Untersuchungen soll der AP der GmbH gegenüber dem Investor bzw. dessen Beratern Auskünfte zu dem von ihm geprüften JA der GmbH erteilen.
> Der AP lässt sich von dem Geschäftsführer der GmbH eine schriftliche Entbindung von der Verschwiegenheitspflicht zur Erteilung von Auskünften geben. Hierin sind ggf. bestehende Begrenzungen der Entbindung sowie der Adressatenkreis benannt, gegenüber dem der AP Auskünfte geben darf (Investor und dessen Berater).
> Damit über den Kreis der Auskunftsberechtigten hinaus niemand die vom AP gegebenen Auskünfte erhält sowie aus Haftungsgründen, lässt sich der AP vor Erteilung der Auskünfte von den Auskunftswilligen (Investor und dessen Berater) schriftlich bestätigen, dass sie die erhaltenen Informationen nicht weitergeben und nur für den vorgesehenen Zweck verwenden (sog. **hold-harmless-letter**).

Zuständig für die Entbindung von der Verschwiegenheitspflicht ist das für die Vertretung zuständige Organ, d.h. im Fall der AG – trotz § 111 Abs. 1 Satz 3 AktG – der Vorstand, da es sich hierbei um eine Geschäftsführungsmaßnahme handelt.[53] Bei der personalistisch geprägten GmbH wird teilweise die Zustimmung der GesV für notwendig gehalten.[54] Die Entbindung von der Verschwiegenheit erfolgt durch die Mitglieder des Vertretungsorgans in der für die Vertretung erforderlichen Anzahl.

Im Fall der **Insolvenz** geht die Befugnis zur Entbindung von der Verschwiegenheitspflicht auf den Insolvenzverwalter über.[55]

Soweit eines der Organmitglieder ein **selbstständiges schutzwürdiges Interesse** an der Verschwiegenheit des AP besitzt, wird auch dessen Zustimmung benötigt. Dies kann z.B. dann auftreten, wenn es um Tatsachen aus der persönlichen Sphäre des Organmitglieds geht (z.B. betreffend schuldrechtlicher Verträge, die das Organmitglied mit der geprüften Ges. geschlossen hat).

### 2.5 Verbot der unbefugten Verwertung von Geschäfts- und Betriebsgeheimnissen

Abs. 1 Satz 2 der Vorschrift regelt eine unbefugte Verwertung von Geschäfts- und Betriebsgeheimnissen. Das Verwertungsverbot geht insoweit über die Verschwiegenheitspflicht hinaus, als es für Geschäfts- und Betriebsgeheimnisse neben der Verschwiegenheit auch die unbefugte Verwertung durch den verpflichteten Personenkreis (Rz 20) verbietet. Ein Verstoß gegen das Verwertungs-

---

[53] Vgl. *Hennrichs*, in *Baetge/Kirsch/Thiele*, Bilanzrecht, § 323 HGB, Rz 39, Stand 12/2014.
[54] Vgl. *Baumbach/Hueck/Schulze-Osterloh*, GmbHG, 19. Aufl., § 41 GmbHG, Rz 170 und § 85 GmbHG Rz 11 mwN.
[55] Vgl. *Schmidt/Feldmüller*, in Beck Bil-Komm. 9. Aufl., § 323 HGB, Rz 44.

verbot stellt somit immer dann auch einen Verstoß gegen die Verschwiegenheitspflicht dar, wenn die verwerteten Umstände zugleich Dritten bekannt werden.

73 Neben dem Verwertungsverbot gem. § 323 Abs. 1 Satz 2 HGB existieren weitere Verwertungsverbote:
- § 10 BS WP/vBP verbietet die Verwertung sämtlicher im Rahmen der Berufsausübung (also nicht nur Abschlussprüfung) erhaltenen Kenntnisse über Tatsachen und Umstände des Auftraggebers oder Dritte;
- § 14 WpHG regelt das Verbot von **Insidergeschäften** mit Finanzinstrumenten.

74 Auch wenn die Vorschrift „nur" von Geschäfts- und Betriebsgeheimnissen spricht, ist dieser Begriff im Hinblick auf den Schutzzweck der Vorschrift (Rz 6) weit auszulegen, sodass der Umfang sich materiell nicht von den der Verschwiegenheitspflicht unterliegenden Tatsachen (Rz 46) unterscheidet.[56]

75 **Verwertung** stellt jede Form der wirtschaftlichen Nutzung dar, insb. Veräußerung an Dritte, Verwendung als Entscheidungsgrundlage bei Finanzanlagen oder anderen Vermögensdispositionen.[57] Unter das Verwertungsverbot fällt auch die Verwendung von Kenntnissen über die wirtschaftliche Situation des geprüften Unternehmens in einer anderen Apr. desselben AP.

> **Beispiel**
> Der WP prüft als AP den JA der prüfungspflichtigen A-GmbH, die wirtschaftlich angeschlagen ist. Der WP ist außerdem AP der B-GmbH, die beträchtliche Darlehen an die A-GmbH ausgereicht hat.
> Seine Kenntnisse über die tatsächliche wirtschaftliche Situation der A-GmbH darf der WP nicht als AP des JA der B-GmbH verwerten, d.h., bei der Beurteilung der Werthaltigkeit der Darlehen der B-GmbH darf er sich nur auf die im Rahmen der Apr. der B-GmbH erhaltenen Informationen und Unterlagen stützen.

76 Für das Verbot unerheblich ist, ob die Verwertung im Interesse des AP erfolgt oder ob dem geprüften Unt aus der Verwertung ein Schaden droht. Besteht eine Genehmigung der Verwertung durch die geprüfte Ges., ist es zweifelhaft, ob eine zivilrechtliche Haftung nach § 323 HGB noch besteht, da in der Vorschrift explizit nur „**unbefugte**" Verwertungen untersagt sind.[58] Soweit allerdings ein Verstoß gegen das Verbot von Insidergeschäften nach § 14 WpHG vorliegt, kann auch eine etwaige Genehmigung durch die geprüfte Ges. eine Sanktionierung nach § 38 WpHG nicht verhindern.

---

[56] Vgl. Hennrichs, in Baetge/Kirsch/Thiele, Bilanzrecht, § 323 HGB, Rz 42, Stand 12/2014; Schmidt/Feldmüller, in Beck Bil-Komm. 9. Aufl., § 323 HGB, Rz 51; a.A.: Kuhner/Päßler, in Küting/Pfitzer/Weber, HdR, 5. Aufl., § 323 HGB, Rn 22, Stand 5/2013.
[57] Vgl. Kuhner/Päßler, in Küting/Weber, HdR, 5. Aufl., § 323 HGB, Rn 25, Stand 5/2013.
[58] Zustimmend: Kuhner/Päßler, in Küting/Pfitzer/Weber, HdR, 5. Aufl., § 323 HGB, Rn 26, Stand 5/2013; ablehnend: Baumbach/Hopt/Merkt, HGB, 36. Aufl., 2013, § 323 HGB, Rn. 5.

## 3 Haftung des Abschlussprüfers

### 3.1 Haftung gegenüber Auftraggeber

Soweit ein Verstoß gegen die Pflichten aus § 323 Abs. 1 Satz 1 und 2 HGB erfolgt, haftet der verpflichtete Personenkreis (Rz 20) nach Abs. 1 Satz 3 der Vorschrift der geprüften Ges. Ebenso wie bei den Pflichten des AP beschränkt sich die Haftung nicht auf die Parteien des Prüfungsvertrags, sondern bezieht ausdrücklich mit ein:
- den AP,
- die Gehilfen des AP (Rz 22),
- im Fall einer WPG/BPG die bei der Prüfung mitwirkenden gesetzlichen Vertreter (Rz 23).

77

Die genannten Personen haften nach Abs. 1 Satz 4 der Vorschrift als **Gesamtschuldner** i. S. v. § 421 BGB, sodass auch die Haftungshöchstsummen nur einmal in Anspruch genommen werden können (Rz 99).

78

Eine Haftung kommt in Betracht, soweit von dem o. g. Personenkreis ein Pflichtverstoß **vorsätzlich** oder **fahrlässig** vorgenommen wurde. Kann Vorsatz nachgewiesen werden, entfällt die Haftungsbegrenzung nach Abs. 2 der Vorschrift (Rz 93) und es kommen strafrechtliche Konsequenzen in Betracht. Für einen Anspruch wegen Fahrlässigkeit genügt bereits das Vorliegen leichter Fahrlässigkeit, da sich aus der Natur des Prüfungsvertrags ein strenger Sorgfaltsmaßstab ergibt.[59] Die Abgrenzung zwischen grober Fahrlässigkeit und bedingtem Vorsatz kann im Einzelfall besonders schwer fallen, hat allerdings besondere Bedeutung wegen der Folgen auf die Haftungsbegrenzung.[60] Bei **umstrittenen Rechtsfragen** hat sich der AP an der hM, d. h. vor allem an einer höchst- oder obergerichtlichen Rechtsprechung zu orientieren.[61]

79

Wann ein solcher Pflichtverstoß vorliegt, bestimmt sich nach einem **objektiven Maßstab**; auf subjektive Vorstellungen des Geschädigten kommt es dabei nicht an.[62] Hat sich der o. g. Personenkreis so verhalten, wie es kompetente Fachleute als sachgerecht empfohlen haben, kann diesen i. d. R. kein Vorwurf einer Pflichtverletzung gemacht werden (zur Verbindlichkeit von IDW PS vgl. Rz 30).

80

> **Beispiele für derartige Pflichtverletzungen sind:**
> - Der AP verzichtet generell auf die Einholung einer Saldenbestätigung,
> - im Rahmen einer Stichprobe aufgedeckte Fehler führen nicht zu einer Intensivierung der Prüfung bei diesem Prüffeld.

Im Haftungsprozess trägt der Antragssteller, d. h. die geprüfte Ges die **Darlegungs- und Beweislast** für die Pflichtverletzung. Die Grundsätze des sog. Anscheinbeweises (Ableitung einer Pflichtverletzung aus der Tatsache des Schadenseintritts) sind aufgrund der Komplexität einer Apr. nur in Ausnahmefällen anwendbar.[63]

81

---

[59] Vgl. *Kuhner/Päßler*, in *Küting/Pfitzer/Weber*, HdR, 5. Aufl., § 323 HGB, Rn 28, Stand 5/2013.
[60] Vgl. *Schmidt/Feldmüller*, in Beck Bil-Komm. 9. Aufl., § 323 HGB, Rz 131.
[61] Vgl. *Bärenz*, BB 2003, S. 1781 f.
[62] Vgl. WP-Handbuch, Bd. I, 14. Aufl., Abschn. A, Rz 635.
[63] Vgl. *ADS*, 6. Aufl., § 323 HGB, Rz 101 mwN.

82  Eine Schadensersatzpflicht des AP setzt neben der Pflichtverletzung die hieraus verursachte Entstehung eines Schadens im Sinne einer **Vermögensminderung** voraus (Kausalität).[64] Beispiele für eine derartige Vermögensminderung sind:
- Anstatt eines richtigerweise auszuweisenden Bilanzverlusts erteilt der AP einer AG einen uneingeschränkten BSV zu einem JA, der einen Bilanzgewinn ausweist. Soweit die HV eine **Ausschüttung** beschließt und die Ausschüttung von den Aktionären nicht zurückverlangt werden kann (§ 62 Abs. 1 Satz 2 AktG), kann ein Schaden entstanden sein.
- Sind **Verstöße von Mitarbeitern der geprüften Ges.** aufgetreten, die zu einer Vermögensschädigung der Ges. geführt haben, und hat der AP diese nicht erkannt, obwohl er sie bei ordnungsgemäßer Prüfung hätte erkennen müssen, kann hierin ebenfalls eine Schadenskausalität begründet liegen.[65]
- Der AP erteilt ungerechtfertigterweise einen eingeschränkten BSV oder einen Versagungsvermerk. Als Folge erhält die geprüfte Ges. nur noch unter sehr erschwerten Bedingungen Fremdkapital.

83  Der AP kann gem. § 254 Abs. 1 BGB der geprüften Ges. etwaiges **Mitverschulden** entgegenhalten.[66] Ein Mitverschulden kann zum vollständigen oder teilweisen Wegfall der Schadensersatzpflicht des AP führen. In derartigen Konstellationen wird es daher regelmäßig auf den Grad des Mitverschuldens im Einzelfall ankommen. Während bei einer Täuschung des AP durch Organe oder Mitarbeiter der gepr. Ges. das Mitverschulden als schadensursächlich anzusehen ist, ist in Fällen leichter Fahrlässigkeit beider (sowohl der AP als auch die gepr. Ges. verletzen ihre Sorgfaltspflichten) wohl eher ein überwiegendes Verschulden des AP anzunehmen, insb. wenn es um die Beurteilung bilanzieller Sachverhalte geht.[67]

84  Neben § 323 HGB gibt es weitere mögliche Anspruchsgrundlagen des Auftraggebers gegen den AP. Bezüglich Ansprüchen aus den allgemeinen bürgerlichrechtlichen **Haftungstatbeständen für vertragliche Leistungsstörungen** und **deliktischer Haftung** nach §§ 823 ff. BGB wird teilweise die Auffassung vertreten, dass diese durch das „Sonderrecht" aus § 323 HGB verdrängt werden.[68] Die für Architekten, Rechtsanwälte und Steuerberater entwickelten Grundsätze zur sog. **Sekundärhaftung** sind für als AP tätige WP nicht anwendbar.[69]

### 3.2 Haftung gegenüber Dritten

#### 3.2.1 Verbundene Unternehmen der geprüften Gesellschaft

85  Abs. 1 Satz 3 der Vorschrift weist verbundenen Unt der geprüften Ges. einen direkten Schadensersatzanspruch gegen den AP zu, soweit diese durch den AP geschädigt wurden. Der Begriff verbundenes Unt bestimmt sich nach § 271

---

[64] Vgl. WP-Handbuch, Bd. I, 14. Aufl., Abschn. A, Rz 640.
[65] Vgl. zur nicht entdeckten Unterschlagung eines AP auch WPK, WPKM 1/2007, S. 50.
[66] Vgl. *WPK*, WPKM 1/2010, S. 40; *Ebke*, in MünchKomm HGB, 3. Aufl., § 323, Rn. 74; *Schmidt/Feldmüller*, in Beck Bil-Komm. 9. Aufl., § 323 HGB, Rz 121; *BGH*, Urt. v. 10.12.2009, VII ZR 42/08, GmbHR 2010, S. 263.
[67] Vgl. *Schmidt/Feldmüller*, in Beck Bil-Komm. 9. Aufl., § 323 HGB, Rz 123.
[68] Vgl. *Kuhner/Päßler*, in *Küting/Pfitzer/Weber*, HdR, 5. Aufl., § 323 HGB, Rn 42, Stand 5/2013; a. A.: *Hennrichs*, in *Baetge/Kirsch/Thiele*, Bilanzrecht, § 323 HGB, Rz 60, Stand 12/2014.
[69] Vgl. BGH, Urt. v. 10.12.2009, VII ZR 42/08, DStR 2010, S. 340.

Abs. 2 HGB und ist damit unabhängig davon, ob das verbundene Unt auch tatsächlich in den KA einbezogen ist (zu Einzelheiten vgl. § 271 Rz 31). Ein Schadensersatzanspruch des verbundenen Unt der geprüften Ges. wird nach Sinn und Zweck der Vorschrift des § 323 HGB nur anzunehmen sein, wenn der AP im Rahmen seines Auskunftsrechts nach § 320 HGB seine Pflichten gegenüber dem verbundenen Unt verletzt hat.[70]

### 3.2.2 Sonstige Dritte

Die Regelungen des § 323 HGB stellen abschließend die Haftung des AP aus dem Prüfungsvertrag gegenüber dem Auftraggeber und verbundenen Unt bei Pflichtprüfungen dar.[71] Eine Ausweitung der Haftung des AP aus § 323 HGB im Weg der Auslegung oder eines Analogieschlusses auf Dritte ist demgegenüber nicht möglich.[72] § 323 HGB entfaltet aber andererseits auch keine allgemeine Sperrwirkung in Bezug auf Schadensersatzansprüche vertragsfremder Dritter.[73] 86

Es kommen Ansprüche Dritter gegen den AP in Betracht mittels 87
- des Rechtsinstituts Vertrag mit Schutzwirkung zugunsten Dritter (Rz 88),
- Auskunftsvertrag (Rz 90) oder
- Ansprüchen aus rechtsgeschäftlichen und rechtsgeschäftsähnlichen Schuldverhältnissen nach § 311 Abs. 3 BGB (Rz 90).

Das Rechtsinstitut des **Vertrags mit Schutzwirkung zugunsten Dritter** stellt einen Analogieschluss zu § 328 Abs. 2 BGB dar.[74] An die Annahme einer vertraglichen Einbeziehung von Dritten (z. B. Gläubigern, Anteilseignern der geprüften Ges.) sind strenge Anforderungen zu stellen, sodass eine stillschweigende Ausdehnung der Haftung des AP auf Dritte grds. nicht anzunehmen ist. Vielmehr ist dies nur im Einzelfall möglich, wenn von dem AP deutlich im Drittinteresse eine besondere Leistung erwartet wird.[75] Allein die Tatsache, dass der (auch) für die Öffentlichkeit bestimmte BSV zur Entscheidungsfindung über Vermögensdisposition von Eigen- und Fremdkapitalgebern dient, kann keine (auch nicht stillschweigende) Haftung auslösen. Denn grds. ist jeder BSV einer Pflichtprüfung auch zur Reduzierung der Unsicherheit potenzieller Kapitalgeber in Bezug auf die Verlässlichkeit der von der geprüften Ges. vorgelegten Rechnungslegung bestimmt. Jedem AP ist auch bewusst, dass nicht nur der BSV, sondern auch häufig der Prüfungsbericht Kapitalgebern von der geprüften Ges. zur Verfügung gestellt wird, oftmals aufgrund vertraglicher Verpflichtung (Kreditverträge mit Kreditinstituten sehen regelmäßig die Vorlage des Prüfungsberichts des AP vor). Hieraus eine generelle Dritthaftung des AP vorzusehen, 88

---

[70] Vgl. *Schmidt/Feldmüller*, in Beck Bil-Komm. 9. Aufl., § 323 HGB, Rz 116; a.A.: *Hennrichs*, in *Baetge/Kirsch/Thiele*, Bilanzrecht, § 323 HGB, Rz 58, Stand 12/2014.
[71] Vgl. *Kuhner/Päßler*, in *Küting/Pfitzer/Weber*, HdR, 5. Aufl., § 323 HGB, Rn 43, Stand 5/2013.
[72] Vgl. OLG Düsseldorf, Urteil v. 19.11.1998, 8 U 59/98, IDW FN 2000, S. 518.
[73] Vgl. OLG Köln, Urteil v. 24.2.2011, 8 U29/10, DStR 2012, S. 578; BGH, Urteil v. 2.4.1998, III ZR 245/96, DStR 1998, S. 823; aA: *Ebke*, in MünchKomm HGB, 3. Aufl., § 323, Rn. 143 ff.
[74] Vgl. WP-Handbuch, Bd. I, 14. Aufl., Abschn. A, Rz 663.
[75] Vgl. BGH, Beschluss v. 30.10.2008, III ZR 307/07, WPKM 1/2009, S. 31.

ginge an Sinn und Zweck der Vorschrift des § 323 HGB vorbei und wird auch von der Rechtsprechung so nicht gewürdigt.[76]

89 Eine Dritthaftung des AP aus dem Rechtsinstitut des Vertrags mit Schutzwirkung zugunsten Dritter ist unter sehr strengen Voraussetzungen möglich; die Prüfungsleistung des AP muss von vornherein erkennbar zum Gebrauch gegenüber Dritten verwendet werden und nach dem Willen des Auftraggebers mit einer entsprechenden Beweiskraft ausgestattet sein. Kommt nach dem Vorgenannten ausnahmsweise eine Dritthaftung des AP in Betracht, so gilt auch gegenüber dem Dritten die gesetzliche Haftungsbegrenzung nach § 323 Abs. 2 HGB (Rz 93).[77]

90 Ein ggf. auch stillschweigend begründeter **Auskunftsvertrag** zwischen dem AP und einem Dritten kann ebenfalls Grundlage einer Dritthaftung darstellen. Daher sind Auskünfte des AP, der als Sachverständiger regelmäßig besonderes Vertrauen genießt, ggf. als schlüssiges Verhalten zum Abschluss eines Auskunftsvertrags zu werten. Mündliche oder schriftliche Auskünfte, Bestätigungen o. Ä. des AP gegenüber Kreditgebern des geprüften Unt sind daher besonders risikobehaftet, auch wenn nicht zwangsläufig eine Haftungsgrundlage entstehen muss.[78] Die Annahme eines derartigen Auskunftsvertrags erfordert eine direkte Kontaktaufnahme des AP mit dem Dritten.[79] Aus diesem Grund sollte der AP keine Prüfungsberichte oder Testatsexemplare „zur Abkürzung des Postwegs" direkt an die Hausbank des geprüften Unt versenden.

91 Problematisch am Auskunftsvertrag ist weiterhin, dass dieser ein eigenständiges Vertragsverhältnis zwischen AP und dem Dritten begründet, für das die Haftungsbegrenzung von § 323 Abs. 2 HGB nicht gilt, d. h., die Haftung ist der Höhe nach unbegrenzt.[80] Ist eine Kontaktaufnahme mit Dritten unvermeidbar, z. B. weil der Auftraggeber darauf drängt, ist dem AP anzuraten, einen Auskunftsvertrag mit dem Dritten schriftlich abzuschließen und dort u. a. auch die AAB unter besonderem Hinweis auf die dort genannten Haftsummenbegrenzungen einzubeziehen.[81]

92 Die im Zuge des Schuldrechtsmodernisierungsgesetzes gesetzlich kodifizierte **Dritthaftung aus § 311 Abs. 3 BGB** stellt eine zu § 323 HGB konkurrierende gesetzliche Haftungsregelung dar. Die überwiegende Auffassung in der Literatur sieht in § 311 Abs. 3 BGB – auch unter Bezug auf die Regierungsbegründung bei Einführung der Vorschrift[82] – keine generelle Dritthaftungsgrundlage gegenüber dem AP, sondern die Vorschrift dann als nicht anwendbar an, wenn die Grundsätze des Vertrags mit Schutzwirkung zugunsten Dritter (Rz 88) eingreifen.[83] Die praktische Bedeutung der Abgrenzung zwischen diesen beiden Anspruchsgrundlagen wird angezweifelt, da die Zurechnungskriterien einer Haftung nach

---

[76] Vgl. BGH, Urteil v. 15.12.2005, III ZR 424/04, WPKM 3/2006, S. 40; OLG Düsseldorf, Urteil v. 2.6.2009, I 23 U 108/08, DB 2009, S. 2369; OLG Stuttgart, Urteil v. 29.9.2009, 12 U 147/05, BB 2010, S. V.; *Fischer*, DB 2012, S. 1495.
[77] Vgl. BGH, Urteil v. 2.4.1998, III ZR 245/96, DB 1998, S. 1075; glA: OLG Hamm, Urteil v. 9.4.2003, 25 U 1008/02, WPKM 1/2004, S. 50, und OLG Düsseldorf, Urteil v. 12.6.2003, 1–6 U 244/02, WPKM 4/2004, S. 50.
[78] Vgl. WPK, WPKM 1/2009, S. 33.
[79] Vgl. WP-Handbuch, Bd. I, 14. Aufl., Abschn. A, Rz 676.
[80] Vgl. *Schmidt/Feldmüller*, in Beck Bil-Komm. 9. Aufl., § 323 HGB, Rz 213.
[81] Zur Haftungssituation zum Bericht der AP im Zusammenhang mit der „Bankenabgabe" vgl. IDW-FN 2012, S. 405
[82] Vgl. BT-Drs. 14/4040, S. 162.
[83] Vgl. WP-Handbuch, Bd. I, 14. Aufl., Abschn. A, Rz 595.

§ 311 Abs. 3 BGB und der Grundsätze des Vertrags mit Schutzwirkung zugunsten Dritter weithin vergleichbar sind, sodass es letztlich für den AP und den Anspruchsgegner materiell unbedeutend ist, auf welcher dieser beiden Anspruchsgrundlagen die Haftung beruht.[84]

## 3.3 Haftungsbegrenzung

### 3.3.1 Haftsummen (Abs. 2)

Abs. 2 der Vorschrift sieht eine Haftungsobergrenze für den AP vor. Diese greift aber nur für fahrlässige Pflichtverletzungen, nicht bei Vorsatz (Rz 79). Ist eine WPG/BPG als AP bestellt und handelt einer ihrer Mitarbeiter bei einer Pflichtverletzung vorsätzlich, so hat sich dies die WPG/BPG auch grds. zuzurechnen lassen. Soweit die WPG/BPG selbst kein eigenes Verschulden trifft, wäre es unbillig, sie für den Vorsatz des Mitarbeiters unbeschränkt haften zu lassen, sodass für die WPG/BPG die Haftungsbeschränkung zur Anwendung kommt. Für den vorsätzlich handelnden Mitarbeiter gilt dies nicht, er haftet unbeschränkt.[85] Handelt ein gesetzlicher Vertreter einer WPG/BPG vorsätzlich, haftet die WPG/BPG ohne Haftungsbegrenzung.[86]

93

Die Haftungsobergrenze beträgt für

94

- Apr. von AG/KGaA/SE, deren Aktien zum Handel im regulierten Markt zugelassen sind, 4 Mio. EUR,
- alle übrigen gesetzlichen Apr. 1 Mio. EUR.

Unter **reguliertem Markt** sind von der EU regulierte Börsensegmente i. S. v. § 32 BörsG zu verstehen. In Deutschland rechnen hierzu der **Amtliche Markt** und der **Geregelte Markt**. Innerhalb des regulierten Markts bestehen unterschiedliche Transparenzlevel, die sich insb. hinsichtlich der Publizitätsanforderungen unterscheiden (z. B. bei der Frankfurter Wertpapierbörse *General Standard* und *Prime Standard*).

95

Nicht regulierter Markt liegt vor, wenn sich die Regulierung nicht nach EU-Recht (in Deutschland BörsG), sondern ausschließlich nach von den jeweiligen Börsen vorgegebenen Regelungen richtet. In Deutschland ist dies der **Freiverkehr** (z. B. Frankfurter Wertpapierbörse: *Entry*-Standard, Börse München: *M:access*).

96

Maßgebender Beurteilungszeitpunkt, welche der beiden Höchstgrenzen zur Anwendung kommt, ist der Zeitpunkt der Beendigung der Apr.[87]

97

> **Beispiel**
> Die AG hat die Zulassung von Aktien zum Handel im Geregelten Markt beantragt. Der AP beendet seine Apr. des JA/KA zum 31.12.01 am 12.3.02 mit der mündlichen Berichterstattung an den Aufsichtsrat bzw. Prüfungsausschuss. Am 20.3.02 erfolgt die Zulassung der Aktien zum Handel im Geregelten Markt. Die Haftungsobergrenze für die vom AP durchgeführte Apr. des JA/KA zum 31.12.01 beläuft sich nach § 323 Abs. 2 HGB auf 1 Mio. EUR.

---

84 Vgl. *Hennrichs*, in *Baetge/Kirsch/Thiele*, Bilanzrecht, § 323 HGB, Rz 124, Stand 12/2014.
85 Vgl. *ADS*, 6. Aufl., § 323 HGB, Rz 131.
86 Vgl. *Schmidt/Feldmüller*, in Beck Bil-Komm. 9. Aufl., § 323 HGB, Rz 132.
87 Vgl. *Kuhner/Päßler*, in *Küting/Pfitzer/Weber*, HdR, 5. Aufl., § 323 HGB, Rn 34, Stand 5/2013.

98  Die Haftungsobergrenze von 1 Mio. EUR des § 323 Abs. 2 Satz 1 HGB ist identisch mit der berufsrechtlich vorgeschriebenen **Mindestversicherungssumme für die Haftpflichtversicherung**, da § 54 Abs. 1 WPO auf die in § 323 Abs. 2 Satz 1 HGB genannte Grenze verweist. Soweit WP bzw. WPG Apr. durchführen, auf die die Haftungsobergrenze von 4 Mio. EUR gem. § 323 Abs. 2 Satz 2 HGB anzuwenden ist, sind sie verpflichtet, entsprechende Mindestversicherungssummen bei ihrer Berufshaftpflichtversicherung vorzusehen. Diese Verpflichtung ergibt sich zwar nicht explizit aus § 54 WPO, lässt sich aber aus § 17 Abs. 2 BS WP/vBP entnehmen, zumal dies auch dem Gebot der gewissenhaften Berufsausübung nach § 43 Abs. 1 WPO entspricht.

99  Die Haftungshöchstsumme besteht „**für eine Prüfung**". Sie gilt somit unabhängig von der Anzahl der Pflichtverletzungen, der Anzahl der an der Prüfung beteiligten Personen (Pflichtverletzer) oder der Anzahl der Geschädigten (geprüfte Ges. sowie deren verbundene Unt.).[88] Jahres- und Konzernabschlussprüfung eines MU sind zwei eigenständige Prüfungen, für die jeweils die Haftungshöchstsumme zur Anwendung kommt. Dies gilt unabhängig davon, ob beide Apr. von demselben AP vorgenommen wurden oder sich derselbe Fehler auf beide Abschlüsse auswirkt, sodass sich die Haftungshöchstsummen im letztgenannten Fall faktisch verdoppeln. Soweit sich ein Pflichtverstoß (z.B. die Beurteilung der Werthaltigkeit einer Beteiligung unter Missachtung der fachlichen Grundsätze) über mehrere Jahre bei der Apr. einer Ges. wiederholt, gilt für jede dieser Apr. die Haftungshöchstsumme einmal.

### 3.3.2 Haftungsausschluss oder -begrenzung (Abs. 4)

100 Abs. 4 der Vorschrift dient der Klarstellung, dass die in den Abs. 1–3 vorgesehene Haftung des AP nicht durch **vertragliche Vereinbarungen** ausgeschlossen oder begrenzt werden kann.[89] Etwaige entgegenstehende Vereinbarungen im Prüfungsvertrag sind nach § 134 BGB nichtig und damit unwirksam.[90] § 16 BS WP/vBP enthält darüber hinaus ein Verbot derartiger vertraglicher Abreden.

101 Eine etwaige vertraglich vereinbarte **Erweiterung der Haftung** für gesetzliche Apr. wäre zwar zivilrechtlich wirksam, verbietet sich aber aufgrund berufsrechtlicher Vorgaben, weil ein derartiger Wettbewerb um Prüfungsaufträge als unlauter und daher berufswidrig anzusehen ist.[91] Bei freiwilligen Apr. (Rz 103) und sonstigen Aufträgen des WP außerhalb des Anwendungsbereichs von § 323 HGB darf über die Haftungshöchstsummen von § 323 Abs. 2 HGB hinaus eine höhere Haftungssumme vertraglich vereinbart werden.[92]

### 3.4 Verjährung

102 Es gilt die regelmäßige Verjährungsfrist von **drei Jahren** nach § 195 BGB. Für den Verjährungsbeginn und die Höchstfristen ist § 199 BGB anzuwenden. Danach beginnt nach § 199 Abs. 1 BGB die Verjährungsfrist erst dann, wenn

---

[88] Vgl. *Hennrichs*, in *Baetge/Kirsch/Thiele*, Bilanzrecht, § 323 HGB, Rz 73, Stand 12/2014.
[89] Zur Begrenzung der Dritthaftung bei Jahresabschlussprüfungen vgl. IDW, IDW-FN 2010, S. 179.
[90] Vgl. *Quick*, BB 1992, S. 1678.
[91] Vgl. WP-Handbuch, Bd. I, 14. Aufl., Abschn. A, Rz 651; § 16 BS WP/vBp.
[92] Vgl. *Maxl*, in *Hense/Ulrich*, WPO-Kommentar, 2. Aufl. 2013, § 54a WPO, Rn 19 i.V. m. Rn 3.

- der Anspruch entstanden ist (Pflichtverletzung und Schadenskausalität) und
- der Gläubiger (geprüfte Ges. oder verbundenes Unt) von den den Anspruch begründenden Umständen Kenntnis erlangt oder ohne grobe Fahrlässigkeit hätte erlangen müssen.

Letztliche Sicherheit über die Verjährung kann also erst nach zehn bzw. 30 Jahren gem. § 199 Abs. 3 BGB bestehen.

## 4  Freiwillige Abschlussprüfungen

§ 323 HGB hat ausschließlich Bedeutung für gesetzliche Apr. i.S.v. § 316 HGB bzw. bei Anwendung aufgrund eines gesetzlichen Verweises (Rz 9). Auf freiwillige Apr. findet § 323 HGB keine Anwendung (Rz 12), auch nicht im Weg des Analogieschlusses. 103

Art und Umfang der Haftungsbegrenzung bei freiwilligen Apr. richten sich somit einzig nach den **Regelungen im Prüfungsvertrag**. Dies gilt im Übrigen nicht nur für die Haftungsbegrenzung, sondern auch für den Prüfungsumfang, der grds. gegenüber dem bei einer gesetzlichen Apr. eingeschränkt werden kann. In derartigen Fällen ist dann aber lediglich die Erteilung einer Bescheinigung, nicht mehr eines BSV zulässig (§ 322 Rz 169). 104

Im Regelfall zielt auch eine freiwillige Apr. auf die Erteilung eines BSV ab. Dann hat diese aber nach dem für gesetzliche Apr. geltenden Umfang zu erfolgen.[93] Die Erteilung eines BSV spricht zwar dafür, dass der AP die Prüfung nach den für Pflichtprüfungen maßgeblichen handelsrechtlichen Regelungen (§§ 316 ff. HGB) vorgenommen hat.[94] Gleichwohl ist bei freiwilligen Apr. darauf zu achten, dass der Auftragsumfang und die Auftragsbedingungen – zu denen auch die Haftungsbegrenzung gehört – eindeutig mit dem Auftraggeber abgestimmt werden. Der Berufsstand empfiehlt daher, bei freiwilligen Apr. im **Auftragsbestätigungsschreiben** den Auftragsumfang entsprechend § 317 HGB zu vereinbaren[95] und eine Vereinbarung zur Haftungsbegrenzung vorzunehmen.[96] In der Praxis werden bei freiwilligen Apr. regelmäßig die **AAB** und die darin enthaltene Haftungsbegrenzung, die die Haftungshöchstgrenzen des § 323 Abs. 2 HGB aufgreift,[97] verwendet. Berufsrechtlich handelt es sich dabei um eine vertragliche Begrenzung von Ersatzansprüchen nach § 54a Abs. 1 WPO. Von Bedeutung ist auch die nach Nr. 9 Abs. 3 AAB vorgesehene Ausschlussfrist zur Geltendmachung von Ansprüchen, die – im Unterschied zur Regelung bei gesetzlichen Apr. – binnen zwölf Monaten nach Kenntnis vom Schaden und schadenbegründendem Ereignis geltend zu machen sind. 105

Da bei freiwilligen Apr. das Sonderrecht des § 323 HGB nicht zur Anwendung kommt, richten sich auch die Folgen im Rahmen dieser Apr. auftretenden Pflichtverletzungen nach den vertraglich vereinbarten Regelungen. Ein direkter Anspruch gegen andere Personen als den AP selbst (z. B. die Prüfungsgehilfen des AP) kommt 106

---

[93] Vgl. IDW PS 400, Tz 5.
[94] Vgl. *Fischer*, DB 2012, S. 1495.
[95] Vgl. IDW PS 220, Tz 18.
[96] Vgl. IDW PS 220, Tz 19.
[97] Vgl. AAB nach dem Stand v. 1.1.2002, Nr. 9.

daher – anders als bei § 323 Abs. 1 Satz 1 HGB – nicht in Betracht.[98] Gleiches gilt für den Kreis der Geschädigten. Hier ist grds. nur die geprüfte Ges., nicht aber deren verbundene Unt anspruchsberechtigt (vgl. aber zu möglichen Anspruchsgrundlagen für Dritthaftung Rz 85 ff.).

---

[98] GlA: *Schmidt/Feldmüller,* in Beck Bil-Komm. 9. Aufl., § 323 HGB, Rz 165.

# § 324 PRÜFUNGSAUSSCHUSS

(1) ¹Kapitalgesellschaften im Sinn des § 264d, die keinen Aufsichts- oder Verwaltungsrat haben, der die Voraussetzungen des § 100 Abs. 5 des Aktiengesetzes erfüllen muss, sind verpflichtet, einen Prüfungsausschuss im Sinn des Absatzes 2 einzurichten, der sich insb. mit den in § 107 Abs. 3 Satz 2 des Aktiengesetzes beschriebenen Aufgaben befasst. ²Dies gilt nicht für
1. Kapitalgesellschaften im Sinn des Satzes 1, deren ausschließlicher Zweck in der Ausgabe von Wertpapieren im Sinn des § 2 Abs. 1 Satz 1 des Wertpapierhandelsgesetzes besteht, die durch Vermögensgegenstände besichert sind; im Anhang ist darzulegen, weshalb ein Prüfungsausschuss nicht eingerichtet wird;
2. Kreditinstitute im Sinn des § 340 Abs. 1, die einen organisierten Markt im Sinn des § 2 Abs. 5 des Wertpapierhandelsgesetzes nur durch die Ausgabe von Schuldtiteln im Sinn des § 2 Abs. 1 Satz 1 Nr. 3 Buchstabe a des Wertpapierhandelsgesetzes in Anspruch nehmen, soweit deren Nominalwert 100 Millionen Euro nicht übersteigt und keine Verpflichtung zur Veröffentlichung eines Prospekts nach dem Wertpapierprospektgesetz besteht.

(2) ¹Die Mitglieder des Prüfungsausschusses sind von den Gesellschaftern zu wählen. ²Mindestens ein Mitglied muss die Voraussetzungen des § 100 Abs. 5 des Aktiengesetzes erfüllen. ³Der Vorsitzende des Prüfungsausschusses darf nicht mit der Geschäftsführung betraut sein. ⁴§ 124 Abs. 3 Satz 2 und § 171 Abs. 1 Satz 2 und 3 des Aktiengesetzes sind entsprechend anzuwenden.

WP StB Dirk Veldkamp

## Inhaltsübersicht

| | Rz |
|---|---|
| 1 Überblick | 1–7 |
| 1.1 Hintergrund der Neuregelung | 1–2 |
| 1.2 Allgemeine Vorbemerkungen zum Prüfungsausschuss | 3–7 |
| 2 Aufgaben des Prüfungsausschusses | 8–12 |
| 3 Persönlicher Anwendungsbereich des § 324 HGB | 13–17 |
| 3.1 Grundsätzlich betroffene Gesellschaften (Abs. 1 Satz 1) | 13–14 |
| 3.2 Ausnahmen vom Anwendungsbereich (Abs. 1 Satz 2) | 15–17 |
| 4 Zusammensetzung des Prüfungsausschusses (Abs. 2 Sätze 1–3) | 18–20 |
| 5 Der Prüfungsausschuss als Schnittstelle zwischen Abschlussprüfer und Aufsichtsrat (Abs. 2 Satz 4) | 21 |
| 6 Änderungen durch das BilRUG | 22 |

## Ergänzendes Schrifttum

Deutscher Corporate Governance Kodex, Stand 5.5.2015, abrufbar unter http://www.dcgk.de/de/, letzter Abruf am 4.9.2015; *Eibelshäuser/Stein*, Modifikation der Zusammenarbeit des Prüfungsausschusses mit dem Abschlussprüfer durch den Gesetzentwurf des BilMoG, Der Konzern 2008, S. 486.

# 1 Überblick

## 1.1 Hintergrund der Neuregelung

1 § 324 HGB i.d.F. d. BilMoG resultiert aus der Umsetzung des Art. 41 Abs. 1 Satz 1 der Abschlussprüferrichtlinie 2006/43/EG vom 17.5.2006. Nach dieser Vorschrift hat jedes Unt von öffentlichem Interesse einen Prüfungsausschuss zu bilden. Gem. Art. 2 Nr. 13 der Abschlussprüferrichtlinie sind Unt von öffentlichem Interesse Unt, die unter das Recht eines Mitgliedstaats fallen und deren übertragbare Wertpapiere zum Handel auf einem geregelten Markt eines Mitgliedstaats i.S.d. Art. 4 Abs. 1 Nr. 14 der RL 2004/39/EG (Finanzmarktrichtlinie), zugelassen sind. Art. 4 Abs. 1 Nr. 14 der Finanzmarktrichtlinie wurde mit § 2 Abs. 5 WpHG umgesetzt.

2 § 324 HGB i.d.F. des BilMoG gilt ab dem 1.1.2010 (Art. 66 Abs. 4 EGHGB). Hierbei ist § 12 Abs. 4 EGAktG zu beachten. Danach finden die §§ 100 Abs. 5 und 107 Abs. 4 AktG i.d.F. des BilMoG keine Anwendung, solange alle Mitglieder des AR und des Prüfungsausschusses vor dem Tag des Inkrafttretens des BilMoG bestellt worden sind.

Wirksam bestellte AR bzw. benannte Ausschussmitglieder sollen damit nicht vorzeitig ausgetauscht werden müssen. Es genügt nach Auffassung des Gesetzgebers, wenn die neuen Vorschriften bei der nächstmöglichen regulären Neubesetzung erfüllt werden.

Da die Amtsdauer eines AR-Mitglieds bis zu fünf Jahre betragen kann (§ 102 Abs. 1 AktG), können also bis zu fünf Jahre vergehen, bis die Neuregelung verpflichtend anzuwenden ist.

## 1.2 Allgemeine Vorbemerkungen zum Prüfungsausschuss[1]

3 Bislang bestand für AR deutscher AG **keine gesetzliche Verpflichtung, Ausschüsse** einzurichten (§ 107 Abs. 3 AktG: „Der Aufsichtsrat kann ... Ausschüsse bestellen ..."). Weiterhin finden sich im AktG **keine Vorgaben zu Aufgaben** und **fachlichen Anforderungen** an die Mitglieder von Ausschüssen. In der Praxis haben allerdings insb. börsennotierte Ges. diverse Ausschüsse eingerichtet, darunter auch Prüfungsausschüsse.[2]

4 Dies dürfte auch auf die Bestimmungen des DCGK zurückzuführen sein. Dieser regelt die Bildung, Besetzung und allgemeinen Aufgaben von Aufsichtsratsausschüssen (Ziffern 5.3.1 bis 5.3.3). Der **DCGK**, der sich in erster Linie an börsennotierte Ges. richtet, empfiehlt u.a. die Einrichtung eines Prüfungsausschusses. Nach **Ziffer 5.3.2** soll sich der **Prüfungsausschuss** vorrangig mit Fragen

- der Rechnungslegung,
- des Risikomanagements und der Compliance,
- der Unabhängigkeit des AP,
- der Erteilung des Prüfungsauftrags,
- der Bestimmung von Prüfungsschwerpunkten und
- der Honorarvereinbarung mit dem AP

befassen.

---

[1] Zum Thema Prüfungsausschuss vgl. etwa die Beiträge von *Erchinger/Melcher*, DB 2009, Beilage 5, S. 91; *Lanfermann/Röhricht*, BB 2009, S. 887; *Velte*, StuB 2009, S. 342.
[2] Vgl. *Eibelshäuser/Stein*, Der Konzern 2008, S. 486.

Bezüglich des **Qualifikationsprofils** verlangt der DCGK, dass fachlich qualifizierte Ausschüsse gebildet werden sollen (Ziffer 5.3.1). Der Vorsitzende des Prüfungsausschusses soll über besondere Kenntnisse und Erfahrungen in der Anwendung von Rechnungslegungsgrundsätzen und internen Kontrollverfahren verfügen und kein ehemaliges Vorstandsmitglied des Unt sein, dessen Bestellung vor weniger als 2 Jahren endete (Ziffer 5.3.2). 5

Da es sich bei Einrichtung eines Prüfungsausschusses um eine Empfehlung des DCGK handelt, haben börsennotierte Unt in der Entsprechenserklärung gem. § 161 AktG anzugeben, wenn sie die empfohlenen Ausschüsse nicht eingerichtet haben. 6

Auch nach Inkrafttreten des BilMoG ist die Einrichtung eines Prüfungsausschusses nicht zur grundsätzlichen Pflicht für alle Unt. geworden. Lediglich bestimmte Unt müssen nach § 324 HGB einen Prüfungsausschuss einrichten. 7

## 2 Aufgaben des Prüfungsausschusses

§ 324 HGB steht im Zusammenhang mit der Umsetzung der Art. 41, 39 und 2 Nr. 13 der Abschlussprüferrichtlinie. Auch wenn ein Prüfungsausschuss eingerichtet ist, ist der AR nicht dazu verpflichtet, die für einen Prüfungsausschuss empfohlenen Aufgaben in vollem Umfang an den Prüfungsausschuss weiterzugeben. Die in Art. 41 der Abschlussprüferrichtlinie formulierten Aufgaben können auch von einem Aufsichts- oder Verwaltungsrat selbst wahrgenommen werden. Da der deutsche Gesetzgeber von diesem Wahlrecht Gebrauch machen wollte, ist die Umsetzung des Art. 41 der Abschlussprüferrichtlinie im Wesentlichen im AktG erfolgt. § 324 HGB kommt nur die Funktion eines **Auffangtatbestands** zu. § 324 Abs. 1 Satz 1 HGB sieht die Verpflichtung vor, dass **KM-orientierte Ges.**, die **keinen Aufsichts- oder Verwaltungsrat** haben, der die Voraussetzungen des § 100 Abs. 5 AktG erfüllen muss (mindestens ein unabhängiges Mitglied mit Sachverstand auf den Gebieten Rechnungslegung oder Apr.), einen Prüfungsausschuss einzurichten haben, der die in § 107 Abs. 3 Satz 2 AktG beschriebenen Aufgaben wahrnimmt. Diese **Aufgaben** sind die Überwachung 8

- des Rechnungslegungsprozesses,
- der Wirksamkeit der internen Kontrollsysteme,
- der Wirksamkeit der Risikomanagementsysteme,
- des internen Revisionssystems sowie
- der Apr.

Im **AktG** sind in Umsetzung des Art. 41 der Abschlussprüferrichtlinie folgende Änderungen vorgenommen worden: § 100 AktG ist um einen fünften Absatz und § 107 AktG in seinem Abs. 3 um einen zweiten Satz sowie um einen weiteren Abs. 4 ergänzt worden. **§ 100 Abs. 5 AktG** schreibt vor, dass mindestens ein **unabhängiges AR-Mitglied** einer Ges. i. S. d. § 264d HGB über Sachverstand auf den Gebieten Rechnungslegung oder Apr. verfügen muss. Diese Ergänzung der persönlichen Voraussetzungen für den AR ist notwendig, weil die Aufgaben eines Prüfungsausschusses zulässigerweise auch vom AR wahrgenommen werden können. Nimmt der Gesamt-AR die Aufgaben des Prüfungsausschusses 9 wahr, muss ein Mitglied sowohl unabhängig sein als auch über die besondere fachliche Qualifikation verfügen.[3]

10 Es bleibt dem **AR** unbenommen, einen Prüfungsausschuss einzurichten und diesem insb. die Überwachung des Rechnungslegungsprozesses, der Wirksamkeit der internen Kontrollsysteme, der Wirksamkeit des Risikomanagementsystems und des internen Revisionssystems sowie der Apr. zu übertragen (§ 107 Abs. 3 Satz 2 AktG). Mit der Vorschrift wird gleichzeitig zum Ausdruck gebracht, dass die in § 107 Abs. 3 Satz 2 AktG bezeichneten Aufgaben bereits bisher Aufgaben des AR sind, die lediglich auf den Prüfungsausschuss übertragen werden können, ohne dass der AR in seiner Gesamtheit dadurch aus seiner Verantwortung entlassen werden würde. Richtet der AR einen Prüfungsausschuss ein, hat er dafür Sorge zu tragen, dass zumindest ein Mitglied des Prüfungsausschusses unabhängig ist und über Sachverstand auf dem Gebiet der Rechnungslegung oder Apr. verfügt (§ 107 Abs. 4 AktG).

11 Der Prüfungsausschuss soll die ihm durch den AR übertragenen **Aufgaben** zeitnäher und effizienter erledigen als dies im (relativ großen) AR-Plenum möglich ist. Dabei besteht die Möglichkeit, dass der AR dem Prüfungsausschuss nur bestimmte Teilbereiche überträgt. Die übrigen Aufgaben hat der AR dann selbst wahrzunehmen.

12 Insofern ist es konsequent, wenn angesichts des Aufgabenspektrums des Prüfungsausschusses zumindest ein Mitglied unabhängig sein und über einen entsprechenden Sachverstand verfügen muss. **Unabhängig** ist ein Mitglied dann, wenn es in keiner geschäftlichen oder persönlichen Beziehung zu der Ges. oder deren Vorstand steht, die einen Interessenkonflikt begründet. Der AR hat dafür zu sorgen, dass im jeweiligen konkreten Fall möglicherweise bestehende Risiken für die Unabhängigkeit bei der Besetzung des Prüfungsausschusses angesprochen und geklärt werden. Der zweite zu berücksichtigende Aspekt ist der **Sachverstand** des unabhängigen Mitglieds. Dieser setzt voraus, dass das Mitglied beruflich mit der Rechnungslegung oder der Apr. aktuell befasst oder in der Vergangenheit gewesen ist. Dies ist z.B. für Finanzvorstände, leitende Angestellte aus dem Rechnungswesen oder für Angehörige der steuerberatenden oder wirtschaftsprüfenden Berufe anzunehmen.

## 3 Persönlicher Anwendungsbereich des § 324 HGB

### 3.1 Grundsätzlich betroffene Gesellschaften (Abs. 1 Satz 1)

13 § 324 Abs. 1 Satz 1 HGB sieht – in seiner Funktion als **Auffangtatbestand** – die Verpflichtung vor, dass Ges. i.S.d. § 264d HGB, die keinen Aufsichts- oder Verwaltungsrat haben, der die Voraussetzungen des § 100 Abs. 5 AktG erfüllen muss, einen **Prüfungsausschuss** einzurichten haben, der die in § 107 Abs. 3 Satz 2 AktG beschriebenen Aufgaben wahrnimmt.

14 Unter § 324 HGB können etwa **folgende Ges.** fallen, soweit sie KM-orientiert sind und nicht unter die Ausnahmen des § 324 Abs. 1 Satz 2 HGB fallen:
- mitbestimmungsfreie Gesellschaften mit beschränkter Haftung,
- kapitalistische offene Handelsgesellschaften und Kommanditgesellschaften über § 264a HGB,

---

[3] Vgl. auch *Füser/Wader/Fischer*, in *Küting/Pfitzer/Weber* (Hrsg.), Das neue deutsche Bilanzrecht, 2009, S. 615.

- Kreditinstitute in der Rechtsform einer Personenhandelsgesellschaft über § 340k HGB,
- Versicherungsunternehmen in der Rechtsform des Versicherungsvereins auf Gegenseitigkeit über § 341k HGB.

### 3.2 Ausnahmen vom Anwendungsbereich (Abs. 1 Satz 2)

In § 324 Abs. 1 Satz 2 HGB werden eine Reihe von KM-orientierten Ges. aus dem **Anwendungsbereich** von § 324 Abs. 1 Satz 1 HGB **herausgenommen**. 15

§ 324 Abs. 1 Satz 2 Nr. 1 HGB erfasst solche **Ges.**, deren ausschließlicher Zweck in der **Ausgabe von Wertpapieren i. S. d. § 2 Abs. 1 Satz 1 WpHG** besteht, die **durch Vermögensgegenstände besichert** sind. Derartige Ges. – Emittenten von „Asset Back Securities" – dienen regelmäßig nur als Vehikel zur Liquiditätsbeschaffung und sind von der Verpflichtung zur Einrichtung eines Prüfungsausschusses befreit. Allerdings müssen sie im Anhang begründen, warum sie es nicht für erforderlich halten, einen Prüfungsausschuss einzurichten. Ob es dazu mehr als eines Hinweises auf die fehlende gesetzliche Pflicht bedarf, lässt sich aus den Gesetzesmaterialien nicht eindeutig entnehmen. Nach der hier vertretenen Auffassung reicht ein schlichter Verweis nicht aus, weil das Gesetz von „darlegen" spricht. Für diese Auslegung spricht im Übrigen auch der Grundsatz des „comply or explain" im DCGK. 16

Nach § 324 Abs. 1 Satz 2 Nr. 2 HGB sind zudem **Kreditinstitute**, die einen organisierten Markt i. S. d. § 2 Abs. 5 WpHG nur durch die Ausgabe von **Schuldtiteln i. S. d. § 2 Abs. 1 Satz 1 Nr. 3 Buchst. a WpHG** in Anspruch nehmen, von der Anwendung des § 324 Abs. 1 Satz 1 HGB befreit. Dies setzt aber voraus, dass der **Nominalwert** der ausgegebenen Wertpapiere **100 Mio. EUR nicht übersteigt** und keine Verpflichtung zur Veröffentlichung eines Prospekts nach dem Wertpapierprospektgesetz besteht. 17

## 4 Zusammensetzung des Prüfungsausschusses (Abs. 2 Sätze 1–3)

§ 324 Abs. 2 HGB trifft rudimentäre Aussagen zur **Einrichtung und Organisation** des Prüfungsausschusses. Die Vorschrift basiert teilweise auf Art. 41 Abs. 1 Unterabs. 1 Satz 2 der Abschlussprüferrichtlinie. Danach legen die Mitgliedstaaten fest, ob der Prüfungsausschuss sich aus nicht an der Geschäftsführung beteiligten unabhängigen Mitgliedern des Verwaltungs- oder des Aufsichtsorgans oder aus Mitgliedern zusammensetzt, die durch Mehrheitsentscheidung von der GesV bestellt werden. Vorschriften zur Anzahl der Mitglieder oder der Dauer ihrer Amtsperiode bestehen nicht. 18

Wenn eine KapG i. S. d. Abs. 1 kein Aufsichts- oder Verwaltungsorgan aufweist, das auch die in § 107 Abs. 3 Satz 2 AktG beschriebenen Aufgaben eines Prüfungsausschusses wahrnimmt, sind die Mitglieder des Prüfungsausschusses unmittelbar von den Gesellschaftern zu wählen. In diesem Fall muss die Ges. selbst in ihrer Satzung oder ihrem Gesellschaftsvertrag Regelungen hinsichtlich der Wahl und der Dauer der Mitgliedschaft im Prüfungsausschuss, der Informations- und sonstigen Rechte und Pflichten der Mitglieder des Prüfungsausschusses sowie der Möglichkeiten der Beendigung der Mitgliedschaft aufstellen. Um etwaige Regelungslücken zu schließen, können die aktienrechtlichen Vorschrif- 19 ten zum AR herangezogen werden.[4] Letzteres gilt insb. auch im Hinblick auf die Sorgfaltspflichten und die Verantwortlichkeiten, die zur Gewährleistung einer ordnungsgemäßen Tätigkeit des Prüfungsausschusses auch für die Mitglieder des Prüfungsausschusses Anwendung finden müssen. Es ist darüber hinaus sicherzustellen, dass der Prüfungsausschuss sich nicht nur aus Mitgliedern der Geschäftsführung zusammensetzt. Über § 324 Abs. 2 Satz 2 HGB findet das in § 100 Abs. 5 AktG niedergelegte Erfordernis, dass mindestens ein Mitglied unabhängig und über Sachverstand in Rechnungslegung oder Apr. verfügen muss, auch auf den „alleinstehenden" Prüfungsausschuss Anwendung.[5] Aus diesem Grund schreibt § 324 Abs. 2 Satz 2 HGB vor, dass zumindest der Vorsitzende des Prüfungsausschusses nicht mit der Geschäftsführung betraut sein darf. Eine Übertragung der Funktionen des Prüfungsausschusses auf die GesV kommt nach Auffassung des Gesetzgebers nicht in Betracht.

20 Die Vorgabe nach § 324 Abs. 2 Satz 2 HGB, wonach der Vorsitzende des Prüfungsausschusses nicht mit der Geschäftsführung betraut sein darf, kann eigentlich nur bei der monistisch strukturierten Europäischen Aktiengesellschaft bzw. bei entsprechend organisierten KM-orientierten Gesellschaften mit beschränkter Haftung praktische Bedeutung erlangen. Dasselbe gilt auch für die Wahl der Mitglieder des Prüfungsausschusses durch die Gesellschafter, da ansonsten grds. die Regelungen im Hinblick auf die interne Organisation des AR nach den aktienrechtlichen Bestimmungen Gültigkeit haben.

## 5  Der Prüfungsausschuss als Schnittstelle zwischen Abschlussprüfer und Aufsichtsrat (Abs. 2 Satz 4)

21 Nach § 324 Abs. 2 Satz 4 HGB sind die §§ 124 Abs. 3 Satz 2 und 171 Abs. 1 Sätze 2 und 3 AktG entsprechend anzuwenden. Der AR hat seinen Vorschlag zur Wahl des AP auf die Empfehlung des Prüfungsausschusses zu stützen (§ 124 Abs. 3 Satz 2 AktG). Der AP hat gegenüber dem Prüfungsausschuss eine verbindliche Auskunftspflicht (§ 171 Abs. 1 Satz 2 AktG). Nach § 171 Abs. 1 Satz 3 AktG muss der AP den Prüfungsausschuss über seine Unabhängigkeit informieren.

## 6  Änderungen durch das BilRUG

22 Durch das am 18.6.2015 vom Bundestag verabschiedete BilRUG ist § 324 HGB lediglich in redaktioneller Hinsicht geändert worden. Die Änderungen dienen der Bereinigung von früheren Redaktionsversehen des Gesetzgebers aus der Änderung von § 2 Abs. 1 des WpHG.

---

[4]  § 108 Abs. 2 Satz 3 AktG sieht zur Beschlussfassung im AR eine Mindestgröße von drei Mitgliedern vor. Bei Prüfungsausschüssen von AG sind zwei bis sechs Mitglieder die Regel (vgl. *Grottel/Röhm-Rottmann*, in Beck Bil-Komm. 9. Aufl., § 324 HGB, Rz 17). Eine Mindestgröße von drei Mitgliedern wird in der Literatur empfohlen (vgl. *Hell/Pfirmann*, in *Küting/Pfitzer/Weber*, HdR, HGB § 324, Rn 31, Stand 02/2011; *Grottel/Röhm-Rottmann*, in Beck Bil-Komm. 9. Aufl., § 324 HGB, Rz 17). In Bezug auf die Amtszeit regelt § 102 Abs. 1 AktG eine maximale Amtszeit für AR-Mitglieder von fünf Gj (vier Gj zzgl. des Gj, in dem die Tätigkeit aufgenommen worden ist). Daran kann sich auch der Prüfungsausschuss orientieren.

[5]  Vgl. auch *Orth/Müller*, in *Küting/Pfitzer/Weber* (Hrsg.), Das neue deutsche Bilanzrecht, 2009, S. 650.

# § 324a ANWENDUNG AUF DEN EINZELABSCHLUSS NACH § 325 ABS. 2a

(1) ¹Die Bestimmungen dieses Unterabschnitts, die sich auf den Jahresabschluss beziehen, sind auf einen Einzelabschluss nach § 325 Abs. 2a entsprechend anzuwenden. ²An Stelle des § 316 Abs. 1 Satz 2 gilt § 316 Abs. 2 Satz 2 entsprechend.
(2) ¹Als Abschlussprüfer des Einzelabschlusses nach § 325 Abs. 2a gilt der für die Prüfung des Jahresabschlusses bestellte Prüfer als bestellt. ²Der Prüfungsbericht zum Einzelabschluss nach § 325 Abs. 2a kann mit dem Prüfungsbericht zum Jahresabschluss zusammengefasst werden.

WP STB CVA KLAUS BERTRAM

### Inhaltsübersicht

| | | Rz |
|---|---|---|
| 1 | Überblick | 1–7 |
| 2 | Prüfungspflicht des IFRS-EA nach § 325 Abs. 2a HGB (Abs. 1) | 8–11 |
| | 2.1 Anwendbare Vorschriften (Abs. 1 Satz 1) | 8 |
| | 2.2 Billigung (Abs. 1 Satz 2) | 9–11 |
| 3 | Bestellung des Abschlussprüfers und Prüfungsbericht (Abs. 2) | 12–18 |
| | 3.1 Bestellung des Abschlussprüfers (Abs. 2 Satz 1) | 12–15 |
| | 3.2 Prüfungsbericht (Abs. 2 Satz 2) | 16–18 |

### Ergänzendes Schrifttum

*Fey/Deubert*, Befreiender IFRS-Einzelabschluss nach § 325 Abs. 2a HGB für Zwecke der Offenlegung, KoR 2006, S. 92.; IDW, Stellungnahme zum Referentenentwurf eines Bilanzrechtsreformgesetzes, IDW-FN 2004, S. 1; IDW, IDW zu den Regierungsentwürfen des Bilanzrechtsreform- und des Bilanzkontrollgesetzes, IDW-FN 2004, S. 285; *Pfitzer/Oser/Orth*, Offene Fragen und Systemwidrigkeiten des Bilanzrechtsreformgesetzes (BilReG), DB 2004, S. 2593; *Pfitzer/Oser/Orth*, Reform des Aktien-, Bilanz- und Aufsichtsrechts, 3. Aufl., 2008; *Theile*, Neuerungen bei der GmbH durch das Transparenz- und Publizitätsgesetz – TransPuG, GmbHR 2002, S. 231.

## 1 Überblick

§ 324a HGB regelt die Apr eines gem. den in § 315a Abs. 1 HGB bezeichneten internationalen Rechnungslegungsstandards aufgestellten Einzelabschlusses. § 325 Abs. 2a HGB eröffnet offenlegungspflichtigen Bilanzierenden die Möglichkeit, anstelle des nach handelsrechtlichen Grundsätzen aufgestellten JA einen **nach den von der EU übernommenen IFRS aufgestellten Einzelabschluss** mit befreiender Wirkung offen zu legen. Der Gesetzgeber hat im Rahmen des Ende

2004 beschlossenen BilReG die Vorschrift neu geschaffen, um allen nach § 325 HGB offenlegungspflichtigen Bilanzierenden auch für die einzelgesellschaftliche Rechnungslegung die Anwendung der IFRS zu ermöglichen, allerdings nur für **Informationszwecke**. Für Zwecke der Kapitalerhaltung, Ausschüttungsbemessung, Grundlage der Besteuerung sowie für aufsichtsrechtliche Zwecke ist unverändert der handelsrechtliche JA maßgeblich.[1]

2 Hintergrund der Schaffung dieser Vorschrift war, dass ein freiwillig aufgestellter und offen gelegter **IFRS-EA** nur dann nach § 325 Abs. 2b HGB befreiende Wirkung für Offenlegungszwecke erlangt, wenn auch der Bestätigungsvermerk des AP zum IFRS-EA bzw. der Vermerk über dessen Versagung zum Bundesanzeiger eingereicht wird. § 324a HGB bestimmt die für diese gesonderte Apr. anwendbaren Rechtsvorschriften und, soweit aufgrund des Prüfungsgegenstands erforderlich, z.T. abweichende Regelungen.

3 Gem. Art. 58 Abs. 3 Satz 1 EGHGB ist § 324a HGB **erstmals auf das nach dem 31.12.2004 beginnende Geschäftsjahr**, d.h. bei Gj = Kj erstmals für das Gj 2005, anzuwenden.

4 § 324a HGB ist für **prüfungspflichtige KapG/KapCoGes** anzuwenden. Für **mittelgroße** KapG/KapCoGes sind bei Ausübung dieses Wahlrechts die Anforderungen des § 325 Abs. 2a Sätze 2–6 HGB zu berücksichtigen, d.h., die für den handelsrechtlichen JA bestehenden größenabhängigen Offenlegungserleichterungen gem. § 327 HGB (§ 327 Rz 13 ff.) kommen im Fall des IFRS-EA nicht zur Anwendung. Dies erscheint auch sachgerecht, da bei einer freiwilligen Offenlegung eines IFRS-EA kein Grund für die Gewährung von Offenlegungserleichterungen besteht.

5 Eine Anwendung für **nicht prüfungspflichtige kleine KapG/KapCoGes** ist nicht vorgesehen. Bei diesen kann keine Befreiungswirkung i.S.v. § 325 Abs. 2a HGB eintreten, da es überhaupt an einer Prüfungspflicht des JA fehlt und somit die in § 325 Abs. 2b HGB genannten Voraussetzungen nicht erfüllt werden können. Gleichwohl können diese Gesellschaften einen IFRS-EA aufstellen, prüfen lassen und offen legen. Für den in solchen Fällen beauftragten AP ist zu beachten, dass er in den Auftragsbedingungen die Anwendung der §§ 316 ff. HGB vereinbart.[2]

6 Für **Genossenschaften** findet § 324a HGB infolge des Verweises in § 53 Abs. 2 Satz 2 GenG ebenfalls Anwendung. Zwar gelten für die Prüfung von JA von Genossenschaften spezielle Prüfungsvorschriften in § 53 GenG. Durch die Verweise in §§ 53 Abs. 2 Satz 2, 58 Abs. 1 und 2 GenG sind die dort genannten handelsrechtlichen Prüfungsvorschriften auch im Zuge der Prüfung eines IFRS-EA von Genossenschaften anwendbar.

7 **Kreditinstitute und Finanzdienstleistungsinstitute** können gem. § 340l Abs. 1 Satz 1 i.V.m. Abs. 5 HGB ebenfalls von dem Wahlrecht zur befreienden Offenlegung eines IFRS-EA Gebrauch machen. Ebenso **Versicherungsunternehmen und Pensionsfonds** gem. § 341l Abs. 1 Satz 1 i.V.m. Abs. 4 HGB.

---

[1] Vgl. WP-Handbuch. Bd I, 14. Aufl., Abschn. F, Rz 9.
[2] Vgl. IDW PS 220, Tz 18.

## 2 Prüfungspflicht des IFRS-EA nach § 325 Abs. 2a HGB (Abs. 1)

### 2.1 Anwendbare Vorschriften (Abs. 1 Satz 1)

Abs. 1 Satz 1 bestimmt, dass die für den JA geltenden **Prüfungsvorschriften** auch auf den IFRS-EA anzuwenden sind. Anwendbar für den IFRS-EA sind somit folgende Vorschriften des HGB:

8

| Vorschrift | Regelungsbereich |
|---|---|
| § 316 Abs. 1 Satz 1 HGB | Prüfungspflicht |
| § 316 Abs. 3 HGB | Nachtragsprüfungspflicht |
| § 317 Abs. 1 HGB | Gegenstand und Umfang der Prüfung des JA |
| § 317 Abs. 2 HGB | Gegenstand und Umfang der Prüfung des Lageberichts |
| § 317 Abs. 5 und 6 HGB | Anwendung der von der EU angenommenen ISA und zusätzliche Prüfungsanforderungen auf Basis einer Rechtsverordnung (derzeit noch ohne praktische Relevanz) |
| § 318 Abs. 1 HGB | Bestellung des AP |
| § 318 Abs. 3–8 HGB | Abberufung, gerichtliche Bestellung des AP, Kündigung aus wichtigem Grund |
| § 319 Abs. 1–4 HGB | Auswahl der AP und Ausschlussgründe |
| § 319a Abs. 1 HGB | Besondere Ausschlussgründe bei Unternehmen von öffentlichem Interesse |
| § 319b Abs. 1 HGB | Netzwerk |
| § 320 Abs. 1 HGB | Vorlagepflicht |
| § 320 Abs. 2 HGB | Auskunftspflicht |
| § 320 Abs. 4 HGB | Berichterstattung des bisherigen an den neuen AP |
| § 321 Abs. 1–5 HGB | Prüfungsbericht (ergänzt durch Sonderregelung § 324a Abs. 2 Satz 2) |
| § 321a Abs. 1–3 HGB | Offenlegung des Prüfungsberichts in besonderen Fällen |
| § 322 Abs. 1–7 HGB | Bestätigungsvermerk |
| § 323 Abs. 1–4 HGB | Verantwortlichkeit des AP |

Tab. 1: Anwendbare Vorschriften gem. § 324a HGB

Soweit sich aus der Anwendung der einzelnen Vorschriften auf die Prüfung eines IFRS-EA Besonderheiten ergeben, sind diese bei den jeweiligen Vorschriften kommentiert.

## 2.2 Billigung (Abs. 1 Satz 2)

9 Die Vorschrift stellt klar, dass analog zum handelsrechtlichen KA der IFRS-EA nicht festzustellen, sondern vom je nach Rechtsform zuständigen Gremium (Rz 11) zu billigen ist. Dies ergibt sich auch aus der Zielsetzung des IFRS-EA, der ausschließlichen Informationsvermittlung (Rz 1).

10 Die Vorschrift bestimmt weiterhin, dass bei unterlassener Prüfung des IFRS-EA keine Billigung erfolgen kann. Damit entfaltet in diesen Fällen auch eine Offenlegung im Bundesanzeiger keine befreiende Wirkung nach § 325 Abs. 2b HGB.[3]

11 Welches **Organ** für die Billigung des IFRS-EA zuständig ist, ergibt sich aus den rechtsformspezifischen Vorschriften:
- **AG**: Aufsichtsrat (§ 171 Abs. 4 i.V.m. Abs. 1 bis 3 AktG)
- **KGaA**: Hauptversammlung (§ 286 Abs. 1 AktG)
- **GmbH**: Gesellschafterbeschluss (§ 46 Nr. 1a i.V.m. § 42a Abs. 4 Satz 2 GmbHG[4]); soweit ein fakultativer Aufsichtsrat gem. § 52 Abs. 1 GmbHG existiert, für den die aktienrechtlichen Vorschriften zum Aufsichtsrat anwendbar sind,[5] ist durch den Verweis in § 53 Abs. 1 i.V.m. § 171 Abs. 4 AktG der Aufsichtsrat zuständig.
- **SE**: monistisches System: Verwaltungsrat (§ 47 Abs. 4 Satz 2 SEAG), dualistisches System: Aufsichtsrat (§ 3 SE-AG i.V.m. § 171 Abs. 4 AktG).
- **Personenhandelsgesellschaften**: Soweit im Gesellschaftsvertrag Zuständigkeiten für die Feststellung des JA bzw. Billigung des KA festgelegt sind, gelten diese analog für den IFRS-KA. Im Regelfall wird dies in der Zuständigkeit der Gesellschafter liegen; enthält der Gesellschaftsvertrag keine Regelungen, gilt ebenfalls die Gesellschafterversammlung als zuständig, da es sich um ein Grundlagengeschäft handelt.

## 3 Bestellung des Abschlussprüfers und Prüfungsbericht (Abs. 2)

### 3.1 Bestellung des Abschlussprüfers (Abs. 2 Satz 1)

12 Die Vorschrift regelt, dass der Abschlussprüfer des handelsrechtlichen JA kraft Gesetz zum AP des IFRS-EA bestellt wird. Hierbei handelt es sich um eine Durchbrechung der in Abs. 1 Satz 1 geregelten analogen Anwendung der §§ 316–324 HGB. Der Bilanzierende hat keine Möglichkeit, einen anderen AP mit der Prüfung des IFRS-EA zu beauftragen, um die Befreiungswirkung des § 325 Abs. 2a HGB für den IFRS-EA zu erlangen. Es kann auch nicht ein ggf.

---

[3] Vgl. LG Berlin, Urteil v. 1.12.2006, GmbHR 2007, S. 92.
[4] § 42a Abs. 4 GmbHG verweist auf Abs. 2, der von *Feststellung* spricht. Gem. der Gesetzesbegründung und auch Literaturmeinung ist hiermit gleichwohl die *Billigung* des IFRS-EA gemeint, vgl. BT-Drucks. 15/3419 S. 55; *Orth*, in *Baetge/Kirsch/Thiele*, Bilanzrecht, § 324a HGB, Rz 65.
[5] Dies kann allerdings durch Gesellschaftsvertrag abbedungen werden; vgl. § 52 Abs. 1 letzter Hs. GmbHG.

vom AP des JA abweichender Konzern-AP in die Rolle des AP gem. § 324 Abs. 2 Satz 2 HGB gelangen.[6]

In der Praxis bedeutet dies, dass bereits bei der Bestellung des AP für den handelsrechtlichen JA vom zuständigen Organ mit dem vorgesehenen AP geklärt werden muss, ob dieser fachlich und personell in der Lage ist, auch diesen Prüfungsauftrag durchzuführen. Denn sollte der AP z.B. aufgrund fehlender Fachkenntnis der IFRS nicht in der Lage sein, den IFRS-EA zu prüfen, darf er diesen Prüfungsauftrag nicht annehmen (§ 43 WPO, § 11 Abs. 2 BS WP/vBP). 13

Soweit sich das Unt erst nach Bestellung des AP zum handelsrechtlichen JA entschließt, einen befreienden IFRS-EA nach § 325 Abs. 2a HGB aufzustellen und prüfen zu lassen, und dann feststellt, dass der bestellte AP diesen weiteren Auftrag nicht durchführen kann, bleibt als einziger Ausweg die **gerichtliche Ersetzung** durch einen anderen AP gem. § 318 Abs. 3 Satz 1 HGB.[7] Vgl. hierzu § 318 Rz 35. 14

Soweit für die Prüfung des handelsrechtlichen JA zwei AP gemeinsam bestellt worden sind (**joint audit**), gelten diese aufgrund der Fiktion von Abs. 2 Satz 1 auch als gemeinsame AP des IFRS-EA.[8] 15

## 3.2 Prüfungsbericht (Abs. 2 Satz 2)

Da AP des handelsrechtlichen JA und des IFRS-EA personenidentisch sind (Ausnahme s. Rz 14), hat der Gesetzgeber mit der Vorschrift die gesetzliche Möglichkeit zur **Zusammenfassung des Prüfungsberichts** geschaffen. Bezüglich der Zusammenfassung des Prüfungsberichts über den handelsrechtlichen JA und den KA bestand schon länger – zunächst lediglich aufgrund berufsständischer Prüfungsgrundsätze[9], später aufgrund gesetzlicher Regelung (§ 325 Abs. 3a HGB) – die Möglichkeit der Zusammenfassung. Hierzu ist es einerseits erforderlich, dass es sich bei beiden Apr um denselben AP handelt, und andererseits, dass der Bilanzierende Anhang und Konzernanhang gem. § 298 Abs. 3 HGB sowie LB und KLB gem. § 315 Abs. 3 i.V.m. § 298 Abs. 3 HGB zusammengefasst hat. 16

In der praktischen Anwendung erfolgt die Zusammenfassung der Prüfungsberichte eher selten, da dies im Interesse der Klarheit der Berichterstattung von den Berichtsadressaten zumeist nicht gewünscht wird und für den AP auch nicht unproblematisch ist.[10] Da sich IFRS-EA und handelsrechtlicher JA oftmals stark unterscheiden, wird von den betroffenen Unt z.T. auch nicht ein einheitlicher LB – wie eigentlich vom Gesetzgeber vorgesehen[11] – aufgestellt, sondern es werden **zwei LB** aufgestellt, die sich lediglich in Bezug auf die Darstellung der VFE-Lage und des Geschäftsergebnisses unterscheiden. Der eine LB nimmt auf den handelsrechtlichen JA Bezug, während der andere auf den IFRS-EA abstellt. Im Sinne der von § 289 HGB geforderten klaren und übersichtlichen Berichterstattung erscheint dies zweckmäßig. Da gem. § 325 Abs. 2a und 2b HGB beide 17

---

6 Vgl. BR-Drs. 326/04 S. 97; *Kirsch*, in BoHdR, § 324a HGB, Anm. 11.
7 GlA: *Orth*, in *Baetge/Kirsch/Thiele*, Bilanzrecht, § 324a HGB, Rz 76, Stand 12/2014.
8 Vgl. *Hell/Pfirmann* in: *Küting/Pfitzer/Weber*, HdR, § 324a HGB, Rz 15, Stand: 02/2011.
9 Vgl. IDW PS 450, Tz 138.
10 Vgl. *Pfitzer/Oser/Orth*, DB 2004, S. 2602.
11 Vgl. BT-Drs. 15/3419, S. 45.

Abschlüsse und beide LB offenzulegen sind, erscheint diese über den Gesetzestext hinausgehende Interpretation zulässig.

**18** Gem. § 325 Abs. 3a HGB besteht auch die Möglichkeit, den Prüfungsbericht über den IFRS-EA mit dem **Prüfungsbericht über den KA** zusammenzufassen. Dies erscheint auch nur in solchen Fällen zweckmäßig und den Grundsätzen einer klaren Berichterstattung entsprechend, wenn es sich bei dem KA um einen gem. § 315a HGB nach IFRS aufgestellten KA handelt.

# § 325 OFFENLEGUNG

(1) ¹Die gesetzlichen Vertreter von Kapitalgesellschaften haben für diese den Jahresabschluss beim Betreiber des Bundesanzeigers elektronisch einzureichen. ²Er ist unverzüglich nach seiner Vorlage an die Gesellschafter, jedoch spätestens vor Ablauf des zwölften Monats des dem Abschlussstichtag nachfolgenden Geschäftsjahrs, mit dem Bestätigungsvermerk oder dem Vermerk über dessen Versagung einzureichen. ³Gleichzeitig sind der Lagebericht, der Bericht des Aufsichtsrats, die nach § 161 des Aktiengesetzes vorgeschriebene Erklärung und, soweit sich dies aus dem eingereichten Jahresabschluss nicht ergibt, der Vorschlag für die Verwendung des Ergebnisses und der Beschluss über seine Verwendung unter Angabe des Jahresüberschusses oder Jahresfehlbetrags elektronisch einzureichen. ⁴Angaben über die Ergebnisverwendung brauchen von Gesellschaften mit beschränkter Haftung nicht gemacht zu werden, wenn sich anhand dieser Angaben die Gewinnanteile von natürlichen Personen feststellen lassen, die Gesellschafter sind. ⁵Werden zur Wahrung der Frist nach Satz 2 oder Absatz 4 Satz 1 der Jahresabschluss und der Lagebericht ohne die anderen Unterlagen eingereicht, sind der Bericht und der Vorschlag nach ihrem Vorliegen, die Beschlüsse nach der Beschlussfassung und der Vermerk nach der Erteilung unverzüglich einzureichen. ⁶Wird der Jahresabschluss bei nachträglicher Prüfung oder Feststellung geändert, ist auch die Änderung nach Satz 1 einzureichen. ⁷Die Rechnungslegungsunterlagen sind in einer Form einzureichen, die ihre Bekanntmachung nach Absatz 2 ermöglicht.
(2) Die gesetzlichen Vertreter der Kapitalgesellschaft haben für diese die in Absatz 1 bezeichneten Unterlagen jeweils unverzüglich nach der Einreichung im Bundesanzeiger bekannt machen zu lassen.
(2a) ¹Bei der Offenlegung nach Absatz 2 kann an die Stelle des Jahresabschlusses ein Einzelabschluss treten, der nach den in § 315a Abs. 1 bezeichneten internationalen Rechnungslegungsstandards aufgestellt worden ist. ²Ein Unternehmen, das von diesem Wahlrecht Gebrauch macht, hat die dort genannten Standards vollständig zu befolgen. ³Auf einen solchen Abschluss sind § 243 Abs. 2, die §§ 244, 245, 257, 264 Abs. 2 Satz 3, § 285 Nr. 7, 8 Buchstabe b, Nr. 9 bis 11a, 14 bis 17, § 286 Abs. 1, 3 und 5 sowie § 287 anzuwenden. ⁴Der Lagebericht nach § 289 muss in dem erforderlichen Umfang auch auf den Abschluss nach Satz 1 Bezug nehmen. ⁵Die übrigen Vorschriften des Zweiten Unterabschnitts des Ersten Abschnitts und des Ersten Unterabschnitts des Zweiten Abschnitts gelten insoweit nicht. ⁶Kann wegen der Anwendung des § 286 Abs. 1 auf den Anhang die in Satz 2 genannte Voraussetzung nicht eingehalten werden, entfällt das Wahlrecht nach Satz 1.
(2b) Die befreiende Wirkung der Offenlegung des Einzelabschlusses nach Absatz 2a tritt ein, wenn
1. statt des vom Abschlussprüfer zum Jahresabschluss erteilten Bestätigungsvermerks oder des Vermerks über dessen Versagung der entsprechende Vermerk zum Abschluss nach Absatz 2a in die Offenlegung nach Absatz 2 einbezogen wird,

2. der Vorschlag für die Verwendung des Ergebnisses und gegebenenfalls der Beschluss über seine Verwendung unter Angabe des Jahresüberschusses oder Jahresfehlbetrags in die Offenlegung nach Absatz 2 einbezogen werden und
3. der Jahresabschluss mit dem Bestätigungsvermerk oder dem Vermerk über dessen Versagung nach Absatz 1 Satz 1 bis 4 offen gelegt wird.

(3) Die Absätze 1, 2 und 4 Satz 1 gelten entsprechend für die gesetzlichen Vertreter einer Kapitalgesellschaft, die einen Konzernabschluss und einen Konzernlagebericht aufzustellen haben.

(3a) Wird der Konzernabschluss zusammen mit dem Jahresabschluss des Mutterunternehmens oder mit einem von diesem aufgestellten Einzelabschluss nach Absatz 2a bekannt gemacht, können die Vermerke des Abschlussprüfers nach § 322 zu beiden Abschlüssen zusammengefasst werden; in diesem Fall können auch die jeweiligen Prüfungsberichte zusammengefasst werden.

(4) ¹Bei einer Kapitalgesellschaft im Sinn des § 264d, die keine Kapitalgesellschaft im Sinn des § 327a ist, beträgt die Frist nach Absatz 1 Satz 2 längstens vier Monate. ²Für die Wahrung der Fristen nach Satz 1 und Absatz 1 Satz 2 ist der Zeitpunkt der Einreichung der Unterlagen maßgebend.

(5) Auf Gesetz, Gesellschaftsvertrag oder Satzung beruhende Pflichten der Gesellschaft, den Jahresabschluss, den Einzelabschluss nach Absatz 2a, den Lagebericht, den Konzernabschluss oder den Konzernlagebericht in anderer Weise bekannt zu machen, einzureichen oder Personen zugänglich zu machen, bleiben unberührt.

(6) Die §§ 11 und 12 Abs. 2 gelten für die beim Betreiber des Bundesanzeigers einzureichenden Unterlagen entsprechend; § 325a Abs. 1 Satz 3 und § 340l Abs. 2 Satz 4 bleiben unberührt.

Prof. Dr. Bert Kaminski

| Inhaltsübersicht | | | Rz |
|---|---|---|---|
| 1 | Überblick | | 1–28 |
| | 1.1 | Regelungszweck und Inhalt | 1–6 |
| | 1.2 | Anwendungsbereich | 7–22 |
| | 1.3 | Normenzusammenhänge | 23–28 |
| 2 | Offenlegungspflicht | | 29–113 |
| | 2.1 | Einreichungspflicht beim Bundesanzeiger | 29–54 |
| | 2.2 | Einzureichende Unterlagen | 55–101 |
| | | 2.2.1 Allgemeine Grundsätze | 55–61 |
| | | 2.2.2 Jahresabschluss | 62–67 |
| | | 2.2.3 Bestätigungs- bzw. Versagungsvermerk | 68–77 |
| | | 2.2.4 Lagebericht | 78–79 |
| | | 2.2.5 Bericht des Aufsichtsrats | 80–85 |
| | | 2.2.6 Erklärung nach § 161 AktG | 86–88 |
| | | 2.2.7 Gewinnverwendungsvorschlag | 89–101 |
| | 2.3 | Nachreichungspflichten bei verkürzter Einreichung zur Fristwahrung | 102–105 |

2.4 Nachträgliche Änderung........................ 106–111
2.5 Formvorschriften............................. 112–113
3 Bekanntmachungspflicht im Bundesanzeiger (Abs. 2) ........ 114–116
4 Offenlegung eines internationalen Einzelabschlusses mit befreiender Wirkung (Abs. 2a und 2b) ....................... 117–138
   4.1 Anforderungen an den Abschluss .................. 119–134
      4.1.1 Allgemeine Grundsätze.................... 119–122
      4.1.2 Anwendung von HGB-Vorschriften........... 123–132
      4.1.3 Nichtanwendung von Vorschriften........... 133
      4.1.4 Suspendierung des Wahlrechts............... 134
   4.2 Weitere Voraussetzungen für die befreiende Wirkung.... 135–138
5 Offenlegung von Konzernabschluss und Konzernlagebericht (Abs. 3 und 3a) ..................................... 139–150
   5.1 Offenlegungspflicht ............................ 139–147
   5.2 Zusammenfassungsmöglichkeiten.................. 148–150
6 Fristvorgaben für kapitalmarktorientierte Unternehmen (Abs. 4) 151–154
7 Ergänzende Regelungen in Gesetz, Gesellschaftsvertrag oder Satzung (Abs. 5)..................................... 155–157
8 Anforderungen an die Unterlagen....................... 158–161
9 Sanktionen........................................ 162–170
   9.1 Verstoß gegen die Offenlegungspflicht ............... 168–169
   9.2 Unrichtige Darstellung .......................... 170
10 Gestaltungen zur Vermeidung oder Begrenzung der Offenlegung................................... 171–203
   10.1 Wechsel der Rechtsform........................ 174–180
   10.2 „Vollhafter-Modell".......................... 181–187
   10.3 Erlangung der Befreiungstatbestände gem. § 264 Abs. 3 bzw. § 264b HGB............................. 188–193
   10.4 Schaffung von kleineren Unternehmensteilen ......... 194–198
   10.5 Größenabhängige Überlegungen................... 199–201
   10.6 Betrieb einer inländischen Zweigniederlassung eines Unternehmens aus einem Drittstaat ..................... 202–203
11 Änderungen durch das BilRUG ........................ 204–205

**Ergänzendes Schrifttum**
*Althoff/Hoffmann*, Rückstellungen für Offenlegungspflichten – Auswirkungen des Ordnungsgeldverfahrens nach dem EHUG auf den Jahresabschluss, GmbHR 2010, S. 518; *Altenhaim*, Der strafbare falsche Bilanzeid, WM 2008, S. 1141; *Ammermann/Ravenstein*, Verstöße gegen die Aufstellungs- und Offenlegungspflicht von Konzernabschlüssen, WPg 2009, S. 690; *Baetge/Apelt*, Konsequenzen des Verstoßes gegen die Offenlegungsvorschriften des HGB – Analyse möglicher Folgen bei unterlassener Offenlegung einer GmbH unter besonderer Berücksichtigung der geplanten Mittelstandsrichtlinie, DB 1988, S. 1709; *Berndsen*, Unternehmenspublizität – Eine empirische Untersuchung zur Messung des Publizitätsverhaltens großer börsennotierter Aktiengesellschaften und der Auswirkung auf die Anlageentscheidungen am Aktienmarkt, 1979;

*Blank,* Kein Ordnungsgeld gegen insolvente Kapitalgesellschaft wegen Verstoßes gegen Offenlegung des Jahresabschlusses bei insolvenzfreiem Vermögen („Nullbilanz") – §§ 325, 335 HGB, ZInsO 2009, S. 2186; *Bitter/Grashoff,* Anwendungsprobleme des Kapitalgesellschaften- und Co.-RL-Gesetzes, DB 2000, S. 833; *Brete,* Streitschrift gegen die Offenlegungspflicht von Jahresabschlüssen – § 325 Abs. 1 HGB ist unter Ansehung der Funktion des Jahresabschlusses verfassungswidrig, GmbHR 2009, S. 617; *Buchheim,* Die Publizität der Kapitalgesellschaften & Co. nach dem EHuG – Konzeptionelle Überlegungen und empirische Befunde aus dem Handelsregister Berlin, DB 2010, S. 1133; *Christ/Müller-Helle,* Veröffentlichungspflichten nach dem neuen EHUG, 2007; *de Weerth,* Europarechtliche Sanktionierung der unterlassenen Offenlegung des Jahresabschlusses? Zugleich eine Anmerkung zum EuGH-Urteil „Verband deutscher Daihatsu-Händler e.V.", BB 1998, S. 366; *Deilmann,* EHUG: Neuregelung der Jahresabschlusspublizität und mögliche Befreiung nach § 264 Abs. 3 HGB, BB 2006, S. 2347; *Dietrich,* Die bilanzrechtliche Offenlegungspflicht – Verfassungsrechtliche Bedenken bei „personenbezogenen Gesellschaften" unter datenschutzrechtlichen Aspekten, NJ 2010, S. 108; *Döllerer,* Zweck der aktienrechtlichen Publizität, BB 1958, S. 1281; *Dorozala/Söffing,* Zur Vermeidung handelsrechtlicher Offenlegungspflichten durch alternative Rechtsformen, DStR 2000, S. 1567; *Fey/Geubert,* Befreiender IFRS-Einzelabschluss nach § 325 Abs. 2a HGB für Zwecke der Offenlegung, KoR 2006, S. 92; *Fey/Deubert/Lewe,* Erleichterungen nach dem MicroBilG – Einzelfragen zur Anwendung der neuen Vorschriften, BB 2013, S. 107; *Friauf,* Die Publizitätspflicht für Gesellschaften mit beschränkter Haftung aus verfassungsrechtlicher Sicht, GmbHR 1985, S. 245; *Giese/Rabenhorst/Schindler,* Erleichterungen bei der Rechnungslegung, Prüfung und Offenlegung von Konzerngesellschaften, BB 2001, S. 511; *Grottke/Löffelmann/Späth/Haendel,* Offenlegung im elektronischen Bundesanzeiger – konzeptionelle Überlegungen und empirische Wirkungen, DStR 2012, S. 94; *Großfeld,* Bilanzrecht für Juristen – Das Bilanzrichtlinien-Gesetz vom 19.12.1985, NJW 1986, S. 955; *Grüter/Mitsch,* Beitritt einer natürlichen Person als persönlich haftender Gesellschafter einer GmbH & Co. KG, Inf 2001, Teil I: S. 142, Teil II: S. 174; *Gustavus,* Handelsregister – quo vadis?, GmbHR 1987, S. 253; *Haller/Groß,* Der MicroBilG-RefE – Neue Regeln für die Rechnungslegung kleiner Kapitalgesellschaften, DB 2012, S. 2109; *Hellwig,* PartG mbB: Sinnvolle Modernisierung – Endlich eine Alternative zur englischen Limited Liability Partnership, AnwBl 2012, 345; *Heni,* Transformation der GmbH & Co.-RL – Neuer Schub für die Konzernrechnungslegung, DStR 1999, S. 912; *Henselmann/Kaya,* Empirische Analyse des Offenlegungszeitpunkts von Jahresabschlüssen nach dem EHUG, WPg 2009, S. 497; *Herrmann,* Zur Rechnungslegung der GmbH & Co. KG im Rahmen des KapCoRiLiG, WPg 2001, S. 271; *Hirte,* Daihatsu: Durchbruch für die Publizität, NJW 1999, S. 36; *Höfer,* Die Offenlegungspflicht bei der GmbH & Co. KG erneut auf dem Prüfstand, NJW 2004, S. 475; *Hönsch,* Der Bilanzeid – Versicherung der Ordnungsmäßigkeit der Rechnungslegung, ZCG 2006, S. 117; *Hoffmann,* Nochmals: Zur Empirie der Offenlegung von Jahresabschlüssen – Ergänzende Anmerkungen zu Kräußlein (DStR 2009, 869), DStR 2009, S. 925; *Hüttche,* Der deutsche IAS-Einzelabschluss: Wolf im Schafspelz oder Papiertiger?, DStR 2004, S. 1189; *Kaya,* Strategien zur Verminderung und Vermeidung der Jahresabschlusspublizität,

Aachen 2010, zugl. Diss. Uni. Erlangen-Nürnberg; *Kaya/Scherr*, Offenlegungspraxis im Mittelstand seit dem EHuG, BBK 2010, S. 703; *Kiesel/Grimmen*, Die Offenlegungsverpflichtung bei Kapitalgesellschaften & Co. nach dem Beschluss des EuGH vom 23.9.2004, DStR 2004, S. 2210; *Klatte*, Möglichkeiten des Verzichts auf Angabe von Organbezügen und Ergebnisverwendung, BB 1995, S. 35; *Kräußlein*, Praktische Probleme bei der Offenlegung von Jahresabschlüssen nach EHUG – empirische Analyse und Lösungswege, DStR 2009, S. 869; *Kuntze-Kaufhold*, Jahresabschluss-Publizität nach dem EHUG – Gift oder Medizin?, GmbHR 2009, S. 73; *Kuntze-Kaufhold*, Verschärfung der Jahresabschlusspublizität und Publizitätswegfall bei Einbeziehung in den Konzernabschluss eines gebietsfremden Mutterunternehmens, BB 2006, S. 428; *Kußmaul/Ruiner*, Das Gesetz über elektronische Handelsregister und Genossenschaftsregister sowie das Unternehmensregister (EHUG) – Handelsregisteranmeldung, verschärfte Offenlegung, europarechtliche Bedenken sowie Offenlegungs- und Vermeidungsstrategien, KoR 2007, S. 672; *Leible*, Bilanzpublizität und Effektivität des Gemeinschaftsrechts, ZHR 162 (1998), S. 594; *Look*, Offenlegung nach EHUG – Auftragsübernahme durch den Steuerberater, DStR 2007, S. 2231; *Lüdenbach/Freiberg*, BilRUG-RegE: Mehr als selektive Nachbesserungen?, BB 2015, 363; *Lüdenbach/Freiberg*, BilRUG: Letzte Änderungen auf der Zielgeraden, BB 2015, 1649; *Marten/Zürn*, Prüfungsbefreiung für den Einzelabschluss im Konzern – keine Erleichterung für die Praxis, BB 2004, S. 1615; *Marx/Dallmann*, Jahresabschlusspublizität mittelständischer Unternehmen – Empirische Befunde und konzeptionelle Überlegungen, BB 2004, S. 929; *Meier-Schatz*, Wirtschaftsrecht und Unternehmenspublizität, Zürich 1989; *Meilicke*, Gestaltungen zur Vermeidung oder Verminderung der Publizität, StBJb 1986/87, S. 253; *Meilicke*, Gestaltungen zur Verminderung der Publizität, DB 1986, S. 2445; *Meyer*, Reform des handelsrechtlichen Ordnungsgeldverfahrens, DStR 2013, S. 931; *Müller/Stawinoga*, Verschärfung der Voraussetzungen zur rückwirkenden Anwendung der Schwellenwerterhöhungen durch den BilRUG-RegE – Update zu BB 2014, 2411ff., BB 2015, 241; *Muzzu/Prystav/Stein*, Rechtliche Anforderungen an die Publizität von Finanzinformationen – Versetzt die normierte Informationsqualität überhaupt zu externer Kontrolle in die Lage?, DStR 2013, S. 1300; *Noack* (Hrsg.), Das neue Gesetz über elektronische Handels- und Unternehmensregister – EHUG, 2007; *Noack*, Unternehmenspublizität: Bedeutung und Medium der Offenlegung von Unternehmensdaten, 2002; *Oser/Orth/Wirtz*, Neue Vorschriften zur Rechnungslegung und Prüfung durch das Bilanzrichtlinie-Umsetzungsgesetz, DB 2015, S. 197; *o. V.*, D&B Deutschland: 2010er-Bilanzen zum Großteil noch nicht veröffentlicht, BB 2012, S. 625; *Pfitzer/Wirth*, Die Änderungen des Handelsgesetzbuchs – Umsetzung der Mittelstandsrichtlinie, DB 1994, S. 1937; *Prigge*, Inhaltliche Redundanzen in Konzernlagebericht und IFRS-Konzernanhang, KoR 2006, S. 252; *Römermann*, PartG mbB – die anwaltliche Rechtsform der Zukunft?! – Bundesjustizministerium legt Referentenentwurf vor, AnwBl 2012, S. 288; *Römermann/Praß*, Die Partnerschaftsgesellschaft mit beschränkter Berufshaftung (PartG mbB) eine attraktive Rechtsform für Steuerberatungsgesellschaften?, Stbg 2012, S. 319ff.; *Schellhorn*, Der Bilanzeid nach § 264 Abs. 2 Satz 3 HGB – Anwendungsfragen und Bedeutung, DB 2009, S. 2363; *Schlauß*, Das neuen Ordnungsgeldverfahren bei Verletzung der Publizitätspflicht – Verschärfte Sanktionen der Nichtoffenlegung von Jahresabschlüssen durch das Bundesamt für Justiz, DB 2007, S. 2191; *Schlauß,* Über 90 % Publizität – nachhaltiger Wandel der Offenlegungskultur, DB 2010, S. 153; *Schlauß,* Die neue Offenlegungskultur seit Inkrafttreten des EHUG, DB 2011, S. 805; *Schlotter/Reiser,* Ein Jahr EHUG – die ersten Praxiserfahrungen, BB 2008, S. 118; *Starck,* Bilanzpublizität und Datenschutz, DStR 2008, S. 2035; *Stollenwerk/Kurpat,* Rechtsprechungsreport zum Ordnungsgeldverfahren nach dem EHUG, BB 2009, S. 150; *Strobel,* Die Neuerungen das KapCoRiLiG für den Einzel- und Konzernabschluss, DB 2000, S. 53; *Theile/Nitsche,* Praxis der Jahresabschlusspublizität bei der GmbH, WPg 2006, S. 1141; *Tröger,* Aktionärsklage bei nichtpublizierter Kodexabweichung, ZHR 175, S. 746; *Tromp/Nagler/Gehrke,* Die Möglichkeit einer Befreiung von der Offenlegung von Jahresabschlüssen nach § 264 Abs. 3 HGB bei (un-)mittelbarer Konzernmutter im EU-/EWR-Ausland – Eine Analyse im Lichte Verschärftersanktionsmechanismen nach EHUG, GmbHR 2009, S. 641; *Waßmer,* Die GmbH & Stroh KG als Publizitätsvermeidungsmodell: Kunstgriff – oder mit Ordnungsgeld gem. §§ 335a, 335b HGB sanktionierbare Umgehung der Offenlegungspflicht der GmbH & Co. KG?, GmbHR 2000, S. 412; *Weirich/Zimmermann,* Aufstellung und Offenlegung des Jahresabschlusses kleiner Aktiengesellschaften, AG 1985, S. 265; *Weiß,* Zulässigkeit der Verwendung des offengelegten Jahresabschlusses einer GmbH im Strafverfahren gegen ihre Geschäftsführer?, DB 2010, S. 1744; *Ziegler,* Nochmals: Offenlegung des Jahresabschlusses von Kapitalgesellschaften, Rpfleger 1989, S. 92; *Zimmer/Eckhold,* Das Kapitalgesellschaften & Co-RL-Gesetz – Neue Rechnungslegungsvorschriften für eine große Zahl von Unternehmen, NJW 2000, S. 1361; *Zwirner,* Reform des HGB durch das BilRUG – mehr als nur eine Rechnungslegungsreform, DStR 2015, 375; *Zwirner,* Einzelabschluss nach BilRUG: Änderungen gegenüber dem Gesetzentwurf vom 20.2.2015, BC 2015, 278; *Zwirner/Busch/Froschhammer,* Reform des handelsrechtlichen Ordnungsgeldverfahrens – Entlastung des Mittelstands durch Reduzierung von „Strafen"?, StuB 2013, S. 318; *Zwirner/Froschhammer,* Rechnungslegung für Kleinstkapitalgesellschaften gem. MicroBilG, Stbg 2013, S. 227; *Zwirner/Kähler,* Anhebung der HGB-Schwellenwerte durch das BilRUG – Auswirkungen auf die Jahresabschlussprüfung 2014? BC 2015, 198.

# 1 Überblick

## 1.1 Regelungszweck und Inhalt

1  Die Norm schafft die Voraussetzung, damit interessierte Kreise **Einsicht in die Rechnungslegung** des Unt erlangen können, um der Gläubigerschutzfunktion der externen Rechnungslegung zu genügen.[1] Bereits die Erste EG-RL[2] verpflichtete die Mitgliedstaaten, für Ges. die offenlegungspflichtigen Unterlagen zu sammeln und Interessenten auf schriftliches Verlangen Abschriften hiervon zu übersenden.[3] Damit sollen nicht nur die Gesellschafter, sondern auch außen-

---

1  Vgl. *Dollerer,* BB 1958, S. 1281 ff., sowie zu einer Analyse der Auswirkungen auf die Steuerung eines Unternehmens *Meier-Schatz,* S. 161 ff.
2  V. 9.3.1968, Abl. EG, Nr. L 65/1968, S. 8 ff.
3  Vgl. zur Rechtsentwicklung *Haller/Hütten/Löffelmann,* in *Küting/Pfitzer/Weber,* HdR, Einf HGB §§ 325–329, Rz 6 ff. (5/2014).

stehende Dritte zeitnah über die Entwicklung des Unt informiert werden können. Hieraus hat der EuGH in seinem Urteil v. 23.9.2004[4] abgeleitet, dass diese Informationen jeder interessierten Person zugänglich zu machen sind. Die früher geltende Beschränkung des Antragsrechts nach § 335a HGB a.F. wurde als nicht richtlinienkonform erklärt.

Der durch das MicroBilG[5] geschaffene § 326 Abs. 2 HGB trägt der Umsetzung der durch die am 14.3.2012 verabschiedeten RL 2012/6/EU des Europäischen Parlaments und des Rates zur Änderung der RL 78/660/EWG des Rates über den Jahresabschluss von Gesellschaften bestimmter Rechtsformen hinsichtlich Kleinstbetrieben, sog. Micro-Richtlinie,[6] Rechnung.[7] Danach können die Staaten KapG, die bestimmte Größenkriterien nicht überschreiten, von bestimmten Rechnungslegungs- und Offenlegungspflichten entbinden.[8] Da es sich hierbei um ein Wahlrecht handelt, das vom jeweiligen Mitgliedstaat auszuüben ist, muss einer möglichen unterschiedlichen Ausgestaltung in den anderen Mitgliedsstaaten Rechnung getragen werden. Die in § 326 Abs. 2 HGB vorgesehene Hinterlegung ist gegenüber der Offenlegung vorrangig, so dass in diesen Fällen eine Hinterlegung, aber keine weitergehende Offenlegung zu erfolgen hat.

2

Nach Auffassung des Gesetzgebers gibt es einen Zusammenhang zwischen der Begrenzung der Haftung der Gesellschafter für die Verbindlichkeiten der Ges. und der Unternehmenspublizität. Danach ist die **Offenlegung „der Preis" für die Haftungsbeschränkung.**[9] Hieraus erklärt sich, dass nur KapG und KapCoGes unter diese Regelung fallen. Hingegen sind andere PersG, wie insb. BGB- oder Partnerschaftsges., hiervon nicht betroffen. Allerdings wird dieser Grundsatz nicht konsequent umgesetzt, weil aufgrund von § 9 Abs. 1 PublG für den JA und § 15 Abs. 1 PublG für den KA (Rz 11) auch Ges. in den Anwendungsbereich der Norm fallen können, deren Gesellschafter einer vollumfänglichen persönlichen Haftung für die Verbindlichkeiten der Ges. unterliegen. Der Gesetzgeber hat mit Datum vom 15.7.2013 ein Gesetz zur Einführung einer Partnerschaftsgesellschaft mit beschränkter Berufshaftung und zur Änderung des Berufsrechts der Rechtsanwälte, Patentanwälte und Steuerberater beschlossen.[10] Obwohl danach eine Haftungsbeschränkung erfolgen kann, führt dies nicht zu einer Veränderung der Offenlegungspflicht dieser Ges. nach § 325 HGB. Vielmehr bleiben auch diese haftungsbeschränkten Ges. nicht offenlegungspflichtig. *Römermann* kritisiert diese ausschließlich berufsrechtliche Haftungsbeschränkung.[11] Der DAV verteidigt die Beschränkung mit dem Argument, dass sich ansonsten sofort die Frage nach einer

3

---

[4] C-425/02, Axel Springer AG/Zeitungsverlag Niederrhein GmbH & Co. Essen KG, C-103/03; Hans-Jürgen Weske, Slg. 2004, I-10823 vgl. zu einer Analyse z.B. *Kiesel/Grimmen*, DStR 2004, S. 2210ff.
[5] V. 20.12.2012, BGBl 2012 I S. 2751.
[6] ABl. L 81 v. 21.3.2012, S. 3.
[7] Vgl. zu einem Überblick z.B. *Fey/Deubert/Lewe*, BB 2013, S. 107ff., *Meyer*, DStR 2013, S. 931ff., *Zwirner/Busch/Froschhammer*, StuB 2013, S. 318.
[8] Vgl. zu einem Überblick z.B. *Zwirner/Froschhammer*, Stbg 2013, S. 227ff. oder *Haller/Groß*, DB 2012, S. 2109ff.
[9] Vgl. BT-Drs. 14/1806, S. 16 und BT-Drs. 14/2353, S. 26.
[10] BGBl 2013 I S. 2390.
[11] Er kritisiert das unnötige Hinzufügen einer „hybriden Struktur aus PersG mit kapitalgesellschaftsähnlicher Haftung", vgl. *Römermann*, AnwBl 2012, S. 288 sowie zu den Voraussetzungen *Römermann/Prass*, Stbg 2012, S. 322ff.

4 Mindestkapitalausstattung stellen und hieraus eine steuerliche Gleichbehandlung mit einer Anwalts-GmbH resultieren würde.[12]

4 Durch die Offenlegung wird erreicht, dass eine größere Zahl von Personen Einsicht in die Lage und Entwicklung der Ges. erhalten kann. Hiermit ist eine gewisse **Selbstkontrolle** verbunden, weil die Unternehmensleitung sich bewusst sein muss, dass sie die Ergebnisse ihres Handelns offenlegen muss. Dieser Effekt ist bei KM-orientierten Ges. besonders ausgeprägt, weil zu erwarten ist, dass die Marktteilnehmer auf die Entwicklung des Unt reagieren[13] und sich z.B. von Anteilen an der Ges. trennen werden. Hieraus können erhebliche Kursrückgänge resultieren, sodass auch andere Gesellschafter auf Änderungen durch die Unternehmensleitung drängen werden.

5 Obwohl der vierte Unterabschnitt mit **Offenlegung** überschrieben ist, wird dieser **Begriff** gesetzlich nicht definiert. Hierunter sind für Zwecke der Rechnungslegung „nur" die Einreichung zur Bekanntmachung im **Bundesanzeiger** (https://www.bundesanzeiger.de) in elektronischer Form und die Veranlassung der Bekanntmachung zu verstehen. Hingegen wird an anderen Gesetzesstellen ein weiteres Verständnis verwendet (so etwa in § 339 HGB bei Genossenschaften, bei denen auch die Bekanntmachung hierunter fällt, oder in § 18 KWG). Diese – durch das EHUG[14] geschaffenen – Regelungen ersetzen die bis dahin geltende Offenlegungskonzeption, die aus der Einreichung von Unterlagen zum HR und einer Bekanntmachung im (realen) BAnz bestand. Bei KleinstKapG i.S.v. § 267a HGB ist hierunter die Einreichung in elektronischer Form zum BAnz zu verstehen, vgl. § 326 Rz 22 ff.

6 Der Gesetzgeber hat durch das BilRUG insb. den bisherigen Abs. 1 neu gefasst (Rz 204).

## 1.2 Anwendungsbereich

7 Die Regelung gilt unmittelbar für **KapG** und infolge von § 264a HGB auch für **KapCoGes**. Hierbei ist zu beachten, dass die Einbeziehung Letzterer auf die Rspr. des EuGH zurückzuführen ist.[15] Im Schrifttum wird diskutiert, inwieweit die Vorschrift gegen das Grundrecht des **Datenschutzes** verstößt.[16] Dies gilt speziell für den Fall, dass eine Ges. nur einen oder wenige Gesellschafter hat. Bisher ist weder der EuGH noch die nationale Rechtsprechung[17] dieser Auf-

---

[12] Vgl. *Hellwig*, AnwBl 2012, S. 345.
[13] Vgl. zu einer empirischen Analyse *Grottke/Löffelmann/Späth/Haendel*, DStR 2012, S. 94 ff.
[14] V. 10.11.2006, BGBl 2006 I S. 2553.
[15] Vgl. EuGH, Urteil v. 23.9.2004, C-425/02, Axel Springer AG/Zeitungsverlag Niederrhein GmbH & Co. Essen KG, C-103/03; Hans-Jürgen Weske, Slg. 2004, I-10823, vgl. zu einer Analyse z.B. *Kiesel/Grimmen*, DStR 2004, S. 2210 ff.
[16] Vgl. z.B. *Starck*, DStR 2008, S. 2035; *Leible*, ZHR 162 (1998), S. 617; *Großfeld*, NJW 1986, S. 960 u. *Gustavus*, GmbHR 1987, S. 254 sowie *Dietrich*, NJ 2010, S. 108 ff. sowie zu einer verfassungsrechtlichen Würdigung vor dem Hintergrund der Funktion des Jahresabschlusses *Brete*, GmbHR 2009, S. 617 ff.
[17] Vgl. z.B. LG Bonn, Urteil v. 19.2.2007, 11 T 19/05, Juris.

fassung gefolgt. Auf die **Offenlegungserleichterung** in Abs. 1 Satz 4 für die GmbH (Rz 90ff.) wird verwiesen.[18] Teilweise werden grundlegend verfassungsrechtliche Bedenken geäußert.[19]

Im Rahmen eines Verfahrens zur Verfassungsmäßigkeit des Ordnungsgelds in Fällen bis zu den Änderungen durch das EHUG haben die Beschwerdeführer hilfsweise darauf hingewiesen, dass die Offenlegungspflicht nach § 325 HGB gegen Art. 14 Abs. 1 GG verstoße. Das BVerfG hat in seinem Beschluss über die Nichtannahme der Verfassungsbeschwerde vom 11.2.2009[20] dieser Argumentation keine Bedeutung geschenkt. Vielmehr ging das Gericht davon aus, dass die Verfassungsbeschwerde keine hinreichende Aussicht auf Erfolg habe und lehnte diese deshalb ab. Zwar setzt sich das Gericht in seinem Beschluss nicht mit einem möglichen Verstoß gegen Art. 14 Abs. 1 GG auseinander, gleichwohl sieht es keine verfassungsrechtlichen Bedenken. Neben der Analyse einer Reihe von Fragen, die für die Weitergeltungsregelungen des **Ordnungsgeldverfahrens** bedeutsam sind, wurde im Übrigen auf § 93d Abs. 1 Satz 3 BVerfGG verwiesen. Dieser sieht vor, dass die Ablehnung der Annahme einer Verfassungsbeschwerde keiner Begründung bedarf. In einer ganzen Reihe von folgenden Beschlüssen hat das BVerfG die Annahme von Verfahren gegen die Pflicht aus § 325 HGB abgelehnt. Dabei geht das Gericht in nunmehr ständiger Rechtsprechung davon aus, dass selbst wenn ein Eingriff in die Grundrechte gegeben sei, dieser gerechtfertigt wäre. Hierzu wird insb. auf den im Allgemeininteresse liegenden Schutz des Wirtschaftsverkehrs der Marktteilnehmer und einer Kontrollmöglichkeit der betroffenen Ges. vor dem Hintergrund deren nur beschränkter Haftung verwiesen.[21]

8

Zumindest nach Auffassung des LG Bonn[22] verstoßen diese Regelungen auch nicht gegen Europäisches Unionsrecht. Die **ordnungsgeldbewehrte Offenlegungspflicht** sei im Hinblick auf die Haftungsbeschränkung der KapG insb. zum Gläubigerschutz und zur Gewährleistung der Markttransparenz geeignet, erforderlich und verhältnismäßig. Dies gelte auch für kleinere KapG, für die die offenzulegenden Jahresabschlussunterlagen beschränkt sind. Die anderen Auskunftsmöglichkeiten ersetzten die Offenlegung der Jahresabschlussunterlagen nicht.

9

Gem. § 264 Abs. 3 HGB braucht eine KapG (u.a.) die Regelungen über die Offenlegung bzw. Hinterlegung **nicht beachten**, wenn kumulativ:
1. alle Gesellschafter des TU der Befreiung für das jeweilige Gj zugestimmt haben und der Beschluss nach § 325 Abs. 1 bis 1b HGB offengelegt worden ist,

10

---

18 Der Gesetzgeber begründet diese Annahme mit dem Datenschutzgedanken, vgl. BT-Drs. 12/7912, S. 23 f.
19 Vgl. zu einer Analyse *Friauf*, GmbHR 1985, S. 245 ff.; *Meilicke*, DB 1986, S. 2445 ff.; *ders.*, StBJb 1986/87, S. 256 ff. u. *Kuntze-Kaufhold*, GmbHR 2009, S. 75 ff sowie speziell zu den personenbezogenen Gesellschaften *Dietrich*, NJ 2010, S. 108 ff.
20 1 BvR 3582/08, WM 2009, S. 893 = NZG 2009, S. 515 = BB 2009, S. 1122.
21 Vgl. BVerfG, Beschlüsse v. 11.3.2009, 1 BvR 3413/08, NJW 2009, S. 2588; v. 10.9.2009, 1 BvR 1636/09, juris; v. 1.2.2011, 2 BvR 1236/10, WM 2011, S. 614 (mit Anm. *Kleinmanns*, BB 2011, S. 1138); v. 11.2.2009, 1 BvR 3582/08, NZG 2009, S. 515; v. 18.4.2011, 1 BvR 874/11, juris; v. 18.4.2011, 1 BvR 956/11, juris; v. 13.4.2011, 1 BvR 822/11, BFH/NV 2011, S. 1277; v. 24.3.2011, 1 BvR 555/11, juris; v. 29.3.2011, 1 BvR 488/11, juris; v. 16.3.2011, 1 BvR 441/11, juris; v. 16.3.2011, 1 BvR 412/11, juris.
22 Beschluss v. 7.10.2008, 30 T 122/08, GmbHR 2009, 95.

2. das MU zur Übernahme der bis zum Abschlussstichtag eingetretenen Verluste nach § 302 AktG verpflichtet ist oder eine solche Verpflichtung freiwillig übernommen hat und diese Erklärung nach § 325 Abs. 1 bis 1b HGB offengelegt worden ist,
3. das TU in einen KA eines MU mit Sitz innerhalb eines Mitgliedstaats der EU oder eines anderen Vertragsstaats des Abkommens über den EWR einbezogen worden ist[23] und
4. die Befreiung des TU von der Offenlegung nach § 325 HGB im Anhang des KA des MU anzugeben ist und dies nach § 325 Abs. 1 bis 1b HGB offengelegt ist.

In der **Gestaltungsberatung** könnte versucht werden, durch das gezielte Schaffen dieser Voraussetzungen die Offenlegungspflichten zu vermeiden (Rz 171 ff.).[24] Eine Berufung auf diese Regelung setzt voraus, dass das MU einen KA aufgestellt und offengelegt haben muss, dessen Anhang den Anforderungen des § 264 Abs. 3 Nr. 4 Buchst. a HGB (§ 264 Rz 103) bzw. nach dem BilRUG § 264 Abs. 3 Nr. 3 HGB entspricht (§ 264 Rz 124).[25]

**11** Diese Möglichkeit besteht auch für KapG, die **Tochtergesellschaft** eines **nach § 11 PublG** zur Aufstellung eines **KA** verpflichteten MU sind. Dies setzt jedoch voraus, dass von dem Wahlrecht des § 13 Abs. 3 Satz 1 PublG kein Gebrauch gemacht wird (§ 264 Rz 116). Daher müssen die Regelungen zu den Pflichtangaben über die Bezüge der Organmitglieder (§ 314 Abs. 1 Nr. 6 HGB) beachtet werden.

**12** Für haftungsbeschränkte **Personengesellschafter** sieht § 264b HGB vor, dass eine Offenlegung bzw. Hinterlegung unterbleiben kann, wenn kumulativ:
1. sie in den KA eines MU mit Sitz in einem Mitgliedstaat der EU oder einem anderen Vertragsstaat des Abkommens über den EWR oder in den KA eines anderen Unt, das persönlich haftender Gesellschafter dieser PersG ist, einbezogen wird;
2. der KA sowie der KLB im Einklang mit der RL 83/349/EWG des Rates vom 13. Juni 1983 aufgrund von Art. 54 Abs. 3 Buchst. g des Vertrags über den konsolidierten Abschluss[26] und der RL 84/253/EWG des Rates vom 10.4.1984 über die Zulassung der mit der Pflichtprüfung der Rechnungslegungsunterlagen beauftragten Personen[27] in ihren jeweils geltenden Fassungen nach dem für das den KA aufstellende Unt maßgeblichen Recht aufgestellt, von einem zugelassenen AP geprüft und offengelegt worden ist, und
3. die Befreiung der PersG
   a) im Anhang des von dem MU aufgestellten und nach § 325 HGB durch Einreichung beim Betreiber des BAnz offengelegten KA angegeben und
   b) zusätzlich im BAnz für die Personenhandelsgesellschaft unter Bezugnahme auf diese Vorschrift und unter Angabe des MU mitgeteilt worden ist (vgl. zu einer Erläuterung § 264b Rz 3 ff.).

---

[23] Mit dem MicroBilG ist die Erweiterung auf KA ausländischer EU- bzw. EWG MU vom Gesetzgeber nun für JA, die nach dem 31.12.2012 beginnen, klargestellt.
[24] Kritisch zu den hiermit verbundenen Erleichterungen für die Prüfung *Marten/Zürn*, BB 2004, S. 1615 ff.
[25] Vgl. LG Bonn, Beschluss v. 09.11.2012, 38 T 285/12, BeckRS 2013, 01708.
[26] Abl. EG, Nr. L 193, S. 1.
[27] Abl. EG, Nr. L 126, S. 20.

Hierbei ist auf eine sehr sorgfältige Erfüllung der Tatbestandsvoraussetzungen für diese Ausnahmeregelung zu achten. Das LG Bonn hat in seinem Urteil v. 8.12.2010[28] die Verhängung eines Ordnungsgeldes wegen Nichteinreichung des JA in einem Fall bestätigt, in dem eine Ges. zwar in einen KA einbezogen, dieser aber nicht im BAnz offengelegt wurde. 13

Diese Befreiung von der Offenlegungs- bzw. Hinterlegungspflicht erstreckt sich nicht nur auf die in den KA einbezogenen TU, sondern auch auf den von dem MU aufzustellenden Einzelabschluss.[29] Daher muss nur der KA offengelegt werden. Hingegen scheidet eine Befreiung aus, wenn der KA nicht zum BAnz eingereicht wird.[30] 14

§ 325 HGB ordnet zunächst die Offenlegungspflicht dem Grund und dem Umfang nach an. Durch § 326 HGB werden **Erleichterungen** für kleine KapG (einschl. KleinstKapG i.S.v. § 267a HGB) kodifiziert.[31] § 327 HGB schafft für mittelgroße KapG die Möglichkeit der Aggregation von Bilanzpositionen. § 328 HGB enthält Vorgaben für Form und Inhalt der Offenlegung und § 329 HGB Regelungen zur Prüfungs- und Unterrichtungspflicht für den Betreiber des BAnz. 15

Weitergehende Befreiungen sieht das Gesetz nicht vor. Folglich müssen grds. **alle genannten Ges.** der Offenlegungs- bzw. Hinterlegungspflicht nachkommen (zu möglichen Sanktionen der Nichtbefolgung s. Rz 162ff.). Dies gilt unabhängig von der Tätigkeit, sodass z.B. auch Ges., die sich ausschließlich **vermögensverwaltend** betätigen oder keine gewerblichen Betätigung verfolgen, unter diese Regelung fallen. Erfasst sind grundsätzlich auch sog. **Vorratsges.**, die bisher noch keiner Geschäftstätigkeit nachgehen. Ferner gilt dies für Ges., über deren Vermögen ein **Insolvenzverfahren** eröffnet wurde (zur personellen Zuständigkeit s. Rz 35). Dies gilt sowohl für die Alt-Abschlüsse aus früheren Jahren vor der Insolvenz als auch für die Abschlüsse während des laufenden Insolvenzverfahrens. Die Pflichten beziehen sich auf das nicht zur Insolvenzmasse gehörende Vermögen, so dass i.d.R. eine Nullbilanz abzugeben ist.[32] Eine Ausnahme wurde hiervon lediglich in dem Fall zugelassen, dass Zahlungsunfähigkeit gegeben ist.[33] Allerdings werden in diesen Fällen häufig die Voraussetzungen des § 326 Abs. 2 HGB erfüllt sein, so dass statt der Offenlegung nur eine Hinterlegung in elektronischer Form beim BAnz erfolgen muss. 16

Eine **Befreiung** von der Offenlegungs- bzw. Hinterlegungspflicht in anderen Fällen ist grds. **nicht möglich**. Dies gilt auch für eine Ges., die sich in **Liquidation** befindet. Diese Pflicht endet nicht mit der Offenlegung bzw. Hinterlegung der Liquidationsbilanz, wenn die Ges. als LiquidationsGes. fortbesteht. 17

---

28 31 T 652/10, NJW-Spezial 2011, S. 113.
29 Vgl. LG Bonn, Urteil v. 30.9.2009, 30 T 848/09, BB 2010, S. 1208 (mit Anm. *Kleinmanns*, BB 2010, S. 1210).
30 Vgl. LG Bonn, Urteil v. 27.3.2012, 35 T 693/11, BeckRS 2012, 09109.
31 Offenbar besteht hier auch bei vielen Steuerberatern nicht die notwendige „Offenlegungskompetenz", um diese Erleichterungen für die Bilanzierenden nutzbar zu machen, vgl. *Kräußlein*, DStR 2009, S. 872 ff. sowie hierzu *Hofmann*, DStR 2009, S. 925.
32 Vgl. LG Bonn, Urteil v. 22.4.2008, 11 T 28/07, ZIP 2008, S. 1082.
33 Vgl. LG Bonn, Urteil v. 25.5.2009, 36 T 68/08, ZIP 2009, S. 1242 und v. 16.9.2009, 30 T 366/09, ZIP 2009, S. 2107.

> **Beispiel**[34]
> Die Gesellschafter der A-GmbH beschließen die Auflösung der Ges. zum 30.6.01. Bis zum 30.6.02 wird auch die Liquidationsbilanz nach § 325 HGB offengelegt. In der Folgezeit kommt es zu Streitigkeiten zwischen den Gesellschaftern über die Verteilung des Vermögens. Aus diesem Grund erfolgt zunächst keine Auskehrung des Vermögens der A-GmbH, sondern dessen zinsbringende Anlage am KM. Da unverändert eine unternehmerische Betätigung – wenn auch „nur" in Form der Kapitalanlage – durchgeführt wird, ist die Offenlegungspflicht auch künftig nicht entfallen.

18 In § 9 PublG wird für den JA und in § 15 PublG für den KA auf § 325 HGB verwiesen. Allerdings finden diese Regelungen nur insoweit Anwendung, wie infolge der Besonderheiten von Einzelunternehmen und PersG keine Abweichungen geboten sind. Ferner wird der Umfang der offenlegungspflichtigen Unterlagen begrenzt, um einen Ausgleich mit den Interessen der Gesellschafter auf Schutz ihrer Privatsphäre zu erreichen. Außerdem besteht diese Verpflichtung nur, wenn die Größenmerkmale des § 1 Abs. 1 PublG überschritten werden.

19 Der Rat der Wirtschafts- und Finanzminister hat am 21.2.2012 die sog. Micro-RL[35] verabschiedet. Dadurch sollen KleinstUnt von den Belastungen infolge der Offenlegung von umfangreichen Bilanzen entlastet werden und eine Anpassung der Berichtspflichten an den tatsächlichen Bedarf der Nutzer und Ersteller von Abschlüssen erfolgen. Im Bereich der Offenlegung ist vorgesehen, dass KleinstUnt ihre Rechnungslegungsunterlagen nicht mehr einer breiten Öffentlichkeit im elektronischen Wege zugänglich machen müssen. Vielmehr erhalten die Mitgliedstaaten die Möglichkeit, die JA dieser Unt an ein Register zu übersenden, wo sie dann nur bei Nachfragen zur Herausgabe von Informationen an Dritte verpflichtet werden. Hingegen unterbleibt eine Veröffentlichung. Ein solches KleinstUnt liegt vor, wenn zwei der drei nachfolgenden Schwellenwerte nicht überschritten werden:
- Bilanzsumme von 350.000 EUR,
- Nettoumsatzerlöse von 700.000 EUR,
- durchschnittliche Zahl der Beschäftigten während des Gj: 10.

Der Entwurf der RL sah noch eine Bilanzsumme von 500.000 EUR und Nettoumsatzerlöse von 1.000.000 EUR vor. Diese Grenzen wurden im laufenden Diskussionsprozess jedoch nach unten korrigiert. Die Kommission wurde im Rahmen einer umfassenden Revisionsklausel aufgefordert, spätestens fünf Jahre nach Inkrafttreten der Regelung einen Bericht über deren Auswirkungen auf KleinstUnt vorzulegen und hierbei insb. auf die Größenkriterien und die Verringerung des Verwaltungsaufwands einzugehen. Diese Grenzwerte gelten für alle Mitgliedstaaten in gleicher Weise, unabhängig von der jeweiligen Wirtschaftskraft. Dies hat zur Folge, dass die Bedeutung dieser Regelungen in den einzelnen Mitgliedstaaten sehr unterschiedlich ist.

---

[34] In Anlehnung an LG Bonn, Urteil v. 23.7.2010, 11 T 246/10, NZG 2010. S. 1276.
[35] Richtlinie des Europäischen Parlaments und des Rates zur Änderung der Richtlinie 78/660/EWG des Rates über den JA von Ges. bestimmter Rechtsformen im Hinblick auf KleinstUnt; vgl. die Mitteilung zur Tagung des Rates für Wirtschaft und Finanzen, abrufbar unter: http://www.consilium.europa.eu/uedocs/cms_data/docs/pressdata/de/ecofin/128782.pdf, letzter Abruf am 14.8.2015.

Die RL richtet sich an die Mitgliedstaaten und ist von diesen in nationales Recht umzusetzen.[36] Der deutsche Gesetzgeber hat dies durch das MicroBilG[37] getan. Der neu geschaffene § 326 Abs. 2 HGB (vgl. § 326 Rz 22 ff.) setzt diese Vorgaben in nationales Recht um. Diese Regelungen sind vorrangig zur Offenlegung nach § 325 HGB. 20

Das LG Bonn geht davon aus, dass diese – damals geplanten – Regelungen auf der Grundlage des zuvor geltenden Rechts auch für die hiervon möglicherweise zukünftig begünstigten Unt aktuell keine Ausnahme von den Offenlegungspflichten nach § 325 HGB zulasse.[38] Diese Entscheidung ist auf Grundlage des Entwurfs der Richtlinie ergangen. Die Erleichterungen für KleinstKapG i. S. v. § 267a HGB gelten erstmals für JA, die sich auf einen nach dem 30.12.2012 liegenden Abschlussstichtag beziehen.[39]

Durch das BilRUG hat der Gesetzgeber die Größenklassen des § 267 HGB um rd. 20 % erhöht (vgl. § 267 Rz. 39). Damit sollen ausweislich der Regierungsbegründung Unt von der Prüfungs- und Offenlegungspflicht befreit und von den damit verbundenen Kosten entlastet werden.[40] Zugleich wurden durch dieses Gesetz die Erleichterungen für KleinstKapG i. S. v. § 267a HGB auch auf Genossenschaften ausgedehnt. Vgl. zum Inkrafttreten Rz 204. 21

Im Rahmen der **IFRS** bestehen keine vergleichbaren Regelungen, weil sich die Offenlegung nach den jeweiligen nationalen Vorschriften richten soll. Folglich findet § 325 HGB auch Anwendung, wenn ein deutsches Unt zulässigerweise einen IFRS-Abschluss aufstellt. Vgl. hierzu die Kommentierung zu Abs. 2a, 2b und 3 unter Rz 117 ff. 22

### 1.3 Normenzusammenhänge

Die Regelungen bauen auf den **gesellschaftsrechtlichen Vorgaben** auf. Diese sehen vor, dass die Geschäftsführungsorgane verpflichtet sind, einen JA aufzustellen.[41] Mit diesem muss sich der AR bzw. die GesV auseinandersetzen.[42] Neben diesen „internen" Informationsempfängern sollen auch **Außenstehende** die Möglichkeit bekommen, sich über die wirtschaftlichen Verhältnisse der Ges. zu informieren. 23

§ 325 HGB lässt **speziellere Regelungen** für weitergehende Offenlegungspflichten unberührt. Dies gilt insb. für § 340l HGB für Kreditinstitute und § 341l HGB für Versicherungsunt (Rz 156 ff.). 24

Das HGB räumt kleinen und mittleren KapG und entsprechenden KapCoGes an unterschiedlichen Stellen **Erleichterungen** ein (so z. B. in § 266 Abs. 1 Satz 3 HGB). Werden diese Möglichkeiten genutzt, entfalten sie auch für die Offenlegung Wirkung, sodass die **vereinfachten Unterlagen** offenzulegen sind. Das Unt muss auf Aufforderung nachweisen, dass die Voraussetzungen für eine 25

---

[36] Vgl. Art. 288 Abs. 3 AEUV.
[37] V. 20.12.2012, BGBl 2012 I S. 2751.
[38] Vgl. LG Bonn, Urteil v. 29.4.2009, 31 T 986/08.
[39] Vgl. Art. 70 Abs. 1 EGHGB.
[40] Vgl. BT-Drs. 18/4050, S. 60.
[41] Vgl. § 41 GmbHG, § 91 AktG oder § 33 GenG sowie implizit § 120 HGB (ggf. i. V. m. § 161 Abs. 2 HGB), sowie BGH vom 29.3.1993, II ZR 263/94, BGHZ 132 S. 263 und vom 24.3.1980, II ZR 88/79 BGHZ 176, S. 338, 342 zur Aufstellung des JA als Geschäftsführungsmaßnahme.
[42] Vgl. §§ 42 Abs. 2 GmbHG, § 111 Abs. 2 AktG.

26 Nutzung von Erleichterungen tatsächlich vorlagen. Reagiert das Unt auf diese Aufforderung nicht, darf der BAnZ unterstellen, dass diese Erleichterungen zu Unrecht genutzt wurden.[43] Vgl. zu den Regelungen für Kleinstunt i. S. v. § 267a Rz 7 sowie zur Ausdehnung auf Genossenschaften Rz 16.

26 Infolge von steuerlichen Außenprüfungen kommt es häufig zu einer Bilanzberichtigung. § 4 Abs. 2 Satz 2 EStG sieht in diesem Zusammenhang die Möglichkeit einer **Bilanzänderung** vor, sofern sich diese auf den gleichen Veranlagungszeitraum wie die Bilanzänderung bezieht.[44] Damit wird es u. U. möglich, ein steuerliches Mehrergebnis aus einer Bp zu neutralisieren. Fraglich war, ob eine erneute Offenlegung der dann geänderten Bilanz nach § 325 HGB Voraussetzung für die steuerliche Anerkennung der Bilanzänderung ist. Dieser Frage kommt schon vor dem Hintergrund des Maßgeblichkeitsprinzips in § 5 Abs. 1 Satz 1 EStG besondere Bedeutung zu. Das FinMin Schleswig-Holstein führt hierzu aus[45], dass für eine wirksame Änderung der HB als Voraussetzung für die Änderung der Steuerbilanz eine Offenlegung der geänderten Bilanz nicht erfolgt sein muss. Dieser Auffassung ist zu folgen. Einerseits ist § 4 Abs. 2 EStG die wirksame Änderung der HB nicht ohne Weiteres als formale Voraussetzung zu entnehmen. Dies würde auch zu einer Einschränkung der Änderungsmöglichkeiten durch die Bp führen, was nicht sachgerecht wäre, weil damit systemwidrige Grenzen für eine steuerlich gebotene Korrektur aufgebaut würden. Schließlich müsste eine solche Änderung auch einer Nachtragsprüfung durch den AP unterzogen werden und hierüber wäre dann entsprechend zu berichten. Anderseits folgt die Änderung der HB anderen Grundregeln. I.d.R. ist eine Änderung ausgeschlossen, wenn bereits eine Ausschüttung vorgenommen wurde. Hingegen hat eine Offenlegung nach § 325 Abs. 1 Satz 5 HGB bzw. nach § 325 Abs. 1b Satz 1 HGB nF zu erfolgen, wenn eine gesellschaftsrechtlich ordnungsgemäße Änderung der HB vorgenommen wurde. Auch vom Sinn und Zweck her kann nicht verlangt werden, eine Offenlegung nach § 325 HGB als Voraussetzung für eine Änderung der Steuerbilanz zu machen. Schließlich ist die offengelegte HB nur die Grundlage für die anschließend erfolgende eigenständige steuerliche Gewinnermittlung. Insoweit steht eine nicht erfolgte handelsrechtliche Änderung und deren unterbliebene Offenlegung bzw. Hinterlegung einer Bilanzänderung nach § 4 Abs. 2 Satz 2 EStG nicht entgegen.

27 Der Gesetzgeber hat mit dem „Gesetz zur Modernisierung und Entbürokratisierung des Steuerverfahrens (Steuerbürokratieabbaugesetz)" v. 20.12.2008[46] die Verpflichtung geschaffen, dass Unt zusammen mit ihrer Steuererklärung umfangreiche Daten der Bilanz und GuV gem. § 5b EStG an das Finanzamt elektronisch übermitteln müssen, die sog. **E-Bilanz**.[47] Diese Regelung steht neben der Verpflichtung aus § 325 HGB und ersetzt diese nicht. Umgekehrt kann ein Steuerpflichtiger unter Hinweis auf die erfolgte Offenlegung des handelsrechtlichen JA im BAnz seiner Verpflichtung zur Datenübermittlung nach § 5b EStG

---

[43] Vgl. *Christ*, in *Christ/Müller-Hell* (Hrsg.), S. 103.
[44] Vgl. zum Merkmal des sachlichen Zusammenhangs BMF-Schreiben vom 18. 5. 2000, BStBl. I 2000, S. 587.
[45] Verfügung v. 30.6.2011, VI 304 – S 2141–011, juris.
[46] BGBl. I 2008, 2850.
[47] Vgl. hierzu im Detail *Kaminski*, in *Frotscher* (Hrsg.), EStG (Feb. 2012), § 5b EStG, m. w. N. und Hinweisen zum tatsächlichen Anwendungszeitpunkt.

nicht entgehen. Als problematisch erweist sich, dass diese Regelungen nicht mit den Erleichterungen für KleinstKapG i.S. v. § 267a HGB (s. Rz 7ff.) abgestimmt sind und dadurch diese Erleichterungen konterkariert werden.

Fraglich könnte sein, ob die Pflicht zur Offenlegung des JA vor dem Hintergrund des Verbots, sich zu einer Selbstbezichtigung zwingen zu müssen (Art. 2 Abs. 1 GG und Art. 6 Abs. 1 EMRK), zu einem Verwertungsverbot im **Strafverfahren** führt.[48] Dies ist m. E. nicht der Fall, und zwar auch dann nicht, wenn sich aus dem offengelegten JA Hinweise auf eine Straftat ergeben oder herleiten lassen. Ursächlich hierfür ist, dass die Strafverfolgungsbehörden den JA grds. auch auf andere Weise (insb. durch Beschlagnahme im Rahmen einer Durchsuchung) erlangen können. Insoweit führt die Offenlegung nur zu einer veränderten Publizität, aber nicht zur Begründung eines neuen Zwangs zur Selbstbezichtigung, auch wenn dadurch das Entdeckungsrisiko vergrößert wird. 28

## 2 Offenlegungspflicht

### 2.1 Einreichungspflicht beim Bundesanzeiger

Der Gesetzeswortlaut stellt auf die gesetzlichen Vertreter von **KapG** ab. Diese Formulierung ist historisch zu erklären, weil die Norm ursprünglich nur für KapG galt und später auf die KapCoGes ausgeweitet wurde. Diese sind vom Wortlaut ebenfalls erfasst. Die Offenlegungspflicht für **inländische Zweigniederlassungen** ausländischer KapG und Personenhandelsgesellschaften i.S.v. § 264a HGB sind in **§ 325a HGB** gesondert geregelt. Obwohl der Gesetzgeber durch das BilRUG den § 325 Abs. 1 HGB aF grundlegend neu strukturiert hat, wurde diese Bezugnahme nicht geändert. 29

> **Beispiel**
> Die A-GmbH und die B-GmbH schließen sich zu einer BGB-Ges. zusammen, um gemeinsam einen Autobahnabschnitt als Arbeitsgemeinschaft zu bauen. Offenlegungspflichtig sind die A-GmbH und die B-GmbH, nicht aber die BGB-Ges., weil diese keine Personenhandelsgesellschaft ist.

Handelt es sich bei der ausländischen Ges. um eine **Scheinges.**, richtet sich deren Offenlegungspflicht nach § 325 HGB und nicht nach § 325a HGB.[49] Dies ist sinnvoll, weil damit den tatsächlichen wirtschaftlichen Verhältnissen Rechnung getragen wird. 30

Die **gesetzlichen Vertreter** sind nach Maßgabe der gesellschaftsrechtlichen Regelungen zu bestimmen. 31

---

[48] Vgl. hierzu eingehend *Weiß*, DB 2010, S. 1744 ff.
[49] Vgl. LG Bonn, Urteil v. 22.1.2013, 37 T 1161/11, BeckRS 2013, 05887.

| Rechtsform | Gesetzliche Vertreter | Bei mehreren Mitgliedern |
|---|---|---|
| AG | Vorstand (§ 78 Abs. 1 AktG) | Gesamtvertretung (§ 78 Abs. 2 AktG)[50] |
| KGaA | Persönlich haftende Gesellschafter (§ 278 Abs. 2 AktG i. V. m. §§ 161 Abs. 2, 125 Abs. 1 HGB) | Einzelvertretung (§ 125 Abs. 1 HGB) |
| SE | a) Dualistisches System mit Leitungs- und Aufsichtsorgan: Leitungsorgan (Art. 39 Abs. 1 SE-VO), das im Wesentlichen dem Vorstand entspricht | Gesamtvertretung (§ 78 Abs. 2 AktG i. V. m. Art. 9 Abs. 1 lit. c SE-VO), wobei in der Satzung eine abweichende Regelung erfolgen kann |
| | b) Monistisches System mit Verwaltungsrat Der Verwaltungsrat leitet die Ges., der seinerseits einen oder mehrere geschäftsführende Direktoren bestellt, die die Geschäfte der Ges. führen und die Ges. gerichtlich und außergerichtlich vertreten (vgl. §§ 22, 40, 41 SEAG). Vertretungsberechtigt sind die geschäftsführenden Direktoren (§ 41 Abs. 1 SEAG) | Gemeinschaftliche Vertretung (§ 41 Abs. 2 SEAG); Die Satzung kann auch unechte Gesamtvertretung vorsehen (§ 41 Abs. 3 SEAG) |
| GmbH (einschl. UG haftungsbeschränkt) | Geschäftsführer (§ 35 Abs. 1 GmbHG) | Gesamtvertretung, aber dispositiv |
| Haftungsbeschränkte OHG | Alle Gesellschafter | Einzelvertretung (§ 125 Abs. 1 HGB) |
| Haftungsbeschränkte KG | Komplementäre (§ 170 HGB) | Einzelvertretung (§ 125 Abs. 1 i. V. m. § 161 Abs. 2 HGB) |

Tab. 1: Gesetzliche Vertreter

---

[50] Eine abweichende Regelung kann in der Satzung erfolgen. Ferner kann der Aufsichtsrat eine Regelung treffen, wenn er hierzu ermächtigt wurde.

Das Gesetz weist die Zuständigkeit jeweils dem **Organ als Ganzem** zu, also etwa „dem" Vorstand. Üblicherweise gibt es innerhalb des Organs Absprachen über die **Aufgabenverteilung**. Dies ist auch für Zwecke der Offenlegung zulässig. Gleichwohl werden damit die übrigen Organmitglieder nicht von ihren Aufgaben befreit. Vielmehr bleiben sie verpflichtet, auf eine ordnungs- und fristgemäße Offenlegung hinzuwirken.[51] Kommt es zu einem Verstoß gegen die gesetzlichen Pflichten, können auch gegen die übrigen Organmitglieder Sanktionen (Rz 162 ff.) verhängt werden. 32

Ergeben sich bei den benannten Personen **im Zeitablauf Veränderungen**, so ist die Person zuständig, die zum Zeitpunkt der Offenlegungspflicht gesetzlicher Vertreter ist. Dies gilt z.B. auch, wenn sie zum Zeitpunkt, auf den sich die offenlegungspflichtigen Unterlagen beziehen, noch gar nicht für die Ges. tätig war.[52] 33

Die nach dem Gesetz zuständigen Personen haben die Möglichkeit, sich bei der Erfüllung ihrer Offenlegungspflicht auch **Dritter zu bedienen**. Dies gilt insb. für den Steuerberater des Unt. oder qualifizierte eigene Mitarbeiter. Allerdings führt dies nicht dazu, dass damit eine vollständige Suspendierung von der gesetzlichen Pflicht erfolgt oder etwa die Haftung ausgeschlossen wird. Vielmehr geht die Rechtsprechung davon aus, dass es nach einer entsprechenden Beauftragung zu einer **Überwachungspflicht** kommt.[53] Diese ist so auszugestalten, dass Unregelmäßigkeiten bei der Pflichterfüllung des Beauftragten über einen längeren Zeitraum nicht verborgen bleiben.[54] Hierbei ist davon auszugehen, dass dieser Pflicht nur genügt wird, wenn überprüft wird, ob die Unterlagen rechtzeitig an den Betreiber des BAnz übersandt wurden und dort auch eingehen.[55] 34

Die Offenlegungspflicht bleibt auch mit der Beantragung eines **Insolvenzverfahrens** bestehen. Hinsichtlich der Verantwortlichkeit ist zu unterscheiden: 35
- Wird das Verfahren **mangels Masse** gar nicht erst eröffnet oder später eingestellt, haben die gesetzlichen Vertreter für eine Liquidation der Ges. zu sorgen. Folglich gelten die Grundsätze, die für dieses Verfahren anzuwenden sind.
- Wird vom Gericht ein **Insolvenzverwalter** eingesetzt, hat dieser gem. § 155 Abs. 1 Satz 2 InsO die unverändert bestehenden handels- (und steuer-)rechtlichen Rechnungslegungspflichten zu erfüllen. Folglich muss er auch für die Offenlegung sorgen.[56] Allerdings besteht die Publizitätspflicht der insolventen KapG und ihrer gesetzlichen Vertreter nur hinsichtlich des insolvenzfreien Vermögens. Da KapG – abgesehen von den Fällen der echten Freigabe – über kein insolvenzfreies Vermögen verfügen, entfällt damit insoweit die Offenlegungspflicht. Es ist davon auszugehen, dass auch keine sog. „Nullbilanzen" erforderlich sind, nur um formal eine Offenlegung vorzunehmen. Dies schließt jedoch nicht aus, dass bei insolvenzfreien Vermögen auch die

---

[51] Vgl. *ADS*, 6. Aufl., § 325 HGB, Rz 17.
[52] So auch *Haller/Hütten/Löffelmann*, in *Küting/Pfitzer/Weber*, HdR, § 325 HGB, Rz 12, Stand 5/2014.
[53] Vgl. LG Bonn, Urteil v. 21.3.2011, 35 T 1620/10, DStR 2011, S. 780.
[54] Vgl. FG Nürnberg, Urteil v. 12.6.2007, II 144/2004, juris, auch zu möglichen Ausnahmen.
[55] Vgl. LG Bonn, Urteil v. 20.1.2010, 31 T 1398/09, juris.
[56] Vgl. z.B. LG Frankfurt (Oder), Urteil v. 4.9.2006, 32 T 12/05, NZI 2007, S. 294, und aus der Lit. z.B. *Schlauß*, DB 2007, S. 2194.

bisherigen gesetzlichen Vertreter weiterhin zur Offenlegung verpflichtet sein können.[57] Ferner bleibt die Ges. in diesen Fällen weiterhin der Adressat für die Androhung und Festsetzung des Ordnungsgelds.[58] Häufig wird in diesen Fällen eine Berufung auf § 326 Abs. 2 HGB (vgl. Rz 22) erfolgen können.

36 Soll die Ges. **liquidiert** werden, geht die Vertretungsmacht auf die Abwickler bzw. Liquidatoren über (vgl. §§ 269, 278 Abs. 2, 290 AktG bzw. § 70 GmbHG). Folglich müssen sie für die Erfüllung der Offenlegungspflicht sorgen.

37 In Satz 1 der bisher geltenden Fassung wurde zunächst nur der **JA** (Rz 55 ff.) als offenlegungspflichtig bezeichnet. Durch die Sätze 2 und 3 wurde der Katalog der unter § 325 HGB fallenden Unterlagen erweitert. Aus dieser Trennung ergaben sich keine inhaltlichen Auswirkungen, vielmehr waren die Unterlagen in gleicher Weise zu behandeln. Durch das BilRUG (zur zeitlichen Anwendung siehe Rz 204) wurden die Regelungen zusammengefasst. Dabei wird nun einerseits zwischen dem festgestellten oder gebilligten Jahresabschluss, dem Lagebericht und dem Bestätigungsvermerk oder dem Vermerk über dessen Versagung (Nr. 1) sowie dem Bericht des Aufsichtsrats und der nach § 161 AktG vorgeschriebene Erklärung (Nr. 2) differenziert.

38 Einzureichen sind die Unterlagen beim **Betreiber des BAnz**. Dies ist die Bundesanzeiger Verlagsgesellschaft mbH, Amsterdamer Straße 192, 50735 Köln. Die Unterlagen sind in **elektronischer Form** vorzulegen. Dies hat so zu geschehen, dass eine Bekanntmachung möglich wird. Hierfür wurde eine spezielle Serviceplattform eingerichtet, die die Abwicklung erleichtern soll.[59] Hingegen ist eine Einreichung beim BfJ nicht zulässig und entfaltet folglich auch keine befreiende Wirkung.

39 Für die Einreichung stehen **unterschiedliche Formate** zur Verfügung, wobei die Veröffentlichung bei einer Lieferung der Daten im Format XML (= Extensible Markup Language) am kostengünstigsten ist. Der BAnz, das Unternehmensregister und das Handelsregister kommunizieren in diesem Datenformat.[60] Allerdings ist auch eine Einreichung in den Datenformaten MS-Excel, MS-Word oder RTF (= Rich Text Format) möglich. Bei diesen Formaten sind Embleme, Abbildungen und Schaubilder in die Dateien einzubinden, während Grafiken beim XML-Format gesondert übermittelt werden müssen.

40 Hinsichtlich des **Zeitpunkts der Offenlegung** enthält Satz 2 eine abgestufte Regelung: Die Offenlegung muss **unverzüglich** nach der Vorlage des JA an die Gesellschafter, **spätestens** innerhalb von **zwölf Monaten** nach Ablauf des Gj erfolgen.[61] Hierbei ist die Zwölf-Monatsfrist als äußerster Termin anzusehen, sodass eine frühere Offenlegung erfolgen sollte. Damit wird dem Bedürfnis nach zeitnaher Information Rechnung getragen. Hierin liegt auch die Motivation für die Begrenzung der Frist auf vier Monate für KapGes i. S. v. § 264d HGB durch Abs. 4 (Rz 151 ff.). Die in der Praxis zu beobachtende Tendenz der vollständigen Ausschöpfung der Zwölf-Monatsfrist ist vor dem Hintergrund der Zielsetzung

---

57 Vgl. LG Bonn, Urteil v. 22.4.2008, 11 T 28/07, ZIP 2008, S. 1082.
58 Vgl. LG Bonn, Urteil v. 13.11.2008, 30 T 275/08, GmbHR 2009, S. 94; vgl. hierzu auch *Blank*, ZInsO 2009, 2186.
59 Diese findet sich im Internet unter https://publikations-plattform.de/sp/wexsservlet, letzter Abruf am 14.8.2015.
60 Vgl. *Mail/Seidler*, in *Noack* (Hrsg.), S. 141.
61 AA *Hartmann*, Bilanzrecht der GmbH, S. 238, der davon ausgeht, dass die Zwölf-Monatsfrist stets voll ausgeschöpft werden kann.

der Norm problematisch. Diese zielt auf eine zeitnahe Offenlegung ab. Gleichwohl ist sie nach dem Gesetzeswortlaut zulässig.

Durch das BilRUG sind diese Regelungen nunmehr in Abs. 1a normiert worden. 41
Danach endet die Frist zur Einreichung im Jahr nach dem Abschlussstichtag auf das sich die Unterlagen beziehen. Dies ist grundsätzlich das Ende des nächsten Gj. Sofern die Unterlagen nach Abs. 1 Nr. 2 (vgl. Rz 55) nicht innerhalb dieser Frist vorliegen, sind sie „unverzüglich" (vgl. Rz 43) nach ihrem Vorliegen offenzulegen.

Fraglich ist, wie diese Regelung auszulegen ist, wenn die Umstellung eines Gj 42
erfolgt. Hier kann der nächste Abschlussstichtag durchaus deutlich kürzer als innerhalb der nächsten zwölf Monate erreicht werden. M. E. ist davon auszugehen, dass in diesen Fällen auf das ursprüngliche Ende des folgenden Gj unter Vernachlässigung der Änderung des Abschlussstichtages abzustellen ist. Andernfalls könnte eine so zeitnahe Einreichung verlangt werden, dass die gesetzlichen Vertreter gar nicht in der Lage wären, diese Pflicht zu erfüllen. Außerdem ist kein Grund ersichtlich, warum die Umstellung eines Gj und die damit verbundene Einführung eines Rumpf-Gj zu einer veränderten Offenlegung führen sollte. Unabhängig davon fallen die in Rz. 55 genannten Dokumente, die sich auf das Rumpf-GJ beziehen, auch unter die Offenlegungspflicht.

„**Unverzüglich**" ist unter Rückgriff auf § 121 Abs. 1 Satz 1 BGB i.S.v. „ohne 43
schuldhaftes Zögern" auszulegen. Da die gesetzlichen Vertreter verpflichtet sind, für eine ordnungsgemäße Organisation des Rechnungswesens zu sorgen, sind strenge Anforderungen zu stellen. Es ist zu erwarten, dass diese Organisationsmaßnahmen dazu führen, dass zeitnah zur Vorlage an die Gesellschafter offengelegt wird. In der Praxis wird diese Frist häufig überschritten. So sollen rd. 57 % der Unt ihre Abschlüsse erst im 1. Quartal des übernächsten Wj erfüllen.[62]

Die „**Vorlage an die Gesellschafter**" ist rechtsformspezifisch geregelt. Abzustellen 44
ist auf die Vorlage, nicht etwa auf das Abhalten einer GesV oder dgl., auch wenn diese regelmäßig erst nach Vorlage des JA durchgeführt wird. Hierfür sind im Einzelnen die folgenden Fristen vorgesehen:

| Rechtsform | Frist | Rechtsgrundlage |
|---|---|---|
| AG/KGaA | Zur ordentlichen HV, die in den ersten acht Monaten des Gj durchzuführen ist | § 175 Abs. 1 Satz 2 AktG |
| SE | a) Dualistisches System mit Leitungs- und Aufsichtsorgan<br>Recht des Sitzstaats, wobei die HV binnen sechs Monaten nach Abschluss des Gj zusammentreten muss | § 175 Abs. 2 AktG i.V.m. Art. 54 SE-VO |
| | b) Monistisches System mit Verwaltungsrat<br>Die geschäftsführenden Direktoren haben den JA und den LB unverzüglich nach ihrer Aufstellung dem Verwaltungsrat vorzulegen. | § 47 Abs. 1 SEAG |

---

[62] Vgl. o.V., BB 2012, S. 625.

| Rechtsform | Frist | Rechtsgrundlage |
|---|---|---|
| GmbH (einschl. UG haftungsbeschränkt) | Die Gesellschafter haben spätestens bis zum Ablauf der ersten acht Monate, bei kleinen Ges. i. S. d. § 267 Abs. 1 HGB, ersten elf Monate über die Ergebnisverwendung zu beschließen. | § 42a Abs. 2 GmbHG |
| Haftungsbeschränkte OHG | Keine gesetzliche Regelung, Bestimmung im Gesellschaftsvertrag möglich | – |
| Haftungsbeschränkte KG | Keine gesetzliche Regelung, Bestimmung im Gesellschaftsvertrag möglich | – |

Tab. 2: Vorlagefristen für den Jahresabschluss an die Gesellschafter

45 Führen diese Vorgaben zu einer früheren Vorlagepflicht des JA (wie insb. für den Vorstand einer AG/KGaA nach § 175 Abs. 1 Satz 2 AktG), können die verpflichteten Personen die Zwölf-Monatsfrist nicht vollständig ausschöpfen. Vielmehr ergibt sich aus der Vorgabe des „unverzüglich", dass diese Regelungen zu einer Verkürzung der Frist führen. Diese Einschränkung hat jedoch nur dann praktische Bedeutung, wenn Abs. 4 Satz 1 nicht ohnehin schon zu einer Begrenzung der Frist auf vier Monate führt.

46 Weitere **Voraussetzungen** müssen **nicht erfüllt** sein. So kann z. B. eine Offenlegung nicht mit dem Hinweis unterbleiben, dass der Bericht des AR noch nicht vorliegt. Schließlich enthält Abs. 1a Satz 2 (i.d.F. d. BilRUG) für diesen Fall eine besondere Fristenregelung. Ferner können z. B. Hinweise auf noch nicht abgegebene steuerliche Erklärungen oder noch nicht durchgeführte Betriebsprüfungen keine Verzögerung rechtfertigen. Dies gilt z. B. auch für schwebende Anfechtungs- oder Nichtigkeitsklagen.[63] Der JA muss noch nicht festgestellt sein. Die gesetzlichen Vertreter müssen vor der Offenlegung nicht erst gesondert zur Aufstellung des JA aufgefordert werden.[64]

47 In der Praxis liegen die einzureichenden Unterlagen i.d.R. nicht zu einem einheitlichen Zeitpunkt vor, sondern werden während eines – regelmäßig **begrenzten Zeitraums** – erstellt. Fraglich ist, ob in einem solchen Fall die einzelnen Unterlagen gesondert einzureichen sind oder ob gewartet werden kann, bis alle Unterlagen vorliegen, um diese gemeinsam offenzulegen. Dies ist zumindest in den Fällen zu bejahen, in denen mit einer zeitnahen Ergänzung der Unterlagen zu rechnen ist. Auch der Rechtsausschuss des Deutschen Bundestags ging davon aus, dass die Pflicht zur unverzüglichen Offenlegung nicht dadurch verletzt wird, dass die Feststellung des JA durch die Gesellschafter abgewartet wird.[65] Schließlich wird sich für Außenstehende ein umfassendes Bild über die Lage der Gesellschaft i.d.R. erst auf Grundlage sämtlicher Unterlagen ergeben können, so dass auch deren Informationsgewinn bei einer teilweisen vorzeitigen Offenlegung

---

[63] Vgl. *Grottel*, in Beck Bil-Komm., 9. Aufl., § 325 HGB, Rz 41.
[64] Vgl. OLG Köln, Urteil v. 28.8.2000, 2 Wx 55/99, GmbHR 2000, S. 1104.
[65] Vgl. BT-Drs. 10/4268 S. 120. Hingegen sind *Maul/Seidler* (in *Noack* (Hrsg.), S. 147) der Auffassung, dass eine solche Vorgehensweise nach Verabschiedung des EHUG nicht mehr zulässig sein soll.

von Unterlagen als zweifelhaft angesehen werden muss. Andererseits ergibt sich aus Satz 5 bzw. Abs. 1a Satz 1 nF, dass dies nicht zu einer Überschreitung der äußersten Frist (Rz 40) führen darf. Dies gilt sowohl für die absolute Frist von zwölf Monaten (bzw. vier Monaten in den Fällen des Abs. 4) als auch für das „unverzüglich". Sollte sich herausstellen, dass eine ursprünglich erwartete zeitnahe Vervollständigung der Unterlagen zeitnah nicht (mehr) zu erwarten ist, muss insoweit eine teilweise Offenlegung erfolgen und ergänzend Satz 5 (Rz 102 ff.) bzw. Abs. 1a beachtet werden.

Als **Zeitpunkt** der Offenlegung gilt nicht die tatsächliche Veröffentlichung, sondern der Zeitpunkt der **Einreichung** der Unterlagen beim BAnz in elektronischer Form. Damit gehen evtl. Verzögerungen im Geschäftsbereich des BAnz nicht zulasten der gesetzlichen Vertreter der offenlegungspflichtigen Ges.[66] Dies ist sachgerecht. Gleichwohl sollte für einen Nachweis gesorgt werden können, dass eine fristgerechte Übermittlung erfolgt ist. **48**

Die im Gesetz genannten Fristen sind **nicht verlängerbar**. Vielmehr führt deren Überschreitung zu Sanktionen (Rz 162 ff.). Hierbei ist es möglich, Sanktionen auch dann zu verhängen, wenn zwar die absolute Frist von zwölf Monaten (bei Abs. 4: vier Monate) gewahrt ist, aber keine „unverzügliche" Vorlage vorgenommen wird. Allerdings dürfte in diesen Fällen dem BfJ der Nachweis der verspäteten Vorlage schwerer fallen. Damit wird der Zielsetzung des Gesetzgebers nach einer zeitnahen Information Rechnung getragen. Dies gilt insbesondere auch in den Fällen, in denen der Steuerberater mit der Erstellung und Offenlegung der Bilanz beauftragt wurde und für steuerliche Zwecke eine Fristverlängerung gewährt wird.[67] **49**

§ 236 AktG enthält eine Spezialvorschrift, die in Fällen der **vereinfachten Kapitalherabsetzung** nach §§ 229 ff. AktG vorsieht, dass der JA erst offenzulegen ist, wenn die vereinfachte Kapitalherabsetzung gem. § 324 AktG im HR eingetragen ist. Damit sollen unterschiedliche Informationen über die Höhe des EK vermieden werden. Durch diese Regelung kann es auch zu einer Überschreitung der Zwölf-Monatsfrist (in den Fällen des Abs. 4: der Vier-Monatsfrist) kommen. Wird zusammen mit der Kapitalherabsetzung eine Kapitalerhöhung beschlossen, darf die Offenlegung erst vorgenommen werden, wenn auch diese im HR eingetragen ist. Damit wird dem Umstand Rechnung getragen, dass diese Kapitalmaßnahmen erst mit ihrer Eintragung im HR wirksam werden. **50**

Nach seinem Wortlaut suspendiert § 236 AktG die Offenlegung „**des Jahresabschlusses**". Sinn und Zweck der Regelung gebieten es, diesen Begriff für Zwecke dieser Norm in Abweichung von dem in Rz 62 ff. dargestellten Verständnis weiter zu interpretieren.[68] Deshalb müssen hierunter alle offenlegungspflichtigen Unterlagen verstanden werden, in denen das EK ausgewiesen wird. Andernfalls würde die vom Gesetzgeber intendierte Zielsetzung nicht erreicht. **51**

Aus dem zweistufigen Aufbau der gesetzlichen Vorgaben zum Zeitpunkt der Veröffentlichung in § 325 Abs. 1 Satz 1 HGB folgt, dass das „**unverzüglich**" (Rz 43) unverändert gilt. Folglich müssen die bisher wegen § 236 AktG nicht vorgelegten Unterlagen i. S. v. § 325 HGB unverzüglich zum BAnz eingereicht **52**

---

[66] Vgl. BR-Drs. 10/317, S. 106.
[67] Vgl. hierzu etwa für das Jahr 2014 die gleichlautenden Erlasse der obersten Finanzbehörden der Länder vom 2.1.2015, 3-S 0320/51, BStBl I 2015, S. 41.
[68] GlA *Haller/Hütten/Löffelmann*, in *Küting/Pfitzer/Weber*, HdR, § 325 HGB, Rz 99 (Mai 2014).

und deren dortige Offenlegung veranlasst werden, sobald das Unt von der Eintragung der Kapitalmaßnahme Kenntnis erlangt hat. Durch das BilRUG ist insoweit eine Änderung vorgenommen worden, weil sich das „Unverzüglich" (Rz 43) nicht mehr auf alle offenlegungspflichtigen Unterlagen bezieht, sondern nur auf den Fall, dass Unterlagen i. S. v. Abs. 1 Satz 1 Nr. 2 nicht innerhalb der Frist nach Abs. 1a Satz 1 vorgelegt werden können.

53 Für die **GmbH** enthält § 58a Abs. 4 GmbHG eine dem § 236 AktG entsprechende Regelung für den Fall der vereinfachten Kapitalherabsetzung gem. §§ 58aff. GmbHG. § 58f Abs. 3 GmbHG sieht einen Aufschub für die vereinfachte Kapitalherabsetzung mit anschließender Kapitalerhöhung vor.

54 Sofern ein Unt seinen StB mit der Erstellung des JA beauftragt, umfasst dies nicht automatisch auch dessen Offenlegung. Vielmehr ist hierfür ein gesonderter Auftrag erforderlich.[69] Allerdings ist der StB aufgefordert, den Mandanten auf die Offenlegungspflicht hinzuweisen. Aus Sicht des StB ist hierbei zu beachten, dass es sich nicht um eine Hilfeleistung in steuerlichen Angelegenheiten handelt, die nicht unter die Steuerberatergebührenverordnung fällt. Folglich muss hierfür eine Vergütung gesondert vereinbart werden.

## 2.2 Einzureichende Unterlagen

### 2.2.1 Allgemeine Grundsätze

55 Der Gesetzgeber hat keine zusammenfassende Aufzählung der offenlegungspflichtigen Unterlagen vorgenommen, sondern diese in den Sätzen 1 bis 5 in unterschiedlichen Zusammenhängen normiert. Im Einzelnen fallen hierunter:
- der JA (Rz 62 ff.),
- der BSV bzw. Versagungsvermerk (Rz 68 ff.),
- der LB (Rz 78 f.),
- der Bericht des AR (Rz 80 ff.),
- die Erklärung nach § 161 AktG (Rz 86 ff.) und
- der Gewinnverwendungsvorschlag (Rz 89 ff.).

56 Dies wurde mit dem BilRUG geändert und nunmehr eine einheitliche Aufzählung geschaffen. Diese umfasst:

| Satz 1 Nr. 1 | Satz 1 Nr. 2 |
| --- | --- |
| • den festgestellten oder gebilligten JA (Rz 62 ff.), <br> • den LB (Rz 78 f.), <br> • den BSV bzw. Versagungsvermerk (Rz 68 ff.), | • den Bericht des AR (Rz 80 ff.), <br> • die Erklärung nach § 161 AktG (Rz 86 ff.). |

Tab. 3: Offenlegungspflichtige Unterlagen nach § 325 Abs. 1 HGB i. d. F. d. BilRUG

57 Dieser Katalog ist **abschließend**, sodass allenfalls eine **freiwillige Erweiterung** vorgenommen werden kann. Sofern sich aufgrund von gesellschaftsrechtlichen Regelungen weitere Einreichungspflichten ergeben, sind diese nicht nach den

---

[69] Vgl. *Look*, DStR 2007, S. 2231.

Vorgaben dieses Unterabschnitts zu behandeln, insb. führen Verstöße gegen diese nicht zu den unter Rz 162 ff. erläuterten Sanktionen. Dies schließt andere Konsequenzen nicht aus, wie z. B. die Berichtspflicht des AP nach § 321 Abs. 1 Satz 3 HGB wegen eines Verstoßes gegen Vorschriften der Satzung.

Diese Unterlagen sind nur offenlegungs- bzw. hinterlegungspflichtig, wenn sie tatsächlich vorliegen. § 325 HGB begründet **keine Verpflichtung**, Unterlagen **extra zu erstellen** oder erstellen zu lassen, um deren Offenlegung bzw. Hinterlegung vornehmen zu können. Folglich variieren Umfang und Inhalt der Offenlegung bzw. Hinterlegung bei den Unt in Abhängigkeit von der Größe und der Rechtsform sowie ggf. späterer Änderungen. 58

> **Beispiel**
> Eine kleine GmbH ist nicht prüfungspflichtig und hat auch keinen AR. § 325 HGB führt nicht zu einer Prüfungspflicht für den JA durch einen AP. Vielmehr ergibt sich diese aus § 316 HGB (und ggf. ergänzenden Satzungsbestimmungen). Ferner entsteht keine Verpflichtung, einen AR zu bilden, sofern sich eine solche Notwendigkeit nicht aus einer Vorgabe aus der Satzung der GmbH ergibt.

Ist eine Ges. gesetzlich nicht verpflichtet, eine der in Rz 55 genannten Unterlagen zu erstellen, geschieht dies jedoch **freiwillig**, besteht hierfür keine Offenlegungspflicht. Gleichwohl hat die Gesellschaft die **Möglichkeit**, weitergehende Unterlagen offenzulegen bzw. zu hinterlegen. Es ist jedoch darauf zu achten, dass Außenstehende nicht über den Inhalt der Unterlagen getäuscht werden (können). Wurde z. B. eine freiwillige Abschlussprüfung durchgeführt und der hierüber erteilte BSV offengelegt, muss aus diesem ersichtlich sein, inwieweit diese Prüfung mit einer gesetzlichen Pflichtprüfung vergleichbar und was tatsächlich Gegenstand der Prüfung war. Dies ist jedoch regelmäßig unproblematisch, weil die Berufsgrundsätze der WP zur Erteilung von BSV[70] entsprechende Vorgaben enthalten. 59

Es besteht keine Verpflichtung, einen **Negativbericht** in dem Sinne zu erstellen und offenzulegen, dass und ggf. warum einige der im Gesetz genannten Unterlagen nicht erstellt werden mussten. Vielmehr sind nur die Unterlagen offenzulegen bzw. zu hinterlegen, die erstellt werden müssen. Dies schließt nicht aus, dass das Unt auf Nachfrage des BfJ in der Lage sein muss zu begründen, warum bestimmte Unterlagen nicht offengelegt bzw. hinterlegt wurden. 60

Durch das BilRUG ist klargestellt worden, dass die Unterlagen in deutscher Sprache offenzulegen sind. Diese Regelung hat lediglich klarstellenden Charakter. Sie soll gewährleisten, dass die vom Gesetzgeber angestrebten Einsichtsmöglichkeiten nicht dadurch umgangen werden können, dass die Unterlagen in einer fremden Sprache offengelegt werden.[71] Stellt das Unternehmen seinen JA oder andere der in § 325 Abs. 1 Satz 1 HGB i.d.F. d. BilRUG genannten Dokumente in einer anderen Sprache als Deutsch auf, sind diese zwingend zu übersetzen. Hierfür gibt es keine näheren Vorgaben, so dass eine eigene Übersetzung durch das Unt ausreichend ist und insb. keine amtliche Übersetzung zu erfolgen 61

---

[70] Vgl. IDW PS 400.
[71] Bisher ergab sich dies nach einhelliger Auffassung schon aus § 244 HGB, vgl. dazu z. B. *Förschle*, Beck'scher Bilanz-Kommentar, § 244 HGB Rn. 3, 9. Aufl. 2014.

hat. Hiervon unberührt bleibt die Möglichkeit einer ergänzenden freiwilligen Offenlegung in einer anderen Sprache. Diese richtet sich nach § 325 Abs. 6 i. V. m. §§ 11 und 12 HGB.

### 2.2.2 Jahresabschluss

62 Erfasst wird der Abschluss nach § 242 Abs. 3 HGB (§ 242 Rz 7 ff.). Folglich umfasst er die **Bilanz** und die **GuV**. Dieser wird gem. § 264 Abs. 1 HGB für alle KapG und KapCoGes um den **Anhang** ergänzt. Unerheblich ist, ob es sich um ein volles Gj oder um ein **Rumpfgj** handelt. Ferner zählen hierzu auch die Jahresbilanz im Rahmen der Liquidation, die Abwicklungsbilanz nach § 279 Abs. 2 Satz 2 AktG und JA, die Schlussbilanzen einer übertragenen Ges. sind, sowie die DM-Eröffnungsbilanz.[72]

63 Hierbei handelt es sich um die **endgültige Fassung** des JA, sodass evtl. Probeabschlüsse nicht erfasst sind. Dies ist auch bei der Wahrung der Offenlegungsfristen (Rz 40 ff.) zu beachten, sodass bereits der endgültige Abschluss vorliegen muss. Dieses Verständnis bestätigt auch die durch das BilRUG angepasste Formulierung. Danach wird auf die festgestellte oder gebilligte Bilanz abgestellt. Auch die Reg.-Bgr.[73] zur Neufassung durch das BilRUG ordnet an, dass es zur Wahrung der Offenlegungspflicht nicht zulässig ist, zunächst den ungeprüften JA und LB einzureichen und später den BSV nachzureichen. Vielmehr ist jetzt auch der BSV innerhalb der Frist nach Abs. 1a einzureichen. Zugleich muss eine Feststellung oder Billigung erfolgt sein. Eine frühere Offenlegung wäre weder mit dem Gesetzeswortlaut noch der Vorgabe aus Art. 30 Abs. 1 der Richtlinie 2013/34/EU zu vereinbaren.

64 Die Zuständigkeit für die Feststellung ergibt sich aus den gesellschaftsrechtlichen Vorgaben und ist wie folgt geregelt:

| Rechtsform | Organ | Rechtsgrundlage |
| --- | --- | --- |
| AG/KGaA | AR bzw. HV | §§ 172 f.; 286 AktG |
| SE | Leitungsorgan/AR bzw. HV | Art. 61 SE-VO; vgl. auch § 47 SEAG |
| GmbH (einschl. UG haftungsbeschränkt) | Gesellschafterversammlung | § 42a GmbHG |
| Haftungsbeschränkte OHG | Gesellschafterversammlung | § 120 HGB |
| Haftungsbeschränkte KG | Gesellschafterversammlung | § 167 HGB |
| Genossenschaften | Generalversammlung | § 48 GenG |

Tab. 4: Zuständigkeiten für die Feststellung bzw. Billigung der Bilanz

---

[72] Vgl. LG Chemnitz, Urteil v. 17.8.1995, 1 O 2428/95, ZIP 1995, S. 1612.
[73] Vgl. BT-Drucksache 18/4050, S. 77.

Die Differenzierung zwischen Feststellung und Billigung erklärt sich daraus, dass eine Feststellung nur bei KapG vorgesehen wird. Hingegen ist eine solche bei haftungsbeschränkten PersG nicht vorgesehen, so dass insoweit eine Differenzierung vorgenommen werden musste. Andernfalls hätte dies zu der Frage geführt, ob bei den entsprechenden PersG keine Offenlegungspflicht besteht, weil es bei diesen keinen festgestellten JA gibt. 65

Das Gesetz enthält keine Vorgabe zur Offenlegung der **Aufstellung des Anteilsbesitzes**. § 325 Abs. 2a Satz 3 HGB verweist hierzu auf § 287 Satz 2 HGB. Offensichtlich hatte der Gesetzgeber übersehen, dass diese Regelung durch das BilMoG aufgehoben wurde. Hieraus folgte, dass der JA einschl. der Beteiligungsliste zentral beim BAnz einzureichen ist.[74] Durch das BilRUG wurde dieser Fehler berichtigt, indem der Verweis aufgehoben wird, vgl. zum Inkrafttreten Rz 204. 66

**Nicht** von der Regelung erfasst sind „**Sonderbilanzen**" und andere Rechenwerke, die für einen speziellen Zweck aufgestellt werden. Dies gilt insb. für 67
- Abhängigkeitsberichte,
- Abschreibungspläne,
- Aktionärsbriefe,
- Aktionärszeitschriften,
- Betriebsabrechnungsbögen,
- Einbringungsbilanzen,
- Eröffnungsbilanzen,
- Finanzpläne,
- Gründungsbilanzen,
- Handelsbilanzen II und evtl. III,
- Inventare,
- Kapitalerhöhungsbilanzen,
- Liquidationsbilanzen,
- Presseinformationen,
- Probebilanzen,
- Quartalsberichte,
- Sanierungsbilanzen,
- Spaltungsbilanzen,
- steuerliche Ergänzungsbilanzen bei haftungsbeschränkten Personengesellschaften,
- steuerliche Sonderbilanzen bei haftungsbeschränkten Personengesellschaften,
- Summen- und Saldenlisten,
- Überschuldungsstatus,
- Umwandlungsbilanzen,
- Unternehmenspräsentationen (insb. im Zusammenhang mit Roadshows),
- Vermögensaufstellungen,
- Verschmelzungsbilanzen,
- Vorbelastungsbilanz,
- Zwischenberichterstattung.[75]

---

[74] Vgl. auch die Reg.-Begr. auf BR-Drucks. 344/08, S. 164.
[75] Vgl. hierzu z.B. *Kirsch/Meth/Gimpel-Henning*, in *Baetge/Kirsch/Thiele*, Bilanzrecht, § 325 Rz 801 ff., m.w.N. (Stand: Juni 2013).

## 2.2.3 Bestätigungs- bzw. Versagungsvermerk

**68** Der BSV bzw. Versagungsvermerk ist offenzulegen, wobei eine **vollständige Wiedergabe** – einschließlich des Datums und des Orts sowie der Namen der unterschreibenden Person(en) – geboten ist. Dadurch wird unterbunden, dass Teile des Vermerks verändert oder sein Sinn entstellt werden kann. Zugleich können Hinweise darauf erlangt werden, inwieweit eine zeitnahe Offenlegung – und ggf. auch eine zeitnahe Vorlage an die Gesellschafter – erfolgt ist. Es bleibt abzuwarten, inwieweit das BfJ wesentliche Abweichungen sanktionieren wird.

**69** Die Offenlegung ist unabhängig davon, ob der **BSV uneingeschränkt oder eingeschränkt** erteilt oder ggf. **versagt** wurde. Gem. § 322 Abs. 4 Satz 3 HGB muss die Einschränkung oder Versagung begründet werden. Aufgrund der vollständigen Offenlegung des Testats werden die Gründe transparent, welche die Einschränkung bzw. Versagung motiviert haben.

**70** Wurde der BSV versagt, resultiert hieraus keine besondere oder zusätzliche Hinweispflicht für die gesetzlichen Vertreter. Vielmehr erfüllen diese mit der Offenlegung des Testats insoweit ihre Verpflichtungen.

**71** Wurden der JA und/oder der LB nach Erteilung des BSV geändert, ist gem. § 316 Abs. 3 HGB eine **Nachtragsprüfung** durchzuführen. Dies bedingt, dass auch der Bestätigungs- oder Versagungsvermerk erneut offenzulegen ist. Dies gilt unabhängig davon, ob er zu einem anderen materiellen Ergebnis kommt.

**72** Die Pflicht zur Offenlegung des BSV i.S.v. § 322 HGB betrifft nur die Fälle, in denen eine **gesetzliche Pflichtprüfung** stattgefunden hat. Hieraus folgt, dass bei einer evtl. **freiwilligen oder gesellschaftsvertraglich angeordneten Prüfung** keine Offenlegungspflicht besteht. Gleichwohl kann freiwillig eine Offenlegung erfolgen oder sich aus der Satzung ergeben.

**73** Besonderheiten entstehen, wenn der geprüfte JA nicht dem offengelegten JA entspricht. Dies ist der Fall, wenn von den Erleichterungsmöglichkeiten der §§ 326ff. HGB Gebrauch gemacht wurde. In diesen Fällen muss darauf hingewiesen werden, dass sich der BSV auf den geprüften und nicht auf den offengelegten JA bezieht (§ 322 Rz 205ff.).

**74** Da **kleine KapG** und solche Ges. i.S.v. § 264a HGB nicht prüfungspflichtig sind, entfällt diese Offenlegung für sie immer. Da es sich bei den KleinstKapG i.S.v. § 267a HGB um eine Teilmenge der kleinen KapG handelt, gilt dies für sie entsprechend. Hierbei ist die Ausdehnung dieser Regelungen auf Genossenschaften durch das BilRUG zu beachten.

**75** **Nicht** zu den offenlegungspflichtigen Unterlagen gehören der **Prüfungsbericht** und die **Arbeitspapiere** des AP sowie ein evtl. **Management-Letter**. Dies gilt auch, wenn eine Prüfung – sei es aufgrund der Erfassung im Rahmen einer Stichprobe oder aufgrund einer Veranlassung durch die BaFin – des JA, des LB, des KA oder des KLB durch die **Prüfstelle für Rechnungslegung** (§ 342b HGB) vorgenommen und hierüber von ihr und/oder der BaFin ein Bericht verfasst wird.

**76** Wird der Prüfungsauftrag erweitert und schlägt sich dies in einem ausführlichen BSV nieder, ist gleichwohl das vollständige Testat in unveränderter Fassung offenzulegen und zwar auch mit den Teilen, die sich auf die Erweiterung beziehen. Hierfür kommt es auf die Grundlage für die Erweiterung des Prüfungsauftrages nicht an, sodass es sich hierbei sowohl um gesetzliche als auch gesellschaftsvertragliche Regelungen handeln kann.

> **Beispiel**
> Eine GmbH befindet sich vollständig im Eigentum eines Bundeslandes. Nach § 53 HGrG i. V. m. § 65 LHO ist der Prüfungsauftrag dahingehend zu ergänzen, dass auch die Ordnungsmäßigkeit der Geschäftsführung zum Gegenstand der Jahresabschlussprüfung wird. Da im Rahmen des Testats auch auf die Ergebnisse dieser Prüfung eingegangen wird, liegt insoweit ein erweiterter Text vor. Dieser ist vollständig offenzulegen.

Erfolgt eine freiwillige Ergänzung des Prüfungsauftrags und schlägt sich dies im Testat nieder, hat gleichwohl eine vollständige Wiedergabe des Wortlauts zu erfolgen. Dies gilt ungeachtet des Umstandes, dass eine freiwillige Ergänzung des Prüfungsauftrages erfolgt ist. Entscheidend hierfür ist, dass andernfalls eine Möglichkeit bestünde, die eine Veränderung ermöglichte und diese Möglichkeit Diskussionen auslösen könnte, inwieweit eine zutreffende Veränderung des BSV erfolgt ist. Zugleich wäre damit die Möglichkeit zur Kommunikation zwischen dem AP und dem Leser des JA beeinträchtigt. 77

### 2.2.4 Lagebericht

Der Inhalt des LB ergibt sich aus § 289 HGB. Der LB ist **vollständig** offenzulegen. 78

**Kleine KapG** (einschl. KleinstKapG i. S. v. § 267a HGB und seit dem BilRUG auch entsprechende Genossenschaften) und gleichgestellte PersG i. S. v. § 264a HGB sind von der Pflicht zur Aufstellung eines LB gem. § 264 Abs. 1 Satz 3 HGB befreit. Wird dennoch ein LB erstellt (z. B. auf **freiwilliger** Basis oder einer obligatorischen Anordnung in der Satzung), kann dieser offengelegt werden, er ist jedoch nicht offenlegungspflichtig. 79

### 2.2.5 Bericht des Aufsichtsrats

Eine **Offenlegungspflicht** für den Bericht des AR gibt es nur, wenn dieses Gremium zwingend zu bilden ist. Fehlt es – wie regelmäßig bei KapCoGes – an einem solchen Organ, besteht keine Offenlegungspflicht. 80

Unerheblich ist, aufgrund welcher Regelungen ein AR errichtet wird, wenn seine Kompetenzen den gesetzlichen Anforderungen entsprechen. Dies ist bei der AG und der KGaA der Fall. Bei einer **GmbH** ist entscheidend, ob der Gesellschaftsvertrag abweichende Regelungen trifft, die hinter den gesetzlichen Vorgaben zurückbleiben. Ist dies nicht der Fall oder enthält die Satzung hierzu keine nähere Regelung, obwohl sie die Bildung eines AR anordnet, gilt infolge des § 52 Abs. 1 GmbHG das aktienrechtliche Konzept entsprechend. Dies ist auch der Fall, wenn sich aufgrund anderer gesetzlicher Regelungen die Verpflichtung ergibt, einen AR zu bilden, wie z. B. §§ 77 Abs. 1 BetrVG 1952, 25 Abs. 1 MitbestG 1976, 2, 3 Abs. 1 MitbestErgG, 3K AGG. In diesen Fällen ist der Bericht des AR offenzulegen. Sieht die Satzung hingegen eingeschränkte Kompetenzen vor, liegt **keine Prüfungspflicht** i. S. d. Gesetzes vor und der Prüfungsbericht des AR **muss nicht** offengelegt werden. 81

Bei KapCoGes besteht keine gesetzliche Pflicht zur Bildung eines AR. Gleichwohl kann dieser – oder ein **anderes Aufsichtsgremium** – freiwillig gebildet 82 werden. Sofern dies geschieht und ein Prüfungsbericht vorgelegt wird, ist dieser nicht offenlegungspflichtig.[76] Etwas anderes gilt, wenn bei einer KapCoGes dem AR die Rechte und Pflichten nach Maßgabe des AktG zugewiesen werden. In diesem Fall wäre der Bericht des AR über seine Prüfung offenlegungspflichtig.

83 Gem. § 171 Abs. 1 AktG hat der AR den JA, den LB und den Gewinnverwendungsvorschlag zu prüfen. Der Vorstand ist gem. § 170 Abs. 1 AktG verpflichtet, den JA und den LB, „unverzüglich" (Rz 43) dem AR nach deren Aufstellung vorzulegen. Zwar trifft diese Prüfungspflicht das Organ „Aufsichtsrat", doch ist jedes Mitglied verpflichtet, sich aufgrund eigener Prüfung ein Urteil zu bilden. Hierbei kann der Bericht eines evtl. bestehenden Prüfungsausschusses (§ 107 Abs. 3 Satz 2 AktG i.d.F. des BilMoG) in die Prüfung einbezogen werden, jedoch darf keine ungeprüfte Übernahme der Ergebnisse erfolgen.

84 Gesetzliche Vorgaben zum Umfang der Prüfung bestehen nicht. Inhaltlich hat sich die Prüfung auf die Rechtmäßigkeit und die Zweckmäßigkeit der Handlungen des Vorstands und der hiermit verbundenen Ergebnisse zu beziehen.[77]

85 Über das Ergebnis seiner Prüfung hat der AR schriftlich an die HV gem. § 171 Abs. 2 AktG zu berichten.[78] Dieser Bericht ist von den gesetzlichen Vertretern (Rz 31 ff.) offenzulegen. Er muss Aussagen enthalten, in welcher Art und in welchem Umfang der AR die Geschäftsführung geprüft hat. Bei börsennotierten AG sind noch weitere Angaben geboten (Art und Zahl der Ausschüsse sowie die Zahl der Sitzungen von AR und Ausschüssen). Bei prüfungspflichtigen KapG hat der AR zum Ergebnis der Prüfung Stellung zu nehmen. Ferner ist am Ende zu erklären, ob Einwendungen zu erheben sind und ob der vom Vorstand aufgestellte JA gebilligt wird.

### 2.2.6 Erklärung nach § 161 AktG

86 Seit dem TransPuG[79] müssen börsennotierte KapG zusätzlich die Entsprechenserklärung nach § 161 AktG offenlegen. Darin müssen Vorstand und AR erklären, inwieweit sie die Regelungen des **Deutschen Corporate Governance Kodex**[80] beachtet haben (hierzu § 285 Rz 118f.), insb. welche der dort genannten Regelungen nicht berücksichtigt wurden. Durch die Offenlegung soll der Schutzzweck der Erklärung erfüllt werden.[81] Andererseits werden aus der hiermit verbundenen Konsequenz für die Notwendigkeit zur Befolgung des Kodex verfassungsrechtliche Bedenken hergeleitet.[82]

87 Für alle **anderen Ges.** besteht keine entsprechende Verpflichtung. Dies gilt unabhängig davon, dass der DCGK allgemeine Grundsätze guter Unternehmensführung enthält und der Gesetzgeber trotz der Normierung im AktG sich positive Auswirkungen auch auf die Unternehmensführung bei anderen Rechtsformen versprach.[83] Vgl. zur Erklärung zur Unternehmensführung auch § 289a Rz 8ff.

---

76 Vgl. z.B. *Fehrenbacher*, in MünchKomm. HGB, 3. Aufl., § 325 Rn 29; *Grottel*, in Beck Bil-Komm. 9. Aufl., § 325 HGB, Rz 14.
77 Vgl. *Clemm*, ZGR 1980, S. 457.
78 Vgl. zum Umfang dieser Berichtspflicht *ADS*, § 171 AktG, Rz 39ff.
79 V. 19.7.2002, BGBl I, S. 2681.
80 Abrufbar im Internet unter http://www.corporate-governance-code.de, letzter Abruf am 14.8.2015.
81 Vgl. BT-Drs. 14/8769, S. 29.
82 Vgl. *Tröger*, ZHR 175, S. 746ff., 758.
83 Vgl. die Präambel des Kodex.

Gem. § 285 Nr. 16 HGB (§ 285 Rz 118f.) ist im Anhang anzugeben, dass die Erklärung nach § 161 AktG abgegeben wurde und wo diese öffentlich zugänglich ist. Hingegen soll – nach Auffassung des Gesetzgebers – die Erklärung selbst nicht in den Anhang aufgenommen werden.[84] Damit bildet sie keinen Bestand des JA. Durch die Offenlegung im Rahmen des § 325 HGB wird der Zielsetzung Rechnung getragen, die rechnungslegungsbezogenen Informationen über die Ges. an einer Stelle offenzulegen, um den Zugriff durch Außenstehende zu erleichtern. 88

### 2.2.7 Gewinnverwendungsvorschlag

Gem. § 268 Abs. 1 HGB hat die Ges. die Möglichkeit, den JA bereits unter Berücksichtigung der – vollständigen oder teilweisen – Verwendung des Jahresergebnisses aufzustellen. Durch spezielle Angaben in der Bilanz wird dafür gesorgt, dass die Gewinnverwendung transparent wird. § 325 Abs. 1 Satz 2 HGB enthält Vorgaben, wenn von § 268 Abs. 1 HGB kein Gebrauch gemacht, also die Gewinnverwendung im JA nicht berücksichtigt wurde. 89

Außerdem besteht die Möglichkeit, im Anhang einen Vorschlag über die Ergebnisverwendung aufzunehmen.[85] Wenn dies geschieht, kann auf eine gesonderte Offenlegung nach § 325 Abs. 1 Satz 3 HGB verzichtet werden, weil sie bereits im Rahmen des JA und damit des Satzes 1 erfolgt. 90

Eine gesonderte Offenlegung kann **unterbleiben, wenn** ein Gewinnverwendungsvorschlag bzw. -beschluss **nicht notwendig** ist. Dies gilt insb. bei Ergebnisabführungsverträgen gem. §§ 291ff. AktG (ggf. analog für die GmbH), bei denen die Abführung des gesamten Jahresüberschusses dazu führt, dass das Ergebnis der beherrschten Ges. Null beträgt oder wenn ein Bilanzverlust ausgewiesen wird und keine ausschüttungsfähigen Gewinnrücklagen vorhanden sind. Die übrigen Offenlegungspflichten bleiben hiervon unberührt. 91

Ist keine zuvor genannte Befreiungsregelung anzuwenden, muss gem. § 325 Abs. 1 HGB der Vorschlag für die Gewinnverwendung offengelegt werden. Bei einer AG/KGaA ergibt sich die Pflicht zur Aufstellung eines Gewinnverwendungsvorschlags für den Vorstand aus § 170 Abs. 2 AktG und § 176 Abs. 1 Satz 1 AktG; dieser ist dem AR und der HV vorzulegen. 92

Besonderheiten gelten bei einer GmbH, die über einen AR verfügt. Während für den **obligatorischen AR** nicht auf § 170 AktG verwiesen wird, geschieht dies in § 52 Abs. 1 GmbHG für den fakultativen AR. Ein solches Ergebnis ist wenig überzeugend, weil damit die eigentlich strengeren Verpflichtungen zu weniger strengen Regelungen führen. Dies hat zur Folge, dass bei einer GmbH eine Offenlegung des Gewinnverwendungsvorschlags geboten ist, wenn ein fakultativer AR besteht, nicht aber bei einem obligatorischen.[86] 93

Erfolgt – zeitlich später – die Beschlussfassung über die Gewinnverwendung, ist auch dieser Beschluss elektronisch offenzulegen. Hierbei muss der Jahresüberschuss bzw. Jahresfehlbetrag angegeben werden. Die Zuständigkeit für die 94

---

[84] Vgl. BT-Drs. 14/8769, S. 25.
[85] Vgl. *ADS*, 6. Aufl., § 325 HGB, Rz 36; *Klatte*, BB 1995, S. 38.
[86] Nach Auffassung v. *Ziegler*, Rpfleger 1989, S. 92, soll eine analoge Anwendung der aktienrechtlichen Regelungen geboten sein.

Beschlussfassung über die Gewinnverwendung liegt bei der AG/KGaA gem. § 174 AktG bei der HV, bei der GmbH gem. § 42 Abs. 2 GmbHG bei der GesV.

95 Satz 4 enthält für die **GmbH** eine wichtige Ausnahme: Danach sind **keine Aussagen** über die Ergebnisverwendung zu machen, „wenn sich anhand dieser Angaben die **Gewinnanteile von natürlichen Personen feststellen** lassen". Hiermit sollen persönliche Daten der Gesellschafter geschützt werden.[87] Diese Ausnahme bezieht sich sowohl auf Vorschläge für die Gewinnverwendung als auch auf die Beschlussfassung. Ein gesonderter Hinweis, dass diese Möglichkeit genutzt wurde, muss nicht aufgenommen werden, kann aber der Transparenz dienen.

96 Aus dem Ziel dieser Regelung folgt, dass sie bereits dann anzuwenden ist, wenn **bei einem Gesellschafter** diese Möglichkeit besteht.[88] Gem. § 40 Abs. 1 GmbHG haben die Geschäftsführer eine Gesellschafterliste zu führen und evtl. Veränderungen zum HR einzureichen. Damit wird es möglich zu erkennen, wer in welchem Umfang an der Ges. beteiligt ist. Sofern für einen Gesellschafter festgestellt werden kann, wie hoch seine Gewinnanteile sind, lässt sich damit der Gewinnanteil der anderen Gesellschafter errechnen.[89] Folglich ist eine Berufung auf diese Regelungen bereits immer dann möglich, wenn bei einem der Gesellschafter diese Gefahr besteht.

> **Beispiel**
> An der D-GmbH sind der A und die B-GmbH beteiligt. Ausweislich der Gesellschafterliste ist A zu 60 und die B zu 40 % an der D beteiligt. Würde offengelegt, welchen Gewinnanteil die B bekommt, kann ermittelt werden, wie hoch die Ausschüttungen an den A sind.

97 Der Begriff der **natürlichen Person** erfasst nicht nur die direkte Beteiligung durch eine solche Person, sondern auch die mittelbare über eine PersG,[90] wenn im Übrigen die Voraussetzungen erfüllt wären, können auch stille Beteiligungen dazu gehören. Bei einem mehrstufigen Personengesellschaftskonzern kann streitig sein, ob eine Berufung auf diese Regelung erfolgen kann. Vor dem Hintergrund der ggf. drohenden Sanktionen sind diejenigen, die sich auf solche Erleichterungen berufen, gut beraten, mithilfe einer aussagefähigen Dokumentation einen entsprechenden Nachweis führen zu können.

98 Für die Gliederung des **Gewinnverwendungsvorschlags** bietet es sich an, auf das Schema in § 170 Abs. 2 Satz 2 AktG zurückzugreifen. Bei AktG und KGaA ist dies ohnehin zwingend, bei den anderen Rechtsformen ist dies ebenfalls sinnvoll, wobei eine terminologische Anpassung geboten sein kann. Auf jeden Fall muss deutlich werden, wie hoch der Betrag ist, der an die Gesellschafter verteilt wird, der in die Gewinnrücklagen eingestellt wird und der Betrag, der auf neue Rechnung vorgetragen wird.

99 Bei KapCoGes werden die **Gewinnanteile** bereits bei der Bilanzerstellung den Kapitalkonten der Gesellschafter anteilig zugeschrieben. Folglich kann ein **Ge-**

---

[87] Vgl. BT-Drs. 12/7912, S. 23.
[88] HM, vgl. z.B. *Grottel*, in Beck Bil-Komm., 9. Aufl., § 325 HGB, Rz 21; *ADS*, 6. Aufl., § 325 HGB, Rz 64.
[89] Vgl. *Pfitzer/Wirth*, DB 1994, S. 1940.
[90] GlA *Grottel*, in Beck Bil-Komm., 9. Aufl., § 325 HGB, Rz 21.

winnverwendungsvorschlag oder die **Beschlussfassung** hierüber nur Bedeutung haben, wenn im Gesellschaftsvertrag insoweit abweichende Regelungen getroffen werden. Ist dies nicht der Fall, hat diese Vorgabe für die genannten PersG keine Bedeutung.

Gem. § 264 Abs. 2 Satz 3 HGB (§ 264 Rz 88) haben die dort benannten KapG einen sog. **Bilanzeid** zu leisten. Fraglich ist, ob dieser offenzulegen ist. § 325 HGB trifft hierzu keine Aussage. Insoweit lässt sich hieraus auch keine formale Pflicht zur Veröffentlichung ableiten.[91] Allerdings ergibt sich eine **Offenlegungspflicht** aus dem Zweck der Regelung, der nur erfüllt wird, wenn eine Offenlegung erfolgt. Daher ist von einer faktischen Offenlegungspflicht auszugehen.[92]

Die Neufassung des Abs. 1 durch das BilRUG hat dazu geführt, dass der Gewinnverwendungsvorschlag nicht mehr in der Liste der offenlegungspflichtigen Unterlagen enthalten ist. Dies rechtfertigt sich daraus, dass für mittelgroße und große KapG die Pflicht geschaffen wurde, im Anhang bzw. im Konzernanhang den Vorschlag oder ggf. den Beschluss über die Verwendung des Ergebnisses auszuweisen. Damit sind diese Informationen bereits aus dem Anhang ersichtlich, so dass eine gesonderte Offenlegung entfallen kann (zur zeitlichen Anwendung Rz 204). Hierbei wird im Regelfall ein Vorschlag zur Gewinnverwendung vorliegen. Wird später dann ein Gewinnverwendungsbeschluss getroffen, ist dieser unverzüglich nach seinem Vorliegen offenzulegen.[93]

### 2.3 Nachreichungspflichten bei verkürzter Einreichung zur Fristwahrung

Um die Wahrung der absoluten Fristen von zwölf bzw. vier Monaten (Abs. 4) zu ermöglichen, sieht Satz 5 vor, zunächst den JA (Rz 62 ff.) und den LB (Rz 78 ff.) offenzulegen. Die übrigen Unterlagen müssen dann „unverzüglich" (Rz 40) nach ihrem Vorliegen eingereicht werden. Hierbei ist auf die noch fehlenden Unterlagen hinzuweisen, wobei es ausreicht, die fehlenden Unterlagen zu benennen. Auf ohnehin nicht offenlegungspflichtige – weil nicht zu erstellende – Unterlagen muss nicht hingewiesen werden.

Zur **Fristwahrung** reicht noch die Offenlegung eines (noch) ungeprüften JA aus. Allerdings ist zu beachten, dass Änderungen im Rahmen der Prüfung oder im Vorfeld der Feststellung des JA eine erneute Offenlegungspflicht (Rz 29 ff.) auslösen. Allerdings wird es in vielen Fällen nicht gewollt sein, dass auf diese Art und Weise ersichtlich wird, welche Änderungen am JA auf Intervention des AP vorgenommen wurden. Um dies zu vermeiden, ist es geboten, eine zeitliche Abstimmung mit dem AP vorzunehmen, die eine Offenlegung des noch ungeprüften JA entbehrlich macht.

**Unterschiedliche Auffassungen** bestehen darüber, ob die zunächst noch fehlenden Unterlagen sofort offengelegt werden müssen oder ob so lange gewartet werden kann, bis sämtliche Unterlagen vorliegen, um diese gemeinsam offenlegen zu können.[94] M. E. kann es – gerade nach der Umstellung auf eine elektronische Veröffentlichung – nicht darum gehen, mithilfe dieser Regelung eine

---

[91] GlA *Altenhaim*, WM 2008, 1142; *Schellhorn*, DB 2009, 2364; a. A. *Hönsch*, ZCG 2006, S. 119.
[92] Ebenso *Schellhorn*, DB 2009, S. 2364; *Hönsch*, ZCG 2006, S. 119.
[93] Vgl. die Reg.-Begr. BT-Drucks. 18/4050, S. 78.
[94] Vgl. zur Diskussion mwN z. B. *Grottel*, in Beck Bil-Komm. 9. Aufl., § 325 HGB, Rz 46.

Verzögerung der Offenlegung bzw. Hinterlegung zu ermöglichen. Vielmehr kommt im Gesetzeswortlaut die Vorstellung des Gesetzgebers zum Ausdruck, dass zeitnah offenzulegen ist. Gerade angesichts der modernen schnellen Kommunikationsformen und den hiermit verbundenen (geringen) Kosten sind hohe Anforderungen an eine Begründung für die weitere zeitliche Aufschiebung zu stellen. Danach wird eine **zusammengefasste Offenlegung** nur in Betracht kommen, wenn sehr zeitnah sämtliche Unterlagen vorliegen. Da die gesetzlichen Fristen seitens des Unt bereits ausgenutzt wurden, ist für die Gewährung weiterer Erleichterungen eine besondere Rechtfertigung erforderlich. Gegen diese Auffassung mag die hiermit verbundene **Kostenbelastung** (insb. die Personalkosten für die damit betrauten Mitarbeiter) sprechen. Gleichwohl sind diese Kosten vor dem Hintergrund der vom Gesetzgeber verfolgten Zielsetzung zu beurteilen. Daher sind bei **Wirtschaftlichkeitsüberlegungen** strenge Maßstäbe anzusetzen, wenn diese als Rechtfertigung für eine verzögerte Offenlegung herangezogen werden sollen. Außerdem wurde für KleinstKapG i. S. v. § 267a HGB mit § 326 Abs. 2 HGB mit der Möglichkeit der Hinterlegung (vgl. Rz 19 ff.) eine besondere Erleichterung geschaffen.

105 Diese Konzeption wird durch das BilRUG geändert. Nunmehr wird die Frist für die Offenlegung grundsätzlich auf den Zeitraum bis zum Ende des folgenden Geschäftsjahres begrenzt (zur Ermittlung Rz 40 f.). Damit ist klargestellt, dass diese Frist vollständig ausgenutzt werden kann. Auf Grund der Formulierung des Gesetzes („spätestens") kann auch eine frühere Offenlegung erfolgen. Allerdings ist es nicht zu beanstanden wenn, vorbehaltlich des Abs. 4, diese Frist vollständig ausgenutzt wird.

### 2.4 Nachträgliche Änderung

106 Erfolgt eine nachträgliche Änderung von **bereits offengelegten bzw. hinterlegten Unterlagen**, ist dies offenzulegen bzw. eine erneute Hinterlegung vorzunehmen. Hierbei stellt der Wortlaut auf „die Änderung" ab. Hieraus ist jedoch nicht zu folgern, dass nur die Änderung als solche beim BAnz einzureichen ist. Vielmehr muss sich dies nach dem Sinn und Zweck der Regelung auf das gesamte Dokument beziehen. Für die notwendige Transparenz muss deutlich werden, worauf sich die Änderung erstreckt und was für diese ursächlich war. Diese Regelungen finden sich nach der Neufassung durch das BilRUG nunmehr in Abs. 1b.

107 Von einer **Änderung** ist auszugehen, wenn sich Inhalt oder Form des JA nach seiner Auf- oder Feststellung geändert hat.[95] Eine **Wesentlichkeitsgrenze** gibt es hierbei nicht, sodass jede Änderung eine erneute Offenlegung bzw. Hinterlegung bedingt. Etwas anderes gilt lediglich für die Korrektur von Schreib-, Druck- und/oder Rechenfehlern. Redaktionelle Klarstellungen sind nur zulässig, wenn sie tatsächlich keine materielle Änderung beinhalten.[96] Hierbei sind strenge Maßstäbe zu beachten. M. E. sollte aus Gründen der Transparenz und der gebotenen Objektivität auf die Berichtigung (etwa in einer Fußnote) hingewiesen werden, sodass erkennbar wird, worauf sich diese bezog und ersichtlich wird, ob

---

[95] Vgl. auch *Fehrenbacher*, MünchKomm. HGB, 3. Aufl. § 325 Rn 40.
[96] Vgl. *Grottel*, in Beck Bil-Komm. 9. Aufl., § 325 HGB, Rz 34, § 328 HGB, Rz 25.

diese tatsächlich nur redaktionellen Charakter hatte. Der Zeitraum zwischen der ursprünglichen Offenlegung bzw. Hinterlegung und der Änderung ist unerheblich. Denkbar ist, dass dieser mehrere Jahre umfasst, wobei auch zu prüfen ist, inwieweit sich Änderungen bei anderen offenlegungs- bzw. hinterlegungspflichtigen Unterlagen und in anderen Jahren Korrekturnotwendigkeiten ergeben.

Eine Änderung ist bei einer **nachträglichen Apr.** oder einer späteren Feststellung möglich. Dies kann insb. der Fall sein, wenn der JA vor seiner Feststellung eingereicht und offengelegt wurde. Dass solche Änderungen möglich sind, ergibt sich auch aus § 316 Abs. 3 HGB und § 173 Abs. 3 AktG. Zu beachten ist, dass diese Änderung regelmäßig eine **Nachtragsprüfung** durch den AP auslöst.[97] M. E. muss davon ausgegangen werden, dass auch der BSV über die Nachtragsprüfung mit offenzulegen ist. Nur so wird dem Auftrag aus Abs. 1 Satz 2 genügt, nach dem der BSV offenzulegen ist. Zu prüfen ist außerdem, inwieweit sich aus der Änderung des JA Auswirkungen auf den LB und den Vorschlag für die Gewinnverwendung ergeben. Sind auch diese betroffen, ist eine **erneute Offenlegung** geboten. Waren bisher einzelne Unterlagen noch nicht offengelegt, so ist es ausreichend, wenn die korrigierte Fassung offengelegt wird. Aus Transparenzgründen ist zu berichten, wenn andere Unterlagen aufgrund der Änderung in korrigierter Form offengelegt werden, bzw. welche Konsequenzen sich aus der Korrektur für den Inhalt dieser Unterlagen ergeben. 108

Kommt es zu einem **Widerruf eines früher erteilten BSV**, etwa weil der AP getäuscht wurde und die Rechnungslegung einen bedeutsamen Fehler enthält, nachdem der BSV bereits offengelegt wurde, ist dies von den vertretungsberechtigten Organen der Ges. offenzulegen. Hierbei sollte auch darauf hingewiesen werden, aus welchen Gründen der Widerruf erfolgte. Der AP wird von den gesetzlichen Vertretern die Offenlegung der Widerrufung des Testats verlangen. Kommen diese der Forderung nicht innerhalb einer angemessenen Frist nach, wird er den Widerruf selbst in geeigneter Weise bekannt machen. 109

Die „**Einreichung**" folgt den allgemeinen Grundsätzen, sodass eine elektronische und elektronisch verwertbare Form zu bewahren ist. Dies ist geboten, um eine möglichst zeitnahe Berichtigung der nunmehr unzutreffenden Unterlagen zu gewährleisten. Es ist mit hinreichender Klarheit auf die Änderung hinzuweisen, sodass es dem externen Adressaten der Unterlagen problemlos möglich ist, zwischen den ursprünglichen und den nunmehr geänderten Unterlagen differenzieren zu können. Hierbei ist die Einreichung in deutscher Sprache vorzunehmen (Rz 61). 110

Die elektronische Form führt dazu, dass sämtliche Erklärungen nicht eigenhändig unterschrieben werden können. Dies gilt sowohl für die Bilanz, das Testat als auch die übrigen Erklärungen. Es wird den Anforderungen genügt, wenn entweder das unterschriebene Dokument eingescannt oder statt der **Unterschrift** nur die Namensangabe (ggf. mit dem Zusatz „gez." oder „Im Original unterschrieben") verwendet wird.[98] 111

---

[97] Vgl. § 316 Abs. 3 HGB.
[98] Vgl. *ADS*, 6. Aufl., § 325 HGB, Rz 70.

## 2.5 Formvorschriften

**112** Durch Satz 7 bzw. Abs. 1 Satz 2 i.d.F. d. BilRUG wird angeordnet, dass die Offenlegung in einer Form geboten ist, die eine elektronische Offenlegung ermöglicht. Hiermit soll erreicht werden, dass die Daten übernommen und nicht erneut erfasst werden müssen. Damit wird es möglich, die Kosten der Offenlegung zu senken und dieses Verfahren zu beschleunigen sowie Fehler zu vermeiden.

**113** Die Offenlegung hat mithilfe des Internet-Portals des Bundesanzeiger-Verlags zu erfolgen. Hingegen war für eine Übergangsfrist, die zum 31.12.2009 endete, eine Einreichung in Papierform möglich.[99]

# 3 Bekanntmachungspflicht im Bundesanzeiger (Abs. 2)

**114** Um die gewünschte Publizität zu erreichen, verpflichtet Abs. 2 die gesetzlichen Vertreter (Rz 29 ff.) zur „unverzüglichen" Bekanntmachung im Anschluss an die Einreichung beim BAnz. Diese umfasst sämtliche Angaben, die nach Abs. 1 erforderlich sind, sodass es unzulässig wäre, die Unterlagen nur teilweise bekannt zu machen. Es ist jedoch möglich, Unterlagen zu unterschiedlichen Zeitpunkten an den Betreiber des BAnz zu geben. Diese Möglichkeit besteht auch nach der Neufassung des BilRUG weiterhin. Schließlich sieht Abs. 1a lediglich einen spätest möglichen Zeitpunkt vor, trifft aber keine weiteren Vorgaben, insb. nicht hinsichtlich der Einheitlichkeit der Vorlage.

**115** Der Gesetzgeber nimmt eine sprachliche Differenzierung vor: Gem. Abs. 1 hat eine „**Einreichung**" der Unterlagen zum Betreiber des BAnz zu erfolgen, in Abs. 2 und Abs. 3a wird von einer „**Bekanntmachung**" gesprochen. Hiermit werden zwei unterschiedliche Pflichten erfasst: Während die gesetzlichen Vertreter die Einreichung selber vornehmen können, kann die Bekanntmachung im BAnZ nicht durch das Unt selbst, sondern nur durch dessen Betreiber erfolgen. Insoweit kann das Unt nur veranlassen, dass eine solche Bekanntmachung vorgenommen wird, diese jedoch nicht selber durchführen. Allerdings kommt diesem Unterschied in der Praxis keine wesentliche Bedeutung zu, denn i.d.R. werden die gesetzlichen Vertreter mit der Einreichung zum BAnz dessen Betreiber bitten, für eine Bekanntmachung zu sorgen.[100]

**116** Unter „**unverzüglich**" ist nach allgemeinem Verständnis ohne schuldhaftes Zögern zu verstehen (Rz 43). Hieraus folgt, dass nur solche zeitlichen Verzögerungen hinzunehmen sind, für die die gesetzlichen Vertreter kein Verschulden trifft. Im Allgemeinen ist zu erwarten, dass die organisatorischen Vorkehrungen getroffen werden, um dieser Verpflichtung zeitnah nachkommen zu können. Um den Zweck der Norm (Rz 1 ff.) nicht durch veraltete Informationen zu gefährden, sind strenge Anforderungen zu stellen.

---

[99] Vgl. Art. 61 Abs. 1 EGHGB.
[100] Gl. A. *Grottel*, in Beck Bil-Komm., 9. Aufl., § 325 HGB, Rz 31; *Maul/Seidler* in *Noack*, Das neue Gesetz über elektronische Handels- und Unternehmensregister – EHUG, S. 140.

## 4 Offenlegung eines internationalen Einzelabschlusses mit befreiender Wirkung (Abs. 2a und 2b)

Durch das BilReG hat der Gesetzgeber die Möglichkeit geschaffen, anstelle des offenzulegenden HGB-EA einen EA nach internationalen Rechnungslegungsstandards zu verwenden. Mit diesen Regelungen wird Art. 5 der IAS-Verordnung[101] umgesetzt. Dies gilt jedoch **nur für Zwecke der Offenlegung**. Hiervon unberührt bleibt die Notwendigkeit, einen JA nach Maßgabe der HGB-Vorschriften aufzustellen. Dieser bildet auch künftig die Grundlage für die Ausschüttungsbemessung, die steuerliche Gewinnermittlung, die Kapitalerhaltung, die Verlustanzeigepflichten[102] usw. Um zusätzliche bürokratische Belastungen für die Unt zu vermeiden, bildet die Regelung ein Wahlrecht.

117

Um einen Verlust von Informationen zu vermeiden, hat der Gesetzgeber in Abs. 2a angeordnet, welche **Anforderungen dieser JA** zu erfüllen hat. Einerseits sind die internationalen Vorgaben vollständig anzuwenden, wodurch eine teilweise Anwendung des HGB und ein partieller Rückgriff auf internationale Rechnungslegungsstandards ausgeschlossen werden.[103] Andererseits finden ausgewählte HGB-Vorschriften ergänzend Anwendung. Zugleich müssen weitere, in Abs. 2b normierte, Anforderungen erfüllt werden, damit der Abschluss befreiende Wirkung entfalten kann.

118

### 4.1 Anforderungen an den Abschluss

#### 4.1.1 Allgemeine Grundsätze

Eine befreiende Wirkung kann nur eintreten, wenn der JA den in § 315a Abs. 1 HGB bezeichneten Standards genügt. Hierbei handelt es sich um die von der EU-Kommission im Wege des Komitologieverfahrens übernommenen IFRS. Hingegen hat ein IFRS-Abschluss keine befreiende Wirkung, wenn er nicht nur die von der EU anerkannten Standards berücksichtigt, sondern alle. Andernfalls würde der Wortlaut des § 315a HGB nicht ausreichend beachtet.[104]

119

Der IFRS-JA hat die folgenden Bestandteile:
- Bilanz,
- Gesamtergebnisrechnung,
- Eigenkapitalspiegel,
- KFR und
- Anhang.
- Sofern es sich um ein KM-orientiertes Unt handelt, muss der Anhang eine SegmBer und die GuV Angaben zu den „earnings per share" enthalten.

120

Gem. § 171 Abs. 4 Satz 2 AktG muss der AR den JA „billigen", bevor dieser vom Vorstand offengelegt werden kann. Der Gesetzgeber hat darauf verzichtet, wie beim KA alternativ eine Billigung durch die HV vorzusehen. Entscheidend hierfür waren die hiermit verbundenen Verzögerungen bei der Offenlegung.[105]

121

---

101 V. 19.7.2002, ABl. EG 2002, Nr. L 243, S. 1.
102 Vgl. § 92 Abs. 1 AktG bzw. § 49 Abs. 3 GmbHG.
103 Ein solcher Abschluss würde nicht den gesetzlichen Anforderungen genügen; vgl. BT-Drs. 15/3419 S. 46.
104 Vgl. *Fey/Geubert*, KoR 2006, S. 95.
105 Vgl. BT-Drs. 15/3419 S. 54.

Dieses Vorgehen verdeutlicht, dass der Gesetzgeber nicht nur eine Information der Öffentlichkeit erreichen wollte, sondern dieser die Daten auch zeitnah zur Verfügung stehen sollen.

122 Bei einer GmbH führt § 52 Abs. 1 GmbHG zu einer entsprechenden Anwendung von § 171 AktG, sodass der Abschluss den Gesellschaftern und ggf. dem AR vorzulegen ist. Vgl. die Ausführungen in Rz 44 ff. Die Billigung setzt eine Prüfung durch den AR voraus. Hierüber ist ein Bericht zu erstellen, der gem. § 325 Abs. 1 Satz 3 HGB offenzulegen ist.

#### 4.1.2 Anwendung von HGB-Vorschriften

123 Der Gesetzgeber ordnet aus drei Gründen die ergänzende Anwendung von HGB-Vorschriften zu den IFRS an:[106]
- Vorschriften, die **unabhängig** von den zu befolgenden **Rechnungslegungsvorschriften**, immer Gültigkeit besitzen,
- Vorschriften, die ausgewählte Regelungen der **Bilanzrichtlinie umsetzen**, und
- Vorschriften, die dem **öffentlichen Interesse** dienen oder Angaben **vervollständigen**, die für den Nutzer relevant sind.

124 Zur ersten Gruppe gehören:
- § 243 Abs. 2 HGB: Grundsatz der Klarheit und Übersichtlichkeit (§ 243 Rz 20 ff.),
- § 244 HGB: Aufstellung in deutscher Sprache und in EUR (§ 244 Rz 4 ff.)[107],
- § 245 HGB: Pflicht zur Unterzeichnung (§ 245 Rz 1 ff.) und
- § 257 HGB: Aufbewahrungsvorschriften (§ 257 Rz 1 ff.).

125 Zur zweiten Gruppe gehören:
- § 285 Satz 1 Nr. 7 HGB: Anhangangabe zur Beschäftigtenzahl (§ 285 Rz 40 ff.),
- § 285 Satz 1 Nr. 8b HGB: Anhangangabe zum Personalaufwand (§ 285 Rz 47 ff.),
- § 285 Satz 1 Nr. 9 HGB: Anhangangabe zu den Bezügen der (ehemaligen) Organmitglieder sowie zu den ihnen gewährten Krediten und Vorschüssen (§ 285 Rz 52 ff.); hierbei kann unter den Voraussetzungen des § 286 Abs. 6 HGB[108] auf die in § 285 Satz 1 Nr. 9 Buchst. a HGB Sätze 5–8 verlangten Angaben verzichtet werden,
- § 285 Satz 1 Nr. 11 HGB: Anhangangabe zu den Unt, von denen die bilanzierende Ges. mindestens 20 % der Anteile besitzt (§ 285 Rz 87 ff.),
- § 285 Satz 1 Nr. 11a HGB: Unt, deren unbeschränkt haftender Gesellschafter das bilanzierende Unt ist (§ 285 Rz 96 ff.).

Unter den Voraussetzungen des § 286 Abs. 3 HGB (§ 286 Rz 12 ff.) kann im JA nach internationalen Rechnungslegungsstandards auf die Angaben gem. § 285 Satz 1 Nr. 11 und 11a HGB verzichtet werden.

126 Zur dritten Gruppe gehören die folgenden Regelungen:
- § 285 Satz 1 Nr. 10 HGB: namentliche Nennung der Organmitglieder (§ 285 Rz 81 ff.),
- § 285 Satz 1 Nr. 15 HGB: Angaben zu den persönlich haftenden Gesellschaftern bei PersG nach § 264a HGB (§ 285 Rz 115 ff.),

---

[106] Vgl. BT-Drs. 15/3419 S. 47 f.
[107] Kritisch *Hüttche*, DStR 2004, S. 1190.
[108] Vgl. hierzu *Klatte*, BB 1995, S. 35 ff.; *Pfitzer/Wirth*, DB 1994, S. 1938 f.

- § 285 Satz 1 Nr. 16 HGB: Angaben zur Entsprechenserklärung gem. § 161 AktG (§ 285 Rz 118ff.) und
- § 285 Satz 1 Nr. 17 HGB: Angaben zur Höhe der Vergütung des AP (§ 285 Rz 120ff.).

Sofern im Gesellschaftsrecht **weitere Vorgaben** zu Erläuterungen im Rahmen des Anhangs bestehen, wie insb. zu den Rücklagen der AG gem. § 152 Abs. 2 und 3 AktG, sind diese nicht in den IFRS-Anhang aufzunehmen. Entscheidend hierfür ist, dass sich alle materiellen Fragen, wie insb. die Höhe der möglichen Ausschüttungen oder die Umwandlung von Rücklagen in Nennkapital, aus dem HGB-JA ergeben. 127

Der LB des Unt bezieht sich auf den HGB-Abschluss. Nutzt ein Unt das Wahlrecht des § 325 Abs. 2a HGB, ordnet Satz 4 die Bezugnahme im LB auf den internationalen Abschluss an. Dies ist jedoch nur insoweit erforderlich, wie sich die Angaben nicht bereits aus dem Anhang („notes") ergeben, weil sonst eine doppelte Berichterstattung erfolgte. Um dies zu verhindern, sollte im LB auf den Anhang verwiesen werden.[109] Diese Vorgehensweise hat den Vorzug, dass die von § 325 Abs. 2a Satz 2 HGB verlangte Vollständigkeit gewahrt bleibt. Dabei muss der Verweis eindeutig sein. Er darf nicht dazu führen, dass einem Außenstehenden der Einblick erschwert wird, sodass ein präziser Verweis unter Angabe der exakten Fundstelle in den „notes" geboten ist. Hingegen könnte eine umgekehrte Verweisung dazu führen, dass nicht alle Angaben in den „notes" enthalten sind. Dies ist nur dann zulässig, wenn ein IFRS-Standard den Verweis explizit erlaubt.[110] 128

In der Praxis werden teilweise zwei eigenständige LB aufgestellt, die im Übrigen identisch sind, aber bei der Darstellung der VFE-Lage ein LB auf den HGB-Abschluss Bezug nimmt und der andere auf den IFRS-Abschluss (§ 324a Rz 17). Gem. § 325 Abs. 2a und 2b HGB sind dann beide Abschlüsse offenzulegen. Dies hat zur Konsequenz, dass kein Verlust an Informationen gegenüber einer zusammengefassten Veröffentlichung eintritt. Daher ist davon auszugehen, dass diese Vorgehensweise zulässig ist. 129

Diese Erläuterungen haben sich – entsprechend dem **Grundsatz der Wesentlichkeit** – auf bedeutsame Änderungen bzw. Abweichungen zu beziehen. Ferner muss erkennbar bleiben, auf welchen Regelungskreis sich die Angaben im LB beziehen. 130

Als grundlegend problematisch erweist sich die **„Vermischung"** von internationalen und nationalen Vorgaben. Dies führt im Detail zu erheblichen Problemen, weil Begrifflichkeiten z. T. abweichend definiert werden. 131

**Beispiel**[111]
Der Kreis der Arbeitnehmer wird nach den IFRS bzw. den HGB-Vorschriften unterschiedlich abgegrenzt. So zählen z. B. Vorstände und Geschäftsführer nach IAS 19.6 zu den employees, nicht aber zu den Arbeitnehmern gem. § 267 HGB.

Um die angestrebte Transparenz zu erlangen, kann es sich anbieten, im Rahmen der Berichterstattung zu erläutern, nach Maßgabe welcher Regelungen eine 132

---

[109] GlA *Fey/Deubert*, KoR 2006, S. 98; *Müller*, in *Baetge/Kirsch/Thiele*, Bilanzrecht, § 325 Rz 115, Stand 12/2013.
[110] Vgl. *Prigge*, KoR 2006, S. 253, sowie *Fey/Deubert*, KoR 2006, S. 98.
[111] In Anlehnung an *Hüttche*, DStR 2004, S. 1191.

Ermittlung vorgenommen wurde. Dies führt jedoch zwangsläufig dazu, dass entweder die IFRS nicht umfassend angewendet werden oder von den HGB-Regelungen abgewichen wird.

### 4.1.3 Nichtanwendung von Vorschriften

133 Durch Satz 5 werden die übrigen Vorschriften des Zweiten Unterabschnitts des 1. Abschnitts und des 1. Unterabschnitts des 2. Abschnitts des 3. Buchs auf den Abschluss nach § 325 Abs. 2a HGB für nicht anwendbar erklärt. Hieraus folgt, dass die unter Rz 123 ff. genannte Aufzählung der neben den internationalen Rechnungslegungsstandards i.S.v. § 315a Abs. 1 HGB anzuwendenden HGB-Regelungen abschließend ist.

### 4.1.4 Suspendierung des Wahlrechts

134 § 286 Abs. 1 HGB ermöglicht es, insoweit auf eine Berichterstattung zu verzichten, als es „für das Wohl der Bundesrepublik Deutschland oder einer ihrer Länder erforderlich" ist (§ 286 Rz 4 ff.). Durch § 325 Abs. 2a Satz 6 HGB wird angeordnet, dass eine Berufung auf diese Ausnahmeregelung dazu führt, dass eine **befreiende Wirkung** des IFRS-EA **nicht eintritt**. Vielmehr bleibt es dann bei der Offenlegungspflicht nach § 325 Abs. 2 HGB, sodass eine Anwendung der HGB-Vorschriften geboten ist. In diesem Rahmen ist zu entscheiden, inwieweit eine Berufung auf § 286 Abs. 1 HGB möglich ist. Damit wird erreicht, dass ein Verstoß gegen die IFRS wegen deren sonst unvollständigen Anwendung unterbunden wird.[112]

## 4.2 Weitere Voraussetzungen für die befreiende Wirkung

135 Neben den Anforderungen hinsichtlich der materiell zu beachtenden Regelungen für eine befreiende Wirkung des Abschlusses nach § 325 Abs. 2a HGB definiert Abs. 2b **weitere Voraussetzungen**. Sind diese nicht erfüllt, hat der Abschluss – trotz Beachtung der Vorgaben des Abs. 2a – keine befreiende Wirkung. Dies sind im Einzelnen die folgenden Anforderungen, die **kumulativ** vorliegen müssen:

136 Aufgrund von § 324a Abs. 1 HGB (§ 324a Rz 8 ff.) besteht eine faktische Prüfungspflicht für den Abschluss, der nach § 325 Abs. 2a HGB befreiende Wirkung entfalten soll. Ist hingegen keine Prüfung erfolgt, hat die Offenlegung keine befreiende Wirkung. Dieser **BSV** bzw. der Vermerk über seine Versagung ist in die Offenlegung gem. § 325 Abs. 2 HGB einzubeziehen. Damit wird der entsprechende Vermerk zur Prüfung des HGB-JA ersetzt.

137 Es sind der Vorschlag und ggf. der Beschluss über die **Ergebnisverwendung** (Rz 89 ff.) unter Angabe des Jahresüberschusses bzw. des Jahresfehlbetrags in die Offenlegung mit einzubeziehen. Der Gesetzgeber will damit die Bedeutung des HGB-Abschlusses für die Ausschüttungsbemessung und die Bedeutung der Ausschüttung für den Bilanzleser betonen.[113] Hingegen ist eine „Überleitungsrechnung" zwischen dem IFRS- und dem HGB-Ergebnis nicht vorgeschrieben. Sie kann sich aber anbieten, um den Einblick in die VFE-Lage der KapG zu verbessern.

---

[112] Dies zöge auch eine Beanstandung gem. § 322 Abs. 4 HGB nach sich; vgl. BT-Drs. 15/3419 S. 46.
[113] Vgl. BT-Drs. 15/3419 S. 47.

Große KapG und große KapCoGes haben – auch bei Anwendung des § 325 Abs. 2a HGB – ihren EA zusammen mit dem BSV (bzw. dessen Versagung) beim Betreiber des BAnz elektronisch einzureichen. Ferner sind die unter Rz 117 genannten Unterlagen ebenfalls offenzulegen.   138

## 5 Offenlegung von Konzernabschluss und Konzernlagebericht (Abs. 3 und 3a)

### 5.1 Offenlegungspflicht

Die Regelungen zur Einreichung in elektronischer Form beim BAnz (Abs. 1 bzw. nach dem BilRUG nach Abs. 1 bis 1b), die Pflicht für eine unverzügliche Bekanntmachung im BAnz zu sorgen (Abs. 2) und die Verkürzung der Offenlegungspflicht von max. zwölf auf vier Monate für KM-orientierte Unt gelten auch für den **KA** und den **KLB**.   139

Diese Verpflichtung besteht für die gesetzlichen **Vertreter** (Rz 31 ff.) **der Konzernmuttergesellschaft**, weil § 290 HGB die Pflicht zur Aufstellung des KA der Muttergesellschaft überträgt. Folglich ist nach diesen Grundsätzen zu entscheiden, ob ein KA aufzustellen ist (§ 290 Rz 16 ff.).   140

Da an die Pflicht zur Aufstellung des KA angeknüpft wird, folgt hieraus, dass die Abs. 3 und 3a für solche **Unt** keine Bedeutung haben, die **keinen KA aufstellen** müssen. Die Regelung begründet keine eigenständige Konzernrechnungslegungspflicht. Unerheblich ist es hierbei, ob die Nichterstellung aufgrund der nicht gegebenen Konzernkriterien oder der Berufung auf einen Befreiungstatbestand (wie z. B. § 291 oder § 293 HGB) erfolgt.   141

Die Verpflichtung bezieht sich auf den **KA** und den **KLB**. Ersterer besteht gem. § 297 Abs. 1 HGB aus der Konzernbilanz, der Konzern-GuV, dem Konzernanhang, der KFR und dem EK-Spiegel. Ferner kann er wahlweise um eine SegmBer erweitert werden. Da es sich hierbei um ein Wahlrecht handelt, kann dieses m. E. für die Offenlegung unabhängig davon ausgeübt werden, ob eine solche Rechnung erstellt wurde. Folglich kann ein erstellter Segmentbericht nicht offengelegt werden. Außenstehende bekommen damit nicht weniger Informationen, als wenn das Unt von der Erweiterungsmöglichkeit keinen Gebrauch gemacht hätte. Eine **freiwillige Segmentberichterstattung** kann zum BAnz eingereicht werden.   142

Die Verpflichtung besteht unabhängig davon, ob der KA nach Maßgabe der **HGB-Vorschriften** aufgestellt wird oder auf Grundlage von § 315a HGB **internationalen Rechnungslegungsstandards** folgt. Ist Letzteres der Fall, ist dieser „internationale" Abschluss offenzulegen.   143

Der **KLB** ist kein Bestandteil des KA. Folgerichtig wird dieser im Gesetz gesondert aufgeführt. Sein Inhalt ergibt sich aus § 315 HGB (§ 315 Rz 1 ff.).   144

Der KA steht neben dem JA der Mutterges. Diese Parallelität spiegelt sich auch bei der Offenlegung wider, denn es müssen beide Abschlüsse (zzgl. der LB) offengelegt werden. Mit dem TransPuG[114] wurde § 299 Abs. 1 HGB dahingehend geändert, dass der Stichtag des JA des MU und des KA übereinstimmen müssen. Die gemeinsame Offenlegung beider Abschlüsse ist sinnvoll.   145

---

[114] V. 19.7.2002, BGBl I, S. 2681.

146 Hieraus erklärt sich, dass die Unterlagen auf den KA und den KLB beschränkt sind. Die anderen in Satz 2 und 3 genannten Unterlagen werden schon im Rahmen des JA offengelegt. Sollte dies ausnahmsweise nicht der Fall sein, ist zu prüfen, ob aufgrund der „entsprechenden Anwendung" eine Offenlegung im Rahmen des KA geboten ist.[115] Allerdings kann der Konzerngewinn nicht ausgeschüttet werden, sodass es keine Vorschläge oder Beschlüsse über seine Verwendung geben kann.

147 Der KA wird nicht festgestellt, sondern „nur" gebilligt. Dies setzt jedoch voraus, dass er zuvor vom AR geprüft wurde. Der **Bericht des Aufsichtsrats** ist gem. § 325 Abs. 1 Satz 3 HGB bzw. nach § 325 Abs. 1 Satz 1 Nr. 2 i.d.F. d. BilRUG offenlegungspflichtig.

### 5.2 Zusammenfassungsmöglichkeiten

148 § 322 HGB gibt die Möglichkeit, den BSV des AP zusammenzufassen, wenn der KA zusammen mit dem JA der Mutter oder mit einem nach § 325 Abs. 2a HGB erstellten Abschluss, also einem JA unter Beachtung internationaler Rechnungslegungsstandards, bekannt gemacht wird. In diesem Fall kann der AP einen gemeinsamen BSV für beide Abschlüsse erteilen. Folglich kann dieses Testat nur insgesamt mit beiden Abschlüssen offen gelegt werden.

149 Der Begriff des **Prüfungsberichts** bezieht sich auf den des AR, nicht des AP: 1. ist dessen Bericht ohnehin nicht offenlegungspflichtig (Rz 75) und 2. ergibt sich dies aus der Stellung der Regelung. Sie bezieht sich – i. V.m. der durch Abs. 3 Satz 1 angeordneten sinngemäßen Anwendung – auf Abs. 1 Satz 3. Gem. § 170 Abs. 1 Satz 2 AktG ist der AR verpflichtet, den KA zu prüfen und hierüber in der HV zu berichten.

150 Hinsichtlich der Prüfungspflicht durch AR bei anderen Rechtsformen, insb. bei einer GmbH, gilt das unter Rz 80ff. Ausgeführte entsprechend.

## 6 Fristvorgaben für kapitalmarktorientierte Unternehmen (Abs. 4)

151 Durch Abs. 4 Satz 1 wird die **Frist** zur Offenlegung **auf vier Monate begrenzt**. Diese Regelung gilt für KM-orientierte Unt i.S.v. § 264d HGB (§ 264d Rz 4ff.), die keine KapG i.S.v. § 327a HGB sind. Dies sind Ges., die ausschließlich zum Handel an einem organisierten Markt zugelassene Schuldtitel i.S.d. § 2 Abs. 1 Satz 1 Nr. 3 WpHG mit einer Mindeststückelung von 50.000 EUR oder dem am Ausgabetag entsprechenden Gegenwert einer anderen Währung ausgeben (§ 327a Rz 2ff.). Hierbei handelt es sich um den **maximal zulässigen Zeitraum**, sodass eine frühere Offenlegung möglich ist. Dies ergibt sich schon aus der zeitlichen Vorgabe in Abs. 1 Satz 2 bzw. Abs. 1a i.d.F. d. BilRUG, wo zunächst eine unverzügliche Offenlegung verlangt wird und die dortige Frist von zwölf Monaten als äußerste Frist normiert (Rz 40) wird.

152 Für die **Berechnung der Fristen** gelten die allgemeinen Regelungen (Rz 43ff.). Eine Fristverlängerung ist nicht zulässig.

---

[115] GlA Maul/Seidler, in Noack (Hrsg.), S. 138.

Inhaltlich erstreckt sich diese Pflicht auf den JA und den BSV bzw. Versagungsvermerk. Für die anderen offenlegungspflichtigen Unterlagen ergibt sich die Verpflichtung zur Offenlegung mit dem JA aus dem Wortlaut von Abs. 1 Satz 3 aF („gleichzeitig"). Damit sind im Ergebnis alle Unterlagen i. S. d. Rz 55 ff. innerhalb dieser Frist offenzulegen. Etwas anderes gilt nur, wenn eine verkürzte Offenlegung nach Abs. 1 Satz 5 aF (Rz 102) erfolgt. 153

In Abs. 2 wird den gesetzlichen Vertretern aufgegeben, unverzüglich nach der Einreichung der Unterlagen für deren **Bekanntmachung** zu sorgen. Infolge der Verkürzung der Frist auf vier Monate ergibt sich, dass auch früher bekannt zu machen ist, weil dies unverzüglich im Anschluss an die Einreichung zu erfolgen hat. 154

## 7 Ergänzende Regelungen in Gesetz, Gesellschaftsvertrag oder Satzung (Abs. 5)

Abs. 5 ordnet an, dass andere Publizitätspflichten von § 325 HGB unberührt bleiben. Die Quellen, aus denen sich weitere Offenlegungsverpflichtungen ergeben können, sind nur beispielhaft, also nicht abschließend. 155

Weitergehende Verpflichtungen können sich z. B. aufgrund der Rechtsform (etwa bei Genossenschaften) oder infolge der Tätigkeit (etwa bei Kreditinstituten und Versicherungen) ergeben. 156

Diese Vorschriften führen dazu, dass eine Berufung auf die Regelung des § 325 HGB mit Wirkung für die gesetzliche Offenlegungspflicht eröffnet wird. So wäre es bspw. möglich, unter den Voraussetzungen des § 325 Abs. 2a (und 2b) HGB einen Abschluss i. S. v. § 315a Abs. 1 HGB offenzulegen und darüber hinausgehende Verpflichtungen auf anderer Grundlage zu erfüllen. Ob eine solche Vorgehensweise wirtschaftlich sinnvoll ist, wird im Einzelfall genau zu prüfen sein. 157

## 8 Anforderungen an die Unterlagen

Seit der Neuregelung durch das EHUG wird das HR in elektronischer Form geführt. Hieraus ergeben sich Rückwirkungen für die Offenlegung des JA: Dieser ist nunmehr in elektronischer Form vorzulegen. Dies ergibt sich aus dem Verweis in Abs. 6 auf § 12 HGB. Dessen Abs. 2 ordnet an, dass die Dokumente in elektronischer Form zum HR einzureichen sind. Diese Regelungen gelten auch für Rechnungslegungsunterlagen, die beim BAnz einzureichen sind. Dies kommt bereits in Abs. 1 Satz 1 zum Ausdruck, der eine „**elektronische**" **Einreichung** anordnet. 158

Die Landesregierungen können gem. § 8a Abs. 2 Satz 2 HGB genaue Datenvorgaben für die elektronische Dateneinreichung bestimmen. Die Übergangsregelung zur Zulassung einer Einreichung in Papierform ist zum 31.12.2009 abgelaufen. 159

Der Verweis auf § 11 HGB trägt der Publizitätsrichtlinie[116] Rechnung. Neben der obligatorischen Veröffentlichung kann eine freiwillige Offenlegung in der Amtssprache eines jeden Mitgliedstaats der EU erfolgen. Diese vom Unt eingereichte – neben dem deutschen Text – gestellte Übersetzung des Inhalts der Eintragung wird weder von Amts wegen geprüft, noch wird eine beglaubigte 160

---

[116] RL 68/151/EWG v. 9.3.1968 i. d. F. der RL 2003/58/EG v. 15.7.2003, L 221/13.

Übersetzung verlangt. § 11 Abs. 2 HGB begrenzt die Publizitätswirkung dieser Übersetzung(en) auf die Fälle, in denen eine Diskrepanz zwischen der deutschen und der ausländischen Fassung besteht. Die Übersetzung kann einem Dritten durch das Unt nicht entgegengehalten werden, gleichwohl kann sich der Dritte hierauf berufen, sofern das Unt nicht nachweist, dass dem Dritten die Diskrepanz bekannt war.

161 Durch den letzten Hs. wird angeordnet, dass § 325a Abs. 1 Satz 3 und § 340l Abs. 2 Satz 4 HGB (i.d.F. d. BilRUG: § 340l Abs. 2 Satz 6 HGB) unberührt bleiben. Hieraus folgt, dass in den Fällen, in denen Deutsch nicht die Amtssprache (§ 325a Rz 33) im Staat der Hauptniederlassung ist, eine Veröffentlichung in Englisch möglich ist oder eine vom HR der Niederlassung beglaubigte Abschrift oder notfalls die Bescheinigung eines WP vorgelegt werden kann (§ 325a Rz 35 ff.).

## 9 Sanktionen

162 Die **Offenlegungsvorschriften** haben in Deutschland lange Zeit kaum Beachtung gefunden. In Schätzungen wurde davon ausgegangen, dass bis zu 95 % aller deutschen Unt ihren Offenlegungspflichten gar nicht, nicht vollständig oder nicht fristgerecht nachkamen.[117] Dieser Umstand hat dazu geführt, dass die EU-Kommission ein Vertragsverletzungsverfahren gegen die Bundesrepublik Deutschland einleitete und vor dem EuGH gegen die Bundesrepublik Deutschland obsiegte.[118] Hinzu kam ein zweites EuGH-Verfahren zur Offenlegungspflicht für KapG & Co. KG. Dies zeigte, dass die Bundesrepublik Deutschland die Europäischen RL nicht zutreffend in nationales Recht umgesetzt hatte.[119] Dies hat dazu geführt, dass der Gesetzgeber mit dem EHUG die **Sanktionen bei Nichtbeachtung** der Offenlegungsvorschriften grundlegend verändert hat.[120] Hierbei kommt es auf die Frage eines möglichen Verschuldens nicht an.

163 Die seit 1.1.2007 geltenden Regelungen[121] sehen unterschiedliche Konsequenzen und Sanktionen vor. Sie zielen darauf ab, einerseits eine **zeitnahe** Offenlegung zu gewährleisten. Andererseits sollen Sanktionen angeordnet werden, wenn **unzutreffende** Angaben vorsätzlich oder leicht fahrlässig offengelegt werden.

---

[117] Vgl. zu empirischen Befunden z.B. *Noack*, Unternehmenspublizität, 2002, Rdnr. 87; *Heni*, DStR 1999, S. 914; *Marx/Dallmann*, BB 2004, S. 929ff.; *Theile/Mitsche*, WPg 2006, S. 1141 ff., sowie zu möglichen Sanktionen *Baetge/Apelt*, DB 1988, S. 1709ff., insbes. S. 1711 ff., sowie zur früheren Praxis *Berndsen*, S. 23 ff. und zur Veränderung aufgrund des EHUG *Henselmann/Kaya*, WPg 2009, S. 498ff.; *Schauß*, DB 2010, S. 153 ff.; speziell zu den Kapitalgesellschaften & Co. *Buchheim*, DB 2010, S. 1133 ff. Es ist nunmehr davon auszugehen, dass die Offenlegungsquote bei deutlich über 90 % liegt.

[118] Vgl. EuGH, Urteil v. 29.9.1998, C-191/95, Slg. 1998, I-05449. Grundlage hierfür bildete das Verfahren C-97/96 mit EuGH, Urteil v. 4.12.1997, Daihatsu-Händler e.V., Slg. 1997, I-06843. Vgl. hierzu z.B. *de Weert*, BB 1998, S. 366, *Hirte*, NJW 1999, S. 36ff. Vgl. zu einer empirischen Untersuchung zur Nutzung der offengelegten Daten durch Unt *Grottke/Löffelmann/Späth/Haende*, DStR 2012, S. 94ff.

[119] Vgl. EuGH, Urteil v. 23.9.2004, Rs. C-435/02, Axel Springer AG/Zeitungsverlag Niederrhein, und C-103/03, *Weske*, DStRE 2004, S. 1257; vgl. zu einer Analyse z.B. *Kiesel/Grimmen*, DStR 2004, S. 2210ff.

[120] Vgl. zu den zunächst durch das KapCoRiLiG geschaffenen Antragsverfahren *Zimmer/Eckhold*, NJW 2000, S. 1361 ff., insbes. die EU-rechtlichen Bedenken auf S. 1368.

[121] Vgl. zum alten Recht z.B. *Weirich/Zimmermann*, AG 1985, S. 272ff. (speziell zur kleinen AG).

Für den AP ist fraglich, wie er zu verfahren hat, wenn er im Rahmen der JAP feststellt, dass die gesetzlichen Vertreter ihre Offenlegungspflicht nicht erfüllt haben. Nach Auffassung des IDW ist hierüber im Prüfungsbericht zu berichten.[122] Hierbei handelt es sich um einen Anwendungsfall des § 321 Abs. 1 Satz 3 HGB (§ 321 Rz 69ff.). Dies gilt unabhängig davon, ob es sich um einen einmaligen oder einen wiederholten Verstoß gegen die Offenlegungspflicht handelt. Besonderheiten gelten jedoch hinsichtlich der Offenlegung des KA: Wird die Prüfung des EA zu einem Zeitpunkt beendet, zu dem die Aufstellungsfrist für den KA noch nicht abgelaufen ist, besteht keine Berichtspflicht. Ist hingegen diese Frist schon abgelaufen, ist entsprechend zu berichten.[123]

164

Wird festgestellt, dass der BSV bzw. Versagungsvermerk einer vorherigen Prüfung durch das Unt verändert oder **unzutreffend offengelegt** wurde, hat der Prüfer einen Anspruch auf Unterlassung und muss auf eine Richtigstellung drängen.

165

Die im Folgenden erläuterten Sanktionen gelten aufgrund von § 335b HGB auch für KapCoGes.

166

Neben den im Weiteren dargestellten Sanktionen kann auch ein Verstoß gegen die Sorgfaltspflichten i.S.v. § 93 AktG bzw. § 43 GmbHG vorliegen. Ferner droht ggf. eine deliktische Schadensersatzhaftung gem. § 823 Abs. 2 BGB.

167

## 9.1 Verstoß gegen die Offenlegungspflicht

§ 335 HGB sieht vor, dass gegen die Mitglieder der vertretungsberechtigten Organe wegen der Nichtbefolgung von § 325 HGB ein Ordnungsgeldverfahren einzuleiten ist. Das Ordnungsgeld beträgt mindestens 2.500 EUR, höchstens 25.000 EUR.[124] Durch das Gesetz zur Änderung des HGB[125] wurden diese Mindestwerte für KleinstKapG i.S.v. § 267a HGB auf 500 EUR und für kleine KapG i.S.v. § 267 Abs. 1 HGB auf 1.000 EUR gesenkt.[126] Außerdem kann jeweils ein geringerer Betrag festgesetzt werden, wenn die Beteiligten die Sechswochenfrist nur geringfügig überschreiten.[127] Dieses Verfahren ist auch durchzuführen, wenn der JA pflichtwidrig noch nicht erstellt ist. Es besteht auch die Möglichkeit eines Ordnungsgeldverfahrens gegen die Ges.[128] Zu Einzelheiten § 335 Rz 1ff.

168

**Vertretungsberechtigte Organe** sind die in Rz 27ff. genannten gesetzlichen Vertreter. Hierzu gehören auch Aufsichtsratsmitglieder, wenn sie eine Position innehaben, die dem aktienrechtlichen Aufsichtsratkonzept entspricht. Dies ist bei einer AG und KGaA der Fall. Bei einer GmbH hängt dies von der Ausgestaltung des AR ab. Sie haften für ein festgesetztes Ordnungsgeld als Gesamtschuldner.

169

---

[122] Vgl. IDW PS 450, Anm 50.
[123] Vgl. *Ammermann/Ravenstein*, WPg 2009, S. 691.
[124] Vgl. zu einer möglichen Rückstellungsbildung für dieses Ordnungsgeld und die künftige Erfüllung der Offenlegungspflicht *Althoff/Hoffmann*, GmbHR 2010, S. 518.
[125] V. 4.10.2013, BGBl 2013 I S. 3746.
[126] Vgl. zu diesen Änderungen *Meyer*, DStR 2013, S. 931ff., *Zwirner/Busch/Froschhammer*, StuB 2013, S. 318.
[127] Vgl. § 335 Abs. 4 Satz 2 Nr. 4 HGB.
[128] Vgl. zu einer Rechtsprechungsübersicht zu diesem Verfahren *Stollenwerk/Kurpat*, BB 2009, S. 150ff.

### 9.2 Unrichtige Darstellung

**170** Gem. § 331 HGB kann mit Freiheitsstrafe bis zu drei Jahren oder mit Geldstrafe bestraft werden, wer als Mitglied in einem vertretungsberechtigten Organ zur Erlangung der Befreiung nach § 325 Abs. 2a Satz 1, Abs. 2b einen JA nach den in § 315a Abs. 1 HGB genannten internationalen Rechnungslegungsstandards vorsätzlich oder leichtfertig offenlegt, in dem die Verhältnisse der Ges. unrichtig wiedergegeben oder verschleiert worden sind (§ 331 Rz 1 ff.).

## 10 Gestaltungen zur Vermeidung oder Begrenzung der Offenlegung

**171** Viele Unt befürchten durch die Offenlegung ihres JA gravierende Nachteile.[129] Hierbei werden im Einzelnen insb. die Einblicke von Geschäftspartnern genannt, die zu Problemen bei künftigen Vertragsverhandlungen führen können (etwa wenn die Ertragslage des Unt sehr gut ist und die Vermutung nahe liegt, dass aus der bisherigen Geschäftsbeziehung eine hohe oder zumindest überdurchschnittliche Marge erzielt werden konnte). Ferner kommen persönliche Aspekte hinzu, etwa wenn nicht bekannt werden soll, wie eigenkapitalstark ein Unt ist und damit wie vermögend die hieran beteiligten Gesellschafter sind. Dies gilt entsprechend für besonders negative Werte und hieraus befürchtete negative Rückschlüsse auf die Dauerhaftigkeit einer Geschäftsbeziehung. Ein besonderes Problem bildete lange Zeit die Offenlegung der Höhe der Vergütungen der Leitungsorgane, was jedoch durch das Vorstandsvergütungs-Offenlegungsgesetz[130] einer teilweisen gesetzlichen Lösung zugeführt wurde. Im Folgenden werden einige Ansätze diskutiert, die zur Begrenzung oder Vermeidung der Offenlegung herangezogen werden könnten.

**172** Im konkreten Fall sind die Vor- und Nachteile sowie die **weiteren Auswirkungen** genau abzuwägen, um zu entscheiden, ob die Maßnahme vor dem Hintergrund der eintretenden Erleichterung bei der Offenlegung verhältnismäßig ist und ob möglicherweise entstehende Folgewirkungen hinnehmbar sind.

**173** Im Folgenden werden Ansätze vorgestellt, die zu einer Vermeidung oder zumindest zu einer weniger umfangreichen Offenlegungspflicht führen könnten. Denkbar ist darüber hinaus auch, eine **Verzögerungsstrategie** zu verfolgen.[131] Diese zielt darauf ab, Informationen erst dann offenlegen zu müssen, wenn diese bereits teilweise veraltet sind und damit die Einsichtsmöglichkeiten in das Unt erst zu einem Zeitpunkt gewährt werden, wenn die hiermit möglicherweise verbundenen Nachteile sich nicht mehr so negativ auswirken können. Diese Strategie zielt darauf ab, alle zeitlichen Spielräume auszuschöpfen, um so insgesamt die Voraussetzungen für eine Offenlegung erst möglichst spät zu erfüllen. Hierbei ist zu beachten, dass bei einer nicht fristgerechten Einreichung einer Karenzzeit von sechs Wochen besteht, innerhalb der nur eine Bearbeitungsgebühr von 50,- EUR ausgelöst wird. Bei einer darüber hinausgehenden Fristüberschreitung wird dann aber das Ordnungsgeldverfahren eingeleitet. Nach

---

[129] Vgl. hierzu auch *Grottke/Löffelmann/Späth/Haendel*, DStR 2012, S. 94 ff. sowie *Muzzu/Prystav/Stein*, DStR 2013, S. 1304.
[130] V. 3.8.2005, BGBl 2005 I S. 2267.
[131] Vgl. hierzu *Kußmaul/Ruiner*, KoR 2007, S. 681 und *Kaya* 2010, S. 75.

einer empirischen Studie handelt es sich hierbei um das am häufigsten angewendete Instrument. Danach gaben 8 % der Unternehmen an, sogar kontinuierlich Bußgelder in Kauf zu nehmen, um einer zeitnahen Offenlegung zu entgehen.[132] Allerdings ist zu prüfen, ob eine solche Vorgehensweise mit der Compliancestrategie des Unt zu vereinbaren ist.

## 10.1 Wechsel der Rechtsform

Die Offenlegungspflichten gelten nur für KapG und KapCoGes. Folglich unterliegen klassische PersG und Einzelunternehmer nicht der Offenlegungspflicht gem. § 325 HGB. Für sie gelten allenfalls die Regelungen des § 9 PublG. Hiermit sind insb. die folgenden Vorteile verbunden: 174

Die Offenlegungspflicht gilt nur, wenn nach Maßgabe des § 1 Abs. 1 PublG eine Rechnungslegungspflicht besteht. Die folgende Abb. stellt diese Größenmerkmale gegenüber. Es wird deutlich, dass eine Pflicht zur Rechnungslegung nach dem PublG **erst bei deutlich größeren Unt** eintritt. Folglich wird es möglich, der Offenlegungspflicht zu entgehen, sofern die Größenklassen des PublG nicht überschritten werden, zumal selbst kleine Ges. i.S.v. § 267 Abs. 1 HGB offenlegungspflichtig sind. Lediglich KleinstKapG i.S.v. § 267a HGB können sich auf die Erleichterungen in § 326 Abs. 2 HGB (Rz 19 und § 326 Rz 22 ff.) berufen, müssen dann allerdings eine Hinterlegung des JA vornehmen. 175

|  | HGB | PublG | Faktor |
|---|---|---|---|
| Bilanzsumme | 4,84 Mio. EUR | 65 Mio. EUR | 13,4 |
| Umsatzerlöse | 9,68 Mio. EUR | 130 Mio. EUR | 13,4 |
| Arbeitnehmer | > 50 | > 5.000 | 100 |

Tab. 5: Vergleich der Größenklassen zwischen HGB und PublG[133]

Der Gesetzgeber hat die Größenklassen des § 267 HGB durch das BilRUG angepasst (zur Anwendung Rz 204), während die Regelungen im PublG nicht verändert wurden. Danach ergibt sich das folgende Verhältnis.

|  | HGB nF | PublG | Faktor |
|---|---|---|---|
| Bilanzsumme | 6,00 Mio. EUR | 65 Mio. EUR | 10,8 |
| Umsatzerlöse | 12,00 Mio. EUR | 130 Mio. EUR | 10,8 |
| Arbeitnehmer | > 50 | > 5.000 | 100 |

Tab. 6: Vergleich der Größenklassen zwischen HGB und PublG nach Inkrafttreten des BilRUG

Besteht infolge des Überschreitens der Größenklassen des PublG grds. eine Offenlegungspflicht, müssen zwar die für große KapG geltenden Regelungen beachtet werden. Allerdings können die Erleichterungen des § 5 Abs. 2 PublG 176

---

[132] Vgl. *Grottke/Löffelmann/Späth/Naendnel*, DStR 2012, S. 98 f.
[133] Auf die Unterschiede zwischen dem PublG und dem HGB im Rahmen der Kriterien zur Einordnung wird verwiesen.

genutzt werden. Danach brauchen die **GuV** und der Beschluss über die **Verwendung** des Ergebnisses **nicht** offengelegt zu werden, wenn die folgenden Angaben in einer Anlage zur Bilanz gemacht werden:
1. die Umsatzerlöse i. S. d. § 277 Abs. 1 HGB,
2. die Erträge aus Beteiligungen,
3. die Löhne, Gehälter, sozialen Abgaben sowie Aufwendungen für Altersversorgung und Unterstützung,
4. die Bewertungs- und Abschreibungsmethoden einschl. wesentlicher Änderungen und
5. die Zahl der Beschäftigten.

Ferner können die folgenden Positionen **zusammengefasst** und unter dem EK ausgewiesen werden:
1. die Kapitalanteile der Gesellschafter,
2. die Rücklagen,
3. ein Gewinnvortrag und
4. ein Gewinn unter Abzug der nicht durch Vermögenseinlagen gedeckten Verlustanteile von Gesellschaftern, eines Verlustvortrags und eines Verlustes.

177 PersG und EKfl sind von der Pflicht, einen Anhang zu erstellen und den JA um einen LB zu ergänzen, gem. § 5 Abs. 2 PublG befreit. Folglich muss auch deren Offenlegung nicht erfolgen, und zwar auch nicht, wenn freiwillig entsprechende Unterlagen erstellt werden. Etwas anderes gilt nur, wenn Angaben nicht in der Bilanz bzw. GuV gemacht werden, sondern in den Anhang verlagert werden.[134]

178 Im Ergebnis dürfte damit eine **deutliche Erleichterung der Offenlegungsproblematik** eintreten, selbst wenn es nicht gelingen sollte, unter den Grenzwerten zu bleiben und eine Offenlegung nach dem PublG damit ganz zu vermeiden. Fraglich ist allerdings, ob die Gesellschafter bereit sind, ausschließlich zur Erreichung dieser Vorteile einen Rechtsformwechsel vorzunehmen. Für eine Rechtsform sprechen i. d. R. vielfältige Gründe, sodass die Wahl mit großer Sorgfalt getroffen wurde, wobei sowohl der Haftung als auch steuerlichen Überlegungen besondere Bedeutung zukommt. Insoweit ist fraglich, ob die hiermit verbundenen Auswirkungen verhältnismäßig zum erlangbaren Vorteil bei der Offenlegung sind.[135] Dies sollte bei der Aufstellung dieser Teile des JA berücksichtigt werden, um Anhang und LB vermeiden zu können.

179 Dieser Überlegung kommt besondere Bedeutung zu, wenn eine freiberufliche Tätigkeit ausgeübt wird.[136] Sofern als Rechtsform keine KapG gewählt wird, sondern etwa eine BGB-Ges. (oder z. B. eine Partnerschaftsges.), kann damit die Offenlegungspflicht sowohl nach Maßgabe des HGB als auch des PublG vermieden werden. Dies gilt auch nach Umsetzung der Vorschläge für eine Partnerschaftsgesellschaft mit beschränkter Berufshaftung (PartG mbB)[137] (Rz 3). Entscheidend ist hierfür, dass die Offenlegung an die Rechtsform anknüpft und KapG und PersG erfasst, nicht aber jegliche Form von Ges. Ggf. kann auch durch

---

134 Vgl. z. B. *ADS*, § 9 PublG, Anm 20.
135 Vgl. zum Wechsel in eine rechtsfähige Stiftung des privaten Rechts *Dorozala/Söffing*, DStR 2000, S. 1569f.
136 Vgl. *Christ*, in *Christ/Müller-Helle*, S. 157.
137 Vgl. das Gesetz zur Einführung einer Partnerschaftsgesellschaft mit beschränkter Berufshaftung und zur Änderung des Berufsrechts der Rechtsanwälte, Patentanwälte, Steuerberater und Wirtschaftsprüfer v. 15.7.2013, BGBl 2013 I S. 2390.

die Auslagerung von entsprechenden Tätigkeiten in eine eigene Ges. für eine gewerbliche Tätigkeit eine mit weniger strengen Offenlegungspflichten verbundene Größenklasse i.S.v. § 267 HGB erreicht werden oder die Voraussetzungen geschaffen werden, um als KleinstKapG i.S.v. § 267a HGB qualifiziert zu werden, um so die Erleichterungen des § 326 Abs. 2 HGB (vgl. Rz 19) nutzen zu können. Hierbei muss jedoch verhindert werden, dass eine Pflicht zur Aufstellung eines KA entsteht.

Ist an einer offenlegungspflichtigen Ges. eine natürliche Person beteiligt, kann durch einen Wechsel in die Rechtsform der GmbH erreicht werden, dass die Angaben über die Ergebnisverwendung nicht offengelegt werden müssen (§ 325 Abs. 1 Satz 5 aF, Rz 95 ff.). Insoweit kann eine teilweise Erleichterung bei der Offenlegung erreicht werden, ohne dass hiermit eine Aufgabe der Haftungsbeschränkung für die Gesellschafter verbunden ist.

## 10.2 „Vollhafter-Modell"

Ein weiterer Gestaltungsansatz ist für haftungsbeschränkte Personenhandelsges. besonders interessant. Dabei gilt es, den Umstand zu nutzen, dass die Offenlegungspflicht nur besteht, wenn keine natürliche Person als Komplementär an der Ges. beteiligt ist, wie dies bei der klassischen GmbH & Co. KG der Fall ist. Hierbei kann auf die Gestaltungsansätze zurückgegriffen werden, die genutzt wurden, um die Prüfungspflicht im Rahmen des KapCoRiLiG zu verhindern.[138] Der wohl bedeutendste Ansatz in diesem Bereich ist das sog. Vollhafter-Modell.[139] Denkbar ist, dass KapG eine Umwandlung in eine PersG vornehmen, um so in den Anwendungsbereich dieses Ansatzes zu kommen. Allerdings haben bereits die Ausführungen unter Rz 176 ff. gezeigt, dass es sich hierbei um einen vergleichsweise grundlegenden Eingriff handelt. Vorteilhaft kann für die bisherigen Gesellschafter jedoch sein, dass sie in der neuen Ges. nicht zwingend die Stellung eines Komplementärs einnehmen müssen. Insoweit besteht möglicherweise eher die Bereitschaft, an einer solchen Umstrukturierung mitzuwirken.

An der Personenhandelsges. wird eine natürliche Person beteiligt, die unbeschränkt haftet. Da für die bisherigen Gesellschafter die Begrenzung ihrer persönlichen Haftung häufig ein wesentliches Motiv für die gewählte Struktur war, werden sie sich regelmäßig nicht bereit erklären, die Rolle des Vollhafters zu übernehmen. Folglich muss eine andere Person gefunden werden. Denkbar ist hierfür eine vermögenslose Privatperson zu verwenden. Da diese jedoch i.d.R. keinen Einfluss auf die Geschäftsführung haben soll, wird sie im Innenverhältnis von der Geschäftsführung und Vertretung ausgeschlossen.[140]

Zumindest nach bisherigem Verständnis würde diese Vorgehensweise dazu führen, dass die Offenlegungspflicht vermieden wird. Bisher ist lediglich für Zwecke des § 264a HGB die Auffassung vertreten worden, dass die Hereinnahme einer natürlichen Person zur Vermeidung des § 264a HGB nicht ausreichend sein soll.[141] Dies entspricht jedoch nicht der hM und steht auch nicht im Einklang mit dem Gesetzeswortlaut. Für die Praxis wären mit dieser Auffassung

---

[138] Vgl. zu solchen Gestaltungsmöglichkeiten Rz 162 ff.
[139] Vgl. hierzu z.B. *Dorozala/Söffing*, DStR 2000, S. 1568; *Herrmann*, WPg 2001, S. 271 ff.
[140] *Waßmer*, GmbHR 2002, S. 413 ff., spricht deshalb von einer GmbH & Stroh KG.
[141] Vgl. *Waßmer*, GmbHR 2002, S. 412, S. 420.

vielfältige Schwierigkeiten verbunden, die eine praktikable Abgrenzung kaum möglich erscheinen lassen. Es müsste eine Grenze des Einflusses des Vollhafters festgelegt und abgegrenzt werden können, deren Unterschreiten als „schädlich" zu qualifizieren wäre. Da der Status des vollumfänglich persönlich haftenden Gesellschafters unabhängig von der Geschäftsführung und Vertretung der Ges. ist, könnten hierfür keine hohen Anforderungen gestellt werden, ohne dass auch eine Vielzahl von Fällen erfasst wird, bei denen diese Struktur aus anderen Gründen gewählt wurde.

185 Gleichwohl besteht eine Reihe von **zivilrechtlichen Problemen**: Fraglich ist, ob dieses Modell zu einer Benachteiligung der Gläubiger der Ges. führt, was nicht nur bei einer evtl. Insolvenz, sondern auch im Rahmen des laufenden Geschäftsverkehrs u. U. zu erheblichen Problemen führen kann. Sofern der Gesellschafter ausscheidet, haftet er gem. §§ 160 ff. HGB für fünf Jahre für Verbindlichkeiten der Ges. fort. Ferner ist zu überlegen, wie bei einem evtl. Erbgang des Vollhafters zu verfahren ist, insb. inwieweit im Kreis der Erben die Bereitschaft besteht, die Funktion des Vollhafters zu übernehmen. Nicht auszuschließen ist eine Durchgriffshaftung, wenn der Vollhafter zwar nach außen als Geschäftsführer auftritt, im Innenverhältnis jedoch vollständig gegenüber den beschränkt haftenden Ges. weisungsabhängig ist.

186 Ein Vorteil dieser Gestaltung besteht darin, dass mit ihr nicht nur die Offenlegung nach § 325 HGB vermieden wird, sondern auch die Prüfungspflicht gem. § 316 Abs. 1 und 2 i. V. m. § 264a HGB. Ob diese Vorteile und die sich hieraus ergebenden Kosteneinsparungen ausreichen, um die Nachteile auszugleichen, bedarf einer sorgfältigen Analyse des Einzelfalls, insb. vor dem Hintergrund möglicherweise als Vollhafter in Betracht kommender Personen.

187 Besondere **Vorsicht** ist geboten, wenn die Ges. bisher nicht originär gewerblich tätig, sondern **nur gewerblich geprägt** i. S. v. § 15 Abs. 3 Nr. 2 EStG war. Durch den Eintritt der natürlichen Person als Vollhafter entfällt die gewerbliche Prägung, sodass von einer Betriebsaufgabe und einem Übergang zu einer vermögensverwaltenden Tätigkeit auszugehen ist. Hiermit verbunden sind die Aufdeckung und Besteuerung der stillen Reserven.

## 10.3 Erlangung der Befreiungstatbestände gem. § 264 Abs. 3 bzw. § 264b HGB

188 Die Pflicht zur Offenlegung nach § 325 HGB entfällt, wenn eine Einbeziehung in einen KA erfolgt und dieser bestimmten Anforderungen genügt (Rz 10 f.). Folglich zielt die Gestaltung darauf ab, die Voraussetzungen zu schaffen, um diese Befreiungsmöglichkeiten nutzen zu können.[142]

189 Gelingt dies, muss die Ges. zwar in den KA einbezogen werden, jedoch nicht selbst den JA offenlegen. Hiermit werden die Einblicke in das Unt deutlich eingeschränkt, indem nur stark verdichtete Daten offengelegt werden, von denen zusätzlich nicht erkennbar ist, inwieweit sie sich auf welche Konzernges. beziehen.[143]

---

[142] Vgl. hierzu *Giese/Rabenhorst/Schindler*, BB 2001, S. 511 ff.; *Herrmann*, WPg 2001, S. 273 ff.; *Kuntze-Kaufhold*, BB 2006, S. 428 ff., und *Deilmann*, BB 2006, S. 2347 ff.
[143] Vgl. *Bitter/Grashoff*, DB 2000, S. 838; *Dorozala/Söffing*, DStR 2000, S. 1568.

Die Schwierigkeiten bei diesem Ansatz liegen in den Voraussetzungen für seine Nutzung. Es ist einerseits erforderlich, dass die Muttergesellschaft einen KA aufstellt und offenlegt. Damit kommt es nur zu einer Einschränkung der Offenlegungspflichten, nicht aber zu deren vollständiger Vermeidung. Allerdings wird damit der Einblick in die einzelne Ges. deutlich ungenauer, insb. wenn z.B. ertragstarke und ertragschwache Ges. in den KA einbezogen werden und sich damit die Zahlen u.U. teilweise nivellieren. 190

Als problematisch erweist sich, dass § 264 Abs. 3 Nr. 2 HGB nur anzuwenden ist, wenn die Muttergesellschaft zur Verlustübernahme nach § 302 AktG verpflichtet ist oder eine solche Verpflichtung freiwillig übernommen hat. Folglich sind die **zivilrechtlichen Haftungsrisiken** ungleich größer, wenn sich der Gesellschafter auf diese Regelung beruft. Wirtschaftlich wird er vergleichbar einem unbeschränkt haftenden Ges. einer PersG gestellt, wenngleich die Einwirkungsmöglichkeiten bei den aktienrechtlichen Regelungen insoweit andere sind. Dies hat zur Folge, dass die in vielen Fällen als wesentlich angesehene Begrenzung der persönlichen Haftung für Verbindlichkeiten der Ges. mit dieser Gestaltung aufgegeben wird. 191

Insgesamt ist der bei der Offenlegung erlangbare Vorteil vergleichsweise gering, weil anders als bei einem Wechsel zur PersG die Konzernrechnungslegungspflichten sich nach den Größenklassen des § 293 HGB richten und nicht nach den deutlich höheren Grenzwerten des PublG.[144] Außerdem ist zu beachten, dass die Erklärung zur Übernahme der Verluste durch einen Gesellschafter unter Zustimmung zu diesem Verlustausgleich durch die anderen Gesellschafter die Gläubiger nicht unbillig benachteiligen darf. Diese Gefahr bestünde, sofern eine weitgehend vermögenslose Person oder ein entsprechendes Unt sich zum Ausgleich der Verluste bereit erklärt, zumal hiermit i.d.R. auch entsprechende Beteiligungsstrukturen einhergehen müssten. 192

Andererseits wird gerade in Konzernverbünden häufig schon aus anderen Gründen – insb. um die Voraussetzungen für die ertragsteuerliche Organschaft zu erfüllen – ein entsprechender Unternehmensvertrag geschlossen. Insoweit wird die Vermeidung der Offenlegungspflicht eher eine positive „Nebenwirkung" dieses Vertrags sein als die hauptsächliche Motivation für diesen. 193

### 10.4 Schaffung von kleineren Unternehmensteilen

Eine weitere Gestaltung könnte darauf zielen, die größenabhängigen Erleichterungen zu nutzen. Wie unter Rz 15 dargestellt, sind kleine KapG i.S.d. § 267 Abs. 1 HGB und kleine KapCoGes nur verpflichtet, die Bilanz und den Anhang offenzulegen, nicht aber die GuV. Insoweit kann versucht werden, den Umfang der offenlegungspflichtigen Unterlagen zu begrenzen, um so die negativen Auswirkungen der Offenlegung zu beschränken. Schließlich könnte auch versucht werden, die Qualifikation als KleinstKapG i.S.v. § 267a HGB zu erlangen, um sich auf die Möglichkeit des § 326 Abs. 2 HGB (vgl. Rz 19) berufen zu können. 194

Die Schwierigkeiten bei diesem Ansatz liegen einerseits in den relativ niedrigen Grenzwerten in § 267 HGB bzw. § 267a HGB, andererseits in den Kosten für die Implementierung und Unterhaltung dieser Struktur. 195

---

[144] Vgl. auch Tab. 1 in Rz 21.

**196** Zwar hat das BilMoG die Grenzwerte für kleine KapG um rd. 20 % erhöht, doch war dies die erste Anpassung seit dem 10.12.2004.[145] Die Änderung durch das BilRUG erreichte nur für kleine KapG ungefähr diese Größenordnung, mittelgroße Unt erhielten nicht einmal einen Inflationsausgleich (Rz 175). Diese Grenzwerte dürfen auch in den nächsten Jahren nicht überschritten werden, sofern diese Vorgehensweise nicht nur sehr kurzfristig zu Vorteilen führen soll. Es zeigt sich, dass Unternehmensstrukturen zu errichten sind, die relativ kleine Ges. umfassen, und laufend zu prüfen ist, inwieweit sich den gesetzlichen Grenzen genähert wurde, sodass eine Aufteilung auf mehrere Unt notwendig wird.

**197** Dies führt zu einem Anstieg der Kosten, die mit dieser Struktur verbunden sind. Es stellt sich die Frage, ob die Überführung der Substanz des bisherigen Unt auf die neuen Ges. ohne hohe Transaktionskosten erfolgen kann. Eine Spaltung ist nur steuerneutral möglich, wenn die einzelnen Unternehmensteile Teilbetriebe sind und kein Betriebsvermögen vorhanden ist, das für mehrere Teilbetriebe als wesentliche Betriebsgrundlage zu qualifizieren ist. Wäre dies nicht der Fall, würde eine steuerneutrale Spaltung ausscheiden. Ferner können weitere steuerliche Nachteile infolge des Untergangs von Verlust-, Zins- oder EBITDA-Vorträgen entstehen. Schließlich sind die laufenden Kosten einer solchen Struktur nicht zu unterschätzen, denn es muss eine Reihe von Ges. gegründet und koordiniert werden. Die hiermit verbundenen Verwaltungskosten werden tendenziell höher sein als im Fall des Einheitsunt. Hinzu können weitere Folgebelastungen kommen, etwa indem die Möglichkeit zum sofortigen Verlustausgleich nicht mehr besteht, was u. a. Liquiditäts- und Zinsnachteile verursachen kann.

**198** Auch bei dieser Gestaltung müssen andere Vor- und Nachteile berücksichtigt werden. Denkbar wäre, dass schon aus anderen Gründen vergleichsweise selbstständige Unternehmensteile bestehen, sodass die Mehrbelastung eher gering ist. Allerdings resultieren aus dieser Vorgehensweise vergleichsweise komplexe Unternehmensstrukturen, die tendenziell die Anpassungsmöglichkeit an veränderte Rahmenbedingungen in der Zukunft nachteilig beeinflussen. Schließlich wird möglicherweise eine Konzernrechnungslegungspflicht ausgelöst, die wiederum zu einer umfangreichen, allerdings stärker aggregierten Offenlegung führt.

## 10.5 Größenabhängige Überlegungen

**199** Eine weitere Gestaltung könnte darauf abzielen, die **größenabhängigen Grenzwerte** zu **unterschreiten**, sodass die jeweils **günstigeren Offenlegungsvorschriften** zur Anwendung kommen. Im Ergebnis wird damit versucht, große Ges. unter die Regelungen für mittelgroße fallen zu lassen und mittelgroße unter die Vorgaben für kleine Ges. Damit wird die Nutzung der größenabhängigen Erleichterungen möglich. Allerdings ist dieser Vorteil – verglichen mit einer vollständigen Vermeidung der Offenlegung – vergleichsweise gering.[146] Dankbar wäre auch, die Voraussetzungen für eine Nutzung des § 326 Abs. 2 HGB (vgl. Rz 19) zu schaffen, indem eine Qualifikation als KleinstKapG i. S. v. § 267a HGB erlangt wird.

---

[145] Neufassung durch BilReG v. 9.12.2004, BGBl 2004 I S. 3166. Davor wurden die Werte über drei Jahre (gültig ab 1.1.2002 bis 9.12.2004) hinweg nicht angepasst.
[146] GlA *Höfner*, NJW 2004, S. 475.

Ansatzpunkte für diese Vorgehensweise bietet die klassische Bilanzpolitik, bei der entweder mithilfe von sachverhaltsdarstellenden oder sachverhaltsgestaltenden Maßnahmen versucht wird, eine gezielte Beeinflussung der Werte zu erreichen, die für die Einstufung i.S.d. § 267 HGB wesentlich sind.[147] Naturgemäß besteht bei der Zahl der Arbeitnehmer weniger Gestaltungsspielraum, sodass insb. den Maßnahmen zur Gestaltung der Höhe der Bilanzsumme und der Umsatzerlöse Bedeutung zukommt. Denkbar wäre z.b. durch den Abschluss von Leasing-Verträgen, die zu einer Bilanzierung beim Leasing-Geber führen, eine niedrigere Bilanzsumme zu erreichen. Bei solchen Maßnahmen müssen die anderen bilanziellen Auswirkungen (z.B. auf das Bilanzbild) und darüber hinausgehende Konsequenzen (z.B. bei der Beurteilung hinsichtlich der Kreditwürdigkeit der Ges.) beachtet werden. 200

Insgesamt erscheinen solche Maßnahmen am Erfolg versprechendsten, wenn das Unt vor Durchführung dieser Maßnahmen die gesetzlichen Grenzwerte nur geringfügig überschreitet, weil dann nur relativ geringer Handlungsbedarf besteht. Andererseits ist zu beachten, dass an jedem Bilanzstichtag erneut zu prüfen ist, ob die Größenklassen überschritten wurden, sodass kompensatorische Effekte in der Zukunft besonderer Beachtung bedürfen. 201

## 10.6 Betrieb einer inländischen Zweigniederlassung eines Unternehmens aus einem Drittstaat

Inländische Zweigniederlassungen sind nach § 325a HGB verpflichtet, die Rechnungslegungsgrundlagen der ausländischen Hauptniederlassung im Inland offenzulegen (§ 325a Rz 4ff.). Der deutsche Gesetzgeber hat diese Regelungen unzutreffend umgesetzt: Danach besteht eine solche Pflicht nur, wenn sich die Hauptniederlassung in einem Mitgliedstaat der EU oder des EWR befindet, nicht aber in einem Drittstaat (§ 325a Rz 15). Hieraus kann – insb. bei Neugründungen – die Gestaltung hergeleitet werden, eine Ges. in einem Drittstaat zu gründen, die dann im Inland eine Zweigniederlassung unterhält.[148] Dies hätte den Vorteil, dass damit die Offenlegungspflicht im Inland vollständig vermieden wäre. 202

Es ist jedoch darauf hinzuweisen, dass mit einer solchen Gestaltung gravierende Auswirkungen verbunden sind. So muss die inländische Unternehmenstätigkeit unter der Firma einer ausländischen Ges. durchgeführt werden. Hiermit werden häufig Akzeptanzprobleme und Zurückhaltung bei Geschäftspartnern verbunden sein. Ferner muss die Ges. im Ausland die dort geltenden Buchführungspflichten – und evtl. bestehenden Offenlegungsverpflichtungen – erfüllen. Fraglich ist auch, wie dauerhaft es bei der bisherigen Regelung in § 325a HGB bleibt. Ferner bedarf es einer eingehenden Analyse möglicher steuerlicher Konsequenzen sowie einer Abschätzung der entstehenden Transaktionskosten. Es erscheint als wahrscheinlich, dass der deutsche Gesetzgeber bei einer häufigen Verbreitung dieser Struktur eine Anpassung des § 325a HGB vornehmen wird. Insoweit sollte eingehend geprüft werden, ob die Nachteile dieser Struktur die Vorteile der 203

---

[147] Vgl. zu einer ausführlichen Darlegung der Inhalte der als Grenzwerte herangezogenen Kriterien *Christ*, in *Christ/Müller-Helle*, S. 124 ff.
[148] Vgl. hierzu *Kaya* (2010), S. 241.

Nichtoffenlegung tatsächlich überwiegen oder ob Erleichterungen mithilfe einfacherer Ansätze erlangt werden können.

## 11 Änderungen durch das BilRUG

204 Die Regelungen des BilRUG sind zum 18.7.2015 in Kraft getreten. Gem. Art. 75 EGHGB sind die Änderungen durch dieses Gesetz – und damit auch die Neufassung des § 325 HGB – erstmals auf JA und KA sowie LB und KLB für nach dem 31.12.2015 beginnende Gj anzuwenden. Bis dahin sind grundsätzlich die bisher geltenden Vorschriften anzuwenden, sofern nicht von dem Wahlrecht zur Anwendung der neuen Größenklassen für nach dem 31.12.2013 beginnende Gj Gebrauch gemacht wird (§ 293 Rz 23 ff.). Damit wurde der Streit[149] um eine mögliche rückwirkende Anwendung teilweise entschärft, die insbesondere bei den angepassten Schwellenwerten zu Problemen führen kann. Die Neufassung des § 325 HGB ist allerdings erst für Gj bedeutsam, die nach dem 31.12.2015 beginnen.

205 Die nunmehr geltenden Regelungen weisen folgende Struktur auf:
- Abs. 1 verpflichtet die Vertreter der KapG zur Offenlegung der im Gesetz genannten Unterlagen.
- Abs. 1a schreibt die Fristen vor, innerhalb derer die Offenlegung zu erfolgen hat.
- Abs. 1b regelt den Fall der Änderung der nach Abs. 1 Satz 1 offenzulegenden Unterlagen und verlangt die Offenlegung des Ergebnisverwendungsbeschlusses, wenn der JA nur auf Basis eines Vorschlags aufgestellt wurde.

Darüber hinaus sind in den übrigen Abs. der Norm redaktionelle Folgeänderungen erfolgt, die Änderungen in anderen Normen, auf die von § 325 HGB Bezug genommen wird, berücksichtigen. Die zentralen inhaltlichen Änderungen in § 325 HGB betreffen insbesondere, den Wegfall der bisher schon nicht sanktionierten ersten Offenlegungsfrist („unverzüglich nach Vorlage bei den Gesellschaftern"); dafür ist die Maximalfrist von zwölf Monaten nun für alle Unterlagen einzuhalten (Rz 41, 63, 105). Zudem wird klargestellt, dass die Unterlagen in deutscher Sprache offenzulegen sind (Rz 61).

---

[149] Vgl. zur Diskussion z.B. *Zwirner/Kähler*, BC 2015, 199 unter Hinweis auf die Stellungnahme des IDW v. 19.12.2014; *Zwirner*, BC 2015, 278 und auch BT-Drs. 18/5256, S. 88 zur Taxonomie auf Änderungsbitte des Bundesrats (BR-Drs. 23/15 v. 6.3.2015).

# § 325a ZWEIGNIEDERLASSUNGEN VON KAPITALGESELLSCHAFTEN MIT SITZ IM AUSLAND

(1) ¹Bei inländischen Zweigniederlassungen von Kapitalgesellschaften mit Sitz in einem anderen Mitgliedstaat der Europäischen Union oder Vertragsstaat des Abkommens über den Europäischen Wirtschaftsraum haben die in § 13e Abs. 2 Satz 4 Nr. 3 genannten Personen oder, wenn solche nicht angemeldet sind, die gesetzlichen Vertreter der Gesellschaft für diese die Unterlagen der Rechnungslegung der Hauptniederlassung, die nach dem für die Hauptniederlassung maßgeblichen Recht erstellt, geprüft und offengelegt oder hinterlegt worden sind, nach den §§ 325, 328, 329 Abs. 1 und 4 offenzulegen. ²Die Unterlagen sind in deutscher Sprache einzureichen. ³Soweit dies nicht die Amtssprache am Sitz der Hauptniederlassung ist, können die Unterlagen der Hauptniederlassung auch
1. in englischer Sprache oder
2. in einer von dem Register der Hauptniederlassung beglaubigten Abschrift oder,
3. wenn eine dem Register vergleichbare Einrichtung nicht vorhanden oder diese nicht zur Beglaubigung befugt ist, in einer von einem Wirtschaftsprüfer bescheinigten Abschrift, verbunden mit der Erklärung, dass entweder eine dem Register vergleichbare Einrichtung nicht vorhanden oder diese nicht zur Beglaubigung befugt ist,
eingereicht werden; von der Beglaubigung des Registers ist eine beglaubigte Übersetzung in deutscher Sprache einzureichen.
(2) Diese Vorschrift gilt nicht für Zweigniederlassungen, die von Kreditinstituten i. S. d. § 340 oder von Versicherungsunternehmen i. S. d. § 341 errichtet werden.
(3) ¹Bei der Anwendung von Abs. 1 ist für die Einstufung einer Kapitalgesellschaft als Kleinstkapitalgesellschaft (§ 267a) und für die Geltung von Erleichterungen bei der Rechnungslegung das Recht des anderen Mitgliedstaates der Europäischen Union oder das Recht des Vertragsstaates des Abkommens über den Europäischen Wirtschaftsraum maßgeblich. ²Darf eine Kleinstkapitalgesellschaft nach dem für sie maßgeblichen Recht die Offenlegungspflicht durch die Hinterlegung der Bilanz erfüllen, darf sie die Offenlegung nach Absatz 1 ebenfalls durch Hinterlegung bewirken. ³§ 326 Abs. 2 gilt entsprechend.

Prof. Dr. Bert Kaminski

| Inhaltsübersicht | Rz |
|---|---|
| 1 Überblick | 1–19 |
|   1.1 Regelungszweck und Inhalt | 1–3 |
|   1.2 Anwendungsbereich | 4–17 |
|       1.2.1 Zeitlicher Anwendungsbereich | 4 |
|       1.2.2 Persönlicher Anwendungsbereich | 5–17 |
|   1.3 Normenzusammenhänge | 18–19 |

2 Offenlegungs- bzw. Hinterlegungspflichten für inländische
  Zweigniederlassungen ausländischer Kapitalgesellschaften ....   20–48
  2.1 Betroffene Personen ............................   20–23
  2.2 Betroffene Unterlagen ..........................   24–29
  2.3 Anforderungen an die Offenlegung ................   30–38
  2.4 Hinterlegung ..................................   39–43
  2.5 Prüfung durch den Betreiber des Bundesanzeigers .......   44–45
  2.6 Rechtsfolgen bei Verstößen ......................   46–48
3 Rückausnahme für Zweigniederlassungen von Banken und
  Versicherungen ...................................   49
4 Sonderregelungen für Kleinstkapitalgesellschaften ..........   50–53
5 Übergangsvorschriften ..............................   54–55

**Ergänzendes Schrifttum**
*Biechele*, Offenlegungspflicht von inländischen Zweigniederlassungen, StuB 2011, S. 877; *Grottke/Löffelmann/Späth/Haendel*, Offenlegung im elektronischen Bundesanzeiger – Konzeptionelle Überlegungen und empirische Wirkungen, DStR 2012, S. 94; *Hahnefeld*, Neue Regelungen zur Offenlegung bei Zweigniederlassungen, DStR 1993, S. 1596; *Haller/Groß*, Der MicroBilG-RefE – Neue Regeln für die Rechnungslegung kleiner Kapitalgesellschaften, DB 2012, S. 2109; *Kaya/Zenk*, Rechnungslegungspublizität von (Schein-)Auslandsgesellschaften, IWB 2010, S. 569; *Kaya/Zenk*, Rechnungslegungspublizitätspflicht inländischer Zweigniederlassungen von Auslandsgesellschaften – Richtlinienkonforme Rechtsfortbildung des § 325a HGB, KoR 2011, S. 96; *Kindler*, Neue Offenlegungspflichten für Zweigniederlassungen ausländischer Kapitalgesellschaften, NJW 1992, S. 133; *Kreipl/Müller*, Mögliche Implikationen der diskutierten EU-Bilanzrechtsänderungen auf die deutsche Rechnungslegung, Stbg 2012, S. 398; *Leuering*, Die GmbH und der internationale Wettbewerb der Rechtsformen, ZRP 2006, S. 201; *Plesse*, Neuregelung des Rechts der Offenlegung von Zweigniederlassungen, DStR 1993, S. 133; *Seibert*, Die Umsetzung der Zweigniederlassungs-RL der EG in deutsches Recht, GmbHR 1992, S. 738; *Richter/Braun*, Eignung einer britischen Limited mit Geschäftsleitung in Deutschland als Organgesellschaft? – Eine kritische Analyse unter Berücksichtigung des BMF-Schreibens vom 28.3.2011, GmbHR 2012, S. 18; *Roth*, Qualität und Preis am Markt für Gesellschaftsformen, ZGR 2005, S. 348; *Seibert*, Neuordnung des Rechts der Zweigniederlassung im HGB, DB 1993, S. 1705; *Veit*, Funktion und Aufbau des Berichts zu Zweigniederlassungen, BB 1997, S. 461; *Wiesner*, Neue EG-RL über die Offenlegung von Zweigniederlassungen, GmbHR 1987, S. 103; *Zwirner/Froschhammer*, „Reform" der Rechnungslegung für Kleinstkapitalgesellschaften ohne deregulierende Auswirkungen für die Praxis, StuB 2013, S. 83; *Zwirner/Froschhammer*, Rechnungslegung für Kleinstkapitalgesellschaften gem. MicroBilG, Stbg 2013, S. 227.

# 1 Überblick

## 1.1 Regelungszweck und Inhalt

Die Regelung zielt darauf ab, diejenigen Personen **zu schützen**, die im Inland mit den **Niederlassungen ausländischer KapG** in Beziehungen treten.[1] Dies soll erreicht werden, indem die **ausländische Hauptniederlassung** der **inländischen Zweigniederlassung** verpflichtet wird, ihre nach dem für sie maßgeblichen Recht aufgestellten, geprüften und offengelegten „Unterlagen der Rechnungslegung" (s. Rz 24 ff.) im Inland unter Anwendung der §§ 325, 328, 329 Abs. 1 und 4 HGB offenzulegen bzw. zu hinterlegen. Auf EU-Ebene erfolgte eine Verschmelzung der 4. und 7. EU-RL, die keine Änderungen im Bereich der Offenlegung vorsehen.[2]

1

Die „Globalisierung" führt zu einem zunehmenden Engagement von ausländischen Unt in Deutschland, sodass das Bedürfnis für eine **Informationsmöglichkeit** des Rechtsverkehrs gesehen wurde.[3] Insbesondere aufgrund der Rspr. des EuGH zur Anerkennung von nach ausländischem Recht gegründeten Ges. im Inland[4] war deren zunehmende Verbreitung in Deutschland festzustellen. Diese wickeln regelmäßig ihre gesamte Unternehmenstätigkeit über eine **deutsche Zweigniederlassung** ab, während die **ausländische Hauptniederlassung** eine „Hülle" ohne geschäftliche Betätigung ist. Durch die Regelungen sollen Personen geschützt werden, die über die Zweigniederlassung mit der ausländischen Ges. in Beziehungen treten.[5]

2

Um dieses Ziel zu erreichen, ordnet die Norm eine **Offenlegung bzw. Hinterlegung der nach ausländischem Recht offenzulegenden Unterlagen im Inland** an. Um die hieraus entstehenden Belastungen für die betroffenen Unt zu beschränken, werden Anforderungen definiert, unter denen Erleichterungen (insb. hinsichtlich der Sprache) genutzt werden können. Zugleich sollte die **11. EG-RL**[6] in deutsches Recht umgesetzt werden. Damit soll erreicht werden, dass inländische Zweigniederlassungen ausländischer KapG innerhalb der EU den gleichen Publizitätspflichten unterliegen wie KapG.[7] Hingegen ist eine gesonderte Rechnungslegung für die Aktivitäten der inländischen Zweigniederlassung handelsrechtlich nicht erforderlich.[8]

3

---

[1] Vgl. auch die RegBegr auf BT-Drs. 12/3908, S. 1, sowie zu den Zielen der Zweigniederlassungsrichtlinie *Kindler*, NJW 1993, S. 3302.
[2] Vgl. *Kreipl/Müller*, Stbg 2012, S. 404.
[3] Vgl. zur tatsächlichen Nutzung dieser Möglichkeit *Grottke/Löffelmann/Späth/Haendel*, DStR 2012, S. 97 f.
[4] Vgl. aus der Rspr. des EuGH insbes. Urteil v. 9.3.1999, Rs. C-212/97 (Centros), Slg. 1999, S. I-1459; Urteil v. 5.11.2002, Rs. C-208/00 (Überseering), Slg. 2002, S. I-09919; Urteil v. 30.9.2003, Rs. C-167/01 (Inspire Art), Slg. 2003, S. I-10155.
[5] Vgl. BT-Drs. 12/3908, S. 1.
[6] Zweigniederlassungsrichtlinie v. 21.12.1989, Abl. EG, Nr. L 44/1989, S. 40–42.
[7] Vgl. z. B. *Veit*, BB 1997, S. 894, *Kaya/Zenk*, KoR 2011, S. 96.
[8] Hiervon unabhängig bleibt die Frage, wie für steuerliche Zwecke das Einkommen zu ermitteln ist. Dies kann ggf. auch durch Einnahmeüberschussrechnung nach § 4 Abs. 3 EStG oder einen unvollständigen Betriebsvermögensvergleich nach § 4 Abs. 1 EStG geschehen.

## 1.2 Anwendungsbereich

### 1.2.1 Zeitlicher Anwendungsbereich

4 Die zeitliche Anknüpfung ist im Gesetz nicht eindeutig definiert.[9] Auch wenn die Zweigniederlassung im Inland zur Buchführung oder zu einer anderen Form der Gewinnermittlung oder zur Vornahme von Aufzeichnungen verpflichtet ist,[10] kommt es für Zwecke des § 325a HGB nicht darauf an, für welchen Zeitraum sie ihre Rechnungslegung erstellt. Entscheidend ist vielmehr, ob zu dem Zeitpunkt, zu dem die Hauptniederlassung ihren JA bzw. KA offen legt, eine Zweigniederlassung im Inland besteht.

### 1.2.2 Persönlicher Anwendungsbereich

5 Die Verpflichtung besteht für **inländische Zweigniederlassungen** (bzw. deren gesetzliche Vertreter). § 325a HGB definiert – wie schon die Zweigniederlassungsrichtlinie – den **Begriff** der Zweigniederlassung nicht. Folglich ist auf die allgemeine Definition zurückzugreifen. Für die Auslegung ist das deutsche Begriffsverständnis entscheidend, auch wenn dieses vom ausländischen Recht abweichen sollte. Da die Regelung im Zusammenhang mit den §§ 13d–13g HGB steht, ist ein einheitliches Begriffsverständnis zu verwenden.

6 Der Gesetzgeber benutzt diesen Begriff an unterschiedlichen Stellen, so z. B. in den §§ 13, 13d, 13e, 13f HGB, nimmt jedoch keine Definition vor. Auch im Steuerrecht wird in § 12 Satz 1 Nr. 2 AO dieser Ausdruck verwendet, aber nicht definiert.[11] Folglich hat seine Bestimmung durch Auslegung zu erfolgen.

7 Unter einer Zweigniederlassung wird ein **rechtlich unselbstständiger, räumlich getrennter und mit einer gewissen Selbstständigkeit versehener Teil der Gesellschaft** verstanden. Die nicht nur vorübergehend betriebenen Geschäfte müssen dem Unternehmenszweck dienen.[12] Hierbei darf es sich nicht ausschließlich um eine völlig unbedeutende Hilfstätigkeit handeln. § 13e Abs. 2 Satz 1 HGB verpflichtet KapG zur Anmeldung einer Zweigniederlassung beim inländischen HR. Dies ist jedoch kein Tatbestandsmerkmal der Zweigniederlassung, sodass durch die Nichtanmeldung § 325a HGB nicht umgangen werden kann. Zweigniederlassungen können wirtschaftlich auch Beteiligungen an anderen Ges. zugeordnet sein.[13]

8 In der Praxis werden Zweigniederlassungen und Betriebsstätten i. S. v. § 12 AO häufig gleichgesetzt.[14] Dies ist jedoch unzutreffend, weil die Zweigniederlassung nur eine Möglichkeit von vielen zur Begründung einer Betriebsstätte ist. Allerdings ist gem. § 12 Satz 1 Nr. 2 AO jede Zweigniederlassung eine Betriebsstätte, aber nicht jede Betriebsstätte eine Zweigniederlassung. Daher darf insb. nicht die Schlussfolgerung gezogen werden, dass, nur weil keine inländische Zweigniederlassung besteht, keine (beschränkte) Steuerpflicht im Inland vorliegt.

---

9 Vgl. hierzu auch *ADS*, § 325a HGB, Anm. 3, 6. Aufl., 2000.
10 Denkbar ist hier insb. eine Einnahmeüberschussrechnung gem. § 4 Abs. 3 EStG.
11 Vgl. zur dortigen Definition z. B. *Drüen* in: *Tipke/Kruse*, AO/FGO, § 12 AO Rn. 25, Stand 8/2014.
12 HM, vgl. z. B. *Hopt*, in *Baumbach/Hopt*, 36. Aufl., § 13 Rn. 3; *Kindler*, NJW 1993, S. 3303; *Seibert*, GmbHR 1992, S. 738.
13 Vgl. hierzu und möglichen Auswirkungen im Rahmen einer ertragsteuerlichen Organschaft *Richter/Braun*, GmbHR 2012, S. 18.
14 Vgl. zur Abgrenzung zwischen Zweigniederlassung und Teilbetrieb *Biechele*, StuB 2011, S. 878.

Für die Beurteilung sind die Verhältnisse zum Zeitpunkt der **Entstehung der** 9
**Offenlegungs- bzw. Hinterlegungspflicht** entscheidend. Folglich wirken spätere Ereignisse nicht auf diesen Zeitpunkt zurück.

> **Beispiel**
> Eine inländische Zweigniederlassung einer ausländischen KapG (Gj. = Kj.) wird im März des folgenden Jahrs in eine KapG umgewandelt. Da bis zur Vorlage des ersten Abschlusses der inländischen KapG keine Informationen zur Verfügung stehen, verlangt der Zweck des § 325a HGB, dass gleichwohl eine Offenlegung der Unterlagen der ausländischen Hauptniederlassung im Inland zu erfolgen hat.

Die Regelung stellt auf **KapG** mit Hauptniederlassung in einem EU- oder 10
EWR-Staat ab. Infolge von § 264a HGB gilt diese Vorschrift auch für **KapG &
Co. KG**.[15] Ob eine ausländische Ges. unter diese Regelung fällt, richtet sich danach, ob ihre Rechtsform einer deutschen KapG oder KapG & Co. KG vergleichbar ist.[16] Bei Ges. innerhalb der EU sind dies die in Art. 1 der 4. EG-RL[17] genannten Ges. Bei Ges. in den EWR-Staaten ist hierfür auf die Organisations- und Haftungsstruktur abzustellen.[18] Um eine der KapG & Co. KG vergleichbare ausländische Ges. handelt es sich, wenn deren Rechtscharakter der deutschen Rechtsform entspricht. Die Beschränkung auf diesen Kreis wird damit gerechtfertigt, dass Unt, die einer Haftungsbeschränkung unterliegen, hierfür einen Ausgleich in Form der Offenlegung von Rechnungslegungsunterlagen schaffen sollen.[19] Dies ist auch der Grund, warum es im PublG keine vergleichbare Regelung gibt und auch kein Verweis auf § 325a HGB erfolgt. Die Vorschrift findet auf Genossenschaften keine Anwendung, weil die §§ 336 – 339 HGB keine entsprechende Verpflichtung enthalten.
Für die Verpflichtung nach § 325a HGB ist es unerheblich, in welche Größenklasse die Zweigniederlassung und/oder die Ges. fällt.[20] Etwas anderes gilt lediglich dann, wenn hieran Befreiungs- oder Erleichterungsregelungen anknüpfen. Vgl. zu den Sonderregelungen für KleinstKapG unter 4., Rz 50ff.
Die **Hauptniederlassung** ist der (einzige) räumliche Mittelpunkt des Unt, von dem 11
aus die Geschäfte dauerhaft geleitet werden.[21] Dies ist bei Handelsgesellschaften der Sitz, der bei juristischen Personen durch Satzung bzw. Vertrag bestimmt wird.
Fraglich ist, was als **Sitz** i. S. d. Norm zu verstehen ist. Dieser kann entweder nach 12
der Sitz- oder nach der Gründungstheorie determiniert werden.[22] Die Sitztheorie

---

15 Wie hier z.B. *Müller*, in *Baetge/Kirsch/Thiele*, Bilanzrecht, § 325a HGB, Rz 6, Stand 12/2013; *Grottel*, in Beck Bil.-Komm. 9. Aufl., § 325a HGB, Rz 1; a. A. *Haller/Hütten/Wittmann*, in *Küting/ Pfitzer/Weber*, HdR, § 325a HGB, Rn. 7, Stand 5/2014; *Fehrenbacher*, in MünchKomm. HGB, 3. Aufl., § 325a Rn 4.
16 Unvollständige Übersichten finden sich für die GmbH in der 12. EG-Richtlinie (Abl. EG Nr. L 65/8) sowie für die AG und KGaA in Art. 1 der 4. EG-Richtlinie (Abl. EG, Nr. L 222/1).
17 78/660/EWG v. 25.7.1979 i. d. F. von 2009.
18 Vgl. z.B. *Hopt*, in *Baumbach/Hopt*, HGB, 36. Aufl., § 13d Rn. 3; *Haller/Hütten/Wittmann*, in *Küting/Pfitzer/Weber*, HdR, § 325a HGB, Rn 5, Stand 5/2014.
19 Vgl. z.B. *Roth*, ZGR 2005, S. 356.
20 Vgl. *Grottel*, in Beck Bil.-Komm. 9. Aufl., § 325a HGB, Rz 30.
21 Vgl. *Roth*, in *Koller/Kindler/Roth/Morck*, HGB, 8. Aufl., § 13 Rz 5.
22 Vgl. grundsätzlich zu diesen *Kindler*, in MünchKomm. BGB, 6. Aufl., IntGesR Rn. 351 ff.

bestimmt als Gesellschaftsstatut das Recht des Staates, in dem die Ges. ihren tatsächlichen Verwaltungssitz hat, während die Gründungstheorie auf das Recht des Staates abstellt, nach dessen Recht die Ges. gegründet wurde. Hierbei ist zu beachten, dass ein grundlegender Wandel weg von der Sitztheorie hin zur Gründungstheorie erfolgt.[23] Der Gesetzgeber hat am 7.1.2008 einen Referentenentwurf zum Internationalen Privatrecht der Ges., Vereine und juristischen Personen vorgelegt.[24] Danach ist vorgesehen, von der Sitz- zur Gründungstheorie zu wechseln. Dies würde dann auch für Zwecke des § 325a HGB gelten.[25] Hierbei ist zu beachten, dass dieser Theorie nicht nur in den EU- und EWR-Fällen, sondern auch bei Drittstaatenges. gefolgt werden soll. Allerdings ist dieses Gesetzesvorhaben infolge der hiergegen geäußerten – insb. mitbestimmungsrechtlichen[26] – Bedenken bisher nicht abgeschlossen.[27]

13  Nach derzeitigem Recht wird wohl – schon aus europarechtlichen Gründen – ebenfalls von der Geltung der **Gründungstheorie** auszugehen sein.[28] Allerdings ist dies nicht unstreitig, weil zum Zeitpunkt der Einführung der Norm die Sitztheorie als wohl noch h.M. galt und von der Rechtsprechung des EuGH gebilligt wurde.[29] Allerdings darf hierbei die zwischenzeitliche Weiterentwicklung des Gemeinschaftsrechts nicht unberücksichtigt bleiben, so dass von der Gründungstheorie auszugehen ist. Folglich kommt es darauf an, in welchem Staat sich der Satzungssitz der Ges. befindet, nicht darauf, wo die tatsächlichen Entscheidungen getroffen werden, auch wenn diese Orte häufig identisch sein werden.

14  **Mitgliedstaaten der EU** waren am 1.9.2015 Belgien, Bulgarien, Dänemark, Estland, Deutschland, Finnland, Frankreich, Großbritannien, Griechenland, Irland, Italien, Kroatien, Lettland, Litauen, Luxemburg, Malta, die Niederlande, Österreich, Polen, Portugal, Rumänien, Schweden, Slowakei, Slowenien, Spanien, Tschechien, Ungarn und Zypern. Mitgliedstaaten des Abkommens über den Europäischen Wirtschaftsraum (**EWR**-Abkommen) waren am 1.9.2015 neben den genannten EU-Staaten Norwegen, Island und Liechtenstein. Durch das Gesetz zur Umsetzung der RL 2012/6EU des Europäischen Parlaments und des Rates vom 14.3.2012 zur Änderung der RL 78/660/EWG des Rates über den Jahresabschluss von Gesellschaften bestimmter Rechtsformen hinsichtlich Kleinstbetrieben[30] wurde der bis dahin verwendet Begriff der Europäischen Wirtschaftsgemeinschaft in Europäische Union geändert. Damit wurde der allgemein veränderten Bezeichnung Rechnung getragen, ohne dass hiermit inhaltliche Änderungen verbunden waren.

15  Im Gegensatz zur 11. EG-RL umfasst § 325a HGB **nicht alle ausländischen Unt**, sondern nur die in EU- und EWR-Staaten.[31] Insoweit hat der deutsche Gesetz-

---

23  Vgl. grundlegend EuGH, Urteil v. 5.11.2002, Rs. C-208/00 (Überseering), Slg. 2002, S. I-09919; BGH, Urteil v. 13.3.2003, VII ZR 370/98, BGHZ 154, S. 185.
24  RefE eines Gesetzes zum Internationalen Privatrecht der Gesellschaften, Vereine und juristischen Personen; vgl. dazu auch *Kindler*, in MünchKomm. BGB, 6. Aufl., IntGesR Rn. 64.
25  Vgl. *Kaya/Zenk*, IWB 2010, S. 574.
26  Vgl. *Däubler/Heuschmid*, NZG 2009, S. 493 ff.
27  Vgl. insoweit und zur Initiative auf EU-Ebene *Kindler*, in MünchKomm. BGB, 6. Aufl., IntGesR Rn. 64 ff.
28  Gl. *A. Zetzsche*, in Kölner Kommentar zum Rechnungslegungsrecht, 1. Aufl. 2011, § 325a Rz 16.
29  Vgl. grundlegend EuGH, Urteil v. 27.9.1988, Rs. 81/87, Daily Mail, Slg. 1989, S. 5483.
30  MicroBilG v. 20.12.2012, BGBl 2012 I S. 2751.
31  Vgl. zu den Gründen für die im Rahmen des Gesetzgebungsverfahrens erfolgte Einschränkung *Hahnefeld*, DStR 1993, S. 1597.

geber die RL, die hinsichtlich ihres Ziels für die Mitgliedstaaten verbindlich ist[32], unzureichend umgesetzt. Sofern hieraus Nachteile entstehen, ist zu prüfen, ob Regressansprüche gegen die Bundesrepublik Deutschland bestehen.[33] Unverständlich ist, dass dieser bereits seit 1993 bestehende Mangel immer noch nicht beseitigt wurde.[34] Nach derzeitiger Rechtslage kommt die Regelung bei einer ausländischen Ges. mit Sitz außerhalb des EU- und des EWR-Raums nicht zur Anwendung. Dies gilt auch, wenn eine Ges. ihre gesamten Geschäfte in der Bundesrepublik Deutschland ausübt und ihre Gesellschafter ausschließlich Inländer sind. Auch das BilRUG hat dies nicht geändert.

Zu den Besonderheiten bei inländischen Zweigniederlassungen bei **Banken und Versicherungen** s. Rz 49.   16

Handelt es sich bei der ausländischen Ges. um eine Scheingesellschaft, richtet sich deren Offenlegungspflicht nach § 325 HGB und nicht nach § 325a HGB.[35] Dies ist sinnvoll, weil damit den tatsächlichen wirtschaftlichen Verhältnissen Rechnung getragen wird.   17

## 1.3 Normenzusammenhänge

Die Regelung lässt die **Buchführungspflicht** aufgrund von §§ 238 ff. HGB unberührt. Sofern die inländische Zweigniederlassung Kaufmannseigenschaft hat, entsteht hieraus eine selbstständige Buchführungspflicht.   18

Die generellen **Offenlegungsvorschriften** für inländische KapG gem. § 325 HGB werden durch § 325a HGB für inländische Zweigniederlassungen von EU- und EWR-Gesellschaften ergänzt. Für Form und Inhalt der Unterlagen bei Offenlegung und Veröffentlichung wird auf § 328 HGB verwiesen, für die Prüfungspflicht des Registergerichts auf § 329 HGB. Aufgrund des Abs. 2 sind § 340i Abs. 2 und § 341l HGB vorrangig vor § 325a HGB. Der durch das MicroBilG[36] geschaffene Abs. 3 trägt der Umsetzung der durch die am 14.3.2012 verabschiedeten RL 2012/6/EU des Europäischen Parlaments und des Rates zur Änderung der RL 78/660/EWG des Rates über den Jahresabschluss von Gesellschaften bestimmter Rechtsformen hinsichtlich Kleinstbetrieben, sog. Micro-Richtlinie,[37] Rechnung. Danach können die Staaten KapG, die bestimmte Größenkriterien nicht überschreiten, von bestimmten Rechnungslegungs- und Offenlegungspflichten entbinden.[38] Da es sich hierbei um ein Wahlrecht handelt, das vom jeweiligen Mitgliedstaat auszuüben ist, muss einer möglichen unterschiedlichen Ausgestaltung in den anderen Mitgliedsstaaten Rechnung getragen werden.   19

---

[32] Vgl. Art. 288 Abs. 3 AEUV (ex Art. 249 Abs. 3 EG-Vertrag).
[33] Vgl. aus der Rspr. des EuGH z. B. Urteil v. 19.11.1991, C-690 u. C-9/90 Slg. S.I-5357; Urteil v. 5.3.1996, C-46/93 u. C-48/93, Slg. I-1029.
[34] Vgl. zu einer möglichen Lösung im Wege der richtlinienkonformen Rechtsfortbildung *Kaya/Zenk*, KoR 2011, S. 18.
[35] Vgl. LG Bonn v. 22.1.2013, 37 T 1161/11, BeckRS 2013, 05887.
[36] V. 20.12.2012, BGBl 2012 I S. 2751.
[37] ABl. L 81 v. 21.3.2012, S. 3.
[38] Vgl. zu einem Überblick z. B. *Zwirner/Froschhammer*, Stbg 2013, S. 227 oder *Haller/Groß*, DB 2012, S. 2109.

## 2 Offenlegungs- bzw. Hinterlegungspflichten für inländische Zweigniederlassungen ausländischer Kapitalgesellschaften

### 2.1 Betroffene Personen

20 Die **Zuständigkeit für die Offenlegung bzw. Hinterlegung** liegt bei den Personen, die als **ständige Vertreter** die Ges. in den Angelegenheiten der Zweigniederlassung (außergerichtlich und gerichtlich) vertreten können. Sie müssen bei Anmeldung der Zweigniederlassung benannt werden (§ 13e Abs. 2 Satz 4 Nr. 3 HGB). Handelsbevollmächtigte können nur dann als ständige Vertreter agieren, wenn sie eine dauerhafte Prozessführungsbefugnis (§ 54 Abs. 2 HGB) und generelle Vertretungsmacht haben.[39] Hierbei wird es sich in erster Linie um Prokuristen handeln.[40]

21 Sind **keine** Personen als **Vertretungsberechtigte** eingetragen, liegt die Verpflichtung bei den **gesetzlichen Vertretern der Hauptniederlassung**. Dies sind diejenigen, die die ausländische Ges. vertreten können, unabhängig davon, welchen Bezug sie zur inländischen Zweigniederlassung oder zum Inland aufweisen. Die Zuordnung dieses Vertretungsrechts richtet sich nach ausländischem Gesellschaftsrecht.

> **Beispiel**
> Der CFO einer britischen Ltd. hat noch nie die deutsche Zweigniederlassung der Ges. aufgesucht, gleichwohl kann er für die Erfüllung des § 325a HGB verantwortlich sein. Es obliegt der Ges., durch organisatorische Maßnahmen (wie z. B. die Beauftragung externen Dienstleister) die Erfüllung dieser Pflicht zu gewährleisten. Sanktionen wegen deren Nichterfüllung richten sich nach ausländischem Recht.

22 Sind **mehrere Personen** verpflichtet für eine Offenlegung bzw. Hinterlegung zu sorgen, tragen sie in gleichem Maß Verantwortung. Bestehen innerhalb eines Leitungsgremiums Absprachen über die Aufgabenverteilung, gelten diese nur im Innenverhältnis, nicht aber gegenüber Dritten.

23 Während des **Insolvenzverfahrens** besteht die Verpflichtung aus § 325a HGB fort. Diese obliegt dem Insolvenzverwalter, der gem. § 155 Abs. 1 InsO die handels- und steuerrechtlichen Verpflichtungen der Ges. zu erfüllen hat. Sofern sich Teile des Vermögens bei den ständigen Vertretern befinden, können diese u. U. neben dem Insolvenzverwalter verpflichtet sein.[41] Folglich treffen sie auch mögliche Sanktionen (Rz 46 ff.), wenn die Offenlegung ganz oder teilweise unterbleibt.

### 2.2 Betroffene Unterlagen

24 Offenzulegen bzw. zu hinterlegen sind die Unterlagen der Rechnungslegung der Hauptniederlassung, die nach **dem dort geltenden Recht erstellt, geprüft und offengelegt bzw. hinterlegt** wurden. Hieraus ergibt sich, dass keine gesonderte Erstellungspflicht oder eine Begrenzung von Angaben der EU- oder EWR-

---

[39] Vgl. BT-Drs. 12/3908, S. 16.
[40] Vgl. *Seibert*, DB 1993, S. 1706.
[41] Vgl. LG Bonn, Beschluss v. 16.5.2008, 11 T 52/07, NZI 2008 S. 53.

Hauptniederlassung auf die inländische Zweigniederlassung zu erfolgen hat. Es sind die im Ausland vorhandenen Unterlagen zu verwenden. Folglich sind für den Umfang der offenzulegenden Unterlagen die Vorgaben des ausländischen Rechts entscheidend. Aufgrund der Begrenzung auf EU- und EWR-Unt ist davon auszugehen, dass die Rechnungslegungs- und Prüfungsvorschriften in den betroffenen Staaten einander angeglichen sind.[42] Da die Vorschriften jedoch nicht identisch ausgestaltet sind, hat dies zur Folge, dass die offenzulegenden Unterlagen zwischen den einzelnen Staaten variieren können.

> **Beispiel**
> Ein ausländisches Unt, das eine Zweigniederlassung in der Bundesrepublik Deutschland unterhält, wird in der Rechtsform einer EinzelUnt geführt. Die ausländische Rechtsordnung sieht für diese Unternehmensform Erleichterungen vor, die eine Offenlegung von personenbezogenen Daten verhindern sollen. Diese Erleichterungen gelten auch im Rahmen der inländischen Offenlegungspflicht, unabhängig davon, ob das deutsche Recht vergleichbare Befreiungen vorsieht.

Zu den offenlegungs- bzw. hinterlegungspflichtigen Unterlagen gehören die Bilanz, die GuV, der Anhang, der LB, der BSV oder der Versagungsvermerk des AP, ein Vorschlag zur Verwendung des Ergebnisses und der Beschluss über die Verwendung des Ergebnisses. Dies setzt jedoch jeweils voraus, dass diese Unterlagen nach dem nationalen Recht des Sitzstaates erstellt werden müssen. Besteht nach seinem Recht eine Befreiung (z.B. von der Pflicht zur Prüfung des JA infolge des Nichterreichens bestimmter Größenklassen), müssen diese Unterlagen im Inland auch nicht offengelegt bzw. hinterlegt werden. 25

Unterlagen, die nicht nach ausländischem Recht offenlegungs-, hinterlegungs- oder prüfungspflichtig sind, fallen **nicht in den Anwendungsbereich** des § 325a HGB. Dies gilt speziell wenn das ausländische Recht **(größenabhängige) Erleichterungen** bei der Offenlegung, Hinterlegung oder Prüfung vorsieht. Etwas anderes gilt für Erweiterungen, die mit „den Unterlagen der Rechnungslegung" gemeinsam geprüft und offengelegt werden. Der Bestätigungs- bzw. Versagungsvermerk ist regelmäßig offenlegungspflichtig. 26

Die **Offenlegungspflicht** erfasst auch einen **KA**, wenn die Hauptniederlassung nach ihrem lokalen Recht einen solchen aufzustellen hat. Unterbleibt dies, weil sie ihrerseits in einen KA einbezogen wird, muss der „Mutter-KA" offengelegt werden. Dies gilt auch, wenn es sich bei der „Obergesellschaft" nicht um eine EU- oder EWR-KapG handelt. Kann sich hingegen die ausländische Ges. zu Recht auf eine nationale Befreiungsvorschrift berufen (z.B. in Abhängigkeit von der Größe), die nicht auf einer Einbeziehung in einen anderen KA beruht, kann die Offenlegung im Inland unterbleiben. 27

Aus der Bindung an die ausländischen Unterlagen folgt, dass eine **evtl. freiwillige Erweiterung** des ausländischen Abschlusses der Mutterges. im Inland ebenfalls offenzulegen bzw. zu hinterlegen ist. Daher darf keine Änderung der im Ausland 28

---

[42] Vgl. BT-Drs. 12/5170, S. 15 unter Hinweis auf die Verpflichtung zur Durchführung der Richtlinien der EG auch in den EWR-Staaten aufgrund des Abkommens über den Europäischen Wirtschaftsraum (Abl. EG, Nr. L 13.1.1994, S. 3–36).

offengelegten bzw. hinterlegten Unterlagen erfolgen.[43] Hierfür spricht auch der Wortlaut, wonach nicht auf die Prüfungspflicht abgestellt wird, sondern auf die Prüfung. Hingegen führt eine **freiwillige Offenlegung** im Ausland nicht dazu, dass diese Unterlagen beim Register der inländischen Zweigniederlassung einzureichen sind. Allerdings ist eine freiwillige Offenlegung möglich.

29 Werden die offen- bzw. hinterlegungspflichtigen Unterlagen geändert, unterliegen diese Änderungen ebenfalls der Publizität im Inland, sofern dies nach Maßgabe des ausländischen Rechts offenlegungs- oder hinterlegungspflichtig ist.

### 2.3 Anforderungen an die Offenlegung

30 Die Offenlegung hat nach Maßgabe des § 325 HGB zu erfolgen (§ 325 Rz 29ff., sowie zu möglichen Formen § 325 Rz 112f. und zu evtl. Erleichterungen § 325 Rz 10ff.). Dies gilt jedoch nur, soweit das ausländische Recht keine Vorgabe enthält. Im Regelfall richtet sich damit die Offenlegung nach den **Vorschriften des Staats der Hauptniederlassung**. Ergänzend gilt § 325 HGB, sodass die Unterlagen beim Betreiber des BAnz einzureichen sind.[44]

31 Besteht in Deutschland nur eine Zweigniederlassung, sind die Unterlagen an deren Sitz zum HR einzureichen. Liegen hingegen **mehrere inländische Zweigniederlassungen** vor, kann eine mehrfache Einreichung unterbleiben, wenn von der Möglichkeit des § 13e Abs. 5 HGB Gebrauch gemacht und ein Register als zuständig ausgewählt wurde. Infolge der Eintragung dieses zuständigen Registers in den Registern der anderen Zweigniederlassungen ist die Publizität gewahrt. Da diese Regelung nicht für ausländische haftungsbeschränkte PersG gilt, sollte in diesen Fällen eine Mitteilung an das Registergericht erfolgen, um so die notwendige Publizität und eine Beschränkung der Einreichung zu ermöglichen.

32 Das Gesetz verweist auf die „Unterlagen der Rechnungslegung der Hauptniederlassung". Folglich richten sich auch evtl. **Erleichterungen** bei der Offenlegung nach ausländischem Recht. Die inländische Zweigniederlassung kann sich nur dann auf Erleichterungen berufen, wenn diese im Ausland genutzt wurden.

33 Satz 2 beinhaltet zunächst den Grundsatz, dass die Unterlagen in **deutscher Sprache** einzureichen sind. Hierfür werden jedoch durch Satz 3 wichtige Ausnahmen für den Fall getroffen, dass Deutsch nicht die Amtssprache am Sitz der Hauptniederlassung ist. Dies ist – außer in Deutschland – nur in Österreich, in Liechtenstein sowie in 17 von 26 Kantonen der Schweiz der Fall. In Luxemburg ist Deutsch zusammen mit Luxemburgisch und Französisch und in Belgien zusammen mit Niederländisch und Französisch Amtssprache. In Südtirol ist Deutsch neben Italienisch und u.U. Ladinisch Amtssprache.

34 In allen anderen Fällen ist es zulässig, die Unterlagen in Englisch vorzulegen. Zusätzliche Voraussetzungen müssen hierfür nicht erfüllt werden. Alternativ kann auch eine vom ausländischen Register der Hauptniederlassung beglaubigte Abschrift vorgelegt werden. Da es sich hierbei um die beim Register der Hauptniederlassung eingereichten Unterlagen handelt, müssen auch die Vorgaben dieses Staates zur Einreichung der Unterlagen beachtet werden. Schreibt dieser Staat etwa vor, dass die Einreichung in der eigenen nationalen Sprache zu erfolgen hat,

---

[43] Vgl. *ADS*, 6 Aufl., § 325a Rz 28 und 38.
[44] Vgl. *Leuering*, ZRP 2006, S. 205.

wäre diese auch für die Offenlegung in Deutschland zwingend, sofern nicht in deutscher oder englischer Sprache offengelegt wird.

> **Beispiel**
> Ein in Italien ansässiges Unt unterhält in Deutschland eine Zweigniederlassung. Aufgrund der starken Verwurzelung der Ges. in Frankreich wird als Konzernsprache Französisch verwendet. Es wäre nicht zulässig, wenn die Offenlegung in Deutschland in Französisch erfolgt, sofern das italienische Recht nicht eine solche Möglichkeit eröffnen würde.

Da im Ausland nicht zwingend ein solches Register besteht, bedarf es einer **Sonderregelung**. Diese kann nur genutzt werden, wenn das Ausland kein entsprechendes Register kennt oder dieses nicht zu einer entsprechenden Beglaubigung befugt ist. In diesem Fall kann eine von einem **WP bescheinigte Abschrift** vorgelegt werden. Der Gesetzgeber verwendet die Bezeichnung **WP**, gemeint ist der **ausländische AP**. Hierbei bestimmen sich die an seine Person zu stellenden Anforderungen (z. B. hinsichtlich Qualifikation und Unabhängigkeit) nach dem ausländischen Recht. Hingegen kommt es nicht darauf an, ob der Prüfer einem deutschen WP vergleichbar ist. Ferner muss der Prüfer eine Erklärung abgeben, dass die registerrechtlichen Voraussetzungen für die Anwendung dieser Regelung erfüllt sind. M. E. ist dies auch der Fall, wenn das ausländische Register nicht bereit ist, eine entsprechende Bescheinigung auszustellen, z. B. weil hierfür im Ausland eine Rechtsgrundlage fehlt. 35

Das ausländische Recht ist auch für den **Zeitpunkt der Offenlegung bzw. Hinterlegung** entscheidend. Sieht es etwa längere Fristen für die Offenlegung bzw. Hinterlegung vor, können diese auch für die Offenlegung nach § 325a HGB genutzt werden. Andernfalls müsste für Zwecke der Offenlegung bzw. Hinterlegung im Inland eine frühere Offenlegung bzw. Hinterlegung im Ausland erfolgen. Dies ist nicht sachgerecht und würde die Wertungsentscheidung des ausländischen Gesetzgebers zur angemessenen Frist für die Offenlegung bzw. Hinterlegung ignorieren. Vor diesem Hintergrund muss auch die absolute Frist von zwölf Monaten (§ 325 Abs. 1 Satz 2 Alt. 2 HGB) bzw. von vier Monaten (§ 325 Abs. 4 Satz 1 HGB) zurücktreten. Mit der Umsetzung der Pflicht zur Offenlegung innerhalb eines Jahres nach Art. 30 der Richtlinie 2013/34 EU[45] durch die Mitgliedstaaten der Union wird dies deutlich an Bedeutung verlieren. 36

Es ist eine beglaubigte Übersetzung der Beglaubigung des ausländischen Registers ins Deutsche vorzulegen. Diese Pflicht bezieht sich nur auf die **Registerbescheinigung**, nicht aber auf die gesamten Unterlagen. Ein Mindestumfang oder -inhalt für diesen Beglaubigungsvermerk ordnet das Gesetz nicht an, sodass geringe Anforderungen zu stellen sind. 37

Es gibt keine gesetzlichen Vorgaben zur **Währungsumrechnung**. Hieraus folgt, dass die ausländischen Rechnungslegungsunterlagen in der Währung des Staates der Hauptniederlassung vorzulegen sind. Wird zulässigerweise im Abschluss durch die Hauptniederlassung eine andere Währung verwendet, gilt diese auch für Zwecke des § 325a HGB. 38

---

[45] Richtlinie 2013/34/EU des Europäischen Parlaments und des Rates vom 26.6.2013, ABl. EU, vom 29.6.2013, L 182/19.

## 2.4 Hinterlegung

**39** Der durch das MicroBilG[46] geschaffene § 326 Abs. 2 HGB gibt KleinstKapG i. S. v. § 267a HGB die Möglichkeit, ihren Offenlegungspflichten nach § 325 HGB dadurch zu genügen, dass eine Hinterlegung der Bilanz beim BAnz erfolgt. Hierbei wird lediglich die Bilanz in elektronischer Form eingereicht. Unabhängig von der Nutzung dieser Regelung kann eine Berufung auf die Regelungen zur Verkürzung der Bilanz nach § 275 Abs. 5 HGB erfolgen. Allerdings kann hierauf auch verzichtet werden und die nach den allgemeinen Vorgaben in § 275 Abs. 2 oder 3 HGB vorgesehene Gliederung verwendet werden. Außerdem eröffnet § 266 Abs. 1 Satz 4 HGB die Möglichkeit zur Zusammenfassung von Bilanzpositionen, indem nur im Gliederungsschema mit Buchstaben versehene Posten ausgewiesen werden. Ferner besteht nach § 264 Abs. 1 Satz 5 HGB die Möglichkeit, unter bestimmten Voraussetzungen auf die Erstellung eines Anhangs zu verzichten.[47]

**40** Eine Hinterlegung setzt kumulativ voraus, dass
– die gesetzlichen Vertreter der KleinstKapG i.S.v. § 267a HGB einen Hinterlegungsauftrag beim Betreiber des BAnz einreichen und
– die KleinstKapG dem Betreiber des BAnz mitteilt, zwei der drei Merkmale des § 267a HGB nicht überschritten zu haben. Hierfür sind keine quantitativen Angaben erforderlich.

**41** Da in § 326 Abs. 2 HGB auch auf § 325 Abs. 1 Satz 2 und 6 HGB verwiesen wird, soll gewährleistet sein, dass die Hinterlegung innerhalb der Offenlegungsfrist erfolgt und ggf. auch eine nach Feststellung oder Prüfung geänderte Bilanz hinterlegt wird. Folglich muss diese unverzüglich nach Vorlage an die Gesellschafter, jedoch spätestens vor Ablauf des zwölften Monats des dem Abschlussstichtag nachfolgenden Gj erfolgen. Außerdem ist die Offenlegung um eine mögliche nachträgliche Änderung der Bilanz zu ergänzen (§ 326 Abs. 2 Satz 2 HGB),

**42** Dritte erhalten nur auf Antrag an das Unternehmensregister eine Kopie der hinterlegten Bilanz eine KleinstKapG, vgl. § 9 Abs. 6 HGB. Eine solche Anfrage ist kostenpflichtig.

**43** Zu einer eingehenden Erläuterung der Hinterlegung und der hierbei zu beachtenden Sonderregelungen wird auf die Kommentierung zu § 326 Abs. 2 HGB verwiesen.

## 2.5 Prüfung durch den Betreiber des Bundesanzeigers

**44** In § 325a Abs. 1 Satz 1 letzter Hs. HGB wird auf § 329 Abs. 1 HGB verwiesen. Auch wenn die gesetzliche Formulierung suggeriert, dies gelte nur für die Prüfung und Offenlegung, ist hiermit eine Prüfungspflicht durch den Betreiber des BAnz verbunden. Da keine weitergehenden Vorgaben enthalten sind, richtet sich die Prüfung nach den **allgemeinen Grundsätzen** des § 329 HGB (§ 329 Rz 10 ff.).

**45** Eine Besonderheit besteht darin, dass die Unterlagen im Ausland bereits einer Prüfung unterlagen. Nach Auffassung des Gesetzgebers kann die Prüfung der Vollzähligkeit erfolgen, indem sich das deutsche Registergericht auf eine vom Register der Hauptniederlassung **beglaubigte Abschrift der im Ausland veröffentlichten Unterlagen** verlässt.

---

[46] V. 20.12.2012, BGBl 2012 I S. 2751.
[47] Vgl. zu einem Überblick z.B. *Haller/Groß*, DB 2012, S. 2109 oder *Zwirner/Froschhammer*, Stbg 2013, S. 227.

## 2.6 Rechtsfolgen bei Verstößen

Durch das BilMoG[48] ist der Verweis auf § 329 HGB um die Inbezugnahme des Abs. 4 erweitert worden. Daraus folgt, dass die Betreiber des BAnz angehalten sind, den Verwaltungsbehörden Unt zu benennen, die ihre Unterlagen nicht oder unvollständig eingereicht haben. Damit wird die Grundlage geschaffen, um ein **Ordnungsgeldverfahren** nach § 335, § 340o oder § 341o HGB eröffnen zu können. Da die Zweigniederlassungen von Banken und Versicherungen ausgeschlossen sind (Rz 49), ist nur § 335 HGB von Bedeutung. Die Meldung hat an das BfJ zu erfolgen. Hierbei können sowohl die Ges. als auch die gesetzlichen Vertreter, die zur Erfüllung der Offenlegungspflicht verpflichtet sind, in Anspruch genommen werden. 46

Wird gegen die Verpflichtung, die Unterlagen beim Betreiber des BAnz einzureichen, oder gegen die gesetzlichen Prüfungspflichten verstoßen, ist gem. § 329 Abs. 4 HGB ein Ordnungsgeldverfahren einzuleiten. Dabei beträgt das Ordnungsgeld gem. § 335 Abs. 1 Satz 4 HGB mindestens 2.500 EUR und höchstens 25.000 EUR. Das Ordnungsgeldverfahren kann sich direkt **gegen die Ges.** richten, ohne dass es zuvor erforderlich wäre, die Privatanschriften der gesetzlichen Vertreter zu ermitteln.[49] 47

Weitergehende Sanktionen sind nicht zulässig. Das LG Göttingen hat mit Beschluss v. 12.7.2005[50] entschieden, dass die **Handelsregistereintragung** einer englischen private limited company nicht deshalb unterbleiben kann, weil die Ges. die gesetzlich vorgeschriebenen Unterlagen i.S.v. § 325a HGB nicht vorgelegt hat. Dies gilt speziell, wenn die ausländische Ges. erst vor kurzem gegründet wurde und zeitnah hierzu eine inländische Zweigniederlassung eintragen lassen will. 48

## 3 Rückausnahme für Zweigniederlassungen von Banken und Versicherungen

Da für die inländischen Zweigstellen (Rz 7) von Banken und Versicherungen mit § 340l Abs. 2 bzw. §§ 341l, 341 Abs. 2 HGB **weitergehende Regelungen** bestehen, muss eine Ausgrenzung dieser Zweigniederlassungen aus dem Anwendungsbereich des § 325a HGB erfolgen, um eine unsinnige doppelte Offenlegung zu vermeiden. Hiervon werden die folgenden Zweigniederlassungen erfasst: 49
- inländische Zweigniederlassungen von **Kreditinstituten** i.S.v. § 340 HGB oder
- inländische Zweigniederlassungen von **Versicherungsunternehmen** i.S.v. § 341 HGB.

## 4 Sonderregelungen für Kleinstkapitalgesellschaften

Die Regelungen der Micro-Richtlinie[51] sind von der EU als Wahlrecht für die einzelnen Mitgliedstaaten ausgestaltet. Hieraus folgt, dass eine unterschiedliche 50

---

[48] V. 28.5.2009, BGBl 2009 I S. 1102.
[49] Vgl. *Zetzsche*, in Kölner Kommentar zum Rechnungslegungsrecht, 1. Aufl. 2011, § 325a Rz 3.
[50] 3 T 1/05, NotBZ 2006, S. 34–35, mit Anm. *Wachter*, EWiR 2005, S. 797–798.
[51] ABl. L 81 v. 21.3.2012, S. 3.

Nutzung in den jeweiligen Staaten denkbar ist. So wäre es etwa möglich, dass ein Land vollständig auf die Nutzung dieser Möglichkeiten verzichtet und den grds. erfassten KleinstKapG keine Erleichterungen gewährt. Deshalb verweist § 325a Abs. 3 Satz 1 HGB auf die Ausübung des Wahlrechts durch den Ansässigkeitsstaat der ausländischen Ges. Eine Hinterlegung bzw. eine Nutzung der übrigen Erleichterungen für KleinstKapG soll nur insoweit möglich sein, wie dies nach Maßgabe des ausländischen Rechts zulässig ist.

51 Durch diese Vorgehensweise gewährleistet der deutsche Gesetzgeber, dass für Zwecke der Offenlegung oder der Hinterlegung beim Betreiber des BAnz der inländischen Zweigniederlassungen keine Veränderungen der ausländischen Rechnungslegung vorgenommen werden müssen, um eine Offenlegung bzw. Hinterlegung in Deutschland vornehmen zu können. Hiermit ist allerdings der Nachteil verbunden, dass die Analysemöglichkeiten dieser Abschlüsse erschwert werden. Schließlich müsste der Bilanzadressat wissen, in welcher Weise der ausländische Staat die Regelungen der Micro-Richtlinie ausgeübt hat. Außerdem kommt erschwerend hinzu, dass als Vergleichsobjekte im Rahmen einer Bilanzanalyse inländische Abschlüsse nur eingeschränkt verwendet werden können, weil insoweit die Vergleichbarkeit nicht gegeben ist. Folglich können nur die jeweils im Inland offengelegten bzw. hinterlegten Abschlüssen von Unt. aus dem jeweiligen Staat verwendet werden. Hierbei erweist sich die Möglichkeit der Hinterlegung als weitere Hürde für die Informationsbeschaffung. Schließlich muss eine gebührenpflichtige Herausgabe einer Kopie des Abschlusses erst beantragt werden. Zugleich bekommen damit die Unt. die Möglichkeit, eine für jeden zugängliche Hinterlegung des JA im Internet zu verhindern.

52 Voraussetzung für die Anwendbarkeit des ausländischen Rechts ist, dass sich die Hauptniederlassung der Ges. in einem Mitgliedstaat der EU oder des EWR befinden muss, vgl. Rz. 14. Andernfalls wäre § 325a HGB ohnehin nicht anwendbar.

53 Durch Satz 3 wird § 326 Abs. 2 HGB für entsprechend anwendbar erklärt. Diese Regelung setzt Art. 1a Abs. 2 Buchst. e der Micro-Richtlinie[52] um und schafft damit die Möglichkeit, statt der Offenlegung nach § 325 HGB eine Hinterlegung vorzunehmen, vgl. Rz. 39. Hierbei gelten die Ausführungen zur Form der Hinterlegung aus Rz 24 ff. entsprechend. Entscheidend sind jeweils die formalen Anforderungen nach ausländischem Recht. Eine Anpassung muss nicht erfolgen. Probleme können entstehen, wenn nach ausländischem Recht besondere Datenformate zu beachten sind. Es ist dann eine Übermittlung in der Form vorzunehmen, die eine Lesbarkeit beim BAnz gewährleistet.

## 5 Übergangsvorschriften

54 Zu den allgemeinen Übergangsvorschriften wird auf die 2. Aufl. dieser Kommentierung verwiesen.

55 Die Erleichterungen für KleinstKapG i. S. v. § 267a HGB gelten erstmals für JA, die sich auf einen nach dem 30.12.2012 liegenden Abschlussstichtag beziehen.[53]

---

[52] ABl. L 81 v. 21.3.2012, S. 3.
[53] Vgl. Art. 70 Abs. 1 EGHGB.

# § 326 GRÖSSENABHÄNGIGE ERLEICHTERUNGEN FÜR KLEINE KAPITALGESELL-SCHAFTEN UND KLEINSTKAPITALGESELLSCHAFTEN BEI DER OFFENLEGUNG

(1) ¹Auf kleine Kapitalgesellschaften (§ 267 Abs. 1) ist § 325 Abs. 1 mit der Maßgabe anzuwenden, daß die gesetzlichen Vertreter nur die Bilanz und den Anhang einzureichen haben. ²Der Anhang braucht die die Gewinn- und Verlustrechnung betreffenden Angaben nicht zu enthalten.
(2) ¹Die gesetzlichen Vertreter von Kleinstkapitalgesellschaften (§ 267a) können ihre sich aus § 325 ergebenden Pflichten auch dadurch erfüllen, dass sie die Bilanz in elektronischer Form zur dauerhaften Hinterlegung beim Betreiber des Bundesanzeigers einreichen und einen Hinterlegungsauftrag erteilen. ²§ 325 Absatz 1 Satz 2 und 6 ist entsprechend anzuwenden. ³Kleinstkapitalgesellschaften dürfen von dem in Satz 1 geregelten Recht nur Gebrauch machen, wenn sie gegenüber dem Betreiber des Bundesanzeigers mitteilen, dass sie zwei der drei in § 267a Absatz 1 genannten Merkmale für die nach § 267 Absatz 4 maßgeblichen Abschlussstichtage nicht überschreiten.

DR. MARKUS KREIPL

Inhaltsübersicht | Rz
--- | ---
1 Überblick | 1–8
  1.1 Inhalt und Regelungszweck | 1–4
  1.2 Anwendungsbereich | 5–8
2 Offenlegungspflichten für kleine Kapitalgesellschaften (Abs. 1) | 9–21
  2.1 Offenlegungspflichtige Unterlagen | 9–11
  2.2 Offenlegung der Bilanz und Mindestumfang | 12–16
  2.3 Verkürzung des Anhangs und Mindestgliederung | 17–21
3 Hinterlegung der Bilanz bei Kleinstkapitalgesellschaften (Abs. 2) | 22–27
4 Unterzeichnung | 28
5 Rechtsfolgen bei Pflichtverletzung | 29
6 Änderungen durch das BilRUG | 30–31

Ergänzendes Schrifttum

*Blümle/Kreipl/Panzer*, Kommunikationsverhalten kleiner und mittlerer Unternehmen nach der Revision des Handelsrechts, in *Meyer, J.-A.* (Hrsg.), Jahrbuch der KMU-Forschung und -Praxis, 2013, S. 263; *Farr*, Der Jahresabschluß der kleinen

GmbH (II), GmbHR 1996, S. 185; *Farr*, Der Jahresabschluß der mittelgroßen und kleinen AG, AG 1996, S. 145; *Farr*, Aufstellung, Prüfung und Offenlegung des Anhangs im Jahresabschluß der GmbH & Co. KG (II), GmbHR 2000, S. 605; *Hoffmann*, Der deregulierte Jahresabschluss der Kleinstkapitalgesellschaft, StuB 2012, S. 729; *Karsten*, Das EHUG – ein weiterer Schritt auf dem Weg zu einem modernen Unternehmensrecht in Deutschland, GewArch 2007, S. 55; *Kiesel/ Grimm*, Die Offenlegungspflicht bei Kapitalgesellschaften & Co. Nach dem Beschluss des EuGH vom 23.04.2004, DStR 2004, S. 2210; *Marten/Zorn*, Prüfungsbefreiung für den Einzelabschluss im Konzern – keine Erleichterung in der Praxis, BB 2004, S. 1615; *Müller/Kreipl*, Rechnungslegungserleichterungen für Kleinstkapitalgesellschaften und Tochterunternehmen ausländischer Konzernmütter durch das MicroBilG, DB 2013, S. 73; *Noack*, Pflichtbekanntmachung bei der GmbH: Neue Regeln durch das Justizkommunikationsgesetz, DB 2005, S. 599; *Scheffler*, Neue Vorschriften zur Rechnungslegung, Prüfung und Offenlegung nach dem Kapitalgesellschaften und Co.-Richtlinien-Gesetz, DStR 2000, S. 529; *Schellhorn*, Anmerkungen zum Kleinstkapitalgesellschaften-Bilanzrechtsänderungsgesetz, DB 2012, S. 2295; *Schumann*, Handelsrechtliche Offenlegungspflichten von Kapitalgesellschaften, BTR 2005, S. 189; *Theile/Nitsche*, Praxis der Jahresabschlusspublizität bei der GmbH, WPg 2006, S. 1141; *Zimmer/Eckhold*, Das Kapitalgesellschaften & Co.-RL-Gesetz, NJW 2000, S. 1361; s. auch das Schrifttum zu § 325.

# 1 Überblick

## 1.1 Inhalt und Regelungszweck

1 § 326 HGB räumt kleinen KapG i. S. d. § 267 Abs. 1 HGB (§ 267 Rz 2 ff.) sowie KleinstKapG (§ 267a Rz 1 ff.) und ihnen jeweils gleichgestellten PersG i. S. v. § 264a HGB **größenabhängige Erleichterungen** bei der **Offenlegung** des JA ein. Die gewährten Erleichterungen beschränken sich dabei auf die nach § 325 Abs. 1 HGB offenzulegenden Unterlagen der Rechnungslegung und die Hinterlegung der Bilanz bei KleinstKapG. Eine Pflicht zur Inanspruchnahme der Erleichterungen besteht grds. nicht. Wenngleich das Wahlrecht nicht pflichtgemäß ausgeübt werden muss, wird unter Berufung auf die Interessenslage der Ges. respektive der Gesellschafter bei Fehlen einer entsprechenden Regelung in den Statuten der Ges. mitunter eine faktische Pflicht zur Inanspruchnahme des Wahlrechts gesehen oder eine solche zumindest für denkbar gehalten.[1] Dies widerspricht jedoch dem Sinn und Zweck eines handelsrechtlichen Wahlrechts und damit bereits dem Willen des Gesetzgebers eindeutig, der in Bezug auf die Offenlegung eben keine Pflicht zur Inanspruchnahme kodifiziert hat. Hier wird letztlich zudem explizit gegen die Informationsfunktion der Rechnungslegung argumentiert, ohne dass dafür eine gesetzliche Basis besteht und ohne dass sich diese Argumentation in der Bilanzierung deutscher Unt widerspiegelt. Im Rahmen einer empirischen Untersuchung wurde festgestellt, dass die handelsrechtlich gewährten Aufstellungs- und/oder Offenlegungserleichterungen regelmäßig nicht genutzt werden. In Abhängigkeit einer Börsennotierung (*Entry Standard* – nicht KM-orientiert) schwankt die Quote kleiner und mittlerer Unt, die auf eine

---

[1] So etwa *Grottel*, in Beck Bil-Komm. 9. Aufl., § 326 HGB, Rz 1; *ADS*, 6. Aufl. § 326 HGB, Rz 10.

Inanspruchnahme dieser verzichten, zwischen 12,05 % und 62,50 %.[2] Offenbar verstehen immer mehr Unt den JA zunehmend als geeignetes Instrument zur fundierten Selbstdarstellung, der damit zu einer „Visitenkarte des Unternehmens" mutiert. Ferner werden die negativen Folgen einer Nicht-Inanspruchnahme der Erleichterungen übergewichtet. Eine Offenlegung kann sich aber bspw. bei der Finanzierung, der Mitarbeitergewinnung sowie hinsichtlich des Kunden- und Lieferantenvertrauens positiv auswirken. Entsprechend besteht grds. **keine Pflicht zur Inanspruchnahme.**

Abs. 1 Satz 1 räumt den betroffenen Ges. die Möglichkeit ein, nur die **Bilanz** und den **Anhang** zum BAnz einzureichen. Nach Satz 2 darf der Anhang zudem um Angaben zur GuV gekürzt werden. Der Zeitpunkt der Veröffentlichung der einreichungspflichtigen Unterlagen bestimmt sich nach Maßgabe des § 325 Abs. 1 HGB (§ 325 Rz 29ff.).

Abs. 2 zielt auf die KleinstKapG, die als Untergruppe der kleinen KapG statt der Offenlegung eine Hinterlegung der Bilanz (von der Erstellung des Anhangs sind diese Unt unter bestimmten Voraussetzungen befreit, § 264 Abs. 1 HGB) beantragen können.

Die Norm setzt ein Mitgliedsstaatenwahlrecht, kodifiziert in der 4. EG-RL der EU, in deutsches Recht um. Ein Konflikt mit dem **höherrangigen Recht** auf „informelle Selbstbestimmung" (Art. 2 Abs. 1 i.V.m. Art. 1 GG) wurde sowohl vom BayOLG[3] als auch vom OLG Köln[4] verneint. Das als gering einzustufende **öffentliche Interesse** an Informationen dieser Unt als auch das große Interesse der Ges. an der Geheimhaltung der Rechnungslegungsinformationen rechtfertigt die Einschränkung der Informationsqualität- und -quantität.[5] Allerdings zeigen Untersuchungen des Betreibers des BAnz, dass gerade Daten kleiner Unt überraschend häufig abgerufen werden.[6] Dennoch wurde mit dem MicroBilG eine Hinterlegung als nochmals reduzierte Offenlegungsvariante eingeführt.

Eine befreiende Wirkung in Bezug auf die Aufstellung der Rechnungslegungsunterlagen gem. § 325 Abs. 1 HGB besitzt § 326 HGB nicht. Die Pflicht zur **Vorlage vor dem Hauptorgan** (§ 176 Abs. 1 AktG, § 42a GmbHG sowie § 264 i.V.m. 264a HGB und dem Gesellschaftsvertrag bei OHG und KG) bleibt bestehen, wenngleich ungeachtet dessen im Gesetz verankerte **Aufstellungserleichterungen**[7] genutzt werden können. Entgegen GmbH-Gesellschaftern, für die es das besondere Auskunfts- und Einsichtsrecht nach § 51a Abs. 1

---

[2] Vgl. *Blümle/Kreipl/Panzer*, Kommunikationsverhalten, S. 273.
[3] Urteil v. 24.11.1994, DB 1995, S. 316.
[4] Beschl. v. 8.3.1991–2 Wx 1/91, ZIP 1991, S. 1214.
[5] GlA *Grönwoldt*, BB 1998, S. 1494; *Müller*, in Baetge/Kirsch/Thiele, Bilanzrecht, § 326 HGB, Rz 2, Stand 12/2013.
[6] „... Aufs Jahr hochgerechnet wären das ca. 42 Mio. (abgerufene) JA. Geht man von etwa 1,1 Mio. veröffentlichungspflichtigen Unt aus, würde dies, rein rechnerisch betrachtet, bedeuten, dass jedes Unt ca. 38-mal pro Jahr aufgerufen wird. Der weitaus größte Teil der Abrufe (über 80 %) betrifft dabei gerade kleine Unt, was angesichts der Tatsache, dass über kleine Unt ansonsten – im Internet – wenig zu finden ist, nicht verwunderlich." https://www.ebundesanzeiger.de/ebanzwww/wexsservlet?session.sessionid=0b3199b0e4ae359f74b5e5e11aa5704d&page.navid=to_knowledgeable_news_side&global_data.designmode=eb&notice_stat_param.selected_date=15.02.2012#Notice_135, Mitteilung vom 15.2.2012 (Abruf 20.3.2012).
[7] Die §§ 266 Abs. 1 und 274a (verkürzte Bilanz), 276 (verkürzte GuV), 288 Satz 1 (verkürzter Anhang), HGB.

GmbHG gibt, steht Aktionären gem. § 131 Abs. 1 Satz 3 AktG zu, die Vorlage des JA in der Form zu verlangen, die ohne Inanspruchnahme der Erleichterungen zum Tragen gekommen wäre; hiervon ausgenommen ist lediglich § 274a HGB. Gesellschaftsvertragliche Regelungen, die über die gesetzlichen Anforderungen hinaus gehen, wie etwa eine Vereinbarung zur Aufstellung des JA nach den für große KapG geltenden Vorschriften, berührt die Möglichkeit zur Inanspruchnahme der Offenlegungserleichterungen des § 326 HGB nicht, sodass eine verkürzte Offenlegung auch in diesen Fällen möglich ist.
In der Praxis führen diese Regelungen zu einer erheblichen Abweichung zwischen der internen und der externen Berichterstattung.[8]

### 1.2 Anwendungsbereich

5   Relevant ist die Regelung des § 326 Abs. 1 HGB nur für **kleine KapG** und **KapCoGes**. In Abs. 2 wird die Zielgruppe nochmals auf KleinstKapG eingeschränkt. Maßgeblich für die Zuordnung zum Kreis der „kleinen" Ges. sind die Schwellenwerte des § 267 Abs. 1 HGB, zum Kreis der KleinstKapG sind dies die Schwellenwerte des § 267a Abs. 1 HGB i. V. m. dem Verbot zur Bilanzierung von VG zum beizulegenden Zeitwert (§ 267a Rz 1ff.), sowie die Anforderung des § 267 Abs. 4 Satz 1 HGB, dass diese an zwei aufeinanderfolgenden Abschlussstichtagen nicht überschritten werden. Eine KM-Orientierung schließt gem. § 267 Abs. 3 Satz 2 HGB jedoch eine Inanspruchnahme der Erleichterungen grds. aus (§ 264d Rz 1). Bei Neugründungen oder Umwandlungen schließt ein Überschreiten der Schwellenwerte bereits im ersten Jahr die Anwendung des § 326 HGB aus (§ 267 Rz 27ff.).

6   **Kreditinstitute** und **VersicherungsUnt** haben grds. entsprechend großen KapG zu handeln und fallen daher gem. den §§ 340a Abs. 1, 341a Abs. 1 HGB nicht in den Anwendungsbereich des § 326 HGB.

7   Unt, die nach dem **PublG** zur Rechnungslegung verpflichtet sind, dürfen die Erleichterungen des § 326 HGB nicht in Anspruch nehmen, da diese aufgrund der Größenkriterien stets nicht als klein gelten können.

8   Wird der JA dem **Betriebsrat** oder dem **Wirtschaftsausschuss** vorgelegt, hat dieser gem. § 108 Abs. 5 BetrVG der Form ohne Inanspruchnahme der Erleichterungen des § 326 HGB zu entsprechen.
Wenngleich § 65 Abs. 1 Nr. 4 BHO vorsieht, dass sich der **Bund** nur an **privatrechtlichen Ges.** beteiligt, die ihren JA entsprechend den Vorschriften für große KapG aufstellen und prüfen, können Unt mit der öffentlichen Hand als Gesellschafter die Erleichterungen des § 326 HGB anwenden. Die dem Bund zur Verfügung gestellten Informationen werden auf Basis der internen Berichterstattung – und nicht des verkürzten, offengelegten JA – erstellt.[9]

---

[8] Vgl. *Fehrenbacher*, in MünchKomm. HGB, 3. Aufl. § 326 Rn 4; *ADS*, 6. Aufl. § 326 HGB, Rz 32.
[9] Vgl. *ADS*, 6. Aufl., § 326 HGB, Rz 9.

## 2 Offenlegungspflichten für kleine Kapitalgesellschaften (Abs. 1)

### 2.1 Offenlegungspflichtige Unterlagen

Von den in § 325 Abs. 1 HGB aufgeführten Rechnungslegungsunterlagen **müssen** Ges., die unter den Anwendungsbereich des § 326 Abs. 1 HGB fallen, **nur die Bilanz und den Anhang offenlegen.** Die weiteren in § 325 HGB bezeichneten Unterlagen **müssen nicht** an den Träger des BAnz übergeben werden. Die daraus resultierende Nichteinreichung der GuV hat – sofern das Wahlrecht in Anspruch genommen wird – die Übermittlung eines unvollständigen JA an das Veröffentlichungsorgan zur Folge. 9

Die im HGB kodifizierten **Aufstellungserleichterungen** stehen nicht im **Konflikt** mit den in § 326 Abs. 1 HGB festgeschriebenen Erleichterungen im Zusammenhang mit der **Veröffentlichung.** Die Formulierung des § 326 Abs. 1 HGB lässt eine Inanspruchnahme der Aufstellungserleichterungen zwar nicht zu, aus der Zielsetzung des Gesetzgebers,[10] das Mitgliedsstaatenwahlrecht, welches eine Nachholung der Aufstellungserleichterungen vorsieht, voll auszuschöpfen, ergibt sich diese Interpretation jedoch. Auf eine Offenlegung kann entsprechend den Maßgaben des § 326 Abs. 1 HGB verzichtet werden, wenngleich von dem Recht auf Verzicht der Aufstellung des jeweilig gleichen Sachverhalts nicht Gebrauch gemacht wurde.[11] Auch kann auf die Inanspruchnahme einer Aufstellungserleichterung verzichtet, eine Offenlegung dagegen vorgenommen werden. Nicht unter die Aufstellungserleichterungen fallen jedoch Zusammenfassungen i.S.d. § 265 Abs. 7 HGB; eine Offenlegung bedingt auch eine Aufstellung.[12] 10

Weitere normierte Einreichungspflichten – etwa des AktG oder des GmbHG – bleiben von § 326 Abs. 1 HGB unberührt; ihnen ist weiterhin nachzukommen.[13] 11

### 2.2 Offenlegung der Bilanz und Mindestumfang

Die Bilanz ist in **vollem Umfang** offenzulegen. Die Aufstellung und Feststellung dürfen sowohl unter Rückgriff auf die Normalgliederung (§ 266 Abs. 1 Satz 2 HGB) als auch auf das verkürzte Bilanzschema (§ 266 Abs. 1 Satz 3 HGB) erfolgen. Die Wahl kann bei der Offenlegung unabhängig von Aufstellung und Feststellung erneut getroffen werden. 12

Sowohl für die Aufstellung als auch die Offenlegung sind folgende Einzelvorschriften sozusagen als **Mindestumfang** stets zu beachten: 13

- § 268 Abs. 1 HGB: Gewinn-/Verlustvortrag, wenn nicht im Bilanzgewinn/-verlust integriert (alternativ auch im Anhang),
- § 268 Abs. 3 HGB: Nicht durch EK gedeckter Fehlbetrag,
- § 268 Abs. 4 Satz 1 HGB: Restlaufzeit bei Forderungen,
- § 268 Abs. 5 Satz 1 HGB: Verbindlichkeiten mit einer Restlaufzeit von bis zu einem Jahr,

---

10 Vgl. BilMoG-BegrRA, BT-Drs. 10/4268, S. 86.
11 Vgl. *Farr,* AG 1996, S. 145; *Müller,* in *Baetge/Kirsch/Thiele,* Bilanzrecht, § 326 HGB, Rz 23, Stand 12/2013; *Grottel,* in Beck Bil-Komm. 9. Aufl., § 326 HGB, Rz 15; *ADS,* 6. Aufl., § 326 HGB, Rz 21.
12 Vgl. *Grottel,* in Beck Bil-Komm. 9. Aufl., § 326 HGB, Rz 19.
13 Vgl. *Fehrenbacher,* in MünchKomm. HGB, 3. Aufl., § 326 Rn 4.

- § 268 Abs. 7 i. V. m. § 251 HGB: Haftungsverhältnisse (alternativ auch im Anhang),
- § 272 Abs. 1 Satz 3 HS 1 HGB: Ausstehende Einlagen auf das gezeichnete Kapital,
- § 272 Abs. 1 Satz 3 HS 2 HGB: Eingeforderte Einlagen auf das gezeichnete Kapital,
- § 272 Abs. 1 Satz 4 HGB: Nicht eingeforderte ausstehende Einlagen.

14 Für **kleine AG und KGaA** sind ferner zu berücksichtigen:
- § 272 Abs. 1a Satz 1 HGB: Nennbetrag/rechnerischer Wert von erworbenen eigenen Anteilen,
- § 152 Abs. 1 AktG: auf jede Aktiengattung entfallender Betrag des Grundkapitals, bedingtes Kapital sowie die Gesamtstimmenzahl der Mehrstimmrechtsaktien und die der übrigen Aktien, sofern vorhanden,
- § 152 Abs. 2 AktG: Kapitalrücklage: Einstellungen und Entnahmen (alternativ auch im Anhang),
- § 152 Abs. 3 AktG: Gewinnrücklagen: Einstellungen und Entnahmen (alternativ auch im Anhang).

15 Von **kleinen GmbH** gesondert zu beachten:
- § 42 Abs. 2 Satz 2 GmbHG: eingeforderte Nachschüsse, soweit mit der Zahlung gerechnet werden kann, sowie die Kapitalrücklage,
- § 42 Abs. 3 GmbHG: Ausleihungen, Forderungen und Verbindlichkeiten gegenüber Gesellschaftern (alternativ auch im Anhang).

16 Die Sondervorschriften für **kleine KapCoGes** wurden mit dem MicroBilG für Gj, die nach dem 30.12.2012 enden, gelockert. So müssen zwar folgende Sachverhalte nach § 264c Abs. 5 HGB ermittelt werden:
- § 264c Abs. 1 HGB: Ausleihungen, Forderungen und Verbindlichkeiten gegenüber Gesellschaftern (alternativ auch im Anhang),
- § 264c Abs. 2 HGB: Kapitalanteile, Rücklagen, Gewinn-/Verlustvortrag und Jahresüberschuss/-fehlbetrag im EK,
- § 264c Abs. 4 Satz 2 HGB: Ausgleichsposten für aktivierte eigene Anteile.

Im Rahmen des Ausweises kann auf diese Posten dann jedoch verzichtet werden, da dies nach Auffassung der Bundesregierung für reine KapG ebenso gelten würde und kein Anlass für eine schärfere Regelung für KapCoGes gesehen wird.[14] Somit können die Bilanz und der Anhang ohne diese Angaben offengelegt werden.

## 2.3 Verkürzung des Anhangs und Mindestgliederung

17 § 326 Abs. 1 Satz 2 HGB gewährt kleinen KapG und ihnen gleichgestellten PersG die Möglichkeit, zu Veröffentlichungszwecken auf die Anhangangaben zu verzichten, die die **GuV** betreffen. Satz 2 besitzt dabei nur klarstellenden Charakter, da eine Offenlegung der GuV bereits gem. Satz 1 ausbleiben darf.

18 Werden Aufstellungserleichterungen erst im Rahmen der Offenlegung in Anspruch genommen respektive wird auf GuV-Angaben bei der Offenlegung verzichtet, empfiehlt sich der Ausweis dieser in einem **gesonderten Abschnitt** bereits bei Aufstellung.[15]

---

[14] Vgl. MicroBilG, BT-Drs 17/11292 S. 17.
[15] So auch *Farr*, GmbHR 1996, S. 185; *ADS*, 6. Aufl., § 326 HGB, Rz 31; dies als Muss betrachtend *Grottel*, in Beck Bil-Komm. 9. Aufl., § 326 HGB, Rz 25.

**Freiwillige Zusatzangaben,** die nicht die GuV, die Ergebnisverwendung oder Angaben, die bei der Anwendung einer Aufstellungserleichterung entfallen, betreffen, unterliegen der Offenlegungspflicht, sofern sie bereits bei der Aufstellung angegeben wurden. 19

Nach Satz 2 verringern sich die Pflichtangaben in einem offengelegten JA über die bereits im Rahmen der Aufstellung geltenden Befreiungen in § 288 HGB hinaus. 20

> **Beispiel**
> Für eine kleine GmbH ergeben sich nach Inanspruchnahme aller größenabhängigen Aufstellungs- und Offenlegungserleichterungen folgende Mindestangabepflichten im Anhang (soweit dies nicht bereits an einem anderen Ort des JA oder – soweit freiwillig erstellt – LB erfolgt und nur, wenn diese nicht die GuV betreffen):
> § 264 Abs. 2 Satz 2: zusätzliche Angaben zur VFE-Lage
> § 265 Abs. 1: Angaben zu Abweichungen der Form
> § 265 Abs. 2: Angabe zu Vorjahreswerten
> § 265 Abs. 3: Angaben zur Postenmitzugehörigkeit
> § 265 Abs. 4: Angaben zu Gliederungsergänzungen
> § 284 Abs. 2 Nr. 1: Angabe der auf die Posten der Bilanz angewandten Bilanzierungs- und Bewertungsmethoden
> § 284 Abs. 2 Nr. 2: Angaben zur Fremdwährungsumrechnung
> § 284 Abs. 2 Nr. 3: Angaben zu Abweichungen von Bilanzierungs- und Bewertungsmethoden
> § 284 Abs. 2 Nr. 5: Angabe zur Einbeziehung von Fremdkapitalzinsen in die HK
> § 285 Nr. 1: Zusatzangaben zu Verbindlichkeiten und Sicherungen
> § 285 Nr. 9c: Gewährte Vorschüsse an Organe
> § 285 Nr. 10: Angaben zu Mitgliedern der Geschäftsführungsorgane und des AR
> § 285 Nr. 11: Angaben zum Anteilsbesitz
> § 285 Nr. 11a: Angabe zu Unt, für die unbeschränkt gehaftet wird
> § 285 Nr. 13: Begründung, wenn für den GoF eine Nutzungsdauer von mehr als fünf Jahren angenommen wird
> § 285 Nr. 14: Angaben zu einem ggf. vorhandenen MU
> § 285 Nr. 18: Angaben zu Finanzanlagen, die über ihren beizulegenden Wert ausgewiesen sind
> § 285 Nr. 23: Angaben zu Bewertungseinheiten
> § 285 Nr. 24: Angaben zu Pensionsrückstellungen
> § 285 Nr. 25: Angaben zu einem saldierten Planvermögen
> § 285 Nr. 26: Angaben zu inländischem Investmentvermögen
> § 285 Nr. 27: Angaben zu Eventualverbindlichkeiten
> § 285 Nr. 28: Angaben zur Ausschüttungssperre
> § 286 Abs. 3 Satz 3: Angabe, wenn auf Angabe § 285 Nr. 11 und 11a verzichtet wurde.

21 **Rechtsformabhängig** ergeben sich ggf. **weitere Angabepflichten**, wobei sich die Erleichterung der Offenlegung der GuV auch dort auswirkt. So ist z. B. bei **kleinen AG und KGaA** § 240 Satz 3 AktG nicht zu berücksichtigen: Verwendung der aus der Kapitalherabsetzung und aus der Auflösung von Gewinnrücklagen gewonnenen Beträge.

## 3 Hinterlegung der Bilanz bei Kleinstkapitalgesellschaften (Abs. 2)

22 Nach § 326 Abs. 2 HGB kann von KleinstKapG statt der bislang üblichen Offenlegung (Bekanntmachung der Daten als jederzeit abrufbare Information im Internet durch den Betreiber des BAnz) nun alternativ eine **Hinterlegung** erfolgen. Bei einer Hinterlegung der Bilanz von KleinstKapG ist diese nur auf Antrag an das Unternehmensregister als kostenpflichtige elektronische Kopie (derzeit vorgesehen: 4,50 EUR pro Bilanz) erhältlich. Es bleibt jedoch dabei, dass die Einsichtnahme und damit die Antragstellung jedermann gestattet ist. So sind etwa keine Begründungen oder Nachweise über ein begründetes Interesse für die Einsichtnahme vorzulegen. Allerdings hat vor der Antragstellung eine Registrierung beim Unternehmensregister zu erfolgen, wobei eine Übermittlung der registrierten Daten der Antragsteller bzw. der Anträge an die KleinstKapG nicht vorgesehen ist. Damit bleiben die Antragsteller den hinterlegenden Unt gegenüber somit hinsichtlich Name und Anzahl anonym. Neben dem Verzicht der Aufstellung eines Anhangs kann diese Verfahrensänderung der Offenlegung der Rechnungslegungsunterlagen für KleinstKapG als zentrale Änderung des MicroBilG angesehen werden.

23 Die KleinstKapG haben zusätzlich zu der Bilanz dem BAnz gegenüber die Mitteilung zu machen, dass sie zwei der drei in § 267a Abs. 1 HGB genannten Merkmale für die nach § 267 Abs. 4 HGB maßgeblichen Abschlussstichtage nicht überschreiten. Der BAnz hat sich im Zuge der Umsetzung der Hinterlegungsoption für KleinstKapG dazu entschieden, den Antrag durch Nutzung des gesonderten Veröffentlichungsbereichs „Hinterlegen beim Bundesanzeiger" auf der Publikations-Plattform (https://publikations-plattform.de) oder über den Webservice nebst den entsprechenden Feldern zur Bestätigung der Gesellschaftsart und der Größenklassenzugehörigkeit als gestellt zu betrachten. Die Eingabe eines gesonderten Antragstextes oder dessen Übermittlung per Fax, E-Mail oder auf dem Postwege ist so entsprechend nicht erforderlich bzw. vorgesehen. Der Anforderung des § 326 Abs. 2 Satz 2 HGB – dass KleinstKapG von dem Recht auf Hinterlegung nur Gebrauch machen dürfen, wenn sie gegenüber dem Betreiber des BAnz mitteilen, dass sie zwei der drei in § 267a Absatz 1 HGB genannten Merkmale für die nach § 267 Absatz 4 HGB maßgeblichen Abschlussstichtage nicht überschreiten – wird im Rahmen des Hinterlegungsauftrags per Publikations-Plattform durch die Angaben unter dem Punkt „Weitere Auftragsdaten" entsprochen. Eine Pflicht zur Übermittlung der konkreten Umsatz- und Mitarbeitergrößen des Unt ist nicht festgeschrieben, um die Unt von unnötigem Verwaltungsaufwand zu entlasten. Allerdings kann es durch den Betreiber des BAnz zu Prüfungen und Nachfragen kommen.

24 KleinstKapG müssen sich gem. § 6 Abs. 1 Satz 2 Justizverwaltungskostenordnung mit derzeit 3 EUR Jahresgebühr an den **Kosten des Unternehmensregisters** beteiligen.

Der Betreiber des BAnz übermittelt dem Unternehmensregister unverzüglich die 25
von KleinstKapG zur Hinterlegung eingereichten Bilanzen in einem Dateiformat,
das die Archivierung der Daten ermöglicht. Derzeit nimmt der Betreiber des
BAnz MS-Word-Dokumente ab Microsoft Office 2000 (Version 9), RTF-Dokumente sowie auf Basis der bundesanzeigerspezifischen DTD und XSD oder eines bundesanzeigerspezifischen Webformulars erstellte XML/XBRL-Daten („XML/XBRL-Format") entgegen.[16] Ist das Dateiformat ungeeignet zur Archivierung, so wandelt der Betreiber des BAnz die Daten im Auftrag des Unt um. Derzeit kostet die Einreichung eines JA kleiner KapG bei Anlieferung im „XML-Format" auch bei Nutzung des bundesanzeigerspezifischen Webformulars 30,00 EUR;[17] die Gebühr für die Hinterlegung der Bilanz bei Anlieferung im „XML-Format" oder Nutzung des Webformulars beträgt 23,00 EUR.[18]

Hinsichtlich des Umfangs der einzureichenden Unterlagen ergeben sich die in Tab. 1 dargestellten Einreichungspflichten:

|  | KapG und PersG gem. § 264a HGB | | | |
|---|---|---|---|---|
|  | kleinst | klein | mittel | groß |
| Bilanz | X mit Erleichterungen | X mit Erleichterungen | X mit Erleichterungen | X |
| GuV |  |  | X | X |
| Anhang |  | X mit Erleichterungen | X mit Erleichterungen | X |
| Lagebericht |  |  | X | X |
| Bericht des Aufsichtsrats |  |  | X | X |
| Erklärung nach § 161 AktG* |  |  |  | X |
| Gewinnverwendungsvorschlag |  |  | X mit Erleichterungen | X mit Erleichterungen |
| Bestätigungs-/Versagungsvermerk |  |  | X | X |

*: soweit nicht aus dem eingereichten JA ersichtlich und die AG börsennotiert ist.
Tab. 1: Beim BAnz einzureichende Unterlagen nach Größenklassen

---

[16] Vgl. Allgemeine Geschäftsbedingungen Bundesanzeiger, https://www.bundesanzeiger.de/download/D042_agb-banz.pdf, letzter Abruf am 07.07.2015.
[17] Vgl. Preisliste Bundesanzeiger, https://www.bundesanzeiger.de/download/D045_Preisliste.pdf, letzter Abruf am 07.07.2015.
[18] Vgl. Allgemeine Geschäftsbedingungen für die entgeltliche Hinterlegung von Jahresabschlussunterlagen (Kleinstkapitalgesellschaften), https://publikations-plattform.de/download/D089_agb-hinterlegungen-banz.pdf, letzter Abruf am 07.07.2015.

26   Eine **Pflicht zur Inanspruchnahme der Erleichterungen besteht grds. nicht**. Wenngleich das Wahlrecht nicht pflichtgemäß ausgeübt werden muss, wird unter Berufung auf die Interessenslage der Ges. bzw. der Gesellschafter bei Fehlen einer entsprechenden Regelung in den Statuten der Ges. mitunter eine faktische Pflicht zur Inanspruchnahme des Wahlrechts gesehen oder eine solche zumindest für denkbar gehalten.[19] Dies widerspricht jedoch dem Sinn und Zweck eines handelsrechtlichen Wahlrechts und damit bereits dem Willen des Gesetzgebers eindeutig, der in Bezug auf die Offenlegung oder Hinterlegung eben keine Pflicht zur Inanspruchnahme kodifiziert hat. Hier wird letztlich zudem explizit gegen die Informationsfunktion der Rechnungslegung argumentiert, ohne dass dafür eine gesetzliche Basis besteht und ohne dass sich diese Argumentation in der Bilanzierung deutscher Unt widerspiegelt.[20] Ferner werden die negativen Folgen einer nicht erfolgten Inanspruchnahme der Erleichterungen übergewichtet. Eine Offenlegung kann sich aber bspw. bei der Finanzierung, der Mitarbeitergewinnung sowie hinsichtlich des Kunden- und Lieferantenvertrauens positiv auswirken.

27   Daher erscheint die **Hinterlegungsregelung unnötig** und kontraproduktiv. Der Verwaltungs- bzw. Informationsbeschaffungsaufwand wird sowohl auf Ebene des BAnz und der Unt (zusätzlicher Antrag), insb. aber auf Ebene der Abschlussadressaten (massiv) erhöht, während relevante Nutzenmomente nicht erkennbar sind. Offenlegungsscheue Unt können lediglich die Einsichtsbarrieren auf die Bilanz erhöhen, nicht aber eine Offenlegung gänzlich verhindern und Abschlussadressaten, die sich hauptsächlich für die JA von Kleinst- und kleinen KapG aber auch für die von Holding-Unt interessieren, sehen sich Mühen und Kosten ausgesetzt. Insbesondere bei Kleinst- und kleinen KapG ist ein denkbares „Risiko" infolge einer Informationspreisgabe von relevanten/brisanten Daten in dem offengelegten verkürzten JA bereits bei den bisherigen Aufstellungs- und Offenlegungserleichterungen gering – von den mit dem MicroBilG umgesetzten weiteren Erleichterungen bzgl. einer Zusammenfassung der Bilanzpositionen bleiben somit letztlich lediglich Bilanzsumme und EK als Daten von Interesse übrig.

## 4 Unterzeichnung

28   Während sich § 325 Abs. 1 HGB auf die Offenlegung des JA bezieht, der gem. § 245 Abs. 1 HGB unter Angabe des Datums zu unterzeichnen ist (§ 245 Rz 1 ff.), verkürzt sich die Einreichungspflicht infolge der größenabhängigen Erleichterungen für kleine KapG und KleinstKapG bei der Offenlegung/Hinterlegung gem. § 326 HGB auf die Bilanz und den Anhang (kleine KapG) bzw. die – ggf. um die geforderten Zusatzangaben erweiterte – Bilanz (KleinstKapG).
In der Praxis wird daraus mitunter abgeleitet, dass die Unterzeichnung aus den einzureichenden Unterlagen nicht ersichtlich bzw. mit eingereicht sein muss. Dies wird entweder deshalb als zulässig erachtet, weil die Unterzeichnung regelmäßig unter der GuV bzw. am Ende des Anhangs platziert wird (§ 245 Rz 11)

---

[19] So etwa *Grottel,* in Beck Bil-Komm. 9. Aufl., § 326 HGB, Rz 1.
[20] Vgl. zu empirischen Befunden Haufe HGB Bilanz Kommentar BilMoG Erfahrungsbericht BilMoG, Rz 90 ff. (Bilanz), Rz 337 ff. (GuV) und Rz 459 (Anhang).

und eben jene Teile etwaig nicht offengelegt/hinterlegt bzw. erstellt werden müssen oder weil die Unterschrift/en (lediglich) als Teil des JA im Gesamten gesehen werden.
Diese Auffassung verkennt zum einen, dass die Unterzeichnung u.a. die Dokumentation der Verantwortlichkeit für den JA bzw. vielmehr dessen Teile bezweckt. Wird auf die Offenlegung des JA unter Inanspruchnahme der Erleichterungen des § 326 HGB teilweise verzichtet bzw. tritt infolge dessen an ihrer statt nur die Offenlegung/Hinterlegung der Bilanz – ggf. nebst Anhang – so befreit dies nicht von der Dokumentation der Verantwortlichkeit für die offengelegten/ hinterlegten Teile des JA. Zum anderen wird mit der Unterzeichnung auch die Vollständigkeit des JA (Aufstellung) – zunächst i.S.d. § 242 Abs. 3 HGB bestehend aus Bilanz und GuV, bei kleinen KapG zudem gem. § 264 Abs. 1 Satz 1 HGB um einen Anhang erweitert – bestätigt. Der mögliche Verzicht auf Offenlegung der GuV – bei KleinstKapG zudem auf Erstellung eines Anhangs oder auf Offenlegung eines ggf. freiwillig erstellten Anhangs – befreit insofern nicht von der Bestätigung der Vollständigkeit per Unterschrift/en, nur weil diese unter der GuV oder dem ggf. freiwillig erstellten Anhang platziert wurde/n. Bei kleinen KapG, bei denen auch der Anhang Gegenstand der Unterzeichnung ist und die Unterschrift/en daher ohnehin regelmäßig am Ende des Anhangs platziert ist/ sind, kann dieses Argument ohnehin nicht aufgeführt werden. Darüber hinaus wird/werden die Unterschrift/en durch Platzierung weder Teil der GuV oder des Anhangs noch nehmen sie Bezug auf das „Gesamtgebilde JA" sondern vielmehr auf alle pflichtgemäß oder freiwillig aufgestellten Bestandteile.

## 5 Rechtsfolgen bei Pflichtverletzung

Ein direkter Verstoß gegen § 326 HGB ist nicht möglich. Eine Pflichtverletzung kann nur im Zusammenhang mit der unrechtmäßigen Inanspruchnahme von Offenlegungserleichterungen erfolgen, die einen **Verstoß gegen § 325 HGB** bedingt. Entsprechend greifen die Rechtsfolgen des § 325 HGB (§ 325 Rz 168 ff.). 29

## 6 Änderungen durch das BilRUG

Der Verweis auf die Offenlegungsvorschriften des § 325 HGB respektive deren Erfüllung durch KleinstKapG bereits durch Hinterlegung der Bilanz gem. § 326 Abs. 2 HGB wird mit dem BilRUG überarbeitet. 30
Zunächst wird in § 326 Abs. 2 Satz 1 HGB die Angabe „§ 325" durch die Wörter „§ 325 Abs. 1 bis 2" ersetzt. Daraus ergibt sich eine Klarstellung hinsichtlich der Offenlegung eines etwaig durch eine KleinstKapG aufzustellenden KA. Durch die Einschränkung des Verweises lediglich auf die ersten beiden Absätze des § 325 HGB nF und damit die explizite Ausnahme der Vorschriften zur Offenlegung eines KA (§ 325 Abs. 3 und 3a HGB) wird präzisiert, dass KleinstKapG mit der Hinterlegung der Bilanz nur die Pflichten zur Offenlegung des JA – nicht aber jene der Offenlegung eines KA – erfüllen können.

Darüber hinaus werden in § 326 Abs. 2 Satz 2 HGB die Wörter „§ 325 Abs. 1 Satz 2 und 6" durch die Wörter „§ 325 Abs. 1 Satz 2, Abs. 1a und 1b" ersetzt. Dies ist der Neufassung des § 325 Abs. 1 HGB, konkret der Ersetzung des Abs. durch die Abs. 1 bis 1b, geschuldet. Es handelt sich insofern lediglich um eine Folgeänderung redaktioneller Natur.

31 Hinsichtlich des Anwendungszeitpunktes der Neuregelung wird auf die umfassenden Ausführungen unter § 293 Rz 23 verwiesen.

# § 327 GRÖSSENABHÄNGIGE ERLEICHTERUNGEN FÜR MITTELGROSSE KAPITALGESELLSCHAFTEN BEI DER OFFENLEGUNG

[1]Auf mittelgroße Kapitalgesellschaften (§ 267 Abs. 2) ist § 325 Abs. 1 mit der Maßgabe anzuwenden, daß die gesetzlichen Vertreter
1. die Bilanz nur in der für kleine Kapitalgesellschaften nach § 266 Abs. 1 Satz 3 vorgeschriebenen Form beim Betreiber des Bundesanzeigers einreichen müssen. [2]In der Bilanz oder im Anhang sind jedoch die folgenden Posten des § 266 Abs. 2 und 3 zusätzlich gesondert anzugeben:
Auf der Aktivseite
A I 1 Selbst geschaffene gewerbliche Schutzrechte und ähnliche Rechte und Werte;
A I 2 Geschäfts- oder Firmenwert;
A II 1 Grundstücke, grundstücksgleiche Rechte und Bauten einschließlich der Bauten auf fremden Grundstücken;
A II 2 technische Anlagen und Maschinen;
A II 3 andere Anlagen, Betriebs- und Geschäftsausstattung;
A II 4 geleistete Anzahlungen und Anlagen im Bau;
A III 1 Anteile an verbundenen Unternehmen;
A III 2 Ausleihungen an verbundene Unternehmen;
A III 3 Beteiligungen;
A III 4 Ausleihungen an Unternehmen, mit denen ein Beteiligungsverhältnis besteht;
B II 2 Forderungen gegen verbundene Unternehmen;
B II 3 Forderungen gegen Unternehmen, mit denen ein Beteiligungsverhältnis besteht;
B III 1 Anteile an verbundenen Unternehmen.
Auf der Passivseite
C 1 Anleihen,
davon konvertibel;
C 2 Verbindlichkeiten gegenüber Kreditinstituten;
C 6 Verbindlichkeiten gegenüber verbundenen Unternehmen;
C 7 Verbindlichkeiten gegenüber Unternehmen, mit denen ein Beteiligungsverhältnis besteht;
2. den Anhang ohne die Angaben nach § 285 Nr. 2 und 8 Buchstabe a, Nr. 12 beim Betreiber des Bundesanzeigers einreichen dürfen.

Dr. Markus Kreipl

| Inhaltsübersicht | Rz |
|---|---|
| 1 Überblick | 1–10 |
| 1.1 Inhalt und Regelungszweck | 1–4 |
| 1.2 Anwendungsbereich | 5–10 |

| 2 | Offenlegungspflichten für mittelgroße Kapitalgesellschaften... | 11–18 |
|---|---|---|
| | 2.1 Offenlegungspflichtige Unterlagen................. | 11–12 |
| | 2.2 Offenlegung der Bilanz und Mindestumfang........... | 13–15 |
| | 2.3 Verkürzung des Anhangs....................... | 16–18 |
| 3 | Rechtsfolgen bei Pflichtverletzung..................... | 19 |
| 4 | Änderungen durch das BilRUG....................... | 20 |

**Ergänzendes Schrifttum**
*Apelt*, Die Publizität der GmbH, 1991; *Blümle/Kreipl/Panzer*, Kommunikationsverhalten kleiner und mittlerer Unternehmen nach der Revision des Handelsrechts, in *Meyer, J.-A.* (Hrsg.), Jahrbuch der KMU-Forschung und -Praxis, 2013, S. 263; *Farr*, Der Jahresabschluß der kleinen GmbH (II), GmbHR 1996, S. 185; *Farr*, Der Jahresabschluß der mittelgroßen und kleinen AG, AG 1996, S. 145; *Farr*, Aufstellung, Prüfung und Offenlegung des Anhangs im Jahresabschluß der GmbH & Co. KG (II), GmbHR 2000, S. 605; *Karsten*, Das EHUG – ein weiterer Schritt auf dem Weg zu einem modernen Unternehmensrecht in Deutschland, GewArch 2007, S. 55; *Kiesel/Grimm*, Die Offenlegungspflicht bei Kapitalgesellschaften & Co. Nach dem Beschluss des EuGH vom 23.04.2004, DStR 2004, S. 2210; *Marten/Zorn*, Prüfungsbefreiung für den Einzelabschluss im Konzern – keine Erleichterung in der Praxis, BB 2004, S. 1615; *Noack*, Pflichtbekanntmachung bei der GmbH: Neue Regeln durch das Justizkommunikationsgesetz, DB 2005, S. 599; *Schumann*, Handelsrechtliche Offenlegungspflichten von Kapitalgesellschaften, BTR 2005, S. 189; *Theile/Nitsche*, Praxis der Jahresabschlusspublizität bei der GmbH, WPg 2006, S. 1141; *Weilbach*, Zur Offenlegungspflicht mittelständischer Kapitalgesellschaften, BB 1995, S. 451; *Weirich/Zimmermann*, Aufstellung und Offenlegung des Jahresabschlusses kleiner Aktiengesellschaften, AG 1986, S. 265; *Zimmer/Eckhold*, Das Kapitalgesellschaften- & Co.-Richtlinien-Gesetz, NJW 2000, S. 1361; s. auch das Schrifttum zu § 325.

# 1 Überblick

## 1.1 Inhalt und Regelungszweck

1 § 327 HGB räumt mittelgroßen KapG i.S.d. § 267 Abs. 2 HGB (§ 267 Rz 10) **größenabhängige Erleichterungen** bei der **Offenlegung** des JA ein. Die gewährten Erleichterungen beschränken sich dabei analog zu § 326 HGB auf die nach § 325 Abs. 1 HGB offenzulegenden Unterlagen der Rechnungslegung, die weiteren Vorschriften des § 325 HGB werden nicht berührt.[1] Eine Pflicht zur Inanspruchnahme der Erleichterungen besteht nicht. Wenngleich das Wahlrecht nicht pflichtgemäß ausgeübt werden muss, wird unter Berufung auf die Interessenslage der Ges. respektive der Gesellschafter bei Fehlen einer entsprechenden Regelung in den Statuten der Ges. mitunter eine faktische Pflicht zur Inanspruchnahme des Wahl-

---

[1] Für weiterführende Informationen zum Verhältnis zwischen den §§ 325 Abs. 1 und 326 HGB s. *Autenrieth*, DB 1988, S. 2581.

rechts gesehen oder eine solche zumindest für denkbar gehalten.[2] Dies widerspricht jedoch dem Sinn und Zweck eines handelsrechtlichen Wahlrechts und damit bereits dem Willen des Gesetzgebers eindeutig, der in Bezug auf die Offenlegung eben keine Pflicht zur Inanspruchnahme kodifiziert hat. Hier wird letztlich zudem explizit gegen die Informationsfunktion der Rechnungslegung argumentiert, ohne dass dafür eine gesetzliche Basis besteht und ohne dass sich diese Argumentation in der Bilanzierung deutscher Unt widerspiegelt. Ferner werden die negativen Folgen einer Nicht-Inanspruchnahme der Erleichterungen übergewichtet. Eine Offenlegung kann sich aber bspw. bei der Finanzierung, der Mitarbeitergewinnung sowie hinsichtlich des Kunden- und Lieferantenvertrauens positiv auswirken. Entsprechend besteht m.E. grds. **keine Pflicht zur Inanspruchnahme.** Im Rahmen einer empirischen Untersuchung wurde festgestellt, dass die handelsrechtlich gewährten Aufstellungs- und/oder Offenlegungserleichterungen regelmäßig nicht genutzt werden. In Abhängigkeit einer Börsennotierung (*Entry Standard* – nicht KM-orientiert, s. Rz 5) schwankt die Quote kleiner und mittlerer Unt, die auf eine Inanspruchnahme dieser verzichten, zwischen 12,05 % und 62,50 %.[3] Offenbar verstehen immer mehr Unt den JA zunehmend als geeignetes Kommunikationsmittel zur fundierten Selbstdarstellung, der damit zu einer „Visitenkarte des Unternehmens" mutiert.

Satz 1 räumt den betroffenen Ges. die Möglichkeit ein, die Bilanz lediglich in der für kleine KapG/KapCoGes bestimmten verkürzten Form nach § 266 Abs. 1 Satz 3 HGB offenzulegen. Wird von dem Wahlrecht Gebrauch gemacht, eine verkürzte Bilanz beim BAnz einzureichen, sind gem. **Satz 2 Nr. 1** weitere Gliederungsposten entsprechend dem Schema nach § 266 Abs. 2 und 3 HGB in der Bilanz oder im Anhang gesondert auszuweisen. Nach **Satz 2 Nr. 2** darf der Anhang zudem um Angaben verkürzt werden, die die §§ 285 Nr. 2, 8 Buchst. a sowie 12 HGB betreffen.

Der **Zeitpunkt der Offenlegung** der einreichungspflichtigen Unterlagen bestimmt sich nach Maßgabe des § 325 Abs. 1 HGB (§ 325 Rz 40ff.).

Eine befreiende Wirkung in Bezug auf die Aufstellung der Rechnungslegungsunterlagen gem. § 325 Abs. 1 HGB besitzt § 327 HGB, der das Mitgliedsstaatenwahlrecht des Art. 47 Abs. 3 der 4. EG-RL der EU in deutsches Recht umsetzt, nicht. Die Pflicht zur **Vorlage vor dem Hauptorgan** (§ 176 Abs. 1 AktG, § 42a GmbHG) bleibt bestehen, wenngleich ungeachtet dessen im Gesetz verankerte **Aufstellungserleichterungen**[4] genutzt werden können.[5] Entgegen GmbH-Gesellschaftern, für die es das besondere Auskunfts- und Einsichtsrecht nach § 51a Abs. 1 GmbHG gibt, steht Aktionären gem. § 131 Abs. 1 Satz 3 AktG zu, die Vorlage des JA in der Form zu verlangen, die ohne Inanspruchnahme der Erleichterungen zum Tragen gekommen wäre. Für TU ist § 264 Abs. 3 und 4 HGB respektive § 264b HGB zu beachten (§ 325 Rz 151ff.).

Gesellschaftsvertragliche Regelungen, die über die gesetzlichen Anforderungen hinausgehen, wie etwa eine Vereinbarung zur Aufstellung des JA nach den für große KapG geltenden Vorschriften, berühren die Möglichkeit zur Inanspruch-

---

[2] So etwa *Grottel*, in Beck Bil-Komm. 9. Aufl., § 326 HGB, Rz 1; *ADS*, 6. Aufl. § 326 HGB, Rz 10.
[3] Vgl. *Blümle/Kreipl/Panzer*, Kommunikationsverhalten, S. 273.
[4] Der §§ 276 (verkürzte GuV) und 288 Satz 2 (verkürzter Anhang) HGB.
[5] Vgl. *Fehrenbacher*, in MünchKomm. HGB, 3. Aufl., § 327 Rn 2.

nahme der Offenlegungserleichterungen des § 327 HGB nicht, sodass eine verkürzte Offenlegung auch in diesen Fällen möglich ist.
In der Praxis führen diese Regelungen zu einer Abweichung zwischen der internen und der externen Berichterstattung.[6] Die Prüfung und Feststellung des JA, der unter Rückgriff auf § 327 HGB aufgestellt wurde, ist nach hM nicht vorgeschrieben[7] – aber zulässig. Gem. § 328 Abs. 1 Nr. 1 Satz 3 Hs. 2 HGB ist bei der Offenlegung jedoch kenntlich zu machen, dass sich der BSV auf den vollständigen Abschluss bezieht (§ 328 Rz 26 ff.).

### 1.2 Anwendungsbereich

5  Relevant ist die Regelung des § 327 HGB nur für **mittelgroße KapG** und **KapCoGes**. Maßgeblich für die Zuordnung zum Kreis der „mittelgroßen" Gesellschaften sind die Schwellenwerte des § 267 Abs. 2 HGB (§ 267 Rz 13 ff.) sowie die Anforderung des § 267 Abs. 4 Satz 1 HGB, dass diese an zwei aufeinander folgenden Abschlussstichtagen nicht überschritten werden. Eine KM-Orientierung schließt gem. § 267 Abs. 3 Satz 2 HGB jedoch eine Inanspruchnahme der Erleichterungen grds. aus. Eine Ges. ist entsprechend dann KM-orientiert, wenn sie einen organisierten Markt i.S.d. § 2 Abs. 5 des Wertpapierhandelsgesetzes durch von ihr ausgegebene Wertpapiere i.S.d. § 2 Abs. 1 Satz 1 des Wertpapierhandelsgesetzes in Anspruch nimmt oder die Zulassung solcher Wertpapiere zum Handel an einem organisierten Markt beantragt hat (§ 264d Rz 1 ff.).

6  Erfüllt ein KapG die größenabhängigen Kriterien des § 327 HGB, ist die Ges. aber dazu verpflichtet einen **KA** aufzustellen, kommen die Erleichterungen des § 327 HGB für diesen nicht zum Tragen. Der KA ist somit immer gem. § 325 Abs. 3 und 4 HGB zu publizieren.[8]

7  **Kreditinstitute** und **VersicherungsUnt** haben grds. entsprechend großen KapG zu handeln und fallen daher gem. den §§ 340a Abs. 1, 341a Abs. 1 HGB nicht in den Anwendungsbereich des § 327 HGB.

8  Unt, die nach dem **PublG** zur Rechnungslegung verpflichtet sind, dürfen die Erleichterungen des § 327 HGB nicht in Anspruch nehmen.

9  Wird der JA dem **Betriebsrat** oder dem **Wirtschaftsausschuss** vorgelegt, hat dieser gem. § 108 Abs. 5 BetrVG der Form ohne Inanspruchnahme der Erleichterungen des § 327 HGB zu entsprechen (§ 326 Rz 8).

10  Wenngleich § 65 Abs. 1 Nr. 4 BHO vorsieht, dass sich der **Bund** nur an privatrechtlichen Ges. beteiligt, die ihren JA entsprechend den Vorschriften für große KapG aufstellen und prüfen, können Unt mit der öffentlichen Hand als Ges. die Erleichterungen des § 327 HGB anwenden. Die dem Bund zur Verfügung gestellten Informationen werden auf Basis der internen Berichterstattung – und nicht des verkürzten, offengelegten JA – erstellt.

---

6  Vgl. *Fehrenbacher*, in MünchKomm. HGB, 3. Aufl., § 326 Rn 4.
7  GlA *Grottel*, in Beck Bil-Komm. 9. Aufl., § 327 HGB, Rz 17; *Müller*, in *Baetge/Kirsch/Thiele*, Bilanzrecht, § 327 HGB, Rz 34, Stand 12/2013.
8  Vgl. *ADS*, 6. Aufl., § 327 HGB, Rz 10.

## 2 Offenlegungspflichten für mittelgroße Kapitalgesellschaften

### 2.1 Offenlegungspflichtige Unterlagen

Von den in § 325 Abs. 1 HGB aufgeführten **Rechnungslegungsunterlagen** müssen Ges., die unter den Anwendungsbereich des § 327 HGB fallen, **sämtliche Unterlagen offenlegen**. Sie stehen den großen Ges. nahe; eine Möglichkeit zum Verzicht auf die Offenlegung einzelner Unterlagen wurde daher vom Gesetzgeber nicht vorgesehen.[9] Entsprechend müssen folgende Unterlagen an den Betreiber des BAnz übermittelt werden:

- Bilanz, GuV, Anhang (§ 325 Rz 62),
- LB (§ 325 Rz 78),
- BSV bzw. Versagungsvermerk (§ 325 Rz 68),
- Bericht des AR (§ 325 Rz 80),
- Gewinnverwendungsvorschlag und -beschluss[10] (§ 325 Rz 89),
- Änderung des JA oder BSV (§ 325 Rz 102).

Anwender des § 327 HGB können jedoch **inhaltliche Erleichterungen** in Anspruch nehmen (Rz 13 ff.).

11

Die mittelgroßen Ges. zur Verfügung stehenden **Aufstellungserleichterungen** stehen nicht im **Konflikt** mit den in § 327 HGB festgeschriebenen Erleichterungen im Zusammenhang mit der **Offenlegung**. Die Formulierung des § 327 HGB lässt eine Inanspruchnahme der Aufstellungserleichterungen zwar nicht direkt zu, nach hM kann eine Offenlegung unter Berufung auf eine solche Erleichterung jedoch unterbleiben. Auf eine Offenlegung kann entsprechend den Maßgaben des § 327 HGB (analog zu § 326 HGB) demnach verzichtet werden, wenn von dem Recht auf Verzicht der Aufstellung des jeweilig gleichen Sachverhalts nicht Gebrauch gemacht wurde.[11] Auch kann auf die Inanspruchnahme einer Aufstellungserleichterung verzichtet und eine Offenlegung vorgenommen werden.

12

> **Beispiel**
> Wenngleich in § 327 HGB nicht kodifiziert, können sich so Offenlegungserleichterungen aus verfügbaren Aufstellungserleichterungen etwa für die GuV ergeben. Gestattet ist gem. § 276 Satz 1 HGB in diesem Zusammenhang, die Positionen des § 275 Abs. 2 Nr. 1–5 HGB (GKV) sowie des § 275 Abs. 3 Nr. 1–3 und 6 HGB (UKV) zusammenzufassen.

Auf eine Darstellung der finanziellen Auswirkungen bei der Angabe nach § 285 Nr. 3 HGB, den Angaben zur Aufgliederung des Umsatzes nach § 285 Nr. 4 HGB, den Angaben zu nahe stehenden Personen und Unt nach § 285 Nr. 21 HGB (sofern keine AG), den Erläuterungen zu latenten Steuern nach § 285 Nr. 29 HGB sowie den Angaben zum Honorar des AP nach § 285 Nr. 17 HGB

---

9 Vgl. *Fehrenbacher*, in MünchKomm. HGB, 3. Aufl., § 327 Rn 4.
10 Angaben über die Ergebnisverwendung brauchen von Gesellschaften mit beschränkter Haftung nicht gemacht zu werden, wenn sich anhand dieser Angaben die Gewinnanteile von natürlichen Personen feststellen lassen, die Gesellschafter sind.
11 Vgl. *Farr*, AG 1996, S. 145; *Müller*, in *Baetge/Kirsch/Thiele*, Bilanzrecht, § 326 HGB Rz 23, Stand 12/2013; *Grottel*, in Beck Bil-Komm. 9. Aufl., § 326 HGB, Rz 15.

(unter Auflagen) kann gem. § 288 Abs. 2 HGB verzichtet werden. Angaben zu den Organbezügen gem. § 285 Nr. 9 Buchst. a und b HGB dürfen ebenfalls unterbleiben, sofern § 286 Abs. 4 HGB eine Nichtangabe gestattet (§ 286 Rz 17 f.).[12]

## 2.2 Offenlegung der Bilanz und Mindestumfang

13 § 326 Satz 1 Nr. 1 HGB räumt den betroffenen Ges. die Möglichkeit ein, die Bilanz lediglich in der für kleine KapG/KapCoGes bestimmten verkürzten Form nach § 266 Abs. 1 Satz 3 HGB (§ 266 Rz 9) offenzulegen. Wird von dem Wahlrecht Gebrauch gemacht, eine verkürzte Bilanz beim BAnz einzureichen, sind gem. § 327 Satz 2 Nr. 1 HGB weitere Gliederungsposten entsprechend dem Schema nach § 266 Abs. 2 und 3 HGB (§ 266 Rz 10 ff.) in der Bilanz oder im Anhang gesondert auszuweisen. Ein gesonderter Ausweis kann hierbei mittels Integration in die entsprechenden Bilanzposten und Betragsangabe in der Hauptspalte nebst Einführung eines zusätzlichen Postens „sonstige..." oder „übrige..." als auch in Form eines Davon-Vermerks vorgenommen werden.[13] Im Interesse einer Aufwandsminimierung empfiehlt es sich jedoch auf eine Anhangangabe zurückzugreifen.[14]

14 Nach § 268 Abs. 2 HGB hat bei Rückgriff auf das verkürzte Bilanzschema eine Übernahme der gem. § 327 Nr. 1 HGB zusätzlich aufzuführenden Posten in das Anlagegitter zu erfolgen, sofern diese das Anlagevermögen betreffen (§ 268 Rz 13 ff.).[15] Da sich die Pflicht zur Übernahme in das Anlagegitter bereits aus § 268 Abs. 2 HGB ergibt, ist in § 327 HGB kein besonderer Hinweis erforderlich.

15 Mit der entsprechend eingeschränkten Genehmigung zur Anwendung des verkürzten Bilanzschemas trägt der Gesetzgeber dem gegenüber kleinen Ges. gestiegenen öffentlichen Interesse an Informationen über die mittelgroßen Unt Rechnung.

## 2.3 Verkürzung des Anhangs

16 § 327 Satz 2 Nr. 2 HGB gewährt mittelgroßen KapG und ihnen gleichgestellten PersG die Möglichkeit, zu Veröffentlichungszwecken auf einige Anhangangaben zu verzichten.

17 Werden Aufstellungserleichterungen erst im Rahmen der Offenlegung in Anspruch genommen, empfiehlt sich der Ausweis dieser in einem **gesonderten Abschnitt** bereits bei der Aufstellung.[16] **Freiwillige Zusatzangaben**, die keine Angaben, die bei der Anwendung einer Aufstellungserleichterung entfallen, betreffen, unterliegen der Offenlegungspflicht, sofern sie bereits bei der Aufstellung angegeben wurden (§ 326 Rz 19).

18 Nach Satz 2 Nr. 2 **entfällt** die Pflicht zur Offenlegung folgender **Angaben**:
- § 285 Nr. 2 HGB: Angaben für jeden Posten der Verbindlichkeiten nach dem vorgeschriebenen Gliederungsschema.

---

12 Vgl. anstatt vieler *Fehrenbacher*, in MünchKomm. HGB, 3. Aufl., § 327 Rn 11.
13 GlA *ADS*, 6. Aufl., § 327 HGB, Rz 13.
14 GlA *Grottel,* in Beck Bil-Komm. 9. Aufl., § 327 HGB, Rz 9.
15 Vgl. *Müller*, in Baetge/Kirsch/Thiele, Bilanzrecht, § 327 HGB Rz 23, Stand 12/2013.
16 So auch *Farr*, GmbHR 1996, S. 185; *ADS*, 6. Aufl., § 326 HGB, Rz 31; dies als Muss betrachtend *Grottel*, in Beck Bil-Komm. 9. Aufl., § 326 HGB, Rz 25.

- § 285 Nr. 8 Buchst. a HGB: Materialaufwand bei Anwendung des UKV.
- § 285 Nr. 12 HGB: Rückstellungen mit erheblichem Umfang, die in der Bilanz unter dem Posten „sonstige Rückstellungen" nicht gesondert ausgewiesen werden.

## 3 Rechtsfolgen bei Pflichtverletzung

Ein direkter Verstoß gegen § 327 HGB ist nicht möglich. Eine Pflichtverletzung kann nur im Zusammenhang mit der unrechtmäßigen Inanspruchnahme von Offenlegungserleichterungen erfolgen, die einen **Verstoß gegen § 325 HGB** bedingt. Entsprechend greifen die Rechtsfolgen des § 325 HGB (§ 325 Rz 168 ff.). 19

## 4 Änderungen durch das BilRUG

§ 327 HGB unterliegt keinen direkten Änderungen durch das BilRUG. Allerdings ergeben sich indirekte Folgeänderungen hinsichtlich der Befreiung mittelgroßer KapG von der Darstellung bestimmter Anhangangaben (etwa jener betreffend finanziellen Auswirkungen bei der Angabe nach § 285 Nr. 3 HGB nF sowie jener zu nahe stehenden Personen und Unt nach § 285 Nr. 21 HGB nF) infolge der Änderung von § 288 Abs. 2 HGB. 20

# § 327a ERLEICHTERUNG FÜR BESTIMMTE KAPITALMARKTORIENTIERTE KAPITALGESELLSCHAFTEN

§ 325 Abs. 4 Satz 1 ist auf eine Kapitalgesellschaft nicht anzuwenden, wenn sie ausschließlich zum Handel an einem organisierten Markt zugelassene Schuldtitel im Sinn des § 2 Abs. 1 Satz 1 Nr. 3 des Wertpapierhandelsgesetzes mit einer Mindeststückelung von 50.000 Euro oder dem am Ausgabetag entsprechenden Gegenwert einer anderen Währung begibt.

Dr. Markus Kreipl

| Inhaltsübersicht | Rz |
|---|---|
| 1 Überblick | 1–2 |
| 1.1 Inhalt und Regelungszweck | 1 |
| 1.2 Anwendungsbereich und Normzusammenhänge | 2 |
| 2 Erleichterung der Offenlegung | 3–5 |
| 2.1 Offenlegungsfrist | 3 |
| 2.2 Von der Erleichterung betroffene Unterlagen | 4 |
| 2.3 Prüfung der fristgerechten Einreichung | 5 |
| 3 Befreiung von Bilanz- und Lageberichtseid | 6 |
| 4 Rechtsfolgen bei Pflichtverletzung | 7 |
| 5 Änderungen durch das BilRUG | 8–9 |

**Ergänzendes Schrifttum**
*Farr,* Der Jahresabschluß der mittelgroßen und kleinen AG, AG 1996, S. 145; *Karsten,* Das EHUG – ein weiterer Schritt auf dem Weg zu einem modernen Unternehmensrecht in Deutschland, GewArch 2007, S. 55; *Kiesel/Grimm,* Die Offenlegungspflicht bei Kapitalgesellschaften & Co. Nach dem Beschluss des EuGH vom 23.04.2004, DStR 2004, S. 2210; *Klatte,* Möglichkeiten des Verzichts auf Angabe von Organbezügen und Ergebnisverwendung, BB 1995, S. 35; *Marten/Zorn,* Prüfungsbefreiung für den Einzelabschluss im Konzern – keine Erleichterung in der Praxis, BB 2004, S. 1615; *Schumann,* Handelsrechtliche Offenlegungspflichten von Kapitalgesellschaften, BTR 2005, S. 189; *Weilbach,* Zur Offenlegungspflicht mittelständischer Kapitalgesellschaften, BB 1995, S. 451; s. auch das Schrifttum zu § 325 HGB

# 1 Überblick

## 1.1 Inhalt und Regelungszweck

§ 327a HGB spricht KM-orientierten Ges., die lediglich **Schuldtitel** emittieren (Rz 2), Erleichterungen zu. Die Norm setzt Art. 8 Abs. 1 Buchst. b der EU-Transparenzrichtlinie 2004/109/EG, der eine Ausnahme für Schuldtitelemittenten vorsieht, in deutsches Recht um. Ges., die unter den Anwendungsbereich des § 327a HGB fallen, werden von der gem. § 325 Abs. 4 Satz 1 HGB vorgesehenen verkürzten Offenlegungsfrist von vier Monaten entsprechend nicht tangiert. Der Zeitpunkt der Veröffentlichung der einreichungspflichtigen Unterlagen bestimmt sich nach Maßgabe des § 325 Abs. 1 HGB (Rz 4). Die Regelung wurde im Kontext einer Erleichterung in das HGB aufgenommen, da dies nach Auffassung des Gesetzgebers die Verständlichkeit der Regelung fördert.[1] Ob die teilweise redundante Überschneidung mit § 325 Abs. 4 HGB diesbezüglich tatsächlich förderlich ist, darf bezweifelt werden. 1

In Verbindung mit § 264 Abs. 2 Satz 3 HGB bzw. § 297 Abs. 2 Satz 4 HGB für den KA ergibt sich zudem die Befreiung entsprechender Unt von der Abgabe des Bilanzeides. Gleiches gilt zudem über § 264 Abs. 2 Satz 3 HGB i.V.m. § 289 Abs. 1 Satz 5 HGB für den Lageberichtseid analog.

## 1.2 Anwendungsbereich und Normzusammenhänge

Relevant ist die Regelung des § 327a HGB nur für **kapitalmarktorientierte KapG**, die ausschließlich zum Handel an einem organisierten Markt zugelassene Schuldtitel i.S.d. § 2 Abs. 1 Satz 1 Nr. 3 WpHG begeben. Schuldtitel in diesem Sinne sind Schuldverschreibungen (inkl. im WpHG einzeln aufgeführter Genuss- und Optionsscheine), Genussscheine, Optionsscheine sowie Zertifikate, die Schuldtitel vertreten. 2

Ergänzende Voraussetzung bildet die Anforderung, dass die Mindeststückelung 50.000 EUR oder einem am Ausgabetag entsprechenden Gegenwert einer anderen Währung entspricht. Zu den relevanten Schuldtiteln gehören insbes. Genussscheine, Inhaberschuldverschreibungen und Orderschuldverschreibungen sowie Zertifikate, die Schuldtitel vertreten. Organisierter Markt i.S.d. § 2 Abs. 5 WpHG ist „... ein im Inland, in einem anderen Mitgliedstaat der Europäischen Union oder einem anderen Vertragsstaat des Abkommens über den Europäischen Wirtschaftsraum betriebenes oder verwaltetes, durch staatliche Stellen genehmigtes, geregeltes und überwachtes multilaterales System ...". Der Handel entsprechender Schuldtitel an einem organisierten Markt eines nicht in § 2 Abs. 5 WpHG bezeichneten Drittlands berechtigt daher nicht zur Inanspruchnahme der Erleichterung des § 327a HGB.

---

[1] Vgl. BT-Drs. 16/2781, S. 81.

## 2 Erleichterung der Offenlegung

### 2.1 Offenlegungsfrist

3   § 325 Abs. 4 Satz 1 HGB verlangt, das KapG i. S. d. § 264d HGB, die keine KapG i. S. d. § 327a HGB sind, die Offenlegung nach längstens **vier Monaten** vollziehen müssen (§ 325 Rz 151). Wird der Anwendungsbereich des § 327a HGB berührt, gilt zur Einreichung der Unterlagen beim Betreiber des BAnz die in § 325 Abs. 1 Satz 2 HGB festgeschriebene Höchstfrist von **zwölf Monaten** (§ 325 Rz 40 ff.).

### 2.2 Von der Erleichterung betroffene Unterlagen

4   Die Erleichterung des § 327a HGB bezieht sich auf sämtliche gem. § 325 Abs. 1 HGB offenlegungspflichtigen Rechnungslegungsunterlagen (§ 325 Rz 55 ff.). Somit bezieht sich die Erleichterung auch auf einen ggf. zu erstellenden KA, der dann ebenfalls später eingereicht werden kann.[2]

### 2.3 Prüfung der fristgerechten Einreichung

5   Die Prüfung der fristgerechten Einreichung der Rechnungslegungsunterlagen erfolgt durch den Betreiber des BAnz. Zur Durchführung der Berechtigungsprüfung kann der Betreiber dazu gem. § 329 Abs. 2 Satz 1 HGB Angaben zur Eigenschaft als KapG i. S. d. § 327a HGB von der die Unterlagen einreichenden Ges. verlangen (§ 329 Rz 13 ff.).

## 3 Befreiung von Bilanz- und Lageberichtseid

6   § 264 Abs. 2 Satz 3 HGB sieht die Pflicht zur Versicherung (Bilanzeid) der Darstellung eines den tatsächlichen Verhältnissen entsprechenden Bilds der VFE-Lage nach bestem Wissen durch die gesetzlichen Vertreter einer KapG, die Inlandsemittent i. S. d. § 2 Abs. 7 des Wertpapierhandelsgesetzes ist, vor, wobei KapG i. S. d. § 327a HGB explizit ausgenommen sind (§ 264 Rz 88 ff.).[3] Für den KA sieht § 297 Abs. 2 Satz 4 HGB eine analoge Pflicht zur Abgabe eines Bilanzeids vor – ebenfalls unter expliziter Befreiung von KapG i. S. d. § 327a HGB (§ 297 Rz 88 ff.). Gleiches gilt zudem über § 264 Abs. 2 Satz 3 HGB i. V. m. § 289 Abs. 1 Satz 5 HGB für den Lageberichtseid (§ 289 Rz 66 ff.).
Die Pflicht zur Unterzeichnung nach § 245 HGB (§ 245 Rz 1 ff.) bleibt davon unberührt. In Konsequenz ändern sich hinsichtlich des JA durch die Befreiung vom Bilanzeid die Rechtsfolgen (dazu Rz 7). Inwieweit eine Pflicht zur Unterzeichnung des LB besteht ist umstritten (dazu § 245 Rz 1).

## 4 Rechtsfolgen bei Pflichtverletzung

7   Ein direkter Verstoß gegen § 327a HGB ist nicht möglich. Eine Pflichtverletzung kann nur im Zusammenhang mit der unrechtmäßigen Inanspruchnahme von Offenlegungserleichterungen erfolgen, die einen **Verstoß gegen § 325 HGB** bedingt. Entsprechend greifen die Rechtsfolgen des § 325 HGB (§ 325 Rz 168).

---

[2]   Vgl. *Fehrenbacher*, in MünchKomm. HGB, 3. Aufl., § 327a Rn 4.
[3]   Vgl. *Müller*, in *Baetge/Kirsch/Thiele*, Bilanzrecht, § 327a HGB, Rz 31, Stand 12/2013.

Gleiches gilt hinsichtlich der Befreiung von Bilanz- und Lageberichtseid. Während eine Verletzung der Pflicht zur Unterzeichnung lediglich eine Ordnungswidrigkeit i. S. v. § 334 Abs. 1 Nr. 1a HGB darstellt, erfüllt ein unrichtiger Bilanz- oder Lageberichtseid gem. § 331 Abs. 3a HGB die Voraussetzungen für eine Straftat. Entsprechend kommt neben einer Geldstrafe auch eine Freiheitsstrafe von bis zu drei Jahren in Betracht.

## 5 Änderungen durch das BilRUG

Die Änderungen an § 327a HGB sind lediglich formaler Natur. In § 327a HGB wird die Angabe „§ 2 Abs. 1 Satz 1 Nr. 3" durch die Wörter „§ 2 Absatz 1 Nummer 3" ersetzt. Damit wird der Verweis auf die Definition von Wertpapieren i. S. d. WpHG formal richtiggestellt. Dies ist insofern konsequent, als dass § 2 WpHG nur aus einem Satz besteht, die Formulierung vor BilRUG aber mehrere Sätze vermuten lässt. Auch erfolgen mit dem BilRUG keine inhaltlichen Änderungen an § 2 WpHG. 8

Hinsichtlich des Anwendungszeitpunktes der Neuregelung wird auf die umfassenden Ausführungen unter § 293 Rz 23 verwiesen. 9

## § 328 FORM UND INHALT DER UNTERLAGEN BEI DER OFFENLEGUNG, VERÖFFENTLICHUNG UND VERVIELFÄLTIGUNG

(1) Bei der vollständigen oder teilweisen Offenlegung des Jahresabschlusses, des Einzelabschlusses nach § 325 Abs. 2a oder des Konzernabschlusses und bei der Veröffentlichung oder Vervielfältigung in anderer Form auf Grund des Gesellschaftsvertrags oder der Satzung sind die folgenden Vorschriften einzuhalten:
1. Abschlüsse sind so wiederzugeben, daß sie den für ihre Aufstellung maßgeblichen Vorschriften entsprechen, soweit nicht Erleichterungen nach §§ 326, 327 in Anspruch genommen werden oder eine Rechtsverordnung des Bundesministeriums der Justiz nach Absatz 4 hiervon Abweichungen ermöglicht; sie haben in diesem Rahmen vollständig und richtig zu sein. [2]Ist der Abschluss festgestellt oder gebilligt worden, so ist das Datum der Feststellung oder Billigung anzugeben. [3]Wurde der Abschluss auf Grund gesetzlicher Vorschriften durch einen Abschlußprüfer geprüft, so ist jeweils der vollständige Wortlaut des Bestätigungsvermerks oder des Vermerks über dessen Versagung wiederzugeben; wird der Jahresabschluß wegen der Inanspruchnahme von Erleichterungen nur teilweise offengelegt und bezieht sich der Bestätigungsvermerk auf den vollständigen Jahresabschluß, so ist hierauf hinzuweisen.
2. Werden der Jahresabschluß oder der Konzernabschluß zur Wahrung der gesetzlich vorgeschriebenen Fristen über die Offenlegung vor der Prüfung oder Feststellung, sofern diese gesetzlich vorgeschrieben sind, oder nicht gleichzeitig mit beizufügenden Unterlagen offengelegt, so ist hierauf bei der Offenlegung hinzuweisen.

(2) [1]Werden Abschlüsse in Veröffentlichungen und Vervielfältigungen, die nicht durch Gesetz, Gesellschaftsvertrag oder Satzung vorgeschrieben sind, nicht in der nach Absatz 1 vorgeschriebenen Form wiedergegeben, so ist jeweils in einer Überschrift darauf hinzuweisen, daß es sich nicht um eine der gesetzlichen Form entsprechende Veröffentlichung handelt. [2]Ein Bestätigungsvermerk darf nicht beigefügt werden. [3]Ist jedoch auf Grund gesetzlicher Vorschriften eine Prüfung durch einen Abschlußprüfer erfolgt, so ist anzugeben, zu welcher der in § 322 Abs. 2 Satz 1 genannten zusammenfassenden Beurteilungen des Prüfungsergebnisses der Abschlussprüfer in Bezug auf den in gesetzlicher Form erstellten Abschluss gelangt ist und ob der Bestätigungsvermerk einen Hinweis nach § 322 Abs. 3 Satz 2 enthält. [4]Ferner ist anzugeben, ob die Unterlagen bei dem Betreiber des Bundesanzeigers eingereicht worden sind.

(3) [1]Absatz 1 Nr. 1 ist auf den Lagebericht, den Konzernlagebericht, den Vorschlag für die Verwendung des Ergebnisses und den Beschluß über seine Verwendung entsprechend anzuwenden. [2]Werden die in Satz 1 bezeichneten Unterlagen nicht gleichzeitig mit dem Jahresabschluß oder dem Konzernabschluß offengelegt, so ist bei ihrer nachträglichen Offenlegung jeweils

anzugeben, auf welchen Abschluß sie sich beziehen und wo dieser offengelegt worden ist; dies gilt auch für die nachträgliche Offenlegung des Bestätigungsvermerks oder des Vermerks über seine Versagung.
(4) Die Rechtsverordnung nach § 330 Abs. 1 Satz 1, 4 und 5 kann dem Betreiber des Bundesanzeigers Abweichungen von der Kontoform nach § 266 Abs. 1 Satz 1 gestatten.
(5) Für die Hinterlegung der Bilanz einer Kleinstkapitalgesellschaft (§ 326 Absatz 2) gilt Absatz 1 entsprechend.

DR. MARKUS KREIPL

Inhaltsübersicht | Rz
---|---
1 Überblick | 1–13
  1.1 Inhalt und Regelungszweck | 1–7
  1.2 Anwendungsbereich | 8–11
  1.3 Normenzusammenhänge | 12–13
2 Offenlegung, Veröffentlichung und Vervielfältigung (Abs. 1) | 14–19
3 Jahres-, Einzel- und Konzernabschluss – Pflichtpublizität (Abs. 1) | 20–29
  3.1 Form und Inhalt (Abs. 1 Nr. 1) | 20–28
    3.1.1 Vollständigkeit/Richtigkeit (Abs. 1 Nr. 1 Satz 1) | 20–24
    3.1.2 Feststellungs- und Billigungsdatum (Abs. 1 Nr. 1 Satz 2) | 25
    3.1.3 Bestätigungsvermerk (Abs. 1 Nr. 1 Satz 3) | 26–28
  3.2 Offenlegung vor Beendigung der Prüfung/Feststellung (Abs. 1 Nr. 2) | 29
4 Jahres-, Einzel- und Konzernabschluss – freiwillige Publizität (Abs. 2) | 30–34
5 Sonstige Unterlagen (Abs. 3) | 35–40
  5.1 Form und Inhalt (Abs. 3 Satz 1) | 35–38
  5.2 Nachträgliche Offenlegung (Abs. 3 Satz 2) | 39–40
6 Abweichungen von der Kontoform (Abs. 4) | 41
7 Hinterlegung (Abs. 5) | 42
8 Rechtsfolgen bei Pflichtverletzung | 43–45
9 Änderungen durch das BilRUG | 46–47

Ergänzendes Schrifttum
*Baetge/Apelt*, Konsequenzen des Verstoßes gegen die Offenlegungsvorschriften des HGB, DB 1988, S. 1709; *Küting/Hütten*, Der Geschäftsbericht als Publizitätsinstrument, BB 1996, S. 2671; *Müller*, Die verschärfte Publizität und deren Gefahren, Stbg 2000, S. 581; *Noack*, Moderne Kommunikationsformen vor den Toren des Unternehmensrechts, ZGR 1998, S. 592; *Richter*, Formvorschriften des Aktiengesetzes für die freiwillige Veröffentlichung und Vervielfältigung von gekürzten Jahresabschlüssen und ihre Beachtung in der Praxis, BB 1977, S. 1329; *Werner*, Offenlegung des Jahresabschlusses – Zweifelsfragen zur Publizität im Unternehmensregister, BBK 2007, S. 671; s. auch das Schrifttum zu § 325

# 1 Überblick

## 1.1 Inhalt und Regelungszweck

1 § 328 HGB regelt **Form** und **Inhalt** der Rechnungslegungsunterlagen, die nach Maßgabe der §§ 325 ff. HGB, des Gesellschaftsvertrags und/oder der Satzung offenzulegen oder zu hinterlegen sind.[1] Neben der Offenlegung definiert der Gesetzgeber in § 328 HGB dabei auch die Anforderung an die Publizitätsarten der Veröffentlichung und der Vervielfältigung (Rz 14 ff.). Von den Vorschriften des § 328 HGB werden neben der pflichtgemäß zu erfüllenden Publizität **auch freiwillig publizierte Unterlagen** berührt, wenngleich diese einem anderen Anforderungskatalog unterworfen sind. Über Form und Inhalt hinausgehende eigenständige Publizitätspflichten regelt § 328 HGB nicht.

2 Neben den unterschiedlichen Publizitätsarten sind in Abs. 1 die Anforderungen in Bezug auf die pflichtgemäß zu erfüllende Offenlegung kodifiziert. Die Abschlüsse haben demnach den für die Aufstellung maßgeblichen Vorschriften zu entsprechen. Neben der Angabe des Feststellungs- und Billigungsdatums sowie des BSV ist nach Abs. 1 bei Rückgriff auf Erleichterungen der §§ 326 und 327 HGB die Grundlage des Vermerks des AP zu benennen. Gemäß **Abs. 5** gelten diese Vorschriften auch für die Hinterlegung der Bilanz von KleinstKapG nach § 326 Abs. 2 HGB (§ 326 Rz 22).

3 **Abs. 2** schreibt vor, dass Veröffentlichungen und Vervielfältigungen, die nicht durch Gesetz, Gesellschaftsvertrag oder Satzung vorgeschrieben sind und die nicht in der nach Abs. 1 vorgeschriebenen Form wiedergegeben werden, einen entsprechenden Nicht-Anwendungshinweis enthalten müssen. Ein BSV darf in diesen Fällen nicht beigefügt werden. Abs. 2 enthält insofern ein Wahlrecht, als dass Abs. 1 freiwillig angewandt werden darf.

4 **Abs. 3** dehnt den Anwendungsbereich des Abs. 1 auf den LB, den KLB, den Vorschlag für die Verwendung des Ergebnisses und den Beschluss über seine Verwendung sowie die Aufstellung des Anteilsbesitzes aus. Abs. 3 regelt zudem den Fall einer nachträglichen Offenlegung der sonstigen Unterlagen.

5 **Abs. 4** ermächtigt den Verordnungsgeber des § 330 Abs. 1 HGB dazu, dem Betreiber des BAnz Abweichungen von der Kontoform nach § 266 Abs. 1 Satz 1 HGB zu gestatten.

6 Im Gesellschaftsvertrag oder in der Satzung festgeschriebene Änderungen der Publizitätsanforderungen des § 328 HGB in Bezug auf Form und Inhalt sind unzulässig.[2] Im Interesse einheitlicher und umfassend geltender Schutzvorschriften gilt dies auch für die freiwillige Publizität.[3] Bei Vorliegen rein satzungsmäßiger Publizitätspflichten müssen die Vorschriften des Abs. 1 jedoch keine Anwendung finden; lediglich die Regelungen des Abs. 2 sind zu beachten. Diese Ausweichmöglichkeit ist Stimmen in der Literatur zufolge sogar der Förderung der freiwilligen Publizität dienlich.[4]

---

[1] Mit Fallbeispiel BBK 2007, S. 671.
[2] Ebenso *Fehrenbacher*, in MünchKomm. HGB, 3. Aufl., § 328 Rn 1; *Grottel*, in Beck Bil-Komm. 9. Aufl., § 328 HGB, Rz 3.
[3] Vgl. *ADS*, 6. Aufl., § 328 HGB, Rz 12.
[4] So *ADS*, 6. Aufl., § 328 HGB, Rz 74.

Die Standardisierung von Form und Inhalt des JA, des EA nach § 325 Abs. 2a  7
HGB, des KA und der sonstigen Unterlagen dient dem **Schutz der Allgemeinheit**,
der dadurch erreicht wird, dass Abschlussadressaten keine irreführenden oder
schlecht verständlichen Informationen erhalten. § 328 HGB setzt dabei Art. 48
und 49 der 4. EG-RL[5] sowie Art. 38 Abs. 5 der 7. EG-RL[6] in deutsches Recht um.

## 1.2 Anwendungsbereich

Relevant ist die Regelung des § 328 HGB zunächst für alle **KapG**. Neben KapG  8
müssen jedoch auch **KapCoGes** die Vorgaben des § 328 HGB einhalten. Beschränkungen auf einzelne Abschlüsse sind nicht existent. Die Norm gilt sowohl
für den JA, den EA nach § 325 Abs. 2a HGB sowie den KA. Ob die Abschlüsse
vollständig oder nur teilweise offengelegt werden, ist nicht von Belang; Erleichterungen von den Vorschriften des § 328 HGB bei nur teilweiser Offenlegung
sind nicht vorgesehen.

Die Aufstellung eines Abschlusses nach den IFRS befreit nicht von der Pflicht  9
zur Anwendung des § 328 HGB.[7] Ein nach § 291 HGB **befreiender KA** mit LB
und BSV ist nach Maßgabe des HGB offenzulegen (§ 291 Rz 5ff.). Der Verweis
auf § 328 HGB beschränkt sich allerdings auf Abs. 1 und 3, sodass die freiwillig
publizierten Unterlagen deutschen Rechtsanforderungen nicht entsprechen müssen. Auch die Aufstellung erfolgt nach dem für das MU gültigen Recht.

In anderen Gesetzen – wie etwa dem WpHG oder dem AktG – kodifizierte  10
Offenlegungsvorschriften werden von § 328 HGB nicht berührt. Wenngleich
nicht zwingend vorgeschrieben, empfiehlt sich eine Anwendung der Vorgaben
des § 328 HGB bei diesen Veröffentlichungen jedoch, sofern dem keine spezifischen Vorschriften entgegenstehen.[8] Gleiches gilt für Veröffentlichungen von
Unt, die grds. nicht in den Anwendungsbereich des § 328 HGB fallen.[9]

In diesem Zuge sind insb. die Offenlegungsvorschriften des § 37v WpHG zu
nennen, die von Unt in Gestalt von Inlandsemittenten die Erstellung eines
Jahresfinanzberichts für den Schluss eines jeden Gj und eine Veröffentlichung
spätestens vier Monate nach Ablauf eines jeden Gj vorsehen, wenn die Unt nicht
nach den handelsrechtlichen Vorschriften zur Offenlegung der in § 37v Abs. 2
WpHG genannten Rechnungslegungsunterlagen verpflichtet sind.

**Kreditinstitute** und **VersicherungsUnt** unterliegen grds. eigenen Offenle-  11
gungsvorschriften. Aufgrund von Verweisen in den §§ 340l Abs. 1 Satz 1 und
Abs. 2 Satz 1 sowie 341l Abs. 1 Satz 1 HGB sind die Vorschriften des § 328 HGB
aber auch für Ges. dieser Gattung relevant. Gleiches gilt für **eG** (§ 339 Abs. 2
HGB) und Unt, die gem. **PublG** (§§ 9 Abs. 1 Satz 1 und 15 Abs. 2 PublG) einen
Abschluss zu erstellen haben. Der Verweis in § 15 Abs. 2 PublG bezieht sich

---

[5] RL v. 25.7.1978, Abl.EG Nr. L 222/11.
[6] RL v. 13.6.1983, Abl.EG Nr. L 193/1.
[7] Vgl. *Fehrenbacher*, in MünchKomm. HGB, 3. Aufl., § 328 Rn 3.
[8] Vgl. *Fehrenbacher*, in MünchKomm. HGB, 3. Aufl., § 328 Rn 3.
[9] In § 328 Abs. 2 HGB allgemeine Grundsätze zur Veröffentlichung oder Vervielfältigung sehend *ADS*, 6. Aufl., § 328 HGB, Rz 8; betonend, dass Verwechslungen zwischen einem vollständigen Abschluss und einer publizierten gekürzten Fassung immer ausgeschlossen werden müssen, *Zimmer*, in Großkomm. HGB, § 328 Rn 8.

dabei entgegen den anderen Verweisen nicht nur auf die Offenlegung, sondern auch auf die Veröffentlichung und die Vervielfältigung.[10]

### 1.3 Normenzusammenhänge

12 § 328 HGB enthält keine eigenen Offenlegungsvorschriften. Relevant sind in diesem Zusammenhang neben den für Kreditinstitute, VersicherungsUnt, eG und Unt, die dem PublG unterliegen, geltenden Sondervorschriften in Bezug auf die **Offenlegung** (Rz 14) oder **Hinterlegung** (Rz 42) daher die Vorschriften der §§ 325–327 HGB.

13 Norminhärente Verpflichtungen zur **Veröffentlichung** respektive **Vervielfältigung**, die in einem Zusammenhang mit § 328 HGB stehen, sind etwa in den §§ 131 Abs. 1 Satz 3 AktG sowie 42a Abs. 1 und 4 GmbHG zu finden.

## 2 Offenlegung, Veröffentlichung und Vervielfältigung (Abs. 1)

14 § 328 HGB erfasst drei unterschiedliche Publizitätsarten: Offenlegung, Veröffentlichung und Vervielfältigung, wobei die hier getroffenen Regelungen der Offenlegung gem. Abs. 5 auch auf die Hinterlegung anzuwenden sind. Unter **Offenlegung** sind die Einreichung von Unterlagen zum Betreiber des BAnz und die damit verbundene Bekanntmachung zu verstehen.[11] Eine eindeutige Legaldefinition, wie sie früher der Überschrift des Vierten Unterabschnitts des Zweiten Abschnitts des Dritten Buchs des HGB zu entnehmen war, liefert das HGB heute nicht mehr, wenngleich der Titel „Offenlegung. Prüfung durch den Betreiber des Bundesanzeigers" darauf hindeutet. Letztlich ergibt sich die Definition des Begriffs der Offenlegung aus der Regelung des § 325 HGB.[12] Die **Hinterlegung** können die gesetzlichen Vertreter einer KleinstKapG beim BAnz zusammen mit der Erklärung der Einhaltung der Schwellenwerte (§ 326 Rz 23) für diese kleinste Größenklasse beantragen. Dann tritt an die Stelle der internetweiten Offenlegung der eingereichten Unterlagen, die sich bei diesen Unt auf die Bilanz beschränken kann, die kostenpflichtige Herausgabe nur auf Antrag. Das Antragsstellungsrecht ist nicht eingeschränkt und bedarf auch keiner Begründung.

15 Der Begriff der **Veröffentlichung** meint die Bekanntgabe an die Öffentlichkeit, die nach hM als unbegrenzter Personenkreis verstanden wird.[13] Die Offenlegung ist entsprechend als gesetzlich bzw. handelsrechtlich zu erfüllende Teilmenge der Veröffentlichung zu verstehen.

---

10 GlA *ADS*, 6. Aufl., § 328 HGB, Rz 7; *Grottel*, in Beck Bil-Komm. 9. Aufl., § 328 HGB, Rz 4; a. A. *Zimmer*, in Großkomm. HGB, § 328 Rn 6, der seine Begründung auf der Überschrift des § 15 PublG und nicht auf die Formulierung innerhalb der Normen fußt.
11 Vgl. *Fehrenbacher*, in MünchKomm. HGB, 3. Aufl., § 328 Rn 7.
12 Vgl. *Grottel*, in Beck Bil-Komm. 9. Aufl., § 328 HGB, Rz 2; *ADS*, 6. Aufl., § 328 HGB, Rz 14.
13 So auch *Müller*, in *Baetge/Kirsch/Thiele*, Bilanzrecht, § 328 HGB Rz 21, Stand 12/2013; *Grottel*, in Beck Bil-Komm. 9. Aufl., § 328 HGB, Rz 2; *Fehrenbacher*, in MünchKomm. HGB, 3. Aufl., § 328 Rn 8.

Der Begriff der **Vervielfältigung** umfasst die Reproduktion von Unterlagen zur Verbreitung dieser an einen bestimmten[14] Personenkreis. Beispielhaft können hier etwa Abschriften zur Vorlage während der HV aufgeführt werden. Die Wahl des **Veröffentlichungsmediums** ist dabei nicht von Bedeutung.[15] Gleiches gilt grds. auch für die anderen Publizitätsarten, wobei insb. bei der Offenlegung die gesetzlichen Vorgaben zu beachten sind. Bei einem uneingeschränkten Personenkreis kommen bestimmte Datenträger sicher nicht in Betracht, das Internet aber wohl.

16

17

§ 328 HGB ist nicht auf die **Publikationen Dritter** anwendbar. Veröffentlichungen oder Vervielfältigungen fallen nur unter den Anwendungsbereich der Norm, sofern das publizierende Unt Urheber ist. Die Zurechnung zum Urheber umfasst allerdings auch Publikationen im Namen des oder mit ausdrücklicher Billigung durch den Urheber.[16]

18

Unter die Veröffentlichungen fallen **interne Mitteilungen**, etwa an Mitarbeiter, bereits aufgrund des in diesen Fällen eingeschränkten Adressatenkreises nicht (zu Vorlagepflichten nach dem BetrVG s. § 267a Rz 13). Da § 328 HGB lediglich auf Publikationen nach außen anwendbar ist, sind interne Reproduktionen nicht unter Beachtung der Vorschriften der Norm zu publizieren.

19

## 3 Jahres-, Einzel- und Konzernabschluss – Pflichtpublizität (Abs. 1)

### 3.1 Form und Inhalt (Abs. 1 Nr. 1)

#### 3.1.1 Vollständigkeit/Richtigkeit (Abs. 1 Nr. 1 Satz 1)

Die Wiedergabe des JA, des EA nach § 325 Abs. 2a HGB und des KA erfordert in Bezug auf Form und Inhalt die Einhaltung des Gebots der **Vollständigkeit** und **Richtigkeit**. Die Pflichtpublizität muss den für die Aufstellung maßgeblichen Vorschriften entsprechen. Unter Richtigkeit ist in diesem Zusammenhang zu verstehen, dass Fehler bei der Wiedergabe nicht vorkommen. Fehler bei der Publizität, die nicht in den Originalunterlagen vorkommen, sind entsprechend zu korrigieren. Bei Ges., die die Erleichterungen der §§ 326, 327 HGB in Anspruch nehmen, ist die entsprechend gekürzte Fassung maßgebend. Der Grundsatz der Vollständigkeit und Richtigkeit wird durch die Inanspruchnahme im Rahmen der Offenlegung nicht verletzt – er wird in gewisser Weise an die reduzierte Publizitätspflicht angepasst.[17] Auch dürfen Offenlegungserleichterungen bis zum Zeitpunkt der Offenlegung nachgeholt werden. Bei der Veröffentlichung oder Vervielfältigung dürfen die Erleichterungen dann nicht mehr nachgeholt werden.

20

In der Originalfassung enthaltene **Fehler** dürfen im Interesse der Kongruenz von Vorlage und Wiedergabe dem Gebot der Richtigkeit entsprechend nicht korrigiert werden. Das Korrekturverbot gilt dabei allerdings nur für materielle

21

---

[14] Ebenso *Grottel*, in Beck Bil-Komm. 9. Aufl., § 328 HGB, Rz 2; einen ausgewählten Personenkreis voraussetzend *Fehrenbacher*, in MünchKomm. HGB, 3. Aufl., § 328 Rn 9.
[15] Zur Publikation von Unterlagen in elektronischen Medien s. *Noack*, ZGR 1998, S. 592.
[16] Vgl. *ADS*, 6. Aufl., § 328 HGB, Rz 16.
[17] Ähnlich auch *Grottel*, in Beck Bil-Komm. 9. Aufl., § 328 HGB, Rz 7.

Fehler, nicht aber für Druckfehler sowie mit dem Publizitätsverfahren entstandene Fehler.[18] **Rundungen** sind zulässig.[19]

22 Das Gebot der Vollständigkeit bedingt ein Verbot zur Durchführung von **Kürzungen** sowie **Zusammenfassungen**. Es gilt sowohl bei der Offenlegung, der Veröffentlichung als auch der Vervielfältigung. Mit dem Gebot werden zudem **Umgliederungen** ausgeschlossen. Auch eine **nachträgliche Trennung** eines mit dem Konzernanhang zusammengefassten Anhangs des MU kommt nicht in Betracht. Gewählte Gestaltungsvarianten sind grds. beizubehalten.

23 **Erweiterungen** sind grds. gestattet, unterliegen jedoch einigen Anforderungen. Sie dürfen nicht im Widerspruch zu den Angaben des Abschlusses in der maßgeblichen Fassung stehen und müssen deutlich davon abgegrenzt werden;[20] eine Trennung der Erweiterungen ist auch von bereits bei der Aufstellung vorgenommenen freiwilligen Angaben erforderlich. Eine räumliche Trennung ist zudem empfehlenswert.

24 Wenngleich nur für die Offenlegung befreiender KA nach § 291 Abs. 1 Satz 1 HGB explizit vorgeschrieben, sind sowohl Unterlagen der Offenlegung als auch der gesetzlich vorgeschriebenen Veröffentlichung und Vervielfältigung in deutscher Sprache zu publizieren. **Übersetzungen** fallen, sofern alle Unterlagen (inklusive des vollständigen BSV) analog zur maßgeblichen Fassung ohne Änderungen veröffentlicht werden und im Rahmen etwaiger Währungsumrechnungen ausreichende Erläuterungen beigefügt werden, nicht unter den Begriff der Wiedergabe i. S. d. § 328 HGB.

### 3.1.2 Feststellungs- und Billigungsdatum (Abs. 1 Nr. 1 Satz 2)

25 Zwecks Gewährleistung der Rechtssicherheit[21] ist gem. § 328 Abs. 1 Nr. 1 Satz 2 HGB das **Datum der Feststellung** des JA respektive **der Billigung** des EA oder KA anzugeben. Abschlussadressaten soll mittels der Offenlegung kenntlich gemacht werden, ob noch Änderungen an der publizierten Fassung des Abschlusses zu erwarten sind. Im Fall der Publikation eines KA bezieht sich die Pflicht zur Datumsangabe nur auf die Billigung. Das Datum der Feststellung des JA des MU muss nicht angegeben werden. Erfolgt eine **Voraboffenlegung**, muss darauf hingewiesen werden, dass die Feststellung/Billigung noch aussteht. Einen nachträglichen Hinweis auf die Feststellung sieht das Gesetz hingegen nicht vor. Werden jedoch weitere verpflichtend vorgeschriebene Publikationen nach der Feststellung veröffentlicht, sind diese mit dem Feststellungs-/Billigungsdatum zu versehen.

Besondere **Formalanforderungen** bestehen nicht, eine klare und eindeutige Angabe ist jedoch zu fordern.[22] Ergibt sich das Datum aus dem der Publikation beigelegten Bericht des AR, kann eine gesonderte Angabe unterbleiben.[23]

---

[18] Vgl. *Müller*, in *Baetge/Kirsch/Thiele*, Bilanzrecht, § 328 HGB Rz 26, Stand 12/2013; *Grottel*, in Beck Bil-Komm. 9. Aufl., § 328 HGB, Rz 9.
[19] So etwa auch *ADS*, 6. Aufl., § 328 HGB, Rz 43.
[20] Vgl. *Müller*, in *Baetge/Kirsch/Thiele*, Bilanzrecht, § 328 Rz 29, Stand 12/2013.
[21] Vgl. BT-Drs. 10/317, S. 99.
[22] Mit einem Formulierungsbeispiel *ADS*, 6. Aufl., § 328 HGB, Rz 48.
[23] Vgl. *Fehrenbacher*, in MünchKomm. HGB, 3. Aufl., § 328 Rn 19.

### 3.1.3 Bestätigungsvermerk (Abs. 1 Nr. 1 Satz 3)

Wird ein JA, IFRS-EA oder KA pflichtgemäß publiziert und ist dieser der gesetzlichen Prüfungspflicht (JA mittelgroßer und großer KapG sowie alle KA) unterworfen, ist der BSV oder der Vermerk über dessen Versagung in **vollständigem Wortlaut** (§ 322 Rz 43 ff.) – also nebst Ergänzungen, Einschränkungs- oder Versagungsbegründung, Ort und Datum dessen Unterzeichnung sowie dem Namen des Prüfers und im Fall einer Anstellung des Prüfers bei einer WP-Ges. dessen Arbeitgeber – wiederzugeben. Gleiches gilt bei Zusammenfassung des Vermerks entsprechend § 325 Abs. 3a HGB für den gem. § 298 Abs. 3 HGB zusammengefassten JA und KA sowie für den IFRS-EA und -KA.[24] Eine Auftrennung des Vermerks bei nur vollständiger Offenlegung eines Abschlusses ist nicht zulässig; in diesem Fall sollte der Hinweis beigefügt werden, dass sich der Vermerk nicht nur auf den publizierten Abschluss bezieht. Bei erfolgter Nachtragsprüfung ist nur der auf Basis dieser Prüfung erteilte BSV beizufügen. 26

Gesellschaften, die sich einer **freiwilligen Apr.** unterziehen, sind nicht dazu verpflichtet, den BSV wiederzugeben. Wird der Abschluss in geprüfter Fassung vollständig publiziert, ist die Wiedergabe des exakten Wortlauts allerdings gestattet.[25] Ein Hinweis nach Maßgabe des § 328 Abs. 2 Satz 3 HGB darf hingegen nicht erfolgen. Anders verhält es sich bei freiwilligen Apr. und einer Versagung oder Einschränkung des BSV, worauf hinzuweisen ist. 27

Bei nur **teilweiser Offenlegung** aufgrund der Inanspruchnahme von Offenlegungserleichterungen oder der Nachholung von Aufstellungserleichterungen bei der Offenlegung ist von der publizierenden Ges. im Zusammenhang mit und zusätzlich zu dessen vollständiger Wiedergabe darauf hinzuweisen, dass sich der BSV auf den vollständigen JA bezieht.[26] Der Hinweis entfällt, sofern der AP auch den verkürzten Abschluss testiert und daraufhin eine Bescheinigung ausstellt[27] (ein zweiter Vermerk kann nicht erteilt werden), die dem vollständigen Vermerk bei Offenlegung vorzustehen hat. 28

Zu den Vorgaben in Bezug auf den BSV bei „**freiwilliger Publizität**" s. Rz 33.

### 3.2 Offenlegung vor Beendigung der Prüfung/Feststellung (Abs. 1 Nr. 2)

Erfolgt eine **Offenlegung** des JA oder KA und des LB **vor der Feststellung oder Prüfung**, sofern gesetzlich vorgeschrieben, oder werden diese nicht gleichzeitig mit den sonstigen offenlegungspflichtigen Unterlagen offengelegt, um die vorgeschriebenen Fristen zu wahren, ist gem. § 328 Abs. 1 Nr. 2 HGB ein entsprechender Hinweis aufzunehmen. Die Pflicht zur **nachträglichen Offenlegung** ergibt sich dabei aus § 325 Abs. 1 Satz 5 HGB (gilt nicht für die Feststellung). 29

---

[24] Vgl. *Fehrenbacher*, in MünchKomm. HGB, 3. Aufl., § 328 Rn 21; *Grottel*, in Beck Bil-Komm. 9. Aufl., § 328 HGB, Rz 11.
[25] Vgl. *Grottel*, in Beck Bil-Komm. 9. Aufl., § 328 HGB, Rz 13.
[26] Vgl. WP-Handbuch, 14. Aufl., Bd. I, Abschnitt Q, Rz 627; *Fehrenbacher*, in MünchKomm. HGB, 3. Aufl., § 328 Rn 22; *Müller*, in *Baetge/Kirsch/Thiele*, Bilanzrecht, § 328 HGB, Rz 36, Stand 12/2013; *Grottel*, in Beck Bil-Komm. 9. Aufl., § 328 HGB, Rz 11.
[27] Vgl. WP-Handbuch, 14. Aufl., Bd. I, Abschnitt Q, Rz 628; *Müller*, in *Baetge/Kirsch/Thiele*, Bilanzrecht, § 328 HGB, Rz 36, Stand 12/2013; *Grottel*, in Beck Bil-Komm. 9. Aufl., § 328 HGB, Rz 12; *Fehrenbacher*, in MünchKomm. HGB, 3. Aufl., § 328 Rn 23.

Von der **Hinweispflicht** umfasst werden dabei nur gesetzlich offenlegungspflichtige Publizitätsunterlagen. Freiwillig publizierte Unterlagen sowie die freiwillige bzw. satzungsmäßige oder gesellschaftsvertraglich vorgeschriebene Prüfung bedingen keinen Hinweis; eine freiwillige Anwendung des § 328 Abs. 1 Nr. 2 HGB ist jedoch gestattet.[28] Besondere **Formalanforderungen** bestehen grds. nicht und auch eine gesonderte Unterzeichnung hat nicht zu erfolgen. Ein pauschaler Hinweis, wie etwa „Vorab eingereichter Jahresabschluss" ist jedoch nicht ausreichend.[29] Die fehlenden Unterlagen/Vermerke müssen klar erkennbar – und damit einzeln – aufgeführt werden.[30]

## 4 Jahres-, Einzel- und Konzernabschluss – freiwillige Publizität (Abs. 2)

30 § 328 Abs. 2 HGB regelt die nicht auf Gesetz, Gesellschaftsvertrag oder Satzung beruhenden Veröffentlichungen und Vervielfältigungen von JA, EA nach § 325 Abs. 2a HGB und KA, die nicht den Vorschriften der Offenlegung des § 328 Abs. 1 HGB unterliegen und auch tatsächlich von der dort vorgeschriebenen Form abweichen. Abs. 2 enthält insofern ein Wahlrecht, als dass Abs. 1 freiwillig angewandt werden darf. Unter den Anwendungsbereich des § 328 Abs. 2 HGB fallende Veröffentlichungen und Vervielfältigungen sind etwa **Finanzanzeigen**, sog. **Geschäftsberichte**, sofern sie nicht auch zur Erfüllung aktienrechtlicher Vorlagepflichten dienen, oder **Werbeinformationen**, die wesentliche Abschlusskennzahlen enthalten.[31] **Börsenzulassungsprospekte** müssen dagegen mindestens den **gesamten JA** nebst LB und BSV enthalten. Sie fallen daher nicht in den Anwendungsbereich des § 328 Abs. 2 HGB, sondern werden von Abs. 1 erfasst.

31 Besonderen **Formanforderungen** unterliegen die freiwillig publizierten Unterlagen nicht. Neben Kürzungen sind auch Zusammenfassungen oder Umgliederungen gestattet. Zu den Besonderheiten bei freiwilliger Publizität sonstiger Unterlagen s. Rz 38. Abs. 2 schreibt allerdings vor, dass die Unterlagen einen entsprechenden Nicht-Anwendungshinweis in Bezug auf Abs. 1 enthalten müssen. Der Hinweis muss sich dabei aus der Überschrift ergeben.[32]

> **Beispiel**
> „Gekürzter Jahresabschluss zum ..." oder
> „Erweiterter Jahresabschluss zum ...".

**Grenzen** setzt den Abweichungen allerdings die Anforderung, dass es sich noch um einen JA (bzw. das entsprechend andere Dokument) handeln muss, der als

---

[28] So auch *Müller*, in *Baetge/Kirsch/Thiele*, Bilanzrecht, § 328 HGB, Rz 44, Stand 12/2013; *Grottel*, in Beck Bil-Komm. 9. Aufl., § 328 HGB, Rz 14; *ADS*, 6. Aufl., § 328 HGB, Rz 72.
[29] Vgl. *ADS*, 6. Aufl., § 328 HGB, Rz 71.
[30] Denkbar ist etwa die Formulierung „Vorab offengelegter nicht festgestellter und geprüfter Jahresabschluss ohne ...".
[31] Von einigen Autoren geforderten Ausnahmen darf zwecks Vermeidung einer Normaushöhlung nur in engen Grenzen stattgegeben werden. GlA *ADS*, 6. Aufl., § 328 HGB, Rz 82; mit einer differenzierteren Betrachtung *Zimmer*, in Großkomm. HGB, § 328 Rn 25.
[32] Vgl. *Fehrenbacher*, in MünchKomm. HGB, 3. Aufl., § 328 Rn 31.

solcher erkennbar ist.[33] Werden die zentralen Aussagen so verfälscht, dass eine Täuschung von Adressaten folgen kann, muss ein entsprechender Hinweis – etwa „Auszug aus dem Jahresabschluss" – aufgenommen werden.
Die mit **der Offenlegung zusammengelegte Wiedergabe** der freiwilligen Informationen ist grds. zulässig.[34] In diesem Fall hat allerdings eine geeignete Kennzeichnung der über die Offenlegung hinausgehenden Informationen zu erfolgen,[35] sodass eine Trennung für die Adressaten klar ersichtlich ist und sich so eine Vertrauensbasis bilden kann.   32

Ein **BSV** darf nicht beigefügt werden, um etwaige Verwechslungen mit den unter Einhaltung der Offenlegungsvorschriften des § 328 Abs. 1 HGB veröffentlichten „vollständigen" Unterlagen zu verhindern.[36] Ist aufgrund gesetzlicher Vorschriften eine Prüfung durch einen AP erfolgt, gewährleistet § 328 Abs. 2 Satz 3 HGB, dass die Adressaten entsprechend über das Ergebnis Kenntnis erlangen. So ist anzugeben, zu welcher der in § 322 Abs. 2 Satz 1 HGB genannten zusammenfassenden Beurteilungen des Prüfungsergebnisses der AP in Bezug auf den in gesetzlicher Form erstellten Abschluss gelangt ist und ob der BSV einen Hinweis nach § 322 Abs. 3 Satz 2 HGB enthält. Siehe dazu insb. auch § 322 Rz 186 ff., Rz 205 ff. Den Unterlagen ist gem. § 328 Abs. 2 Satz 4 HGB ein **Offenlegungshinweis** beizufügen. Dieser hat kenntlich zu machen, ob die Unterlagen bei dem Betreiber des BAnz eingereicht worden sind. Ort und Wortlaut sind nicht festgelegt.   33   34

## 5 Sonstige Unterlagen (Abs. 3)

### 5.1 Form und Inhalt (Abs. 3 Satz 1)

§ 328 Abs. 3 HGB dehnt den Anwendungsbereich des Abs. 1 auf den **LB**, den **KLB**, den **Vorschlag** sowie den **Beschluss über die Verwendung des Ergebnisses** aus. Im Fall der Übertragbarkeit sind die formbezogenen Anforderungen an die pflicht-, satzungs- oder gesellschaftsvertragsgemäße Offenlegung, Veröffentlichung und Vervielfältigung des Abs. 1 anzuwenden. Ein Verweis auf den für die freiwillige Publizität geltenden Abs. 2 ist nicht gesetzt. Nach hM sind die Vorschriften des Abs. 1 über den Verweis in Abs. 3 auch für den **Bericht des AR** zu beachten[37]; die Nichterfassung in Abs. 3 dürfte auf einem Redaktionsversehen beruhen.   35

**LB** und **KLB** müssen der Fassung nach § 289 bzw. § 325 Abs. 2a Satz 4 oder § 315 HGB entsprechen. Für sie gilt das Gebot der Vollständigkeit und Richtigkeit (Rz 20). Außer der Befreiung kleiner KapG (inkl. der Teilgruppe der Kleinst-KapG) und ihnen gleichgestellter PersG von der Aufstellung – und damit auch der Offenlegung – eines LB existieren keine Aufstellungs- und/oder Offenlegungserleichterungen für dieses Rechnungslegungsinstrument. Einer Angabe der

---

[33] Vgl. *Grottel*, in Beck Bil-Komm. 9. Aufl., § 328 HGB, Rz 17; *ADS*, 6. Aufl., § 328 HGB, Rz 88; *Fehrenbacher*, in MünchKomm. HGB, 3. Aufl., § 328 Rn 30; *Müller*, in *Baetge/Kirsch/Thiele*, Bilanzrecht, § 328 HGB Rz 54, Stand 12/2013.
[34] Anstatt vieler vgl. *Grottel*, in Beck Bil-Komm. 9. Aufl., § 328 HGB, Rz 16.
[35] Etwa mit dem Vorschlag verschiedenfarbiges Papier zu verwenden *Grottel*, in Beck Bil-Komm. 9. Aufl., § 328 HGB, Rz 16.
[36] Vgl. *Müller*, in *Baetge/Kirsch/Thiele*, Bilanzrecht, § 328 HGB Rz 55, Stand 12/2013; WP-Handbuch, 14. Aufl., Bd. I, Abschnitt Q, Rz 627.
[37] Ebenso *Grottel*, in Beck Bil-Komm. 9. Aufl., § 328 HGB, Rz 21; *ADS*, 6. Aufl., § 328 HGB, Rz 100.

Feststellung bedarf es nicht. Wurden der Anhang des MU und der Konzernanhang oder der LB und der KLB zusammengefasst, hat gem. § 298 Abs. 3 Satz 1 oder § 315 Abs. 3 HGB eine unveränderte Übernahme zu erfolgen.[38] Der BSV bezieht sich auch auf den LB, sodass er nicht gesondert beizufügen ist.

36 **Ergebnisverwendungsvorschlag und -beschluss** sind ohne Änderungen der internen Vorlage zu entnehmen und entsprechend der gesetzlichen Vorschriften zu publizieren. Einschlägig in Bezug auf Gliederung/Inhalt sind für AG/KGaA und über einen Verweis in § 52 GmbHG auch für GmbH mit einem AR die Vorgaben des § 170 Abs. 2 AktG; nur für AG/KGaA zudem § 174 Abs. 2 AktG. Ist § 170 Abs. 2 AktG nicht auf die jeweilige GmbH anzuwenden, bestehen keine Gliederungsanforderungen. Formanforderungen bestehen grds. nicht, sodass auch eine Darstellung im Anhang zulässig ist. Eine Zusammenfassung genügt den gesetzlichen Anforderungen, sofern Vorschlag und Beschluss identisch sind.[39]

37 Für den **Bericht des AR** gilt analog zum LB/KLB das Gebot der Vollständigkeit und Richtigkeit (Rz 20).

38 Der fehlende Verweis auf § 328 Abs. 2 HGB wirft die Frage auf, inwieweit die von § 328 HGB nicht eingeschränkte und somit zulässige **freiwillige Publizität** sonstiger Unterlagen i.S.d. § 328 Abs. 3 HGB den formalen und inhaltlichen Anforderungen des Abs. 1 unterworfen ist bzw. lediglich den Anforderungen des § 328 Abs. 2 HGB unterliegt. Wenngleich strittig, sollten freiwillig publizierte Unterlagen mit Bezug zu den von § 328 Abs. 3 HGB tangierten Unterlagen dem Grundsatz der Vollständigkeit und Richtigkeit i.S.d. § 328 Abs. 1 HGB unterworfen werden.

## 5.2 Nachträgliche Offenlegung (Abs. 3 Satz 2)

39 § 328 Abs. 3 Satz 2 HGB schreibt vor, wie bei einer **zeitversetzten** gesonderten **Offenlegung** von Unterlagen i.S.d. § 328 Abs. 3 Satz 1 HGB zu verfahren ist. Veröffentlichungen oder Vervielfältigungen nach Gesellschaftsvertrag oder Satzung werden nicht erfasst. Praktische Relevanz besitzt die Regelung insb. bei einer Voraboffenlegung von JA oder KA.[40] Werden die in § 328 Abs. 3 Satz 1 HGB genannten Unterlagen nachträglich offengelegt, ist jeweils anzugeben, auf welchen Abschluss sie sich beziehen und wo dieser offengelegt worden ist.

> **Beispiel**
> Zur Kenntlichmachung des Abschlussbezugs sollten die Unterlagen mindestens mit „… zum Jahres-/Konzernabschluss", Abschlussstichtag und Firmenname bezeichnet werden.[41]

40 Die Hinweispflicht gilt gem. Hs. 2 auch für die nachträgliche Offenlegung des **BSV** oder des **Vermerks** über seine Versagung. Eine vom Abschluss getrennte Offenlegung des Vermerks ist umstritten, einer teilweise strengen Auslegung in Anlehnung an § 322 Abs. 1 HGB bedarf es jedoch nur bei der Erteilung, nicht

---

[38] Vgl. *Grottel*, in Beck Bil-Komm. 9. Aufl., § 328 HGB, Rz 21.
[39] Vgl. *ADS*, 6. Aufl., § 328 HGB, Rz 108.
[40] Vgl. *Fehrenbacher*, in MünchKomm. HGB, 3. Aufl., § 328 Rn 39.
[41] Vgl. *Müller*, in *Baetge/Kirsch/Thiele*, Bilanzrecht, § 328 HGB Rz 77, Stand 12/2013.

aber der Offenlegung.⁴² Die **alleinige Wiedergabe** des BSV ist bei Einhaltung der Anforderungen des § 328 Abs. 3 Satz 2 HGB ausreichend⁴³ und neben der erneuten Offenlegung des Abschlusses auch die einzige Möglichkeit, den Anforderungen des § 328 Abs. 3 HGB gerecht zu werden, da der Prüfer kaum ein Testatsexemplar ohne Abschluss ausstellen wird.

## 6 Abweichungen von der Kontoform (Abs. 4)

§ 328 Abs. 4 HGB ermächtigt den Verordnungsgeber des § 330 Abs. 1 HGB, das BMJ, im Einvernehmen mit dem BMF und dem BMWT dazu, dem Betreiber des BAnz **Abweichungen von der Kontoform** nach § 266 Abs. 1 Satz 1 HGB zu gestatten. Die Regelung trägt etwaigen Darstellungsproblemen auf Computermonitoren Rechnung, die sich bei Verwendung der Kontenform ergeben könnten. Die Staffelform ist in Bezug darauf nicht probleminhärent.⁴⁴  41

## 7 Hinterlegung (Abs. 5)

Obwohl nur explizit auf Abs. 1 bezogen, wird mit Abs. 5 die Ausgestaltung der Hinterlegung der Bilanz von KleinstKapG den Regelungen für die Offenlegung bzgl. Form und Inhalt sowie wohl auch der übrigen in Abs. 2–4 getroffenen Regelungen – so relevant – gleichgestellt. Somit gelten die zuvor vorgenommenen Kommentierungen auch für die auf Antrag einer KleinstKapG lediglich zu hinterlegende Bilanz (§ 326 Rz 22 ff.).  42

## 8 Rechtsfolgen bei Pflichtverletzung

Ein Verstoß gegen § 328 HGB hat – unabhängig davon, ob es sich um freiwillige oder pflichtgemäße Publikationen handelt – keine Auswirkungen auf die **Rechtswirksamkeit** der Rechnungslegungsunterlagen. Für die Wirksamkeit ist einzig die Feststellung bzw. in Bezug auf den BSV die Erteilung relevant.  43

Sind in den Unternehmenspublikationen **Fehler oder Lücken** enthalten, sind diese dem Grundsatz der Vollständigkeit und Richtigkeit entsprechend zu korrigieren. Von der Korrektur identifizierbarer kleiner Druckfehler kann allerdings abgesehen werden. Bei anderen Korrekturen kommt die erneute Kundgebung der ganzen Unterlagen als auch die Herausgabe einer verständlichen Korrekturmeldung in der gleichen Form in Betracht. Gleiches gilt für freiwillig publizierte Unterlagen.  44

Liegt eine vorsätzliche Pflichtverletzung vor, handelt es sich um eine nach Maßgabe des § 334 Abs. 1 Nr. 2b HGB geahndete **Ordnungswidrigkeit**. Voraussetzung für das Vorliegen einer Ordnungswidrigkeit ist dabei, dass die Unterlagen bereits veröffentlicht wurden. Ein Verstoß gegen die Vorschriften des § 328 HGB ist dann regelmäßig bußgeldbewehrt. Die Geldbuße kann bis zu 50.000 EUR betragen. Entgegen der fristgerechten Einreichung ist die normkonforme Einreichung entsprechend den Vorgaben von § 328 HGB nicht vom Betreiber des  45

---

⁴² Vgl. *ADS*, 6. Aufl., § 328 HGB, Rz 119.
⁴³ So auch *ADS*, 6. Aufl., § 328 HGB, Rz 119; *Fehrenbacher*, in MünchKomm. HGB, 3. Aufl., § 328 Rn 40; *Grottel*, in Beck Bil-Komm. 9. Aufl., § 328 HGB, Rz 24.
⁴⁴ Begründung im Entwurf eines Gesetzes über elektronische Handelsregister und Genossenschaftsregister sowie das Unternehmensregister, BR-Drs. 942/05, S. 122.

elektronischen HR zu prüfen (§ 329 Rz 10ff.). Bezüglich einer möglichen über das Bußgeld hinausgehenden Bestrafung der Mitglieder des vertretungsberechtigten Organs oder des AR s. § 400 Abs. 1 Nr. 1 AktG oder § 82 Abs. 2 Nr. 2 GmbHG.

## 9 Änderungen durch das BilRUG

46 § 328 Abs. 1 HGB wird durch die neuen Absätze 1 und 1a ersetzt. Die Aufteilung in § 328 Abs. 1 und 1a HGB nF soll zunächst die Lesbarkeit verbessern. Infolge der Änderungen an § 325 Abs. 1 HGB nF, die als Konsequenz von Art. 30 Abs. 1 EU-Bilanzrichtlinie eine Offenlegung des nunmehr zwingend festgestellten/gebilligten JA, des LB sowie des BV oder des Vermerks über dessen Versagung innerhalb der Jahresfrist ab dem Bilanzstichtag vorsehen (§ 325 Rz 204ff.) und damit die fristwahrende Offenlegung zunächst ungeprüfter, nicht festgestellter/gebilligter JA und LB nebst Nachreichung des BV streichen, werden auch Änderungen an § 328 Abs. 1 HGB erforderlich. In Konsequenz entfallen im Zuge des BilRUG die auf den Fall der Offenlegung vor Prüfung oder Feststellung der Abschlüsse bezogenen Sonderregelungen des § 328 Abs. 1 Nr. 2 HGB. Zudem ist bei der Offenlegung künftig gegebenenfalls darauf hinzuweisen, dass die Offenlegung von JA, Einzelabschluss nach § 325 Abs. 2a HGB (Einzelabschluss gem. den in § 315a Abs. 1 HGB bezeichneten IFRS) oder KA nicht gleichzeitig mit allen anderen nach § 325 HGB nF offenzulegenden Unterlagen (ggf. gesonderter Beschluss über die Ergebnisverwendung, Bericht des Aufsichtsrats und die nach § 161 AktG vorgeschriebene Erklärung) erfolgt.

47 Hinsichtlich des Anwendungszeitpunktes der Neuregelung wird auf die umfassenden Ausführungen unter § 293 Rz 23 verwiesen.

# § 329 PRÜFUNGS- UND UNTERRICHTUNGSPFLICHT DES BETREIBERS DES BUNDESANZEIGERS

(1) ¹Der Betreiber des Bundesanzeigers prüft, ob die einzureichenden Unterlagen fristgemäß und vollzählig eingereicht worden sind. ²Der Betreiber des Unternehmensregisters stellt dem Betreiber des Bundesanzeigers die nach § 8b Abs. 3 Satz 2 von den Landesjustizverwaltungen übermittelten Daten zur Verfügung, soweit dies für die Erfüllung der Aufgaben nach Satz 1 erforderlich ist. ³Die Daten dürfen vom Betreiber des Bundesanzeigers nur für die in Satz 1 genannten Zwecke verwendet werden.
(2) ¹Gibt die Prüfung Anlass zu der Annahme, dass von der Größe der Kapitalgesellschaft abhängige Erleichterungen oder die Erleichterung nach § 327a nicht hätten in Anspruch genommen werden dürfen, kann der Betreiber des Bundesanzeigers von der Kapitalgesellschaft innerhalb einer angemessenen Frist die Mitteilung der Umsatzerlöse (§ 277 Abs. 1) und der durchschnittlichen Zahl der Arbeitnehmer (§ 267 Abs. 5) oder Angaben zur Eigenschaft als Kapitalgesellschaft im Sinn des § 327a verlangen. ²Unterlässt die Kapitalgesellschaft die fristgemäße Mitteilung, gelten die Erleichterungen als zu Unrecht in Anspruch genommen.
(3) In den Fällen des § 325a Abs. 1 Satz 3 und des § 340l Abs. 2 Satz 4 kann im Einzelfall die Vorlage einer Übersetzung in die deutsche Sprache verlangt werden.
(4) Ergibt die Prüfung nach Absatz 1 Satz 1, dass die offen zu legenden Unterlagen nicht oder unvollständig eingereicht wurden, wird die jeweils für die Durchführung von Ordnungsgeldverfahren nach den §§ 335, 340o und 341o zuständige Verwaltungsbehörde unterrichtet.

Prof. Dr. Stefan Müller

Inhaltsübersicht | Rz
---|---
1 Überblick | 1–9
  1.1 Inhalt und Regelungszweck | 1–5
  1.2 Anwendungsbereich | 6–9
2 Umfang der Prüfung (Abs. 1) | 10–12
3 Mitteilungspflicht in Zweifelsfällen (Abs. 2) | 13–17
4 Vorlage einer Übersetzung (Abs. 3) | 18
5 Rechtsfolgen bei Pflichtverletzung (Abs. 4) | 19
6 Änderungen durch das BilRUG | 20

Ergänzendes Schrifttum
*Amelung*, Registerrechtliche Auswirkungen des Bilanzrichtlinien-Gesetzes, WPK-Mitt. 1989, S. 53; *Apelt*, Die Publizität der GmbH, 1991; *Grashoff*, Die

handelsrechtliche Rechnungslegung durch den Insolvenzverwalter nach Inkrafttreten des EHUG, NZI 2008, S. 65; *Gustavus*, Die Offenlegung von Jahresabschlüssen – Das Registergericht als Informationsquelle – Die Aufgaben des Steuerberaters, in Steuerberaterkongress-Report 1988, 1988, S. 369; *Kübler/Prütting*, InsO, 1998; *Rödder*, Jahresabschlußprüfung durch das Registergericht, Rpfleger 1986, S. 166; *Theile/Nitsche*, Praxis der Jahresabschlusspublizität bei der GmbH, WPg 2006, S. 1141; *Vollkommer*, in *Zöller*, ZPO, 26. Auflage 2007; *Ziegler*, Offenlegung des Jahresabschlusses von Kapitalgesellschaften, Rpfleger 1989, S. 92; s. auch das Schrifttum zu § 325 HGB.

# 1 Überblick

## 1.1 Inhalt und Regelungszweck

1 § 329 HGB regelt die Prüfungs- und Unterrichtungspflicht des Betreibers des BAnz (vor dem 1.4.2012 wurde im Gesetz stets von „elektronischen Bundesanzeiger" gesprochen), der Bundesanzeiger Verlagsgesellschaft in Köln.[1] Der Verlagsgesellschaft wird in § 329 Abs. 1 HGB dabei lediglich eine **beschränkte Prüfungspflicht** auferlegt,[2] die die Validierung der **Vollzähligkeit** der eingereichten Unterlagen sowie der Einhaltung der **Einreichungsfrist** beinhaltet (§ 329 Abs. 1 Satz 1 HGB). § 329 Abs. 1 Satz 2 HGB sieht vor, dass dem Betreiber des BAnz sämtliche zur Prüfung erforderliche Daten des Unternehmensregisters zur Verfügung stehen, wozu auch Dokumente des Handels-, Genossenschafts- und Partnerschaftsregisters sowie Bekanntmachungen der Insolvenzgerichte gehören. Eine von der Prüfung abweichende Verwendung dürfen die Daten gem. § 329 Abs. 1 Satz 3 HGB dabei nicht finden. Die beschränkte Prüfungspflicht bringt mit sich, dass dem Betreiber des Anzeigers außer der nach § 329 Abs. 1 Satz 4 HGB geforderten Weiterleitung an das Bundesamt der Justiz im Fall eines Verstoßes keine Zwangs- bzw. Sanktionierungsmittel zur Verfügung stehen. Die Einleitung eines Ordnungsgeldverfahrens gem. § 335 HGB obliegt dem Bundesamt als zuständige Verwaltungsbehörde (Rz 19).

2 Die Prüfungspflicht des Betreibers des BAnz umfasst gem. § 329 Abs. 2 HGB auch, inwieweit die etwaige Inanspruchnahme größenabhängiger **Erleichterungen** sowie Erleichterungen nach Maßgabe des § 327a HGB berechtigt war. Besteht Anlass zur Annahme, dass Erleichterungen zu Unrecht beansprucht wurden, steht der Verlagsgesellschaft ein auf die Mitteilung der Umsatzerlöse, der durchschnittlichen Zahl der Arbeitnehmer oder von Angaben zur Eigenschaft als KapG i. S. d. § 327a HGB **beschränktes Auskunftsrecht** zur Verfügung.

3 Aus Abs. 3 ergibt sich ein auf den Einzelfall beschränktes Recht bei Vorliegen von **Zweigniederlassungen** von KapG mit Sitz im Ausland zur Beanspruchung einer Übersetzung der Unterlagen der Hauptniederlassung.

4 Die Publizität der Unternehmensrechnungslegung soll alle Interessierten dazu befähigen, sich einen Überblick über die wirtschaftlichen Verhältnisse des Unt zu verschaffen. Das ist insb. dann erforderlich, wenn den Gläubigern – wie etwa bei KapG – grds. nur das Gesellschaftsvermögen haftet. Die Pflicht zur Offenlegung ist

---

[1] Seit Einführung des EHUG, vorher oblag die Prüfung dem Registergericht.
[2] Vgl. *Fehrenbacher*, in MünchKomm. HGB, 3. Aufl., § 329 Rn 1.

somit als **Kehrseite der Haftungsbeschränkung** zu verstehen, kann sich aber auch aus dem Geschäftsgegenstand (z.B. bei Banken und VersicherungsUnt) ergeben.
**Weicht das Gj vom Kj ab,** kann es trotz noch nicht abgelaufener Offenlegungsfrist zur Zustellung einer Androhungsverfügung kommen, da diese Information nicht Bestandteil der Handelsregisterindexdaten ist. Ein Formblatt zur Mitteilung dieses Sachverhalts liegt dem Androhungsschreiben bei. Auch kann ein Vorabhinweis an den Betreiber des BAnz erfolgen, der vom Ministerium begrüßt wird. 5

### 1.2 Anwendungsbereich

Der Kreis der offenlegungspflichtigen Unt hat sich durch die im Jahr 2007 erfolgte Gesetzesänderung nicht verändert. Relevant sind die Regelungen des § 329 HGB entsprechend für alle **KapG.** Neben KapG müssen auch KapCoGes die Vorgaben des § 329 HGB einhalten. 6

Unter den Anwendungsbereich des § 329 HGB fallen über Verweise auch **Kreditinstitute** (§ 340l Abs. 1 HGB), **VersicherungsUnt** (§ 341l Abs. 1 HGB), **eG** (§ 339 Abs. 2 HGB) und bestimmte Unt, die dem **PublG** unterliegen (§§ 9 Abs. 1 Satz 2, 15 Abs. 2 PublG). Nach dem Publizitätsgesetz zur Offenlegung verpflichtete Unt sind dabei jene, die gem. § 1 PublG in 3 aufeinanderfolgenden Gj 2 der 3 nachfolgenden Merkmale erfüllen: Bilanzsumme über 65 Mio. EUR, Umsatzerlöse über 130 Mio. EUR, durchschnittlich über 5.000 Mitarbeiter. 7

Auch KapG mit Sitz im Ausland und **Zweigniederlassungen** in Deutschland unterliegen über einen Verweis in § 325a Abs. 1 Satz 1 HGB teilweise den Vorschriften des § 329 HGB. 8

Inwieweit Ges. **überhaupt eine Geschäftstätigkeit** entfalten, ist für die Gültigkeit von § 329 HGB nicht von Relevanz. Das Fehlen einer werbenden Tätigkeit stellt vom Gesetz her keinen Ausnahmegrund dar und die handelsrechtlichen Pflichten bestehen auch bei Unt in **Liquidation** oder bei **Insolvenzeröffnung** fort (§ 264 Rz 41). 9

## 2 Umfang der Prüfung (Abs. 1)

Große Ges. (§ 267 Rz 10) müssen grds. sämtliche der in § 325 Abs. 1 HGB genannten Unterlagen einreichen. Mittelgroße Unt können von den Erleichterungen nach § 327 HGB und kleine Ges. von der Erleichterung des § 326 HGB Gebrauch machen. Einzureichen und offenzulegen sind von kleinen Ges. entsprechend nur Bilanz und Anhang. Kommen keine Erleichterungen zum Tragen, sind einzureichen und **formell – nicht aber materiell**[3] – vom BAnz **auf Vollzähligkeit** zu prüfen: 10

- der JA (Bilanz, GuV sowie Anhang inkl. der Aufstellung zum Anteilsbesitz) mit dem Bestätigungs-/Versagungsvermerk[4] des AP oder der EA nach internationalen Rechnungslegungsstandards;

---

[3] Dies gilt selbst dann, wenn der eingereichte JA offensichtlich nicht wirksam festgestellt wurde; vgl. Ott, in Federmann/Kußmaul/Müller (Hrsg.), HdB, Offenlegung des Jahresabschlusses, Rz 68, Stand 3/2013; ADS, 6. Aufl., § 329 HGB, Rz 4.

[4] Sofern verpflichtend vorgeschrieben. Er bedingt zwar eine Prüfung abseits einer rein formellen Kontrolle, darf aufgrund seiner Zugehörigkeit zu den offenlegungspflichtigen Unterlagen jedoch nicht außen vor gelassen werden.

- der LB (inkl. der ggf. abzugebenden Erklärung zur Unternehmensführung gem. § 289a HGB);
- der Bericht des AR;
- der Ergebnisverwendungsvorschlag und -beschluss;
- die Entsprechenserklärung zum DCGK nach § 161 AktG;
- die Änderungen des JA infolge einer nachträglichen Prüfung oder Feststellung sowie des Bestätigungs-/Versagungsvermerks bei erforderlicher Nachtragsprüfung.

Entsprechendes gilt für die Offenlegung eines **KA** und eines **KLB**. Mit der Neufassung des § 325 HGB durch das BilRUG kommt es hier zu leicht anderen Prüfungen.

11 Inhaltliche Mängel schließen die Vollzähligkeit nur dann aus, wenn sie dazu führen, dass bei den eingereichten Unterlagen etwa nicht mehr von einem JA ausgegangen werden kann.[5]

12 Neben der Prüfung auf Vollzähligkeit obliegt dem Betreiber des BAnz gem. § 329 Abs. 1 HGB auch die Kontrolle der **fristgerechten Einreichung** der Unterlagen. Nach § 328 Abs. 1 Nr. 2 HGB geht das Gesetz von einer Offenlegungspflicht innerhalb der 12- bzw. 4-Monatsfrist des § 325 Abs. 1 bzw. Abs. 4 HGB aus, auch wenn bis dahin die genannten Abschlüsse noch nicht geprüft oder festgestellt sind (§ 328 Rz 29). Werden zur Wahrung der Frist der JA und der LB ohne die anderen erforderlichen Unterlagen eingereicht, sind der Bericht und der Vorschlag nach ihrem Vorliegen, die Beschlüsse nach der Beschlussfassung und der Vermerk nach der Erteilung unverzüglich nachzureichen (§ 325 Abs. 1 Satz 5 HGB). Bei der sukzessiven Offenlegung ist auf diesen Umstand hinzuweisen (§ 328 Rz 39). Die Fristen markieren dabei den maximal zulässigen Einreichungszeitpunkt, § 325 HGB verlangt jedoch theoretisch die Einreichung unverzüglich nach Vorlage an die Gesellschafter. Aufgrund der fehlenden Verfolgung bei Missachtung, aber Einreichung innerhalb der Höchstfrist, dürfte dies in der Praxis allerdings nicht von Bedeutung sein.[6] Da dem Betreiber die Pflicht zur **Bekanntmachung** im BAnz selbst inhärent ist, erfolgt diesbezüglich keine Prüfung.

## 3 Mitteilungspflicht in Zweifelsfällen (Abs. 2)

13 § 329 Abs. 2 HGB räumt dem Betreiber des BAnz ein über das in Abs. 1 vorgesehene Maß hinausgehendes limitiertes **Informationsrecht** in bestimmten Fällen ein. Sofern ein einreichungspflichtiges Unt bei der Offenlegung handelsrechtliche Erleichterungen in Anspruch nimmt und seitens der Bundesanzeiger Verlagsgesellschaft Zweifel über die Rechtmäßigkeit deren Inanspruchnahme bestehen, kann diese die Mitteilung der für die Erleichterungen maßgeblichen Kennzahlen/Informationen durch das einreichende Unt verlangen. Voraussetzung für das Auskunftsrecht bildet dabei der **Anlass zur Annahme** einer unrechtmäßigen Inanspruchnahme, der sich sowohl aus den eingereichten als auch aus den vom Unternehmensregister zur Verfügung gestellten Dokumenten ergeben kann. Neben den für die Beurteilung in Bezug auf die Erleichterung des § 327a HGB relevanten Angaben ist das einreichende Unt zur Mitteilung der Umsatzerlöse

---

[5] Vgl. *Fehrenbacher*, in MünchKomm. HGB, 3. Aufl., § 329 Rn 7.
[6] Vgl. *Fehrenbacher*, in MünchKomm. HGB, 3. Aufl., § 329 Rn 9.

(definiert in § 277 Abs. 1 HGB) sowie der durchschnittlichen Arbeitnehmerzahl (nach § 267 Abs. 5 HGB) verpflichtet (zur Ermittlung s. § 267 Rz 16 ff.). Die Bilanzsumme ist dem BAnz durch die stets einzureichende Bilanz bekannt.
Ergibt sich dem Betreiber des BAnz daraus, dass das Unt nicht der entsprechenden Größenklasse angehört oder nicht Unt i. S. d. § 327a HGB ist, gelten die Erleichterungen nach Ablauf der Frist in Bezug auf § 329 HGB – nicht jedoch auf andere handelsrechtliche Normen – als **zu Unrecht in Anspruch genommen** (§ 329 Abs. 2 Satz 2 HGB). Es handelt sich also um eine von den tatsächlichen Verhältnissen unabhängige Fiktion. Gleiches gilt, sofern das Unt der Pflicht zur Mitteilung der geforderten Zusatzangaben nicht oder nicht rechtzeitig nachkommt. Zu den Rechtsfolgen der daraus resultierenden unvollständigen bzw. nicht fristgerechten Einreichung der offenlegungspflichtigen Unterlagen s. § 329 Abs. 4 HGB (Rz 19). 14

Die Erleichterungen des **§ 327 HGB** sind für das Auskunftsrecht des § 329 Abs. 2 HGB nicht von Bedeutung, da sie rein inhaltlicher Natur sind und keine Verkürzungen in Bezug auf die vom Betreiber des BAnz zu prüfende Vollständigkeit der Unterlagen oder die Einreichungsfristen enthalten. Anders verhält es sich bei den Erleichterungen des § 326 HGB. Da die Inanspruchnahme zur Kürzung um einen JA-Bestandteil an sich berechtigt, können in Konsequenz die Auskunftsrechte des § 329 Abs. 2 HGB ausgelöst werden. 15

Die reine Angabe der Informationen ist dabei ausreichend, einer **Begründung** bedarf es nicht. **Formalanforderungen** in Bezug auf die Nachlieferung der entsprechenden Angaben gibt es ebenfalls nicht, die Informationen müssen lediglich dazu geeignet sein, die notwendige sachgerechte Beurteilung zu ermöglichen.[7] Ergibt sich die Rechtmäßigkeit der Inanspruchnahme der Erleichterungen aus den anderen bereits eingereichten Unterlagen bzw. aus den vom Betreiber des Unternehmensregisters an den Betreiber des BAnz übermittelten Informationen auch ohne die Angabe der Zusatzinformationen, entfällt die Mitteilungspflicht.[8] 16

Eine Veröffentlichung der Zusatzangaben erfolgt nicht. Für den Fall von festgestellten Verstößen s. Rz 19. 17

## 4 Vorlage einer Übersetzung (Abs. 3)

Sofern **Zweigniederlassungen** von KapG mit Sitz im Ausland vorliegen und § 325a Abs. 1 Satz 3 HGB tangiert wird, kann der Betreiber des BAnz im Einzelfall die Vorlage einer **Übersetzung** in die deutsche Sprache verlangen. Eine Begründungspflicht sieht das Gesetz dabei nicht vor, der Formulierung „im Einzelfall" ist jedoch zu entnehmen, dass der Gesetzgeber eine restriktive Anwendung bezweckt, die dann auch regelmäßig einer Begründung bedürfen müsste. Gleiches gilt, sofern Kreditinstitute mit Zweigniederlassungen von § 340l Abs. 2 Satz 4 HGB Gebrauch machen. 18

---

7 Vgl. *Fehrenbacher*, in MünchKomm. HGB, 3. Aufl., § 329 Rn 9a.
8 Beispielhaft eine Holding aufführend *ADS*, 6. Aufl., § 329 HGB, Rz 21.

## 5 Rechtsfolgen bei Pflichtverletzung (Abs. 4)

**19** Führt die Prüfung der fristgerechten Einreichung respektive der Vollständigkeit der eingereichten Unterlagen zu dem Ergebnis, dass die Ges. bzw. ihre vertretungsberechtigten Organe ihren gem. § 329 HGB vorgeschriebenen Pflichten nicht nachgekommen ist bzw. sind, wird vom Betreiber des BAnz i.d.R. zunächst ein Hinweis an die Ges. übermittelt; eine Hinweispflicht besteht dabei aber nicht.[9] Ist der Hinweis ohne Ergebnis oder wurde kein Hinweis gegeben, erfolgt gem. § 329 Abs. 4 HGB eine Mitteilung an das Bundesamt der Justiz[10], die als zuständige Verwaltungsbehörde ein **Ordnungsgeldverfahren** nach § 335 HGB (über einen Verweis in den §§ 340o, 341o HGB auch bei Kreditinstituten und VersicherungsUnt sowie über einen Verweis in § 21 PublG ebenfalls bei nach dem Publizitätsgesetz zur Offenlegung verpflichteten Ges.) und den dort genannten Vorschriften weiterer Instanzen[11] einleitet, das sich gegen die Mitglieder des vertretungsberechtigten Organs der zur Offenlegung verpflichteten Ges. als auch gegen die Ges. selbst richten kann (§ 335 Rz 1 ff.). In einer ganzen Reihe von folgenden Beschlüssen hat das Gericht die Annahme von Verfahren gegen die Offenlegungspflicht abgelehnt. Dabei geht das Gericht in nunmehr ständiger Rechtsprechung davon aus, dass der Eingriff in die Grundrechte der Gesellschafter durch die Offenlegung gerechtfertigt sei. Hierzu wird insb. auf den im Allgemeininteresse liegenden Schutz des Wirtschaftsverkehrs der Marktteilnehmer und einer Kontrollmöglichkeit der betroffenen Ges. vor dem Hintergrund deren nur beschränkter Haftung verwiesen.[12]
Zum Sonderfall einer Insolvenz s. § 335 Rz 65 ff.

## 6 Änderungen durch das BilRUG

**20** In § 329 Abs. 3 HGB wird die Angabe „§ 340l Abs. 2 Satz 4" durch die Wörter „§ 340l Absatz 2 Satz 6" ersetzt, was ein Redaktionsversehen beseitigt. Zudem erweitert sich der Anwendungskreis von § 329 HGB, da die Abs. 1, 3 und 4 entsprechend nach § 341w Abs. 3 HGB auch im Rahmen der **Offenlegung von Zahlungsberichten** gelten.

---

[9] Vgl. *Fehrenbacher*, in MünchKomm. HGB, 3. Aufl., § 329 Rn 16.
[10] Mit dem Hinweis auf Übererfüllung der EU-Vorgaben *Ott*, in *Federmann/Kußmaul/Müller* (Hrsg.), HdB, Offenlegung des Jahresabschlusses, Rz 73, Stand 3/2013.
[11] FGG und VwVfG. S. dazu § 335 Rz 25.
[12] Vgl. BVerfG, Beschlüsse v. 11.3.2009, 1 BvR 3413/08, NJW 2009, S. 2588; v. 10.9.2009, 1 BvR 1636/09, juris; v. 1.2.2011, 2 BvR 1236/10, WM 2011, S. 614 (mit Anm. *Kleinmanns*, BB 2011, S. 1138); v. 11.2.2009, 1 BvR 3582/08, NZG 2009, S. 515; v. 18.4.2011, 1 BvR 874/11, juris; v. 18.4.2011, 1 BvR 956/11, juris; v. 13.4.2011, 1 BvR 822/11, BFH/NV 2011, S. 1277; v. 24.3.2011, 1 BvR 555/11, juris; v. 24.3.2011, 1 BvR 488/11, juris; v. 16.3.2011, 1 BvR 441/11, juris; v. 16.3.2011, 1 BvR 412/11, juris.

## § 330 VERORDNUNGSERMÄCHTIGUNG FÜR FORMBLÄTTER UND ANDERE VORSCHRIFTEN

(1) ¹Das Bundesministerium der Justiz wird ermächtigt, im Einvernehmen mit dem Bundesministerium der Finanzen und dem Bundesministerium für Wirtschaft und Technologie durch Rechtsverordnung, die nicht der Zustimmung des Bundesrates bedarf, für Kapitalgesellschaften Formblätter vorzuschreiben oder andere Vorschriften für die Gliederung des Jahresabschlusses oder des Konzernabschlusses oder den Inhalt des Anhangs, des Konzernanhangs, des Lageberichts oder des Konzernlageberichts zu erlassen, wenn der Geschäftszweig eine von den §§ 266, 275 abweichende Gliederung des Jahresabschlusses oder des Konzernabschlusses oder von den Vorschriften des Ersten Abschnitts und des Ersten und Zweiten Unterabschnitts des Zweiten Abschnitts abweichende Regelungen erfordert. ²Die sich aus den abweichenden Vorschriften ergebenden Anforderungen an die in Satz 1 bezeichneten Unterlagen sollen den Anforderungen gleichwertig sein, die sich für große Kapitalgesellschaften (§ 267 Abs. 3) aus den Vorschriften des Ersten Abschnitts und des Ersten und Zweiten Unterabschnitts des Zweiten Abschnitts sowie den für den Geschäftszweig geltenden Vorschriften ergeben. ³Über das geltende Recht hinausgehende Anforderungen dürfen nur gestellt werden, soweit sie auf Rechtsakten des Rates der Europäischen Union beruhen. ⁴Die Rechtsverordnung nach Satz 1 kann auch Abweichungen von der Kontoform nach § 266 Abs. 1 Satz 1 gestatten. ⁵Satz 4 gilt auch in den Fällen, in denen ein Geschäftszweig eine von den §§ 266 und 275 abweichende Gliederung nicht erfordert.

(2) ¹Absatz 1 ist auf Kreditinstitute i.S.d. § 1 Abs. 1 des Gesetzes über das Kreditwesen, soweit sie nach dessen § 2 Abs. 1, 4 oder 5 von der Anwendung nicht ausgenommen sind, und auf Finanzdienstleistungsinstitute i.S.d. § 1 Abs. 1a des Gesetzes über das Kreditwesen, soweit sie nach dessen § 2 Abs. 6 oder 10 von der Anwendung nicht ausgenommen sind, sowie auf Institute, nach Maßgabe der Sätze 3 und 4 ungeachtet ihrer Rechtsform anzuwenden. ²Satz 1 ist auch auf Zweigstellen von Unternehmen mit Sitz in einem Staat anzuwenden, der nicht Mitglied der Europäischen Gemeinschaft und auch nicht Vertragsstaat des Abkommens über den Europäischen Wirtschaftsraum ist, sofern die Zweigstelle nach § 53 Abs. 1 des Gesetzes über das Kreditwesen als Kreditinstitut oder als Finanzinstitut gilt. ³Die Rechtsverordnung bedarf nicht der Zustimmung des Bundesrates; sie ist im Einvernehmen mit dem Bundesministerium der Finanzen und im Benehmen mit der Deutschen Bundesbank zu erlassen. ⁴In die Rechtsverordnung nach Satz 1 können auch nähere Bestimmungen über die Aufstellung des Jahresabschlusses und des Konzernabschlusses im Rahmen der vorgeschriebenen Formblätter für die Gliederung des Jahresabschlusses und des Konzernabschlusses sowie des Zwischenabschlusses gem. § 340a Abs. 3 und des Konzernzwischenabschlusses gem. § 340i Abs. 4 aufgenommen werden, soweit

dies zur Erfüllung der Aufgaben der Bundesanstalt für Finanzdienstleistungsaufsicht oder der Deutschen Bundesbank erforderlich ist, insb. um einheitliche Unterlagen zur Beurteilung der von den Kreditinstituten und Finanzdienstleistungsinstituten durchgeführten Bankgeschäfte und erbrachten Finanzdienstleistungen zu erhalten.

(3) ¹Absatz 1 ist auf Versicherungsunternehmen nach Maßgabe der Sätze 3 und 4 ungeachtet ihrer Rechtsform anzuwenden. ²Satz 1 ist auch auf Niederlassungen im Geltungsbereich dieses Gesetzes von Versicherungsunternehmen mit Sitz in einem anderen Staat anzuwenden, wenn sie zum Betrieb des Direktversicherungsgeschäfts der Erlaubnis durch die deutsche Versicherungsaufsichtsbehörde bedürfen. ³Die Rechtsverordnung bedarf der Zustimmung des Bundesrates und ist im Einvernehmen mit dem Bundesministerium der Finanzen zu erlassen. ⁴In die Rechtsverordnung nach Satz 1 können auch nähere Bestimmungen über die Aufstellung des Jahresabschlusses und des Konzernabschlusses im Rahmen der vorgeschriebenen Formblätter für die Gliederung des Jahresabschlusses und des Konzernabschlusses sowie Vorschriften über den Ansatz und die Bewertung von versicherungstechnischen Rückstellungen, insb. die Näherungsverfahren, aufgenommen werden. ⁵Die Zustimmung des Bundesrates ist nicht erforderlich, soweit die Verordnung ausschließlich dem Zweck dient, Abweichungen nach Absatz 1 Satz 4 und 5 zu gestatten.

(4) ¹In der Rechtsverordnung nach Absatz 1 in Verbindung mit Absatz 3 kann bestimmt werden, daß Versicherungsunternehmen, auf die die Richtlinie 91/674/EWG nach deren Artikel 2 in Verbindung mit Artikel 3 der Richtlinie 73/239/EWG oder in Verbindung mit Artikel 2 Nr. 2 oder 3 oder Artikel 3 der Richtlinie 79/267/EWG nicht anzuwenden ist, von den Regelungen des Zweiten Unterabschnitts des Vierten Abschnitts ganz oder teilweise befreit werden, soweit dies erforderlich ist, um eine im Verhältnis zur Größe der Versicherungsunternehmen unangemessene Belastung zu vermeiden; Absatz 1 Satz 2 ist insoweit nicht anzuwenden. ²In der Rechtsverordnung dürfen diesen Versicherungsunternehmen auch für die Gliederung des Jahresabschlusses und des Konzernabschlusses, für die Erstellung von Anhang und Lagebericht und Konzernanhang und Konzernlagebericht sowie für die Offenlegung ihrer Größe angemessene Vereinfachungen gewährt werden.

(5) Die Absätze 3 und 4 sind auf Pensionsfonds (§ 112 Abs. 1 des Versicherungsaufsichtsgesetzes) entsprechend anzuwenden.

PROF. DR. STEFAN MÜLLER

**Inhaltsübersicht**     Rz
1 Überblick .................................................. 1–5
   1.1 Inhalt und Regelungszweck ......................... 1–4
   1.2 Anwendungsbereich ................................. 5
2 Allgemeine Verordnungsermächtigung (Abs. 1) ............ 6–11
3 Sondervorschriften für Kreditinstitute (Abs. 2) ............. 12–15
4 Sondervorschriften für Versicherungsunternehmen (Abs. 3 und 4)   16–21
5 Sondervorschriften für Pensionsfonds (Abs. 5) .......... 22
6 Rechtsfolgen bei Pflichtverletzung ...................... 23–24

**Ergänzendes Schrifttum**
*Gesamtverband Gemeinnütziger Wohnungsunternehmen e. V.*, Jahresabschluss und Kontenrahmen für Wohnungsunternehmen nach dem Bilanzrichtlinien-Gesetz, 1986; *Grünenwald*, Die Rechnungs- und Buchführungspflichten der Pflegeeinrichtungen, ZfS 1996, S. 37; *Kenntemich/Seidel*, Krankenhaus-Jahresabschluß – Bilanz, Gewinn- und Verlustrechnung, Anhang, in *Eichhorn*, Handbuch Krankenhaus-Rechnungswesen, 2. Aufl., 1988; *Krumnow/Sprißler/Bellavite-Hövermann/Kemmer/Steinbrücker*, Rechnungslegung der Kreditinstitute, 1994; *Sachs*, Die dynamische Verweisung als Ermächtigungsnorm, NJW 1981, S. 1651; *Schnapauff*, Gliederung der Jahresabschlüsse von Verkehrsunternehmen, WPg 1988, S. 532; *Treuberg Graf von/Angermayer*, Jahresabschluß von Versicherungsunternehmen, 1995.

# 1 Überblick

## 1.1 Inhalt und Regelungszweck

§ 330 HGB ermächtigt das BMJV im Einvernehmen mit weiteren Ministerien zum Erlass **geschäftszweigspezifischer Formblätter** oder **anderer Vorschriften** zur Berücksichtigung von Besonderheiten bei der Rechnungslegung. Die handelsrechtlichen Vorschriften zur Gliederung der Bilanz (§ 266 HGB) und der GuV (§ 275 HGB) sowie die Sondervorschriften für PersG (§ 264c HGB) tragen lediglich den Spezifika von Industrie- und HandelsUnt[1] Rechnung und sind nicht in vollem Umfang zur Darstellung eines den tatsächlichen Verhältnissen entsprechenden Bilds der VFE-Lage von Unt anderer Wirtschaftszweige geeignet.[2] Zwecks Gewährleistung einer tatsachengerechten Darstellung können unter Rückgriff auf § 330 HGB neben Formblättern auch Vorschriften für die Gliederung des JA oder KA, den Anhang oder den Konzernanhang sowie den LB oder den KLB vorgegeben werden.

1

> **Beispiel**
> Auszug aus der Verordnung über die Rechnungs- und Buchführungspflichten von Krankenhäusern v. 24.3.1987[3] in Bezug auf die Gliederung der Bilanz:
> Aktivseite
> B.II. Forderungen und sonstige Vermögensgegenstände
> B.II.1. Forderungen aus L&L (KGr. 12), ... davon mit einer Restlaufzeit von mehr als einem Jahr
> B.II.2. Forderungen an Gesellschafter bzw. den Krankenhausträger(KUGr. 160), ... davon mit einer Restlaufzeit von mehr als einem Jahr
> B.II.3. Forderungen nach dem Krankenhausfinanzierungsrecht (KGr. 15), ... davon nach der BPflV (KUGr. 151), ... davon mit einer Restlaufzeit von mehr als einem Jahr

---

1 Vgl. *Hucke*, in *Baetge/Kirsch/Thiele*, Bilanzrecht, § 330 HGB, Rz 2, Stand 9/2012; *ADS*, 6. Aufl., § 330 HGB, Rz 1; den Begriff Produktionsunternehmen statt Industrieunternehmen verwendend *Fehrenbacher*, in MünchKomm. HGB, § 330 Rn 2.
2 Ebenso *Hucke*, in *Baetge/Kirsch/Thiele*, Bilanzrecht, § 330 HGB, Rz 2, Stand 9/2012; *Fehrenbacher*, in MünchKomm. HGB, 3. Aufl., § 330 Rn 2.
3 Krankenhaus-Buchführungs-Verordnung v. 24.3.1987, zuletzt geändert am 9.6.2011, BGBl 1987 I S. 1045 und BGBl 2011 I S. 1041.

2   Im Fall des § 330 **Abs. 1** HGB, der sich grds. auf alle KapG und ihnen gleichgestellte PersG bezieht, benötigt der Adressat der Ermächtigung auch das Einverständnis des BMF sowie des BMWT. § 330 **Abs. 2** HGB sieht Besonderheiten für Kreditinstitute vor. Rechtsverordnungen i.S.d. Abs. 2 erfordern dabei das Einverständnis des BMF und sind im Benehmen mit der Deutschen Bundesbank zu erlassen. Bei Anwendung des § 330 **Abs. 3 und 4** HGB (Sondervorschriften für VersicherungsUnt) ist ebenfalls das Einvernehmen des BMF von Nöten. Rechtsverordnungen i.S.d. Abs. 3 bedürfen zudem der Zustimmung des BR. § 330 **Abs. 5** HGB verweist ohne weitere Angaben in Bezug auf etwaige Voraussetzungen auf die Abs. 3 und 4, sodass deren Hürden entsprechend gelten.

3   Da sich § 330 HGB nicht auf betriebsspezifische Abweichungen bezieht, sondern die einheitliche Berücksichtigung von Eigenheiten ganzer Geschäftszweige regelt, wird der **Anwendungsbereich des § 265 Abs. 5–7 HGB** (§ 265 Rz 17 ff.) nicht berührt.[4] Bei der **Bündelung mehrerer Formblätter** von Unt eines Konzerns ist § 265 Abs. 4 HGB analog anzuwenden (Rz 10).

4   Die einheitliche Verordnungsermächtigung für Formblätter des § 330 Abs. 1 HGB wurde mit dem **BiRiLiG**[5] eingeführt und setzt Teile der 4. und 7. EG-RL[6] in deutsches Recht um, geht mit der Regelung in Bezug auf Anhang und LB respektive das entsprechende Konzernpendant aber auch darüber hinaus. § 330 Abs. 2 HGB wurde mit dem **BaBiRiLiG**[7], § 330 Abs. 3 und 4 HGB mit dem **VersRiLiG**[8] und § 330 Abs. 5 HGB mit dem **Altersvermögensgesetz**[9] angefügt. Ein Rückgriff auf einzelne Spezialgesetze ist seither überflüssig.

### 1.2 Anwendungsbereich

5   Relevant ist die Regelung des § 330 HGB grds. für alle **KapG**. Neben KapG müssen auch KapCoGes die Vorgaben des § 330 HGB einhalten. Aufgrund eines Verweises in § 336 Abs. 3 HGB ist § 330 Abs. 1 HGB auch auf eG anzuwenden. Für Unt, die gem. **PublG** einen Abschluss zu erstellen haben, sehen die §§ 5 Abs. 3, 13 Abs. 4 PublG eine entsprechende Anwendung der Bestimmungen des § 330 HGB vor.

## 2 Allgemeine Verordnungsermächtigung (Abs. 1)

6   Die allgemeine Verordnungsermächtigung des § 330 Abs. 1 HGB hat den Erlass **geschäftszweigspezifischer Formblätter** oder **anderer Vorschriften** zur Gliederung des JA oder KA, Anpassung des Inhalts des Anhangs oder des Konzernanhangs sowie des LB oder des KLB zum Inhalt. Ein qualitativer Unterschied zwischen Formblättern und anderen Vorschriften besteht dabei nicht.[10]

---

[4] Vgl. *Hucke*, in *Baetge/Kirsch/Thiele*, Bilanzrecht, § 330 HGB, Rz 10, Stand 9/2012; lediglich Abs. 4 und 5 aufführend *Fehrenbacher*, in MünchKomm. HGB, 3. Aufl., § 330 Rn 2.
[5] Gesetz v. 19.12.1985, BGBl 1985 I S. 2355.
[6] Art. 4 Abs. 2 Satz 2 der 4. EG-RL v. 27.7.1978, ABl. EG, Nr. L 222/11; Art. 17 Abs. 1 der 7. EG-RL v. 13.6.1983, ABl. EG, Nr. L 193/1.
[7] Gesetz v. 30.11.1990, BGBl 1990 I S. 2570.
[8] Gesetz v. 24.6.1994, BGBl 1994 I S. 1377.
[9] Gesetz v. 26.6.2001, BGBl 2001 I S. 1310.
[10] Vgl. *Förschle/Lawall*, in Beck Bil-Komm. 9. Aufl., § 330 HGB, Rz 12.

Abweichungen von Ansatz- oder Bewertungsvorschriften, den Vorgaben in   7
Bezug auf die Abschlussprüfung und die Offenlegung sowie Sanktionen sind
mit § 330 Abs. 1 HGB nicht zugelassen.[11]

**Voraussetzung** für den Erlass einer Rechtsverordnung i.S.d. § 330 Abs. 1 HGB   8
ist, dass der Geschäftszweig von den handelsrechtlichen Standards abweichende
Regelungen/Gliederungen zwecks der Darstellung eines den tatsächlichen Verhältnissen entsprechenden Bildes der VFE-Lage auch tatsächlich erfordert.[12]

> **Beispiel**
> Auszug (§ 12 Abs. 1) aus der Verordnung über die Rechnungslegung von Kreditinstituten v. 11.12.1998[13]:
> Als Kassenbestand sind gesetzliche Zahlungsmittel einschl. der ausländischen Noten und Münzen sowie Postwertzeichen und Gerichtsgebührenmarken auszuweisen. Zu einem höheren Betrag als dem Nennwert erworbene Gedenkmünzen sowie Goldmünzen, auch wenn es sich um gesetzliche Zahlungsmittel handelt, und Barrengold sind im Posten „Sonstige Vermögensgegenstände" (Aktivposten Nr. 15) zu erfassen.

Die Vorgaben etwaiger Formblätter oder anderer Vorschriften sollen den für   9
**große KapG** bzw. KapCoGes gültigen Vorgaben **gleichwertig** sein (§ 330 Abs. 1
Satz 2 HGB). Daraus ergibt sich, dass der Informationsgehalt nicht verringert
werden darf und mittels der Formblätter etc. keine **Erleichterungen** eingeführt
werden dürfen.[14] Die Begrenzung einzelner Posten führt aber nicht automatisch
zu einer Erleichterung, sofern an anderer Stelle eine geschäftszweigspezifische
Untergliederung erfolgt.[15] Über das geltende Recht[16] hinausgehende Anforderungen sind ebenfalls unzulässig. Eine Ausnahme bilden lediglich Vorgaben, die
auf Rechtsakten des Rats der EU beruhen (§ 330 Abs. 1 Satz 3 HGB). Unter
Rechtsakte i.S.v. § 330 Abs. 1 Satz 3 HGB fallen insb. EU-Richtlinien. Darüber
hinaus ist die Vorschrift nur bedingt von praktischer Bedeutung. Allerdings ist zu
bedenken, dass die Vorschrift auch künftige Rechtsakte des Rats der EU umfasst
und es so zu einer Verschiebung der praktischen Bedeutung kommen kann.
Gegen diesen dynamischen Verweis in die Zukunft bestehen allerdings verfassungsrechtliche Bedenken.[17]

Bei der **Bündelung mehrerer Formblätter** von Unt eines Konzerns als auch   10
eines Unt mit mehreren Geschäftszweigen ist § 265 Abs. 4 HGB maßgebend,

---

[11] Vgl. *Fehrenbacher*, in MünchKomm. HGB, 3. Aufl., § 330 Rn 7; *Förschle/Lawall*, in Beck Bil-Komm. 9. Aufl., § 330 HGB, Rz 11.
[12] Vgl. *Hucke*, in *Baetge/Kirsch/Thiele*, Bilanzrecht, § 330 HGB, Rz 22, Stand 9/2012; *Fehrenbacher*, in MünchKomm. HGB, 3. Aufl., § 330 Rn 6.
[13] Verordnung über die Rechnungslegung von *Kreditinstituten* v. 10.2.1992. Neufassung v. 11.12.1998, zuletzt geändert am 9.6.2011, BGBl 1998 I S. 3658 und BGBl 2011 I S. 1043.
[14] Ebenso *ADS*, 6. Aufl., § 330 HGB, Rz 7–8.
[15] Vgl. *Fehrenbacher*, in MünchKomm. HGB, 3. Aufl., § 330 Rn 7.
[16] Bilanzrecht des HGB nebst Spezialgesetzen.
[17] Vgl. BVerfG, Beschluss v. 1.3.1978, 1 BvR 786, 793/70, 168/71, 95/73, NJW 1978, S. 1475, das im behandelten Fall eine Auslegung als dynamischen Verweis aus verfassungsrechtlichen Gründen ablehnt; *Sachs*, NJW 1981, S. 1651.

d. h. es sind die Posten nach Maßgabe eines Unt zu verwenden und um die Posten der anderen Formblatt-Unt zu erweitern.[18] Sofern Formblatt-Unt in Abschlüsse von **Konzernen** anderer Branchen einzubeziehen sind, gelten die Regelungen der §§ 300 Abs. 2 Satz 3, 308 Abs. 2 Satz 2 HGB sowie § 13 PublG. Für den umgekehrten Fall gelten die Vorschriften der §§ 340 ff. oder 341 ff. HGB.[19]

11 Derzeit bestehen aufgrund von § 330 HGB, § 16 Satz 1 Nr. 7 KHG sowie § 83 Abs. 1 Satz 1 Nr. 3 SGB XI folgende **Formblatt-Verordnungen**:

| | |
|---|---|
| Geänderte Verordnung über Formblätter für die Gliederung des JA für **WohnungsUnt** v. 6.3.1987 | BGBl 1987 I S. 770 |
| Neufassung der **Krankenhaus**-Buchführungs-Verordnung v. 24.3.1987 (zuletzt geändert am 9.6.2011) | BGBl 1987 I S. 1045 (BGBl 2011 I S. 1041) |
| Geänderte Verordnung über die Gliederung des JA von **VerkehrsUnt** v. 13.7.1988 | BGBl 1988 I S. 1057 |
| Verordnung über die Rechnungslegung von **Kreditinstituten** v. 10.2.1992. Neufassung v. 11.12.1998 (zuletzt geändert am 9.6.2011) | BGBl 1998 I S. 3658 (BGBl 2011 I S. 1043) |
| Verordnung über die Rechnungslegung von **VersicherungsUnt** v. 8.11.1994 (zuletzt geändert am 9.6.2011) | BGBl 1994 I S. 3378 (BGBl 2011 I S. 1044) |
| Verordnung über die Rechnungslegungs- und Buchführungspflichten der **Pflegeeinrichtungen** v. 22.11.1995 (zuletzt geändert am 9.6.2011) | BGBl 1995 I S. 1528 (BGBl 2011 I S. 1045) |
| Verordnung über die Rechnungslegung von **Pensionsfonds** v. 25.2.2003 (zuletzt geändert am 9.6.2011) | BGBl 2003 I S. 246 (BGBl 2011 I S. 1044) |
| Verordnung über die Rechnungslegung der **Zahlungsinstitute**[20] v. 2.11.2009 (zuletzt geändert am 9.6.2011) | BGBl 2009 I S. 3680 (BGBl 2011 I S. 1042) |

Tab. 1: Derzeit gültige Formblatt-Verordnungen

## 3 Sondervorschriften für Kreditinstitute (Abs. 2)

12 § 330 Abs. 2 Satz 1 HGB erweitert den Anwendungsbereich von Abs. 1 auf **Kredit- und Finanzdienstleistungsinstitute**. Die Ermächtigung ist dabei auch auf Zweigstellen von Unt mit Sitz in einem Staat anzuwenden, der nicht Mitglied

---

[18] Vgl. *Fehrenbacher*, in MünchKomm. HGB, 3. Aufl., § 330 Rn 8; *Förschle/Lawall*, in Beck Bil-Komm. 9. Aufl., § 330 HGB, Rz 15.
[19] Vgl. *Förschle/Lawall*, in Beck Bil-Komm. 9. Aufl., § 330 HGB, Rz 15.
[20] Konkret haben Zahlungsinstitute abweichend von § 266 und § 275 HGB gesonderte Gliederungen zu verwenden, wobei unter Zahlungsinstituten Einrichtungen verstanden werden, die gewerbsmäßig oder in einem Umfang, der einen in kaufmännischer Weise eingerichteten Geschäftsbetrieb erfordert, Zahlungsdienste erbringen, ohne selbst Kreditinstitut zu sein. Einer von zahlreichen Anwendungsfällen wäre z. B. die Übermittlung von Geldbeträgen.

der Europäischen Gemeinschaft und auch nicht Vertragsstaat des Abkommens über den Europäischen Wirtschaftsraum ist, gleichwohl jedoch als Institut nach § 53 Abs. 1 KWG[21] gilt (§ 330 Abs. 2 Satz 2 HGB).
Für die Verordnungsermächtigung, die unabhängig von der Rechtsform anzuwenden ist, gelten etwaige Sondervorschriften des **KWG** (§ 330 Abs. 2 Satz 1 HGB). 13
Der Adressat der Ermächtigung, das BMJ, hat Rechtsverordnungen, die unter § 330 Abs. 2 HGB fallen, im Einvernehmen mit dem **BMF** zu erlassen. Rechtsverordnungen i. S. d. § 330 Abs. 2 Sätze 1 und 2 HGB sind gem. § 330 Abs. 2 Satz 3 HGB zudem im Benehmen mit der **Deutschen Bundesbank** zu erlassen, wodurch dieser ein qualifiziertes Anhörungsrecht zukommt.[22] 14
§ 330 Abs. 2 Satz 4 HGB gestattet in Bezug auf die Aufstellung des JA und KA sowie eines Zwischen- und Konzernzwischenabschlusses eine **inhaltliche Ausdehnung** der Rechtsverordnungen gem. § 330 Abs. 1 HGB. Voraussetzung für eine Erweiterung ist jedoch, dass diese zur Erfüllung der Aufgaben des Bundesaufsichtsamts für Kreditwesen oder der Deutschen Bundesbank erforderlich ist. 15

## 4 Sondervorschriften für Versicherungsunternehmen (Abs. 3 und 4)

§ 330 Abs. 3 Satz 1 HGB erweitert den Anwendungsbereich von Abs. 1 auch auf **VersicherungsUnt**. Die rechtsformunabhängige Anwendung setzt dabei voraus, dass die betroffenen Unt nach dem VAG[23] zugelassen sind.[24] Die Ermächtigung ist gem. Satz 2 auch auf Niederlassungen von VersicherungsUnt mit Sitz in einem anderen Staat anzuwenden, wenn sie zum Betrieb des Direktversicherungsgeschäfts der Erlaubnis durch die deutsche Versicherungsaufsichtsbehörde bedürfen. 16
Der Adressat der Ermächtigung, das BMJ, hat Rechtsverordnungen, die unter § 330 Abs. 3 Sätze 1 und 2 HGB fallen, im Einvernehmen mit dem **BMF** zu erstellen (§ 330 Abs. 3 Satz 3 HGB). Diese Rechtsverordnungen bedürfen gem. Satz 3 zudem der Zustimmung des **BR**,[25] es sei denn, sie dienen ausschließlich der Gewährung von Abweichungen von der Kontoform nach § 266 Abs. 1 Satz 1 HGB (§ 330 Abs. 3 Satz 5 HGB). 17
Abs. 3 Satz 4 gestattet in Bezug auf die Aufstellung des JA und KA sowie auf Vorschriften über den Ansatz und die Bewertung von versicherungstechnischen Rückstellungen die **Aufnahme näherer Bestimmungen** in die Rechtsverordnungen, woraus sich eine Ausdehnung der handels- und spezialrechtlichen Vorschriften ergeben kann. 18
Abs. 4 sieht die Fortführung oder Einführung von **Befreiungen** (Satz 1) und **Erleichterungen** (Satz 2) für VersicherungsUnt vor, auf die die aufgelisteten EG-Richtlinien[26] nicht anzuwenden sind. Vereinfachungen dürfen sich auf die 19

---

21 Kreditwesengesetz v. 10.7.1961, BGBl 1961 I S. 881.
22 Vgl. *Hucke*, in *Baetge/Kirsch/Thiele*, Bilanzrecht, § 330 HGB, Rz 32, Stand 9/2012; *Fehrenbacher*, in MünchKomm. HGB, 3. Aufl., § 330 Rn 11.
23 Versicherungsaufsichtsgesetz v. 17.12.1992, BGBl 1993 I S. 2.
24 Vgl. *Fehrenbacher*, in MünchKomm. HGB, 3. Aufl., § 330 Rn 12.
25 Zum Schutz etwaiger Besteuerungsinteressen der Bundesländer; BT-Drs. 12/7646, S. 3.
26 Art. 2 der Richtlinie 91/674/EWG i. V. m. Art. 3 der Richtlinie 73/239/EWG oder i. V. m. Art. 2 Nr. 2 oder 3 oder Art. 3 der Richtlinie 79/267/EWG.

Gliederung des JA und des KA, die Erstellung von Anhang und LB sowie Konzernanhang und KLB als auch die Offenlegung beziehen.

20 Zu den Unt, die in den **Anwendungsbereich** des § 330 Abs. 4 HGB fallen, gehören etwa Pensionskassen sowie VersicherungsUnt mit räumlich und sachlich begrenztem Tätigkeitsbereich.[27]

21 **Voraussetzung** für den Erlass einer Rechtsverordnung i. S. d. § 330 Abs. 4 Satz 1 HGB ist, dass die Befreiungen erforderlich sind, um eine im Verhältnis zur Größe der VersicherungsUnt unangemessene Belastung zu vermeiden. Eine Rechtsverordnung i. S. d. § 330 Abs. 4 Satz 2 HGB setzt entsprechend voraus, dass die Erleichterungen der Größe angemessen sind.

## 5 Sondervorschriften für Pensionsfonds (Abs. 5)

22 § 330 Abs. 5 HGB sieht die analoge Anwendung der Regelungen für VersicherungsUnt des § 330 Abs. 3 und 4 HGB (Rz 16–21) für **Pensionsfonds** vor, die unter den Anwendungsbereich des § 112 VAG fallen. Da sie nach dem Altersvermögensgesetz[28] überwiegend wie VersicherungsUnt behandelt werden und dem VAG unterliegen (§ 1 Abs. 1 VAG), war die Ausdehnung des § 330 Abs. 3 und Abs. 5 HGB auf Pensionsfonds nur konsequent.

## 6 Rechtsfolgen bei Pflichtverletzung

23 Ein Verstoß gegen § 330 HGB erfüllt das Tatbestandsmerkmal einer Ordnungswidrigkeit, sofern eine Verordnung zu § 330 HGB explizit auf § 334 HGB verweist. Für die Mitglieder des vertretungsberechtigten Organs oder AR ist die Ordnungswidrigkeit dann gem. § 334 Abs. 1 Nr. 6 HGB regelmäßig **bußgeldbewährt**. Liegt kein Verweis auf § 334 HGB vor, kann – mangels Tatbestand – kein Bußgeld verhängt werden. Für Kreditinstitute und VersicherungsUnt finden sich in den §§ 340o und 341o HGB in Bezug auf Pflichtverletzungen gesonderte Vorschriften, die den Regelungen/Verordnungen für diese Ges. Rechnung tragen. Ein Verstoß kann dann nur nach § 335 HGB mit einem **Ordnungsgeld** belegt werden. Darüber hinaus sehen die Formblatt-Verordnungen mitunter weitere bußgeldbewährte Tatbestände vor.

24 Weitere Folgen einer **Missachtung von Formblättern** ergeben sich insb. aus § 256 AktG, dessen Regelungen auch bei GmbH Anwendung finden.[29] Zur **Nichtigkeit** oder **Anfechtbarkeit** eines JA oder KA führt ein Verstoß allerdings nur, wenn die Klarheit und Übersichtlichkeit wesentlich eingeschränkt sind.[30]

---

[27] Vgl. *Hucke*, in *Baetge/Kirsch/Thiele*, Bilanzrecht, § 330 HGB, Rz 42 ff., Stand 9/2012; *Förschle/ Lawall*, in Beck Bil-Komm. 9. Aufl., § 330 HGB, Rz 55 f.
[28] Gesetz v. 26.6.2001, BGBl 2001 I S. 1310.
[29] Vgl. *Fehrenbacher*, in MünchKomm. HGB, 3. Aufl., § 330 Rn 15.
[30] „Wegen Verstoßes gegen … sowie wegen der Nichtbeachtung von Formblättern, nach denen der JA zu gliedern ist, ist der JA nur nichtig, wenn seine Klarheit und Übersichtlichkeit dadurch wesentlich beeinträchtigt sind.", § 256 Abs. 4 AktG.

# § 331 UNRICHTIGE DARSTELLUNG

Mit Freiheitsstrafe bis zu drei Jahren oder mit Geldstrafe wird bestraft, wer
1. als Mitglied des vertretungsberechtigten Organs oder des Aufsichtsrats einer Kapitalgesellschaft die Verhältnisse der Kapitalgesellschaft in der Eröffnungsbilanz, im Jahresabschluß, im Lagebericht oder im Zwischenabschluß nach § 340a Abs. 3 unrichtig wiedergibt oder verschleiert,
1a. als Mitglied des vertretungsberechtigten Organs einer Kapitalgesellschaft zum Zwecke der Befreiung nach § 325 Abs. 2a Satz 1, Abs. 2b einen Einzelabschluss nach den in § 315a Abs. 1 genannten internationalen Rechnungslegungsstandards, in dem die Verhältnisse der Kapitalgesellschaft unrichtig wiedergegeben oder verschleiert worden sind, vorsätzlich oder leichtfertig offen legt,
2. als Mitglied des vertretungsberechtigten Organs oder des Aufsichtsrats einer Kapitalgesellschaft die Verhältnisse des Konzerns im Konzernabschluß, im Konzernlagebericht oder im Konzernzwischenabschluß nach § 340i Abs. 4 unrichtig wiedergibt oder verschleiert,
3. als Mitglied des vertretungsberechtigten Organs einer Kapitalgesellschaft zum Zwecke der Befreiung nach den §§ 291 Abs. 1 und 2 oder einer nach § 292 erlassenen Rechtsverordnung einen Konzernabschluß oder Konzernlagebericht, in dem die Verhältnisse des Konzerns unrichtig wiedergegeben oder verschleiert worden sind, vorsätzlich oder leichtfertig offenlegt,
3a. entgegen § 264 Abs. 2 Satz 3, § 289 Abs. 1 Satz 5, § 297 Abs. 2 Satz 4 oder § 315 Abs. 1 Satz 6 eine Versicherung nicht richtig abgibt,
4. als Mitglied des vertretungsberechtigten Organs einer Kapitalgesellschaft oder als Mitglied des vertretungsberechtigten Organs oder als vertretungsberechtigter Gesellschafter eines ihrer Tochterunternehmen (§ 290 Abs. 1, 2) in Aufklärungen oder Nachweisen, die nach § 320 einem Abschlußprüfer der Kapitalgesellschaft, eines verbundenen Unternehmens oder des Konzerns zu geben sind, unrichtige Angaben macht oder die Verhältnisse der Kapitalgesellschaft, eines Tochterunternehmens oder des Konzerns unrichtig wiedergibt oder verschleiert.

RA StB Daniel Münster/RA StB Annette Meier-Behringer

| Inhaltsübersicht | Rz |
|---|---|
| 1 Überblick | 1–7 |
| 1.1 Geschütztes Rechtsgut und Schutzbereich | 1–3 |
| 1.2 Deliktsnatur | 4–5 |
| 1.3 Normzusammenhang | 6–7 |
| 2 Täterkreis | 8–28 |
| 2.1 Mitglieder des vertretungsberechtigten Organs | 9–24 |
| 2.1.1 Aktiengesellschaft | 10 |
| 2.1.2 Kommanditgesellschaft auf Aktien | 11 |
| 2.1.3 GmbH | 12 |
| 2.1.4 Kapitalgesellschaft in Liquidation | 13 |

|  |  |  |  |
|---|---|---|---|
| | 2.1.5 | Sonstige Personen | 14 |
| | 2.1.6 | Faktische Betrachtungsweise | 15–23 |
| | 2.1.7 | Aus mehreren Personen bestehende vertretungsberechtigte Organe | 24 |
| 2.2 | | Mitglieder des Aufsichtsrats | 25–27 |
| 2.3 | | Vertretungsberechtigter Gesellschafter | 28 |
| 3 | Tathandlungen | | 29–68 |
| 3.1 | | Unrichtige Darstellung der Unternehmensverhältnisse (Nr. 1) | 30–44 |
| | 3.1.1 | Tatmittel | 30–32 |
| | 3.1.2 | Unrichtige Wiedergabe | 33–39 |
| | 3.1.3 | Verschleierung | 40 |
| | 3.1.4 | Verhältnisse | 41–44 |
| 3.2 | | Offenlegung eines unrichtigen befreienden Einzelabschlusses (Nr. 1a) | 45–49 |
| 3.3 | | Unrichtige Darstellung im Konzernabschluss (Nr. 2) | 50–53 |
| 3.4 | | Offenlegung eines unrichtigen befreienden Konzernabschlusses oder -lageberichts (Nr. 3) | 54–57 |
| | 3.4.1 | Unrichtiger Konzernabschluss | 55 |
| | 3.4.2 | Offenlegung | 56–57 |
| 3.5 | | Unrichtige Versicherung – „Bilanzeid" (Nr. 3a) | 58–62 |
| 3.6 | | Unrichtige Angaben gegenüber Abschlussprüfern (Nr. 4) | 63–68 |
| 4 | Subjektiver Tatbestand | | 69–76 |
| 4.1 | | Nrn. 1, 2 und 4 | 69–71 |
| 4.2 | | Nr. 1a | 72–74 |
| 4.3 | | Nr. 3 | 75 |
| 4.4 | | Nr. 3a | 76 |
| 5 | Rechtswidrigkeit und Schuld | | 77–79 |
| 6 | Irrtum | | 80–82 |
| 7 | Vollendung und Beendigung der Tat | | 83–90 |
| 7.1 | | Vollendung | 84–89 |
| | 7.1.1 | Nr. 1 | 84 |
| | 7.1.2 | Nr. 1a | 85 |
| | 7.1.3 | Nr. 2 | 86 |
| | 7.1.4 | Nr. 3 | 87 |
| | 7.1.5 | Nr. 3a | 88 |
| | 7.1.6 | Nr. 4 | 89 |
| 7.2 | | Beendigung | 90 |
| 8 | Konkurrenzen | | 91–97 |
| 8.1 | | Mehrere unrichtige Darstellungen in einer Bilanz | 91 |
| 8.2 | | Mehrere unrichtige Darstellungen in mehreren Tatbestandsalternativen | 92–94 |
| 8.3 | | Verhältnis zu den Straftatbeständen des Strafgesetzbuches | 95–96 |
| 8.4 | | Verhältnis zu anderen Strafgesetzen | 97 |
| 9 | Strafverfolgung und Rechtsfolgen | | 98–102 |
| 9.1 | | Verfahrensrechtliche Besonderheiten | 98 |
| 9.2 | | Rechtsfolgen | 99–100 |
| 9.3 | | Verjährung | 101–102 |

## Ergänzendes Schrifttum

*Altenhain*, Der strafbare Bilanzeid, WM 2008, S. 1141; *Arnold*, Auslegungshilfen zur Bestimmung der Geschäftslagetäuschung im Rahmen der §§ 331 Nr. 1 HGB, 400 Abs. 1 Nr. 1 AktG, 82 Abs. 2 Nr. 2 GmbHG, 1993; *Beiersdorf/Rahe*, Verabschiedung des Gesetzes zur Umsetzung der EU-Transparenzrichtlinie, BB 2007, S. 99; *Dierlamm*, Der faktische Geschäftsführer im Strafrecht – ein Phantom?, NStZ 1996, S. 153; *Eisolt*, Strafbare unrichtige Darstellung (§ 331 HGB) im Fall der sofortigen Vereinnahmung von Mietgarantiegebühren, StuB 2010, S. 533; *Fischer*, Strafgesetzbuch und Nebengesetze, 59. Aufl., 2012; *Ihrig/Wagner*, Die Reform geht weiter: Das Transparenz- und Publizitätsgesetz, BB 2002, S. 789; *Maul*, Geschäfts- und Konzernlagetäuschung als Bilanzdelikte, DB 1989, S. 185; *Muscat*, Bilanzdelikte – ein Fall für das Steuerstrafrecht, PStR 2006, S. 159; *Ransiek/Hüls*, Strafrecht zur Regulierung der Wirtschaft, ZGR 2009, S. 157; *Spatscheck/Wulf*, Straftatbestände der Bilanzfälschung nach dem HGB – ein Überblick, DStR 2003, S. 173; *Stahlschmidt*, Schlafende Straftatbestände des HGB, StuB 2003, S. 107; *Stahlschmidt*, Die Straftatbestände im HGB, StB 2003, S. 63; *Weyand*, Konsequenzen unrichtiger Darstellung und Verletzung der Berichtspflicht für Unternehmensleitung und Abschlussprüfer, INF 2000, S. 149; *Wimmer*, Die zivil- und strafrechtlichen Folgen mangelhafter Jahresabschlüsse bei GmbH und KG, DStR 1997, S. 1931; *Ziemann*, Der strafbare „Bilanzeid" nach § 331 Nr. 3a HGB, wistra 2007, S. 292.

# 1 Überblick

## 1.1 Geschütztes Rechtsgut und Schutzbereich

Bei § 331 HGB handelt es sich um ein **Schutzgesetz i.S.d. § 823 Abs. 2 BGB**, weshalb die Einordnung als geschütztes Rechtssubjekt im Hinblick auf einen zivilrechtlichen Schadensersatz eine besondere Rolle spielt. Jeder Verstoß gegen § 331 HGB, der zugleich auch zu einem kausalen Schaden führt, verhilft dem geschützten Personenkreis zu einem Schadensersatzanspruch. Hierdurch wird der durch die Strafnorm vermittelte Schutz zivilrechtlich abgesichert. 1

**Geschütztes Rechtsgut** ist das Vertrauen in die Richtigkeit und die Vollständigkeit bestimmter Informationen über die Verhältnisse der KapG bzw. des Konzerns.[1] Dabei sind KapG nach der Überschrift zum zweiten Abschnitt des dritten Buches die AG, die KGaA und die GmbH. Hinzu kommt die SE. 2

Zu den durch die Norm **geschützten Rechtssubjekten** zählt nach hM auch die Ges. bzw. der Konzern selbst.[2] Daneben sind auch alle Personen, die mit der KapG oder dem Konzern in irgendeiner wirtschaftlichen und/oder rechtlichen Beziehung stehen oder solche Beziehungen eingehen wollen, in den Schutzbereich der Norm einbezogen. Hierzu zählen insb. aktuelle und potenzielle Gesellschafter, Vertragspartner, Gläubiger, potenzielle Kreditgeber und Arbeitnehmer. 3

---

[1] Vgl. *Quedenfeld*, in MünchKomm. HGB, 3. Aufl., § 331 Rn 1; *Dannecker*, in Großkomm. HGB, § 331, Rn 3; *Tschesche*, in *Baetge/Kirsch/Thiele*, Bilanzrecht, § 331 HGB, Rz 2, *Eisolt*, StuB 2010, 533.

[2] Ebenso *Quedenfeld*, in MünchKomm. HGB, 3. Aufl., § 331, Rn 2; *Tschesche*, in *Baetge/Kirsch/Thiele*, Bilanzrecht, § 331 HGB, Rz 2; a.A. *Dannecker*, in Großkomm. HGB, § 331, Rn 5, der die KapG nur als Institution in den Schutzbereich einbezieht.

## 1.2 Deliktsnatur

**4** Bei § 331 HGB handelt es sich um ein **abstraktes Gefährdungsdelikt**. Ein konkreter Erfolg, wie z.B. ein resultierender Schaden oder eine Vermögensgefährdung, ist für die Vollendung des Delikts nicht erforderlich. Das bloße Handeln des Täters genügt für die Strafbarkeit.

**5** § 331 HGB ist in allen Tatbestandsalternativen ein **echtes Sonderdelikt**. Der Kreis der möglichen Täter wird durch das Gesetz selbst beschrieben und eingeschränkt. Andere Personen (z.B. StB und AP) können daher lediglich Anstifter oder Gehilfe sein, selbst wenn sie mit der Bilanzerstellung beauftragt wurden. Insoweit ist auch die Strafe nach § 28 Abs. 1 StGB zu mildern, da es sich bei der Sonderdeliktseigenschaft um ein **besonderes persönliches Merkmal** handelt.

## 1.3 Normzusammenhang

**6** Der sechste Unterabschnitt des HGB enthält in den §§ 331–335b HGB Sanktionen für die Verletzung der im HGB niedergelegten Pflichten, soweit sie KapG betreffen. Dabei stellen die §§ 331–333 HGB **Straftatbestände** (sog. „reine Bilanzdelikte"[3]) dar, während § 334 HGB **Ordnungswidrigkeiten** ahndet. Die Regelung des § 335 HGB ist eine **Ordnungsgeldvorschrift**, um die Erfüllung bestimmter Pflichten zu erzwingen.

**7** Der Anwendungsbereich von § 331 HGB wird durch § 335b HGB auf PersG, die über keine natürliche Person als phG verfügen (KapCoGes.),[4] erweitert. Die Vorschrift gilt demnach auch etwa für die GmbH & Co. KG. Zudem gilt die Vorschrift aufgrund besonderer Verweisungsvorschriften entsprechend für Kreditinstitute (§ 340m HGB) und Versicherungsunternehmen (§ 341m HGB) – jeweils unabhängig von deren Rechtsform. Vergleichbare Straftatbestände bzgl. Unt, die nicht in der Rechtsform einer KapG betrieben werden, finden sich in § 17 PublG und § 147 GenG.

## 2 Täterkreis

**8** Als Täter kommen zunächst nur die in § 331 HGB ausdrücklich genannten Personen in Betracht. Täter können demnach nur die Mitglieder des vertretungsberechtigten Organs einer KapG (Nrn. 1 bis 4), die Mitglieder des AR einer KapG (Nr. 1 bis 2) und die vertretungsberechtigten Gesellschafter des TU einer KapG (Nr. 4) sein. Der Bilanzeid nach Nr. 3a ist auf die gesetzlichen Vertreter einer KapG, die ein KM-orientiertes Unt i.S.d. § 2 Abs. 7 WpHG ist, also auf sog. Inlandsemittenten, beschränkt (vgl. §§ 264 Abs. 2 Satz 3, 289 Abs. 1 Satz 5, 297 Abs. 2 Satz 4, 315 Abs. 6 i.V.m. 331 Nr. 3a HGB). Inlandsemittenten sind Unt, die Aktien oder Schuldtitel ausgeben und an einem organisierten Markt in Deutschland teilnehmen, ohne dass sie Emittenten mit Herkunftsland Deutschland sein müssen.[5]

---

[3] Vgl. *Spatschek/Wulf*, DStR 2003, S. 173.
[4] Vgl. § 264a HGB.
[5] Vgl. *Quedenfeld*, in MünchKomm. HGB, 3. Aufl., § 331, Rn 6; *Ziemann*, wistra 2007, S. 293.

## 2.1 Mitglieder des vertretungsberechtigten Organs

Täter einer Straftat nach § 331 HGB kann nur eine natürliche Person sein, die **Mitglied des vertretungsberechtigten Organs** ist. Wer zu dem jeweiligen Personenkreis zählt, bestimmt sich nach der gesetzlichen Regelung für die jeweilige Gesellschaftsform.

9

### 2.1.1 Aktiengesellschaft

Mitglieder des vertretungsberechtigten Organs der AG sind die **Mitglieder des Vorstands**, § 76 Abs. 2 und 3 AktG. Soweit sie Vorstandsgeschäfte wahrnehmen, zählen hierzu auch die stellvertretenden Vorstandsmitglieder, § 94 AktG.[6]

10

### 2.1.2 Kommanditgesellschaft auf Aktien

Bei der KGaA sind die Mitglieder des vertretungsberechtigten Organs die **persönlich haftenden Gesellschafter**, §§ 278 Abs. 2, 283 AktG.

11

### 2.1.3 GmbH

Taugliche Täter bei der GmbH sind die **Geschäftsführer** (§ 35 Abs. 1 GmbHG) und die stellvertretenden Geschäftsführer (§ 44 GmbHG).[7]

12

### 2.1.4 Kapitalgesellschaft in Liquidation

Bei der KapG in Liquidation sind die Mitglieder des vertretungsberechtigten Organs der oder die Abwickler bzw. Liquidatoren (§§ 265 Abs. 1, 290 AktG, § 66 GmbHG).[8] Falls eine juristische Person als Liquidator bestellt ist, sind nach § 14 Abs. 1 Nr. 1, 1. Alt. StGB die Mitglieder von deren vertretungsberechtigtem Organ Normadressat des § 331 HGB.

13

### 2.1.5 Sonstige Personen

Andere als die im Gesetz ausdrücklich genannten Personen können nicht Täter sein. Für leitende, nicht zum Vorstand gehörende bzw. nicht zu Geschäftsführern bestellte **Angestellte, Prokuristen oder Handlungsbevollmächtigte** gilt dies entsprechend. Ebenso können Personen, denen die Bilanzerstellung rechtsgeschäftlich übertragen wurde, nicht Täter sein. Die Möglichkeit einer generellen Delegation von Unternehmenspflichten nach § 14 Abs. 2 Nr. 1 StGB oder einer speziellen Delegation nach § 14 Abs. 2 Nr. 2 StGB begründet auch keine strafrechtliche Verantwortung, weil die Bilanzerstellung eine höchstpersönliche Organpflicht ist, §§ 264 Abs. 1 Satz 2 HGB, 91 Abs. 1 AktG.[9]

14

---

[6] Vgl. *Dannecker*, in Großkomm. HGB, § 331, Rn 16; *Grottel/H. Hoffmann*, in Beck Bil-Komm. 9. Aufl., § 331 HGB, Rz 18; *Quedenfeld*, in MünchKomm. HGB, 3. Aufl., § 331 Rn 9.

[7] Vgl. *Dannecker*, in Großkomm. HGB, § 331, Rn 21; *Grottel/H. Hoffmann*, in Beck Bil-Komm. 9. Aufl., § 331 HGB, Rz 18; *Quedenfeld*, in MünchKomm. HGB, 3. Aufl., § 331 Rn 12.

[8] Vgl. *Dannecker*, in Großkomm. HGB, § 331, Rn 24; *Grottel/H. Hoffmann*, in Beck Bil-Komm. 9. Aufl., § 331 HGB, Rz 18; *Quedenfeld*, in MünchKomm. HGB, 3. Aufl., § 331 Rn 14.

[9] Vgl. *Dannecker*, in Großkomm. HGB, § 331, Rn 25; *Quedenfeld*, in MünchKomm. HGB, 3. Aufl., § 331, Rn 15.

### 2.1.6 Faktische Betrachtungsweise

15 Für die Frage der möglichen Täterschaft kommt es nicht allein auf die zivil- oder gesellschaftsrechtliche Wirksamkeit des Bestellungsaktes an. Vielmehr bestimmt sich der Begriff des vertretungsberechtigten Organs auch nach den tatsächlichen Kriterien.[10]

16 Bei einer **nicht wirksam entstandenen oder noch nicht bestehenden KapG** gibt es bereits Mitglieder des vertretungsberechtigten Organs, wenn ein solches Amt von einer natürlichen Person ausgeübt wird.[11]

17 Die **zivilrechtlich unwirksame oder mangelhafte Bestellung** zum Mitglied des Vertretungsorgans lässt die strafrechtliche Verantwortung bei tatsächlicher Übernahme und Ausübung des Amtes unberührt.[12] So kann auch eine Person, die kraft Gesetzes die Fähigkeit, ein Mitglied des vertretungsberechtigten Organs zu sein, verloren hat (vgl. §§ 6 GmbHG, 76 AktG) weiterhin Täter sein, wenn sie ihre Organfunktion weiter ausübt.[13]

18 Die **Eintragung in das Handelsregister** stellt keine Strafbarkeitsvoraussetzung dar. Der tatsächliche Beginn der Tätigkeit vor der Eintragung begründet bereits die Tätereigenschaft.

19 > **Beispiel**
> Fehlt es noch an einem **förmlichen Bestellungsakt**, erfolgt die Organtätigkeit aber mit Einverständnis oder auch nur mit der Duldung des für die Bestellung zuständigen Organs (GesV, HV, AR), ist ebenfalls die Tätereigenschaft gegeben.[14]

20 Die **rückwirkende Beendigung der Organstellung**, die zivilrechtlich möglich ist, lässt die Strafbarkeit unberührt. Der Täter bleibt, wenn er über den Zeitpunkt der Beendigung der Organstellung hinaus seine Aufgaben weiter wahrnimmt, bis zur tatsächlichen Amtsaufgabe tauglicher Täter.[15]

21 Wird ein Geschäftsführer bzw. Vorstand als sog. „**Strohmann**" in das HR eingetragen, ohne dass er tatsächlich Organfunktionen übernimmt und wahrnimmt, hat dies keinen Einfluss auf seine formelle Täterqualifikation. Zudem lässt dieses Vorschieben eines nur eingetragenen Dritten, dessen Organfunktionen tatsächlich aber vollständig von dem Hintermann, dem tatsächlichen Geschäftsführer bzw. Vorstand ausgeübt werden, die Täterschaft des Hintermanns unberührt. Täter kann in diesen Strohmann-Fällen damit sowohl das eingetragene Mitglied des vertretungsberechtigten Organs als auch der faktische Geschäftsführer/Vorstand sein.[16]

---

10 Vgl. *Spatscheck/Wulf*, DStR 2003, S. 173; *Dannecker*, in Großkomm. HGB, § 331, Rn 26; *Quedenfeld*, in MünchKomm. HGB, 3. Aufl., § 331, Rn 16.
11 Vgl. RGSt 34, 412; 37, 25; 43, 407; *Dannecker*, in Großkomm. HGB, § 331, Rn 31.
12 Vgl. BGHSt 3, 32; *Quedenfeld*, in MünchKomm. HGB, 3. Aufl., § 331, Rn 18.
13 Vgl. *Quedenfeld*, in MünchKomm. HGB, 3. Aufl., § 331, Rn 19.
14 Vgl. BGHSt 3, 32; 21, 101; 31, 118; OLG Düsseldorf NJW 1988, S. 3166.
15 Vgl. *Dannecker*, in Großkomm. HGB, § 331, Rn 30; *Quedenfeld*, in MünchKomm. HGB, 3. Aufl., § 331, Rn 23.
16 Vgl. RGSt 16, 269; 43, 407; 64, 81; 71, 112; BGHSt 6, 314; 28, 20; 34, 221; 34, 379; BGH, wistra 1990, S. 60; *Quedenfeld*, in MünchKomm. HGB, 3. Aufl., § 331, Rn 24.

Bisher ungeklärt ist die Frage, wie weit die faktische Betrachtung reichen kann, wenn der Handelnde neben einem formell ordnungsgemäß bestellten und aktiven Vertretungsorgan seinerseits tätig ist. Der BGH[17] setzt als entscheidendes Kriterium zunächst eine „überragende Stellung" des **faktischen Vertretungsorgans** voraus, was die Ausübung von wesentlichen Geschäftsführungsaufgaben erfordert. Zu diesen **Geschäftsführungsaufgaben** gehören[18]

- die Bestimmung der Unternehmenspolitik,
- die Unternehmensorganisation,
- die Einstellung und Entlassung von Mitarbeitern einschl. des Ausstellens von Zeugnissen,
- die Gestaltung der Geschäftsbeziehungen zu Vertragspartnern der Ges. einschl. der Vereinbarung von Vertrags- und Zahlungsmodalitäten,
- die Entscheidung in Steuerangelegenheiten,
- die Verhandlungen mit Kreditgebern,
- die Steuerung von Buchhaltung und Bilanzierung sowie
- eine dem Geschäftsführergehalt entsprechende Vergütung.

Mit der **Übernahme und Ausübung dieser wesentlichen Geschäftsführungsaufgaben** durch das faktische Vertretungsorgan muss das für die Bestellung zuständige Organ einverstanden sein.[19] Darüber hinaus fordert das Schrifttum,[20] dass die Tätigkeit des faktischen Vertretungsorgans nach außen erkennbar und auf Dauer angelegt sein muss. Darüber hinaus ist eine faktische Organstellung aus strafrechtlicher Sicht abzulehnen. Die bloße Anmaßung einer Organstellung nach diesen Kriterien ist auch im Fall eines aktiven Allein- bzw. Mehrheitsgesellschafters nicht ausreichend, solange bestellte und tatsächlich als Gesellschaftsorgan nicht nur nachrangig tätige Dritte vorhanden sind.[21]

### 2.1.7 Aus mehreren Personen bestehende vertretungsberechtigte Organe

Besteht das **vertretungsberechtigte Organ** aus mehreren Personen, kann jede dieser Personen Täter i. S. d. § 331 HGB sein. Interne Zuständigkeitsverteilungen spielen dabei grds. keine Rolle.[22] Dies gilt, da sich die gesetzlichen Organpflichten nicht durch gesellschaftsinterne Organisationsregeln beseitigen lassen. Interne Zuständigkeiten können jedoch im Rahmen des Vorsatzes und des Verschuldens bedeutsam werden.

## 2.2 Mitglieder des Aufsichtsrats

Mitglieder des AR sind dann taugliche Täter, wenn es sich um einen **obligatorischen AR** handelt. Ein solcher besteht bei der AG (§§ 95 ff. AktG) und der KGaA (§ 278 Abs. 3 AktG). Bei der GmbH besteht er nur in den Fällen der §§ 77

---

[17] Vgl. BGHSt 31, 118.
[18] Vgl. *Dierlamm*, NStZ 1996, S. 153.
[19] Vgl. *Quedenfeld*, in MünchKomm. HGB, § 331, Rn 25 f.
[20] Vgl. *Dierlamm*, NStZ 1996, S. 153; *Quedenfeld*, in MünchKomm. HGB, 3. Aufl., § 331, Rn 27, *Dannecker*, in Großkomm. HGB, § 331, Rn 28.
[21] Vgl. *Quedenfeld*, in MünchKomm. HGB, 3. Aufl., § 331, Rn 27; *Dannecker*, in Großkomm. HGB, § 331, Rn 29.
[22] Vgl. *Quedenfeld*, in MünchKomm. HGB, 3. Aufl., § 331, Rn 28; *Dannecker*, in Großkomm. HGB, § 331, Rn 32; *Spatscheck/Wulf*, DStR 2003, S. 173.

Abs. 1 BetrVG, 6 Abs. 1 Mitbestimmungsgesetz, 4 Montanmitbestimmungsgesetz, 5 Mitbestimmungs-ErgG und 3 KAGG.

26 Ansonsten kann bei einer GmbH ein AR durch die Satzung vorgesehen werden, § 52 GmbHG (**fakultativer AR**). Die Mitglieder eines solchen fakultativen AR sind nur dann Normadressat des § 331 HGB, wenn ihnen die Prüfungspflichten der §§ 171, 337 AktG übertragen sind.[23] Dies ist nach § 52 GmbHG immer dann der Fall, wenn die Satzung nichts anderes bestimmt. Die Täterschaft entfällt jedoch, wenn dem fakultativen AR nach der Satzung ausdrücklich nicht die Prüfungspflichten nach §§ 171, 337 AktG übertragen sind.[24] **Mitglieder sonstiger fakultativer Aufsichtsgremien** wie z.B. des Beirats oder des Verwaltungsrats kommen wegen des strafrechtlichen Analogieverbots nicht als Täter in Betracht.

27 **Ersatzmitglieder** eines AR (§ 101 Abs. 3 Satz 2 AktG) sind erst dann taugliche Täter, wenn das bisherige Mitglied ausgeschieden und das Ersatzmitglied die Funktion als Aufsichtsratsmitglied tatsächlich ausübt.[25]

### 2.3 Vertretungsberechtigter Gesellschafter

28 Der Begriff des vertretungsberechtigten Gesellschafters in § 331 Nr. 4 HGB betrifft den Fall, dass es sich bei dem TU i.S.d. § 290 Abs. 1 und 2 HGB nicht um eine KapG handelt. In diesem Fall kann auch der vertretungsberechtigte Gesellschafter einer PersG tauglicher Täter sein. Täter kann dagegen nicht der Gesellschafter einer GmbH im Falle der Vakanz der Geschäftsführerposition sein, da dieser nicht an die Stelle des fehlenden Geschäftsführers tritt.

## 3 Tathandlungen

29 § 331 HGB differenziert formal zwischen sechs unterschiedlichen Tatbeständen.

### 3.1 Unrichtige Darstellung der Unternehmensverhältnisse (Nr. 1)

#### 3.1.1 Tatmittel

30 § 331 Nr. 1 HGB betrifft die unrichtige Wiedergabe oder die Verschleierung der Verhältnisse der KapG in der **Eröffnungsbilanz** (§ 242 Abs. 1 HGB), im **JA** (§ 242 Abs. 3 HGB), im **Lagebericht** (§§ 264 Abs. 1, 289 HGB) und im **Zwischenabschluss bei Kreditinstituten** (§ 340a Abs. 3 HGB).

31 Der JA besteht gem. § 242 Abs. 2 und 3 HGB aus der Bilanz sowie der GuV. Es stellt sich daher die Frage, inwieweit der Inhalt des **Anhangs** sowie ggf. der weiteren Pflichtbestandteile KFR und Eigenkapitalspiegel zum JA (§ 264 Abs. 1 HGB) zu den strafrechtlich relevanten Angaben zählt.

32 Da der JA für KapG durch § 264 HGB erweitert wird und Anhang sowie ggf. weitere Pflichtbestandteile eine Einheit bilden, ist von einer Einbeziehung der

---

[23] Ebenso *Quedenfeld*, in MünchKomm. HGB, 3. Aufl., § 331, Rn 34; *Dannecker*, in Großkomm. HGB, § 331, Rn 23; *Tschesche*, in *Baetge/Kirsch/Thiele*, Bilanzrecht, § 331 HGB, Rz 23; *Spatscheck/Wulf*, DStR 2003, S. 173; *Grottel/H. Hoffmann*, in Beck Bil-Komm. 9. Aufl., § 331 HGB, Rz 18.
[24] *Eisolt* StuB 2010, 533, 536.
[25] Vgl. *Quedenfeld*, in MünchKomm. HGB, 3. Aufl., § 331, Rn 36; *Dannecker*, in Großkomm. HGB, § 331, Rn 18 und 22.

gesamten Bestandteile in § 331 Nr. 1 HGB auszugehen. Dafür spricht überdies, dass Angaben im Anhang die Richtigkeit, Vollständigkeit und Klarheit von Bilanz und Gewinn- und Verlustrechnung betreffen. Insoweit spricht auch der Wortlaut des § 331 Nr. 1 HGB nicht dagegen, da er sich nicht ausdrücklich auf die Legaldefinition des § 242 Abs. 3 HGB bezieht.[26]

### 3.1.2 Unrichtige Wiedergabe

Die Verhältnisse sind dann unrichtig wiedergegeben, wenn die Darstellung mit der Wirklichkeit nicht übereinstimmt.[27] Maßgeblich sind also objektive Faktoren und nicht die subjektive Vorstellung des Handelnden. Der Inhalt der Darstellung ist nach dem Empfängerhorizont auszulegen. Entscheidend ist dabei das Verständnis eines bilanzkundigen Lesers.[28] 33

> **Beispiel**
> **Klassische Bespiele** für eine unrichtige Darstellung sind die Aktivierung nicht existenter oder der Ges. nicht (mehr) gehörender VG des AV, die Überbewertung von Forderungen oder Warenbeständen, das Verschweigen von Verbindlichkeiten, die Manipulation von Warenbeständen oder des AV.

34

Die Darstellung beschränkt sich dabei nicht nur auf unwahre Tatsachen, sondern erfasst auch (eventuell auf richtigen Tatsachen beruhende) Schlussfolgerungen, wie Bewertungen, Schätzungen und Prognosen.[29]
**Unrichtige Schlussfolgerungen** können daher sowohl auf falschen Tatsachen beruhen oder aber auch korrekte Tatsachen mit einer falschen Bewertung oder Beurteilung versehen. Maßstab bei solch unrichtigen Bewertungen und Beurteilungen sind dabei die Vorschriften des Bilanzrechts, die GoB und das Gebot, die VFE-Lage der KapG richtig auszuweisen.[30] Diese **Bewertungsvorschriften** geben ihrerseits auch wiederum **Ermessensspielräume** und **Gestaltungsmöglichkeiten** für den Bilanzierenden. Allerdings werden diese Spielräume durch Grenzwerte sowohl nach oben als auch nach unten begrenzt. Diese Grenzwerte sind Ergebnis von bestimmten, allgemein anerkannten Erfahrungssätzen. Werden diese Grenzwerte über- bzw. unterschritten, ist der Bilanzansatz unrichtig. 35

Eine **Schlussfolgerung** ist demnach **objektiv unrichtig**, wenn sie nach einheitlicher Meinung der Fachleute schlechthin unvertretbar ist.[31] Bei der Ausübung von Bewertungs- und Beurteilungsspielräumen ist eine **unrichtige Wiedergabe** nicht gegeben, wenn sich der Bilanzierende auf eine **wissenschaftliche Minder-** 36

---

[26] Vgl. *Dannecker*, in Großkomm. HGB, § 331, Rn 33; *Quedenfeld*, in MünchKomm. HGB, 3. Aufl., § 331, Rn 56; *Spatscheck/Wulf*, DStR 2003, S. 173.
[27] Vgl. *Dannecker*, in Großkomm. HGB, § 331, Rn 40; *Quedenfeld*, in MünchKomm. HGB, 3. Aufl., § 331, Rn 41; *Tschesche*, in *Baetge/Kirsch/Thiele*, Bilanzrecht, § 331 HGB, Rz 28; *Grottel/H. Hoffmann*, in Beck Bil-Komm. 9. Aufl., § 331 HGB, Rz 11; *Spatscheck/Wulf*, DStR 2003, S. 173.
[28] Vgl. RGSt 68, 349; *Dannecker*, in Großkomm. HGB, § 331, Rn 40.
[29] Vgl. *Dannecker*, in Großkomm. HGB, § 331, Rn 40; *Quedenfeld*, in MünchKomm. HGB, 3. Aufl., § 331 Rn 47; *Grottel/H. Hoffmann*, in Beck Bil-Komm. 9. Aufl., § 331 HGB, Rz 7.
[30] Vgl. *Dannecker*, in Großkomm. HGB, § 331, Rn 41.
[31] Vgl. *Eisolt*, StuB 2010, 533, 536;; *Quedenfeld*, in MünchKomm. HGB, 3. Aufl., § 331, Rn 42; *Dannecker*, in Großkomm. HGB, § 331, Rn 42; LG Düsseldorf, Urteil v. 4.8.2009 (– 7 0274/09); KG Berlin, wistra 2010, 235.

meinung beruft. In Betracht kommt in einem solchen Fall jedoch die Tatbestandsalternative des Verschleierns durch Unterlassen eines klarstellenden Hinweises.

37 Unrichtige Angaben i. S. d. § 331 Nr. 1 HGB liegen auch dann vor, wenn es sich um freiwillige Angaben handelt.[32]

38 Besteht eine besondere Rechtspflicht zum Handeln, ist eine unrichtige Wiedergabe auch durch Unterlassen (§ 13 Abs. 1 StGB) möglich. Dies kommt in Betracht, wenn das materielle Bilanzrecht die Vollständigkeit der Darstellung wie in den §§ 246 Abs. 1, 284, 285, 300 Abs. 2 HGB vorschreibt oder wenn eine Angabe als falsch erkannt und ihre Richtigstellung unterlassen wird.

39 Unerheblich ist, ob die unrichtige Wiedergabe ein zu günstiges oder zu pessimistisches Bild der Gesellschaft vermittelt.[33]

### 3.1.3 Verschleierung

40 Eine Verschleierung der Verhältnisse liegt vor, wenn wirtschaftliche Verhältnisse zwar objektiv richtig dargestellt werden, einzelne Tatsachen aber so undeutlich und unkenntlich wiedergegeben werden, dass sich der wirkliche Tatbestand für den bilanzkundigen Leser nur schwer oder überhaupt nicht erkennen lässt und so die Gefahr einer Falschinterpretation entsteht.[34] Die Abweichung von einer in der Literatur einheitlich empfohlenen Darstellungsform stellt nicht unbedingt eine Verschleierung der Verhältnisse dar.[35]

> **Beispiel**
> Als Beispiele für eine Verschleierung der Verhältnisse gelten etwa Verstöße gegen das Saldierungsverbot des § 246 Abs. 2 HGB, das Aktivierungsverbot eines selbst geschaffenen Kundenstamms oder das Zusammenziehen wesensfremder Posten.

### 3.1.4 Verhältnisse

41 Gegenstand der unrichtigen Wiedergabe oder des Verschleierns sind die Verhältnisse einer KapG. Der Begriff der Verhältnisse umfasst alle tatsächlichen Umstände, Vorgänge, Daten und Schlussfolgerungen jeder Art, die für die Beurteilung der gegenwärtigen Situation und wegen der Einbeziehung des Lageberichts auch der voraussichtlichen Entwicklung des Unt von Bedeutung sein können.[36] Hierzu zählen auch die Beziehungen zu verbundenen Unt.[37]

---

[32] Vgl. *Dannecker*, in Großkomm. HGB, § 331, Rn 44.
[33] Vgl. *Grottel/H. Hoffmann*, in Beck Bil-Komm. 9. Aufl., § 331 HGB, Rz 12, 13; *Quedenfeld*, in MünchKomm. HGB, 3. Aufl., § 331, Rn 45.
[34] Vgl. *Dannecker*, in Großkomm. HGB, § 331, Rn 48; *Quedenfeld*, in MünchKomm. HGB, 3. Aufl., § 331, Rn 46; *Tschesche*, in *Baetge/Kirsch/Thiele*, Bilanzrecht, § 331 HGB, Rz 31; *Grottel/H. Hoffmann*, in Beck Bil-Komm. 9. Aufl., § 331 HGB, Rz 15; *Spatscheck/Wulf*, DStR 2003, S. 173.
[35] Vgl. OLG Celle, NZG 2000, S. 613; *Spatscheck/Wulf*, DStR 2003, S. 173.
[36] Vgl. *Tschesche*, in *Baetge/Kirsch/Thiele*, Bilanzrecht, § 331 HGB, Rz 32; *Quedenfeld*, in MünchKomm. HGB, 3. Aufl., § 331, Rn 48; *Spatscheck/Wulf*, DStR 2003, S. 173.
[37] Vgl. *Grottel/H. Hoffmann*, in Beck Bil-Komm. 9. Aufl., § 331 HGB, Rz 16; *Tschesche*, in *Baetge/Kirsch/Thiele*, Bilanzrecht, § 331 HGB, Rz 32.

Der **Begriff der Verhältnisse** der Ges. ist – anders als bei § 265b StGB (Kredit- 42
betrug) – nicht auf die wirtschaftlichen Verhältnisse begrenzt, sondern erfasst
auch soziale, politische und sonstige Umstände.[38]

> **Beispiel**
> Zu den sozialen, politischen und sonstigen Umstände zählen etwa die Auf-
> gliederung der Arbeitnehmer nach Gruppen gem. § 285 Satz 1 Nr. 7 HGB
> oder die Angabe der Namen der Mitglieder des Geschäftsführungsorgans und
> eines AR gem. § 285 Satz 1 Nr. 10 HGB.

Die Weite des Begriffs „Verhältnisse" ist im Hinblick auf das Bestimmtheits- 43
gebot des Art. 103 Abs. 2 GG **verfassungsrechtlich** nicht unbedenklich. Diesen
Bedenken ist nach richtiger Auffassung[39] dadurch Rechnung zu tragen, dass der
Begriff unter Berücksichtigung der Strafwürdigkeit und Strafbedürftigkeit restriktiv ausgelegt wird. Wenn der Schutzbereich der Norm neben dem Schutz der
Ges. auch dem Schutz derer dient, die in wirtschaftlicher und rechtlicher Beziehung zu der Ges. stehen oder in eine solche treten wollen, dann dürfen die
Verhältnisse im Sinne dieser Norm auch nur solche sein, die einen wirtschaftlichen Bezug haben und daher für die Beurteilung der wirtschaftlichen Situation
der Gesellschaft relevant sind.[40]

Eine weitere Restriktion erfährt der Straftatbestand des § 331 Nr. 1 HGB durch 44
das – dem Gesetzeswortlaut allerdings nicht zu entnehmende – Erfordernis der
**Erheblichkeit.** Da die Verletzung bestimmter Rechnungslegungsvorschriften
nach den Regelungen in § 334 Abs. 1 Nr. 1a bis d HGB lediglich als Ordnungswidrigkeiten geahndet werden, ist eine Abgrenzung zu dem Straftatbestand des
§ 331 Nr. 1 HGB erforderlich. Diese Abgrenzung ist nach hM in der **Erheblichkeit des Verstoßes** gegen Rechnungslegungsvorschriften zu finden. Erst wenn
die Verletzung von Rechnungslegungsvorschriften so erheblich ist, dass sie zu
einer Unrichtigkeit oder Unvollständigkeit der Darstellung als solcher führt, ist
die Grenze der Strafbarkeit erreicht.[41]

### 3.2 Offenlegung eines unrichtigen befreienden Einzelabschlusses (Nr. 1a)

Der Straftatbestand wurde nach dem Vorbild des § 331 Nr. 3 HGB mit der 45
Einführung eines von der Bundesanzeigerpublizität des JA befreienden Einzel-
abschlusses nach internationalen Rechnungslegungsstandards durch das Bil-
ReG[42] mit Wirkung vom 10.12.2004 eingefügt.

Die Aufnahme dieses Straftatbestands war notwendig, da nach § 325 Abs. 2a 46
HGB für große KapG ein Wahlrecht besteht, statt des JA nach § 242 HGB einen

---

[38] Vgl. *Grottel/H. Hoffmann*, in Beck Bil-Komm. 9. Aufl., § 331 HGB, Rz 17; *Quedenfeld*, in MünchKomm. HGB, 3. Aufl., § 331, Rn 56.
[39] Vgl. *Tschesche*, in *Baetge/Kirsch/Thiele*, Bilanzrecht, § 331 HGB, Rz 33; *Quedenfeld*, in Münch-Komm. HGB, 3. Aufl., § 331, Rn 48.
[40] Vgl. *Quedenfeld*, in MünchKomm. HGB, 3. Aufl., § 331, Rn 48.
[41] Vgl. *Dannecker*, in Großkomm. HGB, § 331, Rn 43; *Quedenfeld*, in MünchKomm. HGB, 3. Aufl., § 331, Rn 20.
[42] BilReG v. 4.12.2004, BGBl 2004 I S. 3166.

sog. **Einzelabschluss nach den in** § 315a HGB beschriebenen internationalen Regeln offenzulegen. Während der JA nach den handelsrechtlichen Vorschriften erfolgt, wird der Einzelabschluss nach den IFRS erstellt. Dieser IFRS-EA dient aber nur der Publizität der Rechnungslegung, verdrängt also nicht den HGB-JA in seiner gesellschaftsrechtlichen, steuerlichen und aufsichtsrechtlichen Bedeutung. In § 331 Nr. 1 HGB sind nur die dort genannten Abschlüsse, nicht jedoch der IFRS-EA geschützt. Dieser Schutz besteht nun seit Aufnahme des Tatbestandes des § 331 Nr. 1a HGB.

47 Die Tathandlungen der **unrichtigen Wiedergabe** und des **Verschleierns** entsprechen den Tathandlungen nach § 331 Nr. 1 HGB. Maßstab für die Unrichtigkeit im Hinblick auf die Abweichung zu den objektiven Gegebenheiten sind jedoch nicht die Bewertungsregelungen des HGB, sondern die von der EU geprüften und veröffentlichten IFRS-Regelungen i.V.m. den in § 315a Abs. 1 HGB genannten weiterhin anzuwendenden handelsrechtlichen Vorschriften.[43]

48 Das Tatbestandsmerkmal der Offenlegung bedeutet die Bekanntmachung des Einzelabschlusses im BAnz, § 325 Abs. 1 HGB.

49 Zudem ist erforderlich, dass die Offenlegung zum Zwecke der Befreiung nach § 325 Abs. 2a HGB erfolgt. Bei Verfolgung eines anderen Zweckes ist der Tatbestand des § 331 Nr. 1a HGB nicht erfüllt.[44]

### 3.3 Unrichtige Darstellung im Konzernabschluss (Nr. 2)

50 § 331 Nr. 2 HGB stellt die unrichtige Darstellung bei der Aufstellung des KA, des KLB und des Konzernzwischenabschlusses nach § 340i Abs. 4 HGB unter Strafe.

51 Die Norm setzt dementsprechend voraus, dass die Verhältnisse des Konzerns unrichtig wiedergegeben oder verschleiert werden. Die Tathandlungen **unrichtige Wiedergabe** und **Verschleiern** sind identisch mit den Tathandlungen in § 331 Nr. 1 HGB. Insoweit wird auf die Ausführungen in Rz 30ff. verwiesen.

52 Gegenstand der Tathandlung ist die Darstellung der **Verhältnisse des Konzerns**, wobei auch hier auf die im Rahmen des § 331 Nr. 1 HGB gemachten Ausführungen zu dem Tatbestandsmerkmal „Verhältnisse" verwiesen werden kann (Rz 41ff.).

53 Der Begriff des **Konzerns** ist in § 18 AktG legal definiert. Im Aktienrecht wird dabei zwischen dem Unterordnungskonzern (§ 18 Abs. 1 Satz 1 AktG), bei dem ein herrschendes und ein oder mehrere abhängige Unt zusammengefasst sind, und dem Gleichordnungskonzern (§ 18 Abs. 2 AktG), bei dem rechtlich selbstständige Unt unter einheitlicher Leitung zusammengefasst sind, ohne dass das eine Unt von dem anderen abhängig ist, differenziert. Aus **strafrechtlicher Sicht** spielt diese Unterscheidung jedoch keine Rolle, es ist das handelsrechtliche Verständnis des § 290 HGB zugrunde zu legen (§ 290 Rz 16ff.).[45]

---

[43] Vgl. *Quedenfeld*, in MünchKomm. HGB, 3. Aufl., § 331, Rn 58.
[44] Vgl. *Quedenfeld*, in MünchKomm. HGB, 3. Aufl., § 331, Rn 59.
[45] Vgl. *Dannecker*, in Großkomm. HGB, § 331, Rn 68; *Quedenfeld*, in MünchKomm. HGB, 3. Aufl., § 331, Rn 61.

## 3.4 Offenlegung eines unrichtigen befreienden Konzernabschlusses oder -lageberichts (Nr. 3)

§ 331 Nr. 3 HGB erfasst die Fälle, in denen Mitglieder des vertretungsberechtigten Organs einer KapG einen befreienden Abschluss nach §§ 291, 292, 292a HGB offenlegen, der die Verhältnisse des Konzerns unrichtig wiedergibt oder verschleiert. Die Vorschrift knüpft damit an die Unterscheidung zwischen MU an, die nur verpflichtet sind, einen KA und KLB aufzustellen (§ 290 HGB), und MU, die einen befreienden Abschluss nach §§ 291, 292, 292a HGB zudem offenlegen. Die Offenlegung eines unrichtigen KA oder KLB befreit ein MU auf niedriger Stufe von der Einhaltung der in § 331 Nr. 2 HGB sanktionierten Vorschriften. § 331 Nr. 2 HGB stellt daher die Einhaltung der Befreiungsvorschriften unter Strafe.[46]

54

### 3.4.1 Unrichtiger Konzernabschluss

Die Tathandlung des § 331 Nr. 3 HGB setzt einen unrichtigen Konzernabschluss oder -lagebericht voraus. Ein solcher liegt vor, wenn die objektiven Tatbestandsvoraussetzungen des § 331 Nr. 2 HGB erfüllt sind (Rz 50 ff.).

55

### 3.4.2 Offenlegung

Weiter setzt die Tathandlung die Offenlegung des unrichtigen KA oder Konzernlageberichts voraus. Unter Offenlegung ist nach der Legaldefinition des § 325 Abs. 1 HGB die Einreichung des KA oder KLB (§ 325 Abs. 3 HGB) beim Betreiber des BAnz zu verstehen.

56

Die Offenlegung kann dabei sowohl durch das befreite TU als auch durch dessen MU erfolgen.[47] Täter können daher sowohl die Mitglieder des vertretungsberechtigten Organs des MU und des TU sein – je nachdem, wer die Offenlegung vornimmt. Aufsichtsratsmitglieder können nicht Täter sein.

57

## 3.5 Unrichtige Versicherung – „Bilanzeid" (Nr. 3a)

Der sog. **Bilanzeid** nach § 264 Abs. 2 Satz 3 HGB verpflichtet die gesetzlichen Vertreter eines KM-orientierten Unt i.S.d. § 2 Abs. 7 WpHG (sog. Inlandsemittent), eine Versicherung darüber abzugeben, dass in den **Finanzberichten** ein den **tatsächlichen Verhältnissen** entsprechendes Bild der VFE-Lage des Unt vermittelt wird (§ 264 Rz 65). § 331 Nr. 3a HGB stellt nun die im Gesetzeswortlaut genannte Versicherung unter Strafe, soweit sie nicht richtig abgegeben werden. Die Tathandlung besteht alternativ in der Abgabe einer falschen Versicherung darüber, dass

58

- nach bestem Wissen der **JA** ein den tatsächlichen Verhältnissen entsprechendes Bild i.S.d. § 264 Abs. 2 Satz 1 HGB vermittelt oder der Anhang Angaben nach § 264 Abs. 2 Satz 2 HGB enthält (**§ 264 Abs. 2 Satz 3 HGB**);
- nach bestem Wissen im **Lagebericht** der Geschäftsverlauf einschl. des Geschäftsergebnisses und die Lage der KapG so dargestellt sind, dass ein den tatsächlichen Verhältnissen entsprechendes Bild vermittelt wird und dass die

---

[46] Vgl. *Dannecker*, in Großkomm. HGB, § 331, Rn 86; *Quedenfeld*, in MünchKomm. HGB, 3. Aufl., § 331, Rn 68; *Tschesche*, in *Baetge/Kirsch/Thiele*, Bilanzrecht, § 331 HGB, Rz 51.

[47] Vgl. *Grottel/H. Hoffmann*, in Beck Bil-Komm. 9. Aufl., § 331 HGB, Rz 32; *Quedenfeld*, in MünchKomm. HGB, 3. Aufl., § 331, Rn 71; *Tschesche*, in *Baetge/Kirsch/Thiele*, Bilanzrecht, § 331 HGB, Rz 52.

wesentlichen Chancen und Risiken i.S.d. § 289 Abs. 1 Satz 4 HGB beschrieben sind (§ 289 Abs. 1 Satz 5 HGB);
- nach bestem Wissen der **KA** ein den tatsächlichen Verhältnissen entsprechendes Bild i.S.d. § 297 Abs. 2 Satz 2 HGB vermittelt oder der Konzernanhang Angaben nach § 297 Abs. 2 Satz 3 HGB enthält (**§ 297 Abs. 2 Satz 4 HGB**);
- nach bestem Wissen im **Konzernlagebericht** der Geschäftsverlauf einschl. des Geschäftsergebnisses und die Lage des Konzerns so dargestellt sind, dass ein den tatsächlichen Verhältnissen entsprechendes Bild vermittelt wird und dass die wesentlichen Chancen und Risiken i.S.d. § 315 Abs. 1 Satz 5 HGB beschrieben sind (**§ 315 Abs. 1 Satz 6 HGB**).

59 Ob eine Versicherung nicht richtig ist, muss sich an den **Tatbestandmerkmalen** „unrichtige Wiedergabe" und „Verschleiern" des § 331 Nr 1 HGB orientieren.[48] Demnach sind Maßstab für die Richtigkeit der Versicherung die GoB und die Bewertungsvorschriften des HGB. Wie in § 331 Nr. 1 HGB ist auch eine gewisse Erheblichkeit der Unrichtigkeit zu fordern (Rz 44).[49]

60 Die **Nichtabgabe** der geforderten Versicherung ist in § 331 Nr. 3a HGB nicht unter Strafe gestellt, sondern wird als Ordnungswidrigkeit geahndet nach § 39 Abs. 2 Nr. 19 i.V.m. § 37 Abs. 2 Nr. 3 WpHG.[50]

61 Die **falsche Versicherung** muss schriftlich erfolgt sein.

62 Täter können nach dem Wortlaut der §§ 264 Abs. 2 Satz 3, 289 Abs. 1 Satz 5, 297 Abs. 2 Satz 4, 315 Abs. 1 Satz 6 HGB nur die Mitglieder des vertretungsberechtigten Organs einer KapG sein.

### 3.6 Unrichtige Angaben gegenüber Abschlussprüfern (Nr. 4)

63 § 331 Nr. 4 HGB umfasst zunächst die unrichtige Wiedergabe oder Verschleierung der Verhältnisse der KapG, eines TU oder des Konzerns gegenüber dem AP. Darüber hinaus werden von § 331 Nr. 4 HGB auch alle sonstigen unrichtigen Angaben erfasst. Dazu gehören alle Aufklärungen und Nachweise, die der AP zur Durchführung und Erfüllung seiner Aufgabe nach § 320 Abs. 2 HGB von den gesetzlichen Vertretern verlangen kann. Die Strafbarkeit ist daher bedingt und begrenzt durch das Auskunftsrecht des § 320 HGB.[51]

64 **Aufklärungen und Nachweise** umfassen jegliche mündliche oder schriftliche Stellungnahme, die der AP zur Durchführung der Abschlussprüfung benötigt und sich aus der Sicht des Täters auf das Prüfungsergebnis auswirken soll.[52] **Aufklärung** bedeutet die Klärung und das Ausräumen von Zweifeln, Unklarheiten und Widersprüchen. **Nachweise** sind die vom Prüfer herangezogenen, für die Prüfung erforderlichen Belege jeder Art.

65 **Unrichtige Angaben** sind überprüfbare Aussagen über Tatsachen, deren Inhalt mit der objektiven Wirklichkeit nicht übereinstimmen. Die Tatsachen können sich auch auf Bewertungen, Erwartungen, Schätzungen oder Prognosen bezie-

---

[48] Vgl. *Ziemann*, wistra 2007, S. 292; *Quedenfeld*, in MünchKomm. HGB, 3. Aufl., § 331, Rn 73.
[49] Vgl. *Ziemann*, wistra 2007, S. 292; *Quedenfeld*, in MünchKomm. HGB, 3. Aufl., § 331, Rn 6873.
[50] Vgl. *Ziemann*, wistra 2007, S. 292.
[51] Vgl. *Dannecker*, in Großkomm. HGB, § 331, Rn 108; *Quedenfeld*, in MünchKomm. HGB, 3. Aufl., § 331, Rn 74.
[52] Vgl. *Quedenfeld*, in MünchKomm. HGB, 3. Aufl., § 331, Rn 77; *Maul*, DB 1989, S. 185.

hen. Anders als bei den anderen Tatbestandsalternativen des § 331 HGB können die unrichtigen Angaben auch mündlich gemacht werden.⁵³

Hinsichtlich der objektiven Tatbestandsmerkmale „unrichtige Wiedergabe" und „Verschleierung" der Verhältnisse kann auf die obigen Ausführungen zu § 331 Nr. 1 HGB verwiesen werden (Rz 40 ff.). 66

**Adressat der Angaben** ist nach dem Gesetzeswortlaut ausschließlich der AP. Das ist nach § 319 Abs. 1 HGB ein WP oder ein vBp. Im Gegensatz dazu werden in den §§ 332 und 333 HGB auch die Gehilfen des AP erfasst. Daraus ist jedoch nicht zu folgern, dass unrichtige Angaben gegenüber einem Gehilfen des AP im Falle des § 331 Nr. 4 HGB straflos sind. Vielmehr kann sich der AP zur Erfüllung seiner Aufgaben anderer Personen bedienen und sich beim Auskunftsverlangen vertreten lassen. Somit gelten solchen Personen gegenüber gemachte Angaben als gegenüber dem AP gemacht. 67

Nicht unter § 331 Nr. 4 HGB fällt die **Verweigerung** der von dem Prüfer nach § 320 Abs. 2 HGB verlangten Angaben. Geschützt werden soll nämlich nur die Richtigkeit, Vollständigkeit und Klarheit der Angaben für den AP, nicht jedoch die Erfüllung der Auskunftspflicht.⁵⁴ 68

## 4 Subjektiver Tatbestand

### 4.1 Nrn. 1, 2 und 4

Der subjektive Tatbestand des § 331 Nrn. 1, 2 und 4 HGB setzt **Vorsatz** (§ 15 StGB) voraus. Das bedeutet, dass der Täter wissen muss, dass die von ihm vorgelegte Rechenschaft nicht mit den Tatsachen übereinstimmt. § 331 HGB ist ein sog. **unechtes Blankettgesetz**. Dies bedeutet, dass die Vorschriften über die Rechnungslegung über das normative Tatbestandsmerkmal der unrichtigen Darstellung einbezogen werden.⁵⁵ Es genügt daher bereits bedingter Vorsatz (**dolus eventualis**), sodass es ausreicht, dass der Täter die Verwirklichung des jeweiligen Tatbestandes tatsächlich für möglich hält und dabei billigend in Kauf nimmt, dass die von ihm abgegebene Darstellung unrichtig ist.⁵⁶ 69

Der Tatbestand verlangt keine besondere **Täuschungsabsicht**. 70

Erkennt der Täter dagegen die Unrichtigkeit seiner Darstellung nicht, obwohl er sie hätte erkennen können, liegt nur eine straflose Fahrlässigkeit vor. 71

### 4.2 Nr. 1a

Der subjektive Tatbestand verlangt Vorsatz oder Leichtfertigkeit. 72

Der **Vorsatz** muss sich auf alle objektiven Tatbestandsmerkmale beziehen, also auf die Unrichtigkeit des EA und auf die Offenlegung zum Zwecke der Befreiung.⁵⁷ Hinsichtlich der Unrichtigkeit des EA genügt bereits **Eventual-** 73

---

⁵³ Vgl. *Tschesche*, in *Baetge/Kirsch/Thiele*, Bilanzrecht, § 331 HGB, Rz 64.
⁵⁴ Vgl. *Quedenfeld*, in MünchKomm. HGB, 3. Aufl., § 331, Rn 79.
⁵⁵ Vgl. *Spatscheck/Wulf*, DStR 2003, S. 173, 176.
⁵⁶ Vgl. *Dannecker*, in Großkomm. HGB, § 331, Rn 55; *Quedenfeld*, in MünchKomm. HGB, 3. Aufl., § 331, Rn 83; *Grottel/H. Hoffmann*, in Beck Bil-Komm. 9. Aufl., § 331 HGB, Rz 23.
⁵⁷ Vgl. *Quedenfeld*, in MünchKomm. HGB, 3. Aufl., § 331, Rn 85.

**vorsatz** (dolus eventualis). Hinsichtlich der Befreiung verlangt § 331 Nr. 1a HGB dagegen **Absicht**.[58]

74 Bei der **Leichtfertigkeit** handelt es sich um einen besonders starken Grad der Fahrlässigkeit, der der groben Fahrlässigkeit im Zivilrecht entspricht.[59] Auch bei leichtfertigem Verhalten muss der Täter „zum Zwecke der Befreiung nach § 325 Abs. 2a Satz 1, Abs. 2b HGB ...", also mit Absicht hinsichtlich der Befreiung handeln.[60]

### 4.3 Nr. 3

75 Die Vorschrift verlangt wie § 331 Nr. 1a HGB **bedingten Vorsatz** oder **Leichtfertigkeit** und die **Absicht** hinsichtlich des Merkmals „zum Zwecke der Befreiung...". Insoweit kann auf die obigen Ausführungen zu § 331 Nr. 1a HGB verwiesen werden.

### 4.4 Nr. 3a

76 **Eventualvorsatz** reicht zur Erfüllung des subjektiven Tatbestands aus. Auch die in den blankettausfüllenden Normen enthaltene Formulierung „nach bestem Wissen" ist nicht im strafrechtlichen Sinne als direkter Vorsatz zu verstehen. Der Wissensvorbehalt soll nach dem Willen des Gesetzgebers lediglich eine Fahrlässigkeitshaftung ausschließen.[61]

## 5 Rechtswidrigkeit und Schuld

77 Grundsätzlich indiziert die Tatbestandsmäßigkeit des Handelns dessen Rechtswidrigkeit. Da der umfassende Schutzzweck des § 331 HGB über einen Individualschutz hinausgeht, ist die Norm der Disposition der Gesellschafter oder des AR entzogen. Eine Einwilligung oder Weisung der Gesellschafter, insb. Allein- oder Mehrheitsgesellschafter, des AR oder anderer fakultativer Aufsichtsgremien kann daher kein Rechtfertigungsgrund sein.[62]

78 Ein **rechtfertigender Notstand** nach § 34 StGB kommt nach herrschender Ansicht nur in ganz atypischen Ausnahmesituationen in Betracht, wenn der Schutz anderer Interessen wesentlich überwiegt.[63]

79 Hinsichtlich der **Schuldfrage** gelten die allgemeinen strafrechtlichen Grundsätze. Es kann dabei entschuldigend wirken, wenn der Täter persönlich oder durch Mitarbeiter nicht in der Lage war, seinen bilanzrechtlichen Pflichten

---

58 Vgl. *Dannecker*, in Großkomm. HGB, § 331, Rn 100; *Grottel/H. Hoffmann*, in Beck Bil-Komm. 9. Aufl., § 331 HGB, Rz 33.
59 Vgl. BGHSt 20, 323; 33, 67; *Fischer*, StGB, § 15 Rz 20 mwN.
60 Vgl. *Dannecker*, in Großkomm. HGB, § 331, Rn 101.; *Grottel/H. Hoffmann*, in Beck Bil-Komm. 9. Aufl., § 331 HGB, Rz 33.
61 Vgl. *Ziemann*, wistra 2007, S. 294; *Fleischer*, ZIP 2007, S. 102; ausführlich *Altenhain*, WM 2008, 1141, 1145.
62 Vgl. *Dannecker*, in Großkomm. HGB, § 331, Rn 61; *Quedenfeld*, in MünchKomm. HGB, 3. Aufl., § 331, Rn 82; *Tschesche*, in Baetge/Kirsch/Thiele, Bilanzrecht, § 331 HGB, Rz 81.
63 Vgl. *Dannecker*, in Großkomm. HGB, § 331, Rn 61; *Quedenfeld*, in MünchKomm. HGB, 3. Aufl., § 331, Rn 82; die Möglichkeit eines Notstands ausschließend: *Otto*, in *Heymann*, HGB, 2. Aufl. 1999, § 331, Rz 34; *Spatscheck/Wulf*, DStR 2003, S. 176.

korrekt nachzukommen und auch keine Geldmittel zur Beauftragung von Fachkräften (z. B. StB, WP) zur Verfügung stand.[64]

## 6 Irrtum

Hinsichtlich der Irrtumslehre gelten die allgemeinen Grundsätze zu **Tatbestandsirrtum** (§ 16 StGB) und **Verbotsirrtum** (§ 17 StGB). 80

Irrt sich der Täter über den Inhalt der blankettausfüllenden Norm, geht er also rechtsirrig davon aus, dass die von ihm vorgenommene Bilanzierung nach den maßgeblichen Vorschriften zulässig sei, dann unterliegt er einem vorsatzausschließenden Tatbestandsirrtum (§ 16 StGB). Dies ist z. B. der Fall, wenn der Täter Vermögensgegenstände nicht bilanziert hat, da er in der irrigen Annahme war, diese seien nicht bilanzierungsfähig.[65] 81

Soweit sich der Täter jedoch über die Existenz der blankettausfüllenden Norm als solcher irrt, liegt ein Verbotsirrtum (§ 17 StGB) vor, der lediglich bei seiner Unvermeidbarkeit zur Straflosigkeit führt. 82

> **Beispiel**
> Ein Verbotsirrtum wäre bspw. gegeben, wenn der Täter irrtümlich annimmt, er dürfe die Lage der Gesellschaft ausnahmsweise deshalb unrichtig darstellen, weil sonst die Kreditgeber nicht zur Sanierung überredet werden könnten.[66]

## 7 Vollendung und Beendigung der Tat

Bei § 331 HGB handelt es sich um ein Vergehen (§§ 12 Abs. 2, 23 Abs. 1 StGB), weshalb mangels ausdrücklicher Bestimmung der **Versuch** nicht strafbar ist. 83

### 7.1 Vollendung

#### 7.1.1 Nr. 1

Die **Vollendung der Tat** liegt vor, wenn sämtliche Tatbestandsmerkmale erfüllt sind.[67] Dies ist der Fall, wenn die Eröffnungsbilanz, der JA, der LB oder der Zwischenabschluss einem der möglichen Adressaten zugegangen ist.[68] Die Kenntnisnahme durch den Empfänger ist nicht notwendig; § 331 Nr. 1 HGB ist insoweit als Gefährdungsdelikt ausgestaltet. Auch ist nicht notwendig, dass sich der Empfänger durch das Rechenwerk oder den LB tatsächlich über die Verhältnisse der Ges. täuschen lässt. 84

---

[64] Vgl. BGH, DStR 1998, S. 500; *Ehlers*, DStR 1998, S. 1758; *Tschesche*, in *Baetge/Kirsch/Thiele*, Bilanzrecht, § 331 HGB, Rz 82.
[65] Vgl. *Quedenfeld*, in MünchKomm. HGB, 3. Aufl., § 331 Rn 93.
[66] Vgl. *Dannecker*, in Großkomm. HGB, § 331, Rn 60.
[67] Vgl. *Fischer*, StGB § 22, Rz 4.
[68] Vgl. *Grottel/H. Hoffmann*, in Beck Bil-Komm. 9. Aufl., § 331 HGB, Rz 22; *Dannecker*, in Großkomm. HGB, § 331, Rn 62; *Quedenfeld*, in MünchKomm. HGB, 3. Aufl., § 331 Rn 94.

### 7.1.2 Nr. 1a

85 Die Tat ist mit der Offenlegung **vollendet**. Dies ist der Fall, wenn die Bekanntmachung im BAnz erfolgt und die Darstellung für die möglichen Adressaten zugänglich ist. Der erstrebte Zweck der Befreiung muss nicht eingetreten sein.

### 7.1.3 Nr. 2

86 Die Tat ist **vollendet**, wenn der KA, der KLB oder der Konzernzwischenabschluss einem der bestimmungsgemäßen Adressaten zugegangen sind.

### 7.1.4 Nr. 3

87 Die Vollendung im Fall des § 331 Nr. 3 HGB ist identisch mit § 331 Nr. 1a HGB, weshalb auf die dortigen Ausführungen (Rz 85) verwiesen wird.

### 7.1.5 Nr. 3a

88 Vollendet ist die Tat mit Ablegung des Bilanzeids, also regelmäßig mit Unterzeichnung der schriftlichen Versicherung.[69] Die Kenntnis des Inhalts durch den Empfänger ist nicht notwendig.

### 7.1.6 Nr. 4

89 Die Tat ist **vollendet**, wenn der AP oder einer seiner Gehilfen die für die Prüfung bestimmten Aufklärungen oder Nachweise erhalten haben.[70] Der bloße Zugang genügt. Eine Kenntnisnahme des Inhalts ist bei schriftlichen Erklärungen nicht notwendig; bei mündlichen Erklärungen dagegen schon.[71]

## 7.2 Beendigung

90 Die für die Verjährung entscheidende **Beendigung** der Tat tritt ein, wenn der Adressat (erstmalig) inhaltliche Kenntnis vom Rechenwerk bzw. dem LB nimmt.[72] Im Fall des § 331 Nr. 4 HGB ist die Tat beendet, wenn der AP Kenntnis vom Inhalt der Aufklärungen und Nachweise genommen hat.

## 8 Konkurrenzen

### 8.1 Mehrere unrichtige Darstellungen in einer Bilanz

91 **Mehrere Falschangaben** in einer Bilanz sind zu einer natürlichen **Handlungseinheit** verknüpft und stellen daher nur **eine** strafbare Handlung dar.[73]

---

[69] Vgl. *Grottel/H. Hoffmann*, in Beck Bil-Komm. 9. Aufl., § 331 HGB, Rz 37; *Altenhain*, WM 2008, 1141, 1146.
[70] Vgl. *Grottel/H. Hoffmann*, in Beck Bil-Komm. 9. Aufl., § 331 HGB, Rz 39; *Dannecker*, in Großkomm. HGB, § 331, Rn 117; *Quedenfeld*, in MünchKomm. HGB, 3. Aufl., § 331 Rn 100.
[71] Vgl. *Dannecker*, in Großkomm. HGB, § 331, Rn 117.
[72] Vgl. *Dannecker*, in Großkomm. HGB, § 331, Rn 63; *Quedenfeld*, in MünchKomm. HGB, 3. Aufl., § 331, Rn 94.
[73] Vgl. BGH, wistra 1996, S. 348; *Dannecker*, in Großkomm. HGB, § 331, Rn 119; *Quedenfeld*, in MünchKomm. HGB, 3. Aufl., § 331, Rn 106.

## 8.2 Mehrere unrichtige Darstellungen in mehreren Tatbestandsalternativen

Soweit der Täter Falschangaben in einem JA macht und dieser unrichtige Abschluss in einen KA eingeht, für den der Täter ebenfalls verantwortlich ist, kann je nach Sachverhalt zwischen diesen mehrfachen Tatbestandserfüllungen Tateinheit oder Tatmehrheit vorliegen. 92

**Tateinheit** nach § 52 StGB liegt vor, wenn der JA und der KA gleichzeitig gefertigt werden oder die Anfertigung des JA Vorstufe des KA ist, da die Arbeiten nahtlos übergehen.

**Tatmehrheit** ist gegeben, wenn die Abschlüsse praktisch getrennt erstellt werden, was insb. bei unterschiedlichen Wj gilt.

Das Gleiche gilt auch bei unrichtigen Rechenwerken, die erstellt werden, um diese zum Zweck der Befreiung nach § 291 HGB oder § 325 Abs. 2a HGB offenzulegen (§ 331 Nrn. 1a und 3 HGB). 93

§ 331 Nr. 4 HGB ist im Verhältnis zu § 331 Nrn. 1 und 2 HGB die speziellere Norm und konsumiert diese daher.[74]

Der Bilanzeid nach § 331 Nr. 3a HGB kann nur dann falsch sein, wenn auch die ihr zugrunde liegenden Abschlüsse bzw. LB falsch i. S. d. §§ 331 Nrn. 1 und 2 HGB sind. Die Erstellung des JA/LB findet zeitlich vor dem Bilanzeid statt, weshalb insoweit zwei verschiedene Tathandlungen vorliegen. Die §§ 331 Nrn. 1 und 2 HGB einerseits und § 331 Nr. 3a HGB andererseits stehen nicht im Verhältnis strafloser Vor-/ Nachtat zueinander, sondern im Verhältnis der **Realkonkurrenz** gem. § 53 StGB.[75] 94

## 8.3 Verhältnis zu den Straftatbeständen des Strafgesetzbuches

**Allgemeine Vermögens- und Wirtschaftsdelikte** wie § 246 StGB (Unterschlagung), § 263 StGB (Betrug), § 263a StGB (Computerbetrug), § 264 StGB (Subventionsbetrug), § 264a StGB (Kapitalanlagebetrug), § 265b StGB (Kreditbetrug) oder § 266 StGB (Untreue) stehen in Tateinheit mit den Tatbeständen des § 331 HGB, wenn das Geschehen eine natürliche Handlung bildet. Eine Tatmehrheit zu diesen Straftatbeständen kann dann gegeben sein, wenn die einzelnen Handlungen nicht von einem einheitlichen Willensentschluss getragen werden, so bspw. wenn eine falsche Bilanz erstellt wird und erst danach eine Vorlage zur Krediterlangung erfolgt.[76] 95

**Gesetzeskonkurrenz** besteht zu den **Bankrottdelikten** der §§ 283 Abs. 1 Nr. 7a, 283b Abs. 1 Nr. 3a StGB. Diese Tatbestände konsumieren die Regelung des § 331 Nr. 1 HGB, da sie die Falschbilanzierung in der Insolvenz zu einem eigenständigen Delikt machen, das im Falle des Handelns in der Krise mit einer höheren Strafandrohung belegt ist. 96

## 8.4 Verhältnis zu anderen Strafgesetzen

§ 82 Abs. 2 Nr. 2 GmbHG ist in Bezug auf die EB, den JA, den LB und den Zwischenabschluss kraft ausdrücklicher gesetzlicher Regelung gegenüber § 331 97

---

[74] Vgl. *Quedenfeld*, in MünchKomm. HGB, 3. Aufl., § 331, Rn 107.
[75] Vgl. *Quedenfeld*, in MünchKomm. HGB, 3. Aufl., § 331, Rn 107.
[76] Vgl. *Dannecker*, in Großkomm. HGB, § 331, Rn 123; *Quedenfeld*, in MünchKomm. HGB, 3. Aufl., § 331, Rn 108.

Nr. 1 HGB **subsidiär**. Ebenso sind § 400 Abs. 1 Nr. 1 AktG, § 147 Abs. 2 Nr. 1 GenG, § 17 PublG und § 313 Abs. 1 Nr. 1 UmwG **subsidiär** zu § 331 Nr. 1 HGB.[77]

## 9 Strafverfolgung und Rechtsfolgen

### 9.1 Verfahrensrechtliche Besonderheiten

98 Bei § 331 HGB handelt es sich um ein Offizialdelikt, weshalb bei hinreichendem Tatverdacht die Strafverfolgung von Amts wegen erfolgt.
Die Tatbestände des § 331 HGB sind Wirtschaftsstraftaten, für die nach § 74c Nr. 1 GVG am Landgericht die **Wirtschaftsstrafkammer** (in der Berufungsinstanz oder bei besonderer Bedeutung des Falls auch in der ersten Instanz) zuständig ist.

### 9.2 Rechtsfolgen

99 Die **Strafe** ist alternativ Freiheitsstrafe von einem Monat bis zu drei Jahren (§ 38 Abs. 2 StGB) oder Geldstrafe. Nach § 40 Abs. 1 Satz 2 StGB beträgt die Geldstrafe mindestens fünf und höchstens 360 Tagessätze.[78]
Bei einer Bereicherung des Täters kann neben einer Freiheitsstrafe zusätzlich eine Geldstrafe verhängt werden (§ 41 StGB). Ebenso ist die Anordnung des Verfalls gem. §§ 73 ff. StGB und die Einziehung nach §§ 74 ff. StGB denkbar.
100 Als Maßregel der Besserung kann zudem ein **Berufsverbot** nach § 70 StGB verhängt werden.

### 9.3 Verjährung

101 Die **Strafverfolgungsverjährung** tritt gem. § 78 Abs. 2 Nr. 4 StGB nach 5 Jahren ein. Sie beginnt mit der Beendigung der Tat (§ 78a StGB) und kann durch die in § 78c StGB genannten Handlungen unterbrochen werden. 10 Jahre nach Beendigung der Tat tritt die absolute Verjährung ein (§ 78 Abs. 3 Satz 2 StGB).
102 Die **Strafvollstreckungsverjährung** ist abhängig von der verhängten Strafe und bestimmt sich nach § 79 Abs. 3 Nrn. 3 bis 5 StGB. Sie kann bei § 331 HGB 3, 5 oder 10 Jahre betragen und beginnt mit Rechtskraft der verurteilenden Entscheidung.

---

[77] Vgl. *Dannecker*, in Großkomm. HGB, § 331, Rn 121; *Quedenfeld*, in MünchKomm. HGB, 3. Aufl., § 331, Rn 111.
[78] Zur Berechnung der Geldstrafe vgl. *Fischer*, StGB § 40, Rz 6.

# § 332 VERLETZUNG DER BERICHTSPFLICHT

(1) Mit Freiheitsstrafe bis zu drei Jahren oder mit Geldstrafe wird bestraft, wer als Abschlußprüfer oder Gehilfe eines Abschlußprüfers über das Ergebnis der Prüfung eines Jahresabschlusses, eines Einzelabschlusses nach § 325 Abs. 2a, eines Lageberichts, eines Konzernabschlusses, eines Konzernlageberichts einer Kapitalgesellschaft oder eines Zwischenabschlusses nach § 340a Abs. 3 oder eines Konzernzwischenabschlusses gem. § 340i Abs. 4 unrichtig berichtet, im Prüfungsbericht (§ 321) erhebliche Umstände verschweigt oder einen inhaltlich unrichtigen Bestätigungsvermerk (§ 322) erteilt.
(2) Handelt der Täter gegen Entgelt oder in der Absicht, sich oder einen anderen zu bereichern oder einen anderen zu schädigen, so ist die Strafe Freiheitsstrafe bis zu fünf Jahren oder Geldstrafe.

RA StB Daniel Münster/RA StB Annette Meier-Behringer

## Inhaltsübersicht

|  | Rz |
|---|---|
| 1 Überblick | 1–7 |
| 1.1 Geschütztes Rechtsgut und Schutzbereich | 1–3 |
| 1.2 Deliktsnatur | 4–5 |
| 1.3 Normzusammenhänge | 6–7 |
| 2 Täterkreis | 8–15 |
| 2.1 Abschlussprüfer | 9–12 |
| 2.2 Gehilfe eines Abschlussprüfers | 13–15 |
| 3 Tathandlung | 16–28 |
| 3.1 Tatgegenstand | 17–18 |
| 3.2 Handlung | 19–28 |
| 3.2.1 Unrichtige Berichterstattung | 19–22 |
| 3.2.2 Verschweigen erheblicher Umstände | 23–25 |
| 3.2.3 Erteilen eines unrichtigen Bestätigungsvermerks | 26–28 |
| 4 Subjektiver Tatbestand | 29–30 |
| 5 Rechtswidrigkeit und Schuld | 31–32 |
| 6 Irrtum | 33 |
| 7 Vollendung und Beendigung der Tat | 34–35 |
| 7.1 Vollendung | 34 |
| 7.2 Beendigung | 35 |
| 8 Qualifikationen | 36–40 |
| 8.1 Handeln gegen Entgelt | 37–38 |
| 8.2 Handeln in Bereicherungsabsicht | 39 |
| 8.3 Handeln in Schädigungsabsicht | 40 |
| 9 Konkurrenzen | 41–43 |
| 9.1 Mehrere Tathandlungen | 41 |
| 9.2 Verhältnis zu den Straftatbeständen des Strafgesetzbuchs | 42 |
| 9.3 Verhältnis zu anderen Strafgesetzen | 43 |
| 10 Strafverfolgung und Rechtsfolgen | 44 |
| 11 Verjährung | 45 |

**Ergänzendes Schrifttum**
*Dierlamm*, Verletzung der Berichtspflicht gem. § 332 HGB – eine Analyse des gesetzlichen Tatbestandes, NStZ 2000, S. 130; *Fischer*, Strafgesetzbuch und Nebengesetze, München, 59. Aufl., 2012; *Graf*, Neue Strafbarkeitsrisiken für den Wirtschaftsprüfer durch das KonTraG, BB 2001, S. 562; *Hoffmann/Knierim*, Falsche Berichterstattung des Abschlussprüfers, BB 2002, S. 2275; *Pfitzer/Oser/ Orth*, Zur Reform des Aktienrechts, der Rechnungslegung und Prüfung durch das TransPubG, DB 2002, S. 157; *Spatscheck/Wulf*, Straftatbestände der Bilanzfälschung nach dem HGB – ein Überblick, DStR 2003, S. 173; *Stahlschmidt*, Schlafende Straftatbestände des HGB, StuB 2003, S. 107; *Stahlschmidt*, Die Straftatbestände im HGB, StB 2003, S. 63; *Weyand*, Konsequenzen unrichtiger Darstellung und Verletzung der Berichtspflicht für Unternehmensleitung und Abschlussprüfer, INF 2000, S. 149; *Willeke*, Zum Regierungsentwurf eines Transparenz- und Publizitätsgesetzes (TransPuG), StuB 2002, S. 227; *Winkeler*, Strafbarkeit inhaltlich unrichtiger Ergänzungsvermerke, 2000.

# 1 Überblick

## 1.1 Geschütztes Rechtsgut und Schutzbereich

1 **Geschütztes Rechtsgut** des § 332 HGB ist nach hM das Vertrauen in die Richtigkeit und Vollständigkeit der Prüfung von Abschlüssen, LB und Zwischenabschlüssen durch ein unabhängiges Kontrollorgan.[1]

2 Zu den durch die Norm **geschützten Rechtssubjekten** zählen, ebenso wie bei § 331 HGB, zunächst auch die Ges. bzw. der Konzern selbst. Daneben schützt § 332 HGB auch alle Personen, die mit der KapG oder dem Konzern in wirtschaftlicher und/oder rechtlicher Beziehung stehen bzw. in eine solche Beziehung treten wollen (§ 331 Rz 2). Hierzu zählen insb. Gesellschafter, Arbeitnehmer, Vertragspartner, Gläubiger oder potenzielle Kreditgeber.

3 Bei § 332 HGB handelt es sich um ein **Schutzgesetz i. S. d. § 823 Abs. 2 BGB**.[2]

## 1.2 Deliktsnatur

4 Analog zu § 331 HGB handelt es sich bei § 332 HGB um ein **abstraktes Gefährdungsdelikt**. Ein konkreter Erfolg ist daher für die Vollendung des Delikts nicht erforderlich. Für die Strafbarkeit genügt das bloße Handeln des Täters.[3]

5 § 332 HGB ist in allen Tatbestandsalternativen ein **echtes Sonderdelikt**. Der Kreis der möglichen Täter wird durch das Gesetz selbst auf AP und deren Gehilfen begrenzt (Rz 9).

---

[1] Vgl. *Tschesche*, in *Baetge/Kirsch/Thiele*, Bilanzrecht, § 332 HGB, Rz 2, Stand 9/2007; *Quedenfeld*, in MünchKomm. HGB, 3. Aufl., § 332 Rn 1; *Dannecker*, in Großkomm. HGB, § 332 Rn 5.
[2] Vgl. OLG Düsseldorf, NZG 1999, S. 903; OLG Karlsruhe, WM 1985, S. 940; *Dannecker*, in Großkomm. HGB, § 332 Rn 8.
[3] Vgl. *Dannecker*, in Großkomm. HGB, § 332 Rn 9; *Dierlamm*, NStZ 2000, S. 131.

## 1.3 Normzusammenhänge

§ 332 HGB dient der Sicherung der Einhaltung zivilrechtlicher Bilanznormen. Die Vorschrift richtet sich nur an AP und deren Gehilfen. Sie stellt damit die schärfste Sanktion im Sanktionssystem der berufsrechtlichen Verantwortung des WP dar.[4] Der Anwendungsbereich von § 332 HGB wird durch § 335b HGB auf **PersG**, die über keine natürliche Person als phG verfügen, erweitert. Ebenso gilt die Norm aufgrund besonderer Verweisungen entsprechend für Kreditinstitute (§ 340m HGB) und Versicherungsunternehmen (§ 341m HGB) – jeweils unabhängig von deren Rechtsform. 6

7

## 2 Täterkreis

Taugliche Täter des § 332 HGB können nur AP und deren Gehilfen sein. Personen, die diesem Täterkreis nicht angehören, können nur als Anstifter (§ 26 StGB) oder Gehilfen (§ 27 StGB) an der Tat teilnehmen. 8

### 2.1 Abschlussprüfer

**AP** können nach § 319 HGB sein: WP, Wirtschaftsprüfungsgesellschaften und bei JA und LB mittelgroßer Ges. auch vBp bzw. Buchprüfungsgesellschaften (§ 319 Rz 13 ff.). 9

Soweit eine **Wirtschafts- oder Buchprüfungsgesellschaft** zum AP bestellt ist, kommt als Täter nur der für die bestellte Ges. persönlich handelnde Prüfer, der seinerseits über die Qualifikation eines WP oder vBp verfügen muss, in Betracht.[5] Die **Haftung des Prüfers**, der zugleich Organ der Prüfungsgesellschaft ist, ergibt sich aus § 14 Abs. 1 StGB. Für angestellte Wirtschafts- oder Buchprüfer ergibt sich die persönliche Haftung aus § 14 Abs. 2 StGB.[6] Macht sich ein Organ der Prüfungsgesellschaft nach § 332 HGB strafbar, kann gegen die Ges. selbst eine Geldbuße gem. § 30 OWiG verhängt werden. 10

**Mängel der Bestellung** als AP sind für die strafrechtliche Beurteilung unbedeutend, § 14 Abs. 3 StGB. Entscheidend ist vielmehr, ob die betreffende Person den Prüfungsauftrag übernommen und die Prüfung durchgeführt hat. 11

> **Beispiel**
> So kann etwa ein vereidigter Buchprüfer, der entgegen § 319 HGB zum AP einer großen GmbH gewählt wird, Täter nach § 332 HGB sein.[7]

Auch das Vorliegen von Ausschlussgründen des § 319 Abs. 2 und 3 HGB steht der Tätereigenschaft nicht entgegen. Ob eine wirksame Bescheinigung über die Teilnahme an der **Qualitätskontrolle nach § 57a WPO** bzw. eine Ausnahmegenehmigung vorliegt, ist für die strafrechtliche Beurteilung irrelevant.

---

4 Vgl. *Dannecker*, in Großkomm. HGB, § 332 Rn 1.
5 Vgl. *Tschesche*, in *Baetge/Kirsch/Thiele*, Bilanzrecht, § 332 HGB, Rz 22, Stand 9/2007; *Quedenfeld*, in MünchKomm. HGB, 3. Aufl., § 332 Rn 5.
6 Vgl. *Spatschek/Wulf*, DStR 2003, S. 177; *Dannecker*, in Großkomm. HGB, § 332 Rn 15; *Quedenfeld*, in MünchKomm. HGB, 3. Aufl., § 332 Rn 5.
7 Vgl. *Grottel/H. Hoffmann*, in Beck Bil-Komm. 9. Aufl., § 332 HGB, Rz 35.

**12** Nicht ausreichend ist es hingegen, wenn eine Person oder Ges. zum Prüfer bestellt wurde, die die **Prüfungsqualifikationen erkennbar nicht besitzt** oder die Prüfertätigkeit „**angemaßt**" wird.[8]

> **Beispiel**
> Ein StB erteilt unter seiner Berufsbezeichnung ein Testat nach § 322 HGB.[9]

In diesen Fällen besteht kein durch § 332 HGB zu gewährleistender Vertrauensschutz.

### 2.2 Gehilfe eines Abschlussprüfers

**13** Unter den Begriff des Gehilfen des AP i.S.d. § 332 HGB fallen grds. alle Personen, die den AP in irgendeiner Weise als **Angestellte oder freie Mitarbeiter** bei seiner Prüfungstätigkeit unterstützen. Der Begriff ist identisch mit dem des § 323 HGB (§ 323 Rz 22).

**14** Dieser weite Begriff ist dahin gehend einzuschränken, dass Täter nur sein kann, wer eine prüfungsspezifische Tätigkeit ausübt und dadurch Einfluss auf das Prüfungsergebnis und die Erteilung des BSV hat.[10] Schreibkräfte, einfache Büroangestellte, Hilfskräfte etc. scheiden daher regelmäßig als taugliche Täter aus.[11]

**15** Da die Prüfung und die damit einhergehenden prüferischen Tätigkeiten durch Dritte erfolgt, können Mitarbeiter der geprüften Ges. nicht Gehilfen des AP sein.[12]

## 3 Tathandlung

**16** § 332 Abs. 1 HGB enthält für gesetzliche AP und deren Gehilfen drei **Tatbestände**:
– die unrichtige Berichterstattung,
– das **Verschweigen** erheblicher Umstände im Prüfungsbericht und
– das Erteilen eines **unrichtigen BSV**.
Diese drei Tatbestände werden unter dem Begriff „**Verletzung der Berichtspflicht**" zusammengefasst.

### 3.1 Tatgegenstand

**17** Tauglicher Tatgegenstand ist nach § 332 Abs. 1 HGB der unrichtige oder unvollständige Bericht (§ 321 HGB) über die Prüfung von JA, LB, KA oder KLB einer KapG sowie zusätzlich der Bericht über Abschlüsse und Zwischenabschlüsse von Kreditinstituten (§§ 340a Abs. 3, 340i Abs. 4 i.V.m. 340k Abs. HGB), unabhängig von deren Rechtsform, sowie der unrichtige oder unvollständige BSV. **Außerhalb des Prüfungsberichts** oder des BSV getroffene Äußerungen

---

[8] Vgl. *Quedenfeld*, in MünchKomm. HGB, 3. Aufl., § 332 Rn 7, 8; *Tschesche*, in *Baetge/Kirsch/Thiele*, Bilanzrecht, § 332 HGB, Rz 23, Stand 9/2007.
[9] Vgl. *Streck*, DStR 1997, S. 75.
[10] Vgl. *Grottel/H. Hoffmann*, in Beck Bil-Komm. 9. Aufl., § 332 HGB, Rz 36; *Quedenfeld*, in MünchKomm. HGB, 3. Aufl., § 332 Rn 9.
[11] Zur Strafbarkeit der Hilfskräfte bei Verstoß gegen die Verschwiegenheitspflicht s. § 333 Rz 9.
[12] Vgl. *Dannecker*, in Großkomm. HGB, § 332 Rz 20.

werden vom Tatbestand nicht erfasst.[13] Da der AP gem. § 321 HGB über das Ergebnis der Prüfung schriftlich zu berichten hat, kann sich die Strafbarkeit nach hM[14] auch nur aus schriftlichen und nicht aus **mündlichen Äußerungen** des Prüfers ergeben.

Der Bericht über das Ergebnis anderer Prüfungen als der in § 332 Abs. 1 HGB genannten gesetzlichen Abschlussprüfungen i. S. d. § 316 HGB wird durch § 332 HGB nicht geschützt. Freiwillige Abschlussprüfungen[15] oder ein Due-Diligence-Bericht fallen nicht unter § 332 HGB.[16]

18

### 3.2 Handlung

#### 3.2.1 Unrichtige Berichterstattung

Der Bericht über das Ergebnis der Prüfung ist unrichtig, wenn er von den wirklichen Prüfungsfeststellungen abweicht. Es ist also nicht entscheidend, ob das mitgeteilte Prüfungsergebnis von der Wirklichkeit abweicht, sondern allein ob der Bericht vom Ergebnis der Prüfung abweicht.

19

Der Prüfer, der aufgrund fehlerhafter Feststellungen einen objektiv unrichtigen Prüfungsbericht erstellt und darüber aber zutreffend berichtet, macht sich nicht nach § 332 HGB strafbar. Jedoch macht sich ein Prüfer strafbar, der einen objektiv richtigen Prüfungsbericht erstattet, dieser aber nicht mit seinen Prüfungsfeststellungen übereinstimmt. § 332 HGB will nur gewährleisten, dass der Prüfer auch über das berichtet, was er festgestellt hat.[17]

20

Unrichtig ist die Berichterstattung auch dann, wenn überhaupt **keine Prüfung** stattgefunden hat und der Prüfer eine solche nur vortäuscht und einen Prüfungsbericht erstellt.[18] Nicht nach § 332 HGB strafbar macht sich der Prüfer, der überhaupt keinen Prüfungsbericht erstellt.

21

Nach dem Wortlaut der Norm ist jede unrichtige Berichterstattung tatbestandsmäßig. In der Tatbestandsalternative des Verschweigens (Rz 23 ff.) ist im Gegensatz nur das Verschweigen erheblicher Umstände tatbestandsmäßig (Rz 25). Zur Vermeidung sinnwidriger Ergebnisse muss daher auch die Strafbarkeit der unrichtigen Berichterstattung auf **erhebliche Unrichtigkeiten** beschränkt werden.[19] Geringfügige Unrichtigkeiten sind deshalb strafrechtlich dann unbeachtlich, wenn dadurch das ansonsten zutreffend wiedergegebene Prüfungsergebnis nicht verfälscht wird.

22

#### 3.2.2 Verschweigen erheblicher Umstände

Ein Verschweigen erheblicher Umstände liegt vor, wenn der Prüfungsbericht durch die Nichterwähnung von erheblichen Umständen, die dem Prüfer bei der

23

---

[13] Vgl. *Dannecker*, in Großkomm. HGB, § 332 R. 21; *Spatscheck/Wulf*, DStR 2003, S. 177.
[14] Ebenso *Dannecker*, in Großkomm. HGB, § 332 Rn 33; *Grottel/H. Hoffmann*, in Beck Bil-Komm. 9. Aufl., § 332 HGB, Rz 9; *Spatscheck/Wulf*, DStR 2003, S. 177.
[15] So bspw. die freiwillige Prüfung einer kleinen GmbH i. S. d. § 267 HGB.
[16] Vgl. *Spatscheck/Wulf*, DStR 2003, S. 177.
[17] Vgl. *Tschesche*, in *Baetge/Kirsch/Thiele*, Bilanzrecht, § 332 HGB, Rz 27, Stand 9/2007; *Spatscheck/Wulf*, DStR 2003, S. 177.
[18] Vgl. OLG Karlsruhe, WM 1985, S. 942; *Graf*, BB 2001, S. 565.
[19] Ebenso *Grottel/H. Hoffmann*, in Beck Bil-Komm. 9. Aufl., § 332 HGB, Rz 13; *Quedenfeld*, in MünchKomm. HGB, 3. Aufl., § 332 Rn 13; *Dierlamm*, NStZ 2000, S. 131; a.A. *Tschesche*, in *Baetge/Kirsch/Thiele*, Bilanzrecht, § 332 HGB, Rz 28, Stand 9/2007; *Stahlschmidt*, StB 2003, S. 65.

Prüfung bekannt geworden sind, unvollständig und lückenhaft wird.[20] Auch bei dieser Tatbestandsalternative kommt es daher auf die Diskrepanz zwischen dem Wissen des Prüfers und seiner Darstellung im Prüfungsbericht an.

24 Der Prüfer kann sich nicht dadurch entlasten, dass er die verschwiegenen Tatsachen mündlich oder außerhalb des Prüfungsberichts mitgeteilt hat.[21]

25 Verfolgt werden kann nur das Verschweigen erheblicher Umstände, also von Umständen, die für die Beurteilung der Unternehmenslage aus Sicht der Berichtsempfänger bedeutsam sind.[22]

### 3.2.3 Erteilen eines unrichtigen Bestätigungsvermerks

26 Der notwendige Inhalt des BSV ergibt sich aus § 322 Abs. 1 bis 3 und 6 HGB. Ein in dieser Form erteilter BSV ist dann unrichtig, wenn er nach dem Ergebnis der Apr. nicht mit diesem Inhalt hätte abgegeben werden dürfen, sondern vielmehr eine Einschränkung des BSV oder gar dessen Versagung hätte erfolgen müssen.[23] Dies gilt nicht nur für den uneingeschränkten (§ 322 Abs. 2 Satz 1 Nr. 1 HGB), sondern auch für den eingeschränkten BSV (§ 322 Abs. 2 Satz 1 Nr. 2 HGB).

27 Wird der BSV zu Unrecht versagt und ein Versagungsvermerk erteilt, liegt keine strafbare Handlung vor, da der **Versagungsvermerk** nach § 322 Abs. 4 Satz 2 HGB ausdrücklich kein BSV ist.[24] Unter Umständen kann jedoch eine Strafbarkeit als unrichtige Berichterstattung (Rz 19 ff.) gegeben sein.

28 Die **Nichteinhaltung von Formalien** führt nicht zu einer Strafbarkeit nach § 332 HGB, wenn der BSV inhaltlich richtig ist.

> **Beispiel**
> Unter die **Nichteinhaltung von Formalien** fallen etwa Fehler in der Orts- oder Datumsangabe oder die Unterzeichnung nicht durch den Prüfer, sondern den Gehilfen.

Entscheidend ist auch bei dieser Tatbestandsalternative ausschließlich die inhaltliche Übereinstimmung von Prüfungsergebnis und BSV.

## 4 Subjektiver Tatbestand

29 Alle drei Tatbestandsalternativen des § 332 Abs. 1 HGB sind nur bei vorsätzlichem Verhalten strafbar. **Bedingter Vorsatz** (dolus eventualis) reicht dabei aus,[25] d. h., der Täter muss die Gefahr der Tatbestandsverwirklichung erkannt und dies zumindest billigend in Kauf genommen haben. Ausreichend für die Annahme des

---

[20] Vgl. *Dannecker*, in Großkomm. HGB, § 332 Rn 43; *Quedenfeld*, in MünchKomm. HGB, 3. Aufl., § 332 Rn 24.
[21] Vgl. *Quedenfeld*, in MünchKomm. HGB, 3. Aufl., § 332 Rn 25.
[22] Vgl. *Spatscheck/Wulf*, DStR 2003, S. 178.
[23] Vgl. *Quedenfeld*, in MünchKomm. HGB, 3. Aufl., § 332 Rn 26; *Grottel/H. Hoffmann*, in Beck Bil-Komm. 9. Aufl., § 332 HGB, Rz 26; *Tschesche*, in *Baetge/Kirsch/Thiele*, Bilanzrecht, § 332 HGB, Rz 30, Stand 9/2007.
[24] Vgl. *Grottel/H. Hoffmann*, in Beck Bil-Komm. 9. Aufl., § 332 HGB, Rz 28.
[25] Ebenso *Quedenfeld*, in MünchKomm. HGB, 3. Aufl., § 332 Rn 33; *Grottel/H. Hoffmann*, in Beck Bil-Komm. 9. Aufl., § 332 HGB, Rz 41; *Tschesche*, in *Baetge/Kirsch/Thiele*, Bilanzrecht, § 332 HGB, Rz 31, Stand 9/2007; a. A. *Dierlamm*, NStZ 2000, S. 132, der hiergegen Bedenken äußert und teilweise direkten Vorsatz fordert.

bedingten Vorsatzes ist, wenn der AP Anhaltspunkte dafür hat, dass der Prüfungsbericht lückenhaft ist, er ihn aber trotzdem erstattet, ohne weitere Prüfungen vorzunehmen.[26]
Eine weitergehende **Täuschungs- oder Schädigungsabsicht** ist nicht erforderlich. 30

## 5 Rechtswidrigkeit und Schuld

Die Tatbestandsmäßigkeit des Handelns indiziert grds. dessen Rechtswidrigkeit. 31
Die Rücksichtnahme auf Gesellschaftsinteressen kann eine Verletzung der Berichtspflicht nicht rechtfertigen. Insb. geht die Berichtspflicht der Geheimhaltungspflicht des § 333 HGB vor.[27] **Rechtfertigungsgründe** sind praktisch nicht vorstellbar.
Hinsichtlich der **Schuldfrage** gelten die allgemeinen strafrechtlichen Grundsätze. 32

## 6 Irrtum

Hinsichtlich der Irrtumslehre gelten die allgemeinen Grundsätze zu **Tatbestandsirrtum** (§ 16 StGB) und **Verbotsirrtum** (§ 17 StGB). 33
Irrt sich der Täter über den Sachverhalt, der die Unrichtigkeit des Prüfungsberichts oder des BSV begründet, liegt ein den Vorsatz ausschließender Tatbestandsirrtum vor. Dies gilt auch, wenn sich der Täter über die Bedeutung des normativen Tatbestandsmerkmals „Erheblichkeit" irrt.
Ein Verbotsirrtum liegt vor, wenn sich der Täter über die Rechtswidrigkeit seines Verhaltens irrt.[28]

## 7 Vollendung und Beendigung der Tat

### 7.1 Vollendung

Da es sich bei § 332 HGB um ein Vergehen (§§ 12 Abs. 2, 23 Abs. 1 StGB) handelt, ist der **Versuch** mangels ausdrücklicher Bestimmung nicht strafbar. 34
Bei den Tatbestandsalternativen der unrichtigen Berichterstattung und des Verschweigens erheblicher Umstände im Prüfungsbericht ist die Tat vollendet, wenn der Bericht dem gesetzlichen Adressaten gem. § 321 Abs. 5 HGB zugegangen ist. Eine Kenntnisnahme des Empfängers ist nicht erforderlich.
Bei der Tatbestandsalternative der Erteilung eines unrichtigen BSV ist gleichfalls der Zugang bei den gesetzlichen Empfängern erforderlich. Die Unterzeichnung des unrichtigen BSV reicht noch nicht aus, um Tatvollendung anzunehmen.[29]

### 7.2 Beendigung

Beendet ist die Tat, wenn alle bestimmungsgemäßen Empfänger den Prüfungsbericht erhalten und von ihm **Kenntnis genommen** haben. 35

---

[26] Vgl. *Grottel/H. Hoffmann*, in Beck Bil-Komm. 7. Aufl., § 332 HGB, Rz 41.
[27] Vgl. *Quedenfeld*, in MünchKomm. HGB, 3. Aufl., § 332 Rn 30; *Tschesche*, in Baetge/Kirsch/Thiele, Bilanzrecht, § 332 Rz 34, Stand 9/2007.
[28] Vgl. *Dannecker*, in Großkomm. HGB, § 332 Rn 56.
[29] Vgl. *Grottel/H. Hoffmann*, in Beck Bil-Komm. 9. Aufl., § 332 HGB, Rz 40.

## 8 Qualifikationen

36 In § 332 Abs. 2 HGB wird der Strafrahmen von bis zu 3 Jahren auf bis zu 5 Jahre erhöht, wenn der Täter die Handlung gegen Entgelt oder in der Absicht, sich oder einen anderen zu bereichern oder einen anderen zu schädigen, vornimmt.

### 8.1 Handeln gegen Entgelt

37 Entgelt ist nach der Legaldefinition des § 11 Abs. 1 Nr. 9 StGB jede in einem Vermögensvorteil bestehende Gegenleistung. Hierzu zählen alle **vermögenswerten Leistungen** (Geld, Schecks, Erlass von Schulden etc.), nicht aber immaterielle Vorteile oder sonstige Begünstigungen. Egal ist dabei, ob der Täter das Entgelt vor oder nach Begehung der Tat erhält. Es reicht bereits die Vereinbarung eines Entgelts und das darauf gerichtete Handeln des Täters aus, ohne dass es tatsächlich zur Zahlung des Entgelts kommt.[30]

38 Das Entgelt und die strafbare Handlung müssen in einem **gegenseitigen Abhängigkeitsverhältnis** stehen. Diese Voraussetzung ist nicht gegeben, wenn der AP nur das **übliche Honorar** erhält oder, wenn es zur Vereinbarung des Entgelts erst nach der Tat kommt.[31]

### 8.2 Handeln in Bereicherungsabsicht

39 Der Täter handelt mit Bereicherungsabsicht, wenn er durch die Tat für sich oder einen anderen einen rechtswidrigen Vermögensvorteil erstrebt.[32] Nicht notwendig ist, dass der angestrebte Vermögensvorteil auch tatsächlich eingetreten ist.

### 8.3 Handeln in Schädigungsabsicht

40 Schädigungsabsicht liegt vor, wenn das Handeln des Täters darauf gerichtet ist, einem anderen einen Nachteil zuzufügen. Die Schädigungsabsicht muss sich dabei nicht gegen die geprüfte KapG oder den geprüften Konzern richten, sondern kann jede andere natürliche oder juristische Person betreffen. Der Schadensbegriff beschränkt sich dabei nach hM nicht nur auf Vermögensschäden, sondern auch auf Schäden immaterieller Art.[33]

## 9 Konkurrenzen

### 9.1 Mehrere Tathandlungen

41 Bei mehreren Tathandlungen in ein und demselben Bericht wird § 332 HGB nur einmal verwirklicht, da die verschiedenen Tatalternativen eine **einheitliche Verlet-**

---

[30] Vgl. *Grottel/H.Hoffmann*, in Beck Bil-Komm. 9. Aufl., § 332 HGB, Rz 45; *Quedenfeld*, in Münch-Komm. HGB, 3. Aufl., § 332 Rn 44; *Dannecker*, in Großkomm. HGB, § 332 Rn 61.

[31] Vgl. *Quedenfeld*, in MünchKomm. HGB, 3. Aufl., § 332 Rn 45; *Dannecker*, in Großkomm. HGB, § 332 Rn 62; *Spatscheck/Wulf*, DStR 2003, S. 180.

[32] Ebenso *Dannecker*, in Großkomm. HGB, § 332 Rn 63; *Grottel/H. Hoffmann*, in Beck Bil-Komm. 9. Aufl., § 332 HGB, Rz 47; *Spatscheck/Wulf*, DStR 2003, S. 180; a.A. *Quedenfeld*, in Münch-Komm. HGB, 3. Aufl., § 332 Rn 46, der keine Rechtswidrigkeit des Vermögensvorteils verlangt.

[33] Vgl. *Grottel/H. Hoffmann*, in Beck Bil-Komm. 9. Aufl., § 332 HGB, Rz 48; *Quedenfeld*, in MünchKomm. HGB, 3. Aufl., § 332 Rn 48; *Dannecker*, in Großkomm. HGB, § 332 Rn 65.

zung der Berichtspflicht bilden. Dies gilt auch für den inhaltlich unrichtigen BSV, der sich auf einen unrichtigen oder unvollständigen Prüfungsbericht bezieht.

### 9.2 Verhältnis zu den Straftatbeständen des Strafgesetzbuchs

Die Tathandlung kann eine **tateinheitliche Beihilfehandlung** zu § 263 StGB (Betrug), § 264a StGB (Kapitalanlagebetrug), § 265b StGB (Kreditbetrug) etc. sein, wenn der Täter weiß, dass der testierte JA zur Erlangung eines Kredits etc. vorgelegt wird. 42

### 9.3 Verhältnis zu anderen Strafgesetzen

Gegenüber § 403 AktG ist § 332 HGB **lex specialis** bez. der in § 332 HGB erfassten Berichtsinstrumente. Dies gilt auch für die Vorschriften der §§ 18 PublG, 314 UmwG, 150GenG und 137VAG. 43

## 10 Strafverfolgung und Rechtsfolgen

Die Strafe beträgt entweder Freiheitsstrafe von einem Monat bis zu drei Jahren oder Geldstrafe. Liegen auch die Voraussetzungen der Tatbestandsqualifikation gem. § 332 Abs. 2 HGB vor, so erhöht sich das Höchstmaß des Strafrahmens auf fünf Jahre. 44
Im Übrigen wird auf die Erläuterungen bei § 331 HGB (§ 331 Rz 98 ff.) verwiesen.

## 11 Verjährung

Hinsichtlich der Verjährung wird ebenfalls auf die Erläuterungen zu § 331 HGB (§ 331 Rz 101 f.) verwiesen. 45

# § 333 VERLETZUNG DER GEHEIMHALTUNGSPFLICHT

(1) Mit Freiheitsstrafe bis zu einem Jahr oder mit Geldstrafe wird bestraft, wer ein Geheimnis der Kapitalgesellschaft, eines Tochterunternehmens (§ 290 Abs. 1, 2), eines gemeinsam geführten Unternehmens (§ 310) oder eines assoziierten Unternehmens (§ 311), namentlich ein Betriebs- oder Geschäftsgeheimnis, das ihm in seiner Eigenschaft als Abschlußprüfer oder Gehilfe eines Abschlußprüfers bei Prüfung des Jahresabschlusses oder des Konzernabschlusses bekannt geworden ist oder wer ein Geschäfts- oder Betriebsgeheimnis oder eine Erkenntnis über das Unternehmen, das ihm als Beschäftigter bei einer Prüfstelle i.S.v. § 342b Abs. 1 bei der Prüftätigkeit bekannt geworden ist, unbefugt offenbart.
(2) ¹Handelt der Täter gegen Entgelt oder in der Absicht, sich oder einen anderen zu bereichern oder einen anderen zu schädigen, so ist die Strafe Freiheitsstrafe bis zu zwei Jahren oder Geldstrafe. ²Ebenso wird bestraft, wer ein Geheimnis der in Absatz 1 bezeichneten Art, namentlich ein Betriebs- oder Geschäftsgeheimnis, das ihm unter den Voraussetzungen des Absatzes 1 bekannt geworden ist, unbefugt verwertet.
(3) Die Tat wird nur auf Antrag der Kapitalgesellschaft verfolgt.

RA StB Daniel Münster/RA StB Annette Meier-Behringer

| Inhaltsübersicht | Rz |
|---|---|
| 1 Überblick | 1–5 |
| 1.1 Geschütztes Rechtsgut und Schutzbereich | 1 |
| 1.2 Deliktsnatur | 2–3 |
| 1.3 Normzusammenhänge | 4–5 |
| 2 Täterkreis | 6–10 |
| 2.1 Abschlussprüfer | 7 |
| 2.2 Gehilfe eines Abschlussprüfers | 8–9 |
| 2.3 Beschäftigter einer Prüfstelle | 10 |
| 3 Tathandlung | 11–30 |
| 3.1 Tatgegenstand | 11–20 |
| 3.1.1 Geheimnis | 12–19 |
| 3.1.1.1 Fehlende Offenkundigkeit | 15–16 |
| 3.1.1.2 Geheimhaltungsinteresse | 17 |
| 3.1.1.3 Geheimhaltungswille | 18–19 |
| 3.1.2 Erkenntnis über das Unternehmen | 20 |
| 3.2 Handlung | 21–30 |
| 3.2.1 Besondere Umstände der Kenntniserlangung | 21–23 |
| 3.2.2 Unbefugtes Offenbaren (Abs. 1) | 24–28 |
| 3.2.3 Unbefugtes Verwerten (Abs. 2 Satz 2) | 29–30 |
| 4 Subjektiver Tatbestand | 31–33 |
| 5 Rechtswidrigkeit und Schuld | 34–35 |

| | |
|---|---|
| 6 Irrtum | 36–37 |
| 7 Vollendung und Beendigung der Tat | 38–41 |
|    7.1 Vollendung | 39–40 |
|    7.2 Beendigung | 41 |
| 8 Qualifikation | 42–45 |
|    8.1 Offenbaren gegen Entgelt | 43 |
|    8.2 Bereicherungsabsicht | 44 |
|    8.3 Schädigungsabsicht | 45 |
| 9 Konkurrenzen | 46–48 |
|    9.1 Mehrere Tathandlungen | 46 |
|    9.2 Verhältnis zu Straftatbeständen des Strafgesetzbuchs | 47 |
|    9.3 Verhältnis zu anderen Strafgesetzen | 48 |
| 10 Strafverfolgung und Rechtsfolgen | 49–53 |
|    10.1 Strafantragsdelikt | 49–52 |
|    10.2 Rechtsfolgen | 53 |
| 11 Verjährung | 54 |

**Ergänzendes Schrifttum**
*Fischer*, Strafgesetzbuch und Nebengesetze, 59. Aufl., 2012; *Mock*, Die Verschwiegenheitspflicht des Abschlussprüfers und Interessenskonflikte, DB 2003, S. 1996; *Passarge*, Zur Entbindung der Berufsgeheimnisträger von Zeugnisverweigerungsrechten durch juristische Personen, BB 2010, S. 591; *Quick*, Geheimhaltungspflicht des Abschlussprüfers: Strafrechtliche Konsequenzen bei Verletzung, BB 2004, S. 1490; *Stahlschmidt*, Schlafende Straftatbestände des HGB, StuB 2003, S. 107, siehe auch das Schrifttum zu § 332 HGB.

# 1 Überblick

## 1.1 Geschütztes Rechtsgut und Schutzbereich

Der Straftatbestand des § 333 HGB dient, wie § 404 AktG und § 85 GmbHG, dem **Schutz von Wirtschaftsgeheimnissen** der KapG, der mit ihr in Verbindung stehenden Unt i. S. d. § 290 Abs. 1 HGB (MU/TU), § 310 HGB (Gemeinschafts-Unt) und § 311 HGB (assoziierte Unt). Geschützt werden damit auch die Aktionäre, Gesellschafter oder sonstigen Eigner der KapG und der genannten Unt. Nicht geschützt werden die Interessen der Gesellschaftsgläubiger und der Arbeitnehmer.[1] Die Benennung des § 290 Abs. 2 HGB im Gesetzestext ist durch das BilMoG insoweit obsolet, als MU und TU im Abs. 1 definiert werden; der Abs. 2 bestimmt lediglich den Beherrschungsbegriff genauer. § 333 HGB ist bezogen auf die KapG und ihre Gesellschafter ein Schutzgesetz i. S. d. § 823 Abs. 2 BGB.[2]

1

---

[1] Vgl. *Dannecker*, in Großkomm. HGB, § 333 Rn 7; *Quedenfeld*, in MünchKomm. HGB, 3. Aufl., § 333 Rn 1.
[2] Vgl. *Tschesche*, in *Baetge/Kirsch/Thiele*, Bilanzrecht, § 333 HGB, Rz 2, Stand 9/2007; *Dannecker*, in Großkomm. HGB, § 333 Rn 9.

## 1.2 Deliktsnatur

**2** Es handelt sich bei § 333 HGB um ein **abstraktes Gefährdungsdelikt**. Ein konkreter Erfolg ist daher nicht erforderlich. Für die Strafbarkeit genügt das bloße Handeln des Täters.[3]

**3** § 333 HGB ist in allen Tatbestandsalternativen ein **echtes Sonderdelikt**, da nur die im Gesetz ausdrücklich genannten Personen als Täter in Betracht kommen.

## 1.3 Normzusammenhänge

**4** Die Vorschrift sanktioniert die Verletzung der **Geheimhaltungsverpflichtung** durch AP in ihrer Eigenschaft als Geheimnisträger. Die allgemeine Schweigepflicht des AP ergibt sich aus § 323 HGB, die Verschwiegenheitspflicht der Beschäftigten einer Prüfstelle aus § 342c Abs. 1 HGB.
Soweit die Kenntnis eines Geheimnisses nicht im Rahmen der JAP bzw. bei der Prüftätigkeit durch die Prüfstelle erlangt wird, bleiben als strafrechtlicher Schutz nur die allgemeinen Strafvorschriften der §§ 203 und 204 StGB.[4]

**5** Der Anwendungsbereich von § 333 HGB wird durch § 335b HGB auf **PersG**, die über keine natürliche Person als phG verfügen, erweitert. Ebenso gilt die Norm aufgrund besonderer Verweisungen entsprechend für Kreditinstitute (§ 340m HGB) und VersicherungsUnt (§ 341m HGB) – jeweils unabhängig von deren Rechtsform.

## 2 Täterkreis

**6** Taugliche Täter des § 333 HGB können nach dem Gesetzeswortlaut nur AP, deren Gehilfen und Beschäftigte der Prüfstelle für Rechnungslegung (§ 342b HGB) sein. Personen, die diesem Täterkreis nicht angehören, können nur als Anstifter (§ 26 StGB) oder Gehilfen (§ 27 StGB) an der Tat teilnehmen.

### 2.1 Abschlussprüfer

**7** Als möglicher Täter kommt der AP in Betracht. Diesbezüglich kann auf die Ausführungen bei § 332 HGB (§ 332 Rz 8 ff.) verwiesen werden.

### 2.2 Gehilfe eines Abschlussprüfers

**8** Hinsichtlich der Definition des Gehilfen des AP gelten zunächst die Ausführungen bei § 332 HGB (§ 332 Rz 13 ff.).

**9** Während jedoch bei der Tathandlung des § 332 HGB auf die Gehilfen eingegrenzt wurde, die eine prüfungsspezifische Tätigkeit ausüben und dadurch Einfluss auf das Prüfungsergebnis haben, ist eine solche Einschränkung bei § 333 HGB nicht dienlich. Denn gegen die Verschwiegenheitspflicht kann jeder Prüfungsgehilfe (auch bloße Schreib- und Hilfskräfte) verstoßen.[5]

---

3 Vgl. *Dannecker*, in Großkomm. HGB, § 333 Rn 10.
4 Vgl. *Tschesche*, in *Baetge/Kirsch/Thiele*, Bilanzrecht, § 333 HGB Rz 4, Stand 9/2007.
5 Ebenso *Grottel/H.Hoffmann*, in Beck Bil-Komm. 9. Aufl., § 333 HGB, Rz 16; *Dannecker*, in Großkomm. HGB, § 333 Rn 15; a. A. *Quedenfeld*, in MünchKomm. HGB, 3. Aufl., § 333 Rn 7.

## 2.3 Beschäftigter einer Prüfstelle

Beschäftigter einer Prüfstelle nach § 342b HGB ist jeder, der für eine solche Prüfstelle bei der Erfüllung ihrer Aufgaben tätig ist. Dazu gehören nicht nur Arbeitnehmer der Prüfstelle, sondern auch Personen, derer sich die Prüfstelle i.S.d. § 342b Abs. 1 Satz 4 HGB bei der Durchführung ihrer Aufgaben bedient.[6]   10

# 3 Tathandlung

## 3.1 Tatgegenstand

Gegenstand der Tathandlung ist nach dem Wortlaut des Gesetzes zunächst ein Geheimnis unter besonderer Nennung des **Betriebs- und Geschäftsgeheimnisses**. Insoweit ist der Gesetzeswortlaut mit den Vorschriften der § 404 AktG und § 85 GmbHG identisch. Bei § 333 HGB kommt für die Beschäftigten der Prüfstelle als weiterer Tatgegenstand die Erkenntnis über das Unt hinzu.   11

### 3.1.1 Geheimnis

Trotz der besonderen Hervorhebung des Betriebs- und Geschäftsgeheimnisses in § 333 HGB ist jedes Geheimnis geschützt. Bei der namentlichen Nennung des Betriebs- und Geschäftsgeheimnisses handelt es sich lediglich um die Hervorhebung des praktisch wichtigsten Anwendungsgebiets.[7]   12

Ein Geheimnis ist eine **nicht offenkundige Tatsache**, die das Unt betrifft und bez. derer die Ges. ein objektiv anzuerkennendes **Geheimhaltungsinteresse** hat. Erforderlich ist zudem, dass auch die Ges. diese Tatsache nicht offenbaren will (**Geheimhaltungswille**).[8]   13

Durch § 333 HGB werden nicht nur Geheimnisse der geprüften Ges. geschützt, sondern auch Geheimnisse von TU i.S.d. § 290 HGB, GemeinschaftsUnt nach § 310 HGB oder assoziierten Unt gem. § 311 HGB.[9]   14

#### 3.1.1.1 Fehlende Offenkundigkeit

Eine Tatsache ist dann offenkundig, wenn sie allgemein bekannt oder derart zugänglich ist, dass sie von einem außenstehenden Dritten jederzeit auf legalem Weg in Erfahrung gebracht werden kann.[10] Demnach fehlt es an der **Offenkundigkeit**, wenn bereits eine Tatsache nur einem eng begrenzten, noch überschaubaren Personenkreis bekannt ist.[11]   15

Auch dann wenn die Tatsache über den Kreis der Personen, für deren Kenntnis sie bestimmt ist, hinaus bekannt geworden ist, liegt noch ein Geheimnis vor, weil die Tatsache anderen Personen noch unbekannt ist (**relative Unbekanntheit**). Erst wenn die Tatsache dem **beliebigen, nicht mehr kontrollierbaren Zugriff**   16

---

6 Vgl. *Quedenfeld*, in MünchKomm. HGB, 3. Aufl., § 333 Rn 8.
7 Vgl. *Quick*, BB 2004, S. 1490.
8 Vgl. *Dannecker*, in Großkomm. HGB, § 333 Rn 23; *Quedenfeld*, in MünchKomm. HGB, 3. Aufl., § 333 Rn 10.
9 Vgl. *Grottel/H.Hoffmann*, in Beck Bil-Komm. 9. Aufl., § 333 HGB, Rz 8; *Quick*, BB 2004, S. 1492.
10 Vgl. *Dannecker*, in Großkomm. HGB, § 333 Rn 24; *Quedenfeld*, in MünchKomm. HGB, 3. Aufl., § 333 Rn 11; *Quick*, BB 2004, S. 1491.
11 Vgl. RGSt 74, S. 111; *Dannecker*, in Großkomm. HGB, § 333 Rn 24; *Quick*, BB 2004, S. 1491.

Dritter preisgegeben ist, liegt Offenkundigkeit und damit kein Geheimnis mehr vor.[12]

#### 3.1.1.2 Geheimhaltungsinteresse

17 An der nicht offenkundigen Tatsache muss ein nach objektiven Kriterien festzustellendes **Geheimhaltungsinteresse** der KapG bestehen. Dies ist immer dann anzunehmen, wenn die Geheimhaltung geboten ist, um eine sonst drohende, materielle oder immaterielle Beeinträchtigung der Interessen der Ges. abzuwenden.[13]

> **Beispiel**
> Eine materielle oder immaterielle Beeinträchtigung der Interessen der Ges. kann etwa bei Bedrohung der Wettbewerbsfähigkeit, Ansehensminderung oder Vertrauensverlust gegeben sein.

#### 3.1.1.3 Geheimhaltungswille

18 Als weitere Voraussetzung des Geheimnisses muss die Geheimhaltung mit dem wirklichen oder vermutlichen Willen der KapG in Einklang stehen. Ein willkürlicher, durch keinerlei sachliche Gründe gebotener Geheimhaltungswille ist jedoch **nicht strafrechtlich geschützt**. Maßstab für die Anerkennung eines Geheimhaltungsinteresses ist insoweit die **sachgemäße Unternehmensführung**.
Bei der Bestimmung des Geheimhaltungswillens kommt es auf den Willen des zuständigen Organs der KapG an;[14] eine explizite Deklarierung als Geheimnis ist aber nicht erforderlich, denn der Geheimnisbegriff ist nicht formal, sondern inhaltlich-materiell bestimmt.[15]

19 > **Beispiel**
> Als Beispiele für Betriebs- und Geschäftsgeheimnisse werden i.d.R. genannt: JA, Kundenlisten, Lieferantenlisten, Lohn- und Gehaltslisten, Personalakten, Kalkulationsunterlagen, Einkaufspreislisten, Herstellungsverfahren, Zahlungsbedingungen, Gesellschafterbeschlüsse, Protokolle von Vorstands- und Aufsichtsratssitzungen, Beteiligungsverhältnisse und dergleichen mehr.[16]

### 3.1.2 Erkenntnis über das Unternehmen

20 Für Beschäftigte einer Prüfstelle wird als zusätzliches Tatbestandsmerkmal in § 333 HGB die Erkenntnis über das Unt aufgeführt. Die **Geheimhaltungspflicht** wird dadurch erweitert und umfasst für Beschäftigte einer Prüfstelle nicht nur

---

[12] Vgl. *Dannecker*, in Großkomm. HGB, § 333 Rn 24; *Quick*, BB 2004, S. 1491.
[13] Vgl. *Dannecker*, in Großkomm. HGB, § 333 Rn 25; *Quick*, BB 2004, S. 1491.
[14] Vgl. *Quedenfeld*, in MünchKomm. HGB, 3. Aufl., § 333 Rn 13.
[15] *Quick* BB 2004, S. 1491.
[16] S. auch die Beispiele bei *Dannecker*, in Großkomm. HGB, § 333 Rn 32.

Betriebs- und Geschäftsgeheimnisse sondern das **gesamte Innenleben des Unt.**[17] Dazu zählt auch das von der Prüfstelle gefundene Prüfungsergebnis selbst.[18]

### 3.2 Handlung

#### 3.2.1 Besondere Umstände der Kenntniserlangung

Dem Täter muss das Geheimnis **in seiner Eigenschaft** als AP, Gehilfe eines AP oder als Beschäftigter einer Prüfstelle **im Rahmen seiner Prüftätigkeit** bekannt werden. § 333 Abs. 1 HGB setzt also voraus, dass der Täter zum Zeitpunkt, in dem er Kenntnis von dem Geheimnis erhält, AP, Gehilfe oder Beschäftigter einer Prüfstelle ist. Ist er dies nicht, liegt kein Fall des § 333 HGB vor.   21

Ebenso erfasst § 333 HGB nicht die Offenbarung von Geheimnissen, die zwar zeitgleich während einer Prüfung, aber **außerhalb der Prüfung** (z.B. bei gleichzeitiger Steuer- oder Unternehmensberatung) erlangt werden. In diesen Fällen kann jedoch die allgemeine Strafvorschrift des § 203 StGB greifen.[19]   22

Nicht erforderlich ist, dass der Täter im Zeitpunkt der Offenbarung bzw. Verwertung noch AP, Gehilfe oder Beschäftigter der Prüfstelle ist.   23

#### 3.2.2 Unbefugtes Offenbaren (Abs. 1)

Offenbaren i.S.d. § 333 Abs. 1 HGB ist die schriftliche oder mündliche Weitergabe des Geheimnisses an eine oder mehrere Personen, denen dieses Geheimnis bisher noch nicht bekannt war. Es genügt bereits, wenn das Geheimnis dem Dritten zugänglich gemacht wird, ohne dass es auf die tatsächliche Kenntnisnahme durch diesen ankommt.[20]   24

Ausreichend ist bereits die **Bestätigung einer Vermutung oder eines Gerüchts,**[21] ebenso wie die Verbreitung des Geheimnisses als Gerücht.   25

Das Offenbaren kann auch durch **Unterlassen** erfolgen, wenn die Weitergabe des Geheimnisses zwar erkannt, aber nicht verhindert wird. Die Übernahme der Prüfungstätigkeit begründet zugleich die Garantenpflicht (§ 13 StGB).[22]

Die **Weitergabe des Geheimnisses** ist **unbefugt**, wenn der Täter hierzu weder berechtigt noch verpflichtet war. Eine solche Berechtigung liegt grds. für die Weitergabe von Informationen an das jeweilige vertretungsberechtigte Organ der KapG, nicht aber gegenüber einzelnen Mitgliedern vor. Soweit der Prüfer eigene Interessen gegenüber der Ges., wie z.B. die Durchsetzung eigener Honorarforderungen oder die Abwehr von Ansprüchen der Ges., verfolgt, ist er zur Offenbarung grds. befugt, soweit diese zu einer sachgerechten Interessenwahrnehmung erforderlich ist.[23] Nicht unberechtigt ist die Weitergabe, wenn sie   26

---

17 Vgl. *Quedenfeld*, in MünchKomm. HGB, 3. Aufl., § 333 Rn 17.
18 Vgl. *Tschesche*, in *Baetge/Kirsch/Thiele*, Bilanzrecht, § 333 HGB Rz 23, Stand 9/2007.
19 Vgl. *Grottel/Hoffmann*, in Beck Bil-Komm. 9. Aufl., § 333 HGB, Rz 11; *Quick*, BB 2004, S. 1492.
20 Ebenso *Grottel/Hoffmann*, in Beck Bil-Komm. 9. Aufl., § 333 HGB, Rz 13; *Dannecker*, in Großkomm. HGB, § 333 Rn 35; *Quick*, BB 2004, S. 1492; a.A. *Quedenfeld*, in MünchKomm. HGB, 3. Aufl., § 333 Rn 19, der die Kenntnisnahme des Dritten voraussetzt.
21 Vgl. *Dannecker*, in Großkomm. HGB, § 333 Rn 36; *Quick*, BB 2004, S. 1492.
22 Vgl. *Dannecker*, in Großkomm. HGB, § 333 Rn 37; *Quedenfeld*, in MünchKomm. HGB, 3. Aufl., § 333 Rn 19.
23 Vgl. *Quick*, BB 2004, S. 1492.

durch eine entsprechende rechtswirksame Entbindung von der Verschwiegenheitspflicht gedeckt ist.[24]

27 Offenbart der AP im Rahmen seiner Überprüfung im Qualitätskontrollverfahren (**Peer Review**), bleibt er straffrei nach § 333 HGB, soweit die Offenbarung für die Durchführung des Qualitätskontrollverfahrens erforderlich ist. In diesem Fall ist auch die Verschwiegenheit des AP gem. §§ 43 Abs. 1 Satz 1 WPO, 323 Abs. 1 Satz 1 HGB und 57b Abs. 3 WPO eingeschränkt.[25]

28 Für den **Beschäftigten einer Prüfstelle** ist § 342c Abs. 1 Satz 2 HGB zu beachten, wonach bei gesetzlich begründeten Mitteilungspflichten die Verschwiegenheitspflicht nach § 342c Abs. 1 Satz 1 HGB nicht gilt. Eine solche Mitteilungspflicht besteht nach § 342b Abs. 6 und Abs. 8 HGB bei dem Verdacht von Straftaten im Zusammenhang mit der Rechnungslegung und bei dem Verdacht einer Berufspflichtverletzung des AP.

### 3.2.3 Unbefugtes Verwerten (Abs. 2 Satz 2)

29 Verwerten bedeutet jede wirtschaftliche Nutzung des Geheimnisses durch den Täter selbst mit dem Zweck der Gewinnerzielung für sich oder einen Dritten.[26] Die Verfolgung von ideellen oder politischen Zielen ist kein Verwerten i.S.d. § 333 Abs. 2 Satz 2 HGB.
Unerheblich ist, ob der Täter tatsächlich einen Gewinn erzielt hat. Ebenso kommt es nach hM nicht darauf an, ob der Ges. ein Schaden entstanden ist.[27]

30 Hinsichtlich des Merkmals „unbefugt" gelten die oben (Rz 26) dargestellten Grundsätze.

## 4 Subjektiver Tatbestand

31 Die Tatalternativen „Offenbarung" bzw. „Verwertung" sind nur bei vorsätzlichem Verhalten strafbar. Die Fahrlässigkeit ist mangels ausdrücklicher Strafandrohung (§ 15 StGB) nicht strafbar.

32 Hinsichtlich des **Offenbarens** ist bedingter Vorsatz (**dolus eventualis**) ausreichend, d.h., der Täter muss die Gefahr der Tatbestandsverwirklichung erkannt und dies zumindest billigend in Kauf genommen haben. Ausreichend für die Annahme des bedingten Vorsatzes ist z.B., wenn der AP geheime Unterlagen nicht sicher verwahrt und damit die Einsichtnahme durch Nichtberechtigte billigend in Kauf nimmt.[28]

33 Für das **unbefugte Verwerten** ist ein lediglich bedingter Vorsatz nicht ausreichend. Vielmehr ist zielgerichtetes Handeln erforderlich.[29]

---

[24] Zum Meinungsstand vgl. *Grottel/Hoffmann*, in Beck Bil-Komm. 9. Aufl., § 333 HGB, Rz 13; *Passarge*, BB 2010, S. 591.
[25] Siehe hierzu Erläuterungen bei *Grottel/Hoffmann*, in Beck Bil-Komm. 9. Aufl., § 333 HGB, Rz 31.
[26] Vgl. *Dannecker*, in Großkomm. HGB, § 333 Rn 40; *Quedenfeld*, in MünchKomm. HGB, 3. Aufl., § 333 Rn 34.
[27] Vgl. *Dannecker*, in Großkomm. HGB, § 333 Rn 40; *Quedenfeld*, in MünchKomm. HGB, 3. Aufl., § 333 Rn 34.
[28] Vgl. *Grottel/Hoffmann*, in Beck Bil-Komm. 9. Aufl., § 333 HGB, Rz 19; *Quick*, BB 2004, S. 1493.
[29] Vgl. *Dannecker*, in Großkomm. HGB, § 333 Rn 40; *Grottel/Hoffmann*, in Beck Bil-Komm. 9. Aufl., § 333 HGB, Rz 19; *Quedenfeld*, in MünchKomm. HGB, 3. Aufl., § 333 Rn 34.

## 5 Rechtswidrigkeit und Schuld

Die **Tatbestandsmäßigkeit des Handelns** indiziert grds. dessen **Rechtswidrigkeit**. In Eil- oder Notfällen, in denen eine Entscheidung des zuständigen Entscheidungsträgers nicht rechtzeitig eingeholt werden kann, kann der Rechtfertigungsgrund des **übergesetzlichen Notstands** gem. § 34 StGB vorliegen.[30] Voraussetzung hierfür ist, dass der Täter eigene schutzwürdige Interessen gegenüber der Ges. verfolgt und die Offenbarung des Geheimnisses zur Erreichung dieser Interessen erforderlich ist. 34

Hinsichtlich der **Schuldfrage** gelten die allgemeinen strafrechtlichen Grundsätze. 35

## 6 Irrtum

Es gelten die allgemeinen Grundsätze zu **Tatbestandsirrtum** (§ 16 StGB) und **Verbotsirrtum** (§ 17 StGB). 36

Irrt sich der Täter über den Geheimnischarakter der offenbarten Tatsache oder darüber, dass ihm das Geheimnis in seiner Funktion als AP, Gehilfe oder Beschäftigter einer Prüfstelle bekannt geworden ist, liegt ein den Vorsatz ausschließender **Tatbestandsirrtum** vor. Dies gilt auch, wenn der Täter irrig davon ausgeht, dass ein von der Geheimhaltungspflicht befreiender Beschluss des vertretungsberechtigten Organs vorliegt.[31]

Irrt sich der Täter über die Schweigepflicht als solche oder geht er irrig vom Eingreifen eines Rechtfertigungsgrunds aus, so liegt lediglich ein **Verbotsirrtum** nach § 17 StGB vor, der nur im Fall der Unvermeidbarkeit zur Straflosigkeit führt. 37

## 7 Vollendung und Beendigung der Tat

Bei § 333 HGB handelt es sich um ein Vergehen (§§ 12 Abs. 2, 23 Abs. 1 StGB), weshalb mangels ausdrücklicher Bestimmung der **Versuch** nicht strafbar ist. 38

### 7.1 Vollendung

Die Tat der **Offenbarung** ist dann vollendet, wenn das Geheimnis bzw. die Erkenntnis mindestens einem Unbekannten zugänglich gemacht worden ist. Der Täter hat dann alles aus seiner Sicht Erforderliche für die Kenntnisnahme des Empfängers getan.[32] Ob dieser dann von dem Geheimnis Kenntnis erlangt, ist irrelevant. 39

Die Vollendung der Tat im Fall des **Verwertens** liegt vor, wenn der Täter nach seiner Vorstellung das Geheimnis soweit genutzt hat, dass der Eintritt des erstrebten Vermögensvorteils ohne weiteres Zutun nach seiner Ansicht unmittelbar bevorsteht.[33] Es ist dabei unbedeutend, ob die Vermögensmehrung tatsächlich eintritt. 40

---

[30] Vgl. *Dannecker*, in Großkomm. HGB, § 333 Rn 64.
[31] Vgl. *Grottel/H.Hoffmann*, in Beck Bil-Komm. 9. Aufl., § 333 HGB, Rz 20.
[32] Vgl. *Dannecker*, in Großkomm. HGB, § 333 Rn 37; *Grottel/Hoffmann*, in Beck Bil-Komm. 9. Aufl., § 333 HGB, Rz 18.
[33] Vgl. *Dannecker*, in Großkomm. HGB, § 333 Rn 37; *Grottel/Hoffmann*, in Beck Bil-Komm. 9. Aufl., § 333 HGB, Rz 18; *Quedenfeld*, in MünchKomm. HGB, 3. Aufl., § 333 Rn 4.

## 7.2 Beendigung

41 Die **unbefugte Offenbarung** ist beendet, wenn der unbefugte Dritte von dem Geheimnis Kenntnis genommen hat. Eine Beendigung des **Verwertens** liegt vor, wenn der erstrebte Vermögensvorteil beim Täter oder einem Dritten eingetreten ist.

## 8 Qualifikation

42 In § 333 Abs. 2 Satz 1 HGB wird der Strafrahmen von bis zu einem Jahr auf bis zu zwei Jahre erhöht, wenn der Täter die Handlung gegen Entgelt oder in der Absicht, sich oder einen anderen zu bereichern oder einen anderen zu schädigen, vornimmt. Die Qualifikationsmerkmale sind identisch mit denen des § 332 Abs. 2 HGB, weshalb auf die dort gemachten Ausführungen (§ 332 Rz 37 ff.) verwiesen wird.

### 8.1 Offenbaren gegen Entgelt

43 Entgelt ist nach der Legaldefinition des § 11 Abs. 1 Nr. 9 StGB jede in einem Vermögensvorteil bestehende Gegenleistung. Hierzu zählen alle **vermögenswerten Leistungen** (Geld, Schecks, Erlass von Schulden etc.), nicht aber immaterielle Vorteile oder sonstige Begünstigungen. Egal ist dabei, ob der Täter das Entgelt vor oder nach Begehung der Tat erhält. Es reichen bereits die Vereinbarung eines Entgelts und das darauf gerichtete Handeln des Täters aus, ohne dass es tatsächlich zur Zahlung des Entgelts kommt. Das Entgelt und die strafbare Handlung müssen in einem **gegenseitigen Abhängigkeitsverhältnis** stehen.[34]

### 8.2 Bereicherungsabsicht

44 Der Täter handelt mit Bereicherungsabsicht, wenn er durch die Tat für sich oder einen anderen einen **rechtswidrigen Vermögensvorteil** anstrebt. Dabei muss sich aber die Absicht auch auf die Rechtswidrigkeit des angestrebten Vermögensvorteils beziehen. Der Bereicherungserfolg muss nicht eingetreten sein.

### 8.3 Schädigungsabsicht

45 Schädigungsabsicht liegt vor, wenn das Handeln des Täters darauf gerichtet ist, einem anderen einen Nachteil zuzufügen. Der Schadensbegriff beschränkt sich dabei nicht nur auf Vermögensschäden, sondern auch auf immaterielle Schäden.

## 9 Konkurrenzen

### 9.1 Mehrere Tathandlungen

46 Das unbefugte Offenbaren und das unbefugte Verwerten sind selbstständige Delikte, die in **Tateinheit** und **Tatmehrheit** zueinander stehen können. Die Offenbarung gegen Entgelt stellt kein Verwerten i.S.d. § 333 Abs. 2 Satz 2 HGB dar, sondern erfüllt den Qualifikationstatbestand des § 333 Abs. 2 Satz 1

---

[34] Vgl. zum Folgenden *Dannecker*, in Großkomm. HGB, § 333 Rn 56 ff.

HGB. Wird ein Geheimnis gegenüber verschiedenen Personen mehrfach offenbart, liegt Tatmehrheit (§ 53 StGB) vor.

## 9.2 Verhältnis zu Straftatbeständen des Strafgesetzbuchs

Mit Delikten des Strafgesetzbuchs wie z.B. **Unterschlagung** (§ 246 StGB), **Untreue** (§ 266 StGB), **Landesverrat** (§ 94 StGB) oder **Offenbaren von Staatsgeheimnissen** (§ 95 StGB) steht § 333 HGB in Tateinheit, wenn das Geschehen eine natürliche Handlung bildet. Gegenüber §§ 203 und 204 StGB ist § 333 HGB **lex specialis**.[35]   47

## 9.3 Verhältnis zu anderen Strafgesetzen

§ 404 AktG, § 151 GenG, § 315 UmwG und § 138 VAG sind aufgrund der ausdrücklichen Anordnung des Gesetzgebers in diesen Vorschriften subsidiär zu § 333 HGB. § 19 PublG ist **lex specialis** zu § 333 HGB.[36]   48
§ 38 WpHG steht zu § 333 HGB in Idealkonkurrenz, wenn die Geheimhaltungspflichtverletzung gleichzeitig als Grundlage eines verbotenen Geschäfts dient.[37] Ebenso besteht Idealkonkurrenz zu § 43 BDSG, soweit durch die Tatbegehung auch Daten natürlicher Personen (z.B. Personalakten oder Kundenlisten) offenbart werden.[38]

# 10 Strafverfolgung und Rechtsfolgen

## 10.1 Strafantragsdelikt

Nach § 333 Abs. 3 HGB wird die Verletzung der Geheimhaltungspflicht **nur auf Antrag** verfolgt. Der Strafantrag ist Strafverfolgungsvoraussetzung. Antragsberechtigt ist nur die KapG. **Kein Antragsrecht** haben TU, GemeinschaftsUnt und assoziierte Unt, auch wenn deren Geheimnisse verletzt wurden. Das Antragsrecht wird durch den gesetzlichen Vertreter der KapG ausgeübt.   49

Der Strafantrag ist nach § 77b Abs. 1 StGB binnen einer Frist von drei Monaten zu stellen. Diese **Frist** beginnt nach § 77b Abs. 2 Satz 1 StGB mit Ablauf des Tags, an dem das gesetzliche Vertretungsorgan von Tat und Person des Täters Kenntnis erlangt hat. Besteht das Vertretungsorgan aus mehreren Personen, so ist die Kenntnis aller Mitglieder erforderlich, soweit sie ihre Vertretung nur insgesamt ausüben können.[39]   50

Der **Strafantrag** ist nach § 158 Abs. 2 StPO schriftlich oder zu Protokoll bei einem Gericht oder der Staatsanwaltschaft zu stellen. Er kann bis zum rechtskräftigen Abschluss des Strafverfahrens nach § 77d Abs. 1 StGB **zurückgenommen** werden. Zu beachten ist dabei aber die **negative Kostenfolge** des § 470 Abs. 1 Satz 1 StPO. Ein erneuter Strafantrag bleibt zudem verwehrt, § 77d Abs. 1 StGB.   51

---

[35] Vgl. *Quedenfeld*, in MünchKomm. HGB, 3. Aufl., § 333 Rn 49.
[36] Vgl. *Dannecker*, in Großkomm. HGB, § 333 Rn 68.
[37] Vgl. *Quedenfeld*, in MünchKomm. HGB, 3. Aufl., § 333 Rn 52.
[38] Vgl. *Quedenfeld*, in MünchKomm. HGB, 3. Aufl., § 333 Rn 51.
[39] Vgl. *Quedenfeld*, in MünchKomm. HGB, 3. Aufl., § 333 Rn 56; *Dannecker*, in Großkomm. HGB, § 333 Rn 73; *Grottel/H.Hoffmann*, in Beck Bil-Komm. 9. Aufl., § 333 HGB, Rz 21.

52  Durch Erklärung gegenüber dem Gericht oder der Staatsanwaltschaft ist ein **Strafantragsverzicht** möglich.

## 10.2 Rechtsfolgen

53  Die **Strafe** im Fall des unbefugten Bereicherns ist alternativ Freiheitsstrafe von einem Monat bis zu einem Jahr oder Geldstrafe.
Der Qualifikationstatbestand nach § 333 Abs. 2 Satz 1 HGB und der Fall des Verwertens sehen alternativ Freiheitsstrafe von einem Monat bis zu zwei Jahren oder Geldstrafe vor.
Im Übrigen wird auf die Erläuterungen bei § 331 HGB (§ 331 Rz 99 ff.) verwiesen.

## 11 Verjährung

54  Hinsichtlich der Verjährung wird ebenfalls auf die Erläuterungen zu § 331 HGB (§ 331 Rz 101 f.) verwiesen.

## § 334 BUSSGELDVORSCHRIFTEN

(1) Ordnungswidrig handelt, wer als Mitglied des vertretungsberechtigten Organs oder des Aufsichtsrats einer Kapitalgesellschaft
1. bei der Aufstellung oder Feststellung des Jahresabschlusses einer Vorschrift
    a) des § 243 Abs. 1 oder 2, der §§ 244, 245, 246, 247, 248, 249 Abs. 1 Satz 1 oder Abs. 2, des § 250 Abs. 1 oder 2, des § 251 oder des § 264 Abs. 2 über Form oder Inhalt,
    b) des § 253 Absatz 1 Satz 1, 2, 3, 4, 5 oder Satz 6, Abs. 2 Satz 1, auch in Verbindung mit Satz 2, Abs. 3 Satz 1, 2 oder 3, Abs. 4 oder 5, des § 254 oder des § 256a über die Bewertung,
    c) des § 265 Abs. 2, 3, 4 oder 6, der §§ 266, 268 Abs. 2, 3, 4, 5, 6 oder 7, der §§ 272, 274, 275 oder des § 277 über die Gliederung oder
    d) des § 284 oder des § 285 über die in der Bilanz, unter der Bilanz oder im Anhang zu machenden Angaben,
2. bei der Aufstellung des Konzernabschlusses einer Vorschrift
    a) des § 294 Abs. 1 über den Konsolidierungskreis,
    b) des § 297 Abs. 2 oder 3 oder des § 298 Abs. 1 in Verbindung mit den §§ 244, 245, 246, 247, 248, 249 Abs. 1 Satz 1 oder Abs. 2, dem § 250 Abs. 1 oder dem § 251 über Inhalt oder Form,
    c) des § 300 über die Konsolidierungsgrundsätze oder das Vollständigkeitsgebot,
    d) des § 308 Abs. 1 Satz 1 in Verbindung mit den in Nummer 1 Buchstabe b bezeichneten Vorschriften oder des § 308 Abs. 2 oder des § 308a über die Bewertung,
    e) des § 311 Abs. 1 Satz 1 in Verbindung mit § 312 über die Behandlung assoziierter Unternehmen oder
    f) des § 308 Abs. 1 Satz 3, des § 313 oder des § 314 über die im Anhang zu machenden Angaben,
3. bei der Aufstellung des Lageberichts einer Vorschrift des § 289 Abs. 1, 4 Nr. 1 bis 5 oder Abs. 5 oder des § 289a über den Inhalt des Lageberichts,
4. bei der Aufstellung des Konzernlageberichts einer Vorschrift des § 315 Abs. 1 oder 4 über den Inhalt des Konzernlageberichts,
5. bei der Offenlegung, Hinterlegung, Veröffentlichung oder Vervielfältigung einer Vorschrift des § 328 über Form oder Inhalt oder
6. einer auf Grund des § 330 Abs. 1 Satz 1 erlassenen Rechtsverordnung, soweit sie für einen bestimmten Tatbestand auf diese Bußgeldvorschrift verweist,

zuwiderhandelt.

(2) Ordnungswidrig handelt, wer zu einem Jahresabschluss, zu einem Einzelabschluss nach § 325 Abs. 2a oder zu einem Konzernabschluss, der aufgrund gesetzlicher Vorschriften zu prüfen ist, einen Vermerk nach § 322 Abs. 1 erteilt, obwohl nach § 319 Abs. 2, 3, 5, § 319a Abs. 1 Satz 1, Abs. 2, § 319b Abs. 1 Satz 1 oder 2 er oder nach § 319 Abs. 4, auch in Verbindung mit § 319a Abs. 1 Satz 2, oder § 319a Abs. 1 Satz 4, 5, § 319b Abs. 1 die Wirtschaftsprüfungsgesellschaft oder die Buchprüfungsgesellschaft, für die er tätig wird, nicht Abschlussprüfer sein darf.

(3) Die Ordnungswidrigkeit kann mit einer Geldbuße bis zu fünfzigtausend Euro geahndet werden.
(4) Verwaltungsbehörde im Sinn des § 36 Abs. 1 Nr. 1 des Gesetzes über Ordnungswidrigkeiten ist in den Fällen der Absätze 1 und 2 das Bundesamt für Justiz.
(5) Die Absätze 1 bis 4 sind auf Kreditinstitute im Sinn des § 340 und auf Versicherungsunternehmen im Sinn des § 341 Abs. 1 nicht anzuwenden.

RA StB Daniel Münster/RA StB Annette Meier-Behringer

| Inhaltsübersicht | Rz |
|---|---|
| 1 Überblick | 1–6 |
| 1.1 Regelungszweck und Inhalt | 1–3 |
| 1.2 Anwendungsbereich | 4 |
| 1.3 Normenzusammenhänge | 5 |
| 1.4 Inhalt | 6 |
| 2 Ordnungswidrigkeiten durch Organe der Kapitalgesellschaft (Abs. 1) | 7–25 |
| 2.1 Täterkreis | 7–8 |
| 2.2 Tathandlungen | 9–25 |
| 2.2.1 Aufstellung und Feststellung des Jahresabschlusses (Abs. 1 Nr. 1) | 11–15 |
| 2.2.1.1 Vorschriften über Form und Inhalt (Abs. 1 Nr. 1 lit. a) | 12 |
| 2.2.1.2 Vorschriften über die Bewertung (Abs. 1 Nr. 1 lit. b) | 13 |
| 2.2.1.3 Vorschriften über die Gliederung (Abs. 1 Nr. 1 lit. c) | 14 |
| 2.2.1.4 Vorschriften über weitere Angaben in der Bilanz, unter der Bilanz und im Anhang (Abs. 1 Nr. 1 lit. d) | 15 |
| 2.2.2 Aufstellung des Konzernabschlusses (Abs. 1 Nr. 2) | 16–22 |
| 2.2.2.1 Vorschrift über den Konsolidierungskreis (Abs. 1 Nr. 2 lit. a) | 17 |
| 2.2.2.2 Vorschriften über Inhalt und Form (Abs. 1 Nr. 2 lit. b) | 18 |
| 2.2.2.3 Vorschrift über Konsolidierungsgrundsätze und das Vollständigkeitsgebot (Abs. 1 Nr. 2 lit. c) | 19 |
| 2.2.2.4 Vorschriften über die Bewertung (Abs. 1 Nr. 2 lit. d) | 20 |
| 2.2.2.5 Vorschrift über die Behandlung assoziierter Unternehmen (Abs. 1 Nr. 2 lit. e) | 21 |
| 2.2.2.6 Vorschriften über Angaben im Konzernanhang (Abs. 1 Nr. 2 lit. f) | 22 |

2.2.3 Aufstellung des Lageberichts und des Konzernlageberichts (Abs. 1 Nr. 3 und 4) .................. 23
2.2.4 Offenlegung, Hinterlegung, Veröffentlichung und Vervielfältigung (Abs. 1 Nr. 5). ............... 24
2.2.5 Verordnungen gem. § 330 Abs. 1 Satz 1 HGB (Abs. 1 Nr. 6) .............................. 25
3 Ordnungswidrigkeit durch Abschlussprüfer (Abs. 2) ........ 26–27
   3.1 Täterkreis ......................................... 26
   3.2 Tathandlung ....................................... 27
4 Subjektiver Tatbestand ................................. 28
5 Rechtswidrigkeit ...................................... 29
6 Vorwerfbarkeit ....................................... 30
7 Irrtum .............................................. 31
8 Vollendung und Beendigung ............................. 32–38
   8.1 Aufstellen von Jahres- oder Konzernabschluss, Lagebericht oder Konzernlagebericht bzw. Feststellung des Jahresabschlusses (Abs. 1 Nr. 1–4) ....................... 33–35
      8.1.1 Aufstellen .................................. 34
      8.1.2 Feststellen .................................. 35
   8.2 Offenlegung, Hinterlegung, Veröffentlichung und Vervielfältigung (Abs. 1 Nr. 5) ....................... 36
   8.3 Verstoß gegen Formblatt-Verordnungen (Abs. 1 Nr. 6)... 37
   8.4 Verstoß des Abschlussprüfers (Abs. 2) ................ 38
9 Konkurrenzen ........................................ 39–41
   9.1 Konkurrierende Ordnungswidrigkeit ................. 39
   9.2 Zusammentreffen von Straftat und Ordnungswidrigkeit .. 40–41
10 Sanktionen (Abs. 3) .................................... 42–44
11 Verfahren ........................................... 45–49

**Ergänzendes Schrifttum**
*Ehlers*, Die Überschuldungssituation einer GmbH, ihre Rechtsfolgen und deren Abwendung, DStR 1998, S. 1756; *Gustavus*, Die Sanktionen bei unterlassener Offenlegung des Jahresabschlusses, ZIP 1988, S. 1429; *Wimmer*, Die zivil- und strafrechtlichen Folgen mangelhafter Jahresabschlüsse bei GmbH und KG, DStR 1997, S. 1931.

# 1 Überblick

## 1.1 Regelungszweck und Inhalt

§ 334 HGB ahndet Verstöße gegen bestimmte Rechnungslegungsvorschriften zum JA und KA sowie zum LB und KLB von KapG als Ordnungswidrigkeit. **Geschütztes Rechtsgut** ist das Vertrauen in die Richtigkeit und Vollständigkeit der Informationen über die Verhältnisse der Ges.[1] Die Rechtsgutsverletzung weist gegenüber den Fällen der §§ 331–333 HGB einen geringeren Unrechtsgehalt auf.

---

[1] Streitig für § 334 Abs. 2 HGB; vgl. *Dannecker,* in Großkomm. HGB, § 334 Rn 16.

Die Grenze zur Strafwürdigkeit und Strafbedürftigkeit wird dabei noch nicht überschritten,[2] der Ahndungswürdigkeit und Ahndungsbedürftigkeit wird nach Auffassung des Gesetzgebers durch Verhängung einer Geldbuße ausreichend Rechnung getragen.

2 Zum **geschützten Personenkreis** gehören neben den Aktionären und Gesellschaftern auch gegenwärtige und zukünftige Gläubiger der Ges.[3]

3 § 334 HGB ist **Schutzgesetz i. S. d. § 823 Abs. 2 BGB**, da neben dem Schutz der Allgemeinheit auch die Interessen Einzelner in den Schutzbereich der Norm fallen.[4]

### 1.2 Anwendungsbereich

4 § 334 HGB erfasst den gesamten **Ordnungswidrigkeitenbereich** hinsichtlich der Rechnungslegung von KapG.[5] § 335b HGB stellt klar, dass diese Vorschriften auch von KapCoGes zu beachten sind. Ausgenommen sind nach § 334 Abs. 5 HGB Kreditinstitute i. S. d. § 340 HGB und VersicherungsUnt i. S. d. § 341 HGB. Für diese gelten rechtsformunabhängig die Sonderregelungen nach den §§ 340n, 341n HGB. In der Praxis dürfte sich der Anwendungsbereich des § 334 HGB weitgehend auf nicht prüfungspflichtige und nicht freiwillig geprüfte kleine KapG beschränken, da im Übrigen die über § 334 HGB sanktionierten Verstöße regelmäßig im Rahmen der JAP festgestellt und behoben werden.[6]

### 1.3 Normenzusammenhänge

5 Als **Teil der Sanktionsvorschriften** des HGB wird § 334 HGB durch deren Normzusammenhänge bestimmt (§ 331 Rz 6). Weder im AktG noch im GmbHG existiert eine über § 334 HGB hinausgehende Regelung. Lediglich § 20 Abs. 1 PublG enthält eine dem § 334 Abs. 1 HGB im Inhalt und Aufbau entsprechende Vorschrift.[7]

In materiell-rechtlicher und prozessualer Hinsicht gelten für § 334 HGB die **Vorschriften des Ordnungswidrigkeitengesetzes**. Wesentliche Kriterien der mit Bußgeld bewehrten Ordnungswidrigkeit sind dabei, dass die Pflichtverletzung tatbestandsmäßig feststeht, das Verhalten rechtswidrig und die Verletzung der Vorschrift vorwerfbar sein muss.

Die Vorschrift ist als **Blankettvorschrift** ausgestaltet. Die Tathandlungen des § 334 HGB werden durch Verweise auf die entsprechenden Vorschriften zu JA, KA, LB und KLB konkretisiert.

### 1.4 Inhalt

6 Die Änderungen durch das BilRUG im Bereich des § 334 HGB betreffen ausschließlich Ergänzungen und Anpassungen an die §§ 253, 264, 268, 289, 297

---

[2] Vgl. BVerfGE 8, 197, 207; 18, 28.
[3] Vgl. BayOLG, NJW 1988, S. 918.
[4] Vgl. *Otto*, in *Heymann*, HGB. 2. Aufl., § 334, Rz 13; *Tiedemann*, in *Scholz*, GmbHG, 9. Aufl., Vor § 82 Rz 84.
[5] Vgl. *Grottel/Hoffmann*, in Beck Bil-Komm. 9. Aufl., § 334, Rz 47.
[6] Vgl. *Tschesche*, in *Baetge/Kirsch/Thiele*, Bilanzrecht, § 334, Rz 3.
[7] Hierzu im Einzelnen: *Grottel/Hoffmann*, in Beck Bil-Komm. 9. Aufl., § 334 Rz 45.

sowie 315 HGB, die folgerichtig auch für den Bereich der Bußgeldvorschriften umgesetzt wurden.[8]

## 2 Ordnungswidrigkeiten durch Organe der Kapitalgesellschaft (Abs. 1)

### 2.1 Täterkreis

Der Täter i.S.d. § 334 HGB kann nur einem eingeschränkten Personenkreis angehören; es handelt sich daher um **echte Sonderdelikte**. § 334 Abs. 1 HGB erfasst das Handeln von unternehmensinternen natürlichen Personen. **Handelnder** kann nur das Mitglied des vertretungsberechtigten Organs (§ 331 Rz 9ff.) oder des AR der KapG (§ 331 Rz 25ff.) sein. Letztere können nur ordnungswidrig handeln, wenn sie für die Feststellung des JA zuständig sind. Dies ist bei Mitgliedern eines obligatorischen AR immer der Fall. Den Mitgliedern eines fakultativen AR dagegen muss die Kompetenz zur Feststellung im Rahmen des Gesellschaftsvertrags erteilt worden sein, da eine Vorschrift wie § 82 Abs. 2 Nr. 2 GmbHG für das Ordnungswidrigkeitenrecht fehlt.[9]

Im Ordnungswidrigkeitengesetz wird nicht nach Tätern und Beteiligten unterschieden. Nach § 14 Abs. 1 Satz 1 OWiG gilt die sog. **Einheitstäterlösung**, derzufolge jede Teilnahme als Täterschaft gewertet wird. Selbst wenn bei einem Tatbeteiligten die besonderen persönlichen Merkmale fehlen, die eine Ahndung erst begründen können, kann in der Person die tatbeteiligte Täterschaft gegeben sein, sofern die entsprechenden Merkmale bei einem der Täter vorliegen (§ 14 Abs. 1 Satz 2 OWiG). Damit reicht es aus, wenn nur einer der Täter zum Personenkreis des § 334 Abs. 1 HGB gehört.

7

8

### 2.2 Tathandlungen

Die Tathandlungen erfolgen bei § 334 Abs. 1 HGB bei der Aufstellung oder Feststellung des JA (§ 334 Abs. 1 Nr. 1 HGB), der Aufstellung des KA (§ 334 Abs. 1 Nr. 2 HGB), der Aufstellung des LB (§ 334 Abs. 1 Nr. 3 HGB), der Aufstellung des KLB (§ 334 Abs. 1 Nr. 4 HGB), der Offenlegung, Veröffentlichung oder Vervielfältigung (§ 334 Abs. 1 Nr. 5 HGB) sowie bei Verstoß gegen eine Rechtsverordnung gem. § 330 Abs. 1 Satz 1 HGB (§ 334 Abs. 1 Nr. 6 HGB). Die Regelung des § 334 Abs. 1 HGB ist **abschließend**. Verletzungen von Vorschriften außerhalb des Katalogs des Abs. 1 können daher nicht als Ordnungswidrigkeit geahndet werden.[10] Auch Zuwiderhandlungen in der Eröffnungsbilanz sowie bei sonstigen Abschlüssen und im Rahmen der Buchführung außerhalb der Bilanz sind nicht von § 334 HGB erfasst.[11]

9

10

---

[8] § 334 HGB i.d.F.d. BilRUG ist erstmals anzuwenden auf JA, LB, KA und KLB für Gj, die nach dem 31.12.2015 beginnen oder bei früherer freiwilliger Anwendungen der durch das BilRUG geänderten Vorschriften.

[9] Vgl. *Tschesche*, in *Baetge/Kirsch/Thiele*, Bilanzrecht, § 334 Rz 21; *Grottel/Hoffmann*, in Beck Bil-Komm. 9. Aufl., § 334 Rz 10; *Dannecker*, in Großkomm. HGB, § 334 Rn 34.

[10] Vgl. *Grottel/Hoffmann*, in Beck Bil-Komm. 9. Aufl., § 334 Rz 17 mit ausführlicher Begründung und Auflistung der nicht nach § 334 HGB mit Bußgeld bewehrten Bilanzierungsvorschriften.

[11] Vgl. *Quedenfeld*, in MünchKomm. HGB, 3. Aufl., § 334 Rz 18; *Tschesche*, in *Baetge/Kirsch/Thiele*, Bilanzrecht, § 334 Rz 23.

### 2.2.1 Aufstellung und Feststellung des Jahresabschlusses (Abs. 1 Nr. 1)

**11** Durch § 334 Abs. 1 Nr. 1 HGB sind Verstöße gegen die meisten zwingenden Vorschriften der Aufstellung (§ 264 Abs. 1 HGB) und der Feststellung (§ 172 AktG, § 46 Nr. 1 GmbHG) des JA mit Bußgeld belegt. § 334 Abs. 1 Nr. 1 HGB differenziert die Tathandlungen nach Zuwiderhandlungen gegen Vorschriften über die Form und den Inhalt (lit. a), die Bewertung (lit. b), die Gliederung von Bilanz und GuV (lit. c) und die in der Bilanz oder im Anhang zu machenden Angaben (lit. d).

#### 2.2.1.1 Vorschriften über Form und Inhalt (Abs. 1 Nr. 1 lit. a)

**12** Es werden folgende Vorschriften über Form und Inhalt geschützt:

| | |
|---|---|
| § 243 Abs. 1 HGB | GoB; wegen des strafrechtlichen Bestimmtheitsgrundsatzes nur, soweit es eindeutig anerkannte, unbestrittene Grundsätze sind[12] |
| § 243 Abs. 2 HGB | Grundsatz der Klarheit und Übersichtlichkeit |
| § 244 HGB | Sprache und Währung |
| § 245 HGB | Unterzeichnung |
| § 246 HGB | Vollständigkeit und Verrechnungsverbot |
| § 247 HGB | Inhalt der Bilanz |
| § 248 HGB | Bilanzierungsverbote |
| § 249 Abs. 1 Satz 1 HGB | Verbindlichkeits- und Drohverlustrückstellungen |
| § 249 Abs. 2 HGB | Analogieverbot für Rückstellungen und Auflösungsverbot von Rückstellungen |
| § 250 Abs. 1 HGB | Aktive Rechnungsabgrenzungsposten |
| § 250 Abs. 2 HGB | Passive Rechnungsabgrenzungsposten |
| § 251 HGB | Haftungsverhältnisse |
| § 264 Abs. 2 HGB | Grundsatz des true and fair view und besondere Angabepflicht im Anhang |
| Zusätzlich für Gj ab 2016: § 264 Abs. 1a HGB (BilRUG) | Firma, Sitz, Registergericht, HR-Nummer und ggf. Liquidation oder Abwicklung |

#### 2.2.1.2 Vorschriften über die Bewertung (Abs. 1 Nr. 1 lit. b)

**13** Es werden folgende Vorschriften über die Bewertung geschützt:

| | |
|---|---|
| § 253 Abs. 1 Satz 1 HGB | Bewertung von Vermögensgegenständen |
| § 253 Abs. 1 Satz 2 HGB | Bewertung von Verbindlichkeiten und Rückstellungen |

---

[12] Vgl. *Dannecker*, in Großkomm. HGB, § 334 Rn 41; *Quedenfeld*, in MünchKomm. HGB, 3. Aufl., § 334 Rz 20.

| | |
|---|---|
| § 253 Abs. 1 Satz 3 HGB | Bewertung von bestimmten Pensionsrückstellungen |
| § 253 Abs. 1 Satz 4 HGB | Bewertung von Planvermögen |
| § 253 Abs. 1 Satz 5, 6 HGB | Verbot der Fair-Value-Bewertung für KleinstKapGes |
| § 253 Abs. 2 Sätze 1, 2 HGB | Abzinsung von Rückstellungen |
| § 253 Abs. 3 Sätze 1, 2, 3, 4 HGB | Minderung der Anschaffungs- und Herstellungskosten um planmäßige Abschreibungen |
| § 253 Abs. 3 Satz 5 HGB | Minderung der Anschaffungs- und Herstellungskosten um außerplanmäßige Abschreibungen |
| § 253 Abs. 4 HGB | Abschreibungen auf Vermögensgegenstände des - Umlaufvermögens |
| § 253 Abs. 5 HGB | Wertaufholungsgebot bei Wegfall früherer Abschreibungsgründe |
| § 254 HGB | Bildung von Bewertungseinheiten |
| § 256a HGB | Bewertung von Fremdwährungsforderungen und verbindlichkeiten |

### 2.2.1.3 Vorschriften über die Gliederung (Abs. 1 Nr. 1 lit. c)

Es werden folgende Vorschriften über die Gliederung geschützt: 14

| | |
|---|---|
| § 265 Abs. 2 HGB | Angabe der entsprechenden Beträge des Vorjahrs und Erläuterungspflichten |
| § 265 Abs. 3 HGB | Vermerkpflicht bei der Mitzugehörigkeit zu mehreren Posten der Bilanz und Ausweis eigener Anteile |
| § 265 Abs. 4 HGB | Gliederung des JA bei mehreren Geschäftszweigen, Angabe- und Begründungspflicht |
| § 265 Abs. 6 HGB | Angaben zur abweichenden Gliederung und Änderung von Bezeichnungen der einzelnen Posten zum Zweck der Aufstellung eines klaren und übersichtlichen JA bei besonderen KapG |
| § 266 HGB | Gliederung der Bilanz |
| § 268 Abs. 2 HGB | Darstellung der Entwicklung des AV |
| § 268 Abs. 3 HGB | Ausweis eines nicht durch EK gedeckten Fehlbetrags |
| § 268 Abs. 4 HGB | Vermerk des Betrags von Forderungen mit bestimmten Restlaufzeiten und Erläuterung von - Aufwendungen für zukünftige Vermögensgegenstände |

| | |
|---|---|
| § 268 Abs. 5 HGB | Vermerk des Betrags von Verbindlichkeiten mit bestimmten Restlaufzeiten und Erläuterung von Aufwendungen für zukünftige Verbindlichkeiten und Ausweis von Anzahlungen |
| § 268 Abs. 6 HGB | Ausweis aktivierter Disagios im RAP |
| § 268 Abs. 7 HGB | Haftungsverhältnisse gegenüber verbundenen Unternehmen |
| § 272 HGB | Ausweis des EK |
| § 274 HGB | gesonderter Ausweis der aktiven und passiven Steuerabgrenzung |
| § 275 HGB | Gliederung der GuV |
| § 277 HGB | Ausweis von einzelnen Posten der GuV |

#### 2.2.1.4 Vorschriften über weitere Angaben in der Bilanz, unter der Bilanz und im Anhang (Abs. 1 Nr. 1 lit. d)

15  Es werden folgende Vorschriften über weitere Angaben in der Bilanz, unter der Bilanz und im Anhang geschützt:

| | |
|---|---|
| § 284 HGB | Erläuterung der Bilanz und der GuV |
| § 285 HGB | Sonstige Pflichtangaben |

### 2.2.2 Aufstellung des Konzernabschlusses (Abs. 1 Nr. 2)

16  § 334 Abs. 1 Nr. 2 HGB erfasst sechs Fallgruppen von Bilanzierungsvorschriften, deren Nichtbeachtung zu einer Ordnungswidrigkeit führen. Es handelt sich um Vorschriften über den KonsKreis (§ 334 Abs. 1 Nr. 2 lit. a HGB), über Inhalt und Form (§ 334 Abs. 1 Nr. 2 lit. b HGB), über Konsolidierungsgrundsätze und das Vollständigkeitsgebot (§ 334 Abs. 1 Nr. 2 lit. c HGB), über die Bewertung (§ 334 Abs. 1 Nr. 2 lit. d HGB), über die Behandlung assoziierter Unt (§ 334 Abs. 1 Nr. 2 lit. e HGB) und über Angaben im Konzernanhang (§ 334 Abs. 1 Nr. 2 lit. f HGB).

#### 2.2.2.1 Vorschrift über den Konsolidierungskreis (Abs. 1 Nr. 2 lit. a)

17  Es wird folgende Vorschrift über den KonsKreis geschützt:

| | |
|---|---|
| § 294 Abs. 1 HGB | Grundsätze über die Einbeziehung des MU und der TU in den KA |

#### 2.2.2.2 Vorschriften über Inhalt und Form (Abs. 1 Nr. 2 lit. b)

18  Es werden folgende Vorschriften über Inhalt und Form geschützt:

| | |
|---|---|
| § 297 Abs. 2 HGB | Grundsatz der Klarheit und Übersichtlichkeit, Grundsatz des true and fair view und besondere Angabepflicht im Konzernanhang |

| | |
|---|---|
| § 297 Abs. 3 HGB | Vermögens-, Finanz- und Ertragslage als wirtschaftliche Einheit, Grundsatz der Stetigkeit sowie Angabe und Begründung von Ausnahmefällen im Konzernanhang |
| Zusätzlich für Gj ab 2016: § 297 Abs. 1a HGB (BilRUG) i. V. m. § 298 Abs. 1 HGB: | Firma, Sitz, Angaben zum Mutterunternehmen (Registergericht, HR-Nummer) und ggf. Liquidation oder Abwicklung |
| – § 244 HGB | Sprache und Währung |
| – § 245 HGB | Unterzeichnung |
| – § 246 HGB | Vollständigkeit und Verrechnungsverbot |
| – § 247 HGB | Inhalt der Bilanz |
| – § 248 HGB | Bilanzierungsverbote |
| – § 249 Abs. 1 Satz 1 HGB | Verbindlichkeits- und Drohverlustrückstellungen |
| – § 249 Abs. 2 HGB | Analogieverbot für Rückstellungen und Auflösungsverbot von Rückstellungen |
| – § 250 Abs. 1 HGB | Aktive RAP |
| – § 251 HGB | Haftungsverhältnisse |

### 2.2.2.3 Vorschrift über Konsolidierungsgrundsätze und das Vollständigkeitsgebot (Abs. 1 Nr. 2 lit. c)

Es wird folgende Vorschrift über Konsolidierungsgrundsätze und das Vollständigkeitsgebot geschützt: 19

| | |
|---|---|
| § 300 HGB | Konsolidierungsgrundsätze und Vollständigkeitsgebot (Zusammenfassung der JA des MU und der TU, vollständige Einbeziehung der VG, Schulden, RAP und Sonderposten der TU) |

### 2.2.2.4 Vorschriften über die Bewertung (Abs. 1 Nr. 2 lit. d)

Es werden folgende Vorschriften über die Bewertung geschützt: 20

| | |
|---|---|
| § 308 Abs. 1 Satz 1 HGB | Bewertung der Vermögensgegenstände der TU nach den Bewertungsmethoden des JA für das MU |
| § 308 Abs. 2 HGB | Neubewertung nach der Bewertungsmethode des KA bei abweichenden Bewertungsmethoden im JA des MU oder der TU, Beibehaltungswahlrechte, Angabe- und Begründungspflichten im Konzernanhang |
| § 308a HGB | Umrechnung von auf fremde Währung lautenden Abschlüssen |

## 2.2.2.5 Vorschrift über die Behandlung assoziierter Unternehmen (Abs. 1 Nr. 2 lit. e)

**21** Es wird folgende Vorschrift über die Behandlung assoziierter Unt geschützt:

§ 311 Abs. 1 Satz 1 HGB    Ausweis der Beteiligung an assoziierten Unt
i. V. m. § 312 HGB

## 2.2.2.6 Vorschriften über Angaben im Konzernanhang (Abs. 1 Nr. 2 lit. f)

**22** Es werden folgende Vorschriften über Angaben im Konzernanhang geschützt:

§ 308 Abs. 1 Satz 3 HGB    Angaben über Abweichungen von den im MU angewandten Bewertungsmethoden

§ 313 HGB    Erläuterungen zur Konzernbilanz und zur Konzern-GuV, Pflichtangaben, Aufstellung des Anteilsbesitzes

§ 314 HGB    sonstige Pflichtangaben

## 2.2.3 Aufstellung des Lageberichts und des Konzernlageberichts (Abs. 1 Nr. 3 und 4)

**23** § 334 Abs. 1 Nr. 3 HGB erfasst den **Pflichtinhalt** nach § 289 HGB sowie § 289a HGB des LB, um die Einhaltung des **true und fair view** bei der Aufstellung des LB zu schützen. Die Darstellung des Geschäftsverlaufs und der Lage der KapG hat derart zu erfolgen, dass ein den tatsächlichen Verhältnissen entsprechendes Bild der Ges. vermittelt wird. Hierbei sind auch die wesentlichen Chancen und Risiken der künftigen Entwicklung zu erläutern.[13] Maßstab für das Vorliegen eines Verstoßes ist hier wie bei § 331 HGB, ob sich der sachkundige, d. h. bilanzkundige Leser aufgrund der erteilten Informationen ein den tatsächlichen Verhältnissen entsprechendes Bild der KapG machen kann.[14] Entsprechendes gilt für den Pflichtinhalt des KLB nach § 315 HGB, der von § 334 Abs. 1 Nr. 4 HGB erfasst wird.

## 2.2.4 Offenlegung, Hinterlegung, Veröffentlichung und Vervielfältigung (Abs. 1 Nr. 5)

**24** § 334 Abs. 1 Nr. 5 HGB bezieht sich auf die Vorschrift des § 328 HGB über Form und Inhalt der Unterlagen bei der Offenlegung, Hinterlegung, Veröffentlichung und Vervielfältigung des JA und des KA. Wird die Aufstellung des JA durch das vertretungsberechtigte Organ vollständig unterlassen, greift § 335 Abs. 1 Nr. 6 HGB – mit der Möglichkeit, ein Zwangsgeld zu verhängen – ein. § 334 Abs. 1 Nr. 5 HGB erfasst dagegen Verstöße, die bei erfolgter Offenlegung begangen wurden.

---

[13] Eingefügt durch Bilanzrechtsmodernisierungsgesetz (BilReG) v. 10.12.2004.
[14] Vgl. *Quedenfeld*, in MünchKomm. HGB, 3. Aufl., § 334 Rz 34.

### 2.2.5 Verordnungen gem. § 330 Abs. 1 Satz 1 HGB (Abs. 1 Nr. 6)

Soweit Rechtsverordnungen nach § 330 Abs. 1 Satz 1 HGB (Formblattverordnungen) für bestimmte Tatbestände auf § 334 HGB verweisen, sind Verstöße gegen die Rechtsverordnung als Ordnungswidrigkeiten zu verfolgen. 25

## 3 Ordnungswidrigkeit durch Abschlussprüfer (Abs. 2)

### 3.1 Täterkreis

Täter des § 334 Abs. 2 HGB können **Wirtschaftsprüfer und vereidigte Buchprüfer** sein, die selbst Jahres- oder Konzernabschlussprüfer sind oder für eine Wirtschaftsprüfungs- oder Buchführungsprüfungsgesellschaft handeln und für diese den BSV erteilen und unterzeichnen.[15] Andere gesetzliche Vertreter oder Prüfungsgehhilfen kommen nicht als Täter in Betracht, da sie selbst den BSV nicht erteilen und unterzeichnen. Diese können jedoch als Tatbeteiligte der Ordnungswidrigkeit verfolgt werden.[16] Nicht von § 334 Abs. 2 HGB erfasst ist die Erteilung eines BSV durch eine Person, die nicht AP ist.[17] 26

### 3.2 Tathandlung

§ 334 Abs. 2 HGB bezieht sich auf **Verstöße des AP gegen die gesetzlichen Ausschlussgründe** gem. § 319 Abs. 2, 3 und 5, § 319a Abs. 1 Satz 1, Abs. 2 HGB. Auf diese Weise soll die Unabhängigkeit des AP sichergestellt werden. Tathandlung ist die Erteilung eines BSV nach § 322 HGB durch den AP, trotz der Besorgnis seiner Befangenheit. Die Erstellung des Prüfungsberichts gem. § 321 HGB durch einen ausgeschlossenen Prüfer ist dagegen nicht tatbestandsmäßig.[18] 27

## 4 Subjektiver Tatbestand

Eine Beteiligung an der Ordnungswidrigkeit ist nur möglich, wenn der Täter, der die Täterqualifikation des § 334 HGB erfüllt, und der Beteiligte vorsätzlich handeln. Handelt nur der Beteiligte vorsätzlich, liegt keine Beteiligung i.S.d. § 14 Abs. 1 OWiG vor. 28

## 5 Rechtswidrigkeit

Das Verhalten des Täters muss rechtswidrig sein. Die Verwirklichung des Unrechtstatbestands **indiziert** regelmäßig die Rechtswidrigkeit. Sie kann jedoch bei Vorliegen von Rechtfertigungsgründen (z.B. Notwehr, Nothilfe, gesetzlicher Notstand) fehlen. Hierbei gelten die allgemeinen strafrechtlichen Grundsätze. 29

---

[15] Vgl. *Grottel/Hoffmann*, in Beck Bil-Komm. 9. Aufl., § 334 Rz 27.
[16] Sog. Einheitstheorie (Rz 10).
[17] Vgl. *Quedenfeld*, in MünchKomm. HGB, 3. Aufl., § 334 Rz 43.
[18] Vgl. *Tiedemann*, in *Scholz*, GmbHG, 9. Aufl., Vor 82 Rz 92.

## 6 Vorwerfbarkeit

30 Die Handlung ist grds. vorwerfbar, wenn sie vorsätzlich oder fahrlässig begangen wird. Mangels ausdrücklicher gesetzlicher Regelung ist im Rahmen des § 334 HGB allerdings nur die **vorsätzliche Begehung** ahndbar (§ 10 OWiG). Bedingter Vorsatz ist hierbei ausreichend.[19]

## 7 Irrtum

31 Die Beurteilung von Tatbestands- und Verbotsirrtümern (§ 11 OWiG) entspricht den strafrechtlichen Grundsätzen (§ 331 Rz 80 ff.).

## 8 Vollendung und Beendigung

32 Mangels ausdrücklicher Regelung in § 334 HGB kann der Versuch der Tatbestandsverwirklichung nicht geahndet werden (§ 13 Abs. 2 OWiG).

### 8.1 Aufstellen von Jahres- oder Konzernabschluss, Lagebericht oder Konzernlagebericht bzw. Feststellung des Jahresabschlusses (Abs. 1 Nr. 1–4)

33 Die Tathandlung nach § 334 Abs. 1 Nr. 1 bis 4 HGB erfolgt während des Aufstellens von JA oder KA, LB oder KLB bzw. der Feststellung des JA.

#### 8.1.1 Aufstellen

34 Nach dem Wortlaut des Gesetzes „bei der Aufstellung" tritt die Vollendung der Tathandlung ein, wenn die Ergebnisse der Buchführung in den JA oder LB übernommen werden. Vorausgehende Abschlussbuchungen im Rahmen der Buchführung sind einer Sanktion als reine Vorbereitungshandlungen entzogen.[20]

> **Beispiel**
> Ein Verstoß gegen die GoB erfüllt erst mit der Übernahme des Buchführungsergebnisses in den JA den Tatbestand des § 334 Abs. 1 Nr. 1a HGB.[21]

Die Beendigung der Tat tritt mit dem Ende der Aufstellung ein, wenn der JA, der KA, der LB oder der KLB dem für die Feststellung zuständigen Organ vorgelegt wird.[22]

#### 8.1.2 Feststellen

35 Das Feststellen des JA stellt einen rechtsgeschäftlichen Akt dar, der durch die Willenserklärung der hierfür zuständigen Personen zustande kommt. Tathandlung ist die Abgabe der Willenserklärung bei der Abstimmung. Mit der Stimm-

---

[19] Vgl. *Otto,* in *Heymann,* HGB. 2. Aufl., § 334 Rz 31.
[20] Vgl. *Quedenfeld,* in MünchKomm. HGB, 3. Aufl., § 334 Rz 48; *Dannecker,* in Großkomm. HGB, § 334 Rn 81.
[21] Vgl. *Quedenfeld,* in MünchKomm. HGB, 3. Aufl., § 334 Rz 48.
[22] Vgl. *Quedenfeld,* in MünchKomm. HGB, 3. Aufl., § 334 Rz 52.

abgabe wird die Tat vollendet. Beendigung liegt vor, wenn der Beschluss gefasst worden ist.[23]

## 8.2 Offenlegung, Hinterlegung, Veröffentlichung und Vervielfältigung (Abs. 1 Nr. 5)

Die Verletzung des § 328 HGB muss bei der Offenlegung, Hinterlegung, Veröffentlichung oder Vervielfältigung erfolgen. Der Tatbestand wird erst bei der Publizierung in einer der 4 genannten Weisen vollendet und zeitgleich beendet.[24]  36

## 8.3 Verstoß gegen Formblatt-Verordnungen (Abs. 1 Nr. 6)

Die Beurteilung der Tatvollendung richtet sich nach der jeweiligen Rechtsverordnung. Mit der unvollständigen oder unrichtigen Eintragung in das Formblatt wird die Tat regelmäßig vollendet und beendet.[25]  37

## 8.4 Verstoß des Abschlussprüfers (Abs. 2)

Für die Vollendung der Tat nach § 334 Abs. 2 HGB ist Voraussetzung, dass der BSV einem gesetzlichen Vertreter zugegangen ist. Nicht erforderlich ist, dass der gesetzliche Vertreter tatsächlich Kenntnis nimmt. Die Erteilung des BSV durch Unterschrift ist dagegen nur eine sanktionslose Vorbereitungshandlung.[26] Die Tat ist beendet, sobald der BSV, der an die Öffentlichkeit gerichtet ist, im BAnz bzw. im Unternehmensregister veröffentlicht ist.[27]  38

# 9 Konkurrenzen

## 9.1 Konkurrierende Ordnungswidrigkeit

Werden durch eine Tathandlung mehrere Tatbestände des § 334 HGB erfüllt, liegt **Handlungseinheit** vor, die – wie im Strafrecht – nur als eine Ordnungswidrigkeit geahndet wird (§ 19 OWiG). Bei **Handlungsmehrheit**, d. h. wenn mehrere verschiedene Handlungen tatbestandsmäßig sind, wird für jeden Verstoß gesondert eine Geldbuße verhängt (§ 20 OWiG). Im Ordnungswidrigkeitenrecht gilt abweichend vom Strafrecht das Kumulationsprinzip, wonach die einzelnen Geldbußen zu einer Gesamtgeldbuße aufsummiert werden.[28]  39

## 9.2 Zusammentreffen von Straftat und Ordnungswidrigkeit

Erfüllt eine Tathandlung sowohl einen Straftatbestand als auch den Tatbestand einer Ordnungswidrigkeit, findet nach dem **Subsidiaritätsprinzip** nur das jeweilige Strafgesetz Anwendung (§ 21 OWiG). Der Unrechtsgehalt der Ordnungswidrigkeit wird durch den Unrechtsgehalt des Strafgesetzes überlagert.[29] Bei der  40

---

[23] Vgl. *Quedenfeld*, in MünchKomm. HGB, 3. Aufl., § 334 Rz 49.
[24] Vgl. *Quedenfeld*, in MünchKomm. HGB, 3. Aufl., § 334 Rz 50.
[25] Vgl. *Dannecker*, in Großkomm. HGB, § 334 Rn 85.
[26] Vgl. *Dannecker*, in Großkomm. HGB, § 334 Rn 92.
[27] Für JA mit Wirtschaftsjahrbeginn vor dem 1.1.2006 ist die Veröffentlichung im HR oder BAnz ausschlaggebend.
[28] Vgl. *Quedenfeld*, in MünchKomm. HGB, 3. Aufl., § 334 Rz 55.
[29] Vgl. *Dannecker*, in Großkomm. HGB, § 334 Rn 100.

Bemessung der Strafe kann die Ordnungswidrigkeit jedoch unter Umständen straferhöhend berücksichtigt werden.[30]

41 Bei **tatmehrheitlicher Begehung** einer Straftat und einer Ordnungswidrigkeit kann neben der Bestrafung nach der Strafnorm auch die Ordnungswidrigkeit geahndet werden (§ 82 Abs. 2 OWiG).

## 10 Sanktionen (Abs. 3)

42 Ordnungswidrigkeiten i. S. d. § 334 HGB können mit einer Geldbuße von **bis zu 50.000 EUR** geahndet werden. § 17 Abs. 1 OWiG bestimmt als Mindestmaß einen Betrag von 5 EUR.

43 Für die **Bemessung der Geldbuße** sind die Bedeutung der Ordnungswidrigkeit, die Schwere des Vorwurfs gegen den Täter und u. U. die wirtschaftliche Lage des Täters zugrunde zu legen (§ 17 Abs. 3 OWiG). Die Geldbuße soll den wirtschaftlichen Vorteil des Täters aus der Tat abschöpfen.[31] Reicht das gesetzliche Höchstmaß hierfür nicht aus, kann auch eine höhere Geldbuße verhängt werden (§ 17 Abs. 4 OWiG).

44 Nach § 30 OWiG kann neben den unmittelbaren Tätern auch **gegen die KapG isoliert** eine Geldbuße verhängt werden, wenn ein Mitglied des vertretungsberechtigten Organs der KapG eine Ordnungswidrigkeit begeht, durch die Pflichten der Ges. verletzt werden. Die Tathandlungen des § 334 HGB erfüllen regelmäßig die Voraussetzung des § 30 OWiG. Es steht daher im pflichtgemäßen Ermessen der Behörde, ob gegen das Organmitglied, die KapG oder beide eine Geldbuße verhängt wird. Ist gegen das Organmitglied eine angemessene Geldbuße wegen dessen wirtschaftlicher Verhältnisse nicht möglich, kann die Festsetzung einer Geldbuße auch gegenüber der KapG erfolgen, um dem Unrechtsgehalt der Tat bei der Bemessung der Geldbuße gerecht zu werden.[32]

## 11 Verfahren

45 Für die Einleitung und Durchführung des Bußgeldverfahrens in den Fällen des Abs. 1 und 2 ist das **Bundesamt für Justiz** zuständig.[33] In den übrigen Fällen sind die jeweiligen obersten Landesbehörden, die Wirtschaftsministerien der Bundesländer, **sachlich zuständig** (§ 36 Abs. 1 Nr. 2 lit. a OWiG). Durch Rechtsverordnung der Landesregierung kann die Zuständigkeit auch auf eine andere Behörde übertragen werden.
Die **örtliche Zuständigkeit** richtet sich entweder nach dem Bezirk, in dem die Ordnungswidrigkeit begangen oder entdeckt wurde, oder nach dem Wohnsitz des Täters zum Zeitpunkt der Einleitung des Bußgeldverfahrens (§ 37 Abs. 1 Nrn. 1 und 2 OWiG).

46 Nach dem **Opportunitätsprinzip** (§ 47 OWiG) liegt es im pflichtgemäßen Ermessen der zuständigen Behörde, ob sie die Ordnungswidrigkeit verfolgt

---

[30] Vgl. BGHSt 23, 342, 345.
[31] Vgl. *Tschesche*, in *Baetge/Kirsch/Thiele*, Bilanzrecht, § 334 Rz 61.
[32] Vgl. *Grottel/Hoffmann*, in Beck Bil-Komm. 9. Aufl., § 334 Rz 42.
[33] Neugefasst durch das EHUG. Zur erstmaligen Anwendung s. Art. 61 Abs. 5 EGHGB.

oder nach § 47 Abs. 1 OWiG einstellt. Entscheidet sich die Behörde für die Verfolgung der Ordnungswidrigkeit, so erfolgt diese **von Amts wegen**.
Das Bußgeld wird durch **Bußgeldbescheid** festgesetzt, gegen den der Betroffene innerhalb von zwei Wochen schriftlich oder zur Niederschrift **Einspruch** gegenüber der erlassenden Behörde erheben kann (§ 67 Abs. 1 Satz 1 OWiG). Gegen die Einspruchsentscheidung ist gem. § 79 Abs. 1 OWiG Rechtsbeschwerde zulässig. 47

Die **Verfolgungsverjährung** beträgt drei Jahre und beginnt mit der Beendigung der Handlung (Rz 32 ff.). 48

Bei einer rechtskräftig festgestellten Geldbuße von mehr als 5.000 EUR beträgt die **Vollstreckungsverjährung** fünf Jahre und bei einer Geldbuße bis zu 5.000 EUR drei Jahre (§ 34 Abs. 2 OWiG). 49

# § 335 FESTSETZUNG VON ORDNUNGSGELD

(1) ¹Gegen die Mitglieder des vertretungsberechtigten Organs einer Kapitalgesellschaft, die
1. § 325 über die Pflicht zur Offenlegung des Jahresabschlusses, des Lageberichts, des Konzernabschlusses, des Konzernlageberichts und anderer Unterlagen der Rechnungslegung oder
2. § 325a über die Pflicht zur Offenlegung der Rechnungslegungsunterlagen der Hauptniederlassung

nicht befolgen, ist wegen des pflichtwidrigen Unterlassens der rechtzeitigen Offenlegung vom Bundesamt für Justiz (Bundesamt) ein Ordnungsgeldverfahren nach den Absätzen 2 bis 6 durchzuführen; im Fall der Nummer 2 treten die in § 13e Abs. 2 Satz 4 Nr. 3 genannten Personen, sobald sie angemeldet sind, an die Stelle der Mitglieder des vertretungsberechtigten Organs der Kapitalgesellschaft. ²Das Ordnungsgeldverfahren kann auch gegen die Kapitalgesellschaft durchgeführt werden, für die die Mitglieder des vertretungsberechtigten Organs die in Satz 1 Nr. 1 und 2 genannten Pflichten zu erfüllen haben. ³Dem Verfahren steht nicht entgegen, dass eine der Offenlegung vorausgehende Pflicht, insbesondere die Aufstellung des Jahres- oder Konzernabschlusses oder die unverzügliche Erteilung des Prüfauftrags, noch nicht erfüllt ist. ⁴Das Ordnungsgeld beträgt mindestens zweitausendfünfhundert und höchstens fünfundzwanzigtausend Euro; der Höchstbetrag des Ordnungsgeldes erhöht sich auf zweihundertfünfzigtausend Euro, wenn die Kapitalgesellschaft kapitalmarktorientiert im Sinne des § 264d ist. ⁵Eingenommene Ordnungsgelder fließen dem Bundesamt zu.

(2) ¹Auf das Verfahren sind die §§ 15 bis 19, § 40 Abs. 1, § 388 Abs. 1, § 389 Abs. 3, § 390 Abs. 2 bis 6 des Gesetzes über das Verfahren in Familiensachen und in den Angelegenheiten der freiwilligen Gerichtsbarkeit sowie im Übrigen § 11 Nr. 1 und 2, § 12 Abs. 1 Nr. 1 bis 3, Abs. 2 und 3, §§ 14, 15, 20 Abs. 1 und 3, § 21 Abs. 1, §§ 23 und 26 des Verwaltungsverfahrensgesetzes nach Maßgabe der nachfolgenden Absätze entsprechend anzuwenden. ²Das Ordnungsgeldverfahren ist ein Justizverwaltungsverfahren. ³Zur Vertretung der Beteiligten sind auch Wirtschaftsprüfer und vereidigte Buchprüfer, Steuerberater, Steuerbevollmächtigte, Personen und Vereinigungen im Sinn des § 3 Nr. 4 des Steuerberatungsgesetzes sowie Gesellschaften im Sinn des § 3 Nr. 2 und 3 des Steuerberatungsgesetzes, die durch Personen im Sinn des § 3 Nr. 1 des Steuerberatungsgesetzes handeln, befugt.

(2a) ¹Für eine elektronische Aktenführung und Kommunikation sind § 110a Abs. 1, § 110b Abs. 1 Satz 1, Abs. 2 bis 4, § 110c Abs. 1 sowie § 110d des Gesetzes über Ordnungswidrigkeiten entsprechend anzuwenden. ²§ 110a Abs. 2 Satz 1 und 3 sowie § 110b Abs. 1 Satz 2 und 4 des Gesetzes über Ordnungswidrigkeiten sind mit der Maßgabe entsprechend anzuwenden, dass das Bundesministerium der Justiz und für Verbraucherschutz die Rechtsverordnung ohne Zustimmung des Bundesrates erlassen kann; es kann die Ermächtigung durch Rechtsverordnung auf das Bundesamt für Justiz übertragen.

## Festsetzung von Ordnungsgeld § 335

(3) ¹Den in Absatz 1 Satz 1 und 2 bezeichneten Beteiligten ist unter Androhung eines Ordnungsgeldes in bestimmter Höhe aufzugeben, innerhalb einer Frist von sechs Wochen vom Zugang der Androhung an ihrer gesetzlichen Verpflichtung nachzukommen oder die Unterlassung mittels Einspruchs gegen die Verfügung zu rechtfertigen. ²Mit der Androhung des Ordnungsgeldes sind den Beteiligten zugleich die Kosten des Verfahrens aufzuerlegen. ³Der Einspruch kann auf Einwendungen gegen die Entscheidung über die Kosten beschränkt werden. ⁴Der Einspruch gegen die Androhung des Ordnungsgeldes und gegen die Entscheidung über die Kosten hat keine aufschiebende Wirkung. ⁵Führt der Einspruch zu einer Einstellung des Verfahrens, ist zugleich auch die Kostenentscheidung nach Satz 2 aufzuheben.

(4) ¹Wenn die Beteiligten nicht spätestens sechs Wochen nach dem Zugang der Androhung der gesetzlichen Pflicht entsprochen oder die Unterlassung mittels Einspruchs gerechtfertigt haben, ist das Ordnungsgeld festzusetzen und zugleich die frühere Verfügung unter Androhung eines erneuten Ordnungsgeldes zu wiederholen. ²Haben die Beteiligten die gesetzliche Pflicht erst nach Ablauf der Sechswochenfrist erfüllt, hat das Bundesamt das Ordnungsgeld wie folgt herabzusetzen:
1. auf einen Betrag von 500 Euro, wenn die Beteiligten vom Recht einer Kleinstkapitalgesellschaft nach § 326 Absatz 2 Gebrauch gemacht haben;
2. auf einen Betrag von 1 000 Euro, wenn es sich um eine kleine Kapitalgesellschaft i. S. d. § 267 Absatz 1 handelt;
3. auf einen Betrag von 2 500 Euro, wenn ein höheres Ordnungsgeld angedroht worden ist und die Voraussetzungen der Nummern 1 und 2 nicht vorliegen, oder
4. jeweils ein geringeren Betrag, wenn die Beteiligten die Sechswochenfrist nur geringfügig überschritten haben.

³Bei der Herabsetzung sind nur Umstände zu berücksichtigen, die vor der Entscheidung des Bundesamtes eingetreten sind.

(5) ¹Waren die Beteiligten unverschuldet gehindert, in der Sechswochenfrist nach Absatz 4 Einspruch einzulegen oder ihrer gesetzlichen Verpflichtung nachzukommen, hat ihnen das Bundesamt auf Antrag Wiedereinsetzung in den vorigen Stand zu gewähren. ²Das Verschulden eines Vertreters ist der vertretenen Person zuzurechnen. ³Ein Fehlen des Verschuldens wird vermutet, wenn eine Rechtsbehelfsbelehrung unterblieben ist oder fehlerhaft ist. ⁴Der Antrag auf Wiedereinsetzung ist binnen zwei Wochen nach Wegfall des Hindernisses schriftlich beim Bundesamt zu stellen. ⁵Die Tatsachen zur Begründung des Antrags sind bei der Antragstellung oder im Verfahren über den Antrag glaubhaft zu machen. ⁶Die versäumte Handlung ist spätestens sechs Wochen nach Wegfall des Hindernisses nachzuholen. ⁷Ist innerhalb eines Jahres seit dem Ablauf der Sechswochenfrist nach Absatz 4 weder Wiedereinsetzung beantragt noch die versäumte Handlung nachgeholt worden, kann Wiedereinsetzung nicht mehr gewährt werden. ⁸Die Wiedereinsetzung ist nicht anfechtbar. ⁹Haben die Beteiligten Wiedereinsetzung nicht beantragt oder ist die Ablehnung des Wiedereinsetzungsantrags bestandskräftig geworden, können sich die Beteiligten mit der Beschwerde nicht mehr darauf berufen, dass sie unverschuldet gehindert waren, in der Sechswochenfrist Einspruch einzulegen oder ihrer gesetzlichen Verpflichtung nachzukommen.

(5a) (weggefallen)
(6) ¹Liegen dem Bundesamt in einem Verfahren nach den Absätzen 1 bis 5 keine Anhaltspunkte über die Einstufung einer Gesellschaft im Sinn des § 267 Absatz 1 bis 3 oder des § 267a vor, kann es den in Absatz 1 Satz 1 und 2 bezeichneten Beteiligten aufgeben, die Bilanzsumme nach Abzug eines auf der Aktivseite ausgewiesenen Fehlbetrags (§ 268 Absatz 3), die Umsatzerlöse (§ 277 Absatz 1) und die durchschnittliche Zahl der Arbeitnehmer (§ 267 Absatz 5) für das betreffende Geschäftsjahr und für diejenigen Geschäftsjahre, die für die Einstufung erforderlich sind, anzugeben. ²Unterbleiben die Angaben nach Satz 1, so wird für das weitere Verfahren vermutet, dass die Erleichterungen der §§ 326 und 327 nicht in Anspruch genommen werden können. ³Die Sätze 1 und 2 gelten für den Konzernabschluss und den Konzernlagebericht entsprechend mit der Maßgabe, dass an die Stelle der §§ 267, 326 und 327 der § 293 tritt.

RA StB Daniel Münster/RA StB Annette Meier-Behringer

**Inhaltsübersicht**

| | Rz |
|---|---|
| 1 Überblick | 1–6 |
|   1.1 Regelungszweck und Inhalt | 1 |
|   1.2 Anwendungsbereich | 2–4 |
|   1.3 Normenzusammenhänge | 5–6 |
|     1.3.1 Europäische Regelungen | 5 |
|     1.3.2 Nationale Regelungen | 6 |
| 2 Normadressat | 7–12 |
|   2.1 Vertretungsberechtigtes Organ (Abs. 1 Satz 1 1. Hs.) | 7–8 |
|   2.2 Ständiger Vertreter einer Zweigniederlassung (Abs. 1 Satz 1 2. Hs.) | 9 |
|   2.3 Kapitalgesellschaft (Abs. 1 Satz 2) | 10–12 |
| 3 Ordnungsbewehrte Pflichtverletzungen (Abs. 1 Satz 1 Nr. 1, 2) | 13–18 |
| 4 Verschulden | 19–21 |
| 5 Empfänger des Ordnungsgelds (Abs. 1 Satz 5) | 22 |
| 6 Durchführung des Ordnungsgeldverfahrens | 23–61 |
|   6.1 Zuständigkeit | 23–24 |
|   6.2 Vorausgehende Pflichten (Abs. 1 Satz 3) | 25 |
|   6.3 Höhe des Ordnungsgelds (Abs. 1 Satz 4) | 26 |
|   6.4 Verfahrensgrundsätze (Abs. 2 Sätze 1, 2) | 27 |
|   6.5 Erweiterung der Vertretungsbefugnis (Abs. 2 Satz 3) | 28 |
|   6.6 Elektronische Aktenführung und Kommunikation (Abs. 2a) | 29 |
|   6.7 Androhung des Ordnungsgelds (Abs. 3 Satz 1) | 30–36 |
|     6.7.1 Inhalt der Anordnung | 31–35 |
|       6.7.1.1 Bezeichnung der Verpflichtung | 31–32 |
|       6.7.1.2 Fristsetzung | 33 |
|       6.7.1.3 Einspruch | 34 |
|       6.7.1.4 Betragsmäßige Angabe des Ordnungsgelds | 35 |
|     6.7.2 Verfahrenskosten | 36 |

6.8 Einspruchsverfahren .......................... 37–40
   6.8.1 Zulässigkeit ............................ 37–38
   6.8.2 Begründetheit .......................... 39
   6.8.3 Keine aufschiebende Wirkung des Einspruchs .... 40
6.9 Festsetzung des Ordnungsgelds (Abs. 4) .............. 41–47
   6.9.1 Keine Offenlegung und keine Rechtfertigung innerhalb der Sechswochenfrist ............... 41
   6.9.2 Herabsetzung des Ordnungsgelds ............. 42–44
   6.9.3 Änderungsbefugnis ....................... 45
   6.9.4 Unzureichende Offenlegung innerhalb der Sechswochenfrist ............................ 46–47
6.10 Wiedereinsetzung in den vorherigen Stand (Abs. 5) ...... 48–61
   6.10.1 Verschulden .......................... 49–54
   6.10.2 Antrag, Antrags- und Handlungsfrist .......... 55–57
   6.10.3 Ausschluss und Anfechtbarkeit der Wiedereinsetzung ............................. 58–60
   6.10.4 Präklusion............................ 61
7 Feststellung der Größenklasse im Einspruchsverfahren (Abs. 6) 62
8 Vollstreckung .................................. 63–64
9 Sonderfall: Insolvenz............................. 65–71
  9.1 Grundlagen................................ 65
  9.2 Publizitätsverpflichtung des Insolvenzverwalters ....... 66
  9.3 Sanktionen nach § 335 HGB in der Insolvenz .......... 67–71
    9.3.1 Ordnungsgeldverfahren gegen den Insolvenzverwalter ............................. 67–69
    9.3.2 Ordnungsgeldverfahren gegen die gesetzlichen Vertreter ............................. 70
    9.3.3 Ordnungsgeldverfahren gegen die Gesellschaft ... 71

**Ergänzendes Schrifttum**
*Brete/Thomsen*, Nichtigkeit und Heilung von Jahresabschlüssen der GmbH, GmbHR 2008, S. 176; *Bumiller/Winkler*, Freiwillige Gerichtsbarkeit, Kommentar, 8. Aufl., 2006; *Christ*, Offenlegung von Jahresabschlüssen, in *Christ/Müller-Helle*, Veröffentlichungspflichten nach dem neuen EHUG – Pflichten – Verfahren – Haftung, 2007, S. 94; *Clausnitzer/Blatt*, Das neue elektronische Handels- und Unternehmensregister. Ein Überblick über die wichtigsten Veränderungen aus der Sicht der Wirtschaft, GmbHR 2006, S. 1303; *Deilmann*, EHUG: Neuregelung der Jahresabschlusspublizität und mögliche Befreiung nach § 264 Abs. 3 HGB, BB 2006, S. 2347; *De Weerth*, Sanktionsbewehrte Bilanzpublizität in der Insolvenz?, NIZ 2008, S. 711; *Ernst/Seidler*, Kernpunkte des Referentenentwurfs eines Bilanzrechtsmodernisierungsgesetzes, BB 2007, S. 2557; *Fischbach/Schmal*, Die Bürokratiekostenmessung am Beispiel des Gesetzes über elektronische Handelsregister und Genossenschaftsregister sowie das Unternehmensregister (EHUG) aus der Sicht des Wirtschaftsprüfers, DB 2007, S. 529; *Grashoff*, Offenlegung von Jahres- und Konzernabschlüssen nach dem in Kraft getretenen EHUG: Sanktionen und steuerliche Folgen, DB 2006, S. 2641; *Grashoff*, Die handelsrechtliche Rechnungslegung

durch den Insolvenzverwalter nach Inkrafttreten des EHUG, NZI 2008, S. 65; *Hähnchen*, Elektronische Akten bei Gericht – Chancen und Hindernisse, NJW 2005, S. 2257; *Holzer*, Die Offenlegung der Jahresabschlüsse von Kapitalgesellschaften nach Eröffnung des Insolvenzverfahrens, ZVI 2007, S. 401; *Karsten*, Das EHUG – ein weiterer Schritt auf dem Weg zu einem modernen Unternehmensrecht in Deutschland, GewArch 2007, S. 55; *Keidel/Kuntze/Winkler*, Freiwillige Gerichtsbarkeit, Kommentar zum FGG, 1999; *Kopp/Ramsauer*, Verwaltungsverfahrensgesetz, 10. Aufl., 2008; *Kort*, Paradigmenwechsel im deutschen Registerrecht: Das elektronische Handels- und Unternehmensregister – eine Zwischenbilanz, AG 2007, S. 801; *Kuntze-Kaufhold*, Verschärfung der Jahresabschlusspublizität und Publizitätswegfall bei Einbeziehung in den Konzernabschluss eines gebietsfremden Mutterunternehmens, BB 2006, S. 428; *Leuering/Nießen*, Die Pflicht zur Offenlegung von Unternehmensdaten bekommt Krallen, NJW-Spezial 2006, Heft 9, S. 411; *Maul/Seidler*, Offenlegung der Unterlagen der Rechnungslegung, in *Noack*, Das neue Gesetz über elektronische Handels- und Unternehmensregister – EHUG, 2007, S. 131; *Maus*, Offenlegungspflichten des Insolvenzverwalters nach dem „Gesetz über elektronische Handelsregister und Genossenschaftsregister sowie das Unternehmensregister" (EHUG), ZInsO 2008, S. 5; *Müller-Helle*, Ordnungsgeldverfahren, in *Christ/Müller-Helle*, Veröffentlichungspflichten nach dem neuen EHUG – Pflichten – Verfahren – Haftung, 2007, S. 173; *Pink/Fluhme*, Handelsrechtliche Offenlegungspflichten des Insolvenzverwalters und Sanktionsmaßnahmen bei deren Verletzung, ZInsO 2008, S. 817; *Saenger*, Zivilprozessordnung – Handkommentar, 2. Aufl., 2007; *Schlauß*, Das neue Ordnungsgeldverfahren bei Verletzung der Publizitätspflicht, DB 2007, S. 2191; *Schlauß*, Neues Ordnungsgeldverfahren wegen Verletzung von Jahresabschluss-Publizitätspflichten: erste Erfahrungen und Praxistipps aus dem Bundesamt für Justiz, BB 2008, S. 938; *Schlotter*, Das EHUG ist in Kraft getreten: Das Recht der Unternehmenspublizität hat eine neue Grundlage, BB 2007, S. 1; *Schlotter/Reiser*, Ein Jahr EHUG – die ersten Praxiserfahrungen, BB 2008, S. 118; *Senge*, Karlsruher Kommentar zum Gesetz über Ordnungswidrigkeiten, 3. Aufl., 2006; *Stollenwerk/Krieg*, Das Ordnungsgeldverfahren nach dem EHUG, GmbHR 2008, S. 577; *Stollenwerk/Kurpat*, BB-Rechtsprechungsreport zum Ordnungsgeldverfahren nach dem EHUG, BB 2009, S. 150; *Theile/Nitsche*, Praxis der Jahresabschlusspublizität bei der GmbH, WPg 2006, S. 1141; *Viefhues*, Das Gesetz über die Verwendung elektronischer Kommunikationsformen in der Justiz, NJW 2005, S. 1009; *Wenzel*, Ordnungsgeldverfahren nach § 335 HGB wegen unterlassener Offenlegung von Jahresabschlüssen, BB 2008, S. 769; *Zimmer/Eckhold*, Das Kapitalgesellschaften & Co.-RL-Gesetz, NJW 2000, S. 1361.

# 1 Überblick

## 1.1 Regelungszweck und Inhalt

1   Mit dem **EHUG** wurde im Jahre 2006 § 335 HGB in das HGB eingefügt.[1] Durch § 335 HGB erhält das Bundesamt für Justiz (BfJ) die Möglichkeit Verstöße gegen Offenlegungspflichten durch KapG mittels Auferlegung eines Ordnungsgelds zu

---

[1]   Zur Altfassung und zu den Übergangsvorschriften vgl. 2. Aufl.

sanktionieren. Der Druck auf die Unt, die sich ihren Offenlegungsverpflichtungen entziehen möchten, hat sich durch die Verfahrenseinleitung von Amts wegen, die Auferlegung der Verfahrenskosten und die fehlende aufschiebende Wirkung der Rechtsbehelfe erheblich verstärkt.[2] Durch das MicroBilG und zuletzt durch das Gesetz zur Änderung des Handelsgesetzbuchs[3] wurden geänderte europäischen Vorgaben umgesetzt und das Ordnungsgeldverfahren modernisiert. Wesentliche Änderungen waren dabei die Absenkung der Offenlegungspflichten für KleinstKapG durch das MicroBilG und die Herabsetzung der Sanktionen für kleine und KleinstKapG durch das Gesetz zur Änderung des Handelsgesetzbuchs. Daneben wurde das Verfahren um die Möglichkeit der Wiedereinsetzung in den vorherigen Stand ergänzt und eine zweite gerichtliche Instanz in Form der Rechtsbeschwerde eingeführt. Zur besseren Verständlichkeit wurden die gerichtlichen Verfahren zur Überprüfung der Entscheidungen des BfJ aus dem § 335 HGB herausgelöst und in einem neuen § 335a HGB zusammengefasst.[4]

### 1.2 Anwendungsbereich

Der Kreis der **offenlegungspflichtigen Unt** umfasst KapG gem. § 325 Abs. 1 Satz 1 HGB, PersG ohne eine natürlichen Personen als phG gem. § 264a Abs. 1, § 325 Abs. 1 Satz 1 HGB, eG gem. § 339 Abs. 1 Satz 1 HGB, Banken gem. § 340l Abs. 1 Satz 1 HGB, VersicherungsUnt gem. § 341l Abs. 1 Satz 1 HGB, Zweigniederlassungen ausländischer KapG mit Sitz in einem EU-Mitgliedstaat oder in einem EWR-Vertragsstaat gem. § 325a Abs. 1 Satz 1 HGB sowie nach dem PublG zur Offenlegung verpflichtete Unt (§ 9 PublG). Das EHUG hat zu keiner Veränderung beim Kreis der offenlegungspflichtigen Unt geführt.[5]

Die zur Veröffentlichung einzureichenden Unterlagen sind abhängig von der Größenklasse der Ges nach §§ 267, 267a HGB. Mittelgroße und große KapG i. S. d. § 267 HGB müssen sämtliche in § 325 Abs. 1 HGB aufgezählten Unterlagen einreichen. Es handelt sich dabei um den JA – bestehend aus Bilanz, GuV –, erweitert um einen Anhang und ggf. KFR sowie Eigenkapitalspiegel, einen LB, einen Bericht des AR, einen Ergebnisverwendungsvorschlag und -beschluss sowie ggf. die Entsprechungserklärung zum Corporate Governance Codex nach § 161 AktG. Nach § 325 Abs. 3 HGB gilt Entsprechendes für den KA und den KLB. Kleine KapG müssen nach § 326 Abs. 1 HGB nur die Bilanz und den Anhang offenlegen. Die durch das MicroBilG eingeführte KleinstKapG kann auf die Erstellung eines Anhangs verzichten, soweit bestimmte Angaben unter der Bilanz erläutert werden; zu veröffentlichen bzw. zu hinterlegen ist in diesem Fall nur die Bilanz (§ 326 Rz 22 ff.). Daneben können Kleinst-, kleine und mittelgroße Ges. von den Erleichterungen nach § 326 HGB bzw. § 327 HGB Gebrauch

---

[2] Die Offenlegungsquote konnte durch das mit dem EHUG eingeführte Verfahren auf mehr als 90 % gesteigert werden; vgl. BT-Drucks. 17/5028 v. 15.3.2011 mit weiteren statischen Angaben über die Offenlegungen 2008–2010, sowie den EU-Planungen, Erleichterungen im Bereich der Offenlegungen für kleine und mittlere Unt zu schaffen.
[3] BGBl 2013 I S. XX.
[4] Zur Altfassung vgl. 3. Aufl.
[5] Vgl. *Schlauß*, DB 2007, S. 2192.

machen. Unter den Voraussetzungen des § 264 Abs. 3 HGB brauchen TU ihren EA nicht offenzulegen (§ 264 Rz 92 ff.).

4 § 335 HGB ist gem. § 61 Abs. 5 Satz 1 EGHGB erstmals auf JA und KA sowie LB und KLB für das **nach dem 31.12.2005 begonnene Gj** anzuwenden. Für Altfälle, d.h. die JA für vor dem 1.1.2006 begonnene Gj, bleibt es nach der Begründung zum EHUG[6] beim bisherigen Verfahren nach § 335a HGB aF i.V.m. § 140a FGG. Die Regelungen des MircoBilG für die KleinstKapG sowie die Änderungen durch das Gesetz zur Änderung der Handelsgesetzbuchs sind für einen nach dem 30.12.2012 liegenden Abschlussstichtag anzuwenden.[7] Mit dem Kleinanlegerschutzgesetz vom 9.7.2015 wurde rückwirkend für Gj, die nach dem 31.12.2014 beginnen, für kapitalmarktorientierte Unt die Höchstgrenze des Ordnungsgelds auf 250.000 EUR erhöht. Mit dem noch nicht endgültig verabschiedeten **Gesetz zur Umsetzung der Transparenzrichtlinie-Änderungsrichtlinie** soll es auf Basis europäischer Vorgaben ab dem 31.12.2015 zu einer noch deutlich höheren Obergrenze kommen.

## 1.3 Normenzusammenhänge

### 1.3.1 Europäische Regelungen

5 Die nationalen Vorschriften über die Offenlegung von JA beruhen auf **gemeinschaftsrechtlichen Vorgaben**. Das EHUG dient der Umsetzung der **Publizitätsrichtlinie**[8] und der **Transparenzrichtlinie**[9] in nationales Recht. Die europakonforme Umsetzung des Art. 6a i.V.m. Art. 2 Abs. 1 lit. f der Publizitätsrichtlinie verpflichtet die Mitgliedstaaten geeignete Sanktionsmaßnahmen bei Verletzung von Publizitätspflichten vorzusehen. Das **Ordnungsgeldverfahren** nach § 335a HGB aF, das nur auf Antrag von dritter Seite eingeleitet werden konnte, genügte diesen Anforderungen nicht.[10] Die Erleichterungen für KleinstKapG durch das MicroBilG beruhen auf der Umsetzung der sog. Mirco-Richtlinie.[11]

### 1.3.2 Nationale Regelungen

6 Das Verfahren nach § 335 HGB wird seit der Modifizierung durch das EHUG nicht mehr von den Registergerichten, sondern von einer **Bundesbehörde**, dem **BfJ**,[12] durchgeführt. Soweit nicht in § 335 HGB eigene Regelungen getroffen wurden, wird ergänzend auf das Verfahren nach dem Gesetz über das Verfahren in Familiensachen und den Angelegenheiten der freiwilligen Gerichtsbarkeit (FamFG) und das Verwaltungsverfahrensgesetz (VwVfG) verwiesen.

---

[6] Vgl. BT-Drs. 16/960, S. 51.
[7] Vgl. § 70 Abs. 1, 3 EGHGB.
[8] RL 2003/58/EG des Europäischen Parlaments und des Rates v. 15.7.2003 zur Änderung der RL 68/151EWG das Rates in Bezug auf die Offenlegungspflichten von Gesellschaften bestimmter Rechtsformen, ABl.EG Nr. L 221, S. 13.
[9] RL 2004/109/EG des Europäischen Parlaments und des Rates v. 15.12.2004 zur Harmonisierung der Transparenzanforderungen in Bezug auf Informationen über Emittenten, deren Wertpapiere zum Handel auf einem geregelten Markt zugelassen sind, und zur Änderung der RL 2001/34/EG, ABl.EG Nr. L 390, S. 38.
[10] Vgl. EuGH, Urteil v. 4.12.1997, Rs. C-97/96 (Daihatsu), Slg. 1997, 1–6843; EuGH, Urteil v. 29.9.1998, Rs. C-191/95 (Kommission/Deutschland), Slg. 1998, 1–5449.
[11] RL 2012/6/EU des Europäischen Parlaments und des Rates vom 14.3.2013 zur Änderung der RL 78/660/EWG des Rates über den Jahresabschluss von Gesellschaften bestimmter Rechtsformen hinsichtlich Kleinstkapitalgesellschaften, ABl.EG Nr. L 81 vom 31.03.2012, S. 3.
[12] www.bundesjustizamt.de.

## 2 Normadressat

### 2.1 Vertretungsberechtigtes Organ (Abs. 1 Satz 1 1. Hs.)

Das Ordnungsgeldverfahren ist nach § 335 Abs. 1 Satz 1 1. Hs. HGB gegen die **Mitglieder des vertretungsberechtigten Organs** (§ 331 Rz 9 ff.) der KapG zu führen. Dies sind die Vorstandsmitglieder einer AG (§§ 76 Abs. 1, 78 Abs. 1 AktG), die Geschäftsführer einer GmbH (§ 35 Abs. 1 GmbHG), die Vorstandsmitglieder einer KGaA (§ 283 AktG), die Vorstandsmitglieder einer EG (§ 22 Abs. 1 GenG) sowie die Vorstands- bzw. Verwaltungsratsmitglieder einer SE (§§ 76 Abs. 1, 78 Abs. 1 AktG bzw. § 22 Abs. 1 SEAG).   7

Bei einer offenlegungspflichtigen GmbH & Co. KG ist das Ordnungsgeldverfahren gegen den bzw. die Geschäftsführer der Komplementär-GmbH zu richten.[13]   8

Besteht das Gesellschaftsorgan aus mehreren Mitgliedern, so kann das Verfahren gegen alle Mitglieder eröffnet werden. Die Geschäftsverteilung innerhalb des Organs ist unerheblich.[14]

### 2.2 Ständiger Vertreter einer Zweigniederlassung (Abs. 1 Satz 1 2. Hs.)

In den Fällen des § 335 Abs. 1 Satz 1 2. Hs. HGB treten an die Stelle der vertretungsberechtigten Organe die **ständigen Vertreter der inländischen Zweigniederlassung** (§ 13e Abs. 2 Satz 4 Nr. 3 HGB), wenn diese zum HR am Sitz der Zweigniederlassung angemeldet ist. Der Kreis dieser ständigen Vertreter umfasst Prokuristen, Generalbevollmächtigte und Handlungsbevollmächtigte mit der Befugnis, die Ges. gerichtlich und außergerichtlich zu vertreten.[15] Vor der Anmeldung verbleibt es bei § 335 Abs. 1 Satz 1 Hs. 1 HGB.   9

### 2.3 Kapitalgesellschaft (Abs. 1 Satz 2)

Nach § 335 Abs. 1 Satz 2 HGB kann das Ordnungsgeldverfahren auch gegen die **KapG selbst** durchgeführt werden, für die die gesetzlichen Vertreter die Offenlegungspflicht zu erfüllen haben. Dadurch wird es dem BfJ ermöglicht, Verfügungen im Ordnungsgeldverfahren stets an den Geschäftssitz der Ges. zuzustellen. Die **Zustellung** hat auch in diesem Fall an die gesetzlichen Vertreter zu erfolgen.[16] Diese Regelung soll die **Zustellung der Verfügung** erleichtern und sicherstellen, da nicht an die Privatadressen der Geschäftsführer und Vorstände, sondern an die leichter zu ermittelnde Geschäftsadresse zugestellt werden kann.[17] Die Ges. wird als Adressat der Verfügung zusätzlich **materiell belastet**.[18] Die gesetzlichen Vertreter können jedoch bei pflichtwidrigem Unterlassen der Ver-   10

   11

---

13 Vgl. *Müller-Helle*, in *Christ/Müller-Helle*, S. 174.
14 Vgl. LG Trier, Beschluss v. 16.10.2003, 7 HK T 4/03, GmbHR 2004, S. 502.
15 Vgl. *Sonnenschein/Weitemeyer*, in *Heymann*, HGB, 2. Aufl., § 13e Rz 13.
16 Vgl. LG Bonn, Beschluss v. 16.5.2008–11 T 52/07, nrwe.de.
17 Vgl. BT-Drs. 16/2781, S. 82.
18 Vgl. *Schlauß*, DB 2007, S. 2193; *Grashoff*, DB 2006, S. 2642, der in der Ausweitung des Adressatenkreises, begründet alleine mit der erleichterten Zustellung, einen Verstoß gegen das verfassungsrechtlich geschützte Übermaßverbot sieht.

12 öffentlichungspflicht nach § 43 Abs. 2 GmbHG bzw. § 93 Abs. 2 AktG durch die Ges. auf Schadensersatz in Anspruch genommen werden.

12 Die Verwendung des Worts „auch" in § 335 Abs. 1 Satz 2 HGB darf dabei nicht dahin gehend verstanden werden, dass zusätzlich zu einem Verfahren gegen die gesetzlichen Vertreter ein weiteres Verfahren gegen die Ges. eingeleitet werden kann. Dies würde zu einer unverhältnismäßigen Verdopplung der Sanktion führen und widerspräche dem erklärten Ziel des Gesetzgebers.[19]

## 3 Ordnungsbewehrte Pflichtverletzungen (Abs. 1 Satz 1 Nr. 1, 2)

13 Durch § 335 HGB wird der pflichtwidrige Verstoß gegen die **Veröffentlichungspflicht** nach §§ 325, 325a HGB sanktioniert. Für Kleinst-, kleine und mittelgroße KapG i. S. d. §§ 267, 267a HGB gelten nach §§ 326, 327 HGB größenabhängige Erleichterungen für die Offenlegung. Daneben können GmbH von der Regelung des § 325 Abs. 1 Satz 5 HGB Gebrauch machen.

Die notwendigen Unterlagen sind **unverzüglich nach der Vorlage an die Gesellschafter, spätestens nach Ablauf von zwölf Monaten** nach dem Stichtag des JA beim Betreiber des BAnz einzureichen (§ 325 Abs. 1 HGB) und im BAnz zu veröffentlichen (§ 325 Abs. 2 HGB). Für KleinstKapG besteht ein Wahlrecht, ob sie die Offenlegungsverpflichtung durch **Offenlegung oder** durch **Hinterlegung** des JA beim BAnz erfüllen.

14 | **Hinweis**
Entscheidet sich die KleinstKapG für die Hinterlegung der Rechnungslegungsunterlagen, wird Dritten nur auf Antrag und gegen eine Gebühr Einsicht in diese gewährt. Die Unternehmensinformationen sind damit nicht mehr ohne weiteres für jedermann einsehbar.

15 Die Einreichungs- und Veröffentlichungsfrist beträgt im Regelfall demnach 12 Monate (§ 325 Abs. 1 HGB). Für bestimmte KM-orientierte Unt gilt eine kürzere Frist von nur 4 Monaten (§ 325 Abs. 4 HGB). Die Frist für die Einreichung und Veröffentlichung ist dabei strikt von der Frist für die Erstellung des JA nach § 264 Abs. 1 Satz 2, 3 HGB zu trennen.

16 | **Beispiel**
Die nicht KM-orientierte mittelgroße X-GmbH hat ein abweichendes Gj von Juni bis Mai. Der für den 31.5.01 aufzustellende JA ist innerhalb von 6 Monaten, also bis spätestens 30.11.01 zu erstellen. Spätestens am 31.5.02 muss der JA beim Betreiber des BAnz eingereicht und dort veröffentlicht werden.

17 Die Frist des § 325 Abs. 1 HBG ist **nicht verlängerbar**. Für die Einhaltung der Frist reicht aus, dass die Unterlagen **rechtzeitig beim BAnz** eingereicht werden. § 325 Abs. 4 HGB aF wurde mit der Neufassung durch das EHUG zwar abge-

---

[19] Ebenso *Müller-Helle*, in *Christ/Müller-Helle*, S. 175; a. A. *Schlauß*, DB 2007, S. 2194.

schafft, es kommt aber dennoch nicht darauf an, wann die Daten im BAnz veröffentlicht werden, ausschlaggebend ist vielmehr der Zeitpunkt der Einreichung.[20]
Wie § 328 Abs. 1 Nr. 2 HGB zeigt, geht das Gesetz von einer Offenlegungspflicht innerhalb der 12- bzw. 4-Monatsfrist aus, auch wenn bis dahin die entsprechenden Abschlüsse noch nicht geprüft oder festgestellt sind. Werden zur **Wahrung der Frist** der JA und der LB ohne die anderen erforderlichen Unterlagen eingereicht, sind der Bericht des AR und der Vorschlag für die Ergebnisverwendung nach ihrem Vorliegen, die Beschlüsse nach der Beschlussfassung und der Vermerk nach der Erteilung **unverzüglich nachzureichen** (§ 325 Abs. 1 Satz 5 HGB). Bei der **sukzessiven Offenlegung** ist auf diesen Umstand hinzuweisen (§ 328 Abs. 1 Nr. 2 letzter Hs. HGB).

18

## 4 Verschulden

Im Rahmen der Neuregelung des § 335 HGB durch das EHUG wurde die Frage offengelassen, ob für die Festsetzung des Ordnungsgelds ein **Verschulden des Betroffenen am Pflichtenverstoß** erforderlich ist. Noch im Gesetzgebungsverfahren hat der Bundesrat sich gegen ein **Verschuldenserfordernis** ausgesprochen.[21] Dieser Auffassung folgen auch Teile der Literatur.[22] Nach der Rechtsprechung ist eine schuldhafte Pflichtverletzung nur für die Ordnungsgeldfestsetzung Voraussetzung, die Androhungsverfügung kann dagegen verschuldensunabhängig ergehen.[23]
**Maßgeblicher Zeitpunkt** für die Beurteilung, ob schuldhaft gehandelt wurde, ist die Jahresfrist zur Offenlegung nach § 325 Abs. 1 Satz 2 Abs. 4 HGB; ob der JA in der Sechswochenfrist des § 335 Abs. 3 HGB erstellt werden kann, ist deshalb nicht von Bedeutung.[24] Die Unkenntnis von der Offenlegungspflicht lässt das Verschulden nicht entfallen;[25] dieser Umstand kann aber bei der Höhe des Ordnungsgelds berücksichtigt werden.[26]
Das Verschulden ist **positiv festzustellen**. Wegen des strafähnlichen Charakters des Ordnungsgelds greift eine Vermutung, wie sie in § 280 Abs. 1 Satz 2 BGB geregelt ist, nicht ein.[27] Da die Gründe für das Überschreiten der Frist i.d.R. für Dritte nicht erkennbar sind, trifft die Ges. bzw. die vertretungsberechtigten Organe die sekundäre Darlegungslast für die Umstände, die zur Fristüberschreitung geführt haben.[28] Verbleibende Zweifel wirken aber zu Gunsten des Betroffenen.[29]

19

---

20 So auch das Bundesamt für Justiz auf seiner Internetseite – www.bundesjustizamt.de – unter „Fragen und Antworten zum Ordnungsgeldverfahren".
21 Vgl. BT-Drs. 16/960, S. 79.
22 Vgl. *Quedenfeld*, in MünchKomm. HGB, 3. Aufl., § 335 Rz 15; *Hucke*, in Baetge/Kirsch/Thiele, Bilanzrecht, § 335 Rz 26; *de Weerth*, NZI 2008, S. 714.
23 Vgl. LG Bonn, Beschluss v. 16.9.2009, 30 T 366/09, unter Aufgabe der bisherigen Rechtsprechung zum Verschuldenserfordernis für die Androhungsverfügung.
24 Vgl. LG Bonn, Beschluss v. 25.10.2007, 11 T 21/07, nrwe.de.
25 Vgl. LG Bonn, Beschluss v. 25.10.2007, 11 T 21/07, nrwe.de.
26 Vgl. LG Bonn, Beschluss v. 30.6.2008, 11 T 48/07, nrwe.de.
27 Vgl. LG Bonn, Beschluss v. 16.5.2008, 11 T 52/07, nrwe.de.
28 Vgl. LG Bonn, Beschluss v. 21.1.2011, 35 T 1158/10, nrwe.de.
29 So auch *Waßmer*, ZIS 2011, S. 658 unter Verweis auf BVerfG 9, 167, 170.

20 Die Ges bzw. die vertretungsberechtigten Organe müssen sich das Verschulden von **Erfüllungsgehilfen nicht nach** § 278 BGB zurechnen lassen. Bedient sich das Unt eines z. B. StB für die Erfüllung der Offenlegungsverpflichtung und leitet dieser den JA über IT-Dienstleister an den BAnz, ist bei Fristüberschreitung ein etwaiges Verschulden sowohl des StB wie auch der IT-Dienstleister nicht wie eigenes Verschulden nach § 278 BGB zurechenbar.[30] Es verbleibt jedoch bei einer Überwachungspflicht des Unt, ob der beauftragte Dritte rechtzeitig die Einreichung bei dem Betreiber des BAnz veranlasst hat. Verschulden liegt damit auch vor, wenn diese Überwachungspflicht verletzt wurde.[31]

21 Am **Verschulden fehlt** es insb. **nicht** bei
- verzögerter Erstellung des JA wegen anhängiger Rechtsstreitigkeiten oder laufender Betriebsprüfungen;[32]
- fehlender Liquidität für die Erstellung des JA[33] – vorrangige Erfüllung anderweitiger Verpflichtungen rechtfertigen sogar die Verhängung eines erhöhten Ordnungsgelds;[34]
- fehlender Beschlussfähigkeit der GesV;
- personeller Unterbesetzung oder unzureichender technischer Ausstattung der Buchführungsabteilung;[35]
- **fehlender Zuständigkeit** des Geschäftsführers für die Offenlegung nach dem internen Geschäftsverteilungsplan der Ges.;[36]
- Beschlagnahme von Buchhaltungsunterlagen durch die Staatsanwaltschaft.[37]

## 5 Empfänger des Ordnungsgelds (Abs. 1 Satz 5)

22 Dem BfJ entstehen bei der Verfolgung der Verstöße gegen Offenlegungsverpflichtungen beträchtliche Kosten.[38] Als Ausgleich legt § 335 Abs. 1 Satz 5 HGB fest, dass eingenommene Ordnungsgelder dem BfJ zufließen.

---

30 Vgl. LG Bonn, Beschluss v. 21.1.2011, 35 T 1158/10, anders noch LG Bonn, Beschluss v. 29.10.2008, 30 T 104/08, DStR 2009, S. 451 m. Anm.
31 Vgl. LG Bonn, Beschluss v. 21.1.2011, 35 T 1158/10, nrwe.de.
32 Vgl. LG Bonn, Beschluss v. 1.12.2008, 37 T 288/08, nrwe.de: § 326 Abs. 1 Satz 6 HGB regelt, dass eventuelle Änderungen des JA nach Fertigstellung und Veröffentlichung einzureichen sind. Hieraus lässt sich schließen, dass die Offenlegungsverpflichtung auch die Möglichkeit von vorläufigen JA kennt.
33 Vgl. LG Bonn, Beschluss v. 30.6.2008, 11 T 48/07, nrwe.de: Die verantwortlichen Organe müssten frühzeitig Sorge für eine rechtzeitige Zuführung von Liquidität tragen. Etwas anderes kann nach Eröffnung des Insolvenzverfahrens gelten vgl. Rz 57.
34 Vgl. LG Bonn, Beschluss v. 6.12.2007, 11 T 11/07, nrwe.de.
35 Vgl. LG Bonn, Beschluss v. 25.10.2007, 11 T 21/07, nrwe.de.
36 Vgl. LG Trier, Beschluss v. 16.10.2003, 7 HK T 4/03, GmbHR 2004, S. 502.
37 Vgl. LG Bonn, Beschluss v. 28.7.2008, 30 T 52/08, nrwe.de: Die Beschlagnahme entbindet werde von der Offenlegungspflicht noch fehlt es am Verschulden. Die Gesellschaft müsse alle zumutbaren Anstrengungen unternehmen, um rechtzeitig Einblick in die für die Erstellung des JA notwendigen Unterlagen zu erhalten und ggf. Kopien zu fertigen.
38 Vgl. *Grashoff*, DB 2006, S. 2642.

## 6 Durchführung des Ordnungsgeldverfahrens

### 6.1 Zuständigkeit

Das **BfJ** hat die Aufgabe nach § 335 Abs. 1 Satz 1 HGB, Verstöße gegen die Offenlegungspflichten aus §§ 325, 325a HGB durch Festsetzung von Ordnungsgeld zu sanktionieren. Es wird stets **von Amts wegen** tätig und muss ein Ordnungsgeldverfahren einleiten, wenn es von einem Verstoß gegen § 325 HGB erfährt. Stellt der **Betreiber des BAnz**[39] fest, dass ein Unt seiner Publikationspflicht nicht oder nicht vollständig nachgekommen ist, muss er unverzüglich das BfJ hierüber informieren (§ 339 Abs. 4 HGB). Ein Antrag eines Dritten ist hierfür nicht mehr notwendig.[40] Dieses **Meldeverfahren** läuft völlig automatisiert während des gesamten Verfahrens im Wege eines ständigen elektronischen Datenaustausches zwischen den an der Offenlegung beteiligten Stellen. Hierdurch wird es dem BfJ ermöglicht, im Ordnungsgeldverfahren zeitnah zu reagieren.

Die **zentrale Zuständigkeit** des BfJ gilt nach den Übergangsvorschriften erstmals für Abschlüsse für die nach dem 31.12.2005 begonnenen Gj (Art. 61 Abs. 5 Satz 1 EGHGB und § 22 Abs. 2 PublG). Für die Ahndung von Publizitätspflichtverletzungen, die **vor dem 1.1.2006 begonnene Geschäftsjahre** betreffen, verbleibt es bei dem Ordnungsgeldverfahren vor dem örtlich zuständigen **Registergericht**.[41]

23

24

### 6.2 Vorausgehende Pflichten (Abs. 1 Satz 3)

Für die Einleitung des Ordnungsgeldverfahrens ist gem. § 335 Abs. 1 Satz 3 HGB **nicht erforderlich**, dass eine der Offenlegung vorausgehende Pflicht, insbes. die Aufstellung des JA oder KA oder die unverzügliche Erteilung des Prüfauftrags, noch nicht erfüllt ist. Die Ahndung dieser Pflichtverletzungen kann mittelbar im Rahmen des Ordnungsgeldverfahrens erfolgen. Nach Aufhebung des § 335 aF HGB war diese Regelung notwendig, um ein weiteres Hinauszögern der Offenlegung durch Verletzung einer vorausgehenden Pflicht zu verhindern.[42]

25

### 6.3 Höhe des Ordnungsgelds (Abs. 1 Satz 4)

Das Ordnungsgeld beträgt **mindestens 2.500 EUR bis zu 25.000 EUR**; für kapitalmarktorientierte Unt bis zu 250.000 EUR (§ 335 Abs. 1 Satz 4 HGB). Innerhalb dieser Grenzen steht d. H. d. Ordnungsgelds **im Ermessen des BfJ**. Für ein Ordnungsgeld im Bereich des oberen gesetzlichen Rahmens kann die wirtschaftliche Bedeutung der Offenlegung oder auch die beharrliche Verweigerung der Offenlegung sprechen.[43]

26

---

[39] Bundesanzeiger Verlagsgesellschaft mbH mit Sitz in Köln; www.bundesanzeiger.de.
[40] Vgl. *Schlauß*, DB 2007, S. 2192.
[41] Vgl. OLG München, Beschluss v. 18.2.2008, 31 Wx 087/07, BB 2008, S. 489; a.A. LG Bayreuth, Beschluss v. 23.7.2007, 13 KH T 2/07, nachdem für Wirtschaftsjahre mit Beginn vor dem 1.1.2006 die Zuständigkeitsvoraussetzung für die Festsetzung eines Ordnungsgelds bei Verstoß gegen die Offenlegungspflicht fehle. § 140a FGG wurde durch das EHUG ersatzlos gestrichen. Eine Übergangsregelung hat der Gesetzgeber nur für die materiell-rechtlichen Vorschriften getroffen, für die Zuständigkeitsvorschriften habe der Gesetzgeber sich dagegen nicht festgelegt. Damit fehle seit 1.1.2007 eine Ermächtigungsnorm für die Festsetzung des Ordnungsgelds für Altfälle.
[42] Vgl. hierzu auch die in der Stellungnahme des Bundesrats geäußerten Bedenken, BT-Drs. 16/960, S. 79 f.
[43] Vgl. *Müller-Helle*, in *Christ/Müller-Helle*, S. 176; *Wenzel*, BB 2008, S. 769.

## 6.4 Verfahrensgrundsätze (Abs. 2 Sätze 1, 2)

27 Nach § 335 Abs. 2 Satz 2 HGB ist das Ordnungsgeldverfahren ein **Justizverwaltungsverfahren** i. S. d. § 23 Abs. 1 EGGVG. Das Verfahren richtet sich gem. § 335 Abs. 2 Satz 1 HGB in weiten Teilen nach den Regelungen des **Gesetzes über das Verfahren in Familiensachen und in den Angelegenheiten der freiwilligen Gerichtsbarkeit (FamFG)**[44] sowie nach den Regelungen des **Verwaltungsverfahrensgesetzes (VwVfG)**. Der Verweis auf FamFG-Regelungen umfasst die Bekanntmachung der Verfügung (§ 15 FamFG), die Berechnung der Fristen (§ 16 FamFG mit Verweis auf §§ 187, 188 BGB), den Antrag und die Entscheidung über die Wiedereinsetzung in den vorherigen Stand (§ 17–19 FamFG), die Wirksamkeit der Verfügung (§ 40 FamFG), die Androhung und Festsetzung des Zwangsgelds (§§ 388 Abs. 1, 389 Abs. 3 FamFG) und das Verfahren bei Einspruch (§ 390 Abs. 2–6 FamFG). Das VwVfG findet Anwendung im Hinblick auf die Beteiligungsfähigkeit (§ 11 Nr. 1 und 2 VwVfG), die Handlungsfähigkeit (§ 12 Abs. 1 Nr. 1–3, Abs. 2 und 3 VwVfG), die Bevollmächtigten, Beistände und Empfangsbevollmächtigten (§§ 14, 15, 20 Abs. 1 und 3 VwVfG), die Besorgnis der Befangenheit (§ 21 Abs. 1 VwVfG), die Amtssprache (§ 23 VwVfG – deutsch) und die Beweismittel (§ 26 VwVfG).

## 6.5 Erweiterung der Vertretungsbefugnis (Abs. 2 Satz 3)

28 § 335 Abs. 2 Satz 3 HGB enthält eine Sonderregelung für die Vertretung der Beteiligten im Ordnungsgeldverfahren. Zur Vertretung sind danach auch befugt:
- WP,
- vBp,
- StB,
- Steuerbevollmächtigte,
- Personen und Vereinigungen i. S. d. § 3 Nr. 4 StBerG[45] und
- Ges. i. S. d. § 3 Nr. 2, Nr. 3 StBerG: Partnerschafts-, Steuerberatungs-, Wirtschaftsprüfungs- und Buchprüfungsgesellschaften, die durch Personen i. S. d. § 3 Nr. 1 StBerG wie StB, Steuerbevollmächtigte, RA, niedergelassene europäische RA, WP und vBp handeln.

Gerade diese Berufsstände sind mit den bilanziellen Angelegenheiten der publizitätspflichtigen Unt betraut. Die Vertretungsbefugnis folgt damit den Erfahrungen aus der Praxis.[46]

## 6.6 Elektronische Aktenführung und Kommunikation (Abs. 2a)

29 Für die elektronische Aktenführung und Kommunikation verweist § 335 Abs. 2a HGB auf die Regelungen des **Ordnungswidrigkeitengesetzes (OWiG)**. Der Verweis umfasst die Erstellung und Einreichung formgebundener und anderer elektronischer Dokumente (§ 110a Abs. 1 OWiG), die elektronische Aktenfüh-

---

[44] Durch das FGG-Reformgesetz v. 17.12.2009 wurde die Vorschrift des § 335 HGB angepasst. Mit Wirkung zum 1.9.2009 wurden die Verweiskette sowie die Terminologien des FGG durch das FamFG ersetzt.

[45] Zwischenzeitlich aufgehoben durch das 8. Gesetz zur Änderung des Steuerberatungsgesetzes v. 8.4.2008, BGBl 2008 I S. 666.

[46] Vgl. BT-Drs. 16/2781, S. 82.

rung (§ 110b Abs. 1 Satz 1, Abs. 2–4 OWiG), die Erstellung elektronischer Dokumente durch Behörden und Gerichte (§ 110c Abs. 1 OWiG) sowie den Aktenausdruck, die Akteneinsicht und die Aktenübersendung (§ 110d OWiG). Daneben werden **Ermächtigungen zum Erlass von Rechtsverordnungen** erteilt hinsichtlich des Zeitpunkts, von dem an elektronische Dokumente bei den Behörden und Gerichten eingereicht werden können, sowie der für die Bearbeitung der Dokumente geeigneten Form (§ 110a Abs. 2 Satz 1 OWiG), der Beschränkung der Zulassung der elektronischen Form auf einzelne Behörden, Gerichte oder Verfahren (§ 110a Abs. 2 Satz 3 OWiG), des Zeitpunkts, von dem an die Akten elektronisch geführt werden oder im behördlichen Verfahren geführt werden können sowie der hierfür geltenden **organisatorisch-technischen Rahmenbedingungen** für die Bildung, Führung und Aufbewahrung der elektronisch geführten Akten (§ 110b Abs. 1 Satz 2 OWiG) und der Beschränkung der Zulassung der elektronischen Aktenführung auf einzelne Behörden, Gerichte oder Verfahren (§ 110b Abs. 1 Satz 4 OWiG).

### 6.7 Androhung des Ordnungsgelds (Abs. 3 Satz 1)

Das Ordnungsgeldverfahren beginnt mit der Androhung eines Ordnungsgelds durch das BfJ verbunden mit der Aufforderung, der gesetzlichen Offenlegungsverpflichtung nach § 325 HGB innerhalb einer Frist von sechs Wochen ab Zugang der Androhung nachzukommen. 30

#### 6.7.1 Inhalt der Anordnung

#### 6.7.1.1 Bezeichnung der Verpflichtung

In der bisherigen Rechtsprechung zur alten Rechtslage wurden hohe Anforderungen an den Inhalt der Androhung nach § 335a HGB aF gestellt. Es wurde verlangt, die offenzulegenden Unterlagen genau und im Einzelnen zu bezeichnen. Daneben musste das Gj genannt werden, für welches die Androhung erfolgte. Eine allgemeine Aufforderung der Pflicht zur Aufstellung und Offenlegung des JA nachzukommen, wurde mangels Bestimmtheit als unwirksam eingestuft.[47] 31

Mit der Änderung des Offenlegungsverfahrens und der Umstellung der Verfolgung von Offenlegungsverstößen auf ein weitgehend automatisiertes Verfahren wird man diesen Anforderungen nicht gerecht werden können. Um einerseits die europakonforme Richtlinienumsetzung hinsichtlich der Durchsetzung der Offenlegung gewährleisten zu können und andererseits die Interessen des von der Androhung Betroffenen ausreichend zu berücksichtigen, wird nicht mehr an den strengen Anforderungen an die Bestimmtheit festgehalten werden können. Ausreichend muss vielmehr die Anforderung „der in § 325 HGB genannten Rechnungslegungsunterlagen" unter Angabe des Abschlussstichtags sein, wie dies auch derzeit vom BfJ praktiziert wird.[48] 32

---

[47] Vgl. OLG Stuttgart, Beschluss v. 13.7.2000, 8 W 151/00, GmbHR 2001, S. 301; *Hucke*, in *Baetge/Kirsch/Thiele*, Bilanzrecht, § 335 Rz 41.
[48] Im Ergebnis auch *Noak*, Unternehmenspublizität, S. 95.

#### 6.7.1.2 Fristsetzung

33 In der Androhung muss auf die gesetzliche **Sechswochenfrist** hingewiesen werden.

#### 6.7.1.3 Einspruch

34 Das BfJ muss darauf hinweisen, dass gegen die Androhung innerhalb der Sechswochenfrist Einspruch erhoben werden kann.

#### 6.7.1.4 Betragsmäßige Angabe des Ordnungsgelds

35 Der Betrag des angedrohten Ordnungsgelds muss sich aus der Androhung ergeben. Die Angabe des gesetzlichen Rahmens ist nicht ausreichend. Wird das Ordnungsgeld nicht beziffert, liegt keine Androhung i. S. d. § 335 Abs. 3 Satz 1 HGB vor. Ein **Einspruch** ist in diesem Fall **nicht statthaft**, aber mangels rechtswirksamer Verfügung auch nicht notwendig.

### 6.7.2 Verfahrenskosten

36 Zugleich mit der Androhung werden dem Adressaten die Verfahrenskosten[49] zuzüglich Auslagen[50] auferlegt. Die Verfahrenskosten sind auch dann zu tragen, wenn die Offenlegung innerhalb der Sechswochenfrist nachgeholt wird. Erfolgt die Androhung gegen mehrere Mitglieder des vertretungsberechtigten Organs gleichzeitig, entstehen die Verfahrenskosten für jede Androhung gesondert.

## 6.8 Einspruchsverfahren

### 6.8.1 Zulässigkeit

37 Der Adressat des Ordnungsgeldverfahrens hat nach § 335 Abs. 3 Satz 1 HGB die Möglichkeit das Unterlassen der Offenlegung im Einspruchsverfahren zu rechtfertigen. Der Einspruch kann auf Einwendungen gegen die Kostenentscheidung beschränkt werden (§ 335 Abs. 3 Satz 3 HGB). Über die Zulässigkeit und Begründetheit des Einspruchs entscheidet das BfJ.

38 Der Einspruch ist innerhalb **der Sechswochenfrist schriftlich** oder zur Niederschrift der Geschäftsstelle beim BfJ als Ausgangsbehörde einzulegen. Eine Begründung des Einspruchs ist für dessen **Zulässigkeit** nicht erforderlich.[51] Ohne Begründung hat das BfJ nach § 390 Abs. 1 FamFG die Beteiligten zu hören, sofern der Einspruch sich nicht ohne Weiteres als begründet ergibt. Sofern die Beteiligten an der Anhörung nicht teilnehmen, kann eine Entscheidung nach Sachlage getroffen werden (§ 390 Abs. 2 FamFG). Für die Praxis ist daher zu empfehlen, eine Begründung einzureichen, um dem BfJ die Rechtsansicht des Beteiligten zu erläutern und dadurch das Verfahren zu beschleunigen.

---

[49] § 335 Abs. 3 HGB, Nr. 600 des Gebührenverzeichnisses der Justizverwaltungskostenordnung (JVKostO): 50 EUR ab 1.8.2013: Nr. 1.200 des Kostenverzeichnisses des Justizverwaltungskostengesetzes (JVKostG): 100 EUR.
[50] § 5 JVKostO i. V. m. § 137 Abs. 1 Nr. 2 KostO; ab 1.8.2013: Nr. 9002 des Kostenverzeichnisses des Gerichtskostengesetzes (GKG).
[51] Vgl. *Bumiller/Winkler*, Freiwillige Gerichtsbarkeit, 8. Aufl., § 132 Rz 33.

## 6.8.2 Begründetheit

Die Androhung des Ordnungsgelds sowie die Kostenfestsetzung sind aufzuheben, wenn der Einspruch **begründet** ist (§ 390 Abs. 3 FamFG). Ist der Einspruch nicht begründet, so ist dieser zu verwerfen und das angedrohte Ordnungsgeld nach Ablauf der Sechswochenfrist festzusetzen.[52] Das BfJ hat in diesem Fall zugleich eine **erneute Ordnungsgeldandrohung** auszusprechen, wenn die Offenlegung zu diesem Zeitpunkt noch nicht erfolgt ist. Dabei ist § 390 Abs. 5 FamFG zu beachten, so dass die Frist von sechs Wochen erst mit Eintritt der Rechtskraft der Verwerfung des Einspruchs zu laufen beginnt.[53] Sofern die Umstände es rechtfertigen, kann das BfJ von der Festsetzung eines Ordnungsgelds **absehen** oder das Ordnungsgeld **geringer festsetzen** als ursprünglich angedroht (§ 390 Abs. 4 Satz 2 FamFG). Die Entscheidung hierüber liegt im Ermessen des BfJ.

39

## 6.8.3 Keine aufschiebende Wirkung des Einspruchs

Der Einspruch hat nach § 335 Abs. 3 Satz 4 HGB **keine aufschiebende Wirkung**, d.h., durch die Einlegung des Einspruchs gegen die Ordnungsgeldandrohung kann der Ablauf der Sechswochenfrist nicht gehemmt werden. Nach Ablauf der Sechs-Wochen-Frist kann das Ordnungsgeld unabhängig davon festgesetzt werden, ob über den Einspruch bereits entschieden worden ist. Die Frist zur Offenlegung lässt sich durch die Einlegung eines Einspruchs daher nicht zeitlich strecken.[54] Dies gilt ebenso für die Zahlungsverpflichtung hinsichtlich der Verfahrenskosten.

40

## 6.9 Festsetzung des Ordnungsgelds (Abs. 4)

### 6.9.1 Keine Offenlegung und keine Rechtfertigung innerhalb der Sechswochenfrist

Wird die Offenlegung nicht innerhalb der Sechswochenfrist nach Androhung des Ordnungsgelds nachgeholt oder die Unterlassung mittels Einspruch gerechtfertigt, wird das Ordnungsgeld durch das BfJ festgesetzt. Durch die Ordnungsgeldfestsetzung erledigt sich das **Ordnungsgeldverfahren** nicht, vielmehr wird mit der Festsetzung die frühere Verfügung unter Androhung eines weiteren und regelmäßig höheren Ordnungsgelds **wiederholt** und mit der Festsetzung des Ordnungsgelds verbunden (§ 335 Abs. 4 Satz 1 HGB). Das Verfahren kann solange fortgesetzt werden, bis das Unt bzw. die gesetzlichen Vertreter die Offenlegungsverpflichtung erfüllen oder die Nichterfüllung rechtfertigen. Ein

41

---

[52] § 390 Abs. 4 FamFG geht zwar von einer einheitlichen Entscheidung aus, mit der Einspruch verworfen und das Ordnungsgeld festgesetzt wird, nach § 335 Abs. 2 Satz 1 HGB ist das FamFG aber nur „nach Maßgabe der nachfolgenden Absätze entsprechend anzuwenden", sodass der Ablauf der Sechswochenfrist als Voraussetzung der Festsetzung weiter zu beachten ist. Ebenso *Wenzel*, BB 2008, S. 772.

[53] Vgl. LG Bonn, Beschluss v. 8.2.2011, 31 T 791/10, nrwe.de; Gleiches gilt für einen nicht offensichtlich unzulässigen Einspruch, LG Bonn, Beschluss v. 11.2.2011, 31 T 951/10, nrwe.de.

[54] A. A. *Wenzel*, BB 2008, S. 771: Wurde ein zulässiger Einspruch eingelegt, könne das Bundesamt für Justiz ein Ordnungsgeld nur dann festsetzen, wenn es zuvor über die Begründetheit des Einspruchs entschieden habe, da das Nichteinlegen eines Einspruchs Voraussetzung für die Festsetzung des Ordnungsgelds sei. Insoweit führe der Einspruch zumindest faktisch zu einer aufschiebenden Wirkung.

**Freikaufen** von der Offenlegung ist daher nicht möglich. Die Festsetzung ist auch dann noch zulässig, wenn die Offenlegung zwar verspätet, aber noch vor der Festsetzung erfolgt.[55]
Bei wiederholter Festsetzung eines Ordnungsgelds können insgesamt höhere Ordnungsgelder als 25.000 EUR festgesetzt werden. Die gesetzlichen Grenzen des § 335 Abs. 1 Satz 4 HGB sind entsprechend für jede Androhung gesondert anzuwenden.

#### 6.9.2 Herabsetzung des Ordnungsgelds

42 Mit der Neuregelung des Ordnungsgeldverfahrens durch das Gesetz zur Änderung des HGB wurde die Verpflichtung zur Absenkung des Ordnungsgeldes nach verspäteter Offenlegung in bestimmten Fällen eingeführt.[56] Bei einer **Offenlegung nach der Sechswochenfrist** hat das BfJ das Ordnungsgeld nach § 335 Abs. 4 Satz 2 HGB wie folgt herabzusetzen:
- bei Hinterlegung nach § 326 Abs. 2 HGB durch eine KleinstKapG auf 500 EUR (Nr. 1),
- bei kleinen KapG auf 1.000 EUR (Nr. 2),
- bei Ges,. die keine Kleinst- oder kleine KapG ist, auf 2 500 EUR, wenn ein höheres Zwangsgeld angedroht wurde (Nr. 3) oder
- jeweils auf einen geringeren Betrag, wenn die Sechswochenfrist nur geringfügig überschritten wurde (Nr. 4).

43 Eine geringfügige Überschreitung der Sechswochenfrist liegt regelmäßig nur bei einer **Fristüberschreitung von höchstens zwei Wochen** vor.[57] Im Rahmen der Herabsetzung gem. Abs. 4 Satz 2 Nr. 4 ist eine Unterschreitung der jeweiligen gesetzlichen Mindestbeträge von 500 EUR/1.000 EUR/2.500 EUR möglich,[58] die bisher in § 335 Abs. 3 Satz 5 HGB aF geregelte Kann-Vorschrift wurde nunmehr als Muss-Vorschrift gestaltet. Liegt einer der Herabsetzungsgründe vor, besteht daher ein Anspruch auf die Herabsetzung. Ein Ermessensspielraum besteht aber hinsichtlich der Höhe der Herabsetzung.

44 Ein **Erlass** oder eine über die gesetzliche Regelung hinausgehende Herabsetzung des Ordnungsgelds aus Billigkeitsgesichtspunkten ist nicht möglich.[59]

#### 6.9.3 Änderungsbefugnis

45 Eine einmal getroffene Ordnungsgeldfestsetzung kann vom BfJ außerhalb eines Rechtsbehelfsverfahrens nicht mehr geändert werden. Dies gilt unabhängig davon, ob die Änderung zugunsten oder zulasten des Adressaten ergeht.[60]

#### 6.9.4 Unzureichende Offenlegung innerhalb der Sechswochenfrist

46 Erfolgt die Offenlegung innerhalb von sechs Wochen nach der Androhung nur unzureichend, wird die gesetzliche Verpflichtung des § 325 HGB nicht erfüllt

---

[55] Vgl. BVerfG, Nichtannahmebeschluss v. 11.3.2009, 1 BvR 3413/08, bundesverfassungsgericht.de/entscheidungen/2009/3.
[56] Zur Altfassung vgl. 3. Aufl. Rz. 35ff.
[57] Vgl. LG Bonn, Beschluss v. 20.1.2010, 31 T 1398/09, nrwe.de.
[58] Vgl. BT Drs 17/13221 S. 7.
[59] Vgl. BVerfG, Beschluss v. 1.2.2011, 2 BvR 1236/10, GmbHR 2011, S. 528.
[60] Vgl. LG Bonn, Beschluss v. 24.3.2009, 30 T 658/08, nrwe.de.

und es liegen grds. die Voraussetzungen für die Festsetzung des Ordnungsgelds vor. Zur ausreichenden **Gewährung des rechtlichen Gehörs** muss in diesem Fall vor Erlass der Ordnungsgeldfestsetzung eine Mitteilung an den Betroffenen erfolgen, dass die Offenlegung als nicht ausreichend erachtet wird.[61]
Das BfJ hat sich im Rahmen des § 335 HGB auf die Prüfung der Vollständigkeit und Vollzähligkeit der Unterlagen zu beschränken.[62] Ein inhaltlicher bzw. formeller Mangel führt selbst bei Veröffentlichung eines nichtigen JA nicht zu einer Verletzung der Offenlegungspflicht.[63]

47

### 6.10 Wiedereinsetzung in den vorherigen Stand (Abs. 5)

Der durch das Gesetz zur Änderung des Handelsgesetzbuchs neu eingefügte Abs. 5 regelt die Wiedereinsetzung in den vorherigen Stand im Ordnungsgeldverfahren. Hiernach ist demjenigen, der ohne Verschulden gehindert war, die Sechswochenfrist nach Abs. 4 einzuhalten, auf Antrag Wiedereinsetzung in den vorherigen Stand zu gewähren.

48

#### 6.10.1 Verschulden

Abweichend vom Verschulden als Voraussetzung der Festsetzung des Ordnungsgelds (Rz 19 ff.) – maßgeblicher Zeitpunkt ist hier die Jahresfrist zur Offenlegung nach § 325 HGB (Rz 19) – ist für das Verschulden im Wiedereinsetzungsverfahren auf den Ablauf der Sechswochenfrist abzustellen. Nur wenn den Beteiligten zu diesem Zeitpunkt kein Verschulden an der unterbliebenen Offenlegung trifft, ist Wiedereinsetzung in den vorherigen Stand zu gewähren.

49

Der Begriff des Verschuldens wird im Gesetz nicht definiert. Aufgrund der bisher ergangen Rechtsprechung zum Verschuldensbegriff im Ordnungsgeldverfahren wird auch für die Wiedereinsetzung in den vorherigen Stand ein restriktiver Maßstab für fehlendes Verschulden angewandt werden.

50

> **Beispiele**
> Eine unverschuldete Versäumnis der Sechswochenfrist liegt vor
> – bei schwerer Erkrankung oder Tod des Alleingeschäftsführers,
> – bei Verlust von Rechnungs- oder Buchführungsunterlagen infolge von Naturereignissen oder Bränden und
> – in Fällen, in denen Dritte – wie ehemalige Geschäftsführer oder Vorstandsmitglieder – die in ihrem Besitz befindlichen Rechnungslegungsunterlagen nicht an die Ges. herausgeben und es so verhindern, dass Rechnungslegungsunterlagen erstellt oder offengelegt werden.

51

---

[61] Vgl. *Wenzel*, BB 2008, S. 772.
[62] Vgl. BayObLG NJW-RR 2000, 1350.
[63] Vgl. LG Bonn, Beschluss v. 15.03.2013, 37 T 730/12, nrwe.de.

52 > **Hinweis**
> Für die vom Juni-Hochwasser 2013 betroffenen Unt hat das BfJ bereits vor Inkrafttreten des § 335 Abs. 5 HGB angekündigt, dass zwar keine Fristverlängerungen gewährt werden können, aber ein entsprechender Hinweis an das BfJ im Rahmen von Einwendungen berücksichtigt wird.[64] Diese Fälle können nunmehr durch Wiedereinsetzung in den vorherigen Stand sachgerecht gelöst werden.

53 Anders als bei der Ordnungsgeldfestsetzung muss sich der Beteiligte das Verschulden eines Vertreters nach § 335 Abs. 5 Satz 2 HGB zurechnen lassen. Eine wirksame Vertretung setzt dabei entweder gesetzliche Vertretungsmacht oder rechtsgeschäftlich erteilte Vollmacht voraus (§§ 164, 167 BGB). Das Verschulden einer Hilfsperson, z.B. eines Boten, kann dem Beteiligten dagegen nicht zugerechnet werden, soweit er seiner Auswahl- und Überwachungspflicht nachgekommen ist.

54 Bei fehlerhafter oder fehlender Rechtsbehelfsbelehrung gilt die gesetzliche Vermutung des fehlenden Verschuldens (§ 335 Abs. 5 Satz 3 HGB).

### 6.10.2 Antrag, Antrags- und Handlungsfrist

55 Der Antrag auf Wiedereinsetzung ist **innerhalb von zwei Wochen nach Wegfall des Hindernisses schriftlich** beim BfJ zu stellen (Abs. 5 Satz 4).

56 Die **Glaubhaftmachung** der Tatsachen zur Begründung der Wiedereinsetzung kann im Antrag oder auch noch im Verfahren über den Antrag erfolgen (Abs. 5 Satz 5). Glaubhaftmachung bedeutet dabei ein herabgesetztes Beweismaß, so dass die Vermittlung der überwiegenden Wahrscheinlichkeit der behaupteten Tatsache ausreicht. Geeignetes Mittel ist hierbei die Versicherung an Eides statt.[65]

57 **Innerhalb von sechs Wochen nach Wegfall des Hindernisses** ist die versäumte Handlung nachzuholen (Abs. 5 Satz 6); es ist also Einspruch einzulegen oder der gesetzlichen Verpflichtung zur Offenlegung nachzukommen.

### 6.10.3 Ausschluss und Anfechtbarkeit der Wiedereinsetzung

58 Bei Vorliegen der Voraussetzungen der Wiedereinsetzung besteht **kein Ermessen** des BfJ. Der Beteiligte hat in diesem Fall einen Anspruch auf Wiedereinsetzung in den vorherigen Stand. Wurde jedoch innerhalb eines Jahrs seit Ablauf der Sechswochenfrist nach Abs. 4 weder Wiedereinsetzung beantragt noch die versäumte Handlung nachgeholt, ist eine Wiedereinsetzung ausgeschlossen (Abs. 5 Satz 8).

59 > **Hinweis**
> Aufgrund der teilweise sehr langen Verfahrensdauern beim BfJ kann es vorkommen, dass das Ordnungsgeld erst über ein Jahr nach Ablauf der Sechswochenfrist festgesetzt wird. In diesen Fällen ist eine Wiedereinsetzung in den vorherigen Stand nicht mehr möglich. Es sollte in derartigen Fällen daher auch ohne eine Festsetzung des Ordnungsgelds die Wiedereinsetzung beantragt werden.

60 Eine einmal erfolgte Wiedereinsetzung ist nach Abs. 5 Satz 7 nicht anfechtbar.

---

[64] https://www.bundesjustizamt.de/DE/Themen/Ordnungs_Bussgeld_Vollstreckung/Ordnungsgeldverfahren/Aktuelles/Aktuelles_node.html, letzter Abruf am 20.8.2015.
[65] Siehe § 31 FamFG.

### 6.10.4 Präklusion

Wurde die Wiedereinsetzung nicht beantragt oder ist die Ablehnung der Wiedereinsetzung bestandskräftig geworden, können die Beteiligten im Beschwerdeverfahren nach § 335a Abs. 1 HGB nicht mehr vorbringen, dass es ihnen unverschuldet nicht möglich war, die Sechswochenfrist zu wahren (Abs. 5 Satz 8). 61

## 7 Feststellung der Größenklasse im Einspruchsverfahren (Abs. 6)[66]

Liegen dem BfJ im Rahmen eines Verfahrens, in dem Einspruch eingelegt wurde, keine ausreichenden Anhaltspunkte dafür vor, wie die betroffene Ges. in die Größenklassen nach § 267 Abs. 1, 2 oder 3 HGB oder des § 267a HGB einzustufen ist, müssen Unterlagen zum Nachweis der Größenklasse eingereicht werden. Das BfJ hat in diesem Fall nach § 335 Abs. 6 HGB die Organmitglieder der Ges., die Ges. selbst oder die ständigen Vertreter aufzufordern, Angaben zur Bilanzsumme nach Abzug eines auf der Aktivseite ausgewiesenen Fehlbetrags (§ 268 Abs. 3 HGB), zu den Umsatzerlösen in den ersten zwölf Monaten vor dem Abschlussstichtag (§ 227 Abs. 1 HGB) und die durchschnittliche Arbeitnehmerzahl (§ 267 Abs. 5 HGB) für das vom Ordnungsgeldverfahren betroffene Gj sowie für die Gj, die für die Größenklasseneinstufung erforderlich sind, anzugebenMacht das betroffene Unt innerhalb der Sechswochenfrist keine der angeforderten Angaben, besteht für das weitere Verfahren die **gesetzliche Vermutung**, dass die Erleichterungen für Kleinst-, kleine und mittelgroße Ges. nach den §§ 326 und 327 HGB nicht in Anspruch genommen werden können (§ 335 Abs. 6 Satz 2 HGB). Die Ges. muss sich in diesem Fall wie eine große KapG behandeln lassen. Für den KA gilt hinsichtlich der größenabhängigen Befreiungen nach § 293 HGB Entsprechendes. 62

## 8 Vollstreckung

Für die Beitreibung **offener Forderungen aus Ordnungsgeldverfahren** ist die **Justizbeitreibungsstelle** zuständig. Aufgrund der Regelungen der Justizbeitreibungsordnung (JBeitrO) stehen der Justizbeitreibungsstelle **alle gesetzlichen Zwangsvollstreckungsmittel** zur Verfügung. 63

In der Praxis fordert die Justizbeitreibungsstelle vor der Einleitung der Zwangsvollstreckung durch Zahlungserinnerung zum Ausgleich der rückständigen Forderung innerhalb einer zweiwöchigen Nachfrist auf. Bei ungenutztem Fristablauf wird die Zwangsvollstreckung eingeleitet.

> **Hinweis** 64
> Für die vom Juni-Hochwasser 2013 betroffenen Unt hat das BfJ darauf hingewiesen, dass auf schriftlichen Antrag zeitlich befristete Stundungen gewährt werden können.[67]

---

[66] § 335 Abs. 6 HGB ersetzt § 140a Abs. 3 FGG. Die beiden Normen sind dabei weitgehend deckungsgleich (BT-Drs. 16/2781, S. 83).
[67] https://www.bundesjustizamt.de/DE/Themen/Ordnungs_Bussgeld_Vollstreckung/Ordnungsgeldverfahren/Aktuelles/Aktuelles_node.html, letzter Abruf am 20.8.2015.

## 9 Sonderfall: Insolvenz

### 9.1 Grundlagen

65 Nach § 155 Abs. 1 Satz 1 InsO bleiben **die handels- und steuerrechtlichen Pflichten** des Schuldners zur Buchführung und zur Rechnungslegung in der Insolvenz **unberührt**. Für die Insolvenzmasse trifft die Rechnungslegungspflicht nach § 155 Abs. 1 Satz 2 InsO den Insolvenzverwalter sowohl bei Fortführung wie auch bei Schließung des Betriebs. Damit ist der Insolvenzverwalter regelmäßig verpflichtet, die Handelsbücher zu führen (§ 239 HGB), die JA aufzustellen (§ 242 HGB), die Ansatz- und Bewertungsvorschriften zu beachten (§§ 246 ff., 252 ff. HGB) und bei bestehender Prüfungspflicht[68] einen AP mit der Prüfung des JA zu beauftragen (§ 316 HGB).[69] Nach hM[70] treffen den Insolvenzverwalter diese Pflichten nach Eröffnung des Insolvenzverfahrens auch für den Zeitraum vor der Eröffnung.

### 9.2 Publizitätsverpflichtung des Insolvenzverwalters

66 Die Verpflichtung nach § 325 Abs. 1 Satz 1 HGB zur Offenlegung des JA trifft originär die gesetzlichen Vertreter der KapG, nicht den **Insolvenzverwalter**, der nicht allgemeiner Vertreter des Schuldners ist.[71] Nach § 155 Abs. 1 und 2 Satz 2 InsO wird dem Insolvenzverwalter die Verpflichtung für die Offenlegung der JA jedoch zugewiesen, soweit sie die Insolvenzmasse betreffen. Die Offenlegungspflicht ist damit eine Annex der Rechnungslegungspflicht und vom Insolvenzverwalter zu erfüllen.[72]

Auf die **Befreiung von der Offenlegungspflicht** kann sich der Insolvenzverwalter aufgrund der **Annexfunktion** berufen, wenn keine Verpflichtung besteht, den JA der insolventen Gesellschaft selbst aufzustellen. Dies kann z.B. der Fall sein, wenn es sich um ein masseames **Insolvenzverfahren** oder ein Verfahren, in dem keine oder nur unzureichende Buchhaltungsunterlagen vorhanden sind, handelt und es dem **Insolvenzverwalter** nicht zuzumuten ist, seiner Verpflichtung zur Rechnungslegung und Offenlegung nachzukommen.[73]

Nach Auffassung des BfJ wird das Ordnungsgeldverfahren nicht mehr weiter verfolgt, wenn das Insolvenzverfahren mangels Masse eingestellt oder die Masseverbindlichkeit angezeigt, oder der Antrag auf Insolvenzeröffnung mangels Masse abgewiesen wird. Im Rahmen des Einspruchsverfahrens sind die Gründe für die **Entbindung von der Offenlegungspflicht** vorzutragen und nachzuweisen.

---

68 Zu einer möglichen Befreiung von der Prüfung des JA in Analogie zu § 71 Abs. 3 Satz 1 GmbHG, den §§ 270 Abs. 3 Satz 1, 278 Abs. 3 AktG vgl. *Grashoff*, NZI 2008, S. 68 sowie OLG München, Beschluss v. 9.1.2008, 31 Wx 066/07.
69 Vgl. *Stollenwerk/Krieg*, GmbHR 2008, S. 577.
70 Vgl. *Stollenwerk/Krieg*, GmbHR 2008, S. 577 mwN.
71 Vgl. LG Frankfurt am Main, ZIP 2007, S. 2325.
72 Vgl. *Pink/Fluhme*, ZInsO 2008, S. 818.
73 Vgl. *Pink/Fluhme*, ZInsO 2008, S. 819 – Eine Befreiung von der Offenlegung in Analogie zu § 71 Abs. 3 Satz 1 GmbHG, den §§ 270 Abs. 3 Satz 1, 278 Abs. 3 AktG ist mangels Regelungslücke nicht möglich; vgl. *Grashoff*, NZI 2008, S. 68.

## 9.3 Sanktionen nach § 335 HGB in der Insolvenz

### 9.3.1 Ordnungsgeldverfahren gegen den Insolvenzverwalter

Nach § 335 Abs. 1 HGB kann das Ordnungsgeldverfahren gegen die Mitglieder des vertretungsberechtigten Organs der KapG oder auch die KapG selbst durchgeführt werden.

Durch das Insolvenzverfahren wird der Insolvenzverwalter nicht zum Mitglied des vertretungsberechtigten Organs; er hat nach § 80 Abs. 1 InsO lediglich die Verwaltungs- und Verfügungsbefugnis inne und nimmt dabei seine Aufgaben im eigenen Namen, aber mit Wirkung für und gegen die Insolvenzmasse wahr.[74] Dem Wortlaut nach ist der Anwendungsbereich des § 335 HGB für den Insolvenzverwalter nicht eröffnet.[75] Gegen den Insolvenzverwalter selbst kann daher mangels gesetzlicher Grundlage kein Ordnungsgeldverfahren eingeleitet werden.[76]

Die **Verpflichtung des Insolvenzverwalters** zur Aufstellung und Veröffentlichung der JA aus § 155 Abs. 1 Satz 2 InsO kann daher vom BfJ gegenüber dem Insolvenzverwalter nicht erzwungen werden.[77]

Der Insolvenzverwalter unterliegt jedoch der **Kontrolle des Insolvenzgerichts**. Nach § 58 Abs. 2 InsO kann das Insolvenzgericht gegen den Insolvenzverwalter im Fall der pflichtwidrigen Unterlassung der Offenlegung ein Zwangsgeld festsetzen. Daneben macht sich der Insolvenzverwalter nach § 60 InsO schadensersatzpflichtig, wenn er die Offenlegung des JA pflichtwidrig versäumt.

### 9.3.2 Ordnungsgeldverfahren gegen die gesetzlichen Vertreter

Nach hM[78] ändert die Eröffnung des Insolvenzverfahrens nichts an der Rechtsnatur der Schuldnerin und an der Organstellung innerhalb der KapG. Da die Insolvenzgesellschaft nach § 155 Abs. 1 Satz 1 InsO weiterhin zur handelsrechtlichen Rechnungslegung verpflichtet ist, haben ihre weiterhin im Amt befindlichen gesetzlichen Vertreter den JA für diese nach § 325 Abs. 1 und 2 HGB offenzulegen.[79]

Daneben regelt § 155 Abs. 2 Satz 2 InsO eine **eigene Verpflichtung** des Insolvenzverwalters **zur Offenlegung** in Bezug auf die Insolvenzmasse. Beide Pflichten stehen damit nebeneinander, auch wenn der Insolvenzverwalter bei Erfüllung seiner Verpflichtung nach § 155 Abs. 2 Satz 2 InsO auch die Pflicht nach § 325 HGB erfüllt. Stehen der Insolvenzges. aufgrund des Insolvenzbeschlags nach §§ 35, 80 InsO keine Rücklagen zur Aufbringung der Rechnungs- und Offenlegungskosten mehr zur Verfügung, ist die Unterlassung der Offenlegung nicht verschuldet; die im Amt befindlichen gesetzlichen Vertreter sind nicht verpflichtet, die Erfüllung der Offenlegungspflicht aus ihrem Privatvermögen zu finanzieren.[80]

67

68

69

70

---

74 St. Rspr. – vgl. nur BGH, Beschluss v. 27.10.1983, I ARZ 334/83, BGHZ 88, S. 331.
75 So das Bundesamt für Justiz auf seiner Internetseite – www.bundesjustizamt.de – unter „Fragen und Antworten zum Ordnungsgeldverfahren"; ebenso *Stollenwerk/Krieg*, GmbHR 2008, S. 578; *Grashoff*, NZI 2008, S. 69; *Schlauß*, BB 2008, S. 938; a. A. *de Weerth*, NZI 2008, S. 714.
76 Ebenso *Maus*, ZInsO 2008, S. 9; a. A. *de Weerth*, NIZ 2008, S. 14.
77 Vgl. *Stollenwerk/Kurpat*, BB 2009, S. 153.
78 Vgl. *Haas*, in *Gottwald*, InsolvenzR-Hdb., 3. Aufl., § 91 Rz 29; *Holzer*, ZVI 2007, S. 403.
79 Vgl. *LG Bonn*, Beschluss v. 6.3.2008, 11 T 53/07, nrwe.de, m. Anm *Weitzmann*, EWiR 2008, S. 443; LG Bonn, Beschluss v. 16.5.2008, 11 T 52/07, nrwe.de; LG Bonn, Beschluss v. 22.4.2008, 11 T 28/07, nrwe.de.
80 Vgl. LG Bonn, Beschluss v. 16.9.2009, 30 T 366/09, nrwe.de.

Die **Offenlegungspflicht** durch die gesetzlichen Vertreter beschränkt sich in der Praxis daher auf das nicht zur Insolvenzmasse gehörende Vermögen der Schuldnerin. Für dieses Vermögen ist die Verwaltungsbefugnis nicht nach § 80 Abs. 1 InsO auf den Insolvenzverwalter übergegangen, sodass nach Auffassung des LG Bonn[81] im Regelfall eine sog. **Nullbilanz** zu erstellen und offenzulegen ist, soweit nicht ohnehin aufgrund Freigabe durch den Insolvenzverwalter **insolvenzfreies Vermögen** vorhanden ist.

### 9.3.3 Ordnungsgeldverfahren gegen die Gesellschaft

71 Nach § 335 Abs. 1 Satz 2 HGB kann das Ordnungsgeldverfahren auch gegen die **Gesellschaft selbst** eingeleitet werden.

In der Praxis hat das BfJ zunächst dem Insolvenzverwalter die Androhung und Festsetzung des Ordnungsgelds an die Ges. „c/o" zugesandt. Hierbei fehlt es an einer Zustellung am Geschäftssitz der KapG. Der Geschäftssitz der Ges. befindet sich nicht an der Anschrift des Insolvenzverwalters. In diesen Fällen fehlt es an einer **ordnungsmäßigen Beteiligung** der Betroffenen am Ordnungsgeldverfahren.[82] Das BfJ verschickt nunmehr die Verfügungen an die insolvente Ges., „vertreten durch die Geschäftsführung". Entsprechend der Argumentation zu den Mitgliedern des vertretungsberechtigten Organs besteht auch hier die Offenlegungspflicht aufgrund möglichen insolvenzfreien Vermögens (Rz 66).

---

81 Vgl. LG Bonn, Beschluss v. 13.11.2008, 30 T 275/08, nrwe.de.
82 Vgl. LG Bonn, Beschluss v. 16.5.2008, 11 T 52/07, nrwe.de.

## § 335a BESCHWERDE GEGEN DIE FESTSETZUNG VON ORDNUNGSGELD; RECHTSBESCHWERDE; VERORDNUNGSERMÄCHTIGUNG

(1) Gegen die Entscheidung, durch die das Ordnungsgeld festgesetzt oder der Einspruch oder der Antrag auf Wiedereinsetzung in den vorigen Stand verworfen wird, sowie gegen die Entscheidung nach § 335 Absatz 3 Satz 5 findet die Beschwerde nach den Vorschriften des Gesetzes über das Verfahren in Familiensachen und in den Angelegenheiten der freiwilligen Gerichtsbarkeit statt, soweit sich aus den nachstehenden Absätzen nichts anderes ergibt.

(2) ¹Die Beschwerde ist binnen einer Frist von zwei Wochen einzulegen; über sie entscheidet das für den Sitz des Bundesamtes zuständige Landgericht. ²Zur Vermeidung von erheblichen Verfahrensrückständen oder zum Ausgleich einer übermäßigen Geschäftsbelastung wird die Landesregierung des Landes, in dem das Bundesamt seinen Sitz unterhält, ermächtigt, durch Rechtsverordnung die Entscheidung über die Rechtsmittel nach Satz 1 einem anderen Landgericht oder weiteren Landgerichten zu übertragen. ³Die Landesregierung kann diese Ermächtigung auf die Landesjustizverwaltung übertragen. ⁴Ist bei dem Landgericht eine Kammer für Handelssachen gebildet, so tritt diese Kammer an die Stelle der Zivilkammer. ⁵Entscheidet über die Beschwerde die Zivilkammer, so sind die §§ 348 und 348a der Zivilprozessordnung entsprechend anzuwenden; über eine bei der Kammer für Handelssachen anhängige Beschwerde entscheidet der Vorsitzende. ⁵Das Landgericht kann nach billigem Ermessen bestimmen, dass die außergerichtlichen Kosten der Beteiligten, die zur zweckentsprechenden Rechtsverfolgung notwendig waren, ganz oder teilweise aus der Staatskasse zu erstatten sind. ⁶Satz 6 gilt entsprechend, wenn das Bundesamt der Beschwerde abhilft. ⁷§ 91 Absatz 1 Satz 2 und die §§ 103 bis 107 der Zivilprozessordnung gelten entsprechend. ⁸§335 Absatz 2 Satz 3 ist anzuwenden.

(3) ¹Gegen die Beschwerdeentscheidung ist die Rechtsbeschwerde statthaft, wenn das Landgericht sie zugelassen hat. ²Für die Rechtsbeschwerde gelten die Vorschriften des Gesetzes über das Verfahren in Familiensachen und in den Angelegenheiten der freiwilligen Gerichtsbarkeit entsprechend, soweit sich aus diesem Absatz nichts anderes ergibt. ³Über die Rechtsbeschwerde entscheidet das für den Sitz des Landgerichts zuständige Oberlandesgericht. ⁴Die Rechtsbeschwerde steht auch dem Bundesamt zu. ⁵Vor dem Oberlandesgericht müssen sich die Beteiligten durch einen Rechtsanwalt vertreten lassen; dies gilt nicht für das Bundesamt. ⁶Absatz 2 Satz 6 und 8 gilt entsprechend.

(4) ¹Für die elektronische Aktenführung des Gerichts und die Kommunikation mit dem Gericht nach den Absätzen 1 bis 3 sind § 110a Absatz 1, § 110b Absatz 1 Satz 1, Absatz 2 bis 4, § 110c Absatz 1 sowie § 110d des Gesetzes über Ordnungswidrigkeiten entsprechend anzuwenden. ²§ 110a Absatz 2 Satz 1 und 3 sowie § 110b Absatz 1 Satz 2 und 4 des Gesetzes über Ordnungswidrig-

keiten sind mit der Maßgabe anzuwenden, dass die Landesregierung des Landes, in dem das Bundesamt seinen Sitz unterhält, die Rechtsverordnung erlassen und die Ermächtigung durch Rechtsverordnung auf die Landesjustizverwaltung übertragen kann.

RA StB Daniel Münster/RA StB Annette Meier-Behringer

Inhaltsübersicht | Rz
--- | ---
1 Überblick | 1–3
  1.1 Regelungszweck und Inhalt | 1
  1.2 Anwendungsbereich | 2
  1.3 Normenzusammenhänge | 3
2 Beschwerde (Abs. 1, 2) | 4–15
  2.1 Zulässigkeit der Beschwerde | 4–11
  2.2 Wirkung der Beschwerde | 12
  2.3 Präklusion von Einwendungen | 13
  2.4 Beschwerdeentscheidung | 14
  2.5 Kosten des Verfahrens | 15
3 Rechtsbeschwerde (Abs. 3) | 16–22
  3.1 Zulässigkeit der Rechtsbeschwerde | 17–20
  3.2 Entscheidung über die Rechtsbeschwerde | 21
  3.3 Kosten des Verfahrens | 22
4 Elektronische Aktenführung | 23

Ergänzendes Schrifttum
*Bumiller/Winkler*, Freiwillige Gerichtsbarkeit, Kommentar, 8. Aufl., 2006; *De Weerth*, Sanktionsbewehrte Bilanzpublizität in der Insolvenz?, NIZ 2008, S. 711; *Hähnchen*, Elektronische Akten bei Gericht – Chancen und Hindernisse, NJW 2005, S. 2257; *Keidel/Kuntze/Winkler*, Freiwillige Gerichtsbarkeit, Kommentar zum FGG, 1999; *Kopp/Ramsauer*, Verwaltungsverfahrensgesetz, 10. Aufl., 2008; *Leuering/Nießen*, Die Pflicht zur Offenlegung von Unternehmensdaten bekommt Krallen, NJW-Spezial 2006, Heft 9, S. 411; *Maus*, Offenlegungspflichten des Insolvenzverwalters nach dem „Gesetz über elektronische Handelsregister und Genossenschaftsregister sowie das Unternehmensregister" (EHUG), ZInsO 2008, S. 5; *Müller-Helle*, Ordnungsgeldverfahren, in *Christ/Müller-Helle*, Veröffentlichungspflichten nach dem neuen EHUG – Pflichten – Verfahren – Haftung, 2007, S. 173; *Pink/Fluhme*, Handelsrechtliche Offenlegungspflichten des Insolvenzverwalters und Sanktionsmaßnahmen bei deren Verletzung, ZInsO 2008, S. 817; *Saenger*, Zivilprozessordnung – Handkommentar, 2. Aufl., 2007; *Theile/Nitsche*, Praxis der Jahresabschlusspublizität bei der GmbH, WPg 2006, S. 1141; *Viefhues*, Das Gesetz über die Verwendung elektronischer Kommunikationsformen in der Justiz, NJW 2005, S. 1009; *Wenzel*, Ordnungsgeldverfahren nach § 335 HGB wegen unterlassener Offenlegung von Jahresabschlüssen, BB 2008, S. 769.

# 1 Überblick

## 1.1 Regelungszweck und Inhalt

Im Rahmen der Reform des handelsrechtlichen Ordnungsgeldverfahrens durch das Gesetz zur Änderung des Handelsgesetzbuches wurde § 335a HGB neu eingefügt. Hierbei wurden die bisher in § 335 Abs. 4, 5 und 5a HGB getroffenen Regelungen zur Überprüfung der Entscheidungen des BfJ in den § 335a HGB verschoben, verbunden mit der Einführung der Möglichkeit einer Rechtsbeschwerde gegen die Entscheidungen im Beschwerdeverfahren.[1] Durch die Konzentration der Regelungen zum gerichtlichen Verfahren in einer gesonderten Vorschrift soll die Verständlichkeit der Regelungen im Ordnungsgeldverfahren erhöht werden. Daneben soll durch die Einführung der Rechtsbeschwerde und damit einer Überprüfung von Beschwerdeentscheidungen in zweiter Instanz eine einheitliche Rechtsprechung sichergestellt werden. Die bisherigen Regelungen in § 335 Abs. 5 HGB aF führten zu einer Alleinzuständigkeit des LG Bonns, gegen dessen Entscheidungen keine Rechtsmittel statthaft waren. Da aufgrund der großen Anzahl von Verfahren mehrere Kammern mit den Ordnungsgeldentscheidungen befasst waren, kam es in der Vergangenheit zu differierenden Entscheidungen. Zur Vereinheitlichung der Rechtsprechung war die Einführung einer zweiten Instanz notwendig geworden.[2]

1

## 1.2 Anwendungsbereich

§ 335a HGB trifft abschließend Regelungen über das gerichtliche Rechtsmittelverfahren im Bereich des Ordnungsgeldverfahrens. § 335a Abs. 1, 2 und 4 HGB gelten für Jahres- und Konzernabschlüsse, aufgrund der Verschiebung aus § 335 HGB bereits fort- bzw. rückwirkend für Gj., die nach dem 30.12.2012 enden. Die Regelungen über die Rechtsbeschwerde in § 335a Abs. 3 HGB sind erstmals für Ordnungsgeldverfahren anzuwenden, die nach dem 31.12.2013 eingeleitet werden.[3]

2

## 1.3 Normenzusammenhänge

Die Regelungen des § 335a HGB sind Teil der Regelungen zum Ordnungsgeldverfahren, welche zur Erfüllung europarechtliche Vorgaben notwendig waren.[4] Sowohl für das Beschwerde- wie auch das Rechtsbeschwerdeverfahren wird neben den eigenen Verfahrensvorschriften ergänzend auf die Vorschriften des **Gesetzes über das Verfahren in Familiensachen und in Angelegenheiten der freiwilligen Gerichtsbarkeit (FamFG)** verwiesen.

3

# 2 Beschwerde (Abs. 1, 2)

## 2.1 Zulässigkeit der Beschwerde

Wurde das Ordnungsgeld durch das BfJ festgesetzt, kann diese Entscheidung mit der Beschwerde nach dem FamFG (§§ 58 ff. FamFG) angegriffen werden. Da-

4

---

1 Zur bisherigen Regelung in § 335 Abs. 4, 5 und 5a vgl. 3. Aufl.
2 Vgl. BT-Drs. 17/13221, S. 6 ff.
3 Art. 70 Abs. 1, 3 EGHGB.
4 Siehe § 335 Rz 5.

neben ist die Beschwerde statthaft gegen die Entscheidung, durch die der Einspruch oder der Antrag auf Wiedereinsetzung in den vorigen Stand verworfen wurde, sowie gegen die Entscheidung über die Kosten bei Einstellung des Verfahrens (§ 335 Abs. 3 Satz 5).

5 Die Beschwerde ist **innerhalb von zwei Wochen** (Abs. 2 Satz 1) ab Bekanntgabe der Ordnungsgeldfestsetzung oder Entscheidung des BfJ **schriftlich** oder zur Niederschrift beim **BfJ** einzulegen (§ 64 FamFG). Dieses kann der Beschwerde **selbst abhelfen**, sofern es die Beschwerde für begründet hält (§ 68 Abs. 1 FamFG).[5]

6 **Hinweis**
Die Einlegung des Rechtsmittels beim Beschwerdegericht wahrt die Frist nicht. Ein beim LG Bonn eingelegtes Rechtsmittel ist unverzüglich an das BfJ weiterzuleiten. Für die Wahrung der Beschwerdefrist ist der Zeitpunkt des Eingangs beim BfJ maßgeblich. Verzögerungen wirken sich in diesem Fall zum Nachteil des Beschwerdeführers aus.

7 Hilft das BfJ der Beschwerde nicht ab, hat es diese unverzüglich an das **Landgericht Bonn**, als dem örtlich und sachlich zuständigen Gericht (Abs. 2 Satz 1), weiterzuleiten (§ 68 Abs. 1 Satz 1 FamFG). Intern entscheidet der Vorsitzende der Handelskammer abschließend über die Beschwerde (Abs. 2 Satz 3). Durch Rechtsverordnung kann die Landesregierung des Landes, in dem das BfJ seinen Sitz hat, das Bundesland Nordrhein-Westfalen, zur Vermeidung von erheblichen Verfahrensrückständen oder zum Ausgleich einer übermäßigen Geschäftsbelastung durch Rechtsverordnung die Entscheidung über die Beschwerde einem anderen Landgericht oder weiteren Landgerichten übertragen.[6]

8 Die bisherige Regelung nach § 335 Abs. 5 Satz 4 HGB aF, wonach eine Rechtsbeschwerde nicht statthaft war, wurde in den neuen § 335a HGB nicht aufgenommen. Die bisherige Alleinzuständigkeit des Landgerichts Bonn für gerichtliche Entscheidungen im Ordnungsgeldverfahren wurde durch die Einführung des Rechtsbeschwerdeverfahrens beendet.

9 **Beschwerdebefugt** ist derjenige, der durch die Entscheidung des BfJ belastet wird. **Nicht beschwerdebefugt** ist dagegen der **Insolvenzverwalter**, da dieser durch die Ordnungsgeldfestsetzung gegenüber den Mitgliedern des vertretungsberechtigten Organs oder gegenüber der KapG **nicht in eigenen Rechten verletzt** oder in seiner Rechtsposition als Verwalter beeinträchtigt wird. Durch die Verfügung an die Ges. oder deren Geschäftsführung wird keine Masseverbindlichkeit geschaffen.[7]

10 Zur **Vertretung** sind die unter § 335 Rz 28 genannten Personen und Ges. befugt.

11 Nach § 65 Abs. 1 FamFG **soll** die Beschwerde in Anlehnung an § 571 Abs. 1 ZPO **begründet werden**, so dass eine fehlende Begründung nicht zur Unzulässigkeit der Beschwerde führen kann. Dies gilt auch dann, wenn dem Beschwerdeführer eine Frist zur Begründung (§ 65 Abs. 2 FamFG) eingeräumt wurde.

---

5 Zur Anwendung von § 335 Abs. 5 Satz 11 und 12 HGB aF vgl. 2. Aufl.,§ 335 Rz 63.
6 Hierdurch soll die Gefahr von Verfahrensstaus und damit verbundenen längeren Bearbeitungszeiten bereits frühzeitig beseitigt werden können; vgl. BT-Drs. 16/12407, S. 187.
7 Vgl. LG Bonn, Beschluss v. 22.4.2008, 11 T 28/07, nrwe.de.

## 2.2 Wirkung der Beschwerde

Die Beschwerde hat **keine aufschiebende Wirkung**. § 391 FamFG enthält keine dem § 24 Abs. 1 FFG entsprechende Regelung, die festlegt, dass der Beschwerde gegen die Festsetzung von Ordnungsmitteln aufschiebende Wirkung zukommt. Die Beitreibung des Ordnungsgelds kann daher schon vor der Entscheidung über die Beschwerde erfolgen.[8] Daneben verhindert die Beschwerde nicht die Fortführung des Ordnungsgeldverfahrens. Erneute Ordnungsgeldandrohungen und -festsetzungen durch das BfJ bleiben möglich.

12

## 2.3 Präklusion von Einwendungen

Legt der Beteiligte gegen die Androhungsverfügung keinen Einspruch ein, wird **bestandskräftig unterstellt, dass der Adressat zur Offenlegung verpflichtet war**. Der Prüfungsumfang der Beschwerde gegen die nachfolgende Festsetzung des Ordnungsgelds unterliegt insoweit den Beschränkungen des § 391 Abs. 2 FamFG. Eine Überprüfung von materiellen Mängeln der Androhung ist in diesem Fall aufgrund Präklusion im Verfahren der Beschwerde nicht mehr möglich. Diese Überprüfung findet ausschließlich im Einspruchsverfahren statt.[9] Die Nachprüfungen im Beschwerdeverfahren haben sich darauf zu beschränken, ob Verfahrensfehler bei der Festsetzung vorliegen, d. H. des festgesetzten Ordnungsgelds angemessen ist, ein rechtzeitiger Einspruch nicht beachtet wurde oder die Offenlegungspflicht vor der Festsetzung erfüllt war.[10]
Daneben umfasst die Nachprüfung die Frage, ob die Verletzung der Offenlegungspflicht schuldhaft erfolgt ist,[11] soweit die Präklusion nach § 335 Abs. 5 Satz 9 HGB im Wiedereinsetzungsverfahren nicht greift.[12]
Eine sachlich falsche, aber bestandskräftige **Androhungsverfügung** muss nicht aus Billigkeitsgesichtspunkten korrigiert werden. Zur Vermeidung von Härten, die sich durch die Beschränkung des Prüfungsumfangs des Beschwerdeverfahrens ergeben können, bietet § 390 Abs. 6 FamFG eine ausreichende Ausgleichsmöglichkeit.[13]

13

## 2.4 Beschwerdeentscheidung

Die Entscheidung ergeht durch Beschluss, der nach § 69 Abs. 2 FamFG zu begründen ist. Auf Antrag kann die Sache nach § 69 Abs. 2,3 FamFG auf das BfJ zurückverwiesen werden, wenn sie im Vorverfahren Unzulässigkeit abgelehnt wurde oder an einem schweren Verfahrensfehler leidet und es zur Entscheidung einer umfangreichen und aufwendigen Beweisaufnahme bedarf.

14

---

8   Ebenso *Pink/Fluhme*, ZInsO 2008, S. 822; a. A. *Wenzel*, BB 2008, S. 771; *Hucke*, in *Baetge/Kirsch/Thiele*, Bilanzrecht, § 335a Rz 15, Stand 12/2014.
9   Vgl. *Wenzel*, BB 2008, S. 772.
10  Vgl. LG Bonn, Beschluss v. 24.6.2008, 30 T 40/08, nrwe.de; Beschluss v. 27.10.2008, 30 T 187/08, nrwe.de.
11  Vgl. LG Bonn, Beschluss v. 16.9.2009, 30 T 366/09, nrwe.de.
12  Vgl. § 335 Rz 62.
13  Vgl. LG Bonn, Beschluss v. 24.6.2008, 30 T 40/08, nrwe.de.

## 2.5 Kosten des Verfahrens

15 Hinsichtlich der Kosten kann das Landgericht nach billigem Ermessen bestimmen, dass die **außergerichtlichen Kosten** der Beteiligten, die zur zweckentsprechenden Rechtsverfolgung notwendig waren, ganz oder teilweise **aus der Staatskasse** erstattet werden (Abs. 2 Satz 6). Dies wird insb. dann geboten sein, wenn eine behördliche Androhung erfolgte, ohne dass eine Verpflichtung des Unt zur Offenlegung zum konkreten Stichtag vorlag und wenn sich die Beteiligten eines Beistands bedient haben. In einem solchen Fall wäre es unbillig, das Unt, welches sich in der Beschwerdeinstanz z. B. von einem RA hat vertreten lassen, die insoweit verursachten Kosten selbst tragen zu lassen.[14] Für die Kosten und Kostenfestsetzung sind § 91 Abs. 1 Satz 2 ZPO und die §§ 103-107 ZPO entsprechend anzuwenden.

## 3 Rechtsbeschwerde (Abs. 3)

16 Durch das Gesetz zur Änderung des Handelsgesetzbuchs wurde die Möglichkeit der Rechtsbeschwerde gegen die Beschwerdeentscheidung des LG Bonn neu in das Gesetz aufgenommen. Das Verfahren richtet sich nach §§ 70 ff. FamFG, soweit nicht in Abs. 3 abweichende Regelungen getroffen wurden.

### 3.1 Zulässigkeit der Rechtsbeschwerde

17 Die Rechtsbeschwerde ist nur **statthaft**, soweit sie in erster Instanz durch das LG Bonn mit Beschluss **zugelassen** wurde. Die Rechtsbeschwerde eröffnet damit keine vollständige zweite Instanz, sondern beschränkt sich auf Rechtssachen von grundsätzlicher Bedeutung oder Fälle, in denen die Fortbildung des Rechts oder die Sicherung einer einheitlichen Rechtsprechung eine Entscheidung des Rechtsbeschwerdegerichts erfordern (§ 70 Abs. 2 FamFG). Das Rechtsbeschwerdegericht ist an die Zulassung des Beschwerdegerichts gebunden.

18 Die Rechtsbeschwerde ist **innerhalb eines Monats** nach schriftlicher Bekanntgabe des Beschlusses über die Zulassung mittels **Beschwerdeschrift** beim zuständigen Rechtsbeschwerdegericht einzureichen (§ 71 FamFG). Über die Rechtsbeschwerde entscheidet das **OLG Köln** als das zuständige OLG für den Gerichtsbezirk Bonn. Wurde bisher das Ordnungsgeldverfahren in der Praxis ausschließlich durch die Entscheidungen des LG Bonn beeinflusst, wird hier in Zukunft das OLG Köln die wesentlichen Vorgaben prägen. Die Rechtsbeschwerde kann auch durch das BfJ eingelegt werden.

19 Im Rechtsbeschwerdeverfahren haben sich die Beteiligten – mit Ausnahme des BfJ – zwingend durch einen Rechtsanwalt vertreten lassen (Abs. 2 Satz 4).

20 **Hinweis**
Aufgrund des Anwaltszwanges im Rechtsbeschwerdeverfahren kann die Beschwerdeschrift – anders als im Beschwerdeverfahren – nur von einem Rechtsanwalt wirksam eingereicht werden.

---

[14] Vgl. BT-Drs. 16/2781, S. 83.

## 3.2 Entscheidung über die Rechtsbeschwerde

Die Entscheidung des Rechtsbeschwerdegerichts ergeht durch Beschluss. Von einer Begründung kann abgesehen werden, soweit sich die Entscheidung nur zur Klärung grundsätzlicher Rechtsfragen, zur Fortbildung des Rechts oder zur Sicherung einer einheitlichen Rechtsprechung eignet (§ 74 Abs. 7 FamFG). 21

## 3.3 Kosten des Verfahrens

Für die Kosten des Verfahrens wird auf die Regelungen des Beschwerdeverfahrens verwiesen (vgl. Rz 15). 22

## 4 Elektronische Aktenführung

Über Abs. 4 wird auch bei den Gerichten die elektronische Aktenführung möglich. Die Regelung entspricht § 335 Abs. 2a HGB für die Aktenführung im Festsetzungsverfahren (vgl. hierzu auch § 335 Rz 29). 23

# § 335b ANWENDUNG DER STRAF- UND BUSSGELD- SOWIE DER ORDNUNGSGELDVORSCHRIFTEN AUF BESTIMMTE OFFENE HANDELSGESELLSCHAFTEN UND KOMMANDITGESELLSCHAFTEN

¹Die Strafvorschriften der §§ 331 bis 333, die Bußgeldvorschrift des § 334 sowie die Ordnungsgeldvorschrift des § 335 gelten auch für offene Handelsgesellschaften und Kommanditgesellschaften im Sinn des § 264a Abs. 1. ²Das Verfahren nach § 335 ist in diesem Fall gegen die persönlich haftenden Gesellschafter oder gegen die Mitglieder der vertretungsberechtigten Organe der persönlich haftenden Gesellschafter zu richten. ³Es kann auch gegen die offene Handelsgesellschaft oder gegen die Kommanditgesellschaft gerichtet werden.

RA StB Daniel Münster/RA StB Annette Meier-Behringer

Inhaltsübersicht                                             Rz
1 Allgemeines .......................................        1–2
2 Anwendbarkeit ....................................         3
3 Änderungen durch das BilRUG .....................          4

**Ergänzendes Schrifttum**
*Kiesel/Grimm*, Die Offenlegungsverpflichtung bei Kapitalgesellschaften & Co. nach dem Beschluss des EuGH vom 23.9.2004, DStR 2004, S. 2210; *Naujok*, Gemeinschaftswidrigkeit der Offenlegungspflichten der GmbH & Co. KG, GmbHR 2003, S. 263; *Waßmer*, Die GmbH & Co. KG als Publizitätsmodell, GmbHR 2002, S. 412.

## 1 Allgemeines

1 § 335b HGB wurde durch das KapCoRiLiG¹ eingeführt. Nach § 335b HGB gelten die Strafvorschriften der §§ 331–333 HGB, die Bußgeldvorschriften des § 334 HGB und die Ordnungsgeldvorschriften des § 335 HGB, die nach dem Wortlaut dieser Vorschriften nur für KapG gelten, auch für oHG und KG i.S.d. § 264a HGB. Dies bedeutet, dass PersG, Stiftungen und eG, bei denen nur eine KapG phG ist, den KapG bzgl. der strengen Bilanzvorschriften gleichgestellt sind.

---
1 Gesetz v. 24.2.2000, BT-Drs. 14/1806.

Mitglieder des vertretungsberechtigten Organs i.S.d. §§ 331 ff. HGB sind dann jeweils die Mitglieder des vertretungsberechtigten Organs der persönlich haftenden KapG, Stiftung oder eG, die die oHG oder KG vertritt.

## 2 Anwendbarkeit

Anwendbar sind die gesamten Vorschriften nach Art. 5 Nr. 2 Abs. 13.1 KapCo-RiLiG erstmals auf JA und LB bzw. KA und KLB von oHG oder KG i.S.d. § 264a HGB für das nach dem 31.12.1999 beginnende Gj.

## 3 Änderungen durch das BilRUG

Mit dem BilRUG wird als Satz 4 ein Verweis auf § 335a HGB eingefügt, was lediglich der Klarstellung dient, dass auch für die in dieser Vorschrift angesprochenen Ges. die Möglichkeit der Beschwerde besteht.

## § 336–341p
## (NICHT KOMMENTIERT)

Diese ergänzenden Vorschriften zu den eingetragenen Genossenschaften, Kreditinstituten und Finanzdienstleistungsinstituten sowie Versicherungsunternehmen und Pensionsfonds werden nicht kommentiert.

# § 342 PRIVATES RECHNUNGS-LEGUNGSGREMIUM

(1) ¹Das Bundesministerium der Justiz und für Verbraucherschutz kann eine privatrechtlich organisierte Einrichtung durch Vertrag anerkennen und ihr folgende Aufgaben übertragen:
1. Entwicklung von Empfehlungen zur Anwendung der Grundsätze über die Konzernrechnungslegung,
2. Beratung des Bundesministeriums der Justiz und für Verbraucherschutz bei Gesetzgebungsvorhaben zu Rechnungslegungsvorschriften,
3. Vertretung der Bundesrepublik Deutschland in internationalen Standardisierungsgremien und
4. Erarbeitung von Interpretationen der internationalen Rechnungslegungsstandards im Sinn von § 315a Abs. 1.

²Es darf jedoch nur eine solche Einrichtung anerkannt werden, die aufgrund ihrer Satzung gewährleistet, daß die Empfehlungen und Interpretationen unabhängig und ausschließlich von Rechnungslegern in einem Verfahren entwickelt und beschlossen werden, das die fachlich interessierte Öffentlichkeit einbezieht. ³Soweit Unternehmen oder Organisationen von Rechnungslegern Mitglied einer solchen Einrichtung sind, dürfen die Mitgliedschaftsrechte nur von Rechnungslegern ausgeübt werden.

(2) Die Beachtung der die Konzernrechnungslegung betreffenden Grundsätze ordnungsmäßiger Buchführung wird vermutet, soweit vom Bundesministerium der Justiz und für Verbraucherschutz bekanntgemachte Empfehlungen einer nach Absatz 1 Satz 1 anerkannten Einrichtung beachtet worden sind.

Dr. h.c. WP StB Liesel Knorr[1]

| Inhaltsübersicht | Rz |
|---|---|
| 1 Privates Rechnungslegungsgremium | 1–7 |
| 1.1 Gesetzliche Voraussetzungen (Abs. 1) | 1–5 |
| 1.2 Anerkennung des DRSC | 6–7 |
| 2 Aufgaben der Fachausschüsse | 8–11 |
| 2.1 Entwicklung von Standards (Abs. 1 Nr. 1) | 8 |
| 2.2 Beratung des BMJ (Abs. 1 Nr. 2) | 9 |
| 2.3 Vertretung der Bundesrepublik Deutschland in internationalen Standardisierungsgremien (Abs. 1 Nr. 3) | 10 |
| 2.4 Erarbeitung von Interpretationen der internationalen Rechnungslegungsstandards i.S.v. § 315a Abs. 1 HGB (Abs. 1 Nr. 4) | 11 |
| 3 Bekanntmachung der Standards durch das BMJ (Abs. 2) | 12–13 |
| 4 Vermutung der Richtigkeit (Abs. 2) | 14–16 |

---

[1] Die Autorin gibt ihre persönliche Auffassung wieder.

**Ergänzendes Schrifttum**
*Achleitner*, Die Normierung der Rechnungslegung, 1995; *Baetge/Krumnow/Noelle*, Das „Deutsche Rechnungslegungs Standards Committee" DRSC, DB 2001, S. 769; *Beisse*, Wandlungen der Grundsätze ordnungsmäßiger Bilanzierung, Gedächtnisschrift Knobbe-Keuk, 1997, S. 385; *Berberich*, Ein Framework für das DRSC, 2002; *Böcking/Orth*, Offene Fragen und Systemwidrigkeiten bei den neuen Rechnungslegungs- und Prüfungsvorschriften des KonTraG und des KapAEG, DB 1998, S. 1873; *Budde/Steuber*, Normsetzungsbefugnis eines deutschen Standard Setting Body, DStR 1998, S. 1181; *Budde/Steuber*, Verfassungsrechtliche Voraussetzungen zur Transformation internationaler Rechnungslegungsgrundsätze, DStR 1998, S. 504; *Ebert*, Private Normsetzung für die Rechnungslegung, 2002; *Hoffmann*, Das DRSC und die Regulierung der Rechnungslegung, 2003; *Hommelhoff/Schwab*, Gesellschaftliche Selbststeuerung im Bilanzrecht – Standard Setting Bodies und staatliche Regulierungsverantwortung nach deutschem Recht, BFuP 1998, S. 38; *Hommelhoff/Schwab*, § 342, HGB-Bilanzrecht, 2002; *Küting/Dürr/Zwirner*, Das Deutsche Rechnungslegungs Standards Committee – Standortbestimmung und künftige Aufgabenschwerpunkte, BuW 2003, S. 133; *Löw*, Deutsches Rechnungslegungs Standards Committee, ZBB 2001, S. 19; *Paal*, Rechnungslegung und das DRSC, 2001; *Schön*, Wer entscheidet im Bilanzrecht?, DB 1998, Heft 11 (Gastkommentar); *Sing*, Die Neuorientierung des DRSC im Kontext der internationalen Harmonisierung der Rechnungslegung, 2004; *Spanheimer*, Spezifische Problemfelder des gesetzlichen Standardisierungsauftrages an den DSR gem. § 342 Abs. 1 Nr. 1 HGB, WPg 2000, S. 997; *Zitzelsberger*, Überlegungen zur Einrichtung eines nationalen Rechnungslegungsgremiums in Deutschland, WPg 1998, S. 246.

# 1 Privates Rechnungslegungsgremium

## 1.1 Gesetzliche Voraussetzungen (Abs. 1)

1 Mit dem KonTraG wurde 1998 die Internationalisierung der deutschen Rechnungslegung forciert und in Anlehnung an das IASC und den US-FASB mit § 342 HGB die rechtliche Voraussetzung zur Anerkennung eines **privaten deutschen Rechnungslegungsgremiums** geschaffen, d.h. die Ermächtigung des BMJ, eine private Einrichtung durch Vertrag anzuerkennen. Im März 1998 gründeten Vertreter der Wirtschaft, des Berufsstands der WP, der Börse und der Lehre das **Deutsche Rechnungslegungs Standards Committee (DRSC) e.V.** in Berlin. Im September 1998 schlossen dann BMJ und DRSC den sog. Standardisierungsvertrag; nach Kündigung im Juni 2010 wurde im Dezember 2011 als Schlusspunkt der Neuorganisation des DRSC erneut ein Vertrag zwischen BMJ und DRSC abgeschlossen,[2] der einige Vorgaben zur Organisation und zum Verfahren der Standardsetzung enthält.

2 Laut **Satzung** (i.d.F. v. 20.7.2011)[3] ist der Zweck des DRSC im gesamtwirtschaftlichen Interesse:

---

2 Vgl. http://www.standardsetter.de/drsc/docs/press_releases/2011/111202_SV_BMJ-DRSC.pdf, letzter Abruf am 1.9.2014.
3 Vgl. www.drsc.de/docs/drsc/satzung/110720_Satzung.pdf, letzter Abruf am 1.9.2015.

a) die Entwicklung von Empfehlungen zur Anwendung der Grundsätze über die Konzernrechnungslegung;
b) die Beratung bei Gesetzgebungsvorhaben auf nationaler und EU-Ebene zu Rechnungslegungsvorschriften;
c) die Vertretung der Bundesrepublik Deutschland in internationalen Gremien der Rechnungslegung;
d) die Erarbeitung von Interpretationen der internationalen Rechnungslegungsstandards i. S. v. § 315a Abs. 1 HGB;
e) die Erhöhung der Qualität der Rechnungslegung;
f) die Förderung der Forschung und Ausbildung in den vorgenannten Bereichen.

**Mitglied des DRSC** kann jede juristische Person und jede Personenvereinigung werden, die der gesetzlichen Pflicht zur Rechnungslegung unterliegt oder sich mit der Rechnungslegung befasst. Zu den Entscheidungsbefugnissen der Mitgliederversammlung gehören die Wahl, Abberufung und Entlastung der Mitglieder des Verwaltungsrats und des Nominierungsausschusses, Satzungsänderungen sowie die Auflösung des Vereins.

3

Dem **Verwaltungsrat** obliegt es, unter Berücksichtigung des gesamtwirtschaftlichen Interesses die Grundsätze und Leitlinien für die Arbeit des Vereins festzulegen. Er wählt die Mitglieder der **Fachausschüsse**; er bestellt, berät und überwacht das **Präsidium**, das die Geschäfte des Vereins führt und die Fachausschüsse ohne Stimmrecht leitet. Die Mitglieder der Fachausschüsse üben ihre Tätigkeit unabhängig aus.

4

Die Arbeit des DRSC soll durch Mitgliedsbeiträge und Erlöse aus Publikationen sowie freiwillige Zuwendungen **finanziert werden**.

5

## 1.2 Anerkennung des DRSC

Mit Abschluss des Standardisierungsvertrags wurde der DRSC e. V. als die zuständige Standardisierungsorganisation in Deutschland (erneut) anerkannt. Der Verein verpflichtete sich, ein unabhängiges Rechnungslegungsgremium zur Erfüllung der fachlichen Aufgaben nach § 342 Abs. 1 HGB einzurichten und die dazu notwendige Finanzierung aufzubringen. Bei der Erfüllung der Aufgaben ist das öffentliche, insb. auch das gesamtwirtschaftliche Interesse zu berücksichtigen. In dem seit 1998 weitgehend unveränderten Text des Vertrags wird nur ein Rechnungslegungsgremium erwähnt; die Satzung sieht vor, die Facharbeit auf 2 Gremien (IFRS und HGB) aufzuteilen. Klarstellend wurde in der Begründung des Regierungsentwurfs zum BilMoG darauf hingewiesen, dass nicht nur die Empfehlungen, sondern auch die Interpretationen unabhängig und ausschließlich von Rechnungslegern in einem Verfahren entwickelt und beschlossen werden, das die fachlich interessierte Öffentlichkeit einbezieht.[4]

6

Für die Entwicklung von Rechnungslegungsempfehlungen für die Konzernrechnungslegung (Standards) werden Restriktionen genannt, d. h., es sind die Belange der Gesetzgebung, der öffentlichen Verwaltung und des Rechtsverkehrs zu berücksichtigen. Es wird auch das Verfahren skizziert, das mindestens bei der Erarbeitung der Standards und Interpretationen einzuhalten ist, von der Ver-

7

---

[4] Vgl. BilMoG-BgrRegE, S. 97.

öffentlichung eines Entwurfs über die Mindestfrist zur Kommentierung bis zur Erörterung in einer öffentlichen Sitzung. Es wird klargestellt, dass Standards nicht im Widerspruch zu Rechtsvorschriften stehen dürfen, eine sinnvolle Weiterentwicklung der GoB damit aber nicht ausgeschlossen wird.

## 2 Aufgaben der Fachausschüsse

### 2.1 Entwicklung von Standards (Abs. 1 Nr. 1)

8 Abs. 1 Nr. 1 nennt an erster Stelle die Entwicklung von Empfehlungen zur Anwendung der Grundsätze über die Konzernrechnungslegung. Die Beschränkung auf die Konzernrechnungslegung wurde bewusst getroffen, da einem privaten Gremium keine Gestaltungs- und Mitwirkungsmöglichkeiten hinsichtlich des Einzelabschlusses eingeräumt werden sollten, was in Anbetracht der Maßgeblichkeit der HB für die steuerliche Gewinnermittlung als problematisch angesehen wurde.[5] Der Formulierung „Empfehlungen zur Anwendung" von GoB kann entnommen werden, dass Standards zwar, wie im Standardisierungsvertrag vorgesehen, eine sinnvolle Weiterentwicklung der GoB vorsehen dürfen, sie jedoch immer mit dem Konzernbilanzrecht vereinbar sein müssen. Dementsprechend hat das Rechnungslegungsgremium in einigen Standards unter dem Titel „de lege ferenda" über den eigentlichen Standardtext hinaus Vorschläge veröffentlicht,[6] die bei einer Gesetzesreform aufgenommen werden sollten, um die Qualität der Rechnungslegung zu verbessern. Mit dem Inkrafttreten der EU VO zur Anwendung der IAS für KA KM-orientierter Unt[7] hat das DRSC seine Tätigkeit neu ausgerichtet,[8] d.h. der Begleitung der Fortentwicklung der internationalen Rechnungslegung mehr Bedeutung zugemessen. Der Bestand an veröffentlichten Standards wird weiterhin an Gesetzesänderungen angepasst (so bspw. an das BilMoG); insb. die Lageberichterstattung wird weiterentwickelt, um den in Deutschland erreichten Qualitätsstandard in die internationale Diskussion einzubringen, wo es eine vergleichbare Regelung noch nicht gibt. Neu aufzunehmende Themen sollen einer Agendakonsultation unterliegen.

### 2.2 Beratung des BMJ (Abs. 1 Nr. 2)

9 Die Verpflichtung zur Zusammenarbeit und zur Unterstützung des BMJ ist im Standardisierungsvertrag vor allem als Informationsaustausch angelegt. Eine Beschränkung auf die Konzernrechnungslegung ist nicht vorgesehen. Ob es langfristig auch zu einer privaten Standardsetzung für den Einzelabschluss kommt,[9] ist noch nicht abzusehen. Das bisher umfassendste Beratungsangebot dürften die Vorbereitungen für im BilMoG aufzunehmende Themen gewesen sein.[10]

---

5 Vgl. *Ernst*, WPg 1998, S. 1025, 1030–1031.
6 Vgl. z.B. DRS 4 Unternehmenserwerbe.
7 VO (EG) Nr. 1606/2002 v. 19.7.2002, Abl. EG v. 11.9.2002.
8 Vgl. Pressemitteilung des DRSC v. 23.7.2003, abrufbar unter www.drsc.de.
9 Vgl. *Hommelhoff/Schwab*, HGB-Bilanzrecht, 2002, § 342, S. 2067f.
10 Vgl. die Vorschläge des DRSC zum BilMoG, abrufbar unter www.drsc.de.

## 2.3 Vertretung der Bundesrepublik Deutschland in internationalen Standardisierungsgremien (Abs. 1 Nr. 3)

Die Vertretung der Bundesrepublik Deutschland in internationalen Gremien ist weder im Gesetz noch im Standardisierungsvertrag konkretisiert. Die Intention wird zum einen darin gesehen, den Einfluss Deutschlands auf die Standardsetzung in internationalen Gremien zu stärken. Hier sind jedoch enge Grenzen gesetzt, da sich die Bundesrepublik z. B. im Regelungsausschuss für Rechnungslegung, der die EU-Kommission im Übernahmeverfahren der IFRS unterstützt, nicht von einem privatwirtschaftlich organisierten Verein vertreten lässt. Ist das internationale Gremium auch privatwirtschaftlich organisiert, haben die Mitglieder der Entscheidungsgremien persönliche Mandate. Die Zusammenarbeit zwischen nationalen Standardsettern und dem IASB ist ausdrücklich gewünscht und in der Satzung der IFRS Foundation[11] festgehalten. Auch auf europäischer Ebene ist die Zusammenarbeit über den Austausch eines Memorandum of Understanding zwischen der European Financial Reporting Advisory Group (EFRAG) und den Standardsettern von Großbritannien, Frankreich und Deutschland (mit der Option für weitere Partner) festgeschrieben.

10

## 2.4 Erarbeitung von Interpretationen der internationalen Rechnungslegungsstandards i. S. v. § 315a Abs. 1 HGB (Abs. 1 Nr. 4)

Die Einfügung dieser vierten Aufgabe im Rahmen des BilMoG ist in der umfangreichen Literatur zu diesem Reformgesetz bislang weitgehend unbeachtet geblieben. Die Begründung zum Regierungsentwurf erkennt an, dass die Interpretation sämtlicher IFRS dem IFRS Interpretations Committee obliegt.[12] Die Erfahrung aus den ersten Jahren der Pflichtanwendung der IFRS zeigt jedoch, dass das IFRS Interpretations Committee sich nicht aller Themen annehmen kann, hier insb. nicht derer, die lediglich nationale Bedeutung aufweisen, die sich aus unterschiedlichen rechtlichen Rahmenbedingungen in den die IFRS anwendenden Ländern ergeben. Die Begründung des Regierungsentwurfs führt als Beispiele die im Zusammenhang mit dem Insolvenzrecht aufgetretenen Probleme bei der bilanzbefreienden Übertragung von Pensionsverpflichtungen auf Treuhänder und die bilanzielle Abbildung der ratierlichen Auszahlung von KSt-Guthaben nach der Änderung des KStG oder die Auswirkungen der Änderung des Betriebsrentengesetzes auf die Rechnungslegung nach IFRS an.[13] Rechnungslegungs Interpretation Nr. 3 (RIC 3) hat das Thema der Abgrenzung emittierter Finanzinstrumente in EK und FK vor dem Hintergrund des deutschen Gesellschaftsrechts in Bezug auf Regelungen des IAS 32 nach seiner Überarbeitung in 2008 aufgenommen; bereits mit der Erarbeitung des IFRIC 6 (Liabilities arising from participation in a Specific Market – waste electrical and electronic equipment) und RIC 2 (Verpflichtung zur Entsorgung von Elektro- und Elektronik-

11

---

11 Vgl. http://www.ifrs.org/NR/rdonlyres/0B820728-7F10-4877-8068-7B65D2A3058B/0/ConstitutionDec2010.pdf, letzter Abruf am 1.9.2014.
12 Vgl. BilMoG-BgrRegE, S. 97.
13 Vgl. BilMoG-BgrRegE, S. 97.

geräten) wurde die Zusammenarbeit und Aufteilung von Themen zwischen dem internationalen und dem nationalen Interpretationsgremium etabliert.

## 3 Bekanntmachung der Standards durch das BMJ (Abs. 2)

12   Verbindlichkeit erlangen die Standards mit der Bekanntmachung durch das BMJ. Für die Interpretationen der internationalen Rechnungslegungsstandards ist eine Bekanntmachung nicht vorgesehen, da es sich nicht um die Fortschreibung von Grundsätzen der ordnungsmäßigen Rechnungslegung handelt, die es nur für die deutsche Rechnungslegung gibt.

13   Ob das BMJ in Zusammenhang mit der Bekanntmachung eine inhaltliche Prüfung verbinden kann oder muss und die Bekanntmachung davon abhängt, ob der Inhalt den materiell-rechtlichen Vorstellungen des BMJ entspricht, ist im Gesetz offengelassen. Da entsprechend den Informationspflichten lt. Standardisierungsvertrag dem BMJ die Teilnahme an allen öffentlichen und nichtöffentlichen Sitzungen des Rechnungslegungsgremiums und der Zugang zu allen Sitzungsunterlagen eingeräumt werden, kann die Verfahrensbegleitung schon sehr früh einsetzen. Lediglich im Fall des DRS 17 (Berichterstattung über die Vergütung der Organmitglieder) wurden alle Verbände, die das BMJ in Fragen der Rechnungslegung konsultiert, noch einmal aufgerufen, etwaige Bedenken kundzutun. Die nachhaltigste Kontroverse hat die Bekanntmachung des DRS 10 (Latente Steuern im Konzernabschluss) ausgelöst, den der HFA des IDW als nicht vertretbare Auslegung von § 274 HGB ansah,[14] mit der Folge einer Erläuterungspflicht im Prüfungsbericht bei Befolgung des Standards und einer Widerlegung der GoB-Vermutung bei Nichtbefolgung.

## 4 Vermutung der Richtigkeit (Abs. 2)

14   Die Vermutung der Beachtung der die Konzernrechnungslegung betreffenden GoB, soweit vom BMJ bekannt gemachte Empfehlungen einer anerkannten Einrichtung beachtet worden sind, hat umfängliche Kritik ausgelöst, vor allem verfassungsrechtlicher und gesetzessystematischer Art.[15] Letztlich entscheiden im Rahmen unserer Rechtsordnung nur Gerichte über die richtige gesetzmäßige Konzernbilanzierung.[16] Der Vermutung der Richtigkeit kommt somit nur eine Beweislasterleichterung zu.[17]

15   Der Berufsstand der WP greift die Konsequenzen der Nichtbeachtung bekannt gemachter Empfehlungen in seinem Prüfungsstandard IDW PS 201[18] auf:
   • Sofern im KA ein gesetzliches Wahlrecht abweichend von einer durch das BMJ bekannt gemachten Empfehlung des DRSC ausgeübt wird, begründet dies keine Einwendung des Konzern-AP gegen die Ordnungsmäßigkeit der

---

14   Vgl. Berichterstattung zur 189. Sitzung des HFA am 29.9.2003, Ergebnisbericht-Online, S. 8, abrufbar im Mitgliederbereich der IDW-Homepage unter www.idw.de.
15   Vgl. *Hommelhoff/Schwab*, BFuP 1998, S. 42; *Budde/Steuber*, DStR 1998, S. 1184; *Zitzelsberger*, WPg 1998, S. 253.
16   Vgl. *Ernst*, WPg 1998, S. 1031.
17   Vgl. *Hommelhoff/Schwab*, BFuP 1998, S. 42.
18   Rechnungslegungs- und Prüfungsgrundsätze für die Abschlussprüfung, FN-IDW 2009, S. 533 ff.

Konzernrechnungslegung. Der Konzern-AP hat jedoch **im Prüfungsbericht** auf eine solche Abweichung **hinzuweisen**.

- Werden gesetzliche Anforderungen an die Rechnungslegung konkretisiert und handelt es sich dabei um Auslegungen der allgemeinen gesetzlichen Grundsätze, haben diese auch Bedeutung für den JA und LB. Der AP hat nach den allgemeinen Grundsätzen zu beurteilen, ob sich aus einer Nichtbeachtung Konsequenzen für die Berichterstattung bis hin zum BSV ergeben. Stellt ein DRS über das Gesetz hinausgehende Anforderungen (z.B. Anhangangaben in Zusammenhang mit einem Unternehmenserwerb in DRS 4), führt die Nichtbeachtung dieser Vorschriften zu keinerlei Konsequenzen für den BSV und den Prüfungsbericht.

16

# § 342a RECHNUNGSLEGUNGSBEIRAT

(1) Beim Bundesministerium der Justiz und für Verbraucherschutz wird vorbehaltlich Absatz 9 ein Rechnungslegungsbeirat mit den Aufgaben nach § 342 Abs. 1 Satz 1 gebildet.
(2) Der Rechnungslegungsbeirat setzt sich zusammen aus
1. einem Vertreter des Bundesministeriums der Justiz und für Verbraucherschutz als Vorsitzendem sowie je einem Vertreter des Bundesministeriums der Finanzen und des Bundesministeriums für Wirtschaft und Energie,
2. vier Vertretern von Unternehmen,
3. vier Vertretern der wirtschaftsprüfenden Berufe,
4. zwei Vertretern der Hochschulen.
(3) [1]Die Mitglieder des Rechnungslegungsbeirats werden durch das Bundesministerium der Justiz und für Verbraucherschutz berufen. [2]Als Mitglieder sollen nur Rechnungsleger berufen werden.
(4) [1]Die Mitglieder des Rechnungslegungsbeirats sind unabhängig und nicht weisungsgebunden. [2]Ihre Tätigkeit im Beirat ist ehrenamtlich.
(5) Das Bundesministerium der Justiz und für Verbraucherschutz kann eine Geschäftsordnung für den Beirat erlassen.
(6) Der Beirat kann für bestimmte Sachgebiete Fachausschüsse und Arbeitskreise einsetzen.
(7) [1]Der Beirat, seine Fachausschüsse und Arbeitskreise sind beschlußfähig, wenn mindestens zwei Drittel der Mitglieder anwesend sind. [2]Bei Abstimmungen entscheidet die Stimmenmehrheit, bei Stimmengleichheit die Stimme des Vorsitzenden.
(8) Für die Empfehlungen des Rechnungslegungsbeirats gilt § 342 Abs. 2 entsprechend.
(9) Die Bildung eines Rechnungslegungsbeirats nach Absatz 1 unterbleibt, soweit das Bundesministerium der Justiz und für Verbraucherschutz eine Einrichtung nach § 342 Abs. 1 anerkennt.

WP StB CVA Klaus Bertram

Inhaltsübersicht | Rz
--- | ---
1 Überblick | 1–2
2 Rechnungslegungsbeirat | 3–6
   2.1 Zustandekommen und Aufgaben (Abs. 1 und Abs. 9) | 3–4
   2.2 Zusammensetzung und Organisation (Abs. 2 bis Abs. 7) | 5
   2.3 Empfehlungen (Abs. 8) | 6

Ergänzendes Schrifttum
*Budde/Steuber*, Normsetzungsbefugnis eines deutschen Standard Setting Body, DStR 1998, S. 1181; *Ernst*, KonTraG und KapAEG sowie aktuelle Entwicklungen zur Rechnungslegung und Prüfung in der EU, WPg 1998, S. 1025;

*Hommelhoff/Schwab*, Gesellschaftliche Selbststeuerung im Bilanzrecht – Standard Setting Bodies und staatliche Regulierungsverantwortung nach deutschem Recht, BFuP 1998, S. 38.

# 1 Überblick

Mit § 342a HGB wurde im Zuge des KonTraG vom Gesetzgeber Vorsorge getroffen, dass im Fall des Nichtzustandekommens eines privaten Rechnungslegungsgremiums i. S. v. § 342 HGB eine gesetzliche Regelung zur Schließung dieser Lücke besteht.

Gesetzestechnisch stellt § 342a HGB somit einen **Auffangtatbestand** dar, der greift, falls kein privates Rechnungslegungsgremium vom BMJ gem. § 342 Abs. 1 HGB anerkannt wird. Nachdem das DRSC am 28.6.2010 den Standardisierungsvertrag mit dem BMJ mit Wirkung zum 31.12.2010 gekündigt hatte,[1] wäre ab dem 1.1.2011 eigentlich vom BMJ ein Rechnungslegungsbeirat einzurichten gewesen. Dies ist aber nicht erfolgt, da von vielen Beteiligten Bemühungen unternommen wurden, das DRSC auf geänderter Grundlage wieder als deutschen Standardsetter zu etablieren. Dies erfolgte letztendlich im Verlauf des Jahres 2011 auch, so dass am 2.12.2011 ein neuer Standardisierungsvertrag zwischen dem DRSC und dem BMJ geschlossen wurde.[2] Somit wird § 342a HGB wohl auch künftig ohne Anwendungsbereich bleiben.

# 2 Rechnungslegungsbeirat

## 2.1 Zustandekommen und Aufgaben (Abs. 1 und Abs. 9)

Abs. 1 weist dem BMJ die **Kompetenz zur Bildung eines Rechnungslegungsbeirats** zu. Der Vorbehalt auf Abs. 9 macht die derzeitige Funktion der Vorschrift deutlich, nämlich als Auffangtatbestand, falls kein privates Rechnungslegungsgremium anerkannt ist. Da das DRSC vom BMJ (wieder) anerkannt ist, ist gem. Abs. 9 kein Rechnungslegungsbeirat zu bilden (Rz 2).

Der **Aufgabenbereich** des Rechnungslegungsbeirats entspricht dem des Standardisierungsgremiums, wie der Verweis auf § 342 Abs. 1 HGB verdeutlicht. Zu den Aufgabenbereichen im Einzelnen s. § 342 Rz 8.

## 2.2 Zusammensetzung und Organisation (Abs. 2 bis Abs. 7)

Die Abs. 2 bis 7 enthalten Vorgaben für die **Zusammensetzung** sowie die **Organisation** des Rechnungslegungsbeirats. Diese Vorgaben betreffen
- personelle Zusammensetzung (Abs. 2),[3]
- Qualifikation (Rechnungsleger, Abs. 3),
- Unabhängigkeit (Abs. 4),
- Erlass einer Geschäftsordnung durch das BMJ (Abs. 5),

---

1 Vgl. Pressemitteilung des DRSC v. 28.6.2010, http://www.drsc.de/docs/press_releases/2010/100628_neuordnungDRSC.pdf, letzter Abruf im 1.9.2015.
2 Vgl. http://www.drsc.de/docs/drsc/standardisierungsvertrag/111202_SV_BMJ-DRSC.pdf, letzter Abruf am 1.9.2015.
3 Hier gibt es Abweichungen zur personellen Besetzung des Standardisierungsrats (DSR), da bei diesem keine Vertreter der in § 342a Abs. 2 genannten Ministerien und auch keine Sitzverteilung auf bestimmte Rechnungslegergruppen vorgesehen sind.

- Zulässigkeit der Bildung von Fachausschüssen und Arbeitskreisen (Abs. 6),
- Beschlussfähigkeit (Abs. 7).

### 2.3 Empfehlungen (Abs. 8)

**6** Die vom Rechnungslegungsbeirat im Fall seiner Bildung abzugebenden Empfehlungen haben denselben Charakter wie die des DRSC, wie der Verweis auf § 342 Abs. 2 HGB klarstellt (vgl. hierzu im Einzelnen § 342 Rz 14).

## § 342b PRÜFSTELLE FÜR RECHNUNGSLEGUNG

(1) ¹Das Bundesministerium der Justiz kann im Einvernehmen mit dem Bundesministerium der Finanzen eine privatrechtlich organisierte Einrichtung zur Prüfung von Verstößen gegen Rechnungslegungsvorschriften durch Vertrag anerkennen (Prüfstelle) und ihr die in den folgenden Absätzen festgelegten Aufgaben übertragen. ²Es darf nur eine solche Einrichtung anerkannt werden, die aufgrund ihrer Satzung, ihrer personellen Zusammensetzung und der von ihr vorgelegten Verfahrensordnung gewährleistet, dass die Prüfung unabhängig, sachverständig, vertraulich und unter Einhaltung eines festgelegten Verfahrensablaufs erfolgt. ³Änderungen der Satzung und der Verfahrensordnung sind vom Bundesministerium der Justiz im Einvernehmen mit dem Bundesministerium der Finanzen zu genehmigen. ⁴Die Prüfstelle kann sich bei der Durchführung ihrer Aufgaben anderer Personen bedienen. ⁵Das Bundesministerium der Justiz macht die Anerkennung einer Prüfstelle sowie eine Beendigung der Anerkennung im amtlichen Teil des Bundesanzeigers bekannt.

(2) ¹Die Prüfstelle prüft, ob der zuletzt festgestellte Jahresabschluss und der zugehörige Lagebericht oder der zuletzt gebilligte Konzernabschluss und der zugehörige Konzernlagebericht sowie der zuletzt veröffentlichte verkürzte Abschluss und der zugehörige Zwischenlagebericht eines Unternehmens i.S.d. Satzes 2 den gesetzlichen Vorschriften einschließlich der Grundsätze ordnungsmäßiger Buchführung oder den sonstigen durch Gesetz zugelassenen Rechnungslegungsstandards entspricht. ²Geprüft werden die Abschlüsse und Berichte von Unternehmen, deren Wertpapiere i.S.d. § 2 Abs. 1 Satz 1 des Wertpapierhandelsgesetzes an einer inländischen Börse zum Handel im regulierten Markt zugelassen sind. ³Die Prüfstelle prüft,
1. soweit konkrete Anhaltspunkte für einen Verstoß gegen Rechnungslegungsvorschriften vorliegen,
2. auf Verlangen der Bundesanstalt für Finanzdienstleistungsaufsicht oder
3. ohne besonderen Anlass (stichprobenartige Prüfung).
⁴Im Fall des Satzes 3 Nr. 1 unterbleibt die Prüfung, wenn offensichtlich kein öffentliches Interesse an der Prüfung besteht; Satz 3 Nr. 3 ist auf die Prüfung des verkürzten Abschlusses und des zugehörigen Zwischenlageberichts nicht anzuwenden. ⁵Die stichprobenartige Prüfung erfolgt nach den von der Prüfstelle im Einvernehmen mit dem Bundesministerium der Justiz und dem Bundesministerium der Finanzen festgelegten Grundsätzen. ⁶Das Bundesministerium der Finanzen kann die Ermächtigung zur Erteilung seines Einvernehmens auf die Bundesanstalt für Finanzdienstleistungsaufsicht übertragen.

(3) ¹Eine Prüfung des Jahresabschlusses und des zugehörigen Lageberichts durch die Prüfstelle findet nicht statt, solange eine Klage auf Nichtigkeit gem. § 256 Abs. 7 des Aktiengesetzes anhängig ist. ²Wenn nach § 142 Abs. 1 oder Abs. 2 oder § 258 Abs. 1 des Aktiengesetzes ein Sonderprüfer bestellt worden ist, findet eine Prüfung ebenfalls nicht statt, soweit der Gegenstand der Sonderprüfung, der Prüfungsbericht oder eine gerichtliche Entscheidung

über die abschließenden Feststellungen der Sonderprüfer nach § 260 des Aktiengesetzes reichen.

(4) ¹Wenn das Unternehmen bei einer Prüfung durch die Prüfstelle mitwirkt, sind die gesetzlichen Vertreter des Unternehmens und die sonstigen Personen, derer sich die gesetzlichen Vertreter bei der Mitwirkung bedienen, verpflichtet, richtige und vollständige Auskünfte zu erteilen und richtige und vollständige Unterlagen vorzulegen. ²Die Auskunft und die Vorlage von Unterlagen kann verweigert werden, soweit diese den Verpflichteten oder einen seiner in § 52 Abs. 1 der Strafprozessordnung bezeichneten Angehörigen der Gefahr strafgerichtlicher Verfolgung oder eines Verfahrens nach dem Gesetz über Ordnungswidrigkeiten aussetzen würde. ³Der Verpflichtete ist über sein Recht zur Verweigerung zu belehren.

(5) ¹Die Prüfstelle teilt dem Unternehmen das Ergebnis der Prüfung mit. ²Ergibt die Prüfung, dass die Rechnungslegung fehlerhaft ist, so hat sie ihre Entscheidung zu begründen und dem Unternehmen unter Bestimmung einer angemessenen Frist Gelegenheit zur Äußerung zu geben, ob es mit dem Ergebnis der Prüfstelle einverstanden ist.

(6) ¹Die Prüfstelle berichtet der Bundesanstalt für Finanzdienstleistungsaufsicht über:
1. die Absicht, eine Prüfung einzuleiten,
2. die Weigerung des betroffenen Unternehmens, an einer Prüfung mitzuwirken,
3. das Ergebnis der Prüfung und gegebenenfalls darüber, ob sich das Unternehmen mit dem Prüfungsergebnis einverstanden erklärt hat.

²Ein Rechtsbehelf dagegen ist nicht statthaft.

(7) Die Prüfstelle und ihre Beschäftigten sind zur gewissenhaften und unparteiischen Prüfung verpflichtet; sie haften für durch die Prüfungstätigkeit verursachte Schäden nur bei Vorsatz.

(8) ¹Die Prüfstelle zeigt Tatsachen, die den Verdacht einer Straftat im Zusammenhang mit der Rechnungslegung eines Unternehmens begründen, der für die Verfolgung zuständigen Behörde an. ²Tatsachen, die auf das Vorliegen einer Berufspflichtverletzung durch den Abschlussprüfer schließen lassen, übermittelt sie der Wirtschaftsprüferkammer.

WP/StB Prof. Dr. Bettina Thormann/WP Prof. Dr. Ingo Zempel, Berlin[1]

**Inhaltsübersicht**
                                              Rz
1  Überblick ............................................... 1–13
    1.1  Entstehungsgeschichte ........................ 1–2
    1.2  Zweistufiges Enforcement-Verfahren ............... 3–6
    1.3  Sanktionssystem bei fehlerhafter Rechnungslegung ...... 7–13
        1.3.1  Veröffentlichung anstelle von Berichtigung ...... 7
        1.3.2  Öffentliches Interesse ..................... 8–10
        1.3.3  Rechtsmittel gegen die Anordnung der BaFin .... 11–13

---

[1] Die Autoren geben ihre persönliche Auffassung wieder.

| | | |
|---|---|---|
| 2 | Privatrechtliche Enforcement-Institution (Abs. 1) | 14–34 |
| | 2.1 Normzweck und Regelungsinhalt | 14–16 |
| | 2.2 Errichtung der Prüfstelle | 17–22 |
| |     2.2.1 Delegationskompetenz | 17–19 |
| |     2.2.2 Struktur der Prüfstelle | 20–22 |
| | 2.3 Anerkennungsvoraussetzungen | 23–28 |
| | 2.4 Genehmigungsvorbehalt | 29 |
| | 2.5 Beiziehung externer Personen | 30–32 |
| | 2.6 Anerkennungsbekanntmachung | 33–34 |
| 3 | Prüfungsgegenstand und Prüfungsanlässe (Abs. 2) | 35–67 |
| | 3.1 Normzweck und Regelungsinhalt | 35 |
| | 3.2 Prüfungsgegenstand | 36–41 |
| | 3.3 Kreis der geprüften Unternehmen | 42–43 |
| | 3.4 Prüfungsmaßstab | 44–54 |
| |     3.4.1 Allgemeine Rechnungslegungsvorschriften | 44–45 |
| |     3.4.2 Grundsatz der Wesentlichkeit | 46–49 |
| |     3.4.3 Enforcement bei Ermessensentscheidungen | 50–52 |
| |     3.4.4 Prüfungsumfang | 53–54 |
| | 3.5 Prüfungsanlässe | 55–67 |
| |     3.5.1 Anlassprüfung | 56–61 |
| |     3.5.2 Prüfung auf Verlangen der BaFin | 62 |
| |     3.5.3 Stichprobenprüfung | 63–67 |
| 4 | Subsidiarität zur Nichtigkeitsklage und Sonderprüfung (Abs. 3) | 68–71 |
| | 4.1 Normzweck und Regelungsinhalt | 68 |
| | 4.2 Nichtigkeitsklage | 69 |
| | 4.3 Sonderprüfung | 70 |
| | 4.4 Konzernabschluss | 71 |
| 5 | Auskunfts- und Vorlagepflichten bei Prüfungsmitwirkung (Abs. 4) | 72–83 |
| | 5.1 Normzweck und Regelungsinhalt | 72 |
| | 5.2 Freiwilligkeit der Mitwirkung | 73–74 |
| | 5.3 Umfang der Mitwirkungspflicht | 75–79 |
| | 5.4 Ausnahmen von der Auskunfts- und Vorlagepflicht | 80–81 |
| | 5.5 Beendigung der Mitwirkung | 82–83 |
| 6 | Verfahrensabschluss bei der DPR (Abs. 5) | 84–90 |
| | 6.1 Normzweck und Regelungsinhalt | 84 |
| | 6.2 Adressat des Prüfungsergebnisses | 85 |
| | 6.3 Folgen bei fehlerfreier Rechnungslegung | 86 |
| | 6.4 Folgen bei fehlerhafter Rechnungslegung | 87–90 |
| 7 | Berichterstattungspflichten gegenüber der BaFin (Abs. 6) | 91–96 |
| | 7.1 Normzweck und Regelungsinhalt | 91 |
| | 7.2 Anlässe der Berichterstattung | 92–96 |
| |     7.2.1 Prüfungseinleitung | 92–93 |
| |     7.2.2 Mitwirkungsverweigerung | 94 |
| |     7.2.3 Ergebnis der Prüfung | 95–96 |
| 8 | Gewissenhaftigkeit und Unparteilichkeit der Prüfung (Abs. 7) | 97–100 |
| | 8.1 Normzweck und Regelungsinhalt | 97 |
| | 8.2 Pflichtenkreis und Haftung | 98–100 |

9  Anzeigepflichten der Prüfstelle (Abs. 8) .................. 101–104
9.1  Normzweck und Regelungsinhalt .................. 101
9.2  Verdacht von Straftaten ........................... 102
9.3  Verdacht von Berufspflichtverletzungen .............. 103
9.4  Umfang der Anzeige ............................. 104

**Ergänzendes Schrifttum**
Arbeitskreis „*Externe Unternehmensrechnung*", Enforcement der Rechnungslegung, DB 2002, S. 2173; Arbeitskreis „*Externe Unternehmensrechnung*" Stellungnahme zum Referentenentwurf eines Bilanzkontrollgesetzes, DB 2004, S. 329; *Assmann*, Ad hoc-Publizitätspflichten im Zuge von Enforcementverfahren zur Überprüfung der Rechnungslegung nach §§ 342bff. HGB und §§ 37nff. WpHG, AG 2006, S. 261; *Baetge/Thiele/Matena*, Mittelbare Sicherung der Prüfungsqualität durch Enforcement geprüfter Jahres- und Konzernabschlüsse – Überlegungen aus ökonomischer Sicht, BFuP 2004, S. 201; *Bangert*, Die rechtliche Organisation von Durchsetzungssystemen zur Kontrolle ordnungsmäßiger Rechnungslegung, Diss. Universität Heidelberg, 2004; *Barth/Thormann*, Enforcement der Lageberichterstattung, DB 2015, S. 993; *Berger*, Pre-Clearance leistet einen Beitrag zur Stärkung des Vertrauens in einen funktionierenden Kapitalmarkt. Erwiderung zum Beitrag von Schön, DB 2008 S. 1027: „Pre-Clearance" – noch mehr Unklarheit im Bilanzrecht, DB 2008, S. 1843; *Berger*, Zur Entwicklung und zum Stand des Enforcements in der Europäischen Union, BFuP 2009, S. 599; *Berger/Pasch*, Die kapitalmarktorientierten Unternehmen in Deutschland – Eine Analyse der Veränderungen seit Einführung des Enforcement, CFB 2013, S. 384; *Berger/Pasch*, ESMA-Leitlinien zum Enforcement von Abschlussinformationen in Europa, WPg 2014, S. 649; *Berger/Pasch*, Enforcement von Abschlussinformationen in Europa, WPg 2015, S. 16; *Beyhs/Hammermeister*, Enforcement-Prüfungsschwerpunkte 2015, BB 2014, S. 3051; *Beyhs/Kühne/Zülch*, Abschlussprüfung und DPR-Verfahren – Darstellung und Würdigung der Verfahrensunterschiede, WPg 2012, S. 650; *Bischof/Oser*, Frankfurt locuta, causa finita – Enforcement der Angabe der Vorstandsbezüge bei einem Alleinvorstand, BB 2012, S. 2615; *Bischof/Staß*, Prüfungsschwerpunkte der DPR für Abschlüsse 2014, DB 2015, S. 1; *Böckem*, Die Durchsetzung von Rechnungslegungsstandards. Eine kapitalmarktorientierte Untersuchung, Diss. Universität Frankfurt am Main, 2000; *Böcking*, Audit und Enforcement: Entwicklung und Probleme, ZfbF 2003, S. 683; *Bockmann*, Internationale Koordinierung nationaler Enforcement-Aktivitäten, Diss. Universität Hamburg, 2012; *Bode*, Financial Reporting und Enforcement als Mittel der Corporate Governance, ZCG 2010, S. 200; *Bosse*, Auch bei ergebnisloser Einstellung des Enforcement-Verfahrens in der zweiten Stufe Kostentragung durch das Unternehmen, BB 2014, S. 946; *Bougel*, The role of CESR in the enforcement of financial reporting, IRZ 2009, S. 495; *Boxberger*, Enforcement: Erste Erfahrungen, Beratungsempfehlungen und Ad hoc-Publizitätspflichten bei Prüfungen der „Bilanzpolizei", DStR 2007, S. 1362; *Brandt*, Enforcement der Rechnungslegung in Deutschland, FS von Rosen, 2008, S. 615; *Bräutigam/Heyer*, Das Prüfverfahren durch die Deutsche Prüfstelle für Rechnungslegung, AG 2006, S. 188; *CESR*, Application of Disclosure Requirements Related to Financial Instruments in the

2008 Financial Statements, Oktober 2009; *Degabriel*, ESMA's role in the supervision of transparency requirements, IRZ 2014, S. 193; *Deutsches Aktieninstitut/ PricewaterhouseCoopers*, Bilanzkontrolle 2013 – Erfahrungen kapitalmarktorientierter Unternehmen mit den Prüfungen der Rechnungslegung durch die Deutsche Prüfstelle für Rechnungslegung, 2013; *Ernst*, Wesentliche Erkenntnisse aus dem - Tätigkeitsbericht der Deutschen Prüfstelle für Rechnungslegung für das Jahr 2011, DK 2012, S. 107; *Ernst*, Wesentliche Erkenntnisse aus dem Tätigkeitsbericht der Deutschen Prüfstelle für Rechnungslegung für das Jahr 2013, IRZ 2014, S. 143; *Ernstberger/Stich/Vogler*, Economic Consequences of Accounting Enforcement Reforms: The Case of Germany, European Accounting Review 2012, S. 217; *ESMA*, Review of European enforcers on the implementation of IFRS 8 – Operating Segments, November 2011; *ESMA*, Review of Accounting Practices „Comparability of IFRS Financial Statements of Financial Institutions in Europe", November 2013; *ESMA*, Review on the application of accounting requirements for business combinations in IFRS financial statements, Juni 2014; *ESMA*, Final Report „ESMA Guidelines on enforcement of financial information", Juli 2014; *Fischer*, ESMA/DPR-Prüfungsschwerpunkte 2015, PiR 2014, S. 383; *Frank*, Die Rechtswirkungen der Leitlinien und Empfehlungen der Europäischen Wertpapier- und Marktaufsichtsbehörde, Diss. Universität Augsburg, 2012; *Gahlen/ Schäfer*, Bekanntmachung von fehlerhaften Rechnungslegungen im Rahmen des Enforcementverfahrens: Ritterschlag oder Pranger?, BB 2006, S. 1619; *Gelhausen/ Hönsch*, Das neue Enforcement-Verfahren für Jahres- und Konzernabschlüsse, AG 2005, S. 511; *Gelhausen/Hönsch*, Rechtsschutz im Enforcement-Verfahren, AG 2007, S. 308; *Gödel*, Unverzichtbarkeit der Prognoseberichterstattung im (Konzern-)Lagebericht, DB 2010, S. 431; *Gödel/Wich*, Auf dem Weg zu einem europäischen Enforcement. Die European Enforcers' Co-ordination Sessions (EECS), WPg 2012, S. 913; *Gutman*, Anspruch auf Herausgabe von Arbeitspapieren des Wirtschaftsprüfers, BB 2010, S. 171; *Haller/Bernais*, Enforcement und BilKoG – Grundlagen der Überwachung von Unternehmensberichten und Bilanzkontrollgesetz, 2005; *Hein*, Fünf Jahre Enforcement bei der BaFin – Eine Bestandsaufnahme, DB 2010, S. 2265; *Heinz*, Das Enforcement-Verfahren in Deutschland, Diss. Universität Konstanz, 2010; *Hennrichs*, Fehlerhafte Bilanzen, Enforcement und Aktienrecht, ZHR 2004, S. 383; *Hennrichs*, Fehlerbegriff und Fehlerbeurteilung im Enforcementverfahren, DStR 2009, S. 1446; *Henselmann/ Hofmann*, Accounting Fraud. Case Studies and Practical Implications, 2010; *Hitz*, Enforcement der International Financial Reporting Standards in Deutschland und Europa, FS Ballwieser, 2014, S. 271; *Hitz/Ernstberger/Stich*, Enforcement of Accounting Standards in Europe: Capital-Market-Based Evidence for the Two-Tier Mechanism in Germany, European Accounting Review 2012, S. 253; *Hoffmann/Detzen*, ESMA – Praktische Implikationen und kritische Würdigung der neuen Europäischen Wertpapier- und Marktaufsichtsbehörde, DB 2011, S. 1261; *Hoffmann/Höltken*, Deutschland und Österreich als Beispiele der Implementierung hybrider Enforcement-Systeme in Europa, WPg 2014, S. 730; *Hommelhoff*, Für ein spezifisch deutsches Durchsetzungssystem – Schaffung einer Kontrollinstanz zur Sicherstellung der internationalen Wettbewerbsfähigkeit des deutschen Enforcement-Systems, WPg Sonderheft 2001, S. 39; *Hommelhoff/Gundel*, Ist das deutsche Enforcement-Verfahren europarechtskonform?, BB 2014, S. 811; *Hüttche*, Aus Fehlern lernen – Eine Analyse von der DPR entdeckter und nicht entdeckter Fehler in der Rechnungslegung, IRZ 2009, S. 325; *Kämpfer,* Enforcementverfahren und Abschlussprüfer, BB 2005, S. 13; *Keitz/Wenk,* Eine quantitative und qualitative Analyse der von der DPR festgestellten Fehler bei der IFRS-Anwendung, DB 2010, S. 513; *Krause,* Rechtsschutz im Enforcement-Verfahren, BB 2011, S. 299; *Kumm,* Fehlerfeststellung und Fehlerveröffentlichung im Enforcement-Verfahren, DB 2009, S. 1635; *Kumm/Müller,* Drei Jahre Fehlerveröffentlichung im Enforcementverfahren, IRZ 2009, S. 77; *Laschewski/Möller/Risse,* Eine empirische Analyse der Folgekosten des Enforcements der Rechnungslegung durch die Deutsche Prüfstelle für Rechnungslegung, KoR 2014, S. 307; *Lenz,* Abschlussprüfung und Enforcement nach dem Bilanzkontrollgesetz – Zwei Fallbeispiele, BFuP 2004, S. 219; *Lieck,* Prüfungsschwerpunkte der DPR für 2015, WP Praxis 2015, S. 29; *Lohwasser,* Effizienz der Kapitalmärkte durch Enforcement von IFRS, Diss. Universität St. Gallen, 2006; *Mayer-Wegelin,* Kriterien der Wesentlichkeit bei den Entscheidungen im Enforcement, BB-Special 4 2006, S. 8; *Mayer-Wegelin,* Zur Anwendung der IFRS in der Praxis – Erfahrungen aus dem Enforcement, BB 2010, S. 2811; *Merz/Wömpener,* Zur Relevanz des Enforcements in Deutschland. Der Fall der fehlenden Prognose der Merck KGaA, CFB 2012, S. 268; *Meyer,* Aktuelle Fragen des Enforcement in Deutschland, WPg 2009, S. 447; *Meyer,* Komplexität von IFRS und wirtschaftliche Situation als Hauptursachen von Fehlern in Konzernabschlüssen, DK 2010, S. 226; *Meyer/Braun,* Fair Value als Treiber der Komplexität von IFRS, BB 2010, S. 1779; *Möllers,* Auf dem Weg zu einer neuen europäischen Finanzmarktaufsichtsstruktur, NZG 2010, S. 285; *Müller,* Prüfverfahren und Jahresabschlussnichtigkeit nach dem Bilanzkontrollgesetz, ZHR 2004, S. 414; *Müller,* Die Fehlerveröffentlichung im Enforcement-Verfahren, AG 2008, S. 438; *Müller,* Die Fehlerfeststellung im Enforcement-Verfahren, AG 2010, S. 483; *Müller/Reinke,* Überwachung durch die Deutsche Prüfstelle für Rechnungslegung (DPR) und die vom Enforcementverfahren ausgehende Präventionsfunktion, IRZ 2010, S. 505; *Naumann,* Das IDW zum ESMA-Konsultationspapier: Einheitliche Leitlinien für das Enforcement in Europa, IRZ 2014, S. 45; *Parent,* EECS – its enforcement-activities, due process and impacts, IRZ 2014, S. 335; *Paul,* Enforcement der Rechnungslegung kapitalmarktorientierter Unternehmen aus der Sicht der Rechtsprechung, WPg 2011, S. 11; *Peemöller/Hofmann,* Bilanzskandale. Delikte und Gegenmaßnahmen, 2005; *Pellens/Obermüller/Riemenschneider/Sohlmann,* Evaluation der Arbeit der DPR, WPg 2012, S. 535; *Sanio,* Das neue Enforcement und die Rolle der BaFin, in *Börsig/Wagenhofer,* IFRS in Rechnungswesen und Controlling, 2006, S. 151; *Scheffler,* Auslegungs- und Ermessensfragen beim Enforcement, BB-Special 4 2006, S. 2; *Scheffler,* Enforcement der Rechnungslegung in Deutschland, DK 2007, S. 589; *Schildbach,* Zur Sinnhaftigkeit eines Pre-Clearance im Rahmen des Enforcement, StuB 2006, S. 924; *Schmidt-Versteyl,* Durchsetzung ordnungsgemäßer Rechnungslegung in Deutschland. Enforcement nach dem Bilanzkontrollgesetz, Diss. Universität Bielefeld, 2008; *Schön,* Pre-Clearance – noch mehr Unklarheit im Bilanzrecht?, DB 2008, S. 1027; *Thormann,* Enforcement: Möglichkeiten und Grenzen des Informationsaustauschs zwischen Aufsichtsrat und DPR, BB 2013, S. 2475; *Tielmann,* Durchsetzung ordnungsmäßiger Rechnungslegung. Ein Beitrag zur aktuellen Enforcement-Diskussion, Diss. Universität Göttingen, 2001; *Toebe/Herberg/Schlüter,* Untersuchung der Fehlerbekanntmachungen nach § 37q Abs. 2 WpHG von 2006 bis 2013. Ergebnisse und Schlussfolgerungen, KoR 2013,

S. 256; *Van Hulle*, Anforderung an ein wirksames Enforcement aus Sicht der EU-Kommission, WPg Sonderheft 2001, S. 30; *Walla*, Die Europäische Wertpapier- und Marktaufsichtsbehörde (ESMA) als Akteur bei der Regulierung der Kapitalmärkte, BKR 2012, S. 265; *Wüstemann/Kierzek*, Das europäische Harmonisierungsprogramm zur Rechnungslegung: Endorsement und Enforcement von IFRS, BB-Special 4 2006, S. 14; *Zeder*, Das neue Rechnungslegungs-Kontrollgesetz: Strafrechtliche Aspekte, ecolex 2013, S. 235; *Zülch/Beyhs/Hoffmann/Hirschböck*, Enforcement-Guide. Wegweiser für das Prüfungsverfahren in Deutschland und Österreich, 2. Aufl., 2014; *Zülch/Burghardt*, Die deutsche Prüfstelle für Rechnungslegung DPR e.V.: Bestandsaufnahme nach knapp zwei Jahren Tätigkeit, StuB 2007, S. 369; *Zülch/Hoffmann*, Rechtsprechung zum Rechnungslegungs-Enforcement in Deutschland – ein erster Überblick, DStR 2010, S. 945; *Zülch/Hoffmann*, Gestaltungsgrenzen der Fehlerveröffentlichung im Rahmen des Enforcement-Verfahrens, StuB 2011, S. 210; *Zülch/Höltken/Beyhs*, Rahmenbedingungen von Abschlussprüfung und Enforcement-Verfahren in Deutschland, WP Praxis 2014, S. 73; *Zülch/Höltken/Beyhs*, Verfahrensunterschiede und in der Person des Prüfers begründete Unterschiede zwischen Abschlussprüfung und Enforcement-Verfahren, WP Praxis 2014, S. 91; *Zülch/Höltken/Ebner*, Stand und Zukunft der Pre-Clearance im Rahmen des deutschen Enforcement- Verfahrens, DB 2014, S. 609; *Zwirner*, Kapitalmarktorientierung versus Börsennotierung, PIR 2010, S. 93.

# 1 Überblick

## 1.1 Entstehungsgeschichte

Als Folge von Zweifeln an der Funktionsfähigkeit des KM wurde im Mai 2000 die Regierungskommission „*Corporate Governance*" (sog. *Baums*-Kommission) u.a. mit der Aufgabe eingesetzt, mögliche Defizite bei der Unternehmenskontrolle zu identifizieren und Lösungsvorschläge zu erarbeiten. In dem im Juli 2001 vorgelegten Bericht wird auch empfohlen, eine nach dem Vorbild des britischen *Financial Reporting Review Panel (FRRP)* privatwirtschaftlich getragene und organisierte Einrichtung vorzusehen, die „groben Verstößen gegen Rechnungslegungsvorschriften"[2] nachzugehen hat. Bereits im Juni 2000 hatte die EU-Kommission festgestellt, dass für das Funktionieren des europäischen KM ein effizientes *Enforcement*-System unabdingbar sei.[3]

1

Diese Empfehlungen wurden vom 10-Punkte-Programm der Bundesregierung zur Stärkung der Unternehmensintegrität und des Anlegerschutzes vom 25.2.2003 aufgegriffen und mit dem BilKoG vom 15.12.2004 vornehmlich in den §§ 342b–e HGB, Art. 56 EGHGB und §§ 37n–u WpHG umgesetzt. Mit diesem Gesetzgebungsvorhaben sollen die Qualität der Rechnungslegung verbessert (Präventionsfunktion) und Verstöße aufgedeckt und dem KM bekannt gemacht werden (Sanktionsfunktion).[4]

2

---

[2] Bericht der Regierungskommission „*Corporate Governance*" v. 11.7.2001, Rz 278.
[3] Vgl. Mitteilung an den Rat und das Europäische Parlament v. 13.6.2000 „Rechnungslegungsstrategie der EU: Künftiges Vorgehen", S. 10.
[4] Vgl. ausdrücklich BegrRegE BilKoG, BT-Drs. 15/3421 S. 11.

## 1.2 Zweistufiges Enforcement-Verfahren

3  Auf Basis einer intensiven Diskussion hat sich der deutsche Gesetzgeber letztlich dafür entschieden, das *Enforcement*-System in Deutschland zweistufig auszugestalten: mit einer privatrechtlich organisierten Organisation auf der 1. Stufe und der staatlichen BaFin auf der 2. Stufe.
Die Vertretung des deutschen *Enforcement*-Systems im Ausland wird primär von der BaFin wahrgenommen. Dies hat jedoch im Benehmen mit der DPR zu erfolgen (§ 37s WpHG). Die Kooperation mit den europäischen *Enforcement*-Institutionen findet in erster Linie im Rahmen der mehrmals im Jahr stattfindenden *European Enforcers Coordination Sessions (EECS)* statt. Die *EECS* liegen im Verantwortungsbereich der *European Securities and Markets Authority (ESMA)* – der Nachfolgeinstitution des *Committee of European Securities Regulators (CESR)*. Zu den Aufgaben von *ESMA* gehören neben der Kapital- und Finanzmarktaufsicht auch die Koordination und die Vereinheitlichung des Rechnungslegungs-*Enforcement* in der EU.[5]

4  Im Regelfall wird das Prüfverfahren – bei freiwilligem Mitwirken des jeweils betroffenen Unt – ausschließlich auf der 1. Stufe abgewickelt. Damit soll die Idee einer Prüfung „auf Augenhöhe" zwischen privatrechtlich geprägten Institutionen realisiert werden. Die BaFin selbst darf daher regelmäßig nur dann Prüfungsaktivitäten übernehmen, wenn das zu prüfende Unt seine Mitwirkung bei der Prüfung auf der 1. Stufe verweigert oder der auf der 1. Stufe getroffenen Fehlerfeststellung nicht zustimmt.[6] Daraus wird klar, dass auf der 1. Stufe ein eigenständiges Prüfverfahren stattfindet.[7]

5  Das Verfahren zur Fehlerveröffentlichung – weitere Sanktionsmaßnahmen als die Fehlerveröffentlichung hat der Gesetzgeber in Deutschland nicht eingeführt – ist dagegen ausschließlich auf der 2. Stufe angesiedelt und damit der BaFin zugeordnet, die dabei mit ihren hoheitlichen Mitteln agieren kann. Entsprechend kann die BaFin per Verwaltungsakt gegenüber dem Unt anordnen, die Fehlerfeststellung nebst Begründung nach Maßgabe von § 37q Abs. 2 WpHG allgemein zugänglich zu veröffentlichen.[8]

6  Seit November 2009 kann die DPR Auskünfte zu bestimmten Rechnungslegungsproblemen an die Unt bereits im Vorfeld der Abschlusserstellung erteilen.[9] Unabdingbare Bestandteile einer solchen schriftlich zu stellenden fallbezogenen Voranfrage sind ein hinreichend konkretisierter Sachverhalt, die vom Unt vorgeschlagene bilanzielle Behandlung sowie eine Stellungnahme des AP. Sofern die DPR die Voranfrage annimmt, teilt die DPR ihre – rechtlich nicht verbindliche – Auffassung dem Unt mit. Mit diesem Verfahren können

---

[5] Vgl. *Hoffmann/Detzen*, DB 2011, S. 1261.
[6] Vgl. § 37p Abs. 1 WpHG und die dort beschriebenen weiteren Aufgriffstatbestände für die Einleitung einer Prüfung durch die BaFin.
[7] Hätte der Gesetzgeber auf der 1. Stufe nur „Vor-Ermittlungen" angesiedelt, wäre die Akzeptanz der privatrechtlich organisierten Einrichtung bei den zu prüfenden Unt von vornherein infrage gestellt worden.
[8] Zu weiteren Einzelheiten des Fehlerveröffentlichungsverfahrens vgl. *Kumm/Müller*, IRZ 2009, S. 77.
[9] Vgl. *Zülch et al*, DB 2014, S. 609–614; *Brandt*, FS von Rosen, 2008, S. 629; *Schildbach*, StuB 2006, S. 924 sowie *Schön*, DB 2008, S. 1027, mit der Replik dazu von *Berger*, DB 2008, S. 1843.

Fehler bereits bei der Abschlusserstellung vermieden werden, was die präventive Funktion der DPR stärkt.

## 1.3 Sanktionssystem bei fehlerhafter Rechnungslegung

### 1.3.1 Veröffentlichung anstelle von Berichtigung

Als Folge einer fehlerhaften Rechnungslegung sieht das deutsche *Enforcement*-System als Sanktion nicht wie z. B. in den USA eine Berichtigungspflicht (Restatement) vor, sondern lediglich eine Veröffentlichung der festgestellten Fehler (§ 37q Abs. 2 WpHG) durch das betroffene Unt. Entscheidend sei – so die Regierungsbegründung[10] – die Information des KM.[11]

7

### 1.3.2 Öffentliches Interesse

Voraussetzung einer Veröffentlichung ist das öffentliche Interesse hieran. Liegt dieses nicht vor, hat die BaFin nach § 37q Abs. 2 Satz 2 WpHG von Amts wegen von einer entsprechenden Anordnung abzusehen. Das Unt kann aber auch einen Antrag auf Verzicht einer Veröffentlichung stellen, wenn diese geeignet ist, den berechtigten Interessen des Unt zu schaden (§ 37q Abs. 2 Satz 3 WpHG). Dann hat die BaFin eine Güterabwägung vorzunehmen und das Interesse der Öffentlichkeit demjenigen des Unt an einer Geheimhaltung gegenüberzustellen. Der Zweck des *Enforcement*-Verfahrens, den KM rasch zu informieren, verdeutlicht aber, dass ein Verzicht auf eine Veröffentlichung die Ausnahme darstellen sollte.[12] Diese allgemeine Beurteilung wird durch den Beschluss des OLG Frankfurt am Main vom 14.6.2007 bestätigt.[13] In dieser Entscheidung stellt das Gericht klar, dass das öffentliche Interesse nicht bereits dadurch entfällt, dass zwischenzeitlich ein neuer Abschluss vorliegt, in dem der festgestellte Fehler korrigiert wurde, und berechtigte Interessen nicht schon deswegen anzunehmen sind, weil der Aktienkurs negativ beeinflusst werden könnte. Diese Wertung spiegelt sich auch in der Entscheidungspraxis der BaFin wider: Bei insgesamt 200 Fehlerfeststellungen in den Jahren 2005 bis 2013 wurde nur in acht Fällen von einer Fehlerveröffentlichung abgesehen.[14]

8

9

10

### 1.3.3 Rechtsmittel gegen die Anordnung der BaFin

Bei der Anordnung der **BaFin** zur Fehlerveröffentlichung handelt es sich um einen belastenden Verwaltungsakt, gegen den nach § 37t WpHG **Widerspruch** eingelegt werden kann. Über Recht- und Zweckmäßigkeit des Widerspruchs entscheidet die BaFin selbst.[15] Gegen diese Entscheidung wiederum kann das Unt sich mit einer **Beschwerde** nach § 37u WpHG i. V. m. § 48 Abs. 4 WpÜG an das OLG Frankfurt am Main wenden.

11

---

10 Vgl. BegrRegE BilKoG, BT-Drs. 15/3421 S. 18.
11 Wegen der fehlenden Möglichkeit, eine Berichtigung zu verlangen, hat die BaFin gegenüber der *ESMA* ein Abweichen von *ESMA Guideline 7* erklärt. Vgl. *ESMA*, Guidelines compliance table, März 2015.
12 Vgl. ausdrücklich BegrRegE BilKoG, BT-Drs. 15/3421 S. 11.
13 Vgl. OLG Frankfurt a. M., Beschluss v. 14.6.2007, WpÜG 1/07.
14 Vgl. BaFin, Jahresbericht 2013, S. 181.
15 Vgl. *Giesberts*, in *Hirte/Möllers*, KölnKomm. WpHG, § 37t Rz 10, 2. Aufl., 2014.

12  Weder Widerspruch noch Beschwerde (§§ 37t Abs. 2 bzw. 37u Abs. 1 Satz 2 WpHG) haben aufschiebende Wirkung. Hiermit hat der Gesetzgeber dem Interesse des KM an einer zeitnahen, effektiven und beschleunigten Überprüfung der Rechnungslegung den Vorrang vor dem Grundsatz der aufschiebenden Wirkung eines Rechtsmittels gegen belastende Verwaltungsakte gegeben.

13  Die **aufschiebende Wirkung** einer Fehlerveröffentlichung kann aber nach § 37u Abs. 2 WpHG i.V.m. § 50 Abs. 3 WpÜG erreicht werden, wenn „ernsthafte Zweifel an der Rechtmäßigkeit" der Verfügung der BaFin bestehen. In der Praxis hat ein Unt unter Berufung auf diese Vorschrift bewirkt, dass die Veröffentlichung aufgeschoben wurde.[16]

## 2 Privatrechtliche Enforcement-Institution (Abs. 1)

### 2.1 Normzweck und Regelungsinhalt

14  Die Vorschrift des Abs. 1 schafft primär die Rechtsgrundlage für die Anerkennung einer privatrechtlich organisierten Institution als 1. Stufe des **zweistufigen Enforcement**-Verfahrens.

15  Die Regelungen spiegeln daher die verfahrenstechnischen und materiellen Voraussetzungen des Anerkennungsverfahrens zwischen der privatrechtlichen *Enforcement*-Institution auf der einen Seite und dem BMJV sowie dem BMF auf der anderen Seite wider.

16  Wenngleich in Abs. 1 selbst nur einzelne zentrale Anerkennungsvoraussetzungen benannt werden, sichern sich BMJV und BMF letztlich über die von der privatrechtlichen *Enforcement*-Institution vorzulegende Satzung nebst Verfahrensordnung eine sehr viel detailliertere Einsichtsmöglichkeit in die tatsächliche Ausgestaltung der Gesamtorganisation und insb. den Ablauf eines Prüfungsverfahrens.

### 2.2 Errichtung der Prüfstelle

#### 2.2.1 Delegationskompetenz

17  Mit Abs. 1 Satz 1 schafft der Gesetzgeber die Möglichkeit, eine privatrechtlich organisierte Institution – der Legaldefinition nach als Prüfstelle bezeichnet – mit der *Enforcement*-Aufgabe zu betrauen. Gleichwohl ist für den Fall vorgesorgt, dass davon nicht Gebrauch gemacht wird oder die Aufgabendelegation scheitert. Denn letztlich kann und darf die öffentliche Hand keinen verbindlichen Einfluss bei der Errichtung und dem Fortbestehen einer solchen Institution ausüben. Diese demnach zwingend notwendige öffentliche Reservefunktion wird gem. §§ 37nf. WpHG der BaFin zugewiesen.

18  Tatsächlich haben BMJV und BMF einen **Anerkennungsvertrag** mit dem DPR e.V.[17] als Prüfstelle i.S.v. Abs. 1 Satz 1 geschlossen (30.3.2005) und ihm dadurch die in § 342b HGB definierte Aufgabenstellung übertragen.[18]

---

[16] Vgl. OLG Frankfurt a.M., Beschluss v. 14.6.2007, WpÜG 1/07.
[17] Im internationalen Kontext tritt der DPR e.V. auch unter der Bezeichnung „Financial Reporting Enforcement Panel" bzw. „FREP" auf.
[18] Generelle Information zum DPR e.V. und speziell zu dem in der Kommentierung angesprochenen Reglement sind unter www.frep.info zu finden.

Der DPR e.V. selbst, dessen Vereinszweck gerade in der Trägerschaft einer weisungsunabhängigen Prüfstelle zur Prüfung von Verstößen gegen Rechnungslegungsvorschriften gem. §§ 342b ff. HGB liegt (§ 2 Abs. 1 Buchst. a Vereinssatzung), ist am 14.5.2004 von 15 Berufs- und Interessenvertretungen aus dem Bereich der Rechnungslegung[19] im Benehmen mit dem BMJV – parallel zum Gesetzgebungsverfahren für die Einführung des Enforcement der Rechnungslegung in Deutschland (BilKoG) – gegründet und am 10.9.2004 in das Vereinsregister eingetragen worden. 19

### 2.2.2 Struktur der Prüfstelle

Der DPR e.V. hat als obligatorische Vereinsorgane einen Vorstand und eine Mitgliederversammlung sowie als fakultative Vereinsorgane die Prüfstelle und den Nominierungsausschuss (§ 6 Abs. 1 Vereinssatzung).[20] Weiterhin ist nach § 7 Abs. 2 Satz 2 Vereinssatzung ein Geschäftsführer zu bestellen. 20

Von zentraler Bedeutung ist das Vereinsorgan Prüfstelle (im Folgenden auch als DPR bezeichnet), das die operative Tätigkeit mit der Durchführung der *Enforcement*-Verfahren leistet.[21] Die Prüfstelle selbst besteht nach § 9 Abs. 1 Satz 1 Vereinssatzung aus dem Präsidium (Präsident und Vizepräsident) und mindestens drei weiteren Personen (allesamt als „Mitglieder der Prüfstelle" bezeichnet).[22] Das Präsidium und die Geschäftsführung bilden zusammen die Leitung der Prüfstelle. 21

Wenngleich die Aufgabe des DPR e.V. primär darin liegt, als Trägerverein für die Prüfstelle zu fungieren, um dessen Außenrechtsfähigkeit zu gewährleisten, werden auch von den übrigen Vereinsorganen **wichtige Aufgaben** wahrgenommen. So obliegen dem – ehrenamtlich tätigen – Vorstand die Rechnungslegung des DPR e.V. und der Abschluss der Dienstverträge mit den Beschäftigten,[23] der Mitgliederversammlung die Beschlussfassung über den Wirtschaftsplan und die Wahl der Mitglieder des Vorstands und des Nominierungsausschusses und dem – ebenfalls ehrenamtlich tätigen – Nominierungsausschuss die Auswahl der Mitglieder der Prüfstelle. 22

### 2.3 Anerkennungsvoraussetzungen

Als Voraussetzung für den Abschluss eines Anerkennungsvertrags (Rz 18) benennt Abs. 1 Satz 2, dass die privatrechtliche Institution die *Enforcement*-Prüfungen auf Basis eines festgelegten Verfahrensablaufs unabhängig, sachverständig und vertraulich durchführen können muss, also nach Grundsätzen, die auch für den Bereich der Apr. gelten. 23

---

19 Zu einem späteren Zeitpunkt sind zwei weitere Verbände zum Mitgliederkreis hinzugetreten.
20 Vgl. zur Struktur und zur Funktions- und Arbeitsweise des DPR e.V. ausführlich *Brandt*, FS von Rosen, 2008, S. 263.
21 Aufgenommen hat die Prüfstelle ihre Tätigkeit entsprechend der gesetzlichen Vorgabe des Art. 56 Abs. 1 Satz 2 EGHGB mit dem 1.7.2005.
22 Tatsächlich verfügt die Prüfstelle neben dem Präsidium über Planstellen für 16 weitere Mitglieder der Prüfstelle.
23 Mitglieder der Prüfstelle, Geschäftsführer und Mitarbeiter der Geschäftsstelle.

24 Dass sämtliche dieser Anforderungen gewährleistet sind, muss sich – so die ausdrückliche gesetzliche Regelung – aus der Satzung, der Verfahrensordnung und der personellen Zusammensetzung ableiten lassen.

25 Wie die DPR eine *Enforcement*-Prüfung operativ abwickelt, ist zentral in der **Verfahrensordnung** geregelt, die sich das Vereinsorgan Prüfstelle satzungsgemäß gegeben hat und die entsprechend vom BMJV und BMF genehmigt worden ist.[24] Die Verfahrensordnung sieht insb. vor, dass innerhalb der Prüfstelle aus jeweils drei Mitgliedern (i. d. R. dem Präsidium und einem weiteren Mitglied) Kammern gebildet werden, die für die Urteilsfindung zuständig sind (§ 4 Verfahrensordnung). Die Durchführung der Prüfungshandlungen obliegt dem sog. fallverantwortlichen Prüfer (§ 6 Verfahrensordnung), dem ein Berichtskritiker zugeordnet wird (§ 8 Verfahrensordnung). Bestimmungen zum Verfahrensablauf, insb. zum Bereich der Erkenntnisgewinnung und der Urteilsfindung, finden sich in § 17 Verfahrensordnung.

26 Das Kriterium **Unabhängigkeit** ist von herausragender Bedeutung für jede prüfende Institution und damit auch für die DPR. Entsprechend umfassend sind die Bestimmungen in der Verfahrensordnung zu den Anforderungen, die sich inhaltlich an §§ 319, 319a HGB anlehnen, und zu den entsprechenden Maßnahmen zur Sicherstellung der Unabhängigkeit gehalten (§§ 9 und 13 ff. Verfahrensordnung).

27 **Sachverständigkeit** verlangt auf jeden Fall eine hohe Qualifikation der Mitglieder der Prüfstelle in Hinblick auf deren Kenntnisse und praktische Erfahrungen mit den relevanten Rechnungslegungsstandards, d. h. primär mit den IFRS. Entsprechend muss der Nominierungsausschuss bei seiner Auswahlentscheidung insb. diesen Aspekt berücksichtigen.[25]

28 Die **Vertraulichkeit** des gesamten Verfahrensablaufs stellt den dritten Grundpfeiler dar, ohne den ein auf freiwilliger Mitwirkung der Unt beruhendes *Enforcement*-Verfahren[26] nicht denkbar wäre. Unbesehen der Regelungen, die sich die DPR selbst über die Vereinssatzung und die Verfahrensordnung auferlegt hat, ist das Verschwiegenheitsgebot auch nochmals gesetzlich gefasst (§ 342c HGB), um auch im internationalen Kontext entsprechendes Vertrauen durch eine ausdrückliche Gesetzesbestimmung sicherzustellen und im Übrigen auch entsprechende Sanktionen bei Verstößen androhen zu können.[27]

## 2.4 Genehmigungsvorbehalt

29 Mit der Vorschrift des Abs. 1 Satz 3 stellt der Gesetzgeber sicher, dass sowohl die Satzung als auch die Verfahrensordnung, die der Entscheidung über die Anerkennung der privatrechtlichen Institution als Prüfstelle i. S. v. Abs. 1 Satz 1 zugrunde gelegt wurden, nicht im Nachhinein autonom von der DPR geändert

---

[24] Vgl. § 9 Abs. 5 Vereinssatzung; dort werden auch einige zwingend zu berücksichtigende Kernbestandteile definiert. Im Rahmen des Anerkennungsverfahrens des DPR e. V. als Prüfstelle i. S. v. Abs. 1 Satz 1 hat der Vorstand eine „Vorabfassung" vorgelegt, die die Prüfstelle unverzüglich nach ihrer Konstitution mit geringfügigen Modifikationen verabschiedet hat.
[25] Vgl. § 8 Abs. 4 und 7 i. V. m. § 9 Abs. 2 Vereinssatzung.
[26] Vgl. Abs. 4 Satz 1 und die dortige Kommentierung zu dieser Vorschrift.
[27] Vgl. die Strafrechtsbestimmung in § 333 HGB bzw. die zivilrechtliche Schadensersatzpflicht in § 342c HGB.

werden können. Entsprechend bedarf es jeweils der Genehmigung des BMJV im Einvernehmen mit dem BMF.

## 2.5 Beiziehung externer Personen

Die personellen Kapazitäten, über die die DPR verfügen kann, gründen sich primär auf die hauptberuflich bei der DPR beschäftigten Mitglieder der Prüfstelle. Daneben gestattet der Gesetzgeber der DPR, sich auch durch andere externe Personen unterstützen zu lassen (Abs. 1 Satz 4), was auch der BaFin möglich ist (§ 4 Abs. 3 FinDAG). 30

Die DPR macht davon auch tatsächlich Gebrauch, indem sie vornehmlich zur Abstützung ihrer Prüfungsergebnisse bei kritischen Prüffällen Gutachten von WPG und RA einholt. Die dafür erforderlichen finanziellen Mittel werden der DPR über das an den Wirtschaftsplan der DPR geknüpfte Finanzierungsverfahren bereitgestellt. 31

In Hinblick auf die Integritätsanforderungen Unabhängigkeit, Verschwiegenheit und das Verbot, vertrauliche Informationen zu verwerten, gelten für externe Personen dieselben Anforderungen wie für die Mitglieder der Prüfstelle (vgl. § 9 Abs. 2 Verfahrensordnung, § 342c Rz 6). 32

## 2.6 Anerkennungsbekanntmachung

Für die Veröffentlichung der Anerkennung und deren allfälliger Beendigung schreibt Abs. 1 Satz 5 dem BMJV den Einsatz des **Bundesanzeigers**[28] vor. 33

Damit ist sichergestellt, dass insb. die dem *Enforcement* unterliegenden Unt, aber auch die weitere Öffentlichkeit jederzeit auf einfache Weise die Legitimation des DPR e. V. nachvollziehen können. 34

# 3 Prüfungsgegenstand und Prüfungsanlässe (Abs. 2)

## 3.1 Normzweck und Regelungsinhalt

Die Vorschriften des Abs. 2 dienen dazu, den Kern des *Enforcement*-Verfahrens zu regeln. Bestimmt werden der Prüfungsgegenstand, der Prüfungsmaßstab, der Kreis der zu prüfenden Unt sowie die Prüfungsanlässe. 35

## 3.2 Prüfungsgegenstand

Gegenstand der Prüfung ist nach Abs. 2 Satz 1 der zuletzt festgestellte JA mit LB oder der zuletzt gebilligte KA mit KLB und seit Verabschiedung des TUG[29] auch der zuletzt veröffentlichte Halbjahresabschluss[30] mit Zwischen-LB. Mit der Begrenzung des *Enforcement* auf die jeweils letzten Abschlüsse – so die Regierungsbegründung[31] – soll ein Ausgleich zwischen dem Interesse der Unt an Rechtssicherheit und dem Interesse des Schutzes potenzieller Anleger gefunden 36

---

[28] Vgl. www.bundesanzeiger.de.
[29] Transparenzrichtlinie-Umsetzungsgesetz v. 5.1.2007, BGBl 2007 I S. 10.
[30] Das Gesetz spricht in Abs. 2 Satz 1 vom „verkürzten Abschluss", wie er in § 37w Abs. 3 WpHG umrissen ist.
[31] Vgl. BegrRegE BilKoG, BT-Drs. 15/3421 S. 13.

werden. Quartalsabschlüsse[32] sind vom *Enforcement* ausgenommen. **Hauptgegenstand** der Prüfung sind die **KA**, da diese primär den Informationsinteressen des KM dienen.

37 Zum JA gehören auch immer die Vergleichszahlen des vorangegangenen Jahrs (§ 265 Abs. 2 Satz 1 HGB, IAS 1.38). Etwaige Fehler dieser Vergleichszahlen können damit bei der Prüfung des zuletzt festgestellten, gebilligten bzw. veröffentlichten Abschlusses aufgegriffen werden, wenn die Wesentlichkeitskriterien erfüllt sind.

38 Sofern eine Prüfung eingeleitet wurde, ist sie auch dann abzuschließen, wenn während der laufenden Prüfung der Folgeabschluss festgestellt, gebilligt bzw. veröffentlicht wird.[33]

39 Eine noch nicht abgeschlossene Prüfung wird ergebnislos eingestellt, sobald die Wertpapiere des Unt nicht mehr gehandelt werden, da keine schutzwürdigen Interessen von Anlegern mehr vorliegen.

40 Bei Unt, deren Wertpapiere durch eine Börseneinführung erstmals gehandelt werden, können auch Abschlüsse in das *Enforcement* einbezogen werden, die am letzten Stichtag noch gar nicht dem *Enforcement* unterlagen.

41 Bei **ausländischen Unt** wird auf die Abschlüsse zurückzugreifen sein, die nach den jeweiligen nationalen gesellschaftsrechtlichen Vorschriften – der Feststellung bzw. Billigung vergleichbar – rechtswirksam werden. Für die Abschlüsse, mit denen der deutsche KM informiert wird, dürfte die Vermutung gelten, dass es sich um die relevanten, dem *Enforcement* unterliegenden Abschlüsse handelt.

### 3.3 Kreis der geprüften Unternehmen

42 Dem *Enforcement* unterliegen nach Abs. 2 Satz 2 die Unt, deren Wertpapiere wie Aktien, Genussscheine oder Inhaberschuldverschreibungen an einer deutschen Börse zum Handel im regulierten Markt zugelassen sind (sog. **KM-orientierte Unt**). Auf den juristischen Sitz der Unt kommt es nicht an.[34] Andere Länder der EU sehen dagegen in der Transparenzrichtlinie eine Sollkonzeption, wonach der Mitgliedstaat für die Prüfung zuständig ist, in dem das Unt ansässig ist.

43 **Vom Enforcement ausgenommen** sind daher diejenigen **Unt**, deren **Wertpapiere im Freiverkehr** gehandelt werden. Dem deutschen *Enforcement* unterliegen 756 Unt zum 1.7.2014.[35]

### 3.4 Prüfungsmaßstab

#### 3.4.1 Allgemeine Rechnungslegungsvorschriften

44 Den Prüfungsmaßstab stellen gem. Abs. 2 Satz 1 die jeweils geltenden Rechnungslegungsvorschriften einschließlich der GoB dar. Bei den deutschen Unt sind dies das HGB sowie branchenspezifische Vorschriften für deren JA und gem. (EG) Verordnung Nr. 1606/2002 die IFRS für deren KA sowie die in § 315a

---

[32] Vgl. § 37x Abs. 3 WpHG.
[33] Vgl. ebenso *Müller*, ZHR 2004, S. 415.
[34] Vgl. ausdrücklich BegrRegE BilKoG, BT-Drs. 15/3421 S. 14.
[35] Seit Gründung der DPR im Jahr 2005 ist der weitaus größte Teil aller Unt, die dem *Enforcement* in Deutschland unterliegen, mindestens einmal geprüft worden. Seit dem 1.7.2005 hat die DPR über 1.000 Prüfverfahren abgeschlossen. Dabei kam es in über 220 Fällen zu Fehlerfeststellungen (Stand: 31.12.2014).

HGB genannten Vorschriften. Zusätzlich dürfte auch die Einhaltung von Gesellschaftsvertrag oder Satzung zu prüfen sein, soweit diese für die Rechnungslegung relevant sind.[36]
Für Abschlüsse ausländischer Unt kann auch deren nationales Recht Maßstab sein. Wenn es sich hierbei z.B. um die Einhaltung von *Japanese-GAAP* handelt, dürfte eine Prüfung mit besonderen Schwierigkeiten verbunden sein.

### 3.4.2 Grundsatz der Wesentlichkeit

Von besonderer Bedeutung für nahezu jede Prüfung ist die Frage, ab wann das zu prüfende Ist-Objekt als nicht mehr mit dem Soll-Objekt übereinstimmend zu beurteilen ist. Die Entscheidungsfindung wird maßgeblich vom Grundsatz der Wesentlichkeit (*materiality*) bestimmt, nach *Peemöller*[37] einer der elementarsten Rechnungslegungsgrundsätze bei der Aufstellung von JA.[38]
Der Normenkreis der IFRS stellt auf den Adressaten (*user*) der Informationen ab. Hiernach ist Voraussetzung einer Abweichung von der Norm und damit eines Rechnungslegungsverstoßes, dass eine Information weggelassen oder fehlerhaft dargestellt wurde. Diese muss so wesentlich sein, dass sie die Entscheidungen der Adressaten beeinflussen könnte.[39] Die HGB-Vorschriften weisen keinen vergleichbaren expliziten Bezug der Wesentlichkeit für die Fehlerhaftigkeit einer Rechnungslegung auf. Die Bedeutung der Wesentlichkeit für die Beurteilung eines HGB-Abschlusses bleibt aber hiervon unberührt.[40]
Für die **Abschlussprüfung** haben die Berufsorganisationen mit dem IDW PS 250 n.F.[41] (Wesentlichkeit im Rahmen der Abschlussprüfung) bzw. mit dem ISA 320 (*Materiality in Planning and Performing an Audit*) Wesentlichkeitsgrundsätze entwickelt. **Für das Enforcement gibt es keinen Grund, hiervon inhaltlich abzuweichen.**
Damit gelten im Kern die gleichen Beurteilungskriterien für das *Enforcement* wie für die Apr. Das kann auch gar nicht anders sein, da die Existenzberechtigung beider Institutionen gleichermaßen darin besteht, das Vertrauen in die von den Unt zu erstellenden Abschlüsse mit zugehörigen LB zu stärken und bei Abweichungen dies öffentlich kundzutun. Unterschiedliche Aussagen von AP und *Enforcement*-Institutionen zum gleichen Prüfungsobjekt würden das Gegenteil bewirken und Verwirrung statt Vertrauen schaffen. Diese Auffassung wurde durch einen Beschluss des OLG Frankfurt am Main ausdrücklich bestätigt.[42]

### 3.4.3 Enforcement bei Ermessensentscheidungen

Da Rechnungslegung keine exakte Wissenschaft ist und viele Posten auf Schätzungen oder Annahmen über die Zukunft beruhen, beeinflussen zwangsläufig

---

[36] So auch *Gelhausen/Hönsch*, AG 2005, S. 513.
[37] Vgl. *Peemöller*, in *Ballwieser* et al., Handbuch International Financial Reporting Standards 2011, Abschn. 21, Rz 32.
[38] Diese von *Peemöller* auf die IFRS bezogene Aussage dürfte gleichermaßen für andere Rechnungslegungsstandards gelten.
[39] Vgl. IAS 1.7, IAS 8.5, IAS 8.8 und IAS 8.41.
[40] S. hierzu *Mayer-Wegelin*, BB-Special 4 2006, S. 8ff.
[41] Gilt für die Prüfung von Abschlüssen für Berichtszeiträume, die am oder nach dem 15.12.2012 beginnen, sofern keine freiwillige vorzeitige Anwendung dieser Fassung erfolgt.
[42] OLG Frankfurt a.M., Beschluss v. 22.1.2009, WpÜG 1 und 3/08.

**subjektive Wertungen** die Rechnungslegung. Dies wiederum hat zur Folge, dass nicht ein eindeutiger Betrag wie i.d.R. bei der Höhe eines Kassenbestands, sondern eine **Bandbreite** von möglichen Werten im Einklang mit den Rechnungslegungsvorschriften steht. Jede Prüfungsinstanz, sei es der AP, die DPR, die BaFin oder das Gericht, stehen vor der schwierigen Frage, wo die Grenze einer akzeptablen Bandbreite im Einzelfall zu ziehen ist.

51 In der Praxis wird die DPR ein von den Unt ausgeübtes und vom AP akzeptiertes Ermessen nur beanstanden, wenn widersprüchliche oder unrealistische Annahmen getroffen wurden.

52 Nach den gleichen Grundsätzen dürften die BaFin oder ein Gericht ihre Entscheidungen zu treffen haben.

### 3.4.4 Prüfungsumfang

53 Eine **Enforcement-Prüfung** unterscheidet sich von der Apr. vor allem durch den wesentlich geringeren Umfang. Insbesondere unterliegen bei einem zu prüfenden KA die Abschlüsse der TU als solche nicht dem *Enforcement*. Gleichermaßen ausgenommen vom *Enforcement* sind die inhaltliche Prüfung eines Abhängigkeitsberichts und die Prüfung des Risikoüberwachungssystems (§ 317 Abs. 4 HGB).[43]

54 Wegen des eingeschränkten Prüfungsumfangs stellt das **Ergebnis der Prüfung durch die DPR**, auch wenn diese zu keinen Beanstandungen führte, **kein positives Gesamturteil über den geprüften Abschluss** dar. Hierauf weist die DPR die geprüften Unt ausdrücklich hin, wenn diesen das Ergebnis der Prüfung mitgeteilt wird. Damit soll verhindert werden, dass Unt durch den Verweis auf eine beanstandungsfreie Prüfung einen falschen Eindruck in der Öffentlichkeit erwecken könnten.

### 3.5 Prüfungsanlässe

55 Das Gesetz nennt in Abs. 2 Satz 3 drei Anlässe, die zu einer *Enforcement*-Prüfung führen können. Zwei sind reaktiver Natur, da bestimmte Anhaltspunkte für einen Rechnungslegungsverstoß vorliegen müssen. Im Übrigen wird die DPR von sich aus tätig und wählt stichprobenartig Unt aus. Ein Anspruch der Unt, eine Prüfung einzuleiten, besteht jedenfalls nicht.

#### 3.5.1 Anlassprüfung

56 Zu einer Anlassprüfung (Abs. 2 Satz 3 Nr. 1) kommt es, soweit Anhaltspunkte für einen Rechnungslegungsverstoß vorliegen.

57 Die Einschränkung „soweit" bedeutet, dass sich die Prüfung auf die Sachverhalte zu richten hat, bei denen entsprechende Anhaltspunkte vorliegen. Allerdings steht es der Prüfstelle offen, die Prüfung auszuweiten, wenn sich weitere Anhaltspunkte für Rechnungslegungsverstöße ergeben.[44]

58 Anhaltspunkte erhält die DPR durch den gem. § 3 Abs. 1 Nr. 5 der Verfahrensordnung eingerichteten Medienausschuss, dessen Aufgabe darin besteht, Berichte in der Wirtschaftspresse und in sonstigen Medien zu analysieren, weiterhin

---

[43] Kritisch hierzu *Lenz*, BFuP 2004, S. 229, und *Seidel*, DB 2005, S. 654.
[44] So auch die Gesetzesbegründung; vgl. BegrRegE BilKoG, BT-Drs. 15/3421, S. 14.

von der WPK aus deren Durchsicht der veröffentlichten Abschlüsse. Daneben erhält die Prüfstelle vereinzelt Hinweise von Dritten. Auch ein eingeschränkter BSV des AP stellt i.d.R. einen Anhaltspunkt dar. Die vermuteten Verstöße müssen hinreichend konkret sein und dürfen nicht auf bloßen Vermutungen, Spekulationen oder Hypothesen beruhen.[45] Weiterhin muss der vermutete Verstoß nach Abs. 2 Satz 4 Hs. 1 von öffentlichem Interesse für den KM sein. Dies ist nicht der Fall, wenn es sich um offensichtlich unwesentliche Verstöße handelt, die für den KM belanglos sind und denen keine Aussagekraft zukommt.

59

60

Gem. § 3 Abs. 1 Nr. 3 der Verfahrensordnung obliegt dem Vorprüfungsausschuss der DPR die Beurteilung, ob die Voraussetzungen für konkrete Anhaltspunkte und ein entsprechendes öffentliches Interesse jeweils vorliegen, was im Einzelfall eine schwierige Abwägung mit sich bringen kann. Sind die Voraussetzungen unstreitig gegeben, ist eine Prüfung zwingend einzuleiten. Im Zweifelsfall wird der Ausschuss sich eher für die Einleitung einer Prüfung zu entschließen haben.[46]

61

### 3.5.2 Prüfung auf Verlangen der BaFin

Auch eine Prüfung auf Verlangen der BaFin (Abs. 2 Satz 3 Nr. 2) stellt eine Form der Anlassprüfung dar. Denn für die Entscheidung der BaFin gelten nach § 37o Abs. 1 WpHG die gleichen Voraussetzungen hinsichtlich Konkretheit von Anhaltspunkten und öffentlichem Interesse. Zu einer Prüfung auf Verlangen kommt es, wenn die BaFin über entsprechende Hinweise verfügt oder ihr diese zugänglich gemacht werden.

62

### 3.5.3 Stichprobenprüfung

Die Stichprobenprüfung (Abs. 2 Satz 3 Nr. 3) stellt den häufigsten Fall einer *Enforcement*-Prüfung dar. In den Jahren 2011 bis 2014 betrug ihr Anteil an den insgesamt durchgeführten Prüfungen der DPR im Durchschnitt rund 90 %. Die Stichprobenprüfung verdeutlicht den **präventiven Charakter** des *Enforcement*. Sie ist auf JA bzw. KA begrenzt, da Halbjahresabschlüsse von der Stichprobenprüfung gem. Abs. 2 Satz 4 Hs. 2 ausgenommen sind.

63

Die Auswahl der Stichproben richtet sich nach den „Grundsätze(n) für die stichprobenartige Prüfung".[47] Diese werden im Einvernehmen mit dem BMJV und dem BMF festgelegt (Abs. 2 Satz 5), wobei das BMF seine Ermächtigung zur Erteilung des Einvernehmens auf die BaFin übertragen kann (Abs. 2 Satz 6).

64

Die Stichprobengrundsätze basieren auf einem gemischten Modell, bei dem eine risikoorientierte Auswahl mit einer Zufallsauswahl kombiniert wird. Sie entsprechen damit den in den *ESMA Guidelines* (Tz. 47) formulierten Grundsät-

65

---

[45] Vgl. hierzu BegrRegE BilKoG, BT-Drs. 15/3421 S. 14.
[46] So auch *Gelhausen/Hönsch*, AG 2005, S. 515, sowie *Hennrichs*, ZHR 2004, S. 403.
[47] Die aktuelle Fassung datiert v. 20.4.2009.

zen.[48] Überlegungen der Regierungsbegründung zum BilKoG,[49] wonach eine Schichtung der Unt, etwa nach DAX-Gruppen, erfolgen soll und das Bestreben, die Unt durch Stichprobenprüfungen nicht unverhältnismäßig zu belasten, sind ebenfalls in den Stichprobengrundsätzen verankert.

66 Umfang und Intensität der Stichprobenprüfungen hängen zwangsläufig von den Kapazitäten der DPR ab, wobei Anlassprüfungen Vorrang haben. Die Grundsätze sehen eine zweigeteilte Stichprobenziehung vor. Die **1. Stichprobenziehung** erfolgt aus einer **nach Risikoaspekten** zusammengestellten Auswahl. Diese Risikoaspekte betreffen bspw. erstmaliges Listing, außergewöhnliche Transaktionen oder wirtschaftliche Lage. Die Festlegung der Risikoaspekte und die Auswahl der betroffenen Unt werden vom Medienausschuss der DPR durchgeführt. Die Wahrscheinlichkeit für ein Unt innerhalb dieser 1. Stichprobenziehung ausgewählt zu werden beträgt 30 %.[50] Die **2. Stichprobenziehung** ist eine **reine Zufallsauswahl**.

67 Den Grundsätzen zufolge werden die 160 einem DAX-Segment (DAX, MDAX, SDAX und TecDAX) angehörenden Unt innerhalb von vier bis fünf Jahren und die übrigen Unt innerhalb von acht bis zehn Jahren geprüft.[51]

## 4 Subsidiarität zur Nichtigkeitsklage und Sonderprüfung (Abs. 3)

### 4.1 Normzweck und Regelungsinhalt

68 Der Normzweck der Vorschrift liegt darin, mögliche divergierende Entscheidungen zwischen einer *Enforcement*-Prüfung und den aktienrechtlichen Instituten Nichtigkeitsklage nach § 256 Abs. 7 AktG bzw. Sonderprüfung nach §§ 142 ff. bzw. §§ 258 ff. AktG zu vermeiden. Entsprechend bestimmt Abs. 3 die Subsidiarität der *Enforcement*-Prüfung gegenüber den aktienrechtlichen Verfahren.[52]

### 4.2 Nichtigkeitsklage

69 Abs. 3 Satz 1 bewirkt eine Sperre, wonach eine Prüfung des JA nicht stattfindet, solange eine Nichtigkeitsklage gem. § 256 Abs. 7 AktG anhängig ist. Eine Prüfung kann dann entsprechend nicht eingeleitet werden bzw. eine bereits begonnene Prüfung ist zu unterbrechen. Wird die Nichtigkeit des JA festgestellt, hat sich die *Enforcement*-Prüfung erledigt, andernfalls – so die Regierungsbegründung[53] – lebt die Möglichkeit einer Prüfung wieder auf.[54] Diese darf sich

---

48 Vgl. ESMA, Final Report „*ESMA Guidelines on enforcement of financial information*", Juli 2014. Zur Diskussion der
ESMA Guidelines vgl. *Berger/Pasch*, WPg 2014, S. 649–662; *Berger/Pasch*, WPg 2015, S. 16–26; *Hommelhoff/Gundel*, BB 2014, S. 811–815; *Naumann*, IRZ 2014, S. 45.
49 Vgl. BegrRegE BilKoG, BT-Drs. 15/3421 S. 14.
50 Vgl. Grundsätze für die stichprobenartige Prüfung v. 20.4.2009, S. 3.
51 Vgl. DPR, Tätigkeitsbericht 2013, S. 3.
52 Die inhaltlich gleiche Sperrwirkung entfaltet § 37o Abs. 2 WpHG, wenn eine Prüfung durch die BaFin durchgeführt wird.
53 Vgl. hierzu BegrRegE BilKoG, BT-Drs. 15/3421 S. 14.
54 Zustimmend *Ebke/Paal*, in *Schmidt/Ebke*, MünchKomm. HGB, Band 4, § 342b Rz 31, 3. Aufl., 2013; *Hennrichs*, ZHR 2004, S. 406; *Mattheus/Schwab*, BB 2004, S. 1105, sowie *Müller*, ZHR 2004, S. 416.

dann nur auf Sachverhalte beziehen, die nicht Gegenstand der Nichtigkeitsklage waren.[55] Offen bleibt, ob eine durch die Nichtigkeitsklage unterbrochene Prüfung in jedem Fall abzuschließen ist. Es erscheint sachgerecht, die Entscheidung hierüber davon abhängig zu machen, ob der KM noch ein Interesse an einem Prüfungsergebnis hat.

### 4.3 Sonderprüfung

Auch eine Sonderprüfung nach §§ 142 ff. oder 258 ff. AktG führt zu einer Sperre einer *Enforcement*-Prüfung (Abs. 3 Satz 2), hier allerdings nur insoweit, als sich der Gegenstand der Sonderprüfung mit dem der *Enforcement*-Prüfung deckt. Gründe, warum eine Nichtigkeitsklage insgesamt sperrt, eine Sonderprüfung aber nur hinsichtlich des Gegenstands der Sonderprüfung, sind nicht ersichtlich.[56]

70

### 4.4 Konzernabschluss

Die gesetzliche Sperre bezieht sich bei einer Nichtigkeitsklage oder einer Sonderprüfung jeweils auf den JA, sodass die *Enforcement*-Prüfung des für den KM wesentlich bedeutenderen KA hiervon unberührt sein könnte. Da aber die meisten Sachverhalte im JA wie im KA in gleicher Weise abzubilden sind, erscheint es sachgerecht, auch keine Prüfung des KA zu beginnen bzw., wenn diese bereits eingeleitet ist, diese auszusetzen.[57]

71

## 5 Auskunfts- und Vorlagepflichten bei Prüfungsmitwirkung (Abs. 4)

### 5.1 Normzweck und Regelungsinhalt

Abs. 4 verdeutlicht, dass die **Mitwirkung eines Unt** an einer Prüfung durch die DPR **freiwillig** ist. Hat sich das Unt aber zur Mitwirkung entschlossen, ist es auskunfts- und offenlegungspflichtig. Ein Verstoß hiergegen kann mit Bußgeld belegt werden (§ 342e HGB).

72

### 5.2 Freiwilligkeit der Mitwirkung

Kein Unt ist gezwungen, an einer Prüfung durch die DPR mitzuwirken. Eine Weigerung stellt somit auch kein Fehlverhalten gegenüber der DPR dar, hat jedoch zur Folge, dass die Prüfung gem. § 37p Abs. 1 Satz 2 Nr. 1 WpHG auf der 2. Stufe von der BaFin wahrgenommen wird. Und diese kann sich bei ihrer Prüfung wiederum der DPR bedienen (§ 37o Abs. 4 WpHG).
Während die DPR für ihre *Enforcement*-Prüfung keine Kosten erhebt, haben die Unt im Fall der Weigerung gem. § 17c FinDAG die durch die *Enforcement*-Prüfung auf der 2. Stufe entstehenden Kosten zu tragen.

73

74

---

55 So auch *Gelhausen/Hönsch*, AG 2005, S. 517.
56 So auch *Müller*, ZHR 2004, S. 416.
57 Zustimmend *Hönsch*, in *Assmann/Schneider*, WpHG, § 37o Rz 31, 6. Aufl., 2012.

## 5.3 Umfang der Mitwirkungspflicht

75 Hat das Unt seine Mitwirkung erklärt, ist es verpflichtet, richtige und vollständige Auskünfte zu erteilen und richtige und vollständige Unterlagen vorzulegen (Abs. 4 Satz 1).

76 Diese Verpflichtung betrifft zunächst die gesetzlichen Vertreter. Die Verschwiegenheitspflicht eines Vorstands gilt nach § 93 Abs. 1 Satz 4 AktG ausdrücklich nicht gegenüber der DPR in einem Prüfverfahren.

77 Diese Verpflichtung gilt aber auch für die sonstigen Personen, derer sich die gesetzlichen Vertreter bei der Mitwirkung bedienen. Zu den sonstigen Personen zählen auch die AP, nachdem diese von der Verschwiegenheitspflicht entbunden worden sind. Deren Einbindung erscheint empfehlenswert, da sie zu einem effizienten und effektiven Ablauf der Prüfung beitragen.[58]

78 **Strittig** ist die Frage, ob die DPR auch einen Anspruch auf **Einblick in die Arbeitspapiere des AP** hat, soweit dies zur Urteilsfindung erforderlich ist. Im Bereich der *Enforcement*-Prüfung durch die BaFin unterliegt der AP denselben Auskunfts- und Vorlagepflichten wie das Unt selbst (§ 37o Abs. 4 Satz 1 WpHG). Durch einen Beschluss des OLG Frankfurt am Main ist geklärt worden, dass sich diese Verpflichtung auch auf die Arbeitspapiere erstreckt.[59] Nach *Bräutigam/Heyer*[60] gilt dies auch für die Prüfstelle, da es dem Zweck des zweistufigen Verfahrens widersprechen würde, wenn die DPR nicht dieselben Erkenntnismöglichkeiten erhielte.

79 Das Gesetz gewährt der DPR einen insgesamt sehr weitgehenden Anspruch auf Auskünfte und Unterlagen. Dies wird in der Regierungsbegründung zum BilKoG aber für erforderlich gehalten, damit die Prüfstelle ihre Funktion wahrnehmen kann.[61]

## 5.4 Ausnahmen von der Auskunfts- und Vorlagepflicht

80 Eine Mitwirkung kann nach Abs. 4 Satz 2 verweigert werden, wenn jemand sich oder einen Angehörigen der Gefahr einer strafgerichtlichen Verfolgung oder einem Ordnungswidrigkeitsverfahren aussetzen würde. Die Prüfstelle trifft eine Belehrungspflicht (Abs. 4 Satz 3).

81 Sofern ein Auskunftspflichtiger sich zu Recht auf Abs. 4 Satz 2 beruft, besteht keine andere Möglichkeit, als sich die gewünschten Informationen über eine andere Person des betroffenen Unt zu beschaffen.[62] Ist auch das nicht möglich, liegt faktisch ein **Prüfungshemmnis** vor. Eine Mitwirkungsverweigerung – mit der Folge der Abgabe des Prüfverfahrens an die BaFin – dürfte aus Sicht der DPR darin aber nicht zu sehen sein. Denn auch auf der 2. Stufe gilt der *„nemo-tenetur"*-Grundsatz (§ 37o Abs. 4 Satz 3 i.V.m. § 4 Abs. 9 WpHG). Insofern würde

---

58 Zustimmend *Bräutigam/Heyer*, AG 2006, S. 191–194; *Gelhausen/Hönsch*, AG 2005, S. 521–523; *Kämpfer*, BB-Beilage 3/2005, S. 15; *Müller*, ZHR 2004, S. 418; a.A. *Baetge/Lienau*, DB 2004, S. 2179.
59 OLG Frankfurt a.M., Beschluss v. 12.2.2007, WpÜG 1/06, AG 2007, S. 207.
60 *Bräutigam/Heyer*, AG 2006, S. 194.
61 Vgl. hierzu BegrRegE BilKoG, BT-Drs. 15/3421 S. 15.
62 Vgl. zur parallelen Situation im Geltungsbereich des WpHG *Schlette/Bouchon*, in *Fuchs*, WpHG, § 4 Rz 57 und 59, 2009.

das Prüfungshemmnis nur durchgereicht werden, ohne dass der BaFin andere Mittel zur Durchsetzung des Auskunftsanspruchs zur Verfügung stünden.

### 5.5 Beendigung der Mitwirkung

Die Mitwirkungserklärung kann jederzeit während des laufenden Verfahrens widerrufen werden.[63] Eine Mitwirkungsverweigerung kann aber auch durch das Verhalten des Unt zum Ausdruck kommen, etwa wenn trotz Terminsetzung und nachfolgender Mahnung Unterlagen nicht vorgelegt werden. Da die DPR über keine Zwangsmittel verfügt, bleibt ihr keine Wahl, als dieses Verhalten als Nichtmitwirkung festzustellen. Die Folge davon ist, dass das *Enforcement*-Verfahren mit den bis dahin gewonnenen Erkenntnissen an die BaFin abgegeben wird. Bei der *Enforcement*-Prüfung **ausländischer Unt** kann die Anforderung sensibler Informationen (z.B. Aufsichtsratsprotokolle) zu Konflikten führen, wenn dies mit der Begründung abgelehnt wird, das Recht des Sitzlands lasse dies nicht zu. In einem solchen Fall muss die DPR sorgfältig erwägen, ob die gewünschte Information für das Prüfungsurteil zwingend ist, ggf. durch alternative Prüfungshandlungen ersetzt werden kann oder die Weigerung als fehlende Mitwirkung gewertet wird.

82

83

## 6 Verfahrensabschluss bei der DPR (Abs. 5)

### 6.1 Normzweck und Regelungsinhalt

Abs. 5 zielt auf die Verpflichtung der DPR ab, die Unt nach Beendigung der Prüfung über dessen Ergebnis zu informieren. Bestimmt werden entsprechend die Mitteilungspflichten gegenüber den Unt und besondere Vorgaben, wenn die Prüfung zur Feststellung einer fehlerhaften Rechnungslegung führt.

84

### 6.2 Adressat des Prüfungsergebnisses

Nach Beendigung der Prüfung hat die DPR dem Unt das Ergebnis mitzuteilen (Abs. 5 Satz 1). Dritten gegenüber besteht die allgemeine Verschwiegenheitspflicht von § 342c HGB, auch wenn es sich um Personen handelt, deren Hinweise zu einer Anlassprüfung führten.[64]

85

### 6.3 Folgen bei fehlerfreier Rechnungslegung

Bei fehlerfreier Rechnungslegung erhält das Unt lediglich eine entsprechende Information über das Prüfungsergebnis ohne weitere Begründung. Für das Unt ist damit das Prüfverfahren regelmäßig beendet. Nur unter den engen Voraussetzungen des § 37p Abs. 1 Satz 2 Nr. 2 WpHG (erhebliche Zweifel an der Richtigkeit des Prüfungsergebnisses der DPR oder an der ordnungsgemäßen Durchführung der Prüfung durch die DPR) kann das *Enforcement*-Verfahren von der BaFin auf der 2. Stufe wieder eröffnet werden.[65]

86

---

63 So auch *Gelhausen/Hönsch*, AG 2005, S. 519.
64 So auch *Ebke/Paal*, in *Schmidt/Ebke*, MünchKomm. HGB, Band 4, § 342b Rz 38, 3. Aufl., 2013.
65 Zum Fehlerfeststellungsverfahren bei der BaFin vgl. *Müller*, AG 2010, S. 483.

### 6.4 Folgen bei fehlerhafter Rechnungslegung

87 Im Fall einer fehlerhaften Rechnungslegung hat die DPR die Entscheidung zu begründen (Abs. 5 Satz 2), ohne dabei aber auf möglicherweise erforderliche Korrekturen einzugehen. Dem Unt ist eine angemessene Zeit zu gewähren, der DPR mitzuteilen, ob es mit dem Ergebnis einverstanden ist oder nicht.

88 Erteilt das Unt seine Zustimmung, ist der Fehler einvernehmlich festgestellt und es schließt sich das Veröffentlichungsverfahren von § 37q WpHG an. Stimmt das Unt dem Fehler nicht zu, wird die BaFin in aller Regel eine *Enforcement*-Prüfung auf der 2. Stufe einleiten (§ 37p Abs. 1 Satz 2 Nr. 1 HGB). Die dabei entstehenden Kosten sind gem. § 17c FinDAG vom Unt zu tragen, sofern die BaFin das Prüfungsergebnis der DPR bestätigt. Die Kosten sind von dem betroffenen Unt nach § 17c FinDAG auch dann zu erstatten, wenn das Prüfungsverfahren durch die BaFin wegen eines zwischenzeitlich erfolgten Delistings nicht zu Ende geführt, sondern eingestellt wird.[66]

89 Ausweislich des Tätigkeitsberichts der DPR bewegte sich die Zustimmungsquote der Unt zu den Fehlerfeststellungen der DPR in den Jahren 2011 bis 2014 im Durchschnitt auf einem Niveau von rd. 77 %.[67]

90 Im Sinne ihrer präventiven Aufgabenstellung gibt die DPR den Unt bei Mitteilung ihres Prüfungsergebnisses – unabhängig von einer Fehlerfeststellung – sog. **Hinweise für die zukünftige Rechnungslegung.**

## 7 Berichterstattungspflichten gegenüber der BaFin (Abs. 6)

### 7.1 Normzweck und Regelungsinhalt

91 Die BaFin benötigt bestimmte Informationen aus dem Verfahren auf der 1. Stufe, damit sie die von ihr durchzuführenden Verfahrensschritte unternehmen kann. Entsprechend regelt Abs. 6 die Mitteilungspflichten der DPR gegenüber der BaFin.

### 7.2 Anlässe der Berichterstattung

#### 7.2.1 Prüfungseinleitung

92 Die DPR hat der BaFin mitzuteilen, dass sie beabsichtigt, eine Prüfung einzuleiten, damit die BaFin der DPR gem. § 37p Abs. 3 WpHG mögliche Hinderungsgründe für eine Prüfung (Nichtigkeitsklage oder Sonderprüfung) anzeigen kann.

93 Bei der Prüfung von Halbjahresabschlüssen, bei denen es weder Nichtigkeitsklagen noch Sonderprüfungen gibt, bedarf es dieser Information an sich nur in den Fällen, bei denen das Aufgriffsrecht der BaFin nach § 37p Abs. 1 Satz 4 WpHG besteht. Dennoch informiert die DPR in allen Fällen die BaFin. Denn wenn ein Verfahren gegen einen JA anhängig ist, wäre zu prüfen, ob der Gegenstand der Nichtigkeitsklage oder Sonderprüfung sich nicht mit den Anhaltspunkten deckt, die zur Anlassprüfung des Halbjahresabschlusses führten.

---

[66] Vgl. OLG Frankfurt a. M., Beschluss v. 7.11.2013, WpÜG 1/13, DStR 2014, S. 276. Vgl. hierzu auch *Bosse*, BB 2014, S. 946.
[67] Vgl. DPR, Tätigkeitsbericht 2014, S. 8.

### 7.2.2 Mitwirkungsverweigerung

Erst nachdem die DPR von der BaFin informiert wurde, dass keine Hinderungsgründe vorliegen, informiert sie das Unt über ihre Prüfungsabsicht. Dieses kann nun entscheiden, ob es an der Prüfung mitwirken will (Rz 73). Erklärt das Unt seine Mitwirkung, hat damit die Prüfung begonnen. Weigert es sich, ist dies der BaFin mitzuteilen. Die BaFin kann dann nach § 37p Abs. 1 Satz 2 Nr. 1 WpHG selbst eine Prüfung auf der 2. Stufe anordnen und, falls erforderlich, mit öffentlich-rechtlichen Mitteln durchsetzen. I. d. R. ordnet die BaFin die Prüfung auch tatsächlich an.[68]

94

### 7.2.3 Ergebnis der Prüfung

Nach Beendigung der Prüfung hat die DPR der BaFin das Prüfungsergebnis mitzuteilen. Drei Fälle lassen sich unterscheiden:
1. keine Fehlerfeststellung,[69]
2. Fehlerfeststellung, und das Unt stimmt zu,[70]
3. Fehlerfeststellung, und das Unt stimmt nicht zu.[71]

95

Gegen das Prüfungsergebnis der DPR stehen den Unt keine Rechtsmittel zu. Da das Verfahren auf der 1. Stufe zu keinen unmittelbaren Folgen für die Unt führt, sondern dies erst durch einen hoheitlichen Akt seitens der BaFin geschieht, können die Einwendungen des Unt uneingeschränkt im Rahmen des Verwaltungsverfahrens geltend gemacht werden.[72]

96

## 8 Gewissenhaftigkeit und Unparteilichkeit der Prüfung (Abs. 7)

### 8.1 Normzweck und Regelungsinhalt

Die Vorschrift statuiert die Pflicht zur Gewissenhaftigkeit und Unparteilichkeit bei der Prüfungsdurchführung. Diese Pflichten korrespondieren mit den materiellen Anforderungen des Abs. 1 Satz 2 (Sachverständigkeit, Unabhängigkeit). Insofern werden wohl keine dem Kern nach eigenständigen Pflichten geschaffen. Deren Verletzung wird aber mit einer Schadensersatzpflicht bewehrt.

97

### 8.2 Pflichtenkreis und Haftung

Die Pflicht zur gewissenhaften und unparteiischen Prüfung nach Abs. 7 Hs. 1, die auch im Bereich der Apr. gilt (vgl. § 323 Abs. 1 Satz 1 HGB), verdeutlicht auch an dieser Stelle das Anliegen des Gesetzgebers an der Integrität der privatrechtlichen *Enforcement*-Institution. Normadressaten sind dem Gesetzeswortlaut nach sowohl die Prüfstelle als Institution selbst als auch ihre Beschäftigten, d.h. in der

98

---

[68] Vgl. zur Kostenpflichtigkeit nach § 17c FinDAG Rz 74.
[69] In diesem Fall ist das Verfahren für das Unt regelmäßig beendet; vgl. zu den Ausnahmen Rz 86.
[70] Hieran schließt sich das Fehlerveröffentlichungsverfahren der BaFin nach § 37q Abs. 2 WpHG an.
[71] Dieser Fall führt dazu, dass die BaFin die Prüfung auf der 2. Stufe eröffnen kann (§ 37p Abs. 1 Satz 2 Nr. 1 WpHG).
[72] Vgl. ausführlich zu den möglichen Rechtsmitteln im *Enforcement*-Verfahren *Gelhausen/Hönsch*, AG 2007, S. 308–320.

Rechtspraxis der DPR e.V. und alle auf Basis eines Dienstvertrags für die DPR tätigen Personen.

99 Bei einem Verstoß gegen das Gewissenhaftigkeits- und Unparteilichkeitsgebot müssen sowohl die Prüfstelle als auch deren Beschäftigte nach Abs. 7 Hs. 2 zivilrechtlich einstehen, sofern der Schaden durch die Prüfungstätigkeit entstanden ist.[73]

100 Die Haftung greift in unbegrenzter Höhe, beschränkt sich allerdings auf den vorsätzlichen Pflichtverstoß.[74]

## 9 Anzeigepflichten der Prüfstelle (Abs. 8)

### 9.1 Normzweck und Regelungsinhalt

101 Die Vorschrift bezweckt, Prüfungsfeststellungen der DPR auch für mögliche **straf- bzw. berufsrechtliche Verfahren** zu verwenden. Abs. 8 regelt entsprechend die Anzeigepflichten der DPR gegenüber den zuständigen Behörden im Fall von straftatbegründenden Verdachtsmomenten im Zusammenhang mit der Rechnungslegung sowie die Informationspflicht gegenüber der WPK, soweit Anhaltspunkte für eine Berufspflichtverletzung durch den AP vorliegen.[75]

### 9.2 Verdacht von Straftaten

102 Stößt die DPR bei ihrer Tätigkeit auf Tatsachen, die den Verdacht einer Straftat im Zusammenhang mit der Rechnungslegung eines Unt begründen, hat sie nach Abs. 8 Satz 1 die für die Verfolgung zuständige Staatsanwaltschaft zu informieren. Der Verdacht einer Straftat muss im Zusammenhang mit der Rechnungslegung stehen und auf Tatsachen beruhen. Mutmaßungen allein genügen nicht. Andererseits ist es nicht Sache der Prüfstelle zu befinden, ob eine Straftat tatsächlich gegeben ist. Daher obliegt ihr im Zweifel eine Mitteilungspflicht.

### 9.3 Verdacht von Berufspflichtverletzungen

103 Soweit Tatsachen vorliegen, die auf das Vorliegen einer Berufspflichtverletzung durch den AP schließen lassen, hat die DPR die WPK zu informieren (Abs. 8 Satz 2). Eine solche Vermutung liegt i.d.R. vor, wenn die Prüfstelle zu einer Fehlerfeststellung gekommen ist und der AP einen uneingeschränkten BSV zu dem geprüften Abschluss erteilt hatte.[76]

### 9.4 Umfang der Anzeige

104 Die Anzeige an die zuständige Staatsanwaltschaft bzw. die WPK hat alle Unterlagen und Informationen zu umfassen, die für deren eigene Urteilsbildung erforderlich sind.

---

73 Praktisch sind von der Sanktionsandrohung neben dem DPR e.V. die Mitglieder der Prüfstelle betroffen.
74 Vgl. dagegen die hinsichtlich der Verschuldensform weniger privilegierte Haftungsbestimmung bei § 342c Abs. 1 Satz 4 HGB.
75 Die gleichen Mitteilungspflichten bei Verdacht einer Straftat bzw. dem möglichen Vorliegen einer Berufsrechtsverletzung obliegen der BaFin nach § 37r WpHG.
76 Vgl. hierzu ausdrücklich BegrRegE BilKoG, BT-Drs. 15/3421 S. 16.

# § 342c VERSCHWIEGENHEITSPFLICHT

(1) ¹Die bei der Prüfstelle Beschäftigten sind verpflichtet, über die Geschäfts- und Betriebsgeheimnisse des Unternehmens und die bei ihrer Prüftätigkeit bekannt gewordenen Erkenntnisse über das Unternehmen Verschwiegenheit zu bewahren. ²Dies gilt nicht im Fall von gesetzlich begründeten Mitteilungspflichten. ³Die bei der Prüfstelle Beschäftigten dürfen nicht unbefugt Geschäfts- und Betriebsgeheimnisse verwerten, die sie bei ihrer Tätigkeit erfahren haben. ⁴Wer vorsätzlich oder fahrlässig diese Pflichten verletzt, ist dem geprüften Unternehmen und, wenn ein verbundenes Unternehmen geschädigt worden ist, auch diesem zum Ersatz des daraus entstehenden Schadens verpflichtet. ⁵Mehrere Personen haften als Gesamtschuldner.

(2) ¹Die Ersatzpflicht von Personen, die fahrlässig gehandelt haben, beschränkt sich für eine Prüfung und die damit im Zusammenhang stehenden Pflichtverletzungen auf den in § 323 Abs. 2 Satz 2 genannten Betrag. ²Dies gilt auch, wenn an der Prüfung mehrere Personen beteiligt gewesen oder mehrere zum Ersatz verpflichtende Handlungen begangen worden sind, und ohne Rücksicht darauf, ob andere Beteiligte vorsätzlich gehandelt haben. ³Sind im Fall des Satzes 1 durch eine zum Schadensersatz verpflichtende Handlung mehrere Unternehmen geschädigt worden, beschränkt sich die Ersatzpflicht insgesamt auf das Zweifache der Höchstgrenze des Satzes 1. ⁴Übersteigen in diesem Fall mehrere nach Absatz 1 Satz 4 zu leistende Entschädigungen das Zweifache der Höchstgrenze des Satzes 1, so verringern sich die einzelnen Entschädigungen in dem Verhältnis, in dem ihr Gesamtbetrag zum Zweifachen der Höchstgrenze des Satzes 1 steht.

(3) ¹Die §§ 93 und 97 der Abgabenordnung gelten nicht für die in Absatz 1 Satz 1 bezeichneten Personen, soweit sie zur Durchführung des § 342b tätig werden. ²Sie finden Anwendung, soweit die Finanzbehörden die Kenntnisse für die Durchführung eines Verfahrens wegen einer Steuerstraftat sowie eines damit zusammenhängenden Besteuerungsverfahrens benötigen, an deren Verfolgung ein zwingendes öffentliches Interesse besteht, und nicht Tatsachen betroffen sind, die von einer ausländischen Stelle mitgeteilt worden sind, die mit der Prüfung von Rechnungslegungsverstößen betraut ist.

WP/STB PROF. DR. BETTINA THORMANN/WP PROF. DR. INGO ZEMPEL[1]

Inhaltsübersicht | Rz
---|---
1 Normzweck und Regelungsinhalt | 1–2
2 Verschwiegenheitsgebot und Verwertungsverbot | 3–8
   2.1 Pflichtenkreis | 3–5
   2.2 Normadressaten | 6–8

---

[1] Die Autoren geben ihre persönliche Auffassung wieder.

3 Haftung .................................... 9–15
3.1 Schadensersatzpflicht ........................ 9–11
3.2 Schadensersatzumfang ........................ 12–15
4 Verschwiegenheit gegenüber Finanzbehörden ............. 16–18

**Ergänzendes Schrifttum**
Siehe Literaturempfehlungen unter § 342b HGB.

## 1 Normzweck und Regelungsinhalt

1 Angelehnt an die für die Apr. geltenden Regelungen in § 323 Abs. 1 und 2 HGB enthält die Vorschrift als zentrales Normierungsanliegen die Pflicht zur vertraulichen Handhabung von Unternehmensinformationen durch die DPR. Damit wird eines der wesentlichen, geradezu konstitutiven Verfahrensbestandteile des *Enforcement* beschrieben, ohne das die Kooperation der dem *Enforcement* unterliegenden Unt mit der DPR nicht denkbar wäre. Anders als die Überschrift der Vorschrift vermuten lässt, ist neben der Verschwiegenheitspflicht auch ein Verwertungsverbot kodifiziert. Weiterhin sind Regelungen zum Schadensersatz bei entsprechendem Pflichtenverstoß gegen das Verschwiegenheitsgebot bzw. das Verwertungsverbot enthalten.[2]

2 Zuletzt enthält die Vorschrift eine Sonderregelung hinsichtlich der Weitergabe vertraulicher unternehmensbezogener Informationen durch die DPR an die Finanzbehörden.

## 2 Verschwiegenheitsgebot und Verwertungsverbot

### 2.1 Pflichtenkreis

3 Der Pflichtenkreis bezieht sich nach Abs. 1 Satz 1 gleichrangig auf das Verschwiegenheitsgebot bzw. das Verwertungsverbot hinsichtlich der unternehmensbezogenen Geschäfts- und Betriebsgeheimnisse.[3]

4 Allerdings erstreckt sich die Verschwiegenheitspflicht nicht auf die Tatsache der Durchführung eines *Enforcement*-Verfahrens selbst, wie der Gesetzesbegründung zu entnehmen ist. Doch geht der Gesetzgeber davon aus, dass die Prüfstelle mit dieser Information behutsam umgeht.[4] Gedacht ist insb. an den Fall, dass in der Öffentlichkeit eine mögliche fehlerhafte Rechnungslegung bereits diskutiert wird, und die Prüfstelle auf Nachfrage darüber Auskunft erteilt, ob ein *Enforcement*-Verfahren eingeleitet wurde, da andernfalls ein Schweigen zu noch größerer Verunsicherung führen könnte.

5 Keine Geltung erhebt das allgemeine Verschwiegenheitsgebot nach Abs. 1 Satz 1, sofern gesetzlich statuierte Mitteilungspflichten bestehen. Letztere beziehen sich insb. auf § 342b Abs. 6 und 8 HGB.

---

[2] Auf die die zivilrechtliche Haftung ergänzende strafrechtliche Sanktionsmöglichkeit nach § 333 HGB und die dortige Kommentierung wird verwiesen.
[3] Vgl. zur Begriffsbestimmung der Geschäfts- und Betriebsgeheimnisse § 323 Rz 72 ff.
[4] Vgl. BegrRegE BilKoG, BT-Drs. 15/3421 S. 24.

## 2.2 Normadressaten

Adressaten der Vorschrift sind entsprechend dem Wortlaut von Abs. 1 Satz 1 bzw. Satz 3 die „bei der Prüfstelle Beschäftigten". Bezogen auf die DPR sind damit jedenfalls alle diejenigen Personen davon erfasst, die als Mitarbeiter für die DPR auf Basis eines Dienstvertrags tätig sind.[5] 6

Dem Sinn und Zweck der Vorschrift gem. werden wohl auch diejenigen Personen in den Adressatenkreis der Norm eingeschlossen sein, derer sich die DPR nach § 342b Abs. 1 Satz 4 HGB bedient, da auch diese bestimmungsgemäß mit Unternehmensinterna in Berührung kommen. Die Verfahrensordnung der DPR (§ 10 Verfahrensordnung) setzt beide Personengruppen in dieser Hinsicht gleich. 7

Nicht angesprochen als Normadressaten sind jedoch die Mitglieder des Vorstands sowie des Nominierungsausschusses des DPR e. V. und ebenfalls nicht die Vereinsmitglieder, da diese schon gar nicht in ein *Enforcement*-Verfahren einbezogen bzw. anderweitig mit in einem *Enforcement*-Verfahren gewonnenen vertraulichen Informationen in Berührung gebracht werden dürfen. 8

## 3 Haftung

### 3.1 Schadensersatzpflicht

Ein Verstoß gegen die in Abs. 1 Satz 1 und 3 geregelten Pflichten, d. h. das Verschwiegenheitsgebot und das Verwertungsverbot, begründet gem. Abs. 1 Satz 4 eine Schadensersatzpflicht. Anspruchsberechtigt sind sowohl das geschädigte geprüfte Unt selbst als auch ein mit diesem verbundenes Unt, sofern auch bei diesem ein Schaden aus der Pflichtverletzung entstanden ist. 9

Voraussetzung eines Schadensersatzanspruchs ist weiterhin, dass die Pflichtverletzung auch schuldhaft begangen worden ist. Neben Vorsatz ist auch Fahrlässigkeit – und zwar in jeder Abstufung – ausreichend.[6] Im Übrigen gelten die allgemeinen zivilrechtlichen Voraussetzungen in Hinblick auf die Kausalität. 10

Ersatzpflichtige sind die in Abs. 1 Satz 1 bezeichneten Personen, also die bei der DPR auf dienstvertraglicher Basis tätigen Mitarbeiter (Rz 6). Sofern mehrere Personen schadensersatzpflichtig sind, haften diese auf gesamtschuldnerischer Basis (Abs. 1 Satz 4) nach den allgemeinen Bestimmungen der §§ 421 ff. BGB. 11

### 3.2 Schadensersatzumfang

Die Regelungen von Abs. 2 ähneln denen für den Bereich der Abschlussprüferhaftung (vgl. § 323 Abs. 2 HGB), unterscheiden sich aber in einem wesentlichen Punkt, nämlich der sog. **Serienschadenhaftung** (Rz 14). 12

Zunächst sieht Abs. 3 Satz 1 bei fahrlässiger Pflichtverletzung[7] über den Verweis auf § 323 Abs. 2 Satz 2 HGB eine Haftungssummenbegrenzung auf 4 Mio. EUR vor. Durch Übernahme des Wortlauts von § 323 Abs. 2 Satz 3 HGB gilt dieser 13

---

5 Und zwar nach Sinn und Zweck der Vorschrift, obwohl eine dem § 8 Abs. 1 Satz 1 WpHG entsprechende Regelung fehlt, auch unbegrenzt über den Zeitraum ihrer Beschäftigung bei der DPR hinaus; so auch die Gesetzesbegründung, vgl. BegrRegE BilKoG, BT-Drs. 15/3421 S. 16.
6 Vgl. dagegen die Beschränkung auf die Vorsatzhaftung im Bereich von § 342b Abs. 7 HGB.
7 Bei vorsätzlicher Pflichtverletzung greift – wie im Bereich der Abschlussprüferhaftung auch – keinerlei Haftungsbegrenzung.

Höchstbetrag nach Abs. 3 Satz 2 insb. für die Fälle, dass an einem *Enforcement*-Verfahren mehrere Personen – und zwar jede für sich – schadenstiftend beteiligt sind oder dass durch eine Person mehrere Pflichtverletzungen begangen wurden. Pro *Enforcement*-Verfahren kann demnach nur einmal die Haftungshöchstsumme vom Geschädigten geltend gemacht werden.

14 Im Bereich des sog. Serienschadens (Abs. 3 Sätze 3 und 4) tritt insofern eine Haftungsprivilegierung ein, als für den Fall, dass durch eine einzige pflichtverletzende Handlung mehrere Unt gleichzeitig fahrlässig geschädigt werden, diese insgesamt nur höchstens 8 Mio. EUR an Schadensersatz geltend machen können. Übersteigt der Gesamtschaden diesen Betrag, wird der unternehmensindividuelle Schadensersatzanspruch anteilsmäßig gekürzt.

15 Im Übrigen gelten die allgemeinen Regelungen zum Mitverschulden nach § 254 BGB, sodass die Schadensersatzpflicht ggf. entsprechend gemindert wird.

## 4 Verschwiegenheit gegenüber Finanzbehörden

16 Im Gleichklang mit der entsprechenden Regelung nach § 8 Abs. 2 WpHG sind die Beschäftigten der Prüfstelle gem. Abs. 3 Satz 1 aus dem Geltungsbereich der §§ 93, 97 AO ausgenommen, sodass sie nicht den dort geregelten Auskunfts- und Vorlagepflichten gegenüber den Finanzbehörden unterliegen, soweit sie im Rahmen eines *Enforcement*-Verfahrens tätig sind.

17 Dieser Regelfall des Verschwiegenheitsgebots gilt nach Abs. 3 Satz 2 jedoch ausnahmsweise dann nicht, wenn es sich um Informationen handelt, die von der FinVerw für ein Steuerstrafverfahren und ein damit zusammenhängendes Besteuerungsverfahren benötigt werden, an dessen Verfolgung ein zwingendes öffentliches Interesse besteht.

18 Allerdings ist bei dieser Ausnahme wiederum eine Rückausnahme bei Informationen vorgesehen, die die DPR von einer im Ausland ansässigen *Enforcement*-Institution erfahren hat (Abs. 3 Satz 2 a. E.). Dadurch soll dem Vertrauen ausländischer *Enforcement*-Institutionen an der Nichtweiterleitung vertraulicher Unternehmensinformationen der Vorrang gegenüber den nationalen Sanktionsinteressen eingeräumt werden.

# § 342d FINANZIERUNG DER PRÜFSTELLE

¹Die Prüfstelle hat über die zur Finanzierung der Erfüllung ihrer Aufgaben erforderlichen Mittel einen Wirtschaftsplan für das Folgejahr im Einvernehmen mit der Bundesanstalt für Finanzdienstleistungsaufsicht aufzustellen. ²Der Wirtschaftsplan ist dem Bundesministerium der Justiz und für Verbraucherschutz und dem Bundesministerium der Finanzen zur Genehmigung vorzulegen. ³Die Bundesanstalt für Finanzdienstleistungsaufsicht schießt der Prüfstelle die dieser nach dem Wirtschaftsplan voraussichtlich entstehenden Kosten aus der gem. § 17d Abs. 1 Satz 3 des Finanzdienstleistungsaufsichtsgesetzes eingezogenen Umlagevorauszahlung vor, wobei etwaige Fehlbeträge und nicht eingegangene Beträge nach dem Verhältnis von Wirtschaftsplan zu dem betreffenden Teil des Haushaltsplanes der Bundesanstalt für Finanzdienstleistungsaufsicht anteilig zu berücksichtigen sind. ⁴Nach Ende des Haushaltsjahres hat die Prüfstelle ihren Jahresabschluss aufzustellen. ⁵Die Entlastung erteilt das zuständige Organ der Prüfstelle mit Zustimmung des Bundesministeriums der Justiz und für Verbraucherschutz und des Bundesministeriums der Finanzen.

WP/StB Prof. Dr. Bettina Thormann/WP Prof. Dr. Ingo Zempel[1]

| Inhaltsübersicht | Rz |
|---|---|
| 1  Normzweck und Regelungsinhalt | 1–2 |
| 2  Bedeutung | 3–6 |
| 3  Wirtschaftsplan | 7–8 |
| 4  Umlageverfahren | 9–11 |
| 5  Entlastung | 12–13 |

Ergänzendes Schrifttum
Siehe Literaturempfehlungen unter § 342 Buchst. b HGB.

## 1 Normzweck und Regelungsinhalt

Die Vorschrift dient dazu, eine ausreichende und angemessene Finanzausstattung der Prüfstelle für das jeweilige Folgejahr in Abstimmung mit der BaFin, dem BMJV und dem BMF planerisch festzusetzen und die entsprechenden Finanzmittel durch die BaFin über eine Umlage von den dem Enforcement unterliegenden Unt beizutreiben und an die Prüfstelle weiterzuleiten. 1

Entsprechend sind in dieser Vorschrift phasenorientiert aufeinander aufbauende Einzelregelungen zu dem von der Prüfstelle aufzustellenden Wirtschaftsplan, dem Verfahren über die Erhebung der Umlagevorauszahlung und dem Entlas- 2

---

[1] Die Autoren geben ihre persönliche Auffassung wieder.

tungsverfahren kodifiziert. Die Vorschrift wird ergänzt durch korrespondierende Regelungen im FinDAG und in der BilKoUmV.

## 2 Bedeutung

3  Die generelle Bedeutung leitet sich daraus ab, dass die Finanzierung der jährlich zu deckenden Ausgaben für das *Enforcement* bei der DPR und des bei der BaFin zuständigen Organisationsbereichs von sämtlichen dem *Enforcement* unterliegenden Unt zwangsweise über eine **Umlagevorauszahlung** zu tragen ist.
4  Im Gegensatz zur Apr. nach §§ 316ff. HGB werden daher nicht nur die im jeweiligen Jahr einem *Enforcement*-Verfahren unterzogenen Unt zur Finanzierung herangezogen. Aufgrund der Zwangsumlage bedarf es daher insb. auch keiner entsprechenden Honorarvereinbarungen.
5  Der Haupteffekt liegt darin, dass damit von vornherein ein möglicher Honorardruck vermieden wird, der sich **nachteilig** auf eine gewissenhafte und unabhängige Aufgabenwahrnehmung seitens der DPR und der BaFin **auswirken könnte**.
6  Aus Sicht speziell der DPR zeigt sich die Bedeutung der **Finanzierungsregelung** in Hinblick auf ihren privatrechtlichen Charakter und dem mit der Zweistufigkeit des *Enforcement*-Verfahrens verfolgten gesetzgeberischen Ziel. Denn zum einen sichert das Verfahren die finanzielle Eigenständigkeit der DPR, was auch in der Gesetzesbegründung ausdrücklich betont wird.[2] Zum anderen ermöglicht es der DPR, frei von den Beschränkungen des öffentlichen Haushalts- und Tarifrechts mit marktüblichen Konditionen hochqualifizierte Mitarbeiter zu gewinnen und damit die wesentliche Voraussetzung für die bestmögliche Erfüllung ihrer Aufgabe nachhaltig zu sichern.

## 3 Wirtschaftsplan

7  Der Wirtschaftsplan nach Satz 1 ist das **zentrale Rechenwerk** für die Finanzierung der *Enforcement*-Tätigkeit der Prüfstelle. Aufzustellen ist der Wirtschaftsplan jeweils im Voraus für das jeweilige Folgejahr. Der Wirtschaftsplan selbst ist eine nach **kameralistischem Charakter** aufgebaute Einnahmen-/Ausgabenrechnung, aus dem sich der Finanzbedarf der DPR ableitet, der über die Umlagevorauszahlung zu decken ist.
8  Zuständig für die Aufstellung des Wirtschaftsplans bei der DPR als Prüfstelle i.S. dieser Vorschrift sind der Vereinsvorstand und die Mitgliederversammlung. Gem. § 7 Abs. 4 Buchst. b Vereinssatzung wird der Wirtschaftsplan vom Vereinsvorstand aufgestellt und der Mitgliederversammlung zur Verabschiedung vorgelegt (§ 12 Buchst. d Vereinssatzung). Bei diesem Verfahren stimmt sich die DPR entsprechend der gesetzlichen Regelung von Satz 1 mit der BaFin ab. Daran knüpft nach Maßgabe von Satz 2 das Genehmigungsverfahren durch das BMJV und das BMF an.

---

[2] So ausdrücklich BegrRegE BilKoG, BT-Drs. 15/3421 S. 16.

## 4 Umlageverfahren

Entsprechend der Regelung in Satz 3 leitet die BaFin die von den Unt aus der Umlage erhobenen Finanzmittel i.H. des im Wirtschaftsplan der DPR festgelegten Finanzbedarfs an die DPR weiter. Satz 3 regelt weiterhin, dass der im Wege der Umlagevorauszahlung – aufgrund von Fehlbeträgen – nicht gedeckte Finanzbedarf von beiden *Enforcement*-Institutionen zu tragen ist, und zwar proportional zum jeweiligen Finanzbedarf.  9

Detaillierte verwaltungstechnische Vorschriften für das von der BaFin mit hoheitlichen Befugnissen betriebene Umlageverfahren sind im Sechsten Abschnitt des FinDAG (§§ 17a–d) und der BilKoUmV[3] niedergelegt, deren Ermächtigungsgrundlage § 17d Abs. 3 FinDAG enthält.  10

Im Wesentlichen ist in diesen Vorschriften geregelt, dass die BaFin aus dem Finanzbedarf der DPR und dem Finanzbedarf des bei der BaFin für *Enforcement*-Tätigkeit zuständigen Organisationsbereichs einen Gesamtumlagebetrag ermittelt. Der unternehmensindividuelle Umlagebetrag bemisst sich nach den inländischen Börsenumsätzen im Verhältnis zu den inländischen Börsenumsätzen sämtlicher umlagepflichtiger Unt, der allerdings mindestens 250 EUR und höchstens 40.000 EUR beträgt. Überzahlungen werden den Unt nach Rechnungsabschluss zurückerstattet.  11

## 5 Entlastung

Im Rahmen des **Entlastungsverfahrens** verpflichtet der Gesetzgeber in Satz 4 die DPR, nach Ende des Haushaltsjahres, das nach § 3 Vereinssatzung dem Kalenderjahr entspricht, einen – an kaufmännischen Grundsätzen orientierten – JA aufzustellen. Ergänzend ist in § 1 Abs. 4 des Anerkennungsvertrags zwischen dem BMJV und der DPR geregelt, dass die DPR, soweit erforderlich, ergänzend auch eine – an kameralistischen Grundsätzen orientierte – Aufstellung über die in dem betreffenden Jahr tatsächlich angefallenen Einnahmen und Ausgaben vorzulegen hat.[4]  12

Die Entlastung ist gem. Satz 5 vom zuständigen Vereinsorgan der DPR und damit gem. § 12 Buchst. c Vereinssatzung von der Mitgliederversammlung zu erteilen, der wiederum das BMJV und das BMF zuzustimmen haben.  13

---

[3] BilKoUmV v. 9.5.2005, BGBl I S. 2159, zuletzt geändert durch die Verordnung v. 21.11.2007, BGBl I S. 2606.
[4] Das Ausgabenvolumen im Jahr 2014 betrug 5,3 Mio. EUR. Vgl. DPR, Tätigkeitsbericht 2014, S. 2.

# § 342e BUSSGELDVORSCHRIFTEN

(1) Ordnungswidrig handelt, wer vorsätzlich oder fahrlässig entgegen § 342b Abs. 4 Satz 1 der Prüfstelle eine Auskunft nicht richtig oder nicht vollständig erteilt oder eine Unterlage nicht richtig oder nicht vollständig vorlegt.
(2) Die Ordnungswidrigkeit kann mit einer Geldbuße bis zu fünfzigtausend Euro geahndet werden.
(3) Verwaltungsbehörde i. S. d. § 36 Abs. 1 Nr. 1 des Gesetzes über Ordnungswidrigkeiten ist bei Ordnungswidrigkeiten nach Absatz 1 die Bundesanstalt für Finanzdienstleistungsaufsicht.

WP/StB Prof. Dr. Bettina Thormann/WP Prof. Dr. Ingo Zempel[1]

Inhaltsübersicht | Rz
--- | ---
1 Normzweck und Regelungsinhalt | 1
2 Tatbestand | 2–4
3 Sanktion | 5–6
4 Zuständigkeit | 7
5 Zeitlicher Anwendungsbereich | 8–10

**Ergänzendes Schrifttum**
Siehe Literaturempfehlungen unter § 342b HGB.

## 1 Normzweck und Regelungsinhalt

1 Ausweislich der Gesetzesbegründung dient die Vorschrift dazu, die Pflicht des Unt durchzusetzen, die Prüfstelle mit richtigen und vollständigen Informationen zu versorgen, sofern das Unt freiwillig am *Enforcement*-Verfahren mitwirkt (vgl. § 342b Rz 73 ff.). Verstöße dagegen sollen als eine mit **Bußgeld** bewehrte **Ordnungswidrigkeit** geahndet werden können.

## 2 Tatbestand

2 Das als Ordnungswidrigkeit definierte Handeln greift den Verstoß gegen die in § 342b Abs. 4 Satz 1 HGB normierten Pflichten auf. Insofern gehören zum Täterkreis sowohl die gesetzlichen Vertreter des im **Enforcement-Verfahren** befindlichen Unt als auch die sonstigen Personen, derer sich die gesetzlichen Vertreter bei der Mitwirkung bedienen. Die Tathandlung selbst liegt darin, dass die Erteilung einer Auskunft oder die Vorlage einer Unterlage jeweils unrichtig oder unvollständig erfolgt.

3 Mangels ausdrücklicher Regelung ist für die Verwirklichung des objektiven Tatbestands der Eintritt eines bestimmten Erfolgs, etwa ein bei der Prüfstelle

---

[1] Die Autoren geben ihre persönliche Auffassung wieder.

dadurch bewirktes **Prüfungshemmnis**, nicht erforderlich. Die Tat ist damit durch das oben beschriebene Handeln als solche vollendet.

Sämtliche vier Tatbestandskonstellationen setzen im **subjektiven Tatbestand** Vorsatz oder Fahrlässigkeit voraus. Da hinsichtlich der Verschuldensform der Fahrlässigkeit keine Einschränkungen bestehen, ist demnach bereits auch der Verschuldensgrad der leichten Fahrlässigkeit ausreichend für die Tatbestandsverwirklichung.   4

## 3 Sanktion

Als Sanktion für die Ordnungswidrigkeit wird ein **Bußgeldrahmen** ausgespannt, dessen Höchstmaß 50.000 EUR beträgt. Diese Geldbuße kann nach Maßgabe der Bestimmungen des allgemeinen Ordnungswidrigkeitenrechts (§ 30 Abs. 1 OWiG) auch gegen die vertretene juristische Person verhängt werden, bezogen auf das *Enforcement*-Verfahren mithin das zu prüfende Unt.   5

Das angedrohte Höchstmaß der Geldbuße findet sich auch bei den entsprechenden Ordnungswidrigkeitstatbeständen auf der zweiten Stufe des *Enforcement*-Verfahrens wieder (§ 39 Abs. 3 Nr. 1 Buchst. d i.V.m. Abs. 4 WpHG).   6

## 4 Zuständigkeit

Der Gesetzgeber macht mit dieser Vorschrift davon Gebrauch, die **sachliche Zuständigkeit** in Hinblick auf die Regelung des § 36 Abs. 1 OWiG ausdrücklich gesetzlich zu bestimmen. Zuständige Verwaltungsbehörde ist demnach ausschließlich die BaFin.   7

## 5 Zeitlicher Anwendungsbereich

Der zeitliche Anwendungsbereich der Norm dürfte nach dem Sinn und Zweck der Norm nur bis zum Abschluss des Prüfverfahrens bei der Prüfstelle reichen, d. h. bis zu dem Zeitpunkt, an dem das Prüfergebnis feststeht.   8

Sofern das Unt im Fall der Feststellung einer fehlerhaften Rechnungslegung die entsprechende Erklärung nach § 342b Abs. 5 Satz 2 HGB nicht abgibt, dürfte die Bußgeldvorschrift nicht mehr greifen können, da das gesetzgeberische Ziel, die Prüfstelle für die Entscheidungsfindung mit richtigen und vollständigen Informationen zu versorgen, bereits erfüllt ist.   9

Allerdings wird das *Enforcement*-Verfahren auch in diesem Fall nicht gehemmt, da die fehlende Abgabe der Erklärung von der Prüfstelle als Mitwirkungsverweigerung des Unt qualifiziert und das Verfahren dann gem. § 342b Abs. 6 Satz 1 Nr. 2 HGB an die BaFin abgegeben werden würde.   10

# STICHWORTVERZEICHNIS

Fett gesetzte Ziffern verweisen auf Paragrafen, magere auf die zugehörigen Randziffern.

## A

**Abbruchkosten**
–, Rückstellung **249** 193
**Abfallbeseitigung**
–, Rückstellung **249** 194
**Abfallrecycling**
–, Rückstellung **249** 194
**Abfindung**
–, Arbeitslohn **275** 113
–, Kündigung **275** 113
–, Kündigungsschutz **275** 113
–, Rückstellung **249** 195
–, Schadensersatz **275** 113
–, Urlaubsabgeltung **275** 113
**Abfindung scheidender Gesellschafter**
–, Neubewertungsmethode **307** 43
**Abführungssperre**
–, Organschaft **274** 81
**Abgang**
–, Anlagespiegel **268** 20
**Abgang Vermögensgegenstand**
–, Verlust **275** 141
**Abhängigkeitsbericht**
–, Ausgleichspflicht **289** 135
–, Benachteiligungsverbot **289** 127
–, Berichterstattungsform **289** 127
–, Offenlegung **325** 67
**Abkaufverpflichtung**
–, Vermerkpflicht **251** 30
**Abkühlungsphase 319a** 19
**abnutzbare und nicht abnutzbare Anlagen**
–, Anlagevermögen **266** 19
**Abnutzung 253** 150
**Abraumbeseitigung**
–, Rückstellung **249** 186
**Abrechnungsverpflichtung**
–, Rückstellung **249** 196
**Absatzgeschäft**
–, Rückstellung **249** 154
**Absatzmarkt 253** 277
**Abschlussprüfer**
–, Arbeitnehmereigenschaft **319** 44
–, Arbeitspapiere Einsichtnahme **320** 59
–, Aufstellung Vorjahresabschluss **319** 53
–, Ausnahmegenehmigung Qualitätskontrolle **319** 20
–, Ausschlussgrund **319** 35

–, Ausschlusstatbestand **319** 9
–, Auswahl **319** 1
–, befangene Person **319** 64
–, Befangenheit **319** 22
–, Berechnung Steuerrückstellung **319** 55
–, Besorgnis der Befangenheit **319** 9
–, Bestellung **318** 14
–, Bestellung für IFRS-EA **324a** 12
–, Ehegatte **319** 71
–, eigenverantwortliches Urteil **323** 26
–, Einrichtung Rechnungslegungsinformationssystem **319** 54
–, Erläuterungsrecht **321a** 34
–, Finanzdienstleistung **319** 59
–, finanzielles Eigeninteresse **319** 27
–, Führung der Bücher **319** 50
–, Geheimhaltungspflicht **333** 8
–, Gehilfe **323** 22, **333** 8
–, Gesamtplanung **323** 39
–, Gewissenhaftigkeit **323** 26
–, Haftung **323** 77
–, Honorar **285** 120, **314** 47
–, independence in appearance **319** 23
–, Interessenvertretung **319** 30
–, interne Revision **319** 56
–, interne Rotation **319a** 19
–, Konzernabschlussprüfer **319** 78
–, Konzernanhang **314** 47
–, Lebenspartner **319** 71
–, mittelbare Beteiligung **319** 42
–, Ordnungswidrigkeit **334** 26
–, Organzugehörigkeit **319** 44
–, persönliche Vertrautheit **319** 31
–, Pflichtenrahmen **323** 1
–, Pflichtverletzung **332** 9
–, Prüfungsausschuss **324** 9
–, Qualitätskontrolle **319** 19
–, Rechtsberatung **319a** 8
–, Richtlinie **264b** 22
–, sachgerechte Organisation **323** 37
–, Sachkunde **323** 36
–, Selbstprüfungsverbot **319** 29
–, Sozietät **319** 17
–, Sozietätsklausel **319** 35, **319a** 24
–, Steuerberatung **319a** 8
–, stille Beteiligung **319** 40
–, Treuhänder **319** 41
–, Umsatzabhängigkeit **319a** 7

2581

–, Unabhängigkeit  319 6 44
–, Unabhängigkeitsgrundsatz  319 10
–, Unparteilichkeit  323 41
–, Unternehmensleitungsfunktion  319 58
–, Unternehmen von öffentlichem Interesse  319a 1
–, verbundenes Unternehmen  319 73, 319a 18
–, Verletzung der Berichtspflicht  332 1
–, Verschweigen erheblicher Umstände  332 23
–, Verschwiegenheitspflicht  321a 44, 323 45
–, versicherungsmathematische Leistung  319 60
–, wählbarer Personenkreis  318 10
–, Wahlverfahren  318 3
–, Zeitpunkt der Wahl  318 9
–, zugelassener Personenkreis  319 13
**Abschlussprüfergehilfe**
–, Pflichtverletzung  332 13
**Abschlussprüfung**
–, AAB  323 105
–, Auftragsbestätigung  318 18
–, berufliche Grundsätze  317 39
–, Einzelabschluss  324a 1
–, Ersetzungsverfahren  318 35
–, Folgeprüfung  318 27
–, freiwillige Prüfung  316 47
–, gerichtliche Bestellung  285 120, 318 47
–, Honorar  285 120, 314 47
–, Pflichtprüfung  316 3
–, Prüfungsvertrag  318 3
–, PublG  316 50
**Abschlussstichtag**
–, Konzernabschluss  299 4 6
–, Wechsel  240 47
**Abschlussstichtag von Tochterunternehmen**
–, abweichende Konzernabschlussprüfung  317 70
**Abschreibung**
–, Änderung Abschreibungsplan  253 184
–, Anlagespiegel  268 26
–, Anschaffungskosten  253 157
–, außerplanmäßige Abschreibung  253 18
–, Disagio  250 22
–, Einbeziehung in die Herstellungskosten  255 130
–, Firmenwert  253 199
–, geringwertiges Wirtschaftsgut  253 195
–, Gesamtkostenverfahren  275 125
–, Geschäftswert  253 199
–, Herstellungskosten  253 157
–, indikatorgestützte Prüfung  253 227
–, Komponentenansatz  253 187
–, Mehrschichtbetrieb  253 185
–, Methode  253 167
–, Nutzungsdauer  253 161

–, Restwert  253 158
–, selbst geschaffener immaterieller Vermögensgegenstand  253 203
–, Vermögensgegenstand des Umlaufvermögens  253 266
–, Zeitraum  253 161
**Abschreibungsplan**  253 154
–, Änderung  253 184
–, Offenlegung  325 67
**Abschreibungszeitraum**  253 161
**Abwärtswechsel**
–, Übergangskonsolidierung  301 220
**abweichende Konsolidierungsmethode**
–, Konzernanhang  297 102
**Abweichung zwischen Handels- und Steuerbilanz**
–, außerplanmäßige Abschreibung  274 134
–, Zurechnung  274 137
**Abzinsung**
–, Altersversorgungsverpflichtung  253 137
–, Bruttomethode  253 132
–, Duration  253 131
–, latente Steuern  274 108
–, Nettomethode  253 132
–, Rentenschuld  253 144
–, Rückstellungsabzinsungsverordnung  253 125
**Abzinsungsgebot**  253 122
**Abzinsung von Rückstellungen**
–, Erträge und Aufwendungen  277 36
**abzugsfähige temporäre Differenz**  274 23
**Abzugsteuern**
–, einbehaltene Abzugsteuern  264c 26
**additive Gesamtbilanz**  274 66
**Agio**
–, Eigenkapital  272 121
–, Genussrechtskapital  266 129
**Aktienanleihe**  246 77
**Aktienbasierte Vergütung**
–, Anhang  285 63
**Aktiengattungen**  272 23
**Aktiengesellschaft**
–, Eigenkapital  272 4
–, Gezeichnetes Kapital  272 22
–, Konzernlagebericht  315 99
**Aktiengesetz**
–, unabhängiges Aufsichtsratsmitglied  324 9
**Aktien mit Sonderrechten**
–, Konzernlagebericht  315 112
**Aktionärsbrief**
–, Offenlegung  325 67
**aktive latente Steuern**
–, latente Steuern  266 100, 274 28 110
**aktiver Markt**
–, beizulegender Zeitwert  255 228
–, organisierter Markt  255 230
–, passiver Markt  255 233

## Stichwortverzeichnis

aktiver Unterschiedsbetrag 301 105, 312 27
–, Kapitalaufrechnung 312 27
–, Kapitalkonsolidierung 309 1
aktiver Unterschiedsbetrag aus Vermögensverrechnung 266 102
Aktivierungspflicht
–, Firmenwert 246 86
–, Geschäftswert 246 86
Aktivierungswahlrecht
–, immaterieller Vermögensgegenstand 248 37
–, latente Steuern 274 25
Aktivüberhang
–, latente Steuern 274 28
allgemeiner Berichtsgrundsatz
–, Prüfungsbericht 321 22
Altauto
–, Rückstellung 249 199
Altbatterie
–, Rückstellung 249 199
Altersfreizeit
–, Rückstellung 249 200
Altersgrenze 253 75
Altersgrenzenanpassung 249 56
Altersmehrurlaub
–, Rückstellung 249 200
Altersteilzeit
–, Rückstellung 249 201
Altersteilzeitverpflichtung
–, Bewertung 253 110
–, Verrechnungsgebot 246 111
Altersversorgungsverpflichtung 253 70, 274 148
–, Abweichung zwischen Handels- und Steuerbilanz 274 147
–, Abzinsung 253 137
–, Altersgrenze 253 75
–, Anpassung nach § 16 BetrAVG 253 84
–, Anwartschaftsbarwertverfahren 253 78
–, Berechnungsverfahren 253 76
–, Bewertungsmaßstab 253 70
–, Bewertungsstichtag 253 71
–, biometrische Wahrscheinlichkeit 253 72
–, Durchbuchungsmethode 253 107
–, Fluktuation 253 74
–, Fremdwährung 253 141
–, Gehalts- und Rententrend 253 81
–, Karrieretrend 253 89
–, Kostensteigerung 253 80
–, Mindestbetrag 253 99
–, notwendiger Erfüllungsbetrag 253 70
–, Preissteigerung 253 80
–, Rückstellung 253 65
–, steuerliches Teilwertverfahren 253 77
–, Verrechnungsgebot 246 111
–, wertpapiergebundene Altersversorgungsverpflichtung 253 76

Altlastensanierungspflicht
–, Rückstellung 249 117
Analyse
–, Ertragslage 264 76
Analyse Geschäftsverlauf und Lage
–, klassische Jahresabschlussanalyse 289 29
–, Lagebericht 289 29
–, qualitative Analyse 289 29
andere Gewinnrücklagen
–, AG 272 191
–, Entnahmen 272 196
–, GmbH 272 198
–, KGaA 272 197
Anerkennungsvertrag
–, DPR 342b 18
Angaben im Anhang
–, Ordnungswidrigkeit 334 15
Angaben zu Gesamtbezügen
–, Schutzbedürftigkeit 286 17
Angaben zum Anteilsbesitz
–, Voraussetzung für die Inanspruchnahme 286 14
–, wirtschaftlicher Nachteil 286 12
Angaben zur Vorstandsvergütung
–, Pflicht zur Angabe 286 19
Angaben zu Umsatzerlösen
–, Befreiung von der Angabe 286 8
Angabepflicht im Anhang
–, Umsatzkostenverfahren 275 19
Angabepflicht KapCoGes
–, erweiterte 264b 20
Anhang
–, Aktienbasierte Vergütung 285 63
–, Anforderungen 284 9
–, Angaben über Mutterunternehmen mit Konzernabschluss, Pflichtangaben 285 105
–, Angaben zur Vorstandsvergütung 286 19
–, Angabe von Abweichungen 284 42
–, Anreizwirkung 285 78
–, Anteilsliste, Pflichtangaben 285 93
–, Arbeitnehmer, Abgrenzung 285 41
–, Arbeitnehmer, Pflichtangaben 285 40
–, Aufgliederung 284 9
–, Aufsichtsratsvergütung, Pflichtangaben 285 67
–, Ausschüttungssperre, Pflichtangaben 285 172
–, Ausweis 284 9
–, Ausweis von Unterschiedsbeträgen 284 49
–, Befreiung von der Berichterstattung 288 1
–, Begründung 284 9
–, beizulegender Zeitwert 255 221
–, Beteiligungen, Pflichtangaben 285 87
–, Bewertungseinheiten, Pflichtangaben 285 150
–, Bezüge der Organvertreter, Begriff 285 59

2583

–, Bezüge der Organvertreter, Pflichtangaben **285** 52
–, Bilanzierungsmethode **284** 23
–, Darstellung **284** 9
–, derivative Finanzinstrumente, Pflichtangaben **285** 130
–, eingeschränkte Berichterstattung **286** 1
–, Entlastungsfunktion **264** 25, **284** 5
–, Entsprechenserklärung, Pflichtangaben **285** 118
–, Ergänzungsfunktion **264** 26
–, Erläuterung **284** 9
–, Erläuterungsfunktion **264** 23, **284** 5
–, Erleichterungen für kleine KapG **288** 3
–, Erleichterungen für mittelgroße KapG **288** 5
–, Eventualverbindlichkeit, Pflichtangaben **285** 167
–, Finanzinstrumente, Pflichtangaben **285** 126 128 131
–, Form und Umfang **284** 8
–, Forschungs- und Entwicklungskosten, Pflichtangaben **285** 147
–, Geschäfts- oder Firmenwert, Pflichtangaben **285** 103
–, Gliederung **284** 11
–, größenabhängige Erleichterungen **288** 1, **326** 17
–, Gruppenbewertung **284** 49
–, Investmentvermögen, Pflichtangaben **285** 162
–, Jahresabschluss **264** 23, **317** 25
–, Klarheit und Übersichtlichkeit **284** 12
–, KleinstKapG **264** 46
–, Konzernanhang, Pflichtangaben **313** 26
–, Konzernlagebericht **315** 19
–, Korrekturfunktion **264** 27, **284** 5
–, Kredit **285** 74
–, latente Steuern **274** 121
–, latente Steuern, Pflichtangaben **285** 173
–, Materialaufwand, Pflichtangaben **285** 49
–, nahestehende Unternehmen und Personen **285** 138
–, nicht ausschüttbare Beträge, Pflichtangaben **285** 172
–, nicht in der Bilanz enthaltene Geschäfte, Pflichtangaben **285** 15
–, öffentliches Interesse **286** 4
–, Offenlegung **284** 4
–, Ordnungswidrigkeit **334** 15
–, Organvertreter, Pflichtangaben **285** 81
–, Pensionsrückstellung, Pflichtangaben **285** 159
–, persönlich haftende Gesellschafter, Pflichtangaben **285** 115
–, Personalaufwand, Pflichtangaben **285** 50
–, Pflichtangaben, Übersicht **284** 17
–, Quotenkonsolidierung **310** 18
–, Rechtsfolgen bei Pflichtverletzung **284** 15

–, Risiken, Pflichtangaben **285** 167
–, Risikoabsicherung, Pflichtangaben **285** 149
–, Risikomanagement, Pflichtangaben **285** 154
–, Rückstellungen, in der Bilanz nicht ausgewiesene **285** 99
–, Schutzklausel **286** 4
–, sonstige finanzielle Verpflichtungen, Gesamtbetrag **285** 23
–, sonstige finanzielle Verpflichtungen, Pflichtangaben **285** 20
–, sonstige Pflichtangabe **285** 1
–, Stetigkeit **284** 13
–, Steuern, Pflichtangaben **285** 35
–, Struktur **284** 10
–, Umsatzerlöse, Pflichtangaben **285** 28 32
–, Unterlassen von Angaben **286** 1
–, Unternehmensbeteiligungen, Pflichtangaben **285** 96
–, Verbindlichkeiten, Pflichtangaben **285** 7 12
–, Verbindlichkeiten, Verbindlichkeitsspiegel **285** 13
–, Verbrauchsfolgeverfahren **284** 49
–, Verrechnung von Vermögensgegenständen und Schulden, Pflichtangaben **285** 160
–, Vorschuss **285** 73
–, Vorstandsvergütung, Pflichtangaben **285** 56
–, Währungsumrechnung **284** 39
–, Wesentlichkeit **322** 65
–, Wirtschaftsprüferhonorar, Pflichtangaben **285** 120
–, Zusagen **285** 61
**Anlagegitter** **274a** 8, **268** 13
**Anlagen im Bau** **266** 49
**Anlagespiegel**
–, Abgang **268** 20
–, Abschreibung **268** 26
–, Anlagegitter **268** 13
–, Befreiung kleine KapG **274a** 3
–, Konzernabschluss **298** 20 46
–, Umbuchung **268** 22
–, Währungsumrechnung im Konzernabschluss **308a** 17
–, Zugang **268** 18
–, Zuschreibung **268** 23
**Anlagevermögen**
–, Abgrenzung Anlage- und Umlaufvermögen **247** 17
–, abnutzbare und nicht abnutzbare Anlagen **266** 19
–, Befreiung kleiner KapG **274a** 3
–, Definition **247** 20
–, sonstige Ausleihungen **266** 62
–, Umbuchung **247** 41
–, Umgliederung **247** 40

2584

–, Zweckbestimmung 247 39
–, Zwischenergebniseliminierung 304 36
**Anlassprüfung**
–, DPR 342b 56 61
**Anpassungsverpflichtung**
–, Rückstellung 249 205
**Ansammlungsrückstellung** 249 193, 253 61
**Ansatzfalle**
–, latente Steuern 274 33
**Ansatzgebot, Vollständigkeitsgebot**
–, Konsolidierung 300 27
**Ansatzverbot**
–, Börseneinführungskosten 248 45
–, Drucktitel 248 50
–, Emissionskosten 248 45
–, Gründungsaufwand 248 42
–, Konsolidierung 300 26
–, Kundenliste 248 52
–, Marke 248 49
–, Verlagsrecht 248 51
**Ansatzwahlrechte, noch bestehende**
–, BilMoG 300 26
**Anschaffungskosten**
–, Begriff 255 1
–, Konzern 304 16
–, Tauschgeschäft 255 29
–, unentgeltlicher Erwerb 255 34
–, Versteigerungsverfahren 255 49
**Anschaffungskostenmethode**
–, Equity-Methode 312 63
**Anschaffungskostenminderung**
–, Investitionszuschuss 255 72
**Anschaffungskostenrestriktion** 301 23
**Anschaffungs- oder Herstellungskosten, Fortführung**
–, beizulegender Zeitwert, nicht ermittelbar 255 255
**Anschaffungspreis**
–, Umsatzsteuer 255 18
**Anschaffungs- und Herstellungskosten**
–, fortgeführte 253 2
–, Rückstellung 249 206
**Anteil**
–, Anteile an Kommanditisten 264c 32
**Anteile am Mutterunternehmen**
–, Konzernanhang, sonstige Pflichtangaben 314 43
**Anteile anderer Gesellschafter**
–, Abgrenzung 307 12
–, anteiliger Gewinn, Ausweis 307 54
–, Ausweis 264b 15, 307 61
–, Begriff 307 12 61
–, Ermittlung, Aufwand 307 41
–, Kommanditist 264b 15
–, Konzernabschluss, Ausweis 307 2
**Anteile an sonstigen Unternehmen, Angaben**
–, Konzernanhang 313 101

**Anteile an verbundenen Unternehmen**
–, Ausweispflicht 266 90
–, dauerhafte Beteiligung 266 53
–, verbundene Unternehmen 266 51
**Anteilsaufstockung**
–, Konzernbilanzierung 301 184
**Anteilsbesitz**
–, Unabhängigkeit 319 39
–, Unterlassen von Angaben 286 12
**Anteilsbesitz KapCoGes**
–, Aufstellung 264b 29
**Anteilserwerb**
–, Einlagenrückgewähr 264c 36
**Anteilsliste**
–, Anhang, Pflichtangaben 285 93
**anteilsmäßig einbezogene Unternehmen, Angaben**
–, Konzernanhang 313 97
**Anteilsreduktion**
–, Konzernbilanzierung 301 184
**antizipative Verbindlichkeiten** 268 69
**Antragsverfahren**
–, Ersetzungsverfahren 318 39
**Anwartschaft** 249 52
**Anwartschaftsbarwertverfahren** 253 78
**Anwendung der Ausnahmevorschrift**
–, Voraussetzung für die Inanspruchnahme 286 14
**Anzahlung** 249 128
**Arbeitnehmer**
–, Informationsrecht 267a 13
–, Rückstellung 249 207
**Arbeitnehmereigenschaft** 285 41
**Arbeitnehmervertreter** 285 58
**Arbeitslosengeld nach § 147a SGB II**
–, Rückstellung 249 208
**Asset Backed Securities**
–, Begriff 246 63
**asset deal**
–, Geschäfts- oder Firmenwert 306 22
–, latente Steuern 274 91, 306 22
**assoziiertes Unternehmen**
–, Befreiung 311 37
–, Begriff 294 15
–, Equity-Methode 320 46
–, Ordnungswidrigkeit 334 21
**assoziiertes Unternehmen, Beteiligung**
–, Erwerb weiterer Anteile 312 113
–, maßgeblicher Einfluss, Wegfall durch Verkauf 312 118
–, Veräußerung von Anteilen 312 116
**assoziiertes Unternehmen, KapG**
–, Beteiligungsquote 312 19
**assoziiertes Unternehmen, PersG**
–, Beteiligungsquote 312 20
**assoziiertes Unternehmen, relevanter Jahresabschluss**
–, Konzernabschluss, Einbeziehung 312 101

2585

**Assoziierungsvermutung**
–, Begriff  311 23
–, Berechnung  311 25
–, maßgeblicher Einfluss  311 23
–, Prüfung  312 17
–, Widerlegung  311 29
**Aufbewahrung**
–, Dauer  257 27
–, Fristen  257 27
–, Original  257 18
–, Surrogat  257 19
–, Vernichtung nach Fristablauf  257 35
**Aufbewahrungsfrist**
–, Ablaufhemmung  257 32
–, Fristberechnung  257 30
–, Fristen  261 3
**Aufbewahrungspflicht**
–, Bild- und Datenträgeraufbewahrung  261 5
–, Formen der Aufbewahrung  257 18
–, Gegenstand  257 10
–, Handelsrecht  257 1
–, Ort der Aufbewahrung  257 24
–, Pflichtverletzung  257 36
–, Prüfungsbericht  321a 21
–, Recht zur Vernichtung nach Fristablauf  257 35
–, Rückstellung  249 210
–, Steuerrecht  257 9
**Aufgabe**
–, Konzernanhang  313 3
**Aufgeld**
–, Eigenkapital  272 121
**Aufgliederung**
–, Anhang  284 9
–, Ausgliederung  264b 17
–, Davon-Vermerk  264b 17
**Aufgliederung und Erläuterung**
–, Prüfungsbericht  321 120
**Aufnahme**
–, Vollhafter  264a 8 10
**Aufrechnung**
–, Lohnpfändung  247 128
–, Schadensersatz  247 128
**Aufsichtsrat**
–, Bericht  325 56
–, Ordnungswidrigkeit  334 7
–, Prüfungsausschuss  324 10
–, Verantwortung  331 25
**Aufsichtsratsvergütung**
–, Anhang, Pflichtangaben  285 67
–, Rückstellung  249 211
**Aufstellung**
–, befreiender Konzernabschluss  291 15
–, Bilanz  270 4
**Aufstellung des Konzernabschlusses**
–, Ordnungswidrigkeit  334 16
**Aufstellungsfrist**  264 44
–, Bilanz  243 34

–, Handelsbilanz  243 35
–, Rechtsfolgen bei Versäumung  243 38
–, Steuerbilanz  243 37
**Aufstellungsgrundsatz**
–, GoB  243 1
**Aufstellungspflicht**
–, Jahresabschluss  264 39
–, Konzernabschluss  290 25
**Aufstellung und Feststellung des Jahresabschlusses**
–, Ordnungswidrigkeit  334 11
**auftragsbegleitende Qualitätssicherung**  319a 23
**Auftragsbestätigungsschreiben**
–, freiwillige Abschlussprüfung  323 105
–, Willenserklärung  318 21
**Auftragsvorbereitung**
–, Kosten  255 149
**Aufwands- und Ertragskonsolidierung**
–, Begriff  305 1
–, latente Steuern  306 15
–, Zwischenabschluss  299 24
**Aufwendungen aus der Abzinsung**  277 36
**Aufzinsung**
–, langfristige Ausleihungen  275 163
**Ausbau- und Abbaukosten**  275 86
**Ausbietungsgarantie**  251 37
**Ausfallbürgschaft**  251 16
**Ausgabeaufschlag**  272 124
**Ausgabebetrag**
–, Rechnungsabgrenzungsposten  250 19
**Ausgabedisagio**
–, Rechnungsabgrenzungsposten  250 19
**Ausgabe von Bezugsanteilen**  272 126
**Ausgleichsanspruch des Handelsvertreters**
–, Rückstellung  249 212
**Ausgleichsposten**
–, Ausweis innerhalb des Eigenkapitals  307 50
–, Sonderposten  264c 30
**Ausgleichszahlung**
–, Begriff  307 58
–, Rückstellung  249 328
–, Ausgliederung  264b 17
**Auskünfte und Nachweise**
–, Prüfungsbericht  321 86
**Auskunftspflicht**
–, Enforcement  342b 72 78, 342e 2
**Auskunftsrecht**
–, Mutterunternehmen  294 33
**Auskunftsrecht des Abschlussprüfers**
–, Anwendungsbereich  320 6
–, assoziiertes Unternehmen  320 46
–, Aufklärung  320 20
–, Aufsichtsrat  320 50
–, Aufstellung nicht korrigierter Prüfungsdifferenzen  320 27
–, Durchsetzung  320 48
–, Festsetzung von Zwangsgeld  320 51

–, Gemeinschaftsunternehmen 320 46
–, Grenzen 320 53
–, Handelsbilanz II 320 37
–, Handelsbilanz III 320 37
–, Konzern-Package 320 37
–, Kündigung des Prüfungsauftrags 320 52
–, Nachweis 320 20
–, Prüfungshemmnis 320 49
–, Rechte gegenüber Mutter- und Tochterunternehmen 320 30
–, Schlussbesprechung 320 28
–, Vollständigkeitserklärung 320 22
–, Vorprüfung 320 21
–, Zwischenprüfung 320 21
**Auskunftsvertrag**
–, Haftung 323 90
**Auskunftsverweigerungsrecht** 285 37
**ausländische Betriebsstätte**
–, latente Steuern 274 92
**ausländische Hauptniederlassung** 325a 1 f.
**ausländische Kapitalgesellschaft** 325a f. 1
**ausländisches Unternehmen**
–, Enforcement 342b 41
**Ausschluss**
–, Geschäftsführung 264a 9
–, Vertretung 264a 9
**Ausschlussgrund**
–, Konzernabschlussprüfung 319a 26
**Ausschüttungssperre**
–, Anhang, Pflichtangaben 285 172
–, beizulegender Zeitwert 255 222
–, Bilanzvermerk 268 81
–, Konzernabschluss 298 49
–, Rücklage 272 199
**Außenverpflichtung**
–, Rückstellung 249 9
**außerbilanzielle Geschäfte**
–, sonstige Pflichtangaben im Anhang 314 9
**außerordentliche Aufwendungen und Erträge**
–, Konzernabschluss 298 65
**außerplanmäßige Abschreibung**
–, Abbildung in der Finanzbuchhaltung 253 287
–, Ausweispflicht 275 127
–, beizulegender Wert 253 212
–, Emissionsberechtigung 253 286
–, Festwert 253 245
–, Finanzanlage 253 249
–, Geschäfts- oder Firmenwert 253 236, 309 16 20
–, Gruppenbewertung 253 246
–, Handelsware 253 294
–, immaterielles Anlagevermögen 253 231
–, Sachanlage 253 237
–, unfertige Erzeugnisse und Leistungen 253 289

–, Wertpapiere des Anlagevermögens 253 258
–, Wertpapiere des Umlaufvermögens 253 309
**ausstehende Einlagen**
–, Bewertung 272 76
–, Eigenkapital 247 93
–, eingefordert 272 76
–, nicht eingefordert 272 76
**Ausstrahlungswirkung**
–, Risikofrüherkennungssystem 317 120
**Ausweis**
–, Anhang 284 9
–, Anteile anderer Gesellschafter 307 61
–, Beteiligung 271 1 4
–, Genossenschaftsanteil 271 29
–, Haftungsverhältnis 251 49
–, latente Steuern 274 116
–, passiver Unterschiedsbetrag aus der Kap-Kons 301 135
–, Privatvermögen 264c 26
–, Steueraufwand KapCoGes 264c 27
**Ausweis von Unterschiedsbeträgen**
–, Anhang 284 49
**Ausweiswahlrecht**
–, Disagio 268 72
–, Ergebnisverwendung 268 5
**Auszahlungsagio** 253 23

# B

**Betriebsabrechnungsbogen**
–, Offenlegung 325 67
**Badwill**
–, passiver Unterschiedsbetrag aus der Kap-Kons 301 157
**BaFin**
–, Enforcement 342b 11 62
**Bankguthaben**
–, Saldierung 266 97
**Bankzwischenkonto**
–, Bilanz 247 75
**Bareinlage** 272 35
**Bar- und Verrechnungsschecks** 266 98
**Basis-point-value-Methode** 254 34
**Baulast**
–, Rückstellung 249 217
**Bausparguthaben** 266 96
**bedingte Rückgriffsforderung**
–, Verbindlichkeit 251 2
**Bedingung**
–, Bestätigungsvermerk 322 141
**befreiender Konzernabschluss**
–, Aufstellung 291 15
–, Konzernabschluss 264b 1
–, Prüfung 291 15
**befreiende Wirkung**
–, Nichtmutterunternehmen 264b 18

2587

**Befreiung**
–, Konzernanhang 313 108
–, Konzernanhang, sonstige Pflichtangaben 314 109
–, Konzernbilanzierung 290 67
–, Konzernlagebericht 315 138
**Befreiung kleine KapG**
–, Anlagegitter 274a 3
–, latente Steuern 274a 3
**Befreiungsmöglichkeit**
–, Konzernanhang 313 7
**Befreiungswirkung KapCoGes**
–, Veröffentlichung 264b 30
**Befreiung von der Angabe**
–, Angaben zu Umsatzerlösen 286 8
–, Inanspruchnahme der Befreiung 286 10
–, Kriterium der Erheblichkeit 286 10
–, Nachteil 286 10
**Befreiung von der Berichterstattung**
–, Anhang 288 1
**Begründung**
–, Anhang 284 9
–, Konzernanhang 313 30
**beherrschender Einfluss**
–, maßgeblicher Einfluss 311 10 13
–, Negativabgrenzung 311 10
**Beherrschungskonzept**
–, Control-Konzept 290 18
**Beherrschungsvertrag**
–, Gewinnrücklage 272 158 164
–, Pflicht zur Aufstellung 290 42
–, verbundene Unternehmen 271 33
**Beihilfe**
–, Rückstellung 249 219
**beitragsorientierte Leistungszusage**
–, Pensionsrückstellung 249 48
**Beitragszusage mit Mindestleistung**
–, Pensionsrückstellung 249 48
**beizulegender Zeitwert**
–, Ableitung 253 277
–, Anhang, Angaben 255 221
–, Anschaffungs- und Herstellungskosten, Fortführung 255 255
–, Anwendungsbereich 255 218
–, Ausschüttungssperre 255 222
–, beizulegender Wert, Abgrenzung 255 211
–, Bewertung 255 209
–, Bewertungshierarchie 255 227 249
–, Bewertungsmethode, Kapitalwertverfahren 255 253
–, Bewertungsmethode, Vergleichsverfahren 255 250
–, Ermittlung 255 225
–, Ermittlung, aktiver Markt 255 226 228
–, Ermittlung, Schaubild 255 227
–, Ermittlung, Systematik 255 227
–, fair value 246 116
–, Folgebewertung 255 219
–, latente Steuern 255 216

–, Realisationsprinzip 255 213
–, Realisationsprinzip, Ausnahme 255 214
–, Zugangsbewertung 255 219 f.
–, Zweck 255 f. 212
**Bekanntmachung**
–, Offenlegung 325 5
**Belegbuchführung**
–, Buchführungsform 239 33
**Belegfunktion** 238 40
**Belehrungspflicht**
–, DPR 342b 80
**Berechtigung**
–, Geschäftsführung 264a 9
–, Vertretung 264a 9
**Bereicherungsabsicht** 332 39
**Berichterstattung**
–, Bestätigungsvermerk 317 130
–, Folgeprüfer 320 56
–, Grundsatz der Wesentlichkeit 289 83
–, Risikofrüherkennungssystem 317 119
–, Umfang und Form 320 58
–, unrichtige Berichterstattung 332 19
–, Verschwiegenheitspflicht 286 5
**Berichtspflicht**
–, Fremdwährung 284 40
**Berufsausbildung**
–, Rückstellung 249 221
**Beschaffungsmarkt** 253 276
**Beschränkung**
–, Haftung 264a 2
**Beschränkung bei Übertragung von Aktien und Stimmrechtsausübung, Aktiengesellschaften**
–, Konzernlagebericht, Pflichtangaben 315 104
**Beschränkung der Rechtsausübung** 296 11
**besondere Bestimmungen für PersG i. S. d. § 264a HGB**
–, Konzernabschluss 298 69
**Besorgnis der Befangenheit**
–, Abschlussprüfer 319 22
–, Ausschussgrund 319b 71
**Besserungsschein**
–, aufschiebend bedingte Verbindlichkeit 247 120
–, Rückstellung 249 223
**Bestätigungsbericht**
–, Bestätigungsvermerk 322 2
**Bestätigungsvermerk**
–, Adressierung 322 171
–, Art und Umfang der Abschlussprüfung 322 35
–, Bedingung 322 141
–, Berichterstattung 317 130
–, beschreibender Abschnitt 322 34
–, Bestätigungsbericht 322 2
–, Doppeldatum 322 155
–, eingeschränkter 322 58

–, einleitender Abschnitt 322 26
–, Einschränkung 316 38
–, Einzelabschluss nach § 325 Abs. 2a HGB 322 193
–, ergänzender Hinweis 322 102
–, Ergänzung 322 99
–, Erklärung zur Unternehmensführung 322 29
–, Erstprüfung 322 51
–, Erteilung 322 112
–, Erwartungslücke 322 15
–, Formen des Prüfungsergebnisses 322 43
–, freiwillige Abschlussprüfung 322 168
–, Gemeinschaftsprüfung 322 196
–, going concern 322 56
–, Hinweis auf Bestandsgefährdung 322 107
–, Inhalt und Regelungszweck 328 3
–, ISA 322 198, 323 33
–, Konzernabschluss nach § 315a HGB 322 137
–, Konzernabschlussprüfung 322 123
–, Kündigung aus wichtigem Grund 322 9
–, Nachtragsprüfung 322 149
–, Nichterteilungsvermerk 322 45
–, Offenlegung 322 205, 325 56 68 ff., 328 ff. 26
–, Prüfungen nach PublG 322 182
–, Prüfungsgegenstand 322 26
–, Prüfungshemmnis 322 58
–, rechtliche Wirkung 322 16
–, Satzungsregelung 322 49
–, Siegelpflicht 322 119
–, Testatsexemplar 322 120
–, Überschrift 322 24
–, uneingeschränkter Bestätigungsvermerk 322 46
–, Unterzeichnung 322 114
–, Warnfunktion 322 14
–, weitere Voraussetzung 322 143
–, Widerruf 322 159
–, zusammengefasster 322 186
**Bestandserhöhung**
–, GKV 275 15
–, UKV 275 243
**Bestandsgefährdung**
–, Prüfungsbericht 321 57
**Bestandsveränderung**
–, fertige und unfertige 277 1
–, Konzernabschluss 298 64
**Beteiligung**
–, Anhang, Pflichtangaben 285 87
–, außerplanmäßige Abschreibung 253 253
–, Ausweis 271 1 4
–, Begriff 271 5
–, Berechnung des Anteils 271 23
–, Beteiligungsabsicht 266 57
–, Beteiligungsquote 266 57
–, Bilanzgliederung 271 4
–, dauernde Verbindung 271 12

–, Förderung des eigenen Geschäftsbetriebs 271 15
–, Genossenschaftsanteil 271 28
–, indirekte Beteiligung 264a 13
–, Konzernabschluss 298 52
–, Mitzugehörigkeitsvermerk 271 27
–, Vermutung 271 1 19
–, Währungsumrechnung im Konzernabschluss 308a 24
**Beteiligung, Aktiengesellschaften**
–, Konzernlagebericht, Pflichtangaben 315 107 109
**Beteiligung an assoziiertem Unternehmen**
–, Bewertung 312 12
–, Bewertungsvorschriften, Anwendung 312 106
–, Erwerb weiterer Anteile 312 113
–, maßgeblicher Einfluss, Wegfall durch Verkauf 312 118 f.
–, Veräußerung von Anteilen 312 f. 116
**Beteiligungsaufstockung**
–, Eigenkapitaltransaktion 301 206, 307 42
–, Erwerbsvorgang 301 194
**Beteiligungsbewertung** 253 253
**Beteiligungsbuchwert**
–, Änderung 301 208
–, Equity-Methode, Ausweis 312 71
–, Fortschreibung, Folgejahre 312 53 f.
–, Fortschreibung, Jahresfehlbetrag 312 f. 59
–, Gewinnausschüttung 312 70
–, Kapitalerhöhung 312 64
–, Kapitalherabsetzung 312 69
–, Konzernbilanzierung 301 208
**Beteiligungsfortschreibung**
–, KapCoGes 264b 7
**Beteiligungsgewinne**
–, Realisationszeitpunkt 252 111
**Beteiligungsidentität**
–, KapCoGes 264b 16
**Beteiligungskette** 264a 13
**Beteiligungsquote**
–, assoziiertes Unternehmen, KapG 312 19
–, assoziiertes Unternehmen, PersG 312 20
–, Berechnung 285 90
**Beteiligungsvermutung**
–, Widerlegung 271 20
**betriebliche Altersversorgung** 255 142
**Betriebsabrechnungsbogen**
–, Offenlegung 325 67
**Betriebsausstattung** 266 47
**Betriebsergebnis** 275 191
**Betriebsgeheimnis**
–, Schadensersatz 333 11
**Betriebsprüfung**
–, Rückstellung 249 225
**Betriebsübergang**
–, Pensionsverpflichtung 249 57

2589

**Betriebs- und Geschäftsausstattung**
–, andere Anlagen 266 47
**Bewertung**
–, beizulegender Zeitwert 255 209 211 ff.
–, going-concern-Prämisse 252 ff. 30
–, Grundsatz der einheitlichen Bewertung 308 10
–, Haftungsverhältnis 251 43
–, Informationsfunktion 308 1
–, latente Steuern 274 103, 306 28
–, Ordnungswidrigkeit 334 13
–, Unternehmensfortführung 252 30
–, Vereinheitlichung 308 1 16
–, Vereinheitlichung, Vorteil 308 24
**Bewertung, Ausnahmen**
–, Grundsatz der Stetigkeit 308 31
**Bewertung, Vereinheitlichung**
–, Neubewertung 308 3
**Bewertung Konzernabschluss**
–, Ordnungswidrigkeit 334 20
**Bewertungseinheit**
–, Beendigung 254 50
–, Bilanzierung 254 41
–, Dokumentation 254 35
–, Durchhalteabsicht 254 10
–, Fallbeispiele 254 54
–, Risikoabsicherung 254 10
–, Rückstellung 249 226
–, Teilabsicherung 254 14
–, Wirksamkeit 254 27
**Bewertungsgrundsatz** 252 1
–, Abweichungen 252 137
–, implizite 252 143
**Bewertungshierarchie**
–, beizulegender Zeitwert 255 227 249
**Bewertungsmethode, Kapitalwertverfahren**
–, beizulegender Zeitwert 255 253
**Bewertungsmethode, Vergleichsverfahren**
–, beizulegender Zeitwert 255 250
**Bewertungsstetigkeit**
–, Festwertverfahren 240 65
–, Grundsatz 256 15
**Bewertungsstichtag**
–, Rückstellung 253 37
**Bewertungsvereinfachungsverfahren**
–, Festbewertung 256 5
–, Gruppenbewertung 256 5
–, Konzernabschluss 298 29
–, Verbrauchsfolgeverfahren 256 5
**Bewertungsvorschriften, Anwendung**
–, Beteiligung an assoziiertem Unternehmen 312 106
**bezogene Waren** 275 101
**Bezüge Organvertreter**
–, Anhang 285 59
**Bezugsaktien** 272 42
**Bezugsanteile**
–, Ausgabe 272 126

**Bezugsrecht**
–, Mittelbar 272 125
**BFH-Formel** 249 45
**Bilanz**
–, Aufstellung 270 4
–, Aufstellungsfrist 243 34
–, Bankzwischenkonto 247 75
–, Billigung 270 4
–, Bundesbankguthaben 247 73
–, Cash Pool 247 74
–, Eigenkapital 247 79
–, Erstausstattung an Ersatzteilen 247 28
–, Erstellung 270 4
–, Feststellung 270 4
–, Guthaben bei Kreditinstituten 247 73
–, Informationsbedürfnis der Adressaten 247 8
–, Jahresabschluss 317 25
–, Kassenbestand 247 72
–, Kontoform 243 24, 247 10
–, Konzernabschluss 298 12
–, Leerposten 247 12
–, Mindestgliederung 247 2 11
–, Ordnungswidrigkeit 334 15
–, Rechnungsabgrenzungsposten 247 78
–, Roh-, Hilfs- und Betriebsstoffe 247 53
–, Scheck 247 77
–, Staffelform 243 24, 247 10
–, Umlaufvermögen 247 52
–, Vorführwagen 247 31
**Bilanzaufstellung**
–, Bilanzaufstellung nach teilweiser Gewinnverwendung 275 274
–, Bilanzaufstellung vor Ergebnisverwendung 275 274
–, Ergebnisverwendung 268 5
–, teilweise Ergebnisverwendung 268 8
–, vollständige Ergebnisverwendung 268 10
**Bilanzeid**
–, Konzernabschluss 297 88
–, Offenlegung 325 100
–, Sarbenes-Oxley Act 264 90
–, unrichtige Versicherung 331 58
**Bilanzeid, Formulierung**
–, Konzernabschluss 297 91
**Bilanzgewinn**
–, Gewinnvortrag 266 120
**Bilanzgliederung**
–, Form 266 1
–, Inhalt 266 1
–, Kontoform 266 6
**Bilanzidentität** 252 19
**Bilanzierung**
–, Bewertungseinheit 254 41
–, doppelseitige Treuhand 246 22
–, Ermächtigungstreuhand 246 21
–, Nießbrauch 246 81
–, Vollrechtstreuhand 246 20

2590

**Bilanzierungs- und Bewertungsmethoden**
–, Angaben im Konzernanhang 312 81
**Bilanzierungs- und Bewertungsmethoden, Abweichungen**
–, Konzernanhang 313 67
**Bilanzierung von Leasingverträgen**
–, Leasing 246 47
**Bilanzpolitik**
–, Offenlegung 325 200
**Bilanzposten**
–, Zusammenfassung 265 26
**Bilanzverlust** 266 124, 272 226
–, Verlustvortrag 266 120
**Bilanzvermerk**
–, Informationsfunktion 251 5
**Bilanz von KleinstKapG**
–, Hinterlegung 326 22
**Bild- und Datenträgeraufbewahrung**
–, Aufbewahrungspflicht 261 5
**BilKoG**
–, DPR 342b 19 65
**Billigung**
–, Bilanz 270 4
–, IFRS-EA 324a 9
**BilMoG**
–, Ansatzwahlrechte, noch bestehende 300 26
**biometrische Wahrscheinlichkeit** 253 72
**Blockmodell** 253 110
**Börseneinführung**
–, Enforcement 342b 40
**Börsen- oder Marktpreis** 253 271
**Börsensegmente** 264 18
**Bonitätsrisiko** 246 64
**Bonus** 255 69
**Briefkurs** 255 241
**Bruttobasis** 275 157
**Bruttoerfolg** 275 191
**Bruttoergebnis vom Umsatz** 275 250
**Bruttomethode**
–, Anlagespiegel 268 13
–, aktivierte Eigenleistung 275 80
–, Befreiung Konzernrechnungslegung 293 8
–, Befreiung Konzernrechnungslegung 293 8
**Buchführung**
–, Befreiung von der Buchführungspflicht 241a 11
–, Belegfunktion 239 38
–, Einnahmenüberschussrechnung 241a 11
–, Gegenstand der Jahresabschlussprüfung 317 22
–, Handelsbuch 239 1
–, Journalfunktion 239 43
–, Kontenfunktion 239 44
–, Lesbarmachung 239 46
–, Prüfungsbericht 321 88

–, Rückstellung 249 227
–, Verfügbarkeit 239 46
**Buchführungsform**
–, Datenträger 239 34
–, EDV-Buchführung 239 36
–, Mikrofilm 239 35
**Buchführungspflicht**
–, Befreiung 241a 1 11 18
–, Beginn 238 30
–, Dauer des Wegfalls 241a 20
–, Einnahmenüberschussrechnung 241a 11
–, Ende 238 32
–, Gründungsjahr 241a 21
–, Handelsgesellschaft 238 18
–, Handelsgewerbe 238 16
–, kaufmännische Buchführung 238 1
–, Kaufmann 238 2
–, Neugründung 241a 21
–, öffentlich-rechtliche Pflicht 238 11
–, Scheinkaufmann 238 29
–, Verantwortlichkeit des Kaufmanns 238 15
–, Verletzung der steuerlichen Buchführungspflicht 238 13
–, Verzicht auf die Befreiung 241a 21
–, Wegfall 241a 18
**Buchwertmethode**
–, Equity-Methode 312 25
–, Konzernabschluss 312 2
–, Konzernbilanzierung 301 123
**Bürgschaft**
–, Begriff 251 15
–, Rückstellung 249 228
**Bürogemeinschaft** 319 36
**Bundesamt für Justiz**
–, Ordnungsgeld 335 6, 335a 3
**Bundesanzeiger**
–, Mitteilungspflicht in Zweifelsfällen 329 13
–, Offenlegung 325 5
–, Prüfungspflicht 329 10
–, Übersetzung bei Zweigniederlassungen 329 13
–, Unterrichtungspflicht 329 1
**Bundesbankguthaben**
–, Bilanz 247 73
–, Sichteinlage 266 96
**Bußgeld**
–, DPR 342e 1
–, Enforcement 342e 6
–, Rückstellung 249 229
**Bußgeldbescheid** 334 47

# C

**Cashflow, Ermittlung**
–, Kapitalflussrechnung 297 23 29 38 45
**Cash Pool**
–, Bilanz 247 74

2591

# Stichwortverzeichnis

**Cash Pooling**
–, Forderung 297 20
**CESR**
–, DPR 342b 65
**Chartervertrag**
–, Rückstellung 249 230
**clarified ISA** 317 134
**comply or explain**
–, Corporate Governance Kodex 289a 8
**Conduits** 290 45
**Contractual Trust Arrangements**
–, Verrechnungsgebot 246 108
**Control-Konzept**
–, Beherrschungskonzept 290 18
–, verbundene Unternehmen 271 40
**Controlling**
–, handelsrechtliche Abschlussprüfung 289 62
**Corporate Governance**
–, comply or explain 289a 8
–, Entsprechenserklärung 289a 8
–, Unternehmensüberwachung 289a 4
**critical term match** 254 30
**CTA** 253 120

# D

**Darlegungs- und Beweislast**
–, Haftung 323 81
**Darstellung**
–, Anhang 284 9
**Darstellungsstetigkeit**
–, Konzernabschluss 298 32
**Datenbereinigung**
–, Rückstellung 249 231
**Datenschutz**
–, Rückstellung 249 232
**Datenzugriff der Finanzverwaltung**
–, Rückstellung 249 233
**dauerhafte Beherrschungsmöglichkeit** 290 20
**dauerhafte Beteiligung**
–, Anteile an verbundenen Unternehmen 266 53
**Dauerhaftigkeit**
–, faktische Stimmrechtsmehrheit 290 31
**Dauerhalteabsicht** 271 14
**dauernde Verbindung**
–, Beteiligung 271 12
–, objektive Komponente 271 12
–, subjektive Komponente 271 12
**Dauerschuldverhältnis**
–, Haftungsverhältnis 251 45
–, Rückstellung 249 158
**Dauerschuldverhältnisse**
–, Realisationszeitpunkt 252 104

**Davon-Vermerk**
–, Bilanzgliederung 264b 17
–, Gliederung der Gewinn- und Verlustrechnung 275 32
**DCGK**
–, Anwendungsbereich 289a 5
–, Prüfungsausschuss 324 4
**Deckungsbeitragsrechnung**
–, Deckungsbeitrag 255 105
**Deckungslücke**
–, Pensionsverpflichtung 249 66
**Deckungsrückstellung** 249 104
**Deckungsvermögen**
–, CTA 253 120
–, Entwidmung 253 120
–, Saldierung 253 119
–, Zeitwertänderung 253 119
**deferred compensation**
–, Pensionsrückstellung 249 48
**Definition**
–, organisierter Markt 319a 3
**Delisting**
–, Enforcement 342b 39
**Delkredere-Risiko**
–, Vermerkpflicht 251 29
**Depotwechsel** 266 159
**Deputatverpflichtung**
–, Rückstellung 249 235
**Derivat**
–, Finanzinstrument 254 19
–, Pflichtangabe Anhang 285 130
–, strukturiertes Finanzinstrument 246 76
**deutsche Zweigniederlassung** 325a 2
**Devisenkassamittelkurs** 255 21
**Devisentermingeschäft**
–, Rückstellung 249 236
**Dienstleistung**
–, Realisationszeitpunkt 252 101
**Dienstvertrag**
–, Prüfstelle 342c 6
**Differenzhaftung** 272 29
**Direktversicherung**
–, Pensionsverpflichtung 249 65
**Disagio**
–, Ausweis in der Bilanz 268 73
–, Fälligkeitswert 275 184
–, Fälligkeitswerte 268 71
–, Genussrechtskapital 266 129
–, Rechnungsabgrenzungsposten 250 18
**Dividende**
–, Zinseinnahme und Dividende 308 41
**Doppeldatum**
–, Bestätigungsvermerk 322 155
**Doppelerfassung, Problem**
–, Vollkonsolidierung 300 15
**doppelseitige Treuhand**
–, Bilanzierung 246 22
**doppelte Maßgeblichkeit** 253 275 294
**Downstream-Lieferung** 304 44

## DPR
–, Anerkennungsvertrag  342b 18
–, Anlassprüfung  342b 56 61
–, Belehrungspflicht  342b 80
–, BilKoG  342b 19 65
–, Bußgeld  342e 1
–, CESR  342b 65
–, Enforcement  342b 17
–, fehlerhafte Rechnungslegung  342b 84 87
–, Fehlerkorrektur  342b 8
–, Finanzausstattung  342d 1
–, Haftung  342b 100
–, Mitglieder der DPR  342b 22
–, Mitgliederversammlung  342b 22
–, Mitwirkungsverweigerung  342b 80 82
–, Nichtigkeitsklage  342b 92
–, Nichtmitwirkung  342b 82
–, Nominierungsausschuss  342b 22 27, 342c 8
–, öffentliches Interesse  342b 8
–, Ordnungswidrigkeit  342e 1
–, Prüfstelle  342d 13
–, Prüfungseinteilung  342b 61
–, Prüfungsergebnis  342b 84 87 95
–, Prüfungshemmnis  342e 3
–, Prüfungsturnus  342b 67
–, Prüfverfahren  342e 9
–, Sachverständigkeit  342b 27
–, Sonderprüfung  342b 93
–, Staatsanwaltschaft  342b 102
–, Stichprobengrundsatz  342b 65
–, Straftat  342b 102
–, Trägerverein  342b 22
–, Unabhängigkeit  342b 26
–, Vertraulichkeit  342c 8
–, Vorprüfungsausschuss  342b 61
–, Vorstand  342b 22, 342c 8
–, Wirtschaftsplan  342d 7 9
–, Zustimmung  342b 95
–, zweistufiges Enforcement-Verfahren  342b 3

**Dritthaftung**  323 86
**Drittschuldverbindlichkeit**
–, Schuldenkonsolidierung  297 95
**Drittschuldverhältnis**  303 15
**Drohverlustrückstellung**
–, Abgrenzung zu Verbindlichkeitsrückstellung  249 132
–, Beschaffungsgeschäft  249 147
–, Vorrang von Abschreibungen  249 135
**DRS**  317 47
–, GoB-Vermutung  297 8
**DRSC**
–, Anerkennung  342 6
–, Bekanntmachung der Standards durch das BMJ  342 12
–, Fachausschuss  342 4
–, Satzung  342 2

**Druckbeihilfe**
–, Rückstellung  249 237
**Drucktitel**
–, Ansatzverbot  248 50
**dualistisches System**  290 36
**Duration**  253 131
**Durchbuchungsmethode**  253 107, 254 43
**Durchführung**
–, Quotenkonsolidierung  310 21
**Durchgriffshaftung**  264a 13
**durchschnittlicher Konzernsteuersatz**  306 29
**Durchschnittsbewertung**  256 19 32
**Durchschnittspreisverfahren**
–, Verbrauchsfolgeverfahren  256 17

## E

**EG-Richtlinie**  264a 1, 325 2
**EHUG**
–, Offenlegung  325 5
**Eigenbetrieb**
–, Rechnungslegungsvorschrift  263 1
**Eigene Angabe**  272 90
**Eigener Anteil**
–, Anschaffungsnebenkosten  272 89
–, Gewinnabführungsvertrag  272 87
–, GmbH  272 100
–, Ordentliche Kapitalherabsetzung  272 97
–, Vereinfachte Kapitalherabsetzung  272 98
–, Verlängerungsrechnung  272 88
**Eigenherstellung**  255 84
**Eigeninteresse sonstiger Art**  319 28
**Eigenkapital**
–, Abgrenzung von Schulden  272 231
–, Abzugsposten  264c 17
–, Ausgleichsposten, Ausweis  307 50
–, ausstehende Einlage  247 93
–, Ausweis  272 3 15
–, Ausweiserleichterungen  272 17
–, bedungene Einlage  247 87
–, Bilanz  247 79
–, Einlage  247 92
–, Einzelkaufmann  247 83
–, Entnahme  247 88 106
–, Ergänzende Vorschriften AG  272 4
–, Ergänzende Vorschriften GmbH  272 8
–, Ergänzende Vorschriften KapG  272 11
–, Ergänzende Vorschriften KGaA  272 7
–, Ergänzende Vorschriften UG  272 8
–, Genussrechtskapital  247 81
–, Gewinnanteil bei PersG  247 97
–, Gliederung der Bilanz  266 105
–, Haftsumme  247 87
–, Konzernabschluss  298 55
–, Nettoausweis  264c 7
–, Personenhandelsgesellschaft  247 86
–, Reinvermögen  247 80
–, stiller Gesellschafter  247 82

–, Verlustanteil bei PersG 247 102
–, Verlustdeckungspotenzial 247 86
–, Verlustsonderkonto 247 103
**Eigenkapitalspiegel**
–, Darstellung 297 50 f.
–, Ermittlung 297 f. 51
–, Funktion 297 50
–, gezeichnetes Kapital 297 53
–, Jahresabschluss 264 33
–, Kapitalrücklage 297 55
–, Konzernabschluss, Bestandteil 297 6 50
–, Konzernanhang, Angaben 297 62
–, kumuliertes übriges Konzernergebnis 297 59
–, Minderheitsgesellschafter, Eigenkapital 297 60
–, nicht eingeforderte ausstehende Einlage des Mutterunternehmens 297 54
**Eigenkapitalveränderungsrechnung**
–, Jahresabschluss 264 33
**eigenverantwortliches Urteil**
–, Abschlussprüfer 323 26
**Einbeziehungspflicht**
–, Konsolidierung 300 10
**Einbeziehungsverbot**
–, Konzernabschluss 294 17
**Einbeziehungswahrecht**
–, Wahlrecht 296 1
**einbezogenes Unternehmen, Angabe**
–, Konzernanhang 313 79
**Einbringungsbilanz**
–, Offenlegung 325 67
**Einfluss Steuerrecht** 255 82
**Einfügung neuer Posten**
–, Gliederung der Gewinn- und Verlustrechnung 275 32
**eingeforderter Nachschuss** 272 150
**eingeschränkte Berichterstattung**
–, Anhang 286 1
**eingeschränkter Umfang der Berichterstattung**
–, Erleichterung für mittelgroße KapG 288 6
**Einheitlichkeitsprinzip**
–, Konzernabschluss 298 1
**Einheitsgrundsatz** 303 1, 305 1
**Einheitstheorie**
–, Begriff 308 1
–, Kapitalkonsolidierung 301 1
–, Konsolidierung 300 14
–, Konzernabschluss 297 94
–, Konzernrechnungslegung 290 5
**Einheitsthese**
–, Jahresabschluss 264 35
**Einkaufskommission**
–, wirtschaftliche Zurechnung 246 57
**Einkaufskontrakt**
–, Rückstellung 249 238
**Einlage** 247 107

–, ausstehende 264c 17
–, Eigenkapital 247 92
**Einlagenrückgewähr**
–, Anteilserwerb 264c 36
**Einlage stiller Gesellschafter** 266 130
**Einnahmenüberschussrechnung** 238 47, 241a 11
**Einreichung KapCoGes**
–, elektronischer Bundesanzeiger 264b 29
**Einschränkung des Bestätigungsvermerks**
–, Begründung 322 71
–, Gesetzmäßigkeit 322 75
–, Konzern 322 134
–, Lagebericht 322 78
–, Prüfungshemmnis 322 81
–, Tragweite 322 74
–, Wesentlichkeitskriterium 322 62
**Einsichtnahme**
–, Insolvenzverfahren 321a 10
–, Prüfungsbericht 321a 5
**einsichtnahmeberechtigter Personenkreis**
–, Prüfungsbericht 321a 5
**Einsichtsrecht Prüfungsbericht**
–, Begrenzung 321a 28
–, Geltendmachung 321a 17
–, Konzernabschluss 321a 50
–, Umfang 321a 23
–, Widerspruchspflicht 321a 39
–, Widerspruchsrecht 321a 39
**Einspruch**
–, Ordnungsgeldverfahren 335 37
**Einstellung gesetzliche Rücklage**
–, Ausweis 272 169
**Eintragung**
–, Handelsregister 264a 12
–, Kapitalerhöhung 272 45
**Eintritt**
–, Vollhafter 264a 10
**Einwendung** 322 58
**Einzahlungsverpflichtung** 264c 15
–, Einzahlungsverpflichtung gegenüber Kommanditisten 264c 17
–, persönlich haftender Gesellschafter 264c 16
**Einzelabschluss**
–, Abschlussprüfung 324a 1
–, unrichtige Darstellung 331 30
–, unrichtige Offenlegung 331 45
–, unrichtige Wiedergabe 331 33
–, Verschleiern 331 40
**Einzelabschluss nach § 325 Abs. 2a HGB** 322 193
**Einzelabschlusswert** 304 29
**Einzelbewertungsgrundsatz** 252 67, 256 1 9
**Einzelkaufmann**
–, Eigenkapital 247 83
–, Verzicht auf Buchführung 241a 6

2594

Einzelkosten 255 104
Einzelrechtsnachfolge
–, Pensionsverpflichtung 249 57
Einzelwertberichtigung 253 303
Einziehungshandlungen 272 68
Einziehung von Geschäftsanteilen 272 73
Einziehung von Nachschüssen 272 109
elektronische Aktenführung 335 29
elektronischer Bundesanzeiger 264b 26
–, Befreiung KapCoGes 264b 27
–, Befreiung verschärfte Rechnungslegungspflicht 264b 30
–, Einreichung KapCoGes 264b 29
–, Offenlegung des KA KapCoGes 264b 29
Eliminierung
–, Zwischenergebnis, Konzern 312 82
eliminierungspflichtig
–, Zwischengewinn 304 28
–, Zwischenverlust 304 28
Emissionsberechtigung 248 36, 253 286
Empfängerbezogenheit
–, Prüfungsbericht 321 33
emphasis of matter
–, Bestätigungsvermerk 322 2
Endkonsolidierung
–, Erträge und Aufwendungen 299 8
–, Konsolidierungsprinzipien 301 13
–, Konzernbilanzierung 301 210
–, Mutterunternehmen 317 75
–, Währungsumrechnung im Konzernabschluss 308a 26
Enforcement
–, Auskunftspflicht 342b 72 78, 342e 2
–, ausländisches Unternehmen 342b 41
–, BaFin 342b 11 62
–, Beschwerde 342b 11
–, Börseneinführung 342b 40
–, Bußgeld 342e 6
–, Delisting 342b 39
–, DPR 342b 17
–, Ermessen 342b 51
–, Fehlerkorrektur 342b 8
–, Fehlerveröffentlichung 342b 5
–, Finanzierung 342d 3
–, Freiverkehr 342b 43
–, Gesellschaftsvertrag 342b 44
–, Gewissenhaftigkeit 342b 97
–, Hinderungsgrund 342b 68
–, Jahresabschluss 342b 36
–, Konzernabschluss 342b 36
–, Kosten 342b 88
–, materiality 342b 46
–, Mitwirkung 342b 72
–, nemo-tenetur-Grundsatz 342b 81
–, Nichtigkeitsklage 342b 69
–, öffentliches Interesse 342b 8
–, Offenlegungspflicht 342b 72 78
–, Ordnungswidrigkeit 342e 2
–, Pre-Clearance 342b 6

–, privatrechtlich organisierte Institution 342b 14
–, Prüfung auf 2. Stufe 342b 88
–, Prüfung auf Verlangen 342b 62
–, Prüfungsaktivitäten der BaFin 342b 4
–, Prüfungsergebnis 342b 54 96
–, Prüfungsergebnis DPR 342b 88
–, Prüfungsfunktion 342b 63
–, Prüfungsgegenstand 342b 36
–, Prüfungshemmnis 342b 81
–, Prüfungsmaßstab 342b 44
–, Prüfungsumfang 342b 54
–, Quartalsabschluss 342b 36
–, Rechtsmittel 342b 96
–, Regierungskommission Corporate Governance 342b 1
–, Satzung 342b 44
–, Schadensersatz 342b 97
–, Sonderprüfung 342b 70
–, Stichprobenprüfung 342b 63
–, TUG 342b 36
–, Umlage 342d 3
–, Unparteilichkeit 342b 97
–, Verwaltungsakt 342b 11
–, Verwaltungsverfahren 342b 96
–, Vorlagepflicht 342e 2
–, Widerspruch 342b 11
–, Zustimmung der Fehlerfeststellung 342b 88
–, Zustimmungsquote 342b 88
–, zweistufiges Verfahren 342b 14
Entfernungsverpflichtung
–, Rückstellung 249 239
Entgeltumwandlung
–, Pensionsrückstellung 249 48
Entkonsolidierung 301 210
Entlastungsfunktion
–, Anhang 264 25, 284 5
Entnahme
–, Eigenkapital 247 88 106
–, Kapitalbetrag 264c 15
Entnahmen aus der gesetzlichen Rücklage
–, Ausweis 272 173
Entschädigungsvereinbarung, Übernahmeangebot
–, Konzernlagebericht, Pflichtangaben 315 103
Entsorgungsverpflichtung
–, Rückstellung 249 240
Entsprechenserklärung
–, Anhang, Pflichtangaben 285 118
–, Corporate Governance Statements 289a 8
–, Offenlegung 325 86
Entwicklungskosten 248 26, 255 120
Equity-Bewertung
–, KapCoGes 264b 7
Equity-Methode
–, Anschaffungskostenmethode 312 63
–, assoziiertes Unternehmen 311 44

2595

–, Beteiligungsbuchwert 312 71
–, Buchwertmethode 312 24 f.
–, Kapitalanteilsmethode 312 124 f.
–, Kapitalaufrechnung 312 24 37
–, Konzernabschluss 312 1
–, Quotenkonsolidierung 312 121
–, Vollkonsolidierung 312 120
**ERA-Anpassungsfonds**
–, Rückstellung 249 241
**Erbbaurecht**
–, Rückstellung 249 242
**Erbringung Steuerberatungsleistung** 319 55
**Erfolgsermittlung**
–, latente Steuern 266 100
–, Rechnungsabgrenzungsposten 266 99
**erfolgsneutrale Behandlung** 255 32
**erfolgsneutrale Eliminierung** 305 4
**Erfolgsprämie**
–, Rückstellung 249 243
**erfolgswirksame Eliminierung** 305 4
**Erfüllungsbetrag** 246 115, 253 19 30
**Erfüllungsrückstand**
–, Rückstellung 249 33
**Erfüllungsübernahme**
–, Bilanzierung 246 83
**Ergänzungsbilanz**
–, latente Steuern 274 68, 306 20
–, Personenhandelsgesellschaften 306 20
**Ergänzungsfunktion**
–, Lagebericht 289 9
**Ergebnisabführungsvertrag**
–, Gewinnabführungsvertrag 305 15
–, KapCoGes 264b 1
**Ergebnisrücklage** 266 168
**Ergebnisübernahme**
–, innerkonzernliche 305 14
**Ergebnisverwendung** 268 5, 270 19
**Ergebnisverwendungsbeschluss** 328 36
**Ergebnisverwendungsvorschlag** 328 36
**Erhaltungsaufwand** 255 66
**erheblicher Nachteil**
–, Begriff 321a 43
–, Unterlassen von Angaben 286 15
**Erkenntnis** 333 20
**Erklärung der gesetzlichen Vertreter**
–, Formulierung 297 90
–, Konzernabschluss 297 88
**Erklärung der Unabhängigkeit**
–, Prüfungsbericht 321 42
**Erklärung nach § 161 AktG**
–, Offenlegung 325 56
**Erklärung zur Unternehmensführung**
–, Anwendungsbereich 289a 5
–, Bestätigungsvermerk 322 29
–, Form 289a 20
–, Lagebericht 289a 20
–, Pflichten des Abschlussprüfers 289a 23
–, Prüfung 317 111

**Erläuterung**
–, Anhang 284 9
**Erläuterungsfunktion**
–, Anhang 264 23, 284 5
**Erlass** 247 130
**Erleichterungen für kleine KapG**
–, Anhang 288 3
**Erleichterungen für mittelgroße KapG**
–, Anhang 288 5
–, eingeschränkter Umfang der Berichterstattung 288 6
**Ermächtigungstreuhand**
–, Bilanzierung 246 21
**Ermessen**
–, Enforcement 342b 51
**Ermessensspielraum** 246 134
**Ermittlung, Aufwand**
–, Anteile anderer Gesellschafter 307 41
**Erneuerungsverpflichtung**
–, Rückstellung 249 244
**Eröffnungsbilanz**
–, Begriff 242 3
–, Eröffnungsinventar 240 3
–, Gründungsaufwand 248 43
–, KapG 272 19
–, Offenlegung 325 67
–, Pflicht zur Aufstellung 242 1
**Eröffnungsinventur**
–, Inventur 240 3, 241a 24
**Ersetzungsverfahren**
–, Abschlussprüfung 318 35
–, Antragsberechtigte 318 37
–, Antragsfrist 318 38
–, Antragsverfahren 318 39
**Erstausstattung an Ersatzteilen**
–, Bilanz 247 28
**Erstellung**
–, Bilanz 270 4
–, Konzernlagebericht 315 3
**Erstkonsolidierung**
–, Kapitalkonsolidierung 307 21
**erstmaliger Ansatz**
–, Geschäfts- oder Firmenwert 306 21
**Erstprüfung**
–, Prüfungsbericht 321 184
**Erträge aus der Abzinsung**
–, Ausweis 275 176
**Erträge und Aufwendungen**
–, Endkonsolidierung 299 8
**Ertragslage** 264 74
–, Analyse 264 76
–, Begriff 264 74
–, Konzernlagebericht 315 33
**Ertragswertverfahren** 255 253
**Erwartungslücke**
–, Bestätigungsvermerk 322 15
**Erwartungswert**
–, Rückstellung 253 53

2596

**Erweiterung des Prüfungsauftrags**
–, Prüfungsbericht 321 130
**Erwerbsmethode Konzernbilanzierung**
301 123
**Erwerbsverpflichtung**
–, Vermerkpflicht 251 30
**Erwerb weiterer Anteile**
–, Beteiligungen an assoziierten Unternehmen 312 113
**Eträge**
–, innerkonzernlich 305 10
–, sonstige betriebliche 275 260
**EUR**
–, Pflicht zur Aufstellung des Jahresabschlusses in EUR 244 1
**Eventualvorsatz** 331 76
**externe Qualitätskontrolle**
–, Verschwiegenheitspflicht 323 62

# F

**fachliche Prüfungsgrundsätze** 317 39, 323 29
**Factoring**
–, Begriff 246 49
–, echtes Factoring 246 50
–, stilles Verfahren 246 52
–, unechtes Factoring 246 51
**Fahrlässigkeit**
–, Pflichtverletzung 323 79
**faktische Stimmrechtsmehrheit**
–, Dauerhaftigkeit 290 31
**faktische Verpflichtung**
–, Rückstellung 249 30 116
**fast close**
–, Jahresabschluss 320 10
–, Vorlagepflicht 320 10
**Fehlbetrag**
–, nicht durch Eigenkapital gedeckter 268 46
**fehlerhafte Rechnungslegung**
–, DPR 342b 84 87
**Fehlerkorrektur**
–, Enforcement 342b 8
**Fehlerveröffentlichung**
–, aufschiebende Wirkung 342b 13
–, Enforcement 342b 5
**Fehlmaßnahme**
–, Rückstellung 249 153 163
**Fertigstellungszeitpunkt** 255 99
**Fertigungseinzelkosten** 255 115
**Fertigungsgemeinkosten** 255 128
**Festbewertung**
–, Bewertungsvereinfachungsverfahren 256 5
–, Inventurvorschrift 256 3
–, Jahresabschluss 256 32
**Festgeld** 266 96
**Festsetzungsfrist** 257 34

**Feststellung**
–, Bilanz 270 4
**Feststellungs- und Billigungsdatum**
–, Offenlegung 328 25
**Festwertverfahren**
–, Aufgabe des Festwerts 240 65
–, erstmalige Anwendung 240 62
–, GWG-Sammelposten 240 66
–, Inventurverfahren 240 50
–, körperliche Bestandsaufnahme 240 60
–, nachrangige Bedeutung 240 53
–, regelmäßiger Ersatz 240 58
–, Roh-, Hilfs- und Betriebsstoffe 240 53
–, Veränderungen von Größe, Wert und Zusammensetzung 240 57
–, Vermögensgegenstand 275 102
**Fifo-Verfahren**
–, periodisch 256 23
–, permanent 256 23
–, Verbrauchsfolgeverfahren 256 1 17 21
**Finanzanlage**
–, außerplanmäßige Abschreibung 253 249
**Finanzanlagevermögen** 268 39
**Finanzausstattung**
–, DPR 342d 1
**Finanzbehörde**
–, Prüfstelle 342c 2
**Finanzergebnis** 275 191
**finanzielle Verflechtung** 290 4
**finanzielle Verpflichtung** 285 21
**Finanzierung**
–, Enforcement 342d 3
**Finanzinstrument, Bewertungsmethode**
–, Anhang, Pflichtangaben 285 131
**Finanzinstrument, Handelsbestand**
–, Konzernanhang, sonstige Pflichtangaben 314 67
**Finanzinstrument, unterlassene Abschreibung**
–, Anhang, Pflichtangaben 285 126
**Finanzinstrumente des Handelsbestands** 274 143
**Finanzlage**
–, Analyse 264 69
–, Konzernlagebericht 315 37
–, Vermögenslage 264 69
**Finanzmittelfonds**
–, Berechnungsschema, Kapitalflussrechnung 297 24
–, Kapitalflussrechnung, Abgrenzung 297 18
**Finanzplan**
–, Offenlegung 325 67
**Finanzwechsel** 266 158
**Firmenwert**
–, Abschreibung 253 199
**Fluktuation** 253 74
**Folgebewertung**
–, beizulegender Zeitwert 255 219

2597

–, Herstellungskosten 255 193
–, Konzernabschluss 298 24
–, net of tax 306 24
–, Vermögen 253 4
–, Währungsumrechnung im Jahresabschluss 256a 16
Folgekonsolidierung
–, KapKons mit GoF 301 162
–, KapKons mit passivischem Unterschiedsbetrag 301 174
–, Neubewertung 301 13
–, Neubewertungsmethode 307 25
Folgeprüfer 320 56
Forderung 266 76
Forderungen aus Lieferungen und Leistungen
–, außerplanmäßige Abschreibung 253 297
Forderungen und sonstige Vermögensgegenstände
–, außerplanmäßige Abschreibung 253 297
–, Fälligkeit 268 50
Forderungsbewertung
–, Abzinsung 253 298
–, Gesellschafterforderung 253 301
–, Risiko 253 297
–, Skonto 253 299
–, Wertberichtigung 253 306
Form
–, Erklärung zur Unternehmensführung 289a 20
–, Konzernanhang 313 21
formale Stimmrechtsmehrheit
–, materielle Stimmrechtsmehrheit 290 32
Form der Erklärung zur Unternehmensführung
–, Internetseite 289a 21
formelle Maßgeblichkeit 274 127
Form und Inhalt
–, Offenlegung 328 1
Formwechsel
–, latente Steuer 274 101
–, Umwandlung 255 55
Forschung und Entwicklung
–, Abgrenzung 255 180
–, Anhang, Pflichtangaben 285 147
–, Konzernanhang, sonstige Pflichtangaben 314 83
–, Konzernlagebericht, Sollangaben 315 81
–, Kosten 255 145
Fortführungszeitraum
–, Einschätzung going-concern 252 32
Fortschreibung
–, Unterschiedsbetrag 312 45
Fortschreibung, Folgejahre
–, Beteiligungsbuchwert 312 53 f.
–, Feststellung Test 312 f. 54
Fortschreibung, Jahresfehlbetrag
–, Beteiligungsbuchwert 312 59

Forwards
–, Begriff 246 71
Frachtkosten 275 86
Freistellungsphase 253 110
frei verfügbare Rücklagen 268 87
Freiverkehr
–, Enforcement 342b 43
Freiware 275 49
freiwillige Abschlussprüfung
–, Besonderheiten Prüfungsbericht 321 176
–, Haftung 323 103
–, Insolvenz 321a 16
–, Prüfungsbericht 321 173
freiwillige Angabe
–, Konzernanhang 313 42
freiwillige Prüfung 317 16
freiwillige Publizität 328 30
Fremdherstellung 255 84
Fremdwährung
–, Berichtspflicht 284 40
Fristberechnung
–, Aufbewahrungsfrist 257 30
Fristwahrung
–, Offenlegung 325 103
Funktionsgleichheit 256 10
Funktionsprüfung 317 128

# G

Gängigkeitsabschlag 253 284 295
Garantie
–, Gewährleistung, Garantie, Kulanz und Vertragsstrafe 251 37
–, Rückstellung 249 245
GDPdU
–, Rückstellung 249 233
Gebäude 266 39
Gefährdungsdelikt
–, unrichtige Darstellung 331 4
–, Verletzung der Berichtspflicht 332 4
Gefahrenübergang 252 93
Gegenstand
–, Konzernabschlussprüfung 317 41
Gegenstand der Jahresabschlussprüfung
–, Buchführung 317 22
–, Inventar 317 24
–, Kostenrechnung 317 23
Gehalts- und Rententrend 253 81
Geheimhaltungspflicht
–, Geheimnis 333 12
–, Prüfstelle 333 10 20
–, Rechtsfolgen bei Verletzung 333 53
–, Schutz von Wirtschaftsgeheimnissen 333 1
–, Tatbestandsirrtum 333 36
–, unbefugtes Offenbaren 333 24
–, unbefugtes Verwerten 333 29
–, Verbotsirrtum 333 36

–, Verjährung  333 54
–, Verletzung  333 4
Gehilfe  323 22
Gehilfe des Abschlussprüfers
–, Pflichtverletzung  332 13
Geldkurs  255 241
geleistete Einlagen  266 127
Gemeinkosten  255 106
Gemeinschaftsprüfung
–, Bestätigungsvermerk  322 196
–, Prüfungsbericht  321 202
Gemeinschaftsunternehmen
–, Anzahl der gemeinschaftlich führenden Gesellschafter  310 12
–, Begriff  294 14
–, Intensität der Einflussnahme  310 7
–, Joint Venture  305 9, 320 46
–, Methodenwahlrecht  310 15
–, Quotenkonsolidierung  310 21, 312 17
–, Schuldenkonsolidierung  310 27
–, Zwischenergebniseliminierung  304 5, 310 30
Generalnorm
–, Genussrechtskapital  264 2
–, Jahresabschluss  264 50
–, KapG  264c 11
–, Konsolidierung  300 33, 308 16
Genossenschaftsanteil
–, Beteiligung  271 28
Genussrechtskapital
–, Agio  266 129
–, Disagio  266 129
–, Eigenkapital  247 81
–, Gestaltungsmöglichkeit  272 238
geregelter Markt
–, organisierter Markt  291 21
gerichtliche Bestellung
–, Antragsberechtigte  318 48
–, Vergütung  318 55
geringwertiges Wirtschaftsgut  253 195
Gesamtaussage
–, Prüfungsbericht  321 105
Gesamtkaufpreis
–, aufgeteilt  255 38
–, beizulegender Zeitwert  255 38
–, Einzelbewertungsgrundsatz  255 38
–, Zeitwert  255 38
Gesamtkostenverfahren
–, Aufwandsart  275 13
–, Aufwands- und Etragskonsolidierung  305 4
–, Gliederung  275 9
–, Umsatzerlöse  305 10
Gesamtrechtsnachfolge
–, Pensionsverpflichtung  249 57
Gesamtschuld
–, Bilanzierung  246 84
Gesamtschuldverhältnis  246 127

Geschäft
–, Begriff  285 140
–, marktunübliche Geschäfte  285 135
Geschäfte mit Nahestehenden
–, Anhang, Pflichtangaben  285 135
Geschäftsausstattung  266 47
Geschäftsbericht
–, Rückstellung  249 246
Geschäftsbetrieb
–, kaufmännische Buchführung  238 25
Geschäftsfähigkeit  264a 7
Geschäftsführung
–, Ausschluss  264a 9
–, Berechtigung  264a 9
–, Ordnungswidrigkeit  334 7
Geschäftsgeheimnis  333 11
Geschäftsjahr
–, Wechsel des Abschlussstichtags  240 47
Geschäfts- oder Firmenwert
–, Aktivierungspflicht  246 86, 266 32
–, Anhang, Pflichtangaben  285 103
–, Ansatz  246 89
–, asset deal  306 22
–, außerplanmäßige Abschreibung  253 236, 309 16 ff.
–, Ausweis  309 9
–, Definition  309 9
–, derivativer Geschäfts- oder Firmenwert  246 91
–, Ermittlung  246 91
–, Erstkonsolidierung  301 109
–, erstmaliger Ansatz  306 21
–, Konzernanhang, sonstige Pflichtangaben  314 98
–, Konzernbilanzierung  301 131
–, latente Steuern  306 21
–, negativer Geschäfts- oder Firmenwert  246 94
–, Nutzungsdauer  253 322, 309 13
–, Nutzungsdauer, Analyse der Bestimmungsfaktoren  309 14
–, passivischer Unterschiedsbetrag  306 21
–, planmäßige Abschreibung  309 12
–, share deal  306 22
–, Unterschiedsbetrag  309 1
–, Währungsumrechnung im Konzernabschluss  308a 21
–, Wertaufholungsverbot  309 21
–, Zuschreibungsverbot  253 319
–, Zweck  246 88
Geschäfts- und Betriebsgeheimnis
–, Lagebericht  289 61
–, Verwertung  323 75
Geschäftsvorfall
–, Buchführungspflicht  238 38
–, Handelsbuch  239 17
–, Handelsgeschäft  238 38
Geschäftswert
–, Abschreibung  253 199

2599

Geschäftszweig 265 17
Gesellschaft
–, EU/EWR 325a 19
–, freiwillige Offenlegung 325 59
–, Haftung 325 3
–, Körperschaftsteuer 264c 26
–, Offenlegung 325 3
–, private Einkommensteuer 264c 26
Gesellschafter
–, Begriff 264c 7
–, Eintritt 264c 19
–, Kapitalkonto 264c 14
Gesellschafter, persönlich haftende
–, Anhang, Pflichtangaben 285 115
Gesellschafter-Geschäftsführer
–, Pensionsverpflichtung 249 98
Gesellschafterstellung
–, Stimmrechtsmehrheit 290 28
Gesellschafterverbindlichkeit
–, befristet 264c 8
–, Kapitalüberlassung 264c 8
–, Mietverhältnis 264c 8
Gesellschafterversammlung
–, Offenlegung 325 23
Gesellschafterwechsel
–, steuerlicher Verlustvortrag 274 55
Gesellschaftskonstellation
–, mehrstöckig 264a 13
Gesellschaftsvertrag
–, Enforcement 342b 44
–, Rückstellung 249 121
gesetzliche Rücklage
–, Gewinnrücklage 266 114, 272 103 153
gespaltener Steuersatz
–, Konzernabschluss 298 67
Gewährleistung
–, Haftung 251 22
Gewährleistungsverpflichtung
–, Haftungsverhältnis 251 47
Gewährleistungsvertrag
–, Haftung 251 21
–, Haftungsverhältnis 251 1
Gewerbebetrieb
–, Buchführungspflicht 238 16
–, Gewinnerzielungsabsicht 238 22
–, Handelsgewerbe 238 16
–, selbstständige Tätigkeit 238 20
Gewerbesteuer
–, Rückstellung 249 250
gewerbliche Schutzrechte 266 28
Gewinnabführungsvertrag
–, Ergebnisabführungsvertrag 275 223
–, Gewinnrücklage 272 158
–, Realisationszeitpunkt 252 113
Gewinnausschüttung
–, Beteiligungsbuchwert 312 70
Gewinn- bzw. Verlustbeitrag
–, Zwischenergebniseliminierung 306 11

Gewinnrealisierung
–, sale and lease back 246 46
Gewinnrücklage
–, Begriff 270 1
–, Ergebnis 270 17, 272 151
–, gesetzliche Rücklage 266 114
–, Gesetzliche Rücklage 272 153
–, PersG 264c 20
–, Satzungsgemäße Rücklagen 272 155
Gewinn- und Verlustrechnung
–, Ausweis von Leerposten 275 42
–, Grundstruktur 247 135
–, Jahresabschluss 317 25
–, Kontoform 243 24, 275 7
–, latente Steuern 274 119
–, Mindestgliederung 247 132, 275 1
–, Reihenfolge der Posten 275 35
–, Staffelform 243 24, 275 1 7
–, stromgrößenorientierte Erfolgsermittlung 275 5
–, Umsatzerlös 277 1
–, Vergleichbarkeit 275 41
–, verkürzte GuV 276 1
–, Vollständigkeitsgebot 246 95
–, Zeitraumrechnung 275 3
–, Zusammenfassung 265 26
Gewinnveränderungsbeschluss
–, Bilanzidentität 252 22
Gewinnverwendung
–, Bilanzgewinn-/verlust 266 122
–, Gewinnvortrag 266 120
–, Jahresüberschuss/-fehlbetrag 266 122
–, Offenlegung 325 55
Gewinnverwendungsrechnung 275 271
Gewinnverwendungsvorschlag
–, Gliederung 325 98
–, Offenlegung 325 55 89
Gewinnvortrag
–, Ausweis 272 219
–, Bilanzgewinn 266 120
–, Gewinnverwendung 266 120
gewissenhafte Berufsausübung 317 37
Gewissenhaftigkeit
–, Abschlussprüfer 323 26
–, Enforcement 342b 97
gewöhnliche Geschäftstätigkeit 277 13
gewogener Durchschnitt 240 74
–, einfach 240 74
–, gleitend 240 74
gezeichnetes Kapital 272 18
–, Begriff 272 18
–, Eigenkapitalspiegel 297 53
–, Grundkapital 266 108
–, Konzernlagebericht, Pflichtangaben 315 102
–, Stammkapital 266 108
–, Veränderung 272 33
GKV 275 9
Gläubigerschutz 325 2

2600

Gleichartigkeit 256 10
Gleichordnungskonzern 290 22
Gleichwertigkeit 256 10
Gleitzeitguthaben
–, Rückstellung 249 252
Gliederung
–, Änderung 265 24
–, Anhang 284 11
–, Jahresabschluss 242 10
–, Konzernlagebericht 315 16
–, Ordnungswidrigkeit 334 14
–, Untergliederung 265 21
–, Verbindlichkeit 266 143
–, zusammengefasster Ausweis 265 26
Gliederung, Vorschlag
–, Konzernanhang 313 25
Gliederung der Bilanz
–, Eigenkapital 266 105
–, Nichtigkeit 266 169
–, Ordnungswidrigkeit 266 171
–, Passivseite 266 104
–, Schadensersatzforderung 266 171
Gliederung der Gewinn- und Verlustrechnung
–, Einfügung neuer Posten 275 32
Gliederungsstetigkeit 252 20
GmbH
–, Eigenkapital 272 8
–, Gezeichnetes Kapital 272 28
GoA 317 38 79
GoB 256 13
–, Aufstellungsgrundsatz 243 1
–, Aufstellungspflicht 264 79
–, Bewertungsgrundsatz 252 1
–, Bewertungsvereinfachungsverfahren 256 1
–, DRS 342 14
–, Konzernabschlussprüfung 317 47
–, Steuerrecht 252 156
GoB-konforme Wahlrechte 274 129
GoF, Unterschiedsbetrag
–, Kapitalkonsolidierung 306 9
going concern
–, Bestätigungsvermerk 322 56
going-concern-Prämisse 252 30
Gratifikation
–, Rückstellung 249 243 253
größenabhängige Erleichterungen
–, Anhang 288 1, 326 17
–, Offenlegung 327 1
–, Konzernrechnungslegungsfrist 293 2
Größenklasse
–, BilRUG 267 37
–, KleinstKapG 267a 7
–, Kriterium 267 12
–, Umschreibung 267
Gründung KapG 272 20
Gründungsaufwand
–, Ansatzverbot 248 42

Gründungsbilanz
–, Offenlegung 325 67
Gründungstheorie 325a 12
Grundbuch 238 50
Grunddienstbarkeit 266 40
Grundkapital 266 108
Grundlagenforschung 255 185
Grundsätze ordnungsmäßiger Bilanzierung 264 79
Grundsätze ordnungsmäßiger Buchführung
–, Begriff 243 3
–, Bewertungsgrundsätze 252 1
–, Buchführungspflicht 238 34
–, deduktive Methode 243 5
–, Einfluss der IFRS 243 6
–, Grundsätze ordnungsmäßiger Konsolidierung 243 19
–, hermeneutische Methode 243 5
–, induktive Methode 243 5
–, Klarheit 275 25
–, Konzernabschluss 243 19
–, Korrekturvorschrift 264 82
–, Realisationsprinzip 243 18
–, Übersichtlichkeit 275 25
–, Verrechnungsverbot 243 26
–, Vollständigkeit 275 25
Grundsätze ordnungsmäßiger Konsolidierung
–, GoB 243 19
Grundsätze ordnungsmäßiger Konzernbuchführung
–, Konzernabschluss 297 85
–, Vollständigkeitsgebot 300 1
grundsätzliche Feststellungen
–, Prüfungsbericht 321 45
Grundsatz der Bilanzkontinuität und der Vergleichbarkeit 243 13
Grundsatz der einheitlichen Bewertung
–, Bewertung 308 10
–, Generalnorm 308 8
–, Grundsatz der Einheitlichkeit, Systematik 308 8
–, Rechtsfolgen bei Pflichtverletzung 308 58
Grundsatz der Einheitlichkeit, Systematik
–, Grundsatz der einheitlichen Bewertung 308 8
Grundsatz der Klarheit und Übersichtlichkeit
–, Geltungsbereich 243 20
–, Maßgeblichkeitsgrundsatz, Folgen 243 33
–, Rechtsfolgen bei Verstößen 243 32
Grundsatz der Stetigkeit
–, Bewertung, Ausnahmen 308 31
Grundsatz der Stetigkeit in der Konsolidierung
–, Konzernabschluss 297 97

2601

**Grundsatz der Wahrheit**
–, willkürfreie Berichterstattung 289 19
**Grundsatz der Wesentlichkeit** 296 41
–, untergeordnete Bedeutung 308 50
**Grundsatz der Wesentlichkeit und der Stetigkeit** 243 14
**Grundsteuer** 275 206
**grundstücksgleiche Rechte** 266 40
**Gruppenbewertung**
–, Bewertung Inventar 256 32
–, Bewertungsvereinfachungsverfahren 256 5
–, Jahresabschluss 256 32
**Gruppenbewertungsverfahren**
–, Aufgabe 240 78
–, Bewertungsstetigkeit 240 75
–, Bewertungsvereinfachungsverfahren 240 79
–, Gleichartigkeit und annähernde Gleichwertigkeit 240 68
–, Schulden 240 77
–, Vorratsvermögen 240 76
**Guthaben bei Kreditinstituten**
–, Begriff 266 96
–, Bilanz 247 73
**GuV**
–, KleinstKapG 275 276

# H

**Hafteinlage**
–, Anmeldung 264c 23
–, Handelsregister 264c 23
–, Pflichteinlage 264c 21
–, Rückzahlung 264c 35
–, Schutzvorschrift 264c 35
**Haftpflicht**
–, Mindestversicherungssumme 323 98
–, Rückstellung 249 255
**Haftung**
–, Abschlussprüfer 323 77
–, Auskunftsvertrag 323 90
–, Beschränkung 264a 2
–, Darlegungs- und Beweislast 323 81
–, DPR 342b 100
–, freiwillige Abschlussprüfung 323 103
–, Gewährleistung 251 22
–, Gewährleistungsvertrag 251 21
–, verbundene Unternehmen 323 85
–, Verjährung 323 102
–, Vertrag mit Schutzwirkung zugunsten Dritter 323 88
–, Wechselobligo 251 12
**Haftungsausschluss** 323 100
**Haftungsbegrenzung**
–, Abschlussprüfer 323 100
–, amtlicher Markt 323 93
–, geregelter Markt 323 93
–, regulierter Markt 323 93

**Haftungsvergütung**
–, Komplementär 264c 8
**Haftungsverhältnis**
–, Ausweis 251 49
–, Begriff 251 1
–, Bewertung 251 43
–, Bilanzvermerke 268 74
–, Dauerschuldverhältnis 251 45
–, Gewährleistungsverpflichtung 251 47
–, Gewährleistungsvertrag 251 1
–, Höchstbetragsbürgschaft 251 8
–, Konzernabschluss 298 17, 303 14
–, Konzernanhang, sonstige Pflichtangaben 314 97
–, Konzernklausel 251 39
–, Leasingforderung 251 41
–, Patronatserklärung 251 32
–, Realisationsprinzip 251 6
–, Rückgriffsforderung 251 43
–, Saldierungsverbot 251 43
–, Schuldenkonsolidierung 303 14
–, Stichtagsprinzip 251 8
–, Vollständigkeitsgebot 251 9
–, Vorjahresbetrag 251 50
–, Vorsichtsprinzip 251 7
**Halbeinkünfteverfahren** 278 1
**Halbjahresfinanzbericht** 264 13
**Handelsbilanz**
–, Abweichung Steuerbilanz 274 132
–, Aufstellungsfrist 243 35
**Handelsbilanz II**
–, Konsolidierung 300 20
–, Vorlagepflicht 320 37
**Handelsbilanz III**
–, Begriff 307 21
–, Handelsbilanz II, Abgrenzung 307 21
–, Vorlagepflicht 320 37
**Handelsbilanz II und III**
–, Offenlegung 325 67
**Handelsbrief** 238 65
**Handelsbuch**
–, Aufbewahrungspflicht 257 10
–, Auszug 259 2
–, Buchführung 239 1
–, Datenträger 239 1
–, Einsicht 259 2
–, Führung 239 1
–, Geschäftsvorfall 239 1
–, Grundbuch 238 50
–, Hauptbuch 238 50
–, Nebenbuch 238 50
–, Sprache 239 1
–, Symbol 239 14
–, Unveränderlichkeit 239 1 28
–, Vollständigkeit 239 15
–, Zeitgerechtigkeit 239 21
–, Ziffer 239 14
**Handelsgeschäft** 238 35
**Handelsgewerbe** 238 16

# Stichwortverzeichnis

**Handelsrecht**
–, Aufbewahrungspflicht 257 1
**handelsrechtliche Abschlussprüfung**
–, Controlling 289 62
**handelsrechtliches Gliederungsprinzip**
–, Liquidierbarkeit 266 7
**Handelsregister**
–, Eintragung 264a 12
–, elektronisches Handelsregister 264b 1
–, Hafteinlage 264c 23
–, Offenlegung 325 39
–, unterjährige Veränderung 264c 23
**Handelsware**
–, außerplanmäßige Abschreibung 253 294
**Handlungseinheit** 334 39
**Handlungsmehrheit** 334 39
**Hauptbuch** 238 51
**Hauptniederlassung**
–, Begriff 325a 14
–, EU/EWR 325a 10
–, Vertreter 325a 21
**Hauptversammlung**
–, Rückstellung 249 257
**Heimfall**
–, Rückstellung 249 258
**Herstellungsbeginn** 255 94
**Herstellungsende** 255 99
**Herstellungskosten**
–, Begriff 255 80
–, erfolgsrechnungsorientierter Ausweis 275 233
–, Erfassung 255 168
–, Ermittlung 255 77
–, Folgebewertung 255 193
–, Gliederung 275 227
–, Konzern 304 19
–, latente Steuern 274 146
–, Obergrenze 255 103
–, Untergrenze 255 101
–, Wertuntergrenze 255 78
**Herstellungszeitraum** 255 97
**HGB** 274 116
–, Wesentlichkeit 342b 47
**Hifo**
–, Verbrauchsfolgeverfahren 256 1
**Hinderungsgrund**
–, Enforcement 342b 68
**Hinterlegung**
–, KleinstKapG 326 22
**Hochinflation**
–, Währungsumrechnung im Konzernabschluss 308a 36
**Höchstbetragsbürgschaft**
–, Haftungsverhältnis 251 8
**Höchstwertprinzip**
–, Rückstellung 253 56
**Honorar**
–, Anhang 285 120
–, Konzernanhang 314 47

**Honorar Abschlussprüfer**
–, Anhang, Pflichtangaben 285 120
**Hotelbelegungsgarantie** 251 26

# I

**IAS-Verordnung**
–, ergänzende Vorschriften für Pflichtanwender 315a 16
**Identität** 256 10
**IFRS**
–, Anwendungspflicht 315a 2
–, Einfluss auf GoB 243 6
–, Offenlegung 325 22
–, Wesentlichkeit 342b 47
**IFRS-EA**
–, Billigung 324a 9
–, Lagebericht 324a 17
–, Prüfungsbericht 321 138, 324a 16
**IFRS-Umstellung**
–, Rückstellung 249 262
**IFRS-Verordnung**
–, Gleichstellung Antragsteller/Pflichtanwender 315a 18
–, internationale Rechnungslegungsstandards 315a 2
–, Konzernabschluss 315a 2
**immaterieller Vermögensgegenstand**
–, Aktivierungswahlrecht 248 37
–, Bewertungsverfahren und -methoden 253 235
–, Bilanzierungsverbot/-wahlrecht 248 18
–, Einzelverwertbarkeit 248 19
–, Immaterialgut 266 22
–, Kategorisierung 248 11
–, Modell 248 23
–, nachträgliche Herstellungskosten 248 24
–, Pilotanlage 248 23
–, Prototyp 248 23
–, selbstständige Verwertbarkeit 248 13
–, Stetigkeitsgebot 248 37
–, Stetigkeitsgebot für Ansatzmethoden 274 29
–, unentgeltlicher Erwerb 248 3
**Immobilienleasing**
–, Teilamortisationserlass 246 45
**Imparitätsprinzip** 252 84
**implizite Bewertungsgrundsätze** 252 143
**Inanspruchnahme der Befreiung**
–, Befreiung von der Angabe 286 10
**indirekte Rechte**
–, Konzernbilanzierung 290 57
**individuelle Angabe Vorstandsbezüge**
–, Unterlassen von Angaben 286 19
**Informationsfunktion**
–, Bilanzvermerk 251 5
**Informationszweck**
–, Konzernlagebericht 315 2

2603

inländischer Teilkonzern
–, Konzernrechnungslegung 291 12
inländische Zweigniederlassung 325a 1 5
Innenverpflichtung
–, Rückstellung 249 9
innerkonzernliche Ergebnisübernahme 305 14
innerkonzernlicher Umsatzerlös 305 10
Insidergeschäft 323 73
Insolvenz
–, Eröffnungsgrund 252 41
–, Offenlegung 325 17, 335 65
Insolvenzschutz
–, Voraussetzung für Verrechnung mit Planvermögen 246 105
Insolvenzverfahren
–, Einsichtnahme Prüfungsbericht 321a 10
–, Nullbilanz 335 70
–, Publizitätsverpflichtung 335 66
Insolvenzverwalter 321a 18
Instandhaltung
–, Rückstellung 249 263
Interessentheorie 310 17
internal controls 289 67
internationale Rechnungslegungsstandards
–, Aufstellungswahlrecht bei Konzernabschluss 315a 8 20
–, befreiende Wirkung des Konzernabschlusses 315a 5
–, erweiterte Konzernrechnungslegungspflicht 315a 18
–, geregelter Markt 315a 13
–, Konsolidierungskreis 315a 7
–, Konzernabschluss 315a 1
–, Mutterunternehmen 315a 9
–, Pflicht zur Aufstellung eines Konzernabschlusses 315a 8 f.
–, Rechtsentwicklung 315a f. 3
–, Umfang der Konzernrechnungslegungspflicht 315a 15 17
–, Umfang des Konzernabschlusses 315a 20
–, Wertpapier 315a 12
interne Nachschau
–, Verschwiegenheitspflicht 323 56
interne Rotation 319a 19
Inventar
–, Aufstellungsfrist 240 36
–, Eröffnungsinventar 240 3
–, Festbewertung 256 32
–, Gegenstand der Jahresabschlussprüfung 317 24
–, Gruppenbewertung 256 32
–, Inventurpflicht 240 1
–, Offenlegung 325 67
–, Unterzeichnung 240 41
Inventur
–, Einlagerungsinventur 241 20
–, Eröffnungsinventur 240 3, 241a 24

–, GoI 240 9
–, Inventurbeobachtung durch den Abschlussprüfer 240 29
–, Inventurdurchführung 240 25
–, Inventurpflicht 240 1
–, Inventurstichtag 240 16
–, Inventurvereinfachungsverfahren 241 1
–, Inventurverfahren 240 18
–, Kombination von Inventurverfahren 241 43
–, nachverlegte Stichtagsinventur 241 1
–, permanente Inventur 241 18
–, Stichprobeninventur 241 1
–, systemgestützte Werkstattinventur 241 27
–, vorverlegt 241 28
–, vorverlegte Stichtagsinventur 241 1
–, Wechsel von Inventurverfahren 241 43
Inventurvereinfachungsverfahren
–, andere 241 1
–, Einlagerungsinventur 241 20
–, permanente Inventur 241 18
–, Stichprobeninventur 241 1
–, systemgestützte Werkstattinventur 241 27
–, vor-/nachverlegte Inventur 241 28
Inventurverfahren
–, Buchinventur 240 22
–, Festwertverfahren 240 50
–, Gruppenbewertungsverfahren 240 50
Investitionszulage 255 76
Investitionszuschuss
–, Anschaffungskostenminderung 255 72
Investmentvermögen
–, Anhang, Pflichtangaben 285 162
Investmentvermögen, Abschreibung
–, Anhang, Pflichtangaben 285 163
Investmentvermögen, Ursachen für den niedrigeren Wert
–, Anhang, Pflichtangaben 285 164
ISA
–, Anwendung 317 133
–, Bestätigungsvermerk 322 198, 323 33
–, carve-outs 317 144
–, Clarity Project 317 134
–, Erstanwendungszeitpunkt 317 143
–, freiwillige Abschlussprüfung 317 142
–, Prüfungsbericht 321 208
–, Rechtsverordnung 317 144
–, Skalierbarkeit 317 136
–, Struktur 317 143

## J

Jahresabschluss
–, Adressat 247 8
–, Anhang 264 23, 317 25
–, Aufstellungsfrist 264 44
–, Aufstellungspflicht 264 39

–, Begriff 316 1
–, Bilanz 317 25
–, Eigenkapitalspiegel 264 33
–, Eigenkapitalveränderungsrechnung 264 33
–, Einheitsthese 264 35
–, Enforcement 342b 36
–, fast close 320 10
–, Generalnorm 264 50
–, GuV 317 25
–, KapCoGes, Aufstellung 264b 1
–, KapCoGes, Offenlegung 264b 1
–, KapCoGes, Prüfung 264b 1
–, Kapitalgesellschaft 264 1
–, KG 264c 1
–, Offenlegung 264a 10, 325 56 62 f. 66
–, OHG 264c 1
–, Prüfungspflicht 316 1
–, Rückstellung 249 266
–, Segmentberichterstattung 264 34
–, true and fair view 264 51
–, Unterzeichnung 245 1
–, Vergleichbarkeit 284 44
–, Vollständigkeitsgebot 246 5
–, Vorlagepflicht 320 9
**Jahresergebnis**
–, Jahresüberschuss/-fehlbetrag 266 122
–, Verwendungsrechnung bei PersG 247 139
**Jahresfehlbetrag** 266 122, 272 223
**Jahresüberschuss** 266 122, 272 223
**Jahresüberschuss KapCoGes**
–, Verwendung 264c 24
**joint audit**
–, Bestätigungsvermerk 322 196
–, gerichtliche Ersetzung 324a 14
–, IFRS-EA 324a 15
–, Prüfungsbericht 321 202
**Joint Ventures**
–, Unternehmereigenschaft 271 6
**Journal** 238 50
**Jubiläum**
–, Rückstellung 249 267
**Justizverwaltungsverfahren** 264a 10

# K

**Kameralistik** 238 44
**KapCoGes**
–, Aufstellung 264b 1
–, Beteiligungsfortschreibung 264b 7
–, Equity-Bewertung 264b 7
–, Ergebnisabführungsvertrag 264b 1
–, Konsolidierungsmethode 264b 14
–, Konzernrechnungslegung 290 8
–, Offenlegung 264b 1
–, Prüfung 264b 1
–, Prüfungspflicht 316 6
–, Quotenkonsolidierung 264b 7

–, Steueraufwand 264c 27
–, Vollkonsolidierung 264b 7
**KapG & Co.** 264a 1
**Kapitalanteil**
–, negativer Kapitalanteil 264c 16
–, persönlich haftender Gesellschafter 272 26
–, Rücklagenverrechnung 264c 24
–, Verlustkürzung 264c 24
–, Zusammenfassung 264c 15
**Kapitalanteilsmethode**
–, Equity-Methode 312 124
–, Konzernabschluss 312 2
**Kapitalaufrechnung**
–, Equity-Methode 312 24 37
**Kapitalerhaltung** 264 81
**Kapitalerhaltungskonzeption** 272 18
**Kapitalerhöhung**
–, bedingte 272 40
–, Beteiligungsbuchwert 312 64
–, Gesellschaftsmittel 270 12
–, ordentliche 272 33
**Kapitalerhöhung aus Gesellschaftermitteln** 272 51
**Kapitalerhöhungsbilanz**
–, Offenlegung 325 67
**Kapitalertragsteuer** 275 198, 278 1
**Kapitalflussrechnung**
–, Ausgestaltung, Empfehlungen 297 14
–, Auszahlung aus Erwerb von konsolidierten Unternehmen 297 43
–, Cashflow, Ermittlung 297 23
–, Cashflow aus Finanzierungstätigkeit, Berechnungsschema 297 45
–, Cashflow aus Investitionstätigkeit, Berechnungsschema 297 38
–, Cashflow aus laufender Geschäftstätigkeit, Berechnungsschema 297 29
–, derivativ abgeleitet 264 30
–, direkte Methode 297 27 30
–, Finanzmittelfonds, Abgrenzung 297 18
–, Finanzmittelfonds, Berechnungsschema 297 24
–, indirekt 297 27 31
–, Konzernabschluss, Bestandteil 297 6 14 16 18
–, Konzernanhang 313 37
–, Konzernanhang, Angaben 297 49
–, Periodenbetrachtung 264 29
–, Vorjahresangabe 297 46
–, Zahlungsmittel, Abgrenzung 297 19
–, Zahlungsmitteläquivalente, Abgrenzung 297 19
**Kapitalgesellschaft**
–, Eigenkapital 272 11
–, Generalnorm 264c 11
–, Gründung 272 20
–, Jahresabschluss 264 1

2605

–, kapitalmarktorientierte Kapitalgesellschaft 264d 1
–, Konzernrechnungslegung 290 8
–, Offenlegungspflicht 325 3
–, unterlassene Pflichtprüfung 316 27
–, Verstoß gegen Veröffentlichungspflicht 335 13
**Kapitalgliederung**
–, PersG 264c 13
**Kapitalherabsetzung** 272 61 66
–, AG 272 52
–, Anhangangabe 272 55
–, Beteiligungsbuchwert 312 69
–, GmbH 272 57 65
–, vereinfacht 272 58
**Kapitalkonsolidierung**
–, Abschreibung stiller Reserven 301 159
–, Anschaffungskostenrestriktion 301 23
–, Auflösung stiller Reserven 301 159
–, Aufrechnungszeitpunkt 301 75
–, beizulegender Wert 301 61
–, beizulegender Zeitwert 301 61
–, Einheitstheorie 301 1
–, Endkonsolidierung 301 13
–, Erstkonsolidierung 301 75 116, 307 21
–, Erwerbsmethode 301 49
–, Folgekonsolidierung 301 13
–, GoF, Unterschiedsbeträge 306 9
–, Interessenzusammenführungsmethode 301 4
–, Jahresfenster 301 94
–, Kaufpreisallokation 301 59
–, Kettenkonsolidierung 301 227
–, latente Steuern 306 8
–, Methodenüberblick 301 7
–, Methodik 301 23
–, Neubewertungsmethode 306 8, 307 21
–, passiver Unterschiedsbetrag 301 88
–, passivischer Unterschiedsbetrag 301 114
–, Simultankonsolidierung 301 225
–, sukzessiver Anteilserwerb 301 87
–, Übergangskonsolidierung 301 13
–, Währungsumrechnung in Konzernabschluss 308a 19
**Kapitalkonto**
–, Gesellschafter 264c 14
**kapitalmarktorientierte Gesellschaft**
–, Konzernrechnungslegung 290 15
**Kapitalmarkt-Orientierung**
–, Konzernabschluss 315a 2
**Kapitalrücklage**
–, Auflösung 272 110
–, Ausgabe von Anteilen 272 121
–, Ausweis 272 117
–, Begriff 266 112
–, Bildung 270 1
–, Eigenkapital 272 104
–, Eigenkapitalspiegel 297 55
–, Einstellung 272 105

–, Einziehung von Nachschüssen 272 109
–, GmbH 272 112
–, Kapitalerhöhung aus Gesellschaftermitteln 272 113
–, KG 264c 19
–, Konzernabschluss 298 50
–, neuer Gesellschafter 264c 19
–, OHG 264c 19
–, PersG 264c 20
–, Unterschied Gewinnrücklage 270 10
–, vereinfachte Kapitalherabsetzung 272 106
**Kapitalüberlassung**
–, Gesellschafterverbindlichkeit 264c 8
**Kapitalwertverfahren**
–, beizulegender Zeitwert, Ermittlung 255 253
**Kassenbestand**
–, Bilanz 247 72
**kaufmännische Buchführung**
–, Geschäftsbetrieb 238 25
**Kaufmann**
–, Buchführungspflicht 238 2
–, Einzelkaufmann 241a 6
–, freiwillige Eintragung im Handelsregister 241a 9
**Kaufpreisallokation**
–, beizulegender Wert 301 61
–, beizulegender Zeitwert 301 61
–, Jahresfenster 301 94
–, Konsolidierungsmaßnahme 317 75
–, latente Steuern 301 72
**Kautionswechsel** 266 159
**Kettenkonsolidierung**
–, hierarchische Konsolidierung 301 227
–, mehrstufiger Konzern 307 29
**KG**
–, besondere Bestimmungen 264a 5
–, Jahresabschluss 264c 1
**KGaA**
–, Eigenkapital 272 7
–, Gewinnrücklage 272 177
–, Gezeichnetes Kapital 272 25
**Klarheit**
–, Prüfungsbericht 321 26
**Klarheitsgrundsatz**
–, Begriff 243 21
**Klarheit und Übersichtlichkeit**
–, Anhang 284 12
**kleine KapG**
–, Eigenkapital 272 17
–, Offenlegungspflicht 326 9
–, passive latente Steuern 274a 12
–, verkürzte GuV 276 1
**Kleinstkapitalgesellschaft**
–, Anhang 264 46
–, Begriff 267a 1
–, Erleichterung 264 46
–, GuV 275 276

–, Hinterlegung Bilanz 326 22
–, Offenlegung 326 22
**Körperschaftsteuer**
–, fiktive Körperschaftsteuer 264c 28
–, Gesellschaft 264c 26
–, Rückstellung 249 268
–, Steuern vom Einkommen und Ertrag 275 198
**Kommanditist**
–, Privatkonto 264c 24
**Kommissionär**
–, Vermerkpflicht 251 29
**Kommissionsgeschäft**
–, Begriff 246 55
–, wirtschaftliche Zurechnung 246 55
**kommunale Trägerschaft** 263 2
**Komplementär**
–, Haftungsvergütung 264c 8
**Komponentenansatz**
–, Abschreibung 253 187
–, Vermögensgegenstand 252 74
**Konkurrenz** 331 91
**Konsolidierung**
–, Begriff 300 17
–, Einbeziehungspflicht 300 10
–, Einheitstheorie 300 14
–, Generalnorm 300 33, 308 16
–, Handelsbilanz II 300 20
–, Kapitalkonsolidierung 301 1
–, Konzernrechnungslegung 290 5
–, Kreditinstitut, Sondervorschriften 300 36
–, Versicherungsunternehmen, Sondervorschriften 300 36
–, Zusammenfassung von JA 300 10
–, Zweck 300 17
**Konsolidierung, Organisation**
–, Kontenplan 300 12
**Konsolidierung ohne Kapitalanteil** 290 53
**Konsolidierungsgrundsatz**
–, Ordnungswidrigkeit 334 19
**Konsolidierungskreis**
–, Änderung 294 19
–, Bestimmung 290 13, 294 1
–, Ordnungswidrigkeit 334 17
–, Prüfungsbericht 321 161
–, Weltabschluss 294 7
**Konsolidierungsmethode**
–, KapCoGes 264b 14
**Konsolidierungsmethode**
–, Konzernanhang 313 71
**Konsolidierungspflicht**
–, Zweckgesellschaft 290 47
**konsolidierungspflichtiges Eigenkapital** 301 42
**Konsolidierungswahlrecht** 294 17, 303 6
**Konsolidierung von assoziierten Unternehmen**
–, latente Steuern 306 17

**Konsultation**
–, Verschwiegenheitspflicht 323 53
**Kontamination**
–, Rückstellung 249 118
**Kontenplan**
–, Konsolidierung, Organisation 300 12
**Kontoform**
–, Bilanz 243 24
–, Bilanzgliederung 266 6
–, Gewinn- und Verlustrechnung 243 24, 275 7
–, Staffelform 328 41
**Kontroll- und Risikomanagementsystem**
–, Konzernlagebericht, Sollangaben 315 89
**Konzern**
–, Anschaffungskosten 304 16
–, Herstellungskosten 304 19
–, mehrstufiger Konzern 301 224
–, Prüfungsbericht 321 151
–, Prüfungspflicht 316 10
–, unterlassene Pflichtprüfung 316 44
–, Unternehmensfortführung 252 30
–, Vereinheitlichung der Bewertung 308 1 3
–, Zahlungsbericht 264 147
**Konzernabschluss**
–, Abschlussstichtag, Konzernunternehmen 299 4
–, abweichender Abschlussstichtag 299 6
–, Anlagenspiegel 298 20 46
–, anteiliger Jahresfehlbetrag 312 60
–, Aufstellung, Grundsätze 297 80
–, Aufstellung, Ordnungswidrigkeit 334 16
–, Aufstellung, Organe 297 3
–, Aufstellungspflicht 290 25
–, Ausschüttungssperre 298 49
–, außerordentliche Aufwendungen und Erträge 298 65
–, befreiender 264b 1
–, befreiende Wirkung nach IAS 315a 5
–, Befreiung, Rechtsentwicklung 291 3
–, Befreiung, Überblick 291 3
–, Befreiung, übergeordnete Konzernstufe 291 2
–, besondere Bestimmungen für PersG i. S. d. § 264a HGB 298 69
–, Bewertungsvereinfachungsverfahren 298 29
–, Bilanz, Inhalt 298 12
–, Bilanzeid 297 88
–, Bilanzeid, Formulierung 297 91
–, Bilanzenzusammenhang 298 18
–, Billigung, Organe 297 3
–, Buchwertmethode 312 2
–, Darstellungsstetigkeit 298 32
–, Durchschnittsbewertung 298 29
–, Eigenkapital 298 55
–, Eigenkapitalspiegel, Vorjahresbeträge 298 36
–, Einbeziehungsverbot 294 17

## Stichwortverzeichnis

–, Einheitlichkeitsprinzip 298 1
–, Einheitstheorie 297 94
–, Einsichtsrecht Prüfungsbericht 321a 50
–, Enforcement 342b 36
–, Equity-Methode 312 1
–, Erklärung der gesetzlichen Vertreter 297 88
–, Erklärung der gesetzlichen Vertreter, Formulierung 297 91
–, Erlangen der Verfügungsgewalt 298 21 f.
–, erwirtschaftetes Eigenkapital 298 f. 45
–, Festwert 298 29
–, Folgebewertung 298 24
–, Funktion 297 2
–, gespaltener Steuersatz 298 67
–, Grundsätze ordnungsmäßiger Buchführung 243 19
–, Grundsätze ordnungsmäßiger Konzernbuchführung 297 85
–, Grundsatz der Klarheit 297 80
–, Grundsatz der Stetigkeit in der Konsolidierung 297 97
–, Grundsatz der Übersichtlichkeit 297 80
–, IFRS-Verordnung 315a 2
–, Informationsfunktion 297 2
–, Inhalt 297 1 6 50, 313 2
–, Jahresabschluss, anzuwendende Vorschriften 298 1 ff.
–, Jahresabschluss, nicht anzuwendende Vorschriften 298 ff. 4
–, KapCoGes 264b 2
–, Kapitalanteilsmethode 312 2
–, Kapitalflussrechnung 297 14 16 18
–, Kapitalflussrechnung, Vorjahresbeträge 298 36
–, Kapitalmarkt-Orientierung 315a 2
–, Kapitalrücklage 298 50
–, Konzernanhang 297 11 f.
–, Konzernbilanz 297 f. 9
–, Konzernbilanz, Gliederung 298 42
–, Konzern-GuV 297 10, 298 58
–, Konzern-GuV, Umsatzerlöse 298 62
–, Mitzugehörigkeitsvermerk 298 39
–, Nichtmutterunternehmen 264b 18
–, Offenlegung 325, 3 139
–, Offenlegungsfrist 290 25
–, persönlich haftender Gesellschafter 264b 10
–, Rechnungsabgrenzungsposten 298 16
–, Sammelposten 298 24
–, Segmentberichterstattung 297 63
–, Sprache 298 7
–, Stetigkeit 306 30
–, Stichtag 299 1
–, Stufenkonzeption 294 12
–, unrichtige Darstellung 331 50
–, unrichtige Offenlegung 331 54
–, unrichtige Wiedergabe 331 51
–, Unterzeichnung 298 8

–, verbundene Unternehmen 298 52
–, Vermögens-, Finanz- und Ertragslage 297 83
–, Verrechnungsverbot 298 11
–, Verschleiern 331 51
–, VFE-Lage, Darstellung 297 2 83
–, Vollständigkeit 298 11
–, Vorjahresbeträge, Darstellung 298 35
–, Vorlagepflicht 320 35
–, Vorräte, Aufgliederung 298 74
–, Währungseinheit 298 7
–, Währungsumrechnung 298 31
–, Zugangsbewertung 298 24
–, Zwischenabschluss, Anforderungen 299 13
–, Zwischenabschluss, Erstellung 299 7
–, Zwischenabschluss, Verzicht 299 19
**Konzernabschluss, Bewertung**
–, Anpassung abweichender Wertansätze 312 76
–, Beteiligung an einem assoziierten Unternehmen 312 12
–, einheitliche Anwendung 312 74
**Konzernabschluss, Einbeziehung**
–, assoziiertes Unternehmen 312 95
–, assoziiertes Unternehmen, relevanter Jahresabschluss 312 101
**Konzernabschlussbefreiungsverordnung**
–, Bedeutung und Inhalt 292 1
–, Einbeziehung in den Konzernabschluss 292 6
–, Normenzusammenhang 292 5
–, Rechtsentwicklung 292 4
**Konzernabschluss KapCoGes**
–, befreiend 264b 8
–, Ordnungsmäßigkeit 264b 22
**Konzernabschluss nach § 315a HGB**
–, Bestätigungsvermerk 322 137
**Konzernabschluss nach IFRS**
–, nicht KM-orientiert 315a 18
**Konzernabschlussprüfer**
–, Unabhängigkeit 319 78
**Konzernabschlussprüfung**
–, abweichender Abschlussstichtag von TU 317 70
–, bedeutsame Teileinheit 317 52
–, Bestätigungsvermerk 322 123
–, DRS 317 47
–, Endkonsolidierung 317 75
–, Feststellung der fachlichen Kompetenz und beruflichen Qualifikation 317 54
–, Fiktion der Bestellung 318 31
–, Gegenstand 317 41
–, GoB 317 47
–, Kaufpreisallokation 317 75
–, Kommunikation mit den anderen Abschlussprüfern 317 56
–, Konzernbilanzrichtlinie 317 68
–, Konzernbuchführung 317 43

Stichwortverzeichnis

–, Konzern-Package 317 72
–, Prüfungshandlungen in den Teileinheiten des Konzerns 317 57
–, Überprüfung der Arbeit eines anderen externen Abschlussprüfers 317 51
–, Umfang 317 44
–, Unterlagen von externen Prüfern aus Drittstaaten 317 63
–, Vollständigkeitserklärung 317 66
–, Zwischenabschluss von Tochterunternehmen 317 70
**Konzernanhang**
–, Angaben zur Konzernbilanz 313 33
–, Angaben zur Konzern-GuV 313 34
–, Anteile an sonstigen Unternehmen, Angabe 313 101
–, anteilsmäßig einbezogenes Unternehmen, Angabe 313 97
–, assoziiertes Unternehmen, Angabe 313 90
–, Aufbau 297 81
–, Aufgabe 313 3
–, Befreiungsmöglichkeit 313 7
–, Begründungspflicht 296 46
–, Bilanzierungs- und Bewertungsmethoden, Abweichungen 313 67
–, Bilanzierungs- und Bewertungsmethoden, Angaben 313 44
–, Eigenkapitalspiegel 297 62
–, einbezogene Unternehmen, Angaben 313 79
–, Form 297 81, 313 21
–, Generalnorm 297 83
–, Gliederung 297 81
–, Gliederung, Vorschlag 313 25
–, Kapitalflussrechnung 297 49
–, Kapitalflussrechnung, Angaben 313 37
–, Konsolidierungsmethoden, Abweichungen 313 71
–, Konsolidierungsmethoden, Angaben 313 48
–, Konzernabschluss, Bestandteil 297 11
–, Ordnungswidrigkeit 334 22
–, persönlicher Anwendungsbereich 313 6
–, Pflichtangabe bei ehemaligem Organmitglied 314 39
–, Schutzklausel 313 110
–, Segmentberichterstattung 297 78
–, Segmentberichterstattung, Angaben 313 37
–, Tochterunternehmen, Angaben 313 84
–, Unternehmen, nicht publizitätspflichtige 313 109
–, Verzicht von Angaben 313 110
–, Vorgänge von besonderer Bedeutung 299 29
–, Währungsumrechnung, Angaben 313 56
–, zeitlicher Anwendungsbereich 313 12
–, Zweck 313 4

**Konzernanhang, sonstige Pflichtangaben**
–, Anteil am Mutterunternehmen 314 43
–, außerbilanzielles Geschäft 314 9
–, Befreiung 314 109
–, Finanzinstrument, Handelsbestand 314 67
–, Forschungs- und Entwicklungskosten 314 83
–, Geschäfts- oder Firmenwert 314 98
–, latente Steuern 314 100 105
–, Mitarbeiterzahl 314 21
–, Organmitglieder, Bezüge 314 28
–, Organmitglieder, Gesamtbezüge 314 33
–, Organmitglieder, Rechtsgeschäfte 314 28
–, Organmitglieder, Vorschüsse 314 41
–, Personalaufwand 314 26
–, Planvermögen 314 91
–, Schutzklausel 314 110
–, Umsatzerlöse, Aufgliederung 314 16
**Konzernanhang, Zusammenfassung mit Anhang des Mutterunternehmens**
–, Konzernabschluss 298 79
**Konzernbilanz**
–, Konzernabschluss, Bestandteil 297 6 9
–, Konzernanhang 313 33
**Konzernbilanz, Gliederung**
–, Konzernabschluss 298 42
**Konzernbilanzeid** 290 26
**Konzernbilanzierung**
–, Beteiligungsaufstockung als Eigenkapitaltransaktion 307 42
–, Konzernrechnungslegung 301 134 184
**Konzernbilanzierungsverpflichtung**
–, Organbestellungsrecht 290 35
**Konzernbilanzrichtlinie** 264b 22, 317 68
**Konzernbuchführung**
–, Buchführung 238 60
–, Grundsätze ordnungsmäßiger Konzernbuchführung 238 60 62
–, Prüfung 317 43
–, Prüfungsbericht 321 167
**konzerneinheitliche Bewertung**
–, Zwischenergebniseliminierung 304 25
**Konzern-GuV**
–, Konzernabschluss 298 58
–, Konzernabschluss, Bestandteil 297 6 10
–, Konzernanhang 313 34
**Konzernhaftung**
–, Rückstellung 249 269
**konzerninterne Lieferung und Leistung** 305 4
**konzerninterne Umwandlung** 301 223
**Konzernklausel**
–, Haftungsverhältnis 251 39
**Konzernlagebericht**
–, Aktiengesellschaft, Beschränkungen 315 104
–, Aktiengesellschaft, Beteiligungen 315 108 f.

2609

–, Aktiengesellschaft, gezeichnetes Kapital 315 f. 102
–, Aktiengesellschaft, Aktien mit Sonderrechten 315 112
–, Aktiengesellschaft, Stimmrechtskontrolle bei Arbeitnehmerbeteiligungen 315 114
–, Befreiung, Aufstellung 315 138
–, Einklangprüfung 317 78
–, Einzelabschluss, Zusammenlegung 315 96
–, Entschädigungsvereinbarung, Übernahmeangebot 315 130
–, Erstellung 315 3
–, Ertragslage 315 33
–, Finanzlage 315 37
–, Gliederung 315 16
–, Lagebericht 328 35
–, Ordnungswidrigkeit 334 23
–, Prognosebericht 315 52 63
–, Prüfung 317 108
–, Risikobericht 315 65
–, Sanktionen, Verstoß gegen Pflichten 315 142
–, Schutzklausel 315 139
–, Vermögenslage 315 35
–, Vorstand, Befugnisse 315 119
–, wesentliche Vereinbarungen, Übernahmeangebot 315 122
–, Zusammenfassung mit Lagebericht 317 90
–, Zweck 315 2
**Konzernlagebericht, Sollangaben**
–, Forschung und Entwicklung 315 81
–, Kontroll- und Risikomanagementsystem 315 89
–, Vergütungssystem, Organmitglieder 315 84
–, Vorgänge von besonderer Bedeutung 315 71
**Konzernmindestwert** 304 29
**Konzern-Package** 317 72, 320 37
**Konzernrechnungslegung**
–, Änderung des Beteiligungsbuchwertes 301 208
–, Anteile anderer Gesellschafter 301 145
–, Anteilsaufstockung jenseits Control 301 184
–, Auflösung passivischer Unterschiedsbetrag 301 177
–, Aufstellungspflicht 290 1
–, Badwill 301 134
–, Befreiung 290 67, 291 2
–, Befreiung, Abschlussprüfer 292 20
–, Befreiung, Anforderungen 291 10
–, Befreiung, Antragsverfahren 291 22
–, Befreiung, ausländischer Konzernabschluss 292 18
–, Befreiung, Ausnahmen 291 19
–, Befreiung, Ausschluss 291 37

–, Befreiung, Bedeutung 292 1
–, Befreiung, Einbeziehung inländischer Teilkonzerne 291 12
–, Befreiung, Gleichordnungskonzern 291 7 f.
–, Befreiung, Inhalt 292 f. 1
–, Befreiung, inländischer Teilkonzern 291 6
–, Befreiung, internationale Rechnungslegungsstandards 291 7
–, Befreiung, Konzernbefreiungs-VO 292 3
–, Befreiung, Kreditinstitut 291 18
–, Befreiung, maßgebliches Recht 291 10
–, Befreiung, Mutter-Tochter-Beziehung 291 8
–, Befreiung, Nicht-EU-/EWR-Staaten 292 1
–, Befreiung, Offenlegung 292 16
–, Befreiung, organisierter Markt 291 19
–, Befreiung, Tannenbaumprinzip 291 1, 292 1
–, Befreiung, Versicherungsunternehmen 291 18
–, Befreiung, Voraussetzungen 291 2 12, 292 1 8
–, Befreiung, Wegfall der Befreiungsmöglichkeiten 291 2 19
–, Befreiung, zusätzliche Anforderungen 291 2
–, Beteiligungsaufstockung als Eigenkapitaltransaktion 301 206
–, Beteiligungsaufstockung als Erwerbsvorgang 301 194
–, Buchwertmethode 301 123
–, Einbeziehung, inländischer Teilkonzern 291 12
–, Einbeziehung nicht 100 %-Tochter 301 147
–, Endkonsolidierung 301 210
–, Erwerbsmethode 301 123
–, Folgekonsolidierung KapKons 301 159
–, Folgekonsolidierung KapKons mit GoF 301 162
–, Folgekonsolidierung KapKons mit passivischem Unterschiedsbetrag 301 174
–, Geschäfts- oder Firmenwert 301 131
–, Handelsbilanz III 301 126
–, indirekte Rechte 290 57
–, KapCoGes 290 8
–, KapG 290 8
–, Kapitalkonsolidierung Minderheitsanteile 301 144
–, kapitalmarktorientierte Gesellschaft 290 15
–, Konsolidierung 290 5
–, latente Steuern KapKons 301 139
–, lucky buy 301 134
–, Minderheitenschutz 291 22
–, Minderheitenvotum 291 22

–, Minderheitsgesellschafter 301 147
–, Neubewertungsmethode 301 123
–, Neubewertung Tochterunternehmen 301 126
–, passiver Unterschiedsbetrag aus der Kap-Kons 301 134 151
–, PersG 290 10
–, Pflicht 290 1, 291 7
–, Rechtezurechnung 290 54
–, Rückbeteiligung 301 120
–, Steuersatz latente Abgrenzung 301 139
–, Stimmrechtsmehrheit 290 63
–, Übergangskonsolidierung 301 214
–, Verpflichtung 290 6, 291 2, 315a 8
–, Vollkonsolidierung bei Minterheitsanteilen 301 144
**Konzernrechnungslegung, Befreiung**
–, ausländischer Konzernabschluss 292 18
–, Bedeutung 292 1
–, Ermittlung, Bruttomethode 293 8
–, Ermittlung, Nettomethode 293 8
–, Geltungsbereich 293 4
–, Konzernbefreiungs-VO 292 3
–, Nicht-EU-/EWR-Staaten 292 1
–, Wegfall 293 17
–, Wegfall, Anlegerschutz 293 17
–, Wertgrenze, Bruttomethode 293 8
–, Wertgrenze, Nettomethode 293 8
**Konzernrechnungslegungsbefreiungsverordnung**
–, Aufstellung nach dem Recht eines EU-/EWR-Staates 292 10
–, Einbeziehung in den Konzernabschluss 292 6
–, Gleichwertigkeit 292 13
–, Gleichwertigkeitserfordernis 292 6
–, inländischer Teilkonzern 292 6
–, maßgebliches Recht 292 9
–, Offenlegung 292 6
–, Prüfung des ausländischen Konzernabschlusses 292 18
–, Prüfung durch qualifizierte Abschlussprüfer 292 18
–, Überblick 292 8
**Konzernunternehmen, Abschlussstichtag**
–, Konzernabschluss 299 4 6
**Konzernverrechnungsklausel**
–, Vermerkpflicht 251 31
**Korrektur JA**
–, Bilanzidentität 252 26
**Kostenartenrechnung** 255 154
**Kostenerstattung** 275 65
**Kostenrechnung**
–, Gegenstand der Jahresabschlussprüfung 317 23
**Kostenstellenrechnung** 255 160
**Kostenträgerrechnung** 255 164
**Kostentragungspflicht** 261 8

**Kredit**
–, Anhang 285 74
**Kreditauftrag** 251 16
**Kreditbürgschaft** 251 16
**Kreditinstitut**
–, Konsolidierung, Sondervorschriften 300 36
–, Konzernrechnungslegung, Befreiung 291 18
–, Pflichtangabe 285 4
–, Prüfung 317 12
**Kreditlinie** 266 96
**Kriterium der Erheblichkeit**
–, Befreiung von der Angabe 286 10
–, Wesentlichkeit 286 10
**Kündigung aus wichtigem Grund**
–, Bestätigungsvermerk 322 9
**Kündigung des Prüfungsauftrags**
–, Prüfungsbericht 321 214
**Kulanzleistung**
–, Rückstellung 249 191
**kumuliertes übriges Konzernergebnis**
–, Eigenkapitalspiegel 297 59
**Kundenliste**
–, Ansatzverbot 248 52
**Kuppelprodukt** 275 60
**Kursgarantie** 251 26

# L

**Lagebericht**
–, Abschlussprüfung 289 62
–, Analyse Geschäftsverlauf und Lage 289 29
–, Branchenzugehörigkeit 289 90
–, Chancen und Risiken der künftigen Entwicklung 317 92
–, Disclaimer 289 57
–, Einklang mit IFRS-EA 317 91
–, Einklangprüfung 317 78
–, Erklärung zur Unternehmensführung 289a 2 20
–, Forschungs- und Entwicklungsbericht 289 90
–, Fortführung 289 18
–, Gegenstand der Prüfung 317 76
–, Generalnorm 289 10
–, Geschäfts- und Betriebsgeheimnis 289 93
–, Geschäftsverlauf 289 22
–, Grundsatz der Wahrheit 289 17
–, IFRS-EA 324a 17
–, Informationsfunktion 289 9
–, Klarheit 289 21
–, Konzernlagebericht 328 35
–, Krise 289 18
–, Mindestumfang 289 10
–, Nachtragsbericht 289 77, 317 93
–, Offenlegung 325 56 79
–, Ordnungswidrigkeit 334 23

2611

–, Pflicht zur Aufstellung  264 36
–, Prognosebericht  289 42
–, Prognosezeitraum  289 58
–, Prüfungsbericht  321 101
–, Prüfungsdurchführung  317 81
–, Prüfungsplanung  317 80
–, Risiko  289 46
–, Risikobericht  289 42
–, Risikomanagementbericht  289 118
–, Schlusserklärung zum Abhängigkeitsbericht  317 89
–, Stetigkeit  289 21
–, systematische Gliederung  289 21
–, Übernahmeinformation  289 107
–, Umfang der Prüfung  317 76
–, vergangenheitsorientierte Prüfung  317 81
–, Vergütungsbericht  289 96
–, Vermögens-, Finanz- und Ertragslage  289 22
–, Versicherung der gesetzlichen Vertreter  289 75
–, Vollständigkeit  289 20
–, Wesentlichkeit  289 20
–, Wirtschaftsbericht  289 22
–, zusammengefasster  317 90
–, Zweigniederlassungsbericht  289 94
**Lageberichtseid**
–, Jahresfinanzbericht  289 66
–, Sorgfaltspflicht  289 72
–, Wissensvorbehalt  289 72
**langfristige Auftragsfertigung  252 98**
**langfristig gestundete Verbindlichkeiten  266 156**
**latente Steuerabgrenzung**
–, Zwischenergebniseliminierung  304 4
**latente Steuern**
–, Abzinsung  274 108
–, aktive latente Steuern  266 100
–, Aktivierungswahlrecht  274 25
–, Aktivüberhang  274 28
–, Anhang, Pflichtangaben  285 173
–, Ansatz  274 25, 306 4
–, Ansatzfalle  274 33
–, Ansatzunterschied  274 21
–, asset deal  274 91, 306 22
–, Aufwands- und Ertragskonsolidierung  306 15
–, ausländische Betriebsstätte  274 92
–, Ausweis  274 116
–, Befreiung kleine KapG  274a 3
–, beizulegender Zeitwert  255 216
–, Bewertung  274 103, 306 28
–, Bewertungsdifferenz  274 21
–, bilanzpostenbezogene Betrachtung  274 45
–, chronisch defizitäre Unternehmen  274 88
–, Erfolgsermittlung  266 100
–, Ergänzungsbilanz  274 68, 306 20
–, Ermittlungsschema  274 36

–, Erstkonsolidierung  308 40
–, Geschäfts- oder Firmenwert  306 21
–, GuV  274 119
–, Inventur  240 6
–, Kapitalkonsolidierung  306 8
–, Konsolidierung von assoziierten Unternehmen  306 17
–, Konzernanhang, sonstige Pflichtangaben  314 100 105
–, Mindestbesteuerung  274 52
–, Mitunternehmerschaft  274 62
–, Mitzugehörigkeitsvermerk  274 117
–, Organschaft  274 73
–, Passivierungspflicht  274 34
–, permanente Differenz  274 16
–, quasi-permanente Differenz  274 16
–, Rückstellung  249 42
–, Schuldenkonsolidierung  303 4, 306 10
–, share deal  306 22
–, Sonderbetriebsvermögen  306 20
–, Sonderbilanz  274 69
–, Stetigkeit  306 30
–, Steuerart  274 4
–, Steuergutschrift  274 61
–, Steuerlatenz  274 2
–, steuerlicher Verlustvortrag  274 47, 306 18
–, Steuerplanungsrechnung  274 115
–, Steuersatz  306 28
–, Steuerwert  274 18
–, Temporary Konzept  274 2
–, unsaldierter Ausweis  274 43
–, Währungsumrechnung  256a 15
–, Währungsumrechnung im Konzernabschluss  308a 14
–, Zinsvortrag  274 59
–, zusammengefasster Steuersatz  274 105
–, Zwischenergebniseliminierung  306 11
**latente Steuern, Auswirkungen**
–, Unterschiedsbetrag, Geschäfts- oder Firmenwert  309 32
**latente Steuern im Konzernabschluss**
–, Kaufpreisallokation  301 72
**latente Steuern KapKons**
–, Konzernbilanzierung  301 139
**Layer**
–, Lifo  256 30
**Leasing**
–, Aufwand Leasingnehmer  275 187
–, Begriff  246 28
–, Bilanzierung von Leasingverträgen  246 47
–, Immobilienleasing  246 43
–, Leasingraten, Barwert  255 42
–, Mobilienleasing  246 39
–, operating-Leasing  246 31
–, sale and lease back  246 46
–, Spezialleasing  246 38
–, Teilamortisation  246 41

–, Vollamortisation 246 40
–, Zurechnung von Leasinggegenständen 246 34
**Leasingforderung**
–, Haftungsverhältnis 251 41
**Leasingnehmer** 246 48
**Leasingvertrag**
–, Rückstellung 249 272
**lebende Sprache** 239 9
**Lebensarbeitzeitmodell** 253 109
**Leergut**
–, Rückstellung 249 273
**Leerkosten**
–, Rückstellung 253 44
**Leerposten**
–, Ausweis 265 29
–, Bilanz 247 12
**Leibrente** 255 47
**Leistungsabschreibung** 253 178
**leistungsorientierte Zusage**
–, Pensionsrückstellung 249 48
**letter of intent**
–, Rückstellung 249 126
**Lieferungs- und Leistungsverflechtung** 290 4
**Lifo-Verfahren**
–, Layer 256 30
–, periodisch 256 28
–, permanent 256 27
–, Verbrauchsfolgeverfahren 256 1 17 21 25
**Liquidationsbilanz**
–, Offenlegung 325 67
**Liquidierbarkeit**
–, handelsrechtliches Gliederungsprinzip 266 7
**Lizenz** 266 31
**Löhne und Gehälter** 275 108 f.
**Lohnpfändung**
–, Aufrechnung 247 128
**Lofo-Verfahren**
–, Verbrauchsfolgeverfahren 256 1
**Lohnfortzahlung**
–, Rückstellung 249 275
**Lohnsteuer**
–, Rückstellung 249 276
**lucky buy**
–, bargain purchase 301 114

# M

**Macro-Hedging** 254 8
**Management Letter**
–, Prüfungsbericht 321 37
**Marke**
–, Ansatzverbot 248 49
–, Netzwerk 319b 9
**Marktpreis**
–, beizulegender Zeitwert 209 242, 255 243

–, Handelsplatz 253 272
–, öffentlich notierter Marktpreis 255 237
**marktübliche Verzinsung** 272 135
**maßgeblicher Einfluss**
–, assoziierte Unternehmen 311 2
–, Assoziierungsvermutung 311 23 29
–, Begriff 311 10
–, beherrschender Einfluss 311 10
–, Einfluss auf die Geschäftspolitik 311 13
–, Nachweis 311 31
–, tatsächliche Ausübung 311 15
–, Unternehmensverfassung 311 15
**maßgeblicher Einfluss, Wegfall durch Verkauf**
–, Beteiligungen an assoziierten Unternehmen 312 118 f.
**Maßgeblichkeitsgrundsatz**
–, Grundsatz der Klarheit und Übersichtlichkeit 243 f. 33
**Materialaufwand**
–, Anhang, Pflichtangaben 285 49
–, Begriff 275 96
**Materialeinzelkosten** 255 110 126
**Materialgemeinkosten** 255 125
**materiality**
–, Enforcement 342b 46
**materielle Maßgeblichkeit** 274 127
**materielle Stimmrechtsmehrheit**
–, formale Stimmrechtsmehrheit 290 32
**Mehrkomponentengeschäft**
–, Realisationszeitpunkt 252 106
**Mehrschichtbetrieb** 253 185
**mehrstufiger Konzern**
–, Ausweis der Anteile anderer Gesellschafter 307 15
–, KapKons 301 224
–, Kettenkonsolidierung 307 29
–, Simultankonsolidierung 307 29
**MEK** 255 110 126
**Methodenbestimmtheit** 252 144
**Micro-Hedging** 254 8
**Mietgarantie** 251 26
**Miet- und Pachterlöse** 275 65
**Mietverhältnis**
–, Gesellschafterverbindlichkeit 264c 8
**Mietvertrag**
–, Rückstellung 249 278
**Minderheitsgesellschafter**
–, Eigenkapital, Eigenkapitalspiegel 297 60
–, Kommanditisten 264b 15
**Mindestbesteuerung**
–, latente Steuern 274 52
**Mindestgliederung**
–, Gewinn- und Verlustrechnung 275 1
**Mindestversicherungssumme**
–, Haftpflichtversicherung 323 98
**Mitarbeiter, Begriff**
–, Anhang, Pflichtangaben 285 41

2613

**Mitarbeiterzahl**
–, Anhang, Pflichtangaben **285** 40
–, Konzernanhang, sonstige Pflichtangaben **314** 21
**Mitbürgschaft 251** 16
**Mittelbare Bezugsrechte 272** 125
**Mittelkurs 255** 241
**Mitunternehmerschaft**
–, latente Steuern **274** 62
**Mitwirkung**
–, Enforcement **342b** 72
**Mitwirkungsverweigerung**
–, DPR **342b** 80 82
**Mitzugehörigkeitsvermerk**
–, Beteiligung **271** 27
–, Konzernabschluss **298** 39
–, latente Steuern **274** 117
**Modell**
–, immaterieller Vermögensgegenstand **248** 23
**Modifikation 248** 24
**MoMiG 266** 87
**Mutterschutz**
–, Rückstellung **249** 280
**Mutter-Tochter-Verhältnis 290** 7 18
**Mutterunternehmen**
–, Auskunftsrecht **294** 33
–, Beherrschungskriterien nach § 290 Abs. 2 HGB **271** 36
**Mutterunternehmen mit Konzernabschluss, Angaben**
–, Anhang, Pflichtangaben **285** 105

# N

**Nachbetreuungsleistung**
–, Rückstellung **249** 281
**Nachbürgschaft 251** 16
**Nachhaftungsfrist 264a** 12
**Nachhaltigkeit**
–, Gewerbebetrieb **238** 21
**Nachlaufkosten**
–, Rückstellung **249** 282
**Nachreichungspflicht**
–, gemeinsame Offenlegung **325** 104
**Nachteil**
–, Befreiung von der Angabe **286** 10
**nachträgliche Anschaffungskosten**
–, nachträgliche Änderungen Kaufpreis **255** 64
**nachträgliche Offenlegung 328** 39
**Nachtragsprüfung**
–, Begriff **316** 15
–, Bericht **321** 194
–, Berichterstattung **316** 20
–, Bestätigungsvermerk **316** 23, **322** 149
–, Hauptversammlung **316** 25
–, Konzernabschluss **325** 71

–, Prüfungsbericht **321** 193
–, Tatbestand **316** 16
–, Umfang **316** 18
**nahestehende Unternehmen und Personen**
–, Anhang **285** 138
**Nebenbezüge 275** 111
**Nebenbuch 238** 52
**Nebenkosten des Erwerbs 255** 58
**Nebenpflichten und Nebenleistung**
–, Rückstellung **249** 32
**negativer Inhalt**
–, Prüfungsbericht **321** 35
**Negativerklärung 251** 24
**negativer Unterschiedsbetrag**
–, Auflösung **309** 24 f.
–, Einstellung in die Rücklagen **309** f. 30
**nemo-tenetur-Grundsatz**
–, Enforcement **342b** 81
**Nennbetrag 266** 109
**net of tax 306** 24
**Nettoausweis**
–, Eigenkapital **264c** 17
–, gezeichnetes Kapital **266** 110
**Nettomethode**
–, Befreiung Konzernrechnungslegung **293** 8
–, erhaltene Anzahlungen auf Bestellungen **266** 153
–, selbst erstellte Vermögensgegenstände **275** 80
**Netzwerk**
–, Definition **319b** 4 8
–, gemeinsame Berufsausübung **319b** 6
–, Marke **319b** 9
–, Mitgliedschaft **319** 37
–, Verfolgung gemeinsamer wirtschaftlicher Interessen **319b** 8
**Neubewertung**
–, Bewertung, Vereinheitlichung **308** 3
**Neubewertungsmethode**
–, Abfindung der scheidenden Gesellschafter **307** 43
–, Anteil anderer Gesellschafter **307** 21
–, Erstkonsolidierung **307** 21
–, Folgekonsolidierung **307** 25
–, Kapitalkonsolidierung **301** 23, **306** 8
–, Konzernbilanzierung **301** 139
–, Quotenkonsolidierung **310** 22
**Neubewertungsrücklage 301** 139
**Neuentwicklungskosten 255** 119
**Neugründung**
–, Buchführungspflicht **241a** 21
**Neuschaffung 255** 85
**nicht ausschüttbare Beträge**
–, Anhang, Pflichtangaben **285** 172
**Nichterteilungsvermerk**
–, Bestätigungsvermerk **322** 45
**Nichtigkeitsklage**
–, DPR **342b** 92

–, Enforcement 342b 69
–, Sperrwirkung 342b 71
**Nichtmitwirkung**
–, DPR 342b 82
**Nichtmutterunternehmen**
–, befreiende Wirkung 264b 18
–, Konzernabschluss 264b 18
**Niederstwertprinzip**
–, außerplanmäßige Abschreibung 253 208
–, Bewertungsvereinfachungsverfahren 256 16
–, gemildertes 253 208
**Niederstwerttest** 241 40
**Nießbrauch**
–, Bilanzierung 246 81
–, wirtschaftliches Eigentum 246 81
**Nießbrauchrecht** 266 40
**Nominierungsausschuss**
–, DPR 342b 27, 342c 8
**Normalauslastung** 253 291
**Normalbeschäftigung**
–, Rückstellung 249 171
**Normenzusammenhang** 310 4
–, anteilmäßige Konsolidierung 310 5
–, Gliederungsvorschriften 275 2
–, Zwischenergebniseliminierung 304 9
**notwendiger Erfüllungsbetrag**
–, Schätzung 253 41
–, Schuldrückstellungen 253 30
**Novation** 247 46 129
**Nutzbarkeit**
–, Wirtschaftlich selbstständige 252 69
**Nutzungsdauer**
–, Geschäfts- oder Firmenwert 309 13

# O

**öffentliches Interesse**
–, Anhang 286 4
–, Enforcement 342b 8
**öffentlich notierter Marktpreis** 255 237
**öffentlich-rechtliche Verpflichtung**
–, Rückstellung 249 28 112
**offene Handelsgesellschaft** 264a 3
**Offenkundigkeit** 333 15
**Offenlegung**
–, Abhängigkeitsbericht 325 67
–, Abschreibungsplan 325 67
–, Aktionärsbrief 325 67
–, Anforderungen an den internationalen Konzernabschluss 325 119
–, Anhang 284 4
–, BAB 325 67
–, befreiende Wirkung des IFRS-Abschlusses 325 117
–, Beginn 325a 9
–, Begrenzung der Offenlegungspflicht 325 171
–, Bekanntmachung 325 5 154

–, Bericht des Aufsichtsrats 325 56 80
–, Bestätigungsvermerk 325 56 68, 328 26
–, Betriebsabrechnungsbogen 325 67
–, Bilanz, Mindestumfang 327 13
–, Bilanzeid 325 100
–, Bilanzpolitik 325 200
–, Definition 325 5
–, eBAnZ 325 5 30
–, EHUG 325 5
–, Einbringungsbilanz 325 67
–, Einreichungspflicht 325 29
–, Entsprechenserklärung 325 86
–, Erklärung nach § 161 AktG 325 56
–, Erleichterung 325 7
–, Eröffnungsbilanz 325 67
–, Feststellungs- und Billigungsdatum 328 25
–, Finanzplan 325 67
–, Form und Inhalt 328 1
–, Frist 325 151
–, Fristberechnung 325 152
–, Fristverlängerung 325 152
–, Fristwahrung 325 103
–, Geschäftsführer 325 31 96
–, Gesellschafter 325 31
–, Gesellschafterliste 325 96
–, Gesellschafterversammlung 325 23
–, Gewinnverwendung 325 55
–, Gewinnverwendungsvorschlag 325 55 89
–, GmbH 325 31
–, Gründungsbilanz 325 67
–, Haftungsbegrenzung 325 183
–, Handelsgesetz II und III 325 67
–, IFRS 325 22
–, inländische Zweigniederlassung 325 29
–, Insolvenz 325 17, 335 65
–, Insolvenzverfahren 325 35
–, Insolvenzverwalter 325 35
–, Inventar 325 67
–, Jahresabschluss 264a 10, 325 56
–, Kapitalerhöhung 325 50
–, Kapitalerhöhungsbilanz 325 67
–, KG 325 31
–, kleine KapG 326 1
–, Komplementär 325 31
–, Konzernlagebericht 325 139
–, Lagebericht 325 56 78
–, Liquidationsbilanz 325 67
–, Mindestumfang Bilanz 326 13
–, mittelgroße KapG 327 1
–, Nachreichungspflichten 325 102
–, nachträgliche Prüfung 325 108
–, natürliche Person 325 97
–, Negativbericht 325 61
–, OHG 325 31
–, Ordnungswidrigkeit 334 24
–, Organ 325 32
–, Pflicht 264a 10
–, Probebilanz 325 67

2615

–, Prüfungsbericht 321a 1
–, Quartalsbericht 325 67
–, Rückstellung 249 283
–, Sanierungsbilanz 325 67
–, Schutz persönlicher Daten 325 95
–, Serviceplattform 325 38
–, Sonderbilanz 325 67
–, Spaltungsbilanz 325 67
–, Sprache 325 160
–, steuerliche Ergänzungsbilanz 325 67
–, steuerliche Sonderbilanz 325 67
–, Überschuldungsstatus 325 67
–, Umfang 325 18
–, Umwandlungsbilanz 325 67
–, Unterschrift 325 111
–, Veranlassung der Bekanntmachung 325 5
–, vereinfachte Kapitalherabsetzung 325 50
–, verkürzte Einreichung 325 102
–, Verkürzung des Anhangs 327 18
–, Verlustübernahme 325 10
–, Vermeidung der Offenlegungspflicht 325 171 193
–, Vermögensaufstellung 325 67
–, Veröffentlichung und Vervielfältigung 328 14
–, Versagungsvermerk 325 56
–, Verschmelzungsbilanz 325 67
–, Verstoß 325 32
–, Vollständigkeit/Richtigkeit 328 20
–, Vorbelastungsbilanz 325 67
–, Vorlage an die Gesellschafter 325 44
–, Wechsel der Rechtsform 325 174
–, Widerruf des Bestätigungsvermerks 325 109
–, Zeitpunkt 325 40, 325a 36
–, Zustimmung zur Befreiung 325 10
–, Zweigniederlassungen von KapG mit Sitz im Ausland 325a 3
–, Zwischenberichterstattung 325 67
**Offenlegung des KA KapCoGes**
–, elektronischer Bundesanzeiger 264b 29
**Offenlegungsfrist**
–, Erleichterungen 327a 3
–, Konzernabschluss 290 25
**Offenlegungspflicht**
–, Annexfunktion 335 66
–, Befreiung 335 66
–, Enforcement 342b 72 78
–, kleine KapG 326 9
**Offenlegungsversäumnis**
–, Ordnungsgeldverfahren 329 19
**Offenlegungsverstoß** 335 1, 335a 1
**OHG**
–, Jahresabschluss 264c 1
**one-line consolidation** 312 1
**Optionsanleihe** 272 128
**Optionsgeschäft**
–, Rückstellung 249 284
**Optionsrecht** 272 128

**Ordnungsgeld**
–, Adressat 335 7
–, Androhung 335 30
–, betragsmäßige Angabe 335 35
–, Bundesamt für Justiz 335 6, 335a 3
–, Empfänger 335 22
–, Festsetzung 335 41
–, Höhe 335 26
–, Verfahren 335 41
–, Verschulden 335 19
**Ordnungsgeldverfahren**
–, Durchführung 335 23
–, Einspruch 335 37
–, Offenlegungsversäumnis 329 19
–, Rechtsschutz 335 37
–, sofortige Beschwerde 335a 4
**Ordnungsmäßigkeit der Rechnungslegung**
–, Prüfungsbericht 321 88
**Ordnungswidrigkeit**
–, Abschlussprüfer 334 26
–, assoziiertes Unternehmen 334 21
–, Aufstellung des Konzernabschlusses 334 16
–, Aufstellung und Feststellung des Jahresabschlusses 334 11
–, Bewertung 334 13
–, Bewertung Konzernabschluss 334 20
–, Bußgeldvorschriften 334 4
–, DPR 342e 1
–, Enforcement 342e 2
–, Gliederung 334 14
–, Inhalt und Form 334 18
–, Konsolidierungsgrundsatz 334 19
–, Konsolidierungskreis 334 17
–, Konzernanhang 334 22
–, Konzernlagebericht 334 23
–, Lagebericht 334 23
–, Offenlegung 334 24
–, Pflichtverletzung 328 13 45
–, Verjährung 334 48
–, Vorschriften über Form und Inhalt 334 12
–, weitere Angaben in der Bilanz und im Anhang 334 15
**Organbestellungsrecht**
–, Konzernbilanzierungsverpflichtung 290 35
**Organgesellschaft** 275 205
**organisierter Markt**
–, aktiver Markt, Abgrenzung 255 230
–, Begriff 291 21
–, Definition 319a 3
–, geregelter Markt 291 21
**Organmitglieder**
–, Bezüge 314 28
–, Rechtsgeschäfte 314 28
–, Vorschüsse 314 41
**Organschaft**

2616

–, Abführungssperre 274 81
–, Beendigung 274 83
–, formale Betrachtungsweise 274 76
–, latente Steuern 274 73
–, push-down accounting 274 77
–, Steuerumlage 274 74
–, wirtschaftliche Betrachtungsweise 274 77
Organträger 275 204
Organvertreter
–, Bezüge 285 52 59
–, Personalien 285 81
Ort, Aufbewahrung
–, Aufbewahrungspflicht 257 24 27
outside basis differences
–, latente Steuern 274 92, 306 25

# P

Pachterneuerungsverpflichtung
–, Rückstellung 249 285
pagatorische Kosten 255 81
partielle Endkonsolidierung 307 44
Parzellierung 247 47
passive latente Steuern
–, Bilanzposten 266 166
–, kleine KapG 274a 12
–, Rückstellung 274a 12
passiver Markt
–, aktiver Markt 255 233
passiver Unterschiedsbetrag
–, Auflösung 301 177
–, Ausweis 309 22
–, Beteiligung 312 35
–, Entstehungsursache 309 22
–, Kapitalaufrechnung 312 35
–, Kapitalkonsolidierung 301 114, 309 1
–, stille Lasten 312 25
passiver Unterschiedsbetrag aus KapKons
–, Ausweis 301 135
–, Badwill 301 157
Passivierungspflicht
–, Steuerlatenz 274 34
passivischer Unterschiedsbetrag
–, Geschäfts- oder Firmenwert 306 21
Passivseite
–, Gliederung der Bilanz 266 104
Patent- und Lizenzeinnahmen 275 66
Patentverletzung
–, Rückstellung 249 286
Patronatserklärung
–, Haftungsverhältnis 251 32 f.
Pauschalwertberichtigung 253 f. 305, 275 178
PCAOB
–, Verschwiegenheitspflicht 323 63
Pensionen und ähnliche Verpflichtungen
–, Pensionsrückstellung 249 48
Pensionsfonds
–, Pensionsverpflichtung 249 68

Pensionsgeschäft
–, Begriff 246 59
Pensionsrückstellung
–, beitragsorientierte Leistungszusage 249 48
–, Beitragszusage mit Mindestleistung 249 48
–, Bilanzposten 266 135
–, deferred compensation 249 48
–, Entgeltumwandlung 249 48
–, leistungsorientierte Zusage 249 48
–, Pensionen und ähnliche Verpflichtungen 249 48
Pensionsrückstellung, Berechnung
–, Anhang, Pflichtangaben 285 159
Pensionssicherungsverein
–, Insolvenzsicherung 249 99
–, Rückstellung 249 287
Pensionsverpflichtung
–, Abgrenzung zwischen Alt- und Neuzusagen 249 78
–, Altersgrenzenanpassung 249 56
–, Betriebsübergang 249 57
–, Blankettzusage 249 56
–, buchhalterische Methode 249 109
–, Deckungslücke 249 66
–, Einzelrechtsnachfolge 249 57
–, Erfüllungsübernahme 249 58
–, Fehlbetrag 249 88 91
–, Gesamtrechtsnachfolge 249 57
–, Gesellschafter-Geschäftsführer 249 98
–, Insolvenzsicherung 249 100
–, Inventur 249 59
–, Konzernanhang, sonstige Pflichtangaben 314 90
–, mündliche Zusage 249 54
–, Nichtarbeitnehmer 249 95
–, Pensionsfonds 249 68
–, Plan Assets 246 108
–, schriftliche Zusage 249 54
–, Schuldbeitritt 249 58
–, Unterstützungskasse 249 71
–, Verrechnungsgebot 246 111
–, versicherungsmathematische Methode 249 108
–, Verwaltungskosten 249 102
–, Zeitpunkt der Entstehung 249 55
–, Zusatzversorgungskasse 249 70
periodengerechte Gewinnermittlung 252 19
Periodengleiche Gewinnvereinnahmung 252 111
periodengleiche Vereinnahmung 305 14
permanente Differenz
–, latente Steuern 274 16
permanente Inventur
–, Inventur 241 18
persönlich haftender Gesellschafter (phG)
–, Beteiligung 264b 11

2617

–, Einzahlungsverpflichtung 264c 16
–, Konzernabschluss 264b 10
–, Rechtsform 264b 13
**Personalaufwand**
–, Anhang, Pflichtangaben 285 50
–, Bilanzposten 275 108
–, Konzernanhang, sonstige Pflichtangaben 314 26
**Personengesellschaft**
–, Anteil 264c 29
–, Gewinnrücklage 264c 20
–, Kapitalgliederung 264c 13
–, Kapitalrücklage 264c 20
–, KG 264a 1, 264c 1
–, Konzernrechnungslegung 290 10
–, Offenlegung 325 3
–, OHG 264a 1, 264c 1
–, Steueraufwand 264c 26
–, unterlassene Pflichtprüfung 316 31
**Personenhandelsgesellschaft**
–, Befreiung 264b 1
–, Eigenkapital 247 86
–, Ergänzungsbilanz 306 20
–, JA-Aufstellungspflicht 264b 1
–, Sonderbetriebsvermögen 306 20
–, Tatbestandsmerkmal 264a 3
**Pfand**
–, Rückstellung 249 289
**Pflicht**
–, Offenlegung 264a 10
–, Publizität 264a 1
**Pflichtangabe, Anhang**
–, Abschlussprüferhonorar 285 120
–, AG 284 18
–, Anhang 284 14 17
–, Arbeitnehmeranzahl 285 40
–, Ausschüttungssperre 285 172
–, Entsprechenserklärung 285 118
–, Forschungs- und Entwicklungskosten 285 147
–, Geschäfte mit Nahestehenden 285 135
–, Geschäfts- oder Firmenwert 285 103
–, Investmentvermögen 285 162
–, KapCoGes 284 18
–, latente Steuern 285 173
–, Materialaufwand 285 49
–, Mutterunternehmen mit Konzernabschluss 285 105
–, nicht in der Bilanz enthaltene Geschäfte 285 15
–, Organvertreter, Personalien 285 81
–, Pensionsrückstellung 285 159
–, persönlich haftender Gesellschafter 285 115
–, Personalaufwand 285 50
–, Risikoabsicherung 285 149
–, Steuern 285 35
–, Verrechnung von Vermögensgegenständen und Schulden 285 160

**Pflichten des Abschlussprüfers**
–, Erklärung zur Unternehmensführung 289a 23
**Pflichtverletzung**
–, berufsgerichtliche Maßnahme 323 16
–, Fahrlässigkeit 323 79
–, Ordnungswidrigkeit 328 13 45
–, Prüfstelle 342c 9
–, Vorsatz 323 79
**Pflicht zur Aufstellung**
–, Eröffnungsbilanz 242 1
–, Jahresabschluss 242 7
**phasenverschobene Gewinnvereinnahmung**
–, Steuerlatenz 274 72
**Pilotanlage**
–, immaterieller Vermögensgegenstand 248 23
**planmäßige Abschreibung**
–, abzuschreibende VG 253 150
–, Geschäfts- oder Firmenwert 309 12
–, Unterschiedsbetrag 309 12
**Planungssystem**
–, Prüfung 317 103
**Planvermögen** 253 113
–, Konzernanhang, sonstige Pflichtangaben 314 29
–, Pensionsverpflichtungen 285 160
**saldierungspflichtiges Deckungsverögen** 253 112
**Portfolio-Hedging** 254 8
**Posten**
–, Zusammenfassung 265 26
**Postenzuordnung**
–, Mitzugehörigkeit 265 14
**Prämiensparvertrag**
–, Rückstellung 249 290
**Präsenzmehrheit** 290 30
**Pre-Clearance**
–, Enforcement 342b 6
**Preisnachlass**
–, Rückstellung 249 291
**private Einkommensteuer**
–, Gesellschaft 264c 26
**privates Rechnungslegungsgremium**
–, DRSC 342 1
**Privatkonto**
–, Kommanditist 264c 24
**privatrechtliche Verpflichtung**
–, Rückstellung 249 28
**privatrechtlich organisierte Institution**
–, Enforcement 342b 14
**Privatvermögen**
–, Ausweis 264c 26
**Produkthaftung**
–, Rückstellung 249 292
**Produktionsaufwand** 275 14
**Produktverantwortung**
–, Rückstellung 249 293

**Produzentenhaftung**
–, Rückstellung 249 294
**Prognose**
–, hinreichend sicher 252 33
**Prognosebericht**
–, Konzernlagebericht 315 52 63
–, Prüfung 317 99
**Prognosezeitraum**
–, Lagebericht 289 58
**Prototyp**
–, Bewertungsmaßstab 255 121 185
–, immaterieller Vermögensgegenstand 248 23
**Provision**
–, Rückstellung 249 295
**Prozessrisiko**
–, Rückstellung 249 296
**Prüfstelle**
–, Delegationskompetenz 342b 17
–, Dienstvertrag 342c 6
–, DPR 342d 13
–, Finanzbehörde 342c 2
–, Geheimhaltungspflicht 333 10
–, Mitarbeiter 342c 6
–, Mitteilungspflicht 342c 5
–, Pflichtverletzung 342c 9
–, Schadensersatz 342c 1 9
–, Serienschadenhaftung 342c 12
–, Unterstützung durch externe Personen 342c 7
–, Verfahrensordnung 342c 7
–, Verschwiegenheitsgebot 342c 1
–, Vertraulichkeit 342c 1 f.
–, Verwertungsverbot 342c f. 1
**Prüfung**
–, Assoziierungsvermutung 312 17
–, Befragung 317 128
–, befreiender Konzernabschluss 291 15
–, Beobachtung 317 128
–, Durchsicht 317 128
–, ergänzende Bestimmungen GesV/Satzung 317 35
–, Erklärung zur Unternehmensführung 317 111
–, fachliche Prüfungsgrundsätze 317 39
–, Gegenstand 317 22
–, gewissenhafte Berufsausübung 317 37
–, HGB-Vorschriften, Überblick 317 10
–, Konzernlagebericht 317 108
–, Nachtragsbericht 317 93
–, Problemorientierung 317 36
–, Risikobericht 317 99
–, risikoorientierter Prüfungsansatz 317 40
–, Umfang 317 37
–, Versicherung 317 12
–, Zwischenabschluss 299 18
**Prüfung auf 2. Stufe**
–, Enforcement 342b 88

**Prüfung auf Verlangen**
–, Enforcement 342b 62
**Prüfung der Jahresabschlüsse**
–, Konzernabschlussprüfung 317 50
**Prüfungsaktivitäten der BaFin**
–, Enforcement 342b 4
**Prüfungsauftrag**
–, Annahme 318 12
–, Begriff 318 17
–, Erteilung 318 11
–, Erweiterung 317 27
–, Inhalt 318 25
–, Kündigung 318 56
–, Prüfungsbericht 321 39
–, Prüfungsvertrag 318 17
–, Widerruf 318 15
**Prüfungsausschuss**
–, Abschlussprüferrichtlinie 324 8
–, AktG 324 9
–, Anwendungsbereich 324 13
–, Ausnahmen vom Anwendungsbereich 324 13
–, DCGK 324 4
–, Sachverstand 324 12
–, Unabhängigkeit 324 12
–, Zusammensetzung 324 18
**Prüfungsbericht**
–, Adressat 321 8
–, allgemeine Berichtsgrundsätze 321 22
–, analysierende Darstellung 321 50
–, Anhang 321 99
–, Art und Umfang der Abschlussprüfung 321 83
–, Aufbewahrungspflicht 321a 21
–, Aufgliederungen und Erläuterungen 321 120
–, ausgeweitete Berichterstattung 321 186
–, Auskunft und Nachweis 321 86
–, Berichtspflicht 321 160
–, Bestandsgefährdung 321 57
–, Bilanzierungs- und Bewertungswahlrechte 321 110
–, Buchführung 321 88
–, Dokumentations- und Nachweisfunktion 321 18
–, Durchbrechung der Bewertungsstetigkeit 321 114
–, eindeutige Berichterstattung 321 28
–, Einheitlichkeit 321 36
–, Einsichtnahme 321a 5
–, einsichtnahmeberechtigter Personenkreis 321a 5
–, Einsichtnahmerecht 321a 5
–, Einsichtsrecht 321a 5
–, Empfängerbezogenheit 321 33
–, Entwicklungsbeeinträchtigung 321 59
–, Erklärung der Unabhängigkeit 321 42
–, Erstprüfung 321 184

2619

–, Erweiterung des Prüfungsauftrags 321 130
–, freiwillige Abschlussprüfung 321 173
–, fremde Sprache 321 203
–, Gebot der Wesentlichkeit 321 70
–, Gegenstand, Art und Umfang 321 76
–, Gegenstand der Abschlussprüfung 321 76
–, Gemeinschaftsprüfung 321 202
–, Gesamtaussage 321 105
–, grundsätzliche Feststellungen 321 45
–, Hervorhebung 321 50
–, IFRS-Abschluss 321 187
–, IFRS-EA 321 138, 324a 16
–, ISA 321 208
–, IT-System 321 90
–, Jahresabschluss 321 96
–, Klarheit 321 26
–, Konsolidierungskreis 321 161
–, Konzern 321 151
–, Konzernbuchführung 321 156 167
–, Kündigung des Prüfungsauftrags 321 214
–, Lagebericht 321 101
–, Leseexemplar 321 146
–, Mängel des IKS 321 92
–, Management Letter 321 37
–, Nachtragsprüfung 321 193, 321a 24
–, negativer Inhalt 321 35, 321a 47
–, Offenlegung 321a 1
–, Ordnungsmäßigkeit der Rechnungslegung 321 88
–, organisatorische Schwächen 321 91
–, Papierform 321 24
–, pdf-Datei 321 25
–, Prüfungsauftrag 321 39
–, Prüfungsstrategie 321 84
–, Rechnungslegung 321 87
–, Risikofrüherkennungssystem 321 123
–, Schriftlichkeit 321 23
–, sonstige Unregelmäßigkeiten 321 74
–, Stellungnahme zur Lagebeurteilung 321 47
–, Teilbericht 321 58 180
–, Testatsexemplar 321 134
–, Unparteilichkeit 321 38
–, Unterrichtungsfunktion 321 18
–, Unterstützungsfunktion 321 18
–, Unterzeichnung 321 139
–, Vollständigkeit 321 32
–, Vollständigkeitserklärung 321 86
–, Vorabexemplar 321 146
–, Vorwegberichterstattung 321 45
–, Wahrheit 321 30
–, Wiedergabe des Bestätigungsvermerks 321 134
–, Wirtschaftsausschuss 321 17
–, Zusammenfassung 321 211, 324a 16
**Prüfungsdurchführung**
–, Lagebericht 317 81

**Prüfungseinteilung**
–, DPR 342b 61
**Prüfungsergebnis**
–, DPR 342b 84 87 95
–, Enforcement 342b 54 96
**Prüfungsfunktion**
–, Enforcement 342b 63
**Prüfungsgegenstand**
–, Bestätigungsvermerk 322 26
–, Enforcement 342b 36
**Prüfungshemmnis** 320 49
–, Bestätigungsvermerk 322 58 81
–, DPR 342e 3
–, Einschränkung des Bestätigungsvermerks 322 81
–, Enforcement 342b 81
–, Konzernabschlussprüfung 317 59
**Prüfungsmaßstab**
–, Enforcement 342b 44
**Prüfungsobjekt**
–, Risikomanagementsystem 317 121
**Prüfungspflicht**
–, Einsichtsrecht 321a 14
–, freiwillige Abschlussprüfung 321a 16
–, Jahresabschluss 316 1
–, KapCoGes 316 6
–, Kapitalgesellschaft 316 3
–, Risikofrüherkennungssystem 317 117
–, unterlassene Pflichtprüfung 316 24
**Prüfungsrecht** 320 12
**Prüfungsrisikomodell**
–, Prüfungsansatz 317 40
**Prüfungsstrategie**
–, Prüfungsbericht 321 84
**Prüfungsteam**
–, Verschwiegenheitspflicht 323 52
**Prüfungsturnus**
–, DPR 342b 67
**Prüfungsumfang**
–, Enforcement 342b 54
**Prüfungsvertrag**
–, Sondervertragsrecht 323 5
**Prüfverfahren**
–, DPR 342e 9
**Publizität**
–, Pflicht 264a 1
**Publizitätsgesetz (PublG)** 264a 2
**push-down accounting**
–, Organschaft 274 77

# Q

**Quartalsabschluss**
–, Enforcement 342b 36
**quasi-permanente Differenz**
–, latente Steuern 274 16
**quotale Eliminierung**
–, Zwischenergebnis 310 30

Quote für die Einbeziehung 310 24
Quotenkonsolidierung
–, Begriff 311 11
–, Durchführung 310 21
–, Equity-Methode, Übergang 312 121
–, Gemeinschaftsunternehmen 303 3, 305 8, 310 2 14, 312 17
–, KapCoGes 264b 7
–, Neubewertungsmethode 310 22
–, umfassende Darstellung des wirtschaftlichen Handelns 310 19

# R

Rabatt
–, Belegschaftsrabatt 255 69
Rangrücktritt 247 123
Realisationsprinzip
–, beizulegender Zeitwert 255 213
–, Grundsätze ordnungsmäßiger Buchführung 243 18
–, Haftungsverhältnis 251 6
–, Regelungsinhalt 252 91
Realisationsprinzip, Ausnahme
–, beizulegender Zeitwert 255 214
Realisationszeitpunkt 252 93
Realkonkurrenz 331 94
Rechnungsabgrenzungsposten
–, Abgrenzungsbetrag 250 5
–, Abweichung Handels- und Steuerbilanz 274 145
–, Auflösung 250 5
–, Ausgabebetrag 250 19
–, Ausgabedisagio 250 19
–, Begriff 246 7
–, Bilanz 247 78
–, Disagio 250 18
–, Erfolgsermittlung 266 99
–, Konzernabschluss 298 16
–, Rückzahlungsdisagio 250 19
–, Unterschiedsbetrag 250 19
Rechnungslegung
–, Einsicht 325 2
Rechnungslegungsbeirat 342a 2
Rechnungslegungsinformationssystem
–, Unabhängigkeit des Abschlussprüfers 319a 15
Rechnungslegungsvorschrift
–, Eigenbetrieb 263 1
Rechtezurechnung
–, Konzernbilanzierung 290 54
rechtliche Unselbstständigkeit 263 4
Rechtsentwicklung
–, Unterschiedsbetrag 309 4
–, Währungsumrechnung im Konzernabschluss 308a 2
Rechtsfolgen bei Pflichtverletzung
–, Grundsatz der einheitlichen Bewertung 308 58

Rechtsmittel
–, Enforcement 342b 96
Rechtsstreit
–, Einsichtsrechte 259 2
–, Rückstellung 249 297 f.
Rechtswirksamkeit 328 f. 13 43
Regierungskommission Corporate Governance
–, Enforcement 342b 1
Registereintragung 264a 10
regulierter Markt 317 118, 323 95
Reinvermögen
–, Eigenkapital 247 80
Rentabilitätsgarantie 251 38
Rentengarantie 251 38
Rentenschuld 253 144
Rentenverpflichtung 253 145, 255 46
Restrukturierungsrückstellung 301 66
Restwert
–, Abschreibung 253 158
Richtigkeit 239 18
Richtlinie
–, Zweigniederlassung 325a 5
Richtlinienkonformität 264b 22
Risiken, Aufschlüsselung
–, Anhang, Pflichtangaben 285 167
Risiko
–, Begriff 289 46
–, Bewertungsgrundsatz 252 86
–, Lagebericht 289 46
Risiko, Absicherung
–, Anhang, Pflichtangaben 285 149
Risikobericht
–, Konzernlagebericht 315 65
Risikofrüherkennungssystem
–, Ausstrahlungswirkung 317 120, 321 129
–, Berichterstattung 317 119
–, Berichterstattung im Rahmen der Prüfung 317 129
–, Dokumentation 317 126
–, Mindestrahmen 317 123
–, Prüfungsbericht 321 123
–, Prüfungsdurchführung 317 121
–, Prüfungspflicht 317 117
–, Risikohandbuch 317 126
Risikoinventur
–, Rückstellung 249 10
Risikomanagement
–, Anhang, Pflichtangaben 285 154
–, Lagebericht 289 84
risikoorientierter Prüfungsansatz
–, Risikomodell 317 40
Roh-, Hilfs- und Betriebsstoffe
–, Bilanz 247 53
–, Gängigkeitsabschlag 253 284
–, vereinfachter Niederstwerttest 253 281
–, Wiederbeschaffungskosten 253 280
Rohergebnis
–, GKV 276 8

2621

–, größenabhängige Erleichterungen 276 4
–, Saldierungsverbot 275 26
–, UKV 276 8
**Rückbauverpflichtung**
–, Rückstellung 249 300
**Rückbeteiligung**
–, Bilanzierungspflicht 272 200
–, Konzernbilanzierung 301 120
**Rückbürgschaft** 251 16
**Rückdeckungsversicherung**
–, Altersversorgungsverpflichtung 253 98
–, Bewertung 253 116
**Rückgewähranspruch** 272 30
**Rückgriffsanspruch**
–, Rückstellung 249 249
**Rückgriffsforderung**
–, Haftungsverhältnis 251 43
**Rücklagen**
–, Anteile 266 116
–, gesetzliche 272 103
–, satzungsmäßige Rücklage 272 103
–, stille 272 102
–, umwandlungsfähig 272 48
**Rücknahmeverpflichtung**
–, Rückstellung 249 301
**Rückrechnung** 313 56
**Rückstellung**
–, Abbruchkosten 249 193
–, ABC 249 193
–, Abfindung 249 195, 253 68
–, Abfallbeseitigung 249 193
–, Abfallrecycling 249 193
–, Abraumbeseitigung 249 186
–, Abrechnungsverpflichtung 249 196
–, Absatzgeschäft 249 154
–, Abzinsungsgebot 253 3 122
–, Abzinsungssatz 253 124
–, ähnliche Verpflichtung 253 69
–, Altauto 249 199
–, Altersfreizeit 249 200
–, Altersgrenze 253 75
–, Altersteilzeit 249 201
–, Altersversorgungsverpflichtung
253 65 70
–, Altlastensanierungspflicht 249 117
–, Anpassungsverpflichtung 249 205
–, Ansammlungsrückstellung 253 61
–, Anschaffungs- und Herstellungskosten
249 206
–, Anwartschaftsbarwertverfahren 253 78
–, Arbeitnehmer 249 207
–, Arbeitslosengeld nach § 147a SGB II
249 208
–, Aufbewahrungspflicht 249 210
–, Auflösung 249 22
–, aufschiebende Bedingung 249 123
–, Aufsichtsratsvergütung 249 211
–, Ausgleichsanspruch des Handelsvertreters 249 212

–, Ausgleichszahlung 249 328
–, Auslandszuschlag 253 68
–, Außenverpflichtung 249 9 24
–, Baulast 249 217
–, Beihilfe 249 219
–, Berufsausbildung 249 221
–, Besserungsschein 249 223
–, Bestandspflege 249 224
–, Betriebsprüfung 249 225
–, Bewertung 253 30
–, Bewertungseinheit 249 145 226
–, Bewertungsobjekt 253 32
–, Bewertungsstichtag 253 37
–, Bilanzposten 266 134
–, biometrische Wahrscheinlichkeit 253 72
–, Buchführung 249 227
–, Bürgschaft 249 228
–, Bußgeld 249 229
–, Chartervertrag 249 230
–, Datenbereinigung 249 231
–, Datenschutz 249 232
–, Datenzugriff der Finanzverwaltung
249 233
–, Dauerschuldverhältnis 249 158
–, Deputatverpflichtung 249 235
–, Devisentermingeschäft 249 236
–, Druckbeihilfe 249 237
–, Duration 253 131
–, dynamische Bilanzauffassung 249 8
–, Einkaufskontrakt 249 238
–, Einzelbewertungsgrundsatz 253 32
–, Entfernungsverpflichtung 249 239
–, Entsorgungsverpflichtung 249 240
–, ERA-Anpassungsfonds 249 241
–, Erbbaurecht 249 242
–, Erfolgsprämie 249 243
–, Erfüllungsrückstand 249 33
–, Erneuerungsverpflichtung 249 244
–, Erträge aus dem Verbrauch 249 21
–, Erwartungswert 253 53
–, faktische Verpflichtung 249 30 116
–, Fehlmaßnahme 249 153 163
–, Fluktuation 253 74
–, Fortführungsverbot 249 182
–, Fremdwährungsschulden 253 128
–, Garantie 249 245
–, Geldleistungsverpflichtung 253 42
–, Geschäftsbericht 249 246
–, Gesellschaftsvertrag 249 121
–, Gewährleistung 249 191 249
–, Gewerbesteuer 249 250
–, Gleitzeitguthaben 249 252
–, Gratifikation 249 253
–, Haftpflicht 249 255
–, Hauptversammlung 249 257
–, Heimfall 249 258
–, Höchstwertprinzip 253 56
–, IFRS-Umstellung 249 262
–, Innenverpflichtung 249 9

–, Instandhaltung  249 263
–, Jahresabschluss  249 266
–, Jubiläum  249 267
–, Kapitalbindungsdauer  253 131
–, Körperschaftsteuer  249 268
–, kompensierender Anspruch  253 35
–, Kontamination  249 118
–, Konzernabschluss  298 14
–, Konzernhaftung  249 269
–, Kulanzleistung  249 191
–, latente Steuern  249 42
–, Leasingvertrag  249 272
–, Lebensarbeitzeitmodell  253 109
–, Leergut  249 273
–, Leerkosten  249 171, 253 44
–, Lohnfortzahlung  249 275
–, Lohnsteuer  249 276
–, Mietvertrag  249 278
–, Mutterschutz  249 280
–, Nachbetreuungsleistung  249 281
–, Nachlaufkosten  249 282
–, Nebenpflichten und Nebenleistung  249 32
–, nicht aktivierungsfähige Leistungen  249 152
–, Normalbeschäftigung  249 171
–, öffentlich-rechtliche Verpflichtung  249 112
–, Offenlegung  249 283
–, Optionsgeschäft  249 284
–, Pachterneuerungsverpflichtung  249 285
–, passive latente Steuern  274a 12
–, Patentverletzung  249 286
–, Pensionssicherungsverein  249 287
–, Pfand  249 289
–, planmäßige Erfüllung  253 41
–, Prämiensparvertrag  249 290
–, Preisnachlass  249 291
–, Preis- und Kostenänderung  253 45
–, Preisverhältnisse im Erfüllungszeitpunkt  253 45
–, privatrechtliche Verpflichtung  249 28
–, Produkthaftung  249 292
–, Produktverantwortung  249 293
–, Produzentenhaftung  249 294
–, Provision  249 295
–, Prozessrisiko  249 296
–, Quantifizierung von Wahrscheinlichkeiten  249 45
–, rechtliche Entstehung  249 35
–, Rechtsstreit  249 297 f.
–, Restlaufzeit  253 127 130
–, Risikoinventur  249 f. 10
–, Rückbauverpflichtung  249 300
–, Rückgriffsanspruch  249 249, 253 34
–, Rücknahmeverpflichtung  249 301
–, Rückstellungsspiegel  253 136
–, Rückverkaufsoption  249 302

–, Sachleistungsverpflichtung  249 303, 253 42
–, Sammelbewertung  253 33
–, Schadensersatz  249 304
–, Schadensrückstellung  249 305
–, Schätzung Restlaufzeit  253 135
–, Schulden  247 117
–, Schutzrechtsverletzung  249 306
–, Schwerbehinderte  249 308
–, Serienaufträge  249 310
–, Sicherheitsinspektion  249 311
–, Sozialplan  249 313
–, statistische Bilanzauffassung  249 7
–, Steuererklärung  249 314
–, Strafe  249 315
–, Strafverteidiger  249 316
–, Substanzerhaltung  249 317
–, Swapgeschäft  249 318
–, Tantieme  249 319
–, teilweiser Verbrauch  253 135
–, Termingeschäft  249 320
–, Trendprojektion  253 47
–, Treuezahlung  253 68
–, Überbrückungsgeld  253 68
–, Übergangsbezüge  253 68
–, Übergangsgeld  253 68
–, Überschussbeteiligung der Versicherten  249 3
–, Umweltschutzverpflichtung  249 111 323
–, Unentziehbarkeitstheorem  249 47
–, ungewisse Verbindlichkeit  249 23
–, unterlassene Instandhaltung  249 175
–, Urheberrechtverletzung  249 325
–, Urlaub  249 324
–, Verbot  249 338
–, Verbrauch  249 19
–, Verdienstsicherung  249 326
–, Verlustausgleichsverpflichtung  249 144 327
–, Verlustübernahmeverpflichtung  249 328
–, Verpflichtungsüberschuss  249 130 164
–, versicherungstechnische Rückstellung  249 3
–, Verteilungsrückstellung  253 61
–, verzinsliche Verpflichtung  253 129
–, Vollkosten  253 42
–, vorsichtige Bewertung  253 52
–, Vorsichtsprinzip  253 49
–, Wahrscheinlichkeit der Inanspruchnahme  249 43
–, Wechselobligo  249 331
–, Werkzeugkostenzuschuss  249 332
–, wertbegründende Tatsache  249 14
–, werterhellende Tatsache  249 14 340
–, Wesentlichkeitsgrundsatz  249 13
–, wirtschaftliche Verursachung  249 35 38
–, Zinssatzänderung  253 135
–, Zinsswap  249 334

2623

–, Zulassungskosten 249 335
–, Zuwendung 249 337
**Rückstellungen, in der Bilanz nicht ausgewiesen**
–, Anhang, Pflichtangaben 285 99
**Rückstellungsabzinsungsverordnung** 253 125
**Rückstellungsspiegel** 253 136
**Rückstellungsverbot** 249 338
**Rückzahlung**
–, Hafteinlage 264c 35
**Rückzahlungsagio** 253 22
**Rückzahlungsdisagio**
–, Rechnungsabgrenzungsposten 250 19
**Rumpfgeschäftsjahr**
–, Begriff 242 8
–, Vergleichbarkeit 299 3

# S

**Sachanlage**
–, außerplanmäßige Abschreibung 253 237
**Sacheinlage**
–, Aufgeld 272 123
–, verdeckte 272 38
**Sachkunde**
–, Abschlussprüfer 323 36
**Sachleistungsverbindlichkeit** 253 27
**Sachleistungsverpflichtung**
–, Rückstellung 249 303
**Saldierung**
–, Deckungsvermögen 246 115
–, Rohergebnis 275 26
–, Unterschiedsbetrag 309 31
–, Verbot 275 26
–, wirtschaftliche Belastung 246 115
**Saldierungsverbot**
–, Haftungsverhältnis 251 43
–, Saldierung 246 100, 275 26 169
–, Verbindlichkeiten aus Lieferungen und Leistungen 266 155
–, Verbindlichkeiten gegenüber Kreditinstituten 266 150
**Saldierung von Vermögensgegenständen und Schulden**
–, Anhang, Pflichtangaben 285 160
**sale and lease back**
–, Gewinnrealisierung 246 46
–, Leasing 246 46
–, Zurechnungsfrage 246 46
**Sammelposten**
–, Konzernabschluss 298 24
**Sanierungsgewinn** 277 16
**Sanktionen, Verstoß gegen Pflichten**
–, Konzernlagebericht 315 142
**Sarbanes-Oxley Act** 289 67
**Satzung**
–, Enforcement 342b 44

**satzungsmäßige Rücklagen**
–, Entnahme 272 186
–, gesetzlich vorgeschriebene Rücklagen 272 103
–, Gewinnrücklage 272 181
–, GmbH 272 190
–, KGaA 272 189
**Schadensersatz**
–, Aufrechnung 247 128
–, Enforcement 342b 97
–, Prüfstelle 342c 1 9
–, Rückstellung 249 304
**Schadensrückstellung** 249 305
**Schädigungsabsicht** 332 40
**Scheck** 266 98
–, Bilanz 247 77
**Scheckbürgschaft** 251 15
**Scheingewinn** 256 22 26
**Schenkung**
–, Rückstellung 249 121
–, Sachzuschuss 248 3
–, Sachzuzahlung 248 3
**Schlussbesprechung** 320 28
**Schlusserklärung** 289 127
**Schlusserklärung zum Abhängigkeitsbericht**
–, Lagebericht 317 89
**Schriftlichkeit**
–, Prüfungsbericht 321 23
**Schuldbeitritt** 247 131, 251 28
**Schulden**
–, Abzinsung 253 122
–, Rückstellung 247 117
–, Verbindlichkeit 247 118
**Schuldenkonsolidierung**
–, Beteiligungsverhältnis 310 27
–, Drittschuldverbindlichkeit 297 95
–, Gemeinschaftsunternehmen 310 27
–, Konzernabschluss 303 1
–, latente Steuern 306 10
–, Währungsumrechnung im Konzernabschluss 308a 28
–, Zwischenabschluss 299 24
**Schuldmitübernahme**
–, Bilanzierung 246 85
**schuldrechtliche Vertragsverhältnisse**
–, Ausleihungen an verbundene Unternehmen 266 54
**Schuldübernahme** 247 131, 251 28
**Schutzbedürftigkeit**
–, Angaben zu Gesamtbezügen 286 17
**Schutzklausel**
–, Anhang 286 4
–, Konzernanhang 313 110
–, Konzernanhang, sonstige Pflichtangaben 314 110
–, Konzernlagebericht 315 139
**Schutzrechtsverletzung**
–, Rückstellung 249 306

# Stichwortverzeichnis

**Schwellenwert**
–, KleinstKapG 267a 7
**Schwerbehinderte**
–, Rückstellung 249 308
**Segmentangaben, Pflicht**
–, Segmentberichterstattung 297 75
**Segmentberichterstattung**
–, Funktion 297 63
–, Jahresabschluss 264 34
–, Konzernabschluss, Bestandteil 297 6 63
–, Konzernanhang, Angaben 297 78
–, Segment, Bestimmung 297 67
–, Segmentangaben, Pflicht 297 75
–, Stetigkeit 297 77
**Segmentberichterstattung, Angaben**
–, Konzernanhang 313 37
**Segmentierung, Geschäftsaktivitäten**
–, Segmentberichterstattung 297 67
**selbst erstellte immaterielle Vermögensgegenstände**
–, ABC 248 30
–, Abschreibung 253 203
–, außerplanmäßige Abschreibung 253 234
–, Kundengewinnungskosten 248 31
–, Nutzungsdauer 253 205
–, Profisportler 248 32
–, Website 248 35
**Selbstkontrolle** 325 4
**Serienschadenhaftung**
–, Prüfstelle 342c 12
**Serviceplattform**
–, Offenlegung 325 38
**share deal**
–, Geschäfts- oder Firmenwert 306 22
–, latente Steuern 306 22
–, Unternehmenserwerb 246 91
**Sicherheitsinspektion**
–, Rückstellung 249 311
**Sicherungswechsel** 266 159
**Sichteinlage** 266 96
**Simultankonsolidierung**
–, Begriff 301 225
–, mehrstufiger Konzern 307 29
**Sitz**
–, Begriff 325a 12
**Sitztheorie** 325a 12
**Skalierbarkeit**
–, ISA 317 136
**Skonto** 255 69
**sofortige Beschwerde**
–, Ordnungsgeldverfahren 335a 4
**Software**
–, selbst erstellte 248 28
**Solidaritätszuschlag** 275 198
**Sonderausweis** 264c 7
**Sonderbetriebsvermögen**
–, latente Steuern 306 20
–, Personenhandelsgesellschaften 306 20

**Sonderbilanz**
–, latente Steuern 274 69
**Sonderdelikt** 331 5, 332 5
**Sondereinzelkosten**
–, Vertrieb 275 253
**Sondereinzelkosten der Fertigung** 255 117
**Sonderposten**
–, Ausgleichsposten 264c 30
–, Bilanzposten 266 133
–, Bildung 264c 33
**Sonderprüfung**
–, Bilanzidentität 252 29
–, DPR 342b 93
–, Enforcement 342b 70
–, Sperrwirkung 342b 71
**Sonderregelung für Vermögensauseinandersetzung** 260 1
**Sonderrücklage** 266 168, 272 119
**sonstige Ausleihungen**
–, Anlagevermögen 266 62
**sonstige Rückstellungen** 266 140
**Sonstige Zuzahlungen**
–, Kapitalrücklage 272 144
**Sorgfalt** 323 26
**soziale Einrichtungen des Betriebs** 255 138
**Sozialplan**
–, Rückstellung 249 313
**Spaltprodukt** 275 60
**Spaltung**
–, latente Steuer 274 102
**Sperrwirkung**
–, Nichtigkeitsklage 342b 71
–, Sonderprüfung 342b 71
**Spezialfonds** 290 45
**Sprache**
–, Konzernabschluss 298 7
–, Offenlegung 325 160
–, Pflicht zur Aufstellung des Jahresabschlusses in deutscher Sprache 244 1
**Staatsangehörigkeit** 264a 9
**Staatsanwaltschaft**
–, DPR 342b 102
**Staffelform**
–, Bilanz 243 24
–, Gewinn- und Verlustrechnung 243 24, 275 1 7
–, Kontoform 328 41
**Stammkapital**
–, gezeichnetes Kapital 266 108
–, Unternehmergesellschaft 272 32
**Stellungnahme zur Lagebeurteilung**
–, Prüfungsbericht 321 47
**Stetigkeit**
–, Anhang 284 13
–, Ansatzstetigkeit 246 3 131
–, Bewertungsstetigkeit 246 3
–, Darstellung 265 5
–, Konzernabschluss 306 30
–, latente Steuern 306 30

2625

# Stichwortverzeichnis

**Stetigkeitsgebot**
–, Darstellungsstetigkeit 256 9, 303 6
–, immaterieller Vermögensgegenstand 248 37
**Stetigkeitsgrundsatz** 274 42
**Steueraufwand**
–, Anhang 264c 27
–, PersG 264c 26
**Steueraufwand KapCoGes**
–, Ausweis 264c 27
**Steuerbilanz**
–, Abweichung Handelsbilanz 274 131
–, Aufstellungsfrist 243 37
–, Ergänzungsbilanz 274 64
–, Gesamthand 274 63
–, Sonderbilanz 274 64
–, Überleitung 274 127
–, Wahlrechtsausübung 274 129
**Steuerbilanzkorrekturen**
–, Bilanzidentität 252 28
**Steuererklärung**
–, Rückstellung 249 314
**Steuergutschrift**
–, latente Steuern 274 61
**Steuerlatenz**
–, siehe latente Steuern 274 2
**steuerlicher Verlustvortrag**
–, Gesellschafterwechsel 274 55
–, latente Steuern 274 23, 274 47, 306 18
–, Verlustverrechnungszeitraum 306 18
–, zeitlicher Verfall 274 54
**steuerliche Wahlrechte** 274 130
**Steuern**
–, Anhang, Pflichtangaben 285 35
**Steuerplanungsrechnung**
–, latente Steuern 274 115
**Steuerrecht**
–, Aufbewahrungspflicht 257 9
**steuerrechtlicher Einfluss** 255 82
**Steuersatz**
–, latente Steuern 306 28
**Steuersatz latente Abgrenzung**
–, Konzernbilanzierung 301 139
**Steuersenkungsgesetz** 278 1
**Steuerumlage**
–, Organschaft 274 74
**Steuerwert**
–, latente Steuern 274 18
**Stichprobeninventur**
–, anerkanntes mathematisch-statistisches Verfahren 241 3
–, Einhaltung der GoB 241 7
–, Inventur 241 1
–, Inventurvereinfachungsverfahren 241 1
**Stichprobenprüfung**
–, Enforcement 342b 63
**Stichtag**
–, Konzernabschluss 299 1

**Stichtagskursmethode**
–, Eigenkapitaldifferenz 266 125
–, Währungsumrechnung im Konzernabschluss 308a 4
**Stichtagsprinzip**
–, Haftungsverhältnis 251 8
–, latente Steuern 274 56
–, Regelungsinhalt 252 52
**stille Gesellschaft** 272 242
**stiller Gesellschafter**
–, Eigenkapital 247 82
–, Einlagen 266 130
**stille Rücklagen** 272 102
**stille Rücklagen/Lasten**
–, Währungsumrechnung im Konzernabschluss 308a 20
**Stimmrechtsanteil** 319 72
**Stimmrechtskontrolle bei Arbeitnehmerbeteiligungen, Aktiengesellschaften**
–, Konzernlagebericht, Pflichtangaben 315 114
**Stimmrechtsmehrheit**
–, Gesellschafterstellung 290 28
–, Konzernbilanzierung 290 63
**Strafe**
–, Rückstellung 249 315
**Straftat**
–, DPR 342b 102
**Strafverteidiger**
–, Rückstellung 249 316
**strenges Niederstwertprinzip** 253 266
**Strohmann**
–, Offenlegung 325 183
**stromgrößenorientierte Erfolgsermittlung**
–, Gewinn- und Verlustrechnung 275 5
**Struktur**
–, Anhang 284 10
**Strukturierte Geschäfte**
–, Realisationszeitpunkt 252 107
**Stückaktie** 272 99
**Stufenkonzept**
–, Konsolidierung 310 1
–, Konzernabschluss 294 12
**subsidiäre Maßgeblichkeit** 274 128
**Substanzerhaltung**
–, Rückstellung 249 317
**sukzessiver Beteiligungserwerb** 301 184
**Summenabschluss** 303 8
**Summenbilanz** 301 130
**Summen-GuV** 305 1
**Swapgeschäft**
–, Rückstellung 249 318

# T

**Täterkreis** 331 8
**Tannenbaumprinzip** 291 1, 292 1
**Tantieme**
–, Rückstellung 249 319

**Tatbestandsirrtum**
–, Geheimhaltungspflicht 333 36
**Tateinheit** 331 92
**Tatmehrheit** 331 92
**tatsachengemäße Abbildung** 264 56
**Tauschgeschäft**
–, Anschaffungskosten 255 29
–, Buchwertfortführung 255 29
–, Gewinnrealisierung 255 29
–, Sachleistungsverbindlichkeit 253 27
**technische Anlagen und Maschinen**
–, Leistungserstellung 266 45
–, Zweckbestimmung 266 45
**Teilbericht**
–, Prüfungsbericht 321 58
**Teileinheit, bedeutsame**
–, Konzern-Abschlussprüfer 317 52
**Teileinkünfteverfahren** 278 1
**Teilgewinnabführungsvertrag**
–, Gewinnrücklage 272 158 162
**Teilrealisation** 252 100
**teilweise Gewinnverwendung**
–, Zwischenabschluss 299 15
**teilweise Verwendung des Jahresergebnisses** 272 220
**Teilwertverfahren** 253 78
**Temporary-Konzept**
–, latente Steuern 274 17
**Termingeschäft** 254 19 f.
**Testat** 322 f. 11
**Testatsexemplar**
–, Bestätigungsvermerk 322 120
–, Prüfungsbericht 321 134
**Timing-Konzept**
–, latente Steuern 274 14
**Tochterunternehmen**
–, Begriff 294 9
–, Erleichterung 264 92
–, Konzernzugehörigkeit 294 9
–, Veränderung Kapitalanteil 301 184
**Tochterunternehmen, Angaben**
–, Konzernanhang 313 84
**Transaktion zwischen Gesellschaftergruppen**
–, Konzernbilanzierung 301 206, 307 42
**Transformationsanweisung** 256a 4
**Transparenzrichtlinie-Umsetzungsgesetz**
–, Enforcement 342b 36
**true and fair view**
–, Jahresabschluss 264 51
–, Lagebericht 289 8
**typisch stiller Gesellschafter** 266 130

# U

**Übergangskonsolidierung**
–, Abstockung 301 13
–, Abwärtskonsolidierung 301 13
–, Abwärtswechsel 301 220
–, Aufstockung 301 13

–, Aufwärtskonsolidierung 301 13
–, Konzernbilanzierung 301 214
**Übergangsvorschrift**
–, Vorlagepflicht 320 2
**Überleitung der HB I zur HB II** 317 68
**Über-/Unterordnungsverhältnis** 290 22
**UKV**
–, andere aktivierte Eigenleistungen 275 248
–, s. auch Umsatzkostenverfahren 275 9
**Umbuchung**
–, Anlagespiegel 268 22
–, Anlagevermögen 247 41
**Umfang**
–, Konzernabschlussprüfung 317 44
–, Offenlegung 325 18
**umgekehrte Maßgeblichkeit** 274 127
**Umgliederung** 247 40
**Umlage**
–, Enforcement 342d 3
**Umlaufvermögen**
–, Abgrenzung/Begriff 266 63
–, beizulegender Wert 253 274
–, Bilanz 247 52
–, verlustfreie Bewertung 253 277
–, Vorrat 247 52
**Umrechnung Bilanzposten**
–, Währungsumrechnung im Konzernabschluss 308a 7
**Umrechnung GuV-Posten**
–, Währungsumrechnung im Konzernabschluss 308a 8
**Umsatzabhängigkeit** 319 68
**Umsatzaufwand** 275 17 20
**Umsatzerlöse**
–, BilRUG 277 46
–, innerkonzernlich 305 10
–, Warenverkauf 275 47
**Umsatzerlöse, Aufgliederung**
–, Konzernanhang, sonstige Pflichtangaben 314 16
**Umsatzerlöse, Konzern-GuV**
–, Konzernabschluss 298 62
**Umsatzkostenverfahren**
–, andere aktivierte Eigenleistungen
–, Angabepflicht im Anhang 275 19
–, Aufwandsart 275 225
**Umwandlung**
–, Bilanzidentität 252 23
–, formwechselnde Umwandlung 255 55
–, Grundformen 255 54
–, Rücklage 272 47
–, übertragende Umwandlung 255 55
**Umweltschutzverpflichtung**
–, Rückstellung 249 111 323
**Unabhängigkeit**
–, Abkühlungsphase 319a 19
–, Abschlussprüfer 319 6
–, Anteilsbesitz 319 39

2627

# Stichwortverzeichnis

–, Aufstellung des Jahresabschlusses 319b 15
–, auftragsbegleitende Qualitätssicherung 319a 23
–, Ausschlussgründe bei Prüfungsgesellschaft 319 72, 319a 25
–, bedeutendes Tochterunternehmen 319a 27
–, besondere Ausschlussgründe bei Unternehmen von öffentl. Interesse 319a 7
–, Buchführung 319b 15
–, DCGK 319 2
–, DPR 342b 26
–, Ehegatten und Lebenspartner 319b 11
–, interne Revision 319b 15
–, interne Rotation 319a 19
–, Konzernabschlussprüfer 319 78
–, Organzugehörigkeit 319b 11
–, Rechnungslegungsinformationssystem 319a 15
–, Rechtsberatung 319a 8, 319b 15
–, Rechtsfolgen bei Verstoß 319 81, 319a 28
–, Schutzmaßnahme 319 33
–, Sozietätsklausel 319a 24
–, Steuerberatung 319 55, 319a 8, 319b 15
–, Stimmrechtsanteil Prüfungsgesellschaft 319 72
–, Umsatzabhängigkeit 319 68, 319a 7
–, Unabhängigkeit in verantw. Position beschäftigter Gesellschafter 319 74
–, verantwortlicher Prüfungspartner 319a 20
–, verbundene Unternehmen des Abschlussprüfers 319a 18
–, versicherungsmathematische oder Bewertungsleistungen 319b 15
**unechte Gemeinkosten** 255 107
**Unparteilichkeit**
–, Abschlussprüfer 323 41
–, Enforcement 342b 97
–, Prüfungsbericht 321 38
**Unregelmäßigkeit**
–, Prüfungsbericht 321 64
**unrichtige Berichterstattung** 332 19
**unrichtige Darstellung**
–, Einzelabschluss 331 30
–, Konzernabschluss 331 50
–, Rechtsfolge 331 99
–, Schutzgesetz 331 1
–, subjektiver Tatbestand 331 69
–, Tatbestandsirrtum 331 80
–, Verbotsirrtum 331 80
–, Verjährung 331 101
**unrichtige Offenlegung**
–, Einzelabschluss 331 45
–, Konzernabschluss 331 54
**unrichtiger Bestätigungsvermerk** 332 26

**unrichtige Wiedergabe**
–, Einzelabschluss 331 33
–, Konzernabschluss 331 51
**Unrichtigkeiten und Verstöße**
–, Umfang der Jahresabschlussprüfung 317 36
**unselbstständiges Sondervermögen** 290 50
**untergeordnete Bedeutung**
–, Einbeziehungswahlrecht Konzernabschluss 296 41
–, Grundsatz der Wesentlichkeit 308 50
**unterjährige Berichtspflicht** 264 12
**unterlassene Instandhaltung**
–, Rückstellung 249 175
**unterlassene Pflichtprüfung**
–, Folgeabschluss 316 35
–, KapG 316 27
–, Konzern 316 44
–, Nichtigkeit 316 24
–, PersG 316 31
–, Rechtsfolge 316 24
–, Vorjahresabschluss 316 35
**Unterlassen von Angaben**
–, Anteilsbesitz 286 12
–, erheblicher Nachteil 286 15
–, individuelle Angabe Vorstandsbezüge 286 19
**Unternehmen, nicht publizitätspflichtige, Angaben**
–, Konzernanhang 313 109
**Unternehmensfortführung**
–, Konzern 252 30
**Unternehmensfortführungsprämisse**
–, Wegfall 252 43
**Unternehmensführung**
–, Erklärung 289a 2
**Unternehmensregister**
–, Bundesanzeiger 264b 26
**Unternehmensumstrukturierungen** 255 54
**Unternehmensverfassung**
–, maßgeblicher Einfluss 311 15
**Unternehmereigenschaft**
–, Joint Ventures 271 6
**Unternehmergesellschaft**
–, Eigenkapital 272 8
–, Gewinnrücklage 272 179
–, haftungsbeschränkte Unternehmergesellschaft 272 1
**Unterschiedsbetrag**
–, Definition 309 9
–, Fortschreibung 312 45
–, planmäßige Abschreibung 309 12
–, publizitätspflichtige Unternehmen 309 33
–, Rechnungsabgrenzungsposten 250 19
–, Rechtsentwicklung 309 4

2628

Stichwortverzeichnis

–, Saldierung 309 23 31
–, Sanktionen bei Verletzung 309 34
–, Vermögensgegenstand 309 9
**Unterschiedsbetrag, Geschäfts- oder Firmenwert**
–, latente Steuern, Auswirkungen 309 32
**Unterstützung durch externe Personen**
–, Prüfstelle 342c 7
**Unterstützungskasse**
–, Pensionsverpflichtung 249 71
**Unterzeichnung**
–, Anwendung im Konzernabschluss 245 18
–, Jahresabschluss 245 1
–, Konzernabschluss 298 8
–, Ort und Name 245 11
–, Prüfungsbericht 321 139
–, Zeitpunkt 245 13
**Unterzeichnungspflichtige**
–, Einzelkaufmann 245 3
**upstream-Geschäft**
–, Zwischenergebniseliminierung 312 87
**upstream-Lieferung** 304 45
**Urheberrechtverletzung**
–, Rückstellung 249 325
**Urlaub**
–, Rückstellung 249 324

# V

**Veränderung Kapitalanteil**
–, Tochterunternehmen 301 184
**Veräußerung von Anteilen**
–, Beteiligungen an assoziierten Unternehmen 312 116
**Veranlassung der Bekanntmachung**
–, Offenlegung 325 5
**Verbindlichkeit**
–, Abgrenzung zu Rückstellung 253 28
–, Anhang, Aufgliederung 285 12
–, Anhang, Pflichtangaben 285 7
–, Anhang, Verbindlichkeitenspiegel 285 13
–, antizipative Verbindlichkeit 274a 10
–, auflösend bedingte 247 121
–, Aufrechnung 247 128
–, aufschiebend bedingte 247 120
–, Auszahlungsagio 253 23
–, bedingte Rückgriffsforderung 251 2
–, bestrittene 247 125
–, Betriebsverpachtung 253 27
–, Bewertung 253 19
–, Erfüllung 247 127
–, Erfüllungsbetrag 253 19, 274 151
–, Erlass 247 130
–, Fremdwährung 253 25
–, Gliederung 266 143
–, Konzernanhang, sonstige Pflichtangaben 314 5
–, Rückzahlungsagio 253 22
–, Sachleistung 253 27

–, Schulden 247 118
–, Skonto 253 21
–, soziale Sicherheit 266 164
–, Tauschgeschäft 253 27
–, Umsatzsteuer 253 20
–, Unternehmen, mit denen ein Beteiligungsverhältnis besteht 266 162
–, verbundene Unternehmen 266 161
–, Verjährung 247 122
–, Wertsicherungsklausel 253 29
–, Zerobond 253 24
**Verbindlichkeiten aus Lieferungen und Leistungen**
–, Saldierungsverbot 266 155
**Verbindlichkeiten gegenüber Kreditinstituten**
–, Saldierungsverbot 266 150
**Verbindlichkeitenspiegel**
–, Anhang, Darstellung 285 13
–, tabellarisch 268 63
**Verbotsirrtum**
–, Geheimhaltungspflicht 333 36
**Verbrauchsfolgeverfahren**
–, Bewertungsvereinfachungsverfahren 256 5
–, Durchschnittspreisverfahren 256 17
–, Fifo 256 1 17 21
–, Hifo 256 1
–, Kifo 256 1
–, Kilo 256 1
–, Lifo 256 1 17 21 25
–, Lofo 256 1
**verbundene Unternehmen**
–, Anteile an verbundenen Unternehmen 266 51
–, Banken und Versicherungen 290 12
–, Befreiungswirkung nach §§ 291 f. HGB 271 41
–, Begriffsauslegung 271 42
–, Beherrschungsvertrag 271 33
–, Control-Konzept 271 40
–, Definition 271 2
–, Einbeziehungspflicht nach § 296 HGB 271 39
–, Konzernabschluss 298 52
–, Mutterunternehmen 271 35
–, Tochterunternehmen 271 35
**verdeckte Sacheinlage** 272 29
**Verdienstsicherung**
–, Rückstellung 249 326
**vereinfachtes Prüfungsschema**
–, Buchführungspflicht 241a 9
–, Prüfungsschema 241a 9
**Vereinheitlichung**
–, Bewertung 308 1 16
**Vereinheitlichung der Ansätze**
–, Konzernabschluss 300 23
**Verfahrensordnung**
–, Prüfstelle 342c 7

2629

## Stichwortverzeichnis

Verfügungsbefugnis 246 64
Vergleichbarkeit
–, Jahresabschluss 284 44
–, Rumpfgeschäftsjahr 299 3
Vergleichsverfahren
–, beizulegender Zeitwert, Ermittlung 255 250
Vergütungssystem, Organmitglieder
–, Konzernlagebericht, Sollangaben 315 84
Verjährung
–, Bußgeldvorschrift 334 48
–, Ordnungswidrigkeit 334 48
–, Verbindlichkeit 247 122
Verkaufserlös
–, Gegenstände des Anlagevermögens 275 65
Verkaufsgeschäft
–, Realisationszeitpunkt 252 94
Verkaufskommission
–, wirtschaftliche Zurechnung 246 56
verkürzte GuV 276 1
verkürzter Abschluss 264 13
Verkürzung des Anhangs
–, Offenlegung 327 18
Verlängerungsrechnung 272 63
Verlängerungsrechnung zur GuV
–, Gewinnrücklage 272 169
Verlagsrecht
–, Ansatzverbot 248 51
Verletzung der Berichtspflicht
–, Abschlussprüfer 332 1
–, Schutzgesetz 332 3
–, Strafe 332 36
–, subjektiver Tatbestand 332 29
–, Täterkreis 332 8
–, Tatbestand 332 16
–, Tatbestandsirrtum 332 33
–, Verbotsirrtum 332 33
–, Verjährung 332 45
verlorene Zuschüsse 272 148
Verlust
–, Begriff 252 86
Verlustanteil KapCoGes
–, Abzug 264c 15
Verlustausgleichsverpflichtung
–, Rückstellung 249 144 327
Verlustdeckungspotenzial
–, Eigenkapital 247 86
verlustfreie Bewertung 253 277
Verlustübernahme 264a 8
Verlustübernahmeerklärung 264b 1
Verlustübernahmeverpflichtung
–, Befreiung JA-Aufstellungspflicht 264b 1
–, Beispiel 264 10
–, Rückstellung 249 121 328
Verlustverdoppelung 272 201
Verlustverrechnungszeitraum
–, steuerlicher Verlustvortrag 306 18
Verlustvorsorge 272 59

Verlustvortrag
–, Ausweis in der Bilanz 272 219
–, Bilanzverlust 266 120
Verlustzurechnung 264c 16
Vermerk 322 12
Vermerkpflicht
–, Abkaufverpflichtung 251 30
–, Delkredere-Risiko 251 29
–, Erwerbsverpflichtung 251 30
–, Kommissionär 251 29
–, Konzernverrechnungsklausel 251 31
Vermögen
–, Folgebewertung 253 4
Vermögens-, Finanz- und Ertragslage
–, Erläuterung 284 48
–, Konzernabschluss 297 83
–, Lagebericht 289 22
Vermögensgegenstand
–, Begriff 246 5
–, Bewertung 253 16
–, Bilanzierungsverbote und -wahlrechte 248 13
–, Wertobergrenze 253 16
–, Wertuntergrenze 253 17
Vermögenslage
–, Bewertungsregel 264 66
–, Finanzlage 264 69
–, Konzernlagebericht 315 35
Veröffentlichungspflicht
–, Verstoß 335 13
Veröffentlichung und Vervielfältigung
–, Offenlegung, Vervielfältigung 328 14
Verpflichtungen, sonstige finanzielle
–, Konzernanhang, sonstige Pflichtangaben 314 12
Verpflichtungsüberschuss
–, Rückstellung 249 130
verrechenbare Verluste
–, Steuerlatenzierung 274 71
Verrechnungsgebot 246 101
Verrechnungspflicht 246 2
Verrechnungstechnik
–, Zwischenergebniseliminierung 312 88
Verrechnungsverbot
–, Begriff 246 2 100
–, Grundsätze ordnungsmäßiger Buchführung 243 26
–, Konzernabschluss 298 11
Verrechnung von Aufwendungen und Erträgen 246 119
Verrechnung von Vermögensgegenständen und Schulden
–, Anhang, Pflichtangaben 285 160
Versagungsvermerk
–, Begründung 322 91
–, negative Gesamtaussage 322 89
–, Offenlegung 325 56 68 ff.
–, Prüfungshemmnis 322 ff. 95

**Verschmelzung**
–, latente Steuern  274 99
**Verschweigen erheblicher Umstände**
–, Abschlussprüfer  332 23
**Verschwiegenheitsgebot**
–, Prüfstelle  342c 1
**Verschwiegenheitspflicht**
–, Abschlussprüfer  321a 44
–, Aufsichtsrat der WPG  323 58
–, Berichterstattung  286 5
–, Einsichtnehmender  321a 45
–, Entbindung  321a 34, 323 68
–, externe Qualitätskontrolle  323 62
–, gesetzliche Ausnahme  323 61
–, interne Nachschau  323 56
–, Konsultation  323 53
–, Prüfungsteam  323 52
–, Public Company Accounting Oversight Board  323 63
–, Reichweite  323 45
–, Zeugnisverweigerungsrecht  323 66
**Versendungsverkauf**
–, Realisationszeitpunkt  252 95
**Versicherung**
–, Prüfung  317 12
**Versicherungsunternehmen**
–, Konsolidierung, Sondervorschriften  300 36
–, Konzernrechnungslegung, Befreiung  291 18
**Versicherungsunternehmen, Anhang**
–, Angaben, sonstige Pflichtangaben  285 4
**Verstoß**
–, Konzernanhang, sonstige Pflichtangaben  314 112
–, Offenlegung  325 32
**Verstoß, Rechtsfolgen**
–, Grundsatz der Klarheit und Übersichtlichkeit  243 32
**Verteilungsrückstellung**
–, Annuitätenverfahren  253 62
–, Barwertverfahren  253 62
–, Begriff  249 329, 253 61
–, Gleichverteilungsverfahren  253 62
**Vertrag mit Schutzwirkung zugunsten Dritter**
–, Haftung  323 88
**Vertraulichkeit**
–, DPR  342c 8
–, Prüfstelle  342c 1 f.
**Vertretung**
–, Ausschluss  264a f. 9
–, Berechtigung  264a 9
**vertretungsberechtigter Gesellschafter**  331 28
**Vertriebseinzelkosten**  275 252
**Vertriebsgemeinkosten**  275 252
**Vertriebskosten**  255 147, 275 240 251

**Verwaltungskosten**
–, allgemein  275 134 257
**Verwaltungskraft**  319 66
**Verwaltungsverfahren**
–, Enforcement  342b 96
**Verweigerungsrecht**  264b 1
**Verwendung des Jahresergebnisses**  266 120
**Verwendungsfiktion**  256 1
**Verwertung**
–, Geschäfts- und Betriebsgeheimnis  323 75
**Verwertungsverbot**
–, Prüfstelle  342c 1
**Verzicht von Angaben**
–, Konzernanhang  313 110
**Verzinsung**
–, Marktüblich  272 135
**VFE-Lage**  284 48
**Vollhafter**
–, Aufnahme  264a 10
–, Eintritt  264a 10
–, natürliche Person  264a 6
**Vollkonsolidierung**
–, Equity-Methode, Übergang  312 120
–, KapCoGes  264b 7
–, Problem der Doppelerfassung  300 15
–, Schuldenkonsolidierung  303 3
**Vollkonsolidierung, Verzicht**
–, Zwischenergebniseliminierung  312 91
**Vollkonsolidierungsgebot**
–, Gebot  294 7
–, Kreis  294 7
**Vollkosten**
–, Rückstellung  253 42
–, Zugang- und Folgebewertung  253 291
**Vollkostenansatz**
–, Gewinn- und Verlustrechnung  275 234
–, Zugang- und Folgebewertung  253 42
**Vollrechtstreuhand**
–, Bilanzierung  246 20
**vollständige Gewinnverwendung**
–, Zwischenabschluss  299 15
**Vollständigkeit**
–, Handelsbuch  239 15
–, Konzernabschluss  298 11
–, Prüfungsbericht  321 32
–, wirtschaftliche Zurechnung  246 1
**Vollständigkeit/Richtigkeit**
–, Richtigkeit/Offenlegung  328 20
**Vollständigkeitserklärung**
–, Abschlussprüfer  320 22
–, Konzernabschlussprüfung  317 66
–, Prüfungsbericht  321 86
–, Tochterunternehmen  320 44
**Vollständigkeitsgebot**
–, Ansatzgebote, Konsolidierung  300 27
–, Begriff  246 5
–, GuV  246 95

2631

–, Haftungsverhältnis 251 9
–, Jahresabschlusss 246 5
**Voraussetzung für die Inanspruchnahme**
–, Angaben zum Anteilsbesitz 286 14
–, Anwendung der Ausnahmevorschrift 286 14
**Vorauszahlung** 249 128
**Vorführwagen**
–, Bilanz 247 31
**Vorgänge von besonderer Bedeutung**
–, Konzernanhang, Angaben 299 29
–, Konzernlagebericht, Sollangaben 315 71
**Vorjahresangabe**
–, Kapitalflussrechnung 297 46
**Vorjahresbeträge, Darstellung**
–, Konzernabschluss 298 35
**Vorjahresbeträge, Vergleichbarkeit**
–, Konzernabschluss 298 38
**Vorlagepflicht**
–, Anwendungsbereich 320 6
–, Enforcement 342e 2
–, fast close 320 10
–, Folgeprüfer 320 2
–, Jahresabschluss 320 9
–, Konzernabschluss 320 35
–, Übergangsvorschrift 320 2
**Vorlegung von Unterlagen**
–, Anwendungsbereich 261 2
–, Lesbarmachung 261 5
–, Rechtsstreit 258 1
–, Rechtsstreitigkeit 259 1, 261 2
**Vorprüfungsausschuss**
–, DPR 342b 61
**Vorräte, Aufgliederung**
–, Konzernabschluss 298 74
**Vorratsvermögen**
–, außerplanmäßige Abschreibung 253 280
–, Zwischenergebniseliminierung 304 38
**Vorsatz**
–, Pflichtverletzung 323 79
**Vorschaltzeit** 249 78
**Vorschriften über Form und Inhalt**
–, Ordnungswidrigkeit 334 12
**Vorschuss- und Abschlagszahlungen**
–, Anhang 285 73
–, Löhne und Gehälter 275 110
**Vorsichtsprinzip**
–, Einzelbewertung 252 67
–, Haftungsverhältnis 251 7
–, Marktpreis 255 236
–, Schulden 252 79
–, Vermögensgegenstände 252 79
**Vorstand, Befugnisse**
–, Konzernlagebericht, Pflichtangaben 315 119
**Vorstandsvergütung**
–, Anhang, Pflichtangaben 285 56
**vorverlegte Stichtagsinventur** 241 40

**Vorwegberichterstattung**
–, Prüfungsbericht 321 45
**Vorzugsrechte** 272 141

# W

**Währungseinheit**
–, Konzernabschluss 298 7
**Währungsumrechnung**
–, Absatzgeschäfte 256a 8
–, Angaben im Anhang 256a 36
–, Angaben im Lagebericht 256a 37
–, Anhang 284 39
–, Anschaffungsgeschäfte 256a 9
–, Devisenkassenmittelkurs 274 149
–, Femdwährungsgeschäfte 255 21
–, Folgebewertung 256a 16
–, Handelsbestand 256a 22
–, Konzernabschluss 298 31
–, latente Steuern 256a 15 39
–, Realisationsprinzip 256a 19
–, Tilgungsdarlehen 256a 19
–, Überblick 256a 1
–, Umrechnungserfolge in der Bilanz 256a 31
–, Umrechnungserfolge in der GuV 256a 32
–, Umrechnung zum Stichtagskurs 256a 22
–, unrealisierte Gewinne 256a 19
–, Zinsen 256a 10
–, Zugangsbewertung 256a 6
**Währungsumrechnung im Konzernabschluss**
–, Anlagespiegel 308a 15
–, Endkonsolidierung 308a 26
–, Geschäfts- oder Firmenwert 308a 21
–, Hochinflation 308a 4 36
–, Kapitalkonsolidierung 308a 19
–, Konzernanhang 313 56
–, Kursart 308a 13
–, latente Steuern 308a 14
–, Rechtsentwicklung 308a 2
–, Schuldenkonsolidierung 308a 28
–, Stichtagskursmethode 308a 4
–, stille Rücklagen/Lasten 308a 20
–, Umrechnung Bilanzposten 308a 7
–, Umrechnung GuV-Posten 308a 8
**Währungsumstellung im Jahresabschluss**
–, Anzahlungen (u. U.) 256a 27
–, latente Steuern 256a 23
–, nicht-monetäre Posten 256a 28
–, RAP (u. U.) 256a 26
–, Rückstellungen 256a 23
–, Sorten 256a 25
**Wahrheit**
–, Prüfungsbericht 321 30
**Wandelschuldverschreibung**
–, Bezugsrechte 272 126
–, Erfüllungsbetrag 272 136
–, Legaldefinition 272 118

Warenwechsel 266 157
Wartungs- oder Schulungsverträge 275 67
Wechsel
–, Depotwechsel 251 14
–, Kautionswechsel 251 14
–, Mobilisierungswechsel 251 14
Wechselbürgschaft 251 19
Wechsel der Rechtsform
–, Offenlegung 325 174
Wechselobligo
–, Haftung 251 12
–, Rückstellung 249 331
Wegfall Unternehmensfortführungsprämisse 252 43
Weltabschluss
–, Konsolidierungskreis 294 7
Werbekatalog 248 36
Werkzeugkostenzuschuss
–, Rechnungsabgrenzungsposten 250 2
–, Rückstellung 249 332
wertaufhellende Tatsache 252 54
Wertaufhellung
–, Begriff 242 8
Wertaufhellungsprinzip 252 55
Wertaufholung 253 314
Wertaufholungsgebot 253 314
Wertaufholungsrücklage 266 168
Wertaufholungsverbot
–, Geschäfts- oder Firmenwert 309 21
wertbegründende Tatsache
–, Rückstellung 249 14
Wertbegründende Tatsachen
–, negative 252 54
Wertbegründung
–, Begriff 242 8
Wertberichtigung
–, pauschalierte Verfahren 253 302
werterhellende Tatsache
–, Rückstellung 249 14
Wertgarantien bei Veräußerungsgeschäften
–, Bilanzierung 246 79
Wertminderung
–, voraussichtlich dauernde 253 221
Wertobergrenze 253 16
Wertpapiere
–, Anlagevermögen 247 69
–, außerplanmäßige Abschreibung 253 309
–, Umlaufvermögen 247 69
Wertsicherungsklausel
–, Verbindlichkeit 253 29
Wertuntergrenze 253 17
Wesensänderung 248 24
wesentliche Verbesserung 255 89
wesentliche Vereinbarungen, Übernahmeangebot
–, Konzernlagebericht, Pflichtangaben 315 122

Wesentlichkeit
–, Aufwands- und Ertragseliminierung 305 7
–, Grundsatz 252 152
–, HGB 342b 47
–, IFRS 342b 47
–, Kriterium der Erheblichkeit 286 10
Wesentlichkeitsgrundsatz
–, Rückstellung 249 13
–, Schuldenkonsolidierung 303 6
Widerlegungsklausel 296 1
Widerruf
–, Bestätigungsvermerk 322 159
Widerspruchspflicht
–, Einsichtsrecht Prüfungsbericht 321a 39
Widerspruchsrecht
–, Einsichtsrecht Prüfungsbericht 321a 39
Wiederbeschaffungskosten
–, Roh-, Hilfs- und Betriebsstoffe 253 280
Willkürverbot 252 145
wirtschaftlicher Nachteil
–, Angaben zum Anteilsbesitz 286 12
wirtschaftliches Eigentum
–, Begriff 246 16
–, dingliche Sicherungsrechte 246 54
–, Gesamtbild der Verhältnisse 246 18
–, Kommissionsgeschäft 246 55
–, Nießbrauch 246 81
–, Pensionsgeschäft 246 59
–, tatsächliche Sachherrschaft 246 17
wirtschaftliche Verursachung
–, Rückstellung 249 35 38
wirtschaftliche Zurechnung
–, Vollständigkeit 246 1
Wirtschaftsplan
–, DPR 342d 7 9
Wirtschaftsprüfer, Gesamthonorar
–, Anhang, Pflichtangaben 285 120
working paper review 317 57, 320 43

# Z

Zahlungsbericht
–, Gliederung 264 143
–, Holzindustrie 264 126
–, Konzern 264 133
–, mineralgewinnende Industrie 264 126
–, Offenlegung 264 130
–, Pflichtangaben 264 143
Zahlungsmittel
–, Kapitalflussrechnung, Abgrenzung 297 19
Zeitgerechtigkeit 239 20
Zeitraumrechnung
–, Gewinn- und Verlustrechnung 275 3
Zeitrente 255 47
zeitversetzte Offenlegung 328 39
Zeitwert 255 218
Zeitwertbewertung 253 2

# Stichwortverzeichnis

**Zerobond** 253 24
**Zeugnisverweigerungsrecht**
–, Gehilfe des Abschlussprüfers 323 22
–, Verschwiegenheitspflicht 323 66
**Zinsaufwendungen und betriebliche Steuern** 275 237
**Zinsen**
–, Einbeziehung in die Herstellungskosten 255 201
**Zinsen und ähnliche Aufwendungen** 275 268
**Zinsschranke** 274 59
**Zinsvortrag**
–, latente Steuern 274 59
**Zugang**
–, Anlagespiegel 268 18
**Zugangsbewertung**
–, beizulegender Zeitwert 255 219 f.
–, Konzernabschluss 298 f. 24
**Zurechnung**
–, quoad sortem 246 13
–, sale and lease back 246 46
–, Schulden 246 82
**Zusammenfassung**
–, Bilanzposten 265 26
–, GuV 265 26
–, Posten 265 26
**Zusammenfassung vom JA**
–, Konsolidierung 300 10
**zusammengefasster Ausweis**
–, Gliederung 265 26
**zusammengefasster Steuersatz**
–, latente Steuern 274 105
**Zusammensetzung**
–, Prüfungsausschuss 324 18
**Zusatzversorgungskasse**
–, Pensionsverpflichtung 249 70
**Zuschreibungsverbot** 253 319
**Zustimmung der Fehlerfeststellung**
–, Enforcement 342b 88
**zu versteuernde temporäre Differenz** 274 23
**Zuwendung**
–, Rückstellung 249 337
**Zwangsversteigerung** 255 49
**Zweck**
–, Konzernanhang 313 4
**Zweckforschung** 255 185
**Zweckgesellschaft**
–, Konsolidierungspflicht 290 47
**Zweigniederlassung**
–, Anmeldung 325a 20
–, Betriebsstätte 325a 8
–, EU/EWR 325a 24
–, Insolvenzverfahren 325a 23
–, Offenlegung 325a 19 28
–, Prüfungspflicht 325a 19
–, Registergericht 325a 19 45
–, Richtlinie 325a 5

–, Tatbestandsmerkmal 325a 7
–, Veröffentlichung 325a 19
–, Währungsumrechnung 325a 38
–, Zuständigkeit 325a 20
**zweistufiges Verfahren**
–, Enforcement 342b 14
**Zwischenabschluss**
–, Abgrenzung Ertragsteuern 299 17
–, Abgrenzung Tantieme 299 17
–, antizipative Ergebnisteile 299 16
–, Aufwands- und Ertragskonsolidierung 299 24
–, Inventur 240 5
–, Prüfung 299 18
–, Schuldenkonsolidierung 299 24
–, teilweise Gewinnverwendung 299 15
–, Verzicht auf Aufstellung 299 23
–, vollständige Gewinnverwendung 299 15
**Zwischenabschluss, Erstellung**
–, Konzernabschluss 299 7
**Zwischenbericht** 264 12
**Zwischenerfolgseliminierung**
–, Zwischenergebnis 304 2
**Zwischenergebnis**
–, Bewertungsdifferenz 304 2
–, Bewertungsvorschrift 304 2
–, Zwischenerfolgseliminierung 304 2
**Zwischenergebnis, Konzern**
–, Eliminierung 312 82
**Zwischenergebniseliminierung**
–, Anlagevermögen 304 36
–, Anwendung des § 304 HGB 312 82
–, Gemeinschaftsunternehmen 304 5, 310 30
–, Gewinn- bzw. Verlustbeiträge 306 11
–, HK-Mehrung 304 22
–, HK-Minderung 304 23
–, konzerneinheitliche Bewertung 304 25
–, latente Steuerabgrenzung 304 4
–, latente Steuern 306 11
–, maßgeblicher Einzelabschlusswert 304 14
–, maßgeblicher Konzernwert 304 15
–, Normenzusammenhang 304 9
–, quotale Eliminierung 310 30
–, relevanter Konzernbestand 304 12
–, upstream 312 85
–, upstream Geschäft 312 87
–, Verrechnung eliminierungspflichtiger Zwischenergebnisse 304 31
–, Verrechnungstechnik 312 88
–, Vollkonsolidierung, Verzicht 312 91
–, Vorratsvermögen 304 38
**Zwischengesellschaft** 264a 13
**Zwischengewinn**
–, eliminierungsfähig 304 28
–, eliminierungspflichtig 304 28
**Zwischenmitteilung** 264 16
**Zwischenverlust**
–, eliminierungspflichtig 304 28

Notizen

# Notizen

Notizen

# Notizen

Notizen

# Notizen